Dr. Heid & Partner
RECHTSANWÄLTE · VEREID. BUCHPRÜFER
36043 FULDA, FRANZOSENWÄLDCHEN 2
TEL. (0661) 2 50 61-0, FAX 2 50 61-11

D1676759

Uhlenbruck
Insolvenzordnung

INSOLVENZORDNUNG

KOMMENTAR

Herausgegeben von

Prof. Dr. Wilhelm Uhlenbruck

Richter am Amtsgericht a. D., Köln
Honorarprofessor an der
Universität zu Köln

Prof. Dr. Heribert Hirte, LL.M.

Universitätsprofessor an der Universität Hamburg

Prof. Dr. Heinz Vallender

Richter am Amtsgericht Köln
Honorarprofessor an der
Universität zu Köln

13., völlig neu bearbeitete Auflage
des von

Franz Mentzel begründeten sowie von Dr. Georg Kuhn
und Professor Dr. Wilhelm Uhlenbruck
fortgeführten Werkes zur Konkursordnung

VERLAG FRANZ VAHLEN MÜNCHEN 2010

Zitiervorschlag:
Uhlenbruck/*Bearbeiter* § ... InsO Rn. ...

Verlag Franz Vahlen im Internet:
beck.de

ISBN 978 3 8006 3589 4

© 2010 Verlag Franz Vahlen GmbH
Wilhelmstraße 9, 80801 München
Satz und Druck: Druckerei C. H. Beck, Nördlingen
(Adresse wie Verlag)

Gedruckt auf säurefreiem, alterungsbeständigem Papier
(hergestellt aus chlorfrei gebleichtem Zellstoff)

Bearbeitet von

Ernst-Dieter Berscheid
Vorsitzender Richter am Landesarbeitsgericht a. D., Hamm

Privatdozent Dr. Moritz Brinkmann, LL.M. (McGill)
Universität zu Köln

Professor Dr. Heribert Hirte, LL.M. (Berkeley)
Universitätsprofessor an der Universität Hamburg

Béla Knof
Wissenschaftlicher Mitarbeiter an der Universität Hamburg

Dr. Hans-Jochem Lüer, LL.M. (Berkeley)
Rechtsanwalt
Köln

Dipl.-Kfm. Dr. Karl Heinz Maus
Wirtschaftsprüfer/Steuerberater
Frechen

Dr. Sebastian Mock, LL.M. (New York University)
Wissenschaftlicher Mitarbeiter an der Universität Hamburg

Irmtraut Pape
Vorsitzende Richterin am Landgericht Göttingen

Stephan Ries
Rechtsanwalt
Wuppertal

Dipl.-Kfm. Professor Dr. Ralf Sinz
Fachanwalt für Insolvenzrecht
Köln

Professor Dr. Wilhelm Uhlenbruck
Richter am Amtsgericht a. D., Köln
Honorarprofessor an der Universität
zu Köln

Professor Dr. Heinz Vallender
Richter am Amtsgericht Köln
Honorarprofessor an der Universität zu Köln

Dr. Dirk Wegener, MBL (Köln)
Fachanwalt für Insolvenzrecht
Köln

VORWORT ZUR 13. AUFLAGE

Angesichts zahlreicher gesetzlicher „Reparaturen" wird im Insolvenzrecht nicht zu Unrecht von der „Dauerbaustelle Insolvenzordnung" gesprochen. Von ganz zentraler Bedeutung sind hier in jüngster Zeit die Änderungen des Überschuldungsbegriffs durch das am 18. 10. 2008 in Kraft getretene Finanzmarktstabilisierungsgesetz sowie durch das Gesetz zur weiteren Stabilisierung des Finanzmarktes (Finanzmarktstabilisierungsergänzungsgesetz – FMStErgG) v. 7. 4. 2009 und die damit verbundene Änderung des § 19 Abs. 2 InsO, dessen „befristete Geltung" gerade noch einmal durch Art. 1 des Gesetzes zur Erleichterung der Sanierung von Unternehmen vom 24. 9. 2009 (BGBl. I S. 3151) bis zum 31. 12. 2013 verlängert wurde. Aber auch sonst sind seit dem Erscheinen der 12. Auflage 2003 zahlreiche Änderungen der Insolvenzordnung erfolgt, vor allem durch das Gesetz zur Vereinfachung des Insolvenzverfahrens vom 13. 4. 2007 (BGBl. I S. 509), das im Wesentlichen am 1. 7. 2007 in Kraft getreten ist, sowie das Gesetz zum Pfändungsschutz der Altersvorsorge vom 26. 3. 2007 (BGBl. I S. 368), in Kraft seit 31. 3. 2007. Eine Vielzahl weiterer Gesetze mit insolvenzrechtlichem Bezug, vor allem aber das am 1. 11. 2008 in Kraft getretene Gesetz zur Modernisierung des GmbH-Rechts und zur Bekämpfung von Missbräuchen (MoMiG; BGBl. I S. 2026) erforderte eine teilweise Neubearbeitung des Kommentars, da der Gesetzgeber nicht nur in § 15 a InsO die Antragspflichten für juristische Personen und Gesellschaften ohne Rechtspersönlichkeit ebenso wie die Strafbarkeit wegen Insolvenzverschleppung einheitlich in das Insolvenzrecht übernommen, sondern auch das Recht der Gesellschafterdarlehen in § 39 Abs. 1 Nr. 5, Abs. 4 u. 5 InsO sowie in § 44 a InsO völlig neu geregelt hat. Zu berücksichtigen war in der Neuauflage zudem das am 20. 3. 2003 in Kraft getretene deutsche Internationale Insolvenzrecht (BGBl. I S. 345). Die Bestimmungen der §§ 335–358 InsO machten nicht nur im Hinblick auf die EuInsVO, sondern auch wegen der zunehmenden praktischen Bedeutung des Internationalen Insolvenzrechts sowie grundlegender Gerichtsentscheidungen eine Ausweitung und weitgehende Neubearbeitung dieses Rechtsgebiets notwendig. Schließlich wurde das „Gesetz zur Umsetzung der Richtlinie 2002/47/EG vom 6. 6. 2002 über Finanzsicherheiten und zur Änderung des Hypothekenbankgesetzes und anderer Gesetze" vom 5. 4. 2004 (BGBl. I S. 502) eingearbeitet. Eine reichhaltige und oftmals rechtsfortbildende Judikatur zum Insolvenzrecht und seinen zahlreichen Nebengebieten, vor allem zur Insolvenzanfechtung, dem Insolvenzarbeits- und -gesellschaftsrecht, dem Kreditsicherungsrecht sowie die grundlegenden Entscheidungen des Bundesverfassungsgerichts vom 3. 8. 2004 und vom 23. 5. 2006 zur Vorauswahl und Bestellung von Insolvenzverwaltern erforderten teilweise eine völlige Neuorientierung. Die kaum noch zu überschauende Fülle an insolvenzrechtlicher Literatur und Judikatur zwang im Interesse der Handlichkeit des Kommentars zu einer weitgehenden Beschränkung auf grundlegende oder weiterführende Fundstellen sowie auf höchstrichterliche Rechtsprechung.

Der Kreis der Herausgeber ist erweitert worden um Herrn Professor Dr. Heribert Hirte, Geschäftsführender Direktor des Seminars für Handels-, Schifffahrts- und Wirtschaftsrecht der Universität Hamburg, und den Leiter der Insolvenzabteilung des Amtsgerichts Köln, Herrn Professor Dr. Heinz Vallender. In den Autorenkreis neu aufgenommen wurden Frau Vorsitzende Richterin am Landgericht Irmtraut Pape, Göttingen, Herr Privatdozent Dr. Moritz Brinkmann, Köln, Herr Rechtsanwalt Dr. Dirk Wegener, Köln, die Herren Wissenschaftliche Mitarbeiter Béla Knof und Dr. Sebastian Mock, beide Hamburg, sowie Herr Rechtsanwalt Stephan Ries, Wuppertal. Die Herausgeber danken allen Mitautoren für die ihre aufopferungsvolle und hilfreiche Mitarbeit an der Neuauflage dieses Kommentars sowie Herrn Wissenschaftlichem Mitarbeiter Philipp Grünewald, Hamburg, für die umsichtige Erstellung des Sachverzeichnisses.

Das Werk befindet sich auf Gesetzgebungs- und Bearbeitungsstand von Herbst 2009. Möge der Kommentar, der sich traditionell als Praktikerkommentar versteht, auch in der neuen Auflage wiederum eine rechte Hilfe für den Benutzer sein. Anregungen und Verbesserungsvorschläge werden gerne entgegengenommen. Hinweise an die Herausgeber werden erbeten unter Heribert.Hirte@jura.uni-hamburg.de oder hvallender@t-online.de.

Köln und Hamburg, im Januar 2010   Wilhelm Uhlenbruck, Heribert Hirte, Heinz Vallender

INHALTSÜBERSICHT

		Seite
Abkürzungs- und Literaturverzeichnis		XV

1. Insolvenzordnung vom 5. Oktober 1994 (BGBl. I S. 2866)

Erster Teil. Allgemeine Vorschriften

§ 1	Ziele des Insolvenzverfahrens	1
§ 2	Amtsgericht als Insolvenzgericht	10
§ 3	Örtliche Zuständigkeit	17
§ 4	Anwendbarkeit der Zivilprozeßordnung	26
§ 4 a	Stundung der Kosten des Insolvenzverfahrens	54
§ 4 b	Rückzahlung und Anpassung der gestundeten Beträge	64
§ 4 c	Aufhebung der Stundung	67
§ 4 d	Rechtsmittel	71
§ 5	Verfahrensgrundsätze	73
§ 6	Sofortige Beschwerde	89
§ 7	Rechtsbeschwerde	100
§ 8	Zustellungen	109
§ 9	Öffentliche Bekanntmachung	113
§ 10	Anhörung des Schuldners	116

Zweiter Teil. Eröffnung des Insolvenzverfahrens. Erfaßtes Vermögen und Verfahrensbeteiligte

Erster Abschnitt. Eröffnungsvoraussetzungen und Eröffnungsverfahren

§ 11	Zulässigkeit des Insolvenzverfahrens	122
§ 12	Juristische Personen des öffentlichen Rechts	203
§ 13	Eröffnungsantrag	209
§ 14	Antrag eines Gläubigers	254
§ 15	Antragsrecht bei juristischen Personen und Gesellschaften ohne Rechtspersönlichkeit	298
§ 15 a	Antragspflicht bei juristischen Personen und Gesellschaften ohne Rechtspersönlichkeit	303
§ 16	Eröffnungsgrund	319
§ 17	Zahlungsunfähigkeit	325
§ 18	Drohende Zahlungsunfähigkeit	340
§ 19	Überschuldung	349
§ 20	Auskunfts- und Mitwirkungspflicht im Eröffnungsverfahren. Hinweis auf Restschuldbefreiung	392
§ 21	Anordnung von Sicherungsmaßnahmen	406
§ 22	Rechtsstellung des vorläufigen Insolvenzverwalters	441
§ 23	Bekanntmachung der Verfügungsbeschränkungen	536
§ 24	Wirkungen der Verfügungsbeschränkungen	539
§ 25	Aufhebung der Sicherungsmaßnahmen	546
§ 26	Abweisung mangels Masse	553
§ 27	Eröffnungsbeschluß	574
§ 28	Aufforderungen an die Gläubiger und die Schuldner	581
§ 29	Terminbestimmungen	584
§ 30	Bekanntmachung des Eröffnungsbeschlusses	586
§ 31	Handels-, Genossenschafts-, Partnerschafts- und Vereinsregister	588
§ 32	Grundbuch	591
§ 33	Register für Schiffe und Luftfahrzeuge	599
§ 34	Rechtsmittel	600

Zweiter Abschnitt. Insolvenzmasse. Einteilung der Gläubiger

| § 35 | Begriff der Insolvenzmasse | 611 |
| § 36 | Unpfändbare Gegenstände | 700 |

Inhaltsübersicht

§ 37	Gesamtgut bei Gütergemeinschaft		718
§ 38	Begriff der Insolvenzgläubiger		725
§ 39	Nachrangige Insolvenzgläubiger		745
§ 40	Unterhaltsansprüche		766
§ 41	Nicht fällige Forderungen		770
§ 42	Auflösend bedingte Forderungen		775
§ 43	Haftung mehrerer Personen		777
§ 44	Rechte der Gesamtschuldner und Bürgen		787
§ 44a	Gesicherte Darlehen		792
§ 45	Umrechnung von Forderungen		794
§ 46	Wiederkehrende Leistungen		802
§ 47	Aussonderung		803
§ 48	Ersatzaussonderung		844
§ 49	Abgesonderte Befriedigung aus unbeweglichen Gegenständen		855
§ 50	Abgesonderte Befriedigung der Pfandgläubiger		872
§ 51	Sonstige Absonderungsberechtigte		887
§ 52	Ausfall der Absonderungsberechtigten		913
§ 53	Massegläubiger		919
§ 54	Kosten des Insolvenzverfahrens		921
§ 55	Sonstige Masseverbindlichkeiten		925

Dritter Abschnitt. Insolvenzverwalter. Organe der Gläubiger

§ 56	Bestellung des Insolvenzverwalters		945
§ 57	Wahl eines anderen Insolvenzverwalters		974
§ 58	Aufsicht des Insolvenzgerichts		985
§ 59	Entlassung des Insolvenzverwalters		1001
§ 60	Haftung des Insolvenzverwalters		1012
§ 61	Nichterfüllung von Masseverbindlichkeiten		1041
§ 62	Verjährung		1048
§ 63	Vergütung des Insolvenzverwalters		1050
§ 64	Festsetzung durch das Gericht		1066
§ 65	Verordnungsermächtigung		1069
§ 66	Rechnungslegung		1069
§ 67	Einsetzung des Gläubigerausschusses		1091
§ 68	Wahl anderer Mitglieder		1101
§ 69	Aufgaben des Gläubigerausschusses		1107
§ 70	Entlassung		1120
§ 71	Haftung der Mitglieder des Gläubigerausschusses		1123
§ 72	Beschlüsse des Gläubigerausschusses		1131
§ 73	Vergütung der Mitglieder des Gläubigerausschusses		1136
§ 74	Einberufung der Gläubigerversammlung		1145
§ 75	Antrag auf Einberufung		1150
§ 76	Beschlüsse der Gläubigerversammlung		1153
§ 77	Feststellung des Stimmrechts		1163
§ 78	Aufhebung eines Beschlusses der Gläubigerversammlung		1172
§ 79	Unterrichtung der Gläubigerversammlung		1178

Dritter Teil. Wirkungen der Eröffnung des Insolvenzverfahrens

Erster Abschnitt. Allgemeine Wirkungen

§ 80	Übergang des Verwaltungs- und Verfügungsrechts		1183
§ 81	Verfügungen des Schuldners		1260
§ 82	Leistungen an den Schuldner		1267
§ 83	Erbschaft. Fortgesetzte Gütergemeinschaft		1281
§ 84	Auseinandersetzung einer Gesellschaft oder Gemeinschaft		1287
§ 85	Aufnahme von Aktivprozessen		1293
§ 86	Aufnahme bestimmter Passivprozesse		1323
§ 87	Forderungen der Insolvenzgläubiger		1331
§ 88	Vollstreckung vor Verfahrenseröffnung		1337
§ 89	Vollstreckungsverbot		1346
§ 90	Vollstreckungsverbot bei Masseverbindlichkeiten		1358
§ 91	Ausschluß sonstigen Rechtserwerbs		1362

Inhaltsübersicht

§ 92	Gesamtschaden	1381
§ 93	Persönliche Haftung der Gesellschafter	1387
§ 94	Erhaltung einer Aufrechnungslage	1399
§ 95	Eintritt der Aufrechnungslage im Verfahren	1415
§ 96	Unzulässigkeit der Aufrechnung	1425
§ 97	Auskunfts- und Mitwirkungspflichten des Schuldners	1445
§ 98	Durchsetzung der Pflichten des Schuldners	1455
§ 99	Postsperre	1463
§ 100	Unterhalt aus der Insolvenzmasse	1470
§ 101	Organschaftliche Vertreter. Angestellte	1475
§ 102	Einschränkung eines Grundrechts	1483

Zweiter Abschnitt. Erfüllung der Rechtsgeschäfte. Mitwirkung des Betriebsrats

§ 103	Wahlrecht des Insolvenzverwalters	1483
§ 104	Fixgeschäfte. Finanzleistungen	1527
§ 105	Teilbare Leistungen	1538
§ 106	Vormerkung	1545
§ 107	Eigentumsvorbehalt	1555
§ 108	Fortbestehen bestimmter Schuldverhältnisse	1559
§ 109	Schuldner als Mieter oder Pächter	1593
§ 110	Schuldner als Vermieter oder Verpächter	1602
§ 111	Veräußerung des Miet- oder Pachtobjekts	1606
§ 112	Kündigungssperre	1608
§ 113	Kündigung eines Dienstverhältnisses	1614
§ 114	Bezüge aus einem Dienstverhältnis	1662
§ 115	Erlöschen von Aufträgen	1670
§ 116	Erlöschen von Geschäftsbesorgungsverträgen	1670
§ 117	Erlöschen von Vollmachten	1695
§ 118	Auflösung von Gesellschaften	1698
§ 119	Unwirksamkeit abweichender Vereinbarungen	1700
§ 120	Kündigung von Betriebsvereinbarungen	1703
§ 121	Betriebsänderungen und Vermittlungsverfahren	1711
§ 122	Gerichtliche Zustimmung zur Durchführung einer Betriebsänderung	1711
§ 123	Umfang des Sozialplans	1739
§ 124	Sozialplan vor Verfahrenseröffnung	1739
§ 125	Interessenausgleich und Kündigungsschutz	1750
§ 126	Beschlußverfahren zum Kündigungsschutz	1780
§ 127	Klage des Arbeitnehmers	1780
§ 128	Betriebsveräußerung	1791

Dritter Abschnitt. Insolvenzanfechtung

§ 129	Grundsatz	1806
§ 130	Kongruente Deckung	1860
§ 131	Inkongruente Deckung	1880
§ 132	Unmittelbar nachteilige Rechtshandlungen	1894
§ 133	Vorsätzliche Benachteiligung	1898
§ 134	Unentgeltliche Leistung	1912
§ 135	Gesellschafterdarlehen	1930
§ 136	Stille Gesellschaft	1938
§ 137	Wechsel- und Scheckzahlungen	1941
§ 138	Nahestehende Personen	1943
§ 139	Berechnung der Fristen vor dem Eröffnungsantrag	1954
§ 140	Zeitpunkt der Vornahme einer Rechtshandlung	1958
§ 141	Vollstreckbarer Titel	1972
§ 142	Bargeschäft	1973
§ 143	Rechtsfolgen	1982
§ 144	Ansprüche des Anfechtungsgegners	2008
§ 145	Anfechtung gegen Rechtsnachfolger	2011
§ 146	Verjährung des Anfechtungsanspruchs	2017
§ 147	Rechtshandlungen nach Verfahrenseröffnung	2022

Inhaltsübersicht

Vierter Teil. Verwaltung und Verwertung der Insolvenzmasse

Erster Abschnitt. Sicherung der Insolvenzmasse

§ 148	Übernahme der Insolvenzmasse	2026
§ 149	Wertgegenstände	2041
§ 150	Siegelung	2049
§ 151	Verzeichnis der Massegegenstände	2051
§ 152	Gläubigerverzeichnis	2054
§ 153	Vermögensübersicht	2056
§ 154	Niederlegung in der Geschäftsstelle	2058
§ 155	Handels- und steuerrechtliche Rechnungslegung	2060

Zweiter Abschnitt. Entscheidung über die Verwertung

§ 156	Berichtstermin	2070
§ 157	Entscheidung über den Fortgang des Verfahrens	2076
§ 158	Maßnahmen vor der Entscheidung	2086
§ 159	Verwertung der Insolvenzmasse	2093
§ 160	Besonders bedeutsame Rechtshandlungen	2117
§ 161	Vorläufige Untersagung der Rechtshandlung	2126
§ 162	Betriebsveräußerung an besonders Interessierte	2130
§ 163	Betriebsveräußerung unter Wert	2134
§ 164	Wirksamkeit der Handlung	2137

Dritter Abschnitt. Gegenstände mit Absonderungsrechten

§ 165	Verwertung unbeweglicher Gegenstände	2138
§ 166	Verwertung beweglicher Gegenstände	2148
§ 167	Unterrichtung des Gläubigers	2159
§ 168	Mitteilung der Veräußerungsabsicht	2162
§ 169	Schutz des Gläubigers vor einer Verzögerung der Verwertung	2170
§ 170	Verteilung des Erlöses	2175
§ 171	Berechnung des Kostenbeitrags	2180
§ 172	Sonstige Verwendung beweglicher Sachen	2188
§ 173	Verwertung durch den Gläubiger	2194

Fünfter Teil. Befriedigung der Insolvenzgläubiger. Einstellung des Verfahrens

Erster Abschnitt. Feststellung der Forderungen

§ 174	Anmeldung der Forderungen	2199
§ 175	Tabelle	2209
§ 176	Verlauf des Prüfungstermins	2217
§ 177	Nachträgliche Anmeldungen	2224
§ 178	Voraussetzungen und Wirkungen der Feststellung	2233
§ 179	Streitige Forderungen	2245
§ 180	Zuständigkeit für die Feststellung	2254
§ 181	Umfang der Feststellung	2264
§ 182	Streitwert	2267
§ 183	Wirkung der Entscheidung	2270
§ 184	Klage gegen einen Widerspruch des Schuldners	2273
§ 185	Besondere Zuständigkeiten	2278
§ 186	Wiedereinsetzung in den vorigen Stand	2282

Zweiter Abschnitt. Verteilung

§ 187	Befriedigung der Insolvenzgläubiger	2284
§ 188	Verteilungsverzeichnis	2289
§ 189	Berücksichtigung bestrittener Forderungen	2295
§ 190	Berücksichtigung absonderungsberechtigter Gläubiger	2300
§ 191	Berücksichtigung aufschiebend bedingter Forderungen	2304
§ 192	Nachträgliche Berücksichtigung	2307
§ 193	Änderung des Verteilungsverzeichnisses	2309
§ 194	Einwendungen gegen das Verteilungsverzeichnis	2310
§ 195	Festsetzung des Bruchteils	2314

§ 196	Schlußverteilung	2316
§ 197	Schlußtermin	2322
§ 198	Hinterlegung zurückbehaltener Beträge	2326
§ 199	Überschuß bei der Schlußverteilung	2329
§ 200	Aufhebung des Insolvenzverfahrens	2330
§ 201	Rechte der Insolvenzgläubiger nach Verfahrensaufhebung	2336
§ 202	Zuständigkeit bei der Vollstreckung	2342
§ 203	Anordnung der Nachtragsverteilung	2344
§ 204	Rechtsmittel	2352
§ 205	Vollzug der Nachtragsverteilung	2354
§ 206	Ausschluß von Massegläubigern	2356

Dritter Abschnitt. Einstellung des Verfahrens

§ 207	Einstellung mangels Masse	2358
§ 208	Anzeige der Masseunzulänglichkeit	2372
§ 209	Befriedigung der Massegläubiger	2390
§ 210	Vollstreckungsverbot	2402
§ 211	Einstellung nach Anzeige der Masseunzulänglichkeit	2407
§ 212	Einstellung wegen Wegfalls des Eröffnungsgrunds	2413
§ 213	Einstellung mit Zustimmung der Gläubiger	2418
§ 214	Verfahren bei der Einstellung	2423
§ 215	Bekanntmachung und Wirkungen der Einstellung	2426
§ 216	Rechtsmittel	2429

Sechster Teil. Insolvenzplan

Erster Abschnitt. Aufstellung des Plans

§ 217	Grundsatz	2444
§ 218	Vorlage des Insolvenzplans	2449
§ 219	Gliederung des Plans *(Uhlenbruck)*	2461
§ 220	Darstellender Teil	2462
§ 221	Gestaltender Teil	2465
§ 222	Bildung von Gruppen	2467
§ 223	Rechte der Absonderungsberechtigten	2474
§ 224	Rechte der Insolvenzgläubiger	2476
§ 225	Rechte der nachrangigen Insolvenzgläubiger	2477
§ 226	Gleichbehandlung der Beteiligten	2479
§ 227	Haftung des Schuldners	2480
§ 228	Änderung sachenrechtlicher Verhältnisse	2483
§ 229	Vermögensübersicht. Ergebnis- und Finanzplan	2484
§ 230	Weitere Anlagen	2487
§ 231	Zurückweisung des Plans	2489
§ 232	Stellungnahmen zum Plan	2496
§ 233	Aussetzung von Verwertung und Verteilung	2498
§ 234	Niederlegung des Plans	2500

Zweiter Abschnitt. Annahme und Bestätigung des Plans

§ 235	Erörterungs- und Abstimmungstermin	2502
§ 236	Verbindung mit dem Prüfungstermin	2506
§ 237	Stimmrecht der Insolvenzgläubiger	2507
§ 238	Stimmrecht der absonderungsberechtigten Gläubiger	2508
§ 239	Stimmliste	2509
§ 240	Änderung des Plans	2509
§ 241	Gesonderter Abstimmungstermin	2510
§ 242	Schriftliche Abstimmung	2512
§ 243	Abstimmung in Gruppen	2513
§ 244	Erforderliche Mehrheiten	2514
§ 245	Obstruktionsverbot	2516
§ 246	Zustimmung nachrangiger Insolvenzgläubiger	2522
§ 247	Zustimmung des Schuldners	2524
§ 248	Gerichtliche Bestätigung	2525
§ 249	Bedingter Plan	2526

Inhaltsübersicht

§ 250	Verstoß gegen Verfahrensvorschriften	2529
§ 251	Minderheitenschutz	2533
§ 252	Bekanntgabe der Entscheidung	2536
§ 253	Rechtsmittel	2537

Dritter Abschnitt. Wirkungen des bestätigten Plans. Überwachung der Planerfüllung

§ 254	Allgemeine Wirkungen des Plans	2538
§ 255	Wiederauflebensklausel	2542
§ 256	Streitige Forderungen. Ausfallforderungen	2548
§ 257	Vollstreckung aus dem Plan	2552
§ 258	Aufhebung des Insolvenzverfahrens	2559
§ 259	Wirkungen der Aufhebung	2562
§ 260	Überwachung der Planerfüllung	2567
§ 261	Aufgaben und Befugnisse des Insolvenzverwalters	2572
§ 262	Anzeigepflicht des Insolvenzverwalters	2576
§ 263	Zustimmungsbedürftige Geschäfte	2578
§ 264	Kreditrahmen	2580
§ 265	Nachrang von Neugläubigern	2587
§ 266	Berücksichtigung des Nachrangs	2588
§ 267	Bekanntmachung der Überwachung	2589
§ 268	Aufhebung der Überwachung	2590
§ 269	Kosten der Überwachung	2591

Siebter Teil. Eigenverwaltung

§ 270	Voraussetzungen	2593
§ 271	Nachträgliche Anordnung	2607
§ 272	Aufhebung der Anordnung	2610
§ 273	Öffentliche Bekanntmachung	2613
§ 274	Rechtsstellung des Sachwalters	2614
§ 275	Mitwirkung des Sachwalters	2621
§ 276	Mitwirkung des Gläubigerausschusses	2624
§ 277	Anordnung der Zustimmungsbedürftigkeit	2625
§ 278	Mittel zur Lebensführung des Schuldners	2628
§ 279	Gegenseitige Verträge	2631
§ 280	Haftung. Insolvenzanfechtung	2633
§ 281	Unterrichtung der Gläubiger	2634
§ 282	Verwertung von Sicherungsgut	2636
§ 283	Befriedigung der Insolvenzgläubiger	2638
§ 284	Insolvenzplan	2640
§ 285	Masseunzulänglichkeit	2642

Achter Teil. Restschuldbefreiung

§ 286	Grundsatz	2654
§ 287	Antrag des Schuldners	2657
§ 288	Vorschlagsrecht	2669
§ 289	Entscheidung des Insolvenzgerichts	2671
§ 290	Versagung der Restschuldbefreiung	2678
§ 291	Ankündigung der Restschuldbefreiung	2700
§ 292	Rechtsstellung des Treuhänders	2706
§ 293	Vergütung des Treuhänders	2718
§ 294	Gleichbehandlung der Gläubiger	2722
§ 295	Obliegenheiten des Schuldners	2728
§ 296	Verstoß gegen Obliegenheiten	2742
§ 297	Insolvenzstraftaten	2752
§ 298	Deckung der Mindestvergütung des Treuhänders	2755
§ 299	Vorzeitige Beendigung	2759
§ 300	Entscheidung über die Restschuldbefreiung	2761
§ 301	Wirkung der Restschuldbefreiung	2765
§ 302	Ausgenommene Forderungen	2772
§ 303	Widerruf der Restschuldbefreiung	2780

Inhaltsübersicht

Neunter Teil. Verbraucherinsolvenzverfahren und sonstige Kleinverfahren

Erster Abschnitt. Anwendungsbereich

§ 304	Grundsatz	2788

Zweiter Abschnitt. Schuldenbereinigungsplan

§ 305	Eröffnungsantrag des Schuldners	2797
§ 305 a	Scheitern der außergerichtlichen Schuldenbereinigung	2823
§ 306	Ruhen des Verfahrens	2825
§ 307	Zustellung an die Gläubiger	2839
§ 308	Annahme des Schuldenbereinigungsplans	2853
§ 309	Ersetzung der Zustimmung	2861
§ 310	Kosten	2879

Dritter Abschnitt. Vereinfachtes Insolvenzverfahren

§ 311	Aufnahme des Verfahrens über den Eröffnungsantrag	2880
§ 312	Allgemeine Verfahrensvereinfachungen	2886
§ 313	Treuhänder	2900
§ 314	Vereinfachte Verteilung	2920

Zehnter Teil. Besondere Arten des Insolvenzverfahrens

Erster Abschnitt. Nachlassinsolvenzverfahren

§ 315	Örtliche Zuständigkeit	2926
§ 316	Zulässigkeit der Eröffnung	2932
§ 317	Antragsberechtigte	2934
§ 318	Antragsrecht beim Gesamtgut	2936
§ 319	Antragsfrist	2937
§ 320	Eröffnungsgründe	2937
§ 321	Zwangsvollstreckung nach Erbfall	2939
§ 322	Anfechtbare Rechtshandlungen des Erben	2940
§ 323	Aufwendungen des Erben	2942
§ 324	Masseverbindlichkeiten	2942
§ 325	Nachlaßverbindlichkeiten	2944
§ 326	Ansprüche des Erben	2947
§ 327	Nachrangige Verbindlichkeiten	2948
§ 328	Zurückgewährte Gegenstände	2950
§ 329	Nacherbfolge	2951
§ 330	Erbschaftskauf	2952
§ 331	Gleichzeitige Insolvenz des Erben	2954

Zweiter Abschnitt. Insolvenzverfahren über das Gesamtgut einer fortgesetzten Gütergemeinschaft

§ 332	Verweisung auf das Nachlaßinsolvenzverfahren	2957

Dritter Abschnitt. Insolvenzverfahren über das gemeinschaftlich verwaltete Gesamtgut einer Gütergemeinschaft

§ 333	Antragsrecht. Eröffnungsgründe	2959
§ 334	Persönliche Haftung der Ehegatten	2961

Elfter Teil. Internationales Insolvenzrecht

Erster Abschnitt. Allgemeine Vorschriften

§ 335	Grundsatz	2980
§ 336	Vertrag über einen unbeweglichen Gegenstand	2995
§ 337	Arbeitsverhältnis	2997
§ 338	Aufrechnung	2998
§ 339	Insolvenzanfechtung	3000
§ 340	Organisierte Märkte. Pensionsgeschäfte	3002

Inhaltsübersicht

§ 341	Ausübung von Gläubigerrechten	3005
§ 342	Herausgabepflicht. Anrechnung	3008

Zweiter Abschnitt. Ausländisches Insolvenzverfahren

§ 343	Anerkennung	3010
§ 344	Sicherungsmaßnahmen	3012
§ 345	Öffentliche Bekanntmachung	3014
§ 346	Grundbuch	3015
§ 347	Nachweis der Verwalterbestellung. Unterrichtung des Gerichts	3017
§ 348	Zuständiges Insolvenzgericht	3018
§ 349	Verfügungen über unbewegliche Gegenstände	3019
§ 350	Leistung an den Schuldner	3021
§ 351	Dingliche Rechte	3022
§ 352	Unterbrechung und Aufnahme eines Rechtsstreits	3024
§ 353	Vollstreckbarkeit ausländischer Entscheidungen	3026

Dritter Abschnitt. Partikularverfahren über das Inlandsvermögen

§ 354	Voraussetzungen des Partikularverfahrens	3027
§ 355	Restschuldbefreiung. Insolvenzplan	3029
§ 356	Sekundärinsolvenzverfahren	3031
§ 357	Zusammenarbeit der Insolvenzverwalter	3032
§ 358	Überschuss bei der Schlussverteilung	3035

Zwölfter Teil. Inkrafttreten

§ 359	Verweisung auf das Einführungsgesetz	3036

2. Kommentierung des Art 102 EGInsO
Einführungsgesetz zur Insolvenzordnung vom 5. 10. 1994 (BGBl. I S. 2911)
Art. 102. Durchführung der VO (EG) Nr 1346/2000 über Insolvenzverfahren

§ 1	Örtliche Zuständigkeit	3037
§ 2	Begründung des Eröffnungsbeschlusses	3039
§ 3	Vermeidung von Kompetenzkonflikten	3040
§ 4	Einstellung des Insolvenzverfahrens zugunsten der Gerichte eines anderen Mitgliedstaats	3042
§ 5	Öffentliche Bekanntmachung	3044
§ 6	Eintragung in öffentliche Bücher und Register	3045
§ 7	Rechtsmittel	3046
§ 8	Vollstreckung aus der Eröffnungsentscheidung	3047
§ 9	Insolvenzplan	3049
§ 10	Aussetzung der Verwertung	3050
§ 11	Unterrichtung der Gläubiger	3051

3. Verordnung (EG) Nr 1346/2000 des Rates der Europäischen Union vom 29. Mai 2000 – ABl L 160/1 über Insolvenzverfahren – EuInsVO

Kapitel I. Allgemeine Vorschriften

Art. 1	Anwendungsbereich	3061
Art. 2	Definitionen	3063
Art. 3	Internationale Zuständigkeit	3065
Art. 4	Anwendbares Recht	3082
Art. 5	Dingliche Rechte Dritter	3090
Art. 6	Aufrechnung	3091
Art. 7	Eigentumsvorbehalt	3093
Art. 8	Vertrag über einen unbeweglichen Gegenstand	3094
Art. 9	Zahlungssysteme und Finanzmärkte	3096
Art. 10	Arbeitsvertrag	3098
Art. 11	Wirkung auf eintragungspflichtige Rechte	3100
Art. 12	Gemeinschaftspatente und -marken	3101

Art. 13	Benachteiligende Handlungen	3101
Art. 14	Schutz des Dritterwerbers	3102
Art. 15	Wirkung des Insolvenzverfahrens auf anhängige Rechtsstreitigkeiten	3103

Kapitel II. Anerkennung der Insolvenzverfahren

Art. 16	Grundsatz	3104
Art. 17	Wirkungen der Anerkennung	3106
Art. 18	Befugnisse des Verwalters	3108
Art. 19	Nachweis der Verwalterstellung	3111
Art. 20	Herausgabepflicht und Anrechnung	3112
Art. 21	Öffentliche Bekanntmachung	3113
Art. 22	Eintragung in öffentliche Register	3115
Art. 23	Kosten	3116
Art. 24	Leistung an den Schuldner	3116
Art. 25	Anerkennung und Vollstreckbarkeit sonstiger Entscheidungen	3118
Art. 26	Ordre Public	3120

Kapitel III. Sekundärinsolvenzverfahren

Art. 27	Verfahrenseröffnung	3122
Art. 28	Anwendbares Recht	3124
Art. 29	Antragsrecht	3124
Art. 30	Kostenvorschuss	3125
Art. 31	Kooperations- und Unterrichtungspflicht	3125
Art. 32	Ausübung von Gläubigerrechten	3128
Art. 33	Aussetzung der Verwertung	3129
Art. 34	Verfahrensbeendende Maßnahmen	3131
Art. 35	Überschuss im Sekundärinsolvenzverfahren	3132
Art. 36	Nachträgliche Eröffnung des Hauptinsolvenzverfahrens	3133
Art. 37	Umwandlung des vorhergehenden Verfahrens	3134
Art. 38	Sicherungsmaßnahmen	3435

Kapitel IV. Unterrichtung der Gläubiger und Anmeldung ihrer Forderungen
(nicht kommentiert)

Art. 39	Recht auf Anmeldung von Forderungen	3136
Art. 40	Pflicht zur Unterrichtung der Gläubiger	3136
Art. 41	Inhalt einer Forderungsanmeldung	3136
Art. 42	Sprachen	3136

Kapitel V. Übergangs- und Schlussbestimmungen
(nicht kommentiert)

Art. 43	Zeitlicher Geltungsbereich	3136
Art. 44	Verhältnis zu Übereinkünften	3137
Art. 45	Änderung der Anhänge	3137
Art. 46	Bericht	3137
Art. 47	Inkrafttreten	3137

Anhang A	3139
Anhang B	3140
Anhang C	3142
Sachregister	3145

VERZEICHNIS DER ABKÜRZUNGEN UND DER ABGEKÜRZT ZITIERTEN LITERATUR

Zeitschriften werden, soweit nicht anders angegeben,
nach Jahr und Seite zitiert

aA	anderer Ansicht; am Anfang
aaO	am angegebenen Ort
Abh	Abhandlung(en)
Abk	Abkommen
ABl	Amtsblatt
abl	ablehnend
ABl EG	Amtsblatt der Europäischen Gemeinschaften
Abs	Absatz
Abschn	Abschnitt
Abt	Abteilung
abw	abweichend
AbzG	Gesetz, betreffend die Abzahlungsgeschäfte
Acher, Vertragskonzern	*Acher*, Vertragskonzern und Insolvenz, 1987 (Beiträge zu Insolvenzrecht Bd 4)
Ackmann, Schuldbefreiung	Hans-Peter *Ackmann*, Schuldbefreiung durch Konkurs? 1983 (Schriften zum Deutschen und Europäischen Zivil-, Handels- und Prozessrecht Bd 96)
AcP	Archiv für die civilistische Praxis (Zeitschrift; zitiert nach Band und Seite; in Klammer Erscheinungsjahr des jeweiligen Bandes)
Adam, Probleme	Norbert *Adam*, Ausgewählte Probleme des Konkursverfahrens in verfassungsrechtlicher Sicht (1986)
Aden, Konkursrecht	Menno *Aden*, Das Konkursrecht. Einführung für Juristen und Kreditpraktiker, Wiesbaden, 1983
Aderholt, Auslandskonkurs	Eltje *Aderholt*, Auslandskonkurs im Inland, 1992
ADS	*Adler/Düring/Schmaltz*, Rechnungslegung und Prüfung der Unternehmen, 5. Aufl von *Forster/Goerdeler/Lanfermann/H. P. Müller/W. Müller/Siepe/Stolberg/Weirich*, Stuttgart, 1987 ff (Loseblatt)
ADS (soweit erschienen)	*Adler/Düring/Schmaltz*, Rechnungslegung und Prüfung der Aktiengesellschaft, Handkommentar, 6. Aufl *Forster/Goerdeler/Lanfermann/H. P. Müller/Siepe/Stolberg*, 1995 ff, Teilbände 1–6
ADSp	Allgemeine Deutsche Spediteurbedingungen
aE	am Ende
ÄndG	Gesetz zur Änderung
aF	alte(r) Fassung
AFG	Arbeitsförderungsgesetz v 25. 6. 1969 (BGBl I S 582); jetzt SGB III
AfP	Archiv für Presserecht (Zeitschrift)
AG	Aktiengesellschaft; Die Aktiengesellschaft (Zeitschrift); Amtsgericht (mit Ortsnamen)
AGB	Allgemeine Geschäftsbedingungen
AGBG	Gesetz zur Regelung des Rechts der Allgemeinen Geschäftsbedingungen v 9. 12. 1976 (BGBl I S 3317)
AGBSpK	Allgemeine Geschäftsbedingungen der Sparkassen
Ahnert, Verbraucherinsolvenz	Sascha *Ahnert*, Verbraucherinsolvenz und Restschuldbefreiung, 2. Aufl 2003
AHB	Allgemeine Versicherungsbedingungen für die Haftpflichtversicherung
AiB	Arbeitsrecht im Betrieb (Zeitschrift)
AIB	Allgemeine Versicherungsbedingungen für die Insolvenzsicherung der betrieblichen Altersversorgung v 23. 12. 1974 idF v 1. 7. 1976
AKB	Allgemeine Bedingungen für die Kraftfahrtversicherung idF v 26. 7. 1988 (BAnz S 3658)
AK-BGB-*Bearbeiter*	Alternativkommentar zum Bürgerlichen Gesetzbuch, hrsg v *Wassermann*, 1979 ff
AK-ZPO-*Bearbeiter*	Ankermann/Wassermann (Hrsg), Alternativkommentar zur Zivilprozessordnung, 1987

Abkürzungs- und Literaturverzeichnis

AktG	Aktiengesetz v 6. 9. 1965 (BGBl I S 1089)
A/L-*Bearbeiter*	Insolvenzordnung, Kommentar, hrsg *Dirk Andres*, *Rolf Leithaus* u *Michael Dahl*, 2006
Albrecht/Flohr/Lange	*Albrecht/Flohr/Lange*, Schuldrecht 2002, Schuldrechtsreformgesetz mit Erläuterungen, 2001
allg	allgemein
allgM	allgemeine Meinung
ALR	Allgemeines Landrecht für die Preußischen Staaten von 1794 (zitiert nach §, Teil und Titel)
Alt/Altern	Alternative
AltersteilzeitG	Altersteilzeitgesetz (Art 1 des Gesetzes zur Förderung eines gleitenden Übergangs in den Ruhestand) v 23. 7. 1996 (BGBl I S 1078); s auch ATZG
aM	anderer Meinung
Amtl Begr	Amtliche Begründung
ANBA	Amtliche Nachrichten der Bundesanstalt für Arbeit
AnfG	Gesetz betr die Anfechtung von Rechtshandlungen eines Schuldners außerhalb des Konkursverfahrens idF v 20. 5. 1898 (RGBl S 709)
AngKSchG	Gesetz über die Fristen für die Kündigung von Angestellten v 9. 7. 1926 (RGBl I S 399)
Anh	Anhang
Anm	Anmerkung
AnwBl	Anwaltsblatt (Zeitschrift)
AO	Abgabenordnung (AO 1977) idF v 16. 3. 1976 (BGBl I S 613; 1977 I S 269)
AöR	Archiv des öffentlichen Rechts (Zeitschrift, zitiert nach Band und Seite)
AP	Arbeitsrechtliche Praxis, Nachschlagewerk des Bundesarbeitsgerichts (Nr ohne Gesetzesstelle bezieht sich auf den gerade kommentierten Paragraphen)
APS/*Bearbeiter*	*Ascheid/Preis/Schmidt* Kündigungsrecht, Großkommentar zum gesamten Recht der Beendigung von Arbeitsverhältnissen, 3. Aufl 2007
ArbBeschFG	Arbeitsrechtliche Beschäftigungsförderungsgesetz v 25.9.1996 (BGBl I S 1476)
Arbeitshilfe InsO	Arbeitshilfe InsO – Ein Praxishandbuch für die Beratung und Vertretung im Entschuldigungsverfahren, (Hrsg), Verbraucherzentrale Nordrhein-Westfalen e V, 2001
Arend	Personalabbau nach der Insolvenzordnung, 1998
ArbG	Arbeitsgericht (mit Ortsnamen)
ArbGeb	Der Arbeitgeber (Zeitschrift)
ArbGG	Arbeitsgerichtsgesetz idF v 2. 7. 1979 (BGBl I S 853, ber S 1036)
AR-Blattei	Arbeitsrecht-Blattei, Handbuch für die Praxis, begr v *Sitzler*, hrsg v *Oehmann* u *Dieterich*
ArbnErfG	Gesetz über Arbeitnehmererfindungen v 25. 7. 1957 (BGBl I S 756)
ArbPlSchG	Arbeitsplatzschutzgesetz idF v 14. 2. 2001 (BGBl I S 253)
ArbRGeg	Das Arbeitsrecht der Gegenwart (Zeitschrift)
ArbuR	Arbeit und Recht, Zeitschrift für die Arbeitsrechtspraxis
Arch	Archiv
ArchBürgR	Archiv für Bürgerliches Recht (Zeitschrift; 1. 1888–43. 1919)
Arens, Überschuldungsprüfung	*Norbert Arens*, Ertragsorientierte Überschuldungsprüfung, 1991
arg.	*argumentum*
Arians, Sonderbilanzen	*Georg Arians*, Sonderbilanzen, 2. Aufl 1985
Arnold/Meyer-Stolte	*Arnold/Meyer-Stolte*, Rechtspflegergesetz, 6. Aufl 2002
ARSt	Arbeitsrecht in Stichworten (Entscheidungssammlung)
Art.	Artikel
Arteaga, Insolvenzschutz	*Marco S. Arteaga*, Insolvenzschutz der betrieblichen Altersversorgung mitarbeitender Gesellschafter, 1995
Arteaga/Hanau	Gehaltsumwandlung zur betrieblichen Altersversorgung, 1. Aufl 1999
ARUG	Gesetz zur Umsetzung der Aktionärsrechterichtlinie vom 30.7.2009 (BGBl I S. 2479)
Assfalg	*Dietrich Assfalg*, Die Behandlung von Treugut im Konkurs des Treuhänders, 1960
ASp	Arbeit und Sozialpolitik (Zeitschrift)
AT	Allgemeiner Teil

Abkürzungs- und Literaturverzeichnis

AtG	Atomgesetz idF v 15. 7. 1985 (BGBl I S 1565)
ATZG	Altersteilzeitgesetz (Art 1 des Gesetzes zur Förderung eines gleitenden Übergangs in den Ruhestand) v 23. 7. 1996 (BGBl I S 1078); s auch AltersteilzeitG
AuA	Arbeit und Arbeitsrecht (Zeitschrift)
AUB	Allgemeine Unfallversicherungs-Bedingungen
Aufl	Auflage
AÜG	Arbeitnehmerüberlassungsgesetz idF v 3. 2. 1995 (BGBl I S 159)
AusfG	Ausführungsgesetz
AusfVO	Ausführungsverordnung
AuR	Arbeit und Recht (Zeitschrift)
AVB	Allgemeine Versicherungsbedingungen; Allgemeine Vertragsbestimmungen
AVO	Ausführungsverordnung
AVV	Allgemeine Verwaltungsvorschrift
AWD	Außenwirtschaftsdienst des Betriebsberaters (Zeitschrift, 4. 1958–20. 1974; vorher und anschließend RIW)
AWG	Außenwirtschaftsgesetz v 28. 4. 1961 (BGBl I S 481)
AWV	Außenwirtschaftsverordnung
Az	Aktenzeichen
BA	Bundesagentur für Arbeit
BABl	Bundesarbeitsblatt (Zeitschrift)
Bad-Württ	Baden-Württemberg
bad-württ	baden-württembergisch
Bähre/Schneider (KWG)	*Bähre/Schneider,* KWG-Kommentar, 3. Aufl 1986
BAföG	Bundesgesetz über individuelle Förderung der Ausbildung (Bundesausbildungsförderungsgesetz) idF v 6. 6. 1983 (BGBl I S 645)
BAG	Bundesarbeitsgericht
BAGE	Entscheidungen des Bundesarbeitsgerichts
BAK	Bundesaufsichtsamt für das Kreditwesen
Balz/Landfermann	*Balz/Landfermann,* Die neuen Insolvenzgesetze, 2. Aufl 1999
BankA	Bank-Archiv (Zeitschrift, 1. 1901–43. 1943; aufgegangen in Bankwirtschaft [1943–1945])
BAnz	Bundesanzeiger
Bassenge/Roth FGG (bzw RPflG)	*Bassenge/Roth,* Gesetz über die Angelegenheiten der freiwilligen Gerichtsbarkeit/Rechtspflegergesetz, Kommentar, 11. Aufl 2006
BAT	Bundes-Angestellten-Tarifvertrag
Bauer/Boewer	Festschrift für Peter Schwerdtner zum 65. Geburtstag, 2003
BauFordSiG	Gesetz über die Sicherung der Bauforderungen (Bauforderungssicherungsgesetz) v. 1.6.1909 (RGBl I S 449, zuletzt geändert durch Art. 1 ÄndG vom 29.7.2009, BGBl I S 2436); s auch GSB
BauGB	Baugesetzbuch idF v 28. 7. 1997 (BGBl I S 2141; 1998 I S 137)
Baumbach/Lauterbach/Bearbeiter	*Baumbach/Lauterbach/Albers/Hartmann,* Zivilprozessordnung, 68. Aufl 2010
Baumbach/Hopt	*Baumbach/Hopt,* Handelsgesetzbuch, Kommentar, 34. Aufl 2009
Baumbach/Hefermehl/Casper	*Baumbach/Hefermehl/Casper,* Wechselgesetz und Scheckgesetz, Kommentar, 23. Aufl 2008
Baumbach/Hefermehl, Wettbewerbsrecht	s *Hefermehl/Köhler/Bornkamm*
Baumbach/Hueck/Bearbeiter, AktG	*Baumbach/Hueck,* Aktiengesetz, 13. Aufl 1968 (ergänzt 1970)
Baumbach/Hueck/Bearbeiter, GmbHG	*Baumbach/Hueck,* GmbHG, Kommentar, 19. Aufl 2010 (bzw 18. Aufl 2006)
Baumgärtel/Laumen/Bearbeiter	*Baumgärtel,* Handbuch der Beweislast im Privatrecht, Kommentar, Bd I, 1982 ff, Bd II 1999 *Baumgärtel/Laumen*
Baumgarte, Leasing-Verträge	*Christian Baumgarte,* Leasing-Verträge über bewegliche Sachen im Konkurs, 1980
Baur/Stürner SachenR	*Baur/Stürner,* Lehrbuch des Sachenrechts, 18. Aufl 2009

Abkürzungs- und Literaturverzeichnis

Baur/Stürner/Bruns	*Baur/Stürner/Bruns*, Zwangsvollstreckungsrecht,, 13. Aufl 2006 (bis 12. Aufl u.d.T. *Bauer/Stürner*, Zwangsvollstreckungs-, Konkurs- und Vergleichsrecht, Bd 1: Einzelvollstreckungsrecht, Bd. 2.: Insolvenzrecht)
BauR	Baurecht (Zeitschrift 1. 1970 ff)
BauSpkG	Gesetz über Bausparkassen idF v 15. 2. 1991 (BGBl I S 454)
BauSpkVO	Verordnung zum Schutz der Gläubiger von Bausparkassen v 16. 1. 1973 (BGBl I S 41) (außer Kraft am 31. 12. 1990)
Bay, bay	Bayern, bayerisch
BayAGBGB	Bayerisches Ausführungsgesetz zum BGB
BayJMBl	Bayerisches Justizministerialblatt
BayObLG	Bayerisches Oberstes Landesgericht
BayObLGZ	Amtliche Sammlung von Entscheidungen des Bayerischen Obersten Landesgerichts in Zivilsachen
BB	Betriebs-Berater (Zeitschrift)
BBankG	Gesetz über die Deutsche Bundesbank idF v 22.10.1992 (BGBl I S 1782)
BBauBl	Bundesbaublatt (Zeitschrift)
BBiG	Berufsbildungsgesetz v 14.8.1969 (BGBl I S 1112)
Bd(Bde)	Band (Bände)
BC	Bankruptcy Code
BDR	Bund Deutscher Rechtspfleger
BDSG	Bundesdatenschutzgesetz v 20.12.1990 (BGBl I S 2954)
Bearb, bearb	Bearbeitung/Bearbeiter; bearbeitet
Beck FormB/*Bearbeiter*	Beck'sches Formularbuch zum Bürgerlichen, Handels- und Wirtschaftsrecht, 10. Aufl 2010
Becker, InsR	*Christoph Becker*, Insolvenzrecht, 2. Aufl 2008
Beck/Depré Hdb	*Siegfried Beck/Peter Depré*, Praxis der Insolvenz. Ein Handbuch für Beteiligte und ihre Berater, 2. Aufl 2010
BeckHdb GmbH/*Bearbeiter*	*Welf Müller/Norbert Winkeljohann* (Hrsg), Beck'sches Handbuch der GmbH. Gesellschaftsrecht. Steuerrecht. 4. Aufl 2009
BeckOK R/G/K/U/*Bearbeiter*	*Rolfs/Giesen/Kreikebohm/Udsching* Beck'scher Online-Kommentar, Arbeitsrecht, 12. Edition, 6/09
Beeck, Konkursantragstellung	*Volker Beeck*, Die Konkursantragstellung als gläubigerspezifisches Entscheidungsproblem 1979
BEEG	Bundeselterngeld- und Elternzeitgesetz vom 5.12.2006 (BGBl I S 2748)
BEG	Bundesgesetz zur Entschädigung für Opfer der nationalsozialistischen Verfolgung (Bundesentschädigungsgesetz) idF v 29.6.1956 (BGBl I S 559, 562)
Begr	Begründung
Beil	Beilage
Bek	Bekanntmachung
Bem	Bemerkung
ber	berichtigt
BerlKo-Verfasser	*Blersch/Goetsch/Haas*, Insolvenzrecht, Berliner Praxiskommentar, 1998 ff; begr. v *Axel Breutigam* (Loseblatt)
Berscheid, Arbeitsverhältnisse	*Ernst-Dieter Berscheid*, Die Arbeitsverhältnisse in der Insolvenz, 1. Aufl 1999
Berscheid KGS	*Ernst-Dieter Berscheid*, Konkurs – Gesamtvollstreckung – Sanierung, Schriften zur AR Blattei, Bd 25, 1992
Berscheid/Kunz/Brand	Praxis des Arbeitsrechts, BRAK-Arbeitsbuch, 1. Aufl 2001
BErzGG	Gesetz zum Erziehungsgeld und zur Elternzeit (Bundeserziehungsgeldgesetz) idF v 1. 12. 2000 (BGBl I S 1645)
bes	besonders
BeschFG	Gesetz über arbeitsrechtliche Vorschriften zur Beschäftigungsförderung v 26. 4. 1985 (BGBl I S 710)
bespr	besprochen
bestr	bestritten
betr	betreffend; betreffs
BetrAV	Betriebliche Altersversorgung, Mitteilungsblatt der Arbeitsgemeinschaft für betriebliche Altersversorgung
BetrAVG	Gesetz zur Verbesserung der betrieblichen Altersversorgung v 19. 12. 1974 (BGBl I S 3610)
BetrR	Der Betriebsrat (Zeitschrift)

Abkürzungs- und Literaturverzeichnis

BetrVG	Betriebsverfassungsgesetz idF v 23. 12. 1988 (BGBl 1989 I S 1)
BeurkG	Beurkundungsgesetz v 28. 8. 1969 (BGBl I S 1513)
Beuthien	*Beuthien*, Genossenschaftsgesetz mit Umwandlungsgesetz, 14. Aufl 2004 (s auch Aktualisierungsband Genossenschaftsrechtsnovelle und EHUG zur 14. Aufl 2007)
BewG	Bewertungsgesetz idF v 1. 2. 1991 (BGBl I S 230)
BewHi	Bewährungshilfe (Zeitschrift)
bez	bezüglich
BezG	Bezirksgericht
BfA	Bundesversicherungsanstalt für Angestellte
BfAI	Bundesstelle für Außenhandelsinformation
BFH	Bundesfinanzhof
BFHE	Sammlung der Entscheidungen und Gutachten des Bundesfinanzhofs
BFM	Bundesfinanzministerium
BFuP	Betriebswirtschaftliche Forschung und Praxis (Zeitschrift)
BGB	Bürgerliches Gesetzbuch v 18. 8. 1896 (RGBl S 195)
BGBl	Bundesgesetzblatt
BGH	Bundesgerichtshof
BGHSt	Entscheidungen des Bundesgerichtshofs in Strafsachen
BGHWarn	Rechtsprechung des Bundesgerichtshofs in Zivilsachen – in der Amtlichen Sammlung nicht enthaltene Entscheidungen (als Fortsetzung von WarnR)
BGHZ	Entscheidungen des Bundesgerichtshofs in Zivilsachen
Bichlmeier/Engberding/ Oberhofer, InsHdb	*Bichlmeier/Engberding/Oberhofer*, Insolvenzhandbuch, 2. Aufl 2003
BilMoG	Gesetz zur Modernisierung des Bilanzrechts (Bilanzrechtsmodernisierungsgesetz - BilMoG) v 26.5.2009 (BGBl I S 1102)
BImSchG	Gesetz zum Schutz vor schädlichen Umwelteinwirkungen durch Luftverunreinigungen, Geräusche, Erschütterungen und ähnliche Vorgänge idF v 14. 5. 1990 (BGBl I S 881)
Bindemann, Verbraucherkonkurs	Reinhard *Bindemann*, Handbuch Verbraucherkonkurs, 3. Aufl 2002
Binz/Hess	*Binz/Hess*,Lexikon des Insolvenzrechts, 1991
Binz/Sorg, GmbH & Co	Mark *Binz*/Martin H. *Sorg*, Die GmbH & Co KG, 11. Aufl 2010
Birkenhauer, Probleme der Nichtteilnahme	Ulf *Birkenhauer*, Probleme der Nichtteilnahme am und im Insolvenzverfahren, 2002 (KTS-Schriften zum Insolvenzrecht Bd 13)
Bitter, Rechtsträgerschaft	Georg *Bitter*, Rechtsträgerschaft für fremde Rechnung, 2006
BKartA	Bundeskartellamt
BKBN/*Bearbeiter*	Berscheid/Kunz/Brand/Nebeling Fachanwaltsbuch Arbeitsrechts, 3. Aufl 2009 (zitiert nach Teil u Rdn)
BKGG	Bundeskindergeldgesetz idF v 23. 1. 1997 (BGBl I S 47)
Bl	Blatt
Blersch, VergVO	Jürgen *Blersch*, Insolvenzrechtliche Vergütungsverordnung, 1. Aufl 2000
Bley/Mohrbutter, VglO	*Bley/Mohrbutter*, Kommentar zur Vergleichsordnung, 4. Aufl 1979/1981
BLG	Bundesleistungsgesetz idF v 27. 9. 1961 (BGBl I S 1769)
BlStSozArbR	Blätter für Steuerrecht, Sozialversicherung und Arbeitsrecht
BMA	Bundesminister(ium) für Arbeit und Sozialordnung
BMBau	Bundesminister(ium) für Raumordnung, Bauwesen und Städtebau
BMI	Bundesminister(ium) des Innern
BMJ	Bundesminister(ium) der Justiz
BNotO	Bundesnotarordnung idF v 24. 2. 1961 (BGBl I S 97)
Böhle-Stamschräder/ Kilger	*Böhle-Stamschräder/Kilger*, Vergleichsordnung. Kommentar. 11. Aufl 1986
BöhmsZ	Zeitschrift für internationales Privat- und Strafrecht (ab 12. 1903: für internationales Privat- und Öffentliches Recht), begr. v *Böhm* (ab 1915: NiemeyersZ)
BörsG	Börsengesetz idF v 9. 9. 1998 (BGBl I S 2682)
Bohlen, Sicherheiten-Pool	Edgar *Bohlen*, Der Sicherheiten-Pool, 1984
BonnKomm-*Bearbeiter*	Bonner Kommentar zum Grundgesetz (Loseblatt)
Boos/Fischer/Schulte-Mattler (KWG)	*Boos/Fischer/Schulte-Mattler*, Kreditwesengesetz, 3. Aufl 2008
Bork, Zahlungsverkehr	Reinhard *Bork*, Zahlungsverkehr in der Insolvenz, 2002

Abkürzungs- und Literaturverzeichnis

Bork, Einf	*Reinhard Bork*, Einführung in das neue Insolvenzrecht, 5. Aufl 2009
BPatG	Bundespatentgericht
BPersVG	Bundespersonalvertretungsgesetz v 15. 3. 1974 (BGBl I S 693)
BRAGO	Bundesrechtsanwaltsgebührenordnung v 26. 7. 1957 (BGBl I S 861, 907)
Brandes, Rechtsprechung	*Helmut Brandes*, Höchstrichterliche Rechtsprechung zum Insolvenzrecht, 3. Aufl 1997
BRAO	Bundesrechtsanwaltsordnung v 1. 8. 1959 (BGBl I S 565)
BRat	Bundesrat
Braun, Steuerliche Aspekte	*Rainer Braun*, Steuerliche Aspekte der Konkurseröffnung, 1987
Braun/Bearbeiter	*Eberhard Braun*, Insolvenzordnung (InsO), Kommentar, 3. Aufl 2007
Braun/Riggert/Kind, Neuregelungen	*Braun/Riggert/Kind*, Die Neuregelungen der Insolvenzordnung in der Praxis, 2. Aufl 2000
Braun/Uhlenbruck, Unternehmensinsolvenz	*Eberhard Braun/Wilhelm Uhlenbruck*, Unternehmensinsolvenz. Grundlagen, Gestaltungsmöglichkeiten, Sanierung mit der Insolvenzordnung, 1997
Braun/Uhlenbruck, Muster	*Eberhard Braun/Wilhelm Uhlenbruck*, Muster eines Insolvenzplans, 1998
BR-Drucks	Drucksache des Deutschen Bundesrates
BReg	Bundesregierung
Breitenbücher, Masseunzulänglichkeit	*Bettina E. Breitenbücher*, Masseunzulänglichkeit, Schriften zum Insolvenzrecht, 1. Aufl 2007
Breithaupt	Breithaupt, Sammlung von Entscheidungen aus dem Sozialrecht
BRD	Bundesrepublik Deutschland
Breuer, Insolvenzrecht	*Wolfgang Breuer*, Das neue Insolvenzrecht, 1998
Breuer, Insolvenzrechts-Formularbuch	*Wolfgang Breuer*, Insolvenzrechts-Formularbuch mit Erläuterungen, 3. Aufl 2007
Brinkmann, Bedeutung	*Moritz Brinkmann*, Die Bedeutung der §§ 92, 93 InsO für den Umfang der Insolvenz- und Sanierungsmasse, 2001
Brox	AT BGB, 33. Aufl 2009
Brox/Walker	Brox/Walker, Zwangsvollstreckungsrecht, 8. Aufl 2008
BR-Prot	Protokoll des Deutschen Bundesrates
Bruckmann, Verbraucherinsolvenz	*Ernst-Otto Bruckmann*, Verbraucherinsolvenz in der Praxis, 1999
BSG	Bundessozialgericht
BSGE	Entscheidungen des Bundessozialgerichts
BSHG	Bundessozialhilfegesetz idF v 23. 3. 1994 (BGBl I S 646)
BSpkG	Gesetz über Bausparkassen v 15. 2. 1991 (BGBl I S 454)
bspw	beispielsweise
BStBl	Bundessteuerblatt
BT	Besonderer Teil
BT-Drs/BT-Drucks	Drucksache des Deutschen Bundestages
BT-Prot	Protokoll des Deutschen Bundestages
BuB	Bankrecht und Bankpraxis, 3 Bde, 1979 ff (Loseblatt)
Buchst	Buchstabe
Bülow	*Bülow*, Recht der Kreditsicherheiten, 7. Aufl 2006
Bumiller/Harders	*Bumiller/Harders*, Gesetz über das Verfahren in Familiensachen und in den Angelegenheiten der freiwilligen Gerichtsbarkeit (FamFG), Kommentar, 9. Aufl 2009 (bis 8. Aufl 2006 u.d.T. *Bumiller/Winkler*, Gesetz über die Angelegenheiten der freiwilligen Gerichtsbarkeit)
Burgermeister Sicherheiten-Pool	*Udo Burgermeister*, Der Sicherheiten-Pool im Insolvenzrecht, Köln 1990 (Beiträge zum Insolvenzrecht Bd 8)
BUrlG	Mindesturlaubsgesetz für Arbeitnehmer (Bundesurlaubsgesetz) v 8. 1. 1963 (BGBl I S 2)
Buth/Hermanns/(Bearbeiter), Restrukturierung	*Andrea K. Buth/Michael Hermanns*, Restrukturierung, Sanierung, Insolvenz, 3. Aufl 2009
BVerfG	Bundesverfassungsgericht

Abkürzungs- und Literaturverzeichnis

BVerfGE	Entscheidungen des Bundesverfassungsgerichts
BVerfGG	Gesetz über das Bundesverfassungsgericht idF v 11. 8. 1993 (BGBl I S 1474)
BVerwG	Bundesverwaltungsgericht
BVerwGE	Entscheidungen des Bundesverwaltungsgerichts
BVG	Gesetz über die Versorgung der Opfer des Krieges (Bundesversorgungsgesetz) idF v 22. 1. 1982 (BGBl I S 21)
BZRG	Bundeszentralregistergesetz idF v 21. 9. 1984 (BGBl I S 1229)
BvS	Bundesanstalt für vereinigungsbedingte Sonderaufgaben, Berlin
BVS	Bergmannsversorgungsschein
BVSG Nds	Gesetz über einen Bergmannsversorgungsschein im Lande Niedersachsen v 6.1.1949 (GVBl Nds 1949 S 15)
BVSG NW	Gesetz über einen Bergmannsversorgungsschein im Lande Nordrhein-Westfalen (Bergmannsversorgungsscheingesetz - BVSG NW) v 20.12.1983 (GVBl NW S 635), zuletzt geändert durch G v 5.4.2005 (GVBl NW S 274)
BVSG Saar	Gesetz über einen Bergmannsversorgungsschein im Saarland v 11.7.1962 (ABl S 605, ber S 705), idFv 16.10.1981 (ABl S. 825) zuletzt geändert durch G v 15.2.2006 (ABl S 474)
bzw	beziehungsweise
ca	circa
von Campe, Insolvenzanfechtung	*Moritz von Campe*, Insolvenzanfechtung in Deutschland und Frankreich, 1996
Canaris, BankvertragsR	*Canaris*, Bankvertragsrecht, 1. Teil 3. Aufl 1988, 2. Teil 3. Aufl 1991
Caspers, Personalabbau	Personalabbau und Betriebsänderung im Insolvenzverfahren, 1998
c. i. c.	culpa in contrahendo
CR	Computer und Recht (Zeitschrift)
Dallmayer/Eickmann	*Dallmeyer/Eickmann*, Rechtspflegergesetz, 1996
Dassler/Schiffhauer	*Dassler/Schiffhauer* Zwangsversteigerung und Zwangsverwaltung, Kommentar, 13. Aufl 2008
DAVorm	Der Amtsvormund, Rundbrief des Deutschen Instituts für Vormundschaftswesen
DB	Der Betrieb (Zeitschrift)
DBW	Die Betriebswirtschaft (Zeitschrift)
DE	BMJ (Hrsg), Diskussionsentwurf, Gesetz zur Reform des Insolvenzrechts, Entwurf einer Insolvenzordnung (EInsO), 1988
Deixler-Hübner, Privatkonkurs	*Astrid Deixler-Hübner*, Privatkonkurs Rechtsgrundlagen – Verfahrenspraxis, 2. Aufl 1996
Delhaes, Insolvenzantrag	*Wolfgang Delhaes*, Der Insolvenzantrag – verfahrens- und kostenrechtliche Probleme der Konkurs- und Vergleichsantragstellung, 1994
Demharter, Grundbuchordnung	*Johann Demharter*, Grundbuchordnung, Kurz-Kommentar, 26. Aufl 2008
DepotG	Gesetz über die Verwahrung und Anschaffung von Wertpapieren idF der Bek v 11. 1. 1995 (BGBl S 34)
ders	derselbe
DGB	Deutscher Gewerkschaftsbund
DGVZ	Deutsche Gerichtsvollzieher-Zeitung
dh	das heißt
Die Bank	Die Bank (Zeitschrift)
dies	dieselbe(n)
Diss	Dissertation (Universitätsort)
DJ	Deutsche Justiz (Zeitschrift)
DJT	Deutscher Juristentag
DJZ	Deutsche Juristenzeitung (Zeitschrift)
DKKW/*Bearbeiter*	*Däubler/Kittner/Klebe/Wedde* Betriebsverfassungsgesetz mit Wahlordnung, 11. Aufl 2008
DNotZ	Deutsche Notar-Zeitung (Zeitschrift)
DPMA	Deutsches Patent- und Markenamt
Dok	Dokument
Döbereiner, Restschulbefreiung	*Stephan Döbereiner*, Die Restschuldbefreiung nach der Insolvenzordnung, 1997

Abkürzungs- und Literaturverzeichnis

DÖV	Die öffentliche Verwaltung (Zeitschrift)
Dorndorf/Weller/Hauck	Heidelberger Kommentar zum Kündigungsschutzgesetz, 4. Aufl 2001
DR	Deutsches Recht (Zeitschrift)
DRiG	Deutsches Richtergesetz idF v 19. 4. 1972 (BGBl I S 713)
DRiZ	Deutsche Richterzeitung (Zeitschrift)
DRspr	Deutsche Rechtsprechung, Entscheidungssammlung und Aufsatzhinweise
Drukarczyk, Finanzierung	*Jochen Drukarczyk*, Finanzierung, 10. Aufl 2008
Drukarczyk, Unternehmen und Insolvenz	*Jochen Drukarczyk*, Unternehmen und Insolvenz, 1987
Drygala, Gläubigerschutz	*Tim Drygala*, Der Gläubigerschutz bei der typischen Betriebsaufspaltung, 1991 (Beiträge zum Insolvenzrecht Bd 9)
DRZ	Deutsche Rechts-Zeitschrift
DStR	Deutsches Steuerrecht (Zeitschrift)
DStZ/A	Deutsche Steuerzeitung Ausgabe A
DtZ	Deutsch-Deutsche Rechts-Zeitschrift
DVBl	Deutsches Verwaltungsblatt
DVO	Durchführungsverordnung
DWW	Deutsche Wohnungswirtschaft (herausgegeben vom Zentralverband der deutschen Haus-, Wohnungs- und Grundeigentümer; Zeitschrift)
DZWir	Deutsche Zeitschrift für Wirtschaftsrecht (Zeitschrift, ab 1999: DZWIR)
DZWIR	Deutsche Zeitschrift für Wirtschafts- und Insolvenzrecht (ab 1999; vorher: DZWir)
E	Entwurf, Entscheidung (in der amtlichen Sammlung)
ebd	ebenda
Eckardt, Anfechtungsklage	*Diederich Eckardt*, Die Anfechtungsklage wegen Gläubigerbenachteiligung, 1994
ECU	European Currency Unit
EFG	Entscheidungen der Finanzgerichte
EFZG	Gesetz über die Zahlung des Arbeitsentgelts an Feiertagen und im Krankheitsfall (Entgeltfortzahlungsgesetz) v 26. 5. 1994 (BGBl I S 1014, 1065)
EG	Einführungsgesetz; Europäische Gemeinschaft(en)
EGBGB	Einführungsgesetz zum Bürgerlichen Gesetzbuch idF v 21. 9. 1994 (BGBl S 2494)
EGInsO	Einführungsgesetz zur Insolvenzordnung vom 5. 10. 1994 (BGBl I S 2911)
EGKS	Europäische Gemeinschaft für Kohle und Stahl
EGKSV	Vertrag über die Gründung der Europäischen Gemeinschaft für Kohle und Stahl v 18. 4. 1951 (BGBl II S 445, 978)
EGKO	Gesetz, betreffend die Einführung der Konkursordnung vom 10. 2. 1877 (RGBl S 390)
EheG	Ehegesetz v 20. 2. 1946 (= KRG Nr 16; ABlKR S 77)
Ehlers/Drieling, Unternehmenssanierung	*Ehlers/Drieling*, Unternehmenssanierung nach der Insolvenzordnung, 2. Aufl 2000
Ehricke, Konzernunternehmen	*Ulrich Ehricke*, Das abhängige Konzernunternehmen in der Insolvenz, 1998
Eickmann	*Dieter Eickmann*, Konkurs- und Vergleichsrecht, 2. Aufl 1980
Eickmann, Aktuelle Probleme	*ders.*, Aktuelle Probleme des Insolvenzverfahrens aus Verwalter- und Gläubigersicht. RWS-Skript Nr 88, 3. Aufl 1985
Eidenmüller, Unternehmenssanierung	*Horst Eidenmüller*, Unternehmenssanierung zwischen Markt und Gesetz, 1999
Einhundert Jahre Konkursordnung 1877–1977	Festschrift des Arbeitskreises für Insolvenz- und Schiedsgerichtswesen e V, Köln zum einhundertjährigen Bestehen der Konkursordnung, 1977
Einf	Einführung
Einl	Einleitung
EInsO	siehe DE
EKMR	Europäische Kommission für Menschenrechte

Abkürzungs- und Literaturverzeichnis

Emmerich/Sonnenschein/ Weitemeyer	*Emmerich/Sonnenschein/Weitemeyer*, §§ 535 bis 580a des Bürgerlichen Gesetzbuches, Gesetz zur Regelung der Miethöhe, Gesetz über eine Sozialklausel in Gebieten mit gefährdeter Wohnversorgung, 7. Aufl 1999
Emmerich, Firmenrecht	*Sabine Emmerich*, Das Firmenrecht im Konkurs, 1992
Entsch	Entscheidung
entspr	entsprechend
ErbbauVO	Verordnung über das Erbbaurecht v 15. 1. 1919 (RGBl S 72, ber S 122)
ErbStG	Erbschaftsteuer- und Schenkungsteuergesetz idF v 27. 2. 1997 (BGBl I S 378)
ErfK/*Bearbeiter*	Erfurter Kommentar zum Arbeitsrecht, hrsg von *Müller-Glöge/Preis/I. Schmidt*, 9. Aufl 2009 (begr v *Dieterich/Hanau/Schaub*)
Erg	Ergänzung
Erl	Erlaß; Erläuterung
Erman/Bearbeiter	Erman, Handkommentar zum Bürgerlichen Gesetzbuch, Band I und II, 10. Aufl 2000
EStG	Einkommensteuergesetz
etc	et cetera
EuG	Europäisches Gericht Erster Instanz
EuGH	Gerichtshof der Europäischen Gemeinschaften
EuGHE	Entscheidungen des Gerichtshofes der Europäischen Gemeinschaften
EuGHMR	Europäischer Gerichtshof für Menschenrechte
EuGVÜ	Europäisches Übereinkommen über die gerichtliche Zuständigkeit und die Vollstreckung gerichtlicher Entscheidungen in Zivil- und Handelssachen v 27. 9. 1968 (BGBl 1972 II S 773; 1986 II S 1020)
EuInsVO	Verordnung (EG) Nr 1346/2000 über Insolvenzverfahren vom 29. 5. 2000 (ABl L 160 vom 30. 6. 2000, S 1 = NZI 2000, 407), ist am 31. 5. 2001 in Kraft getreten
EuR	Europarecht (Zeitschrift)
Euro	Europäische Währungseinheit ab 1. 1. 2002
EuZW	Europäische Zeitschrift für Wirtschaftsrecht
EV	Eigentumsvorbehalt
e V	eingetragener Verein
EVertr	Einigungsvertrag v 31. 8. 1990 (BGBl II S 889)
evtl	eventuell
EVÜ	(Europäisches) Übereinkommen über das auf vertragliche Schuldverhältnisse anzuwendende Recht v 19. 6. 1980 (BGBl 1986 II S 809; 1991 II S 871)
EWG	Europäische Wirtschaftsgemeinschaft
EWGV	Vertrag zur Gründung der Europäischen Wirtschaftsgemeinschaft v 25. 3. 1957 (BGBl II S 766)
EWiR	Entscheidungen zum Wirtschaftsrecht (Zeitschrift)
EWIV	Europäische wirtschaftliche Interessenvereinigung
EWIV-AG	Gesetz zur Ausführung der EWG-Verordnung über die Europäische wirtschaftliche Interessenvereinigung (EWIV-Ausführungsgesetz) v 14. 4. 1988 (BGBl I S 514)
EWIV-VO	Verordnung (EWG) Nr 2137/85 des Rates der EG über die Schaffung der Europäischen wirtschaftlichen Interessenvereinigung v 25. 7. 1985 (ABl EG Nr L 199, S 1)
EWS	Europäisches Währungssystem
EzA	Entscheidungen zum Arbeitsrecht, hrsg von *Stahlhacke*
EzInsR	*Hess/Uhlenbruck/Weis*, Entscheidungssammlung zum Insolvenzrecht (Loseblatt)
f, ff	folgend(e)
Farthmann/Hanau/ Isenhardt/Preis	Arbeitsgesetzgebung und Arbeitsrechtsprechung, Festschrift zum 70. Geburtstag von Eugen Stahlhacke, 1995
FamFG	Gesetz über das Verfahren in Familiensachen und in den Angelegenheiten der freiwilligen Gerichtsbarkeit v 17. 12. 2008 (BGBl I S 2586)
FamRZ	Zeitschrift für das gesamte Familienrecht
Favoccia, Mobilarsicherheiten	*Daniela Favoccia*, Vertragliche Mobilarsicherheiten im internationalen Insolvenzrecht, KTS-Schriften Bd 2, 1991

Abkürzungs- und Literaturverzeichnis

FG	Finanzgericht
FGG	Gesetz über die Angelegenheit der freiwilligen Gerichtsbarkeit v 17. 5. 1898 (RGBl I S 189) idF v 20. 5. 1898 (RGBl S 369, 711)
FGO	Finanzgerichtsordnung v 6. 10. 1965 (BGBl I S 1477) idF v 28. 3. 2001 (BGBl I S 442)
Fink, Finanzierung	*Paul Fink*, Maßnahmen des Verwalters zur Finanzierung in der Unternehmensinsolvenz, 1998
Fischer	*Thomas Fischer*, Strafgesetzbuch und Nebengesetze, 56. Aufl 2009
Fischer, Überschuldungsbilanz	*Werner Fischer*, Die Überschuldungsbilanz, 1980
Fitting/Kaiser/Heither/ Engels	*Fitting/Kaiser/Heither/Engels*, Betriebsverfassungsgesetz, Handkommentar, 24. Aufl 2008
FK-*Bearbeiter*	Klaus Wimmer (Hrsg), Frankfurter Kommentar zur Insolvenzordnung, 5. Aufl 2009
FLF	Finanzierung – Leasing – Factoring (Zeitschrift)
Flöther, Auswirkungen	*Lucas F. Flöther*, Auswirkungen des inländischen Insolvenzverfahrens auf Schiedsverfahren und Schiedsabrede, 2001
FMStG	Gesetz zur Umsetzung eines Maßnahmenpakets zur Stabilisierung des Finanzmarktes (Finanzmarktstabilisierungsgesetz) v 17.10.2008 (BGBl I S 1982)
Fn	Fußnote
FN-IDW	Fachnachrichten des Instituts der Wirtschaftsprüfer
Forsblad, Restschuldbefreiung	*Kirsten Forsblad*, Restschuldbefreiung und Verbraucherinsolvenz im künftigen deutschen Insolvenzrecht, 1997
Förster/Rühmann/Cisch	*Förster/Rühmann/Cisch*, Betriebsrentengesetz: Gesetz zur Verbesserung der betrieblichen Altersversorgung mit zivilrechtlichen, arbeitsrechtlichen und steuerrechtlichen Vorschriften (begr v *Ahrend/Förster*), 12. Aufl 2009
FR	Finanz-Rundschau (Zeitschrift)
Frege, Sonderinsolvenzverwalter	*Michael C. Frege*, Der Sonderinsolvenzverwalter, 2008
Frege/Keller/Riedel, HRP	*Michael C. Frege/Ulrich Keller/Ernst Riedel*, Handbuch der Rechtspraxis, Bd 3 Insolvenzrecht, 7. Aufl 2008
Frege/Riedel, Schlussbericht	*Michael C. Frege/Ernst Riedel*, Schlussbericht und Schlussrechnung im Insolvenzverfahren, 2. Aufl 2007
Frotscher, Besteuerung	*Gerrit Frotscher*, Besteuerung bei Insolvenz, 6. Aufl 2005
FS	Festschrift
FS Braun	Unternehmenskrisen – Der Jurist als Notarzt, Festschrift für Eberhard Braun zum 60. Geburtstag, hrsg v *Thomas Kind, Ferdinand Kießner* u *Achim Frank*, 2007
FS Uhlenbruck	Insolvenzrecht in Wissenschaft und Praxis, Festschrift für Wilhelm Uhlenbruck zum 70. Geburtstag, hrsg v *Hanns Prütting* u *Heinz Vallender*, 2000
GA	Goltdammer's Archiv für Strafrecht (1953 ff; vorher: Dt Strafrecht)
GBl	Gesetzblatt
GBO	Grundbuchordnung idF v 26. 5. 1994 (BGBl I S 1114)
GbR	Gesellschaft bürgerlichen Rechts
GBMaßnG	Gesetz über Maßnahmen auf dem Gebiet des Grundbuchwesens v 20. 12. 1963 (BGBl I S 986)
GBVfg	Allgemeine Verfügung über die Einrichtung und Führung des Grundbuchs (Grundbuchverfügung) v 8. 8. 1935 (RMBl S 637)
GebrMG	Gebrauchsmustergesetz idF v 28. 8. 1986 (BGBl I S 1455)
Geigel	*Geigel*, Der Haftpflichtprozess, 25. Aufl 2008
Geist, Steuern	*Günter Geist*, Insolvenzen und Steuern, 3. Aufl 1980
gem	gemäß
Gen	Genossenschaft
GenG	Gesetz betreffend die Erwerbs- und Wirtschaftsgenossenschaften idF der Bek v 19. 8. 1994 (BGBl S 2202)
Gerhardt, Grundbegriffe	*Walter Gerhardt*, Grundbegriffe des Vollstreckungs- und Insolvenzrechts, 1985
Gerhardt, Befreiungsanspruch	*Walter Gerhardt*, Der Befreiungsanspruch, 1966

Abkürzungs- und Literaturverzeichnis

Gerhardt, Gläubigeranfechtung	*Walter Gerhardt*, Die systematische Einordnung der Gläubigeranfechtung, 1969
Gerhardt, Grundpfandrechte	*Walter Gerhardt*, Grundpfandrechte im Insolvenzverfahren, 11. Aufl 2005
Ges	Gesetz; gesetzlich
GeschmMG	Gesetz betr. das Urheberrecht an Mustern und Modellen (Geschmacksmustergesetz) v 11. 1. 1876 (RGBl S 11)
GesO	Gesamtvollstreckungsordnung idF v 23. 5. 1991 (BGBl I S 1185); außer Kraft am 31. 12. 1998 (Art 2 EGInsO)
Geßler/Hefermehl	*Geßler/Hefermehl/Eckardt/Kropff*, Aktiengesetz. Kommentar, 1973 ff
Gessner/Rhode/Strate/ Ziegert	*Gessner/Rhode/Strate/Ziegert*, Die Praxis der Konkursabwicklung in der Bundesrepublik Deutschland, 1978
GewA	Gewerbe-Archiv (Zeitschrift)
GewO	Gewerbeordnung idF v 22. 2. 1999 (BGBl I S 202)
GewStG	Gewerbesteuergesetz idF v 19. 5. 1999 (BGBl I S 1010, 1491)
GG	Grundgesetz für die Bundesrepublik Deutschland v 23. 5. 1949 (BGBl I S 1)
ggf	gegebenenfalls
GIW	Gesetz über internationale Wirtschaftsverträge v 5. 2. 1976 (GBl DDR I S 61), zuletzt geändert durch Gesetz vom 28. 6. 1990 (GBl DDR I S 483)
GK-AktG-*Bearbeiter*	*Hopt/Wiedemann* (Hrsg), Aktiengesetz, Großkommentar, 4. Aufl 1992 ff
GK-BetrVG-*Bearbeiter*	Gemeinschaftskommentar zum Betriebsverfassungsgesetz, hrsg von *Fabricius/Kraft* u a Bd 1 und Bd 2, 9. Aufl 2009
GK-HGB-*Bearbeiter*	Gemeinschaftskommentar zum HGB, hrsg *Ensthaler*, 7. Aufl 2007
GKG	Gerichtskostengesetz idF v 15. 12. 1975 (BGBl I S 3047)
GK-SGB VI-*Bearbeiter*	Gemeinschaftskommentar zum Sozialgesetzbuch, Gesetzliche Rentenversicherung, hrsg *Ruland/Försterling* 1991 ff
GK-SGB X 3	Gemeinschaftskommentar zum Sozialgesetzbuch, Zusammenarbeit der Leistungsträger und ihre Beziehung zu Dritten, hrsg v *Maydell/Schellhorn*, 1984 ff
GmbH	Gesellschaft mit beschränkter Haftung
GmbH & 38; Co (KG)	Gesellschaft mit beschränkter Haftung und Compagnie (Kommanditgesellschaft)
GmbHG	Gesetz betreffend die Gesellschaften mit beschränkter Haftung idF v 20. 5. 1898 (RGBl S 369, 846)
GmbHR	GmbH-Rundschau (Zeitschrift)
Götger, Geschäftsführer	*Uwe Götger*, Der Geschäftsführer in der Insolvenz der GmbH, 1. Aufl 1999
GOÄ	Gebührenordnung für Ärzte idF v 9. 2. 1996 (BGBl I S 210)
GoA	Geschäftsführung ohne Auftrag
GoB	Grundsätze ordnungsmäßiger Buchführung
Gottwald (/*Bearbeiter*), InsRHdb	*Peter Gottwald* (Hrsg), Insolvenzrechts-Handbuch, 3. Aufl 2006
Gottwald/Riedel, Praxishandbuch	*Gottwald/Riedel*, Praxishandbuch Insolvenzrecht, 1998 ff (Loseblatt)
Graf-Schlicker-*Bearbeiter*	Kommentar zur Insolvenzordnung, hrsg. v. *Marie Luise Graf-Schlicker*, 2. Aufl 2008
Graf-Schlicker/Livonius Restschuldbefreiung	*Graf-Schlicker/Livonius*, Restschuldbefreiung und Verbraucherinsolvenz nach der InsO, 1999
GRAM	Gesetz zu Reformen am Arbeitsmarkt (Arbeitsmarktreformgesetz) v 24.12.2003 (BGBl I S 3002)
GrEStG 1983	Grunderwerbsteuergesetz idF v 26. 2. 1997 (BGBl I S 418, 1804)
Groß, Sanierung	*Paul J. Groß*, Sanierung durch Fortführungsgesellschaften, 2. Aufl 1988
Grote, Verbraucherinsolvenz	*Hugo Grote*, Einkommensverwertung und Existenzminimum des Schuldners in der Verbraucherinsolvenz, 2000
GrS	Großer Senat
Gruchot	Beiträge zur Erläuterung des (bis 15. 1871: Preußischen) Deutschen Rechts, begr. von *Gruchot* (1. 1857–73. 1933)
Grunewald, GesR	*Barbara Grunewald*, Gesellschaftsrecht, 7. Aufl 2008

Abkürzungs- und Literaturverzeichnis

Grunsky/Moll, Arbeitsrecht	*Grunsky/Moll*, Arbeitsrecht und Insolvenz, 1997, RWS-Skript 289
GRUR	Gewerblicher Rechtsschutz und Urheberrecht (Zeitschrift)
GSB	Gesetz über die Sicherung der Bauforderungen (Bauforderungssicherungsgesetz - BauFordSiG) v. 1.6.1909, RGBl. I S. 449, zuletzt geändert durch Art. 1 ÄndG vom 29.7. 2009, BGBl. I S. 2436; s auch BauFordSiG
GüKG	Güterkraftverkehrsgesetz idF v 10. 3. 1983 (BGBl I S 256)
GuG	Grundstücksmarkt und Grundstücksrecht (Zeitschrift), 1990 ff
GVBl	Gesetz- und Verordnungsblatt
GVG	Gerichtsverfassungsgesetz idF v 9. 5. 1975 (BGBl I S 1077)
GvKostG	Gesetz über Kosten der Gerichtsvollzieher v 26. 7. 1957 (BGBl I S 887)
GVO	Grundstücksverkehrsordnung idF v 20. 12. 1993 (BGBl I S 2221)
GVÜ	siehe EuGVÜ
GWB	Gesetz gegen Wettbewerbsbeschränkungen idF v 26. 8. 1998 (BGBl I S 2546)
Haack, Überschuldung	*Michael Haack*, Der Konkursgrund der Überschuldung bei Kapital- und Personengesellschaften, 1980
Haarmeyer, Beschlagnahme	*Hans Haarmeyer*, Hoheitliche Beschlagnahme und Insolvenzbeschlag, 2000
Hachenburg/*Bearbeiter*	Hachenburg, Großkommentar zum GmbHG, 8. Aufl 1992
HAG	Heimarbeitsgesetz v 14. 3. 1951 (BGBl I S 191)
Hahn, Materialien	C. Hahn (Hrsg), Die gesamten Materialien zu den Reichsjustizgesetzen, Band IV: Materialien zur Konkursordnung, 1881
HaKo-*Bearbeiter*	Hamburger Kommentar zum Insolvenzrecht, hrsg. v. *Andreas Schmidt*, 3. Aufl 2009
HansOLG	Hanseatisches Oberlandesgericht
Happe	*Eike Happe*, Die Rechtsnatur des Insolvenzplans, 2004
Häsemeyer, InsR	*Ludwig Häsemeyer*, Insolvenzrecht, 2. Aufl 1998
Hartmann	Hartmann, Kostengesetz, 31. Aufl 2002
Hauck/Heines	Hauck/Heines, Kommentar zum Sozialgesetzbuch, Stand 1996 ff
HausratsVO	Verordnung über die Behandlung der Ehewohnung und des Hausrats v 21. 10. 1944 (RGBl I S 256)
HausTWG	Gesetz über den Widerruf von Haustürgeschäften und ähnlichen Geschäften v 16. 1. 1986 (BGBl I S 122)
Hbd	Halbband
H/B/W GesO	*Hess/Binz/Wienberg*, Gesamtvollstreckungsordnung, 4. Aufl 1998
Hdb	Handbuch
HdbInsAnf-*Bearbeiter*	Handbuch des Insolvenzanfechtungsrechts, hrsg. v. *Reinhard Bork*, 2006
HdbInsVerw-*Bearbeiter*	Handbuch der Insolvenzverwaltung, hrsg. v. *Harro Mohrbutter* u. *Andreas Ringstmeier*, 8. Aufl 2006
HdWW	Handwörterbuch der Wirtschaftswissenschaften, Bd 1–10, 1977 ff
Hefermehl/Köhler/Bornkamm	*Hefermehl/Köhler/Bornkamm* Gesetz gegen den unlauteren Wettbewerb (UWG), Preisangabenverordnung (PAngV), Unterlassungsklagengesetz (UKlaG), Kommentar, 27. Aufl 2009 (begr v Adolf Baumbach und bis zur 22. Aufl bearb v Wolfgang Hefermehl)
Hegmanns, Gläubigerausschuß	*Ekkehard Hegmanns*, Der Gläubigerausschuss, 1986
Heidland, Bauvertrag	*Herbert Heidland*, Der Bauvertrag in der Insolvenz, 2. Aufl 2003
Heil, Akteneinsicht	*Christof Heil*, Akteneinsicht und Auskunft im Konkurs, 1995
Heile, Anweisung	*Bernhard Heile*, Die Anweisung im Konkurs des Anweisenden, 1976
HeimG	Heimgesetz idF v 23. 4. 1990 (BGBl I S 763)
Heinsius/Horn/Than DepG	*Heinsius/Horn/Than*, Depotgesetz, Kommentar, 1975
HeizkostenVO	Verordnung über die verbrauchsabhängige Abrechnung der Heiz- und Warmwasserkosten idF v 20. 1. 1989 (BGBl I S 115)
Henckel, Pflichten	*Wolfram Henckel*, Pflichten des Konkursverwalters gegenüber Aus- und Absonderungsberechtigung, 2. Aufl 1979 (RWS-Skript Nr 25)
Henckel, Probleme	*Wolfram Henckel*, Aktuelle Probleme der Warenliefernden beim Kundenkonkurs, 1983 (RWS-Skript Nr 125)
Henckel/Kreft, InsR	*Henckel/Kreft*, Insolvenzrecht 1998, RWS-Forum Bd 14, 1999
Henssler	*Martin Henssler*, Partnerschaftsgesellschaftsgesetz, 2. Aufl 2008
Henrich	*Henrich*, Familienrecht, 5. Aufl 1995
Hess, InsO	*Harald Hess*, Insolvenzrecht. Großkommentar in drei Bänden, 2007 (früher u.d.T.: Kommentar zur Insolvenzordnung mit EGInsO, 1999)

Abkürzungs- und Literaturverzeichnis

Hess, InsOÄG	*Harald Hess*, Kommentar zum InsO-Änderungsgesetz 2001, 2002
Hess, InsVV	*Harald Hess*, InsVV Kommentar zur insolvenzrechtlichen Vergütungsverordnung, 2. Aufl 2000
Hess, KO	*Harald Hess*, Konkursordnung, 6. Aufl 1998
Hess/Kranemann/Pink	Das neue Insolvenzrecht, 1998
Hess/Obermüller	*Hess/Obermüller*, Insolvenzplan, Restschuldbefreiung und Verbraucherinsolvenz, 3. Aufl 2003
Hess/Pape, InsO	*Harald Hess/Gerhard Pape*, InsO und EGInsO, Grundzüge des neuen Insolvenzrechts, 1995 (RWS-Skript Nr 278)
Hess/Schlochauer/Glaubitz	Kommentar zum Betriebsverfassungsgesetz, 5. Aufl 1997
Hess/Weis, Anfechtungsrecht	*Harald Hess/Michaela Weis*, Das neue Anfechtungsrecht. §§ 129–147 InsO, §§ 1–20 AnfG, 2. Aufl 1999
Hess/Weis/Uhlenbruck, EzInsR	*Hess/Weis/Uhlenbruck*, EzInsR – Entscheidungssammlung zum Insolvenzrecht (Loseblatt)
Heyer, Verbraucherinsolvenzverfahren	*Hans-Ulrich Heyer*, Verbraucherinsolvenzverfahren und Restschuldbefreiung, 1997
HFR	Höchstrichterliche Finanzrechtsprechung
HGB	Handelsgesetzbuch v 10. 5. 1897 (RGBl S 219)
H/GvW PraxisSchRReform	*Henssler/Graf von Westfalen* (Hrsg), Praxis der Schuldrechtsreform, 2002
HintO	Hinterlegungsordnung v 10. 3. 1937 (RGBl S 285)
Hintzen/Wolf, Mobiliarvollstreckung	*Udo Hintzen/Hans-Joachim Wolf*, Handbuch der Mobiliarvollstreckung, 2. Aufl 1999
Hirte, KapGesR	*Heribert Hirte*, Kapitalgesellschaftsrecht, 6. Aufl 2009
HK-*Bearbeiter*	Heidelberger Kommentar zur Insolvenzordnung, hrsg v *Gerhart Kreft*, 5. Aufl 2008
HK-AktG-*Bearbeiter*	Heidelberger Kommentar zum Aktienrecht, hrsg v *Tobias Bürgers, Torsten Körber*, 2008.
HK-GmbH-*Bearbeiter*	Heidelberger Kommentar zum GmbH-Recht, hrsg v *Harald Bartl u.a.*, 6. Aufl 2009
HK-HGB-*Bearbeiter*	Heidelberger Kommentar zum HGB, hrsg v *Peter Glanegger, Christian Kirnberger, Stefan Kusterer*, 7. Aufl 2007
hL	herrschende Lehre
hM	herrschende Meinung
HöfeO	Höfeordnung idF v 26. 7. 1976 (BGBl I S 1933)
Hoes, Überschuldung	*Volker Hoes*, Die Überschuldung Privater als Problem von Ungleichgewichten, 1997
Hoffmann, Verbraucherinsolvenz	*Helmut Hoffmann*, Verbraucherinsolvenz und Restschuldfreiung, 1998
v *Hoffmann/Thorn*	*von Hoffmann/Thorn*, Internationales Privatrecht, 9. Aufl 2007; begr v *Karl Firsching*
Holzer, Entscheidungsträger	*Johannes Holzer*, Die Entscheidungsträger im Insolvenzverfahren, 3. Aufl 2004
Holzer/Kleine-Cosack/Prütting, Gutachten	*J. Holzer/M. Kleine-Cosack/H. Prütting*, Die Bestellung des Insolvenzverwalters, 2001
Hopt, GesellschaftsR	*Klaus J. Hopt*, Gesellschaftsrecht, 4. Aufl 1996
v *Hoyningen-Huene/Linck*	v. *Hoyningen-Huene/Linck*, Kündigungsschutzgesetz, Kommentar, 14. Aufl 2007; begr v *Alfred Hueck*, bis zur 10. Aufl fortgef v *Götz Hueck*
HRefG	Handelsrechtsreformgesetz v 22. 6. 1998 (BGBl I S 1474)
HRR	Höchstrichterliche Rechtsprechung (Zeitschrift)
Hrsg; hrsg	Herausgeber; herausgegeben
HRV	Verfügung über die Einrichtung und Führung des Handelsregisters (Handelsregisterverfügung) v 12. 8. 1937 (RMBl S 515)
HS	Halbsatz
HSOG	Hessisches Gesetz über die öffentliche Sicherheit und Ordnung
Huber, AnfG	*Michael Huber*, Anfechtungsgesetz, 10. Aufl 2006
Hübschmann/Hepp/Spitaler-Bearbeiter, AO (bzw FGO)	*Hübschmann/Hepp/Spitaler*, Abgabenordnung, Finanzgerichtsordnung, 10. Aufl 1995 ff (Loseblatt)

Abkürzungs- und Literaturverzeichnis

Hueck/Canaris	*Hueck/Canaris*, Das Recht der Wertpapiere, Kommentar, 12. Aufl 1986
Hueck, OHG	A. Hueck, Das Recht der offenen Handelsgesellschaft, 4. Aufl 1971
Hüffer, AktG	*Uwe Hüffer*, Aktiengesetz, 8. Aufl 2008
Huhn, Eigenverwaltung	*Christoph Huhn*, Die Eigenverwaltung im Insolvenzverfahren, 2002
Huntemann/ Graf Brockdorff	*Huntemann/Graf Brockdorff*, Der Gläubiger im Insolvenzverfahren, 1999
HWB	Handwörterbuch
H/W/F-*Bearbeiter* PräsenzKomm	*Haarmeyer/Wutzke/Förster* Präsenz-Kommentar zur Insolvenzordnung, abrufbar unter www.insolvenzrecht.de; s auch PK-HWF/*Bearbeiter*
H/W/F Hdb	*Haarmeyer/Wutzke/Förster*, Handbuch zur Insolvenzordnung. InsO/EG-InsO 3. Aufl 2001 (bzw 2. Aufl 1998)
H/W/F/H ZVG (bzw ZwangsverwalterVO)	*Haarmeyer/Wutzke/Förster/Hintzen*, Zwangsverwaltung. ZwangsversteigerungsG (§§ 146–161) und ZwangsverwalterVO, 4. Aufl 2007
H/W/F InsVV (bzw VergVO)	*Haarmeyer/Wutzke/Förster*, Vergütung in Insolvenzverfahren. InsVV/VergVO, 4. Aufl 2007
HWK-*Bearbeiter*	*Henssler/Willemsen/Kalb* Arbeitsrecht Kommentar, 2. Aufl 2006
HwO	Handwerksordnung idF v 24. 9. 1998 (BGBl I 3074)
HWR	Handwörterbuch des Rechnungswesens
HypBankG	Hypothekenbankgesetz idF v 9. 9. 1998 (BGBl I S 2074)
idF (v/d)	in der Fassung (vom, der bzw des)
idR	in der Regel
IDW	Institut deutscher Wirtschaftprüfer
INF	Die Information über Steuer und Wirtschaft (Zeitschrift)
InsO	Insolvenzordnung
InsOÄndG 2001	Gesetz zur Änderung der Insolvenzordnung und anderer Gesetze (zitiert nach dem RegE v 5. 1. 2001, BR-Drucks 14/01 = NZI 2001, Beilage zu Heft 1)
Insolvenzrechtsreport	Insolvenzrechtsreport (Zeitschrift)
InVo	Insolvenz und Vollstreckung (Zeitschrift)
IPR	Internationales Privatrecht
IPRax	Praxis des internationalen Privat- und Verfahrensrechts (Zeitschrift), 1. 1981 ff
IPRG	Gesetz zur Neuregelung des Internationalen Privat- und Verfahrensrechts v 25. 7. 1986 (BGBl I S 1142)
IPRspr	*Makarov/Gamillscheg/Müller/Dierk/Kropholler*, Die deutsche Rechtsprechung auf dem Gebiet des internationalen Privatrechts, 1952 ff
iS	im Sinne
iSd	im Sinne der/des
iSe	im Sinne einer/eines
Isenhardt/Preis	Arbeitsrecht und Sozialpartnerschaft, Festschrift für Peter Hanau, 1999
iSv	im Sinne von
iÜ	im Übrigen
iVm	in Verbindung mit
iW	im Wesentlichen
iwS	im weiteren Sinne
IZPR	Internationales Zivilprozessrecht
iZw	im Zweifel
JA	Juristische Arbeitsblätter (Zeitschrift)
Jacoby, Das private Amt	*Florian Jacoby*, Das private Amt, 2007
Jaeger-*Bearbeiter*	*Henckel/Gerhardt* (Hrsg.), Insolvenzordnung. Großkommentar, Bd. 1, §§ 1-55, 2004; Bd. 2, §§ 56-102, 2007; Bd. 4, §§ 129-147, 2008
Jaeger/Henckel, KO	*Jaeger/Henckel*, Konkursordnung, Kommentar, 9. Aufl 1977–1997
Jaeger/Lent (bzw *Weber*), KO	*Jaeger*, Konkursordnung, Kommentar, 8. Aufl 1958–1973
JArbSchG	Jugendarbeitsschutzgesetz v 12. 4. 1976 (BGBl I S 965)
Jauernig/Berger	*Othmar Jauernig/Christian Berger*, Zwangsvollstreckungs- und Insolvenzrecht, 22. Aufl 2007
Jb	Jahrbuch

Abkürzungs- und Literaturverzeichnis

JBeitrO	Justizbeitreibungsordnung v 11. 3. 1937 (RGBl I S 298)
JbIntR	Jahrbuch des internationalen Rechts
Jg	Jahrgang
Jh	Jahrhundert
JM	Justizministerium
JMBl	Justizministerialblatt
JR	Juristische Rundschau (Zeitschrift)
JurBüro	Das Juristische Büro (Zeitschrift)
JuS	Juristische Schulung (Zeitschrift)
Justiz	Die Justiz (Zeitschrift)
JVBl	Justizverwaltungsblatt (Zeitschrift)
JW	Juristische Wochenschrift (Zeitschrift)
JZ	Juristenzeitung (Zeitschrift)
KAGG	Gesetz über Kapitalanlagegesellschaften idF v 9. 9. 1998 (BGBl I S 2726)
Kalthoener/Büttner/Wrobel-Sachs, Prozesskostenhilfe	*Elmar Kalthoener/Helmut Büttner/Hildegard Wrobel-Sachs*, Prozesskostenhilfe und Beratungshilfe, 4. Aufl 2005
KapAEG	Kapitalaufnahmeerleichterungsgesetz
Kap	Kapital; Kapitel
KapErhG	Kapitalerhöhungsgesetz
Karollus, Fortbestehensprognose	*Martin Karollus*, Die Fortbestehensprognose im Rahmen des Überschuldungsprüfung, Wien 1997
Kaug	Konkursausfallgeld
KDZ/*Bearbeiter*	*Kittner/Däubler/Zwanziger*, Kündigungsschutzrecht, Kommentar für die Praxis zu Kündigungen und anderen Formen der Beendigung des Arbeitsverhältnisses, 7. Aufl 2008
Kebekus	*Frank Kebekus*, Alternativen zur Rechtsform des Idealvereins im bundesdeutschen Lizenzfußball, 1991
Kegel/Schurig, IPR	*Kegel/Schurig*, Internationales Privatrecht, 9. Aufl 2004
Keidel/Kuntze/Winkler	*Keidel/Kuntze/Winkler*, Freiwillige Gerichtsbarkeit, Kommentar, 15. Aufl 2003
Keller	*Ulrich Keller*, Vergütung und Kosten im Insolvenzverfahren, 2. Aufl 2007
Keller, InsR	*Ulrich Keller*, Insolvenzrecht, 2006
Kfz	Kraftfahrzeug
KG	Kammergericht (Berlin); Kommanditgesellschaft
KGaA	Kommanditgesellschaft auf Aktien
Kilger/K. Schmidt	*Joachim Kilger/Karsten Schmidt*, Insolvenzgesetze KO, VerglO, GesO, 17. Aufl 1997
Killinger, Insolvenzanfechtung	*Johann Killinger*, Insolvenzanfechtung gegen Insider, 1991
Kirchhof, Leitfaden	*Hans-Peter Kirchhof*, Leitfaden zum Insolvenzrecht, 2. Aufl 2000
Kipp/Coing	*Kipp/Coing*, Erbrecht, 14. Aufl 1990
Kissel/Mayer, GVG	*Kissel/Mayer*, Gerichtsverfassungsgesetz, Kommentar, 5. Aufl 2008
Kittner/Däubler/Zwanziger	*Kittner/Däubler/Zwanziger*, Kündigungsschutzrecht, Kommentar für die Praxis zu Kündigungen und anderen Formen der Beendigung des Arbeitsverhältnisses, 7. Aufl 2008; s auch KDZ/*Bearbeiter*
Kittner/Trittin	*Kittner/Trittin*, Kündigungsschutzrecht, Kommentar für die Praxis zu Kündigungen und anderen Formen der Beendigung des Arbeitsverhältnisses, 3. Aufl 1997
Kittner/Zwanziger/Bearbeiter	Arbeitrecht, Handbuch für die Praxis, 2. Aufl. 2003
KK	siehe Kölner Komm
KKZ	Kommunal-Kassen-Zeitschrift
Klar, Überschuldung	*Michael Klar*, Überschuldung und Überschuldungsbilanz, 1987
Klein/Orlopp	*Franz Klein/Gerd Orlopp*, Abgabenordnung, 10. Aufl 2009
Knüllig-Dingeldey	*Britta Knüllig-Dingeldey*, Nachforderungsrecht oder Schuldbefreiung, 1984
KO	Konkursordnung idF v 20. 5. 1898 (RGBl S 369, 612); außer Kraft am 31. 12. 1998
Koch, Eigenverwaltung	*Asja Koch*, Die Eigenverwaltung nach der Insolvenzordnung, 1998
Köhler/Kossmann, Hdb	*Köhler/Kossmann*, Handbuch der Wohnraummiete, 6. Aufl 2003

Abkürzungs- und Literaturverzeichnis

Kölner KommAktG-*Bearbeiter*	Kölner Kommentar zum Aktiengesetz, hrsg v *Zöllner*, 3. Aufl 2004 ff
Kölner Schrift	Arbeitskreis für Insolvenz- und Schiedsgerichtswesen e V, Köln (Hrsg), Kölner Schrift zur Insolvenzordnung. Das neue Insolvenzrecht in der Praxis, 3. Aufl 2009 (bzw 2. Aufl 2000)
Kothe, Altlasten	Peter *Kothe*, Altlasten in der Insolvenz, 1999
Kohte/Ahrens/Grote	*Kohte/Ahrens/Grote*, Restschuldbefreiung und Verbraucherinsolvenzverfahren, 4. Aufl 2009
Koller/Roth/Morck	*Koller/Roth/Morck*, Handelsgesetzbuch, 6. Aufl 2007
Komm	Kommentar
1. KommBer	Bundesministerium der Justiz, Erster Bericht der Kommission für Insolvenzrecht, 1985
2. KommBer	Bundesministerium der Justiz, Zweiter Bericht der Kommission für Insolvenzrecht, 1986
KonTraG	Gesetz zur Kontrolle und Transparenz im Unternehmensbereich v 27. 4. 1998 (BGBl I S 786)
Korczak/Pfefferkorn	Dieter *Korczak/Gabriela Pfefferkorn*, Überschuldungssituation und Schuldnerberatung in der Bundesrepublik Deutschland, 1992
KorrekturG	Gesetz zu Korrekturen in der Sozialversicherung und zur Sicherung der Arbeitnehmerrechte (Korrekturgesetz) v 19.12.1998 (BGBl I S 3843)
KostO	Gesetz über die Kosten in Angelegenheiten der freiwilligen Gerichtsbarkeit (Kostenordnung) idF v 26. 7. 1957 (BGBl I S 861, 960)
K/P	*Kübler/Prütting*, Das neue Insolvenzrecht, RWS-Dokumentation 18, 2. Aufl 2000
K/P/B-*Bearbeiter* bzw. KPB-*Bearbeiter*	Kommentar zur Insolvenzordnung, hrsg. *Bruno M. Kübler, Hanns Prütting u. Reinhard Bork*, (Loseblatt)
K/P/Eickmann, InsO VergütR	Dieter *Eickmann*, InsO Vergütungsrecht, Sonderband 5, 1999, hrsg v *Bruno M. Kübler* u *Hanns Prütting*
K/P/*Noack*, InsO GesellschaftsR	Ulrich *Noack*, InsO Gesellschaftsrecht, Sonderband 1, 1999, hrsg v *Bruno M. Kübler* u. *Hanns Prütting*
KR-*Bearbeiter*	*Etzel/Bader/Fischermeier/Friedrich/Griebeling/Lipke/Pfeiffer/Rost/Spilger/Treber/Vogt/Weigand/Wolff*, KR – Gemeinschaftskommentar zum Kündigungsschutzgesetz und zu sonstigen kündigungsschutzrechtlichen Vorschriften, 9. Aufl 2009
Kraemer/Vallender/Vogelsang/*Bearbeiter*	Handbuch zur Insolvenz, hrsg *Joachim Kraemer, Heinz Vallender, Norbert Vogelsang*, Bd 1 u Bd 2 seit 1997 (Loseblatt), Stand: 43. Aktualisierung 2009 (zit nach Fach/Kap Rdn)
Kreft	Heidelberger Kommentar zur Insolvenzordnung, hrsg v *Gerhart Kreft*, 5. Aufl 2008
krit	kritisch
Krug, Verbraucherkonkurs	Peter *Krug*, Der Verbraucherkonkurs, 1998
Kruth, Die Auswahl	Claus-Peter *Kruth*, Die Auswahl und Bestellung des Insolvenzverwalters, 2006
KS-*Bearbeiter*	Arbeitskreis für Insolvenz- und Schiedsgerichtswesen e V, Köln (Hrsg), Kölner Schrift zur Insolvenzordnung. Das neue Insolvenzrecht in der Praxis, 3. Aufl 2009 (bzw 2. Aufl 2000)
KSchG	Kündigungsschutzgesetz idF v 25. 8. 1969 (BGBl I S 1317)
KSI	Krisen-, Sanierungs- und Insolvenzberatung (Zeitschrift)
KStG	Körperschaftsteuergesetz idF v 22. 4. 1999 (BGBl I S 817)
KTS	Zeitschrift für Konkurs-, Treuhand- und Schiedsgerichtswesen (vor 1942: KuT)
Kübler, GesellschaftsR	Friedrich *Kübler*, Gesellschaftsrecht, 6. Aufl 2006
Kübler Neuordnung	Bruno M. *Kübler* (Hrsg), Neuordnung des Insolvenzrechts, 1989
Künne	Karl *Künne*, Außergerichtliche Vergleichsordnung, 7. Aufl 1968
Künne	Karl *Künne*, Der Liquidationsvergleich im gerichtlichen und außergerichtlichen Vergleichsverfahren, Schriftenreihe «der Betrieb» 1968
K/U	*Kuhn/Uhlenbruck*, Konkursordnung, Kommentar, 11. Aufl 1994
Kuntze/Ertl/Herrmann/Eickmann	*Kuntze/Ertl/Hermann/Eickmann*, Grundbuchrecht, 6. Aufl 2006
KuT	Konkurs- und Treuhandwesen (Zeitschrift ab 1942: KTS)

Abkürzungs- und Literaturverzeichnis

KWG	Gesetz über das Kreditwesen idF v 9. 9. 1998 (BGBl I S 277), geändert durch EG InsOÄndG v 19. 12. 1998 (BGBl I S 3836) u durch Art 3 des Gesetzes zur Änderung insolvenzrechtlicher und kreditwesensrechtlicher Vorschriften v 8. 12. 1999 (BGBl I S 2384)
LAA	Landesarbeitsamt
LAG	Landesarbeitsgericht (mit Ortsnamen); Gesetz über den Lastenausgleich (Lastenausgleichsgesetz) idF v 2. 6. 1993 (BGBl I S 845); Landwirtschaftsanpassungsgesetz v 29. 6. 1990 (GBl DDR I S 642)
LAGE	Entscheidungen der Landesarbeitsgerichte, hrsg v *Lipke*
Landmann/Rohmer/ Bearbeiter	*Landmann/Rohmer*, Gewerbeordnung und ergänzende Vorschriften, Kommentar , 54. Aufl 2009 (Loseblatt)
Lang/Weidmüller, GenG	*Lang/Weidmüller*, Genossenschaftsgesetz, 36. Aufl 2008
Lange/Kuchinke	*Lange/Kuchinke*, Erbrecht, 4. Aufl 1995
Larenz, Methodenlehre	*Karl Larenz*, Methodenlehre der Rechtswissenschaft, 6. Aufl 1991
Laufs/Uhlenbruck	*Laufs/Uhlenbruck*, Handbuch des Arztrechts, 3. Aufl 2002
Laux, Betriebsveräußerungen	*Rainer Laux*, Betriebsveräußerungen im Konkurs, 1993 (KB-Schriften zum Insolvenzrecht Nr 3)
Leipold-Bearbeiter	*Dieter Leipold* (Hrsg), Insolvenzrecht im Umbruch, KTS-Schriften Bd 1, 1991
Lewald	*Lewald*, Das deutsche internationale Privatrecht, 1931
LFZG	Lohnfortzahlungsgesetz
LG	Landgericht (mit Ortsnamen)
Lit	Literatur
LK-*Verfasser*	Strafgesetzbuch – Leipziger Kommentar, 12. Aufl 2006 ff
LM	*Lindenmaier/Möhring*, Nachschlagewerk des Bundesgerichtshofs (Nr ohne Gesetzesstelle bezieht sich auf den gerade kommentierten Paragraphen)
Löwe/v Westphalen/ Trinkner	*Löwe/Graf v Westphalen/Trinkner*, Großkommentar zum AGB-Gesetz, 2. Aufl, Band 1 (1985), Band 2 (1983), Band 3 (1985)
Löwisch/Spinner	*Löwisch/Spinner*, Kündigungsschutz, Kommentar, 9. Aufl 2004, begr v *Herschel/Steinmann*
LPartG	Lebenspartnerschaftsgesetz v 16. 2. 2001 (BGBl I S 266)
LPersVG	Landespersonalvertretungsgesetz
LPG	Landwirtschaftliche Produktionsgenossenschaft
LS	Leitsatz
LSG	Landessozialgericht (mit Ortsnamen)
Lüke, Haftung	*Wolfgang Lüke*, Die persönliche Haftung des Konkursverwalters, 1986
Lüke, Persönliche Haftung	*Wolfgang Lüke*, Persönliche Haftung des Verwalters in der Insolvenz, 2. Aufl 1996 (RWS-Skript 267)
Lütkemeyer, Überschuldung	*Jörg Lütkemeyer*, Die Überschuldung der GmbH, Düsseldorf 1983 (Juristische Schriften Bd 25: Wirtschaftsrecht)
LuftfzRG	Gesetz über Rechte an Luftfahrzeugen v 26. 2. 1959 (BGBl I S 57, 223)
LuftRegVO	Verordnung über die Einrichtung und Führung des Registers für Pfandrechte an Luftfahrzeugen v 2. 3. 1999 (BGBl I S 279)
LuftVG	Luftverkehrsgesetz idF v 27. 3. 1999 (BGBl I S 550)
Lutter/Hommelhoff	*Lutter/Hommelhoff* GmbH-Gesetz, Kommentar, 17. Aufl 2009
LVA	Landesversicherungsanstalt
Lwowski, Kreditsicherung	*Hans-Jürgen Lwowski*, Das Recht der Kreditsicherung, 8. Aufl 2000
LZ	Leipziger Zeitschrift für Deutsches Recht
m	mit
MaBV	Verordnung über die Pflichten der Makler, Darlehens- und Anlagenvermittler, Bauträger und Baubetreuer (Makler- und Bauträgerverordnung) idF v 7. 11. 1990 (BGBl I S 2749)
Marotzke, Gegenseitige Verträge	*Wolfgang Marotzke*, Gegenseitige Verträge im neuen Insolvenzrecht, 3. Aufl 2001
Marotzke, Das Unternehmen	*Wolfgang Marotzke*, Das Unternehmen in der Insolvenz, 2000
Maunz/Dürig/Bearbeiter	*Maunz/Dürig*, Grundgesetz, 8. Aufl 1999 ff (Loseblatt)

Abkürzungs- und Literaturverzeichnis

Maus, Steuerrechtliche Probleme	*Karl Heinz Maus*, Steuerrechtliche Probleme im Insolvenzverfahren, München 1987 (Seminarschriften der Deutschen Anwaltsakademie Bd 3)
May, Banken-Pool	*Andreas May*, Der Banken-Pool, Berlin 1989
MBl	Ministerialblatt
MDR	Monatsschrift für Deutsches Recht (Zeitschrift)
mE	meines Erachtens
Medicus	*Dieter Medicus*, Bürgerliches Recht, 22. Aufl 2009
MedR	Medizinrecht (Zeitschrift 1. 1983 ff)
Meikel/Böttcher	*Meikel*, Grundbuchrecht, Kommentar zur Grundbuchordnung, bearb. von *Böhringer*, *Böttcher* u a, 10. Aufl 2009
Meilicke/Graf v Westphalen/ Hoffmann/Lenz	*Meilicke/Graf v Westphalen/Hoffmann/Lenz*, Partnerschaftsgesellschaftsgesetz, 1995
Melchior	*Melchior*, Die Grundlagen des deutschen internationalen Privatrechts, 1932
Mellwig	*Rainer M. Mellwig*, Das Vorbehaltsgut als Vermögen in § 1 KO, Berlin 1988 (Schriften zum Bürgerlichen Recht Bd 112)
Menzinger, Nachforderungsrecht	*Klaus Menzinger*, Das freie Nachforderungsrecht der Konkursgläubiger, Berlin 1982 (Schriften zum bürgerlichen Recht Bd 75)
Merz, Rechtsprechung	*Franz Merz*, Neue höchstrichterliche Rechtsprechung zum Insolvenzrecht, RWS-Skript Nr 82, 1982
Messner/Hofmeister, Schuldenfrei	*Messner/Hofmeister*, Endlich schuldenfrei – Der Weg in die Restschuldbefreiung, 3. Aufl 2008
MHbeG	Gesetz zur Beschränkung der Haftung Minderjähriger (Minderjährigenhaftungsbeschränkungsgesetz) v 25. 8. 1998 (BGBl I S 2487)
MHG	Gesetz zur Regelung der Miethöhe (Art. 3 des 2. WKSchG v 18. 12. 1974, BGBl I S 3603)
MietRÄndG	Gesetz zur Änderung mietrechtlicher Vorschriften, Erstes: v 29. 7. 1963 (BGBl I S 505), Zweites: v 14. 7. 1964 (BGBl I S 1457), Drittes: v 21. 12. 1967 (BGBl I S 1248), Viertes: v 21. 7. 1993 (BGBl I S 1257)
Mio	Million(en)
Mitt	Mitteilung(en)
MittBayNot	Mitteilungen des Bayerischen Notarvereins (Zeitschrift)
MittRhNotK	Mitteilungen der Rheinischen Notarkammer (Zeitschrift)
MitbestG	Gesetz über die Mitbestimmung der Arbeitnehmer (Mitbestimmungsgesetz) v 4. 5. 1976 (BGBl I S 1153)
MiZi	Allgemeine Verfügung über Mitteilungen in Zivilsachen v 1. 10. 1967 (BAnz Nr 218)
MMR	Multimedia und Recht (Zeitschrift)
Möhlmann, Berichterstattung	*Thomas Möhlmann*, Die Berichterstattung im neuen Insolvenzverfahren, 1999
Mönning, Betriebsfortführung	*Rolf-Dieter Mönning*, Betriebsfortführung in der Insolvenz, 1997
Mohrbutter/Ringstmeier-Bearbeiter	*Harro Mohrbutter/Andreas Ringstmeier*, Handbuch der Insolvenzverwaltung, 8. Aufl 2007 (bzw *Jürgen Mohrbutter/Harro Mohrbutter* Handbuch der Konkurs- und Vergleichsverwaltung, 6. Aufl 1990)
Mohrbutter, Verteilungsfehler	*Peter Mohrbutter*, Der Ausgleich von Verteilungsfehlern in der Insolvenz, 1998
MoMiG	Gesetz zur Modernisierung des GmbH-Rechts und zur Bekämpfung von Missbräuchen v 23.10.2008 (BGBl I 2008, S 2026)
Montan-MitbestG	Gesetz über die Mitbestimmung der Arbeitnehmer in den Aufsichtsräten und Vorständen der Unternehmen des Bergbaus und der Eisen und Stahl erzeugenden Industrie v 21. 5. 1951 (BGBl I S 347)
Montan-MitbestErgG	Gesetz zur Ergänzung des Gesetzes über die Mitbestimmung der Arbeitnehmer in den Aufsichtsräten und Vorständen des Bergbaus und der Eisen und Stahl erzeugenden Industrie v 7. 8. 1956 (BGBl I S 707)
MRK	Konvention zum Schutze der Menschenrechte und Grundfreiheiten v 4. 11. 1950 (Gesetz v 7. 8. 1952, BGBl II S 685)

Abkürzungs- und Literaturverzeichnis

MTV	Manteltarifvertrag
MuA	Mensch und Arbeit (Zeitschrift)
MünchHdbArbR-*Bearbeiter*	Münchener Handbuch zum Arbeitsrecht, hrsg v *Reinhard Richardi, Otfried Wlotzke, Hellmut Wissmann u Hartmut Oetker*, 3. Aufl 2009
MünchHdbGesR I (bzw II–V)-*Bearbeiter*	Münchener Handbuch zum Gesellschaftsrecht, 3. Aufl, Bd 1 und 2 hrsg v *Bodo Riegger* und *Lutz Weipert*, 2009; Bd 3 hrsg v *Hans-Joachim Priester* und *Dieter Mayer*, 2009; Bd 4 hrsg v *Michael Hoffmann-Becking*, 2007; Bd 5 hrsg v *Volker Beuthien* und *Hans Gummert*, 2009
MK AktG-*Bearbeiter*	Münchener Kommentar zum Aktiengesetz, hrsg v *Wulf Goette* und *Mathias Habersack*„ 3. Aufl 2008 ff
MK BGB-*Bearbeiter*	Münchener Kommentar zum Bürgerlichen Gesetzbuch, hrsg v *Kurt Rebmann* und *Franz Jürgen Säcker*, 4. (bzw 5.) Aufl 2000 (2006) ff
MK HGB-*Bearbeiter*	Münchener Kommentar zum Handelsgesetzbuch, Bd 1–7 hrsg v *Karsten Schmidt*, 2. Aufl 2005 ff
MK InsO-*Bearbeiter*	Münchener Kommentar zur Insolvenzordnung, hrsg v *H.-P. Kirchof, H.-J. Lwowski* und *Rolf Stürner*, 2. Aufl 2007 f
MK ZPO-*Bearbeiter*	Münchener Kommentar zur Zivilprozessordnung mit Gerichtsverfassungsgesetz und Nebengesetzen, hrsg v *Gerhard Lüke* und *Peter Wax*, 1992 (bzw 2. Aufl 2000 f)
Müller	*K. Müller*, Kommentar zum Gesetz betreffend die Erwerbs- und Wirtschaftsgenossenschaften, 2. Aufl 1991 ff
Müller, Aufrechnung	*Franz Müller*, Probleme der Aufrechnung mit Konkurs- und Masseforderungen, 1981
Mugdan	Die gesamten Materialien zum Bürgerlichen Gesetzbuch für das deutsche Reich, hrsg v *Mugdan*, Band I–V, 1899
MuSchG	Mutterschutzgesetz v 17. 1. 1997 (BGBl I S 22)
Musielak/Bearbeiter	*Musielak*, Zivilprozessordnung, Kommentar, hrsg v *Hans-Joachim Musielak*, 7. Aufl 2009
mwN	mit weiteren Nachweisen
mzN	mit zahlreichen Nachweisen
m zust Anm	mit zustimmender Anmerkung
m krit Anm	mit kritischer Anmerkung
nachf	nachfolgend
Nachw	Nachweis
NachwG	Gesetz über den Nachweis der für ein Arbeitsverhältnis geltenden wesentlichen Bedingungen (Nachweisgesetz) v 20.7.1995 (BGBl I S 446)
Nds; nds	Niedersachsen; niedersächsisch
NdsRpfl	Niedersächsische Rechtspflege (Zeitschrift)
Neef/Schrader	*Neef/Schrader*, Arbeitsrechtliche Neuerungen im Insolvenzfall, 1998
Nerlich/Niehus AnfG	*Jörg Nerlich/Christoph Niehus*, Anfechtungsgesetz, 2000
Neuhaus	*Neuhaus*, Die Grundbegriffe des internationalen Privatrechts, 2. Aufl 1976
Neumann, Gläubigerautonomie	*Friedrich Neumann*, Die Gläubigerautonomie in einem künftigen Insolvenzverfahren, 1995
nF	neue Fassung
NiemeyersZ	Niemeyers Zeitschrift für internationales Recht (25. 1915–52. 1937/38; vorher s BöhmsZ, danach: ZIR)
NJ	Neue Justiz (Zeitschrift)
NJW	Neue Juristische Wochenschrift
NJW-MietR	NJW-Entscheidungsdienst Miet- und Wohnungsrecht (Zeitschrift)
NJW-RR	NJW-Rechtsprechungs-Report, Zivilrecht (Zeitschrift)
NJW-VHR	NJW-Entscheidungsdienst Versicherungs- und Haftungsrecht (Zeitschrift)
NMV	Verordnung über die Ermittlung der zulässigen Miete für preisgebundene Wohnungen (Neubaumietenverordnung 1970) idF v 12. 10. 1990 (BGBl I S 2203)
Noack	*Ulrich Noack*, Gesellschaftsrecht (Sonderband 1 zu *Kübler/Prütting/Bork*, InsO), 1999 (s *Kübler/Prütting/Bork/Noack*)
Nöll, Der Tod des Schuldners	*Mario Nöll*, Der Tod des Schuldners in der Insolvenz, 2005
Nr	Nummer(n)
N/R/*Bearbeiter*	*Jörg Nerlich/Volker Römermann*, Insolvenzordnung, Kommentar, 17. Aufl 2009 (Loseblatt)

Abkürzungs- und Literaturverzeichnis

NRW	Nordrhein-Westfalen
NStZ	Neue Zeitschrift für Strafrecht
Nußbaum	Nußbaum, Deutsches IPR, 1932
NVersZ	Neue Zeitschrift für Versicherung und Recht
NVwZ	Neue Zeitschrift für Verwaltungsrecht
NWB	Neue Wirtschaftsbriefe (Loseblatt)
NZA	Neue Zeitschrift für Arbeits- und Sozialrecht
NZA-RR	NZA-Rechtsprechungs-Report Arbeitsrecht (Zeitschrift)
NZG	Neue Zeitschrift für Gesellschaftsrecht
NZI	Neue Zeitschrift für das Recht der Insolvenz und Sanierung
NZM	Neue Zeitschrift für Mietrecht
NZS	Neue Zeitschrift für Sozialrecht
NZV	Neue Zeitschrift für Verkehrsrecht
o	oben
oa	oben angegeben
oä	oder ähnliches
ObG	Obergericht
Obermüller, InsR-Bankpraxis	Manfred *Obermüller*, Insolvenzrecht in der Bankpraxis, 7. Aufl 2007 (4. Aufl 1991 unter dem Titel „Handbuch Insolvenzrecht für die Kreditwirtschaft")
Obermüller/Hess, InsO	Manfred *Obermüller/Harald Hess*, InsO. Eine systematische Darstellung des neuen Insolvenzrechts, 4. Aufl 2003
OECD	Organization of Economic Cooperation and Development
OEEC	Organisation für Europäische Wirtschaftliche Zusammenarbeit
Oelrichs, Gläubigermitwirkung	Carsten P. *Oelrichs*, Gläubigermitwirkung und Stimmverbote im neuen Insolvenzverfahren, 1999
Oepen, Massefremde Masse	Klaus *Oepen*, Massefremde Masse, 1999
österr	österreichisch
OFD	Oberfinanzdirektion
OGH	Oberster Gerichtshof (Österreich)
OHG	offene Handelsgesellschaft
oJ	ohne Jahrgang
ÖJZ	Österreichische Juristenzeitung (Zeitschrift)
OLG	Oberlandesgericht
OLG-NL	OLG-Rechtsprechung Neue Länder (Zeitschrift)
OLGrspr	Die Rechtsprechung der Oberlandesgerichte auf dem Gebiete des Zivilrechts, hrsg v *Mugdan* und *Falkmann* (1. 1900–46. 1928; aufgegangen in HRR)
OLGZ	Rechtsprechung der Oberlandesgerichte in Zivilsachen, Amtliche Entscheidungssammlung
Onciul, Auslösung	Georg Ritter von *Onciul*, Die rechtzeitige Auslösung des Insolvenzverfahrens, 2000
Onusseit/Kunz, Steuern	*Onusseit/Kunz*, Steuern in der Insolvenz, 2. Aufl 1997
ORDO	ORDO, Jahrbuch für die Ordnung von Wirtschaft und Gesellschaft
oV	ohne Verfasser
OVG	Oberverwaltungsgericht
OWiG	Gesetz über Ordnungswidrigkeiten idF v 19. 2. 1987 (BGBl I S 602)
Palandt/Bearbeiter	Palandt, Bürgerliches Gesetzbuch, 68. Aufl 2009
Pannen-*Bearbeiter*	Klaus Pannen (Hrsg.), Europäische Insolvenzverordnung, 2007
Pape, Gläubigerbeteiligung	Gerhard *Pape*, Gläubigerbeteiligung im Insolvenzverfahren, 2000
Pape/Uhlenbruck, InsR	Gerhard *Pape/Wilhelm Uhlenbruck*, Insolvenzrecht (NJW-Schriftenreihe Bd 67, 2002)
ParteiG	Gesetz über die politischen Parteien (Parteiengesetz) idF v 31. 1. 1994 (BGBl I S 150)
PartGG	Partnerschaftsgesellschaftsgesetz v 25. 7. 1994 (BGBl I S 1744)
PatG	Patentgesetz idF v 16. 12. 1980 (BGBl 1981 I S 1)
Paulsdorff	Jürgen *Paulsdorff*, Kommentar zur Insolvenzsicherung der betrieblichen Altersversorgung, 2. Aufl 1996
Paulus, EuInsVO	Christoph G. *Paulus*, Europäische Insolvenzverordnung, 2. Aufl 2008
Paulus, InsR	Christoph G. *Paulus*, Insolvenzrecht, 2. Aufl 2008

Abkürzungs- und Literaturverzeichnis

Paulus, Verfügungsverbot ...	*Christoph G. Paulus*, Richterliches Verfügungsverbot und Vormerkung im Konkurs, 1981
PBefG	Personenbeförderungsgesetz idF v 8. 8. 1990 (BGBl I S 1690)
Pech ‚Einbeziehung	*Janine Pech*, Die Einbeziehung des Neuerwerbs in die Insolvenzmasse, 1998
Pelka/Niemann, Rechnungslegung	*Jürgen Pelka/Walter Niemann*, Praxis der Rechnungslegung in Insolvenzverfahren, 5. Aufl 2002
PersV	Die Personalvertretung (Zeitschrift)
PfandleiherVO	Pfandleiherverordnung idF v 1. 6. 1972 (BGBl I S 1234)
PflegeZG	Gesetz über die Pflegezeit (Pflegezeitgesetz), verk als Art 3 Pflege-WeiterentwicklungsG v 28.5.2008 (BGBl I S 874)
PflVersG	Gesetz über die Pflichtversicherung der Kraftfahrzeughalter (Pflichtversicherungsgesetz) idF v 5. 4. 1965 (BGBl I S 213)
Picone/Wengler	*Picone/Wengler*, Internationales Privatrecht, 1974
Pielorz, Auslandskonkurs ...	*Michael Pielorz*, Auslandskonkurs und Disposition über das Inlandsvermögen, 1977
Pink Rechnungslegung	*Andras Pink*, Insolvenzrechnungslegung, 1995
PK-HWF/*Bearbeiter*	*Haarmeyer/Wutzke/Förster* Präsenz-Kommentar zur Insolvenzordnung, abrufbar unter www.insolvenzrecht.de; s auch HWF PräsenzKomm
Plate, Konkursbilanz	*Georg Plate*, Die Konkursbilanz, 2. Aufl 1981
Pohlmann, Befugnisse	*Ulrich Pohlmann*, Befugnisse und Funktionen des vorläufigen Insolvenzverwalters, 1998
PostG	Gesetz über das Postwesen idF v 22. 12. 1997 (BGBl I S 3294)
PostO	Postordnung v 16. 5. 1963 (BGBl I S 341)
PostSO	Postsparkassenordnung v 24. 4. 1986 (BGBl I S 626)
PostStruktG	Gesetz zur Neustrukturierung des Post- und Fernmeldewesens und der Deutschen Bundespost (Poststrukturgesetz – PostStruktG) v 8. 6. 1989 (BGBl I S 1026)
Pr; pr	Preußen; preußisch
PrAGKO	Preußisches Ausführungsgesetz zur Deutschen Konkursordnung vom 6. 3. 1879, PrGS S 109
PresseG	Gesetz über die Presse v 7. 5. 1874 (RGBl S 65)
Preuss, Verbraucherinsolvenz	*Nicola Preuss*, Verbraucherinsolvenzverfahren und Restschuldbefreiung, 2. Aufl 2003
PrGS	Gesetzsammlung (preußisches Gesetzblatt)
ProdHaftG	Gesetz über die Haftung für fehlerhafte Produkte (Produkthaftungsgesetz) v 15. 12. 1989 (BGBl I S 2198)
Prölls/Martin	*Prölls/Martin*, Versicherungsvertragsgesetz, 27. Aufl 2004
ProtRA	Protokolle des Rechtsausschusses
PrOVG	Preußisches Oberverwaltungsgericht
Prütting/Vallender	Insolvenzrecht in Wissenschaft und Praxis, Festschrift für Wilhelm Uhlenbruck zum 70. Geburtstag, 2000
Prziklang, Verbraucherinsolvenz	*Prziklang*, Verbraucherinsolvenz und Restschuldbefreiung, 2000
PStG	Personenstandsgesetz idF v 8. 8. 1957 (BGBl I S 1125)
PStV	Verordnung zur Ausführung des Personenstandsgesetzes idF v 15. 6. 1987 (BGBl I S 1549)
PSV(aG)	Pensionssicherungsverein (auf Gegenseitigkeit)
pVV	positive Vertragsverletzung
RA	Rechtsausschuss
Raape	*Raape*, Internationales Privatrecht, 5. Aufl 1961
Raape/Sturm	*Raape/Sturm*, Internationales Privatrecht Band I, 6. Aufl 1977
RabelsZ	Zeitschrift für ausländisches und internationales Privatrecht (Band u Seite)
Raffel, Verwertbarkeit	*Matthias Raffel*, Die Verwertbarkeit der Firma im Konkurs, 1995
RAG	Reichsarbeitsgericht, zugleich amtliche Sammlung der Entscheidungen (Band u Seite)
Raiser/Veil, KapGesR	*Thomas Raiser/Rüdiger Veil*, Recht der Kapitalgesellschaften, 4. Aufl 2006
RBerG	Rechtsberatungsgesetz v 13. 12. 1935 (RGBl S 1478)
RdA	Recht der Arbeit (Zeitschrift)

Abkürzungs- und Literaturverzeichnis

RdErl	Runderlass
Rdn	Randnummer(n)
RdSchr	Rundschreiben
RE	Rechtsentscheid
Rebmann/Säcker/Rixecker	siehe MK BGB
Recht	Das Recht (Zeitschrift)
rechtsw	rechtswidrig
RefE	Referentenentwurf; speziell: Gesetz zur Reform des Insolvenzrechts, hrsg vom BMJ (1989)
Reg	Regierung
RegBez	Regierungsbezirk
RgAmtsBl	Regierungsamtsblatt
RegE	Regierungsentwurf
RegE InsOÄndG 2001	RegE eines Gesetzes zur Änderung der Insolvenzordnung und anderer Gesetze v 5. 1. 2001 (BR-Drucks 14/01 = NZI 2001, Beilage zu Heft 1)
Reischauer/ Kleinhans (KWG)	*Reischauer/Kleinhans,* Kreditwesengesetz, Bd I, 1999/2000 (Loseblatt)
Reithmann/Martiny	*Reithmann/Martiny,* Internationales Vertragsrecht. Das IPR der Schuldverträge, 6. Aufl 2004
RFH	Reichsfinanzhof, zugleich amtliche Sammlung der Entscheidungen (Band u Seite)
RG	Reichsgericht
RGBl	Reichsgesetzblatt
RGRK-*Bearbeiter*	Das Bürgerliche Gesetzbuch, Kommentar, herausgegeben von Mitgliedern des Bundesgerichtshofs, 12. Aufl 1974 ff
RGSt	Amtliche Sammlung von Entscheidungen des Reichsgerichts in Strafsachen
RGZ	Amtliche Sammlung von Entscheidungen des Reichsgerichts in Zivilsachen
RHeimstG	Reichsheimstättengesetz idF v 25. 11. 1937 (RGBl I S 1291)
Rh-Pf; rh-pf	Rheinland-Pfalz; rheinland-pfälzisch
Richardi	Betriebsverfassungsgesetz, 7. Aufl 1998
Riering, Betriebsfortführung	*Berthold Riering,* Die Betriebsfortführung durch den Konkursverwalter, 1987 (Münsterische Beiträge zur Rechtswissenschaft Bd 23)
Riezler	*Riezler,* Internationales Zivilprozessrecht und prozessuales Fremdenrecht, 1949
RiW	Recht der internationalen Wirtschaft (Zeitschrift, 1. 1954/55–3. 1957 u 21. 1975 ff; früher AWD)
RKW	Rationalisierungs-Kuratorium der deutschen Wirtschaft
RL	Richtlinie
Röhricht/v Westphalen, HGB	*Röhricht/v Westphalen,* Kommentar zum HGB, 3. Aufl 2008
ROHG	Reichsoberhandelsgericht, auch Entscheidungssammlung (Band und Seite)
Rolfs/Giesen/Kreikebohm/ Udsching	Beck'scher Online-Kommentar, Arbeitsrecht, 14. Edition, 12/09; s auch BeckOK R/G/K/U/*Bearbeiter*
Rosenberg/Gaul/Schilken	*Rosenberg/Gaul/Schilken,* Zwangsvollstreckungsrecht, 11. Aufl 1997
Rosenberg/Schwab/ Gottwald	*Rosenberg/Schwab/Gottwald,* Zivilprozessrecht, 16. Aufl 2004
Roth, GesR	*Günter H. Roth,* Handels- und Gesellschaftsrecht, 6. Aufl 2001
Roth/Altmeppen	*Roth/Altmeppen,* GmbHG, 6. Aufl 2009
ROW	Recht in Ost und West (Zeitschrift)
Rowedder/Schmidt-Leithoff/ Bearbeiter GmbHG	*Heinz Rowedder/Christian Schmidt-Leithoff* (Hrsg), GmbH-Gesetz, 4. Aufl 2002
Rpfleger	Der Deutsche Rechtspfleger (Zeitschrift)
RPflG	Rechtspflegergesetz v 5. 11. 1969 (BGBl I S 2065)
Rspr	Rechtsprechung
RT-Drucks	Drucksache des Reichstags
RuG	Recht und Gesellschaft (Zeitschrift)
Rugullis, Litispendenz	*Sven Rugullis,* Litispendenz im Europäischen Insolvenzrecht, 2002 (KTS-Schriften zum Insolvenzrecht Bd 14)
Runkel-*Bearbeiter* AHB	*Hans P. Runkel,* Anwalts-Handbuch Insolvenzrecht, 2. Aufl 2008
RuW	Recht und Wirtschaft (Zeitschrift)

Abkürzungs- und Literaturverzeichnis

RV	Die Rentenversicherung (Zeitschrift)
RVO	Reichsversicherungsordnung v 15. 12. 1924 (RGBl S 779)
S	Seite
s	siehe; section
sa	siehe auch
saarl, Saarl	saarländisch, Saarland
SaarlRStZ	Saarländische Rechts- und Steuerzeitschrift
SAE	Sammlung arbeitsrechtlicher Entscheidungen (Zeitschrift)
SächsAnn	Annalen des Sächsischen Oberlandesgerichts zu Dresden
SächsArch	Sächsisches Archiv für Rechtspflege (Zeitschrift)
Schäfer	*Marc Schäfer*, Der Sonderinsolvenzverwalter, 2009
Schäfer/Finnern/Hochstein...	*Schäfer/Finnern/Hochstein*, Rechtsprechung zum privaten Baurecht, Entscheidungssammlung mit Anmerkungen, (Loseblatt)
Schaub	*Günter Schaub*, Arbeitsrechts-Handbuch, 13. Aufl 2009
ScheckG	Scheckgesetz v 14. 8. 1933 (RGBl I S 597)
Schiessler, Insolvenzplan	*Wolfram Schiessler*, Der Insolvenzplan, 1997
Schimansky/Bunte/Lwowski, Bankrechts-Hdb	*Herbert Schimansky/Hermann J. Bunte/Hans J. Lwowski*, Bankrechts-Handbuch, 3. Aufl 2007
Schlegel, Eigenverwaltung	*Stephan Schlegel*, Die Eigenverwaltung in der Insolvenz, 1999
Schlegelberger/Bearbeiter	*Schlegelberger*, Handelsgesetzbuch, Kommentar von *Geßler, Hefermehl, Hildebrand, Schröder, Martens* und *Karsten Schmidt*, 5. Aufl 1973 ff
SchlH	Schleswig-Holstein
SchlHA	Schleswig-Holsteinische Anzeigen (NF 1. 1837 ff Zeitschrift)
Schmid	Kündigung und Kündigungsschutz in der Insolvenz, 1991
Jürgen Schmidt	System des deutschen internationalen Konkursrechts, 1972
Klaus Schmidt	Arbeitsrecht und Arbeitsgerichtsbarkeit, Festschrift zum 50-jährigen Bestehen der Arbeitsgerichtsbarkeit in Rheinland-Pfalz, hrsg von *Klaus Schmidt*, 1999 (zit *Bearbeiter* in FS Rheinland-Pfalz)
K. Schmidt, GesellschaftsR	*Karsten Schmidt*, Gesellschaftsrecht, 4. Aufl 2002
K. Schmidt, HandelsR	*Karsten Schmidt*, Handelsrecht, 5. Aufl 1999
K. Schmidt, Liquidationsbilanzen	*Karsten Schmidt*, Liquidationsbilanzen und Konkursbilanzen, 1989
K. Schmidt, Wege	*Karsten Schmidt*, Wege zum Insolvenzrecht der Unternehmen, 1990
K. Schmidt/Uhlenbruck/(Bearbeiter)	*Karsten Schmidt/Wilhelm Uhlenbruck* (Hrsg), Die GmbH in Krise, Sanierung, Insolvenz, 4. Aufl 2009
Schmidt-Futterer/(Bearbeiter)	*Schmidt-Futterer*, Mietrecht, Kommentar, 9. Aufl 2007
Schmidt-Räntsch, InsO	*Ruth Schmidt-Räntsch*, Insolvenzordnung mit Einführungsgesetz, 1995
Schönke/Schröder/Bearbeiter	*Schönke/Schröder*, Strafgesetzbuch, Kommentar, 27. Aufl 2006
Schollmeyer	*Eberhard Schollmeyer*, Gegenseitige Verträge im internationalen Insolvenzrecht, 1997 (KTS-Schriften zum Insolvenzrecht Bd 6)
Scholz/Bearbeiter, GmbHG	*Franz Scholz*, Kommentar zum GmbHG, 10. Aufl 2006 ff (bzw 9. Aufl 2000 ff)
Scholz/Lwowski, Kreditsicherung	*Hellmut Scholz/Hans-Jürgen Lwowski*, Das Recht der Kreditsicherung, 8. Aufl 2000
SchRegDV	Verordnung zur Durchführung der Schiffsregisterordnung v 24. 11. 1980 (BGBl I S 2169)
SchRegO	Schiffregisterordnung v 19. 12. 1940 (RGBl I S 1591)
SchRG	Gesetz über Rechte an eingetragenen Schiffen und Schiffsbauwerken v 15. 11. 1940 (RGBl I 1499)
Schuschke/Walker	*Schuschke/Walker*, Vollstreckung und Vorläufiger Rechtsschutz, 4. Aufl 2008
SchVG	Gesetz über Schuldverschreibungen aus Gesamtemissionen (Schuldverschreibungsgesetz) vom 21. 7.2009 (BGBl I S 2512)
Schwab/Prütting	*Schwab/Prütting*, Sachenrecht, 33. Aufl 2008
SchwbG	Gesetz zur Sicherung der Eingliederung Schwerbehinderter in Arbeit, Beruf und Gesellschaft (Schwerbehindertengesetz) idF v 26. 8. 1986 (BGBl I S 1422); aufgehoben mWv 1.7. 2001 (jetzt SGB IX vom 19. 6. 2001, BGBl I S 1046)
schweiz	schweizerisch

Abkürzungs- und Literaturverzeichnis

Schwerdling, Insolvenzverwalter	*Ingo Schwerdling,* Die Stellung des Insolvenzverwalters, 2000
Schwerdtner	*Peter Schwerdtner,* Arbeitsrecht I, 2. Aufl 1990
Schwintowski/Schäfer	*Schwintowski/Schäfer,* Bankrecht, 2. Aufl 2004
Schwörer, Lösungsklauseln	*Frank Schwörer,* Lösungsklauseln für den Insolvenzfall, 2000
SE	Societas Europaea (Europäische Aktiengesellschaft)
Seitz/Bearbeiter, Inkassohandbuch	*Walter Seitz,* Inkasso-Handbuch, Recht und Praxis des Inkassowesens, 3. Aufl, 2000
Senst/Eickmann/Mohn	*Senst/Eickmann/Mohn,* Handbuch für das Konkursgericht, 5. Aufl 1976
SeuffA	Seufferts Archiv für Entscheidungen der obersten Gerichte in den deutschen Staaten (Zeitschrift, zitiert nach Band u Nr; 1. 1847–98. 1944)
Serick	*Rolf Serick,* Eigentumsvorbehalt und Sicherungsübereignung, Bände I bis VI, 1970 ff
SG	Sozialgericht
SGB	Sozialgesetzbuch
SGb	Die Sozialgerichtsbarkeit (Zeitschrift)
SGG	Sozialgerichtsgesetz idF v 23. 9. 1975 (BGBl I S 2535)
SigG	Gesetz zur digitalen Signatur (Signaturgesetz – SigG)
SigV	Verordnung zur digitalen Signatur (Signaturverordnung – SigV)
Sinz, Factoring	*Ralf Sinz,* Factoring in der Insolvenz, 1997
Smid/(Bearbeiter)	*Stefan Smid,* Insolvenzordnung, Kommentar, 2. Aufl 2001
Smid/(Bearbeiter), GesO	*Stefan Smid,* Gesamtvollstreckungsordnung, 3. Aufl 1996
Smid, Grundzüge	*Stefan Smid,* Grundzüge des neuen Insolvenzrechts, 3. Aufl 1999
so	siehe oben
Smid/Rattunde, Insolvenzplan	*Smid/Rattunde,* Der Insolvenzplan, 2. Aufl 2005
Söllner	*Söllner,* Grundriß des Arbeitsrechts, 13. Aufl 2003
Soergel/Bearbeiter	Bürgerliches Gesetzbuch mit Einführungsgesetz und Nebengesetzen, begründet von *Soergel,* 13. Aufl 1999 ff (bzw 12. Aufl 1987 ff)
SoldG	Gesetz über die Rechtsstellung der Soldaten (Soldatengesetz) idF v 15. 12. 1995 (BGBl I S 1737)
sog	sogenannt
Sowka	*Sowka* u.a, Kündigungsschutzgesetz, Kölner Praxiskommentar unter Berücksichtigung sozialrechtlicher Bezüge, 3. Aufl 2004
SozPlG	Gesetz über den Sozialplan im Konkurs- und Vergleichsverfahren v 20. 2. 1985 (BGBl I S 369), außer Kraft am 31.12.1998
SozR	Sozialrecht, Rechtsprechung und Schrifttum, bearbeitet von den Richtern des Bundessozialgerichts
SozVers	Die Sozialversicherung (Zeitschrift)
Sp	Spalte
SprAuG	Sprecherausschussgesetz v 20. 12. 1988 (BGBl I S 2316)
SpTrUG	Gesetz über die Spaltung der von der Treuhandanstalt verwalteten Unternehmen v 5. 4. 1991 (BGBl I S 854)
SpuRt	Zeitschrift für Sport und Recht (Zeitschrift)
SPV/*Bearbeiter*	*Stahlhacke/Preis/Vossen* Kündigung und Kündigungsschutz im Arbeitsverhältnis, 9. Aufl 2005
st	ständig
StA	Staatsanwaltschaft
StAG	Staatsangehörigkeitsgesetz idF v 15. 7. 1999 (BGBl 1618), bis 31. 12. 1999 amtliche Überschrift: Reichs- und Staatsangehörigkeitsgesetz
Stahlhacke/Preis/Vossen	Kündigung und Kündigungsschutz im Arbeitsverhältnis, 9. Aufl 2005; s auch SPV/*Bearbeiter*
Staub/Bearbeiter	Handelsgesetzbuch, Großkommentar, 4. (bzw 5.) Aufl 1983 ff (2008 ff)
Staudinger/Bearbeiter	Kommentar zum Bürgerlichen Gesetzbuch, 12. Aufl 1978 ff und 13. Bearbeitung 1993 ff und Neubearbeitung 1998 ff
StAZ	Das Standesamt (Zeitschrift)
StB	Der Steuerberater (Zeitschrift)
StBerG	Steuerberatungsgesetz idF v 4. 11. 1975 (BGBl I S 2735)
Stbg	Die Steuerberatung (Zeitschrift)
Stege/Weinspach/Schiefer	*Stege/Weinspach/Schiefer,* Betriebsverfassungsgesetz, 9. Aufl 2002
Stein/Jonas/Bearbeiter	*Stein/Jonas,* Zivilprozessordnung, 21. (bzw 22.) Aufl 1993 ff (2003 ff)
Sten Prot	Stenographisches Protokoll
StGB	Strafgesetzbuch idF v 13. 11. 1998 (BGBl I S 3322)

Abkürzungs- und Literaturverzeichnis

StiftG	Stiftungsgesetz
Stobbe, Durchsetzung	*Michael Stobbe*, Die Durchsetzung gesellschaftsrechtlicher Ansprüche der GmbH in Insolvenz und masseloser Liquidation, 2001
Stöber, Forderungspfändung	*Kurt Stöber*, Forderungspfändung, Zwangsvollstreckung in Forderungen und andere Vermögensrechte, 14. Aufl 2005
Stöber, ZVG	*Kurt Stöber*, Zwangsversteigerungsgesetz, 19. Aufl 2009
Stöber, ZVG-Handbuch	*Kurt Stöber*, Zwangsvollstreckung in das unbewegliche Vermögen – ZVG-Handbuch, Handbuch der Rechtspraxis, Band 2, 8. Aufl 2007
Stoll, Aufgabenerfüllung	*Tonio Stoll*, Insolvenz und hoheitliche Aufgabenerfüllung, 1992
StPO	Strafprozessordnung idF v 7. 4. 1987 (BGBl I S 1074, 1319)
str	streitig
st Rspr	ständige Rechtsprechung
StuW	Steuern und Wirtschaft (Zeitschrift)
StVG	Straßenverkehrsgesetz v 19. 12. 1952 (BGBl I S 837)
StVollzG	Strafvollzugsgesetz
su	siehe unten
Szagunn/Haug/ Ergenzinger (KWG)	*Szagunn/Haug/Ergenzinger*, Gesetz über das Kreditwesen, 6. Aufl 1997
teilw	teilweise
Teller, Rangrücktrittsvereinbarungen	*Horst Teller*, Rangrücktrittsvereinbarungen zur Vermeidung der Überschuldung bei der GmbH, 3. Aufl 2003
Temme Eröffnungsgründe	*Ulrich Temme*, Die Eröffnungsgründe der Insolvenzordnung, 1997
Terbrack, Genossenschaftsinsolvenz	*Christoph Terbrack*, Die Insolvenz der eingetragenen Genossenschaft, 1999
THA	Treuhandanstalt
Thiemann, Masseverwaltung	*Stephan Thiemann*, Die vorläufige Masseverwaltung im Insolvenzeröffnungsverfahren, 2000
Thomas/Putzo	*Thomas/Putzo*, Zivilprozessordnung mit Gerichtsverfassungsgesetz und den Einführungsgesetzen, 30. Aufl 2009
Tiedemann, Insolvenzstrafrecht	*Klaus Tiedemann*, Insolvenzstrafrecht, 2. Aufl 1995
TierSG	Tierseuchengesetz idF v 20. 12. 1995 (BGBl I S 2039)
Tintelnot, Vereinbarungen	*Albrecht Tintelnot*, Vereinbarungen für den Konkursausfall, 1991
Tipke/Kruse	*Klaus Tipke/Heinrich Wilhelm Kruse*, Abgabenordnung, Finanzgerichtsordnung, 16. Aufl 1996 (Loseblatt)
TKG	Telekommunikationsgesetz v 25. 7. 1996 (BGBl I S 1120)
TKO	Telekommunikationsordnung idF v 16. 7. 1987 (BGBl I S 1761)
TLL/*Bearbeiter*	*Thüsing/Laux/Lembke* Kündigungsschutzgesetz, 1. Aufl. 2007
TranspR	Transport- und Speditionsrecht (Zeitschrift)
Trendelenburg, Restschuldbefreiung	*Hortense Trendelenburg*, Restschuldbefreiung, 2000
Tretow	*Tretow*, Personalabbaumaßnahmen nach der neuen Insolvenzordnung, 1999
Tschöpe	*Tschöpe*, Anwalts-Handbuch Arbeitsrecht, 6. Aufl 2009
TÜV	Technischer Überwachungsverein
TVG	Tarifvertragsgesetz idF v 25. 8. 1969 (BGBl I S 1323)
TzBfG	Gesetz über Teilzeitarbeit und befristete Arbeitsverträge v 21. 12. 2000 (BGBl I S 1966)
u	und; unten; unter
ua	unter anderem; und andere
überwM	überwiegende Meinung
Übk	Übereinkommen
UFITA	Archiv für Urheber-, Film-, Funk- und Theaterrecht (Zeitschrift, zitiert nach Band und Seite)
UG	Unternehmergesellschaft
Uhlenbruck, Das neue Insolvenzrecht	*Wilhelm Uhlenbruck*, Das neue Insolvenzrecht, Insolvenzverordnung und Einführungsgesetz nebst Materialien mit Praxishinweisen, 1994

Abkürzungs- und Literaturverzeichnis

Uhlenbruck	*Wilhelm Uhlenbruck,* Abschreibungsgesellschaften, Anlegerprobleme bei Sanierung – Konkurs – Vergleich, 1974
Uhlenbruck	*Wilhelm Uhlenbruck,* Die GmbH & Co KG in Krise, Konkurs und Vergleich, 2. Aufl 1988
Uhlenbruck	*Wilhelm Uhlenbruck,* Insolvenzrecht, 1979
Uhlenbruck, Gläubigerberatung	*Wilhelm Uhlenbruck,* Die Gläubigerberatung in der Insolvenz, 1983
Uhlenbruck, Die anwaltliche Beratung	*Wilhelm Uhlenbruck,* Die anwaltliche Beratung bei Konkurs-, Vergleichs- und Gesamtvollstreckungsantrag, 2. Aufl 1996
Uhlenbruck/Delhaes, HRP	*Wilhelm Uhlenbruck/Karl Delhaes,* Konkurs- und Vergleichsverfahren, Handbuch der Rechtspraxis, 5. Aufl 1990
Ulmer/Brandner/Hensen	*Ulmer/Brandner/Hensen,* Kommentar zum Gesetz zur Regelung des Rechts der Allgemeinen Geschäftsbedingungen, 9. Aufl 2001
UmweltHG	Gesetz über die Umwelthaftung v 10. 12. 1990 (BGBl I S 2634)
UmwG	Gesetz über die Umwandlung von Kapitalgesellschaften und bergrechtlichen Gewerkschaften (Umwandlungsgesetz) idF v 28. 10. 1994 (BGBl I S 3210)
UNCITRAL	United Nations Commission on International Trade Law
UNCTAD	United Nations Congress of Trade and Development
UNIDROIT	Institut International pour l'Unification du Droit Privé
UN-KaufR	(Wiener) Übereinkommen der Vereinten Nationen über Verträge über den internationalen Warenkauf v 11. 4. 1980 (BGBl 1989 II S 586; 1990 II S 1477), siehe auch CISG
UNO	United Nations Organization
unstr	unstreitig
UPR	Umwelt- und Planungsrecht (Zeitschrift)
UR	Umsatzsteuer-Rundschau
UrhG	Gesetz über Urheberrecht und verwandte Schutzrechte (Urheberrechtsgesetz) v 9. 9. 1965 (BGBl I S 1273)
Urt	Urteil
UStG 1993	Umsatzsteuergesetz v 27. 4. 1993 (BGBl I S 566)
usw	und so weiter
uU	unter Umständen
UVG	Gesetz zur Sicherung des Unterhalts von Kindern alleinstehender Mütter und Väter durch Unterhaltsvorschüsse oder -ausfalleistungen (Unterhaltsvorschußgesetz) idF v 19. 1. 1994 (BGBl I S 165)
UWG	Gesetz gegen den unlauteren Wettbewerb v 7. 6. 1909 (RGBl S 499)
v	vom; von
VAG	Gesetz über die Beaufsichtigung der privaten Versicherungsunternehmen (Versicherungsaufsichtsgesetz) idF v 17. 12. 1992 (BGBl I S 93, 3)
VBL	Versorgungsanstalt des Bundes und der Länder
Veit, Konkursrechnungslegung	*Klaus-Rüdiger Veit,* Die Konkursrechnungslegung, 1982
VerbrKrG	Gesetz über Verbraucherkredite, zur Änderung der Zivilprozeßordnung und anderer Gesetze v 17. 12. 1990 (BGBl I S 2840)
VereinsG	Vereinsgesetz v 5. 8. 1964 (BGBl I S 593)
Verf	Verfassung
Verh	Verhandlung(en)
Verhdlg DJT	Verhandlungen des Deutschen Juristentages
VerlG	Gesetz über das Verlagsrecht v 19. 6. 1901 (RGBl S 217)
VermG	Gesetz zur Regelung der offenen Vermögensfragen (Vermögensgesetz) idF v 1. 8. 1997 (BGBl I S 1974)
Veröff	Veröffentlichung
VersArch	Versicherungswissenschaftliches Archiv (Zeitschrift)
VersR	Versicherungsrecht, Juristische Rundschau für die Individualversicherung (Zeitschrift)
VersW	Versicherungswirtschaft (Zeitschrift)
Verw	Verwaltung
VerwA	Verwaltungsarchiv (Zeitschrift)
VerwG	Verwaltungsgericht
VerwGH	Verwaltungsgerichtshof
VerwRspr	Verwaltungsrechtsprechung in Deutschland (Band u Seite)

Abkürzungs- und Literaturverzeichnis

Vfg	Verfügung
VGH	Verfassungsgerichtshof
vgl	vergleiche
VglO	Vergleichsordnung v 26. 2. 1935 (RGBl I S 321)
vH	von (vom) Hundert
Viertelhausen, Einzelzwangsvollstreckung	*Andreas Viertelhausen*, Einzelzwangsvollstreckung während des Insolvenzverfahrens, 1999
VIZ	Zeitschrift für Vermögens- und Investitionsrecht
VMBl	Ministerialblatt des Bundesministers für (ab 1962: der) Verteidigung
VO	Verordnung
VOB Teil A/B	Verdingungsordnung für Bauleistungen, Teil A: Allg Best für die Vergabe von Bauleistungen, Teil B: Allg Vertragsbedingungen für die Ausführung von Bauleistungen v 25. 10. 1979 (BAnz 1979 Nr 208 S 4)
VOBl	Verordnungsblatt
VollstrA	Allgemeine Verwaltungsvorschrift über die Durchführung der Vollstreckung nach der Abgabenordnung (Vollstreckungsanweisung – VollstrA) vom 13. 3. 1980 (BStBl I S 112)
Vonnemann, Überschuldung	*Wolfgang Vonnemann*, Die Feststellung der Überschuldung, 1989
Voraufl	Vorauflage
Vorbem	Vorbemerkung(en) vor
VorstAG	Gesetz zur Angemessenheit der Vorstandsvergütung vom 31.7.2009 (BGBl I S 2509)
VRG	Gesetz zur Förderung v Vorruhestandsleistungen (Vorruhestandsgesetz) v 13. 4. 1984 (BGBl I S 601)
VSSR	Vierteljahresschrift für Sozialrecht
VStG	Vermögensteuergesetz idF v 14. 11. 1990 (BGBl I S 2468)
VuR	Verbraucher und Recht (Zeitschrift)
VVaG	Versicherungsverein auf Gegenseitigkeit
VVG	Gesetz über den Versicherungsvertrag v 30. 5. 1908 (RGBl S 263)
VwGO	Verwaltungsgerichtsordnung idF v 19. 3. 1991 (BGBl I S 686)
VwKostG	Verwaltungskostengesetz v 23. 6. 1970 (BGBl I S 821)
VwV	Verwaltungsverordnung; Verwaltungsvorschrift
VwVfG	Verwaltungsverfahrensgesetz idF v 21. 9. 1998 (BGBl I S 3050)
VwZG	Verwaltungszustellungsgesetz v 3. 7. 1952 (BGBl I S 379)
VZS	Vereinigte Zivilsenate
WarnR	Rechtsprechung des Reichsgerichts, herausgegeben von *Warneyer* (Band u Nr), ab 1961: Rechtsprechung des Bundesgerichtshofs in Zivilsachen
Weber, Kreditsicherheiten	*Hansjörg Weber*, Kreditsicherheiten, Recht der Sicherungsgeschäfte, 7. Aufl 2002
Wedde/Bearbeiter	Arbeitsrecht, Kompaktkommentar zum Individualarbeitsrecht mit kollektiven Bezügen, 1. Aufl. 2009, hrsg *Peter Wedde*
WEG	Gesetz über das Wohnungseigentum und das Dauerwohnrecht (Wohnungseigentumsgesetz) v 15. 3. 1951 (BGBl I S 175)
Wegener, Wahlrecht	*Dirk Wegener*, Das Wahlrecht des Insolvenzverwalters unter dem Einfluss des Schuldrechtsmodernisierungsgesetzes, 2007
Weisemann/Smid, Hdb	*Weisemann/Smid* (Hrsg), Handbuch Unternehmensinsolvenz, 1999
Wessel, Der Sachverständige	*Wilhelm Wessel*, Der Sachverständige im Konkurseröffnungsverfahren, 1993
Westpfahl, Umweltschutz	*Lars Westpfahl*, Umweltschutz und Insolvenz, 1998
v Westphalen/Bearbeiter	*Graf v Westphalen*, Vertragsrecht und AGB-Klauselwerke, 2009 ff (Loseblatt)
Weyand/Diversy, Insolvenzdelikte	*Raimund Weyand/Judith Diversy*, Insolvenzdelikte, Unternehmenszusammenbruch und Strafrecht, 7. Aufl 2006
WG	Wechselgesetz v 21. 6. 1933 (RGBl I S 399)
WHG	Wasserhaushaltsgesetz idF v 12. 11. 1996 (BGBl I S 1696)
WiB	Wirtschaftsrechtliche Beratung (Zeitschrift)
Wieczorek/Schütze	*Wieczorek/Schütze*, Zivilprozessordnung und Nebengesetze, 3. Aufl 1994 ff

Abkürzungs- und Literaturverzeichnis

Wiedemann, GesellschaftsR I (bzw II)	*Herbert Wiedemann,* Gesellschaftsrecht, Band 1: Grundlagen, 1980; Band 2: Recht der Personengesellschaften, 2004
Wiedemann, Lizenzen	*Markus Wiedemann,* Lizenzen und Lizenzverträge in der Insolvenz, 2006
Wienberg/Demmer/Autor	Festschrift für Karl-Heinz Fuchs zum 70. Geburtstag, 1996
Wiese/Kreutz/Oetker/Raab/ Weber/Franzen	Gemeinschaftskommentar zum Betriebsverfassungsgesetz, 9. Aufl 2009; s auch GK-BetrVG
Wiester, Altlastensanierung	*Peter Wiester,* Altlastensanierung im Konkurs, 1996
WiRO	Wirtschaft und Recht in Osteuropa (Zeitschrift)
Wissmann, Mithaft	*Eike Wissmann,* Persönliche Mithaft in der Insolvenz, 2. Aufl 1998
WiStG	Gesetz zur weiteren Vereinfachung des Wirtschaftsstrafrechts (Wirtschaftsstrafgesetz) idF v 3. 6. 1975 (BGBl I S 1313)
wistra	Zeitschrift für Wirtschaft, Steuer, Strafrecht
WM	Wertpapiermitteilungen (Zeitschrift)
2. WobauG	Zweites Wohnungsbaugesetz (Wohnungsbau- und Familiengesetz) idF v 19. 8. 1994 (BGBl I S 2137)
WoBindG	Gesetz zur Sicherung der Zweckbestimmung von Sozialwohnungen (Wohnungsbindungsgesetz) idF v 18. 9. 1994 (BGBl I S 2166)
Wolf, Überschuldung	*Thomas C. Wolf,* Überschuldung, 1998
Wolf/Lindacher/Pfeiffer	*M. Wolf/Lindacher/Pfeiffer,* AGB-Gesetz, Kommentar, 5. Aufl 2009
Wolff	*M. Wolff,* Das Internationale Privatrecht Deutschlands 1954
WP-Hdb	Institut der Wirtschaftsprüfer (Hrsg), WP-Handbuch 2000, Band 1, 12. Aufl 2001, WP-Handbuch 1998, Band 2, 11. Aufl 1998
WPg	Die Wirtschaftsprüfung (Zeitschrift)
Wprax	Wirtschaftsrecht und Praxis (Zeitschrift)
WPO	Wirtschaftsprüferordnung
WRP	Wettbewerb in Recht und Praxis (Zeitschrift)
WuB	Wirtschafts- und Bankrecht Entscheidungssammlung (Loseblatt)
ZAP	Zeitschrift für die Anwaltspraxis
ZAS	Zeitschrift für Arbeits- und Sozialrecht (Österreich)
zB	zum Beispiel
ZBB	Zeitschrift für Bankrecht und Bankwirtschaft
ZblSozVers	Zentralblatt für Sozialversicherung, Sozialhilfe und -versorgung
ZDG	Gesetz über den Zivildienst der Kriegsdienstverweigerer (Zivildienstgesetz) idF v 28. 9. 1994 (BGBl I S 2811)
ZErb	Zeitschrift für die Steuer- und Erbrechtspraxis (seit 1999)
Zeuner, Anfechtung	*Mark Zeuner,* Die Anfechtung in der Insolvenz, 2. Aufl 2007
ZEuP	Zeitschrift für Europäisches Privatrecht
ZEV	Zeitschrift für Erbrecht und Vermögensnachfolge
ZfA	Zeitschrift für Arbeitsrecht
ZfB	Zeitschrift für Betriebswirtschaft
ZfbF	Zeitschrift für betriebswirtschaftliche Forschung
ZfbF	(Schmalenbachs) Zeitschrift für betriebswirtschaftliche Forschung
ZfBR	Zeitschrift für deutsches und internationales Baurecht (1. 1978 ff)
ZGB	Schweizerisches Zivilgesetzbuch
ZGB DDR	Zivilgesetzbuch der Deutschen Demokratischen Republik v 19. 6. 1975 (GBl DDR I S 465)
ZgesGenW	Zeitschrift für das gesamte Genossenschaftswesen
ZgesKredW	Zeitschrift für das gesamte Kreditwesen
ZGR	Zeitschrift für Unternehmens- und Gesellschaftsrecht
ZGS	Zeitschrift für das gesamte Schuldrecht
ZHR	Zeitschrift für das gesamte Handelsrecht und Wirtschaftsrecht (früher Zeitschrift für das gesamte Handelsrecht und Konkursrecht)
Ziff	Ziffer(n)
ZIK	Zeitschrift für Insolvenzrecht und Kreditschutz (Österreich)
ZInsO	Zeitschrift für das gesamte Insolvenzrecht
ZIP	Zeitschrift für Wirtschaftsrecht (bis 1982: Zeitschrift für Wirtschaftsrecht und Insolvenzpraxis)
ZIR	Zeitschrift für internationales Recht (früher NiemeyersZ)
ZKredW	Zeitschrift für das gesamte Kreditwesen
ZLR	Zeitschrift für Luftrecht
ZMR	Zeitschrift für Miet- und Raumrecht

Abkürzungs- und Literaturverzeichnis

Zöller/Bearbeiter	*Zöller*, Zivilprozessordnung, 27. Aufl 2009
Zöllner Wertpapierrecht	*Zöllner*, Wertpapierrecht, 15. Aufl 1999
Zöllner/Loritz/Hergenröder, ArbR	*Zöllner/Loritz/Hergenröder*, Arbeitsrecht, 6. Aufl 2008
ZPO	Zivilprozessordnung idF v 12. 9. 1950 (BGBl I S 533) und idF des ZPO-Reformgesetzes (BGBl 2001 I S 1887)
ZPO ReformG	Gesetz zur Reform des Zivilprozesses
ZRG	Zeitschrift der Savigny-Stiftung für Rechtsgeschichte (germ Abt = germanistische Abteilung; rom Abt = romanistische Abteilung, kanon Abt = kanonistische Abteilung)
ZRP	Zeitschrift für Rechtspolitik
ZS	Zivilsenat
ZSEG	Gesetz über die Entschädigung von Zeugen und Sachverständigen idF v 1. 10. 1969 (BGBl I S 1756)
ZSt.	Zeitschrift zum Stiftungswesen
ZStrW	Zeitschrift für die gesamte Strafrechtswissenschaft (Band u Seite)
zT	zum Teil
zust	zuständig; zustimmend
zutr	zutreffend
ZVG	Gesetz über die Zwangsversteigerung und Zwangsverwaltung idF v 20. 5. 1898 (RGBl S 369, 713)
ZVI	Zeitschrift für Verbraucherinsolvenzrecht (seit 2002)
ZVP	Zeitschrift für Verbraucherpolitik
Zwanzinger	*Bertram Zwanziger,* Das Arbeitsrecht der Insolvenzordnung, Kommentar zu den ab 1. 10. 1996 geltenden Bestimmungen, 3. Aufl 2006
zZ	zur Zeit
ZZP	Zeitschrift für Zivilprozess (Band u Seite)

INSOLVENZORDNUNG (INSO)

Vom 5. Oktober 1994
(BGBl. I S. 2866)
FNA 311-13
zuletzt geänd. durch Art. 1 G zur Erleichterung der Sanierung von Unternehmen v. 24. 9. 2009
(BGBl. I S. 3151)

ERSTER TEIL. ALLGEMEINE VORSCHRIFTEN

§ 1 Ziele des Insolvenzverfahrens

¹Das Insolvenzverfahren dient dazu, die Gläubiger eines Schuldners gemeinschaftlich zu befriedigen, indem das Vermögen des Schuldners verwertet und der Erlös verteilt oder in einem Insolvenzplan eine abweichende Regelung insbesondere zum Erhalt des Unternehmens getroffen wird. ²Dem redlichen Schuldner wird Gelegenheit gegeben, sich von seinen restlichen Verbindlichkeiten zu befreien.

Übersicht

	Rn
I. Allgemeines	1
II. Insolvenzrecht	2
III. Insolvenzverfahrensrecht	3
IV. Normzwecke	4
V. Verfahrensziele und Verfahrensgrundsätze	5
1. Vermögensorientierung des Verfahrens	6
2. Gleichrang der Verfahrensziele	7
3. Rechtzeitige Verfahrenseinleitung	8
4. Flexible Insolvenzabwicklung durch Deregulierung	9
5. Verzicht auf Umverteilung	10
6. Vollabwicklung des Schuldnervermögens	11
7. Erhöhung der Verteilungsgerechtigkeit	12
8. Stärkung der Gläubigerautonomie	13
9. Erleichterte Verfahrenseröffnung und Verschärfung der Anfechtungsvorschriften	14
10. Restschuldbefreiung für redliche Schuldner	15
11. Die Interessen des Schuldners und seiner Familie sowie die Interessen der Arbeitnehmer des Schuldners	16

I. Allgemeines

Anders als in den alten Insolvenzgesetzen hat der Gesetzgeber in § 1 nunmehr die wesentlichen Verfahrensziele festgelegt (zu den Zielen der InsO s KS-*Balz* S 3 ff Rn 1 ff; *W. Gerhardt*, Beck'sche Textausgabe Insolvenzgesetze 29. Aufl Einleitung). § 1 ist nicht nur Schlüsselnorm für die Zulässigkeit unterschiedlicher Verfahrensarten, sondern zugleich auch für die Möglichkeit einer Restschuldbefreiung. Materielles Insolvenzrecht und Insolvenzverfahrensrecht sind funktional auf eine Sondersituation zugeschnitten: Der Schuldner bzw. das Schuldnerunternehmen ist nicht mehr in der Lage, alle seine Gläubiger zu befriedigen (*Eidenmüller* Unternehmenssanierung, S 17). Es findet eine „Gesamtvollstreckung im Dienste des sozialen Friedens" statt (*Häsemeyer* InsR Rn 2.01). Privatautonome Entscheidungen wirtschaftlicher Art werden ebenso weitgehend ausgeschaltet wie das Prioritäts- oder Präventionsprinzip. Anders als die Konkursordnung sieht das neue Gesetz keine Zerschlagungsautomatik vor, sondern strebt eine ökonomisch vernünftige Haftungsverwirklichung an, die nach Möglichkeit die wirtschaftliche Existenz des Schuldners erhält. Trotzdem ist die **Sanierung kein vorrangiges Verfahrensziel**. Der Gesetzgeber stellt mit der InsO einen Rechtsrahmen zur Verfügung, der es einem Schuldner oder Schuldnerunternehmen ermöglicht, entweder die Krise zu überwinden oder unter Beachtung des Gleichbehandlungsgrundsatzes aus dem Wettbewerb auszuscheiden. Auch wenn ein entsprechender Passus in § 1 RegE im Gesetzgebungsverfahren gestrichen worden ist, dürfen die **Interessen des Schuldners und seiner Familie** sowie die **Interessen der Arbeitnehmer** eines Schuldnerunternehmens im Insolvenzverfahren keineswegs unberücksichtigt bleiben. Dies hat der Gesetzgeber in § 305 Abs 1 Nr 4 deutlich zum Ausdruck gebracht, wenn der Schuldenbereinigungsplan alle Regelungen enthalten kann, „die unter Berücksichtigung der Gläubigerinteressen sowie der Vermögens-, Einkommens- und Familienverhältnisse des Schuldners geeignet sind, zu einer angemessenen Schuldenbereinigung zu führen". Als Alternative zur liquidierenden Schuldenregulierung stellt das Gesetz nunmehr den Beteiligten ein **Insolvenzplanverfahren** zur Verfügung, das in den §§ 217 ff zu einem universellen Instrument der Masseverwertung ausgebaut ist. Der Insolvenzplan ist an die Stelle des früheren gerichtlichen Vergleichs und Zwangsvergleichs getreten. Bewusst ist von einem Typenzwang der möglichen Plangestaltungen abgesehen worden. Sämtliche Arten der Masseverwertung werden den Beteiligten gleichrangig zur Verfügung gestellt. An die Stelle einer Wertezerschlagung ist die **Maximierung des haftenden Schuldnervermögens** getreten (*Eidenmüller* Unternehmungssanierung S 17). Ziel des Verfahrens ist es, die Befriedigungschancen für die Gesamtheit der Gläubiger zu optimieren (*Henckel* FS-Merz Köln 1992, S 197, 202). Das Wesentliche des Insolvenzplanverfahrens liegt darin, „dass der Fortführungsbonus, die Differenz zwischen Fortführungs- und Liquidationswert, nicht nach den Grundsätzen der zivilrechtlichen Haftung zugeteilt, sondern zum Gegenstand von Verhandlungen zwischen Schuldnern und Gläubigern gemacht wird" (*Balz* ZIP 1988, 1438, 1441; vgl auch *Th. Jackson* The Logic and Limits of Bankruptcy Law, 1986). Das Insolvenzverfahren ist Haftungsverwirklichung, nicht dagegen ein Umverteilungsverfahren (*Uhlenbruck* WM 1996, 811). Das neue Insolvenzrecht wird – anders als frühere Insolvenzgesetze – weit mehr den Anforderungen der Betriebswirtschaftslehre gerecht (*Hax/Marschdorf* BFuP 1983, 112 ff; *Hax* Die ökonomischen Aspekte der neuen Insolvenzordnung, in: *B. M. Kübler* RWS-Forum 1989, S 21 ff). Die **ökonomische Funktionsbestimmung des Insolvenzverfahrens** impliziert zugleich die Aufgabe, die in dem insolventen Unternehmen gebundenen Ressourcen der wirtschaftlich produktivsten Verwendung zuzuführen (BT-Drucks. 12/2443, 77; *Smid* § 1 Rn 7). Nach den Vorstellungen des Gesetzgebers sollen die Gläubiger aufgrund der Gläubigerautonomie im **Wettbewerb um die beste Verwertungsart** die optimale Masseverwertung entdecken und durchsetzen (Allgem Begr RegE bei *Uhlenbruck* Das neue Insolvenzrecht S 233). Es bleibt den Insolvenzgerichten (§ 231) überlassen, die Grenzen aufzuzeigen, wo im Einzelfall Mehrheitsentscheidungen Marktgesetze außer Kraft setzen. Nach zutreffender Feststellung von *Smid* (Grundzüge § 1 Rn 10) zeigt die Vorschrift des § 1, wo die Grenzen der Verfolgung der Ziele einzelner Verfahrensbeteiligter im Insolvenzverfahren liegen. Der Gesetzgeber habe damit einem Missbrauch des Verfahrens ebenso einen Riegel vorschieben wollen, wie verhindern, dass das Insolvenzverfahren in den Dienst der Verfolgung staatlicher Zwecke gestellt werde. In der Tat schützt die gesetzliche Statuierung von Verfahrenszwecken den Verwalter besonders in Großverfahren ebenso vor Angriffen der Presse wie vor staatlichen Eingriffen und politischen Einflussnahmen. Für Insolvenzverwalter ist die Regelung in § 1 vor allem auch insoweit hilfreich, als ihnen im Rahmen der Verfahrensabwicklung staatliche Interessen an einer Erhaltung von Arbeitsplätzen oder an der Wahrung des Wirtschaftsstandorts nicht aufgezwungen werden können (*Smid* Grundzüge § 1 Rn 10 S 5; *ders* DZWIR 1997, 309 f; *Häsemeyer* InsR Rn 2.09 ff). Unternehmensfortführung und Haftungsverwirklichung stehen keineswegs in einem prinzipiellen Gegensatz (*Eidenmüller* Unternehmenssanierung S 26). Eine Unternehmensfortführung kann im Rahmen eines Insolvenzverfahrens immer nur ein Mittel zur optimalen Gläubigerbefriedigung sein. Die **Befriedigungsfunktion** steht immer im Vordergrund (*Smid* § 1 Rn 34). Einzelheiten bei *Pape/Uhlenbruck* InsR Rn 96 ff.

II. Insolvenzrecht

2   **Insolvenz** ist der Oberbegriff für einen wirtschaftlichen Zustand, der sich als Zahlungsunfähigkeit, drohende Zahlungsunfähigkeit oder Überschuldung darstellt und ein gerichtliches Insolvenzverfahren auszulösen vermag. Bei juristischen Personen tritt mit dem Insolvenzgrund der Zahlungsunfähigkeit und/oder Überschuldung zugleich eine Verpflichtung der organschaftlichen Vertreter ein, meist unverzüglich, spätestens aber innerhalb von drei Wochen Insolvenzantrag bei dem zuständigen Amtsgericht (Insolvenzgericht) zu stellen. Nicht jede Unternehmenskrise stellt sich als Insolvenz dar, obgleich sie bereits Rechtspflichten für die organschaftlichen Vertreter auslösen kann (*Braun/Uhlenbruck* Unternehmensinsolvenz S 7). Während die Insolvenz jede wirtschaftliche Notlage eines Schuldners oder Schuldnerunternehmens umfasst, die seine Existenz infrage stellt und zum Insolvenzantrag berechtigt oder verpflichtet, bezeichnet man als **Insolvenzrecht** die Summe aller Rechtsvorschriften, die den existenzbedrohenden Zustand eines Schuldners oder Schuldnerunternehmens regeln. Dabei ist die rechtliche Insolvenz keineswegs identisch mit dem Begriff der betriebswirtschaftlichen Illiquidität oder der wirtschaftlichen Krise. Schon im Vorfeld der eigentlichen Insolvenz regeln zahlreiche Vorschriften die Verhaltensweisen des Schuldners und seiner Gläubiger. Vgl. *W. Hemmerde*, Insolvenzrisiko und Gläubigerschutz, 1985; *Bitz/Hemmerde/Rausch*, Gesetzliche Regelungen und Reformvorschläge zum Gläubigerschutz, 1986. So führt die Krise der GmbH in der Regel zu einer Funktionsänderung der Gesellschafterdarlehen in Kapitalersatz. Krise bedeutet hier Zahlungsunfähigkeit, Überschuldung oder Kreditunwürdigkeit der GmbH. Das **Prinzip des Gläubigerschutzes** greift bereits vor der eigentlichen Insolvenz ein, wie zB als Rückzahlungsverbot hinsichtlich des Stamm- oder Aktienkapitals (§ 30 GmbHG, § 62 AktG). Das Verbot der Einlagenrückgewähr (§ 57 AktG) zählt ebenso zum Insolvenzrecht iwS wie die Anzeigepflicht bei Verlust der Hälfte des Kapitals (§ 49 Abs 3 GmbHG, § 92 Abs 1 AktG). Die Anfechtungsvorschriften der §§ 129 ff zeigen, dass der **Grundsatz der Gläubigergleichbehandlung** („par condicio creditorum") bereits im Vorfeld der eigentlichen Insolvenz eingreift (vgl auch § 88). Das eigentliche, in der InsO geregelte Insolvenzrecht als Instrument der „Haftungsverwirklichung unter Knappheitsbedingungen" kollektiviert

die Rechtsdurchsetzung, um auf diese Weise eine möglichst gerechte Haftungsverwirklichung zum Vorteil aller Beteiligten zu erreichen (*Eidenmüller* Unternehmenssanierung zwischen Markt und Gesetz S 24). Insolvenzrechtliche Regelungen finden sich in fast allen Gesetzen (vgl die Übersicht bei *Braun/ Uhlenbruck* Unternehmensinsolvenz S 6 ff). Das Insolvenzrecht ist ein zentraler Bestandteil des **Wirtschaftsprivatrechts** (Allgem. Begr. RegE bei *Uhlenbruck* Das neue Insolvenzrecht S 228; *Häsemeyer* Insolvenzrecht, S 7). Die InsO enthält sowohl materiell-rechtliche als auch verfahrensrechtliche Regelungen. Die allgemeinen Bestimmungen über das Verfahren finden sich in den §§ 2–10. Sodann folgen Vorschriften über das Eröffnungsverfahren einschließlich der Eröffnungsgründe (§§ 11–34), die Definition der Insolvenzmasse (§§ 35–37) und die Einteilung der Gläubiger in verschiedene Klassen (§§ 38–55). Formelles Insolvenzrecht sind auch die Vorschriften über den Insolvenzverwalter (§§ 56–66) und die Organe der Gläubigerselbstverwaltung (§§ 67–79). Erst der dritte Teil der InsO, der die Wirkungen der Verfahrenseröffnung regelt (§§ 80–147), enthält weitgehend **materielles Insolvenzrecht**. Zwischen dem materiellen und dem formellen Insolvenzrecht „bestehen enge Wechselwirkungen" *(Häsemeyer)*. Vielfach sind materiell-rechtliche und verfahrensrechtliche Regelungen miteinander verbunden (vgl §§ 122, 125 ff). Auch die Vorschriften über die Eigenverwaltung (§§ 270–285), über die Restschuldbefreiung (§§ 286–303) sowie die Regelungen des Verbraucherinsolvenzverfahrens und sonstiger Kleinverfahren (§§ 304–314) enthalten sowohl materielles als auch formelles Recht (*Braun/Uhlenbruck* Unternehmensinsolvenz S 41). Das Insolvenzverfahren ist **kein Erkenntnisverfahren**, obgleich das Insolvenzeröffnungsverfahren teilweise als quasi-streitiges Parteiverfahren ausgestaltet ist, in dem sich Antragsteller (Gläubiger) und Antragsgegner (Schuldner) als Parteien gegenüberstehen. Auch wenn § 4 die Vorschriften der ZPO für entsprechend anwendbar erklärt und das Verfahren weitgehend rechtsfürsorgerischen Charakter hat (vgl *Bosc*, Konkurs-Vergleich-Vertragshilfe, 1949, Einf), bleibt das Verfahren seinem Wesen nach **Vollstreckungsverfahren**, denn es führt zu staatlichen Eingriffen in Rechtspositionen nicht nur des Schuldners, sondern auch der Gläubiger (*Jauernig* § 38 I 6.). Das pfändbare Schuldnervermögen wird mit Eröffnung des Insolvenzverfahrens kraft Gesetzes haftungsrechtlich den Gläubigern zugeordnet, und die Massegegenstände haben ab diesem Zeitpunkt nur noch Haftungsfunktion (*Jaeger/Henckel* § 1 KO Rn 3). Obgleich nach Feststellung des **BGH** „Ziel und Zweck des Konkursverfahrens den staatlichen Akt Konkurseröffnung in die Nähe der Entscheidungen der Freiwilligen Gerichtsbarkeit" rücken (**BGHZ 95, 256**), unterfällt das Insolvenzverfahren nicht der **Freiwilligen Gerichtsbarkeit** (anders wohl neuerdings *E. J. Habscheid* KTS 1999, 59 ff). Vielmehr ist es ein **Gesamtvollstreckungsverfahren,** in dem der Staat das Präventionsprinzip ausschaltet und durch das Prinzip der gleichmäßigen Befriedigung aller Gläubiger („par condicio creditorum") ersetzt, und zwar unabhängig davon, wann ihre Forderungen entstanden sind oder ob sie tituliert sind (*Stürner* II § 1 Rn 1.2). Das bellum omnium contra omnes, der Krieg aller gegen alle, wird beendet und durch den Grundsatz der Gläubigergleichbehandlung ersetzt. Die gesetzlichen Regelungen, die die Verfahrenstypen, Liquidation, fortführende oder übertragende Sanierung, Insolvenzplanverfahren und Restschuldbefreiungsverfahren regeln, bilden das Insolvenzrecht.

III. Insolvenzverfahrensrecht

Unter Insolvenzverfahrensrecht versteht man die Summe aller Regelungen, mit deren Hilfe die subjektiven Rechte der Gläubiger beim wirtschaftlichen Zusammenbruch eines Schuldners oder Schuldnerunternehmens realisiert werden. Der Gesetzgeber hat von einer „Privatisierung der Insolvenzabwicklung" (vgl *A. Schwartz*, Bankruptcy Workouts and Debt Contracts, in: 36. Journal of Law and Economics, 1993, S 595, 602 ff) abgesehen und das Insolvenzverfahren als **staatlich überwachte Selbstverwaltung** ausgestaltet. Das Insolvenzverfahrensrecht versteht sich lediglich als rechtlicher Rahmen, den der Gesetzgeber als Mittel der zwangsweisen oder freiwilligen Haftungsverwirklichung zur Verfügung stellt. Der **Grundsatz der Gleichbehandlung der Gläubiger** und der **Verlustgemeinschaft** erfordern, dass die Einzelinitiative der Gläubiger zurückgedrängt wird durch eine kooperative Gesamtinitiative der Gläubigergemeinschaft, die durch ihre Organe (Gläubigerversammlung und Gläubigerausschuss) im Verfahren repräsentiert wird. Das Insolvenzverfahren wird vom **Prinzip der Gläubigerautonomie** beherrscht (vgl *F. Neumann*, Die Gläubigerautonomie in einem künftigen Insolvenzverfahren, 1995). Dem Gericht verbleibt lediglich die Aufgabe, die Rechtmäßigkeit des Verfahrens zu überwachen und aufgrund seiner fachlichen Autorität in den Verhandlungen der Beteiligten vermittelnd und schlichtend zu wirken und so eine Einigung zwischen den Beteiligten zu fördern (Allgem Begr RegE bei *Uhlenbruck*, Das neue Insolvenzrecht, S 236). Nicht nur die Entscheidung über die Form und die Art der Masseverwertung, sondern auch die Entscheidungen über die Gestaltung des Verfahrens werden weitgehend der Gläubigerschaft überlassen. Zutreffend spricht *H. Eidenmüller* (Unternehmenssanierung zwischen Markt und Gesetz, S 202) von einer „**Kollektivierung von Rechtsausübung und Rechtsdurchsetzung**". Das Verfahren ist zugleich als „Entdeckungsverfahren" ausgestaltet: Die Beteiligten sollen im Wettbewerb um die beste Verwertungsart die ökonomisch optimale Form der Insolvenzabwicklung entdecken und verwirklichen (BT-Drucks 12/2443, S 92). Die Gefahr eines solchen Wettbewerbs liegt darin, dass uU die Verfahren durch – nicht immer ökonomische – Mehrheitsentscheidungen der Kreditgläubiger majorisiert werden. Hinsichtlich der **Verfahrensarten** unterscheidet man das **Regelinsolvenzverfahren** nach InsO, das **Insolvenzplanverfahren** (§§ 217 ff), das **Verbraucherinsolvenzver-**

fahren (§§ 304 ff) und das **vereinfachte Insolvenzverfahren** (§§ 311 ff). Das **Restschuldbefreiungsverfahren** (§§ 286–303) ist ein weiteres Verfahren, das sich an ein durchgeführtes Insolvenzverfahren anschließt. Letzteres Verfahren ist auf natürliche Personen beschränkt (§ 286). Restschuldbefreiung kann auch über einen Insolvenzplan in der Regelinsolvenz erlangt werden. Die **Eigenverwaltung** (§§ 270 ff) ist lediglich eine Variante des Regelinsolvenzverfahrens (anders *Biehl* InVo 1998, 237, 240). **Nachlass- und Gesamtgutinsolvenzverfahren** sind Verfahren über bestimmte Sondervermögen, für deren Abwicklung der Gesetzgeber in den §§ 315–334 Sonderregelungen vorgesehen hat. Der Begriff „Regelinsolvenzverfahren" ist insoweit gerechtfertigt, als es auch künftig die Regel sein wird, dass Schuldnervermögen und Gesellschaften nach den allgemeinen Vorschriften der InsO liquidiert werden (vgl auch *W. Breuer* Das Regelinsolvenzverfahren DStR Beiheft zu Nr 47/1998). Die Abgrenzung zwischen Regelinsolvenzverfahren und Verbraucherinsolvenzverfahren hatte ursprünglich in der Praxis erhebliche Probleme aufgeworfen (*Vallender* ZIP 1999, 125, 129; *Bork* ZIP 1999, 301 ff). Den §§ 304 ff unterfallen nur natürliche Personen. Dabei unterliegen Verbraucher stets dem Verbraucherinsolvenzverfahren. Für Unternehmer gilt dies nur dann, wenn sie nicht mehr selbstständig tätig und ihre Vermögensverhältnisse überschaubar sind. Für Schuldner, die im Zeitpunkt der Antragstellung noch eine selbstständige wirtschaftliche Tätigkeit ausüben ist stets das Regelinsolvenzverfahren anwendbar (**BGH** ZInsO 2002, 181).

IV. Normzwecke

4   Nach zutreffender Feststellung von *H. Prütting* (*K/P* § 1 Rn 3) sind die in § 1 niedergelegten Verfahrensziele nicht justiziabel und ist der Normzweck daher begrenzt. Allerdings lässt der Gesetzeswortlaut eindeutig erkennen, dass der Gesetzgeber der InsO teilweise von hergebrachten Verfahrensprinzipien abgewichen ist. Anders als die KO und die GesO hält sich der Gesetzgeber der InsO ökonomischen Erklärungsmodellen verpflichtet (*Smid* § 1 Rn 6). Die eklatanten betriebswirtschaftlichen Unzulänglichkeiten der VglO 1935 sind beseitigt worden. Der Gesetzgeber hat vor allem die Mechanismen des Unternehmensinsolvenzrechts so gestaltet, „dass eine vernünftige Balance zwischen dem Ziel der Maximierung des haftenden Schuldnervermögens auf der einen Seite und demjenigen der Setzung von Anreizen für ein effizientes Unternehmensmanagement auf der anderen Seite erreicht wird" (*Eidenmüller* Unternehmenssanierung, S 30). So ist zB eine Unternehmensfortführung betriebswirtschaftlich sinnvoll, volkswirtschaftlich erwünscht und juristisch geboten, wenn der Wert des Unternehmens im Fall der Fortführung größer ist als bei einer Liquidation. Der Gesetzgeber hält sich an den Grundsatz *„so viel Markt wie möglich, so viel Gesetz wie nötig"*. Dieser Grundsatz wird allerdings im Verbraucherinsolvenzverfahren und im vereinfachten Verfahren durchbrochen. Mit dem neuen Recht hat das Insolvenzrecht ökonomische Funktionen, d. h. marktwirtschaftliche Aufgaben erhalten (*Smid* § 1 Rn 7). Der Wortlaut des § 1 hat nur begrenzte Aussagekraft (*K/P/Prütting* § 1 Rn 3). Ergänzende Aufschlüsse über den Normzweck und die Ziele des Insolvenzverfahrens lassen sich jedoch aus der Allgemeinen Begründung des Regierungsentwurfs herleiten. Unmittelbar aus § 1 ergibt sich aber der Grundsatz der **Einheitlichkeit des Verfahrens,** wodurch das bisherige Nebeneinander von Ost- und Westrecht ebenso beseitigt wird wie das Nebeneinander von Konkurs-, Vergleichs- und Gesamtvollstreckungsordnung. Die Einheitlichkeit des Verfahrens kommt auch darin zum Ausdruck, dass nicht nur sämtliche Verbindlichkeiten, sondern auch die gesicherten Gläubiger in das Verfahren eingebunden werden. Die Regelung zu § 1 S 1 lässt erkennen, dass der Gesetzgeber der **Gläubigerautonomie** größeres Gewicht beimisst als frühere Insolvenzgesetze. Die Gläubiger sollen mehrheitlich über eine abweichende Regelung hinsichtlich der Verfahrensart entscheiden können (*Bork* Einführung Rn 15; *K/P* § 1 Rn 14 ff). In der Allgemeinen Begründung zum Regierungsentwurf (*Uhlenbruck* Das neue Insolvenzrecht, S 235) ist schließlich zum Ausdruck gebracht, dass es ein wesentliches Anliegen des Gesetzgebers ist, **mehr Verteilungsgerechtigkeit im Insolvenzverfahren** zu erreichen. Deshalb sind die Gläubigervorrechte beseitigt worden. Lediglich den Sozialplanansprüchen der Arbeitnehmer hat der Gesetzgeber in § 123 Abs 2 S 1 ein Privileg eingeräumt (*Uhlenbruck* Das neue Insolvenzrecht S 17, 47). Für den Fall der Masseunzulänglichkeit (§ 208) ist eine von der bisherigen unbefriedigenden Regelung des § 60 KO abweichende Regelung in § 209 Abs 1 Nr 1 getroffen worden (*Uhlenbruck* Das neue Insolvenzrecht S 17, 82; *K/P/Prütting* § 1 Rn 22; *Bork* Einführung Rn 16). Anders als in Österreich gibt es in Deutschland nicht den „klassenlosen Konkurs".

V. Verfahrensziele und Verfahrensgrundsätze

5   Die einzelnen Verfahrensgrundsätze und Verfahrensziele sind nicht nur aus § 1 zu entnehmen, sondern ergeben sich auch aus der Allgemeinen Begründung des Regierungsentwurfs (vgl *Uhlenbruck,* Das neue Insolvenzrecht S 231 ff). Eingehend zu den Verfahrenszielen *Smid* § 1 Rn 15 ff; *ders,* Grundzüge, § 1 Rn 34 ff; *K/P/Prütting* § 1 Rn 10 ff; FK-*Schmerbach* § 1 Rn 9 ff; KS-*Balz* S 3 Rn 1 ff; *ders,* Sanierung von Unternehmen oder Unternehmensträgern? 1986; *ders* ZRP 1986, 12; ZIP 1988, 273; ZIP 1988, 1438; *ders,* Die Ziele des Reformentwurfs, in: *B. M. Kübler* (Hrsg.), Neuordnung des Insolvenzrechts, Köln 1989, S 1 ff; *W. Gerhardt,* Zielbestimmung und Einheitlichkeit des Insolvenzverfahrens in: *Leipold*

(Hrsg), Insolvenzrecht im Umbruch, S 1 ff; *Pape/Uhlenbruck* InsR Rn 118 ff. *Smid* (§ 1 Rn 34 ff) hat mit Recht auf die **Bedeutung der Verfahrensziele für die Insolvenzpraxis** hingewiesen. An ihnen hat sich das Handeln der Verfahrensbeteiligten zu orientieren. So darf das Insolvenzgericht die Sanierungswürdigkeit eines notleidenden Schuldners oder Unternehmens nicht mehr an den Würdigkeitsvoraussetzungen der früheren §§ 17, 18 VglO messen. Richter oder Rechtspfleger dürfen im „Wettbewerb der Beteiligten um die beste Verwertungsart" nicht ihre eigenen Vorstellungen über eine optimale Verfahrensabwicklung durchzusetzen versuchen. Hinsichtlich der Verfahrenseröffnung haben sie sich daran zu orientieren, dass der Gesetzgeber eine **rechtzeitige Eröffnung des Insolvenzverfahrens** wünscht, was auch in den §§ 17, 18, 19 zum Ausdruck kommt. Ein uneingeschränktes Abstellen auf die Merkmale der „Dauer" und der „Wesentlichkeit" bei der Zahlungsunfähigkeit wie nach altem Recht würde der Intention des Gesetzgebers zuwiderlaufen. Einer erleichterten und rechtzeitigen Verfahrenseröffnung dient auch die „großzügige" Prüfung des Insolvenzgrundes, wenn Schuldner oder Schuldnerunternehmen wegen drohender Zahlungsunfähigkeit Insolvenzantrag stellen. Eine **generelle Verweigerung der Eigenverwaltung** (§ 270 ff) durch die Gerichte würde nicht nur der Marktkonformität der Insolvenzabwicklung widersprechen, sondern zugleich auch dem Grundsatz der Beteiligtenautonomie bei Entscheidungen über den Ablauf des Verfahrens. Nach zutreffender Feststellung von *M. Balz* (KS S 4 Rn 3) stellt der Regierungsentwurf im Allgemeinen Teil der Begründung die Ziele der Reform „mit einer in der bisherigen Gesetzgebung der Bundesrepublik ungewöhnlichen Schärfe und Prägnanz dar". Deshalb sei diese Darstellung „auch jetzt noch fast ohne Abstriche gültig". Dem ist zuzustimmen. Eine sachgerechte **Interpretation und Auslegung der einzelnen Vorschriften der InsO** ist ohne Zuhilfenahme der Begründung des Regierungsentwurfes und der Berichte des Rechtsausschusses des Deutschen Bundestages in vielen Fällen kaum möglich. So stellt zB § 19 Abs 2 auf die bestehenden Zahlungspflichten im Zeitpunkt der Fälligkeit ab. Aus der Begründung (vgl *Uhlenbruck,* Das neue Insolvenzrecht S 318) ergibt sich aber, dass letztlich auf die gesamte Entwicklung der Finanzlage des Schuldners abzustellen ist und neben den zu erwartenden Einnahmen zugleich auch die zukünftigen, noch nicht begründeten Zahlungspflichten mit zu berücksichtigen sind.

1. Vermögensorientierung des Verfahrens. Auch das beste Insolvenzgesetz kann Insolvenzen nicht verhindern. Aufgabe eines modernen und funktionsfähigen Insolvenzrechts ist es, zum einen Regelungen zu treffen, wie sich ein Schuldner oder Schuldnerunternehmen im Interesse der Gläubiger ab einem bestimmten Krisenzeitpunkt zu verhalten hat, um eine Schädigung der Gläubiger zu vermeiden; zum andern hat der Gesetzgeber der Wirtschaft Rahmenbedingungen zur Verfügung zu stellen, die es einem insolventen Unternehmen ermöglichen, über ein gerichtliches Verfahren eines der Verfahrensziele Liquidation, Sanierung oder übertragende Sanierung, zu erreichen. Dabei dürfen Marktgesetze nicht außer Kraft gesetzt werden. Auch soll die **außergerichtliche Sanierung** keineswegs ausgeschlossen werden. Sie ist vielmehr erwünscht, wie die Abschaffung des § 419 BGB durch Art 33 Nr 16 EGInsO und die Möglichkeit einer vereinfachten Kapitalherabsetzung bei der GmbH (§§ 58a–58f GmbHG) zeigen. Im Rahmen des Verbraucherinsolvenzverfahrens nach den §§ 304 ff wird vom Gesetzgeber sogar der Versuch einer außergerichtlichen Einigung zwingend verlangt (§ 305 Abs 1). Die einzelwirtschaftliche Rentabilitätsrechnung der Beteiligten folgt im gerichtlichen Verfahren nach Auffassung des Gesetzgebers den gleichen Rationalitätsgesichtspunkten wie bei einer außergerichtlichen Investitions- oder Desinvestitionsentscheidung. So ist es ua kein Reformziel, gegen die Kräfte des Marktes zu einer Perpetuierung von Unternehmensträgern beizutragen (Allgem Begr RegE bei *Uhlenbruck,* Das neue Insolvenzrecht S 232).

2. Gleichrang der Verfahrensziele. Noch 1982 hatte der 54. Deutsche Juristentag zum Themenkreis „Möglichkeiten der Sanierung von Unternehmen durch Maßnahmen im Unternehmens-, Arbeits-, Sozial- und Insolvenzrecht" mit überwältigender Mehrheit beschlossen, dass sich zur Bewältigung von Unternehmensinsolvenzen ein neues Reorganisationsverfahren empfiehlt (*Karsten Schmidt* KTS 1982, 613 ff; *Flessner* ZIP 1981, 1283 ff; *ders* ZRP 1982, 244 ff; *Uhlenbruck* KTS 1981, 513 ff). Die ursprüngliche **Sanierungseuphorie** wich aber schon bald der Erkenntnis, dass die eigentliche Aufgabe eines funktionierenden Insolvenzrechts darin bestehen muss, den Beteiligten einen funktionsfähigen Rechtsrahmen für die Bewältigung des wirtschaftlichen Sachverhalts „Insolvenz" zur Verfügung zu stellen und die Haftung eines Schuldners oder Schuldnerunternehmens zugunsten der Gläubiger optimal zu verwirklichen. Bewusst hat die InsO auf einen gesetzlichen Typenzwang der Verwertungsarten verzichtet. Jede von den Beteiligten angestrebte und legitimierte Art der Masseverwertung ist zuzulassen. Der Gesetzgeber sah im Übrigen keinen Anlass, die Sanierung eines Schuldnerunternehmens einer Zerschlagungsliquidation vorzuziehen, wenn dies dem Willen der Beteiligten entspricht (*Smid* § 1 Rn 34 ff; KP-*Prütting* § 1 Rn 23 ff; *Pape/Uhlenbruck* InsR Rn 130; str aA *Ehlers/Drieling,* Unternehmenssanierung nach neuem Insolvenzrecht, 1998, S 3).

3. Rechtzeitige Verfahrenseinleitung. Erleichterte und rechtzeitige Eröffnung des Insolvenzverfahrens schafft Masse und damit Quoten. Auch die Arbeitnehmer haben von einer rechtsstaatlich geordneten Insolvenzabwicklung Vorteile. Die Chancen für die Erhaltung des Unternehmens und seiner Arbeitsplätze werden nach Auffassung des Gesetzgebers verbessert (Begr RegE bei *Uhlenbruck,* Das neue Insolvenzrecht S 237). Die Einführung des Insolvenzgrundes der drohenden Zahlungsunfähigkeit bietet dem Schuldner und bei juristischen Personen den Organen Anreiz, frühzeitig Insolvenzantrag zu stellen und damit die Sanierungschancen zu verbessern. Nach den Vorstellungen des Gesetzgebers wird eine rechtzeitige Verfahrenseröffnung vor allem auch dadurch gewährleistet, dass die Kostenschwelle für den Zugang zum Verfahren herabgesetzt wird. Nach § 26 Abs 1 S 1 weist das Insolvenzgericht den Antrag auf Eröffnung des Verfahrens nur ab, wenn das Vermögen des Schuldners voraussichtlich nicht ausreichen wird, um die Kosten des Verfahrens zu decken, und wenn ein ausreichender Geldbetrag nicht vorgeschossen wird. Kostendeckung liegt schon vor, wenn die Gerichtskosten des § 54 gedeckt sind. Dabei hat der Gesetzgeber allerdings übersehen, dass die Kosten des Insolvenzverfahrens à priori nicht zu berechnen sind, da sich sowohl die Gerichtskosten als auch die Gebühren des Insolvenzverwalters und der Mitglieder des Gläubigerausschusses nach der in der Schlussrechnung aufgeführten Teilungsmasse bzw nach den aufgewendeten Stunden berechnen. Zudem läuft der Verwalter bei lediglicher Kostendeckung Gefahr, wegen notwendiger Begründung dringlicher Masseverbindlichkeiten (§ 55) gem §§ 60, 61 zu haften. Schon die Fürsorgepflicht gegenüber den Insolvenzverwaltern gebietet es, dass die Gerichte dringend anfallende Kosten und Auslagen in die Vorschussberechnung einbeziehen.

9   **4. Flexible Insolvenzabwicklung durch Deregulierung.** Bei idealen marktwirtschaftlichen Bedingungen, dh bei rationalem Verhalten der Beteiligten, verhandeln nach zutreffender Feststellung von *M. Balz* (KS S 5 Rn 8) die Beteiligten so lange, bis eine Lösung erreicht worden ist, „die keinen Beteiligten schlechter und zumindest einen Beteiligten besser stellt als jede der Alternativen". Solange nicht ein „System von Kooperationspflichten zur Stabilisierung des präsumtiv leistungsfähigsten Reorganisationsmechanismus" entwickelt und anerkannt ist, führt eine erzwungene Homogenisierung von beteiligten Interessen zwangsläufig zu einem Wohlstandsverlust (aber neuerdings *H. Eidenmüller*, Unternehmenssanierung). Deregulierung heißt möglichst wenig Staat und möglichst viel Gläubigerautonomie. Ohne erzwungenes kollektives Handeln würden sich die Gläubiger ein „Windhundrennen" liefern statt zu verhandeln (*Balz* KS S 6 Rn 10). **Deregulierung** bedeutet letztlich nichts anderes, als dass die Beteiligten durch Verhandlungen eine von der üblichen Zerschlagungsmechanik abweichende Art der Masseverwertung und Masseverteilung vereinbaren können (**krit** *Henckel* KTS 1989, 477 ff). Mit Recht zieht *Henckel* in Zweifel, ob ein vom Schuldner oder von einer Minderheit aufgestellter Plan immer eine Garantie für eine angemessene Insolvenzabwicklung bietet und deshalb geeignet ist, die Handlungsbefugnisse des Verwalters zu beschränken. Auch müsse gefragt werden, welche Richtigkeitsgarantien für einen Mehrheitsbeschluss der Gläubiger im Berichtstermin gegeben sind, der dem Verwalter das vorläufige Ziel einer Tätigkeit vorgibt. Richtig ist ferner, dass das Ziel der Deregulierung durch privatautonome marktkonforme Entscheidungen durch den Minderheitenschutz (§ 251) und das Obstruktionsverbot (§ 245) erheblich eingeschränkt worden ist. Der Gesetzgeber hat zwar gesehen, dass die Mehrheit nicht immer Recht hat, lässt aber in der Regel einfache Mehrheiten zu, um Verfahrensziele durchzusetzen. Einen Schutz gegen Missbrauch bieten die Vorschriften der §§ 78, 231, 245, 248, 249, 250, 251. Nach *M. Balz* (KS S 7 Rn 16) meint Deregulierung nicht die uneingeschränkte Macht des Stärkeren (vgl auch *Balz* ZIP 1988, 273, 293 ff). Wie aber kann verhindert werden, dass künftig die Verfahren durch die Kreditgläubiger majorisiert werden, was angesichts einer Eigenkapitalausstattung deutscher Unternehmen von unter 20 Prozent durchaus legitim ist? Ein gut beratenes Schuldnerunternehmen wird versuchen, die Gläubigerentscheidung zu beeinflussen, indem es einen vorbereiteten Insolvenzplan („prepackaged plan") vorlegt. In der oft Monate später stattfindenden Gläubigerversammlung kommt es letztlich nur noch darauf an, ob der Insolvenzverwalter sich den Plan zu Eigen macht und wie er ihn den Gläubigern „verkauft" (*Uhlenbruck* NZI 1998, 1, 3). Es soll hier nicht einem administrativen Amtsverfahren das Wort geredet werden, wie es von dem Spanier *Salgado de Samoza* in seinem Werk „Labyrinthus creditorum concurrentium ad litem per debitorem communem inter illos causatam" 1645 entwickelt worden ist. Festzustellen ist nur, dass der Gesetzgeber trotz Deregulierung auf bestimmte Aufsichts- und Eingriffsbefugnisse der Insolvenzgerichte nicht verzichten wollte, dass andererseits aber nach zutreffender Feststellung von *R. Stürner* (bei *Leipold*, Insolvenzrecht im Umbruch S 48) zu viel Gestaltungsfreiheit „richterliche Zügelung provoziert und deshalb leicht kontraproduktiv wirken kann". Der Gesetzgeber verkennt das Wesen der Gläubigergemeinschaft als Zwangsgemeinschaft, wenn er davon ausgeht, dass die Gläubiger im eröffneten Insolvenzverfahren über das Vermögen des Schuldnerunternehmens die gleichen Investitions- und Desinvestitionsentscheidungen treffen wie im normalen wirtschaftlichen Wettbewerb. Nicht nur im Regelinsolvenzverfahren, sondern vor allem im Insolvenzplanverfahren gelten andere Gesetzmäßigkeiten als im freien Wettbewerb. Die einzelnen Gläubiger, aber auch die Gläubigergruppen haben jeweils unterschiedliche Interessen, die sie im Rahmen der Haftungsverwirklichung durchzusetzen versuchen (*Uhlenbruck* NZI 1998, 1, 4). Schließlich lässt sich die einfache Kopfmehrheit ebenso wenig wie die einfache Summenmehrheit im Abstimmungsverfahren aus dem Ziel der Deregulierung herleiten (*Henckel* KTS 1989, 477, 492).

10 **5. Verzicht auf Umverteilung.** Noch 1978 hatte der damalige Bundesminister der Justiz, *Dr. J. Vogel*, anlässlich der konstituierenden Sitzung der Reformkommission darauf hingewiesen, dass der Insolvenzfall nicht mehr lediglich als Angelegenheit zwischen Gläubiger und Schuldner begriffen werden könne.

Vielmehr seien in der heutigen eng ineinander verzahnten und miteinander verflochtenen Wirtschafts- und Arbeitswelt auch die allgemeinen volkswirtschaftlichen und sozialen Auswirkungen zu erkennen und zu bewerten. Der Bundesminister der Justiz *Engelhard* sah sich im Oktober 1986 (ZIP 1986, 1287 ff) veranlasst, eine grundsätzliche ordnungspolitisch motivierte Abkehr von dem Reformmodell der Insolvenzrechtskommission zu markieren. Vermögensumverteilung sei keine legitime Aufgabe des Insolvenzverfahrens. Das gelte auch im Verhältnis gesicherter zu den ungesicherten Gläubigern. Die am 1. 1. 1999 in Kraft getretene InsO sieht in einer **Reichtumsverschiebung** oder in einer **Vermögensumverteilung** keine legitime Aufgabe eines Insolvenzverfahrens (vgl auch *Balz* KS Rn 22; *Graf Lambsdorff* ZIP 1987, 809). Wenn auch die Forderungen nach einem Insolvenzverfahren als zu einem „ordnungspolitischen Instrument" mit dem Ziel einer Umverteilung vom Tisch sind, bleibt trotzdem die Frage offen, in welchem Umfang über das Insolvenzplanverfahren durch geschickte Gruppenbildungstaktik und über das Obstruktionsprinzip letztlich doch eine gewisse Umverteilung stattfinden kann (vgl *Uhlenbruck* WM 1996, 811, 812). Auch im **zeitlichen Ablauf eines Verfahrens** sind die Gefahren einer „Reichtumsverschiebung" im Verhältnis der Beteiligten zueinander nicht schlechthin zu vermeiden. Da den Beteiligten ein Mitsprache- und Abstimmungsrecht bei Entscheidungen über den Verfahrensablauf nicht nach der Werthaltigkeit ihrer Rechte zugemessen wird, bleibt die InsO hier „weit hinter dem Reformanspruch zurück" (*Balz* KS-InsO Rn 26).

6. Vollabwicklung des Schuldnervermögens. Entsprechend der von *Karsten Schmidt* (Wege zum Insolvenzrecht der Unternehmen, S 159 ff; ferner *W. Schulz* Die masselose Liquidation der GmbH, 1986) erhobenen Forderung nach Vollabwicklung des Schuldnervermögens hat der Gesetzgeber die Vollabwicklung des Schuldnervermögens zugleich als insolvenzrechtliche Aufgabe gesehen (Allgem. Begr. RegE bei *Uhlenbruck* Das neue Insolvenzrecht S 242). Das Insolvenzverfahren sollte im Regelfall zugleich die Aufgabe der gesellschaftsrechtlichen Abwicklung bis hin zur Herbeiführung der Löschungsreife und anschließenden Löschung übernehmen (KS-*Balz* S 11 Rn 31). *K. Schmidt* (ZGR 1998, 633, 635): „Das Insolvenzverfahren als staatliches Sonder-Liquidationsverfahren unter Insolvenzbedingungen ist nach § 1 S 1 InsO ein Liquidationsverfahren mit offenem Ausgang." Nach den Vorstellungen des Gesetzgebers soll es kein Nebeneinander von Insolvenzverfahren und gesellschaftlichem Liquidationsverfahren geben. Entsprechend heißt es in § 1 Abs 2 S 3 RegE InsO: „Bei juristischen Personen und Gesellschaften ohne Rechtspersönlichkeit tritt das Verfahren an die Stelle der gesellschafts- oder organisationsrechtlichen Abwicklung." Die redaktionelle Straffung des § 1 hat an dieser Grundeinstellung nichts geändert. Eine Gesellschaft soll entweder reorganisiert oder bis hin zur Löschung liquidiert werden. Wurde nach altem Recht das Verfahrensziel eines Gesellschaftskonkurses ausschließlich in der Verwertung des Aktivvermögens zugunsten der Gläubiger gesehen, so ist für das neue Recht nunmehr die **Vollabwicklung des Rechtsträgers** hinzugetreten (*Karsten Schmidt* GmbHR 1994, 829, 930 f; *ders* in KS S 1208, Rn 20). Dass der Gesetzgeber an dem ursprünglichen Konzept des RegE festhalten wollte, zeigt auch die Regelung in § 199 S 2, der eine Auskehrung etwaiger Überschüsse an die Gesellschafter vorsieht (*K/P/Noak* InsO Gesellschaftsrecht Rn 85 ff, 88; *J. Uhlenbruck* in KS-InsO S 1188 Rn 4 ff). Bei einer massehaltigen Insolvenz wird das Ziel der Vollabwicklung weitgehend erreicht, nicht aber bei masseloser Insolvenz, wie vor allem die Regelung in § 207 Abs 3 S 2 zeigt, wonach der Verwalter vor der Verfahrenseinstellung mangels Masse nicht mehr zur Verwertung von Massegegenständen verpflichtet ist. Die für das alte Recht bestehenden Probleme der Abwicklung einer **Nachgesellschaft** bestehen teilweise auch für das neue Recht (*Uhlenbruck* KTS 1991, 223; *ders* ZIP 1996, 1641; *Bork* JZ 1991, 841; *Vallender* NZG 1998, 249).

7. Erhöhung der Verteilungsgerechtigkeit. Ein wesentliches Anliegen der InsO ist es, eine höhere Verteilungsgerechtigkeit für die Gläubiger zu erreichen. In der Erkenntnis, dass das Vorrecht der Feind jeden Rechts ist, wurden die Vorrechte bis auf das Sozialplanprivileg der Arbeitnehmer in § 123 Abs 2 S 1 beseitigt (*Uhlenbruck* Das neue Insolvenzrecht, S 17, 47; *K/P/Prütting* § 1 Rn 21). Durch den Abbau der Vorrechte wird maßgeblich dazu beigetragen, dass sich die Deckungsquoten gegenüber dem früheren Rechtszustand erhöhen und die Gläubiger wieder stärker am Insolvenzverfahren interessiert sind (Allgem. Begr. RegE bei *Uhlenbruck* Das neue Insolvenzrecht S 252 f). Die Gläubigergruppen werden neu strukturiert. Nach § 53 ff sind Masseverbindlichkeiten die Verfahrenskosten (§ 54) und die sonstigen Masseverbindlichkeiten iS § 55. Die Rangfolge der Masseverbindlichkeiten im Fall der Masseunzulänglichkeit richtet sich nach § 209. „Neumasseverbindlichkeiten", dh solche, die nach Anzeige der Masseunzulänglichkeit (§ 208) begründet worden sind, haben gem § 209 Abs 1 Nr 2 Vorrang vor den übrigen Masseverbindlichkeiten („Altmasseverbindlichkeiten"). Die einfachen Insolvenzgläubiger (§ 38) werden bei einer Erlösverteilung gleichmäßig behandelt. Ansprüche des Staates und der Arbeitnehmer sind nicht mehr privilegiert (vgl *Uhlenbruck* Das neue Insolvenzrecht S 17, 82; *Bork* Einführung Rn 16).

8. Stärkung der Gläubigerautonomie. Der Deregulierung entspricht das Prinzip der Gläubigerautonomie. Gläubigerautonomie bedeutet, dass die Verfahrensbeteiligten nicht nur über die Form und Art der Masseverwertung entscheiden, sondern auch über die Gestaltung des Verfahrens und über die Fortführung des schuldnerischen Unternehmens. Wer den Verlust hat, soll hinsichtlich der Haftungsverwirklichung mitbestimmen dürfen. Die Folgen fehlerhafter Entscheidungen haben die Beteiligten zu tragen, während sie von richtigen wirtschaftlichen Entscheidungen profitieren. Gläubigerautonomie bedeutet zugleich, dass entsprechend die Befugnisse des Insolvenzgerichts und des Insolvenzverwalters zurückgedrängt werden (vgl *F. Neumann* Die Gläubigerautonomie in einem künftigen Insolvenzverfahren, 1995, S 11 ff). Die Gläubiger sind im Insolvenzverfahren über das Vermögen eines Schuldnerunternehmens zu einer Zwangsgemeinschaft zusammengeschlossen, die eine Zufallsgemeinschaft ist. Diese Zwangsgemeinschaft ist im Regelfall Verlustgemeinschaft. Die Entscheidungen sind somit darauf gerichtet, die Verluste nicht nur für die Gläubigergesamtheit, sondern auch für jeden einzelnen Gläubiger zu minimieren. Die Gläubiger sollen im „Wettbewerb um die beste Verwertungsart" die optimale Haftungsverwirklichung entdecken und durchsetzen. Im Gegensatz zu sonstigen wirtschaftlichen Investitions- und Desinvestitionsentscheidungen besteht aber im Insolvenzverfahren die Schwierigkeit, dass die einzelnen Gläubigergruppen **unterschiedliche Interessen** haben (*Uhlenbruck* WM 1999, Heft 11). Gläubiger, die Konkurrenten sind, sehen die Zerschlagung des Unternehmens lieber als die Wiederbelebung eines lästigen Wettbewerbers. Ein Kreditinstitut kann im Einzelfall durchaus Interesse daran haben, die Verluste aus einer Kundeninsolvenz erst in späterer Zeit auszubuchen. Für den kleinen Handwerker dagegen gilt der Grundsatz „wer schnell gibt, gibt doppelt". Arbeitnehmer haben regelmäßig Interesse an der Erhaltung des Unternehmens und damit an einem Erhalt ihrer Arbeitsplätze. Die Krise einer Unternehmung legt das Geflecht der mit ihm verbundenen Interessen unbarmherzig offen. Es bilden sich Fronten zwischen Gesellschaftern und Unternehmensleitung sowie zwischen Insolvenzverwalter und Gläubigern. Letztere wiederum bilden Blöcke teilweise organisierter wirtschaftlicher und rechtlicher Interessen. Zutreffend weist *W. Henckel* (KTS 1989, 477, 484) darauf hin, dass die privatautonome Verfahrensgestaltung auch zur Bewältigung privater Interessenkonflikte nur bedingt geeignet ist, nämlich nur dann, wenn alle Betroffenen bei der Entscheidung mitwirken dürfen und mit einer mehrheitlich beschlossenen Regelung einverstanden sind. Es stellt sich die Frage, ob ein Insolvenzverfahren in diesem Kraftfeld widerstreitender Interessen überhaupt ökonomische Vernunft aufkommen lassen und Harmonie schaffen kann. Nicht ohne Grund hat der Gesetzgeber in den §§ 76, 244, 309 das **Mehrheitserfordernis** bei Abstimmungen erheblich herabgesetzt. Anders als nach altem Recht (§§ 74 VglO, 182 KO) reicht es künftig bei der **Abstimmung über einen Insolvenzplan** nach § 244 Abs 1 aus, dass die Mehrheit der abstimmenden Gläubiger dem Plan zustimmt und die Summe der Ansprüche der zustimmenden Gläubiger mehr als die Summe der Ansprüche der abstimmenden Gläubiger beträgt. Trotz dieser gläubigerautonomen Verfahrensgestaltung hat der Gesetzgeber nicht darauf verzichtet, eine **gerichtliche Überprüfung** des Plans (§ 231) und des beschlossenen Plans (§ 248 Abs 1) vorzusehen. Auch bleibt es Sache des Gerichts, den Belangen der obstruierenden Gläubigergruppen Rechnung zu tragen (§ 245) und den Minderheitenschutz (§ 251) zu gewährleisten (*Uhlenbruck* WiB 1994, 849, 854; *K/P/Prütting* § 1 Rn 24–26). Das Prinzip der Gläubigerautonomie ist in der InsO auch in weiteren Vorschriften verlassen worden, aus denen sich ergibt, dass der Gesetzgeber das Insolvenzgericht keineswegs nur als *„Hüter der Rechtmäßigkeit des Verfahrens"* ansieht. So entscheidet im Insolvenzeröffnungsverfahren das Insolvenzgericht letztlich im Wege der Zustimmung darüber, ob das schuldnerische Unternehmen wegen erheblicher Verminderung der Haftungsmasse stillgelegt wird (§ 22 Abs 1 S 2 Nr 2). Das Gericht bestellt nicht nur den vorläufigen und endgültigen Insolvenzverwalter (§ 56 Abs 1), sondern es führt gleichzeitig die Aufsicht über die Erfüllung seiner Pflichten (§ 58). Selbst wenn in der ersten Gläubigerversammlung nach § 57 S 1 anstelle des vom Gericht ernannten Verwalters eine andere Person als Insolvenzverwalter gewählt wird, steht dem Gericht das Recht zu, die Bestellung zu versagen, wenn der gewählte Verwalter für die Übernahme des Amtes nicht geeignet ist (§ 57 S 2). Auch ein Mitglied des Gläubigerausschusses kann aus wichtigem Grund vom Insolvenzgericht aus dem Amt entlassen werden (§ 70 S 1). Schließlich hat das Insolvenzgericht auf Antrag einen Beschluss der Gläubigerversammlung aufzuheben, wenn dieser dem gemeinsamen Interesse der Insolvenzgläubiger widerspricht (§ 78 Abs 1). Hierzu *R. Stürner* (II Rn 3.28): „Insolvenz ist die Stunde gestaltender Gläubigermacht, die gerichtlicher Überwachung bedarf – nicht mehr. Das bedeutet auch, dass im Zweifel die justitielle Entscheidung besser einer Entscheidung durch Gläubigermehrheit oder der Entscheidung des gewählten Verwalters weicht." Es ist Sache der Insolvenzgerichte sein, sich im Rahmen der Verfahrensabwicklung weitgehend auf die Einhaltung der Rechtsregeln zu beschränken und wirtschaftliche Entscheidungen den Gläubigern zu überlassen. Soweit allerdings das Gesetz eine eindeutige Aufgabenzuweisung vorsieht, wie zB in § 56 Abs 1 hinsichtlich der Verwalterbestellung, sollte sich das Gericht jegliche Einmischung seitens der Gläubiger verbieten.

14 **9. Erleichterte Verfahrenseröffnung und Verschärfung der Anfechtungsvorschriften.** Ein wesentlicher Mangel des alten Rechts bestand darin, dass die meisten Insolvenzverfahren nicht einmal zur Eröffnung gelangten. Dies führte zu schweren Missständen, die zugleich die Überzeugungskraft der Rechtsordnung infrage stellten. Die InsO enthält verschiedene **Maßnahmen gegen die Massearmut** (vgl Allgem. Begr. RegE bei *Uhlenbruck* Das neue Insolvenzrecht S 236 f; *Bork* Einführung Rn 12; *Schwemer* WM 1999, 1155 ff). Hierzu gehört nicht nur die Einführung des Insolvenzgrundes der drohenden Zahlungsunfähigkeit (§ 18 Abs 2), sondern auch die Verschärfung des Anfechtungsrechts (§§ 129 ff) und die

V. Verfahrensziele und Verfahrensgrundsätze § 1

Massezuweisung von Haftungsansprüchen (§§ 92, 93). Der Gesetzgeber sah es „allgemein als wünschenswert" an, dass insolvente Schuldner früher als bislang in das Insolvenzverfahren gelangen (Allgem. Begr. RegE bei *Uhlenbruck,* Das neue Insolvenzrecht S 237). Hiervon versprach er sich zugleich auch eine wesentliche Verbesserung der Sanierungschancen. Ob das Insolvenzrecht die hohen Erwartungen erfüllen kann, die an seine Reform geknüpft waren, ist nach wie vor eine offene Frage. Für die Praxis wichtig ist aber das Anliegen des Gesetzgebers deswegen, weil es bei der **Interpretation der Insolvenzgründe** (§§ 17, 18, 19) wertvolle Hilfe leistet (*Schwemer* WM 1999, 1155, 1156 ff). Vor allem bei der Zahlungsunfähigkeit (§ 17 Abs 2 S 1) wollte der Gesetzgeber „der verbreiteten Neigung" entgegenwirken, „den Begriff der Zahlungsunfähigkeit stark einzuengen, etwa auch eine über Wochen oder gar Monate fortbestehende Illiquidität zur rechtlich unerheblichen Zahlungsstockung zu erklären" (so Begr. RegE zu § 17 bei *Uhlenbruck,* Das neue Insolvenzrecht S 316). Ähnliches gilt für das Merkmal der „Wesentlichkeit", das deswegen entfallen ist, um „bisherigen Tendenzen zu einer übermäßig einschränkenden Auslegung des Begriffs der Zahlungsunfähigkeit" zu begegnen (Begr. RegE zu § 17 bei *Uhlenbruck,* Das neue Insolvenzrecht S 316). Bei einer frühzeitigen Verfahrenseröffnung wegen Zahlungsunfähigkeit braucht das Insolvenzgericht Amtshaftungsansprüche des Schuldners kaum noch zu befürchten, da die frühzeitige und damit rechtzeitige Verfahrenseröffnung der Intention des Gesetzes entspricht. Auch durch ein **verschärftes Anfechtungsrecht** (§§ 129 ff) verspricht sich der Gesetzgeber eine Massenanreicherung. Die Insolvenzanfechtung ist nunmehr unabhängig vom Verfahrensziel im gesamten Insolvenzverfahren möglich. Auch in den Fällen aussichtsreicher Sanierung durch Insolvenzplan ist der Insolvenzverwalter berechtigt, Anfechtungslagen zu realisieren und hierdurch die Masse anzureichern (vgl auch *Bork* InsO Textausgabe 5. Aufl 1999 Einf S XIV). Letztlich hat der Gesetzgeber neben den Anfechtungsvorschriften (§§ 129 ff) auch auf das Instrument der **Rückschlagsperre** (§ 88) nicht verzichtet. Danach sind alle Sicherungen, die ein Insolvenzgläubiger im letzten Monat vor dem Antrag auf Eröffnung des Verfahrens oder nach dem Antrag durch Zwangsvollstreckung an dem zur Insolvenzmasse gehörenden Vermögen des Schuldners erlangt, automatisch mit Verfahrenseröffnung unwirksam.

10. **Restschuldbefreiung für redliche Schuldner.** § 1 S 2 eröffnet dem redlichen Schuldner als natürliche Person die Möglichkeit, sich entweder über das Regelinsolvenzverfahren oder über das Verbraucherinsolvenzverfahren durch ein in den §§ 286–303 geregeltes Restschuldbefreiungsverfahren nach Durchführung eines Insolvenzverfahrens von seinen restlichen Verbindlichkeiten zu befreien (vgl *Ahrens* VuR 2000, 8). Der Gesetzgeber hat es – entsprechend fast allen ausländischen neueren Insolvenzgesetzen – für ein „zugleich soziales und freiheitliches Anliegen" gehalten, „dem redlichen Schuldner nach der Durchführung eines Insolvenzverfahrens über sein Vermögen" leichter als früher eine endgültige Schuldenbereinigung zu ermöglichen (Allgem. Begr. RegE bei *Uhlenbruck,* Das neue Insolvenzrecht S 238 f). Das Restschuldbefreiungsverfahren soll einer hoffnungslos verschuldeten natürlichen Person einen **Ausweg aus dem „modernen Schuldturm"** verschaffen (*Balz* ZRP 1986, 12; *ders* KS-InsO S 12 Rn 34). Vor allem junge Schuldner würden bei Versagung einer Restschuldbefreiung häufig bis an ihr Lebensende der Rechtsverfolgung durch die Gläubiger ausgesetzt sein. Die Zahl der überschuldeten Personen hat sich in Deutschland von ca. 4 Mio. Mitte der 90er Jahre auf ca. 8 Mio. im Jahr 2008 verdoppelt. Auch für die Gläubiger ist die Restschuldbefreiung mit Vorteilen versehen, denn ein Schuldner, der auf Restschuldbefreiung hofft, ist eher motiviert, an der Bewältigung der Insolvenz mitzuwirken, als der Schuldner, der sich möglicherweise für den Rest seines Lebens dem Zugriff der Gläubiger ausgesetzt sieht. Durch das InsOÄndG 2001 wurde die Verfahrenskostenstundung eingeführt. Hierdurch wird einer großen Zahl von Schuldnern der Weg zur Erlangung der Restschuldbefreiung ermöglicht. Ob dieses Modell jedoch Zukunft hat, ist fraglich. Der Referentenentwurf eines Gesetzes zur Entschuldung völlig mittelloser Personen und zur Änderung des Verbraucherinsolvenzverfahrens vom 25. 1. 2007 sieht ein Entschuldungsmodell vor, bei dem sich an die Ablehnung der Eröffnung (§ 26) unmittelbar das Restschuldbefreiungsverfahren anschließt. Ob und in welcher Form sich der Schuldner an den Kosten des Verfahrens zu beteiligen hat bzw. die konkrete Ausgestaltung der Gesetzesänderung ist heftig umstritten (vgl *Frind* ZInsO 2005, 66; *Grote/Pape* ZInsO 2004, 993; *Vallender* NZI 2006, 279; *Ahrens* NZI 2007, 193; *Schmerbach* NZI 2007, 198). Es bleibt deshalb abzuwarten, welchen Weg der Gesetzgeber bei einer Neuregelung wählt.

11. **Die Interessen des Schuldners und seiner Familie sowie die Interessen der Arbeitnehmer des Schuldners.** Der Text des ursprünglichen § 1 Abs 2 S 1 RegE lautete: „Die Interessen des Schuldners und seiner Familie sowie die Interessen der Arbeitnehmer des Schuldners werden im Verfahren berücksichtigt." In der Begr. RegE (vgl *Uhlenbruck,* Das neue Insolvenzrecht, S 296) heißt es, dass „trotz der Ausrichtung des Insolvenzverfahrens an der bestmöglichen Befriedigung der Gläubiger die Interessen des Schuldners, der eine natürliche Person ist, und seiner Familie nicht vernachlässigt" werden dürfen. Die Arbeitnehmer behielten ihre Rechte nach dem Kündigungsschutzgesetz, nach § 613a BGB und nach dem Betriebsverfassungsgesetz; insbesondere über den Betriebsrat könnten sie ihre Interessen an der Erhaltung der Arbeitsplätze zur Geltung bringen. Der Rechtsausschuss hat die Vorschrift des § 1 „redaktionell gestrafft und dadurch auf ihre wesentlichen Elemente zurückgeführt". Redaktionelle Straffung heißt aber nicht, dass die InsO nicht gewillt ist, dem besonderen Schutzbedürfnis von Ehe

und Familie in ausreichendem Maße Rechnung zu tragen. Nach Art 6 GG stehen Ehe und Familie unter dem besonderen Schutz der staatlichen Ordnung. Klopft man allerdings die InsO auf diesen verfassungsmäßig garantierten Schutz ab, so zeigt sich, dass von diesem Schutz im Insolvenzverfahren über das Vermögen eines Unterhaltsverpflichteten wenig geblieben ist. Nach § 40 können familienrechtliche Unterhaltsansprüche gegen den Schuldner im Insolvenzverfahren für die Zeit nach der Verfahrenseröffnung nur geltend gemacht werden, soweit der Schuldner als Erbe des Verpflichteten haftet. Allerdings bleibt gem § 40 S 2 die Vorschrift des § 100 unberührt, wonach die Gläubigerversammlung darüber zu beschließen hat, ob und in welchem Umfang dem Schuldner und seiner Familie Unterhalt aus der Insolvenzmasse gewährt werden soll. Eine gesetzliche Garantie gibt es insoweit nicht. In gleicher Weise kann den minderjährigen unverheirateten Kindern des Schuldners, seinem Ehegatten, seinem früheren Ehegatten und der Mutter seines nicht ehelichen Kindes hinsichtlich des Anspruchs nach den §§ 1615 l, 1615 n BGB Unterhalt gewährt werden (§ 100 Abs 2 S 2). Im Rahmen der Eigenverwaltung ist der Schuldner gem § 278 Abs 1 berechtigt, für sich und die in § 100 Abs 2 S 2 genannten Familienangehörigen aus der Insolvenzmasse die Mittel zu entnehmen, die unter Berücksichtigung seiner bisherigen Lebensverhältnisse eine bescheidene Lebensführung gestatten. Schließlich sieht § 305 Abs 1 Nr 4 für den **Schuldenbereinigungsplan im Verbraucherinsolvenzverfahren** vor, dass ua die Familienverhältnisse des Schuldners Berücksichtigung finden. Im Anfechtungsrecht wird die **rechtliche Situation der Angehörigen eines Schuldners verschlechtert** (§ 138 Abs 1 Nr 1–3). So wird ua in den §§ 130 Abs 3, 131 Abs 2 S 2 gegenüber nahe stehenden Personen sogar vermutet, dass sie die Zahlungsunfähigkeit oder den Eröffnungsantrag sowie die Benachteiligung der Insolvenzgläubiger kannten. Wer erwartet hatte, dass der Gesetzgeber bei den von der **Restschuldbefreiung** ausgenommenen Forderungen in § 302 auch die Unterhaltsansprüche der Angehörigen des Schuldners geregelt hat, sieht sich enttäuscht. Während das amerikanische Insolvenzrecht in § 523 (a) (5 BC) eine umfangreiche Ausnahmeregelung für Unterhaltsansprüche vorsieht (vgl *Döbereiner*, Die Restschuldbefreiung nach der Insolvenzordnung, 1997, S 254 ff), geht das deutsche Recht davon aus, dass rückständige Unterhaltsansprüche in vollem Umfang von der Restschuldbefreiung erfasst werden, soweit es sich im Einzelfall nicht um eine Verletzung der Unterhaltspflicht iS von § 170 b StGB handelt, sodass eine vorsätzlich begangene unerlaubte Handlung nach § 302 Nr 1 vorliegt. *L. Häsemeyer* (FS-*Henckel* 1995, S 353, 362 Fn 36) spricht von einer „unverständlichen Verschlechterung der Unterhaltsansprüche in der Insolvenzrechtsreform" (ebenso *Uhlenbruck* FamRZ 1993, 1026, 1037; 1998, 1473 ff des KTS 1999, 413 ff). Festzustellen ist, dass trotz der Streichung von § 1 Abs 2 S 1 RegE bei jeder Insolvenzabwicklung dem **Schutz von Ehe und Familie in besonderem Maße Rechnung zu tragen ist.** Ähnliches gilt für den **Arbeitnehmerschutz.** Die Vermögensorientierung des Verfahrens und die Marktkonformität der Insolvenzabwicklung darf das Ziel des Gesetzgebers nicht vergessen lassen, der sozialen Wirklichkeit auch im Insolvenzverfahren Rechnung zu tragen. Ungeachtet der gesetzlichen Sonderregelungen in der InsO ist im Rahmen der Insolvenzabwicklung und insolvenzrechtlicher Entscheidungsfindung darauf zu achten, dass die **Interessen der Arbeitnehmer** eines Schuldners oder Schuldnerunternehmens in ausreichendem Maße Berücksichtigung finden.

§ 2 Amtsgericht als Insolvenzgericht

(1) Für das Insolvenzverfahren ist das Amtsgericht, in dessen Bezirk ein Landgericht seinen Sitz hat, als Insolvenzgericht für den Bezirk dieses Landgerichts ausschließlich zuständig.

(2) ¹Die Landesregierungen werden ermächtigt, zur sachdienlichen Förderung oder schnelleren Erledigung der Verfahren durch Rechtsverordnung andere oder zusätzliche Amtsgerichte zu Insolvenzgerichten zu bestimmen und die Bezirke der Insolvenzgerichte abweichend festzulegen. ²Die Landesregierungen können die Ermächtigung auf die Landesjustizverwaltungen übertragen.

Übersicht

	Rn
I. Normzweck	1
II. Sachliche Zuständigkeit (Abs. 1)	2
III. Funktionelle Zuständigkeit	3
1. Funktionelle Richterzuständigkeit	3
2. Funktionelle Zuständigkeit des Rechtspflegers	4
3. Funktionelle Zuständigkeit der Geschäftsstelle oder Serviceeinheit	5
4. Richtervorbehalt und Evokationsrecht	6
5. Vorlage an den Insolvenzrichter	7
6. Notwendige harmonische Zusammenarbeit	8
IV. Ermächtigung der Länder zur abweichenden Regelung der Zuständigkeit (Abs. 2)	9

I. Normzweck

1   § 2 regelt nicht nur die sachliche Gerichtszuständigkeit für Insolvenzverfahren, sondern enthält zugleich auch eine **Konzentrationsermächtigung** für die einzelnen Landesregierungen. Durch die Kon-

zentration der Insolvenzverfahren bei weniger Gerichten als bislang sollen die Erfahrungen und die Sachkunde der zuständigen Richter und Rechtspfleger gefördert und der Einsatz neuzeitlicher technischer Hilfsmittel erleichtert werden (BT-Drucks. 12/2443, S 109; KS-*Beule* S 62 Rn 99). Die Konzentration der Insolvenzsachen bei grundsätzlich einem Amtsgericht als Insolvenzgericht im Landgerichtsbezirk bringt zugleich auch praktische Vorteile in der Insolvenzabwicklung (*Uhlenbruck* Rpfleger 1997, 356, 258; KP/*Prütting* § 2 Rn 6). Die mit der InsO verbundene Mehrbelastung der Gerichte soll durch eine starke Konzentration der Insolvenzsachen, EDV-Unterstützung der Verfahrensabwicklung, Einführung der Teamarbeit zwischen Richter, Rechtspfleger und Geschäftsstellen (Serviceeinheiten), effiziente Ausgestaltung des gerichtlichen Schuldenbereinigungsverfahrens sowie durch rechtzeitige und ausreichende Fortbildung der Justizangehörigen gefördert werden (*Beule* InVo 1997, 197, 199). Der **Konzentrationsentscheidung des Gesetzgebers** ist allerdings nicht in allen Ländern Rechnung getragen worden. Vgl. auch die Ausführungen unten zu Rn 9. Einzelheiten zur Zuständigkeit bei *Holzer* ZIP 1998, 2183 ff; *Hess* § 2 Rn 13 ff. Der vielfach bemühte „**Grundsatz der Bürgernähe**" ist mit § 2 Abs 2 durchaus zu vereinbaren (KS-*Beule* 1. Aufl S 35 Rn 29). Ein ortsnahes Gericht erfordert auch nicht das Verbraucherinsolvenzverfahren, weil dieses entweder ganz oder einzelne seiner Teile schriftlich durchgeführt werden können (§ 312 Abs 2 S 1), zum andern für den überschuldeten Verbraucher weniger der Sitz des Gerichtes von Interesse ist als vielmehr der Sachverstand eines mit der Verfahrenshandhabung vertrauten Gerichts.

II. Sachliche Zuständigkeit (Abs 1)

§ 2 Abs 1 hat die zwingende sachliche Zuständigkeit des § 71 Abs 1 KO übernommen. Abweichende Vereinbarungen sind somit unzulässig und unwirksam, da es sich um eine **ausschließliche Zuständigkeit** handelt (*Uhlenbruck* Insolvenzrecht Rn 495; K/U § 71 KO Rn 1; HK-*Kirchhof* § 2 Rn 1). Nach § 2 Abs 1 sind die **Amtsgerichte** (§ 22 GVG) sachlich zuständig für die dem Insolvenzgericht zugewiesenen Aufgaben (*Jahr* ZZP 79 [1966], 351 ff; MüKoInsO-*Ganter* § 2 Rn 3, 4). Nach § 22 Abs 6 GVG darf ein **Richter auf Probe** im ersten Jahr nach seiner Ernennung Geschäfte in Insolvenzsachen nicht wahrnehmen. Nach zutreffender Feststellung von *Smid* (§ 2 Rn 5) hat die sachliche Zuständigkeit des **AG** zugleich auch Auswirkungen auf seine örtliche Zuständigkeit: folgt aus der sachlichen Zuständigkeit zugleich auch eine Zuständigkeit für Insolvenzsachen aus anderen Amtsgerichtsbezirken innerhalb des gleichen Landgerichtsbezirks, so ist der Bezirk speziell für Insolvenzsachen erweitert (vgl auch MüKoInsO-*Ganter* § 2 Rn 4). Für den Bereich der **Rechtshilfe** folgt daraus, dass andere Amtsgerichte innerhalb des erweiterten Bezirks vom Insolvenzgericht als Rechtshilfegericht in Anspruch genommen werden können (Begr RegE zu § 2 S 299; MüKoInsO-*Ganter* § 2 Rn 12; HK-*Kirchhof* § 2 Rn 10; **OLG Brandenburg** ZInsO 2002, 372; *Jaeger/Gerhardt* § 2 Rn 40). Zum Erlass einer Vorführungs- bzw. Haftanordnung im Wege der Rechtshilfe s. **OLG Köln** ZIP 1999, 1605. Die InsO hat dem Insolvenzgericht gegenüber dem früheren Verfahren nach der KO, VglO und GesO einen **erheblichen Aufgabenzuwachs** gebracht. Hierzu zählt nicht nur die Abnahme der Eidesstattlichen Versicherung nach den §§ 98, 153 Abs 2, sondern vor allem auch die Prüfung und Bestätigung des Insolvenzplans (§§ 231, 248), der Minderheitenschutz (§ 251) sowie umfangreiche Amtsermittlungspflichten und Entscheidungen im Restschuldbefreiungsverfahren (§§ 290, 296, 303) sowie die Zustimmungsersetzung im Verbraucherinsolvenzverfahren (§ 309). Vgl. auch *Ott/Zimmermann* ZInsO 2000, 420. Aus guten Gründen hat der Gesetzgeber davon abgesehen, dem Insolvenzgericht auch die **Entscheidung materiell-rechtlicher Streitigkeiten** zuzuweisen, da durch eine umfassende vis attractiva eine erhebliche Verfahrensverzögerung eintreten würde (vgl *Stürner* in: Kübler, Neuordnung, S 41, 54; *Smid* § 2 Rn 2). Deshalb sind alle Streitigkeiten, die im Rahmen eines Insolvenzverfahrens zwischen Beteiligten entstehen, durch die Zivil-, Verwaltungs-, Finanz-, Arbeits- oder Sozialgerichte zu entscheiden. Gleiches gilt für Streit über das Bestehen von Aus- oder Absonderungsrechten (HK-*Kirchhof* § 2 Rn 5; BGHZ 92, 340). Auf die Feststellung einer streitigen Forderung zur Insolvenztabelle ist im ordentlichen Verfahren Klage zu erheben (§ 180 Abs 1 S 1). Gehört der Streitgegenstand nicht zur Zuständigkeit der Amtsgerichte, so ist das Landgericht ausschließlich zuständig, zu dessen Bezirk das Insolvenzgericht gehört (§ 180 Abs 1 S 3). Anfechtungsklagen, die Geltendmachung der persönlichen Haftung von Gesellschaftern (§ 93) und die Haftung des Insolvenzverwalters (§§ 60, 61) sind ebenso wie Ansprüche des Schuldners gegen Dritte außerhalb des Insolvenzverfahrens geltend zu machen (vgl auch **AG Duisburg** NZI 2000, 385). Entsprechend sind die Klagen, die mit der Vollstreckung aufgrund des Auszugs aus der Insolvenztabelle zusammenhängen, gem § 202 nicht dem Insolvenzgericht, sondern dem Amtsgericht als Vollstreckungsgericht (§ 764 ZPO) zugewiesen. Eine Ausnahmeregelung enthält lediglich § 19a ZPO, wonach der allgemeine Gerichtsstand eines Insolvenzverwalters für Klagen, die sich auf die Insolvenzmasse beziehen, durch den Sitz des Insolvenzgerichts bestimmt wird. Für Anfechtungsprozesse des Insolvenzverwalters wurde von einem Teil der Reformkommission gleichfalls die ausschließliche Zuständigkeit der ordentlichen Gerichte am Sitz des Insolvenzgerichts empfohlen (Bericht II 1986, S 4). Nach einer Gegenmeinung, die sich letztlich durchgesetzt hat, ist es nicht gerechtfertigt, dem Anfechtungsgegner als Beklagten den Schutz zu nehmen, den ihm die geltenden Regeln über den Gerichtsstand bieten. Zudem sind die praktischen Vorteile einer solchen Konzentration zweifelhaft.

III. Funktionelle Zuständigkeit

3 **1. Funktionelle Richterzuständigkeit.** Die Insolvenzordnung (Art 14 Nr 5 EGInsO) hält an der herkömmlichen Aufgabenverteilung zwischen Richter und Rechtspfleger fest (vgl *Holzer*, Entscheidungsträger Rn 60–102; *Fuchs* ZInsO 2001, 1033 ff). Grundsätzlich ist der **Rechtspfleger** für die Verfahren nach der InsO zuständig und nur einzelne, in § 18 Abs 1 RPflG aufgeführte Geschäfte sind dem **Richter** vorbehalten, sofern dieser sich nicht gem § 18 Abs 2 RPflG das gesamte Verfahren vorbehält (vgl *Wimmer* InVo 1997, 316 ff; *Helwich* MDR 1997, 13 ff; *Uhlenbruck* Rpfleger 1997, 356 ff). Im Einzelnen bleiben nach § 18 RPflG **dem Richter vorbehalten:** Das gesamte Eröffnungsverfahren bis zur Entscheidung über den Eröffnungsantrag. Hierzu gehören alle Entscheidungen, die mit dem Eröffnungsantrag zusammenhängen (§§ 13 ff), die Prüfung, ob ein Eröffnungsgrund vorliegt, einschließlich der Bestellung eines Sachverständigen (§ 5 Abs 1, § 22 Abs 1 S 2 Nr 3), die Anhörung des Schuldners (§ 14 Abs 2); die Anordnung von Sicherungsmaßnahmen nach § 21, die Untersagung oder einstweilige Einstellung von Einzelzwangsvollstreckungen, soweit sie nicht unbewegliche Gegenstände betreffen, sowie Vorführung und Verhaftung des Schuldners oder seiner organschaftlichen Vertreter (§§ 21 Abs 3 S 3, 98 Abs 3), der Erlass des Eröffnungsbeschlusses (§ 27), die Ernennung des Insolvenzverwalters (§ 27 Abs 1), die Bestimmung der Anmeldefrist (§ 28), der ersten Gläubigerversammlung (§ 29 Abs 1) und des allgemeinen Prüfungstermins (§ 29 Abs 2) sowie die Entscheidung über die Abweisung mangels Masse (§ 26 Abs 1). Auch die **Anordnung der Eigenverwaltung** (§ 270 Abs 1, 2) und die Einsetzung eines Sachwalters (§ 270 Abs 3 S 1), da dem Eröffnungsverfahren zugehörig, sind dem Richter vorbehalten. Dagegen ist der Rechtspfleger zuständig, wenn die **Eigenverwaltung erst nach Verfahrenseröffnung** angeordnet wird (*Pape/Uhlenbruck* InsR Rn 149; *Frege/Keller/Riedel* HRP Rn 223; HK-*Landfermann* § 271 Rn 3; *K/P/Pape* § 271 Rn 11; KS-*Bernsen* S 1843, 1859 Rn 45). Nicht jede Einsetzung eines Insolvenzverwalters oder die **Bestellung eines Sachwalters oder Treuhänders**, fällt in die Zuständigkeit des Richters. In die richterliche Zuständigkeit fällt aber das **Verfahren über einen Schuldenbereinigungsplan** nach den §§ 305–310 (§ 18 Abs 2 Nr 1 RPflG). Vgl Bericht d Rechtsausschuss, BT-Drucks 12/7302 S 151; *Uhlenbruck*, Das neue Insolvenzrecht, S 113 ff; *Bassenge/Herbst* § 18 RPflG Rn 9. Bis zur Entscheidung über den Schuldenbereinigungsplan (§§ 308, 309) bleibt das gesamte Verfahren in der Zuständigkeit des Richters, auch wenn das Gläubigerantragsverfahren nach § 306 Abs 1 ruht (§ 18 Abs 1 Nr 1 2. Halbs RPflG; *Bassenge/Herbst* § 18 RPflG Rn 9). Der Vorbehalt erfasst alle während des Eröffnungsverfahrens notwendigen Einzelmaßnahmen, wie zB Sicherungsmaßnahmen (§ 306 Abs 2, 21), die Änderung und Ergänzung des Schuldenbereinigungsplans (§ 307 Abs 2), die Feststellung der Annahme des Plans durch Beschluss (§ 308 Abs 1 S 1) sowie die Ersetzung der Zustimmung eines Gläubigers nach § 309 Abs 1. Bei einem Antrag des Schuldners auf Erteilung der Restschuldbefreiung bleiben **Entscheidungen nach den §§ 289, 296, 297 und § 300 Abs 2 dem Richter vorbehalten**, wenn ein Insolvenzgläubiger die Versagung der Restschuldbefreiung beantragt, sowie die Entscheidung über den Widerruf der Restschuldbefreiung nach § 303 (§ 18 Abs 1 Nr 2 RPflG; LG Münster DZWIR 1999, 474). Bei Zurückweisung eines Antrags auf Restschuldbefreiung aus formellen Gründen bleibt es bei der Rechtspflegerzuständigkeit (OLG Zweibrücken NZI 2000, 271, 272; OLG Köln NZI 2000, 587, 588; LG Göttingen NZI 2001, 220). Schließlich ist es Richtersache, **die Vergütung des vorläufigen Insolvenzverwalters** festzusetzen. Auch nach der Eröffnung des Insolvenzverfahrens bleibt der Insolvenzrichter für die Entscheidung über die Vergütung des vorläufigen Insolvenzverwalters funktionell zuständig (LG Köln Rpfleger 1997, 273; LG Koblenz Rpfleger 1997, 427; *Frege/Keller/Riedel* HRP Rn 204; *Uhlenbruck* ZIP 1996, 1889, 1890; *ders* Rpfleger 1997, 358; str aA LG Halle ZIP 1995, 486, 488; *Holzer* Die Entscheidungsträger im Insolvenzverfahren, Rn 25, 26; *Haarmeyer* Rpfleger 1997, 273; *Bassenge/Herbst* § 18 RPflG Rn 10; H/W/F Hdb 2/113). Die funktionelle Zuständigkeit im Insolvenzverfahren beurteilt sich gem § 18 Abs 1 RPflG danach, welche Rechtshandlungen und Entscheidungen verfahrensrechtlich dem Eröffnungs- bzw. dem eröffneten Verfahren zuzuordnen sind. Die Praxis einiger vorläufiger Insolvenzverwalter, den Antrag auf Vergütungsfestsetzung erst nach Eröffnung des Insolvenzverfahrens zu stellen, kann nicht zu einer willkürlichen Zuständigkeitsverlagerung führen (*Uhlenbruck* ZIP 1996, 1889, 1890; *ders* EWiR 1995, 663, 664). An der Regelung der funktionellen Zuständigkeit durch das Reformgesetz ist Kritik geübt worden (*Helwich* MDR 1997, 13, 15; KS-*Bernsen* 1. Aufl S 1255 ff). Es sollte ernstlich überlegt werden, das **Verbraucherinsolvenzverfahren** aus dem Zuständigkeitsbereich des Richters herauszunehmen und generell auf den Rechtspfleger zu übertragen (vgl *Uhlenbruck*, Das neue Insolvenzrecht S 118; *ders* Rpfleger 1997, 359). Die hiergegen erhobenen verfassungsrechtlichen Bedenken aus Art 92 GG hält *Helwich* (MDR 1997, 13, 15) für „unhaltbar und inzwischen antiquiert", da der Rechtspfleger als selbständiges Gerichtsorgan auch in anderen Fällen kontradiktorisch zu entscheiden habe. Zur Forderung des BDR auf Vollübertragung s. *Uhlenbruck* ZInsO 2001, 1129 ff.

4 **2. Funktionelle Zuständigkeit des Rechtspflegers.** Auch nach neuem Recht bleibt es dabei, dass die Zuständigkeitszäsur bei der Verfahrenseröffnung liegt. Für die Wahrnehmung aller insolvenzgerichtlichen Aufgaben im eröffneten Insolvenzverfahren ist grundsätzlich der Rechtspfleger zuständig (§ 18 Abs 1 RPflG). **Mit der Verfahrenseröffnung** geht die funktionelle Zuständigkeit vom Richter auf den

III. Funktionelle Zuständigkeit

Rechtspfleger über, soweit sich der Richter das Insolvenzverfahren nicht ganz oder teilweise vorbehält (vgl unten zu Ziff 4; **OLG Köln** ZInsO 2000, 499 = InVo 2000, 416 f; *Uhlenbruck* Rpfleger 1997, 356 ff). Die Ermächtigungsvorschrift des § 25 RPflG, wonach die Justizverwaltungen und die von ihnen bestimmten Stellen die Mitwirkung des Rechtspflegers bei Geschäften regeln konnten, die vom Richter wahrzunehmen sind, ist durch das Dritte Gesetz zur Änderung des Rechtspflegergesetzes und andere Gesetze v 8. 6. 1998 (BGBl I 2030) aufgehoben worden. Besteht Streit oder Ungewissheit darüber, ob Richter oder Rechtspfleger funktionell im Einzelfall zuständig sind, entscheidet der Richter nach § 7 RPflG. Hat der Richter oder hat die Richterin ein Rechtsgeschäft wahrgenommen, das nach dem Gesetz dem Rechtspfleger übertragen ist, so wird die Wirksamkeit des Geschäfts hierdurch nicht berührt (§ 8 Abs 1 RPflG). Grundsätzlich sind **Geschäfte unwirksam**, die der **Rechtspfleger wahrgenommen** hat, die ihm nach dem RPflG weder übertragen worden sind noch übertragen werden können (§ 8 Abs 4 S 1 RPflG; instruktiv auch **LG Göttingen** ZInsO 1999, 300). Eine Ausnahme gilt jedoch, wenn das Geschäft dem Rechtspfleger durch richterliche Entscheidung zugewiesen worden war (§ 8 Abs 4 S 2 RPflG) (*Braun/Riggert/Kind* Neuregelungen, S 55). Das Interesse an einer Vermeidung oder Beseitigung von **Kompetenzkonflikten** kann nicht hoch genug eingeschätzt werden, denn die Nichtigkeit infolge Kompetenzüberschreitung löst **Amtshaftungsansprüche** nach § 839 BGB, Art 34 GG aus (**BGH** ZIP 1986, 319; **LG Düsseldorf** KTS 1957, 96; *Uhlenbruck/Delhaes* HRP Rn 83; *Arnold/Meyer-Stolte* § 18 RPflG Rn 52; H/W/F Hdb Rn 2/108; *Frind* ZInsO 2001, 993 ff). Haben die Beteiligten die Unwirksamkeit einer Rechtshandlung (§ 8 Abs 4 S 1 RPflG) erkannt und unterlassen es schuldhaft, rechtzeitig Erinnerung nach § 11 RPflG einzulegen, so tritt gem § 839 Abs 3 BGB die Ersatzpflicht nicht ein. Bei fehlerhafter Zuständigkeitsbestimmung kann das Geschäft mit den zulässigen Rechtsmitteln angefochten werden (**OLG Frankfurt** NJW 1973, 289). Im Übrigen weist die InsO dem Rechtspfleger **zahlreiche neue Aufgaben** zu, wie zB das **Insolvenzplanverfahren**, den **Beschluss über die Ankündigung der Restschuldbefreiung**, wenn kein Versagungsantrag gestellt wird (§ 289; *Wimmer* InVo 1997, 319; HK-*Landfermann* § 289 Rn 5) sowie die **Erteilung der Restschuldbefreiung** (§ 300) (**LG Göttingen** NZI 2001, 220; **OLG Köln** ZInsO 2000, 608; FK-*Schmerbach* § 2 Rn 15). Neben dieser neuen Aufgabenzuweisung (vgl hierzu auch *Smid* Rpfleger 1997, 501) gehören auch künftig zu den Rechtspflegeraufgaben die Aufsicht über den Insolvenzverwalter (§ 58 Abs 1 S 1), dessen Entlassung aus wichtigem Grund (§ 59 Abs 1) (FK-*Kind* § 59 Rn 14; MüKoInsO-*Graeber* § 59 Rn 25; *Graf-Schlicker/Mäusezahl* § 56 Rn 8; aA HambKomm-*Frind* § 59 Rn 7; **AG Göttingen** ZInsO 2003, 289, danach soll der Richter für die Entlassungsentscheidung zuständig sein; differenzierend **LG Braunschweig** NZI 2008, 620 danach ist grds der Rechtspfleger zuständig, muss jedoch dem Richter die Möglichkeit geben, das Verfahren an sich zu ziehen, wenn die Entlassung der Verwalters wegen dessen mangelnder Qualifikation bei der Behandlung von Rechtsfragen erfolgen soll), die Einsetzung eines vorläufigen Gläubigerausschusses (§ 67 Abs 1), die Einberufung weiterer Gläubigerversammlungen (§ 74), die Leitung der Gläubigerversammlung, die Feststellung des Stimmrechts (§ 77 Abs 2 S 2), die Anordnung von Auskunfts- und Mitwirkungspflichten des Schuldners und seiner organschaftlichen Vertreter einschließlich der Abnahme der Eidesstattlichen Versicherung (§§ 97, 98, 101), die Durchführung des allgemeinen und besonderen Prüfungstermins (§§ 176 ff), die Entscheidung über Einwendungen gegen das Verteilungsverzeichnis (§ 194 Abs 1), die Zustimmung zur Schlussverteilung (§ 196 Abs 2), die Bestimmung und Durchführung des Schlusstermins (§ 197), der Beschluss über die Aufhebung des Insolvenzverfahrens (§ 200), die Einstellung des Verfahrens mangels Masse (§ 207), wegen Wegfalls des Eröffnungsgrundes (§ 212) oder mit Zustimmung der Gläubiger (§ 213) sowie die Festsetzung der Vergütung des Insolvenzverwalters, Sachwalters und Treuhänders (§§ 64, 65, 293). *Helwich* (MDR 1997, 13, 15) hat dem Reformgesetzgeber vorgeworfen, dass die Neufassung des § 18 RPflG nicht nur kaum Veränderungen gegenüber dem alten Konkurs- bzw. Vergleichsrecht gebracht hat, sondern auch eine **notwendige Modernisierung** vermissen lasse (str aA *Hess* Art 14 EGInsO Rn 6). Schon im Hinblick auf Art 92 GG hat das Gesetz dem Richter die Entscheidungen vorbehalten, die zB zu treffen sind, wenn ein Gläubiger Versagungsgründe bei der Restschuldbefreiung im Schlusstermin (§ 290), während der Dauer der Wohlverhaltensperiode (§ 296) oder im Anhörungstermin (§ 300) geltend macht oder den Widerruf der erteilten Restschuldbefreiung beantragt (§ 303). In der Begr RegE zu Art 14 Nr 3 EGInsO wird darauf hingewiesen, dass diese Entscheidungen der **rechtsprechenden Tätigkeit** iS von Art 92 GG zumindest sehr nahe kommen, „da sie in einem kontradiktorischen Verfahren nach Anhörung der Beteiligten ergehen, regelmäßig schwierige Abwägungen und Bewertungen erfordern und tief in die rechtliche Stellung des Schuldners und der Gläubiger eingreifen". Sie seien deshalb aus verfassungsrechtlichen Gründen dem Richter vorzubehalten (*Uhlenbruck* ZInsO 2001, 1129; *Frind* NZI 2002, 138; *ders* ZInsO 2001, 993; kritisch *Keller* NZI 2002, V; *Helwich* MDR 1997, 13, 15; s. ferner *Uhlenbruck*, Das neue Insolvenzrecht S 883). Während in die Zuständigkeit des Rechtspflegers Anordnungen hinsichtlich der Präsenzpflicht des Schuldners oder Schuldnervertreters (§ 97 Abs 3), die Anordnung der Eidesstattlichen Versicherung über die Richtigkeit von Auskünften und die Vollständigkeit der Vermögensübersicht (§ 98 Abs 1, 153 Abs 2) und die Abnahme dieser Eidesstattlichen Versicherung fallen (*Bassenge/Herbst* § 18 RPflG Rn 11), **bleiben dem Richter vorbehalten** die zwangsweise Vorführung des Schuldners oder Schuldnervertreters und die Anordnung von Haft zwecks Erzwingung von Schuldnerpflichten (§§ 4 Abs 2 Nr 2 RPflG, 98 Abs 2, 3, 153 Abs 2 InsO). Streitig ist, ob für alle Fälle der **Ernennung eines Insolvenzverwalters**, also auch im eröffneten Verfahren der Richter ausschließlich zuständig ist (bejahend zB N/R/*Delhaes* § 57 Rn 6; FK-*Kindl* § 57 Rn 14; *Müscheler/Bloch* ZIP 2000, 1474, 1476 f; *Kilger/K. Schmidt* § 80 KO Anm 1; verneinend: K/U § 80 KO Rn 2; *Graeber* ZIP 2000, 1465, 1467; HK-*Eickmann* § 57 Rn 11; *Bassenge/ Herbst* § 10 RPflG Rn 6; *Fuchs* ZInsO 2001, 1033, 1036). Letzterer Auffassung ist zu folgen, da mit Verfahrenseröffnung die Zuständigkeit des Rechtspflegers gegeben ist, wenn sich der Richter das Verfahren nicht vorbehält (so auch *Fuchs* ZInsO 2001, 1033, 1036). Nach Verfahrenseröffnung entscheidet der Rechtspfleger auch über eine **Postsperre** nach § 99 (*Bassenge/Herbst* § 18 RPflG Rn 11; ebenso zum alten Recht K/U § 121 KO Rn 3 b; *Arnold/Meyer-Stolte* § 18 RPflG Rn 10; *Dallmayer/Eickmann* § 18 RPflG Rn 8; kritisch im Hinblick auf Art 92 GG *Klüsener* RpflStud 90, 34). Schließlich fällt in die **Zuständigkeit des Rechtspflegers** auch das **Insolvenzplanverfahren** nach den §§ 217 ff (vgl *Uhlenbruck*, Das neue Insolvenzrecht S 102 ff; *Bassenge/Herbst* § 18 RPflG Rn 13). So hat der Rechtspfleger ua zu entscheiden über die Zurückweisung des Insolvenzplans (§ 231), über die Aussetzung der Verwertung (§ 233), die Bestätigung des Insolvenzplans (§ 248), die Aufhebung des Insolvenzverfahrens nach Rechtskraft der Bestätigung (§ 258) und über die Aufhebung der Überwachung des Insolvenzplans (§ 268). Ferner obliegt ihm die Terminierung und Leitung des Erörterungs- und Abstimmungstermins (§§ 235, 241). Zutreffend weist *Smid* (§ 2 Rn 19) darauf hin, dass der Rechtspfleger nach der InsO über den Bereich registerrechtlicher Tätigkeiten hinaus mit der Aufgabe betreut wird, weit reichende Entscheidungen zu fällen. So habe er zB über die Zulassung des Insolvenzplans zu entscheiden (§ 231), uU Stimmrechte festzulegen (§§ 237, 238, 77 Abs 2 S 2), den Insolvenzplan zu bestätigen (§ 248) sowie festzustellen, ob das Obstruktionsverbot des § 245 eingreift. In der Tat ist nicht einzusehen, warum der Rechtspfleger im Rahmen des Insolvenzplanverfahrens befugt sein soll, über das Schicksal eines großen Unternehmens zu entscheiden, es ihm andererseits aber verwehrt sein soll, in einem Kleinverfahren über die Versagung oder den Widerruf einer Restschuldbefreiung zu entscheiden. Zur funktionellen Zuständigkeit im Insolvenzverfahren *Frege/Keller/Riedel* HRP Rn 193 ff; *Pape/Uhlenbruck* InsR Rn 146 ff. Gem § 18 Abs 4 RPflG darf ein **Beamter auf Probe** im ersten Jahr nach seiner Ernennung Geschäfte des Rechtspflegers in Insolvenzsachen nicht wahrnehmen. Nach *Bernsen* (KS-InsO S 1846 Rn 7) sollte ein Beamter auf Probe überhaupt keine Insolvenzsachen bearbeiten. Umfassend zur funktionellen Zuständigkeit des Rechtspflegers auch *Holzer*, Entscheidungsträger im Insolvenzverfahren, Rn 59 ff; *Frind* ZInsO 2001, 993 ff. Zu den Aufgaben des Rechtspflegers nach der InsO im Einzelnen s *Smid* § 2 Rn 20.

5   **3. Funktionelle Zuständigkeit der Geschäftsstelle oder Serviceeinheit.** Die Geschäftsstelle der Insolvenzabteilung ist regelmäßig mit einem Beamten des mittleren Justizdienstes oder/und einem oder mehreren Justizangestellten besetzt. Die Mitarbeiter der Geschäftsstelle unterstehen unmittelbar dem Geschäftsleiter des Amtsgerichts. Ist die Geschäftsstelle in mehrere Abteilungen aufgegliedert, kann der Behördenleiter für einzelne Abteilungen einen Beamten des gehobenen Justizdienstes zum **Gruppenleiter** bestellen, dem die Leitung des gesamten Geschäftsbetriebs obliegt. Der Geschäftsstellenverwalter nimmt alle Aufgaben wahr, die nicht nach den gesetzlichen Bestimmungen dem Rechtspfleger, Richter oder Beamten bzw. Angestellten anderer Dienstzweige zugewiesen sind. Die **Zuständigkeit des Urkundsbeamten der Geschäftsstelle** (UdG) bleibt nach Maßgabe der gesetzlichen Vorschriften unberührt, soweit sich nicht aus §§ 20 S 1 Nr 12, 21 Nr 1, 24 RPflG etwas anderes ergibt (§ 26 RPflG). Der UdG ist **Organ der Rechtspflege**. Als solcher handelt er oder sie im Rahmen der kraft Gesetzes zugewiesenen Aufgaben in eigener Verantwortung selbständig. Auch **Aufgaben des Kostenbeamten** iS der Kostenverfügung obliegen nach den Geschäftsstellenverordnungen den Beamten des mittleren Justizdienstes. Allerdings ist der Kostenansatz in Insolvenzsachen den Beamten des gehobenen Justizdienstes vorbehalten. Nimmt der Rechtspfleger ein Geschäft des UdG wahr, so ist es wirksam (§ 8 Abs 5 RPflG). Nimmt dagegen der UdG ein Geschäft des Rechtspflegers wahr, so ist es unwirksam (§ 8 Abs 2 RPflG entspr; *Dallmayer/ Eickmann* § 26 RPflG Rn 23). **Schreibwerk** ist grundsätzlich von der **Kanzlei** zu erledigen. Dagegen wird das sogen kleine Schreibwerk, dh die auf Anordnung ergehenden häufig wiederkehrenden oder formularmäßigen Anfragen, Benachrichtigungen, Erinnerungen etc, regelmäßig vom Geschäftsstellenverwalter erledigt. Neu ist die Einführung einer **Serviceeinheit** in vielen Insolvenzabteilungen. Die Aufgabe einer **Richterassistenz der Serviceeinheiten** (vgl *Lindemann* DRiZ 1999, 118) besteht darin, richterliche Verfügungen zB bei Eingang eines Rechtsmittels oder im Zusammenhang mit der Gewährung von Akteneinsicht oder Auskunftsersuchen zu übernehmen. In der Serviceeinheit besteht keine Über- und Unterordnung. Oberstes Prinzip der richtigen Organisation einer Serviceeinheit ist es, dass jede Servicekraft Geschäftsstellen- und Kanzleiarbeit zu erledigen vermag und dass lediglich sogen. Langtexte der „schreibenden" Servicekraft vorbehalten bleiben. Die Serviceeinheit arbeitet nicht nur dem Richter bzw. der Richterin zu; vielmehr erledigt sie auch **selbständig richterliche Aufgaben**. Hierunter können zB fallen die Vorprüfung der örtlichen Zuständigkeit, die Bestimmung der Verfahrensart (Verbraucher- oder Regelinsolvenz), die Prüfung des ordnungsgemäßen Ausfüllens von Anträgen auf Verbraucherinsolvenz, die Vorprüfung der Voraussetzungen für die Akteneinsicht, Ermittlung neuer Anschriften nach Ladungen; Terminsbenachrichtigung durch einfachen Brief bei Niederlegung der Ladung, telefonische Rückfragen mit entsprechenden Vermerken bei fraglichen Zustellungen sowie Überwachung des Eingangs von Kostenvorschüssen. Ob sich die Einführung von Serviceeinheiten in der Zu-

III. Funktionelle Zuständigkeit § 2

kunft bei den Insolvenzgerichten bewährt, hängt nicht nur von der richterlichen Einstellung ab, sondern zugleich auch von der notwendigen harmonischen Zusammenarbeit der bisherigen Geschäftsstellen und Kanzleien.

4. Richtervorbehalt und Evokationsrecht. Nach § 18 Abs 2 S 1 RPflG kann sich der Richter das Insolvenzverfahren ganz oder teilweise vorbehalten, wenn er dies für geboten erachtet (zu thematischen Teilvorbehalten s *Frind* ZInsO 2001, 993 ff; *Fuchs* ZInsO 2001, 1033, 1036 f). Hält er den Vorbehalt nicht mehr für erforderlich, kann er das Verfahren dem Rechtspfleger übertragen (§ 18 Abs 2 S 2 RPflG). Ein **Beschluss** ist für den Vorbehalt nicht erforderlich. Der Vorbehalt sollte jedoch in Form einer Verfügung oder eines Vermerks kenntlich gemacht werden (**BGH** v 21. 6. 1968 = BGHZ 50, 258, 261; *Holzer*, Entscheidungsträger Rn 42; *Smid* § 2 Rn 17; H/W/F Hdb 2/110). Die Ausübung des Vorbehalts ist **unanfechtbar** (*Mohrbutter/Drischler* NJW 1971, 361; *Bassenge/Herbst* § 18 RPflG Rn 14; *Dallmayer/Eickmann* § 18 RPflG Rn 11). Herrscht Unklarheit über den Umfang des Vorbehalts, entscheidet der Richter nach § 7 RPflG. Der Richter oder die Richterin wird von dem Verfahrensvorbehalt des § 18 Abs 2 S 1 RPflG dann Gebrauch machen, wenn aufgrund des Eröffnungsverfahrens erkennbar wird, dass das eröffnete Verfahren besonders umfangreich sein wird, rechtlich schwierig ist oder für die Wirtschaft oder für den Kreis der Betroffenen besondere Bedeutung hat. Je qualifizierter und erfahrener ein Insolvenzrechtspfleger ist, umso eher wird der Richter geneigt sein, von dem Vorbehalt Abstand zu nehmen. In **Großinsolvenzverfahren** hat es sich als sinnvoll erwiesen, wenn Richter und Rechtspfleger das Verfahren **gemeinsam bearbeiten** (FK-*Schmerbach* § 2 Rn 25). Dabei empfiehlt es sich aber, die Aufgabenbereiche klar abzugrenzen, wie zB dem Rechtspfleger die Bearbeitung der Schuldenmasse zu überlassen und dem Richter die eigentliche Verfahrensdurchführung, vor allem aber das Insolvenzplanverfahren vorzubehalten. Es sind jedoch durchaus andere Aufteilungsmöglichkeiten denkbar (*Frind* ZInsO 2001, 993 ff). Der Richter ist gem § 18 Abs 2 S 3 RPflG **jederzeit berechtigt, das Verfahren wieder an sich zu ziehen,** wenn und solange er dies für erforderlich hält. Dieses **Evokationsrecht** ist in Einzelheiten heftig umstritten. Aus der Formulierung in § 18 Abs 3 S 3 RPflG wird teilweise geschlossen, der Richter oder die Richterin könnten das Verfahren nur dann wieder an sich ziehen, wenn sie sich das Verfahren oder Teile des Verfahrens vorbehalten hätten (*Frege/Keller/Riedel* HRP Rn 200; *Schneider* Rpfleger 1999, 173; KS-*Bernsen* S 1846 Rn 5; *Holzer* Entscheidungsträger Rn 45; *Hoffmann* Rpfleger 1970, 373, 374; MüKoInsO-*Ganter* § 2 Rn 21; H/W/F Rn 2/104). Bessere Gründe sprechen dafür, dass unabhängig von einem Vorbehalt der Richter während der **gesamten Dauer des Verfahrens** berechtigt ist, das Verfahren erneut oder auch erstmals an sich zu ziehen (*AG Köln* InVo 2000, 127; *Fuchs* ZInsO 2001, 1033, 1034; *Uhlenbruck* Rpfleger 1997, 356, 359; HK-*Kirchhof* § 2 Rn 9; *Herbst/Bassenge* § 18 RPflG Rn 7; H/W/F Hdb 2/110). *Eickmann* (bei *Dallmayer/Eickmann* § 18 RPflG Rn 13): „Die ablehnende Auffassung entspricht dem Gesetzeswortlaut, der als solcher eindeutig ist; freilich waren es Sinn und Zweck der Ergänzung von Abs 2, eine weitestgehend flexible Regelung der Zuständigkeitsabgrenzung zu erreichen, die eine einzelfallbezogene Einschaltung des Richters ermöglichen sollte." Aus den Gesetzesmaterialien ergibt sich, dass der Gesetzgeber unabhängig von einem Vorbehalt ein **jederzeitiges Eintrittsrechts des Richters** in das Verfahren ermöglichen wollte. Zutreffend *Bassenge/Herbst* (§ 18 RPflG Rn 14), wonach unter „Übertragung" iSv § 18 Abs 2 S 3 RPflG nicht nur die Übertragung nach einem gem § 18 Abs 3 S 2 RPflG ausgesprochenen Vorbehalt zu verstehen ist, sondern auch die Übertragung nach Abschluss des Eröffnungsverfahrens ohne Vorbehalt nach § 18 Abs 2 S 1 RPflG (so auch (H/W/F Hdb 2/110; *Bassenge/Herbst* § 18 RPflG Rn 14; *Uhlenbruck* Rpfleger 1997, 359; *Kraemer/Vogelsang* Fach 2 Kap 5 Rn 15; *Fuchs* ZInsO 2001, 1033, 1034; *Dallmayer/Eickmann* § 18 RPflG Rn 13; *Ule*, Der Rechtspfleger und sein Richter Rn 238 u 243; **str aA** unter Hinweis auf den Gesetzeswortlaut *Arnold/Meyer-Stolte* § 18 RPflG Rn 8; *Mohrbutter/Drischler* NJW 1971, 362; *Klüsener* RpflStud 1990, 33; *Hoffmann* Rpfleger 1970, 374). Auch ein **teilweises Wieder-an-sich-Ziehen** durch den Richter ist zulässig, wobei nicht nur ein temporäres Recht (so aber *Fuchs* ZInsO 2001, 1033, 1034) gemeint ist, sondern auch ein **sachlicher Teilbereich**, wie zB die Durchführung des Berichtstermins. Insoweit gilt das Gleiche wie bei **Teilvorbehalten** (vgl *Frind* ZInsO 2001, 993 ff). Umstritten ist allerdings die Zulässigkeit von **thematischen Teil-Richtervorbehalten** und thematischen Teilevokationen (vgl *Frind* ZInsO 2001, 993 ff; *Fuchs* ZInsO 2001, 1033, 1036 f). Allerdings darf das Evokationsrecht nicht willkürlich ausgeübt werden. So ist es dem Richter verwehrt, die Sache deshalb wieder an sich zu ziehen, um Sachentscheidungen des Rechtspflegers aufzuheben oder zu korrigieren. Unzulässig ist es auch, dass der Richter den Rechtspfleger anweist, ihn über die Insolvenzabwicklung **laufend zu informieren,** damit er sein Recht auf das Wiederansichziehen der Sache zu prüfen vermag (*Hoffmann* Rpfleger 1970, 374; *Uhlenbruck* Rpfleger 1997, 357, 359). Bei der Ausübung des Richtervorbehalts ist ein „erhebliches Fingerspitzengefühl" (*Holzer*) geboten. So bietet sich der Richtervorbehalt ua an, um eine Vorlage des Rechtspflegers nach § 5 Abs 1 Nr 2 RPflG (rechtliche Schwierigkeit) zu umgehen. Soweit der Rechtspfleger zuständig ist, ist er gem § 9 S 1 RPflG bei seinen Entscheidungen nur dem Gesetz unterworfen. Nach § 9 RPflG ist der Rechtspfleger **sachlich unabhängig und nur an Recht und Gesetz gebunden.** An Rechtsmeinungen des Insolvenzrichters ist er nicht gebunden. Gleichwohl hat er nach § 5 Abs 1 Nr 1 RPflG die **Akte dem Richter vorzulegen,** wenn er von einer ihm bekannten Stellungnahme des Richters abweichen will. Der Insolvenzrichter kann entweder in der ihm vorgelegten Sache die Entscheidung

§ 2   *Amtsgericht als Insolvenzgericht*

selbst treffen oder die Akten dem Rechtspfleger unter Mitteilung seiner Rechtsauffassung zurückgeben. Letzterenfalls ist der Rechtspfleger an diese Auffassung gebunden (§ 5 Abs 2 S 3 RPflG). Die **funktionelle Zuständigkeit des Rechtspflegers nach Verfahrenseröffnung** erfährt nur wenige Ausnahmen. Die **zwangsweise Vorführung und Haft des Schuldners** (§ 4 Abs 2 Nr 2 RPflG, §§ 98 Abs 2, 101 Abs 1 S 1, 2) kann nur vom Richter oder einer Richterin angeordnet werden. Dies ist hinsichtlich des **Erlasses eines Vorführungsbefehls** allerdings bestritten (vgl *Holzer*, Entscheidungsträger Rn 104; *Braun/Uhlenbruck*, Unternehmensinsolvenz S 179). Nach Verfahrenseröffnung ist der Rechtspfleger berechtigt, den **Schuldner aus der Haft zu entlassen** bzw. einen **Haftbefehl aufzuheben** (*Holzer*, Entscheidungsträger Rn 105). Nicht dagegen ist der Rechtspfleger befugt, **Eide abzunehmen** oder eine Beeidigung anzuordnen (§ 4 Abs 2 Nr 1 RPflG). Funktionell zuständig für die Anordnung ist im Eröffnungsverfahren der Richter und nach Eröffnung der Rechtspfleger des Insolvenzgerichts (MüKoInsO-*Passauer/Stephan* § 98 Rn 12).

7   **5. Vorlage an den Insolvenzrichter.** Hält der Rechtspfleger Maßnahmen für geboten, zu denen er nach § 4 Abs 2 Nr 1, 2 RPflG nicht befugt ist, so legt er die Sache dem zuständigen Insolvenzrichter oder der Richterin zur Entscheidung vor (§ 4 Abs 3 RPflG). Außer bei Abweichung von einer ihm bekannten Stellungnahme des Richters hat der Rechtspfleger trotz ihm übertragener Geschäfte die Sache dem Richter vorzulegen, wenn sich bei der **Bearbeitung der Sache rechtliche Schwierigkeiten** ergeben (§ 5 Abs 1 Nr 2 RPflG). Gleiches gilt für die Anwendung von ausländischem Recht oder wenn zwischen dem übertragenen Geschäft und einem vom Richter vorzunehmenden Geschäft ein so enger Zusammenhang (§ 6 RPflG) besteht, dass eine getrennte Behandlung nicht sachdienlich ist. Sieht der Insolvenzrechtspfleger von der Aktenvorlage ab oder verkennt er die Vorlagepflicht, so ist ein trotzdem vorgenommenes Geschäft deshalb nicht unwirksam (§ 8 Abs 3 RPflG). Die vorgelegten Sachen hat der Richter so lange zu bearbeiten, wie er es für erforderlich hält (§ 5 Abs 2 S 1 RPflG). Er kann die Sachen aber auch dem Rechtspfleger zurückgeben (§ 5 Abs 2 S 2 RPflG). Gibt der Richter eine Sache an den Rechtspfleger zurück, so ist dieser an eine von dem Richter mitgeteilte Rechtsauffassung gebunden (§ 5 Abs 2 S 3 RPflG).

8   **6. Notwendige harmonische Zusammenarbeit.** Wenn auch § 18 RPflG bei der grundsätzlichen Aufgabenteilung zwischen Richter und Rechtspfleger geblieben ist, sind dem Rechtspfleger im Bereich der Insolvenzabwicklung erheblich mehr Aufgaben zugewachsen (*Wimmer* InVo 1997, 316 ff). Der Zuwachs an Aufgaben und die besondere Gestaltung des Insolvenzverfahrens bringen es mit sich, „dass sich die Zuständigkeiten von Richter und Rechtspfleger häufiger als in anderen Verfahren der freiwilligen Gerichtsbarkeit nicht nur ergänzen, sondern auch verwischen" (*Holzer*, Entscheidungsträger Rn 132). Die Zusammenarbeit zwischen Richtern und Rechtspflegern ist eins der sensibelsten Probleme der Justiz. Es geht im Insolvenzbereich dabei nicht um die Koordination möglicherweise unterschiedlicher Rechtsansichten und um den Austausch von Informationen, sondern auch um Verständnis im menschlichen Bereich. Die notwendige Harmonie wird jedoch durch gesetzliche Vorschriften über die verfahrensmäßige Zuständigkeit oftmals empfindlich gestört (vgl *Uhlenbruck* Rpfleger 1997, 356 ff; *Frind* ZInsO 2001, 993 ff). Richter setzen teilweise Insolvenzverwalter ein, die nicht das Vertrauen des Rechtspflegers bzw. der Rechtspflegerin genießen, zwingen auf diese Weise jedoch den Rechtspfleger, monate- oder oft jahrelang mit einem solchen Verwalter zusammenzuarbeiten. Gegenvorstellungen hinsichtlich der Qualifikation und Auswahl des Verwalters stoßen oftmals auf taube Ohren. Andererseits fühlen sich Richter bzw. Richterinnen in ihrer richterlichen Unabhängigkeit tangiert, wenn von Rechtspflegerseite Wünsche hinsichtlich der Person des Verwalters für bestimmte Verfahren geäußert werden. **Teilvorbehalte**, wie zB der Vorbehalt der Festsetzung der Vergütung des vorläufigen oder endgültigen Verwalters, führen oft zu erheblichen Spannungen (vgl *Uhlenbruck* ZIP 1996, 1889; *ders* ZInsO 2001, 1129 ff; *Frind* ZInsO 2001, 993 ff). Besonders unerfreulich wird die Situation dann, wenn der Richter bzw. die Richterin sich ein besonders „interessantes" Großverfahren vorbehält und dem Rechtspfleger damit die Möglichkeit nimmt, sich auch in schwierigen Verfahren zu profilieren. Die Funktionsfähigkeit und Effektivität des Insolvenzgerichts wird durch eine intensive informelle Zusammenarbeit von Richtern und Rechtspflegern deutlich erhöht (*Holzer* Entscheidungsträger Rn 140). Instruktiv auch *Uhle*, Der Rechtspfleger und sein Richter, 1983, wo Grundsätze und Leitlinien für eine Zusammenarbeit und vernünftige Kompetenzverteilungen zwischen Richter und Rechtspfleger erarbeitet worden sind. Nach zutreffender Feststellung von *Holzer* haben beide Berufsbilder ihre Eigenheiten (zB der Richter als „Generalist", der Rechtspfleger als „Spezialist"), die in der einen Situation eine Stärke, in der anderen aber auch eine Schwäche darstellen können. Wenn beide Seiten dies anerkennen, könnten die jeweiligen Stärken optimal genutzt werden. *Holzer:* „Die dabei auftretenden Synergieeffekte sind nicht nur für das Verfahren, sondern auch für den persönlichen Umgang zwischen Richter und Rechtspfleger von entscheidender Bedeutung." Vgl auch *Uhlenbruck/Delhaes* HRP Rn 79; *Uhlenbruck* Rpfleger 1997, 356, 357. Wie regressträchtig ein **Gegeneinanderarbeiten von Richter und Rechtspfleger** sein kann, zeigt ein Urteil des **BGH** v. 17. 10. 1985 (**BGH** KTS 1986, 298 = ZIP 1986, 319 = Rpfleger 1986, 147; ferner **BGH** ZIP 1990, 1141). Die Rechtspfleger müssen lernen, mit der funktionellen Zuständigkeit des Richters umzugehen und sich damit abzufinden, dass nach dem Gesetz ein Richter berechtigt ist, sich ein

16   *Pape*

nach seiner Ansicht rechtlich schwieriges, wenn auch interessantes Verfahren vorzubehalten. Die Richter müssen dagegen lernen, die gesetzlich normierte Selbständigkeit des Rechtspflegers anzuerkennen und nicht jede Entscheidung, die ihnen nicht passt, durch Ausübung des Evokationsrechts zu blockieren. Der notwendigen Harmonisierung dient es vor allem, dass nach Abschaffung der Durchgriffserinnerung der Insolvenzrichter im Regelfall nicht mehr gezwungen ist, auf Erinnerung eine Entscheidung des Rechtspflegers zu korrigieren, weil nunmehr die Zuständigkeit der Beschwerdekammer des Landgerichts begründet ist. Die **Erinnerung** ist nur noch in wenigen Erkenntnisbereichen gegeben, wie zB im Rahmen der §§ 732, 766 ZPO (vgl *Kellermeyer* Rpfleger 1998, 309 ff; H/W/F Rn 2/111).

IV. Ermächtigung der Länder zur abweichenden Regelung der Zuständigkeit (Abs 2)

§ 2 Abs 2 S 1 ermächtigt die Landesregierungen, zur sachdienlichen Förderung oder schnelleren Erledigung der Verfahren durch Rechtsverordnung **andere** oder **zusätzliche Amtsgerichte zu Insolvenzgerichten** zu bestimmen und die Bezirke der Insolvenzgerichte abweichend festzulegen. Die Landesregierungen können die Ermächtigung auf die Landesjustizverwaltungen übertragen (§ 2 Abs 2 S 2). Die Landesregierungen (Landesjustizverwaltungen) können insbesondere ein anderes als das **AG** am Sitz des zuständigen **LG** für zuständig erklären. Zulässig ist auch, in Landgerichtsbezirken mit mehreren örtlich getrennten Wirtschaftsschwerpunkten mehrere Amtsgerichte zu bestimmen (*Smid* § 2 Rn 7; HK-*Kirchhof* § 2 Rn 12). Nach der Begr RegE zu § 2 (BR-Drucks 1/92, bei *Uhlenbruck,* Das neue Insolvenzrecht S 298) kann es im Einzelfall auch zweckmäßig sein, die Insolvenzsachen über einen Landgerichtsbezirk hinaus zu konzentrieren. Insgesamt ermöglicht es die Regelung in § 2 Abs 2, den **besonderen örtlichen Gegebenheiten** Rechnung zu tragen. Von der gesetzlichen Ermächtigung haben einige Länder bereits Gebrauch gemacht, wie zB Berlin; Baden-Württemberg, Bayern, Bremen, Hessen, Niedersachsen, Rheinland-Pfalz, Sachsen und Schleswig-Holstein. Vgl. *HambKomm-Rüther* § 2 Rn 6 a; HK-*Kirchhof* § 2 Rn 13; 270 ff; Hess § 2 Rn 32. In den neuen Bundesländern ist es weitgehend bei der durch die GesO getroffenen Zuständigkeitsregelung geblieben (§ 1 Abs 2 GesO), da dort bereits eine Zuständigkeitskonzentration beim Amtsgericht am Sitz des **LG** erfolgt war (*Holzer* ZIP 1998, 2183; KS-*Beule* S 23, 34, Fn 78). Rechtlich zweifelhaft ist die für Berlin getroffene Regelung (VO v 23. 6. 1998, GVBl S 198), wonach für **Verbraucherinsolvenzverfahren** und sonstige **Kleinverfahren** jedes der 12 Amtsgerichte zuständig ist. Zur sachlichen Zuständigkeit des Amtsgerichts Charlottenburg gehören nur die **Regelinsolvenzverfahren** (vgl Art 1 der VO v 27. 11. 1998, GVBl Berlin 1998, 397; **LG** Berlin DZWIR 1999, 517 m Anm *Müller-York;* **AG** Neukölln DZWIR 1999, 371; MüKoInsO-*Ganter* § 2 Rn 18). Die Ermächtigung in § 2 Abs 2 S 1 deckt die Aufteilung und Zuweisung unterschiedlicher Insolvenzverfahren an verschiedene Gerichte nicht (vgl auch MüKoInsO-*Ganter* § 2 Rn 18; KTS 2000, 157, 174). *Die jeweiligen Insolvenzgerichte der og Bundesländer kann man unter www.insolvenzbekanntmachungen.de unter der Funktion „Detailsuche" ermitteln. Das für einen bestimmten Ort zuständige Insolvenzgericht findet man unter www.gerichtsverzeichnis.de*

§ 3 Örtliche Zuständigkeit

(1) ¹Örtlich zuständig ist ausschließlich das Insolvenzgericht, in dessen Bezirk der Schuldner seinen allgemeinen Gerichtsstand hat. ²Liegt der Mittelpunkt einer selbständigen wirtschaftlichen Tätigkeit des Schuldners an einem anderen Ort, so ist ausschließlich das Insolvenzgericht zuständig, in dessen Bezirk dieser Ort liegt.

(2) Sind mehrere Gerichte zuständig, so schließt das Gericht, bei dem zuerst die Eröffnung des Insolvenzverfahrens beantragt worden ist, die übrigen aus.

Übersicht

	Rn
I. Vorbemerkung	1
II. Normzweck	2
III. Örtliche Zuständigkeit	3
1. Allgemeiner Gerichtsstand	3
2. Mittelpunkt einer selbständigen wirtschaftlichen Tätigkeit	4
3. Sonderzuständigkeit für Nachlassinsolvenzverfahren und Insolvenzverfahren über das Gesamtgut einer fortgesetzten Gütergemeinschaft	5
4. Mehrfache örtliche Zuständigkeit	6
5. Kompetenzkonflikte	7
6. Besondere Zuständigkeit für Klagen auf Feststellung zur Tabelle (§ 180)	8
7. Insolvenzgerichtsstand von Personen ohne Wohnsitz	9
8. Zuständigkeit für Gesellschafter-Insolvenzverfahren	10
9. Zuständigkeiten bei Liquidation und Beendigung der Geschäftstätigkeit	11
10. Zuständigkeitserschleichung	12
11. Keine Konzernzuständigkeit	13
IV. Verweisung und sonstige Verfahrensfragen	14
1. Amtswegige Zuständigkeitsprüfung	14

	Rn
2. Hinweispflichten des Gerichts.	15
3. Verweisung an das zuständige Insolvenzgericht	16
4. Die Zulässigkeit formloser Ab- und Rückgabe	17
5. Zurückweisung wegen Unzuständigkeit	18
6. Verfahrenseröffnung durch ein unzuständiges Gericht	19
V. Internationale Zuständigkeiten	20

I. Vorbemerkung

1   Die Regelung der örtlichen Zuständigkeit in § 3 entspricht im Wesentlichen dem früheren Konkurs-, Vergleichs- und Gesamtvollstreckungsrecht (§§ 71 Abs 1, 3 KO, 2 Abs 1 S 1 VglO, 1 Abs 2 GesO). Nach wie vor knüpft die örtliche Zuständigkeit des Insolvenzgerichts an die gleichen Voraussetzungen an wie nach früherem Recht. Das Gesetz trennt nunmehr lediglich zwischen sachlicher und örtlicher Zuständigkeit des Insolvenzgerichts aus Gründen der Rechtsklarheit (*K/P/Prütting*, § 3 Rn 1; *Helwich* MDR 1997, 13). Für das Nachlassinsolvenzverfahren enthält § 315 eine entsprechende Regelung. Der **ausschließliche Gerichtsstand** in § 3 Abs 1 ist nicht abdingbar (§ 4 InsO, § 40 Abs 2 S 1 2. Hs ZPO). Neben der örtlichen regelt die Vorschrift über Art 102 Abs 1 S 2 Nr 1 EGInsO auch die internationale Zuständigkeit der Insolvenzgerichte. Zu der Gerichtsstandkonzentration in NRW vgl die VO NRW v 16. 4. 1998, GVBl NW 1998, 223; **OLG** Köln v 22. 2. 2000, NStZ-RR 2000, 273. Werden mehrere Unternehmen desselben Konzerns insolvent, so findet **kein einheitliches Konzerninsolvenzverfahren** in dem Sinne statt, dass automatisch über den gesamten Konzern ein Insolvenzverfahren eröffnet wird (vgl *Ehricke* DZWIR 1999, 353). Die Zuständigkeit für das rechtlich selbständige Konzernunternehmen richtet sich vielmehr nach § 3. Unerheblich ist es für die örtliche Zuständigkeit, an welchem Ort nach Einstellung der Geschäftstätigkeit die Geschäftsunterlagen aufbewahrt werden (**OLG** Braunschweig ZIP 2000, 1118; BayObLG ZIP1999, 1714; **OLG** Köln ZIP 2000, 672; **OLG** Naumburg InVo 2000, 12; **OLG** Hamm ZInsO 1999, 523). Eine andere Beurteilung ist jedoch dann am Platze, wenn zB sich die Geschäftsunterlagen in den Wohnräumen des früheren Geschäftsführers befinden und dieser weitere Geschäfte der GmbH führt oder Abwicklungsmaßnahmen durchführt (vgl auch *Voss* EWiR 2000, 1021). Die Bestellung eines neuen Geschäftsführers mit dem Aufgabenkreis der Durchführung und Abwicklung eines Insolvenzverfahrens begründet für sich genommen keine Zuständigkeit am Sitz des Geschäftsführers (**OLG** Hamm v 24. 6. 1999, ZInsO 1999, 533).

II. Normzweck

2   Die Regelung in § 3 realisiert auf der einen Seite Bürgernähe der Justiz, zum andern will sie verhindern, dass Insolvenzverfahren an Orten abgewickelt werden, an denen der Schuldner oder das Schuldnerunternehmen lediglich Zweigniederlassungen oder eine natürliche Person einen Zweitwohnsitz begründet hat. Dort, wo der Schuldner oder das Schuldnerunternehmen den Schwerpunkt der wirtschaftlichen Tätigkeit entfaltet hat, soll auch die Vermögensabwicklung im Wege des Insolvenzverfahrens erfolgen. Die Gläubiger sollen die Befriedigung ihrer Forderung dort suchen, wo sie ihr Vertrauen gelassen haben. Anhand des Normzwecks sind sämtliche Probleme zu entscheiden, die mit einer missbräuchlichen Sitzverlegung zum Zweck der Begründung einer anderen örtlichen Zuständigkeit im Zusammenhang stehen.

III. Örtliche Zuständigkeit

3   **1. Allgemeiner Gerichtsstand.** Nach § 3 Abs 1 S 1 ist örtlich ausschließlich das Insolvenzgericht zuständig, in dessen Bezirk der Schuldner seinen allgemeinen Gerichtsstand hat. Der allgemeine Gerichtsstand wird durch die §§ 13–19 ZPO bestimmt, die über § 4 auf das Insolvenzverfahren entsprechende Anwendung finden. Nach § 13 ZPO ist grundsätzlich der **inländische Wohnsitz des Schuldners** maßgebend. Abweichende Vereinbarungen sind unzulässig (§ 40 Abs 2 S 1 ZPO). Beim Gesamtgut (§ 11 Abs 2 Nr 2) ist auf den gemeinsamen Wohnsitz der Ehegatten abzustellen (HK-*Kirchhof* § 3 Rn 15). § 16 ZPO kommt nur zur Anwendung, wenn feststeht, dass der Schuldner auch im Ausland keinen Wohnsitz hat (**LSG** Schleswig-Holstein ZIP 1988, 1141; HK-*Kirchhof* § 3 Rn 15). Ist der gewöhnliche Aufenthalt des Schuldners im Ausland, ist das deutsche Insolvenzgericht nicht zuständig. Die internationale Zuständigkeit ist durch das Gesetz zur Neuregelung des Internationalen Insolvenzrechts vom 14. 3. 2003 geregelt (BGBl I S 345). Innerhalb der Mitgliedstaaten der Europäischen Union ist Art 3 EUInsVO vorrangig zu beachten Nach Art 3 Abs 1 EUInsVO ist für die Eröffnung des Insolvenzverfahrens das Gericht zuständig, in dessen Bezirk im Zeitpunkt der Antragstellung der Mittelpunkt des hauptsächlichen Interesses des Schuldners liegt (Center of Main Interests – CoMI –). Hierfür kommt es auf die tatsächlichen Verhältnisse an, die das Gericht feststellen muss (**LG** Göttingen NZI 2008, 191; *Mankowski* NZI 2005, 39). Entscheidend ist der gewöhnliche Aufenthalt des Schuldners, auf seinen Wohnsitz kommt es nicht an (*Paulus* NZI 2001, 505; FK-*Wimmer* Anh. I Rn 76; *Kemper* ZIP 2001,

III. Örtliche Zuständigkeit § 3

1609). Es ist darauf abzustellen, wo der Schuldner hauptsächlich seine berufliche bzw. wirtschaftliche Tätigkeit ausübt (**LG** Göttingen ZInsO 2007, 1358; *Mankowski* NZI 2005, 368 f.). Bei einer Immobiliengesellschaft liegt der Ort des hauptsächlichen Interesses dort, wo die im Eigentum des Schuldners befindlichen Grundstücke belegen sind (**LG** Leipzig ZInsO 2006, 378; **LG** Göttingen ZInsO 2007, 1358). Maßgeblicher Zeitpunkt für das Vorliegen der die Zuständigkeit begründenden Tatsachen ist der Eingang des Eröffnungsantrags (**OLG** Hamm NZI 2000, 220, 221; **OLG** Naumburg ZIP 2001, 753; HK-*Kirchhof* § 3 Rn 5; MüKoInsO-*Ganter* § 3 Rn 5). Mit dem Anhängigmachen eines zulässigen Insolvenzantrags tritt die **Rechtshängigkeitssperre** des § 261 Abs 3 Nr 1 ZPO ein. Die Zuständigkeit des Insolvenzgerichts wird durch eine nachträgliche Veränderung der sie begründenden Umstände nicht berührt (§ 261 Abs 3 Nr 2 ZPO; **OLG** Naumburg ZIP 2001, 753, 754; **OLG** Köln OLGE 19, 218; HK-*Kirchhof* § 3 Rn 5). Verlegt zB der Schuldner nach Anhängigkeit eines Gläubigerantrags oder nach Stellung eines Eigenantrags seinen Wohnsitz ins Ausland, so bleibt für die Verfahrenseröffnung das Insolvenzgericht im Inland weiterhin zuständig (**LG** Stuttgart ZIP 1983, 348, 350; **BGH** NZI 2006, 297). Auch eine juristische Person kann sich nicht dadurch der Verfahrenseröffnung durch das örtlich zuständige Gericht entziehen, dass sie nach Anhängigkeit des Verfahrens (Eingang des Antrags) den Sitz in einen anderen Landgerichtsbezirk verlegt. Nach § 13 ZPO wird der allgemeine Gerichtsstand einer Person durch den **Wohnsitz** bestimmt. Die Staatsangehörigkeit einer Person ist für die Bestimmung des Wohnsitzes ohne Bedeutung (MüKo-*Patzina* § 13 ZPO Rn 1). Der Wohnsitz wird durch den **räumlichen Mittelpunkt der gesamten Lebensverhältnisse** eines Schuldners bestimmt, also den räumlichen Schwerpunkt seines Lebens. Der Wohnsitz ist nicht dem Aufenthaltsort gleichzusetzen (*Smid* § 3 Rn 3). Der Wohnsitz wird nicht dadurch aufgegeben, dass der Schuldner zur Verbüßung einer Freiheitsstrafe einsitzt oder die Geschäftsfähigkeit verliert. Da das Insolvenzverfahren vermögensorientiert ist, sieht § 3 Abs 1 S 2 für die selbständige wirtschaftliche Tätigkeit eines Schuldners etwas anderes vor. Bei **juristischen Personen, nicht rechtsfähigen Vereinen** (§ 11 Abs 1 S 2) und **insolvenzfähigen Personenvereinigungen** (§ 11 Abs 2 Nr 1) bestimmt sich der allgemeine Gerichtsstand nach dem **Sitz** (§§ 4 InsO, 17 ZPO; **OLG** Braunschweig NZI 2000, 266; **OLG** Köln NZI 2000, 232; **OLG** Hamm ZInsO 1999, 534; HK-*Kirchhof* § 3 Rn 16). Als Sitz gilt, wenn sich nichts anderes ergibt, der Ort, wo die Verwaltung geführt wird (§ 17 Abs 1 S 2 ZPO). Für juristische Personen des Privatrechts ist der Sitz satzungsmäßig festgelegt und im Register eingetragen (§ 5 AktG, § 278 AktG, § 3 Abs 1 GmbHG, §§ 24, 57 BGB, § 80 BGB, § 6 Nr 1 GenG, § 18 VAG). Der im Register eingetragene Sitz ist aber nicht entscheidend, sondern der **Mittelpunkt der wirtschaftlichen Tätigkeit**. Hierunter ist die Hauptniederlassung zu verstehen, wo der Mittelpunkt der wirtschaftlichen Betätigung eines Unternehmens liegt (*K/U* § 71 KO Rn 3; MüKoInsO-*Ganter* § 3 Rn 10; *Smid* § 3 Rn 7). **Maßgeblicher Zeitpunkt** für die Begründung der örtlichen Zuständigkeit ist grundsätzlich der Eingang des Insolvenzantrages bei Gericht (**OLG** Hamm NZI 2000, 220, 221; MüKoInsO-*Ganter* § 3 Rn 5). Der **satzungsmäßige Sitz** bleibt für die Zuständigkeit maßgeblich, wenn eine Gesellschaft ihre werbende Tätigkeit eingestellt hat oder im Handelsregister gelöscht worden ist (**OLG** Koblenz Rpfleger 1989, 251; **OLG** Braunschweig NZI 2000, 266; **OLG** Köln NZI 2000, 232; BayObLG NZI 1999, 457; **OLG** Hamm NZI 2000, 220, 221; MüKoInsO-*Ganter* § 3 Rn 8; *K/U* § 71 KO Rn 3 d; *Frege/Keller/Riedel* HRP Rn 271; HK-*Kirchhof* § 3 Rn 15). Die Verlagerung der Geschäftsleitung lässt den satzungsmäßig festgelegten Sitz unberührt. Eine **Sitzverlegung** führt erst nach einer entsprechenden Satzungsänderung und Eintragung in das Handelsregister zu einer Änderung der insolvenzgerichtlichen Zuständigkeit (**OLG** Köln NZI 2000, 232; MüKoInsO-*Ganter* § 3 Rn 19). Der besondere Gerichtsstand des Mittelpunktes einer selbständigen wirtschaftlichen Tätigkeit des Schuldners iSv § 3 Abs 1 S 2 ist nicht gegeben, wenn der Schuldner mit der Stellung des Eröffnungsantrags seine werbende selbständige Tätigkeit eingestellt hat (**OLG** Hamm NZI 2000, 220).

2. Mittelpunkt einer selbständigen wirtschaftlichen Tätigkeit. Liegt der Mittelpunkt einer selbständigen wirtschaftlichen Tätigkeit des Schuldners an einem anderen Ort als dem Wohnsitz, so ist nach § 3 Abs 1 S 2 ausschließlich das Insolvenzgericht zuständig, in dessen Bezirk dieser Ort liegt. Der Gesetzgeber hat den früheren Begriff der „gewerblichen Niederlassung" (§ 71 Abs 1 KO) durch die präzisere Formulierung „Mittelpunkt einer selbständigen wirtschaftlichen Tätigkeit" ersetzt. Dadurch sollte klargestellt werden, dass nicht nur ein „Gewerbe" im Rechtssinne erfasst werden sollte und dass es bei mehreren Niederlassungen auf die **Hauptniederlassung** ankommt (Begr RegE § 3 bei *Uhlenbruck*, Das neue Insolvenzrecht S 299; MüKoInsO-*Ganter* § 3 Rn 11; *Hess* § 3 Rn 8; N/R/*Becker* § 3 Rn 21 ff). Bei **natürlichen Personen** hat das Insolvenzgericht ohnehin vorrangig zu prüfen, ob wegen selbständiger wirtschaftlicher Tätigkeit und überschaubarer Vermögensverhältnisse ohne Forderungen aus Arbeitsverhältnissen ein **Verbraucherinsolvenzverfahren** nach den §§ 304 ff in Betracht kommt. ZB in Berlin entscheidet bereits die Verfahrensart darüber, ob das zuständige Amtsgericht oder das **AG** Berlin-Charlottenburg örtlich zuständig ist. Nach dem **Mittelpunkt einer selbständigen wirtschaftlichen Tätigkeit** des Schuldners richtet sich ansonsten unabhängig von der Verfahrensart die örtliche Zuständigkeit des Insolvenzgerichts. Maßgeblich sind die tatsächlichen Gegebenheiten (*Skrotzki* KTS 1960, 71; HK-*Kirchhof* § 3 Rn 6; MüKoInsO-*Ganter* § 3 Rn 10). Die Bestimmung des wirtschaftlichen Mittelpunkts einer selbständigen Tätigkeit kann oftmals nur aufgrund von Indizien erfolgen, wie zB durch die Existenz eines Geschäftslokals, einer Postadresse, der Zuständigkeit des Finanzamts oder durch das Bestehen einer öffentlich-rechtlichen Gewerbeerlaubnis (zutreffend *Smid* § 3 Rn 5 mit einem instruktiven Fall). Auch hier kommt es auf die tatsächlichen Verhältnisse an, die das Gericht von Amts wegen prüfen muss (FK-*Schmerbach* § 3 Rn 5, 16; **OLG** Celle ZInsO 2004, 205). Die selbständige wirtschaftliche Tätigkeit braucht keine gewerbliche Tätigkeit zu sein (HK-*Kirchhof* § 3 Rn 7). Es genügt jede wirtschaftliche, also auf Erwerb zielende Tätigkeit zB von Landwirten, Freiberuflern oder Betreibern privater Pflegedienste. Auch eine „selbständige wirtschaftliche Tätigkeit" mit überschaubaren Vermögensverhältnissen ohne Forderungen aus Arbeitsverhältnissen iS von § 304 ist geeignet, eine vom allgemeinen Gerichtsstand abweichende Zuständigkeit zu begründen (HK-*Kirchhof* § 3 Rn 7). Der Begriff „**Verbindlichkeiten aus Arbeitsverhältnissen**" ist in weiterem Sinne zu verstehen, so dass nicht nur Forderungen der Arbeitnehmer selbst, sondern auch die gem § 187 SGB III auf die Bundesanstalt für Arbeit übergegangenen Lohn- und Gehaltsansprüche hierzu zählen.

Der **Mittelpunkt einer wirtschaftlichen Tätigkeit** des Schuldners liegt in der Regel dort, von wo aus **unmittelbar Geschäfte geschlossen** werden (§ 21 Abs 1 ZPO). Das Zentrum der geschäftlichen Aktivitäten befindet sich an dem Ort, wo die **tatsächliche Willensbildung** innerhalb eines Unternehmens oder einer Gesellschaft stattfindet, also dort, wo die unternehmensleitenden Entscheidungen getroffen und in laufende Geschäftsführungsakte umgesetzt werden. Im Einzelfall kann darauf abgestellt werden, wo sich die Geschäftsbücher und Unterlagen einer Gesellschaft befinden (**LG** Dessau ZIP 1998, 1006, 1007 = EWiR 1998, 557 *[Schmahl]*). Die Eintragung in das Handelsregister kann allenfalls eine – widerlegliche – Vermutung für den Mittelpunkt der wirtschaftlichen Tätigkeit begründen (FK-*Schmerbach* § 3 Rn 5). Hat ein Unternehmen mehrere Niederlassungen, so ist die Zuständigkeit des Insolvenzgerichts dort begründet, wo sich die **Hauptniederlassung** befindet (BT-Drucks 12/2443 S 110; *Hess* § 3 Rn 8; MüKoInsO-*Ganter* § 3 Rn 11; kritisch *N/R/Becker* § 3 Rn 21 ff). Die Hauptniederlassung befindet sich dort, von wo aus die Geschäfte geleitet werden. Sie ist Mittelpunkt der wirtschaftlichen Tätigkeit („centre d'affaires"). Wird eine **Zweigniederlassung** in einer rechtlich selbständigen Form geführt, ist sie also insolvenzfähig iS von § 11, so findet am Ort der Niederlassung ein selbständiges Insolvenzverfahren statt, da es ein Konzerninsolvenzrecht nicht gibt. Nach Auffassung von *Ganter* (MüKo § 3 Rn 11) begründet die rechtliche Selbständigkeit noch keine örtliche Zuständigkeit, solange nicht die Zweigniederlassung auch wirtschaftlich selbständig geführt wird. Ist im Einzelfall keine eindeutige Zuordnung der geschäftlichen Aktivitäten eines Schuldnerunternehmens möglich, so sind mehrere Insolvenzgerichte örtlich zuständig und die Gesamtzuständigkeit wird gem § 3 Abs 2 bei dem Gericht begründet, bei dem zuerst die Eröffnung des Insolvenzverfahrens beantragt worden ist.

5 **3. Sonderzuständigkeit für Nachlassinsolvenzverfahren und Insolvenzverfahren über das Gesamtgut einer fortgesetzten Gütergemeinschaft.** Nach § 315 S 1 ist für das Insolvenzverfahren über einen Nachlass ausschließlich das Insolvenzgericht örtlich zuständig, in dessen Bezirk der Erblasser zur Zeit seines Todes seinen allgemeinen Gerichtsstand hatte. Lag der Mittelpunkt einer selbständigen wirtschaftlichen Tätigkeit des Erblassers an einem anderen Ort, so ist ausschließlich das Insolvenzgericht zuständig, in dessen Bezirk dieser Ort liegt. Im Falle der **fortgesetzten Gütergemeinschaft** gilt § 315 entsprechend für das Insolvenzverfahren über das Gesamtgut (§ 332 Abs 1). Einzelheiten in der Kommentierung zu diesen Vorschriften.

6 **4. Mehrfache örtliche Zuständigkeit.** § 3 Abs 2 regelt den Fall, dass mehrere Insolvenzgerichte örtlich zuständig sind (*Frege/Keller/Riedel* HRP Rn 274; HK-*Kirchhof* § 3 Rn 16). Hier greift das **Prioritätsprinzip** ein, dh der zeitlich zuerst gestellte Antrag begründet die örtliche Zuständigkeit des angerufenen Gerichts und schließt die übrigen zuständigen Gerichte aus. Hat zB ein Schuldner **mehrere Wohnsitze**, ist das Gericht örtlich zuständig, bei dem zuerst die Eröffnung des Verfahrens beantragt wird. Der **Zeitpunkt des Eingangs** des Insolvenzantrags entscheidet, nicht etwa der Eröffnungsbeschluss. Das zuerst angegangene Gericht bleibt auch zuständig, wenn der Schuldner seinen Wohnsitz noch vor der Eröffnung des Insolvenzverfahrens wechselt (**OLG** Köln OLGZ 19, 218; **LG** Stuttgart ZIP 1983, 348, 350; *K/U* § 71 KO Rn 6; **OLG** Naumburg ZIP 2001, 753; MüKoInsO-*Ganter* § 3 Rn 20). Kommen für die Zuständigkeit mehrere Insolvenzgerichte in Betracht, so ist es nicht Aufgabe des zunächst angerufenen unzuständigen Gerichts, das zuständige Gericht zu ermitteln, wenn der Antragsteller trotz Hinweises lediglich pauschal die Verweisung an das zuständige Gericht beantragt (**AG** Göttingen ZInsO 2001, 137 = ZIP 2001, 387). Verlegt der Schuldner in der Zeit zwischen Beantragung und Eröffnung des Verfahrens seine Niederlassung, so bleibt das ursprünglich angerufene Gericht gleichwohl für die Eröffnung zuständig (**OLG** München Rpfleger 1987, 78; MüKoInsO-*Ganter* § 3 Rn 5 u 20). Der Fall, dass ein Schuldner keine Tätigkeit iS von § 2 Abs 1 S 2 ausübt, jedoch mehrere Wohnsitze hat (§ 7 Abs 2 BGB) oder einen weiteren Gerichtsstand (§ 17 Abs 3 ZPO) hat, ist in der Praxis keineswegs selten (vgl auch HK-*Kirchhof* § 3 Rn 16). Der Antragsteller, gleichgültig ob Gläubiger oder Schuldner, hat bei mehreren Zuständigkeiten die **Wahl zwischen den Gerichtsständen** (§ 35 ZPO). Stellt der Schuldner Eigenantrag bei einem zuständigen Insolvenzgericht, wird für Gläubigeranträge eine sonstige Zuständigkeit ausgeschlossen. Nur wenn der erste Antrag entweder zurückgenommen oder rechtskräftig abgewiesen wird, ist ein weiterer Antragsteller berechtigt, bei einem anderen zuständigen Insolvenzgericht einen neuen Antrag zu stellen. Bestehen **mehrere Zuständigkeiten** und haben **mehrere Gerichte einen Insolvenzan-**

III. Örtliche Zuständigkeit § 3

trag gegen den gleichen Schuldner oder das Schuldnerunternehmen zugelassen, so bleiben die Entscheidungen des unzuständigen Gerichts wirksam, bis sie vom Erstgericht aufgehoben oder abgeändert werden (vgl FK-*Schmerbach* § 3 Rn 14; aA MüKoInsO-*Ganter* § 3 Rn 20). Vom unzuständigen Gericht getroffene Sicherungsmaßnahmen nach den §§ 21 ff kann das zuerst angegangene zuständige Gericht übernehmen. Wird das Insolvenzverfahren irrtümlich durch das – unzuständige – Zweitgericht eröffnet und wird der Eröffnungsbeschluss rechtskräftig, so entfällt die Zuständigkeit des zuerst angegangenen Gerichts und dieses ist zu Entscheidungen nicht mehr befugt (FK-*Schmerbach* § 3 Rn 15; ähnlich MüKoInsO-*Ganter* § 3 Rn 20). Die Rechtskraft des Eröffnungsbeschlusses heilt die mangelnde Zuständigkeit. Haben sowohl das unzuständige als auch das zuständige Gericht das Verfahren eröffnet, so greift § 36 Nr 5 ZPO ein, wonach das zuständige Gericht durch das OLG bestimmt wird (MüKoInsO-*Ganter* § 3 Rn 20). Handelt es sich um Insolvenzgerichte in verschiedenen OLG-Bezirken, entscheidet das OLG, in dessen Bezirk das zuerst mit der Sache befasste Gericht gehört, § 36 II ZPO.

5. Kompetenzkonflikte. Haben sich mehrere Insolvenzgerichte für örtlich zuständig erklärt oder mehrere, von denen eines zuständig ist, für unzuständig erklärt, so liegt der Fall des § 36 Nr 1–3, 5 und 6 ZPO vor. Das Verfahren nach § 36 ZPO wird nicht nur durch einen Antrag des Schuldners oder antragstellenden Gläubigers ausgelöst, sondern auch durch **Vorlage eines Insolvenzgerichts**, das am Zuständigkeitsstreit beteiligt ist. Hat sich ein Insolvenzgericht durch Beschluss für örtlich unzuständig erklärt und auf Antrag des Antragstellers das Verfahren an ein anderes – angeblich zuständiges – Insolvenzgericht verwiesen, so kann das zuständige OLG auf Vorlage des Gerichts, an das verwiesen worden ist, ein Insolvenzgericht als zuständiges Gericht bestimmen (**OLG München** Rpfleger 1987, 78; **OLG Köln** ZIP 2000, 672; HK-*Kirchhof* § 3 Rn 21; *K/U* § 71 KO Rn 5 a; *K/P/Prütting* § 3 Rn 9; MüKoInsO-*Ganter* § 3 Rn 33). Der Beschluss ist nach § 37 Abs 2 ZPO iVm § 4 InsO unanfechtbar und hat bindende Wirkung (RGZ 86, 404; *K/U* § 71 KO Rn 5 a; *K/P/Prütting* § 3 Rn 9). Kommt im Einzelfall dem Verweisungsbeschluss ausnahmsweise **keine Bindungswirkung** zu, wie zB bei **willkürlicher oder missbräuchlicher Verweisung** oder bei Verweisung unter Verletzung des rechtlichen Gehörs, so schließt dies eine entsprechende Anwendung des § 36 Nr 6 ZPO nicht aus (vgl BayObLG NZI 2001, 372, 373). Das Insolvenzgericht ist deshalb auch dann zur Vorlage zwecks Bestimmung des zuständigen Gerichts berechtigt, wenn der Verweisungsantrag nach seiner Meinung offenbar gesetzwidrig oder offensichtlich unrichtig ist (**OLG Naumburg** ZIP 2001, 753; **KG** NZI 2001, 156). Ist im Insolvenzeröffnungsverfahren der Eröffnungsantrag dem Schuldner (Antragsgegner) zugestellt worden, so ist ein Verweisungsbeschluss, den das angegangene Insolvenzgericht auf Antrag des Gläubigers erlässt, erst dann „rechtskräftig" iSv § 36 Abs 1 Nr 6 ZPO, wenn er auch dem Schuldner (Antragsgegner) mitgeteilt worden ist (BayObLG NJW 1999, 367). Voraussetzung einer Entscheidung nach § 4 InsO iVm § 36 Abs 1 Nr 6 ZPO ist, dass sich die beteiligten Gerichte mit „rechtskräftigen" Entscheidungen für unzuständig erklärt haben. Gibt ein Insolvenzgericht unter Ablehnung der Übernahme die Akten mittels Verfügung an das verweisende Insolvenzgericht zurück, so kommt der Rückgabeverfügung keine Außenwirkung zu und liegt insoweit keine „rechtskräftige" Entscheidung vor (**BGH** NJW-RR 1992, 1154; **BayObLGZ** 1991, 280, 281; BayObLG ZIP 1999, 1714). Das Insolvenzgericht, an das verwiesen worden ist, kann die Akten unter Hinweis auf die fehlende Bindungswirkung dem verweisenden Gericht zurückschicken mit dem Bemerken, dass die Übernahme abgelehnt wird, weil die Bindungswirkung des § 281 ZPO nicht eingetreten sei. Das verweisende Gericht kann die Sache entweder zurücknehmen oder dem nächst höheren Gericht zur Bestimmung der Zuständigkeit vorlegen (FK-*Schmerbach* § 3 Rn 30). Instruktiv auch **BGH** ZIP 1996, 847; ferner *Uhlenbruck* WuB § 71 KO 1.96; FK-*Schmerbach* § 3 Rn 34–38.

6. Besondere Zuständigkeit für Klagen auf Feststellung zur Tabelle (§ 180). Auch die InsO hat im eröffneten Verfahren weitgehend von der **„vis attractiva concursus"** Abstand genommen. Streitigkeiten über die Massezugehörigkeit von Gegenständen und über materiell-rechtliche Fragen hat der Gesetzgeber weitgehend aus dem Verfahren herausgehalten und den jeweils zuständigen Gerichten zugewiesen. Rechtsstreitigkeiten sollten grundsätzlich im Rahmen der allgemeinen prozessualen Rechtswegzuständigkeit und der sachlichen Zuständigkeit der Zivil-, Finanz-, Arbeits-, Sozial- und Verwaltungsgerichte ausgetragen werden (vgl *Smid* § 2 Rn 2; *Baur/Stürner* II Rn 3.30 u. Rn 5.47). Dem Gedanken der insolvenzrechtlichen Allzuständigkeit liegt die – letztlich falsche – Vorstellung zugrunde, dass die Konzentrierung aller Rechtsfragen beim Insolvenzgericht zu einer Verfahrensbeschleunigung führe. Der Gesetzgeber war gut beraten, zB in § 180 Abs 1 vorzusehen, dass auch die **Klagen auf Feststellung zur Tabelle** im ordentlichen Verfahren zu erheben sind. Das ordentliche Verfahren ist das Prozessverfahren, so dass auch die besonderen Verfahrensarten, wie zB Urkunden-, Wechsel- und Scheckprozesse, keineswegs ausgeschlossen sind.

7. Insolvenzgerichtsstand von Personen ohne Wohnsitz. Nach §§ 4 InsO, 16 ZPO wird der allgemeine und damit der Insolvenzgerichtsstand eines Schuldners, der ohne festen Wohnsitz ist, durch den **Aufenthaltsort im Inland** bestimmt. Es genügt nicht, dass dem antragstellenden Gläubiger der Wohnsitz unbekannt ist. Vielmehr muss gänzliche Wohnsitzlosigkeit des Antragsgegners vorliegen. Das bedeutet, dass der Schuldner auch keinen Wohnsitz im Ausland haben darf (HK-*Kirchhof* § 3 Rn 15). **Aufenthaltsort** ist der Ort, an dem sich der Schuldner – wenn auch nur vorübergehend – aufhält. Ein unfreiwilliger Aufenthalt, wie zB in einer JVA (BayObLG VersR 1985, 742), genügt ebenso wie ein mehrmonatiger Klinikaufenthalt (**BGH MDR** 1987, 829; *Zöller/Vollkommer* § 16 ZPO Rn 7). Ein ausländischer Wohnsitz schließt die Anwendung von § 16 ZPO aus. Wohnt der Schuldner (Antragsgegner) im Ausland, ist dort der Insolvenzantrag zu stellen. Ist der Aufenthaltsort des Schuldners nicht bekannt, so wird die Zuständigkeit des Insolvenzgerichts durch den **letzten Wohnsitz** bestimmt (§ 16 ZPO). Wird nachträglich der Aufenthalt des Schuldners bekannt, führt dies nicht zur Unzuständigkeit des Insolvenzgerichts, bei dem das Verfahren als Gerichtsstand des letzten Wohnsitzes anhängig geworden ist.

10   **8. Zuständigkeit für Gesellschafter-Insolvenzverfahren.** Örtlich zuständig für das Insolvenzverfahren über das Vermögen von Gesellschaftern einer Gesellschaft ohne Rechtspersönlichkeit (OHG, KG, BGBG, Partenreederei, Europäische Wirtschaftliche Interessenvereinigung, § 11 Abs 2 Nr 2) ist grundsätzlich das **Insolvenzgericht am Wohnsitz des Gesellschafters** (§§ 4 InsO, 13 ZPO) Eine andere Frage ist die, ob der persönlich haftende Gesellschafter einer OHG den Insolvenzgerichtsstand der Gesellschaft teilt, wenn der Gesellschaftssitz der Mittelpunkt des wirtschaftlichen Daseins des Gesellschafters bildet (so **KG** ZIP 2000, 1170, 1172; **KG** NZI 2001, 156 = ZInsO 2001, 669, 670; HK-*Kirchhof* § 3 Rn 13; FK-*Schmerbach* § 3 Rn 7). Kann im Einzelfall festgestellt werden, dass der Gesellschafter einer OHG, einer BGB-Gesellschaft oder einer GmbH den **Mittelpunkt seines wirtschaftlichen Daseins** am Gerichtsstand der Gesellschaft hat, so ist es unbedenklich, hier auch seinen Insolvenzgerichtsstand zu bejahen. Eine Verweisung an das Insolvenzgericht seines Wohnsitzes (§ 281 ZPO) kommt insoweit nicht in Betracht. Etwas anderes gilt, wenn der persönlich haftende Gesellschafter einer OHG oder BGB-Gesellschaft seine geschäftliche Tätigkeit über Gesellschaften an mehreren Orten ausübt. Hier ist immer das **Insolvenzgericht am Wohnsitz des Gesellschafters** zuständig. Die Tatsache, dass § 93 die Haftung des persönlich haftenden Gesellschafters in das Gesellschaftsinsolvenzverfahren einbezieht, rechtfertigt es nicht, generell die Zuständigkeit des Gesellschafts-Insolvenzgerichtsstandes auch für den persönlichen Gesellschafter zu bejahen. Keinesfalls kann der Mittelpunkt der wirtschaftlichen Tätigkeit eines persönlich haftenden Gesellschafters am Insolvenzgerichtsstand der Gesellschaft mit der Begründung bejaht werden, er sei Geschäftsführer der Gesellschaft (*K/U* § 71 KO Rn 3 a; str aA *Bork* Einführung Rn 44; FK-*Schmerbach* § 3 Rn 8). In diesem Fall fehlt es an der notwendigen Selbständigkeit. Schwieriger ist schon die Feststellung des allgemeinen Gerichtsstandes bei der nach § 11 Abs 2 Nr 1 insolvenzfähigen **Gesellschaft bürgerlichen Rechts**. Obgleich es an einer passiven Parteifähigkeit fehlt, findet die Vorschrift des § 17 Abs 1 ZPO entsprechende Anwendung (HK-*Kirchhof* § 3 Rn 16; *N/R/Becker* § 3 Rn 18; vgl aber auch **KG** ZIP 2000, 1170 ff). Die **Partnerschaftsgesellschaft** ist nach § 124 Abs 1 BGB iVm § 7 Abs 2 PartGG passiv parteifähig, sodass es einer Analogie zu § 17 ZPO nicht bedarf (*N/R/Becker* § 3 Rn 19).

11   **9. Zuständigkeiten bei Liquidation und Beendigung der Geschäftstätigkeit.** Schwierigkeiten machen in der Praxis immer wieder die Fälle, in denen die schuldnerische Gesellschaft den Geschäftsbetrieb eingestellt hat, im Handelsregister wegen Vermögenslosigkeit gelöscht worden ist oder wenn der oder die letzten Geschäftsführer von ihrem Wohnort aus die Liquidation der Gesellschaft durchführen. Vorausgesetzt, dass nach der „*Lehre vom Doppeltatbestand*" die Insolvenzfähigkeit der Gesellschaft noch gegeben ist, bestimmt sich die örtliche Zuständigkeit nach dem **letzten satzungsmäßigen (eingetragenen) Sitz** der Gesellschaft (**OLG Köln** ZIP 2000, 672; **OLG Braunschweig** ZIP 2000, 1118 = NZI 2000, 266, 267; **BayObLG** ZIP 1999, 1714; **BayObLG** ZInsO 2001, 669; **OLG Hamm** NZI 2000, 220, 221; MüKoInsO-*Ganter* § 3 Rn 8; *Jaeger/Weber* § 71 KO Rn 4; *K/U* § 71 KO Rn 3 d). Insoweit greift über § 4 die Vorschrift des § 17 Abs 1 ZPO ein (BayObLG ZIP 1999, 1714; HK-*Kirchhof* § 3 Rn 16). Der **frühere Sitz** einer juristischen Person, eines rechtsfähigen Vereins oder einer insolvenzfähigen Personenvereinigung (§ 11 Abs 2 Nr 1) ist selbst dann maßgeblich, wenn die Gesellschaft im Handelsregister gelöscht worden ist (**OLG Koblenz** Rpfleger 1989, 251; HK-*Kirchhof* § 3 Rn 16). Soweit eine **Vorgesellschaft** insolvenzfähig ist, bestimmt sich die örtliche Zuständigkeit des Insolvenzgerichts nach § 3 Abs 1 S 2 (HK-*Kirchhof* § 3 Rn 8). Ist das Geschäftslokal aufgegeben worden, so ist der **Ort der Abwicklungstätigkeit** maßgeblich. Dies kann im Einzelfall auch der Wohnort des Geschäftsführers sein (vgl **OLG Köln** ZIP 2000, 672; 673; **OLG Schleswig** NZI 1999, 436; **LG Hamburg** ZInsO 2000, 118). Die lediglich Aufbewahrung von Geschäftsunterlagen reicht allerdings nicht aus, um eine örtliche Zuständigkeit zu begründen (**OLG Braunschweig** ZIP 2000, 1118; HK-*Kirchhof* § 3 Rn 8; *Kilger/K. Schmidt* § 71 KO Rn 3; FK-*Schmerbach* § 3 Rn 9 b). § 3 Abs 1 S 2 stellt auf **wirtschaftliche Tätigkeit** ab, so dass die Lagerung von Geschäftsunterlagen einer juristischen Person für sich allein noch keine örtliche Zuständigkeit begründet. Etwas anderes gilt nur, wenn die Gesellschaft ihren Betrieb am eingetragenen Sitz eingestellt, ihre Geschäftsräume aufgegeben und der Geschäftsführer unter Mitnahme der Geschäftsbücher und Unterlagen an seinem Wohnsitz die Abwicklung der Gesellschaft weiter betreibt. Die Einlagerung von Geschäftsunterlagen allein begründet keine örtliche Zuständigkeit für ein Insolvenzverfahren (**OLG Braunschweig** ZIP 2000, 1118). Im Übrigen wird die Sitzverlegung gem § 54 Abs 2 GmbHG erst mit Eintragung in das Handelsregister wirksam (**OLG Köln** ZIP 2000, 155, 156 = NZI 2000, 75; BayObLG ZIP 1999, 1714 = NZI 1999, 457; **OLG Hamm** ZInsO 1999, 533, 534). Nach **OLG**

III. Örtliche Zuständigkeit § 3

Köln (ZIP 2000, 672) ist jedoch ein Verweisungsbeschluss, durch den das Insolvenzgericht des eingetragenen Sitzes einer GmbH das Insolvenzeröffnungsverfahren an das Gericht für einen von dem Eröffnungsantrag zwecks Vorbereitung und Durchführung des Insolvenzverfahrens begründeten Verwaltungssitz der Gesellschaft verweist, bindend, wenn er nicht auf Willkür beruht (vgl auch *v Gerkan* EWiR § 3 InsO 1/2000, 535, 536). Für den Gerichtsstand des § 3 Abs 1 S 2 ist kein Raum mehr, wenn der Schuldner seinen Geschäftsbetrieb vor einem Antrag auf Eröffnung des Insolvenzverfahrens eingestellt hat (BayObLG ZIP 1999, 1714; unklar **OLG** Schleswig NJW-RR 2000, 349). Mit **Beendigung der wirtschaftlichen Betätigung** ist für einen Insolvenzantrag nur noch das Gericht am Ort des allgemeinen Gerichtsstands, bei juristischen Personen ist dies der Sitz, örtlich zuständig. Etwas anderes gilt nur, wenn die **Liquidation des Unternehmens** an einem anderen Ort durchgeführt wird.

10. Zuständigkeitserschleichung. In der Praxis häufen sich in den letzten Jahren die Fälle, in denen zum Zweck der sog. Firmenbestattung die Zuständigkeit eines Insolvenzgerichts erschlichen werden soll. Hierbei handelt es sich nicht um Ausnahmefälle, sondern um alltägliche Probleme, wie sich aus den zahlreichen Entscheidungen der Oberlandesgerichte ergibt, die zur Zuständigkeitserschleichung ergangen sind (vgl *Pape* ZInsO 2006, 877; *Schmittmann/Gregor* Insbüro 2006, 410). In der Regel werden die Geschäftsanteile einer insolvenzreifen GmbH unter Einschaltung eines professionellen Firmenbestatters (Wirtschaftsberatungsgesellschaft) auf einen Strohmann übertragen, der – nachdem der frühere Geschäftsführer entlastet und abberufen wurde – nunmehr zum Geschäftsführer bestellt wird. Üblicherweise wird auch der Sitz der GmbH an einen möglichst weit entfernten Ort vom bisherigen Sitz verlegt. Die Geschäftsunterlagen sind regelmäßig nicht mehr auffindbar (HambKomm-*Rüther* § 3 Rn 35, 36). Ziel dieser Aktionen ist es, das Insolvenzverfahren möglichst weit weg vom ursprünglichen Sitz bzw vom letzten Mittelpunkt der selbständigen wirtschaftlichen Tätigkeit der GmbH zu führen. Den Gläubigern soll so ihre Beteiligung erschwert werden. Auskünfte durch den neuen, unbedarften Geschäftsführer sind nicht zu erlangen, dem ursprünglichen Geschäftsführer soll die Möglichkeit eröffnet werden, sich von der Haftung zu befreien (**OLG** Celle NZI 2004, 260 = ZInsO 2004, 91). Auch die mit der Verweisung des Verfahrens an das vermeintlich zuständige Insolvenzgericht am Wohnsitz des neu bestellten Geschäftsführers verbundene zeitliche Verzögerung dient den Interessen der Firmenbestatter. Die Insolvenzgerichte, an die die Verfahren verlagert werden sollen, können sich nur vor der Zuständigkeitserschleichung schützen, indem sie diese Verfahren nicht übernehmen, sondern auf Durchführung des Verfahrens vor dem Insolvenzgericht dringen, an dem der ursprüngliche Sitz der Gesellschaft war. Diese Verfahrensweise hat in der Vergangenheit zu zahlreichen Zuständigkeitsbestimmungen durch **OLG** geführt. Die Mehrzahl der **OLG** hat bei erkennbaren Ansätzen der gewerbsmäßigen Firmenbestattung regelmäßig das Insolvenzgericht für zuständig erklärt, an dem die Gesellschaft ursprünglich ihren Sitz hatte und von dessen Ort der kurz zuvor ausgeschiedene Geschäftsführer das Verfahren fernhalten wollte (BayObLG NZI 2003, 98 = ZIP 2003, 676; BayObLG NZI 2004, 147 = ZInsO 2003, 1045; **OLG** Celle ZIP 2006, 921; **OLG** Celle NZI 2004, 260 und NZI 2004, 258; **OLG** Schleswig NZI 2004, 264 = ZIP 2004, 1476; **OLG** Stuttgart ZInsO 2004, 750). Diese **OLG** sehen einen Verweisungsbeschluss als nicht bindend an, wenn das verweisende Insolvenzgericht keine Nachforschungen zu der Frage anstellt, wo der Schuldner tatsächlich den Mittelpunkt seiner wirtschaftlichen Tätigkeit hat. Bevor die Verweisung erfolgt, muss die örtliche Zuständigkeit von Amts wegen geklärt werden, ansonsten tritt keine Bindung ein, aA **OLG** Karlsruhe (ZInsO 2004, 511 und NZI 2005, 505 = ZIP 2005, 1475). Durch Beschluss vom 13. 12. 2005 (ZInsO 2006, 146 = NZI 2006, 164) hat der **BGH** nunmehr klargestellt, dass das Gericht am ursprünglichen Sitz des Schuldners verpflichtet ist, die Zuständigkeitsfrage umfassend zu klären und keine Verweisung vornehmen darf, bevor nicht abschließend festgestellt ist, ob Anzeichen für eine rechtsmissbräuchliche Zuständigkeitserschleichung bestehen. Die Auffassung des **BGH** aus der Entscheidung vom 20. 3. 1996 (BGHZ 132, 195 = ZIP 1996, 847), dass eine missbräuchliche Inanspruchnahme der Zuständigkeit nicht schon allein daraus gefolgert werden könne, dass eine größere Anzahl von Firmen übernommen worden ist, deren Sitz in den Bereich der GesO verlegt wird, wenn erst mehr als 3 Wochen nach Sitzverlegung der Antrag auf Eröffnung des Gesamtvollstreckungsverfahrens gestellt wird, dürfte damit überholt sein.

11. Keine Konzernzuständigkeit. Da auch nach der InsO ein konzernrechtlicher Unternehmensverbund nicht insolvenzfähig ist, richtet sich die örtliche Zuständigkeit im Rahmen einer Konzerninsolvenz immer nach der Insolvenzfähigkeit der einzelnen Konzerngesellschaften und nach dem effektiven Verwaltungssitz. Handelt es sich bei den Konzernunternehmen um mehrere **rechtlich unselbständige Betriebsstätten oder Zweigniederlassungen**, so bestimmt sich die Zuständigkeit nach dem Sitz der Hauptverwaltung der Muttergesellschaft (LG Dessau EWiR § 71 KO 1/98, 557 *[Schmahl]*; K/P/*Prütting* § 3 Rn 2; FK-*Schmerbach* § 3 Rn 6; *Hess* § 3 Rn 29). Grundsätzlich hat jede insolvenzfähige Person oder Personenvereinigung (§ 11) ihren eigenen Insolvenzgerichtsstand (BGH ZIP 1998, 477, 478; HK-*Kirchhof* § 3 Rn 12). Obgleich der Konzern als Unternehmensverbund nicht insolvenzfähig ist, wird ein **einheitlicher Konzerninsolvenzgerichtsstand** in Fällen zentraler Lenkung der Tochterunternehmen durch die Muttergesellschaft bejaht (LG Dessau ZIP 1998, 1006, 1007; K/P/*Prütting* § 3 Rn 7; FK-*Schmerbach* § 3 Rn 6; MüKoInsO-*Ganter* § 3 Rn 11, 14; *Ehricke* ZInsO 2002, 393, 396 ff; s auch **OLG** Brandenburg NZI 2002, 438, 439). Nach **aA** hat bei Insolvenzfähigkeit der einzelnen Konzerngesellschaften

12

13

das Gericht keine Möglichkeit, mehrere konzernmäßig verbundene Unternehmen in ein einheitlichen Insolvenzverfahren einzubinden (*Uhlenbruck* KTS 1986, 419, 424; ders NZI 1999, 41, 43; *Ehricke* DZWIR 1999, 353; *Braun/Uhlenbruck*, Unternehmensinsolvenz S 510; *K/P/Noack* InsO Gesellschaftsrecht Rn 715). Dies schließt aber nicht aus, dass konzernmäßig verbundene Gesellschaften im Rahmen eines **konsolidierten Insolvenzplanverfahrens** gemeinsam und abgestimmt liquidiert oder saniert werden (*Uhlenbruck* NZI 1999, 41, 43 f).

IV. Verweisung und sonstige Verfahrensfragen

14 1. **Amtswegige Zuständigkeitsprüfung.** Das angegangene Insolvenzgericht hat seine Zuständigkeit von Amts wegen zu prüfen (*K/U* § 71 KO Rn 8; *K/P/Prütting*, § 3 Rn 13). Schon der Insolvenzantrag, gleichgültig ob Fremd- oder Eigenantrag, muss die **ladungsfähige Anschrift** des Antragsgegners enthalten, damit das Gericht die Zuständigkeit zu prüfen vermag. Die Angabe eines Postfachs oder des ehemaligen Firmensitzes genügt nicht. Anzugeben ist bei juristischen Personen nicht nur die ladungsfähige Anschrift des Schuldnerunternehmens, sondern zugleich auch die Namen des oder der Geschäftsführer bzw. Vorstandsmitglieder. Besitzt das Schuldnerunternehmen eine oder mehrere Zweigniederlassungen, ist anzugeben, ob der Antrag bei der **Hauptniederlassung** als Mittelpunkt der wirtschaftlichen Tätigkeit gestellt wird. Glaubhaftmachung nach § 14 Abs 1 genügt nicht. Das Verfahren kann nach § 13 Abs 1 S 1 nur auf Antrag eröffnet werden. Voraussetzung ist aber immer ein **ordnungsgemäß gestellter Antrag**. Sind die Angaben im Antrag unvollständig oder zweifelhaft, hat der Antragsteller diese nachzuweisen (*Uhlenbruck* Die anwaltliche Beratung, S 78; *K/U* § 71 KO Rn 8). Die Amtsermittlungen des Gerichts hinsichtlich der Zuständigkeit (§ 5 Abs 1 S 1) setzen erst ein, wenn der ordnungsgemäß gestellte Antrag nach § 14 Abs 1 zugelassen worden ist (*K/P/Prütting* § 3 Rn 13; *Skrotzki* KTS 1960, 71). Die Amtsermittlungspflichten des Gerichts nach § 5 Abs 1 S 1 setzen auch dann ein, wenn das Insolvenzgericht irrtümlich den Insolvenzantrag zugelassen hat. Befindet sich die schuldnerische Gesellschaft in Liquidation, so ist der Insolvenzantrag gegen die Liquidationsgesellschaft zu stellen und Name sowie Anschrift des Liquidators anzugeben. Liegen die Voraussetzungen für eine **öffentliche Zustellung** oder des § 16 ZPO vor, hat der Antragsteller die Voraussetzungen nachzuweisen. Zum **Nachweis der Wohnsitzlosigkeit** genügt es, dass ein Wohnsitz des Schuldners trotz ernstlich angestellter Ermittlungen nicht bekannt ist (vgl **BGH** NJW-RR 1992, 578).

15 2. **Hinweispflichten des Gerichts.** Kommt das angegangene Insolvenzgericht zu dem Ergebnis, dass es unzuständig ist, hat es dem Antragsteller entspr. § 139 ZPO Gelegenheit zu geben, den **Antrag auf Verweisung an das zuständige Insolvenzgericht** zu stellen (MüKoInsO-*Ganter* § 3 Rn 27). Es gehört zu den Hinweispflichten des Gerichts, den Antragsteller darauf hinzuweisen, dass für den Fall, dass der Verweisungsantrag nicht gestellt wird, Abweisung als unzulässig erfolgt (vgl auch **KG** NZI 1999, 499). Im Verweisungsantrag muss der Antragsteller das Gericht, an das verwiesen werden soll, genau bezeichnen (**AG** Göttingen ZInsO 2001, 137; HK-*Kirchhof* § 3 Rn 23). Kommt der Antragsteller dem Hinweis nicht nach und stellt er keinen Verweisungsantrag, so weist das Gericht den Insolvenzantrag als unzulässig zurück. Hiergegen steht dem Antragsteller die sofortige Beschwerde offen (§ 34 Abs 1 InsO, § 577 Abs 2 S 1 ZPO). Siehe auch unten zu Rn 18.

16 3. **Verweisung an das zuständige Insolvenzgericht.** Wird der Verweisungsantrag gestellt, hat das angegangene Gericht seine eigene Unzuständigkeit durch Beschluss auszusprechen und den Eröffnungsantrag an das zuständige Gericht gem § 281 Abs 1 ZPO zu verweisen (RGZ 131, 200; **OLG** München NJW-RR 1987, 382; HK-*Kirchhof* § 3 Rn 23; MüKoInsO-*Ganter* § 3 Rn 28; FK-*Schmerbach* § 3 Rn 25; *Hess* § 3 Rn 67). Die Verweisung ist für das im Verweisungsbeschluss bezeichnete Gericht **bindend** (§§ 4 InsO, 281, 495 ZPO entspr.; vgl **OLG** Köln NZI 2000, 232 = ZIP 2000, 672; **OLG** München, KTS 1987, 128, 129; **OLG** Schleswig NZI 1999, 416; *K/P/Prütting* § 3 Rn 15; *Jaeger/Weber* § 71 KO Rn 12; *K/U* § 71 KO Rn 7a; einschränkend BayObLG NJW 1999, 367; **OLG** Hamm NZI 2000, 220, 221). Nach **OLG** Hamm (NZI 220, 221) tritt die Bindungswirkung nach § 281 Abs 2 S 5 ZPO nicht ein, wenn die Verweisung jeder Rechtsgrundlage entbehrt oder auf der Verletzung rechtlichen Gehörs beruht (**BGH** ZIP 1992, 65). Die Bindungswirkung wird nicht etwa durch heilbare Mängel des Antrags gehindert (*K/U* § 71 KO Rn 7a; HK-*Kirchhof* § 3 Rn 23). Wird der Schuldner (Antragsgegner) bei einem Gläubigerantrag vor Erlass eines Verweisungsbeschlusses **nicht gehört**, so entfällt die Bindungswirkung nicht ohne weiteres (**BGH** NJW 1996, 3013; **OLG** Dresden ZIP 1998, 1595; str aA **OLG** Hamm NZI 2000, 220, 221). Der Verweisungsbeschluss ist **unanfechtbar** (§ 281 Abs 2 S 3 ZPO). Deshalb genügt eine formlose Mitteilung des Beschlusses gem §§ 4 InsO, 329 Abs 2 S 1 ZPO (FK-*Schmerbach* § 3 Rn 27). Das nunmehr zuständige Insolvenzgericht ist nicht berechtigt, die Sache mit bindender Wirkung zurückzuverweisen. Die bindende Verweisung begründet die örtliche Zuständigkeit des Gerichts, an das verwiesen wird. Siehe zur formlosen Rückgabe unten Ziff 4. Die **Bindungswirkung tritt nicht ein**, wenn der Verweisung jegliche rechtliche Grundlage fehlt, sie also auf Willkür beruht (**BGH** NJW 1993, 1273; **BGH** NJW-RR 1992, 383; **BGH** NJW 1984, 740; **OLG** Naumburg ZInsO 2001, 471; *Zöller/Greger* § 281 ZPO Rn 17 f; *Thomas/Putzo* § 281 ZPO Rn 14; FK-*Schmerbach* § 3

IV. Verweisung und sonstige Verfahrensfragen § 3

Rn 28; *K/U* § 71 KO Rn 7 a). Willkürlich und damit nicht nach §§ 495, 281 2 S 4 ZPO bindend ist ein Verweisungsbeschluss, der gegenüber einer veröffentlichten, einhelligen obergerichtlichen Rechtsprechung auch nicht ansatzweise eine vertretbar erscheinende Gegenmeinung erkennen lässt (BayObLG ZInsO 2001, 669). Ein Verweisungsbeschluss entfaltet im Insolvenzverfahren darüber hinaus keine Bindungswirkung, wenn er **objektiv willkürlich ist (KG** ZInsO 2001, 669, 670). Gleiches gilt bei **schweren Verfahrensverstößen** (*Zöller/Greger* § 281 ZPO Rn 17). Ein schwerer Verfahrensverstoß ist gegeben, wenn das Insolvenzgericht das Verfahren an das Wohnsitzgericht des Geschäftsführers einer nicht mehr werbend tätigen GmbH verweist, ohne zu berücksichtigen, dass solchenfalls der satzungsmäßige Sitz die Zuständigkeit begründet (*Jaeger/Weber* § 71 KO Rn 4). Ist im Insolvenzeröffnungsverfahren der Gläubigerantrag dem Schuldner (Antragsgegner) zugestellt worden, so ist ein Verweisungsbeschluss, den das angegangene Insolvenzgericht auf Antrag des Gläubigers erlässt, erst dann „rechtskräftig" iSv § 36 Abs 1 Nr 6 ZPO, wenn er auch dem Schuldner (Antragsgegner) mitgeteilt worden ist (BayObLG KTS 1999, 126 zu § 71 KO). Ist der Antrag auf Eröffnung des Insolvenzverfahrens dem Schuldner (Antragsgegner) zugestellt worden, so ist das bis dahin einseitige Zulassungsverfahren in ein zweiseitiges quasi-streitiges Parteiverfahren übergegangen, an dem auch der Antragsgegner nunmehr beteiligt ist (BayObLG KTS 1999, 126, 127; *K/U* § 105 KO Rn 9). Ein Verweisungsbeschluss, der nach Antragszulassung ergeht, ist dem Schuldner (Antragsgegner) mitzuteilen. Eine formlose Mitteilung genügt. Unterbleibt die Mitteilung, so entfaltet ein Verweisungsbeschluss des Insolvenzgerichts keine Bindungswirkung nach § 281 Abs 2 S 5 ZPO iVm § 4 InsO.

4. Die Zulässigkeit formloser Ab- und Rückgabe. Neben der Verweisung kommt in der Praxis häufig 17 eine formlose Abgabe der Sache an das zuständige Amtsgericht in Betracht. Die formlose Abgabe entfaltet keinerlei Bindungswirkung (für das Verbraucherinsolvenzverfahren **LG** Rostock ZInsO 2001, 914; FK-*Schmerbach* § 3 Rn 31). Hält das Insolvenzgericht, an das verwiesen worden ist, die Verweisung für unwirksam, so hat es die Möglichkeit, die Akten unter Hinweis auf die fehlende Bindung dem verweisenden Insolvenzgericht zurückzuschicken mit dem Bemerken, dass die Übernahme abgelehnt wird (für das Verbraucherinsolvenzverfahren **LG** Rostock ZInsO 2001, 914; FK-*Schmerbach* § 3 Rn 30). Nunmehr hat das verweisende Gericht zwei Möglichkeiten: Es kann die Sache wieder übernehmen oder sie dem nächst höheren Gericht gem § 36 Abs 1 Nr 6 ZPO zur Entscheidung vorlegen (**OLG** München NJW-RR 1987, 382). Nach anderer Auffassung ist eine Vorlage an das höhere Gericht bei „formloser" Ablehnung der Übernahme ausgeschlossen (BayObLG NZI 1999, 457; **OLG** Köln NZI 2000, 75; MüKoInsO-*Ganter* § 3 Rn 34).

5. Zurückweisung wegen Unzuständigkeit. Hält sich das angegangene Insolvenzgericht für örtlich 18 unzuständig und stellt der Antragsteller trotz entsprechenden Hinweises (§ 139 ZPO) keinen Verweisungsantrag, so ist der Insolvenzantrag **als unzulässig zurückzuweisen** (*K/U* § 71 KO Rn 7a; HK-*Kirchhof* § 3 Rn 23; *Kilger/K. Schmidt* § 71 KO Anm 5). Verweisung kann allerdings noch in der 2. Instanz beantragt werden (LG Hamburg ZZP 49 (1925), 279 m Anm *Jaeger;* HK-*Kirchhof* § 3 Rn 23). Die Kosten des Verfahrens hat der Antragsteller zu tragen. Gegen die Zurückweisung des Insolvenzantrags wegen Unzuständigkeit steht dem **Antragsteller das Rechtsmittel der sofortigen Beschwerde** zu (§§ 6 Abs 1, 34 Abs 1). Das Gericht kann der Beschwerde abhelfen (§ 6 Abs 2 S 2). Kommt es dagegen zu einer Verfahrenseröffnung, hält aber der Schuldner (Antragsgegner) das Insolvenzgericht für unzuständig, so steht ihm zwar gem § 34 Abs 2 die sofortige Beschwerde gegen den Eröffnungsbeschluss zu; analog § 512 a ZPO kann die sofortige Beschwerde aber nicht auf die örtliche Unzuständigkeit gestützt werden, wenn der Antragsgegner im Eröffnungsverfahren Gelegenheit hatte, zur Zuständigkeitsfrage Stellung zu nehmen (**OLG** Köln, ZIP 2000, 462, 465; **OLG** Köln NJW-RR 1990, 895; **LG** Frankfurt MDR 1990, 1022; HK-*Kirchhof* § 3 Rn 25; FK-*Schmerbach* § 3 Rn 33; *K/U* § 71 KO Rn 7 b). Im Übrigen heilt die Rechtskraft des Beschlusses alle Zuständigkeitsmängel, so dass das unzuständige Gericht für das weitere Verfahren zuständig ist (**BGH** ZIP 1998, 477, 478; FK-*Schmerbach* § 3 Rn 33; HK-*Kirchhof* § 3 Rn 25; *K/P/Prütting* § 3 Rn 16; *H/W/W* § 4 Rn 37). Wird der Eröffnungsbeschluss des unzuständigen Gerichts rechtskräftig, so kann die fehlerhafte Entscheidung auch von Amts wegen nicht mehr abgeändert werden (§ 577 Abs 3 ZPO; *K/U* § 71 KO Rn 7b; MüKoInso-*Ganter* § 3 Rn 32). Gegen die **Zulassung eines Gläubigerantrags** durch ein unzuständiges Insolvenzgericht ist ein Rechtsmittel nicht gegeben, da die Zulassung lediglich eine vorbereitende richterliche Handlung und keine beschwerdefähige Entscheidung ist. Die Unzuständigkeit des Insolvenzgerichts kann demgemäß vom Schuldner (Antragsgegner) erst nach Verfahrenseröffnung mit der sofortigen Beschwerde gegen den Eröffnungsbeschluss angegriffen werden (**LG** Göttingen ZIP 1997, 988).

6. Verfahrenseröffnung durch ein unzuständiges Gericht. Wird das Insolvenzverfahren durch ein unzu- 19 ständiges Gericht eröffnet, so ist der Schuldner berechtigt, gem § 34 Abs 2 sofortige Beschwerde gegen den Eröffnungsbeschluss einzulegen (*Kübler/Prütting/Prütting* § 3 Rn 14). Hatte allerdings der Beschwerdeführer im Rahmen des Eröffnungsverfahrens ausreichend Gelegenheit, die örtliche Zuständigkeit zu bemängeln und Stellung zu nehmen, so ist die Beschwerde analog § 512 a ZPO ausgeschlossen (**OLG** Köln NJW-RR 1990, 894; **LG** Frankfurt MDR 1990, 1022; *Kuhn/Uhlenbruck* § 71 KO Rn 7b; *Küb-*

ler/Prütting/Prütting § 3 Rn 14). Ist ein Insolvenzverfahren von einem örtlich unzuständigen Insolvenzgericht eröffnet worden und ist der Eröffnungsbeschluss rechtskräftig geworden, so entfaltet dieser volle Wirksamkeit (**BGH ZIP 1998, 477**; *Kübler/Prütting/Prütting* § 3 Rn 16; HK-*Kirchhof* § 3 Rn 25; *Hess* § 3 Rn 70). Gleiches gilt, wenn nach Verfahrenseröffnung Umstände bekannt werden, die die Zuständigkeit eines anderen Gerichts begründen. Die Rechtswirkungen des Eröffnungsbeschlusses treten mit dem Erlass des Eröffnungsbeschlusses ein. Rechtshandlungen des Verwalters bleiben auch wirksam, wenn der Beschluss später vom Beschwerdegericht aufgehoben wird. Im Übrigen heilt die rechtskräftige Verfahrenseröffnung sämtliche Zuständigkeitsmängel. Eine Abänderung der Entscheidung von Amts wegen ist unzulässig (§§ 4 InsO, 577 Abs 3 ZPO; *Kilger/Karsten Schmidt* § 71 KO Anm 5; FK-*Schmerbach* § 3 Rn 33; MüKoInsO-*Ganter* § 3 Rn 32). In einem späteren Zivilprozess kann sich eine Partei nicht darauf berufen, die Eröffnung des Insolvenzverfahrens sei durch ein örtlich unzuständiges Gericht erfolgt (**BGH ZIP 1998, 477, 478**).

V. Internationale Zuständigkeit

20   Die internationale Zuständigkeit inländischer Insolvenzgerichte ist in der InsO nicht geregelt. Für den Bereich der EU (mit Ausnahme von Dänemark) gilt die am 31.5.2002 in Kraft getretene Europäische Verordnung über Insolvenzverfahren (EUInsVO). Für Dänemark und die nicht der EU angehörenden Staaten bestimmt sich die internationale Zuständigkeit nach der örtlichen Zuständigkeit. Auf außereuropäische Kapitalgesellschaften mit Verwaltungssitz in Deutschland findet die EUInsVO keine Anwendung (MüKo/*Ganter* § 3 Rn 22). Außerhalb des Anwendungsbereichs der EUInsVO sind die deutschen Insolvenzgerichte zuständig, wenn der Schuldner hier seinen allgemeinen Gerichtsstand oder den Mittelpunkt einer selbständigen wirtschaftlichen Tätigkeit hat. Liegt hingegen der Mittelpunkt seiner wirtschaftlichen Betätigung im Ausland, sind die inländischen Insolvenzgerichte nicht zuständig (MüKo/*Ganter* § 3 Rn 24; **AG Münster DZWiR 2000, 123**). In einem solchen Fall kann aber über das im Inland gelegene Vermögen ein gegenständlich beschränktes Insolvenzverfahren eröffnet werden (Art 102 Abs 3 S 1 EGInsO). Zuständig ist das Insolvenzgericht, in dessen Bezirk das inländische Vermögen verwaltet wird (MüKo/*Ganter* § 3 Rn 24).

Im Anwendungsbereich der EUInsVO richtet sich die Zuständigkeit nach dem Mittelpunkt der hauptsächlichen Interessen des Schuldners (center of main interests – comi –), Art 3 EUInsVO. Bei natürlichen Personen kommt es auf den gewöhnlichen Aufenthalt des Schuldners an FK/*Wimmer* Anh I Rn 76; *Paulus* NZI 2001, 505). Das Gericht muss insoweit die tatsächlichen Verhältnisse feststellen (**LG Göttingen NZI 2008, 191**) vgl auch Rn 3.

§ 4 Anwendbarkeit der Zivilprozeßordnung

Für das Insolvenzverfahren gelten, soweit dieses Gesetz nichts anderes bestimmt, die Vorschriften der Zivilprozeßordnung entsprechend.

Übersicht

	Rn
I. Allgemeines	1
II. Abweichungen von den Vorschriften der ZPO	2
III. Anwendbare Vorschriften der ZPO	3
1. Vorschriften über den allg Gerichtsstand	3
2. Vorschriften über Parteifähigkeit, Prozessfähigkeit und Vertretung	4
3. Ablehnung und Ausschließung von Gerichtspersonen	5
a) Richterablehnung	5
b) Ablehnungsberechtigte	6
c) Entscheidung über das Ablehnungsgesuch	7
d) Rechtspflegerablehnung	8
e) Entscheidung über das Ablehnungsgesuch	9
f) Ablehnung eines Urkundsbeamten der Geschäftsstelle	10
g) Eilentscheidungen	11
h) Gesetzliche Ausschlussgründe	12
i) Kein Ablehnungsrecht einzelner Gläubiger	13
j) Ablehnung gerichtlich bestellter Sachverständiger	14
4. Verweisung	15
5. Kostenvorschriften	16
6. Gewährung von Insolvenzkostenhilfe (IKH)	17
a) Insolvenzkostenhilfe (IKH) für den Gläubigerantrag	18
b) Keine Insolvenzkostenhilfe für die Verfahrensteilnahme	19
c) Insolvenzkostenhilfe für den Eigenantrag des Schuldners	20
d) Stundung der Verfahrenskosten bei natürlichen Personen	21
e) Beratungshilfe	22
f) Keine Insolvenzkostenhilfe für juristische Personen und Gesellschaften ohne Rechtspersönlichkeit	23
g) Prozesskostenhilfe für den Insolvenzverwalter	24

	Rn
7. Das Recht auf Akteneinsicht und Auskunft	25
a) Allgemeines	25
b) Auskunfts- und Akteneinsichtsrecht im Insolvenzeröffnungsverfahren	26
aa) Akteneinsicht	26
bb) Auskünfte	27
c) Akteneinsichtsrecht bei Abweisung und Einstellung des Verfahrens mangels Masse	28
d) Akteneinsicht und Auskünfte im eröffneten Insolvenzverfahren	29
aa) Akteneinsicht	29
bb) Auskünfte	30
e) Akteneinsicht und Auskunft nach Verfahrensbeendigung	31
f) Akteneinsicht durch Dritten	32
g) Art und Umfang der Akteneinsicht	33
h) Akteneinsicht und rechtliches Gehör	34
i) Versendung von Insolvenzakten	35
k) Rechtsmittel gegen die Versagung der Akteneinsicht	36
8. Verbindung mehrerer Antragsverfahren	37
9. Anwendbarkeit sonstiger Vorschriften der ZPO	38
IV. Anwendbare Vorschriften der GVG	40
V. Die Anwendung allgemeiner Verfahrensgrundsätze	41
VI. Die unmittelbare Anwendung von § 240 ZPO	44
VII. Die entsprechende Anwendung von § 240 ZPO	45

I. Allgemeines

Nach den Vorstellungen des Gesetzgebers der InsO ist das Insolvenzrecht ein zentraler Bestandteil des Wirtschaftsprivatrechts (Allgem Begr RegE A 2., abgedr bei Balz/*Landfermann* S 8). Auch die InsO teilt das Insolvenzrecht auf in **materielles Insolvenzrecht** und **Insolvenzverfahrensrecht**. Das Insolvenzverfahrensrecht ist geregelt in den §§ 1–10. Als Insolvenzverfahrensrecht bezeichnet man die Summe aller Rechtssätze, mit deren Hilfe beim wirtschaftlichen Zusammenbruch eines Schuldners oder Schuldnerunternehmens Vermögensrechte der Gläubiger realisiert werden (vgl *Häsemeyer* 3.02). Gleichzeitig bezweckt das Insolvenzverfahren aber auch den **Schutz materieller Rechtsverhältnisse** (*Gaul* AcP 168, 27 ff; *Henckel* Prozeßrecht und materielles Recht [1970], S 41 ff; *Häsemeyer* 3.02). Die Zuordnung des Insolvenzverfahrens zur streitigen oder freiwilligen Gerichtsbarkeit ist bislang nicht geklärt (Einzelheiten bei *Heilmann/Smid* § 2 Rn 33 ff; *K. Schmidt* KTS 1988, 1; *Bötticher* ZZP 86 [1973], 373, 379). Letztlich weist das Insolvenzrecht eine Multifunktionalität auf, die neben den Aufsichts-, Beurkundungs- und Verwaltungsaufgaben des Gerichts vorwiegend Vollstreckungsrecht ist. Das Verfahren weist trotz seiner Vollstreckungsfunktion zugleich Elemente der streitigen und der freiwilligen Gerichtsbarkeit auf. Die dem Verbraucherinsolvenzverfahren vorgeschaltete außergerichtliche Schuldenregulierung hat ebenso Wirkungen eines außergerichtlichen Vergleichs iS von § 779 BGB wie der angenommene und festgestellte Schuldenbereinigungsplan (§§ 308 Abs 1 S 2 InsO, 794 Abs 1 Nr 1 ZPO). § 4 ordnet das Insolvenzverfahren seiner Funktion als Vollstreckungsverfahren entsprechend der **streitigen Gerichtsbarkeit** zu (vgl Jaeger/Gerhardt § 4 Rn 2; K/P/*Prütting* § 4 Rn 1; K/U § 72 KO Rn 1; FK-*Schmerbach* § 4 Rn 2; MüKoInsO-*Ganter* § 4 Rn 3). Obwohl das Insolvenzverfahren als Zivilverfahren zugleich auch Elemente der freiwilligen Gerichtsbarkeit enthält, wie sich vor allem im Verbraucherinsolvenzverfahren (§§ 394 ff) zeigt, bleibt das Verfahren seinem Wesen nach Vollstreckungsverfahren (vgl *Smid*, Grundzüge des neuen Insolvenzrechts Rn 40–42; *E. J. Habscheid* KTS 1999, 59, 61 f). Auch im Fall der Sanierung steht die **Haftungsverwirklichung** im Vordergrund. Vor allem ist das Insolvenzverfahren **kein Entschuldungsverfahren**. Selbst bei der Restschuldbefreiung steht die Haftungsverwirklichung zugunsten der Gläubiger des Schuldners im Vordergrund. § 4 verweist generell auf die Vorschriften der ZPO. Trotzdem zeigt sich, dass zB das **Insolvenzeröffnungsverfahren** und das **Restschuldbefreiungsverfahren** (§§ 286 ff) stärker der streitigen Gerichtsbarkeit angenähert sind als die Vorschriften über die Zwangsliquidation (*Gottwald/Uhlenbruck* InsRHdb § 13 Rn 1; *Smid* Rechtsprechung, 1990 § 5 I 1 S 314 ff). Auch die Zivilprozessordnung enthält Insolvenzverfahrensrecht, wie zB § 19 a ZPO, wonach der allgemeine Gerichtsstand eines Insolvenzverwalters für Klagen, die sich gegen die Insolvenzmasse richten (Passivprozesse), durch den Sitz des Insolvenzgerichts bestimmt wird; ebenso § 240 ZPO (zum EvGVU-Gerichtsstand für Gesellschafterklage s *Mankowski* NZI 1999, 56), das die **Unterbrechung von Prozessen** bei Verfahrenseröffnung und Bestellung eines vorläufigen Insolvenzverwalters mit Verwaltungs- und Verfügungsbefugnis vorsieht. Die InsO enthält in den §§ 85, 86, 180 Abs 2 wiederum **zivilprozessuale Verfahrensvorschriften** über die Wiederaufnahme unterbrochener Prozesse. Die §§ 89, 90 sehen Vollstreckungsverbote vor und in den §§ 113 Abs 2, 125–128 sind Vorschriften über das arbeitsgerichtliche Verfahren bei insolvenzbedingten Kündigungsschutzklagen enthalten. Anwendbar ist auch § 129 ZPO sowie die Vorschriften der §§ 136, 139–144 ZPO über die Prozessleitung (HK-*Kirchhof* § 4 Rn 11; ferner die §§ 145, 147 ZPO im Eröffnungsverfahren (OLG Köln ZInsO 2000, 393, 395 f; *Uhlenbruck* KTS 1987, 562 ff; HK-*Kirchhof* § 4 Rn 11). **Ungeeignete Vertreter** mit Ausnahme der Rechtsanwälte können gem § 4 InsO iVm § 157 ZPO nicht nur

§ 4 *Anwendbarkeit der Zivilprozeßordnung*

wegen fehlender persönlicher oder sachlicher Eignung vom Insolvenzgericht zurückgewiesen werden, sondern auch dann, wenn sie zur Sache nicht gehörige Ausführungen machen, vor allem aber ausfallend gegenüber dem Schuldner oder Insolvenzverwalter werden (*K/U* § 72 KO Rn 3 e). Das Gericht kann sowohl Verfahrensbeteiligten als auch Bevollmächtigten und Beiständen, soweit sie nicht Rechtsanwälte sind, den **weiteren Vortrag** in der Gläubigerversammlung untersagen, wenn ihnen die Fähigkeit zum geeigneten Vortrag mangelt (§ 157 Abs 2 ZPO). Entsprechende Anwendung finden über § 4 die Vorschriften der §§ 214, 216, 219 ZPO über **Ladung** und **Terminsbestimmung**; ferner die §§ 217, 221, 222, 224 Abs 2, 225, 230 und § 231 ZPO über **Fristen** (HK-*Kirchhof* § 4 Rn 11; *K/U* § 72 KO Rn 3 d). Soweit die InsO **Glaubhaftmachung** verlangt, ist § 294 ZPO entsprechend anwendbar (FK-*Schmerbach* § 4 Rn 17, § 14 Rn 50; *Vallender* MDR 1999, 280, 281). Die **Änderung des Prüfungstermins** ist nur aus erheblichen Gründen zulässig (§ 4 InsO iVm § 227 Abs 1 S 1 ZPO). Sie sollte aber wegen des Beschleunigungsgebots der §§ 272 Abs 3, 278 Abs 4 ZPO die Ausnahme bleiben (vgl auch AG Hohenschönhausen ZInsO 2000, 168 m Anm *Nowak*). Über § 4 sind auch **sonstige Terminsänderungen** entspr §§ 136, 227 ZPO zulässig (HK-*Kirchhof* § 4 Rn 11). Allerdings ist § 227 Abs 3 ZPO nicht entsprechend anwendbar (HK-*Kirchhof* § 4 Rn 11). Zur Anwendung der §§ 233–238 ZPO über **Wiedereinsetzung** in den vorigen Stand bei Versäumung von Notfristen vgl OLG Köln NZI 2000, 435; OLG Köln ZInsO 2000, 608, 610; *Becker* DZWIR 2000, 27 ff; HK-*Kirchhof* § 4 Rn 11). Vgl hierzu auch die Ausführungen unten zu III. 9.; ferner die Übersicht bei FK-*Schmerbach* § 4 Rn 14; *K/P/Prütting* § 4 Rn 5–26. Der **Grundsatz der Deregulierung** und der **Gläubigerautonomie** garantiert, dass sich eine gerichtliche Rechtsfürsorge in engen Grenzen hält. Trotz einer „fortschreitenden Annäherung an Grundzüge der Freiwilligen Gerichtsbarkeit" (*Häsemeyer* 3.05) sind die Bestimmungen der Freiwilligen Gerichtsbarkeit auch insoweit nicht ergänzend anwendbar, als es sich bei Anordnungen des Insolvenzgerichts um staatliche Rechtsfürsorge handelt, wie zB bei der Ernennung und Überwachung des Insolvenzverwalters, Einberufung und Leitung der Gläubigerversammlung oder der Bestätigung eines Insolvenzplans. Aus der Einbeziehung des Insolvenzverfahrens in die streitige Gerichtsbarkeit folgt, dass auch das **Gerichtsverfassungsgesetz anwendbar** ist (Einzelheiten unten zu IV; ferner *K/P/Prütting* § 4 Rn 26; FK-*Schmerbach* § 4 Rn 26–29; *K/U* § 72 KO Rn 7). Das gilt vor allem für die Vorschriften über **Rechtshilfe** (§§ 156 ff GVG), **Sitzungspolizei** (§§ 176 ff GVG) und **Gerichtssprache** (§§ 184 ff GVG). Die Vorschriften über die **Öffentlichkeit des Verfahrens** (§§ 169 ff GVG) sind anwendbar, wenn das Insolvenzgericht zur Vorbereitung einer Entscheidung mündliche Verhandlung anordnet (§ 5 Abs 2). **Gläubigerversammlungen** sind grundsätzlich **nicht öffentlich**, da hier der Richter oder Rechtspfleger nicht als erkennender Richter iS von § 169 GVG tätig wird. Gem § 175 Abs 2 GVG kann jedoch das Insolvenzgericht ausnahmsweise einzelne **Presseberichterstatter** zulassen, wenn es sich um ein Verfahren handelt, das für die gesamte deutsche Wirtschaft von Bedeutung ist und Pressemitteilungen der Justizpressestelle nicht ausreichen (LG Frankfurt ZIP 1983, 344; Kilger/*K. Schmidt* § 72 Anm 3; ferner unten zu Rn 40). Auch im Insolvenzverfahren gelten die **verfassungsrechtlich garantierten Verfahrensgrundsätze**, wie zB das Rechtsstaatsprinzip, der Anspruch auf den gesetzlichen Richter, der Anspruch auf rechtliches Gehör, der Justizgewährungsanspruch, das Willkürverbot, der materielle Grundrechtsschutz und das Recht auf informationelle Selbstbestimmung (vgl *Prütting*, in: KS S 224 ff Rn 7 ff). Gleiches gilt für die allgemeinen und speziellen Verfahrensgrundsätze (s hierzu die Kommentierung zu § 5). Keine entsprechende, sondern unmittelbare Anwendung findet im Insolvenzeröffnungs- und eröffneten Verfahren die Vorschrift des **§ 240 ZPO**. Im Falle der Eröffnung des Insolvenzverfahrens über das Vermögen einer Partei wird das Verfahren, wenn es die Insolvenzmasse betrifft, gem § 240 S 1 ZPO unterbrochen, bis es nach den für das Insolvenzverfahren geltenden Vorschriften der §§ 85, 86 aufgenommen oder das Insolvenzverfahren beendet wird. Etwas anderes gilt für das selbständige Beweisverfahren. Dieses wird durch die Eröffnung des Insolvenzverfahrens über das Vermögen einer Partei nicht unterbrochen (BGH ZIP 2004, 186 = NZI 2004, 165 = ZInsO 2004, 85; aA OLG München BauR 2003, 983; OLG Hamm NJW-RR 1997, 723; OLG Hamm ZIP 2004, 43). Zur Vollstreckbarkeitserklärung ausländischer Titel s OLG Dresden DZWIR 2001, 434. Eine Kostenentscheidung kann nur noch zu Lasten der Masse ergehen (OLG Bamberg OLG-Report 2001, 55). Entsprechendes gilt nach § 240 S 2 ZPO, wenn im **Eröffnungsverfahren** die Verwaltungs- und Verfügungsbefugnis über das Vermögen des Schuldners bzw Schuldnervermögens auf einen vorläufigen Insolvenzverwalter übergeht (BGH NZI 1999, 363; HK-*Kirchhof* § 22 Rn 43; Zöller-*Greger* § 240 Rn 5). Auf den **„starken" vorläufigen Insolvenzverwalter** geht die Prozessführungsbefugnis für alle das verwaltete Schuldnervermögen betreffende Prozesse über (AG Göttingen NZI 2000, 506; *Johlke/Schröder* EWiR 1998, 100; HK-*Kirchhof* § 22 Rn 45). Der „schwache" vorläufige Verwalter ist dagegen grundsätzlich **nicht prozessführungsbefugt**. Anhängige Prozesse werden bei vorläufiger Insolvenzverwaltung mit Zustimmungsvorbehalt nicht gem § 240 Abs 2 ZPO unterbrochen (BGH NZI 1999, 363; HK-*Kirchhof* § 22 Rn 58). Das Insolvenzgericht kann aber den sogen „schwachen" vorläufigen Verwalter entspr § 53 ZPO ermächtigen, Prozesse zB zur Sicherung und Erhaltung des Schuldnervermögens zu führen (LG Essen InVo 2000, 241; HK-*Kirchhof* § 22 Rn 58). So kann der sogen „schwache" vorläufige Verwalter einmal Prozesse führen, wenn dies vom Gericht ausdrücklich angeordnet wird; ferner aber auch in den Fällen, in denen es sich nach Erlass eines besonderen Verfügungsverbots in Bezug auf die hiervon erfassten Gegenstände um unaufschiebbare Maßnahmen handelt, die zur Sicherung oder Erhaltung des verwalteten Vermögens unbedingt erforderlich sind (OLG Braunschweig ZIP 1999, 1769, 1770; OLG Stuttgart ZInsO 1999, 474; HK-*Kirchhof* § 22 Rn 33; offen lassend **BGH** ZIP 2000, 1116). Zur Anwendung des § 240 ZPO bei ausländischen Insolvenzen und Universalität des Konkurses s *E. J. Habscheid* KTS 1998, 183 ff; zur Zulässigkeit von Individualklagen trotz Gesamtvollstreckung s *Pape* WiB 1995, 618 ff. Die Unterbrechung eines Unterhaltsprozesses tritt bei Eröffnung des Insolvenzverfahrens nur hinsichtlich solcher Unterhaltsansprüche ein, die bis zur Verfahrenseröffnung entstanden und fällig geworden sind (vgl **OLG** Naumburg InVo 1999, 283). Ein **Verfahren der freiwilligen Gerichtsbarkeit** wird nicht nach § 240 ZPO (4 InsO) unterbrochen (**OLG** Köln ZInsO 2001, 717).

II. Abweichungen von den Vorschriften der ZPO

Diese ergeben sich insbesondere aus § 5, wonach im Insolvenzverfahren die **Inquisitionsmaxime** gilt, aufgrund derer das Insolvenzgericht von Amts wegen alle Umstände zu ermitteln hat, die für das Insolvenzverfahren von Bedeutung sind (§ 5 Abs 1 S 1). Weiterhin hat das Gericht von Amts wegen den ordnungsgemäßen Ablauf des Verfahrens zu überwachen. Die Inquisitionsmaxime dient der Bündelung teilweise divergierender Interessen der Gläubiger und Gläubigergruppen sowie der Einhaltung der verfahrensrechtlichen Regeln. Eine Einschränkung erfährt der Inquisitionsgrundsatz durch die Beibringungslast der Gläubiger oder des Schuldners im Rahmen der Insolvenzantragstellung (§§ 14, 15). Anders als im Zivilprozess wird das Verfahren vom **Grundsatz des Amtsbetriebs** beherrscht. Der Grundsatz der Verhandlungsmaxime ist bis auf das quasistreitige Eröffnungsverfahren weitgehend ausgeschaltet. Amtsbetrieb bedeutet, dass Zustellungen von Amts wegen erfolgen (§ 8 Abs 1 S 1). Terminierungen erfolgen durch das Insolvenzgericht. Die Verwaltung und Verwertung des Schuldnervermögens erfolgt durch den Insolvenzverwalter (§§ 148, 159 ff). Eine Ausnahme gilt lediglich für die Eigenverwaltung (§§ 270 ff). Die Überwachung des Insolvenzverwalters (§ 58) erfolgt von Amts wegen. Das Insolvenzgericht kann den Insolvenzverwalter aus wichtigem Grund aus dem Amt auch ohne entsprechenden Antrag entlassen (§ 59 Abs 1 S 1). Die Vorschriften der ZPO sind nach § 4 nur insoweit entsprechend anwendbar, als sich aus der InsO nichts anderes ergibt. **Unanwendbar** sind deshalb Vorschriften, die mit der besonderen Natur des Insolvenzverfahrens nicht zu vereinbaren sind (**BGH** NJW 1961, 2016). Darum ist § 91 ZPO zwar hinsichtlich der Kosten des eigentlichen Eröffnungsverfahrens und des Beschwerdeverfahrens anwendbar, nicht dagegen für die Ausgaben für die Verwaltung der Insolvenzmasse. So hat der Gläubiger, dessen Eröffnungsantrag erst im Beschwerdeverfahren zurückgewiesen wird, nicht etwa die Vergütung und Auslagen des Insolvenzverwalters und des Gläubigerausschusses zu tragen (**BGH** NJW 1961, 2016; **OLG** Koblenz ZIP 1989, 660 = EWiR 1989, 723 *[Eickmann]*). Nach **OLG** Köln (ZInsO 2001, 469) findet § 99 ZPO zwar über § 4 InsO auch im Insolvenzverfahren entsprechende Anwendung (**OLG** Köln NZI 2000, 374; **OLG** Celle NZI 2001, 150; **OLG** Zweibrücken NZI 2000, 271, 272; **OLG** Zweibrücken NZI 2000, 475), so dass die Anfechtung der Entscheidung über den Kostenpunkt dann unzulässig ist, wenn nicht gegen die Entscheidung in der Hauptsache Rechtsmittel eingelegt wird. Dagegen findet § 99 ZPO ausnahmsweise dann keine Anwendung, wenn das Gericht eine Kostenentscheidung getroffen hat, die verfahrensrechtlich nicht hätte ergehen dürfen, insbesondere, wenn einem Dritten, der an dem Verfahren nicht beteiligt ist, die Kosten des Verfahrens auferlegt werden (**BGH** NJW 1988, 49, 50; **OLG** Düsseldorf NJW-RR 1993, 828; **OLG** Köln ZInsO 2001, 469). Nicht anwendbar sind die Vorschriften der §§ 148 ff, 239 ff ZPO über die **Aussetzung, Unterbrechung und** das **Ruhen des Verfahrens**. Dies folgt aus der Eilbedürftigkeit eines Insolvenzverfahrens, vor allem des Eröffnungsverfahrens (**LG** Köln KTS 1986, 362; **AG** Düsseldorf KTS 1976, 70; HK-*Kirchhof* § 4 Rn 25). Zwar spricht das Gesetz in § 306 Abs 1 davon, dass das Verfahren über den Antrag auf Eröffnung des Insolvenzverfahrens bis zur Entscheidung über den Schuldenbereinigungsplan ruht; jedoch hat *W. Henckel* (FS *Gaul* 1997, 199, 203) zutreffend darauf hingewiesen, dass zwar der Rechtsausschuss diese Formulierung gewählt hat, weil ein Bedürfnis für die Durchführung des Insolvenzverfahrens entfällt, wenn der Schuldenbereinigungsplan zustande kommt. Der Terminus „Ruhen des Verfahrens" sei jedoch „nicht glücklich gewählt". Der Begriff des Ruhens des Verfahrens ist in § 251 ZPO mit einem festen Inhalt belegt. Mit Ausnahme des § 249 Abs 3 ZPO entsprechen die Wirkungen des Ruhens derjenigen einer **Aussetzung des Verfahrens nach § 249 Abs 1, 2 ZPO** (MüKo-*Gehrlein* § 251 ZPO Rn 14; Stein/Jonas/*Roth* § 251 ZPO Rn 9). Die Rechtsfolge, dass eine Entscheidung auch über die Zulässigkeit eines Verfahrensantrags während des Ruhens nicht ergehen darf, passt nach *W. Henckel* für das gerichtliche Schuldenbereinigungsverfahren nicht. Das unzuständige Gericht muss den Antrag abweisen dürfen. Fehlt das Rechtsschutzinteresse, ist das Gericht nicht gezwungen, das Verfahren trotzdem durchzuführen. Die Bestimmungen über das **Geständnis** (§ 288 ff ZPO) sind im Insolvenzverfahren wegen des dort geltenden Amtsermittlungsgrundsatzes ebenfalls nicht anwendbar (**OLG** Köln NZI 2000, 480). Die Vorschriften der ZPO sind gem § 4 **nur für das Insolvenzverfahrensrecht**, nicht dagegen für das materielle Insolvenzrecht entsprechend anwendbar. Darum kommen die Regeln der ZPO über Fristen für die Beurteilung der Anfechtungsfristen nach den §§ 129 ff nicht in Betracht (RGZ 17, 328; K/U § 72 KO Rn 2). Unanwendbar sind auch die Vorschriften des Achten Buches der ZPO über die Einzelzwangsvollstreckung (§§ 703 ff ZPO). Lediglich die Vorschrift des § 766 ZPO (Vollstreckungserinnerung) ist anwendbar, wenn zB im Auftrag des Insolvenzverwalters die Wegnahme insolvenzfreier Gegenstände durch den Gerichtsvollzieher erfolgt. Die Anwendung des § 766 ZPO sieht § 148 Abs 2 S 2 InsO mit der Maßgabe vor, dass über die Vollstreckungserinnerung das Insolvenzgericht zu entscheiden hat. Der Insolvenzschuldner kann in allen Fällen Erinnerung nach § 766 ZPO einlegen, in denen der Insolvenzverwalter aufgrund vollstreckbarer Ausfertigung des Eröffnungsbeschlusses zu Unrecht Gegenstände zur Masse zieht (RGZ 131, 113; Zöller/*Stöber* § 766 Rn 17; **str aA** Jaeger/*Lent* § 1 KO Rn 48; Jaeger/*Weber* § 72 KO Rn 6). Richtig ist zwar, dass Streitigkeiten über die Massezugehörigkeit eines Gegenstandes vor dem **Prozessgericht** auszutragen sind; andererseits muss sich der Schuldner im Wege der Vollstreckungserinnerung dagegen wehren können, wenn vom vollstreckenden Gerichtsvollzieher Verfahrensvorschriften verletzt werden.

III. Anwendbare Vorschriften der ZPO

3   1. **Vorschriften über den allgemeinen Gerichtsstand.** Anwendbar sind die Vorschriften der ZPO über den allgemeinen Gerichtsstand (§§ 13–19 ZPO) (Kilger/*K. Schmidt* § 72 KO Anm 2; *K/P/Prütting* § 4 Rn 6; MüKoInsO-*Ganter* § 4 Rn 37, 38; *Hess* § 72 KO Rn 3). Der durch Art 18 Nr 1 EGInsO eingeführte **§ 19 a ZPO** (Gerichtsstand des Insolvenzverwalters) bestimmt den **allgemeinen Gerichtsstand eines Insolvenzverwalters** für Klagen, die sich auf die Insolvenzmasse beziehen, bei dem Sitz des Insolvenzgerichts. Der besondere Gerichtsstand des § 19 a ZPO gilt jedoch nicht für Aktivprozesse, sondern nur für **Passivprozesse des Insolvenzverwalters** (BGH ZIP 2003, 1419; OLG Bremen OLG-Report 2001, 438; OLG Schleswig ZInsO 2001, 968; LG Lübeck DZWIR 2001, 220; *Herbst* DZWIR 2001, 190 f; *Baumbach/Lauterbach/Hartmann* § 19 a ZPO Rn 3; *Thomas/Putzo* § 19 a ZPO Rn 2; *Zöller/ Vollkommer* § 19 a ZPO Rn 1; **str aA** *Wessel* DZWIR 2000, 196). § 19 a ZPO gilt für Klagen aller Art, wenn sie sich gegen den Insolvenzverwalter richten und auf die Insolvenzmasse bezogen sind, wie zB Klagen auf Aussonderung (§ 47) oder auf Absonderung (§§ 49–51), ferner wenn sie sich auf etwas beziehen, was der Insolvenzverwaltung unterliegt (*Thomas/Putzo* § 19 a ZPO Rn 2). Voraussetzung ist, dass das Insolvenzverfahren eröffnet und noch nicht beendet ist. Die Klage kann auch auf die Abgabe einer Willenserklärung gerichtet sein (*Zöller/Vollkommer* § 19 a ZPO Rn 5) oder auf Zustimmung zu einer Freigabe von hinterlegtem Verwertungserlös (BGHZ 88, 331). Auch Klagen, mit denen eine Masseverbindlichkeit iSv §§ 53 ff geltend gemacht wird, fallen unter § 19 a ZPO. Das gilt insbesondere für Masseverbindlichkeiten, die durch Handlungen des Insolvenzverwalters begründet werden (§ 55 Abs 1 Nr 1), aber auch für Erfüllungsansprüche aus gegenseitigen Verträgen (§ 53 Abs 1 Nr 2) oder Klagen aus einer ungerechtfertigten Massebereicherung (§ 55 Abs 1 Nr 3). Für die **Feststellungsklagen bestrittener Insolvenzforderungen** zur Tabelle (§ 179) greift die Zuständigkeitsregelung des § 180 Abs 1 S 1, 2 ein, die aber weitgehend dem § 19 a ZPO entspricht (*Zöller/Vollkommer* § 19 a ZPO Rn 6; *Thomas/Putzo* § 19 a ZPO Rn 2). Ferner sind anwendbar die Regelungen über die **Bestimmung des zuständigen Gerichts gem § 36 ZPO** (BGH NJW 1951, 312; OLG Düsseldorf NZI 2000, 601; OLG Köln NZI 2000, 75; OLG Karlsruhe OLGZ 42, 75; OLG München NJW-RR 1987, 382 = KTS 1987, 128; MüKoInsO-*Ganter* § 4 Rn 39). So kann zB für Insolvenzverfahren mehrerer Mitschuldner entsprechend § 36 ZPO das zuständige Insolvenzgericht bestimmt werden. Haben sich mehrere Insolvenzgerichte für **örtlich zuständig** erklärt oder mehrere, von denen eins zuständig ist, für **unzuständig erklärt,** oder liegt der Fall des § 36 Nr 1, 2 ZPO vor, so bestimmt das übergeordnete Gericht das zuständige Insolvenzgericht. Der Beschluss des übergeordneten Gerichts ist unanfechtbar (§ 37 Abs 2 ZPO). Er hat bindende Wirkung (RGZ 86, 404; OLG München NJW-RR 1987, 382 = KTS 1987, 128). Der BGH wendet § 36 Nr 6 ZPO auch bei Entscheidungen über die **Bindungswirkung von Verweisungsbeschlüssen** gem § 281 Abs 2 S 5 ZPO an (BGH ZIP 1996, 1516 = EWiR § 281 ZPO 1/96, 957 [*Greger/Tröster*]). Verweisungsbeschlüsse erlangen keine Bindungswirkung, wenn sie offensichtlich gesetzeswidrig oder offensichtlich unrichtig sind (OLG Naumburg ZInsO 2001, 471). Vgl auch die Kommentierung zu § 3; ferner MüKoInsO-*Ganter* § 3 Rn 28–30, 33.

4   2. **Vorschriften über Parteifähigkeit, Prozessfähigkeit und Vertretung.** Die Vorschriften der ZPO über Parteifähigkeit, Prozessfähigkeit und Vertretung gelten im Insolvenzverfahren entsprechend (§§ 50 ff, 80 ff ZPO; OLG Köln NZI 2000, 134; KG KTS 1962, 111; KG KTS 1965, 171; OLG Zweibrücken DStR 2001, 1314). Ein Insolvenzantrag gegen eine juristische Person, die keinen gesetzlichen Vertreter hat, ist unzulässig (OLG Köln NZI 2000, 134). **Anwaltliche Vollmachten** sind nicht mehr von Amts wegen zu prüfen, wohl dagegen Vollmachten von nichtanwaltlichen Vertretern. Zum Nachweis der Bevollmächtigung ist gem § 80 Abs 1 ZPO das Original der Vollmachtsurkunde vorzulegen. Schriftstücke, die lediglich einen durch technische Übertragungsverfahren hergestellten Abdruck der Originalurkunde enthalten (Telefaxe, Fotokopien, e-mails) reichen nicht aus (BGH ZIP 1994, 1214). Ein vollmachtloser Vertreter kann nach § 89 ZPO einstweilen zugelassen werden (*Uhlenbruck* MDR 1978, 8; HK-*Kirchhof* § 4 Rn 7). Die Insolvenzvollmacht oder Geldempfangsvollmacht ist für den Empfang der Insolvenzdividende nachzuweisen. Insoweit gilt § 81 ZPO entsprechend.

5   3. **Ablehnung und Ausschließung von Gerichtspersonen. a) Richterablehnung.** Für die Ablehnung und Ausschließung von Gerichtspersonen gelten die §§ 41–49 ZPO entsprechend (BVerfG ZIP 1988, 174 = KTS 1988, 309 = EWiR 1988, 619 [*Vollkommer*]; OLG Köln NJW-RR 1988, 694 = KTS 1987, 735 = ZIP 1988, 110 = EWiR 1988, 89 [*Meurer*]; OLG Köln NZI 2001, 658; OLG Zweibrücken ZInsO

III. Anwendbare Vorschriften der ZPO § 4

2000, 236; **OLG** Koblenz KTS 1971, 220; **LG** Düsseldorf ZIP 1985, 631; HK-*Kirchhof* § 4 Rn 5; *Hess* § 4 Rn 261 ff; K/P/*Prütting* § 4 Rn 7; N/R/*Becker* § 4 Rn 19; FK-*Schmerbach* § 4 Rn 30–48; MüKoInsO-*Ganter* § 4 Rn 40–44 b). Nach §§ 42 Abs 2 ZPO, 4 InsO kann ein Richter oder eine Richterin wegen **Besorgnis der Befangenheit** nur abgelehnt werden, wenn ein Grund vorliegt, der geeignet ist, Misstrauen gegen die Unparteilichkeit des Richters bzw der Richterin zu rechtfertigen. Dabei kommen nur objektive Gründe in Betracht, die vom Standpunkt des Ablehnenden bei vernünftiger Betrachtung den Eindruck erwecken können, dass der Richter nicht unparteiisch ist (**OLG** Köln NZI 2001, 658). Nach Auffassung des **BVerfG** (ZIP 1988, 174 = KTS 1988, 308) begegnet es keinen verfassungsrechtlichen Bedenken, dass Spannungen zwischen Insolvenzrichter und Insolvenzverwalter nur dann die Besorgnis der Befangenheit begründen, wenn sie im Verfahren irgendwie konkret in Erscheinung treten (vgl auch **OLG** Köln ZIP 1988, 110; eingehend auch FK-*Schmerbach* § 4 Rn 30 ff; *Frege/Keller/Riedel* HRP Rn 47). Die Weiterleitung einer Ablichtung der Beschwerdeschrift des Insolvenzschuldners gegen den Eröffnungsbeschluss an den Insolvenzverwalter vermag die Besorgnis der Befangenheit nicht zu begründen (**OLG** Frankfurt ZIP 1996, 600, 601). Eine Besorgnis der Befangenheit ergibt sich nicht schon daraus, dass der Insolvenzrichter und der von diesem bestellte vorläufige Verwalter **Mitautoren eines Kommentars** zur InsO sind, da grundsätzlich nur eine nahe persönliche oder berufliche Beziehung zwischen dem Richter und einem Verfahrensbeteiligten geeignet ist, die Unparteilichkeit des Richters infrage zu stellen. Die bloße Mitautorenschaft begründet eine solche Beziehung nicht (**LG** Göttingen ZInsO 1999, 480 [Ls]). Nach zutreffender Auffassung des **OLG** Köln (unveröffentl Beschluss v 2. 8. 1977 – 10 W 49/67 –) folgt aus der nur entsprechenden Anwendbarkeit und der Eigenart des Insolvenzverfahrens für § 42 ZPO, dass für die tatsächliche Würdigung von Ablehnungsgründen andere Maßstäbe als im Zivilprozess angelegt werden müssen (MüKo-*Ganter* § 4 Rn 41). So kann zB ein Ablehnungsgrund nicht darin gefunden werden, dass der Insolvenzverwalter eine von der Auffassung des Insolvenzrichters oder Rechtspflegers abweichende Ansicht über seine Rechtsstellung und Befugnisse vertritt. Gleiches gilt, wenn Verwalter und Insolvenzrichter über **Umfang und Grenzen der Aufsichtsbefugnisse** nach § 58 streiten. Vor allem darf durch das Ablehnungsrecht nicht etwa die Aufsichtspflicht des Insolvenzgerichts nach § 58 unterlaufen werden (instruktiv **LG** Wuppertal KTS 1958, 45 u 78 m Anm *Berges*; MüKoInsO-*Ganter* § 4 Rn 41). Das Ablehnungsgesuch ist nicht der geeignete Weg, Verfahrensmängel zu beanstanden und zu korrigieren (einschränkend FK-*Schmerbach* § 4 Rn 36). Dient die Ablehnung des Richters lediglich der Verfahrensverschleppung oder werden mit der Ablehnung verfahrensfremde Zwecke verfolgt, so ist das Ablehnungsgesuch als unzulässig durch den abgelehnten Richter zu verwerfen (Zöller/*Vollkommer* § 42 ZPO Rn 6, § 45 ZPO Rn 4; FK-*Schmerbach* § 4 Rn 36).

b) Ablehnungsberechtigte. Das Ablehnungsrecht steht dem Schuldner, dem Verwalter und jedem einzelnen Gläubiger in jedem einzelnen Verfahrensabschnitt des Insolvenzverfahrens zu (MüKoInsO-*Ganter* § 4 Rn 43; FK-*Schmerbach* § 4 Rn 36). Der Richter hat ein **Recht auf Selbstablehnung** (§ 48 ZPO; MüKoInsO-*Ganter* § 4 Rn 43 a). Spätestens mit der Eröffnung des Insolvenzverfahrens wird das Ablehnungsrecht in dem nunmehr stattfindenden Amtsverfahren eingeschränkt. Mit Verfahrenseröffnung wird zB der einzelne Gläubiger in die Gesamtheit der Gläubiger eingebunden. Ein Ablehnungsrecht steht ihm deshalb nur zu, wenn er glaubhaft macht, dass er durch die Maßnahme des Abgelehnten unmittelbar in seinen Rechten betroffen ist und daraus die **Besorgnis der Befangenheit** zu folgern ist. Deshalb können Unmutsäußerungen eines Insolvenzrichters gegenüber einem einzelnen Gläubiger nur dann ein Ablehnungsrecht begründen, wenn sich aus der Sicht der übrigen Gläubiger ebenfalls die Besorgnis der Befangenheit ergibt (FK-*Schmerbach* § 4 Rn 37). Die **Ablehnung der Anordnung einer Eigenverwaltung** nach den §§ 270 ff vermag ebenso wenig eine Richterablehnung zu begründen wie die **Zurückweisung eines Insolvenzplans** nach § 231. Dies gilt selbst dann, wenn der Richter oder die Richterin die Voraussetzungen für die Zurückweisung falsch beurteilen. In diesen Fällen stellt der Gesetzgeber das Rechtsmittel der sofortigen Beschwerde (§ 231 Abs 3, § 34 iVm § 271 Abs 1 S 2). Zwar sieht § 270 nicht ausdrücklich das Rechtsmittel der sofortigen Beschwerde (§ 6 Abs 1) vor; es gelten jedoch insoweit wegen des engen Sachzusammenhangs die Rechtsmittelmöglichkeiten bei Eröffnung und Ablehnung der Verfahrenseröffnung (FK-*Foltis* § 270 Rn 19).

c) Entscheidung über das Ablehnungsgesuch. Über das Ablehnungsgesuch, das ein Insolvenzrichter oder eine Insolvenzrichterin betrifft, entscheidet entsprechend § 4 InsO, § 45 Abs 2 S 1 ZPO ein anderer Richter des **AG** (FK-*Schmerbach* § 4 Rn 46; Zöller-*Vollkommer* § 45 ZPO Rn 5). Über ein **unzulässiges Ablehnungsgesuch** kann der Insolvenzrichter selbst entscheiden (FK-*Schmerbach* § 4 Rn 46). Im Fall der **Selbstablehnung** eines Richters entscheidet das Gericht, dem der Richter angehört, §§ 48, 45 ZPO. Hält der Insolvenzrichter das Ablehnungsgesuch für begründet, legt der Abgelehnte die Akten mit einer Stellungnahme dem geschäftsplanmäßigen Vertreter nach rechtlichem Gehör der Beteiligten vor (FK-*Schmerbach* § 4 Rn 46). Die Entscheidung, durch die im Insolvenzverfahren das Gesuch auf Ablehnung eines Richters oder Rechtspflegers zurückgewiesen wird, kann mit der **sofortigen Beschwerde** angefochten werden. Hiergegen ist die **Rechtsbeschwerde** nach § 574 Abs 1 Nr 2 ZPO nur dann gegeben, wenn das Beschwerdegericht die Rechtsbeschwerde zum **BGH** (§ 133 GVG) zulässt. Das hat gem § 574 Abs 2, Abs 3 ZPO zu geschehen, wenn die Voraussetzungen des § 574 Abs 2 ZPO vorliegen.

§ 4 *Anwendbarkeit der Zivilprozeßordnung*

8 d) **Rechtspflegerablehnung.** Wegen Besorgnis der Befangenheit kann auch der Insolvenzrechtspfleger bzw die Rechtspflegerin abgelehnt werden, wenn ein Grund vorliegt, der geeignet ist, Misstrauen gegen seine Unparteilichkeit und Objektivität zu rechtfertigen (§§ 42 Abs 2 ZPO, 10 RPflG). Auch der Rechtspfleger hat ein **Recht auf Selbstablehnung** (MüKoInsO-*Ganter* § 4 Rn 43 a). Begründete Zweifel an der Unparteilichkeit des Rechtspflegers bestehen, wenn er weiß, dass ein Gläubiger in der Gläubigerversammlung die Abwahl des vom Gericht eingesetzten Verwalters beantragen wird und wenn er gesetzwidrig und ohne Vorankündigung den Prüfungstermin vor der ersten Gläubigerversammlung abhält und im Prüfungstermin anregt, die Gläubigerin möge überlegen, ob sie bereit sei, auf die Ausübung des Stimmrechts in der nachfolgenden Gläubigerversammlung bei der Neuwahl eines Verwalters zu verzichten (**LG Düsseldorf ZIP 1985, 631**). Verzögert der Rechtspfleger durch mehrfache Terminvertagung der ersten Gläubigerversammlung die Entscheidung über die Neuwahl eines anderen Verwalters derart, dass er das Stimmrecht einer Gläubigergruppe trotz geltend gemachter Bedenken gegen die Schlüssigkeit nicht festsetzt bzw versagt, sodass Abstimmungen über die Neuwahl des Verwalters nicht stattfinden können, so entfernt er sich so weit von der nach Sinn und Zweck der ersten Gläubigerversammlung vorgegebenen Verfahrensweise, dass Zweifel an seiner Unvoreingenommenheit bestehen. Überprüft der Rechtspfleger selbst die Begründetheit einer streitigen Forderung durch Einsicht in die Bilanz der Insolvenzschuldnerin, so überschreitet er damit die Grenzen seiner Amtsermittlungen und erweckt berechtigte Zweifel an seiner Unbefangenheit (**LG Göttingen ZInsO 1999, 300**). Ob der Rechtspfleger im Einzelfall **tatsächlich befangen** ist, ist ebenso wenig maßgeblich wie die Frage, ob der bzw. die Rechtspflegerin in der Sache zutreffend entschieden hat. Aus Sicht des Ablehnenden müssen genügend objektive Gründe vorliegen, die einer vernünftig denkenden Partei Anlass geben, an der Unvoreingenommenheit des Richters/Rechtspflegers zu zweifeln (stRspr BGHZ 77, 72; 156, 270 = NJW 2004, 164; NJW 2006, 2492; *Zöller-Vollkommer* § 42 Rn 9). **Keine Besorgnis der Befangenheit** besteht dagegen, wenn der Rechtspfleger mit den Beteiligten die Sach- und Rechtslage kritisch erörtert oder im Rahmen von Stimmrechtsentscheidungen die materiell-rechtliche Situation unzutreffend würdigt (vgl auch **OLG Köln NJW 1975, 788;** *Uhlenbruck/Delhaes* HRP Rn 76; FK-*Schmerbach* § 4 Rn 38; *Arnold/Meyer-Stolte* § 10 RPflG Rn 10.3). **Starke Spannungen** zwischen Rechtspfleger und einem Verfahrensbevollmächtigten begründen keineswegs immer die Besorgnis der Befangenheit (**OLG Karlsruhe NJW-RR 1987, 126; OLG Nürnberg MDR 1972, 332;** *Stein/Jonas/Bork* § 42 ZPO Rn 7; str aA BayObLG Rpfleger 1975, 93;). Spannungen zwischen dem Rechtspfleger und dem **Insolvenzverwalter** führen nur dann zur Anerkennung eines Ablehnungsrechts wegen der Besorgnis der Befangenheit, wenn sie sich zum Nachteil des Schuldners auswirken können (**OLG Zweibrücken ZInsO 2000, 236 = NJW-RR 2000, 864**). **Keinen Ablehnungsgrund** bilden auch vorläufige Meinungsäußerungen, wie zB der Hinweis auf die Erfolglosigkeit eines Antrags (*Zöller/Vollkommer* § 42 ZPO Rn 26; vgl auch MüKo-*Feiber* § 42 ZPO Rn 23). Gleiches gilt für die Betätigung eines Insolvenzrichters oder Rechtspflegers in einem **Arbeitskreis,** der der Pflege des Insolvenzrechts und der Fortbildung der Insolvenzverwalter dient. Die Tatsache, dass Richter oder Rechtspfleger mit dem Insolvenzverwalter im Vorstand eines solchen Vereins tätig sind, rechtfertigt selbst dann nicht eine Ablehnung durch den Insolvenzverwalter, wenn es im Vorstand des Arbeitskreises zu erheblichen Differenzen kommt. Anders nur, wenn zu besorgen ist, dass sich diese Differenzen auch auf das dienstliche Verhalten des Richters oder Rechtspflegers auswirken. Lehnt der Rechtspfleger den Antrag des Insolvenzverwalters auf Verlegung eines Termins ab, so stellt die Ablehnung kein Indiz für eine Befangenheit dar.

9 e) **Entscheidung über das Ablehnungsgesuch.** Das Ablehnungsverfahren richtet sich gem § 4 nach den §§ 41 ff ZPO (**OLG Köln NZI 2001, 657, 658 = ZInsO 2001, 1016;** *K/P/Prütting* § 4 Rn 7). Wird der Rechtspfleger abgelehnt, so entscheidet über das Ablehnungsgesuch der Insolvenzrichter (§ 10 S 2 RPflG). Der **Ablehnungsgrund ist glaubhaft** zu machen (§§ 44 Abs 2, 294 ZPO). Ausnahme: § 291 ZPO. Der Ablehnende kann sich zur Glaubhaftmachung auch auf das Zeugnis des abgelehnten Rechtspflegers berufen (§ 44 Abs 2 S 2 iVm Abs 3 ZPO). Die nach § 44 Abs 3 ZPO abzugebende **dienstliche Äußerung des Rechtspflegers** hat sich nur auf Tatsachen zu beschränken. Der Insolvenzrechtspfleger kann sich auch **selbst ablehnen,** wenn er sich für befangen hält oder Zweifel hat, ob ein Ausschließungs- oder Ablehnungsgrund vorliegt (§ 48 Abs 1 ZPO). Über die Selbstablehnung des Rechtspflegers entscheidet nach §§ 4 InsO, 45, 48 Abs 1 ZPO der Richter des § 28 RPflG. Gegen die Richterentscheidung, die die Selbstablehnung für begründet erklärt, ist ein Rechtsmittel nicht gegeben. Gegen den Beschluss, der die Selbstablehnung für unbegründet erklärt, findet die sofortige Beschwerde statt (§ 46 Abs 2 ZPO). Da es sich insoweit um ein selbständiges außerhalb der InsO geregeltes Verfahren handelt, richtet sich die Zulässigkeit der Rechtsbeschwerde nach § 574 Abs 1 Nr 2 ZPO.

10 f) **Ablehnung eines Urkundsbeamten der Geschäftsstelle.** Die Vorschriften über die Richterablehnung sind nach §§ 4 InsO, 49 ZPO auch auf den Urkundsbeamten der Geschäftsstelle des Insolvenzgerichts bzw die Mitglieder der Service-Einheit entsprechend anzuwenden. Der Bezirksrevisor als Vertreter der Staatskasse kann nicht abgelehnt werden (**OLG Koblenz Rpfleger 1985, 172**).

11 g) **Eilentscheidungen.** Ein abgelehnter Richter oder Rechtspfleger hat vor Erledigung des Ablehnungsgesuchs nur solche **Handlungen vorzunehmen, die keinen Aufschub dulden** (§ 47 ZPO). Unauf-

III. Anwendbare Vorschriften der ZPO **§ 4**

schiebbar sind solche Handlungen, die den Gläubigern wesentliche Nachteile ersparen oder bei deren Unterlassung Gefahr im Verzug ist (vgl **OLG** Köln ZIP 1988, 110; FK-*Schmerbach* § 4 Rn 42, 43; § 4 Rn 7; *K/U* § 72 KO Rn 3, 6, 6 a). So kann zB das Zuendeführen einer Gläubigerversammlung im Einzelfall ebenso gerechtfertigt sein wie die Aufhebung eines Prüfungstermins. Insolvenzverfahren, insbesondere Eröffnungsverfahren, sind grundsätzlich **eilbedürftige Verfahren**. Im Zweifel sind die notwendigen richterlichen Maßnahmen, vor allem Sicherungsmaßnahmen nach § 21, im Interesse aller Insolvenzbeteiligten erforderlich und erlauben keinen Aufschub (**OLG** Köln KTS 1987, 735 = ZIP 1988, 110, bestätigt durch **BVerfG** ZIP 1988, 174). Das **BVerfG** hat zutreffend darauf hingewiesen, dass selbst eine möglicherweise **fehlerhafte Annahme der Voraussetzungen für Eilentscheidungen** iS von § 47 ZPO noch nicht zu einer schlechthin unhaltbaren Entscheidung führt (*FK-Schmerbach* § 4 Rn 43). Dies gilt insbesondere, wenn der abgelehnte Richter oder Rechtspfleger aus guten Gründen zu der Auffassung gelangen kann, dass die Maßnahme bzw. Entscheidung keinen Aufschub duldet. Bei Ablehnungsgesuchen, die nicht ernst gemeint sind oder nur der Verfahrensverschleppung dienen, kann jede, auch eine abschließende Sachentscheidung als unaufschiebbar angesehen werden (MüKo-*Feiber* § 47 ZPO Rn 2). Im Übrigen ist ein Verstoß gegen § 47 ZPO unschädlich, wenn das Ablehnungsgesuch erfolglos bleibt (**BayVerfGH** NJW 1982, 1746; MüKo-*Feiber* § 47 ZPO Rn 5). Zum **Streitwert** bei Richterablehnung vgl **OLG** Celle OLGR 2009, 578 und **OLG** Karlsruhe MDR 2008, 466, die vom vollen Hauptsachestreitwert ausgehen, anders **OLG** München v. 9. 7. 2008 – 1 W 1670/08 – und **BGH** v. 15. 12. 2003 – II ZB 32/03 –, die ⅓ des Hauptsachestreitwerts annehmen.

h) **Gesetzliche Ausschlussgründe.** Ein Richter oder Rechtspfleger (§ 10 S 1 RPflG) ist von der Ausübung seines Amtes entsprechend §§ 4 InsO, 41 ZPO **kraft Gesetzes ausgeschlossen**: wenn er selbst Insolvenzschuldner ist oder eine Verwandtschaft in grader Linie oder Schwägerschaft iS von § 41 Nr 3 ZPO besteht. In Insolvenzsachen des Ehegatten besteht der Ausschließungsgrund auch dann, wenn die Ehe nicht mehr besteht. Die **Ausschließungsgründe** sind **von Amts wegen zu beachten**. Der Richter oder der Rechtspfleger hat sich in diesen Fällen der Bearbeitung der Insolvenzsache zu enthalten. Die Ausschließungsgründe können nicht von den Beteiligten abbedungen werden. Bearbeitet der Richter oder Rechtspfleger trotz Vorliegens eines Ausschlussgrundes Insolvenzakten, so sind Beschlüsse und Verfügungen keineswegs nichtig, wohl aber anfechtbar. Die gesetzlichen Ausschließungsgründe gelten nicht für den **Insolvenzverwalter** (LG Frankfurt Rpfleger 1989, 474; HK-*Kirchhof* § 4 Rn 5; *Jaeger/Gerhardt* § 4 Rn 9; *Hess* § 4 Rn 264; FK-*Schmerbach* § 4 Rn 30; MüKoInsO-*Ganter* § 4 Rn 42; aA *Nerlich/ Römermann/Becker* § 4 Rn 19). Beim Insolvenzverwalter hat das Gericht etwaige Interessenkollisionen bereits im Rahmen der Bestellung zu beachten. Erforderlichenfalls ist von dem Entlassungsrecht nach § 59 Gebrauch zu machen (FK-*Schmerbach* § 4 Rn 32; *Hess* § 4 Rn 264). **12**

i) **Kein Ablehnungsrecht einzelner Gläubiger.** In der Literatur (MüKoZPO-*Feiber* § 42 ZPO Rn 3) und auch von einzelnen Gerichten (**LG** Darmstadt v 14. 5. 1971 – 5 T 140/71 –) wird die Auffassung vertreten, das **Recht auf Ablehnung des Insolvenzrichters oder Rechtspflegers** stehe auch **einzelnen Gläubigern** zu. Das ist nicht richtig. Entscheidend für die Rechtfertigung des Ablehnungsgesuchs war in dem vom **LG** Darmstadt entschiedenen Fall die Behauptung der Gesuchsteller, dass vor dem Beschluss des Richters über die Zubilligung des vollen Stimmrechts in der Gläubigerversammlung an die übrigen Gläubiger eine Erörterung bestimmter Forderungen bzw der Stimmrechte nicht stattgefunden und dass der Richter auch von dem Gesuchsteller ausdrücklich verlangte Erörterung nicht zugelassen habe. Wäre diese Auffassung richtig, so wäre dem Insolvenzrichter oder Rechtspfleger so gut wie keine Möglichkeit gegeben, auf einen zügigen Verfahrensablauf Einfluss zu nehmen und bestimmte Verfahrenstaktiken von Gläubigern zu unterbinden. Das Ablehnungsgesuch ist nicht der geeignete Weg, Verfahrensmängel zu beanstanden oder zu korrigieren (*K/U* § 72 KO Rn 6 d; **BGH** NJW 2002, 2396; **OLG** Frankfurt NJW 2004, 621). **13**

j) **Ablehnung gerichtlich bestellter Sachverständiger.** Der vom Gericht bestellte Sachverständige, der nicht zugleich vorläufiger Insolvenzverwalter ist, kann grundsätzlich **nicht wegen Befangenheit abgelehnt** werden (**BGH** NZI 2007, 284; **LG** Frankfurt ZInsO 2006, 107; HK-*Kirchhof* § 4 Rn 17; MüKo-InsO-*Ganter* § 4 Rn 42; str aA **LG** München I ZInsO 2001, 813, 814). Der Beschluss, durch den ein gerichtlicher Sachverständiger eingesetzt wird, ist im Insolvenzeröffnungsverfahren schon deswegen nicht anfechtbar, weil es sich um eine die Entscheidungsfindung des Insolvenzgerichts lediglich **vorbereitende Maßnahme** handelt (**OLG** Köln ZIP 1990, 58, 60; **OLG** Hamm ZIP 1986, 724, 725). Die Vorschrift des § 406 ZPO findet über § 4 InsO im Insolvenzverfahren grundsätzlich schon deswegen keine Anwendung, weil der Sachverständige im Rahmen der gerichtlichen Amtsermittlungen (§§ 5 Abs 1, 22 Abs 1 S 2 Nr 3 InsO) als „verlängerter Arm" des Insolvenzgerichts tätig wird. Andernfalls könnte der Schuldner im Eröffnungsverfahren nach Kenntnis von dem Gutachten den Sachverständigen mit der Begründung ablehnen, der Sachverständige sei befangen, da er nicht zu einem Ergebnis in seinem Sinne gekommen sei. Das **AG** Köln hat in einem Beschl v 30. 9. 1998 (InVo 1999, 141, 142) dem Schuldner das Recht zugestanden, einen vom Gericht zur Prüfung des Konkursgrundes eingesetzten Sachverständigen wegen Besorgnis der Befangenheit abzulehnen (vgl auch *Bollig* KTS 1990, 599, 603). Dem kann in dieser Allgemeinheit nicht zugestimmt werden (**AG** Göttingen ZInsO 2007, 720 = ZVI 2007, 315), **14** denn es ist ein erheblicher Unterschied, ob der gerichtliche Sachverständige eine Schlussrechnung des „Konkurrenten" zu überprüfen, oder ob er im Insolvenzeröffnungsverfahren beauftragt ist, das Vorliegen eines – bestrittenen – Insolvenzgrundes beim Schuldner oder Schuldnerunternehmen zu prüfen (so auch **AG Göttingen** ZInsO 2000, 347 f; MüKoInsO-*Ganter* § 4 Rn 42; FK-*Schmerbach* § 22 Rn 43). Sofern der Sachverständige im selben Verfahren zum vorläufigen Insolvenzverwalter bestellt ist, kommt die Ablehnung ohnehin nicht in Betracht, da Ablehnungsgesuche gegen den Insolvenzverwalter unzulässig sind (FK-*Schmerbach* § 4 Rn 43). Nicht selten wird versucht, den Sachverständigen mit der Begründung abzulehnen, dieser habe die Massekostendeckung wider besseres Wissen bejaht. Würde der § 406 ZPO entsprechende Anwendung im Rahmen der Amtsermittlungen finden, wäre die Feststellung des Insolvenzgrundes beim Schuldner nur schwer feststellbar. **Anders** stellt sich die Rechtslage dar, wenn es zB um die **Prüfung der Schlussrechnung** (§ 66 Abs 2 S 1) geht. Wird – wie im Fall des **OLG Köln** (ZIP 1990, 58) – ein Insolvenzverwalter, der im Bereich des gleichen Insolvenzgerichts tätig ist, mit der Prüfung der Schlussrechnung seines „Kollegen" beauftragt, so bestehen nicht nur bereits Bedenken gegen die Beauftragung (*Eickmann* EWiR § 86 KO 1/86, 399, 400); vielmehr hat der Insolvenzverwalter das Recht, den mit der Prüfung der Schlussrechnung beauftragten Sachverständigen **wegen Besorgnis der Befangenheit** abzulehnen. Die Besorgnis der Befangenheit ist im Rahmen der Schlussrechnungsprüfung regelmäßig begründet, wenn es sich bei dem Sachverständigen um einen ebenfalls im Amtsgerichtsbezirk tätigen Insolvenzverwalter handelt, also um einen „Mitbewerber" (**OLG Köln** ZIP 1990, 58 = Rpfleger 1990, 80). Für das Ablehnungsrecht kommt es darauf an, dass vom Standpunkt des Insolvenzverwalters in einer Wettbewerbssituation ein hinreichender Grund vorliegt, der in den Augen eines vernünftigen Menschen geeignet ist, Zweifel an der Unparteilichkeit des Sachverständigen zu erregen. Das Gericht hat in den Fällen der Sachverständigenablehnung keine Kostenentscheidung nach den §§ 91 ff ZPO, 4 InsO zu treffen, da es sich insoweit nicht um ein kontradiktorisches, sondern um ein sogen gegnerloses Verfahren handelt. Auch wenn der Sachverständige zu dem Ablehnungsgesuch ausführlich Stellung genommen hat, steht ihm kein Kostenerstattungsanspruch gegen den Beschwerdeführer zu (**OLG Köln** ZIP 1990, 58, 61). Liegt im Einzelfall ein **Ausschlussgrund iSv § 41 ZPO** beim Sachverständigen vor, wird man mit Ausnahme des § 41 Nr 5 iVm § 406 Abs 1 S 2 ZPO ebenfalls ein Ablehnungsrecht bejahen müssen. Bei der **Bestellung des Sachverständigen** sollte aber das Gericht bereits darauf achten, dass keine Ablehnungsgründe, die den richterlichen Ausschlussgründen entsprechen, in der Person des Sachverständigen vorliegen.

15   **4. Verweisung.** Entsprechend anwendbar ist im Insolvenzeröffnungsverfahren die Vorschrift des § 281 ZPO. Wird der Insolvenzantrag bei einem **unzuständigen Gericht** gestellt, so hat das Insolvenzgericht grundsätzlich wegen örtlicher Unzuständigkeit den Antrag abzuweisen (§§ 4 InsO, 281 Abs 1 S 1 ZPO). Vorher hat es jedoch dem Antragsteller Gelegenheit zu geben, den **Antrag auf Verweisung** an das zuständige Amtsgericht (Insolvenzgericht) zu stellen (*Uhlenbruck*, Die anwaltliche Beratung, S 98; Jaeger/*Gerhardt* § 3 Rn 44). Wird der Verweisungsantrag gestellt, so hat das angegangene Insolvenzgericht seine eigene Unzuständigkeit durch Beschluss auszusprechen und den Eröffnungsantrag an das **zuständige Gericht zu verweisen** (§§ 281, 295 ZPO, 4 InsO; RGZ 121, 21; 131, 200; **OLG München** NJW-RR 1987, 382; **OLG Köln** ZInsO 2000, 395). Wird der Verweisungsantrag trotz entsprechenden Hinweises nicht gestellt, so ist der Insolvenzantrag als **unzulässig zurückzuweisen**. Wird der Beschluss, durch den ein unzuständiges Insolvenzgericht das Verfahren eröffnet hat, rechtskräftig, so bleibt das Verfahren bei ihm anhängig (Jaeger/*Gerhardt* § 3 Rn 45; Kilger/K. *Schmidt* § 71 KO Anm 5; K/U § 71 KO Rn 7 a). Die Verweisung kann **ohne Anhörung** des Schuldners bzw Schuldnerunternehmens erfolgen, wenn durch Anhörung der Verfahrenszweck gefährdet würde (**BGH** KTS 1996, 574; **BGH** NJW 1983, 1559; **BGH** NJW 1996, 3013; **OLG Dresden** ZIP 1998, 1595, 1596; **KG** ZInsO 2000, 45). Die Verweisung kann auch noch in der zweiten Instanz beantragt werden (HK-*Kirchhof* § 3 Rn 23). Liegen die Voraussetzungen des § 281 Abs 2 S 5 ZPO vor, ist die **Verweisung bindend** für das Gericht, an das verwiesen worden ist (**OLG Köln** ZIP 2000, 672; **OLG Naumburg** InVo 2000, 12, 13; **OLG Schleswig** NZI 1999, 416; einschränkend BayObLG NJW 1999, 367; **OLG Düsseldorf** DZWIR 1999, 463; **OLG Hamm** ZInsO 1999, 533, 534; **KG** NZI 1999, 499; **KG** ZInsO 2000, 44, 45; **OLG Braunschweig** ZIP 2000, 118; HK-*Kirchhof* § 3 Rn 23; *Hess* § 3 Rn 67). Vgl auch die Kommentierung zu § 3. Über § 4 finden auch die Vorschriften der §§ 36, 37 ZPO entsprechende Anwendung. Haben sich mehrere Amtsgerichte für örtlich unzuständig erklärt oder mehrere, von denen eins zuständig ist, für unzuständig erklärt, so bestimmt das übergeordnete Gericht nach § 36 Nr 6 ZPO analog das zuständige Insolvenzgericht (**BGH** ZIP 1996, 15, 16 = EWiR 1996, 957, Greger/*Tröster*).

16   **5. Kostenvorschriften.** Im Insolvenzeröffnungsverfahren sind die **Kostenbestimmungen der §§ 91 ff ZPO** gem § 4 entsprechend anwendbar, soweit ein quasistreitiges Parteiverfahren vorliegt (**BGH** NJW 1961, 2016; **OLG Köln** ZIP 2000, 1169; **OLG Koblenz** ZIP 1989, 661; HK-*Kirchhof* § 4 Rn 7). Das gilt auch für das **Kostenfestsetzungsverfahren** (§§ 103–107 ZPO). Ist der antragstellende Schuldner eine natürliche Person, so fallen ihm gem § 91 ZPO die Kosten des unzulässigen Antragsverfahrens zur Last. Handelt es sich um eine juristische Person, so hat diese die Kosten zu tragen. Fehlt es an der Vollmacht eines Vertreters oder des Nachweises einer Vollmacht, so sind die Kosten des Eröffnungsverfahrens dem

III. Anwendbare Vorschriften der ZPO § 4

vollmachtlosen Vertreter aufzuerlegen. Dies gilt vor allem bei fehlender Antragsberechtigung von Vertretern juristischer Personen. Stellt zB der Geschäftsführer einer GmbH oder GmbH & Co KG Insolvenzantrag für die Gesellschaft, obgleich er wirksam und mit sofortiger Wirkung von der Gesellschafterversammlung abberufen worden ist, so sind ihm die Kosten bei Abweisung des Antrags aufzuerlegen. Stellt dagegen ein **faktischer Geschäftsführer** aufgrund bestehender Antragspflicht (§ 64 GmbHG; *Haas* DStR 1998, 1359 ff; *Weimar* GmbHR 1997, 473, 479) einen Insolvenzantrag für die Gesellschaft, dem nicht stattgegeben wird, sind der GmbH die Kosten aufzuerlegen. Entsprechende Anwendung findet über § 4 die Vorschrift des § 269 Abs 3 ZPO. Nimmt der Antragsteller den Insolvenzantrag zurück, so treffen ihn die Verfahrenskosten. Wie sich aus § 4 iVm § 269 Abs 3 S 2 ZPO ergibt, gilt dies auch, wenn der antragstellende Gläubiger den Insolvenzantrag wegen Erfüllung seiner Forderung zurücknimmt (**LG** Köln KTS 1964, 250; Jaeger/*Gerhardt* § 13 Rn 67; *K/U* § 103 KO Rn 3 d; **str aA OLG** Celle KTS 1970, 309; **LG** Essen MDR 1983, 753). Entsprechend § 269 Abs 3 S 3 ZPO sind auf Antrag des Antragsgegners die Kostenfolgen aus § 269 Abs 3 S 1 ZPO durch Beschluss auszusprechen. Der Beschluss unterliegt trotz der Regelung in § 6 der sofortigen Beschwerde (§ 269 Abs 3 S 5 ZPO). Umstritten ist die entsprechende **Anwendung des § 91 a ZPO**. Nach heute ganz überwiegender Meinung in Literatur und Rechtsprechung ist der Antragsteller im Insolvenzeröffnungsverfahren jederzeit berechtigt, die **Hauptsache für erledigt zu erklären**, wenn zB der Antragsgegner die dem Antrag zugrunde liegende Forderung bezahlt (**OLG** Köln NZI 2001, 318, 319; **OLG** Köln ZIP 1993, 1483; **OLG** Celle NJW 1962, 1970; **OLG** Celle KTS 1970, 309; **LG** Göttingen ZIP 1992, 572; **LG** Münster ZIP 1993, 1103; **LG** Bielefeld Rpfleger 1986, 400; **LG** Köln KTS 1988, 170; **LG** Köln KTS 1988, 746 [LS] = JurBüro 1988, 727; **LG** Darmstadt Rpfleger 1986, 316; **LG** Berlin Rpfleger 1978, 379; **LG** Düsseldorf ZIP 1985, 697 = KTS 1985, 359; **LG** Augsburg Rpfleger 1987, 32; **LG** Memmingen MDR 1987, 767; **AG** Paderborn JurBüro 1992, 468; **AG** Soltau Rpfleger 1985, 187; **str aA** wohl nur noch **LG** Rottweil ZIP 1986, 43 und **AG** Kleve DZWIR 2000, 215). Einzelheiten in der Kommentierung zu § 14 I. 3. a). Anwendbar ist auch die Vorschrift des **§ 93 ZPO**, wenn der Schuldner nicht durch sein Verhalten Anlass zur Stellung des Insolvenzantrags gegeben hat (*Kilger/ K. Schmidt* § 72 KO Anm 2). Nicht anwendbar sind die Vorschriften über die Sicherheitsleistung, §§ 108–113 ZPO (K/P/*Prütting* § 4 Rn 9).

6. Gewährung von Insolvenzkostenhilfe (IKH). Die Vorschriften der §§ 114 ff ZPO über Prozesskostenhilfe, die im Insolvenzverfahren Insolvenzkostenhilfe heißt, sind über § 4 grundsätzlich auch auf das Insolvenzverfahren entsprechend anwendbar (vgl **BVerfG** ZIP 1989, 719 = EWiR 1989, 515 [*Pape*]; **BGH** NJW 1991, 40 = WuB VII A § 116 ZPO 1.91 [*Uhlenbruck*]; **BGH** NJW 1998, 1229; **BGH** NJW 1998, 1868 = ZIP 1998, 789; **OLG** München ZIP 1998, 1197; **KG** ZIP 1989, 1346; **LG** Traunstein NJW 1963, 959; *Uhlenbruck* ZIP 1982, 288 ff; *Pape* ZIP 1989, 692; *Smid* NJW 1994, 2678 ff; *Kilger/ K. Schmidt* § 72 KO Anm 4; *Karsten Schmidt* Wege zum Insolvenzrecht der Unternehmen, 1990, S 181 ff; grundlegend zu Problemen der PKH und der Rechtsmitteln auch *W. Gerhardt*, Aktuelle Probleme des Insolvenzverfahrensrechts in: Aktuelle Probleme des neuen Insolvenzrechts S 17 ff). Allerdings sind die Vorschriften über Insolvenzkostenhilfe (IKH) im Insolvenzverfahren **nicht unbeschränkt anwendbar**. Vielmehr ist zu unterscheiden, ob es sich um einen Insolvenzgläubiger als Antragsteller, einen am Verfahren teilnehmenden Gläubiger, um den Insolvenzschuldner oder um den Insolvenzverwalter handelt. Nicht anwendbar sind die Vorschriften über die **Sicherheitsleistung**. 17

a) Insolvenzkostenhilfe (IKH) für den Gläubigerantrag. Weitgehend unbestritten ist, dass die Vorschriften der §§ 114 ff ZPO über § 4 Anwendung finden, wenn es sich um den Insolvenzantrag eines Gläubigers (§ 14 Abs 1) handelt (**AG** Köln KTS 1972, 126; *Uhlenbruck* ZIP 1982, 288; *ders* Die anwaltliche Beratung, S 108; *ders* EWiR 1996, 1079; HK-*Kirchhof* § 4 Rn 10; KS-*Vallender* S 258 Rn 25; K/P/*Prütting* § 4 Rn 10 a; FK-*Schmerbach* § 13 Rn 76 ff). Der Antrag auf Bewilligung von Insolvenzkostenhilfe für einen Insolvenzantrag des Gläubigers ist bei dem zuständigen Insolvenzgericht zu stellen (§§ 4 InsO, 117 Abs 1 ZPO). Dem Antrag ist der **Entwurf des Insolvenzantrags** beizufügen, der den Voraussetzungen des § 14 Abs 1 entspricht. Zulässig ist auch die gleichzeitige Einreichung des Gesuchs um Insolvenzkostenhilfe und des Insolvenzantrags. Will der Antragsteller die Insolvenzantragstellung und die Durchführung des Verfahrens von der Gewährung der IKH abhängig machen, so muss er dies deutlich zum Ausdruck bringen. Ist der dem IKH-Antrag beigefügte Insolvenzantrag als „Entwurf" gekennzeichnet oder fehlt die Unterschrift, so genügt dies zur Klarstellung ebenso wie der Hinweis, dass der Insolvenzantrag nur für den Fall der Bewilligung von IKH gewollt ist (*Uhlenbruck* ZIP 1982, 288; *ders* Die anwaltliche Beratung, S 107). Die **Glaubhaftmachung** nach §§ 14 Abs 1, 294 ZPO hat bereits im Rahmen der Antragstellung zu erfolgen (§ 117 Abs 1 ZPO entspr). Weiterhin sind dem Antrag eine Erklärung des Antragstellers über seine persönlichen und wirtschaftlichen Verhältnisse (Familienverhältnisse, Beruf, Vermögen, Einkommen und Lasten) sowie **entsprechende Belege** beizufügen (§ 117 Abs 2 ZPO). **Vordrucke** müssen vom Antragsteller benutzt werden (§ 117 Abs 4 ZPO). Entsprechend § 118 Abs 1 S 1 ZPO (§ 4) kann das Gericht vor Bewilligung der Insolvenzkostenhilfe dem Antragsgegner **rechtliches Gehör**, dh Gelegenheit zur Stellungnahme, geben, wenn dies nicht im Einzelfall aus besonderen Gründen unzweckmäßig erscheint, wie zB in eilbedürftigen Fällen (*Gottwald/Uhlenbruck* InsRHdb § 13 Rn 41; KS-*Vallender* S 258 Rn 25;). Da nach § 68 Abs 3 S 2 GKG die Vornahme von 18

Amtsermittlungen iS von § 5 Abs 1 nicht von der Einzahlung eines Ermittlungskostenvorschusses abhängig ist, können **Amtsermittlungen des Insolvenzgerichts** auch schon vor Bewilligung der Insolvenzkostenhilfe oder im Rahmen der Prüfung der Voraussetzungen für die Bewilligung von Insolvenzkostenhilfe einsetzen, wenn der Insolvenzantrag nicht von der Bewilligung abhängig gemacht ist. So kann das Insolvenzgericht zB mit der Zustellung des Insolvenzkostenhilfeantrags bereits den Schuldner nach § 14 Abs 2 **anhören** und ihm einen Fragebogen hinsichtlich der Vermögensverhältnisse übersenden. Der Antrag auf IKH für einen Insolvenzantrag gegen den Schuldner oder das Schuldnerunternehmen ist als unzulässig zurückzuweisen, wenn das **rechtliche Interesse** an der Eröffnung des Insolvenzverfahrens (§ 14 Abs 1 InsO) fehlt, wie zB bei ausreichender dinglicher Sicherung des Antragstellers. Die Vorschrift des § 114 Abs 1 ZPO gilt nach wohl allgemeiner Meinung für einen Insolvenzantrag entsprechend. Es müssen jedoch in der Person des Antragstellers die persönlichen und wirtschaftlichen Voraussetzungen für die Gewährung von IKH vorliegen, dh **persönliches Unvermögen** zur Zahlung eines Gerichtskosten- und Ermittlungskostenvorschusses sowie zur Bezahlung der Rechtsanwaltsgebühren. Die Gewährung von IKH bezieht sich **nicht auf einen Massekostenvorschuss** iS von § 26 Abs 1 S 2 InsO (vgl *LG Koblenz* MDR 1997, 1169; *AG Köln* KTS 1972, 126; *LG Frankenthal* Rpfleger 1985, 504, 505; *K/U* § 107 KO Rn 50; *Uhlenbruck* Die anwaltliche Beratung 1988, S 109; *K/P/Pape* § 13 Rn 94; *Jaeger/Gerhardt* § 4 Rn 46; *Kilger/K. Schmidt* § 72 KO Anm. 4). Zwingende Voraussetzung für die Bewilligung von IKH für einen Insolvenzantrag des Gläubigers ist, dass die beabsichtigte Rechtsverfolgung hinreichende **Aussicht auf Erfolg** bietet und nicht mutwillig erscheint (§§ 4 InsO, 114 S 1 ZPO). An der Prüfung der hinreichenden Erfolgsaussicht sind strenge Anforderungen zu stellen. Den Besonderheiten des Insolvenzverfahrens, vor allem dem Insolvenzzweck, ist dabei Rechnung zu tragen. Erhält der antragstellende Gläubiger auf seine Forderung voraussichtlich keinerlei Quote oder ist er für den Fall einer Verfahrenseröffnung nur nachrangiger Gläubiger iS von § 39 InsO, so ist die IKH zu versagen. Dagegen kann die IKH nicht mit der Begründung verweigert werden, es sei laut Bundesstatistik ohnehin nur mit einer geringen Deckungsquote zu rechnen und damit die Erfolgsaussicht zu verneinen (*Uhlenbruck* ZIP 1982, 288). Entsprechend § 121 Abs 2 S 1 ZPO (§ 4 InsO) wird dem Antragsteller auf seinen Antrag ein zur Vertretung bereiter **Rechtsanwalt seiner Wahl beigeordnet**, wenn anwaltliche Vertretung wegen des Umfangs, der Schwierigkeit und der Bedeutung der Sache sowie wegen der Unfähigkeit des Antragstellers, sich mündlich und schriftlich auszudrücken, erforderlich erscheint. Schon im Hinblick auf die nach § 14 Abs 1 InsO notwendige Glaubhaftmachung von Forderung und Eröffnungsgrund ist regelmäßig das Erfordernis anwaltlicher Vertretung zu bejahen. Einzelheiten zur Bewilligung von IKH in der Kommentierung zu § 13 G.

19   **b) Keine Insolvenzkostenhilfe für die Verfahrensteilnahme.** IKH für die Teilnahme des Gläubigers am Insolvenzverfahren seines Schuldners ist regelmäßig zu versagen, denn das in den §§ 174 ff InsO weitgehend formularmäßig geregelte Anmeldeverfahren ist vom Gesetzgeber bewusst so gestaltet, dass jeder Gläubiger imstande ist, seine Forderung zur Insolvenztabelle beim Insolvenzverwalter anzumelden (**BVerfG** ZIP 1989, 719; *LG Oldenburg* ZIP 1991, 115 = EWiR 1991, 199 *[Kunkel]*; *AG Duisburg* NZI 2000, 237; *AG Göttingen* ZIP 1992, 237 und Beschluss vom 23. 7. 2007 – 74 IN 222/07 –; *Uhlenbruck* ZIP 1982, 1079; *HK-Kirchhof* § 4 Rn 9; *Pape* EWiR § 121 ZPO 1/89, 515). Anders ist die Rechtslage zu beurteilen, wenn im Prüfungstermin die angemeldete Forderung vom Insolvenzverwalter oder von einem Insolvenzgläubiger bestritten worden ist (§ 179 InsO), und der Gläubiger nunmehr gezwungen ist, im Prozesswege die Feststellung gegen den Bestreitenden zu betreiben. Dies ist aber keine Frage der Insolvenzkostenhilfe, sondern der Prozesskostenhilfe im Rahmen der zu erhebenden Feststellungsklage. Die Vorschriften der §§ 114 ff ZPO gelten insoweit unmittelbar. Gleiches gilt, wenn für die Forderung ein vollstreckbarer Schuldtitel oder ein Endurteil vorliegt und nunmehr der Bestreitende den Widerspruch im Klagewege verfolgt (§ 179 Abs 2 InsO).

20   **c) Insolvenzkostenhilfe für den Eigenantrag des Schuldners.** Beim Eigenantrag des Schuldners fehlt es wegen der Amtsermittlungspflicht des Insolvenzgerichts regelmäßig an dem erforderlichen Rechtsschutzinteresse für die Gewährung von IKH. Dies war jedenfalls für das alte Recht allgemeine Meinung (**LG Traunstein** NJW 1963, 959; *Uhlenbruck* ZIP 1982, 288, 289; *Kilger/K.Schmidt* § 72 KO Anm 4; *Smid* NJW 1994, 2678; *H/W/F* Hdb 2/20; *Stein/Jonas/Bork* § 116 ZPO Rn 5; *Bork* ZIP 1998, 1209 ff). Der Schuldner konnte allenfalls **Beratungshilfe** für den Insolvenzantrag erhalten, wenn es um die **vorgerichtliche Beratung** ging, ob und wie Konkurs zu beantragen sei (*Lindemann/Trenk-Hinterberger*, Beratungshilfegesetz § 1 Rn 8; *HK-Kirchhof* § 4 Rn 9; *FK-Schmerbach* § 13 Rn 97, 98). Begründet wurde die ältere Auffassung damit, das Insolvenzverfahren diene nicht dem Interesse des Gemeinschuldners. Nach dem Inkrafttreten der InsO entwickelte sich über diese Frage alsbald ein zentraler Streit. In erster Linie stellte sich das Problem im Rahmen des Verbraucherinsolvenzverfahrens. ZT wurde die Auffassung vertreten, die Regelungen über PKH seien im Insolvenzverfahren, insb. im Schuldenbereinigungsplan und vereinfachten Insolvenzverfahren nicht anwendbar, mit der Folge, dass dem Schuldner Prozesskostenhilfe nicht gewährt wurde (**AG Köln** ZIP 1999, 245 = NZI 1999, 83; *LG Köln* NZI 1999, 158 = ZIP 1999, 588; *AG Bochum* NZI 1999, 164; *LG Saarbrücken* ZIP 1999, 975; *LG München I* ZIP 1999, 1316). Die Gegenmeinung ging davon aus, dass die Vorschriften über die Gewährung von Prozesskostenhilfe anwendbar seien und dem Schuldner Prozesskostenhilfe gewährt werden müsse, weil der mittellose Verbraucher ansonsten das Ziel

III. Anwendbare Vorschriften der ZPO § 4

des Verfahrens- die Restschuldbefreiung – nicht erreichen könne (**AG** München ZIP 1998, 2172; LG Göttingen ZIP 1999, 1017 = NZI 1999, 277; **AG** Kassel ZInsO 1999, 119; LG Oldenburg ZInsO 1999, 586).

d) Stundung der Verfahrenskosten bei natürlichen Personen. Durch das InsOÄndG 2001 ist dieser 21 Streit überholt. In den §§ 4 a–d ist nunmehr sichergestellt worden, dass auch dem überschuldeten Verbraucher, der nicht imstande ist, die Verfahrenskosten aufzubringen, der Zugang zu einem Insolvenzverfahren mit anschließender Restschuldbefreiung eröffnet wird. Das Gesetz beschränkt dabei den begünstigten Personenkreis nicht nur auf diejenigen, die ein Verbraucherinsolvenzverfahren durchlaufen können, sondern eröffnet ihn aus Gründen der verfassungsrechtlich gebotenen Gleichbehandlung für alle Personen, die eine Restschuldbefreiung nach den §§ 286 ff erlangen können. Der Einsatz öffentlicher Mittel, durch das nunmehr eingeführte **Stundungsmodell** dient dazu, auch völlig mittellosen Schuldnern den Weg zu einem wirtschaftlichen Neuanfang zu ermöglichen (vgl auch MüKoInsO-*Ganter* Vor §§ 4 a bis 4 d Rn 2 ff; *K/P/Prütting/Wenzel* § 4 a Rn 3 ff). Verfahrensmäßig wird dies dadurch sichergestellt, dass eine Stundung nur gewährt wird, wenn eine Restschuldbefreiung nicht offensichtlich zu versagen ist. Deshalb hat sich der Schuldner darüber zu erklären, ob entsprechende Versagungsgründe gegeben sind. Die Stundung umfasst zunächst die **Gerichtsgebühren** und die im Eröffnungsverfahren und im Schuldenbereinigungsplanverfahren entstandenen **Auslagen**. Daneben zählen auch die Vergütungsansprüche des Insolvenzverwalters/Treuhänders nach § 54 Nr 2 zu den Verfahrenskosten. Da eine unmittelbare Stundung der Kosten nicht möglich ist, wird dem Treuhänder zunächst für den Fall, dass eine Vergütung nicht durch die Masse gedeckt ist, ein **Sekundäranspruch gegen die Staatskasse** eingeräumt (§ 63 Abs 2). Da durch die Sonderregelung in den §§ 4 a ff eine entsprechende Anwendung der §§ 114 ff ZPO ausgeschlossen ist, musste mit dem § 121 ZPO entsprechende Vorschrift geschaffen werden. Deshalb wird dem Schuldner auf Antrag gem § 4 a Abs 2 S 1 ein zur Vertretung bereiter **Rechtsanwalt seiner Wahl beigeordnet,** wenn die Vertretung durch einen Rechtsanwalt trotz der dem Gericht obliegenden Fürsorge erforderlich erscheint. Insoweit gilt gem § 4 a Abs 2 S 2 § 121 Abs 2 S 2 sowie Abs 3 und 4 ZPO entsprechend. Nach **BGH** (VuR 2008, 154 und NZI 2007, 418 = ZInsO 2007, 492) kann jedoch dem Schuldner zur Vorbereitung des Verbraucherinsolvenzverfahrens und des Stundungsverfahrens PKH nicht bewilligt werden; auch kommt eine Anwaltsbeiordnung nicht in Betracht.

e) Beratungshilfe. Beratungshilfe nach dem Beratungshilfe-Gesetz v 18. Juni 1980 (BGBl I 1980, 689) 22 kann auch im Insolvenzverfahren gewährt werden, und zwar nicht nur im Vorfeld des Insolvenzverfahrens zur Vorbereitung eines Eigenantrags (HK-*Kirchhof* § 4 Rn 9). Im Verbraucherinsolvenzverfahren kann die Beratungshilfe auch schon für das vorgerichtliche Schuldenbereinigungsplanverfahren gewährt werden (**BGH** Beschluss v 22. 3. 2007 – IX ZB 94/06 –; vgl *Fuchs/Bayer*, Rpfleger 2000, 1; MüKo-*Ganter* 34 Rn 20; FK-*Schmerbach* § 13 Rn 97 f; *Landmann* Rpfleger 2000, 196). Angesichts der Komplexität des Insolvenzverfahrens nach der InsO und der Möglichkeiten zur Erlangung von Restschuldbefreiung ist die Beratungshilfe verstärkt in Anspruch genommen worden. Über die Anträge auf Gewährung von Beratungshilfe in Insolvenzsachen sollte nach § 24 a Abs 1 Nr 1 RPflG der Rechtspfleger des Insolvenzgerichts entscheiden (FK-*Schmerbach* § 13 Rn 97). Jedoch kann gem § 3 Abs 2 BerHG auch ein **anderer Rechtspfleger** des zuständigen Amtsgerichts Beratungshilfe gewähren (vgl **AG** Schwelm ZInsO 2000, 173; FK-*Schmerbach* § 13 Rn 97). Durch die Neuregelung in den §§ 4 a–f wird jedoch für das Insolvenzverfahren die Beratungshilfe an Bedeutung verlieren. Trotzdem bleibt grundsätzlich auch im Verbraucherinsolvenzverfahren die **Gewährung von Beratungshilfe** zulässig (vgl auch *Vallender* InVo 1998, 1719; HK-*Landfermann* § 305 Rn 15; HK-*Kirchhof* § 4 Rn 9; *Lindemann/Tränk-Hinterberger* § 1 BerHG Rn 8; FK-*Schmerbach* § 13 Rn 97, 98). Vgl auch die Kommentierung zu § 305.

f) Keine Insolvenzkostenhilfe für juristische Personen und Gesellschaften ohne Rechtspersönlichkeit. 23 Für juristische Personen, Vereine oder Gesellschaften ohne Rechtspersönlichkeit kommt die Gewährung von Insolvenzkostenhilfe nicht in Betracht, da hier die sozialen Gesichtspunkte der §§ 114 ff ZPO nicht eingreifen. In der Literatur (*Kilger/K. Schmidt* § 72 KO Anm 4) wird rechtspolitisch bedauert, dass der Gesetzgeber IKH zwecks Vollliquidation von Gesellschaften im Insolvenzverfahren nicht vorgesehen hat. § 114 ZPO, der auf die Erfolgsaufsicht der Rechtsverfolgung abstellt, kann nicht entsprechend auf den Nebenzweck des Insolvenzverfahrens, die Vollabwicklung vor allem von beschränkt haftenden Gesellschaften zu ermöglichen, entsprechend angewandt werden. Die Vollabwicklung juristischer Personen stellt keinen gesetzlich normierten eigenständigen Verfahrenszweck dar (*Kübler/Prütting/Pape* § 13 Rn 110). Schließlich ist auch dem Schuldner oder Schuldnerunternehmen zur **Vorlage eines Insolvenzplans** gem § 218 Abs 1 keine IKH zu gewähren, selbst wenn der Schuldner im Regelinsolvenzverfahren über den Insolvenzplan eine Restschuldbefreiung nach § 227 anstrebt.

g) Prozesskostenhilfe für den Insolvenzverwalter. Nach allgemeiner Meinung kann einem Insolvenz- 24 verwalter für die Durchsetzung von Ansprüchen, die der Insolvenzmasse zustehen, nach Maßgabe des § 116 Abs 1 Nr 1 ZPO Prozesskostenhilfe bewilligt werden (**BGH** NJW 1998, 1229; **BGH** NJW 1988, 1668 = ZIP 1998, 789; **BGHZ** 119, 372, 378 = ZIP 1992, 1644; **BGH** ZIP 1995, 660 = EWiR 1995, 617 *[Uhlenbruck]*; **BGH** WM 1997, 1724, 1725). Streitig ist im Einzelnen nur, in welchen Fällen die wirtschaftlich Beteiligten die Verfahrenskosten selbst aufzubringen haben (vgl **BGH** NJW 1998, 1229; **OLG** München ZIP 1998, 1197; Einzelheiten in der Kommentierung zu § 80 InsO).

25 **7. Das Recht auf Akteneinsicht und Auskunft. a) Allgemeines.** Das Recht auf Einsicht in die Insolvenzakten gehörte bis vor einigen Jahren zu den eher unproblematischen Rechtsfragen (vgl **OLG Köln** KTS 1989, 439; *K/U* § 72 KO Rn 4 a; *Uhlenbruck* KTS 1989, 527; *ders* AnwBl 1971, 331; *Pape* ZIP 1997, 1367 ff; *Heil* Akteneinsicht und Auskunft im Konkurs unter besonderer Berücksichtigung des Eröffnungsverfahrens, 1995; *Mohrbutter/Vortmann* Rn VI.167). Aufgrund der über § 72 KO (§ 1 Abs 3 GesO) anwendbaren Vorschrift des § 299 ZPO ging man allgemein davon aus, dass nicht nur die verfahrensbeteiligten Gläubiger, sondern auch andere Gläubiger eines Insolvenzschuldners (Gemeinschuldners) ein rechtlich geschütztes Interesse an der Einsicht in die Konkursakten haben. Diese gefestigten Grundsätze sind durch **LG Magdeburg** (Rpfleger 1996, 364) infrage gestellt worden, wonach ein Sachverständigengutachten zur Feststellung des Insolvenzgrundes nicht dem Einsichtsrecht anderer Gläubiger als der Antragstellenden unterliegt (zustimmend *Haarmeyer/Seibt* Rpfleger 1996, 222; abl *Schmeel* MDR 1997, 437). Begründet wird der umfassende Schuldnerschutz und die Einschränkung der Gläubigerrechte mit dem **Anspruch des Schuldners auf informationelle Selbstbestimmung** (vgl dazu **BVerfG** NJW 1988, 3009; **BVerfG** NJW 1984, 419, 422). Der heftige Streit hat ua 1997 zu einer Anfrage im Deutschen Bundestag geführt, ob die Bundesregierung unter Berücksichtigung der Neuregelung beim **BVerfG** (BR-Drucks 165/97) und der Rechtsprechung des **BVerfG** zum Recht auf informationelle Selbstbestimmung auch für die Akteneinsicht bei Insolvenz- und Zivilprozessverfahren auf eine gesetzliche Neuregelung der Zivilprozessordnung hinwirke (ZIP 1997, A 65, ZIP aktuell Nr 170). In der Antwort des Staatssekretärs im BMJ, *Heinz Landfermann*, heißt es ua, das allgemeine Akteneinsichtsrecht richte sich auch für das insolvenzrechtliche Verfahren durch die Verweisung in § 4 InsO nach § 299 ZPO. Die Bundesregierung prüfe, inwieweit diese Vorschrift an die Rechtsprechung des **BVerfG** zum **Recht auf informationelle Selbstbestimmung** anzupassen sei. Der Bundesregierung lägen keine Erkenntnisse über die Behandlung von Anträgen auf Einsicht in Insolvenzakten durch die Gerichte vor (vgl auch FK-*Schmerbach* § 4 Rn 55). Zum *Brandenburgischen Akteneinsichts- und Informationszugangsgesetz* (GVBl 1998 I. 46 ff) siehe *Partsch* NJW 1998, 2559. *G. Pape* (ZIP 1997, 1367) nennt das Recht auf Einsicht in Insolvenzakten im „Versteckspiel für die Gläubiger". Einige Gerichte verweigern inzwischen sogar den Insolvenzgläubigern die **Einsicht in das Gutachten**, das der gerichtlichen Feststellung des Insolvenzgrundes dient (so zB **LG Magdeburg** Rpfleger 1996, 364; *Haarmeyer* InVo 1997, 257 ff; *Haarmeyer/Seibt* Rpfleger 1996, 221). Zutreffend weist *Kirchhof* (HK § 4 Rn 13) darauf hin, dass ein gem § 22 Abs 1 S 2 Nr 3 erstattetes Gutachten jedenfalls dann zu dem allen Gläubigern zugänglichen Akteninhalt gehört, wenn es zur Abweisung mangels Masse nach § 26 Abs 1 gekommen ist (**OLG Braunschweig** ZIP 1997, 894; **OLG Naumburg** ZIP 1997, 895; **LG Potsdam** ZIP 1997, 987; *Pape* ZIP 1997, 1369; FK-*Schmerbach* § 4 Rn 53. Einzelheiten bei *Holzer* ZIP 1998, 1333; *Heil* Akteneinsicht und Auskunft im Konkurs, S 165 ff Rn 206, 211; *Uhlenbruck* KTS 1989, 527 ff; *ders* AnwBl 1971, 331; *Haarmeyer/Seibt* Rpfleger 1996, 221; *Schmeel* MDR 1997, 437; *Wimmer/Stenner* Lexikon Akteneinsichtsrecht S 36; zum Brandenburgischen Akteneinsichts- und Informationszugangsgesetz (AEG) vgl *Partsch* NJW 1998, 2559). Ohne die Diskussion hier erschöpfen zu wollen, ist allgemein festzustellen, dass ein **übertriebener Schuldnerschutz** auch unter dem Gesichtspunkt des Rechtes auf informationelle Selbstbestimmung keinesfalls gerechtfertigt ist. Der Gesetzgeber hat im Allgemeinen Teil der Begr RegE (*Balz/Landfermann* S 4) ausdrücklich darauf hingewiesen, dass das Versagen der KO zu schweren Missständen geführt habe. Nahezu vermögenslose Schuldner, vor allem insolvente GmbHs könnten am Rechtsverkehr teilnehmen und andere schädigen. Nicht zuletzt deswegen ist es auch ein Anliegen des Gesetzgebers, die insolventen Gesellschaften bis zur Löschungsreife und Löschung im Handelsregister abzuwickeln. Wenn dem **Gläubigerschutz** überhaupt noch Bedeutung zukommen soll, muss es vor allem denjenigen Gläubigern, die für den Fall der Eröffnung Insolvenzgläubiger gewesen wären, möglich sein, sich anhand der Insolvenzakten über den Verfahrensstand zu informieren, speziell darüber, ob ein Insolvenzgrund vorgelegen hat und ob Ansprüche gegen organschaftliche Vertreter wegen Insolvenzverschleppung bestehen. Unzutreffend **OLG Köln** (WM 1998, 1092), wonach ein rechtliches Interesse iS von § 299 Abs 2 ZPO an der Einsichtnahme in Konkurseröffnungsakten nicht vorliegt, wenn die von einem am Konkurseröffnungsverfahren nicht beteiligten Gläubiger beantragte Akteneinsicht nur der Prüfung dient, ob nach Maßgabe des § 64 GmbHG rechtzeitig Konkursantrag gestellt worden ist (wie hier HK-*Kirchhof* § 4 Rn 15). Mit Eröffnung des Insolvenzverfahrens werden sämtliche Gläubiger kraft Gesetzes in das Verfahren einbezogen. Sie sind damit „Partei" iS des § 299 Abs 1 ZPO (*Uhlenbruck/Delhaes* HRP Rn 28 c; FK-*Schmerbach* § 4 Rn 62; *Wimmer/Stenner* Lexikon Akteneinsichtsrecht S 36; MüKoInsO-*Ganter* § 4 Rn 61, **OLG Celle** ZInsO 2004, 204). Würde man den Gläubigern die Einsicht in die Insolvenzakten verweigern, könnten oftmals Schadenersatzansprüche gegen Geschäftsführer aus c. i. c. oder sonstige Ansprüche gegen die vermögenslose Gesellschaft oder Dritte nicht realisiert werden. Die Zivilgerichte tragen dem **Informationsbedürfnis der Gläubiger** einer GmbH dadurch Rechnung, dass sie ihnen selbst dann ein Einsichtsrecht in die Geschäftsunterlagen einräumen, wenn die Gesellschaft wegen Vermögenslosigkeit im Handelsregister gelöscht worden ist (**LG Köln** KTS 1988, 372 = GmbHR 1988, 485 = ZIP 1988, 1125). In vielen Fällen wird die Vollstreckung seitens der Gläubiger nicht mehr betrieben, wenn es zur Abweisung des Insolvenzantrags nach § 26 kommt und die Gesellschaft im Handelsregister gelöscht worden ist. Die Einsicht in die Berichte eines Gutachters oder vorläufigen Insolvenzverwalters ergibt aber oftmals Auf-

III. Anwendbare Vorschriften der ZPO § 4

schluss oder Anhaltspunkte über „brachliegende" Vermögenswerte, die von einzelnen Gläubigern noch realisiert werden können (vgl zur Abtretung und Pfändung von GmbH-Stammeinlageforderungen *Bayer* ZIP 1989, 8; *Rendels* WiB 1994, 886; *Uhlenbruck* KTS 1991, 223; *ders* ZIP 1996, 1641; *Krause* DB 1988, 96). Datenschutz und das Recht auf informationelle Selbstbestimmung können niemals dazu führen, dass berechtigte Ansprüche der Gläubiger nicht realisiert werden. Insoweit hat der Gläubigerschutz absoluten Vorrang vor dem Schuldnerschutz. Dem berechtigten Schutzinteresse des Insolvenzschuldners kann vor Ablauf der Löschungsfrist des § 26 Abs 2 S 2 im Rahmen des § 299 Abs 2 ZPO durch Interessenabwägung Rechnung getragen werden (**BGH** ZIP 1998, 962; **OLG** Brandenburg ZIP 1998, 962; HK-*Kirchhof* § 4 Rn 15; FK-*Schmerbach* § 4 Rn 53, 54). Im Einzelnen gilt Folgendes je nach Stand des Verfahrens:

b) Auskunfts- und Akteneinsichtsrecht im Insolvenzeröffnungsverfahren. aa) Akteneinsicht. Nach 26 § 299 Abs 1 ZPO sind grundsätzlich nur die „Parteien" berechtigt, die Akten einzusehen. Der Parteibegriff ist im Insolvenzverfahren durch den **Beteiligtenbegriff** zu ersetzen. In dem als quasi-streitiges Parteiverfahren ausgestalteten Insolvenzeröffnungsverfahren sind Beteiligte grundsätzlich nur der **Antragsteller** und der **Antragsgegner** (MüKoInsO-*Ganter* § 4 Rn 59; eingehend auch *Heeseler* ZInsO 2001, 873 ff, 882 ff). Beteiligter kann aber auch ein Mitglied des Vertretungsorgans einer juristischen Person oder einer Gesellschaft ohne Rechtspersönlichkeit sein, wenn ein anderes Mitglied des Organs den Insolvenzantrag nach § 15 Abs 2 allein gestellt hat. Gem § 15 Abs 2 S 2 hat das Insolvenzgericht die übrigen Mitglieder des Vertretungsorgans, persönlich haftende Gesellschafter oder Abwickler zu hören. Sie haben gleichzeitig ein Akteneinsichtsrecht. Beteiligte im Eröffnungsverfahren sind auch der vom Gericht eingesetzte Gutachter oder der vorläufige Insolvenzverwalter (*Holzer* ZIP 1998, 1333, 1335), nicht dagegen die künftigen Insolvenzgläubiger. Diese erlangen die Beteiligtenstellung erst mit der Verfahrenseröffnung. Bis zu diesem Zeitpunkt sind sie „Dritte" iS des § 299 Abs 2 ZPO (**BGH** NJW 1985, 1159; **BGH** ZIP 1987, 115, 117 zu § 82 KO; *Hess* § 4 Rn 284; vgl auch *Haarmeyer/Seibt* Rpfleger 1996, 221, 223; *Heeseler* ZInsO 2001, 873, 885 f). Den nichtverfahrensbeteiligten Gläubigern wird man aber idR ein rechtliches Interesse iSv § 299 Abs 2 ZPO nicht absprechen können (**str aA** FK-*Schmerbach* § 4 Rn 60). Bei **Eigenantrag des Schuldners** ist das rechtliche Interesse an einer Einsichtnahme immer zu bejahen (**AG** Göttingen NZI 2000, 89). Der vom Insolvenzgericht eingesetzte **Gutachter** hat immer ein Akteneinsichtsrecht (*Uhlenbruck* AnwBl 1971, 331, 332; MüKoInsO-*Ganter* § 4 Rn 67). Begehrt im Verfahren über die Eröffnung des Insolvenzverfahrens über das Vermögen einer GmbH ein potenzieller Gläubiger Akteneinsicht mit der Begründung, er wolle prüfen, ob die Stammeinlagen erbracht seien, so kann das nach § 299 Abs 2 ZPO erforderliche rechtliche Interesse an der Akteneinsicht nicht verneint werden (**OLG** Köln ZIP 1999, 1449; **str aA OLG** Brandenburg ZInsO 2001, 961 u ZInsO 2001, 850; **AG** Potsdam ZInsO 2001, 477 = DZWIR 2001, 131; *Hess* § 4 Rn 284). Eine ermessensfehlerfreie Entscheidung über die Gewährung von Akteneinsicht im Zusammenhang mit einem Insolvenzeröffnungsverfahren setzt voraus, dass dem Schuldner **rechtliches Gehör** gewährt wird, um etwaige berechtigte Geheimhaltungsbedürfnisse berücksichtigen zu können (**OLG** Köln ZIP 1999, 1449, 1451). Das gilt jedoch nicht bei einem Eigenantrag des Schuldners. Das Insolvenzverfahren bindet die künftigen Insolvenzgläubiger (§ 38) und nachrangigen Gläubiger (§ 39) noch nicht in das Verfahren zu einer Gemeinschaft mit gleichen Rechten ein. Einzelheiten bei *Uhlenbruck*, Das Auskunfts- und Akteneinsichtsrecht im Konkurs- und Vergleichsverfahren, KTS 1989, 527, 533 u AnwBl 1971, 331 ff; ferner *Holzer* ZIP 1998, 1333 ff. § 299 Abs 2 ZPO gilt nicht für das **Akteneinsichtsrecht von Behörden** und **anderen Gerichten** (*Baumbach/Lauterbach/Albers/ Hartmann* § 299 ZPO Rn 5, 25; *Zöller/Greger* § 299 ZPO Rn 8; MüKoZPO-*Prütting* § 299 Rn 19; aA *Stein-Jonas/Leipold* § 299 Rn 64, 65). Soweit Sozialversicherungsträger Gläubiger sind, ist die Akteneinsicht im Eröffnungsverfahren durch den Behördenvorstand zu gewähren, soweit nicht im Einzelfall die Akteneinsicht gesetzlich geregelt ist. Dem **Ersuchen von Sozialversicherungsträgern** um Akteneinsicht ist regelmäßig stattzugeben, wenn sich aus dem Ersuchen ergibt, dass Akteneinsicht zur Erfüllung einer sich aus dem SGB oder aus der RVO ergebenden Aufgabe benötigt wird und wenn ihre Gewährung das Verfahren bei den Insolvenzgerichten nicht beeinträchtigt. Soweit **künftige Insolvenzgläubiger und sonstige Dritte** im Rahmen des Insolvenzeröffnungsverfahrens Akteneinsicht begehren, greift die Vorschrift des § 299 Abs 2 ZPO (§ 4 InsO) ein. Der Direktor oder der Präsident des Insolvenzgerichts hat die Einsicht in die Insolvenzakten nur zu gestatten, wenn ein **rechtliches Interesse** glaubhaft gemacht wird. Ebenso wie im eröffneten Verfahren wird man ein Recht des Gerichtsvorstandes bejahen müssen, die Vorprüfung und Entscheidung auf das Insolvenzgericht zu delegieren. Einzelheiten bei *Uhlenbruck* KTS 1989, 527 ff; K/U § 72 KO Rn 4 ff; *Heeseler* ZInsO 2001, 873, 885 f. Über einen Antrag auf Akteneinsicht im Insolvenzeröffnungsverfahren entscheidet grundsätzlich die **Geschäftsstelle** der Insolvenzabteilung, soweit nicht nach § 299 Abs 2 ZPO die Zuständigkeit des Behördenvorstands gegeben ist. Bestehen Zweifel, ob ein die Akteneinsicht begehrender Verfahrensbeteiligter „Partei" iS von § 299 Abs 1 ZPO ist, hat die Geschäftsstelle den Antrag dem Richter bzw. der Richterin vorzulegen, der bzw die für die Verfahrenseröffnung zuständig ist. Ein Einsichtsrecht in die Insolvenztabelle besteht solange nicht, wie sie sich beim Insolvenzverwalter befindet. Erst wenn die Tabelle mit den Anmeldungen sowie den beigefügten Urkunden auf der Geschäftsstelle des Insolvenzgerichts niedergelegt ist, greift das Einsichtsrecht der Beteiligten nach § 175 Abs S 2 ein. Dem Insolvenzverwalter des mit seinem Ehegatten zusammen veranlagten Insolvenzschuldners steht in einem nach § 155 FGO iVm § 240 ZPO unterbrochenen finanzgerichtlichen Verfahren bereits vor dessen Aufnahme als Rechtsnachfolger des Insolvenzschuldners das Recht auf Akteneinsicht auch insoweit zu, als in den streitbefangenen Steuerbescheiden Besteuerungsgrundlagen des anderen Ehegatten betroffen sind, wenn diese die Grundlage für die Entscheidung des Finanzgerichts bilden (**BFH ZIP 2000, 1262**). Ebenso wie der Ehegatte können sich auch andere Gesamtschuldner des Insolvenzschuldners nicht auf das Steuergeheimnis berufen (*Onusseit* EWiR 2001, 69 f).

27   bb) **Auskünfte.** Die Auskunftspflicht im Insolvenzeröffnungsverfahren ist entsprechend dem Akteneinsichtsrecht ebenfalls eingeschränkt. Die Geschäftsstelle des Insolvenzgerichts hat grundsätzlich weder mündlich noch telefonisch Informationen über den Stand des Verfahrens, Angaben des Schuldners, das Ergebnis eines Gutachtens etc zu erteilen (vgl *Haarmeyer/Seibt* Rpfleger 1996, 221, 226; *Pardey* NJW 1988, 1647, 1651; *Pape* ZIP 1997, 1367; *Heeseler* ZInsO 2001, 873, 882; *Uhlenbruck* KTS 1989, 527 ff). Eine **Ausnahme** gilt aber, soweit ein Schuldner oder Schuldnerunternehmen **Eigenantrag** gestellt hat oder soweit das Gericht **Sicherungsmaßnahmen** nach § 21 angeordnet hat. Hier sieht § 23 Abs 1 ohnehin eine Veröffentlichung der in § 21 Abs 2 Nr 2 vorgesehenen Verfügungsbeschränkungen vor wie auch bei Bestellung eines vorläufigen Insolvenzverwalters. Insoweit hat die Geschäftsstelle nicht nur den Beteiligten des Eröffnungsverfahrens, sondern auch Dritten Auskunft zu erteilen. Auskünfte dürfen auch erteilt werden, soweit die Beteiligten des Eröffnungsverfahrens damit einverstanden sind. Keineswegs unbedenklich ist die gerichtliche Praxis, Anfragen an das Gericht, ob ein Insolvenzverfahren gegen den Schuldner anhängig ist, dahingehend zu bescheiden, dass ein eröffnetes Verfahren nicht anhängig ist. Aus der Formulierung kann der die Auskunft Begehrende leicht erkennen, dass ein Verfahren anhängig ist. Diese „diplomatische Auskunft" kommt somit einer Auskunft gleich. Dabei ist zu bedenken, dass vielfach unzulässige und unbegründete Insolvenzanträge gestellt werden, so dass die Gefahr einer ruinösen Auskunft nicht von der Hand zu weisen ist (vgl *Uhlenbruck* KTS 1989, 527, 529; *Pape/Seibt* Rpfleger 1996, 221, 226). Verlangt ein Gläubiger Auskunft, ob ein Insolvenzverfahren gegen den Schuldner anhängig ist, so ist nach **OLG Brandenburg** (ZInsO 2001, 850) das Begehren unbegründet, solange noch nicht über den Insolvenzantrag entschieden ist. Diese Auffassung ist jedenfalls für den Fall des Eigenantrags eines Schuldners zu eng. Zweifelhaft ist die Praxis des **AG Potsdam**, überhaupt Auskünfte darüber zu verweigern, ob eine bestimmte Firma ein Insolvenzverfahren durchlaufen hat (vgl INDat-Report Nr 6/2001 S 5; krit hierzu *Heeseler* ZInsO 2001, 873, 884 f Fußn 148). Richtig ist zwar, dass die Insolvenzgerichte nicht verpflichtet sind, Auskunft darüber zu geben, ob ein Schuldner oder Schuldnerunternehmen bereits früher einmal ein Insolvenzverfahren durchlaufen hat oder ob ein Insolvenzeröffnungsverfahren anhängig war. Nicht selten wird ein unzulässiger Insolvenzantrag später zurückgenommen oder zurückgewiesen. Hier wäre es völlig unangebracht, wenn das Gericht dem Anfragenden die Auskunft erteilen würde, es sei ein Insolvenzverfahren gegen eine bestimmte Firma anhängig gewesen. Sind allerdings vom Insolvenzgericht Sicherungsmaßnahmen nach § 21 angeordnet worden, die ohnehin veröffentlicht werden, wird man eine Auskunftspflicht der Geschäftsstelle wohl bejahen müssen. Beim **Eigenantrag** hat der Schuldner schon von sich aus kundgetan, dass ein Insolvenzgrund vorliegt. Hier verlangt das Schutzbedürfnis der Gläubiger uneingeschränkte Auskunft. Gleiches gilt, wenn das Gericht im Rahmen des Eröffnungsverfahrens Sicherungsmaßnahmen nach § 21 angeordnet hat, die nach § 23 entweder öffentlich bekannt zu machen sind oder im Register eingetragen werden müssen. Seit dem 1. 7. 2007 ist die Abweisung mangels Masse auf entsprechende Anfrage bekannt zu geben. Die Anwendung des § 299 Abs. 2 ZPO, wonach ein Dritter nur bei Glaubhaftmachung eines rechtlichen Interesses Auskunft erhält, ist nicht mehr erforderlich (*Frege/Keller/Riedel* HRP Rn 177).

28   c) **Akteneinsichtsrecht bei Abweisung und Einstellung des Verfahrens mangels Masse.** Findet das Insolvenzeröffnungsverfahren seine vorzeitige Erledigung durch Antragsrücknahme (§ 13 Abs 2), Erledigungserklärung des Antragstellers (§ 91 a ZPO) oder Abweisung mangels Masse (§ 26), so haben lediglich die „Parteien" des ursprünglichen Eröffnungsverfahrens Anspruch auf Akteneinsicht (**OLG Celle** ZIP 2007, 299). Gleiches gilt bei Aufhebung des Eröffnungsbeschlusses durch die Beschwerdekammer (MüKoInsO-*Ganter* § 4 Rn 60). **Dritten Personen,** wie zB Gläubigern, kann nur der Vorstand des Gerichts (Amtsgerichtspräsident oder Direktor des Amtsgerichts) Einsicht in die abgeschlossene Insolvenzakte gestatten, wenn ein **rechtliches Interesse glaubhaft** gemacht wird (§§ 4 InsO, 299 Abs 2 ZPO). Nach Abweisung des Antrags mangels Masse besteht für einen Gläubiger das rechtliche Interesse fort, selbst wenn die Akteneinsicht der Feststellung dienen soll, ob Durchgriffs- und Schadensersatzansprüche gegen Dritte, insb. Geschäftsführer oder Gesellschafter des Schuldners bestehen (**BGH NZI 2006, 336** = ZIP 2006, 597 = ZInsO 2006, 529). Der Präsident oder Direktor des **AG** kann der Insolvenzabteilung generell die Ermächtigung erteilen, in eigener Zuständigkeit über die Akteneinsicht zu befinden. In diesen Fällen entscheidet das Insolvenzgericht als Justizverwaltung mit der Folge, dass statt Beschwerde die §§ 23 ff EGGVG eingreifen. Nach Auffassung des **OLG Köln** (KTS 1989, 439 = MDR 1988, 502; **OLG Köln** ZIP 1999, 1449, 1450) hat in den Fällen der **Abweisung mangels Masse** der Einsichtsbegehrende nur glaubhaft zu machen, dass er für den Fall der Verfahrenseröffnung Insolvenzgläubiger gewesen wäre (MüKoInsO-*Ganter* § 4 Rn 63; **OLG Celle** ZIP 207, 299; **OLG Dresden** ZIP 2003, 39; **OLG Stuttgart** NZI 2002, 459). Eine mögliche Verfahrensbeteiligung indiziert das rechtliche Interesse iS von § 299 Abs 2 ZPO. Nicht gefolgt werden kann der **früheren Auffassung des OLG Köln**, dass

III. Anwendbare Vorschriften der ZPO **§ 4**

ein rechtliches Interesse iSv § 299 Abs 2 ZPO an der Einsichtnahme bei Abweisung mangels Masse nicht vorliegt, wenn die von einem am Eröffnungsverfahren nicht beteiligten Gläubiger beantragte Akteneinsicht nur der Prüfung dient, ob nach Maßgabe des § 64 GmbHG rechtzeitig Insolvenzantrag (hier: Konkursantrag) gestellt worden ist (**OLG Köln** InVo 1998, 126 = JMBl NW 1997, 262; anders **OLG Köln** ZIP 1999, 1449). Zutreffend hat das **OLG Köln** nunmehr das rechtliche Interesse an der Akteneinsicht bejaht, wenn der potentielle Gläubiger prüfen will, ob die Stammeinlagen erbracht worden sind (**OLG Köln** ZIP 1999, 1449, 1450). Unzutreffend **OLG Brandenburg** (ZIP 2000, 1541 m zust Anm *Frind* EWiR 2000, 1079 f; vgl aber auch **OLG Brandenburg** ZIP 2001, 1922 = ZInsO 2001, 962) und **OLG Celle** (NZI 2000, 319), wonach der potentielle Gläubiger einer GmbH keinen Anspruch auf **Einsicht in das Sachverständigengutachten** nach Abweisung des Insolvenzantrags mangels Masse hat, weil er prüfen will, ob der Geschäftsführer persönlich haftet (vgl auch *Haarmeyer* Rpfleger 1996, 221, 227). Nach **OLG Düsseldorf** (ZIP 2000, 322, 323) handelt es sich bei dem im Insolvenzverfahren erstatteten Gutachten nicht um einen Gegenstand iSv § 299 Abs 3 ZPO, der von der Akteneinsicht ausgeschlossen ist (so auch **OLG Celle** ZIP 2002, 446, 447 und ZIP 2007, 299). Bei dem Gutachten handelt es sich um eine wichtige Entscheidungsgrundlage des Gerichts, die den Beteiligten schon deswegen nicht vorenthalten werden darf, weil sonst nicht überprüfbar ist, ob das Gericht die Verfahrenseröffnung zu Recht beschlossen oder abgelehnt hat. Zutreffend weist *Kirchhof* (HK-*Kirchhof* § 4 Rn 13) darauf hin, dass ein gem § 22 Abs 1 S 2 Nr 3 erstattetes Gutachten grundsätzlich zu den allen Gläubigern zugänglichen Akteninhalt gehört (so auch **OLG Celle** ZIP 2002, 446; **OLG Braunschweig** ZIP 1997, 894; **OLG Naumburg** ZIP 1997, 895; **OLG Brandenburg** KTS 1999, 380; **OLG Düsseldorf** ZIP 2000, 323; **LG Potsdam** ZIP 1997, 987; *Heeseler* ZInsO 2001, 873, 882 ff; *Graf/Wunsch* ZIP 2001, 1800). Das im Eröffnungsverfahren erstattete **Gutachten** ist Bestandteil der Insolvenzakten und stellt keinen Entwurf iSv § 299 Abs 3 ZPO dar, der von der Akteneinsicht ausgeschlossen ist (**OLG Celle** ZIP 2002, 446, 447; **OLG Düsseldorf** ZIP 2000, 322, 323; **OLG Braunschweig** ZIP 1997, 894). Dem berechtigten Schutzinteresse des Insolvenzschuldners ist im Rahmen des § 299 Abs 2 ZPO durch eine „Abwägung im Einzelfall Rechnung zu tragen" (FK-*Schmerbach* § 4 Rn 67; **OLG Braunschweig** ZIP 1997, 894). Schon im Hinblick auf den Insolvenzverschleppungsschaden oder die Einzahlung eines Massekostenvorschusses nach § 26 Abs 1 mit der Folge eines Anspruchs nach § 26 Abs 3 muss es ausreichen, das Interesse eines Gläubigers zu bejahen, wenn dieser beabsichtigt, seinen Forderungsausfall oder den Schadenersatzanspruch nach § 26 Abs 3 gegen den Schuldner geltend zu machen (HK-*Kirchhof* § 4 Rn 15; **OLG Hamburg** NZI 2002, 99 = ZInsO 2002, 36 = ZIP 2002, 266, 268; **OLG Köln** NZI 1999, 502; **str aA OLG Köln** WM 1998, 1092; **OLG Brandenburg** ZIP 2000, 1541; **OLG Düsseldorf** ZIP 2000, 322). Der Gesetzgeber der InsO (vgl Allgem Teil Begr RegEInsO Ziff A. 1. a) sieht das Versagen der KO vor allem auch darin, dass Haftungsansprüche des Schuldnerunternehmens gegen Geschäftsführer, Gesellschafter oder Muttergesellschaften nicht geltend gemacht werden. Vermögensmanipulationen blieben unentdeckt und könnten nicht rückgängig gemacht werden. Wirtschaftsstraftaten würden nicht geahndet. Es besteht durchaus ein **rechtliches Interesse** daran, dass **Haftungsansprüche auch nach Abweisung mangels Masse** gegen die Verantwortlichen durchgesetzt werden (vgl *Uhlenbruck* ZIP 1996, 1641 ff). Das Recht auf informationelle Selbstbestimmung steht einer solchen Akteneinsicht nicht entgegen (**OLG Frankfurt** MDR 1996, 379; **OLG Braunschweig** ZIP 1997, 894; **OLG Naumburg** ZInsO 1997, 985 m abl Anm *Haarmeyer* EWiR 1997, 457; **OLG Brandenburg** ZIP 1998, 962, 963). Wollte man anders entscheiden, würden die „Insolvenzverfahren unter Hinweis auf das Recht des Schuldners auf informationelle Selbstbestimmung zu Geheimverfahren umfunktioniert werden" (*Pape* ZIP 1997, 1371). Die Zurückweisung von Akteneinsichtsgesuchen nach Abweisung mangels Masse (§ 26) liefe letztlich darauf hinaus, neue überflüssige Verfahren zu produzieren (**OLG Köln** ZIP 1999, 1449, 1450; *Pape* ZIP 1997, 1371; FK-*Schmerbach* § 4 Rn 66; vgl auch **OLG Braunschweig** ZIP 1997, 894). Schließlich muss ein Gläubiger prüfen können, ob er wegen der gesetzlichen Zuweisung der Ansprüche in § 26 Abs 3 nicht doch noch einen Massekostenvorschuss aufbringt, um die Verfahrenseröffnung zu ermöglichen. **Anders kann sich die Situation darstellen**, wenn der **Antrag** vom Gläubiger wegen Zahlung der zugrunde liegenden Forderung **zurückgenommen** oder **für erledigt erklärt** worden ist. Hier mag im Rahmen der Interessen- und Güterabwägung im Einzelfall das Recht des Schuldners auf informationelle Selbstbestimmung höher zu bewerten sein als das Recht eines Dritten auf Akteneinsicht. Die Situation kann bei einer natürlichen Person anders sein als zB bei einer GmbH. Vorstehende Grundsätze gelten auch bei **Einstellung des eröffneten Insolvenzverfahrens** nach den §§ 207, 211. In diesen Fällen hat der Schuldner bzw das Schuldnerunternehmen so lange gewirtschaftet, dass keine ausreichende Masse zur Fortführung des Verfahrens vorhanden ist. In diesen Fällen hat ein Dritter idR ein berechtigtes Interesse daran, davon Kenntnis zu nehmen, wieso es zur Massearmut oder Masseunzulänglichkeit gekommen ist. Dies nicht zuletzt auch deswegen, weil er im Hinblick auf die Schadenersatzansprüche nach §§ 26 Abs 3, 207 Abs 1 S 2 2. Halbs die Prüfung vornehmen muss, ob er uU einen **Massekostenvorschuss** zur Eröffnung oder Fortführung des Verfahrens leistet. Vgl auch die Ausführungen unten zu e). Die Entscheidungen des **OLG Brandenburg** (NZI 2000, 485 = ZIP 2000, 1541) und des **OLG Celle** (NZI 2000, 319) verkennen, dass auch ein nicht am Insolvenzverfahren beteiligter Dritter uU ein schutzwürdiges Interesse daran haben kann, nicht nur die für die Insolvenzverschleppung Verantwortlichen in Anspruch zu nehmen, sondern auch einen Massekostenvorschuss zur Eröffnung oder Fortführung des Verfahrens einzuzahlen.

§ 4 Anwendbarkeit der Zivilprozeßordnung

29 **d) Akteneinsicht und Auskünfte im eröffneten Insolvenzverfahren. aa) Akteneinsicht.** Durch die Verfahrenseröffnung wird der Kreis der „Beteiligten" iS v § 299 Abs 1 ZPO erheblich erweitert (vgl *Chr. Heil*, Akteneinsicht und Auskunft im Konkurs, 1995 Rn 161 ff; *Holzer* ZIP 1998, 1333; *Uhlenbruck* KTS 1989, 527 ff; *ders* AnwBl 1971, 331; *Heeseler* ZInsO 2001, 873, 882; *Schmeel* MDR 1997, 437). Durch die Aufforderung zur Anmeldung ihrer Forderungen (§ 28 Abs 1 S 1) werden **sämtliche Insolvenzgläubiger** (§ 38), auch die nachrangigen Gläubiger (§ 39), ebenso in das Verfahren eingebunden wie Gläubiger, die Eigentumsvorbehalts- oder Sicherungsrechte am Schuldnervermögen für sich in Anspruch nehmen (**OLG Hamburg** MDR 1996, 379; **HK**-*Kirchhof* § 4 Rn 14; **FK**-*Schmerbach* § 4 Rn 62; **OLG Celle** ZInsO 2004, 204). Die abweichende Auffassung von *Haarmeyer* (InVo 1997, 254) verstößt gegen die Herrschaft der Gläubiger über das Insolvenzverfahren. Nach **LG Düsseldorf** (ZIP 2007, 1388) steht das Akteneinsichtsrecht nach § 299 Abs 1 nur den Gläubigern zu, deren Forderungen im Insolvenzverfahren berücksichtigt werden. Massegläubigern soll nur das Recht auf Akteneinsicht nach § 299 Abs 2 zustehen. Ein Akteneinsichtsrecht besteht auch, soweit der Insolvenzverwalter (zB nach den §§ 174 ff) zur Führung von Akten (Insolvenztabelle) verpflichtet ist (vgl auch **AG Frankfurt/Oder** ZInsO 1998, 142; **MüKoInsO**-*Ganter* § 4 Rn 58), jedoch nur, wenn und solange sich diese Akten beim Insolvenzgericht befinden. Ein Einsichtsrecht beim Insolvenzverwalter besteht nicht (**MüKo**-*Ganter* § 4 Rn 58). Das Akteneinsichtsrecht durch Verfahrensbeteiligte ist speziell in den §§ 66, 153, 154, 175, 234 und § 188 geregelt. Die Verweisung in § 4 auf § 299 ZPO greift daher nur ein, wenn die Spezialregelungen nicht greifen (*Heeseler* ZInsO 2001, 873, 882). Ein gem § 22 Abs 1 S 2 Nr 3 im Eröffnungsverfahren erstattetes **Gutachten** gehört grundsätzlich zum Akteninhalt, **der allen Insolvenzgläubigern zugänglich** ist (**OLG Braunschweig** ZIP 1997, 894; **OLG Naumburg** ZIP 1997, 895; **OLG Brandenburg** KTS 1999, 380; **OLG Düsseldorf** ZIP 2000, 323; **LG Potsdam** ZIP 1997, 987; **AG Cuxhaven** DZWIR 2000, 259; **HK**-*Kirchhof* § 4 Rn 13; *Pape* ZIP 1997, 1369; *Heil*, Akteneinsicht und Auskunft im Konkurs Rn 206, 211; str aA **AG Potsdam** Rpfleger 1998, 37). **Dritte** können im eröffneten Insolvenzverfahren gem § 299 Abs 2 ZPO Einsichtnahme in die Insolvenzakten beantragen, wenn sie ein **rechtliches Interesse** glaubhaft machen. Nach *Hess* (§ 4 Rn 309) ist jedoch im Einzelfall abzuwägen, ob berechtigte Geheimhaltungsinteressen des Schuldners der Einsicht entgegenstehen. Soweit das Gesetz ein Einsichtsrecht ausdrücklich regelt, wie zB in den §§ 150 S 2, 154, 175, 234, bedarf es einer entsprechenden Anwendung des § 299 ZPO nicht. Das Recht auf informationelle Selbstbestimmung des Insolvenzschuldners steht dem grundsätzlich unbeschränkten Akteneinsichtsrecht der Beteiligten nicht entgegen (**LG Potsdam** ZIP 1997, 987, 988; **FK**-*Schmerbach* § 4 Rn 62; *Holzer* ZIP 1998, 1333 ff). Die gegenteilige Auffassung (**LG Magdeburg** Rpfleger 1996, 364; **AG Potsdam** Rpfleger 1998, 37; *Haarmeyer/Seibt* Rpfleger 1996, 221 ff) vermag nicht zu überzeugen. Nach Wegfall des § 120 Abs 2 VglO folgt aus dem in § 299 ZPO (§ 4 InsO) enthaltenen allgemeinen Rechtsgedanken, dass seitens des Gerichts auf das Recht des Insolvenzschuldners auf informationelle Selbstbestimmung die gebotene Rücksicht zu nehmen ist, anderseits aber auch den Besonderheiten des Insolvenzrechts Rechnung zu tragen ist (vgl **LG Darmstadt** ZIP 1990, 1425; **AG Köln** KTS 1989, 935; *Heil* Akteneinsicht und Auskunft im Konkurs, Rn 242, 255–260; *Holzer* ZIP 1998, 1333, 1337; **HK**-*Kirchhof* § 4 Rn 15; *Pape* EWiR 1997, 373, 374). Auch Personen, die Verpflichtungen gegenüber dem Schuldner haben, sind Verfahrensbeteiligte. Alle Beteiligten iSv § 60 Abs 1 S 1 haben ein Akteneinsichtsrecht. Abzulehnen ist die Ansicht, nur Gläubiger titulierter Forderungen seien zur Einsicht in die Insolvenzakten berechtigt (so aber *Haarmeyer/Seibt* Rpfleger 1996, 221, 223; hiergegen mit Recht *Heeseler* ZInsO 2001, 873, 882 f). Die Geschäftsstelle des Insolvenzgerichts ist aber nicht verpflichtet, **telefonisch oder mündlich Auskünfte über den Stand des Verfahrens** zu erteilen (**K/U** § 72 KO Rn 4; *Pape* ZIP 1997, 1367). Geschäftsstelle, Rechtspfleger und Richter haben den Anfragenden auf das Recht zur Akteneinsicht zu verweisen (Einzelheiten bei *Uhlenbruck/Delhaes* HRP Rn 28 c; *Uhlenbruck* KTS 1989, 527 ff; *ders* AnwBl 1971, 331 ff). Findet das Verfahren eine **vorzeitige Erledigung** etwa durch Aufhebung des Eröffnungsbeschlusses durch die Beschwerdekammer oder durch Verfahrenseinstellung nach den §§ 207, 211, so entfällt die Beteiligteneigenschaft iSv § 299 Abs 1 ZPO nicht nachträglich (**OLG Köln** KTS 1989, 439 = MDR 1988, 502, 503 = EWiR 1989, 99 *[Brehm]*; *Holzer* ZIP 1998, 1333, 1336). Dem Schuldner ist vor Gewährung der Akteneinsicht **kein rechtliches Gehör** zu gewähren (**BGH** ZIP 1998, 961; **OLG Brandenburg** ZIP 1998, 962 m Anm *Kutzer*; vgl auch oben zu Ziff c)). Bei Anträgen am Verfahren Beteiligter nach §§ 4 InsO, 299 Abs 1 ZPO hat der **Geschäftsstellenbeamte**, in Zweifelsfällen der **Rechtspfleger** über das Gesuch zu entscheiden (*Uhlenbruck* KTS 1989, 527, 537 f; *Pape* ZIP 1997, 1368). In **Missbrauchsfällen** ist die Akteneinsicht zu versagen. So zB, wenn sich die **Presse** dadurch Einsicht in die Insolvenzakten verschafft, dass sie eine Insolvenzforderung aufkauft, um ausführlich über das Verfahren und die Erfolgsaussichten berichten zu können. Begehrt ein Mitarbeiter der Presse Akteneinsicht, so entscheidet hierüber der Gerichtsvorstand nach § 299 Abs 2 ZPO. Für die Entscheidung über die Gewährung von **Akteneinsicht an die Presse** gelten die gleichen Grundsätze, die das **LG Frankfurt** (ZIP 1983, 344) für die Zulassung der Presse im Vergleichstermin aufgestellt hat. Im Regelfall reicht die Auskunft der Pressestelle des Gerichts. Auch im eröffneten Verfahren hat das Insolvenzgericht die Möglichkeit, **das Akteneinsichtsrecht teilweise auszuschließen oder zu beschränken**. So besteht die Möglichkeit, einzelnen Gläubigern zeitweise die Einsicht in solche Teile der Akten zu versagen, deren Kenntnis für sie ohne Bedeutung ist oder deren Geheimhaltung nach Angabe des Schuldners oder des Verwalters für die Fortführung des Unternehmens unbedingt erforderlich ist. Es gelten insoweit die gleichen Grundsätze wie oben zu Ziff 7 b dargestellt. **Protokolle des Gläubigerausschus-**

III. Anwendbare Vorschriften der ZPO § 4

ses sind grundsätzlich in einen Sonderband zu nehmen und von der allgemeinen Akteneinsicht auszuschließen. Drohen durch das Bekanntwerden der Verluste einzelner Gläubiger Zusammenbrüche anderer Firmen oder steht der Zusammenbruch von Banken zu befürchten, so ist das Gericht in Ausnahmefällen als befugt anzusehen, zeitweise auch die **Einsicht in die Insolvenztabelle** auszuschließen. Das Einsichtsrecht muss aber spätestens bis zum Niederlegungstermin gem § 175 S 2 bzw bis zum ersten Prüfungstermin wieder hergestellt werden. In der Praxis hat es sich vor allem bei Großverfahren bewährt, die Forderungen einzelner Gläubiger in eine treuhänderische Gesellschaft einzubringen und unter deren Namen zur Tabelle anzumelden. Als Gläubiger tritt die Treuhandgesellschaft auf, so dass die Höhe der Forderungen der einzelnen Mitglieder nicht bekannt wird. Vor allem bei Unternehmensfortführung und beabsichtigter Sanierung kann es im Einzelfall geboten sein, Teile der Akten von der allgemeinen Einsicht auszuschließen. Dies gilt insbesondere für Berichte über Geschäftsgeheimnisse, Bezugs- und Absatzmöglichkeiten sowie Urheberrechte (Kuhn/*Uhlenbruck* § 72 KO Rn 4 f; *Uhlenbruck* AnwBl 1971, 331, 332). Nicht ausgeschlossen werden können von der – teilweisen – Akteneinsicht der Insolvenzverwalter und die Mitglieder des Gläubigerausschusses, es sei denn, es handele sich um Tatsachen, bei denen das Interesse des Schuldners bzw Schuldnerunternehmens oder das Verfahrensinteresse vorrangig ist. **Zuständig** für die Gewährung von Akteneinsicht ist im eröffneten Verfahren ebenfalls die Geschäftsstelle. Bei rechtlichen Schwierigkeiten oder Zweifeln ist die Sache dem zuständigen Rechtspfleger, bei vorbehaltenen Verfahren dem zuständigen Richter zur Entscheidung vorzulegen. Soweit **Dritte um Einsicht ersuchen,** entscheidet der Gerichtsvorstand (MüKoInsO-*Ganter* § 4 Rn 69), der jedoch die Entscheidung an die Insolvenzabteilung delegieren kann (**OLG** Dresden ZIP 2003, 39). Der Insolvenzrichter entscheidet dann im Wege eines Justizverwaltungsakts (**OLG** Celle ZIP 2006, 299 = ZInsO 2007, 150). Dritte haben gem § 299 Abs 2 ZPO ein **rechtliches Interesse** an der Akteneinsicht glaubhaft zu machen (**OLG** Düsseldorf NZI 2000, 178; MüKoInsO-*Ganter* § 4 Rn 62–65). Das rechtliche Interesse eines Dritten fehlt nach Auffassung einiger Gerichte, wenn jemand aus der Insolvenzakte einen neuen Schuldner ermitteln oder die Voraussetzungen für einen Zivilprozess ermitteln will (vgl **OLG** Köln NZI 1999, 502, 503; **OLG** Celle KTS 2000, 376; **OLG** Brandenburg ZInsO 2000, 627 = ZIP 2000, 1541 f; **KG** NJW 1988, 1738 f; **OLG** Brandenburg v 26. 7. 2007 – 11 VA 7/07 –; MüKoInsO-*Ganter* § 4 Rn 65 a; *Heeseler* ZInsO 2001, 873, 883). Das rechtliche Interesse besteht, wenn die Akteneinsicht die Frage der Teilnahme am Verfahren klären soll. Geht es aber nur darum, sich über die Vermögenssituation des Schuldners zu informieren, ohne dass der Antragsteller Zugriff auf das Insolvenzvermögen hätte, wird das rechtliche Interesse verneint (**OLG** Frankfurt v 29. 5. 2008 – 20 VA 5/08 –). Im eröffneten Verfahren ist dem **Ersuchen von Behörden, Gericht und Sozialversicherungsträgern im Rahmen der Rechts- und Amtshilfe** regelmäßig über Art 35 GG stattzugeben (MüKoZPO-*Prütting* § 299 Rn 19; *K/U* § 72 KO Rn 4). Auch Behörden und Sozialversicherungsträger sind Dritte iS von § 299 Abs 2 ZPO, soweit sie nicht Gläubiger sind. Zuständig für die Genehmigung ist somit der Gerichtsvorstand, soweit nicht eine Delegation auf die Insolvenzabteilung erfolgt ist (Einzelheiten bei *Uhlenbruck* KTS 1989, 527, 538 f; FK-*Schmerbach* § 4 Rn 76 ff).

bb) Auskünfte. Auskunftspflichten des Insolvenzgerichts bestehen grundsätzlich im eröffneten Verfahren über die gesetzlichen Bekanntmachungs- und Informationspflichten und die in den Mitteilungen in Zivilsachen vorgesehenen Mitteilungen hinaus nicht. Vor allem ist die Geschäftsstelle nicht zu **Auskünften über den Verfahrensstand** verpflichtet (MüKoInsO-*Ganter* § 4 Rn 77). Auf Anfrage hat der Geschäftsstellenbeamte lediglich Auskunft über die Eröffnung, Fristen und Termine sowie über eine Verfahrensaufhebung bzw Verfahrenseinstellung zu erteilen. Sonstige Informationen haben sich die Gläubiger und Dritte mit Ausnahme ersuchender Behörden und Gerichte durch Einsicht in die Insolvenzakten zu verschaffen (**BGHZ** 51, 193, 197; *Uhlenbruck* KTS 1989, 527, 529; *Haarmeyer/Seibt* Rpfleger 1996, 226 Fn 29; *Pape* ZIP 1997, 1367; *Heeseler* ZInsO 2001, 873, 882). Das gilt auch für die **Auskunftspflicht des Insolvenzrichters oder Rechtspflegers.** Außer in der Gläubigerversammlung haben die Gläubiger die Möglichkeit, sich im eröffneten Verfahren jederzeit über den Sach- und Verfahrensstand durch Akteneinsicht zu informieren. Zu Einzelberichten oder gar schriftlichen Auskünften über den Verfahrensstand ist das Gericht nicht verpflichtet. Gleiches gilt für **Auskünfte des Insolvenzverwalters** (eingehend hierzu *Heeseler* ZInsO 2001, 873, 877 ff). Eine Ausnahme gilt lediglich für Auskünfte, die nach den §§ 242, 260, 402 BGB hinsichtlich der Sicherungsrechte nach § 167 Abs 1 zu geben sind. Gem § 167 Abs 1 S 2 kann der Insolvenzverwalter aber anstelle der Auskunft dem Gläubiger gestatten, die Sache zu besichtigen. Ähnliches gilt für Forderungen gem § 167 Abs 2. Im Rahmen des Verbraucherinsolvenzverfahrens besteht nicht nur ein Einsichtsrecht; vielmehr stellt der Schuldner dem Insolvenzgericht nach § 307 Abs 1 S 1 die vom Schuldner genannten Gläubigern das Vermögensverzeichnis, das Gläubigerverzeichnis, das Forderungsverzeichnis sowie den Schuldenbereinigungsplan zu. Hat der Schuldner Forderungen im Gläubigerverzeichnis nicht angegeben, so können die Gläubiger zwar gem § 308 Abs 3 S 1 vom Schuldner Erfüllung verlangen. Sie sind aber auch berechtigt, das Gläubigerverzeichnis und den Schuldenbereinigungsplan einzusehen und den Schuldner sowie das Insolvenzgericht auf die Forderung hinzuweisen und auf die Aufnahme in den Schuldenbereinigungsplan zu drängen. Im Rahmen der **Eigenverwaltung** nach den §§ 270 ff obliegen die Auskunftspflichten des Insolvenzverwalters dem Schuldner bzw organschaftlichen Vertreter des Schuldnerunternehmens. Auch wenn der Sachwalter das Verteilungsverzeichnis geprüft hat (§ 283 Abs 2 S 2), ist im Rahmen der Eigenverwaltung das Verzeichnis auf

30

der Geschäftsstelle zur Einsicht der Beteiligten niederzulegen (§ 188 S 2. Vgl. auch FK-*Foltis* § 283 Rn 7).

31 **e) Akteneinsicht und Auskunft nach Verfahrensbeendigung.** Wird ein eröffnetes Insolvenzverfahren mangels Masse (§ 207), nach Anzeige der Masseunzulänglichkeit (§ 211 Abs 1), wegen Wegfalls des Eröffnungsgrundes (§ 212) oder mit Zustimmung der Gläubiger (§ 213) eingestellt, so gilt über § 4 InsO ebenfalls die Regelung des § 299 ZPO entsprechend (vgl *Heil*, Akteneinsicht und Auskunft im Konkurs 1995 Rn 173 ff; *Uhlenbruck* KTS 1989, 527, 543; *Uhlenbruck/Delhaes* HRP Rn 28 f). Wie bei der Abweisung mangels Masse (vgl **OLG** Naumburg ZIP 1997, 895; **OLG** Frankfurt MDR 1996, 379; **OLG** Braunschweig ZIP 1997, 894) ist auch in diesen Fällen grundsätzlich Akteneinsicht nach § 299 Abs 2 ZPO zu gewähren, wenn ein **rechtliches Interesse** glaubhaft gemacht wird. Ehemalige Insolvenzgläubiger und sonstige Verfahrensbeteiligte sind nicht immer „Parteien" iSv § 299 Abs 1 ZPO (anders K/U § 72 KO Rn 4; *Uhlenbruck* KTS 1989, 527, 545; für Fortbestehen der Parteistellung *Stobbe*, Die Durchsetzung gesellschaftsrechtlicher Ansprüche der GmbH in Insolvenz und masseloser Liquidation, 2001, Rn 564). Während bei Einstellung nach den §§ 207, 211 Abs 1 die Vorschrift des § 299 Abs 1 ZPO Anwendung findet, greift in den Fällen der §§ 212, 213 die Regelung des § 299 Abs 2 ZPO ein. In letzterem Fall ist der Antrag beim Gerichtsvorstand, bei Delegation beim Insolvenzgericht unter Glaubhaftmachung des rechtlichen Interesses zu stellen. Das rechtliche Interesse ist regelmäßig zu bejahen, wenn der Antragsteller nachweist, dass er Insolvenzgläubiger war oder gewesen wäre (**OLG** Köln MDR 1988, 502; **OLG** Frankfurt MDR 1996, 224; **OLG** Braunschweig ZIP 1997, 894; **OLG** Naumburg ZIP 1997, 985; **OLG** Brandenburg ZInsO 1998, 41, 42; MüKoInsO-*Ganter* § 4 Rn 63; *Frege/Keller/Riedel* HRP Rn 181; FK-*Schmerbach* § 4 Rn 68). Zum Recht des Inhabers einer titulierten Forderung auf Einsicht in die Insolvenzakten einer gelöschten GmbH **OLG** Hamburg (NZI 2002, 99 = ZInsO 2002, 36). Das Recht auf informationelle Selbstbestimmung des Schuldners kann nicht dazu führen, in abgeschlossenen Verfahren das Akteneinsichtsrecht schlechthin auszuschalten (vgl auch *Pape* ZIP 1997, 1367, 1370; FK-*Schmerbach* § 4 Rn 68; vgl auch **OLG** Köln MDR 1988, 502; **OLG** Frankfurt MDR 1996, 379; **OLG** Braunschweig ZIP 1997, 894; **OLG** Naumburg ZIP 1997, 985 m Anm *Haarmeyer* EWiR 1997, 457; **OLG** Brandenburg ZIP 1998, 962; FK-*Schmerbach* § 4 Rn 66; **einschränkend OLG** Brandenburg ZIP 2000, 1541; *Haarmeyer* EWiR 1997, 457; *ders* Rpfleger 1996, 221 ff; vgl auch *Schmeel* MDR 1997, 437; *Holzer* ZIP 1998, 1333 ff).

32 **f) Akteneinsicht durch Dritte.** Für die Akteneinsicht Dritter gilt über § 4 die Vorschrift des § 299 Abs 2 ZPO. Danach kann der Vorstand des Gerichts, Präsident oder Amtsgerichtsdirektor ohne Zustimmung des Insolvenzschuldners (anders insoweit *Haarmeyer* In Vo 1997, 593 ff) die Akteneinsicht gestatten, wenn ein **rechtliches Interesse** glaubhaft gemacht wird (MüKoInsO-*Ganter* § 4 Rn 62). Insoweit handelt es sich um eine **Angelegenheit der Justizverwaltung**. Bei Versagung der Akteneinsicht gilt nicht das insolvenzrechtliche Beschwerdeverfahren (§ 6), sondern das Verfahren nach den §§ 23 ff EGGVG (vgl **KG** NJW 1988, 1738; NJW 1989, 534; **OLG** Frankfurt MDR 1996, 379; **OLG** Braunschweig ZIP 1997, 894; **OLG** Naumburg ZIP 1997, 895; **OLG** Düsseldorf ZIP 2000, 322 = NZI 2000, 178; *Frege/Keller/Riedel* HRP Rn 187; *Hirte* NJW 1988, 1699; *Stein/Jonas/Leipold* § 299 ZPO Rn 73; MüKo-*Prütting* § 299 ZPO Rn 28). Es entscheidet im Senat des zuständigen **OLG**. Der Amtsgerichtspräsident bzw Amtsgerichtsdirektor kann die Entscheidung auf einen Richter der Insolvenzabteilung als Aufgabe der Justizverwaltung delegieren (*Frege/Keller/Riedel* HRP Rn 187; FK-*Schmerbach* § 4 Rn 77). Im Einzelfall ist zu prüfen, ob durch die Kenntnisnahme Dritter schutzwürdige Interessen der Verfahrensbeteiligten verletzt werden (**OLG** Düsseldorf ZIP 2000, 322, 323). Insoweit spielt das **Recht des Schuldners auf informationelle Selbstbestimmung** eine Rolle. Nach Auffassung des **BGH** (ZIP 1998, 961 m krit Anm *Kutzer* ZIP 1998, 964) setzt eine ermessensfehlerfreie Interessenabwägung gem § 299 Abs 2 ZPO voraus, dass dem Insolvenzschuldner im Rahmen des Möglichen und Zumutbaren Gelegenheit gegeben wird, sein Geheimhaltungsinteresse gegenüber dem Interesse des Insolvenzgläubigers an der Einsicht in das Gutachten sowie in die vollständige Akte geltend zu machen. Zutreffend weist *Kutzer* (ZIP 1998, 964) darauf hin, dass die Begründung des gebotenen rechtlichen Gehörs mit dem Recht auf informationelle Selbstbestimmung in dieser Allgemeinheit vor allem bei der GmbH sowohl bei einer Einstellung des Insolvenzverfahrens wie auch im häufigeren Fall der Nichteröffnung nur eine Leerformel ist. Eine Kapitalgesellschaft wird – anders als natürliche Personen – durch die Datenschutzgesetze nicht geschützt. Im Übrigen sind schützenswerte Belange bei Kapitalgesellschaften im Rahmen der Akteneinsicht kaum vorstellbar (vgl auch *Pape* EWiR 1997, 373, 374; **str aA OLG** Frankfurt MDR 1996, 397; **OLG** Naumburg ZIP 1997, 895; **OLG** Brandenburg ZIP 1998, 962, 963 m Anm *Kutzer*). Der Schuldner bzw das Schuldnerunternehmen haben keinen Anspruch auf **schrankenlose Geheimhaltung der Geschäfts- oder Privatsphäre** (*Pape* ZIP 1997, 1367, 1370; FK-*Schmerbach* § 4 Rn 52 ff, 67; anders aber **LG** Magdeburg Rpfleger 1996, 364; *Haarmeyer/Seibt* Rpfleger 1996, 221). Das **BVerfG** (NJW 1988, 3009) hat hinsichtlich der Eintragung in das Schuldnerverzeichnis den Schutz des Rechtsverkehrs vor insolventen Schuldnern höher eingeschätzt als das Recht auf informationelle Selbstbestimmung des Schuldners. Eine Rechtfertigung Dritter für die Einsichtnahme in Akten ist nach Aufhebung des Verfahrens bereits dann gegeben, wenn ohne das Einsichtsrecht dem Gläubiger eine effektive Wahrnehmung seiner Interessen unmöglich ist (zutreffend **OLG** Köln KTS 1989, 439 = MDR

III. Anwendbare Vorschriften der ZPO § 4

1988, 502 = EWiR 1989, 99 *[Brehm]*). Die **Gewährung des Einsichtsrechts an Dritte** kann im Einzelfall dazu dienen, eine Vielzahl von Folgeanträgen zu vermeiden, die bei Versagung der Einsicht wahrscheinlich sind (*Pape* EWiR 1997, 373, 374; **str aA** *Holzer* ZIP 1998, 1333, 1338). Zudem muss es einem Gläubiger, der zB durch das Verhalten des GmbH-Geschäftsführers einen Schaden erlitten hat, möglich sein, durch **Einsichtnahme in das Gutachten** zu prüfen, ob ihm Schadenersatzansprüche entweder aus c. i. c. oder § 64 GmbHG iVm § 823 Abs 2 BGB zustehen (**BGH** NZI 2006, 336 = ZIP 2006, 597 = ZInsO 2006, 529). Zutreffend weist *Pape* (EWiR 2002, 173, 174) darauf hin, dass die Auffassung des **OLG** Brandenburg (NZI 2001, 49) für das **Eröffnungsverfahren** dazu führt, dass die Mitwirkungsrechte des Schuldners aus § 20 Abs 1 in ihr Gegenteil verkehrt werden. Übertriebene Einsichtsversagung würde überflüssige Verfahren und Kosten provozieren (**OLG** Düsseldorf ZIP 2000, 322, 323 = NZI 2000, 178; *Pape* ZIP 1997, 1367, 1370 f; FK-*Schmerbach* § 4 Rn 53 ff; **str. aA OLG** Brandenburg ZIP 2000, 1541; **OLG** Celle NZI 2000, 319; **KG** NJW 1988, 1738; **OLG** Köln NJW-RR 1998, 407; *Haarmeyer* EWiR 1997, 457; *ders* Rpfleger 1996, 221, 227). Urheberrechte des Gutachters werden durch die Akteneinsicht nicht tangiert (*Schmeel* MDR 1997, 437). Die Änderung des Bundesverfassungsgerichtsgesetzes (§§ 35 a, 35 b, 35 c) zwingt im Insolvenzverfahren ebenso wenig zur Einschränkung des Akteneinsichtsrechts Dritter wie das Brandenburgische Akteneinsichts- und Informationszugangsgesetz (GVBl 1998, I 46 ff), zumal derzeit eine Änderung des § 299 ZPO nicht diskutiert wird (*Pape* ZIP 1997, 1367, 1371). Ein **rechtliches Interesse** an der Akteneinsicht ist nicht gegeben, wenn ein Dritter die Akten einzusehen wünscht, weil er hofft, auf diese Weise Fakten über die wirtschaftliche Situation eines Schuldners ermitteln zu können, die Grundlage für eine Anfechtungsklage nach dem AnfG wegen Veräußerung von Vermögenswerten sein können (**KG** NJW 1988, 1738). **Auskunftsersuchen zu wissenschaftlichen Zwecken** sind in den einzelnen Bundesländern durch besondere ministerielle Anordnungen, wie zB in NRW durch die RVd JM v 2. Sept 1988 (1410 I B.88) geregelt. Auch Einzelpersonen, wie zB Studenten und Doktoranden, kann – soweit datenschutzrechtliche Bestimmungen nicht entgegenstehen – Einsicht in Insolvenzakten zur Vorbereitung von Forschungsarbeiten und wissenschaftlichen Untersuchungen erteilt werden (*Holzer* ZIP 1998, 1333, 1334; MüKo-*Ganter* § 4 Rn 66). Erfordert das Ersuchen umfangreiche Ermittlungen oder eingehende Auskünfte aus den Akten, so soll es unter Hinweis auf die Geschäftsbelastung der Gerichte grundsätzlich abgelehnt werden. Der Antrag ist dem **Präsidenten des Oberlandesgerichts** zur Entscheidung vorzulegen. Dieser legt den Antrag oder das Ersuchen dem Justizminister des Landes mit einer kurzen Stellungnahme vor, wenn es sich um eine Angelegenheit von grundsätzlicher, insbesondere rechtspolitischer Bedeutung handelt. Darüber hinaus ist das Ersuchen dem Minister vorzulegen, wenn die Wahrscheinlichkeit besteht, dass die gleiche Anfrage auch in dem Bezirk eines anderen **OLG** des Landes eingegangen ist.

g) **Art und Umfang der Akteneinsicht.** Die Akten sind grundsätzlich auf der Geschäftsstelle des Insolvenzgerichts einzusehen (**BGH** NJW 1961, 559; **OLG** Stuttgart AnwBl 1958, 95; **VGH** München AnwBl 1967, 158 m Anm *Leeb*; *Uhlenbruck* AnwBl 1971, 331 u KTS 1989, 527, 539). Das gilt auch für **Rechtsanwälte**, die den Schuldner oder einzelne Gläubiger vertreten. Grundsätzlich hat auch der Verfahrensbevollmächtigte die Akten auf der Geschäftsstelle einzusehen (MüKo-*Prütting* § 299 ZPO Rn 11; *Wimmer/Stenner* Lexikon Akteneinsichtsrecht S 36). Eine **Überlassung der Akten in die Wohnung oder Geschäftsräume** eines Berechtigten oder eines Verfahrensbevollmächtigten oder die Versendung an auswärtige Gerichte im Rahmen eines laufenden Insolvenzverfahrens verbietet sich nicht aus Rechtsgründen, sondern deshalb, weil diese Handhabung dem Zweck der Verfahrensbeschleunigung zuwiderlaufen würde (*Wimmer/Stenner* Lexikon Akteneinsichtsrecht S 36). Zudem widerspricht sie dem Zweck der in den §§ 150 S 2, 154, 175 S 2, 188 S 2, 194 Abs 3 S 1, 234 geregelten Niederlegung und dem **Einsichtsrecht der Gläubiger**. Schon die in der InsO festgelegten Einsichtsrechte der Beteiligten verbieten es, die Akten aus der Geschäftsstelle herauszugeben (so auch MüKo-*Ganter* § 4 Rn 71). Auch aus der Stellung des Rechtsanwalts als Organ der Rechtspflege kann ein Rechtsanspruch auf Aktenüberlassung nicht hergeleitet werden (**OLG** Köln Rpfleger 1983, 325 = KTS 1984, 133; **OLG** Stuttgart AnwBl 1958, 95 f; **LG** Köln KTS 1984, 133; vgl auch **OLG** Hamm NJW 1990, 843; *E. Schneider* MDR 1984, 108; *Holzer* ZIP 1998, 1333, 1335; *Frege/Keller/Riedel* HRP Rn 188; MüKo-*Ganter* § 4 Rn 70; FK-*Schmerbach* § 4 Rn 74). Etwas anderes gilt, wenn der Insolvenzverwalter in einem nahezu abgeschlossenen Verfahren die Akten kurzfristig in seinem Büro benötigt (**LG** Göttingen ZInsO 2008, 982). Eine **Ausnahme** vom allgemeinen Überlassungs- und Übersendungsverbot besteht auch in den Fällen, in denen das Insolvenzverfahren vollständig abgeschlossen ist. Aber auch hier steht es im pflichtgemäßen Ermessen des Gerichtsvorstandes, ob die Akten überlassen oder übersandt werden. Auch **Behörden** oder **Sozialversicherungsträger** haben keinen Anspruch auf Übersendung der Insolvenzakten. Die Verfahrensbeteiligten haben aber einen Anspruch auf **Erteilung von Abschriften bzw Ablichtungen** gegen Kostenerstattung (*Pape* ZIP 1997, 1367; 1368; MüKoInsO-*Ganter* § 4 Rn 72; FK-*Schmerbach* § 4 Rn 75; **str aA LG** Magdeburg Rpfleger 1996, 523). Dem **Umfang** nach erstreckt sich das Akteneinsichtsrecht grundsätzlich auf die **Insolvenzakten**. Bestandteile der Insolvenzakten sind die bei Gericht befindlichen Anträge, Stellungnahmen und Unterlagen, gerichtliche Protokolle sowie Beschlüsse und Verfügungen. Auch **Sachverständigengutachten** zwecks Ermittlung des Insolvenzgrundes zählen zu den Insolvenzakten (**OLG** Braunschweig ZIP 1997, 894; **OLG** Naumburg ZIP 1997, 895; **LG** Potsdam ZIP

1997, 987; *Pape* ZIP 1997, 1369; HK-*Kirchhof* § 4 Rn 13; **MüKoInsO**-*Ganter* § 4 Rn 74; **str aA LG** Magdeburg Rpfleger 1996, 365). Aber selbst wenn man sie mit einer Mindermeinung als „Beiakte" ansehen würde, unterlägen sie der Akteneinsicht (so MüKoZPO-*Prütting* § 299 ZPO Rn 5; wohl auch Zöller/*Greger* § 299 ZPO Rn 4; anders nur **LG** Magdeburg Rpfleger 1996, 364; *Haarmeyer/Seibt* Rpfleger 1996, 221, 222). Zutreffend weist *Prütting* (MüKoZPO-*Prütting* § 299 ZPO Rn 5) darauf hin, dass auch die Beiakten zu den Prozessakten gehören und der Akteneinsicht unterliegen (vgl auch **OLG** Naumburg ZIP 1997, 895 = EWiR 1997, 457 [*Haarmeyer*], **OLG** Frankfurt MDR 1996, 224; *K/U* § 72 KO Rn 4c; FK-*Schmerbach* § 4 Rn 53 ff; *Holzer* ZIP 1998, 1333). Der vorläufige Insolvenzverwalter (§ 21 Abs 2 Nr 1) hat als Verfahrensbeteiligter ein Einsichtsrecht nach § 299 Abs 1 ZPO (AG Göttingen ZInsO 2007, 720; *Uhlenbruck* AnwBl 1971, 331, 332; *Holzer* ZIP 1998, 1333, 1334). Gleiches gilt für den Insolvenzverwalter (**LG** Hagen ZIP 1987, 932; *Uhlenbruck/Delhaes* HRP Rn 28 k). Das Gericht kann dem Insolvenzverwalter die Einsichtnahme in seinem Büro gestatten, soweit hierdurch nicht das Einsichtsrecht anderer Beteiligter und die Verfahrensabwicklung gestört werden (**LG** Hagen ZIP 1987, 932; **LG** Göttingen ZInsO 2008, 982). Dieser ist nach Nr 185 Abs 3 RiStV auch berechtigt, die Ermittlungsakten bezüglich des Insolvenzschuldners oder seiner organschaftlichen Vertreter bei der Staatsanwaltschaft einzusehen (**OLG** Hamm WiB 1997, 420; *Vallender* = wistra 1997, 39). Auch der gerichtlich bestellte **Gutachter** ist zur Einsicht in die Insolvenzakten einschließlich des Sonderbandes über Insolvenzkostenhilfe berechtigt. Soweit sich das Recht zur Akteneinsicht unmittelbar aus der InsO ergibt, wie zB aus den §§ 150 S 2, 154, 234, findet § 299 ZPO keine entsprechende Anwendung, sondern greifen die Sonderregelungen ein (*K/U* § 72 KO Rn 4; *Holzer* ZIP 1998, 1333, 1336). Handelt es sich um **Beiakten anderer Gerichte** oder der Strafermittlungsbehörden, so ist eine Einsichtnahme ohne deren Zustimmung nicht zulässig. Dies gilt vor allem für **Strafakten**, die von Amts wegen vom Insolvenzgericht beigezogen werden. **Ausgeschlossen** von der Akteneinsicht ist auch das **Beiheft**, das für den Insolvenzkostenhilfeantrag anzulegen ist. Da ein Gesuch um Bewilligung von Insolvenzkostenhilfe persönliche Daten enthält, unterliegt das Beiheft auch nicht dem Einsichtsrechts des Antragsgegners (vgl **BVerfG** NJW 1991, 2078; BGHZ 89, 65 = NJW 1984, 740). **Von der Akteneinsicht ausgeschlossen** werden können Teile der Insolvenzakten durch Anordnung des Richters oder Rechtspflegers, wenn im Einzelfall ein besonderes Interesse an der Geheimhaltung bestimmter Teile der Akten besteht. Eine entsprechende Regelung enthielt früher § 120 Abs 2 VglO (vgl **LG** Darmstadt ZIP 1990, 1424; **AG** Köln KTS 1989, 935; MüKoInsO-*Ganter* § 4 Rn 75; *Pape* ZIP 1997, 1367, 1368; *Holzer* DZWIR 1999, 82; *K/U* § 72 KO Rn 4f; *Holzer* ZIP 1998, 1333, 1335, 1337). So können zB ärztliche Atteste und ärztliche Gutachten zur Prozessfähigkeit von der Akteneinsicht ausgeschlossen werden. Die frühere Vorschrift des § 120 VglG kann zum neuen Recht nicht mehr analog herangezogen werden. Insoweit greift aber das Recht des Insolvenzschuldners auf informationelle Selbstbestimmung, das eine Interessen- und Schutzabwägung erforderlich macht (vgl auch **BGH** ZIP 1998, 961; **OLG** Brandenburg ZIP 1998, 962 m Anm *Kutzer*). Ein **besonderes Interesse an der Geheimhaltung** besteht insbesondere, wenn durch eine unbeschränkte Akteneinsicht der Verfahrenszweck gefährdet oder gar vereitelt würde oder wenn das Schuldnerunternehmen durch die Einsichtnahme eines Konkurrenten Wettbewerbsnachteile erleiden würde (*Holzer* ZIP 1998, 1333, 1335). So werden regelmäßig **Gläubigerausschussprotokolle** von der allgemeinen Akteneinsicht durch gerichtlichen Beschluss ausgeschlossen (vgl **LG** Darmstadt ZIP 1990, 1424). Ausschlussgrund für die Akteneinsicht kann auch die Mitteilung des Insolvenzverwalters sein, er beabsichtige ein zur Insolvenzmasse gehöriges Wertpapierpaket zu verkaufen. Die Reaktion der Börse kann es hier gebieten, diese Mitteilung der allgemeinen Kenntnisnahme zu verschließen. Ähnliches gilt für Patente, Kundenlisten, Fabrikationsverfahren, Erfindungen, Lizenzen, Bezugsquellen oder Geheimverfahren, die den Verkaufswert eines insolventen Unternehmens erhöhen oder für die Sanierung von wesentlicher Bedeutung sind. Auch die vorbereitende Tätigkeit des Insolvenzverwalters für einen Anfechtungsprozess nach den §§ 129 ff rechtfertigt den Ausschluss der Akteneinsicht. Der Ausschluss des Akteneinsichtsrechts gilt nicht für den **Insolvenzverwalter** oder **Mitglieder des Gläubigerausschusses**. **Ausnahme:** Die geheimzuhaltende Tatsache bezieht sich gerade auf das betreffende Ausschussmitglied, wie zB Tatsachen oder Bekundungen über eine diesem Mitglied gegenüber anhängig zu machende Anfechtungsklage (instruktiv **AG** Köln KTS 1989, 935). Das Akteneinsichtsrecht umfasst grundsätzlich auch das **Recht auf Erteilung von Ausfertigungen, Auszügen und Abschriften** aus den Insolvenzakten. Die Verfahrensbeteiligten haben ein rechtliches Interesse nicht darzulegen, wohl aber Dritte. Im Einzelfall kann aber das Insolvenzgericht auch von einem Gläubiger die Glaubhaftmachung des rechtlichen Interesses verlangen, wenn der Verdacht besteht, dass die Erteilung von Ablichtungen kommerziellen Zwecken dient. Verlangt zB eine die Kreditversicherung als Gläubigerin eine vollständige Ablichtung des gesamten Gläubigerverzeichnisses, um Werbung bei den Beteiligten zu betreiben, so ist der Antrag abzulehnen. Das Akteneinsichtsrecht umfasst grundsätzlich auch nicht das Recht, Gläubigerverzeichnisse oder andere Listen auf der Geschäftsstelle abzuschreiben. Es gelten insoweit die Grundsätze, die in dem Beschluss des **BAG** v 3. 12. 1981 (BB 1982, 615) zum Einsichtsrecht des Betriebsrats in Lohn- und Gehaltslisten entwickelt worden sind. Die Geschäftsstelle ist nicht verpflichtet, einem Gläubiger oder Verfahrensbevollmächtigten Aktenteile zum Zwecke der Ablichtung in einem anderen Teil des Gerichtsgebäudes oder in der Kanzlei zu überlassen, auch wenn es nur für kurze Zeit ist. Die Fertigung von Abschriften bzw Ablichtungen kann von der vorherigen Zahlung der

Schreibgebühr abhängig gemacht werden, soweit nicht Insolvenzkostenhilfe bewilligt worden ist (§§ 56, 58 GKG, Nr 1900 KostVerz, §§ 4 JVKostO, 136 Abs 3–5 KostO). Die Akteneinsicht bezieht sich sowohl auf die Verfahrensakten als auch auf die die Schuldenmasse betreffenden Insolvenzakten einschl. der Verteilungen und Insolvenzplanunterlagen. **Teile des Insolvenzplans** können nicht von der Akteneinsicht ausgeschlossen werden, da der Insolvenzplan zu erörtern ist und darüber abgestimmt werden muss. Das Einsichtsrecht bezieht sich auch auf die **Anlagen zum Insolvenzplan** (§§ 228, 229, 230). Soll ein Insolvenzunternehmen aufgrund eines Sanierungsplans fortgeführt werden, so kann das Schuldnerunternehmen ein berechtigtes Interesse daran haben, dass die Konkurrenz in bestimmte Teile, die urheberrechtlich oder patentrechtlich geschützt werden können, keine Einsicht nimmt. Insoweit hat der Schuldner beim Insolvenzgericht den Antrag zu stellen, bestimmte Teile oder Anlagen des Insolvenzplans von der Akteneinsicht durch bestimmte Gläubiger zeitweise auszuschließen. Ein solcher Ausschluss von der Akteneinsicht kommt von Amts wegen schon in Betracht, wenn ein Konkurrent des Schuldners Forderungen aufkauft, um auf diese Weise Kenntnis von Geschäftsgeheimnissen zu erlangen. Zieht das Insolvenzgericht **Strafakten** bei, zB um festzustellen, ob der Schuldner wegen einer Straftat nach den §§ 283–283 c StGB rechtskräftig verurteilt worden ist (§ 290 Abs 1 Nr 1), so sind die Strafakten von der Akteneinsicht ausgeschlossen. Ist der Schuldner oder der organschaftliche Vertreter eines Schuldnerunternehmens verpflichtet, gem § 97 Abs 1 S 2 Tatsachen zu offenbaren, die geeignet sind, eine Verfolgung wegen einer Straftat oder einer Ordnungswidrigkeit herbeizuführen, so besteht auch insoweit ein Einsichtsrecht. Der Einsichtnehmende darf in einem Strafverfahren aber nicht als Zeuge vernommen werden (§ 97 Abs 1 S 3). § 299 ZPO gilt nicht für **Geschäftsbücher** des Insolvenzschuldners oder Schuldnerunternehmens, auch wenn diese zu den Insolvenzakten genommen werden (MüKoInsO-*Ganter* § 4 Rn 73). Das Einsichtsrecht des Gläubigerausschusses (§ 69 S 2) ist jedoch auch insoweit nicht eingeschränkt (zur Ausnahme s **AG** Köln KTS 1989, 935). Die Akteneinsicht beschränkt sich auf die vom Gericht geführten Akten, ein Recht auf Einsicht in die Akten des Insolvenzverwalters besteht nicht (**OLG** Köln ZIP 2008, 1131).

h) **Akteneinsicht und rechtliches Gehör.** Zweifelhaft ist, ob dem Insolvenzschuldner vor der Entscheidung über die Gewährung von Akteneinsicht rechtliches Gehör gewährt werden muss (bejahend **OLG** Brandenburg ZIP 1998, 962, 963 = ZInsO 1998, 41, 42 m aA Anm *Kutzer* ZIP 1998, 964; bejahend ebenfalls MüKo-*Ganter* § 4 Rn 70, wobei die Gewährung rechtlichen Gehörs unter dem Vorbehalt des „Möglichen und Zumutbaren" stehen soll). Wird der Antrag auf Akteneinsicht abgelehnt, ist rechtliches Gehör nicht zu gewähren (FK-*Schmerbach* § 4 Rn 75 a). Der **BGH** hat in seinem Nichtannahmebeschluss vom 18. 2. 1998 (ZIP 1998, 961) darauf hingewiesen, dass die Rechtsfolge, ob der Gemeinschuldner vor der Gewährung von Akteneinsicht anzuhören ist, weder vom **OLG** Köln (KTS 1989, 439), **OLG** Frankfurt (MDR 1996, 379), **OLG** Naumburg (ZIP 1997, 895), **OLG** Braunschweig (ZIP 1997, 894) beantwortet noch sonst erörtert oder angesprochen worden ist (vgl auch **OLG** Brandenburg NZI 1999, 503). Eine ermessensfehlerfreie Interessenabwägung gem § 299 Abs 2 ZPO setze voraus, dass dem Insolvenzschuldner im Rahmen des Möglichen und Zumutbaren Gelegenheit gegeben werde, sein Geheimhaltungsinteresse gegenüber dem rechtlichen Interesse des Insolvenzgläubigers an der Einsicht in das Gutachten sowie in die vollständige Akte geltend zu machen. Das heißt letztlich nichts anderes, als dass nur dann rechtliches Gehör zu gewähren ist, wenn das Recht auf informationelle Selbstbestimmung des Schuldners durch die Akteneinsicht in erheblichem Maße tangiert wird (so auch FK-*Schmerbach* § 4 Rn 75 a). Dies kommt bei juristischen Personen, wie zB einer GmbH oder Aktiengesellschaft, ohnehin nicht in Betracht (*Kutzer* ZIP 1998, 964; FK-*Schmerbach* § 4 Rn 75 a; anders aber **OLG** Brandenburg NZI 1999, 503 m krit Anm *Pape* EWIR 1999, 87). Im Regelfall der Gewährung von Akteneinsicht ist der Insolvenzschuldner nicht anzuhören.

i) **Versendung von Insolvenzakten.** Die Beteiligten haben grundsätzlich nur Anspruch, die Gerichtsakten und die dem Gericht vorgelegten Akten bei Gericht einzusehen. Sowohl im Eröffnungsverfahren als auch im eröffneten Insolvenzverfahren scheidet eine **Übersendung von Gerichtsakten zur Einsichtnahme in eine Rechtsanwaltskanzlei** schon deswegen aus, weil die Akten jederzeit auch von anderen bei Gericht eingesehen werden müssen (vgl **OLG** Brandenburg v 13. 7. 1999, OLG-NL 1999, 238; vgl auch **BFH** v 22. 4. 1997, NVwZ-RR 1998, 472; *Kuhn/Uhlenbruck* § 72 KO Rn 4 b; *Pape* ZIP 1997, 1367; *Hess* § 4 Rn 320). Eine Ausnahme gilt allenfalls für den **Insolvenzverwalter** (LG Göttingen ZInsO 2008, 982; *Hess* § 4 Rn 320). Aber auch hier darf das Einsichtsrecht der Beteiligten durch die Überlassung der Insolvenzakten zur Einsichtnahme in das Verwalterbüro nicht gestört oder unmöglich gemacht werden. In **abgeschlossenen Insolvenzverfahren** steht das Verfahrensinteresse nicht unbedingt einer Versendung der Akten entgegen. Geht ein Ersuchen um Einsicht von Verfahrensbeteiligten oder Dritten an anderer Gerichtsstelle ein oder ersuchen Behörden bzw Sozialversicherungsträger um Übersendung der Akten, so ist wie folgt zu verfahren: Handelt es sich um Verfahrensbeteiligte und damit „Parteien" iS von § 299 Abs 1 ZPO oder Behörden bzw. andere Gerichte, so entscheidet der Richter oder Rechtspfleger, der zuletzt mit dem Verfahren befasst war, über die Versendung der Akten. Ersucht ein sonstiger Dritter iS von § 299 Abs 2 ZPO um Übersendung der Akten, so hat hierüber der Gerichtsvorstand zu entscheiden, der das Entscheidungsrecht auf das Insolvenzgericht delegieren kann. Für die **Versendung von Akten durch die Post** wird ein **Auslagenpauschbetrag in Höhe von 12,50 Euro** je Sendung erhoben.

§ 4   Anwendbarkeit der Zivilprozeßordnung

Dies gilt nicht bei Versendung von Akten im Wege der Amtshilfe. Werden in Fällen, in denen der Gerichtsvorstand für die Akteneinsicht zuständig ist, Ausfertigungen oder Abschriften aus den Insolvenzakten erteilt oder angefertigt, so bestimmt sich die Höhe der **Schreibauslagen** nach den §§ 4 Abs 1, 2 JVKostO, 136 Abs 3–5 KostO.

36 **k) Rechtsmittel gegen die Versagung der Akteneinsicht.** Wird die Akteneinsicht durch den **Beamten der Geschäftsstelle** versagt, so hat der Antragsteller im Insolvenzeröffnungsverfahren und im vorbehaltenen Verfahren die Möglichkeit, eine Entscheidung des Insolvenzrichters bzw der Richterin herbeizuführen. Gegen Entscheidungen des Geschäftsstellenbeamten (Service-Einheit) ist nach hM der Rechtsbehelf des § 576 ZPO gegeben (*Zöller/Greger* § 299 ZPO Rn 5; FK-*Schmerbach* § 4 Rn 76; *Hess* § 4 Rn 326). Ist der Rechtspfleger für das Verfahren zuständig, so ist diesem die Sache zur Entscheidung vorzulegen. Handelt es sich um die Einsichtnahme Dritter (§ 299 Abs 2 ZPO), so legt die Geschäftsstelle entweder dem Richter oder dem Rechtspfleger vor, der bei fehlender Delegation wiederum dem Gerichtsvorstand vorlegt. Zulässig ist auch die unmittelbare Vorlage an den Amtsgerichtsdirektor oder Amtsgerichtspräsidenten, wenn die Insolvenzabteilung nicht im Wege der Delegation selbst zur Entscheidung befugt ist. Bei **Versagung der Akteneinsicht durch den Rechtspfleger** steht dem Antragsteller als Rechtsbehelf die **Erinnerung** nach § 11 Abs 2. S 1 RPflG zu. Die Erinnerung ist binnen der für die sofortige Beschwerde geltenden Frist von zwei Wochen bei dem Insolvenzgericht einzulegen. Der Rechtspfleger ist berechtigt, der Erinnerung abzuhelfen (§ 11 Abs 2 S 2, Abs 2 S 1 RPflG). Bei **Ablehnung der Akteneinsicht durch den Insolvenzrichter bzw die Richterin** ist die **sofortige Beschwerde nach § 6 Abs 1 ausgeschlossen,** denn das Gesetz sieht ein Rechtsmittel insoweit nicht vor (*Hess* § 4 Rn 328; aA MüKo-*Ganter* § 4 Rn 69). Zu Recht wird in der Literatur (vgl *Pape* WPrax 1995, 256; H/W/F Hdb 2/69 u 3/200) darauf hingewiesen, dass durch den weit gehenden Ausschluss der Beschwerde im Insolvenzverfahren der Justizgewährungsanspruch des Antragstellers verletzt sein könnte. Zutreffend weist W. *Gerhardt* (FS Uhlenbruck S 75, 81) darauf hin, dass begrifflich solche Entscheidungen, die auf gem § 4 entsprechend anzuwendenden Vorschriften der ZPO beruhen, ebenfalls zu den Entscheidungen „im Insolvenzverfahren" zählen, da diese Entscheidungen durch § 4 in das Insolvenzverfahren inkorporiert werden, also vom Insolvenzgericht gerade in dieser funktionellen Eigenschaft getroffen werden (so auch **OLG Karlsruhe** ZInsO 2000, 102, 103; *Ahrens* DZWIR 1999, 211 ff). Die ebenfalls zulässige **Dienstaufsichtsbeschwerde** gegen die Versagung der Akteneinsicht ist kein Rechtsmittel. Sie ist im Übrigen nur zulässig, wenn die Versagung der Akteneinsicht zugleich eine Verletzung der Dienstpflicht des Ablehnenden darstellt. Hat der Richter kraft Delegation als Justizverwaltungsbehörde entschieden (§ 299 Abs 2 ZPO), so entscheidet über den ablehnenden Justizverwaltungsakt gem §§ 23 ff EGGVG ein Senat des **OLG**, § 25 Abs 1 EGGVG (**OLG Celle** ZIP 2006, 299 = ZInsO 2007, 150).

37 **8. Verbindung mehrerer Antragsverfahren.** Über das Vermögen eines Insolvenzschuldners ist auch aufgrund mehrerer Anträge verschiedener Gläubiger nur ein Insolvenzverfahren zu eröffnen (**OLG Köln** ZIP 2000, 1343, 1347; *Uhlenbruck* KTS 1987, 561 ff; *Uhlenbruck/Delhaes* HRP Rn 240). Gehen mehrere Insolvenzanträge gegen denselben Schuldner ein, sind die Anträge zunächst gesondert zu behandeln. Eine Verbindung der Verfahren vor Eröffnung soll nach hM nicht zulässig sein (*Kübler/Prütting/Pape* § 13 Rn 76; FK-*Schmerbach* § 13 Rn 36; HK-*Kirchhof* § 13 Rn 11). Kommt es auf Grund mehrerer Insolvenzanträge zur Eröffnung des Verfahrens, werden diese durch einen nicht anfechtbaren Beschluss nach § 147 ZPO verbunden (**LG Frankfurt** ZIP 1995, 1836; FK-*Schmerbach* § 4 Rn 11; **OLG Köln** NZI 2000, 480 = ZInsO 2000, 393). Die Verbindung ist schon deshalb vorzunehmen, weil über das Vermögen des Schuldners nur ein Insolvenzverfahren eröffnet werden kann (**OLG Köln** NZI 2000, 480 = ZInsO 2000, 393). Der Verbindungsbeschluss ist sowohl den Antragstellern als auch dem Schuldner zu übermitteln (**OLG Köln** NZI 2000, 480). Der Beschluss ist gerichtsgebührenfrei.

38 **9. Anwendbarkeit sonstiger Vorschriften der ZPO.** Anwendbar sind auch die Vorschriften über die **Berechnung, Abkürzung** und **Verlängerung der Fristen** (§§ 222, 224 Abs 2, 225 ZPO); über **Fristversäumung** und **Wiedereinsetzung** in den vorigen Stand (§ 233 ff ZPO); über **Glaubhaftmachung** (§ 294 ZPO); über **Zustellungen** (§§ 166 ff ZPO; vgl hierzu die Kommentierung zu § 8), soweit sich nicht aus den §§ 8, 9, 30, 307 InsO Abweichungen ergeben. Bei der Wiedereinsetzung in den vorigen Stand sieht § 186 Abs 1 S 2 InsO ausdrücklich vor, dass die §§ 233–236 ZPO entsprechend bei Versäumung des Prüfungstermins durch den Schuldner gelten. Die Besonderheiten des § 186 Abs 2 InsO sind zu beachten. Weiterhin gelten über § 4 InsO die Vorschrift über die **Rechtskraftwirkung** (§ 322 ZPO); über die **Beweisaufnahme** (§§ 355 ff ZPO); über die **sofortige Beschwerde** (§§ 567 ff ZPO); gem § 7 die **Rechtsbeschwerde** (§ 574 ZPO); über die **Wiederaufnahme des Verfahrens** gegenüber rechtskräftigen, im Insolvenzverfahren ergangenen Beschlüssen, §§ 578 ff ZPO (**BGH** NJW-RR 2004, 1422 = NZI 2004, 440; **BGH** NZI 2006, 234; **LG Göttingen** ZInsO 2007, 47; MüKo-*Ganter* § 4 Rn 89); über die **Berichtigung offenbarer Unrichtigkeiten** (§ 319 ZPO; vgl **OLG Köln** ZIP 2000, 1170; **LG München I** v 26. 4. 2001, ZInsO 2001, 523; HK-*Kirchhof* § 4 Rn 16; MüKo-*Ganter* § 4 Rn 79; K/P/*Prütting* § 4 Rn 20). § 319 ZPO ist insbesondere dann anwendbar, wenn der Name des Insolvenzschuldners im Eröffnungsbeschluss unrichtig angegeben ist, sei es, dass ein Irrtum des Gerichts vorliegt, sei es, dass sich der

Schuldner einen falschen Namen beigelegt hatte. Der Fehler muss bei der **Verlautbarung des Willens**, nicht bei dessen Bildung unterlaufen sein (**BGH** NJW 1985, 742; MüKoZPO-*Musielak* § 319 Rn 4). Unerheblich ist es, ob die Unrichtigkeit auf einem Versehen des Gerichts oder auf einem Fehler eines Beteiligten beruht (MüKoZPO-*Musielak* § 319 Rn 5). Die Berichtigung erfolgt durch **Beschluss**, der den Beteiligten von Amts wegen zuzustellen ist (§§ 4 InsO, 329 Abs 3 ZPO). Bei lediglich formalen Berichtigungen braucht nicht an alle Gläubiger zugestellt zu werden. Fehler, die bei der Herstellung einer Ausfertigung verursacht werden, sind vom Urkundsbeamten der Geschäftsstelle formlos zu korrigieren. Entsprechende Anwendung über § 4 InsO finden auch die **Vorschriften über die eidesstattliche Versicherung und Haft** (§§ 900 ff ZPO). So sieht § 98 Abs 3 S 1 vor, dass für die Anordnung von Haft die §§ 904 bis 910, 913 ZPO entsprechend mit der Maßgabe der Regelungen in § 98 Abs 3 S 2, 3 gelten. Kraft ausdrücklicher Regelung in § 98 Abs 1 S 2 gelten für die **Versicherung an Eides statt des Schuldners** die Vorschriften der §§ 478 bis 480, 483 ZPO entsprechend. Umstritten war bereits für die Konkursordnung die **entsprechende Anwendbarkeit des § 765 a ZPO** (bejahend **BGH** KTS 1978, 24, 29 = MDR 1978, 39; verneinend **OLG** Nürnberg KTS 1971, 291; Jaeger/*Gerhardt* § 4 Rn 56; Kilger/ *K. Schmidt* § 105 KO Anm 3; *K/U* § 72 KO Rn 3 d). Für das **neue Recht** wird die Frage ebenfalls nicht einheitlich beantwortet. Während noch in der Vorauflage vertreten wurde, dass die Anwendbarkeit des § 765 a ZPO mit der Eigenart des Insolvenzverfahrens als Gesamtvollstreckung nicht zu vereinbaren sei und eine Abwägung zwischen Gläubiger- und Schuldnerinteressen – anders als in § 765 a ZPO – im Insolvenzverfahren nicht stattfinde, hat nunmehr der **BGH** dahin entschieden, dass im eröffneten Insolvenzverfahren dem Schuldner, der eine natürliche Person ist, bei Vollstreckungsmaßnahmen des Insolvenzverwalters nach § 148 Abs 2 InsO auf entsprechenden Antrag Vollstreckungsschutz nach § 765 a ZPO zu gewähren ist, wenn dies zur Erhaltung von Leben und Gesundheit des Schuldners erforderlich ist (**BGH** NZI 2009, 48). Dies gilt allerdings nur, wenn der Schuldner den Antrag rechtzeitig gestellt hat, zB bei der Räumungsvollstreckung spätestens zwei Wochen vor dem festgesetzten Räumungstermin, § 765 a Abs 3 ZPO. Der Schuldner kann sich nicht erst mit der Rechtsbeschwerde auf den Vollstreckungsschutz berufen (**BGH** NZI 2008, 95).

Gemäß § 36 Abs 1 S 2 nunmehr gelten die **§§ 850, 850 a, 850 c, 850 e, 850 f Abs 1, §§ 850 g bis 850 i ZPO** entsprechend anwendbar. Gleichzeitig ist in § 36 Abs 4 S 1 geregelt, dass für Entscheidungen, ob ein Gegenstand nach den in § 36 Abs 1 S 2 genannten Vorschriften der Zwangsvollstreckung unterliegt, das **Insolvenzgericht zuständig** ist Anstelle eines Gläubigers ist der **Insolvenzverwalter antragsberechtigt** (§ 36 Abs 4 S 2). Zu begrüßen ist, dass der Gesetzgeber in § 36 Abs 4 S 3 die Regelungen in § 36 Abs 4 S 1 und 2 für das Eröffnungsverfahren entsprechend anwendbar erklärt hat, denn die Probleme treten schon im Insolvenzeröffnungsverfahren auf. Mit der gesetzlichen Neuregelung in § 36 hat der Gesetzgeber ein wesentliches Konfliktpotential des Insolvenzverfahrens beseitigt und durch die ebenfalls erfolgte Änderung der §§ 6 und 7 die Voraussetzungen geschaffen, dass die bisherige Zersplitterung der Rechtsprechung und die damit verbundene Rechtsunsicherheit beseitigt werden. Die seit 1. 7. 2005 geltenden Pfändungsfreibeträge ergeben sich aus den als Anhang zur Pfändungsfreigrenzenbekanntmachung 2005 (BGBl I 493)abgedruckten Tabellen. 39

IV. Anwendbare Vorschriften des GVG

Aus der Einbeziehung des Insolvenzverfahrens unter dem Begriff der streitigen Gerichtsbarkeit folgt, dass auch die Vorschriften des **Gerichtsverfassungsgesetzes** anwendbar sind (*Frege/Keller/Riedel* HRP Rn 71; *Senst/Eickmann/Mohn* Rn 20; MüKo-*Ganter* § 4 Rn 90–94; HK-*Kirchhof* § 4 Rn 21, 22). Sowohl im Eröffnungsverfahren als auch im eröffneten Insolvenzverfahren finden die Bestimmungen der §§ 156 f GVG über die **Rechtshilfe** entsprechende Anwendung (**OLG** Köln ZIP 1999, 1604 = NZI 1999, 459; HK-*Kirchhof* § 2 Rn 10; FK-*Schmerbach* § 2 Rn 12; § 5 Rn 25). Das Ersuchen des Insolvenzgerichts, den in einem anderen Gerichtsbezirk wohnenden Vertreter des Schuldners im Wege der Rechtshilfe zu vernehmen, kann von dem ersuchten Gericht nicht mit der Begründung abgelehnt werden, dass eine solche Verfahrensweise „untunlich" sei (**OLG** Köln ZIP 1999, 1604 = NZI 1999, 459). Nach § 158 Abs 1 GVG darf ein Rechtshilfeersuchen grundsätzlich nicht abgelehnt werden. So ist zB der Schuldner oder das zu seiner Vertretung berufene Organ gem §§ 20, 97 Abs 1, 101 Abs 1 S 1 auch im Eröffnungsverfahren zur Auskunftserteilung verpflichtet, kann demgemäß also auch im Wege der Rechtshilfe vernommen werden. Das ersuchte Rechtshilfegericht kann sich nicht darauf berufen, aus anderen Verfahren sei bekannt, dass der Schuldner bzw Schuldnervertreter ohnehin einen Termin erscheine, weshalb ihre Vernehmung im Wege der Rechtshilfe „untunlich" sei. Ob eine bestimmte Verfahrensweise zweckmäßig ist, unterliegt allein der Beurteilung des ersuchenden Gerichts (**BGH** NJW 1990, 2936, 2937; **OLG** Köln ZIP 1999, 1604 = NZI 1999, 459; **OLG** Düsseldorf MDR 1996, 843, 844; BayObLG Rpfleger 1994, 103). Von der Erfüllung im Wege der Rechtshilfe ausgenommen sind gem § 158 Abs 2 S 1 GVG allerdings solche Aufgaben, die das ersuchte Gericht wegen einer insoweit gegebenen ausschließlichen Zuständigkeit des Insolvenzgerichts nicht vornehmen darf (MüKo-*Ganter* § 4 Rn 92). Zuständig für den Erlass einer **Vorführungsanordnung** oder eines **Haftbefehls** ist nach der Regelung des § 98 Abs 2 iVm Abs 1 S 1 das Insolvenzgericht, nicht der ersuchte Richter (MüKo-*Ganter* § 4 Rn 92). Der Erlass einer Vorführungsanordnung kann daher nicht dem ersuchten **AG** übertragen 40 werden. Eine andere Frage ist aber, ob für den Fall des unentschuldigten Nichterscheinens des Schuldners oder seines organschaftlichen Vertreters vor dem ersuchten Richter das ersuchende Gericht berechtigt ist, gem §§ 20 S 2, 98 Abs 1 Nr 1, 191 Abs 1 S 1 die **zwangsweise Vorführung** und erforderlichenfalls auch die **Haft** anzuordnen, um die Erfüllung der Auskunftspflicht vor dem ersuchten Gericht zu erzwingen. Auch der **Erlass von Sicherungsmaßnahmen** nach § 21 Abs 2 kann nicht auf das ersuchte Gericht übertragen werden (OLG Köln ZIP 1999, 1604 = NZI 1999, 460). Rechtlich unbedenklich ist es, wenn das ersuchende Gericht dem Rechtshilfeersuchen vorsorglich – für den Fall, dass die zu vernehmende Person nicht erscheint – einen Vorführungsbefehl beifügt (OLG Köln ZIP 1999, 1604 = NZI 1999, 459, 460). IdR wird aber auf Mitteilung des ersuchten Gerichts das ersuchende Gericht im Nachgang zum Rechtshilfeersuchen den Vorführungs- oder Haftbefehl nachreichen. Zur Ablehnung eines offensichtlich willkürlichen Rechtshilfeersuchens vgl AG Solingen MDR 1996, 629. Die Vorschriften über die **Öffentlichkeit des Verfahrens** (§§ 169 ff GVG) sind nur anwendbar, wenn das Insolvenzgericht zur Vorbereitung einer Entscheidung in Abweichung von § 5 Abs 2 mündliche Verhandlung anordnet, nicht dagegen für die Gläubigerversammlungen (§§ 68, 76, 97, 100, 149, 156, 162, 176, 283, 292), da hier der Richter bzw Rechtspfleger nicht als erkennender Richter iS des § 169 GVG tätig wird. **Gläubigerversammlungen** sind grundsätzlich **nichtöffentlich**. Das Insolvenzgericht kann jedoch ausnahmsweise **einzelne Personen sowie Presseberichterstatter** zulassen, wenn es zB der Ausbildung dient oder wenn es sich um ein Verfahren handelt, das für die gesamte deutsche Wirtschaft von Bedeutung ist und die Mitteilungen der Pressestelle der Justizverwaltung nicht ausreichen, um die Presse zu informieren (LG Frankfurt ZIP 1983, 344; K/U § 72 KO Rn 1 u 7). Vor allem in spektakulären Großinsolvenzen der letzten Jahrzehnte hat die Presse beantragt, trotz fehlender Öffentlichkeit des Termins Zutritt zur Gläubigerversammlung oder zu einem Prüfungstermin zu gestatten. Die gerichtliche Praxis ist unterschiedlich. Im Verfahren über das Vermögen der *Herstatt-Bank* wurde die Presse generell deswegen zugelassen, weil sich einzelne Pressevertreter durch Aufkauf kleinerer Forderungen eine Gläubigerposition und damit Zutritt zum Vergleichstermin verschafft hatten. Im Vergleichsverfahren *AEG* hatte die „*Frankfurter Rundschau*" beantragt, das Gericht möge die Öffentlichkeit des Termins anordnen, hilfsweise dem Pressevertreter der Zeitung zum Zwecke der Berichterstattung Zutritt zu der Verhandlung zu gewähren. Auf die Beschwerde der Antragstellerin gegen die ablehnende Entscheidung des AG hat das LG Frankfurt (ZIP 1983, 344) im Hinblick auf die weitreichende Bedeutung des Verfahrens für die gesamte deutsche Wirtschaft den Pressevertreter zugelassen. Mit Recht wurde für den Hauptantrag schon die Beschwerdebefugnis verneint. Für den Hilfsantrag, einen bestimmten Pressevertreter zum Termin zuzulassen, ist jedoch die Beschwerdebefugnis bejaht worden. **Pressevertreter** gehören zu denjenigen Personen, denen nach § 175 Abs 2 GVG grundsätzlich der Zutritt auch zu einer nichtöffentlichen Gläubigerversammlung gestattet werden kann. Hat ein Insolvenzverfahren **überörtliche Bedeutung für die gesamte deutsche Wirtschaft**, so ist das Insolvenzgericht berechtigt, einzelnen Presseberichterstattern gem § 175 Abs 2 GVG ohne vorherige Anhörung der Verfahrensbeteiligten die unmittelbare Teilnahme an der Gläubigerversammlung zu gestatten. Da in der Gläubigerversammlung auch über Ansprüche von und gegen Beteiligte und vor allem im Rahmen eines Insolvenzplanverfahrens auch über Betriebsgeheimnisse gesprochen wird, bestehen nach Auffassung von *K. Schmidt* (bei Kilger § 72 KO Anm 3) gegen die Zulassung der Presse dann Bedenken, wenn ein Beteiligter der Zulassung der Presse widerspricht oder ein für die Durchführung des Verfahrens wesentlicher Sachverhalt erörtert werden soll, der der Vertraulichkeit bedarf. Dem ist zuzustimmen. Dem Geheimhaltungsinteresse kann aber dadurch entsprochen werden, als auch innerhalb der Gläubigerversammlung der Presse untersagt werden kann, über bestimmte vertrauliche Dinge zu berichten. Zulässig ist es auch, bei der Behandlung vertraulicher Fragen die Presse zeitweise auszuschließen (§ 171 b GVG). Ein solcher Ausschluss kommt vor allem in Betracht, wenn im Rahmen eines **Verbraucherinsolvenzverfahrens die familiäre Situation des Schuldners** erörtert wird. Verfahren in diesem Sinne ist auch das gerichtliche Güteverfahren. Im Verbraucherinsolvenzverfahren nach den §§ 304 ff wird ohnehin das Informationsinteresse der „gesamten deutschen Wirtschaft" zu verneinen sein. Ein lediglich örtliches Interesse an einer Information genügt nicht. **Bevollmächtigte** oder **Beistände** können mangels persönlicher oder fachlicher Eignung vom Insolvenzgericht nicht nur **zurückgewiesen** werden, wenn sie in einer zur Vorbereitung einer Entscheidung angesetzten mündlichen Verhandlung erscheinen, sondern auch dann, wenn sie in einer nichtöffentlichen Gläubigerversammlung oder im Prüfungstermin auftreten. Das gilt auch für Vertreter von Schuldnerberatungsstellen und „geeignete Personen" iSv § 305 Abs 1 Nr 1. Gläubigerversammlungen sind zwar keine Verhandlungen vor dem „erkennenden Gericht" iS des § 169 GVG; eine rein formale Betrachtungsweise kann jedoch das Insolvenzgericht im Einzelfall nicht hindern, **ungeeignete Ausführungen**, die den Fortgang des Verfahrens hindern, zu **untersagen** (*Senst/Eickmann/Mohn* Hdb Rn 16; K/U § 72 KO Rn, 3 e). Voraussetzung einer sachgerechten Verfahrensleitung ist, dass nicht zur Sache gehörige Ausführungen, vor allem aber **Ausfälle gegen den Schuldner und Insolvenzverwalter bzw Treuhänder**, vom Insolvenzgericht unterbunden werden können. § 157 Abs 2 ZPO ist deshalb für alle Termine und Gläubigerversammlungen anwendbar. Soweit **Vertreter von Schuldnerberatungsstellen** oder **sonstige geeignete Personen** iSv § 305 Abs 1 Nr 1 vor Gericht auftreten, ist jedoch hinsichtlich der fehlenden Fachkompetenz eine großzügige Handhabung am Platz. Zweifelhaft, aber letztlich zu verneinen ist die Frage, ob wegen der Regelung in Art 193 Nr 9 RBerG „geeignete Personen" iSv § 305 Abs 1 Nr 1 von dem Auftreten im gerichtlichen Schuldenregulierungsverfahren ausgeschlossen sind, soweit sie nicht zur Rechtsberatung befugt sind (vgl *Wimmer* DZWiR 1999, 63). Anwendbar sind im Insolvenzverfahren die Vorschriften über die **Protokollierung** (§§ 159–165; 510 a ZPO, §§ 182, 183, 185, 190 GVG) hinsichtlich der Niederschriften über eine Gläubigerversammlung und dort verkündete Beschlüsse (RGZ 64, 85). Die Gerichtssprache ist sowohl in der Gläubigerversammlung als auch im Prüfungstermin deutsch (§ 184 GVG). An sich müssen die Insolvenzgläubiger ihre Forderungen in deutscher Sprache anmelden. Gemäß Art 42 Abs 2 EuInsVO kann ein Gläubiger, der seinen Wohnsitz oder gewöhnlichen Aufenthalt in einem Mitgliedstaat der EU hat, die Forderung in der Amtssprache dieses Staates anmelden. Die Überschrift der Anmeldung muss jedoch in deutscher Sprache die „Anmeldung einer Forderung" ausweisen. Die Übersetzung kann vom Gläubiger verlangt werden MüKo-*Ganter* § 4 Rn 93).

V. Die Anwendung allgemeiner Verfahrensgrundsätze

Auch im Insolvenzverfahren gelten die allgemeinen Verfahrensgrundsätze (vgl hierzu *Baur/Stürner* II Rn 5.1 ff; *Prütting* Allgemeine Verfahrensgrundsätze der Insolvenzordnung, in: Kölner Schrift InsO S 221 ff; Gottwald/*Uhlenbruck* InsRHdb § 71). Die InsO enthält keine eigentliche Regelung der Verfahrensgrundsätze. Lediglich § 5 weist eine Regelung zum **Untersuchungsgrundsatz** und zur **Mündlichkeit** des Verfahrens auf. Wichtige allgemeine Verfahrensgrundsätze enthält Art 6 der Konvention zum Schutz der Menschenrechte und Grundfreiheiten (EMRK) vom 4.11.1950, der unmittelbar geltendes Recht ist (KS-*Prütting* S 222 Rn 4). Von den **verfassungsrechtlich garantierten Verfahrensgrundsätzen** greifen im Insolvenzverfahren ein: das **Rechtsstaatsprinzip** (Einzelheiten bei KS-*Prütting* S 224 ff Rn 7 ff), die **Garantie des gesetzlichen Richters** (Art 101 Abs 1 S 2 GG), der **Anspruch auf rechtliches Gehör** (Art 103 Abs 1 GG), die **Rechtsschutzgarantie** (Art 19 Abs 4 GG), das **Willkürverbot** (Art 3 Abs 1 GG), der **materielle Grundrechtsschutz** (Art 12, 13, 14 GG) und schließlich das **Recht auf informationelle Selbstbestimmung** (Art 1 Abs 1 iVm Art 2 Abs 1 GG). Einzelheiten bei KS-*Prütting* S 221 ff Rn 7–36. Besondere Bedeutung erlangt in der insolvenzrechtlichen Praxis der in Art 103 Abs 1 GG niedergelegte **Anspruch auf rechtliches Gehör** (vgl *Uhlenbruck* Das rechtliche Gehör im Konkurseröffnungsverfahren, FS *Baumgärtel* 1990, S 569 ff; KS-*Vallender* S 249 ff; *Maintzer* KTS 1985, 617 ff; HK-*Kirchhof* § 4 Rn 22; *Uhlenbruck/Delhaes* HRP Rn 51 ff; *Baur/Stürner* II Rn 5.30 ff). Geregelt ist die **Anhörung** bei einem zulässigen Gläubigerantrag in § 14 Abs 2. Ähnliche Regelungen finden sich in den §§ 15 Abs 2 S 2, 59 Abs 1 S 3, 70 S 3, 98 Abs 2, 99 Abs 1 S 1, 3, Abs 3 S 2, 158 Abs 2 S 2, 161 Abs 1 S 2, 163 Abs 1, 173 Abs 2 S 1, 214 Abs 2 S 1, 2, 248 Abs 2, 272 Abs 2 S 2, 289 Abs 1 S 1, 296 Abs 2 S 1, 298 Abs 2 S 1, 300 Abs 1, 303 Abs 3, 309 Abs 2 S 1, 314 Abs 2, Abs 3 S 3, 317 Abs 2 S 2, Abs 3, 318 Abs 2 S 1 und § 333 Abs 2 S 2 InsO. Die gesetzlichen Regelungen sind keineswegs abschließend. Vielmehr garantiert Art 103 Abs 1 GG, dass derjenige, in dessen Rechte eingegriffen werden soll, vor der Entscheidung des Gerichts ausreichend Gelegenheit zur Stellungnahme erhält. Die **Art und Weise**, in der das Insolvenzgericht das rechtliche Gehör zu gewähren hat, ist im Gesetz nicht geregelt. Rechtliches Gehör bedeutet letztlich, dass der Betroffene Gelegenheit erhält, sich zu einer beabsichtigten Entscheidung zu äußern. Eine tatsächliche Anhörung ist nicht erforderlich (KS-*Vallender* S 252 Rn 7). Zu beachten ist, dass das Insolvenzverfahren **Vollstreckungsverfahren** ist und deshalb grundsätzlich **Eilverfahren**. Anders als im Zivilprozess gilt deshalb der Grundsatz des rechtliches Gehörs nur **eingeschränkt**. Dies gilt vor allem für das **Insolvenzeröffnungsverfahren**. Zwar muss jedem Schuldner Gelegenheit gegeben werden, auf einen Insolvenzantrag des Gläubigers zu reagieren (§ 14 Abs 2). Bei der **Anordnung von Sicherungsmaßnahmen** ist jedoch oftmals eine vorherige Anhörung des Antragsgegners nicht möglich oder untunlich. Mit Ausnahme der gesetzlich vorgeschriebenen Anhörung vor der Anordnung einer **Postsperre** oder vor dem Erlass eines **Haftbefehls** verbietet sich grundsätzlich die Gewährung rechtlichen Gehörs schon im Hinblick auf die Eilbedürftigkeit und den Zweck der Maßnahme (vgl *K/U* § 73 KO Rn 2; KS-*Vallender* S 261 Rn 36). Aber auch bei Anordnung einer Postsperre oder bei Erlass eines Haftbefehls kann die **Anhörung nachgeholt** werden, wenn die Eilbedürftigkeit oder der Zweck der Maßnahme eine vorherige Anhörung verbieten (vgl auch BVerG NJW 1981, 2111; HK-*Kirchhof* § 4 Rn 22). Wegen der Eilbedürftigkeit der Maßnahmen vor allem im Eröffnungsverfahren können zudem **kurze Äußerungsfristen** gerechtfertigt sein (vgl LG Köln KTS 1986, 362; HK-*Kirchhof* § 4 Rn 22). Nicht selten wird der Schuldner durch übertriebenes rechtliches Gehör gewarnt und in die Lage versetzt, Haftungsvermögen noch rechtzeitig zu verschieben. Das Insolvenzeröffnungsverfahren ist zwar weitgehend kontradiktorisch ausgestaltet; jedoch muss ein Insolvenzschuldner als Antragsgegner damit rechnen, dass aufgrund der gerichtlichen Amtsermittlungen (§ 5 Abs 1) Feststellungen getroffen werden, die er bestreitet. Vor jeder ihm nachteiligen **verfahrensabschließenden Entscheidung** des Insolvenzgerichts ist dem Schuldner rechtliches Gehör zu gewähren, es sei denn, er hatte selbst den Insolvenzantrag gestellt oder es handelt sich um einen eingeräumten unstreitigen Sachverhalt. Wer einen Insolvenzeigenantrag stellt, muss ohne besondere Anhörung damit rechnen, dass das Gericht nicht nur die Verfahrenseröffnung beschließt, sondern auch bei Masselosigkeit die Abweisung mangels Masse nach § 26. Das rechtliche Gehör setzt den Schuldner bei **Erledigungserklärung** durch den Antragsteller in die Lage, der Erledigung zu widersprechen oder bei Antragsrücknahme den Antrag nach § 269 Abs 3 S 2 ZPO zu stellen. Der **Insolvenzverwalter** hat keinen Anspruch auf rechtliches Gehör, wenn die Gläubigerversammlung im Berichtstermin einen anderen Verwalter wählt (§ 57 S 1). Anders bei der Entlassung aus wichtigem Grund nach § 59 Abs 1 S 1, es sei denn, es ist Gefahr im Verzug. Keinen Anspruch auf rechtliches Gehör hat der Insolvenzverwalter bei **Festsetzung seiner Vergütung** (KS-*Vallender* Rn 71). Umfassendes rechtliches Gehör ist den Beteiligten im Rahmen der Restschuldbefreiung (§§ 286– 303) und auch im **Verbraucherinsolvenzverfahren** (§§ 304–314) zu gewähren, nicht dagegen im vereinfachten Verfahren nach den §§ 311 ff. Der Verstoß gegen Art 103 Abs 1 GG stellt einen **Verfahrensmangel** dar, der die Aufhebung der Entscheidung des Insolvenzgerichts rechtfertigt. Dies gilt aber nur in den Fällen, in denen das Gesetz ein **Rechtsmittel** vorsieht. Wo das Gesetz ausdrücklich die Anhörung vorschreibt, kann die Verletzung der Anhörungspflicht einen Verfahrensmangel darstellen, der die **Unwirksamkeit der Entscheidung** oder Maßnahme zur Folge hat. Im Übrigen darf – vor allem im Insolvenzeröffnungsverfahren – die Gewährung rechtlichen Gehörs den Verfahrensablauf nicht verzögern. Trotzdem kann es im Rahmen eines streitigen Zulassungsverfahrens geboten sein, den Antragsteller zu den vom Schuldner (Antragsgegner) vorgetragenen Gründen gegen die Zulässigkeit des Verfahrens anzuhören. Ausdrücklich eingeschränkt ist die Anhörungspflicht in § 10, wonach die Anhörung des Schuldners **unterbleiben** kann, wenn der Schuldner sich im Ausland aufhält und die Anhörung das Verfahren übermäßig verzögern würde oder wenn der Aufenthalt des Schuldners unbekannt ist. In diesem Fall soll ein Vertreter oder Angehöriger des Schuldners gehört werden (§ 10 Abs 1 S 2). Anzuhören sind nach § 15 Abs 2 S 2 auch die übrigen Mitglieder eines Vertretungsorgans, persönlich haftende Gesellschafter oder Abwickler, wenn der Insolvenzeigenantrag nur von einem Vertretungsorgan gestellt wird. Rechtliches Gehör ist dem Schuldner (Antragsgegner) entsprechend § 118 Abs 1 S 1 ZPO auch zu gewähren, wenn der Antragsteller **Insolvenzkostenhilfe** beantragt. Der Antragsgegner hat aber kein Anhörungsrecht zu den Angaben über die persönlichen und wirtschaftlichen Verhältnisse des Antragstellers (**BVerfG NJW 1991, 2078**). Festzustellen ist, dass der Gesetzgeber dem verfassungsrechtlichen Gebot des rechtlichen Gehörs in der Insolvenzordnung in ausreichendem Maße Rechnung getragen hat. Wollte man die verfassungsrechtlichen Gebote des rechtlichen Gehörs, die die Rechtsprechung für das Zivilprozessrecht entwickelt hat, uneingeschränkt auf das Insolvenzverfahren übertragen, wäre die Konsequenz eine übermäßige **Verzögerung der Verfahrensabläufe**. Vor allem im Insolvenzeröffnungsverfahren bedarf es schneller Entscheidungen, um eine vorzeitige Zerschlagung der Insolvenzmasse zu verhindern und eine Sanierung zu ermöglichen. In vielen Fällen reicht es aus, wenn dem Betroffenen **nachträglich rechtliches Gehör** gewährt wird (HK-*Kirchhof* § 4 Rn 22). Sosehr aus rechtsstaatlichen Gesichtspunkten ein umfassender Anspruch auf Gewährung rechtlichen Gehörs wünschenswert wäre, so wichtig ist aber auch das Gläubigerinteresse an der Durchführung einer effizienten Gesamtvollstreckung als Haftungsverwirklichung. Wollte man sämtliche Verfahrensgrundsätze des Parteiverfahrens auf das Insolvenzverfahren übertragen, wäre die Funktion des Verfahrens als Vollstreckung zugunsten eines übermäßigen Schuldnerschutzes weitgehend ausgeschaltet (Einzelheiten bei KS-*Vallender* S 250 ff; KS-*Prütting* S 221, 229; *K/P/Prütting* § 5 InsO Rn 21 ff; *Skrotzki* KTS 1956, 105; *Uhlenbruck* FS *Baumgärtel* S 569 ff; *Gottwald/Uhlenbruck* InsRHdb § 13 Rn 34 ff; *Baur/Stürner* II Rn 5.30 ff; *Maintzer* KTS 1985, 617 ff).

42   Neben den verfassungsrechtlich garantierten Verfahrensgrundsätzen kommen **allgemeine Verfahrensgrundsätze** im Insolvenzverfahren zur Anwendung, wie zB die **Dispositionsmaxime** und das **Offizialprinzip** (Amtsermittlungsprinzip). Die InsO geht weiterhin vom Grundsatz der **Gläubigerselbstverwaltung** aus. Der **Gläubigerautonomie** kommt im neuen Insolvenzrecht eine besondere Bedeutung zu (vgl *F. Neumann* Die Gläubigerautonomie in einem künftigen Insolvenzverfahren, 1995). Der Gesetzgeber vertraut auf eine **flexible Insolvenzabwicklung durch Deregulierung** (vgl Allgem Begr RegE, abgedr bei *Balz/Landfermann* S 12). Die Gläubiger sollen in freien Verhandlungen die beste Lösung finden und durchsetzen. Die Entscheidung über die Liquidation oder Fortführung des Schuldnerunternehmens soll von denjenigen Personen getroffen werden, deren Vermögenswerte auf dem Spiel stehen und die deshalb die Folgen von Fehlern zu tragen haben. Weiterhin gelten im Insolvenzverfahren der **Untersuchungsgrundsatz** (§ 5 Abs 1) und der **Amtsbetrieb**, der unter Aufsicht des Gerichts einen ordnungsgemäßen Verfahrensgang gewährleistet. Auch gilt der **Grundsatz der fakultativen Mündlichkeit**, dh es muss nicht in allen Fällen eine mündliche Verhandlung stattfinden (vgl KS-*Prütting* S 237 f Rn 47, 48; *K/P/Prütting* § 5 Rn 51). Weiterhin greifen die Grundsätze der **Unmittelbarkeit**, der **Öffentlichkeit** und der **Förderung einer gütlichen Einigung** ein (*K/P/Prütting* § 5 Rn 53, 55, 58). Letzterer Grundsatz hat eine besondere Ausprägung im Verbraucherinsolvenzverfahren nach den §§ 304 ff erfahren, wonach in der ersten und zweiten Stufe eine einvernehmliche Schuldenbereinigung dem eigentlichen Insolvenzverfahren vorgeschaltet ist.

43   Zu den **speziellen insolvenzrechtlichen Verfahrensgrundsätzen** zählen die gleichmäßige Gläubigerbefriedigung (par condicio creditorum), der Gleichrang von Liquidation, Übertragung und Sanierung, der personellen und internationalen Universalität, der Grundsatz der Geldliquidation, der Restschuldbefreiung, das Prinzip der freien Nachforderung sowie der Einheit des Verfahrens. Einzelheiten zu diesen speziellen insolvenzrechtlichen Verfahrensgrundsätzen bei *Prütting* Allgemeine Verfahrensgrundsätze der Insolvenzordnung, in: KS S 183, 199 ff Rn 56 ff; *ders* bei *K/P/Prütting* § 5 Rn 60–86; *Baur/Stürner* II Rn 5.30 ff.

VI. Die unmittelbare Anwendung von § 240 ZPO

44   Nicht um eine entsprechende Anwendung der Vorschriften der ZPO handelt es sich in § 240 ZPO. Hier regelt eine Vorschrift des Zivilprozessrechts die Auswirkungen der Eröffnung eines Insolvenzverfahrens über das Vermögen einer Partei auf ein **laufendes Prozessverfahren**. Es handelt sich also nicht

VII. Die entsprechende Anwendung von § 240 ZPO **§ 4**

um Insolvenzrecht, sondern um Zivilprozessrecht. Der Gesetzgeber hat durch Art 18 EGInsO Nr 2 die Vorschrift des § 240 ZPO nicht nur an die Terminologie der InsO angepasst, sondern durch Einfügung eines neuen Satz 2 sichergestellt, dass ein anhängiger Zivilprozess auch dann unterbrochen wird, wenn vor der Eröffnung des Insolvenzverfahrens die Verwaltungs- und Verfügungsbefugnis über das Vermögen des Schuldners auf einen vorläufigen Insolvenzverwalter übergeht (§ 22 Abs 1 S 1, § 24 Abs 2). Ein **Auslandsinsolvenzverfahren** unterbricht den Prozess über das Inlandsvermögen des Insolvenzschuldners unabhängig davon, ob das ausländische Recht eine Unterbrechung anordnet (Zöller/Greger 3 240 Rn 6; **OLG** Karlsruhe ZIP 1990, 665 = NJW-RR 1991, 295; **OLG** Karlsruhe MDR 1992, 707; **OLG** München ZIP 1996, 385; s auch *Rugullis* Litispendenz im Europäischen Insolvenzrecht, 2002). Ein **Verfahren der freiwilligen Gerichtsbarkeit** wird nicht nach § 240 ZPO unterbrochen (**OLG** Köln ZInsO 2001, 717; MüKoZPO-*Gehrlein* § 240 Rn 3). Das Verfahren muss die Insolvenzmasse iSv § 35 betreffen. Von § 240 ZPO werden erfasst nicht nur Erkenntnisverfahren, sondern auch Mahn-, Kostenfestsetzungs- und Zwangsvollstreckungsverfahren (zum Kostenfestsetzungsverfahren vgl **OLG** Stuttgart ZIP 1998, 2066; **KG** ZIP 2000, 179). Ein anhängiger Rechtsstreit wird durch die Bestellung eines vorläufigen Insolvenzverwalters über das Vermögen einer Partei dann nicht gem § 240 S 2 ZPO unterbrochen, wenn dem Schuldner kein allgemeines Verfügungsverbot, sondern nur ein **Zustimmungsvorbehalt** iSv § 21 Abs 2 Nr 2 auferlegt wird und deshalb die Verwaltungs- und Verfügungsbefugnis über sein Vermögen nicht gem § 22 Abs 1 S 1 auf den vorläufigen Insolvenzverwalter übergeht (**BGH** NZI 1999, 363). Die Verfahrensunterbrechung tritt auch ein, wenn das Insolvenzgericht die Eigenverwaltung durch den Schuldner anordnet (**BGH** NZI 2007, 188 = ZInsO 2007, 100). Das Prozesskostenhilfeverfahren wird durch die Eröffnung des Insolvenzverfahrens nicht unterbrochen (**BGH** NJW-RR 2006, 1208 = NZI 2006, 543; **KG** FamRZ 2008, 26). Ebenfalls nicht nach § 240 unterbrochen wird das selbständige Beweisverfahren (**BGH** NZI 2004, 186 = ZInsO 2004, 85 = ZIP 2004, 186). Nach **OLG** Naumburg (FamRZ 2008, 620) tritt die Unterbrechung nach § 240 nicht ein, wenn der Beklagte in einem Unterhaltsrechtsstreit rechtskräftig zur Auskunft verurteilt worden ist und hieraus vollstreckt wird, weil die Auskunft kein Vermögensanspruch ist. Das Zwangsvollstreckungsverfahren wird in Bezug auf Pfändungsmaßnahmen durch die Eröffnung des Insolvenzverfahrens über das Vermögen des Schuldners nicht unterbrochen (BGHZ 172, 16 = ZIP 2007, 983 = NZI 2007, 543). Die Unterbrechung nach § 240 tritt ebenfalls nicht ein, im Verfahren auf Erteilung einer Vollstreckungsklausel (**BGH** NZI 2008, 198 = ZInsO 2008, 158). Ergeht trotz Insolvenzeröffnung in einem anhängigen Prozess ein Urteil, obwohl der Rechtsstreit nach § 240 unterbrochen war, kann der Schuldner gegen das Urteil Berufung einlegen (**OLG** Schleswig NJW-RR 2008, 735; **BAG** NZA 2008, 1204). Die Vollstreckungsgegenklage wird jedoch nach § 240 unterbrochen (**BGH** NZI 2008, 683 = ZIP 208, 1941). Ein **schiedsrichterliches Verfahren** wird durch die Eröffnung des Insolvenzverfahrens **nicht unterbrochen** (*K/U* Vorbem vor §§ 10–12 KO Rn 5; **OLG** Köln Beschluss v 13. 11. 2007 – 9 Sch 8/06 –; *Heidbrink/ v. d. Groeben* ZIP 2006, 265, 269). *Flöther* (Auswirkungen des inländischen Insolvenzverfahrens auf Schiedsverfahren und Schiedsabrede, 2001) vertritt dagegen die Auffassung, dass das Schiedsgericht die Gefahr einer Aufhebung des Schiedsspruches nur vermeiden kann, wenn es den Insolvenzverwalter ab dem Zeitpunkt der Insolvenzeröffnung als Partei akzeptiert und das Schiedsverfahren im Übrigen dem Einflussbereich des Schuldners entzieht, ihn also insolvenzrechtlich aus dem Rechtsstreit drängt. Das bedeutet letztlich nichts anderes, als dass § 240 ZPO nach *Flöther* auch im Schiedsverfahren eingreift. Nach Gewährung einer angemessenen Einarbeitungszeit sei der Insolvenzverwalter als neue Partei am Schiedsverfahren zu beteiligen. Folgt man dieser Auffassung, so tritt im in- und ausländischen Schiedsverfahren bei Eröffnung des Insolvenzverfahrens über das Vermögen einer Verfahrenspartei eine faktische Unterbrechung des Rechtsstreits ein. Im staatlichen Bestätigungsverfahren gilt § 240 ZPO kraft Gesetzes. § 240 ZPO findet aber auf ein gerichtliches Verfahren, das durch ein schiedsrichterliches Verfahren veranlasst ist (§§ 1031, 1041, 1042 ff, 1044 ff ZPO), Anwendung (**BGH** WM 1967, 56; **OLG** Hamburg OLGZ 11, 362; **OLG** Stuttgart OLGZ 13, 246; *K/U* Vorbem vor §§ 10–12 KO Rn 5) Ein Verfahren zur **Erwirkung eines Arrestes oder einer einstweiligen Verfügung** wird gem § 240 ZPO durch die Verfahrenseröffnung unterbrochen (**BGH** NJW 1992, 591; *Jaeger/Henckel* § 10 KO Rn 38), ebenso unterbrochen nach § 240 ZPO wird eine Vollstreckungsabwehrklage (**BGH** NJW-Spezial 2008, 727 = BeckRS 2008, 19.690). Anwendbar ist § 240 ZPO auch auf das Steuerfestsetzungs-, Rechtsbefehls- und Rechtsmittelverfahren, soweit die Insolvenzmasse betroffen ist. Keine Anwendung findet die Vorschrift dagegen beim **Streitwertfestsetzungsverfahren** (**OLG** Neustadt NJW 1965, 591; **OLG** Hamm MDR 1971, 495; aA MüKoZPO-*Gehrlein* § 240 Rn 3) sowie beim **Notarkostenbeschwerdeverfahren** (**KG** MDR 1983, 329). Zur Unterbrechung eines **Zwangsversteigerungsverfahrens** durch Insolvenz des Gläubigers s **AG** Göttingen NZI 2000, 95. Vgl auch die Kommentierung zu den §§ 85, 86.

VII. Die entsprechende Anwendung von § 240 ZPO

Steuerrechtlich kommt eine entsprechende Anwendung des § 240 ZPO in Betracht, da die §§ 347 ff 45
AO 1977 keine Regelungen über die Unterbrechung des außergerichtlichen Rechtsbehelfsverfahrens durch eine Insolvenzeröffnung enthalten. Die Rechtsprechung der Finanzgerichte schließt die bestehende Gesetzeslücke in entsprechender Anwendung des § 240 ZPO (BFHE 99, 348 = BStBl II 1970, 665;

BFHE 118, 412 = BStBl II 1976, 506 = NJW 1976, 1552 [Ls]; BFH NZI 1998, 135 f; BFH Urteil v 17. 7. 2008 – I R 3/08; Urteil v 16. 10. 2007 – VI R 76/06 –; *Frotscher,* Besteuerung S 251 f). Nach Auffassung des **BFH** wird in analoger Anwendung des § 240 ZPO ein außergerichtliches Rechtsbehelfsverfahren bis zur Aufhebung des Insolvenzverfahrens oder bis zu einer Aufnahme durch den Insolvenzverwalter unterbrochen, wenn es die Insolvenzmasse betrifft (**BFH** NZI 1998, 135, 136). Der **BFH** hat in dem vorgenannten Urteil die in früheren Urteilen (BFHE 144, 198 = BStBl II 1985, 650; **BFH/ NV** 1987, 564) teilweise gegenteilige Auffassung ausdrücklich aufgegeben. Nunmehr darf die Finanzbehörde nach Eröffnung des Insolvenzverfahrens bis zum Prüfungstermin Steuern, die zur Insolvenztabelle anzumelden sind, nicht mehr festsetzen. Dasselbe gilt für die Feststellung von Besteuerungsgrundlagen (**FG** Düsseldorf KTS 2001, 276). Ein trotzdem erlassener, mit einem Leistungsgebot versehener Steuerbescheid ist unwirksam. Dies gilt auch für Steuerbescheide, wie zB Gewerbesteuermessbescheide. Gem § 240 S 2 ZPO tritt eine **Verfahrensunterbrechung** auch ein, wenn im Rahmen des Insolvenzeröffnungsverfahrens vom Gericht ein vorläufiger Insolvenzverwalter bestellt wird, auf den die Verwaltungs- und Verfügungsbefugnis über das Vermögen des Schuldners übergeht (§ 22 Abs 1 S 1). Soweit die Steuerforderungen Insolvenzforderungen sind, können gem § 240 ZPO **unterbrochene Steuerverfahren** weder vom vorläufigen Insolvenzverfahren noch von der Finanzbehörde aufgenommen werden, sondern müssen gem § 87 zur Insolvenztabelle beim Verwalter angemeldet werden, wenn das Verfahren eröffnet wird (*Frotscher*, Besteuerung S 270). Handelt es sich um Steuerforderungen, die durch Handlungen des vorläufigen Insolvenzverwalters begründet werden und Masseansprüche nach § 55 Abs 2 sind, können diese ohne Einschränkungen gegenüber dem vorläufigen Verwalter und im eröffneten Verfahren gegenüber dem endgültigen Verwalter (mit Ausnahme § 210) durchgesetzt werden. Hat das Gericht einen sogen „schwachen" Insolvenzverwalter ohne Verwaltungs- und Verfügungsbefugnis bestellt, greift die entsprechende Anwendung des § 240 ZPO nicht ein. Das Besteuerungsverfahren über Insolvenzforderungen kann daher ohne jegliche Einschränkung gegen den Schuldner oder das Schuldnerunternehmen fortgesetzt werden (*Frotscher* Besteuerung S 270).

§ 4a Stundung der Kosten des Insolvenzverfahrens

(1) ¹Ist der Schuldner eine natürliche Person und hat er einen Antrag auf Restschuldbefreiung gestellt, so werden ihm auf Antrag die Kosten des Insolvenzverfahrens bis zur Erteilung der Restschuldbefreiung gestundet, soweit sein Vermögen voraussichtlich nicht ausreichen wird, um diese Kosten zu decken. ²Die Stundung nach Satz 1 umfasst auch die Kosten des Verfahrens über den Schuldenbereinigungsplan und des Verfahrens zur Restschuldbefreiung. ³Der Schuldner hat dem Antrag eine Erklärung beizufügen, ob einer der Versagungsgründe des § 290 Abs. 1 Nr. 1 und 3 vorliegt. ⁴Liegt ein solcher Grund vor, ist eine Stundung ausgeschlossen.

(2) ¹Werden dem Schuldner die Verfahrenskosten gestundet, so wird ihm auf Antrag ein zur Vertretung bereiter Rechtsanwalt seiner Wahl beigeordnet, wenn die Vertretung durch einen Rechtsanwalt trotz der dem Gericht obliegenden Fürsorge erforderlich erscheint. ² § 121 Abs. 3 bis 5 der Zivilprozessordnung gilt entsprechend.

(3) ¹Die Stundung bewirkt, dass
1. die Bundes- oder Landeskasse
   a) die rückständigen und die entstehenden Gerichtskosten,
   b) die auf sie übergegangenen Ansprüche des beigeordneten Rechtsanwalts
   nur nach den Bestimmungen, die das Gericht trifft, gegen den Schuldner geltend machen kann;
2. der beigeordnete Rechtsanwalt Ansprüche auf Vergütung gegen den Schuldner nicht geltend machen kann.

²Die Stundung erfolgt für jeden Verfahrensabschnitt besonders. ³Bis zur Entscheidung über die Stundung treten die in Satz 1 genannten Wirkungen einstweilig ein. ⁴§ 4b Abs. 2 gilt entsprechend.

Übersicht

	Rn
I. Allgemeines	1
II. Voraussetzungen für eine Stundung	6
1. Personenkreis	6
2. Mittellosigkeit	7
3. Antrag des Schuldners	15
a) Antrag auf Restschuldbefreiung	15
b) Antrag auf Stundung der Kosten des Insolvenzverfahrens	16
c) Entscheidung des Gerichts	20
4. Erklärung über Versagungsgründe (§ 4a Abs 1 S 3)	24
III. Umfang der Stundung (§ 4a Abs 1 S 2)	26
IV. Dauer der Stundung	29
V. Ausschluss der Stundung (§ 4a Abs 1 S 4)	30
VI. Beiordnung eines Rechtsanwalts (§ 4a Abs 2)	33

I. Allgemeines

	Rn
VII. Wirkung der Stundung (§ 4 a Abs 3)	41
1. Allgemeine Wirkung	41
2. Wirkung auf Vergütungsansprüche	43
3. Eintritt der Stundungswirkungen	45
4. Ende der Stundungswirkungen	47
VIII. Änderung der Stundungsvoraussetzungen	48

I. Allgemeines

Schon vor dem Inkrafttreten der InsO wurde kontrovers diskutiert, ob die **Kostenhürde im Verbraucherinsolvenzverfahren** durch Bewilligung von Insolvenzkostenhilfe (Prozesskostenhilfe) überwunden werden kann (Einzelheiten bei *Graf-Schlicker* FS Uhlenbruck 2000 S 573 ff). Eine gesetzliche Regelung, ob und in welcher Phase des Verbraucherinsolvenzverfahrens mittellosen Schuldnern Insolvenzkostenhilfe (IKH) zu bewilligen ist, sieht die InsO nicht vor. Der Gesetzgeber hat das Problem zwar gesehen, jedoch gemeint, es mit dem zunächst vorgesehenen, später aber nicht Gesetz gewordenen „verwalterlosen" Verbraucherinsolvenzverfahren lösen zu können (RegE InsO BT-Drucks 12/2443 S 255; vgl auch *Funke* ZIP 1998, 1708 ff; *Graf-Schlicker* FS Uhlenbruck S 573, 574 Fn 4). Das Recht der KO ließ nach allgemeiner Meinung für den Gemeinschuldner **keine Prozesskostenhilfe** zu (*Uhlenbruck* ZIP 1992, 288, 289; *K/U* § 6 KO Rn 31 e; *Kilger/K. Schmidt* § 32 KO Anm 4). Im Hinblick auf die Unsicherheit der Rechtslage, die wegen des Meinungsstreits in der Literatur und der divergierenden Entscheidungen der Insolvenzgerichte entstanden ist, wurde in der Literatur die Auffassung vertreten, es handele sich um eine **Grundsatzfrage des Insolvenzrechts**, die in dem die weitere Beschwerde mit der Möglichkeit der Divergenzvorlage an den **BGH** vorsehenden Rechtsweg nach § 7 entschieden werden müsse (*Vallender* ZIP 1999, 125, 126; *Uhlenbruck* NZI 1999, 175, 176; *ders* DZWIR 2000, 15, 16 f; *Ahrens* ZInsO 1999, 190, 194; vgl auch *Pape* FS Uhlenbruck S 49 ff; *Gerhardt* ebend S 75, 80 ff). Dies wurde vom **BGH** (BGH 16. 3. 2000 BGHZ 144, 78 = NZI 2000, 260 = ZIP 2000, 755 = ZInsO 2000, 280) aber abgelehnt und festgestellt, dass eine im Insolvenzverfahren ergangene Prozesskostenhilfeentscheidung nicht mit den besonderen insolvenzrechtlichen Rechtsmitteln der §§ 6, 7 InsO, sondern nur mit der einfachen Beschwerde nach § 127 Abs 2, 3 ZPO angefochten werden kann. Damit war der Weg zu einer höchstrichterlichen Entscheidung endgültig verbaut. Offensichtlich ging der Gesetzgeber für die InsO davon aus, dass für das Insolvenzverfahren und damit auch für das Verbraucherinsolvenzverfahren eine **Insolvenzkostenhilfe** (Prozesskostenhilfe) **nicht in Betracht kommt** (vgl auch *Hoffmann* NZI 1999, 53; HK-*Landfermann* vor §§ 304–314 Rn 22; *Maier* Rpfleger 1999, 1 ff). Auch eine **Verfassungsbeschwerde** gegen die Entscheidung des OLG Köln 23. 3. 1999 NZI 1999, 198 = ZInsO 1999, 230, blieb ohne Erfolg und wurde ohne nähere Begründung nicht zur Entscheidung angenommen worden (vgl Nachweise bei *Graf-Schlicker* FS Uhlenbruck S 573, 575 Fn 14; krit *Pape* ZIP 1999, 2037, 2047). Die analoge Anwendung der §§ 114 ff ZPO hätte eine Menge Probleme gebracht (vgl *Busch/ Graf-Schlicker* InVo 1998, 269, 272, 273; *Graf-Schlicker* FS Uhlenbruck S 573, 576). Festzustellen ist, dass bereits im gerichtlichen Schuldenbereinigungsverfahren Kosten anfielen, die nicht selten etwa 20.000,00 DM betrugen (vgl *Beule* in: Kölner Schrift InsO S 23, 85 Rn 184; *Graf-Schlicker* FS Uhlenbruck S 573, 577; *dies./Livonius*, Restschuldbefreiung und Verbraucherinsolvenz nach der InsO 1999 Rn 202; *Stephan* ZInsO 1999, 78). Auch nach einer wesentlichen „Entschlackung" des Verbraucherinsolvenzverfahrens und der Kostenreduzierung verbleiben Kosten (*Graf-Schlicker* FS Uhlenbruck S 573, 581), die zur Eröffnung des Verfahrens abgedeckt sein müssen. Insbesondere mittellose Schuldner und solche, denen kein pfändungsfreies Vermögen zur Verfügung steht, könnten häufig bei Einleitung des Verfahrens diese Kosten nicht aufbringen. Um diesen Personen dennoch eine Restschuldbefreiung zu ermöglichen, sei es notwendig, das vorhandene Vermögen vorrangig für die Deckung der Verfahrenskosten einzusetzen und im Übrigen die Kosten zu stunden.

Der Gesetzgeber hat sich dieser Argumentation nicht verschlossen und mit den §§ 4 a–d ein *„Stundungsmodell"* eingeführt, das auch völlig mittellosen Personen den Zugang zum Restschuldbefreiungsverfahren eröffnet und ihnen damit eine Hilfe für einen wirtschaftlichen Neuanfang an die Hand gibt. Wegen der zur Anwendbarkeit der §§ 114 ff ZPO ergangenen unterschiedlichen Gerichtsentscheidungen und weil eine höchstrichterliche Entscheidung in absehbarer Zeit nicht erwartet werden konnte, war es ein wesentliches Anliegen des InsOÄndG 2001, hier für Abhilfe zu sorgen und trotzdem die Kosten für die Landesjustizhaushalte verhältnismäßig niedrig zu halten. Deshalb hat der Gesetzgeber einen Vorschlag aufgegriffen, der in einer von der 70. Konferenz der Justizministerinnen und -minister von Juni 1999 eingesetzten Bund-Länder-Arbeitsgruppe konzipiert wurde und der im Ergebnis auf eine **Stundung der Verfahrenskosten** abzielt (Begr RegE InsOÄndG 2001, BT-Drucks 14/5680, S 12). Nach Auffassung des Gesetzgebers hat das Stundungsmodell gegenüber einer entsprechenden Anwendung der §§ 114 ff ZPO im Insolvenzverfahren erhebliche Vorteile. Die Verfahrenskosten werden nicht endgültig von der Staatskasse übernommen, sondern die Fälligkeit der Kostenansprüche wird lediglich hinausgeschoben. Nach wirtschaftlicher Gesundung hat der Schuldner die Verfahrenskosten selbst zu tragen. In der sogen Wohlverhaltensperiode sollen die Kosten vorab vom Treuhänder berichtigt werden, bevor

Leistungen an die Insolvenzgläubiger erbracht werden können. Auch in verfassungsrechtlicher Hinsicht begegnet das Stundungsmodell keinen durchschlagenden Bedenken (BVerfG 3. 2. 2003 NZI 2003, 162 = ZInsO 2003, 176; zustimmend Jaeger-*Eckhardt* § 4 a Rn 14).

3 Von der Stundungslösung erhofft sich der Gesetzgeber darüber hinaus noch eine „eindeutige Signalwirkung". Den am Verfahren interessierten Schuldnern werde deutlich gemacht, dass eine Restschuldbefreiung nur aufgrund erheblicher eigener Anstrengungen zu erlangen ist (vgl auch **BGH** 18. 9. 2001 ZInsO 2001, 1009 m Anm *Vallender*). Eine „**Entschuldung zum Nulltarif**" werde es idR nicht geben. Deshalb hat der Gesetzgeber konsequent in § 302 Nr 3 die Verbindlichkeiten aus „zinslosen Darlehen", die dem Schuldner zur Begleichung der Kosten des Insolvenzverfahrens gewährt wurden, nunmehr ausdrücklich aus der Restschuldbefreiung herausgenommen, was freilich dem Gedanken der Restschuldbefreiung in gewisser Weise zuwiderläuft (krit MüKoInsO-*Ganter* Vor §§ 4 a bis 4 d Rn 4). In der Diskussion um das Stundungsmodell wurde der Gedanke vernachlässigt, dass wegen der Regelung in § 292 die Stundung praktisch auf Kosten der Gläubiger geht. Sie erhalten während der Dauer der Wohlverhaltenszeit erst dann eine Quote, wenn die gestundeten Kosten bezahlt sind. Die Regelung in § 4 b Abs 1 zeigt zudem, dass es Fälle geben kann, in denen der Treuhänder nicht genügend Geld erhält, um die Kosten vollständig zu decken. Dies bedeutet letztlich, dass die Staatskasse nur einen Teil ihrer Kosten zurückerhält, die Gläubiger dagegen leer ausgehen. In diesen Fällen tritt dann letztlich doch eine „**Entschuldung zum Null-Tarif**" ein.

4 § 4 a als „zentrale Vorschrift der neuen Verfahrenskostenstundung" regelt den begünstigten Personenkreis, die Voraussetzungen der Stundung und deren Wirkung sowie die Beiordnung eines Rechtsanwalts. Durch die gesetzliche Neuregelung ist die **Gewährung von Beratungshilfe** nach dem Beratungshilfe-Gesetz v 18. Juni 1980 (BGBl I 1980, 689) nicht etwa ausgeschlossen. Vielmehr kann Beratungshilfe auch im Rahmen eines Insolvenzverfahrens gewährt werden, wie zB für die Frage, ob und wie ein Insolvenzantrag gestellt werden muss (**BGH** 22. 3. 2007 NZI 2007, 418 = ZInsO 2007, 492). Im Verbraucherinsolvenzverfahren ist (**AG** Schwelm 19. 3. 1999 ZInsO 2000, 173) Beratungshilfe zumindest immer dann zu gewähren, wenn eine geeignete Stelle zwar zur kostenlosen Beratung zur Verfügung steht, diese aber aufgrund personeller Unterbesetzung und fehlender Finanzausstattung für eine zügige Bearbeitung nicht über die erforderlichen Kapazitäten verfügt. Ein Verweis auf die ausschließliche Unterstützung durch eine Schuldnerberatungsstelle ist daher nicht möglich (**AG** Köln 2. 7. 1999 VuR 2000, 22; **AG** Bochum 30. 3. 2000 Rpfleger 200, 461). Über Anträge auf Gewährung von Beratungshilfe in Insolvenzverfahren sollte nach § 24 a Abs 1 Nr 1 RPflG der Rechtspfleger des Insolvenzgerichts entscheiden, jedoch kann auch ein anderer Rechtspfleger des zuständigen Amtsgerichts die Beratungshilfe gem § 3 Abs 2 BerHG gewähren.

5 Ein jedenfalls grundsätzliches Spezialitätsverhältnis von § 4 a besteht zu den Regelungen der **Gewährung von Insolvenzkostenhilfe** (Prozesskostenhilfe) nach den §§ 114 ff ZPO (**BGH** 22. 3. 2007 NZI 2007, 418 = ZInsO 2007, 492; **LG** Bochum 27. 12. 2002 NZI 2003, 164, 166 = ZInsO 2003, 131; Jaeger-*Eckhardt* § 4 a Rn 15; K/P/B-*Prütting*/*Wenzel* § 4 a Rn 2), so dass ein entsprechender Antrag auf Insolvenzkostenhilfe abgewiesen werden muss. Eine Gewährung von Prozesskostenhilfe bleibt aber in den Fällen möglich, in denen nicht diese nicht für das Insolvenzverfahren als solches, sondern nur für einzelne Auseinandersetzungen beantragt wird. Dies gilt insbesondere auch für die Beantragung von Prozesskostenhilfe für das Beschwerdeverfahren (**BGH** 22. 3. 2007 NZI 2007, 418 = ZInsO 2007, 492; **BGH** 24. 7. 2003 NZI 2003, 556, 557 = ZInsO 2003, 800 [soweit nicht in BGHZ abgedruckt]; **BGH** 4. 7. 2002 NZI 2002, 574, 575; **BGH** 5. 12. 2002 NZI 2003, 270 = ZVI 2003, 226; HK/*Kirchhof* § 4 a Rn 15; MüKoInsO-*Ganter* § 4 a Rn 4). Etwas anderes ergibt sich auch nicht aus § 309 Abs 2 S 4 (ausf Jaeger-*Eckhardt* § 4 a Rn 79). Eine Besonderheit gilt insofern aber hinsichtlich der Beiordnung von Rechtsanwälten (siehe Rn 33 ff.).

II. Voraussetzungen für eine Stundung

6 **1. Personenkreis.** Nach § 4 a Abs 1 S 1 kann die Stundung nur von **natürlichen Personen** beantragt werden. Das Verfahren sieht somit die Möglichkeit einer Stundung der Verfahrenskosten für alle Personen vor, die eine Restschuldbefreiung nach den §§ 286 ff erlangen können. Daher ist auch eine Stundung bei der Insolvenz von Nachlässen oder Personengesellschaften ausgeschlossen, bevor jedenfalls nicht das Insolvenzverfahren über das Vermögen des Erben bzw. des persönlich haftenden Gesellschafters durchgeführt wurde. Darauf, ob der Schuldner nur eine geringfügige selbständige wirtschaftliche Tätigkeit ausübt oder Verbraucher ist, kommt es nicht an (K/P/B-*Prütting*/*Wenzel* § 4 a Rn 18). Unerheblich ist weiterhin, ob die natürliche Person selbständig ist. Auch Arbeitnehmer einschließlich leitende Angestellte, Rentner oder Arbeitslose können die Stundung beantragen. Die Stundungsregelung gilt sowohl für das Verbraucherinsolvenzverfahren als auch für das Regelinsolvenzverfahren (*Vallender* NZI 2001, 561, 562; *Pape* ZInsO 2001, 587, 589).

7 **2. Mittellosigkeit.** Weitere Voraussetzung der Stundung ist, dass das Vermögen des Schuldners, also die Haftungsmasse, die mit der späteren Insolvenzmasse iSv § 35 idR identisch ist, nicht ausreicht, um die jeweiligen Verfahrenskosten (Rn 26) zu decken. Maßgeblich sind die persönlichen und wirtschaft-

II. Voraussetzungen für eine Stundung § 4a

lichen Verhältnisse im Zeitpunkt der Antragstellung. Vorrangig hat der Schuldner sein Vermögen einzusetzen. **Vermögen** ist weitgehend identisch mit dem Begriff „Insolvenzmasse" iSv § 35 (**LG** Berlin 22. 5. 2002 ZInsO 2002, 680, 682; MüKoInsO-*Ganter* § 4a Rn 11; K/P/B-*Prütting/Wenzel* § 4a Rn 32), so dass unpfändbare Vermögensgegenstände (**LG** Berlin 22. 5. 2002 ZInsO 2002, 680; **LG** Münster 25. 4. 2002 NZI 2002, 446 = ZInsO 2002, 778) und auch Unterhaltsverpflichtungen in Abzug gebracht werden müssen (**BGH** 25. 9. 2003 NZI 2003, 665 = ZInsO 2003, 1041). Staatliche Leistungen sind grundsätzlich in das Vermögen einzubeziehen, soweit sie nicht – etwa wie beim Kindergeld (Jaeger-*Eckhardt* § 4a Rn 23) – zweckgebunden für andere Personen eingesetzt werden müssen oder unpfändbar sind (vgl etwa § 54 SGB I).

Der Schuldner muss auch die für ihn bestehenden kurzfristigen **Möglichkeiten zur Verbesserung der** 8 **Vermögenslage** ausnutzen. Daher kann er darauf verwiesen werden, etwaigen Grundbesitz im Ausland zu veräußern (**AG** Koblenz 24. 10. 2002 MDR 2003, 176) oder durch den Wechsel von Steuerklassen sein liquides Vermögen zu erhöhen (**AG** Kaiserslautern 12. 9. 2002 ZVI 2002, 378). Zu einer Stilllegung seines (Klein)Betriebes kann er allerdings nicht angehalten werden, da dies dem Grundgedanken von § 157 widerspricht (**AG** Dresden 16. 4. 2002 ZVI 2002, 119). Keine Bedeutung hat schließlich, ob es der Schuldner versäumt hat, rechtzeitig entsprechende Rücklagen zur Deckung der Verfahrenskosten zu bilden. Dies gilt auch nicht ab Beginn des außergerichtlichen Einigungsversuchs (aA Jaeger-*Eckhardt* § 4a Rn 27). Eine Beschränkung ergibt sich in diesen Konstellationen nur bei Missbräuchen (vgl etwa LG Koblenz 3. 6. 2003 ZInsO 2003, 861 = ZVI 2003, 607 zur Versagung der Verfahrenskostenstundung wegen Verstoßes gegen das Veräußerungsverbot). Schließlich sind auch Forderungen gegenüber Dritten zu beachten, wobei maßgeblich auf die jeweilige Realisierbarkeit abzustellen ist (Jaeger-*Eckhardt* § 4a Rn 33).

Der Begriff „**voraussichtlich**" bedeutet, dass bei Nichtgewährung der Stundung der Insolvenzantrag 9 aller Wahrscheinlichkeit nach mangels Masse abgewiesen (§ 26) oder ein eröffnetes Verfahren nach § 207 eingestellt werden müsste. Trotz der Zukunftsbezogenheit der wirtschaftlichen Verhältnisse müssen die Verfahrenskosten in ihrer Gesamtheit für den Zeitpunkt der Fälligkeit abgedeckt werden sein (siehe unten Rn 10). Nach § 35 Abs 1 zählt auch der Neuerwerb zur Insolvenzmasse (Jaeger-*Eckhardt* § 4a Rn 24). Deshalb hat das Gericht vor Gewährung einer Stundung zu prüfen, ob das in diesem Zeitraum vom Schuldner zu erlangende pfändbare Einkommen voraussichtlich zur Deckung der Verfahrenskosten ausreichen wird (**BGH** 24. 7. 2003 BGHZ 156, 92, 94 = NZI 2003, 556 = ZInsO 2003, 800). Dies gilt auch für freiberufliche Einkünfte (FK-*Kohte* § 4 Rn 10). Soweit bestehende Vermögensgegenstände langen Verwertungsfristen ausgesetzt sind, darf dies nicht zur Ablehnung der Stundung führen. Der Einsatz öffentlicher Mittel zur Durchführung eines Insolvenzverfahrens soll nach den Vorstellungen des Gesetzgebers lediglich als *ultima ratio* in den Fällen vorgesehen werden, in denen ansonsten eine Abweisung mangels Masse nach § 26 Abs 1 erfolgen müsste.

Soweit der Schuldner aus seinem Vermögen einen **Teil der Verfahrenskosten** aufzubringen vermag, muss 10 die Stundung dennoch vollständig erfolgen. Eine Ratenzahlung kommt nicht in Betracht (**BGH** 25. 9. 2003 NZI 2003, 665, 665 f = ZInsO 2003, 1041; **BGH** 18. 5. 2006 ZInsO 2006, 773, 774 = ZVI 2006, 285; **LG** Bochum 2. 1. 2009 ZInsO 2009, 735; MüKoInsO-*Ganter* § 4a Rn 12; aA Jaeger-*Eckhardt* § 4a Rn 24 f). Insofern ist auch die voraussichtliche Entwicklung des Arbeitseinkommens des Schuldners – im Gegensatz zum PKH-Verfahren nach §§ 115 Abs 3, 120 Abs 1 ZPO – ohne Bedeutung, wenn die Kosten nicht durch eine Einmalzahlung gedeckt sind (**BGH** 25. 9. 2003 NZI 2003, 665, 665 f = ZInsO 2003, 1041; **BGH** 18. 5. 2006 ZInsO 2006, 773, 774 = ZVI 2006, 285). Schließlich ist auch die Anforderung eines Kostenvorschusses unzulässig (**BGH** 18. 5. 2006 ZInsO 2006, 773, 774 = ZVI 2006, 285).

Die Bestimmung der Mittellosigkeit muss auch berücksichtigen, ob der Schuldner einen Anspruch auf 11 **Kostenvorschuss nach § 1360a Abs 4 BGB** gegen den Ehegatten hat (**BGH** 24. 7. 2003 BGHZ 156, 92, 95 = NZI 2003, 556 = ZInsO 2003, 800), da die Führung eines Rechtsstreits eine persönliche Angelegenheit des Ehegatten betrifft und der Schuldner dadurch die Möglichkeit einer anderweitigen Aufbringung der Verfahrenskosten hat. Auf die Form des ehelichen Güterrechts kommt es insofern nicht an. Der gleiche Anspruch auf Kostenvorschuss besteht auch bei Getrenntlebenden (§ 1361 Abs 4 BGB) und bei der Lebenspartnerschaft (§ 5 S 2 LPartG). Soweit die Ehe dem Recht eines anderen Staates unterliegt (Art 14 EGBGB), besteht eine Vorschusspflicht nur dann, wenn das jeweils anwendbare Recht eine solche Pflicht vorsieht.

Die Vorschusspflicht kann allerdings aus **Gründen der Billigkeit** ausgeschlossen sein, was insbeson- 12 dere dann der Fall ist, wenn es sich um voreheliche Verbindlichkeiten handelt (**BGH** 24. 7. 2003 BGHZ 156, 92, 95 = NZI 2003, 556 = ZInsO 2003, 800) oder die Verbindlichkeiten nicht zum Aufbau oder Erhalt einer wirtschaftlichen Existenz der Eheleute eingegangen wurden (MüKoInsO-*Ganter* § 4a Rn 13). Eine Vorschusspflicht ist zudem unzumutbar, wenn die Ehe zwar noch besteht, der Schuldner aber in einer verfestigten Lebensgemeinschaft mit einem anderen Partner lebt (**AG** Duisburg 14. 8. 2008 ZVI 2008, 477). Der Schuldner muss Auskunft über die Herkunft der Verbindlichkeiten erteilen und sich zu den Einkünften und dem Vermögen des Ehegatten erklären (**BGH** 24. 7. 2003 BGHZ 156, 92, 96 = NZI 2003, 556 = ZInsO 2003, 800).

Da es bei der Durchsetzung des Kostenvorschusses zu deutlichen Verzögerungen kommen kann, darf 13 ein Stundungsantrag nur dann abgewiesen werden, wenn das Gericht keinerlei Anlass zu Bedenken gegen die alsbaldige Durchsetzbarkeit des Anspruchs hat, was regelmäßig nur bei einer intakten Ehe und entsprechender Solvenz des Partner der Fall sein wird (Jaeger-*Eckhardt* § 4a Rn 31). Im Einzelfall kann das Gericht dem Schuldner eine stundungsbegleitende Zahlungsmodalität (§ 4a Abs 3 Nr 1) aufgeben, wonach er zu einem späteren Termin die Zahlung des bis dahin realisierten Vorschussanspruches zu erbringen hat (Jaeger-*Eckhardt* § 4a Rn 31). Soweit der Ehegatte bei bestehender Leistungsfähigkeit die Vorschussleistung schließlich verweigert, muss der Schuldner diesen Anspruch klagweise durchsetzen (MüKoInsO-*Ganter* § 4a Rn 13). Aus Gründen der Verfahrensbeschleunigung ist dabei in der Regel eine **einstweilige Anordnung** (§§ 644, 621 Abs 1 Nr 5 ZPO) zu erwirken (**BGH** 25. 1. 2007 NZI 2007, 298 = ZInsO 2007, 324). Die Angaben des Schuldners über die Vermögensverhältnisse des Ehepartners sind durch das Einreichen entsprechender Nachweise zu untermauern (**LG** Bochum 3. 2. 2003 ZVI 2003, 130, 131).

14 Schließlich ist die Mittellosigkeit dann zu verneinen, wenn ein **Verfahrenskostenvorschuss** von einem Gläubiger oder einem sonstigen Dritten geleistet werden kann (**LG** Düsseldorf 21. 5. 2002 ZInsO 2002, 588 = ZVI 2002, 116; MüKoInsO-*Ganter* § 4a Rn 13). Es wird dem Gericht aber nicht zuzumuten sein, etwa sämtliche Gläubiger anzuschreiben und anzufragen, ob einer von ihnen bereit ist, einen Verfahrenskostenvorschuss zu leisten. Ist eine **karitative Einrichtung** bereit, dem Schuldner die Mittel für die Durchführung des Verfahrens zur Verfügung zu stellen, scheidet ebenfalls eine Stundung aus.

15 **3. Antrag des Schuldners. a) Antrag auf Restschuldbefreiung.** Gem § 4a Abs 1 S 1 hat der Schuldner im Regelfall **drei Anträge** zu stellen. Einmal einen **Antrag auf Restschuldbefreiung**, der gem § 287 Abs 1 wiederum voraussetzt, dass ein **Insolvenzantrag** gestellt wird. Nach der Neufassung des § 287 Abs 1 setzt die Restschuldbefreiung einen Antrag des Schuldners voraus, der mit seinem Antrag auf Eröffnung des Insolvenzverfahrens verbunden werden soll (**BGH** 25. 9. 2003 NZI 2004, 511 = ZVI 2003, 606; **BGH** 8. 7. 2004 NZI 2004, 593 = ZInsO 2004, 974). Wird er nicht mit diesem Antrag verbunden, so ist er innerhalb von zwei Wochen nach dem Hinweis nach § 20 Abs 2 zu stellen (§ 287 Abs 1 S 2). Der Gesetzgeber (Begr RegE InsOÄndG 2001 BT-Drucks 14/5680, S 28) geht davon aus, eine Restschuldbefreiung **nur aufgrund eines eigenen Insolvenzantrags des Schuldners** zu ermöglichen. Soweit bei Vorliegen eines Gläubigerantrags lediglich ein Antrag auf Restschuldbefreiung ohne einen Eigenantrag gestellt wurde, ist der Schuldner auf die Erforderlichkeit des Eigenantrags hinzuweisen und ihm für dessen Nachholung eine richterliche Frist zu setzen (**BGH** 17. 2. 2005 BGHZ 162, 181, 184 = NZI 2005, 271 = ZInsO 2005, 310).

16 **b) Antrag auf Stundung der Kosten des Insolvenzverfahrens.** Neben dem Antrag auf Verfahrenseröffnung und Restschuldbefreiung hat der Schuldner den Antrag zu stellen, ihm die Kosten des Insolvenzverfahrens bis zur Erteilung der Restschuldbefreiung zu stunden. Der Antrag kann dabei für jeden Verfahrensabschnitt gesondert oder aber auch für das gesamte Verfahren gestellt werde (**AG** Neumünster 11. 8. 2006 ZInsO 2006, 1007, 1008; Jaeger-*Eckhardt* § 4a Rn 42). Das **Antragrecht** besteht dabei nur für den Schuldner und kann daher insbesondere nicht durch den Gläubiger erfolgen (Jaeger-*Eckhardt* § 4a Rn 40; MüKoInsO-*Ganter* § 4a Rn 6; K/P/B-*Prütting/Wenzel* § 4a Rn 20). Der Antrag kann formlos eingereicht werden. Es ist auch kein bestimmtes Formular zu verwenden, so dass insbesondere § 117 ZPO keine entsprechende Anwendung findet (**BGH** 24. 7. 2003 BGHZ 156, 92, 94 = NZI 2003, 556 = ZInsO 2003, 800). Eine Antragsfrist besteht grundsätzlich nicht, allerdings muss der Antrag vor der rechtskräftigen Entscheidung über den betreffenden Verfahrensabschnitt gestellt werden (MüKoInsO-*Ganter* § 4a Rn 33). Im Übrigen gelten für den Antrag die allgemeinen Regeln für Prozesshandlungen. Ein Anwaltszwang besteht nicht.

17 Das Antragsrecht des Schuldners wird auch nicht dadurch ausgeschlossen, dass er in einem Erstinsolvenzverfahren den Antrag auf Restschuldbefreiung zurücknimmt (**AG** Göttingen 9. 5. 2008 NZI 2008, 447 = ZInsO 2008, 1148). Damit kann es zwar zu so genannten **Dauerinsolvenzverfahren** kommen, das nach dem derzeitigen Gesetzesstand nicht verhindert werden kann (*Hackländer* ZInsO 2008, 1308).

18 In dem Antrag auf Stundung muss der Schuldner umfassend **Auskunft über seine Vermögensverhältnisse** geben und dabei ein Verzeichnis über seine Gläubiger und Schuldner sowie eine gesonderte Übersicht über seine Vermögensgegenstände vorlegen (**BGH** 24. 7. 2003 BGHZ 156, 92, 94 = NZI 2003, 556 = ZInsO 2003, 800), damit das Insolvenzgericht eine Beurteilung der Mittellosigkeit vornehmen kann (siehe oben Rn 7ff). Dies gilt unabhängig davon, dass der Insolvenzantrag möglicherweise mangels Masse abgewiesen wurde (**BGH** 13. 4. 2006 nicht veröffentlicht), so dass dahingehende Erleichterungen nicht bestehen. Grundsätzlich kann auch ein Gutachten eines Sachverständigen vorgelegt werden, soweit dieses zeitnah erstellt wurde (**BGH** 4. 11. 2004 NZI 2005, 45, 45f = ZInsO 2004, 1307). Soweit der Schuldner unvollständige oder nicht ausreichende Unterlagen vorlegt, kann das Insolvenzgericht dem Schuldner unter Nennung der konkreten Mängel aufgeben, diese in einer angemessenen Frist zu beheben (**BGH** 24. 7. 2003 BGHZ 156, 92, 94 = NZI 2003, 556 = ZInsO 2003, 800; **BGH** 12. 12. 2002 BGHZ 153, 205, 207f = NZI 2003, 147 = ZInsO 2003, 551; **BGH** 22. 4. 2004 ZVI 2004, 281, 281f; **BGH** 4. 11. 2004 NZI 2005, 45 = ZInsO 2004, 1307; **BGH** 27. 1. 2005 NZI 2005, 273, 274 = ZInsO 2005, 265). Falls der Schuldner dem nicht nachkommt, ist sein Antrag insgesamt unzulässig

III. Umfang der Stundung (§ 4a Abs 1 S 2) **§ 4a**

oder gegebenenfalls unbegründet (**BGH** 16. 12. 2004 NZI 2005, 232 = ZInsO 2005, 207; **BGH** 3. 2. 2005 ZInsO 2005, 264). § 290 Abs 1 Nr 5 ist insofern zwar aufgrund fehlender Nennung in § 4a Abs 1 Satz 3 grundsätzlich unbeachtlich, allerdings kann auch auf Grundlage von § 290 Abs 1 Nr 5 die Stundung versagt werden, wenn dessen Voraussetzungen zweifelsfrei vorliegen (Rn 31). Bei dahingehender Unsicherheit ist die Stundung aber zu gewähren und dann ggf. später wieder aufzuheben (§ 4c Abs Nr 1). Zur Änderung der Vermögensverhältnisse siehe unten Rn 48.

Der Schuldner muss keine Angabe hinsichtlich der **Ursachen der Insolvenz** bzw. des Umstandes machen, dass auch die Verfahrenskosten nicht mehr aufgebracht werden können (**BGH** 27. 1. 2005 NZI 2005, 273, 274 = ZInsO 2005, 265). Etwas anderes gilt nur dann, wenn Hinweise auf das Vorliegen von Versagungsgründen bestehen. 19

c) Entscheidung des Gerichts. Das Insolvenzgericht prüft von Amts wegen, ob die Stundungsvoraussetzungen und die Versagungsgründe vorliegen. Wird versehentlich vom Insolvenzgericht Stundung bewilligt, obgleich sie nicht beantragt worden ist, ist die Bewilligung trotzdem wirksam. Das Gericht, das die Stundung ausgesprochen hat, darf sie nicht von Amts wegen wieder aufheben, da die Aufhebung nur unter den Voraussetzungen des § 4c möglich ist. Allerdings kann die Staatskasse gem § 4d Abs 2 S 1 **sofortige Beschwerde** gegen die Stundung einlegen. Insoweit greift die Beschränkung des § 4d Abs 2 S 2 nicht ein. Der Schuldner kann nach Ablehnung des Antrags abermals einen Stundungsantrag stellen (MüKoInsO-*Ganter* § 4a Rn 42). 20

Die Entscheidung über den Antrag auf Stundung der Verfahrenskosten erfolgt als Beschluss in der **Zuständigkeit des Insolvenzrichters**, sofern die Entscheidung spätestens mit dem Eröffnungsbeschluss ergeht, so dass insofern die Entscheidung nicht vom Rechtspfleger erst nach der Verfahrenseröffnung getroffen werden kann (**AG Göttingen** 20. 2. 2002 NZI 2002, 567 = ZVI 2002, 69; K/P/B-*Prütting/Wenzel* § 4a Rn 22; aA **AG Hamburg** 4. 12. 2001 ZIP 2001, 2241). Anderenfalls besteht eine Zuständigkeit des Rechtspflegers (§§ 3 Nr 2 lit e, 18 RPflG). Das Gericht kann vor der abschließenden Entscheidung einstweilige Anordnungen erlassen. Soweit der Schuldner einen Stundungsantrag für mehrere Verfahrensabschnitte gestellt hat, darf das Insolvenzgericht über einzelne Abschnitte entscheiden und im Übrigen die Entscheidung zurückstellen (MüKoInsO-*Ganter* § 4a Rn 41). Über den Antrag auf Stundung muss das Gericht ausdrücklich entscheiden, so dass eine konkludente Zurückweisung ausgeschlossen ist (**AG Göttingen** 20. 2. 2002 NZI 2002, 567 = ZVI 2002, 69; K/P/B-*Prütting/Wenzel* § 4a Rn 22). 21

Soweit der Schuldner den Antrag auf Kostenstundung nicht oder nicht rechtzeitig stellt, ist das bei Vorliegen der entsprechenden Voraussetzungen der Eröffnungsantrag nach § 26 Abs 1 abzuweisen oder das Verfahren nach § 207 Abs 1 einzustellen. Bei einer fehlenden Deckung der Mindestvergütung des Treuhänders während der Wohlverhaltensperiode kann bei einer **fehlender oder nicht rechtzeitigen Antragstellung** die Restschuldbefreiung auf Antrag des Treuhänders hin versagt werden (§ 298 Abs 1). 22

Bei einer Zurückweisung des Stundungsantrags und einer Abweisung des Eröffnungsantrags ist es dem Schuldner unbenommen, diese Anträge erneut zu stellen (**LG Berlin** 16. 7. 2003 ZInsO 2003, 718 = ZVI 2004, 123). Insofern er dabei aber die vorherigen **Anträge schlicht wiederholt** oder keine neuen Tatsachen vorträgt, sind diese Anträge schon aufgrund eines dann fehlenden Rechtsschutzbedürfnisses unzulässig (K/P/B-*Prütting/Wenzel* § 4a Rn 27). 23

4. Erklärung über Versagungsgründe (§ 4a Abs 1 S 3). Gem § 4 Abs 1 S 3 hat der Schuldner dem Antrag eine Erklärung beizufügen, ob einer der **Versagungsgründe des § 290 Abs 1 Nr 1 und 3** vorliegt. Eine Glaubhaftmachung durch den Schuldner ist nicht im Gesetz verlangt (**BGH** 25. 9. 2003 NZI 2003, 665 = ZInsO 2003, 990). Soweit es der Schuldner unterlässt, eine entsprechende Erklärung abzugeben, ist der Antrag als unzulässig abzuweisen, wobei der Schuldner darauf vor der Abweisung hinzuweisen ist (K/P/B-*Prütting/Wenzel* § 4a Rn 23). 24

Eine **weitere Überprüfung der Erfolgsaussichten** findet nicht statt (*Grote* ZInsO 2002, 180, 181). Allerdings kann die Stundung auch aus anderen Gründen versagt werden (siehe unten Rn 31 f). Soweit der Schuldner falsche Erklärungen gegenüber dem Insolvenzgericht abgibt, kommt eine Strafbarkeit wegen Betruges (§ 263 StGB) in Betracht, weil in einem solchen Fall die Stundung durch Täuschung des Gerichts erschlichen ist. 25

III. Umfang der Stundung (§ 4a Abs 1 S 2)

§ 4a stellt in Abs 1 S 1 auf die „**Kosten des Insolvenzverfahrens**" ab. Dabei müssen die Kosten für jeden Verfahrensabschnitt gesondert bestimmt werden (MüKoInsO-*Ganter* § 4a Rn 9). Für das Eröffnungsverfahren fallen neben der Vergütung des vorläufigen Insolvenzverwalters, eine Gebühr nach Nr 2310 KostVerz und Auslagen nach Nr 9004 und 9005 KostVerz an. Für das **Insolvenzverfahren** ergeben sich die Kosten schließlich aus § 54. Hierzu zählen sowohl die Gerichtskosten als auch die Auslagen des Verfahrens, soweit diese von der Masse zu tragen sind. Weiterhin fallen unter die Kosten des Insolvenzverfahrens gem § 54 Nr 2 die Vergütungen und die Auslagen des vorläufigen Insolvenzverwalters, des Insolvenzverwalters und der Mitglieder des Gläubigerausschusses. Keine Berücksichtigung er- 26 fährt die im Restschuldbefreiungsverfahren anfallende Gerichtsgebühr (Nr 2350 KostVerz), da diese dem Schuldner nur dann zur Last fällt, wenn die Restschuldbefreiung abgelehnt wird (MüKoInsO-*Ganter* § 4 a Rn 9). Ein eigener Verfahrensabschnitt ist auch die Wohlverhaltensphase der §§ 292 ff (MüKoInsO-*Ganter* § 4 a Rn 9; K/P/B-*Prütting/Wenzel* § 4 a Rn 22; aA aber Jaeger-*Eckardt* § 4 a Rn 73), bei der allerdings nur die Vergütung des Treuhänders (§ 293) und keine Gerichtsgebühren anfallen. Da dem Schuldner aufgrund der Abtretungserklärung (§ 287 Abs 2) kein pfändbares Vermögen mehr verbleibt, sind ihm die Kosten regelmäßig zu stunden (§ 63 Abs 2, Nr 9018 KostVerz). In die Berechnung sind auch die anfallenden Kosten für die Beiordnung eines Rechtsanwalts einzubeziehen, soweit diese geboten ist (MüKoInsO-*Ganter* § 4 a Rn 10). Im Einzelfall kann dem Schuldner auch ein Reiskostenvorschuss wegen eines gerichtlich angeordneten Anhörungstermins (§ 122 Abs 1 Nr 1 a ZPO iVm Nr 9008 KostVerz) gewährt werden (**AG** Potsdam 23. 3. 2006 ZInsO 2006, 1176 = ZVI 2007, 132), wobei sich in diesen Fällen oftmals die Frage nach der tatsächlichen Zuständigkeit des Insolvenzgerichts für die Eröffnung des Insolvenzverfahrens stellt. Der genaue Umfang der Kosten muss nicht ermittelt werden. Hierfür ist vielmehr eine kursorische Schätzung ausreichend (MüKoInsO-*Ganter* § 4 a Rn 10).

27 Der vorläufige Insolvenzverwalter, der Insolvenzverwalter und der Treuhänder erhalten hinsichtlich ihrer Forderungen einen **Sekundäranspruch gegen die Staatskasse**, soweit eine Befriedigung aus der Masse bzw dem schuldnerischen Vermögen nicht möglich ist (vgl § 63 Abs 2). Wird im Verfahren über die **Beschwerde nach § 4 d** die Beschwerde verworfen oder zurückgewiesen, so fällt gem Nr 4401 KostVerz eine Gebühr von 30,00 Euro an. Nach Ablauf der Stundung und Nichtverlängerung kann die Staatskasse die verauslagten Beträge beim Schuldner geltend machen. Eine unmittelbare Stundung der Kosten ist nicht möglich, da es sich um selbständige Ansprüche Dritter handelt.

28 Nach § 4 a Abs 3 S 2 erfolgt die Stundung für jeden Verfahrensabschnitt besonders. Die Regelung entspricht derjenigen in § 119 Abs 1 S 1 ZPO, verwendet jedoch nicht den Begriff des Rechtszuges. Unter **Verfahrensabschnitten** versteht die InsO jeden Teil des Verfahrens, „der besondere Kosten verursacht und für den bei der ursprünglichen Stundung noch nicht alle einer Restschuldbefreiung möglicherweise entgegenstehenden Umstände geprüft werden konnten" (Begr RegE InsOÄndG 2001 BT-Drucks 14/5680, S 21). Bei einem Verbraucherinsolvenzverfahren sind die Verfahrensabschnitte das Eröffnungsverfahren (**BGH** 25. 9. 2003 NZI 2003, 665, 666 = ZInsO 2003, 990), das gerichtliche Schuldenbereinigungsverfahren, das (vereinfachte) Insolvenzverfahren, das Restschuldbefreiungsverfahren und die Wohlverhaltensphase (vgl *Schmerbach/Stephan* ZInsO 2000, 541, 543). Im Regelverfahren entfällt hingegen das gerichtliche Schuldenbereinigungsverfahren. Eine Zusammenfassung des Eröffnungsverfahrens und des eröffneten Insolvenzverfahrens ist nicht möglich, da der Eröffnungsantrag nach § 1 Abs 1 GKG iVm Nr 5110 KostVerz eine gesonderte Gebühr auslöst (**BGH** 25. 9. 2003 NZI 2003, 665, 666 = ZInsO 2003, 990). Dies gilt auch dann, wenn das Verfahren nach § 306 Abs 1 ruht (**BGH** 25. 9. 2003 NZI 2003, 665, 666 = ZInsO 2003, 990). Einen selbständigen Verfahrensabschnitt stellen zudem etwaige Beschwerden dar.

IV. Dauer der Stundung

29 Nach § 4 a Abs 1 S 1 werden dem Schuldner die Kosten des Insolvenzverfahrens **bis zur Erteilung der Restschuldbefreiung** gestundet, da er mit Ablauf der Wohlverhaltensperiode wieder über den pfändbaren Teil seines Einkommens verfügen kann. Dabei hat das Problem der **Nachhaftung** für Masseverbindlichkeiten keine Berücksichtigung gefunden (vgl *I. Pape/G. Pape* ZIP 2000, 1553, 1560 f). Da er zu diesem Zeitpunkt idR den gestundeten Betrag nicht auf einmal begleichen können wird, räumt das Gesetz ihm in § 4 b Abs 1 die Möglichkeit ein, beim zuständigen Insolvenzgericht Antrag auf **Verlängerung der Stundung** unter Einräumung von Ratenzahlungen zu bewilligen. Die Verlängerung der Stundung dient dazu, dem Schuldner den wirtschaftlichen Neuanfang nach Ablauf der Wohlverhaltensperiode nicht zu verbauen. Vgl hierzu § 4 b Rn 3 ff.

V. Ausschluss der Stundung (§ 4 a Abs 1 S 4)

30 Wie bereits oben unter (Rn 3) dargestellt wurde, soll das gesetzliche Stundungsmodell nur solchen Schuldnern zugute kommen, bei denen damit zu rechnen ist, dass sie nach Ablauf der Wohlverhaltensperiode Restschuldbefreiung erlangen (K/P/B-*Prütting/Wenzel* § 4a Rn 34). Würde man sämtliche Versagungsgründe des § 295 in die gerichtliche Prüfung einbeziehen, würde das Stundungsverfahren mit Amtsermittlungen des Insolvenzgerichts nach § 5 überfrachtet. Deshalb hat sich der Gesetzgeber für das Bewilligungsverfahren mit einer **kursorischen Prüfung** durch das Gericht begnügt, wobei es unerheblich sein soll, dass zu diesem Zeitpunkt ein Gläubiger bereits signalisiert, er wolle einen Antrag nach § 290 stellen und er könne einen Versagungsgrund glaubhaft machen (MüKoInsO-*Ganter* § 4a Rn 15). Gibt der Schuldner die **Erklärung** nach § 4 a Abs 1 S 2 ab und versichert er, dass einer der Versagungsgründe des § 290 Abs 1 Nr 1 und 3 nicht vorliegt, darf sich das Gericht hiermit begnügen. Liegen Anhaltpunkte dafür vor, dass der Schuldner unzutreffende Angaben macht, ist das Insolvenzgericht allerdings verpflichtet, von Amts wegen Ermittlungen anzustellen (**BGH** 16. 12. 2004 NZI 2005, 232 = ZInsO 2005, 207).

Die gesetzliche Regelung in § 4a Abs 1 S 3 schließt nicht aus, dass bei der Entscheidung über die 31
Stundung auch **andere in § 290 Abs 1 aufgeführte Gründe** Berücksichtigung finden (ebenso LG München I 21. 2. 2003 ZVI 2003, 301, 302; MüKoInsO-*Ganter* § 4a Rn 16; HK-*Kirchhof* § 4a Rn 8; aA aber LG Berlin 22. 5. 2002 ZInsO 2002, 680, 681; AG Hannover 20. 1. 2004 NZI 2004, 391, 392; *Ahrens* ZVI 2003, 269; K/P/B-*Prütting/Wenzel* § 4a Rn 38). Auch wenn die übrigen Versagungsgründe von § 290 Abs 1 bei dem Antrag auf Stundung noch nicht vorliegen bzw. regelmäßig streitig sind, würde es wenig Sinn machen, öffentliche Mittel im Rahmen einer Stundung einzusetzen, wenn die Wahrscheinlichkeit besteht, dass die Restschuldbefreiung letztlich versagt wird. Dem kann auch nicht mit dem Einwand begegnet werden, dass diese Gründe bei der Aufhebung der Stundung noch berücksichtigt werden könnten (so aber Begr RegE InsOÄndG 2001 BT-Drucks 14/5680, S 20). Sofern die Gründe bereits bei der Antragstellung zweifelsfrei gegeben sind, kann eine Stundung nicht gewährt werden (BGH 16. 12. 2004 NZI 2005, 232, 232 f = ZInsO 2005, 207; MüKoInsO-*Ganter* § 4a Rn 16). Dies gilt insbesondere für die Fälle des § 290 Abs 1 Nr 2. Aber auch § 290 Abs 1 Nr 5 kann insoweit schon Berücksichtigung finden, wenn der Schuldner deutlich gemacht hat, seine **Mitwirkungspflichten** nachhaltig zu verletzen (BGH 16. 12. 2004 NZI 2005, 232 = ZInsO 2005, 207; BGH 27. 1. 2005 NZI 2005, 273, 274 = ZInsO 2005, 265; aA K/P/B-*Prütting/Wenzel* § 4a Rn 38). Dies ist etwa dann der Fall, wenn es der Schuldner unterlassen hat, auch eine (Allein)Gesellschafterstellung hinzuweisen (AG Duisburg 12. 6. 2008 NZI 2008, 697). Der Umstand, dass diese möglicherweise völlig wertlos ist, muss dabei unbeachtet bleiben, da diese Einschätzung dem Gericht obliegt. Eine Verletzung der Mitwirkungspflichten ist aber nicht schon dann anzunehmen, wenn der Schuldner unter Angabe einer tatsächlich erreichbaren Adresse ins europäische Ausland verzieht, da dies grundsätzlich von der Niederlassungsfreiheit (Art 43 EG) gedeckt ist (**aA** aber wohl MüKoInsO-*Ganter* § 4a Rn 17). Schließlich ist auch der Versagungsgrund des § 290 Abs 1 Nr 4 anwendbar, wenn bereits im Zeitpunkt des Stundungsantrags die insofern erforderliche **Vermögensverschwendung** zweifelsfrei vorliegt (AG Koblenz 10. 2. 2009 [nicht veröffentlicht]). Eine Vermögensverschwendung kann aber nicht schon angenommen werden, wenn der Schuldner vor Antragstellung eine Genehmigung zum Einzug von Lastschriften erteilt hat, die für das Bestreiten seines grundsätzlichen Lebenshaltungskosten erforderlich waren (AG Hamburg 7. 7. 2008 NZI 2008, 570 = ZInsO 2008, 1034).

Schließlich müssen auch **sonstige Hindernisse für die spätere Erteilung der Restschuldbefreiung** be- 32
rücksichtigt werden. So kann die Stundung etwa auch versagt werden, wenn die wesentlichen am Verfahren teilnehmenden Forderungen nach § 302 von der Restschuldbefreiung ausgenommen sind (AG Siegen 24. 9. 2002 NZI 2003, 43, 43 f = ZInsO 2003, 478; AG Marburg 19. 6. 2002 ZVI 2002, 275; AG München 16. 1. 2003 ZVI 2003, 369, 370; aA Jaeger-*Eckardt* § 4a Rn 36). Auch die **Unzulässigkeit des Schuldnerantrags** schließt die Stundung aus (AG Köln 19. 9. 2002 NZI 2002, 618, 618 f = ZVI 2002, 414). Das Gleiche gilt für den Antrag auf Restschuldbefreiung, der insbesondere dann unzulässig sein kann, wenn bei Aufhebung des Verfahrens ein erneuter (unzulässiger) Antrag gestellt wird (BGH 6. 7. 2006 – NZI 2006, 601 = ZInsO 2006, 821). Schließlich kann die Stundung nicht versagt werden, weil sich der Schuldner nicht um eine **angemessene Erwerbstätigkeit** bemüht, da diese für ihn nach § 295 Abs 1 Nr 1 erst nach Abgabe der Abtretungserklärung und auch nach § 4c Nr 4 lediglich auf den Zeitraum ab Stundung der Verfahrenskosten vorverlegt wird (LG Koblenz 2. 7. 2008 ZVI 2008, 473; aA Jaeger-*Eckardt* § 4a Rn 36; MüKoInsO-*Ganter* § 4a Rn 20).

VI. Beiordnung eines Rechtsanwalts (§ 4a Abs 2)

Wird die Stundung bewilligt, so kann der Schuldner einen **vierten Antrag** stellen, nämlich dass ihm 33
ein zur Vertretung bereiter Rechtsanwalt seiner Wahl beigeordnet wird (§ 4a Abs 2). Voraussetzung für eine Beiordnung ist zunächst, dass die Masse überhaupt ausreicht, neben den Verfahrenskosten auch die insofern gesonderten Anwaltskosten zu tragen (Jaeger-*Eckardt* § 4a Rn 87). Die Beiordnung eines Rechtsanwalts kann zudem nur erfolgen, wenn dem Schuldner zuvor die Verfahrenskosten gestundet wurden (BGH 24. 7. 2003 NZI 2003, 647, 648 = ZVI 2004, 27). Insofern kann für das Stundungsverfahren selbst kein Rechtsanwalt beigeordnet werden (BGH 24. 7. 2003 NZI 2003, 556, 557 = ZInsO 2003, 800 [soweit nicht in BGHZ abgedruckt]). Soweit der Schuldner aufgrund von Sprachschwierigkeiten nicht in der Lage ist, den Anforderungen an eine ordnungsgemäße Antragstellung oder der Auflagenerfüllung zu entsprechen, muss ihm ein Dolmetscher zur Verfügung gestellt werden (BGH 24. 7. 2003 NZI 2003, 556, 558 = ZInsO 2003, 800 [soweit nicht in BGHZ abgedruckt]). Behinderten Schuldnern kann sein Betreuer behilflich sein (LG Bochum 27. 12. 2002 NZI 2003, 164, 166 = ZInsO 2003, 131). Die Beiordnung kann nicht im außergerichtlichen Schuldenbereinigungsverfahren erfolgen, da es sich insofern nicht um ein gerichtliches Verfahren handelt (MüKoInsO-*Ganter* § 4a Rn 21). Schließlich scheidet eine **Beiordnung eines Rechtsbeistands** aus (ebenso MüKoInsO-*Ganter* § 4a Rn 23).

Grundsätzlich ist davon auszugehen, dass der Schuldner im Insolvenzverfahren idR seine Rechte 34
selbst wahrnehmen kann. Jedoch handelt es sich gerade bei Verbraucherinsolvenzverfahren häufig um rechtsunkundige Personen, die einer eingehenden rechtlichen Beratung bedürfen. Zunächst hat das Gericht aufgrund der ihm **obliegenden Fürsorgepflicht** dem Schuldner im Rahmen der Antragstellungen die erforderliche Hilfe zukommen zu lassen. Jedoch kann es die Schwierigkeit der Sach- und Rechtslage

im Einzelfall erforderlich machen, dem Schuldner einen **Rechtsanwalt** beizuordnen (BGH 24. 7. 2003 NZI 2003, 556, 557 = ZInsO 2003, 800 [soweit nicht in BGHZ abgedruckt]). Der Gesetzgeber hat die Regelung in § 121 Abs 2 ZPO nicht übernommen, wonach auch ein Rechtsanwalt beigeordnet werden kann, der den Schuldner bereits vertritt, oder wenn der Gegner anwaltlich vertreten ist oder über eine Rechtsabteilung mit einem Volljuristen verfügt (BGH 5. 12. 2002 NZI 2003, 270 = ZVI 2003, 226). Ebenso ist eine Beiordnung eines Rechtsanwalts bei fehlenden Sprachkenntnissen nicht geboten (LG Bochum 30. 12. 2002 ZInsO 2003, 91 = ZVI 2003, 23).

35 Die Beiordnung eines Rechtsanwalts soll idR jedoch immer dann erforderlich sein, „wenn in einem quasi-kontradiktorischen Verfahren der Schuldner nach § 290 oder nach § 296 InsO für seine Restschuldbefreiung kämpft" (BGH 18. 9. 2002 NZI 2004, 39, 40 = ZInsO 2003, 1044; so schon Begr RegE InsOÄndG 2001 BT-Drucks 14/5680, S 21; K/P/B-*Prütting/Wenzel* § 4 a Rn 48). Dies ist allerdings schon anzunehmen, wenn ein Gläubiger eine Forderung aus vorsätzlich begangener unerlaubter Handlung anmeldet (BGH 18. 9. 2002 NZI 2004, 39, 40 = ZInsO 2003, 1044; AG Göttingen 2. 5. 2008 ZVI 2008, 339) wohl auch MüKoInsO-*Ganter* § 4 a Rn 22). In diesem Fall muss das Insolvenzgericht den Schuldner zunächst auf die Widerspruchsmöglichkeit von § 175 Abs 2 und die Folgen von § 302 für die Restschuldbefreiung hinweisen. Ein Hinweis auf eine etwaige Zweckmäßigkeit des Widerspruchs darf allerdings nicht erfolgen (MüKoInsO-*Ganter* § 4 a Rn 22). Insofern ist die Beiordnung geboten.

36 Die Beiordnung kann – wie auch die Stundung selbst – nur verfahrensabschnittsweise angeordnet werden (Jaeger-*Eckardt* § 4 a Rn 88), so dass diese ggf. entsprechend zu erneuern ist. Auch im **Verfahren vor der Eröffnung des Insolvenzverfahrens** kommt eine Beiordnung in Betracht, auch wenn diese in der Regel nicht geboten sein wird (LG Bochum 30. 12. 2002 ZInsO 2003, 91; wohl auch Begr RegE InsOÄndG 2001 BT-Drucks 14/5680, S 21). Dies gilt insbesondere bei der Absicht des Schuldners, einen Insolvenzplan zu erstellen und im Verfahren vorzulegen (LG Bochum 30. 12. 2002 ZInsO 2003, 91 = ZVI 2003, 23). Eine Beiordnung nach § 120 ZPO ist in diesem Verfahrensabschnitt ausgeschlossen, da § 4a insofern abschließend ist (BGH 22. 3. 2007 NZI 2007, 418 = ZInsO 2007, 492).

37 Eine **Beiordnung im Beschwerdeverfahren** ist nach § 4 a Abs 2 nicht möglich (Jaeger-*Eckardt* § 4 a Rn 94), da die §§ 114 ff ZPO insofern anwendbar sind (Rn 5; aA aber LG Bochum 30. 12. 2002 NZI 2003, 167, 168 = ZInsO 2003, 89; LG Bochum 30. 12. 2002 ZInsO 2003, 91). Daher bestimmt sich diese Frage nach dem insofern großzügigeren § 121 ZPO und wird immer schon dann geboten sein, wenn die Sach- und Rechtslage nicht völlig zweifelsfrei erscheint (Jaeger-*Eckardt* § 4 a Rn 94).

38 § 4 a Abs 2 S 2 verweist auf die entsprechende Anwendung des § 121 Abs 3–5 ZPO. Hierdurch sollen die Regelungen über die Beiordnung im Rahmen der Verfahrenskostenstundung ergänzt werden. So kommt etwa die Beiordnung eines Rechtsanwalts, der nicht bei dem **LG** zugelassen ist, in dessen Bezirk das Insolvenzgericht liegt, nur in Betracht, wenn hierdurch keine weiteren Kosten entstehen (Begr RegE InsOÄndG 2001 BT-Drucks 14/5680, S 21; § 121 Abs 3 ZPO). Erfordern besondere Umstände dies, kann dem Schuldner auf seinen Antrag ein zur Vertretung bereiter Rechtsanwalt seiner Wahl auch zur **Wahrnehmung eines Termins zur Beweisaufnahme vor dem ersuchten Richter** oder zur **Vermittlung des Verkehrs mit dem beigeordneten Rechtsanwalt** beigeordnet werden (§ 121 Abs 4 ZPO). Grundsätzlich ist der Schuldner berechtigt, in seinem Stundungsantrag einen zur Vertretung bereiten **Rechtsanwalt vorzuschlagen**. Ist er hierzu außerstande, ordnet das Insolvenzgericht dem Schuldner auf Antrag einen Rechtsanwalt bei (§ 4 a Abs 2 S 2 InsO, § 121 Abs 5 ZPO). Allerdings muss der Schuldner darlegen, dass er außerstande ist, einen Rechtsanwalt vorzuschlagen. Die Auswahl des Rechtsanwalts und die Beiordnung sind Richtersache. In der Beiordnung eines bestimmten Anwalts liegt noch nicht die **Vollmachtserteilung**. Vielmehr ist nach Beiordnung vom Schuldner dem Rechtsanwalt eine **Verfahrensvollmacht** zu erteilen. Der beigeordnete Rechtsanwalt ist nicht verpflichtet, die Vertretung des Schuldners zu übernehmen. Er kann jederzeit sein Mandat niederlegen und die Aufhebung der Beiordnung beantragen, wenn ein wichtiger Grund vorliegt (§ 48 Abs 2 BRAO). So liegt ein wichtiger Grund zB vor, wenn das Vertrauensverhältnis zwischen dem Schuldner und dem Rechtsanwalt nachhaltig gestört ist. Zur Anfechtbarkeit von Entscheidungen über die Beiordnung siehe § 4 d Rn 3.

39 Mit dem Beschluss über die Restschuldbefreiung oder der Versagung der Restschuldbefreiung endet auch die Beiordnung des Rechtsanwalts, so dass eine etwaige danach entstehende Vergütung vom Schuldner selbst zu entrichten ist (MüKoInsO-*Ganter* § 4 a Rn 32).

40 Der **Vergütungsanspruch des beigeordneten Anwalts** gegen den Schuldner wird von der Staatskasse befriedigt (§ 45 Abs 1 RVG) und geht auf diese über (§ 59 RVG). Die §§ 412, 404 BGB stehen nicht entgegen. Eine Geltendmachung durch den beigeordneten Anwalt gegen den Schuldner ist nach § 4 a Abs 3 S 1 Nr 2 ausgeschlossen. Die Höhe der Vergütung richtet sich nach den gesetzlichen Vorschriften. Abweichende Vereinbarungen sind nichtig (§ 3 a Abs 3 RVG).

VII. Wirkung der Stundung (§ 4 a Abs 3)

41 **1. Allgemeine Wirkung.** Die Stundung bewirkt primär, dass ein Insolvenzantrag nicht **mangels Masse** nach § 26 Abs 1 abgewiesen und ein bereits eröffnetes Verfahren nicht mangels Masse nach § 207 eingestellt werden darf. Die Restschuldbefreiung kann nicht gemäß § 298 Abs 1 wegen fehlender Deckung der Mindestvergütung des Treuhänders versagt werden (§ 298 Abs 1 S 2). § 4 a Abs 3 listet die Wirkun-

VIII. Änderung der Stundungsvoraussetzungen

gen der Stundung auf. Die Vorschrift ist angelehnt an § 122 ZPO. Danach kann die Bundes- bzw Landeskasse die Kosten gegen den Schuldner nur nach den Bestimmungen geltend machen, die das Gericht in der Stundungsentscheidung festgelegt hat (vgl auch § 122 Abs 1 Nr 1 b ZPO). So ist es der Bundes- oder Landeskasse grundsätzlich verwehrt, bis zur Erteilung der Restschuldbefreiung die gestundeten Kosten und Auslagen geltend zu machen.

Die Verpflichtung des Insolvenzverwalters/Treuhänders zur Berichtigung der Kosten bleiben durch 42 die Stundung unberührt (§ 53). Dieser Vorrang wird durch § 292 Abs 1 Satz 2 auch für das Arbeitseinkommen des Schuldners während der anschließenden Wohlverhaltensperiode gewährleistet. Der Treuhänder hat die nach § 4 a gestundeten Verfahrenskosten zu berichtigen, bevor er Leistungen an die Insolvenzgläubiger erbringen kann. Davon sind allerdings Ansprüche nach § 114 Abs 1 ausgenommen.

2. Wirkung auf Vergütungsansprüche. Die Stundung erfasst allerdings nicht die **Vergütung für Sach-** 43 **verständige** (Nr 9005 KostVerz) und die Vergütungen für den vorläufigen Insolvenzverwalter, den Insolvenzverwalter, die Mitglieder des Gläubigerausschusses sowie für den Treuhänder im vereinfachten Insolvenzverfahren und im Restschuldbefreiungsverfahren (KostVerz Nr 9017), da es sich um selbständige Ansprüche handelt. Soweit eine Befriedigung aus der Insolvenzmasse nicht möglich ist, haben diese Personen einen Sekundäranspruch gegen die Staatskasse (§ 63 Abs 2). Nach Ablauf der Stundung kann die Staatskasse dann diese verauslagten Beträge vom Schuldner erstattet verlangen. Dies gilt auch für die Auslagenerstattung für den Insolvenzverwalter, die er zur Erfüllung einer Verfügung der Finanzverwaltung und zur Erstellung von Steuererklärungen oder Bilanzen entstanden sind (**BGH** 22. 7. 2004 BGHZ 160, 176, 182 = NZI 2004, 577 = ZInsO 2004, 970).

Wird dem Schuldner ein **Rechtsanwalt beigeordnet**, so gehen dessen Vergütungsansprüche gegen den 44 Schuldner auf die Staatskasse über (Rn 40). Die gestundeten Gerichtsgebühren und Auslagen sind gem § 53 im eröffneten Verfahren **vorrangig zu bedienen**, also auch bei einer Verteilung nach § 209 oder bei Verteilung durch den Treuhänder im Restschuldbefreiungsverfahren (§ 292 Abs 1 S 2, 3). Gem § 292 Abs 1 S 2 2. Halbs gilt dies während der Wohlverhaltensperiode **nicht für die Kosten der Beiordnung eines Rechtsanwalts**. Soweit der beigeordnete Rechtsanwalt noch Gebührenansprüche aus einer vertraglichen Tätigkeit als Rechtsanwalt vor seiner Beiordnung hat, handelt es sich um Insolvenzforderungen (MüKoInsO-*Ganter* § 4 a Rn 29).

3. Eintritt der Stundungswirkungen. Grundsätzlich treten die Wirkungen der Stundung erst mit der 45 Rechtskraft des gerichtlichen Beschlusses ein, mit dem die Bewilligung der Stundung erfolgt. Im Interesse einer zügigen Verfahrensabwicklung und um zu verhindern, dass bis zur Bewilligung der Stundung gegenüber dem Schuldner Vorschüsse geltend gemacht werden, sieht § 4 a Abs 3 S 3 vor, dass die Wirkungen der Stundungen **bereits ab Antragstellung** einstweilen eintreten.

Soweit dem Schuldner die Verfahrenskosten gestundet wurden, später für das Restschuldbefreiungs- 46 verfahren aber nicht gewährt wird, hat der Treuhänder jedenfalls für das erste Jahr seiner Tätigkeit im Restschuldbefreiungsverfahren **Anspruch auf Festsetzung einer Vergütung** und seiner Auslagen, da er insofern von einer Gewährung der Stundung ausgehen konnte. Sobald der Stundungsantrag aber endgültig abgewiesen wurde, kann ein Anspruch gegen die Staatskasse nicht mehr geltend gemacht werden (**LG** Göttingen 11. 2. 2009 NZI 2009, 257)

4. Ende der Stundungswirkungen. Die Stundungswirkungen enden in der Regel, sobald der Beschluss 47 über die Restschuldbefreiung in Rechtskraft erwächst. Wenn die Restschuldbefreiung versagt wird führt dies nicht zur **automatischen Beendigung der Stundung,** sondern ermöglicht vielmehr nur eine Aufhebung (§ 4 c Nr 5). Nach Erteilung der Restschuldbefreiung kann die Stundungswirkung verlängert werden (siehe § 4 b Rn 3 f).

VIII. Änderung der Stundungsvoraussetzungen

Gem § 4 a Abs 3 S 2 iVm § 4 b Abs 2 kann das Gericht die Entscheidung über die Stundung **jederzeit** 48 **ändern,** soweit sich die für sie maßgebenden persönlichen oder wirtschaftlichen Verhältnisse des Schuldners wesentlich ändern. Entspr § 4 b Abs 2 S 2 ist der Schuldner verpflichtet, dem Gericht eine wesentliche Änderung dieser Verhältnisse unverzüglich anzuzeigen. Verbessern sich die Einkommens- oder Vermögensverhältnisse des Schuldners nach Stundungsbewilligung wesentlich, so ist das Gericht berechtigt, seine ursprüngliche Entscheidung über die Stundung zu Lasten des Schuldners zu ändern (§§ 4 a Abs 3 S 2, 4 b Abs 2 S 3 iVm § 120 Abs 4 S 1 ZPO). Die Entscheidung des Gerichts darf auch etwa von Amts wegen geändert werden, wenn die Vermögensverhältnisse des Schuldners unverändert geblieben sind, aber das Gericht eine fehlerhafte Beurteilung vorgenommen hat (**BGH** 13. 7. 2006 NZI 2006, 599, 600 = ZInsO 2006, 871). Die Entscheidung über die Stundung darf **nur für die Zukunft** und nur dann geändert werden, wenn sich die wirtschaftlichen und persönlichen Verhältnisse des Schuldners geändert haben. Wesentlich ist nur eine Verbesserung, die den wirtschaftlichen und sozialen Lebensstandard des Schuldners prägt und verändert (MüKoZPO-*Motzer* § 120 Rn 18). So etwa wenn ein arbeitsloser Sozialhilfeempfänger wieder in seinem ursprünglichen Beruf tätig werden kann. Das gleiche gilt wenn der vermögenslose Schuldner eine Erbschaft macht oder ein künftiger Vermögenserwerb erwartet wird, wobei dem Schuldner dabei auch schon vor dem unmittelbaren Vermögenszufluss dessen Kreditierung zugemutet werden kann (OLG Köln 3. 9. 1998 NJW-RR 1999, 578 = FamRZ 1999, 304). Dem Vertrauensschutz des Hilfsbedürftigen dient die **Sperrfrist von vier Jahren** nach §§ 4a Abs 3 S 2, 4b Abs 2 S 4. Danach ist eine Änderung zum Nachteil des Schuldners ausgeschlossen, wenn seit der Beendigung des Verfahrens **vier Jahre** vergangen sind. Diese Vorschrift entspricht § 120 Abs 4 S 3 ZPO.

§ 4b Rückzahlung und Anpassung der gestundeten Beträge

(1) ¹Ist der Schuldner nach Erteilung der Restschuldbefreiung nicht in der Lage, den gestundeten Betrag aus seinem Einkommen und seinem Vermögen zu zahlen, so kann das Gericht die Stundung verlängern und die zu zahlenden Monatsraten festsetzen. ²§ 115 Abs. 1 und 2 sowie § 120 Abs. 2 der Zivilprozessordnung gelten entsprechend.

(2) ¹Das Gericht kann die Entscheidung über die Stundung und die Monatsraten jederzeit ändern, soweit sich die für sie maßgebenden persönlichen oder wirtschaftlichen Verhältnisse wesentlich geändert haben. ²Der Schuldner ist verpflichtet, dem Gericht eine wesentliche Änderung dieser Verhältnisse unverzüglich anzuzeigen. ³§ 120 Abs. 4 Satz 1 und 2 der Zivilprozessordnung gilt entsprechend. ⁴Eine Änderung zum Nachteil des Schuldners ist ausgeschlossen, wenn seit der Beendigung des Verfahrens vier Jahre vergangen sind.

I. Allgemeines

1   Das Stundungsmodell der §§ 4a–d bietet nach Auffassung des Gesetzgebers gegenüber einer entsprechenden Anwendung der §§ 114 ff ZPO im Insolvenzverfahren erhebliche Vorteile (vgl auch *Graf-Schlicker* FS Uhlenbruck S 573, 582). Es entspricht der österreichischen Lösung für das Recht des Privatkonkurses. Gem § 183 Abs 1 der österreichischen KO ist der Konkursantrag bei natürlichen Personen auch im Falle fehlender Verfahrenskostendeckung nicht abzuweisen, wenn schlussendlich die Restschuldbefreiung zu erwarten ist. Nach § 184 öst. KO werden in derartigen Fällen die Verfahrenskosten vorläufig aus der Staatskasse bezahlt. Nach Beendigung des Verfahrens hat der Schuldner diese Kosten zu erstatten, soweit und sobald er ohne Beeinträchtigung des notwendigen Unterhalts dazu in der Lage ist (vgl *Mohr* ZInsO 1999, 311, 312; *Graf-Schlicker* FS Uhlenbruck S 573, 582 f). Auch nach dem deutschen Stundungsmodell der §§ 4a–d werden die **Verfahrenskosten nicht endgültig von der Staatskasse übernommen**, sondern die Fälligkeit lediglich hinausgeschoben (zur **Nachhaftung** des Schuldners *Pape/Pape* ZIP 2000, 1553, 1560). Nach einer wirtschaftlichen Erholung hat der Schuldner die Verfahrenskosten selbst zu tragen. Diese Kosten sind deshalb in der so genannten Wohlverhaltensperiode vorab vom Treuhänder zu berichtigen, bevor Leistungen an die Insolvenzgläubiger erbracht werden können (Begr RegE InsOÄndG 2001, BT-Drucks 14/5680, S 13). Durch diese Lösung dürften die Justizhaushalte der Länder weit weniger belastet werden, als dies bei einer entsprechenden Anwendung der §§ 114 ff ZPO der Fall wäre. Zudem wird mit dieser Lösung klargestellt, dass eine „**Entschuldung zum Nulltarif**" grundsätzlich nicht in Betracht kommt. Dieser Grundsatz wird durch die Möglichkeit der Verlängerung der Stundung bzw. der Gestattung einer Ratenzahlung nach § 4b abgerundet.

II. Rückzahlung der gestundeten Beträge

2   **1. Rückzahlungspflicht.** Wie schon in dem Begriff „Stundungsmodell" zum Ausdruck kommt, gibt es auch für völlig vermögenslose Schuldner keine **Entschuldung zum Nulltarif**; vielmehr werden die Verfahrenskosten lediglich aus der Staatskasse vorgeschossen und sind grundsätzlich bis zur Erteilung der Restschuldbefreiung zurückzuzahlen. Die Pflicht zur vorrangigen Berichtigung der Verfahrenskosten ergibt sich zwar bereits aus § 53. Um Auslegungsschwierigkeiten zu vermeiden, wird aber klargestellt, dass der Treuhänder die durch die Abtretung erlangten Beträge zunächst für die Verfahrenskosten einzusetzen hat und sodann erst mit der Verteilung aufgrund des Schlussverzeichnisses an die Insolvenzgläubiger beginnen kann (*Graf-Schlicker* FS Uhlenbruck S 573, 582). Dabei ist eine **vorzeitige Erfüllung der Ansprüche** keinesfalls ausgeschlossen. Durch die Neuregelung in § 298 Abs 1 S 2 wird nunmehr klargestellt, dass die Restschuldbefreiung nicht mehr wegen fehlender Deckung der Treuhändervergütung versagt werden kann. Nach § 298 Abs 2 S 2 reicht es vielmehr aus, dass der Schuldner entweder den fehlenden Betrag einzahlt oder nachweist, dass dieser ihm entsprechend § 4a gestundet worden ist. Zugleich wird durch § 292 Abs 1 S 2 sichergestellt, dass die nach § 4a gestundeten Verfahrenskosten abzüglich der Kosten für die Beiordnung eines Rechtsanwalts vorab berichtigt werden. Sind die nach § 4a gestundeten Verfahrenskosten noch nicht berichtigt, werden die Gelder an den Schuldner allerdings nur abgeführt, sofern sein Einkommen nicht den sich nach § 115 Abs 1 ZPO errechnenden Betrag übersteigt (§ 292 Abs 1 S 3). Die Rückzahlungspflicht ist auch über die Restschuldbefreiung hinaus dadurch sichergestellt, dass gem § 302 Nr 3 Verbindlichkeiten aus zinslosen Darlehen, die dem Schuldner zur Begleichung der Kosten des Insolvenzverfahrens gewährt wurden, von der Erteilung der Restschuldbefreiung ausdrücklich ausgenommen worden sind.

II. Rückzahlung der gestundeten Beträge **§ 4b**

2. Verlängerung der Stundung durch das Insolvenzgericht. Grundsätzlich endet die Stundung mit der 3 Erteilung der Restschuldbefreiung mit der Folge, dass der Schuldner die gestundeten Beträge an die Staatskasse zu zahlen hat. Durch die Erteilung der Restschuldbefreiung soll dem Schuldner ein **wirtschaftlicher Neuanfang** ermöglicht werden. Dieses Ziel würde nach Auffassung des Gesetzgebers jedoch verfehlt, wenn nach Ablauf der Stundung der Schuldner sich Kostenansprüchen ausgesetzt sehen würde, die ihn wiederum in ein neues Insolvenzverfahren treiben (Begr RegE InsOÄndG 2001, BT-Drucks 14/5680, S 22). Deshalb sieht § 4b Abs 1 vor, dass entweder die **Stundung verlängert** oder dem Schuldner **Ratenzahlungen** bewilligt werden können, wenn er außerstande ist, die rückständigen Beträge für Verfahrenskosten durch eine einmalige Zahlung zu begleichen. Die Verlängerung der Stundung ist idR zugleich mit einer Bewilligung von Ratenzahlungen verbunden.

Soweit der Schuldner die Ratenzahlungen vollständig erbracht hat und diese aber nicht zur Deckung 4 der gestundeten Beträge ausgereicht haben, wird der Schuldner von den dann an sich noch ausstehenden Beträgen frei (K/P/B-*Prütting/Wenzel* § 4b Rn 13). Dies ergibt sich vor allem aus dem Umstand, dass § 4b Abs 1 S 2, § 115 Abs 1 S 1 Halbs 1 ZPO eine Maximalzahl von 48 Raten vorsieht, deren Höhe sich nach dem jeweiligen Einkommen bzw Vermögen des Schuldners richten. Da dem Schuldner bei einem entsprechend geringen Einkommen bzw Vermögen somit **nach Ablauf von 48 Monaten** eine erneute Inanspruchnahme drohen würde, wären die mit der Stundungsregelung verfolgen Ziele nicht vereinbar.

3. Festsetzung von Ratenzahlungen. Verlängert das Gericht die Stundung, so sind gem § 4b Abs 1 S 1 5 die zu zahlenden **Monatsraten** festzusetzen. Hierzu verweist § 4b Abs 1 S 2 auf die §§ 115 Abs 1, 2 sowie auf § 120 Abs 2 ZPO. Das Gericht setzt die Monatsraten ziffernmäßig fest. Die Zahl der Raten beträgt höchstens 48 (§ 4b Abs 1 S 2, § 115 Abs 1 S 1 Halbs 1 ZPO). Bei der Begrenzung der Raten auf 48 sind auch sogen „Nullraten" mitzurechnen (*Pape* ZInsO 2001, 587, 588; *Graf-Schlicker* WM 2000, 1984, 1991; *Grote* Rpfleger 2000, 521, 522; str aA K/P/B-*Prütting/Wenzel* § 4b Rn 14).

4. Verpflichtung des Schuldners zur Einsetzung von Einkommen (§ 115 Abs 1 ZPO). Nach § 115 6 Abs 1 ZPO gehören zum Einkommen alle **Einkünfte in Geld oder Geldeswert.** Das Insolvenzgericht muss das maßgebliche Einkommen möglichst genau feststellen, so dass eine rein überschlägige Berechnung nicht ausreichend ist (K/P/B-*Prütting/Wenzel* § 4b Rn 4).

Ausgangspunkt der Berechnung ist zunächst das **monatliche Bruttoarbeitseinkommen.** Einmalige 7 Leistungen wie Weihnachts- oder Urlaubsgeld müssen dabei zu $^{1}/_{12}$ hvon entsprechend dem Zeitraum hinzugerechnet werden, für den sie gewährt wurden. Dabei ist es unbeachtlich, ob es sich dabei um Einkünfte aus selbständiger oder nicht selbständiger Arbeit handelt. Darüber hinaus sind auch vom Arbeitseinkommen unabhängige Einkünfte zu berücksichtigen, so dass insbesondere auch private und öffentliche Unterstützungen – etwa in Form von Arbeitslosenhilfe oder Ausbildungsförderung – zu berücksichtigen sind. Schließlich sind auch nicht monetäre Einnahmen einzubeziehen, sofern sie einen Geldwert haben, was etwa bei freier Unterkunft oder Sachbezügen der Fall ist. Bei Einnahmen aus öffentlichen Mitteln zum Aufbau oder zur Sicherung der Lebensgrundlage gilt allerdings die Besonderheit, dass diese nicht als Einkommen, sondern als Vermögen eingestuft werden (§ 115 Abs 3 ZPO iVm § 90 SGB XII).

Die **Arbeitskraft des Schuldners** gehört nicht zum Einkommen oder Vermögen (MüKoZPO-*Motzer* 8 § 114 Rn 58). **Unterlassener Arbeitseinsatz** kann aber im Einzelfall als fiktives Einkommen anzusetzen sein, wie zB in **klaren Missbrauchsfällen** (OLG Koblenz 8. 3. 1996 NJW-RR 1997, 389 = MDR 1997, 600; OLG Düsseldorf 4. 12. 1986 FamRZ 1987, 398; MüKoZPO-*Motzer* § 114 Rn 58). Bei **selbständiger Tätigkeit** mit länger dauernden negativen Einkünften ist der Antragsteller nur bei konkreten Chancen auf dem allgemeinen Arbeitsmarkt zu verweisen (OLG Schleswig 18. 2. 1998 FamRZ 1998, 1180). Maßgeblich sind nur die Einkünfte des Schuldners, nicht dagegen das **Familieneinkommen.** Deshalb ist die Ratenzahlung bei Ehegatten für jeden einzelnen gesondert festzusetzen. Das gilt auch bei nichtehelicher häuslicher Lebensgemeinschaft. Das Einkommen des Lebensgefährten findet keine Berücksichtigung (MüKoZPO-*Motzer* § 115 Rn 5). Bei **Freiberuflern und Gewerbetreibenden** wird das Einkommen nicht nach dem Steuerbescheid für das vergangene Jahr belegt. **Einkünfte aus Kapitalvermögen und aus Vermietungen** sind ebenso zu berücksichtigen (MüKoZPO-*Motzer* § 115 Rn 22) wie **Sozialleistungen,** bei denen § 83 SGB XII insofern eine Anwendung findet (MüKoZPO-*Motzer* § 115 Rn 15). Nach dem LebenspartnerschG ist § 1360a BGB entsprechend anwendbar (§ 5 LPartG).

In einem zweiten Schritt sind dann von dem ermittelten Monatseinkommen zu entrichtende **Steuern** 9 **und sozialversicherungsrechtliche Pflichtbeiträge** abzuziehen. Ebenso sind Unterhaltsleistungen und Kosten für die Unterkunft und Heizung in Abzug zu bringen, soweit letzte nicht in einem auffälligen Missverhältnis stehen. Im Übrigen gilt § 1610a BGB entsprechend. Schließlich sind auch die Belastungen abzuziehen, die der Schuldner zur Erfüllung des Schuldenbereinigungsplanes zu zahlen hat, da dessen Erfolgsaussichten nicht durch die gerichtliche Kostenforderung gefährdet werden dürfen (K/P/B-*Prütting/Wenzel* § 4b Rn 10a).

Anhand der Tabelle des § 115 Abs 1 S 4 ZPO ist dann zu ermitteln, welche Raten der Schuldner aus 10 seinem verfügbaren Einkommen aufzubringen hat. Dabei müssen die **Raten** nicht identisch sein, was insbesondere bei bereits vorhersehbaren Veränderungen der Einkommenssituation des Schuldners der Fall sein kann (siehe Rn 15 ff).

11 5. **Verpflichtung des Schuldners zur Einsetzung von Vermögen (§ 115 Abs 2 ZPO).** Der Schuldner hat nicht nur seine laufenden Einnahmen zur Begleichung der Kosten heranzuziehen, sondern muss auch sein gesamtes verwertbares Vermögen, also über die Verpflichtung aus § 295 Abs 1, 2 hinaus einsetzen, soweit ihm dies **zumutbar** ist (Begr RegE InsOÄndG 2001, BT-Drucks 14/5680, S 22). Gem § 115 Abs 3 S 2 ZPO findet § 90 SGB XII insoweit entsprechende Anwendung. Eine Prüfungsreihenfolge hinsichtlich des zu berücksichtigenden Einkommens oder des einzusetzenden Vermögens ist gesetzlich nicht vorgeschrieben. Das Insolvenzgericht ist aber nicht an die Regelungen des § 90 SGB XII gebunden, sondern entscheidet über die Frage des zumutbaren Einsatzes von Vermögen selbständig (K/P/B-*Prütting/Wenzel* § 4 b Rn 16).

12 Zum Vermögen gehört vor allem Eigentum an beweglichen und unbeweglichen Gütern, Forderungen, sonstigen Vermögensrechten sowie Nutzungsrechte. **Unverwertbar** sind zB unpfändbare Sachen sowie unerreichbare Vermögensteile, wie zB Gelder auf Sperrkonten und Gegenstände, die nicht der unbeschränkten Verfügungsmacht des Antragstellers unterliegen (K/P/B-*Prütting/Wenzel* § 4 b Rn 18). Zum **Begriff des Vermögens** gehören Auslandsvermögen, Aussteuerversicherungen, Bargeld, Witwenrentenabfindungen, Bausparguthaben, Ferienhäuser, Festgeldanlagen, Forderungen, bebaute und unbebaute Grundstücke, Lebensversicherungen, Miterbenanteile, Patent- und Urheberrechte, Rechtsschutzversicherung, Schadenersatzansprüche, Wertpapierdepot, Sparguthaben mit fester Laufzeit sowie wirtschaftlich zweckgebundenes Vermögen und der Zugewinnausgleich (vgl auch MüKoZPO-*Motzer* § 115 Rn 52 ff).

13 6. **Adressat der Zahlungen (§ 120 Abs 2 ZPO).** Durch die entsprechende Anwendbarkeit des § 120 Abs 2 ZPO (§ 4 b Abs 1 S 2) wird die übliche Verteilung des Gebührenaufkommens in der Justiz für die Ratenzahlungen zugrunde gelegt. Die Zahlungen sind an die Landeskasse zu leisten. Der Rechtspfleger hat den Eingang der Zahlungen zu überwachen (§ 20 Nr 4 c RPflG). Die vom Insolvenzgericht bestimmten Ratenbeträge werden wie eine Gerichtskostenforderung nach § 4 Abs 2 KostVfg durch Sollstellung der Gerichtskasse zur Einziehung überwiesen (§ 29 KostVfg). Im Übrigen können die einzelnen Monatsraten ebenso wie Vermögensbeiträge mit den Mitteln des Verwaltungszwangs beigetrieben werden, wenn der Schuldner seiner Leistungspflicht nicht nachkommt (§ 1 Abs 1 Nr 4 a JBeitrO).

III. Nachträgliche Anpassung der gestundeten Beträge (§ 4 b Abs 2)

14 Ähnlich wie in § 120 Abs 4 ZPO für die Prozesskostenhilfe hat der Gesetzgeber in § 4 b Abs 2 dafür Sorge getragen, dass eine nachträgliche **wesentliche Verbesserung oder Verschlechterung der wirtschaftlichen Verhältnisse** des Schuldners Berücksichtigung finden. Daher kann das Gericht die Stundung insgesamt oder die Ratenzahlungen anpassen, wobei eine vollständige Aufhebung der Stundung nicht in Betracht kommt, da dies nur nach § 4 c möglich ist (**AG** Neumünster 11. 8. 2006 ZInsO 2006, 1007, 1008; HK-*Kirchhof* § 4 b Rn 11; aA K/P/B-*Prütting/Wenzel* § 4 b Rn 21). Das Gericht wird bei der Entscheidung über die nachträgliche Anpassung der Raten von Amts wegen tätig, sobald es von den jeweiligen Umständen Kenntnis erlangt. Wesentliches Informationsmittel ist dabei die Erklärung des Schuldners nach § 4 b Abs 2 S 2 (Rn 17 ff).

15 1. **Wesentliche Änderung der persönlichen oder wirtschaftlichen Verhältnisse des Schuldners.** Eine **Verbesserung der persönlichen oder wirtschaftlichen Verhältnisse** des Schuldners tritt zB ein durch den Wegfall von Unterhaltsverpflichtungen, erheblichen Vermögenszuwachs (**OLG** Hamm 11. 9. 1996 FamRZ 1997, 682; **OLG** Celle 11. 1. 1990 JurBüro 1990, 1192; **OLG** München 12. 7. 1990 JurBüro 1990, 1311), erhebliche Gehaltserhöhung, nennenswerte Zahlungen aus dem Zugewinnausgleich, durch Veräußerung von Schonvermögen (**OLG** Düsseldorf 16. 9. 1993 FamRZ 1994, 1266) oder durch den Erwerb von Unterhaltsansprüchen (**OLG** Nürnberg 5. 12. 1994 FamRZ 1995, 1593; **OLG** München 18. 11. 1997 FamRZ 1998, 631; MüKoZPO-*Motzer* § 120 Rn 18 ff). **Wesentlich** ist eine Verbesserung nur, die den wirtschaftlichen und sozialen Lebensstandard prägt und verändert (MüKoZPO-*Motzer* § 120 Rn 18). Dagegen ist die Erhöhung der Arbeitslosenhilfe keine wesentliche Verbesserung, soweit diese nur die gestiegenen Lebenshaltungskosten ausgleichen soll (**LAG** Bremen 26. 5. 1993 JurBüro 1994, 47 = Rpfleger 1993, 453; MüKoZPO-*Motzer* § 120 Rn 18). Gleiches gilt für Rentenerhöhungen. Eine Wesentlichkeit kann bereits angenommen werden, wenn sich die Monatsrate um mehr als 10% erhöhen würde (K/P/B-*Prütting/Wenzel* § 4 b Rn 21).

16 Eine **Verschlechterung der persönlichen oder wirtschaftlichen Verhältnisse** liegt vor bei Einkommensverminderung durch Verlust des Arbeitsplatzes, bei Hinzutreten weiterer Unterhaltsverpflichtungen (zB durch Eheschließung oder Geburt), Belastung des Schuldners mit berücksichtigungsfähigen Schulden oder durch eine Inhaftierung (MüKoZPO-*Motzer* § 120 Rn 14 ff). Eine wesentliche Verschlechterung der wirtschaftlichen Verhältnisse ist schon dann anzunehmen, wenn sie zu einer für den Schuldner günstigeren Anwendung der Tabelle des § 115 Abs 1 Nr 4 ZPO führt. Eine verschlechternde Änderung

I. Allgemeines
§ 4c

wirkt nur für die Zukunft, allerdings bezogen auf den **Zeitpunkt der Veränderung** (OLG Brandenburg 24. 3. 2005 FamRZ 2006, 1854; MüKoZPO-*Motzer* § 120 Rn 16).

2. Anzeigepflicht des Schuldners. Während für die Prozesskostenhilfe das Gesetz keine Hinweispflicht 17 des Antragstellers vorsieht, sondern nur eine Erklärungspflicht auf Verlangen des Gerichts (§ 120 Abs 4 S 2 ZPO), verpflichtet § 4 b Abs 2 S 2 den Schuldner, dem Gericht eine wesentliche Änderung der wirtschaftlichen oder persönlichen Verhältnisse **unverzüglich anzuzeigen**.

Kommt der Schuldner seiner Erklärungspflicht nicht nach, ist das Gericht berechtigt, wenn tatsäch- 18 liche Anhaltspunkte für eine Veränderung der wesentlichen Verhältnisse vorliegen, den Schuldner aufzufordern, eine entsprechende Erklärung abzugeben (§ 4 b Abs 2 S 3 iVm § 120 Abs 4 S 2 ZPO). Folgt der Schuldner dieser Aufforderung nicht, so kann die Stundung gem § 4 c Abs 1 Nr 1 aufgehoben werden. Das Insolvenzgericht ist verpflichtet, in regelmäßigen Zeitabständen vom Schuldner gem § 4 b Abs 2 S 3 iVm § 120 Abs 4 ZPO eine Erklärung zu verlangen, ob eine Änderung eingetreten ist und zwar unabhängig davon, ob konkrete Anhaltspunkte für eine Veränderung des Einkommens oder des Vermögens vorliegen (K/P/B-*Prütting*/*Wenzel* § 4 b Rn 26). Die Erklärungspflicht des Schuldners ist im Interesse einer sparsamen Verwendung öffentlicher Mittel und wegen einer möglichst zügigen, das Gericht wenig belastenden Anpassung der gestundeten Beträge gerechtfertigt.

Von der Festlegung einer entsprechenden **Informationspflicht des Insolvenzverwalters/Treuhänders** 19 nach Verfahrenseröffnung hat das Gesetz abgesehen, weil der Insolvenzverwalter ohnehin Masseverbindlichkeiten nach dem gesetzlichen Vorwegbefriedigungsanspruch des § 53 zu begleichen hat. Verletzt der Verwalter diese insolvenzspezifische Pflicht, macht er sich uU schadenersatzpflichtig nach den §§ 60, 61. Ändert sich während der Treuhandzeit des Restschuldbefreiungsverfahrens, also während der Dauer von sechs Jahren, das pfändbare Einkommen des Schuldners, so hat der Treuhänder einen entsprechend höheren Betrag an die Staatskasse abzuführen (§ 92 Abs 1 S 2). Erwirbt der Schuldner während der Wohlverhaltensperiode zB durch **Erbschaft** Vermögen, von dem er gem § 295 Abs 1 Nr 2 nur die Hälfte des Wertes an den Treuhänder herauszugeben hat, so hat er diese Änderung seiner wirtschaftlichen Verhältnisse dem Insolvenzgericht anzuzeigen (Begr RegE InsOÄndG 2001, BT-Drucks 14/5680 S 22). Somit hat der Schuldner auch Vermögen, das während des Restschuldbefreiungsverfahrens nicht den Insolvenzgläubigern zugute kommt, für die Verfahrenskosten einzusetzen. Das gilt ebenfalls für Beträge, die dem Schuldner nach § 292 Abs 1 S 3 während der Dauer der Forderungsabtretung zufließen. Gibt der Schuldner auf solche Weise erworbenes Vermögen wieder weg, ohne dass ein Bedürfnis hierfür bestand, so kann er so behandelt werden, als habe er das Vermögen noch (vgl auch K/P/B-*Prütting*/*Wenzel* § 4 b Rn 19). Im Übrigen trägt die Regelung in § 292 Abs 1 S 3, wonach Gelder an den Schuldner, solange die nach § 4 a gestundeten Verfahrenskosten noch nicht berichtigt sind, nur abgeführt werden dürfen, solange sein Einkommen den sich nach § 115 Abs 1 ZPO errechnenden Betrag nicht übersteigt, dafür Sorge, dass zunächst die Verfahrenskosten beglichen werden.

3. Ausschluss der Änderung zum Nachteil des Schuldners. Wie § 120 Abs 4 S 3 ZPO erklärt § 4 b Abs 2 20 S 4 eine Änderung zuungunsten des Schuldners für ausgeschlossen, wenn seit der Beendigung des Verfahrens **vier Jahre** vergangen sind. Die **Sperrfrist von vier Jahren** dient dem Vertrauensschutz des Schuldners. IdR beginnt die Sperrfrist mit der Erteilung der Restschuldbefreiung (vgl K/P/B-*Prütting*/*Wenzel* § 4 b Rn 29).

§ 4 c Aufhebung der Stundung

Das Gericht kann die Stundung aufheben, wenn
1. der Schuldner vorsätzlich oder grob fahrlässig unrichtige Angaben über Umstände gemacht hat, die für die Eröffnung des Insolvenzverfahrens oder die Stundung maßgebend sind, oder eine vom Gericht verlangte Erklärung über seine Verhältnisse nicht abgegeben hat;
2. die persönlichen oder wirtschaftlichen Voraussetzungen für die Stundung nicht vorgelegen haben; in diesem Fall ist die Aufhebung ausgeschlossen, wenn seit der Beendigung des Verfahrens vier Jahre vergangen sind;
3. der Schuldner länger als drei Monate mit der Zahlung einer Monatsrate oder mit der Zahlung eines sonstigen Betrages schuldhaft in Rückstand ist;
4. der Schuldner keine angemessene Erwerbstätigkeit ausübt und, wenn er ohne Beschäftigung ist, sich nicht um eine solche bemüht oder eine zumutbare Tätigkeit ablehnt; § 296 Abs. 2 Satz 2 und 3 gilt entsprechend;
5. die Restschuldbefreiung versagt oder widerrufen wird.

I. Allgemeines

Während § 4 b Abs 2 bei grundsätzlich fortbestehender Stundung einer später eintretenden Verände- 1 rung der maßgebenden Verhältnisse Rechnung trägt, sieht § 4 c die nachträgliche Beseitigung der Stundungsbewilligung vor, die von Anfang an fehlerhaft bzw unrichtig war. Die Vorschrift orientiert sich an

§ 124 ZPO und stellt einen **abschließenden Katalog der Aufhebungsgründe** auf (K/P/B-*Prütting/Wenzel* § 4c Rn 3). Durch die Sanktionen des § 4c soll der Schuldner angehalten werden, nicht nur richtige Angaben bei der Antragstellung zu machen, sondern auch aktiv mitzuwirken und das Verfahren zu fördern. Hebt das Gericht die Stundung nach § 4c auf, so entfallen die Wirkungen des § 4a Abs 3. Ist über den Insolvenzantrag im Rahmen des Eröffnungsverfahrens noch nicht abschließend entschieden, hat idR gem § 26 Abs 1 Abweisung mangels Masse zu erfolgen. Ist das Verfahren bereits eröffnet, ist es nach Aufhebung der Stundung regelmäßig gem § 207 mangels Masse einzustellen. Erfolgt dagegen die Aufhebung erst in der Treuhandphase des Restschuldbefreiungsverfahrens, hat der Schuldner ab dem Zeitpunkt der Stundungsaufhebung selbst für die Treuhänderkosten aufzukommen und unterliegt der Gefahr der Versagung der Restschuldbefreiung nach § 298 (Begr RegE InsOÄndG 2001, BT-Drucks 14/5680, S 12). Die **Bewilligung von Ratenzahlungen** nach Erteilung der Restschuldbefreiung ist ebenfalls ausgeschlossen. Mit der Aufhebung der Stundung wird es regelmäßig zur erneuten Zahlungseinstellung des Schuldners kommen.

II. Versagungsgründe

2   **1. Unrichtige Angaben (Nr 1).** Das Gericht kann und wird die Stundung idR aufheben, wenn der Schuldner vorsätzlich oder grob fahrlässig unrichtige Angaben über Umstände macht, die für die Eröffnung des Insolvenzverfahrens oder die Stundung maßgebend sind, oder eine vom Gericht verlangte Erklärung über seine Verhältnisse nicht abgegeben hat.

3   **a) Angaben zum Insolvenzantrag.** Dabei kann es sich insbesondere um die **Angaben zum Insolvenzantrag** handeln, mit denen etwa eine (drohende) Zahlungsunfähigkeit nur vorgetäuscht wurde (K/P/B-*Prütting/Wenzel* § 4c Rn 5). Ebenso können aber auch Angaben in den Gläubiger- und Vermögensverzeichnissen nach § 305 Abs 1 Nr 3 Halbs 2 unrichtig oder unvollständig sein (**LG Göttingen 30. 11. 2006 ZInsO 2007, 276**). Auch Falschangaben zur **Begründung der internationalen Zuständigkeit** können Basis für eine Aufhebung der Stundung sein. Unbeachtlich sind allerdings (Falsch)Angaben, die für die Abgrenzung von Regel- und Verbraucherinsolvenzverfahren von Bedeutung sind, da davon die Frage der Art des Verfahrens, nicht aber die Frage nach dem Ob der Eröffnung des Insolvenzverfahrens berührt wird (K/P/B-*Prütting/Wenzel* § 4c Rn 5). Das Gleiche gilt für **Angaben im Schuldenbereinigungsverfahren**, da das Verfahren über den Antrag auf Eröffnung des Insolvenzverfahrens bis zur Entscheidung über den Schuldenbereinigungsplan ruht (§ 306 Abs 1 Satz 1). Die Angaben müssen zudem auch nicht schriftlich gemacht worden sein (K/P/B-*Prütting/Wenzel* § 4c Rn 9). Schließlich ist eine **Kausalität zwischen den unrichtigen Angaben und der Eröffnung des Verfahrens** nicht erforderlich, da § 4c Nr 1 nur darauf abstellt, dass abstrakt die Eröffnung des Verfahrens ausschließende geeignete unrichtige Angaben gemacht wurden (K/P/B-*Prütting/Wenzel* § 4c Rn 10).

4   **b) Angaben zur Stundung.** Zudem sind auch unrichtige Umstände von § 4c Nr 1 erfasst, die für die **Stundung** selbst maßgeblich sind. Dabei ist auf die gleichen Voraussetzungen (§ 4a Abs 1 Satz 1) abzustellen, die für die Stundung erforderlich sind (**BGH 25. 10. 2007 ZVI 2007, 609, 610**). Ebenso wie bei § 4c Nr 2 muss für § 4c Nr 1 eine Kausalität zwischen den unrichtigen Angaben und der Stundungsentscheidung vorgelegen haben (**BGH 8. 1. 2009 NZI 2009, 188, 189 = ZInsO 2009, 297**). Insofern kann die Stundung auch dann aufgehoben werden, wenn deren Voraussetzungen eigentlich vorgelegen haben (K/P/B-*Prütting/Wenzel* § 4c Rn 14).

5   **c) Nichtabgabe verlangter Erklärungen.** Schließlich kann die Stundung aufgehoben werden, wenn der Schuldner eine vom Gericht verlangte Erklärung über einer Verhältnisse nicht abgegeben hat. Dabei kann insofern nicht auf die Erklärungen des Schuldners vor der Gewährung der Stundung verwiesen werden, so dass im Wesentlichen auf § 4b Abs 2 Satz 2 abzustellen ist (K/P/B-*Prütting/Wenzel* § 4c Rn 17). Auch wenn der Schuldner nach § 4b Abs 2 Satz 2 selbständig entsprechende Erklärungen bei der **Änderung seiner wirtschaftlichen Verhältnisse** abgeben muss, setzt die Aufhebung der Stundung voraus, dass das Gericht ihn hierzu auch aufgefordert hat (**LG München I 31. 5. 2006 ZVI 2006, 505**; K/P/B-*Prütting/Wenzel* § 4c Rn 18). Das Gericht kann den Schuldner allerdings nur zur Erklärung über seine Verhältnisse auffordern, soweit diese für die Stundung maßgeblich sind. Hinsichtlich anderer Umstände – etwa der Verfahrenseröffnung – besteht keine Erklärungspflicht des Schuldners, so dass eine dahingehende Untätigkeit auch nicht zur Aufhebung der Stundung nach § 4c Nr 1 erfolgen kann (**LG München I 31. 5. 2006 ZVI 2006, 505**; aA aber K/P/B-*Prütting/Wenzel* § 4c Rn 18). Die Aufforderung zur Abgabe einer Erklärung über den Verbleib von sicherungsübereigneten Fahrzeugen ist dabei ohne weiteres möglich (**AG Göttingen 30. 10. 2003 NZI 2004, 47 = ZInsO 2003, 1053**).

6   Eine tatsächliche **Begründetheit der Aufforderung des Gerichts** ist nicht erforderlich, so dass eine Aufhebung auch dann vorgenommen werden kann, wenn eine Aufforderung erfolgt ist, obwohl sich die wirtschaftlichen Verhältnisse des Schuldners nicht geändert haben (K/P/B-*Prütting/Wenzel* § 4c Rn 19). Der Schuldner muss der Aufforderung des Gerichts in einer **angemessener Frist** nachkommen. Für § 4b Abs 2 Satz 2 bedeutet dies unverzüglich und damit ohne schuldhaftes Zögern. Dabei wird grundsätzlich von einer Wochenfrist ausgegangen werden können (K/P/B-*Prütting/Wenzel* § 4c Rn 20).

II. Versagungsgründe § 4c

d) Fehlende Richtigkeit. Die Angaben des Schuldners müssen fehlerhaft sein. **Unvollständige Angaben**, dh Angaben, die zwar richtig sind, jedoch durch Weglassen wesentlicher Angaben ein falsches Gesamtbild vermitteln, reichen für den Widerruf der Stundung ebenfalls aus (**BGH** 8. 1. 2009 NZI 2009, 188, 189 = ZInsO 2009, 297; aA K/P/B-*Prütting/Wenzel* § 4 c Rn 8). 7

e) Verschulden. Die besondere Hervorhebung der Schuldformen in § 4c Nr 1 spricht dafür, dass das Gericht bei der Ausübung seines Ermessens die Schwere der Schuld berücksichtigen muss. **Grob fahrlässig** sind die unrichtigen Angaben, wenn der Schuldner die jedem einleuchtende Sorgfalt bei der Zusammenstellung und Überprüfung der Angaben außer Acht gelassen hat (K/P/B-*Prütting/Wenzel* § 4 c Rn 11). **Schlichte Untätigkeit** hinsichtlich der Erklärungspflicht nach § 4 b Abs 2 S 2 indiziert bereits die grobe Fahrlässigkeit (K/P/B-*Prütting/Wenzel* § 4 c Rn 17). 8

Ein **Vertreterverschulden** ist dem Schuldner nach § 85 Abs 2 ZPO zuzurechnen (vgl **BGH** 12. 6. 2001 BGHZ 148, 66, 70 f = NJW 2001, 2720). **Absicht** ist gegeben, wenn der Schuldner mit dem Motiv gehandelt hat, eine fehlerhafte Stundungsentscheidung des Insolvenzgerichts herbeizuführen. Es genügt, dass der Schuldner in dem Bewusstsein gehandelt hat, seine bewusst falschen Angaben könnten zu einer fehlerhaften Stundungsentscheidung führen. Allerdings muss er diesen Erfolg gebilligt haben (MüKo-ZPO-*Motzer* § 124 Rn 9). Die persönlichen oder wirtschaftlichen Verhältnisse, die für die Stundung maßgebend sind, werden regelmäßig auch von den Angaben abgedeckt (Begr RegE InsOÄndG 2001, BT-Drucks 14/5680, S 22 f), die für die Eröffnung des Insolvenzverfahrens von Belang sind. Für die Gewährung der Stundung ist jedoch von entscheidender Bedeutung, ob einer der in § 290 Abs 1 Nr 1 und 3 genannten Versagungsgründe vorliegt. 9

Grob schuldhafte falsche Angaben des Schuldners rechtfertigen insofern eine Aufhebung der Stundung. Gleiches gilt, wenn der Schuldner nach Aufforderung des Gerichts **keine Erklärung über seine persönlichen und wirtschaftlichen Verhältnisse** abgegeben hat. Zu berücksichtigen ist im Rahmen der Verschuldensprüfung, dass viele Schuldner oftmals den **Überblick über ihre wirtschaftliche Situation** völlig verloren haben (vgl K/P/B-*Prütting/Wenzel* § 4 c Rn 12). Unglücklich ist die Regelung in § 4 c Nr 1 insoweit, als der Schuldner, der schuldhaft gegen seine Erklärungspflicht nach § 4 b Abs 2 S 2 verstoßen hat, ohne seitens des Gerichts auf eine möglicherweise eingetretene Veränderung hingewiesen worden zu sein, von der Sanktion des § 4 c Nr 1 verschont bleibt. Nur wenn dem Gericht tatsächliche Anhaltspunkte vorliegen und es deshalb den Schuldner zu einer entsprechenden Erklärung nach § 4 b Abs 2 S 3 iVm § 120 Abs 4 S 2 ZPO aufgefordert hat, soll dem Gericht die Möglichkeit eröffnet sein, die Stundung aufzuheben. Diese Differenzierung ist durch nichts zu rechtfertigen. 10

Das Verschuldenserfordernis wird bei § 4 c Nr 1 alt 3 in der Regel jedenfalls in der Form der groben Fahrlässigkeit erfüllt sein, da vom Schuldner ohne Weiteres erwartet werden kann, den gerichtlichen Aufforderungen nachzukommen (K/P/B-*Prütting/Wenzel* § 4 c Rn 21). 11

2. Nichtvorliegen der Voraussetzungen (Nr 2). Das Gericht kann gem § 4c Nr 2 die Stundung aufheben, wenn die persönlichen oder wirtschaftlichen Voraussetzungen für die Stundung nicht vorgelegen haben. Unerheblich ist dabei, ob die fehlerhafte Entscheidung vom Schuldner zu verantworten ist oder ob ihm insofern allenfalls leichte Fahrlässigkeit zur Last fällt, denn eine schuldhafte Handlungskausalität sieht das Gesetz nicht vor. Die Vorschrift ist auch anwendbar, wenn die wirtschaftlichen Voraussetzungen der Bewilligung nur hinsichtlich der **Ratenfreiheit** oder der **Ratenhöhe** nicht vorgelegen haben (K/P/B-*Prütting/Wenzel* § 4 c Rn 24). Hat zB der Schuldner ohne grobe Fahrlässigkeit wesentliche Umstände nicht mitgeteilt oder zB erst später erfahren, dass er Erbe geworden ist oder dass eine Rentennachzahlung erfolgt, kann dies eine Aufhebung oder Teilaufhebung rechtfertigen. Gleiches gilt für das Verschweigen einer mutwillig herbeigeführten Bedürftigkeit. 12

Maßgeblicher Zeitpunkt ist die Entscheidung über die Gewährung der Stundung, so dass die Aufhebung nur in Betracht kommt, wenn die persönlichen und wirtschaftlichen Verhältnisse für die Stundung zu diesem Zeitpunkt nicht vorgelegen haben (**BGH** 25. 10. 2007 ZVI 2007, 609, 610). Eine **spätere Änderung der Verhältnisse** wird von § 4 b erfasst (siehe § 4 b Rn 14 ff). 13

Nicht ausreichend ist dagegen eine **andere rechtliche Beurteilung** schon bei Stundungsgewährung bekannter Umstände (K/P/B-*Prütting/Wenzel* § 4 c Rn 22). Unterläuft zB dem Gericht bei der Bewilligung der Stundung ein Fehler bei der Würdigung an sich vollständiger und richtiger Angaben über die wirtschaftlichen und persönlichen Verhältnisse, so darf die Bewilligung nicht aufgehoben werden, wenn das Gericht die Voraussetzungen für die Gewährung nachträglich anders beurteilt als zum Zeitpunkt der Stundung. 14

Nach § 4 c Nr 2 2. Halbs ist die **Aufhebung ausgeschlossen**, wenn seit der Beendigung des Verfahrens **vier Jahre** vergangen sind. Entscheidend ist nicht die Beendigung des Insolvenzverfahrens, sondern die **Beendigung des Verfahrensabschnittes**, für den die Stundung gewährt wurde (K/P/B-*Prütting/Wenzel* § 4 c Rn 26). Die Frist entspricht den Vertrauensschutzfristen der §§ 120 Abs 4 S 3, 124 Nr 3 ZPO, 10 GKG. Die Frist beginnt mit der Bewilligung der Stundung. Die Unbilligkeit, die im Einzelfall darin liegen kann, dass nach einem erheblichen Zeitraum die Stundung aufgehoben wird, kann nach Auffassung des Gesetzgebers dadurch gemildert werden, dass das Gericht bei seiner Entscheidung die bereits verflossene Zeit und das Verhalten des Schuldners berücksichtigt (Begr RegE InsOÄndG 2001, BT-Drucks 14/5680, S 23). 15

16 **3. Zahlungsverzug (Nr 3).** Um den Schuldner zu einer pünktlichen Zahlung seiner Ratenverpflichtungen anzuhalten, sieht § 4 c Nr 3 die Aufhebung der Stundung vor, wenn der Schuldner mit einer Zahlung **länger als drei Monate im Rückstand** ist. Die Vorschrift entspricht § 124 Nr 4 ZPO. Da das Gesetz nicht von „Verzug", sondern von „Rückstand" spricht, ist grundsätzlich das Verschulden nicht zu prüfen und auch eine Mahnung der Staatskasse nicht erforderlich. Trotzdem ist das Gericht verpflichtet, im Einzelfall zu prüfen, ob nicht eine Anpassung der Ratenzahlungen gem § 4 Abs 2 geboten ist, wenn die Säumnis in einer nachteiligen Veränderung der wirtschaftlichen Verhältnisse des Schuldners begründet ist (Begr RegE InsOÄndG 2001, BT-Drucks 14/5680, S 23). In der Begründung zu § 4 c Nr 3 wird darauf hingewiesen, dass zu § 124 Nr 4 ZPO die Frage umstritten ist, ob das **Verschulden** zu prüfen und zu berücksichtigen ist (Begr RegE InsOÄndG 2001, BT-Drucks 14/5680, S 23). Eine solche Unsicherheit sei bei § 4 c *„nicht akzeptabel, da die Stundung existentielle Bedeutung für den Schuldner haben kann".* Deshalb werde in der Vorschrift „eindeutig klargestellt, dass nur ein **schuldhafter Rückstand** eine Aufhebung rechtfertigen kann". Ein Verschulden ist dann zB zu bejahen, wenn der Schuldner den fälligen Betrag oder die fällige Rate hätte zahlen können, dies aber aus Nachlässigkeit oder wegen anderweitiger Verwendung der Mittel unterlassen hat (K/P/B-*Prütting/Wenzel* § 4 c Rn 31). Soweit die Mittel durch Dritte gepfändet wurden, scheidet ein Verschulden ebenfalls aus.

17 Voraussetzung für eine Aufhebung der Stundung ist eine **vollständige Säumigkeit** des Schuldners, so dass bei einer Leistung eines Betrages der niedriger als die Monatsrate ist, eine Aufhebung ausscheidet (K/P/B-*Prütting/Wenzel* § 4 c Rn 28). Soweit der Schuldner bereits mit zwei Monatsraten im Rückstand ist, wird die nächste geleistete Rate auf die älteste Rate angerechnet (§ 366 Abs 2 BGB), da es sich für ihn um die insoweit lästigste handelt.

18 **4. Ablehnung einer zumutbaren Tätigkeit (Nr 4).** Nach Auffassung des Gesetzgebers ist der Einsatz öffentlicher Mittel für ein mit dem Ziel der Restschuldbefreiung betriebenes Insolvenzverfahren nur dann gerechtfertigt, wenn auch der Schuldner erhebliche Anstrengungen unternimmt, um für die Verfahrenskosten aufzukommen und eine möglichst optimale Befriedigung der Gläubiger anzustreben. Hierzu konnte der Gesetzgeber auf die Regelung in § 295 Abs 1 Nr 1 zurückgreifen. Das Gericht kann und soll idR die Stundung aufheben, wenn der Schuldner **keine angemessene Erwerbstätigkeit ausübt** und, wenn er ohne Beschäftigung ist, sich nicht um eine solche **bemüht** oder eine zumutbare Tätigkeit ablehnt. Für die Auslegung des Begriffs „angemessene Erwerbstätigkeit" kann auf die Rechtsprechung zu § 1574 Abs 2 BGB zurückgegriffen werden (vgl auch *Döbereiner*, Die Restschuldbefreiung S 155; K/P/B-*Prütting/Wenzel* § 4 c Rn 33).

19 Nicht jede Aufgabe der Erwerbstätigkeit stellt sich als Obliegenheitsverletzung iSv 4 c Nr 4 dar. **Verhaltensbedingte Kündigungen** durch den Arbeitgeber können entsprechend der Wertung des § 144 SGB III dann eine Obliegenheitsverletzung darstellen, wenn der Arbeitnehmer vorsätzlich oder grob fahrlässig die Kündigung und damit die Arbeitslosigkeit herbeigeführt hat. Auch liegt eine Obliegenheitsverletzung schuldhafter Art dann vor, wenn der Arbeitnehmer entweder ohne besonderen Grund selbst kündigt oder sich gegen die Kündigung des Arbeitgebers nicht mit einer aussichtsreichen Kündigungsschutzklage wehrt. Dagegen ist die **Eigenkündigung des Schuldners** keine Obliegenheitsverletzung, wenn anerkennenswerte Motive vorliegen (**OLG** Karlsruhe 19. 10. 1992 FamRZ 1993, 836), wie etwa bei einer Kündigung aus gesundheitlichen Gründen der Fall ist (**OLG** Celle 17. 3. 1983 FamRZ 1983, 717).

20 Ist der Schuldner ohne Arbeit und ohne Einkommen aus selbständiger Tätigkeit, ist er verpflichtet, sich **aktiv um eine angemessene Berufstätigkeit zu bemühen**. Wie bei § 295 gilt auch bei der Stundung der Grundsatz der Gleichwertigkeit von abhängiger und selbständiger Beschäftigung (K/P/B-*Prütting/Wenzel* § 4 c Rn 34). Ein selbständig tätiger Schuldner ist nicht ohne weiteres gezwungen, sich um eine abhängige Beschäftigung zu bemühen. Die Arbeitslosenmeldung bei dem örtlichen Arbeitsamt reicht nicht aus. Der Schuldner muss **jede zumutbare Arbeit** übernehmen. Das kann im Einzelfall auch eine berufsfremde Tätigkeit mit einer geringeren Vergütung sein (MüKoInsO-*Ganter* § 4 a Rn 14). Zur Auslegung des Begriffs der „Zumutbarkeit" können die Regelungen zu § 121 SGB III ergänzend herangezogen werden. Der erwerbslose Schuldner darf eine **zumutbare Tätigkeit nicht ablehnen**. An den Begriff der zumutbaren Tätigkeit sind strenge Anforderungen zu stellen. In welchem Umfang der Schuldner neben einer Kinderbetreuung noch erwerbstätig sein muss, um die gestundeten Kosten aufzubringen, richtet sich nach den „spezielleren familienrechtlichen Verpflichtungen". Findet der Schuldner keine zumutbare Arbeit, kann ihm die Teilnahme an Fort- und Weiterbildungsmaßnahmen nicht versagt werden, wenn hierdurch die Chance eröffnet wird, leichter eine gegebenenfalls besser bezahlte Arbeit zu finden. Durch die Einbeziehung des § 295 Abs 1 Nr 1 in das Stundungsverfahren wird nach Auffassung des Gesetzgebers „einerseits das Argument entkräftet, dem Schuldner werde die Restschuldbefreiung zum Nulltarif eröffnet". Anderseits sei das „ernsthafte Bemühen des Schuldners um eine angemessene Erwerbstätigkeit ein wesentliches Indiz für seine Motivation, das mehrjährige Verfahren auch durchzustehen". Die Obliegenheiten nach § 4 c Nr 4 treffen den Schuldner **ab Stundung der Kosten**, nicht erst ab Eröffnung des Insolvenzverfahrens (**LG** Berlin 22. 5. 2002 ZInsO 2002, 680, 681; K/P/B-*Prütting/Wenzel* § 4 c Rn 36).

21 Für das Aufhebungsverfahren nach § 4 c Nr 4 erklärt der Gesetzgeber § 296 Abs 2 S 2 und 3 für entsprechend anwendbar. Um dem Gericht die Feststellung zu erleichtern, ob der Schuldner seinen Obliegenheiten nachkommt, hat er entspr § 296 Abs 2 S 2 **Auskunft über die Erfüllung seiner Obliegenheit** zu erteilen sowie erforderlichenfalls ihre Richtigkeit an Eides statt zu versichern. Dabei handelt es sich um einen selbständigen Aufhebungsgrund neben § 4c Nr 1 (**BGH** 8. 1. 2009 ZInsO 2009, 298; **BGH** 5. 6. 2008 NZI 2008, 507 = ZInsO 2008, 736). Entsprechend § 296 Abs 2 S 3 wird dem Gericht die Möglichkeit eröffnet, bei unzureichender Mitwirkung des Schuldners die Stundung aufzuheben. In der Begr zu § 4c wird ausdrücklich darauf hingewiesen, dass damit **keine Pflicht des Gerichts** begründet werden soll, etwa die Erwerbsobliegenheiten des Schuldners **zu überwachen**. Das Gericht sei nur dann gehalten, tätig zu werden, wenn tatsächliche Anhaltspunkte, etwa Hinweise eines Gläubigers, eine Obliegenheitsverletzung seitens des Schuldners dies nahe legten.

Das Gericht darf die Stundungsbewilligung nur aufheben, wenn die Voraussetzungen eines Aufhebungsgrundes zu seiner Überzeugung feststehen. Vor der Aufhebung hat es den **Schuldner zu hören**. Mit der Aufhebung werden die noch ausstehenden Kostenansprüche gegen den Schuldner sofort und in voller Höhe fällig. Ein eröffnetes Verfahren ist idR nach § 207 einzustellen. Die durch die **Beiordnung eines Rechtsanwalts begründeten Ansprüche** gegenüber der Staatskasse werden durch die Aufhebung nicht verkürzt, sondern bestehen weiter (K/P/B-*Prütting/Wenzel* § 4c Rn 3). 22

5. Versagung oder Widerruf der Restschuldbefreiung (Nr 5). Das Gesetz sieht davon ab, die Versagungsgründe des § 290 Abs 1 oder einen Verstoß gegen die in § 295 Abs 1 genannten Obliegenheiten als selbständige Aufhebungsgründe auszugestalten. In der Begr zu § 4c Nr 5 (Begr RegE InsOÄndG 2001, BT-Drucks 14/5680, S 23) heißt es, es scheine nicht geboten, die Stundung aufzuheben, wenn die unmittelbar von einer Restschuldbefreiung betroffenen Gläubiger diesen Verstoß des Schuldners als nicht so schwerwiegend einstufen, um die Versagung der Restschuldbefreiung zu beantragen (vgl auch K/P/B-*Prütting/Wenzel* § 4c Rn 40f). Darüber hinaus werde sich ein vergleichbares Ergebnis wie bei einer ausdrücklichen Festlegung als Aufhebungsgrund erreichen lassen. War dem Gericht eine Straftat nach § 290 Abs 1 Nr 1 nicht bekannt, so werde in aller Regel der Aufhebungsgrund des § 4c Nr 1 vorliegen. In der Tat decken sich die **Gründe für die Aufhebung der Stundung** weitgehend mit den **Gründen für eine Versagung der Restschuldbefreiung**. Bei schwerwiegenden Verstößen gegen die in § 295 Abs 1 Nr 3 und 4 genannten Obliegenheiten wird idR auch ein Gläubiger die Versagung der Restschuldbefreiung beantragen. Eine eigenständige Aufhebungsmöglichkeit durch das Gericht unabhängig von dem Verhalten der Insolvenzgläubiger sah der Gesetzgeber deshalb als nicht erforderlich an. Die Aufhebung nach § 4c Nr 5 kann bereits erfolgen, wenn die Entscheidung über die Versagung der Restschuldbefreiung noch nicht getroffen wurde, eine solche sich aber deutlich abzeichnet (**BGH** 15. 11. 2007 ZInsO 2008, 112; **LG Göttingen** 30. 11. 2006 ZInsO 2006, 276, 277). 23

III. Wirkung der Aufhebung

Durch die Aufhebung der Stundung entfällt die Wirkung von § 4a Abs 3 Satz 1 Nr 1, 4b Abs 1 Satz 1, so dass die davon erfassten Kosten und Ansprüche sofort und in voller noch ausstehender Höhe geltend gemacht werden können. Dies kann auch zur **Abweisung mangels Masse** führen, wenn sich das Verfahren noch im Eröffnungsstadium befindet. Soweit sich das Verfahren bereits in der Wohlverhaltensperiode befindet, muss der Schuldner ab dem Zeitpunkt der Aufhebungsentscheidung für die Treuhänderkosten selbst aufkommen. Die Ansprüche des beigeordneten Rechtsanwalts werden durch die Aufhebungsentscheidung nicht berührt. 24

Die für die Aufhebung maßgeblichen Umstände sind von Amts wegen zu ermitteln, so dass etwaige Anträge der Staatskasse oder von Gläubigern unbeachtlich sind. Auch wenn § 4c dem Gericht grundsätzlich ein **Ermessen zur Aufhebung** einräumt (**LG Berlin** 10. 7. 2007 ZInsO 2007, 824), ist es nur in Einzelfällen denkbar, dass trotz des Vorliegens der Gründe nach Nr 1 bis 5 eine Aufhebung ausscheidet (**AG Göttingen** 17. 1. 2003 ZVI 2003, 295, 297). In Betracht kommt insofern nur ein entsprechendes Gesamtverhalten des Schuldners bereits ein langes Zurückliegen der Gründe (K/P/B-*Prütting/Wenzel* § 4c Rn 45). Das grundsätzlich bestehende Ermessen ermächtigt aber nicht zu einer Änderung der Ratenzahlungen, da dies nur nach § 4b möglich ist. 25

§ 4d Rechtsmittel

(1) Gegen die Ablehnung der Stundung oder deren Aufhebung sowie gegen die Ablehnung der Beiordnung eines Rechtsanwalts steht dem Schuldner die sofortige Beschwerde zu.

(2) ¹Wird die Stundung bewilligt, so steht der Staatskasse die sofortige Beschwerde zu. ²Diese kann nur darauf gestützt werden, dass nach den persönlichen oder wirtschaftlichen Verhältnissen des Schuldners die Stundung hätte abgelehnt werden müssen.

I. Allgemeines

In Literatur und Rechtsprechung war heftig umstritten, ob die Anwendung der zivilprozessualen Vorschriften auf das Beschwerdeverfahren zur Folge hat, dass es sich zB bei der **Insolvenzkostenhilfe (IKH)** 1 idR um eine „einfache" unbefristete Beschwerde iSv § 127 Abs 2 ZPO aF handelte mit der Folge, dass sich das Verfahren der weiteren Beschwerde nach § 568 ZPO aF richtete, oder ob § 7 die weitere Beschwerde eröffnete, weil die Beschwerdeentscheidung in einem Verfahren nach § 6 ergangen war (vgl BayObLG 28. 7. 1999 NZI 1999, 412, 413 = ZInsO 2000, 218; **OLG** Köln 23. 3. 1999 NZI 1999, 198 = ZInsO 1999; **OLG** Köln 3. 1. 2000 NZI 2000, 130 = ZInsO 2000, 104; **OLG** Frankfurt 10. 8. 1999 NZI 1999, 453 = ZInsO 2000, 220; W. *Gerhardt* FS Uhlenbruck 2000 S 75, 80 ff; *Pape* ebend S 49, 62 ff; *Prütting* NZI 2000, 147). Der Streit hat sich mit der Abschaffung der einfachen Beschwerde durch das ZPO-RG und durch die Regelung in § 4 d weitgehend erledigt, denn in Abs 1 wird gegen die Ablehnung der Stundung oder deren Aufhebung sowie gegen die Ablehnung der Beiordnung eines Rechtsanwalts dem Schuldner das Recht der **sofortigen Beschwerde** zugestanden. Gleiches gilt für die Staatskasse, wenn die Stundung gebilligt wird (Abs 2). § 6 Abs 1 sieht gegen Entscheidungen des Insolvenzgerichts ein Rechtsmittel nur vor, wenn die InsO die sofortige Beschwerde zulässt. Da die Gewährung einer Stundung oftmals ausschlaggebend ist, ob der Schuldner die Chance für einen wirtschaftlichen Neuanfang erhält, hat der Gesetzgeber in § 4 d Abs 1 dem Schuldner nunmehr das **Rechtsmittel der sofortigen Beschwerde** eröffnet. Das Beschwerderecht der **Staatskasse** wird allerdings durch § 4 d Abs 2 S 2 eingeschränkt. Die gegen Entscheidungen des Beschwerdegerichts zulässige **Rechtsbeschwerde** nach den §§ 7 InsO, 574 ZPO ist an die Voraussetzungen des § 574 Abs 2 ZPO geknüpft.

II. Sofortige Beschwerde des Schuldners (§ 4 d Abs 1)

2 § 4 d Abs 1 stellt sich als Konsequenz dar, dass der Gesetzgeber in den §§ 4 a–d ein von der zivilprozessualen Prozesskostenhilfe gelöstes selbständiges **Insolvenzkostenhilfeverfahren** eingeführt hat, das auch den Beschluss des **BGH** v 16. 3. 2000 (NJW 2000, 1869 = NZI 2000, 260 = ZInsO 2000, 280) ebenso hinfällig macht wie die Diskussion, ob es sich bei der Gewährung von Insolvenzkostenhilfe um eine typische insolvenzrechtliche Entscheidung handelt, die den Rechtsmittelweg nach den §§ 6, 7 eröffnet (vgl *Uhlenbruck* NZI 1999, 175, 176; *ders* DZWIR 2000, 15, 16 f; *Vallender* ZIP 1999, 125, 126; *Ahrens* ZInsO 1999, 190, 194). Da es sich beim **Stundungsmodell** der §§ 4 a–d nicht um Prozesskostenhilfe handelt, sondern um eine gesetzlich selbständig ausgestaltete **Insolvenzkostenhilfe (IKH)**, war es nur konsequent, dass § 4 d Abs 1 dem Schuldner nunmehr gegen die Ablehnung der Stundung, gegen deren Aufhebung sowie gegen die Ablehnung der Beiordnung eines Rechtsanwalts die **sofortige Beschwerde** zubilligt mit der Folge, dass bei Vorliegen der Voraussetzungen des § 574 Abs 2 ZPO auch die Rechtsbeschwerde nach § 7 eröffnet ist. In den Gesetzesmaterialien zu § 4 d (Begr RegE InsOÄndG 2001, BT-Drucks 14/5680, S 24) wird darauf hingewiesen, dass die Gewährung einer Stundung oftmals dafür ausschlaggebend ist, ob der Schuldner die Chance für einen wirtschaftlichen Neuanfang erhält. Werde die Stundung abgelehnt, so werde regelmäßig auch der Antrag auf Eröffnung des Insolvenzverfahrens mangels Masse (§ 26 Abs 1) abzuweisen sein. Werde die Stundung aufgehoben, so dürfte dies ebenfalls idR zur Masseramut des Verfahrens und damit zu einer Einstellung nach § 207 Abs 1 führen, die keine taugliche Anknüpfung für eine Restschuldbefreiung ist.

3 Von ebenso existentieller Bedeutung könne die **Beiordnung eines Rechtsanwalts** für den rechtsunkundigen Schuldner sein, der nicht in der Lage ist, sich angemessen mündlich und schriftlich auszudrücken. Werde ihm die Beiordnung versagt, werde er häufig seine Rechte im Verfahren nicht geltend machen können.

4 Wegen der existentiellen Bedeutung der Stundung der Verfahrenskosten für den mittellosen Schuldner ist die Eröffnung des Rechtsmittelweges nach den §§ 4 d Abs 1, 6, 7 gerechtfertigt. Wird die **Beschwerde verworfen oder zurückgewiesen**, fallen gem Nr 4401 KostVerz **30,00 Euro** Gebühren an. Mit der sofortigen Beschwerde nach § 4 d Abs 1 kann aber nicht die Entscheidung des Gerichts hinsichtlich der Wirkungen der Stundung (§ 4 a Abs 3 Nr 1 b) oder hinsichtlich der Rückzahlung und der Anpassung der gestundeten Beträge (§ 4 b) angegriffen werden (K/P/B-*Prütting/Wenzel* § 4 d Rn 2).

5 Die Beschwerde unterliegt einer zweiwöchigen Beschwerdefrist nach § 4 iVm § 569 Abs 1 S 1 ZPO.

III. Sofortige Beschwerde der Staatskasse (§ 4 d Abs 2)

6 Wie in § 127 Abs 3 S 1 ZPO räumt § 4 d Abs 2 auch der **Staatskasse** eine Beschwerdebefugnis ein. Wie in § 127 Abs 3 S 2 ZPO kann gem § 4 d Abs 2 S 2 die sofortige Beschwerde nur darauf gestützt werden, dass nach den persönlichen oder wirtschaftlichen Verhältnissen des Schuldners die Stundung hätte abgelehnt werden müssen. Dies ist immer der Fall, wenn das Insolvenzgericht bei der Gewährung der Stundung von unzutreffenden persönlichen oder wirtschaftlichen Verhältnissen des Schuldners ausgegangen ist (vgl auch MüKoInsO-*Ganter* § 4 a Rn 7; K/P/B-*Prütting/Wenzel* § 4 d Rn 3). Ebenso kann eine unvollständige Sachaufklärung gerügt werden (LG Duisburg 20. 9. 2005 NZI 2005, 688; HK/*Kirchhof* § 4 d Rn 6). Die Staatskasse ist grundsätzlich nicht am Stundungsverfahren beteiligt. Das Insolvenzgericht ist demgemäß nicht verpflichtet, je Stundungsentscheidung dem Bezirksrevisor vorzulegen. Die Überprüfung erfolgt nur durch Stichproben. Die Staatskasse kann mit der sofortigen Beschwerde vorbringen, dass der Schuldner durchaus in der Lage gewesen wäre, ohne Stundung die Verfahrenskosten iSv § 54 einschließlich der Treuhändervergütung aufzubringen. Mit der Beschwerde

kann auch geltend gemacht werden, dass der Schuldner die Möglichkeit gehabt hätte, Kredit aufzunehmen oder Vermögensgegenstände zu verkaufen. Das Beschwerderecht steht der Staatskasse nur bei **Bewilligung der Stundung** zu, nicht dagegen im Aufhebungsverfahren nach § 4 c. Dagegen kann die Staatskasse die Beschwerde nicht darauf stützen, dass das des Gerichts die Höhe der Kosten des Verfahrens falsch angesetzt habe (LG Berlin 11. 12. 2002 ZInsO 2003, 130, 131; aA HK/*Kirchhof* § 4 d Rn 7). Schließlich bezieht sich das Beschwerderecht der Staatskasse auch nicht auf die Beiordnung eines Rechtsanwalts.

Zeitlich ist das Beschwerderecht der Staatskasse in § 4 d nicht beschränkt. Allerdings ergibt sich auch 7 für die Beschwerde der Staatskasse eine **zweiwöchige Beschwerdefrist** nach § 4 iVm § 569 Abs 1 S 1 ZPO). Dabei ist bei einer fehlenden Mitteilung der Stundungsentscheidung gegenüber der Staatskasse § 569 Abs 2 ZPO entsprechend anzuwenden (MüKo-*Ganter* § 4 d Rn 11).

IV. Verfahrensfragen

Andere Verfahrensbeteiligte haben gegen gerichtliche Entscheidungen nach §§ 4 a–4 d kein Beschwerderecht. Wegen der Beschwerdemöglichkeit der Staatskasse sind einige Gerichte dazu übergegangen, die Verfahrenseröffnung erst nach Rechtskraft des Stundungsbeschlusses zu beschließen. 8

Die Beschwerde des Schuldners gegen die Aufhebung der Stundung bewirkt nicht deren Verlängerung. Ebenso wenig werden die Stundungswirkungen durch die Beschwerde der Staatskasse aufgeschoben. Es ist dem Beschwerdegericht aber unbenommen, bei einer Ablehnung der Stundung eine **einstweilige Anordnung** mit dem Inhalt des vorläufigen Eintritts der Stundungswirkungen zu erlassen. 9

Für das Beschwerdeverfahren kann der Schuldner Prozesskostenhilfe beantragen, da die §§ 4 a-4 d in- 10 soweit keine Sonderregelung darstellen (BGH 24. 7. 2003 NZI 2003, 556, 557 = ZInsO 2003, 800 [soweit nicht in BGHZ abgedruckt]; BGH 24. 7. 2003 NZI 2003, 647, 648 = ZVI 2004, 27; HK/*Kirchhof* § 4 d Rn 9). Die Entscheidung des Beschwerdegerichts kann mit der **Rechtsbeschwerde** nach § 7 angegriffen werden. Dabei unterliegt die Ermessensentscheidung durch das Rechtsbeschwerdegericht nur einer eingeschränkten Kontrolle (MüKo-*Ganter* § 4 d Rn 12).

§ 5 Verfahrensgrundsätze

(1) ¹Das Insolvenzgericht hat von Amts wegen alle Umstände zu ermitteln, die für das Insolvenzverfahren von Bedeutung sind. ²Es kann zu diesem Zweck insbesondere Zeugen und Sachverständige vernehmen.

(2) ¹Sind die Vermögensverhältnisse des Schuldners überschaubar und die Zahl der Gläubiger oder die Höhe der Verbindlichkeiten gering, kann das Insolvenzgericht anordnen, dass das Verfahren oder einzelne seiner Teile schriftlich durchgeführt werden. ²Es kann diese Anordnung jederzeit aufheben oder abändern. ³Die Anordnung, ihre Aufhebung oder Abänderung sind öffentlich bekannt zu machen.

(3) ¹Die Entscheidungen des Gerichts können ohne mündliche Verhandlung ergehen. ²Findet eine mündliche Verhandlung statt, so ist § 227 Abs. 3 Satz 1 der Zivilprozeßordnung nicht anzuwenden.

(4) ¹Tabellen und Verzeichnisse können maschinell hergestellt und bearbeitet werden. ²Die Landesregierungen werden ermächtigt, durch Rechtsverordnung nähere Bestimmungen über die Führung der Tabellen und Verzeichnisse, ihre elektronische Einreichung sowie die elektronische Einreichung der dazugehörigen Dokumente und deren Aufbewahrung zu treffen. ³Dabei können sie auch Vorgaben für die Datenformate der elektronischen Einreichung machen. ⁴Die Landesregierungen können die Ermächtigung auf die Landesjustizverwaltungen übertragen.

Übersicht

	Rn
I. Allgemeines	1
1. Amtsermittlungen im Regelinsolvenzverfahren	1
2. Amtsermittlungen im Verbraucherinsolvenzverfahren	2
3. Amtsermittlungen im Insolvenzplanverfahren	3
II. Art und Umfang der Amtsermittlungen	4
III. Die Form der Anordnung von Amtsermittlungen	5
IV. Gewährung rechtlichen Gehörs	6
V. Amtsermittlungen in den verschiedenen Verfahrensabschnitten	7
VI. Einzelne gerichtliche Ermittlungsmaßnahmen	8
1. Bestellung eines Sachverständigen (Gutachters)	10
a) Auswahl und Qualifikation des Sachverständigen (Gutachters)	11
b) Gerichtlicher Gutachterbeschluss	12
c) Rechtsstellung	13
d) Aufgaben	14
e) Befugnisse	15

	Rn
f) Form und Inhalt des Gutachtens	16
g) Einsatz von Hilfskräften	17
h) Vergütung	18
i) Haftung	19
2. Vernehmung des Schuldners, der organschaftlichen Vertreter und von Zeugen	20
3. Auskünfte und sonstige Ermittlungen	21
VII. Grenzen der Amtsermittlung	22
VIII. Amtsermittlungen und Sicherungsmaßnahmen	23
IX. Kosten der Amtsermittlung	24
X. Rechtsmittel	26
XI. Haftung wegen Verletzung der Amtsermittlungspflicht	27
XII. Freigestelltes schriftliches Verfahren (§ 5 Abs 2)	28
XIII. Ausschluss der mündlichen Verhandlung (§ 5 Abs 3)	29
XIV. Tabellen und Verzeichnisse (§ 5 Abs 4)	30

I. Allgemeines

1. Amtsermittlungen im Regelinsolvenzverfahren. Die Vorschrift ist Ausfluss des Grundsatzes des Amtsbetriebs im Insolvenzverfahren. Unter Amtsbetrieb versteht man die „dem Insolvenzgericht zugewiesene Aufgabe, für Terminsanberaumungen, Ladungen, Zustellungen, Bekanntmachungen und Eintragungen von Amts wegen zu sorgen" (KS-*Prütting* S 236 Rn 46). Ohne an Anträge gebunden zu sein, ist das Insolvenzgericht berechtigt und uU verpflichtet, zur Aufklärung aller das Verfahren betreffenden Verhältnisse diejenigen Ermittlungen anzustellen, die es für erforderlich erachtet. Das gilt nicht nur für die Vorbereitung einer Entscheidung oder für die Unterstützung der Maßnahmen von Organen der insolvenzrechtlichen Selbstverwaltung, sondern auch für das **gesamte gerichtliche Verfahren** einschließlich des Beschwerdeverfahrens nach § 6 (MüKo-*Ganter* § 5 Rn 12; HK-*Kirchhof* § 5 Rn 5). Die Vorschrift ist überschrieben mit „Verfahrensgrundsätze". Sie regelt aber nur den **Amtsermittlungsgrundsatz** und in Abs 2 den **Grundsatz der Mündlichkeit** (vgl § 128 Abs 1 ZPO), der für das Insolvenzverfahren als Vollstreckungsverfahren erheblich eingeschränkt wird (vgl K/P/*Prütting* § 5 Rn 51 bis 52 a; KS-*Prütting* S 197 Rn 47), insbesondere durch die mit dem Gesetz zur Vereinfachung des Insolvenzverfahrens in Abs 2 eingeführte Möglichkeit das gesamte Insolvenzverfahren oder Teile davon schriftlich durchzuführen (s Rn 28, 29). Die verfassungsrechtlich garantierten **Verfahrensgrundsätze** werden ebenso wie allgemeine und spezielle insolvenzrechtliche Verfahrensgrundsätze im Rahmen der Vorschrift des § 4 kommentiert (vgl auch die umfassende Darstellung bei K/P/*Prütting* § 5 Rn 7 ff; *Gottwald/Uhlenbruck* InsRHdb 1990 § 71 KO S 767 ff). § 5 beschränkt sich auf die Regelung des **Amtsermittlungsprinzips** und des **Prinzips der eingeschränkten Mündlichkeit**. Durch die Regelung in § 5 Abs 3 wird sichergestellt, dass Tabellen und Verzeichnisse im Wege **elektronischer Datenverarbeitung** oder mit anderen maschinellen Einrichtungen erstellt und bearbeitet werden dürfen (HK-*Kirchhof* § 5 Rn 27). Das Prinzip der Amtsermittlung findet dort seine Grenze, wo das Gesetz dem Schuldner oder dem Insolvenzverwalter ein eigenes Initiativrecht einräumt oder ihm die Möglichkeit gibt, Verfahrensrechte selbst wahrzunehmen, wie zB angemeldete Forderungen der Gläubiger zu bestreiten (§ 176). Es stellt eine Eigenart des Insolvenzeröffnungsverfahrens dar, dass die Amtsermittlungspflichten des Insolvenzgerichts erst mit **Zulassung des Insolvenzantrags** eingreifen (BGH NJW 2003, 1187;OLG Köln ZIP 1988, 664; AG Köln NZI 2008, 315; MüKoInsO-*Ganter* § 5 Rn 13). So gilt zB § 5 nicht im Rahmen der Prüfung der Zulässigkeit des Insolvenzantrags eines Gläubigers (OLG Zweibrücken NZI 2001, 32; MüKoInsO-*Ganter* § 5 Rn 13). Eine Ausnahme besteht lediglich bei **allgemeinen Zulassungsvoraussetzungen**, wie zB der Zuständigkeitsprüfung oder der Insolvenzfähigkeit (so zB HK-*Kirchhof* § 5 Rn 5; AG Köln NZI 2008, 254 = ZInsO 2008, 215). Im Übrigen gilt der Amtsermittlungsgrundsatz auch im Eröffnungsverfahren uneingeschränkt (MüKoInsO-*Ganter* § 5 Rn 14; HK-*Kirchhof* § 5 Rn 5). Wird der Insolvenzantrag zugelassen, kann im Einzelfall die Pflicht zur Glaubhaftmachung (§§ 14 Abs 1, 15 Abs 2 S 1) neben der Amtsermittlungspflicht des Insolvenzgerichts (§ 5 Abs 1) bestehen. Ist der Insolvenzantrag eines Gläubigers zB zugelassen und wird die Glaubhaftmachung des Antragstellers nach § 14 Abs 1 (§ 294 ZPO) durch Gegenglaubhaftmachung erschüttert, so ist der antragstellende Gläubiger verpflichtet, nunmehr die Antragsvoraussetzungen erneut glaubhaft zu machen. Kommt der Antragsgegner bei erneuter Glaubhaftmachung das Insolvenzgericht auf Grund der Amtsermittlungen zu dem Ergebnis, dass zB der vom Antragsgegner bestrittene Insolvenzgrund vorliegt, so hat es das Insolvenzverfahren zu eröffnen, ohne dass es auf die erneute Glaubhaftmachung des Antragstellers ankäme. **Parteiherrschaft** besteht lediglich am Anfang und Ende des Verfahrens (zutr *Stürner* II Rn 5.4). Ob ein Insolvenzverfahren eröffnet wird, bestimmen allein die Gläubiger oder der Schuldner (§ 13 Abs 1). Ist das Insolvenzverfahren bei Gericht anhängig und zugelassen worden, so wird die Dispositionsmaxime für das weitere Verfahren weitgehend von der **Inquisitionsmaxime** und dem **Amtsbetrieb** verdrängt. Es findet eine Kompetenzkonzentration beim Insolvenzgericht und beim Insolvenzverwalter statt. Privatautonome Entscheidungen des Schuldners bzw Schuldnervertreters sowie der Gläubiger werden weitgehend ausgeschaltet (Ausnahme: Eigenverwaltung nach §§ 270 ff; Insolvenzplanvorlage nach § 218). Terminierungen werden vom Gericht vorge-

I. Allgemeines § 5

nommen. Zustellungen erfolgen von Amts wegen (§ 8 Abs 1 S 1). Das Insolvenzgericht prüft den Antrag auf Eigenverwaltung (§§ 270 ff). Es ist berechtigt, einen vom Schuldner vorgelegten Insolvenzplan von Amts wegen zurückzuweisen (§ 231 Abs 1). Das Insolvenzgericht hat den angenommenen Insolvenzplan zu bestätigen (§ 248) und bei Verstoß gegen Verfahrensvorschriften oder im Interesse des Minderheitenschutzes die Bestätigung zu versagen (§§ 250, 251). Die Befugnisse des Insolvenzgerichts gehen sogar so weit, dass es auf Antrag berechtigt ist, einen **Beschluss der Gläubigerversammlung aufzuheben**, wenn dieser dem gemeinsamen Interesse der Insolvenzgläubiger widerspricht. Der Amtsbetrieb lässt dem Schuldner bzw Schuldnervertreter lediglich das Recht, durch Anträge oder Anregungen den Verfahrensgang zu ändern oder zu beeinflussen (*Baur/Stürner* II Rn 5.17). Dem Schuldner bleibt, da die Aufhebung des Verfahrens durch das Insolvenzgericht erfolgt (§ 200), nur die Möglichkeit, das Verfahren nach den §§ 212, 213 durch Einstellung zu beenden. Amtsbetrieb und Amtsermittlungsgrundsatz sind letztlich nur dadurch gerechtfertigt, dass das Insolvenzverfahren Vollstreckungsverfahren ist und der Haftungsverwirklichung dient.

2. Amtsermittlungen im Verbraucherinsolvenzverfahren. Im Verbraucherinsolvenzverfahren (§§ 304 ff) hat der Gesetzgeber teilweise das Amtsermittlungsprinzip ebenso aufgegeben wie im Verfahren über die **Restschuldbefreiung** (§§ 286 ff). So hat nach § 305 Abs 1 Nr 3, 4 der Schuldner als Antragsteller die notwendigen Unterlagen beizubringen und die erforderlichen Angaben zu machen. Hat der Schuldner die Erklärungen und Unterlagen nach § 305 Abs 1 trotz gerichtlicher Aufforderung nicht rechtzeitig oder nicht vollständig abgegeben und ergänzt, so gilt nach § 305 Abs 3 S 2 sein Antrag auf Eröffnung des Insolvenzverfahrens als zurückgenommen, wenn er der gerichtlichen Aufforderung nicht binnen eines Monats nachkommt. Im Restschuldbefreiungsverfahren greifen die Vorschriften über die Versagung der Restschuldbefreiung (§§ 290, 296) oder für den Widerruf der Restschuldbefreiung (§ 303) nur ein, wenn ein Gläubiger dies beantragt und den Versagungsgrund glaubhaft macht, §§ 290 Abs 2, 296 Abs 1 S 3, 303 Abs 2 S 1 (**LG Aachen** ZVI 2007, 386). Erst wenn ein Gläubigerantrag vorliegt und eine entsprechende Glaubhaftmachung erfolgt ist (§ 294 ZPO), greift die Amtsermittlungspflicht des Insolvenzgerichts ein mit der Folge, dass nunmehr das Insolvenzgericht festzustellen hat, ob die Voraussetzungen für eine Versagung oder einen Widerruf der Restschuldbefreiung gegeben sind (**BGH** NJW 2003, 3558) Auch für die Sondervorschriften der §§ 4a–4d ist der Amtsermittlungsgrundsatz eingeschränkt. Der Schuldner muss zunächst darlegen und belegen, dass sein Vermögen zur Deckung der Verfahrenskosten voraussichtlich nicht ausreichen wird (**LG Bochum** JurBüro 2007, 610).

3. Amtsermittlungen im Insolvenzplanverfahren. Die Geltung des Amtsermittlungsgrundsatzes im Insolvenzplanverfahren (§§ 217 ff) ist trotz der Regelung in § 5 Abs 1 S 1 umstritten (vgl *Braun/Uhlenbruck*, Unternehmensinsolvenz 1997, S 623 f; *HK-Kirchhof* § 5 Rn 5; *Eidenmüller* NJW 1999, 1837, 1838; abl *K/P/Otte* § 245 Rn 66). Unproblematisch ist dabei die Prüfung nach § 231 Abs 1 Nr 2 und 3. Das Insolvenzgericht hat nach § 5 Abs 1 S 1 zu ermitteln, ob ein vom Schuldner vorgelegter Plan **offensichtlich keine Aussicht auf Annahme** durch die Gläubiger oder auf Bestätigung hat. „Offensichtlich" bedeutet hier nicht, dass die Tatsachen klar auf der Hand liegen müssen. Vielmehr kann sich auch durch Zeugenvernehmungen oder durch ein Sachverständigengutachten (§ 5 Abs 1 S 2) herausstellen, dass der Plan keine Aussicht hat, von den Gläubigern angenommen zu werden. Die Ablehnungsgründe müssen sich „unzweifelhaft aus den eingereichten Unterlagen ergeben" (*K/P/Otte* § 231 Rn 13). Die Amtsermittlungen dürfen aber nicht so weit gehen, dass bereits die Entscheidung der Gläubigerversammlung antizipiert wird (*K/P/Otte* § 231 Rn 15). Entgegen der Auffassung von *Neumann* (Die Gläubigerautonomie in einem künftigen Insolvenzverfahren, S 288) darf das Gericht die Offensichtlichkeit nicht etwa durch Test-Abstimmungen feststellen oder sich auf die Befragung einiger Hauptgläubiger beschränken. Eine bloße Mutmaßung des Gerichts reicht jedenfalls nicht aus. Es kann aber genügen, wenn sich im Eröffnungsverfahren oder vor dem Berichtstermin bereits eine erhebliche Mehrheit gegen den Insolvenzplan ausgesprochen hat. Das Gericht darf der Entscheidung der Gläubigerversammlung jedenfalls durch Amtsermittlungen nicht vorgreifen (Begr zu § 275 RegE [BR Drucks 1/92 S 204], abgedr bei *Uhlenbruck*, Das neue Insolvenzrecht, S 614; vgl auch *K/P/Otte* § 231 Rn 15; *N/R/Braun* § 231 Rn 24). Legt der Schuldner einen Insolvenzplan vor, der unter Zugrundelegung von Phantasiewerten den Gläubigern eine Quote zusagt, die bei objektiver Bewertung niemals erzielt werden kann, hat das Gericht im Wege der Amtsermittlung die fehlerhafte Quotenberechnung zu ermitteln. Gleiches gilt, wenn die rechnerischen Unterlagen eine Erfüllung in der zugesagten Höhe nicht ergeben (*N/R/Becker* § 231 Rn 25, 26). Besondere Bedeutung erlangen die Amtsermittlungen im Rahmen des **Obstruktionsverbots** (§ 245). Hier muss für jede Gläubigergruppe festgestellt werden, dass die Gläubiger dieser Gruppe voraussichtlich nicht schlechter gestellt werden, als sie ohne einen Plan stünden. Die **angemessene Beteiligung** der Gläubiger einer Gruppe iSv § 245 Abs 1 Nr 2 lässt sich auch anhand der Kriterien des § 245 Abs 2 kaum jemals ohne Hilfe eines Sachverständigen feststellen. Gleiches gilt für den **Minderheitenschutz nach § 251.** Hier hat das Gericht von Amts wegen zu ermitteln, ob der Gläubiger, der die Versagung einer Bestätigung eines Insolvenzplans beantragt hat, durch den Plan schlechter gestellt wird, als er ohne einen Plan stünde. Macht der Gläubiger die Schlechterstellung glaubhaft (§§ 251 Abs 2 InsO, 294 ZPO), so greifen trotz des Merkmals „voraussichtlich" Amtsermittlungspflichten des Gerichts ein. Auf die Zuziehung eines Sachverständigen wird auch hier nur selten verzichtet werden können (vgl zu den Schwierigkeiten der Feststellung *Eidenmüller* NJW 1999, 1837, 1838). Zutreffend weist *Eidenmüller* darauf hin, dass nicht nachvollziehbar ist, wie der Rechtsausschuss (ZIP 1997, 1207, 1209) zu der Auffassung gelangen konnte, dass die Gerichte grundsätzlich nicht gehalten sind, im Rahmen ihrer Amtsermittlungspflicht für die Prognoseentscheidung einen Sachverständigen hinzuzuziehen. In der Tat hätte der Gesetzgeber dieses Ziel dadurch erreichen können, dass er auf eine **offensichtliche Schlechterstellung** abstellte (*Eidenmüller* NJW 1999, 1838; *ders* Der Insolvenzplan als Vertrag, in: Jahrbuch für Neue Politische Ökonomie 1996, S 164, 189; *ders* Unternehmenssanierung S 91 f). Die Praxis hilft sich hier oftmals mit sogen **salvatorischen Klauseln** (vgl *Braun/Uhlenbruck*, Muster S 85, 89; *Eidenmüller* NJW 1999, 1838). In diesen Klauseln wird eine etwaige Schlechterstellung eines Beteiligten durch eine bestimmte Klausel ausgeschlossen. Zur weiteren Möglichkeit, das Schlechterstellungsrisiko durch Umwandlung von Gläubigerforderungen in Optionen auf Eigenkapital auszuschließen, vgl *Eidenmüller* NJW 1999, 1837, 1839.

II. Art und Umfang der Amtsermittlungen

4   Sowohl bei Eigenantrag des Schuldners bzw Schuldnerunternehmens als auch beim Gläubigerantrag hat das Gericht nach Zulassung des Antrags alle Umstände zu ermitteln, die für das Insolvenzverfahren von Bedeutung sind. Art und Umfang der Amtsermittlungen richten sich nach dem pflichtgemäßen Ermessen des Insolvenzgerichts (**BGH** KTS 1957, 12, 13; MüKoInsO-*Ganter* § 5 Rn 21). Die Undurchsichtigkeit der Vermögenslage eines Schuldners oder Schuldnerunternehmens, seine mangelnde Bereitschaft, zur Aufklärung beizutragen, oder gar das Drängen eines Gläubigers und sein Wunsch, einen böswilligen oder lästigen Schuldner unter Druck zu setzen, machen Amtsermittlungen hinsichtlich des Insolvenzgrundes keineswegs entbehrlich. Je mehr ein Antragsteller auf eine rasche gerichtliche Entscheidung drängt, umso gründlicher sollte das Gericht die Voraussetzungen für eine Entscheidung prüfen. Den Amtsermittlungen kommt in der Praxis eine kaum zu überschätzende Bedeutung zu. Dies vor allem, wenn der Antragsgegner (Schuldner) die Forderung und/oder den Insolvenzgrund bestreitet. Im Zweifel hat sich der Insolvenzrichter die erforderliche Überzeugung vom Vorliegen eines Insolvenzgrundes (§ 16) durch Vorlage einer geordneten und vollständigen Vermögensübersicht zu verschaffen (**BGH** KTS 1957, 12, 13; MüKoInsO-*Ganter* § 5 Rn 22). Jede Entscheidung über die Eröffnung eines Insolvenzverfahrens ist für den Schuldner oder das Schuldnerunternehmen eine **existenzielle Entscheidung**. Deshalb sollte das Insolvenzgericht seine Ermittlungspflicht unabhängig von der Haftungsgefahr ernst nehmen.

III. Die Form der Anordnung von Amtsermittlungen

5   Amtsermittlungen werden vom Gericht in der Regel **formlos** angeordnet. Ein förmlicher Beweisbeschluss braucht nicht zu ergehen (**LG Hannover** KTS 1955, 190; HK-*Kirchhof* § 5 Rn 18). Das gilt ebenso, wenn das Insolvenzgericht Anordnungen wieder aufhebt. Auch das ist formlos möglich (**BGH** NZI 208, 100). Der **Grundsatz der Formfreiheit** gilt jedoch nicht uneingeschränkt. So empfiehlt es sich zB bei der Einvernahme von Zeugen, diesen das Beweisthema entsprechend §§ 4 InsO, 377 Abs 2 Nr 2 ZPO vorher mitzuteilen (HK-*Kirchhof* § 5 Rn 18). Im Übrigen bedarf es auch hinsichtlich der **Zeugenvernehmung** keines förmlichen Beweisbeschlusses (*Hess* § 5 Rn 29). Anders stellt sich die Rechtslage bei der Bestellung eines **Sachverständigen** dar. Dieser wird im Regelfall, vor allem wenn die Einsetzung mit einer vorläufigen Insolvenzverwaltung verbunden ist, durch gerichtlichen Beschluss bestellt. Dieser Beschluss hat die einzelnen Aufgaben des Sachverständigen zu bezeichnen.

IV. Gewährung rechtlichen Gehörs

6   Bei der Anordnung von Amtsermittlungen des Insolvenzgerichts, wie zB bei der Beauftragung eines Sachverständigen mit der Feststellung, ob eine die Verfahrenskosten deckende ausreichende Masse vorhanden ist (§ 26 Abs 2), braucht das Insolvenzgericht dem Schuldner **kein rechtliches Gehör** zu gewähren (KS-*Vallender* S 249, 260 f Rn 34). Es handelt sich insoweit um eine vorbereitende richterliche Tätigkeit und nicht um eine selbständig anfechtbare richterliche Entscheidung. Ist allerdings das Ergebnis der Ermittlungen geeignet, zu einer dem Schuldner oder dem antragstellenden Gläubiger nachteiligen Entscheidung zu führen, so ist er anzuhören (*Uhlenbruck* FS-*Baumgärtel* 1990, 569, 579; KS-*Vallender* S 249 ff Rn 4 ff). Die Frage, in welchen Fällen **nach Abschluss der Amtsermittlungen** dem Schuldner oder einem Dritten rechtliches Gehör gewährt werden muss, lässt sich nicht generell beantworten, sondern richtet sich nach den Erfordernissen des Einzelfalles. Hatte zB der Schuldner gegenüber einem Gläubigerantrag das Vorliegen eines Insolvenzgrundes bestritten und kommt der Sachverständige zu dem Ergebnis, dass ein Insolvenzgrund vorliegt, hat das Gericht dem Schuldner vor der verfahrensabschließenden Entscheidung das Gutachten zur Stellungnahme zuzuleiten (**LG München I** ZInsO 2001, 814). Rechtliches Gehör ist auch zu gewähren, wenn der Antrag nach § 26 mangels Masse abgewiesen werden soll (**BGH** ZIP 2006, 1056 = NZI 2006, 405). Vor allem im **Restschuldbefreiungsverfahren**

nach den §§ 286 ff wird man dem Schuldner bei Vorliegen eines Versagungs- oder Widerrufsantrags Gelegenheit geben müssen, sich zu den glaubhaft gemachten Gründen zu äußern und zu einem Ermittlungsergebnis Stellung zu nehmen. Eingehend zum rechtlichen Gehör auch K/P/*Prütting* § 5 Rn 24 ff; KS-*Prütting* S 221, 228 ff Rn 21 ff; KS-*Vallender* S 249 ff). Das Gebot rechtlichen Gehörs bezweckt nicht etwa, den Verfahrensbeteiligten Zeit zu verschaffen, veränderte Tatsachen zu schaffen, wie zB den Insolvenzgrund durch Bezahlung der offenen Forderung zu beseitigen und dadurch die Entscheidung zu ihren Gunsten zu beeinflussen (**BVerfG** NZI 2002, 20).

V. Amtsermittlungen in den verschiedenen Verfahrensabschnitten

Da während des Insolvenzeröffnungsverfahrens vor allem nach Zulassung des Antrags **Verhandlungsmaxime** und **Untersuchungsgrundsatz** (Inquisitionsmaxime, Amtsermittlungsgrundsatz) nebeneinander gelten, darf das Gericht sich nicht auf die Beibringung des Tatsachenstoffs durch die Beteiligten verlassen. Vielmehr ist das Eröffnungsverfahren durch **Elemente der Aufsicht und der Rechtsfürsorge** mitgeprägt (K/P/*Prütting* § 5 Rn 46; *Habscheid* KTS 1999, 59, 61). Amtsermittlungen erfordern vor allem die Aufsicht des Insolvenzgerichts (§ 58), die Entlassung des Verwalters (§ 59), die Entlassung von Gläubigerausschussmitgliedern (§ 70), die Aufhebung eines Beschlusses der Gläubigerversammlung (§ 78), die Durchsetzung der Pflichten des Schuldners (§ 98), die Postsperre (§§ 21 Abs 2 Nr 4, 99), die Untersagung der Betriebsstilllegung (§ 158 Abs 2 S 2), die Anordnung einer Nachtragsverteilung (§ 201), die Zurückweisung oder Bestätigung eines Insolvenzplans (§§ 231, 248, 249, 251), die Prüfung der Voraussetzungen für eine Eigenverwaltung (§§ 270 ff), die Voraussetzungen für eine Versagung oder den Widerruf der Restschuldbefreiung (§§ 289, 290, 296, 303) sowie den Schuldenbereinigungsplan (§ 305 Abs 1 Nr 3, 4). Für die **Restschuldbefreiung** besteht die Besonderheit, dass die Versagung nach den §§ 290 Abs 2, 296 Abs 1 S 3 von einem Antrag des Gläubigers und der **Glaubhaftmachung von Versagungsgründen** abhängig ist. Da auch der Widerruf der Restschuldbefreiung nach § 303 den Antrag eines Insolvenzgläubigers und die Glaubhaftmachung der Widerrufsgründe voraussetzt, setzt die Amtsermittlungspflicht des Gerichts in diesen Fällen nur ein, wenn der Gläubiger, der den Antrag auf Versagung oder Widerruf gestellt hat, die Versagungs- und Widerrufsgründe glaubhaft gemacht hat (HK-*Landfermann* § 290 Rn 23; HK-*Kirchhof* § 5 Rn 6; FK-*Ahrens* § 290 Rn 64).

VI. Einzelne gerichtliche Ermittlungsmaßnahmen

Welche Ermittlungsmaßnahmen das Insolvenzgericht im Einzelfall ergreift bzw anordnet, richtet sich nach seinem pflichtgemäßen Ermessen. **Amtsermittlungen im Zulässigkeitsbereich** sind die Ausnahme. Behauptet jedoch der Antragsgegner im Rahmen der gerichtlichen Anhörung (§ 14 Abs 2), es fehle eine Zulässigkeitsvoraussetzung, wie zB die Insolvenzfähigkeit oder das rechtliche Interesse an der Eröffnung des Insolvenzverfahrens, so hat das Gericht, wenn es den Antrag zugelassen hat, Ermittlungen hinsichtlich dieser Einwendungen anzustellen. Seit dem Inkrafttreten der InsO gilt der frühere Grundsatz, dass Amtsermittlungen nur nach Zulassung des Insolvenzantrags eingreifen, nicht mehr uneingeschränkt. Der Grund hierfür liegt in den unterschiedlichen **Verfahrensarten**. Weder der Gläubiger noch der Schuldner als Antragsteller brauchen die Voraussetzungen darzulegen oder glaubhaft zu machen, die für die Entscheidung erforderlich sind, ob ein Regelinsolvenzverfahren oder ein Verbraucherinsolvenzverfahren nach den §§ 305 ff durchgeführt wird. Nur wenn der Schuldner beim Eigenantrag das Verfahren als Verbraucherverfahren bezeichnet, muss er die Voraussetzungen des § 304 dartun und gegebenenfalls beweisen. In allen übrigen Fällen genügt es, wenn zB ein Gläubiger „Insolvenzantrag" stellt. Es ist Aufgabe des Gerichts, in diesen Fällen zu ermitteln, ob die Voraussetzungen für ein Regel- oder Verbraucherverfahren vorliegen. Insoweit sind bereits vor der eigentlichen Zulassung Amtsermittlungen nach § 5 Abs 1 zulässig und erforderlich. Ist der Insolvenzantrag vom Gericht zugelassen worden, können sich die Ermittlungen auch auf den **Aufenthalt des Schuldners** oder auf die **gewerbliche Niederlassung** als Voraussetzung für die örtliche Zuständigkeit (§ 3) beziehen. Gleiches gilt, wenn der Antragsgegner behauptet, der Mittelpunkt seiner selbständigen wirtschaftlichen Tätigkeit liege an einem anderen Ort, so dass das angegangene Gericht unzuständig ist (§ 3 Abs 1 S 2; vgl auch **OLG** Köln ZIP 1988, 1070; K/U § 75 KO Rn 1 a). Der antragstellende Gläubiger hat keinen Rechtsanspruch darauf, ob und in welchem Umfang das Insolvenzgericht Amtsermittlungen anstellt. Vor allem kann der Insolvenzantrag nicht davon abhängig gemacht werden, dass das Gericht „keine kostenaufwändigen Ermittlungen" anstellt oder „erst einmal den Schuldner mündlich anhört" (*Uhlenbruck* Die anwaltliche Beratung 1988 S 50, 51). Der Antragsteller hat auch keinen Rechtsanspruch darauf, über das Ergebnis der Amtsermittlungen informiert zu werden. Sind **mehrere Insolvenzanträge** gegen denselben Schuldner oder das gleiche Schuldnerunternehmen anhängig, ist es rechtlich unbedenklich, dass in sämtlichen Antragsverfahren die **gleichen Amtsermittlungsmaßnahmen** angeordnet werden. Nur durch diese Handhabung wird die Möglichkeit eröffnet, die entstehenden Amtsermittlungs- und Sicherungskosten bei Nichteröffnung des Verfahrens auf die einzelnen Antragsteller zu verteilen. So ist zB die **Aufteilung von Sachverständigenkosten** auf mehrere Verfahren gegen denselben Schuldner möglich, wenn der Gutachter in allen Verfahren bestellt worden ist (MüKo-InsO-*Ganter* § 5 Rn 39; K/U § 75 KO Rn 1 e; vgl auch

LG Duisburg Rpfleger 1990, 434). „Anträge" von Gläubigern, bestimmte Amtsermittlungen durchzuführen, sind lediglich als Anregungen an das Gericht anzusehen (HK-*Kirchhof* § 5 Rn 8). Sie brauchen nicht durch Beschluss beschieden zu werden.

9   Die **funktionelle Zuständigkeit** für Amtsermittlungen im Rahmen des Insolvenzeröffnungsverfahrens hat sich auch für das neue Recht nicht geändert. Funktionell zuständig ist grundsätzlich der **Richter oder die Richterin**. Der Rechtspfleger ist nicht gehindert, nach Verfahrenseröffnung Amtsermittlungen des Richters einzustellen, abzuändern oder aufzuheben.

10 **1. Bestellung eines Sachverständigen (Gutachters).** Haben die Bemühungen des Insolvenzgerichts um eine Klärung der Zulässigkeitsvoraussetzungen oder des Insolvenzgrundes keinen Erfolg oder handelt es sich bei dem Schuldnervermögen um ein größeres Unternehmen, so wird das Insolvenzgericht im Regelfall auf die Beiziehung eines Sachverständigen (Gutachters) nicht verzichten können, denn in allen Fällen des Gläubigerantrags haben die Ermittlungen vor allem hinsichtlich des Insolvenzgrundes sorgfältig und gründlich zu erfolgen (**BGH** KTS 1957, 12 = WM 1957, 67; **LG** Köln KTS 1964, 247, 249; **LG** Stuttgart Rpfleger 1950, 522). Der Sachverständige ist nicht nur in § 5 Abs 1 S 2 erwähnt, sondern auch in § 22 Abs 1 S 2 Nr 3. Danach kann das Gericht den vorläufigen Insolvenzverwalter mit Verwaltungs- und Verfügungsbefugnis zusätzlich beauftragen, als **Sachverständiger** zu prüfen, ob ein Eröffnungsgrund vorliegt und welche Aussichten für die Fortführung des Schuldnerunternehmens bestehen. Die gesetzliche Regelung in § 22 Abs 1 S 2 Nr 3, die für jeden Fall vorläufiger Insolvenzverwaltung gilt, beruht auf der Erwägung des Rechtsausschusses und der Rechtsprechung des BVerfG (KTS 1982, 221 = ZIP 1981, 365), dass die Versagung einer Vergütung (früher Sequestervergütung) aus der Staatskasse jedenfalls dann nicht verfassungswidrig ist, wenn der vorläufige Insolvenzverwalter (früher Sequester) eine Vergütung nach dem Gesetz über die Entschädigung von Zeugen und Sachverständigen erhält. Auf diese Weise könne erreicht werden, dass ein vorläufiger Insolvenzverwalter auch bei Abweisung des Insolvenzantrags mangels Masse nicht ohne jede Vergütung bleibt (vgl *Balz/Landfermann* S 99; **K/U** § 106 KO Rn 20 b). Besteht kein Sicherungsbedürfnis, genügt im Übrigen die Bestellung eines Sachverständigen, der jederzeit Sicherungsmaßnahmen bei Gericht anregen kann (vgl **K/P/***Pape* § 22 Rn 13; *Wessel* DZWIR 1999, 230, 231).

11 **a) Auswahl und Qualifikation des Sachverständigen (Gutachters).** Die Auswahlkriterien und die Anforderungen an das Qualifikationsprofil des Gutachters lassen sich nicht einheitlich bestimmen. Grundsätzlich orientieren sich die Auswahlkriterien an Art und Umfang der gestellten Aufgabe. Wird der Sachverständige im **Insolvenzeröffnungsverfahren** bestellt, um zB das Vorliegen eines Insolvenzgrundes oder die Massezulänglichkeit zu prüfen, so wird man im Regelfall die gleichen Anforderungen an ihn stellen müssen wie nach § 56 an einen vorläufigen oder endgültigen Insolvenzverwalter. Diesem Anforderungsprofil wird bereits entsprochen, wenn der **vorläufige Insolvenzverwalter** im Rahmen des § 22 Abs 1 S 2 Nr 3 als Sachverständiger beauftragt wird mit der Prüfung, ob ein Eröffnungsgrund vorliegt und welche Aussichten für die Fortführung des Schuldnerunternehmens bestehen. Da der Sachverständige (Gutachter) im Eröffnungsverfahren im Regelfall gleichzeitig oder später auch zum vorläufigen und auch endgültigen Insolvenzverwalter (§ 56) bestellt wird, ist darauf zu achten, dass er den Anforderungen entspricht, die an die Qualifikation eines endgültigen Insolvenzverwalters zu stellen sind. Anders stellt sich die Situation **im eröffneten Insolvenzverfahren** dar, wenn der Sachverständige mit der Aufgabe betraut wird, spezielle Tatbestände festzustellen, wie zB die Prüfung der Ordnungsmäßigkeit des Rechnungswesens des Insolvenzschuldners oder dessen insolvenzzweckwidriges Verhalten. In diesen Fällen reicht es aus, dass der Sachverständige die insolvenzspezifische Sachkunde aufweist, um den Prüfungsauftrag des Gerichts zu erfüllen. In der Praxis bestellt das Gericht den für das Verfahren vorgesehenen Insolvenzverwalter im Eröffnungsverfahren bereits zum Gutachter. Im Übrigen basiert die Bestellung eines Gutachters vor allem auf einem teilweise in vielen Jahren erworbenen Vertrauensverhältnis zum Richter oder Rechtspfleger (*Uhlenbruck* KTS 1989, 229, 241; *Holzer*, Entscheidungsträger im Insolvenzverfahren, Rn 306). S auch *Beck/Depré/Beck* Hdb § 5 Rn 4 ff.

12 **b) Gerichtlicher Gutachterbeschluss.** Rechtsgrundlage für die Einsetzung eines Sachverständigen (Gutachters) ist § 5. Über § 4 finden die allgemeinen Regeln der §§ 402 ff ZPO entsprechende Anwendung (*Holzer*, Entscheidungsträger Rn 288). Die Bestellung des Gutachters erfolgt durch **unanfechtbaren Beschluss**, denn es handelt sich um eine Ermittlungsmaßnahme (**OLG** Köln NZI 2001, 598; **OLG** Hamm ZIP 1986, 724; **K/U** § 75 KO Rn 1 b; *Holzer*, Entscheidungsträger Rn 294). Der gerichtliche Beschluss hat den **Gutachterauftrag** genau zu bezeichnen (vgl *Uhlenbruck/Delhaes* HRP 315 ff). Hat das Gericht gleichzeitig ein allgemeines Verfügungsverbot erlassen und einen vorläufigen Insolvenzverwalter bestellt, macht die **gesetzliche Prüfungspflicht des vorläufigen Insolvenzverwalters** nach § 22 Abs 1 S 2 Nr 3 die genaue Bezeichnung des **gerichtlichen Prüfungsauftrags** keinesfalls überflüssig. Dies ergibt sich schon aus dem Wortlaut des § 22 Abs 1 S 2 Nr 3 „zusätzlich beauftragen". Auch wenn die Grenzen zwischen Sachverhaltsermittlung und Sicherung von Massegegenständen oftmals fließend sind, hat der Gutachter zu beachten, dass er kein vorläufiger Insolvenzverwalter ist. Es ist ihm im Einzelfall unbenommen, beim Insolvenzgericht Sicherungsmaßnahmen anzuregen (vgl *Bollig* KTS 1990, 559, 607).

VI. Einzelne gerichtliche Ermittlungsmaßnahmen § 5

c) Rechtsstellung. Die Rechtsstellung des Sachverständigen bestimmt sich auch im Insolvenzeröffnungsverfahren nach den §§ 402 ff ZPO (*Bollig* KTS 1990, 599, 602; *Rendels* NZG 1998, 841; HK-*Kirchhof* § 5 Rn 13; MüKo-*Ganter* § 5 Rn 36; **str aA** *Wessel* Der Sachverständige im Konkurseröffnungsverfahren, S 73 ff, 89; *ders* DZWIR 1999, 230, 231). Ohne entsprechende gerichtliche Anordnung ist der Sachverständige kein vorläufiger Insolvenzverwalter. Seine Rechtsstellung orientiert sich deshalb weitgehend an dem Gutachterauftrag. Der Sachverständige (Gutachter) ist Helfer des Insolvenzgerichts. Als „verlängerter Arm" des Gerichts vermittelt er nicht nur auf Grund seines Fachwissens dem Gericht Kenntnis von abstrakten Erfahrungssätzen; vielmehr stellt er auf Grund eigener Ermittlungen Tatsachen fest, wie zB das Vorliegen eines Insolvenzgrundes. Eigene Verfahrensentscheidungen darf er allerdings nicht treffen (**BGH** VersR 1978, 229; *Holzer*, Entscheidungsträger Rn 295). Über Gelder des Schuldners darf er nicht verfügen (**OLG** Köln ZIP 2004, 919). Es ist *Wessel* (DZWIR 1999, 230, 231) zuzugeben, dass die Rechtsstellung des gerichtlichen Sachverständigen im Insolvenzeröffnungsverfahren teilweise von derjenigen des Sachverständigen im Zivilprozess abweicht. Vielfach steht hier nicht die besondere Sachkunde, sondern die Ermittlungstätigkeit im Vordergrund. Es handelt sich nicht um ein Parteiverfahren, sondern um Amtsermittlungen. Im Rahmen der §§ 402 ff ZPO ist deshalb den Besonderheiten des Insolvenzeröffnungsverfahrens Rechnung zu tragen. Da der Gutachter in der Regel später zum Verwalter bestellt wird, muss ihm das Recht zugestanden werden, zumindest im Insolvenzeröffnungsverfahren den **Gutachterauftrag abzulehnen.** Einer Anwendung des § 408 Abs 1 ZPO bedarf es nicht. Wie für den Insolvenzverwalter (§ 56) gilt auch für den Sachverständigen, dass er nicht nur geeignet ist, sondern zugleich auch von den Gläubigern und dem Schuldner unabhängig sein muss. Dies nicht zuletzt auch deswegen, weil der vom Gericht bestellte Sachverständige (Gutachter) oftmals gleichzeitig oder später zum vorläufigen oder endgültigen Verwalter bestellt wird. Schon die Zulässigkeit eines Nebeneinanders von Gutachterbestellung und vorläufiger Insolvenzverwaltung zwingt zu strengen Anforderungen an die Person des Sachverständigen. Der Sachverständige ist gegenüber Dritten nicht zur Auskunft verpflichtet. Auch dem Antragsteller gegenüber ist der Sachverständige weder zur **Auskunft** noch zur Vorabmitteilung des Ergebnisses seiner gutachtlichen Feststellungen verpflichtet. Ein Sachverständiger kann aus denselben Gründen, die zur Ablehnung eines Richters berechtigen, **abgelehnt** werden (§§ 4 InsO, 406 Abs 1 S 1 ZPO; **OLG** Köln ZIP 1990, 58 = Rpfleger 1990, 80; **AG** Köln InVo 1999, 141; MüKo-*Ganter* § 5 Rn 34; *Jaeger/Gerhardt* § 5 Rn 14; aA **AG** Göttingen ZInsO 2000, 347; **AG** Frankfurt ZInsO 2006, 107; FK-*Schmerbach* § 5 Rn 43). Die **Besorgnis der Befangenheit** ist schon dann gegeben, wenn der Gutachter im Vorfeld der gutachtlichen Tätigkeit für das Schuldnerunternehmen oder für einen Gläubiger gegenüber dem Schuldnerunternehmen tätig geworden ist. **Kein Ablehnungsgrund** ist, dass der Sachverständige in einem früheren, den Schuldner oder das Schuldnerunternehmen betreffenden Insolvenzeröffnungsverfahren oder eröffneten Verfahren tätig geworden ist. **Kein Ablehnungsrecht** steht im Eröffnungsverfahren den Gläubigern zu, da diese noch keine Verfahrensbeteiligten sind (*Bollig* KTS 1990, 603, 604). Die **Mitwirkungspflichten des Schuldners** und seiner organschaftlichen Vertreter greifen gegenüber dem Sachverständigen nicht ein. Die Vorschriften der §§ 20 S 2, 22 Abs 3 S 3 betreffen Auskunftspflichten gegenüber dem Insolvenzgericht und dem vorläufigen Insolvenzverwalter. Der Gutachter darf auch nicht die Wohn- und Geschäftsräume des Schuldners gegen dessen Willen betreten. Die Insolvenzordnung räumt ihm keine Sonderrechte ein. Eine vom Insolvenzgericht analog §§ 21 Abs 1, 22 Abs 3 erteilte Ermächtigung ist rechtswidrig (**BGH** NJW 2004, 2015). Der Sachverständige darf Auskunftspersonen nicht von gesetzlichen Verschwiegenheitspflichten befreien (**LG** Göttingen ZVI 2002, 466). Auch die Hausbank des Schuldners ist ohne entsprechende gerichtliche Anordnung nicht zu Auskünften gegenüber dem Sachverständigen verpflichtet (**str aA** *Wessel* Der Sachverständige S 89 f; *ders* DZWIR 1999, 230, 233). Auskünfte von Banken, dem Finanzamt oder der Staatsanwaltschaft kann der Sachverständige nur mit Zustimmung des Schuldners verlangen. Eine **Ausnahme** gilt nur in den Fällen, in denen der vorläufige Insolvenzverwalter die Verwaltungs- und Verfügungsbefugnis über das Schuldnervermögen hat und gleichzeitig zum Gutachter bestellt worden ist. Insoweit tritt der vorläufige Verwalter und Gutachter in die Rechtsposition des Schuldners ein und erwirbt damit jedenfalls im Hinblick auf seine Aufgabenstellung alle Rechte des Schuldners. Auskünfte an einen Gutachter, der gleichzeitig „starker "vorläufiger Verwalter ist, verletzen weder das **Bankgeheimnis** noch das **Steuergeheimnis** (§ 30 AO). Da der „starke" vorläufige Insolvenzverwalter zugleich Vertreter iSv § 34 Abs 3 AO ist und die steuerlichen Pflichten des Schuldners zu erfüllen hat, ist die Finanzbehörde berechtigt, ihm alle Auskünfte über Verhältnisse des Schuldners zu erteilen, die er zur Erfüllung der steuerlichen Pflichten benötigt (vgl auch **OFD** Frankfurt/M., Rdvfg. v 29. 3. 1999, S 0130 A – 115 – St II 42, DStR 1999, 938). Zwangsbefugnisse gegenüber dem Schuldner oder Dritten stehen dem Sachverständigen nicht zu (*Jaeger/Gerhardt* § 5 Rn 15; MüKo-*Ganter* § 5 Rn 36).

13

d) Aufgaben. Da die Amtsermittlungspflichten des Gerichts grundsätzlich für das gesamte gerichtliche Verfahren einschließlich des Beschwerdeverfahrens eingreifen, kommt auch die Bestellung eines Sachverständigen (Gutachters) in jedem Verfahrensabschnitt in Betracht (*Wessel*, Der Sachverständige, 1993). So zB vor Eröffnung, bei Einstellung und Aufhebung des Verfahrens, bei Erlass von Sicherungsmaßnahmen nach § 21, bei Bestellung und Entlassung des Verwalters und von Mitgliedern des Gläubigerausschusses sowie bei Anordnung und Aufhebung der Eigenverwaltung. Auch die Vorprüfung eines

14

Insolvenzplans (§ 231), die Überwachung des Insolvenzverwalters (§ 58) sowie die Prüfung der Rechnungslegung des Insolvenzverwalters oder Treuhänders machen oftmals die Einschaltung eines Sachverständigen notwendig. Hat der antragstellende Gläubiger oder Schuldner die Verfahrensart nicht bezeichnet, sondern nur **Antrag auf Eröffnung eines Insolvenzverfahrens** gestellt, so hat das Gericht vor Antragszulassung bereits im Bereich der Zuständigkeitsprüfung Amtsermittlungen nach § 5 anzustellen, wenn unklar ist, ob ein Regel- oder Verbraucherinsolvenzverfahren in Betracht kommt. Hierzu kann es einen Gutachter bestellen, der in diesen Fällen zu prüfen hat, ob die Voraussetzungen des § 304 vorliegen. Allerdings greifen die Vorschriften der §§ 20, 97, 98, 101 Abs 1 S 2, 2, Abs 2 für dieses Verfahrensstadium noch nicht ein. Erst wenn der Gläubigerantrag zugelassen worden ist, ist das Gericht berechtigt, vom Schuldner oder seinen Vertretern gem § 20 S 1 die zur Entscheidung über den Antrag erforderlichen Angaben zu verlangen. Hier zeigt sich, dass sich die Rechtsstellung des Sachverständigen im Insolvenzverfahren nicht generell feststellen lässt. Vielmehr ist im Einzelfall auf die Verfahrensart und den Verfahrensstand abzustellen. Im Regelfall besteht die Aufgabe des Sachverständigen darin, das Vorliegen eines Insolvenzgrundes beim Schuldner und die Massekostendeckung zu prüfen (vgl *Braun/ Uhlenbruck* Unternehmensinsolvenz S 242 ff). Hat der Schuldner bzw das Schuldnerunternehmen Eigenantrag (§ 270) wegen drohender Zahlungsunfähigkeit (§ 18) gestellt, so obliegt dem Gericht und damit auch dem Sachverständigen die Pflicht zur Feststellung, ob der Eröffnungsgrund vorliegt. Da nach § 16 die Eröffnung eines Insolvenzverfahrens zwingend voraussetzt, dass ein **Eröffnungsgrund** gegeben ist, hat der Sachverständige seine Ermittlungen auch auf den Eröffnungsgrund der drohenden Zahlungsunfähigkeit zu erstrecken (zutreffend *Wessel* DZWIR 1999, 230, 232; str aA *Rendels* NZG 1998, 841). Vor allem bei Anträgen auf Eigenverwaltung kann auf die Feststellung des Insolvenzgrundes schon deswegen nicht verzichtet werden, weil Schuldner bzw Schuldnerunternehmen oftmals Antrag wegen drohender Zahlungsunfähigkeit stellen, obgleich der Insolvenzgrund der Überschuldung längst vorgelegen hat. In diesen Fällen dient die gutachtliche Feststellung zugleich auch der Ermittlung von Schadenersatzansprüchen gegen organschaftliche Vertreter einer antragspflichtigen Gesellschaft wegen Insolvenzverschleppung. Nachdrücklich ist jedoch darauf hinzuweisen, dass die **Befugnisse des Sachverständigen vor Zulassung des Insolvenzantrags** keineswegs mit den Befugnissen nach Antragszulassung identisch sind. Deshalb empfiehlt es sich, im gerichtlichen Beschluss die Aufgaben des Sachverständigen exakt festzulegen. Gegen den Willen des Schuldners oder anderer Insolvenzbeteiligter kann der Sachverständige Auskünfte oder Mitwirkungspflichten nicht erzwingen. Ist es dem Sachverständigen nicht möglich, seinen Auftrag wegen der mangelnden Mitwirkung zu erfüllen, muss das Gericht einen vorläufigen Insolvenzverwalter bestellen, der die Auskunftspflichten mit Zwangsmitteln durchsetzen kann (MüKo-*Ganter* § 5 Rn 36 a; *Jaeger/Gerhardt* § 5 Rn 15). Nach § 4 InsO, §§ 144 Abs 1, 404 a ZPO bestimmt das Gericht im Anordnungsbeschluss die Aufgaben des Gutachters. Diese können sich auch auf das Vorliegen einer drohenden Zahlungsunfähigkeit und auf die Aussichten für eine Fortführung des Schuldnerunternehmens erstrecken. Hat der Schuldner mit der Antragstellung einen Insolvenzplan als „prepackaged plan" vorgelegt, so ist das Gericht berechtigt, den Gutachterauftrag auf die **Prüfung des Insolvenzplans** auszudehnen. Hat der Schuldner **Antrag auf Eigenverwaltung** (§§ 270 ff) gestellt, erfasst der Gutachterauftrag im Zweifel auch die tatsächlichen und rechtlichen Voraussetzungen für die Anordnung einer Eigenverwaltung. Der Sachverständige (Gutachter) hat eine vom Gericht bejahte Zulässigkeit des Verfahrens nicht erneut zu überprüfen. Stellt er jedoch Tatsachen fest, die Zweifel an der Zulässigkeit des Insolvenzantrags aufkommen lassen, hat er dies dem Gericht unverzüglich mitzuteilen. Im Übrigen darf er sich darauf verlassen, dass er als „verlängerter Arm des Gerichts" im Rahmen der Amtsermittlungen rechtmäßig handelt. Wie und auf welche Weise er im Einzelfall die Feststellungen trifft, ist seinem pflichtgemäßen Ermessen überlassen. Er ist berechtigt, Besichtigungen vorzunehmen, Urkunden, Pläne und Karteien einzusehen sowie Personen zu befragen (*Bollig* KTS 1990, 599, 607). Verweigern sie jedoch die freiwillige Mitwirkung hat er keine Möglichkeit zur zwangsweisen Durchsetzung. **Besondere Pflichten** erwachsen dem Sachverständigen, wenn er **gleichzeitig als vorläufiger Insolvenzverwalter** bestellt worden ist. Hier deckt sich oftmals die Sachverständigenaufgabe mit den Pflichten des vorläufigen Insolvenzverwalters. So hat der vorläufige Insolvenzverwalter mit Verwaltungs- und Verfügungsbefugnis nach § 22 Abs 1 S 2 Nr 3 zu prüfen, ob das Vermögen des Schuldners die Kosten des Verfahrens decken wird. Diese Aufgabe obliegt ihm auch, wenn das Gericht ihn als Sachverständigen mit der Prüfung betraut, ob ein Eröffnungsgrund vorliegt und welche Fortführungsaussichten bestehen (vgl auch AG Neuruppin DZWIR 1999, 107 f; *Smid* DZWIR 1999, 104, 106). Die Überlappung der Aufgaben in § 22 Abs 1 S 2 Nr 3 ist vom Gesetzgeber aus Kostengründen zugelassen worden, weil in den Fällen der Masselosigkeit der vorläufige Verwalter keine Vergütung aus der Staatskasse erhält (Einzelheiten bei *Pohlmann*, Befugnisse und Funktionen des vorläufigen Insolvenzverwalters, Rn 180–186; Einzelheiten in der Kommentierung zu § 22). Ist eine Tätigkeit des Sachverständigen durch den gerichtlichen Beschluss nicht mehr gedeckt, hat der Gutachter bei Gericht eine Ergänzung des Beschlusses anzuregen. Von sich aus ist er nicht befugt, seinen Aufgabenbereich selbständig zu erweitern, auch wenn er eine dringende Notwendigkeit hierzu sieht.

15 e) **Befugnisse.** Umstritten ist die Frage, ob und in welchem Umfang **Auskunftspflichten der Kreditinstitute** gegenüber dem Sachverständigen im Insolvenzeröffnungsverfahren bestehen (vgl *Vallender* FS

VI. Einzelne gerichtliche Ermittlungsmaßnahmen § 5

Uhlenbruck S 33 ff; *Huber* ZInsO 2001, 289 ff). Vielfach bestehen Zweifel an der Richtigkeit der Auskünfte des Schuldners, so dass es der Auskunftserteilung durch Kreditinstitute, vor allem der Hausbank des Schuldners bedarf. Die InsO enthält keine gesetzliche Regelung hinsichtlich eines allgemeinen Auskunftsanspruchs des Sachverständigen. Nach Auffassung von *Wessel* (Der Sachverständige S 91) steht dem Sachverständigen gegenüber dem Kreditinstitut auch im Fall der Weigerung des Kunden ein Anspruch auf Auskunft über die dort unterhaltenen Vermögenswerte des Schuldners zu (**einschränkend** MüKoInsO-*Ganter* § 5 Rn 36; offen lassend **AG Köln** ZInsO 1999, 361 = InVo 1999, 141, 143). Dieser Auffassung hat *Vallender* (FS *Uhlenbruck* S 133, 137 ff) widersprochen mit der überzeugenden Begründung, eine Erweiterung der Aufgaben des Sachverständigen könne mangels gesetzlicher Grundlage auch nicht im Beweisbeschluss des Insolvenzgerichts durch Zubilligung von Auskunftsansprüchen, Einsichtsrechten und Befugnissen zum Betreten von Geschäftsräumen erreicht werden (vgl auch **BGH** NZI 2004, 312 = ZIP 2004, 915, wonach der Sachverständige die Räume des Schuldners gegen dessen Willen nicht betreten darf; anders *Wessel* DZWIR 1999, 230, 232). Zutreffend weist *Huber* (ZInsO 2001, 289, 290) darauf hin, dass der Sachverständige allein durch seine Beauftragung nicht zum **Träger des Bankgeheimnisses** wird. Demgemäß hat er kein eigenes Recht, vom Kreditinstitut des Insolvenzschuldners irgendwelche Auskünfte über die Geschäftsbeziehungen zu erlangen (so auch *Bollig* KTS 1990, 599, 610). Die **zeugenschaftliche Vernehmung von Mitarbeitern des Kreditinstituts** durch das Insolvenzgericht bringt idR wenig, da diesen wegen des Bankgeheimnisses ein Zeugnisverweigerungsrecht nach den §§ 383 Abs 1 Nr 6, 384 Nr 3 ZPO zusteht (*Huber* ZInsO 2001, 289, 291; *Vallender* FS *Uhlenbruck* S 133, 138 f). Die Frage, ob das Insolvenzgericht die **Befreiung der Bank von dem Bankgeheimnis** mit den Mitteln des § 20 S 2 iVm § 97 Abs 2 erzwingen kann, wird von einem Teil der Literatur abgelehnt (so zB *Pohlmann*, Befugnisse Rn 205; *Vallender* FS *Uhlenbruck* S 133, 140; anders *Uhlenbruck* ZInsO 1999, 493 ff).

f) **Form und Inhalt des Gutachtens.** Das Gutachten ist in aller Regel **schriftlich** abzufassen (§ 411 Abs 1 S 1 ZPO; *Holzer*, Entscheidungsträger Rn 297). Dies vor allem in den Fällen, in denen zB im Eröffnungsverfahren der Insolvenzgrund vom Schuldner bestritten wird. Der Schuldner oder ein Antragsteller muss Gelegenheit haben, zum Gutachten Stellung zu nehmen. Nur in Ausnahmefällen wird man es für zulässig halten können, dass der Sachverständige dem Richter oder der Richterin die wesentlichen Ergebnisse des Gutachtens **mündlich** oder **telefonisch** vorträgt. Das Gutachten sollte dann aber in schriftlicher Fassung unverzüglich nachgereicht werden (*Holzer*, Entscheidungsträger Rn 297). Der **Umfang des Gutachtens** richtet sich grundsätzlich nach der Bedeutung des jeweiligen Insolvenzfalles. Handelt es sich um ein Nachlassinsolvenzverfahren mit geringfügiger Insolvenzmasse, sind eingehende Ausführungen zu den Ursachen der Insolvenz verzichtbar. Hat dagegen der Schuldner im Eröffnungsverfahren das Vorliegen der Zahlungsunfähigkeit oder Überschuldung bestritten, hat sich der Sachverständige (Gutachter) eingehend mit dem Insolvenzgrund auseinander zu setzen. Die Kenntnis von Kriterien, die die Rechtsprechung für den Begriff der Zahlungsunfähigkeit und Überschuldung aufgestellt hat, ist dabei unverzichtbar (vgl *Uhlenbruck*, Die GmbH & Co KG in Krise, Konkurs und Vergleich, 2. Aufl 1988, S 275 ff; *Fischer*, Die Überschuldungsbilanz; *Lütkemeyer*, Die Überschuldung der GmbH – Ein Beitrag zur Frage der Unternehmensbewertung; *Vonnemann*, Die Feststellung der Überschuldung, 1989). Der **Inhalt des Gutachtens** orientiert sich an dem jeweiligen Gutachterauftrag. Das Gutachten hat nicht nur zu den **Ursachen der Insolvenz** oder zur **Massekostendeckung** Stellung zu nehmen, sondern auch zu **Haftungslagen** und möglichen **Anfechtungstatbeständen** (§§ 129 ff). Bei einer GmbH ist Stellung zu nehmen, ob die Gesellschafter die Stammeinlagen eingezahlt haben. In der Praxis wird vielfach über **vorschnelle Abweisungsempfehlungen** mangels Masse geklagt (H/W/F Hdb 3/162). Im Regelfall kann der Gutachter nicht darauf verzichten, einen **Vermögensstatus** (Insolvenzstatus) aufzustellen. Die Stellungnahme zu den **Fortführungsaussichten** des schuldnerischen Unternehmens (§ 22 Abs 1 S 2 Nr 3 Hs 2) stellt besondere Anforderungen an den Sachverständigen. Dies gilt insbesondere, wenn der Schuldner ein Sanierungskonzept als „prepackaged plan" vorgelegt hat. In diesen Fällen hat sich die **Sanierungsprüfung** an den „Anforderungen an Sanierungskonzepte" zu orientieren, die der *Arbeitskreis* „Sanierung und Insolvenz" (AKS I) des Instituts der Wirtschaftsprüfer (IDW) 1990/91 erarbeitet hat (vgl hierzu *Dörner* WP-Hdb 1992, Bd II S 221 ff; *Braun/Uhlenbruck*, Unternehmensinsolvenz S 243 ff; *P. F. Groß* WPK-Mitt, Sonderheft 1997, S 61 ff). Vgl auch *Picot/Aleth*, Finanzierung, Restrukturierung und Sanierung, München 1999; *Picot*, Unternehmenskauf und Restrukturierung, 2. Aufl 1999, S 346 ff. Zur Feststellung des Insolvenzgrundes bei der GmbH s *K. Schmidt/Uhlenbruck*, S 326 ff. Handelt es sich um masseармes oder masseloses Verfahren, hat der vorläufige Insolvenzverwalter als Gutachter darauf zu achten, dass auch der **gesetzliche Gutachterauftrag** als gerichtlicher Gutachterauftrag erteilt wird, wie zB die Prüfung der Massekostendeckung. Nur auf diese Weise ist gewährleistet, dass der vorläufige Insolvenzverwalter wenigstens für die gutachtliche Tätigkeit nach dem JVEG honoriert wird. Der **Inhalt des Sachverständigengutachtens** ist vom Gesetz nicht vorgeschrieben. Er darf Umfang und Qualität seines Gutachtens nicht von den entstehenden Kosten abhängig machen. Wie sich der Sachverständige die notwendigen Kenntnisse für die Gutachtenerstellung verschafft, ist seinem Ermessen überlassen. Ist zur Frage der Überschuldung Stellung zu nehmen, kann auf die Vorlage eines Überschuldungsstatus nicht verzichtet werden. Zur Prüfung der Massekostendeckung gehört auch die Feststellung nicht bilanzierter Aktivposten, wie zB die Feststellung von Anfechtungslagen nach §§ 129 ff (*Wessel* DZWIR 1999, 230, 234). Ansprüche wegen Rückforderung eigenkapitalersetzender Gesellschafterdarlehen oder Sicherheiten nach den §§ 32 a, 32 b GmbHG sind als nachrangige Forderungen (§ 39) auszuweisen. Das gilt jedenfalls für Altfälle, d. h. für Insolvenzverfahren, die vor dem 1. 11. 2008 eröffnet wurden. Durch das MoMiG v 23. 10. 2008 (BGBl I, 2026) wurden die bisherigen §§ 32 a, 32 b GmbHG gestrichen. Ihr Regelungsgehalt wurde (teilweise gleich lautend) in das Insolvenzrecht verlagert (§§ 39 Abs 1 Nr 5, Abs 4 u 5, 44 a, 135, 143 InsO nF; §§ 6, 6 a AnfG nF). Ansprüche auf Einzahlung rückständiger Stammeinlagen von Gesellschaftern sind ebenso zu ermitteln wie Haftungsansprüche der organschaftlichen Vertreter nach den §§ 64 Abs 2, 43 Abs 2, 3 GmbHG. Bei **kapitalersetzenden Gesellschafterdarlehen** sind Rangrücktrittserklärungen der Gesellschafter zu berücksichtigen, wobei eine Auseinandersetzung mit der Streitfrage, in welchen Fällen solche Ansprüche im Überschuldungsstatus zu passivieren sind, unverzichtbar ist. Vgl hierzu *K. Schmidt/Uhlenbruck,* Rn 611 ff; *Niesert* InVo 1998, 242; *Bormann* InVo 1999, 105; *Beintmann,* Eigenkapitalersetzende Gesellschafterdarlehen im Überschuldungsstatus, Diss Bielefeld 1998; KS-*Müller/Haas* S 1799, 1815 Rn 40 ff; *Teller*, Rangrücktrittsvereinbarungen zur Vermeidung einer Überschuldung, 2. Aufl; *K. Schmidt* GmbHR 1999, 9 ff; *Holzapfel* InVo 1999, 1 ff; *Braun/Uhlenbruck*, Unternehmensinsolvenz S 297 f; *Beck/Depré/Beck* Hdb § 5 Rn 149–151.

17 **g) Einsatz von Hilfskräften.** Seit vielen Jahren kann es in der Rechtsprechung als gesichert gelten, dass der Gutachter sein Gutachten **persönlich zu erstatten** hat (vgl **BVerwG** NJW 1969, 1591; **OLG Hamm** DB 1968, 1903; **BSozG** VersR 1990, 992). Gem § 4 InsO, 407 a Abs 2 S 1 ZPO ist der Sachverständige nicht befugt, den Auftrag auf einen anderen zu übertragen. Soweit er sich der Mitarbeit anderer Personen bedient, hat er diese namhaft zu machen und den Umfang ihrer Tätigkeit anzugeben, falls es sich nicht um Hilfsdienste von untergeordneter Bedeutung handelt (§§ 4 InsO, 407 a Abs 2 S 2 ZPO). In der Praxis der Insolvenzgerichte werden häufig vor allem in kleineren Verfahren die gutachtlichen Feststellungen vom Sachverständigen auf Mitarbeiter übertragen. Der gerichtlich bestellte Gutachter beschränkt sich dabei nur noch auf Überwachungs- und Leitungsfunktionen, während die Mitarbeiter vor Ort tätig sind und den Schuldner befragen und Informationen sammeln. Bis zur Regelung in § 407 a Abs 2 ZPO galt im Insolvenzverfahren der „**Grundsatz der Höchstpersönlichkeit**" (*Bollig* KTS 1990, 599, 607; *Holzer*, Entscheidungsträger Rn 308). Trotzdem wurde die Einschaltung von Hilfskräften von den Gerichten hingenommen, solange die Kontrolle des Gutachters gewährleistet war. Schon längst war es im arztrechtlichen Bereich als zulässig angesehen worden, dass der gerichtlich bestellte Sachverständige bei der Vorbereitung und Abfassung eines schriftlichen Gutachtens wissenschaftliche Mitarbeiter und sonstige geeignete Hilfskräfte insoweit zu seiner Unterstützung heranziehen durfte, als seine **persönliche Verantwortung** für das Gutachten insgesamt uneingeschränkt gewahrt blieb. Es musste erkennbar sein, dass der Sachverständige die ihm obliegende **volle Verantwortung** für das Gutachten übernahm und dazu nach eigenem Kenntnisstand auch in der Lage war (**BVerwG** NJW 1984, 2645 ff; **BSozG** NJW 1985, 1422; *Bleutge* NJW 1985, 1185 ff; *Schlund* bei *Laufs/Uhlenbruck,* Handbuch des Arztrechts, 2. Aufl 1999, § 122 Rn 18). Entsprechendes gilt auch für das Insolvenzverfahren. § 407 a Abs 2 S 2 ZPO unterscheidet zwischen der **Mitarbeit anderer Personen**, die namhaft zu machen sind, und **Hilfsdiensten von untergeordneter Bedeutung**. Die Vorschrift überlässt es dem Sachverständigen, die Unterscheidung zwischen anzeigepflichtigen wesentlichen und nicht anzeigepflichtigen unwesentlichen Mitarbeiten Dritter am Gutachten vorzunehmen. Hat der vom Gericht bestellte Gutachter die Geschäftsräume des Schuldnerunternehmens nicht betreten und Mitarbeitern die Feststellungen vor Ort überlassen, sollte er dies im Zweifel dem Gericht anzeigen (vgl auch *Bollig* KTS 1990, 599, 608). Vielfach sind die Werte des Anlage- und Umlaufvermögens eines schuldnerischen Unternehmens vom Sachverständigen zu ermitteln. Handelt es sich um Spezialprobleme, wie zB um die Bewertung kontaminierter Grundstücke, so hat er dem Gericht Mitteilung zu machen, dass ihm selbst insoweit die erforderliche Sachkunde fehlt. Gestattet das Gericht insoweit die Zuziehung eines Spezialisten, kann der Sachverständige dessen Kosten als eigene Auslagen nach § 12 Abs 1 Nr 1 JVEG geltend machen (*Rendels* NZG 1998, 841, 844; *H/W/F* Hdb 3/166 ff; *Wessel* DZWIR 1999, 230, 234).

18 **h) Vergütung.** Nach § 17 Abs 3 GKG kann vom Antragsteller für das Eröffnungsverfahren zwar **Auslagenvorschuss** eingefordert werden; unzulässig wäre es aber, die amtlichen Ermittlungen von der Einzahlung eines solchen Kostenvorschusses abhängig zu machen (**BGH** MDR 1976, 396; MüKo-*Ganter* § 5 Rn 59; HK-*Kirchhof* § 5 Rn 21; FK-*Schmerbach* § 5 Rn 19; *H. Schmidt* KTS 1984, 201, 202). Es ist zu unterscheiden zwischen der Pflicht des Insolvenzgerichts, für eine rechtzeitige Kostendeckung zu sorgen (interne Dienstverpflichtung), und der verfahrensrechtlichen Pflicht, unabhängig von der Vorschusszahlung alle das Verfahren betreffenden Ermittlungen anzustellen. Die **Vergütung des Sachverständigen** bestimmt sich nach dem Justizvergütungs- und entschädigungsgesetz (JVEG) vom 5. 5. 2004 (BGBl I S 718). Nach § 9 Abs 2 JVEG beträgt das Honorar des Sachverständigen im Fall des § 22 Abs 1 S 2 Nr 3 InsO für jede Stunde 65,– EUR. Erfasst ist damit nur der – seltene – Fall, dass der Sachverständige im Eröffnungsverfahren zugleich als „starker" vorläufiger Verwalter eingesetzt ist (*Ley* ZIP 2004, 1391; FK-*Schmerbach* § 22 Rn 52). Die Tätigkeit des Sachverständigen, der nicht zugleich als „starker" vorläufiger Verwalter bestimmt ist, wird nach § 9Abs 1 JVEG vergütet. Der Stundensatz be-

VI. Einzelne gerichtliche Ermittlungsmaßnahmen § 5

trägt zwischen 50,00 EUR und höchstens 85,00 EUR. Die Gerichte setzen die Vergütung nicht einheitlich fest. Den Satz von 65,00 EUR wählen in Anlehnung an § 9Abs 2 JVEG zB das **OLG Bamberg** (NZI 2005, 266 = ZInsO 2005, 202), das **LG Mönchengladbach** (ZIP 2005, 410), das **AG Kleve** (ZIP 2005, 228), das **AG Hamburg** (ZInsO 2004, 1141 = NZI 2004, 677). Nach der Entscheidung des BVerfG v 29. 11. 2005 (NZI 2006, 93 = ZInsO 2006, 83 – vorangegangen war ein Beschluss des OLG Frankfurt vom 5. 9. 2005, NJW-RR 206, 49) sind 65,00 EUR nicht zu beanstanden. Von 80,00 EUR Stundensatz gehen aus das **OLG München** (ZIP 2005, 1329 = NZI 2005, 505), das **LG Aschaffenburg** (ZVI 2006, 676), **OLG Koblenz** (NZI 2006, 180 = ZInsO 2006, 31), **OLG Frankfurt** (ZIP 2006, 676), **AG Wolfsburg** (ZInsO 2006, 764), **LG Mönchengladbach** (NZI 2008, 112 = ZInsO 2007, 1044). Vergütung und Auslagen werden durch gerichtlichen Beschluss festgesetzt (§ 4 Abs 1 ZSEG). Gegen den Beschluss ist die **sofortige Beschwerde** zulässig, wenn der Wert des Beschwerdegegenstandes 200 Euro übersteigt (§ 16 Abs 2 S 1 JVEG). Der Ersatz von Aufwendungen ist in § 12 JVEG geregelt. Die **Schreibarbeiten einer Hilfskraft** sind in der Regel mit dem Stundensatz abgegolten. Bei der **Benutzung von Kraftfahrzeugen** erhält der Sachverständige **0,30 Euro** (§ 5 JVEG). Die Umsatzsteuer ist mit 19% zu berücksichtigen Rechtlich unbedenklich dürfte es sein, entstehende Gutachterkosten auf **verschiedene Eröffnungsverfahren aufzuteilen**, wenn mehrere Insolvenzanträge gegen denselben Schuldner anhängig sind (vgl auch LG Duisburg Rpfleger 1990, 434; MüKoInsO-*Ganter* § 5 Rn 39; *K/U* § 75 KO Rn 1 e). Allerdings setzt die Aufteilung voraus, dass in jedem Verfahren die Gutachterbestellung erfolgt ist. Unzweckmäßig dürfte es sein, nur in einem „führenden Verfahren" den Gutachter zu bestellen und den Antragsteller für den Fall der Abweisung mangels Masse mit den gesamten Gutachterkosten zu belasten.

i) **Haftung.** Die Haftung des Sachverständigen im Insolvenzeröffnungsverfahren war heftig umstritten. Durch das am 1. 8. 2002 in Kraft getretene Zweite Schadensersatzrechtsänderungsgesetz ist die Sachverständigenhaftung in § 839a BGB gesetzlich geregelt. Danach ist ein gerichtlicher Sachverständiger zum Schadensersatz verpflichtet, wenn er vorsätzlich oder grob fahrlässig ein unrichtiges Gutachten erstattet und eine darauf beruhende gerichtliche Entscheidung einem der Verfahrensbeteiligten Schaden zufügt. Gem §§ 839a Abs 2, 839 Abs 3 BGB tritt jedoch die Ersatzpflicht nicht ein, wenn es der Geschädigte schuldhaft unterlassen hat, den Schaden durch Einlegung eines Rechtsmittels abzuwenden. 19

2. Vernehmung des Schuldners, der organschaftlichen Vertreter und von Zeugen. Der Schuldner oder die Vertreter eines Schuldnerunternehmens sind **Partei**, sodass sie im Insolvenzverfahren nicht als Zeugen vernommen werden können (HK-*Kirchhof* § 5 Rn 11; MüKo-*Ganter* § 5 Rn 40; *Hess* § 5 Rn 31). Die frühere Streitfrage, ob der Schuldner vor allem im Rahmen des Insolvenzeröffnungsverfahrens ein **Zeugnisverweigerungsrecht** hat, soweit es strafbare Handlungen betrifft (vgl BVerfG NJW 1981, 1431 = ZIP 1981, 361 = KTS 1981, 405), und in welchem Umfang solche Aussagen im Strafverfahren verwertet werden können, ist durch die Regelung in § 20 erledigt. Die Vernehmung des Schuldners und seiner organschaftlichen Vertreter erfolgt nach §§ 20, 97, 98, 101 Abs 1 S 1, 2, Abs 2 InsO, so dass die Vorschriften der §§ 445 ff ZPO keine Anwendung finden (MüKo-*Ganter* § Rn:40; FK-*Schmerbach* § 5 Rn.9). Nach § 20 S 2 besteht die **Auskunftspflicht gegenüber dem Insolvenzgericht** und gem § 22 Abs 3 S 3 gegenüber dem **vorläufigen Insolvenzverwalter** mit der Folge, dass der gerichtlich bestellte Gutachter, der nicht gleichzeitig vorläufiger Insolvenzverwalter ist, immer das Insolvenzgericht einzuschalten hat. Da § 22 Abs 3 S 3 weder entsprechend auf den Gutachter anwendbar ist noch sich entspr § 20 die Auskunftspflicht auf den „verlängerten Arm des Gerichts" erstreckt, besteht die unbeschränkte Auskunfts-, Mitwirkungs- und Gestattungspflicht des Schuldners nicht gegenüber dem Gutachter. Vgl. auch die Kommentierung zu §§ 20 u 22. Dagegen hat der Schuldner bzw haben die organschaftlichen Vertreter eines Schuldnerunternehmens gem §§ 20, 97 Abs 1 auch **gegenüber dem Gericht strafbare Handlungen zu offenbaren** (*Uhlenbruck* KTS 1997, 371, 385). Die **unbeschränkte Auskunftspflicht** ist als öffentlich-rechtliche Verpflichtung unmittelbarer Ausfluss des Amtsermittlungsgrundsatzes. Die Durchsetzung erfolgt mit den Mitteln des § 98 InsO. Lediglich für die Anordnung von Haft gelten die §§ 904–910, 913 ZPO entsprechend (§ 98 Abs 3 S 1). Sind Anhaltspunkte erkennbar, dass sich der Schuldner oder ein organschaftlicher Vertreter den Amtsermittlungen zu entziehen sucht, oder besteht Fluchtgefahr, so kann das Gericht **zwangsweise Vorführung** anordnen oder den Verpflichteten in **Haft** nehmen lassen. Die Verletzung der Auskunftspflicht ist **strafbar**, wenn der Schuldner hierdurch zB Vermögensbestandteile verheimlicht oder beiseite schafft (§ 283 Abs 1 Nr 1 StGB). Nach § 5 Abs 1 S 2 kann das Gericht im Rahmen der Amtsermittlungen **Zeugen vernehmen**. Auf die Zeugenvernehmung finden die Vorschriften der §§ 373 ff ZPO über § 4 InsO entsprechende Anwendung. Als Zeugen kommen vor allem die beim Schuldner oder Schuldnerunternehmen beschäftigten Mitarbeiter in Betracht. Ist der Schuldner eine natürliche Person sind die Angestellten zur Aussage verpflichtet, ungeachtet ob bzw. seit wann ihre Tätigkeit für den Schuldner beendet ist (MüKo-*Ganter* § 5 Rn 25). Ist der Schuldner keine natürliche Person gilt § 101 Abs 2, d. h. die früheren Angestellten sind nur dann zur Auskunft verpflichtet, wenn sie nicht früher als zwei Jahre vor dem Eröffnungsantrag aus dem Unternehmen des Schuldners ausgeschieden sind. Für Angestellte, frühere Angestellte und ausgeschiedene organschaftliche Vertreter gilt aber nicht die unbeschränkte Auskunftspflicht. Vielmehr steht diesen Zeugen ein **allgemeines Zeugnisverweigerungsrecht** nach den §§ 383 ff ZPO zu (FK-*Schmerbach* § 5 Rn 14). Auch 20 den **Angehörigen des Schuldners** steht gem §§ 383, 384 Nr 1 ZPO ein Zeugnisverweigerungsrecht zu, soweit nicht § 385 Abs 1 Nr 3 ZPO entgegensteht. Auch **andere Zeugen** können gem § 384 Nr 1 ZPO auf Fragen nach anfechtbarem Erwerb das Zeugnis verweigern. Die Angestellte einer Bank hat dagegen kein Zeugnisverweigerungsrecht, wenn der Insolvenzverwalter (auch der vorläufige mit Verfügungsbefugnis) ihn von der Verschwiegenheitspflicht entbindet (LG Hamburg ZIP 1988, 590 = WM 1988, 1009). Ansonsten gilt das Bankgeheimnis (§ 383 Abs 1 Nr 6 ZPO; *Hess* § 5 Rn 27). Die Zeugnisverweigerungsrechte und Zwangsmittel für Zeugen richten sich nicht nach § 97 Abs 1 S 2, S 3, § 98, sondern bestimmen sich nach den §§ 380, 383–385 ZPO. Umstritten ist die **Entbindung der Zeugen von ihrer Schweigepflicht**. Im eröffneten Insolvenzverfahren ist der Insolvenzverwalter berechtigt, den Zeugen von der Pflicht zur Verschwiegenheit zu entbinden, wenn sich die Aussage auf die vermögensrechtliche Situation des Insolvenzschuldners bezieht (vgl § 383 Nr 6 ZPO; LG Hamburg ZInsO 2002, 289; FK-*Schmerbach* § 5 Rn 14). Während der Insolvenzverwalter also den Arzt des Schuldners nicht von seiner Verschwiegenheitspflicht zu entbinden vermag, ist er kraft seines Amtes befugt, den von ihm in einem gegen den Gesellschafter-Geschäftsführer der Schulder-GmbH geführten Masseprozess als Zeugen benannten ehemaligen **Steuerberater** des Schuldnerunternehmens **von seiner beruflichen Schweigepflicht zu entbinden** (OLG Düsseldorf ZIP 1993, 807; LG Hamburg ZIPO 1988, 590; LG Krefeld ZIP 1982, 861; LG Lübeck ZIP 1983, 711 m Anm *W. Hencke*; LG Hamburg ZInsO 2002, 289). Gleiches gilt für einen für den Schuldner oder das Schuldnerunternehmen früher tätig gewesenen **Rechtsanwalt, Wirtschaftsprüfer** oder **vBP** (OLG Düsseldorf ZIP 1993, 1807 = KTS 1994, 141; *Kilger/K. Schmidt* § 75 KO Anm 1 c; *Mohrbutter/Pape* X. 17; FK-*Schmerbach* § 5 Rn 14). Zu unterscheiden ist zwischen **Zivil- und Strafprozessen**. Im **Zivilprozess** erfolgt ebenso wie im Rahmen der Amtsermittlungen **im Insolvenzverfahren** die Entbindung von der Schweigepflicht durch den Insolvenzverwalter, wenn die Aufklärung von Tatsachen, über die der Zeuge vernommen werden soll, für die Insolvenzmasse oder für das Insolvenzverfahren von Bedeutung ist (RGZ 51, 85, 87; OLG Nürnberg LGZ 1977, 300; LG Krefeld ZIP 1982, 861; K/U § 6 KO Rn 30 e). Der Insolvenzverwalter kann vom früheren Rechtsanwalt des Schuldners oder Schuldnerunternehmens Auskunft, Rechenschaftslegung, Vorlegung und Herausgabe von Handakten in gleichem Umfang verlangen, in dem dies der Schuldner bzw das Schuldnerunternehmen ohne Insolvenzverfahren könnte (*Nassall* KTS 1988, 633 ff; aA OLG Koblenz NJW 1986, 3093; 1985, 2038; NStZ 1985, 426). Im Zivilprozess kommt es nicht darauf an, ob der Insolvenzverwalter den Prozess selbst führt. Eine **Gegenansicht** will im eröffneten Insolvenzverfahren **allein dem Schuldner und den organschaftlichen Vertretern** die Befugnis zur Befreiung von der Verschwiegenheitspflicht zusprechen (OLG Düsseldorf NJW 1958, 1152; *Robrecht* DB 1968, 473). Zutreffend der Hinweis von *W. Henckel* (ZIP 1983, 714), dass das persönliche Interesse der Geschäftsführer einer GmbH an einer Geheimhaltung nicht genügt, um die Vernehmung der Zeugen von ihrer Befreiungserklärung abhängig zu machen. Dieses Interesse ist in der Tat nicht schutzwürdig, wie auch die Regelungen in den §§ 97, 101 zeigen. Vgl. auch *G. Haas* Die Schweigepflicht eines für eine in Konkurs geratene GmbH tätig gewesenen Wirtschaftsprüfers, wistra 1983, 183; *Dahs* Die Entbindung des Rechtsanwalts von der Schweigepflicht im Konkurs der Handelsgesellschaft, FS *Kleinknecht* 1985, S 64 ff. Der BGH (ZIP 1990, 48, 52) meint zu Recht, dass mit dem Insolvenzverfahren (Konkurs) des Auftraggebers die Dispositionsbefugnis des „Geheimnisherrn", soweit das Mandat des Anwalts Angelegenheiten der Insolvenzmasse betroffen hat, auf den Insolvenzverwalter übergeht. Entgegen OLG Schleswig (ZIP 1983, 968) ist deshalb anzunehmen, dass mit der Eröffnung eines Insolvenzverfahrens das Recht, einen Zeugen von der Schweigepflicht zu entbinden, auf den Insolvenzverwalter übergeht, soweit die Insolvenzmasse oder das Verfahren betroffen ist (*Smid* § 5 Rn 16; MüKo-*Ganter* § 5 Rn 28). Dies gilt allerdings nicht uneingeschränkt für das **Insolvenzeröffnungsverfahren** (so aber FK-*Schmerbach* § 5 Rn 14). Nur soweit die Verwaltungs- und Verfügungsbefugnis auf den vorläufigen Insolvenzverwalter übergeht, wird man diesen als berechtigt ansehen müssen, einen Zeugen von der Verschwiegenheitspflicht zu entbinden. In den übrigen Fällen verbleibt dieses Recht im Eröffnungsverfahren beim Schuldner bzw Schuldnerunternehmen. Für den **Strafprozess** gelten andere Grundsätze (OLG Schleswig ZIP 1980, 527; LG Düsseldorf NJW 1958, 1152; K/U § 75 KO Rn 4 a). In einem Strafverfahren gegen den Schuldner oder den organschaftlichen Vertreter einer juristischen Person können Zeugen nur vom Schuldner oder früheren Geschäftsführern bzw Vorständen von der Schweigepflicht entbunden werden (OLG Koblenz NStZ 1985, 426; OLG Schleswig 1981, 294; *P. Schmitt* wistra 1993, 9 ff; *Mohrbutter/Pape* X. 17; K/U § 6 KO Rn 30 e; str aA LG Lübeck NJW 1978, 1014). Da die Aussage eines solchen Zeugen im Strafverfahren meist für die Insolvenzmasse nichts bringt und es ausschließlich um die Strafbarkeit von Verfahrensbeteiligten geht, ist der Verwalter insoweit nicht dispositionsbefugt. Im Rahmen eines **Nachlassinsolvenzverfahrens** geht grundsätzlich das Interesse an einer ordnungsgemäßen Verfahrensabwicklung den Geheimhaltungsinteressen nach dem Ableben des Versicherungsnehmers vor (LG Duisburg ZIP 1991, 1299; K/U § 75 KO Rn 4 a). Deshalb ist der Insolvenzverwalter berechtigt, von der Lebensversicherung des Erblassers Auskunft über die Bezugsrechte Dritter aus Lebensversicherungsverträgen zu verlangen.

21   **3. Auskünfte und sonstige Ermittlungen.** Im Rahmen der Amtsermittlungen kann das Gericht alle weiteren Beweismittel heranziehen, die für das Insolvenzverfahren von Bedeutung sind. Anfragen an

VII. Grenzen der Amtsermittlung § 5

das Vollstreckungsgericht oder das Registergericht sind geeignete Erkenntnisquellen. Im Nachlassinsolvenzverfahren sind die Nachlassakten beizuziehen. Dies gilt auch für **beschlagnahmte Unterlagen**, die sich bei der Staatsanwaltschaft befinden (FK-*Schmerbach* § 5 Rn 17 B; MüKo-*Ganter* § 5 Rn 48). Hat der Schuldner die Eidesstattliche Versicherung nach den §§ 807, 899 ff ZPO abgegeben, so wird regelmäßig das Protokoll, das nicht älter als ein Jahr ist, beizuziehen sein. Das Insolvenzgericht kann **Auskünfte** des zuständigen Gerichtsvollziehers und von Behörden einholen, Einsicht und Mitteilung von Akten (Prozess-, Vormundschafts-, Grundbuch-, Handelsregisterakten) verlangen, Gutachten von Handelskammern und anderen Standesvertretungen anfordern. Als **Urkunden** kommen auch Pfändungsprotokolle des zuständigen Gerichtsvollziehers in Betracht (FK-*Schmerbach* § 5 Rn 16). **Auskünfte der Sozialversicherungsträger** und des **Finanzamts** sind oft wichtige Hilfen. Ist der Auskunftsanspruch des gerichtlichen Sachverständigen gegenüber Kreditinstituten auch umstritten (*Wessel Der Sachverständige* S 89; *Bollig* KTS 1990, 599, 610; *K/U* § 75 KO Rn 1 c), dürften keine Bedenken bestehen, eine **unmittelbare Auskunftspflicht der Banken** gegenüber dem Insolvenzgericht zu bejahen, wenn der Schuldner bzw vorläufige Insolvenzverwalter mit Verfügungsbefugnis die Bank von der Verschwiegenheitspflicht befreit haben (FK-*Schmerbach* § 5 Rn 15). Dies gilt besonders, wenn das Gericht ein allgemeines Verfügungsverbot verhängt hat. Das Insolvenzgericht kann Auskünfte auch bei den zuständigen Arbeitsverwaltungen sowie bei den Wirtschaftsministerien der Länder einholen. Behörden und öffentliche Institutionen sind auf Grund ihrer Hoheitsfunktionen zur Amtshilfe verpflichtet. Das Insolvenzgericht kann deshalb Auskünfte einholen bei Industrie- und Handelskammern, Handwerkskammern, Architekten-, Ärzte- und Apothekerkammern, städtischen Einrichtungen, Kirchengemeinden sowie von allen Anstalten und Körperschaften des öffentlichen Rechts. **Keine Behörden** sind juristische Personen des Privatrechts, selbst wenn ihnen öffentliche Aufgaben im Einzelfall übertragen sind (*Zöller/Greger* § 273 ZPO Rn 8). Deshalb ist es entgegen früherer Rechtsprechung zweifelhaft, ob die Post, Bahn oder Rundfunkanstalten zu Auskünften verpflichtet sind. Soweit eine Privatisierung erfolgt ist, muss eine Auskunftspflicht verneint werden Nach § 4 iVm § 142 ZPO kann das Insolvenzgericht die Vorlage von Urkunden von Privatpersonen verlangen, sofern sie dem Schuldner gegenüber zur Herausgabe der Unterlagen verpflichtet wären (**LG Köln NZI 2004, 671**; MüKo-*Ganter* § 5 Rn 50).

VII. Grenzen der Amtsermittlung

Der Grundsatz der **prozessualen Waffengleichheit**, der im Zusammenhang mit dem Rechtsstaatsprinzip und Art 3 Abs 1 GG entwickelt worden ist, gewährleistet, dass die Verfahrensbeteiligten alles für eine gerichtliche Entscheidung Erhebliche vortragen können (**BVerfGE 55, 94; 69, 140**; *Prütting* KS-InsO S 197 Rn 15). Die Grenzen der Amtsermittlungen vor allem im Eröffnungsverfahren als quasi-streitigem Parteiverfahren ergeben sich nicht nur aus dem Prinzip der Waffengleichheit, sondern auch aus dem **Verfahrenszweck der Haftungsverwirklichung**. Alles was nicht der Haftungsverwirklichung zugunsten der Gläubiger dient, unterfällt nicht den Amtsermittlungen. Weiterhin hat die Amtsermittlungspflicht dort ihre Grenzen, wo schutzwürdige Interessen Dritter entgegenstehen oder wenn der Antragsteller verpflichtet ist, selbst vorzutragen und glaubhaft zu machen, wie zB im Rahmen der Restschuldbefreiung. Das Insolvenzgericht ist nicht berechtigt, die Ermittlungen auf die **Verfahrensabwicklung durch den Insolvenzverwalter** zu erstrecken. Die Überwachungsfunktionen sind in § 58 abschließend geregelt. **Ermittlungen hinsichtlich der Verfahrensabwicklung** hat das Gericht jedoch dann anzustellen, wenn begründete Verdachtsmomente dafür vorliegen, dass der Insolvenzverwalter seine Pflichten nicht erfüllt (*Smid* § 5 Rn 10 und § 58 Rn 3). Zunächst aber hat es bei Verdacht der Pflichtverletzung Auskünfte und einen Bericht über den Sachstand und die Geschäftsführung vom Verwalter zu verlangen (§ 58 Abs 1 S 2). Liegen Entlassungsgründe iS von § 59 Abs 1 S 1 vor, können rasche Amtsermittlungen hinsichtlich des Verhaltensweise des Verwalters geboten sein. Solange ein Antrag noch nicht zugelassen ist, greift im Eröffnungsverfahren sowie bei Versagung oder Widerruf der Restschuldbefreiung die **Beibringungspflicht des Antragstellers** ein. Amtsbetrieb und Untersuchungsgrundsatz (Inquisitionsmaxime) gelten auch im **Beschwerdeverfahren**. Die Amtsermittlungspflicht beschränkt sich im Übrigen auf alle Umstände, die für das **Insolvenzverfahren** von Bedeutung sind (§ 5 Abs 1 S 1). Das Insolvenzgericht hat somit nicht von Amts wegen Straftatbestände und Anfechtungstatbestände zu ermitteln. Vor allem verstößt es gegen das Gebot der Waffengleichheit, wenn Insolvenzverwalter versuchen, durch **Vernehmungen im Wege der Rechtshilfe** die Voraussetzungen und Chancen für einen künftigen Anfechtungsprozess nach den §§ 129 ff zu schaffen. Eine solche Handhabung wird durch § 5 nicht mehr gedeckt (für das alte Recht **LG Hamburg ZIP 1988, 590, 591**; **LG Hildesheim ZIP 1983, 598**; *Jaeger/Weber* § 75 KO Rn 2; *K/U* § 75 KO Rn 3). Es ist nicht Aufgabe des Insolvenzgerichts, durch eine vorweggenommene Beweisaufnahme dem späteren Verwalter Anfechtungsprozesse vorzubereiten oder der Entscheidung eines Zivilgerichts in einem Anfechtungsprozess vorzugreifen (s. auch **OLG Hamm KTS 1972, 105**; **LG Hamburg ZIP 1988, 590, 591**). Auf Vernehmungen von Zeugen im Wege der Rechtshilfe sollte das Insolvenzgericht verzichten. Nach alledem haben sich die Amtsermittlungen auf das eigentliche Insolvenzverfahren und seine Abwicklung zu beschränken. Sie dürfen nicht zu einem „Vorprozess" mit umfassenden Beweisaufnahmen ausarten. Das Aussageverweigerungsrecht des Schuldners und seiner organschaftlichen Vertreter im Zivilprozess würde durch eine unbeschränkte Auskunftspflicht im Rahmen von Amtsermittlungen im Wege der Rechtshilfe unterlaufen. Macht ein Zeuge

22

berechtigterweise von seinem Zeugnisverweigerungsrecht Gebrauch, so ist es dem Insolvenzverwalter verwehrt, den Auskunftsanspruch im Wege der Zivilklage durchzusetzen (**BGH WM** 1979, 921; *Jaeger-Gerhardt* § 5 Rn 19; MüKo-*Ganter* 5 Rn 31).

VIII. Amtsermittlungen und Sicherungsmaßnahmen

23 Die Amtsermittlungen des Gerichts haben sich vor allem im Eröffnungsverfahren auch darauf zu erstrecken, in welcher Art und welchem Umfang Sicherungsmaßnahmen anzuordnen sind (§ 22 Abs 2 S 1). Durch die Anordnung von Sicherungsmaßnahmen (§ 21) sollen nachhaltige Veränderungen in der Vermögenslage des Schuldners bzw Schuldnerunternehmens verhindert werden. Auch Dritte sollen daran gehindert werden, ein Schuldnerunternehmen vorzeitig zu zerschlagen und damit eine sanierende Übertragung oder eine Fortführungssanierung unmöglich zu machen. Schließlich erstreckt sich die Amtsermittlungspflicht auch auf Tatbestände, die bereits angeordnete **Sicherungsmaßnahmen entbehrlich** machen (§ 25 Abs 1). Beim vorläufigen Insolvenzverwalter ohne Verfügungsbefugnis bestimmt das Gericht seine Pflichten (§ 22 Abs 2 S 1). Die Festlegung des Pflichtenkreises erfordert eingehende Amtsermittlungen hinsichtlich der erforderlichen Sicherungsmaßnahmen, die sogar in einer Übertragung der Geschäftsfortführung bestehen können (*Pohlmann* Befugnisse und Funktionen des vorläufigen Insolvenzverwalters, Rn 220 ff, 237).

IX. Kosten der Amtsermittlung

24 Wegen der Ermittlungskosten darf zwar vom Insolvenzgericht ein **Auslagenvorschuss** eingefordert werden (§ 17 Abs 3 GKG). Die durchzuführenden Ermittlungen sind aber nicht von der Einzahlung eines solchen Vorschusses abhängig, sondern unabhängig von der Kostendeckung durchzuführen (HK-*Kirchhof* § 5 Rn 21; *Uhlenbruck* Die anwaltliche Beratung, 1990, S 49). Da die Amtsermittlungen ebenso wie die Sicherungsmaßnahmen (§ 21) unabhängig von der Einzahlung eines Ermittlungs- und Sicherungskostenvorschusses angeordnet werden, läuft der Antragsteller Gefahr, für den Fall der Nichteröffnung mit diesen Auslagen belastet zu werden. Dies gilt auch in Fällen der Abweisung mangels Masse (§ 26 Abs 1). Selbst wenn in diesen Fällen die Kostenentscheidung zu Lasten des Schuldners oder Schuldnerunternehmens ergeht, beim Schuldner jedoch nichts zu holen ist, greift die **Zweitschuldnerhaftung** nach § 31 Abs 2 GKG ein. Nach § 23 Abs 2 GKG ist der Insolvenzgläubiger, der die Versagung oder den Widerruf der Restschuldbefreiung beantragt, Schuldner der Kosten.

25 Durch die gerichtlichen Ermittlungen fallen grundsätzlich **keine Gerichtsgebühren** an, wohl aber **Auslagen** (Nr 9000 KV-GKG). Die entstehenden Auslagen (Zeugen- und Sachverständigengebühren) sind **Kosten des Insolvenzverfahrens** iS von § 54 Abs 1, soweit sie nicht gem § 23 Abs 1 S 2 GKG dem Antragsteller zur Last fallen (HK-*Kirchhof* § 5 Rn 20; MüKoInsO-*Ganter* § 5 Rn 58). Für den Fall der Verfahrenseröffnung sind sie aus der Insolvenzmasse vorweg zu berichtigen (§ 53). Das gilt nach § 209 Abs 1 Nr 1 auch für den Fall der Masseunzulänglichkeit. Ist die Verfügungsbefugnis über das Schuldnervermögen auf einen vorläufigen Insolvenzverwalter übergegangen, hat dieser vor der Aufhebung seiner Bestellung aus dem von ihm verwalteten Vermögen die entstandenen Kosten zu berichtigen (§ 25 Abs 2 S 1). Wird der Insolvenzantrag zurückgewiesen oder erfolgt Abweisung mangels Masse (§ 26 Abs 1), so ist zunächst maßgeblich die **gerichtliche Kostenentscheidung**. Wird der Antrag auf Eröffnung des Insolvenzverfahrens abgewiesen oder zurückgenommen, so ist nach § 23 Abs 1 GKG der Antragsteller auch Schuldner der in dem Verfahren entstandenen Auslagen. Demgemäß hat der Antragsteller in diesen Fällen sämtliche Kosten zu tragen, die durch Amtsermittlungen des Gerichts entstehen. Das letztlich unbillige Kostenrisiko macht jeden Insolvenzantrag eines Gläubigers zu einem „Kalkül" (vgl *Uhlenbruck* Die anwaltliche Beratung, 1990, S 41 ff). Soweit Amtsermittlungen und Sicherungsmaßnahmen (§ 21) parallel laufen, sind die entsprechenden Kosten getrennt anzusetzen. Wird zB der vorläufige Insolvenzverwalter gleichzeitig zum Sachverständigen bestellt, der zu prüfen hat, ob ein Eröffnungsgrund vorliegt und welche Aussichten für eine Fortführung des Schuldnerunternehmens bestehen, richtet sich die Vergütung des vorläufigen Insolvenzverwalters nach § 10 InsVV, dagegen die Vergütung des Sachverständigen nach dem JVEG (vgl auch **LG Itzehoe ZIP** 1983, 478 m Anm *Ramelow*). Die für den vorläufigen Insolvenzverwalter festgesetzte Vergütung und die Auslagen sind nicht als Teil der gerichtlichen Auslagen iS von § 23 GKG anzusehen und sind trotz Kritik des Bundesrates in das Kostenverzeichnis nicht aufgenommen worden. Unzulässig ist die **einheitliche Festsetzung** der Kosten „des Gutachters und vorläufigen Insolvenzverwalters". Unzulässig ist es auch, die aus der Staatskasse nicht zu ersetzenden Kosten und Auslagen des vorläufigen Insolvenzverwalters auf die Sachverständigenvergütung zu verlagern. Keinen rechtlichen Bedenken begegnet es, die Gutachterkosten auf die einzelnen Verfahren aufzuteilen, wenn der Gutachter in mehreren Eröffnungsverfahren gegen denselben Schuldner tätig geworden ist (MüKo-*Ganter* § 5 Rn 39; *K/U* § 75 KO Rn 1 e).

X. Rechtsmittel

26 Gegen die Anordnung von Amtsermittlungen steht weder dem Schuldner, dem Schuldnervertreter noch einem sonstigen Verfahrensbeteiligten ein Rechtsmittel zu, denn es handelt sich weder um eine

XII. Freigestelltes schriftliches Verfahren (§ 5 Abs 2)

Entscheidung des Gerichts iS von § 6 Abs 1 noch ist in § 5 ein Rechtsmittel vorgesehen (OLG Hamm ZIP 1996, 724; *Holzer*, Entscheidungsträger Rn 294). Das gilt auch für die **Ablehnung von Amtsermittlungen**, selbst wenn sie in Beschlussform erfolgt (HK-*Kirchhof* § 5 Rn 22). Die Verletzung des § 5 kann allenfalls mit dem Rechtsmittel gegen die den Verfahrensabschnitt beendende Entscheidung gerügt werden (HK-*Kirchhof* § 5 Rn 22). Die Anordnung von Amtsermittlungen braucht nicht in einem Beschluss zu erfolgen. Es genügt im Einzelfall eine Verfügung (FK-*Schmerbach* § 5 Rn 31; MüKo-*Ganter* § 5 Rn 51). Die Anordnung von Amtsermittlungen dient lediglich der Vorbereitung einer gerichtlichen Entscheidung und ist demgemäß unanfechtbar (**OLG Köln** NJW-RR 1996, 292; **OLG Köln** ZIP 1993, 1723; **OLG Hamm** KTS 1972, 105; **LG Göttingen** ZIP 1994, 1376; **LG Düsseldorf** KTS 1966, 184; 1971, 228; *Hess* § 5 Rn 35). Das gilt auch für das **eröffnete Verfahren**. Zweifelhaft, aber letztlich zu bejahen ist die Frage, ob der Rechtsmittelausschluss auch für **Entscheidungen des Rechtspflegers** gilt (HK-*Kirchhof* § 5 Rn 22; str aA FK-*Schmerbach* § 5 Rn 34; Jaeger-Gerhardt § 5 Rn 4). Der „**Antrag**" eines Gläubigers oder eines sonstigen Verfahrensbeteiligten auf Durchführung von Amtsermittlungen ist im Zweifel als Anregung zu verstehen, die das Gericht nicht durch Beschluss zu bescheiden braucht. Weist das Gericht „den Antrag" durch förmlichen Beschluss zurück, so ist entgegen der früheren Auffassung zum alten Recht (**OLG Hamm** KTS 1972, 105; **LG Hildesheim** ZIP 1983, 598; *Jaeger/Weber* § 75 KO Rn 1) dieser Beschluss nicht mit der sofortigen Beschwerde anfechtbar (§ 6 Abs 1; MüKo-*Ganter* § 5 Rn 61).

XI. Haftung wegen Verletzung der Amtsermittlungspflicht

Welche Maßnahmen das Insolvenzgericht im Einzelfall zur Ermittlung aller das Verfahren betreffenden Umstände anordnet, ist in sein pflichtgemäßes Ermessen gestellt. Nur müssen die Maßnahmen wirksam sein, um die aufzuklärenden Umstände auch tatsächlich aufzuklären. Besondere Sorgfalt ist hinsichtlich der Überzeugungsbildung im Hinblick auf den **Insolvenzgrund** geboten. In der Regel kann sich der Insolvenzrichter die notwendige Überzeugung vom Vorliegen einer vom Schuldner bestrittenen Zahlungsunfähigkeit oder Überschuldung nur verschaffen, wenn er sich eine vollständige und geordnete Vermögensübersicht sowie eine Finanzplanrechnung vorlegen lässt. Auf die **Beiziehung eines Sachverständigen** (Gutachters) wird das Gericht im Allgemeinen nicht verzichten können (**BGH** KTS 1957, 12 = WM 1957, 67; **LG Köln** KTS 1964, 247, 249; **LG Stuttgart** Rpfleger 1950, 522; *Jaeger/Weber* § 105 KO Rn 2; *Uhlenbruck/Delhaes* HRP Rn 313). Ein Insolvenzrichter oder eine Richterin, die bei **verwickelter und komplizierter Vermögenslage** des Schuldners das Insolvenzverfahren ohne weitere Prüfung des Rechtsschutzinteresses des Antragstellers eröffnet, obgleich der Schuldner das Rechtsschutzinteresse des Antragstellers unter Behauptung ausreichender Sicherheiten bestritten hat, verletzt hierdurch die bei Eröffnung des Insolvenzverfahrens dem Schuldner gegenüber obliegenden Amtspflichten (**LG Dortmund** KTS 1984, 147 m Anm *Mohrbutter* = Rpfleger 1983, 450 m Anm *Drischler*). Eine Haftung des Staates nach Art 34 GG, § 839 BGB (mit Rückgriffsmöglichkeit bei grober Fahrlässigkeit) kommt auch in Betracht, wenn das Gericht nach § 22 Abs 2 S 1 die **Pflichten des vorläufigen Insolvenzverwalters** unzulänglich oder **falsch bestimmt**, so dass die Haftungsmasse verkürzt wird. Gleiches gilt, wenn das Gericht wegen fehlender Amtsermittlungen Umstände verkennt, nach denen die Anordnung der Eigenverwaltung zu einer Verzögerung des Verfahrens oder zu sonstigen Nachteilen für die Gläubiger führen würde (§ 270 Abs 2 Nr 3). Auch wenn die Versagung oder der Widerruf einer Restschuldbefreiung von einem oder mehreren Gläubigern beantragt und die Voraussetzungen glaubhaft gemacht worden sind, stellt es sich als Amtspflichtverletzung dar, wenn das Gericht den glaubhaft gemachten Tatsachen schuldhaft nicht oder nur unzulänglich nachgeht. Im **Nachlassinsolvenzverfahren** sind die Eröffnungsgründe (§ 320) ebenfalls von Amts wegen zu ermitteln. Soweit drohende Zahlungsunfähigkeit Insolvenzgrund ist, können auch schuldhaft unterlassene Amtsermittlungen hinsichtlich eines Verfahrensmissbrauchs zur Staatshaftung führen.

27

XII. Freigestelltes schriftliches Verfahren (§ 5 Abs 2)

Das Gesetz zur Vereinfachung des Insolvenzverfahrens vom 1. 2. 2007 gibt dem Insolvenzgericht die Möglichkeit, das Insolvenzverfahren oder Teile davon schriftlich durchzuführen. Ob das Gericht diesen Weg wählt, ist eine Frage der Zweckmäßigkeit und steht in seinem freien Ermessen. Geeignet erscheint das schriftliche Verfahren wohl nur für sog. Kleinverfahren (*Graf-Schlicker/Kexel* § 5 Rn21; MüKo-*Ott* § 312 Rn 6). Wird die Anordnung des schriftlichen Verfahrens mit der Eröffnungsentscheidung getroffen, ist der Richter zuständig, zu einem späteren Zeitpunkt entscheidet der Rechtspfleger (MüKo-*Ganter* § 5 Rn 64 a). Voraussetzung für die Anordnung des schriftlichen Verfahrens sind die überschaubaren Vermögensverhältnisse des Schuldners, die geringe Anzahl der Gläubiger und die geringe Höhe der Verbindlichkeiten. Jede Voraussetzung muss getrennt geprüft und bejaht werden. Ist die Anzahl der Gläubiger oder die Höhe der Verbindlichkeiten gering, kann dies allerdings ein Indiz für die Überschaubarkeit der Vermögensverhältnisse sein. Ob die Zahl der Gläubiger oder die Höhe der Verbindlichkeiten gering ist, bestimmt sich nicht nach den Obergrenzen des § 312 Abs 2 (MüKo-*Ganter* § 5 Rn 64 b). Man kann diese Zahlen auch nicht schematisch festlegen. Einen Anhaltspunkt bietet § 304

28

Abs 2, so dass 20 Gläubiger nicht mehr als gering anzusehen sind. Die Verbindlichkeiten des Schuldners sollten 25.000 EUR nicht übersteigen (HK-*Kirchhof* § 5 Rn 28; MüKo-*Ganter* § 5 Rn 64 b).

Das Gericht kann die Anordnung des schriftlichen Verfahrens jederzeit aufheben, wenn sich das schriftliche Verfahren als unzweckmäßig erweist oder das Gericht Bedarf für eine mündliche Erörterung sieht (HK-*Kirchhof* § 5 Rn 31). Auch diese Entscheidung liegt im Ermessen des Gerichts. Nach Eröffnung des Insolvenzverfahrens ist der Rechtspfleger für die Änderung der Anordnung des schriftlichen Verfahrens zuständig, auch wenn die Anordnung selbst vom Richter erfolgt ist (MüKo-*Ganter* § 5 Rn 64 c). Die Anordnung des schriftlichen Verfahrens, die Aufhebung oder Änderung sind nicht anfechtbar.

Sowohl die Anordnung des schriftlichen Verfahrens als auch die Aufhebung oder Änderung muss öffentlich bekannt gemacht werden, § 5 Abs 2 S 3.

XIII. Ausschluss der mündlichen Verhandlung (§ 5 Abs. 3)

29 Grundsätzlich wird der Zivilprozess vom Prinzip der Mündlichkeit (vgl § 128 Abs 1 ZPO) beherrscht. Schon nach altem Recht konnte das Gericht gem § 73 Abs 1 KO, § 117 VglO, § 2 Abs 2 S 4 GesO von mündlichen Verhandlungen absehen. Für das Insolvenzrecht als Vollstreckungsrecht war es schon immer anerkannt, dass eine zwingende Mündlichkeit des Verfahrens die Verfahrensabwicklung erheblich behindern und verzögern würde (vgl auch *Prütting* KS-InsO S 197 Rn 47, S 198 Rn 48; bei K/P/*Prütting* § 5 Rn 51, 52 a). Nunmehr hat § 5 Abs 3 den **Grundsatz der fakultativen mündlichen Verhandlung** gesetzlich festgeschrieben. Es ist dem freien Ermessen des Insolvenzgerichts überlassen, ob es vor der Entscheidung mit den Beteiligten mündlich verhandeln will oder nicht (vgl auch MüKo-*Ganter* § 5 Rn 65). Termine, wie sie das Gesetz nach den §§ 29, 75, 160 Abs 1 S 2, 176, 197, 235 vorschreibt, stellen sich nicht als gerichtliche Verhandlung dar, sondern dienen der Gläubigerselbstverwaltung (K/U § 73 KO Rn 1; HK-*Kirchhof* § 5 Rn 23). Nicht nur im Rahmen der Gewährung rechtlichen Gehörs, sondern auch in den Fällen **gesetzlich vorgeschriebener Anhörung** (§§ 10, 14 Abs 2, 15 Abs 2 S 2, 59, 70 S 3, 98 Abs 2, 99 Abs 1 S 3, 161, 173 Abs 2, 207 Abs 2, 214 Abs 2, 248 Abs 2, 272 Abs 2 S 2, 289 Abs 1 S 1, 296 Abs 2 S 1, 298 Abs 2 S 1, 303 Abs 3 S 1, 309 Abs 2 S 1, 314 Abs 2, 317 Abs 2 S 2, 318 Abs 2 S 2, 333 Abs 2 S 2) genügt es, dass dem Anzuhörenden **Gelegenheit zur schriftlichen Äußerung** gegeben wird (HK-*Kirchhof* § 5 Rn 23; K/P/*Prütting* § 5 Rn 52 a; K/U § 73 KO Rn 2). Der geringe „Stellenwert der Mündlichkeit" *(Stürner)* hat seine Ursache im vollstreckungsrechtlichen Verständnis des Insolvenzverfahrens. Anders als im Erkenntnisverfahren braucht im Vollstreckungsverfahren grundsätzlich nicht mehr mündlich verhandelt zu werden. Lediglich im Forderungsprüfungsverfahren (§ 176) wird noch über Grund und Höhe einzelner Gläubigerforderungen verhandelt. Wegen des Amtsermittlungsgrundsatzes ist das Gericht an **Anträge auf Durchführung einer mündlichen Verhandlung** nicht gebunden (MüKo-*Ganter* § 5 Rn 65). Macht das Gericht von der Möglichkeit Gebrauch, durch mündliche Verhandlung zu entscheiden, so gelten die Vorschriften der §§ 79 f, 136, 157, 159 ff ZPO (HK-*Kirchhof* § 5 Rn 24). In diesen Fällen entscheidet das Gericht gem § 4 InsO, § 329 Abs 1 ZPO durch **verkündeten Beschluss** (HK-*Kirchhof* § 5 Rn 24). Entscheidet das Gericht schriftlich oder auf Grund mündlicher Verhandlung, so ist die Entscheidung grundsätzlich mit Gründen zu versehen, wenn ein Antrag abgelehnt wird oder wenn ein Rechtsmittel statthaft ist (FK-*Schmerbach* § 5 Rn 31; *Hess* § 5 Rn 41). Vgl hierzu die Kommentierung zu § 6.

XIV. Tabellen und Verzeichnisse (§ 5 Abs 4)

30 Nach § 5 Abs 4 können Tabellen und Verzeichnisse **maschinell hergestellt** und bearbeitet werden. Die Vorschrift stellt klar, dass das Insolvenzgericht die Tabelle (§ 175) und die **Stimmliste** (§ 239) im Wege der elektronischen Datenverarbeitung oder mit anderen maschinellen Einrichtungen erstellen kann. Weiterhin können schriftliche Verfahrensabschnitte mit Hilfe moderner Bürotechnik abgewickelt werden (HK-*Kirchhof* § 5 Rn 33; BT-Drucks. 12/2443 S 248, 261; MüKoInsO-*Ganter* § 5 Rn 90, 91). *Becker* (N/R/*Becker* § 5 Rn 54) hält die Vorschrift des § 5 Abs 4 für schlechthin überflüssig und sogar schädlich, „weil die den unzutreffenden Eindruck erweckt, ansonsten sei der Einsatz elektronischer Datenverarbeitung nicht gestattet". Festzustellen ist, dass die **Mittel elektronischer Datenverarbeitung** im gesamten Insolvenzverfahren benutzt werden dürfen (vgl *Schlicker/Castrup* NJW-CoR 1997, 286, 287; MüKoInsO-*Ganter* § 5 Rn 90; *Hess* § 5 Rn 42–45; N/R/*Becker* § 5 Rn 54). Den Anforderungen an den **Datenschutz**, wie er sich aus dem Bundesdatenschutzgesetz ergibt, ist Rechnung zu tragen. Selbstverständlich ist auch der Insolvenzverwalter berechtigt ist, das **Verzeichnis der Massegegenstände**, das **Gläubigerverzeichnis** und die **Vermögensübersicht** sowie die **Verteilungsverzeichnisse** maschinell zu erstellen (HK-*Kirchhof* § 5 Rn 34). Auch im Rahmen der Eigenverwaltung ist das Schuldnerunternehmen berechtigt, sich moderner EDV-Technik zu bedienen (MüKoInsO-*Ganter* § 5 Rn 91). Dies gilt vor allem für die Verzeichnisse des § 281 Abs 1 S 1 und die Rechnungslegung nach §§ 281 Abs 3, 66, 155 (HK-*Kirchhof* § 5 Rn 34). Mit Hilfe eines EDV-gestützten Verfahrensablaufes sollen bei den Gerichten die knappen personellen Ressourcen bei steigenden Fallzahlen effizienter eingesetzt werden, zugleich aber auch Justizdienste kundenfreundlicher erbracht werden (so *Beule* InVo 1997, 197, 201). Deshalb

I. Allgemeines § 6

ist in einzelnen Bundesländern, wie zB NRW, eine justizeigene Software in Insolvenzsachen (IT-InsO) entwickelt worden. Richtig ist, dass auch die Insolvenzgerichte auf moderne EDV-Ausstattung nicht verzichten können. Zutreffend ist auch, dass die EDV-Techniken unverzichtbarer Bestandteil einer modernen Gerichtsverwaltung sind (vgl *Hoffmann-Riem* DRiZ 1998, 109; *R. Funke* DRiZ 1998, 120). Eine Organisationsoptimierung darf jedoch, vor allem im Bereich des Verbraucherinsolvenzverfahrens, nicht zu einem Verlust der Bürgernähe führen. Zu Umsetzungsproblemen vgl auch *Beule* KS-InsO S 38 Rn 36 ff.

Durch das Gesetz zur Vereinfachung des Insolvenzverfahrens sind in Abs 4 die Sätze 2 bis 4 eingefügt worden. Die Landesregierungen werden ermächtigt durch Rechtsverordnung nähere Bestimmungen über die Führung der Tabellen und Verzeichnisse und die elektronische Einreichung sowie der Aufbewahrung der elektronischen Dokumente zu treffen.

§ 6 Sofortige Beschwerde

(1) Die Entscheidungen des Insolvenzgerichts unterliegen nur in den Fällen einem Rechtsmittel, in denen dieses Gesetz die sofortige Beschwerde vorsieht.

(2) Die Beschwerdefrist beginnt mit der Verkündung der Entscheidung oder, wenn diese nicht verkündet wird, mit deren Zustellung.

(3) ¹Die Entscheidung über die Beschwerde wird erst mit der Rechtskraft wirksam. ²Das Beschwerdegericht kann jedoch die sofortige Wirksamkeit der Entscheidung anordnen.

Übersicht

	Rn
I. Allgemeines	1
II. Normzweck	2
III. Entscheidung des Insolvenzgerichts	3
1. Richterliche Entscheidungen	4
a) Statthaftigkeit der Beschwerde	5
b) Nicht beschwerdefähige Entscheidungen	6
c) Nicht-insolvenzspezifische Entscheidungen	7
d) Rechtsmittel bei nicht insolvenzspezifischen Entscheidungen	8
e) Rechtsmittel bei „greifbarer Gesetzwidrigkeit"	9
2. Entscheidungen des Rechtspflegers	10
3. Entscheidungen des Urkundsbeamten der Geschäftsstelle oder Serviceeinheit	11
IV. Das Beschwerdeverfahren	12
1. Beschwerdeberechtigung	12
2. Einlegung der Beschwerde	13
3. Beschwerdefrist	14
4. Abhilfebefugnis	15
a) Abhilfe durch den Insolvenzrichter	15
b) Abhilfe durch den Rechtspfleger	16
5. Keine aufschiebende Wirkung der sofortigen Beschwerde	17
6. Die Entscheidung der Beschwerdekammer des LG	18
7. Wirksamkeit der Beschwerdeentscheidung (§ 6 Abs 3)	19
8. Das Verbot der „reformatio in peius"	20
9. Kosten des Beschwerdeverfahrens	21
V. Rechtskraftwirkung insolvenzgerichtlicher Beschlüsse	22

I. Allgemeines

Nach den Vorstellungen der Reformkommission (Zweiter Bericht 1986, S 4) sollten Beschlüsse des Insolvenzgerichts grundsätzlich unanfechtbar sein. Nur gegen bestimmte Entscheidungen, die erheblich in die Rechtsstellung einzelner Personen eingreifen, sollte ein Rechtsmittel zur Verfügung stehen. Als solche Entscheidungen hat die Kommission zB die Verfahrenseröffnung, Zwangsmaßnahmen gegen den Schuldner oder gegen den Insolvenzverwalter, die Einstellung des Verfahrens mangels Masse oder die Bestätigung eines Insolvenzplans bezeichnet. Die Regelung in § 6 entspricht weitgehend derjenigen in § 21 Abs 1 und 2 VglO. Allerdings hat der Gesetzgeber die kurze Beschwerdefrist des § 121 VglO nicht übernommen. Gegenüber §§ 73 Abs 3 KO, 20 GesO wird die Beschwerdemöglichkeit nach der InsO eingeschränkt. § 6 Abs 3 entspricht wörtlich dem früheren § 74 KO. Durch Art 12 des **Gesetzes zur Reform des Zivilprozesses** ist § 6 mit **Wirkung zum 1. Januar 2002** geändert worden. § 6 ist nunmehr an die neuen Vorschriften der ZPO angeglichen worden. § 6 Abs 2 S 2 konnte entfallen, weil § 572 Abs 1 S 1 ZPO nF nunmehr generell bestimmt, dass das Gericht, dessen Entscheidung mit der sofortigen Beschwerde angefochten wird, der Beschwerde abzuhelfen hat, wenn es sie für begründet erachtet. § 6 Abs 3 nF behält zwar die frühere Regelung grundsätzlich bei, stellt jedoch nicht mehr auf eine Zuständigkeit des Landgerichts für die Entscheidung ab, sondern auf diejenige des **Beschwerdegerichts**. Welches Gericht über die sofortige Beschwerde entscheidet, ergibt sich aus den Vorschriften des GVG. Einzelheiten bei *Beck/Depré/Holzer* Hdb S 16 ff.

II. Normzweck

2 Um den zügigen Ablauf des Insolvenzverfahrens als Vollstreckungsverfahren zu gewährleisten, können nach § 6 Abs 1 die gerichtlichen Entscheidungen nur in den Fällen mit einem Rechtsmittel angefochten werden, in denen das Gesetz dies ausdrücklich vorsieht (vgl Begr. RegE zu § 6; BT-Drucks 12/2443 S 110; BR-Drucks 1/92, abgedr bei *Uhlenbruck*, Das neue Insolvenzrecht S 301; zu den einzelnen Vorschriften HK-*Kirchhof* § 6 Rn 3; *Hoffmann*, NZI 1999, 425 ff). Soweit nach dem Gesetz die **sofortige Beschwerde** statthaft ist, gilt dies grundsätzlich auch nach Erledigung der Hauptsache im Eröffnungsverfahren gem § 91a ZPO (HK-*Kirchhof* § 6 Rn 4; HamKomm-*Rüther* § 6 Rn 4). Dagegen ist in entsprechender Anwendung von § 99 Abs 1 ZPO im Insolvenzverfahren die **isolierte Anfechtung einer Kostenentscheidung nicht statthaft** (OLG Köln ZIP 2000, 1168; OLG Brandenburg NZI 2001, 483). So ist zB die Entscheidung, bei einer Abweisung mangels Masse nach § 26 Abs 1 die Verfahrenskosten dem Antragsteller aufzuerlegen, nicht selbständig anfechtbar (OLG Köln ZIP 2000, 1168, 1169; LG München ZInsO 2002, 42; HK-*Kirchhof* § 6 Rn 4). Die **Verkürzung der Rechtsmittel** im Eröffnungsverfahren ist in der Literatur heftig kritisiert worden (*Pape* WPrax 1995, 236, 256; *ders* FS Uhlenbruck S 49 ff; *Gerhardt* ebend S 75 ff). Die heftige Kritik in der Literatur hat dazu geführt, dass dem § 21 Abs 1 ein S 2 durch das **Gesetz zur Änderung der InsO und anderer Gesetze 2001** angefügt wurde, wonach **gegen die Anordnung einer Sicherungsmaßnahme** dem Schuldner die **sofortige Beschwerde** zusteht. Der Gesetzgeber betont, dass vorläufige Sicherungsmaßnahmen „nachhaltig in die Rechtsposition des Schuldners eingreifen können, ihm etwa vollständig die Verwaltungs- und Verfügungsbefugnis über sein Vermögen entziehen". Dies stellt nach der Begr des InsOÄndG 2001 (NZI Beil zu Heft 1/2001 S 16) eine im Vergleich zur Rechtslage unter der KO erhebliche Schlechterstellung des Schuldners dar, wobei zudem noch zu berücksichtigen sei, dass durch die InsO die vorläufigen Sicherungsmaßnahmen im Vergleich zur KO noch ausgeweitet wurden. Verfahrensverzögerungen seien nicht zu befürchten, da der Beschwerde keine aufschiebende Wirkung zukommt (*K/P/Prütting* § 6 Rn 23; FK-*Schmerbach* § 6 Rn 15; *Hess* § 6 Rn 143).

III. Entscheidung des Insolvenzgerichts

3 § 6 Abs 1 sieht das Rechtsmittel der sofortigen Beschwerde nur vor, soweit der Richter oder eine Richterin entschieden hat. Hat das Insolvenzgericht durch den **Rechtspfleger entschieden**, so ist nach § 11 Abs 1 RPflG das Rechtsmittel gegeben, das nach den allgemeinen verfahrensrechtlichen Vorschriften zulässig ist. Ist gegen die Entscheidung nach den allgemeinen verfahrensrechtlichen Vorschriften ein Rechtsmittel nicht gegeben, so findet binnen der für die sofortige Beschwerde geltenden Frist die **Erinnerung** statt, der der Rechtspfleger abhelfen kann (§ 11 Abs 2 S 1, 2 RPflG). Hilft der Rechtspfleger nicht ab, hat er dem Richter die Erinnerung zur Entscheidung vorzulegen (§ 11 Abs 1 S 3 RPflG). Einzelheiten unten zu Ziff 2.

4 **1. Richterliche Entscheidungen.** Mit der sofortigen Beschwerde anfechtbar sind nach § 6 Abs 1 richterliche Entscheidungen des Insolvenzgerichts. Unerheblich ist, ob die Entscheidung in Form eines Beschlusses ergeht oder lediglich als Verfügung. Keine Entscheidung ist das **Untätigbleiben** des Insolvenzgerichts (*K/P/Prütting* § 6 Rn 9; FK-*Schmerbach* § 6 Rn 7). So hat zB ein Gläubiger, dessen Anregung, Sicherungsmaßnahmen anzuordnen, das Insolvenzgericht nicht entspricht, kein Beschwerderecht (LG Düsseldorf KTS 1971, 227). Beschwerden sind nicht möglich gegen Entscheidungen des Insolvenzverwalters, gegen Beschlüsse der Gläubigerversammlung oder des Gläubigerausschusses (*K/P/Prütting* § 6 Rn 15; LG Göttingen ZIP 2000, 1501). Gegen bloße Untätigkeit des Gerichts ist nur die **Dienstaufsichtsbeschwerde** möglich. Die Abgrenzung beschwerdefähiger Entscheidungen von nicht beschwerdefähigen Verfügungen und Entscheidungen ist in der Praxis nicht immer einfach. Die Schwierigkeiten werden jedoch dadurch weitgehend ausgeräumt, dass die sofortige Beschwerde nur in den Fällen zulässig ist, in denen das Gesetz dieses Rechtsmittel ausdrücklich vorsieht.

5 **a) Statthaftigkeit der Beschwerde.** Die Beschwerdemöglichkeiten sind gegenüber den alten Insolvenzgesetzen in der InsO vor allem im Eröffnungsverfahren erheblich eingeschränkt worden (*K/P/Prütting* § 6 Rn 11). Statthaft ist die Beschwerde nur noch nach Maßgabe folgender Vorschriften: §§ 20 S 2, 21 Abs 1 S 2, 21 Abs 3 iVm § 20 Abs 3, § 34, § 57 S 3, § 58 Abs 2 S 3, § 59 Abs 2 S 1, 2, § 64 Abs 3, § 70 S 3, § 73 Abs 2 iVm § 64 Abs 3, § 75 Abs 3, § 78 Abs 2 S 2, 3, § 98 Abs 3 S 3, § 99 Abs 3, § 101 iVm § 98 Abs 3 S 3, § 153 iVm § 98 Abs 3 S 3, § 194 Abs 3, § 197 Abs 3 iVm § 194 Abs 3, § 204, § 216, § 231 Abs 3, § 253, § 272 Abs 2, § 274 Abs 1 iVm § 64 Abs 3, § 274 Abs 2 iVm §§ 22 Abs 3, 98 Abs 3, § 281 iVm §§ 153, 98 Abs 3, § 289 Abs 2, § 292 Abs 3 iVm §§ 58 Abs 2 S 3, Abs 3, 59 Abs 2. S 1, 2, 293 Abs 2 iVm § 64 Abs 3, § 296 Abs 3, § 298 iVm § 296 Abs 3, § 300 Abs 3 S 3, § 303 Abs 3, § 309 Abs 2, § 303 Abs 1 S 3 iVm §§ 57 S 3, 58 Abs 2, Abs 3, 59 Abs 2, 64 Abs 3. Vgl auch *Hess* § 6 Rn 6 ff; FK-*Schmerbach* § 6 Rn 10; HK-*Kirchhof* § 6 Rn 3; *K/P/Prütting* § 6 Rn 13. N/R/*Becker* § 6 Rn 6–10; MüKo-*Ganter* § 6 Rn 6; *Hoffmann* NZI 1999, 425 ff. § 6 will die **Anschlussbeschwerde** nicht etwa ausschließen. Über § 4 findet § 567 Abs 3 ZPO nF entsprechende Anwendung, wonach der Beschwerdegegner sich der Beschwerde anschließen kann, selbst wenn er auf die Beschwerde verzichtet oder die Beschwerdefrist verstrichen ist. Allerdings verliert die Anschließung ihre Wirkung,

III. Entscheidung des Insolvenzgerichts § 6

wenn die Beschwerde zurückgenommen oder als unzulässig verworfen wird, unselbständige Anschlussbeschwerde (§§ 4 InsO, 567 Abs 3 S 2 ZPO). Eine Anschlussbeschwerde ist hinsichtlich eines die InsO betreffenden Gegenstandes nur statthaft, wenn die Erstbeschwerde statthaft gewesen wäre (*Hoffmann* NZI 1999, 425, 426 f).

b) Nicht beschwerdefähige Entscheidungen. Soweit es sich um insolvenzspezifische Entscheidungen 6 handelt und die Beschwerde im Gesetz nicht ausdrücklich vorgesehen ist, ist ein Rechtsmittel ausgeschlossen (*Hess/Pape* InsO und EGInsO Rn 182; *K/P/Prütting* § 6 Rn 14). Soweit es sich um keine richterlichen Entscheidungen handelt, sondern lediglich um **vorbereitende oder verfahrensleitende Entscheidungen oder Verfügungen**, ist ein Rechtsmittel ohnehin ausgeschlossen (vgl **BGH** NJW-RR 1998, 1579 = NZI 1998, 42; **OLG** Celle ZInsO 2001, 40; **KG** KTS 1960, 61; **KG** KTS 1963, 111; *K/U* § 105 Rn 4). So zB bei Zulassung des Insolvenzantrags (**OLG** Köln ZInsO 2000, 105; **OLG** Köln NJW-RR 1996, 292; **OLG** Köln ZIP 1993, 1723; **LG** Göttingen ZIP 1994, 1376). Die **Anordnung von Amtsermittlungen** (§ 5) ist schon deswegen keine anfechtbare Entscheidung, weil das Gericht im Rahmen dieser vorbereitenden Tätigkeit überhaupt nicht entscheidet; vielmehr gehört es zu seiner Amtspflicht, sich vom Vorliegen des Insolvenzgrundes die für eine Verfahrenseröffnung notwendige Überzeugung zu verschaffen (§ 5 Abs 1; vgl auch **OLG** Köln NZI 2000, 173; **OLG** Brandenburg NZI 2001, 42; vgl auch **BGH** ZIP 1999, 319; HK-*Kirchhof* 2. Aufl § 6 Rn 4). Unanfechtbar ist auch die **Bestellung eines Sachverständigen** (**OLG** Köln NZI 2001, 598; **OLG** Celle ZInsO 2001, 40, 41; **OLG** Brandenburg NZI 2001, 42), die Vernehmung von Zeugen, die Einholung von Auskünften oder die Terminierung bzw. Vertagung von Gläubigerversammlungen oder Prüfungsterminen (**LG** Göttingen ZIP 2000, 1945; **BGH** ZInsO 2006, 547). Gegen die **Anordnung von Sicherungsmaßnahmen nach § 21** gab es **bis zum Inkrafttreten des InsOÄndG 2001** kein Rechtsmittel (**OLG** Brandenburg ZIP 2001, 207; **OLG** Rostock NZI 2001, 215; **OLG** Köln ZIP 2000, 464; **LG** Berlin ZInsO 1999, 355; **LG** Hamburg NZI 2000, 188 u 236 [LS]; **LG** Göttingen NZI 2000, 383; *Prütting* NZI 2000, 146). Durch Art 1 Nr 4 InsOÄndG 2001 ist jedoch in § 21 Abs 1 S 2 nunmehr geregelt, dass gegen die Anordnung der Sicherungsmaßnahmen dem Schuldner die **sofortige Beschwerde** zusteht. Die Gesetzesänderung beruhte darauf, dass gegen die Versagung der Rechtsmittel gegen Sicherungsmaßnahmen des Gerichts vor allem verfassungsrechtliche Bedenken in der Literatur erhoben worden waren. Vorläufige Sicherungsmaßnahmen können in der Tat nachhaltig in die Rechtsposition des Schuldners eingreifen. Gegen die **Ablehnung von Sicherungsmaßnahmen** findet dagegen keine sofortige Beschwerde statt (HK-*Kirchhof* § 6 Rn 6). Der Gläubiger hat gegen die Anordnung von Sicherungsmaßnahmen kein Beschwerderecht (**LG** Göttingen ZInsO 2004, 1046 = NZI 2004, 502). Dem vorläufigen Verwalter steht gegen die Aufhebung eines allgemeinen Verfügungsverbots keine sofortige Beschwerde zu (**BGH** NZI 2007, 99). Gleiches gilt für die bloße Androhung einer Verhaftung (**LG** Hamburg NZI 2000, 236 [LS]). Keine sofortige Beschwerde ist gegeben gegen die **Ablehnung eines Vorschusses** auf die Insolvenzverwaltervergütung (**LG** Münster InVo 2001, 410). Ein Beschluss, mit dem das Insolvenzgericht einen Beschluss aufhebt, in dem es zuvor angeordnete Sicherungsmaßnahmen im Eröffnungsverfahren zunächst aufgehoben hatte, ist mangels gesetzlicher Anordnung nicht mit der sofortigen Beschwerde nach § 6 Abs 1 anfechtbar (**OLG** Celle ZIP 2001, 796, 797). Lehnt das Gericht **Aufsichtsmaßnahmen** nach § 58 ab, ist hiergegen ebenso wenig ein Rechtsmittel gegeben (**LG** Göttingen NZI 2000, 491; *K/P/Prütting* § 6 Rn 9). Gleiches gilt für die Wahl eines anderen Insolvenzverwalters durch die Gläubigerversammlung (**OLG** Zweibrücken NZI 2001, 35) und für die entsprechende Bestätigungsentscheidung (**OLG** Zweibrücken NZI 2001, 204). Nicht mehr selbständig beschwerdefähig ist die **Anforderung eines Verfahrenskostenvorschusses** nach § 26 Abs 1 S 2 (**OLG** Saarbrücken NZI 2000, 179; **OLG** Zweibrücken ZIP 2000, 2173; **LG** Göttingen ZInsO 2000, 466 [Ls] = NZI 2000, 438; HK-*Kirchhof* § 6 Rn 6; § 26 Rn 23; *K/P/Prütting* § 6 Rn 15). **Verfahrensleitende Maßnahmen** sind ebenfalls unanfechtbar (BezG Magdeburg v 25. 3. 1991, EWiR § 15 GesO 1/92, 53 [*Eckardt*]; *K/U* § 73 Rn 1 ff). Unanfechtbar ist auch die **Stimmrechtsentscheidung** (§§ 6 Abs 1, 77 InsO, § 11 Abs 3 S 2 RPflG; HK-*Kirchhof* § 6 Rn 7; Gem § 18 Abs 3 S 2 RPflG besteht das Recht, im Termin eine richterliche Entscheidung herbeizuführen; HK-*Kirchhof* § 6 Rn 15). Unzulässig ist auch eine Beschwerde gegen die **Stimmrechtsentscheidung des Rechtspflegers** bei unterlassener Antragstellung auf Überprüfung noch während der Gläubigerversammlung (**OLG** Celle 658, 659). Nicht rechtsmittelfähig sind auch Entscheidungen und Verfügungen, die die **Leitung der Gläubigerversammlung** betreffen (§ 76). Bei der Anberaumung von Terminen gilt eine Ausnahme: Wird der Antrag auf **Einberufung einer Gläubigerversammlung** (§ 75) abgelehnt, so steht dem Antragsteller gem § 75 Abs 3 die sofortige Beschwerde zu (**BGH** NZI 2007, 723 = ZInsO 2007, 271). Ausgeschlossen ist die Beschwerde auch gegen die **Verfahrenseinstellung** nach Anzeige der Masseunzulänglichkeit gem § 211 (**BGH** NZI 2007, 243 = ZIP 2007, 603; HK-*Kirchhof* § 6 Rn 7). Gegen die Ablehnung des Antrags auf Anordnung der Eigenverwaltung ist die sofortige Beschwerde nicht statthaft (**BGH** NZI 2007, 240 = ZIP 2007, 448 und **BGH** NZI 2007, 238). Keine sofortige Beschwerde steht dem Insolvenzverwalter gegen die Aufhebung des Eröffnungsbeschlusses zu (**BGH** NZI 2007, 349 = ZIP 2007, 792). Der Schuldner, der selbst den Insolvenzantrag gestellt hat, ist nicht berechtigt, gegen die Eröffnungsentscheidung sofortige Beschwerde einzulegen (**BGH** ZInsO 2007, 663 und **BGH** ZInsO 2007, 206 = ZIP 2007, 499). Der Insolvenzverwalter kann die Einsetzung eines Sonderinsolvenzverwalters, der Erstattungsansprüche der Gläubigergesamtheit gegen den Insolvenzverwalter prüfen soll, nicht mit der sofortigen Beschwerde anfechten (**BGH NZI 2007, 237 = ZIP 2007, 547**). Gegen die Mitteilung des Insolvenzgerichts, dass ein Eröffnungsantrag im Verbraucherinsolvenzverfahren nach § 305 Abs 3 S 2 als zurückgenommen gilt, findet keine sofortige Beschwerde statt (**BGH ZInsO 2003, 1040, ZInsO 2005, 485**). Soweit Entscheidungen gem § 766 ZPO dem Insolvenzgericht zugewiesen sind (zB nach §§ 89 Abs 3, 148 Abs 2), greift der allgemeine Vollstreckungsrechtsschutz ein, dh gegen die Entscheidung des Richters findet die sofortige Beschwerde nach § 793 ZPO statt (**BGH ZInsO 2004, 301 = NZI 2004, 278; FK-*Schmerbach* § 6 Rn 59**). Unberührt von der Regelung in § 6 Abs 1 bleiben weitere Rechtsbehelfe, wie etwa die **Gegenvorstellung** (vgl **OLG** Celle NZI 2001, 147, 148), die **Dienstaufsichtsbeschwerde** sowie die **Petition** (*N/R/Becker* § 6 Rn 90; *Hess* § 6 Rn 183) und der Antrag nach § 23 EGGVG. Zur Gegenvorstellung s auch FK-*Schmerbach* § 6 Rn 29.

7   c) **Nicht insolvenzspezifische Entscheidungen.** § 6 Abs 1 schließt die Rechtsmittel für die nicht im Gesetz vorgesehenen Fälle nur aus, soweit es sich um insolvenzspezifische Entscheidungen handelt. Zutreffend weist *G. Gerhardt* (Die Beschwerde im Insolvenzverfahren, FS Uhlenbruck 2000 S 75, 78) darauf hin, dass § 6 Abs 1 von vornherein nicht die Entscheidungen erfasst, deren **Rechtsgrundlage außerhalb der InsO** und außerhalb des qua Verweisung (§ 4) anwendbaren Bereichs der ZPO liegt. Derartige Entscheidungen haben nach *Gerhardt* keinen insolvenzspezifischen Charakter und ergehen nicht „im Insolvenzverfahren", sondern nur aus Anlass desselben. Voraussetzung für die Anwendung des § 6 Abs 1 ist also, dass das Amtsgericht (§ 22 GVG) als Insolvenzgericht im Rahmen seiner ihm zugewiesenen Aufgaben handelt. Entscheidungen außerhalb des eigentlichen Insolvenzverfahrens, die lediglich aus Anlass der Insolvenz ergehen, sind nach wie vor **nach den allgemeinen Vorschriften anfechtbar** wie zB im Rahmen **sitzungspolizeilicher Maßnahmen.** Wird zB vom Insolvenzrichter entspr §§ 178, 180 GVG ein Ordnungsmittel festgesetzt, so kann der Betroffene gegen die Entscheidung binnen einer Frist von einer Woche Beschwerde zum **OLG** einlegen (§ 181 GVG). Der Rechtsmittelausschluss betrifft grundsätzlich nicht **Entscheidungen des Rechtspflegers**, dessen Entscheidungen nach den allgemeinen verfahrensrechtlichen Vorschriften (§ 11 Abs 1 RPflG) oder mit der Erinnerung (§ 11 Abs 2 S 1 RPflG) in der Frist des § 569 Abs 1 S 1 ZPO anfechtbar sind. Eine Entscheidung iSv § 6 Abs 1 ist auch vom Amtsgericht des Insolvenzverfahrens nach § 573 Abs 1 ZPO erlassener Beschluss, der auf die Weigerung der Geschäftsstelle, eine vollstreckbare Tabellenausfertigung auf Grund der §§ 201 Abs 2, 257 Abs 1 zu erteilen, entweder die Weigerung für berechtigt erklärt oder die Erteilung der Ausfertigung anordnet. Nach Auffassung von *W. Gerhardt* (FS *Uhlenbruck* S 75, 79) ergeht ein solcher Beschluss weder „im Insolvenzverfahren", das ja beendet ist, noch im „Zwangsvollstreckungsverfahren gem § 793 ZPO" (*Stein/Jonas/Münzberg* § 724 ZPO Rn 16). Ein solcher Beschluss unterliegt trotzdem der **sofortigen Beschwerde**, wenn das Gericht das Ersuchen gleichfalls ablehnt (so § 573 Abs 2 ZPO nF; str aA *Gerhardt* FS Uhlenbruck S 79). Gegen die Streitwertfestsetzung findet die **Streitwertbeschwerde** gem § 68 Abs 1GKG statt (*Gerhardt* FS Uhlenbruck S 79, HK-*Kirchhof* § 6 Rn 11). Die sofortige **Beschwerde** gegen richterliche Entscheidungen ist zB gegeben bei der Verhängung von Ordnungsmitteln nach §§ 380, 402 ZPO oder bei Festsetzung der Vergütung von Zeugen und Sachverständigen gem § 4 Abs 3 JVEG. Allerdings sind die Wertgrenzen zu beachten (vgl § 567 Abs 2 ZPO, § 4 Abs 3 JVEG). Gegen die Versagung von Insolvenzkostenhilfe ist nach hM die sofortige Beschwerde nach § 127 Abs 2 ZPO zulässig (HK-*Kirchhof* § 6 Rn 12; **BGH ZInsO 2003, 801; BGH** Beschluss v 17. 1. 2007 – IX ZB 139/06 –; MüKo-*Ganter* § 6 Rn 67; aA **OLG** Karlsruhe NZI 2000, 76; *Uhlenbruck* NZI 1999, 175; *Ahrens* DZWIR 1999, 211). § 6 findet auf PKH-Entscheidungen, die im Insolvenzverfahren ergehen, keine Anwendung. Dabei kommt es nicht darauf an, ob die Entscheidung Fragen aus dem insolvenzrecht betrifft (aA *Vallender* ZIO 1999, 125).

8   d) **Rechtsmittel bei nicht insolvenzspezifischen Entscheidungen.** Unabhängig von der Frage, ob Entscheidungen des Insolvenzgerichts auf der Grundlage von Normen der ZPO überhaupt von der Unanfechtbarkeitserklärung des § 6 Abs 1 erfasst werden, ist die jeweilige ausdrückliche **zivilprozessuale Eröffnung einer Beschwerdemöglichkeit** nach zutreffender Auffassung von *W. Gerhardt* (FS *Uhlenbruck* S 79 und *Jaeger-Gerhardt* § 6 Rn 12) die speziellere Regelung. Demgemäß findet die sofortige Beschwerde gegenüber Entscheidungen statt, die das Insolvenzgericht auf Grund besonderer, gerade dieses Rechtsmittel vorsehender Bestimmungen erlassen hat, wie zB bei der vorstehend dargestellten **Entscheidung über Insolvenzkostenhilfe** (§ 127 Abs 2 ZPO nF), gegen die **Anordnung von Ordnungsstrafen** gegen Zeugen und Sachverständige sowie im Falle der Ablehnung von Richtern bzw Rechtspflegern (§§ 46 Abs 2, 49 ZPO, § 10 RPflG). Auch gegen **Kostengrundentscheidungen** des Insolvenzgerichts nach den §§ 269 Abs 3 S 5, 91a Abs 2 S 1 ZPO ist die **sofortige Beschwerde nach § 567 Abs 1 ZPO** gegeben (**LG** Memmingen NZI 2000, 278; FK-*Schmerbach* § 6 Rn 28). Gem § 127 Abs 2 S 2 ZPO findet die sofortige Beschwerde gegen die Nichtbewilligung der Prozesskostenhilfe nur dann nicht statt, wenn der Streitwert der Hauptsache den in § 511 ZPO genannten Betrag nicht übersteigt, es sei denn, das Gericht hat ausschließlich die persönlichen oder wirtschaftlichen Voraussetzungen für die Prozesskostenhilfe verneint.

9   e) **Rechtsmittel bei „greifbarer Gesetzwidrigkeit".** In den Fällen, in denen § 6 Abs 1 Rechtsmittel ausschließt, konnten nach früherer Auffassung insolvenzgerichtliche Entscheidungen ausnahmsweise mit

III. Entscheidung des Insolvenzgerichts § 6

der sofortigen Beschwerde wegen „greifbarer Gesetzwidrigkeit" angefochten werden (**BGH NZI 2001**, 140; **BGHZ 119**, 372, 374; **BGHZ 121**, 397, 398). Die außerordentliche sofortige Beschwerde sollte allerdings „auf wirkliche Ausnahmefälle krassen Unrechts beschränkt bleiben" (**BGH NJW 1990**, 1795; 1993, 1865). Seit der vorrangigen Möglichkeit der Selbstkorrektur nach § 321a ZPO ist die außerordentliche Beschwerde wegen greifbarer Gesetzwidrigkeit grundsätzlich nicht mehr gegeben (**BGH ZInsO 2002**, 432; **BVerfG NJW 2002**, 3387; **BGH NJW-RR 2005**, 294; **OLG Celle NZI 2002**, 933; HK-*Kirchhof* § 6 Rn 16). Bei der Rüge der Verletzung rechtlichen Gehörs kommt eine Überprüfung der Entscheidung nach § 321a ZPO, ansonsten eine Gegenvorstellung in Betracht. In beiden Fällen muss das Gericht, dessen Entscheidung angegriffen wird eine Überprüfung vornehmen und ggfs seine Entscheidung ändern. Eine Ausnahme hat der **BGH** gemacht, wenn die Entscheidung eine dem Gesetz fremde und in den grundgesetzlich geschützten Bereich des „Beschwerdeführers" eingreifende Maßnahme enthält (**BGH Z158**, 214; so auch **LG Göttingen ZInsO 2005**, 1281 und **ZInsO 2007**, 500).

2. Entscheidungen des Rechtspflegers. Das Dritte Gesetz zur Änderung des Rechtspflegergesetzes 10 v 6. 8. 1998 (BGBl I S 2030) hat die sogen **Durchgriffserinnerung** beseitigt. Nach § 11 Abs 1 RPflG ist gegen Entscheidungen des Rechtspflegers das Rechtsmittel gegeben, das nach den allgemeinen verfahrensrechtlichen Vorschriften zulässig ist (vgl *Gerhardt* FS Uhlenbruck S 75, 83; *Hoffmann* NZI 1999, 425, 429; *Rellermeyer* Rpfleger 1998, 310; HK-*Kirchhof* § 6 Rn 15). Für das Rechtsbehelfsverfahren gegen Entscheidungen des Rechtspflegers, insbesondere für Zulässigkeit, Form, Frist, Abhilfebefugnis und Vorlagefrist, gelten über § 11 Abs 1 RPflG sämtliche Verfahrensvorschriften, die das jeweilige Gesetz für den Rechtsbehelf vorsieht (*Gerhardt* FS Uhlenbruck S 75, 83). Sieht eine Vorschrift der InsO gegen eine Entscheidung das Rechtsmittel der sofortigen Beschwerde vor, so ist dieses Rechtsmittel gegen die Entscheidung des Rechtspflegers gegeben. In diesem Fall führt der Rechtsmittelzug vom Rechtspfleger direkt zum Landgericht als Beschwerdegericht, § 11 Abs 1 RPflG, (MüKo-*Ganter* § 6 Rn 58). Ist dagegen ein Rechtsmittel in der InsO nicht vorgesehen, so kann gegen die Entscheidungen des Rechtspflegers **Erinnerung** nach § 11 Abs 2 S 2 RPflG eingelegt werden, über die abschließend und unanfechtbar der Insolvenzrichter entscheidet (*Bassenge/Herbst* § 11 RPflG Rn 12; MüKo-*Ganter* § 6 Rn 61; N/R/*Becker* § 6 Rn 16; FK-*Schmerbach* § 6 Rn 44c; K/P/*Prütting* § 6 Rn 35). In den Fällen, in denen wegen § 6 Abs 1 die Beschwerde ausgeschlossen ist, findet somit immer die **Erinnerung zum Insolvenzrichter** statt, wenn der Rechtspfleger entschieden hat (§ 11 Abs 2 RPflG). Das Enumerationsprinzip des § 6 Abs 1 gilt für die Erinnerung nicht (*Gerhardt* FS Uhlenbruck S 84). Die Erinnerung nach § 11 Abs 2 S 1 2. Halbs RPflG ist ihrem Wortlaut nach eine „**sofortige Erinnerung**", muss also binnen einer **Notfrist von zwei Wochen** eingelegt werden. Die Erinnerungsentscheidung des Richters ist unanfechtbar. Für **nicht insolvenzspezifische Entscheidungen des Rechtspflegers**, wie zB eine Kostenfestsetzung nach § 104 ZPO, gilt § 11 Abs 1 RPflG. Obwohl die Regelung des § 11 Abs 2 S 2 RPflG nicht eingreift, kann der Rechtspfleger abhelfen (§ 572 Abs 1 ZPO. Einzelheiten bei FK-*Schmerbach* § 6 Rn 44 ff, 50). Nach § 11 Abs 3 S 2 RPflG können Entscheidungen **über die Gewährung eines Stimmrechts** (§§ 77, 237, 238) nicht mit der Erinnerung angefochten werden (vgl FK-*Schmerbach* § 6 Rn 49). Hat sich aber eine Stimmrechtsentscheidung des Rechtspflegers auf das Ergebnis einer Abstimmung ausgewirkt, so kann der Insolvenzrichter auf Antrag eines Gläubigers oder des Insolvenzverwalters das Stimmrecht neu festsetzen und die **Wiederholung der Abstimmung** anordnen (§ 18 Abs 3 S 2 RPflG). Der entsprechende Antrag muss bis zum Schluss des Termins gestellt werden, in dem die Abstimmung stattgefunden hat. Im Übrigen ist die Stimmrechtsentscheidung des Rechtspflegers nicht anfechtbar (§§ 6 Abs 2 InsO, 11 Abs 3 S 2 RPflG). **Verfahrensleitende Anordnungen** des Rechtspflegers sind grundsätzlich unanfechtbar. So zB die Anberaumung oder Absetzung von Gerichtsterminen, Vertagungen oder die Ablehnung der Abstimmung über einen Antrag auf nachträgliche Anordnung der Eigenverwaltung (**AG Dresden ZInsO 2000**, 48; FK-*Schmerbach* § 6 Rn 33 b). Gleiches gilt für **Anordnungen des Rechtspflegers**, die der Vorbereitung einer Entscheidung dienen (FK-*Schmerbach* § 6 Rn 33 a). Sobald es sich aber um Entscheidungen handelt, durch die in Rechte der Verfahrensbeteiligten oder sonstiger Dritter eingegriffen wird, erhält die Maßnahme eine rechtlich selbständige Bedeutung und ist damit über § 11 Abs 2 S 1 RPflG anfechtbar (*Bassenge/Herbst* § 11 RPflG Rn 9). Dies gilt auch insoweit, als ein Rechtsmittel gegen die Entscheidung des Richters nicht gegeben ist. Wird durch eine prozessleitende Entscheidung des Rechtspflegers in Rechte eines Gläubigers eingegriffen, weil zB der Prüfungstermin vor der ersten Gläubigerversammlung durch den Rechtspfleger angesetzt worden ist, so ist der Beschluss, obgleich er prozessleitenden Charakter hat, mit der Erinnerung anfechtbar (**LG Düsseldorf KTS 1986**, 156, 158; K/U § 73 KO Rn 12 a).

3. Entscheidungen des Urkundsbeamten der Geschäftsstelle oder Serviceeinheit. Gegen die Entschei- 11 dungen des Urkundsbeamten der Geschäftsstelle (UdG) oder des Mitglieds einer Serviceeinheit, die aus UdG und Kanzleikräften besteht, ist gem § 573 Abs 1 ZPO ebenso wie gegen **Entscheidungen des beauftragten oder ersuchten Richters** die **befristete Erinnerung** gegeben. Die Vorschrift des § 573 ZPO knüpft an den bisherigen § 576 ZPO an, beseitigt jedoch den Unterschied zwischen einfacher und befristeter Erinnerung. Sämtliche Erinnerungen nach § 573 Abs 1 S 1 ZPO sind nunmehr befristet. Die Erinnerung kann binnen einer **Notfrist von zwei Wochen** schriftlich oder zu Protokoll der Geschäftsstelle eingelegt werden (§ 573 Abs 1 S 2 ZPO). § 569 Abs 1 S 1 und 2, Abs 2 und die §§ 570 und 572 ZPO gelten entsprechend (§ 573 Abs 1 S 3 ZPO). Über die Erinnerung entscheidet nicht der Rechtspfleger, sondern der **Insolvenzrichter bzw die Richterin** (§ 4 Abs 2 Nr 3 RPflG). Gegen die Entscheidung des Richters findet, soweit sie in der InsO oder anderen Gesetzen vorgesehen ist, sofortige Beschwerde statt (§ 4 InsO iVm § 573 Abs 2 ZPO). Zur Entscheidung über die Erinnerung beim beauftragten oder ersuchten Richter ist das Gericht zuständig, von dem der Auftrag oder das Ersuchen ausging, und beim Urkundsbeamten der Geschäftsstelle das Gericht, dem er angehört. Die Erinnerung unterliegt **keinem Anwaltszwang** (*Stein/Jonas/Grunsky* § 576 ZPO Rn 4; *Baumbach/Lauterbach/Albers/Hartmann* § 573 ZPO Rn 4; *MüKoZPO-Lipp* § 573 ZPO Rn 4). Die **Frist für die Einlegung der Erinnerung** beginnt erst mit der Zustellung zu laufen. Die Erinnerungsschrift muss die Bezeichnung der angefochtenen Entscheidung und die Erklärung enthalten, dass Erinnerung gegen diese Entscheidung eingelegt wird (§ 569 Abs 2 ZPO). Der Erinnerung kann unter den gleichen Voraussetzungen wie bei der Beschwerde eine **aufschiebende Wirkung** zukommen oder zugesprochen werden (§§ 573 Abs 1 S 3, 570 ZPO). Der ersuchte Richter kann ebenso wie der Urkundsbeamte der Geschäftsstelle der Erinnerung entsprechend § 572 Abs 1 S 3 ZPO iVm § 572 Abs 1 ZPO abhelfen. Gegen die Erinnerungsentscheidung des Richters findet gem § 573 Abs 2 ZPO die sofortige Beschwerde statt.

IV. Das Beschwerdeverfahren

12 **1. Beschwerdeberechtigung.** Wer im Einzelfall zur Einlegung der Beschwerde berechtigt ist, ist grundsätzlich in den Normen geregelt, die die Beschwerde für zulässig erklären (Jaeger/Gerhardt § 6 Rn 28; HK-*Kirchhof* § 6 Rn 24). Bei der GmbH ist jeder einzelne Geschäftsführer zur Einlegung der sofortigen Beschwerde berechtigt, und zwar unabhängig von der Vertretungsbefugnis (**LG Dessau ZIP 1998, 1006**). Nicht beschwerdeberechtigt sind dagegen Kommanditisten, wenn Insolvenzschuldnerin die KG ist (**OLG Hamm KTS 1972, 105, 106**). Gläubiger können beschwerdeberechtigt sein, sobald sie am Verfahren teilnehmen, also ihre Forderung zur Tabelle angemeldet haben (*Jaeger/Weber* § 73 KO Rn 8; HK-*Kirchhof* § 6 Rn 24; **BGH ZInsO 2007, 259** *Gerhardt* FS Uhlenbruck S 75, 84 f). Zur **formellen Beschwerdeberechtigung** muss jedoch die **Beschwer** hinzutreten (zum Begriff der Beschwer vgl *Gerhardt* FS Uhlenbruck S 75, 85 f; HK-*Kirchhof* § 6 Rn 25; MüKo-*Ganter* § 6 Rn 30–34 a). Wer durch eine Entscheidung des Insolvenzgerichts nicht in rechtserheblicher Weise beschwert ist, hat kein Beschwerderecht. So ist die Beschwerde als unzulässig zu verwerfen, wenn die angefochtene Entscheidung dem Antrag des Beschwerdeführers entspricht oder dessen Rechtslage in keiner Weise nachhaltig beeinträchtigt (*Gerhardt* FS Uhlenbruck S 85). Unzulässig ist auch eine Beschwerde nur gegen die Gründe der angefochtenen Entscheidung. Die Beschwer darf sich nicht allein aus Nebenentscheidungen über die Kosten oder deren Verweigerung ergeben (HK-*Kirchhof* § 6 Rn 25 unter Berufung auf **OLG Koblenz FamRZ 1991, 101**). So entfällt die Beschwer bei einer gem § 21 Abs 2 Nr 4 angeordneten **einstweiligen Postsperre**, wenn das Insolvenzverfahren eröffnet wird (**OLG Köln NZI 2000, 369 = ZIP 2000, 1222**; **LG Augsburg InsO 2003, 954**). Wird mit der Verfahrenseröffnung zugleich eine endgültige Postsperre nach § 99 angeordnet, so kann diese mit dem Eröffnungsbeschluss angefochten werden (HK-*Kirchhof* § 6 Rn 19; **OLG Köln ZIP 2000, 1901**). Wird das Verfahren vor der Entscheidung über die Beschwerde aufgehoben oder eingestellt, so entfällt die Beschwer idR ebenfalls. Es entfällt das Rechtsschutzbedürfnis. Eine Entscheidung des Beschwerdegerichts könnte die Rechtsstellung des Beschwerdeführers nicht mehr verbessern. Eine sofortige Beschwerde über die Anordnung einer vorläufigen Postsperre wird unzulässig, wenn die Postsperre durch das Insolvenzgericht wieder aufgehoben wird, weil die Beschwer fehlt (**BGH NZI 2007, 34**). Die Aufhebung ist sodann ein erledigendes Ereignis iSv § 91a ZPO (*Gerhardt* FS Uhlenbruck S 75, 89 ff; HK-*Kirchhof* § 6 Rn 26). Das Gericht muss den Beschwerdeführer hierauf hinweisen und- sofern der Beschwerdeführer die Erledigung erklärt – gem §§ 4 InsO, 91a ZPO über die Kosten entscheiden. Die Entscheidung selbst wird im Falle der prozessualen Überholung nicht mehr geprüft. Ein Fortsetzungsfeststellungsinteresse wie zB im Verwaltungsprozess (§ 113 Abs. 1 S. 4 VwGO) gibt es weder in der InsO noch der ZPO (MüKo-*Ganter* § 6 Rn 36; HK-*Kirchhof* § 6 Rn 26. Eine Ausnahme soll gelten, wenn die prozessual überholte gerichtliche Entscheidung einen tief greifenden Grundrechtseingriff enthielt und die Tragweite der Entscheidung nach dem typischen Verfahrensablauf auf eine Zeitspanne beschränkte, in der der Betroffene eine Überprüfung im Beschwerdeverfahren nicht oder kaum erlangen kann (**BVerfG NJW 1997, 2163**; **NJW 1998, 2131**; **BGH NJW 2004, 2015**; kritisch *Sternal* KTS 2004, 578). Der **Insolvenzverwalter** kann seine Beschwer auf die Beeinträchtigung der von ihm repräsentierten Interessen oder auf eine Verletzung seiner eigenen Interessen stützen (*Gerhardt* FS *Uhlenbruck* S 85). So zB macht der Insolvenzverwalter im Fall des § 194 Abs 3 S 2 eine **Beschwer** der Insolvenzmasse, im Fall des § 64 Abs 3 S 1 eine **eigene Beschwer** geltend (*Gerhardt* FS Uhlenbruck S 85; MüKo-*Ganter* § 6 Rn 34; K/U § 73 KO Rn 10). Der Beschwerdeführer kann seine Beschwer auch auf die Zweckwidrigkeit der Entscheidung des Insolvenzgerichts stützen. Das Vorliegen einer Beschwer hat das Gericht von Amts wegen zu prüfen. **Nicht beschwerdeberechtigt** sind dagegen die **Gläubigerversammlung** (MüKo-*Ganter* § 6 Rn 34a) sowie der **Gläubigerausschuss** (*Hegmanns*, Der Gläubigerausschuss, S 79 ff; MüKo-*Ganter* § 6 Rn 34a). Dies schließt aber nicht aus, dass jedem nicht nachrangigen Mitglied der Gläubigerversammlung gegen gerichtliche Entscheidungen das Rechtsmittel

IV. Das Beschwerdeverfahren § 6

der sofortigen Beschwerde zusteht, wie zB gegen die Aufhebung eines Beschlusses der Gläubigerversammlung (§ 78 Abs 2 S 2). Dabei kommt es nicht einmal darauf an, ob der Beschwerdeführer an der Abstimmung beteiligt war oder überhaupt in der Gläubigerversammlung anwesend war. Der **Insolvenzverwalter** ist beschwerdeberechtigt, wenn das Gericht gegen ihn Ordnungs- und Aufsichtsmaßnahmen gem § 58 ergreift oder ihn gem § 59 abberuft. **Nicht beschwert** ist ein absonderungsberechtigter Gläubiger durch die Eintragung des Insolvenzvermerks (**OLG Hamm KTS 1970, 314**). Hinweise und Anordnungen des Insolvenzgerichts im Eröffnungsbeschluss, die nur die gesetzliche Rechtslage wiedergeben, begründen keine Rechtsmittelbeschwer (**OLG Köln ZIP 1986, 384**). Die sofortige Beschwerde ist auch noch **nach Beendigung des Insolvenzverfahrens** zulässig, wenn sie auf Grund des Beschwerdegegenstandes von der Fortdauer des Verfahrens unabhängig ist (**LG Göttingen ZIP 1995, 858; LG Frankfurt ZIP 1991, 1442;** *K/U* § 73 KO Rn 10 b; *Gerhardt* FS Uhlenbruck S 75, 89 ff). Gemäß § 4 iVm § 567 Abs 2 ZPO muss der **Beschwerdewert** in den Fällen der §§ 64 Abs 3, 73 Abs 2 den Betrag von 200 Euro übersteigen (MüKo-*Ganter* § 6 Rn 4 h, 37). Ansonsten gilt der Beschwerdewert für sofortige Beschwerden nach der InsO nicht (FK-*Schmerbach* § 6 Rn 11 b). Ist die sofortige Beschwerde dem Gegenstand nach von der Fortdauer des Verfahrens unabhängig, ist über sie nach Beendigung des Verfahrens noch zu entscheiden. Andernfalls ist mit der Verfahrensbeendigung die Hauptsache für erledigt zu erklären und nur noch über die Kosten zu befinden s. o. Auch noch nach Beendigung des Insolvenzverfahrens kann gegen eine Entscheidung des Insolvenzgerichts die sofortige Beschwerde eingelegt werden, wie zB bei einer Beschwerde des Verwalters gegen die Festsetzung seiner Vergütung (vgl **OLG Frankfurt ZIP 1991, 1365, 1367;** *Gerhardt* FS Uhlenbruck S 90; FK-*Schmerbach* § 6 Rn 9; HK-*Kirchhof* § 6 Rn 26; K/U § 73 KO Rn 10 b). Gleiches gilt für die Verhängung eines Ordnungsmittels nach Maßgabe der §§ 177, 178 GVG. Das **Ordnungsverfahren** kann auch nach Beendigung des Insolvenzverfahrens noch durchgeführt werden und das Ordnungsmittel gem § 179 GVG vollstreckt werden, was sich ua auch aus § 58 Abs 3 ergibt (vgl auch *Gerhardt* FS Uhlenbruck S 75, 90). Der frühere Missstand, dass Einwendungen eines Gläubigers gegen das Schlussverzeichnis zurückgewiesen wurden und alsdann durch anschließende Verfahrensaufhebung die sofortige Beschwerde erledigt war (**OLG Frankfurt ZIP 1991, 1365**), ist durch das neue Recht beseitigt worden. § 194 Abs 2, 3 gilt auch für die Schlussverteilung (§ 197 Abs 3). Ordnet das Gericht die Berichtigung des Verzeichnisses an, muss der Insolvenzverwalter den Ablauf der Beschwerdefrist (§ 194 Abs 3 S 2) vor der Schlussverteilung abwarten oder den auf die Forderung des Gläubigers entfallenden Bruchteil zurückhalten (§ 198).

2. Einlegung der Beschwerde. Entsprechend § 569 Abs 1 S 1 ZPO kann die sofortige Beschwerde sowohl beim zuständigen Insolvenzgericht als auch beim Beschwerdegericht (Landgericht) **schriftlich oder zu Protokoll der Geschäftsstelle** eingelegt werden (*K/P/Prütting* § 6 Rn 19; HK-*Kirchhof* § 6 Rn 21; MüKo-*Ganter* § Rn 40). Da das Insolvenzgericht zunächst über die Frage der Abhilfe entscheiden muss, empfiehlt sich die Einlegung der sofortigen Beschwerde bei diesem Gericht. Andernfalls tritt unnötiger Zeitverlust ein, weil das Landgericht die Akten wegen der zu treffenden Abhilfeentscheidung an das Insolvenzgericht übersenden muss. Zulässig ist die Einlegung der Beschwerde schon vor der Zustellung der anfechtbaren Entscheidung (*K/P/Prütting* § 6 Rn 19). **Anwaltszwang** besteht nicht (§ 4 InsO iVm § 78 ZPO). Die Einlegung der Beschwerde kann auch mit den Mitteln moderner Kommunikationstechnik erfolgen, wie zB durch **Telegramm** (**OLG Köln NJW-RR 1990, 875**), **Telefax** oder **Fernschreiben** (HK-*Kirchhof* § 6 Rn 21). Obgleich die Einlegung an keine formellen Voraussetzungen gebunden ist, muss erkennbar sein, dass sofortige Beschwerde eingelegt wird (**BGH NJW 1992, 243;** *K/P/Prütting* § 6 Rn 20). Für die Einlegung der Beschwerde gilt, gleichgültig ob es sich um eine insolvenzspezifische Entscheidung oder eine solche, die über § 4 nach der ZPO anfechtbar ist, die **Vorschrift des § 569 Abs 1 S 2 ZPO** (FK-*Schmerbach* § 6 Rn 12). Nach § 569 Abs 2 ZPO wird die Beschwerde durch **Einreichung einer Beschwerdeschrift** eingelegt. Die Beschwerdeschrift muss die Bezeichnung der angefochtenen Entscheidung sowie die Erklärung enthalten, dass die Beschwerde gegen diese Entscheidung eingelegt wird (§ 569 Abs 2 S 2 ZPO). Nach früherem Recht bedurfte es keiner Begründung. Mit § 571 Abs 1 ZPO nF ist jedoch erstmals das **Begründungserfordernis** eingeführt worden. § 571 Abs 1 S 1 ZPO sieht vor, dass die Beschwerde begründet werden soll. Ein Begründungszwang besteht allerdings nicht (FK-*Schmerbach* § 6 Rn 14). Begründet der Beschwerdeführer seine Beschwerde nicht, läuft er Gefahr, dass seine Beschwerde ohne die Begründung nicht gewürdigt wird, denn eine Verpflichtung des Gerichts, ihn zur Begründung aufzufordern, besteht nicht (**RGZ 152, 316, 318;** Begr RegE zu § 571, BT-Drucks 14/4722 S 112). Die gesetzliche Neuregelung in § 571 Abs 1 ZPO trägt mit der grundsätzlichen Einführung der Begründungspflicht der bisherigen Gerichtspraxis Rechnung. Die Ausgestaltung als Sollvorschrift ohne gesetzliche Begründungsfrist bewirkt, dass an die Nichterfüllung der Begründungsverpflichtung allein keine über den früheren Rechtszustand hinausgehenden prozessualen Konsequenzen geknüpft werden können. Die Beschwerde kann also nicht wegen fehlender Begründung als unzulässig verworfen werden. Allerdings kann das Beschwerdegericht dem Beschwerdeführer entspr § 571 Abs 3 S 1 ZPO eine **Frist zur Begründung** setzen, deren Nichteinhaltung unter den Voraussetzungen des § 571 Abs 3 S 2 ZPO zur Präklusion führen kann. Da die sofortige Beschwerde auch ohne richterliche Fristsetzung als unbegründet zurückzuweisen ist, wenn zum Zeitpunkt der Entscheidung keine Begründung vorliegt, wird der Beschwerdeführer schon im eigenen Interesse bemüht sein, die Begründung der Beschwerdeschrift beizufügen (Begr RegE zu § 571 ZPO, BT-Drucks 14/4722 S 113). Kündigt allerdings der Beschwerdeführer eine Begründung an, hat das Insolvenzgericht vor einer Entscheidung die angekündigte Frist abzuwarten oder eine angemessene kürzere Frist zu setzen (**BVerfG** ZIP 1986, 1336, 1338; FK-*Schmerbach* § 6 Rn 14). Wird eine Frist gesetzt, sollte diese **zwei Wochen** nicht übersteigen. Einzelheiten bei FK-*Schmerbach* § 6 Rn 14.

14   **3. Beschwerdefrist.** Nach § 6 Abs 2 S 1 beginnt die Beschwerdefrist mit der Verkündung der Entscheidung oder, wenn diese nicht verkündet wird, mit deren Zustellung (vgl **AG Duisburg** NZI 2000, 607; HK-*Kirchhof* § 6 Rn 18). Die Beschwerdefrist beträgt **zwei Wochen** (§ 4 InsO, § 569 Abs 1 S 1 ZPO nF). Zwar hat die InsO keine Sonderregelung hinsichtlich der Beschwerdefrist getroffen; maßgeblich ist jedoch nach der Begr RegE zu § 6 (bei *Uhlenbruck*, Das neue Insolvenzrecht S 301) die in § 569 Abs 1 S 1 ZPO nF festgelegte zweiwöchige Frist, die auch im Insolvenzverfahren angemessen erscheint (K/P/*Prütting* § 6 Rn 18). Eine **Abkürzung** oder **Verlängerung** dieser Frist ist unzulässig, da es sich um eine Notfrist handelt (*Zöller/Gummer* § 577 ZPO Rn 5). Die Beschwerde kann schon **vor Fristbeginn eingelegt** werden, sobald die anzufechtende Entscheidung wirksam geworden ist (vgl **OLG Frankfurt** FamRZ 1991, 100; HK-*Kirchhof* § 6 Rn 20). In Ausnahmefällen ist gegen eine nicht verkündete oder nicht unterzeichnete Entscheidung die sofortige Beschwerde gegeben, wenn das Insolvenzgericht den Anschein einer wirksamen Entscheidung geschaffen hat (vgl HK-*Kirchhof* § 6 Rn 14; **BGH** NJW 1995, 404; 1996, 1969 f). Für den **Fristbeginn** ist nicht erforderlich, dass die Entscheidung eine Rechtsmittelbelehrung enthält (HK-*Kirchhof* § 6 Rn 19). Wird die Entscheidung des Gerichts **öffentlich bekannt gemacht**, so beginnt der Lauf der Beschwerdefrist am dritten Tag nach der Veröffentlichung (§ 9 Abs 3, Abs 1 S 3). Mängel von Einzelzustellungen werden durch die öffentliche Bekanntmachung geheilt. Der Lauf der Rechtsmittelfristen beginnt für alle Beteiligten mit dem **Zeitpunkt der öffentlichen Bekanntmachung**. Wird dem Beschwerdeführer die anzufechtende Beschluss nachweislich früher zugestellt, beginnt die Rechtsmittelfrist schon mit der früheren formgerechten Zustellung (HK-*Kirchhof* § 9 Rn 8; MüKo-*Ganter* § 6 Rn 38; N/R/*Becker* § 6 Rn 56; aA **OLG Hamm** ZIP 1993, 777; **OLG Frankfurt** ZIP 1996, 556; Jaeger-Gerhardt § 6 Rn 32). Bei **wesentlichen Zustellungsmängeln** wird die Beschwerdefrist als Notfrist gem § 187 S 2 ZPO selbst dann nicht in Gang gesetzt, wenn die Entscheidung dem Betroffenen zugegangen ist. In diesen Fällen muss erneut zugestellt werden. Für nicht öffentlich bekannt gemachte Entscheidungen und Beschlüsse, die lediglich formlos zugestellt worden sind, gelten die §§ 516, 552 ZPO a. F. analog, jetzt § 269 Abs.1S. 2 ZPO (**LG Göttingen** Rpfleger 1994, 78; FK-*Schmerbach* § 6 Rn 12). Unterlässt es der Postbeamte, gem § 212 Abs 1 ZPO auf der Sendung den Tag der Zustellung zu vermerken, ist die Zustellung zwar wirksam; der Lauf der Notfrist für die sofortige Beschwerde beginnt aber erst mit dem **Ablauf von fünf Monaten** ab Erlass der Entscheidung (§ 569 Abs 1 S 2 ZPO nF entspr; **OLG Köln** ZIP 1993, 1483, 1484). Auch **nach Ablauf der Beschwerdefrist** ist die sofortige Beschwerde noch zulässig, wenn die Erfordernisse der Nichtigkeits- oder Restitutionsklage vorliegen (§ 569 Abs 1 S 3 ZPO nF; **OLG Frankfurt** ZIP 1996, 556; **LG Frankfurt** ZIP 1995, 1836; FK-*Schmerbach* § 6 Rn 12). Gegen die Versäumung der Beschwerdefrist ist die **Wiedereinsetzung in den vorigen Stand** (§ 233 ZPO) möglich (vgl **LG Frankfurt** ZIP 1995, 1836; HK-*Kirchhof* § 6 Rn 21; Hess 3 6 Rn 112). Weist das **LG** den Antrag des Insolvenzschuldners auf Wiedereinsetzung in den vorigen Stand und zugleich die sofortige Beschwerde als unzulässig zurück, ist hiergegen das einheitliche Rechtsmittel der Rechtsbeschwerde gegeben, §238Abs.2S.1ZPO (MüKo-*Ganter* § 4 Rn 51; **BGH** NJW 2003, 69; Zöller-Greger § 238 Rn 7). Eine Rechtsmittelbelehrung ist keine Voraussetzung für den Beginn des Fristenlaufs (**BGH** NJW 1997, 1989; HK-*Kirchhof* § 6 Rn 19; Hess § 6 Rn 108).

15   **4. Abhilfebefugnis. a) Abhilfe durch den Insolvenzrichter.** Nach § 572 Abs 1 S 1 ZPO muss das Insolvenzgericht prüfen ob es der sofortigen Beschwerde abhilft oder nicht. Hilft es der sofortigen Beschwerde abändert es zugleich seine Entscheidung in diesem Fall muss das Insolvenzgericht zuvor rechtliches Gehör gewähren. Die sofortige Beschwerde ist damit erledigt. Hilft es der sofortigen Beschwerde nicht ab, legt es die Sache unverzüglich dem Beschwerdegericht vor. § 572 Abs 1 ZPO gibt dem Ausgangsrichter (iudex a quo) die Möglichkeit, seine Entscheidung nochmals zu überprüfen, sie kurzerhand zurückzunehmen oder zu berichtigen. Nach der Begr RegE (BT-Drucks 14/4722 S 114) dient die Abhilfebefugnis zugleich der Selbstkontrolle des Gerichts und erhält dem Betroffenen der Instanz, was insbesondere in den Fällen der Verletzung des Anspruchs auf rechtliches Gehör sachgerecht ist. Zudem verkürzt sie das Verfahren und entlastet das Beschwerdegericht, weil es mit der Korrektur von Fehlern, die das Ausgangsgericht selbst erkennt, oder mit der Nachholung des rechtlichen Gehörs von vornherein nicht befasst wird (so BT-Drucks 14/4722 S 114). Über die **Nichtabhilfe** ist durch **Beschluss** zu entscheiden (MüKo-*Ganter* § 6 Rn 48). Der Nichtabhilfebeschluss ist zu **begründen**, wenn das Rechtsmittel auf neue Tatsachen gestützt wird (**LG München I** ZInsO 2001, 425, FK-*Schmerbach* § 6 Rn 19; *Hoffmann* NZI 1999, 425, 429; MüKoInsO-*Ganter* § 6 Rn 48). Hilft das Insolvenzgericht der sofortigen Beschwerde ab, so erledigt sich zwar die Beschwerde für den Beschwerdeführer, jedoch können durch die Abhilfe **sonstige Verfahrensbeteiligte beschwert** sein. Werden durch die Abhilfe andere Verfahrensbeteiligte beschwert, hat die **Abhilfe durch begründeten Beschluss** zu erfolgen, der denjenigen, zu deren Nachteil abgeändert wird, förmlich zuzustellen ist (FK-*Schmerbach* § 6 Rn 18). Ein anderer

IV. Das Beschwerdeverfahren § 6

Beteiligter, der durch die Abhilfe beschwert ist, kann gegen den Abhilfebeschluss eine sofortige Beschwerde gem § 6 Abs 1 nur einlegen, wenn er eine Beschwerdemöglichkeit auch gehabt hätte, falls der Abhilfebeschluss als Erstentscheidung ergangen wäre (MüKo-*Ganter* 3 6 Rn 49; *Jaeger-Gerhardt* § 6 Rn 37; HK-*Kirchhof* § 6 Rn 31). Hilft das Gericht nur teilweise ab, kann das Beschwerdegericht uU mit zwei Beschwerden befasst werden (MüKo-*Ganter* § 6 Rn 49). Abgeholfen werden kann auch der sofortigen Beschwerde gegen Entscheidungen nach § 91a ZPO (LG Göttingen ZIP 2000, 32; HK-*Kirchhof* § 6 Rn 23; str aA *Holzer* EWiR 2000, 298). Die uneingeschränkte Nichtabhilfeentscheidung ist nicht anfechtbar (MüKo-*Ganter* § 6 Rn 49). Das Insolvenzgericht hat ferner die Möglichkeit, die **Vollziehung der angefochtenen Entscheidung einstweilen auszusetzen** (§ 570 Abs 2 ZPO), da die Einlegung der sofortigen Beschwerde den Eintritt der Rechtswirkungen der angefochtenen Entscheidung nicht hindert (§ 570 Abs 1 ZPO).

b) **Abhilfe durch den Rechtspfleger.** Hat der Rechtspfleger entschieden, ist zu differenzieren: Ist in der 16 InsO ausdrücklich das Rechtsmittel der sofortigen Beschwerde gegen Entscheidungen des Insolvenzgerichts vorgesehen (§ 6 Abs 1), so hat der **Rechtspfleger** zunächst zu prüfen, ob er der Beschwerde abhelfen will (vgl § 11 Abs 2 S 2 RPflG; *H/W/F* Hdb 2/76; MüKo-*Ganter* § 6 Rn 58; FK-*Schmerbach* § 6 Rn 37; *Gerhardt* FS *Uhlenbruck* S 75, 88). Hilft er der sofortigen Beschwerde ab, korrigiert er die angefochtene Entscheidung, so dass die sofortige Beschwerde erledigt ist. Hilft er hingegen nicht ab, muss er dies durch einen Nichtabhilfebeschluss dokumentieren und die Sache unverzüglich dem Landgericht als Beschwerdegericht vorlegen (s. hierzu Rn 15). Der Rechtsmittelzug führt also direkt zum Landgericht als Beschwerdegericht, § 11Abs 1 RPflG (MüKo-*Ganter* § 6 Rn 58). Ist dagegen gem § 6 Abs 1 die sofortige Beschwerde nicht in der InsO vorgesehen, so ist gegen die Entscheidung des Rechtspflegers die **Erinnerung** gegeben, über die abschließend der zuständige Insolvenzrichter bzw die Richterin entscheidet (§ 11 Abs 2 RPflG; FK-*Schmerbach* § 6 Rn 32). Lediglich für Entscheidungen des Rechtspflegers über die Gewährung des Stimmrechts (§§ 77, 237, 238) gelten Sondervorschriften. Im Übrigen gilt auch im Fall der Erinnerung nach § 11 Abs 2 RPflG, dass der Rechtspfleger zunächst über die Frage der Abhilfe/Nichtabhilfe zu entscheiden hat. Hält er die Erinnerung für zulässig und begründet, hilft er ab (so). Hält er die Erinnerung für unzulässig oder unbegründet, muss er dies in Form eines (nicht anfechtbaren) Beschlusses aussprechen und die Akte dem Insolvenzrichter zur Entscheidung vorlegen (FK-*Schmerbach* § 6 Rn 45; MüKo-*Ganter* § 6 Rn 60). Der Insolvenzrichter beim Amtsgericht entscheidet nunmehr abschließend (MüKo-*Ganter* § 6 Rn 61) Gegen diese Entscheidung des Richters ist ein Rechtsmittel nicht mehr statthaft (Kübler/Prütting/*Prütting* § 6 Rn 35). Legt der Beschwerdeführer fälschlich gegen eine Entscheidung des Rechtspflegers sofortige Beschwerde ein, obwohl diese nicht statthaft ist, darf sie nicht als unzulässig verworfen werden. Vielmehr muss der Rechtspfleger sie in die statthafte sofortige Erinnerung umdeuten. Geschieht dies nicht und legt er die sofortige Beschwerde (mit der Nichtabhilfeentscheidung) dem Landgericht vor, hebt das Landgericht die Vorlageverfügung des Rechtspflegers auf und weist die Sache an das Amtsgericht zur eigenen abschließenden Entscheidung zurück (MüKo-*Ganter* § 6 Rn 61). Hält der Rechtspfleger die Erinnerung nur teilweise für begründet, so erlässt er einen **Teilabhilfebeschluss**. Wegen der unerledigten Erinnerung legt er die Akten dem Richter vor. Da es sich um eine **sofortige Erinnerung** handelt (§ 11 Abs 2 S 1 RPflG), ist die **Zweiwochenfrist** des § 569 Abs 1 S 1 ZPO einzuhalten. Die Erinnerung ist beim Insolvenzgericht einzulegen. Das Erinnerungsverfahren vor dem Insolvenzgericht ist **gebührenfrei** (§ 11 Abs 4 RPflG). Auslagen sind jedoch zu erstatten (FK-*Schmerbach* § 6 Rn 47).

5. **Keine aufschiebende Wirkung der sofortigen Beschwerde.** Die sofortige Beschwerde hat nach 17 § 570 Abs 1 ZPO nur dann aufschiebende Wirkung, wenn sie die Festsetzung eines Ordnungs- oder Zwangsmittels zum Gegenstand hat. Das Gericht hat somit trotz Einlegung einer Beschwerde dem Verfahren Fortgang zu geben und angeordnete Sicherungsmaßnahmen ausführen zu lassen (HK-*Kirchhof* § 6 Rn 32). Bei Anordnung einer Postsperre ist der Verwalter weiterhin berechtigt, die Schuldnerpost zu öffnen und durchzusehen. Der Insolvenzrichter, dessen Entscheidung angefochten worden ist, kann jedoch entsprechend § 570 Abs 2 ZPO anordnen, dass die **Vollziehung der angefochtenen Entscheidung vorläufig ausgesetzt** wird (HK-*Kirchhof* § 6 Rn 32; MüKo-*Ganter* § 6 Rn 51). Auch kann die Beschwerdekammer des LG vor der Entscheidung eine **einstweilige Anordnung** erlassen oder anordnen, dass die Vollziehung der angefochtenen Entscheidung auszusetzen ist (§ 570 Abs 3 ZPO; LG Karlsruhe ZIP 1984, 623; *N/R/Becker* § 6 Rn 58; FK-*Schmerbach* § 6 Rn 15; K/P/*Prütting* § 6 Rn 24, 25).

6. **Die Entscheidung der Beschwerdekammer des LG.** Beschwerdegericht ist das **LG** (§ 72 GVG). Die 18 Beschwerdekammer kann die Beschwerde als unzulässig verwerfen (§ 572 Abs 2 S 2 ZPO) oder sie als unbegründet zurückweisen. Die Entscheidung ergeht durch **Beschluss** auf Grund freigestellter mündlicher Verhandlung (§ 572 Abs 4 ZPO). Zuständig für die Entscheidung ist der Einzelrichter nach Maßgabe des § 568 ZPO. Der Beschwerdeführer kann sich selbst vertreten, es gilt kein Anwaltszwang, auch nicht im Fall der mündlichen Verhandlung (FK-*Schmerbach* § 6 Rn 25; aA HK-*Kirchhof* § 6 Rn 36). Der Beschluss ist zuzustellen (§ 329 Abs 3 ZPO, § 8 InsO). Die Beschwerdeentscheidung ist **stets mit Gründen** zu versehen (BGH ZInsO 2002, 724; OLG Köln NZI 2000, 317, 318 f; OLG Köln ZInsO 2000, 393, 394; BayObLG NZI 2000, 434; *Pape* ZInsO 2000, 548 f; HK-*Kirchhof* § 6 Rn 34; FK-

Schmerbach § 6 Rn 25 u § 7 Rn 18 e). Vor allem führt bei **fehlender Sachverhaltsdarstellung** im landgerichtlichen Beschwerdebeschluss „an der Aufhebung und Zurückverweisung der Sache an das LG kaum ein Weg vorbei" (*Pape* ZInsO 2000, 548). Nach zutreffender Feststellung des OLG Köln (NZI 2000, 317, 319) ist dem Gericht eine rechtliche Nachprüfung nur möglich, wenn sich aus der angefochtenen Entscheidung ergibt, von welchem konkreten Sachverhalt das Beschwerdegericht ausgegangen ist und wie es ihn festgestellt hat. Hierzu ist nicht nur eine vollständige Sachverhaltsdarstellung erforderlich, sondern auch eine Begründung. Hieran hat auch die Zuständigkeitsverlagerung der **Rechtsbeschwerde** (§ 574 ZPO) nichts geändert. Der **BGH** muss imstande sein, die Entscheidung in vollem Umfang, also auch hinsichtlich des festgestellten Sachverhalts, zu überprüfen. Der **BGH** als Rechtsbeschwerdegericht ist nicht befugt, sich den Sachverhalt, von dem das LG ausgegangen ist, aus den Akten zu bilden und der rechtlichen Überprüfung zugrunde zu legen. Nach der Begr RegE zu § 572 Abs 4 (BT-Drucks 14/4722 S 115) muss die Beschwerdeentscheidung mit einer **Sachverhaltsdarstellung** und einer **Begründung** versehen werden. Ohne eine Tatsachenfeststellung kann das Rechtsbeschwerdegericht die Rechtsanwendung durch die Vorinstanz nicht überprüfen. Entscheidungen des Beschwerdegerichts ohne eine Wiedergabe des maßgeblichen Sachverhalts unterliegen regelmäßig der Aufhebung durch den BGH (vgl **BGH** NJW 2006, 2910; **BGH** NJW-RR 2007, 1412. Das Beschwerdegericht darf Ermessensentscheidungen des Insolvenzgerichts in vollem Umfang überprüfen (*Gerhardt* FS Uhlenbruck S 75, 85; HK-*Kirchhof* § 6 Rn 25). War der **Grundsatz des rechtlichen Gehörs** durch das Insolvenzgericht verletzt worden, so kann das Beschwerdegericht den Verstoß durch Nachholung des rechtlichen Gehörs heilen (vgl **OLG** Karlsruhe ZIP 1982, 194; **OLG** Köln ZInsO 2000, 397; HK-*Kirchhof* § 6 Rn 33). Im Übrigen darf der Beschwerdeführer durch die Beschwerdeentscheidung nicht schlechter gestellt werden (§§ 528 S 2, 557 Abs 1 ZPO, LG Göttingen ZInsO 2004, 497; N/R/*Becker* § 6 Rn 77; MüKo-*Ganter* § 6 Rn 72; FK-*Schmerbach* § 6 Rn 25 a; siehe auch unten zu Rn 20). Hat der Beschwerdeführer die sofortige Beschwerde begründet oder hat er eine Frist zur Begründung ungenutzt verstreichen lassen, braucht ihm das Beschwerdegericht kein rechtliches Gehör zu gewähren. Etwas anderes gilt, wenn das Beschwerdegericht zwar die angefochtene Entscheidung aufrechterhält, dies jedoch mit anderer Begründung und dieser neue rechtliche Gesichtspunkt von den Beteiligten bislang nicht gesehen worden ist (FK-*Schmerbach* § 6 Rn 24). Kein rechtliches Gehör ist erforderlich, wenn das Beschwerdegericht die sofortige Beschwerde verwirft oder zurückweist. Dies dient der gesetzlich vorgesehenen Beschleunigung des Verfahrens. Will das Beschwerdegericht jedoch der Beschwerde ganz oder teilweise abhelfen, also die angefochtene Entscheidung ändern, muss es dem Beschwerdegegner rechtliches Gehör gewähren. Eine Beschwerde wegen Verletzung rechtlichen Gehörs durch das Insolvenzgericht hat nur Erfolg, wenn der Beschwerdeführer sämtliche Möglichkeiten, sich Gehör zu verschaffen, ausgeschöpft hat und wenn die angegriffene Entscheidung auf der Verletzung rechtlichen Gehörs beruht oder beruhen kann (*K/U* § 73 KO Rn 2 a; FK-*Schmerbach* § 6 Rn 25 b). Das Beschwerdegericht braucht nicht immer in der Sache selbst zu entscheiden. Vielmehr ist es berechtigt, gem § 572 Abs 3 ZPO die Sache **an das Insolvenzgericht zurückzuverweisen**. Dieses ist entspr § 565 Abs 2 ZPO an die rechtliche Beurteilung des Beschwerdegerichts gebunden (HK-*Kirchhof* § 6 Rn 34; FK-*Schmerbach* § 6 Rn 25 b, HamKomm/*Rüther* § 6 Rn 29). Entsprechend § 572 Abs 3 ZPO kann das Beschwerdegericht, wenn es die Beschwerde für begründet hält, dem Insolvenzgericht, das die beschwerende Entscheidung erlassen hat, die erforderliche Anordnung übertragen. Ob das Beschwerdegericht selbst in der Sache entscheidet oder nach § 572 Abs 3 ZPO verfährt, steht in seinem Ermessen. Ist die Sache allerdings entscheidungsreif, so unterbleibt die Zurückverweisung (*Thomas/Putzo/Reichold* § 572 ZPO Rn 20; *Zöller/Heßler* § 572 ZPO Rn 26). Zurückverwiesen werden sollte nur, wenn das Insolvenzgericht **schwere Verfahrensverstöße** begangen hat (*Thomas/Putzo/Reichold* § 572 ZPO Rn 20). Das Fehlen eines Sachverhalts oder einer Begründung kann im Einzelfall ausreichen (LG Koblenz NZI 2001, 265). Stets ist auf den Einzelfall abzustellen. Ist die Vorentscheidung in sich widersprüchlich oder ist unklar, worüber eigentlich entschieden worden ist, wird idR Zurückverweisung angebracht sein. Eine **Zurückverweisung** kommt zB in Betracht, wenn weitere Ermittlungen erforderlich sind (**OLG** Köln ZInsO 2001, 378, 379) oder bei schweren Verfahrensverstößen (FK-*Schmerbach* § 6 Rn 25 b). Das Insolvenzgericht ist an die rechtliche Beurteilung des Beschwerdegerichts gebunden. Der neue Beschluss des Insolvenzgerichts ist wiederum mit der sofortigen Beschwerde anfechtbar. Bei der **erforderlichen Anordnung** iSv § 572 Abs 4 ZPO handelt es sich um einen Fall der Rückverweisung, bei dem das Beschwerdegericht dem Insolvenzgericht bindend vorschreibt, entweder nach bestimmten Weisungen in der Sache zu entscheiden oder die zur Ausführung der getroffenen Entscheidung erforderlichen Anordnungen zu treffen.

19 **7. Wirksamkeit der Beschwerdeentscheidung (§ 6 Abs 3).** Die Entscheidung der Beschwerdekammer wird nach § 6 Abs 3 S 1 erst mit ihrer Rechtskraft wirksam. Durch das **Gesetz zur Reform des Zivilprozesses** ist § 6 Abs 3 dahingehend geändert worden, dass auch § 6 Abs 3 S 1 die Entscheidung über die Beschwerde erst mit der Rechtskraft wirksam wird. Gem Abs 3 S 2 kann das **Beschwerdegericht** jedoch die sofortige Wirksamkeit der Entscheidung anordnen. Eine Änderung gegenüber dem früheren Recht ist nur insoweit eingetreten, als nicht mehr auf die **Zuständigkeit des Landgerichts** für die Entscheidung über die sofortige Beschwerde abgestellt wird, sondern schlechthin auf das Beschwerdegericht. Welches Gericht über die sofortige Beschwerde entscheidet, ergibt sich aus dem GVG und für die beim Inkrafttreten des Gesetzes anhängigen Verfahren aus der in Art 3 in § 26 Nr 9 EGZPO vorgesehenen Übergangsvorschrift. Durch die Vorschrift, die dem früheren § 74 KO entspricht, soll verhindert werden, dass eine Entscheidung des Insolvenzgerichts bei mehrfacher Abänderung im Instanzenzug zunächst unwirksam wird und dann wieder von neuem getroffen werden muss. Vgl auch *F. Baur,* „Steckengebliebene" Insolvenzverfahren, in: FS-*Weber* 1975, S 41, 49 ff; *K/U* § 74 KO Rn 1; FK-*Schmerbach* § 6 Rn 26; *K/P/Prütting* § 6 Rn 27. Hat das LG auf sofortige Beschwerde den Eröffnungsbeschluss aufgehoben, wird dieser dagegen im Zuge der Rechtsbeschwerde bestätigt, so wirkt der Insolvenzbeschlag mit Verfahrenseröffnung fort und bleiben Rechtshandlungen des Insolvenzverwalters wirksam (HK-*Kirchhof* § 6 Rn 28). Das Beschwerdegericht kann jedoch mit dem Erlass der Beschwerdeentscheidung zugleich die **sofortige Wirksamkeit seiner Entscheidung** anordnen (§ 6 Abs 3 S 2). Die Anordnung sofortiger Wirksamkeit kann nur zusammen mit der Beschwerdeentscheidung angefochten werden (*K/P/ Prütting* § 6 Rn 29; FK-*Schmerbach* § 6 Rn 26). Die Anordnung sofortiger Wirksamkeit ist in der Praxis die Ausnahme. Sie kommt vor allem in Betracht, wenn das Beschwerdegericht erstmals den Eröffnungsbeschluss auf Grund einer sofortigen Beschwerde nach § 34 erlässt (HK-*Kirchhof* § 6 Rn 36, FK-*Schmerbach* § 34 Rn 26). Wird eine auf Eröffnung des Insolvenzverfahrens lautende, mit der Anordnung sofortiger Wirksamkeit ausgestattete Beschwerdeentscheidung in der nächsten Instanz aufgehoben, hat der Schuldner **keinen Schadenersatzanspruch** gegen den antragstellenden Gläubiger entspr § 717 Abs 2 ZPO oder § 945 ZPO, weil nicht der Antragsteller, sondern die Richter die Anordnung der vorläufigen Wirksamkeit verantworten (HK-*Kirchhof* § 6 Rn 37; *Jaeger/Gerhardt* § 6 Rn 50). Die Anordnung dient zudem nicht dem Sicherungsbedürfnis des Antragstellers, sondern der Sicherung der Haftungsmasse zugunsten aller Gläubiger (*K/P/Prütting* § 6 Rn 30). Gem §§ 575 Abs 5, 570 Abs 3 ZPO kann der BGH als Rechtsbeschwerdegericht die Anordnung sofortiger Wirksamkeit außer Kraft setzen (FK-*Schmerbach* § 6 Rn 26).

8. Das Verbot der „reformatio in peius". Hat nur der durch die Entscheidung Beschwerte Rechtsmittel 20 eingelegt, gilt auch im Beschwerdeverfahren das Verbot der „reformatio in peius", dh die Entscheidung darf nicht zu einer Verschlechterung der Rechtsstellung des Beschwerdeführers führen (§§ 528 S 2, 557 MüKo-*Ganter* § 6 Rn 72; FK-*Schmerbach* § 6 Rn 25 a; *K/U* § 73 KO Rn 12 c; *K/P/Prütting* § 6 Rn 31; HK-*Kirchhof* § 6 Rn 33). Legt zB der Insolvenzverwalter gem § 64 Abs 3 gegen die Festsetzung seiner Vergütung sofortige Beschwerde ein, so ist es dem Beschwerdegericht verwehrt, die vom Insolvenzgericht festgesetzte Vergütung herabzusetzen (MüKo-*Ganter* § 6 Rn 72; *K/P/Prütting* § 6 Rn 31). Entgegen der noch in der Vorauflage vertretenen Auffassung gilt das Verschlechterungsverbot auch bei Aufhebung und Zurückverweisung (BGH NZI 2004, 440; MüKo-*Ganter* § 6 Rn 72). Der Beschwerdeführer darf bei Aufhebung und Zurückverweisung nicht schlechter gestellt werden, als wenn das Rechtsmittelgericht eine eigene Sachentscheidung getroffen hätte. Andererseits darf das Gericht nicht über das Begehren des Beschwerdeführers hinausgehen, ne ultra petita (BGH NZI 2007, 45).

9. Kosten des Beschwerdeverfahrens. Das Beschwerdegericht hat grundsätzlich gem §§ 91 ff ZPO 21 oder nach § 97 ZPO darüber zu befinden, wer die Kosten des Beschwerdeverfahrens zu tragen hat, wenn ein Beschwerdegegner vorhanden ist (vgl OLG Koblenz Rpfleger 1989, 340; *Hoffmann* NZI 1999, 425, 429; MüKo-*Ganter* § 6 Rn 83, 84; vgl auch OLG Celle ZInsO 2001, 266, 268). Wird die Sache an das Insolvenzgericht zurückverwiesen, kann diesem auch die Entscheidung über die Kosten des Beschwerdeverfahrens übertragen werden, wenn der endgültige Erfolg des Rechtsmittels noch nicht feststeht (HK-*Kirchhof* § 6 Rn 35). Die Beschwerde gegen einen Beschluss über die Eröffnung des Insolvenzverfahrens (§ 34) begründet eine volle Gebühr nach KostVerz Nr 2360. Alle sonstigen Beschwerden, die nicht nach anderen Vorschriften gebührenfrei sind, lassen nach KostVerz Nr 2361 eine volle Gebühr entstehen, soweit die Beschwerde verworfen oder zurückgewiesen wird. Ergeht eine Kostenentscheidung zu Lasten des Beschwerdegegners, sind auch die im Verfahren entstandenen **Auslagen** von ihm zu erheben. Gesetzlicher Kostenschuldner ist der Beschwerdeführer. Der Wert für die Beschwerdegebühr richtet sich nach §§ 58, 47 GKG. Ein Rechtsanwalt erhält im Beschwerdeverfahren gemäß gem § 18 Nr 5 RVG, VergVerz Nr 3500 eine halbe Gebühr.

V. Rechtskraftwirkung insolvenzgerichtlicher Beschlüsse

§ 6 enthält keine Bestimmung, wann und in welchem Umfang Entscheidungen des Insolvenzgerichts 22 der materiellen Rechtskraft fähig sind. Grundsätzlich sind die verfahrensrechtlichen Entscheidungen des Insolvenzgerichts ebenso wie des Beschwerdegerichts nur der **formellen Rechtskraft** fähig, denn sie betreffen lediglich Fragen der Rechtmäßigkeit von Maßnahmen der Verfahrensabwicklung (HK-*Kirchhof* § 6 Rn 38). Eine nicht angefochtene und wirksame Entscheidung zB über die Verfahrenseröffnung oder die Bestellung eines Insolvenzverwalters ist deshalb in jedem anderen Prozess als wirksam anzusehen (BGH BGHZ 113, 218 = ZIP 1991, 233; HK-*Kirchhof* § 6 Rn 38). Ist ein Insolvenzeröffnungsbeschluss formell rechtskräftig geworden, können weder seine Zulässigkeit noch die seiner Durchführung dienenden Maßnahmen in einem anderen Verfahren in Frage gestellt werden. Ist das Insolvenzverfahren eröffnet, ist auch das Prozessgericht an eine solche Entscheidung als Hoheitsakt gebunden (RGZ 136,

97, 99; OLG Hamburg ZIP 1984, 348, 349; *K. Schmidt* EWiR 1/91, 481, 482). Durch eine unanfechtbare Entscheidung des Insolvenzgerichts oder des Beschwerdegerichts werden alle **verfahrensrechtlichen Mängel geheilt.** Wenn auch die formelle Rechtskraft als verfahrensmäßige Entscheidung andere Gerichte bindet (**BGHZ** 113, 218), sind diese nicht gehindert, **Einzelfragen** wie zB die Frage des Vorliegens eines Insolvenzgrundes, in einem Rechtsstreit über Schadensersatz wegen Insolvenzverschleppung oder einem Strafprozess wegen Bankrottdelikts nach den §§ 283, 283 a–d StGB, anders zu beurteilen. Die öffentliche Bekanntmachung einer **Anzeige der Masseunzulänglichkeit** nach § 208 Abs 2 S 1 ist keiner formellen Rechtskraft fähig und bindet Prozessgerichte, wie zB Arbeitsgerichte, nicht. Nach **OLG** Hamburg (ZIP 1984, 348) wird der Mangel der Insolvenzfähigkeit einer Erbengemeinschaft, die den Geschäftsbetrieb des Erblassers fortgeführt hat, durch die Rechtskraft des Konkurseröffnungsbeschlusses geheilt (vgl auch *Jaeger/Weber* § 109 KO Rn 10 a; *K/U* § 74 KO Rn 3). Soweit Entscheidungen des Insolvenzgerichts oder des Beschwerdegerichts bürgerlich-rechtliche Beziehungen unter bestimmten Personen (zB § 26 Abs 3, § 64) oder materiell-rechtliche Ansprüche festlegen, wie zB **Auslagen- und Vergütungsansprüche des Insolvenzverwalters** und der Mitglieder des Gläubigerausschusses, sind diese Beschlüsse der **materiellen Rechtskraft** fähig. Bei einem Streit über die Berechtigung derartiger Ansprüche in einem anderen Verfahren ist deshalb das Prozessgericht an die Entscheidung gebunden (*Jaeger/Gerhardt* § 6 Rn 52; *K/U* § 74 KO Rn 3). Zwar fehlt es an einer materiellen Rechtskraftwirkung; jedoch kann zB das Prozessgericht in einem Feststellungsprozess nach § 180 Abs 1 die Recht- und Gesetzmäßigkeit der Verfahrenseröffnung nicht mehr in Frage stellen, wenn die formelle Rechtskraft eingetreten ist (BGHZ 113, 216, 218). Gegen formell rechtskräftige Entscheidungen des Insolvenzgerichts oder des Beschwerdegerichts ist ein **Wiederaufnahmeverfahren** entspr §§ 577 Abs 2 S 3, 578 ff ZPO zulässig (**OLG** Frankfurt ZIP 1996, 556; HK-*Kirchhof* § 6 Rn 39; Jaeger/Gerhardt § 6 Rn 45).

§ 7 Rechtsbeschwerde

Gegen die Entscheidung über die sofortige Beschwerde findet die Rechtsbeschwerde statt.

Übersicht

	Rn
I. Allgemeines	1
1. Zur Rechtslage bis zum 31. Dezember 2001	1
2. Die Rechtslage ab 1. Januar 2002	2
3. Die praktischen Auswirkungen der Einführung der Rechtsbeschwerde	3
II. Rechtsbeschwerde	4
1. Zulässigkeit der Rechtsbeschwerde nach § 574 Abs 1 Nr 1, Abs 2 Nr 1, 2 ZPO, § 7 InsO	4
a) Grundsätzliche Bedeutung der Rechtssache (§ 574 Abs 2 Nr 2 ZPO)	6
b) Fortbildung des Rechts (§ 574 Abs 2 Nr 2, 1. Altern ZPO)	7
c) Sicherung einer einheitlichen Rechtsprechung	8, 9
III. Zulässigkeit der Anschlussrechtsbeschwerde (§ 574 Abs 4 ZPO)	10
IV. Die Einlegung der Rechtsbeschwerde (§ 575 ZPO)	11
1. Frist zur Einlegung der Rechtsbeschwerde	11
2. Notwendiger Inhalt der Rechtsbeschwerdeschrift	12
3. Anwaltszwang für die Rechtsbeschwerde	13
4. Begründung der Rechtsbeschwerde	14–19
V. Prüfung und Entscheidung der Rechtsbeschwerde (§ 577 ZPO)	20
1. Prüfung der Zulässigkeit und Bindung an die gestellten Anträge	20
2. Form der Entscheidung	21
3. Verwerfung der Rechtsbeschwerde als unzulässig (§ 577 Abs 1 S 2 ZPO)	22
4. Zurückweisung der Rechtsbeschwerde (§ 577 Abs 3 ZPO)	23
5. Entscheidung über die Rechtsbeschwerde	24, 25
VI. Grenzen der Bindungswirkung	26
VII. Kosten	27

I. Allgemeines

1. Zur Rechtslage bis zum 31. Dezember 2001. Nach dem Difformitätsprinzip des früheren Rechts konnten Entscheidungen des LG als Beschwerdegericht in Insolvenzsachen nur angefochten werden, wenn die Voraussetzungen des § 568 Abs 2 S 2 ZPO aF vorlagen. Gegen Entscheidungen der Oberlandesgerichte war eine Beschwerde nicht zulässig (§ 567 Abs 3 ZPO aF). Dem Mangel des früheren Rechts hat die InsO dadurch abgeholfen, dass sie in § 7 Abs 1 S 1 aF die **sofortige weitere Beschwerde** an das **OLG** als **Zulassungsbeschwerde** anführte, wenn die Beschwerde darauf gestützt wurde, dass die Entscheidung auf einer weiteren Verletzung des Gesetzes beruhte und die Nachprüfung der Entscheidung zur Sicherung einer einheitlichen Rechtsprechung geboten war. Voraussetzung für die Zulassung der sofortigen weiteren Beschwerde war gem § 7 Abs 1 aF ein **Antrag**. Wollte das **OLG** bei der Entscheidung über die weitere Beschwerde in einer Frage aus dem Insolvenzrecht von der auf weitere Beschwerde ergangenen Entscheidung eines anderen **OLG** abweichen, so hatte es gem § 7 Abs 2 S 1 aF die weitere Be-

I. Allgemeines § 7

schwerde dem **BGH** zur Entscheidung vorzulegen. Gleiches galt, wenn über die Rechtsfrage bereits eine Entscheidung des **BGH** ergangen war, das **OLG** jedoch von dieser Entscheidung abweichen wollte (§ 7 Abs 2 S 2 aF). Schon in seiner Entscheidung vom 23. 3. 1999 hat das **OLG** Köln (NZI 1999, 188 = DZWIR 1999, 209 m krit Anm *Ahrens* = ZInsO 1999, 230 = ZIP 1999, 586) den Begriff der „**Insolvenzsache**" in die Zulassungsbeschwerde nach § 7 Abs 1 nF eingebracht mit der – unzutreffenden – Folge, dass das **OLG** zunächst zu prüfen hat, ob überhaupt eine „Insolvenzsache" iSv § 7 Abs 1 aF vorlag. Da § 7 Abs 1 aF hinsichtlich der **Statthaftigkeit der weiteren Beschwerde** an § 6 Abs 1 anknüpfte, war auch die weitere Beschwerde nach § 7 aF nur in den dort genannten Fällen statthaft (**BGH** NJW 2000, 1869; **OLG** Köln NZI 1999, 198 = ZInsO 1999, 230 = ZIP 1999, 586; BayObLG NZI 1999, 497; **OLG** Frankfurt NZI 2000, 137; **OLG** Zweibrücken ZIP 2000, 1627 f; **OLG** Saarbrücken NZI 2000, 172; **OLG** Naumburg NZI 2000, 263; **OLG** Brandenburg DZWIR 2000, 301; HK-*Kirchhof* § 7 Rn 5; *K/P/Prütting* § 6 Rn 36; *FK-Schmerbach* § 6 Rn 27; vgl auch *W. Gerhardt,* Die Beschwerde im Insolvenzverfahren, FS *Uhlenbruck* S 75 ff; *G. Pape,* Das Rechtsschutzsystem im Insolvenzverfahren – Ein Beitrag zur Auslegung und Anwendung der §§ 6, 7 InsO, ebend S 49 ff; *Lüke* KTS 2001, 395 ff). In der Literatur ist vorgeschlagen worden, eine systematische Interpretation der Vorschrift des § 6 Abs 1 vom gesetzlichen Wortlaut zu lösen (vgl zB Ahrens ZInsO 1999, 190 ff; DZWIR 1999, 211; *Uhlenbruck* NZI 1999, 175 ff). Die **erweiterte gesetzliche Norminterpretation** eröffnete sowohl für die Insolvenzkostenhilfe als auch in den Vergütungssachen über § 6 Abs 1 den Weg zur sofortigen weiteren Beschwerde nach § 7 Abs 1 aF. Zutreffend hat *Prütting* (*K/P/Prütting* § 7 Rn 3) darauf hingewiesen, dass die Neuregelung eine Fülle von oberlandesgerichtlichen Entscheidungen hervorgebracht hat, die von jedem Praktiker „laufend verfolgt werden muss" (vgl die Zusammenstellungen von *Dahl* NZI 2000, Beil zu Heft 2; *ders* NZI 2001, Beil zu Heft 5; *Dahl/Sternal* NZI 2001, Beil zu Heft 11; *Pape* ZInsO 2000, 214 ff; *ders* NJW 2001, 23 ff; *ders* ZInsO 2000, 647 ff u ZInsO 2001, 214 ff). Eingehend zum Recht der sofortigen Beschwerde *Pape* FS *Uhlenbruck* S 49 ff u *Gerhardt* ebenda S 75 ff.

2. Die Rechtslage ab 1. Januar 2002. Das am **1. Januar 2002** in Kraft getretene **Gesetz zur Reform des Zivilprozesses** hat die Zweispurigkeit der Rechtsmittelwege dadurch beseitigt, dass es einmal in § 7 gegen die Entscheidungen des Beschwerdegerichts ausschließlich die Rechtsbeschwerde vorsieht, zum andern in § 567 ZPO die **einfache unbefristete Beschwerde** abgeschafft hat (vgl *I. Pape* NZI 2001, 516 ff; *Schmerbach* ZInsO 2001, 1087 ff). Nach § 567 Abs 1 ZPO kommt nur noch die **sofortige Beschwerde** gegen erstinstanzliche Entscheidungen der Amtsgerichte und Landgerichte in Betracht. Ebenso wie in § 6 Abs 1 InsO findet die sofortige Beschwerde nur statt, wenn dies im Gesetz ausdrücklich bestimmt ist oder wenn es sich um solche eine mündliche Verhandlung nicht erfordernde Entscheidungen handelt, durch die ein das Verfahren betreffendes Gesuch zurückgewiesen worden ist. Entscheidungen iS dieser Vorschrift sind sowohl Beschlüsse des Gerichts als auch Verfügungen des Insolvenzrichters. Nach Feststellung von *Pape* (FS *Uhlenbruck* S 49, 61) spielt bei Entscheidungen des Insolvenzrichters die **Differenzierung** zwischen Entscheidungen und verfahrensleitenden Maßnahmen keine Rolle mehr, weil § 6 Abs 1 die Beschwerden ohnehin auf die Fälle beschränkt, in denen sie im Gesetz ausdrücklich angeordnet sind. Die **Anfechtbarkeit von Beschwerdeentscheidungen,** die nicht unmittelbar das Insolvenzverfahren betreffen, ist durch das Gesetz zur Reform des Zivilprozesses der **Anfechtbarkeit von insolvenzspezifischen Entscheidungen** gleichgestellt worden. Die Gerichtsentscheidungen, wonach gegen nicht insolvenzspezifische Entscheidungen gem § 4 InsO iVm § 568 Abs 3 ZPO aF eine weitere Beschwerde nicht statthaft war, sind durch das ZPO-Reformgesetz überholt (so zB **OLG** Köln NZI 1999, 198 m Anm *Uhlenbruck* NZI 1999, 175; **OLG** Köln NZI 1999, 415). Ist somit die **sofortige Beschwerde** gegen eine Entscheidung des Insolvenzgerichts entweder nach der InsO oder nach der ZPO statthaft, so findet entweder über § 7 InsO oder unmittelbar über § 574 Abs 1 ZPO die **Rechtsbeschwerde** statt, wenn die jeweiligen Voraussetzungen des § 574 ZPO gegeben sind.

3. Die praktischen Auswirkungen der Einführung der Rechtsbeschwerde. Durch die Einführung der Rechtsbeschwerde sind die Oberlandesgerichte seit dem 1. 1. 2002 mit Beschwerden in Insolvenzsachen nicht mehr befasst sind. Das eingeführte **Rechtsbeschwerdeverfahren** nach der ZPO führt jedoch nicht zu einer tatsächlichen Vereinfachung des Beschwerderechts. Während bis zur Neuregelung für die Einlegung der weiteren Beschwerden kein Anwaltszwang bestand, muss sich der Beschwerdeführer nunmehr durch einen beim **BGH** zugelassenen Anwalt vertreten lassen (**BGH** ZVI 2003, 601). Hierdurch verteuert sich das Verfahren. Die Rechtsbeschwerde zum **BGH** führt auch nicht zu einer Beschleunigung. Vielmehr treten erhebliche Verfahrensverzögerungen ein, da der **BGH** auf Grund der zusätzlichen Belastung die wahre Flut der Rechtsbeschwerden in Insolvenzsachen nicht in angemessener Zeit erledigen kann (MüKo-*Ganter* § 7 Rn 12). Die vor der Einführung der Rechtsbeschwerde geäußerten Befürchtungen (vgl *Kirchhof* ZInsO 2001, 729; *G. Pape* ZInsO 2001, 777 ff; *I. Pape,* NZI 2001, 516 ff; *Kluth* ZInsO 2001, 1082 ff; aber auch *W. Lüke* KTS 2001, 395 ff; *Schmerbach* ZInsO 2001, 1087 ff; FK-*Schmerbach* 3. Aufl § 7 Rn 1 d) haben sich weitestgehend bewahrheitet. Andrerseits muss man zugestehen, dass die Konzentration der Rechtsbeschwerden beim **BGH** zu einer Übersichtlichkeit der Entscheidungen geführt hat. Wie bereits oben ausgeführt, kam es durch die Oberlandesgerichte zu so zahlreichen Entscheidungen über weitere Beschwerden in Insolvenzsachen, dass der Überblick kaum noch zu schaffen war. Häufig ergingen gleich lautende Entscheidungen verschiedener Oberlandesgerichte (MüKo-*Ganter* § 7 Rn 13).

II. Rechtsbeschwerde

4   **1. Zulässigkeit der Rechtsbeschwerde nach § 574 Abs 1 Nr 1, Abs 2 Nr 1, 2 ZPO, § 7 InsO.** Nach § 574 Abs 1 Nr 1 ZPO iVm § 574 Abs 2 ZPO ist gegen einen Beschluss des Beschwerdegerichts die **Rechtsbeschwerde statthaft,** wenn dies **im Gesetz ausdrücklich bestimmt** ist und wenn entweder die **Rechtssache grundsätzliche Bedeutung** hat oder die **Fortbildung des Rechts** oder die **Sicherung einer einheitlichen Rechtsprechung** eine Entscheidung des Rechtsbeschwerdegerichts erfordert. Die Zulässigkeit der Rechtsbeschwerde in Insolvenzsachen hängt nicht davon ab, dass das Beschwerdegericht die Rechtsbeschwerde zum **BGH** zulässt, wohl aber davon, dass die Rechtssache grundsätzliche Bedeutung hat (§ 574 Abs 2 Nr 1 ZPO) oder die Fortbildung des Rechts oder die Sicherung einer einheitlichen Rechtsprechung eine Entscheidung des Rechtsbeschwerdegerichts erfordert (§ 574 Abs 2 Nr 2 ZPO). § 7 lässt in **Insolvenzsachen** generell die Rechtsbeschwerde gegen alle Entscheidungen über die sofortige Beschwerde nach § 6 zu. Hieraus folgt, dass jede Entscheidung des Beschwerdegerichts über eine nach § 6 Abs 1 zulässige sofortige Beschwerde der Rechtsbeschwerde zum **BGH** zugänglich ist, wenn auch unter den Voraussetzungen des § 574 Abs 2 ZPO (*K/P/Prütting* § 7 Rn 9).
Der **BGH** entscheidet im Rahmen seiner Prüfung der Zulässigkeit der Rechtsbeschwerde darüber, ob die Zugangsvoraussetzungen im Einzelfall erfüllt sind (**BGH** ZIP 2002, 1459).

5   Für **nicht insolvenzspezifische Entscheidungen,** die nach der Neuregelung selten sein dürften, findet § 574 ZPO unmittelbare Anwendung. Allerdings ist hier die Rechtsbeschwerde zum **BGH** nur gegeben, wenn das Beschwerdegericht nach § 574 Abs 1 Nr 2 ZPO die Rechtsbeschwerde zulässt (§ 574 Abs 2, Abs 3 ZPO). Dies gilt zB für Entscheidungen des Insolvenzgerichts als besonderes Vollstreckungsgericht (**BGH** ZIP 2004, 732 = NZI 2004, 278), bei einer Rechtsbeschwerde gegen den Ausschluss von Bevollmächtigten, § 158 ZPO (**BGH** NZI 2004, 456) oder bei der Rechtsbeschwerde gegen eine Kostenentscheidung (**BGH** ZInsO 2008, 95 = ZIP 2008, 382). **Entscheidungen über die Vergütung des Insolvenzverwalters oder der Gläubigerausschussmitglieder** sind keine Entscheidungen über Prozesskosten (vgl **BGH** NZI 2001, 191, 192; BayObLG ZIP 2000, 2122; OLG Stuttgart NJW 2000, 1344; **OLG Celle** NZI 2000, 226; OLG Köln NZI 2000, 224 u NZI 2000, 585, 586; *Uhlenbruck* NZI 1999, 175, 176). Vielmehr eröffnet § 64 Abs 3 den Rechtsmittelzug nach § 6 und verweist nur wegen des Beschwerdewerts auf die entsprechende Anwendung des § 567 Abs 2 ZPO, wonach gegen die Entscheidungen über die Verpflichtung, die Prozesskosten zu tragen, die Beschwerde nur zulässig ist, wenn der Wert des Beschwerdegegenstandes **200,00 Euro** übersteigt.
Voraussetzung für die Zulassung der Rechtsbeschwerde ist auch hier, dass entweder die Rechtssache grundsätzliche Bedeutung hat oder die Fortbildung des Rechts oder die Sicherung einer einheitlichen Rechtsprechung eine Entscheidung des Rechtsbeschwerdegerichts erfordert (§ 574 Abs 3 S 1, Abs 2 ZPO). Im Fall der unmittelbaren Anwendung des § 574 ZPO ist das Rechtsbeschwerdegericht ist an die Zulassung gebunden (§ 574 Abs 3 S 2 ZPO). Ob die Rechtssache im Einzelfall grundsätzliche Bedeutung hat oder der Fortbildung des Rechts bzw der Sicherung einer einheitlichen Rechtsprechung dient, entscheidet im Rahmen der Zulassung nicht der **BGH** als Rechtsbeschwerdegericht, sondern das **LG** bzw **OLG** als Beschwerdegericht. Eine Nichtzulassungsbeschwerde gibt es – anders als bei der Revision – nicht (MüKoZPO-*Lipp* § 574 Rn 39).

6   **a) Grundsätzliche Bedeutung der Rechtssache (§ 574 Abs 2 Nr 2 ZPO).** Die Vorschrift dient der Wahrung der Einheit des Rechts. Erforderlich ist das Vorliegen einer klärungsbedürftigen, vorbehaltlich enger Ausnahmen bisher höchstrichterlich nicht entschiedenen Frage von grundsätzlicher und damit allgemeiner Bedeutung (*K/P/Prütting* § 7 Rn 12; MüKoZPO-*Wenzel* § 543 ZPO Rn 6 ff; *Schmerbach* ZInsO 2001, 1087, 1090; FK-*Schmerbach* § 7 Rn 10). Es muss im Einzelfall eine **klärungsbedürftige Rechtsfrage** vorliegen, deren Auftreten in einer unbestimmten Vielzahl von Fällen denkbar ist. Als klärungsbedürftig ist auch eine Rechtsfrage anzusehen, wenn entweder die Beschwerdegerichte der Rechtsprechung des **BGH** weitgehend nicht folgen oder im Schrifttum ernst zu nehmende Bedenken gegen die höchstrichterliche Rechtsprechung geäußert werden, um auf diese Weise der Gefahr einer Rechtserstarrung entgegenzuwirken (vgl BT-Drucks 14/4722 S 104; FK-*Schmerbach* § 7 Rn 10; *ders* ZInsO 2001, 1087, 1090). Deshalb hat eine Rechtssache nur dann grundsätzliche Bedeutung, wenn zu erwarten ist, dass sie auch künftig **wiederholt auftreten wird,** und wenn über ihre Auslegung in der Rechtsprechung und Literatur unterschiedliche Auffassungen geäußert worden sind (**BGH** ZInsO 2002, 896). Bei noch völlig offenen Fragen kann eine intensive literarische Diskussion die Grundsätzlichkeit indizieren (vgl auch *Friedrichs* NJW 1981, 1423). **Klärungsbedürftig** ist eine Rechtsfrage zB, wenn eine höchstrichterliche Entscheidung zu rechtlichen Konsequenzen in anders gelagerten Sachverhalten zwingt, die von den Beschwerdegerichten als bedenklich angesehen werden. Die **wirtschaftliche Bedeutung** erfüllt für sich allein noch nicht die Voraussetzungen des Merkmals der grundsätzlichen Bedeutung. Die grundsätzliche Bedeutung kann aber dann bejaht werden, wenn zum früheren § 7 InsO unterschiedliche Entscheidungen der **OLG** ergangen sind. Einer gefestigten **OLG**-Rechtsprechung müssen

II. Rechtsbeschwerde § 7

aber neue, bislang noch nicht berücksichtigte Argumente entgegengesetzt werden können. Allein die Vermögensinteressen eines Gläubigers oder des Insolvenzschuldners führen nicht zu grundsätzlicher Bedeutung. Vielmehr kommt es im Einzelfall auf das tatsächliche und wirtschaftliche Gewicht und die Bedeutung der Sache für die beteiligten Rechtskreise an (*Schmerbach* ZInsO 2001, 1087, 1090; BT-Drucks 14/4722, S 105). Die zu entscheidende Rechtsfrage muss zugleich auch **allgemein von Bedeutung** sein. An dieser Voraussetzung fehlt es, wenn es sich bei dem Streitfall nur um einen von einem Beschwerdegericht entschiedenen Einzelfall handelt oder sich die Auswirkungen der Entscheidung in einer von vornherein überschaubaren Anzahl gleich gelagerter Angelegenheiten erschöpfen. Die Rechtsfrage muss sich nicht zwingend auf das Gebiet des Insolvenzrechts beziehen (HK-*Kirchhof* § 7 Rn 13; FK-*Schmerbach* § 7 Rn 8 b). Gegenstand der Entscheidung können deshalb auch **Verfahrensverstöße** sein (vgl BGH ZIP 2000, 754, 755; *Schmerbach* ZInsO 2001, 1087, 1090). Nach der Gesetzesbegründung zu § 574 Abs 2 ZPO (BT-Drucks 14/4722, S 116) soll der **Begriff der grundsätzlichen Bedeutung** nicht auf die Elemente der Rechtsfortbildung und der Rechtsvereinheitlichung beschränkt bleiben. Vielmehr sollen auch solche Fälle einer Entscheidung zugeführt werden, in denen über den Einzelfall hinaus ein **allgemeines Interesse** an einer Entscheidung des Rechtsbeschwerdegerichts besteht (*K/P/Prütting* § 7 Rn 12). Hierdurch ist es dem Rechtsbeschwerdesenat des **BGH** möglich, auch in Fällen der **Verletzung von Verfahrensgrundsätzen** und **offensichtlicher Unrichtigkeit der Beschwerdeentscheidung** Leitentscheidungen zu erlassen (BT-Drucks 14/4722, S 104; FK-*Schmerbach* § 7 Rn 9). Für die Auslegung der Merkmale des § 574 Abs 2 Ziff 1, 2 ZPO sollen nach der amtlichen Begründung (BT-Drucks 14/4722, S 116) die gleichen Grundsätze wie bei der Revision gelten. Der Gesetzgeber verfolgt mit der Ausgestaltung der weiteren Beschwerde als Rechtsbeschwerde nach zutreffender Auffassung von *Lüke* (KTS 2001, 395, 409) **zwei Ziele:** Einmal soll die „unnötige" dritte Tatsacheninstanz beseitigt, zum andern dem Umstand Rechnung getragen werden, dass auch in zivilprozessualen Beschwerdesachen Grundsatzfragen auftreten können. Mit der gesetzlichen Neuregelung soll eine **bundeseinheitliche Rechtsprechung** nicht nur zu prozessualen, sondern auch zu insolvenzrechtlichen Rechtsfragen gewährleistet werden, indem der **BGH** als „Wahrer der Rechtseinheit und Rechtsfortbilder" seine Funktion auf allen Rechtsgebieten wahrnehmen kann (BT-Drucks 14/4722, S 116; *Lüke* KTS 2001, 395, 409). Nach zutreffender Feststellung von *Lüke* (KTS 2001, 395, 411) wird die **Ergebniskorrektur bei offensichtlicher Unrichtigkeit oder Verfahrensmängeln** vom Gesetzgeber als Ausprägung von § 574 Abs 2 Nr 2 ZPO gesehen.

b) **Fortbildung des Rechts (§ 574 Abs 2 Nr 2, 1. Altern ZPO).** Der Begriff der Fortbildung des Rechts 7 findet sich auch in anderen Rechtsvorschriften, wie zB § 132 Abs 4 GVG, § 80 Abs 1 Nr 1 OWiG, § 74 Abs 2 Nr 2 GWB sowie in § 116 Abs 1 StVollzG. Die Regelung in § 574 Abs 2 Nr 2, 1. Altern ZPO ermöglicht es dem **BGH, Leitsätze für die Auslegung von Gesetzesbestimmungen** des materiellen oder des Verfahrensrechts aufzustellen oder Gesetzeslücken auszufüllen (*K/P/Prütting* § 7 Rn 13; *Schmerbach* ZInsO 2001, 1087, 1091, FK-*Schmerbach* § 7 Rn 11, 11 a). Bei höchstrichterlich noch nicht entschiedenen Rechtsfragen kann die Entscheidung des **BGH** zugleich auch verhindern, dass sich bei den unteren Gerichten eine unterschiedliche Rechtsprechung entwickelt (vgl *Pape* NJW 2001, 23, 25; N/R/*Becker* § 7 Rn 20; FK-*Schmerbach* § 7 Rn 11 a). Auch bei **ungeklärten oder streitigen Rechtsfragen** ist eine höchstrichterliche Nachprüfung geboten (vgl OLG Celle ZIP 2000, 706, 708; OLG Köln ZIP 2000, 760, 762; OLG Köln ZInsO 2000, 334, 335; OLG Köln ZIP 2000, 2312, 2313; HK-*Kirchhof* § 7 Rn 19 ff; str aA nur OLG Braunschweig NZI 2001, 559). Ob allerdings die Abweichung zweier landgerichtlicher Entscheidungen voneinander ausreicht, muss bezweifelt werden (so aber OLG Zweibrücken ZIP 2000, 1400, 1401; FK-*Schmerbach* § 7 Rn 11 a). Ein Bedürfnis nach Fortbildung des Rechts kann auch dann bestehen, wenn ernst zu nehmende unterschiedliche Ansichten in Rechtsprechung und Literatur oder unterschiedliche Auffassungen in der Literatur vertreten werden, solange sich noch keine gefestigte höchstrichterliche Rechtsprechung entwickelt hat (vgl OLG Zweibrücken ZIP 2000, 1400, 1401; OLG Zweibrücken NZI 2000, 373; OLG Zweibrücken NZI 2000, 535; OLG Frankfurt NZI 2000, 531; OLG Jena InVo 2000, 378, HK-*Kirchhof* § 7 Rn 19; *Schmerbach* ZInsO 2001, 1087, 1091; FK-*Schmerbach* § 7 Rn 11 a).

c) **Sicherung einer einheitlichen Rechtsprechung.** Der Begriff der „Sicherung einer einheitlichen 8 Rechtsprechung" in § 574 Abs 2 Nr 2 ZPO findet sich in der Revisionsvorschrift des § 543 Abs 2 Nr 2 ZPO sowie in § 80 Abs 1 Nr 1 OWiG, § 74 Abs 2 Nr 2 GWB und § 116 Abs 1 StVollzG. Die Sicherung einer einheitlichen Rechtsprechung erfordert die Zulassung der Rechtsbeschwerde immer dann, wenn die **ernsthafte Gefahr voneinander abweichender Entscheidungen** nicht nur im Anwendungsbereich der InsO besteht (HK-*Kirchhof* § 7 Rn 21; *K/P/Prütting* § 7 Rn 14; FK-*Schmerbach* § 7 Rn 12, 12 a–12 h; N/R/*Becker* § 7 Rn 52 ff; *Schmerbach* ZInsO 2001, 1087, 1091; str aA OLG Braunschweig NZI 2001, 259). Es ist zu vermeiden, dass es bei den verschiedenen Insolvenzgerichten zu unterschiedlicher Insolvenzpraxis und bei den einzelnen Landgerichten zu unterschiedlichen Entscheidungen in der gleichen Rechtsfrage kommt. Ein Bedürfnis für die Sicherung einer einheitlichen Rechtsprechung besteht nicht, wenn es sich um eine Fehlentscheidung des Beschwerdegerichts im Einzelfall handelt, selbst wenn ein offensichtlicher Rechtsfehler vorliegt (*Schmerbach* ZInsO 2001, 1087, 1091). Jedoch weist W. *Lüke* (KTS 2001, 395, 410) zutreffend darauf hin, dass der Gesetzgeber die beiden alternativen Zulassungsvoraussetzungen des § 574 Abs 2 Nr 2 ZPO als eine „Konkretisierung der Voraussetzung der Nummer 1" versteht, ohne sich in der Lage zu sehen, die einzelnen Fallgruppen klar voneinander abzugrenzen. Vielmehr beschränken die Merkmale der Nummer 2 die Zulassung nicht auf die Situation der grundsätzlichen Bedeutung. Es gehörten zu § 574 Abs 2 Nr 2 ZPO auch die **notwendige Ergebniskorrektur wegen offensichtlicher Unrichtigkeit** oder wegen der Verletzung des Verfahrensrechts (vgl auch amtl Begr zu § 574 ZPO, BT-Drucks 14/4722, S 104). Die Nachprüfung einer Beschwerdeentscheidung durch den **BGH** zur Sicherung einer einheitlichen Rechtsprechung ist nur dann geboten, wenn die angegriffene Entscheidung von früher ergangenen anderen Entscheidungen – uU auch desselben Beschwerdegerichts – zur gleichen Rechtsfrage abweicht (**OLG Braunschweig NZI 2001, 259**). Die Voraussetzungen für die Zulassung sind nicht gegeben, wenn lediglich über die **Bewertung des Inhalts vorgelegter Urkunden** im Rahmen der Glaubhaftmachung gestritten wird (**OLG Dresden NZI 2001, 320 [Ls]**). Ein **bloßes Versehen** des LG bei gebotener Anwendung einer an sich zweifelsfreien Norm rechtfertigt nicht die Zulassung der Rechtsbeschwerde, weil keine Notwendigkeit der Sicherung einer einheitlichen Rechtsprechung insoweit besteht (**OLG Zweibrücken NZI 2000, 373; OLG Frankfurt ZInsO 2000, 565; HK-***Kirchhof* § 7 Rn 23; MüKo-*Ganter* § 7 Rn 51)

9   Zur Sicherung einheitlicher Rechtsprechung ist die Rechtsbeschwerde zulässig, wenn einem Gericht bei der Anwendung des Gesetzes Fehler unterlaufen sind, die die Wiederholung durch dasselbe Gericht oder Nachahmung durch andere Gerichte befürchten lassen (**BGH NJW 2003, 996; HK-***Kirchhof* § 7 Rn 22). Davon ist zB auszugehen, wenn ein Gericht in ständiger Praxis höchstrichterliche Rechtsprechung nicht beachtet (**BGH NJW 2002, 3784**). Das gilt jedenfalls dann, wenn die entgegenstehende höchstrichterliche Rechtsprechung dem Landgericht schon bekannt sein musste (**BGH WM 2003, 1347**). Auch ein Verstoß gegen Verfahrensrechte (Verletzung des rechtlichen Gehörs, Verstoß gegen das Willkürverbot) stellt einen Zulassungsgrund dar (MüKo-*Ganter* § 7 Rn 51a; HK-*Kirchhof* § 7 Rn 24; **BGH NJW 2005, 153**). Dabei kommt es nicht auf die Wiederholungsgefahr an (HK-*Kirchhof* § 7 Rn 24).

III. Zulässigkeit der Anschlussrechtsbeschwerde (§ 574 Abs 4 ZPO)

10 Nach § 574 Abs 4 S 1 ZPO kann sich der **Rechtsbeschwerdegegner** bis zum Ablauf einer **Notfrist von einem Monat** nach der Zustellung der Begründungsschrift der Rechtsbeschwerde durch Einreichen der Rechtsbeschwerdeanschlussschrift beim Rechtsbeschwerdegericht anschließen, auch wenn er auf die Rechtsbeschwerde verzichtet hat, die Rechtsbeschwerdefrist verstrichen oder die Rechtsbeschwerde nicht zugelassen worden ist. Mit der gesetzlichen Neuregelung soll dem Rechtsbeschwerdegegner die Möglichkeit eröffnet werden, eine Abänderung der Entscheidung zu seinen Gunsten zu erreichen, wenn das Rechtsbeschwerdeverfahren ohnehin durchgeführt werden muss. Nach der Begr RegE zu § 574 Abs 4 (BT-Drucks 14/4722 S 117) wäre es „unbillig, der friedfertigen Partei, die bereit ist, sich mit der Entscheidung abzufinden, die Anschließungsmöglichkeit auch für den Fall abzuschneiden, dass der Gegner die Entscheidung wider Erwarten angreift." Die Anschließung erfolgt durch Einreichen einer **Rechtsbeschwerdeanschlussschrift** beim Rechtsbeschwerdegericht. Sie muss den Anforderungen einer Rechtsbeschwerdeschrift (§ 575 Abs 1 S 2 und 3 ZPO) genügen. Die Möglichkeit zur Anschließung wird im Interesse einer Verfahrensbeschleunigung auf **einen Monat ab Zustellung** der Rechtsbeschwerdebegründungsschrift befristet. Die Frist ist eine Notfrist (§ 574 Abs 4 S 1 ZPO). Nach § 574 Abs 4 S 2 ZPO hat der Anschließende die Anschlussrechtsbeschwerde bereits in der Anschlussschrift zu begründen, weil dem Rechtsbeschwerdegegner spätestens mit Zustellung der Rechtsbeschwerdebegründung die Angriffe des Rechtsbeschwerdeführers bekannt sind und ihm Überlegungen zur Anschließung ermöglichen. Nach § 574 Abs 4 S 3 ZPO verliert die Anschlussrechtsbeschwerde ihre Wirkung, wenn die Rechtsbeschwerde zurückgenommen oder als unzulässig verworfen wird. Es handelt sich mithin um eine unselbständige Anschlussrechtsbeschwerde (MüKo-*Ganter* § 7 Rn 73).

IV. Die Einlegung der Rechtsbeschwerde (§ 575 ZPO)

11 **1. Frist zur Einlegung der Rechtsbeschwerde.** Nach § 575 Abs 1 S 1 ZPO ist die Rechtsbeschwerde binnen einer **Notfrist von einem Monat** nach Zustellung des Beschlusses durch Einreichen einer Beschwerdeschrift bei dem Rechtsbeschwerdegericht einzulegen und zu begründen (§ 575 Abs 2 Nr 1 ZPO). Die Einlegung der Rechtsbeschwerde beim Beschwerdegericht ist nicht mehr zulässig und daher nicht mehr Frist wahrend (*I. Pape* NZI 2001, 516, 519). Aus der Regelung folgt, dass eine **Abhilfebefugnis der Vorinstanz** nicht besteht. Die Monatsfrist für die Einlegung der Rechtsbeschwerde beginnt mit der Zustellung der angefochtenen Entscheidung zu laufen. **Wiedereinsetzung** wegen Fristversäumung ist zulässig. Für die Beschwerde- bzw. Begründungsschrift gelten nach § 575 Abs 4 S 1 ZPO die allgemeinen Vorschriften über die vorbereitenden Schriftsätze (§§ 130 ff ZPO).

12 **2. Notwendiger Inhalt der Rechtsbeschwerdeschrift.** Nach § 575 Abs 1 S 2 Nr 1, 2 ZPO muss die Rechtsbeschwerdeschrift enthalten die **Bezeichnung der Entscheidung**, gegen die die Rechtsbeschwerde gerichtet wird, und die **Erklärung**, dass gegen diese Entscheidung Rechtsbeschwerde eingelegt wird. Es reicht aus, dass sich aus der Beschwerdeschrift konkludent ergibt, dass Rechtsbeschwerde eingelegt wird. Das Wort „Rechtsbeschwerde" muss nicht enthalten sein. Der Rechtsbeschwerde soll eine Ausfer-

IV. Die Einlegung der Rechtsbeschwerde (§ 575 ZPO)

tigung oder beglaubigte Ablichtung der angefochtenen Entscheidung beigefügt werden (§ 575 Abs 1 S 3 ZPO). Auf diese Weise wird das Rechtsbeschwerdegericht bereits vor Beiziehung der Akten über den Rechtsmittelinhalt in Kenntnis gesetzt (BT-Drucks 14/4772 S 117). Hierbei handelt es sich jedoch nicht um eine allgemeine Wirksamkeitsvoraussetzung. Die Verletzung dieser Ordnungsvorschrift führt nicht zu prozessualen Nachteilen (HK-*Kirchhof* § 7 Rn 30).

3. Anwaltszwang für die Rechtsbeschwerde. Die Rechtsbeschwerde kann wirksam nur durch einen **beim BGH zugelassenen Rechtsanwalt** eingelegt werden (**BGH** NZI 2002, 399 = ZIP 2002, 1003; *Kirchhof* ZInsO 2001, 1073; K/P/*Prütting* § 7 Rn 20; *Vallender* MDR 2002, 181, 182; *Pape* ZInsO 2001, 1074, 1082; *Schmerbach* ZInsO 2001, 1087, 1090). Die Beteiligung eines beim BGH zugelassenen Rechtsanwalts entspricht dem alleinigen Zweck der Rechtsbeschwerde, nämlich Rechtsfragen von grundsätzlicher Bedeutung klären zu lassen oder zur Rechtsfortbildung oder Rechtsvereinheitlichung beizutragen (*Kirchhof* ZInsO 2001, 1073). Nach Auffassung von *Kirchhof* könnten kraft der besonderen Formalisierung strengere Anforderungen an die Darlegung gestellt werden als nach dem bisherigen § 7 Abs 1 aF. Richtig ist, dass die Begründung der Rechtsbeschwerde künftig mindestens eine Darstellung der als entscheidungserheblich zu klärenden insolvenzrechtlichen Fragen und ihrer über den Einzelfall hinausgehenden Bedeutung voraussetzt (*Kirchhof* ZInsO 2001, 1073).

13

4. Begründung der Rechtsbeschwerde. Die Rechtsbeschwerde ist, sofern die Beschwerdeschrift keine Begründung enthält, **binnen einer Frist von einem Monat zu begründen** (§ 575 Abs 2 S 1 ZPO). Die Frist beginnt mit der Zustellung der angefochtenen Entscheidung (§ 575 Abs 2 S 2 ZPO). Diese Frist ist kurz, dient aber der Verfahrensbeschleunigung. Sollte im Einzelfall die Frist nicht ausreichen, erlaubt die Verweisung auf § 551 Abs 2 S 5 und S 6 ZPO in § 575 Abs 2 S 3 ZPO auf entsprechenden Antrag eine **Fristverlängerung um bis zu zwei Monate**, wenn nach der freien Überzeugung des Vorsitzenden des Senats das Rechtsbeschwerdeverfahren nicht verzögert wird oder der Rechtsbeschwerdeführer erhebliche Gründe darlegt. Weitere Verlängerungen sind auch möglich, wenn der Gegner einwilligt.

14

Nach § 575 Abs 3 ZPO muss die Begründung der Rechtsbeschwerde **zwingende Angaben** enthalten. Die Begründungserfordernisse des § 575 Abs 3 ZPO sind wesentlich schärfer gefasst als nach § 7 aF (*Pape* ZInsO 2001, 1074, 1082; *Kirchhof* ZInsO 2001, 1073). Neben den verschärften Begründungserfordernissen führen die **geänderten Zeitabläufe** dazu, dass Rechtsbeschwerden zB gegen **Sicherungsanordnungen im Eröffnungsverfahren** sich oftmals durch die Eröffnung des Insolvenzverfahrens erledigen, bevor es zu einer Entscheidung über die Rechtsbeschwerde kommt (*Pape* ZInsO 2001, 1074, 1082). Die Begründung der Rechtsbeschwerde muss enthalten:

15

1. Die Erklärung, inwieweit die Entscheidung des Beschwerdegerichts oder des Berufungsgerichts angefochten und deren Aufhebung beantragt wird (Rechtsbeschwerdeanträge, § 575 Abs 3 Nr 1 ZPO),
2. in den Fällen des § 574 Abs 1 Nr 1 ZPO eine Darlegung zu den Zulässigkeitsvoraussetzungen des § 574 Abs 2 ZPO (§ 575 Abs 3 Nr 2 ZPO),
3. die Angabe der Rechtsbeschwerdegründe, und zwar a) die bestimmte Bezeichnung der Umstände, aus denen sich die Rechtsverletzung ergibt (§ 575 Abs 3 Nr 3a ZPO); b) soweit die Rechtsbeschwerde darauf gestützt wird, dass das Gesetz in Bezug auf das Verfahren verletzt sei, die Bezeichnung der Tatsachen, die den Mangel ergeben (§ 575 Abs 3 Nr 3 ZPO).

Zu 1.: Rechtsbeschwerdeanträge (§ 575 Abs 3 Nr 1 ZPO). Die Vorschrift beruht auf der entsprechenden Regelung in § 551 Abs 3 Nr 1 ZPO. Die Anträge müssen entweder in der Rechtsbeschwerdeschrift (§ 575 Abs 1 ZPO) oder in der Rechtsbeschwerdebegründung (§ 575 Abs 2 ZPO) enthalten sein (*Schmerbach* ZInsO 2001, 1087, 1090; FK-*Schmerbach* § 7 Rn 7; *I. Pape* NZI 2001, 516, 519). Das Rechtsbeschwerdegericht prüft nur die tatsächlich gestellten Anträge (§ 577 Abs 2 S 2 ZPO). An die geltend gemachten Gründe ist das Rechtsbeschwerdegericht allerdings nicht gebunden (§ 577 Abs 2 S 1 ZPO). In dem Antrag ist anzugeben, ob der Beschluss im Ganzen oder nur in einzelnen Teilen angegriffen wird und welche Abänderungen begehrt werden. Es reicht aus, dass sich das Antragsbegehren aus der Begründung (§ 575 Abs 2 S 1 ZPO) ergibt (Kübler/Prütting/*Prütting* § 7 Rn 22; *Schmerbach* ZInsO 2001, 1087, 1090). Ist eine Entscheidung auf zwei selbständig tragende Gründe gestützt, müssen hinsichtlich beider Begründungen die Zulässigkeitsvoraussetzungen des § 574 Abs 2 dargelegt werden. Andernfalls ist die Rechtsbeschwerde unzulässig (**BGH** NZI 2006, 606 = ZIP 2006, 1417).

16

Zu 2.: Darlegung der Zulässigkeitsvoraussetzungen des § 574 Abs 2 ZPO (§ 575 Abs 3 Nr 2 ZPO). Die Vorschrift beruht auf der Regelung in § 543 Abs 2 ZPO. Die Rechtsbeschwerde ist nach § 574 Abs 2 Nr 1, 2 ZPO nur zulässig, wenn die Rechtssache grundsätzliche Bedeutung hat oder die Fortbildung des Rechts oder die Sicherung einer einheitlichen Rechtsprechung eine Entscheidung des Rechtsbeschwerdegerichts erfordert (*I. Pape* NZI 2001, 516, 519). Die Voraussetzungen des § 574 Abs 2 ZPO hat der Rechtsbeschwerdeführer darzulegen. Liegen die Voraussetzungen nicht vor oder werden sie nicht dargelegt, verwirft das Rechtsbeschwerdegericht die Beschwerde gem § 577 Abs 1 ZPO als unzulässig (**BGH** ZInsO 2003, 216; *Schmerbach* ZInsO 2001, 1087, 1090; FK-*Schmerbach* § 7 Rn 8a; *I. Pape* NZI 2001, 516, 519). Die Rechtsfrage braucht sich nicht auf das **Insolvenzrecht** zu beziehen (MüKo-*Ganter* § 7 Rn 92; *Schmerbach* ZInsO 2001, 1087, 1090). Vielmehr können auch **Verfahrensverstöße**

17

gerügt werden (vgl **BGH ZIP 2000, 754, 755**). Über die grundsätzliche Bedeutung, Rechtsfortbildung und Rechtsvereinheitlichung hinaus sollen auch solche Fälle im Wege der Rechtsbeschwerde entschieden werden, in denen über den Einzelfall hinaus ein **allgemeines Interesse an einer Entscheidung des Rechtsbeschwerdegerichts** besteht (zutr *Schmerbach* ZInsO 2001, 1087, 1090). Beschwerdefähig sind somit über die in § 574 Abs 2 ZPO genannten Beschwerdegründe auch solche Entscheidungen, die **Leitentscheidungen von allgemeiner Bedeutung** verlangen, wie zB bei Verletzung von Verfahrensgrundsätzen und offensichtlicher Unrichtigkeit der Beschwerdeentscheidung (vgl BT-Drucks 14/4722 S 104; *Schmerbach* ZInsO 2001, 1087, 1090; FK-*Schmerbach* § 7 Rn 9; W. *Lüke* KTS 2001, 395 ff).

18   **Zu 3.: Rechts- und Gesetzesverletzung.** Erforderlich ist nach § 575 Abs 3 Nr 3 a ZPO die **bestimmte Bezeichnung der Umstände**, aus denen sich die Rechtsverletzung ergibt. Das Rechtsbeschwerdegericht ist an die vorgebrachten Gründe nicht gebunden (§ 577 Abs 2 S 1 ZPO). Bei Verfahrensrügen greift die Vorschrift des § 577 Abs 2 S 3 ZPO ein (*Schmerbach* ZInsO 2001, 1087, 1092). Nach der Gesetzesbegründung entsprechen die strengen Anforderungen den Vorgaben an eine Revisionsbegründungsschrift nach § 551 Abs 3 ZPO (BT-Drucks 14/4722 S 117). Werden mit der Rechtsbeschwerde **Verfahrensfehler gerügt,** so sind die einzelnen Tatsachen anzugeben, auf denen die Gesetzesverletzung beruht, und zwar einschließlich der Kausalität des Gesetzesverstoßes für die Entscheidung (**BGH WM 2003, 703;** HK-*Kirchhof* § 7 Rn 40; *Schmerbach* ZInsO 2001, 1087, 1092; I. *Pape* NZI 2001, 516, 519). Auf Verfahrensmängel, die nicht von Amts wegen zu berücksichtigen sind, darf die angefochtene Entscheidung nur geprüft werden, wenn die Mängel nach § 575 Abs 3 und § 574 Abs 4 S 2 ZPO gerügt worden sind (§ 577 Abs 2 S 3 ZPO). § 559 ZPO gilt entsprechend (§ 577 Abs 2 S 4 ZPO). Auf neue Tatsachen und Beweismittel kann die Rechtsbeschwerde grundsätzlich nicht gestützt werden (BGHZ 156, 167).

19   Ein **Gesetz ist verletzt**, wenn eine Rechtsnorm, dh objektives, allgemein verbindliches Recht, nicht oder nicht richtig angewendet worden ist. In Frage kommt die Verletzung von Gesetzen, Rechtsverordnungen, Gewohnheitsrecht, Staatsverträgen, allgemeines Völkerrecht oder ausländisches Recht. Es genügt, wenn der Beschwerdeführer geltend macht, dass ein Gesetz verletzt worden ist. Soweit nach früherem Recht § 7 Abs 1 aF eine Gesetzesverletzung in der Entscheidung des Beschwerdegerichts Voraussetzung für die Zulassung der Rechtsbeschwerde war, gilt diese Voraussetzung für die Rechtsbeschwerde nach § 7 InsO, §§ 574 ff ZPO nicht mehr (I. *Pape* NZI 2001, 516, 519). Ob tatsächlich eine Gesetzesverletzung vorliegt, hat das Rechtsbeschwerdegericht erst im Rahmen der Begründetheit zu prüfen. Die Rechtsverletzung kann entweder in der Nichtbeachtung oder fehlerhaften Anwendung von Verfahrensvorschriften bestehen oder in der fehlerhaften Anwendung des materiellen Rechts. Auch eine fehlerhafte Anwendung der über § 4 InsO anwendbaren Vorschriften der ZPO kann gerügt werden. Die Beschwerde muss in jedem Fall erkennen lassen, dass der Beschwerdeführer die Nichtanwendung oder eine fehlerhafte Anwendung von Rechtssätzen rügt. Die Rechtsbeschwerdebegründung muss die Richtung des Angriffs erkennen lassen und sich mit den Gründen der Beschwerdeentscheidung sachlich auseinandersetzen (MüKo-*Ganter* § 7 Rn 68). Die bloße Sachverhaltsdarstellung reicht nicht aus (N/R/ *Becker* § 7 Rn 79). Nach § 576 Abs 1 ZPO kann die Rechtsbeschwerde nur darauf gestützt werden, dass die Entscheidung auf der **Verletzung des Bundesrechts** oder einer Vorschrift beruht, deren Geltungsbereich sich über den Bezirk eines Oberlandesgerichts hinaus erstreckt. Die Rechtsbeschwerde kann dagegen nicht darauf gestützt werden, dass das Gericht des ersten Rechtszugs seine **Zuständigkeit zu Unrecht angenommen** oder verneint hat, § 576 Abs 2 ZPO (**BGH NZI 2005, 184**). Insoweit gelten gem § 576 Abs 3 ZPO die Vorschriften der §§ 546, 547, 556 und 560 ZPO entsprechend. § 547 ZPO, der dem früheren § 551 Abs 1–3 und 5–7 ZPO aF inhaltlich entspricht, stellt **absolute Rechtsbeschwerdegründe** auf. Die **Kausalität der Rechtsverletzung** für die angefochtene Entscheidung wird in den Fällen der nicht vorschriftsmäßigen Besetzung des Gerichts (§ 547 Nr 1 ZPO), der Mitwirkung ausgeschlossener (§ 547 Nr 2 ZPO) oder wegen Befangenheit abgelehnter Richter (§ 547 Nr 3 ZPO), der nicht ordnungsgemäßen Vertretung (§ 547 Nr 4 ZPO), der Verletzung der Vorschriften über die Öffentlichkeit des Verfahrens (§ 547 Nr 5 ZPO) oder beim Fehlen einer Begründung (§ 547 Nr 6 ZPO) **unwiderlegbar vermutet**. Die in § 576 Abs 3 vorgesehene entsprechende Anwendung des § 576 ZPO bedeutet, dass die Verletzung einer Verfahrensvorschrift durch die Vorinstanz im Rechtsbeschwerdeverfahren nicht mehr gerügt werden kann, wenn der Verfahrensbeteiligte das Rügerecht dort nach § 295 ZPO, also durch Verzicht oder in einer eventuell anberaumten mündlichen Verhandlung durch Unterlassung rechtzeitiger Rüge, verloren hat. Die entsprechende Anwendbarkeit des § 560 ZPO macht deutlich, dass das Rechtsbeschwerdegericht an die tatsächlichen Feststellungen der Vorinstanz über das Bestehen und den Inhalt lokalen und ausländischen Rechts gebunden ist.

V. Prüfung und Entscheidung der Rechtsbeschwerde (§ 577 ZPO)

20   **1. Prüfung der Zulässigkeit und Bindung an die gestellten Anträge. Geht die Rechtsbeschwerde beim BGH ein, fordert er die Akten vom Landgericht an.** Das Landgericht hat keine Abhilfemöglichkeit. Das Rechtsbeschwerdegericht hat gemäß § 577 Abs 1 ZPO von Amts wegen zu prüfen, ob die Rechtsbeschwerde **an sich statthaft** und ob sie in der **gesetzlichen Form und Frist** eingelegt und begründet ist. Fehlt es an einem dieser Erfordernisse, so ist die Rechtsbeschwerde als unzulässig zu verwerfen (§ 577

V. Prüfung und Entscheidung der Rechtsbeschwerde (§ 577 ZPO) § 7

Abs 1 S 2 ZPO). § 577 ZPO überträgt den Inhalt des neuen § 552 Abs 1 ZPO auf das Rechtsbeschwerdeverfahren und bestimmt den Umfang der Zulässigkeitsprüfung. Über einen **Antrag auf Wiedereinsetzung in den vorigen Stand** ist zumindest zeitgleich mit der Entscheidung über die Zulässigkeit zu entscheiden (OLG Köln ZIP 2000, 195, 197; *Schmerbach* ZInsO 2001, 1087, 1092). Nach § 577 Abs 2 S 1 ZPO unterliegen der Prüfung des Rechtsbeschwerdegerichts **nur die von den Parteien gestellten Anträge** (K/P/*Prütting* § 7 Rn 26). Die Nachprüfung durch das Beschwerdegericht wird somit durch die gestellten Anträge begrenzt. Das Rechtsbeschwerdegericht darf über die gestellten Anträge nicht hinausgehen. Allerdings ist das Rechtsbeschwerdegericht an die geltend gemachten Rechtsbeschwerdegründe nicht gebunden (§ 577 Abs 2 S 2 ZPO). Es gelten insoweit die gleichen Grundsätze wie für die Revisionsschrift nach § 557 Abs 1 und Abs 3 ZPO). Das **Rechtsbeschwerdegericht prüft von Amts** wegen zu berücksichtigende Verfahrensmängel auch ohne Rüge des Beschwerdeführers, wie zB eine fehlende Sachverhaltsdarstellung oder eine mangelnde Partei- oder Prozessfähigkeit (MüKo-*Ganter* § 7 Rn 89; *Schmerbach* ZInsO 2001, 1087, 1094). Fehlt in der angefochtenen Beschwerdeentscheidung des Landgerichts eine Sachverhaltsdarstellung, muss die Entscheidung – auch ohne Rüge – aufgehoben werden (BGH NZI 2006, 248; NZI 2006, 481; BGH ZInsO 2009, 732). Da das Rechtsbeschwerdegericht an die geltend gemachten Rechtsbeschwerdegründe nicht gebunden ist, kann es von Amts wegen die angefochtene Entscheidung überprüfen, dh die Anwendung des für den zu beurteilenden Sachverhalt maßgeblichen materiellen Rechts umfassend nachprüfen. Eine Einschränkung enthält allerdings § 577 Abs 2 S 3 ZPO: Für **Verfahrensmängel**, die nicht von Amts wegen zu berücksichtigen sind, ist eine Nachprüfung im Wege der Rechtsbeschwerde nur zulässig, wenn sie in der Rechtsbeschwerdebegründungsschrift oder in der Anschlussschrift (§§ 575 Abs 3, 574 Abs 4 S 2 ZPO) vorgebracht worden sind (K/P/*Prütting* § 7 Rn 26). § 577 Abs 2 S 4 ZPO erklärt insoweit die Vorschrift des § 559 ZPO für entsprechend anwendbar. Die angefochtene Entscheidung darf nur in rechtlicher Hinsicht überprüft werden. An die **tatsächlichen Feststellungen der Vorinstanz** ist das Rechtsbeschwerdegericht gebunden (MüKo-*Ganter* § 7 Rn 86; *Schmerbach* ZInsO 2001, 1087, 1093). Das Rechtsbeschwerdegericht ist also gehindert, **tatsächliche Unklarheiten aufzuklären**, etwa anhand der Gerichtsakten. Durch die Regelung in § 577 Abs 2 S 4 ZPO wird aber die Berücksichtigung solcher Vorgänge nicht ausgeschlossen, die die prozessuale Rechtslage erst im Rechtsbeschwerdeverfahren verändert haben, wie zB die Beendigung des Insolvenzverfahrens oder der Wegfall der Beschwerdeberechtigung. Die **Berücksichtigung neuer Tatsachen** ist aber nicht schon deshalb zulässig, weil diese offenkundig oder zugestanden sind (MüKo-*Ganter* § 7 Rn 82). Tatrichterliches Ermessen des Landgerichts oder des Insolvenzgerichts prüft der BGH grundsätzlich nicht. Der Überprüfung unterliegt lediglich die Frage, ob das Gericht von seinem Ermessen überhaupt Gebrauch gemacht hat bzw ein bestehender Ermessensspielraum eingehalten ist (HK-*Kirchhof* § 7 Rn 52).

2. Form der Entscheidung. Die Entscheidung des **BGH** über die Rechtsbeschwerde ergeht regelmäßig 21 durch begründeten **Beschluss** ohne mündliche Verhandlung (§ 577 Abs 6 S 1 ZPO). Nach § 577 Abs 6 S 2 ZPO gilt § 564 ZPO entsprechend. Die Entscheidung über die Rechtsbeschwerde braucht nach § 564 S 1 ZPO **nicht begründet** zu werden, soweit das Rechtsbeschwerdegericht die Rügen von Verfahrensmängeln nicht für durchgreifend erachtet. Das gilt allerdings nicht für Rügen, die einen **absoluten Revisionsgrund** iSv § 547 ZPO darstellen (§ 564 S 2 ZPO iVm § 547 ZPO). Liegt ein **absoluter Aufhebungsgrund** nach § 547 ZPO vor, ist die aufhebende Rechtsbeschwerdeentscheidung immer zu begründen.

3. Verwerfung der Rechtsbeschwerde als unzulässig (§ 577 Abs 1 S 2 ZPO). Nach § 577 Abs 1 S 1 22 ZPO hat das Rechtsbeschwerdegericht von Amts wegen zu prüfen, ob die Rechtsbeschwerde an sich statthaft und ob sie in der gesetzlichen Form und Frist eingelegt und begründet ist. Eine Verwerfung als unzulässig erfolgt gem § 577 Abs 1 ZPO, wenn die Rechtsbeschwerde nicht in der gesetzlichen Frist und Form eingelegt und begründet wird (§ 575 Abs 1 bis 3 ZPO); vgl auch BT-Drucks 14/4722 S 118; K/P/*Prütting* § 7 Rn 29; FK-*Schmerbach* § 7 Rn 21). Wie bereits zu V. dargestellt wurde, richten sich **Frist, Form** und **Begründung** der Rechtsbeschwerde nach § 575 ZPO. Der BGH verwirft die Rechtsbeschwerde als unzulässig, wenn sie nicht kraft Gesetzes zulässig ist bzw. vom Beschwerdegericht nicht nach § 574 Abs.1Nr 2 ZPO zugelassen worden ist. Dasselbe gilt, wenn das Rechtsschutzbedürfnis oder die Beschwer fehlen. Das Rechtsbeschwerdegericht hat die Zulässigkeit der Erstbeschwerde zu prüfen (BGH NZI 2004, 166). War bereits die sofortige Beschwerde unzulässig, ist die Rechtsbeschwerde ebenfalls als unzulässig zu verwerfen, auch wenn das Beschwerdegericht sachlich entschieden hat (BGH NJW-RR 2006, 286; MüKo-*Ganter* § 7 Rn 100). Hat jedoch das Beschwerdegericht einer unstatthaften oder unzulässigen sofortigen Beschwerde stattgegeben, muss das Rechtsbeschwerdegericht die Entscheidung des Landgerichts aufheben und die sofortige Beschwerde verwerfen (BGH NZI 2004, 447). Würde das Rechtsbeschwerdegericht in einem solchen Fall die Rechtsbeschwerde als unzulässig verwerfen, weil schon die sofortige Beschwerde unstatthaft oder unzulässig war, bliebe die sachlich unzutreffende Entscheidung des Landgericht bestehen (MüKo-*Ganter* § 7 Rn 103 a). Anders liegt der Fall, wenn nicht nur die sofortige Beschwerde unstatthaft oder unzulässig war, sondern auch die Rechtsbeschwerde unstatthaft oder unzulässig ist. Bei dieser Fallkonstellation verwirft der **BGH** die Rechtsbeschwerde (BGH ZIP 2007, 188).

23 **4. Zurückweisung der Rechtsbeschwerde (§ 577 Abs 3 ZPO).** Die Vorschrift des § 577 Abs 3 ZPO ist der Revisionsvorschrift des § 561 ZPO angepasst worden. Danach hat das Rechtsbeschwerdegericht die Rechtsbeschwerde als unbegründet zurückzuweisen, wenn die angefochtene Entscheidung **trotz der Rechtsverletzung im Ergebnis zutreffend** ist, weil der Rechtsbeschwerdeführer dadurch nicht benachteiligt ist (*K/P/Prütting* § 7 Rn 30; FK-*Schmerbach* § 7 Rn 22). Das Rechtsbeschwerdegericht hat die Entscheidung des Beschwerdegerichts unter allen rechtlichen Gesichtspunkten nachzuprüfen. Kommt es zu dem Ergebnis, dass zwar eine Rechtsverletzung vorliegt, aber die Entscheidung im Ergebnis sich aus anderen Gründen als richtig erweist, hat es die Rechtsbeschwerde als unbegründet zurückzuweisen. Das gilt besonders, wenn der Rechtsbeschwerdeführer durch den Rechtsfehler begünstigt worden ist. Versehentliche Unrichtigkeiten werden vom Rechtsbeschwerdegericht berichtigt. Wird mit der Rechtsbeschwerde ein in § 547 ZPO angeführter Verfahrensverstoß gerügt und erweist sich die Rüge als begründet, kann das Rechtsbeschwerdegericht die Rechtsbeschwerde allerdings nicht deshalb zurückweisen, weil sich die angefochtene Entscheidung aus anderen Gründen als richtig darstellt. Vielmehr wird in den Fällen des § 547 ZPO die Kausalität der Gesetzesverletzung unwiderlegbar vermutet (FK-*Schmerbach* § 7 Rn 18 d). Dies ergibt sich zwingend aus § 576 Abs 3 ZPO iVm § 547 ZPO.

24 **5. Entscheidung über die Rechtsbeschwerde.** Die **tatsächliche Begründetheit der Rechtsbeschwerde** orientiert sich an den Gründen der Rechtsbeschwerde (§ 576 ZPO). Danach ist die Rechtsbeschwerde begründet, wenn die Entscheidung des Beschwerdegerichts auf einer Verletzung von Bundesrecht beruht (§ 576 Abs 1 ZPO) oder eine Verletzung des Gesetzes vorliegt, weil eine Rechtsnorm (§ 12 EGZPO) nicht oder nicht richtig angewendet worden ist (§ 546 ZPO). Einzelheiten bei *K/P/Prütting* § 7 Rn 31, 32. Der **BGH** als Rechtsbeschwerdegericht hat grundsätzlich von dem Sachverhalt auszugehen, den das Beschwerdegericht festgestellt hat (§ 577 Abs 2 S 3, S 4 iVm § 559 ZPO; vgl FK-*Schmerbach* § 7 Rn 18 b; zum früheren Recht **OLG Köln** NZI 2000, 317, 318 f; **OLG Köln** ZInsO 2000, 393). Der **BGH** ist an Tatsachenfeststellungen jedoch nicht gebunden, soweit diese die **allgemeinen Verfahrensvoraussetzungen** für die Zulässigkeit der Rechtsbeschwerde betreffen (FK-*Schmerbach* § 7 Rn 18 b unter Berufung auf **OLG Celle** ZInsO 2000, 556; **OLG Celle** ZInsO 2000, 667, 668; **OLG Zweibrücken** ZIP 2000, 2260, 2262; HK-*Kirchhof* § 7 Rn 49). **Tatsachenfeststellungen des Beschwerdegerichts** können jedoch gerügt und überprüft werden, ob sie auf einer Verletzung des Gesetzes beruhen (FK-*Schmerbach* § 7 Rn 18 b). Der **BGH** als Rechtsbeschwerdegericht kann jedoch nicht mehr prüfen, ob das Gericht des ersten Rechtszuges seine Zuständigkeit zu Unrecht angenommen oder verneint hat (§ 576 Abs 2 ZPO). Fehlt es in der Entscheidung des Beschwerdegerichts an einem **subsumtionsfähigen Sachverhalt**, so ist immer eine Gesetzesverletzung iSv § 547 Nr 6 ZPO gegeben, die zu einer Aufhebung und Zurückverweisung an das Beschwerdegericht zwingt (**BGH** NZI 2006, 34; **BGH** NZI 2006, 481; vgl auch FK-*Schmerbach* § 7 Rn 18 e unter Anführung zahlreicher Entscheidungen zum früheren Recht).

25 Soweit die Rechtsbeschwerde begründet ist, dh eine Rechtsverletzung vorliegt und sich die angefochtene Entscheidung auch nicht aus anderen Gründen als richtig erweist (§ 577 Abs 3 ZPO), ist die angefochtene Entscheidung in der Regel **aufzuheben** und die Sache zur erneuten Entscheidung zurückzuverweisen. Eine **Aufhebung und Zurückverweisung** zur anderweitigen Verhandlung und Entscheidung kommt in Betracht, wenn ein Gesetzesverstoß gegeben ist und weitere **tatsächliche Ermittlungen notwendig** sind (§ 577 Abs 4 ZPO; *K/P/Prütting* § 7 Rn 31; *Schmerbach* ZInsO 2001, 1087, 1094; *I. Pape* NZI 2001, 516, 519; zum früheren § 7 s auch **OLG Schleswig** NZI 2001, 251; **OLG Köln** ZInsO 2001, 378, 379). Gem § 577 Abs 4 S 2 ZPO gilt § 562 Abs 2 ZPO entsprechend. Grundsätzlich hat die Zurückverweisung an das Beschwerdegericht zu erfolgen (**OLG Köln** ZInsO 2000, 393, 395). Über die **Kosten der Rechtsbeschwerde** hat das Gericht zu entscheiden, an das zurückverwiesen wurde (*Schmerbach* ZInsO 2001, 1087, 1094; MüKo-*Ganter* § 7 Rn 104). Die Frage, ob eine **Zurückverweisung an das Insolvenzgericht** (Amtsgericht) erfolgen kann, war für das frühere Recht umstritten, wurde aber überwiegend bejaht (so zB **OLG Köln** NZI 2000, 78, 79; **OLG Köln** NZI 2000, 219, 220). Auch für das neue Recht wird man eine Zurückverweisung durch das Rechtsbeschwerdegericht an das **AG** bejahen müssen und zwar dann, falls das Beschwerdegericht bei zutreffender Sachbehandlung schon an die erste Instanz hätte zurück verweisen müssen (**BGH** NJW-RR 2005, 199; MüKo-*Ganter* § 7 Rn 106). Das Rechtsbeschwerdegericht hat gem § 577 Abs 5 S 1 ZPO **in der Sache selbst zu entscheiden**, wenn die Aufhebung der Entscheidung nur wegen Rechtsverletzung bei Anwendung des Rechts auf den festgestellten Sachverhalt erfolgt und die Sache zur Endentscheidung reif ist. So zB, wenn der Sachverhalt unstreitig oder in dem Sinne geklärt ist, dass alle erforderlichen Feststellungen von dem **LG** als Beschwerdeinstanz getroffen worden sind und eine das Verfahren beendende Entscheidung möglich ist (*K/P/Prütting* § 7 Rn 32). Die gem § 577 Abs 5 S 2 ZPO entsprechende Anwendung des § 563 Abs 4 ZPO erlaubt dem **BGH** als Rechtsbeschwerdegericht, statt in der Sache selbst zu entscheiden, die Sache zur erneuten Entscheidung an die Vorinstanz zurückzuverweisen, wenn bei der vom Rechtsbeschwerdegericht zu erlassenden Entscheidung die Anwendbarkeit von nicht unter § 576 Abs 1 ZPO fallendem Recht in Betracht kommt. Das **LG**, an das die Sache zurückverwiesen ist, hat die rechtliche Beurteilung, die der Aufhebung zugrunde liegt, auch seiner Entscheidung zugrunde zu legen (§ 577 Abs 4 S 4 ZPO). Der **BGH** ist bei Begründetheit der Rechtsbeschwerde berechtigt, die Sache **an eine andere Kammer des**

I. Einleitung **§ 8**

LG zurückzuverweisen (§ 577 Abs 4 S 3 ZPO). Dies bietet sich vor allem in Verfahren an, bei denen der **BGH** den Eindruck gewinnt, dass sich die Vorinstanz innerlich bereits so festgelegt hat, dass die Gefahr einer Voreingenommenheit besteht. Nicht ratsam ist diese Vorgehensweise, wenn die Insolvenzsachen bei einer Kammer des Landgerichts konzentriert sind, weil anderen Kammern dann die erforderliche Sachkunde fehlt. Nach § 577 Abs 6 S 1 ZPO ergeht die Entscheidung über die Rechtsbeschwerde in **Beschlussform**. Die Zurückweisung von Verfahrensrügen mit Ausnahme ordnungsgemäßer Rügen nach §§ 576 Abs 3, 547 ZPO braucht **nicht begründet** zu werden (§ 577 Abs 6 S 2 ZPO). Die Entscheidung über die Rechtsbeschwerde wird idR nicht verkündet. Sie unterliegt keinem weiteren Rechtsmittel und wird mit dem Erlass formell rechtskräftig. Sie ist nur dann ausnahmsweise zuzustellen, wenn sie selbst einen Vollstreckungstitel bildet. Zur Möglichkeit einer **Gegenvorstellung** gegen Rechtsbeschwerdeentscheidungen des **BGH** s *K/P/Prütting* § 7 Rn 34 und zur **Wiederaufnahme** des Rechtsbeschwerdeverfahrens *K/P/Prütting* § 7 Rn 39.

VI. Grenzen der Bindungswirkung

Das Gericht, an das die Sache zurückverwiesen ist, hat die rechtliche Beurteilung, die der Aufhebung 26
zugrunde liegt, auch seiner Entscheidung zugrunde zu legen (§ 577 Abs 4 S 3 ZPO). Die Bindungswirkung bezieht sich nur auf das konkrete Verfahren (FK-*Schmerbach* § 7 Rn 26). Stellt das Gericht, an das zurückverwiesen war neue Tatsachen fest und entscheidet auf der Grundlage eines wesentlich geänderten Sachverhalts besteht jedoch keine Bindungswirkung mehr (**BGH** NZI 2004, 440). Eine Bindung für andere Insolvenz- und Beschwerdegerichte tritt nicht ein (**AG** Göttingen ZInsO 2001, 616, 617; FK-*Schmerbach* § 7 Rn 26; str aA LG Göttingen ZIP 2001, 625). IdR werden sich die Gerichte an der Entscheidung des **BGH** orientieren. Hält jedoch im Einzelfall ein Gericht eine Entscheidung des **BGH** für unzutreffend, ist es ihm unbenommen, anders zu entscheiden (FK-*Schmerbach* § 7 Rn 26). Entscheidet ein Beschwerdegericht gegen die gefestigte Rechtsprechung des **BGH**, wird dieser auf die Rechtsbeschwerde hin die angefochtene Entscheidung aufheben oder abändern.

VII. Kosten

Über die Kosten der Rechtsbeschwerde entscheidet das Gericht, an das zurückverwiesen wurde 27
(*Schmerbach* ZInsO 2001, 1087, 1094; FK-*Schmerbach* § 7 Rn 24; vgl zum alten Recht **OLG** Köln ZIP 2000, 195, 198; **OLG** Köln NZI 2000, 78, 79 = ZInsO 2000, 43, 44; *K/P/Prütting* § 7 Rn 28). Im Übrigen ergeben sich für die Kostenentscheidung keine Besonderheiten. Die **Kostengrundentscheidung** ergeht nach den §§ 91, 92, 97 ZPO. Wird die Rechtsbeschwerde als unzulässig verworfen oder als unbegründet zurückgewiesen, richten sich die Gerichtsgebühren nach KV-GKG Nr 2362 bis 2364. Betrifft die Rechtsbeschwerde eine Beschwerdeentscheidung im Verfahren über den Eröffnungsantrag fallen zwei Gerichtsgebühren an. Wird die Rechtsbeschwerde zurückgenommen tritt eine Ermäßigung auf eine Gebühr ein. Der Beschwerdewert wird nach § 58 GKG oder § 3 ZPO festgesetzt. Der Gegenstandswert in Verfahren wegen Versagung der Restschuldbefreiung setzt der **BGH** mit 1200 EUR fest, wenn ungewiss ist, wie sich die Vermögensverhältnisse des Schuldners zukünftig entwickeln (**BGH** ZInsO 2003, 217). Für die **Rechtsanwaltsgebühren** enthält die BRAGO keinen Gebührentatbestand. Die Rechtsprechung wendet § 11 Abs 1 S 5 BRAGO entsprechend an (**BGH** NZI 2005, 282). Erhält der Anwalt die Vergütung nach RVG, ist ein Gebührensatz von 1,0 anzusetzen (VergVerz Nr 3502, s auch *Schmidt* ZInsO 2004, 302). Der Gegenstandswert wird nach § 28 RVG bestimmt.

§ 8 Zustellungen

(1) ¹Die Zustellungen erfolgen von Amts wegen, ohne dass es einer Beglaubigung des zuzustellenden Schriftstücks bedarf. ²Sie können dadurch bewirkt werden, dass das Schriftstück unter der Anschrift des Zustellungsadressaten zur Post gegeben wird; § 184 Abs. 2 Satz 1, 2 und 4 der Zivilprozessordnung gilt entsprechend. ³Soll die Zustellung im Inland bewirkt werden, gilt das Schriftstück drei Tage nach Aufgabe zur Post als zugestellt.

(2) ¹An Personen, deren Aufenthalt unbekannt ist, wird nicht zugestellt. ²Haben sie einen zur Entgegennahme von Zustellungen berechtigten Vertreter, so wird dem Vertreter zugestellt.

(3) ¹Das Insolvenzgericht kann den Insolvenzverwalter beauftragen, die Zustellungen nach Absatz 1 durchzuführen. ²Zur Durchführung der Zustellung und zur Erfassung in den Akten kann er sich Dritter, insbesondere auch eigenen Personals, bedienen. ³Der Insolvenzverwalter hat die von ihm nach § 184 Abs. 2 Satz 4 der Zivilprozessordnung angefertigten Vermerke unverzüglich zu den Gerichtsakten zu reichen.

I. Einleitung

Mit dem Gesetz zur Vereinfachung des Insolvenzverfahrens vom 13. 4. 2007 sind die Absätze 1 1
und 3 des § 8 neu gefasst worden. Der Gesetzgeber hat klargestellt, dass im Insolvenzverfahren die Zu-

stellungen durch Aufgabe zur Post bewirkt werden können. Bei einer **Zustellung im Inland** gilt das Schriftstück 3 Tage nach Aufgabe zur Post als zugestellt. § 8 Abs 3 stellt nun klar, dass der Insolvenzverwalter, auf den zumindest im eröffneten Verfahren die Zustellungen regelmäßig übertragen werden, alle in § 8 Abs 1 genannten Möglichkeiten der Zustellung wählen kann, somit auch die Zustellung durch Aufgabe zur Post. § 8 nF ist auf alle Insolvenzverfahren anzuwenden, dh auch auf solche, die vor In-Kraft-Treten des Gesetzes zur Vereinfachung des Insolvenzverfahrens eröffnet worden sind (Art 103 c Abs 1 EGInsO). Durch die Neuregelung in § 8 wird das Verfahren vereinfacht und beschleunigt. Die Übertragung der Zustellungen auf den Insolvenzverwalter soll gleichzeitig zu einer Entlastung der Serviceeinheit des Insolvenzgerichts führen (vgl Begr des Rechtsausschusses, BT-Drucks 12/7302, S 155).

II. Zuzustellende Schriftstücke

2   § 8 regelt die **Art und Weise der Zustellung**, nicht jedoch welche Schriftstücke zugestellt werden müssen. Dies ergibt sich vielmehr aus den speziellen Anordnungen der Insolvenzordnung (zB §§ 23 Abs 1 Satz 2, 25 Abs 1, 30 Abs 2, 64 Abs 2 Satz 1, 73 Abs 2, 186 Abs 2 Satz 1, 194 Abs 2 Satz 1 und Abs 3 Satz 1, 204 Abs 1 Satz 1, 208 Abs 2 Satz 2, 235 Abs 3, 307 Abs 1 und Abs 3 Satz 1, 308 Abs 1 Satz 3, 313 Abs 1 Satz 3). Eine Zustellung ist auch erforderlich, soweit die InsO eine „besondere Ladung" vorschreibt, wie zB in den §§ 177 Abs 3 Satz 2, 235 Abs 3 Satz 1, 241 Abs 1 Satz 2, 296 Abs 2 Satz 3. Sonstige Mitteilungen oder Ersuchen des Insolvenzgerichts werden nicht zugestellt. Das gilt für ein Ersuchen um Eintragungen im Grundbuch (§ 32) oder in einem Register (§§ 31, 33). Vielmehr genügt hier eine formlose Übermittlung.

Bei **Entscheidungen des Insolvenzgerichts** ist zu differenzieren. **Nicht verkündete** Entscheidungen, die mit der sofortigen Beschwerde oder der befristeten Erinnerung anfechtbar sind, eine Terminsbestimmung enthalten oder eine Frist in Lauf setzen, sind den Beteiligten zuzustellen. Andernfalls genügt eine formlose Mitteilung (MüKo-*Ganter* § 8 Rn 9). **Verkündete Beschlüsse** sind zuzustellen, wenn sie anfechtbar sind (MüKo-*Ganter* § 8 Rn 9; *Nerlich/Römermann/Becker* § 8 Rn 5; aA FK-*Schmerbach* § 8 Rn 18, der eine Zustellung weder bei anfechtbaren noch bei nicht anfechtbaren Entscheidungen für erforderlich hält, wenn die Entscheidung verkündet ist). Grundsätzlich genügt im Insolvenzverfahren die **öffentliche Bekanntmachung** zum Nachweis der Zustellung an alle Beteiligten, auch wenn die InsO neben ihr eine besondere Zustellung vorschreibt. Die öffentliche Bekanntmachung ersetzt nach § 9 Abs 3 stets die Einzelzustellung (HambKom-*Rüther* § 8 Rn 2; HK-*Kirchhof* § 8 Rn 3; MüKo-*Ganter* § 8 Rn 9). Das Gericht ist allerdings nicht befugt, vorgeschriebene Zustellungen im Hinblick auf eine zusätzlich erfolgte öffentliche Bekanntmachung zu unterlassen. Die Zustellung ist vor allem deshalb von Bedeutung, weil sie dem Zustellungsempfänger von dem Inhalt des betreffenden Schriftstücks frühere Kenntnis verschafft und diese frühere Kenntnis nachgewiesen werden kann (HK-*Kirchhof* § 8 Rn 4). Durch die Zustellung wird die **Beschwerdefrist** in Lauf gesetzt, auch wenn die öffentliche Bekanntmachung zusätzlich erfolgt (**BGH** ZInsO 2003, 374; HambKom-*Rüther* § 8 Rn 2). Die öffentliche Bekanntmachung bleibt jedoch für den Beginn der Beschwerdefrist maßgeblich, wenn die Einzelzustellung erst nach Eintritt der Bekanntmachungswirkung erfolgt (s. § 9 Rn 5). Wird jedoch einem einzelnen Beteiligten nachweislich früher zugestellt, kommt es für den Lauf der Beschwerdefrist auf diese frühere Zustellung an (**BGH** NZI 2004, 341 = ZIP 2003, 768).

III. Art der Zustellung

3   Abs 1 Satz 1 schreibt vor, dass Zustellungen im Amtsbetrieb vorgenommen werden. Aus Vereinfachungsgründen bedarf es einer Beglaubigung des zuzustellenden Schriftstücks nicht. Welche **Art der Zustellung** das Insolvenzgericht wählt, liegt in seinem pflichtgemäßen Ermessen (**BGH** NZI 2003, 341 = ZInsO 2003, 216 = ZIP 2003, 726). § 8 Abs 1 Satz 2 nennt ausdrücklich als Zustellungsart die Zustellung durch Aufgabe zur Post. Die Zustellung durch **Aufgabe zur Post** (§ 184 Abs 1 Satz 2, Abs 2 ZPO) erfolgt dadurch, dass die Geschäftsstelle des Insolvenzgerichts (Serviceeinheit) das zuzustellende Schriftstück in einem verschlossenen Umschlag mit der richtigen Anschrift des Zustellungsempfängers bei einem inländischen Postamt zur Post gibt. Als Post im Sinne von § 184 ZPO ist dabei nicht nur die Deutsche Post **AG**, sondern jedes Postdienstleistungsunternehmen anzusehen. Mit Wegfall des Postmonopols der Deutschen Post **AG** genügt die Aushändigung des Schriftstücks an jedes private Dienstleistungsunternehmen, das sich mit der Beförderung von Post befasst (Nerlich/Römermann/Becker § 8 Rn 13 f.). Auch private Kurierdienste können mit der Zustellung beauftragt werden. Die verschlossene Sendung muss die richtige Anschrift des Empfängers und die Bezeichnung des absendenden Insolvenzgerichts enthalten (HK-*Kirchhof* § 8 Rn 7). Der Empfänger muss erkennen können, dass es sich um eine Zustellung handelt, es darf nicht der falsche Eindruck erweckt werden, es werde lediglich formlos ein Schriftstück zur Kenntnisnahme übersandt (**BGH** NZI 2003, 341). Nach §§ 4 InsO, 184 Abs 2 S 3 ZPO ist zum Nachweis der Zustellung in den Akten zu vermerken, zu welcher Zeit und unter welcher Anschrift das Schriftstück zur Post gegeben wurde. Dieser **Aktenvermerk** tritt an die Stelle der Zustellungsurkunde (§ 182 ZPO). Der Aktenvermerk muss vom Urkundsbeamten der Geschäftsstelle unter-

schrieben werden, die Unterschrift eines sonstigen Justizbediensteten (Justizwachtmeister) reicht nicht aus (MüKo-*Ganter* § 8 Rn 20). Der Aktenvermerk darf nicht vor Aufgabe zur Post gefertigt werden, andernfalls ist die Zustellung unwirksam (**BGH** NJW 1993, 884). Gleiches gilt, wenn der Zustellungsempfänger oder dessen Anschrift falsch angegeben ist (**BGH** NJW 1987, 1707). Ein fehlender oder unwirksamer Aktenvermerk kann nachgeholt werden, solange der Urkundsbeamte noch aus eigenem Wissen die Verantwortung für diese Angaben übernehmen kann (**BGH** NJW-RR 1996, 387; **BGH** NJW 1993, 884; MüKo-*Ganter* § 8 Rn 20). Die Zustellung durch Aufgabe zur Post wird nicht schon an dem Tag **bewirkt**, an dem ein dafür zuständiger Justizbediensteter des Insolvenzgerichts vor Weiterleitung an die Frankierungsstelle des Amtsgerichts diese Zustellung in den Akten beurkundet, sondern jedenfalls nicht vor dem Tag, an dem die Sendung nach Durchlaufen der Frankierungsstelle zur Beförderung durch die Post den Betrieb des Amtsgerichts verlässt (**OLG** Oldenburg **OLG**-Report 2001, 354). Der Aktenvermerk ist zwingendes Erfordernis für den Nachweis der Zustellung. Nach § 184 Abs 2 S 1 ZPO wird unwiderleglich vermutet, dass die Zustellung nach Aufgabe zur Post erfolgt ist. Ist die Zustellung nach den gesetzlichen Anforderungen erfolgt, gilt sie auch dann als bewirkt, wenn der Empfänger die Sendung tatsächlich nicht erhalten hat (**BGH** NJW-RR 1996, 387; HK-*Kirchhof* § 8 Rn 7). Die Zustellung gilt auch als erfolgt, wenn die Sendung später als unzustellbar zurückkommt, nicht aber, wenn die Post oder das Postdienstleistungsunternehmen den Verlust der Sendung mitteilt (MüKo-*Ganter* § 8 Rn 21). Die Zustellung gilt entsprechend der Erfahrung mit **üblichen Postlaufzeiten** 3 Tage nach der Aufgabe zur Post als bewirkt, § 8 Abs 1 S 3. Der Empfänger, der die Sendung nicht oder erst nach dem fingierten Zustellungstermin erhalten hat, kann **Wiedereinsetzung in den vorigen Stand** gem §§ 4 InsO, 233 ZPO beantragen (*Nerlich/Römermann/Becker* § 8 Rn 17; MüKoZPO/*Häublein* § 184 Rn 12). Die Zustellung durch Aufgabe zur Post entspricht dem Ziel der Verfahrensvereinfachung und -beschleunigung am ehesten. Sie sollte den Regelfall der Zustellung im Insolvenzverfahren bilden. Auch wenn durch die zuzustellende Entscheidung eine Notfrist in Lauf gesetzt wird, ist die Zustellung durch Aufgabe zur Post zulässig (**BGH** NZI 2003, 341 = ZInsO 2003, 216 = ZIP 2003, 726).

Eine Ausnahme gilt nach § 307 Abs 1 S 3 im Verbraucherinsolvenzverfahren. Danach ist die Zustellung durch Aufgabe zur Post nicht möglich. Vielmehr muss das Insolvenzgericht den vom Schuldner genannten Gläubigern den Schuldenbereinigungsplan sowie die Vermögensübersicht auf andere Weise zustellen.

Statt der Zustellung durch Aufgabe zur Post, welches die bedeutsamste und am häufigsten gewählte Art der Zustellung ist, kann das Insolvenzgericht auch eine **andere Art der Zustellung** wählen, zB die Zustellung durch Aushändigung an der Amtsstelle (§ 173), Zustellung gegen Empfangsbekenntnis (§ 174 ZPO) oder die Zustellung durch Einschreiben mit Rückschein (§ 175 ZPO). Die Geschäftsstelle (Serviceeinheit) ist ebenfalls berechtigt, die Zustellung durch die Post oder einen Justizbediensteten vornehmen zu lassen (§ 168 Abs 1 S 2 ZPO). Der Zustellungsauftrag wird gem § 176 Abs 1 ZPO dadurch erteilt, dass die Geschäftsstelle (Serviceeinheit) das zuzustellende Schriftstück in einem verschlossenen Umschlag und vorbereiteten Vordruck einer Zustellungsurkunde der Post, einem Justizbediensteten oder einem Gerichtsvollzieher oder einer ersuchten Behörde übergibt (§ 176 Abs 1 ZPO). Die Ausführung der Zustellung erfolgt gem § 176 Abs 2 ZPO nach den §§ 177 bis 181 ZPO. Das sogenannte Einwurf-Einschreiben ist nicht zugelassen (MüKo-*Ganter* § 8 Rn 23; Keller, NZI 2002, 581).

IV. Keine Zustellung bei unbekanntem Aufenthalt

An **Personen unbekannten Aufenthalts** wird grundsätzlich nicht zugestellt (§ 8 Abs 2 S 1). Voraussetzung ist, dass zumutbare Nachforschungen erfolglos geblieben sind. Hierfür sind Auskünfte des Einwohnermeldeamts bzw. des Postamts oder auch des Vermieters einzuholen (HK-*Kirchhof* § 8 Rn 9). Ist vom Zustellungsempfänger nur ein Postfach bekannt, kann der Aufenthalt trotzdem unbekannt sein (BayObLG Rpfleger1978, 446). Haben Personen unbekannten Aufenthalts einen **zustellungsbevollmächtigten Vertreter** bestellt und ist dies dem Insolvenzgericht bekannt, wird gem Abs 2 S 2 an diesen Vertreter zugestellt. Grundsätzlich ist es Sache des Antrag stellenden Gläubigers, die Anschrift des Insolvenzschuldners richtig und vollständig anzugeben. Eine öffentliche Zustellung ist im Insolvenzverfahren ausgeschlossen. Ist eine öffentliche Bekanntmachung gem § 9 vorgeschrieben, so gilt diese auch als Zustellung gegenüber Personen unbekannten Aufenthalts (§ 9 Abs 3). Ist die Anschrift des Schuldners nachweisbar tatsächlich unbekannt, macht dies den Antrag nicht unzulässig. Das Insolvenzgericht hat aber in diesen Fällen die örtliche Zuständigkeit (§ 3) besonders sorgfältig zu prüfen, denn nach § 4 InsO, § 16 ZPO wird bei unbekanntem Aufenthalt die Zuständigkeit durch den letzten Wohnsitz bestimmt.

Ausnahmsweise wird der vom Schuldner vorgelegte Schuldenbereinigungsplan an Gläubiger, deren Aufenthalt unbekannt ist, öffentlich zugestellt, § 307 Abs 1 S 3.

V. Zustellungen im Ausland

Seit dem 31. 5. 2001 erfolgen Zustellungen im Bereich der EU nach der Verordnung EG Nr 1348/00. Danach kommt die **förmliche Zustellung** nach Art 4 ZustVO oder die Direktzustellung durch **Ein-**

schreiben mit Rückschein gem Art 14 ZustVO in Betracht. An Personen im Ausland kann ebenfalls durch Aufgabe zur Post zugestellt werden (HambKom-*Rüther* § 8 Rn 9; *Jaeger-Gerhardt* § 8 Rn 9). In diesem Fall gilt jedoch die 2-Wochen-Frist des § 184 Abs 2 S 1 ZPO. Im Übrigen richten sich die Zustellungen an Personen im Ausland nach den §§ 183, 184 ZPO, d. h. es wird über Behörden des fremden Staates oder durch die diplomatische oder konsularische Vertretung des Bundes oder durch das Auswärtige Amt zugestellt. Ferner kann das Gericht bei dieser Art der Zustellung anordnen, dass der Zustellungsempfänger innerhalb einer angemessenen Frist einen **Zustellungsbevollmächtigten** benennt, der im Inland wohnt, falls er nicht einen Prozessbevollmächtigten bestellt hat. Ist eine Zustellung im Ausland nicht möglich oder nicht Erfolg versprechend, kann die Zustellung durch öffentliche Bekanntmachung erfolgen (§ 185 Nr 2 ZPO).

VI. Zustellung durch den Insolvenzverwalter (Abs 3)

8   Nach § 8 Abs 3 S 1 kann das Insolvenzgericht den Insolvenzverwalter beauftragen, die Zustellungen vorzunehmen. Ob das Insolvenzgericht diese Art der Zustellung wählt, ob es alle Zustellungen durch den Insolvenzverwalter oder nur einen Teil der Zustellungen vornehmen lässt, steht in seinem **pflichtgemäßen Ermessen** (HambKom-*Rüther* § 8 Rn 13; MüKo-*Ganter* § 8 Rn 31; HK-*Kirchhof* § 8 Rn 10). Ordnet das Gericht diese Art der Zustellung an, muss es in den Akten vermerkt werden. Hierzu reicht eine Verfügung, ein Beschluss ist nicht nötig (HK-*Kirchhof* § 8 Rn 10; HambKom-*Rüther* § 8 Rn 14). Nicht nur der Richter kann den Insolvenzverwalter mit Zustellungen beauftragen, sondern auch der Rechtspfleger (HambKom-*Rüther* § 8 Rn 14; HK-*Kirchhof* § 8 Rn 10). Gegen die Übertragung steht dem Insolvenzverwalter **kein Beschwerderecht** zu, er kann allenfalls gem § 59 seine Entlassung beantragen, wenn er sich durch die Aufgabe überfordert fühlt (HK-*Kirchhof* § 8 Rn 10; MüKo-*Ganter* § 8 Rn 37; *Graeber* ZInsO 2005, 752). Das Insolvenzgericht kann auch den **vorläufigen Insolvenzverwalter** mit der Durchführung der Zustellungen beauftragen. Dasselbe gilt für den **Treuhänder** (HK-*Kirchhof* § 8 Rn 12). Die Beauftragung des vorläufigen Insolvenzverwalters im Eröffnungsverfahren fällt in den Zuständigkeitsbereich des Richters. Diese richterlich getroffene Anordnung gilt im eröffneten Verfahren weiter, kann jedoch im Einzelfall vom Rechtspfleger geändert oder aufgehoben werden. Bis zur Bestellung eines vorläufigen Insolvenzverwalters bleibt das Insolvenzgericht für Zustellungen allein zuständig. Es ist nicht befugt, zB den mit der Prüfung des Insolvenzgrundes beauftragten **Sachverständigen** mit den Zustellungen zu beauftragen (MüKo-*Ganter* § 8 Rn 35). Der Insolvenzverwalter kann die ihm übertragenen Zustellungen in sämtlichen Zustellungsformen vornehmen (MüKo-*Ganter* § 8 Rn 32; HambKom-*Rüther* § 8 Rn 15). Durch die neu eingeführten Sätze 2 und 3 in Absatz 3 hat der Gesetzgeber ausdrücklich klargestellt, dass sich der Insolvenzverwalter auch der **Zustellung durch Aufgabe zur Post** bedienen kann. Bei dieser Form der Zustellung muss der Verwalter § 184 Abs 2 ZPO ebenso beachten wie das Gericht. Er muss zum **Nachweis der Zustellung** in den Akten vermerken, zu welcher Zeit und unter welcher Anschrift das Schriftstück zur Post gegeben wurde. Diesen Nachweis der Zustellung muss er zu den Gerichtsakten reichen. Der Insolvenzverwalter muss die erforderlichen Vermerke nicht eigenhändig vornehmen, sondern kann sich hierfür seiner Angestellten bedienen (Abs 3 S 2).

9   Die ordnungsgemäße Durchführung der Zustellungen gehört zu den **Amtspflichten des Insolvenzverwalters** iSd §§ 58–60 und 63 (HK-*Kirchhof* § 8 Rn 13). Entgegen der in der Vorauflage vertretenen Auffassung sollte das Insolvenzgericht im Rahmen seines pflichtgemäßen Ermessens keine Zurückhaltung bei der Übertragung der Zustellungen auf den Insolvenzverwalter ausüben. Vor dem Hintergrund der mit Abs 3 beabsichtigten Entlastung der Gerichte und der ständig wachsenden Arbeitsbelastung der Geschäftsstellen wird die Übertragung der Zustellungen auf den Insolvenzverwalter in der Regel werden. Es entspricht der gängigen Praxis der überwiegenden Anzahl der Insolvenzgerichte, die Zustellungen dem Insolvenzverwalter zu überlassen (*Graeber* ZInsO 2005, 752). Gerade in Großverfahren mit mehreren 100 Gläubigern ist die Übertragung der Zustellungen auf den Insolvenzverwalter zur Aufrechterhaltung der Arbeitsfähigkeit des Gerichts nahezu unerlässlich (HambKom-*Rüther* § 8 Rn 13).

VII. Kosten der Zustellung

10   Die **Kosten der Zustellung** gehören zu den nach § 8 InsVV erstattungsfähigen Auslagen des Insolvenzverwalters (Keller NZI 2002, 581, 587; MüKo-*Ganter* § 8 Rn 36). Nach In-Kraft-Treten der Änderungsverordnung vom 4. 10. 2004 kann der Insolvenzverwalter die Sachkosten, die ihm infolge der Übertragung des Zustellungswesens durch das Insolvenzgericht entstanden sind, neben der allgemeinen Auslagenpauschale geltend machen. Anders als nach dem zuvor geltenden Recht bemisst sich die Auslagenpauschale gem § 8 Abs 3 InsVV nach der Regelvergütung, so dass Zuschläge, die für die Ausführung des Zustellungswesens gem § 3 Abs 1 InsVV gewährt werden können, die Auslagenpauschale nicht mehr erhöhen. Zustellungskosten, die auf Grund einer Anordnung gem § 8 Abs 3 InsO entstanden sind, stellen zusätzliche Kosten dar für die Erledigung einer gesondert übertragenen Aufgabe außerhalb der Regeltätigkeit des Insolvenzverwalters und können deshalb gesondert geltend gemacht werden (**BGH** ZIP 2007, 440 = NZI 2007, 213; **BGH** NZI 2008, 444 = ZInsO 2008, 555). Für den **Treuhänder**, für den gem § 10 InsVV die Vorschrift des § 8 InsVV entsprechende Anwendung findet,

gilt dasselbe. Auch bei ihm handelt es sich um die Kosten für die Erledigung einer gesondert übertragenen Aufgabe außerhalb seiner Regeltätigkeit (BGH NZI 2008, 444 = ZInsO 2008, 555). Die Personalkosten, die durch die ihm übertragenen Zustellungen entstehen, können dem Verwalter nicht als Auslagen erstattet werden (BGH ZInsO 2007, 202). Allerdings kann gem § 3 Abs 1 InsVV ein Zuschlag zur Regelvergütung gerechtfertigt sein, wenn durch die Übertragung der Zustellung ein erheblicher Mehraufwand bewirkt worden ist, was in der Regel bei mehr als 100 Zustellungen der Fall ist (BGH ZInsO 2007, 202; HambKom-*Rüther* § 8 Rn 18).

§ 9 Öffentliche Bekanntmachung

(1) [1]Die öffentliche Bekanntmachung erfolgt durch eine zentrale und länderübergreifende Veröffentlichung im Internet[1]; diese kann auszugsweise geschehen. [2]Dabei ist der Schuldner genau zu bezeichnen, insbesondere sind seine Anschrift und sein Geschäftszweig anzugeben. [3]Die Bekanntmachung gilt als bewirkt, sobald nach dem Tag der Veröffentlichung zwei weitere Tage verstrichen sind.

(2) [1]Das Insolvenzgericht kann weitere Veröffentlichungen veranlassen, soweit dies landesrechtlich bestimmt ist. [2]Das Bundesministerium der Justiz wird ermächtigt, durch Rechtsverordnung mit Zustimmung des Bundesrates die Einzelheiten der zentralen und länderübergreifenden Veröffentlichung im Internet zu regeln. [3]Dabei sind insbesondere Löschungsfristen vorzusehen sowie Vorschriften, die sicherstellen, dass die Veröffentlichungen
1. unversehrt, vollständig und aktuell bleiben,
2. jederzeit ihrem Ursprung nach zugeordnet werden können.

(3) Die öffentliche Bekanntmachung genügt zum Nachweis der Zustellung an alle Beteiligten, auch wenn dieses Gesetz neben ihr eine besondere Zustellung vorschreibt.

I. Allgemeines

Wie nach § 76 KO, § 119 VglO, § 6 Abs 1 S 1 GesO regelt § 9 die öffentliche Bekanntmachung von Entscheidungen als Kundgabe gegenüber der Allgemeinheit. In § 9 Abs 1 RegE war ursprünglich vorgesehen, dass die öffentliche Bekanntmachung durch Veröffentlichung im Bundesanzeiger erfolgen sollte. Auf Vorschlag des Bundesrates (BR-Drucks 12/2443, S 248, 261) ist davon abgesehen worden, weil die große Mehrheit der Insolvenzverfahren Unternehmen mit lediglich örtlicher oder regionaler Bedeutung betrifft. Seit in Kraft treten der InsO ist die Vorschrift mehrfach geändert worden. Das InsOÄndG 2001 ermöglichte die Bekanntmachung im Internet, die neben der Veröffentlichung in dem für amtliche Bekanntmachungen des Insolvenzgerichts bestimmten Blatts zugelassen wurde. Gleichzeitig wurde das Bundesministerium der Justiz ermächtigt in einer Rechtverordnung die Einzelheiten der Veröffentlichungen zu regeln. Mit dem Gesetz zur Vereinfachung des Insolvenzverfahrens vom 13. 4. 2007 ist als regelmäßige öffentliche Bekanntmachung die Veröffentlichung im Internet vorgesehen und zwar auf der gemeinsamen Internetplattform aller Bundesländer (www.insolvenzbekanntmachungen.de). Weitere Veröffentlichungen werden vom Insolvenzgericht nur noch veranlasst, wenn dies landesrechtlich bestimmt ist.

1

II. Zwingende öffentliche Bekanntmachung

Die InsO sieht die öffentliche Bekanntmachung in folgenden Vorschriften ausdrücklich vor: §§ 23 Abs 1 S 1, 25 Abs 1, 30 Abs 1, 34 Abs 3 S 1, 2, 64 Abs 2 S 1, 74 Abs 2, 78 Abs 2 S 1, 177 Abs 3 S 1, 197 Abs 2, 200 Abs 2 S 1, 2, 208 Abs 2 S 1, 214 Abs 1 S 1, 215 Abs 1 S 1, 235 Abs 2 S 1, 258 Abs 3 S 1, 3, 273, 274 Abs 1, 277 Abs 3 S 1, 289 Abs 2 S 3, 296 Abs 3 S 2, 300 Abs 3 S 1, 2, 303 Abs 3 S 3, 313 Abs 1 S 3 und als Verwalterpflicht in § 188 S 3. Vgl auch *Hess* § 9 Rn 9; HK-*Kirchhof* § 9 Rn 3; FK-*Schmerbach* § 9 Rn 8; MüKoInsO-*Ganter* § 9 Rn 7. Im Geltungsbereich der EUInsVO über Insolvenzverfahren ist Art 21 zu beachten. Auf Antrag des Insolvenzverwalters oder kraft Gesetzes erfolgt die Bekanntmachung der Eröffnung in dem jeweiligen Mitgliedstaat.

2

III. Art der öffentlichen Bekanntmachung

Die Bekanntmachung erfolgt von Amts wegen durch grundsätzlich einmalige Veröffentlichung im Internet unter www.insolvenzbekanntmachungen.de (HK-*Kirchhof* § 9 Rn 4). Während in dem Zeitraum vom 1. 7. 2007 bis zum 31. 12. 2008 neben der Veröffentlichung im Internet übergangsweise auch noch die Veröffentlichung in einem am Wohnort oder Sitz des Schuldners periodisch erscheinenden Blatt erfolgen konnte, werden die Veröffentlichungen seit dem 1. 1. 2009 nur noch im Internet vorgenommen. Bei den periodisch erscheinenden Blättern konnte es sich um lokale Tageszeitungen oder auch kostenlose Mitteilungsblätter handeln (HamKom-*Rüther* § 9 Rn 3 b). Durch die Veröffentlichung im Internet

3

---

[1] www.insolvenzbekanntmachungen.de

wird ein weit größerer Verbreitungsgrad erzielt als durch die bisherige Form der Bekanntmachungen in den Printmedien. Mehr als 50% der bundesdeutschen Haushalte verfügen über einen Internetzugang, bei Unternehmen mit mehr als 250 Mitarbeitern liegt die Quote bei 99% (HamKom-*Rüther* § 9 Rn 5). Zudem stehen öffentlich zugängliche Internetanschlüsse zur Verfügung. Durch die Internetveröffentlichung wird den Gläubigern die Recherche wesentlich vereinfacht. Den Insolvenzgerichten bleiben eine Vielzahl von Anfragen erspart. In der Regel erfolgt die Internetveröffentlichung noch am Tag ihrer Anordnung, so dass die schnellere Möglichkeit der Kenntnisnahme besteht. Die Veröffentlichung im Internet führt auch zu einer deutlichen Kosteneinsparung. Für eine Internet-Veröffentlichung fallen Gerichtsgebühren von 1,00 EUR an (Anl 1 zu § 3 Abs 2 GKG). Abs 1 nennt als Ort der Veröffentlichung ausdrücklich das Internet. Damit ist die öffentliche Bekanntmachung im Sinne des § 9 in privaten Datenbanken nicht möglich (MüKo-*Ganter* § 9 Rn 11).

IV. Der Inhalt der öffentlichen Bekanntmachung

4   Nach § 9 Abs 1 S 1 kann die Veröffentlichung auszugsweise geschehen. Trotzdem muss die Bekanntmachung gewissen **Mindestforderungen** genügen, damit der Zweck der öffentlichen Bekanntmachung erreicht wird. So sind unverzichtbare Angaben der bürgerliche und evtl kaufmännische Name des Schuldners, Geschäftszweig und Anschrift sowie die bekannt zu machenden einzelnen gerichtlichen Maßnahmen (HK-*Kirchhof* § 9 Rn 6; *Frege/Keller7Riedel* HRP Rn 66 c; MüKo-*Ganter* § 9 Rn 17). Das gilt vor allem für die Anordnung von Sicherungsmaßnahmen nach § 21 Abs 2, die gem § 23 Abs 1 S 1 öffentlich bekannt zu machen sind. Bei der Bekanntmachung des Eröffnungsbeschlusses (§ 30 Abs 1) sind unverzichtbare Bestandteile der Veröffentlichung der Eröffnungsbeschluss, die Aufforderung an die Gläubiger und Schuldner nach § 28 sowie die Terminsbestimmungen (§ 29). Die öffentlich bekannt zu machende Tagesordnung der Gläubigerversammlung muss die Beschlussgegenstände zumindest schlagwortartig bezeichnen (BGH ZInsO 2008, 504; HambKom-*Preß* § 74 Rn 6; MüKo-*Ehricke* § 74 Rn 36). Eine unrichtige Bekanntmachung ist wirkungslos. Eine **unvollständige Bekanntmachung** ist im Umfang der erfolgten Bekanntmachung wirksam, wenn wenigstens die Person des Schuldners, der bekannt zu machende Vorgang und das Insolvenzgericht erkennbar sind (MüKo-*Ganter* § 9 Rn 17; N/R/*Becker* § 9 Rn 11, 19). In diesen Fällen ist eine ergänzende oder völlig neue Veröffentlichung mit vollständigem Inhalt notwendig. Nach § 74 Abs 2 S 2 kann die öffentliche Bekanntmachung von Zeit, Ort und Tagesordnung einer Gläubigerversammlung unterbleiben, wenn in einer vorhergehenden Versammlung die Verhandlung vertagt wird. Im Interesse einer Kosteneinsparung und zwecks Verfahrensbeschleunigung gilt diese Regelung ebenfalls für die in § 177 Abs 3 S 2, § 235 Abs 2 S 2 und § 252 Abs 1 S 1 genannten Termine. Die Frist für die **öffentliche Bekanntmachung des Schlusstermins**, die zunächst bis mindestens drei Wochen und höchstens einen Monat betragen hatte, wurde auf eine **Mindestfrist von einem Monat** und eine **Höchstfrist von zwei Monaten** ausgedehnt (§ 197 Abs 2). Die **Mindestvoraussetzungen** für den Inhalt der Bekanntmachung haben sich daran zu orientieren, dass die Verfahrensbeteiligten in die Lage versetzt werden, am angegebenen Ort und in der angegebenen Zeit ihre Verfahrensrechte wahrzunehmen. So wird zB eine kurze Rechtsmittelfrist nicht durch die Bekanntmachung in Lauf gesetzt, wenn gegen diese Mindestvoraussetzungen verstoßen wird (BVerfG NJW 1988, 1256; HK-*Kirchhof* § 9 Rn 6). Fehlen beim Vergütungsbeschluss die festgesetzten Beträge in der öffentlichen Bekanntmachung, ist dies für den Nachweis der Zustellung ohne Bedeutung, wenn der Schuldner zu dem Vergütungsantrag des Insolvenzverwalters zuvor gehört worden ist (BGH ZIP 2004, 332). Das Insolvenzgericht ist nicht gehindert, **zusätzliche Angaben** hinsichtlich des Schuldners oder Schuldnerunternehmens anzuordnen. Eine solche zusätzliche Angabe empfiehlt sich vor allem dann, wenn der Schuldner in letzter Zeit seinen Namen geändert oder den Namen seines Ehegatten angenommen hat. Gleiches gilt, wenn ein Unternehmen in der Krise den Firmennamen kurzfristig geändert hat. Hier wie auch bei einer kurzfristig erfolgten Sitzverlegung erfordert es der Schutz der Gläubiger, den früheren Namen, die ehemalige Firma oder die Anschrift des früheren Sitzes anzugeben, denn nur auf diese Weise werden die Gläubiger in die Lage versetzt, ihre Rechte im Verfahren geltend zu machen bzw ihre Forderungen anzumelden.

V. Die Wirkung der öffentlichen Bekanntmachung

5   Die formgerechte öffentliche Bekanntmachung nach § 9 Abs 1 genügt nach § 9 Abs 3 **zum Nachweis der Zustellung** an alle Beteiligten, auch wenn die InsO daneben eine besondere Zustellung vorschreibt. **Rechtsmittelfristen** beginnen einheitlich mit dem **Ablauf des zweiten Tages nach der Veröffentlichung** zu laufen, und zwar für alle Beteiligten (HK-*Kirchhof* § 9 Rn 8). Der Tag der Veröffentlichung wird in die Frist nicht eingerechnet. Ist die Veröffentlichung im Internet zB am 10. eines Monats erfolgt, gilt sie am 13. um 0.00 Uhr als bewirkt (MüKo-*Ganter* § 9 Rn 20). Verfassungsrechtlich begegnet dies keinen Bedenken, auch wenn die öffentliche Bekanntmachung gesetzlich durch Veröffentlichung im Internet zugelassen ist (LG Duisburg NZI 2005, 57 = ZVI 2004, 693). Die öffentliche Bekanntmachung entbindet das Gericht nicht von der Verpflichtung, Einzelzustellungen vorzunehmen. **Zeitlich frühere Einzelzustellungen** waren unter der Geltung der KO für die Berechnung der Beschwerdefrist bedeu-

tungslos. Für die Insolvenzordnung gilt etwas anderes. § 9 Abs 3 bestimmt, dass die öffentliche Bekanntmachung zum Nachweis der Zustellung an alle Beteiligten „genügt". Die Vorschrift hat damit den Charakter einer Beweiserleichterung und schließt den Nachweis einer früheren Zustellung an einzelne Beteiligte nicht aus (BGH NZI 2005, 43 = ZVI 2004, 693; OLG Köln ZIP 2000, 185; MüKo-*Ganter* § 9 Rn 24). Für diejenigen, denen die Entscheidung nachweislich früher formgerecht zugestellt worden ist, beginnt die Rechtsmittelfrist mit der Zustellung zu laufen (BGH NZI 2005, 43 = ZVI 2004, 693; K/P/*Pape* § 34 Rn 8, 9; MüKo-*Ganter* § 9 Rn 24). Umgekehrt wird die Rechtsmittelfrist durch die Veröffentlichung der Entscheidung im Internet in Gang gesetzt, wenn die Zustellung später erfolgt, zB weil der Schuldner zunächst unbekannten Aufenthalts war und seine aktuelle Anschrift erst später ermittelt und die Zustellung noch nachgeholt wurde (LG Göttingen NZI 2007, 735 = ZInsO 2007, 1160). Ist ein Insolvenzschuldner flüchtig, so beginnt auch für ihn die Beschwerdefrist nach § 9 Abs 3 mit der öffentlichen Bekanntmachung. Auf eine Zustellung kommt es nicht mehr an, insbesondere ist eine öffentliche Zustellung überflüssig (FK-*Schmerbach* § 8 Rn 18). Nicht nur die Einzelzustellung, sondern bereits eine formlose Mitteilung kann zum Ausschluss der Verrechnungsmöglichkeiten der Banken von Zahlungseingängen mit einem Debetsaldo des Schuldners führen. **Unwirksame Beschlüsse** werden durch die öffentliche Bekanntmachung nicht geheilt (MüKo-*Ganter* § 9 Rn 29). Nach der öffentlichen Bekanntmachung wird vermutet, dass der Inhalt der Bekanntmachung bekannt ist. Diese vermutete Kenntnis schließt zB einen gutgläubigen Erwerb vom Schuldner aus (MüKo-*Ganter* § 9 Rn 25).

VI. Fakultative weitere und wiederholte öffentliche Bekanntmachungen

Nach § 9 Abs 2 kann das Insolvenzgericht weitere Veröffentlichungen veranlassen, zB in einem periodisch erscheinenden Blatt am Wohnort oder Sitz des Schuldners. Dies galt bis zum 31. 12. 2008. Ab 1. 1. 2009 kommt eine weitere Veröffentlichung nur noch in Betracht, wenn es landesrechtlich bestimmt ist. Bislang hat jedoch noch kein Bundesland von dieser Möglichkeit Gebrauch gemacht. Da die weiteren Veröffentlichungen zusätzliche Kosten verursachen, ist auch nicht zu erwarten, dass diesbezüglich die Länder Regelungen schaffen werden. Neben der Veröffentlichung im Internet kommen Veröffentlichungen in regionalen Tageszeitungen, in einem Amtsblatt oder durch Anschlag an der Gerichtstafel in Betracht. Es ist – sofern die Länder Grundlagen für weitere Veröffentlichungen schaffen – ihre Sache, die Voraussetzungen, die Form und den Umfang weitere Veröffentlichungen zu regeln (vgl amtl. Begründung abgedr in NZI 2006, 212 f). Etwaige vom Insolvenzgericht veranlasste Veröffentlichungen haben nicht die Wirkung des Abs 3 (BGH ZInsO 2006, 92; HamKom-*Rüther* § 9 Rn 9). Im Verbraucherinsolvenzverfahren sind weitere Veröffentlichungen ohnehin ausgeschlossen, § 312 Abs 1 S 1 2. Halbsatz schließt die Anwendung von § 9 Abs 2 ausdrücklich aus. Die **wiederholte Veröffentlichung** (§ 9 Abs 2), die jetzt nicht mehr vorgesehen ist, ist die nochmalige Veröffentlichung zu einem späteren Zeitpunkt im selben Medium. Für die wiederholte Veröffentlichung besteht kein Bedürfnis mehr, denn die Internetveröffentlichung ermöglicht den Zugriff auf die Daten nicht nur am Tag der Einstellung, sondern durch Abruf auch noch zeitlich darüber hinaus.

VII. Verordnung zur öffentlichen Bekanntmachung von Insolvenzverfahren im Internet (InsNetV)

Von der Ermächtigung in Abs 2 Satz 2 hat der Gesetzgeber durch den Erlass der Verordnung zu öffentlichen Bekanntmachungen im Internet (InsNetV) vom 12. 2. 2002 Gebrauch gemacht (BGBl I S 677). Die Verordnung ist am 1. 3. 2002 in Kraft getreten und wurde durch das Gesetz zur Vereinfachung des Insolvenzverfahrens vom 1. 2. 2007 geändert. Sie regelt die grundsätzlichen Voraussetzungen der Internetbekanntmachungen (§ 1), Fragen des Datenschutzes und der Datensicherheit (§ 2), die Löschungsfristen (§ 3) und das Einsichtsrecht (§ 4). Nach Art 103 c EGInsO ist die Neufassung des § 9 sowie die InsNetV auch auf Insolvenzverfahren anzuwenden, die vor dem Inkrafttreten des Gesetzes zur Vereinfachung des Insolvenzverfahrens, mithin vor dem 1. 7. 2007 eröffnet worden sind. Die **Anordnung der Veröffentlichung** erfolgt durch das Insolvenzgericht, also durch den Richter oder Rechtspfleger. Sie hat durch **Beschluss** zu geschehen (MüKo-*Ganter* § 9 Rn 9). Die frühere Regelung in § 188 Abs 1 S. 3, wonach der Insolvenzverwalter die Summe der Forderungen und den für die Verteilung verfügbaren Betrag bekanntzumachen hatte, ist durch das Gesetz zur Vereinfachung des Insolvenzverfahrens mit Wirkung zum 1. 7. 2007 abgeschafft worden.

VIII. Kosten

Die Kosten der öffentlichen Bekanntmachung und weiterer Veröffentlichungen haben im Rahmen des Gesetzgebungsverfahrens eine nicht unerhebliche Rolle gespielt (vgl Begr RegE zu § 9 BR-Drucks 1/92 abgedr bei *Uhlenbruck* Das neue Insolvenzrecht S 305 f). Die Kosten der Veröffentlichung und Bekanntmachungen trägt im Falle der Verfahrenseröffnung die Insolvenzmasse, ansonsten derjenige, dem durch Gerichtsbeschluss die Kosten auferlegt werden. Die nach der bis zum 31. 12. 2008 geltenden Fassung vorzunehmenden Veröffentlichungen in den verschiedenen Printmedien (Amtsblätter, Tageszeitungen, Bundsanzeiger) waren kostenaufwändig. Die **Kosten der Internetveröffentlichung** sind wesentlich geringer, pro Veröffentlichung fällt pauschal 1,00 EUR an (Anl 1 GKG Nr 9004).

§ 10 Anhörung des Schuldners

(1) ¹Soweit in diesem Gesetz eine Anhörung des Schuldners vorgeschrieben ist, kann sie unterbleiben, wenn sich der Schuldner im Ausland aufhält und die Anhörung das Verfahren übermäßig verzögern würde oder wenn der Aufenthalt des Schuldners unbekannt ist. ²In diesem Fall soll ein Vertreter oder Angehöriger des Schuldners gehört werden.

(2) ¹Ist der Schuldner keine natürliche Person, so gilt Absatz 1 entsprechend für die Anhörung von Personen, die zur Vertretung des Schuldners berechtigt oder an ihm beteiligt sind. ²Ist der Schuldner eine juristische Person und hat diese keinen organschaftlichen Vertreter (Führungslosigkeit), so können die an ihm beteiligten Personen gehört werden; Absatz 1 Satz 1 gilt entsprechend.

I. Allgemeines

1 Die Anhörung ist eine besondere Ausprägung des **Anspruchs auf Gewährung rechtlichen Gehörs** (Art 103 Abs 1 GG). § 10 verallgemeinert und ergänzt die frühere Regelung in § 105 Abs 3 KO, der die Anhörung nur für das Eröffnungsverfahren vorsah. Zugleich schränkt die Vorschrift das einem Schuldner oder Schuldnervertreter zu gewährende rechtliche Gehör für bestimmte Sonderfälle ein, um Verfahrensverzögerungen zu vermeiden. § 10 Abs 1 S 1 betrifft **jegliche Anhörung des Schuldners**, gleichgültig, ob es sich um eine Maßnahme nach der InsO oder nach der ZPO handelt (*N/R/Becker* § 10 Rn 2). Eingehend zum rechtlichen Gehör *Vallender* Das rechtliche Gehör im Insolvenzverfahren, KS-InsO S 249 ff Rn 1 ff; *Uhlenbruck* Das rechtliche Gehör im Konkurseröffnungsverfahren, FS-*Baumgärtel* 1990, 569 ff; *Maintzer* KTS 1985, 617 ff.

Durch das zum 1. 11. 2008 in Kraft getretene MoMiG ist Abs 2 durch Satz 2 ergänzt worden. Wenn der gesetzliche Vertreter fehlt (dieser Fall wird vorwiegend bei der GmbH eintreten), will der Gesetzgeber das Verfahren dadurch beschleunigen, dass die Gesellschafter angehört werden können.

II. Rechtliches Gehör und Anhörung

2 Die Gewährung rechtlichen Gehörs und die gesetzlich oder gerichtlich angeordnete Anhörung sind nicht identisch. Die Anhörung kann sowohl der Gewährung rechtlichen Gehörs dienen als auch zugleich der Aufklärung des Sachverhalts. Nicht selten korrespondiert die **Amtsermittlungspflicht** des Gerichts mit dem subjektiven Recht des Schuldners auf Anhörung (*Vallender* KS-InsO S 252 Rn 6). Ein Unterschied ergibt sich auch in der **Durchführung**: Für die Gewährung rechtlichen Gehörs genügt es, wenn das Gericht dem Schuldner **Gelegenheit gibt**, sich zu äußern (*Vallender* KS-InsO S 253 Rn 7). Eine tatsächliche Anhörung ist in einem solchen Fall nicht erforderlich (*Frege/Keller/Riedel* HRP Rn 88; *Vallender* KS-InsO S 253 Rn 7). Die Anhörung im Rahmen der gerichtlichen Ermittlungspflicht (§ 5 Abs 1) kann durch Vorführungs- oder Haftbefehl erzwungen werden (vgl §§ 20, 98 Abs 2). Soweit eine Anhörung sich ausschließlich als **Ermittlungspflicht** (§ 5 Abs 1) darstellt, greift § 10 Abs 1 nicht ein (MüKo-*Ganter* § 10 Rn 5). § 10 betrifft nur die besondere Form der **Anhörung zur Gewährung rechtlichen Gehörs**.

III. Gesetzliche Anhörungspflichten

3 Die InsO schreibt die Anhörung des Schuldners ausdrücklich vor in den §§ 14 Abs 2, 20 S 2, 98 Abs 2, 99 Abs 1 S 2 und 3, 101 Abs 1 S 1 und 2, § 314 Abs 3 S 3, 317 Abs 2, S 2 und 3, 318 Abs 2 S 2, 332 Abs 1, 333 Abs 2 S 2, 2. Alt. In der Literatur wird die Auffassung vertreten, es handele sich bei den vorgenannten Bestimmungen um **keine abschließende Normierung** der Anhörungspflichten (*Vallender* KS-InsO S 252 f Rn 5; MüKo-*Ganter* § 10 Rn 4). Die Gewährung rechtlichen Gehörs bedeutet nur, dass dem Schuldner Gelegenheit zur Äußerung gegeben werden muss. Die Anhörung erfordert aber, dass das Insolvenzgericht die Anhörung **schriftlich oder mündlich** durchführt. Gerade weil der Schuldner **tatsächlich anzuhören** ist, sah sich der Gesetzgeber zur einschränkenden Regelung in § 10 veranlasst. Richtig ist, dass unter den Voraussetzungen des § 10 Anhörungen erst recht unterbleiben können, die unter der allgemeinen Erwägung der Notwendigkeit einer Gewährung rechtlichen Gehörs zwar geboten, jedoch nicht ausdrücklich vorgeschrieben sind. Zutreffend ist auch, dass wie beim rechtlichen Gehör in Eilfällen, wie zB bei Zwangs- und Sicherungsmaßnahmen (§§ 98, 99), die **Anhörung nachträglich** erfolgen kann, wenn eine vorherige Anhörung den Sicherungszweck vereiteln würde (BVerfGE 6, 12, 14; BVerfG 67, 96, 99). Trotzdem ist daran festzuhalten, dass an das Merkmal der gesetzlich vorgeschriebenen Anhörung strengere Anforderungen zu stellen sind als an die Gewährung rechtlichen Gehörs, die als Grundsatz durch „umfassende Mitteilungs- und Auskunftspflichten, spezielle Antrags- und Zustimmungserfordernisse sowie verschiedentlich angeordnete Anhörungen der Verfahrensbeteiligten

in umfassender Weise zum Ausdruck gekommen ist" (*Prütting* KS-InsO S 221, 229 Rn 24). Schreibt das Gesetz ausdrücklich **Anhörung** vor, so hat das Gericht zur Gewährung dieser Art von rechtlichem Gehör mehr zu tun als nur Gelegenheit zur Äußerung zu verschaffen. Eine **Unterlassung der Anhörung** ist nur in den engen Grenzen des § 10 zulässig. So kann eine vorherige Anhörung unterbleiben bei **Anordnung von Sicherungsmaßnahmen**, wenn hierdurch der Sicherungszweck gefährdet oder gar vereitelt würde (OLG Brandenburg ZIP 2001, 207, 208; HK-*Kirchhof* § 4 Rn 22; FK-*Schmerbach* § 10 Rn 9; KS-*Vallender* S 249, 261 f Rn 36, 37). Soweit die Anhörung zugleich auch der **Amtsermittlung** iSv § 5 dient, gelten nicht einmal die Einschränkungen des § 10. Im Rahmen der sonstigen Gewährung rechtlichen Gehörs hat das Insolvenzgericht hinsichtlich der Unterlassung der Anhörung einen noch weiteren Ermessensspielraum als in den Fällen, in denen das Gesetz die Anhörung ausdrücklich anordnet.

IV. Die Anhörung des Schuldners als natürliche Person (§ 10 Abs 1)

Nach § 10 Abs 1 S 1 kann die Anhörung des Schuldners unterbleiben, wenn dieser sich im **Ausland** aufhält und die Anhörung das Verfahren übermäßig verzögern würde. Gleiches gilt, wenn der **Aufenthalt des Schuldners unbekannt** ist. Die Vorschrift korrespondiert mit § 8 Abs 2 S 1 und § 97. Nach § 97 Abs 3 S 1 ist der Schuldner verpflichtet, sich auf Anordnung des Gerichts jederzeit zur Verfügung zu stellen, um seine Auskunfts- und Mitwirkungspflichten zu erfüllen. Taucht er unter, ist also sein Aufenthalt unbekannt, wird der Insolvenzantrag nicht zugestellt (§ 8 Abs 2 S 1). Einer öffentlichen Zustellung entsprechend § 203 ZPO bedarf es nicht. Hält sich der Schuldner im Ausland auf und ist seine Anschrift bekannt, so ist zwar ein Insolvenzantrag zuzustellen (§ 199 ZPO entspr.), wenn nicht im Einzelfall die Voraussetzungen des § 203 Abs 2 ZPO vorliegen; bei übermäßiger Verfahrensverzögerung braucht das Insolvenzgericht den Schuldner aber nicht im Ausland anzuhören. Setzt sich der Schuldner ins Ausland ab, ist aber sein Aufenthalt bekannt, so verliert er nicht ohne weiteres den Anspruch auf Gewährung rechtlichen Gehörs in der Form einer Anhörung (HK-*Kirchhof* § 10 Rn 7 gegen *Vallender* KS-InsO S 259 Rn 32). Auf die Gründe für die Abwesenheit des Schuldners kommt es nicht an, sondern objektiv nur auf den Aufenthalt im Ausland. Entscheidend ist in solchen Fällen das Merkmal **übermäßiger Verfahrensverzögerung**. Eine übermäßige Verfahrensverzögerung ist nicht ohne weiteres anzunehmen. Vielmehr kommt es darauf an, ob unter Berücksichtigung des Aufenthaltsorts des Schuldners und der vorhandenen Kommunikationsmöglichkeiten die Anhörung zu einer übermäßigen Verfahrensverzögerung führen würde (FK-*Schmerbach* § 10 Rn 7; N/R/*Becker* § 10 Rn 10). Angesichts der verhältnismäßig kurzen Fristen in den §§ 6 Abs 1, 28 Abs 1 S 2, 29 Abs 1 Nr 1 und § 235 Abs 1 S 2 ist idR eine Verzögerung von **mehr als vier Wochen** übermäßig (HK-*Kirchhof* § 10 Rn 7; *Hess* § 10 Rn 11). Im Eröffnungsverfahren können nach *Kirchhof* (HK-*Kirchhof* § 10 Rn 7) sogar **zweiwöchige Fristen** ausreichend sein. Kein Auslandsaufenthalt liegt vor, wenn sich der Schuldner auf einer Auslandsreise befindet (LG Frankenthal Rpfleger 1995, 37; HK-*Kirchhof* § 10 Rn 7). Erst wenn die Auslandsreise den üblichen zeitlichen Rahmen sprengt oder ungewiss ist, wie lange die Reise dauert, kann man von einem Auslandsaufenthalt sprechen (MüKo-*Ganter* § 10 Rn 10).

Die Anhörung kann auch unterbleiben, wenn der **Aufenthalt des Schuldners unbekannt** ist (§ 10 Abs 1 S 1). Unbekannt ist der Aufenthalt des Schuldners dann, wenn er nicht nur dem Antragsteller und dem Insolvenzgericht, sondern allgemein unbekannt ist. Zunächst einmal hat der Antragsteller bis zur Zulassung des Antrags Ermittlungen hinsichtlich des Aufenthalts des Schuldners anzustellen. Mit der Zulassung des Insolvenzantrages setzen die gerichtlichen Amtsermittlungspflichten gem § 5 Abs 1 S 1 hinsichtlich der Aufenthaltsermittlung ein. Das Insolvenzgericht darf aber den Antrag auf Eröffnung eines Insolvenzverfahrens nicht deshalb zurückweisen, weil sich der Schuldner oder der Geschäftsführer einer schuldnerischen GmbH der Anhörung durch Flucht oder Untertauchen entzieht. Anders als beim Auslandsaufenthalt des Schuldners kommt es bei unbekanntem Aufenthalt für die Ermessensentscheidung des Insolvenzgerichts nicht darauf an, ob ein Zuwarten auf eine Anhörungsmöglichkeit des Schuldners das Verfahren übermäßig verzögern würde (K/P/*Prütting* § 10 Rn 8). Für die Annahme eines unbekannten Aufenthalts reicht es in der Regel aus, wenn eine Einwohnermeldeamtsanfrage am Wohnort oder am Sitz des Schuldners ergibt, dass dieser unbekannt verzogen ist (K/P/*Prütting* § 10 Rn 8). Der Eröffnungsantrag darf nicht deshalb zurückgewiesen werden, weil sich der Geschäftsführer einer GmbH durch Untertauchen der Anhörung entzieht (LG Göttingen ZIP 1995, 144). Bei unbekanntem Aufenthalt des Schuldners beginnt die **Frist für die Beschwerde** gegen die Eröffnung des Insolvenzverfahrens mit der öffentlichen Bekanntmachung des Eröffnungsbeschlusses (OLG Frankfurt ZIP 1996, 556; LG Frankfurt ZIP 1995, 1836; *Tappmeyer* EWiR § 109 KO 1/96, 79).

V. Wiederholte Anhörung im Eröffnungsverfahren

Besonderheiten ergeben sich im Insolvenzeröffnungsverfahren, weil dieses vom Gesetzgeber als quasi-streitiges Parteiverfahren ausgestaltet worden ist. Schon die Vorschrift des § 14 Abs 2 zeigt, dass die **Zulassung des Antrags, die Zustellung des Antrags** und **die Anhörung des Schuldners** nicht identisch sind. Der Insolvenzantrag eines Gläubigers wird formlos zugelassen. Die Zulassung bedarf keines besonderen Beschlusses. Die Zustellung des Insolvenzantrags stellt ebenso wie die Anhörung des Schuldners regelmäßig die konkludente Zulassung des Insolvenzantrags dar. Dass die gesetzlich angeordnete Anhörung mehr ist als nur eine Gelegenheit zur Äußerung, zeigt § 14 Abs 2, wonach das Insolvenzgericht den Schuldner (neben der Zustellung) zu hören hat. Die Anhörung erfolgt im Regelfall **schriftlich** durch einen dem Insolvenzantrag beigefügten Fragebogen mit einem entsprechenden gerichtlichen Anschreiben. Im Rahmen der Anhörung ist es dem Schuldner oder schuldnerischen Unternehmen als Antragsgegner unbenommen, durch **Gegenglaubhaftmachung** die Glaubhaftmachung des Antragstellers nach § 14 Abs 1 zu erschüttern (**OLG Köln ZIP 1988, 664, 665; K/U § 105 KO Rn 10 b**). Unabhängig von der Gegenglaubhaftmachung ist es zudem dem Schuldner nicht verwehrt, die Zulässigkeit des Insolvenzantrags mit anderen Gründen zu bestreiten, wie zB durch Rüge der Prozessfähigkeit des Antragstellers, ausreichende Sicherheiten, Stundung oder fehlendes Rechtsschutzinteresse. Erschüttert nunmehr der Antragsteller durch **erneute Glaubhaftmachung** die Gegenglaubhaftmachung des Antragsgegners, so ist der Schuldner **erneut anzuhören**. Anders, wenn das Gericht auf Grund der Amtsermittlungen gem § 5 Abs 1 S 1 zum Ergebnis kommt, dass entweder die Einwendungen des Antragsgegners nicht begründet sind oder der – bestrittene – Insolvenzgrund doch vorliegt. Hier genügt die **Gewährung rechtlichen Gehörs**, indem dem Antragsgegner Gelegenheit zur Stellungnahme gegeben wird. Bestreitet zB der organschaftliche Vertreter eines Schuldnerunternehmens das Vorliegen einer Überschuldung, kommt das Gericht aber auf Grund eines Sachverständigengutachtens zum Ergebnis, dass trotzdem Überschuldung vorliegt, so ist dem Schuldner rechtliches Gehör zu gewähren. Einer Anhörung bedarf es nicht.

VI. Die Anhörung eines Vertreters oder Angehörigen

7   Hält sich der Schuldner im Ausland auf und droht übermäßige Verzögerung des Verfahrens oder ist der Aufenthalt des Schuldners unbekannt, so soll nach § 10 Abs 1 S 2 ein **Vertreter oder Angehöriger** des Schuldners gehört werden. Ob ein **minderjähriger Schuldner** der Einwilligung seines gesetzlichen Vertreters bedarf, oder ob bei bestehender Ehe die Eltern anzuhören sind, ist angesichts der unbeschränkten Insolvenzfähigkeit natürlicher Personen zumindest zweifelhaft (für eine Einwilligung *N/R/Becker* § 10 Rn 11). Hält sich der minderjährige Schuldner im Ausland auf, greift § 10 Abs 1 ein. § 10 Abs 1 ist entsprechend auch anzuwenden, wenn der Anhörung des im Inland wohnenden Schuldners ein dem Auslandsaufenthalt vergleichbares Hindernis entgegensteht, wie zB eine lang andauernde Erkrankung mit stationärem Aufenthalt, so dass eine Anhörung das Verfahren übermäßig verzögern würde (HK-*Kirchhof* § 10 Rn 9). Im Übrigen „soll" ein Vertreter oder Angehöriger (§ 383 Abs 1 Nr 1–3 ZPO) des Schuldners gehört werden, wenn eine Anhörung des Schuldners nach § 10 Abs 1 S 1 ausscheidet (§ 10 Abs 1 S 2). Hiervon darf das Gericht nur in Ausnahmefällen absehen, zB wenn solche Personen dem Gericht nicht bekannt sind oder ihre Anhörung ebenfalls zu einer übermäßigen Verzögerung des Verfahrens führen würde (HK-*Kirchhof* § 10 Rn 8; *N/R/Becker* § 10 Rn 14). Primär ist ein **Bevollmächtigter** des Schuldners zu hören, wobei vor allem ein Zustellungsbevollmächtigter (§§ 173, 176, 177 Abs 1 ZPO) in Betracht kommt, weil diesem auch der Insolvenzantrag zuzustellen ist (HK-*Kirchhof* § 10 Rn 8). Nicht anzuhören ist aber zB ein Rechtsanwalt, der den Schuldner im Rahmen eines Scheidungsprozesses vertritt. Der Begriff „Vertretung des Schuldners" ist eng auszulegen. Er muss sich auf das spezielle Verfahren beziehen, so dass nicht etwa Handlungsbevollmächtigte oder Prokuristen als Ersatzpersonen in Betracht kommen. Der **Begriff des Angehörigen** ist dagegen über die Vorschriften der §§ 11 Abs 1 Nr 1 StGB, 52 Abs 1, 63 StPO und § 383 Abs 1 ZPO hinaus erweiternd auszulegen. Deshalb können Angehörige iSv § 10 Abs 1 S 2 auch **nahe stehende Personen** iSv § 138 Abs 1 sein. Dazu gehört auch gem § 383 ZPO, § 52 StPO, § 138 InsO der **Lebenspartner**. Vgl *N/R/Becker* § 10 Rn 16. Das Gericht hat dabei das Recht des Schuldners auf informationelle Selbstbestimmung besonders zu beachten.

VII. Die Anhörung von Vertretern juristischer Personen oder Personenvereinigungen (§ 10 Abs 2)

8   Ist der Schuldner eine juristische Person, ein nicht rechtsfähiger Verein oder eine Gesellschaft ohne Rechtspersönlichkeit (§ 11 Abs 2 Nr 1) oder handelt es sich um ein Sondervermögen (Nachlass, Gesamtgut einer Gütergemeinschaft oder einer fortgesetzten Gütergemeinschaft), so ist nach § 10 Abs 2 jeder zur Vertretung Berechtigte oder an ihm Beteiligte zu hören. Bei juristischen Personen geht es nicht um die Anhörung jeder vertretungsberechtigten Person, sondern um die Anhörung der **organschaftlichen Vertreter**. Die Vorschrift bezieht sich dagegen nicht auf Aufsichtsorgane. Anzuhören sind die vertretungsberechtigten oder am Kapital beteiligten Personen (HK-*Kirchhof* § 10 Rn 10); ferner die Vorstandsmitglieder eines Vereins oder die Erben, der Nachlassverwalter bzw Testamentsvollstrecker eines überschuldeten Nachlasses. Bei juristischen Personen ist grundsätzlich **jeder organschaftliche Vertreter** anzuhören, bei offenen Handelsgesellschaften oder Gesellschaften bürgerlichen Rechts alle **Gesellschafter**, nicht nur die geschäftsführenden (**BGH KTS 1978, 24, 27; OLG Düsseldorf KTS 1959, 175;** HK-*Kirchhof* § 10 Rn 10; *Hess* § 10 Rn 19). Bei einer KG ist der Komplementär anzuhören (**LG Saarbrücken Rpfleger 1995, 37;** *Kilger/K. Schmidt* § 105 KO Anm 4). Wird ein Nachlassinsolvenzverfahren von einem Nachlasspfleger

beantragt, so sind der oder die **Erben anzuhören** (LG Köln KTS 1986, 362). Das Insolvenzgericht genügt seiner Anhörungspflicht nicht, wenn es bei juristischen Personen lediglich einen der organschaftlichen Vertreter anhört. Bei einer **GmbH** sind **sämtliche Geschäftsführer** (Liquidatoren) der GmbH zu hören (*Uhlenbruck* GmbHR 1972, 173; *Scholz/K. Schmidt* § 63 GmbHG Rn 42; *Vallender* KS-InsO S 249, 259 Rn 30–32; FK-*Schmerbach* § 10 Rn 10). Bei **Aktiengesellschaften, Genossenschaften** oder bei einem **Verein** sind **sämtliche Vorstandsmitglieder** zu hören (*Gottwald/Uhlenbruck* InsRHdb § 13 Rn 34; *K/U* § 105 KO Rn 10; *Skrotzki* KTS 1956, 105). Soweit der Gesellschaftsvertrag allerdings eine gegenseitige Vertretung vorsieht, genügt die Anhörung des Vertretungsberechtigten. Bei Verhinderung eines organschaftlichen Vertreters oder Gesellschafters iSv § 10 Abs 2 greift § 10 Abs 1 ein (HK-*Kirchhof* § 10 Rn 10). Hat eine juristische Person den organschaftlichen Vertreter abberufen oder hat dieser sein Amt niedergelegt, so kann eine übermäßige Verzögerung iSv § 10 Abs 1 S 1 auch dann eintreten, wenn die Gesellschafter es unterlassen, ein neues vertretungsberechtigtes Organ zu bestellen (HK-*Kirchhof* § 10 Rn 10). Soweit nach § 15 Abs 2 S 2 die übrigen Mitglieder des Vertretungsorgans, persönlich haftenden Gesellschafter oder Abwickler zu hören sind oder im Fall einer Mehrheit von Erben im Nachlassinsolvenzverfahren (§ 317 Abs 2 S 2) sind die Voraussetzungen für das Unterlassen einer Anhörung (§ 10 Abs 1) für jeden Anzuhörenden zu prüfen. Die in den §§ 15 Abs 2 und 3 S 1, 317 Abs 2 S 2, 318 Abs 2 S 2 und § 332 Abs 3 S 2 anzuhörenden Personen entsprechen dem Schuldnerbegriff iSv § 10, so dass insoweit § 10 uneingeschränkt Anwendung findet (vgl auch HK-*Kirchhof* § 10 Rn 11).

Mit dem zum 1. 11. 2008 in Kraft getretenen MoMiG ist Abs 2 Satz 2 eingefügt worden. Bei Führungslosigkeit der juristischen Person (in der Regel GmbH) sollen nach Abs 2 Satz 2 Verzögerungen bei der Eröffnung des Verfahrens vermieden werden, weil sich dies zu Lasten der Gläubiger auswirken könnte. Führungslosigkeit liegt vor, wenn die juristische Person keinen Vertreter hat. Wer die juristische Person vertritt richtet sich nach den jeweiligen spezialgesetzlichen Regelungen. Vertreter der GmbH ist der Geschäftsführer (§ 35 Abs.1S. 1 GmbHG), Die **AG** und die Genossenschaft werden jeweils durch ihren Vorstand vertreten (§ 78 Abs S 1 AktG, § 24 Abs 1 S 1 GenG). Die Führungslosigkeit kann durch die Abberufung des Vertreters, seinen Tod, Amtsniederlegung oder den Verlust der Fähigkeit zur Bekleidung dieses Amts eintreten. Der organschaftliche Vertreter der juristischen Person muss tatsächlich oder rechtlich nicht mehr existieren. Ein unbekannter Aufenthalt genügt nicht (**AG** Hamburg NJW 2009, 304; *Römermann* NZI 2008, 641). Die gegenteilige Auffassung, wonach es für die Annahme der Führungslosigkeit ausreicht, wenn der Vertreter unbekannten Aufenthalts ist (*Gehrlein* BB 2008, 846), ist mit den Zielen dieser Neuregelung nicht vereinbar. Zwar sah auch die Fassung des Referentenentwurfs zum MoMiG zunächst vor, dass der unbekannte Aufenthalt des organschaftlichen Vertreters ausreichen sollte. Der Regierungsentwurf zum MoMiG (BT-Drs 16/172 und Beilage ZIP Heft 23/2007) hat jedoch ausdrücklich diese Fassung des Referentenentwurfs nicht übernommen und damit deutlich gemacht, dass Führungslosigkeit nur dann vorliegt, wenn der Vertreter rechtlich oder tatsächlich nicht mehr existiert. Das Gericht kann dann die Gesellschafter anhören. Hierbei wird dem Gericht jedoch ein Ermessen eingeräumt (*Kind* NZI 2008, 475). 8a

VIII. Die Art und Weise der Anhörung

Wie auch bei der Gewährung rechtlichen Gehörs ist im Gesetz nicht geregelt, auf welche Art und Weise 9 das Insolvenzgericht seiner Verpflichtung zur Anhörung nachzukommen hat. Richter oder Rechtspfleger haben nach pflichtgemäßem Ermessen zu entscheiden, ob die Anhörung **mündlich** oder **schriftlich** erfolgt. Dass das Gesetz die Anhörung des Schuldners oder der Gesellschafter vorschreibt, heißt nicht, dass eine mündliche Verhandlung stattfinden müsste (*Bork* Einführung Rn 47). Auch ist eine tatsächliche Anhörung nicht erforderlich (*Frege/Keller/Riedel* HRP Rn 82 f; *Vallender* KS-InsO S 252 Rn 7). Vielfach beantragen die Insolvenzantragsteller, die Anhörung mündlich durchzuführen, und bitten um Zusendung des entsprechenden Protokolls. Entsprechende Anregungen an das Gericht brauchen nicht beschieden zu werden. Erfolgt die **Anhörung des Schuldners** oder eines organschaftlichen Vertreters einer juristischen Person **im Wege der Rechtshilfe**, bestimmt das ersuchende Gericht die Art der Anhörung. Das ersuchte Rechtshilfegericht ist nicht berechtigt, von sich aus statt mündlicher Anhörung eine schriftliche Anhörung anzuordnen. Dem Erfordernis **schriftlicher Anhörung** ist genügt, wenn dem Schuldner (Antragsgegner) der Insolvenzantrag zugestellt wird und ihm **zusätzlich** ein gerichtliches Anschreiben mit Fragebogen übermittelt wird, in dem er aufgefordert wird, die notwendigen Angaben persönlich und sachlicher Art zu machen sowie zum Insolvenzantrag Stellung zu nehmen. In der Insolvenzpraxis ist allgemein anerkannt, dass die Anhörung durch **Übersendung eines Fragebogens** erfolgen kann (OLG Köln KTS 1958, 13, 15; **AG** Duisburg Rpfleger 1994, 268 = KTS 1994, 505; *K/U* § 105 KO Rn 10 a). Die Anhörung ist von der nach § 5 Abs 1 S 1 im Einzelfall gebotenen **Vernehmung des Schuldners oder seines organschaftlichen Vertreters** zu unterscheiden. Werden vom Schuldner allerdings zugleich mit der Anhörung erzwingbare Auskünfte nach den §§ 20, 97, 98 verlangt, so ist darauf hinzuweisen und die Sanktionen anzudrohen. Erfolgt die Anhörung schriftlich, so ist dem Schuldner zugleich eine **Frist zur Stellungnahme** zu setzen (*Vallender* KS-InsO S 253 Rn 8; FK-*Schmerbach* § 10 Rn 5). Eine Entscheidung darf erst dann erfolgen, wenn die **Erklärungsfrist abgelaufen** ist (BVerfG NJW 1988, 1773; *Vallender* KS-InsO S 253 Rn 8). Äußerungsfristen empfehlen sich, wenn die Anhörung mit Amtsermittlungen nach §§ 20, 97, 98 verbunden wird.

Keinesfalls darf die Anhörung zu einem billigen Mittel für den Gläubiger werden, „mit ihm über das Gericht noch einmal ins Gespräch zu kommen, wenn alle Mittel der Zwangsvollstreckung ohne Erfolg waren" (*Skrotzki* KTS 1956, 105, 107). Der antragstellende Gläubiger hat kein Recht darauf, bei der mündlichen Anhörung eines Schuldners oder des organschaftlichen Vertreters anwesend bzw vertreten zu sein (MüKo-*Ganter* § 10 Rn 22). Allerdings empfiehlt es sich im Regelfall, einem Antragsteller-Vertreter, vor allem wenn er Rechtsanwalt ist, die Anwesenheit zu gestatten, damit die Sachaufklärung vollständig erfolgt. Gleichgültig, ob die Anwesenheit des Antragstellers oder eines anwaltlichen Vertreters zugelassen wird oder nicht, haben diese in jedem Fall ein Recht auf eine **Protokollabschrift** über die Anhörung. Gleiches gilt für den ausgefüllten Fragebogen (MüKo-*Ganter* § 10 Rn 2). Erscheint der Schuldner oder der organschaftliche Vertreter trotz Ladung zu einem mündlichen Anhörungstermin nicht, so besteht ohne Amtsermittlungen kein Anlass, den Schuldner vorführen zu lassen, denn die Anhörung ist lediglich eine Pflicht des Insolvenzgerichts (OLG Frankfurt KTS 1971, 285, 286).

IX. Rechtsfolgen unterlassener Anhörung

10   Unterlässt das Insolvenzgericht die gesetzlich vorgeschriebene Anhörung des Schuldners bzw der organschaftlichen Vertreter eines Schuldnerunternehmens oder der persönlich haftenden Gesellschafter, so stellt sich die Unterlassung als **wesentlicher Verfahrensmangel** dar, der für sich allein schon die Aufhebung einer gerichtlichen Entscheidung rechtfertigt (OLG Düsseldorf KTS 1959, 175; *Vallender* KS-InsO S 255 Rn 14; FK-*Schmerbach* § 10 Rn 11). In den Fällen, in denen wegen Eilbedürftigkeit bzw Gefährdung des Verfahrenszwecks von einer **vorherigen Anhörung** des Schuldners abgesehen worden ist, kann die Anhörung auch noch im Beschwerdeverfahren nachgeholt werden (BVerfGE 18, 399, 404; N/R/ *Becker* § 10 Rn 20). Ansonsten ist streitig, ob eine versäumte Anhörung des Schuldners im Beschwerdeverfahren noch nachgeholt werden kann (**verneinend** LG Baden-Baden v 7. 1. 1983, ZIP 1983, 205; K/U § 105 KO Rn 10 d; *Kilger/K. Schmidt* § 105 KO Anm 4; *Hess* § 10 Rn 6; **bejahend** LG Berlin ZInsO 2001, 269; BerlKo-*Blersch* § 10 Rn 23; HK-*Kirchhof* § 6 Rn 25 u § 14 Rn 31; N/R/*Becker* § 10 Rn 22; *Smid* § 14 Rn 31; KS-*Vallender* S 249, 255 Rn 15; H/W/F Hdb 2/90 und 3/134; FK-*Schmerbach* § 10 Rn 11; *Frege/Keller/Riedel* HRP Rn 87). Es ist auch für das neue Recht an dem Grundsatz festzuhalten, dass ein ohne Anhörung des Schuldners ergangener Beschluss vom Beschwerdegericht **ohne weitere sachliche Prüfung aufgehoben** werden muss, weil die Verletzung des Grundsatzes rechtlichen Gehörs für sich allein schon die Aufhebung des Beschlusses rechtfertigt (K/U § 105 KO Rn 10 d). Zu folgen ist aber der Auffassung von *Schmerbach* (FK-*Schmerbach* § 10 Rn 11), dass jedenfalls dem **Insolvenzgericht** im Beschwerdeverfahren die Nachholung der versäumten Anhörung möglich sein muss, damit es von seiner Abhilfebefugnis nach § 6 Abs 2 S 2 Gebrauch machen kann (so auch KS-*Vallender* S 255 Rn 15). Den für die Nachholung der Anhörung angeführten Argumenten kann im Übrigen dadurch Rechnung getragen werden, dass ein Schuldner sich nur dann mit Erfolg auf die Nichtanhörung berufen kann, wenn er die ihm zur Verfügung stehenden Möglichkeiten, sich Gehör zu verschaffen, ausgeschöpft hat und die angegriffene Entscheidung auf der Verletzung der Anhörungspflicht beruht oder beruhen kann (BVerfGE 7, 95; 7, 241; BGHZ 27, 169; K/U § 73 KO Rn 2 a; KS-*Vallender* S 256 Rn 16). Es bedarf somit des Nachweises, dass der Schuldner bei ordnungsgemäßer Anhörung so vorgetragen hätte, dass damit eine für ihn günstigere Entscheidung erreicht worden wäre (K/U § 73 KO Rn 2 a; *Vallender* KS-InsO S 256 Rn 16).

X. Einreichung einer Schutzschrift

11   Nicht selten wird von Anwälten eines Schuldners eine „Schutzschrift" bei dem Insolvenzgericht eingereicht, bevor überhaupt ein Insolvenzantrag gegen den Schuldner oder das Schuldnerunternehmen gestellt worden ist. In dieser Schutzschrift wird oftmals beantragt, für den Fall eines Insolvenzantrags gegen den Mandanten ohne vorherige Anhörung keine Sicherungsmaßnahmen nach § 21 anzuordnen oder das Insolvenzverfahren zu eröffnen. Dabei finden sich in der „Schutzschrift" umfangreiche Ausführungen darüber, dass ein Insolvenzgrund beim Schuldner bzw Schuldnerunternehmen nicht vorliegt. Solche **Schutzschriften sind unzulässig**. Wird ein nach Eingang der „Schutzschrift" gestellter Insolvenzantrag zugelassen, so ist der Schuldner nach § 14 Abs 2 ohnehin zu hören. Zudem muss der Insolvenzantrag dem Schuldner (Antragsgegner) zugestellt werden. Die Zustellung des Antrags und die umfassende Gewährung rechtlichen Gehörs durch Anhörung macht die Einreichung einer Schutzschrift überflüssig und damit unzulässig (*Uhlenbruck/Delhaes* HRP Rn 171; *Gottwald/Uhlenbruck* InsR Hdb § 12 Rn 32; **str aA** FK-*Schmerbach* § 14 Rn 107, 108; MüKo-*Schmahl* § 14 Rn 124). Neuerdings haben sich *Frege/Keller/Riedel* (HRP 7. Aufl Rn 571–582) ebenfalls für die **Zulässigkeit einer Schutzschrift** mit der Begründung ausgesprochen, es gebe in der Insolvenz Fallkonstellationen, in denen das Rechtsschutzbedürfnis des Schuldners zu Abwehr der weit reichenden Insolvenzfolgen auf Grund unzulässiger oder unbegründeter Insolvenzanträge überwiegt. Die Argumente von *Frege/Keller/Riedel* geben keine Veranlassung, von der hier vertretenen Meinung abzuweichen. Auch drohende Sicherungsmaßnahmen des Insolvenzgerichts nach § 21 rechtfertigen nicht die Zulassung einer Schutzschrift, denn die Sicherungsmaßnahmen dürfen vom Gericht nur angeordnet werden, wenn der **Insolvenzantrag zugelas-**

X. Einreichung der Schutzfrist § 10

sen worden ist. Überraschende Sicherungsmaßnahmen ohne Anhörung des Schuldners sind wegen der Zustellung des Insolvenzantrags und der Anhörung des Schuldners kaum zu befürchten. Hinzu kommt, dass die Insolvenzgerichte auf unbestimmte Zeit mit der Bearbeitung und Aufbewahrung von Schutzschriften belastet werden, eine Aufgabe, die die InsO nicht vorgesehen hat. Auch steht den Gläubigern nicht die Befugnis zu, eine **Schutzschrift gegen den Antrag eines Schuldners auf Eigenverwaltung** bei Gericht einzureichen (so aber *Bichlmeier* DWZIR 2000, 62; einschr *Frege/Keller/Riedel* HRP Rn 582).

ZWEITER TEIL. ERÖFFNUNG DES INSOLVENZVERFAHRENS. ERFASSTES VERMÖGEN UND VERFAHRENSBETEILIGTE

Erster Abschnitt. Eröffnungsvoraussetzungen und Eröffnungsverfahren

1   Der Abschnitt regelt die **formellen und materiellen Voraussetzungen** für die Eröffnung des Insolvenzverfahrens sowie das **bei der Eröffnung einzuhaltende Verfahren**. Im Gegensatz zum später eröffneten Insolvenzverfahren mit dem Ziel der Verwertung der Masse handelt es sich beim Eröffnungsverfahren um einen Parteienstreit zwischen Antragsteller und Antragsgegner, der weitgehend unter der Herrschaft des Insolvenzgerichts steht (HK-*Kirchhof* § 11 Rn 1). Die allgemeinen Normen über das Insolvenzverfahren sind gleichwohl auch hier schon anwendbar, da das Eröffnungsverfahren Teil des Insolvenzverfahrens ist. Den eigentlichen Verfahrensvorschriften vorangestellt sind in §§ 11, 12 zwei die **Insolvenzfähigkeit** (teilweise nur klarstellend) regelnde Normen, die über das Eröffnungsverfahren hinaus von Bedeutung für das gesamte Insolvenzverfahren sind; systematisch bilden sie damit einen eigenständigen, den Vorschriften über das Eröffnungsverfahren vorgelagerten Abschnitt. Gegenüber dem bisherigen Recht haben sich hier vor allem insoweit inhaltliche Veränderungen ergeben, als auch über das Vermögen einer BGB-Gesellschaft oder einer Partenreederei ein Insolvenzverfahren eröffnet werden kann (§ 11 Abs 2 Nr 1). Formell ist bemerkenswert, dass die Unternehmensinsolvenz jetzt in die InsO integriert ist und nicht mehr nur wie unter der KO Teil eines Schlusskapitels des Gesetzes (dazu Gottwald/*Haas* InsR HdB § 91 Rn 9). Auch die InsO belässt es aber dabei, dass die Privatinsolvenz der gesetzliche Regelfall ist, von dem für die Unternehmensinsolvenz Abweichungen statuiert werden.

2   In Übereinstimmung mit dem früheren Recht der KO (§§ 102, 207 Abs 1, § 213 KO, § 2 Abs 1 Satz 3 VglO, § 1 Abs 1 Satz 1 GesO) sind als **Eröffnungsgründe** zunächst die Zahlungsunfähigkeit des Schuldners sowie bei juristischen Personen darüber hinaus deren Überschuldung vorgesehen (§§ 16, 17, 19). Neu eingeführt durch die InsO wurde als weiterer Eröffnungsgrund die drohende Zahlungsunfähigkeit, allerdings nur für den Fall, dass der Schuldner oder sein organschaftlicher Vertreter den Antrag auf Eröffnung des Insolvenzverfahrens stellt (§ 18). Dadurch sollen die Voraussetzungen für eine rechtzeitige Verfahrenseröffnung verbessert werden, ohne zugleich den Spielraum für außergerichtliche Sanierungsbemühungen einzuengen.

3   Was das **Vorgehen des Gerichts** bei der Eröffnung des Insolvenzverfahrens angeht, ist im Vergleich zum früheren Recht heute genauer geregelt, welche vorläufigen Maßnahmen das Gericht nach dem Eingang eines Insolvenzantrags treffen kann, um bis zur Entscheidung über den Antrag nachteilige Veränderungen in der Vermögenslage des Schuldners zu verhindern (§§ 20, 21). Festgelegt wird auch die Rechtsstellung des vorläufigen Insolvenzverwalters (§ 22).

4   Ein Insolvenzantrag kann **mangels Masse abgewiesen** werden, wenn das Vermögen des Schuldners voraussichtlich nicht ausreichen wird, die Kosten des Verfahrens zu decken (§ 26 Abs 1). Der weitergehende Vorschlag des Regierungsentwurfs, nach dem eine Abweisung des Antrags nur dann in Betracht kommen sollte, wenn nicht einmal die Kosten des ersten Verfahrensabschnitts, der Zeit bis zum Berichtstermin, gedeckt sind, wurde im Rechtsausschuss aufgegeben. Allerdings kann ein Gläubiger, der die Kosten des Verfahrens vorschießt, jetzt bei einer juristischen Person Erstattung von den Mitgliedern des Vertretungsorgans verlangen, die zur rechtzeitigen Antragstellung verpflichtet waren (§ 26 Abs 3).

§ 11 Zulässigkeit des Insolvenzverfahrens

(1) ¹Ein Insolvenzverfahren kann über das Vermögen jeder natürlichen und jeder juristischen Person eröffnet werden. ²Der nicht rechtsfähige Verein steht insoweit einer juristischen Person gleich.

(2) Ein Insolvenzverfahren kann ferner eröffnet werden:
1. über das Vermögen einer Gesellschaft ohne Rechtspersönlichkeit (offene Handelsgesellschaft, Kommanditgesellschaft, Partnerschaftsgesellschaft, Gesellschaft des Bürgerlichen Rechts, Partenreederei, Europäische wirtschaftliche Interessenvereinigung);
2. nach Maßgabe der §§ 315 bis 334 über einen Nachlaß, über das Gesamtgut einer fortgesetzten Gütergemeinschaft oder über das Gesamtgut einer Gütergemeinschaft, das von den Ehegatten gemeinschaftlich verwaltet wird.

(3) Nach Auflösung einer juristischen Person oder einer Gesellschaft ohne Rechtspersönlichkeit ist die Eröffnung des Insolvenzverfahrens zulässig, solange die Verteilung des Vermögens nicht vollzogen ist.

Frühere §§ 207, 209, 213, 214, 236, 236 a KO, § 63 Abs 2 GmbHG, § 98 Abs 2 GenG zusammengefasst. § 13 RegE mit leichten Änderungen im Rechtsausschuss. In Abs 2 Nr 1 Partnerschaftsgesellschaft eingefügt durch Art 2 a des Gesetzes zur Änderung des Umwandlungsgesetzes, des Partnerschaftsgesellschaftsgesetzes und anderer Gesetze vom 22. Juli 1998 (BGBl I 1998, 1878).

	Rn
A. Allgemeines	1
B. Insolvenz der natürlichen Person (Abs 1 S 1)	6
C. Unternehmen und Unternehmensveräußerung in der Insolvenz	9
I. Unternehmensfortführung	11
II. Unternehmensveräußerung	16
III. Gesellschaftsinterne Zustimmungs- oder Mitwirkungspflichten	21
D. Besonderheiten des Insolvenzverfahrens für Unternehmen bestimmter Wirtschaftszweige	22
I. Kredit- und Finanzdienstleistungsinstitute	23
II. Kapitalanlagegesellschaften, Pfandbriefbanken und andere Treuhandvermögen	26
III. Versicherungen	28
IV. Weitere Sonderfälle	30
E. Insolvenz der juristischen Person (Abs 1 S 1)	32
I. Gemeinsamkeiten	35
1. Beginn und Ende der Insolvenzfähigkeit	35
a) Vorgründungsgesellschaft	36
b) Vorgesellschaft	37
aa) Insolvenzfähigkeit	37
bb) Insolvenzverfahren	40
c) Liquidationsgesellschaft	45
d) Nachgesellschaft (Abs 3)	46
e) Nichtige juristische Person	49
f) Umwandlung	50
2. Eröffnungsgründe	52
a) Zahlungsunfähigkeit und Überschuldung	52
b) Auswirkungen der Insolvenz eines Mitglieds	53
aa) Gesetzliche Regelung: keine Auflösung	53
bb) Satzungsmäßige Auflösungs- oder Ausschlussregelungen	54
cc) Auswirkungen auf Beschränkungen der Übertragbarkeit	55
dd) Auswirkungen auf Einlagepflichten	57
3. Insolvenzantrag	59
a) Insolvenzantragsrecht	59
b) Insolvenzantragspflicht	61
4. Sicherungsmaßnahmen im Eröffnungsverfahren	101
5. Wirkungen der Eröffnung	103
a) Auflösung ohne Abwicklung	103
b) Registereintragung und Bekanntmachung	107
6. Ablehnung der Eröffnung und Löschung wegen Vermögenslosigkeit	110
a) Abweisung des Eröffnungsantrags mangels Masse	110
aa) Voraussetzungen	110
bb) Rechtsfolgen	113
b) Löschung wegen Vermögenslosigkeit	115
7. Insolvenzverwalter und Organe der juristischen Person	118
a) Innerverbandlicher Bereich	120
b) Vertretungsmacht	124
c) Anstellungsverträge der Organmitglieder	125
aa) Während die Eröffnung des Insolvenzverfahrens die durch die Bestellung begründete Organstellung unberührt lässt, gilt dies für die Anstellung	125
bb) Vergütungsansprüche	127
cc) Insolvenzsicherung der Geschäftsleiterbezüge	130
d) Rechte und Pflichten der Organmitglieder	132
aa) Vertretungs- und Aufsichtsorgan	132
bb) Mitglieder/Gesellschafter	137
cc) Beschlussanfechtungsklagen	138
8. Insolvenzgläubiger	142
9. Einstellung und Aufhebung des Insolvenzverfahrens	145
a) Insolvenzrechtliche Seite	145
b) Grundsatz der gesellschaftsrechtlichen Vollabwicklung	148
c) Erlöschen der juristischen Person	151
10. Fortsetzung und Umwandlung der juristischen Person in der Insolvenz	153
a) Fortsetzung der juristischen Person	153
b) Umwandlung der juristischen Person	156
11. Insolvenzplan	158
a) Vorlagerecht	159
b) Beteiligte	160
c) Planinhalt	162
d) Bestätigung und Rechtsmittel	169
e) Planüberwachung	174
aa) Überwachung der Planerfüllung	174
bb) Erstreckung auf Ansprüche gegen „Übernahmegesellschaft"	177

	Rn
12. Eigenverwaltung	179
13. Restschuldbefreiung	182
14. Verbraucherinsolvenz	183
II. Besonderheiten der einzelnen juristischen Personen	184
1. Aktiengesellschaft und Gesellschaft mit beschränkter Haftung	185
a) Organe	185
b) Satzungsänderungen und Kapitalmaßnahmen	192
c) Gläubiger	197
2. Kommanditgesellschaft auf Aktien	201
3. Aktiengesellschaft und Kapitalmarkt	204
4. Genossenschaft	206
a) Eröffnungsgründe	206
b) Rechtsstellung der Mitglieder	208
c) Bestellung eines Gläubigerausschusses	209
d) „Berufung" der Generalversammlung	210
e) Einstellung des Insolvenzverfahrens	211
f) Fortsetzung und Umwandlung	212
g) Insolvenzplan	215
5. Eingetragener Verein	219
6. Versicherungsverein auf Gegenseitigkeit	223
7. Stiftung	226
8. Juristische Personen des öffentlichen Rechts	228
III. Insolvenz des nicht rechtsfähigen Vereins (Abs 1 S 2)	229
F. Insolvenz der Gesellschaften ohne Rechtspersönlichkeit (Abs 2 Nr 1)	233
I. Gemeinsamkeiten	234
1. Umfang, Beginn und Ende der Insolvenzfähigkeit	234
a) Insolvenzverfahren als Sonderinsolvenzverfahren	235
b) Fehlerhafte Gesellschaft	238
c) Scheingesellschaft	239
d) Vorgründungs- und Vorgesellschaft	241
e) Liquidationsgesellschaft	243
f) Nachgesellschaft (Abs 3)	245
g) Umwandlung	246
2. Eröffnungsgründe	247
a) Zahlungsunfähigkeit	247
b) Überschuldung	248
c) Auswirkungen der Insolvenz eines Gesellschafters	249
aa) Gesetzliche Regelung bei den Handelsgesellschaften: keine Auflösung	253
bb) Auflösung und Ausschluss	257
cc) Anmeldung von Forderungen gegen die Gesellschafter in der Insolvenz der Gesellschaft	263
3. Insolvenzantrag	264
4. Sicherungsmaßnahmen im Eröffnungsverfahren	268
5. Wirkungen der Eröffnung	269
a) Auflösung ohne Abwicklung	269
b) Registereintragung und Bekanntmachung	273
c) Auswirkungen auf die persönliche Haftung der Gesellschafter	276
d) Auswirkungen auf die persönliche Haftung insbesondere der Kommanditisten	283
6. Ablehnung der Eröffnung und Löschung wegen Vermögenslosigkeit	286
7. Insolvenzverwalter und Organe der Gesellschaft ohne Rechtspersönlichkeit	287
a) Innerverbandlicher Bereich	287
b) Vertretungsmacht	291
8. Insolvenzgläubiger	292
9. Einstellung und Aufhebung des Insolvenzverfahrens	298
a) Insolvenzrechtliche Seite	298
b) Grundsatz der gesellschaftsrechtlichen Vollabwicklung	301
c) Erlöschen der Gesellschaft ohne Rechtspersönlichkeit	304
10. Fortsetzung und Umwandlung der Gesellschaft ohne Rechtspersönlichkeit in der Insolvenz	306
a) Fortsetzung der Gesellschaft ohne Rechtspersönlichkeit	306
b) Umwandlung	309
11. Insolvenzplan	310
a) Allgemeines	310
b) Haftung des persönlich haftenden Gesellschafters	314
aa) Persönlicher Anwendungsbereich	315
bb) Sachlicher Anwendungsbereich	319
cc) Keine besondere Regelung im Insolvenzplan	322
dd) Abweichende Regelung im Insolvenzplan	324
ee) Vollstreckungsmaßnahmen vor Wirksamwerden des Insolvenzplans	326
12. Eigenverwaltung	329

	Rn
13. Restschuldbefreiung	334
14. Verbraucherinsolvenz	335
II. Besonderheiten der einzelnen Gesellschaften ohne Rechtspersönlichkeit	336
1. Kommanditgesellschaft	337
2. GmbH & Co KG	339
a) Insolvenzfähigkeit	341
b) Eröffnungsgründe	343
aa) Kommanditgesellschaft	343
bb) Komplementär-GmbH	346
c) Insolvenzantrag	348
aa) Kommanditgesellschaft	348
bb) Komplementär-GmbH	355
d) Wirkungsbereiche von Insolvenzverwalter und Organen der Gesellschaft ohne Rechtspersönlichkeit	356
e) Wirkungen der Eröffnung	358
f) Fortsetzung	363
3. BGB-Gesellschaft	368
a) Zulässigkeit des Insolvenzverfahrens	368
b) Einzelheiten	371
c) BGB-Innengesellschaften	374
4. Partnerschaftsgesellschaft	379
5. Partenreederei	382
6. Europäische wirtschaftliche Interessenvereinigung	383
7. Stille Gesellschaft	384
a) Insolvenz des Geschäftsinhabers	386
aa) Anfechtung	389
bb) Sonderformen	390
cc) Insolvenzplan	392
b) Insolvenz des stillen Gesellschafters	393
G. Insolvenz von Konzernen (verbundenen Unternehmen)	394
I. Allgemeines	394
II. Vertragskonzern	397
1. Insolvenz der Untergesellschaft	397
a) Auswirkungen auf den Unternehmensvertrag	397
b) Auswirkungen auf die Insolvenzgründe	399
c) Umfang der Verlustausgleichspflicht	400
d) Wird eine Aktiengesellschaft während eines anhängigen Spruchverfahrens	406
2. Insolvenz der Obergesellschaft	407
a) Auswirkungen auf den Unternehmensvertrag	407
b) Umfang der Verlustausgleichspflicht	408
c) Das Weisungsrecht	410
3. Insolvenz beider Gesellschaften	411
III. Faktischer Konzern	412
IV. Insolvenzplan	414
V. Insolvenz multinationaler Unternehmensgruppen	416
VI. Steuerliche Auswirkungen	417
H. Insolvenz von Sondervermögen	418
I. Nachlass, Gesamtgut einer fortgesetzten Gütergemeinschaft und Gesamtgut einer Gütergemeinschaft (Abs 2 Nr 2)	418
II. Bruchteilsgemeinschaft und Wohnungseigentümergemeinschaft	420
1. Insolvenz der Bruchteilsgemeinschaft	420
2. Insolvenz der Wohnungseigentümergemeinschaft (WEG)	421

A. Allgemeines

Die Vorschrift legt fest, welche Rechtsträger und Vermögensmassen Gegenstand eines Insolvenzverfahrens sein können (so Begr RegE zu § 11). Das ist allerdings nur zum Teil richtig: denn der Regelungsgehalt beschränkt sich darauf, die Vermögensmassen festzulegen, die Gegenstand eines Insolvenzverfahrens sein können; im Übrigen – bezüglich der Rechtsträger – übernimmt sie die Vorgaben des materiellen Rechts (KP-*Noack* GesellschaftsR Rn 30). § 11 tritt an die Stelle der verstreuten und früher an das Ende des Gesetzes verdrängten Bestimmungen über die „Konkursfähigkeit" (vgl insbes. §§ 207, 209, 213, 214, 236 Satz 1, 236a Abs 1 KO, § 63 Abs 2 GmbHG, § 98 Abs 2 GenG). Eine zusammenfassende, der jetzigen Vorschrift im Wesentlichen entsprechende Regelung der Problematik war schon in § 1 Abs 1 Satz 1 GesO enthalten. 1

Absatz 1, der **natürliche und juristische Personen** sowie den nicht rechtsfähigen Verein betrifft, entspricht dem früheren Recht. Er wird durch § 12 eingeschränkt, nach dem das Insolvenzverfahren über das Vermögen bestimmter (inländischer) juristischer Personen des öffentlichen Rechts unzulässig ist oder für unzulässig erklärt werden kann. 2

3 Abs 2 Nr 1 enthält zunächst eine Legaldefinition der „**Gesellschaft ohne Rechtspersönlichkeit**", zu der das Gesetz neben den Handelsgesellschaften die BGB-Gesellschaft, die Partenreederei, die EWIV und seit der Ergänzung durch Art 2a des Gesetzes zur Änderung des Umwandlungsgesetzes, des Partnerschaftsgesellschaftsgesetzes und anderer Gesetze vom 22. Juli 1998 (BGBl I 1998, 1878) auch die Partnerschaftsgesellschaft zählt. Auf diesen Begriff greift die InsO in zahlreichen Fällen zurück. Ob die Begriffsbildung gesellschaftsrechtlich überzeugt, seit auch die (faktische) Rechts- und die Parteifähigkeit der BGB-Gesellschaft anerkannt ist (**BGH** 29. 1. 2001 Z 146, 341 = NJW 2001, 1056 = ZIP 2001, 330 = DStR 2001, 310 *[Goette]* = ZInsO 2001, 218 = NZI 2001, 241 = JZ 2001, 655 *[Wiedemann]* = EWiR § 50 ZPO 1/01, 341 *[Prütting]* = LM § 50 ZPO Nr 52 *[Wilhelm]*) und obwohl § 124 Abs 1 HGB für die Personengesellschaften eine Art verringerter Rechtsfähigkeit anordnet (dazu Baumbach/*Hopt* § 124 HGB Rn 2), braucht hier nicht vertieft zu werden. Zwischen den beiden Arten von „Rechtspersonen" bestehen jedenfalls erhebliche strukturelle Unterschiede, die sich auch im Insolvenzrecht auswirken. Sachlich betritt die Festlegung der Insolvenzfähigkeit bei den Gesellschaften ohne Rechtspersönlichkeit vor allem in Bezug auf die BGB-Gesellschaft Neuland; denn in Bezug auf sie war unter der KO die selbstständige Konkursfähigkeit verneint worden (dazu unten Rn 368). Die Einbeziehung von EWIV und (inzwischen) Partnerschaftsgesellschaft trägt der Herausbildung dieser neuen Gesellschaftsformen Rechnung. Durch die Nennung der Partenreederei wird der dort bislang ebenfalls – ähnlich der BGB-Gesellschaft – bestehende Streit um deren Insolvenzfähigkeit entschieden (dazu *Rabe* Seehandelsrecht, 4. Aufl 2000, § 489 HGB Rn 21). Abs 3 enthält schließlich für die juristischen Personen und die Gesellschaften ohne Rechtspersönlichkeit die Aussage, dass ein Insolvenzverfahren über ihr Vermögen solange zulässig ist, wie die **Verteilung ihres Vermögens nicht vollzogen** ist. Das hat klarstellende Bedeutung: denn im Gesellschaftsrecht ist nicht vollständig geklärt, von welchem Zeitpunkt an eine juristische Person oder eine Gesellschaft ohne Rechtspersönlichkeit vollständig beendet ist (dazu unten Rn 46, 245).

4 Abs 2 Nr 2 erklärt schließlich auch den **Nachlass**, das **Gesamtgut einer fortgesetzten Gütergemeinschaft** oder das **Gesamtgut einer Gütergemeinschaft**, das von den Ehegatten gemeinschaftlich verwaltet wird, für insolvenzfähig. In diesen Fällen ist Objekt des Insolvenzverfahrens anders als bei Abs 1 oder Abs 2 Nr 1 nicht eine bestimmte (natürliche oder juristische) Person oder diesen gleichstehende Gesellschaft ohne Rechtspersönlichkeit, sondern eine **Vermögensmasse**. Während bei den in Abs 1 und Abs 2 Nr 1 genannten Rechtssubjekten deren Insolvenzfähigkeit im Hinblick auf ihre (jedenfalls inzwischen) feststehende allgemeine Rechts- und Parteifähigkeit selbstverständlich erscheint, ist es bei Abs 2 Nr 2 umgekehrt: er begrenzt die Insolvenzfähigkeit von Vermögensmassen auf die genannten, schließt also andere Vermögensmassen von der Insolvenzfähigkeit aus (HK-*Kirchhof* § 11 Rn 21). Daher ist insbesondere die Insolvenzfähigkeit der **Bruchteilsgemeinschaft** (§§ 741 ff BGB) und – kraft ausdrücklicher gesetzlicher Bestimmung – der **Wohnungseigentümergemeinschaft** zu verneinen (dazu unten Rn 420 ff).

5 Die in § 11 geregelte **Insolvenzfähigkeit** ist Zulässigkeitsvoraussetzung jeden Insolvenzverfahrens. § 11 tritt insoweit als speziellere Norm an die Stelle von § 50 ZPO, aus dem bei Fehlen von Sonderregelungen für das alte Recht über § 72 KO der Umfang der Konkursfähigkeit abgeleitet wurde. Der wesentliche Unterschied zum früher geltenden Recht liegt dabei in der Anerkennung der Insolvenzfähigkeit (auch) der BGB-Gesellschaft, womit das Insolvenzrecht dem materiellen Recht folgt (dazu unten Rn 368). Was unter „Insolvenzfähigkeit" zu verstehen ist, sagt das Gesetz nicht; der Begriff wird vielmehr vorausgesetzt (KPB-*Prütting* § 11 Rn 3, 5). Der Sache nach handelt es sich um die Fähigkeit, Schuldner eines Insolvenzverfahrens sein zu können; sie stellt wegen der Vergleichbarkeit von Verfahrensschuldner und Schuldner der Einzelzwangsvollstreckung einen (weitergehenden) Sonderfall der passiven Parteifähigkeit dar (KPB-*Prütting* § 11 Rn 6 f). Da die Norm zu der Frage der Insolvenzfähigkeit nur die bürgerlichrechtlichen Vorgaben nachzeichnet, sie insoweit also überwiegend bloß klarstellenden Charakter hat, liegt ihr Gestaltungsschwerpunkt bei der Erfassung der in Abs 2 Nr 2 genannten Sondervermögen; insoweit geht es aber – wie bereits ausgeführt (oben Rn 4) – nicht um die Festlegung insolvenzfähiger Rechtsträger, sondern um die Festlegung von aus Praktikabilitätsgründen selbstständig insolvenzfähigen Vermögensmassen (KPB-*Prütting* § 11 Rn 6 f).

B. Insolvenz der natürlichen Person (Abs 1 S 1)

6 Nach Abs 1 Satz 1 ist zunächst jede natürliche Person insolvenzfähig. Anders als bei der Geschäftsfähigkeit (§§ 2, 104 BGB) kommt es dafür nicht auf das Alter oder sonstige Eigenschaften an. Erforderlich und genügend ist bei natürlichen Personen vielmehr die **Rechtsfähigkeit** (§ 1 BGB). Für eine geschäfts- bzw prozessunfähige natürliche Person handelt – wie sonst auch – ihr gesetzlicher Vertreter. Gleiches gilt für die juristischen Personen und die Gesellschaften ohne Rechtspersönlichkeit; doch wird die Vertretungsmacht für die Stellung des Insolvenzantrags modifiziert und erweitert (dazu auch unten § 15 Rn 1). Das alles gilt unabhängig von der Staatsangehörigkeit, solange nur ein deutsches Insolvenzgericht nach § 3 international zuständig ist. Ob ein Ausländer nach seinem Heimatrecht insolvenzfähig wäre, ist ohne Belang (Jaeger/*Ehricke* § 11 Rn 14).

§ 11 setzt für die Insolvenzfähigkeit weder die Kaufmanns- noch die Unternehmenseigenschaft voraus. Rechtstatsächlich steht die **Unternehmensinsolvenz** allerdings im Mittelpunkt des Insolvenzrechts; die damit verbundenen besonderen Regelungen und Probleme werden daher im Folgenden zusammengefasst vorgestellt (unten Rn 9 ff). Subjekt des Insolvenzverfahrens ist dabei aber in keinem Fall das Unternehmen, sondern dessen Träger, sei es als natürliche Person oder als Gesellschaft. Richtiger müsste man daher von der *Unternehmer*insolvenz sprechen.   7

Sonderregeln gelten auf der anderen Seite für die **Verbraucherinsolvenz** (§§ 304 ff). Folge ist, dass die allgemeinen Vorschriften nur einen sehr begrenzten eigenständigen Anwendungsbereich haben: denn sie erfassen nur den Nicht-Unternehmer, der andererseits mehr als eine nur geringfügig selbstständige wirtschaftliche Tätigkeit ausüben muss (§ 304 Abs 1).   8

C. Unternehmen und Unternehmensveräußerung in der Insolvenz

Obwohl die InsO auf die Insolvenz der natürlichen Person zugeschnitten ist, steht die Unternehmensinsolvenz rechtstatsächlich im Mittelpunkt des Insolvenzrechts und seiner wissenschaftlichen Aufbereitung. Das war auch nach dem alten Recht nicht anders; mit dem neuen Recht hat sich dies lediglich insoweit (etwas) geändert, als Insolvenzverfahren natürlicher Personen durch die Restschuldbefreiung (§§ 286 ff) und das Verbraucherinsolvenzverfahren (§§ 304 ff) zahlenmäßig an Bedeutung gewonnen haben.   9

Der besonderen Bedeutung des Unternehmens als Objekt der Insolvenzmasse trägt die InsO an zahlreichen Stellen Rechnung; darauf wird im jeweiligen Zusammenhang eingegangen. Bei der hier näher vorzustellenden Insolvenz der juristischen Personen und Gesellschaften ohne Rechtspersönlichkeit ist aber praktisch immer (auch) ein Unternehmen Bestandteil der Insolvenzmasse. Daher sollen einige der bei der (allgemeinen) Unternehmensinsolvenz wichtigen Fragen auch hier angesprochen werden; zudem soll auf Besonderheiten eingegangen werden, die sich daraus ergeben, dass eine Gesellschaft ohne Rechtspersönlichkeit oder juristische Person Unternehmensträgerin ist (Rechtstatsächliche Angaben zu Unternehmensinsolvenzen bei Gottwald/*Haas* InsR HdB § 91 Rn 1 ff, § 92 Rn 1 f, § 93 Rn 1, § 94 Rn 1; Überblick zu Konstruktionen der außergerichtlichen Unternehmenssanierung bei *Obermüller* ZInsO 2003, 597 ff).   10

I. Unternehmensfortführung

Ist ein Unternehmen erst einmal stillgelegt, ist eine Wiederaufnahme der Geschäftstätigkeit praktisch nicht mehr möglich. Um die Option einer Unternehmensfortführung offenzuhalten, geht die InsO daher von der Fortführung des Unternehmens als Regelfall aus, bis eine ausdrückliche anderweitige Entscheidung im Interesse der Insolvenzgläubiger getroffen wurde.   11

Im **Eröffnungsverfahren** hat ein vorläufiger Insolvenzverwalter, wenn dem Schuldner ein allgemeines Verfügungsverbot auferlegt wurde (§ 21 Abs 2 Nrn. 1 und 2), ein vom Schuldner betriebenes Unternehmen daher grundsätzlich bis zur Entscheidung über die Eröffnung des Insolvenzverfahrens fortzuführen (§ 22 Abs 1 Satz 2 Nr 2; dazu *Feuerborn* KTS 1997, 171, 184; *Undritz* NZI 2007, 65 ff; *Vallender* DStR 1999, 2034, 2038). Verbindlichkeiten, die ein solcher Insolvenzverwalter in dieser Zeit begründet, gelten nach Verfahrenseröffnung als Masseverbindlichkeiten; das gilt grundsätzlich auch für Verbindlichkeiten aus Dauerschuldverhältnissen (insbesondere Arbeitsverhältnissen), soweit der Verwalter die Leistung für die Masse in Anspruch genommen hat (§ 55 Abs 2). Das darin liegende beträchtliche Haftungsrisiko wurde aber dadurch entschärft, dass § 55 Abs 3 (eingefügt durch das InsOÄndG 2001 [BGBl I 2710]) Ansprüche auf Arbeitsentgelt als einfache Insolvenzforderungen qualifiziert, wenn sie auf die Bundesagentur für Arbeit übergehen. Eine Haftung des Verwalters wegen der dadurch begründeten (ansonsten beträchtlichen!) Masseverbindlichkeiten nach § 21 Abs 2 Nr 1 iVm § 61 scheitert im Übrigen aber zum einen daran, dass Verbindlichkeiten aus Dauerschuldverhältnissen nicht durch „Rechtshandlungen" (§ 61 Satz 1) begründet wurden („oktroyierte Masseschulden"); zum anderen stünde sie in Widerspruch zum Ziel der InsO, im Zweifel zunächst die Unternehmensfortführung zu ermöglichen (überzeugend *Peters-Lange* ZIP 1999, 421, 424). Während des Eröffnungsverfahrens kann der vorläufige Insolvenzverwalter vom Gericht als Sachverständiger mit der Aufgabe betraut werden zu prüfen, welche Aussichten für eine Fortführung des Unternehmens des Schuldners bestehen (§ 22 Abs 1 Satz 2 Nr 3 Hs 2). Will der vorläufige Verwalter schon in dieser Zeit das Unternehmen stilllegen, bedarf es einer Zustimmung des Insolvenzgerichts, das diese nur erteilt, um eine erhebliche Verminderung des Vermögens zu vermeiden (§ 22 Abs 1 Satz 2 Nr 2 aE). Möglich erscheint aber auch die Bestellung eines vorläufigen Gläubigerausschusses, um eine Stilllegung dann unter denselben Voraussetzungen wie nach Verfahrenseröffnung zuzulassen (*Uhlenbruck* GmbHR 1999, 313, 390, 393). Ist **kein vorläufiger Insolvenzverwalter** bestellt oder dem Schuldner kein allgemeines Verfügungsverbot auferlegt worden (dazu § 21 Abs 2 Nrn 1 und 2), bleibt der Schuldner selbst verfügungsbefugt und kann sein Unternehmen selbstverständlich auch während des Eröffnungsverfahrens weiterführen. Auch Umwandlungsmaßnah-   12 men sind ihm daher in diesem Falle ohne Einschränkungen durch das Insolvenzrecht noch möglich (*Heckschen* DB 2005, 2675).

13 **Nach Verfahrenseröffnung**, aber vor dem Berichtstermin, kann der Insolvenzverwalter ein Unternehmen nur mit Zustimmung des Gläubigerausschusses **stilllegen**, falls ein solcher bestellt ist (§ 158 Abs 1). Das kommt insbesondere dann in Betracht, wenn durch eine Unternehmensfortführung Masseverbindlichkeiten begründet würden, die erkennbar nicht mehr aus der Masse befriedigt werden können (*arg.* § 61). Vor einer Stilllegung oder, falls ein Gläubigerausschuss bestellt ist, vor dessen Entscheidung, hat der Insolvenzverwalter den Schuldner – bei Gesellschaften ohne Rechtspersönlichkeit und juristischen Personen dessen Vertretungsorgane – zu unterrichten (§ 158 Abs 2 Satz 1). Das Insolvenzgericht kann dann nach Anhörung des Verwalters die beantragte Stilllegung untersagen, wenn sie ohne erhebliche Verminderung der Insolvenzmasse bis zum Berichtstermin aufgeschoben werden kann (§ 158 Abs 2 Satz 2). Durch das Gesetz zur Vereinfachung des Insolvenzverfahrens vom 1. Juli 2007 (BGBl I, S 509) wurde dieses System auf die **Veräußerung** eines Unternehmens ausgeweitet (zum Gesetzentwurf *Ehricke* ZIP 2004, 2262, 2267).

14 Im **Berichtstermin** hat der Insolvenzverwalter sodann dazu Stellung zu nehmen, ob Aussichten bestehen, das Unternehmen im ganzen oder in Teilen zu erhalten, welche Möglichkeiten für einen Insolvenzplan bestehen und welche Auswirkungen jeweils für die Befriedigung der Gläubiger eintreten (§ 156 Abs 1 Satz 2). Zu diesem Zweck hat er bei den Gegenständen der Insolvenzmasse anzugeben, ob ihr Wert davon beeinflusst wird, ob das Unternehmen fortgeführt wird oder nicht; in diesem Fall hat er zwei Werte anzugeben (§ 151 Abs 2 Satz 2). Dem Schuldner, bei juristischen Personen oder Gesellschaften ohne Rechtspersönlichkeit vertreten durch ihre Organe, ist Gelegenheit zur Stellungnahme zu geben (§ 156 Abs 2 Satz 1). Die Gläubigerversammlung beschließt sodann über Stilllegung oder Fortführung des Unternehmens (§ 157 Satz 1); ein Widerspruchs- oder Anfechtungsrecht steht dem Schuldner dabei nicht zu (*arg.* § 78 Abs 1).

15 Wird die Unternehmensfortführung in einem **Insolvenzplan** geregelt, um aus den Erträgen des fortgeführten Unternehmens die Gläubiger zu befriedigen, ist dem Plan eine Vermögensübersicht beizufügen, in der die Vermögensgegenstände und Verbindlichkeiten, die sich bei einem Wirksamwerden des Plans gegenüberstünden, mit ihren Werten aufgeführt werden (§ 229 Satz 1; weitere Einzelheiten in § 229 Satz 2). Bei einer vorgesehenen Unternehmensfortführung durch den Schuldner selbst muss zudem dessen Einverständniserklärung vorgelegt werden, wenn der Schuldner eine natürliche Person ist und er nicht selbst den Insolvenzplan vorgelegt hat (§ 230 Abs 1 Satz 1 und 3). Gleiches gilt für Gesellschaften ohne Rechtspersönlichkeit und die Kommanditgesellschaft auf Aktien in Bezug auf die persönlich haftenden Gesellschafter (§ 230 Abs 1 Satz 2). Schließlich müssen Zustimmungserklärungen von Gläubigern vorgelegt werden, wenn diese auf der Grundlage eines Insolvenzplans Anteils- oder Mitgliedschaftsrechte oder Beteiligungen an einer juristischen Person, einem nicht rechtsfähigen Verein oder einer Gesellschaft ohne Rechtspersönlichkeit übernehmen sollen (§ 230 Abs 2).

II. Unternehmensveräußerung

16 Als Alternative zur Fortführung (oben Rn 11 ff) oder zur Stilllegung des Unternehmens unter Verwertung seiner einzelnen Bestandteile kommt auch die (Gesamt-)Veräußerung eines Unternehmens in Betracht. Diese Form der Liquidation wird als **„übertragende Sanierung"** bezeichnet (*Karsten Schmidt* ZIP 1980, 328, 336; ausführlich *Bitter/Rauhut* KSI 2007, 197 ff, 258 ff; *Noack/Bunke* KTS 2005, 129 ff; zu ihren ökonomischen Vorteilen *Eidenmüller* in: Effiziente Verhaltenssteuerung und Kooperation im Zivilrecht [1997], S 145 ff; Überblick zu verschiedenen Haftungsrisiken bei *Falk/Schäfer* ZIP 2004, 1337 ff). Sie kann durch Übertragung der Aktiva auf eine bereits bestehende (insbesondere Mantel-)Gesellschaft oder auf eine eigens zu diesem Zweck gegründete „Übernahmegesellschaft" (so die Legaldefinition in § 260 Abs 3) erfolgen. Daneben kommt als dritter Weg zur Gläubigerbefriedigung die **Schuldnersanierung** in Betracht; hierzu zählt bei einer Gesellschaft als Schuldnerin vor allem die Zuführung neuen Kapitals durch die aktuellen oder durch neu hinzutretende Gesellschafter. Da diese Variante nur in einem Insolvenzplan bewerkstelligt werden kann, soll sie hier nicht näher untersucht werden.

17 Bei der übertragenden Sanierung werden die Vermögenswerte des Schuldners auf ein Erwerberunternehmen übertragen. Mit dem erzielten Verkaufserlös werden die Gläubiger durch das übertragende Unternehmen selbst befriedigt. Die Kaufpreiszahlung kann dabei sowohl als Einmal- als auch als Ratenzahlung vereinbart werden. Im zweiten Fall werden die Gläubiger damit mittelbar aus den laufenden Erträgen der Übernahmegesellschaft (*arg.* § 229 Satz 1 mit den besonderen Anforderungen an einen Insolvenzplan für diesen Fall) befriedigt. Die Beteiligung an den Erträgen kann indes auch gesellschaftsrechtlich (durch Beteiligung der Gläubiger an der Übernahmegesellschaft) organisiert werden. In diesem Fall erfolgt die Gläubigerbefriedigung unmittelbar durch die Übernahmegesellschaft. Attraktiv ist die übertragende Sanierung vor allem im Hinblick darauf, dass sie einen Unternehmenserwerb ermöglicht, ohne zugleich dessen Verbindlichkeiten übernehmen zu müssen. Denn § 25 HGB findet im Insolvenzfall keine Anwendung (**BGH** 11. 4. 1988 ZIP 1988, 727 = EWiR § 106 KO 1/88, 811 *[Joost]*; kritisch *Kars-*

ten Schmidt KS-InsO S 1199, 1214 f); auf einen Ausschluss der Haftung des Erwerbers nach § 25 Abs 2 HGB kommt es daher hier gar nicht an. § 419 BGB wurde mit Inkrafttreten der InsO durch Art 33 Nr 16 EGInsO aufgehoben (eine *vor* Eröffnung des Insolvenzverfahrens vollzogene Unternehmensveräußerung [„freie Sanierung"] kann nach §§ 129 ff anfechtbar sein; dazu unten § 129 Rn 95). § 75 Abs 2 AO schließt schließlich eine Haftung des Betriebserwerbers für Betriebssteuern aus, wenn der Betrieb aus der Insolvenzmasse erworben wurde. Lediglich § 613 a BGB gilt grundsätzlich auch für Unternehmensveräußerungen in der Insolvenz (BAG 14. 7. 1981 NJW 1982, 1607 = ZIP 1982, 608; BAG 20. 3. 2003 8 AZR 97/02 E 105, 338 = NJW 2003, 3506 = ZIP 2003, 1671; ausf zu den bestehenden Einschränkungen bei den Rechtsfolgen MK-BGB/*Müller-Glöge* § 613 a Rn 176 ff; siehe auch § 128 Rn 6 ff). In allen Fällen der übertragenden Sanierung ist sicherzustellen, dass der Unternehmenserwerber auch sämtliche immateriellen Unternehmenswerte erhält; denn oftmals werden solche Geschäftswerte – etwa günstige Vertragsbeziehungen – ohne Gegenleistung auf Drittunternehmen übertragen und damit der Insolvenzmasse entzogen (zur Anfechtbarkeit dieses Vorgehens unten § 134 Rn 26). Sie stehen damit auch für eine vom Gesetzgeber jetzt ausdrücklich erwünschte Sanierung des Unternehmens nicht mehr zur Verfügung. Insbesondere Lizenzverträge können aber auch aktive Mitwirkungspflichten des Verfahrensschuldners persönlich enthalten; solange diese nicht geregelt sind, werden die in den Lizenzen steckenden immateriellen Werte der Masse entzogen.

Im **gewöhnlichen Verfahren** hat der Insolvenzverwalter vor einer Unternehmensveräußerung, der Veräußerung von Unternehmensteilen („Betrieben") oder der Veräußerung einer Unternehmensbeteiligung, die der Herstellung einer dauernden Verbindung zu diesem Unternehmen dienen soll, die Zustimmung des Gläubigerausschusses oder – falls ein solcher nicht bestellt ist – der Gläubigerversammlung einzuholen (§ 160 Abs 1 und Abs 2 Nr 1). Zuvor hat der Verwalter den Schuldner – bei Gesellschaften ohne Rechtspersönlichkeit und juristischen Personen seine Vertretungsorgane – zu unterrichten, wenn dies ohne nachteilige Verzögerung möglich ist (§ 161 Satz 1). Dieser kann ebenso wie eine in § 75 Abs 1 Nr 3 bezeichnete Mehrzahl von Gläubigern beim Insolvenzgericht beantragen, nach Anhörung des Verwalters die Veräußerung zu untersagen, solange sie nicht von der Zustimmung der Gläubigerversammlung – also nicht bloß des Gläubigerausschusses – gedeckt ist (§ 161 Satz 2). Gleiches gilt für Unternehmens- oder Betriebsveräußerungen, wenn der Antragsteller glaubhaft macht, dass eine Veräußerung an einen anderen Erwerber für die Insolvenzmasse günstiger wäre (§ 163 Abs 1). Zwingend ist die Beschlussfassung der Gläubigerversammlung demgegenüber dann erforderlich, wenn die Unternehmens- oder Betriebsveräußerung an eine dem Schuldner nahestehende Person (§ 138) oder an bestimmte besonders interessierte Insolvenzgläubiger erfolgt (§ 162 Abs 1 Nr 2), oder wenn diese Personen am Erwerber zu mindestens einem Fünftel beteiligt sind (§ 162). Für eine Veräußerung des Geschäfts bedarf der Insolvenzverwalter damit in keinem Fall einer Zustimmung der Schuldner-Gesellschaft oder ihrer Organe. **18**

Nicht geregelt ist die Unternehmensveräußerung im **Eröffnungsverfahren** (daraus auf Unzulässigkeit schließend *Schlitt* NZG 1998, 701, 709; ebenso inzident [im Zshg. mit der Vergütungsfestsetzung] **BGH** 14. 12. 2000 Z 146, 165, 172 f = NJW 2001, 1496, 1497 = NZI 2001, 191, 192 = ZInsO 2001, 165, 167; **BGH** 20. 2. 2003 IX ZR 81/02 Z 154, 72 = NZI 2003, 259 = ZIP 2003, 632). Daran hat sich entgegen ursprünglichen Plänen, eine solche Veräußerung mit Zustimmung des Insolvenzgerichts zu gestatten (kritisch dazu *Ehricke* ZIP 2004, 2262, 2266; *Pape* ZInsO 2003, 389, 391), auch durch das Gesetz zur Vereinfachung des Insolvenzverfahrens vom 1. Juli 2007 (BGBl I, S 509) nichts geändert (*Pape* NZI 2007, 425, 430). Zulässig sein dürfte eine Unternehmensveräußerung im Eröffnungsverfahren aber jedenfalls dann, wenn alle Gesellschafter, die Vertretungsorgane der Gesellschaft und das Insolvenzgericht zustimmen (zum alten Recht *Feuerborn* KTS 1997, 171, 177 mit 183 mwN; *Vallender* GmbHR 2004, 543). Darüber hinaus wird man sie, wenn ein vorläufiger Insolvenzverwalter bestellt wurde und dem Schuldner ein allgemeines Verfügungsverbot auferlegt wurde (§ 21 Abs 2 Nrn 1 und 2), unter denselben Voraussetzungen wie eine Betriebsstillegung im Eröffnungsverfahren zulassen können (dazu oben Rn 12; ebenso *Menke* NZI 2003, 522, 525 f; *Spieker* NZI 2002, 472 ff; etwas anders *Uhlenbruck* GmbHR 1999, 313, 390, 393; *Vallender* DStR 1999, 2034, 2037 f); zur Unternehmensveräußerung nach Verfahrenseröffnung, aber **vor dem Berichtstermin**, oben Rn 13. **19**

Soll die Unternehmens- oder Betriebsveräußerung auf der Grundlage eines **Insolvenzplans** erfolgen, wird der durch §§ 160–163 bezweckte Schutz dadurch hergestellt, dass die Beteiligten dem Plan mit den entsprechenden Mehrheiten zuzustimmen haben (§§ 237 ff) und sie durch den Plan nicht schlechter gestellt werden dürfen, als sie ohne den Plan stünden (§ 251 Abs 1 Nr 2). Dabei kann im gestaltenden Teil vorgesehen werden, dass sich die spätere Planüberwachung auch auf die Erfüllung der Ansprüche erstreckt, die den Gläubigern gegen eine Übernahmegesellschaft zustehen (§ 260 Abs 3; zur Kritik an dieser gesetzlichen Möglichkeit *Kluth* NZI 2003, 361 ff). Damit ist die Zahlung des Kaufpreises, gegebenenfalls in Raten und aus den laufenden Erträgen der Übernahmegesellschaft, gemeint. Das eröffnet allerdings keine Überwachungsmöglichkeit auch über die Übernahmegesellschaft. Wird die Gegenleistung aus den laufenden Erträgen des Erwerberunternehmens gezahlt (§ 229 Satz 1), haben die Gläubiger daher keine Einfluss- oder Kontrollmöglichkeiten auf dieses Unternehmen selbst. **20**

III. Gesellschaftsinterne Zustimmungs- oder Mitwirkungspflichten

21 Soweit die InsO im Zusammenhang mit der Unternehmensstillegung oder -veräußerung dem Schuldner Anhörungs- oder Antragsrechte einräumt, werden diese bei juristischen Personen oder Gesellschaften ohne Rechtspersönlichkeit im Rahmen des Insolvenzverfahrens von den Vertretungsorganen bzw vertretungsberechtigten Gesellschaftern wahrgenommen (nur im Falle der Führungslosigkeit können nach § 10 Abs 2 Satz 2 nF unmittelbar die Gesellschafter gehört werden). Im Innenverhältnis der Gesellschaft kann vor Abgabe einer Stellungnahme oder Wahrnehmung eines Antragsrechts die Beteiligung des – sofern vorhanden – Aufsichtsrats oder der Haupt- oder Gesellschafterversammlung geboten sein. Das gilt vor allem auch für die (freiwillige) Stellung eines Insolvenzantrags wegen drohender Zahlungsunfähigkeit (§ 18; Gottwald/Haas InsR HdB § 92 Rn 131; *Henssler* ZInsO 1999, 121, 126; *Hirte* KapGesR Rn 3.60; *Lutter* ZIP 1999, 641, 642; *Tetzlaff* ZInsO 2008, 137, 139; *Wortberg* ZInsO 2004, 707 ff). Ein entsprechender Beschluss der Gesellschafterversammlung bedarf derselben Mehrheit wie ein Liquidationsbeschluss (wohl auch KP-*Noack* GesellschaftsR Rn 238). Ob andere Gesellschaftsorgane im Innenverhältnis zu beteiligen sind, richtet sich zunächst nach einer etwa vorhandenen Satzungsregelung. Fehlt eine solche, nimmt die Notwendigkeit einer Beteiligung der Gesellschafter vor allem mit der Bedeutung der geplanten Maßnahme für die Gesellschafter (im Anschluss an BGH 25. 2. 1982 Z 83, 122 = ZIP 1982, 568 = NJW 1982, 1703 – Holzmüller) und fehlender Eilbedürftigkeit zu. Die Zustimmungsbedürftigkeit dürfte daher bei der Veräußerung oder Stilllegung von unbedeutenden Unternehmensteilen zu verneinen sein. Die Gesellschafterversammlung der GmbH kann ihrem Geschäftsführer auch ungefragt Weisungen für die Wahrnehmung der Anhörungs- und Antragsrechte erteilen. Die Beteiligung eines etwa vorhandenen Aufsichtsrats dürfte in jedem Fall unumgänglich sein.

D. Besonderheiten des Insolvenzverfahrens für Unternehmen bestimmter Wirtschaftszweige

22 Für Unternehmen bestimmter Wirtschaftszweige gelten Sonderregelungen, die die Vorschriften der InsO teils abändern, teils ergänzen. Da es sich in diesen Fällen zumindest typischerweise um Insolvenzen juristischer Personen handelt, sollen die Besonderheiten der Insolvenzen dieser Unternehmen hier vorgestellt werden – an der Schnittstelle zwischen dem Insolvenzrecht der natürlichen Person und dem der juristischen Person und der Gesellschaften ohne Rechtspersönlichkeit.

I. Kredit- und Finanzdienstleistungsinstitute

23 Bezüglich des Insolvenzantrags gilt für Kredit- und Finanzdienstleistungsinstitute (= „Institute" i. S d. KWG; § 1 Abs 1 b KWG) die Sonderregelung des § 46 b KWG (zur Insolvenz der Kreditinstitute ausführlich *Pannen*, Krise und Insolvenz bei Kreditinstituten, 2. Aufl 2006 [dazu *A. Weber* WM 2006, 2236; zur 1. Aufl *A. Weber* WM 2001, 831 f]; sowie *Kieper*, Abwicklungssysteme in der Insolvenz, 2004, S 196 ff [dazu *Bruns* KTS 2005, 108 ff]; *Linden* ZInsO 2008, 583, 590 f; zum europarechtlichen Hintergrund *Wimmer* ZInsO 2002, 897 ff; zu internationalen Bezügen *Paulus* ZBB 2002, 492, 497 ff). Danach haben Vorstand oder Liquidatoren die **Zahlungsunfähigkeit, drohende Zahlungsunfähigkeit oder Überschuldung** der Bundesanstalt für Finanzdienstleistungsaufsicht unverzüglich **anzuzeigen**; auf die Rechtsform des Instituts kommt es dabei nicht an (§ 46 b Abs 1 Satz 1 KWG). Zu den Kreditinstituten zählen dabei auch die das Sondervermögen von **Kapitalanlagegesellschaften** verwaltenden **Depotbanken** (§ 20 Abs 1 Satz 2 InvG; dazu im Übrigen unten Rn 26), die **Pfandbriefbanken** (§ 1 Abs 1 Satz 1 PfandBG) und die **Bausparkassen** (§ 1 Abs 1 BSpKG). Anzeigepflichtig bei Kriseneintritt ist jedes einzelne Vorstandsmitglied bzw jeder einzelne Liquidator. Die Anzeigepflicht tritt nach § 46 b Abs 1 Satz 2 KWG an die Stelle der insolvenzrechtlichen Antragspflichten. Das Unterlassen der Anzeige ist daher ebenso wie bei den Kapitalgesellschaften die unterlassene Stellung des Insolvenzantrags strafbewehrt (§ 55 Abs 1 KWG). Es begründet zudem nach § 823 Abs 2 BGB eine Schadenersatzverpflichtung (*Delhaes* Der Insolvenzantrag S 178). Der Antrag auf Eröffnung des Insolvenzverfahrens kann nur von der Bundesanstalt gestellt werden (§ 46 b Abs 1 Satz 4 KWG), wegen drohender Zahlungsunfähigkeit aber nur mit Zustimmung des Instituts (§ 46 b Abs 1 Satz 5 KWG). Wie bei anderen Fremdanträgen bedarf es auch beim Antrag der Bundesanstalt eines rechtlichen Interesses iSv § 14 Abs 1; im Übrigen hat die Bundesanstalt über die Antragstellung nach pflichtgemäßem Ermessen zu entscheiden (VG Berlin 31. 10. 1995 NJW-RR 1996, 1072, 1073). Sie unterliegt keiner Insolvenzantragspflicht; daher kann sie im Einzelfall ihr Ermessen auch dahingehend ausüben, keinen Insolvenzantrag zu stellen. Die Entscheidung über die Antragstellung durch die Bundesanstalt stellt einen **Verwaltungsakt** dar; umstritten ist freilich, ob an der Sachnähe des Insolvenzgerichts und der besonderen Rechtsmittel im Rahmen des Eröffnungsverfahrens einer Überprüfung durch die Verwaltungsgerichte zugänglich ist (dafür – freilich vor Neufassung von § 46 b KWG – VG Berlin 31. 10. 1995 NJW-RR 1996, 1072, 1073). Im Ergebnis dürfte dies zu verneinen sein; jedenfalls scheidet mit Blick auf die spezielleren Regelungen in den §§ 21 ff eine Aussetzung der Vollziehung nach § 80 VwGO aus (ausf unten § 13 Rn 9). Wegen

§ 49 KWG haben Widerspruch und Anfechtungsklage gegen derartige Verwaltungsakte zudem keine aufschiebende Wirkung. Für die Rückrechnung im Rahmen der Anfechtungsfristen kommt es nach § 46c KWG auf den Tag des Erlasses einer Maßnahme nach § 46a Abs 1 KWG an (dazu auch unten § 139 Rn 8). Eröffnungsgrund sind bei allen Instituten unabhängig von der Rechtsform Zahlungsunfähigkeit und Überschuldung, mit Zustimmung des Instituts und subsidiär gegenüber anderen Maßnahmen auch drohende Zahlungsunfähigkeit (§ 46b Abs 1 Satz 3 und 5 KWG). Im Gegensatz zum früheren Recht ist ein auf Antrag der Aufsichtsbehörde ergehender Eröffnungsbeschluss aber nicht mehr unanfechtbar (*Linden* ZInsO 2008, 583, 591). Damit bedarf es auch deshalb nicht mehr einer Nachprüfbarkeit der aufsichtsbehördlichen Entscheidung im verwaltungsgerichtlichen Verfahren (zu sonst bestehenden verfassungsrechtlichen Bedenken gegen die alte Regelung VG Berlin 31. 10. 1995 NJW-RR 1996, 1072, 1073; *Lappe* KTS 1985, 17 ff). Nunmehr hat daher das Insolvenzgericht das Vorliegen eines Insolvenzgrundes vollinhaltlich zu überprüfen (Begr RegE zu Art 79 Nr 5 EGInsO); allerdings darf das Insolvenzgericht nicht die Ausübung des Ermessens der Bundesanstalt hinsichtlich der Insolvenzantragstellung überprüfen. Im Rahmen der Entscheidung des Insolvenzgerichts steht das Beschwerderecht gegen den Eröffnungsbeschluss den gesetzlichen Vertretern der Gesellschaft zu, weil deren Kompetenzen insoweit nicht verdrängt werden (**BGH** 13. 6. 2006 NZG 2006, 705 = NJW-RR 206, 594 = ZIP 2006, 1454 [betr AG & Co]; abw zuvor [auch für die Pflicht zur Anhörung nach § 15 Abs 2] AG Hamburg 12. 9. 2005 ZInsO 2005, 1003 = ZIP 2005, 1748). Mit dem Eröffnungsbeschluss hat das Insolvenzgericht den Gläubigern das in § 46f KWG beschriebene Formblatt in allen EU-Amtssprachen zu übersenden.

Mit der Ausschließlichkeit der Antragsberechtigung bei der Bundesanstalt verfolgt das Gesetz drei 24 Ziele: Zum einen wird die Rolle der Institute bei der staatlichen Währungspolitik berücksichtigt, zum zweiten soll die Funktionsfähigkeit des Kredit- und Bankwesens gewährleistet werden, und schließlich sollen Einleger vor Verlusten bewahrt werden (dazu ausf *Fischer*, in: Schimansky/Bunte/Lwowski, Bankrechts-Handbuch, 3. Aufl 2007, § 133 Rn 17 ff). Dieser letzte Schutzzweck wird daneben auch durch das am 1. 8. 1998 in Kraft getretene **Einlagensicherungs- und Anlegerentschädigungsgesetz** (**EAEG**) vom 16. 7. 1998 (BGBl I S 1842) verwirklicht; danach sind alle Einlagen-Kreditinstitute verpflichtet, an einem der staatlichen Einlagensicherungssysteme mitzuwirken, die neben den weiter existierenden privatrechtlichen eingerichtet worden sind (dazu *Linden* ZInsO 2008, 583, 593 ff; zur Sicherung der öffentlich-rechtlichen Kreditinstitute unten § 12 Rn 9). Im Verhältnis zu anderen Staaten des Europäischen Wirtschaftsraums sind nach § 46e KWG ausschließlich die Behörden bzw Gerichte des „Herkunftsstaats" eines Einlagenkreditinstituts zuständig; Sekundär- und Partikularinsolvenzverfahren sind unzulässig.

Neben der Beantragung eines Insolvenzverfahrens stehen der Bundesanstalt **weitere Mittel** zu Gebote, 25 die nicht nur auf den Gläubigerschutz ausgerichteten Ziele der aufsichtsrechtlichen Bestimmungen zu erreichen: Besteht Gefahr für die Erfüllung der Verpflichtungen eines Instituts gegenüber seinen Gläubigern, kann die Bundesanstalt nach § 46 Abs 1 KWG zunächst **einstweilige Maßnahmen** zum Schutz der Gläubiger anordnen. Dazu gehören insbesondere Anweisungen für die Geschäftsführung des Instituts, das Verbot der Annahme von Einlagen, Geldern oder Wertpapieren von Kunden oder der Gewährung von Krediten, die Untersagung oder Beschränkung der Ausübung der Tätigkeit durch Inhaber oder Geschäftsleiter und die Bestellung von Aufsichtspersonen (hierzu *Linden* ZInsO 2008, 583, 587). Zur Vermeidung eines Insolvenzverfahrens kann sie nach § 46a Abs 1 KWG darüber hinaus ein Veräußerungs- oder Zahlungsverbot („Moratorium") gegenüber dem Institut verhängen, die Schließung eines Instituts für den Verkehr mit der Kundschaft anordnen oder die Entgegennahme von Zahlungen, die nicht zur Tilgung von Verbindlichkeiten gegenüber dem Institut bestimmt sind, verbieten (hierzu VG Köln 30. 5. 2001 WM 2001, 1612). Die entsprechenden Maßnahmen können bereits im Vorfeld einer Insolvenz („zur Vermeidung des Insolvenzverfahrens") ergriffen werden, insbesondere schon bei drohender Zahlungsunfähigkeit (§ 18); die Drei-Wochen-Frist der gesellschaftsrechtlichen Insolvenzantragspflichten gilt nicht. Dem in diesem Zusammenhang bestellbaren Abwickler steht nach § 37 Abs 2 KWG ebenfalls das Insolvenzantragsrecht zu (das galt auch schon vor Einführung dieser Klarstellung: **BGH** 24. 7. 2003 ZIP 2003, 1641 = WM 2003, 1800). Die Kreditwesenaufsicht besteht grundsätzlich während des Verfahrens bis zur Beendigung der Abwicklung des Unternehmens fort (§ 38 KWG). Ähnlich dem Verhältnis von Insolvenzverwalter zu den Gesellschaftsorganen wird sie aber auch hier von dessen Aufgaben und Zuständigkeiten überlagert. Weitergehend kann ein Zahlungsaufschub für ein Kreditinstitut und der Ausschluss des Insolvenzverfahrens über sein Vermögen auch durch Rechtsverordnung der Bundesregierung gewährt bzw angeordnet werden, wenn wirtschaftliche Schwierigkeiten bei Kreditinstituten zu befürchten sind, die schwerwiegende Gefahren für die Gesamtwirtschaft, insbesondere den geordneten Ablauf des allgemeinen Zahlungsverkehrs erwarten lassen (§ 47 Abs 1 KWG: [echtes] Moratorium; *Linden* ZInsO 2008, 583, 589 f).

II. Kapitalanlagegesellschaften, Pfandbriefbanken und andere Treuhandvermögen

Kapitalanlagegesellschaften (§ 2 Abs 6, §§ 6 ff. InvG) müssen die Vermögenswerte, die mit Hilfe der 26 ihnen zu Anlagezwecken überlassenen Mittel erworben wurden, unter Einschaltung einer Depotbank (§§ 20, 24 ff InvG) als Sondervermögen treuhänderisch verwalten (§ 2 Abs 2, §§ 30 ff InvG). Das Sondervermögen haftet nicht für Verbindlichkeiten der Kapitalanlagegesellschaft, auch nicht für solche, die die Kapitalanlagegesellschaft für gemeinschaftliche Rechnung der Anleger schließt (§ 31 Abs 2 InvG), und es gehört nicht zu deren Insolvenzmasse (§ 31 Abs 3 Satz 2 InvG). Das Recht der Kapitalanlagegesellschaft, die bei ihnen gebildeten Sondervermögen zu verwalten, erlischt mit der Eröffnung des Insolvenzverfahrens über das Vermögen der Kapitalanlagegesellschaft oder mit der Rechtskraft eines Beschlusses, durch den die Verfahrenseröffnung mangels Masse abgelehnt wird (§ 38 Abs 3 Satz 1 InvG); das Sondervermögen bzw das Verfügungsrecht darüber geht damit auf die Depotbank über, und diese muss das Sondervermögen verteilen oder zu ihren Gunsten auf eine neue Kapitalanlagegesellschaft übertragen (§ 39 InvG; dazu auch unten § 35 Rn 38). Für die Stellung eines Insolvenzantrags durch oder gegen eine Kapitalanlagegesellschaft gilt § 46 b KWG entsprechend (§ 19 k InvG); hinsichtlich der Unterrichtung der Gläubiger verweist § 19 l InvG auf § 46 f KWG. Die Sonderregelungen des § 46 b KWG hinsichtlich der Stellung des Insolvenzantrages gelten über §§ 99 Abs 3 Satz 1, 19 k InvG auch für **Investmentaktiengesellschaften**.

27   Einen nicht ganz so weit reichenden Schutz treuhänderisch gehaltenen Vermögens sieht das Gesetz in §§ 32, 33 **DepotG** vor, nach denen in der Insolvenz eines Verwahrers (Wertpapiersammelbank), Pfandrechtsgläubigers oder Kommissionärs von Wertpapieren ohne Rücksicht auf die Eigentumsverhältnisse an den zu verwahrenden oder zu verwaltenden Wertpapieren alle Hinterleger, Verpfänder oder Kommittenten gemeinsam die Masse der vorhandenen Wertpapiere nebst Ansprüchen auf die Lieferung solcher Papiere zu ihrer verhältnismäßigen Befriedigung zugewiesen erhalten (*Linden* ZInsO 2008, 583, 591 f). Ähnlich werden im Insolvenzverfahren über eine **Pfandbriefbank** (Oberbegriff für die früheren Hypothekenbanken und Schiffshypothekenbanken; § 1 Abs 1 Satz 2 PfandBG) die Gläubiger von Pfandbriefen aus dem zu diesem Zweck gebildeten Sondervermögen (Deckungsvermögen) unter Aufsicht eines eigens zu bestellenden Sachwalters vorrangig und untereinander zu gleichem Rang befriedigt (§§ 30 ff PfandBG). Dem Sachwalter wird auch die Möglichkeit offen, die Deckungsmasse auf eine andere Pfandbriefbank (§ 32 PfandBG) zu übertragen oder sie für diese treuhänderisch zu verwalten (§ 35 PfandBG; dazu und zu weiteren vergleichbaren Fällen *Häsemeyer* Rn 30.10, 30.11; rechtsvergleichend mit dem polnischen Recht *Stürner* KTS 2005, 269 ff). Ähnlich werden im Falle der Insolvenz von **Refinanzierungsunternehmen** (§ 1 Nr 24 KWG) die in das Refinanzierungsregister zugunsten von Zweckgesellschaften (§ 1 Nr 26 KWG) eingetragenen Vermögensgegenstände aus der Insolvenz herausgehalten (§§ 22 l ff. KWG).

III. Versicherungen

28   Bei Versicherungen steht das Recht, die Eröffnung des Insolvenzverfahrens zu beantragen, ebenfalls nur der Aufsichtsbehörde zu; die Vorstandsmitglieder und Abwickler sind aber verpflichtet, der Aufsichtsbehörde Anzeige zu erstatten, wenn ein Insolvenzgrund vorliegt (§ 88 VAG; ausführlich zur Versicherungsinsolvenz *Backes* Die Insolvenz des Versicherungsunternehmens [2003]; *Maus* Der Konkurs der Lebensversicherungsgesellschaft, Diss. Köln 1993; siehe auch *Janca* ZInsO 2003, 449, 453; zur Neuregelung des Rechts der Versicherungsinsolvenz durch das „Gesetz zur Umsetzung aufsichtsrechtlicher Bestimmungen zur Sanierung und Liquidation von Versicherungsunternehmen und Kreditinstituten" vom 10. 12. 2003 [BGBl I. S 2478] *Heiss/Gölz* NZI 2006, 1, 2 f; zum europarechtlichen Hintergrund *Wimmer* ZInsO 2002, 897, 905). Insolvenzgründe sind bei Versicherungen unabhängig von ihrer Rechtsform Zahlungsunfähigkeit und Überschuldung, nicht aber drohende Zahlungsunfähigkeit. Nach § 88 Abs 2 Satz 4 VAG hat der Vorstand eines Versicherungsvereins auf Gegenseitigkeit (oder eines nach dem Gegenseitigkeitsgrundsatz arbeitenden öffentlich-rechtlichen Versicherungsunternehmens) besonders dann zu prüfen, ob Überschuldung vorliegt, wenn ausgeschriebene Nachschüsse und Umlagen mehr als fünf Monate rückfällig sind; ist dies der Fall, muss es binnen einen Monats nach Ablauf der bezeichneten Frist der Aufsichtsbehörde angezeigt werden (zur Insolvenz des VVaG im Übrigen unten Rn 223 ff). Das Unterlassen der Anzeigen nach § 88 VAG ist ebenso wie bei den Kapitalgesellschaften die unterlassene Stellung des Insolvenzantrags strafbewehrt (§ 141 VAG); die Verletzung der Anzeigepflicht kann nach § 823 Abs 2 BGB zu Schadenersatz verpflichten (*Delhaes* Der Insolvenzantrag S 178). Im Gegensatz zum früheren Recht ist ein auf Antrag der Aufsichtsbehörde ergehender Eröffnungsbeschluss aber auch hier nicht mehr unanfechtbar. Für die Rückrechnung im Rahmen der Anfechtungsfristen sieht das VAG keine § 46 c KWG entsprechende Norm vor; im Einzelfall kann freilich ihre analoge Anwendung auf Versicherungen in Betracht kommen. Mit dem Eröffnungsbeschluss hat das Insolvenzgericht den Gläubigern das in § 88 a VAG beschriebene Formblatt in allen EU-Amtssprachen zu übersenden. Versicherungsnehmer werden im Insolvenzverfahren zusätzlich dadurch besonders geschützt, dass sie bei Befriedigung aus Werten des **Sicherungsvermögens** (§ 66 Abs 6 und 6 a VAG) in Höhe des Anteils am Sicherungsvermögen Vorrang vor den Forderungen aller übrigen Insolvenzgläubiger haben (§ 77 a VAG). Im Verhältnis zu anderen Staaten des Europäischen Wirtschaftsraums sind nach § 88 Abs 1 a VAG ausschließlich die Behörden bzw Gerichte des „Herkunftsstaats" eines Versicherungsunternehmens zuständig; Sekundär- und Partikularinsolvenzverfahren sind unzulässig (§ 88 Abs 1 b VAG).

29   Ist ein Versicherungsunternehmen voraussichtlich nicht auf Dauer imstande, seine Verpflichtungen zu erfüllen, kann die Aufsichtsbehörde zur Vermeidung eines Insolvenzverfahrens das Erforderliche an-

ordnen wie etwa die Vertreter des Unternehmens auffordern, binnen einer bestimmten Frist die Geschäftsgrundlagen zu ändern oder sonstige Mängel zu beseitigen (§ 89 Abs 1 Satz 1 VAG). Alle Zahlungen, insbesondere Versicherungsleistungen, Gewinnverteilungen und bei Lebensversicherungen auch der Rückkauf oder die Beleihung der Versicherung oder Vorauszahlungen darauf können zeitweilig verboten werden (§ 89 Abs 1 Satz 2 VAG). Auch kann die Aufsichtsbehörde erforderlichenfalls die Verpflichtungen eines Lebensversicherungsunternehmens aus seinen Versicherungen dem Vermögensstand entsprechend herabsetzen (§ 89 Abs 2 Satz 1 VAG). Die Versicherungsaufsicht besteht grundsätzlich auch hier während des Verfahrens bis zur Beendigung der Abwicklung des Unternehmens fort (§ 86 VAG). Ähnlich dem Verhältnis von Insolvenzverwalter zu den Gesellschaftsorganen wird sie zudem auch hier von dessen Aufgaben und Zuständigkeiten überlagert (KP-*Noack* GesellschaftsR Rn 700).

IV. Weitere Sonderfälle

Ein als gemeinnützig anerkanntes **Wohnungsbauunternehmen** unterlag bis zur Aufhebung des Gesetzes über die Gemeinnützigkeit im Wohnungswesen (WGG) durch Art 21 § 1 des Steuerreformgesetzes 1990 (BGBl 1988 I 1093, 1136) auch nach Eröffnung des Insolvenzverfahrens der in §§ 14, 26 Abs 1 WGG vorgesehenen Anschluss- und Prüfungspflicht (OVG Berlin 24. 9. 1982 ZIP 1982, 1338). 30

Art 6 EGKO enthielt eine Sonderregelung für **bayerische „registrierte Gesellschaften"**, die aufgrund des bayerischen Gesetzes vom 29. April 1869 betreffend die privatrechtliche Stellung der Erwerbs- und Wirtschaftsgesellschaften errichtet worden waren, und in dem insbesondere die Zulässigkeit des Zwangsvergleichs für die Gesellschaften ausgeschlossen wurde (Art. 6 Abs 2 Satz 2 EGKO). Da dieses Gesetz durch § 1 Nr 6 des Ersten Gesetzes zur Aufhebung von Rechtsvorschriften vom 6. April 1981 aufgehoben worden war (BayGVBl. 1981, 85), war die Vorschrift schon vor Erlass der InsO gegenstandslos geworden und wurde daher nicht ins neue Recht übernommen (Begr RegE zu Art 2 EGInsO). 31

E. Insolvenz der juristischen Person (Abs 1 S 1)

Erfasst von § 11 sind grundsätzlich sämtliche juristischen Personen, also auch solche des öffentlichen Rechts. Denn § 12 klammert juristische Personen des öffentlichen Rechts nur unter bestimmten Voraussetzungen, die allerdings zumeist vorliegen, aus der Insolvenzfähigkeit aus. 32

Insolvenzfähig sind damit als juristische Personen des **bürgerlichen Rechts** die rechtsfähigen Vereine, gleich ob Idealverein (§ 21 BGB) oder wirtschaftlicher Verein (§ 22 BGB). Bei den Sonderformen des wirtschaftlichen Vereins – den Kapitalgesellschaften (AG und GmbH) einschließlich der Kommanditgesellschaft auf Aktien (KGaA) und der Genossenschaft (Gen) – liegt der Schwerpunkt. Auch ausländische juristische Personen sind im Inland insolvenzfähig. Insolvenzfähig ist weiter die Stiftung (§ 80 BGB). Die früher nach Landesrecht zulässige bergrechtliche Gewerkschaft (§ 96 PreußABG) ist inzwischen abgeschafft. § 11 Abs 1 Satz 2 stellt den nicht rechtsfähigen Verein (§ 54 BGB) ausdrücklich der juristischen Person gleich. 33

Im **öffentlichen Recht** sind Körperschaften, Stiftungen, Anstalten (§ 89 BGB) insolvenzfähig, sofern sie nicht ausnahmsweise nach § 12 insolvenzunfähig sind. 34

I. Gemeinsamkeiten

1. Beginn und Ende der Insolvenzfähigkeit. Die Insolvenzfähigkeit der juristischen Personen ist Folge ihrer Rechtsfähigkeit. Diese Fähigkeit, selbstständig Träger von Rechten und Pflichten zu sein, beginnt erst mit ihrer Entstehung. Der insoweit maßgebliche Zeitpunkt ist die **Eintragung in das jeweilige Register**, also das Handelsregister (§ 41 Abs 1 AktG, § 11 Abs 1 GmbHG), das Genossenschaftsregister (§ 13 GenG) oder das Vereinsregister (§ 21 BGB). 35

a) **Vorgründungsgesellschaft.** Der Entschluss zur Gründung einer juristischen Person kann, sofern die Gründung einer Kapitalgesellschaft beabsichtigt ist, zur Entstehung einer **Vorgründungsgesellschaft** führen, wenn der entsprechende rechtliche Bindungswille schon zum Zeitpunkt dieses Entschlusses vorhanden ist. Entsprechendes gilt für die Gründung eines Vereins (Vorgründungsverein) oder einer Genossenschaft (Vorgründungsgenossenschaft). Allerdings bedarf schon diese Vorgründungsgesellschaft der notariellen Beurkundung nach § 23 Abs 1 Satz 1 AktG, § 2 Abs 1 Satz 1 GmbHG (anders § 5 GenG [Schriftform] für Genossenschaft und § 77 BGB für eV), wenn sie zur Gründung der juristischen Person verpflichten soll (RG 22. 10. 1937 Z 156, 129, 138; BGH 21. 9. 1987 NJW-RR 1988, 288; *Hirte* KapGesR Rn 2.5). Rechtlich ist sie eine – bei fehlender Beurkundung gegebenenfalls fehlerhafte – BGB-Gesellschaft, auf die §§ 705 ff BGB Anwendung finden. Die Zulässigkeit eines Insolvenzverfahrens ergibt sich daher – sofern sie nicht bloße Innengesellschaft ist – heute aus § 11 Abs 2 Nr 1 (dazu unten Rn 368 ff); die auf juristische Personen anwendbaren Regeln finden also keine Anwendung. Betreibt die Vorgründungsgesellschaft bereits selbst ein eventuell in die spätere juristische Person einzubringendes Gewerbe, ist sie nach heutigem Handelsrecht ohne Rücksicht auf den Unternehmensgegenstand offene Handelsgesellschaft, es sei denn, dies erfordert keinen in kaufmännischer Weise eingerichteten Geschäfts- 36 betrieb (§ 1 Abs 2 HGB); auch dann richtet sich die Insolvenzfähigkeit nach dem auf Gesellschaften ohne Rechtspersönlichkeit (§ 11 Abs 2 Nr 1) anwendbaren Recht.

37 **b) Vorgesellschaft. aa) Insolvenzfähigkeit.** Mit der notariell zu beurkundenden (§ 23 Abs 1 Satz 1 AktG, § 2 Abs 1 Satz 1 GmbHG, anders § 5 GenG: Schriftform) Feststellung der Satzung bzw dem Abschluss des Gesellschaftsvertrages seitens der Gründer oder des Gründers (§ 2 AktG, § 1 GmbHG, § 1 Abs 1 GenG) entsteht die Vorgesellschaft oder Vorgenossenschaft. Zugleich ist die Vorgründungsgesellschaft wegen Zweckerreichung automatisch aufgelöst (§ 726 Alt. 1 BGB; abw *Kießling*, Vorgründungs- und Vorgesellschaft, 1999, S 352 ff, der Fortsetzung annimmt). Doch gehen ihr Vermögen und ihre Verbindlichkeiten nur dann auf die Vorgesellschaft über, wenn sie rechtsgeschäftlich übertragen werden; ein automatischer Übergang findet also nicht statt (**BGH** 7. 5. 1984 Z 91, 148, 151 = ZIP 1984, 950 = **BGH** NJW 1984, 2164; **BGH** 22. 6. 1992 NJW 1992, 2698 = ZIP 1992, 1303, 1304 = EWiR § 19 GmbHG 5/92, 997 *[Fleck]*; *Hirte* KapGesR Rn 2.8). Im Außenverhältnis wird diese Gesellschaft inzwischen weitgehend wie die eingetragene juristische Person behandelt; auch wird ihr eine an die Rechtsfähigkeit der eingetragenen Gesellschaft heranreichende Rechtsfähigkeit zugestanden (Einzelheiten bei *Hirte* KapGesR Rn 2.1, 2.22 f). Dieser Verband ist insbesondere bereits selbstständig verpflichtungsfähig und haftet für die in seinem Namen eingegangenen Verbindlichkeiten mit seinem eigenen Vermögen. Daneben trifft die Gründer eine nach neuerer Auffassung unbeschränkte Haftung für während der Gründungsphase aufgelaufene Verluste; diese besteht aber nach umstrittener Auffassung nicht unmittelbar gegenüber den Gläubigern, sondern nur gegenüber der Vorgesellschaft (**BGH** 27. 1. 1997 Z 134, 333 = NJW 1997, 1507 *[Altmeppen]* = ZIP 1997, 679 = DStR 1997, 625 *[Goette]* = LM H. 7/1997 § 11 GmbHG Nr 38 *[Noack]* = EWiR § 11 GmbHG 1/97, 463 *[Fleischer]*; BAG 4. 4. 2001 EWiR § 11 GmbHG 2/01, 759 *[Henze]*; *Hirte* KapGesR Rn 2.24 ff mwN auch der krit Stimmen). Fällig wird dieser Anspruch erst mit Eröffnung des Insolvenzverfahrens. Eine Ausnahme vom Grundsatz der Innenhaftung wird in dem (praktischen Regel-)Fall gemacht, dass die Vor-GmbH vermögenslos ist BAG 25. 1. 2006 10 AZR 238/05 NZA 2006, 673 = NZG 2006, 507 = ZIP 2006, 1044, 1046 f (auch bei späterer Einstellung eines bereits eröffneten Insolvenzverfahrens wegen Masseunzulänglichkeit); dann können die Gläubiger unmittelbar gegen die Gründer vorgehen, allerdings nur „*pro rata*" entsprechend ihrem Anteil am Gesellschaftsvermögen (BAG 15. 12. 1999 E 93, 151 = NJW 2000, 2915 = NZI 2000, 612 = ZIP 2000, 1546, 1548 f = EWiR § 11 GmbHG 2/2000, 915 *[Goette]*; BAG 4. 4. 2001 EWiR § 11 GmbHG 2/01, 759 *[Henze]*). Wird eine Vor-GmbH von einem **Treuhänder** gegründet, kann dieser den Anspruch gegen seine Treugeber auf Freistellung von der ihn gegenüber den Gläubigern der Vor-GmbH treffenden Haftung an diese Gläubiger abtreten; dadurch wandelt sich der zuvor bloße Freistellungs- in einen direkten Zahlungsanspruch mit der Folge um, dass die Gläubiger der Vor-GmbH unmittelbar die wirtschaftlichen Gründer der GmbH auf Zahlung in Anspruch nehmen können (**BGH** 19. 3. 2001 ZIP 2001, 789 = DStR 2001, 859 *[Goette]* = EWiR § 11 GmbHG 1/01, 583 *[Armbrüster]*).

38 Obwohl die Vorgesellschaft nach ganz hM Gesamthandsgemeinschaft und keine juristische Person ist (**BGH** 9. 3. 1981 Z 80, 129, 132, 135 = NJW 1981, 1373, 1374 = ZIP 1981, 394, 396 = LM § 11 GmbHG Nr 30 a *[Fleck]* [GmbH]), wurde aus der beschriebenen weitgehenden Annäherung der Vorgesellschaft an den eingetragenen Verband schon unter altem Recht auch dessen Insolvenzfähigkeit abgeleitet (BayObLG 23. 7. 1965 Z 1965, 294, 311 = NJW 1965, 2254, 2257 [AG]; **OLG** Nürnberg 28. 2. 1967 AG 1967, 362, 363 [inzident bei AG]). Angesichts der nunmehr gesetzlich anerkannten Insolvenzfähigkeit auch der BGB-Gesellschaft bedarf es dafür heute keiner besonderen Begründung mehr (zur früheren Diskussion 12. Aufl Rn 38). Auch die Vorgesellschaft (Vorverein/Vorgenossenschaft) ist daher solange insolvenzfähig, wie die Verteilung ihres Vermögens nicht beendet ist (ebenso *Haas* DStR 1999, 985).

39 Betreibt die Gründervereinigung allerdings ein gewerbliches Unternehmen, das einen in kaufmännischer Weise eingerichteten Geschäftsbetrieb erfordert, und wird die Eintragung in das Handelsregister nicht (mehr) angestrebt, handelt es sich um eine **unechte Vorgesellschaft**. Diese ist unabhängig von Willen der Gründer offene Handelsgesellschaft (§ 128 HGB) (**BGH** 29. 11. 1956 Z 22, 240, 244 f; **BGH** 26. 6. 1958 WM 1958, 1134; **BGH** 7. 12. 1964 WM 1965, 246; *Hirte* KapGesR Rn 2.34). Eine Haftungsbeschränkung wäre selbst bei einem entsprechenden Willen der Gründer ohne Eintrag nicht möglich (§ 176 Abs 1 HGB). Die Insolvenz einer solchen Vorgesellschaft richtet sich nach dem für Gesellschaften ohne Rechtspersönlichkeit vorgesehenen Verfahren (dazu unten Rn 233 ff). Für die Annahme eine bloßen Innenhaftung der Gründer wie bei der echten Vorgesellschaft ist hier kein Raum (**BGH** 4. 11. 2002 II ZR 204/00 Z 152, 290 = NJW 2003, 429 = ZIP 2002, 2309 *[Drygala]* = NJW 2003, 429 = NZG 2003, 79 = DStR 2002, 2232 *[Goette]* = JZ 2003, 626 *[Langenbucher]*).

40 **bb) Insolvenzverfahren.** Die (echte) Vorgesellschaft ist demgegenüber trotz ihres Charakters als Gesamthandsgemeinschaft auch **insolvenzrechtlich entsprechend dem Recht der eingetragenen juristischen Person** zu behandeln. Das bedeutet, dass auf die Insolvenz der Vorgesellschaft die für die Insolvenz der eingetragenen juristischen Person entwickelten Grundsätze entsprechende Anwendung finden (ebenso Jaeger/*Ehricke* § 11 Rn 19; Kilger/*Karsten Schmidt* § 207 KO Anm 2).

41 Zum Antrag auf Eröffnung des Insolvenzverfahrens über das Vermögen der Vorgesellschaft sind daher die **Vertretungsorgane** der künftigen juristischen Person berechtigt; daneben sind die **Gründer** antragsbe-

E. Insolvenz der juristischen Person (Abs 1 S 1) § 11

rechtigt (ebenso *Haas* DStR 1999, 985, 987). Die Handelndenhaftung der § 41 Abs 1 Satz 2 AktG, § 11 Abs 2 GmbHG, § 13 GenG, § 179 Abs 1 BGB (für Gen), § 54 Satz 2 BGB ersetzt diese Antragspflicht nicht; denn als Gesellschafter haften sie, selbst wenn sie eine Aufnahme der Geschäfte seitens der Vorgesellschaft gebilligt hatten, heute nicht mehr nach § 41 Abs 1 Satz 2 AktG, § 11 Abs 2 GmbHG (*Hirte* KapGesR Rn 2.32; *Baumbach/Hueck/Schulze-Osterloh* § 64 GmbHG Rn 2). Die Vertretungsorgane sind analog den für die eingetragene juristische Person geltenden Normen zur Stellung des Antrags innerhalb der Drei-Wochen-Frist **verpflichtet**, wenn bei der Vorgesellschaft ein Insolvenzgrund vorliegt (abw *Haas* DStR 1999, 985, 987 f; *Gottwald/Haas* InsR HdB § 92 Rn 562 ff [für den Fall, dass der Antragsverpflichtete selbst für die Verbindlichkeiten der Vorgesellschaft haftet]). Die Gründer trifft eine Antrags*pflicht* nur dann, wenn sie als faktische Geschäftsführer anzusehen sind (*Haas* DStR 1999, 985, 987 f; KP-*Noack* GesellschaftsR Rn 243; abw *Altmeppen* ZIP 1997, 273, 275; zum Begriff des „faktischen Geschäftsführers" näher unten § 15 a Rn 8). **Insolvenzgrund** ist bei der Vorgesellschaft zunächst die Zahlungsunfähigkeit (§ 19 Abs 1 analog). Ist allerdings das Vorliegen der Zahlungsunfähigkeit in den Notwendigkeiten des Gründungsvorgangs begründet, so besteht eine Insolvenzantragspflicht dann und soweit nicht, als sie darauf zurückzuführen und vorübergehender Natur ist. Der Rückstand eines Gesellschafters mit seiner Einlageleistung stellt das Vorliegen von Zahlungsunfähigkeit nach heutigem Recht aber nicht mehr in Frage; denn der Gesetzgeber hat bewusst davon abgesehen, für Fälle bloßer Zahlungsstockung das Vorliegen der Zahlungsunfähigkeit zu verneinen (Begr RegE zu § 11). Die Überschuldung ist demgegenüber nicht (schon) Insolvenzgrund, wenn man dem Rn 37 vorgestellten Innenhaftungskonzept folgt; denn sonst würde das sinnwidrige Ergebnis eintreten, dass mit Eröffnung des Insolvenzverfahrens ein die Überschuldung sofort wieder ausgleichender Anspruch gegen die Gesellschafter entstünde (*Altmeppen* NJW 1997, 1509, 1510; KP-*Noack* GesellschaftsR Rn 245; abw *Haas* DStR 1999, 985, 986 f; *Gottwald/Haas* InsR HdB § 92 Rn 563 [für den Fall, dass der Verlustausgleichsanspruch gegen die Gesellschafter nicht werthaltig ist]). Folgt man dem Außenhaftungsmodell, ist die Überschuldung im Hinblick auf das Fehlen dieses Insolvenzgrundes bei den Gesellschaften ohne Rechtspersönlichkeit erst recht kein Insolvenzgrund.

Träger der Schuldnerrolle ist die **Gründerorganisation** (abw *Haas* DStR 1999, 985, 988: die aufgelöste Vor-GmbH), Insolvenzmasse das gesamthänderisch gebundene Vor-Gesellschaftsvermögen, zu dem neben den bereits geleisteten Geld- und Sacheinlagen etwa Vermögen aus rechtsgeschäftlichem Erwerb zählt (Einzelheiten bei § 35). Besondere Bedeutung haben dabei die bereits erwähnten Verlustdeckungsansprüche gegen die Gründer. Die in Insolvenz geratene Gründerorganisation wird gegenüber dem Insolvenzverwalter durch alle Gesellschafter gemeinschaftlich und nicht durch das Vertretungsorgan der künftigen juristischen Person vertreten (**BGH** 10. 1. 1963 NJW 1963, 859; **BGH** 24. 10. 1968 Z 51, 30, 34 = NJW 1969, 509; *Kuhn* WM 1969, 1154, 1155). 42

Insolvenzgläubiger sind zunächst die Inhaber von Ansprüchen auf Zahlung von Gebühren und Steuern, die durch die Gründung entstehen (*arg.* § 36 Abs 2 AktG), und von Ansprüchen aus Rechtsgeschäften des Vertretungsorgans der Vorgesellschaft, soweit es sich im Rahmen seiner Vertretungsmacht hält. Umstritten ist dabei, ob die Vertretungsmacht bereits im Außenverhältnis unbeschränkt und unbeschränkbar ist (§ 82 Abs 1 AktG, §§ 35 Abs 1, 37 Abs 2 GmbHG) oder ob – neben der Geschäftsführungsbefugnis – auch die Vertretungsmacht entsprechend den Vorgaben der Gründer beschränkt werden kann, sofern nicht alle Gründer einer Aufnahme der Geschäfte vor Eintragung zugestimmt haben (für Beschränkbarkeit **BGH** 9. 3. 1981 Z 80, 129, 139 = NJW 1981, 1373 = ZIP 1981, 394 = LM § 11 GmbHG Nr 30 a [*Fleck*]; 86, 122, 125; *Grunewald* GesR 2. F. II. 6. c Rn 40 [GmbH]; gegen Beschränkbarkeit *Raiser/Veil* KapGesR § 26 Rn 122 [GmbH], jeweils mwN). Die Frage ist allerdings solange nicht erheblich, wie die Gründer dem Vertretungsorgan der Vorgesellschaft die Fortführung eines einzubringenden Unternehmens gestattet haben; denn dann ist es jedenfalls zu den zu seiner Fortführung notwendigen Geschäften befugt. Handelt es sich um ein kleingewerbliches Unternehmen, wäre die Vertretungsmacht ohnehin auch schon in diesem Zeitpunkt nach § 126 Abs 2 HGB unbeschränkbar. 43

Die etwaige Haftung eines **Handelnden** nach § 41 Abs 1 Satz 2 AktG, § 11 Abs 2 GmbHG, § 179 Abs 1 BGB (für Gen), § 54 Satz 2 BGB **erlischt** in jedem Fall mit Eintragung der Gesellschaft (**BGH** 16. 3. 1981 Z 80, 182, 183 ff = NJW 1981, 1452, 1453 = ZIP 1981, 516). 44

c) Liquidationsgesellschaft. Auch die aufgelöste juristische Person ist jedenfalls solange insolvenzfähig, wie die Verteilung des Vermögens nicht vollzogen ist (Abs 3). Denn solange die juristische Person nicht im Register gelöscht und vermögenslos ist, besteht sie nach insoweit übereinstimmender Ansicht noch als solche. Häufig wird es in diesem Fall allerdings an einer die Verfahrenskosten deckenden Masse fehlen (dazu § 26 Abs 1). 45

d) Nachgesellschaft (Abs 3). Das gilt auch dann, wenn die juristische Person im Register bereits nach Beendigung der Liquidation oder nach § 394 Abs 1 FamFG (früher § 141 a Abs 1 FGG) von Amts wegen **gelöscht** wurde; Abs 3 stellt dies ausdrücklich klar (dazu oben Rn 3). Denn ihre Existenz endet nur, wenn sie sowohl im Register gelöscht wurde als auch kein Vermögen mehr besitzt (Lehre vom **Doppeltatbestand; BGH** 9. 12. 1987 NJW-RR 1988, 477 = ZIP 1988, 247 = KTS 1988, 326; **BGH** 11. 9. 2000 NJW 2001, 304 = ZIP 2000, 1896, 1897 f = NZI 2001, 87 = EWiR § 64 GmbHG 3/2000, 1159 [*Keil*] = LM § 64 GmbHG Nr 19 [*Noack/Bunke*]; **BAG** 22. 3. 1988 NJW 1988, 2637 = KTS 1988, 531; *Hirte* KapGesR Rn 7.24 mwN; *Karsten Schmidt* Gesellschaftsrecht § 11 V 6, S 316 ff; *Jaeger/Ehricke* § 11 46

Rn 96; weit. Nachw. auch abw Stimmen in der 12. Aufl Rn 46). Diese inzwischen herrschende Ansicht vom Erfordernis eines Doppeltatbestandes wurde vom Gesetzgeber der InsO indirekt durch die neu eingefügten § 264 Abs 2 AktG, § 66 Abs 5 GmbHG, § 83 Abs 5 GenG bestätigt.

47 Daher ist auch in einem solchen Fall noch die Durchführung eines Insolvenzverfahrens möglich (OLG Frankfurt/Main 14. 5. 1976 DNotZ 1976, 619, 620). Zu diesem Zweck ist eine **Nachtragsverteilung** (§ 203) anzuordnen. Dazu hat der Antragsteller darzutun, dass bei der juristischen Person noch Vermögen vorhanden ist; denn damit weist er trotz ihrer Löschung zugleich ihre Parteifähigkeit nach (OLG Düsseldorf 24. 9. 1987 BB 1988, 860; BayObLG 23. 9. 1993 BB 1993, 2180; *Hirte* KapGesR Rn 7.26). Zugleich ist auf Antrag des Gläubigers ein Nachtragsliquidator zu bestellen, der entweder selbst den Insolvenzantrag stellt oder dem der Insolvenzantrag des Antragstellers/Gläubigers zugestellt wird (vgl auch **OLG Köln** 26. 5. 1976 Z 1977, 240 = Rpfleger 1976, 323). Eine Insolvenzantragspflicht seitens der früheren Mitglieder des Vertretungsorgans besteht in diesem Falle auch bei noch vorhandenem Gesellschaftsvermögen allerdings nicht, weil die Rechtsstellung der Mitglieder des Vertretungsorgans ebenso wie diejenige der Abwickler mit der Registerlöschung beendet war.

48 Die Vertreter der (früheren) Gegenansicht kommen jedenfalls bezüglich der Insolvenzfähigkeit der Nachgesellschaft zu ähnlichen Ergebnissen, da sie über das – gegebenenfalls gesamthänderisch gebundene – Sondervermögen ein besonderes Insolvenzverfahren zulassen.

49 e) **Nichtige juristische Person.** Insolvenzfähig ist auch eine für nichtig erklärte juristische Person (§ 275 AktG, § 75 GmbHG, § 94 GenG). Dies gilt unabhängig davon, ob sie für nichtig *erklärt* wurde oder nicht (**RG** 20. 6. 1904 SeuffArch 60 [1905], 410 = Recht 1905 Nr 239; Jaeger/*Ehricke* § 11 Rn 22). Für diesen Fall bestimmen § 277 Abs 1 AktG, § 77 Abs 1 GmbHG, § 97 Abs 1 GenG ausdrücklich, dass die Vorschriften über die Abwicklung bei Auflösung (§§ 264 ff AktG, §§ 60 ff GmbHG, §§ 78 ff GenG) anzuwenden sind. Die Gesellschafter haben allerdings auch in diesem Fall noch die bedungenen Einlagen zu leisten (**BGH** 29. 10. 1952 Z 7, 383 [GmbH]).

50 f) **Umwandlung.** Wird das Vermögen eines Rechtsträgers auf einen anderen nach den Vorschriften des UmwG übertragen, so ist nur der übernehmende Rechtsträger insolvenzfähig, wenn die Umwandlung *vor* Eröffnung des Insolvenzverfahrens abgeschlossen wurde. Gleiches gilt im Fall des Formwechsels (§ 190 UmwG); hier richtet sich das Insolvenzverfahren nach Eintragung der Umwandlung nach den für die neue Rechtsform geltenden Vorschriften (vgl § 20 Abs 1 Nr 1 UmwG, nach dem sich der Vermögensübergang mit dem Zeitpunkt der Eintragung vollzieht; anders **RG** 28. 2. 1914 Z 84, 242 aufgrund des Rechtszustandes nach § 306 Abs 2–5 HGB aF: bis zur Vereinigung der Vermögen Sonderinsolvenzverfahren über das übernommene Vermögen [dazu Kuhn/*Uhlenbruck* § 207 KO Rn 6 b]). Bleibt der alte Rechtsträger wie bei der Abspaltung, der Ausgliederung oder der Teilübertragung bestehen, bleibt er auch insolvenzfähig. Im einen wie im anderen Fall können die Maßnahmen nach den §§ 129 ff anfechtbar sein (dazu § 129 Rn 68). Eine vor Verfahrenseröffnung beschlossene, aber noch nicht eingetragene Umwandlung kann anders als etwa bei einer Kapitalerhöhung auch nicht im Einvernehmen zwischen Insolvenzverwalter und Gesellschaftsorganen zum Handelsregister angemeldet werden und damit wirksam werden (dazu *Pfeifer* ZInsO 1999, 547, 548 mwN). *Nach* Eröffnung eines Insolvenzverfahrens ist bei den Kapitalgesellschaften und beim eingetragenen Verein im Hinblick auf die mit der Verfahrenseröffnung einhergehende Auflösungsfolge (§ 262 Abs 1 Nr 3 AktG, § 60 Abs 1 Nr 4 GmbHG, § 42 Abs 1 Satz 1 BGB) eine Umwandlung nach Maßgabe von § 3 Abs 3 UmwG möglich (anders für die Genossenschaft, da dort die Verfahrenseröffnung nach § 81 a Nr 1 GenG kein Auflösungsgrund ist); Voraussetzung ist also die vorherige Beendigung des Insolvenzverfahrens (dazu unten Rn 145 ff).

51 Ist in einer Kapitalgesellschaft eine Personenhandelsgesellschaft durch Übernahme aller Gesellschaftsanteile aufgegangen, kann im Falle einer späteren Insolvenz der Insolvenzverwalter auch Rechtshandlungen der erloschenen Personengesellschaft **anfechten**, wenn noch nicht befriedigte Gläubiger der Personengesellschaft vorhanden sind (jetzt § 145 Abs 1). Vermögenswerte, die auf solche Weise zur Masse kommen, sind in Form einer „Sondermasse" auf diese Gläubiger zu verteilen sein; zum Kreis dieser Gläubiger kann auch die übernehmende Gesellschaft selbst gehören (**BGH** 10. 5. 1978 Z 71, 296, 298 = NJW 1978, 1525 = KTS 1979, 76 = LM § 29 KO Nr 8 *[Merz]*); dazu näher unten § 35 Rn 57 und § 145 Rn 13).

52 2. **Eröffnungsgründe.** a) **Zahlungsunfähigkeit und Überschuldung.** Eröffnungsgrund für ein Insolvenzverfahren (§ 16) ist bei den juristischen Personen neben dem allgemeinen Eröffnungsgrund der **Zahlungsunfähigkeit** (§ 17) und der nur auf Antrag des Schuldners zu berücksichtigenden **drohenden Zahlungsunfähigkeit** (§ 18) auch die **Überschuldung** (§ 19); das gilt nach Art 4 EuInsVO auch für ausländische juristische Personen, über deren Vermögen im Inland ein Insolvenzverfahren eröffnet wird (*Hirte* in: Hirte/Bücker, § 1 Rn 73). Überschuldung liegt nach § 19 Abs 2 Satz 1 vor, wenn das Vermögen des Schuldners die bestehenden Verbindlichkeiten nicht mehr deckt. Wegen der Einzelheiten der Erstellung des Überschuldungsstatus siehe die Erläuterungen zu § 19. Bei Genossenschaften ist die Überschuldung nach § 98 GenG nur unter bestimmten Voraussetzungen Grund für eine Eröffnung des Insolvenzverfahrens (dazu unten Rn 206).

E. Insolvenz der juristischen Person (Abs 1 S 1)   § 11

b) Auswirkungen der Insolvenz eines Mitglieds. aa) Gesetzliche Regelung: keine Auflösung. Durch 53
die Insolvenz eines Mitglieds (Gesellschafters) wird die juristische Person anders als bis zum Inkrafttreten des HRefG die Personengesellschaften (§ 131 Abs 1 Nr 5 HGB aF) und jetzt nur noch die BGB-Gesellschaft (§ 728 Abs 2 Satz 1 BGB) **nicht aufgelöst**. Die Insolvenz eines Mitglieds berührt also den Fortbestand der juristischen Person nicht. Das gilt auch, wenn das Insolvenzverfahren über das Vermögen eines Mitglieds schon vor Eintragung der juristischen Person eröffnet wird (**RG 22. 5. 1913 Z 82, 288, 292**). Ist aber über das Vermögen eines Gesellschafters das Insolvenzverfahren eröffnet, sind Einladungen zur Gesellschafterversammlung an dessen Insolvenzverwalter zu richten (**OLG Düsseldorf 24. 8. 1995 NJW-RR 1996, 607** [das es aber für ausreichend hält, wenn sie bei einer AG als Gesellschafterin an deren Vorstand gerichtet werden und der Insolvenzverwalter erst von diesem Kenntnis erhält] mit insoweit krit Anm *Dreher* EWiR § 16 GmbHG 1/96, 361, 362).

bb) Satzungsmäßige Auflösungs- oder Ausschlussregelungen. Die **Satzung** der juristischen Person darf 54
aber die Insolvenz eines Mitglieds als **Auflösungsgrund** vorsehen. In diesem Fall ist nach § 61 Abs 1 GmbHG Auflösungsklage zu erheben. Alternativ kann sie auch als Grund für den **Ausschluss** des betroffenen Mitglieds vorgesehen werden, der dann ebenfalls durch Gestaltungsklage analog § 140 Abs 1 HGB zu verwirklichen ist (Einzelheiten bei *Hirte* KapGesR Rn 4.88). Auch kommt in Betracht, für den Fall der Insolvenz eines Mitglieds oder der Pfändung seiner Mitgliedschaft durch einen Gläubiger die **Einziehung** seines Anteils durch Beschluss der Mitgesellschafter vorzusehen (§ 237 Abs 1 AktG, § 34 Abs 2 GmbHG; **OLG Frankfurt/Main 27. 3. 1998 ZIP 1998, 1107** [keine Verwirkung des Einziehungsrechts, wenn es erst im Anschluss an die Bestätigung eines Vergleichs nach früherem Recht durchgeführt wird]; dazu auch unten Rn 249 ff). Derartige Regelungen begegnen solange keinen rechtlichen Bedenken, wie sie zugleich ein vollwertiges Entgelt für die eingezogene Mitgliedschaft vorsehen, das in die Insolvenzmasse des Mitglieds (Gesellschafters) fließt. Allerdings darf der Abfindungsumfang für vergleichbare Tatbestände dabei nicht ohne sachlichen Grund unterschiedlich ausgestaltet werden; für den Fall einer Einziehung wegen Insolvenz eines Mitglieds oder Pfändung seines Anteils kann daher ungeachtet der korrekten Beteiligung ausscheidender Gesellschafter am Unternehmenswert aus Gründen des Gläubigerschutzes nicht ein geringerer Betrag festgelegt werden als bei anderem Ausscheiden des Mitglieds aus wichtigem Grund (**BGH 12. 6. 1975 Z 65, 22, 28 f** = NJW 1975, 1835; **BGH NJW 1993, 2101, 2102** = ZIP 1993, 1160 = EWiR § 738 BGB 1/93, 769 *[Westermann]* [OHG]; **BGH 19. 6. 2000 Z 144, 365** = ZIP 2000, 1294, 1295 f = NJW 2000, 2819 = DStR 2000, 1443 *[Goette]* = EWiR § 242 AktG 1/2000, 943 *[Casper]*; **OLG Frankfurt/Main 9. 9. 1977 Z 1978, 86** = NJW 1978, 328; Baumbach/Hueck/*Hueck*/*Fastrich* § 34 GmbHG Rn 30; zum Teil kritisch hinsichtlich der Begründung *Armbrüster* FS Canaris [2007], S 23, 36 ff, 38 f). Das bedeutet, dass Abfindungsregelungen, soweit sie zu Lasten der Mitglieder wirksam sind, auch zu Lasten seiner Gläubiger wirksam sind; zu Lasten eines Mitglieds unwirksame Regelungen muss umgekehrt auch ein Gläubiger nicht hinnehmen. Ergibt sich ein grobes Missverhältnis zwischen satzungsmäßigem Abfindungswert und tatsächlichem innerem Wert, führt dies nicht zur Unwirksamkeit der entsprechenden Satzungsklausel, sondern nur zu ihrer Anpassung (**BGH 20. 9. 1993 Z 123, 281** = NJW 1993, 3193 = ZIP 1993, 1611; **BGH 13. 6. 1994 Z 126, 226** = NJW 1994, 2536 = ZIP 1994, 1173; *Hirte* KapGesR Rn 4.95). An eine wirksame Satzungsregelung bezüglich Ausschluss und Abfindung ist auch der Insolvenzverwalter gebunden; doch kann sie wegen Benachteiligung der Insolvenzgläubiger (§ 129 Abs 1) der **Insolvenzanfechtung** nach § 134 unterliegen (dazu unten § 134 Rn 39).

cc) Auswirkungen auf Beschränkungen der Übertragbarkeit. Umstritten sind die Auswirkungen der In- 55
solvenz eines Mitglieds, das eine **vinkulierte Beteiligung** hält, auf das Zustimmungserfordernis der Gesellschaft (§ 68 Abs 2 AktG, § 15 Abs 5 GmbHG). Hier kollidieren das insolvenzrechtliche Ziel bestmöglicher Vermögensverwertung mit dem Interesse der Gesellschaft, ihren Mitgliederstand zu kontrollieren. Um das gesellschaftsrechtliche Ziel nicht durch die Insolvenz eines Mitglieds unterlaufen zu können, ist daher auch im Insolvenzfall grundsätzlich eine Zustimmung der Gesellschaft zu verlangen; diese darf aber nur verweigert werden, wenn ein wichtiger Grund dafür besteht (*Bork*, FS Henckel, 1995, S 23, 37 ff; KP-*Noack* GesellschaftsR Rn 421; KK-*Lutter/Drygala* § 68 AktG Rn 56; abw **RG 27. 11. 1908 Z 70, 64, 66 f** [für Nebenleistungsaktien]). Dafür spricht auch der Umstand, dass der Insolvenzverwalter nur die Rechte verwaltet, die auch der Schuldner innehatte: ist der Gesellschaftsanteil mit der Vinkulierung belastet, kann sie nicht durch die Insolvenz wegfallen oder beschränkt werden. Eine satzungsmäßige Übertragungsbeschränkung dient andererseits nur den Interessen der Mitgesellschafter; deshalb kann sich der Insolvenzverwalter über das Vermögen eines Gesellschafters, der seinen Anteil auf einen gesellschaftsrechtsfremden Dritten übertragen hatte, nicht auf die Unwirksamkeit der Abtretung eines GmbH-Anteils infolge *fehlender* Zustimmung der Gesellschaft berufen (**BGH 31. 1. 2000 DStR 2000, 437**).

Bloß **schuldrechtliche** Beschränkungen der Übertragbarkeit in gesellschaftsrechtlichen Nebenverein- 56
barungen, etwa in Form von Andienungspflichten, binden den Insolvenzverwalter über das Vermögen des Mitglieds nicht (KP-*Noack* GesellschaftsR Rn 423). Denn zum einen fehlt ihnen im Gegensatz zu Vinkulierungsklauseln die (satzungsmäßige) Transparenz, was zudem deren Manipulierbarkeit erhöht; und zum anderen würde bei Beachtung derartiger Pflichten der wirtschaftliche Wert der Beteiligung regelmäßig nur sehr begrenzt verwertet werden können. Jedenfalls verbleibt die Verpflichtung des Ge-

schäftsleiters, eine aktualisierte **Gesellschafterliste** zum Handelsregister einzureichen (§ 40 Abs 1 Satz 1 GmbHG) bzw das Aktienregister zu führen (§ 67 Abs 1 Satz 1 AktG), auch in der Insolvenz bei ihm (zum GmbH-Recht *Fichtelmann* GmbHR 2008, 76, 77).

57 **dd) Auswirkungen auf Einlagepflichten.** Eine etwa noch **ausstehende Einlagepflicht** des insolventen Mitglieds bleibt auch in dessen Insolvenz bestehen. Da die Beteiligung an einer Gesellschaft keinen gegenseitigen Vertrag darstellt, steht dem Insolvenzverwalter auch kein Wahlrecht nach § 103 zu (**RG** 3. 4. 1912 Z 79, 174, 177; *Haas*, FS Konzen 2006, S 157, 169). Die Gesellschaft kann wählen, ob sie die Einlage voll als Insolvenzforderung geltend macht oder den Anteil kaduziert und nur den Ausfall (§ 64 Abs 4 Satz 2 AktG, § 21 Abs 3 GmbHG) zur Tabelle anmeldet (KP-*Noack* GesellschaftsR Rn 426 mwN). Nur wenn der Insolvenzverwalter über das Vermögen des insolventen Mitglieds die ausstehende Einlage vollständig leistet, hat er Anspruch auf Zuweisung einer Aktie bzw eines GmbH-Geschäftsanteils (**RG** 3. 4. 1912 Z 79, 174, 175 f). Zur Einziehung noch nicht fälliger Forderungen ist die Gesellschaft nicht verpflichtet (KP-*Noack* GesellschaftsR Rn 425). Führt die Insolvenz wie typischerweise zum Ausscheiden des Gesellschafters und steht diesem infolge seines Ausscheidens ein Abfindungsanspruch zu – was aber schon im Hinblick auf die nicht geleistete Einlage die Ausnahme sein dürfte –, kann eine noch ausstehende Einlagepflicht aber auch mit dem Abfindungsanspruch verrechnet werden; § 66 Abs 1 AktG, § 19 Abs 2 GmbHG stehen dem nicht entgegen. Die Gesellschaft macht dann nur den sich ergebenden Differenzbetrag geltend.

58 Die Einbringung der von einem Mitglied geleisteten (Sach-)**Einlage** kann aber **anfechtbar** sein; das gilt auch dann, wenn die Befriedigung des Rückgewähranspruchs nur zu Lasten des Grund- oder Stammkapitals der Gesellschaft möglich ist (**RG** 24. 5. 1910 Z 74, 16, 18; **BGH** 15. 12. 1994 Z 128, 184, 193 = NJW 1995, 659, 662 = ZIP 1995, 134, 137 = KTS 1995, 304 = JZ 1995, 728 *[Henckel]* = EWiR § 3 AnfG 1/95, 109 *[Gerhardt]*; weit Nachw bei § 129 Rn 113). Ein Konflikt mit der Ersten (Publizitäts-)Richtlinie der EG (68/151/EWG vom 9. 3. 1968, ABl. EG 1968 L 65/8 v 14. 3. 1968) dürfte darin schon deshalb nicht liegen, weil die gesellschaftsrechtlichen Richtlinien die Insolvenz der Gesellschaften (und wohl auch ihrer Gesellschafter) bislang ganz bewusst nicht europäisch harmonisiert haben (ebenso für die EWIV Art 36 EWIV-VO; abw KP-*Noack* GesellschaftsR Rn 347 aE). Bei anfechtbarer Einlageleistung kann es aber an der vom Geschäftsleiter zu bestätigenden Voraussetzung der freien Verfügbarkeit über die Einlage (§ 37 Abs 1 Satz 2 AktG, § 8 Abs 2 Satz 1 iVm § 7 Abs 3 GmbHG) fehlen (*Hüttemann* GmbHR 2000, 357, 362).

59 **3. Insolvenzantrag. a) Insolvenzantragsrecht.** Antragsberechtigt sind die Gläubiger (§ 13 Abs 1 Satz 2) und als Vertreter des Schuldners sämtliche Mitglieder des Vertretungsorgans (§ 15 Abs 1). Befindet sich die juristische Person im Liquidationsstadium, so steht das Recht den Abwicklern zu (§ 15 Abs 1). Nach hM hat die juristische Person als Schuldner keinen Anspruch auf Insolvenzkostenhilfe (oben § 4 Rn 23; unten § 13 Rn 112). Das alles gilt nach Art 4 EuInsVO auch für ausländische juristische Personen, über deren Vermögen im Inland ein Insolvenzverfahren eröffnet wird (*Hirte* in: Hirte/Bücker, § 1 Rn 73). Weitere Einzelheiten in den Erläuterungen zu § 15.

60 Bei einem **Gläubigerantrag** *gegen* **eine juristische Person** muss die juristische Person wie auch sonst im Prozessrecht (§ 4 InsO iVm § 51 Abs 1 ZPO) korrekt vertreten sein. Allerdings hat das MoMiG nunmehr für den Fall, dass die normalen gesetzlichen Vertreter (Geschäftsführer) fehlen (als „**Führungslosigkeit**" bezeichnet), eine passive Ersatzvertretung für die Abgabe von Willenserklärungen oder die Zustellung von Schriftstücken durch die Mitglieder des Aufsichtsrats oder – so bei der GmbH – durch die Gesellschafter eingeführt (§ 78 Abs 1 Satz 2 AktG, § 35 Abs 1 Satz 2 GmbHG). Zudem erlaubt es in § 185 Nr 2 ZPO iVm § 15 a HGB jetzt auch die öffentliche Zustellung zu Lasten einer juristischen Person, wenn der Zugang der Willenserklärung (1) nicht unter der im Handelsregister eingetragenen inländischen Anschrift (die Pflicht zu dieser Eintragung wurde ebenfalls durch das MoMiG eingeführt), (2) einer im Handelsregister eingetragenen Anschrift eines besonderen Zustellvertreters (auch die Möglichkeit zu dessen Eintragung wurde durch das MoMiG eingeführt), oder (3) einer ohne Ermittlungen bekannten anderen inländischen Anschrift möglich ist. Die früher für diesen Fall diskutierten Instrumente der Bestellung eines Prozesspflegers nach § 57 ZPO oder eines Notgeschäftsführers nach § 29 BGB dürften ebenso wie die Annahme der Rechtsmissbräuchlichkeit der Amtsniederlegung des letzten Geschäftsführers daher heute keine Rolle mehr spielen (zu früheren Lösungsansätzen 12. Aufl Rn 60; ausführlicher zum neuen Recht im Übrigen *Hirte* KapGesR Rn 3.19 b). Ein Insolvenz(eröffnungs)verfahren gegen eine wegen Vertreterlosigkeit nicht prozessfähige GmbH kann im Übrigen auch noch nach Rechtskraft etwa ergangener Entscheidungen nach §§ 578, 579 Abs 1 Nr 4 ZPO wieder aufgenommen werden (**BGH** 7. 12. 2006 – IX ZB 257/05 ZIP 2007, 144 = DStR 2007, 450).

61 **b) Insolvenzantragspflicht.** Zum Schutz der Gläubiger von beschränkt haftenden Rechtssubjekten, aber auch allgemein zum Schutz des Rechtsverkehrs vor der Schädigung durch materiell insolvente, beschränkt haftende Gesellschaften sieht das Gesetz in zahlreichen Einzelbestimmungen eine **Insolvenzantragspflicht** vor. Die diese Pflicht früher statuierenden gesellschaftsrechtlichen Einzelregelungen sind durch das MoMiG aufgehoben wurden; zugleich wurde die Pflicht rechtsformübergreifend im neuen § 15 a geregelt. Auf die dortige Kommentierung wird daher, auch bezüglich der Rechtsfolgen bei einer

E. Insolvenz der juristischen Person (Abs 1 S 1) § 11

Verletzung der Pflicht, verwiesen. Wegen des Sachzusammenhangs wird dort auch auf die Rechtsfolgen der Verletzung weiterer, mit der Insolvenzantragspflicht vergleichbarer Pflichten eingegangen (vor allem aus § 266a StGB und § 69 AO).
[unbelegt] 62–100

4. Sicherungsmaßnahmen im Eröffnungsverfahren. Das Insolvenzgericht kann auch schon vor Eröffnung des Verfahrens nach §§ 21 ff zahlreiche Maßnahmen treffen, „um bis zur Entscheidung über den Antrag eine den Gläubigern nachteilige Veränderung in der Vermögenslage des Schuldners zu verhüten" (§ 21 Abs 1). Für die Unternehmensinsolvenz von besonderer Bedeutung ist dabei die Möglichkeit, die **Zwangsvollstreckung** schon vor Verfahrenseröffnung zu **untersagen** oder **einstweilen einzustellen** (§ 21 Abs 2 Nr 3 InsO, § 30d Abs 4 ZVG). Damit wird sichergestellt, dass das unternehmerische Vermögen nicht schon bis Eröffnung des Insolvenzverfahrens – ungeachtet der Rückschlagsperre des § 88 und der Möglichkeit einer Anfechtung nach §§ 129ff – durch Maßnahmen der Einzelzwangsvollstreckung weiter ausgezehrt wird. Nach der Konzeption des Gesetzes soll in dieser Zeit ein vom Schuldner betriebenes Unternehmen auch zunächst weitergeführt werden, also nicht stillgelegt oder veräußert werden (dazu bereits oben Rn 11 ff). Um dem Insolvenzgericht eine Entscheidung über den Insolvenzantrag zu ermöglichen, verpflichtet § 20 den Schuldner bzw seine Organe und ausnahmsweise auch die Gesellschafter bereits zu Auskunft und auch (entgegen der missverständlichen Gesetzesüberschrift) zu Mitwirkung im Insolvenzeröffnungsverfahren, allerdings nur gegenüber dem Insolvenzgericht (*Uhlenbruck* NZI 2002, 401; *ders* GmbHR 2002, 941, 942; zu Auskunfts- und Mitwirkungspflichten auch unten Rn 133). 101

Die Bestellung eines vorläufigen Insolvenzverwalters ist bei allgemeinen Verfügungsbeschränkungen für den Schuldner von Amts wegen in das **Handels-, Genossenschafts- oder Vereinsregister einzutragen;** gleiches gilt für die Aufhebung dieser Sicherungsmaßnahme (§ 32 Satz 2 Nr 2 HGB, § 102 Abs 1 Satz 2 Nr 2 GenG, § 75 Abs 1 Satz 2 Nr 2 BGB). 102

5. Wirkungen der Eröffnung. a) Auflösung ohne Abwicklung. Mit der Eröffnung des Insolvenzverfahrens über ihr Vermögen wird eine deutsche juristische Person **aufgelöst** (§ 262 Abs 1 Nr 3 AktG, § 60 Abs 1 Nr 4 GmbHG, § 101 GenG, § 42 Abs 1 BGB), aber nicht beendet. Allerdings tritt keine Abwicklung i. S d. §§ 264ff AktG, §§ 66ff GmbHG, §§ 83ff GenG, § 47 Hs 1 BGB ein, die bei der gewöhnlichen Liquidation den Weg zur Vollbeendigung ebnet. Dies ordnen § 264 Abs 1 AktG, § 66 Abs 1 GmbHG, § 101 GenG (indirekt), § 47 Hs 2 BGB ausdrücklich an. Denn das weitere Verfahren richtet sich trotz Auflösung in erster Linie nach dem Insolvenzrecht, im Übrigen nach den für werbende juristische Personen geltenden Vorschriften (*Hüffer* § 264 AktG Rn 5ff; Baumbach/Hueck/*Schulze-Osterloh/ Noack* § 66 GmbHG Rn 2). Die Wirkung der Auflösung tritt mit der Wirksamkeit des Eröffnungsbeschlusses ein. Wird der Eröffnungsbeschluss in der Beschwerdeinstanz aufgehoben, entfällt die Auflösungswirkung rückwirkend. Die vom Insolvenzverwalter zwischenzeitlich vorgenommenen Handlungen bleiben jedoch wirksam (§ 34 Abs 3 Satz 3). 103

Die gesellschaftsrechtlichen Folgen der Eröffnung eines Insolvenzverfahrens über das Vermögen einer **ausländischen juristischen Person** im Inland richten sich nach deren Gründungsrecht (*Hirte* in: Hirte/Bücker, § 1 Rn 77). 104

Im Übrigen hat die Eröffnung des Insolvenzverfahrens bei einer deutschen juristischen Person ebenso wenig wie die anderen Auflösungsgründe der § 262 AktG, § 66 GmbHG, §§ 78, 80, 81 GenG einen Verlust der **Rechtspersönlichkeit** zur Folge (OLG Zweibrücken 5. 12. 2002 NZI 2003, 343 = ZIP 2003, 1954f [zur Partei- und Prozessfähigkeit]). § 42 Abs 1 BGB, der einen solchen Verlust für den eingetragenen Verein früher vorsah, wurde durch Art 33 Nr 1 EGInsO neu gefasst und war früher schon entgegen seinem Wortlaut verstanden worden (dazu BGH 22. 3. 2001 ZIP 2001, 889, 891 mwN = NJW-RR 2001, 1552 = EWiR § 32 KO 1/01, 683 [*Eckardt*] [Basketball-Gemeinschaft Bramsche]). Vielmehr besteht die juristische Person zum Zwecke der Abwicklung oder anderweitigen Lösung der Krise im Insolvenzverfahren fort (RG 13. 12. 1911 Z 78, 91, 93; RG 14. 2. 1913 Z 81, 332, 336; RG 5. 2. 1930 Z 127, 197, 200; BGH 18. 12. 1980 NJW 1981, 1097 = ZIP 1981, 178 = KTS 1981, 234, 235; *Hüffer* § 264 AktG Rn 8). **Schuldner** des Insolvenzverfahrens ist daher die juristische Person als Rechtssubjekt. Auch auf die **Kaufmannseigenschaft** einer Gesellschaft oder ihre **Firma** hat die Eröffnung des Insolvenzverfahrens keinen Einfluss (§ 264 Abs 3 AktG, § 69 Abs 2 GmbHG, § 87 Abs 1 GenG). 105

Schließlich besteht auch die **Rechnungslegungspflicht** fort (§ 270 Abs 1 AktG, § 71 Abs 1 GmbHG; klarstellend § 155 Abs 1 Satz 1 InsO; ebenso für Österreich öOGH 7. 11. 2007 6 Ob 246/07f GesRZ 2008, 108 [*Fraberger*]; zusammenfassend *Grashoff* NZI 2008, 65; *Maus* ZInsO 2008, 5; kritisch *Ries* ZInsO 2008, 536ff); Adressat der insoweit bestehenden Offenlegungspflichten nach § 325 HGB sind im Außenverhältnis unverändert die gesetzlichen Vertreter der insolventen Kapitalgesellschaft (LG Bonn 22. 4. 2008 11 T 28/07 ZIP 2008, 1082 = EWiR § 155 InsO 1/2008, 443 [*Weitzmann*]; LG Bonn 16. 5. 2008 11 T 52/07 ZInsO 2008, 630; dazu *Pink/Fluhme* ZInsO 2008, 817; zust *Heni* ZInsO 2009, 510ff; *Weitzmann* ZInsO 2008, 662; abw *de Weerth* NZI 2008, 711; zum Ganzen auch *Undritz/ Zak/Vogel* DZWIR 2008, 353, 357f). Da die Rechnungslegungspflicht in Bezug auf die Insolvenzmasse 105A aber ebenso wie die **steuerrechtlichen Pflichten** nach Verfahrenseröffnung durch den Insolvenzverwalter zu erfüllen ist (§ 155 Abs 1 Satz 2), trifft die gesetzlichen Vertreter kein Verschulden bei Nicht-Erfüllung der handelsrechtlichen Offenlegungspflichten; der Verwalter ist andererseits wie bei § 11 WpHG nur im Innenverhältnis verpflichtet. Verfahren wegen Verstößen gegen die gesetzlichen Vertreter insolventer Gesellschaften oder solcher, gegen die ein Insolvenzverfahren mangels Masse nicht eröffnet werden konnte, gegen § 325 HGB werden vom Bundesamt für Justiz daher inzwischen eingestellt (dazu *Blank* ZInsO 2009, 2186 f). Im Übrigen beginnt mit Eröffnung des Insolvenzverfahrens ein neues Geschäftsjahr (§ 155 Abs 2), und das Recht zur Bestellung des Abschlussprüfers geht von den Gesellschaftern auf das Registergericht über, dem gegenüber nur der Insolvenzverwalter antragsberechtigt ist (§ 155 Abs 3). Kritisch gesehen wird, dass der Verwalter danach grundsätzlich auch noch die Rechnungslegungspflichten für Zeiträume vor Verfahrenseröffnung zu erfüllen hat (so etwa – vor allem für den Fall vorheriger Geschäftseinstellung – *Undritz/Zak/Vogel* DZWIR 2008, 353, 354 ff). Eine *allgemeine* Anwendung des Ausnahmetatbestandes der § 270 Abs 3 Satz 1 AktG, § 71 Abs 3 Satz 1 GmbHG, nach dem die **Prüfung** des Jahresabschlusses durch einen Abschlussprüfer entbehrlich ist, wenn die Verhältnisse der Gesellschaft aufgrund der vollständigen oder weitgehenden Geschäftseinstellung so überschaubar sind, dass eine Prüfung im Interesse der Gläubiger und Aktionäre nicht mehr geboten erscheint, auf das Insolvenzverfahren erscheint aber nicht zutreffend (**OLG** München 10. 8. 2005 NZG 2006, 69 = NZI 2006, 108 = ZIP 2005, 2068 = EWiR § 71 GmbHG 1/06, 115 *[Luttermann]* [zu § 71 Abs 3 GmbHG; bezogen auf Jahresabschlüsse *vor* Eröffnung des Insolvenzverfahrens]; **LG** Frankfurt/Oder 4. 9. 2006 NZI 2007, 294, 295; **LG** Hagen 11. 5. 2007 24 T 2/07 ZIP 2007, 1766 = ZInsO 2007, 895 = EWiR § 335a HGB aF 1/07, 593 *[Holzer]* [allerdings ein Verschulden verneinend]; abw AG München 6. 10. 2004 ZIP 2004, 2110 *[Hettlage]* [zu § 270 Abs 3 AktG; nicht rechtskr]; LG Frankfurt/Main 1. 10. 2007 3-16 T 30/07 ZIP 2007, 2325 [kein Ordnungsgeld, weil der Verwalter nicht verpflichtet sei] [nicht rechtskr]; *H.-F. Müller* Der Verband in der Insolvenz, S 109 f; *Kind/Frank/ Heinrich* NZI 2006, 205 ff). Möglich ist aber wie auch bei der werbenden Gesellschaft eine *Einzelfallentscheidung* (**OLG** München 9. 1. 2008 31 Wx 66/07 ZIP 2008, 219, 220 = NZG 2008, 229, 230). Zuständig zur Entscheidung der Frage ist das Registergericht (**LG** Paderborn 10. 3. 2006 ZInsO 2006, 840 = ZIP 2006, 2101, 2102). Ist die Gesellschaft prüfungspflichtig, läuft die Zwei-Wochen-Frist des § 318 Abs 3 Satz 2 HGB, innerhalb derer ein Antrag auf Bestellung eines anderen als des gewählten Abschlussprüfers beim Gericht gestellt werden kann, nicht mit Bestellung eines (vorläufigen) Insolvenzverwalters neu; auf dessen Kenntnis von etwaigen Ausschluss- oder Befangenheitsgründen hinsichtlich des Abschlussprüfers kommt es daher nicht an (**OLG** Frankfurt/Main 4. 12. 2003 NZG 2004, 285, 286 = ZIP 2004, 1114, 1115).

106 Zu **Rechtsmitteln** gegen den Eröffnungsbeschluss (§ 34 Abs 2) siehe § 15 Rn 9 f.

107 b) **Registereintragung und Bekanntmachung.** Die **Eröffnung des Insolvenzverfahrens** über das Vermögen einer juristischen Person ist nach § 30 bekanntzumachen und in Grundbuch und ähnliche Register einzutragen (§§ 32, 33). Darüber hinaus wird sie aufgrund einer Mitteilung des Insolvenzgerichts (§ 31 Nr 1) nach § 263 Satz 3 AktG, § 65 Abs 1 Satz 3 GmbHG, § 102 Abs 1 Satz 1 GenG, § 75 Abs 1 Satz 1 BGB von Amts wegen in das Handels-, Genossenschafts- oder Vereinsregister eingetragen (§ 32 Abs 1 Satz 1 HGB, § 263 Satz 2 AktG, § 65 Abs 1 Satz 2 GmbHG, § 102 Abs 1 Satz 1 GenG, § 75 Abs 1 Satz 1 BGB). Die insolvenzmäßige Bekanntmachung nach § 30 ersetzt dabei die Bekanntmachung durch das Registergericht; die Registereintragung ist daher nicht bekanntzumachen (§ 32 Abs 2 Satz 1 HGB, § 102 Abs 2 GenG). Obwohl die Eröffnung des Insolvenzverfahrens wie deren Ablehnung mangels Masse (§ 26) zur Auflösung der juristischen Person führt, bedarf es kraft ausdrücklicher gesetzlicher Anordnung keiner Anmeldung der Auflösung zum entsprechenden Register seitens der Vertretungsorgane (§ 263 Satz 2 AktG, § 65 Abs 1 Satz 2 GmbHG, § 75 Abs 1 Satz 1 BGB, *arg.* § 102 Abs 1 GenG; auch beim eV entfällt seit der Streichung von § 74 Abs 1 Satz 2 BGB im Jahre 2009 die Eintragung nicht mehr).

108 Der **gute Glaube** an den Fortbestand der Verfügungsmacht des Vertretungsorgans oder der Liquidatoren wird nicht geschützt (§ 32 Abs 2 Satz 2 HGB).

109 Auch die **Aufhebung des Eröffnungsbeschlusses** ist von Amts wegen in das Handels-, Genossenschafts- und Vereinsregister einzutragen (§ 32 Satz 2 Nr 1 HGB, § 102 Abs 1 Satz 2 Nr 1 GenG, § 75 Abs 1 Satz 2 Nr 1 BGB).

110 6. **Ablehnung der Eröffnung und Löschung wegen Vermögenslosigkeit.** a) **Abweisung des Eröffnungsantrags mangels Masse. aa) Voraussetzungen.** Der Antrag auf Eröffnung des Insolvenzverfahrens wird abgelehnt, wenn er unzulässig ist oder es an einem Eröffnungsgrund (§ 16) fehlt. Der praktisch wichtigste Fall ist aber die Ablehnung der Eröffnung **mangels Masse** (§ 26 Abs 1), weil die Verfahrenskosten (§ 54) nicht gedeckt sind. Dies führt mit Rechtskraft des Ablehnungsbeschlusses zur **Auflösung** von Aktiengesellschaft, GmbH und Genossenschaft (§§ 262 Abs 1 Nr 4, 289 Abs 2 Nr 1 AktG, § 60 Abs 1 Nr 5 GmbHG, § 81a Nr 1 GenG), seit der Neufassung von § 42 Abs 1 BGB durch Art 1 Nr 7 des Gesetzes zur Erleichterung elektronischer Anmeldungen zum Vereinsregister und anderer vereinsrechtlicher Änderungen vom 24. 9. 2009 (BGBl I S 3145) auch des Vereins.

E. *Insolvenz der juristischen Person (Abs 1 S 1)* § 11

Der entsprechende Beschluss ist daher aufgrund einer Mitteilung nach § 31 Nr 2 InsO von Amts wegen in das Handels- und Genossenschaftsregister einzutragen (§§ 263 Sätze 2 und 3, 289 Abs 6 Satz 3 AktG, § 65 Abs 1 Sätze 2 und 3 GmbHG, §§ 82 Abs 1, 81a Nr 1 GenG; nicht vorgesehen für eV). Die bereits mit Verfahrenseröffnung eingetretene Auflösungswirkung bleibt auch erhalten, wenn ein zunächst eröffnetes Verfahren später mangels Masse eingestellt wird (§ 207 Abs 1 Satz 1). Die (weitere) Durchführung des Verfahrens kann jedoch dadurch erreicht werden, dass – typischerweise von Seiten der Gläubiger – ein ausreichender Geldbetrag vorgeschossen wird (§§ 26 Abs 1 Satz 2, 207 Abs 1 Satz 2 Hs 1). 111

Zu **Rechtsmitteln** bei Ablehnung der Eröffnung siehe § 15 Rn 9 f. 112

bb) Rechtsfolgen. Bei Abweisung des Eröffnungsantrages findet ein Insolvenzverfahren nicht statt; mit der späteren Einstellung des Verfahrens ist der Insolvenzverwalter zu einer Verwertung von Massegegenständen nicht mehr verpflichtet (§ 207 Abs 3 Satz 2). Vielmehr schließt sich in beiden Fällen ein gesellschaftsrechtliches Abwicklungsverfahren an, in dem die Gleichbehandlung der Gläubiger nicht mehr gewährleistet ist und (bzw weil) das (Rest-)Vermögen wieder dem Einzelzugriff der Gläubiger offensteht (dazu *Uhlenbruck* ZIP 1996, 1641, 1647 ff). 113

Mit der Ablehnung der Eröffnung (§ 26) bzw der Einstellung des Verfahrens mangels Masse (§ 207) werden die bisherigen Geschäftsleiter daher mangels anderweitiger Satzungsregelung oder anderweitigen Beschlusses der Haupt- oder Gesellschafterversammlung zu Liquidatoren (§§ 265, 290 AktG, § 66 Abs 1 GmbHG, § 83 Abs 1 GenG). Das fördert weder die Durchsetzung von Ansprüchen gegen die Organe, und es führt sie im Gegenteil in Versuchung, unberechtigte Ansprüche aus dem noch vorhandenen Vermögen zu befriedigen (zur Kritik *Karsten Schmidt* ZGR 1996, 209, 220 ff; *ders* KS-InsO S 1199, 1210 f [mit dem Vorschlag, den Gläubigern unmittelbar die Durchsetzung derartiger Innenhaftungsansprüche zuzuweisen]; zust *KP-Noack* GesellschaftsR Rn 95 ff). Da die Liquidatoren ihrerseits der Insolvenzantragspflicht unterliegen (unten § 15a Rn 7 aE), kann sich eine Pflicht zu **erneuter Insolvenzantragstellung** ergeben, wenn der Zustand der Masselosigkeit – etwa durch Auffinden weiterer Vermögenswerte – wieder entfallen ist. 114

b) Löschung wegen Vermögenslosigkeit. Aufgelöst werden *kann* eine Aktiengesellschaft (einschl. KGaA), GmbH und Genossenschaft auch ohne vorgängiges Insolvenzverfahren oder der Ablehnung seiner Eröffnung, wenn sie **vermögenslos** ist (§ 394 Abs 1 Satz 1 FamFG [früher §§ 141a Abs 1 Satz 1, 147 Abs 1 FGG], §§ 262 Abs 1 Nr 6, 289 Abs 2 Nr 3 AktG, § 60 Abs 1 Nr 7 GmbHG, § 81a Nr 2 GenG). Daneben *müssen* diese Gesellschaften nach § 394 Abs 1 Satz 2 FamFG (früher § 141a Abs 1 Satz 2, 147 Abs 1 FGG) aufgelöst werden, wenn das Insolvenzverfahren über das Vermögen dieser Gesellschaft durchgeführt worden ist und keine Anhaltspunkte dafür bestehen, dass die Gesellschaft noch Vermögen besitzt (dazu unten Rn 148 ff). Die Eintragung der Auflösung entfällt in beiden Fällen (§§ 263 Satz 4, 289 Abs 6 Satz 4 AktG, § 65 Abs 1 Satz 4 GmbHG, § 82 Abs 3 GenG). 115

Die „Auflösung" wegen Vermögenslosigkeit ist der Sache nach nicht nur eine Auflösung, sondern eine Vollbeendigung (zur Kritik an der gesetzgeberischen Begriffswahl daher *KP-Noack* GesellschaftsR Rn 100, 274; *Karsten Schmidt* GmbHR 1994, 829, 832; abw *Uhlenbruck* GmbHR 1995, 195, 203). 116

Eine Liquidation findet in diesen Fällen – in denen sich die Löschung tatsächlich im Nachhinein als Auflösung darstellt – nur ausnahmsweise statt (§§ 264 Abs 2, 290 Abs 3 AktG, § 66 Abs 5 GmbHG, § 83 Abs 5 GenG). In diesen Fällen ist auf Antrag eines Beteiligten ein Nachtragsliquidator zu bestellen. 117

7. Insolvenzverwalter und Organe der juristischen Person. Mit der Eröffnung des Insolvenzverfahrens geht die Verwaltung und Verfügung über das Vermögen der juristischen Person nach § 80 auf den Insolvenzverwalter über (RG 25. 4. 1906 Z 63, 203, 212; RGZ 6. 5. 1911 76, 244, 246). Das gilt auch dann, wenn bereits im **Eröffnungsverfahren** ein vorläufiger Insolvenzverwalter nach Maßgabe von § 21 Abs 2 bestellt wird („starker Verwalter"); für ihn gelten die folgenden Überlegungen zur Zuständigkeitsabgrenzung von den Organen der juristischen Person ganz entsprechend (dazu *Gottwald/Haas* InsR HdB § 92 Rn 206 ff). Der (vorläufige) Insolvenzverwalter ist weder Gesellschaftsorgan noch Vertreter eines Gesellschaftsorgans, sondern Träger eines Amtes (dazu § 80 Rn 78). Seine Zuständigkeit bezieht sich auf sämtliche Handlungen, die das verteilungsfähige Vermögen der juristischen Person betreffen. Dazu gehört auch die handelsrechtliche **Rechnungslegungspflicht** (§ 270 AktG, § 71 GmbHG; klarstellend § 155 Abs 1 Satz 1 InsO; dazu auch oben Rn 105 A); das galt nach bislang hM auch hinsichtlich solcher Buchführungspflichten, die schon vor der Verfahrenseröffnung entstanden sind (öOGH 29. 3. 2001 NZG 2001, 987, 988; abw LG München I 11. 10. 2001 ZIP 2001, 2291, 2292 = EWiR § 117 KO 1/02, 257 [*Runkel*]: überwiegende Gläubigerinteressen sprechen gegen Fortbestand der Buchführungspflicht). Daher konnte *der Geschäftsleiter* der Gesellschaft während des Verfahrens auch nicht mittels Zwangsgelds zur Erfüllung dieser – nicht bei ihm liegenden – Verpflichtungen angehalten werden (KG 3. 6. 1997 NJW-RR 1998, 472 = NZG 1998, 118 = ZIP 1997, 1511 = DZWir 1997, 507 [*Smid*]; LG München I 11. 10. 2001 ZIP 2001, 2291, 2292 = EWiR § 117 KO 1/02, 257 [*Runkel*]; LG Oldenburg 11. 11. 1992 GmbHR 1994, 191; *Schlitt* NZG 1998, 755, 756 f). Ob an dieser Kompetenzverteilung nach der neueren Judikatur des LG Bonn festzuhalten ist, erscheint zweifelhaft (dazu oben Rn 105 A). Die gesellschaftsrechtliche Rechnungslegungspflicht tritt im Übrigen neben die insolvenz- 118

§ 11 *Zulässigkeit des Insolvenzverfahrens*

rechtliche (§ 66); der Insolvenzverwalter muss daher doppelt Rechnung legen (dazu *Karsten Schmidt* KS-InsO S 1199, 1212 f). Die **Organe der juristischen Person bleiben aber bestehen** (grundlegend *Weber* KTS 1970, 73 ff; vgl auch *Grüneberg* Die Rechtsposition der Organe der GmbH und des Betriebsrates im Konkurs, 1988, S 109; *Noack* Der Aufsichtsrat in der Insolvenz der Kapitalgesellschaft [2003], S 12; *Rödder* Kompetenzbeschränkungen der Gesellschaftsorgane in der Insolvenz der GmbH, 2007; abw *Wolf Schulz* KTS 1986, 389 ff); auch das Insolvenzgericht kann den (vorläufigen) Verwalter nicht zu einer Abberufung ermächtigen (**BGH** 11. 1. 2007 IX ZB 271/04 ZIP 2007, 438, 440 = NJW-RR 2007, 624 = NZG 2007, 384 = EWiR § 22 InsO 1/07, 209 *[Flitsch]*). Ihr Wirkungsbereich wird durch den Insolvenzverwalter lediglich insoweit **verdrängt**, als dieser die Interessen der Gläubiger wahrzunehmen hat („Verdrängungsbereich"; **RG** 6. 5. 1911 Z 76, 244, 246). Daraus leitet das BVerwG ab, dass sich ein Gewerbeuntersagungsverfahren während eines laufenden Insolvenzverfahrens nach wie vor gegen die Gesellschaft bzw ihren Geschäftsführer richtet (BVerwG 18. 1. 2006 NVwZ 2006, 599 = ZIP 2006, 530, 531; ebenso als Vorinstanz VG Gießen 4. 10. 2005 ZInsO 2005, 1226 = ZIP 2005, 2074); zudem soll in einem über das Vermögen einer Gesellschaft eröffneten Insolvenzverfahren trotz § 12 GewO ein Gewerbeuntersagungsverfahren gegen deren persönlich haftenden Gesellschafter möglich bleiben (so – wenig überzeugend – VG Gießen 8. 4. 2003 8 G 508/03 ZIP 2003, 1763, 1764 f = DB 2003, 1505, 1507). Folge dieser – letztlich auf die Amts- und die Ablehnung der Vertretertheorie zurückgehenden – Rechtsprechung ist, dass während des Insolvenzverfahrens ein einseitiger Verzicht des Schuldners auf die Gewerbeerlaubnis möglich ist, mag dieser auch möglicherweise anfechtbar sein (zum Verhältnis von Gewerberecht und Insolvenzrecht im Übrigen unten § 35 Rn 270 ff). Den Organen der juristischen Person verbleibt aber unstreitig die Zuständigkeit für die Regelung der **innerverbandlichen Angelegenheiten**, soweit sie nicht die Aktiv- und Passivmasse berühren. So bleibt ihnen insbesondere die Verfügungsmacht über etwaiges insolvenzfreies Vermögen (dazu unten § 35 Rn 69 ff). Daneben nehmen sie die **Aufgaben und Pflichten des Schuldners** wahr. Bei bestimmten Fragenkreisen überlagern sich schließlich die Zuständigkeiten von Insolvenzverwalter und Gesellschaftsorganen („Überlagerungsbereich"; *Weber* KTS 1970, 73, 77 ff; zusammenfassend auch *Hauptmann/Müller-Dott* BB 2003, 2521 ff).

119 Allen Organpersonen steht es allerdings grundsätzlich frei, ihr Amt jederzeit **niederzulegen**; dies gilt auch für den Gesellschafter-Geschäftsführer einer Einpersonen-GmbH. Die Amtsniederlegung durch den einzigen GmbH-Geschäftsführer, der zugleich Gesellschafter ist, ist aber rechtsmissbräuchlich, wenn er nicht zugleich einen neuen Geschäftsführer bestellt (BayObLG 15. 6. 1999 NJW-RR 2000, 179 = ZIP 1999, 1599, 1600 = DStR 2000, 290 *[Schaub]* [st Rspr]; ebenso **OLG** Hamm 21. 6. 1988 Z 88, 411 = ZIP 1988, 1048 = EWiR § 38 GmbHG 2/88, 795 *[Fleck]*; **OLG** Düsseldorf 6. 12. 2000 NJW-RR 2001, 609 = ZIP 2001, 25 = DStR 2001, 454 *[Haas]* = ZInsO 2001, 323 = NZI 2001, 97; offengelassen von **BGH** 8. 2. 1993 Z 121, 257, 262 = NJW 1993, 1198 = ZIP 1993, 430 = EWiR § 38 GmbHG 1/93, 461 *[Miller]* = LM H. 7/1993 § 38 GmbHG Nr 13 *[Heidenhain]*). Die Niederlegung kann fristlos erfolgen, doch muss die entsprechende Erklärung dem dafür in der Gesellschaft zuständigen Organ zugehen (*Hirte* KapGesR Rn 3.18; KP-*Noack* GesellschaftsR Rn 292). Die Anmeldung des Ausscheidens zum Handelsregister ist grundsätzlich von den verbliebenen Geschäftsführern vorzunehmen (OLG Köln 11. 7. 2001 BB 2001, 2180, 2182); eine Anmeldung durch den Insolvenzverwalter kommt aber dann in Betracht, wenn das Vertretungsorgan schon ausgeschieden ist und sein Ausscheiden nicht mehr anmelden kann (**LG** Baden-Baden 2. 7. 1996 ZIP 1996, 1352 = KTS 1996, 536 = EWiR § 6 KO 1/97, 121 *[Neuhof/Diel]*; AG Charlottenburg 3. 11. 1995 ZIP 1996, 683 = KTS 1996, 386 = EWiR § 6 KO 2/96, 565 *[Pape]*). In der Praxis ist diese Konstellation deshalb recht häufig, weil sich Geschäftsführer damit zum einen ihren insolvenzrechtlichen Pflichten entziehen zu können glauben und/oder glauben, in den Genuss von Insolvenzausfallgeld kommen zu können; den verfahrensrechtlichen Mitwirkungspflichten – die seit Inkrafttreten des MoMiG im Falle der Führungslosigkeit zudem auch die Gesellschafter treffen – können sie sich im Rahmen des § 101 Abs 1 Satz 2 nach heutigem Recht aber nicht entziehen (dazu *H.-F. Müller* Der Verband in der Insolvenz, S 133 f sowie unten Rn 133; zum Ganzen auch oben Rn 60). Auch eine bereits entstandene gesetzliche Pflicht zur Insolvenzantragstellung entfällt durch eine Amtsniederlegung nicht rückwirkend (unten § 15 a Rn 12).

120 **a) Innerverbandlicher Bereich.** Im **innerverbandlichen Bereich** bleiben die Organe der juristischen Person bestehen: an die Stelle der Geschäftsleiters treten nicht etwa Liquidatoren; auch werden die Geschäftsleiter nicht etwa automatisch zu Liquidatoren (vgl § 264 Abs 1 AktG, § 66 Abs 1 GmbHG: „außer dem Fall des Insolvenzverfahrens"; **RG** 6. 5. 1911 Z 76, 244, 246; **RG** 14. 2. 1913 Z 81, 332, 336; **RG** 5. 2. 1930 Z 127, 197, 200; *H.-F. Müller* Der Verband in der Insolvenz, S 64 ff). Nur wenn sich die juristische Person bei Eröffnung des Insolvenzverfahrens bereits im Liquidationsstadium befand (dazu oben Rn 45), werden die Rechte und Pflichten des Schuldners von den Abwicklern wahrgenommen.

121 Die Organe der juristischen Person sind aber nicht berechtigt, neben dem Verwalter nach außen aufzutreten (zum Vorstand **RG** 21. 1. 1885 Z 14, 412, 419). Bei seiner Tätigkeit wird der **Verwalter** weder von einem etwa vorhandenen Aufsichtsrat oder Beirat überwacht, noch ist er durch andere gesellschaftsrechtliche Genehmigungserfordernisse beschränkt. Alle Rechtshandlungen der Organe, die die Rechte des Insolvenzverwalters verletzen, sind den Insolvenzgläubigern gegenüber unwirksam.

E. Insolvenz der juristischen Person (Abs 1 S 1) § 11

Andererseits darf auch der Verwalter nicht in die **inneren Angelegenheiten der juristischen Person** 122 eingreifen; sein Machtbereich ist vielmehr nach durch die ihm gestellte Aufgabe, die Insolvenzmasse zu sammeln, zu verwerten und zu verteilen, begrenzt. Handlungen, die darüber hinausgehen, sind ihrerseits unwirksam (RG 16. 12. 1902 Z 53, 190, 193; RG 16. 3. 1904 Z 57, 195, 199; RG 6. 5. 1911 Z 76, 244, 250). Nach inzwischen wohl herrschender Auffassung sind den Geschäftsleitern aber **Neugeschäfte** infolge der Auflösung der juristischen Person selbst dann untersagt, wenn die juristische Person nach dem Zeitpunkt der Eröffnung des Insolvenzverfahrens erhebliches neues insolvenzfreies Vermögen erworben haben sollte (*H.-F. Müller* Der Verband in der Insolvenz, S 118 f [Geschäfte nur mit Zustimmung des Insolvenzverwalters]; *Karsten Schmidt/Schulz* ZIP 1982, 1015, 1016 ff; *Scholz/Karsten Schmidt* vor § 64 GmbHG Rn 66 aE; abw früher RG 6. 5. 1911 Z 76, 244; *Weber* KTS 1970, 73, 79 f). Dafür spricht vor allem, dass die InsO die Vollabwicklung der juristischen Personen anstrebt (dazu unten Rn 148 f). Hinzu kommt, dass der insolvenzfreie Bereich durch § 35 gegenüber dem früheren Recht insoweit beträchtlich eingeschränkt worden ist, als nunmehr auch der Neuerwerb während des Verfahrens in die Masse fällt; insolvenzfreies Vermögen kann daher heute praktisch nur noch durch Freigabe zustande kommen (dazu § 35 Rn 71 ff).

Die Geschäftsleiter sind schließlich im insolvenzfreien Bereich berechtigt, zur Beschlussfassung über 123 einen diesen Bereich betreffenden Tagesordnungspunkt die **Haupt- bzw Gesellschafterversammlung einzuberufen** (§ 121 Abs 2 AktG, § 49 Abs 1 GmbHG). Insoweit sind sie daher auch in der Lage, Anmeldungen zum Handelsregister vorzunehmen. Auf Verlangen des Insolvenzverwalters sind sie zu einer Einberufung der Haupt- oder Gesellschafterversammlung auch verpflichtet (*H.-F. Müller* Der Verband in der Insolvenz, S 117).

b) Vertretungsmacht. Die Vertretungsmacht der Organe kann in Form der **Gesamtvertretung** funk- 124 tionell beschränkt sein (§ 78 Abs 2 Satz 1 AktG, § 35 Abs 2 Satz 2 GmbHG). Eine solche Beschränkung wird auch durch die Eröffnung des Insolvenzverfahrens nicht berührt (für die Liquidatoren § 269 Abs 2 Satz 1 AktG, § 68 Abs 1 GmbHG). Eine Ausnahme gilt aber nach § 15 für den Antrag auf Eröffnung des Insolvenzverfahrens und folgerichtig auch für das Beschwerderecht gegen die Eröffnung des Insolvenzverfahrens (dazu § 15 Rn 1 ff, 9 f). Auch bei Zustellungen an die Schuldnerin oder bei Erklärungen ihr gegenüber genügt auch bei Gesamtvertretung immer die Zustellung an eines der Mitglieder des Vertretungsorgans bzw die Erklärung ihm gegenüber (§ 78 Abs 2 Satz 2 AktG, § 35 Abs 2 Satz 3 GmbHG, § 171 Abs 3 ZPO; für die Liquidatoren § 269 Abs 2 Satz 2 AktG, § 35 Abs 2 Satz 3 GmbHG analog). Im Übrigen können Gesamtvertreter auch einen von ihnen ermächtigen. Die satzungsmäßige Möglichkeit, die gesetzlichen Vertreter vom Verbot des Selbstkontrahierens (§ 181 BGB) zu befreien, gilt im Zweifel auch für die Liquidatoren (**OLG Zweibrücken** 19. 6. 1998 NJW-RR 1999, 38; abw **OLG Hamm** 2. 1. 1997 NJW-RR 1998, 1044). Soweit dem Schuldner ein Anhörungsrecht zusteht, sind allerdings alle Mitglieder des Vertretungsorgans anzuhören (dazu unten Rn 134).

c) Anstellungsverträge der Organmitglieder. aa) Während die Eröffnung des Insolvenzverfahrens die 125 durch die Bestellung begründete Organstellung unberührt lässt, gilt dies für die **Anstellung** nicht (zur Unterscheidung ausführlich *Hirte* KapGesR Rn 3.10 ff.). Zwar bleiben die Anstellungsverträge mit den Organmitgliedern zunächst bestehen (ausdrücklich Begr RegE § 101). Der Insolvenzverwalter kann aber die Dienstverträge der Mitglieder des Vertretungsorgans (Vorstände, Geschäftsführer) nach § 113 Satz 1 ohne Rücksicht auf eine vereinbarte Dauer oder einen etwaigen vertraglichen Ausschluss des ordentlichen Kündigungsrechts mit einer Frist von höchstens drei Monaten zum Monatsende kündigen, sofern nicht eine kürzere vertragliche oder gesetzliche Frist greift (etwa aus § 626 BGB; dazu *Fichtelmann* GmbHR 2008, 76, 81); dieses Kündigungsrecht steht auch dem Organmitglied selbst zu (**BGH** 25. 6. 1979 Z 75, 209, 210 = NJW 1980, 595 = ZIP 1980, 46 = KTS 1980, 126 = WM 1983, 120, 121; **OLG Hamm** 29. 3. 2000 NJW-RR 2000, 1651 = NZI 2000, 475 = ZInsO 2001, 43 = DStR 2001, 584 [mit teilw krit Anm *Haas*]; *Beuthien/Titze* ZIP 2002, 1116, 1117 [Gen]; *Henssler* ZInsO 1999, 121; *H.-F. Müller* Der Verband in der Insolvenz, S 74; *Uhlenbruck* BB 2003, 1185, 1187 sowie ausführlich unten § 113 Rn 15 ff). Denkbar erscheint auch, dass sich die Gesellschaft unabhängig von einer Kündigung darauf beruft, dass die Geschäftsleiter im Hinblick auf die Verdrängung ihrer Organkompetenzen während des Verfahrens eine ihrer Vergütung entsprechende Leistung nicht mehr erbringen (*Häsemeyer* Rn 30.30, 30.52 aE). Eine etwaige Kündigung des Anstellungsvertrages durch den Insolvenzverwalter hat auf die organschaftliche Stellung des Geschäftsführers keine unmittelbaren Auswirkungen (**OLG Hamm** 15. 10. 1979 ZIP 1980, 280, 281).

Dies gilt auch für den Anstellungsvertrag mit einem **Alleingesellschafter-Geschäftsführer**; insbeson- 126 dere greift nicht § 116 ein, nach dem Geschäftsbesorgungsverträge mit Eröffnung des Insolvenzverfahrens erlöschen (**BGH** 25. 6. 1979 Z 75, 209, 212 = NJW 1980, 595 = ZIP 1980, 46 = KTS 1980, 126; **OLG Hamm** 29. 3. 2000 NJW-RR 2000, 1651 = NZI 2000, 475 = ZInsO 2001, 43 = DStR 2001, 584 [mit teilw krit Anm *Haas*] [für den mit 50% beteiligten Geschäftsführer]; *Henssler* ZInsO 1999, 121; *H.-F. Müller* Der Verband in der Insolvenz, S 75 ff). Zwar ist die Eröffnung des Insolvenzverfahrens für sich genommen kein Grund, der eine fristlose Kündigung nach § 626 BGB rechtfertigen würde (**BGH** 25. 6. 1979 Z 75, 209 = NJW 1980, 595 = ZIP 1980, 46, 47 = KTS 1980, 126 *[obiter]*; **OLG Hamm** 2. 6. 1986 ZIP 1987, 121 = EWiR § 22 KO 1/87, 271 *[Groß]*; *Timm* ZIP 1987, 69, 77 ff). Bei zusätzlichen Pflichtverletzungen oder Interessenkonflikten bzw deren Verdacht ist aber eine fristlose Kündigung möglich (**BGH** 25. 6. 1979 Z 75, 209, 212 = NJW 1980, 595 = ZIP 1980, 46 = KTS 1980, 126 = WM 1983, 120, 121; **BGH** 2. 7. 1984 ZIP 1984, 1113; GroßKomm/*Paefgen* § 38 GmbHG Rn 129; *H.-F. Müller* Der Verband in der Insolvenz, S 79 f). Das gilt insbesondere für eine schuldhafte Insolvenzverschleppung; diesen Grund für eine Kündigung kann der Insolvenzverwalter zudem noch nach Verfahrenseröffnung nachschieben (**BGH** 20. 6. 2005 NJW 2005, 3069 = NZG 2005, 714 = ZIP 2005, 1365, 1367).

127   **bb) Vergütungsansprüche**, die dem Geschäftsleiter für die Zeit von der Eröffnung des Insolvenzverfahrens bis zum Wirksamwerden der Kündigung zustehen, sind nach § 55 Abs 1 Nr 2 sonstige Masseverbindlichkeiten (KP-*Noack* GesellschaftsR Rn 364; Baumbach/Hueck/*Schulze-Osterloh* § 64 GmbHG Rn 59). Das wird insbesondere beim Gesellschafter-Geschäftsführer bzw dann als misslich empfunden, wenn der Geschäftsleiter den Zusammenbruch der Gesellschaft verschuldet hat (*Weber* KTS 1970, 73, 83). Dem Missstand kann außerhalb des Aktienrechts nicht generell durch § 87 Abs 2 AktG Rechnung getragen werden, denn seine Anwendbarkeit setzt zum einen das Vorhandensein eines Aufsichtsrats voraus, und zum anderen geht das Gehaltskürzungsrecht des Aufsichtsrats nicht auf den Insolvenzverwalter über (dazu unten Rn 185). Auch ein Rückgriff auf das Recht des Insolvenzverwalters zur Erfüllungsverweigerung nach § 103 scheidet aus, da § 113 diesen verdrängt (*Henssler* KS-InsO S 1283, 1286; *ders* ZInsO 1999, 121; abw Baumbach/Hueck/*Schulze-Osterloh* § 64 GmbHG Rn 59; KP-*Noack* GesellschaftsR Rn 298 f; *Timm* ZIP 1987, 69, 72 f: für Mehrheitsgesellschafter bzw Gesellschafter mit der Möglichkeit, sich selbst zum Geschäftsführer zu wählen. Folgt man dieser Lösung, muss auch der Sozialschutz der §§ 100, 101 Abs 1 Satz 3 auf den Geschäftsführer erstreckt werden; zutr. KP-*Noack* GesellschaftsR Rn 301). Jenseits der Frist des § 113 wird aber auch der Insolvenzverwalter mit Blick auf die reduzierten Aufgaben des Geschäftsleiters und den Rechtsgedanken des § 87 Abs 2 AktG anstelle einer Kündigung auch eine Herabsetzung der Vergütung vornehmen können (*H.-F. Müller* Der Verband in der Insolvenz, S 83 ff). Jedenfalls soll aber ein für den Fall der Kündigung des Anstellungsvertrages im Geschäftsführungsvertrag vorgesehener **Abfindungsanspruch** nur Insolvenzforderung iSv § 38 und nicht Masseverbindlichkeit iSv § 55 Abs 1 Nr 1 sein, selbst wenn die Kündigung erst nach Verfahrenseröffnung erfolgte (**OLG** Frankfurt/Main 16. 9. 2004 NZG 2004, 1116 = ZIP 2005, 409).

128   Zulässig ist aber die **Aufrechnung mit Schadensersatzansprüchen**, die der juristischen Person gegen den Geschäftsleiter wegen Verletzung seiner Pflichten zustehen (dazu unten § 35 Rn 323 ff). In besonderen Fällen kann auch die Geltendmachung des vollen Gehaltsanspruchs im Hinblick auf die durch die Eröffnung des Insolvenzverfahrens stark eingeschränkte Dienstleistungspflicht rechtsmissbräuchlich sein. Dies wird grundsätzlich bei der Einpersonen-Gesellschaft anzunehmen sein, wenn der **Allein-Gesellschafter** zugleich Geschäftsleiter ist und er einen Gehaltsanspruch für die Zeit des Insolvenzverfahrens erhebt: denn er hat während des Insolvenzverfahrens besonders wenig zu leisten und ist wirtschaftlich der Schuldner.

129   Mit ihrem **Schadenersatzanspruch** bei Kündigung des Anstellungsvertrages durch den Insolvenzverwalter sind die Organmitglieder Insolvenzgläubiger (§§ 113 Satz 3, 38); bei einem an sich unkündbaren Geschäftsleiter berechnet sich der Schaden aber nur nach der ohne die vereinbarte Unkündbarkeit maßgeblichen längsten ordentlichen Kündigungsfrist (BAG 16. 5. 2007 8 AZR 772/06 E 122, 337 = ZIP 2007, 1829 = ZInsO 2007, 1117). Auch der Vergütungsanspruch aus der Zeit vor Eröffnung des Insolvenzverfahrens ist einfache Insolvenzforderung nach § 38 (nach früher geltendem Recht war eine Privilegierung nach § 59 Abs 1 Nr 3 a KO denkbar, wenn der Geschäftsführer nicht maßgeblich [mit mehr als 10%] an der Gesellschaft beteiligt war: **BGH** 24. 7. 2003 NJW-RR 2003, 1474 = NZG 2003, 1020 = NZI 2003, 600 = ZIP 2003, 1662, 1665 [verneinend]; **BGH** 23. 1. 2003 NZG 2003, 327 = NZI 2003, 199 = ZIP 2003, 485, 487 [bejahend]). Eine Privilegierung (als Masseverbindlichkeit) kann sich nach heutigem Recht nur im Rahmen von § 55 Abs 2 Satz 2 ergeben, wenn ein vorläufiger Insolvenzverwalter in dieser Zeit die Leistung des Geschäftsleiters für das von ihm verwaltete Vermögen in Anspruch genommen hat.

130   **cc) Insolvenzsicherung der Geschäftsleiterbezüge.** Auch die Geschäftsleiterbezüge sind in der Insolvenz der juristischen Person durch Insolvenzausfallgeld gesichert, wenn der Geschäftsleiter einer juristischen Person, der gleichzeitig deren Gesellschafter ist, die dazu erforderliche **Arbeitnehmereigenschaft** hat (Braun/*Uhlenbruck* Unternehmensinsolvenz Bd. I, S 104 mwN; *Uhlenbruck* BB 2003, 1185, 1187 f; *Hohlfeld* GmbHR 1987, 255; abw *Henssler* ZInsO 1999, 121). Dies hängt von der vertraglichen Ausgestaltung des Gesellschaftsvertrages, von der Weisungsabhängigkeit des Geschäftsleiters sowie von der Höhe seiner Beteiligung ab. Jedenfalls ist er dann nicht Arbeitnehmer iSv § 183 Abs 1 SGB III, wenn er einen so maßgeblichen Einfluss auf die Entscheidungen der juristischen Person hat, dass er Gesellschafterbeschlüsse verhindern kann (BSG 31. 7. 1974 E 38, 53 = GmbHR 75, 36 f; BSG 22. 11. 1974 GmbHR 75, 133 = BB 1975, 282 f [st.Rspr.]; BSG 4. 7. 2007 B 11a AL 5/06 R ZIP 2007, 2185; MünchHdb GmbH-*Marsch-Barner/Diekmann* § 43 Rn 10; Baumbach/Hueck/*Zöllner/Noack* § 35 GmbHG Rn 181). Wer als Geschäftsleiter mit mindestens 50% am Gesellschaftskapital beteiligt ist, ist daher kein Arbeitnehmer. Dies gilt auch dann, wenn der Geschäftsleiter zwar nicht Gesellschafter der juristischen Person selbst ist, aber Gesellschafter verbundener Unternehmen ist, die ihrerseits einen maßgeblichen Einfluss auf

seine Anstellungskörperschaft haben. Für die Beurteilung der Arbeitnehmereigenschaft kommt es allerdings auf die tatsächlichen Verhältnisse im Einzelfall an. Die Arbeitnehmereigenschaft kann daher auch dann ausgeschlossen sein, wenn er keinem eine persönliche Abhängigkeit begründenden Weisungsrecht unterliegt; sie kann andererseits selbst bei höherer Beteiligung vorliegen, wenn er aufgrund der schuldrechtlichen Bindungen des Anstellungsvertrages ihm nicht genehme Beschlüsse nicht verhindern kann (BSG 30. 1. 1997 ZIP 1997, 1120 = EWiR § 7 SGB IV 2/97, 805 *[Gagel]*; *Hirte* KapGesR Rn 3.23).

Auch **Ruhegeldansprüche** eines Geschäftsleiters sind weitgehend insolvenzgesichert. Auch hier aber 131 gilt, dass der Geschäftsleiter nicht Unternehmergesellschafter sein darf (§ 17 Abs 1 Satz 2 BetrAVG; Einzelheiten im Merkblatt des Pensions-Sicherungs-Vereins zu Ruhegeldzusagen an Gesellschafter-Geschäftsführer 300/M1–7.95, KTS 1997, 223 ff; Baumbach/Hueck/*Zöllner/Noack* § 35 GmbHG Rn 194; MünchHdb GmbH-*Marsch-Barner/Diekmann* § 43 Rn 36 ff). Beherrschende Organmitglieder juristischer Personen sind daher vom Insolvenzschutz des Betriebsrentengesetzes ausgeschlossen. Eine solche Beherrschung ist auch hier bei einer Beteiligung von 50% oder mehr anzunehmen; mehrere Kapitalanteile oder Stimmrechte sind zusammenzurechnen (**BGH** 28. 4. 1980 Z 77, 94, 101 ff = ZIP 1980, 422 = KTS 1980, 354; **BGH** 9. 6. 1980 Z 77, 233, 240 f = NJW 1980, 2257 = ZIP 1980, 556; **BGH** 25. 9. 1989 Z 108, 330, 333 = NJW 1990, 49 = ZIP 1989, 1418 = KTS 1990, 66 = EWiR § 7 BetrAVG 4/89, 1161 *[Groß]*; **BGH** 2. 6. 1997 NJW 1997, 2882 = ZIP 1997, 1351 = EWiR § 17 BetrAVG 1/97, 825 *[Griebeling]* = DStR 1997, 1135 *[Goette]* [Bopp & Reuther III]; **BGH** 1. 2. 1999 NJW 1999, 1263 = ZIP 1999, 398).

d) **Rechte und Pflichten der Organmitglieder. aa) Vertretungs- und Aufsichtsorgan.** Den Mitgliedern 132 der Vertretungsorgane einer juristischen Person obliegen nach § 101 Abs 1 nach Eröffnung des Insolvenzverfahrens die **Aufgaben und Pflichten des Schuldners;** das gilt auch für die Mitglieder eines etwa vorhandenen Aufsichtsorgans (Aufsichtsrat, Beirat). Nach §§ 20, 97 sind sie zu Auskunft und Mitwirkung verpflichtet (dazu *Uhlenbruck* NZI 2002, 401 ff; *ders* GmbHR 2002, 941 ff; zu den insolvenzrechtlichen Kooperationspflichten der Beteiligten ausführlich *Eidenmüller,* Unternehmenssanierung zwischen Markt und Gesetz [1999], S 853 ff). Dabei müssen sie auch Tatsachen offenbaren, die geeignet sind, eine straf- oder ordnungswidrigkeitenrechtliche Verfolgung herbeizuführen; für die Verwendung solcher Informationen zu seinen oder seiner Angehörigen Lasten besteht jedoch ein Verwertungsverbot (§ 97 Abs 1 Sätze 2 und 3; dazu *H.-F. Müller* Der Verband in der Insolvenz, S 92 ff, 95 ff; *Uhlenbruck* KTS 1997, 371, 386 f; *ders* NZI 2002, 401, 403 ff; *ders* GmbHR 2002, 941, 944 f sowie zum früheren Recht BVerfG 13. 1. 1981 E 56, 37, 49 ff = NJW 1981, 1431). Die Mitglieder der Vertretungs- oder Aufsichtsorgane trifft auch die Verpflichtung zur Abgabe der eidesstattlichen Versicherung (§ 98 Abs 1). Zur Durchsetzung dieser Pflichten können gegen die Organe Zwangsmittel nach § 98 Abs 2 verhängt werden. Gegen sie ist eine etwaige Postsperre nach § 99 zu verhängen. Schließlich unterliegen sie den Strafvorschriften der §§ 283 ff StGB. Bezüglich der verfahrensrechtlichen Pflichten als Schuldner unterliegen die Organmitglieder im Hinblick auf den öffentlich-rechtlichen Charakter dieser Pflichten keinen Weisungen durch die Gesellschafterversammlung bzw Zustimmungsvorbehalten des Aufsichtsrats oder der Haupt-/Gesellschafterversammlung. Die genannten Pflichten sind zugleich organschaftliche Pflichten nach §§ 93 Abs 1, 116 Satz 1 AktG, § 43 Abs 1 GmbHG, zu denen die Vertretungs- oder Aufsichtsorgane auch der Gesellschaft bzw juristischen Person gegenüber verpflichtet sind. Verletzungen notwendiger Mitwirkungspflichten können daher eine Haftung gegenüber der juristischen Person nach §§ 93 Abs 2, 116 Satz 1 AktG, § 43 Abs 2 GmbHG begründen, und andererseits können sie in der Insolvenz auch auf dieser Rechtsgrundlage vom Insolvenzverwalter geltend gemacht werden (**OLG Hamm** 15. 10. 1979 ZIP 1980, 280). Sie können zudem bei Ablehnung des Antrags auf Eröffnung des Insolvenzverfahrens nach § 101 Abs 3 nF eine Pflicht zur Verfahrenskostentragung nach sich ziehen. Die **personenrechtlichen Beschränkungen** für einen in Vermögensverfall geratenen Schuldner sind durch das heutige Insolvenzrecht ohnehin im Hinblick auf das einheitliche Insolvenzverfahren reduziert worden; so wurde etwa der zwingende Ausschluss von der elterlichen Vermögenssorge und vom Amt des Vormunds (§§ 1670, 1781 Nr 3 aF BGB) abgeschafft; für das Amt des Schöffen (§ 33 Nr 5 GVG) ist der bewusst „weicher" gefasste Begriff des „Vermögensverfalls" ebenfalls kein zwingender Ausschlussgrund mehr. Jedenfalls treffen diese Beschränkungen nicht die Mitglieder des Vertretungsorgans in ihrer Eigenschaft als Privatpersonen.

Die Auskunftspflicht des § 97 Abs 1 (nicht aber die Mitwirkungspflichten des § 97 Abs 2 und 3!), die 133 Verpflichtung zur Abgabe der eidesstattlichen Versicherung (§ 98 Abs 1) und die Möglichkeiten zu ihrer zwangsweisen Durchsetzung treffen schließlich auch solche Mitglieder des Vertretungs- oder Aufsichtsorgans, die nicht früher als zwei Jahre vor dem Antrag auf Eröffnung des Insolvenzverfahrens aus ihrer Stellung **ausgeschieden** sind (§ 101 Abs 1 Satz 2; *Uhlenbruck* KTS 1997, 371, 387). Die Mitglieder eines Vertretungs- oder Aufsichtsorgans können sich damit ihren organschaftlichen Verpflichtungen als Vertreter des Schuldners nur teilweise durch Kündigung des Anstellungsvertrages oder durch Amtsniederlegung entziehen (*Uhlenbruck* GmbHR 2002, 941, 943). Ausgeschiedene Organmitglieder werden allerdings dann nicht in erster Linie herangezogen werden können, wenn ein amtierender Nachfolger bereit und in der Lage ist, die insolvenzrechtlichen Mitwirkungspflichten zu erfüllen; auch sind ihre Leistungen zu vergüten, wenn sie den Umfang einer Nebentätigkeit überschreiten (*Henssler* ZInsO

1999, 121, 124; *H.-F. Müller* Der Verband in der Insolvenz, S 135). Zur Erstreckung der Auskunfts- und Mitwirkungspflichten auf Angestellte und frühere Angestellte (§ 101 Abs 2) siehe die Erläuterungen zu § 101.

134 Die Mitglieder des Vertretungsorgans nehmen andererseits die dem Schuldner zustehenden **Rechte und Befugnisse** wahr. Anders als bei den verfahrensrechtlichen Mitwirkungspflichten unterliegen die Geschäftsleiter hier etwaigen Weisungsrechten oder Zustimmungsvorbehalten seitens der Gesellschafterversammlung oder des Aufsichtsrats (ebenso *Haas*, FS Konzen 2006, S 157, 161; *Henssler* ZInsO 1999, 121, 126; zum **Insolvenzantragsrecht** unten § 15 Rn 1 ff). So sind die vertretungsbefugten Organmitglieder etwa berechtigt, **Beschwerde** nach den §§ 6, 7, 34, 253 einzulegen. Jedes Mitglied des Vertretungsorgans ist **antragsbefugt** nach den § 99 Abs 3 Satz 1 (Aufhebung der Postsperre), § 158 Abs 2 Satz 2 (Verhinderung der Stilllegung eines Unternehmens), § 161 Satz 2 iVm § 160 (Verhinderung des Verkaufs des Unternehmens durch Insolvenzverwalter oder sonstiger Maßnahmen von besonderer Bedeutung), § 186 (Wiedereinsetzung in den vorigen Stand), § 247 Abs 1 (Widerspruchsrecht gegen Insolvenzplan), §§ 212, 213 (Einstellung des Verfahrens). Auch sind sie zur Vorlage eines Insolvenzplans nach § 218 Abs 1 Satz 1 zuständig. In allen diesen Fällen ist eine etwaige Gesamtvertretungsmacht zu beachten; das ist nur im Rahmen des Eröffnungsantrages im Hinblick auf die dort bestehende Sonderregelung des § 15 Abs 1 anders Die frühere Möglichkeit, nach § 86 Satz 3 KO Einwendungen gegen die Schlussrechnung des Insolvenzverwalters zu erheben, findet im geltenden Recht keine Parallele; Grund ist, dass auch die Genehmigungsfiktion des § 86 Satz 4 KO nicht in das neue Recht übernommen wurde (abw *Henssler* ZInsO 1999, 121, 125). In allen Fällen, in denen dem Schuldner ein **Anhörungsrecht** zusteht, sind bei einer juristischen Person deren Vertretungsorgane in Form aller ihrer Mitglieder zu hören (§§ 10 Abs 2 Satz 1, 14 Abs 2, 15 Abs 2 Satz 2). Anderen Organen der juristischen Person – etwa dem Aufsichtsrat und seinen Mitgliedern oder der Haupt-/Gesellschafterversammlung – stehen diese Rechte ebensowenig zu wie den Mitgliedern (Gesellschaftern) selbst; nur im Falle der Führungslosigkeit können nach § 10 Abs 2 Satz 2 nF unmittelbar die Gesellschafter gehört werden. Im Insolvenzverfahren über das Vermögen der juristischen Person können deren Vertretungsorgane als **Zeugen** gehört werden (**BFH** 22. 1. 1997 E 182, 269 = NJW-RR 1998, 63 f = ZIP 1997, 797 f; Scholz/ *Karsten Schmidt* vor § 64 GmbHG Rn 62).

135 Das **Einsichtsrecht** aus § 99 Abs 2 und das **Widerspruchsrecht** im Prüfungstermin nach §§ 176, 178 Abs 1 Satz 2, 184 steht den Mitgliedern des Vertretungsorgans ebenfalls zu. Insbesondere die Unterlassung des Widerspruchs im Prüfungstermin kann im Hinblick auf die dann nach § 201 Abs 2 bestehende Möglichkeit, nach Aufhebung des Verfahrens aus dem Tabelleneintrag die Zwangsvollstreckung gegen den Schuldner zu betreiben, zu Schadenersatzansprüchen der juristischen Person führen.

136 Auch das **Recht auf Verschwiegenheit eines Dritten** geht jedenfalls, soweit es sich auf massebezogene Rechte bezieht, auf den Insolvenzverwalter über (**RG** 15. 11. 1904 Z 59, 85, 87; **OLG** Oldenburg 28. 5. 2004 NJW 2004, 2176 = NStZ 2004, 570 = ZIP 2004, 1968, 1969; *Grüneberg*, Die Rechtsposition der Organe der GmbH und des Betriebsrates im Konkurs, 1988, S 149 ff; allgemein zur fehlenden Insolvenzfestigkeit von Geheimhaltungsvereinbarungen *Wenner/Schuster* ZIP 2005, 2191, 2192 ff); Entsprechendes gilt bereits im Eröffnungsverfahren für den „starken" vorläufigen Insolvenzverwalter (*Uhlenbruck* NZI 2002, 401, 402 f). Diese können daher etwa den Abschlussprüfer von seiner Verschwiegenheitspflicht entbinden. Nach anderer Auffassung steht das Recht auf Verschwiegenheit eines Dritten als höchstpersönlicher, nichtvermögensrechtlicher Anspruch den Geschäftsleitern auch über den Zeitpunkt der Auflösung durch Eröffnung des Insolvenzverfahrens hinaus zu (**LG** Saarbrücken 26. 5. 1995 wistra 1995, 239; Scholz/*Karsten Schmidt* 6. Aufl 1986 § 63 GmbHG Rn 35). Dann dürfte in einem Strafverfahren gegen den Geschäftsführer einer im Insolvenzverfahren befindlichen GmbH der für die Gesellschaft tätig gewesene Wirtschaftsprüfer das Zeugnis nur dann nicht verweigern, wenn ihn neben dem Insolvenzverwalter für die Gesellschaft (dazu **LG** Düsseldorf 18. 3. 1958 NJW 1958, 1152) auch der angeklagte Geschäftsführer von der Pflicht zur Verschwiegenheit entbindet (**OLG** Schleswig 27. 5. 1980 NJW 1981, 294; abw **OLG** Oldenburg 28. 5. 2004 NStZ 2004, 570 = ZInsO 2004, 932; **LG** Hamburg 6. 8. 2001 NStZ-RR 2002, 12 = ZInsO 2002, 289 [nur Insolvenzverwalter]; vgl auch MK-*Kling/Schüppen/Ruh* Insolvenzsteuerrecht Rn 8 d mwN). Einzelheiten zur Berechtigung des Insolvenzverwalters, Dritte von ihrer Verschwiegenheitspflicht zu entbinden, in der Kommentierung zu § 80 Rn 140 ff.

137 **bb) Mitglieder/Gesellschafter.** Die Mitglieder/Gesellschafter können die sich aus der Mitgliedschaft ergebenden Rechte auch nach Eröffnung des Insolvenzverfahrens insoweit ausüben, als nicht der Zweck des Insolvenzverfahrens entgegensteht. Sie behalten daher das Recht auf Teilnahme an den Mitglieder-/Gesellschafterversammlungen, das Stimmrecht, das Auskunftsrecht und das – gegebenenfalls an eine bestimmte Beteiligung geknüpfte – Recht, die Einberufung der Mitglieder-/Gesellschafterversammlung zu verlangen (dazu auch oben Rn 123). Das Auskunftsrecht richtet sich unverändert gegen den Geschäftsleiter (BayObLG 8. 4. 2005 NZG 2006, 67 = NZI 2005, 631 = ZIP 2005, 1087 [kein Informationsrecht gegen den Verwalter bzgl. Angelegenheiten nach Verfahrenseröffnung]; **LG** Berlin 25. 5. 2005 DZWIR 2005, 479, 480 [allein aus der Tatsache, dass der Verwalter in der HV geredet hat, folgt nicht, dass gegen ihn ein Anspruch bestanden hätte]; abw **OLG** Hamm 25. 10. 2001 NZG 2002, 178,

E. Insolvenz der juristischen Person (Abs 1 S 1)   § 11

179; LG Wuppertal 10. 12. 2002 NJW-RR 2003, 332 [gegen Gesellschaft, vertreten durch Verwalter]; *Haas*, FS Konzen 2006, S 157, 163: gegen Gesellschaft, vertreten durch den Verwalter bzw gegen den Verwalter). Das Recht auf Einsicht in Bücher und Schriften der Gesellschaft (§ 51a Abs 1 GmbHG, enger § 131 Abs 1 AktG: LG Berlin 25. 5. 2005 DZWIR 2005, 479, 480) wird nur insoweit in Frage kommen, als es nicht zu einer unerträglichen Erschwerung der Insolvenzverwaltung führt; es richtet sich nach wie vor gegen den Geschäftsleiter selbst (nicht zwischen beiden Rechten differenzierend *Haas*, FS Konzen 2006, S 157, 163). Auskunfts- wie Einsichtsrecht beziehen sich zudem typischerweise nur auf den Zeitraum bis zur Eröffnung des Insolvenzverfahrens, weil danach die Informationsrechte der Insolvenzgläubiger vorgehen (BayObLG 8. 4. 2005 NZG 2006, 67 = NZI 2005, 631 = ZIP 2005, 1087; **OLG** Hamm 25. 10. 2001 NZG 2002, 178, 181; **OLG** Köln 21. 11. 2007 2 U 110/07 ZIP 2008, 1131 f; *Haas*, FS Konzen 2006, S 157, 164; *Robrecht* GmbHR 2002, 692, 693). Hinsichtlich eines vor Verfahrenseröffnung titulierten Auskunftsanspruchs ist der Insolvenzverwalter daher auch kein Rechtsnachfolger der Gesellschaft iSv § 727 ZPO (**OLG** Hamm 10. 1. 2008 15 W 343/07 ZIP 2008, 899 f). Ein Recht, auf den Insolvenzverwalter bei der Verwertung der Masse Einfluss zu nehmen, steht den Mitgliedern aber nur in den vom Insolvenzrecht gesetzten Grenzen zu, also indirekt über eine Einflussnahme auf das Vertretungsorgan, soweit diese gesellschafts- oder verbandsrechtlich zulässig oder erforderlich ist. Beschlüsse von Haupt- oder Gesellschafterversammlung, die die Kompetenzen des Verwalters behindern, sind nach § 241 Nr 3 AktG nichtig (*H.-F. Müller*, Der Verband in der Insolvenz, S 190, 206 f). Im Falle der Vertreterlosigkeit der Gesellschaft treffen die Mitwirkungspflichten nach § 101 Abs 1 Satz 2 jetzt auch die Mitglieder bzw Gesellschafter; deren Verletzung kann bei Ablehnung des Antrags auf Eröffnung des Insolvenzverfahrens nach § 101 Abs 3 nF eine Pflicht zur Verfahrenskostentragung nach sich ziehen.

cc) **Beschlussanfechtungsklagen.** In einem Anfechtungsprozess, der die **Insolvenzmasse** berührt, wird die Gesellschaft vom **Insolvenzverwalter allein vertreten** (RG 6. 5. 1911 Z 76, 244, 246 f; BGH 10. 3. 1960 Z 32, 114, 121 = NJW 1960, 1006). Dabei ist er nach der Amtstheorie selbst Partei und nicht Vertreter der Gesellschaft. So ist der Insolvenzverwalter etwa zu verklagen, wenn ein Kapitalerhöhungsbeschluss angefochten wird und die Durchführung der Kapitalerhöhung in das Handelsregister eingetragen und damit wirksam geworden ist (§ 189 AktG; zu Recht anders für den Zeitraum bis zur Eintragung LG Hamburg 22. 12. 2008 419 O 106/07 ZIP 2009, 686, 687). Bei Vergleichen kann aber die Mitwirkung der Aktionäre erforderlich sein (*H.-F. Müller* Der Verband in der Insolvenz, S 195). Den Aktionären steht in einem solchen Streit nach allgemeinen Regeln das Recht zur Nebenintervention zu (*H.-F. Müller* Der Verband in der Insolvenz, S 197 ff). 138

Wird durch einen Anfechtungsprozess die **Insolvenzmasse nicht berührt**, so sind die satzungsmäßigen **Organe der Gesellschaft** zur Vertretung berufen (*Haas*, FS Konzen 2006, S 157, 166; *H.-F. Müller* Der Verband in der Insolvenz, S 191 f; enger mit Blick auf die in jedem Fall anfallenden Gerichtskosten *Noack* Der Aufsichtsrat in der Insolvenz der Kapitalgesellschaft [2003], S 26). Das gilt etwa für die Anfechtung der Wahl von Aufsichtsratsmitgliedern einer Aktiengesellschaft (OLG Hamburg 5. 11. 1971 AG 1971, 403; LG Hamburg 22. 12. 2008 419 O 106/07 ZIP 2009, 686, 687). Gleiches gilt wegen § 120 Abs 2 Satz 2 AktG für die Anfechtung einer Entlastung. Wird mit der Anfechtungsklage die Beseitigung eines die Insolvenzmasse nachteiligen Beschlusses angestrebt, wirkt es sich im Falle eines Erfolges zwar auf die Insolvenzmasse aus, aber nur positiv; es gehört daher nicht zu den Aufgaben eines Insolvenzverwalters, einen solchen Beschluss zu verteidigen (RG 6. 5. 1911 Z 76, 244, 249 f). Dies gilt auch für die Anfechtung eines Entlastungsbeschlusses bei GmbH oder Genossenschaft, weil sich der Insolvenzverwalter hier wegen der für die Masse positiven Wirkungen eines Klageerfolges in einem Interessenkonflikt befindet (*H.-F. Müller* Der Verband in der Insolvenz, S 193). An der Aktivlegitimation der Gesellschafter in einem Anfechtungsprozess ändert sich durch die Eröffnung eines Insolvenzverfahrens freilich nichts. 139

Das Recht des Vorstands zur **Anfechtung von Hauptversammlungsbeschlüssen** steht dem Insolvenzverwalter zu, wenn ein Hauptversammlungsbeschluss die Masse berührt. Insoweit geht das Recht des Vorstands nach § 245 Nr 4 AktG auf den Insolvenzverwalter über (*Haas*, FS Konzen 2006, S 157, 167; *Hüffer* § 245 AktG Rn 29; kritisch zur Begründung KP-*Noack* GesellschaftsR Rn 359; abw *H.-F. Müller* Der Verband in der Insolvenz, S 203 ff [aus diesem Grunde auch gegen Recht zur Nebenintervention, S 202 f]). Ansonsten verbleibt die Anfechtungsbefugnis beim Vorstand (RG 6. 5. 1911 Z 76, 244, 246 ff; Einzelheiten bei *Robrecht* DB 1968, 471, 473 ff). Für die Erhebung einer **Nichtigkeitsklage** durch den Vorstand (§ 249 Abs 1 AktG) gelten dieselben Grundsätze (*H.-F. Müller* Der Verband in der Insolvenz, S 211 f gesteht dem Insolvenzverwalter nur das Recht zur Erhebung der Nichtigkeits-, nicht auch der Anfechtungsklage zu). 140

Eine *bei Eröffnung* des Insolvenzverfahrens anhängige **Anfechtungsklage** gegen einen Gesellschaftsbeschluss wird durch die Eröffnung des Insolvenzverfahrens insoweit unterbrochen (§ 240 ZPO), als sein Ausgang Auswirkungen auf die Masse hat. Das sind dieselben Fälle, in denen der Insolvenzverwalter anstelle der Gesellschaftsorgane den Prozess zu führen hat (vgl zuvor Rn 138). Nach heutigem Recht gehört dazu auch die Anfechtungsklage gegen eine vor Verfahrenseröffnung beschlossene, aber noch nicht eingetragene Kapitalerhöhung, da sie wegen § 35 (heute) nicht mehr insolvenzfreies Vermögen erzeugt. 141

142 **8. Insolvenzgläubiger.** Insolvenzgläubiger sind diejenigen persönlichen Gläubiger, die einen zur Zeit der Eröffnung des Insolvenzverfahrens begründeten Vermögensanspruch gegen die juristische Person haben (§ 38). Die Gläubiger der Mitglieder der juristischen Person, also ihrer Aktionäre oder Gesellschafter, sind nicht Insolvenzgläubiger in der Insolvenz der juristischen Person. Dies gilt auch für die Gläubiger des alleinigen Gesellschafters oder Aktionärs (BGH 26. 9. 1957 NJW 1957, 1877).

143 Die **Mitglieder (Aktionäre, Gesellschafter) sind als solche nicht Insolvenzgläubiger.** Ihre Einlagen bilden vielmehr bei den Kapitalgesellschaften das haftende Kapital. Die Mitglieder können aber aus Delikt wie vor allem auch aus einem **schuldrechtlichen Rechtsgeschäft** mit der juristischen Person (zB aus Kauf, Miete, Pacht, Darlehen) Insolvenzgläubiger sein. Derartige Austauschverträge sind grundsätzlich statt ober neben der Überlassung der Gegenstände auf korporationsrechtlicher Grundlage möglich. Dies ist nach heutigem Recht (§ 39 Abs 1 Nr 5) auch dann möglich, wenn die Leistung des Mitglieds an die juristische Person oder die Stundung der Gegenleistung den Charakter eines Gesellschafterdarlehens hat (dazu unten § 39 Rn 37).

144 Weiter können sie **aufgrund des Mitgliedschaftsrechts** Insolvenzgläubiger sein. Zu den aus dem Mitgliedschaftsrecht resultierenden Gläubigerrechten gehören (bei der Aktiengesellschaft) der Anspruch auf den Gewinnanteil vom Zeitpunkt des Gewinnverwendungsbeschlusses an (§§ 58 Abs 4, 174 AktG; BGH 24. 1. 1957 Z 23, 150, 154), die verschiedenen konzern- und umwandlungsrechtlichen Ausgleichs- und Abfindungsansprüche (zu letzteren BGH 17. 3. 2008 II ZR 45/06 Z 176, 43 = ZIP 2008, 778, 780 ff = NZG 2008, 391 = EWiR § 305 AktG 1/2008, 357 [*Goslar*] [EKU]), der Anspruch auf rückständige Vergütung für Nebenleistungen (§ 61 AktG) oder eine Vorzugsdividende (§ 140 Abs 3 AktG; ausführlich *Hirte/Mock* ZInsO 2009, 1129 ff) sowie der Anspruch auf Zahlungen aus Anlass einer Kapitalherabsetzung (§ 222 Abs 3 AktG) bzw des Entgelts bei einer (zwangsweisen) Einziehung von Aktien (§ 237 Abs 2 AktG) bzw Geschäftsanteilen (§ 34 GmbHG). Nach § 225 Abs 2 AktG (ggf iVm § 237 Abs 2 Satz 3 AktG) bzw § 58 Abs 1 Nr 2 GmbHG gehen aber diejenigen Gesellschaftsgläubiger vor, deren Forderungen vor der Bekanntmachung der Eintragung des Kapitalherabsetzungsbeschlusses begründet worden sind (*Kuhn* WM 1972, 1147 f). Eine Anmeldung dieser Ansprüche zur Tabelle ist daher zwar zulässig, aber im Allgemeinen zwecklos. Ein zum Zeitpunkt der Eröffnung des Insolvenzverfahrens **ausgetretener oder ausgeschlossener Gesellschafter** kann sein Abfindungsguthaben (§ 738 BGB analog) als Insolvenzgläubiger zur Tabelle anmelden; die Stundung einer solchen Forderung nach dem Ausscheiden kann aber deren Umqualifikation in eine einem Gesellschafterdarlehen gleichzustellende Forderung bewirken (*Philippi* BB 2002, 841, 844 f; dazu unten § 39 Rn 38).

145 **9. Einstellung und Aufhebung des Insolvenzverfahrens. a) Insolvenzrechtliche Seite.** Das Insolvenzverfahren kann durch **Einstellung** oder **Aufhebung** enden. Die Aufhebung als Schlusspunkt eines ordnungsgemäß durchgeführten Verfahrens kommt nach der Schlussverteilung (§ 200 Abs 1) oder nach Bestätigung eines Insolvenzplans (§ 258 Abs 1) in Betracht; die Aufhebung darf dabei nicht mit der auf Rechtsmittel erfolgten Aufhebung des Eröffnungsbeschlusses (dazu § 34 Abs 3) verwechselt werden. Eingestellt werden kann das Verfahren mangels Masse (§ 207), nach Anzeige der Masseunzulänglichkeit (§ 211), wegen Wegfalls des Eröffnungsgrundes (§ 212) oder mit Zustimmung der Gläubiger (§ 213). Mit Aufhebung oder Einstellung des Insolvenzverfahrens gewinnt die juristische Person das Recht zur Verwaltung und zur Verfügung über ihr insolvenzbefangenes Vermögen zurück, da die Rechtswirkungen des § 80 entfallen; anders ist dies nur, wenn der Insolvenzplan eine Regelung nach § 263 enthält. Soweit die Gesellschaft durch die Verfahrenseröffnung aufgelöst wurde, bleibt sie allerdings im Liquidationsstadium, wenn kein Fortsetzungsbeschluss gefasst oder die juristische Person umgewandelt wird (dazu sogleich Rn 153 ff).

146 Der Insolvenzverwalter, der während des Insolvenzverfahrens sämtliche **Geschäftsunterlagen und Geschäftsbücher** der Schuldner-Gesellschaft in Besitz zu nehmen und die Bücher zu verwalten hat, muss die Geschäftsbücher mit Blick auf seine Vollabwicklungspflicht (dazu sogleich Rn 148 ff) für die gesamte gesetzliche Aufbewahrungsfrist aufbewahren bzw aufbewahren lassen (näher § 36 Rn 47; abw 12. Aufl Rn 146).

147 Auch die Einstellung oder Aufhebung des Insolvenzverfahrens sind von Amts wegen in das Handels-, Genossenschafts- und Vereinsregister **einzutragen** (§ 32 Abs 1 Satz 2 Nr 4 HGB, § 102 Abs 1 Satz 2 Nr 4 GenG, § 75 Abs 1 Satz 2 Nr 4 BGB). Eine vorherige Beendigung des Insolvenzverfahrens ist allerdings keine Voraussetzung, um gewerbe- oder berufsrechtliche Maßnahmen oder Sanktionen zu ergreifen, die auf einen Vermögensverfall gestützt sind (BGH 20. 11. 2006 NJW 2007, 1287 [zur Zulässigkeit der Amtsenthebung eines Notars wegen Vermögensverfalls trotz noch laufenden Insolvenzverfahrens]; dazu ausführlich unten § 35 Rn 270 ff [zum Gewerberecht], 290 ff [zum Berufsrecht]).

148 **b) Grundsatz der gesellschaftsrechtlichen Vollabwicklung.** Für das weitere Vorgehen ist bestimmend, dass das Insolvenzverfahren nach heutigem Recht auf eine (auch gesellschaftsrechtliche) Vollabwicklung ausgerichtet ist. Die dies ursprünglich statuierende Norm des § 1 Abs 2 Satz 3 RegE wurde im Gesetzgebungsverfahren zwar gestrichen; gleichwohl leitet die ganz herrschende Meinung dieses Ziel auch aus der Gesetz gewordenen Fassung der InsO ab (KP-*Noack* GesellschaftsR Rn 85 ff; *Karsten Schmidt* KS-InsO S 1199, 1208; ausf *H.-F. Müller* Der Verband in der Insolvenz, S 13 ff und *passim*). Verwiesen

E. Insolvenz der juristischen Person (Abs 1 S 1) § 11

wird dabei insbesondere auf § 199 Satz 2, nach dem *der Verwalter* jeder am Schuldner beteiligten Person den Teil des Überschusses herauszugeben hat, der ihr bei einer Abwicklung außerhalb des Insolvenzverfahrens zustünde (*Schlinker* ZIP 2007, 1937). Das bedeutet zunächst, dass mit Aufhebung oder Einstellung des Insolvenzverfahrens die gesellschaftsrechtliche Abwicklung einzuleiten ist und die Geschäftsleiter nunmehr auch zu Abwicklern werden (zur Lage vorher oben Rn 120); sie sind daher grundsätzlich auch zur Eintragung in Handelsregister anzumelden (§ 265 Abs 1 AktG, § 67 Abs 1 GmbHG, § 84 Abs 1 Satz 1 GenG, § 76 Abs 1 Satz 1 BGB).

Eine Abwicklung kommt aber praktisch nur dann in Betracht, wenn nach der Schluss- oder gegebenenfalls Nachtragsverteilung (§§ 196, 203) noch Mittel übrig sind. Dabei sind auch Gesellschafterdarlehen zuvor zu bedienen (§ 39 Abs 1 Nr 5; dazu *Noack*, FS Claussen [1997], S 307, 312). Ist – wie im Regelfall – kein Vermögen mehr vorhanden, wird man auf die Bestellung von Abwicklern aber verzichten und dem Insolvenzverwalter gestatten können, das Registergericht auf die Vermögenslosigkeit der Gesellschaft hinzuweisen (KP-*Noack* GesellschaftsR Rn 413). Dieses kann dann nach § 394 Abs 1 Satz 2 FamFG (früher § 141 a Abs 1 Satz 2 FGG) die Gesellschaft im entsprechenden Register löschen und damit ihre Vollbeendigung herbeiführen. 149

Ist – ausnahmsweise – noch Vermögen vorhanden, ist dieses Restvermögen und etwaiges insolvenzfreies Vermögen vom Insolvenzverwalter nach Maßgabe der §§ 264 ff AktG, §§ 66 ff GmbHG, §§ 83 ff GenG, § 45 BGB zu liquidieren. Es ist sodann nach den gesetzlichen und satzungsmäßigen Vorschriften unter den Mitgliedern oder an die in der Satzung bestimmten Dritten zu verteilen (§ 271 AktG, § 72 GmbHG, § 91 GenG, § 45 BGB). Die Kosten dieser Verteilung gehen vorbehaltlich abweichender vertraglicher Regelung zu Lasten des Restvermögens der Gesellschaft (überzeugend KP-*Noack* GesellschaftsR Rn 89). Auf die Bekanntmachungen nach den gesellschaftsrechtlichen Vorschriften (§ 267 AktG, § 65 Abs 2 Satz 2 GmbHG, § 82 Abs 2 Satz 2 GenG, § 50 BGB) kann dabei im Hinblick auf die vorgängigen insolvenzrechtlichen Bekanntmachungen verzichtet werden (KP-*Noack* GesellschaftsR Rn 414). Der Beginn des der Vermögensverteilung vorgeschalteten Sperrjahrs (§ 272 Abs 1 AktG, § 73 Abs 1 GmbHG, § 90 Abs 1 GenG, § 51 BGB) sollte im Hinblick auf die Publizität des Eröffnungsbeschlusses und die mit ihm ebenfalls verbundene Aufforderung zur Gläubigeranmeldung (§ 28) mit dem Eröffnungsbeschluss (§ 27) beginnen (etwas weitergehend *Noack* ebda). 150

c) **Erlöschen der juristischen Person.** Eine **juristische Person erlischt** mit der Ausschüttung der Masse, sofern sie im Handels-, Genossenschafts- oder Vereinsregister gelöscht wurde und tatsächlich kein Vermögen mehr besitzt. Stellt sich nachträglich heraus, dass sie noch Vermögen besitzt, gilt sie als fortbestehend auch dann, wenn das Insolvenzverfahren mangels Masse eingestellt worden ist (§ 207). Ihr Fortbestehen wird aber nur für Liquidationszwecke fingiert und ermöglicht nicht etwa eine Fortsetzung der werbenden juristischen Person, etwa durch Fassung eines Fortsetzungsbeschlusses. 151

Findet sich nach der Aufhebung im Anschluss an die Schlussverteilung (§ 200) oder nach der Einstellung des Insolvenzverfahrens mangels Masse (§ 207) noch insolvenzbefangenes Vermögen, so ist eine **Nachtragsverteilung** nach §§ 203 ff vorzunehmen. Hatte im Anschluss an das Insolvenzverfahren eine gesellschaftsrechtliche Liquidation stattgefunden oder ist sie im Hinblick auf die Vermögenslosigkeit der Gesellschaft unterblieben, kann auf Antrag eines Beteiligten eine **Nachtragsliquidation** stattfinden, wenn sich noch Vermögenswerte finden (§§ 264 Abs 2, 290 Abs 3 AktG, § 66 Abs 5 GmbHG, § 83 Abs 5 GenG). 152

10. Fortsetzung und Umwandlung der juristischen Person in der Insolvenz. a) Fortsetzung der juristischen Person. Die Haupt-, Gesellschafter- oder Mitgliederversammlung kann aber nach § 274 Abs 2 Nr 1 AktG, § 60 Abs 1 Nr 4 GmbHG, § 117 Abs 1 Satz 1 GenG, § 42 Abs 1 Satz 2 BGB die Fortsetzung der juristischen Person beschließen, wenn das Insolvenzverfahren auf Antrag der juristischen Person eingestellt (§§ 212, 213) oder nach der Bestätigung eines Insolvenzplans, der den Fortbestand der juristischen Person vorsieht (§ 258 Abs 1), aufgehoben worden ist (dazu *Halm/Linder* DStR 1999, 379 f; *Heckschen* DB 2005, 2675, 2676). Zusätzliche Voraussetzung dafür ist im Aktienrecht, dass noch nicht mit der Verteilung des (Rest-)Vermögens an die Gesellschafter begonnen wurde (§ 274 Abs 1 Satz 1 AktG; zur GmbH *Hirte* KapGesR Rn 7.28). Ein Insolvenzplan „sieht" den Fortbestand der juristischen Person „vor", wenn in seinem darstellenden Teil (§ 220) auf den von der Haupt-, Gesellschafter- oder Mitgliederversammlung zu fassenden Fortsetzungsbeschluss als Grundlage des Plans (§ 220 Abs 2) hingewiesen wird (KPB-*Otte* § 220 Rn 10). Möglich ist aber auch, die Bestätigung des Insolvenzplans unter die Bedingung zu stellen (§ 249), dass zuvor ein Fortsetzungsbeschluss gefasst wird, der seinerseits bis zur Bestätigung des Plans schwebend unwirksam ist (*Heckschen* DB 2005, 2675, 2676; KP-*Noack* GesellschaftsR Rn 121, 418). 153

Umstritten ist, ob eine Fortsetzung auch in anderen Fällen insolvenzrechtlicher Verfahrensbeendigung möglich ist, nämlich bei **Aufhebung** nach § 200 nach Abhaltung des Schlusstermins oder bei **Einstellung** des Verfahrens mangels Masse nach § 207 (ablehnend **OLG Köln** 1. 2. 1958 NJW 1959, 198, 199 = KTS 1958, 175; Baumbach/Hueck/*Schulze-Osterloh/Fastrich* § 60 GmbHG Rn 57; *Hofmann* GmbHR 1975, 217, 226; für eine Fortsetzungsmöglichkeit bei Beseitigung der rechnerischen Überschuldung Scholz/*Karsten Schmidt* vor § 64 GmbHG Rn 89; abw GroßKomm/*Casper* § 60 GmbHG Rn 148). Entscheidend ist auch hier, dass ein mindestens die Schulden deckendes Vermögen vorhanden sein muss 154

(*Erle* GmbHR 1997, 973, 978 f; abw **RG** 25. 10. 1927 Z 118, 337, 340, das zusätzlich noch die Unversehrtheit des satzungsmäßigen Stammkapitals gefordert hatte). Wird dieses – von den Mitgliedern oder von Dritten – zugeführt, steht der Möglichkeit einer Fortsetzung nichts entgegen. Ansonsten ist das Restvermögen zu versilbern, um es unter die Gläubiger zu verteilen. Eine wirtschaftliche Neugründung (dazu **BGH** 9. 12. 2002 II ZB 12/02 Z 153, 158 = ZIP 2003, 251 = DStR 2003, 298 *[Goette]*; *Hirte* KapGesR Rn 2.47) ist in einem solchen Vorgehen solange nicht zu sehen, wie nicht zugleich die Gesellschafter wechseln.

155   Ebenso umstritten ist, ob eine Fortsetzung durch Gesellschafterbeschluss möglich ist, wenn die juristische Person nach **rechtskräftigem Abweisungsbeschluss** nach § 26 aufgelöst worden ist (§ 394 Abs 1 Satz 2 FamFG [früher § 141 a Abs 1 Satz 2 FGG]) (gegen Fortsetzungsmöglichkeit **BGH** 8. 10. 1979 Z 75, 178, 180 = NJW 1980, 233 [AG]; **KG** 1. 7. 1993 ZIP 1993, 1476 = EWiR 1/93, 893 *[Winkler]*; BayObLG 14. 10. 1993 Z 94, 341 = NJW 1994, 594 = KTS 1994, 193; *Halm/Linder* DStR 1999, 379, 380; *Hennrichs* ZHR 159 [1995], 593, 608 [bei analoger Anwendung der Gründungsvorschriften und registergerichtlicher Überprüfung]; Baumbach/Hueck/*Schulze-Osterloh/Fastrich* § 60 GmbHG Rn 57; abw **LG** Berlin 12. 3. 1971 BB 1971, 759, 760; KP-*Noack* GesellschaftsR Rn 99; *Uhlenbruck* KS-InsO S 1157, 1171). Entscheidend ist auch hier, dass die aufgelöste Kapitalgesellschaft für die Fortsetzung mindestens den Insolvenzgrund beseitigt (ebenso *Heckschen* DB 2005, 2675, 2676 f). Eine Fortsetzung soll nach überwiegender Ansicht schließlich dann ausscheiden, wenn die juristische Person wegen **Vermögenslosigkeit** nach § 394 Abs 1 FamFG (früher § 141 a Abs 1 Satz 1 FGG) im Register gelöscht worden ist (gegen Fortsetzungmöglichkeit **OLG** Düsseldorf 13. 7. 1979 GmbHR 1979, 227; Baumbach/Hueck/*Schulze-Osterloh/Fastrich* § 60 GmbHG Rn 30; GroßKomm/*Casper* § 60 GmbHG Rn 152; *Halm/Linder* DStR 1999, 379, 381 f; abw **RG** 12. 10. 1937 Z 156, 23, 27; *Erle* GmbHR 1997, 973, 981). Auch hier kann nichts anderes gelten. Ein ausreichender Vermögensbestand wird allerdings in der Praxis nur dann anzutreffen sein, wenn sich nach Durchführung des Löschungsverfahrens bislang unbekannte Vermögenswerte finden. Selbst wenn man die Möglichkeit einer Fortführung verneint, bedeutet dies allerdings nicht, dass bei etwa doch noch vorhandenem Vermögen auch die Insolvenzfähigkeit zu verneinen ist (dazu oben Rn 46 ff). Verneint man die Fortführungsmöglichkeit, ist es den Mitgliedern (Gesellschaftern) auch in jedem Fall unbenommen, noch während des Insolvenzverfahrens bzw vor Rechtskraft des Beschlusses über die Ablehnung der Eröffnung des Verfahrens mangels Masse (§ 26) der juristischen Person neues Kapital zuzuführen, um damit den Insolvenzgrund oder die Vermögenslosigkeit zu beseitigen.

156   **b) Umwandlung der juristischen Person.** Statt der Fortsetzung ist auch eine Umwandlung der juristischen Person möglich (ausführlich, auch zu den Umwandlungsmöglichkeiten außerhalb des Insolvenzverfahrens, *Heckschen* DB 2005, 2283 ff; *ders* DB 2005, 2675 ff; *ders* FS Widmann, 2000, S 31 ff; *ders* ZInsO 2008, 824 ff; *Limmer* KS-InsO S 1219 ff). In Betracht kommen dürfte dabei in erster Linie eine Verschmelzung mit einem anderen oder auf einen anderen Rechtsträger (zu den bei diesem auftretenden Problemen bei der Kapitalaufbringung *Limmer* KS-InsO S 1219, 1228 f) sowie ein Formwechsel. Ausreichende Voraussetzung dafür ist nach § 3 Abs 3 UmwG bei einem *übertragenden* Rechtsträger, dass die Fortsetzung der juristischen Person „beschlossen werden *könnte*" (Hervor v Verf; vgl auch *Heckschen* DB 2005, 2283, 2284); gleiches gilt nach § 191 Abs 3 UmwG für den Formwechsel. Damit sollen vor allem Verschmelzungen zum Zwecke der Sanierung erleichtert werden (*Pfeifer* ZInsO 1999, 547, 549). Es bedarf daher vor der Beschlussfassung über die Umwandlung und ihrer Eintragung keines Fortsetzungsbeschlusses; denn dieser ist als im Umwandlungsbeschluss mit enthalten anzusehen. Dazu bedarf es zuvor einer Aufhebung des Insolvenzverfahrens (*Heckschen* DB 2005, 2283, 2284; Lutter/*Lutter/Drygala* § 3 UmwG Rn 19; andernfalls wäre im Hinblick auf die Kompetenzüberlagerung der Gesellschaftsorgane in jedem Fall eine Zustimmung des Insolvenzverwalters erforderlich). Voraussetzung eines Umwandlungsbeschlusses ist nicht, dass das Stammkapital der Gesellschaft unversehrt geblieben oder wieder eingezahlt worden ist (so noch **RG** 25. 10. 1927 Z 118, 337, 340 f), sondern dass es an einer Überschuldung fehlt, die eine Pflicht zur Insolvenzantragstellung begründen würde (BayObLG 4. 2. 1998 NJW-RR 1998, 902 = ZIP 1998, 739 = EWiR § 3 UmwG 2/98, 515 *[Kiem]*; str.; für Unzulässigkeit einer Umwandlung, wenn eine Fortsetzung nicht mehr beschlossen werden kann, KG 22. 9. 1998 NJW-RR 1999, 475; weiter demgegenüber **OLG** Stuttgart 4. 10. 2005 NZG 2006, 159 = ZIP 2005, 2066 f = EWiR § 120 UmwG 1/05, 839 *[Heckschen]*: selbst insolvenzrechtlich relevante Überschuldung schadet nicht, wenn sie nicht zur Eröffnung eines Insolvenzverfahrens geführt hat). Hinzu kommt, dass Defizite des umwandlungsrechtlichen Gläubigerschutzes im Falle einer tatsächlich eintretenden Insolvenz durch die Möglichkeit der Insolvenzanfechtung ausgeglichen werden (unten § 129 Rn 68). Die Privilegierung des § 3 Abs 3 UmwG gilt aber nach dem Gesetz nicht für den *übernehmenden* Rechtsträger, da es dort sonst entgegen der Intention des Gesetzgebers zu reinen Abwicklungsfusionen käme (**OLG** Naumburg 12. 2. 1997 EWiR § 3 UmwG 1/97, 807 *[Bayer]*; AG Erfurt 25. 10. 1995 RPfleger 1996, 163; Lutter/*Lutter/Drygala* § 3 UmwG Rn 23; krit *Heckschen* DB 2005, 2283, 2284; *ders* ZInsO 2008, 825, 826 f; *Pfeifer* ZInsO 1999, 547, 549 f; abw *Bayer* ZIP 1997, 1613, 1614). Dieser Ansatz des Gesetzes ist allerdings nur begrenzt zutreffend: denn wirtschaftlich ist es völlig gleichwertig, ob die insolvente auf eine gesunde oder eine gesunde auf eine insolvente Gesellschaft ver-

schmolzen wird (ebenso *Heckschen* DB 2005, 2283, 2284; *Pfeifer* ZInsO 1999, 547, 550). Um Abwicklungsfusionen zu verhindern, ist es erforderlich und genügend, dass der insolvente übernehmende Rechtsträger durch die Beteiligung an der Umwandlungsmaßnahme nicht insolvent bleibt. In allen Fällen der Umwandlung einer juristischen Person kann sie wie deren Fortsetzung aber jedenfalls – und nach Auffassung der Rechtsprechung bei einem übernehmenden Rechtsträger nur – nach Aufhebung des Insolvenzverfahrens nach § 200, bei Einstellung nach §§ 212, 213 oder nach Bestätigung eines Insolvenzplans, der den Fortbestand der juristischen Person vorsieht, beschlossen werden (*Limmer* KS-InsO S 1219, 1246 f).

Wird in einem bedingten Insolvenzplan (§ 249) eine Umwandlung zur Voraussetzung der Bestätigung 157 eines Insolvenzplans gemacht, wäre den Gesellschaftern nach dem Wortlaut des § 3 Abs 3 UmwG eine Herbeiführung der gesellschaftsrechtlich geforderten Entscheidungen erst nach Beendigung des Insolvenzverfahrens möglich; dem Insolvenzverwalter wäre sie andererseits mangels gesellschaftsrechtlicher Zuständigkeit verwehrt. Ohne die gesellschaftsrechtlichen Beschlüsse könnten aber die Voraussetzungen für eine Bestätigung des Insolvenzplans nicht herbeigeführt werden. Daher wird man es für zulässig halten müssen, dass noch während des laufenden Insolvenzverfahrens die entsprechenden Verträge geschlossen, die notwendigen Zustimmungsbeschlüsse gefasst und die Anmeldungen zum Handelsregister – diese jedoch unter Vorbehalt der Bestätigung des Plans (§ 248) – vorgenommen werden; die Eintragung ins Handelsregister darf und kann dann erst nach der Bestätigung des Plans erfolgen (teilweise abweichende Lösungsvorschläge für die Konkurrenzproblematik bei *Heckschen* DB 2005, 2675, 2676; *Limmer* KS-InsO S 1219, 1249 f; KP-*Noack* GesellschaftsR Rn 126; *ders* FS Zöllner [1998] S 411, 426 ff). Nach Ablehnung der Eröffnung des Insolvenzverfahrens mangels Masse (§ 26), nach Einstellung des Verfahrens mangels Masse (§ 207) oder bei Löschung wegen Vermögenslosigkeit nach § 394 FamFG (früher § 141a FGG) kommt eine Umwandlung demgegenüber nur dann in Betracht, wenn man auch eine Fortsetzungsmöglichkeit bejaht.

11. Insolvenzplan. In einem Insolvenzplan können nach § 217 die Befriedigung der absonderungsbe- 158 rechtigten Gläubiger und der Insolvenzgläubiger, die Verwertung der Insolvenzmasse und deren Verteilung an die Beteiligten sowie die Haftung des Schuldners nach Beendigung des Insolvenzverfahrens abweichend geregelt werden.

a) Vorlagerecht. Zur Vorlage eines Insolvenzplans, die mit dem Antrag auf Eröffnung des Insolvenz- 159 verfahrens verbunden werden kann, ist neben dem Insolvenzverwalter der Schuldner berechtigt (§ 218 Abs 1). Als juristische Person wird er dabei von seinen gewöhnlichen Vertretungsorganen vertreten; auch etwaige funktionelle Beschränkungen ihrer Vertretungsmacht finden Anwendung. Nicht zur Vorlage berechtigt sind die Gesellschafter oder Mitglieder einer juristischen Person, wie dies noch in § 255 Abs 1 Nr 2 RegE vorgeschlagen worden war. Im Innenverhältnis können freilich die Gesellschafter oder ein etwa vorhandener Aufsichtsrat zu beteiligen sein (zur Beteiligung des Aufsichtsrats *Noack* Der Aufsichtsrat in der Insolvenz der Kapitalgesellschaft [2003], S 30). Gegen eine Beteiligung der Gesellschafter schon bei der Vorlage des Plans spricht nicht, dass der Insolvenzplan selbst keine gesellschaftsrechtlichen Strukturmaßnahmen ins Werk setzen kann (dazu allgemein oben Rn 21; abw zur Parallelfrage bei der Einlegung von Rechtsmitteln KP-*Noack* GesellschaftsR Rn 118).

b) Beteiligte. Mit dem Instrument des Insolvenzplans kann nur die Rechtsstellung der „Beteiligten" 160 gegenüber der gesetzlichen Lösung geändert werden. Dazu zählt das Gesetz, wie sich aus §§ 221, 217, 222–226 ergibt, zunächst nur die Insolvenzgläubiger einschließlich der absonderungsberechtigten und nachrangigen. Der Schuldner selbst – hier also die juristische Person – ist zum einen als Vorlageberechtigter (§ 218 Abs 1) und in Bezug auf seine Haftung (§§ 217, 227 Abs 1) beteiligt. An der Abstimmung über den Plan (§§ 235 ff) wirkt er aber nicht mit; allerdings verfügt er über das Widerspruchsrecht des § 247. Nicht im Insolvenzplanverfahren beteiligt sind damit die Gesellschafter, also die am Schuldner beteiligten Personen. Eine – hier nicht näher zu verfolgende (dazu unten Rn 314 ff) – Ausnahme ergibt sich nur für die persönlich haftenden Gesellschafter. Damit fehlt es an einer Beteiligung der für gesellschaftsrechtliche Maßnahmen wie Satzungsänderungen, Kapitalmaßnahmen etc. zuständigen Entscheidungsträger. Aufgrund dieser bewussten Entscheidung der InsO (dazu KP-*Noack* GesellschaftsR Rn 104; *Noack* FS Zöllner [1998] S 411, 416 f; *Karsten Schmidt* KS-InsO S 1199, 1212) können **gesellschaftsrechtliche Maßnahmen** durch einen Insolvenzplan **nicht unmittelbar herbeigeführt werden** (kritisch *Eidenmüller* ZGR 2001, 680, 688). Da derartige Maßnahmen in vielen Fällen gleichwohl notwendig sind, verschafft diese Lage den Gesellschaftern eine relativ starke Position (zu den Folgerungen *Noack* FS Zöllner [1998] S 411, 420 ff; kritisch KPB-*Otte* § 217 Rn 60; *Uhlenbruck* KS-InsO S 1157, 1174 f). Gegen dieses Verständnis spricht auch nicht § 254 Abs 1 Satz 2, nach dem die Bestätigung des Plans auch die sonst für die Übertragung von GmbH-Anteilen vorgeschriebene Form ersetzt; denn diese Regelung betrifft nach der Gesetz gewordenen Fassung der InsO nur noch die Übertragung von GmbH-Anteilen, *an der der Schuldner beteiligt ist* (KP-*Noack* GesellschaftsR Rn 124; weitergehend *Eidenmüller* ZGR 2001, 680, 682 f, der eine fakultative Planunterwerfung der Gesellschafter zulässt).

Das bedeutet aber nicht, dass das Planverfahren nicht indirekt auf die gesellschaftsrechtlichen Ver- 161 hältnisse einwirken könnte. Möglich ist nämlich, einen **bedingten Plan** (§ 249) zu beschließen. Dessen

Bestätigung kann davon abhängig gemacht werden, dass die Gesellschafter bestimmte in ihrer Zuständigkeit liegende Maßnahmen vornehmen. Dazu gehören etwa eine Änderung der Beteiligungsverhältnisse, Satzungsänderungen und Kapitalmaßnahmen oder eine Umwandlung; derartige Entscheidungen können unter der (Rechts-)Bedingung der Bestätigung des Insolvenzplans gefasst werden, doch können sich die Gesellschafter auch bloß schuldrechtlich verpflichten, die entsprechenden Beschlüsse nach Bestätigung des Insolvenzplans zu fassen (zu dieser Möglichkeit KP-*Noack* GesellschaftsR Rn 129 aE; zu den besonderen Problemen bei einer Umwandlung oben Rn 156 f). Bei den gesellschaftsrechtlichen Entscheidungen kann sich unter dem Gesichtspunkt der Treuepflicht eine Zustimmungspflicht der Gesellschafter ergeben (vgl **BGH** 20. 3. 1995 Z 129, 136 = NJW 1995, 1739 = ZIP 1995, 819 = ZIP 1995, 1416 [Ls] *[Gerd Müller]* = EWiR § 135 AktG 1/95, 525 *[Rittner]* [Girmes]; dazu auch *Eidenmüller* ZGR 2001, 680, 687; Gottwald/*Haas* InsR HdB § 92 Rn 15 ff). Doch ist hier Vorsicht angebracht: denn die Möglichkeit der Beendigung ihres Investments durch (insolvenzmäßige) Liquidation darf den Gesellschaftern nicht entzogen werden.

162 c) **Planinhalt.** Der Insolvenzplan unterscheidet zwischen dem darstellenden und dem gestaltenden Teil (§ 219 Satz 1). Im **darstellenden Teil** sind die Maßnahmen zu beschreiben, die nach Verfahrenseröffnung getroffen worden sind oder noch getroffen werden sollen, um die Grundlagen für die geplante Gestaltung der Rechte der Beteiligten zu schaffen (§ 220 Abs 1; zu Einzelheiten und möglichen Ergänzungen im Falle des § 229 unten § 220 und § 229).

163 Gesellschaftsrechtliche Maßnahmen können zwar nicht unmittelbar durch den Plan gestaltet werden. Gleichwohl können sie – insbesondere beim bedingten Plan (§ 249) – eine Voraussetzung für die erfolgreiche Umsetzung des Plans sein (vgl oben Rn 160). In diesen Fällen sind sie daher hier zu beschreiben.

164 Im **gestaltenden Teil** können nach dem zuvor Gesagten keine Maßnahmen vorgesehen werden, die die gesellschaftsrechtliche Organisation unmittelbar berühren. Im Übrigen können mit Bestätigung des Insolvenzplans sowohl unmittelbar wirkende (sachenrechtliche) Änderungen vorgesehen wie auch bloß schuldrechtliche Abreden aufgenommen werden.

165 Als Inhalt des gestaltenden Teils kommt zunächst ein vergleichsweiser Verzicht der Gläubiger auf einen Teil der Verbindlichkeiten des Unternehmensträgers in Betracht. In diesem Fall bleibt der insolvente Unternehmensträger daher nach Abschluss des Insolvenzverfahrens bestehen (zum gesetzlichen Normalfall oben Rn 148 ff). Das ist dann von Interesse, wenn der Unternehmensträger über spezielles Wissen oder an ihn gebundene persönliche Konzessionen verfügt, die im Falle einer Auflösung der juristischen Person untergehen würden (KP-*Noack* GesellschaftsR Rn 103). Im Gegenzug wird aber von den Gläubigern typischerweise eine gesellschaftsrechtliche Umstrukturierung und/oder Beteiligung an dem bestehen bleibenden Rechtsträger verlangt werden.

166 Von besonderer Bedeutung ist auch die Möglichkeit, im Rahmen eines Insolvenzplans eine „übertragende Sanierung" vorzusehen. Dabei werden das Unternehmen oder Unternehmensteile als Ganzes auf einen neuen Rechtsträger übertragen und der Erlös an die Gläubiger ausgekehrt. Eine derartige Verwertung käme zwar auch im gesetzlichen Insolvenzverfahren in Betracht (vgl oben Rn 18), kann aber auf der Grundlage eines Insolvenzplans deutlich flexibler gestaltet werden; insbesondere können die Gläubiger stärkeren Einfluss nehmen (KP-*Noack* GesellschaftsR Rn 103).

167 Forderungen aus **Gesellschafterdarlehen** bilden nachrangige Insolvenzforderungen (§ 39 Abs 1 Nr 5). Sie gelten daher, solange im Insolvenzplan nichts besonderes bestimmt wird, nach § 225 Abs 1 als erlassen; anders ist die Lage daher dann, wenn der Insolvenzplan die Rückzahlung von Gesellschafterdarlehensforderungen vorsieht oder – nach Sinn und Zweck der Regelung – wenn ausreichend Vermögen auch zur Befriedigung nachrangiger Gläubiger vorhanden ist (KP-*Noack* GesellschaftsR Rn 206). Zur Abstimmung sind die Inhaber der als erlassen geltenden Gesellschafterdarlehensforderungen nur dann berechtigt, wenn das Insolvenzgericht zur Anmeldung dieser Forderungen ausdrücklich aufgefordert hat, sie angemeldet wurden und weder vom Insolvenzverwalter noch von einem anderen stimmberechtigten Gläubiger bestritten wurden (§ 237 Abs 1 Satz 1 iVm §§ 77 Abs 1 Satz 1, 174 Abs 3 Satz 1; dazu KP-*Noack* GesellschaftsR Rn 212). Schwierigkeiten bestehen hinsichtlich der Abstimmung aber dann, wenn zwar die soeben genannten Voraussetzungen für ein grundsätzliches Stimmrecht vorliegen, die Forderung aber durch Nichtaufnahme in den Plan beeinträchtigt wird (§ 225 Abs 1). Die Ausschlussklausel des § 237 Abs 2 greift hier nicht ein; auch eine obligatorische Gruppenbildung ist nach § 222 Abs 1 Satz 2 Nr 3 bei Nichtaufnahme in den Plan ausgeschlossen. Nicht ganz klar ist, *wie* in diesem Fall die Gläubiger von Gesellschafterdarlehensforderungen abstimmen sollen. Aus § 222 Abs 1 Satz 2 Nr 3 könnte man ableiten, dass sie, da ihre Forderungen nach § 225 Abs 1 als erlassen gelten, nicht stimmberechtigt sind; andererseits könnte man die Norm auch bloß als Anordnung einer zwingenden Gruppenbildung ansehen, die eine bloß fakultative Gruppenbildung in den übrigen Fällen nicht ausschlösse (so KP-*Noack* GesellschaftsR Rn 213). Dafür spricht auch die Regelung des § 246 Abs 1. Denn warum soll nach dieser Norm die Zustimmung als erteilt gelten, wenn § 222 Abs 1 Satz 2 Nr 3 einer fakultativen Gruppenbildung entgegenstünde, den nachrangigen Gläubigern mangels Gruppe also überhaupt kein Stimmrecht zusteht? Richtig erscheint daher, § 222 Abs 1 Satz 2 Nr 3 so zu lesen, dass im Falle der Erlasswirkung des § 225 Abs 1 nur die Differenzierung nach den einzelnen Rangklassen nachrangiger Insolvenzgläubiger entbehrlich wird, nicht aber die Gruppenbildung für die nachrangigen

Gläubiger insgesamt; das stünde jedenfalls im Einklang mit der im Gesetzgebungsverfahren vereinfachten Fassung des § 222 Abs 1 Satz 2 Nr 3 (Begr Rechtsausschuss zu § 222 Abs 1 Satz 2). Daher bilden die Gläubiger von Gesellschafterdarlehensforderungen mit den anderen nachrangigen Insolvenzgläubigern zusammen eine einheitliche Abstimmungsgruppe, solange sie von der Wirkung des § 225 Abs 1 erfasst sind (anders *Lüer*, unten § 237 Rn 4). Ihr Einfluss als Abstimmungsgruppe auf den Plan ist wegen der in aller Regel eingreifenden Zustimmungsfiktion (§ 245 Abs 1 Nr 1, § 246 Nr 2; KP-*Noack* GesellschaftsR Rn 213; *Hirte* in: RWS-Forum 10 [1998], S 145, 177) aber eher theoretischer Natur.

Sollen die Gesellschafterdarlehensforderungen nicht erlassen werden, müssen für sie die nach § 224 geforderten Angaben im Insolvenzplan gemacht werden (§ 225 Abs 2). Stimmberechtigt sind die Gläubiger von Gesellschafterdarlehensanmeldungen auch hier nur, wenn sie zur Anmeldung aufgefordert wurden (§ 237 Abs 1 Satz 1 iVm §§ 77 Abs 1 Satz 1, 174 Abs 3 Satz 1). Das sollte immer dann geschehen, wenn von der Regel des § 225 Abs 1 abgewichen werden soll (KP-*Noack* GesellschaftsR Rn 214). Im Gegensatz zum Fall des § 225 Abs 1 ist jetzt für die Gläubiger von Gesellschaftserdarlehensforderungen eine eigene und von den anderen nachrangigen Insolvenzgläubigern getrennte Abstimmungsgruppe zu bilden (§ 222 Abs 1 Satz 2 Nr 3; dazu auch unten § 225 Rn 5). Mit der Aufnahme einer Gesellschafterdarlehensforderung in einen Insolvenzplan und der damit typischerweise verbundenen quotalen Kürzung verliert sie ihren Charakter als Gesellschafterdarlehensforderung, sofern nicht ausdrücklich etwas anderes vereinbart wurde (zum bislang geltenden Recht KP-*Noack* GesellschaftsR Rn 215; *Noack* in: RWS-Forum 9 [1997], S 195, 208; *ders* FS Claussen [1997], S 307, 312 f; dem folgend *Hirte* in: RWS-Forum 10 [1998], S 145, 177; abw BGH 6. 4. 1995 ZIP 1995, 816 = NJW 1995, 1962 = EWiR § 32a GmbHG 5/95, 891 [*Balz*]). Es ist dann Sache der Planverfasser und der zustimmenden Gläubiger, im Plan Regelungen vorzusehen, die sicherstellen, dass eine etwaige Rückzahlung von Gesellschafterdarlehensforderungen nicht zu einer Benachteiligung anderer Gläubigerforderungen führt (*Henckel* KS-InsO S 813, 816; KP-*Noack* GesellschaftsR Rn 215 aE).

d) Bestätigung und Rechtsmittel. Nach § 248 bedarf der Plan der gerichtlichen Bestätigung. Voraussetzung dafür ist – unter anderem – nach § 244 Abs 1, dass in jeder der gebildeten Gläubigergruppen die Mehrheit der abstimmenden Gläubiger dem Plan zustimmt. Fehlt es daran, gilt die fehlende Mehrheit in einer Abstimmungsgruppe nach dem Obstruktionsverbot des § 245 gleichwohl als erteilt, wenn – unter anderem – die Gläubiger dieser Gruppe angemessen an dem wirtschaftlichen Wert beteiligt werden, der auf der Grundlage des Plans den Beteiligten zufließen soll (§ 245 Abs 1 Nr 2). Eine derartige angemessene Beteiligung wird fingiert, wenn die in § 245 Abs 2 genannten Voraussetzungen vorliegen. § 245 Abs 2 Nr 2 verlangt dabei unter anderem, dass weder der Schuldner noch eine an ihm beteiligte Person „einen wirtschaftlichen Wert erhält" (für eine teleologische Reduktion dieses Begriffes *Eidenmüller* ZGR 2001, 680, 700 f).

Soll der Schuldner nach dem Inhalt des Insolvenzplans sein Unternehmen fortführen, liegt darin nicht zwangsläufig die Zuwendung eines wirtschaftlichen Werts an ihn, was die Bestätigung eines Insolvenzplans bei fehlender Zustimmung einer Gläubigergruppe ausschlösse (Begr RegE § 245 Abs 2; *Eidenmüller* ZGR 2001, 680, 703 f). Entscheidend sind vielmehr die Umstände des Einzelfalls: danach soll es insbesondere darauf ankommen, ob die Leistungen, die der Schuldner nach dem Plan zu erbringen hat, den noch vorhandenen Wert des Unternehmens aufwiegen. Es ist – mit anderen Worten – zu fragen, ob der Schuldner durch den Insolvenzplan wirtschaftlich besser gestellt wird, als er ohne den Plan stünde. Ist kein Dritter bereit, anstelle des Schuldners das Unternehmen zu den ihm Plan vorgesehenen Bedingungen fortzuführen, kann im Zweifel nicht davon ausgegangen werden, dass der Schuldner durch den Plan „einen wirtschaftlichen Wert erhält" (Begr RegE § 245 Abs 2; zu Recht kritisch *Eidenmüller* ZGR 2001, 680, 707).

Zu dem bei diesem Vergleich zu berücksichtigenden Leistungen des Schuldners sollen auch Beteiligungsrechte zählen, die er sanierungswilligen Dritten an sich selbst einräumt (*Maus* KS-InsO S 931, 956). Von anderer Seite wurde dem entgegengehalten, dass der Schuldner Rechte an der Schuldnergesellschaft weder insolvenz- noch gesellschaftsrechtlich einräumen könne (KP-*Noack* GesellschaftsR Rn 129). Daran ist zunächst der gesellschaftsrechtliche Einwand richtig, dass „der Schuldner" – also die insolvente juristische Person – nicht über die Beteiligungsrechte an ihr selbst verfügen kann; und insolvenzrechtlich können gesellschaftsrechtliche Strukturmaßnahmen nicht „nach dem Plan" (§ 245 Abs 2 aA) erfolgen. Gleichwohl dürften diese Bedenken nicht tragen: denn der Gesetzgeber hat deutlich darauf abgestellt, dass der Schuldner *wirtschaftlich* durch den Insolvenzplan nicht besser gestellt werden soll als ohne ihn; und er hat ebenso deutlich gemacht, dass es für die wirtschaftliche Gleichwertigkeit nicht darauf ankommt, ob er selbst oder eine an ihm beteiligte Person Werte zugewandt erhält. Deshalb kann es keine Rolle spielen, ob eine Zuwendung an ihn durch einen außerhalb des Insolvenzplans liegenden Gestaltungsakt vorgenommen wird, insbesondere wenn er eine Voraussetzung für die Bestätigung des Insolvenzplans ist (dazu oben Rn 169). Und es kann auch nicht entscheidend sein, ob die eine Zuwendung ausschließende Leistung von ihm selbst oder einer an ihm beteiligten Person erbracht wird; denn umgekehrt würde ja auch eine *an* eine solche Person fließende Leistung die Bestätigung eines Insolvenzplans bei fehlender Mehrheit in einer Abstimmungsgruppe verhindern können.

172 Stimmen die Gläubiger von **Gesellschafterdarlehensforderungen** einem Insolvenzplan nicht zu (dazu oben Rn 168), wird ihre Zustimmung nach § 245 Abs 1 Nr 1 iVm § 246 Nr 2 immer fingiert (dazu KP-*Noack* GesellschaftsR Rn 213 aE, 214 aE; *Noack* in: RWS-Forum 9 [1997], S 195, 208; dem folgend *Hirte* in: RWS-Forum 10 [1998], S 145, 177).

173 Einen Widerspruch gegen den Plan (§ 247) oder die sofortige Beschwerde gegen seine Bestätigung oder die Versagung der Bestätigung (§ 253) kann auch der Schuldner einlegen. Dabei hat eine juristische Person ebenso wie bei der Planvorlage durch ihre Vertretungsorgane zu handeln; Vorstellungen des RegE, auch einer Gesellschafterminderheit die Widerspruchsbefugnis zu gewähren, sind hier ebenso fallen gelassen worden wie beim Planvorlagerecht. Im Innenverhältnis können freilich die Gesellschafter zu beteiligen sein (vgl oben Rn 160 und ausführlich 12. Aufl Rn 173; abw KP-*Noack* GesellschaftsR Rn 118 f).

174 **e) Planüberwachung. aa)** Im gestaltenden Teil eines Insolvenzplans (§ 221) kann die **Überwachung der Planerfüllung** vorgesehen werden (§ 260 Abs 1; dazu *Frank* Die Überwachung der Insolvenzplanerfüllung, 2001). Zu Einzelheiten siehe die Erläuterungen zu §§ 263 ff.

175 Dabei kann auch ein **Kreditrahmen** für während der Zeit der Überwachung aufgenomme (Sanierungs-)Kredite festgelegt werden, innerhalb dessen die Insolvenzgläubiger gegenüber diesen Kreditgebern nachrangig sind (§ 264 Abs 1; zu den weiteren Voraussetzungen unten § 264 Rn 16 ff). Die auf dieser Grundlage eingegangenen Verbindlichkeiten unterliegen in einer etwaigen Folgeinsolvenz nicht der Anfechtung; anders ist dies aber unter Umständen für deren Besicherung und Rückzahlung (ausführlich *Frank* ebda. S 137 ff sowie unten § 264 Rn 32). Nach § 264 Abs 3 bleibt bei der Kreditaufnahme aber die Regelung des § 39 Abs 1 Nr 5 über Gesellschafterdarlehen „unberührt"; das bedeutet, dass es für von Gesellschafterseite in diesem Zeitraum gewährte Darlehen oder andere Leistungen bei dem in § 39 Abs 1 Nr 5 angeordneten Nachrang bleibt (kritisch [zur Rechtslage vor Inkrafttreten des MoMiG] KP-*Noack* GesellschaftsR Rn 217; dazu auch, aber in anderem Zusammenhang, *Hirte* ZInsO 1998, 147, 150; *ders* in: RWS-Forum 10 [1998], S 145, 177). Erfasst von dieser Regelung sind nur Neukredite, die nach Aufhebung des Insolvenzverfahrens von Gesellschafterseite gewährt werden; nicht erfasst sind demgegenüber in der Insolvenz erbrachte Gesellschafterleistungen, wenn die Gesellschafter dadurch Massegläubiger geworden sind (§ 264 Abs 1 Satz 1 aE; KP-*Noack* GesellschaftsR Rn 218; *ders* FS Claussen [1997], S 307, 317; *Dinstühler* ZInsO 1998, 243, 244).

176 Die Überwachung der Erfüllung eines Insolvenzplans ist zusammen mit dem Beschluss über die Aufhebung des Insolvenzverfahrens öffentlich **bekanntzumachen** (§ 267 Abs 1). Gleiches gilt für etwa an die Zustimmung des Insolvenzverwalters gebundene Rechtsgeschäfte und die Festlegung eines etwaigen Kreditrahmens (§ 267 Abs 2 Nrn 2 und 3). Die Überwachung der Erfüllung eines Insolvenzplans und die Aufhebung der Überwachung sind aufgrund einer Mitteilung des Insolvenzgerichts (§ 267 Abs 3 Satz 1 iVm § 31) von Amts wegen in das Handels-, Genossenschafts- und Vereinsregister **einzutragen** (§ 32 Abs 1 Satz 2 Nr 5 HGB, § 102 Abs 1 Satz 2 Nr 5 GenG, § 75 Abs. 1 Satz 2 Nr 5 BGB). Die entsprechenden Eintragungen werden im Hinblick auf die vorgängige Bekanntmachung durch das Insolvenzgericht nicht noch einmal durch das Registergericht bekannt gemacht (§ 32 Abs 2 Satz 1 HGB, § 102 Abs 2 GenG). Wird im Rahmen von § 263 das Recht zur Verfügung über Grundstücke oder grundstücksgleiche Rechte beschränkt, ist dies auch im Grundbuch bzw in dem entsprechenden Register einzutragen (§ 267 Abs 3 Satz 2 iVm §§ 32, 33; zum Gutglaubensschutz unten § 263 Rn 7). Mit diesen Eintragungen werden Geschäftspartner des Schuldners auf die Verfügungsbeschränkungen der Geschäftsleiter der Schuldnergesellschaft hingewiesen; auch nachträglich beitretenden Gesellschaftern wird vor Augen geführt, dass die Gesellschaft einer weitgehenden Fremdaufsicht unterliegt (KP-*Noack* GesellschaftsR Rn 138).

177 **bb)** Nach § 260 Abs 3 kann die Überwachung dabei auch auf die Erfüllung der Ansprüche erstreckt werden, die den Gläubigern nach dem gestaltenden Teil gegen eine „**Übernahmegesellschaft**" zustehen (zur Kritik an dieser gesetzlichen Möglichkeit *Kluth* NZI 2003, 361 ff). Das ist nach der Legaldefinition in § 260 Abs 3 eine juristische Person oder Gesellschaft ohne Rechtspersönlichkeit, die *nach* Eröffnung des Insolvenzverfahrens gegründet wurde, um das Unternehmen oder einen Betrieb des Schuldners zu übernehmen und weiterzuführen. Die Rechte des Insolvenzverwalters ihr gegenüber (§ 261) entsprechen denen bei einer Überwachung des Schuldners bzw der Schuldnergesellschaft selbst. Auch ist sie selbst zur Tragung der durch die Überwachung entstehenden Kosten verpflichtet (§ 269 Satz 2), und auch Zustimmungsvorbehalte des Insolvenzverwalters können auf sie erstreckt werden (§ 263 Satz 1). Die entsprechenden Eintragungen sind im Falle der Erstreckung der Überwachung auf eine Übernahmegesellschaft bekanntzumachen und in den jeweiligen Registern einzutragen (§ 267 Abs 2 Nr 1). Die Eintragung ist dabei – obwohl das Gesetz dies nicht ausdrücklich sagt – (auch) in den Registern der Übernahmegesellschaft selbst vorzunehmen. Daher kann auch in Bezug auf den Rechtsverkehr mit ihr der Gutglaubensschutz entsprechend § 263 Satz 2 iVm §§ 81 Abs 1, 82 eingeschränkt sein (abw KP-*Noack* GesellschaftsR Rn 139, der für eine analoge Anwendung der §§ 932 ff BGB plädiert; im Übrigen müssten richtigerweise vor allem §§ 366 f HGB herangezogen werden). Durch eine entsprechende Firmierung der Übernahmegesellschaft kann und sollte dies noch unterstützt werden. Das Verbot der Einbeziehung von Gesellschafterdarlehensforderungen in den – auch bei einer Übernahmegesellschaft möglichen – Kreditrahmen (§ 264 Abs 1) gilt auch hier (ebenso KP-*Noack* GesellschaftsR Rn 142).

E. Insolvenz der juristischen Person (Abs 1 S 1) **§ 11**

Auf eine *vor* Eröffnung des Insolvenzverfahrens gegründete Gesellschaft kann die Überwachung nach 178
dem Gesetzeswortlaut nicht erstreckt werden. Dadurch ist aber jedenfalls eine Übernahme des Betriebs
durch eine solche Gesellschaft nicht ausgeschlossen. Richtigerweise steht die Gründung einer Gesellschaft vor Eröffnung des Verfahrens auch nicht ihrer Unterwerfung unter die Überwachung entgegen;
denn die gesetzliche Beschränkung auf nach Verfahrenseröffnung gegründete Gesellschaften trägt der
Tatsache Rechnung, dass bei nicht ausdrücklich zu diesem Zweck gegründeten Gesellschaften ein solch
schwerwiegender Eingriff wie die Einbeziehung in die Überwachung unzulässig sein müsse (KPB-*Otte*
§ 260 Rn 11). Dem damit zum Ausdruck gebrachten gesellschaftsrechtlichen Schutzbedürfnis wird aber
(zumindest) auch dann Rechnung getragen, wenn bei einer bestehenden Gesellschaft die von einer
„Übernahmegesellschaft" zu übernehmenden Aufgaben vom satzungsmäßigen Gesellschaftszweck und
von einem einstimmigen Gesellschafterbeschluss gedeckt sind (KPB-*Otte* § 260 Rn 16; *Lüer,* unten
§ 260 Rn 15). Auch etwaige Altgläubiger einer solchen Gesellschaft werden dann durch die Überwachung nicht überrascht; am Erfordernis korrekter Kapitalaufbringung bei einer Kapitalgesellschaft als
Übernahmegesellschaft ändert sich durch den Zeitpunkt der Gründung ohnehin nichts.

12. **Eigenverwaltung.** Die Eigenverwaltung unter Aufsicht eines Sachwalters (§§ 270 ff) darf angeord- 179
net werden, wenn sich daraus im konkreten Fall keine Nachteile für die Gläubiger ergeben (§ 270
Abs 2 Nr 3; zur Möglichkeit einer Anfechtung der die Anordnung der Eigenverwaltung ablehnenden
Entscheidung trotz § 34 Abs 2 *Uhlenbruck* ZInsO 2003, 821 f; allgemein zur Eigenverwaltung *Kessler,*
Die Aktiengesellschaft in der Eigenverwaltung [2006; dazu *Wehdeking* DZWIR 2006, 451 ff]; *Kruse,*
Die Eigenverwaltung in der Insolvenz mit ihren gesellschaftsrechtlichen Bezügen [2004; dazu *Matzen*
DZWIR 2005, 351]). Solche Nachteile sind zu bejahen, wenn der geschäftsführende Gesellschafter im
Eröffnungsverfahren fehlerhafte Angaben zu Erstattungsansprüchen nach § 64 (früher Abs 2) GmbHG
macht (AG Köln 17. 9. 1999 ZIP 1999, 1646 = DStR 2000, 212 *[Haas]*). Teilweise wird es auch kritisch gesehen, wenn die Vertretungsorgane der Schuldnergesellschaft im Zusammenhang mit der Verfahrenseröffnung abgelöst werden – und etwa durch als Vertretungsorgan tätige Insolvenzverwalter ersetzt werden („Fremdverwaltung im Kostüm der Eigenverwaltung"; so AG Duisburg 1. 9. 2002 NZI
2002, 556, 558 f = ZIP 2002, 1636 [Babcock Borsig]; zust *Förster* ZInsO 2003, 402 ff; *Uhlenbruck*
NJW 2002, 3219, 3220 f; abw *Hofmann* ZIP 2007, 260, 262 f; *Köchling* ZInsO 2003, 53, 55; *Smid*
DZWIR 2002, 490, 495 f). Im Verfahren der Eigenverwaltung behalten die Geschäftsleiter – jedenfalls
grundsätzlich – ihre Kompetenzen. Als Folge der Auflösung sind sie aber nunmehr als Abwickler tätig.
Da die allgemeine gesellschaftsrechtliche Kompetenzverteilung erhalten bleibt, greifen auch die sich aus
der Holzmüller-Rechtsprechung (**BGH** 25. 2. 1982 Z 83, 122 = ZIP 1982, 568 = NJW 1982, 1703
[Holzmüller]) ergebenden Schranken für die Geschäftsführungsbefugnis von Vorstandsmitgliedern;
ebenso bleiben auch die sonstigen allgemeinen Weisungs- und Kontrollrechte der Gesellschafter bestehen (AG Duisburg 1. 9. 2002 NZI 2002, 556, 559 = ZIP 2002, 1636 [Babcock Borsig]; **LG** Duisburg
21. 8. 2003 ZIP 2004, 76 = NZG 2004, 195 [Babcock Borsig], wegen fehlender Kontinuität des Minderheitsquorums aufgehoben durch OLG Düsseldorf 16. 1. 2004 NZG 2004, 239 = EWiR § 122 AktG
1/04, 261 *[Vetter]* = DStR 2004, 2023 [Ls] *[Wälzholz]*; ebenso *Hess/Ruppe* NZI 2002, 577, 579 f; *Kessler* Aktiengesellschaft in der Eigenverwaltung, 2006, S 222 ff; *Köchling* ZInsO 2003, 53, 54 f;
Ringstmeier/Homann NZI 2002, 406 ff; *Smid* DZWIR 2002, 490, 499 f; *Karsten Schmidt* AG 2006,
597, 602 [der allerdings – S 603 f – für die Totalversilberung des Vermögens eine – nicht überzeugende
– Ausnahme machen will]; *Wehdeking* DZWIR 2006, 451, 453; abw *Noack* ZIP 2002, 1873, 1878
[wegen fehlender Bedeutung der zu veräußernden Vermögenswerte]; *ders* Der Aufsichtsrat in der Insolvenz der Kapitalgesellschaft [2003], S 39; *Prütting/Huhn* ZIP 2002, 777, 778 ff). Allerdings soll die juristische Person Verbindlichkeiten, die nicht zum gewöhnlichen Geschäftsbetrieb gehören, nur mit Zustimmung des Sachwalters eingehen (§ 275 Abs 1 Satz 1). Verbindlichkeiten, die zum gewöhnlichen
Geschäftsbetrieb gehören, soll er nicht eingehen, wenn der Sachwalter widerspricht (§ 275 Abs 1
Satz 2). Ungeklärt ist, ob sich die Vergütung der in der juristischen Peron tätigen Geschäftsleiter hinsichtlich ihrer Höhe nach dem Gesellschaftsrecht (dann mit Blick auf den Abwicklungszweck gering)
oder dem Insolvenzrecht (dann Erfolgskomponente wie bei Insolvenzverwalter) richtet; die Frage ist
vor allem mit Blick darauf von Bedeutung, dass die Geschäftsleitung im Rahmen der Eigenverwaltung
nicht selten von Personen wahrgenommen wird, die sonst als Insolvenzverwalter tätig sind.

Der **Sachwalter** ist nach § 280 insbesondere **zuständig** für die Geltendmachung von Ansprüchen aus 180
§ 92 und § 93 und für die Ausübung des Anfechtungsrechts (§§ 129 ff). Auch die Gläubigerrechte nach
§ 93 Abs 5 Satz 4, § 117 Abs 5 Satz 3 AktG werden vom Sachwalter verfolgt. Richten sich Ansprüche
auf Gesamtschäden – wie etwa bei verzögerter Insolvenzantragstellung – oder das Insolvenzanfechtungsrecht gegen Vertretungsorgane des Schuldners, sollte die Anordnung der Eigenverwaltung wegen
der dabei vorgezeichneten besonderen Interessenkonflikte insgesamt unterbleiben; die Zuweisung dieser
Rechte an den Sachwalter nach § 280 reicht hier nicht aus. Darüber hinaus kann das Insolvenzgericht
nach § 277 auf Antrag der Gläubigerversammlung und bestimmte Gläubiger anordnen, dass bestimmte Rechtsgeschäfte des Schuldners nur mit Zustimmung des Sachwalters wirksam sind (für die Möglichkeit, eine solche Anordnung auch schon bei Verfahrenseröffnung *von Amts wegen* zu treffen, AG
Duisburg 1. 9. 2002 NZI 2002, 556, 558 f = ZIP 2002, 1636 [Babcock Borsig]; zust *Ehricke* ZIP 2002,

782 ff; *Hess/Ruppe* NZI 2002, 577, 578 f; *Smid* DZWIR 2002, 490, 498; abw *Kluth* ZInsO 2002, 1001, 1002 f; *ders* ZInsO 2002, 1170 f).

181 Der Beschluss des Insolvenzgerichts über die Anordnung der Eigenverwaltung ist nach § 270 Abs 1 iVm § 30 Abs 1 und 2 mit dem Eröffnungsbeschluss **öffentlich bekanntzumachen;** bei nachträglicher Anordnung der Eigenverwaltung (§ 271) ist eine gesonderte öffentliche Bekanntmachung vorgeschrieben (§ 273). Öffentlich bekanntzumachen ist auch die Aufhebung der Eigenverwaltung (§ 273). Die Anordnung der Eigenverwaltung durch den Schuldner sowie deren Aufhebung sowie die Anordnung der Zustimmungsbedürftigkeit bestimmter Rechtsgeschäfte des Schuldners wird zudem aufgrund einer Mitteilung des Insolvenzgerichts (§ 31 Nr 1) von Amts wegen in das **Handels-, Genossenschafts- oder Vereinsregister eingetragen** (§ 32 Abs 1 Satz 2 Nr 3 HGB, § 102 Abs 1 Satz 2 Nr 3 GenG, § 75 Abs 1 Satz 2 Nr 3 BGB). Bezüglich der Wirkung der Eintragungen gelten die Ausführungen zur Eintragung der Eröffnung des Insolvenzverfahrens entsprechend.

182 **13. Restschuldbefreiung.** Wird auch über das Privatvermögen des Gesellschafters oder Mitglieds einer juristischen Person das Insolvenzverfahren eröffnet, kann dieser, falls es sich um eine natürliche Person handelt, Restschuldbefreiung nach Maßgabe von §§ 286 ff erlangen. Das ist insbesondere dann von Interesse, wenn er sich für die Verbindlichkeiten der Gesellschaft verbürgt hatte oder aus anderem Grund persönlich für sie haftet (dazu *Karsten Schmidt* KS-InsO S 1199, 1216). Voraussetzung ist allerdings, dass die Eröffnung des Verfahrens nicht mangels Masse abgelehnt wurde (§ 26) und es nicht – wie sich aus § 289 Abs 3 ergibt – später mangels Masse eingestellt wurde (KP-*Noack* GesellschaftsR Rn 531). Der juristischen Person selbst ist die Möglichkeit der Restschuldbefreiung verschlossen.

183 **14. Verbraucherinsolvenz.** Das Verbraucherinsolvenzverfahren nach §§ 304 ff kommt nur für natürliche Personen ohne oder mit nur geringfügiger selbstständiger wirtschaftlicher Tätigkeit in Betracht. Für eine juristische Person scheidet es daher aus. In Betracht kommt es aber für die **Gesellschafter oder Mitglieder** von juristischen Personen, sofern über deren Vermögen ein gesondertes Insolvenzverfahren eröffnet wurde. Das ist seit Inkrafttreten des InsOÄndG 2001 (BGBl I 2710) am 1. Dezember 2001 aber nur noch der Fall, wenn die Zahl ihrer Gläubiger nicht 19 überschreitet (§ 304 Abs 2 nF); zudem ist der Zugang zur Verbraucherinsolvenz versperrt, wenn die Verbindlichkeiten des Gesellschafters überwiegend aus seiner gesellschaftsrechtlichen Tätigkeit resultieren (**BGH** 22. 9. 2005 NZG 2005, 1005 = NZI 2005, 676 = ZIP 2005, 2070 [für einen Gesellschafter-Geschäftsführer]). Denkbar ist das Verbraucherinsolvenzverfahren auch für die **Geschäftsleiter** juristischer Personen. Hier ist aber nach heutigem Recht von Bedeutung, dass – abgesehen von der Höchstzahl der Gläubiger – ein Verbraucherinsolvenzverfahren auch ausgeschlossen ist, wenn noch Forderungen aus Arbeitsverhältnissen einschließlich Ansprüchen von Sozialversicherungsträgern abzuwickeln sind (§ 304 Abs 1 Satz 2 nF); das ist aber im Hinblick auf die persönliche Haftung von Geschäftsleitern wegen Nicht-Abführung von Sozialversicherungsbeiträgen (unten § 15 a Rn 46 ff) sehr häufig der Fall. Allein mit Blick auf eine mögliche Haftung nach § 69 AO ist aber noch keine „Selbstständigkeit" anzunehmen (AG Duisburg 8. 8. 2007 62 IN 181/07 ZIP 2007, 1963). Darüber hinaus soll das Verbraucherinsolvenzverfahren ausscheiden, wenn der Geschäftsleiter am Kapital der Gesellschaft beteiligt war oder selbst – insbesondere bei Alleinvertretungsmacht – Unternehmerinitiative entfalten konnte (*Schmittmann* ZInsO 2002, 745 mit Richtigstellung S 926). Unabhängig davon dürfen nach der **BGH**-Rechtsprechung auch hier die Verbindlichkeiten aus seiner gesellschaftsrechtlichen Tätigkeit nicht überwiegen.

II. Besonderheiten der einzelnen juristischen Personen

184 Für einige der juristischen Personen ergeben sich Besonderheiten, teils aufgrund unterschiedlicher gesellschaftsrechtlicher oder insolvenzrechtlicher Bestimmungen, teils aufgrund unterschiedlicher Rechtsprechung. Derartige Unterschiede sollten andererseits nicht überbewertet werden; denn sie sind, insbesondere bei den geringer verbreiteten juristischen Personen, häufig auch Folge einer weniger intensiven Beschäftigung von Gesetzgeber, Rechtsprechung und Schrifttum mit dem betreffenden Fragenkreis. Hinsichtlich der durch das MoMiG mit § 5 a GmbHG eingeführten **Unternehmergesellschaft** (UG) ist insoweit hervorzuheben, dass sie keine eigenständige Rechtsform bildet, sondern dass es sich bei ihr um eine „normale GmbH" handelt (Begr RegE, BT-Drucks 16/6140, S 31). Rechtliche Abweichungen ergeben sich in erster Linie daraus, dass bei ihr die der Pflicht zur Insolvenzantragstellung vorgelagerte Pflicht zur Verlustanzeige modifiziert ist (dazu unten § 15 a Rn 16). In tatsächlicher Hinsicht dürfte das fehlende Erfordernis einer Mindestkapitalaufbringung (§ 5 a Abs 1 GmbHG) dazu führen, dass die Pflichten der Geschäftsleiter zu rechtzeitiger Stellung eines Insolvenzantrags eine größere Bedeutung als bei einer gewöhnlichen GmbH erlangen werden (dazu im Einzelnen unter § 15 a Rn 19 ff).

185 **1. Aktiengesellschaft und Gesellschaft mit beschränkter Haftung. a) Organe.** Kündigt der Insolvenzverwalter den Anstellungsvertrag eines **Vorstandsmitglieds** (dazu bereits oben Rn 125 ff), so kann dieser Ersatz des Schadens, der ihm durch die Aufhebung des Dienstverhältnisses entsteht, nur für zwei Jahre seit dem Ablauf des Dienstverhältnisses verlangen (§ 87 Abs 3 AktG). Anstelle einer Kündigung ist auch

E. Insolvenz der juristischen Person (Abs 1 S 1) § 11

eine angemessene Herabsetzung der Gesamtbezüge des Vorstands bei Fortbestand des Anstellungsvertrages im Übrigen möglich (§ 87 Abs 2 AktG); dieses Recht steht auch während des Insolvenzverfahrens dem Aufsichtsrat zu (KP-*Noack* GesellschaftsR Rn 366; abw *Göcke/Greubel* ZIP 2009, 2086, 2087 f). Eine solche Kürzung *soll* auf der Grundlage der Neufassung von § 87 Abs 2 AktG durch das VorstAG schon im Vorfeld einer Insolvenz erfolgen, wenn sich die Lage der Gesellschaft nach der Festsetzung der Vergütung so verschlechtert, dass die Weitergewährung der vereinbarten Bezüge für die Gesellschaft unbillig wäre. Ist eine Kürzung geboten, kann es eine Pflichtverletzung darstellen, wenn der Aufsichtsrat sie unterlässt (jetzt ausdrücklich § 116 Satz 3 AktG; zuvor KK-*Mertens* § 87 AktG Rn 15). Etwaige Schadenersatzansprüche nach §§ 93, 116 AktG sind in diesem Fall vom Insolvenzverwalter als Gesamtschaden nach § 92 Satz 1 geltend zu machen (KP-*Noack* GesellschaftsR Rn 367).

Die Mitglieder des **Aufsichtsrats** behalten ihr Amt auch nach Eröffnung eines Insolvenzverfahrens 186 (arg. auch der frühere § 104 GenG, nach dem im Falle der Konkurseröffnung über das Vermögen einer Genossenschaft die Generalversammlung zur Beschlussfassung darüber einzuberufen war, „ob die bisherigen Mitglieder des Vorstands und des Aufsichtsrats beizubehalten oder andere zu bestellen sind"). Auch scheidet eine „Kündigung" aus (RG 14. 2. 1913 Z 81, 332, 337), zumal es schon an einer § 87 Abs 3 AktG vergleichbaren Norm für den Aufsichtsrat fehlt. Möglich bleibt aber die Kündigung des Arbeitsverhältnisses eines Arbeitnehmervertreters im Aufsichtsrat, auch wenn dies mittelbar auch zum Verlust seines Aufsichtsratsmandats führt (§ 24 Abs 1 MitbestG, § 4 Abs 3 Satz 4 DrittelbG; *Noack* Der Aufsichtsrat in der Insolvenz der Kapitalgesellschaft [2003], S 22). Der Aufgabenkreis des Aufsichtsrats wird aber durch die Insolvenz stark eingeengt (RG 14. 2. 1913 Z 81, 332, 337; *H.-F. Müller* Der Verband in der Insolvenz, S 149). So haben sie weiterhin die Tätigkeit des Vorstandes hinsichtlich des insolvenzfreien Bereiches der AG zu überwachen (§§ 111 Abs 1, 268 Abs 2 AktG; § 52 Abs 1 GmbHG). Die praktische Bedeutung dieser Aufgabe ist allerdings gering (RG 14. 2. 1913 Z 81, 332, 338; *Noack* Der Aufsichtsrat in der Insolvenz der Kapitalgesellschaft [2003], S 13; *Robrecht* DB 1968, 471, 472 f; *Oechsler* AG 2006, 606). Von Bedeutung dürfte nur ein auch *ad hoc* möglicher Zustimmungsvorbehalt zur Vorlage eines Insolvenzplans sein (*H.-F. Müller* Der Verband in der Insolvenz, S 150). Im Übrigen unterliegen die Geschäftsleiter nämlich bezüglich der verfahrensrechtlichen Pflichten nach der InsO im Hinblick auf den öffentlich-rechtlichen Charakter der Schuldnerpflichten keiner Mitwirkung des Aufsichtsrats (oben Rn 132; ausführlich zur Stellung des Aufsichtsrats in der Insolvenz der AG: *Noack* Der Aufsichtsrat in der Insolvenz der Kapitalgesellschaft [2003]; *Oechsler* AG 2006, 606 ff; *D. Schneider*, FS Oppenhoff 1985, S 349 ff; *Weber* KTS 1970, 73, 78 ff). Gegenüber dem Insolvenzverwalter steht dem Aufsichtsrat jedoch kein Kontroll- oder Überwachungsrecht zu; auch ein Informationsrecht gegenüber dem Insolvenzverwalter hat er nicht (siehe auch oben Rn 121).

Der Aufsichtsrat kann auch noch nach Eröffnung eines Insolvenzverfahrens die **Bestellung eines Vor-** 187 **standsmitglieds** aus wichtigem Grund widerrufen (§ 84 Abs 3 AktG). Auch neue Vorstandsmitglieder kann er bestellen (§ 84 Abs 1 AktG; **OLG** Nürnberg 20. 3. 1990 NJW-RR 1992, 230, 232 = ZIP 1991, 1020, 1021 = EWiR § 12 MontMitbestG 1/91, 1007 *[K. Müller]* [Maxhütte]; *Haas*, FS Konzen 2006, S 157, 161; *H.-F. Müller* Der Verband in der Insolvenz, S 151 f; *Noack* Der Aufsichtsrat in der Insolvenz der Kapitalgesellschaft [2003], S 24). Das Bestellungsrecht der Hauptversammlung nach § 265 Abs 2 Satz 1 AktG greift nicht ein, da keine Abwicklung stattfindet. Ein Anstellungsvertrag zwischen dem Bestellten und dem Insolvenzverwalter kommt seine Bestellung jedoch nicht automatisch zustande (so aber *obiter* **OLG** Nürnberg, ebda: dort fehlte es aber an dem erforderlichen Aufsichtsratsbeschluss, so dass das Gericht den Abschluss eines Beratervertrages mit dem Vorstandsvorsitzenden annahm; *Hüffer* § 264 AktG Rn 11). Vielmehr ist auch hier zwischen Bestellung und Anstellung streng zu trennen; für einen Anstellungsvertrag zu Lasten der Masse ist daher der Insolvenzverwalter zuständig. Weiter hat der Aufsichtsrat nach wie vor das Recht, nach § 111 Abs 3 AktG die Hauptversammlung einzuberufen (RG 14. 2. 1913 Z 81, 332, 337).

Bezüglich der **Vergütung** ist die Lage beim Aufsichtsrat anders als beim Vorstand. Denn im Gegensatz 188 zum Vorstandsmitglied tritt neben die Bestellung kein gesonderter Anstellungsvertrag (*Hirte* KapGesR Rn 3.189; *Hüffer* § 101 AktG Rn 2; KK-*Mertens* § 101 AktG Rn 5, § 113 AktG Rn 8; MK-AktG/*Habersack* § 101 AktG Rn 67; *Raiser/Veil* KapGesR § 15 Rz. 90; abw *Grunewald* GesR 2. C. V. 5. a Rn 85). Eine (eventuelle) Vergütung für die Aufsichtsratstätigkeit kann vielmehr aus Gründen der Transparenz nur in der Satzung oder durch Beschluss der Hauptversammlung festgelegt werden (§ 113 Abs 1 AktG). Daraus folgt zunächst, dass keine „Kündigung" der „Vergütungsvereinbarung" nach § 113 Abs 1 möglich ist (abw *Noack* Der Aufsichtsrat in der Insolvenz der Kapitalgesellschaft [2003], S 35; anders ist dies selbstverständlich für neben die Organstellung tretende „Beratungsverträge": *Noack* ebda S 19). Da die Organstellung weiter besteht, kommt auch ein Erlöschen des Vergütungsanspruchs in unmittelbarer Anwendung von § 116 nicht in Betracht (ebenso *Hanau/Ulmer* § 25 MitbestG Anm 82; *Oechsler* AG 2006, 606, 607 ff; abw *Weber* KTS 1970, 73, 84). Auch § 115 Abs 2 kommt nicht zum Zuge. Gleichwohl können die Aufsichtsratsmitglieder für ihre Tätigkeit nach Eröffnung des Insolvenzverfahrens aus der Insolvenzmasse keine Vergütung beanspruchen (iE ebenso **RG** 14. 2. 1913 Z 81, 332, 338; KP-*Noack* GesellschaftsR Rn 342; *Noack* Aufsichtsrat S 36; *Oechsler* AG 2006, 606, 607 ff; Scholz/*Karsten Schmidt* § 64 GmbHG Rn 67; abw *H.-F. Müller* Der Verband in der Insolvenz, S 161 [Anwendung von § 113 auf den schuldrechtlichen Teil der Bestellung]). Auch Aufwendungsersatzansprüche nach § 670 BGB sind ausgeschlossen (*Oechsler* AG 2006, 606, 608 ff [dort auch zu denkbaren Ausnahmen]). Denkbar ist freilich eine Übernahme der Prämien für eine D & O-Versicherung, wenn und soweit diese im Interesse der Gesellschaft – und damit auch der Masse – liegt (insoweit etwas zu restriktiv *Oechsler* AG 2006, 606, 610 f). Mit ihren aus der Zeit vor Eröffnung des Insolvenzverfahrens rückständigen Ansprüchen sind die Aufsichtsratsmitglieder Insolvenzgläubiger (§ 38). Eine Privilegierung als Masseverbindlichkeiten, wie sie für die Bezüge des Geschäftsleiters möglich ist (dazu oben Rn 127), scheidet hier aus; dafür spricht auch, dass für Aufsichtsratsvergütungen im Gegensatz zu Geschäftsleiterbezügen schon zum alten Recht eine Bevorrechtigung nach § 61 Abs 1 Nr 1 KO verneint wurde (**RG** 13. 3. 1928 Z 120, 300, 302; **BGH** 6. 4. 1964 Z 41, 282, 288 = NJW 1964, 1367).

189 Die **Haupt- oder Gesellschafterversammlung** kann auch nach Eröffnung des Insolvenzverfahrens neue Aufsichtsratsmitglieder wählen (§ 101 AktG) oder abberufen (§ 103 AktG); Arbeitnehmervertreter im Aufsichtsrat können weiterhin nach § 23 Abs 1 MitbestG abberufen werden (*Noack* Der Aufsichtsrat in der Insolvenz der Kapitalgesellschaft [2003], S 19). Auch eine gerichtliche Bestellung von fehlenden Aufsichtsratsmitgliedern nach § 104 AktG bleibt möglich, ohne dass der Insolvenzverwalter insoweit ein Beschwerderecht hätte (**KG** 4. 8. 2005 ZIP 2005, 1553, 1555 = ZInsO 2005, 991 = DZWIR 2005, 477 [*Flitsch*]); entsprechend sind auch die Kosten dieses Verfahrens nicht von der Masse zu tragen (*Noack* Aufsichtsrat S 19 f; *Oechsler* AG 2006, 606, 611). Da die fehlende Honorierbarkeit (oben Rn 188) die Attraktivität der Aufsichtsratstätigkeit nicht gerade steigert und somit die Gefahr mit sich bringt, dass unqualifizierte Aufsichtsratsmitglieder gewählt oder nach § 104 AktG bestellt werden, soll dieses Verfahren ausgesetzt werden können, solange kein Bedarf für eine Aufsichtsratstätigkeit besteht (so *Oechsler* AG 2006, 606, 612 f; ähnlich *Noack* Aufsichtsrat S 20 f [restriktive Auslegung von § 104 AktG]). Gleiches gilt für Bestellung und Abberufung neuer Geschäftsführer durch die Gesellschafterversammlung der GmbH (§ 46 Nr 5 GmbHG). Auch können Haupt- oder Gesellschafterversammlung den Mitgliedern der Verwaltung nach wie vor **Entlastung** erteilen oder sie verweigern; doch wirkt der – nur bei der GmbH mögliche (§ 120 Abs 2 Satz 2 AktG) – in der Entlastung liegende Verzicht auf Regressansprüche (**BGH** 4. 11. 1968 NJW 1969, 131) wegen § 80 nicht gegenüber der Insolvenzmasse (KP-*Noack* GesellschaftsR Rn 338; *H.-F. Müller* Der Verband in der Insolvenz, S 166 f; *Karsten Schmidt* KTS 2001, 373, 376; abw KG 5. 5. 1959 GmbHR 1959, 257). Die Gesellschafterversammlung kann weiter beschließen, dass **Ersatzansprüche**, die der Insolvenzverwalter aus der Masse freigibt, **geltend gemacht** werden sollen; bei der AG ist ein entsprechendes Minderheitsverlangen in der Hauptversammlung nach § 147 AktG zulässig. Der Hauptversammlung bleibt auch das Recht, nach § 142 Abs 1 AktG **Sonderprüfer** zu bestellen (*Kirschner*, Die Sonderprüfung der Geschäftsführung in der Praxis [2008], S 25 f; abw *Weber* KTS 1970, 73, 78). Auch das Minderheitsrecht zur Bestellung eines Sonderprüfers (§ 142 Abs 2 AktG) bleibt von der Verfahrenseröffnung unberührt. Denn der Insolvenzverwalter kann nur mit Wirkung für die Insolvenzmasse auf Regressansprüche gegen Organmitglieder verzichten und von einer Sonderprüfung absehen. Daher erlischt ein vor Eröffnung des Insolvenzverfahrens erteilter Sonderprüfungsauftrag nur mit Wirkung gegenüber der Insolvenzmasse (§§ 115 Abs 1, 116). Die **Kosten** einer etwaigen Haupt- oder Gesellschafterversammlung begründen, da erst nach Verfahrenseröffnung entstanden (§ 38), keine Insolvenzforderungen; sie stellen aber auch keine Masseverbindlichkeiten dar, da sie bei der GmbH der Verwaltung, Verwertung und Verteilung der Masse (§ 55 Abs 1 Nr 1) dienen – mit Ausnahmen in Fällen, in denen Beschlüsse von Bedeutung für die Sanierung der Gesellschaft sind, *Noack* Aufsichtsrat S 29; *H.-F. Müller* Der Verband in der Insolvenz, S 117 f [entsprechende Anwendung von § 100]; in dieselbe Richtung jetzt auch *Uhlenbruck* NZI 2007, 313, 316). Das gilt auch für die Wahl der Aufsichtsratsmitglieder (*Oechsler* AG 2006, 606, 611). Die Kosten können daher erst nach Beendigung des Verfahrens beglichen werden, wenn sie nicht von den (gegebenenfalls künftigen) Gesellschaftern persönlich getragen werden. Entsprechendes gilt wegen § 20 Abs 3 Satz 1 MitbestG für die Wahl der Arbeitnehmervertreter im mitbestimmten Aufsichtsrat durch das zuständige Wahlgremium (*Noack* Der Aufsichtsrat in der Insolvenz der Kapitalgesellschaft [2003], S 21). Für das „Statusverfahren" nach §§ 97 ff AktG soll allerdings eine Kostentragung durch die Masse möglich sein (*Noack* Aufsichtsrat S 23).

190 Wird über das Vermögen einer AG vor der zu einer **Nachgründung** erforderlichen Zustimmung der Hauptversammlung (§ 52 AktG) ein Insolvenzverfahren eröffnet, so ist statt der Zustimmung der Hauptversammlung diejenige des Insolvenzverwalters erforderlich. Denn das Zustimmungserfordernis bezweckt die Erhaltung des Grundkapitals und gehört damit zu den vom Insolvenzverwalter wahrzunehmenden Vermögensinteressen der Gesellschaft (*Hüffer* § 52 AktG Rn 15; KP-*Noack* GesellschaftsR Rn 360; abw noch BayObLG 22. 5. 1925 Z 24 [1925], 183, 186 f = JW 1925, 1646 f).

191 Der Vorstand oder die Gesellschafterversammlung (oder ein anderes satzungsmäßig dazu berufenes Organ) sind auch nach wie vor zuständig, die **Abtretung von Aktien bzw Geschäftsanteilen** nach § 68 Abs 2 AktG, § 15 Abs 5 GmbHG zu genehmigen (*Haas*, FS Konzen 2006, S 157, 161; zur entsprechenden Frage bei Insolvenz *des Gesellschafters* oben Rn 55). Die Haftung des Altgesellschafters für rückständige Einlageverpflichtungen bei teileingezahlten Anteilen bleibt davon allerdings unberührt (§ 65 Abs 1 AktG [subsidiär], § 16 Abs 2 GmbHG; daher zu Unrecht abw **RG** 15. 12. 1909 Z 72, 290, 293). Die innergesellschaftlich dafür zuständigen Organe können bei Vorliegen der gesellschaftsrechtlichen Voraussetzungen auch eine **Einziehung von Anteilen** beschließen (§ 237 Abs 1 AktG, § 34 Abs 1 und 2 GmbHG; *Haas*,

FS Konzen 2006, S 157, 162). Auch ein **Ausschluss von Minderheitsaktionären** nach §§ 327a ff. AktG, §§ 39a, 39b WpÜG dürfte noch zulässig sein (so für das Liquidationsstadium **BGH** 18. 9. 2006 II ZR 225/04 NZG 2006, 905 = ZIP 2006, 2080, 2081). Die Haupt- bzw Gesellschafterversammlung kann im Innenverhältnis auch über die Vorlage eines Insolvenzplans, über die Zustimmung zu einem **Insolvenzplan** (ebenso zum früheren Zwangsvergleich *Siegelmann* DB 1967, 1029 f; *Hüffer* in Geßler/Hefermehl/Eckardt/Kropff § 264 AktG Rn 39) oder über einen Antrag auf Einstellung des Verfahrens (§ 213 Abs 1) beschließen; hat die Maßnahme für die Gesellschaft wesentliche Bedeutung, muss sie dies auch (oben Rn 21; ebenso KP-*Noack* GesellschaftsR Rn 384; Scholz/*Karsten Schmidt* vor § 64 GmbHG Rn 65).

b) **Satzungsänderungen und Kapitalmaßnahmen.** Haupt- oder Gesellschafterversammlung können 192 auch **Satzungsänderungen** beschließen (§ 179 AktG, § 53 GmbHG), sofern sie sich nicht auf Gegenstände beziehen, die – wie die **Firma** – dem Insolvenzbeschlag unterliegen (**OLG** Karlsruhe 8. 1. 1993 ZIP 1993, 133 = EWiR § 63 GmbHG 1/93, 385 *[Kirberger]*; GroßKomm/*Heinrich* § 4 GmbHG Rn 96ff; *Haas*, FS Konzen 2006, S 157, 162; *A. Herchen* ZInsO 2004, 1112, 1115; *Uhlenbruck* ZIP 2000, 401, 403). Nach einer Unternehmensveräußerung samt Firma ist eine Änderung jedoch unproblematisch möglich. Hier wie bei allen diesen Maßnahmen ist jedoch vor allem ein Fortsetzungsbeschluss der durch die Eröffnung des Insolvenzverfahrens geänderte Gesellschaftszweck zu beachten. Daher ist die **Sitzverlegung** einer aufgelösten Gesellschaft nur aus besonderen, im Interesse der Abwicklung liegenden Gründen möglich (**LG** Berlin 23. 4. 1999 ZIP 1999, 1050 für nach § 1 Abs 1 LöschG [jetzt § 60 Abs 1 Nr 5 GmbHG] aufgelöste GmbH).

Möglich ist schließlich, *im eröffneten Insolvenzverfahren* eine effektive **Kapitalerhöhung** (§§ 182 ff 193 AktG, §§ 55 ff GmbHG) zu beschließen (**BGH** 23. 5. 1957 Z 24, 279, 286 = NJW 1957, 1279 ff [AG]; Baumbach/Hueck/*Schulze-Osterloh* § 64 GmbHG Rn 60; *Haas*, FS Konzen 2006, S 157, 162; GroßKomm/*Ulmer* § 55 GmbHG Rn 34; *Kalter* KTS 1955, 58, 59; *H.-F. Müller* Der Verband in der Insolvenz, S 180; *ders* ZGR 2004, 842, 843 f; Scholz/*Karsten Schmidt* vor § 64 GmbHG Rn 65; abw **OLG** Bremen GmbHR 1958, 180 5. 7. 1957 NJW 1957, 1560). Dies ist insbesondere im Rahmen eines Insolvenzplans von Interesse (**LG** Heidelberg 16. 3. 1988 ZIP 1988, 1257 f = EWiR § 186 AktG 1/88, 945 *[Timm]* [Rückforth]). Die damit der Gesellschaft zugeführten Mittel fallen nach heutigem Recht (§ 35) in die Insolvenzmasse (Einzelheiten bei § 35 Rn 121 f, 304). Daraus folgt, dass in einem solchen Fall auch die Anmeldung zum Handelsregister durch den Insolvenzverwalter erfolgen muss; zudem muss dieser – und nicht der Geschäftsleiter – bestätigen, dass die neuen Einlagen zu seiner freien Verfügung geleistet wurden (§ 37 Abs 1 Satz 2 AktG, § 8 Abs 2 Satz 1 iVm § 7 Abs 3 GmbHG; dazu *Gundlach/Frenzel/Schmidt* DStR 2006, 1048, 1049; *Kautz*, Die gesellschaftsrechtliche Neuordnung der GmbH im künftigen Insolvenzrecht [1995], S 249 f; *Hirte* KS-InsO S 1253, 1279; *H.-F. Müller* Der Verband in der Insolvenz, S 183; *ders* ZGR 2004, 842, 847 f; abw *Kuntz* DStR 2006, 519, 520; *ders* DStR 2006, 1050, 1051). Eine vor Eröffnung des Insolvenzverfahrens erteilte Ermächtigung zur Kapitalerhöhung im Rahmen **genehmigten Kapitals** (§§ 202 ff AktG) erlischt mit der Eröffnung des Insolvenzverfahrens über das Vermögen der Gesellschaft (GroßK-*Hirte* § 202 Rn 205). Ob auch in einer solchen Extremsituation die Gesellschafter noch zu Leistungen herangezogen werden dürfen, ist allein Angelegenheit der Hauptversammlung (GroßK-*Hirte* § 202 Rn 205; KK-*Lutter* § 202 Rn 17; *ders*, FS Schilling 1973, S 207, 232; abw *H.-F. Müller* ZGR 2004, 842, 856). Eine Ermächtigung für diesen Fall kann – auch ausdrücklich – nicht erteilt werden (GroßK-*Hirte* § 202 Rn 205; etwas weiter KK-*Lutter* § 202 Rn 17 aE). In der GmbH können zum Zweck der Fortsetzung auch während des Insolvenzverfahrens von den Gesellschaftern **Nachschüsse** (§§ 26 ff GmbHG) beschlossen werden, soweit dies die Satzung zulässt (*Haas* FS Konzen 2006, S 157, 162; *Kalter* KTS 1955, 58, 59; enger *Weber* KTS 1970, 73, 80 [nur bei Einstellung nach § 213 oder nach Bestätigung eines Insolvenzplans, der den Fortbestand der juristischen Person vorsieht]). Der Insolvenzverwalter kann einen solchen Nachforderungsbeschluss aber nicht erzwingen; denn damit würde er in die Kompetenz der Gesellschafter eingreifen (**BGH** 6. 6. 1994 DStR 1994, 1129). Wegen der typischerweise vorliegenden Überschuldung ist es aber nicht möglich, eine **Kapitalerhöhung aus Gesellschaftsmitteln** (§§ 207 ff AktG, §§ 57c ff. GmbHG) im eröffneten Insolvenzverfahren zu beschließen (GroßK-*Hirte* § 207 AktG Rn 156; *H.-F. Müller* Der Verband in der Insolvenz, S 180 [abw für den Fall des Eigenantrages wegen drohender Zahlungsunfähigkeit]; *ders* ZGR 2004, 844).

War eine Kapitalerhöhung allerdings *vor Eröffnung* des Insolvenzverfahrens beschlossen, aber noch 194 nicht zum Handelsregister angemeldet, so wird sie durch die Eröffnung des Insolvenzverfahrens nicht unwirksam (*Götze* ZIP 2002, 2204, 2205; abw **RG** 20. 10. 1911 Z 77, 152; **RG** 26. 6. 1914 Z 85, 205, 207 f; **BGH** 7. 11. 1994 NJW 1995, 460 = ZIP 1995, 28, 29 = KTS 1995, 270 f = EWiR § 188 AktG 1/95, 107 *[von Gerkan]*; **OLG** Bremen 5. 7. 1957 NJW 1957, 1560; **OLG** Hamm 19. 5. 1979 WM 1979, 1277). Der Insolvenzverwalter ist aber nicht anstelle der Geschäftsleiter zur Anmeldung und damit zur Herbeiführung der Rechtsverbindlichkeit legitimiert (inzident **BGH** 7. 11. 1994 NJW 1995, 460 = ZIP 1995, 28, 29 = KTS 1995, 270 f = EWiR § 188 AktG 1/95, 107 *[von Gerkan]*; explizit BayObLG 17. 3. 2004 NZG 2004, 582 = GmbHR 2004, 669 = KTS 2004, 409; *Götze* ZIP 2002, 2204, 2208 f; GroßK-*Wiedemann* § 182 AktG Rn 95; *Kuntz* DStR 2006, 519, 520; *ders*, DStR 2006, 1050,

1051; *Robrecht* GmbHR 1982, 126, 127; *Winnefeld* BB 1976, 1202, 1204; abw *Schulz* KTS 1986, 389, 399 ff). Deshalb steht es bis zum Abschluss eines Übernahmevertrages den Gesellschaftern auch frei, den Kapitalerhöhungsbeschluss wieder aufzuheben (*Kuntz* DStR 2006, 519, 521 f; *ders* DStR 2006, 1050; *Karsten Schmidt* AG 2006, 597, 605; zT enger *Gundlach/Frenzel/Schmidt* DStR 2006, 1048, 1049; abw *H.-F. Müller,* Der Verband in der Insolvenz, S 184; *ders* ZGR 2004, 842, 850 ff). Der Übernahmevertrag mit dem Zeichner besteht in diesem Fall trotz Insolvenzeröffnung fort, doch kann er bei einer trotz Insolvenz fortgesetzten Kapitalerhöhung seine rechtliche Bindung aus wichtigem Grund kündigen (*Götze* ZIP 2002, 2204, 2207 f [wegen Wegfalls der Geschäftsgrundlage]; *Lutter,* FS Schilling 1973, S 207, 221; *Gottwald/Haas* InsR HdB § 92 Rn 317; *Kuntz* DStR 2006, 519, 522 f; *ders* DStR 2006, 1050 f; abw *Gundlach/Frenzel/Schmidt* DStR 2006, 1048, 1049; *dies* NZI 2007, 692, 693 f; *H.-F. Müller* ZGR 2004, 842, 850 ff). War die Anmeldung zum Handelsregister schon vor Verfahrenseröffnung erfolgt und trägt das Registergericht die Kapitalerhöhung trotz erfolgter Kündigung der Zeichnungsverträge ein, wird sie aber wirksam (*Götze* ZIP 2002, 2204, 2208 f). Das alles gilt entsprechend für andere Satzungsänderungen. Sobald schließlich eine Kapitalerhöhung angemeldet und eingetragen ist, kann der Insolvenzverwalter die dann entstandenen Einlageansprüche geltend machen. Eine vor Verfahrenseröffnung beschlossene Umwandlung kann demgegenüber nur gemeinsam von Gesellschaftsorganen und Insolvenzverwalter angemeldet werden, da sie zur automatischen Beendigung des Verfahrens führen würde.

195 Zulässig ist auch eine (isolierte) **vereinfachte Kapitalherabsetzung** („Buchsanierung") nach §§ 229 ff AktG, §§ 58 a ff GmbHG (**BGH** 9. 2. 1998 Z 138, 71, 79 = NJW 1998, 2054, 2056 = ZIP 1998, 692, 694 = EWiR § 222 AktG 1/99, 49 *[Dreher]* [Sachsenmilch; für AG/GesO]; *H.-F. Müller* Der Verband in der Insolvenz, S 181; dazu auch *Hirte* KS-InsO S 1253, 1278 f). Die früher im GmbH-Recht insoweit bestehenden Probleme sind durch die Zulassung der vereinfachten Kapitalherabsetzung auch in der GmbH durch Art 48 Nr 4 EGInsO beseitigt, die aufgrund Art 110 Abs 3 EGInsO am 19. Oktober 1994 in Kraft getreten sind (dazu *Hirte* KS-InsO S 1253, 1260 ff). Die vereinfachte Kapitalherabsetzung darf insbesondere auch zum Bestandteil eines Insolvenzplans gemacht werden (*Uhlenbruck* GmbHR 1995, 81, 85 f). Auch eine **sanierende Kapitalerhöhung** (vereinfachte Kapitalherabsetzung, kombiniert mit Kapitalerhöhung; § 235 AktG, § 58 f GmbHG) kommt in Betracht (**OLG Bremen** 5. 7. 1957 NJW 1957, 1560; *Hüffer* § 222 AktG Rn 24; KK-*Lutter* § 222 AktG Rn 53; *Lutter/Hommelhoff/Timm* BB 1980, 737, 740 ff; *Karsten Schmidt* ZGR 1982, 519 ff). Unzulässig ist demgegenüber eine **effektive Kapitalherabsetzung**; sie dürfte zudem während des Insolvenzverfahrens schon deshalb nicht praktisch durchführbar sein, weil das Sperr(halb)jahr abgewartet und die Gesellschaftsgläubiger befriedigt oder sichergestellt werden müssten (§ 225 Abs 2 Satz 1 AktG, § 58 Abs 1 Nr 3 GmbHG; *H.-F. Müller,* Der Verband in der Insolvenz, S 180; Scholz/*Karsten Schmidt* vor § 64 GmbHG Rn 65).

196 Schließlich kann die Hauptversammlung, ebenfalls wieder typischerweise im Zusammenhang mit einem Insolvenzplan oder mit einer Einstellung des Insolvenzverfahrens die **Fortsetzung** der Gesellschaft beschließen (§ 274 Abs 2 Nr 1 AktG, § 60 Abs 1 Nr 4 GmbHG; dazu oben Rn 153 ff). In Betracht kommt auch eine Umwandlung (oben Rn 156 ff).

197 **c) Gläubiger.** Zu den Insolvenzgläubigern einer Aktiengesellschaft gehören auch die **Gläubiger von Schuldverschreibungen** iSv §§ 793 ff BGB. Gleiches gilt für die Gläubiger von Wandelanleihen nach § 221 AktG: sie verlieren ihre Gläubigerstellung erst mit Ausübung des Wandelrechts, die auch möglich bleibt, wenn über das Vermögen der AG ein Insolvenzplan beschlossen wurde (**OLG Stuttgart** 1. 3. 1995 AG 1995, 329, 330 f [Südmilch]). Gläubiger von Optionsanleihen iSv § 221 AktG bleiben demgegenüber mit der „Anleihekomponente" ihres Rechts selbst dann Gesellschaftsgläubiger, wenn sie ihr Optionsrecht ausgeübt haben. Ob Forderungen aus **Genussrechten,** insbesondere Genussscheinen (angesprochen in § 221 Abs 3 AktG), zu den Insolvenzforderungen zählen, hängt von deren vertraglicher Ausgestaltung ab. Unabhängig von der Frage, ob sie nach Bank- oder Versicherungsaufsichtsrecht als Eigenkapital anzusehen sind, können sie gesellschafts- und damit insolvenzrechtlich Fremdkapital bilden. Die aufsichtsrechtliche Anerkennung als Eigenkapital setzt allerdings eine Nachrangabrede gegenüber den übrigen Gesellschaftsgläubigern voraus; damit sind sie im Insolvenzverfahren zwar Forderungen, aber nach § 39 Abs 2 im Zweifel selbst gegenüber Forderungen aus Gesellschafterdarlehen (§ 39 Abs 1 Nr 5) nachrangig.

198 Für die Stellung von **Schuldverschreibungsgläubigern** bei Sanierungsmaßnahmen ist das Gesetz über Schuldverschreibungen aus Gesamtemissionen (Schuldverschreibungsgesetz – SchVG) vom 21. 7. 2009 (BGBl I, S 2512) von Bedeutung. Es hat mit Wirkung vom 5. 8. 2009 das frühere Gesetz betreffend die gemeinsamen Rechte der Besitzer von Schuldverschreibungen vom 4. 12. 1899 (SchVG) ersetzt (RGBl I, 691; geändert durch Gesetz vom 14. 5. 1914 [RGBl I 121] bezügl der Vertreterbestellung, VO vom 24. 9. 1932 [RGBl I 447] bezügl der Abwicklung der Versammlung und der Vertreterbestellung und Gesetz vom 20. 7. 1933 [RGBl I 523] bezügl der Anwendbarkeit auf Vergleiche = BGBl III, Gliederungsziffer 4134–1]. Das alte Recht gilt allerdings nach § 24 SchVG noch für vor dem 5. 8. 2009 ausgegebene Schuldverschreibungen fort, sofern nicht die Gläubiger mit Mehrheitsbeschluss und mit Zustimmung des Schuldners die Anwendbarkeit des neuen Schuldverschreibungsrechts beschließen (zum alten Recht siehe 12. Aufl Rn 198). Nach dem neuen Recht können die Anleihebedingungen von in-

haltsgleichen Schuldverschreibungen aus einer Gesamtemission (§ 1 Abs 1 SchVG) vorsehen, dass die Gläubiger derselben Anleihe durch Mehrheitsbeschluss **Änderungen der Anleihebedingungen zustimmen** und zur Wahrnehmung ihrer Rechte einen gemeinsamen Vertreter für alle Gläubiger bestellen können (§ 5 Abs 1 Satz 1 SchVG). Nach § 5 Abs 3 Satz 1 SchVG können die Gläubiger dabei (sofern der Gleichbehandlungsgrundsatz beachtet wurde; § 5 Abs 2 Satz 2 SchVG) insbesondere folgenden Maßnahmen zustimmen: (1) der Veränderung der Fälligkeit, der Verringerung oder dem Ausschluss der Zinsen; (2) der Veränderung der Fälligkeit der Hauptforderung; (3) der Verringerung der Hauptforderung; (4) dem Nachrang der Forderungen aus den Schuldverschreibungen im Insolvenzverfahren des Schuldners; (5) der Umwandlung oder dem Umtausch der Schuldverschreibungen in Gesellschaftsanteile, andere Wertpapiere oder andere Leistungsversprechen; (6) dem Austausch und der Freigabe von Sicherheiten; (7) der Änderung der Währung der Schuldverschreibungen; (8) dem Verzicht auf das Kündigungsrecht der Gläubiger oder dessen Beschränkung; (9) der Schuldnerersetzung und (10) der Änderung oder Aufhebung von Nebenbestimmungen der Schuldverschreibungen. Ein Verzicht auf Kapitalansprüche kann dabei jedoch nicht beschlossen werden. Die Gläubiger entscheiden im Allgemeinen nach § 5 Abs 4 Satz 1 SchVG mit der einfachen Mehrheit der an der Abstimmung teilnehmenden Stimmrechte; Beschlüsse, durch welche der wesentliche Inhalt der Anleihebedingungen geändert wird, insbesondere in den vorgenannten Fällen Nrn 1 bis 9, bedürfen jedoch nach Satz 2 zu ihrer Wirksamkeit einer Mehrheit von mindestens 75 Prozent der teilnehmenden Stimmrechte (qualifizierte Mehrheit). Ein **gemeinsamer Vertreter der Gläubiger**, der im Zweifel zur Geltendmachung von Gläubigerrechten unter Ausschluss der Gläubiger selbst ermächtigt ist (§ 7 Abs 2 Satz 3 SchVG), ist außer durch Mehrheitsbeschluss (§ 7 SchVG) auch schon in den Anleihebedingungen bestellbar (§ 8 Abs 1 SchVG; ausführlich zum bisherigen Recht *Penzlin/Klerx* ZInsO 2004, 311; zur inhaltlichen Reichweite des früheren Gesetzes *Hirte* in: Lutter/Hirte, Wandel- und Optionsanleihen in Deutschland und Europa, ZGR-Sonderheft 16 [2000], S 1, 21). Für andere Papiere, bei denen die Interessenlage der Gläubiger denen der vom SchVG erfassten gleicht, ist das Gesetz entsprechend anzuwenden. Dies gilt etwa für die Inhaber von Genussscheinen (dafür zum früheren Recht *Hirte* ZIP 1991, 1461, 1467ff; abw **BGH** 5. 10. 1992 Z 119, 305, 313ff = ZIP 1992, 1542 = NJW 1993, 57 [Klöckner]). Ebenso kann auch hier schon bei der Emission ein gemeinsamer Vertreter- oder Gläubigerbeirat in Anlehnung an § 8 (früher § 14) des Gesetzes bestellt werden (dazu auch *Schumann* Optionsanleihen [1990], S. 121 ff). Nicht von der gesetzlichen Regelung erfasste Gläubiger können durch Vertrag entsprechend dem Gesetz zusammengefasst werden (*Hirte* ebda. S. 1, 21). Die Aufrechnung eines Insolvenzgläubigers mit einer Anleiheforderung gegen eine Forderung des Verfahrensschuldners aus anderem Rechtsgrund soll aus allgemeinen Gründen (Fehlen von Gegenseitigkeit, Gleichartigkeit und Fälligkeit) ausscheiden (*Grub/Schmid* DZWIR 2003, 265). Ist über das Vermögen des Schuldners im Inland das **Insolvenzverfahren** eröffnet worden, so unterliegen die Beschlüsse der Gläubiger nach § 19 Abs 1 SchVG grundsätzlich den Bestimmungen der InsO, wobei § 340 allerdings unberührt bleibt. In Abweichung vom allgemeinen Insolvenzrecht können die Gläubiger nach § 19 Abs 2 SchVG durch Mehrheitsbeschluss zur Wahrnehmung ihrer Rechte im Insolvenzverfahren einen gemeinsamen Vertreter für alle Gläubiger bestellen; hierzu hat das Insolvenzgericht eine Gläubigerversammlung nach den Vorschriften des SchVG einzuberufen, wenn ein gemeinsamer Vertreter für alle Gläubiger noch nicht bestellt worden ist. Ein etwaiger gemeinsamer Vertreter für alle Gläubiger ist dabei allein berechtigt und verpflichtet, die Rechte der Gläubiger im Insolvenzverfahren geltend zu machen, ohne dass er dazu die Schuldurkunde vorzulegen braucht. In einem Insolvenzplan sind den Gläubigern im Übrigen nach § 19 Abs 4 SchVG gleiche Rechte anzubieten.

Ein Aktionär erlangt kein **Gläubigerrecht** durch die mit der Gesellschaft getroffene Vereinbarung, ihm die von ihm gezeichneten Aktien gegen Entgelt wieder abzunehmen, denn ein solcher Vertrag ist wegen Verstoßes gegen § 57 AktG nichtig (**RG** 25. 9. 1911 Z 77, 71, 72). Dagegen ist die Vereinbarung eines Wiederkaufsrechts an der Sacheinlage gegen angemessenes Entgelt zulässig, da § 57 AktG die Vermögenssubstanz der Gesellschaft zu erhalten sucht und nicht den Einlagegegenstand als solchen schützt (*Hüffer* § 57 AktG Rn 3; abw früher **RG** 27. 2. 1913 Z 81, 404). Zur Berücksichtigung von **Prospekthaftungs- und ähnlichen Forderungen** in der Insolvenz einer börsennotierten Aktiengesellschaft unten Rn 205 A. 199

Auf die Insolvenz einer **Europäischen Aktiengesellschaft** (SE) mit Sitz in Deutschland ist nach Art 63 SE-VO deutsches Recht anwendbar (zur Insolvenz der SE *Klaudia Kunz*, Die Insolvenz der Europäischen Aktiengesellschaft, 1995; *Hirte* KapGesR Rn 7.2; *Roitsch* Auflösung, Liquidation und Insolvenz der Europäischen Aktiengesellschaft (SE) mit Sitz in Deutschland (Art 63–65 SE-VO), 2006 [dazu *Smid* DZWIR 2007, 484]; zu den Organpflichten im Zusammenhang mit der Insolvenz *J. Schmidt* NZI 2006, 627ff). 200

2. Kommanditgesellschaft auf Aktien. Bei der KGaA handelt es sich um eine Gesellschaft mit eigener Rechtspersönlichkeit (§ 278 Abs 1 AktG), die sie mit der Eintragung in das Handelsregister erlangt (§§ 278 Abs 3, 41 Abs 1 AktG). Sie ist daher als juristische Person insolvenzfähig (ausführlich zur Insolvenz der KGaA *Siebert* ZInsO 2004, 773 und 831). Wie bei den anderen juristischen Personen besteht auch hier Insolvenzantragspflicht (heute § 15 a Abs 1; früher § 283 Abs 1 Nr 14 AktG). 201

202 Bezüglich der Gründe für die **Auflösung** der KGaA verweist § 289 Abs 1 AktG auf die §§ 161 ff HGB. Daher führt insbesondere die Eröffnung des Insolvenzverfahrens über das Vermögen der Gesellschaft zu ihrer Auflösung (§§ 131 Abs 1 Nr 3, 161 Abs 2 HGB). Sie wird ebenso wie die Aktiengesellschaft auch mit der Rechtskraft eines Beschlusses aufgelöst, durch den die Eröffnung des Insolvenzverfahrens über das Vermögen der Gesellschaft mangels Masse abgelehnt wird (§ 289 Abs 2 Nr 1 AktG, § 26). Auch eine Löschung wegen Vermögenslosigkeit nach § 394 FamFG (früher § 141a FGG) führt zur Auflösung der Gesellschaft (§ 289 Abs 2 Nr 3 AktG). Zur Auflösung der KGaA führt dagegen nicht mehr die Eröffnung des Insolvenzverfahrens über das Vermögen eines **persönlich haftenden Gesellschafters**; nach neuem Handelsrecht scheidet dieser mangels abweichender Regelungen lediglich aus (§ 289 Abs 1 AktG mit §§ 131 Abs 3 Nr 2, 161 Abs 2 HGB). Wegen der persönlichen Haftung des persönlich haftenden Gesellschafters (§ 278 Abs 1 AktG, §§ 128, 161 HGB) sind die Insolvenzgläubiger der Gesellschaft auch in der eventuellen Insolvenz des persönlich haftenden Gesellschafters Insolvenzgläubiger (Einzelheiten in der Kommentierung zu § 93). Die Eröffnung des Insolvenzverfahrens über das Vermögen eines Kommanditaktionärs hat ebenso nicht die Auflösung der Gesellschaft zur Folge (§ 289 Abs 3 Satz 1 AktG). Die Gläubiger eines Kommanditaktionärs sind zudem nicht zur Kündigung der Gesellschaft berechtigt (§ 289 Abs 3 Satz 2 AktG).

203 Soll eine KGaA auf der Grundlage eines **Insolvenzplans** das von ihr betriebene Unternehmen fortführen, bedarf es nach § 230 Abs 1 Satz 2 aber wie bei den Gesellschaften ohne Rechtspersönlichkeit bei der Planvorlage einer zustimmenden Erklärung ihres persönlich haftenden Gesellschafters. Eine Ersetzung dieser Zustimmung nach § 247 kommt nicht in Betracht, da dieser sich nur auf den Schuldner bezieht, nicht aber auch auf dessen Gesellschafter. Auch die Wirkung eines Insolvenzplans entspricht insoweit den Gesellschaften ohne Rechtspersönlichkeit, als nach § 227 Abs 2 der Insolvenzplan mit der in seinem gestaltenden Teil vorgesehenen Befriedigung der Gläubiger im Zweifel zur Befreiung auch des persönlich haftenden Gesellschafters von seinen Verbindlichkeiten führt (dazu unten Rn 314 ff). Bei der **Eigenverwaltung** gilt für den persönlich haftenden Gesellschafter einer KGaA § 278 Abs 2. Der Sachwalter ist für die Geltendmachung der persönlichen Gesellschafterhaftung (§ 93) zuständig (§ 280).

204 **3. Aktiengesellschaft und Kapitalmarkt.** Die Tatsache, dass ein Insolvenzverfahren eröffnet wurde oder werden soll, stellt wegen ihrer typischerweise erheblichen Kursrelevanz beim Emittenten von Wertpapieren zum einen eine **Insiderinformation** nach § 13 Abs 1 WpHG dar. Zugleich begründet sie, wenn sie – wie beim Schuldnerantrag – im Tätigkeitsbereich des Emittententen eintritt, die Verpflichtung zur **Ad-hoc-Publizität** nach § 15 Abs 1 WpHG (Überblick über die einzelnen publizitätspflichtigen Maßnahmen bei *Hirte* ZInsO 2006, 1289, 1291 ff; *M. Weber* ZGR 2001, 422, 434 ff). Eine börsennotierte Gesellschaft unterliegt auch während des Insolvenzverfahrens weiter den **kapitalmarktrechtlichen Pflichten**. Den Insolvenzverwalter trifft eine Mitwirkungspflicht bei der Erfüllung dieser Pflichten, die primär nach wie vor den Gesellschaftsorganen selbst obliegen sollen; dies umfasst insbesondere auch die Zurverfügungstellung der entsprechenden Mittel (jetzt ausdrücklich § 11 WpHG; zuvor BVerwG 13. 4. 2005 E 123, 203 = NJW-RR 2005, 1207 = ZIP 2005, 1145 = EWiR § 25 WpHG 1/05, 747 [*H. Herchen/A. Herchen*]; teilweise kritisch dazu *Hirte* ZInsO 2006, 1289, 1295 f mwN; *Karsten Schmidt* AG 2006, 597, 600 f; ausführlich *Warmer*, Börsenzulassung und Börsenhandel während der Aktiengesellschaft [2009], S 95 ff). Allerdings ist sie nicht verpflichtet, eine **Compliance-Erklärung** nach § 161 AktG abzugeben; denn diese dient dazu, die während des Insolvenzverfahrens außer Kraft gesetzte normale Organisationsverfassung der Aktiengesellschaft zur Kontrolle durch den Kapitalmarkt zu stellen (*Hirte* in: Hirte [Hrsg.], Das Transparenz- und Publizitätsgesetz, 2003, Rn 1.32; *Karsten Schmidt* AG 2006, 597, 601).

205 Die Auswirkungen der Eröffnung eines Insolvenzverfahrens auf laufende Aufträge im **Börsenhandel** sind in den Geschäftsbedingungen der deutschen Börsen geregelt. So sieht etwa § 23 Abs 1 der Börsenordnung der Frankfurter Börse in diesem Fall zunächst eine Aussetzung des Handels vor. Nach (positiver oder negativer) Entscheidung über den Insolvenzantrag kann der Handel aber wieder aufgenommen werden, wenn ein ordnungsgemäßer Handel in dem Wert gewährleistet werden kann. Dabei ist zu berücksichtigen, dass die Wiederaufnahme des Handels es erlaubt, Wertpapiere zu Marktpreisen zu veräußern; auf der anderen Seite ermöglicht sie aber auch einen Handel in hochspekulativen Papieren, deren häufig wichtigster Wert die über die Anteile mittelbar erwerbbare Börsenzulassung der Gesellschaft ist (ausführlich zum Ganzen *Schander/Schinogl* ZInsO 1999, 202, 203 f; *Siebel* NZI 2007, 498 ff; *Warmer*, aaO, S 39 ff). Die **Gebühren für die Notierung** von Wertpapieren an einer Börse stellen Masseverbindlichkeiten dar, wenn die Erfüllung des Gebührentatbestands nach Eröffnung des Insolvenzverfahrens liegt (VGH Kassel 7. 3. 2006 ZIP 2006, 1311, 1312 [Kenvelo AG]; dazu *Warmer,* aaO, S 283 ff); Gleiches gilt für die Umlagen der Bundesanstalt für Finanzdienstleistungsaufsicht (Bafin) und der Prüfstelle für Rechnungslegung nach § 16 Abs 1, § 17 d FinDAG (VGH Kassel 3. 9. 2007 6 UZ 179/07 ZIP 2007, 1999 = NZI 2008, 57; ebenso zuvor *Hirte* ZInsO 2006, 1289, 1290).

205a Zu den **Insolvenzforderungen** in der Insolvenz einer börsennotierten Aktiengesellschaft können auch solche wegen Verletzung **kapitalmarktrechtlicher Informationspflichten** (einschl. **Prospekthaftung**) gehören, nachdem feststeht, dass die Befriedigung solcher Ansprüche in der Krise nicht mehr unter Berufung auf die Grundsätze der aktienrechtlichen Kapitalerhaltung verweigert werden kann (**BGH** 9. 5. 2005 ZIP 2005, 1270, 1272 f = NJW 2005, 2450 = NZG 2005, 672 = EWiR § 31 BGB 1/05, 689 [*Bayer/Weinmann*]

E. Insolvenz der juristischen Person (Abs 1 S 1) § 11

[EM.TV]). Daraus folgt allerdings nicht, dass sie auch als gewöhnliche Insolvenzforderungen iSv § 38 zu bedienen sind (so aber *Gundlach/Frenzel/Schmidt* ZInsO 2006, 1316, 1318 f; ebenso wohl *Warmer*, aaO, S 207); mit Blick auf die Vergleichbarkeit mit anderen Forderungen von Gesellschaftern sind sie vielmehr als nachrangige Insolvenzforderungen iSv § 39 Abs 1 Nr 5 einzuordnen (*Hirte* ZInsO 2006, 1289, 1298).

4. Genossenschaft. a) Eröffnungsgründe. Nach § 98 GenG ist bei der Genossenschaft – sofern nicht 206 aufsichtsrechtliche Sonderregelungen eingreifen (dazu oben Rn 23 ff) – abweichend von § 19 die **Überschuldung** nur dann uneingeschränkt Insolvenzgrund, wenn es sich um eine Genossenschaft ohne Nachschusspflicht (§ 98 Nr 2 GenG) handelt oder die Genossenschaft aufgelöst ist (§ 98 Nr 3 GenG). Bei Genossenschaften mit **beschränkter Nachschusspflicht** ist die Überschuldung hingegen nur dann Insolvenzgrund, wenn sie ein Viertel des Gesamtbetrages der Haftsummen aller Mitglieder übersteigt (§ 98 Nr 1 GenG). Bei Genossenschaften mit **unbeschränkter Nachschusspflicht** ist demgegenüber die Überschuldung kein Insolvenzgrund (zur möglichen **Antragsbefugnis** des unbeschränkt nachschusspflichtigen Mitglieds nach § 15 Abs 1 unten § 15 Rn 2). Etwaige Nachschusspflichten sind bei der Prüfung der Frage zu berücksichtigen, ob eine Verfahrenseröffnung mangels Masse (§ 26) abzulehnen ist (BegrRegE zu Art 49 Nr 17 EGInsO; dazu § 26 Rn 56).

Daneben ist die **Zahlungsunfähigkeit** (§ 17) Insolvenzgrund. Auch die **drohende Zahlungsunfähigkeit** 207 (§ 18) ist – sofern nicht aufsichtsrechtliche Sonderregelungen eingreifen (dazu oben Rn 23 ff) – für alle Genossenschaften unabhängig von ihrer Haftform Eröffnungsgrund. Schließlich ist die **Nachgenossenschaft** insolvenzfähig (§ 11 Abs 3). Die Pflichtmitgliedschaft der Genossenschaft in einem **Prüfungsverband** besteht ebenso wie deren Prüfungspflicht während des Insolvenzverfahrens fort (LG Kassel 31. 7. 2002 DZWIR 2002, 520; *Scheibner* DZWIR 1999, 454 f; abw bezüglich der Prüfungspflicht – außer für den Fall der Eigenverwaltung – *Beuthien/Titze* ZIP 2002, 1116, 1120 f; *Kreuznacht/Voß/ Drille* ZInsO 2009, 2135 ff sowie – außer für den Fall des Planverfahrens – im Hinblick auf die daraus resultierenden Masseverbindlichkeiten *Klotz* DZWIR 2000, 273, 275 ff; demfolgend OLG Jena 16. 3. 2009 6 W 296/08 ZIP 2009, 2105, 2106). Die aus der Mitgliedschaft resultierenden Beitragsforderungen stellen daher Masseverbindlichkeiten dar. Die grundsätzlich fortbestehende Prüfungspflicht erstreckt sich andererseits nicht auf die Tätigkeit des Insolvenzverwalters.

In der **Insolvenz eines Mitglieds** ist die Kündigung eines Genossenschaftsanteils durch den Insolvenz- 207a verwalter selbst dann nicht analog § 109 ausgeschlossen, wenn diese Kündigung bei einer Wohnungsbaugenossenschaft die Beendigung eines Mietverhältnisses mit dem Schuldner zur Folge hätte (BGH 19. 3. 2009 IX ZR 58/08 Z [demnächst] = ZIP 2009, 875; *Emmert* ZInsO 2005, 852; *Tetzlaff* ZInsO 2007, 590; abw AG Dortmund 6. 12. 2006 InVo 2007, 155 = ZIP 2007, 692 [Ls] [nicht rechtskr]; zu weiteren Fragen des Auseinandersetzungsguthabens *Doose/Schmidt-Sperber* ZInsO 2009, 1144 ff).

b) Rechtsstellung der Mitglieder. Nach Eröffnung des Insolvenzverfahrens über das Vermögen einer 208 Genossenschaft können Mitglieder nicht mehr ausscheiden. Die während der letzten sechs Monate vor Verfahrenseröffnung ausgeschiedenen Mitglieder mit Ausnahme der durch Übertragung des Geschäftsguthabens (§ 76 Abs 1 GenG) ausgeschiedenen werden nach §§ 101, 75 Satz 1 GenG rückwirkend wieder zu Mitgliedern (*Beuthien* § 101 GenG Rn 9). Die Neuaufnahme von Mitgliedern nach Eröffnung eines Insolvenzverfahrens und die Übernahme weiterer Geschäftsanteile sollte mit Blick auf die Zulässigkeit einer Kapitalerhöhung bei den Kapitalgesellschaften in dieser Phase auch hier zugelassen werden (*Beuthien/Titze* ZIP 2002, 1116, 1118; *Beuthien/Fiebel* NZI 2007, 505 ff; abw 12. Aufl Rn 208).

c) Bestellung eines Gläubigerausschusses. Nach heutigem Recht (zur Vorgeschichte 12. Aufl Rn 209) 209 gilt auch für Genossenschaft die allgemeine Regel des § 68 Abs 1, nach der die Gläubigerversammlung über die Einsetzung eines Gläubigerausschusses zu beschließen hat. Die Insolvenzgerichte sollten jedoch bei Genossenschaften mit Nachschusspflichten grundsätzlich von der Möglichkeit der Bestellung eines Gläubigerausschusses schon mit Eröffnung des Verfahrens (§ 67 Abs 1) Gebrauch machen (*Hirte*, FS Uhlenbruck 2000, S 637, 639; zu den Gründen *Terbrack*, Die Insolvenz der eingetragenen Genossenschaft [1999] Rn 197 ff).

d) „Berufung" der Generalversammlung. Nach § 104 GenG aF war bei Eröffnung des Konkursver- 210 fahrens über das Vermögen einer Genossenschaft die Generalversammlung ohne Verzug zur Beschlussfassung darüber einzuberufen (zu „berufen"), ob die bisherigen Mitglieder des Vorstands und des Aufsichtsrats beizubehalten oder andere zu bestellen sind. Durch Art 49 Nr 21 EGInsO wurde diese Verpflichtung aufgehoben. Sie sei im Hinblick auf die Verpflichtung des Vorstands, bei Verlust der Hälfte der Geschäftsguthaben und Rücklagen die Generalversammlung einzuberufen (§ 33 Abs 3 GenG) entbehrlich. Hinzu komme, dass die durch sie verursachten nicht unerheblichen Kosten zu Lasten des den Gläubigern zur Verfügung stehenden Vermögens gingen. Die Kosten einer etwa doch durchgeführten Generalversammlung gehören daher nach heutigem Recht eindeutig nicht zu den Kosten des Insolvenzverfahrens iSv § 54 (*Hirte*, FS Uhlenbruck 2000, S 637, 640; zum früheren Streit, ob es sich dabei um Massekosten iSv § 58 Nr 2 KO handelt, Kuhn/*Uhlenbruck* vor § 207 KO Rn E 20).

e) Einstellung des Insolvenzverfahrens. Eine Einstellung des Verfahrens ist heute auch bei der Genos- 211 senschaft nach § 213 möglich (zur früheren Rechtslage *Hirte*, FS Uhlenbruck 2000, S 637, 640). Für den nach § 213 Abs 2 erforderlichen **Nachweis,** dass andere Gläubiger nicht bekannt sind, ist die Vorlage eines Gutachtens des zuständigen Prüfungsverbandes oder der Geschäftsbücher der insolventen Genossenschaft ausreichend (*Terbrack* Rn 492).

212   f) **Fortsetzung und Umwandlung.** Wird das Verfahren auf Antrag der Genossenschaft nach § 213 eingestellt, kann die Generalversammlung die **Fortsetzung** der durch die Eröffnung des Verfahrens aufgelösten Genossenschaft beschließen; Gleiches gilt für die Aufhebung nach Bestätigung eines Insolvenzplans, der die Fortführung der Genossenschaft vorsieht (§ 117 Abs 1 Satz 1 GenG). Die Fortsetzung im Insolvenzfall kann dabei auch in den Fällen der §§ 79 a Abs 1 Satz 3, 87 a Abs 2 GenG beschlossen werden, in denen sie bei der gewöhnlichen Liquidation ausschiede (KP-*Noack* GesellschaftsR Rn 645). Da die Fortsetzung zur Entstehung einer neuen Nachschusspflicht führen kann, ist in diesem Fall auch darüber zu beschließen, ob das Statut eine *neue* Nachschusspflicht für einen (erneuten) Insolvenzfall vorsehen soll (§ 117 Abs 1 Satz 2 GenG). Damit soll den gerade in ein Insolvenzverfahren involvierten Mitgliedern das entsprechende Risiko vor Augen geführt werden (KP-*Noack* GesellschaftsR Rn 644). Dieser Beschlussfassung bedarf es selbst dann, wenn die bisherige Regelung der Satzung über die Nachschusspflicht nicht geändert werden soll (Begr RegE zu Art 49 Nr 39 EGInsO); dem ist aus Gründen der Rechtsklarheit auch für den Fall zu folgen, dass eine Nachschusspflicht unverändert ausgeschlossen bleibt. Die Beschlüsse bedürfen einer Mehrheit von drei Vierteln der abgegebenen Stimmen (§ 117 Abs 2 Satz 1 GenG). Der Revisionsverband hat nach §§ 117 Abs 2 Satz 3, 79 a Abs 2 bis 4 GenG zu der Frage Stellung zu nehmen, ob die Fortsetzung der Genossenschaft mit den Interessen der Genossen vereinbar ist (was im Falle der Verneinung die Notwendigkeit eines Wiederholungsbeschlusses nach § 79 a Abs 4 GenG begründet). Beide Beschlüsse – Fortsetzungsbeschluss und Beschluss über die Nachschusspflicht – sind gemeinsam ohne Verzug zum Genossenschaftsregister anzumelden (§ 117 Abs 3 GenG); zum Zeitpunkt der Beschlussfassung *Terbrack* Rn 534 ff, 537; *ders* ZInsO 2001, 1027, 1031.

213   Wird die Fortsetzung beschlossen, kann jedes widersprechende oder zu Unrecht nicht geladene Mitglied seine Mitgliedschaft in der Genossenschaft außerordentlich **kündigen** (§ 118 Abs 1 GenG). Damit wird dem Risiko einer weiteren Nachschusspflicht im Falle einer erneuten Insolvenz und weiterer Zahlungspflichten aus § 87 a GenG Rechnung getragen. Die Einzelheiten ergeben sich aus § 118 Abs 2 bis 4 GenG. Das kündigende Mitglied scheidet im Zeitpunkt des Zugangs der Kündigung bei der Genossenschaft aus (*Terbrack* Rn 554). Im Falle einer erneuten Insolvenz der Genossenschaft kann das ausgeschiedene Mitglied nicht mehr nach § 75 GenG herangezogen werden.

214   Wird eine Genossenschaft im Wege der **Umwandlung** auf einen anderen Rechtsträger übertragen, unterliegen die Mitglieder der übertragenden Genossenschaft in der Insolvenz des übernehmenden Rechtsträgers für die Dauer von zwei Jahren seit Bekanntmachung der Eintragung (§ 95 Abs 2, 19 Abs 3 UmwG) einer besonderen Nachschusspflicht, wenn die Haftsumme der übernehmenden Genossenschaft geringer als die der übertragenden ist oder dieser Rechtsträger keine unbeschränkte Haftung der Gesellschafter vorsieht; die Nachschusspflicht wird im Verfahren nach §§ 105–115 a GenG durchgesetzt (§ 95 Abs 1 UmwG; dazu KP-*Noack* GesellschaftsR Rn 641 mit Beispiel; *Schmitz-Riol*, Der Formwechsel der eingetragenen Genossenschaft in die Kapitalgesellschaft [1997], S 122–127). Die Nachschusspflicht trifft auch ein Mitglied, das im Zuge der Umwandlung von seinem Austrittsrecht (§ 90 UmwG) Gebrauch gemacht hat (§ 93 Abs 3 UmwG).

215   g) **Insolvenzplan.** Ein Insolvenzplan bezüglich des Vermögens einer eingetragenen Genossenschaft ist nach § 116 GenG mit einigen **Abweichungen vom Verfahren nach der InsO** zulässig (zusammenfassend *Terbrack* ZInsO 2001, 1027 ff). Voraussetzung ist zunächst, dass das **Nachschussverfahren nicht beendet** ist (§ 116 Nr 1 GenG); es kommt also anders als nach der allgemeinen Regelung nicht darauf an, ob der Plan vor dem Schlusstermin beim Insolvenzgericht eingeht (§ 218 Abs 1 Satz 3). Das Nachschussverfahren ist (erst) beendet, wenn die erforderlichen Nachschüsse eingezogen und verteilt sind; auch solange Nachschüsse zurückzuerstatten sind, ist es noch nicht beendet (KP-*Noack* GesellschaftsR Rn 631). Ist jedoch eine Nachschusspflicht der Genossen wirksam ausgeschlossen, muss § 218 Abs 1 Satz 3 auch bei Genossenschaften uneingeschränkt gelten (*Terbrack* Rn 497 ff). Bei der **Vorlageberechtigung** (§ 218) ergeben sich keine Besonderheiten. Im **darstellenden Teil** des Plans (§ 220) ist aber immer anzugeben, in welcher Höhe die Mitglieder bereits Nachschüsse geleistet und zu welchen weiteren Nachschüssen sie nach der Satzung herangezogen werden könnten (§ 116 Nr 2 GenG). Diese Informationen dienen der Vorbereitung der Entscheidungsfindung durch die an der Aufstellung eines Insolvenzplans Beteiligten; inwieweit im konkreten Fall noch Nachschüsse geleistet werden sollen, richtet sich demgegenüber nach dem gestaltenden Teil.

216   Ausdrücklich für zulässig erklärt wird in § 116 Nr 3 GenG, dass bei der **Bildung der Gruppen** (§ 222 Abs 2) für die Festlegung der Rechte der Gläubiger im Plan zwischen Gläubigern, die zugleich Mitglieder der Genossenschaft sind, und den übrigen Gläubigern unterschieden wird (zum selbstverständlichen Charakter der Norm *Terbrack* ZInsO 2001, 1027, 1029 f). Die im Regierungsentwurf vorgesehene *zwingende* Trennung der beiden Gruppen (ebenso zum früheren Zwangsvergleich § 115 e Abs 2 Nr 2 GenG aF) wurde im Rechtsausschuss im Einklang mit der in die gleiche Richtung zielenden Änderung des § 222 aufgegeben; zugleich wurde die ursprünglich vorgesehene Trennung in die Gläubiger, die zugleich Mitglieder der Genossenschaft sind *und Nachschüsse zu leisten haben*, und die übrigen Gläu-

E. Insolvenz der juristischen Person (Abs 1 S 1) § 11

biger fallen gelassen (Begr Rechtsausschuss zu Art 49 Nr 38 EGInsO). Damit besteht hier jetzt derselbe Spielraum für die Gruppenbildung wie im Rahmen von § 222 (Vorschläge bei *Scheibner* DZWIR 1999, 8, 9: Differenzierung innerhalb der gleichzeitigen Mitglieder nach Umfang der Pflichtbeteiligung); vor diesem Hintergrund wäre eine vollständige Streichung von § 116 Nr 3 GenG sinnvoll und konsequent gewesen (überzeugend *Terbrack* Rn 516 ff). Wird allerdings zwischen den Gläubigern, die zugleich Mitglieder der Genossenschaft sind (gegebenenfalls weiter nach den nachschusspflichtigen und den nicht nachschusspflichtigen), und den übrigen Gläubigern unterschieden, muss innerhalb dieser Gruppen noch nach den nach § 222 Abs 1 Satz 2 zwingenden Gruppen unterschieden werden (Begr RegE zu Art 49 Nr 38 EGInsO). Schließlich hat das Insolvenzgericht nach § 116 Nr 4 GenG vor dem Erörterungstermin (§ 235 Abs 1 GenG) den **Prüfungsverband**, dem die Genossenschaft angehört (§ 54 GenG), darüber zu hören, ob der Plan mit den Interessen der Mitglieder vereinbar ist (also im Gegensatz etwa zu § 11 Abs 2 Nr 3 GenG, § 81 Abs 1 Satz 1 UmwG nicht zur Vereinbarkeit mit Gläubigerinteressen; zum Ganzen *Terbrack* ZInsO 2001, 1027, 1032). Einen Verfahrensfehler (§ 250) begründet es allerdings nur, wenn dem Prüfungsverband keine Gelegenheit zur Stellungnahme gegeben wurde; ein Anspruch auf Ladung zum Erörterungs- und Abstimmungstermin analog § 235 Abs 3 folgt daraus freilich nicht (abw *Beuthien/Titze* ZIP 2002, 1116, 1124; *Scheibner* DZWIR 1999, 8, 9). Ob der Prüfungsverband die Möglichkeit zur Stellungnahme genutzt hat, ist ohne Bedeutung (*K. Müller* § 116 GenG Rn 11 ff; KP-*Noack* GesellschaftsR Rn 635 [zugleich mit Kritik an dem bevormundenden Verfahrenserfordernis]; *Terbrack* Rn 525 f [allerdings gegen *Noacks* Kritik an diesem Verfahrenserfordernis]; kritisch zur doppelten Anhörungspflicht des Prüfungsverbandes im Falle des Fortsetzungsbeschlusses in einem bestätigten Insolvenzplan *ders* Rn 540 ff).

Inhaltlich kann im **gestaltenden Teil** eines Insolvenzplans (§ 221) insbesondere der Umfang der Nachschusspflichten der Mitglieder abgeändert werden (*arg.* § 105 Abs 1 Satz 2 GenG; Begr RegE zu Art 49 EGInsO [allgemein], zu Art 49 Nr 22 EGInsO; dazu unten § 35 Rn 359). Eine vollständige Neubegründung von Nachschusspflichten ist allerdings nicht möglich (*Beuthien/Titze* ZIP 2002, 1116, 1122; *Terbrack* ZInsO 2001, 1027, 1029). Die Vorschriften über den Schuldnerschutz im Insolvenzplan (§ 247) sollen dabei garantieren, dass kein Mitglied gegen seinen Willen zu höheren Nachschüssen verpflichtet werden kann, als er bei einer konkursmäßigen Verwertung der Insolvenzmasse zu leisten hätte (Begr RegE zu Art 49 Nr 22 EGInsO). Das ist aber nur dann der Fall, wenn man (sämtliche) beschränkt oder unbeschränkt nachschusspflichtigen Mitglieder als „Beteiligte" iSv § 221 ansieht und ihnen das Beschwerderecht des § 253 einräumt (zutreffend *Terbrack* Rn 509 ff; *ders* ZInsO 2001, 1027, 1030; [wohl] etwas enger KP-*Noack* GesellschaftsR Rn 611, 632; *Beuthien/Titze* ZIP 2002, 1116, 1123 [nur der zehnte Teil der Genossen]; zum Schutz der Nachschussverpflichteten *Beuthien* § 105 GenG Rn 14; vgl auch unten § 35 Rn 359). 217

Das Insolvenzverfahren wird erst aufgehoben, wenn ein Insolvenzplan bestätigt wurde, der den Fortbestand der Genossenschaft vorsieht (§ 117 Abs 1 Satz 1 GenG; zur früheren und infolge der Aufhebung von § 187 KO überflüssig gewordenen Modifikation der Verwerfungsvorschriften für einen Zwangsvergleich durch § 115e Abs 2 Nr 3 GenG aF *Hirte*, FS Uhlenbruck 2000, S 637, 643). Auch in diesem Fall ist – anders als nach früherem Recht – eine **Fortsetzung** der Genossenschaft möglich (§ 117 Abs 1 Satz 1 GenG). Der Beschluss kann in diesem Fall – und wird typischerweise – schon vor Aufhebung des Insolvenzverfahrens gefasst werden; denn ausreichend für die Beschlussfassung ist das Vorliegen eines bedingten Plans (§ 249). Ist dann die Bedingung in Form des Fortsetzungsbeschlusses eingetreten, kann der Plan bestätigt und das Insolvenzverfahren aufgehoben werden (*Terbrack* Rn 537; die Möglichkeit des bedingten Plans übersieht *Scheibner* DZWIR 1999, 8, 9 f). Im Übrigen gilt hier für die Fortsetzung das gleiche wie für den Fall der Einstellung des Verfahrens. 218

Auf die Insolvenz einer **Europäischen Genossenschaft** (SCE) mit Sitz in Deutschland ist nach Art 72 SCE-VO deutsches Recht anwendbar (zur SCE im Übrigen *Hirte* KapGesR Rn 10.69 ff). 218A

5. Eingetragener Verein. Insolvenzgründe sind wie bei den anderen juristischen Personen Zahlungsunfähigkeit und Überschuldung (§ 42 Abs 2 Satz 1 BGB); auch die drohende Zahlungsunfähigkeit (§ 18) ist Insolvenzgrund, begründet aber keine Insolvenzantragspflicht (*Rugullis* NZI 2007, 323 f mwN; *ders*, DZWIR 2008, 404, 406). Wie bei den anderen juristischen Personen führt die Eröffnung des Insolvenzverfahrens zur **Auflösung** des Vereins (§ 42 Abs 1 Satz 1 BGB). Ein Verlust der Rechtsfähigkeit ist damit nicht verbunden; das war auch schon unter dem früher das Gegenteil bestimmenden § 42 Abs 1 BGB aF allgemeine Meinung (Kuhn/*Uhlenbruck* § 213 KO Rn 3a, 5). Mit der Eröffnung des Insolvenzverfahrens soll aber eine etwaige Körperschaftsteuerbefreiung wegen Gemeinnützigkeit entfallen (**BFH** 16. 5. 2007 I R 14/06 E 217, 381 = BStBl II 2007, 808, 810 = DStR 2007, 1438 f; teilw krit *Dehesseles* DStR 2008, 2050 ff; abw zuvor auch *Denkhaus/Mühlenkamp* ZInsO 2002, 956 ff; dazu aus der Perspektive der Stiftung *G. Roth/Knof* KTS 2009, 163, 174 ff). Für **Beschlussanfechtungsklagen** gelten die für die Kapitalgesellschaften entwickelten Grundsätze (oben Rn 138 ff) entsprechend (*H.-F. Müller* Der Verband in der Insolvenz, S 215 f). 219

Freilich ist die **Insolvenzantragspflicht** des Vorstands (die über § 48 Abs 2 BGB auch die Liquidatoren erfasst) anders ausgestaltet als die heute in § 15a geregelte Insolvenzantragspflicht bei den wirtschaftlichen Vereinen, insbesondere den Kapitalgesellschaften. Denn § 42 Abs 2 BGB verlangt keine *unverzüg*- 220 *liche* Stellung des Insolvenzantrages und normiert auch keine der Drei-Wochen-Frist im Kapitalgesellschaftsrecht vergleichbare Frist. Daraus könnte man im Gegenschluss, insbesondere im Hinblick auf den geringer ausgestalteten Gläubigerschutz beim Verein, eine Verpflichtung zur *sofortigen* Antragstellung ableiten; doch wird auch dem Vereinsvorstand eine gewisse Überlegungsfrist zuzubilligen sein, so dass auch er im Ergebnis unverzüglich Insolvenzantrag stellen muss (KP-*Noack* GesellschaftsR Rn 686; *Kreißig*, Der Sportverein in Krise und Insolvenz, 2004, S 108 ff [maximal drei Wochen]; *Rugullis* NZI 2007, 323, 325 ff [der die gesellschaftsrechtlichen Drei-Wochen-Fristen allerdings zu Unrecht als „letzte Galgenfristen" sieht; denn die Pflicht zur unverzüglichen Antragstellung wird durch sie nicht dispensiert]; *Wischemeyer* DZWIR 2005, 230, 231). § 42 BGB normiert zwar ausdrücklich eine gesamtschuldnerische Haftung der Vorstandsmitglieder gegenüber den Gläubigern für eine „verzögerte" Antragstellung (§ 42 Abs 2 Satz 2 BGB; **OLG** Köln 27. 1. 2006 WM 2006, 2006 [i. c. wegen Mitverschuldens des Gläubigers verneinend]; zum alten Recht **OLG** Köln 20. 6. 1997 WM 1998, 1043 [hier: Fußballverein]); doch ist die Verletzung dieser Pflicht nicht strafbewehrt (*Brand/Reschke*, NJW 2009, 2343, 2344 ff; *Poertzgen* ZInsO 2008, 944, 945). Zudem greift die Haftung für verspätete Insolvenzantragstellung nach § 42 Abs 2 Satz 2 BGB nur bei *vom Geschädigten* zu beweisendem Verschulden des Vorstandsmitglieds ein. Aus der gesetzlichen Statuierung einer Schadenersatzpflicht nur gegenüber den Gläubigern darf allerdings nicht gefolgert werden, dass eine verzögerte Insolvenzantragstellung nicht auch Schadensersatzansprüche gegenüber dem Verein auslösen kann; vielmehr gelten insoweit die für Kapitalgesellschaften angestellten Überlegungen entsprechend (§ 27 Abs 3 BGB; Soergel/*Hadding* § 42 BGB Rn 11 f [zur Verpflichtung aus Anstellungsvertrag]; *Wischemeyer* DZWIR 2005, 230, 231 ff). Das galt bislang auch insoweit, als für ein **ehrenamtlich tätiges Vorstandsmitglied** kein reduzierter Sorgfaltsmaßstab anzunehmen war (Gottwald/*Haas* InsR HdB § 93 Rn 91). Durch das Gesetz zur Begrenzung der Haftung von ehrenamtlich tätigen Vereinsvorständen vom 28. 9. 2009 (BGBl I, S 3161) wurde dies aber mit Wirkung vom 29. 9. 2009 geändert: Nach § 31 a Abs 1 Satz 1 BGB nF haftet ein Vorstand, der unentgeltlich tätig ist oder für seine Tätigkeit nur eine Vergütung von nicht mehr als 500 Euro pro Jahr erhält, dem Verein gegenüber jetzt nur noch bei Vorsatz oder grober Fahrlässigkeit. Gleiches gilt nach Satz 2 der neuen Norm auch für eine Haftung gegenüber den Vereinsmitgliedern. Im Umfang des Haftungsausschlusses gegenüber Verein und Mitgliedern ist der Verein zudem nach § 31 a Abs 2 BGB nF verpflichtet, ein von einem Dritten auf Haftung in Anspruch genommenes Vorstandsmitglied von seiner Haftung freizustellen. Anders als bei den Kapitalgesellschaften findet sich im Vereinsrecht auch kein gesetzliches Zahlungsverbot wie nach § 92 Abs 2 (früher Abs 3) AktG, § 64 (früher Abs 2) GmbHG (*Koza* DZWIR 2008, 98 ff; zur Kritik und zu Recht für eine analoge Anwendung der gesellschaftsrechtlichen Vorschriften *Hirte* FS Werner [2009], S 222, 228 f; *Passarge* ZInsO 2005, 176 ff; *ders* NZG 2008, 605 ff [zur parallelen Lage bei der Stiftung]; *G. Roth/Knof* KTS 2009, 163, 178 ff; *Wischemeyer* DZWIR 2005, 230, 233; abw **OLG** Hamburg 5. 2. 2009 6 U 216/07 BB 2009, 690 = ZIP 2009, 757 = EWiR § 42 BGB 1/09, 331 *[G. Roth]* [n. rkr]; **OLG** Karlsruhe 19. 6. 2009 14 U 137/07 ZIP 2009, 1716, 1717). Diese Haftung findet nunmehr – so sie dem Grunde nach greift – auch zu Lasten ehrenamtlich tätiger Vorstandsmitglieder Anwendung; denn insoweit handelt es sich nur rechtstechnisch um einen Anspruch des Vereins, in der Sache aber um einen anfechtungsartigen Anspruch (zutreffend *G. Roth* EWiR § 42 BGB 1/09, 331, 332: Gesamtgläubigerschaden; dazu auch unten § 35 Rn 407); eine andere Sichtweise würde daher zu einer beträchtlichen Verschlechterung des Gläubigerschutzes führen. Im Gegensatz zu den meisten anderen juristischen Personen (dazu oben Rn 110) statuiert das BGB keine Auflösung des Vereins für den Fall der **Ablehnung eines Insolvenzantrags mangels Masse** (§ 26); das wird man angesichts der im Übrigen sehr sorgfältig vorgenommenen Anpassung des Vereinsrechts an das Recht der Gesellschaften nicht als gesetzgeberisches Versehen qualifizieren können, zumal das Vereinsrecht in § 42 Abs 1 Satz 3 BGB bewusst sehr „fortsetzungsfreundlich" konzipiert wurde. Eine Gesamtanalogie zu den für die Gesellschaften geltenden Auflösungsvorschriften für diesen Fall kommt daher nicht in Betracht (abw KP-*Noack* GesellschaftsR Rn 691).

221 Die **Beitragspflicht** endet vorbehaltlich abweichender Satzungsregelung mit der Eröffnung des Insolvenzverfahrens (**BGH** 11. 11. 1985 Z 96, 253 = NJW 1986, 1604 = ZIP 1986, 240, 241 = KTS 1986, 636 = EWiR § 42 BGB 1/86, 113 *[Medicus]*; abw *Kreißig*, Der Sportverein in Krise und Insolvenz, 2004, S 202 ff). Das gilt auch für Vereine mit wirtschaftlicher Zielsetzung, da in diesem Fall der Gläubigerschutz durch die staatliche Prüfung nach § 22 BGB verwirklicht wird (**BGH** 23. 4. 2007 II ZR 190/06 ZIP 2007, 1462, 1463 = NZG 2007, 640 = NZI 2007, 542 = NJW-RR 2007, 1346). **Sportvereine** im Profisport, die weitgehend als Wirtschaftsunternehmen geführt werden, sind der Verbandskontrolle durch den Dachverband, in dem sie Mitglied sind, regelmäßig auch in Bezug auf ihre wirtschaftlichen Verhältnisse unterworfen. So benötigen die Fußballvereine für die Teilnahme am Bundesligaspielbetrieb nach § 4 Lizenzspielstatut (LSpSt) des Deutschen Fußballbundes (DFB) eine vom DFB erteilte Lizenz, die jedes Jahr neu beantragt werden muss (zu deren Massezugehörigkeit unten § 35 Rn 373). Ob der Spielbetrieb fortgeführt werden kann, hat der Insolvenzverwalter nach § 80 zu entscheiden (*Uhlenbruck*, FS Franz Merz [1992], S 581, 588). Ist er als Unternehmen anzusehen, muss der Insolvenzverwalter vor einer Stilllegung aber gegebenenfalls die Zustimmung des Gläubigerausschusses einholen, und der Verein, vertreten durch den Vorstand, kann beim Gericht beantragen, die Einstellung des Spielbetriebs zu untersagen (§ 158; *Haas* NZI 2003, 177, 179; KP-*Noack* GesellschaftsR Rn 692). Sowohl der Insolvenz-

E. Insolvenz der juristischen Person (Abs 1 S 1) § 11

verwalter als auch die Spieler können einen laufenden (befristeten) Arbeitsvertrag nach § 113 kündigen. Zur Insolvenz insbesondere des Sportvereins *Grunsky* (Hrsg.), Der Sportverein in der wirtschaftlichen Krise, Heidelberg 1990; *Kebekus*, Alternativen zur Rechtsform des Idealvereins im bundesdeutschen Lizenzfußball, 1991; *Kreißig*, Der Sportverein in Krise und Insolvenz, 2004 [dazu *H. H.* ZInsO 2004, 1077; *Kern* KTS 2005, 235]; *Uhlenbruck*, FS Franz Merz (1992), S 581 ff; *Wertenbruch* ZIP 1993, 1292 ff.

Um auch bei insolventen Vereinen die Aufrechterhaltung von Vereinstraditionen zu gewährleisten (BR-Stellungnahme BT-Drucks 12/3803, S 124, Nr 15), erlaubt § 42 Abs 1 Satz 3 BGB eine **Satzungsbestimmung,** nach der der Verein im Falle der Eröffnung des Insolvenzverfahrens **als nicht rechtsfähiger Verein fortbestehen** kann; damit sollte die nach § 42 Abs 1 BGB aF geltende Rechtslage insoweit fortgeschrieben werden, als in Konkurs geratene Vereine zumindest durch Willenserklärung den Fortbestand als nichtrechtsfähiger Verein sichern können. Ein Fortsetzungsbeschluss ist dann nicht erforderlich (KP-*Noack* GesellschaftsR Rn 695). Auch in diesem Fall kann aber unter den Voraussetzungen des § 42 Abs 1 Satz 2 BGB die Fortsetzung als rechtsfähiger Verein beschlossen werden (§ 42 Abs 2 Satz 3 Hs 2 BGB). Ist das Vermögen eines aufgelösten Vereins nach § 45 BGB dem **Fiskus** angefallen, wird das Verfahren allein nach den Regeln der Nachlassinsolvenz abgewickelt (§ 46 Satz 1 BGB; HK-*Kirchhof* § 11 Rn 29). 222

6. Versicherungsverein auf Gegenseitigkeit. Für Versicherungsvereine auf Gegenseitigkeit gelten zunächst die für alle Versicherungsunternehmen geltenden Besonderheiten (oben Rn 28 f). Gesellschaftsrechtlich ist von Bedeutung, dass Versicherungsvereine auf Gegenseitigkeit nach § 42 Nr 3 VAG durch die Eröffnung des Insolvenzverfahrens **aufgelöst** werden. Gleiches gilt nach § 42 Nr 4 VAG für den Fall, dass ein Antrag auf Eröffnung des Insolvenzverfahrens mangels Masse abgelehnt wird. Nach § 49 VAG können die Mitglieder des Vereins einen **Fortsetzungsbeschluss** fassen; dieser bedarf nach § 49 Abs 2 iVm § 49 Abs 1 Satz 3 VAG allerdings der Genehmigung der Aufsichtsbehörde nach § 15 VAG. Nach § 53 Abs 1, § 49 VAG ist allerdings ein Fortsetzungsbeschluss für den kleinen VVaG unzulässig; vielmehr soll nach § 53 Abs 2 Satz 1 VAG das Vereinsrecht des BGB gelten. Das ist nach heutigem Recht insoweit widersprüchlich, als inzwischen auch das BGB-Vereinsrecht einen Fortsetzungsbeschluss und sogar die Fortsetzung als nicht rechtsfähiger Verein ermöglicht. Das ist offensichtlich nicht interessengerecht. Auch bei einem kleinen VVaG sollte daher eine Fortsetzung analog § 49 Abs 2 VAG zugelassen werden (ebenso KP-*Noack* GesellschaftsR Rn 711 mit weiteren Vorschlägen zur Auflösung des Widerspruchs. Im Hinblick auf die Eingriffsbefugnisse der Aufsichtsbehörde nach § 89 VAG (dazu oben Rn 29) wird bezweifelt, ob für einen **Insolvenzplan** bei einem VVaG sinnvollerweise Raum ist (so KP-*Noack* GesellschaftsR Rn 708 f); zulässig ist er allerdings im Gegensatz zum Vergleichsverfahren alten Rechts (vgl § 112 Abs 1 VglO) sicher, wie sich aus § 49 Abs 2 VAG ergibt. 223

Sonderregelungen enthält das VAG für mitgliedschaftliche Versicherungsverhältnisse. Danach stehen Ansprüche auf Tilgung des **Gründungsstocks** allen übrigen Insolvenzforderungen nach (§ 51 Abs 1 Satz 1 VAG). Unter den sonstigen Insolvenzforderungen werden Ansprüche aus einem Versicherungsverhältnis, die den bei Eröffnung des Insolvenzverfahrens dem Verein angehörenden oder im letzten Jahr vor dem Insolvenzantrag oder nach diesem Antrag ausgeschiedenen Mitgliedern zustehen, im Rang nach den Ansprüchen der übrigen Insolvenzgläubiger befriedigt (§ 51 Abs 1 Satz 2 VAG). 224

Nach § 78 Abs 1 Satz 1 VAG hat das Insolvenzgericht den Versicherten zur Wahrung ihrer Rechte einen **Pfleger** zu bestellen. Für die Abwicklung der Pflegschaft tritt anstelle des Vormundschaftsgerichts das Insolvenzgericht (§ 78 Abs 1 Satz 2 VAG). 225

7. Stiftung. Die **Insolvenzfähigkeit** der (rechtsfähigen) **Stiftung des privaten Rechts** entspricht derjenigen des rechtsfähigen Idealvereins (dazu oben Rn 219 ff). Jedenfalls ab Genehmigung (§ 80 BGB) ist die Stiftung rechts- und damit insolvenzfähig; ob eine möglicherweise zuvor bereits existierende „Vor-Stiftung" bereits selbstständig insolvenzfähig ist, ist ungesichert (*Bach/Knof* ZInsO 2005, 729, 730 mwN); in der Insolvenz des Stifters kann die Errichtung einer Stiftung der **Insolvenzanfechtung** unterliegen (dazu unten § 134 Rn 38). Bei der Stiftung selbst besteht insbesondere auch die Verpflichtung zur **Insolvenzantragstellung** (§ 42 Abs 2 BGB wird in § 86 Satz 1 BGB ausdrücklich in Bezug genommen); dazu und zur Frage der Anwendbarkeit von § 15a *Hirte* FS Werner [2009], S 222, 224 ff; *G. Roth/Knof* KTS 2009, 163, 168 ff); für die Berechtigung gilt entsprechendes. Auch das kapitalgesellschaftsrechtliche **Zahlungsverbot** gilt entsprechend (*Passarge* NZG 2008, 605 ff). Wie beim Verein (dazu oben Rn 220) gilt dies auch zu Lasten ehrenamtlich tätiger Stiftungsvorstände. Mit Eröffnung des Insolvenzverfahrens wird die Stiftung **aufgelöst** (§ 86 BGB iVm § 42 Abs 1 Satz 1 BGB; zur Rolle der Stiftungsaufsicht *G. Roth/Knof* KTS 2009, 163, 170 f); eine Liquidation findet allerdings im Hinblick auf die Überlagerung durch das Insolvenzverfahren nicht statt (§ 88 Satz 2 BGB iVm § 47 BGB). Die Insolvenzantragspflicht besteht auch während dieser Zeit fort (§ 88 Satz 2 BGB iVm § 48 Abs 2 BGB). Bis zum Ende der Haftungsabwicklung behält die Stiftung ihre Rechtsfähigkeit (*G. Roth/Knof* KTS 2009, 163, 171 Rn 42). Für die Ablehnung eines Insolvenzantrags mangels Masse gelten die Überlegungen zum Verein (oben Rn 220) entsprechend. Eine Besonderheit im Vergleich zu den übrigen juristischen Personen ergibt sich daraus, dass mangels eines dem Handelsregister vergleichbaren Registers **keine Eintragung** der Verfahrenseröffnung und weiterer Umstände in ein Register erfolgt. Ist das Vermögen einer erlo- 226 schenen Stiftung nach § 88 Satz 1 BGB dem **Fiskus** angefallen, wird das Verfahren allein nach den Regeln der Nachlassinsolvenz abgewickelt (§§ 88 Satz 2, 46 Satz 1 BGB; HK-*Kirchhof* § 11 Rn 29). Nach der allgemeinen Regel des Abs 1 Satz 1 insolvenzfähig ist auch die rechtsfähige **Stiftung öffentlichen Rechts**, deren Regelung in den Stiftungsgesetzen der verschiedenen Länder erfolgt ist (*Bach/Knof* ZInsO 2005, 729 [Fn 7], 733). Hier kann allerdings § 12 Abs 1 Nr 2 zu beachten sein, nach dem das Landesrecht die Insolvenzfähigkeit juristischer Personen des öffentlichen Rechts, die unter Landesaufsicht stehen, ausschließen kann (dazu näher unten § 12 Rn 7 ff).

227 Eine **unselbstständige Stiftung** liegt vor, wenn eine Stiftung als treuhänderisch gebundenes Zweckvermögen geführt wird und keine Rechtsfähigkeit erlangt hat. Eine selbstständige Insolvenzfähigkeit nach § 11 Abs 1 Satz 1 scheidet hier aus (*Bach/Knof* ZInsO 2005, 729, 734). Vielmehr kann das Stiftungsvermögen in der Insolvenz des Vermögensträgers ausgesondert (§ 47) werden und auf einen neuen Vermögensträger übertragen werden (dazu *Bach/Knof* ZInsO 2005, 729, 735; *Häsemeyer* Rn 30.20). In der Insolvenz des Stifters (Treugebers) erlischt mit Eröffnung des Insolvenzverfahrens das in der Treuhand liegende Auftragsverhältnis nach §§ 115, 116 für die Zukunft; alles, was der Stiftungsträger bzw Treuhänder bis zu diesem Zeitpunkt aus dem Auftrag erhalten hat, muss er auf Verlangen des Insolvenzverwalters zur Masse zurückgewähren (*Bach/Knof* ZInsO 2005, 729, 734).

228 **8. Juristische Personen des öffentlichen Rechts.** Soweit juristische Personen des öffentlichen Rechts überhaupt insolvenzfähig sind (dazu oben Rn 32 und § 12 Rn 7 ff), findet auf Körperschaften, Anstalten und Stiftungen des öffentlichen Rechts nach § 89 Abs 1 BGB insbesondere die Verpflichtung zur **Insolvenzantragstellung** entsprechende Anwendung. Bei den **Insolvenzgründen** ist zu berücksichtigen, dass die juristischen Personen des öffentlichen Rechts nicht den handelsrechtlichen Bilanzierungspflichten unterliegen und daher die Feststellung einer Überschuldung als Insolvenzeröffnungstatbestand erschwert ist. Allerdings ist die handelsrechtliche Bilanzierung ohnehin für die Feststellung des Eröffnungsgrundes der Überschuldung nicht verbindlich (dazu unten § 19 Rn 36 ff; zum Ganzen *Engelsing* Zahlungsunfähigkeit S 128 ff; *Masloff* Ausfallhaftung S 9 f).

III. Insolvenz des nicht rechtsfähigen Vereins (Abs 1 S 2)

229 Insolvenzfähig wie eine juristische Person ist kraft ausdrücklicher gesetzlicher Bestimmung in § 11 Abs 1 Satz 2 auch der nicht rechtsfähige Verein. Dies war auch schon für das bislang geltende Recht anerkannt (Kuhn/*Uhlenbruck* § 213 KO Rn 3), obwohl § 54 BGB für den nicht rechtsfähigen Verein auf die Vorschriften über die BGB-Gesellschaft (§§ 705 ff BGB) verweist, die früher nicht insolvenzfähig war. Auch sind seine Mitglieder – und nicht er selbst – Träger der Rechte und Verbindlichkeiten des Vereins (**RG 11. 7. 1914 Z 85, 256, 259, 260; RGZ 18. 1. 1934 143, 212**). Aber im Hinblick auf seine schon in der ZPO anerkannte passive Parteifähigkeit (§ 50 Abs 2 ZPO) auch in der Einzelzwangsvollstreckung (§ 735 ZPO), seine vom jeweiligen Bestand der Mitglieder unabhängige korporative Verfassung und die Möglichkeit eines Gesamtnamens (**RG 22. 5. 1913 Z 82, 294**) war er schon früher insolvenzrechtlich dem rechtsfähigen Verein gleichgestellt worden (Jaeger/*Ehricke* § 11 Rn 36). Denn auf den nicht rechtsfähigen Verein werden nach heute ganz herrschender Auffassung alle Vorschriften über den rechtsfähigen Verein entsprechend angewandt, soweit sie nicht gerade die Rechtsfähigkeit voraussetzen (**BGH 11. 7. 1968 Z 50, 325, 328; OLG Frankfurt/Main 19. 12. 1984 ZIP 1985, 213, 215 =** EWiR § 32 BGB 1/85, 37 *[Schüren]*). Verfahrensrechtliche und materiellrechtliche Schuldnerrolle fallen beim nichtrechtsfähigen Verein daher auseinander (KP-*Noack* GesellschaftsR Rn 36). § 11 Abs 1 Satz 2 hält dies ausdrücklich fest.

230 Rechtlich bleibt die Insolvenz über das Vermögen eines nicht rechtsfähigen Vereins aber nach wie vor **Sonderinsolvenz**. Denn Gegenstand des Insolvenzverfahrens ist nur das gesamthänderisch gebundene Vermögen, also das Vereinsvermögen.

231 **Schuldner** ist der nicht rechtsfähige Verein als solcher, der durch die Eröffnung des Insolvenzverfahrens in das Liquidationsstadium versetzt wird, allerdings ohne dass eine Abwicklung stattfindet (§ 47 Hs 2 BGB). Auch wenn dem nicht rechtsfähigen Verein im Übrigen die aktive Parteifähigkeit fehlt, kann doch der **Insolvenzverwalter** über sein Vermögen als Partei kraft Amtes Prozesse führen. Entsprechend dem rechtsfähigen Verein gelten grundsätzlich auch die Vorschriften über die **Insolvenzantragspflicht** und die Haftung bei ihrer Verletzung. Die Überschuldung (§ 19) verpflichtet jedoch dann nicht zur Insolvenzantragstellung, wenn es sich um einen wirtschaftlichen Verein handelt, der nach § 54 Satz 1 BGB als BGB-Gesellschaft oder offene Handelsgesellschaft behandelt wird, und bei diesem im Hinblick auf die persönliche Haftung der Mitglieder die Überschuldung keinen Insolvenzgrund darstellt (KP-*Noack* GesellschaftsR Rn 682 f).

232 § 54 Satz 1 BGB verweist zwar für den nicht rechtsfähigen Verein auf die Vorschriften über die Gesellschaft und damit auch auf § 728 Abs 2 BGB, nach dem die Insolvenz eines Gesellschafters zur Auflösung der Gesellschaft führt. Aber diese Vorschrift ist als durch die Satzung stillschweigend abbedungen anzusehen (**RG 18. 1. 1934 Z 143, 212, 213; RG 15. 3. 1926 Z 113, 125, 135**); die **Insolvenz eines Mitglieds** führt daher nicht zur Auflösung des Vereins. Im Übrigen hat ein ausscheidendes Vereinsmitglied anders als ein ausscheidender Gesellschafter (§§ 730 Abs 1, 738 Abs 1 Satz 2 BGB) keinen Aus-

einandersetzungsanspruch; denn das Vereinsvermögen soll in der Regel dem Vereinszweck dauerhaft erhalten bleiben (**RG 15. 3. 1926 Z 113, 125, 135**).

F. Insolvenz der Gesellschaften ohne Rechtspersönlichkeit (Abs 2 Nr 1)

Absatz 2 Nr 1 enthält zunächst eine Legaldefinition der „Gesellschaften ohne Rechtspersönlichkeit". In diesem Rahmen dehnt er die Zulässigkeit eines selbstständigen Insolvenzverfahrens im Vergleich zum früheren Recht auf das Vermögen einer BGB-Gesellschaft aus. Wie bei den juristischen Personen sind auch hier Gesellschaften ohne Rechtspersönlichkeit nach ausländischem Recht erfasst. Mangels gemeinschaftlichen Vermögens nicht erfasst ist nach wie vor die Bruchteilsgemeinschaft (dazu unten Rn 420); ebenfalls nicht erfasst ist die Wohnungseigentümergemeinschaft (unten Rn 421 ff). 233

I. Gemeinsamkeiten

1. Umfang, Beginn und Ende der Insolvenzfähigkeit. Die offene Handelsgesellschaft (§§ 105 ff HGB), die Kommanditgesellschaft (§§ 161 ff HGB), die Partnerschaftsgesellschaft und – heute auch – die BGB-Gesellschaft (§§ 705 ff BGB) sind selbstständig insolvenzfähig. Gleiches gilt für die Europäische wirtschaftliche Interessenvereinigung und die Partenreederei. Damit trägt die Insolvenzordnung in Bezug auf OHG und KG der Tatsache Rechnung, dass diese Gesellschaften unter ihrer Firma verklagt werden können und in ihr Vermögen nur aufgrund eines gegen die Gesellschaft gerichteten Titels vollstreckt werden kann (§§ 124 Abs 2, 161 Abs 2 HGB). Zugleich sind sie im Rahmen des § 124 HGB eigene Rechtssubjekte in dem Sinne, dass ihnen eigene Ansprüche zustehen und eigene Verpflichtungen obliegen, die etwaigen Ansprüchen und Verpflichtungen der einzelnen Gesellschafter gegenüber stehen (**BGH 2. 7. 1973 WM 1973, 1291, 1292**). Für die Europäische wirtschaftliche Interessenvereinigung folgt dies aus Art 1 Abs 2 EWIV-VO und für die Partnerschaftsgesellschaft aus der Verweisung in § 7 Abs 2 PartGG. Für die BGB-Gesellschaft ergibt sich die Insolvenzfähigkeit heute aus der ausdrücklichen Nennung in § 11 Abs 2 Nr 1. Auch deren Vermögen sei wie den Handelsgesellschaften bestimmten Gläubigern unter Ausschluss der übrigen Gläubiger haftungsrechtlich zugewiesen; zudem ergebe sich ein praktisches Bedürfnis für die Gleichbehandlung daraus, dass auch BGB-Gesellschaften „nicht selten" als Träger eines Unternehmens am Rechtsverkehr teilnähmen (Begr RegE zu § 11). Damit sind jetzt alle Unternehmensträger insolvenzverfahrensfähig (Gottwald/*Haas* InsR HdB § 91 Rn 14). 234

a) Insolvenzverfahren als Sonderinsolvenzverfahren. Das Insolvenzverfahren über das Vermögen einer Gesellschaft ohne Rechtspersönlichkeit ist Sonderinsolvenzverfahren. Der Insolvenzgrund ist daher lediglich für das Sondervermögen festzustellen. Das Insolvenzverfahren erfasst nur das Gesellschaftsvermögen und erstreckt sich nicht auf das Privatvermögen der Gesellschafter (ausdrücklich Art 36 Satz 2 EWIV-VO). Es beschränkt sich aber, sofern die Gesellschaft mehrere Niederlassungen hat, nicht auf das zu einer Niederlassung gehörende Vermögen. Andererseits ergreift das Insolvenzverfahren über das Vermögen eines Gesellschafters nicht die zum Gesellschaftsvermögen gehörenden Gegenstände (§ 131 HGB, § 84 InsO iVm §§ 145 ff HGB), sondern nur die Beteiligung als solche (Einzelheiten bei *Karsten Schmidt* GesR § 60 IV 3, S 1816 f). 235

OHG, KG, Partnerschaftsgesellschaft, BGB-Gesellschaft und EWIV können nach jedenfalls herkömmlicher Sicht nicht Schuldner sein, da sie nicht juristische Personen sind. Schuldner sind vielmehr nach bislang vertretener Auffassung bei der **offenen Handelsgesellschaft alle Gesellschafter** unabhängig von ihrer Vertretungsberechtigung (st. Rspr. seit **RG 5. 7. 1901 St 34, 374, 380; BGH 30. 1. 1961 NJW 1961, 1066 = KTS 1961, 72, 75; BGH 16. 2. 1961 Z 34, 293, 296 = NJW 1961, 1022; BGH 17. 12. 1963 St 19, 174, 176;** *Häsemeyer* Rn 31.10). Allerdings haben die Gesellschafter die Stellung des Schuldners, falls nicht auch über ihr Privatvermögen das Insolvenzverfahren eröffnet ist, **nur in Ansehung des Gesellschaftsvermögens.** Vor allem *Karsten Schmidt* (GesR § 11 VI 2, S 321 [unter Verweis auf die frühere Diskussion], § 46 II 3 b, S 1369; Kilger/*Karsten Schmidt* § 209 KO Anm 2 c bb; ebenso *Schlitt* NZG 1998, 701, 702) hat dem widersprochen und sieht die Gesellschaften ohne Rechtspersönlichkeit selbst als Träger der Schuldnerrolle an. Da die Gesellschaften durch die Eröffnung des Insolvenzverfahrens aufgelöst würden, handelten für sie die Liquidatoren, im Zweifel also alle Gesellschafter (§ 146 Abs 1 Satz 1 HGB, § 730 Abs 2 Satz 2 BGB, § 10 Abs 1 PartGG, anders § 10 Abs 1 EWIV-AG). Diese Sichtweise wurde von der InsO nicht ausdrücklich, wohl aber indirekt bestätigt; denn in §§ 101 Abs 1, 227 Abs 2 ist von den persönlich haftenden Gesellschaftern als vom Schuldner selbst zu unterscheidenden Rechtssubjekten die Rede (KP-*Noack* GesellschaftsR Rn 37 f; *H.-F. Müller* Der Verband in der Insolvenz, S 51 ff; *Wellkamp* KTS 2000, 331, 332 f [zur BGB-Gesellschaft]; vgl auch die Formulierung in Begr RegE zu § 11 aE). Damit ist die Insolvenz der Gesellschaften ohne Rechtspersönlichkeit zwar immer noch eine Sonderinsolvenz über das gesellschaftlich gebundene Vermögen der sämtlichen Gesellschafter und keine Insolvenz einer juristischen Person (**RG 15. 12. 1906 Z 65, 21, 23; RG 10. 10. 1917 Z 91, 12, 13**). Auch die Parteifähigkeit der Personenhandelsgesellschaften (§ 124 Abs 1 HGB) ändert nichts daran, dass die Gesellschafter Träger und Inhaber des Gesellschaftsunternehmens sind (**BGH 26. 5. 1955 LM § 1 VHG Nr 11**). Aber die materiellrechtliche und die verfahrens- 236 rechtliche Schuldnerrolle fallen hier ebenso auseinander wie beim nichtrechtsfähigen Verein (dazu oben Rn 229).

237 Dieselben Personen können **mehrere Gesellschaften** ohne Rechtspersönlichkeit gründen, insbesondere auch mehrere Handelsgesellschaften unter verschiedenen Firmen. Jede von ihnen hat dann ihr besonderes selbstständiges Gesellschaftsvermögen, so dass über jede von ihnen ein selbstständiges Insolvenzverfahren eröffnet werden kann und muss (**RG** 28. 1. 1899 Z 43, 81, 82).

238 **b) Fehlerhafte Gesellschaft.** Eine Gesellschaft ohne Rechtspersönlichkeit ist fehlerhaft, wenn sie auf einem Gesellschaftsvertrag beruht, der etwa wegen Form- oder Willensmängeln mangelhaft ist (**BGH** 28. 11. 1953 Z 11, 190; Baumbach/*Hopt* § 105 HGB Rn 79). Sie wird, wenn sie in Vollzug gesetzt wurde und keine vorrangigen Schutzinteressen (wie etwa der Minderjährigenschutz) vorliegen, nach innen und außen als wirksam behandelt (**BGH** 24. 10. 1951 Z 3, 285, 288; **BGH** 12. 5. 1954 Z 13, 320, 322 f; **BGH** 30. 4. 1955 Z 17, 160, 166). Denn die für Rechtsgeschäfte allgemein angeordnete Unwirksamkeit oder gegebenenfalls rückwirkende Nichtigkeit (§ 142 Abs 1 BGB) passt nicht auf Fälle, in denen eine Organisation geschaffen und Gesamthandsvermögen gebildet wurde. Eine Rückabwicklung erfolgt daher (nur) nach den Liquidationsvorschriften. Eine fehlerhafte Gesellschaft ist daher wie die Liquidationsgesellschaft ebenfalls insolvenzfähig (für einen fehlerhaft umgewandelten DDR-VEB **BGH** 16. 10. 2006 ZInsO 2006, 1208 = ZIP 2006, 2174, 2175). Denn auch sie ist eine Gesamthandsgemeinschaft, die im Rechtsverkehr unter eigener Firma auftritt, der im Prozess aktive und passive Parteifähigkeit zukommt und auf die die Vorschriften über die Vertretungsmacht der fehlerfreien Gesellschaft Anwendung finden; auch die Gesellschafter haften nach den Regeln des fehlerfreien Verbandes, also nach §§ 128, 129 HGB (**BGH** 8. 11. 1965 Z 44, 235, 236 f = NJW 1966, 107), § 8 PartGG bzw § 714 BGB.

239 **c) Scheingesellschaft.** Fehlt es an einem Gesellschaftsvertrag oder ist ein solcher nur zum Schein abgeschlossen, liegt keine Gesellschaft – auch keine fehlerhafte – vor (**BGH** 28. 11. 1953 Z 11, 190; Baumbach/*Hopt* § 105 HGB Rn 98). Es gilt das zwischen den Gesellschaftern tatsächlich Gewollte (§ 117 BGB). Entsprechend scheidet eine Insolvenzfähigkeit des Scheinverbandes aus (MK-*Ott/Vuia* § 11 Rn 47; Kilger/*Karsten Schmidt* § 209 KO Anm 2 a; abw *Richert* MDR 1960, 976, 978). Bezieht sich der erweckte Schein nur darauf, dass eine offene Handelsgesellschaft vorliege, obwohl in Wirklichkeit nur eine BGB-Gesellschaft gegeben ist, ist die Gesellschaft als BGB-Gesellschaft insolvenzfähig (Gottwald/*Haas* InsR HdB § 94 Rn 6).

240 Wird irrtümlich, aber rechtskräftig das Insolvenzverfahren über das Vermögen einer nur noch **vermeintlich existenten** Gesellschaft ohne Rechtspersönlichkeit eröffnet, ist der Beschluss als Eröffnung des Insolvenzverfahrens über das Vermögen des tatsächlichen Geschäftsinhabers wirksam (**OLG** Naumburg 24. 3. 1909 Z 19, 230).

241 **d) Vorgründungs- und Vorgesellschaft.** Die **Vorgründungsgesellschaft**, also eine zum Zweck der Gründung einer Personengesellschaft zwischen einzelnen oder allen künftigen Gründern eingegangene Personenvereinigung, die der Vorbereitung und Herbeiführung der Gründung dient, ist als solche nicht insolvenzfähig, sofern sie kein Sondervermögen gebildet hat. Hat sie jedoch Sondervermögen gebildet, liegt eine BGB-Gesellschaft vor, die heute selbstständig insolvenzfähig ist (zur Rechtssubjektivität eines im Gründungsstadium befindlichen, nichtrechtsfähigen kommunalen Zweckverbandes unabhängig von der Frage, ob der Verband als BGB-Gesellschaft oder nicht rechtsfähiger Verein zu qualifizieren ist, **BGH** 18. 12. 2000 Z 146, 190 = ZIP 2001, 373 = NJW 2001, 748 = NZG 2001, 327 = DStR 2001, 452 [Gründungsmitglieder haften unbeschränkt und gesamtschuldnerisch]). Betreibt sie entgegen ihrer Zwecksetzung selbst ein Handelsgewerbe iSv § 1 Abs 2 HGB und ist sie schon vor ihrer Eintragung nach außen in Erscheinung getreten (§ 123 Abs 2 HGB), ist sie als OHG insolvenzfähig, wenn bereits Sondervermögen gebildet wurde. Vom Zeitpunkt der **Gründung** durch Abschluss des Gesellschaftsvertrages an, aber vor Eintragung in das Handelsregister, gilt dies erst recht (**BGH** 9. 10. 2003 NJW-RR 2004, 258 = NZG 2003, 1167 = NZI 2004, 28 = ZIP 2003, 2123). Richtigerweise handelt es sich in diesem Fall bereits um eine echte Handelsgesellschaft, so dass auch deren Insolvenzfähigkeit als Handelsgesellschaft unproblematisch zu bejahen ist.

242 Ist der Gründerverband noch nicht nach außen in Erscheinung getreten oder fehlt es an einem gewerblichen Geschäftsbetrieb, der nach Art oder Umfang einen kaufmännischen Geschäftsbetrieb erfordert (§ 1 Abs 2 HGB), so liegt eine BGB-Gesellschaft vor, die nach früherem Recht als nicht insolvenzfähig angesehen wurde (**BGH** 28. 11. 1953 Z 11, 190, 192). Gleiches gilt für Vermögensverwaltungsgesellschaften iSv § 105 Abs 2 HGB, sofern man diese als nichtgewerblich qualifiziert. Durch die Anerkennung der Insolvenzfähigkeit auch der BGB-Gesellschaft ist auch hier die Insolvenzfähigkeit eindeutig zu bejahen, so dass die Insolvenzfähigkeit nahtlos von der Konstituierung als Gründungsverband über den Vertragsschluss bis zur Eintragung zu bejahen ist. Im Übrigen beginnt die Insolvenzfähigkeit der BGB-Gesellschaft mit der Bildung des Sondervermögens, die der OHG bzw KG mit der Eintragung der Gesellschaft in das Handelsregister (§§ 123 Abs 1, 161 Abs 2 HGB), und entsprechendes gilt für die Partnerschaftsgesellschaft (§ 7 Abs 1 PartGG) und die EWIV (Art. 1 Abs 1 EWIV-VO). Betreibt eine Handelsgesellschaft kein Gewerbe mehr oder kann sie es wegen Stilllegung oder Verpachtung ihres Gewerbebetriebs nicht mehr betreiben, wird sie trotz Eintragung in das Handelsregister zur

F. Insolvenz der Gesellschaften ohne Rechtspersönlichkeit (Abs 2 Nr 1) § 11

BGB-Gesellschaft (§ 5 HGB; **BGH** 19. 5. 1960 Z 32, 307, 313). Anders als nach früherem Recht berührt dies aber auch hier nicht die Insolvenzfähigkeit.

e) Liquidationsgesellschaft. Unabhängig von der Möglichkeit ihrer Fortsetzung (dazu unten Rn 306 ff) 243 ist auch die Liquidationsgesellschaft insolvenzfähig. Voraussetzung allerdings ist, dass noch **unverteiltes und verteilbares Vermögen der Gesellschaft ohne Rechtspersönlichkeit** vorhanden ist, das noch nicht an die Gesellschafter zurückgefallen ist (§ 11 Abs 3). Das ist vor allem dann von Interesse, wenn sich im Liquidationsstadium herausstellt, dass noch Auslandsvermögen realisiert werden kann oder Anfechtungslagen bestehen, die durch einen Kostenvorschuss der Gläubiger für die Masse genutzt werden können. Auf den Grund für die Auflösung der Gesellschaft kommt es nicht an: daher kann ein Insolvenzverfahren auch über solche Liquidationsgesellschaften eröffnet werden, die erst dadurch ins Liquidationsstadium geraten sind, dass ein gegen sie gerichteter Insolvenzantrag mangels Masse abgewiesen wurde (§ 26) oder dass bereits früher über sie ein Verfahren eröffnet wurde, das aber mangels Masse nach § 207 eingestellt wurde.

Mangels Liquidation scheidet eine Verfahrenseröffnung aber dann aus, wenn eine **zweigliedrige Ge-** 244 **sellschaft** dadurch aufgelöst wurde, dass einer ihrer Gesellschafter ausgeschieden ist und der andere das Unternehmen weiterführt (*Gerhardt* ZIP 2000, 2181, 2182). Dies gilt etwa, wenn einer von zwei Gesellschaftern oder dessen Privatgläubiger dem anderen gekündigt hat und die Kündigung wirksam geworden ist (**RG** 11. 6. 1931 WarnRspr 1931 Nr 152). Hier kommt dann nur eine Verfahrenseröffnung über das Vermögen des neuen Unternehmensträgers in Betracht (ein Eröffnungsbeschluss hinsichtlich des nicht mehr existenten Schuldners „Gesellschaft" ist grundsätzlich nichtig: **BGH** 7. 7. 2008 II ZR 37/07 ZIP 2008, 1677, 1678 = NJW 2008, 2992 = EWiR § 728 BGB 1/08, 679 *[Vortmann]*; dazu *Karsten Schmidt* ZIP 2008, 2337; berechtigte Kritik an der Annahme eines nichtigen Eröffnungsbeschlusses durch *Keller* NZI 2009, 29, 30 f [Folge: Partikularinsolvenzverfahren über Vermögen des Gesellschafters]). Ist dies – wie beim Ausscheiden des letzten Mitgesellschafters aus einer Personengesellschaft – ein Einzelunternehmer, ist ein Sonderinsolvenzverfahren analog §§ 315 ff statthaft, um die Haftung auf die übernommene Vermögensmasse zu beschränken (**LG Dresden** 7. 3. 2005 ZInsO 2005, 384 = ZIP 2005, 955, 956 f [für Ausscheiden des einzigen Komplementärs aus einer KG]; **AG Hamburg** 10. 1. 2006 ZIP 2006, 390, 391 [Ausscheiden des einzigen Kommanditisten aus einer zweigliedrigen GmbH & Co KG; nicht rechtskr]). Bei liquidationsloser Vollbeendigung während eines laufenden Insolvenzverfahrens geht das laufende Verfahren automatisch in ein solches Sonderinsolvenzverfahren über (**OLG Hamm** 30. 3. 2007 ZIP 2007, 1233, 1238 = NZI 2007, 584 [nicht rechtskr]; *Keller* NZI 2009, 29, 31).

f) Nachgesellschaft (Abs 3). Die Insolvenzfähigkeit der Gesellschaften ohne Rechtspersönlichkeit endet 245 nach der heute herrschenden Lehre vom „Doppeltatbestand" erst, wenn **ihr Vermögen vollständig verteilt** ist (Abs 3) und wenn sie – soweit eingetragen – im entsprechenden **Register gelöscht** sind (Abs 3; dazu oben Rn 46). Nach der Löschung im Handelsregister ist gegebenenfalls ein Nachtragsliquidator zu bestellen (Kilger/*Karsten Schmidt* § 209 KO Anm 2 a; für Zustellung eines Steuerbescheids BFH 6. 5. 1977 E 122, 389 = NJW 1977, 1936), bei einer Publikumskommanditgesellschaft analog § 273 Abs 4 AktG *gerichtlich* (**BGH** 2. 6. 200 Z 155, 121, 123 = ZIP 2003, 1338, 1339 = NJW 2003, 2676 = NZG 2003, 769 = EWiR § 273 AktG 1/03, 1217 *[Kort]*). Die Eröffnung eines Insolvenzverfahrens über das Vermögen einer Gesellschaft ohne Rechtspersönlichkeit ist danach ausgeschlossen, wenn die Gesellschaft infolge der Übertragung von Geschäft und Firma auf einen Gesellschafter oder einen Dritten zu bestehen aufgehört hat (**BGH** 10. 5. 1978 Z 71, 296 = NJW 1978, 1525 = KTS 1979, 76 = LM § 29 KO Nr 8 *[Merz]*; **AG Oldenburg** 16. 5. 1949 NJW 1949, 757 *[Kisch]*). Gleiches gilt, wenn sie wegen Wegfalls des Komplementärs liquidationslos voll beendet wurde (zuvor Rn 244), selbst wenn dies während des laufenden Insolvenzverfahrens geschieht; Abs 3 begründet nämlich keine Pflicht, ein einmal begonnenes Insolvenzverfahren zu Ende zu führen (**OLG Hamm** 30. 3. 2007 ZIP 2007, 1233, 1238 = NZI 2007, 584 [nicht rechtskr]).

g) Umwandlung. Hier gelten die für die juristischen Personen angestellten Erwägungen ganz entspre- 246 chend (dazu oben Rn 156 ff).

2. Eröffnungsgründe. a) Zahlungsunfähigkeit. Eröffnungsgrund ist bei den Gesellschaften ohne 247 Rechtspersönlichkeit die **Zahlungsunfähigkeit** (§ 17). Daneben kommt die **drohende Zahlungsunfähigkeit** (§ 18) als Eröffnungsgrund in Betracht, freilich nur auf Antrag des Schuldners selbst; das gilt nach Art 4 EuInsVO auch für ausländische Gesellschaften ohne Rechtspersönlichkeit, über deren Vermögen im Inland ein Insolvenzverfahren eröffnet wird (*Hirte* in: Hirte/Bücker, § 1 Rn 73). Im Hinblick auf den Charakter des Insolvenzverfahrens bei den Gesellschaften ohne Rechtspersönlichkeit als Sonderinsolvenzverfahren (dazu oben Rn 235) ist der Insolvenzgrund lediglich für das Sondervermögen festzustellen; die etwaige Zahlungsunfähigkeit eines persönlich haftenden Gesellschafters oder eines Kommanditisten spielt also keine Rolle (Jaeger/*Ehricke* § 11 Rn 62; *Schlitt* NZG 1998, 701, 703 [vgl aber andererseits 755, 758]; abw KP-*Noack* GesellschaftsR Rn 455, 478).

b) Überschuldung. Ist bei einer Gesellschaft ohne Rechtspersönlichkeit kein Gesellschafter eine na- 248 türliche Person, ist neben der Zahlungsunfähigkeit auch die **Überschuldung** Insolvenzgrund (§ 19 Abs 3

Satz 1 mit Abs 1 und 2). Denn hier haftet kein Gesellschafter mit seinem Privatvermögen. Daher gilt dies nicht, wenn zu den persönlich haftenden Gesellschaftern eine andere Gesellschaft gehört, bei der ein persönlich haftender Gesellschafter eine natürliche Person ist (§ 19 Abs 3 Satz 2). Zu den Einzelheiten dieser vor allem bei Überschuldung der GmbH & Co KG erheblich werdenden Frage unten Rn 339 ff; siehe auch § 15 a Rn 59. Erwägenswert wäre auch, die Insolvenzantragspflicht auf Partnerschaftsgesellschaften zu erstrecken, bei denen eine Haftungsbeschränkung nach § 8 Abs 3 PartGG besteht; denn hier steht den Gläubigern auch nur eine begrenzte Summe, ähnlich dem Haftkapital, zur Verfügung; doch besteht die Haftungsbeschränkung pro Schadensfall und wird – vor allem – durch die Haftpflichtversicherung kompensiert. Dass die Überschuldung als Frühindikator der Zahlungsunfähigkeit grundsätzlich nur bei den juristischen Personen Eröffnungsgrund ist, ist freilich nicht konsequent (KP-*Noack* GesellschaftsR Rn 63; *Karsten Schmidt* KS-InsO S 1199, 1217). Denn auch bei vermögenslosen natürlichen Personen, bei denen die (zusätzliche) persönliche Haftung keine Steuerungsfunktion (mehr) hat, besteht ein Interesse der Gläubiger an frühzeitiger Abwicklung.

249 **c) Auswirkungen der Insolvenz eines Gesellschafters.** In der Insolvenz eines Gesellschafters gehört das gesamte pfändbare Vermögen des Gesellschafters, also auch sein Anteil an der Gesellschaft, zur **Insolvenzmasse** (§ 35). Der Insolvenzbeschlag erfasst aber nicht die einzelnen Gegenstände des Gesamthandsvermögens (BGH 14. 2. 1957 Z 23, 307, 314 = NJW 1957, 750, 752; **BGH** 22. 5. 1958 WM 1958, 1105, 1106). Sowohl bei den Handelsgesellschaften als auch bei der BGB-Gesellschaft teilt der persönlich haftende Gesellschafter den **Insolvenzgerichtsstand** der Gesellschaft, wenn der Gesellschaftssitz den Mittelpunkt der wirtschaftlichen Aktivität des Gesellschafters bildet (§ 3 Abs 1 Satz 2; KG 16. 11. 1999 ZIP 2000, 1170, 1171 = ZInsO 2000, 44 = EWiR § 3 InsO 2/2000, 679 [*Frind*]).

250 Da ein Insolvenzverfahren über das Vermögen eines Gesellschafters das Gesellschaftsvermögen nicht erfasst, gilt auch das **Vollstreckungsverbot** des § 89 nur für die Insolvenz des Gesellschafters. Dessen Insolvenz steht daher einer Einzelzwangsvollstreckung nach § 736 ZPO in das Vermögen der nicht insolventen Gesellschaft nicht entgegen, auch wenn die Forderung in der Insolvenz des Gesellschafters zur Tabelle angemeldet wurde. Entsprechend steht die Sperrwirkung des § 87 der Beschaffung eines Vollstreckungs in das nicht selbst insolvenzbefangene Gesamthandsvermögen gerichteten Titels nicht entgegen (*Oehlerking* KTS 1980, 14, 17 f). Vollstreckt ein Gesellschaftsgläubiger in das Gesellschaftsvermögen und beteiligt er sich gleichzeitig am Insolvenzverfahren über das Vermögen des Gesellschafters, findet § 43 entsprechende Anwendung (*Oehlerking* KTS 1980, 14, 25). Befinden sich sowohl Gesellschaft wie Gesellschafter in der Insolvenz, können die Insolvenzgläubiger nach § 43 ihre Forderungen in beiden Insolvenzen vollständig anmelden (dazu *Schlitt* NZG 1998, 755, 757); für die Geltendmachung der Gesellschafterhaftung ist aber § 93 zu beachten.

251 Hat der insolvente Gesellschafter **Beitragspflichten** noch nicht erfüllt, gelten dieselben Grundsätze wie bei den juristischen Personen. Auch die Anfechtung etwa erfolgter Leistungen beurteilt sich nach denselben Überlegungen (dazu oben Rn 58). Allerdings ergibt sich hier anders als bei den Kapitalgesellschaften kein Konflikt mit den Kapitalschutzregeln (dazu auch § 129 Rn 113).

252 Mit der Eröffnung des Insolvenzverfahrens über das Vermögens eines Gesellschafters tritt der Insolvenzverwalter, wenn ein solcher bestellt ist, an die Stelle des Gesellschafters (§ 146 Abs 3 HGB). Das gilt nicht nur im Falle der Auflösung, sondern auch beim bloßen Ausscheiden eines Gesellschafters (BGH 24. 11. 1980 NJW 1981, 822 = ZIP 1981, 181 = KTS 1981, 230). Im Übrigen ist zu unterscheiden:

253 **aa) Gesetzliche Regelung bei den Handelsgesellschaften: keine Auflösung.** Seit Inkrafttreten des HRefG führt die Insolvenz eines Gesellschafters bei den Handelsgesellschaften mangels abweichender vertraglicher Regelung nicht mehr zu deren Auflösung (§§ 131 Abs 3 Nr 2, 161 Abs 2 HGB). Dies galt zuvor bereits für die EWIV und die Partnerschaftsgesellschaft (Art. 28 Abs 1 Unterabs. 2 EWIV-VO iVm § 8 EWIV-AG, § 9 Abs 2 PartGG). Gleiches gilt für die BGB-Gesellschaft, wenn eine **Fortsetzungsklausel** vereinbart wurde. Vielmehr **scheidet** der betreffende Gesellschafter mit Eröffnung des Insolvenzverfahrens bei Fehlen einer abweichenden vertraglichen Regelung aus der Gesellschaft **aus** (§§ 131 Abs 3 Satz 2, 161 Abs 2 HGB, § 9 Abs 2 PartGG). Das entspricht der zuvor schon üblichen Vertragsgestaltung (für die ausdrückliche Vereinbarung eines Verbleibens in der Gesellschaft in Bezug auf Anlagekommanditisten *Voigt* NZG 2007, 695 ff). Es gilt auch dann, wenn der Letzte Gesellschafter ausscheidet und die Gesellschaft dadurch zu einem Einzelunternehmen wird (früher ausdrücklich § 142 Abs 2 HGB); dazu auch oben Rn 244. Auch die Eröffnung des **Nachlassinsolvenzverfahrens** über das Vermögen eines verstorbenen Gesellschafters hat keine Auflösung der Gesellschaft zur Folge, soweit diese nicht schon zuvor durch den Tod des Gesellschafters nach § 727 Abs 1 BGB bzw bei entsprechender Vertragsgestaltung nach § 131 Abs 3 Nr 1 HGB aufgelöst worden war.

254 In diesen Fällen scheidet der Gesellschafter aus der Gesellschaft aus, und die Gesellschaft wird mit den verbleibenden Gesellschaftern fortgesetzt (§ 736 Abs 1 BGB, § 138 HGB). In die Insolvenzmasse des ausscheidenden Gesellschafters fällt der Abfindungsanspruch nach § 738 Abs 1 Satz 2 BGB, § 105 Abs 3 HGB, der von dessen Insolvenzverwalter einzufordern ist; ein etwaiger Passivsaldo bildet demgegenüber eine Insolvenzforderung der Gesellschaft gegen den Gesellschafter. Für gesellschaftsvertragliche Begrenzungen des Abfindungsanspruchs gelten die Ausführungen zu den Kapitalgesellschaften entsprechend (oben Rn 54).

F. Insolvenz der Gesellschaften ohne Rechtspersönlichkeit (Abs 2 Nr 1) § 11

Das Gesetz ordnet aber nicht an, und der Gesellschaftsvertrag kann nicht bestimmen, dass die Gesellschaft mit dem in Insolvenz geratenen Gesellschafter fortgesetzt werden soll. Das heißt nicht, dass eine **Fortsetzung mit dem Schuldner** schlechthin ausgeschlossen ist. Vielmehr kann der Insolvenzverwalter die Beteiligung an der Gesellschaft – möglicherweise gegen entsprechendes Entgelt – aus der Insolvenzmasse freigeben (MK-BGB/*Ulmer* § 728 BGB Rn 16; abw Palandt/*Thomas* § 728 BGB Rn 1). Im Übrigen können die Mitgesellschafter den Schuldner, der durch Eröffnung des Insolvenzverfahrens über sein Vermögen ausgeschieden ist, wieder als neues Mitglied aufnehmen. Voraussetzung ist, dass das Insolvenzverfahren über sein Vermögen abgeschlossen und die Gesellschaft noch nicht vollständig abgewickelt ist (MK-BGB/*Ulmer* § 728 BGB Rn 16 [Wiederaufnahme auch schon während des Verfahrens]). 255

Kommt es kraft Gesetzes – wie jetzt nur noch bei der BGB-Gesellschaft – zur Auflösung der Gesellschaft, ist eine Fortsetzung durch Beschluss auch dann möglich, wenn sich die Gesellschaft bei Verfahrenseröffnung bereits im Liquidationsstadium befindet (**BGH** 9. 7. 1964 DB 1964, 1440). Die Auflösung stellt keine anfechtbare Rechtshandlung dar, da die Gläubiger eines Gesellschafters keinen Anspruch darauf haben, zum Zweck ihrer Befriedigung unmittelbaren Zugriff auf das Gesellschaftsvermögen zu nehmen oder auch nur in jedem Fall die Auseinandersetzung der Gesellschaft zu verlangen (**BGH** 11. 5. 1959 WM 1959, 719, 721). Die Neufassung des HGB durch das HRefG macht dies hinreichend deutlich. 256

bb) Auflösung und Ausschluss. Anders ist die (vertragsdispositive) Lage bei der BGB-Gesellschaft; hier führt die Eröffnung des Insolvenzverfahrens über das Vermögen eines Gesellschafters nach wie vor zu deren Auflösung (§ 728 Abs 2 Satz 1 BGB; **OLG** Zweibrücken 30. 5. 2001 NZI 2001, 431 = ZIP 2001, 1207, 1208 f). Aufgelöst wird aber auch eine Personengesellschaft, wenn bei ihr der Gesellschaftsvertrag die Eröffnung des Insolvenzverfahrens über das Vermögen eines Gesellschafters als Auflösungsgrund qualifiziert. 257

Die Auflösung tritt in diesen Fällen mit dem Wirksamwerden des Beschlusses über die Eröffnung des Insolvenzverfahrens ein. Auf die Rechtskraft des Beschlusses oder den Zugang bei den Mitgesellschaftern kommt es nicht an. Wird der Beschluss allerdings nachträglich aufgehoben, entfallen Auflösungsgrund und -wirkungen rückwirkend. Wird das Insolvenzverfahren jedoch regulär beendet, also nach Abhaltung des Schlusstermins oder durch einen Insolvenzplan, wird die Auflösung nicht (automatisch) rückgängig gemacht. Das gilt auch bei einer Einstellung des Verfahrens nach §§ 207, 213. In diesen Fällen bedarf es daher eines ausdrücklichen Fortsetzungsbeschlusses, der allerdings der Zustimmung des Insolvenzverwalters über das Vermögen des dann ausscheidenden Gesellschafters bedarf (MK-BGB/ *Ulmer* § 728 BGB Rn 15). Der Insolvenzverwalter wird diese Zustimmung dann erteilen (und auch erteilen müssen), wenn der Umfang des Auseinandersetzungsguthabens im Falle einer Fortführung – wie typischerweise – nicht kleiner ist als das Auseinandersetzungsguthaben im Falle einer Liquidation. 258

Infolge der Auflösung ist die Gesellschaft grundsätzlich zu liquidieren. Die Liquidation darf nur mit Zustimmung des Insolvenzverwalters unterbleiben (§ 145 Abs 2 HGB). Das gilt auch dann, wenn die Gesellschaft bei Eröffnung des Insolvenzverfahrens bereits aus einem anderen (gesellschaftsvertraglichen) Grund aufgelöst war (KP-*Noack* GesellschaftsR Rn 486). An etwaige Vereinbarungen der Gesellschafter über die Liquidation ist auch der Insolvenzverwalter gebunden; doch können sie wegen Benachteiligung der Insolvenzgläubiger (§ 129 Abs 1) der **Insolvenzanfechtung** nach § 134 unterliegen (dazu unten § 134 Rn 39) oder nach § 138 BGB von vornherein unwirksam sein. 259

Die **Auseinandersetzung** der Gesellschaft erfolgt nach § 84 Abs 1 Satz 1 außerhalb des Insolvenzverfahrens nach §§ 730 ff BGB, §§ 145 ff HGB, insbesondere unter Beachtung der § 733 Abs 1 BGB, § 155 HGB (Einzelheiten bei *Oehlerking* KTS 1980, 14 ff). Das aufgrund einer Abschichtungsbilanz ermittelte und auf den Schuldner entfallende Auseinandersetzungsguthaben fällt in dessen Insolvenzmasse und kann von seinem Insolvenzverwalter nach § 155 HGB gefordert werden. Der Insolvenzverwalter wird dadurch, dass er die Rechte des insolventen Gesellschafters wahrzunehmen hat, freilich nicht selbst zum Liquidator (KP-*Noack* GesellschaftsR Rn 485). Seine Bewilligung ist (auch) erforderlich, wenn in Bezug auf ein der Gesellschaft gehörendes Grundstück eine Vormerkung eingetragen werden soll (**OLG** Zweibrücken 30. 5. 2001 NZI 2001, 431 = ZIP 2001, 1207, 1208 f). Vom Schuldner auszugleichende Fehlbeträge (§ 735 BGB) sind Insolvenzforderungen. 260

Bei der Berechnung des Abfindungsguthabens bzw des Fehlbetrages sind Verbindlichkeiten des Schuldners, die gesellschaftsrechtlicher Natur sind, zu berücksichtigen. Für Verbindlichkeiten des Schuldners aus dem Gesellschaftsverhältnis kann ein Mitgesellschafter **abgesonderte Befriedigung** nach § 84 Abs 1 Satz 2 verlangen; das Absonderungsrecht bezieht sich dabei nicht auf das Anteilsrecht selbst, sondern auf den bei der Auseinandersetzung zu ermittelnden Nettobetrag (**RG** 26. 5. 1902 Z 51, 343, 344). Soweit der Schuldner als Gesellschafter vor Eröffnung des Insolvenzverfahrens die gesamtschuldnerische Mithaftung gegenüber Gesellschaftsgläubigern übernommen hat oder nach Gesellschaftsrecht für Gesellschaftsschulden persönlich (mit)haftet, können die Forderungen als Insolvenzforderungen im Insolvenzverfahren über sein Vermögen angemeldet werden. Anmeldbar sind allerdings nur diejenigen Forderungen (Ausfallforderungen), die noch nicht bereits durch die Gesamthand oder andere Mitgesellschafter zum Zeitpunkt der Verfahrenseröffnung beglichen worden sind (§ 43). Der Gläubiger kann, wenn nur über das Vermögens eines Gesellschafters das Insolvenzverfahren eröffnet wurde, an dessen Insolvenzverfahren teilnehmen 261 und parallel in das Gesamthandsvermögen vollstrecken. Jedoch darf er nach § 43 in der Insolvenz des Gesellschafters bis zu seiner vollen Befriedigung nur den Betrag geltend machen, den er zur Zeit der Eröffnung des Insolvenzverfahrens noch zu fordern hatte (*Oehlerking* KTS 1980, 14, 16).

262 Hat der geschäftsführende Gesellschafter unverschuldet **keine Kenntnis** von der Auflösung der Gesellschaft durch die Insolvenz eines Gesellschafters, ist er mit den Ansprüchen aus der Fortführung der Geschäfte (Aufwendungsersatz- und Vergütungsansprüche) Insolvenzgläubiger des insolventen Mitgesellschafters (§ 118 Satz 2 Hs 1), soweit sie in der Auseinandersetzung ungedeckt geblieben sind. Für Ansprüche aus der einstweiligen Fortführung eilbedürftiger Geschäfte ist er sogar Massegläubiger, ohne dass es auf das Wissen um die Auflösung der Gesellschaft ankäme (§ 118 Satz 1). Denn zu deren Fortführung ist er nach § 727 Abs 2 Satz 2 BGB iVm § 728 Abs 2 BGB sogar verpflichtet; die Gesellschaft wird für diese Zwecke nach § 727 Abs 2 Satz 3 BGB als fortbestehend fingiert und damit nach § 714 BGB auch die Vertretungsmacht (KPB-*Tintelnot* § 118 Rn 3). Für die übrigen Geschäfte fingiert allerdings § 729 BGB (entsprechend §§ 115 Abs 3, 117 Abs 2 InsO) zu seinen Gunsten den Fortbestand der Geschäftsführungsbefugnis, nicht aber auch den der Gesellschaft und der Vertretungsmacht. Für Handelsgesellschaften, die (ausnahmsweise) durch die Eröffnung des Insolvenzverfahrens über das Vermögen eines Gesellschafters aufgelöst werden, gilt dies über §§ 105 Abs 3, 161 Abs 2 HGB, § 9 Abs 1 PartGG, Art 35 Abs 2 EWIV-VO entsprechend.

263 cc) **Anmeldung von Forderungen gegen die Gesellschafter in der Insolvenz der Gesellschaft.** Für die Anmeldung von Forderungen gegen Gesellschafter in der Insolvenz der Gesellschaft ist nach heute hM zwischen **Gesamthands- und Individualschulden** zu differenzieren (MK-BGB/*Ulmer* § 714 BGB Rn 29 ff; KP-*Noack* GesellschaftsR Rn 549; abw früher BGH 14. 2. 1957 Z 23, 307, 313). Danach können selbst solche Forderungen gegen Gesellschafter nicht in der Insolvenz der Gesellschaft angemeldet werden, denen alle Gesellschafter haften.

264 **3. Insolvenzantrag.** Zur Antragstellung **berechtigt** sind neben den Gläubigern (§ 13 Abs 1 Satz 2, § 14) die Gesellschaft ohne Rechtspersönlichkeit selbst nebst sämtlichen persönlich haftenden Gesellschaftern (§ 15). Nach hM hat die Gesellschaft ohne Rechtspersönlichkeit als Schuldnerin keinen Anspruch auf Insolvenzkostenhilfe (oben § 4 Rn 23; unten § 13 Rn 112). Das alles gilt nach Art 4 EuInsVO auch für ausländische Gesellschaften ohne Rechtspersönlichkeit, über deren Vermögen im Inland ein Insolvenzverfahren eröffnet wird (*Hirte* in: Hirte/Bücker, § 1 Rn 73). Die Einzelheiten des Antragsrechts der Gesellschaft selbst sind bei § 15 erläutert. Nicht antragsberechtigt sind die Privatgläubiger eines Gesellschafters.

265 Bei einem **Gläubigerantrag** *gegen* **eine Gesellschaft ohne Rechtspersönlichkeit** muss diese wie auch sonst im Prozessrecht (§ 4 InsO iVm § 51 Abs 1 ZPO) korrekt vertreten sein. Sind nicht alle Gesellschafter vertretungsberechtigt und fallen die vertretungsberechtigten Gesellschafter durch Ausscheiden weg oder verlieren sie ihre Vertretungsmacht, wird die Gesellschaft von sämtlichen Gesellschaftern vertreten (Baumbach/*Hopt* § 125 HGB Rn 13). Bei der Handelsgesellschaften bleibt es aber in diesem Fall für die Passivvertretung bei der Vertretungsmacht jedes einzelnen Gesellschafters (§ 125 Abs 2 Satz 3 HGB). Die Bestellung eines Notvertreters entsprechend § 29 BGB wie bei den juristischen Personen (dazu oben Rn 60) scheidet hier aber aus (BGH 9. 12. 1968 Z 51, 198, 200 = JZ 1969, 469 [*Wiedemann*]; Baumbach/*Hopt* § 125 HGB Rn 15). Auch die Möglichkeit der öffentlichen Zustellung (dazu oben Rn 60) wird nicht zu Lasten von Handelsgesellschaften – und erst recht nicht zu Lasten der BGB-Gesellschaft – eröffnet; die Durchsetzung der durch das MoMiG eingeführten Pflicht, bei der Eintragung einer Gesellschaft in das Handelsregister neben dem Ort die genaue Anschrift der Niederlassung bzw des Sitzes anzugeben (§§ 29, 106 Abs 2 Nr 2 HGB), erfolgt hier daher nur durch den Registerzwang des § 31 HGB (Begr RegE, BT-Drucks 16/6140, S 49).

266 Ist bei einer Gesellschaft ohne Rechtspersönlichkeit kein Gesellschafter eine natürliche Person, besteht bei ihnen wie bei den juristischen Personen nicht nur ein Insolvenzantragsrecht, sondern **Insolvenzantragspflicht** (§ 15 a Abs 1 Satz 2; siehe die Erläuterungen dort).

267 Bei sämtlichen Gesellschaften ohne Rechtspersönlichkeit kann zudem die unterlassene Stellung eines Insolvenzantrags eine **Pflichtverletzung gegenüber der Gesellschaft** bzw den Mitgesellschaftern darstellen. Denn der (weitere) Verlust von Gesellschaftsvermögen beeinträchtigt in jedem Fall die Interessen der Gesellschaft und im Hinblick auf deren persönliche Haftung auch die der Mitgesellschafter.

268 **4. Sicherungsmaßnahmen im Eröffnungsverfahren.** Bezüglich der Sicherungsmaßnahmen im Eröffnungsverfahren ergeben sich keine Unterschiede zu den juristischen Personen (dazu oben Rn 101 f).

269 **5. Wirkungen der Eröffnung. a) Auflösung ohne Abwicklung.** Durch die Eröffnung des Insolvenzverfahrens werden die (deutschen) Gesellschaften ohne Rechtspersönlichkeit nach §§ 131 Abs 1 Nr 3, 161 Abs 2 HGB, § 728 Abs 1 Satz 1 BGB, § 9 Abs 1 PartGG, Art 36 Satz 2 EWIV-VO zwar **aufgelöst**, aber nicht beendet (§§ 156, 157 HGB, § 730 Abs 2 Satz 1 BGB, § 10 Abs 1 PartGG, Art 35 Abs 3 EWIV-VO). Grund ist die nach wie vor bestehende Selbstständigkeit des Gesellschaftsvermögens. Allerdings tritt keine Abwicklung i. S. d. §§ 145 ff HGB, §§ 730 ff BGB, § 10 Abs 1 PartGG, Art 35 EWIV-VO ein,

F. Insolvenz der Gesellschaften ohne Rechtspersönlichkeit (Abs 2 Nr 1) § 11

die bei der gewöhnlichen Liquidation den Weg zur Vollbeendigung ebnet. Dies ordnen § 145 Abs 1 HGB, § 10 Abs 1 PartGG, § 730 Abs 1 BGB ausdrücklich an. Denn das weitere Verfahren richtet sich trotz Auflösung in erster Linie nach dem Insolvenzrecht, im Übrigen nach den für werbende juristische Personen geltenden Vorschriften (Staub/*Habersack* § 145 HGB Rn 54 ff). Für die EWIV wird insoweit Art 35 Abs 1 EWIV-VO, nach dem die Auflösung zur Abwicklung führt, über Art 36 Satz 1 EWIV-VO und das über ihn anwendbare einzelstaatliche Insolvenzrecht verdrängt (*Meyer-Landrut*, Die Europäische Wirtschaftliche Interessenvereinigung [1988], S 116). Die Wirkung der Auflösung tritt mit der Wirksamkeit des Eröffnungsbeschlusses ein. Wird der Eröffnungsbeschluss in der Beschwerdeinstanz aufgehoben, entfällt die Auflösungswirkung rückwirkend. Die vom Insolvenzverwalter zwischenzeitlich vorgenommenen Handlungen bleiben jedoch wirksam (§ 34 Abs 3 Satz 3).

Die gesellschaftsrechtlichen Folgen der Eröffnung eines Insolvenzverfahrens über das Vermögen einer **ausländischen Gesellschaft ohne Rechtspersönlichkeit** im Inland richten sich nach deren Gründungsrecht (*Hirte* in: Hirte/Bücker, § 1 Rn 77).

Im Übrigen hat bei einer deutschen Gesellschaft ohne Rechtspersönlichkeit die Eröffnung des Insolvenzverfahrens ebenso wenig wie die anderen Auflösungsgründe der § 131 Abs 1 HGB, § 9 Abs 1 PartGG, Art 31, 32 EWIV-VO einen Verlust der **Rechtsfähigkeit** iSv § 124 HGB zur Folge. Vielmehr besteht die Gesellschaft zum Zwecke der Abwicklung oder anderweitigen Lösung der Krise im Insolvenzverfahren fort (ausdrücklich Art 35 Abs 3 EWIV-VO). **Schuldner** des Insolvenzverfahrens ist daher die Gesellschaft ohne Rechtspersönlichkeit als Rechtssubjekt (dazu oben 236). Auch auf die **Kaufmannseigenschaft** einer Gesellschaft oder ihre **Firma** hat die Eröffnung des Insolvenzverfahrens keinen Einfluss (§ 156 HGB, § 10 Abs 1 PartGG, Art 35 Abs 2 EWIV-VO iVm § 1 Hs 1 EWIV-AG).

Zu **Rechtsmitteln** gegen den Eröffnungsbeschluss (§ 34 Abs 2) siehe § 15 Rn 9 f.

b) Registereintragung und Bekanntmachung. Die **Eröffnung des Insolvenzverfahrens** über das Vermögen einer Gesellschaft ohne Rechtspersönlichkeit ist nach § 30 bekanntzumachen und in Grundbuch und ähnliche Register einzutragen (§§ 32, 33). Darüber hinaus wird sie aufgrund einer Mitteilung des Insolvenzgerichts (§ 31 Nr 1) nach § 143 Abs 1 Satz 3 HGB, § 9 Abs 1 PartGG, Art 36 Satz 1 EWIV-VO von Amts wegen in das Handels- oder Partnerschaftsregister eingetragen (§ 32 Abs 1 Satz 1 HGB, § 9 Abs 1 PartGG, Art 36 Satz 1 EWIV-VO). Bei der BGB-Gesellschaft entfällt eine derartige Eintragung naturgemäß mangels Registers. Die insolvenzmäßige Bekanntmachung nach § 30 ersetzt dabei im Übrigen die Bekanntmachung durch das Registergericht; die Registereintragung ist daher nicht bekanntzumachen (§ 32 Abs 2 Satz 1 HGB). Obwohl die Eröffnung des Insolvenzverfahrens wie deren Ablehnung mangels Masse (§ 26) bei fehlender Haftung einer natürlichen Person zur Auflösung der Gesellschaft ohne Rechtspersönlichkeit führt, bedarf es kraft ausdrücklicher gesetzlicher Anordnung keiner Anmeldung der Auflösung zum entsprechenden Register seitens der Vertretungsorgane (§ 143 Abs 1 Satz 2 HGB, § 9 Abs 1 PartGG, Art 36 Satz 1 EWIV-VO).

Der **gute Glaube** an den Fortbestand der Verfügungsmacht des Vertretungsorgans oder der Liquidatoren wird nicht geschützt (§ 32 Abs 2 Satz 2 HGB).

Auch die **Aufhebung des Eröffnungsbeschlusses** ist von Amts wegen in das Handels- oder Partnerschaftsregister einzutragen (§ 32 Satz 2 Nr 1 HGB, § 9 Abs 1 PartGG, Art 36 Satz 1 EWIV-VO).

c) Auswirkungen auf die persönliche Haftung der Gesellschafter. Das Insolvenzverfahren erfasst **nur das Gesellschaftsvermögen.** Das Privatvermögen des einzelnen Gesellschafters ist daher nicht erfasst (BGH 21. 1. 1993 Z 121, 179 = NJW 1993, 663 = ZIP 1993, 208, 211 = KTS 1993, 287 = EWiR § 3 AnfG 1/93, 427 [*Schott*]; Jaeger/*Ehricke* § 11 Rn 63; Art 36 Satz 2 EWIV-VO). Darum sind die Gesellschafter auch nur in der Verfügung über das Gesellschaftsvermögen beschränkt und können während des Insolvenzverfahrens über das Gesellschaftsvermögen aufgrund eines gegen sie gerichteten Titels persönlich, allerdings unter Beachtung von § 93, in Anspruch genommen werden, ohne dass dem die §§ 80, 87, 89 entgegenstehen (BGH 27. 10. 1956 NJW 1957, 144; BGH 21. 1. 1993 Z 121, 179 = NJW 1993, 663 = ZIP 1993, 208, 211 = KTS 1993, 287 = EWiR § 3 AnfG 1/93, 427 [*Schott*]; BGH 23. 11. 1973 NJW 1974, 147, 148 = KTS 1974, 103; abw *Wochner* BB 1983, 517 ff, der dem persönlich haftenden Gesellschafter, der sich nicht selbst in der Insolvenz befindet, die Berufung auf § 89 „zum Teil" gewähren will, nämlich insoweit, als es sich um die Befriedigung handelt). An Vermögensgegenständen, die nicht zur Insolvenzmasse der Gesellschaft gehören, können daher auch nach Eröffnung des Insolvenzverfahrens dingliche Rechte erworben werden. Derartige Rechtserwerbe, auch wenn sie im Zwangswege erfolgen, werden von einem in Insolvenzverfahren über das Gesellschaftsvermögen beschlossenen Insolvenzplan wegen § 254 Abs 2 nicht berührt.

Der persönlich haftende und in Anspruch genommene Gesellschafter kann aber einwenden, es sei ein **Insolvenzplan** beschlossen oder beabsichtigt, durch den die Haftungsbeschränkung nach § 227 Abs 2 voraussichtlich eintreten werde. Im Übrigen ist es dem persönlich haftenden Gesellschafter unbenommen, selbst die Eröffnung des Insolvenzverfahrens über sein Privatvermögen zu beantragen und den Antrag nach Bestätigung des Insolvenzplans bezüglich des Vermögens der Gesellschaft ohne Rechtspersönlichkeit und der daraus bei Erfüllung folgenden Haftungsbeschränkung zurückzunehmen.

Die den Gläubigern gegenüber bestehende **persönliche Haftung der Gesellschafter** wird im Insolvenzverfahren **nach § 93 vom Insolvenzverwalter durchgesetzt** (dazu unten § 93). Daher berühren auch diese, nunmehr kumuliert durchgesetzten Ansprüche der Insolvenzgläubiger die Zahlungsfähigkeit und – wenn es sich um eine juristische Person handelt – den Status des persönlich haftenden Gesellschafters. Die Eröffnung eines Insolvenzverfahrens über das Vermögen einer Gesellschaft ohne Rechtspersönlichkeit führt daher noch häufiger als bislang dazu, dass auch die Gesellschafter persönlich insolvent werden (*Fuchs* ZIP 2000, 1089, 1090; *Theißen* ZIP 1998, 1625, 1628). Der Insolvenzverwalter über das Vermögen der Gesellschaft ist dabei für die von ihm nach § 93 zu verfolgenden Ansprüche in der Privatinsolvenz des Gesellschafters antragsbefugt; zudem nimmt er dort sowohl für die Insolvenzmasse der Gesellschaft als auch für die nach § 93 geltend zu machenden Ansprüche der Gläubiger die Gläubigerrolle wahr, auch wenn das Verfahren nicht auf seinen Antrag hin eröffnet wurde (*Fuchs* ZIP 2000, 1089, 1091). Das gilt auch in einem etwaigen Verbraucherinsolvenzverfahren über das Vermögen des Gesellschafters (*Fuchs* ZIP 2000, 1089, 1091), sofern dies heute noch in Betracht kommt (dazu unten Rn 335). Die damit vorgezeichneten Interessenkonflikte zwischen Gesellschafts- und Gesellschafterinsolvenz lassen es nach heutigem Recht bedenklich erscheinen, bei gleichzeitiger Insolvenz beider für Gesellschaft und Gesellschafter denselben Insolvenzverwalter zu bestellen (*Häsemeyer* Rn 31.27).

279 **Überträgt** ein persönlich haftender Gesellschafter, um ein Insolvenzverfahren über sein Privatvermögen abzuwenden, Gegenstände auf die Insolvenzmasse der Gesellschaft, kann diese Rechtshandlung bei später doch eröffnetem Gesellschafterinsolvenzverfahren gegenüber der Gesellschaft als unentgeltliche Verfügung nach § 134 angefochten werden (so für die Anfechtung nach dem AnfG **BGH** 21. 1. 1993 Z 121, 179 = NJW 1993, 663 = ZIP 1993, 208 = KTS 1993, 287 = EWiR § 3 AnfG 1/93, 427 [*Schott*]).

280 Will ein Gesellschafter verhindern, dass die **Rechtskraft des Tabelleneintrags** nach Maßgabe des § 129 Abs 1 HGB gegen ihn wirkt, muss er im Prüfungstermin Widerspruch gegen die Forderung erheben (§§ 178, 184). Dagegen bedarf es seines Widerspruchs nicht, um die Folge des § 201 abzuwenden; denn sie tritt gegen ihn überhaupt nicht ein, da nach § 129 Abs 4 HGB aus einem Titel gegen die Gesellschaft nicht gegen die Gesellschafter vollstreckt werden kann. Eine **Bürgschaft der Gesellschafter** für eine Gesellschaftsschuld verstärkt die Haftung der Gesellschafter nur für die Frage der Verjährung und für den Fall eines Erlassvergleichs (**RG** 19. 1. 1933 Z 139, 252, 254; **BGH** 26. 1. 1959 LM § 774 BGB Nr 3).

281 Eine **Haftung für Neuverbindlichkeiten,** die vom Insolvenzverwalter begründet wurden, kommt nicht in Betracht (*Karsten Schmidt* ZHR 152 [1988], 105, 114 ff; *Kilger/Karsten Schmidt* § 209 KO Anm 2 d cc; abw **LAG München** 8. 3. 1990 ZIP 1990, 1217). Dies gilt im Hinblick auf die Bekanntmachung seiner Bestellung (§ 23) auch für Handlungen eines eventuellen vorläufigen Insolvenzverwalters; die von ihm begründeten Verbindlichkeiten sind aber nach Eröffnung des Verfahrens Masseverbindlichkeiten (§ 55 Abs 2; KP-*Noack* GesellschaftsR Rn 489 f). Anders ist dies für **Altverbindlichkeiten.** Hier haftet nicht nur der aktive, sondern auch ein etwa ausgeschiedener Gesellschafter zunächst auf den **Erfüllungsanspruch,** sofern der Insolvenzverwalter sich entsprechend entscheidet (KP-*Noack* GesellschaftsR Rn 492). Zudem haftet im Falle der Ablehnung der Erfüllung des Vertrages durch den Verwalter nach § 103 Abs 2 ein ausgeschiedener Gesellschafter für den Anspruch auf **Schadenersatz wegen Nichterfüllung,** wenn er für den Erfüllungsanspruch nach § 160 HGB hätte einstehen müssen (**BGH** 13. 7. 1967 Z 48, 203 ff = NJW 1967, 2203; dazu unten § 93 Rn 36 ff).

282, **d) Auswirkungen auf die persönliche Haftung insbesondere der Kommanditisten.** Der Kommanditist
283 haftet – ebenso wie der Komplementär und der BGB-Gesellschafter – mit dem **Gesellschaftsvermögen unbeschränkt.** Er verliert daher seine Einlage, wenn nach Befriedigung aller Gläubiger noch kein Gesellschaftsvermögen übrig bleibt. Soweit sein Einlagekonto von seinem Anteil am Verlust nicht aufgezehrt ist, hat er aber einen Ausgleichsanspruch gegen die Mitgesellschafter, der außerhalb des Insolvenzverfahrens geltend zu machen ist.

284 Mit seinem **Privatvermögen** haftet der Kommanditist überhaupt nicht, wenn er die nach außen geschuldete Einlage (Hafteinlage, Haftsumme) geleistet (§ 171 Abs 1 Hs 2 HGB) und nicht wieder zurückgezahlt erhalten hat (§ 172 Abs 4 HGB). Nur soweit er seine Hafteinlage noch nicht geleistet (§ 171 Abs 1 Hs 1 HGB) oder wieder zurückerhalten hat (§ 172 Abs 4 HGB), haftet er den Gesellschaftsgläubigern persönlich, gesamtschuldnerisch und unmittelbar (§§ 128, 161 Abs 2 HGB), allerdings der Höhe nach beschränkt. Dabei wird die Höhe der Hafteinlage im Verhältnis zu den Gesellschaftsgläubigern nach Eintragung der Gesellschaft in das Handelsregister durch den in der Eintragung angegebenen Betrag bestimmt (§ 172 Abs 1 HGB), also nicht durch die für das Verhältnis der Gesellschafter untereinander (Innenverhältnis) festgelegte Pflichteinlage.

285 Die den Gläubigern gegenüber bestehende persönliche Haftung der Kommanditisten wird im Insolvenzverfahren nach § 171 Abs 2 HGB vom Insolvenzverwalter geltend gemacht (dazu unten § 35 Rn 386 ff).

286 **6. Ablehnung der Eröffnung und Löschung wegen Vermögenslosigkeit.** Die Ablehnung der Eröffnung des Insolvenzverfahrens mangels Masse (§ 26) führt bei den Gesellschaften ohne Rechtspersönlichkeit nicht zu deren Auflösung. Gleiches gilt für die Löschung wegen Vermögenslosigkeit nach § 394 FamFG (früher § 141 a FGG). Anderes gilt nur für die Handelsgesellschaften und nur dann, wenn kein persönlich haftender Gesellschafter – auch indirekt nicht – eine natürliche Person ist (§§ 131 Abs 2, 161 Abs 2

F. Insolvenz der Gesellschaften ohne Rechtspersönlichkeit (Abs 2 Nr 1) § 11

HGB, Art 36 Satz 1 EWIV-VO). Bei einer Auflösung nach § 131 Abs 2 HGB kommt es für die Auflösung auf die Rechtskraft des Abweisungsbeschlusses bzw des Beschlusses nach § 394 FamFG (früher § 141a FGG) an. Zur Löschung einer solchen Gesellschaft wegen Vermögenslosigkeit muss Vermögenslosigkeit sowohl bei der Gesellschaft selbst als auch bei ihren persönlich haftenden Gesellschaftern vorliegen (§ 394 Abs 4 Satz 2 FamFG [früher § 141a Abs 3 Satz 2 FGG]). Bei der Partnerschaftsgesellschaft scheiden diese Möglichkeiten in jedem Fall wegen § 1 Abs 1 Satz 2 PartGG aus.

7. Insolvenzverwalter und Organe der Gesellschaft ohne Rechtspersönlichkeit. a) Innerverbandlicher 287
Bereich. Der Insolvenzverwalter darf nicht in die inneren Angelegenheiten der Gesellschaft eingreifen. Sein Machtbereich ist vielmehr nach bislang hM durch die ihm gestellte Aufgabe, die Insolvenzmasse zu sammeln, zu verwerten und zu verteilen, beschränkt. Das wird mit Blick darauf, dass das Insolvenzverfahren nach heutigem Verständnis auf eine Vollabwicklung der Gesellschaften gerichtet ist (oben Rn 148 ff; unten Rn 301 ff), zunehmend mit der Folge bezweifelt, dass dem Verwalter weitergehende Kompetenzen zugestanden werden und er die Zuständigkeiten der Gesellschaftsorgane in weitergehendem Umfang verdrängt. Im Hinblick auf die dem Verwalter obliegende Vollabwicklungspflicht wird man auch annehmen müssen, dass auch bei einer Gesellschaft ohne Rechtspersönlichkeit die normalen „**Organe**" nach Verfahrenseröffnung im Amt bleiben (*H.-F. Müller* Der Verband in der Insolvenz, S 62 f); anders ist dies nur dann, wenn bereits vor Verfahrenseröffnung ein gesellschaftsrechtliches Liquidationsverfahren eingeleitet wurde. Nach dem geänderten Verständnis der Schuldnerrolle von Gesellschaften ohne Rechtspersönlichkeit (dazu oben Rn 236) nimmt eine Gesellschaft ohne Rechtspersönlichkeit selbst auch während der Abwicklung die Aufgaben und Rechte des Schuldners wahr.

Zu den den **Gesellschaftern** verbleibenden Zuständigkeiten gehört die Verwaltung des – im Vergleich 288 zum früheren Recht allerdings deutlich reduzierten – insolvenzfreien Vermögens (**BGH** 21. 10. 1965 NJW 1966, 51). Zum innerverbandlichen Bereich gehört auch die Gesellschafterklage („*actio pro socio*"; KG 10. 1. 1998 DStR 2000, 1617 f; in diese Richtung auch **BGH** 29. 11. 2004 II ZR 14/03 ZIP 2005, 320, 321 = BB 2005, 456, 457 [Bestellung eines Nachtragsliquidators steht Gesellschafterklage nicht entgegen]; abw *Haas*, FS Konzen 2006, S 157, 165). Daher kann der Verwalter durch die Freigabe einer Gesellschaftsforderung auch nicht erreichen, dass sie statt von allen Liquidatoren namens der Gesellschaft von einzelnen Gesellschaftern im eigenen Namen geltend gemacht werden kann (**BGH** 23. 4. 1964 WM 1964, 651, 652). Auch Informationsrechte sind wie bei den juristischen Personen (oben Rn 137) nach wie vor gegen die Gesellschaft bzw die geschäftsführenden Gesellschafter zu richten (abw **OLG** Zweibrücken 7. 9. 2006 ZIP 2006, 2047 = DB 2006, 2229 [zu § 166 Abs 3 HGB; nicht rechtskr]). Zum innerverbandlichen und damit den Gesellschaftern verbleibenden Bereich sollen auch die einheitliche und gesonderte Gewinnfeststellung gehören; in diesem Zusammenhang angefallene Kosten sind daher keine Massekosten (**OLG** Düsseldorf 2. 5. 1997 ZIP 1998, 1077; rkr nach **BGH** 2. 4. 1998 ZIP 1998, 1076 im Anschluss an **BFH** 23. 8. 1994 E 175, 309 = ZIP 1994, 1969; abw *H.-F. Müller* Der Verband in der Insolvenz, S 111); richtigerweise sollte für Gesellschafterklagen aber wie im Kapitalgesellschaftsrecht (oben Rn 138) darauf abgestellt werden, ob sie die Masse entlasten, was zur Zuständigkeit des Verwalters führt (*H.-F. Müller* Der Verband in der Insolvenz, S 221 f). Im Falle der Vertreterlosigkeit der Gesellschaft treffen die Mitwirkungspflichten nach § 101 Abs 1 Satz 2 jetzt auch die Mitglieder bzw Gesellschafter; deren Verletzung kann bei Ablehnung des Antrags auf Eröffnung des Insolvenzverfahrens nach § 101 Abs 3 nF eine Pflicht zur Verfahrenskostentragung nach sich ziehen.

Im Übrigen ist bezüglich der bei den Gesellschaftern verbleibenden Befugnisse zwischen **Einzelbefug-** 289 **nissen** und **gemeinschaftlichen Befugnissen und Lasten** zu unterscheiden. Im Allgemeinen kann danach bei der OHG jeder persönlich haftende Gesellschafter die Rechte des Gemeinschuldners ausüben, und zwar grundsätzlich jeder für sich. So kann **jeder einzelne Gesellschafter** angemeldete Forderungen bestreiten (§§ 178 Abs 2, 184; **BGH** 30. 1. 1961 NJW 1961, 1066, 1067 = KTS 1961, 72, 75 = WM 1961a, 427, 429; *Häsemeyer* Rn 31.10); die Ausübung dieses Rechts verhindert die Rechtskraftwirkung der Forderungsfeststellung gegenüber dem Bestreitenden. Auch sonstige Verfahrenslasten treffen jeden einzelnen persönlich haftenden Gesellschafter. Jeder *vertretungsberechtigte* (kritisch zu der darin liegenden Einschränkung gegenüber der hM zum früheren Recht *Häsemeyer* Rn 31.10) persönlich haftende Gesellschafter ist zudem zur **Auskunft** (§§ 20, 97) sowie zur **Abgabe der eidesstattlichen Versicherung** (§§ 98, 153 Abs 2) verpflichtet und den Strafvorschriften der §§ 283 ff StGB unterworfen (*Kilger/Karsten Schmidt* § 209 KO Anm 2c bb). § 101 Abs 1 Satz 1 ordnet dies heute ausdrücklich an (Einzelheiten bei *Uhlenbruck* KTS 1997, 371, 384 ff; zur BGB-Gesellschaft *Wellkamp* KTS 2000, 331, 335 f); eine Verletzung dieser Mitwirkungspflicht kann bei Ablehnung des Antrags auf Eröffnung des Insolvenzverfahrens nach § 101 Abs 3 nF eine Pflicht zur Verfahrenskostentragung nach sich ziehen. Daneben haben die vertretungsberechtigten persönlich haftenden Gesellschafter das Recht, den Antrag auf Verfahrenseröffnung zu stellen (§ 15 Abs 1) und gegen einen Eröffnungsbeschluss bzw die Ablehnung des Verfahrens mangels Masse nach Maßgabe des § 34 Beschwerde einzulegen. Sie können schließlich vom Insolvenzgericht als Zeugen gehört werden. Auch ein nicht vertretungsberechtigter Gesellschafter (zB der Kommanditist) kann gegen einen einheitlichen Feststellungsbescheid Rechtsbehelf einlegen, wenn der Bescheid bei Eröffnung des Insolvenzverfahrens über das Vermögen der Gesellschaft noch nicht zugestellt war (§ 352 Abs 1 Nr 3 AO; BFH 1. 4. 1958 DB 1958, 618 *[Hartz]*; BFH 13. 7. 1967 DB 1968, 382).

290 Anträge auf Einstellung des Verfahrens nach § 213 oder die Vorlage eines Insolvenzplans nach § 218 Abs 1 Satz 1 müssen allerdings **gemeinschaftlich und einheitlich** gestellt bzw vorgenommen werden. Gemeinschaftlich müssen auch Beschwerden erhoben werden, ausgenommen die Beschwerde gegen den Eröffnungsbeschluss, die auch der einzelne Gesellschafter, der Insolvenzverwalter in der Privatinsolvenz eines Gesellschafters und ein Abwickler erheben kann (dazu unten § 15 Rn 9 f). Ermächtigung eines von ihnen durch die anderen ist zulässig und genügend (**OLG Kiel** 9. 12. 1935 KuT 1936, 168).

291 **b) Vertretungsmacht.** Die Vertretung der Gesellschaft obliegt auch nach Eröffnung des Insolvenzverfahrens den vertretungsberechtigten Gesellschaftern (Baumbach/*Hopt* § 145 HGB Rn 1). Wie bei den juristischen Personen (oben Rn 120) werden diese nicht etwa automatisch zu Liquidatoren, weil die Liquidation dem Insolvenzverwalter obliegt. Die noch bestehende Vertretungsmacht kann freilich ebenso wie die Geschäftsführungsbefugnis entzogen werden, wenn dafür ein wichtiger Grund vorliegt; auch kann ein Gesellschafter bei Vorliegen eines wichtigen Grundes einseitig seine Vertretungsmacht kündigen (§§ 712 Abs.1, 715 BGB, §§ 117, 125 HGB; *H.-F. Müller* Der Verband in der Insolvenz, S 136 ff [bzgl der Kündigung durch den Gesellschafter str.]). Nach dem Rechtsgedanken des § 146 Abs 1 HGB kann während eines laufenden Insolvenzverfahrens auch ein gesellschaftsfremder Dritter zum Vertreter der Gesellschaft bestellt werden (*H.-F. Müller* Der Verband in der Insolvenz, S 17, 140 f). Die Vertretungsmacht der Gesellschafter ist bei der BGB-Gesellschaft im Zweifel in Form der **Gesamtvertretung** funktionell beschränkt, bei den anderen Gesellschaften kann sie derart eingeschränkt werden (§§ 709 Abs 1, 714 BGB, § 125 Abs 2 HGB, § 5 Abs 1 PartGG, Art 20 Abs 2 EWIV-VO). Eine Ausnahme – immer Einzelvertretung – gilt aber nach § 15 für den Antrag auf Eröffnung des Insolvenzverfahrens und folgerichtig auch für das Beschwerderecht gegen die Eröffnung des Insolvenzverfahrens (dazu § 15 Rn 9 f). Gesamtvertreter können aber auch sonst einen von ihnen ermächtigen (dazu allgemein **RG** 5. 2. 1923 Z 106, 268; **RG** 11. 12. 1925 Z 112, 215; **BGH** 12. 12. 1960 Z 34, 27, 30). Bei Zustellungen an die Schuldnerin oder bei Erklärungen ihr gegenüber genügt aber auch bei Gesamtvertretung – außer bei der BGB-Gesellschaft (dazu *Wellkamp* KTS 2000, 331, 335) und der Partnerschaftsgesellschaft – immer die Zustellung an einen Vertreter bzw die Erklärung ihm gegenüber (§ 125 Abs 2 Satz 3 HGB, § 5 Abs 1 iVm § 1 Abs 4 PartGG, Art 20 Abs 1 EWIV-VO, § 170 Abs 3 ZPO). Gleiches gilt für die Unterrichtungen durch den Insolvenzverwalter nach §§ 158, 161.

292 **8. Insolvenzgläubiger.** Insolvenzgläubiger sind die persönlichen Gläubiger der Gesellschaft, soweit ihre Forderungen bereits bei Eröffnung des Insolvenzverfahrens begründet waren (§ 38); daher scheidet eine Haftung für Masseschulden aus (*Karsten Schmidt* GmbHR 2002, 1209, 1215). Keine Insolvenzgläubiger sind die „Privatgläubiger" eines Gesellschafters (Kilger/*Karsten Schmidt* § 209 KO Anm 2 d cc). Das gilt selbst dann, wenn die Gesellschaft für eine Verbindlichkeit aus einem nicht gesellschaftsrechtlichen Grund haften. Kommt es auch zur Insolvenz der Gesellschafter, so ist es zweckmäßig, etwaige Forderungen sowohl in der Gesellschafts- wie in der Gesellschafterinsolvenz anzumelden. In der Insolvenz der Gesellschaft können die entsprechenden Ansprüche aber nach § 93 nur vom Insolvenzverwalter geltend gemacht (Einzelheiten bei § 98).

293 Auch die **Gesellschafter** können Insolvenzgläubiger sein. Ansprüche können sich dabei zum einen aus dem **Gesellschaftsverhältnis** ergeben, zB aus einem Aufwendungsersatzanspruch nach §§ 110, 161 Abs 2 HGB (**BGH** 2. 7. 1962 Z 37, 299, 301 f; **BGH** 30. 4. 1984 NJW 1984, 2290 f; **BGH** 21. 1. 1993 Z 121, 179, 181 = NJW 1993, 663 = ZIP 1993, 208, 209 = KTS 1993, 287 = EWiR § 3 AnfG 1/93, 427 *[Schott]*). Sie können sich vorbehaltlich abweichender Regelungen im Gesellschaftsvertrag etwa hinsichtlich des geleisteten „Mehrbetrages" daraus ergeben, dass ein (auch ausgeschiedener) persönlich haftender Gesellschafter einen Gesellschaftsgläubiger *vor* Eröffnung des Insolvenzverfahrens über das Gesellschaftsvermögen ganz oder teilweise befriedigt (**BGH** 20. 3. 1958 Z 27, 51, 59; *Mohrbutter* NJW 1968, 1125, 1126 f; abw *Müller* NJW 1968, 225, 229, NJW 1968, 2230); hat er erst *nach* Eröffnung des Insolvenzverfahrens Zahlungen wegen seiner Haftung zugunsten der Altgläubiger geleistet, so ist ihm nach § 43 verwehrt, wegen seiner Erstattungsansprüche neben den anderen Insolvenzgläubigern am Insolvenzverfahren über das Vermögen der Gesellschaft teilzunehmen (**BGH** 20. 3. 1958 Z 27, 51). Auch ein Herausgabeanspruch in Bezug auf eine nur zur Nutzung in die Gesellschaft eingebrachte Sache bildet eine Insolvenzforderung (KP-*Noack* GesellschaftsR Rn 459). Als Anspruchsgrundlage kommen aber auch Rechtsverhältnisse in Betracht, bei denen der Gesellschafter der Gesellschaft **wie ein Dritter** gegenübersteht (zB Kauf, Miete, Dienstvertrag, Darlehen). Ein zum Zeitpunkt der Eröffnung des Insolvenzverfahrens **ausgetretener oder ausgeschlossener Gesellschafter** kann sein Abfindungsguthaben (§ 738 BGB, §§ 105 Abs 3, 161 Abs 2 HGB) als Insolvenzgläubiger zur Tabelle anmelden (*Philippi* BB 2002, 841 ff). In einer GmbH & Co KG kann die Stundung einer solchen Forderung nach dem Ausscheiden aber deren Umqualifikation in eine einem Gesellschafterdarlehen gleichzustellende Forderung bewirken (*Philippi* BB 2002, 841, 844 f; dazu unten § 39 Rn 38). Die Quote, die in der Insolvenz einer Gesellschaft auf Gesellschafterforderungen des Komplementärs entfällt, kann von Gesellschaftsgläubi-

gern auf Grund der persönlichen Haftung nach §§ 128, 161 Abs 2 HGB beim Komplementär gepfändet werden (*Leyendeckers* DB 1971, 609, 610); nach heutigem Recht kann dieses Recht nach Verfahrenseröffnung aber nur noch vom Insolvenzverwalter ausgeübt werden (§ 93).

Ein positiver **Kapitalanteil** begründet demgegenüber keine Insolvenzforderung, mag er auch buchmäßig als Guthaben erscheinen. Denn der Kapitalanteil bringt nur die wirtschaftliche Beteiligung am Gesellschaftsvermögen, dem haftenden Kapital, zum Ausdruck (RG 14. 6. 1927 Z 117, 238, 242; BGH 9. 2. 1981 ZIP 1981, 734, 735). Gleiches gilt für tatsächlich gewährte **Finanzplankredite** (KP-*Noack* GesellschaftsR Rn 464; dazu im Übrigen unten § 35 Rn 380). 294

Stehengelassener Gewinn erhöht den Kapitalanteil und gibt daher keine Insolvenzforderung. Aber auch der Gewinn für das letzte Geschäftsjahr kann nach Eröffnung des Insolvenzverfahrens nicht mehr entnommen werden, da die Ansprüche der Gesellschaftsgläubiger den Ansprüchen der Gesellschafter aus dem Gesellschaftsverhältnis in der Insolvenz vorgehen. Die Gesellschafter können in der Insolvenz der Gesellschaft aber mit ihren Guthaben auf den **Privatkonten** als Insolvenzgläubiger teilnehmen (*Schneider* BB 1954, 246). 295

Auch der **ausgeschiedene Kommanditist** kann Insolvenzgläubiger sein. Allerdings hat er bis zur vollständigen Befriedigung der Altgläubiger mit seinem Abfindungsanspruch hinter die Ansprüche der Altgläubiger zurückzutreten (KP-*Noack* GesellschaftsR Rn 461; *Karsten Schmidt* Einlage und Haftung des Kommanditisten [1977], S 140 ff). 296

Vertretungsberechtigten persönlich haftenden Gesellschaftern kann zu Lasten der Masse Unterhalt für sich und ihre Familienangehörigen gewährt werden (§§ 100, 101 Abs 1 Satz 3; kritisch zu dieser Regelung *Häsemeyer* Rn 31.22). 297

9. Einstellung und Aufhebung des Insolvenzverfahrens. a) Insolvenzrechtliche Seite. Das Insolvenzverfahren kann durch **Einstellung** oder **Aufhebung** enden (dazu oben Rn 145 ff). Mit Aufhebung oder Einstellung des Insolvenzverfahrens gewinnt auch eine Gesellschaft ohne Rechtspersönlichkeit das Recht zur Verwaltung des und zur Verfügung über ihr insolvenzbefangenes Vermögen zurück, da die Rechtswirkungen des § 80 entfallen. Soweit sie durch die Verfahrenseröffnung aufgelöst wurde, bleibt sie allerdings im Liquidationsstadium, wenn kein Fortsetzungsbeschluss gefasst oder die Gesellschaft umgewandelt wird (dazu sogleich Rn 306 ff). 298

Der Insolvenzverwalter der während des Insolvenzverfahrens sämtliche **Geschäftsunterlagen und Geschäftsbücher** der Schuldner-Gesellschaft in Besitz zu nehmen und die Bücher zu verwalten hat, muss die Geschäftsbücher mit Blick auf seine Vollabwicklungspflicht (dazu sogleich Rn 301 ff) für die gesamte gesetzliche Aufbewahrungsfrist aufbewahren bzw aufbewahren lassen (näher § 36 Rn 47; abw 12. Aufl Rn 146; vgl im Übrigen oben Rn 146). 299

Auch die Einstellung oder Aufhebung des Insolvenzverfahrens sind von Amts wegen in das Handels- oder Partnerschaftsregister **einzutragen** (§ 32 Abs 1 Satz 2 Nr 4 HGB, § 9 Abs 1 PartGG, Art 36 Satz 1 EWIV-VO). 300

b) Grundsatz der gesellschaftsrechtlichen Vollabwicklung. Auch für die Gesellschaften ohne Rechtspersönlichkeit gilt der aus § 199 Satz 2 abzuleitende Grundsatz der (auch gesellschaftsrechtlichen) Vollabwicklung (vgl oben Rn 148 ff). Das bedeutet zunächst, dass mit Aufhebung oder Einstellung des Insolvenzverfahrens die gesellschaftsrechtliche Abwicklung einzuleiten ist und die Gesellschafter nunmehr auch zu Abwicklern werden (zur Lage vorher oben Rn 269 ff); sie sind daher grundsätzlich auch zur Eintragung ins Handelsregister anzumelden (§ 148 Abs 1 Satz 1 HGB, § 10 Abs 1 PartGG, § 9 Abs 1 PartGG, Art 35 Abs 2 EWIV-VO iVm § 1 Hs 1 EWIV-AG). 301

Eine Abwicklung kommt aber praktisch nur dann in Betracht, wenn nach der Schluss- oder gegebenenfalls Nachtragsverteilung (§§ 196, 203) noch Mittel übrig sind. Dabei sind auch Gesellschafterdarlehensforderungen zuvor zu bedienen, bei einer GmbH & Co KG allerdings nur im Nachrang zu anderen Insolvenzforderungen (§ 39 Abs 1 Nr 5; dazu *Noack* FS Claussen [1997], S 307, 312). Ist – wie im Regelfall – kein Vermögen mehr vorhanden, wird man auf die Bestellung von Abwicklern aber verzichten und dem Insolvenzverwalter gestatten können, das Registergericht auf die Vermögenslosigkeit der Gesellschaft hinzuweisen (KP-*Noack* GesellschaftsR Rn 413). Dieses kann dann nach § 394 Abs 1 Satz 2 FamFG (früher § 141a Abs 1 Satz 2 FGG) die Gesellschaft im entsprechenden Register löschen und damit ihre Vollbeendigung herbeiführen. 302

Ist – ausnahmsweise – noch Vermögen vorhanden, ist dieses Restvermögen und etwaiges insolvenzfreies Vermögen vom Insolvenzverwalter nach Maßgabe der §§ 146 ff HGB, § 10 Abs 1 PartGG, Art 35 Abs 2 EWIV-VO, §§ 731 ff BGB zu liquidieren. Es ist sodann nach den gesetzlichen und gesellschaftsvertraglichen Vorschriften unter den Gesellschaftern oder an die im Gesellschaftsvertrag bestimmten Dritten zu verteilen (§ 155 HGB, § 10 Abs 1 PartGG, Art 35 Abs 2 EWIV-VO, § 734 BGB). Die Kosten dieser Verteilung gehen vorbehaltlich abweichender vertraglicher Regelung zu Lasten des Restvermögens der Gesellschaft (überzeugend KP-*Noack* GesellschaftsR Rn 89). 303

c) Erlöschen der Gesellschaft ohne Rechtspersönlichkeit. Eine **Gesellschaft ohne Rechtspersönlichkeit** erlischt mit der Ausschüttung der Masse, sofern sie im Handels- oder Partnerschaftsregister gelöscht wurde und tatsächlich kein Vermögen mehr besitzt. Stellt sich nachträglich heraus, dass sie noch Ver- 304 mögen besitzt, gilt sie als fortbestehend auch dann, wenn das Insolvenzverfahren mangels Masse eingestellt worden ist (§ 207). Ihr Fortbestehen wird aber nur für Liquidationszwecke fingiert und ermöglicht nicht etwa eine Fortsetzung der werbenden Gesellschaft, etwa durch Fassung eines Fortsetzungsbeschlusses.

305 Findet sich nach der Aufhebung im Anschluss an die Schlussverteilung (§ 200) oder nach der Einstellung des Insolvenzverfahrens mangels Masse (§ 207) noch insolvenzbefangenes Vermögen, so ist eine **Nachtragsverteilung** nach §§ 203 ff vorzunehmen. Hatte im Anschluss an das Insolvenzverfahren eine gesellschaftsrechtliche Liquidation stattgefunden oder ist sie im Hinblick auf die Vermögenslosigkeit der Gesellschaft unterblieben, kann auf Antrag eines Beteiligten eine **Nachtragsliquidation** stattfinden, wenn sich noch Vermögenswerte finden. Die **Nachhaftung** für etwa noch vorhandene Verbindlichkeiten richtet sich nach § 159 HGB, § 10 Abs 2 PartGG, Art 24 Abs 1 EWIV-VO, § 714 BGB.

306 **10. Fortsetzung und Umwandlung der Gesellschaft ohne Rechtspersönlichkeit in der Insolvenz.**
a) Fortsetzung der Gesellschaft ohne Rechtspersönlichkeit. Nach §§ 144 Abs 1, 161 Abs 2 HGB, § 728 Abs 1 Satz 2 BGB, § 9 Abs 1 PartGG können die Gesellschafter die Fortsetzung der aufgelösten Gesellschaft ohne Rechtspersönlichkeit beschließen, wenn das Verfahren auf Antrag des Schuldners eingestellt wurde oder nach der Bestätigung eines Insolvenzplans, der den Fortbestand der Gesellschaft vorsieht, aufgehoben wurde. Voraussetzung ist jedoch, dass noch unverteiltes Vermögen vorhanden ist und – bei den Handelsgesellschaften – die Gesellschaft ein Handelsgewerbe iSv § 1 HGB betreibt. Das zur Fortführung der Gesellschaft erforderliche Vermögen kann auch durch neue Kommanditeinlagen zugeführt werden. Diese fallen allerdings nach heutigem Recht (§ 35) in die Insolvenzmasse, sofern sie noch während des laufenden Insolvenzverfahrens geleistet werden. Nach heutigem Recht ist es aber möglich, in einem Fortführungs-Insolvenzplan den Forderungsverzicht der Altgläubiger zur Bedingung für eine Kapitalzuführung zu machen (zur Parallelfrage bei Kapitalerhöhungen oben Rn 193; unten § 35 Rn 304). Damit kann ein Ergebnis erzielt werden, das der früheren Insolvenzfreiheit des während des Verfahrens erzielten Neuerwerbs entspricht.

307 Eine Fortsetzung ist auch dann möglich, wenn sich die Gesellschaft bereits bei Eröffnung des Insolvenzverfahrens im Liquidationsstadium befand, sofern noch unverteiltes Vermögen vorhanden ist (**RG** 27. 4. 1937 Z 155, 42, 44). Ist kein Vermögen mehr vorhanden, ist die Gesellschaft endgültig beendet (**RG** 30. 10. 1897 Z 40, 29, 31; **OLG** Frankfurt/Main 13. 12. 1982 ZIP 1983, 312). Eine Fortsetzung ist dann nicht mehr möglich.

308 Umstritten ist auch hier, ob über die genannten Fälle hinaus die Gesellschaft auch in anderen Fällen der Beendigung des Insolvenzverfahrens fortgesetzt werden kann, nämlich bei **Aufhebung** nach § 200 nach Abhaltung des Schlusstermins oder bei **Einstellung** des Verfahrens mangels Masse nach § 207. Gleichermaßen ist umstritten, ob eine Fortsetzung durch Gesellschafterbeschluss möglich ist, wenn die Gesellschaft ohne Rechtspersönlichkeit nach **rechtskräftigem Abweisungsbeschluss** nach § 26 aufgelöst worden ist (§ 131 Abs 2 Nr 1 HGB) oder nach Löschung wegen **Vermögenslosigkeit** nach § 394 FamFG (früher § 141 a FGG) aufgelöst wurde (§ 131 Abs 2 Nr 2 HGB). Die hM geht uneingeschränkt von einer Fortsetzungsmöglichkeit aus, da § 144 HGB, § 728 BGB keine Ausnahmeregelungen seien (Baumbach/*Hopt* § 144 HGB Rn 1; abw Kilger/*Karsten Schmidt* § 209 KO Anm 2 h). Für den Fortbestand der aufgelösten Gesellschaft als Handelsgesellschaft war allerdings früher Voraussetzung, dass die Gesellschaft noch ein vollkaufmännisches Handelsgewerbe betreibt (**RG** 23. 3. 1936 Z 155, 75, 82 ff) und dass noch unverteiltes Vermögen vorhanden ist; im Hinblick auf die jetzt mögliche Eintragungsoption für Kleingewerbetreibende (§ 105 Abs 2 HGB) ist bei den Handelsgesellschaften aber die erste Voraussetzung aber heute verzichtbar. Der Fortsetzungsbeschluss bedarf allerdings der Einstimmigkeit (Kilger/ *Karsten Schmidt* § 209 KO Anm 2 h). Unbedingte Voraussetzung für die Fortsetzung einer Personenhandelsgesellschaft ist zudem das Vorhandensein eines geeigneten Komplementärs. Dabei ist es der OHG/KG unbenommen, anstelle einer Komplementär-GmbH eine natürliche Person einzuwechseln (vgl § 394 Abs 4 FamFG [früher § 141 a Abs 3 FGG]). Bleibt die bisherige Komplementär-GmbH weiter alleinige Komplementärin, müssen bei ihr die Anforderungen an die Mindestkapitalausstattung erfüllt sein; denn eine unterkapitalisierte GmbH ist als Komplementärin ungeeignet.

309 **b) Umwandlung.** Für Beginn und Ende der Insolvenzfähigkeit im Zusammenhang mit einer Umwandlung wie für die Umwandlungsmöglichkeiten insolventer Gesellschaften ohne Rechtspersönlichkeit ergeben sich keine Besonderheiten gegenüber der Lage bei juristischen Personen; auf die entsprechenden Ausführungen wird daher verwiesen (oben Rn 156 ff).

310 **11. Insolvenzplan.** Auch bei Gesellschaften ohne Rechtspersönlichkeit können die in § 217 genannten Fragen in einem Insolvenzplan abweichend geregelt werden. Dabei gelten im Grundsatz die gleichen Anmerkungen wie bei juristischen Personen (dazu oben Rn 158 ff); Abweichungen und Besonderheiten werden im Folgenden dargestellt.

311 **a) Allgemeines.** Bei der **Planvorlage** wird die Gesellschaft ohne Rechtspersönlichkeit von ihren vertretungsberechtigten Gesellschaftern vertreten. Das folgt daraus, dass die früheren Sonderregelungen in § 211 Abs 1 Satz 1 KO, § 109 Abs 1 Satz 1 Nr 1 Satz 1 VglO, nach denen ein (Zwangs-)Vergleichs-

F. Insolvenz der Gesellschaften ohne Rechtspersönlichkeit (Abs 2 Nr 1) **§ 11**

vorschlag von allen persönlich haftenden Gesellschaftern gemacht werden musste, nicht in die InsO übernommen wurde. Gleiches gilt für Widerspruch gegen den Plan (§ 247) oder sofortige Beschwerde gegen seine Bestätigung (§ 253). Soll eine Gesellschaft ohne Rechtspersönlichkeit auf der Grundlage eines Insolvenzplans das von ihr betriebene **Unternehmen fortführen**, bedarf es nach § 230 Abs 1 Satz 2 bei der Planvorlage einer zustimmenden Erklärung ihrer persönlich haftenden Gesellschafter, sofern die Gesellschaft nicht selbst den Plan vorgelegt hat. Eine Ersetzung dieser Zustimmung nach § 247 kommt nicht in Betracht, da dieser sich nur auf den Schuldner bezieht, nicht aber auch auf dessen Gesellschafter.

Im Rahmen des Schlechterstellungsverbots (§ 247 Abs 2 Nr 1) ist bei einer natürlichen Person zu berücksichtigen, dass diese Restschuldbefreiung nach §§ 286 ff beantragen kann (str; bejahend KPB-*Otte* § 227 Rn 7, § 247 Rn 9). Da diese Möglichkeit einer Gesellschaft ohne Rechtspersönlichkeit verschlossen ist (dazu unten Rn 334), ist sie auch im Rahmen der Planerstellung nicht zu berücksichtigen; daran ändert auch § 227 Abs 2 nichts, solange nicht über das Vermögen des persönlich haftenden Gesellschafters ein eigenständiges Insolvenzverfahren eröffnet wurde. Führt die persönliche Gesellschafterhaftung allerdings zur Insolvenz (auch) des Gesellschafters, muss die Möglichkeit der Restschuldbefreiung in einem eventuellen Insolvenzplan bezüglich seines Privatvermögens berücksichtigt werden (KP-*Noack* GesellschaftsR Rn 534). 312

Für die **Eintragung** der Überwachung eines Insolvenzplans tritt bei den Gesellschaften ohne Rechtspersönlichkeit neben das Handelsregister das Partnerschaftsregister (§ 5 PartGG). Eintragungen in Bezug auf eine EWIV erfolgen demgegenüber im Handelsregister selbst, während bei BGB-Gesellschaften mangels Registerpublizität jedwede Eintragung entfällt. 313

b) Haftung des persönlich haftenden Gesellschafters. Bei der Gestaltung des Insolvenzplans für eine Gesellschaft ohne Rechtspersönlichkeit ist zunächst zu berücksichtigen, dass der Umfang der Befriedigung der Gläubiger in Abhängigkeit davon variieren kann, inwieweit es gelingt, die **persönliche Gesellschafterhaftung** nach § 93 zu realisieren. Das lässt eine Anpassung des Plans in Form eines „flexiblen Plans" je nach dem Umfang der Geltendmachung der Gesellschafterhaftung sinnvoll erscheinen (*Fuchs* ZIP 2000, 1089, 1094). Die wohl wichtigste Besonderheit des Insolvenzplanverfahrens für Gesellschaften ohne Rechtspersönlichkeit bildet § 227 Abs 2. Danach wird vorbehaltlich einer abweichenden Bestimmung im Insolvenzplan auch ein persönlich haftender Gesellschafter einer Gesellschaft ohne Rechtspersönlichkeit mit der im gestaltenden Teil des Plans (§ 221) vorgesehenen Befriedigung der Insolvenzgläubiger von seinen **restlichen Verbindlichkeiten gegenüber seinen Gläubigern befreit**. Das entspricht den früheren § 211 Abs 2 KO, § 109 Abs 1 Nr 3 VglO. Ziel der Norm ist, in Verbindung mit dem Insolvenzplan eine Weiterführung des Schuldnerunternehmens zu erleichtern oder die Gründung einer neuen Existenz zu ermöglichen (**BGH** 9. 3. 1987 Z 100, 126, 129 = NJW 1987, 1893 = ZIP 1987, 572 f = KTS 1987, 485, 487 = EWiR § 211 KO 1/87, 613 [*Schücking*]; KP-*Noack* GesellschaftsR Rn 535; KPB-*Otte* § 227 Rn 6). Wird gleichzeitig mit der Gesellschaft der persönlich haftende Gesellschafter selbst insolvent und kommt es dort zu einem Insolvenzplan, lässt sich eine **doppelte Herabsetzung** der Verbindlichkeiten des Gesellschafters erreichen: einmal nach § 227 Abs 2, durch den die (gesellschaftsrechtliche) Haftung des Gesellschafters auf die Ausfallforderung des Betrages beschränkt wird, für den auch die Gesellschaft nur noch haftet, zum anderen auf der Grundlage des Insolvenzplans in der Insolvenz des Gesellschafters (*Uhlenbruck* GmbHR 1971, 70, 74). 314

aa) Persönlicher Anwendungsbereich. Zu den **persönlich haftenden Gesellschaftern** gehören dabei zunächst die persönlich haftenden Gesellschafter der offenen Handelsgesellschaft (§ 128 HGB), die Mitglieder einer EWIV (Art 24 Abs 1 EWIV-VO) sowie die Partner der Partnerschaftsgesellschaft (§ 8 PartGG). § 227 Abs 2 erfasst auch die Komplementäre der **Kommanditgesellschaft auf Aktien**. Da diese heute keine Gesellschaft ohne Rechtspersönlichkeit mehr ist, musste der Gesetzgeber dies ausdrücklich anordnen. Schließlich sind die Gesellschafter einer **BGB-Gesellschaft** hierher zu zählen, soweit sie – was für die BGB-Außengesellschaft inzwischen anerkannt ist (unten Rn 373) – für die Verbindlichkeiten der Gesellschaft akzessorisch haften. 315

Unklar ist, ob § 227 Abs 2 auch die Haftung des **Kommanditisten** begrenzt. Für § 211 Abs 2 KO wurde dies unter Hinweis auf die Begründung zur KO verneint (dazu Kuhn/*Uhlenbruck* § 211 KO Rn 8). Auch zeige ein Vergleich von § 211 Abs 2 KO und § 109 Abs 1 Nr 3 VglO, dass es beim Kommanditisten, der noch seine Einlage schuldet, nicht um eine „persönliche Haftung" iSv § 211 Abs 2 KO gehe (*Kuhn* Anm zu **BGH** 25. 5. 1970 LM § 109 VglO Nr 1 = NJW 1970, 1921). Der Entlastungsfunktion des § 211 Abs 2 KO bedürfe es zudem bei dem ohnehin nur beschränkt haftenden Kommanditisten nicht. Die Kommanditisten könnten daher, sofern sie mit ihrer Einlage rückständig sind, von den Gläubigern der Gesellschaft über die Vergleichsquote hinaus bis zur Höhe ihrer Einlage in Anspruch genommen werden (**RG** 31. 1. 1936 Z 150, 163; Baumbach/*Hopt* 29. Aufl § 171 HGB Rn 15). Die haftungsbeschränkende Wirkung erstrecke sich auch nicht auf Kommanditisten, der diese Stellung vor Eröffnung des Insolvenzverfahrens über das Vermögen der Gesellschaft erlangt hat, zuvor aber persönlich haftender Gesellschafter war oder der sich nach § 15 Abs 1 HGB haftungsmäßig noch als solcher behandeln lassen muss und nach § 160 HGB noch als solcher haftet (**BGH** 25. 5. 1970 NJW 1970, 1921 = LM § 109 VglO Nr 1 [*Kuhn*]; **BGH** 19. 5. 1983 NJW 1983, 2256 = ZIP 1983, 819; **BGH** 316

19. 5. 1983 NJW 1983, 2943 = ZIP 1983, 821). Die Haftung des **nicht eingetragenen Kommanditisten** nach § 176 HGB falle ebenfalls nicht unter § 211 Abs 2 KO, obwohl er haftungsrechtlich einem persönlich haftenden Gesellschafter gleichstehe (**BGH** 25. 5. 1970 NJW 1970, 1921 = LM § 109 VglO Nr 1 [*Kuhn*] [hier aber zugleich früherer persönlich haftender Gesellschafter]; abw *Lambsdorff* MDR 1973, 362, 364). Die Ausklammerung der Haftung des Kommanditisten aus der Wirkung des § 227 Abs 2 ist freilich insgesamt nicht überzeugend (ebenso – mit Unterschieden in den Einzelheiten – *Eidenmüller* ZGR 2001, 680, 684; Kilger/*Karsten Schmidt* § 211 KO Anm 3a; KPB-*Lüke* § 93 Rn 56; KP-*Noack* GesellschaftsR Rn 543; *H.-F. Müller* Der Verband in der Insolvenz, S 425f; *ders* KTS 2002, 202, 258f; *Uhlenbruck* GmbHR 1971, 70, 75 mwN in Fn 44; abw *Schlitt* NZG 1998, 755, 761). Denn sie würde den Insolvenzgläubigern erlauben, durch besondere Vereinbarung nach Beendigung des Insolvenzverfahrens gegen die noch haftenden Kommanditisten wegen der Beträge vorzugehen, die durch Gesellschaft und Komplementäre nicht beglichen werden konnten und nicht mehr beglichen zu werden brauchen. Zudem würde dies wegen der zwischen den Gesellschaftern aus dem Gesellschaftsvertrag resultierenden Ausgleichsansprüche dazu führen, dass auch die Haftungsbeschränkung der persönlich haftenden Gesellschafter konterkariert würde. Wenn eine solche Forthaftung der (einzelner) Kommanditisten als sinnvoll angesehen wird, sollte sie – was heute möglich ist (unten Rn 324) – durch den Plan ausdrücklich festgelegt werden müssen (zur Durchsetzung der Haftung im Übrigen unten § 35 Rn 386ff).

317 Im Gegensatz zum früheren Recht (Nachweise in der 12. Aufl Rn 317) erstreckt sich die Haftungsbeschränkung auch auf **ausgeschiedene Gesellschafter** siehe auch unten § 227 Rn 10). Die frühere Auffassung beruht auf einer überholten Qualifikation der Haftung ausgeschiedener Gesellschafter als bürgschaftsähnlich; sie widerspricht damit auch dem Grundsatz der akzessorischen Gesellschafterhaftung und kann für das jetzt geltende Recht nicht aufrechterhalten werden (*Eidenmüller* ZGR 2001, 680, 684; Kilger/*Karsten Schmidt* § 211 KO Anm 3b; KP-*Noack* GesellschaftsR Rn 544; *H.-F. Müller* Der Verband in der Insolvenz, S 422ff; *ders* KTS 2002, 202, 256ff [unter Verweis auf die parallele Lösung bei § 93]; *Ulmer* ZHR 149 [1985], 541, 553, jew. mwN). Scheidet ein persönlich haftender Gesellschafter erst nach der Bestätigung eines Insolvenzplans aus der Gesellschaft aus, bleibt es demgegenüber in jedem Fall bei der Wirkung des § 227 Abs 2.

318 Mit Blick auf den Wortlaut ist die Norm unanwendbar in Fällen bloßer **Innenhaftung** wie beim **Verlustausgleich** nach §§ 302, 303 AktG oder der **Differenzhaftung** bei Vorgesellschaften (ebenso *Lüer* unten § 227 Rn 7; *Eidenmüller* ZGR 2001, 680, 685; zweifelnd noch Uhlenbruck/*Hirte* 12. Aufl Rn 318). Im Übrigen hat die Frage deutlich dadurch an Gewicht verloren, dass jedenfalls die Anspruchsdurchsetzung auch von etwaigen Außenhaftungsansprüchen nunmehr nach § 93 in den Händen des Insolvenzverwalters liegt (dazu unten § 93 Rn 8).

319 bb) **Sachlicher Anwendungsbereich.** § 227 Abs 2 betrifft nur die Haftung der Gesellschafter aufgrund Gesellschaftsrechts. Haftet ein Gesellschafter daneben noch aus einem **anderen Rechtsgrund** (etwa Bürgschaft), so wird diese Haftung nicht eingeschränkt (**RG** 19. 1. 1933 Z 139, 252, 254; *Eidenmüller* ZGR 2001, 680, 683; Kilger/*Karsten Schmidt* § 211 KO Anm 3). Das gilt auch für die Prozesskosten, die einen neben der Gesellschaft verklagten Gesellschafter treffen; denn diese haben ihren Schuldgrund im Prozessrecht und damit in einem anderen Rechtsverhältnis. Hat ein Gesellschafter eine **dingliche Sicherheit** für eine Gesellschaftsschuld übernommen, bleibt diese ebenfalls von den Wirkungen des Insolvenzplans unberührt. Die Dinge liegen genauso wie bei der dinglichen Haftung eines zum Gesellschaftsvermögen gehörenden Gegenstandes; denn § 227 Abs 2 erfasst nur die „persönliche Haftung". Daher kann ein Gläubiger aus der dinglichen Sicherheit gegen diesen Gesellschafter vorgehen, soweit er keine Befriedigung durch den Insolvenzplan erhält (§ 254 Abs 2 Satz 1; **BGH** 23. 11. 1973 NJW 1974, 147 = KTS 1974, 103).

320 Der aus Bürgschaft oder dinglicher Sicherheit in Anspruch genommene Gesellschafter kann andererseits selbst bei der Gesellschaft nur insoweit **Rückgriff** nehmen, als der Insolvenzplan eine Haftung vorsieht (§ 254 Abs 2 Satz 2). Auch ein Regress gegen Mitgesellschafter scheidet aus, wenn die Sicherheit ohne das Einverständnis der Mitgesellschafter bestellt wurde; hatten die Mitgesellschafter der Sicherheitenbestellung aber zugestimmt, ist ein Ausgleichsanspruch möglich (**BGH** 9. 3. 1987 Z 100, 126 = NJW 1987, 1893 = ZIP 1987, 572 = KTS 1987, 485).

321 Auch die **Haftung aus anderem als gesellschaftsrechtlichem Rechtsgrund** kann aber in den Insolvenzplan mit einbezogen werden (dazu unten *Maus*, § 220 Rn 5; zum Zwangsvergleich **OLG** Dresden 31. 3. 1931 KuT 1931, 172).

322 cc) **Keine besondere Regelung im Insolvenzplan.** Trifft der Insolvenzplan keine Aussage zur persönlichen Haftung der Gesellschafter (oder wiederholt er nur die Aussage des Gesetzes), vermindert sich mit der Bestätigung des Insolvenzplans die Gesellschafterhaftung in demselben Umfang wie die Haftung der Gesellschaft. Ohne § 227 Abs 2 würde sich dies auch aus dem inzwischen nicht mehr nur für die Handelsgesellschaften charakteristischen Akzessorietätsprinzip ergeben (KPB-*Lüke* § 93 Rn 55; KP-*Noack* GesellschaftsR Rn 536; allgemein *Karsten Schmidt* GesR § 49 II 3, S 1415 ff.; *Wiedemann* GesR I § 5 IV 1c S 283ff). Auch andere Beschränkungen und Modifikationen der Gesellschaftshaftung wie eine Stundung wirken auch zugunsten der persönlich haftenden Gesellschafter (§ 129 Abs 1 HGB). Wird anschließend aus der persönlichen Haftung gegen einen persönlich haftenden Gesellschafter voll-

F. Insolvenz der Gesellschaften ohne Rechtspersönlichkeit (Abs 2 Nr 1) **§ 11**

streckt, steht ihm die Vollstreckungsgegenklage nach § 767 ZPO zur Verfügung. Nach hier vertretener Auffassung erfasst die beschriebene Wirkung auch Kommanditisten und ausgeschiedene Gesellschafter.

Durch die Bestätigung des Insolvenzplans entsteht buchmäßig ein Gewinn in Höhe des gewährten 323
Forderungserlasses. Dieser Buchgewinn ist nach Maßgabe des Gewinnverteilungsschlüssels unter die Gesellschafter zum Zwecke der nunmehr durchzuführenden Ausgleichung aufzuteilen (**BGH 28. 11. 1957 Z 26, 126, 129 f**).

dd) Abweichende Regelung im Insolvenzplan. Der Insolvenzplan kann die persönliche Haftung der 324
Gesellschafter von § 227 Abs 2 abweichend regeln (dazu auch unten § 227 Rn 11/12). Im Gegensatz zum früher geltenden Recht (Einzelheiten in der 12. Aufl Rn 324) wird man dabei zunächst die Festlegung einer geringeren Quote zulassen können (*H.-F. Müller* Der Verband in der Insolvenz, S 420 f; *ders* KTS 2002, 202, 253 f; KP-*Noack* GesellschaftsR Rn 539). Eine Haftungserweiterung bzw eine Aufrechterhaltung der persönlichen Gesellschafterhaftung bei Fortfall der Haftung der Gesellschaft dürfte demgegenüber nur mit Zustimmung des betroffenen Gesellschafters möglich sein (in diese Richtung auch **BGH 20. 4. 1967 Z 47, 376, 379 ff = NJW 1967, 2155**; KP-*Noack* GesellschaftsR Rn 539; *H.-F. Müller* Der Verband in der Insolvenz, S 415 f; *ders* KTS 2002, 202, 249 ff).

Selbst wenn man die **Kommanditistenhaftung** nicht schon *ex lege* für von der Befreiungswirkung des 325
§ 227 Abs 2 erfasst hält, ist es jedenfalls möglich, sie im Insolvenzplan zu modifizieren. Im Hinblick auf das Schlechterstellungsverbot des § 247 Abs 2 Nr 1 kommt dabei allerdings nur eine Verringerung gegenüber der sonst Platz greifenden Haftung in Betracht. Sinnvoll ist es schließlich, die Haftung **ausgeschiedener Gesellschafter** von der (wohl herrschenden Meinung zur) gesetzlichen Lage abweichend zu regeln, sie also in die haftungsbeschränkende Wirkung des Insolvenzplans mit einzubeziehen (zur eigenen Auffassung unten § 93 Rn 32).

ee) Vollstreckungsmaßnahmen vor Wirksamwerden des Insolvenzplans. Nach der gesetzlichen Lage 326
ist unbefriedigend, dass vor der Bestätigung des Insolvenzplans Vollstreckungsmaßnahmen in das Privatvermögen der persönlich haftenden Gesellschafter wegen ihrer Haftung nach § 128 HGB, § 8 Abs 1 Satz 1 PartGG, Art 24 Abs 1 EWIV-VO, § 714 BGB unbeschränkt zulässig sind und die Gläubiger damit (theoretisch) volle Befriedigung erlangen können, während die Gesellschafterhaftung anschließend nach § 227 Abs 2 beschränkt wird. Daran hat sich auch durch die InsO trotz entsprechender Vorschläge nichts geändert (zu Forderungen an den Gesetzgeber *Stürner* in: Insolvenzrecht im Umbruch, S 41, 43 f). Gegenüber dem alten Recht ist nur insoweit eine Änderung eingetreten, als nach § 93 nunmehr der Insolvenzverwalter während des Insolvenzverfahrens auch für die Geltendmachung der persönlichen Gesellschafterhaftung zuständig ist. Dadurch kann immerhin ein Wettlauf der Gläubiger um die persönliche Gesellschafterhaftung in weitgehend(er)em Umfang vermieden werden.

Zur Lösung des Problems wurde vorgeschlagen, § 89 auch hinsichtlich der persönlichen Gesellschaf- 327
terhaftung anzuwenden, soweit es sich um eine Befriedigung hinsichtlich der Forderungen gegen die Gesellschaft handelt (*Wochner* BB 1983, 517 ff). Nach hM können die Gesellschafter demgegenüber nur dadurch, dass sie als Vertreter des Schuldners selbst einen Insolvenzplan vorlegen (§ 218 Abs 1 Satz 1) und gleichzeitig analog § 233 die Aussetzung der Anspruchsdurchsetzung anregen (so KP-*Noack* GesellschaftsR Rn 132) oder die Einstellung der Zwangsvollstreckung analog § 21 Abs 2 Nr 3 (insoweit entsprechend dem früheren § 13 VglO) beantragen, Vollstreckungen und damit eine Befriedigung der Gläubiger verhindern. Denkbar ist daneben eine analoge Anwendung von § 767 ZPO, da mit Bestätigung des Insolvenzplans auch der Anspruchsinhalt verändert wird, oder ein Antrag auf Einstellung der Zwangsvollstreckung nach § 775 ZPO. Auch einstweilige Maßnahmen des Prozessgerichts analog § 769 ZPO kommen in Betracht, da nicht feststehe, in welchem Umfang die Forderung des Zwangsvollstreckungsgläubigers durch den Insolvenzplan reduziert wird. Durch den neuen § 93 hat sich aber jedenfalls das Argument erledigt, dass die Zwangsvollstreckung in das Privatvermögen unterbunden werden müsse, um einen Wettlauf der Gläubiger zu verhindern.

Sicherungen in sein Vermögen durch Arreste und Arresthypotheken kann der persönlich haftende Ge- 328
sellschafter demgegenüber nicht verhindern, auch wenn sie nach Bestätigung des Insolvenzplans wieder „freigegeben" werden müssen (dazu auch unten § 93 Rn 41). So hindert ein im Insolvenzverfahren über das Vermögen der Gesellschaft beschlossener Insolvenzplan nicht die Eintragung einer **Zwangshypothek** auf dem Grundstück eines Gesellschafters (**BGH 23. 11. 1973 NJW 1974, 147**). Denn das Insolvenzverfahren über das Gesellschaftsvermögen hindert nicht die Zwangsvollstreckung aus einem gegen einen Gesellschafter gerichteten Titel in das Vermögen dieses Gesellschafters, und daher ist der Weg für eine Anwendung von § 254 Abs 2 frei. Das gilt nach heutigem Recht aber nicht mehr, soweit es um die Durchsetzung der persönlichen Gesellschafterhaftung nach § 93 geht.

12. Eigenverwaltung. Bei der Eigenverwaltung ergeben sich für die Gesellschaften ohne Rechtsper- 329
sönlichkeit keine grundlegenden Unterschiede zur Rechtslage bei den juristischen Personen; daher sei auf die Ausführungen zu diesen verwiesen (oben Rn 179 ff).

Hinzuweisen ist vor allem auf § 145 Abs 2 HGB. Danach bedarf es in den Fällen, in denen eine Ge- 330
sellschaft ohne Rechtspersönlichkeit durch die Eröffnung des Insolvenzverfahrens über das Vermögen

eines Gesellschafters aufgelöst wurde, der Zustimmung des insolventen Gesellschafters, wenn in seinem Insolvenzverfahren Eigenverwaltung angeordnet wurde, um die Liquidation zu unterlassen.

331 Bei einer Gesellschaft ohne Rechtspersönlichkeit dürfen nach § 278 Abs 2 auch die vertretungsberechtigten persönlich haftenden Gesellschafter des Schuldners Mittel zu einer bescheidenen Lebensführung für sich und ihre Familienangehörigen iSv § 100 Abs 2 Satz 2 aus der Insolvenzmasse entnehmen. Das wird man nach der Konzeption des Gesetzes auf den Fall beschränken müssen, dass die persönlich haftenden Gesellschafter natürliche Personen sind.

332 Über § 92 hinaus ist bei einer Gesellschaft ohne Rechtspersönlichkeit dem Sachwalter auch die Geltendmachung der persönlichen Gesellschafterhaftung (§ 93) zugewiesen (§ 280). Für die Kommanditistenhaftung folgt dies – nach hier vertretener Auffassung zusätzlich (vgl unten § 35 Rn 388) – aus § 171 Abs 2 HGB aE.

333 Für die **Eintragung** der Anordnung der Eigenverwaltung durch den Schuldner sowie deren Aufhebung sowie die Anordnung der Zustimmungsbedürftigkeit bestimmter Rechtsgeschäfte des Schuldners tritt bei den Gesellschaften ohne Rechtspersönlichkeit neben das Handelsregister das Partnerschaftsregister (§ 5 PartGG). Eintragungen in Bezug auf eine EWIV erfolgen demgegenüber im Handelsregister selbst, während bei BGB-Gesellschaften mangels Registerpublizität jedwede Eintragung entfällt.

334 **13. Restschuldbefreiung.** Wird auch über das Privatvermögen eines persönlich haftenden Gesellschafters (oder auch eines Kommanditisten) das Insolvenzverfahren eröffnet, kann dieser, falls es sich um eine natürliche Person handelt, Restschuldbefreiung nach Maßgabe von §§ 286 ff erlangen. Voraussetzung ist allerdings, dass die Eröffnung des Verfahrens nicht mangels Masse abgelehnt wurde (§ 26) und nicht – wie sich aus § 289 Abs 3 ergibt – später mangels Masse eingestellt wurde (KP-*Noack* GesellschaftsR Rn 531). In diesem Fall bleibt es daher bei der unbeschränkten Weiterhaftung des Gesellschafters nach § 128 HGB, § 714 BGB, § 8 PartGG, Art 24 Abs 1 EWIV-VO. Der Gesellschaft ohne Rechtspersönlichkeit selbst ist die Möglichkeit der Restschuldbefreiung verschlossen.

335 **14. Verbraucherinsolvenz.** Das Verbraucherinsolvenzverfahren nach §§ 304 ff kommt nur für natürliche Personen ohne oder mit nur geringfügiger selbstständiger wirtschaftlicher Tätigkeit in Betracht. Für eine Gesellschaft ohne Rechtspersönlichkeit scheidet es daher selbst dann aus, wenn sie „kleingewerblich" war. In Betracht kommt es aber für die Gesellschafter von Handelsgesellschaften oder (insbesondere) BGB-Gesellschaften, sofern über deren Vermögen ein gesondertes Insolvenzverfahren eröffnet wurde (dazu *Fuchs* ZIP 2000, 1089, 1090 ff). Das ist seit Inkrafttreten des InsOÄndG 2001 (BGBl I 2710) am 1. Dezember 2001 aber nur noch der Fall, wenn die Zahl ihrer Gläubiger nicht 19 überschreitet (§ 304 Abs 2 nF); zudem ist ein Verbraucherinsolvenzverfahren ausgeschlossen, wenn noch Forderungen aus Arbeitsverhältnissen einschließlich Ansprüchen von Sozialversicherungsträgern abzuwickeln sind (§ 304 Abs 1 S 2 nF). Bei den Handelsgesellschaften beschränkt sich der Anwendungsbereich des Verfahrens damit auf nicht geschäftsführende Gesellschafter und Kommanditisten; und auch bei diesen wird die Oberzahl der Gläubiger häufig überschritten sein.

II. Besonderheiten der einzelnen Gesellschaften ohne Rechtspersönlichkeit

336 Für einige der Gesellschaften ohne Rechtspersönlichkeiten ergeben sich Besonderheiten, teils aufgrund unterschiedlicher gesellschaftsrechtlicher oder insolvenzrechtlicher Bestimmungen, teils aufgrund unterschiedlicher Rechtsprechung. Derartige Unterschiede sollten andererseits nicht überbewertet werden; denn sie sind, insbesondere bei den weniger verbreiteten Gesellschaftsformen, häufig auch Folge einer weniger intensiven Beschäftigung von Gesetzgeber, Rechtsprechung und Schrifttum mit dem betreffenden Fragenkreis.

337 **1. Kommanditgesellschaft.** Bei der **Kommanditgesellschaft** waren nach früher herrschender Ansicht nur die **persönlich haftenden Gesellschafter** Träger der Schuldnerrolle (OLG Hamm 17. 9. 1971 MDR 1972, 59 [Kommanditisten nicht]; abw Kilger/*Karsten Schmidt* § 209 KO Anm 2 c bb). Daran ist hier ebensowenig festzuhalten wie für die Gesellschaft ohne Rechtspersönlichkeit im Übrigen (dazu oben Rn 236). Trägerin der Schuldnerrolle ist vielmehr die Kommanditgesellschaft selbst, die von ihren persönlich haftenden Gesellschaftern vertreten wird (zu Abweichungen beim Insolvenzantragsrecht unten § 15).

338 Bei der Kommanditgesellschaft werden schon immer – wie heute auch bei OHG und BGB-Gesellschaft (dazu § 93) – auch die Ansprüche der Gesellschaftsgläubiger aus der **persönlichen Haftung** der Kommanditisten nach § 171 Abs 2 HGB vom Insolvenzverwalter geltend gemacht. Die damit zusammenhängenden Fragen werden in den Erläuterungen zu § 35 Rn 386 ff behandelt.

339 **2. GmbH & Co KG.** Auch juristische Personen können Gesellschafter von Personengesellschaften und anderen Gesellschaften ohne Rechtspersönlichkeit sein. Zu rechtlichen Problemen führt die darin liegende **Typenvermischung** vor allem dann, wenn bei einer auf die persönliche Haftung (mindestens eines) Gesellschafters angelegten Gesellschaft (OHG/KG) kein persönlich haftender Gesellschafter eine natürliche Per-

F. Insolvenz der Gesellschaften ohne Rechtspersönlichkeit (Abs 2 Nr 1) **§ 11**

son ist. Dies ist nur dann anders, wenn sich unter den „nicht natürlichen" Gesellschaftern eine Gesellschaft findet, bei der ihrerseits eine natürliche Person unbeschränkt haftet. Rechtsprechung und Gesetzgeber haben dem durch zahlreiche Modifikationen des für die „normale" Gesellschaft ohne Rechtspersönlichkeit geltenden Rechts Rechnung getragen. Ganz wesentlich gehört dazu das in § 19 Abs 2 HGB niedergelegte Gebot, das Fehlen einer natürlichen Person als persönlich haftender Gesellschafter in der Firmierung offenzulegen. Die aus dem Fehlen einer natürlichen Person als Gesellschafter resultierenden Probleme sind grundsätzlich gleich gelagert, egal ob es sich um eine GmbH & Co KG, eine GmbH & Co KGaA, eine AG & Co KG oder eine AG & Co OHG handelt. Daher orientiert sich die folgende Darstellung an der zahlenmäßig bei weitem bedeutsamsten Typenvermischung, der GmbH & Co KG.

Bei der GmbH & Co KG ist trotz enger rechtlicher Verbindung der beiden Gesellschaften insolvenzrechtlich scharf zwischen der Insolvenz der KG und der Insolvenz der Komplementär-GmbH zu **unterscheiden** (Kritik bei *Karsten Schmidt* ZGR 1996, 209, 218; *ders,* GmbHR 2002, 1209 ff). Denn es handelt sich bei der typischen GmbH & Co KG zwar um ein einheitliches Unternehmen, nicht aber um eine einheitliche juristische Person. Es gilt mithin auch hier der – früher formulierte – Grundsatz: „Ein Mann, ein Vermögen, ein Konkurs!" Die Insolvenzgründe und die Verfahrensabwicklung unterliegen daher dem Recht der jeweiligen Gesellschaft (unrichtig daher **BGH** 17. 12. 1963 St 19, 174, wenn er meint, mit dem Insolvenzverfahren über eine GmbH & Co KG werde auch das Insolvenzverfahren über das Vermögen der GmbH eröffnet, soweit dieses in der KG gebunden sei). Denn es gibt kein Teilinsolvenzverfahren über das Vermögen einer juristischen Person (vgl unten § 35 Rn 412), und das Gesetz behandelt die Vermögen der KG und ihrer Komplementäre als getrennte Vermögen (vgl §§ 124, 128, 129 HGB). Freilich wird das das Vermögen der GmbH, soweit es Vermögen der KG geworden ist, von der Insolvenz der KG indirekt betroffen, selbst wenn über das Vermögen der GmbH selbst kein Insolvenzverfahren eröffnet wird. Dadurch kann vor allem der Insolvenzgrund der Überschuldung mittelbar auch auf den Insolvenzgrund der GmbH „durchschlagen". Im Übrigen hat der Gesetzgeber vor allem in § 15 a Abs 1 Satz 2 InsO, §§ 130 a, 177 a HGB für die KG der besonderen Gefahrenlage Rechnung getragen, die sich aus dem Fehlen natürlicher Personen als persönlich haftende Gesellschafter ergibt.

340

a) Insolvenzfähigkeit. Hinsichtlich der Insolvenzfähigkeit gelten daher die Ausführungen zur GmbH und zur KG. Da § 11 Abs 2 Nr 1 auch das Insolvenzverfahren über das Vermögen einer BGB-Gesellschaft erlaubt, spielt die Frage, ob die KG einen Gewerbebetrieb betreibt (§ 5 HGB), keine Rolle mehr. KG wie GmbH sind auch im **Gründungsstadium** insolvenzfähig, soweit sie nach außen hin in Erscheinung getreten sind und Sondervermögen gebildet haben (**BGH** 13. 6. 1977 Z 69, 95; **BGH** 13. 12. 1977 Z 70, 132 = NJW 1978, 636 *[Karsten Schmidt]; Karlheinz Binz,* Haftungsverhältnisse im Gründungsstadium der GmbH & Co KG, 1976, S 198; *Kießling,* Vorgründungs- und Vorgesellschaft, 1999, S 91). Insolvenzfähigkeit der GmbH & Co KG ist selbst dann anzunehmen, wenn die Komplementär-GmbH als Vor-GmbH noch nicht im Handelsregister eingetragen ist (**BGH** 9. 3. 1981 Z 80, 129, 132 ff = NJW 1981, 1373 = ZIP 1981, 394 = LM § 11 GmbHG Nr 30 a *[Fleck]*).

341

Eine **aufgelöste** GmbH & Co KG ist solange insolvenzfähig, wie noch verwertbares Gesamthandsvermögen vorhanden ist (Scholz/*Karsten Schmidt* vor § 64 GmbHG Rn 95). Bei der GmbH & Co KG bestehen aber zwei selbstständige und insolvenzfähige Gesellschaften fort, wenn der alleinige Kommanditist der KG zugleich auch Alleingesellschafter der GmbH ist. Die Insolvenzfähigkeit geht aber dadurch verloren, dass sich sämtliche Anteile an einer KG in der Hand eines Gesellschafters vereinigen; denn dadurch wird die KG aufgelöst (**BGH** 10. 5. 1978 Z 71, 296 = NJW 1978, 1525 = KTS 1979, 76 = LM § 29 KO Nr 8 *[Merz]*).

342

b) Eröffnungsgründe. aa) Eröffnungsgrund ist bei der GmbH & Co KG – also bei der **Kommanditgesellschaft** – neben der **Zahlungsunfähigkeit** (§ 17) die **drohende Zahlungsunfähigkeit** (§ 18). Darüber hinaus ist aber auch – anders als bei der gewöhnlichen KG – die **Überschuldung** Insolvenzgrund (§ 19 Abs 3 Satz 1 mit Abs 1 und 2).

343

Die **Zahlungsunfähigkeit** ist dabei für die Kommanditgesellschaft gesondert zu prüfen. Daher kommt es für die Zulässigkeit der Eröffnung eines Insolvenzverfahrens über das Vermögen der KG nicht auf die Zahlungsfähigkeit der GmbH an, auch wenn diese nach §§ 128, 161 Abs 2 HGB für die Verbindlichkeiten der KG haftet und diese Haftung in der Insolvenz der KG nach § 93 durchzusetzen wäre.

344

Bei der GmbH & Co KG ist **Überschuldung** gegeben, wenn das Vermögen der Gesellschaft nicht mehr die bestehenden Verbindlichkeiten deckt (§ 19 Abs 2 Satz 1). Die persönliche Gesellschafterhaftung nach §§ 128, 171, 172, 176 HGB kann dabei anders als ausstehende Pflichteinlageforderungen grundsätzlich nicht als Aktivum angesetzt werden. Einzelheiten in den Erläuterungen zu § 19 sowie bei KP-*Noack* GesellschaftsR Rn 558; Scholz/*Karsten Schmidt* vor § 64 GmbHG Rn 96 ff; *Uhlenbruck,* in Karsten Schmidt/Uhlenbruck, Die GmbH in Krise, Sanierung und Insolvenz, Rn 5.142 ff.

345

bb) Auch bei der Komplementär-**GmbH** sind die §§ 17–19 Eröffnungsgründe. Mit Blick auf den gegen die KG gerichteten Freistellungsanspruch aus § 110 HGB und die aus der Geschäftsführerstellung der Komplementär-GmbH folgende Zugriffsmöglichkeit auf die Liquidität der KG scheidet **Zahlungsunfähigkeit** aber solange aus, wie die KG zahlungsfähig ist (*Karsten Schmidt* GmbHR 2002, 1209, 1211). Gleiches gilt für die drohende Zahlungsunfähigkeit.

346

Hirte

347 Bei der **Überschuldungsprüfung** sind zunächst die eigenen Vermögenswerte und Verbindlichkeiten der GmbH zu berücksichtigen. Sodann muss die GmbH aber bei der Aufstellung des Überschuldungsstatus nicht nur aus Gründen des Gläubigerschutzes, sondern auch nach den Grundsätzen ordnungsgemäßer Buchführung die **Verbindlichkeiten der KG**, für die sie in ihrer Eigenschaft als Komplementärin der KG unbeschränkt, unmittelbar und primär haftet, spätestens in dem Zeitpunkt **in voller Höhe als eigene Verbindlichkeiten ausweisen**, in dem mit ihrer Inanspruchnahme nach §§ 128, 161 Abs 2 HGB ernsthaft zu rechnen ist (**BGH** 29. 3. 1973 Z 60, 324, 329 = NJW 1973, 1036, 1038; *Kuhn* Festschrift für Schilling [1973], S 69, 70 ff; Scholz/*Karsten Schmidt* vor § 64 GmbHG Rn 98 ff; *Sudhoff* NJW 1973, 1829, 1830). Vorher handelt es sich um bloße, unter der Bilanz gesondert zu vermerkende Eventualverbindlichkeiten (§§ 251 Satz 1, 268 Abs 7 HGB). Bezüglich der Höhe ist wegen des Verrechnungsverbots (§§ 264 Abs 2, 251 Satz 2 HGB) in beiden Fällen ein voller Ausweis des Haftungsrisikos erforderlich. Auf der Aktivseite ist ein etwaiger diese Haftung kompensierender **Freistellungsanspruch** gegen die KG (§ 257 BGB, § 110 HGB) auszuweisen. Das gilt allerdings nur, soweit und solange er durch entsprechende Vermögenswerte der KG abgedeckt und damit realisierbar ist; als Folge kann **die Komplementär-GmbH einer ihrerseits nicht überschuldeten KG mit Blick auf die Unternehmensverbindlichkeiten nicht überschuldet sein** (*Karsten Schmidt* GmbHR 2002, 1209, 1211). Weitere aktivierbare Ansprüche mit typischerweise größeren Realisierungschancen bilden **Freistellungsvereinbarungen**, die im Innenverhältnis zu den Kommanditisten wirken (*Schlitt* NZG 1998, 701, 705); diese sind ebenso zu berücksichtigen wie **Haftungsausschlussvereinbarungen,** die auch Außenwirkung haben. Allerdings ist eine **Verlustausschlussklausel**, nach der die Komplementär-GmbH am Verlust der KG nicht beteiligt ist, nicht als Freistellungsvereinbarung anzusehen; sie stellt die Komplementärin lediglich von der anteiligen Verlusttragung frei, nicht dagegen von der Haftung im Außenverhältnis (*Uhlenbruck* GmbHR 1971, 70, 73; *Schlitt* NZG 1998, 701, 705 f). Sie ändert lediglich die gesetzliche Gewinnverteilungsregel der §§ 168 Abs 2, 167 Abs 3 HGB. Weitere Einzelheiten in den Erläuterungen zu § 19 sowie bei *Uhlenbruck*, in: Karsten Schmidt/Uhlenbruck, Die GmbH in Krise, Sanierung und Insolvenz, Rn 5.110 ff.

348 c) **Insolvenzantrag. aa) Kommanditgesellschaft.** Beim **Insolvenzantragsrecht** ergeben sich keine rechtlichen Besonderheiten. Da Gläubiger der KG wegen §§ 128, 161 Abs 2 HGB immer auch Gläubiger der Komplementär-GmbH sind, können sie auch gegen diese einen Insolvenzantrag nach § 14 stellen. Das empfiehlt sich aus Kostengründen aber nur, wenn die Komplementärin noch über anderes Vermögen als ihre Beteiligung an der KG verfügt (Scholz/*Karsten Schmidt* 8. Aufl 1995, § 63 GmbHG Rn 99). Beschränken sie den Antrag auf eine der Gesellschaften, insbesondere die KG, ist für die Komplementär-GmbH von ihren organschaftlichen Vertretern unabhängig davon zu prüfen, ob eine Pflicht zur Insolvenzantragstellung besteht; gleiches gilt hinsichtlich der KG, wenn man der Auffassung folgt, dass ein Fremdantrag die Pflicht zur Stellung eines Eigenantrags nicht entfallen lässt (dazu § 15 a Rn 12). Halten die Vertreter der Gesellschaft den Fremdantrag für unbegründet, bleibt ihnen nichts anderes übrig, als dagegen erst mit Rechtsmitteln vorzugehen (§ 34 Abs 2) und erst bei deren Erfolglosigkeit einen Eigenantrag zu stellen (ausf *Karsten Schmidt* GmbHR 2002, 1209, 1211). Zum Schuldnerantrag § 15 Rn 13 ff.

349 Ist bei einer Gesellschaft ohne Rechtspersönlichkeit aber kein Gesellschafter eine natürliche Person, besteht bei ihnen wie bei den juristischen Personen nicht nur ein Insolvenzantragsrecht, sondern bei Zahlungsunfähigkeit und Überschuldung auch **Insolvenzantragspflicht**. Diese früher in §§ 130 a Abs 1 Satz 1 Hs 1 HGB, 177 a HGB, § 11 Satz 2 EWIV-AG geregelte Pflicht ergibt sich heute aus § 15 a Abs 1 Satz 2 (dazu unten § 15 a Rn 9).

355 **bb)** Die Zahlungsunfähigkeit der KG bringt die **Komplementär-GmbH** zwangsläufig in eine Lage, die sie nach § 15 a Abs 1 zur Stellung des Insolvenzantrags verpflichtet, falls nicht alsbald genügend neues Kapital beschafft werden kann (**BGH** 27. 9. 1976 Z 67, 171, 175 = NJW 1977, 104; zu den Auswirkungen der *Gesellschafter*insolvenz auf eine Gesellschaft **BFH** 7. 11. 1995 ZIP 1996, 1617 = EWiR § 15 a UStG 1/96, 949 [*Alter*]). Auch bei einer Überschuldung der KG wird regelmäßig auch für die Komplementär-GmbH Insolvenzantrag gestellt werden müssen, da die Überschuldung der KG im Hinblick auf §§ 128, 161 Abs 2 HGB zur Passivierung des gesamten oder zumindest eines Teils der KG-Verbindlichkeiten auch bei der GmbH führt (oben Rn 347). Entsprechend laufen auch die Fristen für die Antragstellung zeitgleich (*Karsten Schmidt* GmbHR 2002, 1209, 1212). Ein Eröffnungsantrag wegen **drohender Zahlungsunfähigkeit** ist theoretisch für eine der beiden Gesellschaften isoliert denkbar; typischerweise wird in solchen Fällen aber bei der jeweils anderen Gesellschaft dann auch Überschuldung mit der Folge einer entsprechenden Antragspflicht vorliegen (*Karsten Schmidt* GmbHR 2002, 1209, 1212).

356 **d) Wirkungsbereiche von Insolvenzverwalter und Organen der Gesellschaft ohne Rechtspersönlichkeit.** Die **verfahrensrechtlichen Pflichten** des Schuldners treffen bei einer GmbH & Co KG die Geschäftsführer der Komplementär-GmbH (§ 101 analog; *H.-F. Müller* Der Verband in der Insolvenz, S 87). Bei den Auskunftspflichten (§§ 20, 97) und Eidespflichten (§§ 98, 153 Abs 2) ist primär derjenige Geschäftsführer als verpflichtet anzusehen, der im Besitz der vom Insolvenzverwalter benötigten Informationen ist. Grundsätzlich kann sich der Insolvenzverwalter aber an jeden Geschäftsführer halten. Auf

F. Insolvenz der Gesellschaften ohne Rechtspersönlichkeit (Abs 2 Nr 1) § 11

die Geschäftsführungsbefugnis und eine etwa intern beschränkte Vertretungsmacht kommt es dabei nicht an. Das alles gilt auch dann, wenn sich die **GmbH ebenfalls in einem Insolvenzverfahren** befindet, selbst wenn das Dienstverhältnis des Geschäftsführers vom Insolvenzverwalter nach § 113 gekündigt wird (zu dieser Notwendigkeit oben Rn 125).

Wird sowohl über das Vermögen der KG als auch über das Vermögen der Komplementär-GmbH das Insolvenzverfahren eröffnet, ist es üblich, für beide Gesellschaften denselben Insolvenzverwalter zu bestellen. Bei nicht nur geringfügigen **Interessenkollisionen** sollte davon jedoch abgesehen werden (*Karsten Schmidt* GmbHR 2002, 1209, 1210, 1214; Scholz/*Karsten Schmidt* vor § 64 GmbHG Rn 94). Denn wegen § 93 ist hier in jedem Fall eine gewisse Interessenkollision zu besorgen. In jedem Fall ist der Insolvenzverwalter über das Vermögen der einen Gesellschaft am Insolvenzverfahren über das Vermögen der anderen Gesellschaft als Nebenintervenient zu beteiligen (**OLG Hamburg** 22. 3. 1988 ZIP 1988, 663). 357

e) **Wirkungen der Eröffnung.** Durch die Eröffnung des Insolvenzverfahrens über das Vermögen der KG wird nach der gesetzlichen Lage zunächst diese aufgelöst (§§ 131 Abs 1 Nr 3, 161 Abs 2 HGB); Gleiches gilt für die Komplementär-GmbH bei Eröffnung des Insolvenzverfahrens über deren Vermögen (§ 60 Abs 1 Nr 4 GmbHG). Damit scheidet nach § 131 Abs 3 Nr 2 HGB nF zunächst aus der Kommanditgesellschaft aus, was aber wegen Wegfalls des einzigen Komplementärs auch zur Auflösung der KG führt, so dass diese letztlich aus zwei Gründen aufgelöst ist (*Karsten Schmidt* GmbHR 2002, 1209, 1214). Eine KG mit nur einem Kommanditisten würde dadurch liquidationslos voll beendigt. Das Vermögen der KG geht in einem solchen Fall im Wege der Gesamtrechtsnachfolge auf den Kommanditisten über, der für die Verbindlichkeiten der Gesellschaft aber – unbeschadet besonderer Verpflichtungsgründe – nur mit dem übergegangenen Vermögen haftet (**BGH** 15. 3. 2004 NZG 2004, 611 = ZIP 2004, 1047 [dort auch zur entsprechenden Anwendbarkeit der §§ 239, 246 ZPO in einem solchen Fall während eines laufenden Rechtsstreits]; dazu *Gundlach/Frenzel/Schmidt* DStR 2004, 1658; zuvor bereits in dieselbe Richtung *Liebs* ZIP 2002, 1716ff). Ist diese Vermögensmasse überschuldet, sollte man die Regeln über die Nachlassinsolvenz (§§ 315ff) entsprechend anwenden (hierfür überzeugend *Albertus/Fischer* ZInsO 2005, 246; ebenso *Schmittmann* ZInsO 2005, 1314; dazu auch oben Rn 244). Das beschriebene Ergebnis – liquidationslose Vollbeendigung der KG – ist freilich in vielen Fällen unbefriedigend und sollte durch entsprechende vertragliche Gestaltung vermieden werden. Unabhängig davon sollte jedenfalls in Fällen **gleichzeitiger Insolvenz** von KG und Komplementär-GmbH im Wege teleologischer Reduktion von der Ausscheidensfolge des § 131 Abs 3 Nr 2 HGB abgesehen werden (*Karsten Schmidt* GmbHR 2002, 1209, 1214; *ders* GmbHR 2003, 1404ff; iE ebenso **OLG Hamm** 30. 3. 2007 ZIP 2007, 1233, 1236 = NZI 2007, 584 [nicht rechtskr], weil es sich aus verfahrensrechtlichen Gründen an den Eröffnungsbeschluss über das Vermögen der KG gebunden sieht). Ist die Komplementär-GmbH allerdings wegen Vermögenslosigkeit gelöscht, scheidet dieser Ansatz aus (**OLG Hamm** 30. 3. 2007 ZIP 2007, 1233, 1237 = NZI 2007, 584 [nicht rechtskr]). Scheidet die Komplementär-GmbH wegen einer von § 131 Abs 3 Nr 2 HGB abweichenden vertraglichen Gestaltung oder wegen teleologischer Reduktion dieser Norm nicht aus der KG aus, nimmt ein in der GmbH-Insolvenz bestellter Insolvenzverwalter nach § 146 Abs 3 HGB die Rechte der GmbH in der KG wahr. Er übt deshalb auch die Tätigkeit eines Abwicklers der KG aus; er ist alleiniger Abwickler, wenn die GmbH die einzige Komplementärin ist und der Gesellschaftsvertrag oder ein Beschluss der Gesellschafter die Kommanditisten als Liquidatoren ausschließt (§ 146 Abs 1 HGB; zum grundsätzlichen Ausschluss der Kommanditisten von der Liquidatorenrolle in der GmbH & Co KG *Karsten Schmidt* GmbHR 2002, 1209, 1215 mwN). Seine Rechte kann er nur so weit ausüben, als dies seine Aufgabe als Insolvenzverwalter erfordert; er ist daher nicht berechtigt, an einer Änderung des Gesellschaftsvertrages der KG mitzuwirken, wenn das Auseinandersetzungsguthaben hiervon unberührt bleibt. Die Auflösung der Komplementär-GmbH kann – wenn er nicht schon vorher eintritt – einen wichtigen Grund zu ihrem **Ausschluss** aus der KG oder zur **Entziehung der Geschäftsführungsbefugnis** (§§ 117, 127, 161 Abs 2 HGB) bilden. 358

Schwierig ist die Lage, wenn entweder nur über das Vermögen der KG, nicht aber über das der Komplementär-GmbH ein Insolvenzverfahren eröffnet wurde (obwohl meist Insolvenzreife vorliegen dürfte) oder wenn die im Insolvenzverfahren befindliche Komplementär-GmbH **Komplementärin mehrerer Kommanditgesellschaften** ist. Befindet sich die geschäftsführende Komplementär-GmbH nicht in einem Insolvenzverfahren, sind gleichwohl nach § 80 ihre Geschäftsführungsbefugnisse entsprechend dem Insolvenzzweck eingeschränkt und werden durch den Insolvenzverwalter über das Vermögen der KG ausgeübt. Ist die GmbH Komplementärin mehrerer Kommanditgesellschaften, die sich nicht sämtlich in der Insolvenz befinden, so hängt es von der gesellschaftsvertraglichen Regelung im Einzelfall ab, ob der Insolvenzverwalter über das Vermögen der Komplementär-GmbH die Geschäftsführungsfunktionen auch in den „gesunden" Kommanditgesellschaften übernimmt. Zu bejahen ist dies in der sog. Einheits-GmbH & Co KG, in der die Kommanditgesellschaft alleinige Inhaberin aller Anteile ihrer Komplementär-GmbH ist. 359

Nach § 131 Abs 2 Nr 1 HGB wird eine GmbH & Co KG aufgelöst mit Rechtskraft des Beschlusses, durch den die Eröffnung eines Insolvenzverfahrens **mangels Masse** abgelehnt wurde (§ 26; abw früher **BGH** 8. 10. 1979 Z 75, 178, 181 = NJW 1980, 233). Auch eine Löschung der GmbH & Co KG wegen 360

Vermögenslosigkeit nach § 394 Abs 4 FamFG (früher § 141a Abs 3 FGG) kommt heute in Betracht; danach gelten die Vorschriften über Löschung einer GmbH entsprechend für eine GmbH & Co KG, aber nur, wenn die „für die Vermögenslosigkeit geforderten Voraussetzungen sowohl bei der Gesellschaft als auch bei den persönlich haftenden Gesellschaftern vorliegen" (§ 394 Abs 4 FamFG [früher § 141a Abs 3 Satz 2 FGG]). Das Vorliegen ausreichender Masse ist für die Komplementär-GmbH isoliert zu beurteilen; diese hat zwar nach § 110 HGB gegen die KG einen Anspruch auf Freistellung von den Verfahrenskosten, doch ist dieser in der Insolvenz der KG nur Insolvenzforderung iSv § 38 (*Karsten Schmidt* GmbHR 2002, 1209, 1213). Folge ist, dass über das Vermögen von Komplementär-GmbHs in vielen Fällen die Verfahrenseröffnung wegen § 26 ausscheidet. Die Ablehnung der Verfahrenseröffnung bezüglich der GmbH führt zu deren Auflösung nach § 60 Abs 1 Nr 5 GmbHG. Gleichwohl scheidet die GmbH nicht analog § 131 Abs 3 Nr 2 HGB aus der KG aus (*Karsten Schmidt* GmbHR 2002, 1209, 1213 mwN). Erst die Vollbeendigung der Komplementär-GmbH (Vermögenslosigkeit und Löschung) führt wegen Wegfalls des Komplementärs zur Auflösung auch der KG (abw **OLG** Frankfurt/Main 14. 5. 1976 DNotZ 1976, 619).

361 Scheidet die GmbH infolge der Insolvenz aus der KG aus, so findet die **Auseinandersetzung** beider Gesellschaften nach § 84 außerhalb des Insolvenzverfahrens statt. Hierbei vertritt der Insolvenzverwalter nach § 80 die GmbH. Da er nach § 146 Abs 3 HGB außerdem bei der KG in die Stelle der nach den §§ 125, 126, 161 Abs 2 HGB vertretungsberechtigten Komplementär-GmbH einrückt, kann er wegen des entstehenden Interessenkonflikts die KG bei der Ermittlung des Auseinandersetzungsguthabens nicht vertreten (*arg.* § 181 BGB). Eine etwaige Befreiung von § 181 BGB wirkt nicht zu seinen Gunsten. Bei der **Vollabwicklung** beider Gesellschaften ist zunächst die KG abzuwickeln, weil die Komplementär-GmbH – zumindest theoretisch – einen Anspruch auf Herausgabe des Überschusses nach § 199 Satz 2 hat (*Karsten Schmidt* GmbHR 2002, 1209, 1217).

362 Wünschen die Gesellschafter der durch Eröffnung des Insolvenzverfahrens aufgelösten KG eine andere Art der Auseinandersetzung als die Liquidation, etwa die Veräußerung des Unternehmens an einen Dritten, so bedürfen sie dazu idR der Zustimmung des Insolvenzverwalters der GmbH (§ 145 Abs 2 Hs 1 HGB). Ist im Insolvenzverfahren Eigenverwaltung angeordnet, tritt an die Stelle der Zustimmung des Insolvenzverwalters die Zustimmung der Komplementär-GmbH, vertreten durch ihren Geschäftsführer (§ 145 Abs 2 Hs 2 HGB). Der Grund dafür liegt darin, dass der Insolvenzverwalter nach § 80 InsO, § 146 Abs 3 HGB über den Auseinandersetzungsanspruch verfügt und darum in der Lage sein muss, über die Art und Weise der Auseinandersetzung mitzureden. Möglich ist auch eine Veräußerung des von der KG betriebenen Unternehmens an die Komplementär-GmbH, nachdem ein etwa auch bei ihr vorliegender Insolvenzgrund beseitigt wurde (*Heitsch* ZInsO 2004, 1339 ff).

363 **f) Fortsetzung.** Die KG kann durch Beschluss der Gesellschafter nach § 145 Abs 1 HGB auch fortgesetzt werden, wenn sie durch Eröffnung des Insolvenzverfahrens über ihre Komplementär-GmbH aufgelöst wurde. Voraussetzung ist, dass das Insolvenzverfahren auf Antrag der Gesellschaft eingestellt (§ 213) oder nach Bestätigung eines Insolvenzplans, der den Fortbestand der Gesellschaft vorsieht, aufgehoben wurde (§ 258 Abs 1). Selbstverständlich ist ein Fortsetzungsbeschluss auch nach Aufhebung des Insolvenzverfahrens (§ 200 Abs 1) im Anschluss an die Schlussverteilung möglich. Gleiches gilt, wenn die Gesellschaft durch Ablehnung der Verfahrenseröffnung mangels Masse aufgelöst wurde (§ 26) oder das Verfahren später mangels Masse eingestellt wurde (§ 207); denn die Masselosigkeit bedeutet keine Vermögenslosigkeit (**BGH** 7. 10. 1994 ZIP 1994, 1685 = EWiR § 50 ZPO 1/95, 97 *[Pfeiffer]*; KP-*Noack* GesellschaftsR Rn 582; *Schlitt* NZG 1998, 755, 762).

364 Eine Fortsetzung der KG bewirkt nicht (auch) automatisch die Fortsetzung einer **anderen Gesellschaft**, an der die KG als Gesellschafterin beteiligt ist, sofern auch diese durch die Insolvenz ihrer Gesellschafterin (der KG) aufgelöst worden sein sollte. Dort ist daher ein eigener Fortsetzungsbeschluss zu fassen. Dies gilt vor allem für die doppelstöckige GmbH & Co KG, die an einer anderen KG beteiligt ist (KP-*Noack* GesellschaftsR Rn 584 mwN).

365 Wird sowohl über das Vermögen der Komplementär-GmbH als auch über das der GmbH & Co KG ein Insolvenzverfahren eröffnet, so ist der Fortsetzungsbeschluss erschwert, wenn und soweit hinsichtlich der GmbH ein die Eröffnung des Insolvenzverfahrens ablehnender Beschluss nach § 26 ergeht. Denn Rechtsfolge einer Ablehnung der Verfahrenseröffnung mangels Masse ist die Auflösung der GmbH nach § 60 Abs 1 Nr 5 GmbHG und damit möglicherweise deren Ausscheiden aus der KG nach § 131 Abs 3 Nr 2 HGB (oben Rn 358). Eine Fortsetzung ist daher, falls die GmbH die einzige Komplementärin ist, nur möglich, wenn ein Kommanditist oder ein Dritter persönlich haftender Gesellschafter wird. Denn das Vorhandensein mindestens eines persönlich haftenden Gesellschafters ist zwingendes Erfordernis einer Kommanditgesellschaft (nach **OLG** Frankfurt/Main 14. 5. 1976 DNotZ 1976, 619 bewirken Auflösung und Löschung der Komplementär-GmbH aber nicht die Auflösung auch der KG).

366 Die übrigen Gesellschafter können, wenn sie die KG fortzusetzen beschließen, aber auch die im Insolvenzverfahren befindliche Komplementär-GmbH als neue Gesellschafterin aufnehmen, sofern dadurch nicht die Insolvenzmasse verpflichtet wird (Staub/*Ulmer* § 131 HGB Anm 100). Das ist nicht nur unter den Voraussetzungen des § 60 Abs 1 Nr 4 GmbHG möglich, sondern auch dann, wenn es nach Abhaltung des Schlusstermins zur Aufhebung oder mangels Masse zur Einstellung des Insolvenzverfah-

F. Insolvenz der Gesellschaften ohne Rechtspersönlichkeit (Abs 2 Nr 1) **§ 11**

rens gekommen ist (dazu oben Rn 308). Voraussetzung ist nach wohl hM nur, dass die GmbH Vermögen in Höhe des Stammkapitals besitzt (zum Ganzen *Hirte* ZInsO 2000, 127, 131).

Eine Aufhebung des Insolvenzverfahrens über das Vermögen der GmbH und ein anschließender Fortsetzungsbeschluss bei ihr sind auch notwendig, wenn sie die Zustimmung zu einem **Insolvenzplan** erteilen soll. Die Komplementär-GmbH muss daher, sofern auch über ihr Vermögen das Insolvenzverfahren eröffnet oder die Eröffnung mangels Masse abgelehnt oder sie sonst wegen Vermögenslosigkeit aufgelöst wurde, zunächst ihre Fortsetzung beschließen, was eine Beseitigung des Insolvenzgrundes voraussetzt. Nicht selten entfällt aber bei einem Insolvenzplan über das Vermögen der KG der Insolvenzgrund zugleich auch bei der GmbH, weil dort die Ersatzpflicht nach § 130a Abs 2 (früher Abs 3) Satz 5 HGB, § 227 Abs 2 geregelt wird. Solange über einen Insolvenzplan bezüglich der KG verhandelt wird, wird man daher das Insolvenzgericht für berechtigt ansehen müssen, die Entscheidung über die Eröffnung des Insolvenzverfahrens bezüglich der Komplementär-GmbH auszusetzen, um die sonst mit einem Abweisungsbeschluss mangels Masse mögliche Auflösung der Komplementär-GmbH zu verhindern. Bei Insolvenz beider Gesellschaften ist rechtsgestaltend zu empfehlen, koordinierte Insolvenzpläne vorzulegen, die nach § 249 unter die Bedingung gestellt werden, dass auch der jeweils andere beschlossen und bestätigt wird (*Karsten Schmidt* GmbHR 2002, 1209, 1216). Entsprechend kann auch die **Eigenverwaltung** gleichzeitig für beide Gesellschaften beantragt und beschlossen werden. 367

3. BGB-Gesellschaft. a) Zulässigkeit des Insolvenzverfahrens. Die Zulässigkeit eines selbstständigen Insolvenzverfahrens über das Vermögen einer BGB-Gesellschaft ist eine **Neuerung der InsO**. Der Gesetzgeber führt als Grund für diese Änderung an, dass auch bei dieser Gesellschaftsform das Gesellschaftsvermögen bestimmten Gläubigern unter Ausschluss anderer Gläubiger der Gesellschafter zugewiesen sei (Begr RegE zu § 11 Abs 2). Damit greift er die seit langem in früheren Rechtszustand geäußerte Kritik auf (dazu Kuhn/*Uhlenbruck* vor § 207 KO Rn B 1 ff; *Prütting* ZIP 1997, 1725, 1731 ff; *Karsten Schmidt* GesR § 60 IV 3 S 1816 [mit Verweis auf die frühere Diskussion]; *ders*, Wege zum Insolvenzrecht der Unternehmen, 1990, S 29; *ders* ZIP 1980, 233 ff; zur Konkursfähigkeit einer zu Unrecht in das Handelsregister eingetragenen BGB-Gesellschaft nach früherem Recht auch schon **BGH** 14. 1. 1991 Z 113, 216, 219 = NJW 1991, 922 = ZIP 1991, 233 = KTS 1991, 317). Dieser Befund – Haftung des Gesellschaftsvermögens gegenüber bestimmten Gläubigern unter Ausschluss der Gläubiger der Gesellschafter – gilt nach Auffassung des Gesetzgebers unabhängig davon, ob man der Ansicht folge, dass auch Gläubiger, die keine Gesellschaftsgläubiger sind, denen aber aus anderem Rechtsgrund alle Gesellschafter gesamtschuldnerisch haften, unmittelbar auf das Gesellschaftsvermögen zugreifen können (BGH 14. 2. 1957 Z 23, 307, 312 ff = NJW 1957, 750; abw Kuhn/*Uhlenbruck* vor § 207 KO Rn B 3, B 12; dazu auch *Prütting* ZIP 1997, 1725, 1730). Zudem ergebe sich ein praktisches Bedürfnis für die Insolvenzfähigkeit der BGB-Gesellschaft daraus, dass sie nicht selten als Trägerin eines Unternehmens am Geschäftsverkehr teilnähme. Daher sollen nach dem Willen des Gesetzgebers auf sie im Grundsatz die gleichen insolvenzrechtlichen Regelungen anwendbar sein wie auf die offene Handelsgesellschaft. Auch wird die nach früherem Recht bestehende Ungleichbehandlung zu anderen Gesellschaftsinsolvenzverfahren beseitigt, dass Gesellschaftsgläubiger im Wege der Einzelzwangsvollstreckung neben dem Gesellschaftsvermögen auch auf das sonstige Vermögen der Gesellschafter zugreifen konnten (KP-*Noack* GesellschaftsR Rn 43 mwN). Allerdings wollte der Gesetzgeber damit die BGB-Gesellschaft nicht in jeder Beziehung den anderen Gesellschaften ohne Rechtspersönlichkeit gleichstellen: der Rechtsausschuss hatte sich vielmehr ausdrücklich dagegen ausgesprochen, aus der Insolvenzfähigkeit der BGB-Gesellschaft auch auf deren passive Parteifähigkeit zu schließen. Erforderlich bleibe vielmehr eine ausdrückliche gesetzliche Anordnung wie in § 50 Abs 2 ZPO für den nichtrechtsfähigen Verein, die der Ausschuss für die BGB-Gesellschaft aber nicht vorschlagen wollte (ebenso *Prütting* ZIP 1997, 1725, 1733; abw zuvor bereits *Wiedemann* WM 1994, Beil 4, S 3 ff, 9 f). Mit dem Grundsatzurteil des **BGH**, in dem dieser die Parteifähigkeit jedenfalls der BGB-Außengesellschaft ausdrücklich anerkannt hat, ist die Frage aber nunmehr entschieden (**BGH** 29. 1. 2001 Z 146, 341 = NJW 2001, 1056 = ZIP 2001, 330, 331 f = DStR 2001, 310 [*Goette*] = ZInsO 2001, 218 = NZI 2001, 241 = JZ 2001, 655 [*Wiedemann*] = EWiR § 50 ZPO 1/01, 341 [*Prütting*] = LM § 50 ZPO Nr 52 [*Wilhelm*]). 368

Die begrüßenswerte Neuregelung durch das Gesetz hatte zuvor aber schon insoweit an Bedeutung verloren, als durch das HRefG die Kaufmannseigenschaft der OHG nur noch vom Erfordernis eines in kaufmännischer Weise eingerichteten Gewerbebetriebs abhängig gemacht wird (§ 1 HGB) und für die übrigen gewerblichen Gesellschaften die Möglichkeit der Option besteht (§ 105 Abs 2, § 2 Sätze 2 und 3 HGB). Der Anwendungsbereich der BGB-Gesellschaft beschränkt sich daher nunmehr auf die **nicht gewerblichen BGB-Gesellschaften,** insbesondere also die Zusammenschlüsse von Freiberuflern. Auch hier hat die Möglichkeit der Errichtung einer Partnerschaft nach dem PartGG und von Freiberufler-GmbHs die BGB-Gesellschaft aber deutlich zurückgedrängt. Das Gesetz erfasst aber auch nichtunternehmerische BGB-Gesellschaften, die Gesellschaftsvermögen gebildet haben und nach außen auftreten und damit nicht bloße Innengesellschaften sind (dazu sogleich Rn 374 ff). Zu denken ist etwa an **Ehegattengesellschaften.** Jedenfalls in diesen Fällen ist es nicht überzeugend, die nur schwer erkennbare Separierung des Gesellschafts- vom Privatvermögen der Gesellschafter in der Weise zu berücksichtigen, dass Privatgläubiger *aller* Gesellschafter nicht auf das Gesellschaftsvermögen zugreifen können; inso- 369

§ 11 Zulässigkeit des Insolvenzverfahrens

weit sollte daher an der für das frühere Recht geltenden Lage (Rn 368) festgehalten werden (überzeugend *Häsemeyer* Rn 31.70, 31.72). Eine Verpflichtung der „Ehegatttengesellschaft" dürfte aber rein tatsächlich die Ausnahme bilden (*Karsten Schmidt* KS-InsO S 1199, 1203).

370 [unbesetzt]

371 b) **Einzelheiten.** Im Hinblick auf die ausdrückliche Regelung in Abs 2 Nr 1 und die geänderte **BGH**-Rechtsprechung zur Rechts- und Parteifähigkeit der BGB-Gesellschaft wird man jetzt auch einen gegen eine BGB-Gesellschaft unter ihrer im Rechtsverkehr genutzten **Bezeichnung** gestellten Insolvenzantrag zulassen müssen (noch abw *Wellkamp* KTS 2000, 331, 336). Nur in Zweifelsfällen wird man daher mit dem AG Potsdam beim Insolvenzantrag gegen eine BGB-Gesellschaft aus Identifikationsgründen eine Bezeichnung ihrer Gesellschafter verlangen können (insoweit weiter *Wellkamp* KTS 2000, 331, 336); glaubhaft zu machen ist aber jedenfalls, dass die Gesellschaft tatsächlich noch existiert (weiter AG Potsdam 10. 4. 2001 ZIP 2001, 797, 798 = DZWIR 2001, 349). Entsprechend ist ein Antrag auf Eröffnung eines Insolvenzverfahrens gegen eine nach § 727 Abs 1 BGB **aufgelöste BGB-Gesellschaft** unzulässig, solange nicht die Gläubigerin glaubhaft macht, dass eine Verteilung des Vermögens noch nicht vollzogen ist (§ 11 Abs 3 InsO; insoweit ebenso AG Lübeck 8. 6. 2001 DZWIR 2001, 308). Bei einer Zwei-Personen-BGB-Gesellschaft, bei der der verstorbene Gesellschafter durch den Überlebenden beerbt wird, gilt die Verteilung als mit dem Ableben des einen Gesellschafters vollzogen (§§ 731ff, 1922 Abs 1 BGB; AG Potsdam 1. 2. 2001 NZI 2001, 272 = ZIP 2001, 346 = ZInsO 2001, 478 = DZWIR 2001, 130 = EWiR § 727 BGB 1/01, 573 *[Voß]*). Ein entsprechender Insolvenzantrag ist daher unzulässig. Eine andere Frage ist, ob über übergegangene Vermögensmasse ein isoliertes Insolvenzverfahren nach wie vor zulässig ist (dazu oben Rn 358; aus diesem Grunde kritisch zu der Entscheidung *Gundlach/Schmidt/Schirrrmeister* DZWIR 2004, 449, 451).

372 Ein wesentlicher Unterschied zu den Handelsgesellschaften liegt aber darin, dass die Existenz einer BGB-Gesellschaft vom Eintrag in ein **Register** unabhängig ist. Das Fehlen eines Registers bedeutet, dass es keiner Eintragung der verschiedenen insolvenzrechtlichen Maßnahmen bedarf, zum anderen aber auch, dass die an die Existenz eines Registers anknüpfenden besonderen Auflösungsgründe – Abweisung des Eröffnungsantrags mangels Masse (§ 26) und Löschung wegen Vermögenslosigkeit (§ 394 FamFG [früher § 141a FGG]) – hier nicht existieren (können). Einzutragen ist die Verfahrenseröffnung aber bei der BGB-Gesellschaft gehörenden Grundstücken nach § 32 in das **Grundbuch** (nicht: ihrer Gesellschafter [OLG Dresden 17. 9. 2002 NJW-RR 2003, 46 = NZI 2002, 687 = ZIP 2003, 130, 131]). Das kann aber im Hinblick auf das Erfordernis der Voreintragung nach § 39 GBO zu Schwierigkeiten führen, wenn der Eintrag wie bis zur Änderung der **BGH**-Rechtsprechung zur Anerkennung der Rechts- und Parteifähigkeit der BGB-Gesellschaft nicht auf die BGB-Gesellschaft lautet, sondern auf die Gesellschafter; hier muss gegebenenfalls der Insolvenzverwalter zuvor eine Grundbuchberichtigung erzwingen (dazu – allerdings noch auf der Grundlage der Rechtslage vor Änderung der **BGH**-Rechtsprechung – *Wellkamp* KTS 2000, 331, 337ff). Umgekehrt kann bei der Insolvenz eines BGB-Gesellschafters kein Insolvenzvermerk für ein Grundstück angebracht werden, das der BGB-Gesellschaft gehört (**OLG** Rostock 11. 9. 2003 NJW-RR 2004, 260 = NZI 2003, 648 = ZIP 2004, 44).

373 Anders als bei den Handelsgesellschaften, bei denen die Gesellschafter in jedem Fall kraft gesetzlicher Regelung in § 128 HGB, § 8 Abs 1 Satz 1 PartGG, Art 24 Abs 1 EWIV-VO nach außen haften, ist diese Frage für die BGB-Gesellschaft umstritten gewesen. Erst seit man (und soweit man) der „**Akzessorietätstheorie**" folgt (grundlegend jetzt **BGH** 27. 9. 1999 Z 142, 315 = ZIP 1999, 1735 *[Altmeppen]* = NJW 1999, 3483 = EWiR § 705 BGB 2/99, 1053 *[Keil]* = LM § 705 BGB Nr 73 *[Wilhelm]*; **BGH** 29. 1. 2001 Z 146, 341 = NJW 2001, 1056 = ZIP 2001, 330 = DStR 2001, 310 *[Goette]* = ZInsO 2001, 218 = NZI 2001, 241 = JZ 2001, 655 *[Wiedemann]* = EWiR § 50 ZPO 1/01, 341 *[Prütting]* = LM § 50 ZPO Nr 52 *[Wilhelm]*), ergibt sich ein Gleichlauf zum Haftungsmodell der Handelsgesellschaften (zur früheren Rechtslage 12. Aufl Rn 373) Das wirkt sich vor allem beim Umfang der persönlichen Gesellschafterhaftung aus, die jetzt nach § 93 vom Insolvenzverwalter geltend zu machen ist.

374 c) **BGB-Innengesellschaften.** Nicht insolvenzfähig sind (nach wie vor) BGB-Gesellschaften in der Form der Innengesellschaften, weil bei ihnen fehlt es an gesamthänderisch gebundenem Vermögen, das Gegenstand eines Insolvenzverfahrens sein könnte (*Karsten Schmidt* KS-InsO S 1199, 1202; *Prütting* ZIP 1997, 1725, 1731f; abw *Wellkamp* KTS 2000, 331f). Dies sieht auch die Regierungsbegründung so: denn nach ihr können bei § 11 reine Innengesellschaften, die „keine Rechtsbeziehungen zu Dritten begründen, außer Betracht bleiben, da bei ihnen ein Grund für die Eröffnung eines Insolvenzverfahrens nicht eintreten kann". Der Text des § 11 bringt dies freilich nicht zum Ausdruck. Auch lässt die Regierungsbegründung den – unzutreffenden – Schluss zu, die Insolvenzunfähigkeit von BGB-Innengesellschaften folge in erster Linie aus dem fehlenden Außenkontakt der Gesellschaft. Der fehlende Außenkontakt scheidet aber (zumindest) den Insolvenzgrund der Zahlungsunfähigkeit aus (*Prütting* ZIP 1997, 1725, 1731f), selbst wenn sie Gesellschaftsvermögen hat. Voraussetzung für die Eröffnung des Insolvenzverfahrens über das Vermögen einer BGB-Gesellschaft ist im Übrigen gesamthänderisch gebundenes Vermögen; eine Verfahrenseröffnung scheidet daher auch bei bloßem **Bruchteilseigentum** (§§ 741ff BGB) der Gesellschafter aus (dazu auch oben Rn 4 und unten Rn 420).

F. Insolvenz der Gesellschaften ohne Rechtspersönlichkeit (Abs 2 Nr 1) § 11

Zu den Innengesellschaften zählt insbesondere die **Unterbeteiligung**, die als BGB-Gesellschaft ohne Gesamthandsvermögen zu qualifizieren ist. Auch hier löst die Eröffnung des Insolvenzverfahrens über den Hauptgesellschafter die Gesellschaft nach § 728 BGB auf (*Blaurock*, Unterbeteiligung und Treuhand an Gesellschaftsanteilen [1981], S 173 u 274; abw Scholz/*Karsten Schmidt* vor § 64 GmbHG Rn 131). Auch § 726 BGB findet Anwendung. 375

Umstritten ist, inwieweit auf derartige Unterbeteiligungen das Recht der stillen Gesellschaft anzuwenden ist, insbesondere die § 236 HGB, § 136 InsO. Nach wohl richtiger Meinung finden diese Normen in der Insolvenz des Hauptgesellschafters entsprechende Anwendung (*Paulick* ZGR 1974, 253, 283; Scholz/*Karsten Schmidt* vor § 64 GmbHG Rn 131). Dem wird entgegengehalten, dass das außerordentliche Anfechtungsrecht nur den schützen soll, der mit einem Handelsgewerbetreibenden in Verkehr trete (*Blaurock*, Unterbeteiligung, S 275 ff). Angesichts der zunehmenden Verwässerung der Unterscheidung in Handels- und Zivilgesellschaften überzeugt dieser Einwand – jedenfalls heute – nicht mehr. 376

Auch die Eröffnung des Insolvenzverfahrens über das Vermögen des Unterbeteiligten löst die Gesellschaft nach § 728 BGB auf (*Blaurock*, Unterbeteiligung, S 173). Führt die Insolvenz des Unterbeteiligten zu seinem Ausscheiden aus der Unterbeteiligungsgesellschaft, so kann auch eine mehrgliedrige Unterbeteiligungsgesellschaft vom Hauptgesellschafter mit den übrigen Unterbeteiligten fortgesetzt werden, wenn der Unterbeteiligungsvertrag eine entsprechende Fortsetzungsklausel enthält (§ 736 BGB). Das Abfindungsguthaben des Unterbeteiligten gehört zur Insolvenzmasse und wird vom Insolvenzverwalter geltend gemacht. Die Auseinandersetzung zwischen Insolvenzverwalter und Hauptgesellschafter findet nach § 84 Abs 1 Satz 1 außerhalb des Insolvenzverfahrens statt. 377

Zu insolvenzrechtlichen Fragen beim **Nießbrauch an Gesellschaftsanteilen** *Blaurock*, Unterbeteiligung, S 282 ff Zur Unterbeteiligung im **Bankgeschäft** und den damit verbundenen insolvenzrechtlichen Problemen W. u M. *Obermüller*, in: Festschrift für Werner (1984), S 607, 628 ff; *Obermüller*, Insolvenzrecht in der Bankpraxis, 7. Aufl 2007, Rn 5.440 ff. 378

4. Partnerschaftsgesellschaft. Die Partnerschaftsgesellschaft wurde erst durch Art 2 a des Gesetzes zur Änderung des Umwandlungsgesetzes, des Partnerschaftsgesellschaftsgesetzes und anderer Gesetze vom 22. Juli 1998 (BGBl I 1998, 1878; dazu *Neye* ZIP 1997, 722) ausdrücklich unter den insolvenzfähigen Gesellschaften ohne Rechtspersönlichkeit genannt. Damit wurde die auch vorher schon wegen § 1 Abs 4 PartGG selbstverständliche Insolvenzfähigkeit ausdrücklich bestätigt (zur Insolvenz der Partnerschaftsgesellschaft *Kessler*, Das Insolvenzverfahren über das Vermögen einer Partnerschaftsgesellschaft, 2004). 379

Der **Insolvenzverwalter** über das Vermögen einer Partnerschaftsgesellschaft braucht nicht dem freien Beruf anzugehören, aus dem die Partner der Gesellschaft stammen. Denn der Zweck des Insolvenzverfahrens überlagert (auch) insoweit die für die werbende Gesellschaft bestehenden Beschränkungen (vgl § 1 Abs 1 und 2 PartGG). Entsprechendes gilt für Kapitalgesellschaften, in denen nach den Vorschriften der jeweiligen Berufsordnung nur Angehörige eines bestimmten Berufs Gesellschafter sein können (Wirtschaftsprüfungs- und Steuerberatungs-, Rechtsanwalts- und Patentanwalts-Gesellschaften). 380

Schwieriger ist die Lage, wenn ein dem Freiberufler gehörendes Unternehmen vom Insolvenzverwalter fortgeführt werden soll (dazu § 35 Rn 282 ff). Hier kommt zum einen die Anordnung der Eigenverwaltung nach §§ 270 ff (dafür *Graf/Wunsch* ZIP 2001, 1029, 1032 ff), zum anderen die Auswahl eines Verwalters in Betracht, der derselben Berufsgruppe angehört wie der insolvente Unternehmer. Das könnte in einer Ärzteinsolvenz etwa zur Auswahl eines kaufmännisch erfahren(er)en Arztes als Insolvenzverwalter führen. 381

5. Partenreederei. Ebenso wie die BGB-Gesellschaft hat das Gesetz bezüglich der Partenreederei des § 489 HGB, die starke Ähnlichkeiten mit der offenen Handelsgesellschaft aufweist, die „Insolvenzverfahrensfähigkeit" anerkannt (*Rabe* Seehandelsrecht, 4. Aufl 2000, § 489 HGB Rn 21). Als Grund dafür weist die Regierungsbegründung auch auf die seit einiger Zeit wieder gestiegene wirtschaftliche Bedeutung dieser Rechtsform hin. Die Mitreeder einer Partenreederei gelten dabei als „persönlich haftende Gesellschafter" im Sinne des Gesetzes. Der von der Gesetzesbegründung zu § 11 für diese Aussage ursprünglich in Bezug genommene § 154 Abs 1 Nr 1 RegE wurde zwar nicht Gesetz; doch will die Gesetz gewordene Fassung von § 138 Abs 2 Nr 1 ausdrücklich die Aussage des RegE nicht ändern, sondern nur vereinfachen (dazu unten § 138 Rn 23). 382

6. Europäische wirtschaftliche Interessenvereinigung. Nach Art 36 Satz 1 EWIV-VO bestimmen sich die Folgen von Zahlungsunfähigkeit oder -einstellung bei einer EWIV nach einzelstaatlichem Recht. Das ist für eine in Deutschland eingetragene EWIV das deutsche internationale Insolvenzrecht, das zur Anwendung des deutschen formellen und materiellen Insolvenzrechts führt (*Meyer-Landrut*, Die Europäische Wirtschaftliche Interessenvereinigung [1988], S 115 f). Erst wegen dieser Öffnungsklausel kommt (vor allem) der Generalverweis des § 1 EWIV-AG zum Tragen, nach dem im Grundsatz auf eine EWIV die für eine offene Handelsgesellschaft geltenden insolvenzrechtlichen Normen anzuwenden sind. Besonderheiten ergeben sich freilich dadurch, dass bei einer EWIV der für die Handelsgesellschaf- 383 ten im Übrigen bestimmende Grundsatz der Selbstorganschaft durchbrochen ist und auch ein Nicht-Mitglied Geschäftsführer sein kann. Daher können nach § 11 Satz 2 EWIV-AG neben den Mitgliedern auch die Geschäftsführer Insolvenzantrag stellen. Hat die EWIV keine natürliche Person als Mitglied, sind die Geschäftsführer zur Antragstellung sogar verpflichtet (§ 11 Satz 2 EWIV-AG); die Strafbewehrung dieser Pflicht folgt aus § 15 EWIV-AG. Zu berücksichtigen ist schließlich, dass die nach Art 11 EWIV-VO publizitätspflichtigen Tatsachen auch im Amtsblatt der Europäischen Gemeinschaften zu veröffentlichen sind (dazu auch § 4 EWIV-AG).

384 **7. Stille Gesellschaft.** Die stille Gesellschaft ist ebenso wie die BGB-Innnengesellschaft **nicht insolvenzfähig** (Jaeger/*Ehricke* § 11 Rn 75; *Landsmann* Die stille Gesellschaft in der Insolvenz [2007], S 67 ff; *Obermüller* DB 1973, 267, 268; *Karsten Schmidt* KTS 1977, 1 ff, 65 ff). Denn sie ist eine Innengesellschaft, bei der das Gesellschaftsverhältnis nicht nach außen in Erscheinung tritt. Die Einlage des stillen Gesellschafters ist nicht gesamthänderisch gebunden, sondern geht in das Vermögen des Inhabers des Handelsgeschäfts über (§ 230 Abs 1 HGB). Sowohl die Insolvenz des Geschäftsinhabers wie die des stillen Gesellschafters führen, da die stille Gesellschaft einen Sonderfall der BGB-Gesellschaft bildet, zur **Auflösung** der Gesellschaft (§ 728 Abs 2 Satz 1 BGB; **RG** 28. 9. 1928 Z 122, 70, 72; **BGH** 24. 2. 1969 Z 51, 350, 351; Baumbach/*Hopt* § 234 HGB Rn 5; *Landsmann* Die stille Gesellschaft in der Insolvenz [2007], S 67 ff). Gleiches gilt für die Eröffnung des Nachlassinsolvenzverfahrens, sofern der Tod des Geschäftsinhabers nicht schon zuvor zur Auflösung der Gesellschaft geführt hatte (vgl § 234 Abs 2 HGB). Da die stille Gesellschaft keine Handelsgesellschaft darstellt, kommt die (vertragsdispositive) Regel des neuen § 131 Abs 3 Nr 2 HGB nicht zum Tragen, dass die Eröffnung des Insolvenzverfahrens über das Vermögen eines Gesellschafters nur zu dessen Ausscheiden führt. Im Regelfall der *zweigliedrigen Gesellschaft* spielt dies aber keine Rolle; denn hier kommt es ungeachtet des Eingreifens von § 131 HGB immer zur Auflösung der Gesellschaft; gleiches gilt für mehrgliedrige Gesellschaften beim Ausscheiden des vorletzten Gesellschafters (abw auf *Grunewald* GesR 1. A. XII 1. g Rn 184 [mit Verweis auf 1. A. I. Rn 2]). Mangels Gesellschaftsvermögens geht in diesen Fällen auch nichts auf den letzten Gesellschafter über, insbesondere kein Unternehmen. Die fehlende Anwendbarkeit von § 131 HGB wirkt sich nur bei der *mehrgliedrigen stillen Gesellschaft* mit der Folge aus, dass hier die Insolvenz eines Gesellschafters zur Auflösung führt; etwas anderes gilt, wenn vertraglich die Fortsetzung für den Insolvenzfall vereinbart wurde (§ 736 Abs 1 BGB).

385 Das Risiko des stillen Gesellschafters beschränkt sich auf die erbrachte bzw zu erbringende Einlage: nur insoweit besteht die **Verlustausgleichspflicht.** Steht die Bildung der stillen Einlage bei Eröffnung des Insolvenzverfahrens noch aus, so braucht der Stille daher nur einen etwa auf ihn entfallenden Verlust auszugleichen (§ 236 Abs 2 HGB); der Insolvenzverwalter hat den entsprechenden Anspruch geltend zu machen. Hat der Stille seine Einlage noch nicht erbracht und war er am Verlust nicht beteiligt (§ 231 Abs 2 HGB), so schuldet er der Insolvenzmasse selbst dann nichts, wenn er sich mit seiner Einlageleistung in Verzug befunden hatte (**RG** 1. 5. 1914 Z 84, 434, 436). Eine derartige Beschränkung gerade für den Fall der Insolvenz würde aber gegen § 138 Abs 1 BGB verstoßen (KP-*Noack* GesellschaftsR Rn 653 mwN sowie oben Rn 54).

386 **a) Insolvenz des Geschäftsinhabers.** In der Insolvenz des Geschäftsinhabers ist der stille Gesellschafter trotz seiner Gesellschafterstellung **Insolvenzgläubiger,** soweit sein Auseinandersetzungsguthaben seinen Verlustanteil übersteigt (§ 236 Abs 1 HGB). Forderungen aus (echten) stillen Gesellschaftsbeteiligungen sind in der Handelsbilanz und im Überschuldungsstatus des Geschäftsinhabers daher zu passivieren, solange kein Rangrücktritt erklärt wurde (**BGH** 1. 3. 1982 ZIP 1982, 1077, 1078 f; **BGH** 21. 3. 1983 ZIP 1983, 561). Da die Einlage des stillen Gesellschafters in das Vermögen des Geschäftsinhabers fließt und es weder ein Gesellschaftsvermögen noch Gesellschaftsschulden gibt, beschränkt sich die Auseinandersetzung auf die Ermittlung und Auszahlung des Guthabens des stillen Gesellschafters (**RG** 6. 12. 1935 JW 1936, 921). Es sind die geleisteten Einlagen, ihre Vermehrung oder Verminderung durch den vereinbarten Gewinn- oder Verlustanteil und die vertragliche Beteiligung des stillen Gesellschafters am Ergebnis des letzten Geschäftsjahrs bis zum Zeitpunkt der Auflösung festzustellen (**RG** 17. 4. 1928 Z 120, 410, 411; **BGH** 30. 11. 1959 WM 1960, 13; enger wohl KP-*Noack* GesellschaftsR Rn 654: Ansatz nur von Liquidationswerten und Beteiligung nur an schwebenden Geschäften iSv § 235 Abs 2 HGB). Geltend machen kann er auch Ansprüche wegen stehengelassener Gewinne, sofern das Stehenlassen nicht vereinbarungsgemäß die Einlage erhöht hat und er am Verlust beteiligt ist. Daneben kann er einen Schadenersatzanspruch wegen Verlustes seiner Einlage haben, sofern nicht im Gesellschaftsvertrag (etwa einer Bank) vereinbart wurde, die Einlage dürfte – da Haftkapital – erst nach Befriedigung der übrigen Gläubiger zurückgefordert werden (**BGH** 1. 3. 1982 Z 83, 341 = NJW 1983, 42 = ZIP 1982, 1077; Baumbach/*Hopt* § 236 HGB Rn 1). Gleiches gilt für andere Drittgläubigerforderungen.

387 Nach bislang hM erfolgt die **Auseinandersetzung** der stillen Gesellschaft nach § 84 Abs 1 Satz 1 außerhalb des Insolvenzverfahrens (so auch noch der Verf. in der 12. Aufl, § 11 Rn 387); dem ist nicht mehr zu folgen (ebenso *Landsmann* Die stille Gesellschaft in der Insolvenz [2007], S 146 ff; *Karsten Schmidt* KTS 1977, 1, 15 ff). Die Auseinandersetzungsforderung des stillen Gesellschafters ist vielmehr nach § 174 ff zur **Tabelle** anzumelden. Dabei setzt sich der stille Gesellschafter – anders als nach der

F. Insolvenz der Gesellschaften ohne Rechtspersönlichkeit (Abs 2 Nr 1) § 11

bislang hM – der Gefahr aus, dass der Insolvenzverwalter oder ein Insolvenzgläubiger Widerspruch erhebt und er zur Feststellungsklage nach § 180 gezwungen wird (hierzu RG 8. 11. 1902 JW 1903, 10), bei der er nach dem Gesetz keinen höheren Betrag als den angemeldeten geltend machen kann (§ 181).

Die bislang hM löste diese Schwierigkeit durch eine (entsprechende) Anwendbarkeit von § 84 Abs 1, 388 in deren Rahmen nicht unmittelbar eine Auseinandersetzungsforderung zur Tabelle anzumelden war; der Anspruch auf Feststellung des Auseinandersetzungsguthabens sollte dabei eine Masseverbindlichkeit iSv § 55 Abs 1 Nr 2 darstellen. Die Unanwendbarkeit von § 84 (dazu unten § 84 Rn 6) und die Pflicht zur Anmeldung der Auseinandersetzungsforderung zur Tabelle begründen aber ebenfalls keine Notwendigkeit des Stillen, die Höhe seiner Forderung bereits bei der Anmeldung endgültig zu beziffern. Denn zum einen hat der Stille einen gegen den Insolvenzverwalter gerichteten **Auskunftsanspruch**, mit dessen Hilfe er die Höhe seines Anspruchs ermitteln kann (*Landsmann* Die stille Gesellschaft in der Insolvenz [2007], S 156; Röhricht/von Westphalen/*von Gerkan/Mock* § 236 Rn 6; *Karsten Schmidt* KTS 1977, 1, 20 ff). Zudem ergibt sich aus § 235 HGB eine mit der Eröffnung des Insolvenzverfahrens auf den Insolvenzverwalter übergegangene Pflicht zur Abrechnung (MK/*Stodolkowitz/Bergmann* § 84 Rn 12; Röhricht/von Westphalen/*von Gerkan/Mock* § 236 Rn 2; abw *Gundlach/Frenzel/Schmidt* ZIP 2006, 501, 503). Mit Blick auf diese vom Verwalter selbst zu erfüllende Pflicht kann sich der Stille darauf beschränken, das sich aus der Abrechnung ergebende Auseinandersetzungsguthaben zur Tabelle als normale Insolvenzforderung (§ 236 Abs 1 HGB) anzumelden. Im Rahmen der geschuldeten Abrechnung ist eine **Auseinandersetzungsbilanz** auf den Zeitpunkt der Eröffnung des Insolvenzverfahrens aufzustellen (zum Zeitpunkt RG 18. 4. 1901 JW 1901, 404). Ist der stille Gesellschafter nicht an den stillen Reserven und auch nicht am Verlust beteiligt, ist sein Anspruch sofort fällig (RG 11. 1. 1929 LZ 1929, 605); im Übrigen richtet sich die Fälligkeit danach, wann im Einzelfall die Berechnung des Auseinandersetzungsguthabens bei ordnungsgemäßem Geschäftsgang möglich ist.

aa) Anfechtung. Ist seine Einlage oder Verlustbeteiligung der Insolvenzmasse durch **Rückgewähr oder** 389 **Erlass** im letzten Jahr vor dem Antrag auf Eröffnung des Insolvenzverfahrens oder nach diesem Antrag entzogen worden, so können diese Maßnahmen nach § 136 Abs 1 (früher § 237 HGB) bei Gläubigerbenachteiligung nach § 129 Abs 1 angefochten werden, ohne dass die sonstigen Voraussetzungen der §§ 129 ff gegeben sein müssen (Einzelheiten in der Kommentierung zu § 136).

bb) Sonderformen. Ist die stille Beteiligung neben einer Kommanditeinlage übernommen worden 390 („**gesplittete Einlage**"), so erfahren beide in der Insolvenz eine unterschiedliche Behandlung. Während die Kommanditeinlage mit Eröffnung des Insolvenzverfahrens regelmäßig verloren ist, gewährt die stille Beteiligung grundsätzlich eine Insolvenzforderung nach § 236 Abs 1 HGB. Die Dinge können aber bei einer **atypischen stillen Beteiligung** anders liegen, wenn der stille Gesellschafter nicht nur am Geschäftsergebnis des Unternehmens, sondern auch am Vermögen des Geschäftsinhabers beteiligt sein soll; hier ist der stille Gesellschafter bei der Auseinandersetzung so zu stellen, als ob er an dem Vermögen gesamthänderisch beteiligt wäre (BGH 24. 9. 1952 Z 7, 174, 178; BGH 29. 11. 1952 Z 8, 157, 167 f = NJW 1953, 818 = LM § 335 HGB Nr 4 [*Fischer*]; *Landsmann* Die stille Gesellschaft in der Insolvenz [2007], S 76 ff). Gleiches gilt, wenn die stille Beteiligung als Eigen- und Gesellschaftskapital bezeichnet wurde (BGH 9. 2. 1981 NJW 1981, 2251, 2252 = ZIP 1981, 734; BGH ZIP 1983, 561 = NJW 1983, 1855, 1856), oder der Gesellschaftsvertrag festlegt, dass der stille Gesellschafter die Einlage erst nach Befriedigung der Gesellschaftsgläubiger zurückfordern kann (BGH 1. 3. 1982 Z 83, 341, 344 f = NJW 1983, 42, 43 = ZIP 1982, 1077; BGH 17. 12. 1984 NJW 1985, 1079 = ZIP 1985, 347; BGH 17. 12. 1984 NJW 1985, 1079 = ZIP 1985, 347 = EWiR § 341 HGB 1/85, 401 [*Kellermann*]) oder der Stille wie ein Kommanditist oder GmbH-Gesellschafter mitbestimmt (BGH 7. 11. 1988 Z 106, 7, 9 f = ZIP 1989, 95 = EWiR § 30 GmbHG 2/89, 587 [*Koch*]; *Landsmann* aaO S 88 ff [die ein kumulatives Vorliegen dieser Voraussetzungen fordert]). In diesem Fall muss der Stille seine Finanzierungsleistungen in der Masse belassen und gegebenenfalls noch in die Masse erbringen (Baumbach/*Hopt* § 236 HGB Rn 3; *Landsmann* aaO S 76 ff; *Renner* ZIP 2002, 1430 ff; *Rohlfing/Wegener/Oettler* ZIP 2008, 865, 866 f). Auch für die Auseinandersetzung ist zwischen der Kommanditbeteiligung und der (echten) stillen Beteiligung zu unterscheiden. Das bedeutet, dass der Stille hinsichtlich seiner stillen Beteiligung als normaler Insolvenzgläubiger am Verfahren teilnimmt (oben Rn 387). Ein etwaiges Auseinandersetzungsguthaben aufgrund der Kommanditbeteiligung, das daraus entsteht, dass nach Befriedigung aller Gesellschaftsgläubiger ein Überschuss verbleibt, kann dagegen erst nach Beendigung des Insolvenzverfahrens entstehen. Es besteht damit für die Kommanditbeteiligung des Stillen kein Unterschied zur normalen Kommanditbeteiligung. Die Abwicklung etwaiger Ausgleichsansprüche der stillen Gesellschafter untereinander ist jedoch nicht mehr Aufgabe des Insolvenzverwalters (BGH 5. 11. 1979 NJW 1980, 1522 = ZIP 1980, 192; vgl auch OLG Frankfurt/Main 22. 1. 1980 WM 1981, 1371, 1372: keine Gläubigerstellung des atypischen stillen Gesellschafters). Für das neue Recht könnte dies im Hinblick darauf anders zu beurteilen sein, dass die InsO eine Vollabwicklung der Gesellschaften anstrebt (dazu oben Rn 301 ff). Doch trifft dies auf die stille Gesellschaft als nicht selbstständig insolvenzfähige Gesellschaftsform nicht zu.

Schließlich kann die Beteiligung eines stillen Gesellschafters auch unter das durch das MoMiG neu 391 gefasste **Recht der Gesellschafterdarlehen** fallen, wenn es sich um eine stille Beteiligung an einer Gesellschaft handelt, bei der weder eine natürliche Person noch eine Gesellschaft persönlich haftender Gesellschafter ist, in der ein persönlich haftender Gesellschafter eine natürliche Person ist (§ 39 Abs 4); davon sind auch Aktiengesellschaften und wohl auch Auslandsgesellschaften erfasst (kritisch bezüglich letzterer *Mock* DStR 2008, 1645, 1646). Eine Anwendung des Rechts der Gesellschafterdarlehen ist aber nur einerseits bei einer stillen Beteiligung eines Gesellschafters einer Gesellschaft im Sinne von § 39 Abs 4 (Kapitalgesellschaft & Still) und andererseits bei einer (weiteren) stillen Beteiligung eines atypisch stillen Gesellschafters einer Gesellschaft im Sinne von § 39 Abs 4 denkbar, auch wenn sich insoweit Überschneidungen mit § 136 ergeben (§ 136 Rn 2). Ein *atypisch* stiller Gesellschafter ist anzunehmen, wenn dieser ähnlich wie ein Gesellschafter der Kapitalgesellschaft auf die Geschicke der Gesellschaft Einfluss nehmen konnte und an Vermögen und Ertrag beteiligt war (**BGH** 7. 11. 1988 Z 106, 7 = ZIP 1989, 95 = EWiR § 30 GmbHG 2/89, 587 [*Koch*]; **OLG** Hamm 3. 5. 1993 ZIP 1993, 1321 f = EWiR § 236 HGB 1/93, 903 [*Limmer*]). Auf eine weitere stille Beteiligung eines *typischen* stillen Gesellschafters findet das Recht der Gesellschafterdarlehen hingegen keine Anwendung. Zudem ist sie ausgeschlossen, wenn die stille Beteiligung von einem nicht geschäftsführenden Gesellschafter begründet wird, der mit zehn Prozent oder weniger am Haftkapital beteiligt ist (§ 39 Abs 5). Unabhängig von den vorgenannten Fällen erstreckt sich das Recht der Gesellschafterdarlehen bei der weiteren stillen Beteiligung oder beim Darlehen eines atypisch stillen Gesellschafters und bei der Kapitalgesellschaft & Still auch auf die nicht abgezogenen Gewinne, soweit diese nicht unverzüglich abgezogen wurden. Etwas anderes gilt nur, wenn die Gewinne nach § 232 Abs 2 Satz 2 Hs 2 HGB zur Abdeckung früher entstandener Verluste verrechnet werden (Röhricht/von Westphalen/*von Gerkan/Mock* § 232 Rn 15). Schließlich besteht für den stillen Gesellschafter entgegen der alten Rechtslage kein Kündigungsrecht bei der Gefahr einer „Umqualifikation" von Gesellschafterleistungen in Eigenkapital mehr, da das neue Recht der Gesellschafterdarlehen mit der Anfechtbarkeit von Rückzahlungen im Einjahreszeitraum vor Verfahrenseröffnung (§ 135 Abs 1 Nr 2) auf eine abstrakte Gefährdungslage abstellt. Auch wenn die stille Beteiligung dem Recht der Gesellschafterdarlehen unterfällt, muss sie im Überschuldungsstatus als Verbindlichkeit ausgewiesen werden; etwas anderes gilt nur dann, wenn eine Rangrücktrittserklärung nach § 39 Abs 2 iVm § 19 Abs 2 Satz 3 vorliegt (zum neuen Recht *Mock* DStR 2008, 1645 ff; vgl auch aus der Diskussion vor Inkrafttreten des MoMiG *Landsmann* aaO S 92 ff; *Lutter/Hommelhoff* ZGR 1979, 31, 49 ff; *Karsten Schmidt* ZHR 140 (1976), 475, 488 ff).

392 **cc) Insolvenzplan.** In einem Insolvenzplan über das Vermögen des Geschäftsinhabers ist selbstverständlich nur dieser Schuldner. Darin kann aber vorgesehen werden, dass die mit Verfahrenseröffnung aufgelöste stille Gesellschaft (§ 728 Abs 2 Satz 1 BGB) mit Zustimmung des stillen Gesellschafters nach Maßgabe des Plans fortgesetzt wird (*Landsmann* Die stille Gesellschaft in der Insolvenz [2007], S 187 f). In diesem Fall kann der Stille nicht die Einlage als Insolvenzgläubiger zurückfordern, sondern ist an den Ergebnissen – Gewinnen wie Verlusten – des fortgeführten Unternehmens beteiligt (**BGH** 24. 2. 1969 Z 51, 350, 351 [zum alten Recht]; *Häsemeyer* Rn 31.58).

393 **b) Insolvenz des stillen Gesellschafters.** Auch die Insolvenz des stillen Gesellschafters führt nach dem Gesetz zur Auflösung der Gesellschaft. Im Gegensatz zum Fall der Insolvenz des Geschäftsinhabers sind bei mehrgliedrigen stillen Gesellschaften hier jedoch Fortsetzungsvereinbarungen möglich (*Landsmann* Die stille Gesellschaft in der Insolvenz [2007], S 190 ff). Der Abfindungsanspruch nach § 235 HGB ist hier vom Insolvenzverwalter gegen den Geschäftsinhaber geltend zu machen und zur Masse zu ziehen (*Landsmann* aaO S 189 ff). Ergibt sich ein passives Einlagekonto, und ist der Stille mit seiner Einlageverpflichtung im Rückstand, hat der Geschäftsinhaber einen Anspruch auf Zahlung des Auseinandersetzungsguthabens (**OLG** Karlsruhe 19. 2. 1986 ZIP 1986, 916, 918 = EWiR § 232 HGB 1/86, 701 [*Riegger*]). Dabei kann er den Betrag der noch nicht gezahlten Einlage als Insolvenzforderung geltend machen. Ein etwaiges Auseinandersetzungsguthaben ist demgegenüber an die Masse zu erstatten. Das ist freilich nicht eine Folge von § 84, sondern ergibt sich aus der Tatsache, dass es an einer dinglichen Gemeinschaft zwischen den Beteiligten fehlt (*Landsmann* aaO S 194 ff).

G. Insolvenz von Konzernen (verbundenen Unternehmen)

I. Allgemeines

394 Die mit der Insolvenz verbundener Unternehmen zusammenhängenden Probleme haben erst in jüngerer Zeit im Zusammenhang mit Großinsolvenzen verbundener Unternehmen größere Aufmerksamkeit erfahren (*Wellensiek* ZGR 1999, 234 ff; zahlreiche weitere Nachweise in Kuhn/*Uhlenbruck* vor § 207 KO Rn K 1 a; *Uhlenbruck* FS Braun [2007], S 335 ff). Auch für den konzernmäßigen Verbund gilt dabei als Grundregel: „Eine Person, ein Vermögen, eine Insolvenz!" Ein besonderes Insolvenzrecht für verbundene Unternehmen gibt es auch nach der InsO nicht (zu entsprechenden Reformüberlegungen *Acher* Vertragskonzern und Insolvenz [1987], S 172 ff; *Ehricke* Das abhängige Konzernunternehmen in der Insolvenz [1998]; *ders* DZWIR 1999, 353 ff; *Eidenmüller* ZHR 169 [2005], 528, 531 ff; *Hirte* ZIP 2008, 444; *ders* ECFR 2008, 213; *ders* FS Karsten Schmidt [2009], S 641, 642 ff; *Mertens* ZGR 1984, 542, 552 ff; *Kübler* ZGR 1984, 560 ff; *Paulus* ZIP 2005, 1948; *Uhlenbruck* BB 1983, 1485, 1487; *ders*

KTS 1986, 419). Zwar liegt bei Insolvenz einer Konzernobergesellschaft der Insolvenzgrund regelmäßig auch bei der Mehrzahl der Konzernunternehmen vor. Aber sowohl hinsichtlich der Feststellung des Insolvenzgrundes als auch in Bezug auf die Abwicklung des Insolvenzverfahrens bleiben verbundene Unternehmen rechtlich selbstständig; die Unternehmensverbindung ändert an der Insolvenzfähigkeit nichts. Daher ist es bislang *nicht* möglich, die Insolvenzverfahren der einzelnen Konzernunternehmen **bei einem Gericht zu konzentrieren** (OLG Brandenburg 19. 6. 2002 NZG 2003, 42; *Kübler* ZGR 1984, 560, 587; zur Kritik an der insoweit unverändert gebliebenen Rechtslage *Braun*/Uhlenbruck, Unternehmensinsolvenz Bd. I, S 521 f; *Ehricke* DZWIR 1999, 353 ff; *ders* ZInsO 2002, 393, 396; *Paulus* ZIP 2005, 1948, 1952 f; *Piepenburg* NZI 2004, 231, 234 f; zu Umgehungsversuchen [Beschluss über Sitzverlegung soll zur Zuständigkeitsbegründung reichen] *Graeber* NZI 2007, 265, 267; für die bloße *Möglichkeit* der Konzentration auf der Grundlage einer Entscheidung der Gläubiger und durch Änderung von § 3 Abs 1 Satz 2 *Eidenmüller* ZHR 169 [2005], 528, 535 ff). Nur in den durch die örtliche Zuständigkeit des Insolvenzgerichts gezogenen Grenzen kann durch Bestellung eines einheitlichen Insolvenzverwalters, ggf ergänzt durch Sonderverwalter, eine gewisse Verfahrenskonzentration erreicht werden (*Ehricke* DZWIR 1999, 353 ff; weitergehend LG Dessau, nach dem für das Insolvenzverfahren über das Vermögen einer GmbH das Insolvenzgericht am Sitz der Hauptverwaltung der Muttergesellschaft zuständig sein soll, wenn die Gesellschaft von dort aus wirtschaftlich geleitet wurde: LG Dessau 30. 3. 1998 ZIP 1998, 1006, 1007 f = EWiR § 71 KO 1/98, 557 *[Schmahl]* [Götzen]; ebenso jetzt AG Köln 19. 2. 2008 73 IE 1/08 ZIP 2008, 423 [PIN]; AG Köln 1. 2. 2008 73 IN 682/07 ZIP 2008, 982 = ZInsO 2008, 215 [PIN]; zust *Knof/Mock* ZInsO 2008, 253 ff; *Rotstegge* ZIP 2008, 955 ff; abw *Frind* ZInsO 2008, 261 ff). Die im Rahmen von Art 3 EuInsVO „liberalere" Praxis der Zuständigkeitsbegründung durch Insolvenzgerichte in grenzüberschreitenden Insolvenzverfahren (dazu näher unten Art 3 EuInsVO Rn 9 ff) wird hier allerdings in der Zukunft möglicherweise zu einem Umdenken zwingen (deutsche Zuständigkeit auch hinsichtlich einer österreichischen Tochtergesellschaft am Sitz der deutschen Muttergesellschaft i. R. von Art 3 EuInsVO bejahend AG München 4. 5. 2004 NZG 2004, 782, 783 [Hettlage]). Problematisch ist es nach der gegenwärtigen Rechtslage im Hinblick auf mögliche Interessenkonflikte auch, dieselbe Person zum **Verwalter** mehrerer Konzernunternehmen zu bestellen (zu einer Parallelfrage bei der GmbH & Co KG auch unten § 93 Rn 26; zur Kritik *Hirte*, ECFR 2008, 213, 220 f; *Paulus* ZIP 2005, 1948, 1951 f; abw *Eidenmüller* ZHR 169 [2005], 528, 540 ff; *Graeber* NZI 2007, 265, 269 f [da er Konflikte durch Bestellung von Sonderinsolvenzverwaltern für die einzelnen Konzerngesellschaften ausschließen will]; de lege ferenda *Hirte* ZIP 2008, 444, 446 f). Auch die Bildung einer **einheitlichen Haftungsmasse** in einem Konzern scheidet bislang aus (*Adam/Poertzgen* ZInsO 2008, 281, 347, 349 ff; dafür jedoch *Paulus* ZIP 2005, 1948, 1953 ff; denn damit würde der unterschiedliche Umfang der Gläubigerrechte, wie sie im Verhältnis zu den je einzelnen juristischen Personen bestehen, missachtet (zutr. *Eidenmüller* ZHR 169 [2005], 528, 531 ff; *Sester* ZIP 2005, 2099; für eine einheitliche Abwicklung unter Beachtung der jeweiligen Vorrechte jedoch *Hirte* ECFR 2008, 213, 221 ff; *ders* FS Karsten Schmidt [2009], S 641, 649 ff). Das könnte zwar durch eine entsprechende Gruppenbildung bei einem Insolvenzplan i. R. von § 222 wieder aufgefangen werden, würde dann aber zugleich die Vorteile eines einheitlichen Verfahrens zumindest teilweise wieder konterkarieren. Erst recht nicht schwierig ist bislang die Einbeziehung nicht insolventer Gesellschaften in das Insolvenzverfahren über das Vermögen einer verbundenen Gesellschaft. Mit der beschriebenen isolierten Behandlung verbundener Unternehmen steht das deutsche Recht im Gegensatz zum US-amerikanischen Recht, das neben der verfahrensrechtlichen Zusammenfassung auch eine materielle Zusammenfassung ermöglicht, insbesondere im Sanierungsverfahren (dazu *Flessner* Sanierung und Reorganisation, S 292 ff; *Scheel*, Konzerninsolvenzrecht [1995; dazu *Ehricke* ZHR 160 {1996}, 98], *passim*; für eine auf Sanierungsverfahren beschränkte Übertragung dieser Lage auch auf Deutschland jetzt *Ehricke* ZInsO 2002, 393 ff; *Paulus* ZIP 2005, 1948, 1951 ff). Ein einheitliches Konzerninsolvenzverfahren stieße andererseits auf beträchtliche Schwierigkeiten (*Häsemeyer* Rn 32.03; *Karsten Schmidt*, Wege zum Insolvenzrecht der Unternehmen, 1990, S 221 ff). In der bisherigen Praxis hat sich zudem gezeigt, dass getrennte Verfahren für die einzelnen Konzernunternehmen auch den Vorteil bieten, die Existenzfähigkeit der einzelnen Unternehmen individuell und losgelöst von den Konzernbeziehungen zu prüfen und die Sanierungschancen einzelner Teilbereiche des Konzerns abzuwägen, was rechtspolitisch durchaus erwünscht ist (dazu beispielhaft *Kübler* ZGR 1984, 560 ff [zu AEG]). Durch dieses Vorgehen können der Obergesellschaft allerdings erhebliche Werte entzogen werden; denn sie muss nicht nur den Wert der Beteiligung im Regelfall vollständig abschreiben, sondern verliert auch endgültig die aus dem Konzernverbund resultierenden Vorteile (*Timm* ZIP 1983, 237 Fn. 110). Geschieht dies gegen den Willen des Insolvenzverwalters der Obergesellschaft, kann dies aber zur **Insolvenzanfechtung** führen (unten § 129 Rn 95). Dem beschriebenen Befund und der so beschriebenen *lex lata* steht allerdings nicht entgegen, dass die unterschiedlichen Verwalter in verschiedenen Insolvenzverfahren einer Unternehmensgruppe, ggf auch die Insolvenzgerichte, die Gläubiger und Gesellschafter ihr Vorgehen untereinander mit dem Ziel einer Mehrung der Vorteile für alle Beteiligten **koordinieren**; eine Verpflichtung zu einem solchen Vorgehe kann sich aus den für die jeweiligen Beteiligten bestehenden Treuewahrungspflichten ergeben (*Eidenmüller* ZHR 169 [2005], 528, 542 ff, 549 ff mwN; *Adam/Poertzgen* ZInsO 2008, 281, 284 ff; zu einem Beispielsfall [Maxwell-Insolvenz] *Göpfert* ZZPInt 1 [1996], 296 ff).

395 Die Insolvenz eines herrschenden Unternehmens erstreckt sich daher nach geltendem Recht nur auf dessen Vermögen, nicht dagegen (unmittelbar) auf das der Tochtergesellschaft. Freilich kommen Ansprüche der Tochtergesellschaft gegen das herrschende Unternehmen aus Konzernrecht (dazu sogleich Rn 400 ff) wie aus allgemeinem Gesellschaftsrecht in Betracht (dazu § 35 Rn 307 ff). Nur im Falle des Eingliederungskonzerns kommt auch eine unmittelbare Haftung der Hauptgesellschaft den Gläubigern gegenüber in Frage (§ 322 AktG); auf ihre Realisierung dürfte § 93 entsprechend anzuwenden sein (insoweit abw *Häsemeyer* Rn 32.15 Fn. 46). Hat das herrschende Unternehmen die Komplementärrolle in einer anderen Gesellschaft übernommen, kommt auch eine unmittelbare Außenhaftung der Komplementärin einer OHG oder KG nach §§ 128, 171, 172, 176 HGB in Betracht; § 93 gilt hier ohne weiteres. Andererseits haftet ein abhängiges Unternehmen selbst nicht allein wegen dieser Abhängigkeit aufgrund Insolvenzrechts für die Verbindlichkeiten des ihn beherrschenden Unternehmens. Eine Haftung kann sich freilich aus besonderen vertraglichen Vereinbarungen (Bürgschaften, Konzernverrechnungsklauseln) ergeben. Auch können etwaige gesellschaftsrechtliche Ansprüche des abhängigen gegen das herrschende Unternehmen dadurch entwertet sein, dass das abhängige Unternehmen sie in der Insolvenz des herrschenden nur noch als Insolvenzforderungen geltend machen kann. Im Falle gegenseitiger Beteiligung können Forderungen des abhängigen gegen das herrschende zudem als Gesellschafterdarlehen anzusehen sein.

396 Ob Unternehmen im Verhältnis zueinander als verbundene Unternehmen anzusehen sind und welche Rechtsfolgen sich daraus ergeben, ist nur für das Aktienrecht gesetzlich geregelt (§§ 15 ff, 291 ff AktG). Diese Normen werden allerdings auch außerhalb des Aktienrechts in wesentlichem Umfang analog angewandt; im Übrigen kommen allgemeine Prinzipien wie die Treuepflicht zum Tragen, die im Verhältnis zu den gesetzlichen Bestimmungen des AktG die allgemeineren Regeln bilden. Die insolvenzrechtliche Behandlung folgt daher den gesellschaftsrechtlichen Vorgaben. Daher ist auch in der Insolvenz zu unterscheiden zwischen Vertrags- und faktischem Konzern sowie zwischen der Stellung des herrschenden Unternehmens (Obergesellschaft) und des abhängigen Unternehmens (Untergesellschaft). Besonderheiten können sich schließlich bei der gleichzeitigen Insolvenz mehrerer verbundener Unternehmen ergeben.

II. Vertragskonzern

397 **1. Insolvenz der Untergesellschaft. a) Auswirkungen auf den Unternehmensvertrag.** Besteht ein **Beherrschungs- und Gewinnabführungsvertrag**, führt die Eröffnung eines Insolvenzverfahrens über das Vermögen einer Untergesellschaft nicht nur zur Auflösung dieser Gesellschaft, sondern nach herrschender Meinung zum früheren Konkursrecht zugleich auch **automatisch** zur **Beendigung** dieses Beherrschungs- und Gewinnabführungsvertrages (BGH 14. 12. 1987 Z 103, 1, 7 = NJW 1988, 1326, 1327 = ZIP 1988, 229, 231 = EWiR § 302 AktG 1/88, 1149 *[Koch]* [GmbH]; *Emmerich*/Habersack, Aktienkonzernrecht [1. Aufl 1998], § 297 AktG Rn 47; *Mertens* ZGR 1984, 542, 550; *Peltzer* AG 1975, 309 ff; *Wilhelm* Die Beendigung des Beherrschungs- und Gewinnabführungsvertrages [1976] S 32 ff; abw *Paulus* ZIP 1996, 2141, 2142 ff [der auf die Beendigung eines Unternehmensvertrages § 84 anwenden will, weil die automatische Beendigung als Vereinbarung einer Bedingung iSv § 158 BGB ansehen sei und insoweit der Insolvenzanfechtung unterliege]; zum Ganzen *Berthold* Unternehmensverträge in der Insolvenz [2004]). Das ergebe sich aus ergänzender Vertragsauslegung des Beherrschungs- und Gewinnabführungsvertrages; denn der Zweck der konkursbedingt aufgelösten abhängigen Gesellschaft sei nicht mehr auf Gewinnerzielung, sondern auf Verwertung des Gesellschaftsvermögens gerichtet. Möglicherweise ergebe sich diese Rechtsfolge sogar unabhängig vom Willen der Parteien (so *Lutter* ZfB 1984, 781, 782). Nach anderer Auffassung zum Konkursrecht war der Vertrag lediglich *aus wichtigem Grund kündbar* (BFH 18. 10. 1967 BStBl. 1968 II 105 = WM 1968, 409; *Acher* Vertragskonzern und Insolvenz [1987], S 97 ff; *Rümker* WM 1974, 990, 995; *Samer* Beherrschungs- und Gewinnabführungsverträge gem. § 291 Abs 1 AktG in Konkurs und Vergleich der Untergesellschaft [1990], S 179 ff; ebenso iE KK-*Koppensteiner* [2. Aufl 1987] § 297 AktG Rn 29). Die früher herrschende Meinung führte für ihre Lösung vor allem an, dass nach einer durch Eröffnung des Insolvenzverfahrens eingetretenen Auflösung der Gesellschaft eine analoge Anwendung der aus § 308 AktG resultierenden Leitungsmacht des herrschenden Unternehmens und der Folgepflicht des abhängigen Unternehmens mit der besonderen Stellung des Insolvenzverwalters unvereinbar sei. Nach der abweichenden Auffassung bildete die Insolvenz der Tochtergesellschaft einen wichtigen Grund zur sofortigen Vertragskündigung durch das herrschende Unternehmen nach § 297 Abs 1 AktG. Im Übrigen sollte es ausreichen, wenn das Konzernorganisationsrecht durch das Insolvenzverfahren überlagert wird; nur die mit der insolvenzrechtlichen Organisation unvereinbaren Regelungen – die Folgepflicht der insolventen Konzerntochter und die Verlustausgleichspflicht der Konzernmutter – sollten suspendiert werden, ohne dass der Unternehmensvertrag insgesamt enden müsste (*Karsten Schmidt* ZGR 1983, 513, 530 f; *ders* GesR § 31 III 5, S 957). Für die Eröffnung eines Vergleichsverfahrens über eine Untergesellschaft wurde demgegenüber nach früherem Recht allgemein vom Fortbestand des Vertrages mit der Möglichkeit ausgegangen, ihn mit Zustimmung des Vergleichsgerichts zu kündigen (*Emmerich*/Habersack, Aktienkonzernrecht [1. Aufl 1998], § 297 AktG Rn 48; Kuhn/*Uhlenbruck* vor § 207 KO Rn K 3 b; *Mertens* ZGR 1984, 542, 553).

Im Hinblick auf das geänderte Verfahrensziel des neuen Insolvenzrechts, das nach § 1 Satz 1 sowohl in der Liquidation als auch in der Sanierung eines Unternehmens bestehen kann, kann die früher zum Konkursrecht herrschende Auffassung für die InsO keine Geltung mehr beanspruchen. Vielmehr ist ab Verfahrenseröffnung (nur) eine **Kündigungsmöglichkeit aus wichtigem Grund** (für beide Teile!) nach § 297 Abs 1 AktG anzunehmen (*Böcker* GmbHR 2004, 1257, 1258; KP-*Noack* GesellschaftsR Rn 726; *Tschernig* Haftungsrechtliche Probleme der Konzerninsolvenz [1995], S 102 ff; *Zeidler* NZG 1999, 692, 696 f; zweifelnd zur Fortgeltung der alten Rechtsgrundsätze auch *Uhlenbruck* KS-InsO S 1157, 1181; *Fichtelmann* GmbHR 2005, 1346, 1348 ff; abw *Emmerich*/Habersack, Aktien- und GmbH-Konzernrecht [2. Aufl 2001], § 297 AktG Rn 52; *Paulus* ZIP 1996, 2141, 2142 ff [der auf die Beendigung eines Unternehmensvertrages § 84 anwenden will, weil die Kündigung der Insolvenzanfechtung unterliege]; *Sämisch/Adam* ZInsO 2007, 520, 521 f). Erst recht führt allein die Beantragung der Eröffnung eines Insolvenzverfahrens, wenn vom Gericht für die Zeit des Eröffnungsverfahrens nur ein „schwacher" vorläufiger Verwalter bestellt wird, nicht zur Beendigung des Unternehmensvertrages (BFH 1. 4. 2004 V R 24/03 E 204, 520 = ZIP 2004, 1269 = DStR 2004, 951 = EWiR § 21 InsO 4/04, 1095 *[M. J. Blank]* = BStBl. II 2004, 905 [für die Parallelfrage der Beendigung der steuerrechtlichen Organschaft]). Für das insolvente Unternehmen bzw dessen Insolvenzverwalter soll zudem auch ein Rückgriff auf § 103 in Betracht kommen und dementsprechend eine Vertragserfüllung abgelehnt werden können (*Häsemeyer* Rn 32.09; dem folgend *Bultmann* ZInsO 2007, 785, 787). Dabei dürfte es sich jedoch in jedem Fall um eine analoge Anwendung handeln, da § 103 nicht auf – wie hier – Organisationsverträge zugeschnitten ist; richtigerweise ist § 103 allerdings überhaupt nicht einschlägig, da er insgesamt nicht auf Gesellschaftsverträge passt (unten § 103 Rn 56). Die Tatsache, dass die mit Eröffnung eines Insolvenzverfahrens eingetretene Auflösungswirkung durch einen Fortsetzungsbeschluss rückgängig gemacht werden kann, kann für den Fortbestand des Vertrages verbunden mit bloßer Kündigungsmöglichkeit allerdings nicht in Anspruch genommen werden (so aber KP-*Noack* GesellschaftsR Rn 724). Denn daraus würde lediglich folgen, dass die (automatische) Beendigung des Unternehmensvertrages mit Verfahrenseröffnung im Falle eines Fortsetzungsbeschlusses automatisch entfallen müsste, ohne dass es eines erneuten Unternehmensvertragsschlusses bedürfte; für die Art und Weise der Vertragsbeendigung im Zeitpunkt der Verfahrenseröffnung ergibt sich daraus nichts. Wird die nach hier vertretener Auffassung erforderliche Kündigung nicht ausgesprochen, werden allerdings die aus dem Unternehmensvertrag folgenden Rechte und Pflichten von Insolvenzrecht überlagert (*Häsemeyer* Rn 32.09). So besteht (selbstverständlich) kein Weisungsrecht nach § 308 AktG gegenüber dem Insolvenzverwalter, und ebenso sind die Gewinnabführungspflicht nach § 291 AktG sowie – da mit diesen Rechten des herrschenden Unternehmens korrespondierend – dessen Verlustübernahmepflicht des § 302 AktG suspendiert (AG Duisburg 1. 9. 2002 NZI 2002, 556, 556 = ZIP 2002, 1636 [Babcock Borsig]; GroßK-*Hirte* § 308 AktG Rn 84). Die Parteien des Unternehmensvertrages haben es damit in der Hand, diesen auch ohne Neuabschluss über eine Krise zu retten. Die beschriebene Überlagerung des Unternehmensvertrages durch die insolvenzrechtlichen Beschränkungen tritt auch im Falle der Eigenverwaltung nach § 270 ein (*Eidenmüller* ZHR 169 [2005], 528, 548 f; GroßK-*Hirte* § 308 AktG Rn 84; abw *Böcker* GmbHR 2004, 1257, 1258; *Bous* Die Konzernleitungsmacht im Insolvenzverfahren konzernverbundener Kapitalgesellschaften [2001], S 298 f, 302 [dazu *Bitter* ZHR 166 {2002}, 713]; *Tschernig* Probleme der Konzerninsolvenz [1995], S 101). Aus Gründen der rechtlichen Klarheit sollte eine Kündigung auch dann für erforderlich gehalten werden, wenn das Insolvenzverfahren nur noch Liquidationszwecken dient (abw Baur/*Stürner* Rn 35.22 [automatische Auflösung erst bei Eintritt der Liquidation]; KP-*Noack* GesellschaftsR Rn 726 aE); denn zum einen lässt sich ein solcher Zeitpunkt kaum klar bestimmen, und zum anderen können Fortführung und Liquidation innerhalb eines Unternehmens, aber bezüglich unterschiedlicher Unternehmensteile, durchaus nebeneinander verfolgt werden.

b) Auswirkungen auf die Insolvenzgründe. Ergebnisabführungsverträge führen allerdings regelmäßig dazu, dass der Insolvenzgrund der Zahlungsunfähigkeit oder Überschuldung kaum jemals bei einem Konzernunternehmen isoliert vorliegt. Denn eine Überschuldung (§ 19) der Tochtergesellschaft kann im Hinblick auf den Verlustausgleichsanspruch solange nicht eintreten, wie der Ausgleichsanspruch gegen das herrschende Unternehmen vollwertig ist (vgl *Acher* Vertragskonzern und Insolvenz [1987], S 14 ff; *Böcker* GmbHR 2004, 1257, 1258; *Lutter/Timm* ZGR 1983, 269, 279 f; *Meister* WM 1976, 1182, 1188; *Paulus* ZIP 1996, 2141, 2142; *Karsten Schmidt* ZGR 1983, 513, 526; *Wellensiek* ZIP 1984, 541, 542). Eher in Betracht kommt daher die Zahlungsunfähigkeit (§ 17), vor allem wenn der Muttergesellschaft Liquidität abzieht (KP-*Noack* GesellschaftsR Rn 712). Von Interesse ist aber auch die – nur dem Schuldner eingeräumte – Möglichkeit des neuen Insolvenzrechts, auch schon bei drohender Zahlungsunfähigkeit Insolvenzantrag zu stellen (§ 18); sie kann von einem abhängigen Unternehmen gebraucht werden, um die Loslösung aus einem Unternehmensverbund zu erzwingen. Andererseits kann die Mutter über den Entzug von Liquidität auf diesem Weg ihrerseits auch mittelbar die Auflösung des Unternehmensverbundes erzwingen (*Böcker* GmbHR 2004, 1257).

c) Umfang der Verlustausgleichspflicht. Bei einem **Ergebnisabführungsvertrag** ist der Gewinn eines *vor* der Auflösung *abgeschlossenen* Geschäftsjahrs auch nach der Eröffnung der Insolvenzverfahrens aufgrund der Handelsbilanz festzustellen und nach dem Dividendenmaßstab zu verteilen. Entsprechend ist auch ein für dieses Jahr aufgelaufener und bilanzmäßig festgestellter Verlust voll in die Insolvenzmasse der Tochtergesellschaft auszugleichen (GroßK-*Hirte* § 302 AktG Rn 19). Dabei kommt es auf den ordnungsgemäß aufgestellten Jahresabschluss an; der Insolvenzverwalter kann daher ggf eine Nachberechnung vornehmen (**BGH** 5. 6. 1989 II ZR 172/88 ZIP 1989, 1324, 1325 = NJW-RR 1989, 1198, 1199 = EWiR § 249 HGB 1/90, 73 *[Claussen]* = WuB II A. § 302 AktG 2.89 *[Schlaus]* [für unterlassene Bildung von Rückstellungen]; GroßK-*Hirte* § 302 AktG Rn 21).

401 Mit Vertragsbeendigung bzw – unabhängig davon – mit Eröffnung des Insolvenzverfahrens endet die Ausgleichsverpflichtung nach § 302 AktG (kritisch *Piepenburg* NZI 2004, 231, 235 f). Für das im Zeitpunkt der Verfahrenseröffnung *laufende Geschäftsjahr* kann daher ein Ausgleichsanspruch nach § 302 AktG nicht mehr entstehen; vielmehr sind nur die bis zum Tag der Verfahrenseröffnung entstandenen Verluste auszugleichen (**BGH** 14. 12. 1987 Z 103, 1, 9 = NJW 1988, 1326 = ZIP 1988, 229, 232 = EWiR § 302 AktG 1/88, 1149 *[Koch]* [GmbH]; **BFH** 17. 7. 1974 GmbHR 1974, 271; GroßK-*Hirte* § 302 AktG Rn 19). Dazu ist für den vor Verfahrenseröffnung abgelaufenen Teil des Geschäftsjahrs ein Rumpfgeschäftsjahr zu bilden und auf den Zeitpunkt der Verfahrenseröffnung eine der Gewinn- bzw Verlustermittlung dienende Schlussbilanz der werbenden Gesellschaft aufzustellen. Allein mit seiner Entstehung wird der Anspruch auch fällig (**BGH** 11. 10. 1999 Z 142, 382 = NJW 2000, 210 = ZIP 1999, 1965 = GmbHR 1999, 1299, 1300 f *[Brauer]* = LM H. 4/2000 § 302 AktG 1965 Nr 12 *[Spindler]*; GroßK-*Hirte* § 302 AktG Rn 62). Bei dem genannten Zeitpunkt für den Stichtag der Zwischenbilanz bleibt es auch dann, wenn man mit der hier vertretenen Auffassung davon ausgeht, dass Unternehmensverträge nicht automatisch mit Verfahrenseröffnung enden; denn jedenfalls die Gewinnabführungspflicht endet in diesem Zeitpunkt. War vor Verfahrenseröffnung bereits Überschuldung eingetreten, ist daher der gesamte die Überschuldung ausmachende Teil der Verbindlichkeiten durch die Muttergesellschaft in die Insolvenzmasse der Tochtergesellschaft auszugleichen. Der Ausgleichsanspruch ist weder auf das Grund- bzw Stammkapital beschränkt, noch kommt es darauf an, ob der Verlust auf die Konzernbildung zurückzuführen ist (**BGH** 11. 11. 1991 II ZR 287/90 Z 116, 37, 41 f = ZIP 1992, 29, 30 f = NJW 1992, 505 = WuB II C. § 54 GmbHG 1.93 *[Burgard]* = EWiR § 303 AktG 1/92, 425 *[Geuting]* [Hansa-Feuerfest – Stromlieferung]; GroßK-*Hirte* § 302 AktG Rn 15; abw *Häsemeyer* Rn 32.10). Vorhandene Gläubiger können nach Verfahrenseröffnung Sicherheit für ihre bestehenden Ansprüche verlangen (§ 303 AktG); steht die Leistungsunfähigkeit der Gesellschaft wie im Falle der Ablehnung der Verfahrenseröffnung mangels Masse (§ 26) endgültig fest, wandelt sich der Anspruch auf Sicherheitsleistung in einen Zahlungsanspruch (st. Rspr. seit **BGH** 16. 9. 1985 Z 95, 330, 347 f = NJW 1986, 188 = ZIP 1985, 1263 = EWiR § 13 GmbHG 3/85, 885 *[Hommelhoff]* [Autokran]; GroßK-*Hirte* § 302 AktG Rn 13). Ein etwa im Rumpfgeschäftsjahr noch entstandener Gewinn ist auch bei Annahme einer automatischen Beendigung des Gewinnabführungsvertrages an die Obergesellschaft abzuführen, da es sich um einen Gewinn aus der Zeit vor Auflösung der Gesellschaft handelt; unter den Voraussetzungen der §§ 129 ff kann allerdings Anfechtbarkeit gegeben sein.

402 Umstritten ist der Umfang des Ausgleichsanspruchs nach § 302 AktG bezüglich der Behandlung (weiterer) **Abwicklungsverluste** (offenlassend **BGH** 19. 9. 1988 Z 105, 168, 182 f = ZIP 1988, 1248, 1252 = KTS 1989, 114, 121 = EWiR § 32 a GmbHG 1/88, 1095 *[Fleck]*). Darunter ist der Unterschied zwischen dem Verlust zu verstehen, der sich aus der auf den Eröffnungszeitpunkt aufgestellten Handelsbilanz ergibt, und dem Verlust, der sich aus einer auf denselben Zeitpunkt aufgestellten Insolvenzeröffnungsbilanz zu Liquidationswerten ergibt. Aus der Tatsache, dass die Tochtergesellschaft nicht verpflichtet ist, einen etwaigen Abwicklungsgewinn an die Obergesellschaft abzuführen, soll hier nach einer Auffassung folgen, dass auch keine Verpflichtung zum Ausgleich etwaiger Abwicklungsverluste bestehen soll (KK-*Koppensteiner* § 302 AktG Rn 36; *Mertens* ZGR 1984, 542, 552; differenzierend *Tschernig* Probleme der Konzerninsolvenz [1995], S 112). Das ist insofern unstreitig, als die Gewinnabführungsverpflichtung mit Verfahrenseröffnung endet und daher auch ein etwaiger „Abwicklungsgewinn" nicht mehr abzuführen ist (**BFH** 18. 10. 1967 BStBl. 1968 II 105 = WM 1968, 409; *Samer* Beherrschungs- und Gewinnabführungsverträge S 133 ff). Für Abwicklungsverluste soll diese Begrenzung jedoch nicht gelten (*Meister* WM 1976, 1182, 1186 f, 1189; *Peltzer* AG 1975, 309, 311; *Rümker* WM 1974, 990, 995; *Samer* Beherrschungs- und Gewinnabführungsverträge S 225 ff, 274; *Sämisch/Adam* ZInsO 2007, 520, 522; *Werner* AG 1972, 137, 143). Dem ist insoweit zu folgen, als auch weitere Verluste vom herrschenden Unternehmen abzudecken sind, die sich aus der auf den Zeitpunkt der Verfahrenseröffnung aufzustellenden Liquidationsbilanz und den hierbei anzusetzenden Werten ergeben (GroßK-*Hirte* § 302 AktG Rn 23; *Karsten Schmidt* ZGR 1983, 513, 532 f; KP-*Noack* GesellschaftsR Rn 730). Die Pflicht zum Ausgleich von Abwicklungsverlusten findet also ihre Grenze, soweit diese auf einer Unternehmensfortführung des Insolvenzverwalters beruhen; erfasst von der Ausgleichspflicht sind danach vor allem die im Zuge der Verwertung des Betriebsvermögens entstehenden Verluste, die der Zeit der vertraglichen Konzernierung zuzurechnen sind.

403 Ist über das Vermögen des **herrschenden Unternehmens ebenfalls ein Insolvenzverfahren** eröffnet, ist die Verlustausgleichsforderung des abhängigen Unternehmens in dessen Insolvenz Insolvenzforderung nach § 38 (**BAG** 31. 7. 2002 10 AZR 420/01 NZG 2003, 120, 121 f = ZIP 2002, 2137, 2139 = NZI 2003, 106; GroßK-*Hirte* § 302 AktG Rn 66; abw *Paulus* ZIP 1996, 2141, 2143 f: § 84). Etwaige Ansprüche von Gläubigern des abhängigen Unternehmens nach § 303 AktG entfallen, weil sie auf dasselbe Interesse wie die interne Verlustausgleichsforderung gerichtet sind (*Häsemeyer* Rn 32.11). Ein etwaiger Anspruch auf Gewinnabführung gegen das abhängige Unternehmen fällt in die Insolvenzmasse der

G. Insolvenz von Konzernen (verbundenen Unternehmen) **§ 11**

Muttergesellschaft. Sie kann mit diesem Anspruch gegen einen Anspruch der Tochtergesellschaft auf Verlustausgleich aufrechnen.

Die Verlustausgleichspflicht des § 302 AktG fand entsprechende Anwendung, wenn es sich bei dem abhängigen Unternehmen um eine GmbH handelt. Sofern ein **qualifizierter faktischer Konzern** vorliegt (zu den Voraussetzungen BGH 16. 9. 1985 Z 95, 330 = NJW 1986, 188 = ZIP 1985, 1263 = EWiR § 13 GmbHG 3/85, 885 *[Hommelhoff]* [Autokran]; BGH 29. 3. 1993 Z 122, 123, 130 ff = NJW 1993, 1200 = ZIP 1993, 589, 593 f = EWiR § 302 AktG 2/93, 327 *[Altmeppen]* [TBB]; BGH 2. 10. 2000 NJW 2001, 370 = ZIP 2000, 2163 f = DStR 2000, 2140 *[Goette]* = LM § 302 AktG Nr 13 *[Heidenhain]*; Einzelheiten bei *Hirte* KapGesR Rn 5.176; *ders* NJW 1999, 179, 182; *ders* NJW 2000, 3531, 3540; *Hommelhoff* ZGR 1994, 395; für eine Heranziehung des Anfechtungsrechts in solchen Fällen *Paulus* ZIP 1996, 2141, 2145 ff), griff § 302 AktG nach früherer Rechtsprechung auch ohne Vorliegen eines Ergebnisabführungsvertrages analog ein. Da ein formell abgeschlossener Unternehmensvertrag in solchen Fällen nicht existierte, war hier die Beendigung des als Analogiegrundlage herangezogenen faktischen Beherrschungsverhältnisses mit Eröffnung des Insolvenzverfahrens anzunehmen (*Kort* ZIP 1988, 681, 687; allgemein auch GroßK-*Hirte* § 302 AktG Rn 100). Eine Kündigung konnte also nicht verlangt werden. Der Umfang des Ausgleichsanspruchs sollte allerdings nach freilich bestrittener Ansicht bei der abhängigen Einpersonen-GmbH auf die Höhe der Stammkapitalziffer beschränkt sein (KP-*Noack* GesellschaftsR Rn 735). Inzwischen hat der **BGH** diesen Ansatz als Grundlage für den Gläubigerschutz freilich aufgegeben und durch die Haftung wegen „existenzvernichtenden Eingriffs" ersetzt (BGH 17. 9. 2001 II ZR 178/99 Z 149, 10 = ZIP 2001, 1874 = NJW 2001, 3622 = LM H. 5/2002 § 309 AktG 1965 Nr 1 *[Schünemann]* [Bremer Vulkan]; BGH 16. 7. 2007 II ZR 3/04 Z 173, 246 = ZIP 2007, 1552 = NJW 2007, 2689 = EWiR § 826 BGB 3/07, 557 *[Wilhelm]* = WuB II C. § 13 GmbHG 1.08 *[Reiner]* [Trihotel]; dazu *Hirte* KapGesR Rn 5.172 ff; *Karsten Schmidt* NJW 2001, 3577). Da die Eröffnung des Insolvenzverfahrens bei Vorhandensein eines Unternehmensvertrages in einem Fall seiner Beendigung und damit auch der Verlustübernahmepflicht bilden würde, haben die Gläubiger des abhängigen Unternehmens im Insolvenzfall analog § 303 Abs 1 AktG einen Anspruch auf Sicherheitsleistung; dieser verwandelt sich in einen unmittelbaren Zahlungsanspruch, wenn von der insolventen GmbH angesichts ihrer Vermögenslosigkeit keine Zahlung zu erwarten ist (BGH 16. 9. 1985 Z 95, 330, 347 = NJW 1986, 188 = ZIP 1985, 1263, 1269 = EWiR § 13 GmbHG 3/85, 885 *[Hommelhoff]* [Autokran]; Emmerich/*Habersack*, Aktien- und GmbH-Konzernrecht [2. Aufl 2001], § 318 AktG Anh. II Rn 32). Das gilt allerdings nur, wenn etwa mangels Masse kein Insolvenzverfahren eröffnet wurde; andernfalls besteht ausschließlich der vom Insolvenzverwalter geltend zu machende Verlustausgleichsanspruch analog § 302 AktG (zutreffend KP-*Noack* GesellschaftsR Rn 738).

Neben der Verlustausgleichspflicht aus dem gesetzlichen Schuldverhältnis des § 302 AktG kann sich eine Verlustausgleichsverpflichtung auch aufgrund einer **„isolierten Verlustdeckungszusage"** ergeben (Beispiel: BGH 18. 6. 2001 II ZR 248/99 ZIP 2001, 1496 = NJW-RR 2001, 1611; dazu *Hirte* KapGesR Rn 3.112). Eine solche vertragliche Verlustausgleichspflicht kann im Gegensatz zu § 302 AktG durch Abrede der Parteien beschränkt werden. Eine solche Beschränkung ist im Einzelfall durch Auslegung der Vereinbarung zu ermitteln. Ist eine solche Verlustdeckungszusage nur zur Abwendung einer Insolvenz, zur Beseitigung einer eingetretenen Überschuldung oder zu Sanierungszwecken gegeben worden, so bezieht sich im Zweifel nicht auf die Abwicklungsverluste in einem eröffneten Insolvenzverfahren (*Karsten Schmidt* FS Werner [1984], 777, 793 f; *Kort* ZIP 1988, 681, 683).

d) Wird eine Aktiengesellschaft während eines anhängigen **Spruchverfahrens** insolvent, schuldet die Masse die Kostenvorschuss für die gemeinsamen Vertreter (BayObLG 4. 6. 1997 ZIP 1998, 1876; BayObLG 20. 8. 1997 ZIP 1998, 1877). Auf den Geschäftswert soll dies im Übrigen keinen Einfluss haben (BayObLG 10. 12. 1998 DB 1999, 521 = EWiR § 306 AktG 1/99, 293 *[Himmelmann]* [März/ EKU]). Ein über die Höhe der Abfindungspflicht im Zeitpunkt der Beendigung des Unternehmensvertrages geführtes Spruchverfahren wird durch die Eröffnung eines Insolvenzverfahrens nicht nach § 240 ZPO unterbrochen (OLG Frankfurt/Main 29. 12. 2005 NZG 2006, 556 = ZIP 2006, 203 = AG 2006, 206); es ist aber in der Hauptsache erledigt (BayObLG 7. 4. 1997 EWiR § 304 AktG 1/98, 581 *[Lüke/ Blenske]*). Zugleich wird mit der Eröffnung des Insolvenzverfahrens anstelle der Gesellschaft deren Insolvenzverwalter Beteiligter des Spruchverfahrens (BayObLG 18. 7. 1978 Z 1978, 209, 211 f = DB 1978, 2163; BayObLG 28. 2. 2001 DB 2001, 1549 = EWiR § 10 BRAGO 1/01, 421 *[Bork]* [März/ EKU]; OLG Schleswig 23. 6. 2008 5 W 24/08 ZIP 2008, 2326, 2327).

2. Insolvenz der Obergesellschaft. a) Auswirkungen auf den Unternehmensvertrag. Wird über das Vermögen des herrschenden Unternehmens ein Insolvenzverfahren eröffnet, endete nach herrschender Ansicht zum früheren Konkursrecht ein Beherrschungsvertrag ebenfalls automatisch (BGH 14. 12. 1987 Z 103, 1 ff = NJW 1988, 1326 = ZIP 1988, 229 = EWiR § 302 AktG 1/88, 1149 *[Koch]* [GmbH]; Emmerich/*Habersack*, Aktienkonzernrecht [1. Aufl 1998], § 297 AktG Rn 47; weitergehend als Vorinstanz OLG Schleswig 3. 4. 1987 ZIP 1987, 1448 = EWiR § 128 HGB 1/87, 1001 *[Finken]*), das im Wege der Vertragsauslegung bereits die Einstellung der werbenden Tätigkeit als Beendigungsgrund ausreichen lässt. Das folge daraus, dass es nicht Aufgabe des Insolvenzverwalters sei, einen Konzern zu leiten und Konzerninteressen wahrzunehmen (*Mertens* ZGR 1984, 542, 552; abw *Karsten Schmidt*

404

405

406

407

GesR § 31 III 5, S 957, da durch die Eröffnung des Insolvenzverfahrens nur die Möglichkeit der Beherrschung entfalle). Eine automatische Beendigung wurde auch für einen parallel abgeschlossenen Ergebnisabführungsvertrag angenommen (*Kort* ZIP 1988, 681, 685; *Karsten Schmidt* ZGR 1983, 513, 527; *Wellensiek* ZIP 1984, 541, 544 [nicht aber für isolierte Gewinnabführungsverträge]; *Wilhelm* Die Beendigung der Beherrschung und des Gewinnabführungsvertrages [1976], S 34). Nach anderer Auffassung konnte der Beherrschungsvertrag nur durch Kündigung aufgehoben werden (*Acher* Vertragskonzern und Insolvenz [1987], S 122; *Zeidler* NZG 1999, 692, 697). Dem ist aus den zur Insolvenz des abhängigen Unternehmens ausgeführten Gründen (oben Rn 398) auch für das herrschende Unternehmen zu folgen (ebenso jetzt *Böcker* GmbHR 2004, 1314; *Trendelenburg* NJW 2002, 647, 649). Eine Kündigung ist daher insbesondere dann nicht sinnvoll, wenn die Untergesellschaft noch von der Beibehaltung des Unternehmensverbundes profitieren kann (*Zeidler* NZG 1999, 692, 697). Von einem Fortbestand des Unternehmensvertrages wurde schon früher jedenfalls für isolierte Gewinnabführungsverträge ausgegangen (*Wellensiek* ZIP 1984, 541, 544; abw *Kort* ZIP 1988, 681, 685). Daran ändert sich nach neuem Insolvenzrecht nichts. Abfindungsansprüche außenstehender Aktionäre nach § 305 AktG sind in der Insolvenz der Obergesellschaft entsprechend § 103 Abs 2 als Insolvenzforderungen anzumelden (**BGH 17. 3. 2008 II ZR 45/06 Z 176, 43** = ZIP 2008, 778, 780 ff = NZG 2008, 391 = EWiR § 305 AktG 1/2008, 357 [*Goslar*] [EKU]; dort auch zum Wahlrecht bei einem gegen mehrere herrschende Unternehmen gerichteten Abfindungsrecht [§ 43]; dazu *H.-F. Müller* ZIP 2008, 1701).

408 b) **Umfang der Verlustausgleichspflicht.** Die abhängige Gesellschaft kann einen Ausgleichsanspruch nach § 302 Abs 1 AktG nur insoweit als Insolvenzforderung geltend machen, als es sich um Jahresfehlbeträge handelt, die bis zur Vertragsbeendigung entstanden sind. Endet der Ergebnisabführungsvertrag durch Insolvenz der Muttergesellschaft (evtl. aufgrund einer Kündigung) während eines laufenden Geschäftsjahres, ist auch hier ein Zwischenabschluss zu erstellen, aus dem sich die als Insolvenzforderung anzumeldende Verlustausgleichsforderung gegen die Obergesellschaft ergibt.

409 Auch ein **qualifiziert faktisches Beherrschungsverhältnis**, auf das § 302 AktG analog angewendet wird, wird durch die Insolvenz der Obergesellschaft automatisch beendet (*Kort* ZIP 1988, 681, 687 f).

410 c) Das **Weisungsrecht**, das der insolventen Obergesellschaft aus dem Unternehmensvertrag nach § 308 AktG zustand, wird in der Insolvenz der Obergesellschaft von deren Insolvenzverwalter ausgeübt (*Böcker* GmbHR 2004, 1314; *GroßK-Hirte* § 308 AktG Rn 85; offenbar – und zu Unrecht – abw AG Duisburg 1. 9. 2002 NZI 2002, 556, 556 = ZIP 2002, 1636 [Babcock Borsig]). Das wurde für das alte Recht im Hinblick auf das seinerzeit noch geltende bloße Abwicklungsziel des Insolvenzverfahrens noch anders gesehen (**BGH 14. 12. 1987 Z 103, 1, 6 ff** = NJW 1988, 1326 = ZIP 1988, 229 = EWiR § 302 AktG 1/88, 1149 [*Koch*] [GmbH]; *Zeidler* NZG 1999, 692, 697). Durch Weisungen entstehende Verluste der Untergesellschaft, die durch einen Vergleich mit der zur Insolvenzeröffnung aufgestellten Stichtagsbilanz zu ermitteln sind, sind nach § 209 Abs 1 Nr 2 privilegierte Masseverbindlichkeiten (*GroßK-Hirte* § 308 AktG Rn 85; *Zeidler* NZG 1999, 692, 697). Mit Blick auf das darin liegende wirtschaftliche Risiko für die Untergesellschaft soll dieser ein Leistungsverweigerungsrecht zustehen, bis der Insolvenzverwalter Sicherheiten für den Verlustausgleichsanspruch bereitstellt oder ihn tatsächlich erfüllt (*Böcker* GmbHR 2004, 1314; *Bous* Die Konzernleitungsmacht im Insolvenzverfahren konzernverbundener Kapitalgesellschaften [2001], S 247 ff, 266). Für Weisungen, die von den insolvenzrechtlichen Handlungskompetenzen des Verwalters nicht gedeckt sind, haftet er analog § 309 Abs 2 AktG persönlich (*Böcker* GmbHR 2004, 1314, 1315; *Bous*, aaO, S 230 ff, 267 f).

411 3. **Insolvenz beider Gesellschaften.** Werden beide Gesellschaften insolvent, sind die vorstehend für den Fall der Insolvenz einer der beteiligten Gesellschaften entwickelten Grundsätze kombiniert anzuwenden (*Böcker* GmbHR 2004, 1314, 1316; *Bultmann* ZInsO 2007, 785, 790 [gegen die hier noch in der 12. Aufl vertretene Auffassung]). Der Konzernverbund endet daher nicht automatisch, sondern es besteht ein Recht beider Verwalter zur Kündigung des Vertrages aus wichtigem Grund. Der Insolvenzverwalter über das Vermögen der Untergesellschaft hat eventuelle konzernrechtliche Verlustausgleichs- und Schadenersatzansprüche in der Insolvenz der Obergesellschaft zur Tabelle anzumelden (*Kort* ZIP 1988, 681, 683).

III. Faktischer Konzern

412 Beim (einfachen) faktischen Konzern steuert das Tochterunternehmen seine Vermögens- und Haftungsverhältnisse grundsätzlich selbst und in eigener Verantwortlichkeit. Nachteilige Weisungen führen zu einem Ausgleichsanspruch nach § 311 AktG. Schadenersatzansprüche gegen die Obergesellschaft wegen Verletzung dieser Pflicht werden in der Insolvenz der Untergesellschaft nur durch den Insolvenzverwalter geltend gemacht (§§ 317 Abs 4, 318 Abs 4 iVm §§ 309 Abs 4 Satz 5, 93 Abs 5 Satz 4, 116 Satz 1 AktG). Auf den GmbH-Konzern sind diese Normen entsprechend anwendbar; Grundlage für den Ausgleichsanspruch ist hier die gesellschaftsrechtliche Treuepflicht (**BGH 5. 6. 1975 Z 65, 15, 20 f [ITT]**).

413 Mit Eröffnung des Insolvenzverfahrens, gleich ob auf Seiten des abhängigen oder herrschenden Unternehmens, endet die faktische Konzernbeziehung. Denn die Ausübung oder Erduldung von Leitungs-

macht ist nur den Gesellschaftsorganen zugewiesen; für eine Wahrnehmung durch den Insolvenzverwalter an deren Stelle ist kein Raum (*Böcker* GmbHR 2004, 1257, 1259 [der dabei aber zu Unrecht von der Möglichkeit von „Weisungen" im faktischen Konzern ausgeht]; *Kort* ZIP 1988, 681, 687 f; KP-*Noack* GesellschaftsR Rn 732; *Lutter* ZfB 1984, 781, 783; möglicherweise abw *Böcker* GmbHR 2004, 1314, 1315 für die Insolvenz der Obergesellschaft). Im Gegensatz zum Vertragskonzern ergeben sich auch keine Rechte und Pflichten, die die Gesellschaftsorgane neben dem Insolvenzverwalter wahrnehmen könnten; daher ist auch für die Annahme bloßer Überlagerung der Konzernherrschaft kein Bedarf. Da die „Wieder"-Begründung von einfacher Konzernherrschaft nach Abschluss eines Insolvenzverfahrens informell möglich ist, besteht auch aus diesem Grunde keine Notwendigkeit, lediglich eine Suspension der Konzernherrschaft für den Zeitraum des Insolvenzverfahrens anzunehmen. Das bedeutet, dass vom Zeitpunkt der Verfahrenseröffnung an keine weiteren Ausgleichsansprüche nach § 311 AktG mehr entstehen können bzw geschuldet sind; entsprechendes gilt für Schadenersatzansprüche wegen nicht erfolgten Nachteilsausgleichs. Zu demselben Ergebnis gelangt man auch, wenn man schlicht darauf abstellt, dass es von der Verfahrenseröffnung an nicht mehr zu Weisungen iSv § 311 AktG kommen kann und daher an den tatsächlichen Voraussetzungen eines Nachteilsausgleichs fehlt.

IV. Insolvenzplan

Die Vorlage eines konzernweiten Insolvenzplans ist nach der gesetzlichen Lage ebenso wenig vorgesehen wie die Konzentration der Insolvenzverfahren aller Konzernunternehmen bei einem Insolvenzgericht (oben Rn 394). Das führt zwangsläufig zu Schwierigkeiten, wenn auf der Grundlage eines Insolvenzplans Teile eines Konzerns anstelle der Liquidation saniert werden sollen. 414

Im Hinblick auf den Interessengleichlauf von Mutter- und Tochtergesellschaft in diesen Fällen schlägt *Braun/Uhlenbruck*, Unternehmensinsolvenz Bd. I, S 522 vor, jedes kriselnde Unternehmen einer Unternehmensgruppe solle einen Eigenantrag wegen drohender Zahlungsunfähigkeit (§ 18) bei dem jeweils zuständigen Insolvenzgericht (§ 3) stellen. Sodann sollten koordinierte Insolvenzpläne vorgelegt werden (§ 218 Abs 1). Darüber hinaus müsse für die Tochtergesellschaft Eigenverwaltung (§ 270) beantragt und der Insolvenzverwalter der Obergesellschaft zum Sachwalter der Tochtergesellschaft bestellt werden (weitergehend wohl *Uhlenbruck* KS-InsO S 1157, 1182; *ders* NZI 1999, 41 ff: *einheitlicher* Insolvenzplan unter möglicher Einbeziehung sogar dritter Unternehmen; hierzu auch *Ehricke* ZInsO 2002, 393, 394 ff). 415

V. Insolvenz multinationaler Unternehmensgruppen

Grenzüberschreitende Insolvenzen von Unternehmensgruppen haben in der jüngeren Vergangenheit erhebliche Aufmerksamkeit auf sich gezogen. Dabei lag der Schwerpunkt der Diskussion auf der iR von Art 3 EuInsVO erheblichen Frage, ob am Sitz einer (ausländischen) Muttergesellschaft auch der **Mittelpunkt der hauptsächlichen Interessen** der (inländischen) Tochtergesellschaft (*Centre of Main Interests – COMI*) angenommen werden darf; dies hat zur Folge, dass auch im Ausland ein Insolvenzverfahren über eine inländische Gesellschaft eröffnet werden kann (dazu näher unten Art 3 EuInsVO Rn 9 ff). Spiegelbildlich kann auch ein deutsches Insolvenzgericht die Zuständigkeit hinsichtlich der Abwicklung einer ausländischen Tochtergesellschaft begründen (so AG München 4. 5. 2004 NZG 2004, 782, 783 [Hettlage]). Den uU divergierenden Interessen der Gläubiger in dem Staat, in dem die primäre Eröffnungszuständigkeit nach der EuInsVO fehlt, kann durch die Eröffnung eines Sekundärinsolvenzverfahrens Rechnung getragen werden (dafür *Weller* ZHR 169 [2005], 570, 583 ff); doch geht dies nur um den Preis der Verringerung von Einheitlichkeit bei der Insolvenzabwicklung, wie sie eigentlich durch die EuInsVO erreicht werden soll. Im Übrigen gilt auch hier, dass für die Insolvenzfähigkeit die rechtliche Selbstständigkeit des einzelnen Unternehmens maßgeblich ist; freilich können sich wie bei rein nationalen Insolvenzen (oben Rn 394 aE) Koordinationspflichten zwischen den an den unterschiedlichen Insolvenzverfahren Beteiligten ergeben (*Adam/Poertzgen* ZInsO 2008, 281, 284 ff; *Eidenmüller* ZHR 169 [2005], 528, 560 ff; *Weller* ZHR 169 [2005], 570, 591 ff). Die Insolvenz der ausländischen Konzernmutter- oder Tochtergesellschaft hat nicht automatisch die Insolvenz der deutschen Konzerntochter- oder Muttergesellschaft zur Folge. Während für die Eröffnung des Insolvenzverfahrens und die Verfahrensdurchführung durch ein deutsches Gericht eindeutig deutsches Insolvenzrecht gilt, ist das auf die einzelnen Ansprüche aus grenzüberschreitenden Unternehmensverbindungen anwendbare Recht umstritten (dazu *Bayer* Der grenzüberschreitende Beherrschungsvertrag [1988], S 20 ff; *Laubacher* Die Haftungsproblematik bei Konkurs einer Gesellschaft innerhalb eines transnationalen Unternehmens [1984]; *Wiedemann* GesR I S 805 f [für Möglichkeit und Pflicht der Wahl deutschen Rechts]). Unabhängig davon ist die Durchsetzbarkeit deutscher konzernrechtlicher Ansprüche gegen ausländische Unternehmen nicht gesichert. 416

VI. Steuerliche Auswirkungen

Die finanzielle, wirtschaftliche oder organisatorische Eingliederung bzw ein Ergebnisabführungsvertrag wirken sich im Falle der Insolvenz auf die **Organschaft** sowohl bei der Körperschaftsteuer wie bei der Gewerbe- und Umsatzsteuer aus (Einzelheiten bei *Maus* § 80 Rn 31, 43 ff). 417

H. Insolvenz von Sondervermögen

I. Nachlass, Gesamtgut einer fortgesetzten Gütergemeinschaft und Gesamtgut einer Gütergemeinschaft (Abs 2 Nr 2)

418 Abs 2 Nr 2 erklärt auch den Nachlass, das Gesamtgut einer fortgesetzten Gütergemeinschaft oder das Gesamtgut einer Gütergemeinschaft, das von den Ehegatten gemeinschaftlich verwaltet wird, für insolvenzfähig (dazu auch oben Rn 4). Das entspricht dem bisherigen Recht (§§ 214, 236 Satz 1, 236a Abs 1 KO). Das Nachlassinsolvenzverfahren und das Insolvenzverfahren über das Gesamtgut einer fortgesetzten Gütergemeinschaft erfordern zahlreiche Sonderregelungen, die daher in besonderen Abschnitten des Gesetzes zusammengefasst sind (§§ 315 ff, 332). Der Rechtsausschuss hat auch die im RegE verstreuten Bestimmungen zur Insolvenz des Gesamtguts einer Gütergemeinschaft, das von den Ehegatten gemeinschaftlich verwaltet wird, in die jetzigen §§ 333f in einen eigenen Abschnitt eingestellt; zudem wurde die Nennung der insolvenzfähigen Vermögensmassen in Abs 2 aus Gründen der Textstraffung zusammengefasst (Begr Rechtsausschuss zu § 11). In Bezug auf die Insolvenzfähigkeit der genannten Vermögensmassen hat Abs 2 Nr 2 in erster Linie Einleitungs- und Verweisungsfunktion; sachliche Regelungen dieser Frage finden sich nur in den genannten §§ 315 ff, 332, §§ 333 f.

419 Der RegE hatte in Abs 3 ursprünglich auch für die Insolvenz des Gesamtguts einer Gütergemeinschaft, das von den Ehegatten gemeinschaftlich verwaltet wird, darauf verwiesen, dass seine Insolvenzfähigkeit solange bestehe, wie die Verteilung ihres Vermögens nicht vollzogen sei; diese Frage wurde jetzt der Rechtsprechung überlassen (dazu KPB-*Kemper* § 333 Rn 11 sowie unten § 333 Rn 9). Schon das frühere Konkursrecht war in diesem Sinne ausgelegt worden. Bei den übrigen nach Abs 2 Nr 2 insolvenzfähigen Vermögensmassen hindert demgegenüber nicht einmal die Verteilung des Vermögens deren selbstständige Insolvenzfähigkeit (§§ 316 Abs 2, 332 Abs 1).

II. Bruchteilsgemeinschaft und Wohnungseigentümergemeinschaft

420 **1. Insolvenz der Bruchteilsgemeinschaft.** Nicht insolvenzfähig ist zunächst die Bruchteilsgemeinschaft nach §§ 741 ff BGB (ebenso *Bork* ZIP 2001, 545; HK-*Kirchhof* § 11 Rn 21; abw nur AG Göttingen 18. 10. 2000 NZI 2001, 102 = ZIP 2001, 580 = EWiR § 11 InsO 1/01, 589 [*Holzer*]). Denn bei ihr fehlt es an der Rechtsfähigkeit oder einer dieser angenäherten Teil-Rechtsfähigkeit (wie bei den Gesellschaften ohne Rechtspersönlichkeit). Es gibt auch kein ungeteiltes Sondervermögen „der Gemeinschaft". Deshalb sieht der Gesetzgeber anders als beim Nachlass und den weiteren in Abs 2 Nr 2 genannten Sondervermögen keine Notwendigkeit, die Durchführung eines gesonderten Insolvenzverfahrens zu fördern. Folge ist, dass der Anteil an einer Bruchteilsgemeinschaft Gegenstand der Einzelzwangsvollstreckung in das Vermögen des Gemeinschafters bleibt.

421 **2. Insolvenz der Wohnungseigentümergemeinschaft (WEG).** Kraft ausdrücklicher gesetzlicher Bestimmung in § 11 Abs 3 WEG ist die Wohnungseigentümergemeinschaft **nicht insolvenzfähig**. Der Gesetzgeber ist zwar der Entscheidung des **BGH** (BGH 2. 6. 2005 Z 163, 154 = NJW 2005, 2061 = NZM 2005, 543 = ZIP 2005, 1233 = ZfIR 2005, 506 [*Lüke*] = ZMR 2005, 547 [*Häublein*] = EWiR § 10 WEG 1/05, 715 [*Pohlmann*]; dazu *Abramenko* ZMR 2005, 585; *Bork* ZIP 2005, 1205; *Bub/Petersen* NJW 2005, 2590; *Häublein* ZIP 2005, 1720) insoweit gefolgt, als er die *Rechts*fähigkeit der WEG normiert hat (§ 10 Abs 6 WEG). Entgegen der Fassung des Regierungsentwurfs zum WEG und ihrer ausf Begründung (dazu BT-Drucks 16/887 S 67 ff) schließt er die Insolvenzfähigkeit der WEG aber aus. In der Begründung der Beschlussempfehlung des Rechtsausschusses (BT-Drucks 16/3843 S 25) heißt es dazu nur noch knapp, Aufwand und Kosten eines Insolvenzverfahrens stünden nicht in einem angemessenen Verhältnis zu seinen Vorteilen. Ferner würden Schwierigkeiten vermieden, zu denen es in der Praxis wegen der sich zum Teil überschneidenden Tätigkeiten des Insolvenzverwalters und des Wohnungseigentumsverwalters sonst käme. In einer insolventen Wohnungseigentümergemeinschaft bleibt es daher ebenfalls bei der **Einzelzwangsvollstreckung,** hier allerdings auch in das Vermögen der Gemeinschaft.

422 Die (rechtsfähige) WEG haftet ihren Gläubigern mit ihrem eigenen Vermögen. Hierzu zählt das Vermögen, welches der Verwaltung des gemeinschaftlichen Eigentums dient bzw auf der Verwaltung des gemeinschaftlichen Eigentums beruht. Zu diesem sog. **Verwaltungsvermögen** der WEG können grundsätzlich Ansprüche gegen Dritte aus Verwaltungsrechtsgeschäften oder aus Gesetz sowie Ansprüche gegen die Wohnungseigentümer gehören. **Nicht** zum Vermögen der Gemeinschaft der Wohnungseigentümer gehört demgegenüber das **gemeinschaftliche Eigentum (§ 1 Abs 5 WEG)** an dem Grundstück sowie an Teilen, Anlagen und Einrichtungen des Gebäudes (*Maroldt* Die Rechtsfolgen einer Rechtsfähigkeit der Gemeinschaft der Wohnungseigentümer, 2004, S 24 f). Dies gilt erst recht für das **Sondereigentum (§ 5 WEG)** als „echtes" Alleineigentum der einzelnen Wohnungseigentümer an Teilen, Anlagen und Einrichtungen des Gebäudes.

Ob die aus den **Verwaltungsrechtsgeschäften** resultierenden Rechte und Pflichten den Wohnungseigentümern oder der Gemeinschaft der Wohnungseigentümer als von ihren Mitgliedern zu unterscheidendem Rechtssubjekt zugeordnet werden können, hängt davon ab, ob die WEG bei Abschluss des konkreten Rechtsgeschäfts – vertreten durch den Verwalter – zur Verwaltung des gemeinschaftlichen Eigentums am Rechtsverkehr teilgenommen hat. Das ist insbesondere bei der Eröffnung von Bankkonten zur Verwaltung der gemeinschaftlichen Gelder der Fall, wenn der Verwalter offen für die Wohnungseigentümergemeinschaft nach außen auftritt (offenes Fremdkonto im Gegensatz zum Treuhandkonto). Entsprechend gehören Ansprüche aus einem offen für die Wohnungseigentümer zur Verwaltung der gemeinschaftlichen Gelder geführten Spar- oder Girokonto, zB für die periodisch gezahlten Verwaltungsbeiträge oder die Instandhaltungsrückstellungen, zum Verwaltungsvermögen des Verbandes. In Fällen der Vermietung gemeinschaftlichen Eigentums kann die Wohnungseigentümergemeinschaft – da der Abschluss von Mietverträgen zweifellos „Teilnahme am Rechtsverkehr" bedeutet – Partei des Mietvertrages werden, sodass Ansprüche aus der Vermietung des gemeinschaftlichen Eigentums ebenfalls dem Verband als Rechtsperson iSv § 10 Abs 6 WEG zustehen. Darüber hinaus zählen die **Beitrags- oder Schadenersatzansprüche** gegen die **Wohnungseigentümer** zum Verwaltungsvermögen, wie zB Ansprüche auf Zahlung der im Wirtschaftsplan (§ 28 WEG) beschlossenen Beitragsvorschüsse, auf Zahlung der Sonderumlagen sowie auf den Ausgleich der Salden aus einer Jahresabrechnung (BGH 2. 6. 2005 Z 163, 154, aaO). Innerhalb des Vermögens des Verbandes gibt es keine dinglich wirksame Zweckbindung. Nachdem die WEG in den Grenzen ihrer Rechtsfähigkeit nunmehr selbst Zuordnungssubjekt des Verwaltungsvermögens ist, ist das Vermögen schlicht Eigenvermögen des Verbandes und nicht zweckgebundenes Sondervermögen der Eigentümer. Damit ist es ganz den Gemeinschaftsgläubigern unter Ausschluss der Privatgläubiger zugewiesen (anders noch *Schwörer* NZM 2002, 421, 424). 423

Neben der Haftung der WEG sieht **§ 10 Abs 8 WEG** eine **Anteilshaftung der Wohnungseigentümer** vor, um die Kreditfähigkeit der WEG zu stärken und ihre Gläubiger zu schützen (dazu BT-Drucks 16/3843 S 25); diese Haftung ist das entscheidende Objekt für Zugriffe der Gläubiger i. R. der Einzelzwangsvollstreckung Für Verwaltungsschulden haften die Wohnungseigentümer entsprechend ihrem Miteigentumsanteil sowohl im Außenverhältnis gegenüber Dritten als auch im Innenverhältnis gegenüber der WEG. Dies gilt freilich nur für Verbindlichkeiten der WEG, die während der Zugehörigkeit des Wohnungseigentümers zur Gemeinschaft entstanden oder während dieser Zeit fällig geworden sind (S 1). Die in Halbs 2 vorgesehene entsprechende Anwendung des § 160 HGB führt zu einer zeitlichen Begrenzung der Haftung des Wohnungseigentümers nach Veräußerung seiner Wohnungseigentums auf fünf Jahre. Der Wohnungseigentümer kann gegenüber einem Gläubiger neben den in seiner Person begründeten auch die der Gemeinschaft zustehenden Einwendungen und Einreden geltend machen, nicht aber seine Einwendungen und Einreden gegenüber der Gemeinschaft (S 2). Für die Einrede der Anfechtbarkeit und Aufrechenbarkeit ist § 770 BGB entsprechend anzuwenden (S 3). Die Eröffnung eines **Insolvenzverfahrens** über das Vermögen eines Wohnungseigentümers unterbricht ein laufendes Beschlussanfechtungsverfahren der WEG nicht; ungeklärt ist aber, ob ein gegen diesen geführtes Wohngeldverfahren analog § 240 ZPO unterbrochen wird (KG 27. 4. 2005 24 W 26/04 NJW 2005, 3583 [Ls] = NJW-RR 2005, 1385). 424

§ 12 Juristische Personen des öffentlichen Rechts

(1) Unzulässig ist das Insolvenzverfahren über das Vermögen
1. des Bundes oder eines Landes;
2. einer juristischen Person des öffentlichen Rechts, die der Aufsicht eines Landes untersteht, wenn das Landesrecht dies bestimmt.

(2) Hat ein Land nach Absatz 1 Nr. 2 das Insolvenzverfahren über das Vermögen einer juristischen Person für unzulässig erklärt, so können im Falle der Zahlungsunfähigkeit oder der Überschuldung dieser juristischen Person deren Arbeitnehmer von dem Land die Leistungen verlangen, die sie im Falle der Eröffnung eines Insolvenzverfahrens nach den Vorschriften des Dritten Buches Sozialgesetzbuch über das Insolvenzgeld von der Agentur für Arbeit und nach den Vorschriften des Gesetzes zur Verbesserung der betrieblichen Altersversorgung vom Träger der Insolvenzsicherung beanspruchen könnten.

Früherer Art IV des „Einführungsgesetzes zu dem Gesetze, betreffend Änderungen der Konkursordnung" vom 17. 5. 1898 (BGBl III 311-3) in Abs 1 Nr 2 inhaltlich übernommen. § 14 RegE unverändert übernommen. Abs 2 redaktionell geändert durch Art 38 des Gesetzes zur Reform der Arbeitsförderung vom 24. 3. 1997 (BGBl I S 594).

Allgemeines (und abgekürzt zitiertes) Schrifttum: *Engelsing*, Zahlungsunfähigkeit von Kommunen und anderen juristischen Personen des öffentlichen Rechts, 1999 (dazu *Gundlach* DZWIR 2000, 175; *Roth* ZInsO 2001, 1002); *Lehmann*, Die Konkursfähigkeit juristischer Personen des öffentlichen Rechts, 1999; *Masloff*, Konstruktionen einer *Ausfallhaftung* des Staates für zahlungsunfähige juristische Personen des öffentlichen Rechts – Eine Untersuchung von Anstaltslast und Gewährträgerhaftung im System des Staatshaftung iwS und des Konzernrechts, 2000 (dazu *Roth* ZInsO 2001, 701).

I. Insolvenzunfähigkeit (Abs 1)

1   Auch juristische Personen des öffentlichen Rechts sind grundsätzlich insolvenzfähig. Dies ergibt sich aus der eindeutigen Formulierung in § 11 Abs 1 Satz 1 („jede juristische Person"); vgl im Übrigen § 11 Rn 32. § 12 sieht entgegen der etwas missverständlich formulierten amtlichen Überschrift nur für bestimmte juristische Personen des öffentlichen Rechts Ausnahmen vor oder gestattet sie. Wie auch sonst im Verfahrensrecht geschieht das in der Weise, dass er ein Insolvenzverfahren über diese Personen für unzulässig erklärt.

2   **1. Bund und Land.** Abs 1 Nr 1 kodifiziert die schon für das frühere Recht allgemeine anerkannte Ansicht, dass Bund und Länder nicht insolvenzfähig sind (*Forsthoff/Simons,* Die Zwangsvollstreckung gegen Rechtssubjekte des öffentlichen Rechts [Berlin 1931], S 42; allgemein zu Problemen der Insolvenzfähigkeit des Staates *Engelsing* Zahlungsunfähigkeit S 156 ff). Er findet eine Parallele in § 882 a ZPO und § 15 Nr 3 EGZPO, die die **Einzelzwangsvollstreckung** gegen Bund, Länder, Körperschaften, Anstalten und Stiftungen des öffentlichen Rechts im öffentlichen Interesse einschränken (dazu auch *Fink* ZInsO 1999, 127 ff; *Loh/Wimmer* WM 1996, 1941, 1942 ff; zur Vereinbarkeit landesgesetzlicher Normen mit § 882 a ZPO, § 15 Nr 3 EGZPO BVerfG 23. 3. 1982 ZIP 1982, 713). Freilich ist die Regelung in Abs 1 Nr 1 nur insoweit selbstverständlich, als die verfassungsmäßig Organe ihre Kompetenzen nicht mit Insolvenzgläubigern oder den Amtswaltern im Insolvenzverfahren teilen können (*Häsemeyer* Rn 30.03; *Ohler* JZ 2005, 590, 596). Im Übrigen galt der **Staatsbankrott** nämlich lange Zeit als selbstverständlicher Weg für den Staat, sich seiner Schuldenlast zu entledigen (*Adam Smith,* Inquiry into the nature and the causes of the wealth of nations [1775], 5. Buch, 3. Kap = Der Wohlstand der Nationen [1993], S 781 ff; dazu *Kratzmann* JZ 1982, 319; *Lehmann* Konkursfähigkeit S 61 ff; Beispiele von Staatsbankrotten bei *Engelsing* Zahlungsunfähigkeit S 157). Auch heute ist unstreitig, dass auch Staaten jedenfalls in materieller Hinsicht insolvent sein können (*Ohler* JZ 2005, 590, 591).

3   Deutschland entledigte sich seiner im Ersten Weltkrieg angehäuften Staatsschulden durch Forcierung der Inflation, anschließende Währungsreform von 1923 und das Gesetz über die Ablösung öffentlicher Anleihen v 16. 7. 1925 (RGBl I S 137; dazu *Lehmann* Konkursfähigkeit S 64 f; *Ohler* JZ 2005, 590 f). Nach dem Zweiten Weltkrieg erfolgte die Abwicklung der Reichsschulden in den drei westlichen Besatzungszonen Deutschlands durch das 3. Gesetz zur Neuordnung des Geldwesens (Umstellungsgesetz) v. 20. 6. 1948 und später durch das Allgemeine Kriegsfolgengesetz v 5. 11. 1957, die die Umstellung von Verbindlichkeiten des Reiches auf DM zunächst ausschlossen und Ansprüche gegen das Reich für erloschen erklärten (verfassungsrechtliche Grundlage heute Art 135 a GG). Der Sache nach handelt es sich auch insoweit um einen Staatsbankrott, wenn auch durch Gesetz und nicht im Verfahren der seinerzeit geltenden KO. Das BVerfG hat dazu in mehreren Entscheidungen festgestellt, dass erst die nach dem Maß des Möglichen und vom Gesetzgeber im Rahmen eines Gesetzes nach Art 134 Abs 4 GG bestimmte „Konkursquote" auf die Forderungen gegen das Deutsche Reich in ihrer jeweiligen Höhe der Eigentumsgarantie des Art 14 GG unterliege (BVerfG 23. 5. 1962 E 15, 126, 143 = NJW 1963, 32; BVerfG 13. 1. 1976 E 41, 126, 161 = NJW 1976, 1491). Die einzelne *vor* Gründung der Bundesrepublik entstandene Forderung unterliegt damit ebensowenig dem grundsätzlichen Schutz wie das Verfahren, in dem der Ausfall ermittelt wird. Die mit dem genannten Gesetzespaket durchgeführte Währungsreform zum 21. 6. 1948 bedeutete einen entscheidenden Schritt zur Teilung Deutschlands; denn sie wurde in der sowjetisch besetzten Zone mit anderem Umstellungsverhältnis am 24. 6. 1948 durch Einführung der DM-Ost nachvollzogen. Doch hatte dort bereits 1945 eine Reform des Bank- und somit des Geldwesens stattgefunden, unter anderem durch Gründung der Deutschen Notenbank. Da sich die DDR im Gegensatz zur Bundesrepublik (vgl dazu Art 123, 134 GG) nicht in der Rechtsnachfolge des Deutschen Reiches sah, fehlte es insoweit allerdings auch schon an der Möglichkeit einer Übernahme der entsprechenden Verbindlichkeiten. Art 135 a GG wurde durch den Einigungsvertrag auch auf die Altschulden der DDR ausgedehnt; gleichwohl werden sie, soweit ersichtlich, bislang in vollem Umfang bedient (*Lehmann* Konkursfähigkeit S 66).

4   Für *nach* Gründung der Bundesrepublik Deutschland entstandene Forderungen gegen juristische Personen des öffentlichen Rechts gilt zwar, wie sich im Umkehrschluss aus der Rechtsprechung des BVerfG ergibt, der Eigentumsschutz des Art 14 GG. Doch entstehen insoweit von vornherein nur „beschränkte" Eigentumspositionen, so dass der Ausschluss der Insolvenzfähigkeit durch § 12 eine zulässige Inhalts- und Schrankenbestimmung iSv Art 14 Abs 1 Satz 2 GG darstellt. Die durch Abs 1 Nr 1 festgeschriebene Insolvenzunfähigkeit von Bund und Ländern bezieht sich nur auf diese Gebietskörperschaften als solche. Soweit einzelne ihrer Organe wie die Parlamentsfraktionen selbst juristische Personen des öffentlichen Rechts sind oder zumindest selbst Träger von Rechten und Pflichten sein können, bleibt es bei ihrer Insolvenzfähigkeit nach § 11 Abs 1 Satz 1. Aus dem gleichen Grunde wurde auch von der Insolvenzfähigkeit der Deutschen Bundesbank ausgegangen; denn Art 88 GG enthält lediglich einen Verfassungsauftrag, eine Währungs- und Notenbank zu errichten (deren Aufgaben und Befugnisse heute auf die Europäische Zentralbank übertragen werden können), ohne dass sich daraus ein Bestandsschutz für die Deutsche Bundesbank ableiten ließe (*Lehmann* Konkursfähigkeit S 116 ff; abw *Maunz/Dürig/Herzog/Scholz* Art 88 GG Rn 3).

I. Insolvenzunfähigkeit (Abs 1) § 12

2. Völkerrechtssubjekte und ausländische Staaten. Die Insolvenzfähigkeit von in Deutschland ansässigen Völkerrechtssubjekten (internationalen Organisationen) beurteilt sich nach den über Art 25 GG auch im Inland geltenden allgemeinen **Regeln des Völkerrechts**. Allerdings begründet sie kein – zumal einseitiges – Recht eines Staates zur Erklärung seiner Insolvenz mit der Folge einer Verweigerung staatlicher Zahlungen unter dem Gesichtspunkt des **Staatsnotstands** (BVerfG 8. 5. 2007 2 BvM 1/03 ua RIW 2007, 690 *[Kleinlein]* [Argentinische Staatsanleihen]); denn staatlicher Übung entspricht eher, eine Schuldenkrise im Verhandlungswege zu lösen (*Ohler* JZ 2005, 590, 592, 594). Allerdings steht der Durchsetzung von Ansprüchen gegen Staaten, die sich – etwa unter Berufung auf einen Staatsnotstand – für zahlungsunfähig erklärt haben, im Inland die fehlende Unterwerfung dieser Rechtssubjekte unter die deutsche Gerichtsbarkeit entgegen, wie sie auch in §§ 18, 19 GVG zum Ausdruck kommt. Auf diese **Immunität** kann allerdings – etwa in Anleihebedingungen – vorab verzichtet werden. Für die Bejahung der Immunität eines Völkerrechtssubjekts kommt es zudem nicht nur auf dessen formellen Status an; als entscheidend wird heute vielmehr eine materielle Betrachtungsweise angesehen, nämlich ob die von dem Rechtssubjekt ausgeübte Tätigkeit hoheitlicher Art ist oder nicht. Das betrifft vor allem die mehr oder weniger verselbstständigten Einrichtungen von Völkerrechtssubjekten (Unzulässigkeit der Zwangsvollstreckung in die Währungsreserven ausländischer Zentralbanken bejahend daher *Krauskopf/Steven* WM 2000, 269 ff). Soweit Immunität zu bejahen ist, wäre ein entsprechender Insolvenzantrag daher als unzulässig abzuweisen. Gleiches gilt für eine (denkbare) gegenständlich beschränkte Inlandsinsolvenz (Art 102 Abs 3 Satz 1 EGInsO) über das im Inland belegene Vermögen eines Völkerrechtssubjekts, etwa eines ausländischen Staats. Für die Vertragsstaaten des Europäischen Übereinkommens über Staatenimmunität vom 16. 5. 1972, das die Bundesrepublik Deutschland mit Gesetz vom 22. 1. 1990 ratifiziert hat (BGBl 1990 II S 34), folgt die Unzulässigkeit der Einzelzwangsvollstreckung zudem ausdrücklich aus dessen Art 23 (Text des Übereinkommens auch in BT-Drs. 11/4307, S 5 ff). Gleiches gilt für die Europäische Union (Protokoll (Nr 34) über die Vorrechte und Befreiungen der Europäischen Gemeinschaften vom 8. April 1965 in der Fassung des Vertrags von Amsterdam vom 2. Oktober 1997; dazu jüngst EuGH 29. 5. 2001 Rs. C-1/00 SA [Cotecna Inspection SA/Kommission], Slg. 2001, I-4219 = NJW 2001, 3109; EuGH 11. 4. 1989 Rs. 1/88 SA [Générale de Banque/Kommission], Slg 1989, 857). Das wird man im Wege des Erst-recht-Schlusses auf die Unzulässigkeit eines Insolvenzverfahrens übertragen müssen.

Der Internationale Währungsfonds (IWF) hat im Jahr 2001 der unstreitigen Möglichkeit einer materiellen Insolvenz auch von Staaten (oben Rn 2 aE) Rechnung tragen wollten und ein **geordnetes Insolvenzverfahren für staatliche Schuldner** vorgeschlagen (*Buhlert* DZWIR 2002, 275; *ctg.* FAZ v 29. 11. 2001, Nr 278, S 18; *ctg.* FAZ v. 30. 9. 2002, Nr 227, S 13; *ctg.* FAZ v 31. 1. 2003, Nr 26, S 14; *C. Mayer* ZInsO 2005, 454; *Paulus* ZRP 2002, 383; *ders* RIW 2003, 401; *Ohler* JZ 2005, 590, 598). Die vor allem durch den wirtschaftlichen Zusammenbruch Argentiniens ausgelösten Überlegungen, die freilich zunächst keine realistische Chance auf Umsetzung hatten, stellten – nach amerikanischen Vorbild – das mit einem Insolvenzverfahren mögliche Ziel einer Reorganisation in den Mittelpunkt, nicht also eine Liquidation (*Ohler* JZ 2005, 590, 592; *Paulus* WM 2002, 725, 728 ff; zu den möglichen Rechtsgrundlagen *C. Mayer* ZInsO 2005, 454, 458 ff). Im Rahmen des nur auf Antrag des Staates zu eröffnenden Verfahrens soll dabei vor allen Dingen erreicht werden, dass alle Gläubiger an einer Sanierung des insolventen Schuldner-Staates im Wege der Mehrheitsentscheidung mitwirken; lediglich der Zeitpunkt der Forderungsbegründung soll Differenzierungen zulassen (*Buhlert* DZWIR 2002, 275, 276; *Paulus* ZRP 2002, 383, 384; *ders* RIW 2003, 401). Besondere Kritik hat der ursprüngliche Vorschlag ausgelöst, dem IWF die Entscheidung darüber zu belassen, über einen Zahlungsstopp zu entscheiden; denn er sei als Gläubiger selbst Beteiligter eines staatlichen Insolvenzverfahrens (*ctg.* FAZ v 9. 1. 2003, Nr 7, S 11; *Paulus* ZRP 2002, 383; *ders* RIW 2003, 401; *pwe* FAZ v 30. 9. 2002, Nr 227, S 15). Schon (bzw noch) heute spielt die Insolvenz öffentlich-rechtlicher Körperschaften in den Vereinigten Staaten eine nicht unerhebliche Rolle (zuletzt Kalifornien im Sommer 2009; zu deren Behandlung nach Chapter 9 des Bankruptcy Act *Paulus* WM 2002, 725, 727; *ders* ZInsO 2003, 869, 871; zur drohenden Insolvenz der Stadt New York 1975 *Kratzmann* JZ 1982, 319, 321 f; *Lehmann* Konkursfähigkeit S 99 f [auch zur Insolvenz der Stadt Neapel 1993]; zur Insolvenz der kalifornischen Orange County 1994 *Alliance Capital Management L. P. v. Co of Orange [In re Co of Orange]*, 179 B. R. 185 [Bankr. C. D. Calif. 1995] rev'd in part, SAVC 95–341-GLT [AR] [C. D. Calif. July 12, 1995]; *In re Co of Orange*, 179 B. R. 195 [Bankr. C. D. Calif. 1995]). Der drohende Staatsbankrott der DDR dürfte auch ein Grund für den Zusammenbruch des Systems im Jahre 1989 gewesen sein (dazu auch *Lehmann* Konkursfähigkeit S 66). Vor allen Dingen die Zulässigkeit der Bildung einer Schuldnergemeinschaft und deren Willensbildung durch Mehrheitsbeschluss lassen sich aber auch vertraglich in den **Anleihebedingungen** von Staaten verwirklichen (*collective action clauses;* dazu *ctg.* FAZ v. 30. 9. 2002, Nr 227, S 13; *ctg.* FAZ v 31. 1. 2003, Nr 26, S 14; *C. Mayer* ZInsO 2005, 454, 462 ff; *Ohler* JZ 2005, 590, 598). Mit Blick auf die Wertungen des Schuldverschreibungsgesetzes (dazu oben § 11 Rn 198) dürften dem auch keine AGB-rechtlichen Bedenken entgegenstehen.

3. Juristische Personen unter Aufsicht eines Landes. Insolvenzunfähig sind auch juristische Personen des öffentlichen Rechts, die der Aufsicht eines **Landes** unterstehen, wenn das Landesrecht dies bestimmt (Abs 1 Nr 2; zur verfassungsrechtlichen Zulässigkeit *Engelsing* Zahlungsunfähigkeit S 43 ff; für die

Möglichkeit des Landesgesetzgebers, das Insolvenzverfahren modifiziert nach US-Vorbild auch auf Gemeinden für anwendbar zu erklären, *Paulus* ZInsO 2003, 869, 870 ff; kritisch wegen der in der jetzigen Regelung liegenden Benachteiligung der Gläubiger auch *Bernsau* FAZ v 8. 1. 2003, Nr 6, S 19). Dies entspricht Art IV EG-Konkursnovelle 1898 (weit Nachw bei Jaeger/*Ehricke* § 12 Rn 1; Soergel/*Hadding* § 89 BGB Rn 73). Die Regelung dient ausweislich der Gesetzesbegründung dazu, ebenso wie § 882 a ZPO und § 15 Nr 3 EGZPO die Funktionsfähigkeit der öffentlichen Verwaltung aufrechtzuerhalten. Freilich hat dann das Land nach Maßgabe des Absatzes 2 für Arbeitslohn und Betriebsrenten einzustehen (dazu unten Rn 18). Denn die Frage der Insolvenzfähigkeit bzw -unfähigkeit ist nach Inkrafttreten des BetrAVG vor allem im Zusammenhang mit einer möglichen Beitragspflicht zur Insolvenzsicherung der betrieblichen Altersversorgung und für die Umlage des (früher) Konkursausfallgeldes aktuell geworden (dazu unten Rn 9 ff). Im RefE eines Gesetzes zur Änderung der InsO, des KWG und anderer Gesetze vom September 2004 war die Ausweitung auf solche juristische Personen vorgeschlagen worden, die der Aufsicht des **Bundes** unterstehen; zum Ausgleich sollte der Bund für die Sicherung der Ansprüche deren Arbeitnehmer auf Insolvenzgeld und für die Sicherung der Betriebsrenten und diesen gleichgestellten Leistungen sorgen müssen (kritisch dazu *Ehricke* ZIP 2004, 2262, 2264); das ist freilich nicht Gesetz geworden.

8   a) Für die **Gemeinden** (zu deren heutiger Finanzlage *Engelsing* Zahlungsunfähigkeit S 15 ff) ergab sich die Insolvenzunfähigkeit früher aus § 116 Abs 2 DGO 1935, der die Rechtsfähigkeit der Gemeinden und Bezirksverbände ausschloss (vgl auch schon VO v. 21. 9. 1931 zur Sicherung des Staatshaushalts und der Haushalte der Gemeinden, 4. Teil, Kap III § 8, SächsGVBl. S 155; Überblick zur unklaren Rechtslage vor 1930/35 bei *Lehmann* Konkursfähigkeit S 92 ff; zum Konkurs der Stadt Glashütte im Jahr 1929 *Hornfischer* KTS 2009, 423 ff). Nach Abs 1 Nr 2 und seiner Vorgängervorschrift entscheidet das Landesrecht. In den ehemals preußischen Gebieten waren die juristischen Personen des öffentlichen Rechts, die der Staatsaufsicht oder preußischen Verwaltung unterlagen, mit Ausnahme der Kredit- und Versicherungsanstalten des öffentlichen Rechts und der unter Verwaltung einer öffentlichen Behörde stehenden Sparkassen und Stiftungen konkursunfähig (§§ 4, 5 PreußG v 11. 12. 1934 GS S 457; dazu auch VG Schleswig-Holstein 6. 6. 1984 ZIP 1985, 46). Für NRW ist das Gesetz v 11. 12. 1934 durch das Gesetz zur Bereinigung des Landesrechts fortgeltenden ehemaligen Reichsrechts v 13. 1. 1970 (GVBl. NW 1970, 18) aufgehoben worden. Nunmehr enthalten die Gemeindeordnungen der Länder § 116 DGO 1935 entsprechende Regelungen (vgl etwa § 69 Abs 3 ThürGO; Übersicht über die landesrechtlichen Regelungen bei HK-*Kirchhof* § 12 Rn 3; KPB-*Prütting* § 12 Rn 4; dazu auch *Loh/Wimmer* WM 1996, 1941, 1942 ff). Insolvenzunfähig sind auch Gemeindeverbände, Landkreise (*Lehmann* Konkursfähigkeit S 105 f) und Zweckverbände (für deren Insolvenzfähigkeit BSG 27. 9. 1994 KTS 1995, 357, 358 f; ebenso unter Verweis auf die fehlende Beeinträchtigung von Art 28 Abs 2 GG *Lehmann* Konkursfähigkeit S 106 f). Die Zahlungsunfähigkeit einer Gemeinde führt zur Anordnung der Zwangsverwaltung. Allerdings verliert sie dadurch nicht ihre Finanzhoheit; denn der Beauftragte der Kommunalaufsicht hat die Stellung eines Gemeindeorgans (*Lehmann* Konkursfähigkeit S 103, 107). Durch seine Einsetzung entsteht daher nicht etwa eine Einstandspflicht der Aufsichtsbehörde für die insolvente Körperschaft (*Lehmann* Konkursfähigkeit S 107 f).

9   b) Auch bei anderen **Körperschaften, Anstalten und Stiftungen** des öffentlichen Rechts, die der Aufsicht eines Landes unterstehen, richtet sich die Insolvenzfähigkeit zunächst nach den entsprechenden landesrechtlichen Bestimmungen (Überblick bei *Engelsing* Zahlungsunfähigkeit S 150 ff; HK-*Kirchhof* § 12 Rn 4; zu Stiftungen *Bach/Knof* ZInsO 2005, 729, 733). Nur wo derartige Normen fehlen, kommen allgemeine verwaltungsrechtliche Überlegungen zum Tragen. Insolvenzunfähigkeit war danach bei **öffentlich-rechtlichen Kreditinstituten** (Sparkassen, Landesbanken, Girozentralen) anzunehmen, wenn für die Mutter-Gebietskörperschaften (Länder, Gemeinden) eine öffentlich-rechtliche Verpflichtung besteht, die Funktionsfähigkeit der Anstalt zu sichern, insbesondere eine Unterbilanz auszugleichen; eine solche Verpflichtung folgte nach hM aus dem Verwaltungsrecht (so **BGH** 16. 2. 1984 Z 90, 161, 168 ff = NJW 1984, 1681, 1683 = ZIP 1984, 688, 690 f; *Ahlers* ZKW 1974, 57, 58; *Bücken* Der Landkreis 1981, 130; *Engelsing* Zahlungsunfähigkeit S 168 ff; *Püttner*, Die öffentlichen Unternehmen [2. Aufl 1985], S 186; *Scholl* JuS 1981, 88, 92; abw BVerwG 10. 12. 1981 E 64, 248, 257 f = NJW 1983, 59, 60 f; BVerwG 18. 12. 1986 E 75, 292 = NJW-RR 1987, 1313 = ZIP 1987, 521 f; BVerwG 15. 1. 1987 E 75, 318, 324 f = NJW 1987, 3017, 3018 f = ZIP 1987, 381, 383; *Lehmann* Konkursfähigkeit S 126 ff mwN; *Masloff* Ausfallhaftung S 15 ff, 69 f [für den Binnenausgleich], 70 ff, 165 f [für die Gewährträgerhaftung]; *Oebbecke* DVBl. 1981, 960 ff; ders Rechtsfragen der Eigenkapitalausstattung kommunaler Sparkasse [1980], S 23 ff). Mit dem Wegfall dieser Gewährträgerhaftung aus europarechtlichen Gründen wurde die **Institutssicherung** nach § 12 EAEG eingeführt; zugleich ist jetzt aber Insolvenzfähigkeit anzunehmen. Insolvenzunfähigkeit ist im Übrigen unabhängig von dieser Streitfrage dann anzunehmen, wenn die Insolvenzfähigkeit **ausdrücklich durch Gesetz ausgeschlossen** wurde. Zur KO bestand wegen des Verweises in Art IV EGÄndGKO (1898) auf § 15 Nr 3 EGZPO (1877) Streit, ob nach Änderung von § 15 Nr 3 EGZPO durch Gesetz v 20. 8. 1953 (BGBl I 952) die Länder noch die Kompetenz besaßen, auch für die dort nicht ausdrücklich genannten juristischen Personen des öffentlichen Rechts die Konkursunfähigkeit zu regeln (BVerfG 23. 3. 1982 E 60, 135 f = NJW 1982, 2859 f = ZIP 1982, 713 f [das Kompetenz wegen der statischen Verweisung in Art IV EGÄndGKO annimmt]; ebenso *Peitzsch*

I. Insolvenzunfähigkeit (Abs 1) § 12

BayVBl 1971, 178 ff, 254 ff; *Roth* BayVBl. 1981, 491; abw VG München 17. 7. 1979 BayVBl 1980, 346; *Appel* BayVBl 1980, 652; *Renck* BayVBl. 1982, 300; *Everhardt/Gaul* BB 1976, 467; *Herdt* BB 1977, 1357 ff; Überblick bei *Engelsing* Zahlungsunfähigkeit S 147 ff). Gleiches gilt für öffentlich-rechtliche **Versicherungsunternehmen** (die für diese die Insolvenzeröffnung früher ausdrücklich ausschließende Sondervorschrift des § 88 Abs 1 Satz 4 VAG wurde durch Art 87 Nr 12 a) EGInsO aufgehoben).

Insolvenzfähig waren bislang vorbehaltlich ausdrücklicher gesetzlicher Regelung die **Ortskranken-** 10 **kassen** (BVerwG 14. 11. 1985 E 72, 212, 215 ff = NJW 1987, 793 = ZIP 1986, 1129, 1130 f = EWiR § 10 BetrAVG 2/95, 637 *[Reichold]*) und sonstigen **Träger der Sozialversicherung** (Ersatzkassen [BSG 1. 6. 1978 BB 1978, 1469], Berufsgenossenschaften, Landesversicherungsanstalten, Bundesagentur für Arbeit); denn ein Bestandsschutz für Ortskrankenkassen und damit eine Garantiehaftung des Staates ergibt sich weder aus Art 20 Abs 1, 120 Abs 1 Satz 4 GG, noch lässt sich eine solche dem Sozialstaatsprinzip entnehmen (BVerfG 9. 5. 1975 E 39, 302, 314; BSG 22. 2. 1979 E 48, 42, 46; BSG 23. 11. 1981 E 52, 294, 298; ebenso iE bereits **RG** 9. 2. 1934 Z 143, 355, 361). Das stellt wie in Bezug auf die öffentlich-rechtlichen Rundfunkanstalten keinen Widerspruch zur Verpflichtung des Staates dar, die Grundversorgung der Bevölkerung bei der Krankheitsvorsorge zu gewährleisten. Denn daraus folgt weder eine Bestandsgarantie in Bezug auf eine bestimmte Krankenkasse (*Lehmann* Konkursfähigkeit S 156 ff) noch eine verfassungsrechtliche Garantie der Sozialversicherungen an sich (BVerfG 9. 5. 1975 E 39, 302, 315). Durch landesrechtliche Vorschriften war diese grundsätzlich bestehende Insolvenzfähigkeit der der Landesaufsicht unterstehenden Krankenkassen aber ausgeschlossen und durch eine begrenzte Gewährträgerhaftung ersetzt worden (§ 155 SGB V aF; dazu *Holzer* Insbüro 2009, 11, 12). Im Rahmen der **Gesundheitsreform** durch das „Gesetz zur Weiterentwicklung der Organisationsstrukturen in der gesetzlichen Krankenversicherung" (GKV-OrgWG) vom 15. 12. 2008 (BGBl I, S 2426) wurde dies mWv 1. 1. 2010 geändert; der neue § 171b Abs 1 Satz 1 SGB V sieht nunmehr vor, dass § 12 Abs 1 Nr 2 InsO auf Krankenkassen keine Anwendung findet (zur Kritik am Entwurf wegen der unzureichenden Einpassung der Krankenkassen in das Insolvenzrecht *N. Schmidt* ZInsO 2006, 1244 ff). Zugleich führt er ein eigenständiges Insolvenzrecht für gesetzliche Krankenkassen ein: Danach ist – wie bei den Kredit- und Finanzdienstleistungsinstituten (oben § 11 Rn 23) – nur die Aufsichtsbehörde zur Stellung eines Insolvenzantrags berechtigt; die mögliche Schließung einer Kasse soll aber Vorrang gegenüber der Durchführung eines Insolvenzverfahrens haben. Hinsichtlich der Insolvenzgründe gelten zwar grundsätzlich die §§ 17–19, allerdings mit gewissen Modifikationen bezüglich des Insolvenzgrundes der Überschuldung (ausf *Heeg/Kebbel* ZIP 2009, 302 ff; *Holzer* Insbüro 2009, 11 ff).

Die Insolvenzfähigkeit von **Handwerksinnungen** und **Kreishandwerkerschaften** ergibt sich ausdrück- 11 lich aus dem Gesetz (§§ 77 Abs 1, 89 Abs 1 Nr 5 HwO: Auflösung bei Eröffnung des Insolvenzverfahrens über ihr Vermögen). Zudem ordnen §§ 77 Abs 2, 89 Abs 1 Nr 5 HwO für den Fall der Zahlungsunfähigkeit oder der Überschuldung ausdrücklich eine Insolvenzantragspflicht des Vorstands an. Auch wenn (bzw weil) die Handwerksordnung die Insolvenzfähigkeit von **Handwerkskammern** nicht ausdrücklich behandelt, sind sie insolvenzfähig (*Junge* GewA 1958, 221, 222; *Lehmann* Konkursfähigkeit S 162 f; *Stoll* KTS 1992, 521, 535 f; abw *Widtmann* GewA 1977, 209). Die Insolvenzfähigkeit ist auch – jeweils auf der Grundlage des seinerzeit geltenden Landesrechts – bejaht worden bei **Rechtsanwalts- und Ärztekammern** (BVerfG 6. 12. 1983 E 65, 359, 365 = ZIP 1984, 344 f; BVerwG 10. 12. 1981 BB 1982, 373; VG Düsseldorf 15. 9. 1978 BB 1979, 216 f) sowie **Industrie- und Handelskammern** (BVerfG 5. 10. 1993 E 89, 132 ff = NJW 1994, 1465 f = KTS 1994, 90 f; BVerwG 10. 12. 1981 E 64, 248, 256 = NJW 1983, 59, 60 f). Die Insolvenzunfähigkeit der hessischen **Landesärztekammer** ist landesrechtlich bestimmt (zur Zulässigkeit von § 26 Abs 1 Satz 4 HessVwVG v 4. 7. 1966 BVerfG 6. 12. 1983 E 65, 359, 373 ff = ZIP 1984, 344).

Umstritten ist die Insolvenzfähigkeit **öffentlich-rechtlichen Rundfunkanstalten** (bejahend OVG Müns- 12 ter 18. 6. 1980 ZIP 1980, 687; *Engelsing* Zahlungsunfähigkeit S 139, 161, der eine Abgrenzung der Kompetenzbereiche für ausreichend hält; *Lehmann* Konkursfähigkeit S 142 f mit dem Hinweis, dass eine unzulässige Einflussnahme des Insolvenzverwalters auf die Programmgestaltung durch Einstellung oder Übernahme seitens einer anderen öffentlich-rechtlichen Rundfunkanstalt vermieden werden kann; abw jedoch aus verfassungsrechtlichen Gründen BVerfG 5. 10. 1993 E 89, 144, 151 ff; ebenso zuvor *Stern/Bethge*, Funktionsgerechte Finanzierung der Rundfunkanstalten durch den Staat [1968], S 39 f; Überblick auch bei *Kleber* ZIP 1982, 1299 ff).

c) Selbstverständlich **insolvenzfähig** sind juristische Personen des Privatrechts oder Gesellschaften ohne 13 Rechtspersönlichkeit, an denen juristische Personen des öffentlichen Rechts (allein) beteiligt sind (dazu BVerwG 13. 7. 1999 ZIP 1999, 1816, 1819; *Kuhl/Wagner* ZIP 1995, 433). Das gilt auch für kommunale Eigengesellschaften in privater Rechtsform (KPB-*Prütting* § 12 Rn 6; abw offenbar Sachsen; dazu HK-*Kirchhof* § 12 Rn 7). Aus öffentlichem Recht können sich hier aber Einstandspflichten der Mutter-Körperschaft ergeben (dazu OLG Celle 12. 7. 2000 NVwZ-RR 2000, 754 f = ZIP 2000, 1981 f = ZInsO 2001, 342 f = DZWIR 2001, 160 *[Ehinger]*; *Kuhl/Wagner* ZIP 1995, 433, 435, 437 ff; KP-*Noack* GesellschaftsR Rn 59; *Parmentier* DZWIR 2002, 500; ausführlich *Röger* Insolvenz kommunaler Unternehmen in Privatrechtsform am Beispiel kommunaler Eigengesellschaften in Nordrhein-Westfalen [2005], S 139 ff [dazu *Smid* DZWIR 2007, 219 f]).

14   **4. Kirchen und Religionsgemeinschaften.** Nicht ausdrücklich geregelt ist die Frage, ob auch Kirchen und Religionsgemeinschaften insolvenzunfähig sind. Der Rechtsausschuss hielt eine solche Regelung für entbehrlich, weil nach der Rechtsprechung des BVerfG (13. 12. 1983 E 66, 1 ff = NJW 1984, 2401 = JZ 1984, 471; dem folgend AG Potsdam 2. 8. 2001 DZWIR 2001, 527) aus Art 140 GG iVm Art 137 Abs 3 WRV die Unanwendbarkeit insolvenzrechtlicher Vorschriften auf Religionsgemeinschaften folge, die als öffentlich-rechtliche Körperschaften organisiert sind. Denn nach Art 137 Abs 3 WRV ordne und verwalte jede Religionsgemeinschaft ihre Angelegenheiten selbstständig innerhalb der Schranken des für alle geltenden Gesetzes. Zu den „für alle geltenden" Gesetzen seien dabei solche zu rechnen, die für die Religionsgemeinschaften dieselbe Bedeutung haben wie für jedermann. Die mit der Eröffnung eines Insolvenzverfahrens verbundene Einschränkung der Verfügungs- und Verwaltungsbefugnis der Religionsgemeinschaft und der Übergang der Rechte auf den Insolvenzverwalter würde aber die Verwirklichung des kirchlichen Auftrags nahezu unmöglich machen, was eine Beeinträchtigung der den Kirchen verfassungsrechtlich gewährleisteten Autonomie bedeuten würde (iE ebenso *Lehmann* Konkursfähigkeit S 113 f unter Verweis auf die verfassungsrechtliche Bestandsgarantie der Kirchen, die durch ein insolvenzbedingtes Erlöschen der Rechtspersönlichkeit gefährdet wäre; KPB-*Prütting* § 12 Rn 7; abw *Engelsing* Zahlungsunfähigkeit S 160). Daraus folgert der Rechtsausschuss die Unanwendbarkeit auch des neuen Insolvenzrechts „jedenfalls auf solche Religionsgemeinschaften [...], die öffentlich-rechtlich organisiert sind." Zudem könnten die Kirchen nach Art 140 GG, Art 137 Abs 2 WRV zwar selbst Steuern erheben und damit das Maß ihrer Einkünfte bestimmen; doch ist für eine Anhebung der Steuern die Zustimmung des Staates erforderlich (w Nachw bei *Maunz/Dürig/ Herzog/Scholz* Art 140 GG, Art 137 WRV Rn 42 Fn 2).

15   Allerdings ist die Feststellung des BVerfG unzutreffend, durch die Ausübung aller Verwaltungs- und Verfügungsrechte über das Vermögen einer kirchlichen Körperschaft des öffentlichen Rechts durch einen Insolvenzverwalter werde in die innerkirchlichen Beziehungen eingegriffen. Hier könnte mit dem für das Gesellschaftsrecht entwickelten „Verdrängungsbereich" durchaus eine praktikable Lösung gefunden werden (ebenso *Engelsing* Zahlungsunfähigkeit S 160, allgemein nur Bestimmung des Verdrängungsbereichs S 132 ff). Auch ergibt sich für die unmittelbar der Religionsausübung dienenden Gegenstände ein ausreichender Schutz schon daraus, dass diese wegen § 36 InsO iVm § 882a Abs 3 iVm Abs 1 und 2 ZPO nicht in die Insolvenzmasse fallen (*Häsemeyer* Rn 30.05). Zudem hat das BVerfG ausdrücklich offen gelassen, ob seine Erwägungen auch für kirchliche Einrichtungen in der Rechtsform des Privatrechts gelten. Hier ist vielmehr ebenso wie bei juristischen Personen des Privatrechts und Gesellschaften ohne Rechtspersönlichkeit, an denen juristische Personen des öffentlichen Rechts beteiligt sind, uneingeschränkt von Insolvenzfähigkeit auszugehen (ebenso KP-*Noack* GesellschaftsR Rn 60; abw MK-*Ott/Vuia* § 12 Rn 4, 11).

16   **5. Parteien und Gewerkschaften.** Soweit Parteien und Gewerkschaften als juristische Personen inkorporiert sind, richtet sich ihre Insolvenzfähigkeit nach § 11 Abs 1 Satz 1. Ist dies nicht der Fall, handelt es sich um nicht rechtsfähige Vereine, die nach § 11 Abs 1 Satz 2 ebenfalls wie juristische Personen insolvenzfähig sind. Eine analoge Anwendung von § 12 Abs 1 Nr 1 kommt trotz der besonderen Bedeutung dieser Verbände im Staatssystem nicht in Betracht (teilweise abw *Hientzsch* NVwZ 2009, 1135 ff, weil sie – zu Unrecht – annimmt, die Eröffnung eines Insolvenzverfahrens beeinträchtige auch die interne Willensbildung einer Partei und weil sie die Auflösungsfolge der Eröffnung eines Insolvenzverfahrens [§ 42 Abs 1 Satz 1 BGB] mit einem Tätigkeitsverbot gleichsetzt). Daher sind auch Fraktionen in Parlamenten unbeschränkt insolvenzfähig. Rückforderungen staatlicher Finanzierungsmittel gem §§ 31 b und c PartG bilden aber nach § 39 Abs 1 Nr 3 (Geldbuße) und möglicherweise auch analog § 39 Abs 1 Nr 5 nur nachrangige Insolvenzforderungen (dazu auch unten § 39 Rn 58); bei ihnen wird es daher jedenfalls am wirtschaftlichen und regelmäßig auch am rechtlichen Interesse iSv § 14 Abs 1 für eine Insolvenzantragstellung fehlen (iE ebenso, aber mit anderer Begründung, *Hientzsch* NVwZ 2009, 1135, 1137).

17   **6. Verfahrensrechtliche Besonderheiten.** Soweit nach dem vorstehenden ein Insolvenzverfahren über eine juristische Person des öffentlichen Rechts zulässig ist, ergeben sich einige verfahrensrechtliche Besonderheiten. Das betrifft zunächst das **Insolvenzantragsrecht.** Hier bestehen Probleme immer dann, wenn die Leitungsorgane öffentlich-rechtlicher juristischer Personen im Außenverhältnis nicht unbeschränkt wirksam handeln können (dazu *Engelsing* Zahlungsunfähigkeit S 128). Diese (unzutreffende) Auffassung wird zumindest von einigen Oberlandesgerichten vertreten (Nachw bei *Hirte* KapGesR Rn 3.45 und ausführlich ebda 3. Aufl Rn 177 f; ebenso *Bayer* OLG-NL 1997, 174, 175; abw jedoch BGH 17. 4. 1997 DtZ 1997, 358 = EWiR § 164 BGB 1/97, 1119 [*Hasselbach*]; BGH 4. 11. 1997 NJW-RR 1998, 673 [Ls]; BGH 18. 12. 2000 Z 146, 190 = NJW 2001, 748 = ZIP 2001, 373; *Kollhosser* NJW 1997, 3265, 3269; *Hirte* KapGesR Rn 3.45 und ausführlich ebda 3. Aufl Rn 177 f; *Hirte/Hasselbach* DB 1996, 1611 f; *dies* JuS 1998, 423 ff; *Reuter* DtZ 1997, 15 f; ebenso früher RG 30. 11. 1932 Z 139, 58, 61 ff; BGH 20. 4. 1966 BWVBl. 1966, 95 ff [für Baden-Württemberg]; BGH 20. 2. 1979 NJW 1980, 115 ff [für Rheinland-Pfalz]; OLG Köln 12. 8. 1960 DVBl. 1960, 816). Folgt man ihr, ändert dies gleichwohl nichts am Antragsrecht der Vertreter aus § 15 Abs 1; denn dieses setzt gerade keine Vertretungs-

macht voraus. Bezüglich der **Antragspflicht** verweist § 89 Abs 2 BGB auf die Vorschriften des Vereins, so dass auch dessen Insolvenzgründe und die Sanktionen bei Verletzung des Antragsrechts für den Vereinsvorstand zum Tragen kommen (dazu oben § 11 Rn 220). Bei den **Insolvenzgründen** ist zu berücksichtigen, dass die juristischen Personen des öffentlichen Rechts im Allgemeinen nicht den handelsrechtlichen Bilanzierungspflichten unterliegen und daher die Feststellung einer Überschuldung als Insolvenzeröffnungstatbestand erschwert ist (dazu oben § 11 Rn 228). Zudem sind Gegenstände des Schuldnervermögens, die öffentlichen Aufgaben dienen, der **Insolvenzmasse** entzogen (dazu unten § 35 Rn 377).

II. Folgen für Beitragspflichten (Abs 2)

Eine juristische Person, über deren Vermögen ein Insolvenzverfahren unzulässig ist, unterliegt nicht 18 den Beitrags- und Umlagepflichten nach SGB und BetrAVG (vgl §§ 358, 359 SGB III, § 17 Abs 2 BetrAVG; dazu *Herdt* BB 1977, 1357 ff; *Sieg* BB 1977, 1356 f). Wird die juristische Person insolvent, sind ihre Arbeitnehmer daher weder durch Insolvenzgeld noch durch einen Eintritt des Pensions-Sicherungs-Vereins geschützt. Der Gesetzgeber trägt daher dem Interesse an einem Schutz der Ansprüche auf Arbeitsentgelt und der Betriebsrenten im Falle einer solchen Insolvenz auf andere Weise Rechnung. Durch die Regelung in Absatz 2 wird nämlich ein Land, das eine juristische Person für „insolvenzverfahrensunfähig" erklärt hat, im dennoch eingetretenen Insolvenzfall verpflichtet, den Arbeitnehmern selbst die Leistungen zu erbringen, die im Falle der Zulässigkeit eines Insolvenzverfahrens vom Arbeitsamt und vom Pensions-Sicherungs-Verein erbracht worden wären. Abs 2 bildet damit eine eigenständige Anspruchsgrundlage, die an die Stelle der sonst eingreifenden sozial- oder arbeitsrechtlichen Anspruchsgrundlagen tritt. Mit Blick auf diesen speziellen Arbeitnehmerschutzcharakter der Norm ist darin keine gegen Art 87 Abs 1 EG verstoßende Beihilfe zu sehen (*Koenig* BB 2003, Heft 10, S I).

Für die **Bundesrepublik Deutschland** gilt Abs 2 allerdings nicht (*Engelsing* Zahlungsunfähigkeit 19 S 167; HK-*Kirchhof* § 12 Rn 9). Soweit man deren Insolvenzunfähigkeit anerkennt, greift Abs 2 auch nicht für die öffentlich-rechtlich organisierten Religionsgemeinschaften. § 171 c SGB V hat zudem die Haftung der Länder für die Ansprüche der **Beschäftigten von Krankenkassen** auf Leistungen der Altersversorgung und auf Insolvenzgeld mWv 1. 1. 2009 ausgeschlossen; an deren Stelle tritt die eigenständige Haftungsregelung für den Bereich der Krankenkassen in § 171 d SGB V.

§ 13 Eröffnungsantrag

(1) ¹Das Insolvenzverfahren wird nur auf schriftlichen Antrag eröffnet. ²Antragsberechtigt sind die Gläubiger und der Schuldner.

(2) Der Antrag kann zurückgenommen werden, bis das Insolvenzverfahren eröffnet oder der Antrag rechtskräftig abgewiesen ist.

(3) ¹Das Bundesministerium der Justiz wird ermächtigt, durch Rechtsverordnung mit Zustimmung des Bundesrates für die Antragstellung durch den Schuldner ein Formular einzuführen. ²Soweit nach Satz 1 ein Formular eingeführt ist, muss der Schuldner dieses benutzen.

Übersicht

	Rn
A. Allgemeines	1
I. Das Insolvenzverfahren als Antragsverfahren	1
II. Der Insolvenzantrag als Kalkül und gesetzliche Pflicht	2
III. Verzicht auf das Antragsrecht	4
IV. Erneuter Insolvenzantrag zwecks Restschuldbefreiung?	6
B. Der Insolvenzantrag als Prozesshandlung	7
I. Geltung der allgemeinen Prozessvoraussetzungen	7
II. Der Verwaltungsantrag als Prozesshandlung	8
III. Rechtsschutz gegen Verwaltungsanträge	9
C. Eigenantrag, Fremdantrag (Gläubigerantrag) und Verwaltungsantrag	10
D. Zulässigkeitsvoraussetzungen	11
I. Allgemeine Zulassungsvoraussetzungen	11
II. Die allgemeinen Zulassungsvoraussetzungen im Einzelnen	12
1. Zuständigkeit des Insolvenzgerichts	12
2. Zulässigkeit der Verfahrensart	17
3. Insolvenzfähigkeit und passive Parteifähigkeit	21
4. Nachweis der Vertretungsberechtigung und Vollmacht	23
5. Rechtsschutzinteresse	27
III. Spezielle Zulässigkeitsvoraussetzungen	31
1. Der ordnungsgemäße Insolvenzantrag	31
a) Form des Antrags	33

	Rn
b) Notwendiger Inhalt	35
aa) Auslegung	36
bb) Anträge ausländischer Insolvenzverwalter	38
cc) Insolvenzanträge öffentlich-rechtlicher Körperschaften	39
dd) Zwingende Angaben bei Eigenantrag des Schuldners	40
ee) Zwingende Angaben bei Gläubigeranträgen	44
c) Anlagen zum Insolvenzantrag	50
IV. Prüfung durch das Insolvenzgericht	54
V. Zurückweisung des Antrags als unzulässig	57
VI. Aufschieben der Entscheidung über die Verfahrenseröffnung	60
E. Antragsrecht und Antragspflicht	62
I. Vorbemerkung	62
II. Insolvenzantragsrecht des Schuldners	63
III. Keine Anhörung des Betriebsrats	70
IV. Mehrere Insolvenzanträge	71
1. Gemeinsame und mehrfache Antragstellung	71
2. Verbindung mehrerer Eröffnungsverfahren	72
3. Verbindung nach Verfahrenseröffnung	74
4. Kostenaufteilung	75
V. Antragsrecht der Gläubiger	78
1. Der Gläubigerbegriff	78
2. Wegfall des Gläubigerrechts	79
3. Pfändungsgläubiger und Bürgen	80
4. Nachrangige Gläubiger	81
5. Nachlassgläubiger und Ehegatten	82
6. Auslandsverfahren	83
VI. Sonderantragsrecht bei Kreditinstituten und Versicherungen	84
VII. Schadenersatz bei unberechtigtem Insolvenzantrag	89
1. Der schuldhaft unbegründete Gläubigerantrag	89
a) Rechtsprechung und Literaturmeinungen	89
b) Vom Schuldner hinzunehmende Schädigungen	90
c) Rechtsmissbräuchliche Schädigungen	91
2. Der schuldhaft unberechtigte Eigenantrag	93
VIII. Gesetzliche Insolvenzantragspflichten	94
1. Vorbemerkung	94
2. Gesetzliche Regelungen	96
3. Antragspflicht und Masselosigkeit	97
4. Unterlassener Insolvenzantrag mit Zustimmung der Gläubiger	98
5. Nichtgesellschaftsrechtliche Antragspflichten	99
F. Der Insolvenzantrag als Eilantrag	102
G. Insolvenzkostenhilfe (IKH) für den Insolvenzantrag	103
I. Allgemeines	103
II. Insolvenzkostenhilfe für den Gläubigerantrag	104
1. Erfolgsaussicht	105
2. Verfahrensrechtliches	106
3. Umfang der IKH	107
III. Insolvenzkostenhilfe bei Eigenantrag des Schuldners	108
1. IKH bei Antrag auf Eröffnung des Regelinsolvenzverfahrens	108
2. Beratungshilfe	113
H. Rücknahme des Insolvenzantrags	114
I. Allgemeines	114
II. Zeitliche Grenze der Rücknahme	115
III. Rücknahmebefugnis bei Eigenantrag	121
1. Rücknahme bei Wechsel des Schuldners oder alleinigen organschaftlichen Vertreters	121
2. Antragsrücknahme bei mehrheitlicher Vertretung	124
IV. Rechtswirkungen der Antragsrücknahme	128
V. Kostenfolge der Antragsrücknahme	131
J. Kosten des Eröffnungsverfahrens	133
I. Gerichtskosten	133
II. Auslagen	134
III. Sonstige Kosten	135
IV. Rechtsbehelfe	137
K. Tod des Schuldners	138

A. Allgemeines

I. Das Insolvenzverfahren als Antragsverfahren

1 Anders als die frühere KO kennt die InsO nur noch ein einheitliches Insolvenzverfahren. Eine amtswegige Verfahrenseröffnung, wie sie eine Reihe ausländischer Rechtsordnungen vorsieht, ist nach deut-

schem Recht ausgeschlossen (vgl *Erster Bericht der Kommission für Insolvenzrecht* 1985 S 98 f; K/P/B/B/ *Pape* § 13 Rn 4). Ein Gericht, eine Behörde oder ein Betriebsrat sind nach Auffassung der Reformkommission kaum jemals imstande, rechtzeitig den Eintritt eines Insolvenzgrundes bei einem Unternehmen zu erkennen. Eine staatliche Institution oder Behörde hat nur ein Antragsrecht, wenn sie zugleich Gläubigerin ist. Die generelle Antragsberechtigung einer Behörde würde umfangreiche Meldepflichten, Kontrollrechte und einen erheblichen bürokratischen Aufwand erfordern sowie Probleme mit der Verschwiegenheitspflicht mit sich bringen (vgl auch *F. Neumann,* Die Gläubigerautonomie in einem künftigen Insolvenzverfahren, 1995; *Jaeger/Gerhardt* § 13 InsO Rn 2). Die Reformkommission hat es abgelehnt, das Antragsrecht des Gläubigers von einer ziffernmäßig festgelegten **Mindesthöhe seiner Forderung** oder von einer **Mehrzahl von Gläubigern** abhängig zu machen (*Erster Bericht der Kommission für Insolvenzrecht* S 100). Wenn in der betriebswirtschaftlichen Literatur (zB *P. H. Schmidt,* Ökonomische Analyse des Insolvenzrechts, 1980, S 27 ff) teilweise Verwunderung darüber geäußert wird, dass Gläubiger mit verhältnismäßig **geringfügigen Forderungen** uU ein großes Schuldnerunternehmen zum wirtschaftlichen Zusammenbruch zwingen können, so ist dem entgegen zu halten, dass es einem lebensfähigen und liquiden Großunternehmen ein Leichtes sein wird, eine geringfügige Forderung zu begleichen und damit den glaubhaft gemachten Insolvenzgrund auszuräumen. Ist das Unternehmen jedoch nicht einmal in der Lage, eine geringfügige Forderung zu berichtigen, liegt regelmäßig Zahlungsunfähigkeit vor und erscheint es geboten, das Unternehmen einem gerichtlich geordneten Insolvenzverfahren zuzuführen. Im Übrigen stellt sich das Insolvenzeröffnungsverfahren als ein **zivilprozessuales quasistreitiges Rechtsschutzverfahren** in der besonderen Form der Gesamtvollstreckung dar, so dass nicht nur dem Antragsgegner die Möglichkeit eröffnet wird, sich gegen den Antrag zu wehren, sondern gemäß § 5 das Insolvenzgericht verpflichtet ist, sich von Amts wegen vom Vorliegen eines Insolvenzgrundes zu überzeugen (§ 16). S BGH v 13. 6. 2006 – IX ZB 214/05, ZIP 2006, 1456 = ZInsO 2006, 828; BGH v 27. 7. 2006 – IX ZB 204/04, ZIP 2006, 1957, 1960 = ZInsO 2006, 1051, 1054; BGH v 18. 1. 2007 – IX ZB 170/06, ZInsO 2007, 206. Mit der Verfahrenseröffnung endet das Nebeneinander von Privatautonomie und Amtsvermittlungsgrundsatz mit der Folge, dass nunmehr ein **Amtsverfahren** durchgeführt wird, das von dem Grundsatz der Gläubigerautonomie beherrscht wird.

II. Der Insolvenzantrag als Kalkül und gesetzliche Pflicht

Die Ausgestaltung des Insolvenzverfahrens als Antragsverfahren lässt hinreichend Raum für ein **Gläubiger- und Schuldnerkalkül** (*Uhlenbruck* BB 2001, 1641 ff; FK-*Schmerbach* § 13 Rn 25 ff u Rn 29 ff; H/W/F Hdb 3. Aufl 3/4 ff; K/P/B/B/*Pape* § 13 Rn 115). Das **Gläubigerkalkül** geht in der Regel dahin, durch eine Maximierung des haftenden Schuldnervermögens eine Minimierung des eigenen Schadens herbeizuführen. Von einem Gläubiger kann schlechterdings nicht verlangt werden, dass sein Insolvenzantrag dem ausschließlichen Ziel dient, im Wege eines Gesamtvollstreckungsverfahrens eine quotale Befriedigung seiner Forderung zu erlangen. Sein Ziel ist darauf gerichtet, eine optimale Befriedigung seiner Forderung zu erreichen, ohne weitere finanzielle Opfer bringen zu müssen. Das **Schuldnerkalkül** geht oftmals dahin, eine außergerichtlich bereits gescheiterte Sanierung mittels eines gerichtlichen Insolvenzplanverfahrens doch noch durchzubringen, weil hier das Mehrheitsprinzip des § 244 und das Obstruktionsverbot des § 245 eingreift. Solange kein antragspflichtiger Insolvenzgrund vorliegt, hatten das Schuldnerunternehmen und seine Berater zu entscheiden, ob das Krisenunternehmen durch **außergerichtliche Sanierungsverfahren** (freie Sanierung) oder durch **gerichtliches Insolvenzverfahren** im Wege eines Insolvenzplans mit oder ohne Eigenverwaltung (§§ 270 ff) saniert werden soll. Die Entscheidung dieser Schicksalsfrage für das Krisenunternehmen setzt umfassende Kenntnisse der **Vor- und Nachteile der jeweiligen Verfahrensarten** voraus (*Uhlenbruck,* Gerichtliche oder außergerichtliche Sanierung? – Eine Schicksalsfrage notleidender Unternehmen, BB 2001, 1641; *ders,* Außergerichtliche Sanierung, in: *Knops/Bamberger/Maier-Reimer,* Recht der Sanierungsfinanzierung 2005, § 5 S 71; *ders* in: *Krystek/Moldenhauer,* Handbuch Krisen- und Restrukturierungsmanagement, 2007, S 259; *Maus,* Sanierung durch Insolvenzverfahren, in: *Römermann,* Steuerberater Handbuch, 2005, S 707; *Rattunde,* Sanierung durch Insolvenz, ZIP 2003, 2103; *Paulus,* Die Insolvenz als Sanierungschance – Ein Plädoyer, ZGR 2005, 309). Ein **wesentlicher Mangel der außergerichtlichen Sanierung** nach deutschem Recht besteht einmal in dem Fehlen objektiver (gesetzlicher) Koordinationsmechanismen, wie zB bei dem sog London Approach (vgl *Eidenmüller,* Unternehmenssanierung zwischen Markt und Gesetz, 1999, S 236 ff; *ders* ZIP 2007, 1729, 1731). Sanierungshemmend wirkt sich auch die **Rechtsprechung des II. Zivilsenats des BGH** (BGHZ 116, 319 = ZIP 1992, 191) aus, wonach sog **Akkordstörer** grundsätzlich nicht gehindert sind, ihre Ansprüche gegen den Schuldner uneingeschränkt durchzusetzen, selbst wenn eine ganz überwiegende Mehrheit der Gläubiger einen Vergleich befürwortet.

Letztlich ist der Ermessensspielraum des Schuldners bei antragspflichtigen Gesellschaften und sonstigen juristischen Personen durch die **gesetzliche Insolvenzantragspflicht** (§ 15 a) eingeschränkt. Liegt der Insolvenzgrund der Zahlungsunfähigkeit oder Überschuldung **vor**, hat das antragspflichtige Schuldnerunternehmen **unverzüglich, spätestens aber innerhalb von drei Wochen** Insolvenzantrag zu stellen. Der Gesetzgeber hat durch die Reform des GmbH-Rechts (MoMiG) die **Insolvenzantragspflichten** aus dem Gesellschaftsrecht und dem BGB (§§ 92 Abs 2 AktG, 99 Abs 1 GenG, 64 Abs 1, 71 Abs 4 GmbHG, 130 a

HGB, 42 Abs 2, 86 BGB) herausgenommen und als **insolvenzrechtliche Antragsnorm** in § 15 a InsO eingefügt. Das Insolvenzantragsrecht (§§ 13 Abs 1 Satz 2, 15) und die Antragspflicht (§ 15 a) sind nunmehr einheitlich in der InsO geregelt. Lediglich für den **Verein** ist die Sonderregelung in § 42 Abs 2 BGB beibehalten worden, die der allgemeinen Vorschrift des § 15 a vorgeht. Maßgeblich für die insolvenzrechtliche Einordnung der Antragspflichten waren Regelungen in anderen Ländern, wie zB in Frankreich und England. Die der deutschen **Insolvenzvollstreckungshaftung** vergleichbare englische wrongful-trading-rule wird nach neuerem Verständnis ebenso dem Insolvenzrecht zugeordnet wie auch die französische action en comblement de passif. Für ein **Schuldnerkalkül** ist bei gesetzlicher Insolvenzantragspflicht nur noch insoweit Raum, als die Drei-Wochen-Frist dazu benutzt werden kann, Sanierungsbemühungen alsbald, diskret und unter Einschaltung aller Gesellschafter sowie maßgeblicher Gläubiger in Gang zu setzen (*K. Schmidt* bei K. Schmidt/Uhlenbruck Rn 684; *Roth/Altmeppen* § 64 GmbHG Rn 44, 47).

III. Verzicht auf das Antragsrecht

4   Der Verzicht auf den Insolvenzantrag ist im Gesetz nicht geregelt. Für den **Gläubiger** ist jedoch allgemein anerkannt, dass er jederzeit und allgemein vertraglich auf das Recht zur Stellung eines Insolvenzantrags verzichten kann (**OLG** Darmstadt OLGE 19, 225, 226; HK-*Kirchhof* § 14 Rn 38; *Jaeger/Gerhardt* § 13 Rn 37; *Baur/Stürner* II Rn 7.14; K/P/B/*Pape* § 13 Rn 115; *Kraemer/Vallender/Vogelsang* Fach 2 Rn 65; MüKo-*Schmahl* § 13 Rn 40). Ebenso wie ein Gläubiger auf die Einzelzwangsvollstreckung seiner Forderung verzichten kann, ist es ihm unbenommen, auf den Insolvenzantrag zu verzichten. Durch den Verzicht wird ein **Insolvenzantrag unzulässig** (*Jaeger/Gerhardt* § 13 Rn 37). Der Verzicht ist von Amts wegen zu berücksichtigen. Fraglich ist, ob auch der **Schuldner** berechtigt ist, auf sein Antragsrecht zu verzichten (verneinend *Kraemer/Vallender/Vogelsang* Fach 2 Kap 3 Rn 65; zweifelnd K/P/B/*Pape* § 13 Rn 115 a). Ist der Schuldner eine antragspflichtige juristische Person (§ 15 a Abs 1) oder eine antragspflichtige Gesellschaft ohne Rechtspersönlichkeit (§ 15 a Abs 2) so ist ein Verzicht rechtlich ausgeschlossen (HK-*Kirchhof* § 14 Rn 38 u § 13 Rn 13; K/P/B/*Pape* § 13 Rn 19; *Jaeger/Gerhardt* § 13 Rn 39). Der **Gläubigerverzicht** auf die Stellung eines Insolvenzantrags gegen einen bestimmten Schuldner ist dagegen zulässig mit der Folge, dass ein trotzdem gestellter Insolvenzantrag unzulässig ist. Streitig ist, ob der Gläubiger generell auf sein Antragsrecht verzichten kann oder lediglich nur hinsichtlich einer bestimmten Insolvenzforderung (für letzteres *Jaeger/Gerhardt* § 13 Rn 38; für Pauschalverzicht HK-*Kirchhof* § 14 Rn 38). Letztlich wird man dem Gläubiger ein Recht zubilligen müssen, gegenüber einem bestimmten Schuldner durch vertragliche Vereinbarung generell auf eine Rechtsverfolgung durch Gesamtvollstreckung zu verzichten. Der Verzicht kann auch konkludent erfolgen, zB wenn der Gläubiger einem außergerichtlichen Vergleich zugestimmt hat (*Jaeger/Gerhardt* § 13 Rn 38; zweifelnd K/P/B/*Pape* § 13 Rn 115 a; ablehnend *Delhaes*, Der Insolvenzantrag – Verfahrens- und kostenrechtliche Probleme der Konkurs- und Vergleichsantragstellung, 1994, S 138).

5   Beim **Schuldnerverzicht auf den Insolvenzantrag** ist zu unterscheiden: Soweit gesetzliche Antragspflichten eingreifen, kann der Schuldner bzw Schuldnervertreter weder vor noch nach Eröffnung des Insolvenzverfahrens eine schuldrechtliche Verpflichtungserklärung abgeben, keinen Insolvenzantrag zu stellen. Die Insolvenzantragspflicht als öffentlich-rechtliche Verpflichtung geht den vertraglichen Pflichten in jedem Fall vor. Etwas anderes gilt für den **Verzicht, wegen drohender Zahlungsunfähigkeit** Antrag zu stellen. Bei drohender Zahlungsunfähigkeit (§ 18) hat der Schuldner bzw das Schuldnerunternehmen lediglich ein Recht, jedoch keine Pflicht, Insolvenzantrag zu stellen. Vor allem Gläubigerbanken werden durch vorschnelle Insolvenzanträge ihres Kunden nicht selten überrascht. Soweit der Insolvenzantrag der Dispositionsbefugnis des Schuldners unterliegt, ist ein **Verzicht zulässig**. Über die Wirksamkeit eines vereinbarten Verzichts entscheidet das Insolvenzgericht (*Baur/Stürner* Rn 7.14; K/U § 103 KO Rn 4). Aber auch hinsichtlich der Zulässigkeit des **Verzichts einer natürlichen Person** auf den Insolvenzantrag bestehen rechtliche Bedenken, denn damit würde dem Schuldner die Möglichkeit einer Entschuldung genommen, so dass ein solcher Verzicht nach § 138 BGB nichtig wäre (K/P/B/*Pape* § 13 Rn 115 a; generell ablehnend *Kraemer/Vallender/Vogelsang* Fach 2 Kap 4 Rn 66). Im Übrigen weist *Gerhardt* (*Jaeger/Gerhardt* § 13 Rn 39) darauf hin, dass der Schuldnerverzicht eine wirksame Absprache mit jedem (potentiellen) Insolvenzgläubiger voraussetzt. Ein **Schuldnerverzicht** auf das Insolvenzantragsrecht verliert in dem Augenblick seine Wirkung, in dem bei Fremdantrag eines Gläubigers der Schuldner zur Erlangung der Restschuldbefreiung einen eigenen Insolvenzantrag stellen muss (vgl K/P/B/*Pape* § 13 Rn 115 a). *H. Eidenmüller* (Unternehmenssanierung, S 555 ff) hat die Frage aufgeworfen, ob nicht durch vertraglich festgelegte **Kooperationspflichten der Gläubiger** ein Insolvenzantragsrecht ganz oder zeitweise ausgeschlossen werden kann. Nach seiner Auffassung muss ein Weg gefunden werden, wie jeder einzelne Gläubiger zu Verhaltensweisen angehalten werden kann, die zugleich auch im Interesse der übrigen Gläubiger liegen. Dieser Weg kann nach *Eidenmüller* nur über Kooperationspflichten führen. Dies gilt nicht nur für die Gläubiger, sondern auch für einen Schuldner.

IV. Erneuter Insolvenzantrag zwecks Restschuldbefreiung?

6   Grundsätzlich ist ein zweites Insolvenzverfahren neben dem eröffneten Verfahren unzulässig (**BGH** v 3. 7. 2008 – IX ZB 182/07, NZI 2008, 609, 610; **BGH** v 18. 5. 2004 – IX ZB 189/03, NZI 2004, 444

= ZInsO 2004, 739 = InVo 2004, 442; **OLG** Köln v 22. 5. 2002 – 2 W 15/02 –, NZI 2003, 99; **AG** Duisburg NZI 2003, 159; **AG** Oldenburg ZInsO 2004, 1154; **AG** Köln NZI 2008, 386; **str aA AG** Göttingen ZVI 2007, 534 für die Wohlverhaltensperiode). Das gilt für Gläubiger- und Eigenanträge sowie für Anträge, die vor Eröffnung gestellt worden sind (**BGH** NZI 2008, 609, 610). Nach § 287 Abs 1 Satz 1 setzt die Restschuldbefreiung einen Antrag des Schuldners voraus, der mit **seinem Antrag auf Eröffnung des Insolvenzverfahrens** verbunden werden soll. Ist ein Insolvenzverfahren auf Gläubigerantrag bereits eröffnet oder der Antrag mangels einer die Verfahrenskosten deckenden Masse (§ 26) abgewiesen worden, so stellt sich die Frage, ob der Schuldner nach einem verspäteten oder unterlassenen Antrag auf Restschuldbefreiung in einem **neuen Verfahren** Restschuldbefreiung erlangen kann (vgl *Hackländer* ZInsO 2008, 1308 ff; *Büttner* ZVI 2007, 229). Nach Entscheidungen des **BGH** v 6. 7. 2006 (IX ZB 263/05, ZVI 2006, 406) und v 11. 10. 2007 (IX ZB 270/05, ZInsO 2007, 1223 = ZVI 2007, 610) ist die Zulassung eines erneuten Antrags auf Eröffnung des Insolvenzverfahrens ausgeschlossen, weil es im Interesse einer Verfahrensbeschleunigung liegt, dass der Schuldner den Antrag möglichst früh stellt. Die Zulassung eines erneuten Insolvenzantrags hätte zur Folge, dass ein aufwendiges Insolvenzverfahren ein zweites Mal durchgeführt werden müsste. Bedenklich ist die Auffassung des **BGH** (Beschluss v 8. 7. 2004 – IX ZB 209/03 = ZVI 2004, 492 = ZInsO 2004, 974), wonach die Frist nach § 287 Abs 1 Satz 2 InsO nicht beginnt, bevor der Schuldner einen Eigenantrag auf Eröffnung des Insolvenzverfahrens gestellt hat (krit *Pape* EWiR 2005, 481 f; *Büttner* ZVI 2007, 229, 235; vgl auch *Hackenberg* ZVI 2005, 468 ff). In einem weiteren Beschl v 17. 2. 2005 vertritt der **BGH** die Auffassung, dass auch bei einem Gläubigerantrag der Schuldner den Antrag auf Restschuldbefreiung **während der Dauer des Verfahrens** zu stellen hat (BGHZ 162, 181 = ZInsO 2005, 310 = NZI 2005, 271; **BGH** v 7. 5. 2009 – IX ZB 202/07, ZInsO 2009, 1171, 1172). Es genügt, dass der Schuldner Antrag auf Restschuldbefreiung stellt (s auch **AG** Hannover NZI 2003, 670; FK-*Schmerbach* § 13 Rn 41 d). Die dem Schuldner nach Eingang eines Gläubigerantrags auf Eröffnung des Insolvenzverfahrens zu setzende Frist für die Stellung eines eigenen Insolvenzantrags verbunden mit einem Antrag auf Restschuldbefreiung stellt keine Ausschlussfrist dar, auf die § 230 ZPO entsprechend anzuwenden ist; der Schuldner kann auch nach Ablauf der richterlichen Frist bis zur Eröffnung des Insolvenzverfahrens auf Antrag des Gläubigers einen Eigenantrag stellen (**BGH** v 3. 7. 2008 – IX ZB 182/07, NZI 2008, 609, 610 in Ergänzung von BGHZ 162, 181 = NZI 2005, 271). Auch bei einem Gläubigerantrag ist der Hinweis auf die Möglichkeit der Restschuldbefreiung (§ 20 Abs 2) geboten, allerdings mit dem Zusatz, dass der Schuldner für die Restschuldbefreiung auch einen **Eigenantrag stellen** muss (HK-*Kirchhof* § 20 Rn 22, 23). Wünschenswert wäre eine gesetzliche Regelung, wonach bei einem Gläubigerantrag neben dem Antrag auf Restschuldbefreiung ein eigener Insolvenzantrag des Schuldners nicht erforderlich ist (vgl *Pape* NZI 2004, 543, 554; *Büttner* ZVI 2007, 229, 236). Zur **Entbehrlichkeit der doppelten Antragstellung bei Masseunzulänglichkeit** nach dem Regierungsentwurf eines Gesetzes zur Entschuldung völlig mittelloser Personen und zur Änderung des Verbraucherinsolvenzverfahrens s auch *Pape* ZVI 2007, 239, 248. Nach der vorgeschlagenen Neufassung des § 305 müsste der Schuldner, – jedenfalls wenn er unter die §§ 305 ff fällt – im Falle der Masseunzulänglichkeit einen **doppelten Antrag** stellen. Die Erörterung mit dem Gerichtsvollzieher und die Abgabe der eidesstattlichen Versicherung wäre nur dann erforderlich, wenn entweder die Abweisung mangels Masse (§ 26) droht oder das Restschuldbefreiungsverfahren im Anschluss an die Einstellung stattfinden soll (zutr *Pape* ZVI 2007, 239, 248 f). Zu den Rechtswirkungen eines unter Verstoß gegen die EuInsVO eröffneten **zweiten Hauptinsolvenzverfahrens** s **BGH** v 29. 5. 2008 – IX ZB 102/07, ZVI 2008, 380 ff.

B. Der Insolvenzantrag als Prozesshandlung

I. Geltung der allgemeinen Prozessvoraussetzungen

Für den Insolvenzantrag gelten gem § 4 die allgemeinen Prozessvoraussetzungen entsprechend. Der Antrag auf Eröffnung eines Insolvenzverfahrens ist ein Antrag auf Einleitung eines Gesamtvollstreckungsverfahrens. Das Antragsverfahren wird von der **Dispositionsmaxime** beherrscht. Dispositionsmaxime bedeutet, dass sowohl der Gläubiger als auch der Schuldner über den Antrag disponieren können, solange nicht das Verfahren eröffnet ist. So kann zB auch der Geschäftsführer einer antragspflichtigen GmbH den Insolvenzantrag zurücknehmen, obgleich die Antragspflicht nach § 15 a Abs 1 fortbesteht. Das schließt nicht aus, dass bereits im Eröffnungsverfahren auch die **Offizialmaxime** (§ 5) eingreift. Das Insolvenzverfahren ist der **streitigen Gerichtsbarkeit**, nicht dagegen der freiwilligen Gerichtsbarkeit zuzuordnen (*Jaeger/Gerhardt* § 13 Rn 3; *Jauernig* § 53 I). Daran ändert auch die Tatsache nichts, dass es beim Insolvenzeigenantrag an einem „Antragsgegner" fehlt. Vor allem das Insolvenzeröffnungsverfahren weist als „**quasi-streitiges Parteiverfahren**" deutlich prozessuale Züge auf, denn bis zur Eröffnung des Verfahrens stehen sich ASt (Gläubiger) und Antragsgegner (Schuldner) quasi als Parteien eines Rechtsstreits gegenüber (**BGH** NJW 1962, 2016; **BGH** ZIP 2006, 1456 = ZInsO 2006, 828; **BGH** ZIP 2006, 1957, 1960 = ZInsO 2006, 1051, 1054; **BGH** ZInsO 2007, 206; *Vallender* KS InsO S 249, 256 Rn 18. Da der Insolvenzantrag **Prozesshandlung** ist, finden die Vorschriften des Erkenntnisverfahrens über Prozesshandlungen gem § 4 entsprechende Anwendung. Die **allgemeinen Prozessvoraussetzungen** müssen daher gegeben sein, wie zB Prozessfähigkeit oder Parteifähigkeit des Antragstellers (*Häsemeyer* InsR Rn 7.06; *Delhaes* Insolvenzantrag, S 42; *Bork*, Einf Rn 79; *Vallender* MDR 1999, 280 ff; HK-*Kirchhof* § 13 Rn 5; MüKo-*Schmahl* § 13 Rn 64). Als Prozesshandlung ist der Insolvenzantrag **bedingungs- und befristungsfeindlich** (BGH v 13. 4. 2006 IX ZR 158/05, ZIP 2006, 1261, 1262; AG Köln v 25. 2. 2000, NZI 2000, 284; K/P/B/*Pape* § 13 Rn 71; *Jaeger/Gerhardt* § 13 Rn 33; MüKo-*Schmahl* § 13 Rn 60; H/W/F Hdb 3/25; HK-*Kirchhof* § 13 Rn 4). Keine unzulässige Bedingung ist die Anregung an das Insolvenzgericht, einen bestimmten Insolvenzverwalter zu bestellen oder davon abzusehen, **Sicherungsmaßnahmen** gem § 21 anzuordnen (*Jaeger/Gerhardt* § 13 Rn 33; HK-*Kirchhof* § 13 Rn 4; str aA FK-*Schmerbach* § 14 Rn 21; verallgemeinernd MüKo-*Schmahl* § 13 Rn 61; vgl auch AG Gummersbach KTS 1964, 61; AG Göttingen ZInsO 1999, 659 LS). Die **Bewilligung von Ratenzahlungen** stellt zwar den Eröffnungsantrag noch nicht unter eine Bedingung (so zutr HK-*Kirchhof* § 13 Rn 4 gegen *Uhlenbruck* Rpfleger 1981, 379); jedoch entfällt bei Ratenzahlungsbewilligung idR das **Rechtsschutzinteresse** für den Antrag. Unzulässig ist dagegen der Eröffnungsantrag unter der Bedingung, dass Eigenverwaltung gem § 270 ff angeordnet wird (*Schlegel* ZIP 1999, 954, 956 f; HK-*Kirchhof* § 13 Rn 4; K/P/B/*Pape* § 13 Rn 71; *Smid* § 13 Rn 16; MüKo-*Schmahl* § 13 Rn 62). Unbedenklich ist aber die Bitte an das Insolvenzgericht, vor Ablehnung der Eigenverwaltung einen **Hinweis oder Vorbescheid** zu geben, damit der ASt in die Lage versetzt wird, den Insolvenzantrag zurückzunehmen. **Keine unzulässige Bedingung** liegt vor, wenn der Insolvenzantrag für den Fall der Bewilligung einer Insolvenzkostenhilfe oder einer Verfahrenskostenhilfe gestellt wird (HK-*Kirchhof* § 13 Rn 4). Der Antrag ist **auslegungsfähig** (*Vallender* MDR 1999, 280, 283) s. unten Rn 36 ff). Er kann nicht wegen Willensmängeln oder Irrtums angefochten werden (**OLG Schleswig MDR 1951, 49**; *Bork*, Einf Rn 79). Der Insolvenzantrag eines **Prozessunfähigen** ist als unzulässig zurückzuweisen (*Häsemeyer* InsR Rn 7.06). Bis zur rechtskräftigen Abweisung oder bis zur Verfahrenseröffnung kann der Insolvenzantrag **zurückgenommen** werden (zur Antragsrücknahme s. unten Rn 114 ff).

II. Der Verwaltungsantrag als Prozesshandlung

8   Der Insolvenzantrag der **Finanzbehörde** oder eines **Sozialversicherungsträgers** ist nach hM **kein Verwaltungsakt,** denn er ist nicht auf unmittelbare Rechtswirkung nach außen gerichtet (vgl *Tipke/Kruse* § 251 AO Rn 18; *Jaeger/Gerhardt* § 13 Rn 16, 17; *Gottwald/Frotscher* InsR Hdb § 126 Rn 1; *ders*, Besteuerung bei Insolvenz, S 238 f; HK-*Kirchhof* § 14 Rn 37; *Hess* § 14 Rn 95. Einzelheiten zum Insolvenzantrag des Finanzamts unten zu § 14 Rn 71 ff). Bei dem **Eröffnungsantrag einer Behörde** handelt es sich um „schlichtes Verwaltungshandeln" (FG Baden-Württemberg EFG 1985, 357; FG München ZIP 1989, 872; MüKo-*Schmahl* § 14 Rn 90). Die Behörde als Insolvenzantragsteller handelt nicht hoheitlich, sondern im Rahmen eines zivilprozessualen Rechtsschutzverfahrens (*Jaeger/Gerhardt* § 13 Rn 19). Entgegen der Vorauflage ist auch der **Antrag der Bundesanstalt für Finanzdienstleistungsaufsicht (BaFin)** gegenüber inländischen **Kreditinstituten** (§ 46 b Abs 1 Satz 4 KWG) einschließlich **Bausparkassen** (§ 3 Abs 1 BSpKG) und gegenüber inländischen **Versicherungsunternehmen** (§ 88 Abs 1 VAG) rechtlich als insolvenzrechtliche Prozesshandlung zu qualifizieren (*Jaeger/Gerhardt* § 13 Rn 20; HK-*Kirchhof* § 13 Rn 10; *Graf-Schlicker/Fuchs* § 13 Rn 6). Hat die Bundesanstalt für Finanzdienstleistungsaufsicht einen **Abwickler** bestellt, so ist dieser antragsberechtigt nach § 37 Abs 2 KWG. Dabei ist unerheblich, ob das Unternehmen neben den unerlaubten Bankgeschäften auch Geschäfte betreibt, auf die sich der Aufgabenbereich des Abwicklers nicht erstreckt (BGH v 27. 7. 2003 – IX ZB 4/03, ZIP 2003, 1641 = NZI 2003, 645 f). Obwohl der Antrag des BaFin **keinen anfechtbaren Verwaltungsakt** iS des § 35 VwVfG darstellt, ist die Regelung in § 49 KWG so zu verstehen, dass trotzdem gegen den Insolvenzantrag des BaFin **Widerspruch und Anfechtungsklage** statthaft sind (so entsprechend der Vorauflage *Pannen*, Krise und Insolvenz bei Kreditinstituten, 2 Aufl S 77; *Wagner*, Die Einlagensicherung bei Banken und Sparkassen nach dem Einlagensicherungs- und Anlegerentschädigungsgesetz, 2004, S 68). Dies ist jedoch umstritten und eine Klarstellung durch den Gesetzgeber wäre wünschenswert. Einzelheiten s unten zu Rn 84 ff. **Antragsberechtigt** ist der **Pensions-Sicherungs-Verein aG** nur insoweit, als Forderungen gem § 9 Abs 2 **vor** Verfahrenseröffnung mit übergegangen sind (*Wiedemann/Küpper* FS Pleyer 1986, 445, 449; *Jaeger/Gerhardt* § 13 Rn 5; differenzierend MüKo-*Schmahl* § 13 Rn 43, 44; str aA FK-*Schmerbach* § 13 Rn 14; *Gottwald/Uhlenbruck* InsRHdb § 8 Rn 20; *Paulsdorff* KTS 1993, 351, 359; BerlKo-*Goetsch* § 13 Rn 11), weil er gem § 9 Abs 2 BetrAVG erst durch die Insolvenzeröffnung Gläubiger wird. Eine Einschränkung wird man allenfalls machen müssen, wenn der PS V aG dem Versorgungsberechtigten seine Eintrittspflicht für Versorgungszusagen des insolventen Arbeitgebers wegen vollständiger Beendigung der Betriebstätigkeit und wegen offensichtlich fehlender Verfahrenskostendeckung mitgeteilt hat (§§ 7 Abs 1 Satz 4 Nr 3, 9 Abs 2 BetrAVG; vgl auch HaKo-*Wehr* § 13 Rn 26).

III. Rechtsschutz gegen Verwaltungsanträge

9   Da Insolvenzanträge von Finanzämtern und Sozialversicherungsträgern keine Verwaltungsakte sind, ist es zumindest zweifelhaft, ob gegen unbegründete Anträge von den Prozessgerichten Rechtsschutz

gewährt werden kann (ablehnend *Häsemeyer* InsR Rn 7.09; *Jaeger/Gerhardt* § 13 Rn 21 ff; MüKo-*Schmahl* § 13 Rn 97, 99; s auch die Kommentierung zu § 14). Soweit dem Schuldner in Entscheidungen der Finanz- und Sozialgerichte **Rechtsschutz gegen Insolvenzanträge von Finanzämtern und Sozialversicherungsträgern** gewährt wird, stellt dies einen unzulässigen Eingriff in die Prüfungskompetenz des Insolvenzgerichts dar (*Häsemeyer* InsR Rn 7.09). Ebenso wie gegenüber privatrechtlich begründeten Forderungen im Insolvenzverfahren kein prozessualer Rechtsschutz gewährt wird, ist dieser auch hinsichtlich öffentlich-rechtlicher Ansprüche unzulässig (so aber **BSG** JZ 1978, 318; **BFH** ZIP 1985, 1160). Die Zulässigkeit und Begründetheit eines Insolvenzantrags als Prozesshandlung bestimmt sich nach zutreffender Feststellung von *Häsemeyer* (InsR Rn 7.09a) „ausschließlich nach Insolvenzrecht". Selbst wenn man die Anträge wegen öffentlich-rechtlicher Forderungen als Verwaltungsakte ansehen würde, könnten die Finanz-, Sozial- und Verwaltungsgerichte „nicht mit für den Insolvenzrichter bindender Wirkung über die Voraussetzungen über die Eröffnung entscheiden, indem sie den Antrag für „unzulässig" oder den ASt für „verpflichtet" erklären, den Antrag zurückzunehmen". Letzteres ist aber zweifelhaft. Zu unterscheiden ist zwischen dem **öffentlich-rechtlichen Verhältnis** und dem **Vollstreckungsverhältnis**. Im Rahmen der öffentlich-rechtlichen Beziehungen als Innenverhältnis wird man wohl die Zulässigkeit eines Rechtsschutzes nach den §§ 114 FGO, 123 VwGO bejahen müssen, jedoch ohne verbindliche Rechtswirkungen für das Insolvenzgericht (s MüKo-*Schmahl* § 14 Rn 99, 100; *Jaeger/Gerhardt* § 13 Rn 23; K/P/B/*Pape* § 14 Rn 69 ff). Jedenfalls geht das Insolvenzrecht dem Verwaltungsrecht vor. Auch wenn man die Regelung in § 49 KWG so versteht, dass gegen den Insolvenzantrag der BaFin Widerspruch oder Anfechtungsklage statthaft sind (so zB *Pannen*, Krise und Insolvenz bei Kreditinstituten, S 77), so hätte eine solche Entscheidung allenfalls Rechtswirkungen gegenüber dem antragstellenden BaFin, nicht aber gegenüber dem Insolvenzgericht. Die Zulassung eines negativen Rechtsschutzes durch die Prozessgerichte gegenüber Insolvenzanträgen würde zu einer Rechtsschutzverdoppelung führen. Vgl auch die Kommentierung zu § 11 Rn 23 und § 14 Rn 152 ff.

C. Eigenantrag, Fremdantrag (Gläubigerantrag) und Verwaltungsantrag

Stellt ein Gläubiger Insolvenzantrag gegen seinen Schuldner oder ein Schuldnerunternehmen, so spricht man von einem **Fremd- oder Gläubigerantrag**. Stellt der Schuldner selbst Insolvenzantrag, weil er hierzu berechtigt oder verpflichtet ist, so liegt ein **Eigenantrag** vor. Weder Eigen- noch Fremdantrag sind gegeben, wenn das **BaFin** gem § 46 b KWG aufgrund einer Anzeige des Kreditinstituts den Antrag auf Eröffnung des Insolvenzverfahrens über das Vermögen des Kreditinstituts stellt. Da es sich weder um einen Gläubiger- noch um einen Eigenantrag handelt, sollte von einem **Verwaltungsantrag** gesprochen werden. **Vgl die Kommentierung unten zu E. IV.** Zum Begriff des Eigenantrags zählt auch der **Insolvenzantrag des Erben, Nachlassverwalters, Nachlasspflegers** oder **Testamentsvollstreckers**, dem die Verwaltung des Nachlasses zusteht (§ 317 Abs 1). Dies folgt nicht zuletzt daraus, dass der Gesetzgeber in § 320 S 2 für diesen Fall auch die drohende Zahlungsunfähigkeit als Eröffnungsgrund ausreichen lässt. Beim **Eigenantrag** sind **Besonderheiten** zu beachten. Zum einen hat der Gesetzgeber es unterlassen, eine dem früheren § 104 KO entsprechende Vorschrift in das Gesetz aufzunehmen, die regelt, welche Unterlagen der Schuldner bei einem Eigenantrag einzureichen hat; zum andern stellt § 15 bei Eigenanträgen juristischer Personen und Gesellschaften ohne Rechtspersönlichkeit besondere Anforderungen. Wird bei **juristischen Personen oder Gesellschaften ohne Rechtspersönlichkeit** der Antrag nicht von allen Mitgliedern des Vertretungsorgans, allen persönlich haftenden Gesellschaftern oder allen Abwicklern gestellt, so ist er **nur zulässig**, wenn der Eröffnungsgrund glaubhaft gemacht wird (*Vallender* MDR 1999, 280, 281). Das Insolvenzgericht hat die übrigen Mitglieder des Vertretungsorgans, persönlich haftenden Gesellschafter oder Abwickler zu hören (§ 15 Abs 2 S 2). Bei Antrag auf Eröffnung des Insolvenzverfahrens über das **Gesamtgut einer Gütergemeinschaft**, das von den Ehegatten gemeinschaftlich verwaltet wird, ist bei Insolvenzantrag eines Ehegatten der Antrag nur zulässig, wenn die Zahlungsunfähigkeit des Gesamtguts glaubhaft gemacht wird (§ 333 Abs 2 S 1). Das Insolvenzgericht hat den anderen Ehegatten zu hören. Auch hier ist, da es sich um einen Eigenantrag handelt, die drohende Zahlungsunfähigkeit Eröffnungsgrund (§ 333 Abs 2 S 2).

D. Zulässigkeitsvoraussetzungen

I. Allgemeine Zulassungsvoraussetzungen

Sowohl beim Fremdantrag als auch beim Eigenantrag unterscheidet man zwischen **allgemeinen** und **speziellen Zulässigkeitsvoraussetzungen**. Die allgemeinen Zulassungsvoraussetzungen müssen immer gegeben sein und werden von Amts wegen vom Insolvenzgericht geprüft. Die speziellen Zulassungsvoraussetzungen sind bei Gläubiger- und Schuldnerantrag unterschiedlich. So verlangt § 14 Abs 1 beim Gläubigerantrag das Vorliegen eines **rechtlichen Interesses** an der Eröffnung eines Insolvenzverfahrens. Zudem hat der antragstellende Gläubiger seine Forderung und den Eröffnungsgrund glaubhaft zu machen. Hinsichtlich des Schuldnerantrags fehlt eine entsprechende Vorschrift. Hieraus folgern *Jauernig/*

Berger (§ 54 III 2), dass der Antrag eines Insolvenzschuldners „grundsätzlich ohne weiteres zulässig" ist (so auch *Vallender* MDR 1999, 280, 281). Demgegenüber vertritt die **Rechtsprechung** (BGH v 12. 12. 2002 – IX ZB 426/02, ZIP 2003, 358 = ZVI 2003, 64; **BGH** v 12. 7. 2007 – IX ZB 82/04, DZWIR 2007, 482; **LG** Köln NZI 2001, 559) die Auffassung, dass der Insolvenzeigenantrag eines Schuldners erst dann zulässig ist, wenn die **wesentlichen Merkmale eines Eröffnungsgrundes dargetan** werden. Allerdings sei das Insolvenzgericht verpflichtet, den ASt im Fall eines mangelhaften Insolvenzantrags auf die Mängel konkret hinzuweisen und ihm aufzugeben, diese binnen einer angemessenen Frist zu beheben. Bei fruchtlosem Ablauf der Frist könne der Antrag als unzulässig zurückgewiesen werden (s auch *Fritsche* DZWIR 2003, 234). **Einzelheiten hierzu unten zu E.** Auch beim Eigenantrag des Schuldners sind **spezielle Zulassungsvoraussetzungen** zu beachten, wenn es sich zB um eine juristische Person oder Gesellschaft ohne Rechtspersönlichkeit handelt und der Antrag nicht von allen Mitgliedern des Vertretungsorgans, allen persönlich haftenden Gesellschaftern oder allen Abwicklern gestellt wird. Hier muss der ASt den **Eröffnungsgrund glaubhaft machen** (§ 15 Abs 2 S 1). Ähnliche Regelungen enthalten die §§ 313 Abs 2, 318 Abs 2 und § 333 Abs 2. Zu beachten ist, dass nach § 15 Abs 1 Satz 2 InsO nF bei einer juristischen Person im Fall der **Führungslosigkeit** auch jeder Gesellschafter zur Antragstellung berechtigt und nach § 15a Abs 3 nF verpflichtet ist.

II. Die allgemeinen Zulassungsvoraussetzungen im Einzelnen

12   1. **Zuständigkeit des Insolvenzgerichts.** Das Gericht hat zunächst die allgemeinen Zulassungsvoraussetzungen zu prüfen. Diese müssen sowohl beim Gläubigerantrag als auch beim Eigenantrag des Schuldners vorliegen. Da insoweit eine Glaubhaftmachung iSv §§ 4 InsO, 294 ZPO nicht genügt, hat der ASt sämtliche Zulassungsvoraussetzungen darzulegen und gegebenenfalls zu beweisen. Die **Amtsermittlungspflicht** (§ 5) greift grundsätzlich erst nach Zulassung des Antrags ein, so dass der ASt alle Tatsachen darzulegen hat, aus denen sich die **örtliche und sachliche Zuständigkeit** des angegangenen Insolvenzgerichts ergibt (§§ 2, 3). Soweit es sich um **Sonderzuständigkeiten** handelt, wie zB die örtliche Zuständigkeit für die Eröffnung eines Nachlassinsolvenzverfahrens (§ 315), hat der ASt die Voraussetzungen dieser Sonderzuständigkeit darzulegen und zu beweisen. Kann das Insolvenzgericht der Insolvenzakte offensichtliche Hinweise entnehmen, dass der Schuldner jedenfalls zum Zeitpunkt des Antragseingangs seinen Wohnsitz in seinem örtlichen Zuständigkeitsbereich hatte, entspricht es seiner Amtspflicht aus § 5 InsO, den Sachverhalt vor einer Verweisung an ein anderes Insolvenzgericht aufzuklären. Eine Verweisung ohne diese Aufklärung ist objektiv willkürlich und entfaltet keine Bindungswirkung (**OLG Oldenburg** ZInsO 2007, 1282 = ZVI 2007, 613). Zur **Amtsermittlungspflicht bei grenzüberschreitenden Verfahren** s. unten. Die Zuständigkeit des Insolvenzgerichts ist eine ausschließliche mit der Folge, dass sie durch Parteivereinbarung nicht abbedungen werden kann (*Uhlenbruck/Delhaes* HRP Rn 146; *Jauernig* § 39 II; *W. Delhaes*, Der Insolvenzantrag S 69). Liegt der Mittelpunkt einer selbständigen wirtschaftlichen Tätigkeit des Schuldners an einem anderen Ort als seinem allgemeinen Gerichtsstand, so hat der ASt nachzuweisen, dass er oder der Antragsgegner im Gerichtsbezirk den **Mittelpunkt seiner wirtschaftlichen Tätigkeit** hat. Soll der satzungsmäßige Sitz maßgeblich sein, weil das Schuldnerunternehmen seinen Geschäftsbetrieb eingestellt hat, so ist der Nachweis zu erbringen, dass keine geschäftliche Tätigkeit mehr ausgeübt wird. Sind **mehrere Gerichte zuständig** (§ 3 Abs 2), so genügt es, wenn der ASt die Zuständigkeit des angegangenen Insolvenzgerichts nachweist. Kann bei einem Eigenantrag die Frage der örtlichen Zuständigkeit des angegangenen Insolvenzgerichts nicht ohne weitere Erkenntnisse geklärt werden, hat das Gericht von Amts wegen (§ 5) entsprechende Ermittlungen anzustellen (BGH v 21. 6. 2007 – IX ZB 51/06, NZI 2008, 121; **AG** Köln NZI 2008, 254 = ZIP 2008, 982 = ZInsO 2008, 215, 216; **AG** Köln NZI 2008, 390).

13   Der organschaftliche Vertreter einer **Scheinauslandsgesellschaft** genügt seiner Antragspflicht nicht, wenn er einen unzureichenden Insolvenzantrag stellt und sich nach entsprechender Belehrung durch das Insolvenzgericht dem Zugriff gerichtlicher Maßnahmen dadurch entzieht, dass er sich zB ins Ausland absetzt oder jegliche Mitarbeit verweigert (vgl *Vallender,* Die Insolvenz von Scheinauslandsgesellschaften, ZGR 2006, 425, 447). Das deutsche Insolvenzgericht hat bei Eigenantrag einer Scheinauslandsgesellschaft die Antragsbefugnis des Antragstellers auf der Grundlage der ausländischen Rechtsordnung zu prüfen (*Vallender* ZGR 2006, 439; *Holzer* ZVI 2005, 457, 463).

14   Im Eröffnungsverfahren gilt – anders als im Zulassungsverfahren – der **Untersuchungsgrundsatz** uneingeschränkt (LG Wuppertal ZIP 1999, 720 ff). Bei gewerbsmäßiger Firmenbestattung hat das Insolvenzgericht nicht nur die **Nichtigkeit der Sitzverlegung** (vgl BayObLG NZI 12 = ZInsO 2003, 1045; BayObLG ZInsO 2003, 1142 = NZI 2004, 148; **AG** Memmingen GmbHR 204, 952) im Rahmen der Antragszulassung zu prüfen, sondern auch darauf zu achten, dass der ASt die Tatsachen mitteilt, welche die wesentlichen Merkmale eines Eröffnungsgrundes ausmachen (§ 4 InsO, §§ 253 Abs 2 Nr 2, 130 Nr 3 ZPO).

15   Die **Verlagerung der Aktivitäten einer (Holding-)Gesellschaft** kurz vor Insolvenzantragstellung ist nicht rechtsmissbräuchlich, wenn sie zur Realisierung einer Konzernsanierung und damit im Interesse eines Konzernerhalts erfolgt (**AG** Köln ZIP 2008, 423, 428 = NZI 2008, 254 u 257 = ZInsO 2008, 215; **AG** Köln NZI 2008, 390; *Knof/Mock* ZInsO 2008, 253 ff; ders ZInsO 2008, 499 ff; *Frind* ZInsO

D. Zulässigkeitsvoraussetzungen § 13

2008, 261 ff; *ders* ZInsO 2008, 363 ff; *Graeber* NZI 2007, 265, 267). Sind aus der Sicht des organschaftlichen Vertreters einer antragspflichtigen Gesellschaft keine nennenswerten Vermögensgegenstände mehr vorhanden, so ist der Verbleib des Gesellschaftsvermögens zu erläutern und die Entwicklung zu schildern, die zu der gegenwärtigen Vermögens- und Finanzlage geführt hat (BGHZ 153, 205, 208 f = NJW 2003, 1187 = NZI 2003, 147; **BGH** v 12. 7. 2007 – IX ZB 82/04 –, DZWIR 2007, 428, 483; **BGH NJW RR** 2003, 1691 = NZI 2003, 647; **AG** Duisburg NZI 2007, 354, 355 = ZIP 2007, 690; **AG** Duisburg NZI 2005, 415). Vgl auch *Pape*, Gesetzwidrigkeit der Verweisung des Insolvenzverfahrens bei gewerbsmäßiger Firmenbestattung, ZIP 2006, 877 ff; *Hirte* ZInsO 2003, 833 ff.

Bei **grenzüberschreitenden Insolvenzen** hat das Insolvenzgericht entsprechend dem **EuGH-Urteil** v **16** 2. 5. 2006 (ZIP 2006, 907) schon im Rahmen der Antragszulassung gem § 5 von Amts wegen zu prüfen, ob die **Angaben zum COMI** zutreffen (**BGH** v 21. 6. 2007 – IX ZB 51/06, NZI 2008, 121; HaKo-*Undritz*, Art 3 EuInsVO Rn 52; umfassend *Vallender* KTS 2005, 283). Streitig ist, ob bei Gesellschaften deutscher Rechtsform von der internationalen Zuständigkeit des Gerichts auszugehen ist, wenn keine Zweifel bestehen (bejahend K/P/B/*Kemper* Art 3 EuInsVO Rn 7; HaKo-*Undritz* Art 3 EuInsVO Rn 52; aA *Herchen* ZIP 2005, 1401, 1402; *Smid* DZWIR 2003, 397, 399; *Huber* ZZP 114 (2001), 133, 141). Jedenfalls hat das deutsche Insolvenzgericht Ermittlungen anzustellen, wenn es sich bei der Antragstellerin um eine **ausländische Gesellschaftsform**, zB um eine **Limited**, handelt (AG Hamburg NZI 2003, 442; AG Duisburg ZInsO 2003, 476; HaKo-*Undritz* Art 3 EuInsVO Rn 53; s auch *Herchen* ZInsO 2004, 825). Bestehen Bedenken hinsichtlich der Antragsbefugnis des Antragstellers, hat das Gericht dem von Amts wegen nachzugehen. Es kann sich über die Auskünfte der §§ 20 Abs 1 Satz 2, 97 Abs 1 oder der Registerbehörden hinaus auch der Hilfe eines Sachverständigen gem § 5 bedienen (*Vallender* ZGR 2006, 425, 439). Zur Gerichtsstandsbestimmung bei „Unternehmensbestattung" s auch **BGH** v 13. 12. 2005 – IX ZR 223/05, DZWIR 2006, 205 m. Anmerkung *Graeber*.

2. Zulässigkeit der Verfahrensart. Umstritten war, ob die **Bezeichnung der Verfahrensart** allgemeine **17** Zulassungsvoraussetzung ist (bejahend LG Kassel NJW-RR 1999, 1654 = NJW 2000, 226 [Ls] = NZI 2000, 34 = ZInsO 1999, 421; AG Köln v 31. 3. 1999, NZI 1999, 241; *Vallender* MDR 1999, 280, 283; H/W/F Hdb 3/13; verneinend LG Halle NZI 2000, 379). Weder bei einem Gläubigerantrag noch bei einem Schuldnerantrag kann verlangt werden, dass der ASt die von den Gerichten nicht einmal einheitlich gehandhabten Kriterien für die Abgrenzung des Regelverfahrens vom Verbraucherinsolvenzverfahren kennt (zu den Abgrenzungskriterien vgl zB *Fuchs* ZInsO 1999, 185 ff; *Haarmeyer* ZInsO 1999, 86, 87; *Bork* ZIP 1999, 301 ff; *Müller* NZI 1999, 172; *Vallender/Fuchs/Rey* NZI 1999, 218 ff; *Kögel* DZWIR 1999, 235). Würde man bei einem **Eigenantrag** die Bezeichnung der „richtigen" Verfahrensart als Zulässigkeitsvoraussetzung ansehen, wäre mit *Fuchs* (ZInsO 1999, 185, 189) der Antrag als unzulässig zurückzuweisen, wenn die Verfahrensart nicht zur Überzeugung des Gerichts festgestellt werden könnte. Die **Angabe der Verfahrensart** ist **keine Zulässigkeitsvoraussetzung**. Vielmehr ist es Aufgabe des Insolvenzgerichts, die richtige Verfahrensart im Rahmen der Amtsermittlung (§ 5) zu bestimmen und den ASt darauf hinzuweisen, dass das Verfahren als **Verbraucher- und Kleininsolvenz** (§§ 304 ff) durchgeführt wird (HaKo/*Wehr* § 13 Rn 6). Eines besonderen Überleitungsantrags bedarf es nicht. Der ASt ist allerdings darauf hinzuweisen, dass sein Eigenantrag nur zulässig ist, wenn er zuvor eine außergerichtliche Einigung mit den Gläubigern erfolglos versucht hat (§ 305 Abs 1 Nr 1).

Letztlich ist zu unterscheiden, ob im Einzelfall der ASt, gleichgültig ob Gläubiger oder Schuldner, den **18** **Antrag in einer bestimmten Verfahrensart** stellt oder lediglich **Antrag auf Eröffnung eines Insolvenzverfahrens**. Zielt der Insolvenzantrag auf die Eröffnung in einer **bestimmten Verfahrensart** ab, stellt aber das Gericht fest, dass diese Verfahrensart unzulässig ist, so hat es den ASt aufzufordern, seinen Antrag auf die zulässige Verfahrensart umzustellen (OLG Köln v 11. 9. 2000, ZIP 2000, 2031 = NZI 2000, 542; LG Göttingen ZIP 2007, 1031 = ZInsO 2007, 166; AG Köln NZI 1999, 241, 242). Das Insolvenzgericht darf das Verfahren in einer anderen als der beantragten Verfahrensart eröffnen (**BGH** v 25. 9. 2008 – IX ZB 233/07, ZInsO 2008, 1324, 1325). Im Hinblick auf die Bedingungsfeindlichkeit des Insolvenzantrags ist auch die Auffassung von *Bork* (ZIP 1999, 301, 303) vertretbar, wonach eine Abgabe von Amts wegen unter Hinweis auf § 17a Abs 2 GVG an die zuständige Abteilung möglich ist (vgl auch FK-*Kohte* § 304 Rn 28 f). Zutreffend weist aber das AG Köln (NZI 1999, 241, 242) darauf hin, dass die Rechtsprechung eine **analoge Anwendung** des § 17a GVG bislang nur befürwortet hat, wenn es sich um unterschiedliche Zuständigkeiten verschiedener Gerichtsbarkeiten oder aber um spezialgesetzliche Zuständigkeiten besonderer Abteilungen handelt.

Kommt der Antragsteller trotz gerichtlichen Hinweises **der Aufforderung, seinen Antrag** auf eine an- **19** dere Verfahrensart **umzustellen, nicht nach**, so ist der Antrag als **unzulässig zurückzuweisen** (BGH v 25. 9. 2008 – IX ZBN 233/07, ZInsO 2008, 1324, 1325; BGH ZVI 2004, 27; OLG Celle, ZIP 2000, 802 = NZI 2000, 229; OLG Köln ZIP 2000, 2031 = NZI 2000, 542; OLG Schleswig NZI 2000, 164; LG Göttingen ZIP 2007, 1031 = ZInsO 2007, 166 = ZVI 2007, 367; LG Halle v 7. 3. 2000, NZI 2000, 379; AG Köln NZI 1999, 241, 242; AG Köln NZI 2008, 315; H/W/F Hdb 3/13, 14; FK-*Schmerbach* § 14 Rn 5; *Vallender/Fuchs/Rey* NZI 1999, 218, 219; K/P/B/*Wenzel* § 304 Rn 2e; *Henckel* ZIP 2000, 2051, 2052). Das Insolvenzgericht prüft grundsätzlich von Amts wegen, ob ein Verfahren als **Regel- oder Verbraucherinsolvenzverfahren** durchgeführt wird (vgl auch die Kommentierung zu § 14 Rn 18).

Macht der ASt, gleichgültig ob Eigen- oder Fremdantrag, **keine Angaben zur Verfahrensart**, ist im Zweifel davon auszugehen, dass er die Eröffnung eines Regelinsolvenzverfahrens wünscht. Im Rahmen der Amtsermittlungen hat der Schuldner die **erforderlichen Auskünfte** nach den §§ 20, 97, 98 zu erteilen. Reichen die Angaben oder vorgelegten Unterlagen zur Feststellung der in Betracht kommenden Verfahrensart nicht aus, hat der Schuldner ergänzend Stellung zu nehmen. Zur weiteren Aufklärung kann das Gericht auch einen Sachverständigen beauftragen. Kommt das Gericht zu keinem abschließenden Ergebnis, ist der Antrag nicht etwa zurückzuweisen, sondern ist das **Regelinsolvenzverfahren zu eröffnen**. In den meisten Fällen erledigt sich das Problem bei Gläubigeranträgen dadurch, dass das Gericht nach § 306 Abs 3 S 1 dem Schuldner Gelegenheit gibt, einen Antrag nach § 305 zu stellen. Beim Schuldnerantrag wird das Gericht den Schuldner auffordern, die Unterlagen nach § 305 Abs 1 vorzulegen und vor allem nachzuweisen, dass eine außergerichtliche Einigung mit den Gläubigern innerhalb der letzten sechs Monate erfolglos versucht worden ist. Nach § 305 Abs 1 Nr 1 ist der **Plan beizufügen** und die wesentlichen Gründe für sein Scheitern darzulegen.

20 Bei dem **Eigenantrag über das Vermögen einer ausländischen Gesellschaft** hat der ASt zu allen die Zuständigkeit des angerufenen deutschen Gerichts begründenden Umständen vorzutragen. Dazu gehört auch die Angabe, dass bereits ein **Hauptinsolvenzverfahren** über das Vermögen des Schuldners eröffnet worden ist (*Vallender* InVo 2005, 41, 42; *ders* ZGR 2006, 425, 431). Diese Angaben sind deswegen unverzichtbar, weil das angerufene Gericht im Hinblick auf die in Art 3 Abs 3 EuInsVO bzw § 354 normierten Zulässigkeitsvoraussetzungen ohne Angaben außerstande ist, seine **internationale Zuständigkeit** zu prüfen (**AG** Köln NZI 2006, 57; *Vallender* ZGR 2006, 425, 431). Nach Art 102 EGInsO § 1 Abs 2 ist das Insolvenzgericht ausschließlich zuständig, in dessen Bezirk sich die Niederlassung des Schuldners befindet. Verfügt ein Schuldnerunternehmen im Inland über **mehrere Niederlassungen**, so bestimmt sich die Zuständigkeit danach, bei welchem Insolvenzgericht zuerst die Eröffnung des Sekundär-Insolvenzverfahrens beantragt worden ist (Art 102 EGInsO, § 3 Abs 2 Satz 2 iVm § 3 Abs 1 InsO).

21 **3. Insolvenzfähigkeit und passive Parteifähigkeit.** Da der Insolvenzantrag Prozesshandlung ist, muss der ASt **prozessfähig** (§§ 4 InsO; 51 ff ZPO) und **parteifähig** iSv § 50 Abs 1 ZPO sein (HK-*Kirchhof* § 13 Rn 5; N/R/*Mönning* § 13 Rn 16; BerlKo-*Goetsch* § 13 Rn 4; *Smid* § 13 Rn 8; *Hess* § 13 Rn 14). Der Schuldner muss dagegen **insolvenzfähig** sein (*Jauernig* § 40 II; *Häsemeyer* InsR Rn 6.17, 6.18). Die Insolvenzfähigkeit natürlicher Personen besteht unabhängig von der Geschäftsfähigkeit oder Prozessfähigkeit. Auch über das Vermögen geschäftsunfähiger oder beschränkt geschäftsfähiger Personen kann ein Insolvenzverfahren eröffnet werden. Ist der ASt nicht voll geschäftsfähig, so kann ein wirksamer Antrag nur von seinem **gesetzlichen Vertreter** gestellt werden. Einer vormundschaftsgerichtliche Genehmigung gem § 1822 BGB bedarf es nicht (MüKo-*Schmahl* § 13 Rn 63; N/R/*Mönning* § 13 Rn 17). Ist der **Schuldner prozessunfähig**, handelt für ihn der gesetzliche Vertreter (*Hess* § 13 Rn 14; N/R/*Mönning* § 13 Rn 17). Ein unwirksamer Antrag wird rückwirkend wirksam, wenn der Antrag nach Wiedererlangung der Prozessfähigkeit durch den Antragsberechtigten oder vom gesetzlichen Vertreter genehmigt wird. § 185 Abs 2 BGB gilt entsprechend (vgl *Uhlenbruck*, Die anwaltliche Beratung bei Konkurs- und Vergleichsantrag, S 46 ff; N/R/*Mönning* § 13 Rn 17; FK-*Schmerbach* § 14 Rn 15; K/P/B/*Pape* § 13 Rn 72). Wie die Genehmigung des durch nicht bevollmächtigte Gläubigerorgane gestellten Insolvenzantrags (**BGH** ZIP 2003, 1007) ist auch der von einem Prozessunfähigen gestellte Insolvenzantrag selbst dann genehmigungsfähig, wenn das Insolvenzverfahren eröffnet worden ist. In **Fällen der Betreuung** (§ 1896 BGB) geht die Antragsberechtigung nur dann auf den Betreuer über, wenn die Betreuung die **Vermögensvorsorge** umfasst (MüKo-*Schmahl* § 13 Rn 13; FK-*Schmerbach* § 14 Rn 15 a).

22 Im Übrigen richtet sich die **Insolvenzfähigkeit nach den §§ 11, 12**. Ist sie im Einzelfall zweifelhaft, wie zB bei einer **Vorgesellschaft**, Vorgenossenschaft oder **Nachgesellschaft**, hat der ASt die Voraussetzungen der Insolvenzfähigkeit darzulegen und zu beweisen. So hat er bei der **Vor-GmbH** nachzuweisen, dass die Gesellschaft eine Satzung errichtet, Sondervermögen gebildet hat und im Rechtsverkehr wie eine juristische Person nach außen hin in Erscheinung getreten ist (HK-*Kirchhof* § 11 Rn 10). Zur Insolvenzfähigkeit der Vor-GmbH vgl *Haas* DStR 1999, 985 ff. Einzelheiten in der Kommentierung oben zu § 11 Rn 37 ff. Beruft sich im Insolvenzeröffnungsverfahren der Antragsgegner darauf, dass er insolvenzunfähig ist, so hat der ASt die Insolvenzfähigkeit nachzuweisen. Bei einer im Handelsregister **gelöschten Gesellschaft** hat der ASt nachzuweisen, dass die gelöschte Gesellschaft nach der **Lehre vom Doppeltatbestand** noch Vermögen besitzt und damit insolvenzfähig ist. Auch eine **führungslose Kapitalgesellschaft** ist insolvenzfähig (vgl hierzu die Kommentierung zu § 11 unten Rn 25, 26).

23 **4. Nachweis der Vertretungsberechtigung und Vollmacht.** Auch beim Eigenantrag hat der ASt seine Legitimation zur Stellung des Insolvenzantrags darzulegen und nachzuweisen. Ist der ASt nur beschränkt geschäftsfähig und daher nicht prozessfähig (§ 52 ZPO), kann nur der **gesetzliche Vertreter** bzw **Betreuer** den Insolvenzantrag für ihn stellen (*Frege/Keller/Riedel* HRP Rn 378; K/P/B/*Pape* § 13 Rn 65; *Graeber* Rpfleger 1998, 449, 450; N/R/*Mönning* § 13 Rn 18; FK-*Schmerbach* § 14 Rn 15). Einer vormundschaftsgerichtlichen Genehmigung nach § 1822 BGB bedarf es nicht (*Hess* § 13 Rn 7; *Vallender* MDR 1999, 280; *Frege/Keller/Riedel* HRP Rn 379). Weder der Antrag eines **Betreuers** (§ 1908 e

D. Zulässigkeitsvoraussetzungen § 13

BGB) noch derjenige eines **Pflegers** (§ 1915 BGB) bedarf einer vormundschaftsgerichtlichen Genehmigung. **Nachträgliche Genehmigung** eines durch einen Prozessunfähigen gestellten Antrags durch den gesetzlichen Vertreter ist möglich bis zur rechtskräftigen Zurückweisung des Antrags (FK-*Schmerbach* § 14 Rn 15; *Hess* § 13 Rn 14). Wie bereits oben dargestellt, findet die Vorschrift des § 185 Abs 2 BGB entsprechende Anwendung (N/R/*Mönning* § 13 Rn 17). Für die **rechtsgeschäftliche Vertretung** bei Insolvenzanträgen gelten über § 4 die allgemeinen Vorschriften der ZPO. Gewillkürte Vertreter haben eine **besondere Insolvenzvollmacht** vorzulegen. Die Nachprüfung der Vollmacht erfolgt von Amts wegen (§§ 56, 80 Abs 1, 88 ZPO). Eine Ausnahme gilt, soweit als Bevollmächtigter ein **Rechtsanwalt** auftritt (§ 88 Abs 2 ZPO). Rügt aber ein Verfahrensbeteiligter, der nicht unbedingt Rechtsanwalt sein muss, im Eröffnungsverfahren oder später im eröffneten Verfahren den Mangel der Vollmacht, so hat der anwaltliche Vertreter des Antragstellers seine schriftliche Vollmacht bei den Akten zu reichen. **Prokura** und **Handlungsvollmacht** berechtigen nicht zum Insolvenzantrag, da es sich insoweit nicht um Geschäfte und Rechtshandlungen handelt, die der Betrieb eines Handelsgewerbes gewöhnlich mit sich bringt (§§ 49, 54 HGB; *Vallender* MDR 1999, 280; *Kilger/K. Schmidt* § 103 KO Anm 2; *Jaeger/Gerhardt* § 13 Rn 12; MüKo-*Schmahl* § 13 Rn 69).

Im **Insolvenzeröffnungsverfahren** findet die Vorschrift des § 89 ZPO über § 4 InsO keine entsprechende Anwendung, so dass eine **einstweilige Zulassung** des vollmachtlosen Vertreters ausgeschlossen ist (*Frege/Keller/Riedel* HRP Rn 380). Das Fehlen einer Vollmacht birgt für den Anwalt und seine Partei nicht unerhebliche Gefahren. Neben der Gefahr einer Rüge durch einen Verfahrensbeteiligten ist zu beachten, dass die Insolvenzquote später vom Insolvenzverwalter in diesen Fällen nicht an den Anwalt, sondern an dessen Mandanten gezahlt wird. Es empfiehlt sich deshalb, spätestens bei der Anmeldung der Forderung eine schriftliche **Geldempfangsvollmacht** vorzulegen, denn insoweit gilt § 81 ZPO über § 4 InsO entsprechend (RGZ 54, 276; OLG Frankfurt NJW-RR 1986, 1501; *Zöller/Vollkommer* § 81 ZPO Rn 7). 24

Die Auffassung, ein Insolvenzantrag gegen eine **juristische Person**, die **keinen gesetzlichen Vertreter** hat, sei unzulässig (so FK-*Schmerbach* § 14 Rn 15 b), lässt sich nach dem Inkrafttreten des MoMiG nicht mehr aufrecht erhalten. Bei einer **führungslosen antragspflichtigen Gesellschaft** ist nicht nur **jeder Gesellschafter** zur Antragstellung berechtigt (§ 15 Abs 1 Satz 2), sondern gem § 15 a Abs 3 auch verpflichtet, es sei denn, dass er von der Zahlungsunfähigkeit und der Überschuldung und der Führungslosigkeit keine Kenntnis hatte. Bei **Amtsniederlegung des Geschäftsführers** einer GmbH bleiben im Übrigen die Grundsätze über die **faktische Geschäftsführung** anwendbar. Bei der führungslosen Kapitalgesellschaft bedarf es nicht der Bestellung eines **Verfahrenspflegers** als besonderer Vertreter gem § 4 InsO iVm § 57 ZPO (vgl AG Göttingen NZI 2004, 38; FK-*Schmerbach* § 14 Rn 15 b). Der Insolvenzantrag ist vielmehr an die Gesellschafter unter der Geschäftsadresse zuzustellen. Ist dort eine Zustellung nicht möglich, kommt eine **öffentliche Zustellung** nach den §§ 15 a HGB, 185 ZPO in Betracht. Im Hinblick auf die Strafbarkeit wegen Insolvenzverschleppung kann im Übrigen auch ein **Antragsrecht des faktischen Geschäftsführers** nicht in Frage gestellt werden. Handelt es sich um einen **Gläubigerantrag**, so ist es bei **Führungslosigkeit** nicht mehr notwendig, entsprechend § 29 BGB die Bestellung eines **organschaftlichen Notvertreters** zu beantragen (anders noch OLG Köln ZIP 2000, 280 = NZI 2000, 134; HaKo-*Wehr* § 13 Rn 5). Bei einer juristischen Person ist zunächst zu prüfen, ob die Amtsniederlegung wegen Rechtsmissbrauchs unwirksam ist. Wegen der Regelung in § 15 a Abs 3 InsO kann an der Auffassung, in Fällen der Führungslosigkeit fehle es an der Prozessfähigkeit und damit an der insolvenzrechtlichen Verfahrensfähigkeit, nicht länger festgehalten werden (anders noch OLG Dresden NZI 2000, 136; OLG Köln NZI 2000, 134 = ZIP 2000, 134; *V. Gerkan* EWiR 2000, 399). 25

In den übrigen Fällen kommt bei Gläubigeranträgen die **Bestellung eines Verfahrenspflegers** gem §§ 4 InsO, 57 ZPO in Betracht (vgl LG Berlin ZInsO 2002, 497 = NZI 2002, 163; AG Göttingen ZInsO 2003, 1107; HaKo-*Wehr* § 13 Rn 14; FK-*Schmerbach* § 14 Rn 15; *Kutzer* ZIP 2000, 654; Henckel ZIP 2000, 2045, 2046; K/P/B/*Pape* § 14 Rn 7). Zur **Bestellung eines Notgeschäftsführers** entspr § 29 BGB s auch OLG Köln ZIP 2000, 280, 282; OLG Dresden NZI 2000, 136 f; OLG Zweibrücken ZInsO 2001, 472; Helmschrott ZIP 2001, 636 ff. Nach Auffassung des OLG Köln (ZIP 2000, 280) ist es Aufgabe des Gläubigers, bei dem zuständigen Registergericht gem § 29 BGB die Bestellung eines **Notgeschäftsführers oder Notvorstandes** zu beantragen. Die Bestellung eines Prozesspflegers gem § 57 ZPO schließt die Bestellung eines Notgeschäftsführers nach § 29 BGB nicht aus. Jedoch ist ein dringender Fall für die **Bestellung eines Notgeschäftsführers** zu verneinen, wenn für das Insolvenzverfahren einer Gesellschaft ein **Verfahrenspfleger** bestellt worden ist und diese Maßnahme ausreicht, drohende Schäden abzuwenden (OLG Zweibrücken ZInsO 2001, 472; *Pape* EWiR 2002, 223; s auch OLG Dresden ZInsO 2003, 855; HaKo-*Wehr* § 13 Rn 14). Jedenfalls darf der Gläubigerantrag **nicht als unzulässig abgewiesen** werden, weil die juristische Person kein Vertretungsorgan hat (zutr *Henckel* ZIP 2000, 2045, 2046). Es genügt, wenn die Bestellung eines Notorgans nach Anordnung von Sicherungsmaßnahmen in die Wege geleitet wird (*Henckel* ZIP 2000, 2045, 2047). 26

5. Rechtsschutzinteresse. Auch für den Eigenantrag muss ein Rechtsschutzinteresse des Schuldners gegeben sein (OLG Hamm KTS 1976, 146, 149; *Jaeger/Gerhardt* § 13 Rn 27; *Keller* InsR Rn 502; *Frege/Keller/Riedel* HRP 430; *Hess* § 13 Rn 22). In der Literatur (zB *Baur/Stürner* II Rn 7.15; *W. Gerhardt*, 27

§ 13 Eröffnungsantrag

Grundbegriffe Rn 247) wird die Auffassung vertreten, bei Eigenantrag des Schuldners bedürfe es keiner besonderen Antragszulassung, denn niemand werde sich selbst ohne Grund in die Rolle des Gemeinschuldners begeben. Dies ist insoweit richtig, als die Glaubhaftmachung des Insolvenzgrundes auch nach der InsO keine Zulässigkeitsvoraussetzung für den Eigenantrag ist. Trotzdem hat das Gericht von Amts wegen zu prüfen, ob im Hinblick auf die Insolvenzziele des Abs 1 das **notwendige Rechtsschutzinteresse** für einen Insolvenzantrag vorliegt (**BGH** ZIP 2003, 358 = NZI 2003, 147 = ZInsO 2003, 217, 218; HK-*Kirchhof* § 13 Rn 22; *Graf-Schlicker/Fuchs* § 13 Rn 19; *Jaeger/Gerhardt* § 13 Rn 27; MüKo-*Schmahl* § 13 Rn 87). Wird vom Schuldner oder einem Schuldnerunternehmen das Insolvenzverfahren zu Zwecken angestrebt, die mit den Zielen des Insolvenzverfahrens unvereinbar sind (§ 1) oder diesen zuwiderlaufen, so ist der Antrag wegen fehlenden Rechtsschutzinteresses als unzulässig zurückzuweisen (vgl auch *Hess* § 13 Rn 22 ff; *Keller* InsR Rn 502). Der Insolvenzantrag des Schuldners muss **ernsthaft auf Verfahrenseröffnung** gerichtet sein und darf nicht sachfremden Zwecken dienen (**BGH** v 12. 12. 2002 – IX ZB 426/02, ZIP 2003, 358, 359 = ZInsO 2003, 217, 218 = NZI 2003, 147, 148; **AG** Dresden ZIP 2002, 862; MüKo-*Schmahl* § 13 Rn 87). Das Rechtsschutzinteresse entfällt nicht etwa, weil der Schuldner mit dem Verfahren eine Sanierung durch Insolvenzplan (§ 218 Abs 1 Satz 2) oder eine Restschuldbefreiung (§ 287 Abs 1 Satz 3) anstrebt (HK-*Kirchhof* § 13 Rn 22; **str aA LG** Kempten KTS 1977, 127).

28 Ist bereits ein Insolvenzverfahren über das Vermögen des Antragstellers eröffnet worden, so fehlt es – mit Ausnahme eines Antrags zwecks Restschuldbefreiung – an dem erforderlichen Rechtsschutzbedürfnis (vgl auch **BGH** NZI 2004, 511; **BGH** NZI 2004, 599; **BGH** NZI 2005, 271 ff; FK-*Schmerbach* § 13 Rn 41 d). Regelmäßig ist beim Schuldnerantrag das Rechtsschutzinteresse zu bejahen, denn im Zweifelsfall strebt der Schuldner bzw das Schuldnerunternehmen das Verfahrensziel iSv § 1 an (vgl auch **OLG** Hamm KTS 1976, 146, 149; *Pape* NZI 2004, 543, 544). Hat ein Gläubigerantrag zur Eröffnung des Verfahrens geführt, kann der Schuldner grundsätzlich keinen Eigenantrag mehr stellen (**BGH** v 17. 2. 2005 – IX ZB 176/03, BGHZ 181, 186 = NZI 2005, 271 = ZInsO 2005, 310, 311). Eine **Ausnahme** gilt aber, wenn der nach § 20 Abs 2 erforderliche Hinweis fehlerhaft, unvollständig oder verspätet erfolgt ist (BGHZ 162, 181, 186; **BGH** v 3. 7. 2008 – IX ZB 182/07, NZI 2008, 610). Streitig ist allerdings, ob das **Rechtsschutzbedürfnis für einen erneuten Insolvenzantrag** des Schuldners besteht, wenn er im ersten Verfahren keinen Antrag auf Restschuldbefreiung gestellt hat (**verneinend LG** Koblenz ZVI 2005, 91 = NZI 2004, 679; **bejahend AG** Göttingen ZVI 2005, 278 = NZI 2005, 398; *Graf-Schlicker/Fuchs* § 13 Rn 19). S auch BGHZ 162, 181, 186 = NZI 2005, 271; **BGH** v 9. 7. 2007 – IX ZB 182/07, NZI 2008, 610, 611 u oben Rn 6.

29 **Kein Rechtsschutzbedürfnis** besteht für einen neuen Antrag auf Eröffnung eines weiteren Insolvenzverfahrens, wenn der Gläubiger hierdurch seine Rechtsposition nicht verbessern kann (**OLG** Köln ZInsO 2002, 728; *Hess* § 13 Rn 22). Gleiches gilt, wenn der Schuldner den Insolvenzantrag nur stellt, um mit Hilfe der vom Insolvenzgericht angeordneten Sicherheitsmaßnahmen (§ 21 Abs 2 Nr 3) vorläufigen Vollstreckungen seiner Gläubiger zu entgehen oder wenn der Antrag nur gestellt wird, um eine Abweisung mangels Masse (§ 26) zu erreichen, damit dem Zugriff der Gläubiger vorenthaltenes Aktivvermögen endgültig den Gläubigern entzogen wird (*Graf-Schlicker/Fuchs* § 13 Rn 20). Schließlich fehlt das Rechtsschutzinteresse auch, wenn das Insolvenzverfahren mit dem Ziel angestrebt wird, einen unliebsamen Mitgesellschafter aus dem Unternehmen zu verdrängen. Gleiches gilt, wenn der Antrag dazu dient, eine lästige konzernmäßige Verbindung zu beenden.

30 Der Insolvenzantrag eines **gewerbsmäßigen Firmenbestatters** ist nicht ohne weiteres unzulässig, weil im Fall der Führungslosigkeit einer Gesellschaft auch jeder Gesellschafter gem § 15 a Abs 3 antragspflichtig ist (HK-*Kirchhof* § 13 Rn 22; sehr weitgehend **AG** Duisburg NZI 2005, 415, 416). Hat der Schuldner bei einem gem Art 3 EuInsVO zuständigen ausländischen Gericht einen Insolvenzantrag gestellt, fehlt trotz Insolvenzantragspflicht nach § 15 a das Rechtsschutzinteresse für einen weiteren Eröffnungsantrag im Inland (**AG** Köln NZI 2005, 564; HK-*Kirchhof* § 13 Rn 22). **Zum besonderen Rechtsschutzinteresse für Gläubigeranträge s die Kommentierung zu § 14 Rn 39 ff.**

III. Spezielle Zulassungsvoraussetzungen

31 **1. Der ordnungsgemäße Insolvenzantrag.** Da der Insolvenzantrag Prozesshandlung ist, unterliegt er gewissen formellen und inhaltlichen Mindestanforderungen, die sich weitgehend aus der ZPO ergeben (§ 253 ZPO). So darf der Antrag weder **befristet** noch **bedingt** sein (HK-*Kirchhof* § 13 Rn 4; N/R/*Mönning* § 13 Rn 14; s auch oben zu Rn 4). Mit Eingang bei Gericht wird das Verfahren dort anhängig. Bei einem Eigenantrag wird der Insolvenzantrag gleichzeitig auch rechtshängig (N/R/*Mönning* § 13 Rn 15). Beim Gläubigerantrag ist die **Rechtshängigkeit** erst gegeben, wenn die Zustellung an den Insolvenzschuldner erfolgt (§§ 4 InsO, 261 Abs 1, 253 Abs 1 ZPO). Wird der Insolvenzantrag bei einem nicht als Insolvenzgericht zuständigen Amtsgericht eingereicht, so wird das Verfahren erst anhängig, wenn der Antrag beim zuständigen Insolvenzgericht eingeht. Die Behandlung eines Gläubigerantrags darf vom Insolvenzgericht auf Wunsch des Antragstellers für kurze Zeit **zurückgestellt** (sistiert) werden (HK-*Kirchhof* § 13 Rn 4; *Jaeger/Gerhardt* § 13 Rn 33; FK-*Schmerbach* § 14 Rn 21). Im Einzelfall ist im Auslegungswege zu ermitteln, ob der Antrag eine **unzulässige Bedingung** oder lediglich eine Anre-

D. Zulässigkeitsvoraussetzungen § 13

gung enthält (HaKo-*Wehr* § 13 Rn 3; HK-*Kirchhof* § 13 Rn 4; unzutr **AG** Göttingen ZInsO 1999, 659). Der Antrag muss eindeutig zum Ausdruck bringen, dass vom ASt die Eröffnung eines Insolvenzverfahrens gewollt ist. Fehlt es hieran und ist das Gericht nicht imstande, durch Auslegung eine entsprechende Zielrichtung zu ermitteln, ist der Antrag als unzulässig zurückzuweisen (*Frege/Keller/Riedel* HRP Rn 385). Die „falsche Anmeldung einer Forderung" ist regelmäßig kein Insolvenzantrag.

Der **ordnungsmäßigen Antragstellung** kommt durch das **MoMiG** besondere Bedeutung zu, weil nach 32 § 15a Abs 4 InsO nF mit Freiheitsstrafe bis zu drei Jahren oder mit Geldstrafe bestraft wird, wer entgegen § 15a Abs 1 Satz 1, auch iVm Satz 2 oder Abs 2 oder Abs 3 einen Insolvenzantrag nicht, **nicht richtig** oder **nicht rechtzeitig** stellt. Oftmals werden unrichtige Insolvenzanträge gestellt, um der gesetzlichen Antragspflicht zu genügen. Richtig ist allerdings, dass der GmbH-Geschäftsführer bereits dann einen **strafbefreienden Insolvenzantrag** nach § 15a Abs 1 stellt, wenn er lediglich den Antrag rechtzeitig stellt, ohne zugleich ein Gläubiger- und Schuldnerverzeichnis, eine Übersicht über die Vermögensmasse oder sonstige Unterlagen beizufügen, aus denen sich der Insolvenzgrund ergibt. Die **Einreichung der notwendigen Antragsunterlagen** hat das Insolvenzgericht gegenüber dem Geschäftsführer gem § 20 Abs 1 Satz 1 erforderlichenfalls mit den Mitteln der §§ 97, 98, 101 Abs 1 Satz 1, 2, Abs 2 durchzusetzen (BayObLG v 23. 3. 2000 – 5 StRR 36/00, NZI 2001, 50). Ein **unrichtiger Insolvenzantrag** liegt zB vor, wenn der organschaftliche Vertreter einer antragspflichtigen Gesellschaft den Insolvenzantrag „rein vorsorglich" stellt (**AG** Köln NZI 2000, 284; K/P/B/*Pape* § 13 Rn 13; HK-*Kirchhof* § 13 Rn 4; N/R/*Mönning* § 13 Rn 12; *Frege/Keller/Riedel* HRP Rn 384) oder wenn der Antrag unter einer Bedingung gestellt wird. Zu beachten ist dabei, dass eine **Bestrafung wegen Insolvenzverschleppung** (§ 15a Abs 4) nur in Betracht kommt, wenn der ASt trotz gerichtlichen Hinweises und Fristsetzung den Antrag nicht richtig stellt, so dass er als unzulässig zurückgewiesen wird (vgl **BGH** v 12. 12. 2002 – IX ZB 426/02, ZIP 2003, 358 = ZVI 2003, 64). Der ASt darf aber anders als in dem vom **BGH** entschiedenen Fall (ZIP 2003, 358, 360) darauf verwiesen werden, dass er die gem § 13 Abs 3 eingeführte **Formulare zu benutzen** hat (vgl auch **LG** Duisburg ZInsO 2002, 783, 784). Erfüllt der ASt seine Auskunfts- und Mitwirkungspflichten nach den §§ 20, 97, 98 nicht, rechtfertigt dies regelmäßig nicht die Abweisung des Insolvenzantrags als unzulässig (**LG** Köln NZI 2001, 559). Auf die Sonderregelungen der §§ 305, 317, 318, 332, 333, 354, 356 wird im Rahmen dieser Kommentierung nicht eingegangen. Vgl die Kommentierung dort.

a) Form des Antrags. Der Insolvenzantrag kann seit dem Inkrafttreten des Gesetzes zur Vereinfa- 33 chung des Insolvenzverfahrens (BGBl I, 509) am 1. 7. 2007 **nur noch schriftlich** bei dem zuständigen Insolvenzgericht gestellt werden. Die Form wird auch durch **Telefax** (§ 130 Nr 6 ZPO), Computerfax oder durch **elektronisches Dokument** (§ 130a ZPO) gewahrt. Die die gesetzliche Schriftform ersetzende **elektronische Form** besteht in der Übermittlung eines elektronischen Dokuments, dh einer Datei, die auf Datenträgern aufgezeichnet werden kann. Die übermittelte Datei muss für eine Bearbeitung durch das Insolvenzgericht geeignet sein. Die Einreichung per **E-Mail** kommt praktisch wegen des Formularzwangs nicht in Betracht. Im Übrigen muss der Antrag nicht nur den Schuldner erkennbar individualisieren (HK-*Kirchhof* § 13 Rn 6), sondern er muss inhaltlich zugleich auch den Erfordernissen des § 253 Abs 2 ZPO (§ 4 InsO) entsprechen (**BGH** ZIP 2003, 359; HK-*Kirchhof* § 13 Rn 6; *Jaeger/Gerhardt* § 13 Rn 30). Das **Erfordernis der Unterschriftsleistung** muss an den technischen Gegebenheiten des modernen Fernmeldeverkehrs gemessen werden (**BVerfG** v 18. 4. 2007 – 1 BvR 110/07, NJW 2007, 3117; **BVerwG** NJW 1987, 2067; **BVerwG** NJW 1987, 2098; *Holzer*, Die Entscheidungsträger im Insolvenzverfahren, Rn 111; FK-*Schmerbach* § 14 Rn 10a). Entgegen der Vorauflage ist zwar im Hinblick auf die Regelung des § 130a ZPO die Antragstellung per elektronischem Dokument anzuerkennen, problematisch ist jedoch die **erforderliche Unterschrift**. Soweit gem. § 13 Abs 3 S 1 durch Rechtsverordnung ein **amtliches Antragsformular** für die Eigenantragstellung eingeführt wird, ist ein Insolvenzantrag des Schuldners nur zulässig, wenn er auf einem ordnungsgemäß ausgefüllten und unterschriebenen Formular gestellt wird (MüKo-*Schmahl* § 13 Rn 96; *Sternal* NJW 2007, 1909, 1911; K/P/B/*Pape* § 13 Rn 4–4c). Wegen des **Formularzwangs** (§ 13 Abs 3 S 2) und der weit reichenden wirtschaftlichen Folgen für einen Schuldner wird man aber auf eine **qualifizierte elektronische Signatur** nach dem Signaturgesetz (§§ 130a Abs 1 Satz 2 ZPO, 2 Nr 3 SigG) nicht verzichten können (vgl auch **BGH** v 29. 9. 1998 – XI ZR 367/97, NJW 1998, 3649; *Frege/Keller/Riedel* HRP Rn 338). Zurzeit fehlen im übrigen noch entsprechende Ausführungsbestimmungen gem § 130a Abs 2 ZPO.

Der per **Telefax** oder durch **elektronisches Dokument** übermittelte Eröffnungsantrag führt zur **An-** 34 **hängigkeit des Verfahrens**, ohne dass es auf den Eingang des Originals bei Gericht ankäme (*Jaeger/ Gerhardt* § 13 Rn 30; MüKo-*Schmahl* § 13 Rn 95; FK-*Schmerbach* § 14 Rn 10a; *Frege/Keller/Riedel* HRP Rn 383; anders noch die Vorauflage). Auch ein elektronisches Dokument muss bei Schuldneranträgen dem Formularerfordernis des § 13 Abs 3 entsprechen. Der schriftliche Insolvenzantrag muss mit **lesbarer Unterschrift** vom Gläubiger selbst, einem organschaftlichen Vertreter oder von einem Verfahrensbevollmächtigten unterzeichnet sein. Eine unlesbare Unterschrift, die zB keinen Vergleich mit dem im Handelsregister eingetragenen Namen des organschaftlichen Vertreters ermöglicht, reicht nicht aus. Etwas anderes gilt für **Anwaltsunterschriften**, wenn sich der Name des Vertreters eindeutig aus dem Insolvenzantrag ergibt.

35 **b) Notwendiger Inhalt.** Der Insolvenzantrag muss zum Ausdruck bringen, dass der ASt die Eröffnung eines Insolvenzverfahrens ernsthaft entweder über sein eigenes oder das Vermögen einer bestimmten Person oder eines Sondervermögens will und nicht sachfremde Zwecke anstrebt (**BGH** v 12. 12. 2002 – IX ZB 426/02, BGHZ 153, 205 = ZIP 2003, 358 = ZInsO 2003, 217 = NZI 2003, 147; **AG** Köln NZI 2008, 315; **AG** Dresden ZIP 2002, 862). Da es sich um ein Gesamtvollstreckungsverfahren handelt, kann der Insolvenzantrag nur auf das **gesamte Schuldnervermögen** erstreckt werden. Ein auf einen nicht insolvenzfähigen Vermögensteil des Schuldners beschränkter Antrag ist unzulässig (N/R/*Mönning* § 13 Rn 19). Es gilt als Grundregel „eine Person, ein Vermögen, ein Insolvenzverfahren" (*Jaeger/Henckel* § 1 KO Rn 149 für den Konkurs). Da das Insolvenzverfahren das gesamte Vermögen einer natürlichen oder juristischen Person erfasst, kann der Antrag nur hinsichtlich des gesamten Vermögens gestellt werden. Nur soweit ein **Sonderinsolvenzverfahren** zulässig ist, wie zB beim Nachlassverfahren, beschränkt sich der Antrag auf das Sondervermögen.

36 **aa) Auslegung.** Wie jede Prozesshandlung ist der Insolvenzantrag **auslegungsfähig** (**AG** Mönchengladbach NZI 2004, 383; *Vallender* MDR 1999, 280, 283; HK-*Kirchhof* § 13 Rn 4; (H/W/F Hdb 3/15; *Frege/Keller/Riedel* HRP Rn 385). Die Vorschriften der §§ 133 ff BGB finden Anwendung. Es gilt der allgemeine prozessrechtliche Grundsatz, dass Prozesshandlungen zu interpretieren, auszulegen und gegebenenfalls umzudeuten sind. Stellt zB ein Gläubiger Insolvenzantrag „für den Fall, dass kein eröffnetes Insolvenzverfahren anhängig ist", so will er primär die Insolvenzeröffnung, hilfsweise die Anmeldung seiner Forderung zur Insolvenztabelle in einem eröffneten Verfahren. Er ist nach § 139 ZPO darauf hinzuweisen, dass er die Anmeldung beim Insolvenzverwalter vorzunehmen hat. Selbst bei unzulässigen Insolvenzanträgen hat das Gericht zu prüfen, ob sich der unzulässige Antrag nicht in einen zulässigen **umdeuten** lässt. Die „Anmeldung einer Forderung" ist in der Regel kein Insolvenzantrag, zumal diese beim Verwalter zu erfolgen hat (§ 174). Zulässig ist aber ein Insolvenzantrag mit der Maßgabe, dass dieser als Forderungsanmeldung für den Fall gelten soll, dass entweder aufgrund dieses oder eines anderen Antrags das Verfahren eröffnet wird, denn der Insolvenzantrag als solcher stellt sich nicht als Forderungsanmeldung dar (*Vallender* MDR 1999, 280, 283; *Uhlenbruck/Delhaes* HRP Rn 210). Beantragt ein Gläubiger die Eröffnung eines Insolvenzverfahrens über das Vermögen des Schuldners nur für den Fall, „dass kein anderes Eröffnungsverfahren anhängig ist", so ist die Zulässigkeit des Antrags zumindest zweifelhaft, auch wenn die Klausel lediglich dazu dient, dem ASt das Kostenrisiko zu ersparen. Zur **aktenmäßigen Behandlung mehrerer Insolvenzanträge** gegen denselben Schuldner s. unten zu E.IV., *Uhlenbruck* KTS 1987, 561 ff; FK-*Schmerbach* § 13 Rn 39; *Jaeger/Gerhardt* § 13 Rn 36.

37 Ein Antrag auf Eröffnung eines **gemeinschaftlichen Verfahrens** über das Vermögen mehrerer insolvenzfähiger Personen kann uU wie zwei selbständige Anträge auf Eröffnung getrennter Verfahren behandelt werden (**OLG** Oldenburg MDR 1955, 175; HK-*Kirchhof* § 13 Rn 3). In den Fällen der **Gesamtgläubigerschaft** iSv § 428 BGB und der **Mitgläubigerschaft** nach § 432 BGB sowie bei Gesamthandsgläubigerschaft liegt den Insolvenzanträgen der Gläubiger nur eine einheitliche Forderung zugrunde, so dass auch nur eine einzige Gebühr anfällt, für die die ASt gesamtschuldnerisch haften (§ 31 GKG). Keine unzulässige Bedingung liegt vor, wenn der ASt den Insolvenzantrag von der **Bewilligung von Insolvenzkostenhilfe** abhängig macht (*Jaeger/Gerhardt* § 13 Rn 34; HK-*Kirchhof* § 13 Rn 4).

38 **bb) Anträge ausländischer Insolvenzverwalter.** Stellt ein ausländischer Insolvenzverwalter Insolvenzantrag gegen einen inländischen Schuldner oder hinsichtlich eines inländischen insolvenzfähigen Sondervermögens, so hat er die Voraussetzungen der Eröffnung eines inländischen Sonderinsolvenzverfahrens darzulegen, also nachzuweisen, dass ein Insolvenzverfahren im Ausland eröffnet worden und Vermögen des Schuldners im Inland vorhanden ist (*Smid* § 13 Rn 6, 11). Für das **Sekundärinsolvenzverfahren** normiert die EuInsVO besondere Antragsrechte. Der Verwalter des Hauptinsolvenzverfahrens (Art 29 EuInsVO) sowie jede andere Person oder Stelle, der das Antragsrecht nach dem Recht des Mitgliedstaates zusteht, in dessen Gebiet das Sekundärinsolvenzverfahren eröffnet werden soll, können die Eröffnung des Sekundärinsolvenzverfahrens beantragen (vgl *Vallender* InVo 2005, 41, 45; *Lüer* unten zu Art 29 EuInsVO). Eine Umdeutung des Antrags auf Eröffnung des Sekundärinsolvenzverfahrens in einen Antrag auf Eröffnung des Hauptinsolvenzverfahrens begegnet Bedenken (so aber **AG** Mönchengladbach NZI 2004, 383 m Anm *Lautenbach*; krit *Vallender* InVo 2005, 41, 45; *Smid* DZWIR 2004, 397, 403 ff).

39 **cc)** Stellt eine **öffentlich-rechtliche Körperschaft** als Gläubiger Insolvenzantrag, so handelt es sich ebenfalls um eine Prozesshandlung, nicht dagegen um einen Antrag auf Amtshilfe (*Gottwald/Uhlenbruck* InsRHdb § 8 Rn 21; *Smid* § 13 Rn 12). Zu den Anforderungen an die Glaubhaftmachung der Forderung bei Insolvenzantrag eines öffentlich-rechtlichen Gläubigers s die Kommentierung zu § 14 Rn 71 ff.

40 **dd) Zwingende Angaben bei Eigenantrag des Schuldners.** Der Eigenantrag des Schuldners muss die **Eröffnungsgründe substantiiert und nachvollziehbar** angeben (**LG** Stendal NZI 2008, 44; **AG** u **LG** Duisburg ZInsO 2002, 783; **LG** Göttingen NZI 2004, 149; HK-*Kirchhof* § 13 Rn 20; *Braun/Bußhardt* § 13 Rn 9). Für die Zulässigkeit müssen allerdings die tatsächlichen Angaben noch nicht in dem Sinne

D. Zulässigkeitsvoraussetzungen § 13

schlüssig sein, dass daraus bereits ohne weiteres das Vorliegen eines Eröffnungsgrundes folgt (BGHZ 153, 205 = ZIP 203, 358, 359 = NZI 2003, 147; **LG** Göttingen NZI 2004, 149). Vielmehr genügt die **Darlegung von Tatsachen**, die die wesentlichen Merkmale eines Eröffnungsgrundes erkennen lassen. Die tatsächlichen Angaben müssen die Finanzlage des Schuldners nachvollziehbar darstellen (**LG** Göttingen NZI 2004, 149; **AG** Hamburg NZI 2001, 238; **AG** Duisburg NZI 2002, 501, 502). Eine Schlüssigkeit im technischen Sinne ist dagegen nicht erforderlich (BGHZ 153, 205 = ZIP 2003, 358, 359 = NZI 2003, 147; *Fritsche* DZWIR 2003, 234). Der **BGH** (BGHZ 153, 205, 207 = ZInsO 2003, 217 = ZIP 2003, 358, 359 = NZI 2003, 147) hat zwar darauf hingewiesen, dass eine **Schlüssigkeit im technischen Sinne** nicht vorauszusetzen ist, jedoch kommt die Darlegung des Eröffnungsgrundes in **substantiierter, nachvollziehbarer Form** einer Schlüssigkeit im technischen Sinne zumindest nahe (s auch **BGH** v 12. 7. 2007 – IX ZB 82/04, ZIP 2007, 1868 = ZInsO 2007, 887; **LG** Göttingen ZInsO 2004, 216; **AG** Dresden ZIP 2002, 862; **AG** Köln NZI 2008, 315; HK-*Kirchhof* § 13 Rn 20; HaKo-*Wehr* § 13 Rn 10; K/P/B/*Pape* § 13 Rn 45; *Vallender* ZVI 2003, 253, 255 ff). In jedem Fall hat der Schuldner schlüssig darzulegen, dass die Voraussetzungen für die Eröffnung eines Insolvenzverfahrens vorliegen.

Der Schuldner muss entsprechend § 4 iVm § 253 ZPO **Tatsachen vortragen**, die, ihre Richtigkeit unter- **41** stellt, geeignet sind, **die Insolvenzeröffnung zu rechtfertigen**. Das gilt auch für den Eröffnungsantrag eines **Nachlasspflegers** (**BGH** ZIP 2007, 1868 = ZInsO 2007, 887), **Nachlassverwalters** oder eines **Testamentsvollstreckers** (MüKo-*Siegmann* § 317 Rn 9; HK-*Marotzke* § 317 Rn 22; *Floeth*, EWiR 2008, 111, 112) Keine Zulässigkeitsvoraussetzung ist die Vorlage eines **Gläubiger- und Schuldnerverzeichnisses** oder einer **Vermögensübersicht**. Besteht gem § 13 Abs 3 **Formularzwang**, so kann das **unvollständige Ausfüllen** des Antragsformulars ebenso wie seine **Nichtbenutzung** dazu führen, dass der Insolvenzantrag als unzulässig zurückgewiesen wird. Das Insolvenzgericht ist aber verpflichtet, den ASt auf die Mängel unter Fristsetzung (MüKo-*Schmahl* § 13 Rn 96) zur Beseitigung hinzuweisen. Der Beschluss des **BGH** v 12. 12. 2002 (ZIP 2003, 358) ist allerdings nicht einschlägig.

Soweit es sich **nicht um gesetzliche Zulässigkeitserfordernisse** handelt, wie zB die Schilderung der **42** wirtschaftlichen Entwicklung oder die Vorlage von Gläubiger- und Schuldnerverzeichnis bzw Vermögensübersicht, darf der Eigenantrag des Schuldners nicht als unzulässig zurückgewiesen werden. Vielmehr ist das Gericht verpflichtet, über § 20 im Wege der Amtsermittlung (§ 5) die erforderlichen Angaben und Unterlagen anzufordern. Bei einem **Eigenantrag** des Schuldners oder Schuldnerunternehmens ist die **Angabe des gesetzlichen Vertreters bzw der Gesellschaft** (entspr § 130 Nr 1 ZPO) unverzichtbar (HK-*Kirchhof* § 13 Rn 5, 6). Zum Verfahren bei **Vertreterlosigkeit** s BayObLG NJW-RR 1999, 1259; **OLG** Köln, ZIP 2000, 280; **AG** München ZVI 2008, 211, 212; *Kutzer* ZIP 2000, 654. Das Insolvenzgericht muss in die Lage versetzt werden, die Antragsberechtigung zu prüfen. Zu weitgehend aber **AG/LG** Duisburg (ZInsO 2002, 783), wonach der Eröffnungsantrag einer Kapitalgesellschaft – unabhängig von einer umfassenden Auskunftspflicht der organschaftlichen Vertreter – nur zulässig ist, wenn in der Antragsbegründung die tatsächlichen Verhältnisse geschildert sind, aus denen sich nach Ansicht des Antragstellers der behauptete gesetzliche Eröffnungsgrund ergibt.

Bei **antragspflichtigen Kapitalgesellschaften** muss es genügen, dass der organschaftliche Vertreter den **43** Insolvenzgrund behauptet. Eine Einschränkung macht lediglich § 15 Abs 2. Anders dagegen bei **Eigenantrag eines nicht antragspflichtigen Schuldners**. Hier kann der Antrag bereits dann als unzulässig abgewiesen werden, wenn die Auskunftserteilung nach § 20 verweigert wird (**AG** Göttingen ZInsO 2002, 43 = NZI 2002, 219; **AG** Göttingen ZInsO 2002, 1152). Wird der Antrag durch einen **faktischen organschaftlichen Vertreter** gestellt, so hat dieser die Voraussetzungen seiner Antragsberechtigung darzulegen und glaubhaft zu machen. Wird der Insolvenzantrag für eine juristische Person **im Fall der Führungslosigkeit durch einen Gesellschafter** gestellt, so hat dieser die Voraussetzungen der Führungslosigkeit ebenso darzulegen, wie ein **Mitglied des Aufsichtsrats** einer Aktiengesellschaft bei Führungslosigkeit.

ee) **Zwingende Angaben bei Gläubigeranträgen**. Da über § 4 InsO § 253 Abs 2 ZPO entsprechend **44** anwendbar ist, muss ein ordnungsmäßiger Insolvenzantrag auch eine **genaue Bezeichnung der Parteien** enthalten (§§ 4 InsO, 253 Abs 2 Nr 1, 191 Nr 3 ZPO). Demgemäß sind ASt und Antragsgegner so genau zu bezeichnen, dass keinerlei Zweifel hinsichtlich der Parteien bestehen können (MüKo-*Schmahl* § 13 Rn 97; *Uhlenbruck*, Rpfleger 1981, 377, 379; *Graf-Schlicker/Fuchs* § 13 Rn 10; Braun/Bußhardt § 13 Rn 8). Anzugeben ist der richtige Name, die richtige Firmenbezeichnung sowie die **ladungsfähige Anschrift** und die Rechtsform. Ist der Schuldner nach Antragstellung verzogen und kann der aktuelle Aufenthaltsort des Schuldners nicht angegeben werden, zB weil dieser untergetaucht ist, reicht nach hM die **Angabe des bisherigen Wohnsitzes** aus (vgl **OLG** Köln v 1. 8. 1988, ZIP 1988, 1070; K/P/B/*Pape* § 14 Rn 5; HK-*Kirchhof* § 13 Rn 6; str aA K/U § 105 KO Rn 2).

Die **Angabe der aktuellen Schuldneranschrift** kann nur unterbleiben, wenn sie nicht bekannt und mit **45** den üblichen Mitteln, wie zB Anfrage an das Einwohnermeldeamt, Postanfrage, Anfrage bei Registern etc nicht zu ermitteln ist (**BGH** NJW 2003, 1530 f; BGHZ 149, 311, 315; **AG** Potsdam NZI 2001, 604; MüKo-*Schmahl* § 13 Rn 98; *Graf-Schlicker/Fuchs* § 13 Rn 10; FK-*Schmerbach* § 14 Rn 13; s auch **OLG** Köln ZIP 1988, 1070; *Pape* EWiR 1988, 1111). In solchen Fällen ist es ausreichend, wenn der ASt die **Voraussetzungen für eine öffentliche Zustellung** gem §§ 15 a HGB, 185 ZPO nachweist (MüKo-*Schmahl* § 13 Rn 97; nach HK-*Kirchhof* § 13 Rn 6 genügt die Darlegung). Bei Gesellschaften entfällt wegen § 185 Nr 2 ZPO nF eine zeitaufwendige und schwierige Recherche nach den organschaftlichen Vertretern der Gesellschaft. Das Insolvenzgericht darf die **öffentliche Zustellung** des Insolvenzantrages nicht mit der Begründung ablehnen, dass eine ausländische Wohnanschrift des organschaftlichen Vertreters nicht bekannt sei. Stellt sich die vom ASt angegebene Anschrift des Schuldners (Antragsgegners) als nicht mehr zutreffend heraus, so ist es nach Zulassung des Insolvenzantrags Aufgabe des Gerichts, die aktuelle Anschrift gem § 5 zu ermitteln (*Frege/Keller/Riedel* HRP Rn 388; s auch oben zu § 14 Rn 24). Im Übrigen ist darauf hinzuweisen, dass auf der Mitteilung der ladungsfähigen Anschrift schon wegen der örtlichen oder internationalen Zuständigkeitsprüfung nicht verzichtet werden kann (MüKo-*Schmahl* § 13 Rn 99; HK-*Schmerbach* § 14 Rn 13).

46   Das **MoMiG** hat für die **GmbH** und entspr auch für die **Aktiengesellschaft** durch Änderung der §§ 185 ZPO, 35 Abs 1 GmbHG sowie die §§ 15a HGB, 35 Abs 2, 35a Abs 4 S 1 GmbHG dem Fall vorgebeugt, dass die Gesellschafter versuchen, durch Abberufung der Geschäftsführer Zustellungen und den Zugang von Erklärungen an die Gesellschaft zu vereiteln. Nach § 35 Abs 1 Satz 3 GmbHG nF wird die GmbH bei Führungslosigkeit für den Fall, dass ihr gegenüber Willenserklärungen abgegeben oder Schriftstücke zugestellt werden, durch die Mitglieder des Aufsichtsrats (§ 52 GmbHG) oder, wenn kein Aufsichtsrat bestellt ist, durch die **Gesellschafter** vertreten. Für die Wirkung der Norm kommt es nicht darauf an, ob die Gesellschafter von der Führungslosigkeit der GmbH Kenntnis haben. S auch die Kommentierung zu § 11 Rn 60.

47   Ist der **Insolvenzantrag gegen eine Firma** gerichtet, so muss ihr **Inhaber** angegeben werden. Falls sich unter der Firma eine OHG oder eine Gesellschaft bürgerlichen Rechts verbirgt, muss geklärt werden, ob es sich um eine Gesellschaftsschuld oder die Privatschuld eines Gesellschafters handelt, denn letztere berechtigt nicht zur Eröffnung des Gesellschaftsinsolvenzverfahrens. Ist der Firmeninhaber nicht ausreichend individualisiert, kann das Gericht dem ASt die Vorlage eines Handelsregisterauszuges aufgeben (LG Berlin ZZP 52 [1927], 109; *Uhlenbruck* Rpfleger 1981, 379 unter Ziff 5; HK-*Kirchhof* § 13 Rn 1, 6 u § 14 Rn 3; *Keller* InsR Rn 500). Die Angabe eines Postfachs oder des ehemaligen Firmensitzes genügt nicht. Von einigen Gerichten wird verlangt, dass bei einer GmbH auch der **Name des Geschäftsführers** anzugeben ist, damit ggf ein Vorführungs- oder Haftbefehl (§§ 21 Abs 3, 98 Abs 2) vollstreckt werden kann (so *Vallender* MDR 1999, 280, 283; *H/W/F* Hdb 3/16; *N/R/Mönning* § 13 Rn 28). Bei **juristischen Personen** genügt es beim Gläubigerantrag, wenn im Antrag heißt: „vertreten durch den Geschäftsführer" oder „vertreten durch den Vorstand". Es ist für das Insolvenzgericht unschwer festzustellen, durch welche Personen ein Verein oder eine Gesellschaft des Handelsrechts vertreten wird (HK-*Kirchhof* § 14 Rn 3). Stellt ein Gläubiger den Antrag auf Eröffnung eines Insolvenzverfahrens über das Vermögen einer GmbH, die im Handelsregister für den Zuständigkeitsbereich des Insolvenzgerichts nicht eingetragen ist, hat er zB durch den Auszug eines anderen Registers nachzuweisen, dass die GmbH existiert. Unterlässt der ASt auf eine gerichtliche Aufforderung den Nachweis, dass die schuldnerische GmbH entstanden ist und weiterhin existiert, so ist der Antrag ohne weitere Ermittlungen von Amts wegen zurückzuweisen (**AG Potsdam, Beschl v 1. 8. 2001 – 35 IN 260/01, NZI 2001, 606**).

48   Handelt es sich um eine **Gesellschaft ohne Rechtspersönlichkeit** (§ 11 Abs 2 Nr 1), so sind entgegen der Vorauflage **nicht alle Namen** und ladungsfähigen Anschriften sämtlicher Gesellschafter anzugeben. Es genügt, wenn eine **Identifizierung** der Gesellschaft und ihrer Gesellschafter unter Angabe der ladungsfähigen Anschrift der Personenvereinigung möglich ist (HK-*Kirchhof* § 14 Rn 3; HaKo-*Wehr* § 13 Rn 8; aA FK-*Schmerbach* § 13 Rn 12; s. auch BGHZ 146, 341 = ZInsO 2001, 218 = NJW 2001, 1056). Etwas anderes gilt für nicht eingetragene Gesellschaften (MüKo-*Schmahl*, § 13 Rn 98) Bei geschäftsunfähigen Personen ist der **Name des gesetzlichen Vertreters** im Antrag anzugeben (HK-*Kirchhof* § 13 Rn 6). Steht eine Person unter Betreuung, so ist der Name des Betreuers mitzuteilen. Bei den **Sonderinsolvenzen** sind die Namen und ladungsfähigen Anschriften der übrigen Anhörungsberechtigten (§§ 317 Abs 2, 3, 318 Abs 2, 332 Abs 1, 3 S 2, 333) anzugeben (FK-*Schmerbach* § 14 Rn 12).

49   Nach *Pape* (EWiR § 75 KO 2/88, 1111) ist die **Mitteilung der ladungsfähigen Anschrift** des Schuldners durch den antragstellenden Gläubiger keine Zulässigkeitsvoraussetzung für den Insolvenzantrag. Dies lässt sich der Entscheidung des **OLG Köln v 1. 8. 1988 (ZIP 1988, 1070)** aber nicht entnehmen. Vielmehr hat das Insolvenzgericht nur in den Fällen, in denen es den Antrag ohne ausreichende Angaben zulässt, im Wege der Amtsermittlungen (§ 5) die entsprechenden Feststellungen zu treffen. Keineswegs reicht es aus, die ladungsfähige Anschrift des Geschäftsführers mitzuteilen, wenn sich der Insolvenzantrag gegen eine GmbH oder GmbH & Co KG richtet. Es muss aber angegeben werden, dass der ASt die Voraussetzungen einer **öffentlichen Zustellung** nach § 185 Nr 2 ZPO nF darlegt (§ 15a HGB). Der **Nachweis des besonderen Gerichtsstandes** des Aufenthaltsorts (§ 20 ZPO) ist bei natürlichen Personen ebenso zu führen wie der des allgemeinen Gerichtsstandes des Erblassers nach § 315. Ist der Aufenthalt des Antragsgegners (Schuldners) im In- oder Ausland nicht bekannt, so hat der ASt gem §§ 4 InsO, 16 ZPO den letzten Wohnsitz anzugeben und nachzuweisen (*Vallender* MDR 1999, 280, 283). Einzelheiten zum Insolvenzantrag des Gläubigers s die Kommentierung zu § 14.

50   c) **Anlagen zum Insolvenzantrag.** Beim Insolvenzantrag unterscheidet man zwingende und fakultative Anlagen. **Zwingende Anlagen** sind solche, deren Fehlen die Zurückweisung des Insolvenzantrags rechtfertigt. So hat zB beim Nachlassinsolvenzverfahren der ASt eine Sterbeurkunde des Erblassers vorzu-

D. Zulässigkeitsvoraussetzungen § 13

legen. Stellt der Erbe Insolvenzantrag, hat er einen **Erbschein** vorzulegen, der verwaltende Testamentsvollstrecker (§ 2209 BGB) ein **Testamentsvollstreckerzeugnis.** Bei einer **öffentlich-rechtlichen Körperschaft** reicht die **Vorlage eines Kontoauszugs** in Form einer geordneten Zusammenstellung der offenen Forderungen zwar aus, um dem Erfordernis der Spezifizierung zu genügen, nicht aber der Glaubhaftmachung (vgl § 14 Rn 71 ff; FK-*Schmerbach* § 14 Rn 55). Sozialversicherungsträger haben einen **Leistungsbescheid** im Original oder in beglaubigter Abschrift vorzulegen (**AG** Charlottenburg ZInsO 2000, 520; **AG** Potsdam NZI 2001, 495; **AG** Potsdam ZInsO 2003, 135, 137 = NZI 2003, 155; *Henckel* ZIP 2000, 2045, 2047; *Frind/Schmidt* ZInsO 2001, 1133, 1135; str aA FK-*Schmerbach* § 14 Rn 55; vgl auch Die Kommentierung zu § 14 Rn 72. Zu unterscheiden ist zwischen der **substantiierten Darlegung** und der erforderlichen **Glaubhaftmachung** (§ 294 ZPO, § 4 InsO). Die Entscheidungen des **BGH** (ZIP 2004, 1466 = NZI 2004, 587; **BGH** ZIP 2006, 141; **BGH** NJW-RR 2004, 1641 = ZIP 2006, 1456 = NZI 2006, 590) betrafen die nach § 14 Abs 1 erforderliche **Glaubhaftmachung.** Zur Substantiierung reicht die Vorlage sonstiger Leistungsunterlagen, wie zB Kontoauszüge oder Vollstreckungsunterlagen in der Regel aus (*Bartone* AO-StB 5/2004, 194, 195; *Uhlenbruck* DStZ 1986, 39 ff). Zur Darstellung und Glaubhaftmachung der Forderung eines öffentlich-rechtlichen Gläubigers im Insolvenzeröffnungsantrag s auch *Schmahl* NZI 2007, 20 ff; MüKo-*Schmahl* § 14 Rn 77 ff). Erfolgt der Insolvenzantrag eines Gläubigers aufgrund eines **Vollstreckungstitels**, so ist dieser dem Antrag beizufügen. Bei **nicht titulierten Forderungen** sind Unterlagen, wie zB Rechnungen oder Kontoauszüge, im Original oder in Ablichtung vorzulegen. Zwingende Anlagen sind im **Verbraucherinsolvenzverfahren** die in § 305 Abs 1 bezeichneten Unterlagen. Kommt der Schuldner der Ergänzungsaufforderung des Gerichts nicht rechtzeitig nach, wird die Rücknahme des Antrags gesetzlich fingiert (§ 305 Abs 3 S 2). S auch *Andres/Leithaus* § 13 Rn 4.

Fakultative Anlagen sind bei Gläubigerantrag im Regelverfahren die zustellungsfähigen Durchschrif- 51 ten des Antrags, die der ASt mit dem Antrag einzureichen hat. Kommt er dieser Verpflichtung trotz Aufforderung durch das Gericht nicht nach, kann das Gericht diese Durchschriften auf seine Kosten fertigen (§ 28 Abs 1 S 2 GKG). Nicht zwingend ist auch beim Eigenantrag die **Vorlage eines Gläubiger- und Schuldnerverzeichnisses** sowie einer **Übersicht über die Vermögensmasse** (*Uhlenbruck* InVo 1999, 333; *Graf-Schlicker/Fuchs* § 13 Rn 14; *Jaeger/Gerhardt* § 13 Rn 25; K/P/B/Pape § 13 Rn 10). Legt der Schuldner die zur Beurteilung des behaupteten Insolvenzgrundes erforderlichen Unterlagen, die dem früheren § 104 KO entsprechen, nicht vor, so kann das Gericht dies im Wege der **Auskunftspflicht** nach § 20 über die §§ 97, 98, 101 durchsetzen. Soweit eine zwangsweise Durchsetzung möglich ist, kommt eine Zurückweisung als unzulässig nicht in Betracht (str aA FK-*Schmerbach* § 14 Rn 90 a; wohl auch K/P/B/*Pape* § 13 Rn 37; *Vallender* MDR 1999, 280, 281). Nach Auffassung von *Pape* (K/P/B/*Pape* § 13 Rn 38 Fn 85) verallgemeinert § 20 nach der Begründung zu § 24 RegE (BT-Drucks 12/2443 S 115) die frühere Regelung des § 104 KO und erstreckt sich demgemäß auch auf die dem Antrag beizufügenden Unterlagen (so auch BayObLG ZIP 2000, 1220, 1221; **AG** Hamburg NZI 2000, 238; N/R/*Mönning* § 13 Rn 26; wohl auch MüKo-*Schmahl* § 13 Rn 88). Würde man die **Vorlage von Gläubiger- und Schuldnerverzeichnis** sowie **einer Vermögensübersicht** als Zulässigkeitsvoraussetzung ansehen, müsste der Eigenantrag des Schuldners als unzulässig zurückgewiesen werden, wenn er nach gerichtlicher Aufforderung und Fristsetzung die Unterlagen nicht nachreicht. Vorzugswürdig wird deshalb die Vorlage von Unterlagen **nicht als Zulässigkeitsvoraussetzung** qualifiziert (**BGH** v 12. 12. 2002 – IX ZB 426/02, BGHZ 153, 205, 207 = ZInsO 203, 217, 218 = ZIP 2003, 358, 359 = NZI 2003, 147; HK-*Kirchhof* § 13 Rn 20; *Jaeger/Gerhardt* § 13 Rn 25; *Graf-Schlicker/Fuchs* § 13 Rn 14).

Der **Insolvenzantrag eines Nachlasspflegers** ist zulässig, wenn er eine Überschuldung des Nachlasses 52 in substantiierter, nachvollziehbarer Form darlegt. Eine Schlüssigkeit im technischen Sinne ist nicht erforderlich (**BGH** v 12. 7. 2007 – IX ZB 82/04, DZWIR 2007, 482, 483). Hat der Schuldner mit seinem Eigenantrag Tatsachen mitgeteilt, die wesentliche Merkmale eines Eröffnungsgrundes erkennen lassen, so ist der Insolvenzantrag auch dann zuzulassen, wenn ein Gläubiger- und Schuldnerverzeichnis sowie ein Vermögensverzeichnis fehlen. Das Gericht muss nunmehr versuchen, die Vorlage der Unterlagen mit den Mitteln des § 20 Abs 1 Satz 2 iVm §§ 97, 98, 101 zu erzwingen (BGHZ 153, 205, 208). Ist eine **zwangsweise Durchsetzung** nicht möglich, hat das Insolvenzgericht, da der Antrag zugelassen worden ist, gem § 5 im Wege der **Amtsermittlung** zu versuchen, das Vorliegen eines Insolvenzgrundes festzustellen. In Betracht kommt vor allem die Einsetzung eines **Gutachters.** Erst wenn auch die im Rahmen der Amtsermittlung erfolgten Maßnahmen erfolglos sind, ist der **zulässige Insolvenzantrag als unbegründet abzuweisen,** da das Gericht sich gem § 16 dann nicht vom Vorliegen eines Eröffnungsgrundes überzeugen kann (zutr HaKo-*Wehr* § 13 Rn 30, 32).

Die **Vorlage von notwendigen Unterlagen** ist nicht zu verwechseln mit der **Schlüssigkeit des Insol-** 53 **venzantrags** (vgl BGHZ 153, 205, 207; **BGH** DZWIR 2007, 482, 483; *Vallender* MDR 1999, 280, 281; *Uhlenbruck* InVo 1999, 333 f). Die Vorlage von Unterlagen gehört nicht zur Schlüssigkeit des Insolvenzantrags (*Uhlenbruck* InVo 1999, 333, 334). Keine zwingenden Anlagen sind die nach §§ 229, 230 vorzulegenden **Anlagen zum Insolvenzplan**. Hat der Schuldner einen „prepackaged plan" vorgelegt, nicht aber die erforderlichen Anlagen oder sind diese unvollständig, so berührt dies die Wirksamkeit des Insolvenzantrags nicht. Vielmehr hat das Gericht, da das Insolvenzplanverfahren ein selbständiges Verfahren ist, nach § 231 zu entscheiden. Auch hier ist zu differenzieren zwischen **behebbaren** und nicht behebbaren Mängeln (N/R/*Braun* § 231 Rn 5; *Graf-Schlicker/Kebekus* § 231 Rn 6). Nicht behebbare Mängel führen zur **sofortigen Zurückweisung** des Plans nach § 231 (vgl N/R/*Braun* § 231 Rn 6–9). Handelt es sich um behebbare Mängel, so führt dies lediglich zu einer Beanstandung durch das Gericht, das dem ASt zugleich eine Frist zur Abhilfe setzt (N/R/*Braun* § 231 Rn 5, 10–13). Durch die Zurückweisung des Insolvenzplans wird die Wirksamkeit des Insolvenzantrags nicht berührt.

IV. Prüfung durch das Insolvenzgericht

54   Das Insolvenzgericht hat die allgemeinen und speziellen Zulässigkeitsvoraussetzungen von Amts wegen zu prüfen. Unvollständige und unzulässige Anträge sind zu beanstanden. Kommt der ASt den Beanstandungen innerhalb einer vom Gericht gesetzten Frist nicht nach, ist der Antrag als unzulässig zurückzuweisen (s unten zu V.). Bei Anträgen auf Eröffnung eines **Verbraucherinsolvenzverfahrens** prüft das Insolvenzgericht zunächst, ob die eingereichten Unter lagen den in § 305 Abs 1 Nr 1–4 genannten Anforderungen genügen. Allerdings hat das Gericht insoweit nur eine **formelle Prüfungskompetenz**, dh es prüft nicht nach, ob die Angaben des Schuldners stimmen (LG Würzburg v 6. 8. 1999, ZInsO 1999, 583; FK-*Grote* § 305 Rn 4 f, 37; K/P/B/*Wenzel*, § 305 Rn 16; *Vallender/Fuchs/Rey* NZI 1999, 218, 219). Es prüft weder die Angaben zum Vermögen noch die Richtigkeit des eingereichten Gläubiger- und Schuldnerverzeichnisses. Es darf sich mit der Erklärung hinsichtlich der Richtigkeit und Vollständigkeit nach § 305 Abs 1 Nr 3 begnügen. Sind oder werden dem Gericht Anhaltspunkte für die **Unrichtigkeit der Angaben** oder Versagungsgründe für eine Restschuldbefreiung bekannt, greift der Amtsermittlungsgrundsatz (§ 5) nicht ein, da die Versagungsgründe im gerichtlichen Schuldenbereinigungsplanverfahren ohne Bedeutung sind und die Geltendmachung der Versagungsgründe von einem entsprechenden Antrag der Gläubiger abhängt (*Vallender/Fuchs/Rey* NZI 1999, 218, 219). Im Rahmen des **Zulassungsverfahrens** prüft das Gericht, ob der Insolvenzantrag nach Form und Inhalt den gesetzlichen Anforderungen an einen Insolvenzantrag entspricht und ein **Rechtsschutzinteresse** besteht. Beim **Gläubigerantrag** kommt noch die Prüfung der **Glaubhaftmachung der Forderung und des Eröffnungsgrundes** (§§ 14 Abs 1 InsO, 294 ZPO) hinzu. Schwierigkeiten bereitet in der Praxis die Abgrenzung des **Zulassungsverfahrens** von dem **Hauptprüfungsverfahren**. Es ist zweifelhaft, ob der Amtsermittlungsgrundsatz (§ 5) immer erst eingreift, wenn die „Schwelle vom Zulassungs- zum Eröffnungsverfahren" (BGHZ 153, 205, 208) überschritten ist. Vor allem bei grenzüberschreitenden Fällen kann es im Rahmen der Zuständigkeitsprüfung schon erforderlich sein, amtswegige Feststellungen zu treffen (BGH v 21. 6. 2007 – IX ZB 51/06, NZI 2008, 121; AG Köln NZI 2008, 390; NZI 2008, 254 = ZInsO 2008, 215 = ZIP 2008, 982).

55   Grundsätzlich ist im **Zulassungsverfahren** zwischen einem **Antrag auf Eröffnung des Regelverfahrens** und einem **Antrag auf Eröffnung eines Verbraucherinsolvenzverfahrens** bzw auf Restschuldbefreiung zu unterscheiden. Die Unterscheidung rechtfertigt sich aus der Interessenlage. Handelt es sich um den Insolvenzantrag einer **antragspflichtigen juristischen Person**, so besteht ein **allgemeines Interesse an einer Verfahrenseröffnung**. Stellt dagegen der Schuldner Antrag auf Eröffnung eines Verbraucherinsolvenzverfahrens, so dient das Verfahren primär seinen Interessen. Daher sind an die formellen Voraussetzungen seines Insolvenzantrags (§ 305) strengere Anforderungen zu stellen, wie an den Insolvenzantrag einer antragspflichtigen juristischen Person. Verstößt zB der Vorstand einer Aktiengesellschaft gegen den **Vordruckzwang** (§ 13 Abs 3), so fehlt es an einer Vorschrift wie § 305 Abs 3 Satz 2, wonach bei Ablauf einer gerichtlichen Frist der Antrag als zurückgenommen gilt. Bei **fehlender Bestimmtheit des Antrags** oder bei Zweifeln hinsichtlich der Antragsberechtigung, hat das Gericht bis zur Antragszulassung den ASt **unter Fristsetzung aufzufordern,** seinen Antrag zu berichten, das Formular zu benutzen oder sonstigen Bedenken Rechnung zu tragen (K/P/B/*Pape* § 13 Rn 45; HaKo-*Wehr* § 13 Rn 29, 30 ff; *Graeber* ZInsO 2003, 549, 555). Zutreffend weist *Graeber* (ZInsO 2003, 549, 553) darauf hin, dass es bei juristischen Personen Sinn der Antragspflicht (§ 15 a) ist, die Gläubiger vor einer weiteren wirtschaftlichen Entwertung ihrer Rechtspositionen gegenüber der Schuldnerin zu schützen.

56   Die **Schwelle vom Zulassungsverfahren zum Hauptprüfungsverfahren** ist bei juristischen Personen **niedriger** anzusetzen als bei nicht antragspflichtigen Personengesellschaften oder im Verbraucherinsolvenzverfahren. Die Entscheidung des **BGH** v 12. 12. 2002 (BGHZ 153, 205) betraf eine natürliche Person, war also nicht einschlägig. Richtig ist aber, dass bei substantiiertem Insolvenzantrag, aber ungenügenden Angaben oder fehlenden Unterlagen das Insolvenzgericht zwecks Feststellung des Insolvenzgrundes (§ 16) versuchen muss, die Ergänzung der Angaben und die Vorlage von Unterlagen mit den Mitteln des § 20 Abs 1 Satz 2 iVm §§ 97, 98, 101 zu erzwingen. Kommt der organschaftliche Vertreter einer nach § 15 a antragspflichtigen juristischen Person oder einer Gesellschaft ohne Rechtspersönlichkeit, bei der kein persönlich haftender Gesellschafter eine natürliche Person ist, seiner **Vorlagepflicht** oder **Formularpflicht** nicht nach. weil er abberufen wird, oder legt er sein Amt nieder, so darf der Insolvenzantrag nicht als unzulässig zurückgewiesen werden. Vielmehr hat das Gericht, wenn der Antrag die wesentlichen Merkmale eines Eröffnungsantrags erkennen lässt, von Amts wegen (§ 5) einen **Sachverständigen** mit der Prüfung zu beauftragen, wer antragsberechtigt ist und ob ein Insolvenzgrund vorliegt. Mit der Bestellung des Sachverständigen ist der **Antrag zugelassen** und das **Hauptprüfungsverfahren** eingeleitet. Eine Zurückweisung des Antrags aus formellen Gründen muss nicht zuletzt im Interesse der Allgemeinheit und der Gläubigerschaft auf Ausnahmefälle beschränkt sein.

V. Zurückweisung des Antrags als unzulässig

Genügt der Insolvenzantrag nicht den zwingenden gesetzlichen Erfordernissen, muss das Gericht im 57
Wege der Zwischenverfügung auf einen ordnungsmäßigen Antrag hinwirken (§§ 4 InsO, 139 ZPO).
Trägt der ASt trotz Hinweises und Fristsetzung den Beanstandungen des Gerichts keine Rechnung, so
ist der **Antrag als unzulässig** mit der Kostenfolge des § 91 ZPO (§ 4 InsO) **zurückzuweisen.** Bei unzulässigen Insolvenzanträgen wegen **nicht behebbarer Mängel** ist das Gericht nicht verpflichtet, gem § 20
Abs 1 Satz 2 iVm §§ 97, 98, 101 von Zwangsmitteln Gebrauch zu machen (vgl auch BGHZ 153, 205,
208 = ZIP 2003, 358, 359 = ZInsO 2003, 217, 218 = NZI 2003, 147). Gleiches gilt, wenn der ASt die
Eröffnung des Insolvenzverfahrens in einer bestimmten Verfahrensart (Regel- oder Verbraucherverfahren) gestellt hat und trotz Hinweises des Gerichts den Antrag nicht auf die zulässige Verfahrensart umstellt (vgl **OLG Köln** v 11. 9. 2000, NZI 2000, 542, 543; **OLG Schleswig** NJW-RR 2000, 865 = NZI
2000, 164; **AG Köln** v 31. 3. 1999, NZI 1999, 241; *Vallender/Fuchs/Rey* NZI 1999, 218, 219; K/P/B/
Wenzel § 304 Rn 2 d; **AG Frankfurt aM,** InVo 1999, 313; str aA *Kohte/Ahrens/Grote,* § 304 Rn 26–29;
Bork ZIP 1999, 301, 303; *Kögel* DZWIR 2000, 83, 85, die § 17 a Abs 2 GVG analog anwenden wollen). Der Insolvenzantrag hat alle die **Zuständigkeit** des angerufenen Gerichts begründenden Tatsachen
anzugeben. Das Gericht hat trotzdem seine Zuständigkeit (§ 3) gem § 5 Abs 1 S 1 von Amts wegen zu
prüfen (BayObLG ZInsO 2003, 902, 903; **OLG Stuttgart** ZInsO 2004, 750; *Jaeger/Gerhardt* § 3
Rn 42; HK-*Kirchhof* § 3 Rn 22). Nicht zu verwechseln ist die Pflicht zur Darlegung der **Voraussetzungen einer örtlichen und sachlichen Zuständigkeit** des Insolvenzgerichts mit der nach Zulassung erfolgenden Feststellung des Gerichts, dass ein anderes Gericht zuständig ist. Nur letztenfalls ist der ASt
aufzufordern, einen **Verweisungsantrag** an das zuständige Gericht zu stellen. Legt er dagegen nicht einmal dar, dass das angerufene Insolvenzgericht zuständig ist, ist der Antrag ohne weiteres als unzulässig
zurückzuweisen. Zur Amtsermittlungspflicht bei Verdacht der Zuständigkeitserschleichung s **BGH** ZIP
2006, 442 = DZWIR 2006, 205; **OLG Celle** ZIP 2004, 1002 = NZI 2004, 258 = ZInsO 2004, 205;
Pape ZIP 2006, 877, 882. Wird in Fällen sog **Firmenbestattung** ohne eine von Amts wegen vorzunehmende Zuständigkeitsprüfung dem Antrag eines neuen Geschäftsführers entsprochen, das Verfahren an
seinen Wohnsitz zu verweisen, ist die Verweisung als willkürlich anzusehen (**BGH** ZIP 2004, 442).

Wird der Antrag eines Gläubigers oder Schuldners auf Eröffnung des Insolvenzverfahrens als **unzu-** 58
lässig abgelehnt, so steht dem ASt die **sofortige Beschwerde** (§ 34 Abs 1) zu. Mit der Beschwerde kann
der ASt ua vorbringen, dass entgegen der Auffassung des Insolvenzgerichts die **verneinte Zuständigkeit**
doch besteht, der Eröffnungsantrag in **zulässiger Form** gestellt worden ist (vgl **OLG Köln** ZIP 2000,
504, 506) oder dass das **Rechtsschutzinteresse** doch zu bejahen ist (vgl *Graf-Schlicker/Kexel* § 34 Rn 12).
Geltend gemacht werden kann auch, dass die Ablehnung auf einem **Verfahrensfehler** beruht, wie etwa
auf fehlender Anhörung (**LG Baden-Baden** ZIP 1983, 205; FK-*Schmerbach* § 34 Rn 28) oder **mangelhafter Amtsermittlung** (**LG Göttingen** ZIP 2002, 1048, 1049 = ZVI 2002, 160, 161). Wird der Eröffnungsantrag wegen Unzulässigkeit zurückgewiesen, so kann sowohl vom Schuldner als auch vom Gläubiger ein **erneuter Antrag** gestellt werden, der den gesetzlichen Erfordernissen entspricht (HK-*Kirchhof*
§ 13 Rn 27; *Jaeger/Gerhardt* § 13 Rn 35).

Hat das Insolvenzgericht das Insolvenzverfahren auf Antrag des Schuldners eröffnet, so steht diesem 59
hiergegen grundsätzlich **kein Beschwerderecht** zu (**BGH** v 18. 1. 2007 – IX ZB 170/06, ZIP 2007, 499).
Nach Auffassung des **BGH** begründet ein bloßer Sinneswandel des Schuldners nach Antragstellung, der
nicht zur Rücknahme des Insolvenzantrags vor Verfahrenseröffnung geführt hat, ebenso wenig eine Beschwerde wie ein Irrtum über die ursprünglichen Voraussetzungen der Verfahrenseröffnung (so auch
HK-*Kirchhof* § 34 Rn 11; str **aA** *Braun/Herzig* § 34 Rn 9; K/P/B/*Pape* § 34 Rn 38; FK-*Schmerbach*
§ 34 Rn 16). Unzulässig ist auch der Insolvenzantrag eines Schuldners, der gem dem **Gesetz zur Harmonisierung des Zeugenschutzes (ZSHG)** geschützt ist und ohne Angabe des Namens und der derzeitigen
Anschrift mit dem Insolvenzantrag Restschuldbefreiung zu erreichen versucht (HaKo-*Wehr* § 13
Rn 12). Bei einem Insolvenzverfahren handelt es sich nicht um ein anderes gerichtliches Verfahren iSv
§ 10 Abs 1 ZSHG (s auch **LG Hamburg** ZInsO 2005, 1000; **AG Hamburg** ZInsO 2004, 561; **AG Hamburg** ZInsO 2005, 276; *Frind* ZVI 2005, 57 ff).

VI. Aufschieben der Entscheidung über die Verfahrenseröffnung

Auf Wunsch des Antragstellers kann der Antrag bzw die Behandlung **für kurze Zeit** zurückgestellt 60
werden (**BGH** v 13. 4. 2006 – IX ZR 158/05; ZIP 2006, 1261, 1262; HK-*Kirchhof* § 13 Rn 4). Nach
Auffassung des **BGH** bedeutet dies jedoch nicht, dass der Antrag erst mit dem Zeitpunkt als gestellt
gilt, zu dem das Insolvenzgericht mit seiner Bearbeitung beginnt. Bittet der ASt um kurzfristige Zurückstellung bei der Behandlung seines Antrags, so ist dies regelmäßig nur eine unverbindliche Anregung,
die die Wirksamkeit des Insolvenzantrags nicht berührt. Ein Insolvenzantrag, der mit der Maßgabe gestellt wird, dass er **zunächst nicht bearbeitet wird**, wäre nach Auffassung des **BGH** unzulässig. Die **Sistierung eines Insolvenzantrags** empfiehlt sich oftmals bei der **GmbH & Co. KG**. Der Geschäftsführer
hat zwar die Dreiwochenfrist des § 15 a (§ 64 Abs 1 GmbHG) einzuhalten; würde jedoch über den Antrag der – oftmals vermögenslosen – Komplementär-GmbH kurzfristig entschieden und die GmbH ge-

löscht, wäre eine Sanierung der KG durch Insolvenzplan ausgeschlossen. Bestehen die Verbindlichkeiten der GmbH ausschließlich in der Haftung hinsichtlich des die Überschuldung der KG ausmachenden Teils der Verbindlichkeiten, fällt mit der Insolvenzplanbestätigung bei der KG der Insolvenzgrund bei der GmbH weg.

61 Bei **Gläubigeranträgen** ist eine **Verzögerung der Verfahrenseröffnung** ausnahmsweise zulässig, wenn sie der Masseanreicherung dient, die Dreiwochenfrist einer Zahlungsstockung überschritten wird und eine glaubhaft gemachte kurzfristige Beseitigung des Insolvenzgrundes den Gläubigern zugemutet werden kann (**AG Hamburg ZInsO 2008, 52, 53**; ZIP 2001, 1885; ZInsO 2004, 630; *Münzel*, ZInsO 2006, 1238; HaKo-*Schröder* § 27 Rn 9; *Jaeger/Schilken* § 27 Rn 9; *Spliedt* EWiR 2001, 1099; FK-*Schmerbach* § 27 Rn 8 a). Grundsätzlich aber muss das Gericht eröffnen, wenn die Ermittlungen abgeschlossen und die Massekosten gedeckt sind (**LG Hamburg ZInsO 2007, 335, 336 = ZIP 2008, 520**).

E. Antragsrecht und Antragspflicht

I. Vorbemerkung

62 Nach früherem Recht waren die Antragsrechte in den §§ 13–15, die Antragspflichten dagegen im BGB bzw im Gesellschaftsrecht geregelt. Nach wie vor gelten für **Erben** und **Nachlassverwalter** die Vorschriften der §§ 1980, 1985 BGB. Die Mitglieder der fortgesetzten Gütergemeinschaften (§ 1489 iVm § 1980 BGB) sind ebenfalls gesetzlich berechtigt bzw verpflichtet, bei Zahlungsunfähigkeit oder Überschuldung Insolvenzantrag zu stellen. Gleiches gilt für Geschäftsführer und Abwickler eines **rechtsfähigen Vereins** (§ 42 Abs 2 BGB, *Rugullis* NZI 2007, 323). Für den rechtfähigen Verein hat der Gesetzgeber keine gesetzliche Regelung getroffen, wonach das zuständige Organ den Antrag auf Eröffnung des Insolvenzverfahrens unverzüglich, spätestens aber drei Wochen nach Vorliegen des Insolvenzgrundes zu stellen hat. Trotzdem wird in der Literatur angenommen, dass bei Zahlungsunfähigkeit oder Überschuldung die Vorstandsmitglieder eines rechtsfähigen Vereins den Insolvenzantrag unverzüglich stellen müssen (*Rugullis* NZI 2007, 323, 327 mw Literaturangaben). Auch das **MoMiG** hat für den Verein die Sonderregelung in § 42 Abs 2 BGB beibehalten. Im Übrigen ist jedoch durch § 15 a InsO eine **rechtsformneutrale Insolvenzantragspflicht** für juristische Personen und Gesellschaften ohne Rechtspersönlichkeit eingeführt worden. Wegen der gesetzlichen Insolvenzantragspflicht der **Gesellschafter einer führungslosen GmbH** (§ 15 a Abs 3) ist § 15 Abs 1 dahingehend ergänzt worden, dass bei einer juristischen Person im Fall der Führungslosigkeit auch jeder Gesellschafter **zur Antragstellung berechtigt** ist (s *Schmahl*, NZI 2008, 6 ff). Der Gesetzgeber des MoMiG hielt es für geboten, auf den Sinn und Zweck der Insolvenzantragspflicht abzustellen. Dieser sei ein insolvenzrechtlicher. Die rechtsformneutrale Insolvenzantragspflicht des § 15 a InsO verdrängt nicht etwa die Antragspflichten nach den §§ 42 Abs 2, 48, 53, 86, 88, 89 Abs 2, 1980 BGB, sondern regelt weitgehend die gesellschaftsrechtlichen Insolvenzantragspflichten, die sich letztlich als „Preis" für die beschränkte Haftung darstellen (vgl *Poertzgen*, Organhaftung wegen Insolvenzverschleppung, 2006 S 120 ff; *ders* ZInsO 2007, 574, 578; *ders* ZInsO 2008, 1196). Mit der gesetzlichen Regelung in § 15 a ist der Streit beendet, ob es sich bei der Insolvenzantragspflicht nur um eine **gesellschaftsrechtliche** oder **insolvenzrechtliche Vorschrift** handelt (s *Hirte/Mock* ZIP 2005, 474). Die **insolvenzrechtliche Einordnung** der Insolvenzantragspflichten hat nicht nur den Vorteil, dass die Regelung nunmehr in engem Zusammenhang mit den **Insolvenzantragsrechten** angeordnet ist und juristische Personen und ihnen vergleichbare Gesellschaften gleichermaßen erfasst, sondern dass sie auch **vergleichbare Auslandsgesellschaften**, die ihren Verwaltungssitz und Betrieb im Inland haben und deutschem Insolvenzrecht unterfallen, erfasst (so die Begr S 127; *Poertzgen* ZInsO 2007, 574, 578; *ders* NZI 2008, 9 ff; *v. Hase* BB 2006, 2141; krit *Hirte/Mock* ZIP 2005, 474 ff). Durch die Einführung einer rechtsformneutralen Insolvenzantragspflicht in § 15 a werden sowohl sog „Scheinauslandsgesellschaften" als auch „echte" Auslandsgesellschaften erfasst. Zu beachten ist auch, dass die **bisherigen Strafvorschriften wegen Insolvenzverschleppung** in § 15 a Abs 4 u 5 zusammengefasst und auf den Fall der Ersatzantragspflicht durch Gesellschafter und Aufsichtsratsmitglieder ausgedehnt werden. Dem Vorschlag, die Tatbestandsvariante des „nicht richtig" gestellten Insolvenzantrags in § 15 a Abs 4 ersatzlos zu streichen (so *Poertzgen* ZInsO 2007, 574, 577), kann nicht gefolgt werden, denn nicht selten werden Insolvenzanträge von antragspflichtigen Gesellschaften in der Absicht gestellt, trotz Abweisung wegen Unzulässigkeit oder mangels Masse (§ 26) einer Strafbarkeit wegen Insolvenzverschleppung zu entgehen (s auch *Schmahl* NZI 2008, 6, 9). Zur Insolvenzantragspflicht einer deutschen **Europäischen Aktiengesellschaft** (SE) s *J. Schmidt* NZI 2006, 627.

II. Insolvenzantragsrecht des Schuldners

63 Nach § 13 Abs 1 S 2 ist nicht nur ein Gläubiger zum Insolvenzantrag berechtigt, sondern auch der Schuldner selbst. Das **Eigenantragsrecht des Schuldners** hat durch die InsO erheblich an Bedeutung gewonnen. Ein wesentliches Ziel des Gesetzgebers war es, Verfahren rechtzeitig zur Eröffnung zu bringen und die Verfahrenseröffnung zu erleichtern. **Anreize** für den Schuldner zur rechtzeitigen Antragstellung sind vor allem geschaffen worden durch den Insolvenzgrund der **drohenden Zahlungsunfähigkeit** (§ 18), durch die Möglichkeit, einen sanierenden **Insolvenzplan** vorzulegen (§ 218 Abs 1 S 1), die Möglichkeit der **Eigenverwaltung** (§§ 270 ff) und mit der Einführung eines Restschuldbefreiungsverfahrens nach den §§ 286 ff. Das Insolvenzverfahren und damit der Eigenantrag ist für den Schuldner durch die InsO interessant geworden, weil die InsO Möglichkeiten eröffnet, ein Schuldnerunternehmen zu sanieren und dem Schuldner als natürlicher Person eine Restschuldbefreiung und damit einen wirtschaftlichen Neuanfang zu ermöglichen. Nach § 18 Abs 1 ist bei **drohender Zahlungsunfähigkeit** nur der Schuldner bzw das Schuldnerunternehmen berechtigt, Insolvenzantrag zu stellen. Auch dem Schuldner kommt somit das Insolvenzverfahren zugute. Er erhält die Chance, sein Unternehmen zu erhalten oder wenigstens eine endgültige Schuldenbereinigung zu erzielen. Allerdings muss sich der Schuldner oder ein Schuldnerunternehmen bei Eigenantrag darüber im Klaren sein, dass aufgrund des dem Insolvenzgesetz zugrunde liegenden **Prinzips der Gläubigerautonomie** letztlich die Gläubiger über das Verfahrensziel entscheiden (§ 157). Der Eigenantrag birgt somit auch Gefahren (vgl *Uhlenbruck* BB 2001, 1641). So können die Gläubiger einen vom Schuldnerunternehmen vorgelegten „**prepackaged plan**" ablehnen und beschließen, dass das Unternehmen des Schuldners stillgelegt wird (§ 157 S 1). Die Gläubigerversammlung ist darüber hinaus berechtigt, den Verwalter zu beauftragen, ebenfalls einen **Insolvenzplan** auszuarbeiten, und ihm das Ziel des Plans vorzugeben (§ 157 S 2). Ist das Verfahren einmal eröffnet, hat der Schuldner oder haben seine organschaftlichen Vertreter keinen Einfluss mehr auf die Bestimmung des Verfahrensziels. So kann zB die Gläubigerversammlung beschließen, die Assets des Schuldnerunternehmens auf eine Sanierungs- bzw Auffanggesellschaft zu übertragen. Es kann somit der Fall eintreten, dass ein Schuldnerunternehmen wegen **drohender Zahlungsunfähigkeit** (§ 18) Insolvenzantrag stellt mit dem Ziel einer Sanierung, im eröffneten Verfahren aber die Gläubigerversammlung einen Beschluss fasst, der die Liquidation oder Übertragung des Unternehmens bzw der Betriebsteile vorsieht. **Einzelheiten zu den Vor- und Nachteilen einer Sanierung im gerichtlichen Insolvenzverfahren** bei *Uhlenbruck* BB 2001, 1641; *ders,* Der Wirtschaftstreuhänder, Österr I/1994, S 24; *ders* in: Knops/Bamberger/Maier-Reimer (Hrsg), Recht der Sanierungsfinanzierung § 5 S 71, 88 ff Rn 26 ff; *ders* in: Krystek/Moldenhauer Handbuch Krisen- und Restrukturierungsmanagement, 2007, S 259, 263 ff; *Rattunde* ZIP 2003, 2103; *Paulus* ZGR 2005, 309–326.

Antragsberechtigt ist grundsätzlich nur eine **rechtsfähige Person**, denn nur diese kann Schuldner oder **64** Gläubiger sein. Auch ein **Geschäftsunfähiger** oder **beschränkt Geschäftsfähiger** ist zum Insolvenzantrag berechtigt. In diesen Fällen wird das Antragsrecht jedoch durch den gesetzlichen Vertreter oder durch einen Betreuer ausgeübt (N/R/*Mönning* § 13 Rn 17; *Graeber* Rpfleger 1998, 449, 450; MüKo-*Schmahl* § 13 Rn 13, 14). Der Vertreter stellt den Antrag im Namen und in Vertretung des Antragsberechtigten (*Delhaes* Insolvenzverwaltung, S 106). Auch eine **gewillkürte Vertretung** ist zulässig (*Gottwald/Uhlenbruck* InsRHdb § 8 Rn 12). **Prokuristen** und **Handlungsbevollmächtigte** können keinen Insolvenzantrag für das von ihnen vertretene Unternehmen stellen, denn es handelt sich nicht um eine Rechtshandlung, die der Betrieb eines Handelsgewerbes mit sich bringt (*Jaeger/Gerhardt* § 13 Rn 12; MüKo-*Schmahl* § 13 Rn 69). Wird der Antrag durch eine nicht zur Vertretung befugte Person gestellt, beseitigt die Genehmigung des Berechtigten den Antragsmangel rückwirkend (**BGH** v 27. 3. 2003 – IX ZB 402/02, NZI 2003, 375). Zur Vertretungsbefugnis eines Generalbevollmächtigten oder Abwesenheitspflegers für einen Geschäftsführer vgl **KG** JR 1950, 343. Der **Betriebsrat** besitzt kein von der Gläubigerstellung unabhängiges Antragsrecht (*Jaeger/Gerhardt* § 13 Rn 13; N/R/*Mönning* § 13 Rn 50; *Uhlenbruck,* Die GmbH u Co. KG in Krise, vgl S 419 f).

Die Antragsberechtigung für die Eröffnung eines **Nachlassinsolvenzverfahrens** ist in § 317 geregelt. Für **65** die Antragstellung gelten die Grundregeln der §§ 13, 14 (**BGH** v 12. 7. 2007 – IX ZB 82/04, DZWIR 2007, 482, 483) Der **Abwickler einer Rechtsanwaltspraxis** ist gem § 55 BRAO nicht berechtigt, über das Vermögen des Rechtsanwalts, dessen Kanzlei er abwickelt, Insolvenzantrag zu stellen (**AG** Köln InVo 1999, 82; *Hess* § 13 Rn 49). Der Abwickler ist nicht Vertreter des Rechtsanwalts, dessen Kanzlei er abwickelt (**BGH** NJW 1966, 1362).

Der **gewillkürte Vertreter** hat auch beim Eigenantrag dem Gericht eine besondere **schriftliche Voll- 66 macht** vorzulegen. Eine Ausnahme gilt für **Rechtsanwälte,** bei denen der Mangel der Vollmacht nicht von Amts wegen geprüft wird (§ 88 Abs 2 ZPO; vgl *Uhlenbruck* MDR 1978, 8).Vgl auch die Ausführungen unter D II. 4. Weder der elterliche Sorgerechtsinhaber noch der Betreuer bedürfen für den Insolvenzeigenantrag des Betreuten der **vormundschaftsgerichtlichen Genehmigung**, da ein Fall des § 1822 Nr 12 BGB nicht gegeben ist.

Bei **Gütertrennung** und **Zugewinngemeinschaft** kann jeder **Ehegatte** das Insolvenzverfahren über sein **67** Vermögen beantragen. Einer Zustimmung des anderen Ehegatten bedarf es nicht. Gehört ein Nachlass zum Gesamtgut einer Gütergemeinschaft, so kann sowohl der Ehegatte, der Erbe ist, als auch der Ehegatte, der nicht Erbe ist, aber das Gesamtgut allein oder mit seinem Ehegatten gemeinschaftlich verwaltet, die Eröffnung des Insolvenzverfahrens über den Nachlass beantragen (§ 318 Abs 1 S 1). Auch hier bedarf es nicht der Zustimmung des anderen Ehegatten (§ 318 Abs 1 S 2). Die Ehegatten behalten das Antragsrecht auch, wenn die Gütergemeinschaft endet (§ 318 Abs 1 S 3). Allerdings sieht das Gesetz in § 318 Abs 2 S 1 eine **spezielle Zulassungsvoraussetzung** vor: Wird der Antrag nicht von beiden Ehegatten gestellt, so ist er nur zulässig, wenn der Eröffnungsgrund vom ASt glaubhaft gemacht wird. Zum

§ 13 *Eröffnungsantrag*

Insolvenzantrag über das **Gesamtgut einer Gütergemeinschaft,** das von den Ehegatten gemeinschaftlich verwaltet wird, ist jeder Ehegatte berechtigt (§ 333 Abs 2 S 1). Wird der Antrag nicht von beiden Ehegatten gestellt, ist er nur zulässig, wenn die Zahlungsunfähigkeit des Gesamtguts glaubhaft gemacht wird. Der Insolvenzantrag wegen drohender Zahlungsunfähigkeit (§ 18) ist beim **gemeinschaftlich verwalteten Gesamtgut einer Gütergemeinschaft** nur zulässig, wenn beide Ehegatten den Antrag stellen (§ 333 Abs 2 S 3).

68 Grundsätzlich sieht § 13 für den Eigenantrag des Schuldners **keine besonderen Zulassungsvoraussetzungen** vor (vgl *Jauernig/Berger* § 54 III 2). Neben den vorerwähnten Ausnahmen gilt auch für das Antragsrecht bei juristischen Personen und Gesellschaften ohne Rechtspersönlichkeit etwas anderes, wenn das Vertretungsorgan aus mehreren Mitgliedern besteht (§ 15 Abs 2). Insoweit wird auf die Kommentierung zu § 15 und zu den sonstigen einschlägigen Vorschriften verwiesen. Für den **rechtsfähigen Verein** ist jedes Vorstandsmitglied und jeder Liquidator berechtigt, Insolvenzantrag zu stellen (§§ 26 ff, 48 ff BGB). Gleiches gilt für die selbständige rechtsfähige Stiftung (§§ 86, 28, 88, 48 BGB). Da die **Gesellschaft bürgerlichen Rechts** (GbR) gem § 11 Abs 2 Nr 1 insolvenzfähig ist, ist jeder Gesellschafter berechtigt, Insolvenzantrag für die GbR zu stellen *(Delhaes/Delhaes,* KS 1997 S 115, 118 Rn 10; N/R/ *Mönning* § 13 Rn 42; *Prütting* ZIP 1997, 1725, 1731 ff; *Fehl* FS *Pawlowski* S 268). Bei einer **GmbH** ist jeder Geschäftsführer oder Abwickler antragsberechtigt *(Jaeger/Müller* § 15 Rn 6; N/R/*Mönning* § 13 Rn 44). Es gilt heute sowohl für **juristische Personen und nicht rechtsfähige Vereine** (§ 11 Abs 1 S 2) als auch für **Gesellschaften ohne Rechtspersönlichkeit** (OHG, KG; GbR, Partenreederei, Partnerschaftsgesellschaft, Europäische Wirtschaftliche Interessenvereinigung) allgemein die Regelung des § 15 Abs 1, wonach zum Antrag auf Eröffnung eines Insolvenzverfahrens außer den Gläubigern **jedes Mitglied des Vertretungsorgans,** bei einer Gesellschaft ohne Rechtspersönlichkeit oder bei einer Kommanditgesellschaft auf Aktien **jeder persönlich haftende Gesellschafter** sowie jeder **Abwickler** berechtigt ist. Zur Bestellung eines **Notgeschäftsführers** oder Verfahrenspflegers s BayObLG NJW-RR 1999, 1259; OLG Köln ZIP 2002, 280; **AG** München ZVI 2008, 211, 212.

69 Bei einer **juristischen Person** ist im **Fall der Führungslosigkeit** auch **jeder Gesellschafter** zur Antragstellung berechtigt (§ 15 Abs 1 Satz 2 nF). Grundsätzlich haben weder der **Aktionär** oder der **Aufsichtsrat** einer **AG** ein Antragsrecht (BGHZ 75, 96; **BGH** NJW 1979, 1829). Für den Fall der **Führungslosigkeit einer Aktiengesellschaft** (§ 78 Abs 1 Satz 2 AktG) ist aber **jedes Mitglied des Aufsichtsrats** gem § 15 a Abs 3 nF zur Stellung des Insolvenzantrags verpflichtet, es sei denn, dieses habe von der Zahlungsunfähigkeit und der Überschuldung oder der Führungslosigkeit keine Kenntnis. Entsprechend haben Mitglieder des Aufsichtsrats ein Antragsrecht (§ 15 Abs 1 S 2 InsO). S auch *Schmahl* NZI 2008, 6 ff. Grundsätzlich ist jeder, der nach § 15 a zum Antrag verpflichtet ist, auch antragsberechtigt (§ 15 Abs 1 S 2). Wird der Antrag in Fällen der Führungslosigkeit nicht von allen Gesellschaftern der juristischen Person oder von allen Mitgliedern des Aufsichtsrats gestellt, so ist er nach § 15 Abs 2 S 2 nur zulässig, wenn auch die **Führungslosigkeit** gem § 294 ZPO **glaubhaft** gemacht wird.

III. Keine Anhörung des Betriebsrats

70 Bei Unternehmen, in denen ein Wirtschaftsausschuss besteht, haben die organschaftlichen Vertreter vor Stellung des Insolvenzantrags diesen gem § 106 Abs 2 Satz 3 BetrVG zu unterrichten. Ein Recht zur Beteiligung des Betriebsrats besteht nicht, da § 111 Satz 2 BetrVG die mitbestimmungspflichtigen Betriebsänderungen abschließend aufführt (N/R/*Mönning* § 13 Rn 50; *Annuß* NZI 1999, 344; *Gottwald/ Uhlenbruck* InsRHdb § 11 Rn 9). Umfassend zur Mitwirkung des Betriebsrats im Insolvenzverfahren auch *Bichlmeier/Engberding/Oberhofer,* InsHdb S 285, 414 ff; *Berscheid,* Konkurs-Gesamtvollstreckung-Sanierung, „Konkurs" Rn 195. Da regelmäßig vor oder bei Stellung des Insolvenzantrags durch den Arbeitgeber Betriebsänderungen iSv § 111 BetrVG vorgesehen werden, wird der Betriebsrat im Rahmen dieser Vorschrift auch über einen beabsichtigten Insolvenzantrag, vor allem wenn er mit einem Insolvenzplan verbunden ist, zu unterrichten sein *(Gottwald/Uhlenbruck* InsRHdb § 11 Rn 9; *Bichlmeier/Engberding/Oberhofer,* InsHdb 2. Aufl 2003, S 514; *Uhlenbruck,* Die GmbH & Co. KG in Krise, Konkurs und Vergleich, Rn 419 ff). Vor allem wenn der mit dem Antrag vorzulegende „**prepackaged plan**" eine Betriebsänderung als Restrukturierungsmaßnahme vorsieht, empfiehlt es sich, auch ohne Rechtspflicht rechtzeitig die Zustimmung des Betriebsrats zu dieser geplanten Betriebsänderung herbeizuführen.

IV. Mehrere Insolvenzanträge

71 **1. Gemeinsame und mehrfache Antragstellung.** Grundsätzlich sind mehrere Eröffnungsanträge verschiedener Gläubiger oder des Schuldners zulässig. Hat allerdings ein Schuldner einen wirksamen Antrag gestellt, ist die **Stellung eines Zweitantrags** durch ihn ausgeschlossen (BGH NZI 2006, 601 = ZInsO 2006, 821; BGH NZI 2006, 45; LG Berlin NZI 2008, 43; AG Potsdam ZInsO 2002, 340, 341; FK-*Schmerbach* § 13 Rn 41 c; HK-*Kirchhof* § 13 Rn 11). Handelt es sich jedoch um eine **juristische Person oder Gesellschaft ohne Rechtspersönlichkeit,** so ist bei mehrköpfiger Vertretung **jeder organschaftliche Vertreter** berechtigt, für die Gesellschaft Insolvenzantrag zu stellen. Gleiches gilt gem § 117 Abs 1 für mehrere Erben, Nachlass-

E. Antragsrecht und Antragspflicht **§ 13**

verwalter, andere Nachlasspfleger sowie für Testamentsvollstrecker. Sind mehrere Testamentsvollstrecker als sog Gesamtvollstrecker ernannt, ist aber der Antrag von allen gemeinsam zu stellen (§ 2224 Abs 1 BGB). Wird der Insolvenzantrag nicht von allen Mitgliedern des Vertretungsorgans, allen persönlich haftenden Gesellschaftern oder Abwicklern gestellt, so ist er nach § 15 Abs 2 nur zulässig, wenn der **Eröffnungsgrund glaubhaft gemacht** wird (vgl auch *Jaeger/Gerhardt* § 13 Rn 28). Bei **Führungslosigkeit** ist auch diese glaubhaft zu machen (§ 15 Abs 2 S 2 nF). Das Insolvenzgericht hat gem § 15 Abs 2 S 3 nF die übrigen Mitglieder des Vertretungsorgans, persönlich haftenden Gesellschafter, Gesellschafter juristischer Personen, Mitglieder des Aufsichtsrats oder Abwickler zu hören (Einzelheiten in der Kommentierung zu § 15). Wird der Antrag von allen Mitgliedern des Vertretungsorgans einer juristischen Person oder allen persönlich haftenden Gesellschaftern oder Abwicklern gestellt, so handelt es sich nicht um eine mehrfache, sondern um eine **gemeinschaftliche Antragstellung**, so dass das Verfahren unter einem Aktenzeichen geführt wird. Zulässig ist aber ein **Schuldnerantrag**, auch wenn ein Verfahren auf Antrag eines Gläubigers bereits anhängig ist (HaKo-*Wehr* § 13 Rn 7). Ist das Verfahren auf Antrag eines Gläubigers bereits eröffnet worden, ist ein **erneuter Gläubigerantrag unzulässig** (BGH ZInsO 2004, 339; AG Duisburg NZI 2003, 159; HK-*Kirchhof* § 13 Rn 3 u § 14 Rn 25; FK-*Schmerbach* § 13 Rn 41 c). Nicht zu verwechseln ist die Mehrfachantragstellung mit der **erneuten Antragstellung** (vgl hierzu BGH NZI 2006, 601 = ZInsO 2006, 821; BGH NZI 2008, 45; LG Berlin NZI 2008, 43; LG Bonn ZIP 1985, 1342, 1343; LG Hamburg NZI 2002, 164; K/P/B/*Pape* § 13 Rn 83; FK-*Schmerbach* § 13 Rn 22).

2. Verbindung mehrerer Eröffnungsverfahren. Mehrere Gläubigeranträge, die denselben Schuldner betreffen, sind grundsätzlich getrennt in das Register einzutragen und unter **getrennten Akten – und Registerzeichen** zu führen (*Frege/Keller/Riedel* HRP Rn 493; *Holzer* NZI 2007, 432, 434). Die Zulässigkeitsvoraussetzungen jedes einzelnen Antrags sind gesondert zu prüfen. Für jedes Verfahren wird ein **besonders Aktenstück** angelegt (OLG Hamm MDR 1973, 1029; *Uhlenbruck* KTS 1987, 561, 562; HaKo-*Wehr* § 13 Rn 7) Eine **Verbindung einzelner Eröffnungsverfahren** ist nach hM grundsätzlich unzulässig (H/W/F Hdb § 3 Rn 28; FK-*Schmerbach* § 13 Rn 36). Das gleiche soll gelten für die Verbindung eines neuen Eröffnungsverfahrens mit einem bereits eröffneten Verfahren (AG Duisburg NZI 2003, 159; FK-*Schmerbach* § 13 Rn 36). Die **Verfahrensverbindung bei einer Mehrheit von Gläubigern** wird in der Praxis unterschiedlich gehandhabt. Einige Gerichte verbinden von vornherein durch Beschluss oder Verfügung alle gegen den Schuldner gerichteten Eigen- oder Fremdanträge gem § 4 InsO, § 147 ZPO (vgl *Holzer* NZI 2007, 432). Sicherungs- und Ermittlungsmaßnahmen werden dabei entweder unter dem Aktenzeichen aller anhängigen Verfahren gegen den Schuldner oder unter dem Aktenzeichen eines „**führenden**" Verfahrens angeordnet. Eine andere Praxis geht dahin, die einzelnen Anträge gegen einen Schuldner in getrennten Akten als selbständige Verfahren zu führen. **Ermittlungs- und Sicherungsmaßnahmen** werden dabei oftmals nicht in allen Verfahren, sondern nur in einem sog „**Leitverfahren**" angeordnet. Die Eröffnung des Insolvenzverfahrens erfolgt später in allen Verfahren gemeinsam, nicht selten nach deren **Verbindung im Eröffnungsbeschluss** oder in einem zeitgleich ergehenden Beschluss. Die **Verfahrensverbindung bei einer Mehrheit von Schuldnern** ist schon wegen der Trennung der Vermögensmassen unzulässig (AG Göttingen NZI 2002, 266 = ZInsO 2002, 498; *Holzer* NZI 2007, 432, 433; HK-*Kirchhof* § 13 Rn 11; K/P/B/*Holzer* § 35 Rn 6; MüKo-*Ganter* § 4 Rn 14).

Entgegen der hM können schon im **Insolvenzeröffnungsverfahren** aus Gründen der Verfahrensökonomie im Einzelfall entsprechend § 147 ZPO (§ 4 InsO, § 495 ZPO) **mehrere Insolvenzantragsverfahren** verschiedener ASt gegen den selben Schuldner zum Zwecke einheitlicher Entscheidung über die Verfahrenseröffnung **verbunden werden** (*Uhlenbruck* KTS 1987, 561, 564; *Frege/Keller/Riedel* HRP Rn 493, 2582 f; vgl auch OLG Köln NJW-RR 1996, 292; str aA H/W/F Hdb 3/28; FK-*Schmerbach* § 13 Rn 36; offenlassend K/P/B/*Pape* § 13 Rn 76). Dies gilt insbesondere, wenn zwischen den einzelnen Ansprüchen verschiedener ASt ein **innerer Zusammenhang** besteht, der eine einheitliche rechtliche Würdigung zulässt, wie zB bei Insolvenzanträgen von Kommanditisten einer Publikumsgesellschaft gegen diese oder von Arbeitnehmern gegen ihren Arbeitgeber wegen rückständiger Löhne und Gehälter. Die Entscheidung über die Verbindung von Verfahren ist eine **Ermessensentscheidung** des Insolvenzgerichts. Die Verfahrensbeteiligten haben keinen Anspruch auf Vornahme der Verbindung oder auf Trennung einheitlicher Anträge. Die Verbindung erfolgt durch **unanfechtbaren gerichtlichen Beschluss** (OLG Köln NJW-RR 1996, 292; *Frege/Keller/Riedel* HRP Rn 493). Sie kann auch zugleich mit der Eröffnung oder Abweisung mangels Masse erfolgen, soweit es sich um zugelassene Anträge handelt (OLG Köln ZInsO 2000, 393, 395; FK-*Schmerbach* § 13 Rn 37; MüKo-*Schmahl* §§ 27–29 Rn 12). Die Verbindung von Eröffnungsverfahren bei einer Mehrheit von Gläubigern führt nicht selten zu Problemen, einmal weil jedes einzelne Antragsverfahren durch Rücknahme, Forderungsbefriedigung, fehlendes Rechtsschutzinteresse oder Erklärung seine Erledigung finden kann, zum anderen in kostenrechtlicher Hinsicht (s *Holzer* NZI 2007, 432, 433 ff; MüKo-*Schmahl* § 16 Rn 19). Eine **Verfahrensverbindung verbietet sich** bei Gläubigeranträgen mit unterschiedlichem Rechtsgrund, unterschiedlicher Verfahrensart oder bei unterschiedlichen Haftungsmassen (s *Uhlenbruck* KTS 1987, 561, 562 f; *Beck/Depré/Holzer* § 2 Rn 203; *Holzer* NZI 2007, 432, 434 f). In **zeitlicher Hinsicht** kommt eine Verfahrensverbindung nur in Betracht, wenn sämtliche verbindungsfähigen Verfahren das Stadium des quasi-streitigen Parteiverfahrens überwunden haben und gem § 14 Abs 2 zugelassen worden sind.

74   3. **Verbindung nach Verfahrenseröffnung.** Mit der Eröffnung des Insolvenzverfahrens können nach allgem M mehrere Verfahren durch unanfechtbaren Beschluss entspr § 147 ZPO (§§ 4 InsO, 485 ZPO) verbunden werden (**OLG** Köln ZInsO 2000, 393, 395; K/P/B/*Pape* § 13 Rn 77; FK-*Schmerbach* § 13 Rn 37; HaKo-*Wehr* § 13 Rn 7). Diese Handhabung empfiehlt sich jedoch nicht. Ist ein Antrag entscheidungsreif, haben sich die **übrigen Anträge erledigt.** Die sonstigen ASt sind vom Gericht aufzufordern, ihre Ansprüche zur Insolvenztabelle anzumelden (FK-*Schmerbach* § 13 Rn 37; *Jaeger/Gerhardt* § 13 Rn 36). Nach *Frege/Keller/Riedel* (HRP Rn 494) ist es auch „denkbar, den Eröffnungsantrag als **Forderungsanmeldung** auszulegen, diesen als solchen an den Verwalter weiterzuleiten und den ASt davon zu unterrichten." Nach **Verfahrenseröffnung** ist eine Verbindung der verschiedenen Verfahren unzulässig (**AG** Duisburg NZI 2003, 159; *Holzer* NZI 2007, 432, 437).

75   4. **Kostenaufteilung.** Werden Insolvenzeröffnungsverfahren nicht verbunden, sind die in jedem Verfahren anfallenden amtswegigen Ermittlungskosten ebenso wie sonstige Kosten für jedes Verfahren gesondert festzusetzen. Die Gerichtskosten für den einzelnen Gläubigerantrag bestimmen sich nach § 58 Abs 2 GKG, werden demgemäß nach dem Nominalbetrag der dem Antrag zugrunde liegenden Forderung berechnet. Nicht unbedenklich ist es bei getrennter Behandlung der Verfahren, die Ermittlungs- und Sicherungsmaßnahmen in einem sog **„faktischen Leitverfahren"** anzuordnen. Wenn dieses vor Verfahrenseröffnung beendet wird, sind die in diesem Verfahren angeordneten Maßnahmen unverzüglich aufzuheben und müssen in anderen Verfahren noch einmal angeordnet werden. Sind Veröffentlichungen erforderlich gewesen, müssen diese nochmals vorgenommen werden (*Holzer* NZI 2007, 432, 435). Soweit Ermittlungen und Sicherungsmaßnahmen in den einzelnen Verfahren parallel angeordnet werden, kommt eine **Kostenaufteilung** in Betracht, wenn das Verfahren später nicht zur Eröffnung gelangt oder eine Abweisung mangels Masse nach § 26 Abs 1 erfolgt. Nach Auffassung von *Schmerbach* (Insbüro 2004, 362, 364; FK-*Schmerbach* § 13 Rn 36) ist es ausreichend, wenn bei mehreren Antragsverfahren Sicherungsmaßnahmen nur einmal angeordnet bzw einmal ein Sachverständiger bestellt wird. Dies hat zwar den Vorteil, dass die Kosten, falls es nicht zu einer Verfahrenseröffnung kommt, nur einmal abgerechnet werden brauchen. Ein Nachteil besteht aber darin, dass bei Rücknahme des „führenden" Insolvenzantrags die Sicherungsmaßnahmen nach einer sicherungslosen Zeitspanne in einem anderen Verfahren angeordnet werden müssen (anders wohl auch *Jaeger/Gerhardt* § 13 Rn 36). Im Übrigen würde ein ASt mit allen Ermittlungs- und Sicherungskosten belastet. In Fällen der **Gesamtgläubigerschaft** (§ 428 BGB) oder bei **Mitgläubigerschaft** (§ 432 BGB) sowie bei **Gesamthandsgläubigerschaft** besteht nur eine einheitliche Forderung und ist deshalb nur ein einziger Eröffnungsantrag erforderlich und zulässig (vgl. *Holzer* NZI 2007, 432, 435; *Uhlenbruck* KTS 1987, 561, 563; *Jaeger/Gerhardt* § 13 Rn 36).

76   Eine **Kostenaufteilung** setzt voraus, dass in jedem Eröffnungsverfahren Sicherungsmaßnahmen angeordnet worden oder **ausnahmsweise die Eröffnungsverfahren verbunden** worden sind. Kommt es nicht zu einer Verfahrenseröffnung, sind die **Gutachterkosten** auf die verschiedenen Verfahren **aufzuteilen** (*Frege/Keller/Riedel* HRP Rn 2582; *Jaeger/Gerhardt* § 13 Rn 65; MüKo-*Schmahl* § 13 Rn 140; FK-*Schmerbach* § 13 Rn 39; wohl auch HaKo-*Wehr* § 13 Rn 85). Unabhängig vom Verfahrensstand und vom Stand der Vorarbeiten erfolgt die **Aufteilung der Kosten nach Kopfteilen,** wobei die zeitliche Reihenfolge der Anträge keine Rolle spielt (K/P/B/*Pape* § 13 Rn 80; *Bollig* KTS 1990, 599, 615; FK-*Schmerbach* § 13 Rn 39; *Jaeger/Gerhardt* § 13 Rn 65). Etwas anderes gilt nur, wenn das Sachverständigengutachten bereits zu den Akten gereicht war. Hier fallen für spätere ASt allenfalls **Kosten der Ablichtung** an (*Jaeger/Gerhardt* § 13 Rn 65). Voraussetzung für eine gleichmäßige Kostenaufteilung ist allerdings, dass in jedem Verfahren die Gutachterbestellung durch Beschluss erfolgt ist (*Jaeger/Gerhardt* § 13 Rn 65; aA FK-*Schmerbach* § 13 Rn 39; wohl auch HaKo-*Wehr* § 13 Rn 7). Nach Auffassung von *Schmerbach* (Insbüro 2004, 362, 364; FK-*Schmerbach* § 13 Rn 39) muss jeder ASt damit rechnen, dass das Gericht im Rahmen der Amtsermittlungspflicht (§ 5) einen Gutachter bestellt. Nach HaKo-*Wehr* (§ 13 Rn 85) sind die Sicherungsmaßnahmen und die Sachverständigenbestellung den jeweiligen weiteren Beteiligten mitzuteilen (vgl auch **AG/LG** Duisburg Rpfleger 1990, 434, 435).

77   **Zur Kostenhaftung mehrerer Antragsteller** bei **Verbindung und anschließender Abweisung** mangels Masse (§ 26 Abs 1) s **LG** Gießen JurBüro 1996, 486. Die bis zur Verbindung angefallenen Kosten sind getrennt anzusetzen (*Frege/Keller/Riedel* HRP Rn 2583). Wird das **Verfahren eröffnet,** so sind die als **Masseverbindlichkeiten** (§ 54 Nr 1) zu qualifizierenden Kosten nicht aufzuteilen, sondern fallen der Masse zur Last (FK-*Schmerbach* § 13 Rn 38; anders wohl *Frege/Keller/Riedel* HRP Rn 2582). Für sämtliche durch den gemeinsamen Antrag in verbundenen Verfahren entstandenen **Auslagen** haften ansonsten die ASt als **Gesamtschuldner** (*Uhlenbruck* KTS 1987, 561, 567; FK-*Schmerbach* § 13 Rn 39; *Jaeger/Gerhardt* § 13 Rn 65). Der **Zweitschuldner** soll nur in Anspruch genommen werden, wenn die Zwangsvollstreckung in das bewegliche Vermögen des Erstschuldners erfolglos geblieben ist oder aussichtslos erscheint (§ 31 Abs 2 Satz 1 GKG). Die **Kosten einer vorläufigen Insolvenzverwaltung** (Nr 9018 KostV) fallen nur dem Schuldner zur Last (§ 23 Abs 1 Satz 3 GKG).

V. Antragsrecht der Gläubiger

78   1. **Der Gläubigerbegriff.** Nach § 13 Abs 1 S 2 ist die Antragsberechtigung nicht mehr auf bestimmte Gläubiger beschränkt. Vielmehr kann jeder Gläubiger eines Schuldners ungeachtet seiner Position im

E. Antragsrecht und Antragspflicht § 13

eröffneten Verfahren einen Insolvenzantrag stellen. Eine neuere Meinung versteht § 13 trotz der weitergehenden Gesetzesfassung so, dass außer dem Schuldner nur **potentielle Insolvenzgläubiger** und **absonderungsberechtigte Gläubiger** wegen ihrer Ausfallforderung antragsberechtigt sind, nicht jedoch **aussonderungsberechtigte Gläubiger** (vgl *Häsemeyer* InsR Rn 7.03; *Jaeger/Gerhardt* § 13 Rn 4; HK-*Kirchhof* § 13 Rn 8; MüKo-*Schmahl* § 13 Rn 27; *Jauernig/Berger* § 54 III 3 a). Zutreffend weist *Jauernig* (FS *Uhlenbruck* S 3, 12) darauf hin, dass die „Gläubiger-Terminologie" der InsO so wenig stringent ist, dass auch an anderen Stellen des Gesetzes unter dem Begriff „Gläubiger" nur „Insolvenzgläubiger" verstanden werden können. Antragsberechtigt sind somit alle diejenigen, die ihre Forderungen gem § 87 nur nach den Vorschriften über das Insolvenzverfahren verfolgen können, also die **Insolvenzgläubiger** (§§ 38, 39) sowie die absonderungsberechtigten Insolvenzgläubiger gem § 52. Angesichts der weiten Fassung des Gesetzes ist jedoch daran festzuhalten, dass Antragsberechtigte iSv § 13 Abs 1 Satz 2 nicht nur die Insolvenzgläubiger (§ 38) und nachrangige Gläubiger (§ 39) sind, sondern auch absonderungsberechtigte Gläubiger wegen ihrer Ausfallforderung sowie **Aussonderungsberechtigte**, wenn sie eine persönliche Forderung gegen den Schuldner haben (K/P/B/*Pape* § 13 Rn 31; FK-*Schmerbach* § 13 Rn 8 f; *Braun/Kind* § 13 Rn 4; N/R/*Mönning* § 13 Rn 49). S auch die Kommentierung zu § 14 Rn 1. Eine „Art Kompensation" (*Jaeger/Gerhardt* § 13 Rn 4) sieht der Gesetzgeber darin, dass er in § 14 für die Antragstellung ein **besonderes Rechtsschutzinteresse** fordert. Dieses fehlt idR bei **Insolvenzantrag eines Aussonderungsberechtigten** (FK-*Schmerbach* § 13 Rn 9; *Smid* § 13 Rn 3; *Braun/Bußhardt* § 13 Rn 4; K/P/B/*Pape* § 13 Rn 31). Soweit ein Antragsrecht für **Massegläubiger** bejaht wird (zB *Braun/Bußhardt* § 13 Rn 4, *Graf-Schlicker/Fuchs* § 13 Rn 4), ist darauf hinzuweisen, dass Masseverbindlichkeiten (§ 53) nur im Eröffnungs- bzw eröffneten Verfahren entstehen können (HK-*Kirchhof* § 13 Rn 8). **Dinglich gesicherte Gläubiger** sind als Absonderungsberechtigte ebenfalls antragsberechtigt. Ihr Antrag ist allerdings nach § 14 Abs 1 zurückzuweisen, wenn es an dem notwendigen **Rechtsschutzbedürfnis** für die Durchführung eines gerichtlichen Verfahrens fehlt, weil das Sicherungsgut volle Befriedigung garantiert (K/P/B/*Pape* § 13 Rn 31; N/R/*Mönning* § 14 Rn 24; *Jaeger/Gerhardt* § 14 Rn 7; weitergehend *Smid* § 14 Rn 6, 7).

2. Wegfall des Gläubigerrechts. Wird der antragstellende Gläubiger noch vor Verfahrenseröffnung 79 wegen seiner Forderung vollständig befriedigt, entfällt gleichzeitig seine Antragsberechtigung. Nach **LG Köln** (ZIP 1980, 34 m krit Anm *Uhlenbruck*) ist ein Eröffnungsbeschluss wegen Wegfalls der Antragsberechtigung auch dann aufzuheben, wenn der Schuldner vor Rechtskraft die dem Antrag zugrunde liegende Forderung bezahlt (vgl auch **LG Stuttgart** KTS 1978, 190). Zweifelhaft ist, ob mit der sofortigen Beschwerde gegen den Eröffnungsbeschluss auch der **Wegfall des Gläubigerrechts** des Antragstellers mit der Begründung gerügt werden kann, die dem Antrag zugrunde liegende Forderung sei erfüllt (bejahend **OLG Celle** KTS 1972, 264; **LG Stuttgart** Justiz 1968, 179; **LG Stuttgart** KTS 1978, 190; **LG Düsseldorf** KTS 1975, 46; **LG Köln** ZIP 1980, 34; **LG Frankfurt aM** KTS 1985, 750). Zutreffend hat das **LG Göttingen** (v 23. 2. 1998, ZIP 1998, 571; v 31. 3. 1998, ZIP 1998, 1369) darauf hingewiesen, dass es mit der Eröffnung des Insolvenzverfahrens und mit dem Übergang in ein reines Amtsverfahren nicht mehr darauf ankommt, ob die dem Antrag zugrunde liegende Forderung besteht oder glaubhaft gemacht ist (so auch **LG Mainz** Rpfleger 1988, 158; **LG Duisburg** Rpfleger 1994, 475; **LG Karlsruhe** NZI 2002, 609; *Jaeger/Schilken* § 34 Rn 25; BerlKo-*Goetsch* § 34 Rn 29–31; HK-*Kirchhof* § 34 Rn 23; *Hess* § 34 Rn 42; K/P/B/*Pape* § 34 Rn 15 a; FK-*Schmerbach* § 34 Rn 25; *Pape* ZIP 1989, 1029, 1032). Mit der **Verfahrenseröffnung**, nicht erst mit der Rechtskraft wird die dem Antrag zugrunde liegende Forderung verfahrensrechtlich bedeutungslos (vgl auch **LG Braunschweig** NJW 1961, 2316; *Dempewolf* Anm zu **LG Düsseldorf** NJW 1977, 813, 814; *Uhlenbruck* Anm zu **LG Köln** ZIP 1980, 34, 35). Auch eine Erledigungserklärung des Antragstellers nach dem Eröffnungsbeschluss ist wirkungslos (**LG Potsdam** DZWIR 2002, 437; HK-*Kirchhof* § 34 Rn 23).

3. Pfändungsgläubiger und Bürgen. Ist eine **Forderung verpfändet oder gepfändet**, so kann vor Eintritt der Pfandreife sowohl der Pfandgläubiger wie auch der Pfandschuldner den Insolvenzantrag stellen (§ 1281 S 2 BGB), wenn auch jeder von ihnen die Forderung nur für gemeinschaftliche Rechnung zur Tabelle anzumelden berechtigt ist (*Jaeger/Gerhardt* § 13 Rn 7; HK-*Kirchhof* § 13 Rn 9; *Graf-Schlicker/Fuchs* § 13 Rn 4). Nach Eintritt der Pfandreife ist der Pfandgläubiger **allein antragsberechtigt** (HK-*Kirchhof* § 13 Rn 9; *Jaeger/Gerhardt* § 13 Rn 7; FK-*Schmerbach* § 13 Rn 12; *Graf-Schlicker/Fuchs* § 13 Rn 4; *Gottwald/Uhlenbruck* InsR Hdb § 8 Rn 18; MüKo-*Schmahl* § 13 Rn 38). Ist der Pfandgläubiger allein zur Einziehung berechtigt (§ 1282 BGB), so ist er allein antragsberechtigt (*Jaeger/Gerhardt* § 13 Rn 7; HK-*Kirchhof* § 13 Rn 9). Das Gleiche gilt für einen **Pfändungsgläubiger**, dem die Forderung zur Einziehung oder an Zahlung statt überwiesen ist (§ 835 ZPO). Der **Befreiungsanspruch eines Bürgen** aus § 775 BGB oder eines **Sonstigen** (§ 257 BGB) berechtigt zwar zum Insolvenzantrag (*Jaeger/Gerhardt* § 13 Rn 8; MüKo-*Schmahl* § 13 Rn 41), jedoch kann vor Inanspruchnahme der künftige Rückgriffsanspruch gegen den Schuldner nur dann im Insolvenzverfahren verfolgt werden, wenn der Gläubiger seine Forderung nicht geltend macht (§ 44). Entgegen der Vorauf ist insoweit ein Antragsrecht zu bejahen (HaKo-*Wehr* § 14 Rn 9). Stellt ein Gesamtschuldner oder Bürge Insolvenzantrag vor Inanspruchnahme, so hat er den Verzicht des Gläubigers auf die Teilnahme am Verfahren glaubhaft zu machen (MüKo-*Schmahl* § 13 Rn 36; *Gottwald/Uhlenbruck* InsRHdb § 8 Rn 19; NR-*Mönning* § 14 Rn 28; weitergehend *Jaeger/Gerhardt* § 13 Rn 8). Etwas anderes gilt dagegen für die nach § 774 BGB auf den Bürgen übergegangene Forderung.

81   **4. Nachrangige Gläubiger.** Da § 13 Abs 1 S 2 „die Gläubiger" als Antragsberechtigte bezeichnet, sind auch nachrangige Insolvenzgläubiger zur Stellung eines Insolvenzantrages berechtigt, obgleich sie gem § 174 Abs 3 S 1 ihre Forderungen nur anmelden dürfen, wenn das Gericht hierzu besonders auffordert (K/P/B/*Pape* § 13 Rn 10a; N/R/*Mönning* § 14 Rn 7; FK-*Schmerbach* § 13 Rn 10 für Ansprüche nach § 39 Abs 1 Nr 5; *Vallender* MDR 1999, 280, 282). Nach *Smid* (Grundzüge § 3 Rn 16) ist bei den **nachrangigen Forderungen** zu differenzieren: Danach scheiden die Inhaber von Forderungen gem § 39 Abs 1 Nr 1 und 2 „von vornherein aus, da ihre Forderungen nicht vorkonkurslich entstanden sind". Allgemein Einigkeit besteht jedoch darüber, dass die **nachrangigen Insolvenzgläubiger iSv § 39 Abs 1 Nr 3 und 4** zur Stellung eines Insolvenzantrags wegen ihrer Forderungen berechtigt sind (*Smid* § 14 Rn 4; K/P/B/*Pape* § 13 Rn 32; MüKo-*Schmahl* § 13 Rn 37; *Vallender* MDR 1999, 280, 283; FK-*Schmerbach* § 13 Rn 10; *Graf-Schlicker/Fuchs* § 13 Rn 4; *Braun/Bußhardt* § 13 Rn 4). Unstreitig dürfte inzwischen auch sein, dass Forderungen auf **Rückgewähr eines kapitalersetzenden Gesellschafterdarlehens** oder gleichgestellte Forderungen iSv § 39 Abs 1 Nr 5 ein Insolvenzantragsrecht des Gläubigers nicht ausschließen (so K/P/B/*Pape* § 13 Rn 32; *Vallender* MDR 1999, 282; FK-*Schmerbach* § 13 Rn 10; N/R/*Mönning* § 14 Rn 7; *Smid* § 14 Rn 4; *ders* Grundzüge § 3 Rn 16; HK-*Kirchhof* § 14 Rn 7). Allerdings ist bei Insolvenzanträgen nachrangiger Insolvenzgläubiger das **rechtliche Interesse** besonders zu prüfen. Ein nachrangiger Insolvenzgläubiger iSv § 39 Abs 1 Nr 5 muss dartun, dass er bei Eröffnung des Verfahrens eine konkrete Befriedigungsaussicht hat (K/P/B/*Pape* § 13 Rn 10a). Zweifelhaft ist, ob ein **Insolvenzantragsrecht der Gesellschafter** besteht, wenn der Geltendmachung der Forderung ein Auszahlungsverbot, wie zB nach § 30 GmbHG, entgegensteht (**BGH** NJW 1981, 2251, 2252; **LG** München I ZIP 1983, 67; **LG** Dortmund ZIP 1986, 856; verneinend *Gottwald/Uhlenbruck* InsRHdb § 11 Rn 15; *Hachenburg/Ulmer*, § 63 GmbHG Rn 49; *Hommelhoff* FS Döllerer S 245, 259f; HK-*Kirchhof* § 14 Rn 7). Als Begründung wird angeführt, es könne nicht Sinn des Insolvenzverfahrens sein, Gesellschaftern mit Ansprüchen auf Zahlung aus dem Stammkapital oder auf Rückzahlung eigenkapitalersetzender Darlehen eine einseitige Auflösungsmöglichkeit (§ 60 Abs 1 Nr 4 GmbHG) zu geben. Die Gesellschaft dürfe die Antragsbefugnis in Fällen des § 30 GmbHG nicht durch Erfüllung beseitigen (so *Baumbach/Hueck/Schulze-Osterloh* § 64 GmbHG Rn 37). Trotz dieser gewichtigen Argumente ist daran festzuhalten, dass auch in diesen Fällen der Gesellschafter-Gläubiger ein Antragsrecht hat, jedoch das rechtliche Interesse iSv § 14 Abs 1 regelmäßig zu verneinen sein dürfte. Das Insolvenzgericht hat jedoch zu prüfen, ob das in solchen Fällen **missbräuchlich** und damit unzulässig ist (vgl auch K/P/B/*Pape* § 14 Rn 63; FK-*Schmerbach* § 13 Rn 10; MüKo-*Schmahl* § 14 Rn 46).

82   **5. Nachlassgläubiger und Ehegatten.** Die Antragsberechtigung der Nachlassgläubiger folgt aus § 317 Abs 1. Demgemäß sind auch Miterben, Gläubiger, der Pflichtteilsberechtigte, der Vermächtnisnehmer sowie der Vollzugsberechtigte aus Auflagen antragsberechtigt. Allerdings kann der Nachlassgläubiger den Antrag nur Nachlassverbindlichkeiten (§ 325) innerhalb einer **Frist von zwei Jahren** seit Annahme der Erbschaft stellen (§ 319). Zum Antrag auf Eröffnung des **Insolvenzverfahrens über das Gesamtgut einer Gütergemeinschaft**, das von den Ehegatten gemeinschaftlich verwaltet wird, ist **jeder Gläubiger berechtigt**, der die Erfüllung einer Verbindlichkeit aus dem Gesamtgut verlangen kann (§ 333 Abs 1). Antragsberechtigt ist auch **jeder Ehegatte** (§ 333 Abs 2 Satz 1). Gesamtgutverbindlichkeiten sind grundsätzlich sämtliche Schulden beider Ehegatten (§ 1459 Abs 1 GBG), wenn die Haftung des Gesamtguts nicht nach §§ 1460–1462 BGB ausgeschlossen ist (Einzelheiten MüKo-*Schumann* § 333 Rn 9). Nicht antragsberechtigt sind dagegen solche Gläubiger, die Befriedigung ausschließlich aus dem Eigenvermögen eines Ehegatten verlange können. Ein Ehegatte ist auch dann zur Stellung eines Insolvenzantrags nach § 333 Abs 2 Satz 1 berechtigt, wenn über sein Eigenvermögen ein Insolvenzverfahren eröffnet worden ist (MüKo-*Schumann* § 333 Rn 10). Leben **Ehegatten im Güterstand der Gütertrennung**, gelten die allgemeinen Regeln für die Antragsberechtigung eines Gläubigers. Hat also ein Ehegatte gegen den anderen Ehegatten eine Forderung, ist er zum Insolvenzantrag berechtigt. Gleiches gilt für die **Zugewinngemeinschaft**, da das Vermögen eines Ehegatten die vermögensrechtliche Stellung des anderen grundsätzlich nicht berührt (K/U § 2 KO Rn 1; *Delhaes*, Insolvenzantrag S 126). Ein Ehegatte kann lediglich mit einer bei Beendigung des Güterstandes der Zugewinngemeinschaft entstandenen Ausgleichsforderung gegen den anderen Ehegatten Insolvenzgläubiger sein. Mit Entstehen der Ausgleichsforderung ist der Ehegatte berechtigt, über das Vermögen des anderen ein Insolvenzverfahren zu beantragen (*Delhaes*, Insolvenzantrag S 126; vgl auch *Baur* FamRZ 1958, 252, 255).

83   **6. Auslandsverfahren.** Da die Eröffnung eines **ausländischen Hauptverfahrens** im EU-Bereich nicht die Eröffnung eines Sekundärverfahrens in dem Mitgliedstaat verhindert, in dem das Schuldnerunternehmen seinen satzungsmäßigen und eingetragenen Sitz hat, ist der **deutsche Geschäftsführer** unbeschadet des Übergangs des Verwaltungs- und Verfügungsrechts auf den im Hauptverfahren bestellten Verwalter grundsätzlich berechtigt, gem Art 29 lit b EuInsVO einen Antrag auf Eröffnung des Sekun-

därverfahrens zu stellen. Etwas anderes gilt nur dann, wenn nach den Vorschriften des Eröffnungsstaats auch das Recht, Verfahrensanträge zu stellen, auf den Verwalter übergegangen ist (*AG Köln* v 23. 1. 2004 – 71 IN 1/04, ZIP 2004, 471 = ZInsO 2004, 216 ff; str aA HaKo-*Undritz* Anh zu §§ 335 ff Art 4 EuInsVO Rn 29). Als Begründung für die Gegenauffassung wird angeführt, mit der Eröffnung des ausländischen Hauptverfahrens entfalle die Verfügungsbefugnis des Schuldners (vgl auch *Wimmer* ZInsO 2005, 125).

VI. Sonderantragsrecht bei Kreditinstituten und Versicherungen

Besonderheiten hinsichtlich der Insolvenzantragsberechtigung bestehen bei **Versicherungs-Aktien-** 84 **gesellschaften, Versicherungsvereinen** auf Gegenseitigkeit, **Bausparkassen**, die nicht unter das KWG fallen, gleichstehende Vereine iSv § 128 VAG sowie für **Kreditinstitute**. S dazu auch oben § 11 Rn 23 ff. Zu den Gesetzentwürfen von BMW: und BMJ/BMF zur **Reorganisation von Systemrelevanten Kreditinstituten** s *Pannen* NJW 2009 Heft 38 S XVI, XVIII; *Marotzke* JZ 2009, 763, 769 f. Aufsichtsbehörde im Bereich des Kredit- und Versicherungswesens sowie des Wertpapierhandels ist die **Bundesanstalt für Finanzdienstleistungsaufsicht (BaFin)** gem §§ 1, 4 FinDAG (s *Obermüller* BankR id Praxis Rn 1.17, 1.22; *Pannen*, Krise und Insolvenz bei Kreditinstituten, 2. Aufl 2006, S 6 f). Zum Antragsrecht eines **Abwicklers** s BGH WM 2003, 1800. Bereits in der Krise eines Kreditinstituts ist die BaFin berechtigt, gem § 46 a Abs 1 KWG zur Vermeidung des Insolvenzverfahrens einstweilige Maßnahmen zu treffen. Hierzu zählen ein Veräußerungs- und Zahlungsverbot an das Institut, die Schließung des Instituts für den Verkehr mit der Kundschaft sowie das Verbot der Entgegennahme von Zahlungen, die nicht zur Tilgung von Schulden gegenüber dem Institut bestimmt sind, es sei denn, die zuständige Einlagensicherungseinrichtung oder Anlegerentschädigungseinrichtung stellt die Befriedigung der Berechtigten in vollem Umfang sicher. Wird das Kreditinstitut zahlungsunfähig oder tritt Überschuldung ein, so haben die Geschäftsleiter und bei einem in der Rechtsform des Einzelkaufmanns betriebenen Institut die Inhaber dies der BaFin **unverzüglich anzuzeigen** (§ 46 b Abs 1 S 1 KWG). Nicht nur die gesetzliche Antragspflicht, sondern auch das Antragsrecht wird bei Kreditinstituten und Bausparkassen, die unter das KWG fallen, durch eine **gesetzliche Anzeigepflicht** ersetzt. Dementsprechend kann der Antrag auf Eröffnung des Insolvenzverfahrens über das Vermögen des Instituts gem § 46 b Abs 1 S 4 KWG **nur von der Bundesanstalt für Finanzdienstleistungsaufsicht (BaFin)** gestellt werden (*Huber* ZBB 1998, 193 ff; K/P/B/*Pape* § 13 Rn 74; HaKo-*Wehr* § 13 Rn 21–23; *Hess* § 13 Rn 53 ff; *Gottwald*/*Uhlenbruck* InsRHdb § 8 Rn 11; N/R/ *Mönning* § 13 Rn 51; *Delhaes*, Der Insolvenzantrag S 177; MüKo-*Schmahl* § 13 Rn 55). S auch die Richtlinie 2001/24/EG v 4. 4. 2001 über die Sanierung und Liquidation von Kreditinstituten (ABl L 115/ 15 v 5. 5. 2001); *Wimmer* ZInsO 2002, 897; *Paulus* ZBB 2002, 492). Durch die Änderung des § 19 Abs 2 durch das FMStG, die voraussichtlich bis 31. 12. 2013 weiter gilt, **entfällt die Anzeigepflicht** der Kreditinstitute, solange die Fortführung nach den Umständen überwiegend wahrscheinlich ist (*Marotzke* JZ 2009, 763, 765).

Eine entsprechende Regelung findet sich für **Versicherungsunternehmen** in § 88 Abs 1 VAG und für 85 **Bausparkassen** in § 3 Abs 1 BspKG. Sobald das Versicherungsunternehmen zahlungsunfähig wird oder Überschuldung eintritt, hat sein Vorstand der Aufsichtsbehörde dies **anzuzeigen** (§ 88 Abs 2 S 1, 2 VAG). Die Anzeigepflicht tritt an die Stelle der dem Vorstand durch andere gesetzliche Vorschriften auferlegten Pflicht, bei Zahlungsunfähigkeit oder Überschuldung die Eröffnung des Insolvenzverfahrens zu beantragen (§ 88 Abs 2 S 3 VAG). Der **Antrag auf Eröffnung des Insolvenzverfahrens** über das Vermögen eines Versicherungsunternehmens kann nach § 88 Abs 1 VAG **nur von der Aufsichtsbehörde** gestellt werden. S auch die Richtlinie 2001/17/EG über die Sanierung und Liquidation von Versicherungsunternehmen v 19. 3. 2001 (ABl L 110/28 v 20. 4. 2001).

Die frühere Regelung in § 46 b KWG, wonach das Konkursgericht dem Antrag der BaFin ohne mate- 86 rielle Prüfung des Konkursgrundes zu entsprechen hatte, ist wegen der verfassungsrechtlichen Bedenken durch Art 79 EGInsOÄndG v 19. 12. 1998 (BGBl I S 3836) gestrichen worden. Das Insolvenzgericht hat nunmehr den Insolvenzantrag der BaFin unter den gleichen Voraussetzungen zu prüfen wie sonstige Insolvenzanträge (§ 46 b KWG nF). Allerdings sieht das DiskEKredReorgG in den Fällen des § 45 KWG vor, dass das Kreditinstitut die Sanierungsbedürftigkeit der BaFin anzuzeigen und einen Sanierungsplan vorzulegen hat (§ 2 Abs 1 DiskEKredReorgG). Eine andere – zu bejahende – Frage ist, ob an den Insolvenzantrag der BaFin geringere Anforderungen bzgl der Glaubhaftmachung der Forderung zu stellen sind (so auch HaKo-*Wehr* § 13 Rn 23). Im Fall **drohender Zahlungsunfähigkeit** darf die BaFin den Antrag nur mit Zustimmung des Kreditinstituts und nur dann stellen, wenn Maßnahmen nach § 46 oder § 46a KWG nicht Erfolg versprechend erscheinen (§ 46 b Abs 1 Satz 5 KWG). Vor der Bestellung eines Insolvenzverwalters hat das Insolvenzgericht die BaFin zu hören (§ 46 b Abs 1 Satz 6 KWG). S auch *Pannen* aaO S 68 f. Zur **enteignungsgestützten Rettungsübernahme** s das Gesetz zur Rettung von Unternehmen zur Stabilisierung des Finanzmarktes v 7. 4. 2009 (BGBl I 2009, 725, 7299), zum RettungsG s auch *Kunze*/*Ohler* NJW 2009, 1847; *Marotzke* JZ 2009, 763, 767 ff. Ob ein Institut dem Anwendungsbereich des § 46 b KWG unterfällt, kann im Einzelfall zweifelhaft sein (vgl MüKo-*Schmahl* § 13 Rn 56; HaKo-*Wehr* § 13 Rn 21). Wird vom Schuldner selbst oder einem Gläubiger gegen ein Institut, das möglicherweise dem § 46 b KWG unterfällt, ein Insolvenzantrag gestellt, so wird empfohlen, eine

Stellungnahme der BaFin zu dem Antrag einzuholen (MüKo-*Schmahl* § 13 Rn 60; HaKo-*Wehr* § 13 Rn 8). Der **Abwickler** ist gem § 37 KWG antragsberechtigt (K/P/B/*Pape* § 13 Rn 74). Vorstehende Grundsätze gelten auch für **Kapitalanlagegesellschaften** (§ 1 KAGG, § 1 Abs 1 Nr 6 KWG) sowie für **Finanzdienstleistungsinstitute** (MüKo-*Schmahl* § 13 Rn 56). Zu den Sicherungs- und Reorganisationsbefugnissen der BaFin vgl §§ 22 o, 46, 46 a KWG.

87 Für **private Bausparkassen**, die unter das KWG fallen, gelten die Vorschriften der §§ 46a–48 KWG entsprechend (§ 3 Abs 1 BSpKG). Für **Bausparkassen**, die nicht unter das KWG fallen, sowie gleichstehende Vereine iVm § 128 VAG ist die BaFin gem § 88 VAG für die Stellung eines Insolvenzantrags ausschließlich zuständig (*Delhaes*, Der Insolvenzantrag S 177; N/R/*Mönning* § 13 Rn 57). **Entgegen der Vorauflage** wird nicht mehr daran festgehalten, dass der Insolvenzantrag des BaFin **anfechtbarer Verwaltungsakt** ist (so *Hess* § 13 Rn 63; K/P/B/*Pape* § 13 Rn 74 Fn 179; MüKo-*Schmahl* § 13 Rn 97; wohl auch *Jaeger/Gerhardt* § 13 Rn 16 ff). **Zum Rechtsschutz** s oben Rn 8. Der Eröffnungsbeschluss (§ 27) oder der Abweisungsbeschluss (§ 26) kann gem § 34 Abs 1, 2 mit der **sofortigen Beschwerde** angefochten werden. Das **Beschwerderecht** steht sowohl der BaFin als auch dem Schuldnerinstitut bzw dem Abwickler zu.

88 Der Insolvenzantrag eines **katholischen Gläubigers** gegen den katholischen Schuldner widerspricht weder dem Sittengesetz noch kanonischem Recht, wenn er als letztes Mittel gegen den säumigen Schuldner eingesetzt wird. Dies gilt insbesondere dann, wenn der Gläubiger nicht eigene Gelder oder Vermögenswerte fordert, sondern fremde Gelder zu verwalten hat, die teilweise aus kirchlichen und staatlichen Zuschüssen bestehen. Das Vertragsrecht der Bundesrepublik Deutschland und die gesetzlich vorgesehenen Möglichkeiten, die Erfüllung von Verträgen zu erzwingen, notfalls auch Insolvenzantrag zu stellen, verstoßen nicht gegen göttliches Recht (Erzbischofl Offizialat Freiburg v 2. 12. 1993, NJW 1994, 3375).

VII. Schadenersatz bei unberechtigtem Insolvenzantrag

89 **1. Der schuldhaft unbegründete Gläubigerantrag.** a) Rechtsprechung und Literaturmeinungen. Umstritten ist im Einzelnen, unter welchen Voraussetzungen die schuldhafte Insolvenzantragstellung zu einer Haftung des Antragstellers führt, wenn sich später herausstellt, dass ein Insolvenzgrund zu keiner Zeit vorgelegen hat. Grundsätzlich darf die Rechtsdurchsetzung des Gläubigers angesichts der Krise des Schuldners oder Schuldnerunternehmens nicht dadurch mit Risiken belastet werden, dass er Schadenersatzforderungen des Antragsgegners ausgesetzt wird (*Smid* § 14 Rn 38; *ders* Grundzüge § 3 Rn 23). Zutreffend weist *Häsemeyer* (InsR Rn 7.10) darauf hin, dass der Rechtsschutz gegen unzulässige oder unbegründete Anträge im Eröffnungsverfahren nicht völlig auszuschließen vermag, dass ein Schuldner unberechtigterweise geschädigt wird zB durch Bekanntwerden des Antrags. In der Tat entspricht es praktischer Erfahrung: „Wer noch nicht insolvenzreif ist, wird durch das Bekanntwerden eines Insolvenzantrages mit Sicherheit insolvent." Vielfach wird der geschäftliche Ruf des Schuldners ruiniert und der Geschäftsbetrieb zumindest erheblich gestört. Nach ständiger Rechtsprechung (BGHZ 36, 18; BGHZ 74, 9, 13; BGHZ 118, 201, 206; OLG Düsseldorf ZIP 1994, 479) verpflichtet ein vom Gläubiger **fahrlässig gestellter unbegründeter Insolvenzantrag** nicht zum Schadenersatz (vgl auch *Pape* ZIP 1995, 623 ff; K/P/B/*Pape* § 13 Rn 111; HK-*Kirchhof* § 14 Rn 59). Die Rechtsprechung des **BGH** hat in der Literatur Kritik erfahren (vgl *F. Baur* JZ 1962, 95; *Weitnauer* DB 1962, 461; *Hopt*, Schadenersatz aus unberechtigter Verfahrenseinleitung, 1968, S 165 ff; *Zeiss* NJW 1967, 703 u JZ 1970, 199; *Loritz* JZ 1990, 866; *App* ZIP 1992, 460). Liefe der Gläubiger als ASt Gefahr, schon für eine **fahrlässige Insolvenzantragstellung** auf Schadenersatz zu haften, würden Gläubigeranträge zu einem kaum kalkulierbaren Risiko werden (K/P/B/*Pape* § 13 Rn 111, 111 a; *Keller*, Insolvenzrecht 2006 Rn 527; FK-*Schmerbach* § 13 Rn 119). Die **Gegenmeinung** geht davon aus, dass die Insolvenzeröffnungsverfahren nicht allein, sondern Schutzwirkungen zugunsten des Schuldners zu entfalten. Deshalb sei ein Schadenersatzanspruch grundsätzlich anzuerkennen (*Henckel*, Prozessrecht und materielles Recht, 1970, S 306 f; *Gerhardt*, Grundbegriffe Rn 257; *Jaeger/Gerhardt* § 13 Rn 56, 57). Der unberechtigte Insolvenzantrag stellt danach einen unzulässigen **Eingriff in den eingerichteten und ausgeübten Gewerbebetrieb** des Schuldners iSv § 823 Abs 1 BGB dar (*Jaeger/Gerhardt* § 13 Rn 57). Stelle der Gläubiger **vorsätzlich oder fahrlässig** einen unzulässigen oder unbegründeten Insolvenzantrag, sei er bei Verschulden zum Schadenersatz verpflichtet. Allerdings könne die Rechtswidrigkeit nicht schon der Rechtsgutverletzung als indiziert angesehen werden (*Jaeger/Gerhardt* § 13 Rn 57). Nach *K. Schmidt* (Kilger/*K. Schmidt*) § 103 KO Anm 8) stellt jeder unberechtigte Insolvenzantrag einen Eingriff in den eingerichteten und ausgeübten Gewerbebetrieb dar und führt bei Verschulden zur Haftung für Vermögensschäden nach § 823 Abs 1 BGB (so auch *Erman/Schiemann* § 823 BGB Rn 69). Allerdings seien bei der Prüfung der Rechtswidrigkeit des Eingriffs die dem Gläubiger durch § 14 Abs 1 gegebenen Verfahrensbefugnisse zu bedenken. S auch *Schillgalis*, Rechtsschutz des Schuldners bei fahrlässig unberechtigten Insolvenzanträgen, 2005 S 23 ff.

90 **b) Vom Schuldner hinzunehmende Schädigungen.** Der Gesetzgeber hat die Einleitung eines Insolvenzverfahrens auf Gläubigerantrag bewusst nur an geringe Voraussetzungen geknüpft. Vom antragstellenden Gläubiger verlangt er nur das rechtliche Interesse an der Verfahrenseröffnung und die Glaub-

haftmachung von Forderung und Insolvenzgrund (§ 14 Abs 1). Wenn mehr vom Gesetz nicht verlangt wird, kann der ASt nicht auf Schadensersatz haften, wenn sich später herausstellt, dass das Gericht sich die für die Eröffnung des Verfahrens notwendige Überzeugung vom Vorliegen eines Insolvenzgrundes nicht verschaffen konnte. Wer ein staatlich geregeltes Verfahren in Anspruch nimmt, haftet auch dann nicht auf Schadensersatz, wenn das Verfahren nicht durchgeführt wird. Der Schuldner muss die mit dem Antrag verbundenen typischen Schädigungen als „sozial normal" (*Häsemeyer* unter Berufung auf E. *Deutsch,* Allgemeines Haftungsrecht, 2. Aufl 1996, Rn 291) hinnehmen. Deshalb ist der **Rechtsprechung zuzustimmen**, dass ein fahrlässig gestellter, aber letztlich unbegründeter Eröffnungsantrag nicht das Recht des Schuldners am eingerichteten und ausgeübten Gewerbebetrieb (§ 823 Abs 1 BGB) verletzt (K/P/B/*Pape* § 113 Rn 111; *App* ZIP 1992, 460; *Pape* ZIP 1995, 623; *Keller* InsR Rn 527; FK-*Schmerbach* § 13 Rn 119, 120). Nach **OLG Düsseldorf** (v 28. 6. 1984, ZIP 1984, 1499) kann sich ein Rechtsanwalt, der zugunsten seines Mandanten einen Vollstreckungstitel erwirkt hat, schadensersatzpflichtig machen, wenn er nach vergeblicher Zwangsvollstreckung den Antrag auf Eröffnung des Insolvenzverfahrens über das Vermögen des Schuldners stellt, ohne zuvor den Weg des § 807 ZPO zu versuchen. Die Entscheidung, die für den speziellen Fall zutreffen mag, kann keine allgemeine Gültigkeit beanspruchen. Der **Gläubiger ist nicht verpflichtet, alle Möglichkeiten der Singularvollstreckung auszuschöpfen**, bevor er Insolvenzantrag stellt (so auch FK-*Schmerbach* § 13 Rn 120; K/P/B/*Pape* § 13 Rn 112).

c) Rechtsmissbräuchliche Schädigungen. Etwas anderes gilt, wenn der Gläubiger den Schuldner **91** durch den Insolvenzantrag **rechtsmissbräuchlich zu schädigen sucht,** indem er seinen Antrag auf aus der Luft gegriffene Behauptungen stützt oder wenn er den Schuldner nur unter Druck setzen will, um ihn zu Zahlungen zu veranlassen (*Häsemeyer* InsR Rn 7.10). Die Grenzen sind jedoch fließend. Verfolgt der ASt verfahrensfremde Zwecke, fehlt es an dem rechtlichen Interesse an einer Verfahrenseröffnung und hat das Gericht von Amts wegen den Antrag zurückzuweisen. Stellt der Gläubiger **vorsätzlich einen unberechtigten Insolvenzantrag,** so haftet er sowohl nach § 823 Abs 1 BGB als auch gem § 826 BGB. Eine Schadenersatzpflicht bei fahrlässigem Insolvenzantrag kommt in Betracht, wenn der ASt hiervon **Mitteilung an Dritte** macht (BGHZ 36, 20; **OLG Celle** ZIP 1998, 1445; *Pape* ZIP 1995, 623, 625; *Jaeger/Gerhardt* § 13 Rn 58; *Schillgalis,* Rechtsschutz, S 32 ff; *Häsemeyer,* Schadenshaftung S 156; *Weitnauer* DB 1962, 461; *Häsemeyer* InsR Rn 7.10). Hieraus folgt aber nicht, dass ein ASt anderen Gläubigern überhaupt keine Mitteilung davon machen darf, dass er Insolvenzantrag gegen den Schuldner gestellt hat. Nur bei fahrlässig gestelltem unberechtigten Insolvenzantrag haftet er nach § 824 BGB wegen **Kreditgefährdung,** wenn er Dritten mitteilt, der Schuldner sei „pleite" oder „insolvenzreif" (K/U § 103 KO Rn 26; *Weitnauer* DB 1962, 461; *ders* AcP Bd 190, 437 ff). Dem ASt ist letztlich nur dann ein **„Recht auf Irrtum"** abzuerkennen, wenn er trotz leicht zu überprüfender Anhaltspunkte die Nichtberechtigung seiner Rechtsverfolgung bei gehöriger Sorgfalt hätte erkennen können und müssen (BGHZ 74, 9, 17; *Pape* ZIP 1995, 623, 625). Im Regelfall fahrlässiger Antragstellung ist sich der ASt nicht bewusst, dass er unberechtigt Insolvenzantrag stellt. Solchenfalls wird man auch eine Haftung bei Mitteilung an Dritte verneinen müssen, vor allem wenn die Mitteilung auf Anfrage erfolgt. Im Übrigen bietet die gerichtliche Prüfungspflicht hinreichend Gewähr, dass keine unberechtigten Insolvenzanträge zugelassen werden. Schadenersatzpflichtig macht sich der Gläubiger, der Dritten mitteilt, er habe Insolvenzantrag gestellt, obgleich ein solcher bei Gericht nicht anhängig ist.

Lässt das **Insolvenzgericht** einen **erkennbar unberechtigten Insolvenzantrag** ohne nähere Prüfung zu, **92** stehen der Antragsgegner (Schuldner) **Amtshaftungsansprüche** nach § 839 BGB iVm Art 34 GG zu (Einzelheiten bei K/P/B/*Pape* § 14 Rn 18; vgl auch BGH ZIP 1992, 947; **BGH** v 5. 11. 1956, KTS 1957, 12; **BGH** NJW 1959, 1085; **OLG Hamm** MDR 1973, 1029; **LG Dortmund** v 6. 7. 1982, KTS 1984, 147 m Anm *Mohrbutter;* H/W/F Hdb 3/92 f; K/U § 105 KO Rn 15; FK-*Schmerbach* § 13 Rn 119). Das sogen „Spruchrichterprivileg" des § 839 Abs 2 S 1 BGB greift für den Insolvenzrichter nicht ein (**BGH** NJW 1959, 1085; **BGH** v 19. 12. 1991, ZIP 1992, 947; N/R/*Mönning* § 14 Rn 63; K/P/B/*Pape* § 14 Rn 18). Es gelten insoweit die gleichen Grundsätze wie bei der Haftung für **fahrlässige Verfahrenseröffnung** durch das Insolvenzgericht. Bei schuldhaft pflichtwidrig gestelltem **Insolvenzantrag der Finanzbehörde** oder eines **Sozialversicherungsträgers** kommen Schadenersatzansprüche nach § 839 BGB nicht in Betracht, weil kein hoheitliches Handeln vorliegt (*Jaeger/Gerhardt* § 13 Rn 59). Es gilt insoweit das allgemeine Schadenersatzrecht (§§ 823 ff BGB).

2. Der schuldhaft unberechtigte Eigenantrag. Auch der fahrlässig oder vorsätzlich gestellte unberech- **93** tigte Insolvenzeigenantrag kann zum Schadenersatz verpflichten. Stellt zB ein Schuldner oder ein Schuldnerunternehmen Insolvenzantrag wegen drohender Zahlungsunfähigkeit (§ 18), um über einen Insolvenzplan von lästigen tariflichen Bindungen loszukommen oder um in kürzeren Fristen (§ 113) Arbeitnehmern kündigen zu können, kann sich der **Insolvenzantrag als rechtsmissbräuchlich** darstellen, wenn tatsächlich der Insolvenzgrund der drohenden Zahlungsunfähigkeit nicht vorliegt. Gleiches gilt, wenn das Schuldnerunternehmen mit manipulierten Finanzplänen die drohende Zahlungsunfähigkeit darlegt, um sich von lästigen vertraglichen Verpflichtungen über die Vorschrift des § 103 zu lösen. In diesen Fällen sind die Gläubiger, wenn sie im Rahmen des Insolvenzverfahrens finanzielle Opfer bringen, berechtigt, vom Schuldnerunternehmen nicht nur die Berichtigung der Forderungen in voller Höhe, sondern auch Schadenersatz zu verlangen. Dies vor allem, wenn ein Insolvenzplan lediglich ein – unberechtigtes – Moratorium vorsieht. Handelt es sich um ein Schuldnerunternehmen mit **mehrköpfiger Vertretung**, so führt nicht selten ein Streit unter den organschaftlichen Vertretern dazu, dass einer oder mehrere unberechtigt Insolvenzantrag stellen, um das Unternehmen zu schädigen oder um eine Auseinandersetzung der Gesellschaft zu erzwingen. Es stellt einen **schuldhaften Verstoß gegen die Grundregeln ordnungsgemäßer Unternehmensführung** dar, wenn zB der Geschäftsführer einer GmbH Insolvenzantrag für die Gesellschaft stellt, obgleich die Gläubiger trotz Vorliegens eines Insolvenzgrundes bereit sind, einer außergerichtlichen Sanierung zuzustimmen. Die Schadenersatzpflicht folgt aus § 43 Abs 2 GmbHG. Dies gilt auch, wenn zB der Geschäftsführer es unterlässt, bei Verlust der Hälfte des Stammkapitals die Gesellschafterversammlung nach § 49 Abs 3 GmbHG einzuberufen, und Insolvenzantrag stellt, ohne den Gesellschaftern Gelegenheit zu geben, den Insolvenzgrund zu beseitigen. Die Geschäftsführer einer GmbH trifft vor Insolvenzantragstellung eine **Pflicht zur rechtzeitigen Information der Gesellschafter** (vgl *Götker*, Der Geschäftsführer in der Insolvenz der GmbH, 1999 Rn 506). Aufgrund der Informationspflicht haben sie die Gesellschafter rechtzeitig über ihre Einschätzung der Lage und den geplanten Antrag zu informieren, damit diesen Gelegenheit gegeben wird, Sanierungsmaßnahmen zu beschließen. Schließlich liegt eine schuldhafte Schädigung der Gesellschaft vor, wenn der oder die organschaftlichen Vertreter Insolvenzantrag stellen, weil sie fahrlässig das Vorliegen eines Insolvenzgrundes angenommen haben. **Schadenersatzansprüche** wegen **schuldhafter Verletzung der Eigenantragspflicht** stehen grundsätzlich der Gesellschaft zu. Soweit es sich um einen Gesamtschaden handelt, kann dieser im eröffneten Verfahren nur vom Insolvenzverwalter nach § 92 geltend gemacht werden. Sind dagegen nur die Gesellschafter geschädigt, steht diesen der Schadenersatzanspruch zu.

VIII. Gesetzliche Insolvenzantragspflichten

94 **1. Vorbemerkung.** Mit dem **MoMiG** hat der Gesetzgeber in § 15a InsO eine **rechtsformneutrale Antragspflicht** eingeführt (vgl *K. Schmidt* GmbHR 2007, 1 ff; *Poertzgen*, ZInsO 2007, 574 ff). Rechtsdogmatisch war es längst geboten, die früher im Gesellschaftsrecht angesiedelten Insolvenzantragspflichten in die InsO zu übernehmen, denn Sinn und Zweck der Insolvenzantragspflicht ist es, die rechtzeitige Einleitung eines Insolvenzverfahrens zu gewährleisten und damit dem Schutz der Altgläubiger vor weiterer Verringerung der Haftungsmasse Rechnung zu tragen. Nach der Begründung des Entwurfs spricht auch der Vergleich mit anderen Rechtsordnungen, wie zB Frankreich und England, für eine **insolvenzrechtliche Einordnung**. Die rechtsformneutrale Regelung der Insolvenzantragspflicht hat zur Folge, dass auch vergleichbare Auslandsgesellschaften, die ihren Verwaltungssitz und Betrieb im Inland haben und deutschem Insolvenzrecht unterfallen, antragspflichtig sind. So zB der director einer Limited mit COMI in Deutschland. Lediglich für den **Verein** wurde die Sonderregelung in § 42 Abs 2 BGB beibehalten, die der allgemeinen Vorschrift des § 15a vorgeht. Einzelheiten in der Kommentierung zu § 11 Rn 219 ff. Bei **natürlichen Personen** gibt es aber Fälle, in denen eine **mittelbare Antragspflicht** (Antragsobliegenheit) bestehen kann (K/P/B/*Pape* § 13 Rn 51; FK-*Schmerbach* § 13 Rn 15a). Stellt zB ein Unterhaltsschuldner keinen Insolvenzantrag, obgleich ihm dies zuzumuten ist, kann er sich nicht auf andere Verbindlichkeiten berufen (BGH ZInsO 2005, 433; vgl auch **OLG** Dresden ZVI 2003, 113; **OLG** Stuttgart ZVI 2002, 115; **OLG** Stuttgart ZVI 2003, 286; K/P/B/*Pape* § 13 Rn 51; *Melchers* ZVI 2002, 143; FK-*Schmerbach* § 13 Rn 15a). Nach Auffassung des **BGH** (v 23. 2. 2005 – XII ZR 114/03, BGHZ 162, 234 = NZI 2005, 342 = ZInsO 2005, 433) trifft den **Unterhaltsschuldner** grundsätzlich eine Obliegenheit zur Einleitung der Verbraucherinsolvenz, wenn dieses Verfahren zulässig und geeignet ist, den laufenden Unterhalt seiner minderjährigen Kinder dadurch sicherzustellen, dass ihm Vorrang vor sonstigen Verbindlichkeiten eingeräumt wird. Im Rahmen des **Trennungsunterhalts** trifft den Unterhaltsschuldner dagegen grundsätzlich keine Obliegenheit zur Stellung eines Verbraucherinsolvenzantrags (BGH v 12. 12. 2007 – XII ZR 23/06, NJW 2008, 851 m Anm *Melchers* NJW 2008, 806 = NZI 2008, 193; *Ahrens* NZI 2008, 159). Eine **Insolvenzantragspflicht** besteht auch bei **Überschuldung des Nachlasses** (§§ 1980, 1985 Abs 2 Satz 2 BGB) oder des **überlebenden Ehegatten bei der fortgesetzten Gütergemeinschaft** (§§ 1489 Abs 2, 1980 BGB).

95 Der **Insolvenzantrag eines Gläubigers** beseitigt die Insolvenzantragspflicht des Schuldners bzw Schuldnerunternehmens ebenso wenig wie ein – unzulässiger – Verzicht der Gesellschafter oder der Gläubiger (BGH v 28. 10. 2008 – 5 StR 166/08, ZIP 2008, 2308 = ZInsO 2008, 1385). Die Antragspflicht entfällt erst mit der Entscheidung des Insolvenzgerichts über die Eröffnung des Verfahrens (BGH v 28. 10. 2008 – 5 StR 166/08, GmbHR 2009, 205 ff m Anm *Schröder*). Die Antragspflicht des Schuldners besteht auch bei Gläubigeranträgen, solange ein Insolvenzverfahren nicht tatsächlich eröffnet oder mangels Masse abgelehnt worden ist (OLG Dresden GmbHR 1998, 830; *Baumbach/Hueck/ Schulze-Osterloh* § 64 Rn 52; *Rowedder/Schmidt-Leithoff* § 64 GmbHG Rn 18). Die Insolvenzantragspflicht ist eine **öffentlich-rechtliche Verpflichtung**, die nicht der Disposition der Verfahrensbeteiligten unterliegt. Keine Antragspflicht besteht insoweit, als der Insolvenzgrund der **drohenden Zahlungsunfähigkeit** zur Antragstellung berechtigt. Soweit lediglich ein Antragsrecht, aber keine gesetzliche Antragspflicht besteht, sind auch Dispositionen, wie zB ein Verzicht auf Antragstellung, möglich. Ein-

E. Antragsrecht und Antragspflicht § 13

zelheiten oben zu A. III. Die Antragspflicht enthält zugleich auch die Verpflichtung des Schuldners, einen **ordnungsgemäßen Insolvenzantrag** zu stellen (BGHZ 126, 181, 194; *Ehricke* Konzernunternehmen, S 254 f). Der Antragspflichtige genügt seiner Pflicht nur, wenn er einen Insolvenzantrag stellt, der nicht vom Gericht als unzulässig zurückgewiesen wird (*Delhaes*, Der Insolvenzantrag S 152). Die Stellung eines unwirksamen Insolvenzantrags beseitigt den Tatbestand der Insolvenzverschleppung nicht. Nicht ohne Grund hat der Gesetzgeber die **Strafvorschrift der Insolvenzverschleppung** (§ 15 a Abs 4) auch auf die Fälle ausgedehnt, in denen der Insolvenzantrag **nicht richtig** gestellt wird (unzutr *Poertzgen* ZInsO 2007, 574, 578, der diese Tatbestandsvariante für überflüssig hält). Als Nebenpflicht erwächst aus der Insolvenzantragspflicht die **Pflicht zur ständigen Eigenprüfung** (*Gottwald/Uhlenbruck* InsRHdb § 7 Rn 3; *K. Schmidt/Uhlenbruck,* Rn 57, 86 ff, 682; *Lutter* GmbHR 2000, 301, 305.

2. Gesetzliche Regelungen. Wie bereits oben dargestellt wurde, hat der Gesetzgeber durch das Mo- 96
MiG in § 15 a eine **rechtsformneutrale Insolvenzantragspflicht** eingeführt. Mit der Übernahme der bisherigen gesellschaftsrechtlichen Vorschriften über die Insolvenzantragspflicht in das Insolvenzrecht ist eine **Erweiterung der Insolvenzantragspflicht** verbunden. Sämtliche juristischen Personen und ihnen vergleichbare Gesellschaften werden nunmehr von der Insolvenzantragspflicht erfasst. Dies gilt vor allem für sog **„Scheinauslandsgesellschaften"** bzw nur formal ausländische Gesellschaften (vgl *Vallender* ZGR 2006, 425, 440 f; *Poertzgen* ZInsO 2007, 574, 575). Die Festlegung einer Insolvenzantragspflicht für die Geschäftsleiter von ausländischen EU-Kapitalgesellschaften stellt auch keine – unzulässige – Beschränkung der Niederlassungsfreiheit dar, weil sie nicht die Verfassung der Gesellschaft berührt, sondern das allgemeine Verkehrsrecht betroffen ist (*Riedemann* GmbHR 2004, 345, 348; *Vallender* ZGR 2006, 425, 441; *Haas* GmbHR 2006, 505; *J. Schmidt* NZI 2006, 627; *v Hase* BB 2006, 2141; vgl auch LG Kiel GmbHR 2006, 710, 711; *Wilms* KTS 2007, 337. Kritisch zur Vereinbarkeit der Insolvenzantragspflicht für Auslandsgesellschaften mit der Niederlassungsfreiheit (Art 43, 48 EG) *Hirte/ Mock* ZIP 2005, 474, 475 f). Neben der gesetzlichen Insolvenzantragspflicht juristischer Personen und Gesellschaften ohne Rechtspersönlichkeit besteht eine Pflicht zur Stellung des Insolvenzantrags auch bei **Überschuldung des Nachlasses** (§§ 1980, 1985 Abs 2 Satz 2 BGB) oder des überlebenden Ehegatten bei der fortgesetzten Gütergemeinschaft (§§ 1489 Abs 2, 1980 BGB). Einzelheiten unten zu 5. Nicht berührt von der gesetzlichen Insolvenzantragspflicht des § 15 a ist auch die **Sonderregelung in § 42 Abs 2 BGB**. Ist ein **rechtsfähiger Verein** zahlungsunfähig oder überschuldet, hat der Vereinsvorstand die Eröffnung des Insolvenzverfahrens über das Vermögen des Vereins zu beantragen (§ 42 Abs 2 Satz 1 BGB). Gem § 42 Abs 2 Satz 2 BGB sind die Vorstandsmitglieder, denen ein Verschulden zur Last fällt, wegen Insolvenzverschleppung schadenersatzpflichtig (*Rugullis* NZI 2007, 323, 324). **Einzelheiten zur gesetzlichen Insolvenzantragspflicht in der Kommentierung zu § 15 a.**

3. Antragspflicht und Masselosigkeit. Die gesetzliche Insolvenzantragspflicht besteht auch, wenn man- 97
gels Masse offensichtlich die Eröffnung eines Insolvenzverfahrens nicht in Betracht kommt und ein entsprechender Antrag nach § 26 Abs 1 mangels Masse abgewiesen werden müsste. Jedenfalls bei Gläubigeridentität fehlt es am rechtlichen Interesse für ein zweites Verfahren. Hierüber zu entscheiden ist ausschließlich Sache des Insolvenzgerichts (**OLG Bamberg** ZIP 1983, 200; *Scholz/K. Schmidt* § 64 GmbHG Rn 15; *Hachenburg/Ulmer* § 64 GmbHG Rn 15; *Baumbach/Hueck/Schulze-Osterloh* § 64 GmbHG Rn 52). Die Masselosigkeit führt zur Abweisung des Insolvenzantrags nach § 26 Abs 1 S 1, was die **amtswegige Löschung** der Gesellschaft im Handelsregister nach § 141 a Abs 3 FGG (seit 1. 9. 2009 § 394 Abs 4 FamFG) zur Folge hat (K/P/B/*Holzer* § 31 Rn 8; *Uhlenbruck* ZIP 1996, 1641; 1645; s auch BGHZ 110, 342, 344 f). Eine Löschung ist nach § 141 a Abs 3 S 2 FGG (§ 394 Abs 4 S 2 FamFG) jedoch nur möglich, wenn die **Vermögenslosigkeit** sowohl bei der Gesellschaft als auch bei den persönlich haftenden Gesellschaftern vorliegt. Nach Auffassung des Gesetzgebers besteht kein Anlass, zB eine GmbH & Co KG zu löschen, solange die Komplementär-GmbH noch Vermögen besitzt (vgl *K. Schmidt* GmbHR 1994, 829 ff; *ders* GmbHR 2002, 1209; *J. Uhlenbruck* KS S 1187, 1196 Rn 20). Durch die amtswegige Löschung soll verhindert werden, dass insolvente Gesellschaften trotz Abweisung oder Einstellung mangels Masse weiterhin am Rechtsverkehr teilnehmen und andere schädigen. Deshalb wird die gesetzliche Insolvenzantragspflicht des organschaftlichen Vertreters oder Liquidators einer antragspflichtigen Gesellschaft nicht durch eine festgestellte Masselosigkeit beseitigt. Allerdings ist der **Liquidator** einer GmbH nicht strafbar, wenn er nach Abweisung m Masse die Stellung eines neuen Insolvenzantrags unterlässt, weil dem Unternehmen inzwischen neue Vermögenswerte zugefallen sind (**BGH** v 28. 10. 2008, ZInsO 2008, 1385 ff). Eine **Einschränkung** hinsichtlich der Antragspflicht trotz Masselosigkeit wird man für die **GmbH & Co. KG** machen müssen, wenn die Komplementär-GmbH vermögenslos ist, jedoch versucht werden soll, die KG über ein Insolvenzplanverfahren nach den §§ 217 ff zu sanieren. In solchen Fällen kann die Behandlung auch eines Schuldnerantrags auf Antrag des organschaftlichen Vertreters vom Insolvenzgericht für einige Zeit **zurückgestellt** (sistiert) werden (vgl auch HK-*Kirchhof* § 13 Rn 4; *Jaeger/Gerhardt* § 13 Rn 33; *K. Schmidt* GmbHR 2002, 1209; FK-*Schmerbach* § 14 Rn 37).

4. Unterlassener Insolvenzantrag mit Zustimmung der Gläubiger. Die Insolvenzantragspflicht ist eine 98
öffentlich-rechtliche Pflicht des organschaftlichen Vertreters. Das Einverständnis der Gesellschafter oder

Gläubiger mit einer Insolvenzverschleppung beseitigt diese gesetzliche Pflicht nicht (RGZ 72, 289; **BGH** AG 1974, 359 = NJW 1974, 1088; *Scholz/K. Schmidt* § 64 GmbHG Rn 4; *Hachenburg/Ulmer* § 64 GmbHG Rn 7; *Baumbach/Hueck/Schulze-Osterloh* § 64 GmbHG Rn 4;5 *Rowedder/Schmidt-Leithoff* § 64 GmbHG Rn 6). Auch eine **interne Geschäftsverteilung** entbindet den einzelnen organschaftlichen Vertreter (Geschäftsführer oder Vorstand) nicht von seiner Insolvenzantragspflicht (**BGH** ZIP 1994, 891, 892). Vor allem sind Gesellschafter einer antragspflichtigen Gesellschaft nicht befugt, durch **Weisungen** organschaftliche Vertreter von dem gebotenen Antrag abzuhalten (*Scholz/K. Schmidt* § 64 GmbHG Rn 4, 21; *Rowedder/Schmidt-Leithoff* § 64 GmbHG Rn 6; *Baumbach/Hueck/Schulze-Osterloh* § 64 GmbHG Rn 45). Eine Gesellschafterweisung zur Insolvenzverschleppung ist niemals Rechtfertigungsgrund für einen Geschäftsführer oder Vorstandsmitglied. Etwas anderes gilt nur, wenn die Gesellschafter konkrete Sanierungsmaßnahmen ergreifen, wie zB hinsichtlich ihrer Forderungen einen Rangrücktritt nach § 39 Abs 2 erklären und damit den Insolvenzgrund der Überschuldung beseitigen (*Hachenburg/Ulmer* § 64 GmbHG Rn 7; *Rowedder/Schmidt-Leithoff* § 64 GmbHG Rn 6).

99 **5. Nichtgesellschaftsrechtliche Antragspflichten.** Während durch das MoMiG die gesellschaftsrechtlichen Insolvenzantragspflichten nunmehr in § 15a geregelt sind, verbleibt es auch weiterhin bei den gesetzlichen Antragspflichten, die im **BGB** geregelt sind. So hat gem § 1980 Abs 1 S 1 BGB der **Erbe** unverzüglich die Eröffnung eines Nachlassinsolvenzverfahrens zu beantragen, wenn er von der Zahlungsunfähigkeit oder Überschuldung des Nachlasses Kenntnis erlangt. Der Kenntnis steht die auf Fahrlässigkeit beruhende Unkenntnis gleich (§ 1980 Abs 2 S 1 BGB). Die **Antragspflicht des Erben** entfällt, wenn er für die Nachlassverbindlichkeiten den Gläubigern bereits unbeschränkt haftet (§ 2013 Abs 1 S 1 BGB; *Palandt/Edenhofer* § 1980 BGB Rn 3). Gleiches gilt, wenn die Nachlassverbindlichkeiten von den Nachlassgläubigern durch Vereinbarung erlassen werden oder wenn ein inländischer Insolvenzgerichtsstand (§ 315) nicht besteht. Die **Antragspflicht** des Erben besteht nur bei Zahlungsunfähigkeit und Überschuldung des Nachlasses (AnwK – BGB/*Krug* § 1980 BGB Rn 3). Die Antragspflicht aus § 1980 BGB trifft jeden einzelnen Miterben. Der Antrag ist **unverzüglich** zu stellen (§§ 1980 Abs 1 S 1, 121 Abs 1 S 1 BGB). Bis zur Annahme der Erbschaft ist der Erbe grundsätzlich nicht verpflichtet, den Antrag zu stellen (*Prütting/Wegen/Weinreich/Tschichoflos* § 1980 BGB Rn 2; *Palandt/Edenhofer* § 1980 BGB Rn 1). Das **Antragsrecht des Erben** ist in § 317 Abs 1 geregelt. **Miterben** können **gemeinschaftlich** die Eröffnung des Nachlassinsolvenzverfahrens beantragen, und zwar ohne Rücksicht darauf, ob der Nachlass schon geteilt ist und ob alle oder einzelne Miterben unbeschränkt haften (§ 316 Abs 1, 2; MüKo-*Siegmann* § 317 Rn 3). Antragsberechtigt ist aber auch **jeder einzelne Miterbe**. Dieser hat allerdings gem § 317 Abs 2 S 1 den Eröffnungsgrund glaubhaft zu machen (*Vallender/Fuchs/Rey* NZI 1999, 355; MüKo-*Siegmann* § 317 Rn 3). Unberührt bleibt das Recht des Erben, auch bei **drohender Zahlungsunfähigkeit** die Eröffnung des Nachlassinsolvenzverfahrens zu beantragen (§ 320 S 2). Die **Antragspflicht des Erben** endet mit der Anordnung einer Nachlassverwaltung. Trotzdem bleibt der Erbe berechtigt, gem § 317 Abs 1 Insolvenzantrag hinsichtlich des Nachlasses zu stellen (*Palandt/Edenhofer* § 1980 BGB Rn 3).

100 Der **Vorerbe** ist vor dem Eintritt des Nacherbfalls nicht zur Antragstellung verpflichtet (*Jaeger/Weber* §§ 217–220 KO Rn 26; K/U § 217 KO Rn 2; RGRK-*Johannsen* § 1980 BGB Rn 7; str aA *Delhaes* Insolvenzantrag, S 164). Verpflichtet ist dagegen der **Nacherbe**. Die Antragspflicht entfällt, wenn die Überschuldung des Nachlasses allein auf **Vermächtnissen** oder **Auflagen** beruht. Dagegen löst die **Überschuldung** durch **Pflichtteils- und Erbenersatzansprüche** die gesetzliche Insolvenzantragspflicht nach § 1980 Abs 1 S 1 BGB aus. Sind mehrere Personen zur Stellung des Nachlassinsolvenzantrags verpflichtet, so trifft die Pflicht jeden Einzelnen von ihnen. Wird allerdings der Antrag nicht von allen Erben gestellt, so ist er nur zulässig, wenn der Eröffnungsgrund glaubhaft gemacht wird (§ 317 Abs 2 S 1). Steht die Verwaltung des Nachlasses einem Testamentsvollstrecker zu, so ist, wenn der Erbe die Eröffnung beantragt, der Testamentsvollstrecker, wenn der Testamentsvollstrecker den Antrag stellt, der Erbe zu hören (§ 317 Abs 3). Der **Nachlasspfleger** (§ 1960 **BGB**), der **Nachlassverwalter** (§ 1985 **BGB**) sowie der **Testamentsvollstrecker,** sofern ihm die Verwaltung des gesamten Nachlasses zusteht (§ 2209 **BGB**) sind § 317 Abs 1 zum Antrag auf Eröffnung des Insolvenzverfahren über einen Nachlass **berechtigt**. Der **Nachlasspfleger** handelt als Vertreter des Erben (**BGH** NJW 1985, 2596; HaKo-*Böhm* § 317 Rn 4). Umstritten ist, ob den **Nachlasspfleger** und **Testamentsvollstrecker** eine **Antragspflicht** trifft (verneinend BGHZ 161, 281, 286 ff = NJW 1005, 756 = ZInsO 2005, 375 = ZIV 2005, 109 m Anm *Marotzke;* KG KTS 1975, 230; MüKo**BGB**-*Siegmann* § 1980 Rn 12; MüKo-*Siegmann* § 317 Rn 7; *Gottwald/Döbereiner* InsRHdb § 112 Rn 13; *Palandt/Edenhofer* § 1980 BGB Rn 3; N/R/*Riering* § 317 Rn 9; **bejahend** *Uhlenbruck* ZAP 1991, 185, 186; ders MittRhNotK 1994, 305, 308; *Pape/Uhlenbruck* InsR Rn 329; *Kilger/K. Schmidt* § 218 KO Anm 2. Auch *Muschler* Die Haftungsanordnung der Testamentsvollstreckung, 1994 S 230 ff). Sowohl für den **Nachlasspfleger** als auch für den **Testamentsvollstrecker mit Verwaltungsbefugnis** ist entsprechend der Vorauflage daran festzuhalten, dass zwar vieles dafür spricht, vor allem den vermögensverwaltenden Testamentsvollstrecker in analoger Anwendung der §§ 1980, 1985 für antragspflichtig zu erklären; Im Hinblick auf die erheblichen Haftungsrisiken, denen er bei Bejahung der Antragspflicht ausgesetzt wäre, ist jedoch der hM zu folgen und eine **Antragspflicht abzulehnen** (K/P/B/*Kemper* § 317 Rn 12; *Gottwald/Döbereiner* InsRHdb § 112 Rn 13; MüKo-*Sieg-*

mann § 317 Rn 7; *Palandt* § 1980 BGB Rn 1; HK-*Marotzke* § 317 Rn 12; *Staudinger/Marotzke* § 1980 BGB Rn 20; N/R/*Riering* § 317 Rn 9). Soweit der Erbe, ein Nachlassverwalter, Nachlasspfleger oder Testamentsvollstrecker mit Vermögensverwaltung zum Antrag auf Eröffnung eines Nachlassinsolvenzverfahrens verpflichtet ist, sieht das Gesetz **keine Strafe für Insolvenzverschleppung** vor (*Braun/Uhlenbruck*, Unternehmensinsolvenz, S 217). Wie in § 1980 Abs 1 S 2 BGB sieht der Gesetzgeber auch für den rechtsfähigen Verein in § 42 Abs 2 S 2 lediglich eine **zivilrechtliche Haftung** der Antragspflichtigen vor. Auf strafrechtliche Sanktionen verzichtet er trotz gesetzlicher Antragspflicht. Es greifen insoweit nur die Vorschriften über **Bankrottdelikte** (§§ 283 ff StGB) ein, wenn der entsprechende Tatbestand verwirklicht wird (*Hess/Pape* § 15 Rn 9; *Uhlenbruck* wistra 1996, 1 ff; *Braun/Uhlenbruck*, Unternehmensinsolvenz, S 217 u 751 ff).

Rechtsfähiger Verein. Der Gesetzgeber hat durch das **MoMiG** in § 15 a zwar die Antragspflicht bei juristischen Personen und Gesellschaften ohne Rechtspersönlichkeit geregelt, jedoch für den Verein die Sonderregelung in § 42 Abs 2 **BGB** beibehalten, die der allgemeinen Vorschrift des § 15 a vorgeht (**OLG** Karlsruhe v 19. 6. 2009, BeckRS 2009, 22010; *Brand/Reschke* NJW 2009, 2343 ff u Kommentierung zu § 11 Rn 368 ff; str aA. MüKoBGB-*Reuter* § 42 Rn 17). Nach § 42 Abs 2 S 1 BGB hat der Vorstand im Fall der Zahlungsunfähigkeit oder Überschuldung des rechtsfähigen Vereins die Eröffnung des Insolvenzverfahrens zu beantragen. Die Pflicht zur Insolvenzantragstellung trifft den **Vorstand** als sämtliche Vorstandsmitglieder ohne Rücksicht auf ihre interne Aufgabenverteilung oder etwaige Beschlüsse der Mitgliederversammlung (HK-*Kirchhof* § 13 Rn 14; MüKo-*Schmahl* § 15 Rn 72, 76; K/P/B/*Pape* § 15 Rn 3; *Rugullis* NZI 2007, 323, 324). Dem Vorstand steht nicht etwa eine Drei-Wochen-Frist zur Verfügung (Rugullis NZI 2007, 323, 325). Obgleich § 42 **BGB** keine Frist vorsieht, innerhalb derer der Antrag gestellt werden muss, ist davon auszugehen, dass der Antrag **unverzüglich** gestellt werden muss. Anders als § 1980 BGB stellt das Gesetz in § 42 BGB auch nicht auf ein Verschulden ab. Trotzdem führt nur die **schuldhafte Verletzung der Antragspflicht** zu einer Schadenersatzpflicht der Vorstandsmitglieder. Ein Verschulden entfällt zB, wenn ein Vorstandsmitglied schwer erkrankt ist oder ihm von den übrigen Vorstandsmitgliedern die notwendigen Informationen über die finanzielle Situation des Vereins vorenthalten werden. Macht ein Vorstandsmitglied im Schadenersatzprozess geltend, ihm falle kein Verschulden zur Last, muss er dies darlegen und ggf beweisen (BGHZ 143, 184, 185 = NZI 2000, 120; **BGH** NJW 1994, 2149, 2150; *Rugullis* NZI 2007, 323, 324). Die Antragspflicht besteht auch für **Liquidatoren** eines Vereins gem § 48 BGB (N/R/*Mönning* § 13 Rn 68). Auf den **nicht rechtsfähigen Verein** finden gem § 54 BGB die Vorschriften über die Gesellschaft Anwendung. Der Idealverein wäre somit nicht verpflichtet, bei Vorliegen eines Insolvenzgrundes Insolvenzantrag zu stellen. Nach N/R/*Mönning* (§ 13 Rn 68) besteht aber daneben eine Insolvenzantragspflicht des Vorstandes bei Überschuldung des Vereins, was sich aber aus § 54 BGB nicht unmittelbar herleiten lässt. Da aber die Rechtsprechung auf den nicht rechtsfähigen Idealverein weitgehend Vereinsrecht anwendet und durch § 11 Abs 1 S 2 der nicht rechtsfähige Verein einer juristischen Person gleichgestellt wird, lässt sich aus dieser Gleichstellung in analoger Anwendung von § 42 Abs 2 S 1 BGB **eine Antragspflicht des Vorstandes** herleiten. Dabei ist es nur konsequent, auch die Vorschrift des § 42 Abs 2 S 2 BGB und nicht § 15 a hinsichtlich der **Verantwortlichkeit wegen Insolvenzverschleppung** zur Anwendung zu bringen (s *Brand/Reschke* NJW 2009, 2343 ff). Nach **OLG** Hamm v 10. 1. 2000 (OLG-Report 2001, 265) sind die vom **BGH** entwickelten Grundsätze zur Haftung des Geschäftsführers gegenüber Neugläubigern auf die Haftung eines Vereinsvorstandes nach § 42 Abs 2 BGB aF übertragbar (vgl auch BGHZ 126, 181 = KTS 1994, 556).

101

F. Der Insolvenzantrag als Eilantrag

Nicht selten erklärt sich der Schuldner oder ein Schuldnerunternehmen auf den Insolvenzantrag hin bereit, binnen einer bestimmten Frist die dem Antrag zugrunde liegende Forderung zu bezahlen. Wegen solcher Stillhalteverhandlungen oder schwebender Ratenzahlungsvereinbarungen beantragen entweder der antragstellende Gläubiger oder der Schuldner oftmals das **Ruhen des Verfahrens** anzuordnen. Da Insolvenzverfahren **grundsätzlich Eilverfahren** sind, findet die Vorschrift des § 251 ZPO über § 4 InsO keine Anwendung (H/W/W § 4 Rn 2; FK-*Schmerbach* § 4 Rn 1). Zwar spricht das Gesetz in § 306 Abs 1 davon, dass das Verfahren über den Antrag auf Eröffnung eines Insolvenzverfahrens bis zur Entscheidung über den Schuldenbereinigungsplan ruht; jedoch hat W. *Henckel* (FS Gaul 1997, 199, 203) zutreffend darauf hingewiesen, dass zwar der Rechtsausschuss diese Formulierung gewählt hat, weil ein Bedürfnis für die Durchführung des Insolvenzverfahrens entfällt, wenn der Schuldenbereinigungsplan zustande kommt. Der Terminus „**Ruhen des Verfahrens**" sei jedoch „nicht glücklich gewählt". Der Begriff des Ruhens des Verfahrens ist in § 251 ZPO mit einem festen Inhalt belegt. Ein Ruhen des Verfahrens sieht die InsO ausdrücklich nur in § 306 Abs 1 S 1 vor, weil hier das Schuldenbereinigungsverfahren vorgeschaltet ist. Voraussetzung für das Ruhen des Verfahrens nach § 306 Abs 1 Satz 1 ist jedoch, dass der Antrag zumindest zulässig ist (**BGH** ZVI 2004, 282; *Henckel* ZIP 2000, 245, 251; HaKo-*Streck* § 306 Rn 2; str aA Braun/Buck § 306 Rn 4; FK-*Grote* § 306 Rn 7). Mit Ausnahme des § 249 Abs 3 ZPO entsprechen die Ruhenswirkungen derjenigen einer **Aussetzung des Verfahrens nach § 249 Abs 1, 2 ZPO** (MüKo-*Feiber* § 251 ZPO Rn 14; *Stein/Jonas/Roth* § 251 ZPO Rn 10; vgl auch die

102

Kommentierung zu § 4). Vor allem das **Insolvenzeröffnungsverfahren** ist im Hinblick auf die dabei betroffenen allgemeinen Belange der Gesamtgläubigerschaft (zB Lauf der Anfechtungsfristen etc), aber auch im Interesse des Schuldners, dem die Vernichtung der Existenz droht, **grundsätzlich Eilverfahren**, das die **Anordnung eines Ruhens des Verfahrens** oder dessen **Aussetzung** nicht zulässt (BGH v 27. 7. 2006 – IX ZB 15/06, NZI 2006, 642; BGH v 29. 3. 2007 – IX ZB 141/06, ZIP 2007, 1226, 1227). Falls ein Gläubiger Ratenzahlungen oder ein Moratorium bewilligt, entfällt das rechtliche Interesse an einer Verfahrenseröffnung und ist der antragstellende Gläubiger gezwungen, den Insolvenzantrag mit der Kostenfolge des § 91a ZPO bzw 269 Abs 3 ZPO analog (§ 4 InsO) zurückzuziehen (vgl **LG Köln** KTS 1986, 362; **AG** Düsseldorf KTS 1976, 70; HK-*Kirchhof* § 4 Rn 25). Obgleich die Vorschriften der §§ 148 ff, 239 ff ZPO über Aussetzung, Unterbrechung und Ruhen des Verfahrens nicht anwendbar sind, ist das Insolvenzgericht befugt, zB bei aussichtsreichen außergerichtlichen Vergleichsverhandlungen **das Eröffnungsverfahren für eine begrenzte Zeit zu sistieren** (AG Hamburg v 1. 10. 2001, ZIP 2001, 1885; MüKo-*Schmahl* § 14 Rn 61; *Kilger/K. Schmidt* § 103 KO Anm 2; FK-*Schmerbach* § 14 Rn 21; HK-*Kirchhof* § 13 Rn 4; *Jaeger/Gerhardt* § 13 Rn 33; vgl aber auch OLG Frankfurt JW 1926, 2114 Nr 9). Ein kurzfristiger Aufschub der Entscheidung oder der Anordnung von Sicherungsmaßnahmen wird im Einzelfall nur ausnahmsweise und nur dann zulässig sein, wenn der ASt zustimmt und das Gläubigerinteresse keine rasche Entscheidung erfordert.

G. Insolvenzkostenhilfe (IKH) für den Insolvenzantrag

I. Allgemeines

103 Die Gewährung von **Insolvenzkostenhilfe (IKH)** vor allem an den Eigenantragsteller gehört mit zu den umstrittensten Problemen des Reformgesetzes (vgl *Jaeger/Gerhardt* § 13 Rn 73 ff; FK-*Schmerbach* § 13 Rn 76 ff; K/P/B/*Pape* § 13 Rn 88 f; K/P/B/*Prütting* § 4 Rn 10 ff; MüKo-*Ganter* § 4 Rn 17 ff). Im Einzelfall ist zu **differenzieren**, ob einem Gläubiger oder Schuldner IKH gewährt werden soll. Anstelle der IKH ist die **Gewährung von Beratungshilfe** möglich. Weiterhin ist zu unterscheiden je nach Verfahrensstand. Auch im Beschwerdeverfahren kommt IKH in Betracht (*Jaeger/Gerhardt* § 13 Rn 73). Dem **Schuldner** wird allgemein im **Regelinsolvenzverfahren** IKH nicht gewährt (MüKo-*Ganter* § 4 Rn 17; *Kalthoener/Büttner/Wrobel-Sachs*, Prozess- und Verfahrenskostenhilfe, Beratungshilfe, 5. Aufl Rn 55). Mit dem Inkrafttreten der InsO war die Frage, ob für das Verfahren der Gesamtvollstreckung IKH gewährt werden kann, umstritten. Teilweise wurde die Zulässigkeit der IKH für den Eigenantrag des Schuldners im Verbraucherinsolvenzverfahren ohne Einschränkung bejaht (**LG Göttingen** NZI 1999, 204; *Pape* NZI 1999, 98), teilweise wurde sie nur für das gerichtliche Schuldenbereinigungsverfahren bejaht (**LG Göttingen** ZInsO 1999, 353; **LG Bochum** ZInsO 1999, 360; **LG Hamburg** WM 1999, 1230; **LG Lüneburg** ZInsO 1999, 182; **AG Köln** NZI 1999, 120). Überwiegend wurde in Rechtsprechung und Literatur die Gewährung von IKH für das Verbraucherinsolvenzverfahren abgelehnt (BayObLG ZInsO 2000, 684 (Ls); **LG Kassel** ZInsO 1999, 356 m Anm *Uhlenbruck;* **LG Köln** NZI 1999, 158; **AG Köln** ZIP 1999, 245; *Busch/Graf-Schlicker* InVo 1989, 269; vgl auch den Überblick bei K/P/B/*Prütting* § 4 Rn 13). Gem § 4 finden im Insolvenzverfahren die Vorschriften der ZPO – und damit auch §§ 114 ff ZPO – entsprechende Anwendung, soweit die InsO nichts anderes bestimmt (vgl die Kommentierung zu § 4 Rn 3 ff). Das **Restschuldbefreiungsverfahren** setzt voraus, dass ein Insolvenzverfahren entweder durchgeführt oder zumindest eröffnet und dann nach §§ 209, 211 eingestellt worden ist (§ 289 Abs 3). Voraussetzung einer Verfahrenseröffnung ist jedoch, dass die Verfahrenskosten voraussichtlich gedeckt sind. Die unterschiedliche Handhabung durch die Insolvenzgerichte und die Rechtsprechung führte zu einem fast chaotischen Zustand, der erst durch das InsO-Änderungsgesetz v 26. 10. 2001 (BGBl I, 2710) zum 1. 10. 2001 und die Einführung der §§ 4a–4 d beseitigt worden ist. Die Möglichkeit einer **Stundung der Verfahrenskosten** (§§ 4a–4 d) führte zu einer erheblichen finanziellen Belastung der Länderhaushalte. Deshalb sieht der „**Entwurf eines Gesetzes zur Entschuldung völlig mittelloser Personen und zur Änderung des Verbraucherinsolvenzverfahrens**" vom 23. 1. 2007 vor, dass die §§ 4 a–4 d aufgehoben werden. Durch § 4 Abs 2 nF kann dem Schuldner auf seinen Antrag hin ein zur Vertretung bereiter Rechtsanwalt seiner Wahl nur beigeordnet werden, wenn die Vertretung durch einen Rechtsanwalt trotz der dem Gericht obliegenden Fürsorge erforderlich erscheint. Scheitert das gerichtliche Schuldenbereinigungsverfahren (§§ 306–309 nF), so erfolgt, wenn eine kostendeckende Masse nicht vorhanden ist, **Abweisung des Insolvenzantrags mangels Masse** (§§ 26, 289a nF). Auch bei Abweisung mangels Masse ist das Entschuldungsverfahren nicht ausgeschlossen (§§ 289a, 289b, 286 nF). Der Schuldner hat aus seinem (unpfändbaren) Vermögen EUR 75 für den Eröffnungsantrag (Nr 2310 KostV) sowie EUR 40 für die EV-Abnahme durch einen Gerichtsvollzieher einzuzahlen. Ein Treuhänder fordert die Gläubiger mittels öffentlicher Bekanntmachung auf, ihre Forderung binnen zwei Wochen entsprechend § 174 Abs 2 anzumelden. Die Verteilung in zunächst masselosem Verfahren erfolgt nach § 292 a nF. Einzelheiten in der Kommentierung dieser Vorschriften. Festzustellen ist, dass durch die gesetzliche Neuregelung der schon zur KO geltende Grundsatz wieder gilt: **Dem Schuldner kann für den Insolvenzeigenantrag grundsätzlich Insolvenzkostenhilfe nicht gewährt werden.** Etwas

anderes gilt ausnahmsweise nur, wenn es für den Schuldner im Eröffnungsverfahren darum geht, sich eines unberechtigten Gläubigerantrags zu erwehren.

II. Insolvenzkostenhilfe für den Gläubigerantrag

Wie bereits zu § 4 III. 6. a) dargestellt wurde, ist die Gewährung von **IKH für den Gläubigerantrag** 104 weitgehend unbestritten (BGH ZInsO 2004, 976; AG Köln KTS 1972, 126; *Uhlenbruck* ZIP 1982, 288; *ders* Die anwaltliche Beratung, 2. Aufl 1996 S 107 f; *ders* EWiR 1996, 1079; HK-*Schmerbach* § 13 Rn 77; *Jaeger/Gerhardt* § 13 Rn 74; *Smid* § 4 Rn 13; HK-*Kirchhof* § 4 Rn 9; BerlKo-*Goetsch* § 4 Rn 15; H/W/W § 4 Rn 132; *Vallender* KS S 258 Rn 25; K/P/B/*Prütting* § 4 Rn 10; FK-*Schmerbach* § 13 Rn 76 ff). Die Vorschriften der §§ 114 ff ZPO finden über § 4 Anwendung (BVerfG ZIP 1989, 719; BGH v 27. 9. 1990 – IX ZR 250/89, NJW 1991, 40; KG ZIP 1989, 1346; *Pape* ZIP 1989, 692; K/P/B/*Prütting* § 4 Rn 10 a; *Uhlenbruck* ZIP 1982, 288 ff; N/R/*Mönning* § 13 Rn 31 ff; *Gottwald/Uhlenbruck* InsRHdb § 12 Rn 31). Lediglich von *Ganter* (MüKo-*Ganter* § 4 Rn 23) wird die Auffassung vertreten, wenn der Gesetzgeber eine staatliche Finanzierung der Kosten eines Insolvenzverfahrens nicht gewollt habe, müsse das allgemein auch somit für den antragstellenden Gläubiger gelten. Dieser Auffassung widerspricht die hM. Der Antrag auf Bewilligung der IKH für einen Insolvenzantrag des Gläubigers ist bei dem zuständigen Insolvenzgericht zu stellen (§§ 4 InsO, 117 Abs 1 ZPO). Dem Antrag ist der **Entwurf des Insolvenzantrags** beizufügen, der den Voraussetzungen der §§ 14 Abs 1 InsO, 294, 253 ZPO entsprechen muss (*Uhlenbruck* ZIP 1982, 288; K/P/B/*Pape* § 13 Rn 13 ff; N/R/*Mönning* § 13 Rn 31).

1. Erfolgsaussicht. Die über § 4 entsprechend anwendbaren §§ 114 ff ZPO erfordern, dass das Gericht 105 hinsichtlich der Erfolgsaussicht den Besonderheiten des Insolvenzverfahrens Rechnung trägt. Erhält zB der antragstellende Gläubiger voraussichtlich **keine Quote auf seine Forderung**, weil das Verfahren masselos ist, so ist die IKH zu versagen (*Jaeger/Gerhardt* § 13 Rn 74). Die Aussicht auf eine nur **geringe Quote** lässt die Erfolgsaussicht nicht entfallen (*Gottwald/Uhlenbruck* InsRHdb 1. Aufl § 13 Rn 44; *Gottwald/Schmidt-Räntsch* 2. Aufl § 85; FK-*Schmerbach* § 13 Rn 82; H/W/F Hdb 2/22 u 3/117 ff). Die **Erfolgsaussicht** kann jedoch nicht mit der Begründung verneint werden, ein durch Insolvenzausfallgeld gesicherter Arbeitnehmer sei ausreichend geschützt. Der **Arbeitnehmer** kann im Einzelfall durchaus ein berechtigtes Interesse daran haben, einen Abweisungsbeschluss nach § 26 herbeizuführen und damit den Zeitpunkt für das Insolvenzereignis festzulegen (*Uhlenbruck* ZIP 1982, 288; *Jaeger/Gerhardt* § 13 Rn 74; BerlKo-*Goetsch* § 4 Rn 18; FK-*Schmerbach* § 13 Rn 83; H/W/W § 4 Rn 134; **str aA** LG Freiburg ZInsO 2003, 945, 955). Der Abweisungsbeschluss markiert den Beginn der Drei-Monats-Frist. IKH kann der Gläubiger für seinen Insolvenzantrag auch erhalten, wenn Einzelzwangsvollstreckungen fruchtlos ausgefallen sind (**AG Göttingen ZIP 2003, 1100**; K/P/B/*Prütting* § 4 Rn 10; K/P/B/*Pape* § 13 Rn 15; *Hess* § 4 Rn 411; **str aA** MüKo-*Ganter* § 4 Rn 23; einschränkend auch FK-*Schmerbach* § 13 Rn 82). Etwas anderes gilt aber, wenn Anhaltspunkte dafür bestehen, dass eine eidesstattliche Versicherung unvollständig ist oder der Gerichtsvollzieher die Fruchtlosigkeitsbescheinigung nur aufgrund einer oberflächlichen Prüfung der Vermögensverhältnisse des Schuldners ausgestellt hat. Fehlt es an dem erforderlichen **Rechtsschutzinteresse** für den Insolvenzantrag, weil zB der Gläubiger hinsichtlich seiner Forderung **ausreichende Sicherheiten** hat, so ist der Antrag auf Gewährung von IKH zurückzuweisen (**OLG Frankfurt MDR 1973, 235**; *Gottwald/Uhlenbruck* InsRHdb § 12 Rn 34; FK-*Schmerbach* § 13 Rn 82). Anders aber, wenn es sich bei der dem Antrag zugrunde liegenden Forderung um eine **nachrangige Forderung** iSv § 39 Abs 1 handelt oder um eine Forderung, für die zwischen Gläubiger und Schuldner der Nachrang im Insolvenzverfahren vereinbart worden ist (§ 39 Abs 2). Steht aufgrund der **Fruchtlosigkeitsbescheinigung** des zuständigen Gerichtsvollziehers, der eidesstattlichen Versicherung des Antragsgegners (§ 807 ZPO) oder aufgrund einer bereits erfolgten **Abweisung des Insolvenzantrags mangels Masse** (§ 26) fest, dass es jedenfalls **nicht zu einer Verfahrenseröffnung kommen** wird, so fehlt es an der Erfolgsaussicht (K/P/B/*Pape* § 13 Rn 94; MüKo-*Ganter* § 4 Rn 24; **str aA** FK-*Schmerbach* § 13 Rn 82). Zu verneinen ist die Erfolgsaussicht eines Insolvenzantrags auch, wenn der Schuldner im Rahmen seiner Anhörung zu dem Prozesskostenhilfeantrag die zugrunde liegende Forderung substantiiert und mit ernst zu nehmenden Gründen bestreitet (K/U § 103 KO Rn 7 c; H/W/W § 4 Rn 135; BerlKo-*Goetsch* § 4 Rn 19; *Hess* § 4 Rn 414). Der Antrag auf Bewilligung von IKH ist abzulehnen, wenn es sich bei dem Antrag auf Eröffnung eines Insolvenzverfahrens über das Vermögen des Schuldners um einen einfach gelagerten und rechtlich unkomplizierten Fall handelt. Gleiches gilt für den Antrag auf Eröffnung eines **Nachlassinsolvenzverfahrens**, selbst wenn der Erbe ein rechtliches Interesse an der Verfahrenseröffnung hat und die komplizierte Rechtslage für den Erben nicht ohne weiteres überschaubar ist (**LG Berlin ZInsO 2004, 626; LG Neuruppin ZInsO 2004, 1090 = ZVI 2005, 40; AG Hildesheim ZInsO 2004, 1154;** FK-*Schmerbach* § 13 Rn 85 a; **str aA** LG Göttingen ZInsO 2000, 619; FK-*Schmerbach* § 13 Rn 85 a). IKH kann dem Gläubiger auch für **verschiedene Verfahrensabschnitte** bewilligt werden (vgl *Gottwald/Klopp/Kluth* InsRHdB § 17 Rn 44). Keine IKH mit Beiordnung eines Rechtsanwalts ist einem Gläubiger für die **Anmeldung einer Insolvenzforderung** zu gewähren, da wegen der geringen Befriedigungsquote ein anderer Gläubiger im Anmeldeverfahren sich nicht von einem Anwalt vertreten lassen würde (**OLG Odenburg ZIP 1991, 115; LG Duisburg Rpfleger 2000, 294**). Die **Beiordnung eines Rechtsanwalts** nach § 121 Abs 2 S 1 ZPO (§ 4) kommt in Betracht,

§ 13   Eröffnungsantrag

wenn anwaltliche Vertretung wegen des Umfangs, der Schwierigkeit und Bedeutung der Sache sowie wegen der Unfähigkeit des Antragstellers, sich mündlich oder schriftlich auszudrücken, erforderlich erscheint (**BGH** v 8. 7. 2004 – IX ZB 565/02 – ZInsO 2004, 976, 977; *Hess* § 4 Rn 416; FK-*Schmerbach* § 13 Rn 87).

106 **2. Verfahrensrechtliches.** Die Glaubhaftmachung nach § 14 Abs 1 (§ 294 ZPO) hat bereits im Rahmen der Antragstellung zu erfolgen (§ 117 Abs 1 ZPO entspr). Zulässig ist die gleichzeitige Einreichung des Gesuchs um IKH und des Insolvenzantrags. Will der ASt die Insolvenzantragstellung von der Gewährung von IKH abhängig machen, so muss er dies deutlich zum Ausdruck bringen, indem er den Insolvenzantrag als **Entwurf** bezeichnet. Fehlt die Unterschrift auf dem beigefügten Insolvenzantrag, reicht dies zur Klarstellung als „Entwurf" ebenso aus wie der Hinweis, dass der Insolvenzantrag nur für den Fall der Bewilligung von IKH gewollt ist (vgl BGHZ 4, 328, 333; 7, 268, 270; *Uhlenbruck*, Die anwaltliche Beratung, S 107). Weiterhin sind dem Antrag eine **Erklärung des Antragstellers** über seine persönlichen und wirtschaftlichen Verhältnisse (Familienverhältnisse, Beruf, Vermögen, Einkommen und Lasten) sowie **entsprechende Belege** beizufügen (§§ 4 InsO, 117 Abs 2 ZPO; s auch **BGH** NZI 2002, 574). Die Unterlagen über die persönlichen und wirtschaftlichen Verhältnisse des Schuldners werden in ein Sonderheft genommen (FK-*Schmerbach* § 13 Rn 91). Ist der **Insolvenzantrag unzulässig** oder **offenbar unbegründet**, ist der IKH-Antrag ohne Anhörung des Schuldners zurückzuweisen. Bei Unklarheiten hat allerdings das Gericht den Schuldner unter Fristsetzung zu einer Klarstellung aufzufordern (FK-*Schmerbach* § 13 Rn 91). Kommt der ASt der gerichtlichen Aufforderung, seine persönlichen und wirtschaftlichen Verhältnisse glaubhaft zu machen oder zu erläutern, trotz Fristsetzung nicht nach, ist der Antrag abzulehnen (§ 118 Abs 2 Satz 4 ZPO). Dem Antragsgegner ist **Gelegenheit zur Stellungnahme** zu geben, soweit dies wegen der besonderen Eilbedürftigkeit des Verfahrens im Einzelfall nicht untunlich ist (§ 118 Abs 1 Satz 1 ZPO; N/R/*Mönning* § 13 Rn 33). Nach *Jaeger/Gerhardt* (§ 13 Rn 75) besteht auch die Möglichkeit, den Antrag zuzulassen und den Schuldner in beiden Sachen im Rahmen des § 14 Abs 2 zu hören. Dies setzt aber voraus, dass die Antragstellung nicht von der Gewährung von IKH abhängig gemacht ist. **Vordrucke** müssen vom ASt benutzt werden (§§ 4 InsO, 117 Abs 4 ZPO).

107 **3. Umfang der IKH.** Für das IKH-Verfahren selbst kann IKH nicht bewilligt werden (FK-*Schmerbach* § 13 Rn 89; K/P/B/*Pape* § 13 Rn 92). Erledigt sich das IKH-Verfahren durch Begleichung der dem Antrag zugrunde liegenden Forderung, so bleibt dem ASt nur die Möglichkeit, die entstandenen Kosten außerhalb des Insolvenzverfahrens geltend zu machen (FK-*Schmerbach* § 13 Rn 89). Nicht gedeckt durch die IKH ist ein gem § 26 Abs 1 S 2 zu zahlender **Massekostenvorschuss** (LG Koblenz v 26. 5. 1997 MDR 1997, 1169; LG Frankenthal Rpfleger 1985, 504, 505; **AG** Köln v 19. 8. 1971 KTS 1972, 126; *Kilger/K. Schmidt* § 72 KO Anm 4; K/P/B/*Pape* § 13 Rn 94; H/W/F Hdb 3/97; FK-*Schmerbach* § 13 Rn 85). Stellt ein Gläubiger Antrag auf Gewährung von **IKH für die Verfahrensteilnahme**, so ist diese idR zu versagen, denn das Anmeldeverfahren nach den § 174 ff ist so einfach gestaltet, dass jeder Gläubiger imstande ist, seine Forderung selbst zur Tabelle anzumelden (**BVerfG** ZIP 1989, 719 m Anm *Pape* ZIP 1989, 692; LG Oldenburg ZIP 1991, 115; LG Duisburg Rpfleger 2000, 294; *Vallender* MDR 1999, 610; *Hess* § 4 Rn 415; *Kalthoener/Büttner/Wrobel-Sachs* Prozess- und Verfahrenskostenhilfe, Beratungshilfe 5. Aufl Rn 550). Die **Beiordnung eines Rechtsanwalts** ist bei Gläubigeranträgen allenfalls geboten, wenn die **Antragstellung** mit besonderen Schwierigkeiten verbunden ist (vgl **BGH** ZIP 2004, 1922; AG Göttingen ZIP 1992, 637; K/P/B/*Pape* § 13 Rn 94). Das Gericht ist berechtigt und uU verpflichtet, bereits mit Eingang des Antrages auf Bewilligung von IKH **Amtsermittlungen** nach § 5 anzuordnen (*Uhlenbruck/Delhaes* HRP Rn 162; FK-*Schmerbach* § 13 Rn 91; *Uhlenbruck*, Die anwaltliche Beratung, S 107). So kann zB das Gericht mit der Zustellung des IKH-Antrags bereits den Schuldner nach § 14 Abs 2 hören und ihm einen Fragebogen hinsichtlich seiner Vermögensverhältnisse zusenden. Dagegen ist das Gericht nicht berechtigt, bereits **Sicherungsmaßnahmen** nach § 21 im IKH-Prüfungsverfahren anzuordnen, da eine solche Anordnung die Zulassung des Insolvenzantrags voraussetzt (FK-*Schmerbach* § 13 Rn 93). Sind die Voraussetzungen gegeben, bewilligt das Gericht die IKH durch Beschluss. Eine Begründung ist zwar nicht vorgeschrieben, empfiehlt sich aber (FK-*Schmerbach* § 13 Rn 92). Liegen die Voraussetzungen nicht vor, lehnt das Gericht den Antrag durch **begründeten Beschluss** ab. Auch nach rechtskräftiger Ablehnung des Antrags kann dieser mit neuem oder nachzuholendem Sachvortrag wiederholt werden (**OLG** Zweibrücken ZInsO 2003, 716, 717).

III. Insolvenzkostenhilfe bei Eigenantrag des Schuldners

108 **1. IKH bei Antrag auf Eröffnung des Regelinsolvenzverfahrens.** Gem § 4 finden die Vorschriften über die Bewilligung von Prozesskostenhilfe (§§ 114 ff ZPO) im Insolvenzverfahren nur insoweit entsprechende Anwendung, als sie auf das Insolvenzverfahren als Gesamtvollstreckungsverfahren passen und nicht die InsO eine bereits abschließende Regelung getroffen hat. Für das alte Recht und teilweise auch für das neue Recht wird angenommen, dass bei **Eigenantrag des Schuldners keine IKH** zu gewähren ist, da das Gericht von Amts wegen die notwendigen Ermittlungen anzustellen habe (§§ 75, 105 Abs 2 KO,

§ 5 InsO, § 17 Abs 3 GKG). Die Amtsermittlungen können nach § 17 Abs 3 GKG nicht von der Einzahlung eines Ermittlungskostenvorschusses abhängig gemacht werden, so dass auch ein Rechtsschutzinteresse nicht erkennbar sei (K/U § 104 KO Rn 8; *Uhlenbruck* ZIP 1982, 288, 289; *Gottwald/Uhlenbruck* InsRHdb § 11 Rn 6; H/W/F Hdb 3/119; *Kilger/K. Schmidt* § 72 KO Anm 4; *Smid* NJW 1994, 2678). Richtig ist, dass für Verfahrensabschnitte, die dem eigentlichen Zweck des Insolvenzverfahrens dienen, weil das Vermögen des Schuldners verwertet und der Erlös gleichmäßig verteilt werden soll, dem Schuldner grundsätzlich **keine Insolvenzkostenhilfe** gewährt werden kann (AG Göttingen NZI 2002, 449; Bork ZIP 1998, 1209, 1215; HK-*Kirchhof* § 4 Rn 10; FK-*Schmerbach* § 13 Rn 96). Zutreffend ist auch, dass der Gesetzgeber vor dem Inkrafttreten des InsOÄndG 2001 von einer Bereitstellung öffentlicher Mittel bewusst abgesehen hat (**BGH** ZIP 2000, 755).

Der Entwurf eines Gesetzes zur Entschuldung mittelloser Personen, zur Stärkung der Gläubigerrechte sowie zur Regelung der Insolvenzfestigkeit von Lizenzen (BT-Drucks 16/7416) verzichtet bei Massearmut auf die Durchführung eines Insolvenzverfahrens (BR-Drucks 600/07 S 78). Die früheren Stundungsvorschriften der §§ 4a–4d InsO sollen ersatzlos gestrichen werden. Weiterhin stellt das Gesetz ausdrücklich klar, dass die Gewährung von IKH für den Schuldner grundsätzlich nicht in Betracht kommt. Lediglich für besondere Verfahrenslagen, etwa bei Versagung der Restschuldbefreiung, soll die Möglichkeit der **Beiordnung eines Rechtsanwalts** gem § 4 Abs 2 bestehen (vgl *Graf-Schlicker/Kexel*, ZIP 2007, 1833, 1835). 109

Nach wie vor kann einem Schuldner IKH bewilligt werden, wenn es darum geht, sich gegen den unberechtigten Insolvenzantrag eines Gläubigers zur Wehr zu setzen (**AG Mannheim** ZVI 2004, 489; *Jaeger/Gerhardt* § 13 Rn 76; H/W/F Hdb 3/120). Zweifelhaft ist, ob dem Schuldner IKH gewährt werden kann für **Auskunfts- und Mitwirkungspflichten** (§§ 97, 98, 99 InsO) oder für ein Vorgehen gegen die **Postsperre** (so *Gottwald/Klopp/Kluth* InsRHdb § 17 Rn 45). Gleiches gilt für die Wahrnehmung der Rechte im Berichtstermin bei der Frage der **Stilllegung oder vorläufigen Fortführung des Unternehmens** sowie bei vorläufiger Untersagung der **Stilllegung** des Unternehmens (§§ 156, 157, 158 Abs 2 Satz 2). Zu weitgehend ist die Auffassung, IKH könne auch für die **Wahrnehmung der Rechte im Insolvenzplanverfahren** (Erstellung und Vorlage eines eigenen Plans, Prüfung und Wertung eines vom Verwalter vorgelegten Plans, Planannahme und Planbestätigung) gewährt werden oder für die **Wahrnehmung der Rechte bei Eigenverwaltung** des Schuldners (so aber *Gottwald/Klopp/Kluth* InsRHdb § 17 Rn 45). Grundsätzlich kann einem Schuldner mangels eigener Einwirkungsmöglichkeiten für seine Mitwirkung am eröffneten Insolvenzverfahren keine IKH bewilligt werden (**LG Traunstein** NJW 1963, 960; *Uhlenbruck* ZIP 1982, 289; HK-*Kirchhof* § 4 Rn 9). Die **Ausarbeitung eines Insolvenzplans** (§ 218 Abs 1) erfolgt außerhalb des gerichtlichen Verfahrens, so dass IKH auch insoweit ausscheidet (KH-*Kirchhof* § 4 Rn 9; *Bork* ZIP 1998, 1209, 1216). 110

Dagegen ist die Bewilligung von IKH möglich für die Verfahren über **Versagung und Widerruf der Restschuldbefreiung (§§ 296, 303)** sowie für **Beschwerdeverfahren** nach § 6, letzteres unabhängig von der Parteirolle (*Bork* ZIP 1998, 1209, 1216; *Jaeger/Gerhardt* § 13 Rn 76; HK-*Kirchhof* § 4 Rn 9; *Graf-Schlicker/Kexel* § 4 Rn 8). Auf die Erfolgsaussichten des eingelegten Rechtsmittel kommt es dabei nicht an (**BGH** ZVI 2003, 405 = NJW 2003, 2910, 2911; **BGH** NJW 2002, 2793, 2794; *Graf-Schlicker/Kexel* § 4 Rn 8). Umstritten ist allerdings, ob das Beschwerdeverfahren einen **gesonderten Verfahrensabschnitt** iSv § 4a Abs 3 Satz 2 darstellt (eingehend hierzu *Jaeger/Eckardt* § 4a Rn 74ff; N/R/*Becker* § 4a Rn 59; MüKo-*Ganter* §§ 4a–4d Rn 13; K/P/B/*Prütting/Wenzel* § 4a Rn 22, § 4d Rn 22). Nach Auffassung des BGH ist über die Kosten des Beschwerdeverfahrens trotz gewährter Stundung nach den Grundsätzen der IHK zu entscheiden (**BGH** NJW 2002, 2793, 2794; **BGH** NJW 2003, 2910 = ZVI 2003, 405 = NZI 2003, 556 = ZInsO 2003, 800; **BGH** ZVI 2003, 226). 111

Keine Insolvenzkostenhilfe kommt in Betracht bei Eigenantrag in Verfahren der **Unternehmensinsolvenz** (*Smid* NJW 1994, 2678, 2679). Die Gewährung von IKH hat Subventionscharakter (*Smid*) und wird teilweise sogar als spezielle Form der Sozialhilfe angesehen, auf die ein aus Art 1 u 2 GG abzuleitender Rechtsanspruch besteht (*Thomas* KS S 1763 ff Rn 16). Deshalb verbietet sich eine entsprechende Anwendung der §§ 114 ff ZPO auf Unternehmensinsolvenzen. Auch wenn es rechtspolitisch erwünscht ist, um die vom Gesetzgeber gewünschte Voll-Liquidation einer notleidenden Unternehmung sicherzustellen, kommt eine Bewilligung von IKH zwecks **Voll-Liquidation einer vermögenslosen Gesellschaft** nicht in Betracht, da diese bei Kapitalgesellschaften schon an der Regelung in § 116 S 1 Nr 2 ZPO scheitert (zutreffend K/P/B/*Pape* § 13 Rn 110). Zutreffend der Hinweis bei K/P/B/*Pape* (§ 13 Rn 110), dass die Voll-Liquidation juristischer Personen keinen gesetzlich normierten eigenständigen Verfahrenszweck darstellt, der die Bewilligung von IKH für den Antrag rechtfertigen könnte (vgl aber auch *Kilger/K. Schmidt* § 72 KO Anm 4). Gegen die Ablehnung von IKH findet die **sofortige Beschwerde** statt. Sie ist binnen einer **Notfrist von einem Monat** einzulegen (§ 127 Abs 2 Satz 2 ZPO). S auch FK-*Schmerbach* § 6 Rn 27a u § 7 Rn 2. 112

2. Beratungshilfe. Nach dem Beratungshilfegesetz vom 18. 6. 1980 (BGBl I S 689) kann zur Vorbereitung eines Insolvenzantrags einem **Schuldner** oder **Gläubiger** Beratungshilfe gewährt werden, wenn die Voraussetzungen des § 1 BerHG vorliegen (**AG Köln** VuR 2000, 22 m Anm *Kothe;* **AG Bochum** Rpfleger 2000, 461; **AG Schwerte** ZInsO 2004, 1215; FK-*Schmerbach* § 13 Rn 97; K/P/B/*Pape* § 13 Rn 109; 113

Gottwald/Uhlenbruck InsRHdb § 11 Rn 7; *Fuchs/Bayer* Rpfleger 2000, 1 ff; **str aA AG** Schwelm ZInsO 2000, 173; *Landmann* Rpfleger 2000, 196). Dem **Schuldner** kann auch Beratungshilfe für die Vorbereitung eines Antrags auf Durchführung eines Verbraucherinsolvenzverfahrens nicht versagt werden (K/P/B/*Pape* § 13 Rn 109). Entsprechend dem am 1. 7. 2004 in Kraft getretenen Kostenrechtsmodernisierungsgesetz vom 5. 5. 2004 (BGBl I 718) kann dem Schuldner nach § 46 RVG iVm Nr 2600 ff des Vergütungsverzeichnisses (Anlage 1 zu § 2 Abs 2 RVG) nach wie vor Beratungshilfe gewährt werden. Unzutreffend **AG** Schwelm (ZInsO 2000, 173), wonach die Beratungshilfe auf Fälle beschränkt sein soll, in denen geeignete Stellen zur kostenlosen Beratung des Schuldners in ausreichender Zahl nicht zur Verfügung stehen (K/P/B/*Pape* § 13 Rn 109 a; FK-*Schmerbach* § 13 Rn 97). Über die Anträge auf Gewährung von Beratungshilfe in Insolvenzverfahren entscheidet nach § 24 a Abs 1 Nr 1 RPflG der **Rechtspfleger des Insolvenzgerichts**. Durch Geschäftsverteilung sollte allerdings sichergestellt werden, dass der beratende Rechtspfleger später nicht als bearbeitender Rechtspfleger für das Verfahren zuständig ist (FK-*Schmerbach* § 13 Rn 97). Auch im **Verbraucherinsolvenzverfahren** ist die Gewährung von Beratungshilfe zulässig (*Vallender* InVo 1998, 1719; HK-*Landfermann* § 305 Rn 9; HK-*Kirchhof* § 4 Rn 9). Die **Stundungsregelung des § 4 a** geht aber der Beratungshilfe vor, soweit diese reicht (HK-*Kirchhof* § 4 Rn 9). Zur **Höhe der Vergütung** im Rahmen der Beratungshilfevorschriften s K/P/B/*Pape* § 13 Rn 142; FK-*Schmerbach* § 13 Rn 98). Wird der Antrag auf Beratungshilfe zurückgewiesen, findet gegen den Beschluss die **Erinnerung** nach § 6 Abs 2 BerHG statt.

H. Rücknahme des Insolvenzantrags

I. Allgemeines

114   Ebenso wie der Insolvenzantrag ist auch die Rücknahme **Prozesshandlung**. Die Rücknahme kann nur uneingeschränkt erfolgen. Eine teilweise Rücknahme ist ausgeschlossen, da das Insolvenzverfahren nur über das gesamte Schuldnervermögen eröffnet werden kann. Der Insolvenzantrag kann zurückgenommen werden, bis das Insolvenzverfahren eröffnet oder der Antrag rechtskräftig abgewiesen ist (vgl N/R/*Mönning* § 13 Rn 93 ff; FK-*Schmerbach* § 13 Rn 16 ff; K/P/B/*Pape* § 13 Rn 114 ff; HK-*Kirchhof* § 13 Rn 15 ff). Die Rücknahme erfolgt durch einseitige, gegenüber dem Insolvenzgericht abzugebende Erklärung. Sie ist als Prozesshandlung **bedingungsfeindlich** (vgl K/P/B/*Pape* § 13 Rn 117; KS-*Delhaes* S 147 Rn 24; FK-*Schmerbach* § 13 Rn 16). Eine Rücknahme des Eigenantrags eines Schuldners wegen Irrtum über die Höhe des pfändbaren Teils seines Einkommens ist unzulässig (**LG** Düsseldorf v 10. 5. 2001, NZI 2002, 60). Im **Verbraucherinsolvenzverfahren** wird das vereinfachte Verfahren erst mit einer Entscheidung nach den §§ 311, 312 Abs 1 eröffnet, so dass die Rücknahme auch noch nach dem Scheitern des Verfahrens über den Schuldenbereinigungsplan (§§ 306–310) erfolgen kann (HK-*Kirchhof* § 13 Rn 15; *Jaeger/Gerhardt* § 13 Rn 40). Zur **Rücknahme des Gläubigerantrags** wird auf die Kommentierung zu § 14 Rn 115 ff verwiesen. Im Folgenden wird lediglich die Rücknahme durch den Schuldner bzw die organschaftlichen Vertreter eines Schuldnerunternehmens dargestellt.

II. Zeitliche Grenze der Rücknahme

115   Nach § 13 Abs 2 kann der Antrag nur zurückgenommen werden, bis das Verfahren eröffnet oder der Antrag rechtskräftig abgewiesen ist. Die Rücknahme ist demgemäß bei Verfahrenseröffnung nur bis zum **Wirksamwerden des Eröffnungsbeschlusses** zulässig (**OLG** Celle v 2. 3. 2000, ZIP 2000, 673; **OLG** Köln v 17. 7. 1992, ZIP 1993, 936; **OLG** Hamm KTS 1976, 146, 148 u KTS 1978, 106, 107; **LG** Düsseldorf ZInsO 2002, 243; BerlKo-*Goetsch* § 13 Rn 27 ff; K/P/B/*Pape* § 13 Rn 117 ff; HK-*Kirchhof* § 13 Rn 15; *Hess* § 13 Rn 30; *Jaeger/Gerhardt* § 13 Rn 40, 41; N/R/*Mönning* § 13 Rn 96; MüKo-*Schmahl* § 13 Rn 102). **Wirksam wird der Eröffnungsbeschluss** in dem Augenblick, in dem er aufhört, eine innere Angelegenheit des Gerichts zu sein, also wenn der Beschluss vom zuständigen Beamten der Geschäftsstelle zur Mitteilung an den Empfänger in den Ausgang gegeben wird oder der Beschluss dem Schuldner bzw einem Insolvenzgläubiger bekannt gemacht wird (**BGH** KTS 1968, 242; **OLG** Celle ZIP 2000, 673, 675, **OLG** Hamm KTS 1976, 148; **OLG** Köln ZIP 1993, 936, **LG** Halle DZWIR 2004, 345; **LG** Karlsruhe NZI 2002, 608; HaKo-*Wehr* § 13 Rn 17; *Delhaes*, Der Insolvenzantrag S 186; N/R/*Mönning* § 13 Rn 98). Es genügt schon die Mitteilung an einen Verfahrensbeteiligten, also auch an den Insolvenzverwalter (**LG** Karlsruhe NZI 2002, 608). Auf die Art der Mitteilung kommt es nicht an, so dass auch eine **telefonische Mitteilung** oder eine **Veröffentlichung im Internet** genügt (HaKo-*Wehr* § 13 Rn 17). Da mit Wirksamwerden des Eröffnungsbeschlusses die insolvenzrechtlichen Wirkungen eingreifen, bleibt den Beteiligten nur noch der Weg der **sofortigen Beschwerde** über § 34, um die Wirkungen der Verfahrenseröffnung rückgängig zu machen (*Jaeger/Gerhardt* § 13 Rn 40; N/R/*Mönning* § 13 Rn 99). Etwas anderes gilt, wenn erst das **Beschwerdegericht die Verfahrenseröffnung anordnet**. Sofern nicht nach § 6 Abs 3 Satz 2 die sofortige Wirksamkeit angeordnet wird, wird der Eröffnungsbeschluss erst mit Rechtskraft gem § 6 Abs 3 wirksam mit der Folge, dass keinerlei rechtliche Außenwirkungen eintreten (**OLG** Colmar OLGE 5, 215; **OLG** Naumburg OLGE 25, 336; HK-*Kirchhof* § 13 Rn 15;

MüKo-*Schmahl* § 13 Rn 104; *Jaeger/Gerhardt* § 13 Rn 41). Da der Eröffnungsbeschluss erst mit **Rechtskraft der Beschwerdeentscheidung wirksam** wird (§ 6 Abs 3), treten keine rechtlichen Außenwirkungen ein. Mit der Beschwerde gegen die Insolvenzeröffnung kann der Schuldner auch geltend machen, der Eigenantrag sei vor Verfahrenseröffnung bereits zurückgenommen worden. Die Beschwerde ist begründet, wenn die Rücknahmeerklärung wirksam ist, weil es solchen Falls an einer verfahrensrechtlichen Voraussetzung für die Eröffnung gefehlt hat (**OLG Brandenburg** v 16. 7. 2001, NZI 2002, 44). Ist das Insolvenzverfahren einmal eröffnet worden und wurde gegen den Eröffnungsbeschluss sofortige Beschwerde eingelegt, kann während des laufenden Beschwerdeverfahrens der Insolvenzantrag nicht mehr zurückgenommen werden, denn er hat bereits mit seinem Wirksamwerden insolvenzrechtliche Außenwirkungen erzeugt (vgl auch **OLG Celle** v 2. 3. 2000 – 2 W 15/00 –; ZIP 2000, 673 (Erledigungserklärung); **LG Göttingen** ZIP 1998, 571; *Jaeger/Gerhardt* § 13 Rn 41; *Hess* § 13 Rn 34; § 27 Rn 20; HaKo-*Wehr* § 13 Rn 17). Ist wegen der Wirksamkeit der Eröffnungsentscheidung keine Antragsrücknahme mehr möglich, bleibt nur noch eine **Verfahrenseinstellung** nach den §§ 212, 213 (K/P/B/*Pape* § 13 Rn 117).

Rücknahme bei Abweisung. Ist der **Antrag** auf Eröffnung eines Insolvenzverfahrens dagegen abgewiesen worden, so ist die Antragsrücknahme noch **bis zur Rechtskraft** der Entscheidung zulässig (**OLG Celle** v 2. 3. 2000, ZIP 2000, 673; für das alte Recht **OLG Hamm** KTS 1976, 146; **OLG Köln** ZIP 1993, 936). Etwas anderes gilt nur, wenn das Gericht die **sofortige Wirksamkeit** der Entscheidung angeordnet hat (§ 6 Abs 3). Ansonsten tritt die Wirksamkeit erst mit der Rechtskraft der Beschwerdeentscheidung ein (HK-*Kirchhof* § 13 Rn 15; MüKo-*Schmahl* § 13 Rn 104; *Jaeger/Gerhardt* § 13 Rn 42; *Hess* § 13 Rn 30; HaKo-*Wehr* § 13 Rn 17). Das gilt auch für die **Abweisung mangels Masse** (§ 26 Abs 1). Die unterschiedliche Regelung des Rücknahmerechts beruht darauf, dass die Insolvenzeröffnung bereits rechtliche Wirkungen für und gegen die Beteiligten entfaltet. Ab Eröffnung steht der Insolvenzantrag nicht mehr zur Disposition des Antragstellers mit der Folge, dass eine Rücknahme auch nicht mehr im Beschwerdeverfahren möglich ist. Im Interesse der Rechtssicherheit soll eine Verfahrenseröffnung mit ihren Wirkungen gegenüber Dritten durch eine Antragsrücknahme nicht mehr in Frage gestellt werden können. Eine trotzdem erfolgende Rücknahme ist rechtlich wirkungslos, weil der Eröffnungsbeschluss mit seinem Wirksamwerden bereits insolvenzrechtliche Wirkungen ausgelöst hat (**OLG Köln** ZIP 1993, 936; **OLG Hamm** KTS 1976, 146, 148; **LG Braunschweig** NJW 1961, 2316; *Jaeger/Gerhardt* § 13 Rn 40; *Kilger/K. Schmidt* § 103 KO Anm 2; *Gottwald/Uhlenbruck* InsRHdb § 10 Rn 1).

Ein **Abweisungsbeschluss** nach § 26 Abs 1 wird durch die Antragsrücknahme wirkungslos, ohne dass es einer besonderen Aufhebung des Beschlusses bedarf (**OLG Köln** ZIP 1993, 936; **OLG Hamm** ZIP 1976, 146, 148 U KTS 1978, 106, 107; *Gottwald/Uhlenbruck* InsRHdb § 10 Rn 2). Hat das Gericht den Antrag rechtskräftig zurückgewiesen oder das Verfahren eröffnet, so wird – ungeachtet der Frage, ob dies überhaupt zulässig ist – die Anordnung eines Finanz-, Sozial- oder Verwaltungsgerichts, den Antrag zurückzuziehen, gegenstandslos (**BFH** DB 1978, 1260; HK-*Kirchhof* § 13 Rn 15).

Hatte der ASt den Insolvenzantrag rechtswirksam zurückgenommen und ist trotzdem ein Abweisungsbeschluss ergangen, so kann unter der **sofortigen Beschwerde** nach § 34 die Feststellung erstrebt werden, dass der **Abweisungsbeschluss wegen Antragsrücknahme unwirksam** ist (vgl **OLG Brandenburg** v 16. 7. 2001, NZI 2002, 44; **LG München I** v 5. 7. 1972, KTS 1973, 74, 75). Ein **Beschwerderecht gegen den Eröffnungsbeschluss** mit der Begründung der Masselosigkeit steht dem Insolvenzschuldner nicht zu (**BGH** v 17. 7. 2008 – IX ZB 225/07, ZIP 2008, 1793). Unzulässig ist auch eine sofortige Beschwerde gegen einen Eröffnungsbeschluss wegen nachträglicher Antragsrücknahme (vgl **OLG Köln** v 4. 11. 1957, KTS 1958, 13, 14; **OLG Stuttgart** NZI 1999, 491; **LG Göttingen** NZI 1998, 92; **LG Karlsruhe** NZI 2002, 609; HK-*Kirchhof* § 34 Rn 21; str aA N/R/*Mönning* § 34 Rn 36). Einer **Aufhebung des Eröffnungsbeschlusses** bedarf es nicht (HaKo-*Wehr* § 13 Rn 17; str aA MüKo-*Schmahl* § 13 Rn 107; wohl auch K/P/B/*Pape* § 13 Rn 120). Nach Auffassung des **OLG Köln** (ZIP 1993, 936) ist die Wirkungslosigkeit aber auf Antrag des Schuldners (Antragsgegners) durch Beschluss auszusprechen, weil dieser hieran ein berechtigtes Interesse hat. Über § 4 InsO gilt die Vorschrift des § 269 Abs 3 S 1, 2. Halbs ZPO entsprechend. Stellt der Antragsgegner den Antrag, sind die **Rechtsfolgen der Antragsrücknahme durch Beschluss festzustellen.** Hieran besteht vor allem dann ein besonderes rechtliches Interesse, wenn bereits eine Veröffentlichung des Abweisungsbeschlusses erfolgt war, die Eintragung in die Schuldnerliste droht oder gar eine Löschung im Handelsregister zu besorgen ist. Die Feststellung der Wirkungslosigkeit auf Antrag des Schuldners hat lediglich **deklaratorische Wirkung** (**OLG Köln** v 17. 7. 1992, ZIP 1993, 936; HaKo-*Wehr* § 13 Rn 17). Die Rücknahme des Insolvenzantrags bis zur Rechtskraft des gerichtlichen Beschlusses ist nicht auf die Fälle der Abweisung mangels Masse (§ 26 Abs 1) beschränkt.

Eine Rücknahme ist auch dann bis zur Rechtskraft des Abweisungsbeschlusses zulässig, wenn der Antrag als **unzulässig zurückgewiesen** worden ist. Der die Verfahrenseröffnung ablehnende Beschluss wird bei Einlegung eines **unzulässigen Rechtsmittels** bereits mit dem Ablauf der Rechtsmittelfrist rechtskräftig. Eine nach diesem Zeitpunkt erfolgende Rücknahme ist daher wirkungslos (**OLG Hamm** KTS 1978, 106).

Im **Verbraucherinsolvenzverfahren** erfolgt die Eröffnung des vereinfachten Insolvenzverfahrens nach den §§ 311 ff erst dann, wenn die Einwendungen nicht gem § 309 ersetzt werden (§ 311). Bis zur Wiederaufnahme des Eröffnungsverfahrens (§ 311) und **Eröffnung des Insolvenzverfahrens** nach § 312

Abs 1 kann der Insolvenzantrag noch zurückgenommen werden (HK-*Kirchhof* § 13 Rn 12). Eine **Fiktion der Antragsrücknahme** enthält § 308 Abs 2: Wird die Annahme des Schuldenbereinigungsplans durch gerichtlichen Beschluss festgestellt, so gelten die Anträge auf Eröffnung des Insolvenzverfahrens und auf Erteilung von Restschuldbefreiung als zurückgenommen. Eine Rücknahmefiktion enthält auch § 305 Abs 3 S 2: Kommt der Schuldner der gerichtlichen Aufforderung nach Ergänzung der Unterlagen im Verbraucherinsolvenzverfahren nicht binnen eines Monats nach, so gilt sein Antrag auf Eröffnung des Insolvenzverfahrens als zurückgenommen.

III. Rücknahmebefugnis bei Eigenantrag

121   1. **Rücknahme bei Wechsel des Schuldners oder alleinigen organschaftlichen Vertreters.** Zur Rücknahme des Insolvenzantrags ist befugt der jeweilige **Antragsteller** oder sein **Gesamtrechtsnachfolger**. Die Rücknahmeberechtigung orientiert sich an der Antragsberechtigung (**LG** Tübingen KTS 1961, 159; **AG** Potsdam NZI 2000, 328; HK-*Kirchhof* § 13 Rn 16; BerlKo-*Goetsch* § 13 Rn 35 ff; KS-*Delhaes* S 147, Rn 26, 27). Deshalb ist zur Rücknahme berechtigt grundsätzlich nur eine rechtsfähige Person, soweit diese parteifähig ist. Geschäftsfähigkeit ist nicht erforderlich. Wird ein Minderjähriger während des Insolvenzeröffnungsverfahrens volljährig, kann er einen für ihn gestellten Insolvenzantrag zurücknehmen. Auch bei der Rücknahme ist **gewillkürte Stellvertretung** möglich. Mit dem **Todesfall** geht das Rücknahmerecht auf einen Rechtsnachfolger des Antragsberechtigten über (*Delhaes*, Der Insolvenzantrag S 188 f). Die **Abberufung eines organschaftlichen Vertreters** durch die Mitglieder- oder Gesellschafterversammlung bzw Hauptversammlung führt nicht zur Unwirksamkeit des einmal gestellten Insolvenzantrags (*Gottwald/Uhlenbruck* InsRHdb § 10 Rn 3). Gleiches gilt, wenn der organschaftliche Vertreter einer juristischen Person sein Amt nach Antragstellung niederlegt (vgl *Uhlenbruck* BB 1985, 1277 ff). Der organschaftliche Vertreter, der sein **Amt niedergelegt** hat oder **abberufen** worden ist, kann den einmal für die Gesellschaft gestellten Insolvenzantrag nicht mehr zurückziehen. Zur Rücknahme ist nur ein **neubestellter organschaftlicher Vertreter** in den zeitlichen Grenzen des § 13 Abs 2 berechtigt, sofern er nicht rechtsmissbräuchlich handelt (**BGH** v 10. 7. 2008 – IX ZB 122/07, ZIP 2008, 1596, 1597; *Götker*, Der Geschäftsführer in der Insolvenz der GmbH, Rn 849; BerlKo-*Goetsch* § 13 Rn 40; H/W/W § 13 Rn 22; **str aA LG** Dortmund NJW-RR 1986, 258; **AG** Magdeburg ZInsO 1998, 43; K/P/B/*Pape* § 13 Rn 122; *Smid* § 13 Rn 15; FK-*Schmerbach* § 13 Rn 21). Vor der Antragsrücknahme hat dieser sich jedoch genau zu informieren, ob nicht die Voraussetzungen für eine gesetzliche Insolvenzantragspflicht bestanden haben und noch bestehen. Die **alleinige Rücknahmeberechtigung** des neu bestellten organschaftlichen Vertreters rechtfertigt sich daraus, dass der **Insolvenzantrag im Namen der Gesellschaft** gestellt wird. Der Gesellschaft steht das Rücknahmerecht zu, das von den jeweiligen organschaftlichen Vertretern in vertretungsberechtigter Zahl ausgeübt werden kann (**BGH** ZIP 2008, 1596; *Jaeger/Müller* § 15 Rn 56, 58; HK-*Kirchhof* § 13 Rn 16; BerlKo-*Goetsch* § 13 Rn 40; HaKo-*Wehr* § 13 Rn 20; *Gottwald/Uhlenbruck* InsRHdb § 10 Rn 3).

122   **Abzulehnen** ist die Auffassung, weder der alte noch der neue Geschäftsführer einer GmbH sei berechtigt, den einmal gestellten Insolvenzantrag zurückzunehmen (so aber **LG** Dortmund ZIP 1985, 1341; **LG** Tübingen KTS 1961, 158, 159; **AG** Magdeburg ZInsO 1998, 43; **AG** Duisburg ZIP 1995, 582; **AG** Potsdam NZI 2000, 328; *Braun/Buck* § 13 Rn 17; FK-*Schmerbach* § 15 Rn 21; *Hess* § 13 Rn 39; *Smid* § 13 Rn 15; MüKo-*Schmahl* § 13 Rn 101). Zutreffend ist allerdings der Einwand, dass die Abberufung des antragstellenden Organs durch die Gesellschafter oftmals erfolgt, um die Eröffnung des Insolvenzverfahrens zu vermeiden und die Möglichkeit zu erhalten, die Gesellschaft bis zur Masselosigkeit auszuweiden (vgl **AG** Duisburg ZIP 1995, 582; K/P/B/*Pape* § 13 Rn 122, 123; FK-*Schmerbach* § 15 Rn 21). Trotz Missbrauchsmöglichkeiten ist jedoch an der **Rücknahmeberechtigung eines neu bestellten organschaftlichen Vertreters** festzuhalten, denn es handelt sich um eine verfahrensrechtliche und nicht um eine rechtspolitische Frage. Wenn der frühere Geschäftsführer nicht mehr vertretungsberechtigt ist und der neu bestellte Geschäftsführer kein Antragsrecht hätte, träte die Situation ein, dass der einmal gestellte Insolvenzantrag nicht mehr rücknehmbar wäre, was zu entscheidenden Nachteilen für die Gesellschaft und deren Gläubiger führen könnte (**BGH** ZIP 2008, 1596, 1597 f). Ein neu bestellter Vorstand oder eine neue bestellte Geschäftsführung ist bei Vorliegen eines Insolenzgrundes ebenso zum Antrag verpflichtet, wie die früheren organschaftlichen Vertreter. Den **nachfolgenden organschaftlichen Vertreter** einer antragspflichtigen Gesellschaft trifft die gleiche Verantwortung wie den früheren ASt. Wird der Antrag trotz gesetzlicher Antragspflicht (§ 15 a) zurückgenommen, so bieten die haftungsrechtlichen und strafrechtlichen Sanktionen einer Insolvenzverschleppung hinreichenden Schutz für die Gläubiger (**BGH** ZIP 2008, 1596, 1597; *Jaeger/Müller* § 15 Rn 59; HaKo-*Wehr* § 13 Rn 20; HK-*Kirchhof* § 13 Rn 16; *Fenske* BB 1985, 2265, 2267; s auch KG NJW 1965, 2157; LG Berlin KTS 1974, 182, 84). Wird der Antrag von einem organschaftlichen Vertreter wegen **drohender Zahlungsunfähigkeit** (§ 18 Abs 1) gestellt, ist die **Antragsrücknahme durch die vertretungsberechtigten Organe**, persönlich haftenden Gesellschafter oder Abwickler generell zulässig (*Jaeger/Müller* § 15 Rn 60; FK-*Schmerbach* § 15 Rn 21; *Haas* DStR 1998, 1359; 1361; **str aA** MüKo-*Schmahl* § 15 Rn 60, wonach der Antrag nur vom ASt zurückgenommen werden kann). Das Problem stellt sich bei drohender Zahlungsunfähigkeit jedoch meist wegen der Regelung in § 18 Abs 3 nicht.

H. Rücknahme des Insolvenzantrags § 13

War das **Insolvenzverfahren bereits eröffnet** worden, kann ein neubestellter organschaftlicher Vertre- 123
ter **keine sofortige Beschwerde** nach § 34 mit dem Ziel einlegen, im Beschwerdeverfahren den Antrag
zurückzunehmen. Die sofortige Beschwerde kann allenfalls Erfolg haben, wenn zum Zeitpunkt der Beschwerdeentscheidung die materiellen Voraussetzungen für eine Verfahrenseröffnung oder eine Abweisung mangels Masse nicht oder diese später nicht mehr vorgelegen haben (vgl *Gottwald/Uhlenbruck*
InsRHdb § 10 Rn 3; *Uhlenbruck*, Die GmbH & 38; Co KO in Krise, Konkurs und Vergleich, S 421 f;
Delhaes, Der Insolvenzantrag S 189). Die sofortige Beschwerde gegen einen Insolvenzeröffnungsbeschluss kann wegen der Regelung in § 13 Abs 2 grundsätzlich nicht auf eine nachträgliche Antragsrücknahme gestützt werden (vgl **OLG** Köln KTS 1958, 14 f; **OLG** Stuttgart NZI 1999, 491; **LG** Göttingen NZI 1998, 92; **LG** Karlsruhe NZI 2002, 609; HK-*Kirchhof* § 34 Rn 22; **str aA** N/R/*Mönning* § 34
Rn 36).

2. Antragsrücknahme bei mehrheitlicher Vertretung. Oftmals wird der Insolvenzantrag nicht von al- 124
len Mitgliedern des Vorstandes, der Geschäftsführung oder von allen Liquidatoren oder Erben gestellt.
Der Gesetzgeber hat für diese Fälle vorgesehen, dass die übrigen Beteiligten zu hören sind (§§ 15 Abs 2,
317 Abs 2 S 2, 318 Abs 2 S 2, 333 Abs 2 S 1 2. Halbs). Zweifelhaft und umstritten ist, ob die Rücknahmebefugnis allein dem **Antragsteller** zusteht oder den **Vertretungsberechtigten**. Hat von mehreren
Vorstandsmitgliedern oder Geschäftsführern einer ohne oder gegen den Willen der oder des anderen
Insolvenzantrag für die Gesellschaft, den Verein oder die Genossenschaft gestellt, so sind nach **hM** nur
der ASt oder sämtliche vertretungsberechtigten organschaftlichen Vertreter zusammen berechtigt, den
Antrag zurückzunehmen (**LG** Dortmund ZIP 1985, 1341; **LG** Duisburg, unveröffentl Beschl v 22. 11.
1994 – 4 T 250/94 –; **LG** Hamburg, unveröffentl Beschl v 20. 6. 1996 – 326 T 24/95 –; **LG** Tübingen
KTS 1961, 158, 159; **AG** Duisburg v 10. 11. 2001 NZI 2002, 209; **AG** Duisburg ZIP 1995, 582; **AG**
Magdeburg v 9. 3. 1998, ZInsO 1998, 43; **AG** Potsdam v 11. 4. 2000, NZI 2000, 328; *Gottwald/
Uhlenbruck* InsRHdb § 10 Rn 4). Nach **Auffassung von** *Kirchhof* (HK-*Kirchhof* § 13 Rn 16) können
bei mehrköpfiger Vertretung die übrigen Geschäftsführer oder Vorstandsmitglieder ihre eigenen Rechte
nur durch **Rechtsmittel gegen die Gerichtsentscheidung** geltend machen. Etwas anderes gilt aber nach
hM, wenn der antragstellende organschaftliche Vertreter abberufen wird oder sein Amt niederlegt. Hier
ist der Nachfolger im Amt bzw ein neu bestellter Vorstand in den zeitlichen Grenzen des § 13 Abs 2 berechtigt, den Insolvenzantrag zurückzunehmen, soweit er nicht rechtsmissbräuchlich handelt (**BGH** v
10. 7. 2008 – IX ZB 122/07, NZI 2008, 550 = ZIP 2008, 1596 = ZInsO 2008, 922; **LG** Berlin
KTS 1974, 184; *Jaeger/Müller* § 15 Rn 58, 59; BerlKo-*Goetsch* § 13 Rn 40; HK-*Kirchhof* § 13 Rn 16;
HaKo-*Wehr* § 13 Rn 21; **str aA LG** Dortmund ZIP 1985, 1341; **AG** Duisburg ZIP 1995, 582; *Hess*
§ 13 Rn 39; *Goetker*, Der Geschäftsführer in der Insolvenz der GmbH, Rn 847; vgl auch **LG** Tübingen
KTS 1961, 158, 159; K/P/B/*Noack* Rn 443; *Scholz/K. Schmidt* vor § 64 GmbHG Rn 48).

Eigene Auffassung. Sämtliche Argumente, die gegen eine Rücknahmeberechtigung bei mehrköpfiger 125
Vertretung oder bei Abberufung eines organschaftlichen Vertreters angeführt werden, vermögen letztlich nicht zu überzeugen. Bei der Rücknahme handelt es sich um eine Prozesshandlung, deren Zulässigkeit ausschließlich nach verfahrensrechtlichen Grundsätzen zu beurteilen ist. Die „extremen Risiken für
die Gläubiger" haben allerdings Berücksichtigung zu finden (K/P/B/*Pape* § 13 Rn 20). Es ist aber nicht
Aufgabe der Insolvenzgerichte, Streitigkeiten organschaftlicher Vertreter, mehrerer Erben, Nachlassverwalter oder Testamentsvollstrecker zu entscheiden. Vor allem verträgt es sich nicht mit dem Wesen eines
Insolvenzverfahrens, wenn ein Insolvenzeigenantrag gestellt wird, der von einem anderen Vertretungsberechtigten sofort wieder zurückgenommen wird (so auch **BGH** NZI 2008, 550). Der bei mehrköpfiger Vertretung von einem **Vertretungsberechtigten** gestellte Insolvenzantrag kann deshalb nur **einheitlich von sämtlichen organschaftlichen Vertretern** zurückgenommen werden. Dies nicht zuletzt auch deswegen, weil bei Einzelanträgen und mehrheitlicher Vertretung der Gesetzgeber die **Glaubhaftmachung
des Insolvenzgrundes** durch den ASt verlangt. Die übrigen Vorstandsmitglieder und Geschäftsführer
bzw Miterben und Nachlasspfleger oder Testamentsvollstrecker und Liquidatoren haben die Möglichkeit, im Wege der gerichtlichen Anhörung das Vorliegen eines Insolvenzgrundes zu bestreiten und die
Abweisung des Antrags zu erreichen. Kommt das Gericht zu einer verfahrensabschließenden Entscheidung, steht bei einer juristischen Person oder Gesellschaft ohne Rechtspersönlichkeit den übrigen Vorstandsmitgliedern oder Geschäftsführern das Rechtsmittel der **sofortigen Beschwerde** (§ 34) zu.

Unzweifelhaft dürfte sein, dass derjenige, der als Gesellschafter oder Mitglied eines mehrköpfigen Ver- 126
tretungsorgans den Insolvenzantrag gestellt hat, berechtigt ist, im zeitlichen Rahmen des § 13 Abs 2 den
Antrag zurückzunehmen. Richtig ist auch, dass mit dem **Ausscheiden** aus der gesellschaftsrechtlichen
oder organschaftlichen Position **das Rücknahmerecht** erlischt (**BGH** NZI 2008, 550, 551 = ZIP 2008,
1596, 1598; **BGH** v 20. 7. 2006 – IX ZB 274/05, NZI 2006, 700). Würde man letzteren Falls dem vertretungsberechtigten Mitglied des Vertretungsorgans das Recht zur Antragsrücknahme absprechen, würde
das Ausscheiden dazu führen, dass der einmal gestellte Insolvenzantrag nicht mehr rücknehmbar wäre (so
aber **AG** Duisburg ZIP 1995, 582; **AG** Potsdam DZWIR 2000, 257, 258; K/P/B/*Pape* § 13 Rn 123;
Gottwald/Haas InsRHdb § 92 Rn 50). Wie auch zu § 15 Rn 6 ausgeführt wird, erscheint es sinnvoll, den
vertretungsberechtigten Mitgliedern des Vertretungsorgans einer juristischen Person die Antragsrücknahme zu gestatten (HaKo-*Wehr* § 13 Rn 21). Haben dagegen mehrere, nur **gemeinsam vertretungsbe-**

fugte Personen den Insolvenzantrag gestellt, so kann der Antrag nur **gemeinschaftlich zurückgenommen** werden. Zulässig dürfte es auch sein, die **Zustimmung zum Antrag** zurückzunehmen mit der Folge, dass der Antrag mangels eines hinreichenden Antragsrechts der übrigen ASt unzulässig wird (so MüKo-*Schmahl* § 15 Rn 62; str aA HK-*Kirchhof* § 13 Rn 15; vgl auch *Uhlenbruck* GmbHR 1999, 313, 323). Die **strafrechtliche und haftungsrechtliche Verantwortung** für die Rücknahme des Antrags trifft entweder den Nachfolger des Ausgeschiedenen oder die übrigen organschaftlichen Vertreter (*Jaeger/Müller* § 15 Rn 59; teilweise anders *Uhlenbruck* KTS 1986, 541; ders WPrax 1995, 218; ders GmbHR 1999, 313, 323; *Gottwald/Uhlenbruck* InsRHdb § 10 Rn 5). Einzelheiten in der Kommentierung zu § 15.

127 Bei **drohender Zahlungsunfähigkeit** (§ 18 Abs 1) ist das Antragsrecht bei juristischen Personen und einer Gesellschaft ohne Rechtspersönlichkeit von der gesellschaftsrechtlichen Vertretungsregelung abhängig (§ 18 Abs 3). Bei drohender Zahlungsunfähigkeit kann nicht nur der ASt, sondern können auch die organschaftlichen Vertreter in vertretungsberechtigter Zahl den Antrag auch gegen den Willen des Antragstellers wieder zurücknehmen (*Jaeger/Müller* § 15 Rn 60; *Göttker*, Der Geschäftsführer in der Insolvenz der GmbH, Rn 853; *Gottwald/Haas* InsRHdb § 92 Rn 51; ders DStR 1998, 1359, 1361). Soweit in der Literatur die Auffassung vertreten wird, auch in den **Fällen drohender Zahlungsunfähigkeit** (§ 18 Abs 1) könne der Eröffnungsantrag nur von der Person zurückgenommen werden, die den Antrag gestellt hat (so zB FK-*Schmerbach* § 15 Rn 21; § 18 Rn 20; MüKo-*Schmahl* § 15 Rn 60), ist dem entgegenzuhalten, dass § 15 Abs 2 nicht der geeignete Ort ist, darüber zu befinden, ob zB die Sanierung eines notleidenden Unternehmens durch außergerichtliche oder gerichtliche Sanierung versucht werden soll (zutr *Jaeger/Müller* § 15 Rn 60). Auch in einem **Beschwerdeverfahren** kann zwar entschieden werden, ob der Insolvenzgrund der drohenden Zahlungsunfähigkeit vorliegt, nicht dagegen, ob eine beabsichtigte Sanierung durch außergerichtlichen Vergleich oder aufgrund eines Insolvenzplans erfolgen soll. Da nach **Inkrafttreten des MoMiG** nach § 15 Abs 1 Satz 2 nF bei einer juristischen Person **im Fall der Führungslosigkeit** auch jeder Gesellschafter zur Antragstellung berechtigt ist, stellt sich die vorstehende Problematik auch für die Gesellschafter und Aufsichtsratsmitglieder. Wird der Insolvenzgrund beseitigt oder ein organschaftlicher Vertreter bestellt, entfällt die gesetzliche Antragspflicht nach § 15 a Abs 3 nF. Mit dem Wegfall der Antragspflicht und der Antragsberechtigung entfällt auch das Recht, den gestellten Insolvenzantrag zurückzunehmen. Zweifelhaft ist, ob der neu bestellte organschaftliche Vertreter berechtigt ist, den von einem Gesellschafter oder einem Mitglied des Aufsichtsrats gestellten Insolvenzantrag zurückzunehmen. Dies ist bei Vorliegen eines antragspflichtigen Insolvenzgrundes zu verneinen. Ein **Rücknahmerecht der übrigen Gesellschafter oder Mitglieder des Aufsichtsrats** besteht nicht.

IV. Rechtswirkungen der Antragsrücknahme

128 Durch die wirksame Rücknahme eines Insolvenzantrags wird die Entscheidung des Insolvenzgerichts wirkungslos, ohne dass dies eines ausdrücklichen Ausspruchs bedarf (**OLG Hamm** KTS 1976, 146, 148 f = NJW 1976, 759; **OLG Hamm** KTS 1978, 106, 107; **OLG Köln** ZIP 1993, 936; **OLG Köln** NJW-RR 1994, 445; HK-*Kirchhof* § 13 Rn 18). Eine noch nicht rechtskräftige **Abweisung mangels Masse** (§ 26 Abs 1) wird gem § 269 Abs 2 Satz 1 ZPO iVm § 4 wirkungslos (**OLG Köln** ZIP 1993, 936; **OLG Köln** NJW-RR 1994, 445; HK-*Kirchhof* § 13 Rn 18; MüKo-*Schmahl* § 13 Rn 108). Soweit ein gerichtlicher Beschluss gefordert wird, wenn ein **Eröffnungsbeschluss** trotz rechtzeitig eingegangener Antragsrücknahme ergangen ist (so MüKo-*Schmahl* § 13 Rn 107), wird übersehen, dass nach Wirksamkeit des Eröffnungsbeschlusses eine Rücknahme ausgeschlossen ist. Soweit steht dem Schuldner jedoch das Rechtsmittel der **sofortigen Beschwerde** (§ 34) zu, denn der Schuldner ist durch die Eröffnungsentscheidung nicht nur formell, sondern auch materiell beschwert (HK-*Kirchhof* § 34 Rn 11; *Braun/Kind* § 34 Rn 10). Hat das Insolvenzgericht trotz vorheriger Rücknahme das Insolvenzverfahren eröffnet, so ist die Wirkungslosigkeit auf Antrag des Schuldners durch Beschluss auszusprechen (**OLG Köln** ZIP 1993, 936; **LG München** KTS 1973, 75; HK-*Kirchhof* § 13 Rn 18; *Jaeger/Gerhardt* § 13 Rn 46).

129 **Sicherungsmaßnahmen** (§ 21) werden mit der zulässigen Rücknahme **unwirksam** (MüKo-*Schmahl* § 13 Rn 108; HK-*Kirchhof* § 13 Rn 18). Nach Auffassung von *Jaeger/Gerhardt* (§ 13 Rn 46) sind die nach § 21 InsO angeordneten Sicherungsmaßnahmen aufzuheben. Richtig ist, dass im Interesse der Rechtssicherheit und des Schuldners von Amts wegen die Sicherungsmaßnahmen (§§ 21, 22) für wirkungslos erklärt werden sollten (MüKo-*Schmahl* § 13 Rn 109). Der Beschluss hat jedoch nur deklaratorische Wirkung. Ist die gerichtliche Entscheidung bereits öffentliche bekannt gemacht worden, so ist auch der Beschluss über die Feststellung der Wirkungslosigkeit in gleicher Weise bekanntzumachen (MüKo-Schmahl § 13 Rn 109).

130 Die zulässige Rücknahme steht einer **erneuten Antragstellung** durch den Schuldner nicht entgegen (*Jaeger/Gerhardt* § 13 Rn 45; HK-*Kirchhof* § 13 Rn 18). Etwas anderes gilt nur, wenn die wiederholte Antragstellung missbräuchlich ist. Eine **Beschwerdeberechtigung** des Schuldners ist letztlich auch zu bejahen, wenn der Schuldner vorträgt, im Zeitraum zwischen Antragstellung und Verfahrenseröffnung seien der oder die Insolvenzgründe entfallen (**OLG Koblenz** ZIP 1991, 1604; HK-*Kirchhof* § 34 Rn 11; *Jaeger/Schilken* § 34 Rn 26; FK-*Schmerbach* § 34 Rn 17; HaKo-*Schröder* § 34 Rn 13). Wird allerdings die sofortige Beschwerde beim Eigenantrag mit der Zielsetzung eingelegt, eine **Abweisung mangels**

Masse (§ 26) zu erreichen, ist die Beschwerde unzulässig (**OLG** Köln NJW-RR 2002, 345; **OLG** Stuttgart NJW-RR 2000, 199; **OLG** Celle ZIP 1999, 1605; **LG** Leipzig ZInsO 2007, 278; *Frind* EWiR 2007, 375, 376; K/P/B/*Pape* § 34 Rn 36; einschränkend HK-*Kirchhof* § 34 Rn 10). Das rechtliche Interesse für eine Beschwerde ist auch gegeben bei Meinungsverschiedenheiten zwischen mehreren Antragsbefugten iSv § 15 Abs 2 (vgl **LG** Tübingen KTS 1961, 159; HK-*Kirchhof* § 34 Rn 11; MüKo-*Schmahl* § 34 Rn 4; BerlKo-*Goetsch* § 34 Rn 33). Wegen der ausschließlichen Prüfungspflicht durch das Insolvenzgericht ist auch eine **Klage auf Rücknahme des Insolvenzantrags** ausgeschlossen (*Häsemeyer* InsR Rn 7.09 a; *Jaeger/Gerhardt* § 13 Rn 47). **Strafrechtliche** bewirkt die Antragsrücknahme nicht etwa, dass die gesetzliche Dreiwochenfrist für die Insolvenzantragstellung neu zu laufen beginnt. Vielmehr kommt es für den **Tatbestand der Insolvenzverschleppung** darauf an, dass der zum Antrag verpflichtende Insolvenzgrund objektiv vorgelegen und der Antragspflichtige hiervon Kenntnis erlangt hatte.

V. Kostenfolge der Antragsrücknahme

Nimmt der Schuldner als ASt den Insolvenzantrag zurück, so treffen ihn die Kosten nach den §§ 4 InsO, 269 Abs 3 Satz 2 ZPO (*Uhlenbruck* MDR 1970, 644, 647; HK-*Kirchhof* § 13 Rn 19; N/R/*Mönning* § 13 Rn 104; *Hess* § 13 Rn 42; MüKo-*Schmahl* § 13 Rn 110; HaKo-*Wehr* § 13 Rn 84). 131

Die Kosten sind dem Schuldner gem § 91 a Abs 1 ZPO aufzuerlegen, wenn der antragstellende Gläubiger den Antrag für erledigt erklärt, weil der Schuldner die Forderung während des Eröffnungsverfahrens bezahlt hat (**LG** Köln KTS 1964, 250; **LG** Magdeburg ZInsO 1999, 481 [LS]; **LG** Berlin KTS 1963, 188; **AG** Bonn MDR 1966, 156; HK-*Kirchhof* § 13 Rn 17; N/R/*Mönning* § 13 Rn 104; **str aA OLG** Celle KTS 1970, 309; **LG** Essen MDR 1983, 753; **AG** Köln NZI 2000, 384). Wird das **Verfahren eröffnet**, hat der Gläubiger wegen der nach Nr 4111 KostVerz zu § 11 Abs 2 GKG zu erhebenden halben Gebühr (mindestens 200,00 DM) einen Anspruch gem § 58 Nr 1 gegen die Masse (K/P/B/*Pape* § 13 Rn 24). Die Berechnung der Gebühr erfolgt nach § 37 Abs 2 GKG nach dem Betrag der Forderung. Ist der Wert der Insolvenzmasse geringer, ist diese maßgeblich. Gem § 23 Abs 1 S 2 GKG ist bei Antragsrücknahme der ASt auch Schuldner der in dem Verfahren entstandenen **Auslagen**. Ob der ASt verpflichtet ist, **die Kosten einer vorläufigen Insolvenzverwaltung** zu tragen, ist für den Fall der Rücknahme eines Gläubigerantrags umstritten (vgl *Pape* WPrax 1995, 252 ff; K/P/B/*Pape* § 13 Rn 24; **LG** Mainz Rpfleger 1998, 364; **LG** Frankfurt/O ZIP 1995, 485). Da die Kosten der vorläufigen Insolvenzverwaltung nicht zu den Auslagen gehören, sind diese allenfalls aus dem verwalteten Vermögen zu befriedigen, wobei § 25 Abs 2 zu beachten ist (vgl K/P/B/*Pape* § 13 Rn 24 u § 25 Rn 15; *Uhlenbruck* KS, S 325, 370 ff; Rn 48 ff; N/R/*Mönning* § 13 Rn 107). Bei Verfahrenseröffnung ergibt sich die Haftung des Schuldners für die Gebühren und Auslagen aus § 23 Abs 3 GKG. Unzutreffend ist die Auffassung, wonach der ASt bei Antragsrücknahme nicht nach § 269 Abs 3 ZPO haftet, sondern eine Haftung der Staatskasse eintritt (so aber **LG** Frankfurt/O v 30. 1. 1995, ZIP 1995, 485 m Anm *Haarmeyer* EWiR § 2 GesO 1/95, 363; ferner *Smid* § 13 Rn 16). Zur **Finanzierung der Verfahrenskosten im Verbraucherinsolvenzverfahren** s *I. Pape* NZI 1999, 89 ff; *Vallender* MDR 1999, 598 ff; K/P/B/*Pape* § 13 Rn 24 a. Nimmt der Schuldner als ASt den Antrag auf Eröffnung eines Verbraucherinsolvenzverfahrens zurück, so treten ebenfalls die Folgen des § 269 Abs 3 ZPO ein, auch wenn § 4 InsO keine Anwendung findet. Der Rücknehmende hat die Kosten des außergerichtlichen Schuldenregulierungsverfahrens ebenso zu tragen wie die des gerichtlichen Schuldenbereinigungsverfahrens. 132

J. Kosten des Eröffnungsverfahrens

I. Gerichtskosten

Die Gerichtskosten bestehen aus **Gebühren** und **Auslagen**. Sie werden nach dem Gerichtkostengesetz (GKG) gem § 1 Nr 1 d erhoben. Gem § 10 GKG darf die Tätigkeit der Gerichte nicht von der Sicherstellung der Kosten abhängig gemacht werden. Anders als im Zivilprozess muss der ASt damit rechnen, dass das Insolvenzgericht gem § 5 Amtsermittlungen anstellt, zB einen Sachverständigen einsetzt. Nach § 23 Abs 1 Satz 1 GKG ist der **Antragsteller zunächst Schuldner** der Gerichtsgebühren (§ 23 Abs 1 Satz 1 GKG). Die Gerichtsgebühr beträgt gem Nr 2310, 2311 KV 0,5 der Wertgebühr sowohl für den Schuldner- als auch dem Gläubigerantrag (§§ 2, 34 GKG). Die Mindestgebühr für einen Gläubigerantrag beträgt allerdings 150 EUR (Nr 2311 KV). Bei einem **Eigenantrag des Schuldners** richtet sich die Höhe der Wertgebühr nach dem Wert der Insolvenzmasse (§ 58 Abs 1 GKG) zur Zeit der Beendigung des Verfahrens. Hat ein **Gläubiger** den Antrag auf Eröffnung des Insolvenzverfahrens gestellt, wird gem § 58 Abs 2 GKG die Gebühr für das Verfahren über den Antrag nach dem Betrag seiner Forderung, wenn jedoch der Wert der Insolvenzmasse geringer ist, nach diesem Wert erhoben. Gem § 6 Abs 1 Nr 2 GKG wird die Gebühr mit der Antragstellung fällig (vgl auch *Jaeger/Gerhardt* § 13 Rn 62; FK-*Schmerbach* § 13 Rn 43; HaKo-*Wehr* § 13 Rn 35; *Hess* § 13 Rn 71 ff; HK-*Kirchhof* § 13 Rn 19; *Gottwald/Last* InsRHdb § 126 Rn 21 ff). Stellt der Schuldner **Eigenantrag**, wird der Kostenbeamte zweckmäßigerweise nach erkennbarem Wert der Insolvenzmasse (§ 58 Abs 1 GKG) einen **Vorschuss einfordern**, 133 der die gesamten Gebühren (Nr 2320 KV) und die voraussichtlich entstehenden Auslagen abdeckt, einfordern (§ 17 Abs 1, 3 GKG). Zahlt der Schuldner den Vorschuss ein, fällt im Fall der Insolvenzeröffnung dieser Vorschuss in die Insolvenzmasse (*Gottwald/Last* InsRHdb § 126 Rn 20). Wird der Vorschuss von einem Dritten gezahlt, ist dieser im eröffneten Verfahren mit seinem Anspruch Massegläubiger iSv § 54 (**OLG Hamburg KTS 1968, 54**; *Gottwald/Last* InsRHdb § 126 Rn 20).

II. Auslagen

134 Zu den Auslagen gehören alle in den Nrn 9002 ff KV aufgeführten tatsächlichen Aufwendungen, wie zB Zustellungen (Nr 9002 KV), wenn mehr als zehn Zustellungen anfallen, Kosten für das Fertigen von Ablichtungen (Nr 9000 KV), Kosten der öffentlichen Bekanntmachungen (Nr 9004 KV) sowie die Vergütung eines gem § 5 beauftragten **Sachverständigen** (§§ 8 ff JVEG) und die Entschädigung von Zeugen nach den §§ 19 ff JVEG (Nr 9005 KV) (vgl auch FK-*Schmerbach* § 13 Rn 43; HaKo-*Wehr* § 13 Rn 78 ff). Die **Vergütung und Auslagen eines vorläufigen Insolvenzverwalters** (§§ 21 Abs 2 Nr 1, 63) sind zwar Auslagen iSv Nr 9018 KV, doch schuldet gem § 23 Abs 1 Satz 3 diese Auslagen nur der Schuldner des Insolvenzverfahrens (s unten zu III). Eine Ausfallhaftung des Staates tritt nicht ein (**BGH ZInsO 2004, 336 = NZI 2004, 245**; **OLG Celle ZIP 2000, 706, 709**; HaKo-*Wehr* § 13 Rn 80). Nach § 310 haben Gläubiger gegen den Schuldner keinen Anspruch auf Erstattung der Kosten, die ihnen im Zusammenhang mit einem Schuldenbereinigungsplan entstehen.

III. Sonstige Kosten

135 Außer den gerichtlichen Gebühren und Auslagen können im Eröffnungsverfahren außergerichtliche Kosten anfallen, wie zB durch einen vom Schuldner mandatierten **Rechtsanwalt** (vgl HaKo-Wehr § 13 Rn 81–83). Für die Vertretung des Schuldners im Eröffnungsverfahren steht dem Rechtsanwalt eine **volle Geschäftsgebühr** zu (VV RVG Nr 3313). Bei Vertretung eines Gläubigers erhält ein Anwalt 15 von der vollen Gebühr (VV RVG Nr 3314). Der Gegenstandswert bestimmt sich bei Mandatierung durch den Schuldner nach VV Nr 3313. Bei Vertretung des Schuldners im Eröffnungsverfahren beträgt der Gegenstandswert jedoch mindestens EUR 4000 (§ 28 Abs 1 Satz 2 RVG). Für die Gebühren des Rechtsanwalts ist grundsätzlich die gerichtliche Wertfestsetzung maßgebend (§ 32 Abs 1 RVG). Einzelheiten bei FK-Schmerbach § 13 Rn 70 a; Gottwald/Last InsRHdb § 126 Rn 65 ff. Lässt sich der Schuldner oder ein Gläubiger vor Antragstellung von einem Rechtsanwalt lediglich beraten, fällt eine Gebühr nach VV RVG Nr 2100–2102 und 2200–2203 an. Ein Gläubiger kann die ihm durch Mandatierung eines Anwalts im Insolvenzeröffnungsverfahren entstandenen Kosten lediglich als Forderung im Rang des § 39 Abs 1 Nr 2 geltend machen.

136 Trifft das Gericht im Rahmen des Eröffnungsverfahrens eine **Kostenentscheidung**, so ist streitig, ob diese Entscheidung nicht nur die Gerichtskosten, sondern im Hinblick auf § 54 Nr 2 neben den sonstigen zur Rechtsverfolgung oder Rechtsverteidigung notwendigen Kosten (§ 4, § 91 ZPO) auch die **Vergütung und Auslagen eines vorläufigen Insolvenzverwalters** erfasst (so zB **AG Hamburg ZInsO 2001, 1121, 1122**; **AG Hamburg ZInsO 2002, 687, 688 = NZI 2002, 561**; **AG Hamburg ZInsO 2004, 458, 460**; *Braun/Kind* § 13 Rn 13; str aA **OLG Celle ZInsO 2000, 223**; **LG Stuttgart ZIP 2004, 2395**; MüKo-*Schmahl* § 13 Rn 142; HaKo-*Wehr* § 13 Rn 79; FK-*Schmerbach* § 13 Rn 57). Zutreffend weist das **OLG Celle** in seinem Beschluss v 8. 3. 2000 – 2 W 23/00 –, ZIP 2000, 706, 709) darauf hin, dass eine Kostentragungspflicht des antragstellenden Gläubigers hinsichtlich der Kosten einer vorläufigen Insolvenzverwaltung den Insolvenzantrag zu einem unkalkulierbaren Risiko werden lasse, wenn der ASt damit rechnen müsse, uU auch mit den **Kosten einer vorläufigen Insolvenzverwaltung** belastet zu werden. Richtig auch der Hinweis von Schmerbach (FK-*Schmerbach* § 13 Rn 59), dass, wenn ein vorläufiger Insolvenzverwalter bestellt und ein allgemeines Verfügungsverbot (§ 21 Abs 2 Nr 1, Nr 2 1. Alt) angeordnet worden ist, das Verfügungsverbot erst dann aufgehoben werden darf, wenn der vorläufige Insolvenzverwalter zuvor die entstandenen Kosten beglichen hat (§ 25 Abs 2 Satz 1), also auch seine Vergütung und Auslagen (§ 54 Nr 2). Damit sei klargestellt, dass die Kosten der vorläufigen Insolvenzverwaltung in jedem Fall aus dem **Vermögen des Schuldners** zu decken seien. Dies entspricht auch der gesetzlichen Regelung in § 23 Abs 1 Satz 3 GKG, wonach die Auslagen nach Ausschreiben Nr 9018 des Kostenverzeichnisses nur der Schuldner des Insolvenzverfahrens schuldet. Das schließt allerdings nicht aus, dass dem Schuldner **Schadenersatzansprüche gegen den Antragsteller** zustehen können wegen schuldhaft verursachter Kosten in einem vorsätzlich zu Unrecht veranlassten Insolvenzeröffnungsverfahren (vgl **LG Stuttgart NZI 2004, 630, 631**; FK-*Schmerbach* § 13 Rn 59). Dieser Schadenersatzanspruch ist jedoch im ordentlichen Verfahren geltend zu machen (**OLG Celle ZIP 2000, 706, 710**; *Pape* WPrax 1995, 236, 254). Einzelheiten zur Gegenmeinung in HaKo-*Wehr* § 13 Rn 39.

IV. Rechtsbehelfe

137 Gegen den **Kostenansatz** kann der Schuldner **Erinnerung** einlegen (§ 66 Abs 1 Satz 1 GKG). Gegen die Entscheidung über die Erinnerung findet die **Beschwerde** statt, wenn der Wert des Beschwerdege-

genstandes EUR 200 übersteigt (§ 66 Abs 2 Satz 1 GKG). Nach § 66 Abs 2 Satz 2 GKG ist die Beschwerde auch zulässig, wenn sie von dem Gericht, das die angefochtene Entscheidung erlassen hat, wegen der grundsätzlichen Bedeutung der zur Entscheidung stehenden Frage durch Beschluss zugelassen wird. Das festsetzende Gericht ist berechtigt, den Kostenansatz oder die Kostenfestsetzung **von Amts wegen zu ändern** (§ 63 Abs 3 Satz 1 GKG). Das gilt auch, wenn das Verfahren über die Kostenfestsetzung in der Rechtsmittelinstanz schwebt. Allerdings ist die Änderung nur **innerhalb von sechs Monaten** zulässig, nachdem die Entscheidung in der Hauptsache Rechtskraft erlangt oder das Verfahren sich anderweitig erledigt hat. Im Übrigen geltend für die Einlegung der Rechtsbehelfe **keine Fristen** (LG Gera ZIP 2002, 1735, 1736; FK-*Schmerbach* § 13 Rn 73). Sind dem Schuldner die Kosten des Verfahrens auferlegt worden, kann er gegen die Höhe der gerichtlich festgesetzten **Sachverständigenvergütung** Erinnerung und Beschwerde nach § 66 Abs 1, 2 GKG einlegen. Gegen die **Festsetzung der Vergütung und Auslagen des vorläufigen Insolvenzverwalters** findet dagegen die **sofortige Beschwerde** statt (§ 21 Abs 2 Nr 1 iVm § 64).

K. Tod des Schuldners oder des Antrag stellenden Gläubigers

Tod des Schuldners (Antragsgegners) bei Fremdantrag. Durch den Tod des Schuldners (Antragsgegners) wird das Insolvenzeröffnungsverfahren grundsätzlich **nicht unterbrochen**. Nach Auffassung des **BGH** (BGH v 22. 1. 2004 – IX ZR 39/03, BGHZ 157, 350 = ZIP 2004, 513 = ZVI 2004, 188, 189) kann ein anhängiges Insolvenzeröffnungsverfahren ohne weiteres in ein **Nachlassinsolvenzverfahren** übergeleitet und mit dem Erben als neuem Schuldner fortgesetzt werden (so auch MüKo-*Siegmann* vor §§ 315– 331 Rn 4; HK-*Kirchhof* § 4 Rn 25; FK-*Schallenberg/Rafiqpoor* § 315 Rn 30; *Heyrath/Jahnke/Kühn* ZInsO 2007, 1202, 1203). Eine Unterbrechung des Verfahrens ist wegen § 779 ZPO (§ 4 InsO) ausgeschlossen (BGHZ 157, 350 = ZIP 2004, 513 = ZVI 2004, 188, 189; *Köke/Schmerbach* ZVI 2007, 497, 503; *Nöll*, Der Tod des Schuldners in der Insolvenz, 2005 Rn 91 ff u 174 ff; *Graf-Schlicker/Fuchs* § 14 Rn 50; HK-*Kirchhof* § 4 Rn 25; MüKo-*Siegmann* vor §§ 315, 331 Rn 5; FK-*Schallenberg/Rafiqpoor* § 315 Rn 30). Hinzuweisen ist aber darauf, dass der **BGH** (BGHZ 157, 350) die Streitfrage in einem Anfechtungsprozess nach § 131 entschieden hat. Gewichtige Gründe sprechen für eine **analoge Anwendung des § 239 ZPO**. Für eine Unterbrechung des Eröffnungsverfahrens spricht zunächst, dass vom Gericht festzustellen ist, ob der Antrag auf Eröffnung eines Nachlassinsolvenzverfahrens umgestellt wird (so *Gottwald/Uhlenbruck* InsRHdb § 13 Rn 8). Zudem hat der Antrag stellende Gläubiger die Voraussetzungen für die Eröffnung eines Nachlassinsolvenzverfahrens gem § 14 Abs 1 glaubhaft zu machen. Entgegen der Auffassung des **BGH** steht die Vorschrift des § 779 ZPO einer Verfahrensunterbrechung nicht entgegen (so aber BGHZ 157, 350 = ZIP 2004, 513; *Nöll*, Der Tod des Schuldners Rn 167, 208; *Köke/ Schmerbach* ZVI 2007, 497, 503). Richtig ist zwar, dass die **Wirksamkeit gerichtlich angeordneter Sicherungsmaßnahmen** (§ 21 Abs 2) durch die Unterbrechung nicht berührt wird (*Graf-Schlicker/Fuchs* § 14 Rn 46; *Köke/Schmerbach* ZVI 2007, 497, 503). Auch bleibt das Gericht während der Verfahrensunterbrechung befugt, **weitere Masse sichernde Maßnahmen** anzuordnen oder bereits angeordnete Maßnahmen aufzuheben (*Köke/Schmerbach* ZVI 2007, 497, 503).

Der **Tod einer Partei** ist im Vollstreckungsrecht unterschiedlich geregelt: Während der Tod des Gläubigers das Vollstreckungsverfahren entsprechend § 239 ZPO unterbricht, soll es im Fall des Schuldnertodes gem § 779 ZPO (§ 4 InsO) zu einer unmittelbaren Fortsetzung des Verfahrens kommen. Gemessen an der Funktion der §§ 239, 779 ZPO spricht nicht zuletzt auch die Tatsache für eine Unterbrechung, dass sich uU wegen der unbeschränkten Erbenhaftung ein Nachlassinsolvenzverfahren erübrigt, so dass der ASt gezwungen ist, den Antrag entweder zurückzunehmen oder eine Verfahrensbeendigung durch Erledigungserklärung herbeizuführen (*Köke/Schmerbach* ZVI 2007, 497, 503). Überwiegend wird in der Literatur die Auffassung vertreten, dass man dem Antrag stellenden Gläubiger bei Versterben des Antragsgegners eine **Überlegungsfrist** zubilligen muss, bis geklärt ist, ob und von wem die Erbschaft angenommen ist (*Köke/Schmerbach* ZVI 2007, 497, 503). Bei anwaltlicher Vertretung will das **AG** Hamburg (ZIP 2006, 1880 = ZInsO 2006, 1120) auf Antrag eine **Aussetzung des Verfahrens** entspr § 246 ZPO anordnen. Auch die Eilbedürftigkeit des Insolvenzeröffnungsverfahrens kann die Ablehnung einer Verfahrensunterbrechung in diesen Fällen nicht rechtfertigen. Die **Zuständigkeit des Insolvenzgerichts** richtet sich im Fall eines übergeleiteten Nachlassinsolvenzverfahrens nicht nach § 315 InsO. Vielmehr bleibt durch den Tod des Schuldners die bisherige Zuständigkeit bestehen (*Hess* § 315 Rn 41; K/P/B/*Kemper* § 315 Rn 31). Wird das Insolvenzverfahren über das Vermögen des Erblassers nach dem Erbfall eröffnet, ist der Erbe berechtigt, im Wege der sofortigen Beschwerde (§ 34) geltend zu machen, dass das Insolvenzverfahren einen Nachlass betrifft. War zum Zeitpunkt des Todes über das Vermögen des Erblassers ein Insolvenzverfahren anhängig und entscheidet das Insolvenzgericht in Unkenntnis des Todes über die Eröffnung, so wird das unzulässigerweise eröffnete Insolvenzverfahren als Nachlassinsolvenzverfahren fortgesetzt (*Gottwald/Uhlenbruck* InsRHdb § 13 Rn 8; *Jaeger/Weber* § 214 KO Rn 21).

Tod des Schuldners bei Eigenantrag. Im Fall des Eigenantrag des Schuldners wird in der Literatur fast allgemein angenommen, der Erbfall führe analog § 239 ZPO (§ 4 InsO) ipso iure zu einer **Verfah-**

rensunterbrechung (so *Nöll*, Der Tod des Schuldners in der Insolvenz, Rn 91 ff, 178 ff, 208; *Köke/ Schmerbach* ZVI 2007, 497, 503; *Heyrath/Jahnke/Kühn* ZInsO 2007, 1202, 1203 f). Der Dispositionsgrundsatz gilt auch im Verfahren bei Eigenantrag bis zum Erlass der Eröffnungsentscheidung uneingeschränkt. Die Erben sind anzuhören, ob sie das Verfahren als Nachlassinsolvenzverfahren fortsetzen wollen. Sie haben bejahendenfalls die Überschuldung des Nachlasses darzulegen (*Köke/Schmerbach* ZVI 2007, 497, 503). Ist der Insolvenzeigenantrag wegen drohender Zahlungsunfähigkeit (§ 18) gestellt worden, wird es in der Regel am Insolvenzgrund fehlen. Sind die Erben unbekannt oder verzögert sich die Entscheidung über die Annahme der Erbschaft, hat das Nachlassgericht vom Amts wegen einen **Nachlasspfleger** zu bestellen, der die Rechte und Pflichten der Erben gem § 1960 Abs 1 BGB wahrnimmt (HaKo-*Böhm* Vorbem zu §§ 315 ff Rn 16; *Köke/Schmerbach* ZVI 2007, 497, 503). Wird ein Nachlasspfleger bestellt, endet die Unterbrechung des Eröffnungsverfahrens analog §§ 243, 241 ZPO (§ 4 InsO), sobald dieser dem Insolvenzgericht von seiner Bestellung Anzeige macht. Ist der Erbe **einziger Gläubiger des Erblassers**, tritt mit dem Erbfall Konfusion ein mit der Folge, dass der Insolvenzantrag nunmehr als Eigenantrag unzulässig ist (HaKo-*Böhm* Vorbem zu §§ 315 ff Rn 16). Bei akutem Sicherungsbedürfnis können **Sicherungsmaßnahmen** in Kraft bleiben bzw neu angeordnet werden (*Köke/Schmerbach* ZVI 2007, 497, 503). Stellen die Erben keinen Antrag, das bisherige Eröffnungsverfahren als Nachlassinsolvenzverfahren fortzusetzen, können die Akten nach Ablauf von **sechs Monaten** gem § 7 AktO weggelegt werden (*Köke/Schmerbach* ZVI 2007, 497, 503; *Heyrath/Jahnke/Kühn* ZInsO 2007, 1202, 1204). Gleiches gilt, wenn alle Erben die Erbschaft ausschlagen. Sicherungsmaßnahmen sind solchen Falls aufzuheben. Da die Glaubhaftmachung des Insolvenzgrundes für einen Nachlassgläubiger schwierig ist, wird er im Zweifel abwarten, bis ein Erbe, der Nachlassverwalter sowie ein anderer Nachlasspfleger oder Testamentsvollstrecker nach den §§ 1980 Abs 1, 1985 Abs 2 BGB, 317 Abs 1 InsO einen Antrag auf Eröffnung des Nachlassinsolvenzverfahrens stellen, der solchen Falls auch wegen drohender Zahlungsunfähigkeit (§ 18) zulässig ist. Wird ein solcher Antrag gestellt, hat das Insolvenzgericht den ASt aufzufordern, seine Forderung zur Insolvenztabelle anzumelden, da das bisherige Eröffnungsverfahren seine **Erledigung** gefunden hat (*Köke/Schmerbach* ZVI 2007, 497, 502). Hatte der Schuldner vor seinem Tod die Anordnung der **Eigenverwaltung** beantragt, wird dieser Antrag mit dem Erbfall gegenstandslos, jedoch kann der Erbe seinerseits im Rahmen des Nachlassinsolvenzeröffnungsverfahrens Antrag auf Eigenverwaltung stellen (*Nöll*, Der Tod des Schuldners in der Insolvenz, Rn 211, 212; *Heyrath/ Jahnke/Kühn* ZInsO 2007, 1202, 1204).

141 **Tod des Antrag stellenden Gläubigers.** Die Frage, ob mit dem Tod des Gläubigers (Antragstellers) das Insolvenzeröffnungsverfahren unterbrochen oder fortgesetzt wird, ist bislang in der Rechtsprechung nicht entschieden. Insoweit liegt eine Gesetzeslücke vor (vgl *Nöll*, Der Tod des Schuldners, Rn 96 ff). Eine entsprechende Anwendung des § 239 Abs 1 ZPO (§ 4) verbietet sich letztlich aber wegen der Eilbedürftigkeit des Verfahrens, auch wenn die Gesamtrechtsnachfolge zunächst nicht feststeht, die Frist zur Erbausschlagung noch läuft und es den Erben oder einem Testamentsvollstrecker freisteht, den Insolvenzantrag zurückzunehmen (H/K/*Kirchhof* § 4 Rn 25; str aA *Graf-Schlicker/Fuchs* § 14 Rn 46).

§ 14 Antrag eines Gläubigers

(1) Der Antrag eines Gläubigers ist zulässig, wenn der Gläubiger ein rechtliches Interesse an der Eröffnung des Insolvenzverfahrens hat und seine Forderung und den Eröffnungsgrund glaubhaft macht.

(2) Ist der Antrag zulässig, so hat das Insolvenzgericht den Schuldner zu hören.

Übersicht

	Rn
A. Allgemeines	1
B. Antragsberechtigte Gläubiger	3
C. Generelle Zulässigkeitsvoraussetzungen	15
I. Zuständigkeit des Insolvenzgerichts	16
II. Insolvenzfähigkeit und passive Parteifähigkeit	17
III. Zulässigkeit der Verfahrensart	19
D. Spezielle Zulässigkeitsvoraussetzungen	20
I. Formelle Zulässigkeitsvoraussetzungen	20
1. Der ordnungsgemäße Insolvenzantrag des Gläubigers	20
a) Bedingungen, Befristung	21
b) Form des Gläubigerantrags	22
c) Notwendiger Inhalt des Gläubigerantrags	23
d) Schlüssigkeit der Darlegung im Gläubigerantrag	30
e) Durchschriften und Anlagen	32
aa) Durchschriften	32
bb) Anlagen	33
cc) Darlegung und Glaubhaftmachung	34

	Rn
2. Mehrfachanträge gegen den gleichen Schuldner	35
3. Heilung von Antragsmängeln	38
II. Das rechtliche Interesse an einer Verfahrenseröffnung	39
1. Kein Vorrang der Einzelzwangsvollstreckung	40
2. Die Verfolgung insolvenzfremder Zwecke	42
3. Rechtsschutzinteresse bei Teilzahlungen des Schuldners	46
4. Rechtsschutzinteresse und Forderungshöhe	48
5. Einfachere und billigere Möglichkeiten der Rechtsdurchsetzung	49
6. Rechtsschutzinteresse und ausreichende Sicherheiten	50
7. Rechtsschutzinteresse nachrangiger Insolvenzforderungen	51
8. Rechtsschutzinteresse und Insolvenzgeldschutz	52
9. Das rechtliche Interesse des Pfändungsgandgläubigers und des Bürgen	53
10. Besonderes Rechtsschutzinteresse des Finanzamtes und Sozialversicherungsträgers	54
11. Kein Rechtsschutzbedürfnis bei bereits eröffnetem Verfahren	56
III. Ruhen und Aussetzung des Verfahrens	57
VI. Glaubhaftmachung von Forderung und Insolvenzgrund	58
1. Glaubhaftmachung und Gegenglaubhaftmachung	59
a) Glaubhaftmachung des Antragstellers	59
b) Gegenglaubhaftmachung des Antragsgegners	63
c) Erschütterung der Gegenglaubhaftmachung	64
2. Einzelheiten zur Glaubhaftmachung der Gläubigerforderung	65
a) Nicht titulierte Forderungen	65
b) Titulierte Forderungen	69
3. Glaubhaftmachung bei Anträgen öffentlicher Kassen, Behörden oder Sozialversicherungsträgern	71
a) Glaubhaftmachung der Forderung	71
b) Glaubhaftmachung und Steuergeheimnis	77
c) Glaubhaftmachung des Insolvenzgrundes	78
4. Einzelheiten zur Glaubhaftmachung des Insolvenzgrundes	79
a) Glaubhaftmachung der Zahlungsunfähigkeit	80
b) Glaubhaftmachung der Überschuldung	89
5. Rechtsfolgen fehlender Glaubhaftmachung	90
E. Die Zulassung des Gläubigerantrags	91
I. Das Zulassungsverfahren als quasi-streitiges Parteiverfahren	91
II. Form der Zulassung	93
III. Zustellung des Insolvenzantrags	94
IV. Die Anhörung des Antragsgegners (Schuldners) gem § 14 Abs 2	95
1. Funktionelle Zuständigkeiten	96
2. Form der Anhörung	97
3. Anzuhörende Personen	100
4. Mehrfache und wiederholte Anhörung im Eröffnungsverfahren	102
a) Anhörung bei Anordnung von Sicherungsmaßnahmen	102
b) Anhörung bei verfahrensabschließenden Entscheidungen	104
5. Anhörung des Schuldners bei besonderen Verfahrensarten	105
6. Rechtsfolgen unterlassener Anhörung	106
V. Rechtsfolgen der Antragszulassung	107
F. Insolvenzkostenhilfe für den Gläubigerantrag	110
G. Reaktionen des Schuldners	111
I. Der Schuldner zahlt	111
1. Weiterverfolgung des Antrags	112
2. Rücknahme des Insolvenzantrags	115
3. Der ASt erklärt die Hauptsache für erledigt	117
a) Die Erledigungserklärung	117
b) Keine Zustimmung des Antragsgegners	118
c) Gerichtliche Feststellung der Erledigung	121
4. Missbräuchliche Erledigungserklärung	122
5. Beiderseitige Erledigungserklärung	123
6. Kostenentscheidung	124
a) Kostenentscheidung bei unzulässigem Insolvenzantrag	124
b) Kostentragungspflicht bei Erledigungserklärung	125
c) Umfang der Kostentragungspflicht	127
d) Zweitschuldnerhaftung	129
II. Der Schuldner bestreitet die Zulässigkeitsvoraussetzungen für den Insolvenzantrag	131
III. Der Schuldner bestreitet die dem Antrag zugrunde liegende Forderung	132
1. Einwendungen gegen nicht titulierte Forderungen	133
2. Einwendungen des Antragsgegners gegen rechtskräftig titulierte Forderungen	135
3. Vorläufig vollstreckbare titulierte Forderungen	140
4. Besonderheiten bei Bestreiten von Forderungen öffentlich-rechtlicher Hoheitsträger	143
5. Der Schuldner bestreitet den Insolvenzgrund	144

	Rn
H. Schuldnerschutz vor und im Insolvenzeröffnungsverfahren	147
I. Keine Anwendbarkeit des § 765 a ZPO	147
II. Einreichung einer Schutzschrift	150
III. Vorläufiger Rechtsschutz gegen Insolvenzanträge des Finanzamtes und der Sozialversicherungsträger	152
I. Schadenersatzpflicht des Gläubigers bei unzulässigem oder unbegründeten Insolvenzantrag	157

A. Allgemeines

1 Die Vorschrift entspricht weitgehend dem früheren § 105 Abs 1, 2 KO (vgl auch § 2 Abs 1 Satz 3, § 4 Satz 1 GesO). Der Regierungsentwurf eines Gesetzes zum Pfändungsschutz der Altersvorsorge und zur Anpassung des Rechts der Insolvenzanfechtung v 12. 8. 2005 (BT-Drucks 16/886) sah vor, in § 14 Abs 1 folgenden Satz 2 hinzuzufügen: *„Der Antrag wird nicht allein dadurch unzulässig, dass der Schuldner nach Antragstellung die Forderung erfüllt"*. Die Änderung ist vom Bundestag abgelehnt worden (BT-Plenarprot 16/73 v 14. 12. 2006 S 7343). Durch die Neufassung des § 14 Abs 1 sollte sichergestellt werden, dass der Eröffnungsantrag durch die Begleichung der Forderung **nicht unzulässig** wird. Auf diese Weise hätte trotz Bezahlung der dem Antrag zugrundeliegenden Forderung die Prüfung des Insolvenzgrundes fortgeführt werden können (vgl Graf-Schlicker/Kexel ZIP 2007, 1833, 1836). § 14 regelt nur die **Zulässigkeit des Insolvenzantrags eines Gläubigers**, nicht dagegen die Begründetheit. Erst wenn die Zulässigkeit bejaht wird, hat das Gericht in die Prüfung der Begründetheit einzutreten. Im Übrigen ist der Gläubigerantrag immer eine **Frage des Kalküls**. Die Vor- und Nachteile eines Insolvenzantrags für den Gläubiger sind sorgfältig gegeneinander abzuwägen (Einzelheiten bei *Uhlenbruck*, Die anwaltliche Beratung S 41 ff; *Gottwald/Uhlenbruck* InsRHdb § 4 Rn 3 ff; H/W/F Kap 3 Rn 1 ff). Außer den in § 14 geregelten **speziellen Voraussetzungen** für den Gläubigerantrag müssen zugleich auch die **allgemeinen Voraussetzungen** für die Zulässigkeit eines Eröffnungsantrags gegeben sein. **Vgl hierzu die Kommentierung zu § 13 und zum Antragsrecht der Gläubiger Rn 27 ff.**

2 Die Stellung eines Insolvenzantrages ist immer eine **Frage des Gläubigerkalküls**. Wer einen Insolvenzantrag als Gläubiger stellt, sollte sorgfältig die Vor- und Nachteile eines solchen Vorgehens abwägen, denn der Insolvenzantrag kann den ASt teuer zu stehen kommen, wenn der Antrag als unzulässig, unbegründet oder mangels Masse (§ 26 Abs 1) abgewiesen wird (s auch *Schmerbach* NZI 2003, 421 ff). Das Insolvenzkalkül eines Gläubigers richtet sich im Wesentlichen nach folgenden Gesichtspunkten: Stellt sich die Einzelzwangsvollstreckung als günstigere Vollstreckungsmaßnahme dar? Wenn nein, ist in einem Insolvenzverfahren die voraussichtlich auf die Forderung entfallende Quote günstiger als etwaige ratierliche Rückzahlungsmöglichkeiten im Rahmen einer Betriebsfortführung? Lässt sich das schuldnerische Unternehmen auf einen anderen neuen Rechtsträger übertragen? Lohnt der Primäreffekt einer Insolvenzabweisung mangels Masse (§ 26 Abs 1) und die Eintragung des Schuldners in das Schuldnerverzeichnis den Aufwand eines Insolvenzantrages im Hinblick auf die mögliche Kostenhaftung als Zweitschuldner nach §§ 23 Abs 1 S 1, 31 Abs 2 S 1 GKG? Unterliegen **Sicherheiten**, die der Schuldner gegeben hat, der Insolvenzanfechtung nach den §§ 129 ff? Lassen sich zusätzliche Sicherheiten im Vermögen eines Dritten erreichen? Verliert der Gläubiger durch eine Verfahrenseröffnung einen guten Abnehmer, so dass uU die eigene Marktstellung gefährdet wird? Schädigt der Gläubiger durch den Insolvenzantrag nicht andere Firmen als Gläubiger, denen er geschäftlich verbunden ist? Führt eine Eröffnung des Insolvenzverfahrens überhaupt zu einer Befriedigung der Gläubigerforderung und wenn ja, ist die Quote so interessant, dass sich eine Unternehmenszerschlagung lohnt? Hat der Gläubiger Aussicht, für den Fall der Feststellung der Forderung zur Tabelle einen Vollstreckungstitel nach § 178 Abs 3 zu erlangen? Nicht selten wird der Insolvenzantrag vom Gläubiger auch erfolgreich als **Druckmittel zu Ratenzahlungen** missbraucht oder zur **Anerkennung einer zweifelhaften Forderung** (BGH KTS 1957, 12, 14; OLG Koblenz Rpfleger 1975, 318; LG Augsburg KTS 1975, 321; LG Koblenz Rpfleger 1975, 318; HK-*Kirchhof* § 14 Rn 28 ff). In diesen Fällen fehlt es zwar am erforderlichen RSchI iSv § 14 Abs 1; jedoch lässt sich in den meisten Fällen der insolvenzfremde Zweck nicht nachweisen. Das Gläubigerkalkül hat demgemäß dort seine Grenzen, wo der Gläubiger als ASt lediglich eigennützige Zwecke verfolgt. Letztlich wird sich das Gläubigerkalkül bei einem Insolvenzantrag auf die **optimale Haftungsverwirklichung** zugunsten aller Gläubiger des Schuldners zu konzentrieren, was nicht ausschließt, dass der einzelne Gläubiger als ASt eine optimale Befriedigung seiner eigenen Forderung primär anstrebt.

B. Antragsberechtigte Gläubiger

3 Der Gläubiger muss eine Forderung gegen den Schuldner haben, die auf Leistung aus dem Schuldnervermögen gerichtet ist. **Antragsberechtigt** sind nur diejenigen, die ihre Forderungen im eröffneten Insolvenzverfahren nur noch nach den Vorschriften über das Insolvenzverfahren verfolgen können (§ 87). **Einzelheiten zum Antragsrecht der Gläubiger** s Kommentierung zu § 13; MüKo-*Schmahl* § 13 Rn 38 ff; *Jaeger/Gerhardt* § 13 Rn 4 ff; FK-*Schmerbach* § 13 Rn 8 ff. Trotz der weiten Fassung des § 13

B. Antragsberechtigte Gläubiger § 14

ist davon auszugehen, dass außer dem Schuldner nur **potentielle Insolvenzgläubiger** und **absonderungsberechtigte Gläubiger** wegen ihrer Ausfallforderungen antragsberechtigt sind, nicht jedoch **aussonderungsberechtigte Gläubiger** (*Häsemeyer* InsR Rn 7.03; *Jaeger/Gerhardt* § 13 Rn 4; HK-*Kirchhof* § 13 Rn 8; MüKo-*Schmahl* § 13 Rn 27; *Jauernig* FS *Uhlenbruck* S 3, 12). Ein **rein dinglicher Titel** zB auf Duldung der Zwangsvollstreckung in ein bestimmtes Grundstück berechtigt nicht zum Insolvenzantrag (OLG Frankfurt ZInsO 2002, 77; HK-*Kirchhof* § 14 Rn 6). **Ansprüche auf Vornahme unvertretbarer Handlungen** begründen ebenso wenig ein Insolvenzantragsrecht wie die **Forderungen aussonderungs- bzw ersatzaussonderungsberechtigter Gläubiger** (§§ 47, 48). Dagegen haben ein Antragsrecht **Gläubiger mit bedingten** oder **zeitbestimmten (betagten) Forderungen** (*Jaeger/Gerhardt* § 13 Rn 6; MüKo-*Schmahl* § 13 Rn 34, 35; HaKo-*Wehr* § 14 Rn 8). Zum Insolvenzantrag berechtigen ebenfalls **rückständige familienrechtliche Unterhaltsansprüche**. **Unvollkommene Verbindlichkeiten** iSv § 762 BGB begründen dagegen keine durchsetzbare Forderungen und berechtigen daher nicht zum Insolvenzantrag (*Braun/Bäuerle* § 38 Rn 5).

Nicht antragsberechtigt sind **Massegläubiger** iSv § 55, weil Masseverbindlichkeiten erst als Folge der **4** Insolvenzeröffnung, allenfalls eines Eröffnungsantrags, entstehen (str aA *Braun/Bußhardt* § 13 Rn 4; *Graf-Schlicker/Fuchs* § 13 Rn 4). **Pfändungspfandgläubigern und Bürgen** steht dagegen ein Antragsrecht zu. Ist der Pfandgläubiger allein zur Einziehung berechtigt (§ 1282 BGB), so ist er allein antragsberechtigt (*Jaeger/Gerhardt* § 13 Rn 7; HK-*Kichhof* § 13 Rn 9). Einzelheiten in der **Kommentierung zu § 13**. Der Befreiungsanspruch eines Bürgen aus § 775 BGB oder eines **sonstigen** ausgleichsberechtigten Mitschuldners (§ 257 BGB) berechtigt zwar zum Insolvenzantrag, jedoch kann vor der Inanspruchnahme der künftige Rückgriffsanspruch gegen den Schuldner nur dann im Insolvenzverfahren verfolgt werden, wenn der Gläubiger seine Forderung nicht geltend macht (§ 44). Entgegen der Voraufl ist insoweit ein Antragsrecht zu bejahen.

Einredebehaftete Forderungen stehen einer Antragsberechtigung nicht entgegen, wenn die Einrede, **5** wie zB die **Verjährungseinrede** noch nicht erhoben worden ist (LG Göttingen ZInsO 2005, 832; *Jaeger/Gerhardt* § 14 Rn 12; HaKo-*Wehr* § 14 Rn 10). Es geht hier nicht um die Frage des Rechtsschutzinteresses (so aber OLG Köln KTS 1970, 226 f; MüKo-*Schmahl* § 14 Rn 47; N/R/*Mönning* § 14 Rn 22), sondern um die Teilnahmebefugnis am Insolvenzverfahren (zutr *Jaeger/Gerhardt* § 14 Rn 12; HaKo-*Wehr* § 14 Rn 10). Es bleibt dem Schuldner überlassen, im Eröffnungsverfahren oder eröffneten Verfahren die **Einrede der Verjährung** zu erheben. Soll der Insolvenzgrund allerdings **allein aus der Forderung** des antragstellenden Gläubigers hergeleitet werden, kann die Berechtigung einer vom Schuldner erhobenen Verjährungseinrede grundsätzlich nur im Prozesswege überprüft werden (BGH v 29. 3. 2007 – IX ZB 141/06, ZIP 2007, 1226). Solchenfalls ist der Insolvenzantrag **als unzulässig zurückzuweisen**, weil der Gläubiger nicht mehr Inhaber einer durchsetzbaren Forderung ist (BGH ZIP 2007, 1226, 1227; *Jaeger/Gerhardt* § 14 Rn 12; *Häsemeyer* InsR Rn 7.14; HaKo-*Wehr* § 14 Rn 10).

Bei einer **BGB-Gesellschaft** muss der ASt eine Forderung gegen die Gesellschaft haben. Die Forde- **6** rung gegen einen Gesellschafter genügt nicht (*Holzer* EWiR 2001, 733, 734; HK-*Kirchhof* § 14 Rn 6). Bei einer **GmbH & Co. KG** ist der Gläubiger wegen §§ 161 Abs 2, 128 HGB zugleich auch Gläubiger der Komplementär-GmbH (so HK-*Kirchhof* § 14 Rn 6), was allerdings hinsichtlich der Gleichsetzung von Schuld und Haftung nicht unbedenklich ist. Es genügt aber, dass der ASt glaubhaft macht, dass der schuldnerische Antragsgegner als **Betriebserwerber** gem § 25 HGB für die Verbindlichkeit einzustehen hat (OLG Köln ZIP 2001, 975, 976; HK-*Kirchhof* § 14 Rn 6). In der **Vorauflage** wurde die Auffassung vertreten, die Gläubiger einer **Gesellschaft mit unbeschränkt persönlich haftenden Gesellschaftern** (zB BGB-Gesellschaft, OHG, Partnerschaftsgesellschaft oder GmbH & Co. KG hinsichtlich der Komplementärhaftung seien gehindert, ihre Haftungsansprüche durch Insolvenzantrag geltend zu machen, weil das Gesetz ihre Haftungsansprüche durch § 93 in das Gesellschaftsvermögen einbezieht. Diese Auffassung kann nicht aufrecht erhalten werden. Die **Einbeziehung der persönlichen Haftung der Gesellschaft** in das Insolvenzverfahren tritt gem § 93 erst mit der Verfahrenseröffnung ein. Vor Verfahrenseröffnung besteht eine Aktivlegitimation des Insolvenzverwalters nicht, so dass eine Haftung nach den §§ 161 Abs 2, 128 HGB durchaus ein Antragsrecht der Gläubiger begründen kann (str aA *Frege/Keller/Riedel* HRP Rn 393).

Eine **streitige Forderung** lässt das Antragsrecht des Gläubigers keineswegs entfallen (so aber wohl **7** HK-*Kirchhof* § 14 Rn 7 unter Berufung auf BGH ZInsO 2005, 39 f u BGH v 1. 12. 2007 – IX ZB 79/06 u *Jaeger/Gerhardt* § 14 Rn 28). Der **BGH** hat in seiner Entscheidung v 11. 11. 2004 – IX ZB 258/03, ZInsO 2005, 39, 40) lediglich festgestellt, dass eine rechtlich ungeklärte Forderung **zur Glaubhaftmachung eines Insolvenzgrundes ungeeignet** ist (**so auch** BGH ZIP 1992, 947). Zutreffend weisen *Jaeger/Gerhardt* (§ 14 Rn 29) darauf hin, dass ein grundsätzlicher Unterschied besteht zwischen dem bestehenden oder fehlenden RSchI einerseits und „rechtlicher Zweifelhaftigkeit" andererseits (OLG Frankfurt MDR 1973, 1235; *Gerhardt* EWiR § 102 1/89, 701). Auch eine **rechtlich zweifelhafte** oder **bestrittene Forderung** berechtigt zum Insolvenzantrag. Haben die Einwendungen des Schuldners gegen das Forderungsrecht des antragstellenden Gläubigers im Rahmen der Anhörung zur Folge, dass das Bestehen der Forderung nicht (mehr) überwiegend wahrscheinlich ist (§ 294 ZPO), so **entfällt schon die Glaubhaftmachung der Forderung** als zwingende Zulässigkeitsvoraussetzung (so auch *Jaeger/Gerhardt* § 14 Rn 27). Die Glaubhaftmachung der Forderung ist solchenfalls durch Gegenglaubhaftmachung des Schuldners erschüttert. Insoweit kommt es nicht einmal darauf an, ob das Gericht vom Bestehen des Gläubigerrechts überzeugt sein muss. Macht der Gläubiger allerdings seine **Forderung glaubhaft** und würde diese streitige Forderung für den Fall ihres Bestehens **den Insolvenzgrund ausmachen**, so ist dies eine **Frage der Begründetheit** des Antrags mit der Folge, dass sie des **vollen Beweises** bedarf.

8 Der Gläubigerantrag kann auch auf einen **Teilbetrag der Forderung** gestützt werden (**BGH** ZIP 2004, 1466, 1467; **OLG** Köln ZIP 2000, 504, 507; **OLG** Naumburg NZI 2000, 263, 264; HK-*Kirchhof* § 14 Rn 10; bejahend Jaeger/Gerhardt § 13 Rn 9; str aA FK-*Schmerbach* § 14 Rn 19, 44; *Smid* § 14 Rn 9). Der Gläubiger darf im Eröffnungsverfahren auch die geltend gemachte Forderung **auswechseln** (**BGH** v 5. 2. 2004 – IX ZB 29/03, ZIP 2004, 1466, 1467; **AG** Köln NZI 2000, 94, 95; BerlKo-*Goetsch* § 14 Rn 24; HaKo-*Wehr* § 14 Rn 13). Entgegen der Voraufl (§ 14 Rn 49) ist nicht mehr darauf abzustellen, dass diese Handhabung einer sorgfältigen und auf Förderung des Verfahrens bedachten Handlung entspricht (**BGH** ZIP 2004, 1466, 1467; **anders noch** MüKo-*Schmahl* § 14 Rn 57).

9 Soweit **Gesellschafter** oder **organschaftliche Vertreter** Forderungen gegen die Gesellschaft haben, sind sie berechtigt, Insolvenzantrag zu stellen (HK-*Kirchhof* § 14 Rn 7). Hinsichtlich der **Ansprüche auf Rückgewähr der kapitalersetzenden Leistungen** kann bei Rangrücktritt die Antragsberechtigung des nachrangigen Gläubigers (§ 39 Abs 1 Nr 5) nicht in Zweifel gezogen werden. Die Problematik hat sich durch das MoMiG keineswegs erledigt, denn jedes Gesellschafterdarlehen ist mit dem Eintritt der Insolvenz entweder Verbindlichkeit iSv § 38 oder bei Rangrücktritt nachrangig. Der Gesellschafter-Gläubiger ist nur bei **qualifiziertem Rangrücktritt** nicht zum Insolvenzantrag berechtigt. Ansonsten kann im Einzelfall das RSchI fehlen (vgl *Smid* § 14 Rn 4; *Vallender* MDR 1999, 280, 283; HK-*Kirchhof* § 14 Rn 4 u 13; MüKo-*Schmahl* § 13 Rn 37; K/P/B/*Pape* § 14 Rn 13; BerlKo-*Goetsch* § 14 Rn 13).

10 **Gesetzliche Vertreter** minderjähriger Kinder haben als Inhaber des elterlichen Sorgerechts ein Antragsrecht. In den Fällen der §§ 1671, 1672, 1680 BGB steht das Antragsrecht **einem Elternteil** zu (Einzelheiten bei *Jaeger/Gerhardt* § 13 Rn 11). **Prokuristen** und **Handlungsbevollmächtigte** sind nicht zum Antrag berechtigt, weil es sich um keine Rechtshandlung handelt, die der Betrieb eines Handelsgewerbes mit sich bringt (§§ 49, 54 HGB).

11 Auch **geringfügige Forderungen** berechtigen zum Insolvenzantrag (**BGH** KTS 1986, 470; **LG** Oldenburg KTS 1979, 215; **LG** Dortmund KTS 1980, 417 = ZIP 1980, 633; **LG** Stuttgart RPfleger 1982, 193; **LG** Köln MDR 1986, 507; *Braun/Kind* § 14 Rn 10; *Jaeger/Gerhardt* § 14 Rn 9; *Gerhardt* FS *Weber* S 181, 189 ff; MüKo-*Schmahl* § 14 Rn 58; str aA früher **OLG** Hamburg KTS 1973, 189; **OLG** Braunschweig RPfleger 1977, 140; **LG** Bremen Rpfleger 1972, 27). Festzustellen ist allerdings, dass das Problem meist unter dem **Gesichtspunkt des Rechtsschutzbedürfnisses** abgehandelt wird (vgl *Jaeger/Gerhardt* § 14 Rn 9; K/P/B/*Pape* § 14 Rn 60).

12 Nicht antragsberechtigt ist der **Betriebsrat** eines Unternehmens, auch wenn die Mitglieder jeweils Forderungen gegen ihren Arbeitgeber haben (N/R/*Mönning* § 13 Rn 50; MüKo-*Schmahl* § 13 Rn 47; *Smid* InVO 2003, 1, 2 f; *Jaeger/Gerhardt* § 13 Rn 13; N/R/*Mönning* § 13 Rn 50). Streitig ist, ob **Arbeitnehmer** wegen ihrer rückständigen Ansprüche auf Arbeitsentgelt oder Ansprüche aus betrieblicher Altersversorgung ein Antragsrecht haben (**bejahend** MüKo-*Schmahl* § 13 Rn 46, 48, 49; N/R/*Mönning* § 14 Rn 21; HK-*Kirchhof* § 13 Rn 9; **verneinend** HaKo-*Wehr* § 13 Rn 25 unter Berufung auf BSG ZIP 1980, 126). Richtig ist, dass, wenn der Arbeitnehmer beim Arbeitsamt bereits **Insolvenzgeld beantragt** hat, sein Entgeltanspruch nach den §§ 183, 187 SGB III auf die Bundesagentur für Arbeit übergegangen ist. Insoweit könnte der Arbeitnehmer den Entgeltanspruch allenfalls zugunsten der Bundesagentur geltend machen (**LAG** Schleswig-Holstein EWiR 1995, 833; **LAG** Hamm ZInsO 2001, 240 (Ls); MüKo-*Schmahl* § 13 Rn 46). Die **Bundesagentur für Arbeit** ist antragsberechtigt, soweit die Ansprüche nach § 187 SGB III auf sie übergegangen sind (MüKo-*Schmahl* § 13 Rn 51).

13 Umstritten ist auch das **Antragsrecht des Pensions-Sicherungs-Vereins (PS V aG)** als Träger der gesetzlichen Insolvenzsicherung für die betriebliche Altersversorgung (**generell bejahend** *Wiedemann/Küpper* FS *Pleyer* S 445, 449; *Jaeger/Gerhardt* § 14 Rn 5; **ablehnend** Voraufl; *Gottwald/Uhlenbruck* InsRHdb § 11 Rn 14; *Delhaes*, Insolvenzantrag S 132; **differenzierend** MüKo-*Schmahl* § 13 Rn 52; HaKo-*Wehr* § 13 Rn 26). Entgegen der Voraufl ist der **differenzierenden Auffassung** zu folgen. Soweit der PS V aG gem § 7 BetrAVG Abs 1 Satz 4 Nr 3 wegen vollständiger Beendigung der Betriebstätigkeit, wenn ein Antrag auf Eröffnung des Insolvenzverfahrens nicht gestellt worden ist und ein Insolvenzverfahren offensichtlich mangels Masse nicht in Betracht kommt, einzustehen hat, erfolgt ein **gesetzlicher Forderungsübergang** gem § 9 Abs 2 BetrAVG. Richtig ist, dass im Fall eines gerichtlichen Insolvenzverfahrens die Ansprüche oder Anwartschaften mit der Verfahrenseröffnung auf den PS V aG übergehen (*Kemper/Kisters-Kölkes/Berenz/Bode/Pühler* BetrAVG 3 Aufl 2008 § 9 Rn 12). Insoweit kann mangels Forderung ein Antragsrecht des PS V aG nicht gegeben sein. Anders aber soweit Forderungen wegen **vollständiger Beendigung der Betriebstätigkeit** (§ 7 Abs 1 Satz 4 Nr 3 BetrAVG) auf den PS V aG gem § 9 Abs 2 BetrAVG übergehen. Solchenfalls erwirbt der PS V aG ein Forderungsrecht und damit ein Insolvenzantragsrecht. Allerdings wird wegen der festgestellten Massearmut wie bei einer gelöschten Kapitalgesellschaft darzulegen sein, dass noch verteilbares, die Massekosten deckendes Vermögen vorhanden ist (HaKo-*Wehr*

§ 13 Rn 26; MüKo-*Schmahl* § 13 Rn 52). Zur Rechtsstellung des Pensions-Sicherungs-Vereins aG nach neuem Insolvenzrecht s *Paulsdorff/Wohlleben* KS-InsO S 1655 ff.

Auswechseln/Nachschieben von Forderungen. Der antragstellende Gläubiger ist berechtigt, die dem Insolvenzantrag zugrundeliegende Forderung auszuwechseln oder andere Forderungen nachzuschieben (**BGH** v 5. 2. 2004 – IX ZB 29/03, ZIP 2004, 1466, 1467 = NVI 2004, 408, 410 = NZI 2004, 587, 588 m Anm *Gundlach/Frenzel*; LG Göttingen ZIP 1993, 446, 447; LG Halle ZIP 1993, 1036; AG Köln NZI 2000, 94, 95; FK-*Schmerbach* § 14 Rn 20; HaKo-*Wehr* § 14 Rn 13; *Jaeger/Gerhardt* § 13 Rn 52). Ein **Nachschieben** von Forderungen ist bis zum Zeitpunkt der Insolvenzeröffnung auch zulässig bei vollständiger Tilgung der Forderung (HK-*Kirchhof* § 14 Rn 10). Maßgeblich ist der Zeitpunkt der gerichtlichen Entscheidung (HK-*Kirchhof* § 14 Rn 37; *Jaeger/Gerhardt* § 13 Rn 52). Nach Auffassung des **BGH** kommt es nicht darauf an, ob die Auswechslung oder das Nachschieben einem sorgfältigen und auf Förderung des Verfahrens bedachten Handeln entspricht (**BGH** ZIP 2004, 1466, 1467). Allerdings sind für die **nachgeschobene Forderung** sämtliche Voraussetzungen des § 14 neu zu prüfen (HaKo-*Wehr* § 14 Rn 13). Dies mag für einen öffentlich-rechtlichen Hoheitsträger wegen ständig fällig werdender neuer Beiträge lästig sein. Solange aber die im RegE v 12. 8. 2005 (BT-Drucks 16/886, Art 2 Nr 1) vorgesehene Ergänzung des § 14 Abs 1 nicht Gesetz wird, ist von dieser Rechtslage auszugehen. Befriedigt der Schuldner die dem Antrag zugrunde liegende Forderung nach Wirksamwerden, aber **vor Rechtskraft des Eröffnungsbeschlusses,** so ist weder ein Auswechseln der Forderung zulässig noch ein Nachschieben anderer Forderungen, denn das Erlöschen der Forderung des Antragstellers berührt die Wirksamkeit des Eröffnungsbeschlusses nicht (LG Braunschweig NJW 1961, 2316; LG Duisburg RPfleger 1994, 475; LG Göttingen ZIP 1998, 571; HK-*Kirchhof* § 14 Rn 10, § 34 Rn 23; *Jaeger/Gerhardt* § 13 Rn 53; str aA OLG Celle KTS 1972, 264; LG Köln ZIP 1980, 34 m krit Anm *Uhlenbruck*; LG Kiel ZIP 1987, 870; LG Berlin KTS 1992, 565). Allerdings ist die **Forderungstilgung in der Beschwerdeinstanz beachtlich,** wenn dadurch zugleich auch den Insolvenzgrund entfällt, dh wenn die getilgte Forderung zugleich auch den Insolvenzgrund ausmacht (vgl auch *Uhlenbruck* Anm zu LG Köln ZIP 1980, 34, 35).

C. Generelle Zulässigkeitsvoraussetzungen

Wie jeder Insolvenzantrag ist auch der Insolvenzantrag des Gläubigers **Prozesshandlung.** Er unterliegt gewissen formellen und inhaltlichen Mindestanforderungen, die sich aus der entsprechenden Anwendung der ZPO ergeben (§§ 4 InsO, 253 ZPO). So muss sich aus dem Gläubigerantrag zweifelsohne ergeben, dass ein Antrag auf Eröffnung des Insolvenzverfahrens gestellt wird. Es gelten die **allgemeinen und speziellen Zulässigkeitsvoraussetzungen,** wie sie bereits in der Kommentierung zu § 13 dargestellt wurden. Während § 13 lediglich generell das Vorliegen eines Rechtsschutzinteresses für den Gläubigerantrag voraussetzt, verlangt § 14 wegen der gravierenden Eingriffe und kreditschädigenden Auswirkungen für den Gläubigerantrag die **Glaubhaftmachung des rechtlichen Interesses, der Forderung und des Eröffnungsgrundes** (vgl *Häsemeyer* InsR Rn 7.05; *Jaeger/Gerhardt* § 14 Rn 1; HaKo-*Wehr* § 14 Rn 1; *Braun/Bußhardt* § 14 Rn 4; vgl auch Begr RegE, abgedr in *Balz/Landfermann* S 220 f). Das Erfordernis der Glaubhaftmachung in § 14 Abs 1 dient letztlich dem **Schuldnerschutz** (vgl *A. Lang,* Das Rechtsschutzinteresse beim Antrag auf Eröffnung des Insolvenzverfahrens, 2003). Die zwingenden Voraussetzungen hat das Insolvenzgericht **vom Amts wegen zu prüfen.** Entspricht der Insolvenzantrag nicht den formellen Erfordernissen, ist er nach fruchtlosem **Hinweis auf die Mängel** (§ 139 ZPO) und **Fristsetzung** kostenpflichtig zurückzuweisen (*Vallender* MDR 1999, 280 ff; MüKo-*Schmahl* § 14 Rn 7; FK-*Schmerbach* § 14 Rn 4). Der antragstellende Gläubiger hat die **allgemeinen Zulässigkeitsvoraussetzungen** darzulegen und ggf zu beweisen. Für **besondere Verfahrensarten** greifen ergänzend die Spezialvorschriften ein, zB bei **Nachlassinsolvenz** die §§ 319, 325, 326, bei **Gesamtgutinsolvenz** die §§ 332 Abs 2, 333 Abs 1 und für **grenzüberschreitende Partikularinsolvenzverfahren** die Art 3 Abs 2, 3, 4, 27, 29 EUInsVO sowie die §§ 354 ff.

I. Zuständigkeit des Insolvenzgerichts

Da die Amtsermittlungspflicht (§ 5) erst mit Zulassung des Antrags eingreift, hat der ASt alle Tatsachen darzulegen, aus denen sich die **örtliche und sachliche Zuständigkeit** des angegangenen Insolvenzgerichts ergibt (§§ 2, 3). Soweit es sich um **Sonderzuständigkeiten** handelt, sind die Voraussetzungen dieser Sonderzuständigkeit darzulegen und zu beweisen. Allerdings sind bei **grenzüberschreitenden Insolvenzen** schon im Rahmen der Antragszulassung die **Angaben zum COMI** zu prüfen (HaKo-*Undritz* Art 3 EuInsVO Rn 52; *Vallender* KTS 2005, 283; Einzelheiten in der Kommentierung zu § 13 Rn 16, 38).

II. Insolvenzfähigkeit und passive Parteifähigkeit

Da der Insolvenzantrag Prozesshandlung ist, muss der ASt **prozessfähig** (§§ 4 InsO; 51 ff ZPO) und **parteifähig** iSv § 50 Abs 1 ZPO sein (s die Kommentierung zu § 13 Rn 7, 21). Fehlt es an der Prozessfähigkeit des Antragstellers, so ist nur der gesetzliche Vertreter zum Insolvenzantrag berechtigt (FK-*Schmer-*

bach § 14 Rn 15). Einer vormundschaftsgerichtlichen Genehmigung nach § 1822 BGB bedarf es nicht (HK-*Kirchhof* § 13 Rn 5; *Hess* § 13 Rn 15). Nachträgliche Genehmigungen eines prozessunfähigen Gläubigers können vom gesetzlichen Vertreter bis zur rechtskräftigen Abweisung des Antrags bzw bis zur Verfahrenseröffnung genehmigt werden (**BGH** ZIP 2003, 1007; K/P/B/*Pape* § 13 Rn 72; FK-*Schmerbach* § 14 Rn 15). Ist der **Antragsgegner** (Schuldner) prozessunfähig, ist dessen gesetzlicher Vertreter im Antrag anzugeben (vgl **KG** KTS 1962, 111, 112; FK-*Schmerbach* § 14 Rn 15). Bei **gewillkürter Vertretung** hat der Vertreter eine **besondere Insolvenzvollmacht** vorzulegen. Eine Ausnahme gilt gem § 88 Abs 2 ZPO nur für **Rechtsanwälte** als Bevollmächtigte (§ 88 Abs 2 ZPO; s auch die Kommentierung zu § 13 Rn 23 ff). Ist für einen **volljährigen Schuldner Betreuung** angeordnet, die die gesamte Vermögenssorge umfasst (§§ 1896 ff BGB), so ist der Betreuer zu bezeichnen, da diesem der Antrag zugestellt werden muss (MüKo-*Schmahl* § 13 Rn 14). Steht der **ASt** unter Betreuung, so kann das Antragsrecht nur vom **Betreuer** wahrgenommen werden.

18 Bei **Führungslosigkeit einer GmbH** hat der antragstellende Gläubiger darzulegen, dass die **juristische Person nicht vertreten** ist. Ob eine **Amtsniederlegung des Geschäftsführers** wegen Rechtsmissbrauchs unwirksam ist, braucht der antragstellende Gläubiger ebenso wenig darzulegen, wie die Voraussetzungen einer **faktischen Geschäftsführung**. Er hat allerdings **alle Namen und Anschriften der Gesellschafter** anzugeben, damit diese nach § 10 Abs 2 nF gehört werden können.

III. Zulässigkeit der Verfahrensart

19 Auch beim Gläubigerantrag kann nicht verlangt werden, dass der ASt die von den Gerichten nicht einmal einheitlich gehandhabten Kriterien für die Abgrenzung des Regelverfahrens vom Verbraucherinsolvenzverfahren kennt. Der Gläubiger ist nicht verpflichtet, den **Antrag in einer bestimmten Verfahrensart** zu stellen (Einzelheiten zu § 13 Rn 17 ff).

D. Spezielle Zulässigkeitsvoraussetzung

I. Formelle Zulässigkeitsvoraussetzungen

20 **1. Der ordnungsgemäße Insolvenzantrag des Gläubigers.** Neben der Antragsbefugnis müssen auch für den Gläubigerantrag die allgemeinen und speziellen Voraussetzungen vorliegen. Hierzu gehört vor allem die **ordnungsgemäße Antragstellung**.

21 **a) Bedingungen, Befristung.** Wie jeder Insolvenzantrag ist auch der Insolvenzantrag des Gläubigers **Prozesshandlung**. Er unterliegt gewissen formellen und inhaltlichen Mindestanforderungen, die sich aus der entsprechenden Anwendung der ZPO ergeben (§§ 4 InsO, 253 ZPO). Vgl. hierzu auch die Kommentierung zu § 13 Rn 7. Der Antrag darf **weder befristet noch bedingt** sein (**AG** Köln NZI 2000, 284; HK-*Kirchhof* § 13 Rn 4; N/R/*Mönning* § 13 Rn 14; *Jaeger/Gerhardt* § 13 Rn 33, 34; HaKo-*Wehr* § 13 Rn 4). Im Einzelfall ist im Wege der Auslegung zu ermitteln, ob der Antrag eine **unzulässige Bedingung** oder lediglich eine **Anregung an das Gericht** enthält (s auch FK-*Schmerbach* § 14 Rn 21; *Jaeger/Gerhardt* § 13 Rn 33, 34; HK-*Kirchhof* § 13 Rn 4). Der Gläubigerantrag darf entgegen der Voraufl auch nicht von der Bedingung einer **Bewilligung von Insolvenzkostenhilfe** abhängig gemacht werden (*Jaeger/Gerhardt* § 13 Rn 34; str aA HaKo-*Wehr* § 13 Rn 4). Aus Gründen der Rechtssicherheit ist der Insolvenzantrag **nicht widerruflich**, wohl aber **rücknahmefähig**. Auch eine **Irrtumsanfechtung** nach §§ 119 ff BGB scheidet aus.

22 **b) Form des Gläubigerantrags.** Seit dem Inkrafttreten des Gesetzes zur Vereinfachung des Insolvenzverfahrens (BGBl I, 509) am 1. 7. 2007 kann der Insolvenzantrag **nur noch schriftlich** bei dem zuständigen Insolvenzgericht gestellt werden. Die Form wird durch **Telefax** (§§ 4 InsO, 130 Nr 6 ZPO), **Computerfax mit eingescannter Unterschrift** oder durch **elektronisches Dokument** (§§ 4 InsO, 130 a ZPO) gewahrt. Die die gesetzliche Schriftform ersetzende **elektronische Form** besteht in der Übermittlung eines elektronischen Dokuments, dh einer Datei, die auf Datenträgern aufgezeichnet werden kann. Das gilt auch für den **Insolvenzantrag per E-Mail**. Das Erfordernis der Unterschriftsleistung muss an den technischen Gegebenheiten des modernen Fernmeldeverkehrs gemessen werden (**BVerfG** v 18. 4. 2007 – 1 BvR 110/07, NJW 2007, 3117; **BVerwG** NJW 1987, 2067; FK-*Schmerbach* § 14 Rn 10 a; *Holzer*, Die Entscheidungsträger im Insolvenzverfahren, Rn 111; vgl auch HK-*Kirchhof* § 6 Rn 21 u § 13 Rn 6). Auf eine **qualifizierte elektronische Signatur** nach dem Signaturgesetz (§§ 130 a Abs 1 Satz 2 ZPO, 2 Nr 3 SigG) kann nicht verzichtet werden. Vgl auch die Kommentierung zu § 13 Rn 33, 34. Der per **Telefax** oder **elektronisches Dokument** übermittelte Eröffnungsantrag führt zur **Anhängigkeit des Verfahrens**, ohne dass es auf den Eingang des Originals bei Gericht ankäme (*Jaeger/Gerhardt* § 13 Rn 30; MüKo-*Schmahl* § 13 Rn 95; FK-*Schmerbach* § 14 Rn 10 a; *Frege/Keller/Riedel* HRP Rn 383; **anders** noch die Voraufl § 13 Rn 13, § 14 Rn 17). Der schriftliche Insolvenzantrag muss mit **lesbarer Unterschrift** vom Gläubiger selbst, einem organschaftlichen Vertreter oder von einem Verfahrensbevollmächtigten des Gläubigers unterzeichnet sein. Eine unlesbare Unterschrift, die keinen Vergleich mit dem im Handelsregister eingetragenen Namen des organschaftlichen Vertreters ermöglicht,

reicht nicht aus. Etwas anderes gilt für **Unterschriften von Rechtsanwälten**, wenn sich der Name eindeutig aus dem Insolvenzantrag ergibt.

c) Notwendiger Inhalt des Gläubigerantrags. Wie bereits zu § 13 Rn 35 ausgeführt wurde, muss der Insolvenzantrag eines Gläubigers zum Ausdruck bringen, dass die ASt die Eröffnung eines Insolvenzverfahrens über das Vermögen des Antragsgegners ernsthaft will (**BGH** v 12. 12. 2002 – IX ZB 426/02, BGHZ 153, 205 = ZIP 203, 358 = ZInsO 2003, 217 = NZI 2003, 147; **AG Köln** NZI 2008, 315; **AG Dresden** ZIP 2002, 862). Der Insolvenzantrag kann sich nur auf das **gesamte Schuldnervermögen** oder auf ein bestimmtes **Sondervermögen**, nicht aber auf einen nicht insolvenzfähigen Vermögensteil des Schuldners beziehen (N/R/*Mönning* § 13 Rn 19). Stellt ein **ausländischer Insolvenzverwalter** Insolvenzantrag gegen einen inländischen Schuldner oder hinsichtlich eines inländischen insolvenzfähigen Sondervermögens, so hat er die Voraussetzungen der Eröffnung eines inländischen Sonderinsolvenzverfahrens darzulegen. Für ein **Sekundärinsolvenzverfahren** normiert die EuInsVO besondere Antragsrechte (s auch § 13 Rn 83). **23**

Da über § 4 die Vorschrift des § 253 Abs 2 ZPO entsprechend anwendbar ist, muss ein ordnungsgemäßer Insolvenzantrag die **genaue Bezeichnung der Parteien** enthalten (§§ 4 InsO, 253 Abs 2 Nr 1, 191 Nr 3 ZPO). Der ASt und der Antragsgegner sind so genau zu bezeichnen, dass keinerlei Zweifel hinsichtlich der „Parteien" des Eröffnungsverfahrens bestehen können (MüKo-*Schmahl* § 13 Rn 97; *Uhlenbruck* RPfleger 1981, 377, 379; *Graf-Schlicker/Fuchs* § 13 Rn 10; *Braun/Bußhard* § 13 Rn 8; HK-*Kirchhof* § 14 Rn 3). Die Identität der Parteien ist ggf im Wege der Auslegung zu ermitteln (**AG Göttingen** ZInsO 2001, 45; **sehr weitgehend AG Potsdam** NZI 2003, 159; s auch K/P/B/*Pape* § 13 Rn 68; FK-*Schmerbach* § 14 Rn 12). Anzugeben ist der richtige **Name**, die richtige **Firmenbezeichnung** sowie die **ladungsfähige Anschrift** und die **Rechtsform**. **24**

Ist der **Schuldner** nach Antragstellung verzogen und kann der aktuelle Aufenthaltsort nicht angegeben werden, weil zB dieser untergetaucht ist, reicht nach hM die **Angabe des bisherigen Wohnsitzes** aus (vgl **OLG Köln** v 1. 8. 1988, ZIP 1988, 1070; K/P/B/*Pape* § 14 Rn 5; HK-*Kirchhof* § 13 Rn 6; *Jaeger/Gerhardt* § 14 Rn 21). Die **Angabe der aktuellen Schuldneranschrift** kann nur unterbleiben, wenn sie nicht bekannt und mit den üblichen Mitteln, wie zB Anfrage an das Einwohnermeldeamt, Postanfrage, Anfrage bei Registern etc nicht zu ermitteln ist (**BGH** NJW 2003, 1530 f; BGHZ 149, 311, 315; **AG Potsdam** NZI 2001, 604; MüKo-*Schmahl* § 13 Rn 98; *Graf-Schlicker/Fuchs* § 13 Rn 10; FK-*Schmerbach* § 14 Rn 3 u § 13 Rn 6; s auch **OLG Köln** ZIP 1988, 1070; **AG Hamburg** ZInsO 2007, 502 f; *Pape* EWiR 1988, 1111). In solchen Fällen ist es ausreichend, wenn der ASt die Voraussetzungen für eine **öffentliche Zustellung** gem § 185 ZPO nF nachweist (MüKo-*Schmahl* § 13 Rn 97; nach HK-*Kirchhof* § 13 Rn 6 genügt die Darlegung). Bei Gesellschaften entfällt wegen § 185 Nr 2 ZPO nF eine zeitaufwändige und schwierige Recherche nach den organschaftlichen Vertretern der Gesellschaft. Das Insolvenzgericht darf die **öffentliche Zustellung** des Insolvenzantrags nicht mit der Begründung ablehnen, dass eine ausländische Wohnanschrift des organschaftlichen Vertreters nicht bekannt sei. Stellt sich die vom ASt angegebene Anschrift des Schuldners (Antragsgegners) als nicht mehr zutreffend heraus, so ist es **nach Zulassung des Insolvenzantrags** Aufgabe des Gerichts, die aktuelle Anschrift gem § 5 zu ermitteln (**BGH** v 13. 4. 2006 – IX ZB 118/14, NZI 2006, 405; *Frege/Keller/Riedel* HRP Rn 388). **25**

Das **MoMiG** hat für die **GmbH** vor allem bei **Führungslosigkeit** durch die Änderung des § 35 Abs 1 sowie die §§ 35 Abs 2, 35 a Abs 4 Satz 1 GmbHG nF dem Fall vorgebeugt, dass die Gesellschafter versuchen, durch Abberufung der Geschäftsführer Zustellungen und den Zugang von Erklärungen an die Gesellschaft zu vereiteln. Nach § 35 Abs 1 Satz 3 GmbHG nF wird die GmbH bei Führungslosigkeit für den Fall, dass ihr gegenüber Willenserklärung abgegeben oder Schriftstücke zugestellt werden, durch die Mitglieder des Aufsichtsrats (§ 52 GmbHG) oder, wenn kein Aufsichtsrat bestellt ist, durch die **Gesellschafter** vertreten. Für die Wirkung der Norm kommt es nicht darauf an, ob die Gesellschafter von der Führungslosigkeit der GmbH Kenntnis haben oder nicht. Bei einem **Insolvenzantrag gegen eine juristische Person**, die keinen gesetzlichen Vertreter hat, ist immer zunächst zu prüfen, ob die **Amtsniederlegung** oder **Abberufung** wirksam erfolgt ist (vgl BGHZ 78, 82; BayObLG ZIP 1999, 1211; **OLG Düsseldorf** ZIP 2001, 25; *Meyke*, Haftung des GmbH-Geschäftsführers, 5. Aufl 2007 Rn 180 ff). Da ein Geschäftsführer grundsätzlich jederzeit sein Amt mit sofortiger Wirkung niederlegen kann (**BGH** NZI 2002, 433, 434), kann das Insolvenzgericht im Regelfall davon ausgehen, dass die Niederlegung oder Abberufung wirksam ist. Die Entscheidung der Streitfrage, ob im Einzelfall eine Amtsniederlegung wegen Rechtsmissbrauch unwirksam ist oder **ein faktischer Geschäftsführer** vorhanden ist, ist durch das MoMiG und der Möglichkeit einer Zustellung an die Gesellschafter erheblich entschärft worden. **26**

Richtet sich der **Insolvenzantrag gegen eine Firma**, so ist der **Inhaber** anzugeben. Falls sich unter der Firma eine OHG oder ein Gesellschaft bürgerlichen Rechts verbirgt, muss geklärt werden, ob es sich um eine Gesellschaftsschuld oder um die Privatschuld eines Gesellschafters handelt, denn letztere berechtigt nicht zur Eröffnung des Gesellschaftsinsolvenzverfahrens. Ist der Firmeninhaber **nicht ausreichend individualisiert**, kann das Insolvenzgericht dem ASt die Vorlage eines Handelsregisterauszugs aufgeben (**LG Berlin** ZZB 52 [1927], 109; *Uhlenbruck* Rpfleger 1981, 379 unter Ziff 5; *Keller* InsR Rn 500). Die **Angabe eines Postfachs** oder des ehemaligen Firmensitzes genügt nicht. Von einigen Gerichten wird verlangt, **27** dass bei einer GmbH auch der oder die **Namen der Geschäftsführer** anzugeben ist, damit ggf ein Vorführungs- oder Haftbefehl (§§ 21 Abs 3, 98 Abs 2) vollstreckt werden kann (so *Vallender* MDR 1999, 280, 283; H/W/F Hdb 3/16; N/R/*Mönning* § 13 Rn 28). Bei **juristischen Personen** genügt es beim Gläubigerantrag, wenn es im Antrag heißt: „vertreten durch den Geschäftsführer" oder „vertreten durch den Vorstand". Es ist für das Insolvenzgericht unschwer festzustellen, durch welche Personen ein Verein oder eine Gesellschaft des Handelsrechts vertreten wird (s auch die Kommentierung zu § 11 Rn 60).

28   Stellt ein Gläubiger den **Antrag** auf Eröffnung eines Insolvenzverfahrens über das Vermögen einer **GmbH, die im Handelsregister** für den Zuständigkeitsbereich des Insolvenzgerichts **nicht eingetragen** ist, hat er zB durch den Auszug eines anderen Registers nachzuweisen, dass die GmbH existiert. Unterlässt der ASt auf eine gerichtliche Aufforderung den Nachweis, dass die schuldnerische GmbH entstanden ist und weiterhin existiert, so ist der Antrag ohne weitere Ermittlungen von Amts wegen zurückzuweisen (**AG Potsdam**, Beschl v 1. 8. 2001 – 35 IN 260/01, NZI 2001, 606). Handelt es sich um eine **Gesellschaft ohne Rechtspersönlichkeit** (§ 11 Abs 2 Nr 1), so sind entgegen der Vorauflage **nicht alle Namen** und ladungsfähigen Anschriften sämtlicher Gesellschafter anzugeben. Es genügt, wenn eine **Identifizierung** der Gesellschaft und ihrer Gesellschafter unter Angabe der ladungsfähigen Anschrift der Personenvereinigung möglich ist (HK-*Kirchhof* § 14 Rn 3; HaKo-*Wehr* § 14 Rn 8; aA FK-*Schmerbach* § 13 Rn 12; s auch BGHZ 146, 341 = ZInsO 2001, 218 = NJW 2001, 1056). Etwas anderes gilt für nicht eingetragene Gesellschaften (MüKo-*Schmahl*, § 13 Rn 98).

29   Bei **geschäftsunfähigen Personen** ist der **Name des gesetzlichen Vertreters** im Antrag anzugeben (HK-*Kirchhof* § 13 Rn 6). Steht eine Person unter Betreuung, so ist der Name des Betreuers mitzuteilen. Bei den **Sonderinsolvenzen** sind die Namen und ladungsfähigen Anschriften der übrigen Anhörungsberechtigten (§§ 317 Abs 2, 3, 318 Abs 2, 332 Abs 1, 3 S 2, 333) anzugeben (FK-*Schmerbach* § 14 Rn 12). Nach *Pape* (EWiR § 75 KO 2/88, 1111) ist die **Mitteilung der ladungsfähigen Anschrift** des Schuldners durch den antragstellenden Gläubiger keine Zulässigkeitsvoraussetzung für den Insolvenzantrag. Dies lässt sich der Entscheidung des **OLG Köln** v 1. 8. 1988 (ZIP 1988, 1070) aber nicht entnehmen. Vielmehr hat das Insolvenzgericht nur in den Fällen, in denen es den Antrag ohne ausreichende Angaben zulässt, im Wege der Amtsermittlungen (§ 5) die entsprechenden Feststellungen zu treffen. Keineswegs reicht es aus, die ladungsfähige Anschrift des Geschäftsführers mitzuteilen, wenn sich der Insolvenzantrag gegen eine GmbH oder GmbH & Co KG richtet. Es muss aber genügen, wenn der ASt die Voraussetzungen einer **öffentlichen Zustellung** nach § 185 Nr 2 ZPO nF darlegt (s auch HK-*Kirchhof* § 14 Rn 3). Der **Nachweis des besonderen Gerichtsstandes des Aufenthaltsorts** (§ 20 ZPO) ist ebenso zu führen wie der des allgemeinen Gerichtsstandes des Erblassers nach § 315. Ist der Aufenthalt des Antragsgegners (Schuldners) im In- oder Ausland nicht bekannt, so hat der ASt gem §§ 4 InsO, 16 ZPO den letzten Wohnsitz anzugeben und nachzuweisen (*Vallender* MDR 1999, 280, 283). Einzelheiten zum Insolvenzantrag des Gläubigers s auch die Kommentierung zu § 13 Rn 44 ff.

30   **d) Schlüssigkeit der Darlegung im Gläubigerantrag.** Auch für die Zulässigkeit eines Gläubigerantrags ist entsprechend §§ 4 InsO, 253 Abs 2 Nr 2 ZPO zu verlangen, dass der ASt die Zulässigkeitsvoraussetzungen in **substantiierter, nachvollziehbarer Form** darlegt (**BGH** v 1. 2. 2007 – IX ZB 79/06, NZI 2007, 350; s auch BGHZ 153, 205, 207 = NJW 2003, 1187 = NZI 2003, 147; BGH ZIP 2003, 1005; BGH v 23. 11. 2006 – IX ZA 21/06, unveröffentl). Vgl auch die Kommentierung zu § 13 Rn 40 ff. Der **BGH** hat zwar darauf hingewiesen, dass eine **Schlüssigkeit im technischen Sinne** nicht vorausgesetzt wird, jedoch kommt die Darlegung der Forderung bzw des Eröffnungsgrundes in **substantiierter, nachvollziehbarer Form** einer Schlüssigkeit im technischen Sinne zumindest nahe (s auch BGH v 12. 7. 2007 – IX ZB 82/04, ZIP 2007, 1868 = ZInsO 2007, 887; LG Göttingen ZInsO 2004, 216; AG Köln NZI 2008, 315; AG Dresden ZIP 2002, 862; HK-*Kirchhof* § 13 Rn 20 u § 14 Rn 6; K/P/B/*Pape* § 13 Rn 45; *Vallender* ZVI 2003, 253, 255 ff). Die Amtsermittlungspflicht des Gerichts (§ 5) greift erst ein, wenn ein zulässiger Eröffnungsantrag vorliegt. Genügt der Antrag nicht den Mindestforderungen eines Insolvenzantrags, hat das Insolvenzgericht den ASt entspr § 139 ZPO **auf den Mangel hinzuweisen** und ihn eine **Frist zur Behebung der Mängel** zu setzen. Nach fruchtlosem Ablauf der Frist ist der Antrag als unzulässig zurückzuweisen (**BGH** v 23. 11. 2006 – IX ZA 21/06, unveröffentl).

31   Für **Insolvenzanträge eines Sozialversicherungsträgers** oder einer **Finanzbehörde** sind an die Darlegungspflicht die gleichen Anforderungen zu stellen wie für jeden anderen Gläubiger (**BGH** v 5. 2. 2004 – IX ZB 29/03, ZIP 2004, 1466 = NZI 2004, 587, 588 = ZVI 2004, 408; **BGH** v 8. 12. 2005 – IX ZB 38/05, NZI 2006, 172 = ZInsO 2006, 97 = ZIP 2006, 141 = ZVI 2006, 60; einschränkend HK-*Kirchhof* § 14 Rn 9). S auch *Schmahl* NZI 2007, 20 ff; *Braun/Bußhardt* § 14 Rn 16, 17. Beantragt ein **Sozialversicherungsträger** die Eröffnung des Insolvenzverfahrens über das Vermögen eines Arbeitgebers wegen rückständiger Sozialversicherungsbeiträge, hat er zur Darlegung seiner Forderungen regelmäßig eine **Aufschlüsselung nach Monat und Arbeitnehmer** vorzulegen (**BGH** ZIP 2004, 1466 = NZI 2004, 587, 588). Säumniszuschläge, Vollstreckungskosten und Kosten der Rechtsverfolgung (Mahngebühren) sind gesondert auszuweisen (HaKo-*Wehr* § 14 Rn 38). Weiterhin ist anzugeben, ob die Beitragsforderung auf Beitragsnachweisen des Schuldners oder auf Leistungsbescheiden beruht (HaKo-*Wehr* § 14 Rn 38). Die **Finanzbehörde** hat Steueranmeldungen der Schuldnerin und Steuerbescheide vorzulegen. Öffentlich-rechtliche Gläubiger sind berechtigt, im Eröffnungsverfahren die dem Antrag zugrundelie-

D. Spezielle Zulässigkeitsvoraussetzung **§ 14**

gende Forderung **auszuwechseln** (BGH v 5. 2. 2004 – IX ZB 29/03, NZI 2004, 587 unter Ablehnung der in der Vorauf1 geforderten Voraussetzung, dass das Nachschieben auf einem sorgfältigen, auf Förderung des Insolvenzverfahrens bedachten Handeln beruht; zust *Gundlach/Frenzel* NZI 2004, 589). Zulässig ist auch, das Antragsrecht auf eine **Teilforderung** zu stützen (MüKo-*Schmahl* § 14 Rn 12). Ist die Forderung tituliert, genügt die genaue Bezeichnung des Titels und der dort begründeten Sachverhaltsdarstellung (OLG Köln NZI 2001, 308; MüKo-*Schmahl* § 14 Rn 13).

e) Durchschriften und Anlagen. aa) Durchschriften. Entsprechend §§ 133 Abs 1 Satz 1, 253 Abs 5 **32** ZPO (§ 4 InsO) hat der antragstellende Gläubiger dem Insolvenzantrag die notwendigen **zustellungsfähigen Durchschriften** oder **anwaltlich beglaubigte Ablichtungen** beizufügen (H/W/F Hdb 3/22; *Uhlenbruck*, Die anwaltliche Beratung, S 77; FK-*Schmerbach* § 14 Rn 11). Kommt der ASt dieser Pflicht trotz Aufforderung und Fristsetzung nicht nach, ist das Insolvenzgericht berechtigt, die erforderlichen Durchschriften **auf Kosten des Antragstellers** selbst anzufertigen (§ 28 Abs 1 Satz 2 GKG iVm KV Nr 9000 Ziff 1). Die Kostenpauschale beträgt für die ersten 50 Seiten EUR 0,50 pro Seite, für jede weitere Seite EUR 0,15. S auch OLG Köln v 29. 12. 1999 – 2 W 188/99, NZI 2000, 78, 79 = ZInsO 2000, 43, 44 = ZIP 2000, 504; OLG Köln NZI 2000, 80, 81; AG Gießen ZInsO 2001, 184; Vorauf1 § 14 Rn 25). Für das **Verbraucherinsolvenzverfahren** enthält § 306 Abs 2 Satz 2 eine Sonderregelung.

bb) Anlagen. Als Anlagen sind dem Gläubigerantrag die zur Darlegung und Glaubhaftmachung der **33** Forderung sowie des Insolvenzgrundes notwendigen Unterlagen wie zB die vollstreckbare Ausfertigung eines vorhandenen Schuldtitels oder der Nachweis über eine erfolgte Einzelzwangsvollstreckung (Fruchtlosigkeitsbescheinigung des Gerichtsvollziehers) beizufügen. Die bloße Benennung von Beweismitteln genügt nicht. Schriftstücke sind zumindest in anwaltlich oder amtlich beglaubigter Abschrift vorzulegen (MüKo-*Schmahl* § 14 Rn 16). Bei **nicht titulierten Forderungen** sind Unterlagen, wie zB Rechnungen oder Kontoauszüge, im Original oder in Ablichtung vorzulegen. Ein **Sozialversicherungsträger** hat einen **Leistungsbescheid** im Original oder in beglaubigter Abschrift beizufügen (AG Charlottenburg ZInsO 2000, 520; AG Potsdam NZI 2001, 495; AG Potsdam ZInsO 2003, 135, 137 = NZI 2003, 155; s auch die Kommentierung zu § 13 Rn 50 ff).

cc) Darlegung und Glaubhaftmachung. In den gerichtlichen Entscheidungen wird nicht immer zwi- **34** schen **substantiierter** Darlegung und der erforderlichen **Glaubhaftmachung** (§§ 4 InsO, 294 ZPO) unterschieden bzw die Verletzung der Darlegungspflicht mit der nicht ausreichenden Glaubhaftmachung gekoppelt (vgl BGH v 8. 12. 2005 – IX ZB 38/05 = ZIP 2006, 141 = NZI 2006, 172 = ZInsO 2006, 97 = ZVI 2006, 60; BGH ZIP 2004, 1466 = NZI 2004, 587; AG Potsdam NZI 2003, 155, 156). Das Insolvenzgericht hat zunächst zu prüfen, ob der antragstellende Gläubiger seine Forderung **substantiiert** und **spezifiziert** dargelegt hat (OLG Dresden NZI 2001, 26 = ZInsO 2000, 560; OLG Naumburg NZI 2001, 377 (Ls) = ZInsO 2000, 349 (Ls); OLG Naumburg NZI 2000, 263; OLG Zweibrücken NZI 2001, 30 = ZIP 2000, 2260 = ZInsO 2000, 668; AG Duisburg NZI 1999, 507 = ZIP 1999, 2065 = ZInsO 1999, 595; LG Potsdam ZInsO 2002, 780). Zur **Substantiierung** reicht die Vorlage eines Leistungsbescheides oder sonstiger Leistungsunterlagen, wie zB Beitragsnachweise oder Kontoauszüge im Original oder in beglaubigter Ablichtung, aus (*Schmidt* EWiR 2000, 401; *Sternal* NZI 2003, 158; *Uhlenbruck* DStZ 1986, 39 ff). Dagegen gehört die Vorlage von **Fruchtlosigkeitsbescheinigung des Gerichtsvollziehers oder Vollstreckungsbeamten**, die sich auf eine in den letzten sechs Monaten vor Antragstellung durchgeführte Zwangsvollstreckung bezieht, zur Glaubhaftmachung des Insolvenzgrundes. Inwieweit die Vorlage von Unterlagen zur Darlegungspflicht des Antragstellers gehört, ist nicht immer leicht zu entscheiden (s auch FK-*Schmerbach* § 14 Rn 55). Bei Insolvenzanträgen gegen **juristische Personen,** die mit ihrer Geschäftsadresse in das Handelsregister eingetragen werden müssen, gewinnt die Beifügung von Unterlagen im Rahmen der **öffentlichen Zustellung** (§ 185 Nr 2 ZPO nF) besondere Bedeutung, denn der ASt muss aus dem Nachweis erbringen, dass eine Zustellung weder unter der eingetragenen Anschrift noch unter einer im Handelsregister eingetragenen Anschrift einer für Zustellungen empfangsberechtigten Person oder einer ohne Ermittlungen bekannten anderen inländischen Anschrift möglich ist.

2. Mehrfachanträge gegen den gleichen Schuldner. Unzulässig sind weitere Insolvenzanträge nach **35** Verfahrenseröffnung (BGH v 3. 7. 2008 – IX ZB 182/07, NZI 2008, 609, 610). Werden mehrere Insolvenzanträge gegen denselben Schuldner von verschiedenen Gläubigern gestellt, so sind die Anträge grundsätzlich getrennt in das Register einzutragen und für jeden Antrag eine **gesonderte Akte** anzulegen. Für jeden dieser Anträge sind die Zulässigkeitsvoraussetzungen gesondert zu prüfen (OLG Köln v 28. 3. 2001, NZI 2001, 318 = ZInsO 2001, 420; *Uhlenbruck* KTS 1987, 561 ff; *Frege/Keller/Riedel* HRP Rn 493). Unzulässig ist es, die Verfahren unter einem einzigen Aktenzeichen zu führen. Werden von verschiedenen Gläubigern Insolvenzanträge gegen denselben Schuldner gestellt, fällt für jeden Antrag die **Antragsgebühr** nach KVGKG 5111 an (*Hartmann*, Kostengesetze, KVGKG 2311 Rn 13; *Uhlenbruck* KTS 1987, 561; *Frege/Keller/Riedel* HRP Rn 2582). In jedem Verfahren wird die Gebühr nach dem dort maßgeblichen Wert berechnet (*Frege/Keller/Riedel* HRP Rn 2582). Sind **einheitliche Auslagen** entstanden, wie zB Gutachterkosten, so werden diese auf die einzelnen Verfahren zu gleichen Teilen aufgeteilt (*Frege/Keller/Riedel* HRP Rn 2582). Voraussetzung ist aber, dass die Maßnahmen in jedem einzelnen Verfahren gesondert angeordnet waren.

36 Zulässig ist auch die **Verbindung mehrerer Verfahren**, in denen ein einheitlicher Insolvenzantrag von mehreren Gläubigern oder mehreren organschaftlichen Vertretern bzw mehreren Erben aus dem **gleichen Rechtsgrund** gegen ein und denselben Schuldner gestellt wird (vgl *Holzer* NZI 2007, 432). Die Entscheidung über eine Verbindung mehrerer Eröffnungsverfahren obliegt dem Insolvenzrichter (§§ 4 InsO, 147 ZPO). Die Entscheidung ist unanfechtbar (**OLG** Köln v 8. 3. 1995, NJW-RR 1996, 292; *Uhlenbruck* KTS 1987, 561; *Frege/Keller/Riedel* HRP Rn 493). Über die **Verbindung der Verfahren** ist der Schuldner in Kenntnis zu setzen (**OLG** Köln ZIP 2000, 1343). Bei **Gesamtgläubigerschaft** iSv § 428 BGB oder bei **Mitgläubigerschaft** iSv § 432 BGB handelt es sich in der Regel um einen **einzigen Insolvenzantrag**, dem nur eine Forderung zugrunde liegt. In diesen Fällen ist nur eine Akte anzulegen und nur ein Aktenzeichen zu bilden (*Uhlenbruck* KTS 1987, 561, 563; Voraufl § 14 Rn 31). Werden die einzelnen Verfahren verbunden, erfolgt eine **einheitliche Entscheidung über die Verfahrenseröffnung**. In den übrigen Fällen mehrerer Anträge verschiedener Gläubiger gegen denselben Schuldner wird das Verfahren nur aufgrund eines Antrags eröffnet. Mit der Eröffnung ist den übrigen Antragstellern anheimzustellen, den Antrag für erledigt zu erklären und ihre Forderungen zur Tabelle anzumelden. Zweckmäßig ist es aber, die Eröffnungsanträge als Forderungsanmeldung auszulegen und diese an den Verwalter weiterzuleiten sowie den ASt davon zu unterrichten (so zutr *Frege/Keller/Riedel* HRP Rn 495).

37 Werden **mehrere Anträge wegen des inneren Zusammenhangs** und der einheitlichen Würdigung gem §§ 4 InsO, 147 ZPO durch Beschluss miteinander verbunden, sind die **bis zur Verbindung angefallenen Kosten** getrennt anzusetzen (**OLG** München JurBüro 1978, 1853; **OLG** München RPfleger 1970, 184; **OLG** Bamberg JurBüro 1976, 775; *Zöller/Greger* § 147 ZPO Rn 10; *Frege/Keller/Riedel* HRP Rn 2583). Vom Zeitpunkt der Wirksamkeit des Verbindungsbeschlusses entsteht nur noch eine **einheitliche Gebühr**. Der Wert für die Gebühr ergibt sich aus der Summe der zusammengerechneten Antragsforderungen. Jeder ASt haftet nur für seinen Gebührenanteil. Für entstehende **Auslagen** haften die ASt als Gesamtschuldner (*Uhlenbruck* KTS 1987, 567; *Frege/Keller/Riedel* HRP Rn 2583). Bei einer **BGB-Gesellschaft** haftet gem § 29 Nr 3 GKG jeder Gesellschafter für die Kosten des Verfahrens gegen die Gesellschaft (*Frege/Keller/Riedel* HRP Rn 2584).

38 **3. Heilung von Antragsmängeln.** Grundsätzlich hat der Insolvenzeröffnungsbeschluss (§ 27) heilende Wirkung (FK-*Schmerbach* § 14 Rn 25). Geheilt werden allerdings nur **formelle Mängel**. Stellt sich im eröffneten Verfahren heraus, dass der Antragsgegner nicht insolvenzfähig ist, so heilt die Rechtskraft des Eröffnungsbeschlusses den Mangel (BGHZ 113, 216, 218 = ZIP 1991, 233; **OLG** Frankfurt ZIP 1996, 556; FK-*Schmerbach* § 11 Rn 35; *Jaeger/Schilken* § 34 Rn 39–44; str aA *Holzer* EWiR 2001, 589, 590). Gleiches gilt, wenn es an der **örtlichen Zuständigkeit** des eröffnenden Insolvenzgerichts fehlt (**BGH** v 22. 1. 1998 – IX ZR 99/97, BGHZ 138, 40, 44 = ZIP 1998, 477, 478; **OLG** Hamburg ZIP 1984, 348; FK-*Schmerbach* § 11 Rn 35; HK-*Kirchhof* § 27 Rn 32; *Jaeger/Schilken* § 34 Rn 39). Die Heilung tritt mit der **formellen Rechtskraft** des Eröffnungsbeschlusses ein. Einzelheiten in der Kommentierung zu § 27 Rn 19.

II. Das rechtliche Interesse an einer Verfahrenseröffnung

39 Anders als früher § 105 KO enthält nunmehr § 14 Abs 1 den Hinweis auf das erforderliche rechtliche Interesse. Daraus ergibt sich nach der Begr RegE (zu § 16 RegE, abgedr bei *Uhlenbruck*, Das neue Insolvenzrecht S 313 = *Balz/Landfermann*, Die neuen Insolvenzgesetze 2 Aufl S 220 f) einmal, dass der Antrag nur zulässig ist, wenn der Gläubiger im Fall der Eröffnung des Insolvenzverfahrens an diesem Verfahren beteiligt ist. Zum andern könne damit **einem Missbrauch des Insolvenzantrags** – etwa zu dem Zweck, Zahlungen solventer Schuldner zu erzwingen – vorgebeugt werden. Das RSchI für den Insolvenzantrag ist **zwingende Verfahrensvoraussetzung** und nicht von einer Glaubhaftmachung abhängig (vgl **OLG** Oldenburg KTS 1965, 175, 176; **OLG** Hamm MDR 1973, 1029; **LG** Osnabrück KTS 1972, 270; *Jaeger/Gerhardt* § 14 Rn 1; K/P/B/*Pape* § 14 Rn 1; *Uhlenbruck* NJW 1968, 685; MüKo-*Schmahl* § 14 Rn 41, 42; N/R/*Mönning* § 14 Rn 12; HK-*Kirchhof* § 14 Rn 24 ff; *Gottwald/Uhlenbruck* § 12 Rn 10 ff). Entgegen früherem Recht ist nunmehr ein **besonderes RSchI** für den Gläubigerantrag vorgesehen (vgl *A. Lang*, Das Rechtsschutzinteresse beim Antrag auf Eröffnung des Insolvenzverfahrens, 2003; zum alten Recht K/U § 105 KO Rn 6; *Uhlenbruck* NJW 1968, 685 u MDR 1973, 636). Ein Gläubiger, dem eine Forderung zusteht und der einen Eröffnungsgrund glaubhaft macht, hat regelmäßig ein rechtliches Interesse an der Eröffnung des Insolvenzverfahrens (**BGH** v 29. 6. 2006 – IX 245/05, ZIP 2006, 1452 = ZInsO 2006, 824).

40 **1. Kein Vorrang der Einzelzwangsvollstreckung.** Grundsätzlich stehen die Zwangsvollstreckungsarten gleichwertig nebeneinander. Deshalb kann das RSchI für einen Insolvenzantrag nicht mit der Begründung verneint werden, der Gläubiger habe zunächst alle **Möglichkeiten der Einzelzwangsvollstreckung** auszuschöpfen (**BGH** v 5. 2004 – IX ZB 29/03, NZI 2004, 587, 589 = ZIP 2004, 1466, 1467 f = ZVI 2004, 408, 410; **OLG** Celle NZI 2000, 214; **OLG** Dresden NZI 2001, 472; **LG** Göttingen ZIP 1993, 446; **LG** Bonn ZIP 2001, 342, 345; **LG** Potsdam ZInsO 2003, 434; **AG** Göttingen ZInsO 2002, 594; *Sternal* NZI 2003, 158; *Jaeger/Gerhardt* § 14 Rn 6; BerlKo-*Goetsch* § 14 Rn 17, 18; K/P/B/*Pape* § 14

D. Spezielle Zulässigkeitsvoraussetzung § 14

Rn 58; MüKo-*Schmahl* § 14 Rn 51; *Gerhardt* EWiR 1989, 702; HK-*Kirchhof* § 14 Rn 27; **str aA BGH v 29. 11.** 2007 – IX ZB 12/07, NZI 2008, 182, 183 = ZInsO 2008, 103 = ZIP 2008, 281; **OLG** Köln ZIP 1989, 791). Auch bei einer **rechtskräftig titulierten Forderung** kann ein rechtliches Interesse des Gläubigers an einer Verfahrenseröffnung bestehen (FK-*Schmerbach* § 14 Rn 36). H/W/F (Hdb 3/46) meinen zwar, bei einem **vorläufig vollstreckbaren Titel** führe die Einzelzwangsvollstreckung als einfacherer und schnellerer Weg zur Befriedigung des Gläubigers; dabei wird jedoch übersehen, dass der Gesetzgeber einmal eine frühe Verfahrenseröffnung will, zum andern das Zulassungsverfahren als summarisches Verfahren weder auf das Bestehen der Forderung noch auf eine Titulierung oder Nichttitulierung abstellt (**LG** Göttingen ZIP 1992, 572, 573; **LG** Göttingen Rpfleger 1995, 125; FK-*Schmerbach* § 14 Rn 36). Durch Einzelzwangsvollstreckung erlangte Sicherheiten laufen zudem Gefahr, in einem eröffneten Verfahren der Rückschlagsperre (§ 88) zu unterfallen oder einer Insolvenzanfechtung nach den §§ 129 ff (HK-*Kirchhof* § 14 Rn 27; *Pape* EWiR 1995, 666).

Der ASt ist nicht verpflichtet, erst einmal das Verfahren einer **eidesstattlichen Offenbarungsversicherung** zu betreiben (*Jaeger/Gerhardt* § 14 Rn 10; HK-*Kirchhof* § 14 Rn 31; **str aA LG** Berlin KTS 1907, 189). Gleiches gilt für eine **Sicherungsvollstreckung** gem § 720 a ZPO. Beruht die Forderung des Antrag stellenden Gläubigers auf einem **gegenseitigen Vertrag**, entfällt das RSchI des Gläubigers an einer Verfahrenseröffnung nicht im Hinblick auf das **Wahlrecht eines künftigen Insolvenzverwalters** aus § 103 (**BGH v 29. 6.** 2006 – IX ZB 245/05, ZIP 2006, 1452 = ZInsO 2006, 824). Selbst wenn der Schuldner bereits die **Eidesstattliche Versicherung** (§ 807 ZPO) abgegeben hat, kann das rechtliche Interesse für den Insolvenzantrag nicht verneint werden (**OLG** Frankfurt KTS 1971, 285; *Jaeger/Gerhardt* § 14 Rn 10; MüKo-*Schmahl* § 14 Rn 40; H/W/F Hdb 3/46; FK-*Schmerbach* § 14 Rn 40). Der Antrag stellende Gläubiger kann durchaus ein berechtigtes Interesse daran haben, dass der Antragsgegner, vor allem wenn es sich um eine beschränkt haftende Gesellschaft handelt, durch einen Abweisungsbeschluss nach § 26 Abs 1 aus dem Geschäftsverkehr ausgeschlossen und im Handelsregister als juristische Person gelöscht wird. 41

2. Die Verfolgung insolvenzfremder Zwecke. Der antragstellende Gläubiger muss ein eigenes rechtliches Interesse an der Eröffnung eines Insolvenzverfahrens haben (**BGH v 7. 2.** 2008 – IX ZB 137/07, ZIP 2008, 565; **SchlHOLG** NJW 1951, 120; **OLG** Oldenburg v 10. 11. 1964, KTS 1965, 175, 176; **OLG** Hamm MDR 1973, 1029; **OLG** Köln ZIP 1989, 789; **OLG** Köln ZInsO 2002, 728, 730; **OLG** Frankfurt MDR 1973, 235). Wegen des staatlichen Vollstreckungsmonopols ist das **rechtliche Interesse regelmäßig zu bejahen**, wenn der Gläubiger eine Forderung gegen den Schuldner hat und ein Eröffnungsgrund glaubhaft gemacht wird (**BGH v 29. 6.** 2006 – IX ZB 245/05, ZIP 2006, 1452 = ZInsO 2006, 824 = ZVI 2006, 334, 335; MüKo-*Schmahl* § 14 Rn 42; *Jaeger/Gerhardt* § 14 Rn 2; K/P/B/*Pape* § 14 Rn 58; *Braun/Kind* § 14 Rn 8; *Andres/Leithaus* § 14 Rn 9; HK-*Kirchhof* § 14 Rn 24; *Uhlenbruck* KTS 1972, 270; *ders* NJW 1968, 685). Das **rechtliche Interesse** fehlt, wenn der Insolvenzantrag **missbräuchlich gestellt** wird. Missbrauch wegen Verfolgung insolvenzfremder Zwecke liegt zB vor, wenn der Gläubiger den Antrag nur stellt, um **Zahlungen eines solventen, aber zahlungsunwilligen Schuldners zu erzwingen** (**BGH** WM 1957, 69; BGHZ 157, 242, 246 f = NJW 2004, 1385 = NZI 2004, 201; **OLG** Koblenz Rpfleger 1975, 318; **LG** Meiningen ZIP 2000, 1451; **LG** Münster ZIP 1993, 1103; HK-*Kirchhof* § 14 Rn 27). Gleiches gilt für die **Erzwingung von Ratenzahlungen** (LG Münster v 3. 11. 1992, ZIP 1993, 1103; **AG** Oldenburg NZI 2002, 391; **AG** Duisburg NZI 2003, 161; *Pape* EWiR 1987, 807; K/P/B/*Pape* § 14 Rn 62; MüKo-*Schmahl* § 14 Rn 53). **Missbräuchlich** ist auch ein Insolvenzantrag, wenn der ASt mit Hilfe des Insolvenzverfahrens und der Kündigungsmöglichkeiten des Insolvenzverwalters die schnellere und günstigere Abwicklung bzw Beendigung eines **lästigen Vertragsverhältnisses** zu erreichen versucht (**BGH v 29. 6.** 2006 – IX ZB 145/05, ZIP 2006, 1452 = ZInsO 2006, 824 = ZVI 2006, 334, 335; **BGH v 22. 5.** 1962 – VI ZR 256/61, WM 1962, 929, 930; **OLG** Oldenburg MDR 1955, 175; *Uhlenbruck* NJW 1968, 686; *ders* Insolvenzrecht Rn 424; N/R/*Mönning* § 14 Rn 13; K/U § 105 KO Rn 6 a; *Jaeger/Gerhardt* § 14 Rn 4; *Hess* § 14 Rn 38 ff). 42

An einem rechtlichen Interesse fehlt es auch, wenn der Insolvenzantrag den Schuldner zur **Anerkennung einer zweifelhaften Forderung** veranlassen soll (*Krantz* NJW 1952, 291; *Lorenz* KTS 1963, 237, 239; *Jaeger/Gerhardt* § 14 Rn 4). Der Gläubiger hat für die Durchsetzung einer **rechtlich zweifelhaften Forderung** im Insolvenzverfahren kein RSchI (**OLG** Celle OLG-Report 1998, 179; **OLG** Frankfurt MDR 1973, 235; **OLG** Köln KTS 1970, 226; K/P/B/*Pape* § 14 Rn 62). Als rechtlich zweifelhaft ist eine Forderung schon dann einzustufen, wenn ihr Bestehen oder Nichtbestehen nur in einem streitigen Zivilprozess endgültig und zweifelsfrei geklärt werden kann (**LG** Meiningen v 13. 4. 2000, ZIP 2000, 1451; **AG** Burgwedel ZIP 1984, 475; *Jaeger/Gerhardt* § 14 Rn 4; *Uhlenbruck* DStZ 1986, 39, 40; *Lang* RSchG S 172 f; einschränkend HK-*Kirchhof* § 14 Rn 32). Das rechtliche Interesse entfällt dagegen nicht, wenn der ASt im Insolvenzeröffnungsverfahren die **Forderung auswechselt** oder eine Forderung **nachschiebt** (s oben zu Rn 14; MüKo-*Schmahl* § 14 Rn 57 zu den Einschränkungen). Der Antrag eines Gläubigers auf Eröffnung eines Insolvenzverfahrens ist nicht deshalb unzulässig, weil der Gläubiger keine Auskunft über die tatsächlichen Voraussetzungen eines Anfechtungsanspruchs gegen sich erteilt (**BGH v 7. 2.** 2008 – IX ZB 137/07, NZI 2008, 240). Beruht die Forderung des antragstellenden Gläubigers auf einem gegenseitigen Vertrag, entfällt das rechtliche Interesse des Gläubigers an der Eröffnung 43

§ 14 Antrag eines Gläubigers

des Insolvenzverfahrens nicht im Hinblick auf das Wahlrecht eines künftigen Insolvenzverwalters aus § 103 InsO (**BGH** ZIP 2006, 1452 = ZInsO 2006, 824 = ZVI 2006, 334, 335).

44 **Das RSchI fehlt,** wenn die dem Antrag zugrunde liegende **Forderung bedingt oder gestundet** ist (**LG** Braunschweig NJW 1961, 2316; **AG** Göttingen v 28. 8. 2001, ZInsO 2001, 915; *Uhlenbruck* DStZ 1986, 40; für Wegfall des Antragsrechts *Jaeger/Gerhardt* § 14 Rn 12). Zum – unzulässigen – Antrag zwecks Erzwingung von **Teil-** bzw **Ratenzahlungen** s auch **LG** Hamburg ZInsO 2002, 144; **AG** Oldenburg NZI 2002, 391; **AG** Hamburg NZI 2002, 561; ZIP 2000, 257; **AG** Duisburg NZI 2003, 161; *Schmahl* NZI 2002, 177, 183; HK-*Kirchhof* § 14 Rn 29; FK-*Schmerbach* § 14 Rn 44 a). Die Zahlungsunfähigkeit (§ 17) wird durch die **Stundung** beseitigt, wenn der antragstellende einzige Gläubiger während des Eröffnungsverfahrens seinem Schuldner **Ratenzahlungen bewilligt** und dieser diese Raten einhält (HK-*Kirchhof* § 14 Rn 32). In diesen Fällen lässt schon die Ratenzahlungsvereinbarung das RSchI des Antragstellers an einer Verfahrenseröffnung entfallen (FK-*Schmerbach* § 14 Rn 44 a). Nach Auffassung von *Häsemeyer* (InsR Rn 7.14) ist die **Fälligkeit der Forderung** nur zu prüfen, soweit davon der Eröffnungsgrund (Zahlungsunfähigkeit, Überschuldung) abhängt. Im Insolvenzverfahren selbst würden auch nicht fällige Forderungen berücksichtigt. Insoweit stehe eine vom ASt gewährte Stundung dem Antrag nicht entgegen. Dem kann nicht gefolgt werden, denn eine Stundung der Forderung lässt das rechtliche Interesse an einer zwangsweisen Durchsetzung der Forderung im Wege des Gesamtvollstreckungsverfahrens entfallen (ebenso **LG** Braunschweig NJW 1961, 2316; *Kilger/K. Schmidt* § 105 KO Rn 2).

45 Bei einer **verjährten Forderung** ist zu unterscheiden, ob sich der Schuldner auf die **Verjährung beruft.** Bis zur **Erhebung der Einrede der Verjährung** berechtigt die Forderung zum Insolvenzantrag (*Jaeger/Gerhardt* § 14 Rn 12). Im Übrigen ist die Verjährungseinrede des Schuldners schon im Eröffnungsverfahren erheblich (**BGH** v 29. 3. 2007 – IX ZB 141/06, ZIP 2007, 1226, 1227). Die Verjährungseinrede führt dazu, dass der Gläubiger nicht mehr Inhaber einer durchsetzbaren Forderung ist (*Delhaes,* Insolvenzantrag, S 89; *Jaeger/Gerhardt* § 14 Rn 12). Der Antrag ist als unzulässig zurückzuweisen, weil es an der **Antragsberechtigung fehlt** (*Jaeger/Gerhardt* § 14 Rn 12; für fehlendes RSchI MüKo-*Schmahl* § 14 Rn 49; für Abweisung als unbegründet *Häsemeyer* InsR Rn 7.14). **Missbräuchlich** handelt ein dem Schuldner nahe stehender Gläubiger, der den Insolvenzantrag stellt, um sodann das Verfahren zu verzögern und dem Schuldner aufgrund des § 89 zu einem Moratorium zu verhelfen (vgl **OLG** Frankfurt JW 1926, 2114 Nr 9; HK-*Kirchhof* § 14 Rn 32). Ein Gläubiger verfolgt mit dem Insolvenzantrag aber nicht missbräuchlich verfahrenswidrige Ziele, wenn er ungesetzliche Verschiebungen des Schuldnervermögens zu unterbinden sucht (**OLG** Brandenburg v 11. 10. 2001 ZIP 2002, 139). An einem RSchI fehlt es schließlich auch, wenn der Insolvenzantrag der **Ausforschung** der schuldnerischen Vermögensverhältnisse und der Ermittlung pfändbarer Vermögenswerte dient (**LG** Potsdam ZInsO 2002, 1149; **AG** Gummersbach KTS 1964, 61; *Uhlenbruck* NJW 1968, 685, 686; MüKo-*Schmahl* § 14 Rn 58).

46 **3. Rechtsschutzinteresse bei Teilzahlungen des Schuldners.** Teilzahlungen des Schuldners beseitigen grundsätzlich nicht das rechtliche Interesse (**AG** Hamburg ZInsO 2005, 69; *Jaeger/Gerhardt* § 14 Rn 6; *Hess* § 14 Rn 52; FK-*Schmerbach* § 14 Rn 34; *Gottwald/Uhlenbruck* InsRHdb § 12 Rn 15). **Anders** aber, wenn der ASt mit dem Insolvenzantrag Teilzahlungen des Schuldners erreichen will (**AG** Duisburg NZI 2003, 161; **AG** Hamburg ZInsO 2001, 1121; HK-*Kirchhof* § 14 Rn 27; K/P/B/*Pape* § 14 Rn 62; HaKo-*Wehr* § 14 Rn 52). Richtig ist zwar, dass der Schuldner durch die **Zahlung der Hauptsumme** in der Regel nachweisen kann, dass er nicht zahlungsunfähig ist. Hat er aber noch weitere Verbindlichkeiten, so reicht die Zahlung der Hauptsumme nicht aus, um das rechtliche Interesse entfallen zu lassen. Seitdem der **BGH** (v 20. 3. 1986, NJW-RR 1986, 1188 = KTS 1986, 470) das RSchI nicht mehr von der Höhe der dem Antrag zugrunde liegenden Forderung abhängig macht, ist auch die **Weiterverfolgung eines Insolvenzantrages wegen ausstehender Kosten** und auch wegen **Anwaltsgebühren** möglich (FK-*Schmerbach* § 14 Rn 34; **str aA AG** Duisburg NZI 2002, 211 = ZInsO 2002, 451). Voraussetzung für das Fortbestehen des rechtlichen Interesses ist allerdings, dass zB die Kosten und auch Rechtsanwaltsgebühren bereits im Insolvenzantrag aufgeführt und beziffert worden waren (vgl auch **AG** Holzminden ZIP 1987, 1272 = EWiR § 105 KO 1/87, *Pape*). Das RSchI entfällt wegen rechtsmissbräuchlichen Insolvenzantrag dann, wenn der ASt mit dem Schuldner **Ratenzahlungen** vereinbart und **erste Teilzahlungen** entgegennimmt, um sodann eine Erledigungserklärung abzugeben (**AG** Hamburg NZI 2002, 164; *Schmahl* NZI 2002, 177, 183; *Fischer* FS *Kirchhof* S 73, 80 f; *Frind/Schmidt* ZInsO 2002, 8, 10). Für einen **Insolvenzantrag als Druckmittel** spricht auch, wenn der ASt die Erledigungserklärung für den Fall der Bezahlung der gesamten Forderung in Aussicht stellt (**AG** Duisburg NZI 2002, 211; MüKo-*Schmahl* § 14 Rn 53). Ein **Indiz für fehlendes RSchI** kann schließlich auch die Erklärung des Gläubigers sein, dass er mit der Aussetzung des Verfahrens einverstanden ist, wenn der Schuldner **Teilzahlungen** leistet (*Jaeger/Gerhardt* § 14 Rn 6). Gleiches gilt, wenn der Gläubiger zunächst nur wegen eines Teilbetrags der Forderung Insolvenzantrag stellt und nach Bezahlung des Teilbetrags den Insolvenzantrag wegen **weiterer Teilbeträge** wiederholt (*Jaeger/Gerhardt* § 14 Rn 6). Soweit die **Geltendmachung einer Teilforderung** generell für zulässig gehalten wird (zB **OLG** Köln ZIP 2000, 507; N/R/*Mönning* § 14 Rn 31; HK-*Kirchhof* § 14 Rn 11; *Jaeger/Gerhardt* § 13 Rn 9), fehlt es an einem RSchI jedenfalls dann, wenn immer wieder Teilbeträge nachgeschoben werden (*Gottwald/Uhlenbruck* InsRHdb § 9 Rn 13;

D. Spezielle Zulässigkeitsvoraussetzung § 14

HK-*Kirchhof* § 14 Rn 11; FK-Schmerbach § 14 Rn 19; *Smid* § 14 Rn 9). Die **Entgegennahme von Teilzahlungen** beseitigt das RSchI für die Weiterverfolgung des Antrags nicht, zumal die Zahlungen im eröffneten Verfahren der Insolvenzanfechtung nach den §§ 129 ff unterliegen (s auch K/P/B/*Pape* § 14 Rn 62). Da das **Auswechseln und Nachschieben von Forderungen** für zulässig gehalten wird (LG Göttingen ZIP 1993, 446, 447; AG Köln NZI 2000, 95; HK-*Kirchhof* § 14 Rn 10), kann grundsätzlich auch das RSchI für die Weiterverfolgung von Insolvenzanträgen nicht in Frage gestellt werden (s auch HK-*Kirchhof* § 14 Rn 30).

Grundsätzlich fehlt es auch an einem RSchI für die **Durchführung eines zweiten Insolvenzverfahrens** 47 (BGH v 3. 7. 2008 – IX ZB 182/07, NZI 2008, 609, 610; BGH v 17. 2. 2005 – IX ZB 175/03, BGHZ 162, 181 = NZI 2005, 271; BGH v 18. 5. 2004 – IX ZB 189/03, NZI 2004, 444; OLG Köln NZI 2003, 99, 100; LG Berlin NZI 2008, 43; AG Duisburg NZI 2003, 159). Der Insolvenzantrag eines Neugläubigers kann aber ausnahmsweise zulässig sein, wenn ein selbständig tätiger Schuldner einen freigegebenen Geschäftsbetrieb fortführt und Anfechtungsansprüche gegeben sind (AG Göttingen NZI 2008, 313; s auch AG Göttingen ZInsO 2007, 1164; für ein zweites Verfahren in der Wohlverhaltensperiode AG Oldenburg ZInsO 2004, 1154; AG Köln NZI 2008, 386). Wurde ein **Insolvenzantrag mangels Masse abgewiesen**, so ist ein erneuter Eröffnungsantrag nur zulässig, wenn glaubhaft gemacht wird, dass zwischenzeitlich ausreichendes Schuldnervermögen ermittelt wurde. Es genügt auch die Einzahlung eines Massekostenvorschusses (BGH v 5. 8. 2002 – IX ZB 51/02, NZI 2002, 601, 602).

4. Rechtsschutzinteresse und Forderungshöhe. Nach der ganz hM in Rechtsprechung und Literatur 48 ist auch für das neue Recht anzunehmen, dass das rechtliche Interesse für den Insolvenzantrag **nicht von der Höhe der dem Antrag zugrunde liegenden Forderung abhängig** ist (BGH v 20. 3. 1986, NJW-RR 1986, 1188 = WM 1986, 652; LG Berlin v 15. 1. 1992, NJW-RR 1992, 831; LG Köln v 3. 2. 1986, MDR 1986, 507; LG Dortmund v 8. 7. 1980, ZIP 1980, 633; LG Kempten MDR 1987, 771; LG Stuttgart, Rpfleger 1982, 193; LG Oldenburg, KTS 1982, 498; LG Bückeburg MDR 1985, 855; LG Mannheim, MDR 1986, 246; HK-*Kirchhof* § 14 Rn 33; N/R/*Mönning* § 14 Rn 10; K/P/B/*Pape* § 14 Rn 60; FK-*Schmerbach* § 14 Rn 39; MüKo-*Schmahl* § 14 Rn 63; H/W/F Hdb 3/44; *Uhlenbruck* MDR 1973, 636, 637; BerlKo-*Goetsch* § 14 Rn 12; *Uhlenbruck*, Insolvenzrecht Rn 425; *ders* Gläubigerberatung, S 239 f; *Jaeger/Gerhardt* § 14 Rn 9; *Lang*, Rechtsschutzinteresse S 58 ff; *W. Gerhardt*, FS *Fr. Weber* 1975, 181, 189 ff; *Mohrbutter* KTS 1973, 190; *Jauernig/Berger* § 54 III 3 b Rn 28; *Bork*, Einf Rn 80 S 42 Fn 7; *Kilger/K. Schmidt* § 105 KO Anm 2; *Hess* § 14 Rn 30). Anders als teilweise ausländische Rechtsordnungen verlangt das deutsche Insolvenzrecht **weder eine bestimmte Anzahl von Gläubigern** noch eine **Mindesthöhe der Forderung**. Wer eine geringfügige Forderung nicht zu befriedigen vermag, kann auch im Zweifel höhere Forderungen nicht erfüllen (vgl schon die Motive zur KO v 10. 2. 1877, abgedr bei *Hahn*, Materialien 1981, S 296; *Jaeger/Gerhardt* § 14 Rn 9; *Uhlenbruck* MDR 1973, 636, 637).

5. Einfachere und billigere Möglichkeiten der Rechtsdurchsetzung. Das RSchI für einen Insolvenzan- 49 trag entfällt, wenn der Gläubiger auf **einfachere und billigere** Art und Weise als durch ein Insolvenzverfahren seinen Anspruch durchzusetzen vermag (OLG Frankfurt MDR 1973, 235; OLG Hamm MDR 1973, 1029; OLG Schleswig NJW 1951, 119 m Anm *Böhle-Stamschräder;* OLG Hamm JMBlNW 1961, 237; *Uhlenbruck* NJW 1968, 686; K/U § 105 KO Rn 6 b; N/R/*Mönning* § 14 Rn 18; HK-*Kirchhof* § 14 Rn 32; FK-*Schmerbach* § 14 Rn 31–33). Das **Ausschöpfen aller Möglichkeiten der Singularvollstreckung** ist jedoch keineswegs Voraussetzung für einen Insolvenzantrag (BGH ZVI 2004, 408, 410; LG Dresden ZIP 2005, 957; LG Bonn ZIP 2001, 342, 345; LG Göttingen ZInsO 1998, 190; ZIP 1993, 446, 447; MüKo-*Schmahl* § 14 Rn 50; *Jaeger/Gerhardt* § 14 Rn 2, 7; *Hess* § 14 Rn 35; s auch o zu Rn 40). Hat zB der Gläubiger einen vorläufig vollstreckbaren Titel, kann es an dem RSchI fehlen, weil ihm die Möglichkeit der Einzelzwangsvollstreckung nach § 720 a ZPO als schnellerer Weg zur Verfügung steht (OLG Köln ZIP 1994, 1053; H/W/F Hdb InsO 3/70; *Jaeger/Gerhardt* § 12 Rn 13). In der Regel sind dem Insolvenzantrag aber schon fruchtlose Einzelvollstreckungen vorausgegangen. Zudem ist das RSchI meist auch deswegen gegeben, weil einfachere Maßnahmen der Gläubigerbefriedigung, wie zB die Einzelzwangsvollstreckung, zur späteren Anfechtung der Sicherheiten oder Befriedigung führen (§§ 129 ff). Der Gläubiger braucht sich auch nicht darauf verweisen zu lassen, dass seine Forderung im Vermögen des Schuldners oder eines Dritten in voller Höhe abgesichert ist, wie zB durch erstrangige Grundpfandrechte oder Pfändungspfandrechte, wenn die **Gefahr einer Rückschlagsperre** (§ 88) oder der **Insolvenzanfechtung** (§§ 129 ff) besteht (BGH v 11. 7. 2002 – IX ZB 28/02, n Veröff; *Fischer* NZI 2003, 281; MüKo-*Schmahl* § 14 Rn 50). Sicherheiten braucht der ASt vom Schuldner nur anzunehmen, wenn ihre Werthaltigkeit und freie Verfügbarkeit zweifelsfrei gewährleistet sind (MüKo-*Schmahl* § 14 Rn 50; s auch FK-*Schmerbach* § 14 Rn 33). Richtet sich der Insolvenzantrag gegen eine Gesellschaft, so fehlt es nicht am RSchuI, wenn der Gläubiger die Möglichkeit hat, zugleich auch gegen mithaftende Gesellschafter vorzugehen, wenn nicht der volle Erfolg eines solchen Vorgehens sichergestellt ist (HK-*Kirchhof* § 14 Rn 25; *Hess* § 14 Rn 37; str aA AG Burgwedel ZIP 1994, 476).

6. Rechtsschutzinteresse und ausreichende Sicherheiten. Das rechtliche Interesse an einer Verfahrens- 50 eröffnung fehlt, wenn der ASt durch die Verfahrenseröffnung weder seine **rechtliche** noch seine **wirt-**

schaftliche Position verstärken kann (OLG Köln ZInsO 202, 728, 730; MüKo-*Schmahl* § 14 Rn 45; HK-*Kirchhof* § 14 Rn 23). Dies ist vor allem dann der Fall, wenn der Gläubiger als **Aussonderungsberechtigter (§ 47)** am Verfahren **überhaupt nicht beteiligt** wäre (BT-Drucks 12/2443 S 113; HK-*Kirchhof* § 14 Rn 25; FK-*Schmerbach* § 14 Rn 37). **Aussonderungsberechtigte** können ihre Forderungen auf einfachere und zweckmäßigere Art und Weise auch ohne ein Insolvenzverfahren geltend machen (*Jaeger/ Gerhardt* § 14 Rn 7; HK-*Kirchhof* § 14 Rn 25; FK-*Schmerbach* § 14 Rn 35). Gleiches gilt für **Absonderungsberechtigte**, die wegen ihrer Forderung im Vermögen des Schuldners oder eines Dritten vollständig abgesichert sind (**BGH** v 29. 11. 2007 – IX ZB 12/07, NZI 2008, 182 f = ZInsO 2008, 103 = ZIP 2008, 281; OLG Schleswig NJW 1951, 119; OLG Hamm MDR 1973, 1029; OLG Brandenburg ZInsO 2001, 1153, 1154; K/U § 105 KO Rn 6 b; FK-*Schmerbach* § 14 Rn 27, 35; MüKo-*Schmahl* § 14 Rn 48; H/W/F Hdb 3/43; *Baur/Stürner* II Rn 7.18). Nach *Jaeger/Gerhardt* (§ 14 Rn 7) scheitert der Insolvenzantrag eines dinglich vollständig gesicherten Gläubigers bereits an der Eigenschaft eines potentiellen Insolvenzgläubigers (so auch BerlKo-*Goetsch* § 14 Rn 9). Bei **Absonderungsrechten** gilt jedoch eine Einschränkung. Absonderungsberechtigte Gläubiger sind, soweit ihnen der Schuldner auch persönlich haftet (§ 52 Satz 1) nicht nur **antragsberechtigt**, sondern haben auch ein **rechtliches Interesse** an einer Verfahrenseröffnung, es sei denn, sie seien aufgrund ihres Absonderungsrechts in vollem Umfang abgesichert (HK-*Kirchhof* § 14 Rn 25; HaKo-*Wehr* § 14 Rn 47; *Jaeger/Gerhardt* § 14 Rn 7). Zwar ist der Gläubiger nicht gezwungen, zunächst einmal vor der Antragstellung **fruchtlos die Einzelzwangsvollstreckung** zu versuchen (LG Göttingen ZIP 1993, 446; LG Dresden ZIP 2005, 955, 957; *Gerhardt* EWiR 1989, 702; HK-*Kirchhof* § 14 Rn 27); jedoch wird man ihn für verpflichtet ansehen müssen, bei ausreichender Sicherung zunächst einmal aus dem Sicherungsrecht vorzugehen. Ist dagegen – wie in den meisten Fällen – zweifelhaft, ob die Sicherheit die Forderung in voller Höhe abdeckt oder in welcher Höhe sich eine eventuelle **Ausfallforderung** darstellt, kann das rechtliche Interesse für den Eröffnungsantrag nicht verneint werden (OLG Brandenburg v 11. 10. 2001 ZIP 2002, 139 = ZInsO 2001, 1153). Dies folgt auch aus § 52 S 1, wonach Gläubiger, die abgesonderte Befriedigung beanspruchen können, Insolvenzgläubiger sind, soweit ihnen der Schuldner auch persönlich haftet. Ist ein Gläubiger durch eine **Hypothek oder Grundschuld gesichert**, darf das Gericht ihn nicht auf den langwierigen Weg einer Immobiliarzwangsvollstreckung verweisen und damit die Insolvenzeröffnung verzögern (FK-*Schmerbach* § 14 Rn 33; **str aA BGH** NZI 2008, 182 hinsichtl vollstreckbarer Urkunde). Nach § 49 ist es dem Gläubiger auch während des eröffneten Verfahrens unbenommen, die abgesonderte Befriedigung aus unbeweglichen Gegenständen des Schuldnervermögens zu erlangen.

51 **7. Rechtsschutzinteresse nachrangiger Insolvenzforderungen.** Auch nachrangige Insolvenzgläubiger (§ 39) haben als Insolvenzgläubiger, soweit nicht die Fälle des § 39 Abs 1 Nr 1 und 2 vorliegen, nicht nur ein Antragsrecht, sondern grundsätzlich auch ein RSchI (HK-*Kirchhof* § 13 Rn 8, § 14 Rn 26; *Jaeger/ Gerhardt* § 14 Rn 13; *Smid/Smid* § 14 Rn 4; *Gottwald/Uhlenbruck* InsRHdb § 12 Rn 16; FK-*Schmerbach* § 14 Rn 49 a; HaKo-*Wehr* § 14 Rn 48). Das RSchI kann bezüglich nachrangiger Insolvenzforderungen im Hinblick auf die Regelung in § 174 Abs 3 jedoch nur bejaht werden, wenn eine **konkrete Befriedigungsaussicht** besteht (HK-*Kirchhof* § 14 Rn 26; FK-*Schmerbach* § 14 Rn 49 a; *Jaeger/Gerhardt* § 14 Rn 13; *Haas/Scholl* ZInsO 2002, 645, 649 f; *Gottwald/Uhlenbruck* § 12 Rn 16; K/P/B/*Pape* § 14 Rn 63). Da zum Zeitpunkt der Antragstellung durch nachrangige Insolvenzgläubiger weder ein Gutachten vorliegt, noch eine Aufforderung des Gerichts nach § 174 Abs 3 Satz 1, hat der ASt **darzulegen, dass Aussichten auf eine Befriedigung** im eröffneten Verfahren für ihn bestehen (generell für das Vorliegen eines RSchI BerlKo-*Goetsch* § 14 Rn 13). Soweit durch das **MoMiG** § 39 Abs 1 Nr 5 dahingehend geändert worden ist, dass nach Maßgabe der Absätze 4 und 5 Forderungen auf Rückgewähr eines Gesellschafterdarlehens oder Forderungen aus Rechtshandlungen, die einem solchen Darlehen wirtschaftlich entsprechen, **nachrangige Insolvenzforderungen** sind, ändert sich an der vorstehenden Beurteilung nichts. Das RSchI entfällt bei subordinierten Forderungen jedoch dann, wenn der Gläubiger eine **qualifizierte Rangrücktrittserklärung** abgegeben hat, wonach er eine Erfüllung nur aus Liquidationsüberschüssen oder aus freiem Vermögen oder künftigen Gewinnen beanspruchen kann (BerlKo-*Goetsch* § 14 Rn 14; FK-*Schmerbach* § 14 Rn 49 b; *Gottwald/Uhlenbruck* InsRHdb § 12 Rn 16; K/P/B/*Pape* § 14 Rn 63).

52 **8. Rechtsschutzinteresse und Insolvenzgeldschutz.** Einem Arbeitnehmer fehlt es nicht am rechtlichen Interesse für einen Insolvenzantrag gegen seinen Arbeitgeber, wenn seine rückständigen Lohn- und Gehaltsforderungen durch einen Anspruch auf Insolvenzgeld nach den §§ 183 ff SGB III für die vorausgehenden drei Monate vor Verfahrenseröffnung oder Abweisung mangels Masse abgesichert sind (**LG Duisburg** ZInsO 2002, 990; **AG Göttingen** ZIP 2001, 800; HK-*Kirchhof* § 14 Rn 33; *Jaeger/Gerhardt* § 14 Rn 8; MüKo-*Schmahl* § 14 Rn 44; *Gottwald/Uhlenbruck* InsRHdb § 12 Rn 14; *Hess* § 14 Rn 42; K/P/B/*Pape* § 14 Rn 14; N/R/*Mönning* § 14 Rn 21; FK-*Schmerbach* § 14 Rn 45).

53 **9. Das rechtliche Interesse des Pfändungspfandgläubigers und des Bürgen.** Weder das Antragsrecht noch das rechtliche Interesse für eine Verfahrenseröffnung fehlt, wenn einem Pfändungspfandgläubiger die gepfändete Forderung zur Einziehung oder an Zahlungs statt überwiesen wurde (§ 835 ZPO). Zwar ist der Pfändungspfandgläubiger grundsätzlich absonderungsberechtigt (§ 50), jedoch kann er als Pfand-

D. Spezielle Zulässigkeitsvoraussetzung   § 14

gläubiger oder Pfändungspfandgläubiger ein rechtliches Interesse daran haben, dass ein Insolvenzverfahren über das Vermögen des Schuldners eröffnet wird. Dies gilt vor allem, wenn er bei Verwertung der Sicherheit ganz oder teilweise ausfallen wird (**OLG** Schleswig NJW 1951, 119; **LG** Osnabrück KTS 1972, 270, 271; *Unger* KTS 1962, 205, 214; *Delhaes,* Der Insolvenzantrag, S 86). Nicht erforderlich ist, dass der Pfändungsgläubiger auf sein Sicherungsrecht verzichtet (**str aA** N/R/*Mönning* § 14 Rn 22). Ist eine Forderung verpfändet, so ist sowohl der Pfandgläubiger als auch der Pfandschuldner nach § 1281 S 2 BGB berechtigt, Insolvenzantrag zu stellen. Die Forderung darf jedoch nur für gemeinschaftliche Rechnung angemeldet werden (K/U § 103 KO Rn 6 d; N/R/*Mönning* § 14 Rn 22). Auch der **Bürge** und andere ausgleichsberechtigte **Mitschuldner** haben hinsichtlich ihres Befreiungs- oder künftigen Regressanspruchs als Insolvenzgläubiger ein **Antragsrecht** (LG Hagen NJW 1961, 1680; K/U § 103 KO Rn 3 d; N/R/*Mönning* § 14 Rn 23). Das **rechtliche Interesse fehlt** jedoch meist, weil es ihnen darum geht, auf den Schuldner Druck auszuüben mit dem Ziel der Erfüllung des Befreiungsanspruchs (*Jaeger/Gerhardt* § 14 Rn 11).

10. Besonderes Rechtsschutzinteresse des Finanzamtes und Sozialversicherungsträgers. Auch für Anträge öffentlich-rechtlicher Hoheitsträger gilt der Grundsatz, dass idR vom Bestehen eines RSchI auszugehen ist (**BGH** v 8. 5. 2008 – IX ZB 195/07, nv). Finanzämter haben ebenso wie Sozialversicherungsträger bestimmte interne Anweisungen, wie zB die Vollstreckungsanweisung (VollstrA) zu beachten und einzuhalten (K/U § 103 KO Rn 28). Ein **Finanzamt** verfolgt mit einem Insolvenzantrag **insolvenzfremde Zwecke**, wenn es durch die Abweisung mangels Masse (§ 26 Abs 1) erreichen will, dass eine zu seinen Gunsten ausfallende Entscheidung des **BFH** in einem dort mit dem Schuldner anhängigen Rechtsstreit ergeht (AG Burgwedel ZIP 1984, 475, 476; FK-*Schmerbach* § 14 Rn 48). Auch fehlt das RSchI, wenn der Insolvenzantrag gestellt wird, um die Löschung der Schuldnerin im Handelsregister herbeizuführen und damit von der Verpflichtung zur steuerlichen Veranlagung frei zu werden (**AG** Magdeburg ZInsO 1999, 358, 359; FK-*Schmerbach* § 14 Rn 48). Die **Ermessensentscheidung der Finanzbehörde** bei Stellung von Insolvenzanträgen kann dagegen außer in eindeutigen Fällen des Rechtsmissbrauchs vom Insolvenzgericht nicht überprüft werden (AG **Göttingen** v 7. 8. 1998, ZInsO 1998, 190 [Ls]). Im Übrigen sind die Ermessensentscheidungen des FA im Wege des einstweiligen Rechtsschutzes oder mittels Feststellungsklagen vor dem Finanzgericht zu überprüfen (**BFH** ZIP 1989, 247; 1991, 457; 1991, 458). Allerdings ist nicht auszuschließen, dass im Einzelfall der **interne Ermessensmissbrauch** gleichzeitig zu einer Versagung des Rechtsschutzinteresses für das Insolvenzverfahren führt (vgl **BGH** v 15. 2. 1990, ZIP 1990, 805, betr einen Amtshaftungsprozess; **OLG** Hamm ZIP 1980, 258; **AG** Burgwedel ZIP 1984, 475; auch FK-*Schmerbach* § 14 Rn 46).

Bei einem **Sozialversicherungsträger,** der mit dem Insolvenzantrag das Ziel verfolgt, eine Beitragszahlung der Bundesanstalt für Arbeit gem §§ 208, 183 Abs 1 SGB III zu erlangen, kann RSchI nicht abgesprochen werden, wenn er mit dem Antrag zugleich auch die Verwertung des Schuldnervermögens anstrebt (**OLG** Köln ZInsO 2002, 728, 730; **LG** Bonn ZIP 1985, 1342; HK-*Kirchhof* § 14 Rn 33; FK-*Schmerbach* § 14 Rn 45; *Schmahl* NZI 2002, 177, 182; *Lang,* Rechtsschutzinteresse, S 175; *Uhlenbruck* Rpfleger 1981, 379; **str aA** LG Rottweil ZIP 1982, 729 m abl Anm *Ruschke*).

11. Kein Rechtsschutzbedürfnis bei bereits eröffnetem Verfahren. Das RSchI besteht für einen erneuten Insolvenzantrag auch dann, wenn bereits ein früherer Eröffnungsantrag des gleichen Gläubigers zurückgewiesen worden war (HK-*Kirchhof* § 13 Rn 27, § 14 Rn 34; *Lang,* Rechtsschutzinteresse, S 115 f). Ist über das Vermögen des Schuldners aber **bereits das Insolvenzverfahren eröffnet,** entfällt für einen weiteren Insolvenzantrag das rechtliche Interesse an einem „Zweitinsolvenzverfahren", weil das gesamte vom Schuldner erworbene Vermögen zur Insolvenzmasse iSv § 35 gehört (**BGH** v 3. 7. 2008 – IX ZB 182/07, NZI 2008, 609, 610; **BGH** v 18. 5. 2004 – IX ZB 189/03, ZInsO 2004, 739; **AG** Oldenburg ZInsO 2004, 1154, 1155; HK-*Wehr* § 14 Rn 49). Deshalb können **Neugläubiger** wegen Verbindlichkeiten, die der Schuldner nach Verfahrenseröffnung begründet hat, **keinen neuen Insolvenzantrag** stellen, solange das erste Insolvenzverfahren nicht abgeschlossen ist (**BGH** ZInsO 2004, 739; **AG** Köln NZI 2008, 386 für neuen Antrag in der Wohlverhaltensphase). Wird trotzdem ein neuer Insolvenzantrag gestellt, kann gem § 4 InsO, 91 a ZPO über die Kosten entschieden werden, wenn der ASt die Hauptsache für erledigt erklärt. Zweifelhaft ist allerdings ob, wenn die übrigen Zulässigkeitsvoraussetzungen des Antrags gegeben sind, der **Antragsgegner die Kosten zu tragen** hat (so **AG** Göttingen ZInsO 2005, 157; **str aA** HaKo-*Wehr* § 14 Rn 49). Etwas anderes gilt für einen nach § 35 Abs 2 in einem (ersten) Verfahren **freigegebenen Geschäftsbetrieb** des Schuldners, der ein wiederum insolvenzfähiges Sondervermögen darstellt (**AG** Hamburg ZInsO 2008, 680).

III. Ruhen und Aussetzung des Verfahrens

Insolvenzverfahren sind Eilverfahren. Schon mit Rücksicht auf die Belange der Gläubigerschaft, aber auch im Hinblick auf die existentiellen Interessen des Schuldners bzw Schuldnerunternehmens ist in Insolvenzsachen eine rasche Entscheidung herbeizuführen (s auch die Kommentierung zu § 13 Rn 102). Ein **Ruhen des Verfahrens** oder eine **zeitweilige Aussetzung** kommt deshalb nicht in Betracht (**BGH** v

27. 7. 2006 – IX ZB 15/06, NZI 2006, 642; **BGH** v 29. 3. 2007 – IX 141/06, ZIP 2007, 1226, 1227 = ZInsO 2007, 604, 605). Wird ein Insolvenzeröffnungsantrag mit der Bitte eingereicht, das Insolvenzgericht möge dessen Bearbeitung noch kurzfristig zurückstellen, ist er dennoch bereits mit der Einreichung wirksam gestellt (**BGH** v 13. 4. 2006 – IX ZR 158/05, WM 2006, 1159). Die Vorschriften der §§ 148, 239 ff ZPO und der §§ 251 ZPO finden über § 4 keine entsprechende Anwendung (**OLG** Köln ZInsO 2002, 772, 774; MüKo-*Schmahl* § 14 Rn 62; FK-*Schmerbach* § 14 Rn 22). Vereinbaren ASt und Antragsgegner (Schuldner) im Rahmen des Insolvenzeröffnungsverfahrens **Ratenzahlungen**, ist ein Ruhen des Verfahrens auch dann nicht möglich, wenn die Beteiligten damit einverstanden sind. Man wird aber das Insolvenzgericht für befugt halten müssen, zB bei **aussichtsreichen außergerichtlichen Vergleichsverhandlungen** das Eröffnungsverfahren für eine begrenzte Zeit zu **sistieren** (LG Duisburg NZI 2002, 666 f; **AG** Hamburg v 1. 10. 2001 ZIP 2001, 1885; AG Hamburg NZI 2003, 153, 155; *Pannen* NZI 2000, 575, 578; *Undritz* NZI 2003, 136, 140; FK-*Schmerbach* § 14 Rn 21; MüKo-*Schmahl* § 14 Rn 61). Ansonsten hat der ASt hat den Insolvenzantrag zurückzunehmen oder die Hauptsache für erledigt zu erklären, denn § 251 ZPO findet keine entsprechende Anwendung. Eine **Ausnahme** gilt jedoch **in zwei Fällen**: Verstirbt der Antragsgegner (Schuldner) während des Insolvenzeröffnungsverfahrens, so bildet der Nachlass ein Sondervermögen. Der ASt hat nunmehr glaubhaft zu machen, dass Zahlungsunfähigkeit oder Überschuldung beim Nachlass vorliegen (§ 320 S 1). Weiterhin hat er nachzuweisen, dass er als **Nachlassgläubiger antragsberechtigt** ist (§ 317 Abs 1). Deshalb findet beim Tode des Antragsgegners im Eröffnungsverfahren die Vorschrift des § 239 Abs 1 ZPO (§ 4 InsO) entsprechende Anwendung (zutr *Nöll*, Der Tod des Schuldners, Rn 174 ff, 208; **str aA** *Heyrath/Jahnke/Kühn* ZInsO 2007, 1202, 1203). Das Insolvenzgericht hat dem ASt Gelegenheit zu geben, den Antrag auf ein Nachlassinsolvenzverfahren umzustellen und die Antragsberechtigung nachzuweisen. Weiterhin hat der ASt eine Sterbeurkunde zu den Akten zu reichen oder auf sonstige Weise nachzuweisen, dass der Antragsgegner verstorben ist. Die Bezugnahme auf die Nachlassakten genügt. Zu beachten ist, dass für den Antrag auf Eröffnung des Nachlassinsolvenzverfahrens das RSchI fehlen kann, wenn die Erben unbeschränkt haften, also kein Anlass für die Verfahrenseröffnung besteht. Allerdings ist dem antragstellenden Gläubiger nicht zuzumuten, abzuwarten, bis die Erben die Erbschaft angenommen oder ausgeschlagen haben. Vielmehr ist bei entsprechenden Nachweisen und Umstellung des Antrags das Insolvenzeröffnungsverfahren als Nachlassverfahren fortzusetzen. Eine **weitere Ausnahme** greift im Fall des § 306 Abs 1 S 1 ein. Allerdings findet die Vorschrift des § 251 ZPO keine entsprechende Anwendung, da § 306 Abs 1 lex specialis ist. Das „Ruhen des Verfahrens" tritt in der Verbraucherinsolvenz kraft Gesetzes ein (*Grote* bei *Kohte/Ahrens/Grote* § 306 Rn 4). Es bedarf keiner richterlichen Entscheidung. Das Ruhen hat lediglich die Bedeutung, dass über die Eröffnung des Insolvenzverfahrens vorläufig nicht entschieden wird (HK-*Landfermann* § 306 Rn 3; FK-*Grote* § 306 Rn 4; **str aA** *Krug*, Verbraucherkonkurs S 115 ff).

IV. Glaubhaftmachung von Forderung und Insolvenzgrund

58 Während der Gesetzgeber in § 14 Abs 1 den Nachweis eines **besonderen rechtlichen Interesses** des Antragstellers an einer Verfahrenseröffnung verlangt, um einen Missbrauch des Insolvenzverfahrens zu verhindern, begnügt sich das Gesetz andererseits mit der **Glaubhaftmachung von Forderung und Insolvenzgrund**. Es wird also nicht der **volle Beweis** verlangt. Für den **Nachweis eines besonderen Rechtsschutzinteresses** genügt die Glaubhaftmachung nach § 294 ZPO nicht. Die Glaubhaftmachung der Forderung entbindet den ASt aber nicht von der Verpflichtung, seine Forderung und den Eröffnungsgrund **substantiiert darzulegen** (BGHZ 153, 205, 207; **BGH** ZIP 203, 1005; **AG** Köln NZI 2008, 315; *Bork* Einl Rn 80). Das Gericht darf sich mit der Feststellung der **überwiegenden Wahrscheinlichkeit** selbst dann begnügen, wenn der Schuldner die Forderung bestreitet (**OLG** Köln ZIP 1988, 664, 665; *Häsemeyer* InsR Rn 7.14; *Jaeger/Gerhardt* § 14 Rn 17). Etwas anderes gilt nur, wenn die dem Antrag zugrundeliegende bestrittene Forderung für den Fall ihres Bestehens den Insolvenzgrund ausmachen würde. Insoweit bedarf die Forderung für die Überzeugungsbildung des Gerichts vom Vorliegen des Insolvenzgrundes (§ 16) des **vollen Beweises**. Der Antrag ist als **unbegründet** zurückzuweisen (**BGH** ZIP 2006, 247; **BGH** KTS 1992, 257; **OLG** Köln ZIP 2000, 151 ff = NZI 2000, 174 ff). Da das Insolvenzeröffnungsverfahren grundsätzlich noch nicht vom Amtsermittlungsgrundsatz (§ 5) beherrscht wird, sondern als **quasi-streitiges Parteiverfahren** ausgestaltet ist, kann der Antragsgegner im Rahmen der Anhörung (§ 14 Abs 2) im Wege der **Gegenglaubhaftmachung** die Glaubhaftmachung des Antragstellers erschüttern.

59 **1. Glaubhaftmachung und Gegenglaubhaftmachung. a) Glaubhaftmachung des Antragstellers.** Soweit in der Literatur behauptet wird, auch für das RSchI genüge die Glaubhaftmachung, kann dem nicht gefolgt werden (so aber *Jaeger/Gerhardt* § 14 Rn 17). Vielmehr hat der ASt das RSchI darzulegen und ggf zu beweisen (vgl *Braun/Bußhardt* § 14 Rn 9). Richtig ist allerdings, dass das RSchI für einen Insolvenzantrag idR indiziert ist, wenn der Insolvenzgrund glaubhaft gemacht wird (K/P/B/*Pape* § 14 Rn 58; *Braun/Bußhardt* § 14 Rn 9). Der antragstellende Gläubiger hat seine **Forderung** und den **Eröffnungsgrund** glaubhaft zu machen (§ 14 Abs 1). Zur Glaubhaftmachung kann er sich entspr § 294 ZPO (§ 4 InsO) aller **präsenten Beweismittel** bedienen und auch zur Versicherung an Eides statt zugelassen

D. Spezielle Zulässigkeitsvoraussetzung   § 14

werden. Glaubhaftmachung ist **keine Beweisführung**. An die Stelle des Vollbeweises tritt die Feststellung **überwiegender Wahrscheinlichkeit** (BGH VersR 1976, 928, 929; OLG Köln ZIP 1988, 664, 665 = KTS 1989, 720; OLG Köln ZInsO 2002, 773 f; BayObLG ZInsO 2001, 1012; LG Potsdam ZInsO 2005, 499, 500; MüKo-*Schmahl* § 14 Rn 9 ff; *Jaeger/Gerhardt* § 14 Rn 18; *Uhlenbruck* DStZ 1986, 39 ff; HK-*Kirchhof* § 14 Rn 12; MüKo-*Prütting* § 294 ZPO Rn 2; *Zöller/Greger* § 294 ZPO Rn 1).

Die Glaubhaftmachung reicht auch für die **Antragsberechtigung** nach § 13 Abs 1 aus, wenn diese 60
nicht vom Antragsgegner bestritten wird. Es genügt die Glaubhaftmachung eines **Teilbetrages** der Insolvenzforderung (BGH ZIP 2004, 1466; OLG Naumburg NZI 2000, 263; HK-*Kirchhof* § 14 Rn 12; N/R/*Mönning* § 14 Rn 34; str aA FK-*Schmerbach* § 14 Rn 19; *Smid* § 14 Rn 9). § 14 Abs 1 erlaubt es dem Gericht, ohne weitere Prüfung von der **Antragsberechtigung** des Gläubigers auszugehen, wenn dieser seine Forderung mit den Mitteln des § 294 ZPO glaubhaft macht. Bedenklich deshalb OLG Frankfurt/M v 11. 5. 2001 (WM 2001, 1629), wonach die Vorlage einer vollstreckbaren notariellen Urkunde über die Bestellung einer Grundschuld nicht ausreicht. Bei der Glaubhaftmachung hat der ASt nur Tatsachen darzulegen, die die **überwiegende Wahrscheinlichkeit** begründen, dass die Forderung besteht und der Insolvenzgrund vorliegt (BGH ZInsO 2002, 818; OLG Köln ZInsO 2002, 773, 774; OLG Köln v 29. 2. 1988 ZIP 1988, 664, 665 = KTS 1988, 553, 554; OLG Köln v 18. 5. 1989, KTS 1989, 720, MüKo-*Prütting* § 294 ZPO Rn 23; *Zöller/Greger* § 294 ZPO Rn 1).

Ein **Bestreiten des Antragsgegners** erhöht den gesetzlich vorgeschriebenen Grad der richterlichen Überzeugungsbildung nicht (OLG Köln v 29. 2. 1988 ZIP 1988, 664 = KTS 1988, 553, 554). **Wo Glaubhaftmachung genügt, ist sie auch und gerade im Fall des Bestreitens durch den Gegner ausreichend.** Bestreitet also der Antragsgegner (Schuldner) die Forderung und/oder den Insolvenzgrund, so wird nicht etwa der ASt beweispflichtig (*Jaeger/Gerhardt* § 14 Rn 27; FK-*Schmerbach* § 14 Rn 51). Anders nur, wenn der Antragsgegner die Glaubhaftmachung der Forderung durch Gegenglaubhaftmachung erschüttert. 61

Nicht geklärt ist bislang, ob Glaubhaftmachung auch genügt, wenn es um die **Antragsberechtigung als** 62
allgemeine Zulassungsvoraussetzung geht. Dass der antragstellende Gläubiger eine Forderung gegen den Schuldner oder das Schuldnerunternehmen hat, ist ebenso wie sonstige allgemeine Zulässigkeitsvoraussetzungen vom ASt darzulegen und gegebenenfalls zu beweisen. Im Regelfall genügt die Glaubhaftmachung der Forderung für die Zulassung des Insolvenzantrags (*Vallender* MDR 1999, 280). Bestreitet jedoch der Antragsgegner (Schuldner) die Antragsberechtigung des Gläubigers mit der Begründung, es bestehe keine Forderung mehr oder der ASt habe keine Forderung gegen ihn, genügt die Glaubhaftmachung nicht mehr, wenn es ihm gelingt, die Glaubhaftmachung durch Gegenglaubhaftmachung zu erschüttern. Vielmehr hat der ASt nunmehr seine **Antragsberechtigung zu beweisen**. Anders, wenn der Schuldner die Höhe der Forderung bestreitet. Insoweit greift die Vorschrift des § 14 Abs 1 ein, so dass die Glaubhaftmachung genügt. Nach **Auffassung des BGH** ist eine rechtlich ungeklärte Forderung zur **Glaubhaftmachung des Insolvenzgrundes** ungeeignet (BGH v 19. 12. 1991 – III ZR 9/91, ZIP 1992, 947; **BGH** v 11. 11. 2004 – IX ZB 258/03, ZInsO 2005, 39, 40; s auch *Jaeger/Gerhardt* § 14 Rn 29; HK-*Kirchhof* § 14 Rn 7; **str aA** AG Köln NZI 2007, 666). Das ist richtig, soweit die Forderung den Insolvenzgrund ausmacht. Das ist aber eine Frage der Begründetheit des Antrages (§ 16), nicht der Zulässigkeit. Eine „rechtliche Zweifelhaftigkeit" reicht nicht aus, die Zulässigkeit des Insolvenzantrages in Zweifel zu ziehen (OLG Frankfurt MDR 1973, 235; *Jaeger/Gerhardt* § 14 Rn 27, 29).

b) **Gegenglaubhaftmachung des Antragsgegners.** Nicht ausgeschlossen ist die **Gegenglaubhaftma-** 63
chung durch den Antragsgegner. Auch der Antragsgegner (Schuldner) ist im Eröffnungsverfahren berechtigt, sich aller präsenten Beweismittel oder der Versicherung an Eides statt zu bedienen, um die Glaubhaftmachung des Antragstellers zu erschüttern (OLG Köln ZIP 1988, 664; OLG Frankfurt WM 2001, 1629, 1631; LG Dresden ZIP 1004, 1062; LG Berlin ZInsO 2005, 499; MüKo-*Schmahl* § 14 Rn 20). **Beweisantritte** sind unzulässig. **Präsente Beweismittel** sind ua der Beweis durch Augenschein (§§ 371 ff ZOI), der Beweis durch Urkunden (§§ 415 ff ZPO) sowie die Versicherung an Eides statt. So kann zB der vom Antragsgegner mitgebrachte Prokurist oder Buchhalter der Schuldnerfirma an Eides statt versichern, dass Überschuldung oder Zahlungsunfähigkeit beim Antragsgegner nicht vorliegen. Die eidesstattliche Versicherung kann auch schriftlich abgegeben und dem Gericht vorgelegt werden. An den **Inhalt der eidesstattlichen Versicherung** sind jedoch strenge Anforderungen zu stellen. Es reicht nicht aus, dass der ASt auf einen anwaltlichen Schriftsatz Bezug nimmt und die Richtigkeit des Inhalts an Eides statt versichert (MüKo-*Prütting* § 294 ZPO Rn 18). Vielmehr setzt die Gegenglaubhaftmachung einen substantiierten, nachvollziehbaren und zu widerspruchsfreien Sachvortrag voraus (AG Göttingen NZI 2003, 104). Umstritten ist, ob die **anwaltliche Versicherung** zur Glaubhaftmachung und Gegenglaubhaftmachung ausreicht (so BayObLG WuM 1994, 296; OLG Köln MDR 1986, 152; NJW 1964, 1039; MüKo-*Prütting* § 294 ZPO Rn 20; OLG Koblenz GRUR 1986, 196; einschr BGH VersR 1974, 1021). Letztlich wird man aber die anwaltliche Versicherung als Mittel der Glaubhaftmachung zulassen müssen (*Jaeger/Gerhardt* § 14 Rn 18).

c) **Erschütterung der Gegenglaubhaftmachung.** Der Gläubiger ist berechtigt, eine Gegenglaubhaftma- 64
chung des Schuldners durch **erneute Glaubhaftmachung** zu erschüttern. Handelt es sich um die Gegenglaubhaftmachung des **bestrittenen Insolvenzgrundes**, so greift oftmals schon im quasi-streitigen Partei-

verfahren der Amtsermittlungsgrundsatz (§ 5) ein mit der Folge, dass ein gerichtlicher Sachverständiger das Bestehen oder Nichtbestehen des Insolvenzgrundes feststellt. Dies beruht darauf, dass die erstmalige Zulassung des Gläubigerantrags das Gericht nicht nur berechtigt, sondern uU verpflichtet, Amtsermittlungen nach § 5 einzuleiten.

65 **2. Einzelheiten zur Glaubhaftmachung der Gläubigerforderung. a) Nicht titulierte Forderungen.** Die Glaubhaftmachung ist Voraussetzung für die Zulassung des Antrags und in der Regel auch für eine spätere Verfahrenseröffnung. Für die Eröffnung des Insolvenzverfahrens braucht der Richter oder die Richterin nicht vom Bestehen der Forderung überzeugt zu sein. Unstreitige Forderungen brauchen nicht glaubhaft gemacht zu werden (**BGH** v. 9. 7. 2009 – IX ZB 86/09, ZInsO 2009, 1533, 1534). Etwas anderes gilt, wenn die dem Antrag zugrunde liegende **Forderung die einzige** ist, die für den Fall ihres Bestehens **den Insolvenzgrund** ausmachen würde, und der Schuldner die Forderung bestreitet (**BGH** v 29. 6. 2006 – IX ZB 245/05, ZVI 2006, 334, 335 = ZIP 2006, 1452 = ZInsO 2006, 824; **BGH** v 14. 12. 2005 – IX ZB 207/04, ZIP 2006, 247 = ZVI 2006, 56 = WM 2006, 492, 493; OLG Köln ZIP 1988, 664; OLG Itzehoe KTS 1989, 730; K/U § 105 KO Rn 3 f; HK-*Kirchhof* § 14 Rn 17). Ist die Zahlungsunfähigkeit nur gegeben, wenn die Forderung des antragstellenden Gläubigers besteht, so bedarf die Forderung zur Verfahrenseröffnung **vollen Beweises**, denn das Insolvenzgericht muss solchenfalls für die Eröffnung des Verfahrens vom Bestehen der Forderung überzeugt sein (§ 16). Nach **hM** ist der Insolvenzantrag insoweit als **unzulässig zurückzuweisen** und der ASt auf den ordentlichen Rechtsweg zu verweisen (vgl **BGH** v 29. 3. 2007 – IX ZB 141/06, NZI 2007, 408, 409 = ZInsO 2007, 604; OLG Hamm ZIP 1980, 259; OLG Frankfurt KTS 1983, 148, 149; OLG Köln ZIP 1988, 664, 665; OLG Hamm KTS 1971, 54; OLG Frankfurt Rpfleger 1973, 60 = KTS 1973, 140; *Jaeger/Weber* § 105 KO Rn 2).

66 Die hM begegnet rechtlichen Bedenken. Macht die streitige Forderung zugleich auch den Insolvenzgrund aus, so dass das Insolvenzgericht nur dann das Verfahren eröffnen darf, wenn die Forderung zu seiner vollen Überzeugung besteht (§ 16), so ist dies letztlich eine Frage der **Begründetheit**, nicht eine solche der Glaubhaftmachung (wie die hM aber auch **BGH** v 14. 12. 2005 – IX ZB 207/04, NZI 2006, 174; **BGH** v 29. 6. 2006 – IX ZB 245/05, NZI 2006, 588; **BGH** ZIP 1992, 947; OLG Köln ZInsO 2000, 393, 396; OLG Köln v 3. 1. 2000, NZI 2000, 174 = NJW-RR 2000, 1299; AG Göttingen v 16. 2. 1998, ZInsO 1998, 143; AG Stendal v 13. 8. 1998, ZInsO 1998, 234; FK-*Schmerbach* § 14 Rn 58; *Stürner* EWiR 1988, 603, 604; H/W/F Hdb 3/52; *W. Gerhardt* EWiR 102 KO 1/89, 701; *W. Lüke* ZZP 1992, 121; *Pape* NJW 1993, 297 ff; K/P/B/*Pape* § 14 Rn 41; *Häsemeyer* InsR Rn 7.14; MüKo-*Schmahl* § 14 Rn 29; *Jaeger/Gerhardt* § 14 Rn 28). Auch in diesem Fall ist der ASt nach der hM auf den Prozessweg zu verweisen (**BGH** NZI 2006, 174 = ZIP 2006, 247; **BGH** ZIP 2002, 1695, 1696). Richtig wäre die **Abweisung als unbegründet**. Nicht gefolgt werden kann auch der Auffassung von *Baur/Stürner* (II Rn 7.21), wonach das Gericht im Rahmen der Prüfung der Zahlungsunfähigkeit über den Bestand der Forderung des Antragstellers „stets selbst zu entscheiden" hat, wenn dieser zweifelhaft ist. (s auch **BGH** NZI 2007, 408, 409 = **BGH** NZI 2007, 350; **BGH** NZI 2006, 588). Das ergibt sich schon aus der Funktionsaufteilung zwischen Insolvenzgericht und Prozessgericht (*Jaeger/Gerhardt* § 14 Rn 28). Nach AG Köln (NZI 2007, 666) hat das Insolvenzgericht aber den Streit über das Bestehen materiell-rechtlicher Ansprüche selbst zu entscheiden, wenn die Schlüssigkeit des Vorbringens des Antragstellers oder die Erheblichkeit des Bestreitens durch den Antragsgegner eindeutig ausfällt (zustimmend **BGH** NZI 2008, 182, 183). Soll der Insolvenzgrund allein aus der nicht titulierten Forderung des Antragstellers hergeleitet werden, kann die Berechtigung einer vom Schuldner erhobenen **Verjährungseinrede** grundsätzlich nur im Prozessweg überprüft werden (**BGH** v 29. 3. 2007 – IX ZB 141/06, ZInsO 2007, 604 = NZI 2006, 408, 409 = ZIP 2006, 247).

67 Letztlich ist daran festzuhalten, dass eine **rechtlich ungeklärte Forderung zur Glaubhaftmachung ungeeignet** ist, denn wegen dieser Unklarheit kann der Schuldner die Zahlung verweigern und dann folgt aus dem Unterbleiben der Zahlung nichts für die Zahlungsunfähigkeit (**BGH** v 11. 11. 2004 – IX ZB 258/03, NZI 2005, 108; **BGH** ZIP 1992, 947; *Jaeger/Gerhardt* § 14 Rn 28). Grundsätzlich ist es nicht Aufgabe des Insolvenzgerichts, den Bestand ernsthaft bestrittener, rechtlich zweifelhafter Forderungen zu überprüfen (**BGH** v. 29. 11. 2007 – IX ZB 12/07, NZI 2008, 182, 183; **BGH** NZI 2006, 174). Kommt das Insolvenzgericht nach Antragszulassung aber im Rahmen der Amtsermittlungen zu dem Ergebnis, dass die vom Schuldner bestrittene Forderung nicht die einzige ist, aus der sich für den Fall ihres Bestehens der Insolvenzgrund ergeben würde, ist es nicht nur berechtigt, sondern verpflichtet, das Insolvenzverfahren zu eröffnen. Für die Zulässigkeit des Gläubigerantrags reicht es solchenfalls aus, dass die bestrittene Forderung glaubhaft gemacht ist.

68 Da der Gesetzgeber das Insolvenzeröffnungsverfahren bewusst als **vereinfachtes Verfahren** ausgestaltet hat, genügt im Übrigen zur **Glaubhaftmachung einer nicht titulierten Forderung** die Vorlage von **Buchungsbelegen, Schuldscheinen, Wechseln, Rechnungen** über **Warenlieferungen** und sonstige Unterlagen, aus denen sich der Entstehungsgrund für die Forderung ergibt (AG Göttingen ZInsO 2002, 592). Der Vorlage eines vollstreckbaren Titels bedarf es nicht (**BGH** v. 5. 2. 2004 – IX ZB 29/03, ZIP 2004, 1466 = NZI 2004, 587, 588; BayObLG ZInsO 2001, 1012; OLG Celle ZIP 2000, 1675; LG Göttingen ZIP 1992, 572 u ZIP 1994, 1376; K/P/B/*Pape* § 14 Rn 41; FK-*Schmerbach* § 14 Rn 57; *Jaeger/*

D. Spezielle Zulässigkeitsvoraussetzung § 14

Gerhardt § 14 Rn 26). Die bloße schriftliche Auflistung einer Forderung reicht aber nicht aus (**OLG Hamm** KTS 1971, 55; HK-*Kirchhof* § 14 Rn 12). Die Glaubhaftmachung entbindet den Gläubiger nicht von der Verpflichtung, die dem Antrag zugrunde liegende Forderung darzulegen und zu spezifizieren (**BGH** ZIP 2004, 1466; **AG Duisburg** ZIP 1999, 2065). Zur **Glaubhaftmachung der Forderungen öffentlich-rechtlicher Hoheitsträger** s unten Rn 71 ff. Ein **elektronisches Dokument als Mittel der Glaubhaftmachung** reicht für eine Glaubhaftmachung der Forderung nur aus, wenn sie in lesbarer Reproduktion übermittelt wird (§§ 371 Abs 1 Satz 2, 371 a ZPO, 4 InsO). Eine **amtliche Beglaubigung** der Übereinstimmung mit dem Original ist unverzichtbar (s **AG Hamburg** ZInsO 2006, 386; *Schmahl* NZI 2007, 20, 21; HaKo-*Wehr* § 14 Rn 39). Die schwächste Form der Glaubhaftmachung ist die eidesstattliche Versicherung, dass die Forderung besteht. Diese Art der Glaubhaftmachung ist deshalb nur in seltenen Fällen zuzulassen (**BayObLG** ZInsO 2001, 1012 f; HK-*Kirchhof* § 14 Rn 13; **gegen eine Glaubhaftmachung durch EV** *Braun/Bußhardt* § 14 Rn 12).

b) Titulierte Forderungen. Bei titulierten Forderungen ist zu unterscheiden zwischen **rechtskräftig titulierten Forderungen** und **vorläufig vollstreckbaren Titeln**. Ist ein Anspruch rechtskräftig tituliert, bedarf es außer der Vorlage des Titels keiner schlüssigen Darlegung und Glaubhaftmachung der Forderung durch den Ast. Die Vorlage eines Titels kann im Einzelfall sogar jede weitere Glaubhaftmachung entbehrlich werden lassen, wenn er nur **vorläufig vollstreckbar** ist (**OLG Köln** ZInsO 2000, 393, 396; **LG Aachen** KTS 1988, 805; HK-*Kirchhof* § 14 Rn 14). Insolvenzanträge, die aufgrund vorläufig vollstreckbarer Schuldtitel gestellt werden, können jedenfalls nicht deshalb zurückgewiesen werden, weil der Gläubiger noch keinen vollwertigen Titel hat (K/P/B/*Pape* § 14 Rn 41; *Pape* NJW 1993, 297 ff). Etwas anderes gilt für **dingliche Titel**, die zwar zB zur Vollstreckung in ein Grundstück berechtigen, aber nichts über die persönliche Zahlungspflicht aussagen (**OLG Frankfurt** ZInsO 2002, 75; K/P/B/ *Pape* § 14 Rn 41; *Hess* § 14 Rn 57). Während bei **rechtskräftig titulierten Forderungen** eine **Gegenglaubhaftmachung** durch den Schuldner in der Regel nicht möglich ist, kann sich der Schuldner gegenüber einem Insolvenzantrag aufgrund eines nicht rechtskräftigen **vorläufig vollstreckbaren Titels** damit verteidigen, er habe das prozessual zulässige Rechtsmittel eingelegt (HK-*Kirchhof* § 14 Rn 16). Dies nützt ihm aber nichts, solange ihm nicht die Gegenglaubhaftmachung gelingt, die ernstliche Zweifel am Bestand der dem Antrag zugrunde liegenden Forderung begründet. Eine Gegenglaubhaftmachung des Schuldners bezüglich der zur Antragstellung berechtigenden Forderung ist bei einem **unanfechtbaren Versäumnisurteil** praktisch und im Hinblick auf § 331 Abs 2 ZPO ausgeschlossen (**LG Duisburg** ZVI 2004, 396, 397; **AG Göttingen** v 29. 1. 1997 = EWiR § 106 KO 1/97, 181, *Pape*; *Holzer* EWiR 1996, 601; HK-*Kirchhof* § 14 Rn 16; FK-*Schmerbach* § 14 Rn 67; HaKo-*Wehr* § 14 Rn 20; **str aA LG Leipzig** v 29. 4. 1996, ZIP 1996, 880). Ein **Vorbehaltsurteil** (§ 599 ZPO) reicht zur Glaubhaftmachung allein nicht aus, wenn im Nachverfahren (§ 600 ZPO) Beweis erhoben wird (HK-*Kirchhof* § 14 Rn 14). Anders aber, wenn das Prozessgericht nach Beweisaufnahme das Vorbehaltsurteil bestätigt hat (**OLG Frankfurt** v 2. 11. 1982 KTS 1983, 148, 149). Nach Auffassung des **OLG Frankfurt** genügt die Bestätigung des Vorbehaltsurteils durch das Prozessgericht zur Überzeugung des Insolvenzgerichts von der Zahlungsunfähigkeit, wenn das Urteil zwar nicht rechtskräftig ist, das Insolvenzgericht aber die Aussichten des Rechtsmittels als äußerst gering beurteilt. Für einen **vorläufig vollstreckbaren Titel** über eine Forderung, von deren Bestand der Insolvenzgrund abhängt, ist ebenfalls der volle Beweis für das Bestehen der Forderung für die Zulassung des Antrags nicht erforderlich (**AG Göttingen** v 16. 2. 1998, ZInsO 1998, 143). Die Zurückweisung kann vielmehr erst erfolgen, wenn der Schuldner die Forderung substantiiert bestritten hat und eine Klärung im Insolvenzeröffnungsverfahren nicht möglich ist.

Ein **Vollstreckungsbescheid** kann zur Glaubhaftmachung der Forderung genügen, wenn dessen Rechtskraft glaubhaft gemacht wird (HK-*Kirchhof* § 14 Rn 14; MüKo-*Schmahl* § 14 Rn 17). Ein **rechtskräftiger Vollstreckungsbescheid** soll nach aA allein nicht zur Glaubhaftmachung ausreichen (so auch **LG Potsdam** NZI 2000, 233; **AG Hamburg** ZInsO 2007, 504; *Jaeger/Gerhardt* § 14 Rn 18; HaKo-*Wehr* § 14 Rn 21; *Braun/Bußhardt* § 14 Rn 12). Begründet wird die Gegenmeinung damit, dass der rechtskräftige Vollstreckungsbescheid allein auf der Grundlage der Angaben des Antragstellers beruht und keine „unter Berücksichtigung des beiderseitigen Parteivorbringens ergangene Gerichtsentscheidung darstellt" (**LG Potsdam** NZI 2000, 233; *Jaeger/Gerhardt* § 14 Rn 18). Nach HaKo-*Wehr* (§ 14 Rn 21) hat der Gläubiger in solchen Fällen entweder seine Forderung glaubhaft zu machen oder aber ein Rechtskraftzeugnis (§ 706 ZPO) einzureichen. Richtig ist, dass die Vorlage eines **nicht rechtskräftigen Vollstreckungsbescheids** wegen fehlender Schlüssigkeitsprüfung der geltend gemachten Forderung zur Glaubhaftmachung ungeeignet ist. Anders aber wird zu entscheiden sein, wenn es sich um einen **rechtskräftigen Vollstreckungsbescheid** handelt (so wohl auch HK-*Kirchhof* § 14 Rn 14). Eine ganz andere Frage ist, ob die **Zahlungsunfähigkeit** durch einen vorläufig vollstreckbaren Zahlungstitel glaubhaft gemacht werden kann (vgl hierzu *Uhlenbruck* ZInsO 2006, 338 ff). Ist die **Vollstreckung** aus einem Titel **für unzulässig erklärt** oder **vorläufig eingestellt** worden, so soll nach HaKo-*Wehr* (§ 14 Rn 22) unabhängig von einer Sicherheitsleistung der Titel mangels Vollstreckbarkeit keine Grundlage für einen Insolvenzantrag sein. Dem ist entgegenzuhalten, dass es für die Glaubhaftmachung der Forderung weder auf eine Titulierung noch auf die Vollstreckbarkeit des Titels ankommt. Entscheidend ist im Einzelfall immer, ob das Insolvenzgericht die Forderung durch präsente Beweismittel als glaubhaft macht ansieht. Wird gegen eine **no-**

tarielle Urkunde Vollstreckungsgegenklage erhoben, so beseitigt diese Tatsache die Glaubhaftmachung des Antragstellers nicht (FK-*Schmerbach* § 14 Rn 69; *Hess* § 14 Rn 28). Wohl aber darf das Insolvenzgericht das Verfahren nicht eröffnen, wenn das Bestehen der Forderung den Insolvenzgrund ausmacht und wenn über die Vollstreckungsgegenklage noch nicht rechtskräftig entschieden worden ist, denn das Insolvenzgericht darf das Ergebnis des Rechtsstreits nicht vorwegnehmen (**OLG Köln v 18. 5. 1989, ZIP 1989, 789**). Unzutreffend ist jedoch die Feststellung des **OLG**, dass bei einer nicht rechtskräftig titulierten Einzelforderung nur dann ein RSchI für den Insolvenzantrag besteht, wenn dargetan wird, warum ein Vorgehen im Wege der Einzelzwangsvollstreckung nicht ausreicht (**anders** aber wohl **BGH v 29. 11. 2007 – IX ZB 12/07, NZI 2008, 182, 183 = ZIP 2008, 281 = ZInsO 2008, 103**; kritisch dagegen FK-*Schmerbach* § 14 Rn 69; *Gerhardt* EWiR 1989, 701, 702).

71 **3. Glaubhaftmachung bei Anträgen öffentlicher Kassen, Behörden oder Sozialversicherungsträgern. a) Glaubhaftmachung der Forderung.** Für Insolvenzanträge für Behörden, Krankenkassen, Sozialversicherungsträger und Finanzämter gelten die gleichen Grundsätze wie für die Insolvenzantragstellung eines privaten Gläubigers. Die Finanzbehörden sind aber wegen der oftmals durch Steuerprüfungen erlangte Informationen und der besonderen Verantwortung der öffentlichen Hand im Hinblick auf die wirtschaftliche Existenz des Schuldners zu **besonderer Zurückhaltung** hinsichtlich der Stellung von Insolvenzanträgen verpflichtet (**LG Hildesheim ZIP 2008, 325**; *Uhlenbruck* DStZ 1986, 39; *Hess* § 14 Rn 92; *Viertelhausen* InVo 2002, 48). Dies hat das Insolvenzgericht jedoch nicht zu prüfen. Mit der Antragstellung ist die Behörde den anderen Gläubigern gleichgestellt (*Jaeger/Gerhardt* § 13 Rn 18). Sie bedient sich mit dem Insolvenzantrag eines zivilprozessualen Verfahrens und tritt damit aus dem Bereich hoheitlichen Handelns heraus (*App* DB 1986, 990; *ders* ZIP 1992, 460, 461; *ders* DStZ 1983, 235, 237; *Jaeger/Gerhardt* § 13 Rn 19; *Urban* DStZ 1988, 147, 149). Zutreffend spricht Gerhardt (*Jaeger/Gerhardt* § 13 Rn 19) von einem „**klassenlosen Insolvenzverfahren**". Die Benutzung eines zivilprozessualen Verfahrens hat Rechtsfolgen auch hinsichtlich des **Rechtsschutzes gegen Behördenanträge**. Entscheidungen der Finanz-, Sozial- und allgemeinen Verwaltungsgerichte haben **keine Rechtswirkungen auf das Eröffnungsverfahren**. Einzelheiten zum **vorläufigen Rechtsschutz gegen Insolvenzanträge des Finanzamts** s unten zu Rn 152 ff. Grundsätzlich können **verwaltungsmäßige Fehler** im Rahmen des Insolvenzeröffnungsverfahrens keine Berücksichtigung finden. Die Verletzung interner Verwaltungsvorschriften oder eine Gerichtsentscheidung hinsichtlich des Insolvenzantrags einer Behörde kann allenfalls für die **Zulässigkeitsprüfung durch das Insolvenzgericht** Bedeutung erlangen.

72 Für Finanzämter, Krankenkassen, Sozialversicherungsträger und staatliche Behörden wurde früher teilweise angenommen, dass die Forderung bereits durch den **gestellten Insolvenzantrag als glaubhaft gemacht** anzusehen ist (**OLG Köln NZI 2000, 78, 79; OLG Dresden ZInsO 2000, 560, 561; OLG Zweibrücken NZI 2001, 30, 31**; *Uhlenbruck* Rpfleger 1981, 378; *ders* DStZ 1986, 39). So genügte nach inzwischen überholter Auffassung des **BGH** (LM § 839 BGB Fi Nr 4) bereits die amtliche Erklärung, dass die Forderung bestehe, für die Glaubhaftmachung. Nunmehr lassen Rechtsprechung und Praxis den **Leistungsbescheid, Steuerbescheid** oder die ihnen entsprechenden **Selbstberechnungserklärungen**, wie zB Beitragsnachweise oder Steuervoranmeldungen, also die Vorlage des zugrunde liegenden Verwaltungsaktes eines Hoheitsträgers zur **Glaubhaftmachung** genügen (**BGH v 8. 12. 2005 – IX ZB 38/05, ZIP 2006, 141 = ZInsO 2006, 97 = NZI 2006, 172; BGH ZIP 2004, 1466 = NZI 2004, 587; BGH ZIP 2006, 1456 = NZI 2006, 590 = ZInsO 2006, 828; OLG Naumburg NZI 2000, 263; LG Göttingen ZVI 2008, 58, 60; AG Duisburg ZIP 1999, 2065;** MüKo-*Schmahl* § 14 Rn 76 ff; *Schmahl* NZI 2007, 20 ff; *Jaeger/Gerhardt* § 14 Rn 19; *Hess* § 14 Rn 90; FK-*Schmerbach* § 14 Rn 55; HaKo-*Wehr* § 14 Rn 41; HK-*Kirchhof* § 14 Rn 13; N/R/*Mönning* § 14 Rn 35; *Henckel* ZIP 2000, 2045, 2047; *App* ZIP 1992, 460). S auch *Schnittmann* InsBüroO 2006, 341 ff. Ein **elektronisches Dokument** als Mittel der Glaubhaftmachung reicht zur Glaubhaftmachung der Forderung nur aus, wenn sie in lesbarer Reproduktion übermittelt wird (§§ 371 Abs 1 S 2, 371a ZPO, 4 InsO). **Eigene Computerausdrucke** der Einzugsstelle aus deren Datenbestand („softcopys") genügen nicht (**AG Hamburg ZInsO Hamburg ZInsO 2006, 386**; *Schmahl* NZI 2007, 20, 21). **Amtliche Beglaubigung** der Übereinstimmung mit dem Original ist unverzichtbar (s **AG Hamburg ZInsO 2006, 386**; *Schmahl* NZI 2007, 20, 21; HaKo-*Wehr* § 14 Rn 39).

73 Im Regelfall hat auch eine **Behörde** das Original bzw eine Ablichtung des **Festsetzungsbescheides** oder sonstiger Feststellungsunterlagen zu den Gerichtsakten zu reichen sowie eine **Vollstreckbarkeitserklärung** und eine **Niederschrift über fruchtlose Vollstreckungen**, die von der Behörde durchgeführt worden sind (**OLG Hamm ZIP 1980, 258, 259 f**; *Uhlenbruck* Rpfleger 1981, 377, 378; *ders* BB 1972, 1266 f; *ders* DStZ 1986, 39; *Jaeger/Gerhardt* § 14 Rn 19; *App* DStZ 1986, 487; MüKo-*Schmahl* § 14 Rn 77/78; *Hübschmann/Hepp/Spitaler/Beermann* § 251 AO Rn 133). Der **BFH** (NV 1991, 787, 789) äußert sich zwar zur Frage der **Vollstreckbarkeitserklärung** nicht, geht aber wohl davon aus, dass die Voraussetzungen der Einzelzwangsvollstreckung vorliegen müssen, wenn ein Insolvenzantrag durch die Finanzbehörde gestellt wird. Zur Glaubhaftmachung genügt auch nicht die generelle Behauptung, der Vollstreckungsschuldner schulde eine bestimmte Summe einer Steuer. Vielmehr sind die einzelnen **Beträge nach Steuerarten** zu bezeichnen und aufzuschlüsseln (*Schmahl* NZI 2007, 20 ff). Ferner ist anzugeben, wann die Steuerforderungen „begründet" iSv § 38 sind.

D. Spezielle Zulässigkeitsvoraussetzung § 14

Krankenkassen, Sozialversicherungsträger und Finanzämter sind verpflichtet, die dem Antrag zu- 74
grunde liegenden Forderungen **zu spezifizieren**, damit das Gericht, aber auch der Antragsgegner ohne
Schwierigkeit zu erkennen vermag, aus welchem Rechtsgrund, für welche Zeit und in welcher Höhe Beiträge geschuldet oder geltend gemacht werden (OLG Naumburg NZI 2000, 263, 264; H/W/F Hdb 3/
51). **Säumniszuschläge, Zinsen, Mahngebühren** und bisherige **Vollstreckungskosten** sind kenntlich zu
machen (*Gottwald/Uhlenbruck* InsRHdb § 8 Rn 21; FK-*Schmerbach* § 14 Rn 55). Die Vollstreckbarkeit
einer Forderung der AOK wird gem § 6 VwVG NW iVm § 66 Abs 3 SGB X bescheinigt. **Sozialversicherungsträger** haben einen **Leistungsbescheid** im Original oder in beglaubigter Abschrift vorzulegen
(s BGH ZIP 2006, 141, 142 = NZI 2006 = ZInsO 2006, 97 = NZI 2006, 172; BGH ZIP 2004, 1466 =
NZI 2004, 587, 588; HK-*Kirchhof* § 14 Rn 37).

Nach *Jaeger/Gerhardt* (§ 14 Rn 19) dürften generell an die Glaubhaftmachung durch öffentliche 75
Körperschaften **strengere Maßstäbe** anzusetzen sein als beim privaten Gläubigerantrag, weil nach der
ständigen Rechtsprechung des **BFH** und des **BSG** die jeweiligen Behörden grundsätzlich einen Insolvenzantrag erst **nach Ausschöpfung der Einzelzwangsvollstreckungsmaßnahmen** stellen sollen. Dem
kann nicht gefolgt werden, denn insoweit handelt es sich um **interne Anweisungen** einer Behörde, die
vom Insolvenzgericht nicht geprüft werden können. Richtig ist aber, dass die Finanzbehörde wegen der
oftmals durch Steuerprüfungen erlangten Informationen und der besonderen Verantwortung der öffentlichen Hand im Hinblick auf die wirtschaftliche Existenz des Schuldners zur **besonderen Zurückhaltung** hinsichtlich der Stellung von Insolvenzanträgen verpflichtet ist (LG Hildesheim ZIP 2008, 325;
Uhlenbruck DStZ 1986, 39; *Hess* § 14 Rn 92). Es trifft auch zu, dass der **Grundsatz der Verhältnismäßigkeit** und des **Übermaßverbots** im Verhältnis von Steuerschuldner und FA eingreift und das FA den
Insolvenzantrag nur stellen kann, wenn die Höhe der Forderungsrückstände ein weiteres Zuwarten
nicht erlauben und Einzelzwangsvollstreckungen keine Aussicht auf Erfolg versprechen (*Gottwald/
Frotscher* InsRHdb § 125 Rn 2). Von einem Insolvenzantrag ist auch Abstand zu nehmen, wenn der
Schuldner ohne Insolvenzverfahren imstande ist, wenn auch über einen längeren Zeitraum, die Verbindlichkeiten abzutragen (*Frotscher*, Besteuerung, S 241). Nicht gefolgt werden kann aber der Auffassung,
dass diese **internen Voraussetzungen** vom Insolvenzgericht zu prüfen sind (so auch die Voraufl Rn 101).

Für den **Insolvenzantrag eines öffentlich-rechtlichen Hoheitsträgers** gilt grundsätzlich nichts anderes 76
wie für den Insolvenzantrag eines privaten Gläubigers. Eine **bestandskräftige Steuerfestsetzung** berechtigt zum Insolvenzantrag (*Frotscher*, Besteuerung, S 243 f). Ist eine Steuerforderung unter dem **Vorbehalt der Nachprüfung** (§ 164 Abs 1 AO) oder vorläufig nach § 165 AO festgesetzt worden, so kann sie
durchaus Grundlage eines Insolvenzantrags sein, denn bei den Steuerbescheiden beider Arten handelt es
sich um Bescheide iSv § 155 AO, die mit einem Leistungsgebot nach § 254 AO versehen sind. Der Steuerbescheid mit einem Nachprüfungsvorbehalt ist vollziehbar und vollstreckbar (*Frotscher*, Besteuerung,
S 244). Soweit die **Steuer** nach § 165 AO **vorläufig festgesetzt** ist, darf zwar intern kein Insolvenzantrag
gestellt werden (so *Frotscher*, Besteuerung, S 244); jedoch macht dies den Antrag nicht ohne weiteres
unzulässig. Es fehlt aber in diesen Fällen oftmals an der bei bestandskräftigen Steuerforderungen unter
Vorbehalt oftmals an der erforderlichen RSchI (vgl hierzu o zu Rn 54). Die Anforderungen des BGH
an die Glaubhaftmachung der Forderungen von Finanzbehörden und Sozialversicherungsträgern (BGH
NZI 2004, 587 = ZIP 2004, 1466; BGH NZI 2006, 172; BGH NZI 2006, 590 0 ZIP 2006, 1456) gelten auch für den **Nachweis auf elektronisch übermittelten Datenträgern** (vgl *Schmahl* NZI 2007, 20,
21). Steuerfestsetzungen brauchen als unstreitige Tatsachen nicht glaubhaft gemacht zu werden (BGH v
9. 7. 2009 – IX ZB 86/09, ZInsO 2009, 1533). Basiert die Forderung des FA auf einer **Steuerschätzung
unter dem Vorbehalt der Nachprüfung**, so genügt für die **Gegenglaubhaftmachung** die Darlegung und
Glaubhaftmachung, dass der Schuldner für den von der Schätzung umfassten Veranlagungszeitraum die
Steuererklärungen eingereicht hat und sich aus diesen zumindest keine Steuerschuld oder aber ein Steuerguthaben ergibt (AG Hamburg ZInsO 2007, 950).

b) Glaubhaftmachung und Steuergeheimnis. Die substantiierte Darlegung einer Steuerforderung 77
durch das Finanzamt stellt **keine Verletzung des Steuergeheimnisses** nach § 30 AO dar (OLG Hamm
ZIP 1980, 258, 260; FK-*Schmerbach* § 14 Rn 56; HK-*Kirchhof* § 14 Rn 35; *Frotscher*, Besteuerung,
S 245; *Jaeger/Gerhardt* § 14 Rn 20). Es entspricht heute allgemeiner Meinung, dass die Glaubhaftmachung der Insolvenzforderung durch das FA nicht gegen das Steuergeheimnis (§ 30 Abs 1 AO) verstößt
(OLG Frankfurt/M Rdvfg v 29. 3. 1999, ZInsO 2001, 747; OFD Hannover KTS 1999, 67; OLG
Hamm ZIP 1980, 258, 260; HK-*Kirchhof* § 14 Rn 35; *Hess* § 14 Rn 88; *Strunk* BB 1972, 1269; FK-*Schmerbach* § 14 Rn 56; MüKo-*Schmahl* § 14 Rn 84). Zum **Insolvenzantrag des FA und Steuergeheimnis** s auch *Uhlenbruck*, Der ordnungsmäßige Konkursantrag des Finanzamts, DStZ 1986, 19 ff; *Tipke/
Kuse* § 251 AO Rn 20, § 30 AO Rn 40 f; *Frotscher*, Besteuerung, S 245; *Seikel* BB 1990, 2314; *Kalmes*
BB 1990, 113; App ZIP 1992, 460, 461; *Braun*, Steuerrechtliche Aspekte der Konkurseröffnung, S 13 f;
Kramer, Konkurs- und Steuerverfahren, S 90 ff. Grundsätzlich darf die Finanzbehörde die **Steuerforderung darlegen und glaubhaft machen** (§ 14 Abs 1). Erfordert dagegen diese Glaubhaftmachung die Offenbarung von Tatsachen, die dem Steuergeheimnis (§ 30 AO) unterliegen, und weigert sich der Antragsgegner (Steuerschuldner), die Steuerbehörde vom Steuergeheimnis zu entbinden, so ist es Sache des
Antragsgegners (Schuldners) darzulegen und glaubhaft zu machen, dass die Steuerforderung nicht be-

steht (vgl auch *Smid* § 14 Rn 32). Im Übrigen entspricht es heute bei Insolvenzanträgen der Finanzämter allgemeiner Meinung, dass die notwendigen Angaben zur Durchführung eines Insolvenzverfahrens **kein unbefugtes Offenbaren** sind (§ 30 Abs 4 Nr 1 AO). So ist das FA berechtigt, in dem Antrag auf Eröffnung des Insolvenzverfahrens zur Glaubhaftmachung des Eröffnungsgrundes (§§ 16–19) die **notwendigen Angaben** zu machen (OFG Frankfurt/M Rdvfg v 29. 3. 1999 = ZInsO 2001, 747; OFD Hannover KTS 1999, 67; **OLG** Hamm ZIP 1980, 258, 260; HK-*Kirchhof* § 14 Rn 35; *Hess* § 14 Rn 88; *Strunk* BB 1972, 1269; FK-*Schmerbach* § 14 Rn 56; MüKo-*Schmahl* § 14 Rn 84). Zum Insolvenzantrag des FA und **Steuergeheimnis** vgl auch *Seikel* BB 1990, 2314; *Kalmes* BB 1990, 113; *Uhlenbruck*, Der ordnungsgemäße Konkursantrag des Finanzamts, DStZ 1986, 39 ff; *Tipke/Kruse* § 251AO Rn 20, § 30 AO Rn 40 f; *Frotscher*, Besteuerung S 245; *Wagner* KTS 1986, 243; *Strunk* BB 1990, 1530, 1531; *App* ZIP 1992, 460, 461; *Loose* StuW 1999, 20; *Braun*, Steuerrechtliche Aspekte der Konkurseröffnung, S 13 f; *Kramer*, Konkurs- und Steuerverfahren, S 90 ff. Ein schuldhaft unberechtigter Insolvenzantrag von Amtsträgern kann **Amtshaftungsansprüche** auslösen (vgl **BGH** NJW 1990, 2675 f; *App* ZIP 1992, 462 f; HK-*Kirchhof* § 14 Rn 19).

78 c) **Glaubhaftmachung des Insolvenzgrundes.** Auch eine **Finanzbehörde** hat das Vorliegen eines Insolvenzgrundes glaubhaft zu machen (**AG** Potsdam v 15. 2. 2001, DZWIR 2001, 262; MüKo-*Schmahl* § 14 Rn 85). Zur **Glaubhaftmachung des Insolvenzgrundes der Zahlungsunfähigkeit** reicht im Eröffnungsverfahren gem § 14 Abs 1 grundsätzlich die Erklärung in einem zeitnahen Finanzamtsbescheid aus, wonach Maßnahmen zur Beitreibung einer Steuerschuld erfolglos geblieben sind. Eine weitere Konkretisierung der vom FA ergriffenen Maßnahmen ist nicht erforderlich (BayObLG v 3. 4. 2000, NZI 2000, 320 = InVo 2000, 301). Grundsätzlich muss zur Glaubhaftmachung des Insolvenzgrundes eine **Niederschrift über die fruchtlose Vollstreckung** vorgelegt werden (so auch **LG** Halle KTS 1993, 627 = ZIP 1993, 1036; *Jaeger/Gerhardt* § 14 Rn 19; *Uhlenbruck* BB 1972, 1266, 1267; MüKo-*Schmahl* § 14 Rn 85). Allgemeine Erklärungen, dass das Beitreibungsverfahren der Behörde erfolglos geblieben ist, reichen zur Glaubhaftmachung nicht aus (MüKo-*Schmahl* § 14 Rn 85). Wie bereits festgestellt wurde, sind an die Glaubhaftmachung des Insolvenzgrundes durch einen öffentlich-rechtlichen Hoheitsträger **keine strengeren Anforderungen** zu stellen als bei einem privaten Gläubiger (str aA *Jaeger/Gerhardt* § 14 Rn 19; s auch **AG** Potsdam NZI 2003, 155). Bei **Insolvenzanträgen von Sozialversicherungsträgern** kann aufgrund der strafrechtlich sanktionierten Abführungspflicht des Schuldners eine **sechsmonatige Nichtabführung** von Sozialversicherungsbeiträgen ausreichen, um von der Glaubhaftmachung des Insolvenzgrundes, die keinen Vollbeweis der Zahlungsunfähigkeit voraussetzt, auszugehen (**BGH** v 13. 6. 2006 – IX ZB 238/05, ZIP 2006, 1457 = ZInsO 2006, 827; **OLG** Celle v 9. 2. 2000, NZI 2000, 214 = NJW-RR 2001, 702 = ZInsO 2000, 239 = ZIP 2000, 1675; *Jaeger/Gerhardt* § 14 Rn 19; FK-*Schmerbach* § 14 Rn 77). Ein **erfolgloser Vollstreckungsversuch** muss nicht nachgewiesen werden (so aber **LG** Hamburg ZInsO 2002, 199; **AG** Charlottenburg ZInsO 2000, 520). Nach zutr Auffassung **LG** Potsdam (ZInsO 2003, 434) dürfen an die Glaubhaftmachung einer Forderung und des Insolvenzgrundes auch bei einem Sozialversicherungsträger **keine überzogenen Anforderungen** gestellt werden, da sonst das Ziel der Insolvenzrechtsreform, zu einer zügigen Eröffnungsentscheidung zu gelangen, gefährdet werde. In der Tat gibt es keine **allgemeingültigen Erkenntnisse**, die es rechtfertigen, an die Antragstellung durch einen Sozialversicherungsträger oder ein FA andere Maßstäbe anzulegen, als bei anderen Antragstellern.

79 **4. Einzelheiten zur Glaubhaftmachung des Insolvenzgrundes.** Nach § 14 Abs 1 ist der Antrag eines Gläubigers nur zulässig, wenn der Gläubiger nicht nur seine Forderung, sondern auch den Eröffnungsgrund (Insolvenzgrund) glaubhaft macht. Für die **Zulassung eines Insolvenzantrags** lässt das Gesetz die Glaubhaftmachung des Insolvenzgrundes durch den antragstellenden Gläubiger ausreichen (s auch K/P/B/*Pape* § 14 Rn 49; FK-*Schmerbach* § 14 Rn 70 ff; MüKo-*Schmahl* § 14 Rn 85 ff; N/R/*Mönning* § 14 Rn 34 ff). Für die **Eröffnung des Verfahrens** verlangt das Gesetz in § 16 dagegen die richterliche Überzeugung vom Vorliegen eines Insolvenzgrundes (§ 16). Soll der Insolvenzgrund allein aus einer Forderung des antragstellenden Gläubigers hergeleitet werden, so reicht deshalb die Glaubhaftmachung des Insolvenzgrundes nicht aus (**BGH** v 8. 11. 2007 – IX ZB 201/03, ZInsO 2007, 1275). Die **Art der Glaubhaftmachung** richtet sich nach § 294 ZPO. Es genügt also, dass der ASt Beweismittel vorlegt, die die **überwiegende Wahrscheinlichkeit** begründen, dass der Schuldner zahlungsunfähig ist (vgl **LG** Duisburg NZI 2002, 666; *Hess* § 14 Rn 59). Eine **eidesstattliche Versicherung** wird man idR nicht genügen lassen können. Andererseits dürfen an die Glaubhaftmachung keine überspannten Anforderungen gestellt werden, da diese lediglich einen geringeren Grad der Beweisführung erfordert (BayObLG ZInsO 2001, 1012; **OLG** Köln NZI 2000, 78; *Gottwald/Uhlenbruck* InsRHdb § 12/18; *Jaeger/Gerhardt* § 14 Rn 18).

80 a) **Glaubhaftmachung der Zahlungsunfähigkeit.** Die Glaubhaftmachung der Zahlungsunfähigkeit oder Zahlungseinstellung orientiert sich an der Legaldefinition des § 17 Abs 2. Deshalb braucht der antragstellende Gläubiger nicht mehr glaubhaft zu machen, dass der Schuldner außerstande ist, einen **wesentlichen Teil** seiner Verbindlichkeiten zu bezahlen, und dass es sich um eine **andauernde Unfähigkeit** zur Erfüllung der Zahlungspflichten handelt. Es ist Sache des Schuldners (Antragsgegners), im Anhörungsverfahren einzuwenden, es liege keine Zahlungsunfähigkeit vor, sondern lediglich eine **vorüberge-**

hende Zahlungsstockung. Auch ist es Sache des illiquiden **Schuldnerunternehmens bzw Schuldners**, im Einzelfall nachzuweisen, dass es bzw er sich die Liquidität kurzfristig wieder beschaffen kann. Legt der insolvenzantragstellende Gläubiger substantiiert Tatsachen zur Zahlungsunfähigkeit der Schuldnerin dar, so darf das Insolvenzgericht den Insolvenzantrag nicht allein mit der Begründung zurückweisen, es habe wegen Unerreichbarkeit des Geschäftsführers der Schuldnerin keine Feststellungen zum Eröffnungsgrund und zur Deckung der Verfahrenskosten treffen können (**BGH** v 13. 4. 2006 – IX ZB 118/04, ZIP 2006, 1056 = ZVI 2006, 237 = NZI 2006, 405). Der Schuldner hat auch den **Ausnahmetatbestand nachzuweisen**, dass es sich ausnahmsweise nur um eine **geringfügige Liquiditätslücke** handelt. Hieran hat sich auch nichts geändert durch die **Grundsatzentscheidung des BGH v 24. 5. 2005** (– IX ZR 123/04, BGHZ 163, 134 = ZInsO 2005, 807 = NZI 2005, 547; BGH ZIP 2006, 2222 ff). Es ist nicht Sache des ASt nachzuweisen, dass beim Schuldner eine innerhalb von drei Wochen nicht zu beseitigende **Liquiditätslücke von weniger als 10% seiner fälligen Gesamtverbindlichkeiten** oder **eine Liquiditätslücke von mehr als 10%** vorliegt. Vielmehr ist es Sache des Antragsgegners (Schuldners) darzulegen und ggf zu beweisen, dass lediglich eine **geringfügige Liquiditätslücke** vorliegt. Ist eine solche gegeben, muss der ASt die schlechte Fortführungsprognose darlegen und glaubhaft machen (s auch die Kommentierung des § 17 Rn 28; FAS IDW PS 800, ZIP 2009, 261, 202 f), Rechts ist, dass die Zehnprozentgrenze des **BGH** eine **Beweislastregel** darstellt. Wird sie überschritten, hat der Sohn darzulegen und zu beweisen, dass er sich die notwendige Liquidität beschaffen kann, um seinen Zahlungsverpflichtungen nachzukommen. Im Regelfall wird der antragstellende Gläubiger glaubhaft machen, dass **Zahlungseinstellung** als stärkste Form der Zahlungsunfähigkeit vorliegt.

Für die **Glaubhaftmachung des Insolvenzgrundes** der Zahlungsunfähigkeit ist erforderlich, dass der 81 ASt darlegt und durch präsente Beweismittel belegt, dass es überwiegend wahrscheinlich ist, dass der Schuldner nicht in der Lage ist, die fälligen Zahlungspflichten zu erfüllen, oder dass er seine Zahlungen eingestellt hat. Zur Glaubhaftmachung genügt ua die **Vorlage einer Fruchtlosigkeitsbescheinigung** des Gerichtsvollziehers oder Vollstreckungsbeamten, dass der Schuldner pfändbare, interventionsfreie bewegliche Sachen nicht mehr besitzt (Fruchtlosigkeitszeugnis gem § 63 GVGA). Vgl. auch FK-*Schmerbach* § 14 Rn 81; *Gottwald/Uhlenbruck* InsRHdb § 13 Rn 23; MüKo-*Schmahl* § 14 Rn 32). Es genügt die erfolglose Vollstreckung in das bewegliche Vermögen des Schuldners. Der Nachweis einer Immobiliarvollstreckung ist nicht erforderlich (**AG** Göttingen ZInsO 2007, 48; *Braun/Bußhardt* § 14 Rn 19). Ausreichend ist auch die Vorlage eines Protokolls über die Abgabe einer **eidesstattlichen Versicherung** des Schuldners (Offenbarungsversicherung; **OLG** Celle ZInsO 2001, 1106). Hinsichtlich des Insolvenzgrundes muss der Gläubiger, wenn er keine aktuelle Unpfändbarkeitsbescheinigung vorlegen kann, **Tatsachen darlegen und glaubhaft machen,** die den Schluss auf die Zahlungsunfähigkeit des Schuldners zulassen. Von Bedeutung kann insbesondere sein, ob der Schuldner die Forderung aus tatsächlichen Gründen oder Rechtsgründen bestreitet und deshalb nicht zahlt oder ob er die Berechtigung der Forderung nicht in Zweifel zieht, aber gleichwohl keine Zahlungen leistet (**BGH** v 22. 9. 2005 – IX ZB 205/04, NZI 2006, 34; **BGH** NZI 2002, 342 f). Nach Auffassung des **AG** Hamburg (v 18. 12. 2000, NZI 2001, 163) und **AG** Potsdam (ZInsO 2003, 137) indiziert auch ein – strafbarer – **mehrmonatiger Rückstand mit Sozialversicherungsbeiträgen** nicht generell eine Zahlungsunfähigkeit (**str aA BGH** ZIP 2006, 1549; BGH ZInsO 2003, 757; BGH NZI 2002, 342 f; LG Halle ZIP 1993, 1036; HK-*Kirchhof* § 14 Rn 19; *Jaeger/Gerhardt* § 14 Rn 22). Präsente Zeugen kann der ASt im Eröffnungsverfahren jederzeit stellen oder eine eidesstattliche Versicherung zB des Buchhalters des schuldnerischen Unternehmens beibringen.

Von den Insolvenzgerichten wird teilweise verlangt, dass eine **Fruchtlosigkeitsbescheinigung,** das 82 **Vollstreckungsprotokoll** über eine fruchtlose Vollstreckung nach dem Verwaltungsvollstreckungsgesetz oder eine eidesstattliche Versicherung **nicht älter als sechs Monate** sind (vgl **BGH** v 20. 11. 2001 – IX ZR 48/01, BGHZ 149, 178, 187 = ZIP 2002, 87; **OLG** Dresden ZInsO 2001, 1110; FK-*Schmerbach* § 14 Rn 81). Diese Handhabung erscheint angesichts der heute langen Vollstreckungsdauer als zu eng (vgl auch *Dempewolf* BB 1978, 1630). Eine **eidesstattliche Versicherung** oder eine **fruchtlose Pfändung** im Laufe des **letzten Jahres** vor Insolvenzantragstellung indiziert das Vorliegen eines Insolvenzgrundes und ist als zur Glaubhaftmachung geeignet anzusehen (s auch **OLG** Dresden ZInsO 2001, 853 bzw Sozialversicherungsbeiträge; **LG** Halle ZIP 1993, 1036 f; **LG** Düsseldorf NZI 2007, 530; BerlKo-*Goetsch* § 14 Rn 31; HaKo-*Wehr* § 14 Rn 27). Rückstände bei Sozialversicherungsbeiträgen von **weniger als sechs Monaten** reichen idR zur Glaubhaftmachung des Insolvenzgrundes ohne weitere Indizien nicht aus (**LG** Potsdam ZInsO 2002, 1196; *Sternal* NZI 2003, 158; HK-*Kirchhof* § 14 Rn 17; **str aA OLG** Dresden v 28. 8. 2000, NZI 2001, 261).

Handelt es sich beim Schuldner um einen **Einzelkaufmann**, so ist zur Glaubhaftmachung die Frucht- 83 losigkeitsbescheinigung sowohl hinsichtlich der **Privatwohnung** als auch des **Geschäftslokals** beizubringen (**OLG** Hamm MDR 1973, 029; *Lang,* Rechtsschutzinteresse S 40; HK-*Kirchhof* § 14 Rn 22; N/R/*Mönning* § 14 Rn 4; **str aA** FK-*Schmerbach* § 14 Rn 82; HaKo-*Wehr* § 14 Rn 29). Eine **Privatperson** als Schuldner und Antragsgegner kann trotz fruchtloser Vollstreckung im Geschäftslokal noch erhebliches Privatvermögen besitzen und zahlungsfähig sein. Betreibt der Antragsgegner (Schuldner) mehrere Geschäfte an einem oder mehreren Orten, so ist die fruchtlose Vollstreckung in **allen Geschäftslokalen** nachzuweisen und damit die Zahlungsunfähigkeit glaubhaft zu machen (HK-*Kirchhof* § 14 Rn 20;

N/R/*Mönning* § 14 Rn 43; FK-*Schmerbach* § 14 Rn 82; str aA HaKo-Wehr § 14 Rn 28). Eine Ausnahme gilt nur für **juristische Personen,** die die gesamte Verwaltung und Abrechnung über eine Hauptverwaltung vornehmen. Hier genügt es, dass der Gläubiger die fruchtlose Vollstreckung am **Ort der Hauptverwaltung** nachweist. Ist dort nichts mehr zu holen, spricht eine tatsächliche Vermutung dafür, dass auch Vollstreckungen bei den einzelnen Zweigniederlassungen erfolglos sein werden. Hat das Gericht den Antrag zugelassen, weil Forderungs- und Insolvenzgrund glaubhaft gemacht worden sind, greift die **Amtsermittlungspflicht** des § 5 Abs 1 ein. Ab Zulassung des Antrags hat sich das Gericht im Wege der Amtsermittlung die notwendige Überzeugung von Vorliegen eines Insolvenzgrunds zu verschaffen.

84   Zur **Glaubhaftmachung der Zahlungsunfähigkeit einer Gesellschaft bürgerlichen Rechts** genügt ein vergeblicher Zwangsvollstreckungsversuch in das gesamthänderische Vermögen der Gesellschaft (FK-*Schmerbach* § 14 Rn 82). Ein Vollstreckungsversuch in das **Privatvermögen der Gesellschafter** ist nicht erforderlich, da das Gesellschaftsvermögen als Sondervermögen insolvenzfähig ist (LG Frankfurt/O ZIP 1995, 1211, 1213; HK-*Kirchhof* § 14 Rn 22; FK-*Schmerbach* § 14 Rn 82).

85   Die bloße **Nichterfüllung einer Gläubigerforderung** reicht zur Glaubhaftmachung der Zahlungsunfähigkeit nicht aus (LG Halle ZIP 1993, 1036; HK-*Kirchhof* § 14 Rn 17; *Jaeger/Gerhardt* § 14 Rn 22). Auch die Vertragsklausel *„Einstellung der Ratenzahlung nur bei Zahlungsunfähigkeit"* genügt nicht zur Glaubhaftmachung der Zahlungsunfähigkeit (LG Cottbus ZIP 1995, 235). Ausreichend ist aber eine **Erklärung des Schuldners,** aus der sich ergibt, dass er zahlungsunfähig ist (LG Berlin ZInsO 2004, 875 f; HaKo-*Wehr* § 14 Rn 26 [die dort zit Entscheidung BGH ZInsO 2006, 1210, 1211 betr allerdings einen Anfechtungsfall]). Von der Glaubhaftmachung zu unterscheiden sind lediglich **Indizien** für das Vorliegen einer Zahlungsunfähigkeit. Immer wieder wird von Antragstellern zwecks Glaubhaftmachung darauf hingewiesen, der Schuldner habe ungedeckte Schecks gegeben oder es seien Wechselproteste vorgekommen. Diese **Indizien allein stellen noch keine Glaubhaftmachung** der Zahlungsunfähigkeit dar. Das gilt ebenso für die Behauptung, der Schuldner habe sein Geschäft geschlossen oder öffne nicht die Tür. Auch die kommentarlose Nichtbegleichung einer Verbindlichkeit kann auf **Zahlungsunwilligkeit des Schuldners** beruhen. Diese ist aber keine Zahlungsunfähigkeit.

86   Im Einzelfall können **Indizien oder ein Bündel von Indizien zur Glaubhaftmachung ausreichen.** So zB, wenn der Schuldner bzw Schuldnervertreter flüchtig ist und die Geschäftsräume geschlossen hat. Eine kurze Zeit vor Antragstellung abgegebene **eidesstattliche Versicherung des Schuldners** kann als Indiz gewertet werden (OLG Celle v 29. 10. 2001 ZInsO 2001, 106). Treten **Wechselproteste gehäuft** auf, so kann die **Summe der Indizien** die Glaubhaftmachung einer Zahlungsunfähigkeit darstellen (vgl auch *Gottwald/Uhlenbruck* InsRHdb § 12 Rn 21; MüKo-*Schmahl* § 14 Rn 30–37; K/P/B/*Pape* § 14 Rn 50; FK-*Schmerbach* § 14 Rn 75, 78; *Braun/Bußhardt* § 14 Rn 19). **Weitere Indizien,** deren Nachweis zugleich die Glaubhaftmachung der Zahlungseinstellung ermöglicht, sind die **Einstellung des Geschäftsbetriebs** durch den Schuldner, die Erklärung, „man sei am Ende" oder „man habe die Zahlungen eingestellt" oder man könne nicht zahlen, weil die Finanzierung der Bank fehle (LG Berlin ZInsO 2004, 8757); ferner die **Nichtabführung von Sozialversicherungsbeiträgen** für Arbeitnehmer, die Nichtzahlung von Energielieferungen, Nichtzahlung der Löhne und Gehälter, mehrere **Haftbefehle** zur Erzwingung der Eidesstattlichen Versicherung oder häufige fruchtlose Zwangsvollstreckungen (vgl *Uhlenbruck,* Die anwaltliche Beratung, S 61 ff).

87   Eine **Glaubhaftmachung wird nicht dadurch unzureichend,** dass der Antragsgegner den Anspruch oder das Vorliegen eines Insolvenzgrundes **bestreitet** (OLG Köln v 29. 2. 1988, ZIP 1988, 664, 665). Das Bestreiten durch die Gegenseite erhöht nach zutreffender Auffassung des OLG Köln nicht den gesetzlich vorgeschriebenen Grad der richterlichen Überzeugungsbildung. Wo Glaubhaftmachung genügt, ist sie auch im Fall des Bestreitens durch den Gegner ausreichend. Holen Lieferanten unter EV gelieferte Waren zurück und bedient der Schuldner nur noch neue Schulden, ist dies ein Indiz für Zahlungseinstellung (OLG Stuttgart v 22. 1. 1997, ZIP 1997, 652). Zu weiteren Indizien für eine **Zahlungsunfähigkeit** s H/W/F Hdb 3/59; MüKo-*Schmahl* § 14 Rn 35, 36.

88   Die von der Rechtsprechung **zur Insolvenzanfechtung entwickelten Indizien** für eine Erkennbarkeit der Zahlungsunfähigkeit (zB BGH ZIP 2006, 2222 ff; BGH ZIP 2004, 1466) sind im Rahmen der Glaubhaftmachung **nur beschränkt anwendbar** (aA wohl K/P/B/*Pape* § 14 Rn 50 Rn 165). Zutreffend wird bei K/P/B/*Pape* (§ 14 Rn 50) darauf hingewiesen, dass die Vorlage einer **Fruchtlosigkeitsbescheinigung des Gerichtsvollziehers** nicht zur unbedingten Voraussetzung für die Zulassung eines Antrags gemacht werden kann (str aA LG Halle v 10. 5. 1993, ZIP 1993, 1036). Grundsätzlich steht es dem ASt frei, mit welchen Mitteln er die Zahlungsunfähigkeit glaubhaft machen will. Auch bei der Glaubhaftmachung des Insolvenzgrundes ist eine **„individuelle Gesamtbewertung"** der vorgetragenen Tatsachen vorzunehmen, die den Schluss auf eine Zahlungsunfähigkeit ermöglichen (K/P/B/*Pape* § 14 Rn 50; H/W/F Hdb 3/65; BerlKo-*Goetsch* § 14 Rn 30 ff).

89   **b) Glaubhaftmachung der Überschuldung.** Die Glaubhaftmachung der Überschuldung beim Antragsgegner (Schuldnerunternehmen) ist dem antragstellenden Gläubiger kaum jemals möglich, weil er keinen Zugang zu den Unterlagen des Schuldners bzw Schuldnerunternehmens hat (*Gottwald/Uhlenbruck* InsRHdb § 12 Rn 22; *Braun/Uhlenbruck* Unternehmensinsolvenz S 225; HK-*Kirchhof* § 14 Rn 21; FK-*Schmerbach* § 14 Rn 86; H/W/F Hdb 3/90, 91; MüKo-*Schmahl* § 14 Rn 38; K/P/B/*Pape* § 14 Rn 49; *Val-*

lender MDR 1999, 280, 281; *Frege/Keller/Riedel* HRP Rn 407). Nach Zulassung eines auf Zahlungsunfähigkeit gestützten Insolvenzantrags wird sich im Rahmen der Amtsermittlungen (§ 5 Abs 1) häufig eine Überschuldung ergeben, weil das Gericht seine **Ermittlungen** nach Antragszulassung **auch auf die Überschuldung zu erstrecken** hat, wenn diese Insolvenzgrund ist. Weist ein Schuldnerunternehmen in seinen Bilanzen über Jahre hinweg eine Überschuldung aus, so reicht die Bezugnahme des Antragstellers auf diese Bilanzen regelmäßig aus (MüKo-*Schmahl* § 14 Rn 38; FK-*Schmerbach* § 14 Rn 86; MüKo-*Schmahl* § 14 Rn 38; str aA LG Stendal 1994, 1034 m Anm *Tappmeier* EWiR 1994, 779). Zu beachten ist aber, dass eine Handelsbilanz kein Überschuldungsstatus ist und ebenso wie der Lagebericht allenfalls die Überschuldung indiziert. Im Übrigen reicht es zur Glaubhaftmachung der Überschuldung aus, wenn der ASt zB eine **eidesstattliche Versicherung des Buchhalters** des Schuldnerunternehmens vorlegt, dass die Gesellschaft überschuldet ist. Hier ist aber besondere Vorsicht geboten, weil häufig unsachliche Argumente vor allem ausgeschiedener Mitarbeiter für die Abgabe solcher Versicherungen maßgeblich sind (H/W/F Hdb 3/68).

5. Rechtsfolgen fehlender Glaubhaftmachung. Gelingt dem ASt die doppelte Glaubhaftmachung von Forderung und Insolvenzgrund nicht oder hält das Insolvenzgericht diese für ungenügend, so hat das Gericht den ASt aufzufordern, die Glaubhaftmachung nachzuholen oder die bisherigen präsenten Beweismittel zu ergänzen. Hierzu ist dem ASt unter **Androhung der Zurückweisung** seines Antrags eine **Frist** gem § 4 iVm § 139 ZPO zu setzen (FK-*Schmerbach* § 14 Rn 54; *Jaeger/Gerhardt* § 14 Rn 23; HK-*Kirchhof* § 14 Rn 41; *Uhlenbruck* FS *Baumgärtel* S 569, 575). Gelingt dem ASt die Glaubhaftmachung nicht oder holt er sie trotz gerichtlicher Aufforderung und Fristsetzung nicht nach, so ist das Insolvenzgericht nicht verpflichtet, nunmehr von Amts wegen zu ermitteln, wenn es den Antrag noch nicht zugelassen hat. Vielmehr ist der Insolvenzantrag **als unzulässig** mit der Kostenfolge aus §§ 4 InsO, 91 ZPO **zurückzuweisen.** Der Antragsgegner, der zu dem unzulässigen Antrag noch nicht gehört worden war, erhält keine Mitteilung. Nach Auffassung von *Häsemeyer* (InsR Rn 7.14) zählt das Bestehen einer Forderung zu den Voraussetzungen der Begründetheit, weil der ASt nicht nur ein Initiativrecht zugunsten der Gesamtgläubigerschaft ausübt, sondern eine eigene Forderung durchsetzen will. Dem steht entgegen, dass die Glaubhaftmachung der Forderung zugleich auch die Antragsberechtigung des Gläubigers indiziert, so dass schon aus diesem Grunde der Antrag wegen fehlender Glaubhaftmachung als unzulässig zurückzuweisen ist. Hiergegen steht dem ASt die **sofortige Beschwerde** nach § 34 Abs 1 zu. Eine Entscheidung des Beschwerdegerichts, durch die das Insolvenzgericht angewiesen wird, von seinen Bedenken gegen die Zulassung des Insolvenzantrags Abstand zu nehmen, ist **keine beschwerdefähige Entscheidung** (KG KTS 1963, 111; OLG Köln WiB 1996, 136 = NJW-RR 1996, 292; *Jaeger/Weber* § 73 KO Rn 1, 7, § 105 KO Rn 1; K/U § 105 KO Rn 4). Weist das Insolvenzgericht den Insolvenzantrag eines Gläubigers durch Beschluss als unzulässig zurück und hebt das **LG** auf Beschwerde des Gläubigers diesen Beschluss unter Zurückverweisung der Sache an das Amtsgericht auf, so ist eine gegen den Beschluss des **LG** gerichtete sofortige weitere Beschwerde des Schuldners unzulässig (**OLG** Köln ZIP 1993, 1723).

E. Die Zulassung des Gläubigerantrags

I. Das Zulassungsverfahrens als quasi-streitiges Parteiverfahren

Der Zulassung des Insolvenzantrags kommt in der Praxis eine erhebliche Bedeutung zu. Grundsätzlich ist das Gericht erst mit der Antragszulassung berechtigt, Amtsermittlungen (§ 5) durchzuführen und Sicherungsmaßnahmen nach § 21 anzuordnen (BGH ZIP 1985, 363 f; LG Köln ZIP 1988, 664 f; LG Göttingen ZIP 1993, 447 f; HK-*Kirchhof* § 14 Rn 40, § 27 Rn 9, § 21 Rn 4; ferner die Kommentierung u zu § 21 Rn 2). Das **Zulassungsverfahren als quasi-streitiges Parteiverfahren** schließt aber Amtsermittlungen nicht schlechthin aus. Ist der Insolvenzantrag einmal zugelassen, greift der **Amtsermittlungsgrundsatz** (§ 5) ein und läuft das quasi-streitige Parteiverfahren neben den Amtsermittlungen des Gerichts. In den meisten Fällen macht das Ergebnis der Amtsermittlungen dem quasi-streitigen Parteiverfahren ein Ende, weil zB ein Sachverständiger den Insolvenzgrund feststellt. Die Rechtsprechung lässt von dem Grundsatz, dass **sämtliche Zulässigkeitsvoraussetzungen** für die Zulassung vorliegen müssen, vor allem bei Eigenanträgen gewisse **Ausnahmen** zu (BGH v 22. 3. 2007 – IX ZB 164/06, NZI 2007, 344, 345 = ZInsO 2007, 440, 441; AG Köln ZInsO 2008, 215, 216 unter Berufung auf **BGH** v 13. 12. 2005 – X ARZ 223/05). Voraussetzung für die Anordnung von Amtsermittlungen ist aber immer, dass alle Zulässigkeitsvoraussetzungen – auch wenn sie nicht abschließend geklärt sind – mit **überwiegender**, auf gesicherter Grundlage beruhender **Wahrscheinlichkeit** gegeben sind. Die strikte Bindung an die Bewertung des Insolvenzantrags als zulässig erscheint nach Auffassung des **BGH** auch deswegen problematisch, „weil die Zulassung des Antrags keine förmliche Zwischenentscheidung darstellt" (BGH ZInsO 2007, 440, 441; HaKo-*Schröder* § 21 Rn 2). Bestehen zB **Zweifel an der örtlichen Zuständigkeit** des Insolvenzgerichts, so ist das Gericht berechtigt, zur weiteren Aufklärung einen Sachverständigen einzusetzen (AG Köln ZInsO 2008, 215, 216; HaKo-*Schröder* § 21 Rn 2).

§ 14 *Antrag eines Gläubigers*

92 Wegen der **Eilbedürftigkeit des Verfahrens** und der **Möglichkeit einer Gegenglaubhaftmachung** ist die Zulassung des Insolvenzantrags immer eine **einstweilige Zulassung**, die das Gericht nicht von einer weiteren Prüfung der Zulässigkeitsvoraussetzungen entbindet (BGH v 13. 6. 2006 – IX ZB 214/05, NZI 2006, 590 = ZInsO 2006, 828, 829). Ist die Forderung des ASt nicht tituliert, kann das Insolvenzgericht den Antrag aufgrund von Einwendungen des Schuldners abweisen, ohne diese einer Schlüssigkeitsprüfung im technischen Sinne zu unterziehen (BGH v 1. 2. 2007 – IX ZB 79/06, NZI 2007, 350). Letztlich setzt die Zulassung eines Insolvenzantrags nicht voraus, dass **sämtliche Zulässigkeitsvoraussetzungen bewiesen** sind. Zweifelhafte Fragen, wie zB die der internationalen Zuständigkeit, können der Feststellung im Amtswege (§ 5) vorbehalten werden. Etwas anderes gilt zB für Umstände zur **Rechts- und Parteifähigkeit** eines Gläubigers (OLG Zweibrücken NZI 2001, 32 f; HaKo-*Schröder* § 5 Rn 8). Das endgültige Vorliegen aller Zulässigkeitsvoraussetzungen ist nicht zwingend auch Voraussetzung für eine Zulassung des Gläubigerantrags. Vielmehr reicht es für die Zulassung aus, dass der Antrag den **Mindesterfordernissen** entspricht, die an einen Insolvenzantrag zu stellen sind (BGH v 12. 12. 2002 – IX ZB 426/02, ZInsO 2003, 217, 218). Erforderlich ist eine **summarische Prüfung**, die lediglich das Ziel hat, über die Zulässigkeit des Insolvenzantrags zu entscheiden, um anschließend in die nähere Sachprüfung einzutreten (OLG Celle NZI 2000, 214; *Frege/Keller/Riedel* HRP Rn 504). Mit der Zulassung wird das bis dahin einseitige Verfahren zu einem **zweiseitigen quasi-streitigen Parteiverfahren**, denn das Gericht stellt nunmehr den Insolvenzantrag zu und hört den Antragsgegner (Schuldner) gem § 14 Abs 2 an.

II. Form der Zulassung

93 Hat der ASt (Gläubiger) einen Insolvenzantrag gegen den Antragsgegner (Schuldner) gestellt, der den formellen und materiellen Anforderungen entspricht, und hat er sowohl die dem Antrag zugrunde liegende Forderung als auch den Insolvenzgrund glaubhaft gemacht, so ist der Antrag vom Insolvenzrichter bzw der Richterin zuzulassen. Die Zulassung bedarf **keines besonderen Beschlusses**, kann also auch konkludent erfolgen, indem das Gericht den Insolvenzantrag an den Schuldner zustellt (KG KTS 1963, 111, 112; *Jaeger/Gerhardt* § 14 Rn 24; HK-*Kirchhof* § 14 Rn 40; K/P/B/*Pape* § 14 Rn 76). Die Antragszulassung ist **keine selbständig anfechtbare richterliche Entscheidung**, sondern lediglich **vorbereitende Richtertätigkeit**, die allein noch keine Außenwirkungen entfaltet (OLG Düsseldorf v 8. 2. 1995, NJW-RR 1995, 32; OLG Köln v 3. 3. 1986, ZIP 1986, 384; OLG Köln, ZIP 1993, 1723; KG KTS 1963, 111; LG Göttingen ZIP 1993, 446, 447; LG Göttingen ZIP 1994, 1376; K/P/B/*Pape* § 14 Rn 76; Braun/*Uhlenbruck* Unternehmensinsolvenz S 225; *Jaeger/Gerhardt* § 14 Rn 24; HK-Kirchhof § 14 Rn 39; N/R/*Mönning* § 14 Rn 49). Um den genauen Zeitpunkt der Zulassung zu fixieren, empfiehlt es sich allerdings, die Entschließung des Gerichts über die Zulassung des Insolvenzantrags **aktenkundig** zu machen (K/P/B/*Pape* § 14 Rn 76).

III. Zustellung des Insolvenzantrags

94 Mit der Zulassung des Insolvenzantrags eines Gläubigers geht das bis dahin einseitige Verfahren in ein zweiseitiges quasi-streitiges Partei- und Offizialverfahren über. Der Insolvenzantrag ist dem Antragsgegner **zuzustellen**, obwohl eine Zustellung vom Gesetz nicht vorgeschrieben wird (MüKo-*Ganter* § 14 Rn 112). Zuzustellen ist auch der Antrag auf Gewährung von Insolvenzkostenhilfe (IKH). Ist der Aufenthaltsort des Schuldners unbekannt, obliegt dem Gericht mit der Antragszulassung die amtswegige Ermittlung der Anschrift (BGH v 13. 4. 2006 – IX ZB 118/04, NZI 2006, 405). Die Zustellungen erfolgen von Amts wegen (§ 8 Abs 1 S 1). Sie können durch **Aufgabe zur Post** erfolgen (§ 8 Abs 1 S 2; s auch BGH v 16. 12. 2004 – IX ZB 166/03 n veröfftl). Die Zustellung des Insolvenzantrags erfolgt nach den §§ 166 ff ZPO. Einer Beglaubigung des zuzustellenden Schriftstücks bedarf es nicht (§ 8 Abs 1 S 3). Die Art der Zustellung liegt im richterlichen Ermessen. Es genügt gem § 8 Abs 1 S 2 die **Aufgabe zur Post**. Mit dem Wegfall des Monopols der früheren Deutschen Bundespost ist als „Post" iSv § 8 Abs 1 S 2 jedes Unternehmen zu verstehen, das gem § 4 Nr 1–3 PostG Pakete mit Schriftgut oder Briefe befördert und dem Empfänger aushändigt (vgl N/R/*Becker* § 8 Rn 11–16; *Gottwald/Uhlenbruck* InsRHdb § 12 Rn 28). Einzelheiten in der Kommentierung zu § 8. Für die **öffentliche Zustellung an juristische Personen** gelten die durch das **MoMiG** eingeführten Vorschriften der §§ 15a HGB, 185 Nr 2 ZPO. An Personen, deren Aufenthalt unbekannt ist, wird gem § 8 Abs 2 S 1 nicht zugestellt. Haben sie allerdings einen zur Entgegennahme von Zustellungen berechtigten Vertreter, so wird dem Vertreter zugestellt (§ 8 Abs 2 S 2). Einzelheiten zu den Varianten des Postweges in der Kommentierung zu § 8 und N/R/*Becker* § 8 Rn 17 ff.

IV. Die Anhörung des Antragsgegners (Schuldners) gem § 14 Abs 2

95 Ist der Gläubigerantrag zugelassen worden, so hat das Insolvenzgericht gem § 14 Abs 2 den Antragsgegner (Schuldner) zu hören. Die Anhörungspflicht nach § 14 Abs 2 dient zum einen der Aufklärung des Sachverhalts; zum andern soll sie dem Schuldner, in dessen Rechte das Insolvenzverfahren eingreift,

E. Die Zulassung des Gläubigerantrags § 14

seinen **Anspruch auf Gewährung rechtlichen Gehörs** (Art 103 Abs 1 GG) sichern (*Vallender* KS S 249, 258 Rn 27; *Frege/Keller/Riedel* HRP Rn 80 ff).

1. Funktionelle Zuständigkeit. Funktionell zuständig für die Anhörung des Antragsgegners (Schuldners) ist der Richter bzw die Richterin (§ 18 Abs 1 RPflG). Wegen Wegfalls von § 25 RPflG kann die Anhörung des Schuldners nicht durch Anordnungen der Landesjustizverwaltung der einzelnen Länder auf den Rechtspfleger übertragen werden. Zur früheren Regelung vgl *Uhlenbruck/Delhaes* HRP Rn 62, 64, 246. Ob die Übertragungsmöglichkeit gem § 27 RPflG heute noch besteht, ist umstritten (FK-*Schmerbach* § 2 Rn 33; *Kellermeyer* Rpfleger 1998, 309, 312; *Jaeger/Gerhardt* § 2 Rn 60; MüKo-*Ganter* § 2 Rn 22; *Frind* ZInsO 2001, 481, 484), ist aber nicht zu empfehlen. Der Richter oder die Richterin bestimmen auch, ob die Anhörung mündlich oder schriftlich erfolgt (N/R/*Mönning* § 14 Rn 55). Die Anhörung durch einen vorläufigen Insolvenzverwalter der Sachverständigen genügt nicht (**KG** KTS 1960, 189; HK-*Kirchhof* § 14 Rn 44; K/P/B/*Pape* § 14 Rn 82; KF-*Schmerbach* § 14 Rn 112). 96

2. Form der Anhörung. Die Anhörung des Schuldners kann sowohl **mündlich** wie **schriftlich** erfolgen (**OLG Köln** KTS 1958, 13, 15; *Uhlenbruck* InsolvenzR Rn 491; *Maintzer* KTS 1985, 617, 622; FK-*Schmerbach* § 14 Rn 102; K/P/B/*Pape* § 14 Rn 24; MüKo-*Schmahl* § 14 Rn 113). Die **Art der Anhörung** bestimmt allein das Insolvenzgericht. Deshalb kann der ASt nicht verlangen, dass die Anhörung mündlich erfolgt. Entsprechende Anregungen an das Gericht brauchen nicht beschieden zu werden. Der antragstellende Gläubiger hat kein Recht, bei der mündlichen Anhörung des Schuldners anwesend oder vertreten zu sein (*Jaeger/Gerhardt* § 14 KO Rn 37; *Gottwald/Uhlenbruck* InsRHdb § 12 Rn 31; str aA MüKo-*Schmahl* § 14 Rn 125). Es genügt in der Regel die **Übersendung eines Fragebogens** an den Schuldner (**AG Duisburg** v 18. 10. 1993, Rpfleger 1994, 268 = KTS 1994, 505; KS-*Vallender* S 258 Rn 26). Der Fragebogen sollte die wesentlichen Fragen nach den Vermögensverhältnissen des Schuldners oder Schuldnerunternehmens enthalten. Weiterhin sollte verlangt werden, dass der Schuldner oder Schuldnervertreter die Richtigkeit ihrer Angaben an Eides statt versichern. Ist die **Anhörung vor Zulassung des Insolvenzantrags** bereits erfolgt, bedarf es grundsätzlich keiner erneuten Anhörung (**KG** v 30. 5. 1960, KTS 1960, 188; K/U § 105 KO Rn 10a; str aA *König* KTS 1973, 46, 53 f). Etwas anderes gilt aber, wenn sich neue, die Rechtsposition des Schuldners beeinträchtigende Tatsachen ergeben haben (*Jaeger/Gerhardt* § 14 Rn 35). Der Antragsgegner (Schuldner) ist auch dann zu hören, wenn der Antrag gem § 26 abgewiesen werden soll (vgl **OLG Frankfurt** KTS 1971, 285; HK-*Kirchhof* § 14 Rn 42). Erfolgt die **Anhörung im Wege der Rechtshilfe**, so bestimmt das ersuchende Gericht die Art der Anhörung. Das ersuchte Rechtshilfegericht ist nicht berechtigt, von sich aus statt mündlicher Anhörung eine schriftliche Anhörung durch Übersendung des Fragebogens anzuordnen (vgl auch **OLG Köln** Rpfleger 2000, 36; *Frege/Keller/Riedel* HRP Rn 546). 97

Beantragt der Gläubiger für seinen Insolvenzantrag **Insolvenzkostenhilfe**, so kann das Gericht nach § 118 Abs 1 S 1 ZPO (§ 4 InsO) dem Antragsgegner rechtliches Gehör gewähren, wenn dies nicht aus besonderen Gründen, wie zB in besonders eilbedürftigen Fällen, unzweckmäßig erscheint. Wird dem Insolvenzkostenhilfeantrag bereits ein unterschriebener Insolvenzantrag beigefügt, so ist der Antragsgegner unter Zustellung des Insolvenzantrags und des Insolvenzkostenhilfeantrags nach § 14 Abs 2 zu hören. Wird vom ASt lediglich **der Entwurf eines Insolvenzantrags** eingereicht und gleichzeitig Insolvenzkostenhilfe beantragt, ist der Antragsgegner (Schuldner) nach § 14 Abs 2 bereits mit der Zustellung des IKH-Antrags zu hören (*Gottwald/Uhlenbruck* InsRHdb 2 Aufl § 13 Rn 41). 98

Für die Anhörung nach § 14 Abs 2 gilt die **Vorschrift des § 10** (K/P/B/*Pape* § 14 Rn 83). Entzieht sich ein Schuldner durch Flucht ins Ausland seiner **Anhörung** im Eröffnungsverfahren und würde die Anhörung im Ausland das Verfahren übermäßig verzögern, kann sie ganz **unterbleiben** (§ 10 Abs 1 S 1). Einzelheiten bei *Frege/Keller/Riedel* HRP Rn 84 ff. Anhörung iSv § 14 Abs 2 heißt nicht, dass die Anhörung auch tatsächlich erfolgt ist. Genügend ist vielmehr, dass dem Schuldner bzw Antragsgegner-Vertreter **Gelegenheit zur Stellungnahme** geboten wird (**BGH** v 6. 6. 1977, KTS 1978, 24, 26; **OLG Köln** KTS 1958, 13, 15; *Jaeger/Gerhardt* § 14 Rn 36; HK-*Kirchhof* § 14 Rn 45; *Vallender* KS S 252 Rn 7). Bei **schriftlicher Anhörung** kann die **Erklärungsfrist** angesichts der Eilbedürftigkeit des Verfahrens verhältnismäßig kurz bemessen werden (**BVerfG** NJW 1998, 1773; **BVerfG** ZIP 1986, 1336; **BVerfG** NZI 2002, 30; **LG Saarbrücken**, Rpfleger 1995, 37; **LG Frankfurt** ZIP 1986, 1483; *Jaeger/Gerhardt* § 14 Rn 36; FK-*Schmerbach* § 14 Rn 102; KS-*Vallender* S 253 Rn 8; HK-*Kirchhof* § 14 Rn 44). Die Frist muss aber letztlich so bemessen sein, dass der Schuldner die Möglichkeit einer interessenwahrenden Stellungnahme erhält (vgl auch **LG Köln** v 17. 2. 1986, KTS 1986, 362). Eine Frist von **zwei Tagen** ist zu kurz (**LG Saarbrücken** Rpfleger 1995, 37; HK-*Kirchhof* § 14 Rn 44; s aber auch **AG Hamburg** ZInsO 2005, 670). Eine **Vorführung des Schuldners** zum Zwecke der Anhörung ist im Rahmen der Gewährung rechtlichen Gehörs nicht möglich. Anders aber, wenn die Anhörung nach § 14 Abs 2 zugleich auch der **Amtsermittlung** (§ 5) dient. In diesem Fall hat ab Zulassung des Antrags der Schuldner bzw Schuldnervertreter dem Insolvenzgericht nach § 20 S 1 die **Auskünfte zu erteilen**, die zur Entscheidung über den Antrag erforderlich sind. Die Vorschriften der §§ 97, 98, 101 Abs 1 S 1, 2, Abs 2 gelten entsprechend (§ 20 S 2). Vgl auch **LG Göttingen** v 24. 11. 1995, ZIP 1996, 144 = EWiR 1996, 27, *Runkel*; K/P/B/*Pape* § 14 Rn 83). 99

100 3. **Anzuhörende Personen.** Anzuhören ist der Antragsgegner (Schuldner). Handelt es sich um ein **Verbraucherinsolvenzverfahren** oder **sonstiges Kleinverfahren**, ist nach § 306 Abs 3 S 1 dem Schuldner mit der Anhörung zugleich Gelegenheit zu geben, ebenfalls einen Insolvenzantrag zu stellen. Stellt der Schuldner den Antrag, so ruht das Verfahren über den Gläubigerantrag auf Eröffnung des Insolvenzverfahrens bis zur Entscheidung über den Schuldenbereinigungsplan (§ 306 Abs 3 S 2, Abs 1 S 1). Allerdings soll dieser Zeitraum drei Monate nicht überschreiten (§ 306 Abs 1 S 2). Ist der Antragsgegner (Schuldner) **keine natürliche Person**, so müssen sämtliche in den §§ 15 Abs 2 S 2, Abs 3 S 1, 317 Abs 2 S 2, 318 Abs 2 S 2 und 332 Abs 3 S 2 genannten Personen angehört werden (HK-*Kirchhof* § 14 Rn 42; H/W/F Hdb 3/134; Jaeger/Gerhardt § 14 Rn 33; str aA HaKo-*Wehr* § 14 Rn 57). **Bei juristischen Personen** und **Gesellschaften ohne Rechtspersönlichkeit** (§ 11 Abs 2 Nr 1) ist jedes Mitglied des Vertretungsorgans anzuhören (vgl Begr RegE, BT-Drucks 12/2443, S 113; K/P/B/*Pape* § 14 Rn 25; KS-*Vallender* S 259 Rn 30; HK-*Kirchhof* § 14 Rn 40). Bei einem Insolvenzantrag gegen eine **OHG** sind demgemäß alle Gesellschafter, nicht nur die geschäftsführenden, zu hören (BGH KTS 1978, 24, 27; OLG Düsseldorf KTS 1959, 175; HK-*Kirchhof* § 14 Rn 42; *Uhlenbruck* GmbHR 1972, 173; N/R/*Mönning* § 14 Rn 53). Bei einer **GmbH** sind sämtliche Geschäftsführer, nicht nur die vertretungsberechtigten, und bei Liquidation **sämtliche Abwickler** zu hören (HK-*Kirchhof* § 14 Rn 42; str aA HaKo-*Wehr* § 14 Rn 57; MüKo-*Schmahl* § 14 Rn 12). Das bedeutet aber nicht, dass der Insolvenzantrag an jeden Einzelnen zugestellt werden muss. Vielmehr ist davon auszugehen, dass mit der Zustellung an einen Geschäftsführer oder Liquidator auch den Übrigen rechtliches Gehör gewährt wird, denn § 15 Abs 2 findet insoweit keine Anwendung (MüKo-*Schmahl* § 14 Rn 112, HaKo-*Wehr* § 14 Rn 57; FK-*Schmerbach* § 14 Rn 102 a).

101 Haben die Vertretungsorgane einer juristischen Person ihr **Amt niedergelegt** oder sind diese **abberufen**, ohne dass neue Organe bestellt worden sind, so hat der ASt für die Bestellung eines **Nachtragsliquidators** oder **Notgeschäftsführers** Sorge zu tragen, dem sodann zugestellt wird (vgl *Uhlenbruck* FS *Baumgärtel* S 569, 575; KS-*Vallender* S 259, Rn 31; K/P/B/*Pape* § 14 Rn 25; HK-*Kirchhof* § 14 Rn 42). Ist der Antragsgegner eine **juristische Person**, so können im **Fall der Führungslosigkeit** gem § 10 Abs 2 S 2 nF die an ihm beteiligten Personen gehört werden, also die Gesellschafter. Nach zutreffender Auffassung von *Kirchhof* (HK-*Kirchhof* § 14 Rn 44) kann dabei aber wegen der entstehenden Verzögerung regelmäßig gem § 10 Abs 2 verfahren werden (vgl auch BGH ZIP 2006, 1057 f; KS-*Vallender* S 259 Rn 32). Wird das Insolvenzverfahren über einen **Nachlass** von einem Nachlassgläubiger (§ 317 Abs 1) beantragt, ist **jeder Erbe und Testamentsvollstrecker**, wenn der Nachlass zum Gesamtgut einer Gütergemeinschaft gehört, **jeder Ehegatte**, beim ehelichen Gesamtgut jeder Ehegatte (§ 333 Abs 2 S 2) und bei der fortgesetzten Gütergemeinschaft der überlebende Ehegatte sowie jeder anteilsberechtigte Abkömmling zu hören (HK-*Kirchhof* § 14 Rn 43). Ist der Antragsgegner prozessunfähig, ist der gesetzliche Vertreter zu hören (**KG** KTS 1962, 112).

102 4. **Mehrfache und wiederholte Anhörung im Eröffnungsverfahren. a) Anhörung bei Anordnung von Sicherungsmaßnahmen.** Nach § 14 Abs 2 hat das Insolvenzgericht den Schuldner nach Zulassung des Antrags zu hören. Unabhängig davon ist das Gericht berechtigt, den Schuldner bzw den organschaftlichen Vertreter eines Schuldnerunternehmens bereits dann anzuhören, wenn über die Zulassung des Antrages noch nicht entschieden ist (FK-*Schmerbach* § 14 Rn 99; *Frege/Keller/Riedel* HRP Rn 508). Dies ist jedoch insoweit problematisch, als in der Anhörung bereits eine konkludente Antragszulassung gesehen werden kann (zur Handhabung *Frege/Keller/Riedel* HRP Rn 508). Zweifelhaft ist, ob das Gericht verpflichtet ist, vor jeder Beschlussfassung dem Antragsgegner (Schuldner) **erneut rechtliches Gehör** zu gewähren (K/P/B/*Pape* § 14 Rn 86). Dass das Gesetz in einigen Fällen, wie zB bei Anordnung einer Postsperre oder Erlass eines Haftbefehls, ausdrücklich die vorherige Anhörung des Schuldners vorsieht, bedeutet nicht, dass in den übrigen Fällen rechtliches Gehör nicht gewährt zu werden braucht. Vielmehr ist zu unterscheiden zwischen der **Anordnung von Sicherungsmaßnahmen** nach den §§ 21, 22 und **gerichtlichen Entscheidungen**, die das Eröffnungsverfahren abschließen. Bei allen **Maßnahmen der Amtsermittlung**, wie zB der Beauftragung eines Sachverständigen zwecks Feststellung des Insolvenzgrundes, braucht der Schuldner nicht gehört zu werden. Abgesehen von der – gesetzlich vorgeschriebenen – Anhörung vor der Anordnung einer **Postsperre** und dem Erlass eines **Haftbefehls** verbietet sich bei **Sicherungsmaßnahmen** nach § 21 grundsätzlich die Gewährung rechtlichen Gehörs schon im Hinblick auf die Eilbedürftigkeit und den Zweck der Maßnahme (OLG Düsseldorf v 21.2. 1994, NJW-RR 1994, 1126; KS-*Vallender* S 261 Rn 36; *Jaeger/Gerhardt* § 14 Rn 38; *Frege/Keller/Riedel* HRP Rn 90; HK-*Kirchhof* § 21 Rn 52; FK-*Schmerbach* § 14 Rn 101; K/P/B/*Pape* § 14 Rn 86, § 21 Rn 10, 12). Dies gilt vor allem dann, wenn das Insolvenzgericht – wie üblich – den Schuldner mit der Zustellung des Antrags in einem besonderen Anschreiben auf die nach dem Gesetz vorgesehenen Möglichkeiten von **Zwangsmaßnahmen** hingewiesen hat. Kommt zB der Schuldner seinen Erklärungs- und Mitwirkungspflichten (§ 20) im Eröffnungsverfahren schuldhaft nicht nach und hatte das Gericht eine Frist gesetzt, ist eine erneute Anhörung vor Anordnung von Zwangsmaßnahmen verzichtbar. Die Anhörung nach § 14 kann nicht erzwungen werden, sondern nur die Auskunfts- und Mitwirkungspflichten (*Jaeger/Gerhardt* § 14 Rn 39; HK-*Kirchhof* § 14 Rn 44).

103 Die **Nichtäußerung des Schuldners** im Rahmen der Anhörung kann nicht etwa als Einräumen des Insolvenzgrundes gewertet werden (s *Rugullis* KTS 2007, 283 ff; *Jaeger/Gerhardt* § 14 Rn 38). Bei **Eilmaßnahmen** des Gerichts genügt das Gericht ohnehin dem Anspruch auf Gewährung rechtlichen Ge-

E. Die Zulassung des Gläubigerantrags § 14

hörs (Art 103 Abs 1 GG) durch **nachträgliche Verschaffung des rechtlichen Gehörs** (BVerfGE 9, 89, 102 ff; 18, 399, 404; 49, 329, 342; 51, 97, 111; 57, 346, 358). Das rechtliche Gehör kann in solchen Fällen auch noch in der Beschwerdeinstanz nachgeholt werden (HK-Kirchhof § 14 Rn 45; Smid § 14 Rn 31; Einzelheiten unten zu Ziff 6 Rn 106. Eine **Ausnahme** gilt, wenn die Sicherungsmaßnahmen von einem Gläubiger angeregt oder gar „beantragt" werden und das Gericht hinsichtlich der geltend gemachten Gefährdung Bedenken trägt (KS-*Vallender* S 262 Rn 37). In diesen Fällen ist der Schuldner vor Anordnung von Sicherungsmaßnahmen anzuhören, weil die gerichtliche Anordnung nicht auf dem Ergebnis amtlicher Ermittlungen beruht (K/U § 73 KO Rn 2 a; *Frege/Keller/Riedel* HRP Rn 90; KS-*Vallender* S 262 Rn 37).

b) Anhörung bei verfahrensabschließenden Entscheidungen. Grundsätzlich ist auch vor einer das Eröffnungsverfahren abschließenden gerichtlichen Entscheidung dem Antragsgegner (Schuldner) **kein erneutes rechtliches Gehör** zu gewähren (LG Köln KTS 1986, 362; LG Göttingen v 31. 3. 1998, NJW-RR 1998, 1742; *Frege/Keller/Riedel* HRP Rn 92, 93). Wer zu einem zulässigen Gläubigerantrag als Antragsgegner (Schuldner) angehört wird, muss damit rechnen, dass das Insolvenzgericht aufgrund der Amtsermittlungen (§ 5) zu einer Entscheidung gelangt, die das Eröffnungsverfahren abschließt. Diese Entscheidung kann auch darin bestehen, dass das Insolvenzverfahren eröffnet wird. Eine **erneute Anhörung** ist aber erforderlich, wenn der Antragsgegner (Schuldner) im Rahmen der ersten Anhörung Einwendungen gegen den Gläubigerantrag erhoben hat, die entweder die Zulässigkeit oder die Begründetheit des Gläubigerantrags infrage stellen. Bestreitet zB der Schuldner mit beachtlichen Gründen das Vorliegen eines Insolvenzgrundes und kommt der vom Gericht bestellte Sachverständige (Gutachter) zum Ergebnis, dass der Insolvenzgrund vorliegt, so wird man das Gericht für verpflichtet halten müssen, dem Schuldner das Gutachten zur Kenntnis zu bringen. Zu berücksichtigen ist dabei allerdings, dass **Insolvenzeröffnungsverfahren Eilverfahren** sind, die keinen längeren Aufschub dulden. Es darf über das rechtliche Gehör dem Antragsgegner (Schuldner) nicht ermöglicht werden, durch dauernde Einwendungen über Wochen oder Monate die Verfahrenseröffnung zu verhindern oder den Insolvenzgrund zu beseitigen (BVerfG v 30. 9. 2001 – BvR 1338/01, NZI 2002, 30; AG Hamburg ZInsO 2005, 669, 670; HK-*Kirchhof* § 14 Rn 44). Bei Gutachtenerstellung entgeht das Gericht den Schwierigkeiten, wenn der Schuldner gegenüber dem Gutachter eine Erklärung unterzeichnet, wonach er die Kenntnisnahme und Richtigkeit des Gutachtens bestätigt oder dessen Richtigkeit bestreitet. In allen Fällen sollte sich deshalb der vom Gericht bestellte Gutachter nach Erstellung des Gutachtens über das Vorliegen eines streitigen Insolvenzgrundes mit dem Schuldner in Verbindung setzen und dessen Einwendungen berücksichtigen. Räumt der Schuldner das Vorliegen des Insolvenzgrundes ein, sollte diese **Erklärung als Anlage dem Gutachten beigefügt** werden. Insoweit dürfte keine unzulässige Delegation der Anhörung auf den Gutachter gegeben sein, denn die Anhörung erfolgt durch das Gericht, wobei der Gutachter lediglich sein Gutachten dem Schuldner zur Kenntnis bringt. Wenn der Antragsgegner (Schuldner) die **Masselosigkeit** (§ 26) einräumt, ist er vor dem Abweisungsbeschluss nicht erneut anzuhören (LG Darmstadt ZInsO 1978, 44; str aA OLG Köln v 25. 5. 1993 – 2 W 68/93 – unveröffentl; OLG Frankfurt v 3. 5. 1971, KTS 1971, 285, 286; LG Bielefeld MDR 1956, 363; *Kilger/K. Schmidt* § 105 KO Anm 4 b; *Baur/Stürner* II Rn 5.31). **Anders** aber, wenn der Schuldner nicht mit einer Abweisung mangels Masse rechnen muss (K/P/B/*Pape* § 14 Rn 86 u § 26 Rn 10). Gegenteiliges folgt auch nicht aus der Entscheidung des **BGH** v 24. 7. 1996 (KTS 1996, 574), wonach bei einem **Verweisungsbeschluss** des Insolvenzgerichts vorher dem Schuldner rechtliches Gehör gewährt werden muss. Der Verweisungsbeschluss ist keine Entscheidung, die das Eröffnungsverfahren abschließt, sondern er betrifft die Zulässigkeitsvoraussetzung. Im Übrigen stellt es **keine überraschende Entscheidung** des Gerichts dar, wenn der Antragsgegner (Schuldner) das Vorliegen eines Insolvenzgrundes oder die Masselosigkeit einräumt, sich mit dem Ergebnis des Sachverständigengutachtens einverstanden erklärt und nunmehr entweder das Insolvenzverfahren eröffnet wird oder Abweisung mangels Masse nach § 26 Abs 1 erfolgt (HK-*Kirchhof* § 26 Rn 20; *Braun/Herzig* § 26 Rn 30, 31; FK-*Schmerbach* § 26 Rn 63; *Haarmeyer* ZInsO 2001, 103, 106).

5. Anhörung des Schuldners bei besonderen Verfahrensarten. § 14 Abs 2 gilt auch im Verbraucherinsolvenzverfahren oder Kleinverfahren nach den §§ 304 ff. Die Vorschrift des § 306 Abs 3 S 1 ist lediglich eine Ergänzung zu § 14 Abs 2. Scheitert das gerichtliche Verfahren über den Schuldenbereinigungsplan, wird das vereinfachte Insolvenzverfahren ohne erneute Anhörung von Amts wegen wieder aufgenommen (Einzelheiten bei KS-*Vallender* S 249, 279 Rn 94 ff). Besonderheiten gelten im **Nachlassinsolvenzverfahren** (§§ 315–331). Das Insolvenzgericht hat nicht nur bei Antrag eines Erben, sondern auch bei dem Insolvenzantrag eines Nachlassgläubigers die übrigen Erben nach § 317 Abs 2 S 2 zu hören. Steht die Verwaltung des Nachlasses einem Testamentsvollstrecker zu, so ist dieser zu hören. Dies folgt nicht aus § 317 Abs 3, sondern aus § 14 Abs 2. Gehört der Nachlass zum Gesamtgut einer Gütergemeinschaft, so sind beide Ehegatten zu hören. Stellt ein Insolvenzgläubiger Antrag auf Eröffnung des Insolvenzverfahrens des Gesamtguts einer fortgesetzten Gütergemeinschaft, so sind zusätzlich die anteilsberechtigten Abkömmlinge zu hören (§ 332 Abs 3 S 2). Stellt ein Gläubiger Antrag auf Eröffnung des Insolvenzverfahrens über das Gesamtgut einer Gütergemeinschaft, das von den Ehegatten gemeinschaftlich verwaltet wird, so ist jeder Ehegatte zu hören.

104

105

106 **6. Rechtsfolgen unterlassener Anhörung.** Die Unterlassung der gesetzlich vorgeschriebenen Anhörung des Schuldners oder seines Vertretungsberechtigten stellt einen Verfahrensmangel dar, der für sich allein schon die Aufhebung eines gerichtlichen Beschlusses rechtfertigt, wenn nicht der Ausnahmefall des § 10 Abs 1 S 1 gegeben ist (**OLG** Düsseldorf KTS 1959, 175; *Braun/Uhlenbruck*, Unternehmensinsolvenz, S 227; *Frege/Keller/Riedel* HRP Rn 512; H/W/F Hdb 2/90). Ein trotzdem ergehender Insolvenzeröffnungsbeschluss ist aber keineswegs nichtig (*Jaeger/Gerhardt* § 14 Rn 41). Der Auffassung, dass ein ohne ausreichende Anhörung des Schuldners ergangener Eröffnungsbeschluss auf sofortige Beschwerde hin aufzuheben sei, ohne dass das Beschwerdegericht das **rechtliche Gehör nachholen** dürfe (so LG Baden-Baden ZIP 1983, 205; *Jaeger/Gerhardt* § 14 Rn 41; K/P/B/*Pape* § 14 Rn 82; *Kilger/K. Schmidt* § 105 KO Anm 4 d), kann nicht gefolgt werden, auch wenn die nachträgliche Anhörung im **Nichtabhilfeverfahren** (§ 572 Abs 1 ZPO) erfolgen könnte (HK-*Kirchhof* § 14 Rn 42; MüKo-*Schmahl* § 14 Rn 131; *Smid* § 14 Rn 37). Handelte es sich um einen Eilfall, wurde schon zum alten Recht die Auffassung vertreten, dass das Gericht dem Anspruch des Schuldners auf rechtliches Gehör gem Art 103 Abs 1 GG auch durch **nachträgliche Gehörverschaffung** entsprechen konnte (vgl KS-*Vallender* S 249, 261 Rn 36 unter Hinweis auf Entscheidungen des **BVerfG** in Fn 92). Zwar ist das Beschwerdegericht nicht verpflichtet, ein versäumtes rechtliches Gehör nachzuholen; nach zutreffender Auffassung von *Kirchhof* (HK-*Kirchhof* § 14 Rn 45) kann es aber „in einfach gelagerten Fällen – wenn eine weitere erhebliche Aufklärung nicht geboten erscheint – zweckmäßig sein, das rechtliche Gehör in der Beschwerdeinstanz nachzuholen" (so auch **KG** v 30. 5. 1960, KTS 1960, 188, 190; **OLG** Frankfurt v 29. 12. 1983, ZIP 1984, 195; *Smid* § 14 Rn 31; BerlKo-*Goetsch* § 10 Rn 23; MüKo-*Schmahl* § 14 Rn 13; *Frege/Keller/Riedel* HRP Rn 87; **str aA** K/P/B/*Pape* § 14 Rn 82; *Jaeger/Gerhardt* § 14 Rn 41 unter Berufung auf **OLG** Odenburg MDR 1955, 175). Ein Verstoß gegen Art 103 GG liegt nur vor, wenn das Insolvenzgericht eine an sich mögliche Anhörung unterlässt. Ist die Anhörung dagegen nicht möglich, weil die Voraussetzungen des § 10 Abs 1 S 1 vorliegen, wird Art 103 GG nicht verletzt (*Smid* § 14 Rn 37). Zur eingeschränkten Nachholung der versäumten Anhörung in der **Verbraucherinsolvenz** s MüKo-*Schmahl* § 14 Rn 132). Zur **Staatshaftung** wegen Verletzung des rechtlichen Gehörs s *Jaeger/Gerhardt* § 14 Rn 42.

V. Rechtsfolgen der Antragszulassung

107 Mit der nach außen hin unauffälligen Antragszulassung sind weitreichende Rechtsfolgen verbunden. Das bis zur Zulassung quasi-streitige Parteiverfahren geht automatisch über in ein **Amtsverfahren**. Das Gericht hat von Amts wegen alle Umstände zu ermitteln, die für die Eröffnung des Insolvenzverfahrens von Bedeutung sind (§ 5 Abs 1 Satz 1). Ab Zulassung ist das Gericht berechtigt, **Behörden und Gerichte um Auskünfte zu ersuchen**. Ist der Insolvenzgrund streitig, ist ein **Sachverständiger** mit der Feststellung zu beauftragen, soweit nicht gem § 22 Abs 1 Nr 3 ein **vorläufiger Insolvenzverwalter** damit betraut wird. Das **Nebeneinander von quasi-streitigen Parteiverfahren und Amtsermittlungen** kann dazu führen, dass der Insolvenzgrund zwischen ASt und Schuldner streitig ist, das Gericht jedoch aufgrund der Amtsermittlungen (§ 5) zur Feststellung eines Insolvenzauslösers gelangt. Amtsermittlungen werden nicht etwa dadurch unzulässig, dass der Antragsgegner mittels Gegenglaubhaftmachung die Glaubhaftmachung des Antragstellers erschüttert. Stellt sich aufgrund der Amtsermittlungen heraus, dass der Antragsgegner (Schuldner) an dem vom ASt angegebenen Wohnsitz zum Zeitpunkt der Antragstellung nicht mehr wohnhaft war, so entfällt nicht etwa rückwirkend die Zulässigkeit des Antrags.

108 Mit der Zulassung des Insolvenzantrags hat das Insolvenzgericht zu prüfen, ob **Sicherungsmaßnahmen** nach § 21 anzuordnen sind. Die Anordnung von Sicherungsmaßnahmen setzt grundsätzlich einen **zulässigen Insolvenzantrag** voraus (**BGH** v 22. 3. 2007 – IX ZB 164/06, ZInsO 2007, 440, 441; **OLG** Köln ZInsO 2000, 104, 105). Die Anordnung einer Sicherungsmaßnahme nach § 21 ist aber keineswegs identisch mit der Antragszulassung, denn Sicherungsmaßnahmen kommen bereits dann in Betracht, bevor zB die Zuständigkeit des angerufenen Insolvenzgerichts abschließend geprüft und bejaht ist (**BGH** v 14. 12. 2006 – IX ZA 38/06, nv; **BGH** v 22. 3. 2007 – IV ZB 164/06, ZInsO 2007, 440, 441). Das Gericht hat nach pflichtgemäßen Ermessen zu prüfen, ob etwaige Zweifel an der Zulässigkeit des Antrags oder das Sicherungsbedürfnis überwiegen (N/R/*Mönning* § 21 Rn 19; HaKo-*Schröder* § 21 Rn 2). Die strikte Bindung an die Bewertung des Insolvenzantrags als zulässig erscheint nach Auffassung des **BGH** (ZInsO 2007, 440, 441) auch problematisch, weil die Zulassung des Antrags keine förmliche Zwischenentscheidung darstellt. Zu verlangen ist aber, dass die **Zulässigkeitsvoraussetzungen mit überwiegender** auf gesicherter Grundlage beruhender **Wahrscheinlichkeit** gegeben sind und sich das Insolvenzgericht die letzte Gewissheit erst im weiteren Verfahrensablauf verschaffen kann. So können zB bei **zweifelhaftem Gerichtsstand** berechtigte Sicherungsinteressen der Insolvenzgläubiger es gebieten, Sicherungsmaßnahmen bereits vor Feststellung der Zulässigkeit des Insolvenzantrags anzuordnen (**BGH** ZInsO 2007, 440 f). Die Antragszulassung ist **nicht endgültig**. Sie schließt nicht aus, dass das Gericht im weiteren Verfahrensverlauf die Zulässigkeitsvoraussetzungen verneint (**BGH** v 13. 6. 2006 – IX ZB 214/05, ZInsO 2006, 828).

109 Für den **Schuldner** bzw organschaftlichen Vertreter eines Schuldnerunternehmens hat die Antragszulassung erhebliche **verfahrensrechtliche Folgen**. Nach § 20 Abs 1 treffen ihn umfassende **Auskunfts-**

und **Mitwirkungspflichten**, die ggf mittels zwangsweiser Vorführung oder Haft durchgesetzt werden können (§§ 20 Abs 1 Satz 2, 98 Abs 2, 101 Abs 1 Satz 1, 2, Abs 2). Ferner treffen den Schuldner bzw organschaftlichen Vertreter des Schuldnerunternehmens **Pflichten gegenüber einem starken vorläufigen Insolvenzverwalter** (§ 22 Abs 3).

F. Insolvenzkostenhilfe für den Gläubigerantrag

Die Vorschriften über die Gewährung von Prozesskostenhilfe (§§ 114 ff ZPO) finden über § 4 auch für die **Insolvenzkostenhilfe des Gläubigers** Anwendung, und zwar unabhängig von der Verfahrensart (vgl LG Hamburg v 3. 5. 1999, ZInsO 1999, 300 = ZIP 1999, 809; LG Göttingen v 10. 3. 1999, ZIP 1999, 890; **AG** München ZIP 1998, 2172 = NZI 1999, 31; **AG** Köln ZIP 1999, 147; *Funke* ZIP 1998, 1708; *Pape* Rpfleger 1997, 237; *Uhlenbruck* ZIP 1982, 288 ff; *ders*, Die anwaltliche Beratung, S 85 ff; *Gottwald/Uhlenbruck* InsRHdb § 12 Rn 34; K/P/B/*Pape* § 14 Rn 13 ff; FK-*Schmerbach* § 13 Rn 81 ff; *Jaeger/ Gerhardt* § 4 Rn 46 ff; N/R/*Mönning* § 13 Rn 31 ff). Allerdings ergeben sich für das Insolvenzverfahren Besonderheiten (H/W/F Hdb 3/94 ff; *Braun/Uhlenbruck*, Unternehmensinsolvenz S 227 f; *Uhlenbruck* ZIP 1982, 288; *Smid* NJW 1994, 2678; *Pape* ZIP 1997, 190 ff). Wegen dieser Besonderheiten ist hier auch nicht von Prozesskostenhilfe, sondern von Insolvenzkostenhilfe die Rede. Die Zurückweisung des Antrags auf Gewährung von Insolvenzkostenhilfe (IKH) mit dem pauschalen Hinweis auf den Amtsermittlungsgrundsatz verletzt die Verpflichtung zur Gewährung eines effektiven und sozial gerechten Rechtsschutzes (**BVerfG** v 17. 2. 1997, NJW 1997, 2103). Für den **Schuldnerantrag** gelten die §§ 4 a–4 d. Hinsichtlich der **Einzelheiten** zur IKH wird auf die Kommentierung zu § 13 Rn 104 ff sowie die **Voraufl** § 14 Rn 74–79 verwiesen.

110

G. Reaktionen des Schuldners

I. Der Schuldner zahlt

Bezahlt der Schuldner bzw das Schuldnerunternehmen unter dem Druck der drohenden Verfahrenseröffnung die dem Antrag zugrunde liegende Forderung einschließlich Zinsen und Kosten, so entfällt regelmäßig das rechtliche Interesse an der Eröffnung des Insolvenzverfahrens (§ 14 Abs 1). Gleiches gilt, wenn der Schuldner dem antragstellenden Gläubiger eine ausreichende Sicherheit stellt oder ein Dritter für ihn die Forderung begleicht. Da in diesen Fällen eine Zulässigkeitsvoraussetzung für den Insolvenzantrag entfallen ist, müsste der Antrag vom Insolvenzgericht als unzulässig zurückgewiesen werden. Der ASt hat aber **drei Möglichkeiten**, diese Rechtsfolge zu vermeiden.

111

1. Weiterverfolgung des Antrags. Mit der Forderungstilgung vor Verfahrenseröffnung erlischt das Antragsrecht des Gläubigers. Der Gläubiger hat allerdings die Möglichkeit, die ursprünglich gemachte Forderung **rechtzeitig auszuwechseln** bzw **andere Forderungen nachzuschieben** (BGH v 5. 2. 2004 – IX ZB 29/03, ZIP 2004, 1466, 1467; LG Göttingen ZIP 1993, 446, 447; AG Köln NZI 2000, 95; HK-*Kirchhof* § 14 Rn 9; FK-*Schmerbach* § 14 Rn 20; *Lang*, Rechtsschutzinteresse, S 120; K/P/B/*Pape* § 14 Rn 5; BerlKo-*Goetsch* § 14 Rn 24).

112

Nach einem „*Entwurf eines Gesetzes zum Pfändungsschutz der Altersvorsorge und zur Anpassung des Rechts der Insolvenzanfechtung*" (BT-Drucks 16/886) sollte § 14 Abs 1 um folgenden Satz ergänzt werden: „Der Antrag wird nicht allein dadurch unzulässig, dass der Schuldner nach Antragstellung die Forderung erfüllt." Dem ASt sollte damit die Möglichkeit eröffnet werden, trotz Tilgung der seinem Antrag zugrundeliegenden Forderung der Eröffnungsantrag aufrecht zu erhalten, um durch das Insolvenzgericht prüfen zu lassen, ob der glaubhaft gemachte Insolvenzgrund weiterhin besteht. Die vorgesehene Änderung ist vom Bundestag abgelehnt worden (Bericht des Rechtsausschusses v 13. 12. 2006 – BT-Drucks 16/3844). Die geplante Änderung hätte erhebliche rechtliche Probleme aufgeworfen (vgl *Frind* ZInsO 2005, 790; *Schmerbach* ZInsO 2005, 865; DAV ZInsO 2005, 798; *Gravenbrucher Kreis* ZInsO 2005, 800; VED eV ZInsO 2005, 862).

113

Trotz Zahlung der dem Antrag zugrunde liegenden Forderung kann der Gläubiger seinen **Insolvenzantrag aufrechterhalten**. Allerdings muss er darlegen und glaubhaft machen, dass er weiterhin ein **rechtliches Interesse** an einer Verfahrenseröffnung hat und ein Insolvenzgrund vorliegt (HaKo-*Wehr* § 14 Rn 67). Sozialversicherungs- und Steuergläubiger haben als „Zwangsgläubiger" regelmäßig ein rechtliches Interesse, den Antrag aufrechtzuerhalten (HaKo-*Wehr* § 14 Rn 67). Nach einer Literaturmeinung (*Jänisch* ZZP 109 [1996], 183; *Hess* § 13 Rn 38) kann das **Verfahren fortgesetzt** werden, wenn der Schuldner gehäuft und in rechtsmissbräuchlicher Weise seine Verbindlichkeiten erst dann erfüllt, wenn die Eröffnung des Insolvenzverfahrens unmittelbar bevorsteht, weil in diesen Fällen trotz der Zahlung der Insolvenzgrund gegeben ist. Die Behauptung, der Antrag werde im Interesse sämtliche Gläubiger aufrecht erhalten, reicht insoweit nicht aus (HaKo-*Wehr* § 14 Rn 67). Hat das Gericht aufgrund der **Amtsermittlungen** (§ 5) bereits Feststellungen hinsichtlich des Vorliegens eines Insolvenzgrundes getroffen, kommt es auf die dem Antrag zugrunde liegende Forderung nicht mehr an. Vielmehr reicht es aus,

114

dass das Gericht vom **Vorliegen des Insolvenzgrundes überzeugt** ist (§ 16). Ansonsten wird der Insolvenzantrag idR durch die Zahlung unzulässig. Der ASt hat nur noch die Möglichkeit, den Antrag **zurückzunehmen** oder **die Hauptsache für erledigt zu erklären**. Den ASt treffen die Verfahrenskosten, wenn er am Insolvenzantrag trotz Befriedigung seiner Forderung festhält (**LG München KTS 1969, 187 mwN**).

115   2. Rücknahme des Insolvenzantrags. Wie bereits in der Kommentierung zu § 13 (Ziff H) dargestellt wurde, ist gem § 13 Abs 2 der ASt berechtigt, bis zur Verfahrenseröffnung oder der rechtskräftigen Abweisung den Antrag zurückzunehmen. Eine **teilweise Rücknahme** ist ausgeschlossen, da das Insolvenzverfahren nur über das gesamte Vermögen des Schuldners eröffnet werden kann. Die Rücknahme erfolgt durch einseitige, gegenüber dem Gericht abzugebende Erklärung. Sie ist als Prozesshandlung bedingungsfeindlich (vgl K/P/B/*Pape* § 13 Rn 20, 21; N/R/*Mönning* § 13 Rn 93 ff; *Delhaes/Delhaes*, KS S 115, 124 Rn 34 ff; HK-*Kirchhof* § 13 Rn 15, 17; FK-*Schmerbach* § 13 Rn 16; MüKo-*Schmahl* § 13 Rn 118). Ein Insolvenzantrag kann nur zurückgenommen werden, bis der Eröffnungsbeschluss wirksam geworden ist. Der Eröffnungsbeschluss muss nicht rechtskräftig sein (**BGH** v 27. 7. 2006 – IX ZB 12/06, ZVI 2006, 654). Nimmt der antragstellende Gläubiger seinen Insolvenzantrag gegen den Schuldner zurück, tritt entsprechend § 4 die **Kostenfolge aus § 269 Abs 3 ZPO** ein. Der ASt ist Schuldner der gerichtlichen Gebühren und Auslagen (§§ 269 Abs 2 S 2 ZPO, 23 GKG, Nr 2310 f; 9002 ff KV). **Auf Antrag** des Antragsgegners (Schuldners) sind die in § 269 Abs 3 S 2 ZPO bezeichneten Wirkungen durch **Beschluss des Insolvenzgerichts** auszusprechen (§§ 269 Abs 3 S 3 ZPO, 4 InsO). Der Verfahrensbevollmächtigte des Antragsgegners (Schuldners) ist berechtigt, vom Insolvenzgericht seine Kosten gegen den ASt festsetzen zu lassen (§§ 103, 104 ZPO; 4 InsO). **Verwahrt sich der antragstellende Gläubiger** bei Rücknahme des Insolvenzantrags **gegen die Kostentragung**, so kann entgegen LG Bielefeld (ZIP 1986, 1593) hieraus nicht ohne weiteres auf eine Antragsrücknahme geschlossen werden. Vielmehr hat das Gericht den ASt aufzufordern, sich deutlich zu erklären, ob er den Antrag zurücknimmt oder ob er die Erledigung in der Hauptsache erklärt (*Uhlenbruck* KTS 1986, 541 ff; K/U § 103 KO Rn 3 e). Vereinbarungen über die Kostentragungspflicht sind schon bei der Kostenentscheidung des Gerichts zu beachten (**LG Memmingen NZI 2000, 279**; HK-*Kirchhof* § 13 Rn 19).

116   Zu den **Gerichtskosten** gehören nicht nur die Gerichtsgebühren (Nr 2310 f KV), sondern zählen auch die **Auslagen**, wie zB Zustellungskosten (Nr 9002 KV) sowie Veröffentlichungskosten (Nr 9004 KV). Zu den **Auslagen** gehört ebenfalls die **Vergütung des gerichtlichen Sachverständigen** (§§ 8 ff JVEG) sowie die Entschädigung von Zeugen (§§ 19 ff JVEG). Streitig ist, ob der ASt bei Antragsrücknahme auch die **Kosten einer vorläufigen Verwaltung** oder von **Sicherungsmaßnahmen** zu tragen hat. **Entgegen der Voraufl** ist mit dem **BGH** wegen der Regelung in § 23 Abs 1 Satz 3 GKG iVm Nr 9018 KV davon auszugehen, dass zB die **Vergütung eines vorläufigen Insolvenzverwalters** nicht zu den Auslagen gehört, die der Gläubiger bei Rücknahme eines Insolvenzantrags zu tragen hat (**BGH** v 26. 1. 2006 – IX ZB 231/04, ZInsO 2006, 204; **BGH** v 22. 1. 2004 – IX ZB 123/03, BGHZ 157, 370 = NZI 2004, 245 m Anm *Bernsau*, ZInsO 2004, 336, 338; **OLG** Celle ZIP 2000, 706, 709; LG Stuttgart ZIP 2004, 2395; HK-*Kirchhof* § 14 Rn 57; *Jaeger/Gerhardt* § 22 Rn 248; FK-*Schmerbach* § 13 Rn 58, 59; *Braun/Bußhardt* § 13 Rn 13; str aA **AG** Hamburg ZInsO 2004, 458, 460; ZInsO 2001, 1121, 1122; N/R/*Mönning* § 13 Rn 106; *Hess* § 13 Rn 43; *Keller*, Vergütung, Rn 59 ff). Zutreffend weisen *Jaeger/Gerhardt* (§ 22 Rn 248) darauf hin, dass ein vorläufiger Insolvenzverwalter nicht nur im Interesse des Antragstellers, sondern der Gesamtheit der Gläubigerschaft handelt (**LG Köln KTS 1986, 360, 361**; KS-*Uhlenbruck* S 372 Rn 50). Eine Haftung für die Vergütung und Auslagen des vorläufigen Insolvenzverwalters würde die Antragstellung zu einem „unkalkulierbaren Risiko" machen. Der vorläufige Insolvenzverwalter kann seine Vergütung auch dann nicht gegen den Gläubiger festsetzen lassen, wenn diesem die Kosten des Verfahrens auferlegt worden sind (**LG Stuttgart NZI 2004, 630**; HK-*Kirchhof* § 14 Rn 57; str **aA LG Münster DZWIR 1999, 423**; **AG** Hamburg ZInsO 2001, 1121, 1122; 2004, 460; *Frind/Schmidt* ZInsO 2002, 8, 11 f). Zu den Argumenten der Gegenmeinung s HaKo-*Wehr* § 13 Rn 91, 92. Die **Vergütung des vorläufigen Insolvenzverwalters** gehört auch dann nicht zu den Auslagen, die der Gläubiger nach Rücknahme des Insolvenzantrags zu tragen hat, wenn keine die Vergütung deckende Masse vorhanden ist (**BGH** v 26. 1. 2006 – IX ZB 231/04, NZI 2006, 239; BGHZ 157, 370, 377 = NZI 2004, 245).

117   3. Der ASt erklärt die Hauptsache für erledigt. a) Die Erledigungserklärung. Nach heute ganz überwiegender Meinung in Literatur und Rechtsprechung ist der ASt im Insolvenzeröffnungsverfahren jederzeit berechtigt, die Hauptsache einseitig für erledigt zu erklären, wenn zB der Antragsgegner die dem Insolvenzantrag zugrunde liegende Forderung bezahlt (**BGH** v 25. 9. 2008 – IX ZB 131/07, NZI 2008, 736, 737; **BGH** v 11. 11. 2004 – IX ZB 258/03, NZI 2005, 108; **BGH NZI 2006, 34**; **BGH** NZI 1999, 178, 181 = NZI 2002, 91 f; **BGH** ZIP 2004, 425, 426; **BGH** ZInsO 2002, 29, 30; **OLG** Köln v 28. 3. 2001, NZI 2001, 318, 319; **OLG** Köln v 28. 12. 2001 ZInsO 2002, 138; **OLG** Köln ZIP 1993, 1483; **OLG** Celle NZI 2001, 150; vgl auch *Uhlenbruck* KTS 1986, 541 ff; *Braun/Uhlenbruck*, Unternehmensinsolvenz, S 230; K/P/B/*Pape* § 13 Rn 125, 23; HK-*Kirchhof* § 14 Rn 51; *Gottwald/Uhlenbruck* InsRHdb § 10 Rn 7 ff; W. *Delhaes*, Der Insolvenzantrag, S 203 ff; N/R/*Mönning* § 13 Rn 109; FK-*Schmerbach*

§ 13 Rn 100 ff; MüKo-*Schmahl* § 13 Rn 132; HK-*Kirchhof* § 14 Rn 47, HaKo-*Wehr* § 14 Rn 69; *Andres/Leithaus* § 13 Rn 12; *Jaeger/Gerhardt* § 13 Rn 49). Der **Grund für die Erledigungserklärung** braucht nicht nur die Zahlung durch den Schuldner zu sein, sondern ist jedes nach Antragstellung eingetretene Ereignis, das für den ASt die Weiterverfolgung des Antrags nutzlos macht, wie zB eine Zahlungsvereinbarung oder der nachträgliche Wegfall des Eröffnungsgrundes (MüKo-*Schmahl* § 13 Rn 131).

b) Keine Zustimmung des Antragsgegners. Umstritten ist heute teilweise nur noch, ob die **einseitige Erledigungserklärung** durch den Gläubiger ausreicht oder ob im Eröffnungsverfahren als quasi-streitigem Parteiverfahren der **Antragsgegner der Erledigung zustimmen** muss. Einige Gerichte wollen § 91 a ZPO nur entsprechend anwenden, wenn beide Parteien das Insolvenzeröffnungsverfahren übereinstimmend für erledigt erklären (vgl **LG** Berlin Rpfleger 1978, 379; **LG** Düsseldorf KTS 1985, 359; **LG** Darmstadt KTS 1986, 509; **LG** Bielefeld Rpfleger 1986, 400; *Delhaes* in: KS S 154 f Rn 48–51). Schließt sich der Schuldner der Erledigung an, ist ein Eröffnungsverfahren nicht mehr anhängig. Es ist nur noch eine Kostenentscheidung zu treffen, die mit der sofortigen Beschwerde angefochten werden kann (§ 91 a Abs 2 ZPO; **BGH** v 25. 9. 2008 – IX ZB 131/07, NZI 2008, 736, 737). Widerspricht der Antragsgegner der Erledigung, so hat nach dieser Auffassung eine **Sachentscheidung** zu ergehen. Streitig ist dabei wiederum, ob diese Sachentscheidung kostenmäßig zu Lasten des Antragstellers geht, weil sein Antrag durch die Erledigungserklärung unzulässig geworden ist, oder ob von Amts wegen zu ermitteln ist, ob tatsächlich ein Insolvenzgrund vorgelegen hat (so zB **LG** Bielefeld Rpfleger 1986, 400). Die Auffassung, die **übereinstimmende Erledigungserklärung** verlangt, übersieht, dass es sich bei dem Insolvenzeröffnungsverfahren um ein Vollstreckungsverfahren handelt, dessen Durchführung allein in der Hand des Gläubigers liegt. Der Gläubiger kann als ASt bis zur Eröffnung oder rechtskräftigen Abweisung entscheiden, ob die Gesamtvollstreckung durchgeführt wird oder nicht. Er ist grundsätzlich bis zu einer verfahrensabschließenden Entscheidung des Gerichts „Herr des Verfahrens". Erklärt zB der antragstellende Gläubiger die Hauptsache für erledigt, weil der Schuldner die dem Antrag zugrunde liegende Forderung beglichen hat, so kann über die Erledigung der Hauptsache kein Streit mehr bestehen (*Jaeger/Gerhardt* § 13 Rn 49; MüKo-*Schmahl* § 13 Rn 132; *Gottwald/Uhlenbruck* InsRHdb § 10 Rn 8). Allerdings sind Zahlungen des Schuldners, die gegen ein angeordnetes Veräußerungs- und Zahlungsverbot verstoßen, unwirksam (**LG** Duisburg NZI 2004, 150). Die Anforderung eines Massekostenvorschusses stellt kein erledigendes Ereignis dar (*Frege/Keller/Riedel* HRP Rn 483; **str aA LG** Koblenz NZI 2001, 44).

Die **einseitige Erklärung des Antragstellers,** dass die Hauptsache erledigt ist und er den Antrag auf die Kosten beschränke, reicht deshalb in den Fällen aus, in denen der Antrag **ursprünglich zulässig** gewesen und später unzulässig oder unbegründet geworden ist (**BGH** v 11. 11. 2004 – IX ZB 258/03, ZInsO 2005, 39, 40 = NZI 2005, 108; **BGHZ** 149, 178, 181 = NZI 2002, 91 f; **BGH** ZIP 2004, 425, 426; **OLG** Köln v 28. 3. 2001, NZI 2001, 318; 319; **OLG** Köln v 1. 9. 1993, ZIP 1993, 1483; **LG** Köln KTS 1988, 170 u 746 [Ls]; **LG** Düsseldorf NZI 2003, 501; **LG** Tübingen WM 1990, 286; **LG** Memmingen MDR 1988, 419; **LG** Koblenz MDR 1988, 419; **AG** Köln NZI 2000, 89; *Frege/Keller/Riedel* HRP Rn 479–483; *Jaeger/Gerhardt* § 14 Rn 49; HK-*Kirchhof* § 14 Rn 51; FK-*Schmerbach* § 14 Rn 103 ff; K/P/B/*Pape* § 13 Rn 126; N/R/*Mönning* § 13 Rn 107 ff; MüKo-*Schmahl* § 14 Rn 132; **aA** noch **LG** Bielefeld ZIP 1986, 1593).

Die Erledigungserklärung ist **zeitlich begrenzt.** Der Gläubigerantrag kann nur bis zum Erlass des Eröffnungsbeschlusses für erledigt erklärt werden (**BGH** v 11. 11. 2004 – IX ZB 258/03, NZI 2005, 108). Sie ist auch im Beschwerdeverfahren solange zulässig, als das eingelegte Rechtsmittel zulässig ist (**BGH** v 15. 1. 2004 – IX ZB 197/03, NZI 2004, 216; **BGH** NZI 2005, 108; MüKo-*Schmahl* § 13 Rn 132; HK-*Kirchhof* § 14 Rn 51). **Teilerledigungserklärungen** sind unzulässig und wirkungslos (HK-*Kirchhof* § 14 Rn 52). Wird dem Schuldner die Erledigungserklärung zugestellt und widerspricht er ihr nicht binnen zwei Wochen, obgleich er auf die Möglichkeit hingewiesen worden ist, gilt sein **Schweigen** trotzdem **nicht als Zustimmung** (vgl **BGH** v 11. 11. 2004 – IX ZB 258/03, ZInsO 2005, 39, 40; **OLG** Köln NZI 2001, 318, 319); **LG** Duisburg NZI 2004, 150 f; MüKo-*Schmahl* § 13 Rn 136; HK-*Kirchhof* § 14 Rn 48; **str aA AG** Hamburg ZIP 2001, 257 s auch unten Rn 123). Wenn die Voraussetzungen für die Zulässigkeit einer Insolvenzrechtsbeschwerde nicht gegeben sind, kann ein Gläubigerantrag im Beschwerdeverfahren nicht mehr einseitig für erledigt erklärt werden (**BGH** ZInsO 2005, 39, 40; *Jaeger/Gerhardt* § 13 Rn 50; FK-*Schmerbach* § 13 Rn 108a).

c) Gerichtliche Feststellung der Erledigung. Wenn der Schuldner der Erledigung widersprochen hat, hat das Gericht über den durch die Erledigungserklärung geänderten Eröffnungsantrag zu entscheiden, also ob der Insolvenzantrag zulässig und begründet war und sich durch ein nachträglich eingetretenes Ereignis erledigt hat (**BGH** v 25. 9. 2008 – IX 131/07, NZI 2008, 736, 737; **BGHZ** 149, 178, 182 = NZI 2002, 91; MüKo-*Ganter* § 4 Rn 28). Nicht nur bei Widerspruch, sondern auch bei **Schweigen des Schuldners** hat das Gericht zunächst zu prüfen, ob der **Insolvenzantrag tatsächlich erledigt** ist, denn nur ein ursprünglich zulässiger und uU begründeter Insolvenzantrag kann einseitig für erledigt erklärt werden. Das erledigende Ereignis muss **nach Antragstellung** eingetreten sein, was auch noch in der Beschwerdeinstanz möglich ist. War der Insolvenzantrag **von Anfang an unzulässig,** so hat das Gericht trotz der einseitigen Erledigungserklärung des Gläubigers in der Sache selbst zu entscheiden und den Antrag auf Kosten des Antragstellers zurückzuweisen (vgl **BGH** NZI 2008, 736, 737; **BGH** NZI 2005;

OLG Köln NZI 2002, 157, 158; **LG** Meiningen ZIP 2000, 1451 f; *Uhlenbruck* KTS 1986, 541, 547; MüKo-*Schmahl* § 13 Rn 142). Entgegen HaKo-*Wehr* (§ 13 Rn 72) braucht der Antrag, die Erledigung festzustellen, nicht abgewiesen zu werden; vielmehr genügt es, im Rahmen des Abweisungsbeschlusses mit der Kostenentscheidung aus §§ 4 InsO, 91 ZPO, festzustellen, dass eine **Erledigung nicht eingetreten** und der **Antrag als unzulässig** zurückzuweisen ist (BGH v 25. 9. 2008 – IX ZB 131/07, NZI 2008, 736, 737). § 91 a ZPO findet keine Anwendung. Sind die Voraussetzungen für die **Zulässigkeit einer Insolvenzrechtsbeschwerde** nicht gegeben, kann vor dem Rechtsbeschwerdegericht ein Gläubigerantrag auf Eröffnung des Insolvenzverfahrens nicht mehr einseitig für erledigt erklärt werden (BGH v 11. 11. 2004 – IX ZB 258/03, NZI 2005, 108). Die Zahlung der Schuldnerin an den ASt im Eröffnungsverfahren trotz **Anordnung eines Zustimmungsvorbehalts** und **ohne Zustimmung des vorläufigen Verwalters** ist unwirksam. Die Zahlung hat bei Widerspruch des vorläufigen Insolvenzverwalters keine erledigende Wirkung, da sie anfechtbar ist (AG Hamburg NZI 2004, 323, 324).

122   **4. Missbräuchliche Erledigungserklärung.** Eine Erledigungserklärung kann ausnahmsweise **wegen Rechtsmissbrauchs** unzulässig und damit unwirksam sein (MüKo-*Schmahl* § 13 Rn 145). So zB, wenn sie dazu dient, wenn sie dazu dient, dem ASt „einen Vorteil zu sichern, der offenkundig und schwerwiegend gegen das Gebot der gleichmäßigen Gläubigerbefriedigung verstößt" (AG Hamburg NZI 2003, 104; AG Duisburg NZI 2004, 422, 423; AG Duisburg ZVI 2005, 129; *Frind/Schmidt* ZInsO 2002, 8, 9; MüKo-*Schmahl* § 13 Rn 145, 146). Demgegenüber weist *Kirchhof* (HK-*Kirchhof* § 14 Rn 54) zutreffend darauf hin, dass die Erledigungserklärung selbst dann nicht außer Acht bleiben darf, wenn sie sich als rechtsmissbräuchlich darstellt. In solchen Fällen könne sich daraus die **Missbräuchlichkeit des Eröffnungsantrags** ableiten lassen, so dass dieser kostenfällig abzuweisen sei. Zu einer Insolvenzeröffnung könne ein für erledigt erklärter Antrag nicht mehr führen. Nach der Gegenmeinung steht bei missbräuchlicher Erledigungserklärung einer **Fortsetzung des Eröffnungsverfahrens** und einer späteren Verfahrenseröffnung nichts im Wege (AG Hamburg NZI 2003, 104; MüKo-*Schmahl* § 13 Rn 147). Im Zweifel wird das Insolvenzgericht von der **Rechtswirksamkeit der Erledigungserklärung** ausgehen dürfen. Ein missbräuchliches Verhalten des Antragstellers kann jedoch dazu führen, dass ihm die Kosten des Eröffnungsverfahrens gem §§ 4 InsO, 91 a ZPO auferlegt werden.

123   **5. Beiderseitige Erledigungserklärung.** Der Schuldner kann, muss sich nicht der Erledigungserklärung des Antragstellers anschließen. **Schweigen des Schuldners** heißt nicht, dass er der Erledigungserklärung zustimmt (BGH ZInsO 2005, 39, 40; LG Duisburg NZI 2004, 150, 151; einschränkend HK-*Kirchhof* § 14 Rn 53; str aA AG Hamburg ZIP 2001, 257; vgl auch *Rugullis* KTS 2007, 283 ff oben Rn 120). Nicht gefolgt werden kann der Auffassung, dass nach entsprechendem Hinweis auf die verfahrensrechtlichen Folgen seines Verhaltens und einer **Fristsetzung von zwei Wochen** (§ 91 a Abs 1 Satz 2 ZPO) das Schweigen des Schuldners „kraft gesetzlicher Fiktion als Erledigungserklärung" gilt (so aber MüKo-*Schmahl* § 13 Rn 136). Schließt sich der Schuldner der Erledigung an, hat das Gericht gem § 4 iVm § 91 a ZPO nur noch über die Kosten zu entscheiden (BGH v 25. 9. 2008 – IX ZB 131/07, NZI 2008, 736, 373). Da das Gesetz auch eine **einseitige Erledigungserklärung** genügen lässt, kommt es auf die Zustimmung des Antragsgegners (Schuldners) letztlich aber nicht an. Vielmehr hat das Gericht **nach Anhörung des Schuldners** über den **Antrag, die tatsächliche Erledigung und die Kostentragungspflicht** zu entscheiden (BGH NZI 2008, 736, 737; BGHZ 149, 179, 182 = NZI 2002, 91). Ein **unzulässiger Insolvenzantrag** ist trotz einseitiger Erledigungserklärung des Gläubigers kostenpflichtig zurückzuweisen (LG Meiningen ZIP 2000, 1451, 1452; *Uhlenbruck* KTS 1986, 541, 547; MüKo-*Schmahl* § 13 Rn 142). Gegen die Entscheidung ist gem §§ 6, 34 Abs 1 die **sofortige Beschwerde** gegeben. Gegen die Entscheidung des Beschwerdegerichts findet nach § 7 die Rechtsbeschwerde statt (§ 574 Abs 1 Nr 1 ZPO). Der **Schuldner** ist nicht berechtigt, seinerseits die Hauptsache einseitig für erledigt zu erklären.

124   **6. Kostenentscheidung. a) Kostenentscheidung bei unzulässigem Insolvenzantrag.** Das Gericht hat über die Kosten zu entscheiden, wenn der Insolvenzantrag des Gläubigers als unzulässig abgewiesen wird. Der ASt ist Kostenschuldner der Gerichtsgebühr (§ 23 Abs 1 Satz 1 GKG). Er ist verpflichtet, dem Schuldner die diesem zur zweckentsprechenden Rechtsverfolgung erwachsenen **notwendigen Kosten** zu erstatten (*Jaeger/Gerhardt* § 13 Rn 66). Die **Kostenfestsetzung** gegen den ASt erfolgt nach den §§ 103 ff ZPO. Das gilt auch, wenn der Insolvenzantrag als unbegründet abgewiesen wird, weil der Schuldner lediglich zahlungsunwillig war (*Jaeger/Gerhardt* § 13 Rn 66; str aA *Smid* § 13 Rn 30). Erfolgt die Zurückweisung des Antrags erst **im Beschwerdeverfahren**, so werden dem Gläubiger die Kosten des Eröffnungsverfahrens und des Beschwerdeverfahrens auferlegt. Er hat jedoch die **Ausgaben für die bisherige Verwaltung der Masse** gem § 54 Nr 2 zu erstatten (BGH KTS 1961, 172; *Jaeger/Gerhardt* § 13 Rn 71). Der ASt schuldet auch die **Auslagen** (§ 23 Abs 1 Satz 2 GKG). Hierunter fallen ua die Kosten für Ablichtungen (Nr 9000 KV), die Zustellungskosten (Nr 9002 KV), Kosten der öffentlichen Bekanntmachungen (Nr 9004 KV) sowie die **Kosten eines gerichtlichen Sachverständigen** (Nr 9005, § 9 JVEG).

125   **b) Kostentragungspflicht bei Erledigungserklärung. aa) Kostentragungspflicht bei einseitiger Erledigungserklärung.** In der Voraufl (Rn 88) wurde die Auffassung vertreten, dass die Feststellung, ob die

Hauptsache tatsächlich erledigt ist, nicht auf das Insolvenzeröffnungsverfahren als Vollstreckungsverfahren passt. Richtig ist, dass eine **Sachentscheidung** grundsätzlich nicht in Betracht kommt. Hat aber der Schuldner der Erledigung widersprochen und stellt sich heraus, dass der Antrag von vornherein unzulässig gewesen ist, hat das Gericht mit der Zurückweisung des Antrags eine **kostenmäßige Sachentscheidung** entspr § 91 ZPO zu treffen (LG Meiningen ZIP 2000, 1451 f; s auch BGH v 25. 9. 2008 – IX ZB 131/07, NZI 2008, 736, 737; *Uhlenbruck* KTS 1986, 541, 547; MüKo-*Schmahl* § 13 Rn 141, 142). War der Antrag bis zum Eintritt des erledigenden Ereignisses zulässig, entscheidet das Gericht entsprechend § 91 a ZPO unter Berücksichtigung des bisherigen Sach- und Streitstandes nach billigem Ermessen, wer die Kosten des Eröffnungsverfahrens zu tragen hat. Gleiches gilt, wenn der **Schuldner der Erledigungserklärung nicht widersprochen** hat. Nicht gefolgt werden kann der Auffassung, das Insolvenzgericht habe im Rahmen der Kostenentscheidung zu prüfen, ob der Antrag bis zum Eintritt des erledigenden Ereignisses **auch begründet** war (so zB LG Darmstadt KTS 1986, 509, 510; LG Düsseldorf KTS 1985, 359, 360 = ZIP 1985, 697, 698; LG Göttingen ZIP 1992, 272, 273; *Delhaes,* Insolvenzantrag, S 206 f). Für eine grundsätzliche Prüfung der Begründetheit, wenn auch in modifizierter Form, BGH NZI 2008, 736, 737. Eine **Prüfung der Begründetheit** des Antrags würde zu weiteren Amtsermittlungen des Gerichts und zu einer Verzögerung des Verfahrens führen (wie hier auch **AG** Göttingen ZInsO 2007, 48; *Braun/Bußhardt* § 14 Rn 29). Zu weitgehend auch OLG Köln (NZI 2002, 157 = ZInsO 2002, 138, 139), wonach es einer Erörterung der ursprünglichen Begründetheit des Antrags und der Erfüllung der dem Antrag zugrunde liegenden Forderungen bedarf, wenn auch ohne Beweisaufnahme. Für die Kostenentscheidung aufgrund des **bisherigen Sach- und Streitstandes** reicht es aus, dass der Insolvenzgrund und die Forderung **glaubhaft gemacht** worden sind (AG Köln NZI 2000, 94, 95; FK-*Schmerbach* § 13 Rn 113). Jedenfalls können die Kosten dem ASt nicht auferlegt werden, wenn er den Antrag wegen einer Zahlung des Schuldners oder Zahlungsvereinbarung in der Hauptsache für erledigt erklärt, ohne glaubhaft zu machen, dass zum Zeitpunkt der Erledigung hinreichend Grund zu der Annahme bestand, die Zahlungsunfähigkeit sei beseitigt (so aber AG Duisburg NZI 2002, 669 f; **AG** Hamburg ZInsO 2002, 687 ff; **AG** Oldenburg ZVI 2002, 298 f; **LG** Hamburg ZInsO 2002, 144 f; **AG** Potsdam NZI 2003, 155 ff m Anm *Sternal;* LG Duisburg NZI 2004, 150 f; **AG** Hamburg ZInsO 2004, 458 ff). War der **Insolvenzantrag zugelassen,** so hat der Gläubiger alles getan, um ein Insolvenzverfahren gegen den Schuldner einzuleiten. Beseitigt der Schuldner durch Zahlung der dem Antrag zugrunde liegenden Forderung eine Zulassungsvoraussetzung, hat er im Zweifelsfall die **Kosten des bisherigen Verfahrens** zu tragen. Darauf, ob der Insolvenzantrag begründet war, kann es allenfalls in dem **Ausnahmefall** ankommen, dass das Gericht den Insolvenzgrund nicht festzustellen vermag und nunmehr der ASt die Hauptsache für erledigt erklärt, um eine Abweisung zu vermeiden. Solchenfalls kann die Nichterweislichkeit des Insolvenzgrundes, die zu einer Zurückweisung des Antrags als unbegründet führen müsste, zu einer Kostenentscheidung zu Lasten des Antragstellers führen. Soweit nach *Jaeger/Gerhardt* (§ 13 Rn 69) bei einseitiger Erledigungserklärung die Vorschrift des § 91 ZPO Anwendung findet, ergibt sich im Regelfall kein anderes Ergebnis.

Erklärt der ASt seinen Eröffnungsantrag einseitig für erledigt, findet gegen die Entscheidung des Insolvenzgerichts, welche die Erledigung feststellt und dem Antragsgegner die Kosten des Verfahrens auferlegt, die **sofortige Beschwerde** nach §§ 6, 34 Abs 2 statt. § 91 a ZPO ist nicht anwendbar. Gegen die Entscheidung des Beschwerdegerichts ist gem § 7 die **Rechtsbeschwerde** gegeben (BGH v 25. 9. 2008 – IX ZB 131/07, NZI 2008, 736, 737). 126

bb) Kostentragungspflicht bei übereinstimmender Erledigungserklärung. Bei übereinstimmender Erledigungserklärung hat das Insolvenzgericht über die Kosten nach §§ 4 InsO, 91 a ZPO unter Berücksichtigung des bisherigen Standes des quasi-streitigen Parteiverfahrens nach billigem Ermessen durch Beschluss zu entscheiden (BGH v 20.11. 2001 – IX ZR 48/01, ZInsO 2002, 29; *Jaeger/Gerhardt* § 13 Rn 68; HK-*Kirchhof* § 14 Rn 55; FK-*Schmerbach* § 13 Rn 101; MüKo-*Schmahl* § 13 Rn 135; HaKo-*Wehr* § 13 Rn 72). Gleiches gilt bei **Schweigen des Schuldners** auf die Erledigungserklärung des ASt, obgleich keine übereinstimmende Erledigung vorliegt (s oben Rn 120, 123; MüKo-*Schmahl* § 13 Rn 136). Maßgeblich für die Kostenentscheidung ist, ob der Insolvenzantrag zum Zeitpunkt des erledigenden Ereignisses zulässig und begründet war, also bei Weiterverfolgung zu einer Verfahrenseröffnung geführt hätte (*Jaeger/Gerhardt* § 13 Rn 68). Dagegen sind die Kosten des Antragsverfahrens dem ASt aufzuerlegen, wenn sein Antrag Mängel aufwies und das Gericht die Verfahrenseröffnung hätte ablehnen müssen (K/P/B/*Pape* § 13 Rn 126). Fehlende Massekostendeckung (§ 26) ist aber kein solcher Mangel. 126a

c) Umfang der Kostentragungspflicht. Wird der Insolvenzantrag kostenpflichtig zurückgewiesen, hat der ASt die Gerichtsgebühr zu tragen (§ 23 Abs 1 Satz 1 GKG, Nr 2310, 2311 KV). Nimmt der ASt seinen Antrag zurück, trifft ihn die Kostenlast nach §§ 4 InsO, 269 Abs 3 Satz 2 ZPO. Während für die Antragsabweisung und Rücknahme angenommen wird, dass der ASt auch die **Auslagen** (§ 23 Abs 1 Satz 2 GKG) trägt, ist für die **Erledigung der Hauptsache** streitig, ob und in welchem Umfang der ASt für die Auslagen haftet. Teilweise wird angenommen, für den Fall der Erledigung habe der ASt für die Auslagen, wie zB die Kosten von Veröffentlichungen oder eines Gutachtens, nicht einzustehen (OLG Köln NZI 2005, 683; OLG Düsseldorf NZI 2006, 708; OLG Koblenz ZInsO 2007, 610; LG Göttingen NZI 2004, 501 = ZInsO 2004, 819; LG Frankenthal NZI 2002, 265; AG Kaiserslautern NZI 2004, 327; AG Dresden ZInsO 2003, 385; *Schmerbach* NZI 2003, 421, 423; HK-*Kirchhof* § 14 Rn 56; *Gundlach/Schirrmeister* 127

EWiR 2004, 849). Für den **Entscheidungsschuldner** ergibt sich die Verpflichtung, auch die **entstandenen Auslagen** zu tragen, aus §§ 23 Abs 1 Satz 2, 29 Nr 1 GKG. Nach § 23 Abs 1 Satz 3 GKG schuldet die **Auslagen nach Nr 9018 KV** jedoch nur der Schuldner.

128 Nach **Auffassung des BGH (BGH** v 13. 12. 2007 – V ZR 196/06, ZIP 2008, 228, 229 = NJW 2008, 583 = ZInsO 2008, 151) gehört die **Vergütung des vorläufigen Insolvenzverwalters** nicht zu den nach § 23 Abs 1 Satz 2 GKG (§ 50 Abs 1 Satz 2 GKG aF) erstattungsfähigen Auslagen (BGHZ 157, 370, 374, 377; **BGH** v 26. 1. 2006 – IX ZB 231/04, ZIP 2006, 431 = NZI 2006, 239). Die **Vergütung und Auslagen des vorläufigen Insolvenzverwalters** sind ausschließlich vom Schuldner aufzubringen (**BGH** v 13. 12. 2007 – IX ZR 196/06, ZIP 2008, 228, 231; **OLG** Celle NZI 2000, 226, 227; MüKo-*Nowak* § 11 InsVV Rn 22; K/P/B/*Pape* § 13 Rn 132 b, 133; HK-*Kirchhof* § 14 Rn 57; *Jaeger/Gerhardt* § 22 Rn 248; *Braun/Bußhardt* § 13 Rn 13; **str aA** N/R/*Mönning* § 13 Rn 107; HaKo-*Wehr* § 13 Rn 51). Der Schuldner, der im Außenverhältnis für Vergütung und Auslagen des vorläufigen Insolvenzverwalters aufzukommen hat, ist uU berechtigt, im Innenverhältnis vom ASt **Schadenersatz** zu verlangen (**BGH** v 13. 12. 2007 – IX ZR 196/06, ZIP 2008, 228, 232; **OLG** Celle ZIP 2000, 706 = NZI 2000, 226, 227; **LG** Stuttgart NZI 2004, 630, 631; FK-*Schmerbach* § 13 Rn 59). Hat das Insolvenzgericht einem Verfahrensbeteiligten ausdrücklich die Kosten der vorl Insolvenzverwaltung auferlegt, so hat dieser auch diese Kosten zu tragen (**AG** Hamburg ZInsO 2008, 1092).

129 d) **Zweitschuldnerhaftung**. Während bei der **Haftung als Entscheidungsschuldner** weitgehend geklärt ist, dass derjenige, dem die Kosten durch gerichtliche Entscheidung auferlegt worden sind, für Gebühren und Auslagen haftet (der ASt mit der Einschränkung des § 23 Abs 1 Satz 3 GKG) ist umstritten, ob eine **Zweitschuldnerhaftung für gerichtliche Auslagen** gem § 31 Abs 2 GKG auch dann besteht, wenn im Rahmen einer Erledigungserklärung die Kosten gem §§ 4 InsO, 91 a ZPO dem Schuldner auferlegt worden sind. Teilweise wird die Auffassung vertreten, dass in Fällen der Erledigung des Insolvenzantrags der ASt zwar die Gerichtsgebühren für das Eröffnungsverfahren schuldet, **nicht aber die Auslagen** (**LG** Frankenthal ZInsO 2002, 497 f; **LG** Göttingen ZInsO 2004, 819, 820; **AG** Dresden ZInsO 2003, 385; **AG** Kaiserslautern NZI 2004, 327, 328; **AG** Göttingen ZIP 2004, 1332; **AG** Dresden ZInsO 2009, 1173, 1174 u ZInsO 2003, 385; HK-*Kirchhof* § 14 Rn 56; *Huber* EWiR 2001, 680; *Gundlach* EWiR 2004, 850; *Graeber*, Vergütung in Insolvenzverfahren, Rn 165 S 113; FK-*Schmerbach* § 13 Rn 52a; *Hess* § 13 Rn 72; **str aA LG** Gera ZIP 2002, 1735, 1737; **LG** Dresden ZInsO 2005, 947; MüKo-*Schmahl* § 13 Rn 165; *Braun/Bußhardt* § 13 Rn 15; Vorauf § 14 Rn 86, 87; HaKo-*Wehr* § 13 Rn 87, 88). S auch *Schmerbach* NZI 2003, 421, 423.

130 Durch die **Entscheidung** des **BGH** v 13. 12. 2007 (– IX ZR 196/06, ZIP 2008, 228, 229 = NJW 2008, 583), die zwar eine Antragsrücknahme betraf, sind auch grundsätzliche Fragen der **Zweitschuldnerhaftung bei Erledigung der Hauptsache** geklärt. Selbst wenn das Gericht die Erledigung der Hauptsache verneint oder die Kosten im Rahmen des § 91 a ZPO dem ASt auferlegt, hat dieser nicht für die **Gebühren und Auslagen eines vorläufigen Insolvenzverwalters** aufzukommen (**str aA AG** Hamburg ZInsO 2001, 1121; *Jaeger/Gerhardt* § 22 Rn 253 f; MüKo-*Schmahl* § 13 Rn 171; *Braun/Bußhardt* § 13 Rn 14; HaKo-*Wehr* § 13 Rn 88). Nach **Auffassung des BGH** gibt es für das Insolvenzgericht, das die Verfahrenseröffnung ablehnt, keine Möglichkeit, einen besonderen, die Kosten des vorläufigen Insolvenzverwalters regelnden Beschluss zu erlassen. Dem kann für die **Kostenerstattung im Innenverhältnis** nicht zugestimmt werden. Werden dem ASt die Kosten nach § 91 oder 91 a ZPO durch gerichtlichen Beschluss auferlegt, hat er die gesamten Kosten des Eröffnungsverfahrens zu tragen und können diese im Verfahren nach §§ 103 ff ZPO gegen ihn festgesetzt werden (vgl *Jaeger/Gerhardt* § 13 Rn 66; HK-*Kirchhof* § 14 Rn 58). Richtig ist, dass der ASt in Fällen der Erledigung der Hauptsache als **Zweitschuldner** weder für die **Kosten eines gerichtlichen Sachverständigen** noch für Veröffentlichungskosten oder die **Kosten einer vorläufigen Insolvenzverwaltung** haftet (**OLG** Köln 2005, 683 = ZInsO 2006, 46; **OLG** Düsseldorf NZI 2006, 708; **LG** Göttingen NZI 2004, 501; **LG** Frankenthal NZI 2002, 265; **AG** Dresden ZInsO 2009, 1173, 1174; **AG** Kaiserslautern NZI 2004, 327; HK-*Kirchhof* § 14 Rn 51; **str aA LG** Dresden ZInsO 2005, 947; **AG** Frankfurt ZVI 2003, 615; **AG** Düsseldorf ZInsO 2006, 1116; MüKo-*Schmahl* § 13 Rn 165; HaKo-*Wehr* § 13 Rn 88; *Frege/Keller/Riedel* HRP Rn 2565). **Anders aber,** wenn die Kosten wegen Unbegründetheit der Unzulässigkeit des Antrags durch gerichtlichen Beschluss dem ASt auferlegt werden. Grundsätzlich sind die **Kosten eines gerichtlichen Gutachters** wie auch die eines **vorläufigen Insolvenzverwalters** stets vom Schuldner zu tragen. Nach zutr Auffassung **OLG** Koblenz (NZI 2007, 743 f = ZInsO 2007, 610 f) besteht keine Veranlassung, die Auslagenhaftung des ASt im Insolvenzeröffnungsverfahren auf den Fall der Erledigung der Hauptsache auszudehnen (so auch **OLG** Düsseldorf NZI 2006, 708 f; **OLG** Köln NZI 2005, 683 f; **AG** Kaiserslautern NZI 2004, 327 f). Ebenso wie bei der Antragsrücknahme gehört die **Vergütung des vorläufigen Insolvenzverwalters** auch dann nicht zu den Auslagen, die der Gläubiger nach Erledigung der Hauptsache als Zweitschuldner zu tragen hat, wenn keine die Vergütung deckende Masse vorhanden ist (vgl **BGH** v 26. 1. 2006 – IX ZB 231/04, NZI 2006, 239).

II. Der Schuldner bestreitet die Zulässigkeitsvoraussetzungen für den Insolvenzantrag

131 Gegenüber dem Insolvenzantrag kann der Antragsgegner (Schuldner) einwenden, der Insolvenzantrag sei unzulässig, weil entweder generelle Zulassungsvoraussetzungen oder spezielle Zulassungsvorausset-

zungen fehlen, wie zB das rechtliche Interesse an der Verfahrenseröffnung. Allerdings ist nur ein **hinreichend substantiiertes Vorbringen** des Schuldners zu beachten (**BGH** v 1. 2. 2007 – IX ZB 79/06, NZI 2007, 350; BGHZ 153, 205, 207 = NZI 2003, 147; **BGH** ZIP 2003, 1005). Handelt es sich um **generelle Zulässigkeitsvoraussetzungen**, hat das Gericht diesen ebenso von Amts wegen nachzugehen (§ 5) wie bei dem Bestreiten eines rechtlichen Interesses. Das gilt auch, wenn der Schuldner die **Zuständigkeit des Gerichts**, die **Partei- und Prozessfähigkeit** des ASt (§§ 50 ff ZPO), seine **Insolvenzfähigkeit** sowie die **Prozessfähigkeit** bestreitet. Lässt sich eine dieser zwingenden Voraussetzungen nicht feststellen, ist der Insolvenzantrag als unzulässig zurückzuweisen. Handelt es sich dagegen um eine **spezielle Zulassungsvoraussetzung**, die nach § 14 Abs 1 vom ASt glaubhaft zu machen ist, genügt es, wenn der Antragsgegner (Schuldner) durch **Gegenglaubhaftmachung** (§§ 4 InsO, 294 ZPO) die Glaubhaftmachung des Antragstellers erschüttert (**OLG Köln** ZIP 1988, 664, 665; **LG Potsdam** ZInsO 2005, 499, 500; *MüKo-Schmahl* § 14 Rn 20 ff; *HaKo-Wehr* § 14 Rn 60; *Braun/Uhlenbruck*, Unternehmensinsolvenz, S 229). Unabhängig von einer Gegenglaubhaftmachung ist es dem Antragsgegner (Schuldner) nicht verwehrt, die Zulässigkeit des Insolvenzantrags mit anderen Gründen zu bestreiten, wie zB durch die Rüge der Prozessunfähigkeit des Antragstellers, ausreichender Sicherheiten, Stundung oder fehlenden rechtlichen Interesses an einer Verfahrenseröffnung (vgl *Uhlenbruck* Die anwaltliche Beratung, S 121). Die schuldhafte Nichtbeachtung beachtlicher Einwendungen des Antragsgegners kann zur Haftung des entsprechenden Bundeslandes, bei grober Fahrlässigkeit auch zur **persönlichen Haftung des Richters** bzw der Richterin führen, denn beachtliche Einwendungen sind von Amts wegen zu berücksichtigen (**LG Dortmund** KTS 1984, 147 m Anm *Mohrbutter*).

III. Der Schuldner bestreitet die dem Antrag zugrunde liegende Forderung

Bestreitet der Antragsgegner (Schuldner) die dem Insolvenzantrag zugrunde liegende Forderung, so ist die gerichtliche Handhabung unterschiedlich, je nachdem, ob es sich um eine nicht titulierte, nicht rechtskräftig titulierte oder rechtskräftig titulierte Forderung handelt. Bestreitet der Schuldner die Gläubigerschaft des Antragstellers als Zulässigkeitsvoraussetzung und ist dieser außerstande, seine **Antragsberechtigung** nachzuweisen, ist der Insolvenzantrag als unzulässig zurückzuweisen (s auch **BGH** ZIP 1992, 947; **BGH** v 11. 11. 2004 – IX ZB 258/03, ZInsO 2005, 39, 40; *Jaeger/Gerhardt* § 14 Rn 28). Im Übrigen begnügt sich der Gesetzgeber im Zulassungsverfahren mit einer **Glaubhaftmachung der Forderung**. Nach zutreffender Auffassung des **OLG Köln** (v 28. 3. 2001, ZIP 2001, 975) ist ein Gläubigerantrag auf Eröffnung des Insolvenzverfahrens nur dann zulässig, wenn die **Forderung gegen den Schuldner** und nicht gegen einen Dritten gerichtet ist. Auch wenn eine Entscheidung schwieriger rechtlicher oder tatsächlicher Fragen grundsätzlich nicht Aufgabe des Insolvenzgerichts ist, hat es den Streit über das Bestehen materiell-rechtlicher Ansprüche selbst zu klären und muss dies nicht dem Erkenntnisverfahren vorbehalten, wenn die Schlüssigkeit des Vorbringens des Antragstellers oder die Erheblichkeit des Bestreitens des Antragsgegners eindeutig ausfällt (**AG Köln** NZI 2007, 666; zust **BGH** NZI 2008, 182, 183). Auch ein **Schweigen des Schuldners** gilt nach hM als Bestreiten (*Jaeger/Gerhardt* § 14 Rn 17; HK-*Kirchhof* § 14 Rn 43, § 16 Rn 10; HaKo-*Schröder* § 16 Rn 10; *Gottwald/Uhlenbruck* InsRHdb § 13 Rn 4; krit *Rugullis* KTS 2007, 283 ff).

1. Einwendungen gegen nicht titulierte Forderungen. Das Gesetz verlangt in § 14 Abs 1 lediglich, dass der antragstellende Gläubiger seine Forderung glaubhaft macht. Auch eine nicht titulierte Forderung kann Grundlage eines Insolvenzantrags sein (**OLG Celle** NZI 2000, 214, 216; **OLG Frankfurt** ZInsO 2002, 75, 76; **LG Göttingen** ZIP 1994, 1276, 1377; **LG Göttingen** ZIP 1992, 572, 573; **AG Göttingen** ZInsO 1998, 143; **AF Stendal** ZInsO 1998, 234; *Pape* NJW 1993, 297, 299; FK-*Schmerbach* § 14 Rn 57). Das Gericht darf sich mit der **Feststellung der überwiegenden Wahrscheinlichkeit** begnügen, selbst wenn der Antragsgegner die Forderung bestreiten (**BGH** v 1. 2. 2007 – IX 79/06, NZI 2007, 350; **OLG Köln** NZI 2000, 174 = ZIP 2000, 151; *Häsemeyer* InsR Rn 7.14). Bei nicht titulierten Forderungen hat der bestreitende Antragsgegner (Schuldner) substantiiert darzulegen, dass die Forderung nicht oder nicht mehr existiert (**LG Göttingen** ZIP 1992, 572, 573; **LG Göttingen** ZIP 1994, 1376, 1377). Er hat die Tatsachen, die seinem Bestreiten zugrunde liegen, mit den Mitteln des § 294 ZPO glaubhaft zu machen. Es ist nicht Sache des Insolvenzgerichts, den Bestand einer **ernsthaft bestrittenen, rechtlich zweifelhaften Forderung** zu überprüfen (**BGH** v 29. 6. 2006 – IX ZB 245/05, ZIP 2006, 1452 = ZInsO 2006, 824 = ZVI 2006, 334; **BGH** ZIP 2006, 247 = ZVI 2006, 56).

Ist die **bestrittene Forderung die einzige**, die für den Fall ihres Bestehens den Insolvenzgrund (Zahlungsunfähigkeit) ausmachen würde, so muss für eine Verfahrenseröffnung diese Forderung zur vollen Überzeugung des Gerichts feststehen (**BGH** v 29. 3. 2007 – IX ZB 141/06, ZIP 2007, 1226 = ZInsO 2007, 604, 605 [Verjährungsfrist]; **BGH** ZIP 2006, 247 = ZVI 2006, 56; **BGH** ZIP 2006, 1452 = ZInsO 2006, 824). Dies ist nicht eine Frage der Zulässigkeit des Antrags, sondern der **Begründetheit** (**OLG Köln** ZInsO 2002, 772, 774; **AG Göttingen** ZInsO 1998, 143; **AG Stendal** ZInsO 1998, 234; *W. Gerhardt* EWiR § 102 KO 1/89, 701; FK-*Schmerbach* § 14 Rn 58; *Stürner* EWiR 1988, 603, 604; H/W/F Hdb 3/52; MüKo-*Schmahl* § 14 Rn 28). Die Auffassung, wonach der Insolvenzantrag in diesen Fällen **wegen fehlender Glaubhaftmachung** als **unzulässig** zurückzuweisen und der ASt auf den ordentlichen Rechtsweg zu verweisen ist, ist abzulehnen (so aber **BGH** v 29. 3. 2007 – IX ZB 141/06, ZIP 2007, 1226 = ZInsO 2007, 604, 605; OLG Hamm ZIP 1980, 259; OLG Frankfurt KTS 1983, 148, 149; OLG Frankfurt KTS 1973, 140; *Hess* § 14 Rn 31; *Frege/Keller/Reidel* HRP Rn 404). Macht die streitige Forderung für den Fall ihres Bestehens zugleich den Insolvenzgrund aus, so ist zwar der Antragsgegner nicht gehindert, durch Gegenglaubhaftmachung die Glaubhaftmachung des Antragstellers zu erschüttern; letztlich ist aber die Klärung der Frage, ob die Forderung besteht, eine solche der **Begründetheit des Antrags** (Einzelheiten bei K/U § 105 KO Rn 3 f; *W. Gerhardt* EWiR § 102 1/89, 701; *W. Lüke* ZZP 1992, 121; FK-*Schmerbach* § 14 Rn 58; *Pape* NJW 1993, 297, 300). Gelingt die Gegenglaubhaftmachung zB dadurch, dass der Antragsgegner eine Urkunde vorlegt, aus der hervorgeht, dass die dem Antrag zugrunde liegende Verbindlichkeit beglichen ist, so ist der Antrag als unzulässig zurückzuweisen. Gelingt dagegen die Gegenglaubhaftmachung nicht oder erschüttert er die ASt seinerseits die Gegenglaubhaftmachung wieder durch **erneute Glaubhaftmachung**, kommt es entscheidend darauf an, ob das Gericht von dem Bestehen der Forderung für eine Verfahrenseröffnung überzeugt ist (**BGH** v 8. 11. 2007 – IX ZB 201/03, ZInsO 2007, 1275).

135 **2. Einwendungen des Antragsgegners gegen rechtskräftig titulierte Forderungen.** Wie schon festgestellt wurde, kommt es im Rahmen der Antragszulassung nicht darauf an, ob die dem Antrag zugrunde liegende Forderung des Gläubigers tituliert ist oder nicht. Ist die dem Antrag zugrundeliegende Forderung aber tituliert, wie zB bei einem rechtskräftigen Arresturteil, so bedarf es keiner weiteren Darlegung und Glaubhaftmachung der Forderung (**OLG** Köln ZIP 2000, 154; HK-*Kirchhof* § 14 Rn 14; FK-*Schmerbach* § 14 Rn 59). Gegenüber einem rechtskräftigen Titel ist eine **Gegenglaubhaftmachung** so gut wie ausgeschlossen (FK-*Schmerbach* § 14 Rn 59; **sehr weitgehend BGH** NJW-RR 1992, 919; OLG Köln ZIP 1989, 789 f; OLG Frankfurt KTS 1983, 148). Es obliegt dem Schuldner, etwaige Einwände gegen die Forderung in dem dafür vorgesehenen Verfahren überprüfen zu lassen. Es ist dagegen nicht Aufgabe des Insolvenzgerichts, rechtlich oder tatsächlich zweifelhaften Einwänden gegen eine titulierte Forderung nachzugehend (**BGH** v 29. 6. 2006 – IX ZB 245/05, ZIP 2006, 1452 = ZVI 2006, 334 = NZI 2006, 588; **BGH** v 27. 7. 2006 – IX ZB 12/06, ZVI 2006, 564, 565; NZI 2006, 642; **BGH** v 29. 3. 2007 – IX ZB 141/06, ZIP 2007, 1226 = ZInsO 2007, 604). **Gegenüber einer rechtskräftig titulierten Forderung** kann sich der Schuldner nur darauf berufen, dass die **Forderung beglichen** oder durch wirksame Aufrechnung **erloschen** ist (*Gottwald/Uhlenbruck* InsRHdb § 13 Rn 5). Wird das Erlöschen der Forderung vom Gläubiger bestritten, kann sich der Schuldner im Wege der Gegenglaubhaftmachung nicht darauf berufen, er habe im Rahmen der Vollstreckungsgegenklage nach § 767 ZPO einen **Antrag auf einstweilige Einstellung der Zwangsvollstreckung** aus dem Titel beantragt.

136 Hat das Prozessgericht gem § 769 Abs 1 S 1 ZPO auf Antrag angeordnet, dass die **Zwangsvollstreckung gegen oder ohne Sicherheitsleistung** einstweilen eingestellt wird, führt dies nicht ohne weiteres zur Unzulässigkeit des Insolvenzantrages (str aA HaKo-*Wehr* § 14 Rn 61). Nur wenn im Rahmen der Einstellung nach § 769 Abs 1 S 1 ZPO **Sicherheitsleistung** erfolgt und nachgewiesen ist, kann es an dem rechtlichen Interesse iSv § 14 Abs 1 fehlen (FK-*Schmerbach* § 14 Rn 61). Ein Vollstreckungsschutzantrag nach § 765 a ZPO reicht keinesfalls als Gegenglaubhaftmachung aus. Gleiches gilt für ein **rechtskräftiges Versäumnisurteil** (unzutreffend LG Leipzig ZIP 1996, 880 m krit Anm *Holzer* EWiR 1996, 601; s auch OLG Köln ZIP 1988, 664, 665; FK-*Schmerbach* § 14 Rn 67).

137 Allein die vom Schuldner geäußerte Absicht, **Wiedereinsetzung in den vorigen Stand** nach den §§ 707, 719 ZPO im Rahmen des Einspruchverfahrens zu beantragen, macht den Insolvenzantrag nicht unzulässig und hindert das Gericht nicht am Erlass von Sicherungsmaßnahmen nach §§ 21, 22 (**AG** Göttingen v 29. 1. 1997, EWiR § 106 KO 1/97, 181 *[Pape]*; FK-*Schmerbach* § 14 Rn 62; *Pape* NJW 1993, 297). Häufig dienen derartige Einwendungen „nur dem Zweck, das Antragsverfahren zu verzögern, um noch Masse beiseite schaffen zu können" (*Pape* EWiR 1997, 181). Ebenso **unerheblich** ist, wenn der Schuldner den Nachweis erbringt, dass er gegen ein rechtskräftiges Urteil **Nichtigkeits- oder Restitutionsklage** nach den §§ 578 ff ZPO erhoben habe.

138 Liegt ein vollstreckbarer Schuldtitel oder ein Endurteil vor, so ist es Sache des bestreitenden Antragsgegners, seine Einwendungen gegen die titulierte Forderung in dem für den jeweiligen Einwand vorgesehenen Verfahren überprüfen zu lassen, wie zB nach den §§ 732, 767, 768 ZPO (**BGH** v 29. 6. 2006 – IX ZB 245/06, ZIP 2006, 1452, 1454 = ZInsO 2006, 824 = ZVI 2006, 334 = NZI 2006, 588, 589 f; HK-*Kirchhof* § 14 Rn 14, 46). Im **eröffneten Verfahren** sind die Einwände im Wege des Widerspruchs nach § 179 Abs 2 zu verfolgen. Nach zutr **Auffassung des BGH** (so) ist das Insolvenzgericht nicht verpflichtet, rechtlichen oder tatsächlichen zweifelhaften Einwänden gegen eine titulierte Forderung nachzugehen. Der Nachweis, dass der Schuldner beim Finanzgericht die **einstweilige Aussetzung der Vollziehung** beantragt hat, hat auf das Eröffnungsverfahren keinen Einfluss. Nur wenn das Prozessgericht auf entsprechenden Antrag hin die **Zwangsvollstreckung** aus dem Titel **einstweilen einstellt**, hat das Gericht zu prüfen, ob noch ein rechtliches Interesse für die Eröffnung eines Gesamtvollstreckungsverfahrens besteht.

139 Da der Gesetzgeber in § 14 Abs 1 lediglich auf die Glaubhaftmachung der Forderung, nicht dagegen auf die Vollstreckbarkeit der Forderung abstellt, lässt die **Einstellung der Einzelzwangsvollstreckung** das rechtliche Interesse an der Gesamtvollstreckung regelmäßig nicht entfallen (**str aA** MüKo-*Schmahl* § 14

Rn 24;HaKo-*Wehr* § 14 Rn 61). Auch ein **rechtskräftiges Vorbehaltsurteil**, bei dem ein Nachverfahren anhängig ist, genügt in der Regel zur Glaubhaftmachung der Forderung (**OLG Frankfurt** KTS 1983, 148; FK-*Schmerbach* § 14 Rn 68; HK-*Kirchhof* § 14 Rn 14). Bei einer **Vollstreckungsgegenklage gegen eine notarielle Urkunde** führt die Klage des Schuldners nicht zur Unzulässigkeit des Insolvenzantrags. Sie reicht nicht ohne weiteres zu einer erfolgreichen Gegenglaubhaftmachung durch den Schuldner aus (FK-*Schmerbach* § 14 Rn 69; **str aA OLG Köln** ZIP 1989, 789; *Hess* § 14 Rn 78).

3. Vorläufig vollstreckbare titulierte Forderung. Gegenüber einer Forderung, die nicht rechtskräftig 140 tituliert, aber vorläufig vollstreckbar ist, kann der Antragsgegner (Schuldner) neben dem Bestreiten allgemeiner Zulässigkeitsvoraussetzungen nur einwenden, dass vom Bestehen der streitigen Forderung zugleich auch der Insolvenzgrund abhängt (**BGH** ZIP 1992, 947, 948; **OLG Köln** ZIP 1988, 664, 665; **OLG Köln** ZIP 1989, 789, 790; **LG Stendal** ZIP 1994, 1034; **LG Magdeburg** ZIP 1995, 579, 580). Geht man mit der noch hM davon aus, dass es sich hier um eine **Frage der Glaubhaftmachung** handelt (vgl **OLG Köln** ZIP 1988, 664, 665; **OLG Hamm** ZIP 1980, 259; **OLG Frankfurt** KTS 1983, 148, 149; **OLG Frankfurt** KTS 1973, 140; *Jaeger/Weber* § 105 KO Rn 2), wäre der Insolvenzantrag als unzulässig zurückzuweisen und der ASt auf den ordentlichen Rechtsweg zu verweisen. Hält man dies aber mit der hier vertretenen Meinung (vgl auch **AG Göttingen** ZInsO 1998, 143; W. *Gerhardt* EWiR § 102 KO 1/89, 701; W. *Lüke* ZZP 1992, 121; *Pape* NJW 1993, 297; H/W/F Hdb 3/46, 52; FK-*Schmerbach* § 14 Rn 64; *Hess* § 14 Rn 80) für eine **Frage der Begründetheit** des Insolvenzantrags, kann die Behauptung, die streitige Forderung mache für den Fall ihres Bestehens den Insolvenzgrund aus, nur im Rahmen der Feststellung des Insolvenzgrundes Bedeutung erlangen. Da sich das Gesetz in § 14 Abs 1 mit der Glaubhaftmachung der Forderung begnügt, kommt insoweit eine Gegenglaubhaftmachung nicht in Betracht. Im Übrigen würde die vorläufige Vollstreckbarkeit völlig entwertet, wenn man für die Zulassung eines Insolvenzantrags die volle richterliche Überzeugung vom Bestehen der Antragsforderung verlangen wollte (FK-*Schmerbach* § 14 Rn 65). Der Schuldner könnte durch Einlegung von Rechtsmitteln das Verfahren über lange Zeit hinauszögern.

Nach **Feststellung von** *Jaeger/Gerhardt* (§ 14 Rn 29) ist es unzutreffend, die Lösung über das RSchI 141 zu suchen und den ASt bei bestrittenem und **noch nicht rechtskräftig festgestelltem Gläubigerrecht** ohne Ausnahme auf das Erkenntnisverfahren zu verweisen. In der Tat besteht ein grundsätzlicher Unterschied zwischen dem fehlenden RSchI einerseits und „rechtlicher Zweifelhaftigkeit" andererseits (s auch **OLG Frankfurt** MDR 1973, 235; *Gerhardt* EWiR § 102 1/89, 701). Hat allerdings das Prozessgericht aufgrund einer vom Schuldner erhobenen Vollstreckungsgegenklage die **Zwangsvollstreckung aus dem Titel** eingestellt (§§ 767, 769 ZPO), kann dies im Rahmen der Gegenglaubhaftmachung Bedeutung gewinnen (HK-*Kirchhof* § 14 Rn 15, 46). Dem **OLG Köln** (ZIP 1989, 789) kann insoweit nicht gefolgt werden, als seiner Meinung nach bei einer noch nicht rechtskräftig titulierten Einzelforderung nur dann ein RSchI für den Insolvenzantrag besteht, wenn dargetan ist, warum ein Vorgehen im Wege der Einzelzwangsvollstreckung nicht ausreicht. Insoweit werden Zulässigkeitsfragen mit der Frage der Begründetheit eines Insolvenzantrags vermischt. Es gibt **keinen generellen Vorrang der Einzelzwangsvollstreckung** vor der Gesamtvollstreckung, wenn ein Insolvenzgrund beim Schuldner vorliegt. Vielmehr muss der Gläubiger bei der Einzelzwangsvollstreckung damit rechnen, dass aufgrund der Verfahrenseröffnung entweder die Rückschlagsperre des § 88 eingreift oder eine erlangte Sicherung durch Anfechtung (§ 131) rückgängig gemacht wird (vgl auch *Pape* EWiR 1995, 666). Das Insolvenzgericht ist an einer Entscheidung des Prozessgerichts nicht gebunden (**OLG Köln** ZInsO 2002, 772, 774; FK-*Schmerbach* § 14 Rn 69).

Überzeugend hat *Pape* (NJW 1993, 297 ff) nachgewiesen, dass die **Zurückweisung der Gläubiger vor-** 142 **läufig vollstreckbar titulierter Forderungen** als ASt im Insolvenzeröffnungsverfahren, sofern vom Bestand ihrer Forderung das Vorliegen des Insolvenzgrundes abhängig ist, eine sehr hohe gläubigerschädigende Wirkung hat und es ermöglicht, sich der Vollstreckung dieser Forderungen auf Dauer zu entziehen. In der Tat ist das **Risiko „verfrühter" Verfahrenseröffnungen** deswegen gering, weil es einmal der solvente Schuldner in der Hand hat, durch Sicherheitsleistung die Zwangsvollstreckung und damit auch die Stellung eines begründeten Insolvenzantrages abzuwenden; zum andern muss sich das Gericht, wenn es das Verfahren eröffnen will, vom Vorliegen eines Insolvenzgrundes überzeugen (§ 16). Da Beweisaufnahmen im Eröffnungsverfahren unzulässig sind, wird es sich in Zweifelsfällen eine Überzeugung nicht verschaffen können und den Antrag als unbegründet zurückweisen. Vgl auch *Vallender/Fuchs/Rey*, Der Gläubigerantrag und seine Behandlung bis zur Eröffnungsentscheidung, NZI 1999, 181 ff.

4. Besonderheiten bei Bestreiten von Forderungen öffentlich-rechtlicher Hoheitsträger. Basiert die 143 Forderung des den Insolvenzantrag stellenden Finanzamts auf einer Steuerschätzung unter dem Vorbehalt der Nachprüfung, genügt zur Gegenglaubhaftmachung die Darlegung und Glaubhaftmachung, dass der Schuldner für den von der Schätzung umfassten Veranlagungszeitraum die Steuererklärungen eingereicht hat und sich aus diesen zumindest keine Steuerschuld oder aber ein Steuerguthaben ergibt. Dies gilt auch dann, wenn es sich um die einzige gegen den Schuldner gerichtete Forderung handelt und das Finanzamt aufgrund der eingereichten Erklärungen für den von der Schätzung umfassten Veranlagungszeitraum eine Betriebsprüfung angeordnet hat (**AG** Hamburg, ZInsO 2007, 950). Nach § 40 Abs 1 FGO kann der Steuerschuldner **Klage auf Unterlassen eines Insolvenzantrages** bzw auf **Rücknahme des Antrags** erheben (**FG** München v 30. 11. 1988, EFG 1989, 237; *Frotscher,* Besteuerung S 242; *Tipke/Kruse* § 251 AO Rn 8 b. Vgl auch **BGH** v 15. 2. 1990, DB 1990, 2519). Zu den Mitteln vorläufigen Rechtsschutzes s unten zu Rn 152 ff.

144   **5. Der Schuldner bestreitet den Insolvenzgrund.** Bestreitet der Schuldner (Antragsgegner) den Insolvenzgrund (Zahlungsunfähigkeit oder/und Überschuldung) mit ernst zu nehmenden Gründen, so kann er durch Gegenglaubhaftmachung (§ 294 ZPO) die Glaubhaftmachung durch den ASt auch insoweit erschüttern (**LG** Berlin ZInsO 2005, 499, 501). Sobald der Antrag zugelassen ist, sind die Amtsermittlungen auch auf das Vorliegen von Insolvenzgründen zu erstrecken (*Braun/Uhlenbruck* Unternehmensinsolvenz S 232; *Uhlenbruck* Die anwaltliche Beratung S 123). Die Amtsermittlungen hinsichtlich der Zulässigkeitsvoraussetzungen laufen weiter (**BGH** ZInsO 2006, 828). Soll der Eröffnungsgrund maßgeblich aus Forderungen des Insolvenzantrag stellenden Gläubigers abgeleitet werden und sind diese Forderungen bestritten, so müssen sie für die Eröffnung des Insolvenzverfahrens bewiesen werden (**BGH** v 13. 6. 2006 – IX ZB 214/05, ZIP 2006, 1456 = ZInsO 2006, 828). Mit der Zulassung des Insolvenzantrags beginnt die **Hauptprüfung hinsichtlich der Begründetheit des Antrags.** Ab diesem Zeitpunkt hat das Gericht von Amts wegen alle Umstände zu ermitteln, die für die Eröffnung des Insolvenzverfahrens von Bedeutung sind (§ 5 Abs 1 Satz 1). Die Besonderheit des Verfahrensabschnitts von der Zulassung bis zur Verfahrenseröffnung bzw Abweisung liegt darin, dass das Verfahren von einem **einseitigen Zulassungsverfahren** nicht nur in ein **zweiseitiges quasi-streitiges Parteiverfahren** übergeht, sondern dass nunmehr **Amtsermittlungspflichten** des Gerichts unabhängig vom Stand des Parteiverfahrens eingreifen, die sich auch auf die Begründetheit des Insolvenzantrags erstrecken.

145   **Einwendungen gegen den glaubhaft gemachten Eröffnungsgrund** betreffen nach zutr Feststellung von MüKo-*Schmahl* (§ 14 Rn 137) nicht mehr vorrangig die Zulässigkeit, sondern unmittelbar auch die **Begründetheit des Eröffnungsantrags** (§ 16). *Wehr* (HaKo-*Wehr* § 14 Rn 60) wirft der hier vertretenen Ansicht vor, sie führe dazu, dass dem Schuldner entgegen dem Anhörungszweck des § 14 Abs 2 die Möglichkeit der Gegenglaubhaftmachung genommen werde und ggf weitere ihn belastende Aufklärungs- oder sogar Sicherungsmaßnahmen erfolgen. Dem ist entgegenzuhalten, dass Amtsermittlungen nicht etwa dadurch unzulässig werden, dass der Antragsgegner durch Gegenglaubhaftmachung die Glaubhaftmachung des Insolvenzgrundes durch den ASt erschüttert. Mit der erstmaligen Antragszulassung tritt das bis dahin quasi-streitige Parteiverfahren in ein Offizialverfahren ein. Dabei hat das Insolvenzgericht auch weiterhin die **Zulässigkeitsvoraussetzungen zu prüfen** (**BGH** v 13. 6. 2006 – IX ZB 214/05, ZIP 1006, 1456 = ZInsO 2006, 828). Hierdurch ist gewährleistet, dass kein Insolvenzverfahren über das Vermögen des Schuldners eröffnet wird, ohne dass die Voraussetzungen des § 14 Abs 1 vorliegen.

146   Soweit der **Schuldner** – was die Regel ist – das **Vorliegen eines Insolvenzgrundes** bestreitet, handelt es sich um ein **Bestreiten der Begründetheit** des Antrags, was amtswegige Ermittlungen nicht ausschließt (vgl auch MüKo-*Schmahl* § 14 Rn 137). Das Insolvenzgericht darf nicht ein Insolvenzverfahren eröffnen, wenn es vom **Vorliegen eines Insolvenzgrundes überzeugt** ist (§ 16). Dem Schuldnerschutz ist ausreichend dadurch Genüge getan, dass bei **Nichterweislichkeit des Insolvenzgrundes** der Insolvenzantrag trotz Glaubhaftmachung von Forderung und Insolvenzgrund **als unbegründet zurückzuweisen** ist (s Voraufl § 14 Rn 70). Wegen der wirtschaftlichen Tragweite der Entscheidung haben die Ermittlungen besonders sorgfältig zu erfolgen (**BGH** KTS 1957, 12; **LG** Köln KTS 1964, 248). Im Regelfall wird das Gericht nicht auf die **Beiziehung eines Sachverständigen** verzichten können. Bei Großunternehmen mit Niederlassungen im Ausland oder Konzernunternehmen mit Gewinnabführungsverträgen können die Ermittlungen erhebliche Kosten verursachen. Der Gläubiger (Ast) hat keinen Einfluss auf Art und Umfang der Ermittlungen. Kommt es zur Abweisung mangels Masse (§ 26 Abs 1), haftet er gem § 23 Abs 1 GKG für die gerichtlichen Kosten und Auslagen als gesetzlicher Schuldner. Der ASt wird nicht einmal durch die **Anforderung eines Ermittlungskostenvorschusses** „vorgewarnt", denn zwar kann nach § 17 Abs 3 GKG bei Handlungen, die von Amts wegen vorgenommen werden, ein Vorschuss zur Deckung der Auslagen erhoben werden; die Amtsermittlungen sind jedoch nicht von der Einzahlung eines Ermittlungskostenvorschusses abhängig. Der ASt hat auch keinen Einfluss auf Art und Umfang der Ermittlungen.

H. Schuldnerschutz vor und im Insolvenzeröffnungsverfahren

I. Keine Anwendbarkeit des § 765 a ZPO

147   Umstritten ist, ob die Vollstreckungsschutzvorschrift des **§ 765 a ZPO** im Insolvenzeröffnungsverfahren Anwendung findet (**bejahend BGH** Rpfleger 1977, 359, 360; **BGH** KTS 1978, 24, 29; MüKo-*Schmahl* § 14 Rn 59; FK-*Schmerbach* § 14 Rn 23; HK-*Kirchhof* § 4 Rn 19; *Hess* § 14 Rn 114; **verneinend OLG** Nürnberg KTS 1971, 291, 292; *Jaeger/Gerhardt* § 14 Rn 43; K/P/B/*Pape* § 14 Rn 72; *Smid* § 14 Rn 15; MüKo-*Ganter* § 4 Rn 34; *Gottwald/Uhlenbruck* InsRHdb § 13 Rn 7; **offenlassend OLG** Köln ZIP

2000, 552 = ZInsO 2000, 104, 107; umfassend zum Meinungsstand *Schur* KTS 2008, 471 ff). Nach **Auffassung des BGH** (v 16. 10. 2008 – IX ZB 77/08, ZInsO 2008, 1381) kann einem Schuldner als natürliche Person bei Vollstreckungsmaßnahmen des Insolvenzverwalters nach § 148 Abs 2 auf Antrag **im eröffneten Insolvenzverfahren** Vollstreckungsschutz nach § 715 a gewährt werden, wenn dies zur Erhaltung von Leben und Gesundheit des Schuldners erforderlich ist (so auch **OLG** Hamburg ZMR 1955, 374; MüKoZPO-*Arnold* § 765 a Rn 23). Allerdings kommt auch nach Auffassung des **BGH** die Anwendung des § 765 a ZPO nur dann in Betracht, wenn „zusätzliche Rechte des Schuldners in insolvenzuntypischer Weise schwerwiegend beeinträchtigt werden" (s auch HK-*Kirchhof* § 4 Rn 19; MüKo-*Ganter* § 4 Rn 34). So zB bei Suizidgefahr im Fall der Räumungsvollstreckung, wobei allerdings dem Schuldner Auflagen zu machen sind. Aber auch die Meinung, die eine entspr. Anwendung des § 765 a ZPO im Insolvenzverfahren bejaht, beschränkt die Anwendung auf **krass gelagerte Ausnahmefälle** (BGH ZInsO 2008, 1383, 1384; **BGH** Rpfleger 1977, 359, 360; **OLG** Celle ZIP 1981, 1005; **LG** Darmstadt BB 1956, 870; **LG** Dortmund ZInsO 2007, 1357; **AG** Göttingen ZInsO 2001, 275, 276; **AG** Göttingen ZIP 1999, 1567, 1568; **AG** Göttingen ZInsO 2001, 275, 276; MüKo-*Schmahl* § 14 Rn 59; FK-*Schmerbach* § 14 Rn 23. Nach HK-*Kirchhof* (§ 4 Rn 19) hält eine grundsätzliche Ablehnung des § 765 a ZPO den verfassungsrechtlichen Gebot effektiven Rechtsschutzes nicht stand (s auch **BGH** ZInsO 2008, 1383, 1384). Allerdings sei eine **Einstellung des gesamten Eröffnungsverfahrens** ausgeschlossen. An der in der **Vorauflage** hier vertretenen gegenteiligen Auffassung ist festzuhalten. Zum einen ist die Vorschrift des § 765 a ZPO auf die Einzelzwangsvollstreckung zugeschnitten; zum andern birgt eine solche Rechtsschutzverdoppelung nach zutreffender Feststellung von *Häsemeyer* (InsR Rn 7.09 a) die Gefahr positiver Kompetenzkonflikte und Missachtung insolvenzrechtlicher Regelungszusammenhänge. Deshalb wird in der Literatur auch gefordert, dass der **Rechtsschutz gegen Insolvenzanträge durch Prozessgerichte generell ausgeschlossen** sein sollte (K/P/B/*Pape* § 14 Rn 69; *Jaeger/Gerhardt* § 14 Rn 43). Zwar hat das **OLG** Koblenz (v 17. 11. 2005 – 10 W 705/05, ZIP 2006, 1833) einen Anspruch des Schuldners gegenüber einem Gläubiger, die Stellung eines Insolvenzantrages zu unterlassen, für den Fall bejaht, dass der Gläubiger sich durch den unberechtigt gestellten Antrag dem Schuldner gegenüber schadensersatzpflichtig machen würde (**zust** HaKo-*Wehr* § 14 Rn 62). In der Entscheidung, die einen negatorischen Rechtsschutz im Wege einer einstweiligen Verfügung bejaht, wird jedoch betont, dass die Prüfung der Zulässigkeitskriterien des § 14 ausschließlich in die Prüfungskompetenz des Insolvenzgerichts fällt.

Mängel der Antragszulassung können im Wege der einstweiligen Verfügung nicht geltend gemacht werden. Die Entscheidung des **OLG** Koblenz widerspricht letztlich dem allgemeinen Grundsatz, dass **Prozessgerichte keinen negatorischen Rechtsschutz** gegen Insolvenzanträge gewähren dürfen (s. auch MüKo-*Schmahl* § 14 Rn 64; *Jaeger/Gerhardt* § 13 Rn 23; K/P/B/*Pape* § 14 Rn 69). Nicht gefolgt werden kann *Häsemeyer* (InsR Rn 7.09 a) darin, dass „die Glaubhaftmachung erschüttert wird, wenn die Vollstreckung oder Vollziehung vorläufiger Titel ausgesetzt wird". Für die Zulässigkeit des Antrags kommt es auf die Vollstreckbarkeit oder Vollziehbarkeit ebenso wenig an wie auf eine Titulierung (im Ergebnis ebenso K/P/B/*Pape* § 14 Rn 17). Schließlich würde die **Anwendung des** § 765 a ZPO im Insolvenzeröffnungsverfahren den Sinn des Insolvenzverfahrens als Gesamtvollstreckung ins Gegenteil verkehren (*Gerhardt* § 14 Rn 43; K/P/B/*Pape* § 14 Rn 72). Die **einschränkende Auffassung des BGH** in einem Urteil v 6. 6. 1977 (KTS 1978, 24, 29) betraf einen Sonderfall, in dem der **BGH** lediglich in einem obiter dictum ausgeführt hat, die Vorschriften der §§ 703 ff ZPO seien im Konkursverfahren nur anwendbar, soweit nicht seine Eigenart als Gesamtvollstreckung entgegenstehe (offensichtlich ebenso **BGH** v 16. 10. 2008 IX ZB 77/08, ZInsO 2008, 1383). Eine ganz andere und zu bejahende Frage ist, ob der Insolvenzverwalter befugt ist, im **Zwangsversteigerungsverfahren** über ein dem Schuldner gehörendes Grundstück die **Einstellung** nach § 765 a ZPO zu beantragen (**OLG** Braunschweig NJW 1968, 164; **OLG** Hamm NJW 1976, 1754;

Nach wie vor ist daran festzuhalten, dass das Gericht grundsätzlich im Rahmen der Prüfung des rechtlichen Interesses hinreichende Möglichkeiten hat, auch den schutzwürdigen Belangen eines Schuldners Rechnung zu tragen, auch wenn der **Grundsatz der Verhältnismäßigkeit** nicht eingreift. Soweit die Rechtsprechung im Übrigen die Anwendung von § 765 a ZPO bejaht hat, wie zB **OLG** Celle (v 30. 7. 1981, ZIP 1981, 1005, 1006), handelt es sich um Ausnahmefälle oder um ein eröffnetes Insolvenzverfahren. Zutreffend weist *Eidenmüller* (Unternehmenssanierung, S 448, 449) darauf hin, dass das Recht der Einzelzwangsvollstreckung im Allgemeinen und seine Vollstreckungsschutzvorschriften im Besonderen auf das bilaterale Verhältnis von Schuldner und Gläubiger und die in diesem Verhältnis sich für den ersteren möglicherweise ergebenden Härten zugeschnitten ist. Entgegen der Auffassung des **BGH** v 6. 6. 1977 (MDR 1978, 37, 38) sei § 765 a ZPO im Insolvenzeröffnungsverfahren schon deshalb nicht anwendbar, weil das Insolvenzrecht der Bewältigung eines Kollektivhandlungsproblems diene. Eine Maßnahme, die die Haftungsverwirklichung unter den Schirm der Gesamtvollstreckung stelle, als einzelzwangsvollstreckungsähnlich zu qualifizieren, verkenne deren Sinn und Zweck. Dem ist zuzustimmen.

II. Einreichung einer Schutzschrift

Oftmals wird von Anwälten des Schuldners bereits vor Antragstellung eine „**Schutzschrift**" bei dem Insolvenzgericht eingereicht. In dieser Schutzschrift wird beantragt, für den Fall eines Insolvenzantrags gegen den Mandanten ohne vorherige Anhörung keine Sicherungsmaßnahmen nach § 21 oder gar ein allgemeines Veräußerungsverbot anzuordnen oder das Verfahren zu eröffnen. In der **Vorauflage** (§ 10 Rn 11) wurden solche Schutzschriften für **unzulässig** gehalten. Diese Meinung kann nicht länger aufrechterhalten bleiben, obgleich das als quasi-streitiges Parteiverfahren ausgestaltete Eröffnungsverfahren ausreichende Möglichkeiten vorsieht, einen umfangreichen Schuldnerschutz zu gewährleisten. Da in der Praxis aber Fälle nicht selten sind, in denen angeblich „eilige" Insolvenzanträge von Gläubigern nicht nur zugelassen worden sind, sondern auch **Sicherungsmaßnahmen** angeordnet wurden, bestehen gegen die **Zulässigkeit einer Schutzschrift im Eröffnungsverfahren keine Bedenken** mehr (so auch *Frege/Keller/Riedel* HRP Rn 571–582; FK-*Schmerbach* § 14 Rn 107, 108; MüKo-*Schmahl* § 14 Rn 115; *Bichlmeier* DZWIR 2000, 62 ff; *Schillgalis*, Rechtsschutz des Schuldners bei fahrlässig unberechtigten Insolvenzanträgen, 2006 S 147, 152).

151 Die **Aufbewahrung** der eingegangenen Schutzschriften erfolgt nach Maßgabe der Aktenordnung. Die **Dauer der Aufbewahrung** ist mit **sechs bis zwölf Monaten** anzusetzen (*Schillgalis*, Rechtsschutz des Schuldners, S 153). Nach Fristablauf kann das Gericht die Schutzschrift zurücksenden. Die Schutzschrift darf **keine Anträge** enthalten, denn das Verfahren ist noch nicht anhängig. Die InsO sieht zwar die Schutzschrift nicht ausdrücklich vor. Sie ist aber ein Ausfluss des Anspruchs auf rechtliches Gehör (Art 103 Abs 1 GG). Sie soll verhindern, dass das Gericht einen **besonders dringlichen Fall** annimmt und deshalb möglicherweise ohne Gewährung eines rechtzeitigen rechtlichen Gehörs entscheidet (*Frege/Keller/Riedel* HRP Rn 572; *Schillgalis*, Der Rechtsschutz des Schuldners, S 152). Arbeitsüberlastung und Personalknappheit der Insolvenzgerichte können der sich unmittelbar aus Art 103 Abs 1 GG resultierenden Pflicht nicht entgegenstehen (*Schillgalis*, Der Rechtsschutz des Schuldners, S 152). Die Schutzschrift schützt einmal den Gläubiger vor Schadensersatzansprüchen gegen unberechtigte Insolvenzanträge, zum anderen das Gericht gegen Amtshaftungsansprüche, weil entweder die Zulässigkeitsprüfung nicht sorgfältig genug vorgenommen oder ggf gebotene Sicherungsmaßnahmen nicht oder zu Unrecht angeordnet wurden (*Frege/Keller/Riedel* HRP Rn 577). Zu den **Kosten** s BGH NJW 2003, 1257. **Schutzschriften der Gesellschafter** gegen einen möglichen Eigenantrag der Gesellschaft sind **unzulässig** (*Frege/Keller/Riedel* HRP Rn 578, 579). Gleiches gilt für **Schutzschriften der Gläubiger** gegen den Schuldner (so aber *Bichlmeier* DZWIR 2000, 62). So steht den Gläubigern keine Befugnis zu, eine **Schutzschrift gegen den Antrag des Schuldners auf Eigenverwaltung** zu stellen (zutr *Frege/Keller/Riedel* HRP Rn 580, 581). **Zur Verhinderung der Eigenverwaltung durch Schutzschriften** s die Kommentierung zu § 170 Rn 9.

III. Vorläufiger Rechtsschutz gegen Insolvenzanträge des Finanzamtes und der Sozialversicherungsträger

152 Stellt die Finanzbehörde (FA) einen Insolvenzantrag gegen den Steuerschuldner, liegt **schlichtes Verwaltungshandeln** auf dem Gebiet des öffentlichen Rechts vor (*Frotscher*, Besteuerung, S 239; *Gottwald/Frotscher* InsRHdb § 125 Rn 1–3). Der Insolvenzantrag des FA ist **kein Verwaltungsakt** (*Jaeger/Gerhardt* § 13 Rn 17; HK-*Kirchhof* § 14 Rn 37; *Hess* § 14 Rn 95; *Tipke/Kruse* § 241 AO Rn 8). S auch *Viertelhausen* InVo 2002, 45 ff; *Schmittmann* InsBüro 2006, 341 ff. Bei der Überprüfung der Rechtmäßigkeit eines Antrages des FA auf Eröffnung des Insolvenzverfahrens über das Vermögen eines Steuerschuldners handelt es sich um eine **öffentlich-rechtliche Streitigkeit** über Abgabenangelegenheiten (BFH v 19.12. 1989, BFH/NV 1990, 710; BFH v 11.12. 1990, BFH/NV 1991, 787; BFH v 1.3. 1978, BFHE 124, 311, BStBl II 1978, 313; FG Münster v 15.3. 2000, EFG 2000, 634). Dies gilt unabhängig von der streitigen Frage, ob der Insolvenzantrag durch das FA einen **Verwaltungsakt** darstellt oder nicht. Da die Stellung eines Insolvenzantrags über das Vermögen des Steuerschuldners im Ermessen des Finanzamts steht, gehört die Überprüfung der Rechtsfrage, ob das FA im Rahmen seiner Verwaltungstätigkeit unter Berücksichtigung des konkreten Steuerschuldverhältnisses mit der Stellung des Insolvenzantrags eine fehlerhafte Ermessensentscheidung getroffen hat, in die Zuständigkeit der Finanzgerichte (zutr **FG Münster v 15.3. 2000, EFG 2000, 634**). Gegen eine **Zweispurigkeit des Verfahrens** mit Recht *Jaeger/Gerhardt* § 13 Rn 22, 23.

153 Von den beiden in der FGO geregelten **einstweiligen Rechtsschutzmöglichkeiten** kommt ausschließlich die **einstweilige Anordnung nach § 114 FGO** in Betracht (BFH/NV 2007, 1270; BFH/NV 1989, 529; BFH/NV 1989, 236; BFH v 25.4. 1989, BFH/NV 1990, 76; Sächs FG DZWIR 2007, 326; *Schillgalis*, Rechtsschutz des Schuldners bei fahrlässig unberechtigten Insolvenzanträgen, 2006 S 158 f; *Frotscher* Besteuerung S 239 f; *Trossen* DStZ 2001, 877). Der Antrag auf einstweilige Anordnung nach § 114 FGO wird mit dem Wirksamwerden des Eröffnungsbeschlusses ohnehin gegenstandslos (*Jaeger/Gerhardt* § 13 Rn 23; *Frotscher,* Besteuerung, S 240; MüKo-*Schmahl* § 14 Rn 99, 100). Rechtsschutz wird auch gem § 33 Abs 1 S 1 FGO durch **Leistungsklage** nach § 40 Abs 1 FGO (Klage auf Unterlassen des Insolvenzantrags bzw Rücknahme) gewährt (**FG München v 30.11. 1988, EFG 1989, 237**; *Tipke/Kruse* § 251 AO Rn 22; *Trossen* DStZ 2001, 877). Eine **Aussetzung der Vollziehung** gem § 361 AO scheidet aus (FG Münster EFG 2000, 634; *Gottwald/Frotscher* InsRHdb § 125 Rn 1; *Frotscher* Besteuerung S 243; *Hess/Boochs/Weis* Steuerrecht in der Insolvenz Rn 47; *Trossen* DStZ 2001, 877). Eine **Klage auf Rücknahme des Insolvenzantrags** ist nur bis zum Wirksamwerden des Eröffnungsbeschlusses möglich, weil die Finanzbehörde nach § 13 Abs 2 bis zu diesem Zeitpunkt den Antrag zurücknehmen kann (**BFH v 26.4. 1988, BFH/NV 1988, 762**; *Frotscher* Besteuerung S 239 f).

Der **Erlass einer einstweiligen Anordnung** setzt voraus, dass ein rechtliches Interesse, ein Anordnungs- 154
anspruch sowie ein Anordnungsgrund vom ASt hinreichend dargelegt und glaubhaft gemacht werden
(§ 114 Abs 3 FGO, § 920 Abs 2 ZPO; *Trossen* DStZ 2001, 877, 878). Eine **einstweilige Anordnung** ist
nur gerechtfertigt, wenn es dem ASt aus einem besonderen Grunde nicht zuzumuten ist, seine Einwände
gegen die Antragstellung erst im Insolvenzeröffnungsverfahren geltend zu machen oder bis zur Entscheidung durch das Insolvenzgericht zuzuwarten (BFH/NV 1989, 529; *Trossen* DStZ 2001, 877,
880 f). Der Anordnungsgrund ist zu bejahen, wenn die Anordnung der vorläufigen Insolvenzverwaltung
mit Verfügungsverbot oder die Eröffnung des Insolvenzverfahrens die wirtschaftliche oder persönliche
Existenz des Steuerpflichtigen bedroht (*Tipke/Kruse* § 114 FGO Rn 30; *Trossen* DStZ 2001, 877, 881).

Das FG prüft gem § 114 FGO nur, ob die Insolvenzantragstellung durch das FA oder die OFD als 155
Handlung einer Verwaltungsbehörde nach verwaltungsrechtlichen Grundsätzen rechtmäßig ist (FG
Münster EFG 2000, 634). Es prüft nicht etwa, ob der Insolvenzantrag zulässig und begründet ist. Diese
Prüfung obliegt allein dem Insolvenzgericht (FG Münster EFG 2000, 634; *Trossen* DStZ 2000, 877, 878).
Das FA hat in besonderem Maße den **Grundsatz der Verhältnismäßigkeit** zu beachten, denn die Eröffnung eines Insolvenzverfahrens bedeutet in aller Regel die Vernichtung der wirtschaftlichen Existenz des
Steuerschuldners (*Frotscher* Besteuerung S 241; str aA FG Saarland EFG 2004, 1021). Ermessensfehlerhaft ist es, wenn das FA durch den Insolvenzantrag **Druck auf den Schuldner** ausüben will (BFH BFH/NV
2005, 1002; *Uhlenbruck* DStZ 1986, 39; *ders* BB 1972, 1266; *Hess* § 14 Rn 91, 92). Anders als bei anderen Gläubigern ist der Insolvenzantrag ermessensfehlerhaft, wenn es sich um eine geringfügige Forderung
handelt und eine realistische Möglichkeit besteht, dass der Schuldner ohne Insolvenzverfahren seine Verbindlichkeiten, wenn auch nach längerer Zeit, abträgt. Im Rahmen der Ermessensentscheidung ist weiterhin zu berücksichtigen, dass die Steuerforderung idR nicht in einem Streitverfahren von einem ordentlichen Gericht festgestellt wird, sondern dass die Behörde als Gläubigerin das Recht hat, die Steuern
einseitig, auch gegen Einwendungen des Schuldners, festzusetzen (*Frotscher* Besteuerung S 245; vgl auch
Sangmeister DStR 1979, 26; *Trossen* DStZ 2001, 877 ff; *Kalmes* DStZ 1983, 188). Ein Eröffnungsantrag
ist zB ermessensfehlerhaft, wenn er lediglich als Druckmittel für die Abgabe von Steuererklärungen oder
Steueranmeldungen dienen soll (**BFH** v 1. 3. 1990, ZIP 1991, 457; H/W/*Wienberg* § 14 Rn 47; *Frotscher*
Besteuerung S 244).

Mit Recht fordert *Pape* (K/P/B/*Pape* § 14 Rn 16), dass der **Rechtsschutz gegen Insolvenzanträge durch** 156
Prozessgerichte schlechthin ausgeschlossen sein sollte (vgl auch *App* InVo 1999, 65, 70 f; *Jaeger/Gerhardt*
§ 13 Rn 23; FK-*Schmerbach* § 14 Rn 46). Soweit dem Schuldner in Entscheidungen der Finanz- und
Sozialgerichte Rechtsschutz gegen Insolvenzanträge von Sozialversicherungsträgern und Finanzämtern
gewährt worden sei, stellen sich nach *Pape* „unzulässige Eingriffe in die Prüfungskompetenz der Insolvenzgerichte dar" (so auch *Häsemeyer* Rn 7.09; FK-*Schmerbach* § 14 Rn 46; MüKo-*Schmahl* § 14 Rn 54). Die
Frage, ob ein RSchI für den Insolvenzantrag eines FA oder eines Sozialversicherungsträgers besteht, ist
ausschließlich der Prüfung durch das Insolvenzgericht vorbehalten (*Häsemeyer* Rn 7.09; K/P/B/*Pape* § 14
Rn 69, 70, 71; str aA BFH v 20. 11. 1984, ZIP 1985, 1160). Nach MüKo-*Schmahl* (§ 14 Rn 93) ist die
Rechtsprechung der Sozial- und Finanzgerichte nur zu billigen, wenn und soweit sie die **vorrangige ge-**
setzliche Zuständigkeit des Insolvenzgerichts beachten. Sei der Eröffnungsantrag bereits gestellt, so können nur spezifisch verwaltungsrechtliche Gesichtspunkte, die sich aus der besonderen öffentlich-rechtlichen Bindung des hoheitlich handelnden Gläubigers ergeben und für privatrechtliche Gläubiger nicht
gelten, geltend gemacht werden (krit auch *App* DB 1986, 990; *ders* ZIP 1992, 460 f; *Häsemeyer* Rn 7.09;
K/P/B/*Pape* § 14 Rn 69). Eine Überprüfung der Frage, ob der Insolvenzantrag eines Amtsträgers zu Recht
gestellt worden ist, verträgt sich nicht mit der Regelung in § 14 (K/P/B/*Pape* § 14 Rn 70). Zudem würde
das Eröffnungsverfahren als **Eilverfahren** gefährdet. Die besondere Sorgfaltspflicht, die den Finanzbehörden im Rahmen der Antragstellung obliegt, ist nicht identisch mit der **Sorgfaltspflicht**, mit der das Insolvenzgericht die Voraussetzungen einer Insolvenzeröffnung zu prüfen hat. Die Stellung eines unberechtigten Insolvenzantrags ist letztlich ein **haftungsrechtliches Problem** (vgl BGH ZIP 1990, 805; OLG
Hamm ZIP 1980, 258; K/P/B/*Pape* § 14 Rn 71).

I. Schadenersatzpflicht des Gläubigers bei unzulässigem
oder unbegründeten Insolvenzantrag

Wie bereits zu § 13 Rn 89 ff dargestellt wurde (s auch Voraufl § 14 Rn 117), verpflichtet ein vom Gläu- 157
biger fahrlässig gestellter unzulässiger oder unbegründeter Insolvenzantrag **grundsätzlich nicht zum Scha-**
densersatz (BGHZ 36, 18; BGHZ 74, 9, 13; BGHZ 118, 201, 206; **OLG** Düsseldorf ZIP 1994, 479; *Pape*
ZIP 1995, 623, 626; K/P/B/*Pape* § 13 Rn 111; MüKo-*Schmahl* § 14 Rn 140; HK-*Kirchhof* § 14 Rn 59;
FK-*Schmerbach* § 13 Rn 119; *Jaeger/Gerhardt* § 13 Rn 55–61; *Schillgalis*, Rechtsschutz des Schuldners
bei fahrlässig unberechtigten Insolvenzanträgen, 2006 S 113 ff). Die **Rechtsprechung** und die hM haben in
der Literatur teilweise Kritik erfahren (so zB *F. Baur* JZ 1962, 95; *Weitnauer* DB 1962, 461; *Hopt*, Schadensersatz aus unberechtigter Verfahrenseinleitung, 1968, S 165 ff; *Zeiss* NJW 1967, 703 u JZ 1970, 199;
Loritz JZ 1990, 866; *App* ZIP 1992, 460). Zutreffend hat der **BGH** darauf hingewiesen, dass es einen Widerspruch bedeuten würde, von demjenigen, der ein gesetzliches Verfahren in Anspruch nimmt, zusätzlich
zu der Einhaltung der Verfahrensvorschrift noch die **Beachtung weiterer Sorgfaltspflichten** zu verlangen

(BGHZ 36, 18, 21). Für eine, vom Verschulden unabhängige Haftung, wie etwa nach den §§ 302 Abs 4, 717 Abs 2, 945 ZPO wegen unberechtigter vorläufiger Vollstreckungen, fehlt jede rechtliche Grundlage (MüKo-*Schmahl* § 18 Rn 140; *Jaeger/Gerhardt* § 13 Rn 55, 56; K/P/B/*Pape* § 13 Rn 111, 111 a; FK-*Schmerbach* § 13 Rn 119). Liefe der Gläubiger als ASt Gefahr, schon für einen **fahrlässigen Insolvenzantrag** auf Schadensersatz zu haften, würden Gläubigeranträge zu einem kaum kalkulierbaren Risiko werden (vgl *Schillgalis*, Rechtsschutz des Schuldners bei fahrlässig unberechtigten Insolvenzanträgen, 2006, S 41 ff). Nach *Jaeger/Gerhardt* (§ 13 Rn 57) stellt jeder unberechtigte Insolvenzantrag bei einem gewerbetreibenden Schuldner einen **Eingriff in dessen eingerichteten und ausgeübten Gewerbebetrieb** dar (so auch *Henckel*, Prozessrecht und materielles Recht, 1970, S 306 f). Deshalb sei der ASt zum Ersatz des Vermögensschadens des Schuldners nach § 823 Abs 1 BGB verpflichtet, wenn er vorsätzlich oder fahrlässig einen unzulässigen oder einen unbegründeten Insolvenzantrag gestellt habe. Da die Rechtsgutsverletzung durch das zunächst formal von der Rechtsordnung erlaubte und gebilligte Betreiben eines gesetzlich geregelten Vollstreckungsverfahrens erfolge, bestehe allerdings **keine Vermutung für die Rechtswidrigkeit** des durch die Antragstellung verursachten Eingriffs (so auch *Gerhardt*, Grundbegriffe, Rn 257). Vorstehender Auffassung ist entgegenzuhalten, dass die Barrieren des § 14 Abs 1 und die Verpflichtung des Insolvenzgerichts, den glaubhaft gemachten Insolvenzgrund festzustellen (§ 16), hinreichenden Schutz für Schuldner gegen unberechtigte Insolvenzanträge bieten. Vor allem ist ein Gläubiger nicht verpflichtet, sämtliche Möglichkeiten der Einzelzwangsvollstreckung auszuschöpfen, zumal eine auf diesem Wege erlangte Befriedigung ohnehin in einem späteren Insolvenzverfahren der Anfechtung nach den §§ 129 ff unterliegt. Ein Gläubiger verletzt nicht das Recht des Schuldners am eingerichteten und ausgeübten Gewerbebetrieb, wenn er sich – wenn auch fahrlässig – eines gesetzlichen Verfahrens bedient (HK-*Kirchhof* § 14 Rn 54).

158 Eine **Haftung des Antragstellers** nach § 826 BGB kommt aber in Betracht, wenn er den Insolvenzantrag stellt, um den Schuldner **vorsätzlich und sittenwidrig** zu schädigen (vgl BGHZ 36, 18, 20 f; BGHZ 148, 175, 182 ff; BGHZ 154, 269; **BGH** NZI 2004, 518; **OLG** Koblenz NZI 2006, 353; MüKo-*Schmahl* § 14 Rn 141; HK-*Kirchhof* § 14 Rn 59; FK-*Schmerbach* § 13 Rn 119). Eine Schadensersatzpflicht des antragstellenden Gläubigers nach § 824 Abs 1 BGB kommt auch in Betracht, wenn er Dritten die Stellung eines – unbegründeten – Insolvenzantrags mitteilt (BGHZ 36, 18, 23; **OLG** Celle ZIP 1998, 1445; *Smid* § 14 Rn 35 ff; HK-*Kirchhof* § 14 Rn 59; K/P/B/*Pape* § 13 Rn 113; *Jaeger/Gerhardt* § 13 Rn 58). Letztlich geht es in diesen Fällen der Benachrichtigung von einem Insolvenzantrag um die konkludente Behauptung, dass der Antragsgegner insolvenzreif ist (*Jaeger/Gerhardt* § 13 Rn 58; *Smid* § 14 Rn 35 ff). Bei vorsätzlich pflichtwidrig gestelltem Insolvenzantrag einer **Finanzbehörde** oder des **Sozialversicherungsträgers** kommt es, soweit hoheitliches Handeln angenommen wird, auf die Haftungsvorschrift des § 839 BGB (Art 34 GG), bei Annahme privatrechtlichen Handelns §§ 823, 826 BGB zur Anwendung (s BGHZ 110, 253, 257 = ZIP 1990, 805; *Jaeger/Gerhardt* § 13 Rn 59; MüKo-*Schmahl* § 14 Rn 146; *Schillgalis*, Rechtsschutz des Schuldners bei fahrlässig unberechtigten Insolvenzanträgen, 206).

§ 15 Antragsrecht bei juristischen Personen und Gesellschaften ohne Rechtspersönlichkeit

(1) ¹Zum Antrag auf Eröffnung eines Insolvenzverfahrens über das Vermögen einer juristischen Person oder einer Gesellschaft ohne Rechtspersönlichkeit ist außer den Gläubigern jedes Mitglied des Vertretungsorgans, bei einer Gesellschaft ohne Rechtspersönlichkeit oder bei einer Kommanditgesellschaft auf Aktien jeder persönlich haftende Gesellschafter, sowie jeder Abwickler berechtigt. ²Bei einer juristischen Person ist im Fall der Führungslosigkeit auch jeder Gesellschafter, bei einer Aktiengesellschaft oder einer Genossenschaft zudem auch jedes Mitglied des Aufsichtsrats zur Antragstellung berechtigt.

(2) ¹Wird der Antrag nicht von allen Mitgliedern des Vertretungsorgans, allen persönlich haftenden Gesellschaftern, allen Gesellschaftern der juristischen Person, allen Mitgliedern des Aufsichtsrats oder allen Abwicklern gestellt, so ist er zulässig, wenn der Eröffnungsgrund glaubhaft gemacht wird. ²Zusätzlich ist bei Antragstellung durch Gesellschafter einer juristischen Person oder Mitglieder des Aufsichtsrats auch die Führungslosigkeit glaubhaft zu machen. ³Das Insolvenzgericht hat die übrigen Mitglieder des Vertretungsorgans, persönlich haftenden Gesellschafter, Gesellschafter der juristischen Person, Mitglieder des Aufsichtsrats oder Abwickler zu hören.

(3) ¹Ist bei einer Gesellschaft ohne Rechtspersönlichkeit kein persönlich haftender Gesellschafter eine natürliche Person, so gelten die Absätze 1 und 2 entsprechend für die organschaftlichen Vertreter und die Abwickler der zur Vertretung der Gesellschaft ermächtigten Gesellschafter. ²Entsprechendes gilt, wenn sich die Verbindung von Gesellschaften in dieser Art fortsetzt.

Frühere §§ 208, 210, 213 KO, § 63 Abs 2 GmbHG zusammengefasst. §§ 17, 18 RegE ohne inhaltliche Änderungen im Rechtsausschuss zusammengefasst. Abs 1 Satz 2 angefügt, Abs 2 Satz 1 geändert, jetziger Satz 2 eingefügt und jetziger Abs 2 Satz 3 geändert durch Art 9 Nr 2 MoMiG vom 23. 10. 2008 (BGBl I, S 2026) mWv 1. 11. 2008.

I. Insolvenzantragsrecht (Abs 1)

1 **1. Allgemeines.** Das Insolvenzverfahren kann nur auf **Antrag** eröffnet werden (§ 13 Abs 1 Satz 1). Antragsberechtigt sind sowohl die Gläubiger (Fremdantrag) als auch der Schuldner selbst (§ 13 Abs 1

I. Insolvenzantragsrecht (Abs 1) § 15

Satz 2). Während die Einzelheiten des Fremdantrags in § 14 geregelt sind, regelt § 15 die Besonderheiten des Eigenantrags bei juristischen Personen und Gesellschaften ohne Rechtspersönlichkeit. § 15 stellt bei diesen Verbänden neben den echten Schuldnerantrag, der von den vertretungsberechtigten Mitgliedern der Gesellschaft oder des Vertretungsorgans in erforderlicher Anzahl und unter Umständen gemeinsam im Namen des Schuldners gestellt wird (vgl § 18 Abs 3), den besonderen eigenen Eröffnungsantrag der Vertreter oder persönlich haftenden Gesellschafter. Er **erweitert die Vertretungsmöglichkeiten** damit für insolvente juristische Personen und Gesellschaften ohne Rechtspersönlichkeit. Damit trägt er der Tatsache Rechnung, dass bei den juristischen Personen eine **Insolvenzantragspflicht** aller Mitglieder des Vertretungsorgans nach den gesellschaftsrechtlichen Vorschriften besteht (dazu unten § 15a) und dass die persönlich haftenden Gesellschafter bei den Gesellschaften ohne Rechtspersönlichkeit eine Möglichkeit haben müssen, ihre **persönliche Außenhaftung** (§ 128 HGB) zu begrenzen bzw zu beenden. Im Gegensatz zum echten Schuldnerantrag ergeben sich bei diesen von § 15 zusätzlich eingeräumten Antragsmöglichkeiten einige Besonderheiten und Einschränkungen.

Das **Insolvenzantragsrecht** bei Zahlungsunfähigkeit (§ 17) oder Überschuldung (§ 19) hat bei **juristischen Personen** außer den Insolvenzgläubigern jedes Mitglied des Vertretungsorgans und jeder Abwickler, auch wenn Gesamtvertretung (§§ 78 Abs 2, 269 Abs 2 AktG, §§ 35 Abs 2 Satz 2, 70 Satz 1 GmbHG, § 26 Abs 2 BGB) besteht (so für die GmbH zum alten Recht bereits KG 13. 5. 1965 NJW 1965, 2157 = KTS 1965, 241; Hachenburg/*Ulmer* § 63 GmbHG Rn 51 ff; *Uhlenbruck* GmbHR 1972, 170, 171). Auch andere gesetzliche oder satzungsmäßige Beschränkungen der Vertretungsmacht bleiben außer Betracht (*Uhlenbruck* GmbHR 1995, 195, 196; *ders* KS-InsO S 1157, 1161). Bei **Gesellschaften ohne Rechtspersönlichkeit** oder bei einer Kommanditgesellschaft auf Aktien ist neben den Insolvenzgläubigern und allen Mitgliedern des Vertretungsorgans (§ 11 Satz 1 EWIV-AG) (auch) jeder persönlich haftende Gesellschafter sowie jeder Abwickler berechtigt, den Eröffnungsantrag wegen Zahlungsunfähigkeit und Überschuldung zu stellen, auch hier ohne Rücksicht auf eine eventuell bestehende Gesamtvertretungsmacht (§ 125 Abs 2 Satz 1 HGB, §§ 714, 709 BGB, § 7 Abs 3 PartGG, Art 20 Abs 2 EWIV-VO; abw KP-*Noack* GesellschaftsR Rn 432). Zu den „persönlich haftenden Gesellschaftern" zählen, wie die Begründung des Regierungsentwurfs zu §§ 17, 18 ausdrücklich klarstellt, sämtliche Gesellschafter einer BGB-Gesellschaft und sämtliche Mitreeder einer Partenreederei (dazu auch *Wellkamp* KTS 2000, 331, 334). Antragsberechtigt sind dabei auch diejenigen persönlich haftenden Gesellschafter, die von der Vertretung ausgeschlossen sind (Jaeger/*Ehricke* § 15 Rn 24); ein Kommanditist ist jedoch nicht antragsberechtigt. Das alles gilt nach Art 4 EuInsVO auch für die Vertretungsorgane und Gesellschafter **ausländischer juristischer Personen**, über deren Vermögen im Inland ein Insolvenzverfahren eröffnet wird (*Hirte* in: Hirte/Bücker, § 1 Rn 73). Ob die dazu Berechtigten von ihrem Recht, die Eröffnung des Insolvenzverfahrens zu beantragen, Gebrauch machen, steht in ihrem pflichtgemäßen Ermessen, solange sie keine Pflicht zur Antragstellung trifft (dazu sogleich Rn 7f). Nicht zur Antragstellung berechtigt sind ausgeschiedene persönlich haftende Gesellschafter, wenn und obwohl sie persönlich haften (KP-*Noack* GesellschaftsR Rn 439; dazu auch oben § 11 Rn 264). Nicht erfasst sind im Hinblick auf ihre große Zahl und das daraus resultierende Missbrauchspotential auch die **unbeschränkt nachschusspflichtigen Mitglieder einer Genossenschaft**, zumal für die Genossennschaft ein Insolvenzantrag wegen § 98 ohnehin nur im Fall der Zahlungsunfähigkeit in Betracht käme; auf sie ist § 15 Abs 1 auch nicht analog anwendbar (*Terbrack*, Die Insolvenz der eingetragenen Genossenschaft [1999], Rn 113 ff; abw *Beuthien/Titze* ZIP 2002, 1116 f; KP-*Noack* GesellschaftsR Rn 591; Gottwald/*Haas* InsR HdB § 93 Rn 54). Wenn **mehrere** Mitglieder des Vertretungsorgans oder mehrere persönlich haftende Gesellschafter den Eröffnungsantrag gestellt haben, ist jeder von ihnen Antragsteller. Auch **faktische Geschäftsleiter** sind zur Antragstellung berechtigt (zur entsprechenden Antragspflicht unten § 15a Rn 8); Gleiches gilt im Falle der unwirksamen **Amtsniederlegung** eines Geschäftsleiters (zur entsprechenden Antragspflicht unten § 15a Rn 12). Andererseits lässt die wirksame Amtsniederlegung durch einen Geschäftsleiter dessen Antragsrecht entfallen (BGH 14. 7. 1980 Z 78, 82 = NJW 1980, 2415 = ZIP 1980, 768). Gleiches gilt für die **Abberufung** eine Geschäftsleiters. Wird der Antrag nicht von allen Mitgliedern des Vertretungsorgans, allen persönlich haftenden Gesellschaftern oder allen Abwicklern gestellt, ist er nur zulässig, wenn der Eröffnungsgrund glaubhaft gemacht wird (Abs 2 Satz 1; dazu unten Rn 11 f). Noch enger ist die Antragsberechtigung im Falle des Antrages wegen **drohender Zahlungsunfähigkeit**; hier ist ein von den Mitgliedern des Vertretungsorgans, persönlich haftenden Gesellschaftern oder Abwicklern gestellter Antrag nur zu berücksichtigen, wenn er entweder von allen gestellt wird oder der Antragsteller zur Vertretung des Verbandes berechtigt sind (§ 18 Abs 3). Im letzten Fall findet zum Schutz der Gesellschaft wiederum § 15 Abs 2 Anwendung.

Für den Fall der **Führunglosigkeit** einer juristischen Person erstreckt der durch das MoMiG neu eingefügte Abs 1 Satz 2 das Antragsrecht bei juristischen Personen auf deren Gesellschafter, bei Aktiengesellschaften und Genossenschaften zudem auch auf die Mitglieder des Aufsichtsrats. Das entspricht der – wenn auch etwas geringfügigeren – Erstreckung auch der Insolvenzantragspflicht auf diesen Personenkreis durch § 15a Abs 3 (dazu unten § 15a Rn 61 ff). Den Begriff der „Führunglosigkeit" definieren die Gesellschaftsgesetze als das Fehlen eines Vorstands bzw Geschäftsführers (§ 78 Abs 1 Satz 2 AktG, § 35 Abs 1 Satz 2 GmbHG, § 24 Abs 1 Satz 2 GenG); entgegen dem RefE MoMiG wird der Fall der bloßen Unerreichbarkeit des Geschäftsführers nicht mehr zur Führunglosigkeit gerechnet (*Wälz*-

2

2A

holz, DStR 2007, 1914, 1916). Durch die Verwendung des Begriffs der **„juristischen Person"** werden sämtliche, insbesondere auch ausländische juristische Personen erfasst; nicht erfasst sind aber juristische Personen des öffentlichen Rechts, weil sie keine Gesellschafter haben. Anderseits gehört aber der Verein in den Kreis der juristischen Personen, bei denen das Antragsrecht nach Abs 1 Satz 2 erweitert wird: Er hat zwar keine Gesellschafter, sondern Mitglieder; doch ist dies nicht anders als bei der eindeutig vom Gesetz erfassten Genossenschaft. Zur Antragstellung berechtigt ist bei allen erfassten Gesellschaftsformen **jeder Gesellschafter;** das ergibt sich aus der Gesetzesgeschichte, nachdem zunächst überhaupt nur die Gesellschafter neben den Vertretungsorganen zusätzlich zur Antragstellung berechtigt werden sollten. Denn die auf eine Forderung des Bundesrats zurückgehende Erstreckung des Antragsrechts auf Aufsichtsratsmitglieder von Aktiengesellschaften oder Genossenschaften sollte den Umfang des Antragsrechts gegenüber der ursprünglich vorgeschlagenen Fassung, vor allem mit Blick auf die insoweit bestehenden Antragspflichten (§ 15 a Abs 3), *erweitern* (Hirte ZInsO 2008, 689, 701 mwN). Für die Gesellschafterstellung kommt es auf die tatsächliche Lage, nicht auf die Eintragung in das Aktienbuch bzw die Gesellschafterliste an, da diese Instrumente nur für das Verhältnis zur Gesellschaft maßgeblich sind (§ 67 Abs 2 Satz 1 AktG; § 16 Abs 1 Satz 1 GmbHG; abw *Horstkotte* ZInsO 2009, 209, 214 f). Ein Missbrauch dieses damit recht weit reichenden Antragsrechts (das etwa jeden einzelnen Aktionär einer Publikumsaktiengesellschaft erfasst) ist durch die in solchen Fällen schwer zu erfüllenden Anforderungen an die Glaubhaftmachung von Eröffnungsgrund und Führungslosigkeit nach Abs 2 Satz 1 und 2 ausgeschlossen (abw. *Zabel* DZWIR 2009, 500 ff, die vor vornherein nur GmbH-Gesellschaften als erfasst ansieht). Bei einer Aktiengesellschaft oder Genossenschaft ist damit neben den Gesellschaftern auch **jedes Mitglied des Aufsichtsrats** zur Antragstellung berechtigt; das gilt *qua* gesetzlicher Verweisung auch für Europäische Aktiengesellschaft (Art. 9 Abs 1 lit c) ii) SE-VO und Europäische Genossenschaft (Art. 8 Abs 1 lit c ii) SCE-VO), aber – da es sich bei § 15 eindeutig um eine insolvenzverfahrensrechtliche Bestimmung handelt – auch für Aufsichtsräte in ausländischen Gesellschaften. Ob dabei auch erforderlich ist, dass es sich um einen nach gesetzlichen Vorschriften gebildeten Aufsichtsrat handelt, dessen Mitglieder aus dem Handels- oder vergleichbaren Register ersichtlich sind (so für die Parallelfrage bei der Passivvertretung einer Kapitalgesellschaft; dazu *Hirte* KapGesR Rn 3.19b mwN), ist unklar; da es hier aber keine Notwendigkeit für einen Verkehrsschutz Dritter in Form einer Ersichtlichkeit aus dem Handelsregister geht und die Frage einer etwaigen Haftung auch später beurteilt werden kann, spricht mehr dafür, hier auf dieses Erfordernis zu verzichten.

3 **Nicht antragsberechtigt** sind – abgesehen vom Fall der Führungslosigkeit bei einer juristischen Person nach Abs 1 Satz 2 – die einzelnen Mitglieder/Gesellschafter einer juristischen Person als solche, es sei denn, sie sind zugleich Insolvenzgläubiger. Letzteres gilt nach heutigem Recht (§ 39 Abs 1 Nr 5) auch im Hinblick auf Forderungen aus Gesellschafterdarlehen. Vertragliche Regelungen oder die gesellschaftsrechtliche Treupflicht können die Berechtigung zur Stellung eines Insolvenzantrags aber im Innenverhältnis einschränken. Auch ein Alleingesellschafter einer juristischen Person, sofern er nicht zugleich Mitglied des Vertretungsorgans ist, oder Prokurist oder ein Handlungsbevollmächtigter ist nicht berechtigt, einen Insolvenzantrag zu stellen (*Kalter* KTS 1955, 39, 41). Auch nicht antragsberechtigt sind bei der GmbH & Co KG die Gesellschafter der Komplementär-GmbH. Ebenfalls nicht antragsberechtigt sind – vom Sonderfall der Führungslosigkeit abgesehen – die Aufsichtsräte oder ein eventueller Beirat und dessen Mitglieder sowie die Haupt-, Gesellschafter- oder Generalversammlung oder deren Mitglieder. In dem durch die Gesellschaftsgesetze oder den Gesellschaftsvertrag gezogenen Rahmen – also insbesondere bei der GmbH - können diese die Geschäftsleitung allerdings zur Antragstellung anweisen. Soweit – wie vor allem bei bloß drohender Zahlungsunfähigkeit (§ 18) – für die Antragstellung Spielraum besteht, wird man den Geschäftsleiter auf der anderen Seite auch als verpflichtet ansehen müssen, vor einem Insolvenzantrag einen Beschluss der Gesellschafterversammlung oder eines etwa vorhandenen Aufsichtsrats einzuholen (dazu oben § 11 Rn 21). Auch unabhängig von der Notwendigkeit einer formalen Beteiligung eines anderen Gesellschaftsorgans können sich Geschäftsleiter gegenüber der Gesellschaft haftbar machen, die zu früh Insolvenzantrag stellen.

4 Zu Besonderheiten bei **Kreditinstituten** und **Versicherungsvereinen auf Gegenseitigkeit** oben § 11 Rn 23 ff, § 13 Rn 84 ff; zu (möglichen) Besonderheiten bei **juristischen Personen des öffentlichen Rechts** oben § 12 Rn 17.

5 **2. Zuständigkeit.** Als Insolvenzgericht ist das Amtsgericht, in dessen Bezirk ein Landgericht seinen Sitz hat, ausschließlich zuständig (§ 2 Abs 1). Örtlich zuständig ist das Insolvenzgericht, in dessen Bezirk der Schuldner seinen allgemeinen Gerichtsstand hat (§ 3 Abs 1 Satz 1). Bei einer selbstständigen wirtschaftlichen Tätigkeit entscheidet der Ort, wo diese ihren Mittelpunkt hat (§ 3 Abs 1 Satz 2); dazu oben § 11 Rn 249. Für die Insolvenz von Gesellschaft und Gesellschafter können dabei im Einzelfall verschiedene Zuständigkeiten bestehen. Bei mehreren zuständigen Insolvenzgerichten wird dasjenige zuständig, bei dem zuerst die Eröffnung des Insolvenzverfahrens beantragt wird (§ 3 Abs 2). Wird die Gesellschaftsinsolvenz bei einem unzuständigen Gericht eröffnet, bleibt dieses ebenfalls zuständig.

6 **3. Antragsrücknahme.** Nach § 13 Abs 2 kann der Antrag auf Eröffnung eines Insolvenzverfahrens zurückgenommen werden, bis das Verfahren eröffnet oder der Antrag rechtskräftig abgewiesen ist. Hat

ein Mitglied des Vertretungsorgans oder ein persönlich haftender Gesellschafter Insolvenzantrag gestellt, so kann nach Ansicht der Rechtsprechung entweder nur dieses Organmitglied bzw dieser Gesellschafter oder sämtliche Organmitglieder bzw persönlich haftenden Gesellschafter zusammen den Insolvenzantrag wieder zurücknehmen (**LG** Tübingen 10. 8. 1960 KTS 1961, 158 [zum Verein]; **LG** Dortmund 23. 9. 1985 ZIP 1985, 1341 = EWiR § 64 GmbHG 1/85, 993 *[Dempewolf]*; **AG** Duisburg 3. 11. 1994 ZIP 1995, 582 f). Danach ist ausgeschlossen, dass ein anderes Mitglied des Vertretungsorgans oder ein anderer persönlich haftender Gesellschafter den Insolvenzantrag zurücknimmt. Richtiger erscheint, den vertretungsberechtigten Mitgliedern des Vertretungsorgans einer **juristischen Person** die Antragsrücknahme zu gestatten. Denn damit wird einerseits die Gesellschaft vor der unnötigen Eröffnung eines sie schädigenden Insolvenzverfahrens geschützt; andererseits hat der ursprüngliche Antragsteller seiner eventuellen Antragsverpflichtung genügt; denn die Verantwortung für eine (weitere) Verzögerung liegt nunmehr bei dem bzw den Zurücknehmenden (*Haas* DStR 1998, 1359, 1360 f; *KP-Noack* GesellschaftsR Rn 256; *Uhlenbruck* KS-InsO S 1157, 1162 f; zum Konflikt zwischen dem Gläubigerinteresse an früher und dem Gesellschafts- bzw Gesellschafterinteresse an späterer Antragstellung *Gottwald/Haas* InsR HdB § 92 Rn 50). Das erlaubt auch eine sachgerechte Lösung in den Fällen, in denen der Antragsteller nach Antragstellung aus dem Vertretungsorgan ausscheidet (insoweit wie hier **BGH** 10. 7. 2008 IX ZB 122/07 ZIP 2008, 1596, 1597 = NZG 2008, 709 = EWiR § 15 InsO 1/08, 753 *[Vosberg]*). Denn in diesem Fall bleibt die Wirksamkeit seines Antrags vom Ausscheiden zunächst unberührt. Er kann auch nicht vom ausgeschiedenen Vertreter zurückgenommen werden; denn mit dem Ausscheiden aus dem Amt erlischt auch die Rücknahmebefugnis. Andererseits darf das Ausscheiden nicht dazu führen, dass der Antrag nicht mehr rücknehmbar wäre. Nach der hier vertretenen Lösung kann aber ein anderes oder ein ihm im Amt nachfolgendes vertretungsberechtigtes Mitglied des Vertretungsorgans den Antrag allein zurücknehmen. Einer Rücknahme durch sämtliche Mitglieder des Vertretungsorgans bedarf es daher nicht. Bei **Gesellschaften ohne Rechtspersönlichkeit** ist demgegenüber die zuvor skizzierte Lösung der Rechtsprechung grundsätzlich angemessen. Denn sonst könnten die vertretungsberechtigten persönlich haftenden Gesellschafter den Insolvenzantrag trotz der persönlichen Haftung des Antragstellers (§ 128 HGB) zurücknehmen. Ist der Antragsteller nach Antragstellung ausgeschieden, wird man aber im Hinblick auf seine jetzt nur noch beschränkte Haftung (§ 160 HGB) und die sonst fehlende Möglichkeit der Antragsrücknahme wie bei den juristischen Personen entscheiden müssen.

II. Insolvenzantragspflicht

Bei **juristischen Personen** – einschließlich der Kommanditgesellschaft auf Aktien – besteht nicht nur 7 das Recht, sondern unter Umständen auch die **Pflicht**, einen Insolvenzantrag zu stellen. Anders als beim Insolvenzantrags*recht* steht diese Pflicht nicht zur Disposition anderer Gesellschaftsorgane. Die Voraussetzungen der Pflicht und die schadenersatz- und strafrechtlichen Konsequenzen einer Verletzung dieser Pflicht ergeben sich heute aus § 15 a und werden dort behandelt.

Für die persönlich haftenden Gesellschafter einer **Gesellschaft ohne Rechtspersönlichkeit** besteht im 8 Hinblick auf das mit ihrer persönlichen Haftung verbundene eigene Interesse an einer rechtzeitigen Insolvenzantragstellung keine Insolvenzantragspflicht.

III. Beschwerderecht gegen Insolvenzeröffnung und deren Ablehnung

1. Eröffnungsbeschluss. Jedes Mitglied des Vertretungsorgans einer juristischen Person oder jeder 9 persönlich haftende Gesellschafter (in der Privatinsolvenz eines Gesellschafters dessen Insolvenzverwalter) oder jeder Abwickler ist im Rahmen der §§ 34 Abs 2, 6 Abs 1 gegen den **Eröffnungsbeschluss** unabhängig von seiner Vertretungsmacht selbstständig zur Beschwerde befugt, da sie auch unabhängig von ihrer gesellschaftsrechtlichen Vertretungsmacht den Eröffnungsantrag stellen können (§ 15 Abs 1); das gilt gleichviel, ob ein Gläubiger, ein anderes Vorstandsmitglied, ein anderer persönlich haftender Gesellschafter oder ein anderer Abwickler den Antrag gestellt hat (**RG** 21. 7. 1895 JW 1895, 454 [zum persönlich haftenden Gesellschafter]; **OLG** Colmar 24. 5. 1907 OLGZ 15, 243; *Jaeger/Ehricke* § 15 Rn 62; *Kilger/Karsten Schmidt* § 208 KO Anm 3; *KP-Noack* GesellschaftsR Rn 269). Mitglieder (Gesellschafter) oder andere Organe der juristischen Person oder der Gesellschaft ohne Rechtspersönlichkeit sind demgegenüber nicht beschwerdebefugt (**OLG** Köln 22. 10. 1974 DB 1974, 2202). Das gilt auch im Falle der Führungslosigkeit der Gesellschaft (hinsichtlich des Fremdantrags ebenso *Horstkotte* ZInsO 2009, 209, 212 f).

2. Ablehnung der Eröffnung. Wird der seitens der juristischen Person oder seitens der Gesellschaft 10 ohne Rechtspersönlichkeit gestellte Antrag auf Eröffnung **abgelehnt**, steht dem Antragsteller das sofortige Beschwerderecht zu (§ 34 Abs 1). Bei einer juristischen Person oder einer Gesellschaft ohne Rechtspersönlichkeit steht dieses Recht sowohl dem Antragsteller selbst wie der juristischen Person oder Gesellschaft ohne Rechtspersönlichkeit entsprechend ihrer „normalen" Vertretungsordnung zu (**LG** Berlin 25. 2. 1974 KTS 1974, 182; *KP-Noack* GesellschaftsR Rn 271; *H.-F. Müller* Der Verband in der Insolvenz, S 90; abw *Kilger/Karsten Schmidt* § 208 KO Anm 3). Dafür spricht auch die dem Rücknahmerecht (oben Rn 6) vergleichbare Interessenlage. Hat ein gesamtvertretungsberechtigtes oder sonst in der Vertretungsmacht beschränktes Organmitglied oder ein derart in der Vertretungsmacht beschränkter Gesellschafter den Antrag gestellt, so ist daher neben ihm selbst auch die Gesellschaft im Fall einer Ablehnung beschwerdeberechtigt; denn § 15 Abs 2 erweitert die eingeschränkte gesellschaftsrechtliche Vertretungsmacht mit Blick auf die Pflicht der einzelnen Organmitglieder oder Gesellschafter zur Insolvenzantragstellung, will sie aber nicht beschränken. Dies muss auch dann gelten, wenn der Antragsteller ein alleinvertretungsberechtigtes oder das einzige Organmitglied bzw der einzige persönlich haftende Gesellschafter ist; er handelt daher zumindest im Zweifel auf der Grundlage seiner allgemeinen gesellschaftsrechtlichen Vertretungsmacht und nicht aufgrund der besonderen, ihm durch § 15 Abs 2 eingeräumten Berechtigung (LG Berlin 25. 2. 1974 KTS 1974, 182; abw KG 13. 5. 1965 NJW 1965, 2157 = KTS 1965, 241). Auch wenn ein nicht vertretungsberechtigter, persönlich haftender Gesellschafter den Antrag stellt und dieser abgewiesen wird, ist daher neben diesem auch die Gesellschaft selbst beschwerdeberechtigt. Im Falle der **Führungslosigkeit** der Gesellschaft steht auch den Gesellschaftern das Beschwerderecht gegen die Ablehnung der Eröffnung zu (für allgemeine Erstreckung der verfahrensmäßigen Rechte auf diese im Falle des Eigenantrags *Horstkotte* ZInsO 2009, 209, 212).

IV. Glaubhaftmachung und Anhörung (Abs 2)

11 Wird der Antrag auf Eröffnung des Insolvenzverfahrens nicht von allen Mitgliedern des Vertretungsorgans, allen persönlich haftenden Gesellschaftern oder allen Abwicklern gestellt, ist er nur zulässig, wenn der **Eröffnungsgrund glaubhaft** gemacht wird (Abs 2 Satz 1); Gleiches gilt im Falle eines bei einer führungslosen juristischen Person gestellten Antrags, wenn dieser nicht von allen Gesellschaftern oder allen Mitgliedern des Aufsichtsrats gestellt wird. Der Glaubhaftmachung bedarf es auch dann, wenn der Antrag von einem zur Einzelvertretung berechtigten Mitglied des Vertretungsorgans oder einem persönlich haftenden Gesellschafter gestellt wird; denn Abs 2 schränkt insoweit die gesellschaftsrechtlichen (Allein-)Vertretungsregeln ein (KP-*Noack* GesellschaftsR Rn 25, 421; Scholz/*Karsten Schmidt* vor § 64 GmbHG Rn 44). Er schafft ähnlich § 14 Abs 2 für den Gläubigerantrag einen allgemeinen Zulässigkeitsgrund für den nicht von allen Mitgliedern des Vertretungsorgans, allen persönlich haftenden Gesellschaftern oder allen Abwicklern – also mit breitest möglicher Basis – gestellten Antrag. Dadurch wird das sehr weit reichende Antragsrecht des Abs 1 faktisch eingeschränkt und verhindert, dass einzelne Mitglieder des Vertretungsorgans oder einzelne persönlich haftende Gesellschafter das Mittel des Insolvenzantrags missbrauchen. Für die Glaubhaftmachung gelten die Grundsätze der §§ 14 Abs 1, 317 Abs 2. Mittel der Glaubhaftmachung ist die eidesstattliche Versicherung (§ 4 InsO, § 294 ZPO). Dabei ist die eidesstattliche Versicherung eines persönlich haftenden Gesellschafters oder eines organschaftlichen Vertreters als Mittel der Glaubhaftmachung zuzulassen. Bei Antragstellung durch Gesellschafter oder Aufsichtsratsmitglieder einer führungslosen juristischen Person (Abs 1 Satz 2) ist über die Glaubhaftmachung des Eröffnungsgrundes hinaus die **Glaubhaftmachung der Führungslosigkeit** erforderlich (Abs 2 Satz 2).

12 Bei fehlender Glaubhaftmachung ist der Antrag abzulehnen. Sind der Eröffnungsgrund und ggfls. auch die Führungslosigkeit glaubhaft gemacht, sind die übrigen Mitglieder des Vertretungsorgans, die übrigen persönlich haftenden Gesellschafter (nicht nur die geschäftsführenden) bzw die übrigen Abwickler vom Insolvenzgericht **anzuhören** (Abs 2 Satz 3; vgl auch § 14 Rn 58 ff); bei einem Antrag von Gesellschaftern oder Aufsichtsratsmitgliedern einer führungslosen juristischen Person (Abs 1 Satz 2) sind die nicht selbst antragstellenden Gesellschafter oder Aufsichtsratsmitglieder zu hören. Bei der BGB-Gesellschaft, der Partnerschaftsgesellschaft und der EWIV sind in diesem Fall alle Mitgesellschafter anzuhören (zur BGB-Gesellschaft *Wellkamp* KTS 2000, 331, 334 f). Die Anhörungspflicht greift auch dann, wenn ein zur Einzelvertretung berechtigtes Mitglied des Vertretungsorgans oder ein dazu ermächtigter persönlich haftender Gesellschafter den Antrag gestellt hat. Diese verfahrensmäßige Erschwerung des Antragsrechts motiviert zur Antragstellung durch sämtliche normalen Vertretungsorgane.

V. Gesellschaften ohne Rechtspersönlichkeit ohne natürliche Person als persönlich haftender Gesellschafter (Abs 3)

13 Abs 3 erklärt die Regelungen über das Insolvenzantragsrecht der Absätze 1 und 2 für entsprechend anwendbar auf „die organschaftlichen Vertreter und die Abwickler der zur Vertretung der Gesellschaft ermächtigten Gesellschafter" von Gesellschaften ohne Rechtspersönlichkeit, bei denen keine natürliche Person persönlich haftender Gesellschafter ist. Hat die Gesellschaft ohne Rechtspersönlichkeit mehrere persönlich haftende Gesellschafter, die alle nicht natürliche Personen sind, gilt Abs 3 dabei nur für die zur Vertretung der Gesellschaft ohne Rechtspersönlichkeit berufenen Gesellschafter. Bei etwa vorhandenen nicht vertretungsberechtigten persönlich haftenden Gesellschaftern, die keine natürlichen Personen sind, sind nach Abs 2 Satz 2 nur deren vertretungsberechtigte Organmitglieder oder Gesellschafter zu hören.

14 Die Regelung des Abs 3 bedeutet für den praktisch wichtigsten Fall, dass die Rechte der Abs 1 und 2 entsprechend für alle Geschäftsführer der GmbH & Co KG auch in Bezug auf die KG gelten. Es bedeutet aber andererseits, dass der Insolvenzantrag einer GmbH & Co KG nur zuzulassen ist, wenn entweder *alle* Ge-

schäftsführer des persönlich haftenden Gesellschafters oder alle Abwickler den Antrag stellen oder bei Einzelantrag Zahlungsunfähigkeit bzw Überschuldung *glaubhaft* gemacht wird (Abs 2 Satz 1). Zudem müssen in diesem Fall die Mitgeschäftsführer angehört werden. Die Insolvenzantragstellung durch einen (von mehreren) Geschäftsführern der Komplementär-GmbH entspricht also nicht einer Antragstellung durch den einzigen persönlich haftenden Gesellschafter einer KG. Ist eine Personengesellschaft Komplementärin, so sind nach dem Gesetz deren etwa vorhandene nicht vertretungsberechtigte persönlich haftende Gesellschafter nicht zur Antragstellung berechtigt; im Hinblick auf deren persönliche Haftung für die Verbindlichkeiten (auch) der KG wird man dies aber analog Abs 1 zulassen müssen (KP-*Noack* GesellschaftsR Rn 441). Dies alles gilt nach Abs 3 Satz 2 auch für „doppelstöckige" GmbH & Co KG: entscheidend ist immer, welche natürlichen Personen letztlich die Gesellschaft als Mitglieder eines Vertretungsorgans oder als vertretungberechtigte Gesellschafter einer anderen Gesellschaft vertreten (Beispiele bei Gottwald/*Haas* InsR HdB § 94 Rn 12 ff.). Ist die Komplementär-GmbH ihrerseits **insolvent**, obliegt das Recht zur Insolvenzantragstellung in der KG ihrem Insolvenzverwalter (KP-*Noack* GesellschaftsR Rn 564; abw AG Dresden 13. 6. 2003 ZIP 2003, 1264, 1265; zur Insolvenzantragspflicht unten § 15 a Rn 10).

§ 15 a Antragspflicht bei juristischen Personen und Gesellschaften ohne Rechtspersönlichkeit

(1) ¹ Wird eine juristische Person zahlungsunfähig oder überschuldet, haben die Mitglieder des Vertretungsorgans oder die Abwickler ohne schuldhaftes Zögern, spätestens aber drei Wochen nach Eintritt der Zahlungsunfähigkeit oder Überschuldung, einen Insolvenzantrag zu stellen. ² Das Gleiche gilt für die organschaftlichen Vertreter der zur Vertretung der Gesellschaft ermächtigten Gesellschafter oder die Abwickler bei einer Gesellschaft ohne Rechtspersönlichkeit, bei der kein persönlich haftender Gesellschafter eine natürliche Person ist; dies gilt nicht, wenn zu den persönlich haftenden Gesellschaftern eine andere Gesellschaft gehört, bei der ein persönlich haftender Gesellschafter eine natürliche Person ist.

(2) Bei einer Gesellschaft im Sinne des Absatzes 1 Satz 2 gilt Absatz 1 sinngemäß, wenn die organschaftlichen Vertreter der zur Vertretung der Gesellschaft ermächtigten Gesellschafter ihrerseits Gesellschaften sind, bei denen kein Gesellschafter eine natürliche Person ist, oder sich die Verbindung von Gesellschaften in dieser Art fortsetzt.

(3) Im Fall der Führungslosigkeit einer Gesellschaft mit beschränkter Haftung ist auch jeder Gesellschafter, im Fall der Führungslosigkeit einer Aktiengesellschaft oder einer Genossenschaft ist auch jedes Mitglied des Aufsichtsrats zur Stellung des Antrags verpflichtet, es sei denn, diese Person hat von der Zahlungsunfähigkeit und der Überschuldung oder der Führungslosigkeit keine Kenntnis.

(4) Mit Freiheitsstrafe bis zu drei Jahren oder mit Geldstrafe wird bestraft, wer entgegen Absatz 1 Satz 1, auch in Verbindung mit Satz 2 oder Absatz 2 oder Absatz 3, einen Insolvenzantrag nicht, nicht richtig oder nicht rechtzeitig stellt.

(5) Handelt der Täter in den Fällen des Absatzes 4 fahrlässig, ist die Strafe Freiheitsstrafe bis zu einem Jahr oder Geldstrafe.

Die Norm wurde eingefügt durch Art 9 Nr 3 MoMiG vom 23. 10. 2008 (BGBl I, S 2026) mWv 1. 11. 2008. Abs 3 mit leichten Änderungen im Rechtsausschuss.

Übersicht

	Rn
I. Allgemeines	1
II. Grundsatz	6
1. Antragspflichtige Personen	7
2. Grenzen der Antragspflicht	12
III. Fristbeginn und -ende	14
IV. Verletzung der Pflicht	19
1. Gegenüber der Gesellschaft	20
a) Ersatz von nach Insolvenzreife geleisteten Zahlungen	20
b) Schadenersatz wegen verzögerter Insolvenzantragstellung	31
c) Zum Verzicht der Gesellschaft auf Ansprüche gegen ihre Geschäftsleiter	35
2. Gegenüber Dritten	36
a) Culpa in contrahendo (§§ 280 Abs 1, 311 Abs 2 BGB)	36
b) § 823 Abs 2 BGB iVm der Insolvenzantragspflicht	39
c) § 823 Abs 2 BGB iVm anderen Normen	45
d) Erstattung eines Kostenvorschusses nach § 26 Abs 3	53
e) Einziehungsbefugnis	55
f) Konsequenzen	57
3. Gegenüber Mitgliedern	58
V. Antragspflicht bei Führungslosigkeit (Abs 3)	60
VI. Strafbarkeit (Abs 4 und 5)	63

§ 15a Antragspflicht bei juristischen Personen und Gesellschaften ohne Rechtspersönlichkeit

I. Allgemeines

1   Zum Schutz der Gläubiger von beschränkt haftenden Rechtssubjekten, aber auch allgemein zum Schutz des Rechtsverkehrs vor der Schädigung durch materiell insolvente, beschränkt haftende Gesellschaften sieht das Gesetz eine **Insolvenzantragspflicht** vor. Würde in solchen Fällen kein Insolvenzverfahren eröffnet, könnte durch Einzelzwangsvollstreckungen die Insolvenzmasse (§ 35) zugunsten einzelner, typischerweise besonders gut informierter Gläubiger ausgehöhlt werden. Der Ansatz des deutschen Rechts, in dieser Lage die Organe der insolventen Rechtsträger zur Stellung eines Insolvenzantrages zu verpflichten, ist freilich auch Ausgleich dafür, dass das deutsche Recht – im Gegensatz etwa zum englischen Recht – die Stellung eines Fremdantrages an relativ hohe Nachweisanforderungen knüpft (*Hirte* Vortrag auf dem 66. DJT [2007], P 11, P 36; *Hirte* in: Hirte/Bücker, § 1 Rn 73, 74 A; *Hirte*/*Mock* ZIP 2005, 474, 477; siehe auch *Meyer-Löwy*/*Poertzgen*/*de Vries* ZInsO 2005, 293, 295).

2   Vor allen Dingen mit dem Ziel, eine Anwendung der Vorschriften über die Insolvenzantragspflicht auch auf Schein-Auslandsgesellschaften sicherzustellen (Begr RegE, BT-Drucks 16/6140, S 55), wurden die früher in den einzelnen Gesellschaftsgesetzen enthaltenen Vorschriften zu Insolvenzantragspflichten bei juristischen Personen durch das MoMiG aus dem Gesellschaftsrecht in das Insolvenzrecht in den jetzigen § 15 a InsO verlagert; die früheren § 92 Abs 2 AktG, § 64 Abs 1 GmbHG, § 130 a Abs 1 HGB ebenso wie die korrespondierenden Strafvorschriften in den § 401 Abs 1 Nr 2 AktG, § 84 Abs 1 Nr 2 GmbHG, § 130 b HGB wurden dementsprechend aufgehoben. Unverändert bleibt aber die Sonderregelung in § 42 Abs 2 BGB für den Verein, die dem neuen § 15 a InsO vorgehen soll (Begr RegE, BT-Drucks 16/6140, S 55; dazu im Übrigen oben § 11 Rn 220). Nicht geregelt wurde die Antragspflicht innerhalb der **Vorgesellschaft,** in der sie nach ganz herrschender Ansicht ebenfalls besteht (dazu oben § 11 Rn 41). Bei den **Kredit- und Finanzdienstleistungsinstituten** bestehen Besonderheiten hinsichtlich der Insolvenzantragspflicht, auf die an anderer Stelle eingegangen wurde (oben § 11 Rn 23 ff).

3   Ob die Regelungen zur Insolvenzantragspflicht allein durch dieses formale „Umhängen" tatsächlich ihren gesellschaftsrechtlichen Charakter verlieren, ist (nicht nur vom Verfasser) mehrfach in Zweifel gezogen worden. Diese Zweifel lassen es jedenfalls als unsicher erscheinen, ob die Erstreckung der entsprechenden Regelungen auf Schein-Auslandsgesellschaften tatsächlich mit der Rechtsprechung des EuGH zur Niederlassungsfreiheit vereinbar ist (*Hirte* ZInsO 2008, 146, 147; *Knof*/*Mock* GmbHR 2007, 852, 854 [mit besonderen Bedenken hinsichtlich der Erstreckung der Antragspflicht auch auf Gesellschafter]; abw *Poertzgen* NZI 2007, 15, 17; *ders* ZInsO 2007, 574, 575; *ders* NZI 2008, 9, 10 f; *Wälzholz* DStR 2007, 1914, 1917).

4   Die „Umqualifikation" der Regelungen zu insolvenzrechtlichen hat aber vor allen Dingen zur Folge, dass die Normen nach jetzigem Recht durch Verlegung des tatsächlichen Verwaltungssitzes (im Sinne einer Verlegung des „Center of Main Interest – COMI") in das Ausland ebenso leicht abgestreift werden können, wie man glaubt, sie den inländischen Scheinauslandsgesellschaften überstülpen zu können. Gesellschaften werden also insbesondere im Zusammenwirken mit einigen Großgläubigern versuchen, sich den ihnen unliebsamen Regeln zur Insolvenzantragspflicht und zu den Gesellschafterdarlehen durch eine Verlegung ihres Sitzes ins Ausland und Insolvenzantragstellung im ausländischen Forum (die Vorrang vor einer Antragstellung im Inland hat!) zu entziehen.

5   Ungeachtet dieser Debatte ist ungeklärt, ob die Insolvenzantragspflicht auch auf die deutsche **Partikularinsolvenz** eines ausländischen Insolvenzverfahrens anzuwenden ist. Das ist zu verneinen, da es auf das Gesamtvermögen des insolventen Rechtsträgers ankommt und eine Spaltung der Insolvenzantragspflicht hinsichtlich zweier Teile derselben Vermögensmasse praktisch nicht durchführbar ist, jedenfalls nicht bezüglich der daran anknüpfenden (auch strafrechtlichen) Sanktionen (*Wälzholz* DStR 2007, 1914, 1916 f; iE auch *Poertzgen* NZI 2007, 15, 17; *ders* NZI 2008, 9, 12; teilweise abw aber *ders* ZInsO 2007, 574, 576).

II. Grundsatz

6   Nach Abs 1 Satz 1 sind die Mitglieder des Vorstands einer Aktiengesellschaft oder die Geschäftsführer einer GmbH im Falle der Zahlungsunfähigkeit der Gesellschaft oder bei Eintritt ihrer Überschuldung **verpflichtet,** ohne schuldhaftes Zögern, spätestens aber nach drei Wochen, einen Insolvenzantrag zu stellen. Gleiches gilt für den Vorstand der Genossenschaft; jedoch ist die Überschuldung bei der Genossenschaft nur unter den engeren Voraussetzungen des § 98 GenG Insolvenzgrund. Für den eingetragenen und wegen § 11 Abs 1 Satz 2 auch für den nicht eingetragenen Verein gilt nach § 42 Abs 2 BGB dieselbe Verpflichtung, allerdings mit dem wichtigen Unterschied, dass nicht „unverzügliche" Antragstellung verlangt wird (hierzu oben § 11 Rn 220; *G. Roth*/*Knof* KTS 2009, 163, 177 f). Die Pflicht zur Insolvenzantragstellung tritt nicht schon im Falle bloß drohender Zahlungsunfähigkeit oder gar bloß drohender Überschuldung ein, um Sanierungsbemühungen im Vorfeld einer Insolvenz nicht zu gefährden (*arg.* § 18; ausdrücklich Begr RegE zu Art 40 Nr 4 EGInsO).

7   **1. Antragspflichtige Personen.** Antragspflichtig sind die **einzelnen Organmitglieder,** ohne dass es auf deren Geschäftsführungs- oder Vertretungsbefugnis ankäme. Den Insolvenzantragspflichten unterliegen

II. Grundsatz § 15a

daher auch (Mit-)Geschäftsleiter, die aufgrund einer **internen Geschäftsverteilung** nicht für die Finanzierung der Gesellschaft bzw der juristischen Person zuständig sind (zum Umfang der Überwachungspflicht im arbeitsteiligen Aufsichtsgremium *Hirte* KapGesR Rn 3.88). Eine solche Vereinbarung kann den Geschäftsleiter nicht von einer kraft Gesetzes übertragenen Verantwortung entbinden, so dass auch ihn eine etwaige Haftung wegen Insolvenzverschleppung trifft (**BGH** 1. 3. 1993 NJW 1994, 2149 = ZIP 1994, 891 = EWiR § 64 GmbHG 1/94, 789 *[Schneider]* [U.-P.] [GmbH]). Beruft er sich auf eine, die Haftung ausschließende sorgfältige Pflichterfüllung, so hat er deren Voraussetzungen nachzuweisen (näher unten Rn 43). Die (früher noch gesellschaftsrechtlichen) Bestimmungen zur Insolvenzantragspflicht waren durch Art 47 Nr 4, 48 Nr 7, 49 Nr 16 EGInsO neu gefasst worden, weil der Eindruck vermieden werden sollte, die gesellschaftsrechtliche Definition der Überschuldung weiche von derjenigen in § 19 Abs 2 ab (abw zum alten Recht BGHZ 119, 201 = ZIP 1992, 1382 = NJW 1992, 2891 = EWiR § 32a GmbHG 6/92, 1093 *[Hunecke]* [Dornier]; **BGH** ZIP 2004, 1049 = NZG 2004, 619 = ZInsO 2004, 679 [zu den Nachweisanforderungen]). Die Verpflichtung zur Insolvenzantragstellung trifft im Liquidationsstadium die **Abwickler**.

Antragspflichtig sind auch diejenigen, die ohne gehörig zu Organmitgliedern bestellt und im entsprechenden Register eingetragen zu sein, die Funktionen von Vorstandsmitgliedern tatsächlich ausüben („**faktische Geschäftsführer**"); das gilt nach Auffassung der Rechtsprechung aber nur dann, wenn sie nach außen in Erscheinung getreten sind (**BGH** 28. 6. 1966 St 21, 101 = NJW 1966, 2225; **BGH** 22. 9. 1982 St 31, 118 = NJW 1983, 240 = ZIP 1983, 173 = KTS 1983, 559; **BGH** 21. 3. 1988 Z 104, 44 = NJW 1988, 1789 = ZIP 1988, 771 = KTS 1988, 502 = EWiR § 130a HGB 1/88, 905 *[Karsten Schmidt]*; **BGH** 25. 2. 2002 Z 150, 61 = ZIP 2002, 848 = DStR 2002, 1010 = NJW 2002, 1803 = EWiR § 31 GmbHG 1/02, 679 *[Blöse]* = LM H. 9/2002 § 6 GmbHG Nr 3 *[G. H. Roth]*); **BGH** 11. 7. 2005 NZG 2005, 816 = ZIP 2005, 1550 ff = EWiR § 64 GmbHG 1/05, 731 *[Bork]*; BayObLG 20. 2. 1997 St 97, 38 = NJW 1997, 1936 = KTS 1997, 465 [Ls]; zustimmend zur restriktiven Linie der Rechtsprechung *Himmelsbach/Achsnick* NZI 2003, 255, 256 ff; abw *Gottwald/Haas* InsR HdB § 92 Rn 56 ff; *Haas* NZI 2006, 494 ff; *R. Redeker* DZWIR 2005, 497, 500 ff); sie sind insoweit auch trotz des entgegenstehenden Wortlauts von § 15 antragsberechtigt (dazu § 15 Rn 2; *Uhlenbruck* KS-InsO S 1157, 1161 f; abw KP*Noack* GesellschaftsR Rn 262; *Gottwald/Haas* InsR HdB § 92 Rn 43).

Eine Antragspflicht bei Zahlungsunfähigkeit und Überschuldung besteht nach Abs 1 Satz 2 auch bei einer **Gesellschaft ohne Rechtspersönlichkeit,** bei der kein Gesellschafter eine natürliche Person ist; das betrifft insbesondere die GmbH & Co KG, kann aber etwa auch für eine BGB-Gesellschaft gelten (siehe bereits 12. Aufl § 11 Rn 266). Von der Antragspflicht hat der Gesetzgeber im Normalfall der Gesellschaften ohne Rechtspersönlichkeit im Hinblick auf die persönliche Haftung der Gesellschafter (§ 128 HGB) und das daraus resultierende Druckpotential abgesehen (zur teilweisen Unstimmigkeit dieses Ansatzes bezüglich der Partnerschaftsgesellschaft oben § 11 Rn 248). Eine Antragsverpflichtung besteht deshalb auch nicht, wenn zu den Gesellschaftern der Gesellschaft ohne Rechtspersönlichkeit eine andere Gesellschaft gehört, bei der ein persönlich haftender Gesellschafter eine natürliche Person ist (Abs 1 Satz 2 Hs 2; früher § 130a Abs 1 Satz 1 Hs 2 HGB, § 177a HGB); das kann seit Zulassung der Gesellschafterfähigkeit einer BGB-Gesellschaft in OHG/KG (durch **BGH** 16. 7. 2001 Z 148, 291 = NZG 2001, 1132 = ZIP 2001, 1713 *[Ulmer]*) auch eine BGB-Gesellschaft sein. Die Antragspflicht in diesen Fällen tritt typischerweise *neben* eine Antragspflicht in der als Komplementärin fungierenden juristischen Person. Die Erfüllung einer der beiden Antragspflichten lässt die jeweils andere Pflicht nicht entfallen. Bedenklich ist die in diesem Zusammenhang verbreitete Praxis, im Hinblick auf **BGH** 17. 3. 1966 Z 45, 204 (Rektorfall; krit Baumbach/*Hopt* § 171 HGB Rn 4 mwN) einen vermögenslosen persönlich haftenden Gesellschafter zusätzlich zur Komplementär-GmbH einzuwechseln, um die Insolvenzantragspflicht wegen Überschuldung auszuschalten (ebenso *Mühlberger* GmbHR 1977, 146, 149).

Antragspflichtig in der Gesellschaft ohne Rechtspersönlichkeit (typischerweise KG) sind die organschaftlichen Vertreter der zur Vertretung der Gesellschaft ermächtigten Gesellschafter und im Falle der Auflösung der KG deren Liquidatoren (hierzu auch *Deutler* GmbHR 1977, 36, 39). Hat die Komplementär-GmbH mehrere Geschäftsführer, so ist *jeder* Geschäftsführer zur Stellung des Insolvenzantrags verpflichtet (Baumbach/*Hopt* § 130a HGB Rn 7; GroßKomm/*Casper* § 64 GmbHG Rn 174). Auf die interne Vertretungsregelung kommt es bei mehreren Geschäftsführern nicht an. Vielmehr ist – ebenso wie bei der GmbH (dazu oben Rn 7) – jeder Geschäftsführer oder Liquidator unabhängig von der internen Regelung der Vertretungsmacht in der GmbH zur Antragstellung verpflichtet und berechtigt (§ 15 Abs 2). Ist auch die Komplementär-GmbH insolvent, trifft die Antragspflicht deren Insolvenzverwalter (KP-*Noack* GesellschaftsR Rn 566; abw AG Dresden 13. 6. 2003 ZIP 2003, 1264, 1265 [zum Antragsrecht]; *Schlitt* NZG 1998, 701, 706). Deren Insolvenzverwalter unterliegt dabei auch der Haftung nach § 130a Abs 2 (früher Abs 3) HGB (dazu auch unten § 35 Rn 420 f).

Nach Abs 2 (früher § 130a Abs 4 HGB), unterliegen auch **mittelbare organschaftliche Vertreter** der Insolvenzantragspflicht (Begr RegE, BT-Drucks 16/6140, S 55). Damit ist der Fall gemeint, dass persönlich haftender Gesellschafter in einer Gesellschaft ohne Rechtspersönlichkeit (vor allem einer Kommanditgesellschaft) eine andere Gesellschaft (wiederum vor allem eine Kommanditgesellschaft) ist, in der kein (persönlich haftender) Gesellschafter eine natürliche Person ist (doppel- oder mehrstöckige GmbH & Co KG). Hierdurch wird die Insolvenzantragspflicht auf den bzw die Vertreter der Gesellschafterin auf einer höheren Stufe ausgedehnt. Nach dem Wortlaut des Gesetzes scheint die Antragspflicht bereits ausgeschlossen zu sein, wenn *irgendein* Gesellschafter eine natürliche Person ist; das dürfte aber ein Redaktionsversehen als Folge der Tatsache sein, dass die Norm aus dem früheren § 130a Abs 4 HGB fortgeschrieben wurde, ohne zu bedenken, dass dort immer alle Gesellschafter persönlich haften – was angesichts der jetzt rechtsformneutralen Regelung der Insolvenzantragspflicht nicht mehr selbstverständlich ist.

12 **2. Grenzen der Antragspflicht.** Ein **Beschluss der Haupt-, Mitglieder- oder Generalversammlung** bzw **Weisungen der Gesellschafter (RG 14. 12. 1909 Z 72, 285, 289; BGH 18. 3. 1974 NJW 1974, 1088 = BB 1974, 855)** befreien einen Geschäftsleiter von seinen gesetzlichen Antragspflichten im Hinblick auf deren öffentlich-rechtlichen Charakter ebenso wenig wie ein Beschluss des Aufsichtsrats (anders beim Antragsrecht; dazu allgemein oben § 11 Rn 21 und zur möglichen Haftung wegen **verfrühter Insolvenzantragstellung** oben § 15 Rn 3). Gleiches gilt für das mögliche Einverständnis von Gläubigern mit einer Nicht-Antragstellung. Auch durch **Amtsniederlegung** können sich die Mitglieder des Vertretungsorgans nicht einer *bereits entstandenen* gesetzlichen Insolvenzantragspflicht entziehen **(BGH 14. 12. 1951 St 2, 53, 54 = NJW 1952, 554;** *Fichtelmann* GmbHR 2008, 76, 79; *Fleck* GmbHR 1974, 224, 229; GroßKomm/*Casper* § 64 GmbHG Rn 37, 145). Bei einer Amtsniederlegung während der Dreiwochenfrist kommt es für den Ausschluss der zivil- und strafrechtlichen Haftung darauf an, ob das Organmitglied während der schon laufenden Frist alles Erforderliche getan hat, um entweder den Insolvenzgrund zu beseitigen oder den Insolvenzantrag vorzubereiten. Teilweise wird insoweit sogar eine Pflicht des Ausgeschiedenen angenommen, auf seinen Nachfolger oder die verbliebenen Geschäftsleiter mit dem Ziel einer Insolvenzantragstellung einzuwirken **(BGH 14. 12. 1951 St 2, 53, 54 = NJW 1952, 554;** *Uhlenbruck* GmbHR 1972, 170, 172; zu recht kritisch hierzu mit Blick auf § 101 Abs 1 Satz 2 *H.-F. Müller* Der Verband in der Insolvenz, S 133 f). War das ausgeschiedene Organmitglied allerdings vor seinem Ausscheiden nicht zur Antragstellung verpflichtet, ist er auch danach nicht mehr zu einer Einwirkung auf den/die verbleibenden Geschäftsführer oder seinen Nachfolger verpflichtet (Scholz/ *Tiedemann* § 84 GmbHG Rn 39; abw GroßKomm/*Casper* § 64 GmbHG Rn 37). Nach neuem Recht kann in diesen Fällen, wenn die Amtsniederlegung zur **Führungslosigkeit** der Gesellschaft führt, aber eine Antragspflicht der Gesellschafter oder Aufsichtsratsmitglieder Abs 3 bestehen (dazu unten Rn 61 ff); eine Schadenersatzpflicht des sein Amt niederlegenden Geschäftsleiters gegenüber Dritten dürfte daher entbehrlich sein (abw *Fichtelmann* GmbHR 2008, 76, 79). Ist die Amtsniederlegung wegen Rechtsmissbräuchlichkeit unwirksam (oben § 11 Rn 119), bleibt auch die Antragspflicht bestehen. Diese Überlegungen gelten entsprechend für eine **Abberufung** durch Gesellschafter oder Aufsichtsrat: Mit dem (sofortigen) Wirksamwerden der Abberufung entfällt auch die Insolvenzantragspflicht, eine bereits entstandene Pflichtverletzung oder Strafbarkeit kann aber dadurch nicht mehr rückwirkend beseitigt werden; zudem kann sich eine Antragspflicht und Haftung der abberufenden Gesellschafter oder der abberufenden Aufsichtsratsmitglieder nach Abs 3 (dazu unten Rn 61 ff) oder daraus ergeben, dass sie als faktische Geschäftsführer anzusehen sind (oben Rn 8). Schließlich befreit auch ein von einem Gläubiger gestellter Insolvenzantrag nicht von der eigenen Antragsverpflichtung der Mitglieder des Vertretungsorgans; denn dieser Antrag kann bis zu einer Entscheidung des Insolvenzgerichts jederzeit zurückgenommen werden (§ 13 Abs 2; **OLG Dresden 16. 4. 1997 NZI 1999, 117 =** GmbHR 1998, 830; KPB-*Pape* § 15 Rn 7; Baumbach/Hueck/*Schulze-Osterloh* § 64 Rn 52). Ein von einem Organmitglied gestellter Antrag suspendiert allerdings die Antragspflicht der anderen Organmitglieder (*Fichtelmann* GmbHR 2008, 76, 79).

13 Die gesetzlichen Insolvenzantragspflichten enthalten keine **Sanierungspflicht des Geschäftsleiters** gegenüber den Gläubigern. Eine solche Sanierungspflicht kann sich nur im Innenverhältnis zur Gesellschaft ergeben; die Verletzung der Insolvenzantragspflicht kann daher uU zu Schadenersatzpflichten gegenüber der Gesellschaft führen (dazu sogleich Rn 31 ff). Das gilt insbesondere für die Stellung eines Insolvenzantrags wegen drohender Zahlungsunfähigkeit (§ 18) ohne Rücksprache mit Aufsichtsrat und/oder den Gesellschaftern (dazu bereits oben Rn 12).

III. Fristbeginn und -ende

14 Die Frist für die Verpflichtung, einen Insolvenzantrag zu stellen, beginnt nach dem Gesetz mit Zahlungsunfähigkeit bzw Überschuldung (ebenso Scholz/*Karsten Schmidt* § 64 GmbHG Rn 18; Lutter/ Hommelhoff/*Lutter/Kleindiek* § 64 GmbHG Rn 28). Subjektive Anforderungen spielen demgegenüber erst bei der Frage eine Rolle, ob die Verletzung der Insolvenzantragspflicht Sanktionen nach sich zieht. Die Frist beginnt damit nicht erst, wenn ein Geschäftsleiter **positive Kenntnis** von ihrem Beginn hat (so **BGH 9. 7. 1979 Z 75, 96, 110 f = NJW 1979, 1823, 1826 f [Herstatt]; BGHSt 24. 1. 1961 15, 306, 310 = NJW 1961, 740, 742;** *Hüffer* § 92 AktG Rn 9); in jedem Fall wird man darüber hinaus auch **grob fahrlässige Unkenntnis** ausreichen lassen müssen (*Bayer/J. Schmidt* AG 2005, 644, 651 f; *Poertzgen* ZInsO 2008, 944, 948, 950; *Schlitt* NZG 1998, 701, 707; Scholz/*Karsten Schmidt* § 64 GmbHG Rn 18 [für Kenntnis von Überschuldung]). Der Unterschied zwischen beiden Auffassungen ist allerdings bei der Insolvenzantragspflicht wegen Zahlungsunfähigkeit schon deshalb nur theoretisch, weil es eine dem

III. Fristbeginn und -ende § 15a

Geschäftsleiter nicht erkennbare Zahlungsunfähigkeit nicht geben dürfte; auch bei der Insolvenzantragspflicht wegen Überschuldung ist er im Hinblick darauf nur gering, weil dem Geschäftsleiter eine Pflicht zur kontinuierlichen Beobachtung einer kriselnden Gesellschaft auferlegt wird (Gottwald/*Haas* InsR HdB § 92 Rn 66; dazu unten Rn 31).

Der Verpflichtung, die Eröffnung eines Insolvenzverfahrens zu beantragen, müssen die Organe der juristischen Person (mit Ausnahme des Vereins) „ohne schuldhaftes Zögern" nachkommen. Das wurde in den früheren Fassungen der § 92 AktG, § 64 GmbHG, § 99 GenG und der sie ergänzenden Rechtsprechung insoweit relativiert, als nicht unbedingt sofort ein Konkursantrag zu stellen war; vielmehr hätten die zuständigen Organe die Befugnis und gegebenenfalls sogar die Pflicht, mit der Sorgfalt eines ordentlichen und gewissenhaften Geschäftsleiters zu prüfen und zu entscheiden, ob nicht andere, weniger einschneidende Maßnahmen besser als ein Konkursverfahren geeignet seien, Schaden von der Gesellschaft, ihren Gläubigern und der Allgemeinheit abzuwenden (BGH 9. 7. 1979 Z 75, 96, 108 = NJW 1979, 1823, 1826; BGH 9. 7. 1979 NJW 1979, 1829). Neben den ausdrücklich im Gesetz genannten Vergleichsverfahren wurden dazu Sanierungsbemühungen gezählt. 15

Die entsprechenden Formulierungen in § 92 AktG, § 64 GmbHG, § 99 GenG aF hat der Gesetzgeber der InsO bewusst nicht übernommen (ausdrücklich Begr RegE zu Art 40 Nr 4 EGInsO). Grund ist die nunmehr einheitliche Ausgestaltung des Insolvenzverfahrens. Daher wird die gesetzliche Insolvenzantragspflicht der Geschäftsleiter **nicht** dadurch **erfüllt oder gehemmt**, dass sich die Geschäftsleiter um eine **Sanierung bemühen**, selbst wenn sie nicht von vornherein aussichtslos ist (BGH 12. 2. 2007 II ZR 308/05 ZIP 2007, 674 = NZG 2007, 396 = NJW-RR 2007, 690 [Gen]; KP-*Noack* GesellschaftsR Rn 266]; *Poertzgen* ZInsO 2008, 944, 945 f). Auch kann die Frist zur Insolvenzantragstellung nicht mit der Begründung verlängert werden, es liege nur eine Zahlungsstockung oder vorübergehende Überschuldung vor (so zum alten Recht *Karsten Schmidt* ZIP 1980, 328, 332; *Uhlenbruck* ZIP 1980, 73, 76; *Veit* ZIP 1982, 273, 275 f); denn der Gesetzgeber hat bewusst davon abgesehen, für Fälle bloßer Zahlungsstockung das Vorliegen der Zahlungsunfähigkeit zu verneinen (Begr RegE zu § 11). Das gilt auch dann, wenn alle Gläubiger dem zustimmen sollten (*Poertzgen* ZInsO 2008, 944, 947). Sanierungsbemühungen haben nach der Konzeption des Gesetzes nämlich bereits *vor* Eintritt von Zahlungsunfähigkeit bzw Überschuldung anzusetzen; und auch innerhalb der gesetzlichen Frist kann die Höchstgrenze nicht ausgeschöpft werden, wenn schon zu einem früheren Zeitpunkt feststeht, dass eine nachhaltige Beseitigung des Insolvenzgrundes nicht erwartet werden kann (*Hüffer* § 92 AktG Rn 13; KK-*Mertens* § 92 AktG Rn 36 *[e contrario]*; abw *Poertzgen* ZInsO 2008, 1196, 1197 ff). Das wird deutlich aus der (nur bei Kapitalgesellschaften und der Genossenschaft bestehenden) Verpflichtung zur **Verlustanzeige** nach § 92 Abs 1 AktG, § 49 Abs 3 GmbHG (abweichend für die UG § 5 a Abs 4 GmbHG), § 33 Abs 3 GenG und zur Einberufung der Gesellschafterversammlung, mit der die allgemeine Verpflichtung der Geschäftsleiter konkretisiert wird, nicht erst bei Vorliegen eines Insolvenzgrundes, sondern schon in jedem Fall **wirtschaftlicher Schwierigkeiten** rechtzeitig Sanierungsmaßnahmen einzuleiten. Hinzu kommt, dass die InsO die Möglichkeit der **Sanierung** bewusst zu den **Verfahrenszielen** zählt (§ 1 Satz 1), ein Ausweichen vor dem Insolvenzverfahren daher – zumindest nach der Vorstellung des InsO-Gesetzgebers – nicht mehr mit dem Bemühen um Sanierung begründet werden kann. Allerdings kann in solchen Fällen das Verschulden als Voraussetzung einer Schadenersatzhaftung fehlen (näher unten Rn 43). 16

Das kann allerdings zu erheblichen Schwierigkeiten führen. Denn bei einer Kapitalgesellschaft ist die vollständige Durchführung einer **Kapitalerhöhung** zur Beseitigung des Insolvenzgrundes innerhalb der Insolvenzantragsfrist im Allgemeinen schon wegen der Ladungsfristen nicht mehr möglich (§ 123 AktG; § 51 Abs 1 GmbHG normiert nur eine Mindestfrist). Bei einer **sanierenden Kapitalerhöhung** (vereinfachte Kapitalherabsetzung, kombiniert mit Kapitalerhöhung) ist es sogar vorgeschrieben, dass die Übernahme der Einlagen sowie die Einzahlung zur freien Verfügung des Geschäftsleiter dem Notar nachgewiesen wird, bevor die Kapitalerhöhung beurkundet wird (§ 58 f Abs 1 Satz 3 GmbHG, § 235 Abs 1 Satz 3 AktG; Einzelheiten bei *Hirte* KS-InsO S 1253, 1277 f). Dieser Konflikt, der auch ein Grund für die Versuche ist, die Insolvenzantragspflicht des deutschen Rechts abzustreifen (oben Rn 4), hätte verhindert werden können (zu konkreten Vorschlägen *Hirte* ZInsO 2008, 146, 147; *Knof/Mock* GmbHR 2007, 852, 857 f). 17

Die **Pflicht endet** aus materiellen Gründen, wenn Zahlungsunfähigkeit oder Überschuldung entfallen sind (BGH 24. 1. 1961 St 15, 310 = NJW 1961, 740; *Poertzgen* ZInsO 2008, 944, 948). Dies kommt etwa in Fällen einer nachhaltigen (!) außergerichtlichen Sanierung in Betracht. Die Beseitigung von Zahlungsunfähigkeit durch Erweiterung einer bestehenden Kreditlinie führt allerdings nur dazu, dass der Insolvenzgrund der Zahlungsunfähigkeit gegen den der Überschuldung „eingetauscht" wird; eine fortbestehende drohende Zahlungsunfähigkeit (§ 18) schadet aber nicht. Ein Einverständnis des Antragsverpflichteten mit (einzelnen) Gläubigern lässt die Antragspflicht aber nicht entfallen. Bestand die Pflicht noch, war dies dem Verpflichteten aber nicht (mehr) erkennbar, kann mit dem Verschulden aber auch eine Haftung für ihre Verletzung entfallen. Bei mehrköpfigen Vertretungsorganen ist die Antragspflicht suspendiert, wenn von einem der Organmitglieder ein Antrag gestellt wurde, solange dieser Antrag nicht als unzulässig zurückgewiesen wurde; zudem darf das nicht selbst einen Antrag stellende Organmitglied die Antragstellung durch ein anderes Organmitglied nicht mit Hilfe von § 15 Abs 2 18 verhindern oder verzögern. Die Antragpflicht endet schließlich aus prozessualen Gründen, wenn das Gericht aufgrund eines von anderer Seite gestellten Insolvenzantrags das Verfahren eröffnet oder die Eröffnung mangels Masse abgewiesen hat (§ 26; BGH 28. 10. 2008 5 StR 166/08 St 53, 24 = ZIP 2008, 2308, 2310); sie endet dagegen nicht, wenn ein eigener oder ein von dritter Seite gestellter Antrag als unzulässig zurückgewiesen wird. Allein die Tatsache, dass mangels Masse offensichtlich keine Eröffnung eines Insolvenzverfahrens in Betracht kommt, lässt die Antragpflicht ebenfalls (noch) nicht entfallen; denn darüber zu entscheiden, ist allein Sache des zuständigen Gerichts (OLG Bamberg 13. 8. 1982 ZIP 1983, 200). Das gilt auch in Fällen der Vermögenslosigkeit; denn auch hier bedarf es eines gerichtlichen Verfahrens um festzustellen, ob diese Voraussetzung tatsächlich vorliegt (dazu näher oben § 11 Rn 115 ff).

IV. Verletzung der Pflicht

19   Die Verletzung der Insolvenzantragspflichten kann zu Schadenersatzpflichten gegenüber der juristischen Person und den Gläubigern führen sowie strafrechtliche Sanktionen nach sich ziehen. Demgegenüber führt eine Verletzung der der Insolvenzantragpflicht vorgelagerten Pflicht zur Verlustanzeige (oben Rn 16) nur zu einer Verantwortlichkeit gegenüber der Gesellschaft (Einzelheiten bei *Priester* ZGR 1999, 533; *Karsten Schmidt* ZIP 1980, 233, 234 ff; *Uhlenbruck* ZIP 1980, 73, 76 ff; *Ulmer* KTS 1981, 469, 475 ff).

20   **1. Gegenüber der Gesellschaft. a) Ersatz von nach Insolvenzreife geleisteten Zahlungen. aa)** § 93 Abs 3 Nr 6 AktG iVm § 92 Abs 2 (früher Abs 3) AktG und § 64 (früher Abs 2) GmbHG, § 99 (früher Abs 2) GenG statuieren zunächst eine besondere Ersatzverpflichtung des Geschäftsleiters gegenüber der Gesellschaft für die **Zahlungen**, die nach dem Zeitpunkt geleistet wurden, in dem Insolvenzantrag hätte gestellt werden müssen (für ein Abstellen auf diesen Zeitpunkt auch *Poertzgen* ZInsO 2008, 1196, 1197 ff). „Zahlungen" sind in diesem Zusammenhang alle Minderungen des Gesellschaftsvermögens, auch in Form von Lieferungen oder Leistungen oder durch Eingehen neuer Verbindlichkeiten (vgl etwa **OLG** Köln 9. 8. 1995 ZIP 1995, 1418 = EWiR § 130 a HGB 1/95, 1007 *[Hammen]* [Umsatzsteuerzahlungen an das Finanzamt]). Vor allem Einzahlungen, Einreichungen von Kundenschecks, Lastschrifteinzüge und Gutschriften aufgrund Cash-Managements, die auf ein debitorisches GmbH-Konto erfolgen, sind – wenn sie nach Insolvenzreife erfolgen – „Zahlungen" iSv § 64 GmbHG, die der Geschäftsführer in die Masse zu erstatten hat (**BGH** 29. 11. 1999 Z 143, 184 = NJW 2000, 668 = ZIP 2000, 184 = KTS 2000, 115 = EWiR § 64 GmbHG 1/2000, 295 *[Noack]* = DStR 2000, 210 *[Goette]* = LM H 5/2000 § 64 GmbHG Nr 18 *[Heidenhain]* = DZWIR 2000, 202 *[Keil]* = WuB II C. § 64 GmbHG 1.01 *[Bitter]*; **BGH** 11. 9. 2000 NJW 2001, 304 = ZIP 2000, 1896, 1897 f = DStR 2000, 1831 = NZG 2000, 1222 = NZI 2001, 87 = KTS 2001, 140 = EWiR § 64 GmbHG 3/2000, 1159 *[Keil]* = LM § 64 GmbHG Nr 19 *[Noack/Bunke]*; **OLG** Hamburg 21. 4. 1995 ZIP 1995, 913 = EWiR § 64 GmbHG 3/95, 587 *[Bähr]*; **OLG** Düsseldorf 12. 3. 1999 NJW-RR 1999, 1211; abw **OLG** Celle 19. 8. 1997 NZG 1999, 77 = EWiR § 64 GmbHG 3/99, 463 mit zu Recht krit Anm *Bähr*; zum Ganzen *Hirte* KapGesR Rn 3.100 ff). Der Charakter als „Zahlung" geht nicht dadurch verloren, dass der Empfänger den Betrag „treuhänderisch" für die GmbH verwalten soll (**LG** Berlin 6. 3. 2006 ZIP 2006, 865 f [n rechtskr; für Zahlungen an einen Firmenbestatter]). Zahlungen mit Kreditmitteln zu Lasten eines debitorischen Bankkontos sollen aber keine Zahlungen in diesem Sinne sein, sondern zu Lasten der Bank gehen; umgekehrt aber stellt die Vereinnahmung von Zahlungen, die der Gesellschaft zustehen, auf einem debitorischen Konto eine „Zahlung" an die kontoführende Bank dar (**BGH** 26. 3. 2007 II ZR 310/05 ZIP 2007, 1006 = NJW-RR 2007, 984 = NZG 2007, 462 [zu § 130 a Abs 3 HGB]; dazu *Werres* ZInsO 2008, 1001; krit *Karsten Schmidt* ZIP 2008, 1401). Der Sache nach handelt es sich hier um einen Spezialfall der Insolvenzverschleppung; denn ausgeblendet werden nicht Schäden der Gesellschaft, sondern eine durch Verminderung des Gesellschaftsvermögens zugunsten einzelner Gläubiger bewirkte Schädigung der Gläubigergesamtheit (**BGH** 18. 3. 1974 NJW 1974, 1088, 1089; *Goette* ZInsO 2005, 1, 2 ff). Darin liegt ein gesetzlich angeordneter Fall der Drittschadensliquidation (*Bitter* WM 2001, 666 ff; KP-*Noack* GesellschaftsR Rn 322; *Medicus* GmbHR 1993, 533, 538; *Karsten Schmidt* JZ 1978, 661, 662; Grundsatzkritik an der Schärfe des Ansatzes bei *Karsten Schmidt* ZIP 2005, 2177 ff). Da die Normen keinen Deliktshaftungstatbestand darstellen, sondern eine Anspruchsgrundlage eigener Art bilden, scheidet eine Teilnahme Dritter daran nach § 830 BGB aus (**BGH** 11. 2. 2008 II ZR 291/06 ZIP 2008, 1026, 1027 = NZG 2008, 468).

21   Entgegen § 64 GmbHG geleistete Zahlungen, sind vom Geschäftsführer **ungekürzt zu erstatten** (Entsprechendes gilt nach § 92 Abs 2 AktG für den Vorstand einer Aktiengesellschaft). Doch ist ihm im Urteil von Amts wegen vorzubehalten, seinen Gegenanspruch, der sich nach Rang und Höhe mit dem Betrag deckt, den der durch die rechtswidrige Auszahlung begünstigte Gesellschaftsgläubiger im Insolvenzverfahren erhalten hätte, nach Erstattung an die Masse gegen den Insolvenzverwalter zu verfolgen. Etwaige Erstattungsansprüche der Masse gegen Dritte sind Zug um Zug an den Geschäftsführer abzutreten (**BGH** 8. 1. 2001 Z 146, 264 = ZIP 2001, 235, 238 ff *[Altmeppen]* = NJW 2001, 1280 = NZG 2001, 361 = DStR 2001, 175 *[Goette]* = ZInsO 2001, 260 = NZI 2001, 196 = EWiR § 32 a GmbHG

IV. Verletzung der Pflicht § 15a

1/01, 329 *[Priester]* = GmbHR 2001, 190 *(Felleisen)* = JZ 2001, 1188 *(Fleischer);* **BGH** 11. 7. 2005 NZG 2005, 816 = ZIP 2005, 1550 ff = EWiR § 64 GmbHG 1/05, 731 *[Bork]* [zur Aufnahme des Vorbehalts von Amts wegen in das Urteil]; **OLG** Schleswig 10. 4. 2003 ZIP 2003, 856). Der aus § 64 GmbHG resultierende Ersatzanspruch einer GmbH gegenüber ihrem Geschäftsführer ist in der **masselosen Insolvenz** der Pfändung durch Einzelgläubiger der Gesellschaft zugänglich (**BGH** 11. 9. 2000 NJW 2001, 304 = ZIP 2000, 1896, 1897 f = DStR 2000, 1831 = NZG 2000, 1222 = NZI 2001, 87 = EWiR § 64 GmbHG 3/2000, 1159 *[Keil]* = LM § 64 GmbHG Nr 19 *[Noack/Bunke];* dazu *Karsten Schmidt* GmbHR 2000, 1225).

Für den **Beginn des Zahlungsverbots** nach § 92 Abs. 2 AktG, § 64 GmbHG genügt dabei die erkennbare Zahlungsunfähigkeit oder Überschuldung der Gesellschaft, deren Fehlen der Geschäftsführer zu beweisen hat (**LG** Bonn 21. 12. 1999 ZIP 2000, 747, 750 = EWiR § 32 a GmbHG 1/2000, 301 *[von Gerkan];* ausführlich *Poertzgen* ZInsO 2008, 944, 951). 22

Die Ersatzpflicht scheidet nicht aus, wenn der im Gläubigerinteresse tätig werdende Insolvenzverwalter es versäumt hat, **Anfechtungsrechte** nach §§ 129 ff rechtzeitig (früher § 41 KO: Ausschlussfrist von einem Jahr) geltend zu machen. Denn es ist nicht Aufgabe des Insolvenzverwalters, die Interessen des Geschäftsführers (bzw allgemein des antragspflichtigen Geschäftsleiters) wahrzunehmen; dieser sei nämlich nicht „Beteiligter" im Sinne von § 82 KO (jetzt § 60 Abs 1). Für eine Haftung des Geschäftsleiters spreche demgegenüber die größere Effizienz seiner Haftung: sie ermögliche eine rationale Wiederauffüllung der Masse ohne das Risiko, dass die Masse die Kosten eines erfolglosen Anfechtungsprozesses zu tragen hätte (**BGH** 18. 12. 1995 Z 131, 325 = ZIP 1996, 420 = NJW 1996, 850 = DStR 1996, 1175 *[Goette]* = KTS 1996, 272). Ungeklärt ist allerdings noch, ob der Geschäftsführer auch dann (schon) allein in Anspruch genommen werden kann, wenn die Möglichkeit einer Anfechtung noch besteht. Doch dürfte dies im Interesse einer schnellen und effektiven Massemehrung zu bejahen sein (ebenso **LG** Bonn 21. 12. 1999 ZIP 2000, 747, 750 = EWiR § 32 a GmbHG 1/2000, 301 *[von Gerkan];* KP-*Noack* GesellschaftsR Rn 331 m Nachw der Gegenansicht in Fn 173). Und ebenso offen ist die aus diesem Ansatz folgende Frage, wie bei Haftung mehrerer auf Wiederauffüllung der Masse ein Binnenausgleich der Verpflichteten stattzufinden habe. Richtigerweise sollte insoweit § 426 BGB herangezogen werden (KP-*Noack* GesellschaftsR Rn 331). Ein etwa in Anspruch genommener Geschäftsleiter kann beim Empfänger der Leistung Rückgriff nehmen, indem er aus dem abgetretenen Erstattungsanspruch der Gesellschaft gegen den Empfänger vorgeht; die Gesellschaft ist zur Abtretung von Erstattungsansprüchen entsprechend § 255 BGB verpflichtet (dazu oben Rn 21). Die inzwischen erfolgte Umgestaltung der Ausschlussfrist des § 41 KO in eine Verjährungsfrist durch § 146 dürfte allerdings an dieser Sachlage nichts ändern. 23

Eine Haftung scheidet aber aus, wenn sich der Geschäftsleiter nach § 92 Abs 2 Satz 2 AktG, § 64 Satz 2 GmbHG, § 99 Satz 2 GenG entlasten kann. Die dafür nachzuweisende Sorgfalt eines ordentlichen und gewissenhaften Geschäftsleiters bzw Sorgfalt eines ordentlichen Geschäftsmanns ist allerdings aus der Gläubigersicht zu beurteilen: entscheidend ist, dass keine Minderung der Insolvenzmasse eingetreten ist und nicht einzelne Gläubiger bevorzugt befriedigt wurden (**BGH** 8. 1. 2001 Z 146, 264 = ZIP 2001, 235, 238 ff *[Altmeppen]* = NJW 2001, 1280 = DStR 2001, 175 *[Goette]* = ZInsO 2001, 260 = NZI 2001, 196 = EWiR § 32 a GmbHG 1/01, 329 *[Priester]* = GmbHR 2001, 190 *(Felleisen)* = JZ 2001, 1188 *(Fleischer);* zur Beweislastverteilung **BGH** 13. 3. 2006 NZG 2006, 429 = ZIP 2006, 805 f). Daher ist entscheidend, ob und in welchem Umfang auch ein Insolvenzverwalter nach hypothetischer Eröffnung des Insolvenzverfahrens die entsprechende Zahlung noch hätte leisten müssen (**OLG** Celle 23. 12. 2003 ZIP 2004, 1210 = EWiR § 64 GmbHG 2/04, 913 *[Kind/Schork]*). Aus diesem Grund greift § 64 GmbHG auch dann ein, wenn ein Geschäftsführer bei Insolvenzreife der Gesellschaft von einem Dritten Mittel zu dem Zweck erhält, dementsprechend eine Zahlung an einen Gesellschaftsgläubiger zu bewirken; denn im Insolvenzverfahren hätte dieser Gläubiger nur die Quote erhalten (**BGH** 31. 3. 2003 NJW 2003, 2316 = ZIP 2003, 1005, 1006 = NZG 2003, 2003, 582 = NZI 2003, 460 = DStR 2003, 1133 *[Goette]* = EWiR § 64 GmbHG 1/03, 635 *[Blöse]*). Bei der Beauftragung Dritter mit aufwändigen Sanierungsbemühungen muss sich der Geschäftsleiter selbst Klarheit über die wirtschaftliche Lage der Gesellschaft verschaffen, will er einer Haftung entgehen (**BGH** 5. 2. 2007 II ZR 51/06 ZIP 2007, 1501 = NJW-RR 2007, 1490 = NZG 2007, 678 [zu § 130 a Abs 3 HGB]). 24

Auch bei der **GmbH & Co KG** kann sich aus § 130 a Abs 2 (früher Abs 3) Satz 1 Alt 2 HGB eine Ersatzpflicht der organschaftlichen Vertreter daraus ergeben, dass § 130 a Abs 1 (früher Abs 2) HGB, § 177 a HGB, § 11 Satz 2 EWIV-AG wie bei den juristischen Personen den zur Vertretung ermächtigten Gesellschaftern der Gesellschaft und ihren Liquidatoren ein Verbot solcher **Zahlungen** auferlegen, die nach dem Zeitpunkt geleistet wurden, in dem Insolvenzantrag hätte gestellt werden müssen (**BGH** 26. 3. 2007 II ZR 310/05 ZIP 2007, 1006 = NJW-RR 2007, 984 = NZG 2007, 462; **OLG** Köln 9. 8. 1995 ZIP 1995, 1418 = EWiR § 130 a HGB 1/95, 1007 *[Hammen]* [Umsatzsteuerzahlungen an das Finanzamt]). Auch hier gelten die oben angestellten Erwägungen entsprechend, auch was die Durchsetzung etwaiger Ersatzansprüche durch den Insolvenzverwalter angeht (**BGH** 5. 2. 2007 II ZR 51/06 ZIP 2007, 1501 = NJW-RR 2007, 1490 = NZG 2007, 678; dazu oben Rn 20 ff). 25

bb) Von zentraler Bedeutung ist die Erweiterung des § 92 Abs 2 (früher Abs 3) Satz 3 AktG des § 64 (früher Abs 2) GmbHG um einen neuen Satz 3: „Die gleiche Verpflichtung trifft die Geschäftsführer für 26

Zahlungen an Gesellschafter, soweit diese zur Zahlungsunfähigkeit der Gesellschaft führen mussten, es sei denn, dies war auch bei Beachtung der in Satz 2 bezeichneten Sorgfalt nicht erkennbar." (Hervorh v Verf). Entsprechende Änderungen hat der Gesetzgeber für die GmbH & Co KG in § 130a Abs 2 HGB vorgenommen, sofern nicht eine natürliche Person bei ihr mittelbar persönlich haftet.

27 Die Normen ergänzen zunächst das Auszahlungsverbot der § 57 Abs 1 AktG, § 30 Abs 1 GmbHG, indem sie auch Zahlungen erfassen, die zwar das zur Erhaltung des Grund- bzw Stammkapitals erforderliche Vermögen nicht antasten, die aber die Zahlungsunfähigkeit herbeiführen müssen und tatsächlich auch herbeiführen (Begr RegE, BT-Drucks 16/6140, S 46; zu den daneben weiter anwendbaren Ausschüttungssperren auch *Karsten Schmidt* GmbHR 2007, 1072, 1079; kritisch wegen [angeblicher] Sanierungsfeindlichkeit des neuen Ansatzes *Poertzgen* NZI 2007, 15, 16). Der Begriff der „Zahlung" entspricht dabei der bisher bei den Zahlungsverboten herrschenden, weiten Begriffsbildung (Begr RegE, BT-Drucks 16/ 6140, S 46). Wie bei der Kapitalerhaltung sind aber – um es zu wiederholen – nur Zahlungen an Gesellschafter erfasst. Damit sollen im GmbH-Recht auch die (möglichen) Verkürzungen des Gläubigerschutzes durch Absenkung der Mindeststammkapitalziffer, wie sie jetzt jedenfalls noch bei der UG möglich sind, aufgefangen werden (Begr RegE, BT-Drucks 16/6140, S 46). Hinsichtlich des Begriffs der „Gesellschafter" sollte dabei die Auslegung des (heutigen) § 39 Abs 1 Nr 5 übernommen werden (dazu unten § 39 Rn 41 ff). Über die Regelungen der Insolvenzanfechtung geht das neue Zahlungsverbot insoweit hinaus, als es nicht auf die kurzen Fristen der §§ 129ff InsO beschränkt ist und keinen Gläubigerbenachteiligungsvorsatz und entsprechende Kenntnis des Anfechtungsgegners bzw deren Beweis verlangt, der nur bei Rechtshandlungen mit nahestehenden Personen des § 138 InsO erleichtert ist (Begr RegE, BT-Drucks 16/6140, S 46). Die neuen Regelungen greifen die von der Rechtsprechung entwickelte Existenzvernichtungshaftung (grundlegend **BGH** 17. 9. 2001 II ZR 178/99 Z 149, 10 = ZIP 2001, 1874 = NJW 2001, 3622 = LM H. 5/2002 § 309 AktG 1965 Nr 1 *[Schünemann]* [Bremer Vulkan]; jetzt teilweise modifiziert durch **BGH** 16. 7. 2007 II ZR 3/04 Z 173, 246 = ZIP 2007, 1552 = NJW 2007, 2689 = EWiR § 826 BGB 3/07, 557 *[Wilhelm]* = WuB II C. § 13 GmbHG 1.08 *[Reiner]* [Trihotel]) auf, ohne aber – wie die Begr RegE ausdrücklich sagt (Begr RegE, BT-Drucks 16/6140, S 46) – diese Rechtsprechung verdrängen zu wollen. Sachlich weisen die Regelungen auch Parallelen zum *solvency test* auf: Denn sie setzen nicht statisch an (man belässt, was man eingelegt hat), sondern situativ (man belässt, was die Gesellschaft braucht; Begr RegE, BT-Drucks 16/6140, S 46; ausführlich *Knof* DStR 2007, 1536, 1537; siehe auch schon *Hirte* Vortrag auf dem 66. DJT [2007], S P 11, P 21 ff; kritisch zur neuen Norm *Poertzgen* NZI 2008, 9, 11 f).

28 Haftungsbegründend ist nur ein Verhalten des Geschäftsleiters, das kausal für den Eintritt der Zahlungsunfähigkeit war. Daran fehlt es etwa, wie die Begr RegE ausführt, wenn ein Gesellschafter der Gesellschaft im Austausch für eine erhaltene Leistung selbst wieder Vermögenswerte zuführt (Begr RegE, BT-Drucks 16/6140, S 46); hier tauchen dieselben Überlegungen wie bei der – jetzt wertmäßig anknüpfenden – Kapitalerhaltung auf (dazu § 35 Rn 312). Eine wesentliche Einschränkung der Haftung (auch gegenüber früheren Entwurfsfassungen der Norm) liegt zudem darin, dass die Zahlungen zur Zahlungsunfähigkeit der Gesellschaft führen „mussten"; die Zahlungsunfähigkeit der Gesellschaft muss durch die geleisteten Zahlungen daher zwar nicht sofort, aber doch ohne Hinzutreten weiterer Kausalbeiträge eintreten (Begr RegE, BT-Drucks 16/6140, S 46 aE). Andererseits bleibt die im Zeitpunkt der Zahlung vorhandene „Hoffnung" auf außergewöhnliche Umstände, die die Zahlungsunfähigkeit hätten retten können, außer Betracht (zur Frage des Zurechnungszusammenhangs ausführlich *Knof* DStR 2007, 1536, 1539f). Wie nach der Rechtsprechung zum existenzvernichtenden Eingriff (**BGH** 13. 12. 2004 NZG 2005, 177 = NJW-RR 2005, 335 = ZIP 2005, 117 *[Altmeppen* mit Berichtigung S 157] = EWiR § 13 GmbHG 1/05, 221 *[Wilhelmi]*) besteht die Ersatzpflicht zudem nur in dem Umfang, in dem der Gesellschaft tatsächlich liquide Vermögenswerte entzogen wurden („soweit"), so dass also Gegenleistungen des Gesellschafters auch insoweit zu einer Haftungsminderung führen (Begr RegE, BT-Drucks 16/6140, S 47; in einem etwaigen Finanzplan sind Leistung und Gegenleistung gleichwohl unsaldiert abzubilden, zum „Bruttoprinzip" siehe *Knof* DStR 2007, 1536, 1580, 1583). Zudem geben die neuen Normen dem Geschäftsleiter eine Entlastungsmöglichkeit (für die ihn die Beweislast trifft), wenn er die Tatbestandsmerkmale des Zahlungsverbots, insbesondere die Geeignetheit der Zahlung, die Zahlungsunfähigkeit herbeizuführen, auch unter Anwendung der Sorgfalt eines ordentlichen Kaufmanns nicht erkennen konnte (Begr RegE, BT-Drucks 16/6140, S 47).

29 Ansatzpunkt der Normen ist aber das Verhalten des Geschäftsleiters bzw seiner Gehilfen (Begr RegE, BT-Drucks 16/6140, S 46). Abgesehen davon, dass dies zu einer deutlichen Verschärfung des Geschäftsleiterrisikos führt (nachdrücklich *Karsten Schmidt* GmbHR 2008, 449ff und öfter) ist nicht zu übersehen, dass bei ausländischen Parallelinstituten, die zum Teil auch als Vorbild für die Neuregelung gedient haben, regelmäßig auch eine Haftung des faktischen Geschäftsleiters angenommen wird; im Gegensatz zum bislang geltenden deutschen Recht wird nicht darauf abgestellt, dass dieser nach außen in Erscheinung getreten ist (**BGH** 25. 2. 2002 Z 150, 61 = ZIP 2002, 848 = DStR 2002, 1010 = NJW 2002, 1803 = EWiR § 31 GmbHG 1/02, 679 *[Blöse]* = LM H. 9/2002 § 6 GmbHG Nr 3 *[G. H. Roth]* im Anschluss an **BGH** 21. 3. 1988 Z 104, 44, 48 = NJW 1988, 1789 = ZIP 1988, 771, 772 = KTS 1988, 502 = EWiR § 130a HGB 1/88, 905 *[Karsten Schmidt]*), so dass über die „Geschäftsleiter"-Haftung insbesondere auch beherrschende Gesellschafter zu einer Haftung herangezogen werden können. Der deutsche Ge-

IV. Verletzung der Pflicht § 15a

setzgeber hat diesen Schritt nicht getan, doch würde er sich durchaus folgerichtig in das System der Neuregelung einpassen und damit einerseits die als zu scharf empfundene persönliche Geschäftsleiterhaftung reduzieren, andererseits die als zu schwach empfundene Gesellschafterhaftung für erhaltene Auszahlungen ausbauen helfen (dafür bereits *Haas* Gutachten E zum 66. DJT [2006], S E 45 ff; *ders* NZI 2006, 494 ff; *Hirte* Vortrag auf dem 66. DJT [2007], S P 11, P 31). Entsprechenden Vorstößen der Rechtsprechung ist daher mit Spannung entgegen zu sehen, zumal sich der Gesetzgeber in dieser Frage bewusst offen verhält (ausdrücklich Begr RegE, BT-Drucks 16/6140, S 56). Ungeachtet dieser Frage ist klar, dass der gläubigerschützende Charakter der neuen Normen – ganz ähnlich wie bei der Insolvenzantragspflicht – im GmbH-Recht Weisungen gegenüber einem Geschäftsführer in diesem Bereich ausschließt; das ergibt sich aus dem Verweis des § 64 Satz 4 (früher Abs 2 Satz 3) auf § 43 Abs 3 Satz 3 GmbHG. In Zweifelsfällen sollte der Geschäftsführer sein Amt niederlegen, um einer möglichen Haftung zu entgehen (ähnlich Begr RegE, BT-Drucks 16/6140, S 47).

Die Normen haben einen „starken insolvenzrechtlichen Bezug" (Begr RegE, BT-Drucks 16/6140, 30 S 47). Deshalb sollen sie in grenzüberschreitenden Konstellationen leicht als **insolvenzrechtlich zu qualifizieren** sein, sprich: auf Schein-Auslandsgesellschaften angewendet werden können. Richtiger wäre es daher aber gewesen, sie gleich in das Insolvenzrecht einzustellen (dazu *Bork* ZGR 2007, 250, 267 f; *Hirte* ZInsO 2008, 146, 148; *Kindler* AG 2007, 721, 728). Zur **internationalen Zuständigkeit** für eine gegen den Geschäftsleiter gerichteten Klage im Übrigen unten § 35 Rn 407.

b) Schadenersatz wegen verzögerter Insolvenzantragstellung. Die verzögerte Insolvenzantragstellung 31 kann aber vor allem zu einer Schadenersatzhaftung des Geschäftsleiters gegenüber der Gesellschaft bzw der juristischen Person führen (**BGH** 18. 3. 1974 NJW 1974, 1088, 1089; *Fleck* GmbHR 1974, 224, 231 f; *Fritsche/Lieder* DZWIR 2004, 93, 95; *Heitsch* ZInsO 2009, 1571 ff). Im Mittelpunkt steht dabei von den Insolvenzantragsgründen die Überschuldung. Um festzustellen, ob die Gesellschaft überschuldet ist, müssen die Geschäftsleiter dabei hier die Entwicklung der Gesellschaft kontinuierlich beobachten; eine Kenntnisnahme allein von den (Halb-)Jahresabschlüssen reicht nicht (**BGH** 20. 2. 1995 NJW-RR 1995, 669 = ZIP 1995, 560 [GmbH]; **BGH** 6. 6. 1994 Z 126, 181 = NJW 1994, 2220 = ZIP 1994, 1103, 1109 f = EWiR § 64 GmbHG 2/94, 791 [*Wilhelm*] [GmbH]; dazu *Hirte* NJW 1996, 2827, 2845 f; *ders* KapGesR Rn 3.60). Das setzt ein entsprechendes internes Berichtssystem und ein entsprechende Organisationsstruktur voraus (dazu *Goette* ZInsO 2001, 529 f; *Gottwald/Haas* InsR HdB § 92 Rn 3 ff.).

Die Überwachungspflicht trifft bei **Gesamtgeschäftsführung** den Geschäftsleiter auch dann, wenn 32 nach einer internen Aufteilung ein anderes Vorstandsmitglied bzw ein anderer Geschäftsführer mit der kaufmännischen Leitung betraut ist und große Teile der Buchhaltung nicht am Sitz der Gesellschaft erledigt werden. In dieser Situation ist er gehalten, für eine Organisation zu sorgen, mit Hilfe derer er sich ständig einen Überblick über die wirtschaftliche und finanzielle Situation der Gesellschaft verschaffen kann (**BGH** 20. 2. 1995 NJW-RR 1995, 669 = ZIP 1995, 560 [GmbH]).

Anders als für die Verlustanzeige nach § 93 Abs 2 Satz 1 AktG, § 43 Abs 2 GmbHG, § 34 Abs 2 GenG er- 33 folgt die Vermögensbewertung hier jedoch nicht nach den HGB-Regeln, sondern nach der Verwertbarkeit des Vermögens in der Insolvenz (dazu die Erläuterungen zu § 19). Bei der Berechnung des Schadens der Gesellschaft sind allerdings Vermögensminderungen, die auch bei rechtzeitigem Antrag eingetreten wären, nicht zu berücksichtigen (**RG** 7. 6. 1939 Z 161, 129, 142 f; *Fleck* GmbHR 1974, 224, 232). Auch der ausgeschiedene Geschäftsleiter ist, wenn er seine Insolvenzantragspflicht verletzt hat (oben Rn 12), gegenüber der Gesellschaft bzw der juristischen Person zu Schadenersatz verpflichtet.

Nach § 130a Abs 2 (früher Abs 3) HGB, § 177a HGB, § 11 Satz 2 EWIV-AG kann sich auch gegen- 34 über **Gesellschaften ohne Rechtspersönlichkeit**, bei denen kein Gesellschafter eine natürliche Person ist, eine unmittelbare Pflicht zum Ersatz der durch eine verzögerte Insolvenzantragstellung verursachten Schäden ergeben.

c) Zum Verzicht der Gesellschaft auf Ansprüche gegen ihre Geschäftsleiter unten § 35 Rn 338 f. 35

2. Gegenüber Dritten. a) Culpa in contrahendo (§§ 280 Abs 1, 311 Abs 2 BGB). Gegenüber Dritten 36 kann sich eine persönliche Haftung des Geschäftsleiters bzw Vertretungsorgans aus *culpa in contrahendo* (jetzt § 311 Abs 2 BGB), ergeben, wenn dieser an den Vertragsverhandlungen mit einem Geschäftspartner beteiligt war und diesen nicht auf die (drohende) Insolvenz der juristischen Person hingewiesen hat (**BGH** 27. 10. 1982 NJW 1983, 676 = ZIP 1982, 1435, 1436 f; **BGH** 23. 2. 1983 Z 87, 27, 33 f = NJW 1983, 1607 = ZIP 1983, 428, 430 f; **BGH** 3. 10. 1989 NJW 1990, 389 = ZIP 1989, 1455 = EWiR § 43 GmbHG 1/90, 265 [*Miller*]; allgemein dazu *Hirte* KapGesR Rn 3.109 ff.; *Soergel/Wiedemann*, 12. Aufl 1990, vor § 275 BGB, Rn 220 ff; *G. Müller* ZIP 1993, 1531, 1532). Denn bei Vertragsschluss ergibt sich eine Pflicht, den Vertragspartner auf Risiken hinzuweisen, die einer ordnungsgemäßen Erfüllung oder Abwicklung des Vertrages entgegenstehen. Das gilt beim Verkauf eines Unternehmens oder von GmbH-Anteilen im Hinblick auf die wirtschaftliche Tragweite des Geschäfts in besonderer Weise (**BGH** 4. 4. 2001 NJW 2001, 2163 = ZIP 2001, 918, 919 f = NZI 2001, 363).

Dieser dem Gläubigerschutz verpflichtete Ansatz der Rechtsprechung war allerdings vornehmlich 37 vom kaufrechtlichen (VIII.) Senat des Bundesgerichtshofs entwickelt und vertieft worden. Danach traf

§ 15a *Antragspflicht bei juristischen Personen und Gesellschaften ohne Rechtspersönlichkeit*

den Geschäftsführer einer GmbH eine *persönliche* Haftung gegenüber Dritten unter dem Gesichtspunkt der *culpa in contrahendo* (§§ 280 Abs 1, 311 Abs 2 BGB), wenn er bei Verhandlungen mit ihnen ein besonderes persönliches Vertrauen in Anspruch genommen hatte (**BGH** 5. 4. 1971 Z 56, 81 = NJW 1971, 1309; **BGH** 28. 1. 1981 Z 79, 281, 284 = NJW 1981, 922 = ZIP 1981, 278) oder – wie typischerweise beim Gesellschafter-Geschäftsführer – ein gesteigertes wirtschaftliches Eigeninteresse an dem namens der juristischen Person – typischerweise eine GmbH – abgeschlossenen Vertrag hat (**BGH** 17. 9. 1954 Z 14, 313, 318; **BGH** 28. 1. 1981 Z 79, 281, 284 f = NJW 1981, 922 = ZIP 1981, 278; **BGH** 23. 2. 1983 Z 87, 27, 32 f = NJW 1983, 1607 = ZIP 1983, 428, 430; **BGH** 23. 10. 1985 NJW 1986, 586 f = EWiR § 43 GmbHG 1/86, 165 *[Hommelhoff]*).

38   Der (gesellschaftsrechtliche) II. Zivilsenat war dem zwar, als er die Haftung eines geschäftsführenden Gesellschafters einer GmbH wegen *culpa in contrahendo* zu beurteilen hatte, nicht entgegengetreten, hatte aber eine Haftung im konkreten Fall verneint. Auch eine ebenfalls erwogene Haftung nach § 826 BGB wegen Nicht-Offenlegung der schlechten Vermögenslage der GmbH im Zeitpunkt des Vertragsschlusses hatte der Senat abgelehnt (**BGH** 1. 7. 1991 NJW-RR 1991, 1312 = ZIP 1991, 1140; dazu *Wellkamp* DB 1994, 869). Aufgrund der Änderung der Rechtsprechung bezüglich der Haftung des Geschäftsführers wegen verspäteter Insolvenzantragstellung (vgl im Übrigen sogleich Rn 39 ff) kann nach der Abstimmung mit den anderen Zivilsenaten erwartet werden, dass die Rechtsprechung, die das gleiche Haftungsziel über die *culpa in contrahendo* verfolgt hatte, nicht mehr fortgeführt wird (**BGH** 6. 6. 1994 Z 126, 181, 189 f = NJW 1994, 2220 = ZIP 1994, 1103, 1106 = EWiR § 64 GmbHG 2/94, 791 *[Wilhelm]*; zuvor **BGH** 1. 3. 1993 ZIP 1993, 763 *[Ulmer]* = EWiR § 64 GmbHG 1/93, 583 *[Wiedemann]*; zuletzt [wohl] **OLG Köln** 10. 7. 1996 EWiR § 276 BGB 9/96, 973 *[Zimmermann]*; enger jetzt auch *Fritsche/Lieder* DZWIR 2004, 93, 96 f). Die Rechtsprechung war nämlich als ein Widerspruch zum Prinzip der auf das Gesellschaftsvermögen beschränkten Haftung in den Kapitalgesellschaften (§ 1 Abs 1 Satz 2 AktG, § 13 Abs 2 GmbHG) kritisiert worden; zudem war darauf verwiesen worden, dass die Zurechnung in Richtung Geschäftsführer in der falschen Richtung vorgenommen würde, da die GmbH als juristische Person der wirtschaftliche Interessenträger sei (vgl etwa *Lutter* DB 1994, 129, 133 mwN; *Wiedemann* NJW 1984, 2266; sowie *ders* EWiR § 64 GmbHG 1/93, 583, 584; zurückhaltender daher schon **BGH** 5. 10. 1988 NJW 1989, 292 = ZIP 1988, 1543, 1544; **BGH** 23. 10. 1985 ZIP 1986, 26, 30; anders daher jetzt **BGH** 7. 11. 1994 NJW 1995, 398 = ZIP 1995, 31 = EWiR § 823 BGB 3/95, 357 *[Noack]*; **BGH** 7. 11. 1994 NJW 1995, 398 = ZIP 1995, 211 = KTS 1995, 282 = EWiR § 64 GmbHG 1/95 *[Uhlenbruck]*; *Karollus* ZIP 1995, 269).

39   **b) § 823 Abs 2 BGB iVm der Insolvenzantragspflicht.** Von erheblich größerer Bedeutung schien zunächst die Tatsache, dass die heute in § 15a normierte gesetzliche Insolvenzantragspflicht – nicht die bereits oben Rn 20 ff behandelten Zahlungsverbote – Schutzgesetz iSv § 823 Abs 2 BGB zugunsten der Gesellschaftsgläubiger ist (abw *Altmeppen/Wilhelm* NJW 1999, 673, 681). Dies hatte die Rechtsprechung zwar schon früher anerkannt (**BGH** 16. 12. 1958 Z 29, 100, 102; **BGH** 9. 7. 1979 Z 75, 96, 106 = NJW 1979, 1823; **BGH** 3. 2. 1987 Z 100, 19, 21 = NJW 1987, 2433 = ZIP 1987, 509 = EWiR § 64 GmbHG 1/87, 483 *[Klaas]*). Jedoch ersetzte sie allen Gläubigern nur den – relativ geringen - Schaden, der auf die Verminderung des Gesellschaftsvermögens zwischen Begründung ihrer Forderung und Eröffnung des Konkursverfahrens zurückzuführen ist („Quotenschaden"). Auch die Neugläubiger, die nach dem Zeitpunkt, in dem der Konkurs hätte beantragt werden müssen, noch Geschäfte mit der Gesellschaft getätigt haben, konnten auf der Grundlage dieser Rechtsprechung nur einen Teil (die „Quote") ihres Schadens ersetzt verlangen.

40   Der für das Gesellschaftsrecht zuständige II. Zivilsenat des Bundesgerichtshofs dehnte diese relativ beschränkte Haftung des Geschäftsführers mit Urteil vom 6. Juni 1994 deutlich aus (**BGH** 6. 6. 1994 Z 126, 181, 190 ff = NJW 1994, 2220 = ZIP 1994, 1103, 1106 ff = EWiR § 64 GmbHG 2/94, 791 *[Wilhelm]*; dazu *Bork* ZGR 1995, 505; *Fritsche/Lieder* DZWIR 2004, 93, 94 ff; *Goette* DStR 1994, 1048; *Grunewald* GmbHR 1994, 665; *Hirte* KapGesR Rn 3.113 ff; *B. Kübler* ZGR 1995, 481; *Müsgen* DZWir 1994, 455; *Karsten Schmidt* ZIP 1988, 1497; *ders* NJW 1993, 2934; bestätigt durch **BGH** 7. 11. 1994 NJW 1995, 398 = ZIP 1995, 211 = KTS 1995, 282 = EWiR § 64 GmbHG 1/95, 263 *[Uhlenbruck]*; dazu *Karollus* ZIP 1995, 269; abw *Häsemeyer* Rn 30.70 f [der aber mit einem anderen Ansatz eine ähnliche Lösung erreicht]). Die Geschäftsleiter bzw Vertretungsorgane einer juristischen Person haften nunmehr bei verzögerter Insolvenzantragstellung den (rechtsgeschäftlichen) **Neugläubigern** gegenüber auf das volle negative Interesse, nicht mehr nur auf die „Quote" (zur Übertragung der Rechtsprechung auf den *eingetragenen Verein* **OLG Köln** 20. 6. 1997 NJW-RR 1998, 686 = WM 1998, 1043 [Fußballverein]; zur Unanwendbarkeit auf Sozialversicherungsträger **BGH** 8. 3. 1999 NJW 1999, 2182 = ZIP 1999, 967 = DStR 1999, 988 *[Goette]* = EWiR § 64 GmbHG 4/99, 651 *[Peters-Lange]*; mit etwas abw Begründung [fehlende Vermutung nach § 252 Satz 2 BGB] jetzt ebenso **BGH** 7. 7. 2003 ZIP 2003, 1713 m.krit Anm *Karsten Schmidt* = NZG 2003, 923 = DStR 2003, 1672 *[Goette]*; allgemein zur Erstreckung der Rechtsprechung auf gesetzliche Gläubiger Gottwald/*Haas* InsR HdB § 92 Rn 90 ff.). Die Krediterhöhung durch eine Bank in der Verschleppungsphase macht diese dabei insoweit zu einer Neugläubigerin (**BGH** 5. 2. 2007 II ZR 234/05 Z 171, 46 = ZIP 2007, 676 = NZG 2007, 347 = NJW-RR 2007, 759 = EWiR § 64 GmbHG 1/07, 305 *[Haas/Reich]*). Für **Altgläubiger** bleibt es dem-

IV. Verletzung der Pflicht § 15a

gegenüber bei einem die Verschlechterung der „Quote" kompensierenden Schadenersatzanspruch. Das ist nur dann anders, wenn ihnen aufgrund der besonderen Umstände des Einzelfalls ein von der Quotenverschlechterung verschiedener Schaden entstanden ist (so etwa im Fall des LAG Hamm 19. 6. 1997 BB 1997, 2656 = EWiR § 64 GmbHG 1/98, 129 *[Peter-Lange]* [Verringerung des Anspruchs auf Konkursausfallgeld wegen verzögerter Antragstellung]). Bei **Dauerschuldverhältnissen** kann der Vertragspartner sowohl Alt- als auch Neugläubiger sein, da die aus dem Dauerschuldverhältnis resultierenden Forderungen sukzessiv entstehen (BGH 5. 2. 2007 Z 171, 46, 52 f = NZG 2007, 347 = ZIP 2007, 676). Die Beschränkung auf die Quote gilt auch für Neugläubiger, sofern sie ihr *positives* Interesse ersetzt verlangen. Gläubiger, denen **Aus- oder Absonderungsrechte** zustehen, sollten nach früherer Rechtsprechung überhaupt nicht in den Schutzbereich der Insolvenzantragspflichten fallen (BGH 3. 2. 1987 Z 100, 19, 24 ff = NJW 1987, 2433 = ZIP 1987, 509 [zur Aussonderung aufgrund eines Eigentumsvorbehalts]); das wird man mit Blick auf die Verwertungsbefugnis des Insolvenzverwalters bei Absonderungsrechten (§ 166) und die Kostenbeteiligung nach §§ 170 f heute nur noch für Aussonderungsberechtigte annehmen können, wobei dies für die absonderungsberechtigten Gläubiger einen Schaden voraussetzt.

Die beschriebenen Grundsätze zur Haftung gegenüber **Neugläubigern** gelten auch für **Gesellschaften ohne Rechtspersönlichkeit**, bei denen kein Gesellschafter eine natürliche Person ist; das hatte die Rechtsprechung schon früher so gesehen (BGH 7. 11. 1994 NJW 1995, 398 = ZIP 1995, 31 = EWiR § 823 BGB 3/95, 357 *[Noack]*). Gegenüber **Altgläubigern** bleibt es demgegenüber auch hier bei einer auf den Quotenschaden begrenzten Ersatzpflicht; dieser kann im Insolvenzverfahren nach § 92 nur vom Insolvenzverwalter geltend gemacht werden. Der Anspruch auf Ersatz des Quotenschadens wird allein durch § 130a Abs 2 (früher Abs 3) Satz 1 Alt. 1 HGB erfasst (BGH 26. 3. 2007 II ZR 310/05 ZIP 2007, 1006 = NJW-RR 2007, 984 = NZG 2007, 462; zum Streitstand bezüglich des Konkurrenzverhältnisses zuvor *Schlitt* NZG 1998, 701, 708 mwN). 41

Für die **Berechnung des Quotenschadens** ist die Insolvenzmasse im Zeitpunkt der hypothetischen Antragstellung dementsprechend wie bei der echten insolvenzmäßigen Verteilung entgegen dem Bilanzrecht um Aussonderungs- und wahrscheinliche Absonderungsrechte zu reduzieren; bei der Berechnung der Passivmasse sind demgegenüber bevorrechtigte oder gesicherte Verbindlichkeiten außer Betracht zu lassen (BGH 28. 4. 1997 NJW 1997, 3021 = ZIP 1997, 1542 = EWiR § 64 GmbHG 3/97, 993 *(Paulus)*; dazu *Dauner-Lieb* ZGR 1998, 617; zur Schadensberechnung [Einbeziehung der Umsatzsteuer] auch OLG Koblenz 3. 8. 1999 NJW-RR 2000, 182 = DStR 1999, 1867 *[Haas]*). Es ist also die fiktive Quote zum Soll-Zeitpunkt der Insolvenzantragstellung aus dem Verhältnis der den Altgläubigern in diesem Zeitpunkt zur Verfügung stehenden Masse zu ihren damaligen Forderungen zu ermitteln; diese Quote ist mit den tatsächlichen Insolvenzforderungen der (im Insolvenzverfahren noch vorhandenen) Altgläubiger zu multiplizieren; vom Ergebnis ist der auf die Altgläubiger entfallende Masseanteil abzuziehen, der sich aus dem Verhältnis ihrer Forderungen zur Summe der Insolvenzforderungen ergibt (BGH 30. 3. 1998 Z 138, 211, 221 = NJW 1998, 2667 = ZIP 1998, 776 = KTS 1998, 462 = BB 1998, 1277 *[Wellensiek]* = DStR 1998, 651 *[Goette]* = LM H. 8/1998 § 823 (Bf) BGB Nr 110 *[Wilhelm]*; für Zulässigkeit des **Nachweises** der Insolvenzverschleppung und der dazu erforderlichen Überschuldung durch Ableitung aus der Handelsbilanz OLG Schleswig 25. 9. 1997 MDR 1997, 1062 = EWiR § 64 GmbHG 2/98, 271 *[von Gerkan]*; OLG Celle 21. 4. 1999 NJW-RR 2000, 39; zur grundsätzlich beim Gläubiger liegenden Beweislast OLG Brandenburg 31. 3. 2005 NZG 2005, 602 = ZIP 2005, 1073 = DB 2005, 1210 [selbst bei nicht ordnungsgemäßer Buchführung]). Die auf den Gläubiger selbst entfallende Insolvenzquote ist bei Berechnung des Ersatzanspruchs nicht abzuziehen; vielmehr ist dem Geschäftsführer entsprechend § 255 BGB iVm §§ 273 f BGB wie bei § 64 GmbHG ein Anspruch auf Abtretung der Insolvenzquote des Neugläubigers gegen die Gesellschaft zuzubilligen (BGH 5. 2. 2007 II ZR 234/05 Z 171, 46 = ZIP 2007, 171, 46 = NZG 2007, 347 = NJW-RR 2007, 759 = EWiR § 64 GmbHG 1/07, 305 *[Haas/Reiche]*; dazu *Goette* ZInsO 2007, 1177, 1180). Auch Zahlungen, die der Neugläubiger zur Begleichung seiner *Alt*forderungen im Zeitraum der Insolvenzverschleppung von der Schuldnerin erhalten hat, sind nicht in Abzug zu bringen (BGH 12. 3. 2007 II ZR 315/05 ZIP 2007, 1060 = NJW 2007, 3130). Für die **Verjährung** des Anspruchs wegen verspäteter Insolvenzantragstellung gilt der über § 64 Satz 3 GmbHG anwendbare § 43 Abs 4 GmbHG (fünf Jahre; entsprechend im Aktienrecht § 93 Abs 6 AktG) (OLG Saarbrücken 22. 9. 1999 NJW-RR 2000, 180; abw OLG Schleswig 6. 11. 2000 DZWIR 2001, 330 [§ 852 BGB]; OLG Stuttgart 29. 6. 2000 NJW-RR 2001, 174 = NZI 2000, 597 = DStR 2001, 410 mit teilw krit Anm *Haas* [§ 852 BGB aF jedenfalls dann, wenn auch gegen § 263 StGB verstoßen wurde]; *Gottwald/Haas* InsR HdB § 92 Rn 120). Für den Fristbeginn gilt aber heute in jedem Fall § 199 Abs 1 BGB nF. Hinsichtlich des Quotenverschlechterungsschadens beginnt die Frist dabei für die Insolvenzgläubiger grundsätzlich nicht früher als mit Rechtskraft des Beschlusses, in dem das Insolvenzverfahren aufgehoben oder eingestellt wird (BGH 22. 4. 2004 Z 159, 25 = NJW 2004, 2906 = NZI 2004, 496 = ZIP 2004, 1218, 1219 f). 42

Beruft sich ein Geschäftsleiter auf eine die Haftung ausschließende sorgfältige Pflichterfüllung, so hat er deren Voraussetzungen nachzuweisen (BGH 1. 3. 1993 NJW 1994, 2149 = ZIP 1994, 891 = EWiR § 64 GmbHG 1/94, 789 *[Schneider]* [U.-P.] [GmbH]). Eine **schuldhafte Verletzung** der Insolvenzantragspflicht kann ausscheiden, wenn ein selbst nicht sachkundiger Geschäftsleiter nach qualifizierter Beratung eines Berufsträgers von der Stellung eines Insolvenzantrags absieht (BGH 14. 5. 2007 II ZR 48/06 43

ZIP 2007, 1265 = NJW 2007, 2118 = EWiR § 64 GmbHG 2/07, 495 [Henkel/Mock]; **OLG Stuttgart 28.10.**1997 12 U 83/97 GmbHR 1998, 89 = NZG 1998, 232 = EWiR § 64 GmbHG 4/97, 1093 [Fleck] [inzwischen rechtskr]). Ist dem Geschäftsleiter die objektiv bestehende Überschuldung bekannt, so entfällt der subjektive Tatbestand der Insolvenzverschleppung aber nicht deshalb, weil er trotz fehlender Deckung der Betriebskosten durch die Einnahmen auf überdurchschnittliche Gewinne gehofft hat (**BGH 7.11.**1994 NJW-RR 1995, 289, 290 = ZIP 1995, 124, 126 = KTS 1995, 284 = EWiR § 64 GmbHG 2/95, 371 [Wilhelm]; dazu Hirte NJW 1996, 2827, 2845). Einem Dritten kann aber ein **Mitverschulden** anzulasten sein, wenn sich ihm aufdrängen musste, dass sich die Gesellschaft in der Krise befindet.

44   Die mögliche Haftung eines **Mitgeschäftsführers** wegen Insolvenzverschleppung reicht so weit, wie er auch selbst der Insolvenzantragspflicht unterliegt (dazu oben Rn 7). Beteiligt sich ein **Gesellschafter**, der um die Krisensituation weiß, aktiv an der Insolvenzverschleppung, so kommt seine Haftung als Gehilfe der Insolvenzverschleppung in Betracht (**BGH 7.11.**1994 NJW-RR 1995, 289 = ZIP 1995, 124 = KTS 1995, 284 = EWiR § 64 GmbHG 2/95, 371 [Wilhelm]; dazu Baumgart Wistra 1992, 41, 46 f; Hirte NJW 1996, 2827, 2845). Bei Abberufung des primär Antragsverpflichteten ist zudem seine Haftung als faktischer Geschäftsführer möglich (oben Rn 8). In Extremfällen kann auch eine Haftung wegen Anstiftung oder Beihilfe durch **gesellschaftsfremde Dritte** in Betracht kommen (**BGH 25.7.**2005 Z 164, 50 = NJW 2005, 3137 = NZG 2005, 886 = ZIP 2005, 1734, 1737 f [dort wohl an den Grenzen des Zurechnungszusammenhangs bei der Teilnehmerhaftung]; zur Haftung eines Gläubigers *gegenüber der Gesellschaft* für die Veranlassung einer zu späten Insolvenzantragstellung **BGH 10.2.**2005 IX ZR 211/02 Z 162, 143 = NJW 2005, 1121, 1124 = ZIP 2005, 494 = ZInsO 2005, 260 = NZI 2005, 215 = EWiR 2005, 607 [Eckardt] = EWiR 2005, 901 [Henkel] = WuB VI A § 133 InsO 1.05 [Urbanczyk]). Das betrifft in erster Linie Berater und Banken; eine Haftung der Bank ist etwa denkbar, wenn sie den vollständigen Zahlungsverkehr des Schuldners übernimmt, um ihre Forderungen bis zur vollen Befriedigung der gesicherten Verbindlichkeiten zurückzuführen (zu deren möglicher Haftung aus Beratungsverschulden gegenüber dem Geschäftsleiter Wagner/Zabel NZI 2008, 660 ff; Zugehör NZI 2008, 652 ff). Zu denken ist zudem an einen Unternehmenserwerber, der einer Kapitalgesellschaft in der Krise eine Finanzhilfe zusagt und den Geschäftsleiter drängt, im Hinblick darauf keinen Insolvenzantrag zu stellen, sich dann aber zurückzieht. Auch eine Haftung von **Aufsichtsratsmitgliedern** wegen Beteiligung kommt in Betracht, wenn sie trotz Kenntnis vom Vorliegen eines Insolvenzgrundes im Rahmen ihrer Überwachungspflicht nicht auf das Vertretungsorgan einwirken, die gesetzlich vorgeschriebenen Maßnahmen zu ergreifen; § 111 Abs 1 AktG (**RG 7.6.**1939 Z 161, 129 ff; MK-AktG/*Spindler* § 92 AktG Rn 80; für die Genossenschaft K. *Müller* § 99 GenG Anm 11; Lang/Weidmüller/*Schaffland* § 99 GenG Anm 17).

45   c) **§ 823 Abs 2 BGB iVm anderen Normen.** Wegen des sachlichen Zusammenhangs sollen hier auch Ersatzansprüche angesprochen werden, die sich zwar nicht unmittelbar auf eine Verletzung der Insolvenzantragspflicht stützen, dieser aber nahestehen. Als für das Verhältnis zu Gläubigern relevantes Schutzgesetz iSv § 823 Abs 2 BGB bei Täuschungen über die Vermögenslage der Gesellschaft kommt insbesondere auch **§ 263 StGB** in Betracht, wie auch eine Haftung unmittelbar aus **§ 826 BGB** möglich ist. Weiter sollen Schutzgesetz sein können §§ 266, 283 ff, 265 b StGB und § 82 Abs 2 Nr 2 GmbHG. Die Schutzgesetzeigenschaft (und ebenso der Charakter als absolutes Recht) wurde für **Wertguthaben aus Altersteilzeit** unter dem früher geltenden Recht verneint, so dass ein Geschäftsleiter nicht persönlich haftete, wenn er keine Vorkehrungen zur Insolvenzsicherung dieser Ansprüche getroffen hatte (BAG 16.8.2005 9 AZR 470/04 NZA 2006, 1052 = NZI 2006, 726 = ZIP 2006, 344, 345 ff; BAG 13.12.2005 9 AZR 436/04 E 116, 293 = NZA 2006, 729 = ZIP 2006, 1213; weitere Nachw. bei Hirte KapGesR Rn 3.132). Zwischenzeitlich wurden die entsprechenden Vorschriften mit dem ausdrücklichen Ziel einer Inpflichtnahme des Geschäftsleiters verschärft (unten § 35 Rn 237).

46   Gegenüber **Sozialversicherungsträgern** kommt insbesondere noch eine zivilrechtliche Haftung wegen Nicht-Abführung der Arbeitnehmerbeiträge zur Sozialversicherung nach § 823 Abs 2 BGB iVm § 266 a StGB in Betracht. Eine vorsätzliche Verletzung von § 823 Abs 2 BGB iVm § 266 a Abs 1 StGB scheidet danach nur aus, wenn der Geschäftsleiter im Zeitpunkt der Fälligkeit der Verpflichtung zur Abführung der *Arbeitnehmeranteile* keine ausreichenden finanziellen Mittel mehr besitze; dabei entschuldige nicht, dass er sie zur Erfüllung anderer Verbindlichkeiten, etwa der Abführung der Arbeit*geber*anteile, eingesetzt habe. Denn ausreichend für die Annahme des erforderlichen Vorsatzes sei, dass der Geschäftsführer die Herbeiführung der Zahlungsunfähigkeit (bedingt) vorsätzlich zu vertreten habe. Die vorhandenen Mittel hat der Arbeitgeber auch schon vor Eintritt der Zahlungsunfähigkeit vorrangig zur Erfüllung seiner sozialversicherungsrechtlichen Pflichten einzusetzen, selbst mit Vorrang vor Verbindlichkeiten, die „kongruent" erfüllt werden (**BGH 21.1.**1997 VI ZR 338/95 Z 134, 304 = NJW 1997, 1237 = ZIP 1997, 412 = DStR 1997, 546 [*Goette*] = EWiR § 266 a StGB 2/97, 561 [*Marxen*] = LM H 6/ 1997 § 823 (Be) GmbH Nr 46; **BGH 15.10.**1996 VI ZR 327/95 NJW 1997, 133 = ZIP 1996, 1989 = DB 1996, 2429 = EWiR § 266 a StGB 2/96, 1137 [*Pape*] = LM H. 2/1997 § 823 (Be) BGB Nr 44 = WiB 1997, 130 [m zust Anm *Fischer*] m Anm *Hasselbach* WuB 1997 IV A § 823 BGB 1.97; **BGH 18.11.**1997 VI ZR 11/97 ZIP 1998, 31 = NJW 1998, 1306 = EWiR § 266 a StGB 1/98, 277 [*Pape*] = DStR 1998, 130 [zum Fälligkeitszeitpunkt]; **BGH 28.5.**2002 5 StR 16/02 St 47, 318 = ZIP 2002, 2143 = NJW 2002, 2480 = NZG 2002, 721 = NZI 2002, 451). Daher ist nicht entscheidend, ob für

IV. Verletzung der Pflicht § 15a

den betreffenden Zeitraum auch Lohn an die Arbeitnehmer ausgezahlt worden ist (**BGH** 16. 5. 2000 VI ZR 90/99 Z 144, 311 = ZIP 2000, 1339, 1341 f = NJW 2000, 2993 = DStR 2000, 1318 *[Goette]* = ZInsO 2001, 124 = NZI 2001, 301 = EWiR § 266 a StGB 2/2000, 1123 *[Marxen/Elsner]*). Allerdings trifft den Sozialversicherungsträger bei einer Inanspruchnahme des Geschäftsführers wegen Vorenthaltung von Sozialversicherungsbeiträgen die uneingeschränkte Beweislast für das Vorliegen aller Tatbestandsmerkmale einschließlich der Zahlungsfähigkeit als Möglichkeit normgemäßen Verhaltens (**BGH** 12. 12. 2001 VI ZR 350/00 ZIP 2002, 524 = NJW 2002, 1123 = NZG 2002, 289 = NZI 2002, 226 = EWiR § 266 a StGB 2/02, 359 *[Meyke]*).

Der wegen Nicht-Abführung von Sozialversicherungsbeiträgen in Anspruch genommene Geschäftsführer wird von seiner Pflicht nicht durch eine entgegenstehende Weisung der Gesellschafter(versammlung) entbunden; lediglich im Falle der Zahlungsunfähigkeit kann er sich auf Unmöglichkeit berufen (**OLG** Naumburg 10. 2. 1999 6 U 1566/97 NJW-RR 1999, 1343 = DStR 1999, 1625 [Ls] *[UH]*; ebenso **OLG** Celle 3. 12. 1997 20 U 32/97 EWiR § 266 a StGB 3/98, 513 *[Lüke/Machunsky]*; **OLG** Düsseldorf 18. 7. 1997 NJW-RR 1998, 243; **OLG** Hamm 13. 9. 1999 13 U 61/99 ZIP 2000, 198 = EWiR § 266 a StGB 1/2000, 455 *[Diller/Powietzka]*). Das dürfte aber dann nicht gelten, wenn er sich schon im Zeitpunkt des Entstehens der Beitragspflicht nicht pflichtkonform verhalten hat. Andererseits entsteht die Pflicht zur Abführung der Sozialversicherungsbeiträge erst mit der Bestellung zum Geschäftsführer; pflichtwidriges Verhalten früherer Geschäftsführer kann dem Nachfolger daher nicht zugerechnet werden (**BGH** 11. 12. 2001 VI ZR 123/00 ZIP 2002, 261, 262 = NJW 2002, 1122 = NZG 2002, 288 = NZI 2002, 229 = EWiR § 266 a StGB 1/02, 263 *[Plagemann]*). Auch eine Haftung des nicht eingetragenen Geschäftsführers für die Nichtabführung rückständiger Sozialversicherungsbeiträge soll ausscheiden (**KG** 4. 7. 2001 29 U 9/01 ZIP 2002, 438 = NZG 2002, 483 [nicht rechtskr]).

Sozialversicherungsträger, die Ansprüche auf Abführung von Sozialversicherungsbeiträgen *nach* dem Zeitpunkt erworben haben, in dem der Geschäftsführer einer insolventen GmbH Insolvenzantrag hätte stellen müssen, können aber von diesem Geschäftsführer nicht im Wege des Schadenersatzes Erfüllung der Beitragsschuld verlangen; denn die „Bereitstellung von Versicherungsschutz" geschieht aufgrund sozialrechtlicher Verpflichtung und kann wertmäßig nicht mit dem Wert der Beiträge für den entsprechenden Zeitraum gleichgesetzt werden. Die Sozialversicherungsträger sind auch vertraglichen Neugläubigern im Sinne des Grundsatzurteils vom 6. Juni 1994 (dazu oben Rn 40) nicht gleichzustellen. Denn zum einen wird das deliktisch nicht ersetzbare positive Interesse geltend gemacht, und zum anderen hat sich die Forderung nicht *durch* die Verzögerung der Antragstellung entwertet. Es handelte sich vielmehr um eine erst *nach* dem Pflichtzeitpunkt für die Antragstellung entstandene und wertlose Forderung (**BGH** 8. 3. 1999 II ZR 159/98 ZIP 1999, 967 = NJW 1999, 2182 = DStR 1999, 988 *[Goette]* = EWiR § 64 GmbHG 4/99, 651 *[Peters-Lange]*; ebenso **OLG** Celle 3. 12. 1997 20 U 32/97 EWiR § 266 a StGB 3/98, 513 *[Lüke/Machunsky]* sowie für Ansprüche der Bundesagentur für Arbeit wegen Zahlung von Insolvenzgeld **OLG** Frankfurt aM 26. 2. 1999 24 U 112/97 DStR 1999, 1784 [Ls] *[Haas]* und für Bereicherungsschulden [fehlgeleitete Überweisung] **LG** Bonn 17. 4. 1998 3 O 403/97 ZIP 1998, 923 [inzwischen rechtskr]; mit etwas abw Begründung [fehlende Vermutung nach § 252 Satz 2 BGB] ebenso **BGH** 7. 7. 2003 ZIP 2003, 1713, 1714 m krit Anm *Karsten Schmidt* = NZG 2003, 923 = DStR 2003, 1672 *[Goette]*; abw zuvor *Reiff/Arnold* ZIP 1998, 1893; allgemein zur Erstreckung der Rechtsprechung auf gesetzliche Gläubiger *Gottwald/Haas* InsR HdB § 92 Rz 95 ff). Die jüngere Rechtsprechung versucht nunmehr, die vom Bundesgerichtshof gezogenen Grenzen durch einen Rückgriff auf § 826 BGB zu unterlaufen, wobei allerdings die Bundesagentur dafür darlegungs- und beweispflichtig ist, dass Insolvenzgeld bei rechtzeitiger Antragstellung nicht hätte gezahlt werden müssen (**BGH** 18. 12. 2007 VI ZR 231/06 Z 175, 58 = ZIP 2008, 361, 362 ff = NZI 2008, 242 = EWiR § 826 BGB 6/2008, 527 *[M. J. W. Blank]*; **OLG** Saarbrücken 21. 11. 2006 4 U 49/06-16 ZIP 2007, 328 = NZG 2007, 105 = EWiR § 826 BGB 2/07, 367 *[Blank]* [nicht rechtskr]; abw als Vorinstanz **OLG** Koblenz 26. 10. 2006 6 U 175/06 ZIP 2007, 120 = DStR 2007, 2271 = NZI 2007, 113 = EWiR § 826 BGB 1/07, 231 *[J. Schmidt]*; **LG** Stuttgart 13. 6. 2008 15 O 228/07 ZIP 2008, 1428, 1429 ff = EWiR § 826 BGB 7/2008, 615 *[Schmülling]* [keine Haftung nach § 826 BGB gegenüber der BfA]; zum Ganzen s *M. Beck* ZInsO 2008, 713; *Blank* ZInsO 2007, 188; *Schmülling* ZIP 2007, 1095).

Hat ein Geschäftsführer die umschriebenen sozialversicherungsrechtlichen Pflichten delegiert, muss er für deren Erfüllung durch Dritte Sorge tragen. Bei einer **mehrgliedrigen Geschäftsleitung** kann sich ein Geschäftsführer dabei weder durch Zuständigkeitsregelungen noch durch Delegation dieser Pflichten entledigen; solche internen Zuständigkeitsregeln können die aus dem Deliktsrecht erwachsenden Pflichten nicht ausschließen, sondern allenfalls auf Überwachungspflichten beschränken. Deren Intensität nimmt aber – insoweit nicht anders als bei der Haftung wegen verspäteter Insolvenzantragstellung (dazu oben Rn 7) – vor allem in Krisensituationen zu (**BGH** 15. 10. 1996 VI ZR 319/95 Z 133, 370 = NJW 1997, 130 = ZIP 1996, 2017 = LM H. 2/1997 § 823 (Be) BGB Nr 45 *[Schiemann]* = WiB 1997, 23 *[Plagemann]* = InVo 1997, 288 *[Schaal]* = EWiR § 43 GmbHG 1/97, 37 *[U .H. Schneider]* = DStR 1996, 2029 *[Goette]*; **BGH** 9. 1. 2001 VI ZR 407/99 ZIP 2001, 422 = NJW 2001, 969 = NZI 2001, 194 = NZG 2001, 320 = DStR 2001, 633 = ZInsO 2001, 367).

In der Konsequenz der vorgestellten Rechtsprechung lag es auch, dass ein Geschäftsleiter im Falle verspäteter Abführung von Arbeitnehmeranteilen zur Sozialversicherung diese nicht mehr aus den übri-

§ 15a Antragspflicht bei juristischen Personen und Gesellschaften ohne Rechtspersönlichkeit

gen Mitteln der Gesellschaft leisten konnte; denn die Zahlung diente ja (nur) der Vermeidung der auch strafrechtlichen Folgen einer Verletzung des § 266 a StGB. Entsprechende Zahlungen waren daher nach § 64 Abs 2 Satz 1 GmbHG in die Masse zu erstatten (**LG Hagen** ZIP 1997, 324 = GmbHR 1997, 260 = EWiR § 64 GmbHG 2/97, 171 *[Plagemann]*). Die darin liegende **Pflichtenkollision** hat der **BGH** jetzt dadurch **beseitigt**, dass er auch bei Insolvenzreife die Erfüllung der sozial- oder steuerrechtlichen Pflichten durch einen Geschäftsleiter für *mit* der Sorgfalt eines ordentlichen und gewissenhaften Geschäftsleiters iSv § 92 Abs 2 (früher Abs 3) AktG, § 64 (früher Abs 2) GmbHG vereinbar hält (**BGH** 14. 5. 2007 II ZR 48/06 ZIP 2007, 1265 = NJW 2007, 2118 = EWiR § 64 GmbHG 2/07, 495 *[Henkel/Mock]*; dazu *Goette* ZInsO 2007, 1177, 1180 f [unter Hinweis auf die aus Sicht des Zivilrechts nach wie vor bestehende Reserve gegen diesen Ansatz]; **BGH** 2. 6. 2008 II ZR 27/07 ZIP 2008, 1275 f = NZG 2008, 628; **BGH** 29. 9. 2008 II ZR 162/07 ZIP 2008, 2220, 2221 f; in demselben Sinne zuvor auch **OLG** Hamburg 13. 10. 2006 1 U 59/06 ZIP 2007, 725 = DB 2007, 1076 [nicht rechtskr] [Strafbarkeit nach § 266 a StGB wird durch Massesicherungspflicht nicht berührt]; abw aber zuvor noch **OLG** Brandenburg 10. 1. 2007 7 U 20/06 ZIP 2007, 724 [nicht rechtskr]; freilich dürfte die Pflichtenkollision in dem Zeitraum nach Ablauf der Insolvenzantragsfrist weiterbestehen; vgl *Rainer Beck* ZInsO 2007, 1233, 1238). Ähnlich verneinte der **BGH** eine Haftung trotz Verletzung der Massesicherungspflicht, wenn einer Gesellschaft Gelder anderer Konzerngesellschaften überlassen worden waren und der Geschäftsführer sie weisungsgemäß in deren Interesse verwendet (**BGH** 5. 5. 2008 II ZR 38/07 ZIP 2008, 1229 f = NJW 2008, 2504 = EWiR § 64 GmbHG 3/2008, 557 *[D. Schulz/H. Schröder]*). Da durch die Neufassung von § 28 e Abs 1 Satz 2 SGB IV zum 1. Januar 2008 die *Arbeitnehmer*anteile zum Gesamtsozialversicherungsbeitrag als aus dem Vermögen des Beschäftigten erbracht „gelten", ist die bislang bestehende Konfliktlage insoweit vollständig entfallen (*Meier* NZI 2008, 140, 142).

51 Der **Insolvenzverwalter** muss im eröffneten Insolvenzverfahren dieselben Vorgaben hinsichtlich der Abführung der Sozialversicherungsbeiträge einhalten. Im masseunzulänglichen Verfahren greift allerdings der Verteilungsschlüssel des § 209; danach ist es dem Verwalter auf den ersten Blick trotz § 266a StGB verwehrt, zunächst die offenen Sozialversicherungsbeiträge in voller Höhe zu berichtigen und andere Massegläubiger zu benachteiligen. Mit Blick auf die zuvor dargestellte neuere höchstrichterliche Rechtsprechung wird man die Pflichtenkollision aber auch hier zugunsten des Sozialversicherungsrechts zu lösen haben.

52 Gegenüber dem **Fiskus** kann sich schließlich eine Haftung aus § 69 AO ergeben. Nach § 69 AO iVm § 34 AO haften gesetzliche Vertreter von juristischen Personen, soweit Ansprüche aus dem Steuerschuldverhältnis infolge vorsätzlicher oder grob fahrlässiger Verletzung der ihnen auferlegten Pflichten nicht oder nicht rechtzeitig festgesetzt oder erfüllt oder soweit infolgedessen Steuervergütungen oder Steuererstattungen ohne rechtlichen Grund gezahlt werden. Das umfasst auch die vom Arbeitgeber einbehaltenen Lohnsteueranteile von Arbeitnehmern (**BFH** 4. 3. 1986 E 146, 23 = GmbHR 1986, 288 = ZIP 1986, 1247). Kann wegen Liquiditätsschwierigkeiten der Gesellschaft nur ein Teil des Lohns an die Arbeitnehmer ausbezahlt werden, greift der Grundsatz der anteiligen Teilung ein mit der Folge, dass auch die Lohnsteuer anteilig einzubehalten und abzuführen ist (**BFH** 4. 3. 1986 E 146, 23 = GmbHR 1986, 288 = ZIP 1986, 1247; *Goette* DStR 1998, 1308). Sowohl mit der Haftung gegenüber den Sozialversicherungsträgern als auch mit derjenigen gegenüber dem Fiskus wird versucht, die Privilegien des früheren § 61 Satz 1 Nrn. 1 und 2 KO, § 59 Abs 1 Nr 3 e) aufrechtzuerhalten; in diese Linie gehört auch die Ausklammerung der Ansprüche aus § 69 AO aus dem Anwendungsbereich des § 93 InsO (dazu unten § 93 Rn 9 A). Sowohl bezüglich der Haftung wegen **Nichtabführung von Sozialversicherungsbeiträgen** als auch bezüglich der steuerlichen Haftung war umstritten, ob eine mögliche Haftung aus § 64 (früher Abs 2) GmbHG bzw die Anfechtbarkeit der Zahlung nach §§ 129 ff die Haftung nach den Deliktsnormen entfallen lässt (dazu ausführlich *Hirte* KapGesR Rn 3.146 ff). Das kann bzw konnte dazu führen, dass ein Geschäftsleiter Gefahr lief, entweder die steuer- und sozialversicherungsrechtlichen Pflichten zu erfüllen und sich dann einer Haftung wegen Masseschmälerung nach § 93 Abs 3 Nr 6 AktG iVm § 92 Abs 2 (früher Abs 3) AktG bzw § 64 (früher Abs 2) GmbHG oder § 99 (früher Abs 2) GenG ausgesetzt zu sehen oder das Masseschmälerungsverbot zu beachten, dann aber eine Haftung wegen Verstoßes gegen die öffentlich-rechtlichen Pflichten zu riskieren; umstritten war zudem, ob sich ein Geschäftsleiter auf die mögliche spätere Anfechtbarkeit seiner Zahlung nach §§ 129 ff berufen konnte, um einer Steuerzahlungspflicht zu vermeiden. Den dargestellten Konflikt hat der **BFH** jetzt dahingehend gelöst, dass eine mögliche Anfechtbarkeit der Steuerzahlung der steuerrechtlichen Verpflichtung im Hinblick auf deren öffentlich-rechtliche Natur nicht entgegenstehe (**BFH** 5. 6. 2007 VII R 65/05 E 217, 233 = ZIP 2007, 1856, 1857 f = DStR 2007, 1722; etwas weniger restriktiv zuvor bereits **BFH** 27. 2. 2007 – VII R 67/05 E 216, 491 = ZIP 2007, 1604 = NZI 2007, 599; **BFH** 23. 4. 2007 VII B 92/06 ZIP 2007, 1659 = BB 2007, 1829). Im Hinblick auf die gesellschaftsrechtliche Massesicherungspflicht sei die Verpflichtung zur Vollabführung der Lohnsteuer demgegenüber in der Drei-Wochen-Frist des § 64 (früher Abs 2) GmbHG (aber auch nur während dieser Zeit) suspendiert, um dem Geschäftsleiter nach Kenntnis eines Insolvenzgrundes die Sanierungsfähigkeit der Gesellschaft zu ermöglichen und ggf Sanierungsversuche einzuleiten (**BFH** 27. 2. 2007 VII R 67/05 E 216, 491 = ZIP 2007, 1604 = NZI 2007, 599). Hinsichtlich der Abführung der Sozialversicherungsbeiträge wird durch den am 1. 1. 2008 in Kraft gesetzten **§ 28 e Abs 1 Satz 2 SGB IV nF,** nach dem die *Arbeitnehmer*anteile zum Gesamtsozialversicherungsbeitrag als aus dem Vermögen des Beschäftigten erbracht gelten, dasselbe Ziel

V. Antragspflicht bei Führungslosigkeit (Abs 3) § 15a

eines Vorrangs der sozialversicherungsrechtlichen Pflichten erreicht (dazu ausführlich unten § 129 Rn 105 [dort auch zu verbliebenen Zweifeln an der Wirkung der Norm]).

d) Erstattung eines Kostenvorschusses nach § 26 Abs 3. Die pflichtwidrig unterlassene Insolvenzantragstellung führt nach § 26 Abs 3 Satz 1 schließlich zu einem besonderen Erstattungsanspruch hinsichtlich eines etwa nach § 26 Abs 1 Satz 2 vorgeschossenen Betrages, mit dem ein Insolvenzverfahren wegen ansonsten nicht ausreichender Masse (§ 26 Abs 1 Satz 1) in Gang gesetzt wurde. Gleiches gilt nach § 207 Abs 1 Satz 2 Hs 2 für den Fall, dass ein Geldbetrag vorgeschossen wurde, um die spätere Einstellung des Verfahrens mangels Masse zu verhindern. 53

Die Ersatzpflicht trifft jede Person, die gegen die Antragspflichten schuldhaft verstoßen hat. Im Falle der Führungslosigkeit der Gesellschaft kann dies daher auch Aufsichtsratsmitglieder oder Gesellschafter treffen. Anspruchsberechtigt ist, wer den Vorschuss geleistet hat. Da § 26 Abs 1 Satz 2 insoweit keine persönlichen Beschränkungen vorsieht, kann auch jedermann Inhaber dieses Anspruchs sein (weitere Einzelheiten bei § 26 Rn 60). 54

e) Einziehungsbefugnis. Inwieweit die vorgenannten Ersatzansprüche von den betroffenen Gläubigern persönlich oder vom Insolvenzverwalter geltend gemacht werden können, richtet sich (heute) danach, ob es sich um einen „**Gesamtschaden**" handelt (ebenso zum alten Recht bereits RG 4. 11. 1919 Z 97, 107, 108; RG 21. 2. 1928 Z 120, 189, 192). Das sind nach § 92 Satz 1 Ansprüche der Gläubiger auf Ersatz von Schäden, die sie gemeinschaftlich durch eine Verminderung des zur Insolvenzmasse gehörenden Vermögens vor oder nach Verfahrenseröffnung erlitten haben. Nach § 92 Satz 1 können sie während der Dauer des Insolvenzverfahrens nur vom Insolvenzverwalter geltend gemacht werden. Das gilt vor allem für den Ersatz von nach Insolvenzreife geleisteten Zahlungen. Ein **Individualschaden** kann und muss demgegenüber vom einzelnen Gläubiger individuell verfolgt werden. 55

Für einen **Quoten- oder sonstigen Schadenersatzanspruch** der *Neu*gläubiger wegen verspäteter Insolvenzantragstellung gegen den Geschäftsführer einer GmbH hat der **BGH** die Annahme einer **Einziehungsbefugnis des Insolvenzverwalters abgelehnt** (dazu § 92 Rn 12). Denn anders als bei den Altgläubigern besteht bezüglich der Neugläubiger kein einheitlicher Quotenschaden, und es ist nach Ansicht der **BGH** auch nicht überzeugend, den Schaden der Neugläubiger durch zwei verschiedene Personen geltend machen zu lassen, nämlich den Quotenschaden durch den Insolvenzverwalter und den weitergehenden Schaden durch den Neugläubiger persönlich. Etwa vom Insolvenzverwalter eingezogene Beträge dürfen daher nur zur Verteilung an die Altgläubiger verwendet werden (**BGH** 30. 3. 1998 Z 138, 211 = NJW 1998, 2667 = ZIP 1998, 776 = BB 1998, 1277 *[Wellensiek]* = DStR 1998, 651 *[Goette]* = LM H 8/1998 § 823 (Bf) BGB Nr 110 *[Wilhelm]*). 56

Zu Einzelheiten siehe die Kommentierung von § 92 Rn 12 f. 57

f) Konsequenzen. Die scharfe Haftung der Organmitglieder wegen Insolvenzverschleppung einschließlich der Haftung aus § 26 Abs 3 (dazu unten § 26 Rn 58 ff) kann für das Privatvermögen von Geschäftsleitern verheerende Konsequenzen haben. Für sie kann es sich daher bei der drohenden Haftung empfehlen, nach Eröffnung des Insolvenzverfahrens über das Vermögen der juristischen Person einen eigenen Insolvenzantrag auf Eröffnung eines Verbraucherinsolvenzverfahrens (§§ 304 ff) bezüglich des Privatvermögens zu stellen und Restschuldbefreiung zu beantragen (§§ 286 ff; dazu *Uhlenbruck* GmbHR 1999, 313, 325). Hier können sich aber seit dem InsOÄndG 2001 Grenzen ergeben (dazu oben § 11 Rn 183). 58

3. Gegenüber Mitgliedern. Ein Ersatzanspruch aus § 823 Abs 2 BGB iVm § 15a kann sich auch gegenüber solchen Mitgliedern ergeben, die nach Vorliegen der Insolvenzreife Mitglieder der juristischen Person geworden sind (ausführlich *Ekkenga*, FS Hadding [2004], S 343, 349 ff; für die Genossenschaft *K. Müller* § 99 GenG Anm 8; Lang/Weidmüller/*Schaffland* § 99 GenG Anm 16; abw für die AG KP-*Noack* GesellschaftsR Rn 369 unter Verweis auf **RG** 30. 11. 1938 Z 159, 211, 234; Gottwald/*Haas* InsR HdB § 93 Rn 7, der allerdings die Genussrechtsgläubiger ausnimmt; ebenso ablehnend im Rahmen der Haftung aus § 826 BGB gegenüber Erwerbern von Aktien nach Insolvenzreife von Dritten **BGH** 11. 11. 1985 Z 96, 231, 235 f = NJW 1986, 837 = ZIP 1986, 14). Der Schaden liegt hier in der gesamten Vermögenseinbuße, die das Mitglied durch den Erwerb der Mitgliedschaft in der insolvenzreifen juristischen Person erlitten hat (so für die Genossenschaft *K. Müller* § 99 GenG Anm 10). 59

Denkbar ist eine Schadenersatzpflicht auch gegenüber den schon bei Eintritt der Insolvenzreife vorhandenen Mitgliedern; doch wird er hier kaum den in der Entwertung der Beteiligung liegenden und von der Gesellschaft selbst geltend zu machenden Schaden übersteigen. Ein unmittelbarer Schaden von Gesellschaftern kommt aber in Betracht, wenn sie Inhaber nicht voll eingezahlter Aktien oder Geschäftsanteile sind, bei denen ohne Eintritt des Insolvenzfalls keine weiteren Einzahlungen auf die Einlagen verlangt worden wären. Bei den Mitgliedern einer Genossenschaft kann ein Schaden darin liegen, dass sich der Umfang einer etwaigen Nachschusspflicht durch die verzögerte Stellung des Insolvenzantrags erhöht. 60

V. Antragspflicht bei Führungslosigkeit (Abs 3)

Der durch das MoMiG neu geschaffene Abs 3 gehört in den Komplex der Missbrauchsbekämpfung (dazu oben Rn 2); er erstreckt die Pflicht zur **Insolvenzantragstellung** im Falle der Führungslosigkeit 61 auch auf die Gesellschafter oder Aufsichtsratmitglieder; ihm korrespondierend wurde zugleich auch das Recht zur Insolvenzantragstellung im Falle von Führungslosigkeit auf deren Gesellschafter oder Aufsichtsratsmitglieder ausgedehnt (§ 15 Abs 1 Satz 2 InsO). Abs 3 greift im Gegensatz zu § 15 Abs 1 Satz 2 aber nur bei **juristischen Personen**. Die nach ihrem Wortlaut auf die einzelnen Gesellschaftsrechtsformen bezogene Formulierung erschwert die eigentlich beabsichtigte Erstreckung der Regelung auf Schein-Auslandsgesellschaften (oben Rn 2) – hinsichtlich der Strafbestimmungen auch wegen des Analogieverbots (*Knof/Mock* GmbHR 2007, 852, 853 f); zudem werden damit die ohnehin bestehenden Zweifel verstärkt, dass es sich bei der Insolvenzantragspflicht nicht um eine insolvenzrechtliche, sondern eine gesellschaftsrechtliche Regelung handelt, die auf Auslandsgesellschaften nicht angewandt werden kann (siehe dazu oben Rn 2).

62 Den Begriff der „**Führungslosigkeit**" definieren die Gesellschaftsgesetze als das Fehlen eines Vorstands bzw Geschäftsführers (§ 78 Abs 1 Satz 2 AktG, § 35 Abs 1 Satz 2 GmbHG, § 24 Abs 1 Satz 2 GenG); entgegen dem RefE MoMiG wird der Fall der bloßen Unerreichbarkeit des Geschäftsführers nicht mehr zur Führungslosigkeit gerechnet (*Wälzholz* DStR 2007, 1914, 1916; AG Hamburg 27. 11. 2008 NZI 2009, 63 = ZInsO 2008, 1331= ZIP 2009, 333 = EWiR § 15a InsO 1/09, 245 [*Mock*]). Zur Antragstellung verpflichtet ist im Falle der Führungslosigkeit in der Gesellschaft mit beschränkter Haftung **jeder Gesellschafter**, wobei es zunächst auf die Höhe seiner Beteiligung nicht ankommt. Im Fall der Führungslosigkeit einer Aktiengesellschaft oder Genossenschaft ist anstelle der fehlenden Vorstandsmitglieder **jedes Mitglied des Aufsichtsrats** zur Stellung des Antrags verpflichtet, nicht aber deren Aktionäre oder Mitglieder. An der persönlichen Antragspflicht eines Gesellschafters oder Aufsichtsratsmitglieds ändert sich auch dann nichts, wenn über das Vermögen der Person ein Insolvenzverfahren eröffnet wurde; insoweit gelten die hinsichtlich der Erfüllung kapitalmarktrechtlicher (oben § 11 Rn 204) oder handelsrechtlicher Pflichten (oben Rn 105 A) angestellten Überlegungen entsprechend (abw *Göcke* ZInsO 2008, 1305). Im Fall des Todes des antragspflichtigen Gesellschafters haftet nach den allgemeinen erbrechtlichen Grundsätzen zunächst der Erbe für die bis zum Todeszeitpunkt aufgrund der Insolvenzverschleppung entstandenen Schäden. Tritt die Insolvenzantragspflicht erst danach ein, sind die Erben zur Insolvenzantragstellung verpflichtet, wobei für die Haftung aber in der Regel die Exkulpationsmöglichkeit eingreifen wird; im Übrigen wird man auf die Erben den Rechtsgedanken des § 139 Abs 4 HGB anwenden müssen.

63 Ein grundsätzlich zur Insolvenzantragstellung verpflichteter Gesellschafter oder ein verpflichtetes Aufsichtsratsmitglied kann sich durch den (vollen) Beweis darüber **entlasten**, dass er/es darlegt, entweder von der Zahlungsunfähigkeit „und" der Überschuldung oder von der Führungslosigkeit keine Kenntnis gehabt zu haben; das „und" ist dabei freilich, wie sich aus der Gesetzesbegründung ergibt, als ein „oder" zu lesen: Denn dort wird klar gesagt, er dürfe vom „Insolvenzgrund oder [der] Führungslosigkeit" keine Kenntnis gehabt haben (Begr RegE, BT-Drucks 16/6140, S 55). Kenntnis ist positive Kenntnis; Kennenmüssen reicht nicht (Begr RegE, BT-Drucks 16/6140, S 55 f); allerdings reicht es auch hier aus, dass sich ein zur Antragstellung Verpflichteter bewusst der Kenntnis verschlossen hat (Begr RegE, BT-Drucks 16/6140, S 56). Zudem wird sich aus der Kenntnis über die Führungslosigkeit eine Nachforschungspflicht hinsichtlich eines etwa vorhandenen Insolvenzgrundes ergeben, so wie umgekehrt Kenntnis von einem Insolvenzgrund Anlass zu Nachforschungen geben wird, ob nicht – weil kein Insolvenzantrag gestellt wird – Führungslosigkeit vorliegt (Begr RegE, BT-Drucks 16/6140, S 55). Klein- und kleinstbeteiligten Gesellschaftern dürfte der entsprechende Entlastungsbeweis leichter gelingen (Begr RegE, BT-Drucks 16/6140, S 55; die Begr nennt dabei als Grenze einer Kleinbeteiligung „10%", wohl bezogen auf die Kapitalbeteiligung). Selbstverständlich endet auch eine Pflicht zur Insolvenzantragstellung seitens der Gesellschafter, sobald wieder ein Geschäftsleiter bestellt ist (Begr RegE, BT-Drucks 16/6140, S 55).

VI. Strafbarkeit (Abs 4 und 5)

64 Die Verpflichtung zur (**rechtzeitigen**) **Stellung des Insolvenzantrages** nach Abs 1 Satz 1 ist strafbewehrt; das gilt auch für die GmbH & Co KG und vergleichbare Rechtsformen (Abs 1 Satz 2, Abs 2) und für die Antragspflicht von Gesellschaftern oder Aufsichtsratsmitgliedern im Falle der Führungslosigkeit der Gesellschaft nach Abs 3. Durch das MoMiG wurde die Strafbewehrung insoweit erweitert, als jetzt auch die **nicht richtige** Stellung eines Insolvenzantrages eine Strafbarkeit begründet (für ein Verständnis des Begriffs des „richtigen" Antrags als „zulässiger" Insolvenzantrag *Schmahl* NZI 2008, 6, 9; abw nach früherem Recht für den Fall fehlender Beilegung eines Gläubiger- und Schuldnerverzeichnisses und einer Übersicht über die Vermögensmasse zum Insolvenzantrag: BayObLG 23. 3. 2000 NZI 2001, 50 = ZIP 2000, 1220, 1221 = EWiR § 84 GmbHG 1/01, 71 [*Undritz*]). Strafrechtliche Sanktionen zieht dabei auch ein bloß fahrlässiges Verhalten nach sich (Abs 5); keine Strafbarkeit ergibt sich aber bei bloß drohender Zahlungsunfähigkeit iSv § 18 (zu den Grenzen der Strafbarkeit bei Zufluss neuer Vermögenswerte nach bereits abgelehnter Verfahrenseröffnung BGH 28. 10. 2008 5 StR 166/08) St 53, 24 = ZIP 2008, 2308, 2310). Fahrlässiges Verhalten kann etwa vorliegen, wenn der Geschäftsleiter die Pflicht zur ständigen Eigenprüfung (oben Rn 31) verletzt und damit die Signale einer Unternehmenskrise übersieht. Voraussetzung einer Strafbarkeit ist aber in jedem Fall schuldhaftes Verhalten;

I. Allgemeines **§ 16**

daran fehlt es, wenn der Antragspflichtige innerhalb der Antragsfrist noch durch Stundungs- oder Sanierungsverhandlungen versucht, die Insolvenzreife wieder zu beseitigen (Scholz/*Tiedemann* § 84 GmbHG Rn 84). Im Übrigen handelt es sich bei der Insolvenzverschleppung um ein **Dauerdelikt** (BGH 28. 10. 2008 St 53, 24 = NZI 2009, 124 = ZInsO 2008, 1385), das bereits mit Eintritt der Insolvenzreife vollendet ist (Baumbach/Hueck/*Schulze-Osterloh/Servatius* § 84 GmbHG Rn 35; Scholz/*Tiedemann* § 84 GmbHG Rn 84).

Hat sich der Antragspflichtige über das Vorliegen eines Insolvenzgrundes geirrt, also etwa gemeint, 65 das Vermögen der Gesellschaft decke noch deren Verbindlichkeiten, liegt ein **Tabestandsirrtum** vor; in diesem Falle kommt nur eine Bestrafung wegen fahrlässiger Insolvenzverschleppung in Betracht (§ 16 Abs 1 Satz 2 StGB). Irrt der Antragspflichtige demgegenüber über das Bestehen der Antragspflicht, liegt ein **Gebotsirrtum** vor, der dem Verbotsirrtum iSv § 17 StGB gleichsteht (**BGH** 5. 7. 1956 3 StR 140/56 GmbHR 1957, 131 = BB 1957, 273; ein solcher Irrtum führt lediglich im Falle seiner Unvermeidbarkeit zur Straffreiheit (Scholz/*Tiedemann* § 84 GmbHG Rn 99). Hierfür reicht die Vorstellung, kein organschaftlicher Vertreter der Gesellschaft zu sein, nicht aus, da auch der faktische Geschäftsleiter zur Antragstellung verpflichtet ist (dazu oben Rn 8). Nach AG Köln 10. 8. 2005 NZG 2005, 808 = ZIP 2005, 1566 soll der Geschäftsführer einer deutschen GmbH der Insolvenzantragspflicht auch durch Antragstellung vor dem Gericht eines anderen EU-Staates genügen können. Auch strafrechtlich ist eine Haftung wegen **Anstiftung** (§ 26 StGB) und **Beihilfe** (§ 27 StGB) möglich, wenn der Antragsverpflichtete in Bezug auf die Verletzung der Insolvenzantragspflicht vorsätzlich gehandelt hat.

Für die in das Insolvenzrecht verlagerten Strafvorschriften schreibt der ergänzte § 74c Abs 1 66 Nr 1GVG die Zuständigkeit der **Wirtschaftsstrafkammer** vor.

§ 16 Eröffnungsgrund

Die Eröffnung des Insolvenzverfahrens setzt voraus, daß ein Eröffnungsgrund gegeben ist.

I. Allgemeines

Der richtige Zeitpunkt der Eröffnung eines Insolvenzverfahrens ist grundsätzlich nicht nur ein Prob- 1 lem optimaler Gläubigerstrategie, wie es bisweilen im betriebswirtschaftlichen Schrifttum dargestellt wird. Vielmehr geht es letztlich um die Frage, wann und unter welchen Voraussetzungen ein notleidendes Unternehmen aus dem Markt auszuscheiden hat, weil das unternehmerische Risiko auf die Gläubiger verlagert wird (vgl *Uhlenbruck*, Der Wirtschaftstreuhänder 1997, S 10 ff; *v. Onciul* Die rechtzeitige Auslösung des Insolvenzverfahrens, 2000). Eine **betriebswirtschaftliche Krise** verpflichtet eine beschränkt haftende Gesellschaft des Handelsrechts nicht, ein Insolvenzverfahren zu beantragen. Eine gesetzliche Antragspflicht greift erst ein, wenn die **rechtliche Krise** eintritt, wenn also der Insolvenzgrund der Zahlungsunfähigkeit oder der Überschuldung vorliegt. Der **richtige Zeitpunkt für die Eröffnung** eines Insolvenzverfahrens ist zugleich auch ein Problem des internen Unternehmensrechts. Ein überzeugender und funktioneller Eröffnungstatbestand muss so konzipiert sein, dass er im optimalen Moment für eine Antragstellung der Unternehmensleitung sorgt und dabei die Unternehmensinteressen und die Gläubigerinteressen in Einklang bringt. Andererseits darf der Insolvenzgrund Wege aus der Unternehmenskrise nicht verbauen. Das bedeutet, dass einem Schuldner bzw Schuldnerunternehmen die Möglichkeit gegeben werden muss, sich rechtzeitig unter den Schutz eines gerichtlichen Insolvenzverfahrens zu stellen (vgl *K. Schmidt*, in: K. Schmidt/Uhlenbruck, Die GmbH in Krise, 4. Aufl 2009 Rn 4.7). Aus Gläubigersicht geht es vor allem darum, bis zu welchem Zeitpunkt sich ein Gläubiger wegen seiner Forderungen durch Einzelzwangsvollstreckungen Befriedigung aus dem Schuldnervermögen verschaffen darf, ohne mit anderen Gläubigern teilen zu müssen (vgl auch *Uhlenbruck* InVo 1998, 29).

Der **Insolvenzgrund** markiert den Zeitpunkt, zu dem der Grundsatz der „par condicio creditorum", 2 die Gleichbehandlung aller Gläubiger, eingreift. Das bellum omnium contra omnes, der Kampf aller gegen alle, wird zugunsten einer einheitlichen Haftungsverwirklichung beendet. Die Logik des Insolvenzverfahrens liegt in einer **Kollektivierung der Haftungsverwirklichung** (*Balz*, in: KS S 3, 7 Rn 17; *ders* ZIP 1988, 1438 ff). Insolvenz stellt sich als die Situation eines Schuldners oder Unternehmens dar, in der die Mittel des Schuldnervermögens nicht mehr ausreichen, um die Gläubiger vollständig zu befriedigen. Die Zahlungsunfähigkeit oder Überschuldung ist die Rechtfertigung dafür, von der individuellen Haftungsverwirklichung zur **kollektiven Haftungsverwirklichung** überzugehen (vgl auch *Jackson*, The Logic and Limits of Bankruptcy Law, Cambridge, Mass 1986 S 7 ff). Ohne erzwungenes kollektives Handeln würden sich die Gläubiger ein „Windhundrennen" liefern, statt zu verhandeln. *Balz* (KS S 6 Rn 11): „Die Insolvenz schafft ein **Common-Pool-Problem,** in dem erzwungenes kollektives Handeln mit hoher Plausibilität wirtschaftlich effizienter ist als unstrukturiertes Verhandeln" (vgl auch *Meyer-Cording* ZIP 1989, 485 ff; *Vormbaum/Baumanns* DB 1984, 1971).

Jedes Insolvenzverfahren hat **erhebliche Eingriffe in Schuldner- und Gläubigerpositionen** zur Folge. 3 Bei einer Unternehmensliquidation wird die Existenz des Schuldners vernichtet. Seine Verfügungs-, Verwaltungs- und Entscheidungsbefugnisse werden beseitigt oder wesentlich eingeschränkt. Aber auch die Rechte der Gläubiger erfahren wesentliche Beschränkungen: Sie werden in eine nicht gewollte

Zwangsgemeinschaft eingebunden, die die Entscheidungen über die Haftungsverwirklichung mehrheitlich trifft. Sie sind gezwungen, am Verfahren teilzunehmen. Wer nicht teilnimmt, verliert den Anspruch auf eine Quote. Zwangsvollstreckungen in das Schuldnervermögen werden untersagt (§ 89). Aus- und Absonderungsrechte unterliegen Beschränkungen (§§ 107 Abs 2, 166 ff). Das Vorliegen der materiellen Insolvenz ist allein die Rechtfertigung für die Insolvenzanfechtung nach den §§ 129 ff Kein Gläubiger soll sich mit Vorliegen der materiellen Insolvenz Sondervorteile gegenüber anderen Gläubigern verschaffen dürfen. Die Befriedigung der Gläubiger erfolgt nach einem insolvenzrechtlichen Verteilungsprinzip (§§ 187 ff, 292, 314). Die Eröffnung des Insolvenzverfahrens führt bei juristischen Personen, Vereinen und Gesellschaften ohne Rechtspersönlichkeit regelmäßig zur Auflösung und zwangsweisen Abwicklung. § 16 bildet zugleich einen Schutzschild gegen vorschnelle und leichtfertige Insolvenzanträge sowohl des Schuldners als auch der Gläubiger. Während der Gesetzgeber die Einleitung eines Insolvenzverfahrens sowohl den Gläubigern als auch dem Schuldner in den §§ 13, 14, 15 leicht macht, stellt das Gesetz an die **tatsächliche Eröffnung strenge Anforderungen**. Dies hat auch für den Schuldner Konsequenzen, denn es ist ihm anders als in einigen ausländischen Rechtsordnungen versagt, einen Antrag auf Verfahrenseröffnung schon bei Vorliegen wirtschaftlicher Schwierigkeiten zu stellen. Die **rechtzeitige Auslösung eines Insolvenzverfahrens** und die **Feststellung des Insolvenzgrundes** gehören zu den schwierigsten Problemen des Insolvenzrechts überhaupt. *K. Schmidt* (JZ 1982, 165): „Das beste Insolvenzrecht gibt keine Garantie für rechtzeitige Antragstellung. Ein durchdachtes Insolvenzrecht schafft aber die Vorbedingungen, um verantwortlich handelnde Unternehmensleiter zur Antragstellung im (theoretisch) optimalen Zeitpunkt anzuhalten." Damit gewinnt die gesetzliche Insolvenzantragspflicht bei Zahlungsunfähigkeit oder Überschuldung eine wichtige Funktion: Der antragspflichtige organschaftliche Vertreter ist zur **ständigen Selbstprüfung** verpflichtet. Die gesetzlichen Vorschriften über die Insolvenzantragspflicht sind deshalb „nicht eine Totengräbervorschrift für Unternehmen", sondern „ein Aufruf zur selbstverantwortlichen Sanierungsprüfung" (*K. Schmidt* bei *K. Schmidt/Uhlenbruck*, 3. Aufl Rn 683; *ders* Gutachten z 54. DJT Bd 1, 1982, S D 107 f). Die Frage nach dem optimalen Zeitpunkt der Verfahrenseröffnung kann letztlich nur von den Wirtschaftswissenschaften beantwortet werden. Die Frage nach der Insolvenzreife von Unternehmen und der unternehmerischen Selbstprüfung beantwortet sich dagegen nicht nach dem Schuldner- oder Gläubigerkalkül, sondern ausschließlich danach, zu welchem Zeitpunkt der Gläubigerschutz eine gerichtlich überwachte Bewältigung der Unternehmenskrise erfordert (vgl *K. Schmidt* JZ 1982, 165, 166). S auch *J.-W. Jensen*, Die Verfahrensauslösungstatbestände vom alten Konkursrecht zur neuen Insolvenzordnung, 2009.

II. Die gesetzlichen Eröffnungsgründe

4   Das alte Recht kannte zwei Konkurs- bzw Insolvenzgründe: Die Zahlungsunfähigkeit und die Überschuldung. *Friedr. Weber* (Tagungsbericht II der Sachverständigenkommission zur Bekämpfung der Wirtschaftskriminalität 1973 Anlage 4 S 3): „In der geschichtlichen Entwicklung ist neben die Überschuldung, zunächst beschränkt auf den kaufmännischen Konkurs, eine andere Anknüpfungsmöglichkeit für die Rechtfertigung des Konkurses getreten, nämlich die Zahlungsunfähigkeit des Vermögensträgers." Bereits in der Begründung des Entwurfs einer KO wird darauf hingewiesen, dass die Vermögensinsuffizienz allein nicht ausreicht, um einen umfassenden Gläubigerschutz zu gewährleisten (vgl *C. Hahn*, Die Gesamtmaterialien zu den Reichs-Justizgesetzen, Berlin 1881, S 291 ff). Kredit habe überall die pünktliche Erfüllung der eingegangenen Verbindlichkeiten zur notwendigen Voraussetzung. Wo es keinen Kredit gebe, da sei überhaupt ein Konkurs kaum denkbar. Ist Insolvenzgrund nur die **Zahlungsunfähigkeit**, so ist die Eröffnung eines Insolvenzverfahrens in dem Augenblick gerechtfertigt, in dem ein Schuldner nicht mehr in der Lage ist, seine Verbindlichkeiten zu bezahlen. Deshalb lässt eine Kreditgewährung die Zahlungsunfähigkeit entfallen. Bei **juristischen Personen** ist der zusätzliche Insolvenzgrund der **Überschuldung** der Preis für die beschränkte Haftung. Ist kein persönlich haftender Gesellschafter vorhanden, verlangt das Gesetz, dass jederzeit die Passiva durch die Vermögenswerte des Unternehmens gedeckt sind.

5   Die InsO hat neben der Zahlungsunfähigkeit (§ 17) und der Überschuldung (§ 19) den **neuen Insolvenzgrund der drohenden Zahlungsunfähigkeit** (§ 18) eingeführt. Dieser Insolvenzgrund berechtigt den Schuldner bzw das Schuldnerunternehmen, sich rechtzeitig unter den Schutz eines gerichtlichen Insolvenzverfahrens zu stellen und auf diese Weise eine geregelte Abwicklung sowie eine gleichmäßige Befriedigung der Gläubiger oder eine Sanierung herbeizuführen. Gläubigeranträge wegen drohender Zahlungsunfähigkeit sind unzulässig (K/P/B/*Pape* § 16 Rn 4; § 18 Rn 2). Bei der **Genossenschaft** ist gem § 98 GenG die Überschuldung nur dann Insolvenzgrund, wenn entweder eine Nachschusspflicht besteht, die Überschuldung aber ein Viertel des Gesamtbetrages der Haftsummen aller Genossen übersteigt, eine Nachschusspflicht ausgeschlossen ist oder die Genossenschaft aufgelöst ist (K/P/B/*Pape* § 16 Rn 4; HK-*Kirchhof* § 16 Rn 6). Grundsätzlich ist **alleiniger und allgemeiner Eröffnungsgrund** für jeden Antragsteller und jedes Insolvenzverfahren die **Zahlungsunfähigkeit** (§ 17). Überschuldung ist wie nach bisherigem Recht nur bei juristischen Personen einschließlich des nicht rechtsfähigen Vereins (vgl. *Regullis* DZWIR 2008, 404) und ihnen gleichgestellten Gesellschaften ohne Rechtspersönlichkeit oder beim Nachlass (§§ 320 S 1, 333 Abs 1) Insolvenzgrund.

Die **Regelung der Insolvenzgründe** in den §§ 17, 18, 19 ist **ausschließlich** (K/P/B/*Pape* § 16 Rn 4: 6
„Numerus clausus der Eröffnungsgründe"). Dies bedeutet aber nicht, dass die Insolvenzgründe **nicht austauschbar** sind. So ist zB das Insolvenzgericht berechtigt, wegen Überschuldung zu eröffnen, auch wenn der Gläubiger wegen Zahlungsunfähigkeit Insolvenzantrag gestellt hat und umgekehrt. Andererseits kann bei Gläubigerantrag ein Insolvenzverfahren nicht wegen drohender Zahlungsunfähigkeit eröffnet werden, weil diese nur bei Eigenantrag Insolvenzgrund ist. Bei Eigenantrag wegen drohender Zahlungsunfähigkeit darf das Gericht aber wegen Überschuldung eröffnen (**LG Frankenthal**, Rpfleger 1986, 104; HK-*Kirchhof* § 16 Rn 8; *Jaeger/Müller* § 16 Rn 8; MüKo-*Schmahl* § 16 Rn 32; HaKo-*Schröder* § 16 Rn 12 f; K/P/B/*Pape* § 16 Rn 5). Das Insolvenzgericht ist nicht an die im Antrag bezeichneten Insolvenzgründe gebunden, sondern hat seine Ermittlungen auf sämtliche zulässigen Insolvenzgründe zu erstrecken. Stellt ein Schuldner oder Schuldnerunternehmen wegen drohender Zahlungsunfähigkeit Insolvenzantrag, so wird sich oftmals herausstellen, dass längst eine Überschuldung vorgelegen hat. Das Gericht hat in diesen Fällen, vor allem wenn eine Antragspflicht besteht, wegen Überschuldung zu eröffnen, damit die Voraussetzungen der §§ 26 Abs 3, 92 iVm den entsprechenden Haftungsvorschriften wegen Insolvenzverschleppung eingreifen (*Jaeger/Müller* § 16 Rn 9; K/P/B/*Pape* § 16 Rn 5).

III. Richterliche Feststellungen zum Insolvenzgrund

Nach Zulassung des Insolvenzantrags hat das Gericht gem § 5 Abs 1 Amtsermittlungen darüber an- 7
zustellen, ob der die Verfahrenseröffnung rechtfertigende Insolvenzgrund beim Schuldnerunternehmen vorliegt. Auch für den Eigenantrag gilt die Feststellung des **BGH**, dass die Ermittlungen wegen der Bedeutung des Verfahrens und der wirtschaftlichen Tragweite der Entscheidung **besonders sorgfältig geführt** werden müssen (**BGH** v 5. 11. 1956, KTS 1957, 12; **LG Köln** KTS 1964, 248; MüKo-*Schmahl* § 16 Rn 11; K/P/B/*Pape* § 16 Rn 2; *Braun/Uhlenbruck* Unternehmensinsolvenz S 278). **Bestreitet der Schuldner den Insolvenzgrund**, kann sich der Richter in der Regel die erforderliche Überzeugung nur dadurch verschaffen, dass er sich eine vollständige und geordnete Vermögensübersicht vorlegen lässt oder einen Sachverständigen mit der Prüfung des Insolvenzgrundes beauftragt (vgl **LG Köln** KTS 1964, 247; *Bollig* KTS 1990, 599 ff; K/P/B/*Pape* § 16 Rn 2; FK-*Schmerbach* § 16 Rn 6). Das **Nichtbestreiten des Insolvenzgrundes** durch den Schuldner (Antragsgegner) oder ein **Eingeständnis** rechtfertigt nicht etwa, das Verfahren ohne weitere Ermittlungen zu eröffnen (vgl K/P/B/*Pape* § 16 Rn 2; *Kilger/K. Schmidt* § 105 KO Anm 4; *Jaeger/Müller* § 16 Rn 10). Hat der Antragsgegner das Vorliegen eines Insolvenzgrundes **ausdrücklich bestritten**, so sind die Ermittlungen im Hinblick auf die wirtschaftliche Tragweise der Insolvenzeröffnung besonders sorgfältig zu führen (vgl auch **LG Tübingen** v 10. 8. 1960, KTS 1961, 158, 159). Räumt der Schuldner oder der organschaftliche Vertreter eines Schuldnerunternehmens das Vorliegen eines Eröffnungsgrundes ein, so sind allerdings an die Überzeugungsbildung des Gerichts geringere Anforderungen zu stellen als bei Bestreiten des Insolvenzgrundes. Das **Schweigen des Schuldners** auf einen Insolvenzantrag gilt grundsätzlich als Bestreiten (**BGH** KTS 1978, 24; **LG Köln** KTS 1964, 247, 248; HK-*Kirchhof* § 14 Rn 46 u § 16 Rn 11; *Jaeger/Gerhardt* § 14 Rn 17; krit *Kuleisa* KTS 2007, 283 ff). Der Insolvenzschuldner (Antragsgegner) kann nicht als **Zeuge**, sondern nur als **Partei** vernommen werden. Die Vorschriften der ZPO finden über § 4 entsprechende Anwendung, jedoch ist ein förmlicher Beweisbeschluss nicht erforderlich. Die von Amts wegen vorzunehmenden gerichtlichen Ermittlungen können nicht von der **Einzahlung eines Ermittlungskostenvorschusses** abhängig gemacht werden (K/P/B/*Pape* § 16 Rn 2). Dies folgt aus § 10 GKG. Das Gericht ist allerdings nicht gehindert, vom Antragsteller einen Ermittlungskostenvorschuss einzufordern.

Art und Weise der Feststellung der Eröffnungsgründe sind in das pflichtgemäße Ermessen des Insol- 8
venzgerichts gestellt. Ob ein Insolvenzgrund vorliegt, kann im Regelfall nur mit Hilfe betriebswirtschaftlicher Methoden und Erkenntnisse ermittelt werden (N/R/*Mönning* § 16 Rn 8; *Baur/Stürner* § 7 Rn 7.31). Das Gericht ist berechtigt, gem § 20 vom Schuldner die **Vorlage eines Liquiditäts- oder Vermögensstatus** zu verlangen. Es kann das Schuldnerverzeichnis (§ 915 ZPO) einsehen sowie Vollstreckungs- oder Strafakten beiziehen und eine Auskunft des zuständigen Gerichtsvollziehers einholen (HK-*Kirchhof* § 16 Rn 12). Der Schuldner (Antragsgegner) hat bei den erforderlichen Ermittlungen **mitzuwirken** (vgl *Uhlenbruck* ZInsO 1999, 493 ff; ders KS, S 363 Rn 42; ders KTS 1994, 169, 174; *Braun/Uhlenbruck*, Unternehmensinsolvenz, S 257; K/P/B/*Pape* § 22 Rn 32; BerlKo-*Blersch* § 22 Rn 32; *Smid* § 22 Rn 54; MüKo-*Schmahl* § 16 Rn 15 u § 20 Rn 39 ff). Die Auskunftspflicht des Insolvenzschuldners bezieht sich auf alle Umstände, die zur Entscheidung über den Eröffnungsantrag notwendig sind (HK-*Kirchhof* § 20 Rn 22, § 22 Rn 67, 69; N/R/*Mönning* § 20 Rn 34 ff; *Smid* § 20 Rn 9 ff; BerlKo-*Goetsch* § 20 Rn 1, 6; K/P/B/*Pape* § 20 Rn 6; *Uhlenbruck* ZInsO 1999, 493, 494). Die Verweisung in §§ 20, Abs 1 S 2, 22 Abs 3 S 3 führt zu einer **umfassenden Auskunfts- und Mitwirkungspflicht** des Schuldners bzw Schuldnervertreters, die die frühere Vorschrift des § 104 KO verallgemeinert. Die entsprechende Anwendbarkeit der §§ 97, 98, 101 in den §§ 20, 22 Abs 3 S 2 Halbs 2 dient nicht allein der Konkretisierung der dort genannten Auskunftspflichten, sondern bezieht sich generell auf alle Mitwirkungs- und Bereitschaftspflichten, die zur Information des Gerichts und zur Erfüllung des gesetzlichen Auftrags durch den vorläufigen Insolvenzverwalter erforderlich sind (vgl auch **LG Göttingen**

NJW-RR 1996, 639; **LG** Magdeburg EWiR 1997, 659 *[Holzer]*; *Uhlenbruck* KTS 1997, 371, 387; *ders* KS S 363 Rn 42; s aber auch *Pohlmann*, Befugnisse, Köln 1998, Rn 202 ff). Vor allem bei bestrittenem Insolvenzgrund wird das Gericht auf die Einschaltung eines Sachverständigen nicht verzichten können (**BGH** KTS 1957, 12, 13; KTS 1978, 27 f; HK-*Kirchhof* § 16 Rn 12; MüKo-*Schmahl* § 16 Rn 45 ff). Die Anordnungen nach § 21 Abs 2, vor allem ein allgemeines Zahlungsverbot, dürfen nicht angeordnet werden, um eine zweifelhafte Zahlungseinstellung endgültig herbeizuführen. Zur Feststellung der Überschuldung s die Ausführungen zu § 19.

IV. Die Nichterweislichkeit des Insolvenzgrundes

9 Lässt sich der Insolvenzgrund nicht mit der für die richterliche Überzeugung notwendigen Sicherheit feststellen, geht diese Unklarheit immer zu Lasten des Antragstellers. Ein „non liquet" führt somit immer zur **Abweisung des Antrags als unbegründet.** Die Bestellung eines Sachverständigen ist als solche nicht anfechtbar (**OLG** Hamm ZIP 1986, 724). Immer wieder ist in der Praxis festzustellen, dass Sachverständige sich mit den Kriterien, die die Rechtsprechung zur Feststellung der Zahlungsunfähigkeit und Überschuldung entwickelt hat, nicht oder nur unzulänglich auseinander setzen (vgl *Uhlenbruck*, Die GmbH & Co KG in Krise, Konkurs und Vergleich, S 275 ff; *Frege/Keller/Riedel* HRP Rn 554 ff; Checkliste als „Empfehlung an die Insolvenzgerichte" für eine Gutachtenerstellung im Unternehmensinsolvenzverfahren (Empfehlung des BAKinso) ZInsO 2009, 22 ff). Vor der Beauftragung ist weder dem Gläubiger noch dem Schuldner **rechtliches Gehör** zu gewähren (KS *Vallender* 1. Aufl 1997 S 218; *Frege/Keller/Riedel* HRP Rn 562 ff; MüKo-*Schmahl* § 16 Rn 45 ff). Hiergegen kann sich der Antragsteller nicht mit Rechtsmitteln wehren. Eine Ablehnung des Gutachters wegen Befangenheit kommt regelmäßig nicht in Betracht (vgl aber **OLG** Köln ZIP 1990, 58 = Rpfleger 1990, 80). **Vor Abweisung des Insolvenzantrags** als unbegründet wird man aber das Gericht für verpflichtet halten müssen, dem Antragsteller das Gutachten des Sachverständigen zugänglich zu machen. Anders nur, wenn das Gericht sich die Überzeugung verschafft hat, dass der vom Antragsteller behauptete Insolvenzgrund nicht vorliegt und auch kein anderer Insolvenzgrund gegeben ist.

10 Ist die dem Insolvenzantrag zugrunde liegende **Forderung die einzige**, die für den Fall ihres Bestehens den Insolvenzgrund ausmachen würde, so sind die Amtsermittlungen auch auf den Bestand der Forderung zu erstrecken, denn Forderung und Insolvenzgrund sind identisch, wenn zB die Überschuldung vom Bestehen der Forderung abhängt. In diesen Fällen hat der Antragsteller nach hM **die Forderung zu beweisen, wenn ihr der Antragsgegner substantiiert widerspricht** (**BGH** v 29. 3. 2009, ZIP 2007, 1226; **BGH** NZI 2006, 174 f; **BGH** NZI 2006, 588, 589 f = ZInsO 2006, 824; **BGH** v 19. 12. 1999, ZIP 1992, 947 = NJW-RR 1992, 919; **OLG** Hamm KTS 1971, 54 u ZIP 1980, 258, 259; **OLG** Frankfurt KTS 1973, 140; **OLG** Köln ZIP 1988, 664, 665; HK-*Kirchhof* § 16 Rn 14; K/P/B/*Pape* § 14 Rn 8; *Pape* NJW 1993, 297 ff; MüKo-*Schmahl* § 16 Rn 38, 40). Soweit die dem Antrag zugrunde liegende Forderung den Insolvenzgrund ausmacht, erstrecken sich die **Amtsermittlungen auch auf die Forderung**, wenn diese hinreichend glaubhaft gemacht ist bzw die Glaubhaftmachung nicht durch Gegenglaubhaftmachung erschüttert wird (HK-*Kirchhof* § 16 Rn 15; *Uhlenbruck*, Die anwaltliche Beratung, S 123; MüKo-*Schmahl* § 16 Rn 35). Es ist nicht Sache des Insolvenzgerichts, streitige Rechtsfragen hinsichtlich des Bestands der Forderung zu klären. Da aber im Insolvenzeröffnungsverfahren keine Beweisaufnahme stattfindet, ist der Antragsteller zwar nicht entsprechend **OLG** Frankfurt (KTS 1973, 140) auf den ordentlichen Rechtsweg zu verweisen (so aber **BGH** NZI 2002, 601 f; **BGH** v 8. 11. 2007 – IX ZN 263/03 zit bei *Kirchhof* § 16 Fn 32; MüKo-*Schmahl* § 16 Rn 35). Vielmehr ist der **Insolvenzantrag als unbegründet** zurückzuweisen, weil das Gericht sich auf Grund der Amtsermittlungen nach § 5 nicht die erforderliche Überzeugung vom Bestand der Forderung und damit vom Vorliegen des Insolvenzgrundes verschaffen konnte (MüKo-*Schmahl* § 16 Rn 40; *Jaeger/Müller* § 16 Rn 15; HaKo-*Schröder* § 16 Rn 9, 16; *Braun/Bußhardt* § 16 Rn 13; *Gottwald/Uhlenbruck* InsRHdb § 6 Rn 2).

11 Ist der Insolvenzgrund (Zahlungsunfähigkeit/Überschuldung) unabhängig davon gegeben, ob die Forderung des Antragstellers gegen den Schuldner besteht, setzt die Eröffnung des Insolvenzverfahrens nicht voraus, dass der Richter vom Bestehen dieser Forderung überzeugt ist. Solchenfalls genügt zur Eröffnung des Insolvenzverfahrens – neben der Überzeugung des Richters vom Vorliegen des Insolvenzgrundes – vielmehr, dass diese Forderung glaubhaft gemacht ist (**OLG** Köln v 3. 1. 2000, NZI 2000, 174 = ZIP 2000, 151 in Abgrenzung zu **OLG** Köln ZIP 1989, 789; MüKo-*Schmahl* § 16 Rn 34 allerdings einschränkend für vorläufig vollstreckbare Titel in Rn 36).

12 Ist die bestrittene Forderung **rechtskräftig tituliert**, kann das Gericht davon ausgehen, dass sie bewiesen ist. Nicht gefolgt werden kann HK-*Kirchhof* (§ 16 Rn 13), wonach bei rechtskräftig titulierter Forderung sich die Amtsprüfungspflicht des Insolvenzgerichts nach § 5 Abs 2 grundsätzlich auch auf den Bestand der Forderung bezieht (wie hier N/R/*Mönning* § 14 Rn 58). Bei einer rechtskräftig titulierten Forderung kann das Gericht grundsätzlich von ihrem Bestand ausgehen, wenn nicht nachgewiesen wird, dass zB Restitutionsklage erhoben worden ist. Dagegen sind Urteile oder Vollstreckungsbescheide, gegen die mit nicht offensichtlich unzutreffender Begründung Rechtsmittel eingelegt worden ist, keine geeignete Grundlage für eine richterliche Überzeugungsbildung. Beruft sich der Schuldner oder ein Schuldnerunternehmen darauf, dass er bzw es zwar zahlen kann, jedoch aus bestimmten Gründen nicht

zahlen will, darf das Gericht nicht vom Vorliegen einer Zahlungseinstellung ausgehen, auch wenn dies im Strafrecht teilweise bejaht wird (vgl **BGH** WM 1957, 68 = KTS 1957, 12; *Uhlenbruck*, Gläubigerberatung in der Insolvenz, S 70; **str aA BGH**St 3, 294; RGSt 41, 311).

Setzt sich der Schuldner (Antragsgegner) **ins Ausland** ab, so darf das Gericht davon ausgehen, dass er 13 seine Zahlungen eingestellt hat. Handelt es sich aber um den **organschaftlichen Vertreter** eines Schuldnerunternehmens, begründet dessen Flucht ins Ausland allenfalls ein Indiz für das Vorliegen einer Zahlungsunfähigkeit. Nach § 15 a Abs 3 InsO nF ist im Fall der **Führungslosigkeit einer Gesellschaft mit beschränkter Haftung** auch jeder Gesellschafter, im Fall der Führungslosigkeit einer Aktiengesellschaft oder einer Genossenschaft auch jedes Mitglied des Aufsichtsrats zur Stellung des Antrags verpflichtet, es sei denn, diese Person hat von der Zahlungsunfähigkeit und der Überschuldung oder der Führungslosigkeit keine Kenntnis. Hängt die Zahlungsunfähigkeit oder eine Überschuldung von dem Bestehen oder Nichtbestehen einer **Steuerforderung** ab, so ist es dem Insolvenzgericht nicht zuzumuten, im Vorgriff auf eine Entscheidung der Finanzgerichte eine abschließende Prüfung der Steuerforderung vorzunehmen. Die bilanzielle Bildung von Rückstellungen für streitige Steuerforderungen ist kein Beweis für deren Bestand, sondern allenfalls ein Indiz.

Vorläufig vollstreckbare titulierte Ansprüche sind zwar zur Glaubhaftmachung nach § 14 Abs 1 ge- 14 eignet, nicht aber zur Überzeugungsbildung hinsichtlich des Insolvenzgrundes (vgl auch *Pape* NJW 1993, 297 ff; MüKo-*Schmahl* § 16 Rn 39). Die Entscheidung des **BGH** v 19. 12. 1991 (ZIP 1992, 947) verstellt allerdings den Blick dafür, dass im Einzelfall zwischen der Zulässigkeit des Antrags und der Begründetheit zu unterscheiden ist. Im Rahmen der Antragszulassung ist ein vorläufig vollstreckbares Urteil ebenso wie ein Versäumnisurteil durchaus geeignet, Forderung und Insolvenzgrund glaubhaft zu machen. Lediglich für die Frage der Begründetheit sind strengere Anforderungen zu stellen, so dass hier die vorläufige Vollstreckbarkeit ebenso wenig ausreicht wie etwa vom Steuerschuldner angegriffener Leistungsbescheid (zutreffend *Pape* NJW 1993, 297, 299; K/P/B/*Pape* § 14 Rn 8; *Gottwald/Uhlenbruck* InsRHdb § 13 Rn 5 ff). Weist das Gericht den Insolvenzantrag wegen Nichterweislichkeit des Insolvenzgrundes zurück, so ist der Antragsteller berechtigt, gem § 34 **sofortige Beschwerde** einzulegen mit der Begründung, das Insolvenzgericht habe die Möglichkeiten einer Amtsermittlung nicht ausgeschöpft oder es habe das Ergebnis der Ermittlungen unzutreffend gewürdigt.

V. Staatshaftung wegen Verletzung der Amtsermittlungspflicht

Verletzt der Insolvenzrichter bzw die Insolvenzrichterin im Rahmen der Eröffnung eines Insolvenz- 15 verfahrens ihm/ihr obliegende Amtspflichten, so steht dem Geschädigten gem § 839 Abs 1 BGB iVm Art 34 GG ein Schadenersatzanspruch gegen das beklagte Land zu (**BGH** KTS 1957, 12; **BGH** KTS 1978, 24; **BGH** KTS 1992, 257 = ZIP 1992, 947; *Jaeger/Müller* § 16 Rn 11). Das Spruchrichterprivileg des § 839 Abs 2 Satz 1 BGB greift insoweit nicht ein (**BGH** NJW 1959, 1085; *Häsemeyer* InsR Rn 6.08; *Jaeger/Müller* § 16 Rn 11). Schon im Rahmen der Prüfung des **rechtlichen Interesses** iSv § 14 Abs 1 läuft das Gericht Gefahr, Schadensersatzansprüchen ausgesetzt zu sein, wenn der Schuldner (Antragsgegner) behauptet, der Antragsteller sei durch vorhandene Sicherheiten ausreichend gesichert (**LG** Dortmund KTS 1984, 147). Eine solche Haftung kommt aber auch in Betracht, wenn das Gericht entweder den glaubhaft gemachten Insolvenzgrund schuldhaft ungeprüft übernimmt oder den Antrag wegen unzulänglicher Ermittlungen als unbegründet zurückweist (vgl **LG** Köln v 30. 7. 1964, KTS 1964, 247, 248 f m Anm *Skrotzki* KTS 1964, 253). Die Ermittlungspflicht des Insolvenzgerichts besteht auch, wenn gleichzeitig **mehrere Insolvenzanträge** gegen den Schuldner oder das Schuldnerunternehmen anhängig sind. Solchenfalls hat das Gericht in jedem einzelnen Verfahren die erforderlichen Ermittlungen anzustellen. Es darf sich nicht darauf berufen, die Vielzahl der Insolvenzanträge indiziere das Vorliegen eines Insolvenzgrundes (vgl **OLG** Hamm MDR 1973, 1029 = Rpfleger 1973, 366; *Boennecke* KTS 1955, 173; *Unger* KTS 1962, 209). Die Regelung in § 16 will eine vorschnelle, den Schuldner schädigende Verfahrenseröffnung vermeiden, aber auch Missbräuche des Insolvenzverfahrens verhindern. Keine Amtspflichtverletzung liegt vor, wenn das Gericht schuldlos eine **vorübergehende Zahlungsstockung** statt einer Zahlungsunfähigkeit annimmt oder eine **geringfügige Liquiditätslücke** verkennt. Gleiches gilt hinsichtlich der Fortführungsprognose im Rahmen der Überschuldungsprüfung nach § 19. Schwierige Bewertungsfragen im Rahmen der Überschuldungsprüfung führen auch in Fällen der **Falschbewertung des Schuldnervermögens** nicht ohne weiteres zu einer Haftung des Staates bzw Richters oder des Sachverständigen.

VI. Zeitpunkt der Feststellung des Insolvenzgrundes

Da das Vorliegen eines Eröffnungsgrundes zwingende Voraussetzung für die Verfahrenseröffnung ist, 16 muss der Insolvenzgrund für den Zeitpunkt festgestellt werden, in dem die Eröffnung des Insolvenzverfahrens beschlossen wird (vgl BGHZ 169, 17, 20 ff = NZI 2006, 693 f; **BGH** v 12. 7. 2007 – IX ZB 32/07, zit in HK-*Kirchhof* § 16 Rn 17 Rn 36; MüKo-*Schmahl* § 16 Rn 41, 42; N/R/*Mönning* § 16 Rn 10; *Jaeger/Müller* § 16 Rn 16). Nach der bislang hM in Rechtsprechung und Literatur sowie der Vorauflage kam es für das Vorliegen der materiellen Eröffnungsvoraussetzungen auf den **Zeitpunkt der** letzten Tatsachenentscheidung an. Während der **BGH** in seinem Beschluss v 5. 2. 2004 (NZI 2004, 587) noch der hM zuneigte, die auf die **letzte Tatsachenentscheidung** für das Vorliegen der materiellen Eröffnungsvoraussetzungen abstellte, hat er mit dem Beschl v 27. 7. 2006 (IX ZB 204/04, BGHZ 169, 17, 20 ff = NZI 2006, 693 = ZIP 2006, 1957 = ZInsO 2006, 1051) eine grundsätzliche Wende vollzogen. Zutreffend stellt der **BGH** nunmehr auf den **Zeitpunkt der Eröffnungsentscheidung** ab. Liegt ein Eröffnungsgrund erst dann vor, wenn über ein Rechtsmittel des Schuldners entschieden wird, vermag dies die Eröffnung zu einem früheren Zeitpunkt nicht zu rechtfertigen. Lagen die Eröffnungsvoraussetzungen im Zeitpunkt der Eröffnung nicht vor, so ist der Eröffnungsbeschluss aufzuheben und der Eröffnungsantrag abzuweisen. Waren dagegen die Eröffnungsvoraussetzungen im Zeitpunkt der Eröffnung erfüllt, kann der **nachträgliche Wegfall des Insolvenzgrundes** nur im Verfahren nach den §§ 212, 213 geltend gemacht werden (zust *Gundlach* NJW 2006, 3556; *Bruns* EWiR 2007, S 17 f). Wird der Insolvenzgrund allein aus der Forderung des ASt hergeleitet, darf das Verfahren nur eröffnet werden, wenn die Forderung zur Überzeugung des Gerichts feststeht (**BGH** v 14. 12. 2005 – IX ZB 207/04, ZIP 2006, 247).

17 Mit der Verfahrenseröffnung wird der Insolvenzschuldner **erheblichen Einschränkungen** unterworfen. Das Insolvenzverfahren ist auf eine zügige Liquidation des Schuldnervermögens ausgerichtet. Die **Aufhebung eines fehlerhaften Eröffnungsbeschlusses** führt im Regelfall dazu, dass die bisherigen Rechtsfolgen und Maßnahmen der Verfahrenseröffnung nicht mehr rückgängig gemacht werden können (vgl BGHZ 137, 49, 56 m Anm *Uhlenbruck* EWiR § 10 GesO 2/98, 175). Die einzige Möglichkeit, die Rechtsfolgen der Vollziehung des Eröffnungsbeschlusses zu vermeiden, besteht in der **Aussetzung der Vollziehung des Eröffnungsbeschlusses** gem §§ 575 Abs 5, 570 Abs 3 ZPO, die vor allem in Betracht kommt, wenn durch die weitere Vollziehung des Eröffnungsbeschlusses dem Schuldner größere Nachteile drohen als den übrigen Beteiligten im Fall der Aufschiebung der vom Insolvenzgericht beschlossenen Maßnahmen und wenn das Rechtsmittel Aussicht auf Erfolg hat (**BGH** aaO; **BGH** NZI 2002, 338). Entgegen der Voraufl ist nicht mehr daran festzuhalten, dass es ausreicht, wenn der Eröffnungsbeschluss zu Unrecht ergangen ist, jedoch der Insolvenzgrund während des Beschwerdeverfahrens eintritt. Anders nur, wenn der Insolvenzgrund zwar nicht bei Antragstellung, wohl aber zum Zeitpunkt der Eröffnung vorliegt (**BGH** v 8. 11. 2007 – IX ZB 201/03, ZInsO 2007, 1275). Zur prozessualen Überholung im Insolvenzrecht s auch *Zipperer* NZI 2006, 688 ff.

18 Der **Wegfall der Antragsberechtigung** des Gläubigers nach Verfahrenseröffnung oder vor Rechtskraft des Abweisungsbeschlusses führt nicht zur Aufhebung der verfahrensabschließenden Entscheidungen des Insolvenzgerichts. Hat das Gericht zB das Insolvenzverfahren eröffnet, so spielt die Antragsberechtigung des Gläubigers keine Rolle mehr, denn es kommt nur noch auf das Vorliegen der materiellen Insolvenz, also des Insolvenzgrundes an (**LG** Göttingen v 23. 2. 1998, ZIP 1998, 571; **LG** Karlsruhe NZI 2002, 608; *Uhlenbruck* KTS 1986, 541, 542; HaKo-*Schröder* § 16 Rn 15; K/P/B/*Pape* § 16 Rn 3). Die gegenteilige Auffassung, wonach die Befriedigung des Antragstellers zur Aufhebung des noch nicht rechtskräftigen Eröffnungsbeschlusses führt, vermag nicht zu überzeugen (so aber **OLG** Celle KTS 1972, 264, überholt durch **OLG** Celle ZIP 2000, 673; **LG** Hamburg MDR 1963, 144; **LG** Köln ZIP 1980, 34 m Anm *Uhlenbruck*; **LG** Kiel ZIP 1987, 870 = EWiR 1987, 913 [*Pape*]; *Mohrbutter* KTS 1973, 274; N/R/*Mönning* § 14 Rn 65). Nach zutreffender Feststellung des **LG** Göttingen (v 23. 2. 1998, ZIP 1998, 571, 572) geht das Insolvenzverfahren mit der Eröffnung in ein **reines Amtsverfahren** über (so auch **LG** Mainz Rpfleger 1988, 158; **LG** Braunschweig NJW 1961, 2316; *Pape* ZIP 1989, 1029, 1032; HaKo-*Schröder* § 16 Rn 15; *Baur/Stürner* II Rn 7.43 Fn 79; *Kilger/K. Schmidt* § 109 KO Anm 2; K/P/B/*Pape* § 16 Rn 3; HaKo-*Schröder* § 16 Rn 15). Die dem Insolvenzantrag zugrunde liegende Forderung wird mit der Verfahrenseröffnung verfahrensrechtlich bedeutungslos (BerlK-*Goetsch* § 16 Rn 10). Die Glaubhaftmachung der Forderung nach § 14 Abs 1 diente lediglich der Prüfung der Zulässigkeit des Antrags. Mit der Verfahrenseröffnung kommt es auf die Aktivlegitimation des Antragstellers nicht mehr an, sondern nur noch auf das Vorliegen eines Insolvenzgrundes. Ist das Verfahren von einem quasi-streitigen Parteiverfahren durch den Eröffnungsbeschluss in ein ausschließliches Amtsverfahren übergegangen, kommt auch eine **Erledigung in der Hauptsache** oder eine **Rücknahme des Antrags** nicht mehr in Betracht (K/P/B/*Pape* § 16 Rn 3; HaKo-*Schröder* § 16 Rn 15). Das Verfahren ist mit dem Erlass des Eröffnungsbeschlusses der Disposition der Verfahrensbeteiligten entzogen. Zudem ist nach Verfahrenseröffnung schon wegen des Gleichbehandlungsgrundsatzes eine insolvenzzweckwidrige Befriedigung einzelner Gläubiger nicht mehr zulässig (**LG** Göttingen ZIP 1998, 571, 572; *Pape* EWiR 1987, 913, 914). Etwas anderes gilt nur, wenn der Schuldner **sämtliche Gläubiger befriedigt** oder diese ihre Forderungen stunden (vgl **LG** Potsdam ZInsO 2002, 778, 779; **LG** Göttingen ZIP 1998, 571, 572; *Pape* ZIP 1989, 1029, 1034; HK-*Kirchhof* § 16 Rn 18).

VII. Insolvenzgründe im Verbraucherinsolvenzverfahren

19 Die Vorschrift des § 16 findet auch im Verbraucherinsolvenzverfahren und sonstigen Kleinverfahren nach den §§ 304 ff Anwendung (K/P/B/*Pape* § 16 Rn 6). Da es sich hier nur um natürliche Personen handelt, kommt eine Überschuldung (§ 19) als Insolvenzgrund nicht in Betracht, sondern nur **Zahlungsunfähigkeit** oder drohende Zahlungsunfähigkeit (§§ 17, 18; *Pape* WM 1998, 2125 ff; *Uhlenbruck*

Zahlungsunfähigkeit § 17

NZI 2000, 15 ff). Die **drohende Zahlungsunfähigkeit** (§ 18) ist nur bei Eigenantrag des privaten Schuldners Insolvenzgrund (§ 18 Abs 1). Keine Antwort gibt das Gesetz auf die Frage, zu **welchem Zeitpunkt der Insolvenzgrund** der Zahlungsunfähigkeit im Verbraucherinsolvenzverfahren (Kleinverfahren) zur Überzeugung des Gerichts **vorliegen** muss. Fasst man das gerichtliche **Schuldenregulierungsverfahren als Verfahrenseröffnung** auf, was allerdings dem Wortlaut des § 306 Abs 1 widerspricht, so muss der Insolvenzgrund zu diesem Zeitpunkt zur Überzeugung des Gerichts vorliegen. Für einen **erweiterten Begriff der Insolvenzeröffnung** spricht vor allem die Regelung in § 309, wonach das Gericht auf Antrag versagte Zustimmungen der Gläubiger ersetzen kann (K/P/B/*Pape* § 16 Rn 7, 7 a, b; *Uhlenbruck* NZI 2000, 15, 17). Das **AG Göttingen** (v 21. 7. 1998, ZIP 1999, 1365 = EWiR § 309 InsO 1/9, 847 *[Vallender]*) meint zutreffend, bei der Entscheidung über den Antrag, Einwendungen eines Gläubigers gegen den Schuldenbereinigungsplan gem § 309 Abs 1 durch eine Zustimmung zu ersetzen, müsse das Insolvenzgericht vom Vorliegen eines Insolvenzgrundes überzeugt sein (so auch *Jaeger/Müller* § 16 Rn 19; HaKo-*Schröder* § 16 Rn 17; *Uhlenbruck* NZI 2000, 15, 17; K/P/B/*Pape* § 16 Rn 6 ff; *Pape* WM 1998, 2125, 2128; *Krug*, Verbraucherkonkurs S 115 ff; *Häsemeyer* InsR Rn 29.35; **str aA** *Wittig* WM 1998, 157, 160; N/R/*Römermann* § 309 Rn 30; *Vallender* EWiR § 309 InsO 1/99, 847, 848). Eingriffe in verfassungsrechtlich geschützte Positionen der Gläubiger wie zB in § 309 sind nur in einem eröffneten Insolvenzverfahren zulässig (vgl auch K/P/B/*Pape* § 16 Rn 7, 7 a/b). Würde man die Feststellung der Zahlungsunfähigkeit nur für den Fall der Eröffnung des vereinfachten Insolvenzverfahrens nach den §§ 311 ff verlangen, bestünde die Gefahr, dass der Schuldner ein gerichtliches Schuldenregulierungsverfahren durchläuft, ohne dass er tatsächlich insolvenzreif ist (K/P/B/*Pape* § 16 Rn 7, 7 a/b). Sowohl im außergerichtlichen Einigungsverfahren als auch im gerichtlichen Schuldenbereinigungsverfahren findet die Vorschrift des § 16 entsprechende Anwendung mit der Maßgabe, dass sich sowohl die geeignete Person oder Stelle iSv § 305 Abs 1 Nr 1 als auch das Insolvenzgericht im gerichtlichen Schuldenbereinigungsverfahren vom Vorliegen der Zahlungsunfähigkeit des Schuldners zu überzeugen hat. Nur das **Vorliegen der materiellen Insolvenz** rechtfertigt die Zustimmungsersetzung nach § 309. Bestreitet der Schuldner das Vorliegen eines Insolvenzgrundes bei Antragstellung durch einen Gläubiger, ist eine Zustimmungsersetzung nach § 309 nur möglich, wenn das Gericht vom Vorliegen eines Insolvenzgrundes überzeugt ist (*Uhlenbruck* NZI 2000, 15, 17; K/P/B/*Wenzel* § 309 Rn 6; HK-*Landfermann* § 309 Rn 11; *Preuss* Verbraucherinsolvenzverfahren S 64; *Häsemeyer* Rn 29.35; *Schmidt-Räntsch* MDR 1994, 321; **str aA** FK-*Grote* § 309 Rn 30; *Wittig* WM 1998, 157, 160). Vgl auch die Kommentierung zu § 309 Rn 82 in Darstellung der verschiedenen Auffassungen. Letztlich wird man differenzieren müssen: Beim **Gläubigerantrag** wird das Verbraucherinsolvenzverfahren als **vereinfachtes Insolvenzverfahren** nach den § 311 ff nur durchgeführt, wenn das Gericht von der Zahlungsunfähigkeit überzeugt ist (§ 16). Stellt der Schuldner auf den Gläubigerantrag hin selbst einen Antrag (§ 306 Abs 3) und ruht das Verfahren bis zur Entscheidung über den Antrag auf Eröffnung des Insolvenzverfahrens, so ist der Schuldner, da es sich um einen Eigenantrag handelt, ebenso wie bei sonstigen Eigenanträgen berechtigt, seinen Antrag auf die **drohende Zahlungsunfähigkeit** (§ 18) zu stützen. Für die Durchführung des gerichtlichen Schuldenregulierungsverfahrens muss das Insolvenzgericht entsprechend § 16 vom Vorliegen der drohenden Zahlungsunfähigkeit überzeugt sein (zweifelnd K/P/B/*Pape* § 16 Rn 8). Letztlich dürfte die Frage, ob die Vorschrift des § 16 bereits im gerichtlichen Schuldenbereinigungsverfahren nach §§ 305 ff eingreift, keine wesentliche praktische Bedeutung erlangen, denn meist wird vor allem bei Eigenanträgen die Zahlungsunfähigkeit bereits im außergerichtlichen Einigungsverfahren offenbar.

§ 17 Zahlungsunfähigkeit

(1) Allgemeiner Eröffnungsgrund ist die Zahlungsunfähigkeit.

(2) ¹Der Schuldner ist zahlungsunfähig, wenn er nicht in der Lage ist, die fälligen Zahlungspflichten zu erfüllen. ²Zahlungsunfähigkeit ist in der Regel anzunehmen, wenn der Schuldner seine Zahlungen eingestellt hat.

Übersicht

	Rn
I. Allgemeines	1
II. Begriff der Zahlungsunfähigkeit	4
1. Gesetzliche Definition	4
2. Objektivierung des Begriffs	6
3. Zahlungsunfähigkeit als Geldilliquidität	7
4. Fällige Zahlungspflichten	10
a) Zahlungspflichten	10
b) Fälligkeit	11
5. Zahlungsstockung	19
6. Geringfügige Liquiditätslücken	21
7. Zahlungsunwilligkeit (Zahlungsverweigerung)	26
8. Darlegungs- und Beweislast	28
III. Zahlungseinstellung (Abs 2 S 2)	29

	Rn
IV. Die strafrechtliche Bedeutung der Definition in § 17 Abs 2	34
V. Zahlungsunfähigkeit bei Insolvenzen mit Auslandsbezug	35
VI. Feststellung der Zahlungsunfähigkeit	36
VII. Feststellung der Zahlungsunfähigkeit bei der GmbH & Co KG sowie bei Gesellschaften ohne Rechtspersönlichkeit	46

I. Allgemeines

1   Der Reformgesetzgeber hat an dem allgemeinen Eröffnungsgrund der Zahlungsunfähigkeit festgehalten, denn nur die materielle Insolvenz ist die innere Rechtfertigung dafür, die Gläubiger in eine Zwangsgemeinschaft einzubinden und die Haftungsverwirklichung durch Verwertung des gesamten Schuldnervermögens durchzuführen. Die InsO hat sich mit Recht für die **Zahlungsunfähigkeit als allgemeinen Insolvenzgrund** und damit Auslöser eines Insolvenzverfahrens entschieden. Die Zahlungsunfähigkeit und deren Feststellung hat vor allem für **juristische Personen** Bedeutung, denn deren organschaftliche Vertreter oder Abwickler haben gem § 15a Abs 1 bei Eintritt der Zahlungsunfähigkeit ohne schuldhaftes Zögern, spätestens aber drei Wochen nach Eintritt der Zahlungsunfähigkeit, einen Insolvenzantrag zu stellen. Im Fall der **Führungslosigkeit** einer GmbH ist auch jeder Gesellschafter, im Fall der Führungslosigkeit einer Aktiengesellschaft oder einer Genossenschaft ist auch jedes Mitglied des Aufsichtsrats zur Stellung des Antrags verpflichtet, es sei denn, diese Person habe von der Zahlungsunfähigkeit und der Überschuldung oder der Führungslosigkeit keine Kenntnis (§ 15a Abs 3). S auch die Kommentierung zu § 15a. Antragspflichtig ist bei Vorliegen eines Insolvenzgrundes auch der **sog faktische Geschäftsführer** (BGHZ 104, 44, 48; BGHZ 151, 61; **BGH** ZIP 2005, 1550). Faktischer Geschäftsführer ist jemand, der nach dem Gesamterscheinungsbild seines Auftretens die Geschicke der Gesellschaft im Außenverhältnis in die Hände genommen hat (**BGH** GmbHR 2005, 1126 = ZIP 2005, 1414). Die gesetzliche Insolvenzantragspflicht zwingt die organschaftlichen Vertreter einer antragspflichtigen Gesellschaft zur **ständigen Selbstprüfung**, ob ein Insolvenzgrund vorliegt. Diskutiert wird in der Literatur die Qualifikation eines **Solvenztests** als aktive Pflicht der Gesellschafter zur „**Selbstkontrolle künftiger Liquidität**" entsprechend § 91 Abs 2 AktG für die GmbH (vgl *Hirte*, Verhandlungen des 66. Deutschen Juristentages, 2006, Band II/1 P 11 ff und *U. Haas*, Gutachten S.E 145; ders GmbHR 2006, 505, 510 ff). Durch das MoMiG ist das sog **Zahlungsverbot des § 64 GmbHG** durch einen neuen Satz 3 erweitert worden: „*Die gleiche Verpflichtung trifft die Geschäftsführer für Zahlungen an Gesellschafter, soweit diese zur Zahlungsunfähigkeit der Gesellschaft führen mussten, es sei denn, dies war auch bei Beachtung der in Satz 2 bezeichneten Sorgfalt nicht erkennbar.*" Nach der Regierungsbegründung enthält die neue Vorschrift Elemente des bei § 30 GmbHG nicht aufgegriffenen Konzepts des „**solvency test**" (vgl *Jungmann* ZGR 2006, 638 ff; *Engert* ZHR 170 (2006), 296 ff; *Pellens/Jödicke/Richard* DB 2005, 1393 ff; *Veil*, in: Lutter, Das Kapital der Aktiengesellschaft in Europa, 2006, S 91 ff). Zutreffend weist *K. Schmidt* (GmbHR 2008, 449) darauf hin, dass die Vorschrift, die einen Teilbereich der Haftung für existenzgefährdende Eingriffe erfassen sollte, letztlich die Geschäftsführer, nicht aber die Gesellschafter belastet.

2   Zu den Maßnahmen einer erleichterten Eröffnung des Insolvenzverfahrens gehört ua die **Legaldefinition der Zahlungsunfähigkeit** in § 17 Abs 2. Trotz der gesetzlichen Regelung bestehen nach wie vor hinsichtlich der **Feststellung der Zahlungsunfähigkeit** erhebliche Schwierigkeiten. Die grundlegende Entscheidung des **BGH** v 24. 5. 2005 (BGHZ 163, 134 = ZIP 2005, 1426) hat keineswegs sämtliche Probleme der Feststellung einer Zahlungsunfähigkeit gelöst. Vielmehr ist der **BGH** partiell zu den vom Gesetzgeber aufgegebenen **Merkmalen der Wesentlichkeit und Dauer** zurückgekehrt. Ein alarmierendes Beispiel für die **Haftung eines GmbH-Geschäftsführers** ist die Entscheidung des **BGH** v 5. 11. 2007 (ZIP 2008, 72, 73), wo der **BGH** ein Verschulden des Geschäftsführers wegen Insolvenzverschleppung ungeachtet der Tatsache bejaht, dass ein OLG die Zahlungsunfähigkeit ebenso wie der Geschäftsführer verneint hatte. **Streitige Steuerfestsetzungen** werden im Rahmen der Zahlungsunfähigkeitsprüfung als „Haftungs- und Strafbarkeitsfalle" für Geschäftsführer und Gesellschafter angesehen (*Brete/Thomsen* GmbHR 2008, 912 ff). Die Frage einer **Zahlungsunfähigkeit wegen vorläufig vollstreckbarer Zahlungstitel** ist nach wie vor umstritten (vgl *Uhlenbruck* ZInsO 2006, 338 ff; *Spliedt* in: *Runkel* AnwaltsHdb § 1 Rn 102). Schließlich besteht in der Praxis eine erhebliche Unsicherheit darüber, ob bei der Abgrenzung der Zahlungsunfähigkeit von der Zahlungsstockung auch die im Prognosezeitraum fällig werdenden Verbindlichkeiten zu berücksichtigen sind (vgl *Bork* ZIP 2008, 1749 ff).

3   Die Zahlungsunfähigkeit gewinnt im Insolvenzverfahren sowohl Bedeutung als Eröffnungsgrund als auch im Rahmen der **Insolvenzanfechtung** nach den §§ 129 ff sowie im Hinblick auf die **Straftatbestände** der §§ 283, 283c StGB (vgl *Uhlenbruck* wistra 1996, 1 ff). Der Gesetzgeber hat die bisherigen strafrechtlichen Vorschriften, die im Gesellschaftsrecht angesiedelt waren, in § 15a Abs 4 und 5 zusammengefasst und auf den Fall der Ersatzantragspflicht der Gesellschafter und Aufsichtsratsmitglieder erweitert. Wenn auch dem Gesetzgeber wesentliche Änderungen des StGB „von den Zielen der Insolvenzrechtsreform" her nicht erforderlich erschienen (Begr RegE EG Art 58), so bleibt trotzdem die Legaldefinition in § 17 Abs 2 S 1 nicht ohne Einfluss auf die **strafrechtliche Beurteilung der Zahlungs-**

unfähigkeit (vgl *Tiedemann* Insolvenz-Strafrecht, vor § 283 StGB Rn 126 ff; *Bieneck* in *Müller-Gugenberger/Bieneck,* Wirtschaftsstrafrecht 4. Aufl § 76 Rn 51 ff; *Bittmann,* Insolvenzstrafrecht (2004) § 11 Rn 54 ff; *Weyand/Diversy,* Insolvenzdelikte, 7. Aufl (2006) Rn 46 ff; *Pelz,* Strafrecht in Krise und Insolvenz, 2004, Rn 96; *Moosmayer,* Einfluss der Insolvenzordnung 1999 auf das Insolvenzstrafrecht, S 35 f; *Uhlenbruck* WiB 1996, 413; *Burger* DB 1992, 2151; *Burger/Schellberg* KTS 1995, 572 ff; *Hartung* wistra 1997, 1 ff; *Reck* GmbHR 1999, 267 ff). Wenn – wie oben festgestellt – die höchstrichterliche Rechtsprechung weitgehend in Zivilsachen zu dem **Merkmal der Dauer und der Wesentlichkeit** zurückgekehrt ist (BGH v 24. 5. 2005, ZIP 2005, 1426; BGH v 19. 7. 2007, NZI 2007, 579; BGH NZI 2007, 36 m Anm *Gundlach/Frenzel*) verzichtet der BGH in Strafsachen auf diese Merkmale (BGH v 23. 5. 2007 – 1 StR 88/07, ZInsO 2007, 1115). Unbefriedigend ist letztlich, dass der Gesetzgeber der InsO die Frage offen gelassen hat, ob böswillige Zahlungsverweigerung Zahlungsunfähigkeit ist und die Verfahrenseröffnung rechtfertigt.

II. Begriff der Zahlungsunfähigkeit

1. Gesetzliche Definition. Nach § 17 Abs 2 S 1 ist ein Schuldner zahlungsunfähig, wenn er nicht in 4 der Lage ist, die fälligen Zahlungspflichten zu erfüllen. Der Gesetzgeber hat bewusst auf die früheren Merkmale der Zahlungsunfähigkeit verzichtet und nur noch auf die **Fälligkeit** der Zahlungspflichten abgestellt (vgl *Uhlenbruck,* Das neue Insolvenzrecht, S 316; KS-*Drukarczyk/Schüler,* S 96 Rn 4 ff u S 106 Rn 29 ff). Der Gesetzgeber wollte durch den Verzicht auf die Merkmale „Dauer" und „Wesentlichkeit" die Auslegungsspielräume verengen und verhindern, dass letztlich die Zahlungseinstellung zum eigentlichen Verfahrensauslöser wird (s *Jaeger/Müller* § 17 Rn 3–5). Die frühzeitige Eröffnung soll zudem die Sanierungschancen verbessern und damit zugleich auch die wirtschaftlichen Ergebnisse der Insolvenzverfahren (*Gottwald/Uhlenbruck* InsRHdb § 6 Rn 6; *Braun/Bußhardt* § 17 Rn 5).

Mit seiner **Grundsatzentscheidung** vom 24. 5. 2005 (BGHZ 163, 134 = NZI 2005, 547 ff = ZInsO 5 2005, 807) hat der IX. Zivilsenat des **BGH** die gesetzliche Definition in § 17 Abs 2 Satz 1 durch handhabbare Kriterien für die **Abgrenzung der Zahlungsunfähigkeit von einer Zahlungsstockung** konkretisiert. Danach ist Zahlungsunfähigkeit des Schuldners zu vermuten, wenn dieser nicht in der Lage ist, seine am Stichtag fälligen Zahlungspflichten **binnen spätestens drei Wochen** zumindest zu 90% zu erfüllen, wenn nicht ausnahmsweise mit an Sicherheit grenzender Wahrscheinlichkeit zu erwarten ist, dass die Liquiditätslücke demnächst vollständig oder fast vollständig beseitigt werden wird und den Gläubigern ein Zuwarten nach den besonderen Umständen des Einzelfalles zuzumuten ist. Beträgt die innerhalb von drei Wochen nicht zu beseitigende **Liquiditätslücke weniger als zehn Prozent,** liegt Zahlungsunfähigkeit nur vor, wenn bereits absehbar ist, dass die Lücke demnächst mehr als zehn Prozent erreichen wird (vgl auch BGH v 12. 10. 2006, NZI 2007, 36 ff m Anm *Gundlach/Frenzel*). Der BGH hat den eingeschränkten **Merkmalen der Dauer und der Wesentlichkeit** noch das **zusätzliche Merkmal der Zumutbarkeit** hinzugefügt. Schließlich hat der BGH in einem Beschluss v 19. 7. 2007 (- IX ZB 36/07, BGHZ 173, 286 = NZI 2007, 579 ff = ZIP 2007, 1066 ff = ZInsO 2007, 939 ff) auf das **Merkmal des ernsthaften Einforderns** (so schon BGHZ 118, 171, 174) zurückgegriffen und festgestellt, dass mit der gesetzlichen Definition der Zahlungsunfähigkeit in § 17 Abs 2 Satz 1 die Aufgabe dieses Merkmals nicht verbunden sei. Der Begriff der „Fälligkeit" in der Legaldefinition sei nicht mit dem Fälligkeitsbegriff des § 271 BGB gleichzusetzen. Der **BGH in Strafsachen** verzichtet dagegen auf das Merkmal des ernsthaften Einforderns für die Feststellung der Strafbarkeit wegen Insolvenzverschleppung ebenso wie auf die Merkmale der „Dauer" und der „Wesentlichkeit" (BGH v 23. 5. 2007, ZInsO 2007, 1115; s auch *Arens* wistra 2007, 450 ff). Festzustellen ist, dass der BGH mit den vorstehenden Entscheidungen weitgehend die Konturenlosigkeit der Tatbestandsmerkmale der früheren Definition der Zahlungsunfähigkeit beseitigt und der Praxis nicht einfache, aber doch handhabbare Kriterien für die Feststellung der Zahlungsunfähigkeit an die Hand gegeben hat.

2. Objektivierung des Begriffs. Wie bislang ist der Begriff der Zahlungsunfähigkeit objektiviert, dh 6 haftungsrechtlich definiert (*Häsemeyer* InsR Rn 7.18; MüKo-*Eilenberger* § 17 Rn 10 ff). Auf ein Verschulden kommt es dabei nicht an (HK-*Kirchhof* § 17 Rn 5). Ob sich diese Objektivierung aus dem „Mangel an Zahlungsmitteln" herleiten lässt, muss entgegen *Häsemeyer* bezweifelt werden. Richtig ist, dass persönliche Umstände beim Schuldner, wie zB Krankheit, Überlastung, Unfähigkeit oder Tod sowie sonstige Mängel bei der Beurteilung der Zahlungsunfähigkeit keine Rolle spielen (*Jaeger/Müller* § 17 Rn 14; *Veit* ZIP 1992, 273, 274). Wenn und soweit genügend liquide Mittel vorhanden sind, liegt bei Nichtzahlung Zahlungseinstellung (§ 17 Abs 2 S 2) vor. Nicht gefolgt werden kann auch der Auffassung, wonach eine Zahlungsunfähigkeit, die auf **behördlichen Zahlungsverboten** (Währungs- oder Bankenkrise) beruht, keine Zahlungsunfähigkeit darstelle (so aber *Baumbach/Hueck/Schulze-Osterloh* § 64 GmbHG Rn 6; *Jaeger/Müller* § 17 Rn 15; GK AktG-*Habersack* § 92 Rn 39). Entgegen der einen Einzelfall betreffenden Entscheidung des BGH v 5. 11. 1956 (KTS 1957, 12) hat der Insolvenzrichter auf **persönliche Gründe** für den Eintritt der Zahlungsunfähigkeit keine Rücksicht zu nehmen. Die Definition der Zahlungsunfähigkeit orientiert sich, wie es in der Begr RegE heißt, an der Definition, die sich in Rechtsprechung und Literatur für die Zahlungsunfähigkeit durchgesetzt hat. Dies heißt, dass nach wie vor die Zahlungsunfähigkeit auf **einem Mangel an Zahlungsmitteln** beruhen muss und dass subjektive Merkmale wie Krankheit oder Überlastung des Schuldners ebenso wenig Berücksichtigung finden wie die böswillige Zahlungsverweigerung (so auch *Temme* S 10 ff; anders *Veit* ZIP 1982, 273, 274; wie hier *Smid*, Grundzüge Rn 25). Der Schuldner hat bei Krankheit oder sonstigen Hinderungsgründen aber die Möglichkeit, den verfahrensrechtlichen Schuldnerschutz (§ 765 a ZPO) in Anspruch zu nehmen.

7   3. **Zahlungsunfähigkeit als Geldilliquidität.** In der Literatur wird teilweise die Zahlungsunfähigkeit nicht nur als Geldilliquidität, sondern auch als Problem der mehr oder weniger **kurzfristigen Liquidierbarkeit von Vermögensgegenständen** oder sogar der Beleihbarkeit gesehen (vgl LG Berlin ZInsO 2002, 837; AG Köln NZI 2007, 666, 668; s auch BGH v 19. 7. 2007 BGH 173, 286, 295 Rn 28; *Pape* WM 2008, 1949, 1952; *Graf-Schlicker/Pöhlmann* § 17 Rn 8; HK-*Kirchhof* § 17 Rn 15). **Zahlungsunfähigkeit ist immer Geldilliquidität** (*Uhlenbruck* bei *K. Schmidt/Uhlenbruck*, Die GmbH in der Krise, Rn 5.19; N/R/*Mönning* § 17 Rn 18; K/P/B/*Pape* § 17 Rn 2; *Staufenberg/Hoffmann* ZInsO 2008, 785, 787; BerlKo-*Goetsch* § 17 Rn 18; *v. Onciul*, Die rechtzeitige Auslösung des Insolvenzverfahrens, 2000, S 96). Aus der Allgemeinen Begründung zum Regierungsentwurf könnte allerdings der Schluss gezogen werden, der Gesetzgeber habe die Geldliquidität der **kurzfristigen Liquidierbarkeit** von Vermögensgegenständen oder gar deren Beleihbarkeit gleichstellen wollen. Richtig ist lediglich, dass der Gesetzgeber bei der Prüfung der Zahlungsunfähigkeit nicht ausschließt, dass sich der Schuldner Liquidität kurzfristig wieder beschaffen kann und damit in die Lage versetzt wird, die fälligen Zahlungspflichten zu erfüllen (vgl BGH v 19. 7. 2007; BGHZ 173, 286, 295; BGH InVo 1999, 77, 79; BGH ZIP 1995, 929, 931; MüKo-*Eilenberger* § 17 Rn 21; N/R/*Mönning* § 17 Rn 20). Diese Ausführungen im RegE zu § 18 finden sich jedoch bei der Frage nach der **Zahlungsstockung**. Wenn sich der Schuldner kurzfristig, dh innerhalb von drei Wochen, durch Verwertung von verzichtbarem Anlage- und Umlaufvermögen die notwendige Liquidität verschaffen kann, liegt lediglich eine Zahlungsstockung vor, wenn der Schuldner gewillt ist, die Gegenstände zu verwerten. Im Übrigen ist die **Eigenschaft von Vermögensgegenständen**, liquidierbar zu sein, keine Liquidität iSv § 18 Abs 2.

8   Wenn in der **betriebswirtschaftlichen Literatur** teilweise die Auffassung vertreten wird, Liquidität im insolvenzrechtlichen Sinne sei auch die **Liquidierbarkeit bzw Liquidisierbarkeit von Gegenständen** des Anlage- und Umlaufvermögens (so auch *H. K. Weber* DB 1981, 901; *Küting* DB 1985, 1089 ff; *Harz* ZInsO 2001, 193, 195; MüKo-*Eilenberger* § 17 Rn 21), so beruht dies auf der unzutreffenden Meinung, ein Schuldnerunternehmen könne sich durch Beleihung oder Verwertung von Vermögensgegenständen kurzfristig die notwendige Liquidität wieder verschaffen und damit die Zahlungsfähigkeit wieder herstellen (s aber BGHZ 173, 286, 295, wo von Verkauf einer Immobilie die Rede ist). Dies würde den Schuldner in die Lage versetzen, zu Lasten der Gläubiger sein Betriebsvermögen sukzessive zu verwerten, und die dringend gebotene Insolvenzeröffnung auf unbestimmte Zeit hinauszuzögern mit der Folge, dass später der Insolvenzantrag wegen Masselosigkeit nach § 26 abgewiesen werden müsste. Zutreffend hat *K. Vodrazka* (Bedeutung und Ermittlung der Zahlungsfähigkeit (Zahlungsunfähigkeit) in Betriebswirtschaftslehre und Recht, in: Österreichisches Journal für Betriebswirtschaft, Heft 2/1977, S 65, 71) unter Berufung auf eine Entscheidung des österreichischen OGH v 4. 11. 1975 darauf hingewiesen, dass die Frage der Liquidierbarkeit von Vermögenswerten nicht eine Frage der juristischen Zahlungsunfähigkeit ist, sondern eine Frage der Abgrenzung zur Zahlungsstockung (so auch *Braun/Uhlenbruck* Unternehmensinsolvenz, S 281; *Uhlenbruck* BB 1985, 1281; *Jäger* BB 1997, 1575; *K. Schmidt/Uhlenbruck*, Die GmbH in der Krise, Rn 5.19, 5.20).

9   Der **Begriff der insolvenzrechtlichen Zahlungsunfähigkeit** geht nicht von einer Liquidität als Eigenschaft von Vermögensobjekten, sondern von der **Liquidität als Eigenschaft von Wirtschaftssubjekten** aus, den jeweils fälligen Zahlungsverpflichtungen nachkommen zu können. Allerdings gehört zum **Zahlungsmittelbegriff** auch der **Kredit** (*Bork*, Einf Rn 85; *Uhlenbruck* KTS 1986, 27; *Gottwald/Uhlenbruck* InsRHdb § 9 Rn 5; *Temme*, Eröffnungsgründe, S 12; *Harz* ZInsO 2001, 193, 195; *Jaeger/Müller* § 17 Rn 16). Eine ganz andere Frage ist, ob die **Geldilliquidität** sich ausschließlich am Bargeldbestand oder an verfügbaren Guthaben bei Kreditinstituten orientiert oder ob auch Wechsel und Schecks Berücksichtigung finden können (so zB *Matzen*, Der Begriff der drohenden und eingetretenen Zahlungsunfähigkeit, S 33 ff). Letztlich ist vom **Begriff der Zahlungsmittel** auszugehen. Zahlungsmittel sind nur solche Vermögenspositionen, die im Rechtsverkehr zur Zahlung verwendet werden (vgl *Temme* S 15). Bezahlt wird in der Regel mit Geld. Deshalb sollte besser von flüssigen und bereiten Mitteln oder Geldmitteln gesprochen werden. Demgemäß sind nur **Bar- und Buchgeld** sowie **sofort abrufbare Kredite** als Zahlungsmittel iSv § 17 Abs 2 S 1 anzusehen. Wer sich durch **kurzfristige Liquidation oder Beleihung** Liquidität beschaffen kann, wird sich mit Erfolg auf das Vorliegen einer **Zahlungsstockung** berufen können (*Jaeger/Müller* § 17 Rn 16; *K. Schmidt/Uhlenbruck*, Die GmbH in der Krise, Rn 5.20; *Pape* WM 2008, 1949, 1952). **Kurzfristig** heißt: innerhalb spätestens **drei Wochen** (BGH v 24. 5. 2005, BGHZ 163, 134 = NZI 2005, 547 = ZInsO 2005, 807). Nicht zu berücksichtigen sind **längerfristig verwertbare Gegenstände**, die zwar für die Deckung der Verfahrenskosten eine Rolle spielen können, nicht aber für die Zahlungsunfähigkeit. Hierzu gehören zB die Geschäftseinrichtung des Schuldners oder auch Ansprüche aus anfechtbaren Rechtshandlungen, die erst im eröffneten Verfahren realisiert werden können (BGHZ 173, 286 Rn 29; *Pape* WM 2008, 1949, 1952).

II. Begriff der Zahlungsunfähigkeit § 17

4. Fällige Zahlungspflichten. a) Zahlungspflichten. Die Insolvenzeröffnung wegen Zahlungsunfähigkeit knüpft allein an die Zahlungspflichten des Schuldners oder Schuldnerunternehmens an. Hiermit ist klargestellt, dass nicht sämtliche Verbindlichkeiten eines Schuldners zu berücksichtigen sind, sondern nur **Geldschulden**. Allerdings kann Grundlage auch ein Anspruch auf Hinterlegung von Geld oder Freistellung von einer Geldschuld sein (HK-*Kirchhof* § 17 Rn 6; *Jaeger/Müller* § 17 Rn 6). Die **Nichtlieferung von Ware** oder die Ablehnung fälliger Gewährleistungsverpflichtungen kann ebenso wenig die Zahlungsunfähigkeit begründen wie sonstige Sach-, Werk- oder Dienstleistungen, die geschuldet werden (*v. Onciul* Auslösung S 97). Anders nur, wenn ein Leistungsverzug zu **Schadenersatzansprüchen** führt und sich die ursprüngliche Forderung in einen **Anspruch auf Geldzahlung** umwandelt (HK-*Kirchhof* § 17 Rn 6; *Jaeger/Müller* § 17 Rn 6; HaKo-*Schröder* § 17 Rn 5; *Scholz/K. Schmidt*, § 363 GmbHG Rn 6). Auch **Verbindlichkeiten gegenüber Gesellschaftern** sind bei der Zahlungsunfähigkeit zu berücksichtigen (*Baumbach/Hueck/Schulze-Osterloh* § 64 GmbHG Rn 8; *Scholz/K. Schmidt*, § 63 GmbHG Rn 6; *Altmeppen* in: *Roth/Altmeppen* Vorb § 64 GmbHG Rn 23; *Jaeger/Müller* § 17 Rn 11). Zweifelhaft ist, ob Verbindlichkeiten, deren Erfüllung gegen ein gesetzliches Verbot verstoßen würde, Berücksichtigung zu finden haben, wie zB wenn eine Auszahlung an Gesellschafter gegen das Auszahlungsverbot der §§ 30, 31 GmbHG verstoßen würde. Rückzahlungsansprüche der Gesellschafter, die gegen ein Zahlungsverbot nach § 30 GmbHG verstoßen, bleiben bei der Beurteilung der Zahlungsunfähigkeit außer Ansatz. Nach § 30 Abs 1 Satz 3 GmbHG nF gilt allerdings das **Rückgewährverbot** nicht mehr für die **Rückzahlung eines Gesellschafterdarlehens** und Leistungen auf Forderungen aus Rechtshandlungen, die einem Gesellschafterdarlehen wirtschaftlich entsprechen. Der Gesetzgeber hat mit dem MoMiG die Rechtsfigur des **eigenkapitalersetzenden Gesellschafterdarlehens** aufgegeben. Tilgungsleistungen auf solche Forderungen sind keine verbotenen Auszahlungen, so dass insoweit eine **Zahlungspflicht der Gesellschaft** besteht (str aA FK-*Schmerbach* § 17 Rn 9). Gleiches gilt für **Zahlungen nach Eintritt der Zahlungsunfähigkeit** nach § 64 Satz 3 GmbHG (zutr. *Altmeppen* in *Roth/Altmeppen* Vorb § 64 GmbHG Rn 23; *Spliedt* ZIP 2009, 149, 159 f). Die Schadensersatzpflicht des Geschäftsführers tritt nicht anstelle der Zahlungsansprüche der Gesellschafter.

b) Fälligkeit. Nur fällige Zahlungspflichten können – anders als bei der drohenden Zahlungsunfähigkeit – die Zahlungsunfähigkeit iSv § 17 begründen. Ob eine Forderung fällig ist, bestimmt sich nach § 271 BGB. Die **insolvenzrechtliche Fälligkeit** ist dagegen Freiheit von Einwendungen sowie der Wille des Gläubigers, die Erfüllung der Forderung zu verlangen (**BGH** v. 19. 7. 2007, BGHZ 173, 286 = NZI 2007, 579). Fällige Forderungen bleiben bei der Prüfung der Zahlungsunfähigkeit nur außer Betracht, wenn sie mindestens rein tatsächlich – also auch ohne rechtlichen Bindungswillen – gestundet sind. Eine Forderung ist aber zu berücksichtigen, wenn der Schuldner sie durch Kündigung fällig stellt und von sich aus dem Gläubiger die alsbaldige Erfüllung zusagt (**BGH** v. 14. 5. 2009 – IX ZR 63/08 ZIP 2009, 1235 = NZI 2009, 471). Die **Fälligkeit** entfällt nicht etwa dadurch, dass der Gläubiger **Sicherheiten** erhält (HK-*Kirchhof* § 17 Rn 12; HaKo-*Schröder* § 17 Rn 9). Entscheidend ist vielmehr die Fälligkeit, dass der Gläubiger die persönliche Schuld einfordert (HK-*Kirchhof* § 17 Rn 12 unter Berufung auf **OLG Köln** v 3. 3. 2000 – 2 W 31/00; **LG Köln** wistra 1992, 269; vgl auch HaKo-*Schröder* § 17 Rn 9). Zweifelhaft ist, wann die Fälligkeit der Forderung bei **vorläufig vollstreckbaren Titeln** eintritt. Nach Auffassung von *Spliedt* (in *Runkel*, AnwaltsHdb § 1 Rn 102) folgt eine fällige Zahlungspflicht erst ab Sicherheitsleistung, da allein auf den formellen Titel abzustellen sei. Die auf Grund eines formellen Titels eröffnete Möglichkeit einer Vollstreckung in das Schuldnervermögen begründet lediglich eine „formelle Zahlungspflicht" und „formelle Fälligkeit", die den Gläubiger berechtigt, in das Schuldnervermögen gegen Sicherheitsleistung und auf eigenes Risiko des § 717 Abs 2 ZPO zu vollstrecken. Für die Zahlungsfähigkeit iSv § 17 Abs 2 Satz 1 kommt es dagegen auf den **materiellen Bestand** und die **materielle Fälligkeit** der Forderung an (*Uhlenbruck* ZInsO 2006, 338 ff).

Zweifelhaft ist, ob und in welchem Umfang **streitige Verbindlichkeiten** im Rahmen der Zahlungsunfähigkeit zu berücksichtigen sind. Einigkeit herrscht weitgehend darüber, dass „fällige Zahlungspflicht" iSv § 17 Abs 2 Satz 1 bedeutet, dass die Forderung nicht nur fällig ist, sondern auch **frei von Einwendungen und Einreden**, dh rechtlich durchsetzbar (MüKo-*Eilenberger* § 17 Rn 7; HaKo-*Schröder* § 17 Rn 7; für streitige Steuerfestsetzungen s *Brete/Thomsen*, GmbHR 2008, 912 ff; vgl auch *A. Schmidt/Roth* ZInsO 2006, 236, 240 f). Richtig ist, dass Forderungen nicht generell auf ihre Rechtsbeständigkeit zu prüfen sind. Ist eine Forderung jedoch bestritten, kann nicht ohne weiteres von einer Fälligkeit iSv § 17 Abs 2 Satz 1 ausgegangen werden (vgl auch MüKo-*Eilenberger* § 17 Rn 7).

Nach der Entscheidung des **BGH** v 24. 5. 2005 (BGHZ 163, 134 = NZI 2005, 547 = ZInsO 2005, 807) sind in der Liquiditätsbilanz „die im maßgeblichen Zeitpunkt verfügbaren und innerhalb von drei Wochen flüssig zu machenden Mittel in Beziehung zu setzen zu den am selben Stichtag fälligen und eingeforderten Verbindlichkeiten". Nach Feststellung von *Bork* (ZIP 2008, 1749, 1751) wird daraus, dass der Drei-Wochen-Zeitraum nur für die flüssig zu machenden Mittel, nicht aber für die fälligen und eingeforderten Verbindlichkeiten erwähnt wird, vielfach geschlossen, der IX. Senat lehne eine Berücksichtigung der **innerhalb der nächsten 21 Tage fällig werdenden Verbindlichkeiten** grundsätzlich ab. Nach zutr Auffassung von *Bork* sind auch die im **Prognosezeitraum fällig werdenden Verbindlichkeiten** bei der Feststellung der Zahlungsunfähigkeit als „Passiva II" zu berücksichtigen. **Faktische Verpflichtun-**

gen, ds nicht einklagbare Leistungsverpflichtungen, denen sich das Unternehmen aus tatsächlichen oder wirtschaftlichen Gründen nicht entziehen kann, sind bei der Zahlungsunfähigkeit zu berücksichtigen, es sei denn, dass das Schuldnerunternehmen erklärt, dass es sich für den Fall der Geltendmachung zB auf eine eingetretene **Verjährung** berufen wird. Grundsätzlich sind auch **verjährte Forderungen** fällig.

14 Die **Fälligkeit** nach § 271 BGB ist nach Auffassung des **BGH nicht identisch** mit der Fälligkeit iSv § 17 Abs 2 Satz 1 (**BGH** v 19. 7. 2007 – IX ZB 36/07; BGHZ 173, 286 ff = NZI 2007, 579 = ZIP 2007, 1668). Nach Meinung des **BGH** müssen für die Bejahung einer Fälligkeit nach § 17 Abs 2 Satz 1 folgende Voraussetzungen vorliegen: Es muss Fälligkeit iSv § 271 BGB vorliegen. Weiterhin muss die Zahlungspflicht **frei von Einwendungen und Einreden** sein. Schließlich muss erkennbar der **Wille des Gläubigers** bestehen, vom Schuldner die Erfüllung zu verlangen. Nicht notwendig ist dagegen, dass ein Gläubiger ein Zahlungsverlangen regelmäßig oder auch nur ein einziges Mal wiederholt, um sicherzustellen, dass seine Forderung bei der Prüfung der Eröffnungsvoraussetzungen Berücksichtigung findet. Zutreffend weist *Kirchhof* (HK-*Kirchhof* § 17 Rn 10) darauf hin, dass derartige besondere Fallgestaltungen nur in Betracht zu ziehen sind, wenn sie im Einzelfall geltend gemacht werden. Nur dann habe das Insolvenzgericht den **besonderen Umständen** nachzugehen (BGHZ 173, 286 ff). Sind solche Umstände nicht zu beweisen, sollte im allgemeinen die **Fälligkeit iSv § 271 BGB** maßgeblich bleiben. Jedenfalls wollte der **BGH** mit dem erweiterten Fälligkeitsbegriff nicht etwa das Erfordernis des „**ernsthaften Einforderns**" wieder einführen, wenngleich er dies in abgemilderter Form doch getan hat (s *Staufenbiel/Hoffmann* ZInsO 2008, 785, 788; *Tetzlaff* ZInsO 2007, 1334 ff; *Erdmann* NZI 2007, 695). Trotz des eindeutigen Gesetzeswortlauts wird vor allem von *Kirchhof* (KS-*Kirchhof* S 285 ff Rn 8–12) bezweifelt, dass der Gesetzgeber bei der Legaldefintion der Zahlungsunfähigkeit gem § 17 Abs 2 Satz 2 bewusst und gewollt auf das Merkmal des „ernsthaften Einforderns" der fälligen Verbindlichkeiten verzichtet habe. Demgegenüber weist *Bork* (KTS 2005, 1, 5) darauf hin, dass die Voraussetzungen eines „ernsthaften Einforderns" nicht legitimierbar sind.

15 Nach **Auffassung des BGH** (v 19. 7. 2007, BGHZ 173, 286, 292 = NZI 2007, 579, 580) verlangen Sinn und Zweck des § 17, an dem **Erfordernis des „ernsthaften Einforderns"** als Voraussetzung einer die Zahlungsunfähigkeit begründenden oder zu dieser beitragenden Forderung festzuhalten (so auch **BGH** v 14. 5. 2009 – IX ZR 63/08, NZI 2009, 471 m. Anm. *Huber*). Das Merkmal hat den Zweck, solche Forderungen auszunehmen, die rein tatsächlich – also auch ohne rechtlichen Bindungswillen oder erkennbare Erklärung gestundet sind (*Gehrlein*, NZI 2009, 457). Jedoch genügt hierzu eine Gläubigerhandlung, aus der sich der Wille vom Schuldner, Erfüllung zu verlangen, im Allgemeinen ergibt. Grundsätzlich reicht die **Übersendung einer Rechnung** aus (BGHZ 173, 286, 293; *Fischer* ZGR 2006, 409; *Tetzlaff* ZInsO 2007, 1334, 1337). Forderungen aus Lieferungen und Leistungen können allgemein als fällig gelten. Allerdings können sich im Einzelfall durch Gläubigerbestimmung („zahlbar bis"), konkludentes Verhalten oder aus der Verkehrssitte **Zahlungsziele** ergeben (HaKo-*Schröder* § 17 Rn 9; HK-*Kirchhof* § 17 Rn 9). Die **kalendermäßige Fälligkeit** der Forderung macht ein weiteres Zahlungsverlangen überflüssig (**BGH** NZI 2009, 471 m. Anm. *Huber*). S auch FAS IDW PS 800 Ziff II. 3, ZIP 2009, 201, 204; **BGH** ZIP 2007, 1666 ff. Sind für Sozialversicherungsbeiträge ein Fälligkeitstermin und ein Zahltag bestimmt, tritt die Fälligkeit erst mit dem Zahltag ein (**BGH** ZIP 1998, 32; **BGH** ZIP 2005, 1243; HK-*Kirchhof* § 17 Rn 9). Schwieriger ist die Feststellung schon bei **Dauerschuldverhältnissen** wie zB Löhnen, Mieten etc oder sonstigen ständig wiederkehrenden Zahlungsverpflichtungen. In diesen Fällen wird man es genügen lassen, auf die Fälligkeit bzw den Zahltag abzustellen.

16 Der Zweck des § 17, den **richtigen Zeitpunkt für die Eröffnung des Insolvenzverfahrens** zu finden, gebietet nach Auffassung des **BGH** die „Berücksichtigung auch solcher Gläubiger, die den Schuldner zur Zahlung aufgefordert, ihn aber weitere Bemühungen eingestellt haben, ohne ihr Einverständnis damit zum Ausdruck zu bringen, dass der Schuldner seine Verbindlichkeit vorerst nicht erfüllt". Forderungen, deren Gläubiger sich für die Zeit vor Eröffnung eines Insolvenzverfahrens mit einer **späteren oder nachrangigen Befriedigung** einverstanden erklärt haben, sind bei der Prüfung der Zahlungsunfähigkeit nicht zu berücksichtigen (BGHZ 173, 286, 295). Gleiches gilt, wenn ein **Stillhalteabkommen**, das keine Stundung im Rechtssinne enthalten muss, mit dem Gläubiger geschlossen wird (**BGH** v 20. 12. 2007, ZInsO 2008, 273 = ZIP 2008, 420). **Wechsel** und **Schecks** werden erst mit der Vorlage fällig, unbefristet gewährte Kredite nach Kündigung (HK-*Kirchhof* § 17 Rn 9).

17 Eine dem Schuldner gewährte **Stundung** schließt die Fälligkeit aus. Eine eingetretene Zahlungsunfähigkeit kann durch Stundung wieder beseitigt werden (**BGH** v 21. 6. 2007, ZIP 2007, 1469, die Entscheidung betraf jedoch einen Anfechtungsfall; vgl auch **BGH** ZIP 2006, 2223; ZIP 2007, 1469, 1471; BGHZ 173, 286 = ZIP 2007, 1666, 1668 f). Eine **stillschweigende Stundung** kann nicht schon dann angenommen werden, wenn der Gläubiger seine Forderung nicht nachdrücklich geltend macht (FK-*Schmerbach* § 17 Rn 11; *Jaeger/Müller* § 17 Rn 10; HaKo-*Schröder* § 17 Rn 10). Bei der Prüfung der Zahlungsunfähigkeit darf eine Forderung, die einmal ernsthaft eingefordert war, nicht mehr berücksichtigt werden, wenn inzwischen ein **Stillhalteabkommen** – das keine Stundung im Rechtssinne enthalten muss – mit dem Gläubiger geschlossen wurde (**BGH** v 20. 12. 2007, ZIP 2008, 420 = ZInsO 2008, 273). Eine Stundung kann auch konkludent oder stillschweigend vereinbart werden. „**Erzwungene Stundungen**", die etwa dadurch zustande kommen, dass das Schuldnerunternehmen die fälligen Löhne mangels liquider Mittel nicht mehr oder nur noch zögerlich begleicht, die Arbeitnehmer aber

II. Begriff der Zahlungsunfähigkeit § 17

nicht sofort klagen und vollstrecken, stehen der Berücksichtigung der Lohnforderungen bei der Prüfung der Zahlungsunfähigkeit nicht entgegen (BGH v 14. 2. 2008, ZIP 2008, 706 = ZInsO 2008, 378 ff). Vor allem Arbeitnehmer werden oftmals aus Sorge um den Verlust ihres Arbeitsplatzes stillhalten. Blieben diese Lohnforderungen bei der Prüfung der Zahlungsunfähigkeit unberücksichtigt, würde nicht selten der richtige Zeitpunkt für die Verfahrenseröffnung verfehlt (BGH ZInsO 2008, 378, 380). Für die Annahme eines **Stillhalteabkommens** muss der freie Wille des Gläubigers festzustellen sein, die Forderung nicht zu verfolgen. Die bloße Behauptung des Schuldners, es sei ein Stillhalteabkommen getroffen oder der Gläubiger sei bereit, nur nachrangig befriedigt zu werden, reicht keineswegs aus, um das ernsthafte Einfordern von Forderungen zu verneinen, die der Gläubiger früher einmal ernsthaft eingefordert hatte (*Pape* WM 2008, 1949, 1955; *Staufenbiel/Hoffmann* ZInsO 2008, 785, 789).

Die **Einstellung der Zwangsvollstreckung** steht grundsätzlich einer Fälligkeit iSv § 17 Abs 2 Satz 1 nicht entgegen (HK-*Kirchhof* § 17 Rn 11). Auch sind Verbindlichkeiten der Schuldnergesellschaft gegenüber ihren **Gesellschaftern** grundsätzlich zu berücksichtigen (*Jaeger/Müller* § 17 Rn 11). Darauf, ob es sich auf die **Rückgewähr eines Gesellschafterdarlehens** und Leistungen auf Forderungen aus Rechtshandlungen, die einem Gesellschafterdarlehen wirtschaftlich entsprechen, handelt, kommt es nach § 30 Abs 1 Satz 3 GmbHG nF nicht mehr an, denn diese unterliegen nicht mehr dem Rückzahlungsverbot. An der rechtlichen Durchsetzbarkeit einer Forderung fehlt es aber, wenn **Einwendungen** oder **Einreden** bestehen, wie zB Verjährung, Zurückbehaltungsrecht etc (HaKo-*Schröder* § 17 Rn 11). Ein **Moratorium nach § 46 a KWG** bewirkt zwar eine Stundung, ändert aber an einer vorliegenden Zahlungsunfähigkeit nichts (HK-*Kirchhof* § 17 Rn 10). Eine **nachträgliche Stundung** nach eingetretener Zahlungsunfähigkeit beseitigt den Insolvenzgrund nur, wenn die Ratenzahlungen allgemein wieder aufgenommen werden (BGH v 20. 12. 2007, ZIP 2008, 420 = ZInsO 2008, 373; HK-*Kirchhof* § 17 Rn 44 unter Berufung auf BGHZ 149, 109; 149, 188; RGZ 136, 155). Diese Feststellungen sind auch mit dem Inkrafttreten der InsO keineswegs unrichtig geworden. Die Frage ist jedoch immer, ob die Liquidierbarkeit bzw Liquidisierbarkeit von Vermögenswerten dieser Art im Einzelfall geeignet ist, kurzfristig die Liquidität wieder herzustellen, so dass von einer Zahlungsstockung iS einer vorübergehenden Illiquidität gesprochen werden kann (vgl auch *Burger/Schellberg* BB 1995, 261, 262; *K. Schmidt/Uhlenbruck,* Rn 5, 20 ff; *Braun/Uhlenbruck* Unternehmensinsolvenz, S 281). 18

5. Zahlungsstockung. Der Gesetzgeber hat zwar auf das Merkmal der Dauer in § 17 Abs 2 S 1 verzichtet, ist jedoch mit der gesetzlichen Definition keineswegs vom Begriff der **Zeitraumilliquidität** abgerückt (so aber *Häsemeyer* InsR Rn 7.21; FK-*Schmerbach* § 17 Rn 8). Nach wie vor bleibt die Zahlungsunfähigkeit **Zeitraumgeldilliquidität** (*Uhlenbruck* bei *K. Schmidt/Uhlenbruck,* Rn 530 ff; *Braun/ Uhlenbruck* Unternehmensinsolvenz S 279 f; K/P/B/*Pape* § 17 Rn 9). Wenn es in der Begr RegE zu § 17 heißt, dass eine vorübergehende Zahlungsstockung keine Zahlungsunfähigkeit begründet, so bedeutet dies letztlich nichts anderes, als dass auch die InsO den Begriff der Zahlungsunfähigkeit als **Zeitraumilliquidität** versteht. Der Wegfall des Merkmals der Dauer soll nur verhindern, dass von den Insolvenzgerichten eine über Wochen oder Monate fortbestehende Illiquidität als rechtlich unerheblichen Zahlungsstockung erklärt wird. Der IX. Zivilsenat des BGH hat auch in seiner Grundsatzentscheidung vom 24. 5. 2005 (– IX ZR 123/04, BGHZ 163, 134 = NZI 2005, 547 = ZInsO 2005, 807 = ZIP 2005, 1426) daran festgehalten, dass eine Zahlungsunfähigkeit, die sich voraussichtlich innerhalb kurzer Zeit beheben lässt, lediglich als **Zahlungsstockung** gilt und keinen Insolvenzeröffnungsgrund darstellt. Allerdings muss den **Gläubigern** ein **Zuwarten** nach den besonderen Umständen des Einzelfalles **zuzumuten sein** (BGH v. 27. 7. 2006 – IX ZB 204/04, BGHZ 169, 17, 24 Rn 16; BGH NZI 2006, 591, 592 Rn 6; BGH ZIP 2006, 2222, 2224 Rn 27; Altmeppen in *Roth/Altmeppen* Vor § 64 GmbHG Rn 18). Während der BGH für die KO noch davon ausging, dass eine Zahlungsstockung **innerhalb eines Monats** beseitigt sein müsse (vgl BGHZ 149, 100, 108; BGH WM 2001, 2181, 2182), stellt er nunmehr auf einen Zeitraum ab, den eine kreditwürdige Person benötigt, um sich die erforderlichen Mittel zu beschaffen. Der **Zeitraum von drei Wochen** sei für die Kreditbeschaffung erforderlich, aber auch ausreichend und entspreche der Wertung des früheren § 64 Abs 1 GmbHG und heutigen § 15 a Abs 1 Satz 1. Dies entspricht auch der vom Gesetzgeber gewollten Verkürzung des Zeitraums (BGHZ 163, 134, 139 = NZI 2005, 547; BGH v 21. 6. 2007, ZIP 2007, 1469, 1470; OLG Köln NZI 2005, 112, 114; *Jaeger/Müller* § 17 Rn 24; BerlKo-*Goetsch* § 17 Rn 11; *Fischer* ZGR 2006, 403, 405; *Bork* KTS 2005, 1, 6 f; *Braun/Bußhardt* § 17 Rn 8). 19

Entsprechendes gilt hinsichtlich der Frage, wo die Grenze zwischen einer für die Bejahung der Zahlungsfähigkeit noch **ausreichenden Deckung der Verbindlichkeiten** des Schuldners und der nicht mehr hinnehmbaren **Liquiditätsunterdeckung** zu ziehen ist. Nach der Entscheidung des BGH v 24. 5. 2005 (BGHZ 163, 134 = NZI 2005, 547), die einen Insolvenzverschleppungsfall betraf, sind für die **Prognose,** die der GmbH-Geschäftsführer anstellen muss, sobald eine Liquiditätsbilanz eine Unterdeckung ausweist, und die er bei jeder vorzunehmenden Zahlung kontrollieren muss, die konkreten Gegebenheiten in Bezug auf den Schuldner – insbesondere dessen Außenstände, die Bonität der Drittschuldner und die Kreditwürdigkeit des Schuldners sowie die Art der fälligen Schulden – zu berücksichtigen. Dies bedeutet letztlich nichts anderes, als eine **stichtagsbezogene Liquiditätsanalyse auf Grund eines Liquiditätsstatus** (MüKo-*Eilenberger* § 17 Rn 14 ff; *Staufenbiel/Hoffmann* ZInsO 2008, 785 ff, 838 ff u 891 ff; HK- 20

§ 17

Kirchhof § 17 Rn 23). Nach Auffassung des **BGH** (BGHZ 173, 286 ff = NZI 2007, 579, 581) sind in die nach § 17 zu erstellende Liquiditätsbilanz nur die **aktuell verfügbaren liquiden Mittel** und die **kurzfristig verwertbaren Vermögensbestandteile** aufzunehmen. Schwer zu versilbernde Gegenstände, wie etwa die Geschäftseinrichtung, sind in die Liquiditätsrechnung nicht einzubeziehen. Auf die Liquidierbarkeit oder Beleihbarkeit von Vermögensgegenständen kommt es für die Beurteilung der Zahlungsunfähigkeit nach wie vor nicht an. Nur soweit **kurzfristig liquidierbare Gegenstände** der Geldliquidität gleichgestellt werden können, dürfen sie Berücksichtigung finden. Allerdings muss der Schuldner gewillt und in der Lage sein, sich kurzfristig die ausreichende Liquidität durch den Verkauf der nicht mehr notwendigen Teile des Betriebsvermögens oder der Beleihung von Gegenständen zu beschaffen (vgl *Staufenbiel/Hoffmann* ZInsO 2008, 785, 787; *Uhlenbruck* in *K. Schmidt/Uhlenbruck,* Die GmbH in Krise, Rn 5.20; HK-*Kirchhof* § 17 Rn 15).

21   **6. Geringfügige Liquiditätslücken.** Nach der Begr RegE zu §§ 20, 21 [§ 17 InsO] (vgl *Uhlenbruck,* Das neue Insolvenzrecht S 316) heißt es ua, es empfehle sich nicht, im Gesetz vorzuschreiben, dass die Unfähigkeit zur Zahlung einen „wesentlichen Teil" der Verbindlichkeiten betreffen muss. Auch hier sei es selbstverständlich, dass **ganz geringfügige Liquiditätslücken** außer Betracht bleiben müssten, und auch hier müsse bisherigen Tendenzen zu einer übermäßig einschränkenden Auslegung des Begriffs der Zahlungsunfähigkeit entgegengewirkt werden. Insbesondere erscheine es nicht gerechtfertigt, Zahlungsunfähigkeit erst anzunehmen, wenn der Schuldner einen bestimmten Bruchteil der Gesamtsumme seiner Verbindlichkeiten nicht mehr erfüllen könne. Während die **Abgrenzung der Zahlungsunfähigkeit von der Zahlungsstockung** einen **Zeitraum der Nichtzahlung** betrifft, hatte sich der **BGH** trotz Wegfalls des Merkmals der Wesentlichkeit mit der Frage zu befassen, was „ganz geringfügige Liquiditätslücken" sind, die bei der Feststellung der Zahlungsunfähigkeit außer Betracht bleiben haben. In seinem Grundsatzurteil v 24. 5. 2005 (BGHZ 163, 134 = NZI 2005, 547 ff = ZInsO 2005, 807 ff) stellt der **BGH** auf die **Unterdeckung** ab, um den Begriff der geringfügigen Liquiditätslücke für die Praxis nachvollziehbar und handhabbar zu gestalten. Die Einführung eines **prozentualen Schwellenwerts** kam dabei nur in der Form in Betracht, dass sein Erreichen eine **widerlegbare Vermutung** für die Zahlungsunfähigkeit begründet. Der IX. Zivilsenat hat den **Schwellenwert bei zehn Prozent** der Verbindlichkeiten angesetzt. Ein höherer Wert sei mit den Absichten des Gesetzgebers, Verfahren frühzeitig zur Eröffnung zu bringen, nicht zu vereinbaren. Ein niedrigerer Wert wäre dagegen dem Null-Toleranz-Prinzip zu sehr angenähert, um noch praktische Wirkungen entfalten zu können (BGHZ 163, 134 = NZI 2005, 547, 550; *Fischer* ZGR 2006, 403, 208). Der in der **Vorauflage vertretenen Meinung,** dass ein Schuldner, der eine geringfügige Forderung nicht zahlen kann, zugleich auch außerstande ist, seine sonstigen Verbindlichkeiten zu begleichen, hat sich der **BGH** nicht angeschlossen. Liegt eine **Unterdeckung von weniger als zehn Prozent** vor, kann hieraus nicht ohne weiteres auf das Vorliegen einer Zahlungsunfähigkeit geschlossen werden. Je geringer der Umfang der Unterdeckung, je eher sei es den Gläubigern zuzumuten, einstweilen zuzuwarten, ob es dem Schuldner gelingt, die volle Liquidität wiederzuerlangen (vgl auch Hölzle ZIP 2006, 101, 102; *Knolle/Tetzlaff* ZInsO 2005, 897, 902; *Neumaier* NJW 1005, 3041 ff).

22   Liegt eine **Unterdeckung von weniger als zehn Prozent** vor, so handelt es sich um eine „ganz geringfügige Liquiditätslücke", die noch keine Zahlungsunfähigkeit darstellt. Zur Bejahung einer Zahlungsunfähigkeit müssen im Einzelfall **besondere Umstände** vorliegen, die die Wertung rechtfertigen, dass sich der wirtschaftliche Niedergang des Schuldners fortsetzt und die Liquiditätslücke **demnächst mehr als zehn Prozent** betragen wird (s auch FAS IDW PS 800, Nr 1.2, ZIP 2009, 201, 202 f). Das Insolvenzgericht hat im Rahmen seiner Amtsermittlungspflicht (§ 5) zu prüfen, ob solche Umstände gegeben sind (*Fischer* ZGR 2006, 403, 408). Wie der Gesetzgeber hat auch der **BGH** von einer **starren zahlenmäßigen Grenze** für die Unterdeckung abgesehen, so dass dem Insolvenzgericht die Möglichkeit verbleibt, im Einzelfall bei **positiver Fortführungsprognose** trotz geringfügiger Liquiditätslücke die Zahlungsunfähigkeit zu verneinen (vgl Altmeppen in *Roth/Altmeppen* Vorb § 64 GmbHG Rn 18; *Kleindiek* in *Lutter/Hommelhoff* Anh zu § 64 GmbHG Rn 9).

23   Beträgt die **Unterdeckung zehn Prozent oder mehr,** so ist grundsätzlich Zahlungsunfähigkeit gegeben. Jedoch kann der Schuldner Tatsachen darlegen und beweisen, die mit an Sicherheit grenzender Wahrscheinlichkeit erwarten lassen, dass die Liquiditätslücke in **überschaubarer Zeit** und nach den jeweiligen Gegebenheiten des Einzelfalls für die **Gläubiger zumutbarem Zeitraum** vollständig beseitigt wird (BGHZ 163, 134, 142 f = ZIP 2005, 1426, 1430 = NZI 2005, 547, 549). Welcher Zeitraum noch als überschaubar gilt, wenn die nahezu sichere Aussicht besteht, dass der Schuldner eine zehn Prozent übersteigende Liquiditätslücke zu späterer Zeit schließen kann, hat der **BGH** offen gelassen. Je näher die konkret festgestellte Unterdeckung dem Schwellenwert kommt, desto geringer seien die Anforderungen an das Gewicht der besonderen Umstände zu richten, mit denen die Vermutung entkräftet werden kann. Ein **längerer Prognosezeitraum als drei Monate** wird im Hinblick auf die Gläubigerinteressen nicht zu vertreten sein (s auch *Fischer* ZGR 2006, 403, 408; allenfalls bis sechs Monate HaKo-*Schröder* § 17 Rn 20).

24   Der **BGH** hat bislang keine Feststellungen getroffen, auf welche Art und Weise die **Liquiditätslücken festgestellt** werden. Insgesamt sind **zwei Rechnungen** aufzustellen: Zunächst ein **Finanzstatus,** aus dem sich die Unterdeckung ergibt. Sodann, wenn die Liquiditätslücke unterhalb von zehn Prozent der fälli-

II. Begriff der Zahlungsunfähigkeit § 17

gen Verbindlichkeiten liegt, eine **Fortführungsprognose** (Liquiditätsplan), mit der zu klären ist, wie sich die Unterdeckung weiterentwickelt (*Uhlenbruck* in: *K. Schmidt/Uhlenbruck*, Die GmbH in Krise, Rn 5.23; FAS IDW PS 800 Ziff II ZIP 2009, 201, 203 f; *Staufenbiel/Hoffmann* ZInsO 2008, 785 ff, 838 ff, 891 ff; MüKo-*Eilenberger* § 17 Rn 18 ff). Auf eine **dynamische Liquiditätsanalyse** kann wohl nicht verzichtet werden (*Staufenbiel/Hoffmann* ZInsO 2008, 891, 892 ff). Bei der dynamischen Liquiditätsanalyse sind sowohl die fälligen als auch die kurzfristig fällig werdenden Verbindlichkeiten einzubeziehen (s auch *Hölzle* ZIP 2006, 101 ff u ZIP 2007, 613 ff; *Heublein* KS I 2006, 12, 17). Stellt der Schuldner wegen Mangel an Liquidität planmäßig die Bezahlung erheblicher fälliger Verbindlichkeiten zurück, weil die Liquidität nur zur Befriedigung der für wichtig gehaltenen Gläubiger ausreicht (sog „Schiebeliste"), ist Zahlungsunfähigkeit zu bejahen (**AG Hamburg** ZIP 2006, 391 u 1750 f; HK-*Kirchhof* § 17 Rn 21). Einzelheiten unten zu Rn 39 ff.

Angesichts des **Finanzmarktstabilisierungsgesetzes** v 17. 10. 2008 (BGBl 2008 I, 1982), dessen Geltungsdauer bis zum 31. 12. 2013 begrenzt ist, stellt sich die Frage, ob die vom Gesetzgeber bei der Modifizierung des Überschuldungstatbestandes (§ 19 Abs 2) vorgenommene Wertung auch für den Insolvenzgrund der Zahlungsunfähigkeit gilt (so zB *Hirte/Knof/Mock* ZInsO 2008, 1217, 1223). Bejahendenfalls wäre bei der Abgrenzung der Zahlungsunfähigkeit von der Zahlungsstockung nicht mehr auf die **Dreiwochenfrist** abzustellen, sondern generell auf das Ergebnis einer Fortbestehensprognose. Eine solche Handhabung würde der Intention des Gesetzgebers, Unternehmen vor den Auswirkungen der Finanzmarktkrise durch ein Aussetzen der Insolvenzantragspflicht zu schützen, entsprechen (*Hirte/Knof/Mock* ZInsO 2008, 1217, 1223; *Uhlenbruck* in: *K. Schmidt/Uhlenbruck*, Die GmbH in Krise, Rn 5.33). Allerdings ist den Gläubigern selbst bei Finanz- und Wirtschaftskrisen sowie saisonalen Flauten nicht zuzumuten, länger als drei, höchstens aber sechs Monate zuzuwarten. 25

7. Zahlungsunwilligkeit (Zahlungsverweigerung). Nicht geregelt hat der Gesetzgeber die in der höchstrichterlichen Rechtsprechung unterschiedlich beantwortete Frage, ob Zahlungsunwilligkeit (Leistungsverweigerung oder irrige Annahme von Zahlungsunfähigkeit) den Tatbestand der Zahlungsunfähigkeit iSv § 17 Abs 2 S 1 erfüllt. Nach ständiger Rechtsprechung des **BGH** in Zivilsachen liegt keine Zahlungsunfähigkeit vor bei **böswilliger Zahlungsverweigerung** oder bei **Zahlungsunwilligkeit** aus sonstigen Gründen (vgl **BGH** v 17. 5. 2000, NZI 2001, 417; **BGH** v 5. 11. 1956, WM 1957, 67, 69; **BGH** v 30. 4. 1959, WM 1959, 891; vgl auch *Scholz/K. Schmidt* § 63 GmbHG Rn 3; *K. Schmidt/Uhlenbruck* 4. Aufl Rn 5.35; str aA *Harz* ZInsO 2001, 193, 195). Zahlungsfähig ist danach nur, wer nicht zahlen kann, nicht dagegen, wer nicht zahlen will. Nach **strafrechtlicher Beurteilung** hat der Schuldner seine Zahlungen auch dann eingestellt, wenn er irrig Zahlungsunfähigkeit annimmt oder sich trotz Zahlungsfähigkeit zu zahlen weigert (RGSt 14, 221 f; 41, 309, 312; **RG** JW 1934, 841, 842; **BGH** bei *Herlan* GA 1953, 73; vgl auch *Uhlenbruck* wistra 1996, 1, 5). Nach zutreffender Feststellung von *K. Tiedemann* (Insolvenz-Strafrecht, vor § 283 StGB Rn 144) besteht insgesamt Anlass, die Ausweitung des strafrechtlichen Begriffs der Zahlungseinstellung gegenüber dem insolvenzrechtlichen Begriff wieder rückgängig zu machen, zumal der böswillige Täter allein durch seine Böswilligkeit nicht zum Schuldner wird und damit auch diese Fälle nicht durch einen weiten Begriff der Zahlungseinstellung lösbar sind (vgl *Uhlenbruck* wistra 1996, 1, 5; *Burger/Schellberg* BB 1995, 261, 262 f; *K. Schmidt/Uhlenbruck*, Rn 5.35; *Uhlenbruck*, Die GmbH & Co KG in Krise, Konkurs und Vergleich, S 230). Allerdings darf nicht übersehen werden, dass oftmals die angebliche Zahlungsunwilligkeit des Schuldners oder Schuldnerunternehmens nur **vorgeschoben** wird, um eine tatsächliche Zahlungsunfähigkeit zu verschleiern (so *Braun/Uhlenbruck*, Unternehmensinsolvenz, S 282 f; K/P/B/*Pape* § 17 Rn 14). 26

Die **zivilgerichtliche Rechtsprechung** stellt auf einen objektiven Mangel an Zahlungsmitteln ab (**BGH** WM 1957, 67, 69; ebenso *Scholz/K. Schmidt*, vor § 64 GmbHG Rn 10; *Rohwedder/Schmidt-Leithoff* § 63 GmbHG Rn 25; *Götker*, Der Geschäftsführer in der Insolvenz der GmbH, Rn 81; *Jaeger/Müller* § 17 Rn 13; HK-*Kirchhof* § 17 Rn 13). Es reicht keineswegs aus, wenn der Schuldner die Verbindlichkeit nicht kennt, einen Fälligkeitstermin fahrlässig übersieht (**BGH** WM 1959, 892) oder die Zahlung verweigert, weil er die Forderung für unbegründet hält (HK-*Kirchhof* § 17 Rn 13; HaKo-*Schröder* § 17 Rn 14; vgl auch **BGH** ZInsO 2001, 617). Die Fälle böswilliger Zahlungsverweigerung können auch nicht über den Begriff der Zahlungseinstellung (§ 17 Abs 2 S 2) gelöst werden, denn die Zahlungseinstellung ist lediglich die nach außen in Erscheinung tretende Zahlungsunfähigkeit eines Schuldners, nicht dagegen seine Zahlungsunwilligkeit (so aber *v. Onciul* Auslösung S 105). Mit Recht weist *Pape* (K/P/B/*Pape* § 17 Rn 14) darauf hin, dass allein die Behauptung, nur zahlungsunwillig zu sein, nicht aber zahlungsunfähig, dem Schuldner nichts nützt. Vor allem reicht die Behauptung des Schuldners nicht aus, über ausreichende liquidierbare Vermögensgegenstände zu verfügen, diese jedoch nicht liquidieren zu wollen. Die gegenteiligen Entscheidungen **BGH** v 5. 11. 1956 (KTS 1957, 12 = WM 1957, 67) und **OLG Celle** v 2. 11. 1956 (KTS 1957, 31) vermögen nicht zu überzeugen und dürften Einzelfälle geblieben sein. Wer vorhandene Vermögenswerte nicht liquidieren will und deswegen nicht zahlen kann, ist zahlungsunfähig. Wer dagegen zahlen kann, jedoch willkürlich einen Teil seiner fälligen Verbindlichkeiten nicht bezahlt, ist entgegen der strafgerichtlichen Rechtsprechung nicht zahlungsunfähig, obgleich er seine Zahlungen eingestellt hat und objektiv der Tatbestand des § 17 Abs 2 S 2 vorliegt. Wer allerdings seine Zahlungen einstellt und behauptet, lediglich nicht zahlen zu wollen, **hat zu beweisen**, 27 dass Zahlungsunfähigkeit nicht gegeben ist. Im Übrigen führt jede Zahlungseinstellung zu der widerleglichen Vermutung der Zahlungsunfähigkeit (*Hess/Pape* InsO Rn 99; K/P/B/*Pape* § 17 Rn 16; *Uhlenbruck* in *K. Schmidt/Uhlenbruck*, Die GmbH in Krise, Rn 5.3; vgl auch *Braun/Bußhardt* § 17 Rn 22 f). Das Gericht braucht auf die Möglichkeit einer Zahlungsunfähigkeit nicht von Amts wegen einzugehen (**OLG Celle NZI 2000, 217**).

28   **8. Darlegungs- und Beweislast.** Das flexible System, das mit der Einführung des Schwellenwerts von 90 % geschaffen worden ist, hat nach Feststellung von *Pape* (WM 2008, 1949, 1954) auch Auswirkungen auf die Darlegungslast des Gläubigers und die Ermittlungspflichten des Insolvenzgerichts. Stellt das Insolvenzgericht im Rahmen eines von einem Gläubiger betriebenen Insolvenzeröffnungsverfahrens eine **Liquiditätslücke** fest, die über einen Zeitraum von **drei Wochen größer als zehn Prozent** ist, besteht die **widerlegbare Vermutung** für Zahlungsunfähigkeit. Der Antragsgegner (Schuldner) hat Umstände vorzutragen, aus denen sich ergibt, dass gleichwohl keine Zahlungsunfähigkeit vorliegt. Besteht dagegen eine **Deckungslücke von weniger als zehn Prozent,** so hat der Gläubiger (Antragsteller) glaubhaft zu machen, dass eine schlechte Fortführungsprognose besteht und Anhaltspunkte für den weiteren Niedergang des Unternehmens gegeben sind, vgl auch FAS IDW PS 800 Ziff 1.2, ZIP 2009, 201, 202 f. Das Insolvenzgericht hat im Rahmen seiner **Amtsermittlungspflicht** (§ 5 Abs 1 Satz 1) solche Umstände festzustellen, wenn es nach § 16 die notwendige Überzeugung vom Vorliegen eines Insolvenzgrundes erlangen will (**BGHZ 163, 134 = ZIP 2005, 1426, 1430**). Zu den Amtsermittlungspflichten, wenn sich der Schuldner nach einem Gläubigerantrag dem Verfahren zu entziehen sucht instrukiv **BGH v 13. 4. 2006 – IX ZB 118/04, NZI 2006, 405 = ZIP 2006, 1056**. Kann der Gläubiger derartige Anhaltspunkte nicht glaubhaft machen und stellen sie sich auch im Rahmen der Amtsermittlungen nicht heraus, so ist grundsätzlich von einer Zahlungsfähigkeit auszugehen (*Pape* WM 2008, 1949, 1954). Eine entsprechende **Beweislastverteilung** ergibt sich auch für den Zivilprozess wegen Insolvenzverschleppung oder im Anfechtungsprozess (Einzelheiten bei *Pape* WM 2008, 1949, 1954). Im **Anfechtungsprozess** ist eine Liquiditätsbilanz zur Feststellung der Zahlungsunfähigkeit nicht erforderlich, wenn im fraglichen Zeitpunkt fällige Verbindlichkeiten bestanden haben, die bis zur Verfahrenseröffnung nicht mehr beglichen worden sind (**BGH v 12. 10. 2006, NZI 2007, 36, 37** m Anm *Gundlach/Frenzel*; **OLG Hamm ZInsO 2008, 511, 512**).

III. Zahlungseinstellung (Abs 2 S 2)

29   § 17 Abs 2 S 2 begründet für den Fall der Zahlungseinstellung eine **widerlegliche Vermutung** für den Eintritt der Zahlungsunfähigkeit. Zahlungseinstellung ist die stärkste Form der Zahlungsunfähigkeit. Zahlungseinstellung liegt nach ständiger Rechtsprechung vor, wenn der Schuldner nicht in der Lage ist, seine fälligen Zahlungspflichten zu erfüllen, und wenn dieser Zustand nach außen hin in Erscheinung tritt, dass er für die beteiligten Verkehrskreise erkennbar wird (**BGH v 14. 2. 2008, ZIP 2008, 706, 707; BGH v 12. 10. 2006, NZI 2006, 36, 37; BGH v 17. 5. 2000, NZI 2001, 417; BGH v 10. 1. 1985, NJW 1985, 1785; BGH v 11. 7. 1991, ZIP 1991, 1014; BGH ZIP 1995, 929, 930; BGH ZIP 1997, 423; BGHZ 149, 178, 184 f = NZI 2002, 91; BGH NZI 2003, 322 = ZIP 2003, 410, 411; BGH ZIP 2006, 2222, 2223; BGH ZIP 2007, 1469, 1470; BGH NZI 2007, 36, 37;** HK-*Kirchhof* § 17 Rn 26; FK-*Schmerbach* § 17 Rn 37 ff; *Jaeger/Müller* § 17 Rn 34; HaKo-*Schröder* § 17 Rn 26 ff; *Jaeger/Henckel* § 30 KO Rn 11; *Braun/Uhlenbruck*, Unternehmensinsolvenz, S 282 f; *Pape/Uhlenbruck* InsolvenzR Rn 301; *Bork*, Einf Rn 85; *Scholz/K. Schmidt* § 63 GmbHG Rn 8; K/P/B/*Pape* § 17 Rn 17). Der Annahme der Zahlungseinstellung steht nach Auffassung des **BGH** zum Anfechtungsrecht nicht entgegen, dass der Schuldner bzw das Schuldnerunternehmen vereinzelt noch Zahlungen – sei es auch in beachtlicher Höhe – leistet (**BGH v 14. 2. 2008, ZIP 2008, 706, 707**). Es genügt, dass der Schuldner außerstande ist, den erheblichen Teil seiner Verbindlichkeiten zu erfüllen (**BGH v 21. 6. 2007, ZIP 2007, 1469, 1470; BGH NJW 1992, 624; BGH NJW-RR 1999, 272 = ZIP 1998, 2001, 2009; BGH NJW-RR 2000, 1297 = NZI 2000, 363; BGH NJW 2001, 1650 = NZI 2001, 247; BGH v 17. 5. 2001, NZI 2001, 417**; vgl auch *Lutter* ZIP 1999, 641; *v. Onciul*, Die rechtzeitige Auslösung des Insolvenzverfahrens, 2001). Zur KO und GesO hat der **BGH** die Zahlungseinstellung bejaht, wenn die fälligen Schulden nicht im Wesentlichen **binnen etwa eines Monats** bezahlt werden können (**BGH v 25. 10. 2001 NJW 2002, 512; BGH NJW 1999, 645 = NZI 1999, 70; BGH NZI 2002, 34**). Eine Zahlungseinstellung ist allerdings entsprechend dem Urteil des **BGH v 24. 5. 2005 (BGHZ 163, 134 = NZI 2005, 547 = ZInsO 2005, 807 = ZIP 2005, 1426**) von einer **rechtlich unerheblichen Zahlungsstockung** abzugrenzen (**BGH ZIP 2007, 1469, 1470**). Die Liquiditätslücke muss also **länger als drei Wochen** bestehen.

30   Nach **Rechtsprechung des BGH zum Insolvenzanfechtungsrecht** kann Zahlungseinstellung selbst dann gegeben sein, wenn tatsächlich noch geleistete Zahlungen beträchtlich sind, aber im Verhältnis zu den fälligen Gesamtschulden nicht den wesentlichen Teil ausmachen (**BGH ZIP 2007, 1469, 1470; BGHZ 149, 178, 188 = ZInsO 2002, 29, 31; BGH ZIP 2006, 2222, 2223**). Die Zahlungseinstellung muss auf einem **objektiven Mangel an Geldmitteln** beruhen, der länger als zwei bis drei Wochen andauert (**BGH ZIP 2007, 1469, 1470;** HK-*Kirchhof* § 17 Rn 26). Eigene Erklärungen des Schuldners, eine fällige Verbindlichkeit nicht begleichen zu können, sind Indiz für eine Zahlungseinstellung, auch wenn sie mit einer

III. Zahlungseinstellung (Abs 2 S 2) **§ 17**

Stundungsbitte versehen sind (**BGH** NZI 2002, 34 = ZIP 2001, 2097, 2098; **BGH** NZI 2007, 36, 37). Erzwungene „**Stundungen**", die dadurch zustande kommen, dass der Schuldner die fälligen Löhne mangels liquider Mittel nicht mehr oder nur verzögert begleicht, die Arbeitnehmer aber nicht sofort klagen und vollstrecken, stehen einer Zahlungseinstellung nicht entgegen (**BGH** v 14. 2. 2008, ZIP 2008, 706, 708). Bei der Annahme, ein Gläubiger habe **stillschweigend** in eine spätere oder nachrangige Befriedigung seiner Forderung eingewilligt, ist nach Auffassung des **BGH Zurückhaltung geboten**. Entscheidend ist immer ein **Verhalten des Schuldners** oder einer Person, die berechtigt ist, für ihn zu handeln (HK-*Kirchhof* § 17 Rn 27). Die Nichterfüllung von Verbindlichkeiten einer Zweigniederlassung lässt nicht ohne Weiteres den Schluss auf Zahlungseinstellung der Hauptniederlassung zu. Die Zahlungseinstellung einer OHG oder KG wirkt nicht zugleich gegenüber den persönlich haftenden Gesellschaftern (HK-*Kirchhof* § 17 Rn 27). Eine **einmal eingetretene Zahlungseinstellung** kann nur dadurch wieder beseitigt werden, dass der Schuldner seine Zahlungen allgemein wieder aufnimmt (**BGH** v 21. 6. 2007, ZIP 2007, 1469, 1471; BGHZ 149, 100, 109; BGHZ 149, 178, 188; **BGH** NZI 2007, 36, 37).

Die **Erscheinungsformen der Zahlungseinstellung** sind vielfältig. So ist die **Hingabe ungedeckter** 31 **Schecks** ebenso wenig ein Beweis für die Zahlungsunfähigkeit wie **einzelne Wechselproteste**, wenn sie nicht in Vielzahl und Häufung auftreten (*K. Schmidt/Uhlenbruck*, Die GmbH in Krise, Rn 5.38). Ein äußeres Anzeichen für die Zahlungseinstellung kann aber die **schleppende Zahlung von Löhnen und Gehältern** sein (**BGH** v 14. 2. 2008, ZIP 2008, 706 ff) oder die Nichtabführung von Gesamtsozialversicherungsbeiträgen (vgl **BGH** ZIP 2006, 1458, u ZIP 2006, 2222, 2224; HK-*Kirchhof* § 17 Rn 35). **Weitere Indizien:** Häufung von Pfändungen, Arresten, fruchtlosen Pfändungen durch den Gerichtsvollzieher sowie die Ableistung der eidesstattlichen Offenbarungsversicherung durch den Schuldner oder seinen organschaftlichen Vertreter (HaKo-*Schröder* § 17 Rn 29; *Pape* WM 2008, 1949, 1956; HK-*Kirchhof* § 17 Rn 38; MüKo-*Eilenberger* § 17 Rn 29; *K. Schmidt/Uhlenbruck*, Die GmbH in Krise, Rn 7.37 ff). Ein Indiz für Zahlungseinstellung ist auch die gehäufte Rückgabe von Vorbehaltsware an Lieferanten ohne Verarbeitung sowie die Nichtzahlung von Steuern, Telefon- oder Stromkosten (vgl **OLG** Stuttgart ZIP 1997, 652; HaKo-*Schröder* § 17 Rn 29). Die vorgenannten Indizien können für sich allein gesehen oder zusammen genommen den Schluss auf die Zahlungseinstellung des Schuldners rechtfertigen, wenn sie **nach außen hervortreten** und der Schuldner einen **wesentlichen Teil** seiner Verbindlichkeiten nicht mehr begleicht. Auch hier ist die **Wesentlichkeitsgrenze bei zehn Prozent** anzusiedeln. **Sozialversicherungsbeiträge** und **Löhne** werden typischerweise nur dann bei Fälligkeit nicht bezahlt, wenn der Schuldner die hierfür erforderlichen Geldmittel nicht aufbringen kann (**BGH** NZI 2006, 591; **BGH** NZI 2007, 36, 37). Einer ausdrücklichen Zahlungsverweigerung bedarf es nicht (**BGH** NZI 2007, 36, 37). Hat sich der Schuldner **ins Ausland abgesetzt** oder ist er „untergetaucht", so kann dies durchaus als Indiz für die Zahlungseinstellung gewertet werden (vgl **BGH** WM 1996, 1750; *Jaeger/Müller* § 17 Rn 32). Die **Antragstellung wegen drohender Zahlungsunfähigkeit** (§ 18) lässt nicht zwingend den Schluss auf Zahlungseinstellung zu.

Festzustellen ist, dass die Zahlungseinstellung ein **Unterfall der Zahlungsunfähigkeit** ist. Zahlungsun- 32 fähigkeit ist denkbar, ohne dass eine Zahlungseinstellung gegeben ist. Andererseits gibt es keine Zahlungseinstellung, ohne dass Zahlungsunfähigkeit vorliegt (BerlKo-*Goetsch* § 17 Rn 40). Die **Grundsätze zum Anfechtungsrecht** können weitgehend auch auf § 17 übertragen werden. Es genügt, dass für die **beteiligten Verkehrskreise** erkennbar ist, dass ein Schuldner oder Schuldnerunternehmen außerstande ist, seine fälligen Zahlungspflichten zu erfüllen (**BGH** NZI 2007, 36, 37 m Anm *Gundlach/Frenzel*; K/P/B/ *Pape* § 17 Rn 17). Die Zahlungseinstellung als solche ist nicht Insolvenzgrund (*Braun/Uhlenbruck*, Unternehmensinsolvenz, S 283). Selbst wenn ein Schuldner seinen Gläubigern erklärt, er habe die Zahlungen eingestellt, oder für die beteiligten Geschäftskreise offenbar wird, dass der Schuldner bzw das Schuldnerunternehmen nicht mehr zahlen kann, schafft dies lediglich eine **widerlegliche Vermutung für die Zahlungsunfähigkeit**. Selbst die Zahlung beträchtlicher Beträge schließt die Zahlungseinstellung nicht aus (**BGH** NZI 2007, 36, 37; *Jaeger/Weber* § 102 KO Rn 2; *Scholz/K. Schmidt* § 63 GmbHG Rn 8). So hat zB eine Gesellschaft ihre Zahlungen eingestellt, wenn sie zwar noch geringfügige Geldbeträge leistet, jedoch einem Großgläubiger, der die wirtschaftlichen Verhältnisse kennt, erklärt, dass sie dessen Verbindlichkeit auch nicht teilweise erfüllen kann (**BGH** v 10. 1. 1985, NJW 1985, 1785; **BGH** v 22. 11. 1990, ZIP 1991, 39). Auch **schlüssiges Verhalten** des Schuldners kann die Zahlungseinstellung begründen. So zB, wenn der Schuldner seine Kassenschalter, Verkaufsstellen oder sonstigen Geschäftsräume schließt (*Jaeger/Henckel* § 30 KO Rn 14). Zahlungseinstellung liegt auch vor, wenn der zahlungsunfähige Schuldner sein vorhandenes Restvermögen auf einen Treuhänder überträgt und sich mit einer außergerichtlichen Liquidation und Vermögensverteilung einverstanden erklärt (**OLG** Braunschweig OLGRsp 27, 257; *Jaeger/Henckel* § 30 KO Rn 14). Zu weiteren **konkludenten Handlungen des Schuldners** s MüKo-*Eilenberger* § 17 Rn 29 ff Da die Zahlungseinstellung ein rein tatsächliches Verhalten ist, kann auch ein Geschäftsfähiger zur Zahlungseinstellung kommen (**OLG** Hamburg JW 1926, 2115; *Jaeger/Henckel* § 30 KO Rn 14). Für das **Verbraucherinsolvenzverfahren** (§§ 304 ff) gilt grundsätzlich nichts anderes. Die Einleitung eines außergerichtlichen Schuldenbereinigungsverfahrens stellt allerdings nicht schon eine **Zahlungseinstellung** dar, weil Insolvenzgrund auch die drohende Zahlungsunfähigkeit (§ 18) ist. Ebenso wie der **Versuch eines außergerichtlichen Vergleichs** kann aber der Versuch einer außergerichtlichen Schuldenregulierung Indiz für das Vorliegen einer Zahlungsunfähigkeit sein.

33 Die Abgrenzung zwischen Tatbeständen, die sich als **Zahlungseinstellung** darstellen, und **Indizien**, die lediglich einen Schluss auf die Zahlungseinstellung zulassen, ist im Einzelfall schwierig. Zahlungseinstellung kann vorliegen, wenn ein Schuldnerunternehmen über mehrere Wochen hinweg keine Lieferantenschulden mehr begleicht (*Klebba* WPg 1959, 42, 43) oder einzelne Gläubiger nur noch mit Leistungen an Erfüllung statt befriedigt (HK-*Kirchhof* § 17 Rn 39 unter Berufung auf **RG** WarnR 1933, Nr 68; ROHG 10, 68) oder gegenüber einem Hauptlieferanten monatelang in Zahlungsverzug gerät (**OLG** Hamm ZInsO 2008, 513). Dagegen reicht es für die Annahme einer Zahlungseinstellung nicht aus, dass der Schuldner unpünktlich oder nur auf Drängen oder gar Mahnbescheide der Gläubiger hin zahlt. Der Versuch, durch Nichtzahlung „Lieferantenkredite" zu erzwingen, stellt sich nicht als Zahlungseinstellung dar (HK-*Kirchhof* § 17 Rn 41).

IV. Die strafrechtliche Bedeutung der Definition in § 17 Abs 2

34 Die Insolvenzrechtsreform hat das Insolvenzstrafrecht stiefmütterlich behandelt. So sieht Art 60 EG-InsO primär redaktionelle Änderungen vor (vgl *Uhlenbruck* wistra 1996, 1, 2 f). Für das frühere Recht wurden in der strafrechtlichen Literatur zu den Merkmalen der „**Wesentlichkeit**" und der „**Dauer**" gegenüber dem Zivilrecht unterschiedliche Zeiträume bzw Verhältniszahlen gehandelt (vgl *Hoffmann* MDR 1979, 713, 714; *Schlüchter* MDR 1978, 268; *Tiedemann* ZIP 1983, 515; *Richter* GmbHR 1984, 139; *Tiedemann* Insolvenz-Strafrecht vor § 283 StGB Rn 132 u 134). Auch die strafgerichtliche Rechtsprechung war keineswegs einheitlich (vgl **RG** v 8. 5. 1908, RGSt 41, 309, 314; **RG** v 19. 9. 1933, JW 1934, 841; **BGH** NJW 1981, 355; **BGH** MDR 1981, 511; **BGH** JZ 1979, 77; **BGH** GA 1953, 73; BayObLG v 14. 4. 1987, BB 1988, 1840). Vgl auch *Matzen*, Der Begriff der drohenden und eingetretenen Zahlungsunfähigkeit im Konkursstrafrecht, 1993. In der **älteren strafrechtlichen Literatur** wurde die Auffassung vertreten, es komme bei der Beurteilung der Zahlungsunfähigkeit auf die **Liquidierbarkeit von Vermögensgegenständen** an (vgl *Weyand/Diversy* Insolvenzdelikte 7. Aufl 2006 Rn 43 f). Wie bereits oben dargestellt wurde, kommt es nicht auf die verschiedenen Liquiditätsgrade an, sondern ausschließlich auf die **Barliquidität** bzw flüssigen Mittel (anders aber *Reck* GmbHR 1999, 267, 268; *Hoffmann* DB 1980, 1527 ff; *Hartung* wistra 1997, 3; *Bieneck*, Unternehmenskrise, in: *Müller-Gugenberger* (Hrsg.), Wirtschaftsstrafrecht, 2. Aufl 1992 § 63 Rn 35). Die **neuere Literatur und Rechtsprechung** orientiert sich weitgehend an der Legaldefinition in § 17 Abs 2 Satz 1 (**BGH** v 23. 5. 2007, ZInsO 2007, 1115; *Weyand/Diversy*, Insolvenzdelikte, Rn 46 ff; *Büttmann*, Insolvenzstrafrecht § 11 Rn 54 ff; *Bieneck* in: *Müller-Gugenberger/Bieneck*, Wirtschaftsstrafrecht, 4. Aufl 2006 § 76 Rn 51 ff). Hinsichtlich der Entscheidung des **BGH** in Zivilsachen v 24. 5. 2005 (BGHZ 163, 134 = NZI 2005, 547 = ZInsO 2005, 807) werden allerdings – abgesehen von der unanwendbaren Beweislastregelung – gewisse Einschränkungen hinsichtlich der Liquiditätslücke von zehn Prozent gemacht (*Bieneck* in: *Müller-Gugenberger/Bieneck* § 76 Rn 56 b; s auch *Uhlenbruck* wistra 1996, 5). Der **BGH** hat zwar in seiner Entscheidung vom 23. 5. 2007 (ZInsO 2007, 1115) festgestellt, dass mit der Legaldefinition in § 17 Abs 2 auch die frühere Rechtsprechung überholt sei, wonach nur die von den Gläubigern „ernstlich eingeforderten" Verbindlichkeiten maßgebend waren. Es ist aber anzunehmen, dass sich die strafgerichtliche Rechtsprechung die durch den **BGH** in Zivilsachen erfolgte **Konkretisierung** der Kriterien im Hinblick auf das Merkmal der „Wesentlichkeit" und der „Dauer" ebenso zu eigen macht wie die **Konkretisierung der Fälligkeit** dahingehend, dass eine Gläubigerhandlung vorliegen muss, aus der sich der Wille ergibt, vom Schuldner Erfüllung zu verlangen (**BGH** v 19. 7. 2007 – IX ZB 36/07; BGHZ 173, 286 ff).

V. Zahlungsunfähigkeit bei Insolvenzen mit Auslandsbezug

35 Da es ein deutsches Konzerninsolvenzrecht nicht gibt, beurteilt sich die Zahlungsunfähigkeit bei verbundenen Unternehmen grundsätzlich nach dem insolvenzfähigen inländischen Sondervermögen, auch wenn das deutsche Recht dem Universalitätsprinzip folgt, wonach sich die Wirkungen eines inländischen Insolvenzverfahrens auf die ganze Welt erstrecken. Hat ein in Deutschland ansässiges Unternehmen **unselbständige ausländische Niederlassungen**, so ist die Zahlungsunfähigkeit insgesamt für das Unternehmen zu ermitteln. Allein maßgeblich ist, ob das inländische Unternehmen einschließlich seiner ausländischen Niederlassungen imstande ist, seinen fälligen Zahlungsverpflichtungen nachzukommen (vgl *Temme* S 41). Zweifelhaft ist aber, ob bei einer **inländischen Zweigniederlassung eines ausländischen Unternehmens** die Zahlungsunfähigkeit in Deutschland bejaht werden kann, wenn weder im Inland noch durch die ausländische Gesellschaft Zahlungen erfolgen. Hat also eine Gesellschaft mit Sitz in New York in ihrer Hamburger Niederlassung Reparaturarbeiten durchführen lassen und bleiben Zwangsvollstreckungsmaßnahmen in Deutschland erfolglos, so stellt sich die Frage, ob die Zahlungsfähigkeit bzw Zahlungsunfähigkeit der New Yorker Gesellschaft maßgeblich ist. Entscheidend wäre in diesem Fall, ob bei dem Unternehmen in New York Zahlungsunfähigkeit gegeben ist oder nicht (vgl *Mankowski* ZIP 1995, 1650, 1659; *Temme* S 44). Die globale Betrachtungsweise mag dogmatisch und theoretisch wohl begründet sein, führt jedoch in der Praxis zu erheblichen Schwierigkeiten. Nicht zuletzt im Hinblick auf die bei ihrer Umsetzung auftretenden Darlegungs- und Beweisschwierigkeiten und ihrer deshalb fehlenden Praktikabilität dürfte es geboten sein, die mangelnde Zahlungsfähigkeit jedenfalls dann anzunehmen, wenn die inländische unselbständige Niederlassung ihren Zahlungsverpflichtungen im normalen Geschäftsgang nicht mehr nachkommen kann.

VI. Feststellung der Zahlungsunfähigkeit

Eine bestimmte Methode zur Prüfung der Zahlungsunfähigkeit, wie sie etwa in § 19 Abs 2 Satz 2 für die Prüfung der Überschuldung vorgesehen ist, sieht § 17 nicht vor. Auch der **BGH** hat in seiner grundlegenden Entscheidung vom 24. 5. 2005 (BGHZ 163, 134 = NZI 2005, 547 = ZInsO 2005, 807 = ZIP 2005, 1426) keine Ausführungen gemacht, wie im Einzelfall die Zahlungsunfähigkeit festzustellen ist. Lediglich in der Entscheidung v 12. 10. 2006 (ZIP 2006, 2222, 2224 = NZI 2007, 36, 37) findet sich der Hinweis, dass zur Feststellung der Zahlungsunfähigkeit iSv § 17 Abs 2 Satz 1 eine **Liquiditätsbilanz** aufzustellen sein kann. Dabei seien die im maßgeblichen Zeitpunkt verfügbaren und **innerhalb von drei Wochen** flüssig zu machenden Mittel in Beziehung zu setzen zu den am selben Stichtag fälligen und eingeforderten Verbindlichkeiten. Eine solche Liquiditätsbilanz sei jedoch nicht erforderlich, **wenn anderweitig festgestellt** werden könne, dass der Schuldner einen wesentlichen Teil seiner fälligen Verbindlichkeiten nicht bezahlen konnte. 36

Insoweit ist allerdings zu unterscheiden zwischen dem **Anfechtungsprozess** (retrograde Ermittlung) und der **Antragspflicht und Verfahrenseröffnung.** Für die Verfahrenseröffnung und die Eigenprüfung eines antragspflichtigen Unternehmens hält der **BGH** eine **Liquiditätsbilanz für erforderlich,** wenn eine Prognose notwendig ist, auf die schon im Hinblick auf die Entscheidung vom 24. 5. 2005 (BGHZ 163, 134) nicht verzichtet werden kann. Im Anfechtungsprozess ist auf eine ex post-Analyse auf den Zeitpunkt der angefochtenen Rechtshandlung abzustellen (s auch FAS IDW PS 800 Ziff III., ZIP 2009, 201, 205 f). Der Insolvenzverwalter kann im Anfechtungsprozess anhand der zur Tabelle angemeldeten Forderungen darlegen, dass im anfechtungsrelevanten Zeitpunkt Verbindlichkeiten bestanden, die bis zur Eröffnung des Verfahrens nicht mehr beglichen worden sind. Ist dies der Fall, lässt es auf eine dauernde Zahlungsunfähigkeit schließen (s auch *Pape* WM 2008, 1949, 1951; *Staufenbiel/Hoffmann* ZInsO 2008, 785, 790; *Hölzle* ZIP 2007, 613, 616). Zulässig ist im Anfechtungsprozess auch die Feststellung der Zahlungsunfähigkeit anhand **wirtschaftskriminalistischer Beweisanzeichen** (BGH NJW 2000, 154, 156; *Harz/Baumgartner/Conrad* ZInsO 2005, 1304, 1308). Die Entscheidung des **BGH** v 12. 10. 2006 (NZI 2007, 36 = ZIP 2006, 2222 = ZInsO 2006, 1210) hat hinsichtlich der tatrichterlichen Feststellung der Zahlungsunfähigkeit im Anfechtungsprozess erhebliche Erleichterungen gebracht, insbesondere für Sachverhalte, bei denen die anfechtbare Rechtshandlung mangels fehlender betriebswirtschaftlicher Unterlagen nicht möglich ist (s auch FAS IDW PS 800, ZIP 2009, 201, 205 f). Der Insolvenzverwalter genügt nach Feststellung von *Hölzle* (ZIP 2007, 613, 619) seiner **Darlegungs- und Beweislast** normalerweise bereits dadurch, dass er unter Hinweis auf die zur Insolvenztabelle angemeldeten Forderungen nachweist, dass solche enthalten sind, die bereits im Zeitpunkt der anfechtbaren Rechtshandlung fällig waren und bis zur Insolvenzeröffnung nicht mehr beglichen worden sind. Zutreffend weisen aber *Staufenbiel/Hoffmann* (ZInsO 2008, 785, 790) letztlich darauf hin, dass für die Prüfung des **erstmaligen Eintritts der materiellen Insolvenz** durch den **BGH** keine erleichterten Voraussetzungen geschaffen worden sind. Sei der vom Insolvenzgericht eingesetzte Sachverständige aufgefordert, den **Zeitpunkt des Eintritts der Zahlungsunfähigkeit** zu bestimmen, so werde er dies auch weiterhin nur anhand der Auswertung betriebswirtschaftlicher Unterlagen ermitteln können. 37

Die **vom BGH für den Anfechtungsprozess** eingeräumten Darlegungs- und Beweiserleichterungen gelten im Hinblick auf § 16 und die Haftungsfolgen einer Insolvenzverschleppung **nicht für die Eigenprüfung einer antragspflichtigen Gesellschaft** und **nicht für das Insolvenzeröffnungsverfahren.** Das Gesetz sagt in § 15 a zwar nichts darüber aus, wie der organschaftliche Vertreter einer antragspflichtigen Gesellschaft die Zahlungsunfähigkeit zu prüfen hat. Jedoch beginnt die Insolvenzantragspflicht zB eines GmbH-Geschäftsführers nach neuerer Rechtsprechung des **BGH** mit der **Erkennbarkeit der Insolvenzreife** (BGH v 29. 11. 1999, BGHZ 143, 184, 185). Der Inhalt der zB in § 43 Abs 1 GmbHG verankerten **Pflicht zur beständigen wirtschaftlichen Selbstprüfung** zwingt den organschaftlichen Vertreter einer antragspflichtigen Gesellschaft, vor allem bei Auftreten von Liquiditätsengpässen einen **Liquiditätsstatus (Liquiditätsbilanz)** und einen Liquiditätsplan zu erstellen. 38

Der **Liquiditätsplan** ist **in mehreren Stufen** aufzustellen: In einer **ersten Stufe** sind die auf den Ermittlungsstichtag fälligen Zahlungspflichten und solche Zahlungspflichten zu ermitteln, die **binnen drei Wochen** ab dem Stichtag fällig werden (Einzelheiten bei *Heublein* KS I 2006, 12, 15; IDW PS 800 [Empfehlungen zur Prüfung eingetretener oder drohender Zahlungsunfähigkeit bei Unternehmen], ZIP 2009, 201, 204 f). Sind Geldschulden noch nicht fällig oder gestundet, dürfen sie außer Betracht bleiben. Fällige Zahlungspflichten, denen eine aufrechenbare Gegenforderung gegenübersteht, sind dagegen mit ihrem Nennbetrag zu berücksichtigen, da die Gegenforderung in die liquiden Mittel des Schuldnerunternehmens einzubeziehen ist (*Heublein* KS I 2006, 12, 16; *K. Schmidt/Uhlenbruck,* Die GmbH in Krise, Rn 5.84). 39

In einer **zweiten Stufe** sind die liquiden Mittel festzustellen, die dem Schuldner am Stichtag zur Verfügung stehen oder binnen der nächsten **drei Wochen** zu Geld gemacht werden können (**BGH v 19. 7. 2007 – IX ZB 36/09, ZIP 2007, 1666, 1669 [30]; BGH ZIP 2006, 2222**). Unstreitig dürfte sein, 40 dass zu den **verfügbaren Zahlungsmitteln** Bargeld, Schecks, Bank- und Postgiroguthaben sowie freie Kreditlinien auf laufenden Geschäftskonten zählen (*Knolle/Tetzlaff* ZInsO 2005, 897, 900; *Heublein* KS I 2006, 12, 16; HaKo-*Schröder* § 17 Rn 35; *Staufenbiel/Hoffmann* ZInsO 2008, 891, 892). Außer Betracht bleiben können dabei einzelne Verbindlichkeiten, die der Schuldner als unbegründet ansieht oder deren Zahlung er trotz Fälligkeit zu verweigern berechtigt ist (MüKo-*Eilenberger* § 17 Rn 9; *Primozic/Feckel* GmbHR 2005, 160, 163 f). Den verfügbaren Zahlungsmitteln sind **sämtliche Verbindlichkeiten gegenüberzustellen,** die zum Stichtag der Liquiditätsbilanz fällig sind oder kurzfristig, dh binnen drei Wochen fällig werden. Hierzu gehören fällige Verbindlichkeiten aus Lieferungen und Leistungen, nicht genehmigte Überziehungen von laufenden Geschäftskonten, sonstige offene Verbindlichkeiten sowie fällige Verbindlichkeiten gegenüber Arbeitnehmern und sonstige Ausgaben im Finanzbereich. Auf den **Grad der Liquidierbarkeit** von Vermögensgegenständen kann es allenfalls ankommen, soweit Gegenstände des Anlage- und Umlaufvermögens **innerhalb kürzester Zeit,** spätestens aber **innerhalb von drei Wochen** zu Geld gemacht werden können. Zutreffend unterscheidet *Bork* (ZIP 2008, 1749, 1750) zwischen **Aktiva I** und **Aktiva II.** Aktiva I sind die sofort verfügbaren Geldmittel, mit denen fällige Verbindlichkeiten umgehend erfüllt werden können. Aktiva II sind die innerhalb von 21 Tagen verfügbaren liquiden Mittel. Dabei handelt es sich in erster Linie um bereits fällige oder innerhalb der Dreiwochenfrist fällig werdende Forderungen aus Lieferungen und Leistungen sowie um zusätzlich freiwerdende Kreditlinien. Lässt sich damit die **Liquiditätslücke** innerhalb der nächsten **drei Wochen** nicht schließen, müssen die in dieser Zeit freiwerdenden und von außen hinzukommenden Zahlungsmittel ebenso berücksichtigt werden wie Zahlungsmittel aus einer erneuten Kreditaufnahme sowie aus einer kurzfristigen Verwertung von Gegenständen des Anlage- und Umlaufvermögens.

41   In einer **dritten Stufe** ist zu prüfen, ob die Gegenüberstellung der fälligen oder innerhalb von drei Wochen fällig werdenden Verbindlichkeiten zu den liquiden Mitteln eine **vollständige Deckung** oder eine **Liquiditätslücke (Unterdeckung)** ergibt. Kann der Schuldner vom Stichtag der Prüfung bis zum Ende der Dreiwochenfrist die fällig werdenden Zahlungspflichten **vollständig** bedienen, liegt keine Zahlungsunfähigkeit vor, sondern allenfalls Zahlungsstockung. Nach *Heublein* (KS I 2006, 12, 16) kann eine weitere Prüfung unterbleiben, muss aber ggf. bezogen auf spätere Betrachtungsstichtage wiederholt werden.

42   Ergibt sich aus dem Liquiditätsstatus eine **Liquiditätslücke,** so ist in einer **vierten Stufe** zu prüfen, wie groß diese Liquiditätslücke ist und mittels einer **ersten Prognoserechnung,** wie sich eine geringfügige Liquiditätslücke weiterentwickeln wird (Einzelheiten bei *Heublein* KS I 2006, 12, 16; *K. Schmidt/Uhlenbruck,* Die GmbH in Krise, Rn 5.88). Eine **erhebliche Liquiditätslücke** und damit Zahlungsunfähigkeit iSv § 17 Abs 2 Satz 1 liegt nach Auffassung des **BGH** dann vor, wenn das Verhältnis zwischen den aktuell verfügbaren sowie kurzfristig (innerhalb von drei Wochen) verfügbar zu machenden Mitteln und der eingeforderten Verbindlichkeit eine **Deckungslücke von mehr als zehn Prozent** aufweist. In dieser Zeit frei werdende oder von außen hinzukommende Zahlungsmittel aus einer erneuten Kreditaufnahme oder kurzfristigen Verwertung von Gegenständen des Anlage- und Umlaufvermögens sowie Zahlungen auf fällige Forderungen sind dabei als „Aktiva II" zu berücksichtigen (vgl **BGH** v 24. 5. 2005, BGHZ 163, 134; *Bork* ZIP 2008, 1749, 1750). Beträgt also die **Unterdeckung zehn Prozent und mehr,** besteht eine Insolvenzantragspflicht des organschaftlichen Vertreters nach § 15a Abs 1 und kann das Insolvenzgericht nach § 16 vom Vorliegen einer Zahlungsunfähigkeit überzeugt sein. Bei der Prüfung der Unterdeckung sind nicht nur die Aktiva I und II zu berücksichtigen, sondern auch die **Passiva II,** das die innerhalb der folgenden 21 Tage fällig werdenden Verbindlichkeiten (*Bork* ZIP 2008, 1749, 1751).

43   Die Frage, ob die **innerhalb der Dreiwochenfrist fällig werdenden Verbindlichkeiten** in die Prüfung einzubeziehen sind, ist zwar in der Literatur streitig, letztlich aber zu bejahen (**verneinend** *Braun/Bußhardt* § 17 Rn 8; *Kriegel* in: Nickert/Lamberti, Überschuldungs- und Zahlungsunfähigkeitsprüfung 2008, Rn 50; **bejahend** *Bork* ZIP 2008, 1749, 1751; FAS IDW PS 800 Ziff II. 3., ZIP 2009, 201, 204; *Staufenbiel/Hoffmann* ZInsO 2008, 891, 893). Andere halten die Formulierung des **BGH** für einen „redaktionellen Missgriff" (*Hölzle* ZIP 2007, 613, 615; *Staufenbiel/Hoffmann* ZInsO 2008, 891, 893). Eine Nichtberücksichtigung der neuen Zahlungspflichten könnte nach Feststellung von *Staufenbiel/Hoffmann* (ZInsO 2008, 891, 893) zu dem Ergebnis führen, dass der Schuldner zwar seine zum Stichtag fälligen Verbindlichkeiten innerhalb der drei Wochen bedienen kann, nicht aber die bis dahin neu fällig werdenden Zahlungspflichten. Bei Nichtberücksichtigung würde der Schuldner in die Lage versetzt, Liquiditätslücken dauernd vor sich her zu schieben (so auch *Knolle/Tetzlaff* ZInsO 2005, 897, 900). Auch nach dem IDW Prüfungsstandard 800 „Empfehlungen zur Prüfung eingetretener oder drohender Zahlungsunfähigkeit bei Unternehmen" (ZIP 2009, 201, 202) sind im Rahmen der Prognoserechnung nicht nur die Liquiditätszuflüsse einzustellen, sondern auch die finanziellen Mittel, die während des Zeitraums abfließen werden.

44   Ist der nicht erfüllte Teil der Verbindlichkeiten **insgesamt unwesentlich,** liegt keine Zahlungsunfähigkeit vor (HaKo-*Kirchhof* § 17 Rn 20). Liegt dagegen die **Liquiditätslücke,** die innerhalb von drei Wochen nicht zu beseitigen ist, **unterhalb von zehn Prozent der fälligen Gesamtverbindlichkeit,** so ist – wie oben dargestellt wurde – Zahlungsunfähigkeit nur gegeben, wenn bereits absehbar ist, dass die **Unterdeckung in Zukunft mehr als zehn Prozent** erreichen wird. Ist nur eine **unschädliche geringfügige Liquiditätslücke** gegeben, so liegt nur dann keine Zahlungsunfähigkeit vor, wenn der Schuldner voraus-

sichtlich spätestens nach **drei bis sechs Monaten** wieder in der Lage sein wird, sämtliche dann fälligen Geldschulden zu bezahlen. Wird sich dagegen die Liquiditätslücke voraussichtlich vergrößern, weil zB weitere Verbindlichkeiten fällig werden, ist von Zahlungsunfähigkeit auszugehen. Eine **Ausnahme** gilt aber, wenn konkrete Umstände mit an Sicherheit grenzender Wahrscheinlichkeit erwarten lassen, dass die **Liquiditätslücke in überschaubarer, für die Gläubiger zumutbarer Zeit** beseitigt werden wird. Was ein überschaubarer Zeitraum ist, hat der **BGH** in seiner Entscheidung vom 24. 5. 2005 (BGHZ 163, 134 ff) offen gelassen. Für einen **Zeitraum von längstens sechs Monaten:** *Heublein* KS I 2006, 12, 16; *Fischer* ZGR 2006, 403, 408; HK-*Kirchhof* § 17 Rn 20; für **maximal drei Monate:** *Neumaier* NJW 2005, 3041, 3043; vgl auch **AG** Hamburg ZIP 2008, 520, 521).

Wird eine **Liquiditätslücke** festgestellt, die innerhalb von **drei Wochen nicht zu beseitigen** ist, so ist in einer **fünften Stufe** eine **Prognoserechnung** anzustellen. Während der **Finanzstatus** lediglich stichtagsbezogen die fälligen Verbindlichkeiten der konkret vorhandenen Liquidität gegenüberstellt, erfordert jede zeitraumbezogene Liquiditätsrechnung eine **Prognoserechnung**. Die erste **Prognoserechnung** bezieht sich auf den Dreiwochenzeitraum. Ergibt die erste Prognoserechnung, dass innerhalb von drei Wochen die Liquiditätslücke von mehr als zehn Prozent nicht geschlossen werden kann oder sich noch vergrößert, so in einer **zweiten Prognoserechnung** zu klären, ob innerhalb eines überschaubaren, für die Gläubiger **zumutbaren Zeitraums**, der grundsätzlich nicht mehr als **drei Monate**, allenfalls sechs Monate betragen sollte, die Deckungslücke beseitigt werden kann (s *Staufenbiel/Hoffmann* ZInsO 2008, 891 ff; FAS IDW Prüfungsstandard 800, ZIP 2009, 201, 202 f). Wie die Prognoserechnung aussehen muss, hat der **BGH** offen gelassen. In der Entscheidung v 24. 5. 2005 (BGHZ 163, 134 = NZI 2005, 547, 549 = ZIP 2005, 1426, 1429) wird lediglich ausgeführt, was ein Geschäftsführer bei der Prognose zu berücksichtigen hat. Nur in der Entscheidung v 19. 7. 2007 (ZIP 2007, 1666, 1669) stellt der **BGH** im Rahmen des Liquiditätsstatus auf die „monatlich zu erwartenden Zahlungen" ab. Diese aber ergeben sich ebenso wenig aus dem Status wie die Liquidität, die aus der Verwertung von Gegenständen des Anlage- und Umlaufvermögens erzielt werden (zutr der neue PS 800 des FAS IDW, ZIP 2009, 201, 203 f). Auf eine **finanzplanorientierte Prognoserechnung** kann bei der Feststellung der Zahlungsunfähigkeit als Insolvenzauslöser nicht verzichtet werden. Allerdings unterscheidet der FAS IDW im PS 800 (ZIP 2009, 201, 205 f) ebenfalls zwischen der Feststellung der **Zahlungsunfähigkeit als Insolvenzauslöser** und der „**retrograden Ermittlung der Zahlungsunfähigkeit**" im Anfechtungsprozess. Aber auch im Anfechtungsprozess wird man im Hinblick auf die Entscheidung des BGH v 24. 5. 2005 idR nicht auf eine Zeitraumbetrachtung verzichten können, wenn der Anfechtungsgegner sich darauf beruft, es habe zum Zeitpunkt der anfechtbaren Handlung keine Zahlungsunfähigkeit vorgelegen.

VII. Feststellung der Zahlungsunfähigkeit bei der GmbH & Co KG sowie bei Gesellschaften ohne Rechtspersönlichkeit

Bei Gesellschaften ohne Rechtspersönlichkeit (OHG, KO, GbR, Partenreederei, der Europäischen Wirtschaftlichen Interessengemeinschaft) sowie bei der Partnerschaftsgesellschaft stellt sich die Frage, ob die Einbeziehung der persönlichen Haftung in § 93 dazu führt, dass sich die Beurteilung und Feststellung der Zahlungsunfähigkeit nicht nur auf das insolvenzfähige Sondervermögen, sondern auch auf das Vermögen und die Zahlungsfähigkeit der persönlich haftenden Gesellschafter bezieht. Für die **GmbH & Co KG** gilt das Trennungsprinzip, so dass bei der KG und der Komplementär-GmbH das Vorliegen eines Insolvenzgrundes eigenständig zu beurteilen ist (so auch *Uhlenbruck*, Die GmbH & Co KG in Krise, Konkurs und Vergleich, S 275 ff; *K. Schmidt* GmbHR 2002, 1209 ff; N/R/*Mönning* § 17 Rn 26; *K. Schmidt/Uhlenbruck*, Die GmbH in der Krise, Rn 5.94). Obgleich vor allem bei der Gesellschaft bürgerlichen Rechts oder bei der OHG gute Gründe für die Einbeziehung der Gesellschafterhaftung in die Liquiditätsprüfung sprechen, ist letztlich auch für das neue Recht von dem Grundsatz auszugehen „**eine Person, ein Vermögen, ein Insolvenzgrund, ein Insolvenzverfahren**". Soweit es sich um Sondervermögen handelt, ist auch für jedes Sondervermögen der Insolvenzgrund gesondert festzustellen. Die **Komplementär-GmbH** erhält eine Freistellung von den Gesellschaftsverbindlichkeiten gem § 110 HGB (*K. Schmidt* GmbHR 2002, 1209, 1211; *Scholz/K. Schmidt* 9. Aufl vor § 64 GmbHG Rn 97). Der **Freistellungsanspruch** verschafft zwar der GmbH noch keine Liquidität, jedoch führt der Zugriff des GmbH-Geschäftsführers auf das Gesellschaftsvermögen der KG dazu, dass deren Liquidität so gut wie die eigene Liquidität der GmbH ist (*K. Schmidt* GmbHR 2002, 1209, 1211). Wegen der gesetzlichen Regelung in § 93 löst die **Zahlungsunfähigkeit der GmbH & Co KG** spätestens mit der Eröffnung des Insolvenzverfahrens wegen des Haftungsdurchgriffs meist auch die **Zahlungsunfähigkeit der Komplementär-GmbH** aus (*K. Schmidt/Uhlenbruck*, Die GmbH in Krise, Rn 9.94). Bei der **Feststellung der Zahlungsunfähigkeit der GmbH & Co KG** ist zunächst zu prüfen, ob der Insolvenzgrund der Zahlungsunfähigkeit bei beiden Gesellschaften gegeben ist. Die Komplementär-GmbH ist nur zahlungsunfähig, soweit sie ihre **eigenen Verbindlichkeiten** im Wesentlichen, dh **zu mehr als zehn Prozent** nicht zu erfüllen vermag. Haftungstatbestände auf Grund der Komplementärstellung haben dabei zunächst unberücksichtigt zu bleiben. Liegt bei der KG **Überschuldung** (§ 19) vor, so ist der die Überschuldung ausmachende Teil der KG-Verbindlichkeiten gem §§ 161 Abs 2, 128 HGB auch im Liquiditätsstatus der Komplementär-GmbH zu berücksichtigen. Besteht begründete Aussicht, dass die Komplementärhaftung durch einen bestätigten Insolvenzplan der KG gem § 227 beseitigt oder eingeschränkt wird, wird man wegen **mangelnder Fälligkeit** der aus der Unterdeckung der KG-Verbindlichkeiten resultierenden Ansprüche den Geschäftsführer als berechtigt ansehen dürfen, zunächst eine Zahlungsunfähigkeit zu verneinen. Selbst wenn man mit *K. Schmidt* (GmbHR 2003, 1404 ff; vgl auch *Gundlach/Frenzel/Schmidt* DStR 2004, 1658 ff) eine **konsolidierte Abwicklung** der beiden Gesellschaften bejaht, ändert dies nichts daran, dass die Insolvenzgründe für beide Gesellschaften getrennt festgestellt werden müssen.

§ 18 Drohende Zahlungsunfähigkeit

(1) Beantragt der Schuldner die Eröffnung des Insolvenzverfahrens, so ist auch die drohende Zahlungsunfähigkeit Eröffnungsgrund.

(2) Der Schuldner droht zahlungsunfähig zu werden, wenn er voraussichtlich nicht in der Lage sein wird, die bestehenden Zahlungspflichten im Zeitpunkt der Fälligkeit zu erfüllen.

(3) Wird bei einer juristischen Person oder einer Gesellschaft ohne Rechtspersönlichkeit der Antrag nicht von allen Mitgliedern des Vertretungsorgans, allen persönlich haftenden Gesellschaftern oder allen Abwicklern gestellt, so ist Absatz 1 nur anzuwenden, wenn der oder die Antragsteller zur Vertretung der juristischen Person oder der Gesellschaft berechtigt sind.

Übersicht

	Rn
I. Allgemeines	1
II. Beschränkung auf den Eigenantrag (Abs 1)	2
III. Begriff der drohenden Zahlungsunfähigkeit (Abs 2)	3
1. Gesetzliche Definition	3
2. Die bestehenden Zahlungspflichten	6
3. Künftige Fälligkeit	10
4. Das Merkmal der „Voraussichtlichkeit"	11
a) Der Finanzplan (Liquiditätsplan)	12
b) Die Planbilanz	16
c) Die Plan-Gewinn- und Verlustrechnung (Ergebnisplan)	17
5. Der Prognosezeitraum	18
IV. Nachweis der drohenden Zahlungsunfähigkeit	20
V. Die Antragsberechtigung bei juristischen Personen und Gesellschaften ohne Rechtspersönlichkeit (Abs 3)	21
VI. Haftungsrisiken	27
VII. Strafrechtliche Folgen	28

I. Allgemeines

1 Der Gesetzgeber der InsO hat es als wünschenswert angesehen, dass insolvente Schuldner möglichst früh in ein Insolvenzverfahren gelangen. Von einer frühzeitigen Verfahrenseröffnung könnte eine wesentliche Verbesserung der Sanierungschancen erwartet werden (s *A. Möser,* Die drohende Zahlungsunfähigkeit als neuer Insolvenzgrund, 2006). Aber auch, wenn das Vermögen des Schuldners liquidiert werden müsse, lassen sich nach Auffassung des Gesetzgebers bessere Verfahrensergebnisse erzielen. Noch bedeutsamer als die rechtzeitige Verfahrenseröffnung erscheine es, dem Schuldner, bei juristischen Personen seinen Organen, Anreize dafür zu bieten, frühzeitig den Insolvenzantrag zu stellen (Allg Begr RegE, abgedr bei *Balz/Landfermann* Die neuen Insolvenzgesetze, 2. Aufl 1999 S 148). Der Insolvenzgrund der drohenden Zahlungsunfähigkeit darf Wege aus der Unternehmenskrise nicht verbauen. Er muss vielmehr den Organen bzw den Gesellschaftern des schuldnerischen Unternehmens ökonomische Anreize für eine frühzeitige Nutzung des Sanierungsinstrumentariums „Insolvenzverfahren" bieten. **Anreiz für die frühzeitige Eröffnung des Insolvenzverfahrens** ist der fakultative Eigenantrag, bei dem die Sanierungsbemühungen nicht durch einen Drittantrag oder eine gesetzliche Antragspflicht gestört werden sollen. Trotz dieser gesetzlichen Vorgaben hat der Insolvenzgrund der drohenden Zahlungsunfähigkeit in der Praxis nicht die erhoffte Akzeptanz gefunden (s *Uhlenbruck* FS Drukarczyk 2003 S 441 ff; *Jaeger/Müller* § 18 Rn 123; *K. Schmidt/Uhlenbruck* Die GmbH in Krise, 4. Aufl 2009 Rn 5.41). Die Gründe für die fehlende Akzeptanz sind vielfältig. Nicht selten wird im Rahmen des eröffneten Verfahrens festgestellt, dass bereits bei Antragstellung Zahlungsunfähigkeit (§ 17) oder Überschuldung (§ 19) vorgelegen hat. Hinter nicht wenigen der nach § 18 gestellten Insolvenzanträge verbergen sich vor allem bei kleinen Gesellschaften **verdeckte Überschuldungssituationen** (MüKo-*Drukarczyk* § 18 Rn 61; *Gottwald/Uhlenbruck* InsR Hdb § 6 Rn 10; *K. Schmidt/Uhlenbruck* Die GmbH in Krise Rn 5.41). Nicht selten wird der Antrag auf **Eigenverwaltung** (§§ 270 ff) vom Insolvenzgericht abgelehnt und bereits im Eröffnungsverfahren ein sog „starker" vorläufiger Insolvenzverwalter bestellt. Weiterhin bestehen erhebliche **Haftungsrisiken** für die organschaftlichen Vertreter einer antragspflichtigen Gesellschaft, die nicht nur die Antragstellung, sondern auch ein Sanierungskonzept mit den Gesellschaftern abzustimmen haben (s *Tetzlaff* ZInsO 2008, 137 ff;

III. Begriff der drohenden Zahlungsunfähigkeit (Abs 2) § 18

Baumbach/Hueck § 64 GmbHG Rn 89; K/P/B/*Noack* Gesellschaftsrecht 1999 Rn 332; *Henssler* ZInsO 1999, 121; *Wortberg* ZInsO 2004, 707; HaKo-*Schröder* § 18 Rn 14; *Ehlers* ZInsO 2005, 169). Schließlich muss der organschaftliche Vertreter damit rechnen, dass er in einem eröffneten Verfahren durch Kündigung des Insolvenzverwalters (§ 113) zwar nicht seine organschaftliche Position, wohl aber seine Anstellung und damit seinen Vergütungsanspruch verliert. Es sind letztlich aber nicht allein die Haftungsgefahren, die den Insolvenzgrund der Zahlungsunfähigkeit zu einem Risiko werden lassen, sondern auch die Entscheidungen der Gerichte und der Gläubigerversammlungen. Solange das deutsche Insolvenzrecht den Gläubigerinteressen absoluten Vorrang gegenüber dem Interesse des sanierungsfähigen Schuldners einräumt, dürfte nicht damit zu rechnen sein, dass der Insolvenzgrund des § 18 in der Wirtschaft und in der Beratungspraxis die erforderliche Akzeptanz findet.

II. Beschränkung auf den Eigenantrag (Abs 1)

Der Antrag wegen drohender Zahlungsunfähigkeit ist **fakultativ** und kann nur als **Eigenantrag** gestellt werden (*Altmeppen* ZIP 1997, 1173, 1174; *Uhlenbruck* WiB 1996, 409, 410). Ein auf § 18 gestützter Fremdantrag wäre unzulässig. Durch die Beschränkung soll der Schuldner vor Erpressungssituationen geschützt werden, und es soll die bestehende Aussicht auf eine nachhaltige Sanierung nicht gefährdet werden. Der **Eigenantrag wegen drohender Zahlungsunfähigkeit** empfiehlt sich vor allem, wenn ein aussichtsreicher **außergerichtlicher Vergleich** an der fehlenden Zustimmung einzelner Gläubiger gescheitert ist. Die Möglichkeit des § 245 (Obstruktionsverbot) ermöglicht es uU, einen opponierenden Gläubiger oder eine Gläubigergruppe im Wege der fingierten Zustimmung in das Sanierungskonzept einzubinden. Allerdings hindert ein Antrag nach § 18 nicht einen Gläubigerantrag. Ein Gläubiger ist nicht gehindert, gegen den Schuldner bei drohender Zahlungsunfähigkeit einen **Insolvenzantrag wegen Überschuldung** zu stellen (*K. Schmidt/Uhlenbruck* Die GmbH in Krise Rn 5.42). Die **Beschränkung auf den Eigenantrag** hat den Vorteil, dass der Unternehmer eigene Vorstellungen zur Überwindung der Unternehmenskrise entwickeln und den Gläubigern zur Abstimmung präsentieren kann. Vor allem der „prepackaged plan" und die „Restschuldbefreiung" nach § 227 lassen die rechtzeitige Verfahrenseinleitung als attraktiv erscheinen. Aufgabe der Gerichte wird es sein, bei freiwilliger Auslösung eines Insolvenzverfahrens durch den Schuldner bei drohender Zahlungsunfähigkeit **Missbräuchen vorzubeugen**, wenn die Gefahr besteht, dass ein Schuldnerunternehmen das gerichtliche Insolvenzverfahren nur dazu benutzt, von lästigen Verträgen loszukommen (§ 103), Sozialplanbelastungen kalkulierbar zu machen (§ 123) und kürzere Kündigungsfristen für Arbeitnehmer zu erreichen (§ 113). Vgl auch BGH NZI 2003, 147; *Warrikoff* KTS 1996, 489, 494; KS-*Drukarczyk/Schüler*, 1. Aufl 1997, S 72 ff Rn 42 ff, Rn 51–55; 2. Aufl Rn 35 ff; *Burger* BB 1992, 2149 ff; *Burger/Buchhart* WPg 1999, 155 ff; *Burger/Schellberg* BB 1995, 262 ff; *Uhlenbruck*, Das neue Insolvenzrecht S 76; *ders* ZfBF 1982, 531 ff; *ders* KTS 1994, 169, 171; *ders* GmbHR 1995, 81, 86; *Hess/Weis* InVo 1996, 253, 254; *v. Onciul*, Die rechtzeitige Auslösung des Insolvenzverfahrens, 2000. *Pape/Uhlenbruck* InsolvenzR Rn 302; *Ehlers* ZInsO 2005, 169 ff; *Maus* Sanierungsberatung in: *Römermann* Steuerberater Hdb Neue Beratungsfelder 2005, S 707, 726 f Rn 43 ff.

III. Begriff der drohenden Zahlungsunfähigkeit (Abs 2)

1. Gesetzliche Definition. Nach der gesetzlichen Definition der drohenden Zahlungsunfähigkeit in § 18 Abs 2 kommt es darauf an, dass der Schuldner bzw das Schuldnerunternehmen voraussichtlich nicht in der Lage sein wird, die bestehenden Zahlungspflichten im Zeitpunkt der Fälligkeit zu erfüllen. Der Unterschied zur eingetretenen Zahlungsunfähigkeit (§ 17 Abs 2 S 1) besteht darin, dass nicht nur auf die gegenwärtig **fälligen Zahlungspflichten**, sondern auch auf **künftig fällig werdende Zahlungspflichten** abgestellt wird. Richtig ist, dass der Gesetzgeber mit dieser Definition von einer **Zeitraumilliquidität** ausgeht, die eine **Prognose** erfordert. Es ist zweifelhaft, ob die Legaldefinition in § 18 Abs 2 sowohl für die Verfahrensauslösung als auch zur Bewältigung strafrechtlicher Probleme nach den §§ 283, 293d StGB wirklich hilfreich ist. Zudem besteht ein erheblicher Widerspruch zwischen dem Gesetzestext, der auf die **bestehenden Verbindlichkeiten** abstellt, und der Gesetzesbegründung (vgl *Temme* S 55; *Uhlenbruck* wistra 1996, 1, 4; *Braun/Uhlenbruck*, Unternehmensinsolvenz, S 285 f; *Bork*, Einf Rn 89; *Reck* ZInsO 1999, 195, 197). Nach der Begr RegE (abgedr bei *Uhlenbruck*, Das neue Insolvenzrecht S 317, 318) wird ausdrücklich darauf hingewiesen, dass ebenso wie bei der eingetretenen Zahlungsunfähigkeit eine **vorübergehende Zahlungsstockung** außer Betracht zu bleiben hat, ebenso wie eine ganz **geringfügige Liquiditätslücke**. Offen geblieben ist die Frage, wie das Merkmal „voraussichtlich" und damit der **Prognosezeitraum** zu bestimmen sind. Dem Gesetzgeber ging es mit der Einführung des neuen Insolvenzgrundes vor allem darum, mehr Verfahren zur Eröffnung zu bringen und die Funktionsfähigkeit des Insolvenzverfahrens wieder herzustellen (N/R/*Mönning* § 18 Rn 9 ff). Dafür hat er „in Kauf genommen, dass die verfahrensrechtliche Bewältigung einer voraussichtlich eintretenden Zahlungsunfähigkeit auf dem notwendigerweise unsicheren Fundament einer prognostischen Beurteilung aufbaut" (N/R/*Mönning* § 18 Rn 6).

4   Nicht geklärt hat der Gesetzgeber, ob im Rahmen der drohenden Zahlungsunfähigkeit auch **betriebswirtschaftliche Liquiditätsbegriffe** eine Rolle spielen. So zB ist „**güterwirtschaftliche Liquidität**" die Fähigkeit des Unternehmens, durch Veräußerung von Gegenständen des Anlage- und Umlaufvermögens Geldliquidität zu beschaffen und die Schulden zu tilgen (vgl *Stützel,* Betriebliche Liquidität, Hdb d Betriebswirtschaft 1975, Sp 2515 ff; *Drukarczyk,* Finanzierung, 10. Aufl S 424 ff). Die **güterwirtschaftliche Liquidität** stellt auf die **Liquidierbarkeit von Vermögensgegenständen** ab, wobei je nach Veräußerungsfähigkeit bestimmte Liquiditätsgrade eine Rolle spielen. Wertpapiere lassen sich schneller verkaufen als Schuldscheine privater Schuldner. Von „**verliehener Liquidität**" spricht man, wenn das Unternehmen sich Geld dadurch beschaffen kann, dass es Gegenstände des Anlage- und Umlaufvermögens beleiht (*Stützel,* Hdb d Betriebswirtschaft, Sp 2515, 2519; *Drukarczyk,* Finanzierung S 39 f). Von „**antizipierter Liquidität**" (*Drukarczyk* S 41) spricht man, wenn künftige Überschüsse (Gewinne, Nettoeinzahlungen) durch Kreditinstitute beliehen werden, dh eine Bank stellt einen Kredit ohne dingliche Sicherheit zur Verfügung im Vertrauen auf die künftigen Überschüsse.

5   Da Zahlungsunfähigkeit nach hier vertretener Auffassung **Geldilliquidität** ist und sich dementsprechend auch die drohende Zahlungsunfähigkeit als **künftige Geldilliquidität** darstellt, kann es auf die Eigenschaft von Vermögensgegenständen, liquidierbar zu sein, allenfalls insoweit ankommen, als ein Erlös für die kurzfristige Verwertung von entbehrlichen Gegenständen des Anlage- und Umlaufvermögens erzielt werden kann. Auch **ungenutzte Besicherungsgrundlagen** sowie Möglichkeiten einer **Kreditaufnahme** sind zu berücksichtigen (*Jaeger/Müller* § 18 Rn 12; *Braun/Bußhardt* § 18 Rn 14; HK-*Kirchhof* § 18 Rn 10). Allerdings darf das Gericht bei Stellung eines Insolvenzantrags wegen drohender Zahlungsunfähigkeit davon ausgehen, dass das Schuldnerunternehmen alle Möglichkeiten ausgeschöpft hat, derzeit und künftig das finanzielle Gleichgewicht der Unternehmung aufrechtzuerhalten. Es ist nicht Sache des Gerichts oder eines Gutachters, zu entscheiden, welche Gegenstände des Anlage- und Umlaufvermögens eines Schuldnerunternehmens noch verwertbar, weil verzichtbar sind oder noch beliehen werden können. Es genügt, dass generell eine **Geldilliquidität** als Zahlungsunfähigkeit droht. Zum Begriff der drohenden Zahlungsunfähigkeit und Kritik vgl *Penzlin* NZG 2000, 464; *Harz* ZInsO 2001, 193, 197; Fachausschuss Sanierung und Insolvenz (FAS) des IDW zum PS 800 ZInsO 2009, 201 ff; *Gottwald/ Uhlenbruck* InsRHdb § 6 Rn 10, 11; KS-*Drukarczyk/Schüler* S 95, 97 Rn 10 ff; *Burger/Schellberg* BB 1995, 261; dies KTS 1995, 563; *Burger/Buchhart* Wpg 1999, 155. Zur drohenden Zahlungsunfähigkeit im Insolvenzstrafrecht s *Hoffmann* DB 1980, 1527; *Matzen,* Der Begriff der drohenden und eingetretenen Zahlungsunfähigkeit im Konkursstrafrecht, Diss 1993.

6   **2. Die bestehenden Zahlungspflichten.** Nach dem Gesetzeswortlaut müssen die Zahlungspflichten im Zeitpunkt der gerichtlichen Entscheidung über die Verfahrenseröffnung schon bestehen. Für einen Sachverständigen ist auf den **Prüfungsstichtag** abzustellen. Unter einer **bestehenden Zahlungsverpflichtung** ist jede Geldforderung zu verstehen, hinsichtlich derer der gesetzliche Tatbestand der Entstehung bereits verwirklicht wurde (*Temme* S 55). Auf die Fälligkeit kommt es nicht an. Nach HK-*Kirchhof* (§ 18 Rn 6) genügt nicht einmal das bloße Entstehen des zugrunde liegenden Schuldrechtsorganismus, „weil frühestens die konkrete Gefahr einer Inanspruchnahme gerade auf Zahlung die Insolvenz anzukündigen vermag". Sieht sich zB ein Schuldnerunternehmen berechtigten Ansprüchen aus einer Produkthaftung ausgesetzt und hat es hierfür bereits bilanzielle Rückstellungen gebildet, liegt eine Zahlungspflicht im insolvenzrechtlichen Sinne vor. Nach überwiegender Literaturmeinung sind **noch nicht begründete Zahlungsverpflichtungen** bei der Feststellung der drohenden Zahlungsunfähigkeit nicht zu berücksichtigen (FK-*Schmerbach* § 18 Rn 6; HK-*Kirchhof* § 18 Rn 6; N/R/*Mönning* § 18 Rn 26; *Jäger* DB 1986, 1441, 1446; *Smid* § 18 Rn 9; K/P/B/*Pape* § 18 Rn 7; **str aA** *Uhlenbruck* wistra 1996, 1, 4; *ders* in: KS 1. Aufl S 879, 884 f, Rn 11, 12; *ders* GmbHR 1995, 81, 83 ff; *ders* KTS 1994, 169, 171 f; *Braun/Uhlenbruck,* Unternehmensinsolvenz, S 285; *Temme* S 56 f; *Bittmann* wistra 1998, 321, 325 f). Nach BerlKo-*Goetsch* (§ 18 Rn 12) sind innerhalb eines determinierten Prognosezeitraums auch solche Zahlungspflichten zu berücksichtigen, die zwar **noch nicht begründet sind,** deren Entstehung **aber zu erwarten** ist, wie die Neubegründung von Lieferantenverbindlichkeiten und wiederkehrenden Verbindlichkeiten etwa zur Aufrechterhaltung eines Geschäftsbetriebes. Auch *Kirchhof* (HK-*Kirchhof* § 18 Rn 6) räumt ein, dass es nicht zu vermeiden ist, „im nötigen Finanzplan auch laufende künftige Verbindlichkeiten im üblichen Rahmen zu berücksichtigen" (vgl auch *Hess* § 18 Rn 17). Zutreffend ist in der Literatur darauf hingewiesen worden, dass die neue Definition in § 18 Abs 2 „Ungereimtheiten" aufweist und teilweise widersprüchlich ist, weil einerseits im Gesetzestext auf die „**bestehenden Zahlungspflichten**" abgestellt wird, es andererseits in der Begründung zum RegE heißt, in die Prognose, die bei der drohenden Zahlungsunfähigkeit anzustellen sei, müsse die „gesamte Entwicklung der Finanzlage des Schuldners bis zur Fälligkeit aller bestehenden Verbindlichkeiten einbezogen werden". In diesem Zusammenhang seien neben den zu erwartenden Einnahmen auch die **zukünftigen, noch nicht begründeten Zahlungspflichten** mit zu berücksichtigen (vgl *Uhlenbruck* wistra 1996, 1, 4; *ders* KTS 1994, 169, 171; *Braun/Uhlenbruck,* Unternehmensinsolvenz, S 285; zu den Kommissionsvorschlägen auch schon *Jäger* DB 1986, 1441, 1446; *Uhlenbruck,* Die GmbH & 38; Co KG in Krise, Konkurs und Vergleich, S 235).

7   In der Literatur wird zunehmend die Auffassung vertreten, dass **künftige, noch nicht begründete Zahlungspflichten** jedenfalls im Rahmen der **Liquiditätsprognose,** also in einem **Finanzplan,** Berücksichti-

III. Begriff der drohenden Zahlungsunfähigkeit (Abs 2) § 18

gung finden können (FK-*Schmerbach* § 18 Rn 7; *Jaeger/Müller* § 18 Rn 8–10; HK-*Kirchhof* § 18 Rn 11; HaKo-*Schröder* § 18 Rn 6; K/P/B/*Pape* § 18 Rn 8; *Braun/Bußhardt* § 18 Rn 10; BerlKo-*Goetsch* § 18 Rn 12). Gleichgültig, ob man zumindest vorhersehbare Ansprüche aus Produkthaftung oder Kalkulationsfehler beim Einkauf bereits bei den Zahlungspflichten oder erst im Finanzplan berücksichtigt, ändert sich das Ergebnis nicht. Vielmehr muss in die Prognose **die gesamte Entwicklung der Finanzlage des Schuldners einbezogen werden** (vgl auch MüKo-*Drukarczyk* § 18 Rn 46). So begründen zwar **drohende Verluste** als solche keine Verbindlichkeiten, doch sind den ggf schon eingegangenen Pflichten die zu erwartenden geringeren Einnahmen oder Verluste gegenüberzustellen (HK-*Kirchhof* § 18 Rn 6, 10; vgl auch *Möser* Die drohende Zahlungsunfähigkeit des Schuldners als neuer Eröffnungsgrund 2006). Hat sich ein Importeur verkalkuliert und zu teuer eingekauft, stellt der zu erwartende feststehende Verlust zwar keine begründete Zahlungsverpflichtung dar, kann jedoch im Rahmen des aufzustellenden Finanzplans bereits Berücksichtigung finden. Nach MüKo-*Drukarczyk* (§ 18 Rn 47) sind **Rückstellungen** zu bilden, die berücksichtigungsfähig sind (vgl MüKo-*Drukarczyk* § 18 Rn 11 ff). Eine **Berücksichtigung künftiger neu zu begründender Verbindlichkeiten** kommt nur in Betracht, soweit diese Verbindlichkeiten innerhalb des Prognosezeitraums fällig werden (*Jaeger/Müller* § 18 Rn 10; *K. Schmidt/Uhlenbruck* Die GmbH in Krise Rn 5.47).

Auch im Rahmen der **Prüfung der drohenden Zahlungsunfähigkeit** gelten die Grundsätze, die der 8 BGH in seinem Urteil vom 24. 5. 2005 (BGHZ 163, 134 = NZI 2005, 547 = ZInsO 2005, 807) aufgestellt hat. Es muss also voraussichtlich und nachweisbar in einem bestimmten Prognosezeitraum (vgl hierzu unten Rn 19) eine **Liquiditätslücke von mehr als 10 Prozent** entstehen. Die drohende Zahlungsunfähigkeit ist letztlich eine **Frage künftiger Liquiditätsentwicklung** (s auch *Amelung* in Kraemer/Vallender/Vogelsang Fach 2 Kap 2 Rn 40 ff; HaKo-*Schröder* § 18 Rn 15; IDW PS 800, ZIP 1999, 505).

Bestrittene Verbindlichkeiten sind ebenso wie **zweifelhafte Verbindlichkeiten** mit einem Abschlag zu 9 berücksichtigen (FK-*Schmerbach* § 18 Rn 5 a; *Jaeger/Müller* § 18 Rn 11). Volle Berücksichtigung dagegen finden Verbindlichkeiten, deren Entstehung voraussehbar ist, wie zB bei Löhnen (*Bork* Einführung Rn 89; krit *Uhlenbruck* KTS 1994, 169, 171 f; vgl auch *Burger/Schellberg* BB 1995, 261, 264 f). Letztlich ist der Argumentation zu folgen, dass die **zukünftigen, noch nicht begründeten Zahlungspflichten** erst im Rahmen der **Prognose** bedeutsam werden, vgl FK-*Schmerbach* § 18 Rn 7; *Burger/Schellberg* BB 1995, 261, 264; *Bittmann* wistra 1998, 321, 326). Die drohende Zahlungsunfähigkeit ist letztlich eine Frage **künftiger Liquiditätsentwicklung** (zutreffend K/P/B/*Pape* § 18 Rn 6; vgl auch KS-*Drukarczyk/Schüler* S 109 Rn 38; *Burger/Schellberg* BB 1995, 261, 264; N/R/*Mönning* § 18 Rn 28).

3. Künftige Fälligkeit. Der Schuldner droht zahlungsunfähig zu werden, wenn er voraussichtlich nicht 10 in der Lage sein wird, die bestehenden Zahlungspflichten im Zeitpunkt der Fälligkeit zu erfüllen (§ 18 Abs 2). Die Berücksichtigung bereits bestehender, aber noch nicht fälliger Zahlungspflichten, stellt auf eine **Zeitraum-Illiquidität** ab. Die Verbindlichkeiten müssen mindestens fällig werden iSv § 271 BGB. Unterliegen bestehende Forderungen einem langfristigen Stillhalteabkommen mit dem Gläubiger, entfällt idR die künftige Fälligkeit. Gleiches gilt für **Stundungen** der Gläubiger. Auch bei ungewissen Verbindlichkeiten, wie zB Rückstellungen wegen drohender Inanspruchnahme aus Produkthaftung, ist von künftiger Fälligkeit auszugehen (FK-*Schmerbach* § 18 Rn 6; **str aA** HK-*Kirchhof* § 18 Rn 7; K/P/B/*Pape* § 18 Rn 8, wonach Rückstellungen in einer Bilanz nur Anlass zur Prüfung sein können, ob eine Verbindlichkeit im Prognosezeitraum fällig zu werden droht). Bei **kreditierten Forderungen** ist davon auszugehen, dass die Fälligkeit eintritt, sobald eine Krise des Schuldners erkennbar wird. Grundsätzlich ist – nicht zuletzt im Interesse einer frühen Verfahrenseröffnung – davon auszugehen, dass bereits begründete Verbindlichkeiten **künftig fällig werden**. Soweit Forderungen zwar fällig werden, aber nicht ausgezahlt werden dürfen, sind sie bei der drohenden Zahlungsunfähigkeit nicht zu berücksichtigen. So zB **Gesellschafter-Forderungen**, wenn hierdurch das zur Erhaltung des Stammkapitals erforderliche Vermögen der GmbH angegriffen würde (§ 30 Abs 1 S 1 GmbHG). Eine Ausnahme gilt nur für die **Rückgewähr eines Gesellschafterdarlehens** und Leistungen auf Forderungen aus Rechtshandlungen, die einem Gesellschafterdarlehen wirtschaftlich entsprechen (§ 30 Abs 1 S 3 GmbHG). Gleiches gilt für **fällige Zahlungen an Gesellschafter,** soweit diese zur Zahlungsunfähigkeit der Gesellschaft führen müssten (§ 64 S 3 GmbHG). In diesen Fällen wird die Forderung zwar fällig, jedoch steht ein gesetzliches Verbot der Auszahlung entgegen.

4. Das Merkmal der „Voraussichtlichkeit". Das Merkmal „voraussichtlich" in § 18 Abs 2 ist nach 11 der Begr RegE so zu verstehen, dass der Eintritt der Zahlungsunfähigkeit wahrscheinlicher sein muss als deren Vermeidung. Die **Wahrscheinlichkeit** muss also jedenfalls **50 Prozent** überschreiten (s *Bretzke* Der Begriff der „drohenden Zahlungsunfähigkeit" im Konkursstrafrecht 1984 S 107 f u S 233 f; BerlKo-*Goetsch* § 18 Rn 14; HK-*Kirchhof* § 18 Rn 13; N/R/*Mönning* § 18 Rn 24; *Hess* § 18 Rn 18; *Groß/Amen* WPg 2002, 225 u WPg 2003, 67; *Drukarczyk/Schüler* WPg 2003, 56; *Braun/Bußhardt* § 18 Rn 5). Sobald die Illiquidität iSv Zahlungsunfähigkeit voraussehbar ist, erscheint die Befriedigung der Gläubiger derart stark gefährdet, dass die Eröffnung eines Insolvenzverfahrens gerechtfertigt ist (vgl BT-Drucks 12/2443 S 115). Die rechtzeitige Verfahrenseröffnung soll dem Schuldner bzw Schuldnerunternehmen die Möglichkeit verschaffen, durch geeignete Maßnahmen eine schon absehbare Illiquidität zu vermeiden. Diese Maßnahmen sind nicht nur Eigenmaßnahmen im leistungs- und finanzwirtschaftlichen Bereich der Unternehmung, sondern können auch durch das Gesetz in Form der Rückschlagsperre (§ 88) oder durch gerichtliche Maßnahmen, wie zB die Einstellung von Zwangsvollstreckungsmaßnahmen nach den §§ 21 Abs 2 Nr 3 InsO, 30 d Abs 3 ZVG erfolgen. Schwierigkeiten macht in der Praxis nur die Feststellung der Tatsache, dass ein Schuldner oder Schuldnerunternehmen voraussichtlich nicht in der Lage sein wird, die bestehenden Zahlungspflichten im Zeitpunkt ihrer Fälligkeit zu erfüllen. In der Literatur und Praxis sind hierzu **Prüfungsschemata** entwickelt worden, die für die Feststellung der drohenden Zahlungsunfähigkeit unverzichtbar sind.

12 a) **Der Finanzplan (Liquiditätsplan).** Nach zutreffender Feststellung von *Drukarczyk/Schüler* (KS Rn 49) erfordert die Zahlungsunfähigkeitsprognose die Aufstellung eines **Finanzplans,** einer **Plan-GuV** und einer **Planbilanz** (eingehend hierzu *Pink* bei *Hofbauer/Kupsch,* Bonner Hdb Rechnungslegung Bd 4 Fach 5 Rn 124–141, 152–158; 159–163; *Heim/Kless* DStR 1999, 387 ff; *Braun/Uhlenbruck,* Unternehmensinsolvenz, S 285 f; *Burger/Buchhard* WPg 1999, 155 ff; FK-*Schmerbach* § 18 Rn 9 ff; *Burger/Schellberg* BB 1995, 261, 264 ff; *Temme* S 65 ff; *Uhlenbruck,* Die GmbH & 38; Co KG in Krise, Konkurs und Vergleich, S 263 ff; K/P/B/*Pape* § 18 Rn 6 ff; N/R/*Mönning* § 18 Rn 25 ff; MüKo-*Drukarczyk* § 18 Rn 13 ff). Die im Rahmen der drohenden Zahlungsunfähigkeit aufzustellende **Plan-Liquiditätsrechnung** (Finanzplan) unterscheidet sich kaum von dem Finanzplan, der gem § 229 dem Insolvenzplan beizufügen ist (vgl *Pink* bei *Hofbauer/Kupsch,* Bonner Hdb Rechnungslegung Bd 4 Fach 5 Rn 159 ff). Mit dem Entwurf e. Neufassung des IDW EPS 800 zur *„Beurteilung eingetretener oder drohender Zahlungsunfähigkeit bei Unternehmen"* hat der IDW-HFA Prüfungsstandards verabschiedet (IDW Verlautbarungen zur Sanierung und Insolvenz 3. Aufl 2009). Danach ist der **Planungszeitraum** auf das laufende und das folgende Geschäftsjahr zu beschränken. Von der **Liquiditätsbilanz** unterscheidet sich der **Finanzstatus** dadurch, dass letzterer lediglich ausweist, ob die Zahlungskraft des Unternehmens in einem bestimmten Zeitraum ausreicht, um die fälligen und fällig werdenden Zahlungsverpflichtungen zu erfüllen. Der Finanzstatus enthält somit nur einen Teil der Positionen einer Liquiditätsbilanz, da es auf die Liquidierbarkeit von Vermögensgegenständen nicht ankommt (vgl auch *Arians,* Sonderbilanzen, 1984 S 176; *Fluch,* Der Status der Unternehmung S 110 ff; *Uhlenbruck,* Die GmbH & 38; Co KG in Krise, Konkurs und Vergleich, S 251 ff).

13 Der **Finanzplan** erfordert die **Gegenüberstellung von Ein- und Auszahlungen** künftiger Perioden. Er ist eine **Prognoserechnung,** die auf Planprämissen beruht (*Pink* bei *Kraemer* Fach 4 Kap 5 Rn 159; KS-*Drukarczyk/Schüler,* S 109 Rn 40 ff; N/R/*Mönning* § 18 Rn 28; FK-*Schmerbach* § 18 Rn 8 ff; K/P/B/*Pape* § 18 Rn 10). Auf den Finanzplan kann im Hinblick auf die zwingende Regelung in § 16 – anders als in den USA – nicht verzichtet werden, denn das Insolvenzgericht muss sich die notwendige Überzeugung auch vom Vorliegen dieses Insolvenzgrundes verschaffen (§ 16). Der Finanzplan muss **bestimmte Anforderungen** erfüllen. So sind zB Finanzpläne **zukunftsorientierte Rechnungen,** die für einen bestimmten Planungszeitraum Ein- und Auszahlungen gegenüberstellen (*Drukarczyk* Finanzierung 10. Aufl S 91 ff; KS-*Drukarczyk/Schüler* S 109 f Rn 41; *Pink* bei *Hofbauer/Kupsch,* Bonner Hdb Rechnungslegung Bd 4 Fach 5 Rn 159; *Perridon/Steiner,* Finanzwirtschaft der Unternehmung, 9. Aufl 1997, S 563 ff; *Vormbaum,* Finanzierung der Betriebe, 1995 S 467 ff). Für die Erstellung von Finanzplänen gilt das sogen **Bruttoprinzip,** dh die Ein- und Auszahlungen müssen für die Fälligkeitszeitpunkte einzeln ausgewiesen werden. Saldierungen von Ein- und Auszahlungen finden nicht statt (*Drukarczyk* Finanzierung S 92; *Drukarczyk/Schüler,* in: KS S 109 f Rn 41; MüKo-*Drukarczyk* § 18 Rn 16). Die im Finanzstatus ausgewiesenen Finanzpositionen sind durch Darstellung der zu erwartenden Zahlungen im Finanzplan fortzuentwickeln. Der **Finanzplan muss vollständig** sein. Sämtliche Ein- und Auszahlungen sind für den Planungszeitraum zu erfassen (*Drukarczyk* Finanzierung S 92 ff; KS-*Drukarczyk/Schüler,* S 109 f Rn 41). Der Finanzplan hat schließlich **termingenau** zu sein (*Drukarczyk* Finanzierung S 92). Ein- und Auszahlungen sind für die Zeiträume zu erfassen, in denen sie anfallen und fällig werden (KS-*Drukarczyk/Schüler,* S 109 f Rn 41). Wie bereits oben dargestellt wurde, sind neben den zu erwartenden Einnahmen auch die **zukünftigen, noch nicht begründeten Zahlungspflichten** mit einzubeziehen (BT-Drucks 12/2443, S 115; FK-*Schmerbach* § 18 Rn 10; vgl auch *Burger/Schellberg* BB 1995, 261, 264).

14 Selbst wenn man die Auffassung vertritt, es sei bei den Zahlungspflichten entsprechend dem Gesetzeswortlaut nur auf die **bestehenden Verbindlichkeiten,** dh die begründeten Zahlungsverpflichtungen abzustellen, gewinnen **künftige, noch nicht begründete Zahlungspflichten** für die Prognoseentscheidung Bedeutung (FK-*Schmerbach* § 18 Rn 7, 10; *Hess* § 18 Rn 17; *Jaeger/Müller* § 18 Rn 10; HaKo-*Schröder* § 18 Rn 6; *Braun/Bußhardt* § 18 Rn 10 ff; N/R/*Mönning* § 18 Rn 28; MüKo-*Drukarczyk* § 18 Rn 14 ff). Deshalb sind auch die **zu erwartenden Verbindlichkeiten,** also solche, die aus Dauerschuldverhältnissen entstehen, im Finanzplan zu berücksichtigen (K/P/B/*Pape* § 18 Rn 8). Zur Feststellung der künftigen Liquiditätsgefährdung ist *„ausgehend von der Stichtagsliquidität in Beurteilungseinheiten die gesamte finanzielle Entwicklung des Schuldnerunternehmens für den Planungszeitraum in einem Finanzplan darzustellen"* (so der HFA IDW EPS 800 Ziff 5). Zutreffend der Hinweis von *Drukarczyk* (Finanzierung S 93), dass insbesondere zwei Faktoren die Erstellung und Strukturierung eines Finanzplans erschweren: Die **künftigen Ein- und Auszahlungen** sind zu prognostizieren und die Zukunft ist unsicher; **künftige Auszahlungen,** die zwar wichtige Bestandteile von Finanzplänen sind, hängen ihrerseits aber von bilan-

III. Begriff der drohenden Zahlungsunfähigkeit (Abs 2) § 18

ziellen Größen ab, wie zB vom Kapitalbedarf im Umlaufvermögen, Steuerzahlungen und Ausschüttungen (Dividenden). Finanzplanungen sind deshalb „ohne bilanzielle Rechnungen für die jeweiligen Perioden des Planungszeitraums kaum durchführbar" (*Drukarczyk* Finanzierung S 96; MüKo-*Drukarczyk* § 18 Rn 13–19). Das **im Planungszeitraum vorhandene Finanzmittelpotential** setzt sich zusammen aus: Forderungen, zu erwartenden Einzahlungen aus Umsätzen, Zuflüssen aus der Liquidation verzichtbaren Betriebsvermögens, Finanzmitteln aus geplanten Kreditaufnahmen sowie Finanzmitteln aus beabsichtigten Kapitalerhöhungen, Einlagen, Nachschüssen, Verlustübernahmen und Gesellschafterzuschüssen, sofern diese mit hinreichender Wahrscheinlichkeit zu erwarten sind (MüKo-*Drukarczyk* § 18 Rn 20).

Finanzpläne müssen ehrlich sein, dh die ausgewiesene Ein- und Auszahlungsentwicklung muss nicht 15 nur für Gutachter und Gerichte nachvollziehbar sein, sondern auch den Tatsachen entsprechen. Wenn vielfach behauptet wird, Finanzpläne seien wie Kriegsberichte, in Einzelheiten exakt, im Ganzen falsch, so zeigt dies ihre **Anfälligkeit für Manipulationen**. Nicht selten werden zu erwartende Einzahlungen aus Umsatzprozessen dazu benutzt, eine bereits eingetretene Zahlungsunfähigkeit oder Überschuldung zu kaschieren (zu den Manipulationsgefahren vgl auch *Temme* S 73 f). Liegt bereits Zahlungsunfähigkeit vor, kommt eine Verfahrenseröffnung wegen drohender Zahlungsunfähigkeit nicht mehr in Betracht. Nicht dagegen kann die drohende Zahlungsunfähigkeit mit der Begründung ausgeschlossen werden, aus der Finanzplanung für den Planungszeitraum ergebe sich ein alsbaldiger Eintritt einer Zahlungsunfähigkeit. Je detaillierter ein Finanzplan gegliedert ist, umso mehr Aussagekraft besitzt er (*Uhlenbruck*, Die GmbH & 38; Co KG in Krise, Konkurs und Vergleich, S 273; *Temme* S 68). Zu **Beispielen für einen Finanzplan** vgl KS-*Drukarczyk/Schüler*, S 110 ff Rn 42; 45, 48 ff; *Drukarczyk* Finanzierung S 94 ff; MüKo-*Drukarczyk* § 18 Rn 22; *Hess* § 18 Rn 15; *Möhlmann* WPg 1998, 947, 959; *Hess* Sanierungshandbuch 4. Aufl 2009 Kap 17 Rn 226; **zur Messbarkeit der drohenden Zahlungsunfähigkeit** *Borup* wistra 1988, 88 ff; *Knief* BB 1984, 10 ff; *Kubsch* BB 1984, 159 ff; *Tiedemann* NJW 1977, 781; *Matzen* Der Begriff der drohenden und eingetretenen Zahlungsunfähigkeit im Konkursstrafrecht, 1993; *Möser* Die drohende Zahlungsunfähigkeit des Schuldners als neuer Eröffnungsgrund, 2006; *Burger/Schellberg* BB 1995, 261 ff; *Temme* S 54 ff; *Perridon/Steiner*, Finanzwirtschaft der Unternehmung, 1995; IDW PS 800, ZIP 1999, 508. Letztlich kommt es für jegliche Feststellung der drohenden Zahlungsunfähigkeit darauf an, ob im Planungszeitraum das **finanzielle Gleichgewicht** der Unternehmung bei Ausschöpfung aller Möglichkeiten der Liquiditätsbeschaffung gewahrt ist. Ist dies nicht der Fall, erfordert das Gläubigerschutzinteresse die Auslösung eines Insolvenzverfahrens.

b) Die Planbilanz. Die Planbilanz ist letztlich nichts anderes als ein Vermögensstatus (vgl *Pink* bei 16 *Hofbauer/Kupsch*, Bonner Hdb Rechnungslegung Bd 4 Fach 5 Rn 124; KS-*Drukarczyk/Schüler*, S 116 Rn 55; MüKo-*Drukarczyk* § 18 Rn 20 ff; *Schweitzer*, Bilanzplanung, in: Szyperski [Hrsg], Handwörterbuch der Planung 1989, Sp 146, 156; *W. Baur*, Sanierungen 1978, S 95 ff). Die Planbilanz enthält eine Gegenüberstellung der Aktiva und Passiva des Schuldnerunternehmens auf einen künftigen Stichtag (vgl *Brandstätter*, Die Prüfung der Sanierungsfähigkeit notleidender Unternehmen, 1993 S 306). Die Planbilanz gibt Aufschluss über die Entwicklung der Vermögenslage des Unternehmens im Verlauf der Planungsperiode. Bei **Aufstellung von Planbilanzen** ist darauf zu achten, dass bestimmte Maßnahmen, wie zB Teilstilllegungen, Massenentlassungen, Sozialpläne, bereits im Beurteilungszeitraum zu zusätzlichen Belastungen des Unternehmens führen (vgl auch *Uhlenbruck*, Sanierung und Reorganisation als drittes Insolvenzverfahren in einem künftigen Recht? KTS 1981, 513, 540; *PJ Groß*, Sanierung durch Fortführungsgesellschaften, 2. Aufl Rn 85 ff S 179 ff; *ders*, Die Prüfung der Sanierungsfähigkeit im Rahmen der Insolvenzordnung, WP-Kammer-Mitteilungen, Sonderheft Dez 1997 S 61 ff). Die Planbilanz hat speziell bei Kapitalgesellschaften die zusätzliche Aufgabe, die **Entwicklung der Verschuldung** zu prognostizieren (*Brandstätter*, Die Prüfung der Sanierungsfähigkeit, S 307). Sie dient gleichzeitig dazu, das Vorliegen einer Überschuldung auszuschließen und aufzuzeigen, ob unter Einbeziehung der stillen Reserven im Prognosezeitraum eine Überschuldung und damit eine Insolvenzantragspflicht vermieden werden kann. Wird auf Grund der Planbilanz eine Überschuldung festgestellt, wandelt sich das Insolvenzantragsrecht nach § 18 Abs 1 in eine **gesetzliche Insolvenzantragspflicht**. Einzelheiten bei *Drukarczyk/Schüler*, in: KS S 105 Rn 40 ff mit Beispiel; ferner Beispiel einer Planbilanz bei *Ehlers/Drieling*, Unternehmenssanierung nach neuem Insolvenzrecht, 1998, S 101. Zu einer Gliederung, Ansatz und Bewertung in der Planbilanz s *Pink* bei *Hofbauer/Kupsch*, Bonner Hdb Rechnungslegung Bd 4 Fach 5 Rn 128 ff; *Braun/Uhlenbruck*, Unternehmensinsolvenz, S 535 ff; K/P/B/*Otte* § 229 Rn 5 ff.

c) Die Plan-Gewinn- und Verlustrechnung (Ergebnisplan). Die Plan-Gewinn- und Verlustrechnung 17 wird vom Gesetz schon in § 229 S 2 als Anlage zum Insolvenzplan gefordert. Nach dem Gesetzeswortlaut ist ergänzend darzustellen, welche Aufwendungen und Erträge für den Zeitraum, während dessen die Gläubiger befriedigt werden sollen, zu erwarten sind und durch welche Abfolge von Einnahmen und Ausgaben die Zahlungsfähigkeit des Unternehmens während dieses Zeitraums gewährleistet werden soll (vgl *Braun/Uhlenbruck*, Unternehmensinsolvenz, S 539 ff; K/P/B/*Otte* § 229 Rn 14 ff; *Kraemer/Pink* Bd 4 Fach 5 Rn 152 ff; *Westrick* DStR 1998, 1882). Der Ergebnisplan ist nicht nur ein Instrumentarium, um die im Sanierungskonzept aufgeführten Prämissen zahlenmäßig nachvollziehen zu können; vielmehr werden in der Plan-Gewinn- und Verlustrechnung ausgewiesene Verluste belegt. Sie ist somit nichts anderes als eine **periodische, ertragsorientierte handelsrechtliche Erfolgsrechnung** (*Pink* bei *Hof-*

bauer/Kupsch, Bonner Hdb Rechnungslegung Bd 4 Fach 5 Rn 152; K/P/B/*Otte* § 229 Rn 15). Zur Umsetzung der zustandsabhängigen Planung von Gewinn- und Verlustrechnungen vgl auch *Drukarczyk/ Schüler*, in: KS S 114 ff Rn 51 ff In der Plan-GuV sind Umsatzerlöse, Material- und Personalaufwand, Abschreibungen sowie Zinsaufwand für die Planungsperiode zu ermitteln (vgl *Drukarczyk/Schüler*, in: KS S 115 Rn 52 f). Die Berechnung der cash-flows nach Soll-Kapitaldienst erfolgt stufenweise (vgl auch *Nonnenmacher* FS *Moxter* S 1317 f; *Drukarczyk/Schüler*, in: KS S 116 Rn 53). Letztlich soll die Plan-Gewinn- und Verlustrechnung den Nachweis erbringen, dass das Unternehmen unter regulären Marktbedingungen und ohne Hilfe von dritter Seite außerstande ist, längerfristig am Markt zu bestehen. Zahlungsunfähigkeit droht, sobald der Eintritt der Zahlungsunfähigkeit wahrscheinlicher ist als der Fortbestand der Zahlungsfähigkeit. Der Wortlaut der Begründung RegE zu § 18 (bei *Uhlenbruck*, Das neue Insolvenzrecht S 318) spricht dafür, dass die kumulierte Eintrittswahrscheinlichkeit der Zahlungsunfähigkeit unabhängig von der Höhe der Netto-Cash-flows ist (vgl auch *Drukarczyk/Schüler*, in: KS S 118, 119 Rn 58, 60; H/W/F Hdb 3/69 ff; N/R/*Mönning* § 18 Rn 28 ff).

18   **5. Der Prognosezeitraum.** Offen gelassen hat der Gesetzgeber die Frage, wie der Prognosezeitraum zu bemessen ist. In der Begr RegE zu § 22 (vgl *Uhlenbruck*, Das neue Insolvenzrecht S 318) heißt es hierzu, dass bei der Prognose auf die **gesamte Entwicklung der Finanzlage** des Schuldners **bis zur Fälligkeit aller bestehenden Verbindlichkeiten** abzustellen ist. Demgemäß würde die **Länge des Prognosezeitraums** grundsätzlich bestimmt durch den spätesten Fälligkeitszeitpunkt der bestehenden, aber derzeit noch nicht fälligen Zahlungspflicht (*Drukarczyk/Schüler*, in: KS Rn 43; MüKo-*Drukarczyk* § 18 Rn 44; *Jaeger/ Müller* § 18 Rn 7; HK-*Kirchhof* § 18 Rn 8; BerlKo-*Goetsch* § 18 Rn 11). Allgemein herrscht jedoch Einigkeit darüber, dass Prognosezeiträume zB von 15 und mehr Jahren wenig sinnvoll sind (*Drukarczyk/ Schüler*, in: KS S 111 Rn 43; K/P/B/*Pape* § 18 Rn 6). Je länger der Prognosezeitraum, umso ungenauer wird die Prognose (*Kressin*, Die Einleitung des Insolvenzverfahrens für Unternehmen. Ursachen, Zeitpunkt und Gründe, 1990 S 227; *Temme* S 80). Inzwischen hat sich in der **Literatur** die Auffassung durchgesetzt, dass der **Prognosezeitraum auf einen für die Praxis handhabbaren Zeitraum eingegrenzt** werden muss (FK-*Schmerbach* § 18 Rn 8 a; N/R/*Mönning* § 18 Rn 34; HK-*Kirchhof* § 18 Rn 8; *Jaeger/Müller* § 18 Rn 7; *Braun/Bußhardt* § 18 Rn 8; *Andres/Leithaus* § 18 Rn 5; *Hess* § 18 Rn 17). Das **Merkmal „voraussichtlich"** in § 18 Abs 2 mit der Folge einer **Eintrittswahrscheinlichkeit von mehr als 50 Prozent** erfordert eine Eingrenzung des Prognosezeitraums anhand von finanz- und betriebswirtschaftlicher Möglichkeiten.

19   Die **Länge des Prognosezeitraums** als Zeitraum-Illiquidität ist allerdings umstritten. Nach einer Ansicht soll er nur **wenige Monate** umfassen (N/R/*Mönning* § 18 Rn 34), nach *Bittmann* (wistra 1998, 321, 325) **ein Jahr**, nach *Gottwald/Uhlenbruck* (InsR Hdb § 6 Rn 11) **höchstens zwei Jahre**, nach IDW-Empfehlungen (ZIP 1999, 505, 506, Neufassung Ziff 5 Rn 48, 49) und HaKo-*Schröder* (§ 18 Rn 10) das **laufende und nachfolgende Geschäftsjahr**. Nach richtiger Ansicht ist eine Prognose für einen längeren Zeitraum als **ein bis zwei Jahre** kaum zuverlässig (HK-*Kirchhof* § 18 Rn 8; *Graf-Schlicker/Pöhlmann* § 18 Rn 7; K/P/B/*Pape* § 18 Rn 6, 9). *Frege/Keller/Riedel* (HRP Rn 333) plädieren für einen Zeitraum von **zwei bis drei Jahren**, FK-*Schmerbach* (§ 18 Rn 8 a) für **maximal drei Jahre**. Nach *Braun/Bußhardt* (§ 18 Rn 8) hängt die Länge des Prognosezeitraums im Einzelfall auch davon ab, ob es sich um ein Unternehmen mit kurz- oder langfristiger Produktion oder ein sogenanntes **„Saisonunternehmen"** handelt (so auch MüKo-*Drukarczyk* § 18 Rn 44). Nicht praktikabel und einer zuverlässigen Prognoserechnung nicht zugänglich ist dagegen ein Zeitraum, der durch die **Fälligkeit der spätesten Forderung** bestimmt wird (so aber N/R/*Mönning* § 18 Rn 25, wohl auch BerlKo-*Goetsch* § 18 Rn 11). Zutreffend weisen *Jaeger/Müller* (§ 18 Rn 7) darauf hin, dass sich für eine längere **Zeitspanne als zwei Jahre** Zahlungsströme kaum seriös und rechtssicher vorhersagen lassen. Nach zutreffender Feststellung von *E. Braun* (Braun/Uhlenbruck, Unternehmensinsolvenz S 448) sind Prognosen „Aussagen über voraussichtliche, in der überschaubaren Zukunft zu erwartende Entwicklungen, Tatbestände und politische oder wirtschaftliche Situationen unter Berücksichtigung der zurückliegenden bzw gegenwärtigen Entwicklungen." Damit die drohende Zahlungsunfähigkeit als Tatbestand judizierbar bleibt, ist anzunehmen, dass sich der **Planungszeitraum** auf das **laufende Geschäftsjahr** bezieht und nach Möglichkeit auch das **nächste Geschäftsjahr** mit erfasst. Mehr kann man von einer ehrlichen Finanzplanung nicht erwarten (vgl auch **BGH** ZIP 1992, 1382, 1383; *Amelung* in: Kraemer/ Vallender/Vogelsang Hdb Bd 1 Fach 2 Kap 2 Rn 41; HK-*Kirchhof* § 18 Rn 8; HaKo-*Schröder* § 18 Rn 10; K/P/B/*Pape* § 18 Rn 9; *Graf-Schlicker/Pöhlmann* § 18 Rn 7, 8; *Uhlenbruck* wistra 1996, 1, 6; *Wolf* DStR 1998, 126, 127; *Harz* ZInsO 2001, 193, 197; s auch den Überblick über den Meinungsstand bei FK-*Schmerbach* § 18 Rn 8 a–8 c).

IV. Nachweis der drohenden Zahlungsunfähigkeit

20   Der Gesetzgeber verlangt vom Schuldner nicht, dass er das Vorliegen der drohenden Zahlungsunfähigkeit mit den Mitteln des § 294 ZPO glaubhaft macht. Dies heißt aber nicht, dass der Schuldner nicht verpflichtet wäre, den **Insolvenzgrund** der drohenden Zahlungsunfähigkeit **schlüssig darzulegen** und **nachvollziehbar zu belegen** (*Vallender* MDR 1999, 280, 281; *Uhlenbruck* InVo 1999, 333 f; K/P/B/*Pape* § 18 Rn 10; *App* DGVZ 2004, 132, 133; HK-*Kirchhof* § 18 Rn 14). In der Literatur wird zwar teilweise angenommen, bei Eigenanträgen des Schuldners müssten zwar die **allgemeinen Verfahrensvoraussetzun-**

gen vorliegen, wie zB die Zuständigkeit des Gerichts, die Partei- und Prozessfähigkeit des Antragstellers sowie die Insolvenzfähigkeit des Antragsgegners (s BGH NZI 2003, 147 = ZIP 2003, 258; *Bork* ZIP 2000, 1709; *Groß/Amen* WPg 2003, 679). Im Übrigen sei aber der Antrag eines Insolvenzschuldners „grundsätzlich ohne weiteres zulässig" (*Jauernig/Berger* § 54 III 2). Dies ergebe ein Umkehrschluss aus § 14 Abs 1. Richtig ist, dass anders als im früheren Recht (§ 104 KO) die Vorlage von Unterlagen, wie zB Gläubiger- und Schuldnerverzeichnis sowie Vermögensstatus, nicht mehr zu den Antragserfordernissen gehören. Trotzdem muss der Schuldner entspr §§ 4 InsO, 253 ZPO **sämtliche Tatsachen** vortragen, die, ihre Richtigkeit unterstellt, geeignet sind, die Eröffnung eines Insolvenzverfahrens wegen drohender Zahlungsunfähigkeit zu rechtfertigen. Es ist sodann Sache des Gerichts, nach Zulassung des Antrags über §§ 20, 97, 98, 101 Abs 1 S 1, Abs 2 die Vorlage erforderlicher Unterlagen, wie zB eines **Liquiditätsstatus** und eines **Liquiditätsplans**, zu verlangen (vgl *Uhlenbruck* InVo 1999, 333, 334; K/P/B/*Pape* § 18 Rn 10; *Möhlmann* WPg 1998, 954; *Wengel* DStR 2001, 1769, 1772; BerlKo-*Goetsch* § 18 Rn 16; FK-*Schmerbach* § 18 Rn 12; s auch MüKo-*Drukarczyk* § 18 Rn 11 ff; N/R/*Mönning* § 18 Rn 44). Das Gericht ist gem § 16 verpflichtet, den Insolvenzgrund nicht zuletzt auch deswegen festzustellen, weil eine **Missbrauchsgefahr** nicht ausgeschlossen werden kann (vgl *K. Schmidt/Uhlenbruck*, Rn H 5.41 u 5.98; K/P/B/*Pape* § 18 Rn 11). Zu weitgehend erscheint die Forderung, dass der Antragsteller auch ein **Gläubiger- und Schuldnerverzeichnis** sowie eine **Vermögensaufstellung** einzureichen hat (s *Ehlers* ZInsO 2005, 169; *K. Schmidt/ ,Uhlenbruck* Die GmbH in Krise Rn 5.98). Richtig ist zwar, dass kein organschaftlicher Vertreter der Schuldner ohne triftigen Grund Insolvenzantrag stellt. Trotzdem hat der Antragsteller die drohende Zahlungsunfähigkeit **schlüssig darzulegen** und durch Vorlage geeigneter Unterlagen **nachvollziehbar zu belegen.** Es genügt, dass der Antragsteller in **substantiierter, nachvollziehbarer Form** darlegt, dass die Zahlungsunfähigkeit droht (vgl auch BGH v 12.12.2002, BGHZ 153, 205, 207 = NZI 2003, 147). Schlüssigkeit im technischen Sinne ist nach Auffassung des **BGH** nicht zu verlangen (str aA LG Potsdam DZWIR 2002, 390; *Uhlenbruck* InVo 1999, 333, 334; *Vallender* MDR 1999, 280, 281). Es genügt die Vorlage eines **Finanzplans**, aus dem sich eine **voraussichtliche Unterdeckung von mindestens 10 Prozent** ergibt (K/P/B/*Pape* § 18 Rn 10; *Beck* in Beck/Depré, Praxis der Insolvenz, § 5 Rn 87; *Uhlenbruck* GmbHR 1995, 195, 197; *K. Schmidt/Uhlenbruck* Die GmbH in Krise Rn 5.100). Dass dies, wie *P. Schlosser* (in: *D. Leipold* [Hrsg], Insolvenzrecht im Umbruch, S 9, 12 f) nachgewiesen hat, in den USA und anderen Staaten anders gehandhabt wird, rechtfertigt keine andere Beurteilung für das deutsche Insolvenzrecht.

V. Die Antragsberechtigung bei juristischen Personen und Gesellschaften ohne Rechtspersönlichkeit (Abs 3)

Nach den gesellschaftsrechtlichen Regelungen zB in den §§ 42 Abs 2 S 1 BGB, 15 a InsO obliegt die 21 gesetzliche Pflicht zur Insolvenzantragstellung jedem organschaftlichen Vertreter, und zwar unabhängig von der internen Aufgabenverteilung und der Vertretungsmacht. Bei einem **mehrköpfigen Vertretungsorgan** hat jeder Einzelne der gesetzlichen Antragspflicht nachzukommen (vgl BGH v 15.10.1996, BGHZ 133, 370, *Medicus* GmbHR 1988, 9, 12; KS-*Henssler* S 1290 Rn 18). Das MoMiG hat entsprechend der Antragspflicht in § 15 a ein entsprechendes **Antragsrecht** für juristische Personen in § 15 Abs 1 S 1 eingeräumt. Nach § 15 Abs 1 S 1 ist zum Antrag auf Eröffnung eines Insolvenzverfahrens über das Vermögen einer juristischen Person oder einer Gesellschaft ohne Rechtspersönlichkeit außer den Gläubigern **jedes Mitglied des Vertretungsorgans,** bei einer Gesellschaft ohne Rechtspersönlichkeit oder bei einer Kommanditgesellschaft auf Aktien jeder persönlich haftende Gesellschafter, sowie **jeder Abwickler** berechtigt. Im Fall der **Führungslosigkeit** ist bei einer juristischen Person auch **jeder Gesellschafter,** bei der Aktiengesellschaft oder einer Genossenschaft zudem auch **jedes Mitglied des Aufsichtsrats** zur Antragstellung berechtigt (§ 15 Abs 1 S 2). Wird der Antrag nicht von allen Mitgliedern des Vertretungsorgans, allen persönlich haftenden Gesellschaftern, allen Gesellschaftern einer juristischen Person, allen Mitgliedern des Aufsichtsrats oder allen Abwicklern gestellt, so ist er nach § 15 Abs 2 S 1 nur zulässig, wenn der **Eröffnungsgrund gem § 294 ZPO glaubhaft gemacht** wird. Bei einer Antragstellung durch Gesellschafter einer juristischen Person oder Mitglieder des Aufsichtsrats ist auch die **Führungslosigkeit glaubhaft zu machen** (§ 15 Abs 2 S 2).

Für den **Eigenantrag wegen drohender Zahlungsunfähigkeit** sieht § 18 Abs 3 eine **weitere Einschränkung** der Antragsbefugnis vor: Wird der Antrag nicht von allen Mitgliedern des Vertretungsorgans, allen persönlich haftenden Gesellschaftern oder allen Abwicklern gestellt, so ist der Antrag nur zulässig, wenn der oder die Antragsteller zur **Vertretung** der juristischen Person oder Gesellschaft berechtigt sind. Durch diese Einschränkung, die erst durch den Rechtsausschuss in das Gesetz aufgenommen worden ist, soll verhindert werden, dass Anträge wegen drohender Zahlungsunfähigkeit missbräuchlich gestellt werden und Streit innerhalb der Gesellschaft über die Frage der Antragstellung vor den Insolvenzgerichten ausgetragen wird (vgl K/P/B/*Pape* § 18 Rn 4; *Uhlenbruck* KTS 1994, 169, 172; *K. Schmidt* bei *K. Schmidt/Uhlenbruck,* Rn 575; MüKo-*Drukarczyk* § 18 Rn 50). Beim Eigenantrag juristischer Personen oder einer Gesellschaft ohne Rechtspersönlichkeit wegen drohender Zahlungsunfähigkeit gelten somit neben den Einschränkungen des § 15 und des § 18 Abs 3 (vgl auch Begr zu § 22 RegE, BT-Drucks 12/2443, S 114). Einzelne Mitglieder des Vertretungsorgans können, soweit sie nicht alleinvertretungsberechtigt sind, den Antrag nicht stellen (HK-*Kirchhof* § 18 Rn 17). 22

§ 18 Drohende Zahlungsunfähigkeit

23 Nicht geklärt ist, ob dem **faktischen Organ** einer Gesellschaft ein Antragsrecht zusteht, was letztlich aber zu verneinen ist. Gleichgültig, ob man ein Antragsrecht des faktischen Geschäftsführers nach § 15 bejaht (vgl FK-*Schmerbach* § 15 Rn 11 m w Lit), kommt es bei § 18 Abs 3 auf die **formale Vertretungsberechtigung** an, die beim faktischen Organ nicht gegeben ist. **Prokuristen** oder **Handlungsbevollmächtigte** können zwar juristische Personen und Gesellschaften ohne Rechtspersönlichkeit vertreten, sind jedoch zur Stellung eines Insolvenzantrags nicht berechtigt (*Gottwald/Uhlenbruck* InsRHdb § 11 Rn 4; *Temme* S 83).

24 Die Gesetzesformulierung in § 18 Abs 3 lässt Fragen offen. Letztlich beurteilt sich das Antragsrecht danach, ob der Antragsteller entweder allein oder zusammen mit anderen zur Vertretung berechtigt ist. Soweit **keine vertraglichen Regelungen** bestehen, entscheidet sich dies nach allgemeinem Recht (zutreffend FK-*Schmerbach* § 18 Rn 16). § 18 Abs 3 stellt auf die **Vertretungsmacht** ab. Hier ist zu unterscheiden zwischen **Einzelvertretung** und **Gesamtvertretung**. Für eine OHG, KG oder eine KG aA ist jeder persönlich haftende Gesellschafter berechtigt, den Antrag wegen drohender Zahlungsunfähigkeit zu stellen (§§ 125, 161 Abs 2 HGB, § 278 Abs 2 AktG). Bei der GbR richtet sich die Frage der Einzel- oder Gesamtvertretung nach dem Gesellschaftsvertrag (§ 714 BGB). Bei der AG, GmbH oder Genossenschaft sieht das Gesetz in den §§ 35 Abs 2 GmbHG, 78 Abs 2 AktG, 25 Abs 1 GenG grundsätzlich **Gesamtvertretung** vor. Eine Antragsberechtigung der organschaftlichen Vertreter ist deshalb nur gegeben, wenn sich aus der Satzung, dem Gesellschaftsvertrag oder dem Statut das Recht zur **Einzelvertretung** ergibt (s auch FK-*Schmerbach* § 18 Rn 16). Mehrere **Miterben** oder **Testamentsvollstrecker** (§ 2224 BGB) sind nur gemeinschaftlich vertretungsberechtigt (HK-*Kirchhof* § 18 Rn 18). Eine entsprechende Regelung findet sich in § 333 Abs 2 S 3 für das gemeinschaftlich verwaltete eheliche Gesamtgut. Nach HK-*Kirchhof* (18 Rn 18) gilt das Prinzip der Gesamtvertretung durchweg auch im **Liquidationsstadium** (§ 150 Abs 1 HGB; § 68 Abs 1 S 2 GmbHG, § 269 Abs 2 AktG, § 10 Abs 1 PartGG). Beim **eingetragenen** und **nicht eingetragenen Verein** gilt das Mehrheitsprinzip, so dass die Mehrheit der Vorstandsmitglieder zur Stellung eines Insolvenzantrags wegen drohender Zahlungsunfähigkeit berechtigt ist (*Rugullis* NZI 2007, 323, 324; FK-*Schmerbach* § 18 Rn 17).

25 Auch die **Feststellung der Antragsberechtigung** macht in der Praxis Schwierigkeiten (vgl FK-*Schmerbach* § 18 Rn 18). Das Gericht hat von Amts wegen die Vertretungsberechtigung zu prüfen und erforderlichenfalls Ermittlungen nach § 5 anzustellen. Meist ist aus dem Handelsregister ersichtlich, ob Einzelvertretung oder Gesamtvertretung besteht oder ob ein Gesellschafter von der Vertretung ausgeschlossen ist. Beim nicht eingetragenem Verein oder bei der GbR erfolgt jedoch keine Registereintragung, so dass oftmals Streitigkeiten über das Bestehen der Vertretungsbefugnis vor dem Insolvenzantrag ausgetragen werden. Der Gesetzgeber hat durch die Regelung in § 18 Abs 3 **Streitigkeiten der Vertretungsorgane bei Gesamt- und Einzelvertretung** nicht vermeiden können. Zu lösen ist das Problem der Uneinigkeit der Vertretungsorgane bei Gesamtvertretung. Ist lt Gesetz oder Gesellschaftsvertrag **Gesamtvertretung** vorgesehen, so müssen **sämtliche Gesamtvertreter** mit dem Insolvenzantrag einverstanden sein, denn nur sie können als Gesamtheit den Antrag wegen drohender Zahlungsunfähigkeit stellen (zutreffend *Temme* S 86 f). Dem steht auch nicht entgegen, dass bei Vorliegen des Insolvenzgrundes der Zahlungsunfähigkeit und/oder Überschuldung jeder Einzelne der Gesamtvertreter gem § 15 a zur Stellung eines Insolvenzantrags verpflichtet ist. Ein **Missbrauch der Vertretungsmacht** liegt nur dann vor, wenn der Missbrauch evident ist (vgl BGH GmbHR 1974, 7; BGH WM 1976, 658; *K. Schmidt*, Gesellschaftsrecht § 36 II 3 b; *ders* Handelsrecht, 5. Aufl § 16 III 4; *Roth* ZGR 1985, 265; *K. Schmidt* AcP 174 (1974) 55; *Ehlers* ZInsO 2005, 169, 170, 176; *Tetzlaff* ZInsO 2008, 137, 141, 143). Das Insolvenzgericht hat zunächst gem § 164 BGB zu prüfen, ob der organschaftliche Vertreter im Namen der Gesellschaft gehandelt hat, und sodann, ob Vertretungsmacht bestand (*K. Schmidt*, Handelsrecht § 16 II 1 b). Zweifelhaft ist, ob der Antrag wirksam wird, wenn der oder die übrigen Gesamtvertreter einen von einem einzelnen gestellten Insolvenzantrag genehmigen (bejahend N/R/*Mönning* § 18 Rn 37 unter Bezugnahme auf § 177 BGB).

26 Bei **Uneinigkeit von Vertretungsorganen mit Einzelvertretungsberechtigung** ist wie folgt zu verfahren: Hat von mehreren Vorstandsmitgliedern oder Geschäftsführern einer ohne oder gegen den Willen der oder des anderen Insolvenzantrag wegen drohender Zahlungsunfähigkeit für die Gesellschaft, den Verein oder die Genossenschaft gestellt, so sind nach hM nur der Antragsteller oder sämtliche vertretungsberechtigten organschaftlichen Vertreter zusammen berechtigt, den Antrag zurückzunehmen (**LG Dortmund** ZIP 1985, 1341; **LG Duisburg**, unveröffl Beschl v 22. 11. 1994 – 4 T 250/94 –; **LG Tübingen** KTS 1961, 158, 159, **AG Duisburg** ZIP 1995, 582; **AG Magdeburg** ZInsO 1998, 43). Etwas anderes gilt, wenn der antragstellende **organschaftliche Vertreter abberufen** wird oder sein **Amt niederlegt**. Hier ist der Nachfolger im Amt bzw ein neu bestellter Vertretungsberechtigter berechtigt, in den zeitlichen Grenzen des § 13 Abs 2 den Insolvenzantrag zurückzunehmen (BGH v 10. 7. 2008, NZI 2008, 550 = ZInsO 2008, 922). Vgl hierzu auch die Kommentierung zu § 13 Rn 124. Wegen der rechtlichen Unsicherheiten hinsichtlich einer Rücknahme durch den ebenfalls antragsberechtigten Vertreter und wegen der Unzumutbarkeit solcher Streitentscheidungen für das Insolvenzgericht ist der **verfahrensrechtliche Weg** zu beschreiten. § 18 Abs 3 ist **keine Spezialregelung**, die § 15 Abs 2 verdrängt (FK-*Schmerbach* § 18 Rn 19). Stellt ein Alleinvertretungsberechtigter oder eine Mehrheit von Mitgliedern des Vertretungsorgans einen Eröffnungsantrag wegen drohender Zahlungsunfähigkeit, so entfällt nicht etwa die **notwendige Glaubhaftmachung nach § 15 Abs 2**. Im Rahmen der nach § 15 Abs 2 S 3 erfolgenden Anhörung der übrigen Mitglieder des Vertretungsorgans, der persönlich haftenden Gesellschafter und sonstigen Antragsberechtigten kann das **Vorliegen eines Insolvenzgrundes** bestritten und die Glaubhaftmachung durch Gegenglaubhaftmachung (§ 294 ZPO) erschüttert werden. Bei Zweifeln hat das Insolvenzgericht Amtsermittlungen nach § 5 Abs 1 anzustellen, wobei gleichzeitig zu prüfen ist, ob nicht bereits **Zahlungsunfähigkeit** (§ 17) oder **Überschuldung** (§ 19) eingetreten ist.

VI. Haftungsrisiken

Der Insolvenzantrag wegen drohender Zahlungsunfähigkeit ist vor allem für organschaftliche Vertreter 27
nicht ohne Haftungsrisiko (vgl *Ehlers* ZInsO 2005, 169 ff; *K. Schmidt/ Uhlenbruck* Die GmbH in Krise Rn 5.99). Zunächst trifft den organschaftlichen Vertreter eine besondere Verpflichtung zur **wirtschaftlichen Selbstprüfung**. Wird der Antrag zu früh gestellt oder werden aussichtsreiche außergerichtliche Sanierungsmöglichkeiten außer acht gelassen, kommt eine **interne Haftung** gegenüber der Gesellschaft in Betracht. Gleiches gilt, wenn die **Zustimmung der Gesellschafter** nicht oder nicht rechtzeitig eingeholt wird. Die Geschäftsleitung einer AG sowie einer GmbH ist gesellschaftsrechtlich verpflichtet, vor Stellung eines Insolvenzantrags wegen drohender Zahlungsunfähigkeit einen entsprechenden **Beschluss der Haupt- bzw Gesellschafterversammlung** einzuholen (*Wortberg* ZInsO 2004, 707; *K. Schmidt/Uhlenbruck* Die GmbH in Krise Rn 5.99; *Götker* Der Geschäftsführer in der Insolvenz der GmbH Rn 330, 501, 502; *Tetzlaff* ZInsO 2008, 137, 139 f; *Altmeppen* in *Roth/Altmeppen* Vorb § 64 GmbH Rn 22).

VII. Strafrechtliche Folgen

Bislang nicht geklärt und heftig umstritten ist die Frage, ob der Schuldner oder der organschaftliche 28
Vertreter eines Schuldnerunternehmens wegen **Bankrottdelikts** nach den §§ 283 ff StGB bestraft werden kann, wenn die Verfahrenseröffnung wegen drohender Zahlungsunfähigkeit (§ 18) erfolgt ist, jedoch der Schuldner bzw das Schuldnerunternehmen auf Grund eines Insolvenzplans nachhaltig saniert wird. In diesen Fällen liegt die objektive Bedingung der Strafbarkeit (§ 183 Abs 6 StGB) einer Insolvenzeröffnung vor. Wegen des **strafrechtlichen Risikos** nehmen viele organschaftliche Vertreter von Schuldnerunternehmen von einem Insolvenzantrag wegen drohender Zahlungsunfähigkeit Abstand. In der Literatur wird die Auffassung vertreten, dass dann **Straffreiheit** eintritt, wenn einmal das Insolvenzverfahren auf Grund drohender Zahlungsunfähigkeit eröffnet wird, zum andern innerhalb des Verfahrens ein Insolvenzplan aufgestellt wird und dieser Insolvenzplan zu einer nachhaltigen Sanierung des Krisenunternehmens führt (so *Moosmayer* Einfluss der Insolvenzordnung 1999 auf das Insolvenzstrafrecht, 1997 S 191 ff; *Uhlenbruck* ZInsO 1998, 251; *ders* NZI 1998, 33; *Schönke/Schröder/Stree/Heine* § 283 StGB Rn 59). Nach der **Gegenmeinung** hat die **erfolgreiche Sanierung nach Eintritt der Strafbarkeitsbedingung (§ 183 Abs 6) keinen Einfluss auf die Strafbarkeit** (so zB *Tiedemann* Insolvenz-Strafrecht, vor § 283 StGB Rn 180; *Penzlin* Strafrechtliche Auswirkungen der Insolvenzordnung 2000 S 190 ff; *Bittmann* Insolvenzstrafrecht § 12 Rn 326; *Bieneck* in Müller-Gugenberger/Bieneck, Wirtschaftsstrafrecht 4. Aufl § 76 Rn 84, 96 f). Nach Auffassung von *Bittmann* (aaO § 12 Rn 327) bedeutet aber die Strafbarkeitsbedingung nicht zwingend, dass der Täter auch tatsächlich bestraft werden muss. Je nach dem Umständen des Einzelfalles könne den Besonderheiten durch eine Verwarnung mit der Strafvorschrift des § 59 StGB, durch eine Einstellung gegen Auflagen gem § 153 a StPO oder gar ohne Auflagen nach § 153 StPO Rechnung getragen werden. Umfassend zur Problematik auch *Röhm*, Zur Abhängigkeit des Insolvenzstrafrechts von der Insolvenzordnung, 2002; *ders* NZI 2002, 134. Nach Auffassung von *Röhm* ist § 283 Abs 6 StGB so umzugestalten, dass künftig die Eröffnung des Insolvenzverfahrens oder dessen Ablehnung mangels Masse in den Fällen drohender Zahlungsunfähigkeit ohne insolvenzrechtliche Relevanz bleibt (*Röhm* NZI 2002, 134, 138). Der Schuldner oder Schuldnervertreter sollte im Rahmen der Beratung notleidender Unternehmen jedenfalls auf die Problematik hingewiesen werden. Ein schuldhaftes Unterlassen dieses Hinweises kann sich im Einzelfall als haftungsrechtlich relevanter Beratungsfehler darstellen.

§ 19 Überschuldung

(1) Bei einer juristischen Person ist auch die Überschuldung Eröffnungsgrund.

(2) ¹Überschuldung liegt vor, wenn das Vermögen des Schuldners die bestehenden Verbindlichkeiten nicht mehr deckt, es sei denn, die Fortführung des Unternehmens ist nach den Umständen überwiegend wahrscheinlich. ²Forderungen auf Rückgewähr von Gesellschafterdarlehen oder aus Rechtshandlungen, die einem solchen Darlehen wirtschaftlich entsprechen, für die gemäß § 39 Abs. 2 zwischen Gläubiger und Schuldner der Nachrang im Insolvenzverfahren hinter den in § 39 Abs. 1 Nr. 1 bis 5 bezeichneten Forderungen vereinbart worden ist, sind nicht bei den Verbindlichkeiten nach Satz 1 zu berücksichtigen.

(3) ¹Ist bei einer Gesellschaft ohne Rechtspersönlichkeit kein persönlich haftender Gesellschafter eine natürliche Person, so gelten die Absätze 1 und 2 entsprechend. ²Dies gilt nicht, wenn zu den persönlich haftenden Gesellschaftern eine andere Gesellschaft gehört, bei der ein persönlich haftender Gesellschafter eine natürliche Person ist.

§ 19 Überschuldung

Fassung des Abs 2 vom 18. 10.–31. 12. 2013: Überschuldung liegt vor, wenn das Vermögen des Schuldners die bestehenden Verbindlichkeiten nicht mehr deckt, es sei denn, die Fortführung des Unternehmens ist nach den Umständen überwiegend wahrscheinlich.

Fassung des Abs 2 ab dem 1. 1. 2014: [1] Überschuldung liegt vor, wenn das Vermögen des Schuldners die bestehenden Verbindlichkeiten nicht mehr deckt. [2] Bei der Bewertung des Vermögens des Schuldners ist jedoch die Fortführung des Unternehmens zugrunde zu legen, wenn diese nach den Umständen überwiegend wahrscheinlich ist. [3] Forderungen auf Rückgewähr von Gesellschafterdarlehen oder aus Rechtshandlungen, die einem solchen Darlehen wirtschaftlich entsprechen, für die gem § 39 Abs 2 zwischen Gläubiger und Schuldner der Nachrang im Insolvenzverfahren hinter den in § 39 Abs 1 Nr 1 bis 5 bezeichneten Forderungen vereinbart worden ist, sind nicht bei den Verbindlichkeiten nach Satz 1 zu berücksichtigen.

Übersicht

	Rn
I. Allgemeines	1
II. Der gesetzliche Überschuldungsbegriff (§ 19 Abs 2)	4
1. Die rechtspolitische Bedeutung der Überschuldung	4
2. Gesetzliche Varianten des Überschuldungsbegriffs	5
3. Bilanzielle Überschuldung	10
4. Insolvenzrechtliche Überschuldung	11
a) Rechnerische Überschuldung (§ 19 Abs 2 S 1)	15
b) Rechtliche Überschuldung	21
III. Überschuldung und drohende Zahlungsunfähigkeit	23
IV. Überschuldung und Verschuldung	24
V. Überschuldung und Unterbilanz	25
VI. Überschuldung und Unterkapitalisierung	26
VII. Die Feststellung der Überschuldung	28
1. Die Überschuldungsprüfung nach dem „neuen" oder „modifizierten" zweistufigen Überschuldungsbegriff	29
a) Der Überschuldungsstatus	29
b) Die Prüfungsreihenfolge	34
2. Die zweistufige Überschuldungsprüfung nach der InsO	36
a) Prüfung der rechnerischen Überschuldung	41
b) Die Fortbestehensprognose	42
aa) Prognosemethode	43
bb) Prognosezeitraum	47
c) Die „überwiegende Wahrscheinlichkeit" der Fortführungsfähigkeit	51
d) Darlegungs- und Beweislast	54
e) Kontrolle der Fortbestehensprognose	56
VIII. Wertansätze und Bewertung der Aktiva bei positiver Fortführungsprognose	57
1. Nicht zu berücksichtigende Bilanzpositionen	61
2. Zu berücksichtigende Aktivposten im Überschuldungsstatus	62
a) Immaterielle Vermögensgegenstände und Firmenwert	64
b) Ausstehende Einlagen und sonstige Ansprüche der Gesellschaft gegen ihre Gesellschafter	69
c) Sach- und Finanzanlagen	73
d) Eigene Gesellschafts- bzw Geschäftsanteile	75
e) Vorratsvermögen	76
f) Forderungen aus Lieferungen und Leistungen	77
g) Patronatserklärungen	79
h) Aktive Rechnungsabgrenzungsposten	80
i) Aktivierung von Ansprüchen mit gleichwertigen Gegenansprüchen	81
IX. Ansatz und Bewertung der Aktiva bei negativer Fortführungsprognose	82
X. Ansatz und Bewertung der Passiva bei positiver Fortführungsprognose	89
1. Nicht zu berücksichtigende Passivposten im Überschuldungsstatus	95
a) Eigenkapital	96
b) Sonderposten mit Rücklagenanteil und Sonderabschreibungen	97
2. Zu berücksichtigende Passivposten im Überschuldungsstatus	98
a) Verbindlichkeiten	98
b) Eventualverbindlichkeiten	100
c) Antizipierte Verbindlichkeiten und Kosten	101
d) Rückstellungen	103
e) Sanierungskosten	111
f) Aufwendungs- und Annuitätendarlehen	112
g) Genussrechte	113
h) Verbindlichkeiten mit Rangrücktritt	114
i) Passive Rechnungsabgrenzungsposten	115
j) Einlage des stillen Gesellschafters	116
k) Ansprüche auf Rückgewähr kapitalersetzender Gesellschafterleistungen	117

I. Allgemeines

	Rn
l) Passivierung von Rückforderungsansprüchen gemeinschaftswidrig gewährter Beihilfen	121
m) Passivierung von Forderungen mit Sanierungsprivileg	123
XI. Ansatz und Bewertung der Passiva bei negativer Fortführungsprognose	125
XII. Dokumentation der Überschuldungsprüfung	131

I. Allgemeines

Die Überschuldung ist der sich aus dem rechtlichen Wesen des Insolvenzverfahrens ergebende klassische Insolvenzgrund. Die Überschuldung stellt auf die Vermögenswerte des Schuldners ab, die jederzeit seine Verbindlichkeiten abdecken müssen. Auf die Gewinne und eine Schuldendeckung aus dem operativen Geschäft nimmt der Tatbestand keine Rücksicht. Deshalb wurde schon früh erkannt, dass diese statische Betrachtungsweise einer Korrektur bedarf. **Zahlungsunfähigkeit** (Insolvenz des Vermögensträgers) und **Überschuldung** (Insuffizienz des Vermögens) stehen in einem gewissen Verhältnis zueinander. Die Fortführungsprognose läuft im Ergebnis auf eine Prüfung der **drohenden Zahlungsunfähigkeit** (§ 18) hinaus (s auch *M. Fischer* ZIP 2004, 1477, 1484). Der zahlungsunfähige Vermögensträger ist idR auch überschuldet. Dagegen kann ein überschuldeter Vermögensträger durchaus noch zahlungsfähig sein, weil er Kredit hat oder seine Gläubiger ihm durch Stundung der Forderungen entgegenkommen oder weil er durch Versilberung von Gegenständen des überschuldeten Vermögens die fälligen Verbindlichkeiten abzudecken vermag (vgl auch *Friedr. Weber*, 1. WiKG, Tagungsbericht II, 1973, Anl 4 S 3). Es entspricht allgemeiner Erfahrung, dass der Zustand der **Überschuldung früher eintritt** als der der Zahlungsunfähigkeit. Die Anknüpfung der Insolvenz an den Tatbestand der Überschuldung ermöglicht daher eine im Interesse der Gläubiger gelegene frühere Verfahrenseröffnung. Deshalb haben die Reformkommission ebenso wie der Gesetzgeber den InsO den Insolvenzgrund der Überschuldung beibehalten (Erster Bericht der Kommission für InsR 1985, S 111).

Immer wieder sind in der Literatur Zweifel am Sinn des Insolvenzgrundes der Überschuldung angemeldet worden (vgl *Egner/Wolff* AG 1978, 99 ff; *Fenske* AG 1997, 554 ff; *Drukarczyk* ZGR 1979, 553; *ders* ZfbF 1986, 207; *M. Fischer* ZIP 2004, 1477, 1484). Als Begründung wird angeführt, die Methode sei unaufrichtig, da sie die Bewertung der Aktiva von einer Fortführungsprognose abhängig mache und je nachdem, ob von Fortführungs- oder Zerschlagungswerten ausgegangen werde, in der bilanziellen Überschuldungsmessung genau zu dem Ergebnis gelange, das schon vor der Bewertungsprämisse zugrunde gelegen habe, nämlich entweder Nichtüberschuldung oder Überschuldung (hiergegen *K. Schmidt* AG 1978, 337 ff; *ders* Wege zum Insolvenzrecht der Unternehmen S 50 ff). Die gesetzliche Insolvenzantragspflicht bei Vorliegen einer Überschuldung ist nicht nur der Preis für die beschränkte Haftung, sondern zugleich auch hinlänglicher Grund zur Prüfung, ob bei der Gesellschaft das erforderliche Schuldendeckungspotential vorhanden ist und die Gesellschafter ihrer Finanzierungsverantwortung nachkommen. *H. P. Müller/Haas* (KS S 1800 Rn 3): „§ 19 InsO fordert eine **bilanzielle Schuldendeckungskontrolle.**" Zwar ist nach *Schlosser* (in: *D. Leipold* (Hrsg), Insolvenzrecht im Umbruch S 9, 19) das Ziel, die Unternehmensleitung zur Selbstbeobachtung anzuhalten, möglicherweise „sehr viel besser durch Schadenersatzverpflichtungen" (zB wegen Wrongful Trading) zu erreichen; andererseits darf die Zahlungsunfähigkeit als „spätes Symptom einer unerkannten Überschuldung" nicht in die Rolle des einzigen Eröffnungsgrundes für werbende Vermögen fallen (*K. Schmidt*, Gutachten z 54. DJT, D 61; *Häsemeyer* InsR Rn 7.23; *Uhlenbruck* GmbHR 1972, 173; *Drukarczyk* ZfB 1981, 235 ff).

Der Gesetzgeber hat sich bewusst dafür entschieden, dass bei **beschränkten Haftungsvermögen** der Vermögensträger auch dann zum Insolvenzantrag verpflichtet ist, wenn er (noch) nicht zahlungsunfähig ist. Dagegen hat er den Insolvenzgrund der Überschuldung für **natürliche Personen und Gesellschaften mit unbeschränkt haftenden Gesellschaftern** deswegen abgelehnt, weil diese für die Schulden grundsätzlich unbeschränkt mit ihrem gesamten Privatvermögen haften. Dieses **beschränkte Anwendungsrecht des Überschuldungstatbestandes** ist zwar oftmals kritisiert worden (*K. Schmidt* JZ 1982, 165, 171 f; *ders* ZIP 1980, 233, 237; *ders* in: KS 1997, S 915; *Biermann*, Die Überschuldung als Voraussetzung für die Konkurseröffnung, 1963, S 88 f). Die schon für das frühere Recht geltende und von der InsO übernommene Begrenzung des Anwendungsbereichs der Überschuldung beruht darauf, dass eine natürliche Person – auch als persönlich haftender Gesellschafter – infolge der Tüchtigkeit und des Einsatzes ihres Vermögens ein höheres Vertrauen bei den Gläubigern genießt als eine juristische Person oder eine kapitalistisch ausgestaltete Personengesellschaft (*Häsemeyer* InsR Rn 7.16; *Gerhardt*, Grundbegriffe Rn 245; *U. Haas*, Eröffnungsgründe: Zahlungsunfähigkeit/drohende Zahlungsunfähigkeit/Überschuldung, in: RWS-Forum 14, 1998 S 1, 13; *Jaeger/Müller* § 19 Rn 5). Nach zutreffender Ansicht von *U. Haas* überschätzt diese Auffassung aber, was persönliche und unbeschränkte Haftung tatsächlich zu leisten vermag (ähnlich *K. Schmidt* JZ 1982, 165, 172). Im Insolvenzverfahren über das Vermögen einer handelsrechtlichen Personengesellschaft wird zwar das Gesellschaftsvermögen liquidiert und die Gesellschaft geht als solche mit der Insolvenzabwicklung unter. Die Haftung der Vermögensträger wird jedoch nach § 92 in das Insolvenzverfahren über das Vermögen der Gesellschaft einbezogen, so dass den Gläubigern auch diese Haftungsvermögen zur Befriedigung ihrer Ansprüche zur Verfügung stehen. Anlass zur Kritik an der Regelung in § 19 kann somit nur insoweit bestehen, als der Gesetzgeber keine Hilfen an die Hand gibt, wie im Einzelfall die Überschuldung festzustellen ist.

II. Der gesetzliche Überschuldungsbegriff (§ 19 Abs 2)

4 1. **Die rechtspolitische Bedeutung der Überschuldung.** Kaum ein Insolvenzgrund (Insolvenzauslöser) hat in den letzten Jahrzehnten sowohl von betriebswirtschaftlicher als auch von rechtswissenschaftlicher Seite soviel Beachtung gefunden wie die Überschuldung (vgl *Braun/Uhlenbruck* Unternehmensinsolvenz S 286; *Höffner* BB 1999, 198 ff; S 252 ff; *Wolf*, Überschuldung 1998; *Drukarczyk*, ZfBF 1986, S 207 ff; KS-*Drukarczyk/Schüler* S 95, 119 Rn 63 ff; *K. Schmidt* Wege zum Insolvenzrecht der Unternehmen, S 55 ff; *ders* Aktuelle Probleme des Insolvenzrechts, 2000 S 77, 82 ff; *ders* in *K. Schmidt/ Uhlenbruck*, Die GmbH in Krise, 4. Aufl 2009, Rn 5.52; *Hüffer* FS Wiedemann 2002, S 1047 ff; *Lüer* FS Hüffer 2009; *Harz* ZInsO 2001, 193, 198 ff; *Wengel* DStR 2001, 1769 ff; *Möhlmann* DStR 1998, 1843 ff; *K. Schmidt* in *K. Schmidt/Uhlenbruck* S 317 ff Rn 577 ff). Wirtschaftsprüfer, Rechtsanwälte, Steuerberater oder vereidigte Buchprüfer sind oftmals entweder als Abschlussprüfer, Berater, gerichtliche Sachverständige, Sanierer oder als vorläufige Insolvenzverwalter mit der **Überschuldungsfeststellung** bzw **Überschuldungsmessung** befasst. Soweit das Gesetz, wie zB in den §§ 42 Abs 2, 48, 53, 86, 88, 89 Abs 2, 1489 Abs 2, 1980, 1985 BGB, § 15a InsO, eine Insolvenzrechtsantragspflicht vorsieht, gewinnt der Begriff der Überschuldung und die Feststellung der Überschuldung nicht zuletzt auch im Hinblick auf die Haftungsgefahren und die strafrechtliche Verantwortung der Antragspflichtigen erhebliche praktische Bedeutung. Nach *K. Schmidt* (in *K. Schmidt/Uhlenbruck*, Die GmbH in Krise, Rn 5.54) liegt die **praktische Hauptbedeutung des Überschuldungstatbestands** nicht in der Befugnis des Gerichts, einen Eröffnungsbeschluss nach § 27 zu erlassen, sondern in der **Selbstprüfungspflicht** der Geschäftsführer, im **Verbot der Insolvenzverschleppung** und in den **Insolvenzverschleppungssanktionen**.

5 2. **Gesetzliche Varianten des Überschuldungsbegriffs.** Der Gesetzgeber hat sich ebenso wie die **Rechtsprechung** mit dem Begriff der Überschuldung schwergetan. So hat der Rechtsausschuss zB die **BGH**-Entscheidung BGHZ 119, 201, 214 zur zweistufigen Überschuldungsprüfung abgelehnt (vgl *Balz/Landfermann*, Die neuen Insolvenzgesetze, 2. Aufl S 226), jedoch hat sich der Gesetzgeber mit der Änderung des § 19 Abs 2 durch das Finanzmarktstabilisierungsgesetz (FMStG) v 17. 10. 2008 (BGBl I S 1982) zu dieser von *Karsten Schmidt* begründeten zweistufigen Überschuldungsprüfung bekannt. § 19 hat mit Wirkung ab 1. 11. 2008 eine weitere Änderung durch das „**Gesetz zur Modernisierung des GmbH-Rechts und zur Bekämpfung von Missbräuchen**" (**MoMiG**) erfahren. Mit dieser Änderung und der Abschaffung der kapitalersetzenden Gesellschafterdarlehen durch das MoMiG ist das durch die Entscheidung des **BGH** v 8. 1. 2001 (BGHZ 146, 264, 272 ff) entstandene **Problem der erforderlichen Tiefe eines Rangrücktritts** für Gesellschafterforderungen und ihre Passivierung im Überschuldungsstatus entfallen. Nach § 19 Abs 2 Satz 2 sind im Überschuldungsstatus Forderungen auf Rückgewähr von Gesellschafterdarlehen oder aus Rechtshandlungen, die einem solchen Darlehen wirtschaftlich entsprechen, für die gem § 39 Abs 2 zwischen Gläubiger und Schuldner der Nachrang im Insolvenzverfahren hinter den in § 39 Abs 1 Nr 1–5 bezeichneten Forderungen vereinbart worden ist, nicht zu passivieren. Im Übrigen fasst § 19 Abs 1 die bisher im Gesellschaftsrecht angesiedelten Bestimmungen über die Überschuldung als Insolvenzgrund bei juristischen Personen zusammen. Weitere Regelungen sind allerdings in den §§ 320 Satz 1, 332 Abs 1 enthalten. Sonderregelungen existieren auch für die Genossenschaft (§ 98 GenG) sowie für Kreditinstitute und Bausparkassen.

6 Die durch das **FMStG eingeführte** – temporär geltende – **Fassung des § 19** hat die Ergänzung der Vorschrift des Abs 2 um Satz 2, die zeitlich nach Verabschiedung und Inkrafttreten des FMStG am 1. 11. 2008 wirksam geworden ist, übersehen. Die Außerachtlassung der zum 1. 11. 2008 erfolgten Ergänzung des § 19 Abs 2 durch Satz 2 dürfte aber nach zutr Feststellung von *Blersch* (BerlKo Vorbem zu § 19) auf einem gesetzgeberischen Versehen beruhen, das durch das FMStErgG v 7. 4. 2009 (BGBl. I 725) korrigiert worden ist (zum FMStG s *Holzer* ZIP 2008, 2108). Die durch das FMStG für eine Übergangszeit bis zum 31. 12. 2013 wegen der weltweiten Finanzmarktkrise geschaffene Änderung gilt für alle am 18. 10. 2008 anhängigen Insolvenzeröffnungsverfahren (*Eckardt/Happe* ZInsO 2008, 1098, 1099; FK-*Schmerbach* § 19 Rn 1 a).

7 Festzustellen ist, dass der Gesetzgeber mit dem **neuen Überschuldungskonzept** durch das FMStG keineswegs alle mit der Überschuldungsfestsetzung zusammenhängenden Probleme gelöst hat. Der **Prognosezeitraum** ist nicht festgelegt. Offen geblieben ist auch, ob die Fortbestehensprognose allein Aussagen über die künftige Finanzlage treffen sollte, oder ob daneben noch weitere Prognoseelemente, wie zB die Vermögens- und Erfolgslage, zu berücksichtigen sind. Während der Gesetzgeber der InsO die Fortführungsprognose lediglich als **Bewertungsproblem** gesehen hat, ist die Überschuldung nach dem FMStG weitgehend zu einer **Prüfung der drohenden Zahlungsunfähigkeit** denaturiert worden (vgl auch *Möhlmann-Mahlau/Schmitt* NZI 2009, 19 ff; *Böcker/Poertzgen* GmbHR 2008, 1289 ff; *Hirte/Knoof/ Mock* ZInsO 2008, 1217 ff; *Hölzle* ZIP 2008, 2003 ff; *Wachter* GmbHR 2008, 1296 ff).

8 Die **Neuregelung der Überschuldung durch das FMStG** hat nicht nur Zustimmung, sondern auch teilweise heftige Kritik erfahren (vgl *Hölzle* ZIP 2008, 2003 ff; *Bitter* ZInsO 2008, 1097; *Blöse*

II. Der gesetzliche Überschuldungsbegriff (§ 19 Abs 2) **§ 19**

GmbHR 2008, R 369, 370; *Möhlmann-Mahlau/Schmitt* NZI 2009, 19 ff). Zutreffend der Hinweis von *Bitter* (ZInsO 2008, 1097), dass der Gesetzgeber sich dafür entschieden habe, bei bilanzieller Überschuldung nicht allein im Hinblick auf eine positive Fortführungsprognose die Überschuldung zu verneinen. Auch habe sich kürzlich erst der II. Zivilsenat des **BGH** gegen den zweistufigen Überschuldungsbegriff entschieden (BGHZ 171, 46). Von *Möhlmann-Mahlau/Schmitt* (NZI 2009, 19, 24) wird vorgeschlagen, wegen des geringen Nutzens des Tatbestandes die Überschuldung im Gesetz ersatzlos zu streichen. *Böcker/Poertzgen* (GmbHR 2008, 1289, 1294 f) weisen auf **andere Möglichkeiten** temporärer Nichtanwendung der Insolvenzantragspflicht hin. Letztlich erstaunt die Tatsache, dass der Gesetzgeber nicht auch den **Tatbestand der Zahlungsunfähigkeit** (§ 17) bzw der drohenden Zahlungsunfähigkeit entsprechend modifiziert hat, obgleich sich die Finanzmarktkrise oftmals in Liquiditätsengpässen vieler Unternehmen niederschlägt (vgl auch *Thonfeld* NZI 2009, 15 ff). Angesichts der gesetzlichen Neuregelung des Überschuldungstatbestandes in § 19 Abs 2 steht zu befürchten, dass viele nach § 15 a antragspflichtige Unternehmen eine **einstufige Überschuldungsprüfung** in der Weise vornehmen, dass sie lediglich eine **langfristige Fortführungsprognose** erstellen und auf einen **Überschuldungsstatus** ganz verzichten (vgl auch *Rokas* ZInsO 2009, 18 ff). Nach *Karsten Schmidt* (*K. Schmidt/Uhlenbruck*, Die GmbH in Krise, 4. Aufl 2009 Rn 5.72) liegt der Unterschied der beiden Methoden der Überschuldungsprüfung bei der Frage, ob eine objektiv positive Fortführungsprognose eine bilanzielle Überschuldungsprüfung entbehrlich macht. Nach seiner Auffassung (Rn 5.76) kann zwar die **Prognoseprüfung** am Anfang stehen. Im Zweifelsfall aber werde ein **Überschuldungsstatus** aufgestellt. Dies folgt auch aus der Formulierung des § 19 Abs 2 („es sei denn"), wonach die Überschuldung nur dann zu verneinen ist, wenn ein antragspflichtiges Unternehmen voraussichtlich in der Lage ist, mittelfristig seine Verbindlichkeiten zu erfüllen. Eine lediglich **temporäre bilanzielle Unterdeckung** soll nicht zum Insolvenzantrag und zur Unternehmenszerschlagung zwingen. Richtig ist allerdings, dass damit der Überschuldungstatbestand als Insolvenzauslöser temporär ausgesetzt ist und die **Zahlungsfähigkeitsprognose** über die Insolvenzantragspflicht wegen Überschuldung entscheidet (s auch *K. Schmidt* DB 2008, 2467, 2470; *K. Schmidt/Uhlenbruck*, Die GmbH in Krise, Rn 5.121; *Bitter* ZInsO 2008, 1097; *Hölzle* ZIP 2008, 2003 ff; *Eckert/Happe* ZInsO 2008, 1098 ff; *Böcker/Poertzgen* GmbHR 2008, 1289 ff; *Möhlmann-Mahlau/Schmitt* NZI 2009, 19 ff; *Poertzgen* ZInsO 2009, 401; *Wackerbarth*, NZI 2009, 145 ff; zu den Auswirkungen des neuen Überschuldungsbegriffs auf das Insolvenzstrafrecht *Büttner*, ZInsO 2009, 841 ff).

Im Folgenden wird die Kommentierung an der bis zum 17. 10. 2008 und ab 1. 1. 2014 geltenden 9
Fassung des § 19 Abs 2 ausgerichtet, wobei der Ergänzung durch das MoMiG Rechnung getragen wird.

3. Bilanzielle Überschuldung. § 19 Abs 2 beantwortet nicht die Frage, mit welcher **Bilanzkonzeption** 10
eine Überschuldung zu messen ist. Allgemein hat sich inzwischen nur die Auffassung durchgesetzt, dass die **Handelsbilanz zur Überschuldungsmessung ungeeignet** ist (BGHZ 146, 264, 267 f; BGH ZInsO 2005, 486 f; **BGH** ZIP 2001, 242; **BGH** NJW 1994, 1477, 1479 = ZIP 1994, 701, 703; OLG Celle ZInsO 2008, 1328; *Scholz/K. Schmidt* § 63 GmbHG Rn 13, 14; BerlKo-*Goetsch* § 19 Rn 32, 33; *Winkeljohann/Lawall* Beck'scher Bilanzkomm § 269 Rn 16; *Jaeger/Müller* § 19 Rn 43; N/R/*Mönning* § 19 Rn 28; *Smid* § 19 Rn 24; *Frege/Keller/Riedel* HRP Rn 339; *Braun/Bußhardt* § 19 Rn 8, 10; FK-*Schmerbach* § 19 Rn 8; HK-*Kirchhof* § 19 Rn 17; **aA** neuerdings *Wackerbarth* NZI 2009, 145, 148 ff). Die Handelsbilanz verfolgt einen anderen Zweck als die Überschuldungsbilanz (vgl aber auch *Drukarczyk* ZGR 1979, 553, 579; MüKo-*Drukarczyk* § 19 Rn 87; *Vonnemann* BB 1991, 867 ff; *Schürer*, Der Tatbestand der Überschuldung im deutschen Insolvenzrecht, 1962, S 93). So gilt zB der für die Jahresbilanz maßgebliche **Grundsatz der Bilanzkontinuität** und das Verbot, nicht realisierte stille Reserven auszuweisen, nicht für den Überschuldungsstatus (vgl *Scholz/K. Schmidt* § 63 GmbHG Rn 14). Das Anschaffungs- und Imparitätsprinzip finden ebenfalls keine Anwendung (*Smid* § 19 Rn 24). **Nach Auffassung des BGH** (v 2. 4. 2001 – II ZR 261/99 –, NZI 2001, 300 = ZInsO 2001, 467) hat eine in der **Jahresbilanz ausgewiesene Überschuldung** bei der Prüfung der Insolvenzreife der Gesellschaft allenfalls **indizielle Bedeutung** und ist lediglich Ausgangspunkt für die weitere Ermittlung des wahren Wertes des Gesellschaftsvermögens (vgl auch BGH NJW 2001, 1136 = NZI 2001, 202; **BGH** NJW 2001, 1280 = NZI 2001, 196 = ZIP 2001, 235; **BGH** ZInsO 2007, 1349; **BGH** ZIP 2008, 267; *Spliedt* bei *Runkel* AnwHdb 2. Aufl § 1 Rn 108; *Hüttemann* FS K. Schmidt 2009, 761; weitergehend *Wackerbarth* NZI 2009, 145, 148 f). **Stille Reserven** können eine buchmäßige Überschuldung neutralisieren. Der vollständige **Verlust des Eigenkapitals** in der Handelsbilanz belegt lediglich die handelsbilanzielle Überschuldung, nicht dagegen schon die rechtliche Überschuldung. Nicht zuletzt auch deswegen, weil die stillen Reserven nicht aufgedeckt werden und selbst bei positivem Eigenkapitalausweis in der Handelsbilanz eine Überschuldung nicht ausgeschlossen werden kann, sind Handelsbilanzen für die Überschuldungsmessung ungeeignet (N/R/*Mönning* § 19 Rn 32; *Höffner* BB 1999, 198, 199 f; K/P/B/*Pape* § 19 Rn 9; *Jaeger/Müller* § 19 Rn 43; **str aA** *Vonnemann* Überschuldung Rn 72; ders BB 1991, 867, 869; Kölner Komm AktG-*Mertens* § 92 AktG Rn 31; *Götz* KTS 2003, 1, 34 ff für die Bilanzierung nach IFRS). Zur **Beweislast** bei Insolvenzverschleppung und Neugläubigerschaden s BGH v 27. 4. 2009 – II ZR 253/07, GmbHR 2009, 817 m. Anm. *Blöse*.

§ 19   Überschuldung

11   **4. Insolvenzrechtliche Überschuldung.** Bei der insolvenzrechtlichen Überschuldung unterscheidet man wegen der Mehrstufigkeit der Prüfungsreihenfolge zwischen der **rechnerischen Überschuldung** und der **rechtlichen Überschuldung.** Nur die rechtliche Überschuldung hat eine Insolvenzantragspflicht nach § 15a zur Folge. Auch die Neufassung des § 19 Abs 2 durch das Finanzmarktstabilisierungsgesetz v 17.10.2008 (BGBl I S 1982) darf nicht darüber hinweg täuschen, dass auch bis zum 31.12.2013 überschuldete Unternehmen nicht von ihrer Insolvenzantragspflicht nach § 15a freigestellt werden. Nach wie vor hat der organschaftliche Vertreter einer antragspflichtigen juristischen Person eine Überschuldungsprüfung nach den nachfolgenden Kriterien vorzunehmen. Auch nach der zeitlich begrenzten Neufassung des § 19 Abs 2 durch das FMStG ist zunächst einmal die rechnerische Überschuldung zu prüfen. Eine rechtliche Überschuldung liegt nur dann vor, wenn die Fortführung des Unternehmens nach den Umständen überwiegend wahrscheinlich ist.

12   Die **rechtliche Überschuldung** lässt sich nur durch einen **Überschuldungsstatus** (Überschuldungsbilanz) feststellen (**BGH ZIP 2001, 242; BGHZ 125, 141, 146;** MüKo-*Drukarczyk* § 19 Rn 87; *Crezelius* FS Röhricht 2005 S 787, 791; BerlKo-*Goetsch* § 19 Rn 31; KS-*Müller/Haas* Rn 5; FK-*Schmerbach* § 19 Rn 9; *Gottwald/Uhlenbruck* InsRHdb § 6 Rn 27). Auch das Finanzmarktstabilisierungsgesetz hat für antragspflichtige Gesellschaften die Notwendigkeit eines Überschuldungsstatus nicht etwa überflüssig gemacht. Der Überschuldungsstatus ist eine **Sonderbilanz**, die primär dem Zweck dient, das gesamte Schuldnervermögen und die gesamten Verbindlichkeiten des Schuldnerunternehmens zu ermitteln und durch Gegenüberstellung festzustellen, ob die Verbindlichkeiten noch durch die Aktiva gedeckt sind. Aus dem Überschuldungsstatus soll sich ergeben, welche Werte im Insolvenzfall tatsächlich zur Befriedigung der Gläubiger zur Verfügung stehen (vgl *Höffner* BB 1999, 198 ff u 252 ff). Das Gesetz sagt auch nicht, welche Aktiva und welche Passiva zu welchen Werten im Überschuldungsstatus anzusetzen sind (*Lutter* ZIP 1999, 641, 642; *Drukarczyk* Finanzierung S 530). **Überschuldung ist ein Rechtsbegriff**, der mit einem betriebswirtschaftlichen Instrumentarium unterlegt werden muss. Der Gesetzgeber hat durch die Regelung in § 19 Abs 2 S 2 zu verstehen gegeben, dass er die Fortführungsprognose in den Überschuldungsstatus einbezogen wissen will. Sie soll letztlich als „Korrekturposten" zu einer Bewertung des Aktivvermögens führen, die die **wahren Werte** ergibt (OLG Hamburg BB 1981, 1441; HaKo-*Schröder* § 19 Rn 23; HK-*Kirchhof* § 19 Rn 6; *Crezelius* FS Röhricht S 707, 792; *Roth/Altmeppen* vor § 64 GmbHG Rn 12; *Baumbach/Hueck/Schulze-Osterloh* § 64 GmbHG Rn 11 ff). Dabei ist aber nicht gesagt, ob diese wahren Werte **Einzelveräußerungswerte, Gesamtveräußerungswerte** oder **Wiederbeschaffungswerte** sind (s *M. Lutter* ZIP 1999, 641, 642).

13   Um die durch eine einseitige Bewertung eintretenden Unzulänglichkeiten zu beseitigen, hat sich der Gesetzgeber in § 19 Abs 2 für eine **kombinierte Lösung** entschieden. Das Ansatz- und das Bewertungskonzept im Überschuldungsstatus werden von dem Ergebnis der Fortführungsprognose geprägt, so dass entweder Fortführungs- oder Liquidationswerte in Ansatz gebracht werden müssen. Nicht jede **positive Fortführungsprognose** schließt eine Überschuldung aus. Auch die Fassung des § 19 Abs 2 durch das **Finanzmarktstabilisierungsgesetz (FMStG)** erfordert zumindest, dass die Fortführung des rechnerisch überschuldeten Unternehmens nach den Umständen **überwiegend wahrscheinlich** ist. Während vor dem Inkrafttreten des FMStG am 18.10.2008 und ab 1.1.2011 und voraussichtlich erst ab 1.1.2014 nicht zweifelhaft sein konnte, dass die Überlebens- oder Fortführungsprognose **allein niemals ausschlaggebend für die Überschuldungsfeststellung** sein kann, ist dies für die Geltungsdauer des FMStG zumindest zweifelhaft geworden (K/P/B/*Pape* § 19 Rn 27, 461; s auch *K. Schmidt,* ZIP 2009, 1551 ff; *Th. B. Schmidt,* ZAP 2009, Fach 14, S 595). Nicht jede **rechnerische Überschuldung** führt zu einer rechtlichen Überschuldung, die zur Stellung eines Insolvenzantrags verpflichtet. Die **gesetzliche Kombinationslösung** zwingt zu einer **zweistufigen Prüfung.** Dabei ist rechtlich unerheblich, ob **zunächst die Fortbestehensprognose** gestellt wird, die bei Prüfung der rechnerischen Überschuldung zum Ansatz von Going-concern-Werten berechtigt, oder ob – wie es die noch hM praktiziert – **zunächst die rechnerische Überschuldung** zu Liquidationswerten geprüft wird und bei Vorliegen einer solchen die Korrektur über eine positive oder negative Fortführungsprognose erfolgt (so zB BGHZ 126, 181, 199; *Fromm* ZInsO 2004, 943, 947; K/P/B/*Pape* § 19 Rn 7; Fachausschuss Recht des IDW 1/1996, Empfehlungen zur Überschuldungsprüfung bei Unternehmen, WPg 1997, 22 ff; *W. Wagner* in: Baetge, Beiträge zum neuen Insolvenzrecht, 1998, S 43, 47; *ders,* Die Messung der Überschuldung, in: IDW (Hrsg), Neuorientierung der Rechenschaftslegung 1995, S 171 ff; FK-*Schmerbach* § 19 Rn 8 ff; **zur neueren M,** die mit der Fortführungsprognose beginnt, s *Förschle/Hoffmann,* Sonderbilanzen 4. Aufl P Rn 72; *Hüffer* FS Wiedemann [2002] S 1047, 1055 ff; *Spliedt* in *Runkel* AnwHdb § 1 Rn 142; MüKo-*Drukarczyk* § 19 Rn 44 ff; *Jaeger/Müller* § 19 Rn 31; HaKo-*Schröder* § 19 Rn 10; **offen lassend** HK-*Kirchhof* § 19 Rn 16). Fällt die Fortführungsprognose positiv aus, ist das Unternehmen berechtigt, von Liquidationswerten auf Going-concern-Werte überzugehen. Ist die Fortführungsprognose negativ, wird das Unternehmen vielfach gezwungen, von Liquidationswerten auf **Zerschlagungswerte** überzugehen. Auch ein nach Going-concern-Werten erstellter Überschuldungsstatus kann eine **rechtliche Überschuldung** ergeben, die den organschaftlichen Vertreter eines antragspflichtigen Schuldnerunternehmens zum Insolvenzantrag verpflichtet.

14   Der **Stichtag für die Überschuldungsprüfung** ist unterschiedlich zu beurteilen. Für die **Verfahreneröffnung** ist der maßgebliche Zeitpunkt für den Überschuldungsstatus die Verfahrenseröffnung (HK-*Kirchhof* § 19 Rn 17; HK-*Schröder* § 19 Rn 11). Für den **Haftungsprozess wegen Insolvenzverschlep-**

II. Der gesetzliche Überschuldungsbegriff (§ 19 Abs 2) § 19

pung oder für einen **Anfechtungsprozess** ist dagegen nicht der Zeitpunkt der gerichtlichen Entscheidung nach den §§ 26, 27 maßgeblich, sondern es kommt darauf an, wann die Überschuldung eingetreten ist und zu welchem Zeitpunkt eine antragspflichtige Person Kenntnis vom Vorliegen der Überschuldung nehmen musste (s HaKo-*Schröder* § 19 Rn 11). Die **Bewertung im Überschuldungsstatus** hängt letztlich vom Ergebnis der Fortführungsprognose ab. Beginnt allerdings die Prüfung mit den Liquidationswerten, führt eine positive Fortbestehensprognose zu einer **Korrektur des Überschuldungsstatus** (s auch *Hüttemann* FS K. Schmidt 2009 S 761–764 f). Deshalb unterscheidet die hM zwischen der rechnerischen und der rechtlichen Überschuldung. Nur wenn eine **rechnerische Überschuldung** auf Grund negativer Fortführungsprognose oder trotz positiver Fortführungsprognose und Korrektur nicht beseitigt werden kann, liegt eine **rechtliche Überschuldung** vor, die nach § 15 a zum Insolvenzantrag verpflichtet.

a) Rechnerische Überschuldung (§ 19 Abs 2 S 1). Rechnerische Überschuldung liegt vor, wenn das Vermögen eines Schuldners oder Schuldnerunternehmens bei Ansatz von Liquidationswerten die bestehenden Verbindlichkeiten nicht mehr abdeckt. Der Insolvenzgrund der Überschuldung soll den Gläubigern ein bestimmtes Haftungsvermögen und damit die Befriedigung ihrer Forderungen sichern. Der rechnerischen Überschuldung können keineswegs die für die Erstellung der Jahresbilanz geltenden Bewertungsbestimmungen zugrunde gelegt werden (*Gottwald/Uhlenbruck* InsRHdb § 6 Rn 14; *H.-P. Müller/Haas* in: KS S 1799 InsO Rn 7 bis 13; FK-*Schmerbach* § 19 Rn 10). Bei der Bestimmung der rechnerischen Überschuldung kann aber auch nicht von **Zerschlagungswerten** und ebenfalls nicht von **Going-concern-Werten** ausgegangen werden. Beide Wertansätze würden zu unrichtigen Ergebnissen führen mit der Folge, dass nicht lebensfähige Unternehmen am Markt gehalten werden, andererseits lebensfähige Unternehmen vorzeitig zerschlagen werden. Deshalb sind für die rechnerische Überschuldung **Liquidationswerte** maßgeblich, das sind die Werte, die für den Fall einer zum Stichtagszeitpunkt vorzunehmenden, ohne Zwang durchgeführten Liquidation zu erzielen wären. Oder anders: Würde, falls die sofortige Liquidation des Unternehmens durch der Gesellschaft beschlossen würde und keine Gewinne mehr aus dem operativen Geschäft erzielt würden, die Liquidation des vorhandenen Aktivvermögens unter Berücksichtigung der Aus- und Absonderungsrechte ausreichen, um sämtliche Gläubiger zu befriedigen? Ist dies nicht der Fall, ist **rechnerische Überschuldung** gegeben. Die rechnerische Überschuldung kann für sich allein niemals Insolvenzauslöser sein, wenn nicht eine Vielzahl gesunder Unternehmen vorschnell in die Liquidation getrieben und Existenzgründungen praktisch unmöglich gemacht werden sollen (vgl Erster Bericht der Reformkommission S 112). Die rechnerische Überschuldung geht einen Mittelweg. Sie stellt auf den **Liquidationswert eines Unternehmens** ab (vgl auch Stellungnahme HFA IDW 2/1983, „Grundsätze zur Durchführung von Unternehmensbewertungen", WPg 1983, 468 ff). Dabei ist aber die Frage offengeblieben, wie der Liquidationswert festzustellen ist. Nach Auffassung von *Altmeppen* (ZIP 1997, 1173; *Roth/Altmeppen* vor § 64 GmbHG Rn 15) ist schon immer davon auszugehen, dass derjenige, der nach **Buchwerten** rechnerisch überschuldet ist und nicht Insolvenz anmeldet, nachprüfbar belegen muss, weshalb Werte anzusetzen sind, die über den Buchwerten oder den Zerschlagungswerten liegen. Richtigerweise wird das Schuldnervermögen bei einer Liquidation nicht mehr als Garant zur Erwirtschaftung künftiger Überschüsse angesehen, sondern überwiegend als Einzelobjekt, das den Gläubigern bei einer Versilberung zur Verfügung steht. Allerdings ist auch hier unklar und umstritten, ob der Liquidationswert des Unternehmens als **Ganzes** oder **Einzelveräußerungswerte** zugrunde zu legen sind (vgl auch *Wolf* KS I 2006, 60 ff; *Nickert/Lamberti*, Überschuldungs- und Zahlungsunfähigkeitsprüfung im Insolvenzrecht, 2007). 15

Die **Betriebswirtschaftslehre** versteht unter **Liquidationswerten** die Summe der Preise, die sich erzielen lassen, wenn die Gegenstände des Unternehmens im Rahmen der Unternehmensauflösung veräußert werden (vgl *Moxter* WPg 1980, 345, 348; *ders* Grundsätze ordnungsgemäßer Unternehmensbewertung, 1976, S 103). Schon begrifflich ist man sich nicht einig, was der Liquidationswert des Unternehmens ist. Vereinzelt werden die Fortführungswerte in ihrer Summe als Liquidationswert des Unternehmens bezeichnet (so zB *Kallmeyer* GmbHR 1999, 16). Die Werte sind insoweit unsicher, als die **Verwertungsprämisse** nicht feststeht. Nach Feststellung von *Müller/Haas* (KS S 1799, 1803 f Rn 12) ist es in jedem Einzelfall eine „offene, für die Bewertung aber relevante Frage, in welcher Weise eine Veräußerung in Betracht kommt", nämlich entweder durch gänzliche Zerschlagung (**Einzelveräußerung**), durch Veräußerung der Aktiva im Ganzen (**Gesamtveräußerung**) oder teils/teils, weil nur einzelne Unternehmensteile sich zur Ausgliederung auf eine Auffanggesellschaft bzw zur Gesamtveräußerung an einen Erwerber eignen. In den **USA** wird die Insolvenz iSv **Überschuldung** („in the bankruptcy sense") durch die Gericht anhand einer Bewertung des Nettovermögens der Gesellschaft festgestellt. Aber auch hier ist die Vorgehensweise der Gerichte zur Bewertung keineswegs einheitlich. Teilweise werden Vermögensgegenstände einzeln anhand potentieller Erlöse im Rahmen einer längerfristigen Verwertung bewertet; teilweise versuchen die Gerichte aber auch, den **Gesamtwert des Vermögens** zu ermitteln (s *Kuhner/Sabiwalsky*, Der Konzern 2006, 504 ff). Darüber hinaus spielt bei der Bewertung die **voraussichtliche Abwicklungsgeschwindigkeit** eine Rolle (*Müller/Haas* in: KS S 1804 Rn 12; *Burger/Schellberg* KTS 1995, 571). Nicht gefolgt werden kann allerdings *Müller/Haas* (in: KS S 1804 Rn 13), dass die **Abwicklungskosten** ebenfalls im Rahmen der Überschuldung zu berücksichtigen sind. Bei der Feststellung der Überschuldung haben Abwicklungskosten oder Kosten sowie Schadenersatzansprüche, die durch die 16

Verfahrenseröffnung ausgelöst werden, außer Betracht zu bleiben, weil diese hohen Kosten in den meisten Fällen zur Bejahung der Überschuldung führen müssten. **Ausnahme:** Ein Sozialplan ist bereits im Hinblick auf eine beabsichtigte Liquidation oder Teilbetriebsstilllegung zustande gekommen (vgl auch HaKo-*Schröder* § 19 Rn 39; HK-*Kirchhof* § 19 Rn 18; *Jaeger/Müller* § 19 Rn 78; FK-*Schmerbach* § 19 Rn 16; *Förschle/Weisang* in *Budde/Förschle/Winkeljohann*, Sonderbilanzen, R Rn 67). Auch sind hinsichtlich der Abwicklungskosten **keine Rückstellungen** zu bilden (str aA *Müller/Haas* in: KS S 1813 Rn 33). Der Liquidationswert hängt im Einzelfall davon ab, ob das Unternehmen oder Gegenstände als Einheit veräußert werden können (Liquidationsintensität) und innerhalb welchen Zeitraums (Liquidationsgeschwindigkeit). *Höffner* (BB 1999, 198, 199): „Der Ansatz in der Überschuldungsrechnung ist daher bereits theoretisch – abhängig von den getroffenen Annahmen – großen Schwankungen unterworfen" (*Kühn*, Insolvenzindikatoren und Unternehmenskrise, 1991 S 133 f).

17 Bislang ist es im Hinblick auf die vielfältigen Abwicklungsmöglichkeiten **nicht gelungen, generelle Richtlinien und Bewertungsgrundsätze** für die Ermittlung des Liquidationswertes aufzustellen. *Höffner* (BB 1999, 198, 199): „Genau genommen reicht die Palette der Abwickungsfiktionen vom Gesamtverkauf des Unternehmens über Teilauflösung zum Einzelverkauf der Betriebsbestandteile, bei denen unter Umständen für die einzelnen Maschinen usw der Schrottwert einzusetzen ist." Letztlich wird man auf die **allgemeinen Bewertungsgrundsätze in § 252 Abs 1 HGB** zurückgreifen müssen, was allerdings von der hM abgelehnt wird. Nach hM ist bei der rechnerischen Überschuldung das **Prinzip der Verwertbarkeit** maßgeblich (*Hess*, Sanierungshandbuch, 4. Aufl Kap 17 Rn 240). Auch in den **USA** ist die Insolvenz „in-the-bankruptcy-sense" gekennzeichnet durch den Streit, in welchem Umfang illiquides Vermögen bei der Feststellung der Insolvenz Berücksichtigung zu finden hat. Dabei spielt in den USA der **Zeitfaktor** eine nicht unwesentliche Rolle. Im Insolvenzfall der Trans World Airlines, Inc. ist das Gericht von einem Erlös ausgegangen, den die Gesellschaft durch einen Verkauf ihres Vermögens innerhalb einer Zeitspanne von 12–18 Monaten realisieren könnte (vgl *Kuhner/Sabiwalsky*, Der Konzern, 2006, 504, 518). Teilweise wird in den USA sogar die Auffassung vertreten, dass unveräußerliche Gegenstände, die dennoch einen Nutzenzufluss erwarten lassen, in die Bewertung mit einzubeziehen seien. Beim **Ansatz von Aktiva und Passiva** bestehen teilweise erhebliche Unterschiede zwischen der Handelsbilanz und dem Überschuldungsstatus. Wenn zB im Jahresabschluss nach § 248 Abs 2 HGB originär geschaffene immaterielle Vermögensgegenstände des Anlagevermögens nicht anzusetzen sind, dann ist für den Zweck des Überschuldungsstatus mit *Crezelius* (FS Röhricht S 787, 795) für die Zwecke des Überschuldungsstatus zu fragen, ob von diesem Ansatzverbot unter Berücksichtigung der Idee der InsO Ausnahmen geboten sind. Aufgrund der Verweisungen in §§ 270 Abs 2 S 2 AktG, 71 Abs 2 S 2 GmbHG gelten für die Bewertung in der **Liquidationseröffnungsbilanz** ohnehin die allgemeinen Bewertungsvorschriften der §§ 240, 252–256 HGB sowie die ergänzenden Vorschriften für Kapitalgesellschaften (§§ 279–283 HGB) entsprechend, soweit der Liquidationszweck bzw der Insolvenzzweck im Einzelfall nicht entgegensteht (*Förschle/Hoffmann*, Sonderbilanzen P 90; str aA MüKo-*Drukarczyk* § 19 Rn 87; *Hess*, Sanierungshandbuch, 4. Aufl 2009 Kap 17 Rn 240).

18 Bei der rechnerischen Überschuldung gilt der **Grundsatz der Einzelbewertung.** Etwas anderes gilt nur, wenn eine konkrete Aussicht besteht, das Unternehmen als Ganzes zu veräußern oder im Wege der übertragenden Sanierung zu liquidieren. Der Liquidationswert ist der Veräußerungserlös, dem der Vermögensgegenstand voraussichtlich bei einer Liquidation des Schuldnerunternehmens zukommt, wobei von einer Einzelveräußerung auszugehen ist (*Rowedder/Schmidt-Leithoff* § 63 GmbHG Rn 34; *Baumbach/Hueck/Schulze-Osterloh* § 64 Rn 12; HK-*Kirchhof* § 19 Rn 15, 20; *Spliedt* in *Runkel* AnwHdb § 1 Rn 109). Bei der rechnerischen Überschuldung können **Wiederbeschaffungswerte** nicht angesetzt werden, da sie zu überhöhten Wertansätzen führen (FK-*Schmerbach* § 19 Rn 10; str aA KS-*Müller/Haas* S 1799, 1807, Rn 20; *Harz* ZInsO 2001, 193, 199; *Spliedt* in *Runkel* AnwHdb § 1 Rn 113; *Rowedder/Schmidt-Leithoff* § 63 GmbHG Rn 39). Bei der **Einzelliquidation** der vorhandenen Vermögensgegenstände des Schuldners sind die maßgeblichen Wertansätze für die Einzelveräußerungserlöse ggf abzüglich noch zu erwartender Aufwendungen für die Veräußerung keineswegs frei von erheblichen Ermessensspielräumen (*Förschle/Hoffmann* in *Budde/Förschle/Winkeljohann*, Sonderbilanzen, P Rn 90). Letztlich ist abzustellen nicht auf den Veräußerungswert in einer erzwungenen kurzfristigen Verkaufsaktion wegen finanzieller Schwierigkeiten, sondern auf den Wert, den ein umsichtiger und gewissenhafter Kaufmann aus seinen Vermögensgegenständen auf einem existierenden Markt generieren kann.

19 Der **Einzelbewertungsgrundsatz** erfordert, jeden abgrenzbaren Vermögensgegenstand und jeden Schuldposten getrennt zu bewerten (§ 252 Abs 1 Nr 3 HGB). Das bedeutet nicht zuletzt wegen der Auflösung stiller Reserven letztlich eine **Neubewertung** (*Kleindiek* in *Lutter/Hommelhoff* Anh zu § 64 GmbHG Rn 30, 31). Da die **Verwertungsprämisse** bei dieser fiktiven Berechnung nicht feststeht, darf nicht etwa der Unternehmensgesamtwert in den Status eingestellt werden (vgl auch *Scherrer/Heni*, Liquidationsrechnungslegung, 2. Aufl S 115; *Förschle/Hoffmann* in *Budde/Förschle/Winkeljohann*, Sonderbilanzen, P Rn 102, 103; *Winkelmann/Geißler*, Beck'scher Bilanzkomm 6. Aufl § 252 HGB Rn 19 ff).

20 Die Bewertung erfordert eine **Abgrenzung der Einzelposten** gegeneinander. Verwertungseinheiten sind einheitlich zu bewerten. Zweifelhaft ist, ob auch ein **Firmenwert** zu bewerten ist. Die Frage ist letztlich zu bejahen (*Winkelmann/Geißler* Beck'scher Bilanzkomm § 252 HGB Rn 25; Einzelheiten unten). Maschi-

III. Überschuldung und drohende Zahlungsunfähigkeit § 19

nenpark, Vorratslager, Forderungsbestand etc sind jeweils gesondert zu bewerten (*Koller/Roth/ Morck* § 252 HGB Rn 4). Im Übrigen gilt der **Grundsatz der Vorsicht**, der in § 252 Abs 1 Nr 4 HGB zum Ausdruck gebracht ist. Innerhalb eines Bewertungsspielraums ist somit eher ein vorsichtigerer als ein zu optimistischer Wertansatz zu wählen. **Gegenstände des Anlagevermögens** sind mit dem wahren Wert einzusetzen, di zB bei Grundstücken der Verkehrswert. Wertansatz jedes einzelnen Vermögensgegenstandes oder einer Verbindlichkeit ist auf Grund einer einheitlichen Bewertungsmethode zu ermitteln, die gem § 243 Abs 1 HGB den GoB entsprechen muss (*Winkelmann/Geißler* Beck'scher Bilanzkomm § 252 HGB Rn 67). Auch greift das **Verbot der willkürlichen Bewertung** ein (vgl auch *Höffner* BB 1999, 198, 200; FK-*Schmerbach* § 19 Rn 8 ff; *Braun/Uhlenbruck* Unternehmensinsolvenz S 288 ff). Generell ist festzustellen, dass die Liquidationswerte regelmäßig unter den Fortführungswerten liegen (FK-*Schmerbach* § 19 Rn 10; *Wolf* DS I 2006, 60, M). Die maßgeblichen Liquidationswerte entsprechen regelmäßig dem Wert, der für das Wirtschaftsgut bei Einzelveräußerung am Markt zu erzielen wäre (*Lutter/Kleindiek* in *Lutter/Hommelhoff* § 64 GmbHG Rn 18; *Rowedder/Schmidt-Leithoff* § 63 GmbHG Rn 34). Die Liquidationswerte können, vor allem wenn es sich um Grundstücke handelt, erheblich über dem in der Handelsbilanz ausgewiesenen Wert liegen. Das gilt auch für abgeschriebene Gegenstände des Umlaufvermögens. Eine Prüfung der rechnerischen Überschuldung kommt nicht mehr in Betracht, wenn feststeht, dass das Unternehmen im Rahmen eines Insolvenzverfahrens liquidiert werden muss. Solchenfalls sind **Zerschlagungswerte** anzusetzen und die durch die Verfahrenseröffnung ausgelösten Verbindlichkeiten und Kosten in die rechnerische Überschuldung einzubeziehen.

b) **Rechtliche Überschuldung**. Nach § 19 Abs 2 ist die Überschuldung ein **Doppeltatbestand**. Er besteht aus der **rechnerischen Überschuldung** und der **Fortbestehensprognose**. Die Fortführungsprognose dient als Korrekturposten für die rechnerische Überschuldung. Die **positive Fortführungsprognose** erlaubt es, im Rahmen der rechnerischen Überschuldung von Liquidationswerten auf **going-concern-Werte** überzugehen. In den meisten Fällen ist dann das Vorliegen einer rechtlichen Überschuldung zu verneinen. Bei **negativer Fortführungsprognose** ist dagegen im Rahmen der rechnerischen Überschuldung uU von Liquidationswerten auf **Zerschlagungswerte** überzugehen. Von diesem Konzept weicht das **Finanzmarktstabilisierungsgesetz** insoweit ab, als nach der bis zum 31. 12. 2013 geltenden Fassung des § 19 Abs 2 eine rechtliche Überschuldung schon dann entfällt, wenn die Fortführung des Unternehmens nach den Umständen überwiegend wahrscheinlich ist. Das FMStG hat vor allem für die Insolvenzantragspflicht nach § 15 a jedoch nicht darauf verzichtet, dass ein Überschuldungsstatus aufgestellt wird. Deshalb genügt eine durch Expertise belegte positive Prognose allein nicht, um die Insolvenzantragspflicht entfallen zu lassen. 21

Die **rechtliche Überschuldung** ist der eigentliche Insolvenzauslöser. Sie setzt sich zusammen aus der rein statischen Gegenüberstellung des Aktivvermögens und der bestehenden Verbindlichkeiten (exekutorisches Element) und der Korrektur der Liquidationswerte auf Grund der Fortbestehensprognose (prognostisches Element). Nur die rechtliche Überschuldung begründet eine Insolvenzantragspflicht (§ 15 a). Eine Ausnahme besteht nur bei der **Nachlassinsolvenz** (§ 320 S 1). Hier genügt die rechnerische Überschuldung, weil der Fortführungswert bedeutungslos ist. Die Nachlassüberschuldung durch Vermächtnisse und Auflagen gem § 1992 BGB bezeichnet man auch als „**Überschwerung**" (MüKo-*Siegmann* § 1992 BGB Rn 1; *Palandt/Edenhofer* § 1992 BGB Rn 1). Der Erste Bericht der Kommission für Insolvenzrecht (S 112) spricht zwar missverständlich von „Ertragsfähigkeit", weist aber darauf hin, dass die Ertragsfähigkeit nicht voraussetzt, dass Gewinne erwirtschaftet werden. Es reicht aus, dass die Finanzkraft des Unternehmens nach überwiegender Wahrscheinlichkeit mittelfristig ausreicht, das Unternehmen fortzuführen und die Verbindlichkeiten zu den jeweiligen Fälligkeiten zu berichtigen (vgl auch *Uhlenbruck* ZIP 1980, 73 ff; *K. Schmidt* JZ 1982, 165 ff). *K. Schmidt* (JZ 1982, 165, 170): „Rechtliche Überschuldung setzt sich aus ungünstiger Prognose und rechnerischer Überschuldung zusammen." Nach *G. Crezelius* (FS Röhricht S 787, 795) ist der Streit, ob die Prognoseentscheidung ein **selbstständiges Element** außerhalb der konkreten Bilanzierung im Überschuldungsstatus darstellt. nur akademischer Natur (vgl auch *Böcker* DB 2002, 1949, 1955). Dies trifft zwar auf die Fassung des § 19 Abs 2 durch das FMStG zu, nicht aber auf die frühere und ab 1. 1. 2014 wieder geltende Fassung der Vorschrift, die das Ergebnis der Fortbestehensprognose als selbstständiges Bewertungskriterium ansieht. Bei günstiger Fortführungsprognose ist zB eine **Aktivierung des sog Firmenwertes (Geschäftswert)** zulässig, was letztlich auf eine Gesamtbewertung des Unternehmens hinausläuft (*K. Schmidt* in *K. Schmidt/ Uhlenbruck*, Die GmbH in Krise, Rn 5.75; *Hüttemann* FS K. Schmidt S 761, 770 ff). 22

III. Überschuldung und drohende Zahlungsunfähigkeit

Der Gesetzgeber schreibt in § 19 Abs 2 keine Prüfungsreihenfolge vor. Hieraus wird in der Literatur geschlossen, das „**exekutorische Element**" und das „**prognostische Element**" des Überschuldungstatbestandes stünden selbständig neben einander mit der Folge, dass die Überlebenschancen eines Unternehmens in einer Fortbestehensprognose in der ersten Stufe zu prüfen seien (*K. Schmidt* AG 1978, 334; *ders* Wege zum Insolvenzrecht der Unternehmen, S 50 ff; *ders* bei *K. Schmidt/Uhlenbruck*, Die GmbH in Krise, Rn 5.62 ff; *Kleindiek* in *Lutter/Hommelhoff* Anh zu § 64 GmbHG Rn 18 ff; *Hachenburg/Ulmer*, 23

§ 63 GmbHG Rn 36). Nach dieser Auffassung kann bei **positiver Fortbestehensprognose** auf die Aufstellung einer Überschuldungsbilanz (Überschuldungsstatus) verzichtet werden (vgl auch BGH v 6. 6. 1994, BGHZ 126, 181; **BGH** v 2. 12. 1996, NJW-RR 1997, 606; **BGH** v 16. 6. 1997, NJW 1997, 3026; **BGH** ZIP 1998, 776; *K. Schmidt,* Aktuelle Probleme S 77, 84 f). Hier setzt vor allem die **Kritik am Überschuldungstatbestand** an (vgl *Egner/Wolff* AG 1978, 99 ff; *Fenske* AG 1997, 554 ff; *Lüer* FS Hüffer 2009; *M. Fischer* ZIP 2004, 1477, 1483 f; *Grätz* BB 2008, 2413; *Th. Wolf* KS I 2009, 61, 65). Als Begründung wird angeführt, dass eine sachgerechte Ausgestaltung der Fortführungsprognose letztlich zu dem Ergebnis führe, dass mit dieser Prognose nichts anderes als die künftige Zahlungsfähigkeit überprüft werde. Der Überschuldungstatbestand lasse sich demgemäß mit *Moxter* (Finanzwirtschaftliche Risiken, in: *Büschgen* (Hrsg), Hdb d Finanzwirtschaft, 1976. Sp 635) als „Unfähigkeit zur Auszahlungsdeckung im Zeitablauf" interpretieren. Letztlich seien dynamische Überschuldungskonzepte als unpraktikabel abzulehnen (vgl auch *Lütkemeyer,* Die Überschuldung der GmbH, S 153 ff). Der Rechtsausschuss (zu § 23 Abs 1 RegE, bei *Uhlenbruck,* Das neue Insolvenzrecht, S 320) war der Ansicht, dass die vom Ausschuss gewählte Definition der Überschuldung den Vorteil habe, dass sie Überschneidungen mit dem Begriff der „drohenden Zahlungsunfähigkeit" vermeide. Zutreffend weisen *Drukarczyk/ Schüler* (in: KS S 137 Rn 123 ff; MüKo-*Drukarczyk* § 18 Rn 123–127) darauf hin, dass diese Auffassung nicht uneingeschränkt haltbar ist. Ein Schuldnerunternehmen hat auch für den Eigenantrag wegen drohender Zahlungsunfähigkeit durch einen Finanzplan nachzuweisen, dass es voraussichtlich nicht in der Lage sein wird, die bestehenden Zahlungspflichten zum Zeitpunkt ihrer Fälligkeit zu erfüllen. Das **Instrumentarium** für die Fortführungsprognose und die drohende Zahlungsunfähigkeit sind somit identisch. In der Tat geben die **Überschneidungsbereiche** der beiden Insolvenztatbestände den Organen antragspflichtiger Gesellschaften „auf den ersten Blick einen zusätzlichen Freiheitsgrad" (so MüKo-*Drukarczyk* § 19 Rn 127). Sie haben nämlich die Wahl, ob sie den Eröffnungsantrag auf die drohende Zahlungsunfähigkeit (§ 18) oder auf Überschuldung (§ 19) stützen wollen. Zutreffend aber ist der Hinweis von *K. Schmidt* (bei *K. Schmidt/Uhlenbruck,* Die GmbH in Krise, Rn 574), dass Eigenanträge nach neuem Recht oftmals gestellt werden aus einem Grund, der mit dem Willen des Gesetzgebers weniger zu tun hat: „In einer Überschuldungssituation wird es sich für die Geschäftsführer vielfach empfehlen, einen Insolvenzantrag wegen drohender Zahlungsunfähigkeit zu stellen, weil sie auf diese Weise ihren insolvenzrechtlichen Organpflichten ex nunc ebenso – jedoch ohne den manifesten „Selbstanzeigeeffekt" – genügen wie im Fall eines auf Überschuldung gestützten Antrags (vgl auch *K. Schmidt* in: KS S 1204 Rn 11).

IV. Überschuldung und Verschuldung

24 Ebenso wie der Verlust der Kreditwürdigkeit noch keine Überschuldung darstellt, ist auch die Verschuldung eines Unternehmens noch keine Überschuldung, die eine Insolvenzantragspflicht auslöst. Von einer Verschuldung spricht man, wenn das Fremdkapital das Eigenkapital übersteigt (Beck in *Beck/Depré,* § 5 Rn 98). Der **statische Verschuldungsgrad** wird am Verhältnis von Eigenkapital zu Fremdkapital gemessen. Eine hohe Gesamtverschuldung eines Unternehmens bzw einer Gesellschaft indiziert zwar regelmäßig eine Überschuldung, schließt aber eine günstige Fortbestehensprognose nicht aus, so dass vielfach keine Überschuldung gegeben ist (vgl *Hax/Marschdorf* BFuP 1983, 112, 118; *Smid* § 19 Rn 14 f). Eine hohe Gesamtverschuldung des Unternehmens ist aber hinreichender Anlass, einen Überschuldungsstatus zu erstellen.

V. Überschuldung und Unterbilanz

25 Von der Überschuldung abzugrenzen ist der Begriff der Unterbilanz (vgl *Arians,* Sonderbilanzen, S 221 f; *W. Fischer,* Die Überschuldungsbilanz, 1980, S 6; *Haack,* Überschuldung S 52; *Uhlenbruck,* Die GmbH & Co KG in Krise, Konkurs und Vergleich, S 240 f u 710 f; *K. Schmidt* in *K. Schmidt/Uhlenbruck,* Die GmbH in Krise, Rn 1.25; *Braun/Uhlenbruck* Unternehmensinsolvenz S 287; *Gottwald/ Uhlenbruck* InsRHdb § 6 Rn 16; *Amelung* in *Kraemer/Vallender/Vogelsang* Hdb Bd 1 Fach 2 Kap 2 Rn 48; *Altmeppen* in *Roth/Altmeppen* § 30 GmbHG Rn 8 ff; *Pape/Uhlenbruck* InsR Rn 310; *Beck* in *Beck/Depré,* Praxis, § 5 Rn 99). Instruktiv zu den Unterbilanztatbeständen *G. Crezelius,* Objektive und subjektive Elemente bei Unterbilanzen, FS *Uhlenbruck* 2000, S 619 ff. Eine Unterbilanz liegt bei juristischen Personen in dem Augenblick vor, in dem Verluste und sonstige Eigenkapitalminderungen größeren Umfangs das Eigenkapital schmälern und als besondere Korrekturposten zum Kapital auf der Aktivseite der Bilanz ausgewiesen werden müssen (vgl auch *Wolf* Überschuldung S 2; *Müller* DStR 1997, 1577). Nach *Goette* (DStR 1997, 1496) liegt eine Unterbilanz bei der GmbH vor, wenn das Gesellschaftsvermögen, also das Reinvermögen, zwischen Null und dem Nennbetrag des Stammkapitals liegt. Nach *K. Schmidt* (Gesellschaftsrecht § 37 III. 1.d) liegt eine Unterbilanz vor, wenn in einem Vermögensstatus der Gesellschaft die Aktiva nicht mehr die Summe aus Verbindlichkeiten und Stammkapital decken (vgl auch *Baumbach/Hueck/Fastrich* § 30 GmbHG Rn 12; *Rowedder/Schmidt-Leithoff* § 63 GmbHG Rn 37; *Scholz/Westermann* § 30 GmbHG Rn 29; vgl ferner **OLG** Brandenburg GmbHR 1999, 299; *Lutter/Hommelhoff* § 30 GmbHG Rn 13, 14). Zu unterscheiden ist zwischen der Unter-

bilanz der Personen- und **Kapitalgesellschaft**. Bei der **Personengesellschaft** mit variablem Kapitalkonto kommt ein Verlustausweis so lange nicht in Betracht, wie die anteilige Zuschreibung der Verluste die Salden der Kapitalkonten nicht mit einem negativen Vorzeichen versieht (*Haack*, Überschuldung S 52; *Arians*, Sonderbilanzen S 222). Bei der Kapitalgesellschaft wird auf Grund des festen Stamm- bzw Grundkapitals ein besonderer Korrekturposten (Verlustposten) auf der Aktivseite der Bilanz ausgewiesen. Ist die **Hälfte des Stamm- bzw Grundkapitals** verloren, so hat der Vorstand bzw die Geschäftsführung unverzüglich eine Gesellschafterversammlung (Hauptversammlung) einzuberufen und ihr dies anzuzeigen (qualifizierte Unterbilanz). Die **Unterbilanz wird zur Überschuldung**, sobald das Vermögen nicht mehr die Schulden deckt. Mit steigenden Verlusten wird aus der Unterbilanz in kürzester Zeit eine Überschuldung (*Braun/Uhlenbruck* Unternehmensinsolvenz S 287). Deshalb ist auch jede Unterbilanz hinreichender Anlass für die organschaftlichen Vertreter oder vertretungsberechtigten Gesellschafter einer antragspflichtigen Gesellschaft, das Vorliegen einer Überschuldung besonders sorgfältig zu prüfen. Sobald bei einer **GmbH & Co KG** das „Kapital" auf der Aktivseite erscheint, liegt Überschuldung vor. Sie tritt ein, wenn der Verlust 100% des Grundkapitals bzw Stammkapitals überschreitet. Vielfach wird in der Praxis der Begriff **bilanzielle Unterdeckung** benutzt (vgl zB **BGH** v 12. 7. 1999, GmbHR 1999, 973, 974), der missverständlich ist und daher vermieden werden sollte (*Wolf* Überschuldung S 3). Von der **Verschuldung** unterscheidet sich die Unterbilanz dadurch, dass diese nicht nur auf das Verhältnis zwischen Eigen- und Fremdkapital abstellt, sondern auf das Verhältnis des verwertbaren Aktivvermögens zum Fremdkapital und sonstigen Verbindlichkeiten. Zutreffend der Nachweis von *Crezelius* (FS *Uhlenbruck* S 619 ff), dass innerhalb der Feststellung einer Unterbilanz für subjektive Elemente durchaus Raum ist.

VI. Überschuldung und Unterkapitalisierung

Abzugrenzen ist die Überschuldung von der Unterkapitalisierung. Eine beschränkt haftende Gesellschaft des Handelsrechts (Kapitalgesellschaft) gilt in dem Augenblick als unterkapitalisiert, in dem ein Missverhältnis zwischen Eigenkapital und Geschäftsumfang, Eigenkapital und Anlagevermögen, Eigenkapital und Fremdkapital oder zwischen Eigenkapital und unternehmerischen Risiko besteht (vgl *Uhlenbruck*, Die GmbH & Co KG, S 240 f; *Braun/Uhlenbruck* Unternehmensinsolvenz S 287 f; *Gottwald/Uhlenbruck* InsRHdb § 6 Rn 17; *Amelung* in *Kraemer/Vallender/Vogelsang* Bd 1 Fach 2 Kap 2 Rn 9; *Rowedder/Schmidt-Leithoff* § 63 GmbHG Rn 37). *K. Schmidt* (Gesellschaftsrecht § 9 IV 4 a): „Da das Gesetz für die Gründung von Kapitalgesellschaften nur ein abstrakt gemessenes Garantiekapital vorschreibt (§§ 7 AktG, 5 GmbHG), gewährleistet es keine dem konkreten Unternehmenszweck entsprechende Eigenkapitalausstattung." Die BWL hat bislang keine verallgemeinerungsfähigen Kriterien für eine **zwingende Kapitalausstattung** der Unternehmen erarbeiten können (*K. Schmidt* JZ 1984, 777). Generell lässt sich deshalb nur sagen, dass Unterkapitalisierung ein Tatbestand ist, „der sich auf die Fähigkeit der Gesellschaft zu angemessenem Wirtschaften bezieht" (*K. Schmidt* GesellschaftsR § 9 IV 4 a S 248). **Es gibt kein allgemeines Unterkapitalisierungsverbot** (*K. Schmidt* bei *K. Schmidt/Uhlenbruck*, Die GmbH in Krise, 4. Aufl 2009 Rn 1.18; *Pape/Uhlenbruck* InsR Rn 311). Unterkapitalisierung kann aber ein Verstoß gegen die Finanzierungsverantwortung der Gesellschafts sein. Zu unterscheiden ist zwischen nomineller und materieller Unterkapitalisierung. Bei der **materiellen Unterkapitalisierung** reicht das Eigenkapital nicht aus, um den nach Art und Umfang der Geschäftstätigkeit bestehenden, nicht durch Kredite Dritter zu deckenden mittel- oder langfristigen Finanzbedarf zu decken (*Banerjea* ZIP 1999, 1153; *Roth* ZGR 1993, 182). Da es kein Unterkapitalisierungsverbot gibt, hat die Unterkapitalisierung einer beschränkt haftenden Gesellschaft nicht eine weitere Gesellschafterhaftung zur Folge (*K. Schmidt* bei *K. Schmidt/Uhlenbruck*, Rn 1.119; *Baumbach/Hueck* § 5 GmbHG Rn 6; *Altmeppen* in; *Roth/Altmeppen* § 13 GmbHG Rn 116 ff; *Vonnemann* GmbHR 1992, 77 ff; *Lutter/ Hommelhoff* § 13 GmbHG Rn 6 ff). Die materielle Unterkapitalisierung stellt sich aber als Verstoß gegen die allgemeinen **Gebote der Unternehmensfinanzierung** dar (vgl *Lutter* GmbHR 2000, 301, 302; *K. Schmidt* in *K. Schmidt/Uhlenbruck*, Die GmbH in Krise, Rn 1.19). **Nominelle Unterkapitalisierung** liegt vor, wenn der (zusätzliche) Kapitalbedarf statt durch Einlagen der Gesellschafter durch Fremdmittel, insbesondere durch Gesellschafterdarlehen rechnerisch abgedeckt wird (*Braun/Uhlenbruck* Unternehmensinsolvenz S 288; *K. Schmidt*, Gesellschaftsrecht § 9 IV 4 a S 248). Von „**qualifizierter Unterkapitalisierung**" spricht man in den Fällen, in denen es der Gesellschaft an einer angemessenen Kapitalausstattung fehlt (vgl *H.-J. Fleck*, Kapitalaufbringung, Kapitalerhaltung und Insolvenzprobleme in der GmbH, 2. Aufl S 2; *Wiedemann*, Gesellschaftsrecht Bd I § 10 IV 3 S 565 ff).

Die Unterkapitalisierung ist ebenso wie die Unterbilanz oftmals eine **Vorstufe der Überschuldung**. Sie verpflichtet in besonderem Maße zur Selbstprüfung, ob ein Insolvenzgrund vorliegt. **Ausschüttungen** aus dem zur Erhaltung des Kapitals erforderlichen Vermögen sind vom Gesetz untersagt, wenn hierdurch eine Unterbilanz herbeigeführt oder vergrößert wird (**BGH** NJW 1990, 1730, 1732; *K. Schmidt* GesellschaftsR S 940 ff; *Braun/Uhlenbruck* Unternehmensinsolvenz S 288). Das Ausschüttungsverbot des § 30 Abs 1 GmbHG gilt allerdings nur mit den Einschränkungen des § 30 Abs 1 S 2 u 3 GmbHG. Wird zB an **Gesellschafter einer GmbH** trotz Ausschüttungsverbot wegen Unterkapitalisierung auf das Stammkapital ausgeschüttet, so haften diese auf Rückgewähr nach § 31 Abs 1 GmbHG. Eine Ausfallhaftung der Mitgesellschafter tritt nach § 31 Abs 3 GmbHG ein. Schließlich haften die Geschäftsführer einer GmbH für die in den Fällen des § 31 Abs 3 GmbHG geleistete Erstattung einer Zahlung gegenüber den Gesellschaftern bei Verschulden solidarisch auf Ersatz (§ 31 Abs 6 GmbHG). Entsprechend dürfen den **Aktionären einer Aktiengesellschaft** nach § 57 AktG Einlagen nicht zurückgewährt werden. Nach § 62 Abs 1 S 1 AktG haben die Aktionäre der Gesellschaft Leistungen, die sie entgegen den Vorschriften des AktG von ihr empfangen haben, zurückzugewähren. Bei Insolvenz der AG ist es nach § 63 Abs 2 S 2 AktG Aufgabe des Insolvenzverwalters oder eines Sachwalters, Rückgewähransprüche gegen die Empfänger zu verfolgen (vgl *Hüffer* § 62 AktG Rn 16; KölnerKomm-*Lutter* § 62 AktG Rn 50). Bei Eigenverwaltung ist es Sache des Sachwalters, die Ansprüche geltend zu machen (*Gessler/Hefermehl/Bungeroth* § 62 AktG Rn 31; Kölner Komm-*Lutter* § 62 AktG Rn 50; *Hüffer* § 63 AktG Rn 16).

VII. Die Feststellung der Überschuldung

28 Die Feststellung der Überschuldung gehört mit zu den schwierigsten Problemen des Insolvenzrechts, denn einzelne Fragen der **Überschuldungsmessung** sind in der Literatur hoffnungslos umstritten. Vorab ist festzustellen, dass der Streit um die sogen „hergebrachte" oder die „neue" bzw „modifizierte" zweistufige Überschuldungsprüfung weitgehend müßig ist, da beide Methoden bei richtiger Anwendung zu angemessenen Ergebnissen führen (vgl auch *Lutter* ZIP 1999, 641, 643). Zur prinzipiellen Vorgehensweise zur **Messung der Überschuldung** eingehend MüKo-*Drukarczyk* § 19 Rn 20 ff; *Uhlenbruck* in *K. Schmidt/Uhlenbruck*, Die GmbH in Krise, 4. Aufl 2009 Rn 5.111 ff; FK-*Schmerbach* § 19 Rn 7 ff; *Spliedt* in *Runkel* AnwHdb § 1 Rn 116 ff; *Pape/Uhlenbruck* InsR Rn 312 ff. Der Gesetzgeber hat in § 19 Abs 2 S 2 eindeutig zum Ausdruck gebracht, dass sich die Überschuldung grundsätzlich an dem Verhältnis der Aktiva zu den Passiva eines Unternehmens zu orientieren hat. Die **Fortführungsprognose** und ihr Ergebnis bestimmen lediglich darüber, „wie die Aktiva des Unternehmens im Überschuldungsstatus zu bewerten sind, nichts mehr und nichts anderes" (*Lutter* ZIP 1999, 641, 643). Auch der von *K. Schmidt* (AG 1978, 374; *Scholz/K. Schmidt*, § 63 GmbHG Rn 10 ff; *K. Schmidt* Wege zum Insolvenzrecht der Unternehmen, S 50 ff; *ders* ZIP 1080, 233 ff; JZ 1982, 165, 170; ZIP 1985, 713; *ders* bei *K. Schmidt/Uhlenbruck*, 3. Aufl Rn 578 ff) und *Peter Ulmer* (KTS 1981, 469, 470 ff) entwickelte **neue oder modifizierte zweistufige Überschuldungsbegriff** geht wie die hM davon aus, dass sich der Überschuldungstatbestand aus einem **exekutorischen Element** (rechnerische Überschuldung) und einem **prognostischen Element** (Lebens- oder Fortbestehensfähigkeit) zusammensetzt. Keineswegs unzweifelhaft ist die Auffassung, dass, wenn die Gesellschaft zahlungsfähig bleibt, die Fortführung gleichfalls nicht untersagt werden kann, eine Überschuldung im Rechtssinne also nicht eingetreten sein kann (so *K. Schmidt* bei *K. Schmidt/Uhlenbruck*, Die GmbH in Krise, Rn 5.75; *Scholz/K. Schmidt* 9. Aufl vor § 64 GmbHG Rn 19; in gleichem Sinne auch § 19 Abs 2 idF des Finanzmarktstabilisierungsgesetzes) Dies würde dazu führen, dass allein auf Grund der positiven Fortführungsprognose die Überschuldung einer antragspflichtigen Gesellschaft verneint werden könnte. Das widerspricht den Vorstellungen des Gesetzgebers, wenn es in der Begr RegE zu § 19 heißt: „Eine positive Prognose für die Lebensfähigkeit des Unternehmens – die leicht vorschnell zugrunde gelegt wird – darf die Annahme einer Überschuldung noch nicht ausschließen; sie erlaubt nur, wenn sie nach den Umständen gerechtfertigt ist, eine andere Art der Bewertung des Vermögens. Die Feststellung, ob Überschuldung vorliegt oder nicht, kann also stets nur auf der Grundlage einer Gegenüberstellung von Vermögen und Schulden getroffen werden" (vgl auch *Lutter* ZIP 1999, 641, 643). Der II. Zivilsenat des **BGH** hatte sich zunächst der Auffassung von *K. Schmidt* und *Peter Ulmer*, der inzwischen auch ein Teil der Literatur gefolgt ist, angeschlossen (**BGH** v 13. 7. 1992, BGHZ 119, 201, 214 = NJW 1992, 2891, 2894 = GmbHG 1992, 659, 662; BGHZ 126, 181, 199; BGHZ 129, 136, 154; **BGH** NJW-RR 1997, 606, 607 = GmbHR 1997, 501, 503; **BGH** NJW 1997, 3026, 3027 = GmbHR 1997, 793, 794; **BGH** ZIP 1998, 776, 778 = GmbHR 1998, 594, 596). Mit Urteil v 5. 2. 2007 (BGHZ 171, 46) hat der II. Zivilsenat des **BGH** seine bisherige Rechtsprechung (BGHZ 119, 201, 214) mit der Begründung aufgegeben, mit der Neufassung des Überschuldungstatbestands in § 19 Abs 2 sei für das neue Recht der zur Konkursordnung ergangenen Rechtsprechung des Senats zum sog zweistufigen Überschuldungsbegriff die Grundlage entzogen. In der Entscheidung v 5. 2. 2007 (BGHZ 171, 46) hat der **BGH** bekräftigt, dass die **Fortführungsprognose allein** keine Unternehmensfortführung mehr rechtfertigt (vgl auch *K. Schmidt* in *K. Schmidt/Uhlenbruck*, Die GmbH in Krise, Rn 5.65; *Gehrlein* BB 2007, 901; *Poertzgen* GmbHR 2007, 485; *Haas* GmbHR 2007, 482). Hinsichtlich der Diskussion um den Überschuldungsbegriff wird auf die Vorauf und die Nachweise bei *Scholz/K. Schmidt*, 9. Aufl vor § 64 GmbHG Rn 16 Fn 37 und *K. Schmidt* BB 2008, 2467 ff hingewiesen. Da aber der Gesetzgeber mit der für die Zeit vom **18. 10. 2008–31. 12. 2013** geltenden Fassung des § 19 Abs 2 durch das Finanzmarktstabilisierungsgesetz auf den von *K. Schmidt* und *P. Ulmer* entwickelten Überschuldungsbegriff zurückgegriffen hat, ist im Folgenden auch die hierdurch bedingte geänderte Überschuldungsfeststellung darzustellen.

29 **1. Die Überschuldungsprüfung nach dem „neuen" oder „modifizierten" zweistufigen Überschuldungsbegriff. a) Der Überschuldungsstatus.** Die von *K. Schmidt* und *Peter Ulmer* entwickelte neue oder modifizierte zweistufige Überschuldungsmessung geht wie die hM davon aus, dass sich der Überschul-

VII. Die Feststellung der Überschuldung § 19

dungstatbestand aus einem **exekutorischen Element** (rechnerische Überschuldung) und einem **prognostischen Element** (Lebens- bzw Fortführungsfähigkeit) zusammensetzt. Sowohl das prognostische als auch das exekutorische Element stehen **gleichwertig nebeneinander** mit der Folge, dass bei positiver Fortführungs- bzw Überlebensprognose von einer rechnerischen Überschuldungsprüfung Abstand genommen werden kann (vgl *K. Schmidt* AG 1978, 334; ZIP 1980, 233 ff; JZ 1982, 165, 170; *ders* Wege zum Insolvenzrecht der Unternehmen, 1990 S 46 ff; *ders* ZIP 1985, 713; *Ulmer* KTS 1981, 469, 477 ff). Die „neue" oder „modifizierte" zweistufige Überschuldungsprüfung besteht nach *K. Schmidt* (in *K. Schmidt/Uhlenbruck*, Die GmbH in Krise, 4. Aufl 2009 Rn 5.60) aus folgenden **Eckdaten für die Abgrenzung erlaubter und unerlaubter Unternehmensfortführung:**

„– Wenn bei Zugrundlegung von Liquidationswerten alle Gläubiger befriedigt werden können, kann die Fortführung des Unternehmens nicht verboten, eine Überschuldung im Rechtssinne also nicht eingetreten sein (hierauf beruht das **Element der rechnerischen Überschuldung**).
– Wenn die Gesellschaft nach objektivierbarer Prognose dauerhaft zahlungsfähig bleibt, kann die Fortführung gleichfalls nicht untersagt, ein Insolvenzantrag also nicht gesetzlich geboten, eine Überschuldung im Rechtssinne also nicht eingetreten sein (hierauf beruht das **Prognoseelement**).
– Der **Hauptunterschied gegenüber dem vormals vorherrschenden „alten" Überschuldungsbegriff** besteht darin, dass die Prognose der Unternehmensfortführung nicht mehr als bloße Bewertungsprämisse in der rechnerischen Überschuldungsfeststellung aufgeht, sondern von dieser getrennt wird (hierauf beruht die **Zweiteiligkeit dieses Überschuldungsbegriffs**)."

Festzustellen ist, dass in den **praktischen Ergebnissen** die „alte" oder „hergebrachte" und die „neue" Prüfungsmethode voneinander weit weniger abweichen als meist zugegeben wird (KS-*K. Schmidt* S 1204 ff; *ders* in *K. Schmidt/Uhlenbruck*, Die GmbH in Krise, Rn 572). Im Grunde sind **beide Methoden zweistufig.** Der **Unterschied** liegt nur bei der Frage, ob eine objektiv positive Fortführungsprognose eine bilanzielle Überschuldungsprüfung entbehrlich macht oder ob in jedem Fall eine bilanzielle Überschuldungsmessung erforderlich ist, wie es die „alte" Prüfungsmethode fordert. *K. Schmidt* (in *K. Schmidt/Uhlenbruck*, Die GmbH in Krise, Rn 5.73): „Die systematische Unterscheidung zwischen der „alten" und der vor der InsO „neuen" Zweistufigkeit besteht in der Frage, ob die – seit jeher und auch in Zukunft gemäß der Natur der Sache unentbehrliche – Prognose als Bewertungsprämisse in die bilanzielle Überschuldungsmessung eingeht (so die „alte" Methode und von 1999 bis 2008 die Insolvenzordnung), oder ob sie besonders ausgewiesen und begründet werden muss, wenn das Unternehmen fortgesetzt werden soll, obwohl es bei Ansetzung von Liquidationswerten „rechnerisch" überschuldet wäre (so der nunmehr gesetzlich vorgesehene Ansatz der „neuen zweistufigen Methode)."

Altmeppen (ZIP 1997, 1173 ff) plädiert für eine **einstufige Überschuldungsprüfung**. Nach seiner Auffassung lautet die „richtige Faustformel": „Wer trotz negativen Eigenkapitals (§ 268 Abs 3 HGB), also dann, wenn bei fortgeführten Buchwerten rechnerische Überschuldung vorliegt, nicht Konkurs (Insolvenz) anmeldet, muss nachprüfbar darlegen, weshalb er Werte ansetzen durfte, die über Buch- oder Zerschlagungswerten liegen." Nach Auffassung von *Altmeppen* (ZIP 1997, 1173, 1176; *Roth/Altmeppen* Vorb § 64 GmbHG Rn 33, 34) spricht gegen die hM auch § 252 Abs 1 Nr 2 HGB, wonach bei der Bewertung von der Fortführung der Unternehmenstätigkeit auszugehen ist, sofern dem nicht tatsächliche oder rechtliche Gegebenheiten entgegenstehen.

Der Gesetzgeber hat mit der Neufassung des § 19 Abs 2 durch das FMStG zu erkennen gegeben, dass eine positive Fortführungsprognose die Überschuldung entfallen lässt. Offen geblieben ist die Frage, **wie die Fortführungsprognose erstellt** werden soll und unter welchen Voraussetzungen noch eine **bilanzielle Überschuldungsprüfung** und damit evtl ein Rangrücktritt nach § 19 Abs 2 Satz 1 erforderlich ist. Nach wie vor ist die Praxis wohl anzuraten, eine **bilanzielle Überschuldungsprüfung** vorzunehmen, wenn die Überschuldungsfrage kritisch wird (s auch BGH v 8. 1. 2001 – II ZR 88/99, BGHZ 146, 264, 267 f; **BGH** v 16. 3. 2009 – II ZR 280/07, GmbHR 2009, 654; *Kleindiek* in *Lutter/Hommelhoff* Anh zu § 64 GmbHG Rn 21). Dann spielt auch der Rangrücktritt mit Gesellschafterdarlehen noch eine Rolle. Nicht vertreten lässt sich der **generelle Ansatz von Fortführungswerte**, da er außer Acht lässt, dass sich die Fortführungswerte oftmals nicht realisieren lassen. Würde man allein auf **Fortführungswerten** oder auf eine **Fortbestehensprognose** abstellen, könnte der Überschuldungstatbestand (§ 19) entfallen und würde die drohende Zahlungsunfähigkeit (§ 18) als Insolvenzgrund ausreichen.

Nach Feststellung von *K. Schmidt* lag das **Hauptproblem** bei der von 1999 bis 2008 und ab 1. 1. 2014 **geltenden Fassung des § 19 Abs 2** in der schwierigen Frage, ob eine **Einzelbewertung der Vermögensgegenstände** geboten oder eine **Gesamtbewertung des Unternehmens** gestattet ist. Zutreffend der Hinweis von *Crezelius* (FS Röhricht, S 787, 793), dass der Streit über die Überschuldungsprüfung, insbesondere auch die kontroverse Prüfungsreihenfolge, nicht ausschlaggebend sein könne. Es sei nämlich mehr als fraglich, ob man in der praktischen Rechtsanwendung exakt zwischen der puren (Gesamt-)Fortführungsprognose und der Fortführungsprognose im Rahmen von einzelnen Vermögensgegenständen der Aktivseite des Überschuldungsstatus trennen kann. Letztlich werde es regelmäßig darum gehen, ob im Fall einer positiven Prognose der **Firmenwert in den Ertragswert des Unternehmens** eingeht und damit auf die Aktivseite des Überschuldungsstatus zu übernehmen ist. Richtig ist, dass nach der von der hM befürworteten **Einzelbewertung** der **originäre Firmenwert** nicht aktiviert werden kann.

Einzelheiten bei *K. Schmidt/Uhlenbruck*, Die GmbH in Krise, Rn 8.75; *Crezelius* FS Röhricht S 787, 799 ff.

34 **b) Die Prüfungsreihenfolge.** Die „neue" oder „modifizierte" zweistufige Überschuldungsprüfungsmethode geht ebenso wie die herkömmliche Prüfungsmethode davon aus, dass sich der Überschuldungstatbestand aus einem **exekutorischen Element** (rechnerische Überschuldung) und einem **prognostischen Element** (Lebensfähigkeit) zusammensetzt. Der Unterschied zur zweistufigen Überschuldungsprüfung der hM besteht allein darin, dass sowohl das prognostische als auch das exekutorische Element gleichwertig nebeneinander stehen, so dass die Prüfung mit der Fortführungs- bzw Überlebensprognose beginnt und bei positivem Ergebnis von der Prüfung einer rechnerischen Überschuldung (nicht aber der rechtlichen) Abstand genommen werden kann (vgl *K. Schmidt* AG 1978, 334; *ders* ZIP 1980, 223 ff; ders JZ 1982, 165, 170; *ders* bei *K. Schmidt/Uhlenbruck*, Die GmbH in Krise, Rn 5.56 ff; s auch *Gottwald/Uhlenbruck* InsRHdb § 6 Rn 24; MüKo-*Drukarczyk* § 19 Rn 38 ff). Auch vom Fachausschuss Recht des IDW (WPg 1995, 596) wird vorgeschlagen, in der ersten Stufe die Überlebenschancen des Unternehmens in einer Fortbestehensprognose zu beurteilen. Erst in der zweiten Stufe seien Vermögen und Schulden des Unternehmens in einem stichtagsbezogenen Status gegenüberzustellen. Diese Prüfungsreihenfolge hat den Vorteil, dass bei positiver Fortbestehensprognose im Vermögensstatus nicht auf Liquidationswerte, sondern direkt auf Going-concern-Werte abgestellt werden darf.

35 Die zweistufige Überschuldungsprüfung, die **mit der Fortbestehensprognose beginnt**, hat zweifellos ihre Vorteile, weil sie nach Auffassung ihrer Vertreter in den meisten Fällen die **Prüfung der rechnerischen Überschuldung nach Liquidationswerten** erspart. Dies ist letztlich allerdings nicht richtig, denn, da der Überschuldungsstatus der Prüfung der Vermögensinsuffizienz dient, ist auch bei positiver Fortbestehensprognose die rechnerische Überschuldung zu prüfen. Nach *Spliedt* (in *Runkel* AnwHdb § 1 Rn 120) besteht der Fehler der modifizierten zweistufigen Überschuldungsprüfung darin, dass bei gegebener Zahlungsfähigkeit auf eine **Bewertung verzichtet** wird. Selbst nach der Fassung des § 19 Abs 2 durch das **Finanzmarktstabilisierungsgesetz** geht die Empfehlung der Vertreter dieser Prüfungsmethode dahin, immer noch eine **bilanzielle Überschuldungsprüfung** vorzunehmen, wenn die Überschuldungsfrage kritisch wird. Lediglich bei einer **objektiv positiven Fortführungsprognose** soll nach der „neuen" Prüfungsmethode eine bilanzielle Überschuldungsprüfung entbehrlich sein (s auch *K. Schmidt* in *K. Schmidt/Uhlenbruck*, Die GmbH in Krise, Rn 5.72).

36 **2. Die zweistufige Überschuldungsprüfung nach der InsO.** Die InsO geht in § 19 Abs 2 von einem **zweistufigen Überschuldungsbegriff** aus. Nach § 19 Abs 2 S 1 liegt Überschuldung vor, wenn das Vermögen des Schuldners die bestehenden Verbindlichkeiten nicht mehr deckt. Bei der Bewertung des Vermögens des Schuldners ist gem § 19 Abs 2 S 2 die Fortführung des Unternehmens zugrunde zu legen, wenn diese nach den Umständen überwiegend wahrscheinlich ist. Hieraus folgt, dass die negative Fortführungsprognose vom Gesetzgeber als **Bewertungsproblem** gesehen worden ist. Die Überlebens- oder Fortführungsprognose ist allein niemals entscheidend für die Feststellung der Überschuldung. Daran hat auch das **Finanzmarktstabilisierungsgesetz** (FMStG) v 17. 10. 2008 (BGBl I 2008 S 1982) nichts geändert. Durch die Neufassung wird lediglich zum Ausdruck gebracht, dass eine **rechtliche Überschuldung** noch nicht gegeben ist, wenn die Fortführung des Unternehmens nach den Umständen überwiegend wahrscheinlich ist. Nicht ist damit gesagt, dass auf einen Überschuldungsstatus verzichtet werden kann. Nach der Fassung des § 19 Abs 2 bleibt es dabei, dass für die Frage nach der Überschuldung grundsätzlich ein **Überschuldungsstatus** maßgeblich ist. Die **Fortbestehens- bzw Fortführungsprognose** gibt lediglich Antwort auf die Frage, „ob der Status nach Going-concern oder nach Liquidations-Teilwerten (Zerschlagungswerten) zu erstellen ist" *(Lutter).* Die Begr RegE zu § 19 (abgedr bei *Uhlenbruck*, Das neue Insolvenzrecht, S 319 f = BR-Drucks 1/92 u BT-Drucks 12/7302) zeigt, dass der Gesetzgeber der InsO von dem hier vertretenen **Prüfungsschema** ausgeht: In der Begr RegE (BT-Drucks 12/2443 S 115) heißt es: „Die Feststellung, ob Überschuldung vorliegt oder nicht, kann... stets nur auf der Grundlage einer Gegenüberstellung von Vermögen und Schulden getroffen werden." Maßgeblich ist ein Vergleich des Vermögens, das im Fall einer Verfahrenseröffnung als Insolvenzmasse zur Verfügung stünde, mit den Verbindlichkeiten, die im Falle der Verfahrenseröffnung gegenüber den Insolvenzgläubigern bestünden. Das FMStG hat nicht etwa die Prüfungsreihenfolge geändert (so aber *M. Beck* KS I 2009, 61, 62), sondern lediglich die **positive Fortführungsprognose zum Tatbestandsmerkmal** erhoben, sodass auch bei rechnerischer Überschuldung die rechtliche Überschuldung und damit die Insolvenzantragspflicht (§ 15 a) entfallen (s auch K/P/B/*Pape* § 19 Rn 34 ff m schematisierter Darstellung der Überschuldungsprüfung).

37 Der **zweistufige Überschuldungsbegriff** erfordert bei exakter Anwendung eine **dreistufige Prüfungsreihenfolge.** Diese hat wie folgt abzulaufen: Zunächst erfolgt die **Prüfung der rechnerischen Überschuldung nach Liquidationswerten**, wobei die Verwertungsprämisse meist ungewiss ist. Ist die Gesellschaft bei Ansatz von Liquidationswerten nicht rechnerisch überschuldet, so ist eine **rechtliche Überschuldung** ausgeschlossen. Ergibt sich aus dem Überschuldungsstatus zu Liquidationswerten dagegen eine rechnerische Überschuldung, wird in der zweiten Stufe die **Fortführungsprognose** gestellt. Fällt die **Fortführungsprognose positiv** aus, so ist die rechnerische Überschuldung um die Differenz zu den Betriebsbestehenswerten („going-concern-concept") zu korrigieren. Liegt trotz dieser Korrektur noch immer

VII. Die Feststellung der Überschuldung § 19

eine Überschuldung vor, so ist eine **rechtliche Überschuldung** gegeben, und hat der organschaftliche Vertreter unverzüglich, spätestens aber innerhalb von drei Wochen Insolvenzantrag zu stellen (§ 15 a). Fällt die **Fortbestehensprognose negativ** aus, so kann die Bewertung im Einzelfall dazu führen, dass die Liquidationswerte auf **Zerschlagungswerte** korrigiert werden müssen (vgl K/P/B/*Pape* § 19 Rn 7; FK-*Schmerbach* § 19 Rn 7 ff; HaKo-*Schröder* § 19 Rn 10; *Spliedt* in *Runkel* AnwHdb § 1 Rn 116, 117; *Jaeger/Müller* § 19 Rn 15 ff; MüKo-*Drukarczyk* § 19 Rn 42 ff; BerlKo-*Goetsch* § 19 Rn 21 ff).

Wenn trotz der **Dreistufigkeit der Überschuldungsprüfung** im Folgenden von der **zweistufigen Überschuldungsprüfung** gesprochen wird, so beruht dies auf Folgendem: In Literatur und Praxis wird teilweise darauf hingewiesen, dass die Prüfungsreihenfolge vom Gesetz keineswegs festgelegt ist. Geht man von einem **Gleichrang der Elemente des zweistufigen Überschuldungsbegriffs** aus, so erscheint kostengünstiger und praktikabel eine **Prüfungsreihenfolge**, wie sie ua vom Fachausschuss Recht des IDW in ihren „Empfehlungen zur Überschuldungsprüfung bei Unternehmen" (WPg 1995, 596 = FN-IDW 1996, 523 ff) empfohlen wird. Danach wird in einer **ersten Prüfungsstufe** die Überlebenschance geprüft, also ob die Fortführung des Unternehmens nach den Umständen überwiegend wahrscheinlich ist (prognostisches Element). Erst in einer **zweiten Stufe** sind je nach dem Ergebnis der Fortbestehensprognose die Vermögenswerte und Schulden des Unternehmens in einer stichtagsbezogenen Bilanz (Status) gegenüberzustellen (exekutorisches Element) (vgl auch *K. Schmidt/Uhlenbruck,* Die GmbH in Krise, Rn 5.112 ff; *Drukarczyk* WM 1994, 1737 ff; *Fromm* GmbHR 2004, 940 ff; *Braun/Uhlenbruck,* Unternehmensinsolvenz, S 288 ff; *Bork,* Einleitung, Rn 92, 93; *Spliedt* in Runkel AnwHdb § 1 Rn 117; *Emde* GmbHR 2003, 590). 38

Fällt die **Liquiditätsprognose (Fortführungsprognose) negativ** aus, sind im Überschuldungsstatus Liquidations- oder Zerschlagungswerte anzusetzen. Fällt sie dagegen **positiv** aus, kann trotzdem eine rechtliche Überschuldung vorliegen. Deshalb muss nach *Spliedt* (in *Runkel* AnwHdb § 1 Rn 117) in einer **dritten Stufe** kontrolliert werden, ob eine Liquidation ausnahmsweise zu höheren Werten führen würde. 39

Ist eine **Krise** auch im Ansatz nicht erkennbar, kann **ausnahmsweise auf den Überschuldungsstatus verzichtet** werden (für einen generellen Wegfall der Überschuldungsbilanz bei positiver Fortführungsprognose K/P/B/*Pape* § 19 Rn 30). Ein solcher Verzicht ist aber immer mit einem gewissen **Risiko** verbunden, denn die praktische Hauptbedeutung des Überschuldungstatbestandes liegt nach *K. Schmidt* nicht in der Befugnis des Gerichts, einen Eröffnungsbeschluss nach § 27 InsO zu erlassen, sondern in der **Selbstprüfungspflicht** der organschaftlichen Vertreter und dem **Verbot der Insolvenzverschleppung** (*K. Schmidt* in K. Schmidt/Uhlenbruck, Die GmbH in Krise, Rn 5.54). Entgegen der Vorauf1 wird nicht mehr daran festgehalten, dass in der **ersten Stufe die rechnerische Überschuldung** zu prüfen ist (so aber FK-*Schmerbach* § 19 Rn 8 ff; BerlKo-*Goetsch* § 19 Rn 23–25; K/P/B/*Pape* § 19 Rn 7 ff; N/R/*Mönning* § 19 Rn 15 ff; wie hier MüKo-*Drukarczyk* § 19 Rn 46–50; HaKo-*Schröder* § 19 Rn 8; *Spliedt* in Runkel AnwHdb § 1 Rn 117; *Jaeger/Müller* § 19 Rn 28–31). Die hier vertretene **Prüfungsreihenfolge** ist letztlich eine **Frage der Zweckmäßigkeit** (*Jaeger/Müller* § 19 Rn 31; MüKo-*Drukarczyk* § 19 Rn 46; HK-*Kirchhof* § 19 Rn 16). Die Prüfung, die mit der **Fortführungsprognose beginnt,** hat zudem den Vorteil, dass sie nicht nur **kostengünstiger** ist, sondern die Überschuldungsprüfung nach § 19 Abs 2 idF des **Finanzmarktstabilisierungsgesetzes** erleichtert, so dass letztlich die Unterschiede zu der vor dem 18. 10. 2008 und nach dem 1. 1. 2014 geltenden Fassung nicht gravierend sind. 40

a) **Prüfung der rechnerischen Überschuldung.** Da von einem Teil der Literatur die Auffassung vertreten wird, dass in einer **ersten Stufe** die **rechnerische Überschuldung** zu prüfen ist (vgl FK-*Schmerbach* § 19 Rn 8 ff; BerlKo-*Goetsch* § 19 Rn 23–25; *Bork* ZIP 2000, 1709; *Braun/Uhlenbruck,* Unternehmensinsolvenz, S 289; K/P/B/*Pape* § 19 Rn 7; *Rowedder/Schmidt-Leithoff* § 63 GmbHG Rn 74) ist im Folgenden kurz auf die Prüfung der rechnerischen Überschuldung einzugehen. Die rechnerische Überschuldung wird auf Grund von **Liquidationswerten** geprüft. Wie zu Rn 18 ff dargestellt, besteht in der Praxis vielfach Unsicherheit hinsichtlich der Feststellung der Liquidationswerte, weil die **Verwertungsprämisse** nicht feststeht. Im Übrigen stellen im Rahmen der rechnerischen Überschuldungsprüfung die Liquidationswerte **Einzelveräußerungswerte** dar, die zu erzielen wären, wenn der einzelne Vermögensgegenstand aus dem Unternehmen heraus veräußert würde, ohne dessen bisherige Nutzungsmöglichkeit zu berücksichtigen (*Fromm* ZInsO 2004, 943, 944; MüKo-*Füchsl/Weishäupl* § 151 Rn 9). Teilweise wird in der Literatur die Bewertung nach der **Substanzwertmethode,** also der Feststellung des Zeitwerts auf Grund der Wiederbeschaffungs- oder Reproduktionskosten vorgenommen (*Spliedt* in Runkel AnwHdb § 1 Rn 112; *Steffan* ZInsO 2003, 106, 109; *Möhlmann* DStR 1998, 1843, 1847; vgl auch *Uhlenbruck* in K. Schmidt/Uhlenbruck, Die GmbH in Krise, Rn 5.112). Die Frage, ob bei der Prüfung der rechnerischen Überschuldung von der **Einzelbewertung** auszugehen ist oder eine **Gesamtbewertung** des Unternehmens stattfindet, ist noch keineswegs abschließend geklärt (vgl auch *Auler* DB 1976, 2170; *Kupsch* BB 1984, 162; *Burger/Schellberg* DB 1995, 261, 266; *Uhlenbruck* wistra 1996, 1, 6; *Drukarczyk* WM 1994, 1737 ff; neuerdings *Hüttemann* FS K. Schmidt S 761, 770 ff). Einigkeit herrscht weitgehend darüber, dass von einer **normalen Liquidation** der Gesellschaft auszugehen ist, nicht dagegen von einer Zwangsliquidation durch ein Insolvenzverfahren, die zu Zerschlagungswerten führen würde. Einzelheiten bei FK-*Schmerbach* § 19 Rn 8 ff Festzustellen ist: Wer in der **ersten Stufe** die rech- 41 nerische Überschuldung prüft, muss letztlich einen **zweiten Überschuldungsstatus** erstellen, der die um das Ergebnis der Fortführungsprognose korrigierten Werte aufweist. Dies ist – wie o bereits dargestellt wurde – **kostenaufwändig** und **unzweckmäßig** (*Jaeger/Müller* § 19 Rn 31; *Beck* in *Beck/Depré* Praxis § 5 Rn 104; *Harz/Baumgartner/Conrad* ZInsO 2005, 1304, 1308).

42 b) **Die Fortbestehensprognose.** Entgegen der Voraufl und entsprechend der inzwischen wohl hM ist in Übereinstimmung mit den Empfehlungen des Fachausschusses Recht des IDW in einem **ersten Schritt der Überschuldungsprüfung** die **Fortbestehensprognose** zu stellen, dh die Überlebenschancen des Unternehmens zu prüfen (*Wackerbarth*, NZI 2009, 145; *Beck* in *Beck/Depré* Praxis § 5 Rn 104; *Braun/Bußhardt* § 19 Rn 19; Ha*Ko-Schröder* § 19 Rn 8; N/R/*Mönning* § 19 Rn 17; *Hess* § 19 Rn 25; MüKo-*Drukarczyk* § 19 Rn 42 ff; HK-*Kirchhof* § 19 Rn 16; *Uhlenbruck* in *K. Schmidt/Uhlenbruck*, Die GmbH in Krise, Rn 5.119 f; *Bork* ZIP 2000, 1709, 1710; *Spliedt* in *Runkel* AnwHdb § 1 Rn 117; *Götker*, Der Geschäftsführer in der Insolvenz der GmbH, Rn 193; *Harz/Baumgartner/Conrad* ZInsO 2005, 1304, 1308; *Förschle/Hoffmann* in *Budde/Förschle/Winkeljohann*, Sonderbilanzen, 4. Aufl P Rn 72).

43 aa) **Prognosemethode.** Der Gesetzgeber der InsO hat in § 19 Abs 2 die Fortführungsprognose als **Bewertungsproblem** angesehen (vgl auch *Altmeppen* ZIP 1997, 1173, 1175. Das gilt allerdings nicht nach der Neufassung des § 19 Abs 2 durch das **Finanzmarktstabilisierungsgesetz** v 17. 10. 2008 (BGBl I 2208, 1982), das bis zum 31. 12. 2013 befristet ist (vgl *K. Schmidt* DB 2008, 2467, 2470; *Bitter* ZInsO 2008, 1097; *Hölzle* ZIP 2008, 2003 ff; *Holzer* ZIP 2008, 2108 ff; *Eckert/Happe* ZInsO 2008, 1098 ff; *Böcker/Poertzgen* GmbHR 2008, 1289 ff; *Möllmann-Mahlau/Schmitt*, NZI 2009, 19 ff; *Thonfeld* NZI 2009, 15 ff). Da die Fortführungsprognose durch das FMStG von einem Bewertungskorrektiv zu einem **Tatbestandsmerkmal** aufgewertet worden ist, besteht die Befürchtung, dass in der Praxis mit manipulierten Finanzplänen der Tatbestand der Überschuldung seine Bedeutung zumindest als Insolvenzauslöser weitgehend verliert. Im Folgenden soll wegen der zeitlichen Limitierung der gesetzlichen Neuregelung von der ab 1. 1. 2014 wieder geltenden Fassung ausgegangen werden. Durch die Verlängerung der durch die Finanzmarktkrise bedingten Übergangsregelung in § 19 Abs 2 bis zum 31. 12. 2013 ist das Problem einer ab 1. 1. 2014 drohenden Welle von Insolvenzen wegen Überschuldung zunächst erledigt (s *Dahl/Schmitz* NZG 2009, 567 ff). Einigkeit herrscht heute weitgehend darüber, dass die Prognoserechnung eine nach betriebswirtschaftlichen Grundsätzen durchzuführende **Ertrags- und Finanzplanung** voraussetzt (OLG München GmbHR 1998, 281, 282; OLG Schleswig GmbHR 1998, 536 [Ls]; *Kleindiek* in *Lutter/Hommelhoff* Anh zu § 64 GmbHG Rn 28; *Bork* ZIP 2000, 1709, 1710 ff; *Braun/Uhlenbruck*, Unternehmensinsolvenz, S 292; *Hess* § 19 Rn 31, 32; *Groß/Amen* WPg 2002, 225 ff u 433 ff; dies WPg 2003, 67 ff; dies DB 2005, 1861 ff; *K. Schmidt/Uhlenbruck*, Die GmbH in Krise, Rn 5.123; *Karollus/Huemer*, Die Fortbestehensprognose im Rahmen der Überschuldungsprüfung, Wien 2006, S 98 ff). Die Fortbestehensprognose muss nach **sachgerechten Kriterien** für sachverständige Dritte nachvollziehbar erstellt werden (vgl auch *Bork* ZIP 2000, 1709 ff; *Groß/Amen*, Die Fortbestehensprognose, FS Greiner [2005], S 83, 92 ff). Nach den Empfehlungen des Fachausschusses „Recht" des IDW (WPg 1997, 22, 23 f) ist die Fortbestehensprognose in **drei Stufen aufzustellen:** Einmal muss ein **aussagekräftiges und plausibles Unternehmenskonzept** erstellt werden (*Kleindiek* in *Lutter/Hommelhoff* Anh zu § 64 GmbHG Rn 28). Sodann ist in einem zweiten Schritt auf der Grundlage des Unternehmenskonzepts ein **Finanzplan** aufzustellen, in dem die finanzielle Entwicklung des Unternehmens für den Prognosezeitraum dargestellt wird. Auf einer dritten Stufe soll schließlich die **Fortbestehensprognose** aus dem Ergebnis des Finanzplans abgeleitet werden (s auch K/P/B/*Pape* § 19 Rn 41, 42).

44 Grundlage für eine zulässige Fortbestehensprognose ist ein **zuverlässiges und plausibles Unternehmenskonzept**, das zahlenmäßig mit einer **Plan-Ergebnis-Rechnung**, einer **Plan-Bilanz** und einem **Finanzplan** unterlegt ist (*Baumbach/Schulze-Osterloh* § 64 GmbHG Rn 13; *Hüttemann* FS K. Schmidt 2009, S 761; *Harz* ZInsO 2001, 193, 199; BerlKo-*Goetsch* § 19 Rn 20; K/P/B/*Pape* § 19 Rn 16; FK-*Schmerbach* § 19 Rn 19 ff; *K. Schmidt/Uhlenbruck*, Die GmbH in Krise, Rn 5.123; *Hueck/Schulze-Osterloh* § 64 GmbHG Rn 12; *Lutter/Hommelhoff* § 64 Rn 15; HaKo-*Schröder* § 19 Rn 15; *Beck* in *Beck/Depré* Praxis § 5 Rn 10 ff; *Bork* ZIP 2000, 1709, 1711). Nur ein **Unternehmenskonzept**, das auf sorgfältigen Marktanalysen, vertriebsorganisatorischen Planungen etc beruht und „vor dem personellen, sachlichen und finanziellen Hintergrund des Unternehmens realisierbar erscheint, kann der Fortbestehensprognose zugrunde gelegt werden" (FAR IDW WPg 1997, 22 ff; vgl auch MüKo-*Drukarczyk* § 19 Rn 54). Auf der Basis des Unternehmenskonzepts wird eine Finanzplanung erstellt.

45 Die **Beurteilung der Fortführungs- oder Fortbestehensprognose** orientiert sich am **Gläubigerschutz**, also an der Gefährdung von Gläubigeransprüchen (*Drukarczyk/Schüler*, in: KS S 127 Rn 92). Nach *Nonnenmacher* (in: *Beck'sches* Hdb GmbH § 15 Rn 7; ders FS *Moxter* S 1314, 1325 ff) ist ein Unternehmen dann fortführbar, wenn gegebenenfalls nach Durchführung von Sanierungsmaßnahmen mit hinreichender Wahrscheinlichkeit aus eigener Kraft am Markt nachhaltig Einnahmeüberschüsse erwirtschaftet werden. Der BGH (Urt v 29. 9. 1997, NJW 1998, 233, 234) stellt darauf ab, ob die Finanzkraft des Unternehmens objektiv mit **überwiegender Wahrscheinlichkeit** zur Fortführung des Unternehmens ausreicht (vgl auch *Hess* § 19 Rn 31; *Schaub* DStR 1993, 1483; *Möhlmann* DStR 1998, 1843 ff; N/R/*Mönning* § 19 Rn 18, 19; *Braun/Uhlenbruck*, Unternehmensinsolvenz, S 292). *Drukarczyk/Schüler* (in: KS S 127 InsO Rn 92 u MüKo-*Drukarczyk* § 19 Rn 53) weisen darauf hin, dass die Fortbestehens-

VII. Die Feststellung der Überschuldung § 19

prognose letztlich **Zahlungsfähigkeitsprognose** ist (vgl auch *Bähner* KTS 1988, 443, 445 ff; *Bork* ZIP 2000, 1709, 1710; *Temme* S 118 ff; *Wolf* Überschuldung S 30 ff; *Götker* Geschäftsführer Rn 233; *Vodrazka* in: Seicht [Hrsg], Controlling 1995, S 517, 520). Letztlich ist der **Prognosegegenstand** die **mittelfristige Zahlungsfähigkeit** eines Unternehmens (*Bork* ZIP 2000, 1709, 1710).

Der BGH stellt darauf ab, ob die **Finanzkraft des Unternehmens** objektiv mit **überwiegender Wahr- 46 scheinlichkeit** zur Fortführung ausreicht (BGH v 29. 9. 1997, NJW 1998, 233, 234). In einer weiteren Entscheidung v 9. 10. 2006 (ZInsO 2007, 36, 37) stellt der BGH fest, dass eine günstige Fortführungsprognose sowohl den **Fortführungswillen** des Schuldners bzw seiner Organe als auch die – grundsätzlich aus einem aussagefähigen Unternehmenskonzept (sog Ertrags- und Finanzplan) herzuleitende – **Überlebensfähigkeit** des Unternehmens voraussetzt. In der betriebswirtschaftlichen Literatur wird neuerdings auch auf die **Ertragskraft des Schuldnerunternehmens** abgestellt (so zB *Harz* ZInsO 2001, 193, 199; *Harz/Baumgartner/Conrad* ZInsO 2005, 1304, 1309; *Hüttemann* FS K. Schmidt 2009 S 761, 770 ff; wohl auch *Beck* in *Beck/Depré* Praxis § 5 Rn 111). Eine andere Frage ist die, ob ein Unternehmen mittelfristig **Überschüsse** erzielen kann, aus denen die gegenwärtigen und künftigen Verbindlichkeiten gedeckt werden können (KG ZInsO 2006, 437, 438; OLG Naumburg ZInsO 2004, 513; HaKo-*Schröder* § 19 Rn 14; vgl auch *Bork* ZIP 2000, 1709, 1710). Für die Feststellung der Fortbestehensprognose kommt es letztlich weder auf die **Ertragskraft** noch darauf an, ob eine Gesellschaft bzw ein Unternehmen **künftig Gewinn** erzielt. Eine **positive Fortbestehensprognose** kann keinesfalls auf **einseitige Sanierungsbemühungen** der Gesellschaft und ein von ihr entworfenes Sanierungskonzept gestützt werden, wenn dessen Umsetzung vom Einverständnis eines Gläubigers abhängig ist und dieser die Zustimmung verweigert hat (BGH v 23. 2. 2004, ZIP 2004, 1049).

bb) Prognosezeitraum. Nach Feststellung von *Groß/Amen* (FS Greiner, 2005, S 83, 94) soll die Fort- 47 bestehensprognose Auskunft darüber geben, ob der wirtschaftliche Geschäftsbetrieb nicht nur vorübergehend, sondern **dauerhaft** aufrechterhalten werden kann. Eine langfristige Fortbestehensprognose kann aber niemals zuverlässig sein. Vielmehr setzt eine zuverlässige Fortbestehensprognose die **Festlegung eines handhabbaren Prognosezeitraums** voraus. Nach Auffassung des II. Zivilsenats des BGH (BGHZ 119, 201, 214; vgl auch OLG Köln ZInsO 2001, 48) ist die Überlebens- bzw Fortführungsprognose dann negativ, wenn die „Finanzkraft der Gesellschaft nach überwiegender Wahrscheinlichkeit **kurz- oder mittelfristig** nicht zur Fortführung des Unternehmens ausreicht". Der Gesetzgeber der InsO hat bewusst auf die Festlegung eines Prognosezeitraums verzichtet. Während der BGH auf eine kurz- oder mittelfristige Prognose abstellt (vgl auch BGH ZIP 1995, 819, 825; BGH ZIP 1992, 1382 ff), wird vor allem im österreichischen Insolvenzrecht zwischen **Primärprognose** und **Sekundärprognose** unterschieden (*Karollus/Huemer*, Fortbestehensprognose S 86 ff; Leitfaden Fortbestehensprognose der Kammer, der Wirtschaftstreuhänder, Wien 2006, S 10 f; *Schumacher* in: *Bartsch/Pollak/Buchegger* § 67 KO Rn 41 ff; *Buchegger* in *Feldbauer/Durstmüller/Schlager*, Krisenmanagement – Sanierung – Insolvenz, Wien 2002 S 952, 966 f). Die auf einen relativ kurzfristigen Planungszeitraum angelegte, durch einen exakten Finanzplan zu unterlegende **Primärprognose** stellt auf einen Zeitraum von sechs Monaten bis zum Geschäftsjahresende des folgenden Geschäftsjahres ab. Die **Sekundärprognose** wird für einen **längeren Zeitraum als ein Geschäftsjahr** gestellt und braucht nicht in gleicher Weise wie die Primärprognose durch exakte Planungsdaten unterlegt zu werden. Sie muss aber Auskunft darüber geben, ob mit einer weiteren nachhaltig positiven Entwicklung des Unternehmens über den eigentlichen Planungszeitraum hinaus zu rechnen ist. Beides zusammen konstituiert eine positive Fortbestehensprognose (ähnlich MüKo-*Drukarczyk* § 18 Rn 58 ff, der von einer mehrwertigen Fortführungsprognose spricht).

Letztlich kommt es darauf an, welcher **Planungszeitraum** noch betriebswirtschaftlich kalkulierbar ist. 48 Nach hM ist der Prognosezeitraum aus Gründen der Praktikabilität und Justiziabilität wie bei der Prüfung der drohenden Zahlungsunfähigkeit auf einem grundsätzlich mittelfristigen Zeitraum von **mindestens zwölf Monaten** begrenzt (*Groß/Amen* FS Greiner S 83, 95; *Spliedt* in *Runkel* AnwHdb § 1 Rn 131; *Bork* ZIP 2000, 1709, 1710). Nicht gefolgt werden kann der Auffassung von *Burger/Schellberg* (BB 1995, 261, 265), die den Planungszeitraum an den **Fälligkeiten** orientieren. Zu kurz bemessen ist auch ein „primärer Planungszeitraum" von nur **sechs Monaten** (so *Vodrazka* in: Jahrb f Controlling und Rechnungswesen 1995, S 527). Richtig ist allerdings die Feststellung von *Hess* (§ 19 Rn 44), dass entscheidend der im Einzelfall betriebswirtschaftlich überschaubare Zeitraum ist. So kann sich der **Prognosezeitraum erweitern**, wenn sich das übliche Unternehmensrisiko tendenziell zu einem abgrenzbaren „Projektrisiko" konkretisiert, wie zB bei Start-up-Unternehmen (*Groß/Amen* FS Greiner S 83, 95; K/P/B/*Pape* § 19 Rn 40; s auch BGH ZIP 2001, 1874 ff). Das gilt auch, wenn sich zB nachhaltige Sanierungsmaßnahmen erst langfristig auswirken und zu einem „turn-around" führen. Oder wenn sich, wie in der Finanzmarktkrise 2008/2009, erst auf längere Sicht absehen lässt, dass die Liquidität und damit die Zahlungsfähigkeit des Unternehmens langfristig wieder hergestellt werden kann. Insoweit dürfte es sich empfehlen, die im österreichischen Insolvenzrecht übliche **Sekundärprognose** an eine **kurzfristigere Primärprognose** anzuschließen. Letztlich geht es darum, die Gesamtfinanzierung des Unternehmens so sicherzustellen, dass erkennbare Risiken von Finanzierungslücken möglichst nicht zu Lasten der Gläubiger gehen (*Groß/Amen* FS Greiner S 95). Je nach Branche (zB Immobilienwirtschaft, Anla-

§ 19 *Überschuldung*

genbau, Energie- und Wasserwirtschaft) und Lebenszyklusphase kann nach *Groß/Amen* „ein deutlich längerer Prognosezeitpunkt" maßgeblich sein.

49 In der **Literatur** werden **Prognosezeiträume von einem Jahr bis zum Ende der letzten Fälligkeit** bestehender Verbindlichkeiten gehandelt. Um justiziabel zu bleiben, ist die Fortbestehensprognose auf einen bestimmten Planungszeitraum auszurichten. Auf die letzte Fälligkeit bestehender Verbindlichkeiten oder auf den Lebenszeitraum eines Unternehmen abzustellen, ist unrealistisch (*Karollus/Huemer*, Fortbestehensprognose, S 94). Überschaubar ist allenfalls eine **mittelfristige Prognose** (BGH v 13. 7. 1992, BGHZ 119, 201, 214).

50 Der Fachausschuss Recht des IDW empfiehlt, der Prognose grundsätzlich das **laufende und das folgende Geschäftsjahr** zugrunde zu legen (WPg 1997, 24). Nur für einen derartigen Zeitraum könnten im Regelfall Aussagen mit hinreichender Wahrscheinlichkeit getroffen werden. Kürzere Zeiträume würden keine ausreichende Basis für eine Fortführungsprognose bilden. Dies entspricht der inzwischen wohl hM (*Harz/Baumbartner/Conrad* ZInsO 2005, 1304, 1309; FK-*Schmerbach* § 19 Rn 22; HK-*Kirchhof* § 19 Rn 12; K/P/B/*Pape* § 19 Rn 40; BerlKo-*Goetsch* § 19 Rn 20, 26; N/R/*Mönning* § 19 Rn 19 f; *Baumbach/Hueck/Schulze-Osterloh* § 64 Rn 13; *Groß/Amen* FS Greiner S 83, 95; *Jaeger/Müller* § 19 Rn 37; HaKo-*Schröder* § 19 Rn 19; *K. Schmidt/Uhlenbruck*, Die GmbH in Krise, Rn 5.126; *Kleindiek* in *Lutter/Hommelhoff* Anh zu § 64 GmbHG Rn 24; *Beck* in *Beck/Depré* Praxis § 5 Rn 108 f; *Bork* ZIP 2000, 1709, 1710; differenzierend *Braun/Bußhardt* § 19 Rn 32; *Spliedt* in *Runkel* AnwHdb § 1 Rn 131; *Karollus/Huemer*, Fortbestehensprognose, S 95 ff; s auch *Schmumacher* in *Bartsch/Pollak/Buchegger* § 67 KO Rn 35). Zutreffend der Hinweis dagegen von *H.-P. Müller/Haas* (in: KS S 1805 Rn 15), dass der Gesetzgeber das Problem der mangelnden Trennschärfe in § 19 Abs 2 S 2 offensichtlich gesehen hat, wenn er das Erfordernis der überwiegenden Wahrscheinlichkeit aufgestellt habe. Dieser Tatbestand deute indes darauf hin, dass anders als im HGB die Fortführbarkeit nicht als Regelfall anzusehen sei. Die Fortführungsprognose enthalte **unvermeidbare Unschärfen**. Es gebe „im Insolvenzrecht wie im Handelsbilanzrecht keine abstrakt richtige Messzahl, da etwa branchenabhängige Finanzierungsunterschiede zu verschiedenen Anforderungen an den Prognosezeitraum führen können". In der Tat würde ein zu lang angesetzter Prognosezeitraum wegen der geringeren Sicherheit der Prognose eine Risikoerhöhung bedeuten (*H.-P. Müller/Haas* in: KS S 1806 Rn 17; zust *Bittmann* wistra 1999, 10, 14). Schlägt ein Unternehmen seine Erzeugnisse kurzfristig um, wie zB in der Computerbranche, ist eine kürzere Finanzplanung erforderlich als zB bei einer Schiffswerft (*Bittmann* wistra 1999, 14).

51 c) Die „überwiegende Wahrscheinlichkeit" der Fortführungsfähigkeit. Nach der bis zum 18. 10. 2008 und ab 1. 1. 2014 geltenden Fassung des § 19 Abs 2 ist die überwiegende Wahrscheinlichkeit der Fortführung eine **Bewertungsfrage**, in der Fassung durch das Finanzmarktstabilisierungsgesetz dagegen ein **Tatbestandsmerkmal**, dessen Bejahung die Überschuldung entfallen lässt (vgl K/P/B/*Pape* § 19 Rn 46). In jedem Fall hat der organschaftliche Vertreter einer antragspflichtigen Gesellschaft die Prüfung vorzunehmen, ob die Aufrechterhaltung der Zahlungsfähigkeit und damit die Fortführung des Unternehmens innerhalb des Prognosezeitraums **überwiegend wahrscheinlich** ist. Es besteht die Gefahr, dass die „**subjektiven Wahrscheinlichkeiten der Fortführungsprognose**" (KS-*Drukarczyk/Schüler* S 129 Rn 98) und deren hohe Anfälligkeit für Irrtümer und Manipulationen jeglichen Blick dafür verstellt, ob, wenn das Unternehmen heute liquidiert würde, die Erlöse aus der Liquidation die Verbindlichkeiten abdecken. Überwiegende Wahrscheinlichkeit der Fortführung des Unternehmens heißt, dass diese zu **mehr als 50 Prozent** wahrscheinlich sein muss (HK-*Kirchhof* § 19 Rn 8; HaKo-*Schröder* § 19 Rn 13; K/P/B/*Pape* § 19 Rn 46; *Müller/Haas* S 1805 Rn 15; *Bittmann* wistra 1999, 11; *Groß/Amen* WPg 2003, 67 ff; *Drukarczyk/Schüler* WPg 2003, 56 ff). Es gibt **mehrere Wahrscheinlichkeitsbegriffe**, wie zB die „objektive" (auf dem Gesetz der großen Zahl beruhende statistische) und die „subjektive" (induktive, psychologische) Wahrscheinlichkeit (vgl *Groß/Amen* WPg 2002, 225 ff; dies WPg 2003, 67, 72 f; *Luttermann/Vahlenkamp* ZIP 2003, 1629, 1632 f; *Drukarczyk/Schüler* WPg 2003, 56 ff). Bei der „**subjektiven Wahrscheinlichkeit**" treten neben den „reinen" Tatsachen persönliche Vorstellungen und Überzeugungen in stochastischen Wahrscheinlichkeitsmodellen auf. Nach *Eidenmüller* (Unternehmenssanierung zwischen Markt und Gesetz, 1999, S 686) bietet für den Tatbestand der drohenden Zahlungsunfähigkeit die Szenariotechnik dem Verwender bei der Zuordnung subjektiver Wahrscheinlichkeiten zu den einzelnen Szenarien erheblichen „Spielraum für die Plausibilisierung einer zu erwartenden Zahlungsunfähigkeit". Letztlich beinhaltet die „überwiegende Wahrscheinlichkeit" einen „Terminus technicus" des Beweisrechts, der in Form einer nicht quantifizierbaren Hypothesenwahrscheinlichkeit das Beweismaß für die Glaubhaftmachung einer berechtigten Annahme der Unternehmensfortführung vorgibt (*Groß/Amen* WPg 2003, 67, 88; dies WPg 2002, 433 ff; *dies* FS Greiner S 83, 96 ff). Zu **Ansatz- und Bewertungsregeln bei fehlender überwiegender Fortführungswahrscheinlichkeit** s MüKo-*Drukarczyk* § 19 Rn 91 ff.

52 Nach Feststellung von *Groß/Amen* (FS Greiner S 83, 100) ist die „**überwiegende Wahrscheinlichkeit**" iS der InsO als juristisches Beweismaß zur Prüfung einer Fortbestehensprognose im Sinne einer komparativen, nicht quantifizierbaren Hypothesenwahrscheinlichkeit, keineswegs jedoch als statistisches Konzept aufzufassen. Die „überwiegende Wahrscheinlichkeit" des Fortbestehens sei somit unter dem Aspekt der Realisierbarkeit des Unternehmenskonzepts und der damit verknüpften integrierten Planung

VII. Die Feststellung der Überschuldung § 19

zu interpretieren (s auch **BGH** v 13. 7. 1992, ZIP 1992, 1382 ff; *K. Schmidt/Uhlenbruck,* Die GmbH in Krise, Rn 5.127 f; *Karollus/Huemer,* Die Fortbestehensprognose, S 89 ff; *Schumacher* in *Bartsch/Pollak/ Buchegger,* Österreichisches Insolvenzrecht, § 67 KO Rn 33) Zutreffend weisen *Karollus/Huemer* (S 91) darauf hin, dass nach der Formulierung in BGHZ 119, 201, 214 und BGHZ 129, 136, 154 die **negative Prognose** „überwiegend wahrscheinlich" sein müsste und es läge daher noch kein Insolvenzgrund vor, wenn die Chancen 50 zu 50 stehen (vgl auch *Dellinger* in *Konecny/Schubert,* Insolvenzgesetze, § 67 KO Rn 87).

Nach *Karollus/Huemer* (S 91) sind letztlich alle Überlegungen zum genauen statistischen Umfang der 53 geforderten Wahrscheinlichkeit müßig, weil damit lediglich eine Scheinrationalität vorgegaukelt wird. Mathematisch genau ließen sich nur die Ergebnisse aus den Planzahlen für die Primärprognose berechnen. Dabei handele es sich aber eben nur Planzahlen, die auf Basis einer Vielzahl von Annahmen und Prämissen gewonnen würden. Die entscheidende Frage kann danach nur lauten, wie wahrscheinlich der Eintritt dieser Annahmen und Prämissen ist. Dies kann aber nicht mehr mathematisch oder statistisch exakt auf einen Prozentsatz festgestellt werden, sondern im Vordergrund müsse die **Plausibilität** stehen. Wer als organschaftlicher Vertreter einer antragspflichtigen Gesellschaft im Haftungsprozess wegen Insolvenzverschleppung plausibel machen kann, warum die größere Wahrscheinlichkeit für die Fortführung der Unternehmung sprach, braucht die Haftung nicht zu fürchten. Der organschaftliche Vertreter einer antragspflichtigen Gesellschaft ist nicht schon dann schadensersatzpflichtig, wenn er eine **falsche Entscheidung** trifft, die bei Betrachtung ex ante vertretbar erscheint (vgl **OLG** Celle NZG 2002, 730, 731; **OLG** Koblenz ZIP 2003, 571; **OLG** Saarbrücken NZG 2001, 414, 415; *Kleindiek* in *Lutter/ Hommelhoff* Anh zu § 64 GmbHG Rn 28, 38; *Rowedder/Schmidt-Leithoff* § 64 GmbHG Rn 48; *Haas* DStR 2003, 423, 432 f). Das setzt allerdings voraus, dass die Grundlagen für das Ergebnis der Fortbestehensprognose **dokumentiert** werden.

d) Darlegungs- und Beweislast. Anlass für die Erstellung einer Fortbestehensprognose ist – soweit 54 nicht gesetzliche Vorschriften bestehen, wie zB in § 252 Abs 1 Nr 2 HGB, § 90 Abs 1 Satz 1 Nr 1 AktG – immer die **Unternehmenskrise**. Umsatzeinbrüche und steigende Vorräte, Forderungsausfälle, sich ankündigende Verluste und/oder negative operative Cashflows, ausgeschöpfte und/oder gekündigte Kreditlinien und schließlich Liquiditätsengpässe als Krisenmerkmale sind immer Anlass, eine Fortbestehensprognose bzw eine Überschuldungsprüfung vorzunehmen und dokumentieren (**OLG** Naumburg ZInsO 2004, 512, 513; FAR/IDW, WPg 1997, 22, 25; *Bork* ZIP 2000, 1709, 1711; *Wolf,* Überschuldung, S 42; *K. Schmidt/Uhlenbruck,* Die GmbH in Krise, Rn 5.129 ff). Nach Feststellung von *Altmeppen* (ZIP 1997, 1173, 1176; ZIP 2001, 2201, 2209; *Roth/Altmeppen* Vorb § 64 GmbHG Rn 37) müssen die Geschäftsführer einer GmbH die Erfüllung ihrer Insolvenzantragspflicht (§ 15 a Abs 1 Satz 1) **darlegen und beweisen.** Deshalb hätten sie auch zu belegen, wie sie zu Beginn der Krise ihrer **Kontrollpflicht** hinsichtlich der Überschuldungsprüfung erfüllt haben. Gelinge ihnen diese Darlegung nicht, so sei zu Lasten der Geschäftsführer zu vermuten, dass bereits mit dem erkennbaren Beginn der Krise Überschuldung vorgelegen hat. Nach **Auffassung des BGH** (BGH v 29. 11. 1999, ZIP 2000, 184 ff) ist vom Zeitpunkt der Erkennbarkeit einer rechnerischen Überschuldung eine schuldhafte Insolvenzverschleppung durch den Geschäftsführer zu vermuten (vgl auch BGHZ 143, 184, 185; BGHZ 126, 181, 200; **OLG** Celle NZG 1999, 77, 78; **OLG** Celle GmbHR 1997, 127, 128). Nach hM trägt die Geschäftsführung einer GmbH auch die **Beweislast für die positive Fortbestehensprognose** (**OLG** München GmbHR 1998, 281, 282; *Baumbach/Hueck/Schulze-Osterloh* § 64 Rn 13; *Bork* ZIP 2000, 1709, 1712; *Braun/Uhlenbruck,* Unternehmensinsolvenz, S 29; *Groß/Amen* WPg 2003, 67, 71; *Karollus/Huemer,* Fortbestehensprognose, S 153 ff). Richtig ist zwar, dass es keine zwingende Bestimmung über die **schriftliche Aufarbeitung einer Fortbestehensprognose** gibt (anders wohl OLG München GmbHR 1998, 281 f); zutreffend ist aber auch, dass in einem Haftungs- oder Anfechtungsprozess der Insolvenzverwalter für die **Voraussetzungen einer Insolvenzantragspflicht (§ 15 a)** darlegungs- und beweispflichtig ist. Steht jedoch bei einer Prüfung ex nunc die Überschuldung fest, so hat bei Inanspruchnahme wegen Insolvenzverschleppungshaftung der antragspflichtige organschaftliche Vertreter darzulegen und zu beweisen, dass bei einer sachgerechten und plausiblen Prüfung ex ante die Fortführungsfähigkeit überwiegend wahrscheinlich war. Nach zutr Feststellung von *Karollus/Huemer* (Fortbestehensprognose S 154) folgt diese Beweislastverteilung daraus, dass die Fortbestehensprognose letztlich als **negatives Tatbestandsmerkmal** – als ausnahmsweise Einschränkung des insolvenzrechtlichen Überschuldungstatbestandes – zu sehen ist (so auch *Ulmer* KTS 1981, 469, 477; *Schaub* DStR 1993, 1483, 1487; *Bork* ZIP 2000, 1709, 1712). Vor allem für die Geltungsdauer des **Finanzmarktstabilisierungsgesetzes** besteht ein erhöhtes Risiko, dass sich die Voraussetzungen des Ausnahmetatbestands einer nach den Umständen überwiegenden Fortführungswahrscheinlichkeit nicht feststellen lassen, so dass nach allgemeinen zivilprozessualen Grundsätzen die Beweislast denjenigen trifft, der die positive Fortführungsprognose für sich in Anspruch nimmt (vgl **LG** Göttingen ZIP 2009, 382; *Bork* ZIP 2000, 1709, 1712). Nach **OLG** Naumburg (ZInsO 2002, 730, 732) trifft die Darlegungslast hinsichtlich einer trotz Überschuldung bestehenden positiven Fortführungsprognose den in Anspruch genommenen Gesellschafter-Geschäftsführer (vgl auch **BGH** NZI 2005, 351 f).

e) Kontrolle der Fortbestehensprognose. Der organschaftliche Vertreter einer antragspflichtigen Ge- 56 sellschaft ist nicht verpflichtet, eine positive Fortbestehensprognose dauernd zu wiederholen. Für die

Zeit bis zum nächsten Bilanzstichtag oder bei Auftreten von weiteren Krisenanzeichen besteht allerdings eine Verpflichtung, die früher erstellte Fortbestehensprognose zu kontrollieren und ggf erneut zu überprüfen (*Karollus/Huemer*, Fortbestehensprognose, S 132 f; *K. Schmidt/Uhlenbruck*, Die GmbH in Krise, Rn 5.132). Eine **fortlaufende Kontrolle der Prämissen** ist vor allem dann angebracht, wenn erkennbar wird, dass die geplanten Sanierungsmaßnahmen nicht durchgeführt werden oder wenn eine Verschlechterung der Liquiditätssituation absehbar ist. In diesem Fall ist das bisherige **Wahrscheinlichkeitsurteil über die Unternehmensfortführung** auf Grund der nunmehr eingetretenen Entwicklungen zweifelhaft geworden. Bestehen hinsichtlich der Nachhaltigkeit von internen und externen Sanierungsmaßnahmen Zweifel oder greift ein in Gang gebrachtes Sanierungskonzept nicht, so ist eine neue Fortbestehensprognose auf der Basis neuer Pläne oder eines geänderten Sanierungskonzepts zu erstellen (so auch *Dellinger* in *Konecny/Schubert*, Österreichische Insolvenzgesetze, § 67 KO Rn 105). Nach *W. Buchegger* (in *Feldbauer-Durstmüller/Schlager*, Krisenmanagement – Sanierung – Insolvenz, S 953, 967) ist die Überprüfung der Frage nach der **Nachhaltigkeit von Reorganisationsmaßnahmen** eine solche der **Sekundärprognose**, mit der einer „schleichenden Liquidation" entgegengesteuert werden soll. **Prognoseziele der Sekundärprognose** sind die am Ende des Beobachtungszeitraums vorliegenden Unternehmensdaten und Finanzierungsvoraussetzungen für eine zumindest periodenübergreifend aufrechterhaltbare Zahlungsfähigkeit (*Schumacher* in *Bartsch/Pollak/Buchegger* § 67 KO Rn 44). Nach wohl richtigem Verständnis heißt dies nur, dass die **Kontrolle der Gesamtfortführungsprognose** bei langfristig greifenden Sanierungsmaßnahmen im folgenden Geschäftsjahr auch auf das übernächste Geschäftsjahr erstreckt werden muss.

VIII. Wertansätze und Bewertung der Aktiva bei positiver Fortführungsprognose

57 Nach den Vorstellungen des Gesetzgebers ist das vorhandene Vermögen **realistisch zu bewerten,** damit das Ziel einer rechtzeitigen Verfahrenseröffnung nicht gefährdet wird (Begr zu § 23 RegE, BR-Drucks 1/92, abgedr bei *Uhlenbruck*, Das neue Insolvenzrecht S 319). Während der temporären Geltung des § 19 Abs 2 idF des FMStG brauchen nur noch **Liquidationswerte** angesetzt zu werden, denn die Fortführungswerte sind für die Übergangszeit bedeutungslos geworden (K/P/B/*Pape* § 19 Rn 56; *Kleindiek* in *Lutter/Hommelhoff* Anh zu § 64 GmbHG Rn 36). Zutr weist *Crezelius* (FS Röhricht S 787, 794) darauf hin, dass die eigentliche Problematik der Bewertung darin besteht, dass in dem zur Ermittlung der rechnerischen Überschuldung aufzustellenden Überschuldungsstatus die einzelnen Vermögensgegenstände zu bewerten sind und nicht das Unternehmen als Ganzes. Erschwert werde die Problematik auch dadurch, dass der Gesetzgeber der InsO zwar von einer bilanziellen Überschuldungsermittlung ausgeht, jedoch nicht hinreichend zwischen Ansatz und Bewertung von Vermögensgegenständen und Schulden trennt. In der Tat beeinflusst das Ergebnis einer Fortführungsprognose nicht nur die **Bewertung,** sondern auch den **Ansatz von Aktiva und Passiva.** Nach *Crezelius* geht es bilanztheoretisch darum, dass jede Fortführungsprämisse einen **Gesamtwert des Unternehmens** unterstellt und ausweisen will, mithin eine dynamische Betrachtung beinhaltet. Letztlich gehe es darum, ob die Summe der Aktiva abzüglich der Schulden um eine Größe zu erhöhen ist, die eine Gesamtverwertbarkeit des Unternehmens unterstellt, was auf eine **Aktivierung des Firmenwerts** hinausläuft. Deshalb wird in der Literatur teilweise die Auffassung vertreten, bei positiver Fortbestehensprognose seinen im Überschuldungsstatus die Vermögenswerte und Schulden mit dem Betrag anzusetzen, der ihnen als **Bestandteil eines Gesamtkaufpreises** des Unternehmens bei konzeptmäßiger Fortführung beizulegen wäre (so zB *Wagner* in *Baetge*, Beiträge zum neuen Insolvenzrecht, S 51; *Wengel* DStR 2001, 1769, 1770; s auch *Wolf* KSI 2006, 60, 63). Danach entspricht der Fortführungswert weitgehend dem **steuerlichen Teilwert** iSd § 6 Abs 1 Nr 1 Satz 3 EStG (*Jaeger/Müller* § 19 Rn 46; HaKo-*Schröder* § 19 Rn 21). Nach *Th. Wolf* (KSI 2006, 60, 64) muss die Überschuldungsprüfung berücksichtigen, dass das Schuldendeckungsvermögen bei einer ertragsorientierten Unternehmensfortführung „unzweifelhaft eine Ertragskomponente beinhaltet". Solange die Zahlungsfähigkeit gesichert und die Fortführungsprognose fundiert getroffen und plausibel Sanierungspläne umgesetzt und dokumentiert worden sein, sei die Ertragsfähigkeit des Unternehmens in der Überschuldungsprüfung im Rahmen des Fortführungswertes abzubilden. Nach S *Beck* (Beck/Depré Praxis § 5 Rn 122) gilt als **Grundregel,** dass das Vermögen sowohl bei positiver als auch bei negativer Fortbestehensprognose im Überschuldungsstatus stets **realistisch** anzusetzen ist. Nach Auffassung von *Spliedt* (in *Runkel* AnwHdb § 1 Rn 137) entspricht die **Einzelbewertung,** wie sie heute von der hM vorgenommen werde, einem „überholten Substanzwertdenken" (so auch *Götz* ZInsO 2000, 77, 80; *Bittmann* wistra 1999, 10, 14). Der aus dem Fortführungswert abgeleitete **Teilwert einzelner Wirtschaftsgüter** sei reine Fiktion. Zutreffend weist allerdings *H.-P. Kirchhof* (HK-*Kirchhof* § 19 Rn 14) darauf hin, dass die **Ertragswertmethode** nicht den Vorstellungen des Bundestages entspricht, der sich nicht allein auf Zukunftserwartungen verlassen, sondern bei der Bewertung die haftende Vermögenssubstanz erfassen wollte (vgl BT-Drucks 12/7302, 157).

58 Wegen der bestehenden Unsicherheitsfaktoren ist davon auszugehen, dass diejenigen Werte anzusetzen sind, die **unter normalen Umständen** zu erzielen sind (*Uhlenbruck*, Die GmbH & Co KG in Krise, Konkurs und Vergleich, S 283; ders in *K. Schmidt/Uhlenbruck*, Die GmbH in Krise, Rn 5.134; *Rowedder/Schmidt-Leithoff* § 36 GmbHG Rn 34; *Baumbach/Hueck/Schulze-Osterloh* § 64 GmbHG Rn 15; HK-*Kirchhof* § 19 Rn 15; *Jaeger/Müller* § 19 Rn 44; K/P/B/*Pape* § 19 Rn 56). Zutreffend weist *Klein-*

VIII. Wertansätze und Bewertung bei positiver Fortführungsprognose § 19

diek (in *Lutter/Hommelhoff* Anh zu § 64 GmbHG Rn 29) darauf hin, dass der Zweck einer Bilanz den Modus ihrer Erstellung bestimmt. Sowohl die **Liquidationsbilanz** als auch die **Fortführungsbilanz** hätten beide die gleiche Fragestellung: Deckt das Vermögen der Gesellschaft ihre Schulden? Im Übrigen unterschieden sich die beiden Bilanzen durch ihre **unterschiedlichen Prämissen**: „Was ist nach Einstellung des Geschäftsbetriebes für die einzelnen Teile oder Gruppen von Aktiva am Markt zu erlösen (Liquidationswerte)? einerseits und: Was würde ein Erwerber des lebenden Unternehmens für die einzelnen Aktiva als Teile des Ganzen bezahlen? andererseits."

Beginnt man entsprechend der früher herrschenden Auffassung in der Literatur die Überschuldungsprüfung mit der **Aufstellung eines Liquidationsstatus**, so ist praktisch eine **Neubewertung** aller Aktiva unter Zugrundelegung ihrer Einzelveräußerung bei Ansatz von Zeitwerten unter Auflösung stiller Reserven vorzunehmen (*Kleindiek* in *Lutter/Hommelhoff* Anh zu § 64 GmbHG Rn 29). Beginnt man dagegen die Überschuldungsprüfung mit der Fortführungsprognose, so kann von den Ansätzen der letzten Jahresbilanz ausgegangen werden, wobei einzelne Aktiva wegen Auflösung stiller Reserven höher zu bewerten, andere dagegen wegen Unveräußerlichkeit niedriger anzusetzen sind. Nach *Altmeppen (Roth/Altmeppen* Vorb § 64 GmbHG Rn 94), erscheint es auch für die Zwecke der Feststellung des Überschuldungsstatus (§ 19 Abs 2) sinnvoll, als **Ausgangspunkt** die nach den Grundsätzen ordnungsgemäßer Bilanzierung **fortgeschriebenen Ansätze der Jahresbilanz** zu wählen. Allerdings stellen diese Bilanzwerte idR nur die Untergrenze dar, weil das HGB zumindest tendenziell eine Unterbewertung fordert (§ 253 HGB). Nach K/P/B/*Pape* (§ 19 Rn 56) sind nach dem FMStG nur noch **Liquidationswerte** anzusetzen. S auch *Altmeppen* in *Roth/Altmeppen* Vorb § 64 GmbHG Rn 34; *Förschle/Hoffmann* in *Budde/Förschle/Winkeljohann*, Sonderbilanzen, 4. Aufl P Rn 76, 77; *Th. Wolf* KS 2006, 60 ff; *Degener*, Die Überschuldung als Krisenmerkmal von Insolvenztatbeständen, FS H. J. Rudolphi, 2004, S 413 ff **Stille Reserven** sind aufzulösen (*Tiedemann*, Insolvenz-Strafrecht vor § 283 StGB Rn 152; *ders* GmbH-Strafrecht, S 149; *Bittmann* wistra 1999, 10, 12; str aA *Nonnenmacher* in: Beck'sches Hdb GmbH § 15 Rn 55; *Reck* Betrieb und Wirtschaft 1997, 743, 747).

Handelsrechtlich nicht bilanzierungsfähige oder einem Bilanzierungsverbot unterworfene selbständig verwertbare **Vermögensgegenstände** sind mit dem „wahren" Wert anzusetzen (*Braun/Uhlenbruck*, Unternehmensinsolvenz, S 293). Festzustellen ist vorab, dass nur solche Vermögensgegenstände berücksichtigt werden dürfen, die im Zeitpunkt einer alsbaldigen Verfahrenseröffnung als Massebestandteile (§ 35) verwertbar wären (Begr zu § 23 RegE, BR-Drucks 1/92, abgedr bei *Uhlenbruck*, Das neue Insolvenzrecht S 319; BGH NJW 1983, 677; HK-*Kirchhof* § 19 Rn 18). S auch *Beck/Depré/Beck* Hdb § 5 Rn 120.

1. Nicht zu berücksichtigende Bilanzpositionen. In der Literatur ist die Auffassung vertreten worden, dass die Inanspruchnahme sogen **Bilanzierungshilfen**, wie sie in §§ 269, 274 Abs 2 HGB enthalten sind, eine Überschuldung verhindern könnte (vgl *Küppers* DB 1986, 1638; *Castan*, Hdb Rechnungslegung 1987 B 200 Rn 33; *Müller-Dahl* BB 1981, 277; *D. Schneider*, Bilanzierungs- und Buchungsfähigkeit, in: HWR, 2. Aufl 1981, Sp 218). Diese Auffassung dürfte heute überholt sein (*Winkeljohann/Lawall*, Beck'scher BilKomm § 269 HGB Rn 16; *Commandeur/Commandeur* DB 1988, 661 ff; *Braun/Uhlenbruck*, Unternehmensinsolvenz S 294 f; ADS § 269 HGB Anm 8; *Veit* bei *Küting/Weber* § 269 HGB Anm 67). Bei den handelsrechtlichen Bilanzierungshilfen handelt es sich im Wesentlichen um die Aufwendungen der **Ingangsetzung** und **Erweiterung des Geschäftsbetriebes** (§§ 268 Abs 2 S 1, § 269 HGB), aktive latente Steuern (§ 274 Abs 2 HGB), Disagio (§ 250 Abs 3 HGB) sowie bestimmte als Aufwand zu berücksichtigende Zölle, Verbrauchssteuern und Umsatzsteuern (§ 250 Abs 1 S 2 HGB). Die nach handelsrechtlichen Grundsätzen zulässige Aktivierung dient nur der Vermeidung einer bilanziellen, nicht aber einer insolvenzrechtlichen Überschuldung (so auch *Kleindiek* in *Lutter/Hommelhoff* Anh zu § 64 GmbHG Rn 31). Zu den **Ingangsetzungskosten** und Aufwendungen für die **Erweiterung des Geschäftsbetriebes** gehören sämtliche Aufwendungen, die in der Anfangsphase eines Unternehmens für den Aufbau der gesamten Organisation entstehen. Hierzu zählen auch die Personalsuche und die Fremdkapitalbeschaffung. **Kosten der Erweiterung des Geschäftsbetriebes** sind die Aufwendungen, die in einem späteren Zeitpunkt durch eine räumliche oder sonstige Ausweitung des Betriebs verursacht werden und nicht zu den aktivierungspflichtigen Anschaffungs- und Herstellungskosten gehören (*Baumbach/Hueck/Schulze-Osterloh* § 64 GmbHG Rn 16; *Jaeger/Müller* § 19 Rn 53; GK AktG-*Habersack* § 92 AktG Rn 48). Die **Kosten der laufenden Neu- und Fortentwicklung der Produkte und Produktionsverfahren** sind ebenfalls nicht aktivierbar (vgl *Bilo* GmbHR 1981, 104, 105; *Uhlenbruck*, Die GmbH & Co KG in Krise, Konkurs und Vergleich, S 286 f; str aA *Fischer*, Die Überschuldungsbilanz 1980 S 117). Auch eine Aktivierung von **Konzeptionskosten, Vermittlungsprovisionen und Aufgeldern** ist unzulässig, denn diese Kosten sind erfolgswirksamer Aufwand (*Winkeljohann/Lawall* in Beck'scher Bilanz-Kommentar 6. Aufl 2006 § 269 HGB Rn 16; *Förschle/Hoffmann* in *Budde/Förschle/Winkeljohann*, Sonderbilanzen, 4. Aufl 2008 P Rn 105 u 113; *K. Schmidt/Uhlenbruck*, Die GmbH in Krise, Rn 5.143; *Braun/Uhlenbruck*, Unternehmensinsolvenz, S 294). Zu den Aktiva gehören auch nicht **Bürgschaften** und **sonstige Sicherheiten Dritter**, wohl aber Gegenstände, die der **Aus- oder Absonderung** unterliegen (*Jaeger/Müller* § 19 Rn 45).

2. Zu berücksichtigende Aktivposten im Überschuldungsstatus. Auf der Aktivseite des Überschuldungsstatus (Überschuldungsbilanz) sind grundsätzlich alle Vermögenswerte auszuweisen, die für den

Fall der Insolvenzeröffnung als Massebestandteil (§ 35) verwertbar wären (BGHZ 119, 214; *Kleindiek* in *Lutter/Hommelhoff* Anh zu § 64 GmbHG Rn 31). Schon hier ergeben sich erhebliche rechtliche Schwierigkeiten, weil zB Gegenstände, an denen der Gläubiger ein **Aus- oder Absonderungsrecht** hat, zumindest teilweise den Gläubigern nicht zur Verfügung stehen. Gegenstände, die der Aussonderung (§ 47) oder der Absonderung (§§ 49, 50, 51) unterliegen, mindern zwar die Aktivmasse, entlasten aber gleichzeitig in Höhe der Befriedigung die Passivmasse. Zudem würden durch den Nichtansatz dieser Vermögensgegenstände die Rechtsfolgen einer Eröffnung des Insolvenzverfahrens bereits vorweggenommen werden (*Kupsch* BB 1984, 159, 164; *Haack*, Überschuldung S 99 ff). Zu aktivieren sind grundsätzlich Massebestandteile (§ 35), ds sämtliche zum Anlage- und Umlaufvermögen zählenden **Sachen und Rechte** (BGH NJW 1983, 676, 677; **BGH NJW 1989, 2433**; BGHZ 119, 201, 214; *Baumbach/Hueck/Schulze-Osterloh* § 64 GmbHG Rn 15; *Scholz/K. Schmidt* § 63 GmbHG Rn 17; *Kleindiek* in *Lutter/Hommelhoff* Anh zu GmbHG Rn 31; FK-*Schmerbach* § 19 Rn 11; K/P/B/*Pape* § 19 Rn 10; *Braun/Uhlenbruck*, Unternehmensinsolvenz S 293 ff).

63   Zweifelhaft ist, ob sogen „**massefremde Masse**" im Überschuldungsstatus aktiviert werden darf (vgl *Oepen*, Massefremde Masse, 1999). Bei der „massefremden Masse" handelt es sich um Positionen, denen der Fall der Verfahrenseröffnung durchaus ein Vermögenswert beizumessen ist. So erstreckt zB § 92 das Insolvenzverfahren auch auf **Schadenersatzansprüche der Insolvenzgläubiger** (Gesamtschaden), soweit es sich nicht um Neugläubiger handelt. Auch hat die Gesellschaft nicht selten Ansprüche gegen Dritte, wie zB aus Ergebnisabführungsverträgen, oder Dritte haben für Verbindlichkeiten der Gesellschaft gebürgt. Nach § 171 Abs 2 HGB übt während der Dauer des Insolvenzverfahrens über das Vermögen einer KG der Insolvenzverwalter bzw der Sachwalter das den Gesellschaftsgläubigern nach § 171 Abs 1 HGB zustehende Recht aus. Bei der **Vorgesellschaft** haften neben dem Gesellschaftsvermögen die Gesellschafter bis zur Eintragung der Gesellschaft unbeschränkt (vgl *Haas* DStR 1999, 985 ff; vgl auch LAG Hessen v 25. 11. 1997, GmbHR 1998, 785; *Flume* DB 1998, 45 ff; *Michalski* NZG 1998, 248 ff). Da § 93 die **Haftung der persönlichen Gesellschafter** in das Gesellschaftsverfahren einbeziet, stellt sich auch hier die Frage, ob diese Haftung bereits im Überschuldungsstatus berücksichtigt werden kann. Ähnlich wie bei der **Passivseite der Überschuldungsbilanz** gilt auch für die Aktivseite der Grundsatz, dass **Haftungs- und Freistellungsansprüche, die erst durch die Verfahrenseröffnung ausgelöst werden**, nicht im Überschuldungsstatus aktiviert werden dürfen (so auch *Spliedt* in *Runkel* AnwHdb § 1 Rn 156). Etwas anderes gilt für **isolierte Verlustausgleichsansprüche** oder **Verlustausgleichsansprüche aus Unternehmensverträgen**, da insoweit die Ausstattungs- bzw Ausgleichspflicht nicht von der Verfahrenseröffnung abhängig ist (vgl *K. Schmidt* FS *Werner* 1984 S 777 ff; *Scholz/K. Schmidt* § 63 GmbHG Rn 20). Die Grenzen können im Einzelfall fließend sein.

64   a) **Immaterielle Vermögensgegenstände und Firmenwert.** Sogen immaterielle Vermögenswerte, wie zB Patente, Gebrauchsmuster, Warenzeichen, Konzessionen und Lizenzen, dürfen im Überschuldungsstatus aktiviert werden, soweit sie im eröffneten Verfahren veräußerlich sind (*Baumbach/Hueck/Schulze-Osterloh* § 64 GmbHG Rn 22; *Scholz/K. Schmidt* vor § 64 GmbHG Rn 22; MüKo-*Drukarczyk* § 19 Rn 93; *Förschle/Hoffmann* in *Budde/Förschle*, Sonderbilanzen P Rn 113; K/P/B/*Pape* § 19 Rn 62; *Fröhlich/Köchling* ZInsO 2002, 478; *Harz/Baumgartner/Conrads* ZInsO 2005, 1304, 1309; *Spliedt* in *Runkel* AnwHdb § 1 Rn 160; *Crezelius* FS Röhricht S 787, 797 ff; *Jaeger/Müller* § 19 Rn 50). Dazu gehört auch selbstgeschaffene **Software zum Verkauf** (HaKo-*Schröder* § 19 Rn 28). Ist der immaterielle Vermögenswert **an die Person des Schuldners oder Schuldnerunternehmens gebunden**, wie zB eine Konzession, darf er nicht angesetzt werden, nicht die Konzession als solche verwertbar ist oder das Unternehmen als Ganzes veräußert wird (*Temme*, S 151; s auch unten Rn 65). Bei Konzessionen, Markenrechten und Patenten ist eine **äußerst vorsichtige Bewertung** geboten (vgl *Pribilla* KTS 1958, 18; *Uhlenbruck*, Die GmbH & Co KG in Krise, Konkurs und Vergleich, S 288 ff; *Fischer* S 116 ff; *Arians*, Sonderbilanzen S 237). Die Vorschrift des § 248 Abs 2 HGB, wonach für immaterielle Vermögensgegenstände des Anlagevermögens, die nicht entgeltlich erworben wurden, ein Aktivposten nicht angesetzt werden darf, gilt nicht für den Überschuldungsstatus. Für die Aktivierbarkeit kommt es nicht auf die **Entgeltlichkeit des Erwerbs** an und auch nicht darauf, ob sie originär im Schuldnerunternehmen entstanden sind (vgl BGHZ 119, 201, 214; *Uhlenbruck* in *K. Schmidt/Uhlenbruck*, Die GmbH in Krise, Rn 5.147; *Kleindiek* in *Lutter/Hommelhoff* Anh zu § 64 GmbHG Rn 31; MüKo-*Drukarczyk* § 19 Rn 93; N/R/*Mönning* § 19 Rn 35). Auch soweit es sich um **originäre immaterielle Vermögensgegenstände** handelt, entscheidet über deren Aktivierbarkeit im Überschuldungsstatus allein die **Verwertbarkeit** (vgl BGHZ 119, 214; *Auler* DB 1976, 2171; *Wolf* Überschuldung S 71; *Haack*, Überschuldung S 103; *Baumbach/Hueck/Schulze-Osterloh* § 64 GmbHG Rn 16; *Jaeger/Müller* § 19 Rn 50; HK-*Kirchhof* § 19 Rn 20; *Kleindiek* in *Lutter/Hommelhoff* Anh zu § 64 GmbHG Rn 31; *Rowedder/Schmidt-Leithoff* § 63 GmbHG Rn 50).

65   Schwierigkeiten macht allerdings in der Praxis die **Bewertung der immateriellen Vermögensgegenstände**. Zu entscheiden ist immer, ob die immaterielle Position einzeln veräußerbar ist oder ob sie nur im Zusammenhang mit der Unternehmensveräußerung im Ganzen möglich erscheint. Nach Auffassung von *Crezelius* (FS Röhricht S 787, 799) ist der Ansatz dem Grunde und der Höhe nach nur gerechtfertigt, wenn ein „gedachter Erwerber des konkreten Vermögensgegenstandes oder des Unternehmens im Ganzen diese Position mit einem bestimmten Wert entgelten würde". Erst wenn beide Fragen zu beja-

VIII. Wertansätze und Bewertung bei positiver Fortführungsprognose § 19

hen seien, komme eine Aktivierung dem Grunde und der Höhe nach in Betracht, weil nur dann Vewertungssubstrat für einen gedachten Gläubiger in der Insolvenz zur Verfügung steht.

Geht man bei der Überschuldungsbilanz von **Einzelveräußerungswerten** aus, so sind **Warenzeichen** 66 nicht aktivierbar, da diese gem § 8 Abs 1 S 2 WZG nur mit dem Geschäftsbetrieb oder einem Teil des Geschäftsbetriebes, zu dem das Warenzeichen gehört, auf einen anderen übertragen werden können (*Wolf* Überschuldung S 71). In der Literatur wird teilweise die Auffassung vertreten, Vermögenswerte, die an das Unternehmen gebunden sind und nicht von diesem losgelöst werden dürfen, könnten bei der Überschuldungsfeststellung keine Berücksichtigung finden (so zB *Harz* ZInsO 2001, 193, 200; *Wolf*, Überschuldung, S 71; *Bilo* GmbHR 1981, 77). Diese Auffassung lässt sich für die InsO nicht aufrecht erhalten, denn es kommt nicht auf die **selbständige Verwertbarkeit** an, sondern allein darauf, ob ein potentieller Erwerber bereit ist, bei Veräußerung des Unternehmens als Ganzes für den immateriellen Gegenstand einen selbständig feststellbaren Preis zu zahlen. Nach Auffassung von *Müller/Haas* (KS 1811 Rn 28; ebenso K/P/B/*Pape* § 19 Rn 11, 12; N/R/*Mönning* § 19 Rn 36) kann eine **Aktivierung,** wenn es an der Einzelveräußerbarkeit fehlt, nur bei **positiver Fortführungsprognose** in Betracht kommen. Die Verwertbarkeit muss nicht immer in einer Veräußerung bestehen, sondern es kann auch die Möglichkeit einer Nutzungsüberlassung zur Aktivierbarkeit führen. Entscheidend ist, dass das Warenzeichen bei einer Veräußerung des Unternehmens dessen Veräußerungswert maßgeblich beeinflusst (ähnlich *Wolf* Überschuldung S 72). Haben **Forschungs- und Entwicklungskosten** bereits zu einem greifbaren wirtschaftlichen Ergebnis geführt, wie zB zu einem Modell oder Prototyp, so rechtfertigt eine positive Fortführungsprognose uU auch die Aktivierung derartiger Entwicklungskosten als immaterielle Vermögensgegenstände (vgl auch **BGH** v 13. 7. 1992, NJW 1992, 2894; *Wolf* Überschuldung S 72; *K. Schmidt/ Uhlenbruck*, 3. Aufl Rn 605). Seit dem Urteil des Europäischen Gerichtshofs v 15. 12. 1995 (ZIP 1996, 42 = EWiR 1/95, 987 „Bosman"-Entscheidung) kann, da künftig keine Transferleistungen mehr erbracht werden, die **Spielerlaubnis für einen Fußballer** nicht mehr im Überschuldungsstatus aktiviert werden (vgl auch *Söffing* BB 1996, 523 ff). Auch das **Know-how** zählt idR zu den Geschäftswert bildenden Faktoren. Eine Aktivierung kommt jedoch nur in Betracht, wenn dieser immaterielle Vermögenswert durch vertragliche Vereinbarungen vom Geschäfts- oder Firmenwert abspaltbar, also gesondert veräußerbar ist (*Wolf* Überschuldung S 73). Immaterielle Vermögensgegenstände sind auch **Optionsrechte** (Optionsgeschäfte, Zinsbegrenzungsvereinbarungen, Termingeschäfte etc) im Rahmen von **Finanzinnovationen** (Finanzderivaten). Bei der Bewertung von **Finanzderivaten** ist im Einzelfall zu prüfen, ob diese selbständig übertragen werden können.

Umstritten ist, ob der **Geschäfts- oder Firmenwert in der Überschuldungsbilanz aktiviert** werden darf 67 (bejahend *Fischer* Die Überschuldungsbilanz S 113, 118 f; *Scholz/K. Schmidt* vor § 64 GmbHG Rn 18; *Baumbach/Hueck/Schulze-Osterloh* § 64 GmbHG Rn 16; MüKo-*Drukarczyk* § 19 Rn 93; HK-*Kirchhof* § 19 Rn 20; KS-*Müller/Haas* S 1809 Rn 25; *Harz/Baumgartner/Conrad* ZInsO 2005, 1304, 1309; *Uhlenbruck* in *K. Schmidt/Uhlenbruck,* Die GmbH in Krise, Rn 5.144; HaKo-*Schröder* § 19 Rn 28; *Crezelius* in FS Röhricht S 787, 799 ff). Nach K/P/B/*Pape* (§ 19 Rn 62) wird man auf Grund einer „zurückhaltenden" Bewertung, die § 19 Abs 2 vorgibt, davon ausgehen müssen, dass eine Aktivierung grundsätzlich nicht in Betracht kommt (so auch *Beck* in *Beck/Depré,* Praxis, Rn 125). Die eine Aktivierung befürwortende Auffassung lässt sich darauf stützen, dass eine **Aktivierung des Geschäfts- oder Firmenwertes** nur dann zu, wenn eine **positive Fortbestehensprognose** gestellt werden kann (zB *Jaeger/Müller* § 19 Rn 52; *Kallmeyer* GmbHR 1999, 16, 17; *Crezelius* FS Röhricht S 787, 801; HK-*Kirchhof* § 19 Rn 20; K/P/B/*Pape* § 19 Rn 62; *Uhlenbruck* in *K. Schmidt/Uhlenbruck,* Die GmbH in Krise, Rn 5.144; *Rowedder/ Schmidt-Leithoff* § 63 GmbHG Rn 49; *Kleindiek* in *Lutter/Hommelhoff* Anh zu § 64 GmbHG Rn 31). Bei **negativer Fortführungsprognose** wird nach dieser Auffassung verlangt, dass ein **konkretes Erwerbsangebot** besteht oder damit zu rechnen ist, dass für den Insolvenzfall die Aussicht besteht, im Fall einer Veräußerung durch den Insolvenzverwalter einen über den Substanzwert hinausgehenden Mehrerlös zu erzielen (zB **OLG Celle** NZG 2002, 730; *Baumbach/Hueck/Schulze-Osterloh* § 64 GmbHG Rn 14; *Kleindiek* in *Lutter/Hommelhoff* Anh zu § 64 GmbHG Rn 31; *Pape/Uhlenbruck* InsR Rn 320). Unstreitig dürfte sein, dass es im Rahmen der Überschuldungsprüfung unerheblich ist, ob es sich um einen **originären** oder einen **derivativen Firmenwert** handelt, denn auf handelsrechtliche Bilanzierungsverbote kommt es bei der Überschuldungsbilanz nicht an. Entscheidend ist vielmehr die **selbstständige Verwertbarkeit** (*K. Schmidt/Uhlenbruck,* Die GmbH in Krise, Rn 5.144; *Harz/Baumgartner/Conrad* ZInsO 2005, 1304, 1309).

Zutr weist *Crezelius* (FS Röhricht S 787, 800) darauf hin, dass der **Firmenwert eines Unternehmens** 68 seine Ursache im Zusammenwirken verschiedener **erfolgsbestimmender Faktoren** hat, er mithin maßgeblich von der Ertragskraft des Unternehmens beeinflusst wird. Das bedeutet letztlich, dass bei der Aktivierung des Firmenwertes eine Ausnahme von dem Grundsatz der Einzelbewertung gemacht wird. In der Tat muss für den Ansatz des Geschäftswertes von dem **Erfordernis der Einzelbewertung und der selbstständigen Verwertbarkeit** in der Überschuldungsbilanz Abstand genommen werden. Wenn es nämlich darauf ankommt, dass in einem (hypothetisch) eröffneten Insolvenzverfahren das gesamte Unternehmen oder ein Teil eines Geschäftsbetriebes mit Firmenwert veräußert werden kann, dann setzt dies eine positive Marktbeurteilung voraus, so dass sich die Frage des Ansatzes eines Firmenwertes letztlich als Prognoseentscheidung erweist (so auch *Crezelius* FS Röhricht S 800; s auch *Spliedt* DB

§ 19   Überschuldung

1999, 1941, 1944 ff; *ders* in *Runkel* AnwHdb § 1 Rn 135 ff). Nach einer **neueren Auffassung** muss die Überschuldungsprüfung berücksichtigen, dass das Schuldendeckungsvermögen bei einer ertragsorientierten Unternehmensfortführung eine **Ertragskomponente** beinhaltet (vgl *Wolf* KS I 2006, 60, 63; *Crezelius* FS Röhricht S 800 f). Der Firmenwert repräsentiert letztlich **künftige Gewinne**, die nur bei günstiger Fortführungsprognose oder sogar Ertragsprognose erzielt werden können.

69   **b) Ausstehende Einlagen und sonstige Ansprüche der Gesellschaft gegen ihre Gesellschafter.** Ausstehende Einlagen der Gesellschafter auf das Aktien-, Stamm- oder Kommanditkapital sowie Ansprüche auf **beschlossene Nachschüsse** sind grundsätzlich zu aktivieren (*Baumbach/Hueck/Schulze-Osterloh* § 64 GmbHG Rn 18; *Gottwald/Uhlenbruck* InsRHdb § 6 Rn 32; *K/P/B/Pape* § 19 Rn 11; *Förschle/Hoffmann* in *Budde/Förschle/Winkeljohann*, Sonderbilanzen P Rn 110; *K. Schmidt/Uhlenbruck*, Die GmbH in Krise, Rn 5.148). Für die Frage der Aktivierbarkeit kommt es jedoch darauf an, ob die ausstehenden Einlagen und Nachschüsse **realisierbar** und somit **werthaltig** sind (*Wolf* Überschuldung S 66; *Th. Wolf* KS I 2007, 209, 212; *Wolf/Schlagheck*, Überschuldung, 2007 S 31 ff; *K/P/B/Pape* § 19 Rn 11; *Scholz/ K. Schmidt* 9. Aufl vor § 64 GmbHG Rn 24; *Braun/Uhlenbruck*, Unternehmensinsolvenz S 294; MüKo-*Drukarczyk* § 19 Rn 92; FK-*Schmerbach* § 19 Rn 11; *Bittmann* wistra 1999, 10, 13; *Amelung* bei *Kraemer/Vallender/Vogelsang* Hdb Bd 1 Fach 2 Kap 2 Rn 66; *Harz* ZInsO 2001, 193, 200; *K. Schmidt/ Uhlenbruck*, Die GmbH in Krise, Rn 5.148). Auch **sonstige Ansprüche der Gesellschaft gegen ihre Gesellschafter** sind insoweit aktivierbar, als sie vollwertig und durchsetzbar sind, wie zB Rückgewähransprüche wegen Auszahlungen auf das Stamm- oder Grundkapital trotz Unterkapitalisierung. Wegen der Neuregelung in § 30 As 1 Satz 3 GmbHG, die **Rückzahlungen auf Gesellschafterdarlehen** und wirtschaftlich gleichgestellte Forderungen zulässt und lediglich einer Insolvenzanfechtung nach den §§ 44 a, 135 Abs 1, 2 unterwirft, können solche Rückzahlungsansprüche **nicht mehr aktiviert** werden. Im Übrigen ist eine **Bewertung der Ansprüche** vorzunehmen. Bei uneinbringlichen Einlageforderungen sind, soweit sie nicht von anderen Gesellschaftern zu tilgen sind, **Wertberichtigungen vorzunehmen**. Im Rahmen der Eigenprüfung können allerdings organschaftliche Vertreter idR davon ausgehen, dass die Bonität der zum Nachschuss Verpflichteten gegeben ist. Eine eingehende Bonitätsprüfung ist im Rahmen der Überschuldungsprüfung unzumutbar (*Gottwald/Uhlenbruck* InsRHdb § 6 Rn 32; *K. Schmidt/Uhlenbruck*, Die GmbH in Krise, Rn 5.148 S 497). **Schadensersatzansprüche gegen Gesellschafter einer führungslosen GmbH** nach § 15 a Abs 3, 4 iVm § 823 Abs 2 BGB dürfen im Überschuldungsstatus nicht passiviert werden, weil der Insolvenzverschleppungsschaden gem § 92 als Gesamtgläubigerschaden im eröffneten Verfahren geltend gemacht wird. **Ansprüche aus Kreditzusagen der Gesellschafter** können nur aktiviert werden, wenn das Kündigungsrecht nach § 490 Abs 1 BGB ausgeschlossen und für die künftige Darlehensforderung ein Rangrücktritt in den Rang des § 39 Abs 2 erklärt worden ist (*Schulz/K. Schmidt* vor § 64 GmbHG Rn 24; *Baumbach/Hueck/Schulze-Osterloh* § 64 GmbHG Rn 18; *K. Schmidt/Uhlenbruck*, Die GmbH in Krise, Rn 5.151). Eine **Finanzierungszusage**, die nicht im Insolvenzfall gilt, kann nur aktiviert werden, solange eine positive Fortführungsprognose besteht (OLG Köln v 5. 2. 2009 – 18 LI 171/07, ZInsO 2009, 1402). Dagegen sind **Ansprüche wegen existenzvernichtenden Eingriffs** nicht aktivierbar, da es sich um Ansprüche handelt, die den einzelnen Gläubigern zustehen und deren Geltendmachung erst mit Eröffnung des Insolvenzverfahrens gem § 93 durch den Insolvenzverwalter möglich ist (vgl BGH v 25. 7. 2005, ZIP 2005, 1734, 1738; *Röhricht* ZIP 2005, 505, 514; HaKo-*Schröder* § 19 Rn 26; *Spliedt* in *Runkel* AnwHdb § 1 Rn 155). Bei **verdeckten Sacheinlagen**, die gem § 19 Abs 4 GmbHG nF bei Werthaltigkeit zulässig sind, kann der Anspruch der GmbH auf die noch nicht wirksam geleistete Bareinlage zwar aktiviert werden, jedoch wird der Wert der Sacheinlage auf die Einlageschuld angerechnet (§ 19 Abs 4 Satz 3 GmbHG; *Maier-Reimer/Wenzel* ZIP 2008, 1449 ff; *K. Schmidt* GmbHR 2008, 449, 452; *Uhlenbruck* in *K. Schmidt/Uhlenbruck*, Die GmbH in Krise, Rn 5.151). **Ansprüche gegen Geschäftsführer und Gesellschafter**, die entweder auf schuldhafter Verletzung gesellschaftsrechtlicher Pflichten oder auf unerlaubter Handlung beruhen, sowie Ansprüche wegen unzulässiger Auszahlungen auf das Stamm- bzw Grundkapital sind im Überschuldungsstatus zu bewerten und zu aktivieren (*Gottwald/Uhlenbruck* InsRHdb § 6 Rn 33). Das gilt sowohl für die Haftung der Aktionäre einer AG beim Empfang verbotener Leistungen (§ 62 AktG) als auch für Rückzahlungsansprüche nach §§ 30, 31 GmbHG, nicht dagegen für Ansprüche nach den §§ 171 Abs 1, 172 Abs 3, 176 HGB.

70   **Ausstehende Einlagen der Kommanditisten** bei der KG oder GmbH & Co KG begründen echte und damit aktivierbare Forderungen der Gesellschaft an die Gesellschafter. Dagegen ist die **Kommanditistenhaftung** nach den §§ 171 Abs 2, 172 Abs 4, 176 HGB lediglich ein nicht aktivierbarer Haftungstatbestand. Daran ändert auch nichts, dass die Haftung im Insolvenzverfahren gem § 171 Abs 2 HGB durch den Insolvenzverwalter geltend gemacht wird. Bei der GmbH & Co KG werden Einlagen, die die GmbH der KG schuldet, aktiviert, soweit sie vollwertig sind. Bei einer **verdeckten Sacheinlage** ist zu beachten, dass das gezeichnete Kapital mit der Eintragung wirksam erhöht ist, so dass die Gesellschaft einen aktivierbaren Anspruch auf ausstehende Bareinlage hat, jedoch gleichzeitig die Rückgewährverpflichtung der Sacheinlage zu passivieren ist (*Jaeger/Müller* § 19 Rn 65; *K. Schmidt/Uhlenbruck*, Die GmbH in Krise, Rn 5.151; Kölner Komm-*Lutter* § 183 AktG Anm 68 ff; *Wolf* Überschuldung S 66). Eine **Haftung der persönlich haftenden Gesellschafter** (§§ 93 InsO, 128, 161 Abs 2 HGB) ist nicht aktivierbar, weil die persönliche Haftung der Gesellschaft erst im eröffneten Verfahren vom Insolvenzver-

VIII. Wertansätze und Bewertung bei positiver Fortführungsprognose § 19

walter geltend gemacht werden kann. § 93 führt nicht etwa dazu, dass die Ansprüche gegen persönlich haftende Gesellschafter auch rechtlich der Insolvenzmasse zugewiesen werden. Etwas anderes gilt für **Ansprüche gegen Geschäftsführer und Gesellschaften,** die entweder auf schuldhafter Verletzung gesellschaftsrechtlicher Pflichten oder unerlaubter Handlung beruhen, sowie für Ansprüche wegen unzulässiger Auszahlungen auf das Stammkapital. Diese sind im Überschuldungsstatus grundsätzlich zu bewerten und zu aktivieren (Einzelheiten bei *K. Schmidt/Uhlenbruck,* Die GmbH in Krise, Rn 5.149 ff; *Spliedt* in *Runkel* AnwHdb § 1 Rn 153 f; *Jaeger/Müller* § 19 Rn 64; FK-*Schmerbach* § 19 Rn 11). Schadensersatzansprüche wegen Insolvenzverschleppung nach § 15a Abs 1 Sat 1, Abs 4 iVm § 823 Abs 2 sowie Ersatzansprüche nach § 64 Abs 1 und 3 GmbHG, 130a Abs 2 Satz 1 HGB, § 177a HGB, bleiben außer Ansatz, da diese Ansprüche nicht außerhalb des Insolvenzverfahrens durchzusetzen sind (*Jaeger/Müller* § 19 Rn 68; *Baumbach/Hueck/Schulze-Osterloh* § 64 GmbHG Rn 18; *K. Schmidt/Uhlenbruck,* Die GmbH in Krise, Rn 5.150).

Konzernrechtliche Ausgleichsansprüche können im Überschuldungsstatus aktiviert werden, soweit sie 71 vertraglich vereinbart oder vertraglich anerkannt sind. Dagegen können **Haftungsansprüche im sog qualifizierten faktischen Konzern** nicht aktiviert werden (vgl BGH v 17.9.2001, BGHZ 149, 10 = ZIP 2002, 848; BGHZ 151, 181; BGH ZIP 2005, 250; *K. Schmidt/Uhlenbruck,* Die GmbH in Krise, Rn 5.154). Dagegen sind aus einem **Cash-Pooling** entstehende Darlehensrückzahlungsansprüche aktivierbar, nicht dagegen eventuelle auf Grund der Rückzahlung entstehende Anfechtungsansprüche nach § 135. Für die **GmbH & Co KG** wird zwar angenommen, dass die Verbindlichkeiten der KG, die über das Stammkapital der GmbH hinausgehen, zur Überschuldung der Komplementär-GmbH führen können, auch wenn die KG ihrerseits nicht überschuldet ist (*Scholz/K. Schmidt* vor § 64 GmbHG Rn 102). Die Haftung der Komplementär-GmbH darf aber im Überschuldungsstatus der KG nicht aktiviert werden (*Uhlenbruck,* Die GmbH & Co KG, S 292; HaKo-*Schröder* § 19 Rn 47). Es handelt sich insoweit um eine Außenhaftung gegenüber den Gläubigern der Gesellschaft, die nach § 93 erst ab Verfahrenseröffnung eingreift (*Scholl/K. Schmidt* vor § 64 GmbHG Rn 99; HaKo-*Schröder* § 19 Rn 47). Eine **Ausnahme** gilt aber dann, wenn sich aus dem Innenverhältnis zwischen KG und GmbH ein realisierbarer **Freistellungsanspruch** der KG gegen die GmbH ergibt (*Scholl/K. Schmidt* vor § 64 GmbHG Rn 99; HaKo-*Schröder* § 19 Rn 47). In einem **Überschuldungsstatus der Komplementär-GmbH** sind die Verbindlichkeiten der KG erst zu passivieren, wenn die KG insolvent wird, also eine Inanspruchnahme der GmbH droht (*Scholl/K. Schmidt* vor § 64 GmbHG Rn 102; HaKo-*Schröder* § 19 Rn 48). Streitig ist, ob die Komplementär-GmbH die **Verbindlichkeiten der KG in voller Höhe** oder nur den Teil zu passivieren hat, der die Überschuldung ausmacht (für volle Passivierung der gesamten Verbindlichkeiten HaKo-*Schröder* § 19 Rn 48; *Binz/Sorg,* Die GmbH & Co KG, 10. Aufl 2005, § 12 Rn 22; gegen eine volle Passivierung *Gottwald/Uhlenbruck* InsolvenzRHdb § 6 Rn 60; N/R/*Mönning* § 19 Rn 44). Richtig ist, dass eine Komplementär-GmbH, wenn sie nur mit dem gesetzlichen Mindestkapital ausgestattet ist und neben der Beteiligung an der KG kein weiteres Vermögen ausweist, regelmäßig überschuldet ist, wenn eine Überschuldung der GmbH & Co KG eintritt (vgl BGHZ 67, 171, 175; **BGH** BB 1991, 246; *Rowedder/Schmidt-Leithoff* § 63 GmbHG Rn 163). Nach hier vertretener Auffassung hat die Komplementär-GmbH ungeachtet eines **Freistellungsanspruchs** nach § 110 HGB nicht nur aus Gründen des Gläubigerschutzes, sondern auch nach den Grundsätzen ordnungsmäßiger Bilanzierung die **Verbindlichkeiten der KG,** für die sie in ihrer Eigenschaft als Komplementärin unbeschränkt, unmittelbar und primär haftet, spätestens in dem Zeitpunkt in Höhe des die Überschuldung der KG ausmachenden Teils der KG-Verbindlichkeiten in den Überschuldungsstatus **als eigene Verbindlichkeit einzustellen,** in dem mit einer Inanspruchnahme nach §§ 161 Abs 2, 128 HGB ernsthaft zu rechnen ist. Die eigene positive Fortführungsprognose bei der Komplementär-GmbH kann niemals dazu führen, von einer Passivierung der KG-Verbindlichkeiten generell abzusehen. Etwaige **ausstehende Einlageforderungen** der KG gegen die GmbH können dagegen aktiviert werden, wenn solche vereinbart und diese werthaltig sind (HaKo-*Schröder* § 19 Rn 47). Auch **Ansprüche der Gesellschaft gegen organschaftliche Vertreter** wegen Schädigung der Gesellschaft (zB § 43 GmbHG) sind zu aktivieren, wenn sie vollwertig und außerhalb des Insolvenzverfahrens durchsetzbar sind (*Scholz/K. Schmidt* § 63 GmbHG Rn 23; *Wolf* Überschuldung S 93; *Braun/Uhlenbruck,* Unternehmensinsolvenz S 295; *Baumbach/Hueck/Schulze-Osterloh* § 64 GmbHG Rn 15; *Gottwald/Uhlenbruck* InsRHdb § 6 Rn 33). Zweifelhaft ist dies, wenn die Gesellschaft auf die Geltendmachung verzichtet hat. Da sich ein solcher Verzicht im eröffneten Verfahren nicht zu Lasten der Gläubiger auswirkt, führt ein solcher nicht zum Wegfall des Aktivierungsrechts. Schadensersatzansprüche wegen Insolvenzverschleppung sind dagegen nicht aktivierbar, da der Gesamtschaden der sog Altgläubiger gem § 92 erst im eröffneten Verfahren vom Verwalter geltend gemacht werden kann (*Scholz/K. Schmidt* vor § 64 GmbHG Rn 23; *Baumbach/Hueck/Schulze-Osterloh* § 64 GmbHG Rn 18; *Wolf* Überschuldung S 93; *Spliedt* in *Runkel* AnwHdb § 1 Rn 157; str aA *Plate,* Konkursbilanz S 134).

Im Fall des **Mehrmütterkonzerns** ist streitig, ob es genügt, dass die Muttergesellschaften den Verlust- 72 ausgleich als Teilschuldner entsprechend ihrer Beteiligungsquote versprechen (*K. Schmidt* DB 1984, 1181 ff; str aA Kölner Komm-*Koppensteiner* § 302 AktG Rn 24; *Wiechmann* DB 1985, 2031; vgl auch *Gansweid,* Gemeinsame Tochtergesellschaften im deutschen Konzern- und Wettbewerbsrecht, 1976 S 140). Nach Auffassung von *K. Schmidt* (*Scholz/K. Schmidt* vor § 64 GmbHG Rn 24) lässt die gemeinsame Leitungsmacht der Muttergesellschaften kraft Gesetzes keine gesamtschuldnerische Verlustübernahmepflicht, sondern nur **Teilschulden** entstehen. Dies kann wohl nur in den Fällen angenommen werden, in denen jedes Mutterunternehmen nur eine Verlustübernahme nach Maßgabe seiner Beteiligungs- und Gewinnabführungsquote verspricht. Fehlt es an einer solchen Vereinbarung und kann der Wille der Vertragsparteien auch nicht dahingehend ausgelegt werden, hat eine Muttergesellschaft dann, wenn die Tochter insolvent wird, für die **gesamte Ausgleichsverpflichtung als Gesamtschuldnerin iSv §§ 421 ff BGB einzustehen** (Kölner Komm-*Koppensteiner* § 302 AktG Rn 24; *Emmerich/Sonnenschein* Konzernrecht § 16 VI 6; *Hommelhoff* FS *Goerdeler* 1987 S 221, 237; *Hüffer* § 302 AktG Rn 21; *Noack* Gesellschaftervereinbarung bei Kapitalgesellschaften, 1994, S 267, 270). Demgemäß kann der Ausgleichsanspruch der Tochtergesellschaft so lange im Überschuldungsstatus aktiviert werden, als noch eine Mutter solvent ist.

73 c) **Sach- und Finanzanlagen.** Grundstücke und sonstige Sachanlagen sowie Finanzanlagen (Beteiligungen, Wertpapiere, Ausleihungen etc) sind mit ihrem Verkehrs- oder Kurswert anzusetzen (MüKo-*Drukarczyk* § 19 Rn 94; *Scholz/K. Schmidt* vor § 64 GmbHG Rn 22; *Amelung* bei *Kraemer/Vallender/Vogelsang* Hdb Bd 1 Fach 2 Kap 2 Rn 64; *Harz/Baumgartner/Conrad* ZInsO 2005, 1304, 1309; *Jaeger/Müller* § 19 Rn 54; HaKo-*Schröder* § 19 Rn 29, 30; *Beck* in Beck/Depré, Praxis, § 5 Rn 126–128; *Temme*, S 151, *Wolf*, Überschuldung S 77 ff). Bei den **Sachanlagen** ist bei **Ansatz von Fortführungswerten** zu beachten, dass abnutzbare Vermögensgegenstände des Anlagevermögens **stille Reserven** enthalten können, aber auch erhebliche **stille Lasten**, wie zB Altlasten (*Winnefeld*, Bilanz-Hdb, N Rn 842; HaKo-*Schröder* § 19 Rn 29). Können die Substanzwertabschreibungen nicht erwirtschaftet werden, so wird die Substanz auch in Höhe der Buchwerte erhalten. Werden dagegen die Substanzwertabschreibungen nur teilweise gedeckt, so ist der Wert anzusetzen, der dem Verhältnis zwischen nachhaltig erzielbarem Gewinn und zusätzlichen Abschreibungen entspricht, bezogen auf die Differenz zwischen Buchwert und Substanzwert (*Wolf* Überschuldung S 77). Dagegen sind **steuerliche Sonderabschreibungen** für die Überschuldungsbilanz unerheblich. Das nicht betriebsnotwendige Anlagevermögen ist zum Liquidationswert anzusetzen (*Auler* DB 1976, 2171; *Wolf* Überschuldung S 78). Für die Bewertung von betriebsnotwendigen Sachanlagen, also **Grundstücken** und **Gebäuden**, ist der **modifizierte Substanzwert** maßgebend (vgl *Bilo* GmbHR 1981, 77; *Born*, Unternehmensanalyse und Unternehmensbewertung, 1995, S 159 ff; *Wolf* Überschuldung S 79). Als Ausgangspunkt für die Bewertung von Grundstücken kann auf die Richtwerte zurückgegriffen werden, die von den Gutachterausschüssen der Städte und Gemeinden auf Grund von Kaufpreissammlungen aufgestellt werden (*Wolf*, Überschuldung, S 79; *Harz* ZInsO 2001, 193, 200; *Jaeger/Müller* § 19 Rn 54; *Beck* in Beck/Depré, Praxis der Insolvenz, § 5 Rn 126). **Gebäude** sind mit dem **Wiederbeschaffungszeitwert** zu bewerten. Dabei sind Abschläge für die bisherige Nutzung vorzunehmen (*K. Schmidt/Uhlenbruck*, Die GmbH in Krise, Rn 5.157 S 504 f). Bei **Bauten auf fremdem Grund und Boden** ist zu unterscheiden, ob das Eigentum am Bauwerk dem Grundstückseigentümer (§ 94 BGB) zusteht oder als Scheinbestandteil des Grundstücks dem Schuldnerunternehmen als Bauherrn. So ist zB bei einer Verbindung zwischen Bauwerk und Grundstück auf Grund eines befristeten Vertrages regelmäßig zu vermuten, dass die Verbindung nur zu vorübergehenden Zwecken erfolgt ist (*Wolf* Überschuldung S 82). Diese Vermutung greift jedoch nicht ein, wenn im Vertrag bestimmt ist, dass das Bauwerk nach Beendigung des Vertragsverhältnisses in das Eigentum des Verpächters übergehen soll (vgl BGHZ 104, 301).

74 Bei den **Finanzanlagen** handelt es sich um Anteile an verbundenen Unternehmen, Ausleihungen an verbundene Unternehmen, Beteiligungen, Ausleihungen an Unternehmen, mit denen ein Beteiligungsverhältnis besteht, Wertpapiere des Anlagevermögens oder sonstige Ausleihungen. Finanzanlagen werden grundsätzlich mit ihrem **Verkehrs- oder Kurswert** im Überschuldungsstatus aktiviert (*Jaeger/Müller* § 19 Rn 55; HaKo-*Schröder* § 19 Rn 30; *Temme*, Eröffnungsgründe S 151; *Bittmann* wistra 1999, 10, 12 f; *Amelung* bei *Kraemer/Vallender/Vogelsang* Hdb Bd 1 Fach 2 Kap 2 Rn 64; *K. Schmidt/Uhlenbruck*, Die GmbH in Krise, Rn 5.159; *Braun/Uhlenbruck*, Unternehmensinsolvenz, S 295). Bei **Wertpapieren** entscheidet für die Bewertung der amtliche Börsenkurs, ansonsten der Marktpreis oder sonstige Kurswerte. Auch sind bei der Bewertung die Anschaffungsnebenkosten mit zu berücksichtigen (*Wolf* Überschuldung S 84). Bei den **Ausleihungen** handelt es sich um Rückforderungsansprüche, die durch Hergabe von Kapital an Dritte erworben worden sind. Auch Ausleihungen an verbundene Unternehmen sind aktivierbar. Anders als im Handelsrecht ist für den Überschuldungsstatus die Frage der Laufzeit ohne Bedeutung. Bei Laufzeiten von mehr als vier Jahren wird man die Aktivierung beim Anlagevermögen, bei Laufzeiten von mehr als einem Jahr und weniger als vier Jahren beim Umlaufvermögen vornehmen. Zu den Ausleihungen gehören auch Vorauszahlungen auf Grund längerfristiger **Miet- oder Pachtverträge** sowie **Organkredite** und **Genussrechte,** wenn sie nicht oder durch Namenspapiere verbrieft sind (*Hoyos/Gutike* in: Beck'scher BilanzKomm § 266 HGB Rn 82). Bei Ausleihungen in Fremdwährung erfolgt eine stichtagsbezogene Umrechnung. Auch partiarische Darlehen sowie stille Beteiligungen, soweit diese nicht am Verlust teilnehmen, zählen zu den Ausleihungen (*Hoyos/Gutike* in: Beck'scher BilanzKomm § 266 HGB Rn 77, 79, 82). **Anteile an verbundenen Unternehmen** sind als Finanzanlagen ebenfalls im Überschuldungsstatus aktivierbar, wie zB Anteile an Tochtergesellschaften. **Sonstige Beteiligungen,** dh Beteiligungen ohne die Verbundenheitsmerkmale des § 271 Abs 2 HGB, sind grundsätzlich aktivierungsfähig (**BGH** v 31. 10. 1978, NJW 1980, 183; *Goerdeler/Müller* WPg 1080,

VIII. Wertansätze und Bewertung bei positiver Fortführungsprognose § 19

317; *Hoyos/Gutike* in: Beck'scher BilanzKomm § 266 HGB Rn 78). Beteiligungen an Personengesellschaften sind grundsätzlich ebenso zu bewerten wie Beteiligungen an Kapitalgesellschaften (*Wolf* Überschuldung S 88; *Hoyos/Gutike* in: Beck'scher BilanzKomm § 253 HGB Rn 405). Da die Beteiligung an einer Personengesellschaft handelsrechtlich einen Vermögensgegenstand darstellt, der auf Dritte übertragen werden kann, ist die Beteiligung mit dem Anschaffungswert anzusetzen (*Wolf* Überschuldung S 88).

d) **Eigene Gesellschafts- bzw Geschäftsanteile.** Die **Aktivierung eigener Geschäftsanteile** im Überschuldungsstatus ist umstritten. Teilweise wird der Ansatz eigener Geschäftsanteile bejaht (*Baumbach/ Hueck/Schulze-Osterloh* § 64 Rn 17; *Jaeger/Müller* § 19 Rn 56; *Rowedder/Schmidt-Leithoff* § 63 GmbHG Rn 48; *Möhlmann* DStR 1998, 1848; *Förschle/Hoffmann* in *Budde/Förschle/Winkeljohann*, Sonderbilanzen, P Rn 114, für den Fall, dass die Veräußerung verbindlich vereinbart ist). Nach anderer Auffassung ist die Zulässigkeit einer **Aktivierung zu verneinen** (*Kleindiek* in *Lutter/Hommelhoff* Anh zu § 64 Rn 31; *Scholz/K. Schmidt* vor § 64 Rn 22). Eine **vermittelnde Ansicht** stellt darauf ab, dass eigene Anteile zwar prinzipiell keinem Ansatzverbot unterliegen, letztlich aber der eigene Anteil regelmäßig mit Null zu bewerten sei (*Jaeger/Müller* § 19 Rn 56; *Wolf*, Überschuldung S 98; *Rowedder/Schmidt-Leithoff* § 63 GmbHG Rn 48). Das kann zB in Fällen einer übertragenden Sanierung durchaus anders sein, wenn der Erwerber nicht nur an der Übernahme der echten Vermögensgegenstände interessiert ist. Die „Beteiligung an sich selbst" ist nur dann als aktivierbarer Posten zu qualifizieren, wenn die eigenen Anteile entgeltlich angeschafft worden sind, weiterveräußert werden sollen und tatsächlich noch im Rahmen der Bewertung einen Vermögenswert iSv § 35 darstellen (so auch *Crezelius* FS Röhricht S 787, 797; **str aA** *Lutter* ZIP 1999, 641, 644).

e) **Vorratsvermögen.** Bei der Prüfung der rechnerischen Überschuldung dürfen bei der **Bewertung von Roh-, Hilfs- und Betriebsstoffen** sowie **Halb- und Fertigerzeugnissen** weder die Wiederbeschaffungswerte noch die Zeitwerte angesetzt werden (*Gottwald/Uhlenbruck* InsRHdb § 6 Rn 34; *Jaeger/Müller* § 19 Rn 57–59; *Harz* ZInsO 2001, 193, 200; *K. Schmidt/Uhlenbruck*, Die GmbH in Krise, Rn 5.160; *MüKo-Drukarczyk* § 19 Rn 95; *Auler* DB 1976, 2171; *Fischer*, Die Überschuldungsbilanz S 120; *Rowedder* § 63 GmbHG Rn 12; *Bilo* GmbHR 1981, 73, 78). Auch hier kommt es entscheidend auf die Verwertungsprämisse bzw darauf an, ob zu Liquidationswerten oder zu Going-concern-Werten bilanziert wird. Für den Fall, dass die Fortführungsprognose negativ ausfällt, werden Veräußerungswerte abzüglich noch anfallender Kosten anzusetzen sein. Roh-, Hilfs- und Betriebsstoffe dienen in erster Linie der Betriebsfortführung, so dass es gerechtfertigt erscheint, bei positiver Fortführungsprognose und fehlender rechnerischer Überschuldung diese mit den **Wiederbeschaffungskosten** anzusetzen (*Wolf* DStR 1995, 860 f; *ders* Überschuldung S 90). Allerdings sind für Überbestände und schwer absetzbare Produkte gewisse Abschläge erforderlich (*Uhlenbruck*, Die GmbH & Co KG in Krise, Konkurs und Vergleich, S 290). Die **Bewertung von Roh-, Hilfs- und Betriebsstoffen** sowie der **Halb- und Fertigerzeugnisse** kann wegen der Höhe der Kosten, die durch die Beseitigung oder durch Umweltschutzmaßnahmen entstehen, sogar ins Negative tendieren. Ähnliches gilt für **Halb- und Fertigerzeugnisse,** die nur dann einen entsprechenden Marktwert haben, wenn sie fertig gestellt und dann veräußert werden. Bei positiver Fortführungsprognose hat die Bewertung nach einem „realistischen, am Markt durchsetzbaren Verkaufspreis" zu erfolgen, unter Berücksichtigung aller noch anfallenden Kosten" (*Wolf* Überschuldung S 90; HaKo-*Schröder* § 19 Rn 31; *Beck* in *Beck/Depré*, Praxis, § 5 Rn 129; *Klebba* BFuP 1953, 691, 699; *Braun/Uhlenbruck*, Unternehmensinsolvenz, S 294; *K. Schmidt/Uhlenbruck*, Die GmbH in Krise, Rn 5.160; *Lütkemeyer*, Überschuldung S 284; *Auler* DB 1976, 2171). Ebenso wie für kostspielige Maschinen von Spezialbetrieben, die eine monopolähnliche Position inne haben, ist auch für Halb- und Fertigerzeugnisse nicht etwa der Verkaufs- oder Wiederbeschaffungswert anzusetzen, wenn die Fortführungsprognose negativ ausfällt. In diesen Fällen wird der Wertansatz „allein durch den Schrottwert begrenzt" (*Weyand/Diversy* Insolvenzdelikte S 53 f Rn 36). Bei **positiver Fortführungsprognose** ist dagegen die **Halbfertigerzeugnisse** mit dem Halbfertigwert anzusetzen, der sich aus dem Verkaufspreis für ein fertiges Produkt unter Abzug der Fertigstellungskosten ergibt (vgl *Scholz/K. Schmidt* § 63 GmbHG Rn 17; *Harz* ZInsO 2001, 193, 200; *K/P/B/Pape* § 19 Rn 10; *Temme* S 152; Einzelheiten bei *K. Schmidt/Uhlenbruck*, Die GmbH in Krise, Rn 5.160).

f) **Forderungen aus Lieferungen und Leistungen.** Im Überschuldungsstatus zu aktivieren sind sämtliche Forderungen, soweit sie durchsetzbar und vollwertig sind (*Scholz/K. Schmidt* § 63 GmbHG Rn 19; *Temme* S 152; *Wolf* Überschuldung S 92; *K. Schmidt/Uhlenbruck*, Die GmbH in Krise, Rn 5.101). Häufig sind jedoch **Wertberichtigungen** vorzunehmen (*Jaeger/Müller* § 19 Rn 60; *K/P/B/Pape* § 19 Rn 60; *Harz* ZInsO 2001, 193, 200). Bei der Bemessung der Wertberichtigung ist nach den Grundsätzen kaufmännischer Vorsicht auf die Bonität des Schuldners abzustellen oder darauf, ob die Forderung streitig ist. **Währungsforderungen** werden zum amtlichen Geldkurs des Stichtages umgerechnet (*Harz* ZInsO 2001, 193, 200). Künftige Forderungen, deren Entstehung durch das Insolvenzverfahren bedingt ist, insbesondere **Insolvenzanfechtungslagen** (§§ 129 ff), sind nicht zu aktivieren (*K. Schmidt/Uhlenbruck*, Die GmbH in Krise, Rn 5.161; *Scholz/K. Schmidt* § 63 GmbHG Rn 25; *Temme* S 153; *Veit*, Konkursrechnungslegung, S 31). Mit dem Überschuldungsstatus (Überschuldungsbilanz) soll festgestellt werden, ob ein Insolvenzverfahren eröffnet werden muss. Dies schließt zwingend aus, Forderungen oder Masseanreicherungen zu berücksichtigen, die erst im eröffneten Insolvenzverfahren entstehen können.

78 **Bestrittene Forderungen** dürfen aktiviert werden, wenn und soweit begründete Hoffnung besteht, sie zu realisieren (*Primozic/Fecke* GmbHR 2005, 160 ff). **Forderungen aus schwebenden Geschäften** sind anzusetzen, soweit mit ihrer Erfüllung zu rechnen ist (*Baumbach/Hueck/Schulze-Osterloh* § 64 GmbHG Rn 16; *Gurke*, Verhaltensweisen und Sorgfaltspflichten von Vorstandsmitgliedern und Geschäftsführern bei drohender Überschuldung 1982 S 56 ff). Das Lösungsrecht des Insolvenzverwalters nach den §§ 103 ff bleibt insoweit außer Betracht (*Scholz/K. Schmidt* vor § 64 GmbHG Rn 25). Nach Auffassung von *Spliedt* (in *Runkel* AnwHdb § 1 Rn 161) kann ein „guter" Vertrag entgegen dem handelsrechtlichen Realisationsprinzip des § 252 Abs 1 Nr 4 HGB mit dem **voraussichtlichen Gewinn** aktiviert werden. Voraussetzung ist aber immer, dass die Erfüllung des Vertrages noch finanziert werden kann (*K. Schmidt/ Uhlenbruck*, Die GmbH in Krise, Rn 5.164). Beim **echten Factoring** handelt es sich um einen Forderungsverkauf (§§ 433, 398 BGB). Anstelle der Forderung ist beim Veräußerer (Anschlusskunden) eine Forderung gegen den Factor zu aktivieren, und zwar abzüglich der Kosten und eines Sperrbetrages (*Wolf*, Überschuldung, S 101; *K. Schmidt/Uhlenbruck*, Die GmbH in Krise, Rn 5.164). Bei **Leasingverträgen** ist zu unterscheiden zwischen Herstellerleasing, Operatingleasing und Finanzierungsleasing. In der Überschuldungsbilanz des Lieferanten (Hersteller oder Händler) ist der Leasinggegenstand zu aktivieren. Beim **Operatingleasing** kommt eine Aktivierung des Leasinggegenstandes nur beim Leasinggeber in Betracht. Beim **Finanzierungsleasing** wird die Leasingsache dem Leasingnehmer zugerechnet, wenn er der wirtschaftliche Inhaber ist (*Canaris* ZIP 1993, 401; IDW-HFA 1/89, WPg 1988, 625). Auf der Passivseite des Überschuldungsstatus ist aber immer eine entsprechende Verbindlichkeit des Leasingnehmers zu passivieren. Zu den aktivierbaren Forderungen gehören auch **Steuererstattungsansprüche**, die jedoch kritisch zu prüfen sind, da im Vorfeld der Insolvenz oftmals die Führung der Geschäftsbücher mangelhaft ist (*Wolf* Überschuldung S 93; *Weyand* Insolvenzdelikte S 47).

79 g) **Patronatserklärungen**. Aktivierbar im Überschuldungsstatus sind auch sogen **harte Patronatserklärungen** einer Muttergesellschaft (*Scholz/K. Schmidt* 9. Aufl vor § 64 GmbHG Rn 24; *Braun/Uhlenbruck*, Unternehmensinsolvenz, S 295; *K. Schmidt/Uhlenbruck*, Die GmbH in Krise, Rn 5.153; *Kleindiek* in *Lutter/Hommelhoff* Anh zu § 64 GmbHG Rn 31; *K/P/B/Noack* InsO GesellschaftsR Rn 77; *Jaeger/ Müller* § 19 Rn 66; *Rosenberg/Kruse* BB 2003, 641, 647; *Küpper* ZInsO 2006, 913 ff; *Wolf* Überschuldung S 94 f; *K/P/B/Pape* § 19 Rn 11). Voraussetzung der Aktivierung harter Patronatserklärungen ist allerdings, dass sie **zugunsten aller Gläubiger** und nicht nur zugunsten einzelner oder eines einzigen Gläubigers, wie zB der kreditgebenden Bank, abgegeben werden (vgl auch **BGH** v 30. 1. 1992, ZIP 1992, 338, EWiR 1992, 335 [*Rümker*]; *Horn* EWIR 1985, 669; *Kleindiek* in *Lutter/Hommelhoff* Anh zu § 64 GmbHG Rn 31; *Jaeger/Müller* § 19 Rn 66; *K/P/B/Noack* InsO Gesellschaftsrecht Rn 77). Nach Auffassung von *Haack* (Überschuldung S 179) und *Obermüller* (ZGR 1975, 1, 31) stellen Patronatserklärungen kein Mittel zur Überschuldungsbeseitigung dar, da die Gläubiger im Falle einer Verpflichtungsverletzung des Patrons nur einen Schadenersatzanspruch gegen den Patron haben, was auf die Überschuldung der Tochtergesellschaft ohne Einfluss sei. Nicht zu verkennen ist, dass auf der Passivseite der Überschuldungsbilanz letztlich nur ein „Passivtausch" stattfindet, wenn der Muttergesellschaft eine entsprechende Forderung gegen die Tochter zustünde. Die **harte Patronatserklärung** geht normalerweise dahin, dass die Muttergesellschaft sich verpflichtet, dafür Sorge zu tragen, dass ihre Tochtergesellschaft finanziell so ausgestattet wird, dass sie jederzeit in der Lage ist, ihren Zahlungsverpflichtungen nachzukommen. Dieser **Anspruch auf Kapitalausstattung** der Tochtergesellschaft begründet keinen Gegenanspruch, der zu passivieren wäre (s auch *Crezelius* FS Röhricht S 787, 803; *Küffner* DStR 1996, 148). Vielmehr hat die Muttergesellschaft ohne weitere Bedingungen für die Zahlungsfähigkeit der Tochter einzustehen (vgl auch *Küffner* DStR 1996, 148; *Wolf* Überschuldung S 95). Wird die harte Patronatserklärung nur einem einzelnen Gläubiger, wie zB der Hausbank, gegenüber abgegeben, ist eine Aktivierung in der Überschuldungsbilanz ausgeschlossen (*Kleindiek* in *Lutter/Hommelhoff* Anh zu § 64 GmbHG Rn 31; *Jaeger/Müller* § 19 Rn 66; *K. Schmidt/Uhlenbruck*, Die GmbH in Krise, Rn 5.153; *Temme* S 155 ff; zu Patronatserklärungen vgl auch *Michalski* WM 1994, 1229, 1239 f; *Habersack* ZIP 1996, 257; *Fleischer* WM 1999, 666).

80 h) **Aktive Rechnungsabgrenzungsposten**. Hat die Unternehmung Vorauszahlungen geleistet, die sich als Aufwand für eine bestimmte Zeit nach dem Stichtag der Überschuldungsbilanz darstellen, so sind diese Posten als aktive Rechnungsabgrenzungsposten zu aktivieren (*Auler* DB 1976, 2172; *K/P/B/Pape* § 19 Rn 60; HaKo-*Schröder* § 19 Rn 33; *Reck* ZInsO 2004, 728, 732; *K. Schmidt/Uhlenbruck*, Die GmbH in Krise, Rn 5.165; *Jaeger/Müller* § 19 Rn 69; *Harz* ZInsO 2001, 193, 201; *Förschle/Hoffmann* in *Budde/ Förschle/Winkeljohann*, Sonderbilanzen, P Rn 115; *Gottwald/Uhlenbruck* InsRHdb § 6 Rn 36; *Bilo* GmbHR 1981, 73, 78; *Baumbach/Hueck/Schulze-Osterloh* § 64 GmbHG Rn 18; *Scholz/K. Schmidt* 9. Aufl vor § 64 GmbHG Rn 25; str aA *Kleindiek* in *Lutter/Hommelhoff* Anh zu § 64 GmbHG Rn 31; *Rowedder/Schmidt-Leithoff* § 63 GmbHG Rn 51). Hat eine Unternehmung Vorauszahlungen, wie zB für Kfz-Steuern und -Versicherungen, Miete, Beiträge, Zinsen etc geleistet, die Aufwand für eine bestimmte Zeit nach dem Stichtag darstellen, so sind diese Posten jedoch lediglich aktivierbar, wenn sie einen realisierbaren Vermögenswert darstellen. Aktive Rechnungsabgrenzungsposten sind nur anzusetzen, soweit

die ausstehende Gegenleistung auch bei Liquidation der Gesellschaft für diese verwertbar ist und soweit vorzeitige Vertragsauflösung möglich ist und diese zu einem Rückzahlungsanspruch der Gesellschaft führen würde (*Baumbach/Hueck/Schulze-Osterloh* § 64 GmbHG Rn 21; *Jaeger/Müller* § 19 Rn 69; *Förschle/ Hoffmann* in *Budde/Förschle/Winkeljohann*, Sonderbilanzen, P Rn 115; *Crezelius* FS Röhricht S 787, 805). Ein Disagio oder ein Damnum bleibt im Überschuldungsstatus außer Ansatz, wenn es sich um ein einmaliges Entgelt handelt (*Harz* ZInsO 2001, 193, 201). Einzelheiten s Crezelius FS Röhricht S 787, 804 f; *Beck* in *Beck/Depré*, Praxis § 5 Rn 136, 137. Richtig ist der Einwand von *Temme* S 155, dass es bei der Überschuldungsbilanz nicht um periodengerechte Verteilung von Ertrag und Aufwand geht. In der Tat kann der bilanzielle Rechnungsabgrenzungsposten unter bestimmten Voraussetzungen lediglich Anlass sein, einen anderen Aktivposten zu bilden (zutr *Temme* S 155; *Scholz/K. Schmidt* vor § 64 GmbHG Rn 25; Rn 24; *Weyand/Diversy* Insolvenzdelikte S 55 Rn 36; *Beck/Depré/Beck* Praxis Rn 136 f).

i) Aktivierung von Ansprüchen mit gleichwertigen Gegenansprüchen. Forderungen, die vollwertig und 81 durchsetzbar sind, werden – wie bereits oben ausgeführt wurde – in voller Höhe im Überschuldungsstatus passiviert. Löst jedoch die Forderung für den Fall ihrer Realisierung einen gleichwertigen Gegenanspruch aus, hat sie außer Betracht zu bleiben. So können zB Ansprüche eines Schuldnerunternehmens gegenüber einem **Bürgen** mit Rücksicht auf § 774 BGB nicht aktiviert werden (OLG Düsseldorf v 31. 3. 1999, BZG 1999, 944; *Wolf* Überschuldung S 98). Zusagen von **Gesellschafterdarlehen** können nur aktiviert werden, wenn sie durchsetzbar und mit einer Rangrücktrittserklärung verbunden sind (*Scholz/K. Schmidt* 9. Aufl vor § 64 GmbHG Rn 26). Grundsätzlich werden von einem Dritten gewährte Kreditsicherheiten durch den entstehenden Regressanspruch (§§ 670, 774, 1143 BGB) neutralisiert (*Scholz/K. Schmidt* vor § 64 GmbHG Rn 26). Dagegen sind geleistete **Kautionen** als sonstige Vermögensgegenstände zu passivieren (*Wolf* Überschuldung S 98). Vermögensgegenstände, die einem **Absonderungsrecht unterliegen**, sind ebenso in Ansatz zu bringen wie die gesicherten Gegenforderungen als Verbindlichkeiten auf der Passivseite (HK-*Kirchhof* § 19 Rn 22; HaKo-*Schröder* § 19 Rn 35). Eine Saldierung der jeweiligen Positionen findet nicht statt. Aus Transparenzgründen empfiehlt sich nach HaKo-*Schröder* (§ 19 Rn 35), anstelle einer Saldierung auf der Aktivseite die jeweiligen Positionen auf der Aktiv- und Passivseite jeweils ungekürzt auszuweisen (so auch *Winnefeld*, Bilanz-Hdb, 4. Aufl 2006 N Rn 830; HK-*Kirchhof* § 19 Rn 22; *Scholz/K. Schmidt* vor § 64 GmbHG Rn 22). Gleiches gilt für Vermögenspositionen, denen **Aufrechnungsrechte** gegenüberstehen (HaKo-*Schröder* § 19 Rn 35). Zweifelhaft ist dies bei **Aussonderungsrechten**, wie zB Leasinggüter oder Ware unter einfachem Eigentumsvorbehalt. Diese Vermögensgegenstände stehen für den Fall der Insolvenzeröffnung den Gläubiger nicht als Haftungsvermögen zur Verfügung. Andererseits gilt für unter **Eigentumsvorbehalt** gelieferte Gegenstände des Umlaufvermögens oder für **sicherungsübereignete Vermögensgegenstände** kein Aktivierungsverbot. Zudem wird das Aussonderungsrecht (§ 47) erst mit Verfahrenseröffnung relevant. Bei Aussonderungsrechten Dritter kommt allenfalls eine rechtsbeständige **Anwartschaft des Schuldners** in Betracht (vgl BGH WM 1997, 1680; HK-*Kirchhof* § 19 Rn 22). **Geleaste Gegenstände** sind jedenfalls idR nicht aktivierbar (*Rick* ZInsO 2004, 1236, 1237; HK-*Kirchhof* § 19 Rn 22; HaKo-*Schröder* § 19 Rn 36). Nach Auffassung von *v. Onciul* (Die rechtzeitige Auslösung des Insolvenzverfahrens, S 155) soll für Gegenstände, die an den Schuldner unter EV geliefert worden sind, etwas anderes gelten. Diese Gegenstände seien, weil wirtschaftliches Eigentum des Käufers, in dessen Handelsbilanz aufzuführen (246 Abs 1 Satz 2 HGB). Allerdings sollte gleichzeitig eine Passivierung der nach dem Kaufvertrag bestehenden und noch nicht erfüllten Verbindlichkeiten erfolgen. Dies widerspricht dem hier vertretenen **Verbot einer Saldierung.** Zudem führt der Ansatz von gleichwertigen Gegenansprüchen auf der Passivseite keineswegs zu einer Vermehrung der Aktiva.

IX. Ansatz und Bewertung der Aktiva bei negativer Fortführungsprognose

Bei negativer Fortführungsprognose sind Vermögen und Schulden unter **Liquidationsgesichtspunk-** 82 **ten** mit ihren Nettoveräußerungswerten, dh unter Berücksichtigung der Liquidationskosten anzusetzen (*W. Wagner* in *Baetge*, Beiträge zum neuen Insolvenzrecht, S 52; *Baumbach/Hueck/Schulze-Osterloh* § 64 GmbHG Rn 31; *K. Schmidt/Uhlenbruck*, Die GmbH in Krise, Rn 5.137; *Jaeger/Müller* § 19 Rn 58; K/P/B/*Pape* § 19 Rn 9; KS-*Müller/Haas* S 1799, 1803 f, Rn 12; HK-*Kirchhof* § 19 Rn 15). Insoweit hat auch das **Finanzmarktstabilisierungsgesetz** (BGBl I 2008, S 1982) im Ergebnis keine Änderung gebracht. Für die Zeit bis zum 31. 12. 2014 ist für die Überschuldungsstatus von **Liquidationswerten** auszugehen. Der Ansatz von Fortführungswerten ist für die Zeit der Geltung der neuen Überschuldungsregelung bedeutungslos geworden (K/P/B/*Pape* § 19 Rn 56). Da auch hier aus Praktikabilitätsgründen trotz **Dreistufigkeit der Überschuldungsprüfung** vorgeschlagen wird, mit der Fortführungsprognose zu beginnen, ändert sich durch die bis zum 31. 12. 2013 geltende Neuregelung des § 19 Abs 2 durch das FMStG nichts.

Ein Unsicherheitsfaktor ist dabei allerdings die **Verwertungsprämisse,** denn bei Einzelveräußerung 83 oder Veräußerung von Teilbetrieben ist meist weniger zu erlösen als bei einer Unternehmensveräußerung als Ganzes. Nach HaKo-*Schröder* (§ 19 Rn 22) ist bei **verschiedenen Liquidationsmöglichkeiten** (zB Einzelverwertung, Gesamtverwertung etc) die wahrscheinlichste zugrunde zu legen (so auch IDW FAR 1/1996, WPg 1997, 22, 25; *Vonnemann* BB 1991, 867 ff; FK-*Schmerbach* § 19 Rn 10). Die Schätzung derartiger Einzelveräußerungserlöse ist nach *Förschle/Hoffmann* (in *Budde/Förschle/Winkeljohann*, Sonderbilanzen, P Rn 90) „durchaus nicht frei von (erheblichen) Ermessensspielräumen, insbesondere wenn es sich um singuläre Vermögensgegenstände, wie Immobilienbeteiligungen oder immaterielle Vermögensgegenstände, wie Patente, Warenzeichen/Markennamen, handelt". Nach den Vorstellungen des Gesetzgeber ist das vorhandene Vermögen **realistisch zu bewerten**, damit das Ziel einer rechtzeitigen Verfahrenseröffnung nicht gefährdet wird (Begr RegE zu § 19 InsO, abgedr bei *Balz/Landfermann*, Die neuen Insolvenzgesetze, S 93).

84   Die **Liquidationswerte** sind nicht identisch mit **Zerschlagungswerten**. Letztere sind anzusetzen, wenn eine Liquidation im Insolvenzverfahren unvermeidbar ist. Besteht ein konkretes Sanierungskonzept, wonach das gesamte Betriebsvermögen im Wege der übertragenden Sanierung auf einen neuen Rechtsträger übertragen werden soll, kann es durchaus gerechtfertigt sein, trotz negativer Fortführungsprognose vom **Substanzwertverfahren** auf das **Ertragswertverfahren** überzugehen (*K. Schmidt/Uhlenbruck*, Die GmbH in Krise, Rn 5.137). Allerdings wird von der hM verlangt, dass solchenfalls bereits **konkrete Verkaufsverhandlungen bestehen** und ein Vertragsabschluss sehr wahrscheinlich sein muss (*Gottwald/Uhlenbruck* InsRHdb § 6 Rn 29; *Förschle/Hoffmann* in *Budde/Förschle/Winkeljohann*, Sonderbilanzen, P Rn 92; ähnlich *Habersack* in GK AktG § 92 Rn 47; *Kleindiek* in *Lutter/Hommelhoff* Anh zu § 64 Rn 31; *Jaeger/Müller* § 19 Rn 48; *Baumbach/Hueck/Schulze-Osterloh* § 64 GmbHG Rn 31). Solange derartige konkretisierte Anhaltspunkte noch nicht vorliegen, dürfen die einzelnen Vermögensgegenstände nur mit den zu erwartenden Einzelveräußerungserlösen angesetzt werden, die im Rahmen einer normalen Liquidation zu erzielen wären. Der Grad der Zerschlagung sowie der Zeitraum, in dem die Verwertung des Unternehmens erfolgen soll, prägen maßgeblich die Höhe der Veräußerungserlöse. Als **Wertobergrenze** unter Liquidationsgesichtspunkten ist eine marktgerechte Einzelveräußerung anzusehen. Die **Wertuntergrenze** stellt der Zerschlagungswert der einzelnen Vermögensgegenstände dar (*Harz/Baumgartner/Conrad* ZInsO 2005, 1304, 1309; *Th. Wolf* KSI 2006, 60, 61). Je kürzer die Liquidationsgeschwindigkeit, desto mehr Wertverluste, zB durch Notverkäufe, müssen hingenommen werden. Bei der Bewertung von **Roh-, Hilfs- und Betriebsstoffen** sowie **Halb- und Fertigerzeugnisse** ist letztlich auch zu berücksichtigen, dass fertige Erzeugnisse im Falle einer Insolvenz nicht mehr nachgefragt werden, weil die Ersatzteillage ungewiss ist (*Auler* DB 1976, 2169, 2171; *Uhlenbruck*, Die GmbH & Co KG in Krise, Konkurs und Vergleich, S 291; *Temme* S 152). **Halb- und Fertigerzeugnisse** können nur dann einen Marktwert haben, wenn sie fertig gestellt bzw veräußert werden können. Halbfertigerzeugnisse sind idR mit dem Schrottwert anzusetzen, da sie zunächst im Betrieb fertig gestellt werden müssen und nur selten einen erheblichen Veräußerungswert darstellen (*Reck* ZInsO 2004, 733; *Harz/Baumgartner/Conrad* ZInsO 2005, 1304, 1310). Für **Roh-, Hilfs- und Betriebsstoffe** werden bei negativer Prognose teilweise Abschläge zwischen 30 und 50 Prozent auf den Buchwert gemacht (vgl *Reck* ZInsO 2004, 733, 734).

85   Bei **Forderungen aus Lieferungen und Leistungen**, die grundsätzlich mit den Buchwerten anzusetzen sind, ist bei negativer Fortführungsprognose eine Wertberichtigung vorzunehmen, wenn Zweifel an der Realisierbarkeit der Forderung bestehen (*K. Schmidt/Uhlenbruck*, Die GmbH in Krise, Rn 5.161; K/P/B/ *Pape* § 19 Rn 60; *Jaeger/Müller* § 19 Rn 60; *Harz/Baumgartner/Conrad* ZInsO 2005, 1304, 1310). Nach *Reck* (ZInsO 2004, 728, 734) werden bei Forderungen aus Lieferungen und Leistungen **Abschläge zwischen 20 und 50 Prozent** vorgenommen, da die Zahlungsmoral der Kunden extrem fällt, wenn bekannt wird, dass das Unternehmen insolvenzreif ist. Zu einem Abschlag von 50 Prozent komme es insbesondere dann, wenn es sich um fällige Forderungen handelt, die schon länger bestehen (schon seit sechs Monaten und mehr fällig).

86   **Aktive Rechnungsabgrenzungsposten** sind grundsätzlich nicht anzusetzen. Eine Ausnahme gilt nur, soweit eine ausstehende Gegenleistung auch bei Liquidation der Gesellschaft verwertbar ist und soweit eine vorzeitige Vertragsauflösung möglich ist und diese zu einem **Rückzahlungsanspruch** führen wird (*Baumbach/Hueck/Schulze-Osterloh* § 64 GmbHG Rn 21; *K. Schmidt/Uhlenbruck*, Die GmbH in Krise, 3. Aufl Rn 907; K/P/B/*Pape* § 19 Rn 60; *Rowedder/Schmidt-Leithoff* § 63 GmbHG Rn 51; *Förschle/ Hoffmann* in *Budde/Förschle/Winkeljohann*, Sonderbilanzen, B Rn 115).

87   Auch bei **negativer Fortführungsprognose** können beschlossene und belegbare **Eigenkapitalerhöhungen** sowie **Sanierungszuschüsse** und **Nachschüsse** aktiviert werden (MüKo-*Drukarczyk* § 19 Rn 97). Gleiches gilt für **Liquiditätsausstattungsgarantien** oder Ansprüche aus Verlustübernahme gem § 302 AktG im Konzern. Auch **harte Patronatserklärungen** ohne zu passivierenden Rückgriffsanspruch gegenüber dem Schuldner können ebenso angesetzt werden wie Schadensersatzansprüche gegen organschaftliche Vertreter, die außerhalb des Insolvenzverfahrens durchsetzbar sind (MüKo-*Drukarczyk* § 19 Rn 97).

88   Das **Finanzmarktstabilisierungsgesetz** und die damit verbundene Änderung des § 19 Abs 2 haben insoweit keine Änderung gebracht. Soweit die Fortführung des Unternehmens nach den Umständen **nicht überwiegend wahrscheinlich** ist, sind im Überschuldungsstatus die vorstehenden Liquidationswerte anzusetzen.

X. Ansatz und Bewertung der Passiva bei positiver Fortführungsprognose

89   Auf der Passivseite des Überschuldungsstatus (Überschuldungsbilanz) sind alle Verbindlichkeiten auszuweisen, die im Falle einer Verfahrenseröffnung Insolvenzforderungen sind. Auch bei den Passiva ist

X. Ansatz und Bewertung der Passiva bei positiver Fortführungsprognose § 19

zwischen **Ansatz** und **Bewertung** zu unterscheiden. Grundsätzlich sind alle zum Stichtag bestehenden Verbindlichkeiten mit ihrem Nennwert zu passivieren, gleichgültig ob sie bereits fällig sind oder nicht (KS-*Müller/Haas* S 1811 Rn 30; K/P/B/*Pape* § 19 Rn 63; *K. Schmidt/Uhlenbruck*, Die GmbH in Krise, Rn 5.169; *Jaeger/Müller* § 19 Rn 70; *Rowedder/Schmidt-Leithoff* § 63 GmbHG Rn 52). **Künftige, durch das Insolvenzverfahren ausgelöste Verbindlichkeiten**, wie zB Schadensersatzansprüche wegen Nichterfüllung laufender Verträge oder Sozialplanansprüche der Arbeitnehmer, bleiben dagegen außer Ansatz (AG Göttingen ZInsO 2002, 944; HK-*Kirchhof* § 19 Rn 23; *Jaeger/Müller* § 19 Rn 71; *Beck* in *Beck/Depré*, Praxis, § 5 Rn 146; str aA *Kleindiek* in *Lutter/Hommelhoff* Anh zu § 64 GmbHG Rn 33, der Rückstellung verlangt; *Hommelhoff* FS Döllerer 1988 S 245, 256). Zu den anzusetzenden Verbindlichkeiten gehören Verbindlichkeiten aus Warenlieferungen und Leistungen, Bankverbindlichkeiten, Wechselverpflichtungen, erhaltene Anzahlungen und sonstige Verbindlichkeiten, wie zB betriebliche Steuerschulden, Verbindlichkeiten aus einbehaltenen Sozialabgaben und Steuern. **Rückstellungen**, die bilanziell ausgewiesen werden müssen, sind auch im Überschuldungsstatus zu passivieren, wenn ernsthaft mit einer Inanspruchnahme zu rechnen ist (*Harz/Baumgartner/Conrad* ZInsO 2005, 1304, 1310; HaKo-*Schröder* § 19 Rn 37; *Jaeger/Müller* § 19 Rn 75; *Baumbach/Hueck/Schulze-Osterloh* § 64 GmbHG Rn 25). Das gilt nach *Kleindiek* (in *Lutter/Hommelhoff* Anh zu § 64 GmbHG Rn 33) auch für **Kosten der Abwicklung**. Dabei muss nicht der volle Betrag angesetzt werden; vielmehr sind je nach dem Grad der Wahrscheinlichkeit einer Inanspruchnahme Abschläge vorzunehmen (*Bormann* GmbHR 2001, 689, 692; *Fleischer* ZIP 1996, 773, 779). Zu **Drohverlustrückstellungen** im Überschuldungsstatus s *Haas/Scholl* ZInsO 2002, 645. **Aufwands- und Kulanzrückstellungen** gem § 249 Abs 1 Satz 2 Nr 1 u 2 Satz 3, Abs 2 HGB, für die handelsrechtlich Passivierungswahlrechte bestehen, sind im Überschuldungsstatus nicht zu berücksichtigen (*Jaeger/Müller* § 19 Rn 77; HaKo-*Schröder* § 19 Rn 37).

Bestehen **Ansprüche aus bereits anerkannten Garantie-, Bürgschafts- und Gewährleistungsverpflichtungen**, sind diese mit dem Betrag der wahrscheinlichen Inanspruchnahme zu passivieren (*Uhlenbruck*, Die GmbH & Co KG in Krise, Konkurs und Vergleich, 1988 S 310; *Harz/Baumgartner/Conrad* ZInsO 2005, 1304, 1310). **Streitige Verbindlichkeiten** sind zu passivieren, wenn für sie eine Rückstellung gebildet worden ist (FK-*Schmerbach* § 19 Rn 15; K/P/B/*Pape* § 19 Rn 64; *Schmidt/Roth* ZInsO 2006, 236; *Primozik/Fecke* GmbHR 2885, 160). Im Übrigen wird eine streitige Verbindlichkeit dann nicht passiviert, wenn von ihrem Bestehen die Überschuldung abhängt (vgl LG Stendal ZIP 1994, 1034, 1035; HK-*Kirchhof* § 19 Rn 23; *Uhlenbruck* ZInsO 2006, 338, 339). Erforderlich ist allerdings, dass die Forderung substantiiert und mit ernst zu nehmenden Gründen bestritten wird. Teilweise wird auch angenommen, bei streitigen Verbindlichkeiten seien diese prozentual nach der Wahrscheinlichkeit ihres Bestehens zu berücksichtigen (*Schmidt/Roth* ZInsO 2006, 236, 239 f). Die **Kosten des Insolvenzverfahrens** oder Verbindlichkeiten, die durch die Verfahrenseröffnung ausgelöst werden, sind nicht in Ansatz zu bringen (AG Göttingen ZInsO 2002, 944; BerlKo-*Goetsch* § 19 Rn 29; HK-*Kirchhof* § 19 Rn 23; K/P/B/*Pape* § 19 Rn 54, 63; *Uhlenbruck* KTS 1994, 169, 173; FK-*Schmerbach* § 19 Rn 16; *Rowedder/Schmidt-Leithoff* § 63 GmbHG Rn 55, 56; zu weitgehend N/R/*Mönning* § 19 Rn 16, 39 u *Kleindiek* in *Lutter/Hommelhoff* Anh zu § 64 GmbHG Rn 33, hinsichtlich sonstiger Masseverbindlichkeiten nach § 55). Zutreffend der Hinweis von *Schröder* (HaKo-*Schröder* § 19 Rn 39), dass anders als beim Aktivvermögen sich die Fortbestehensprognose auf der Passivseite nicht in der Bewertung, sondern beim Ansatz der einzelnen Positionen auswirkt. Anzusetzen seien **alle Passiva**, die nach der zugrunde gelegten Fortführungs- oder Liquidationsprämisse bestehen oder wahrscheinlich entstehen". Zu folgen ist *Schröder* darin, dass im Falle einer negativen Fortführungsprognose nicht nur diejenigen Verbindlichkeiten zu berücksichtigen sind, die im Fall einer Insolvenzeröffnung **Insolvenzforderungen** iSv § 38 darstellen würden bzw aus der Insolvenzmasse zu bedienen wären (K/P/B/*Pape* § 19 Rn 63). Grundsätzlich gilt, dass die Überschuldungsprüfung die Wirkungen eines eröffneten Insolvenzverfahrens nicht vorwegnehmen darf (vgl auch *Jaeger/Müller* § 19 Rn 44, 78). In der Literatur wird teilweise die Auffassung vertreten, es seien alle **durch die Liquidation bedingten zusätzlichen Kosten**, Auflagen und steuerlichen Lasten, insbesondere Kosten für Sozialpläne, laufende Gehälter der Mitarbeiter bis zu ihrem Ausscheiden, Abfindungen, Dauerschuldverhältnisse (zB aus Mietverträgen), im Überschuldungsstatus aufzuführen (so zB IDW FAR 1/1996, WPg 1997, S 92 ff; *M. Beck* KS I 2008, 245, 247; *Förschle/Hoffmann* in *Budde/Förschle/Winkeljohann*, Sonderbilanzen P Rn 91). Zutreffend weist *Schmidt-Leithoff* (*Rowedder/Schmidt-Leithoff* § 63 GmbHG Rn 56) darauf hin, dass es für den **Ansatz von Abwicklungskosten** nach §§ 53, 54 nicht darauf ankommt, ob im Einzelfall die Fortbestehensprognose positiv oder negativ ausfällt (so auch *Adler/Düring/Schmaltz* § 252 HGB Rn 35). Inkonsequent erscheint es aber, bei einer **negativen Fortbestehensprognose** für diese Kosten der Abwicklung **Rückstellungen** zu bilden (so zB *Jaeger/Müller* § 19 Rn 78; HaKo-*Schröder* § 19 Rn 39; *Baumbach/Hueck/Schulze-Osterloh* § 64 GmbHG Rn 27m Einschränkungen für Masseverbindlichkeiten). Langfristig unverzinsliche Verbindlichkeiten sind abzuzinsen, dürfen also mit ihrem Barwert angesetzt werden. Unerheblich ist im Rahmen der Passivierung, ob für die Verbindlichkeiten **Sicherheiten** bestehen, die den Gläubiger ausreichend sichern (K/P/B/*Pape* § 19 Rn 13). Nicht fällige oder gestundete Verbindlichkeiten sind ebenso zu berücksichtigen wie fällige Verbindlichkeiten. Auch die Passiva sind im Überschuldungsstatus **zu bewerten**. Der Ansatz der Verbindlichkeiten erfolgt grundsätzlich zum **Nennwert** (vgl BGH NJW 1983, 677; K/P/B/*Pape* § 19 Rn 13).

91 Nach der Begr RegE (zu § 23 RegE = § 19 InsO, bei *Uhlenbruck,* Das neue Insolvenzrecht S 319) sind auf der Passivseite des Überschuldungsstatus auch die **nachrangigen Verbindlichkeiten** iSv § 39 zu berücksichtigen (so auch HK-*Kirchhof* § 19 Rn 23; *Uhlenbruck* KTS 1994, 169, 173; *Burger/Schellberg* KTS 1995, 563, 572; *Wolf* Überschuldung S 134; *Braun/Uhlenbruck,* Unternehmensinsolvenz, S 298; *Roth/Altmeppen* § 64 GmbHG Rn 28; **str aA**; FK-*Schmerbach* § 19 Rn 17). Der RegE eines Gesetzes **zur Modernisierung des GmbH-Rechts und zur Bekämpfung von Missbräuchen (MoMiG)** sah ursprünglich eine Regelung in § 19 Abs 2 Satz 3 vor, wonach Forderungen auf Rückgewähr von Gesellschafterdarlehen, die in einem Insolvenzverfahren über das Vermögen einer Gesellschaft nach § 39 Abs 1 Nr 5 befriedigt werden, bei den Verbindlichkeiten nach Satz 1 nicht zu berücksichtigen sind. Danach brauchten **nachrangige Gesellschafterdarlehen** bei der Überschuldungsprüfung generell nicht passiviert zu werden, auch wenn **kein Rangrücktritt** erfolgt war. Nach der bis zum 18. 10. 2008 und wieder ab 1. 1. 2014 geltenden Fassung des § 19 Abs 2 durch das MoMiG sind „Forderungen auf Rückgewähr von Gesellschafterdarlehen und aus Rechtshandlungen, die einem solchen Darlehen wirtschaftlich entsprechen, für die gem § 39 Abs 2 zwischen Gläubiger und Schuldner der **Nachrang im Insolvenzverfahren** hinter den in § 39 Abs 1 Nr 1–5 bezeichneten Forderungen vereinbart worden ist", bei den Verbindlichkeiten nach Satz 1 nicht zu berücksichtigen sind. Die Änderung des § 19 Abs 2 durch das **Finanzmarktstabilisierungsgesetz v 17. 10. 2008** hat zwar den durch das MoMiG mit Wirkung vom 1. 11. 2008 eingeführten § 19 Abs 2 Satz 2 scheinbar wieder abgeschafft, jedoch handelt es sich wohl um ein „Redaktionsversehen" (vgl *Bitter* ZInsO 2008, 1097; *Thonfeld* NZI 2009, 15, 19; *Möhlmann-Mahlau* NZI 2009, 19 ff; *Rokas* ZInsO 2009, 18 ff; *Böcker/Poertzgen* GmbHR 2008, 1289 ff; *Hirtel Knof/Mock* ZInsO 2008, 1217 ff). Eine Korrektur ist durch das FMStErgG erfolgt. Auch für die Zeit der Geltung des FMStG ist davon auszugehen, dass entgegen der Rechtsprechung des **BGH** (BGHZ 146, 264), die einen sog **qualifizierten Rangrücktritt** hinter alle Gesellschaftsgläubiger verlangt, **ein Rangrücktritt hinter die in § 39 Abs 1 Nr 1–5 aufgeführten Verbindlichkeiten** genügt, um eine Passivierungspflicht entfallen zu lassen (so schon *Altmeppen* in *Roth/Altmeppen* § 42 GmbHG Rn 61 u Vorb § 64 GmbHG Rn 41, 44 ff; *Kleindiek* in *Lutter/Hommelhoff* Anh zu § 64 GmbHG Rn 32; *Haas* DStR 2009, 326; *Hirte* ZInsO 2008, 689, 696 f; *K. Schmidt* BB 2006, 2503, 2506; ders DB 2008, 2467, 2470 f; FK-*Schmerbach* § 19 Rn 18 b; vgl auch HaKo-*Schröder* § 19 Rn 60, 61; K/P/B/*Pape* § 19 Rn 69).

92 Auch bei der **Bewertung der Passivposten** ergeben sich unterschiedliche Ergebnisse, je nachdem, ob im Rahmen der rechnerischen Überschuldung von **Liquidationswerten** ausgegangen wird oder auf Grund einer positiven Fortbestehensprognose **Going-concern-Werte** angesetzt werden. Dies zeigt sich besonders bei den **Rückstellungen**. Bei positiver Fortbestehensprognose sind Abwicklungskosten und Schadenersatzansprüche wegen vorzeitiger Vertragsbeendigung nicht zurückzustellen. Dagegen stellt sich beim Überschuldungsstatus zu Liquidationswerten (Prüfung der rechnerischen Überschuldung) die Frage, ob es im Einzelfall geboten ist, Rückstellungen für Abwicklungsverluste zu bilden, wie es ohnehin für die handelsrechtliche Rechnungslegung verlangt wird (KS-*Müller/Haas* S 1813, Rn 33, 34; ADS § 252 HGB Rn 35). Unterschiedliche Bilanzierungsfolgen ergeben sich auch bei der Prüfung der rechnerischen Überschuldung und der rechtlichen Überschuldung nach Going-concern-Werten bezüglich der **Pensionsverpflichtungen.** Fällt die Fortbestehensprognose negativ aus und ist die Liquidation notwendige Folge, sind die Pensionsverpflichtungen mit ihrem Barwert voll zu passivieren.

93 Bei der Bewertung der Passiva werden die **Nachteile der hergebrachten zweistufigen Überschuldungsprüfung** deutlich. Wird nämlich bei der rechnerischen Überschuldung die Liquidation simuliert, so müssten eigentlich auch die durch die Liquidation ausgelösten Verbindlichkeiten im Rahmen des Überschuldungsstatus zu Liquidationswerten ausgewiesen werden. Dies tut aber die hM gerade nicht. Vielmehr bewertet sie weitgehend undifferenziert je nach dem Ergebnis der Fortführungsprognose. Fällt diese positiv aus, bleiben sämtliche Folgekosten einer Verfahrenseröffnung außer Ansatz. Fällt dagegen die Fortbestehensprognose negativ aus, werden teilweise die nach Verfahrenseröffnung entstehenden Verbindlichkeiten und Kosten im Überschuldungsstatus passiviert. Die Prämisse einer Liquidation verursacht neben erheblichen Wertverlusten auf der Aktivseite gleichzeitig auch eine Erhöhung der Verbindlichkeiten. Die erhöhten Verbindlichkeiten werden vorwiegend durch die Abwicklungs- und Folgekosten verursacht, wobei in erster Linie **Rückstellungen für Sozialpläne** und langfristige Verträge die Kostenfaktoren sind (vgl *Jaeger/Müller* § 19 Rn 79; *Förschle/Hoffmann* in *Budde/Förschle/Winkeljohann,* Sonderbilanzen, P Rn 91, 117; MüKo-*Drukarczyk* § 19 Rn 101; *Baumbach/Hueck/Schulze-Osterloh* § 64 GmbHG Rn 27).

94 Im Nachfolgenden soll davon ausgegangen werden, dass die **durch ein Insolvenzverfahren ausgelösten Verbindlichkeiten und Kosten** auch im Rahmen der **rechnerischen Überschuldungsprüfung nicht zu antizipieren** sind, weil der Überschuldungsstatus das Insolvenzverfahren und seine Ergebnisse nicht vorwegnehmen darf, sondern nur zur Ermittlung der Vermögenslage dient (K/P/B/*Pape* § 19 Rn 54; *W. Wagner* in: *J. Baetge*, Beiträge zum neuen Insolvenzrecht, 1998 S 43, 58; **str aA** *B. Breitenbücher*, Masseunzulänglichkeit 2007, S 67 ff). Da sich die Fortbestehensprognose auf der Passivseite des Insolvenzstatus nicht in der Bewertung, sondern beim **Ansatz der einzelnen Positionen** auswirkt, ist im Folgenden auf den Ansatz abzustellen.

95 **1. Nicht zu berücksichtigende Passivposten im Überschuldungsstatus.** Auf der Passivseite des Überschuldungsstatus sind alle Verbindlichkeiten auszuweisen, die im Fall der Eröffnung des Insolvenzver-

X. Ansatz und Bewertung der Passiva bei positiver Fortführungsprognose § 19

fahrens aus der Insolvenzmasse bzw deren Verwertungserlös bedient werden müssen (*Scholz/K. Schmidt* vor § 64 GmbHG Rn 28). Anders als bei der Zahlungsunfähigkeit kommen daher auch nicht fällige oder gestundete Verbindlichkeiten in Ansatz. Gewisse Verbindlichkeiten bleiben dagegen außer Ansatz.

a) Eigenkapital. Auf der Passivseite des Überschuldungsstatus bleibt außer Ansatz das Stamm- oder Grundkapital, denn hier handelt es sich nicht um „echte" Verbindlichkeiten der Gesellschaft, sondern um Haftkapital, das idR vor allem bei Überschuldung verloren ist (*Scholz/K. Schmidt* 9. Aufl vor § 64 GmbHG Rn 101; *Lutter* ZIP 1999, 641, 644; *Braun/Uhlenbruck*, Unternehmensinsolvenz, S 296; *Rowedder/Schmidt-Leithoff* § 63 GmbHG Rn 54; *Baumbach/Hueck/Schulze-Osterloh* § 64 GmbHG Rn 30; HaKo-*Schröder* § 19 Rn 38; *K. Schmidt/Uhlenbruck*, Die GmbH in Krise, Rn 5.173; *Hüffer* § 92 AktG Rn 11). Nicht in Ansatz gebracht werden auch die **offenen bzw freien Rücklagen** (vgl BGH BB 1959, 754 = WM 1959, 914; OLG Karlsruhe WM 1978, 965; *Scholz/K. Schmidt* vor § 64 GmbHG Rn 28; *Jaeger/Müller* § 19 Rn 86; *Baumbach/Hueck/Schulze-Osterloh* § 64 GmbHG Rn 30; *Wolf* Überschuldung S 106). Nicht auszuweisen sind auf der Passivseite auch ein **Gewinnvortrag** oder ein **Jahresüberschuss** (*Hüffer* § 92 AktG Rn 11) sowie eine **Sonderrücklage** für eigene Aktien oder Geschäftsanteile nach § 272 Abs 4 HGB (*Lutter* ZIP 1999, 641, 644). Als Eigenkapital ist auch das **Nachschusskapital** anzusehen, denn der Effekt dieser Position ist die Sicherung der Gläubiger vor Verlusten (*Lütkemeyer*, Die Überschuldung der GmbH S 262; *Uhlenbruck* in *K. Schmidt/Uhlenbruck*, Die GmbH in Krise, Rn 5.173; *Kühn* DB 1970, 555; *Bilo* GmbHR 1981, 104).

96

b) Sonderposten mit Rücklagenanteil und Sonderabschreibungen. Um sogen „unechte" Passiva handelt es sich, obgleich sie in der Jahresbilanz auf der Passivseite gebucht werden, bei den steuerlichen Sonderabschreibungen und Sonderposten mit Rücklagenanteil (*Scholz/K. Schmidt* 9. Aufl vor § 64 GmbHG Rn 28; *Baumbach/Hueck/Schulze-Osterloh* § 64 GmbHG Rn 30; *Hüffer* § 92 AktG Rn 11; *Wolf* Überschuldung S 108; *Braun/Uhlenbruck*, Unternehmensinsolvenz S 296). Nach § 247 Abs 3 HGB dürfen Sonderposten mit Rücklagenanteil nur insoweit gebildet werden, als das Steuerrecht die Anerkennung des Wertansatzes bei der steuerrechtlichen Gewinnermittlung davon abhängig macht, dass der Sonderposten in der Bilanz gebildet wird (**BFH** GmbHR 2005, 1571; HaKo-*Schröder* § 19 Rn 38; *Jaeger/Müller* § 19 Rn 87; *Temme* S 161). Es handelt sich um einen sogen Mischposten, der sowohl Fremdkapitalbestandteile „in Form aufgeschobener Ertragssteuerbelastung als auch Eigenkapitalbestandteile in Höhe der Restsumme (Gewinnthesaurierung) enthält" (*Wolf* Überschuldung S 106). Soweit zum Stichtag der Überschuldungsbilanz feststeht, dass der Posten endgültig steuerfrei bleibt, hat er Eigenkapitalcharakter (*Uhlenbruck* in *K. Schmidt/Uhlenbruck*, Die GmbH in Krise, Rn 5.173; *Temme* S 162). Werden jedoch Teile der Position der Besteuerung unterworfen, ist die entsprechende Steuerschuld zurückzustellen (*Förschle*/Hoffmann in *Budde/Förschle/Winkeljohann*, Sonderbilanzen P Rn 124; *Scholz/K. Schmidt* § 63 GmbHG Rn 26; *Hachenburg/Ulmer* § 63 GmbHG Rn 44; *Temme* S 162; *Uhlenbruck* in *K. Schmidt/Uhlenbruck*, Die GmbH in Krise, Rn 5.173; MüKo-*Drukarczyk* § 19 Rn 98; *Beck/Depré/Beck* Hdb § 5 Rn 140; *Wolf* Überschuldung S 108; *Förschle/Hoffmann* in *Budde/ Förschle/Winkeljohann*, Sonderbilanzen, P Rn 124).

97

2. Zu berücksichtigende Passivposten im Überschuldungsstatus. a) Verbindlichkeiten. Für die Feststellung der Überschuldung sind sämtliche gegenwärtig bestehende Verbindlichkeiten zu berücksichtigen, die im Fall einer Verfahrenseröffnung Insolvenzforderungen (§ 38) begründen können (**BGH** ZIP 1982, 1435, 1437; HK-*Kirchhof* § 19 Rn 23; *Jaeger/Müller* § 19 Rn 70; *Gottwald/Uhlenbruck* InsR-Hdb § 6 Rn 42; K/P/B/*Pape* § 19 Rn 63; weitergehend HaKo-*Schröder* § 19 Rn 39). Anders als bei der Zahlungsunfähigkeit sind daher auch noch nicht fällige oder gestundete Verbindlichkeiten in Ansatz zu bringen. Künftige, durch die Eröffnung des Insolvenzverfahrens ausgelöste Verbindlichkeiten, wie zB Schadenersatzansprüche wegen Nichterfüllung laufender Verträge oder Sozialplanansprüche der Arbeitnehmer, bleiben dagegen unberücksichtigt (vgl unten zu c). Die Verbindlichkeiten sind mit ihrem **Nennwert** in den Überschuldungsstatus einzusetzen. Maßgeblich ist, mit welchem Betrag sie für den Fall der Verfahrenseröffnung gegenüber der Masse geltend gemacht werden können (vgl *K. Schmidt/Uhlenbruck*, Die GmbH in Krise, Rn 5.174 ff; K/P/B/*Pape* § 19 Rn 63; N/R/*Mönning* § 19 Rn 16; HK-*Kirchhof* § 19 Rn 23). Langfristig unverzinsliche Verbindlichkeiten dürfen abgezinst, also mit dem Barwert angesetzt werden (*Gottwald/Uhlenbruck* InsRHdb § 6 Rn 44). Auch durch **Dritte gesicherte Verbindlichkeiten** sind in den Überschuldungsstatus einzustellen. Denn der Dritte hat, wenn er zB aus einer Bürgschaft in Anspruch genommen wird, regelmäßig einen **Rückgriffsanspruch** gegen des Schuldner bzw das Schuldnerunternehmen (WP-Hdb II Rn 1.150; *Jaeger/Müller* § 19 Rn 73; *Scholz/K. Schmidt* vor § 64 GmbHG Rn 28; *Förschle/Hoffmann* in *Budde/Förschle/Winkeljohann*, Sonderbilanzen, P Rn 121). Selbst wenn der Dritte sich im Innenverhältnis zur **Freistellung** verpflichtet oder auf seinen Rückgriffsanspruch verzichtet oder einen Rangrücktritt erklärt, entfällt die Passivierungspflicht nicht, da weiterhin die Gefahr einer unmittelbaren Inanspruchnahme besteht (*Jaeger/Müller* § 19 Rn 73; *Wolf*, Überschuldung, S 137 f; str aA *Förschle/Hoffmann* in *Budde/Förschle/Winkeljohann*, Sonderbilanzen, P Rn 120, 121; vgl auch *Weisang* WM 1997, 251). **Wertberichtigungen** sind Korrekturposten der Aktivseite und stellen damit weder Eigen- noch Fremdkapital dar. Demgemäß werden sie, soweit der Höhe nach gerechtfertigt, bei den entsprechenden Vermögensposten im Überschuldungsstatus abgesetzt

98

§ 19 Überschuldung

(*Gottwald/Uhlenbruck* InsRHdb § 6 Rn 44). **Verbindlichkeiten aus schwebenden Geschäften** sind in der Überschuldungsbilanz ebenfalls zu passivieren, da nicht auszuschließen ist, dass sich der Insolvenzverwalter gem § 103 für deren Erfüllung entscheidet (*Scholz/K. Schmidt* 9. Aufl vor § 64 GmbHG Rn 29; *K. Schmidt/Uhlenbruck,* Die GmbH in Krise, Rn 5.174; *Baumbach/Hueck/Schulze-Osterloh* § 64 GmbHG Rn 23). Es handelt sich bei schwebenden Geschäften um Verpflichtungen aus Verträgen, bei denen zum Stichtag der Überschuldungsbilanz noch von keiner Vertragspartei der Vertrag vollständig erfüllt worden ist. Ansprüche aus schwebenden Geschäften und Verbindlichkeiten hieraus können erhebliche Beträge ausmachen, zB bei Bauleistungen, Dienstleistungen, Leasing-Verträgen oder bei Miet- oder Pachtverträgen als Dauerschuldverhältnissen. Verbindlichkeiten aus schwebenden Geschäften sind mit dem voraussichtlichen Wert der Leistung anzusetzen (*Spliedt* in *Runkel* AnwHdb § 1 Rn 101). **Eventualverbindlichkeiten**, wie zB solche aus der Begebung oder Übertragung von Wechseln, aus **Bürgschaften** oder **Gewährleistungsverträgen** oder **Bestellung von Sicherheiten** für fremde Verbindlichkeiten sind nur insoweit zu passivieren, als mit einer Inanspruchnahme gerechnet werden muss. Wird die Verpflichtung wegen drohender Inanspruchnahme passiviert, so ist gleichzeitig eine Rückgriffsforderung zu aktivieren, auch wenn die Forderung des Gläubigers gegen den Hauptschuldner erst mit der Befriedigung des Gläubigers auf den Bürgen übergeht. Allerdings sind hier meist Wertberichtigungen angebracht.

99 Schwierigkeiten macht in der Praxis die Bilanzierung von **Verbindlichkeiten** im Überschuldungsstatus, **die entweder bestritten oder prozessbefangen** sind, vor allem, wenn das **Bestehen oder Nichtbestehen dieser Verbindlichkeiten** im Einzelfall die Überschuldung des Unternehmens ausmacht. In solchen Fällen wäre es wenig sinnvoll, wegen einer nicht rechtskräftig festgestellten Forderung das Insolvenzverfahren zu eröffnen. Im Einzelnen gilt Folgendes: Grundsätzlich sind **sämtliche Verbindlichkeiten**, gleichgültig ob bestritten oder unbestritten, im Überschuldungsstatus zu passivieren. Eine Ausnahme ist nur dann anzuerkennen, wenn die bestrittene Forderung noch der **Klärung in einem gerichtlichen Prozessverfahren** bedarf oder über sie noch nicht rechtskräftig entschieden worden ist. In diesen Fällen wird man von einer Passivierung der streitigen, den Insolvenzgrund ausmachenden Verbindlichkeit absehen können (für eine Abstufung je nach Prozessrisiko *Schmidt/Roth* ZInsO 2006, 236 ff). Jeweils dem Prozessrisiko und den Prozessaussichten entsprechend ist jedoch eine **Rückstellung** zu bilden (HaKo-*Schröder* § 19 Rn 41; *Primozic/Fecke* GmbHR 2005, 160; *Schmidt/Roth* ZInsO 2006, 236). Ist zB in der Jahresbilanz bereits eine solche Rückstellung gebildet, ist diese auf die Passivseite des Überschuldungsstatus zu übernehmen (s auch *Schmidt/Roth* ZInsO 2006, 236, 238 ff). Da aber für den Überschuldungsstatus das Gebot der Bilanzvorsicht nicht gilt, kann es in Ausnahmefällen Erfolg versprechender Prozessaussichten gerechtfertigt sein, von einer Passivierung der Rückstellung abzusehen (für die Anwendung des Vorsichtsprinzips aber *K. Schmidt/Uhlenbruck,* Die GmbH in Krise, Rn 5.170; *Schmidt/Roth* ZInsO 2006, 236 ff; K/P/B/*Pape* § 19 Rn 64; str aA *Spliedt* in *Runkel* AnwHdb § 1 Rn 181).

100 b) **Eventualverbindlichkeiten.** Eventualverbindlichkeiten sind nur insoweit zu passivieren, als mit ihrer Inanspruchnahme gerechnet werden muss (K/P/B/*Pape* § 19 Rn 70; *Amelung* bei *Kraemer/Vallender/Vogelsang* Hdb Bd 1 Fach 2 Kap 2 Rn 83; *K. Schmidt/Uhlenbruck,* Die GmbH in Krise, Rn 5.170; *W. Wagner* in: *Baetge* Beiträge zum neuen Insolvenzrecht 1997, S 43, 58). Wird eine solche Inanspruchnahme passiviert, so ist gleichzeitig eine Rückgriffsforderung gegebenenfalls unter Berücksichtigung von Wertberichtigungen zu aktivieren. Eventualverbindlichkeiten sind stets zu passivieren, wenn bei vernünftiger Beurteilung mit einer Inanspruchnahme des Schuldners gerechnet werden muss (*K. Schmidt/Uhlenbruck,* Die GmbH in Krise, Rn 5.176; K/P/B/*Pape* § 19 Rn 70). Insoweit greift § 253 Abs 1 S 2 HGB ein (s MüKo-*Drukarczyk* § 19 Rn 116 ff).

101 c) **Antizipierte Verbindlichkeiten und Kosten.** In der Literatur ist umstritten, ob Verbindlichkeiten und Kosten, die durch die Verfahrenseröffnung ausgelöst werden, bereits im Überschuldungsstatus auf der Passivseite berücksichtigt werden dürfen oder müssen. Grundsätzlich sind die **mit der Verfahrenseröffnung entstehenden Kosten** (Gerichtskosten, Verwalterkosten etc) bei der Prüfung der Überschuldung **nicht zu berücksichtigen** (*K. Schmidt/Uhlenbruck,* Die GmbH in Krise, Rn 5.138 f; *Baumbach/Hueck/Schulze-Osterloh* § 64 GmbHG Rn 26, 27; HaKo-*Schröder* § 19 Rn 30; *Rowedder/Schmidt-Leithoff* § 63 GmbHG Rn 55; *Braun/Uhlenbruck,* Unternehmensinsolvenz, S 296; *Uhlenbruck,* Die GmbH & Co KG, S 314; *Temme* S 175 ff; str aA *Förschle/Hoffmann* in *Budde/Förschle/Winkeljohann,* Sonderbilanzen, P Rn 71). Auch Verbindlichkeiten, die erst durch das Insolvenzverfahren ausgelöst werden, wie zB Schadenersatzansprüche wegen vorzeitiger Beendigung von Verträgen (§§ 103 ff) oder Sozialplanansprüche der Arbeitnehmer (§ 123) finden im Überschuldungsstatus bei positiver Fortführungsprognose keine Berücksichtigung. Gleiches gilt für **Wertberichtigungen,** die auf Grund der Verfahrenseröffnung notwendig werden. Werden Fortführungswerte angesetzt, muss allerdings der mit **Sanierungsmaßnahmen verbundene Aufwand** sowohl im Finanzplan als auch per Rückstellung im Überschuldungsstatus erfasst werden (*Spliedt* in *Runkel* AnwHdb § 1 Rn 151). Nicht gefolgt werden kann der Auffassung von *Hommelhoff* (FS Döllerer 1988, S 245, 253 ff), wonach im Überschuldungsstatus von einer **fiktiven Vorwegnahme der Verfahrenseröffnung** auszugehen ist, wobei allerdings Massekosten eine Ausnahme bilden sollen (anders auch *Kleindiek* in *Lutter/Hommelhoff* Anh zu § 64 GmbHG Rn 33: Rückstellungen). Der Überschuldungsstatus wer-

X. Ansatz und Bewertung der Passiva bei positiver Fortführungsprognose § 19

de immer im Hinblick auf eine mögliche Verwertung des Gesellschaftsvermögens aufgestellt, er fingiere die Verfahrenseröffnung einschließlich der Liquidation der Gesellschaft (S 254). Richtig ist allerdings, dass es in der Begr RegE zu § 19 (§ 23 RegE = BR-Drucks 1/92, bei *Uhlenbruck*, Das neue Insolvenzrecht S 319) heißt, maßgeblich sei ein Vergleich des Vermögens, das im Falle einer Eröffnung des Insolvenzverfahrens als Insolvenzmasse zur Verfügung stände, mit den Verbindlichkeiten, die im Fall der Verfahrenseröffnung gegenüber Insolvenzgläubigern beständen. Diese Formulierung ist missverständlich. Die Überschuldung soll durch den Status erst festgestellt werden (zutr *Temme* S 176). **Der Überschuldungsstatus darf Rechtsfolgen eines eröffneten Verfahrens nicht vorwegnehmen** (so auch K/P/B/*Pape* § 19 Rn 54, 70).

Zu entspr **Rückstellungen** bei negativer Fortführungsprognose s unten die Ausführungen zu XI 102
Rn 125 ff.

d) Rückstellungen. Heftig umstritten ist die Frage, ob und in welchem Umfang **Risiken,** insbesondere 103
aus möglichen Schadenersatzverpflichtungen, im Überschuldungsstatus zu berücksichtigen sind. Rückstellungen iSv § 249 a 1 S 1 HGB dienen handelsbilanzmäßig der Erfassung ungewisser Verbindlichkeiten und drohender Verluste aus schwebenden Geschäften oder von noch unbestimmten Aufwendungen (BGH v 22. 9. 2003, ZIP 2003, 2068; OLG Hamburg BB 1981, 1441; *K. Schmidt/Uhlenbruck,* Die GmbH in Krise, Rn 5.175; *Harz* ZInsO 2001, 193, 201; *Jaeger/Müller* § 19 Rn 75; HK-*Kirchhof* § 19 Rn 24; MüKo-*Drukarczyk* § 19 Rn 99 ff; *Temme* S 163 ff; *Baumbach/Hueck/Schulze-Osterloh* § 64 GmbHG Rn 26; *Fleck* GmbHR 1989, 313, 323). In der **Handelsbilanz** werden Rückstellungen für unterschiedliche Zwecke nach § 249 HGB gebildet. Einige dieser Rückstellungen, wie zB solche für im Geschäftsjahr unterlassene Aufwendungen für Instandhaltung (§ 249 Abs 2 Nr 1 HGB), werden im Überschuldungsstatus nicht angesetzt. Insoweit handelt es sich um Verpflichtungen gegenüber Dritten und nicht um Verbindlichkeiten (*Temme* S 162; **anders** für Rückstellungen wegen Rekultivierungs- oder Entsorgungskosten *Förschle/Hoffmann* in *Budde/Föschle/Winkeljohann,* Sonderbilanzen, P Rn 119). Sind solche Verbindlichkeiten eng mit einem Vermögensgegenstand verknüpft, zB Dekontaminierungsverpflichtungen für ein Massegrundstück, schlägt sich dies bei der Bewertung des Gegenstandes nieder. Auch **Rückstellungen für Aufwendungen** nach § 249 Abs 1 S 2 Nr 1, S 3, Abs 2 HGB werden nicht im Überschuldungsstatus passiviert (*K. Schmidt/Uhlenbruck,* Die GmbH in Krise, Rn 5.175; *Jaeger/Müller* § 16 Rn 77; MüKo-*Drukarczyk* § 19 Rn 100; *Kleindiek* in *Lutter/Hommelhoff* Anh zu § 64 GmbHG Rn 33; *Baumbach/Hueck/Schulze-Osterloh* § 64 GmbHG Rn 23). Ebenso bleiben **Rückstellungen für Gewährleistungen,** die ohne rechtliche Verpflichtung erbracht werden (§ 249 Abs 2 Nr 2 HGB), außer Ansatz (*Temme* S 163). Ist gem § 274 Abs 1 HGB eine Rückstellung in Höhe der voraussichtlichen **Steuerbelastung** nachfolgende Geschäftsjahre gebildet worden (**Steuerabgrenzung**), so kommt eine Passivierung nicht in Betracht, wenn diese nicht zu Steuerzahlungen führt.

Die **Komplementär-Haftung** einer GmbH für Verbindlichkeiten der GmbH & Co KG nach den §§ 128, 104
161 Abs 2 HGB muss in der Überschuldungsbilanz der Komplementär-GmbH spätestens in dem Augenblick passiviert werden, in dem die KG ihrerseits überschuldet ist, da die Komplementärin mit einer Inanspruchnahme für die Verbindlichkeiten der KG ernsthaft rechnen muss. Die Rückstellung ist in Höhe des die Überschuldung der KG ausmachenden Teils der Verbindlichkeiten zu bilden (*Uhlenbruck* in *K. Schmidt/Uhlenbruck,* Die GmbH in Krise, Rn 5.197 ff; *Wolf* Überschuldung S 113; vgl auch BGHZ 103, 1, 11).

Die Tatsache, dass der Pensions-Sicherungs-Verein aG Köln (PS V) für **Pensionsverpflichtungen** im 105
Fall der Eröffnung eines Insolvenzverfahrens einzustehen hat, berechtigt den organschaftlichen Vertreter einer antragspflichtigen Gesellschaft nicht, von einer Passivierung im Überschuldungsstatus abzusehen. Nach § 9 Abs 2 BetrVG geht die Forderung auf den PS V über, so dass sich die Höhe der Verbindlichkeiten aus Ruhegeldverpflichtungen nicht ändert (*Kleindiek* in *Lutter/Hommelhoff* Anh zu § 64 GmbHG Rn 34; *Uhlenbruck* in *K. Schmidt/Uhlenbruck,* Die GmbH in Krise Rn 5.178). Um Verbindlichkeiten handelt es sich auch bei **Rückstellungen für ungewisse Verbindlichkeiten** (BGH ZIP 2003, 2068, 2070). Sie sind entweder aus der Handelsbilanz in den Überschuldungsstatus zu übernehmen oder neu zu bilden, wenn dies in der Handelsbilanz unterlassen worden ist (*Baumbach/Hueck/Schulze-Osterloh* § 64 GmbHG Rn 26; *K. Schmidt/Uhlenbruck,* Die GmbH in Krise, Rn 5.176; *Temme* S 163). Besteht die **Ungewissheit dem Grunde nach,** dh steht nicht eindeutig fest, ob die Verbindlichkeit besteht, so gebietet es der Grundsatz der Bilanzvorsicht und der Gläubigerschutz, die Verbindlichkeit zu passivieren, wenn mit einer Inanspruchnahme zu rechnen ist (OLG Hamburg BB 1981, 1441; **AG Hamburg** ZInsO 2004, 992; HK-*Kirchhof* § 19 Rn 24). Gleiches gilt, wenn sich die Ungewissheit auf die **Höhe der Verbindlichkeit** bezieht (vgl *Großfeld,* Bilanzrecht Rn 305; *Temme* S 163). Hier greift die handelsrechtliche Vorschrift des § 253 Abs 1 S 2 HGB ein. Danach sind Rückstellungen nur mit dem Betrag anzusetzen, der nach vernünftiger kaufmännischer Beurteilung notwendig ist. Das gilt auch für den Überschuldungsstatus (OLG Hamburg BB 1981, 1441; *Müller/Haas* in: KS S 1812 Rn 30; HK-*Kirchhof* § 19 Rn 24; *Temme* S 164; vgl auch *Vonnemann* BB 1991, 871Z; *Haas/Scholl* ZInsO 2002, 645 f). Ist dagegen ungewiss, ob die Forderung besteht, ist die Rückstellung im Überschuldungsstatus nur zu passivieren, wenn wahrscheinlich mit einer Inanspruchnahme zu rechnen ist.

Grundsätzlich ist hinsichtlich der Passivierung auf die **Wahrscheinlichkeit der Inanspruchnahme** ab- 106
zustellen (*Hommelhoff* FS Döllerer S 245, 263 ff; *Fleischer* ZIP 1996, 773, 779; *Temme* S 165; *Fleck*

GmbHR 1989, 313, 323). Letztlich besteht kein Unterschied, ob auf die **Wahrscheinlichkeit** oder darauf abzustellen ist, ob „**mit einer Inanspruchnahme ernstlich zu rechnen**" ist (*Auler* DB 1976, 2169, 2172; *Veit*, Konkursrechnungslegung S 31). Rückstellungen sind auch zu bilden für **drohende Verluste aus schwebenden Geschäften** (*Wolf* Überschuldung S 112; *Haas/Scholl* ZInsO 2002, 645; *Vonnemann* BB 1991, 871). Auch wenn **Aufwandrückstellungen** (§ 249 Abs 2 HGB) nicht in Ansatz zu bringen sind, müssen **Drohverlustrückstellungen** (§ 249 Abs 1 Satz 1 Fall 2 HGB) passiviert werden, denn insoweit gilt auch für den Überschuldungsstatus das Vorsichtsprinzip (*Crezelius* FS Röhricht S 787, 805). Zu den schwebenden Geschäften gehören auch Miet- und Pachtverträge (*Gurke*, Verhaltensweisen und Sorgfaltspflichten, S 56). Forderungen, bei denen der Fälligkeitszeitpunkt noch ungewiss ist, wie zB **Mietgarantien** für Vermieter, unterfallen den Regeln über aufschiebend bedingte Forderungen (MüKo-*Lwowski/Bitter* § 41 Rn 8). Gleiches gilt für **befristete Forderungen**, die ebenfalls im eröffneten Verfahren gem § 191 Abs 1 S 2 zur Sicherstellung berechtigen, sodass im Überschuldungsstatus entsprechende Rückstellungen zu bilden sind (zu befristeten Forderungen s auch MüKo-*Lwowski/Bitter* § 41 Rn 10). Zwar gilt der handelsbilanzrechtliche Grundsatz der **Bilanzvorsicht** bei Erstellung des Überschuldungsstatus nicht (KS-*Müller/Haas* S 1804, 1812 Rn 13, 31); jedoch ist aus dem Gläubigerschutzgedanken ebenfalls das Vorsichtsprinzip herzuleiten.

107 **Verbindlichkeiten aus laufenden Pensionen** sind mit ihrem **Barwert zu passivieren**, (*Baumbach/Hueck/Schulze-Osterloh* § 64 GmbHG Rn 26; *Scholz/K. Schmidt* vor § 64 GmbHG Rn 30; *Kleindiek* in *Lutter/Hommelhoff* Anh zu § 64 GmbHG Rn 34). Die Frage der Zulässigkeit des **Widerrufs von betrieblichen Versorgungszusagen** wegen wirtschaftlicher Notlage ist umstritten. Durch Art 8 des Gesetzes zur Reform der gesetzlichen Rentenversicherung v 16. 12. 1997 (BGBl I 1997, S 2998) hat der Gesetzgeber den Sicherungsfall der wirtschaftlichen Notlage des Arbeitgebers in § 7 BetrAVG ersatzlos gestrichen (vgl *Uhlenbruck* KS I 2006, 121 ff). Anders als in der arbeitsrechtlichen Literatur (vgl *Schwerdtner* FS Uhlenbruck 2000, S 799 ff; **WAG** v 17. 6. 2003, EzA BetrAVG § 7 Nr 69) wird in der insolvenzrechtlichen Literatur noch die **Mindermeinung** vertreten, ein Widerrufsrecht des Arbeitgebers sei nach wie vor auch in engen Grenzen – anzuerkennen (so zB *Höfer* 8. Aufl Bd I § 7 BetrAVG Rn 4381 ff, 4388). Nach *Förschle/Hoffmann* (in *Budde/Förschle/Winkeljohann*, Sonderbilanzen, P Rn 116) dürfen Minderungen der Pensionsansprüche der Arbeitnehmer auf Grund der eingetretenen Notlage des Unternehmens erst berücksichtigt werden, wenn entsprechende Vereinbarungen getroffen worden sind oder es rechtlich außer Frage steht, dass die Voraussetzungen für eine Kürzung der Pensionsansprüche gegeben sind. Für **unverfallbare Versorgungsanwartschaften** sind Rückstellungen zu bilden (*Drukarczyk* ZGR 1979, 572; MüKo-*Drukarczyk* § 19 Rn 102; *Hoffmann* MDR 1979, 96; WP-Hdb/*W. Müller* T 44 ff; HK-*Kirchhof* § 19 Rn 25; *Vonnemann* BB 1991, 1871).

108 Bei den **Pensionsrückstellungen** ist zu unterscheiden zwischen den laufenden Pensionsverpflichtungen sowie den verfallbaren und unverfallbaren Pensionsanwartschaften. Pensionsverpflichtungen und unverfallbare Pensionsanwartschaften sind unter Anrechnung der Zwischenzinsen mit dem Barwert zu kapitalisieren (*Gottwald/Uhlenbruck* InsRHdb § 6 Rn 48; *Auler* DB 1976, 2172; *Wolf* Überschuldung S 110; *Fischer* Überschuldungsbilanz S 124 f; *Uhlenbruck* in *K. Schmidt/Uhlenbruck*, Die GmbH in Krise, Rn 5.178; *Förschle/Hoffmann* in *Budde/Förschle/Winkeljohann*, Sonderbilanzen P Rn 116; *Scholz/K. Schmidt*, vor § 64 GmbHG Rn 30; *Lutter/Kleindiek* in *Lutter/Hommelhoff* § 64 GmbHG Rn 23; *Baumbach/Hueck/Schulze-Osterloh* § 64 GmbHG Rn 30) Der Ansatz von Pensionsverpflichtungen im Überschuldungsstatus entfällt nicht etwa deswegen, weil der **Pensions- und Sicherungsverein aG** im Insolvenzfall für diese Verbindlichkeiten einzutreten hat, denn die Ansprüche gehen nach § 9 Abs 3 BetrVG im Insolvenzfall auf den Träger der Insolvenzsicherung über, so dass die Passivseite nicht entlastet wird. Hinsichtlich der **Höhe der Rückstellungen für laufende Pensionsverpflichtungen** findet § 253 Abs 1 S 2 HGB entsprechende Anwendung. Ruhegeldverpflichtungen, für die keine Gegenleistung mehr zu erwarten ist, wie zB laufende Pensionsverpflichtungen oder Anwartschaften ausgeschiedener Mitarbeiter, sind mit dem Barwert zu passivieren. Alle anderen Pensionsverpflichtungen sind in der Höhe zu passivieren, die nach vernünftiger kaufmännischer Beurteilung notwendig ist (*Wiedmann* Bilanzrecht § 253 HGB Rn 23). Der Rentenbarwert wird versicherungsmathematisch ermittelt (vgl HFA-Stellungnahme 2/1988, Pensionsverpflichtungen im Jahresabschluss, IDW-Fachgutachten und Stellungnahmen, Düsseldorf 1997, S 165; WP Hdb 1996 Bd 1 Rn E 152; *Wolf* Überschuldung S 110).

109 **Mittelbare Pensionsverpflichtungen**, bei denen die Versorgungsleistungen durch **Unterstützungskassen, Pensionskassen** oder **Versicherungsunternehmen** erbracht werden, führen in den Fällen zu einer Rückstellungspflicht im Überschuldungsstatus, in denen eine subsidiäre Haftung gegenüber dem Dritten in Betracht kommt (*Uhlenbruck*, Die GmbH in Krise, Konkurs und Vergleich, S 301). Bestehen Rückdeckungsansprüche zB aus einer Rückdeckungsversicherung, so können diese Ansprüche aktiviert werden (*Uhlenbruck* aaO S 301; *Wolf* Überschuldung S 111). **Vorruhestandsverpflichtungen** sind, soweit es sich um feststehende Restverbindlichkeiten handelt, mit ihrem (versicherungsmathematischen) Barwert anzusetzen. Die darüber hinausgehenden Verpflichtungen aus noch nicht erfolgten Inanspruchnahmen sind als Rückstellung für drohende Verluste aus schwebenden Geschäften in Höhe des Betrages anzusetzen, der nach vernünftiger kaufmännischer Beurteilung aufgebracht werden müsste. Soweit in der Handelsbilanz gem § 274 Abs 1 HGB eine Rückstellung in Höhe der voraussichtlichen Steuerbelastung nachfolgender Geschäftsjahre gebildet worden ist (**Steuerabgrenzung**), handelt es sich um „passivische

X. Ansatz und Bewertung der Passiva bei positiver Fortführungsprognose § 19

Steuerlatenzen". Führen diese zu keinen Steuerzahlungen, entfällt eine Passivierung im Überschuldungsstatus (*Wolf* Überschuldung S 112; *Vonnemann* BB 1991, 871; *Crezelius* FS Röhricht S 787, 806).

Im Überschuldungsstatus werden auch **sonstige Rückstellungen,** die nach den Grundsätzen ordnungs- 110 mäßiger Buchführung zu berücksichtigen sind, auf der Passivseite eingestellt, wenn mit einer **tatsächlichen Inanspruchnahme** zu rechnen ist, wie zB bei **Garantie- und Prozessrückstellungen.** Besondere Bedeutung haben in den letzten Jahren **Rückstellungen für Verpflichtungen aus Umwelthaftung** gewonnen (vgl *Herzig* Konkurrenz von Rückstellungsbildung und Teilwertabschreibung bei Altlastenfällen, WPg 1991, 611 ff; *Budde*, Berücksichtigung von Umweltschäden und Altlasten bei der Bodenbewertung, in: *A. Moxter/R. Windmüller/H.-P. Müller/K. v. Wysocki* [Hrsg], Rechnungslegung. Entwicklungen bei der Bilanzierung und Prüfung von Kapitalgesellschaften, FS *Forster* Düsseldorf 1992, S 102 ff; *Rürup*, Rückstellungen für Umwelthaftung FS *Forster* S 520 ff; *Crezelius* Zur Bildung von Rückstellungen von Umweltschutzmaßnahmen DB 1992, 1353 ff; *Försche/Hoffmann* in *Budde/Förschle/Winkeljohann*, Sonderbilanzen, P Rn 119; *K. Schmidt/Uhlenbruck*, Die GmbH in Krise, Rn 5.179; *Eilers/v. Rosenberg*, DStR 1996, 1113 ff). Soweit in der Handelsbilanz Rückstellungen für Verpflichtungen zur Abfallbeseitigung oder Altlastensanierung gebildet worden sind, müssen diese Rückstellungen nicht unbedingt auch im Überschuldungsstatus übernommen werden. Vielmehr kommt es im Einzelfall darauf an, dass wahrscheinlich oder ernsthaft mit einer Inanspruchnahme zu rechnen ist. Richtig berechnete **Steuerrückstellungen** oder **Rückstellungen für Beiträge zu Berufsgenossenschaften** sind immer Verbindlichkeiten, die passiviert werden müssen.

e) **Sanierungskosten.** Grundsätzlich sind Sanierungskosten ebenso wenig wie die Kosten einer Liqui- 111 dation in den Überschuldungsstatus einzustellen. Etwas anderes kann sich jedoch ergeben, wenn die Fortführungsprognose nur dann positiv ausfällt, wenn bestimmte nachhaltige Sanierungsmaßnahmen durchgeführt werden. Ist zB eine Teilbetriebsstilllegung beschlossen und sind die Voraussetzungen der §§ 111 ff BetrAVG erfüllt, so dass mit dem Entstehen von **Sozialplananspprüchen der Arbeitnehmer** ernsthaft zu rechnen ist, so sind auch diese Ansprüche nach den §§ 111, 112, 113 BetrAVG im Überschuldungsstatus zu passivieren. Ist ein Interessenausgleich über einen Sozialplan bereits zustande gekommen, so sind die hierzu begründeten Verbindlichkeiten in voller Höhe auszuweisen (*Haack* Überschuldung S 109; *Baumbach/Hueck/Schulze-Osterloh* § 64 GmbHG Rn 26; *Hommelhoff* FS *Döllerer* 1988, S 245, 254; *Jaeger/Müller* § 19 Rn 79; *Rowedder/Schmidt-Leithoff* § 64 GmbHG Rn 57; *Förschle/Hoffmann* in *Budde/Förschle/Winkeljohann*, Sonderbilanzen, P Rn 117;

f) **Aufwendungs- und Annuitätendarlehen.** Aufwendungs- und Annuitätendarlehen im Rahmen des 112 öffentlich geförderten Wohnungsbaus und Aufwendungsdarlehen im Rahmen des frei finanzierten Wohnungsbaus (§§ 42 Abs 3, 88 Abs 3 S 4 des 2. WoBauG sind für die Feststellung der Überschuldung als Passiva zu berücksichtigen (*Gottwald/Uhlenbruck* InsRHdb § 6 Rn 50). Gem § 88 Abs 3 des 2. WoBauG brauchen Bauherren, die eine Jahresbilanz aufstellen, die Aufwendungsdarlehen in der Jahresbilanz nicht auszuweisen. Werden die Aufwendungsdarlehen nicht ausgewiesen, ist in der Bilanz der auf den Zeitpunkt des Tilgungsbeginns unter Berücksichtigung von Zinseszinsen abgezinste Wert der Aufwendungsdarlehen sowie der Beginn der Tilgung und die Höhe des Tilgungssatzes zu vermerken (*Uhlenbruck*, Die GmbH & Co KG in Krise, Konkurs und Vergleich, S 315).

g) **Genussrechte.** Bei Genussrechten hängt die Frage der Passivierungspflicht und der Bewertung eines 113 etwa rückzuzahlenden Genussrechtskapitals von den zugrunde liegenden Vereinbarungen ab. Sind die Vereinbarungen derart, dass die Genussrechte von vornherein Quasi-Eigenkapital darstellen und an den Verlusten teilnehmen, so ist eine **Passivierung ausgeschlossen,** wenn sie nur noch im Range der nachrangigen Verbindlichkeiten iSv § 39 aus Liquidationsüberschüssen zurückzuzahlen sind (*Müller/Haas*, in: KS S 1822, Rn 57; *Jaeger/Müller* § 19 Rn 107; *K. Schmidt/Uhlenbruck*, Die GmbH in Krise, Rn 5.191; *Bork* FS Röhricht 2005 S 47 ff; *Wolf* Überschuldung S 120; Stellungnahme HFA 1/1994 in: IDW-Fachgutachten und Stellungnahmen, 1997 S 269 ff; *Emmerich/Naumann* WPg 1994, 677). Kann das Genussrechtskapital nicht mehr als Eigenkapital qualifiziert werden, weil zB mit Kündigungen und Rückzahlungen zu rechnen ist, hat eine Umgliederung in das Fremdkapital zu erfolgen und besteht eine Passivierungspflicht (*Wolf* Überschuldung S 120).

h) **Verbindlichkeiten mit Rangrücktritt.** Verbindlichkeiten, hinsichtlich derer ein Rangrücktritt erklärt 114 worden ist, die also hinter sämtliche Verbindlichkeiten iSv §§ 38, 39 zurücktreten, sind nicht zu passivieren (*Wolf* Überschuldung S 120). Gleiches gilt, wenn der Gläubiger die Forderung nach § 397 BGB erlässt. Eine Stundungsvereinbarung ist keinesfalls ausreichend. Einzelheiten unten zu Rn 117 ff).

i) **Passive Rechnungsabgrenzungsposten.** Nach § 268 Abs 5 S 2 HGB können erhaltene **Anzahlungen** 115 auf Bestellungen offen von dem Posten „Vorräte" abgesetzt werden. Erhaltene Anzahlungen sind Vorleistungen im Rahmen schwebender Geschäfte, die vor allem bei Großprojekten „erhebliche Auswirkungen auf das Bilanzbild" haben können (*Wolf* Überschuldung S 121). Für den Fall negativer Fortbestehensprognose sind die erhaltenen Anzahlungen zurückzuzahlen, wenn der Auftragnehmer nicht mehr in der Lage ist, den Auftrag durchzuführen. Bei positiver Fortbestehensprognose begründen die Anzahlungen dagegen eine Leistungspflicht der Gesellschaft, so dass in jedem Fall **erhaltene Anzahlungen zu**

passivieren sind (*Wolf* Überschuldung S 121 mit Beispiel). Nach § 250 Abs 2 HGB sind passive Rechnungsabgrenzungsposten Einnahmen vor dem Abschlussstichtag, soweit sie Ertrag für eine bestimmte Zeit nach diesem Stichtag darstellen. Entsprechend den aktiven Rechnungsabgrenzungsposten sind sie zu passivieren, soweit sie Vorleistungscharakter haben (*Wolf* Überschuldung S 122; *Amelung* bei *Kraemer/ Vallender/Vogelsang* Hdb Bd 1 Fach 2 Kap 2 Rn 85; *Baumbach/Hueck/Schulze-Osterloh* § 64 GmbHG Rn 29; *Jaeger/Müller* § 19 Rn 72; *Rowedder/Schmidt-Leithoff* § 63 GmbHG Rn 61; *Förschle/Hoffmann* in *Budde/Förschle/Winkeljohann*, Sonderbilanzen, P Rn 115; HaKo-*Schröder* § 19 Rn 46; *K. Schmidt/Uhlenbruck*, Die GmbH in Krise, Rn 5.193; *Braun/Uhlenbruck* Unternehmensinsolvenz S 297; *Gottwald/Uhlenbruck* InsRHdb § 6 Rn 58; MüKo-*Drukarczyk/Schüler* § 19 Rn 19; *Arians* Sonderbilanzen S 238; *Auler* DB 1976, 2173). Ein **passiver** Rechnungsabgrenzungsposten kommt ua in Betracht für erhaltene Abfindungen nach dem Mühlenstrukturgesetz, Einmalzahlung für Bierbezugsverpflichtung eines Gastwirts, einmaliges Entgelt für eine dinglich gesicherte Duldungspflicht, wie zB Ferngasleitung, eine Entschädigung für Unterlassungslast, wie zB für die Verpflichtung, die Wasserkraft eines Flusses nicht zu nutzen, für erhaltene Vorauszahlungen auf Erbbauzins sowie für öffentliche Zuschüsse für die Einrichtung von Ausbildungsplätzen (ADS § 250 HGB Rn 117). Auch vereinnahmte Gebühren für **Mietgarantien,** die entsprechend der Gesamtlaufzeit für jedes Jahr der Vertragslaufzeit ertragswirksam aufzulösen sind, sind zu passivierende Rechnungsabgrenzungsposten (*Wolf* Überschuldung S 123). Bei **Forfaitierung** von Leasingforderungen hat der Forderungsverkäufer, der nur das rechtliche Bestandsrisiko trägt, den Forfaitierungserlös in einen passiven Rechnungsabgrenzungsposten einzustellen (*Wolf* Überschuldung S 123; ADS § 250 HGB Rn 139). Beim **Leasinggeber** ist eine passive Rechnungsabgrenzung immer vorzunehmen, wenn die Ratendegression über die Aufwandsdegression hinausgeht (ADS § 250 HGB Rn 129 f, 132, 136; s auch *Reck* ZInsO 2004, 1236 ff).

116 j) **Einlage des stillen Gesellschafters.** Die Einlage des stillen Gesellschafters (§§ 230 ff HGB) gehört nicht zum Eigenkapital der Gesellschaft, soweit sie den Betrag des auf den Stillen entfallenden Verlustes übersteigt. Wird über das Vermögen des Inhabers eines Handelsgeschäftes ein Insolvenzverfahren eröffnet, so kann nach § 236 Abs 1 HGB der stille Gesellschafter wegen der Einlage, soweit sie den Betrag des auf ihn entfallenden Anteils auf Verlust übersteigt, seine Forderung **als Insolvenzgläubiger** (§§ 236 Abs 1 HGB, 38 InsO) geltend machen. Da, soweit keine Verlustbeteiligung besteht, der stille Gesellschafter eine Insolvenzforderung gegen die Gesellschaft hat, ist diese in voller Höhe zu passivieren (vgl BGH NJW 1983, 1855, 1856; *Scholz/K. Schmidt,* vor § 64 GmbHG Rn 31; *Baumbach/Hueck/Schulze-Osterloh* § 64 GmbHG Rn 25; *K. Schmidt* ZHR 140 [1976], 475, 482; *K. Schmidt/Uhlenbruck,* Die GmbH in Krise, Rn 5.190; *Altmeppen* in *Roth/Altmeppen* § 64 Rn 31; K/P/B/*Noack* InsO GesellschaftsR Rn 81; *Gottwald/Uhlenbruck* InsRHdb § 6 Rn 45; *Temme* S 177; *Förschle/Hoffmann* in *Budde/Förschle/Winkeljohann*, Sonderbilanzen P Rn 122; *Reusch* BB 1989, 2364 ff). Die stille Einlage stellt kein Eigen-, sondern **Fremdkapital** dar (BGH NJW 1983, 1855, 1856). Die Zusage einer ausschließlich auf das Insolvenzverfahren bezogenen Verlustfreiheit ist ebenso unwirksam wie die Zusage einer bevorrechtigten Befriedigung im Insolvenzverfahren (*Koller* in: *Koller/Roth/Morck* § 236 HGB Rn 6). Ist die Einlage des Stillen durch Verlustbeteiligung aufgezehrt, so braucht sie nicht mehr im Überschuldungsstatus passiviert zu werden (*Baumbach/Hueck/Schulze-Osterloh* § 64 GmbHG Rn 25; *Scholz/K. Schmidt* vor § 64 GmbHG Rn 31 u 101; *Jaeger/Müller* § 19 Rn 104; *Temme* S 177). Streitig ist, ob auf eine Passivierung des Rückzahlungsanspruchs des Stillen bereits verzichtet werden kann, wenn der Stille am Verlust beteiligt ist, sein Verlustanteil aber noch nicht aufgezehrt ist (**bejahend** *Knobbe-Keuk* ZIP 1983, 127, 129 ff; *Kupsch* BB 1984, 159, 164; **anders** *K. Schmidt/Uhlenbruck,* Die GmbH in Krise, Rn 5.190; *Jaeger/Müller* § 19 Rn 104; *Scholz/K. Schmidt,* vor § 64 GmbHG Rn 31 u 125 ff; *Baumbach/Hueck/Schulze-Osterloh* § 64 GmbHG Rn 25; *Temme* S 178). Das Bestehen einer **Verlustbeteiligung** reicht nicht aus, um die Passivierung zu verhindern. Die Verlustbeteiligung führt nicht automatisch zu einer Aufzehrung der gesamten Einlage. Daher kann die Vereinbarung einer Verlustbeteiligung nicht ohne weiteres dazu führen, dass in Höhe der Verlustbeteiligung eine Passivierungspflicht entfällt (so auch *Temme* S 178; *Scholz/K. Schmidt,* vor § 64 GmbHG Rn 31 u 128; *Baumbach/Hueck/Schulze-Osterloh* § 64 GmbHG Rn 25). Liegt bei der Gesellschaft eine rechtliche Überschuldung vor, so ist die Einlage meist durch den Verlustanteil aufgezehrt (*Temme* S 178). Soweit der stille Gesellschafter eine **Rangrücktrittsvereinbarung** mit dem Hauptgesellschafter trifft, darf von einer Passivierung des Rückzahlungsanspruchs Abstand genommen werden (*Priester* DB 1977, 2434; *K. Schmidt/Uhlenbruck,* Die GmbH in Krise, Rn 5.190; *Braun/Uhlenbruck* Unternehmensinsolvenz S 297; *Gottwald/Uhlenbruck* InsRHdb § 6 Rn 45; *Scholz/K. Schmidt,* vor § 64 GmbHG Rn 128). Anders stellt sich die Situation bei der **atypischen stillen Gesellschaft** dar, bei der der stille Gesellschafter vermögensmäßig einem Kommanditisten gleichgestellt ist (*Scholz/K. Schmidt,* § 63 GmbHG Rn 28; *Schlegelberger/K. Schmidt* § 341 [§ 236 nF] HGB Rn 27 f). Auch soweit die stille Einlage **kapitalersetzenden Charakter** hat, darf nicht ohne weiteres auf Ansatz bleiben (vgl **OLG** Düsseldorf NJW-RR 1996, 1441, 1444; OLG Stuttgart BB 1992, 531; OLG Hamburg WM 1986, 1110, 1112; LG München ZIP 1983, 66, 67; Kölner Komm-*Mertens* § 92 AktG Rn 31; *Hüffer* § 92 AktG Rn 10; *K. Schmidt* NJW 1980, 1769, 1772; *Braun/Uhlenbruck,* Unternehmensinsolvenz, S 297; *Gottwald/ Uhlenbruck* InsRHdb § 6 Rn 45; str aA *Baumbach/Hueck/Schulze-Osterloh* § 64 GmbHG Rn 25; LG Waldshut/Tiengen NJW-RR 1996, 105; *Hommelhoff* WPg 1984, 629, 630; *ders* FS Döllerer S 245, 256;

Fleischer ZIP 1996, 773 ff). Von einer Passivierung darf nur abgesehen werden, wenn der Stille mit seiner Forderung in den Rang des § 39 Abs 2 zurücktritt (*K. Schmidt/Uhlenbruck,* Die GmbH in Krise, Rn 5.190). Durch das **Gesetz zur Modernisierung des GmbH-Rechts und zur Bekämpfung von Missbräuchen** (MoMiG) hat sich an der bisherigen Rechtslage nichts geändert. Zwar sieht Art 6 Abs 3 FMStG nicht vor, dass § 19 Abs 2 Satz 2 in der MoMiG-Fassung am 1. 1. 2011 wieder in Kraft tritt, jedoch dürfte es sich insoweit um Redaktionsversehen des Gesetzgebers handeln.

k) **Ansprüche auf Rückgewähr kapitalersetzender Gesellschafterleistungen.** Durch das **MoMiG** sind die früheren §§ 32 a und 32 b GmbHG aufgehoben worden. Die Regelungen über die eigenkapitalersetzende Gesellschafterleistung wurden von Gesellschaftsrecht in das Insolvenzrecht verlagert, wo sie, wie es in der Begründung zu Art 1 Nr 22 MoMiG heißt, „systematisch auch hingehören" (vgl Begr RegE BT-Drucks 16/6140, S 136 f). Wie in der Voraufl eingehend dargestellt, hat der **BGH** in dem grundlegenden Urteil vom 8. 1. 2001 (BGHZ 146, 264 ff = ZIP 2001, 235 m Anm *Altmeppen* = ZInsO 2001, 260) entschieden, dass die Forderungen eines Gesellschafters aus der Gewährung eigenkapitalersetzender Leistungen im Überschuldungsstatus der Gesellschaft **zu passivieren sind.** Eine **Ausnahme** sollte nur für den **Sonderfall eines qualifizierten Rangrücktritts** gelten. Die erforderliche „**Tiefe des Rangrücktritts**" war in der Literatur heftig umstritten (vgl Voraufl zu Rn 69–75; *Wittig* NZI 2001, 169 ff; *Jaeger/ Müller* § 19 Rn 88 ff; *Karsten Schmidt* GmbHR 1999, 9, 11 ff; *Lutter* ZIP 1999, 641, 644; *Altmeppen* ZHR 164 (2000), 349 ff; *Baumbach/Hueck/Schulze-Osterloh* § 64 GmbHG Rn 24; *Goette* KTS 2006, 217, 229; HaKo-*Schröder* § 19 Rn 43; *K. Schmidt/Uhlenbruck,* Die GmbH in Krise, Rn 5.183; FK-*Schmerbach* § 19 Rn 18; *Altmeppen* ZIP 2001, 244 ff). Für **Altfälle** für die Zeit vor dem 1. 11. 2008 ist ein nach wie vor die Entscheidung des **BGH** vom 8. 1. 2001 (BGHZ 146, 264, 271) maßgebend. 117

Durch die in Art 9 des MoMiG vorgenommenen Änderungen der InsO dürfte die Problematik um den Streit um die vom **BGH** verlangte **Rangtiefe eines Rücktritts** („qualifizierter Rangrücktritt") entfallen (K/P/B/*Pape* § 19 Rn 69). Nach § 19 Abs 2 Satz 2 sind Forderungen auf **Rückgewähr von Gesellschafterdarlehen** oder aus Rechtshandlungen, die einem solchen Darlehen wirtschaftlich entsprechen, für die gem § 39 Abs 2 zwischen Gläubiger und Schuldner den Nachrang im Insolvenzverfahren hinter den in § 39 Abs 1 Nr 1–5 bezeichneten Forderungen vereinbart worden ist, bei den Verbindlichkeiten nach § 19 Abs 2 Satz 1 nicht zu berücksichtigen. Damit hat sich die Entscheidung, ob eine Gesellschafterforderung im Überschuldungsstatus der Gesellschaft zu passivieren ist, wesentlich vereinfacht. Grundsätzlich sind Forderungen auf Rückgewähr von Gesellschafterleistungen im Überschuldungsstatus zu passivieren, auch wenn sie im Nachrang des § 39 Abs 1 Nr 5 im eröffneten Verfahren zu befriedigen sind (**BGH** v 8. 1. 2001, BGHZ 146, 264, 272 ff; **OLG** Schleswig GmbHR 2005, 1125; *Vallender/ Rey* NZI 1999, 141; HK-*Kirchhof* § 19 Rn 26). Das gilt auch bei einer Bewertung unter Fortführungsgesichtspunkten (**BGH** v 5. 2. 2007, BGHZ 171, 46, 54 ff = ZIP 2007, 676, 679 = GmbHR 2007, 482; vgl auch **BGH** ZIP 2006, 2171). Mit dem Inkrafttreten des MoMiG, also ab 1. 11. 2008, kommt es auf die **Rangtiefe des Rücktritts** nicht mehr an. Vielmehr genügt es, dass der Gesellschafter-Gläubiger **ausdrücklich erklärt,** dass er mit seinen Ansprüchen hinter die subordinierten Ansprüche des § 39 Abs 1 Nr 1–5 zurücktritt. Nicht Gesetz geworden ist die im RegE des MoMiG vorgesehene Regelung, wonach auch ohne Rangrücktrittserklärung des Gesellschafters generell alle Gesellschafterdarlehen in der Insolvenz nachrangig gestellt wurden. Zu den **Altfällen,** in denen das Insolvenzverfahren vor dem 1. 11. 2008 noch nicht eröffnet war s. **BGH** v 26. 1. 2009 – II ZR 260/07, GmbHR 2009, 427 m Anm *Blöse-Orlikowski-Wolf,* GmbHR 2009, 902 ff. 118

Durch das am 18. 10. 2008 in Kraft getretene **Finanzmarktstabilisierungsgesetz** (BGBl I 2008, 1982) ist die Regelung in § 19 Abs 2 Satz 2 zwar gem Art 6 Abs 3, Art 7 Abs 2 FMStG bis zum 31. 12. 2013 (urspr 2010) außer Kraft gesetzt worden, jedoch ist anzunehmen, dass es sich insoweit um ein Redaktionsversehen handelt (s *K. Schmidt* DB 2008, 2467, 2471; *Bitter* ZInsO 2008, 1097; *Holzer* ZVI 2008, 2108, 2111; *K. Schmidt/Uhlenbruck,* Die GmbH in Krise, Rn 5.186). Eine Berücksichtigung ist durch das FMStErgG erfolgt. Das Erfordernis eines Rangrücktritts durch den Gesellschafter hat zugleich auch eine **Warnfunktion.** Durch die Einbeziehung gleichstehender Rechtshandlungen wird der organschaftliche Vertreter einer antragspflichtigen Gesellschaft etwaigen Abgrenzungsschwierigkeiten enthoben. Nunmehr kann der organschaftliche Vertreter einfach und rechtssicher feststellen, ob eine Gesellschafterforderung im Überschuldungsstatus zu passivieren ist, da ein **einfacher Rangrücktritt** genügt (vgl *Hirte* ZInsO 2008, 689, 697; *Altmeppen* in *Roth/Altmeppen* Vorb § 64 GmbHG Rn 41; FK-*Schmerbach* § 19 Rn 18 a). Bei **rechnerischer Überschuldung** gewinnt der Rangrücktritt der Gesellschafter-Gläubiger eine erhebliche Bedeutung. Für Gesellschaftsgläubiger, die nicht selbst Gesellschafter sind, sollte nach *Kirchhof* (HK-*Kirchhof* § 19 Rn 23) für einen Sanierungsbeitrag der Rücktritt in den Rang des § 39 Abs 1 Nr 5 ausreichen. Allerdings dürfen solche Forderungen nicht im Gesellschaftsvermögen gesichert sein (vgl *Altmeppen* ZHR 164 (2000), 367 ff; K/P/B/*Pape* § 19 Rn 69; KS-*Müller/Haas* S 1817 f). 119

Zweifelhaft ist die **Aufhebung des Rangrücktritts.** Eine **zeitliche Befristung des Rangrücktritts** ist ausgeschlossen, da es sich insoweit um eine Stundung handeln würde (ADS § 246 HGB Rn 139; *Wittig* NZI 2001, 169, 174). Gestundete Forderungen sind aber im Überschuldungsstatus zu passivieren (*Uhlenbruck* bei *K. Schmidt/Uhlenbruck* 3. Aufl Rn 608). Zulässig ist es aber, den **Rangrücktritt** dahinge- 120 hend einzuschränken, dass die Tilgung der zunächst zurückgetretenen Forderungen nach Beseitigung der Überschuldungsgefahr aus künftigen Gewinnen, sonstigem, die anderen Schulden der Gesellschaft übersteigenden Vermögen oder aus einem Liquidationsüberschuss erfolgen muss (OLG Düsseldorf NJW 1997, 1455 = WM 1997, 489 m Anm *Schulze-Osterloh* WuB II C § 84 GmbHG 1.97; *Scholz/ K. Schmidt* §§ 32 a, b GmbHG Rn 56, 107 f; *Herlinghaus,* Forderungsverzicht und Besserungsvereinbarungen zur Sanierung von Kapitalgesellschaften, S 86 ff; *Wittig* NZI 2001, 169, 174). Die „Entsperrung" der zurückgetretenen Forderungen tritt in diesen Fällen automatisch mit der Überwindung der Krise ein. Zulässig ist auch eine **vertragliche Aufhebung des Rangrücktritts** (*Habersack* ZGR 2000, 384, 405; *K. Schmidt* ZIP 1999, 1241, 1247). Kommt es wegen oder nach Aufhebung des vertraglich vereinbarten Rangrücktritts zu einer Insolvenz der Gesellschaft, kann idR die Aufhebungserklärung vom Insolvenzverwalter nach den §§ 129 ff angefochten werden, soweit die Voraussetzungen eines Anfechtungstatbestandes erfüllt sind (*Wittig* NZI 2001, 169, 175). Zu unterscheiden ist zwischen **vertraglichen Rangrücktritten von Gläubigern** und solchen von **Gesellschaftern hinsichtlich kapitalersetzender Gesellschafterdarlehen.** Während man bei einem Kreditgeber die **vertragliche Aufhebung** des Rangrücktritts gegenüber der Gesellschaft grundsätzlich für zulässig halten muss, unterliegen **Rangrücktrittserklärungen für kapitalersetzende Gesellschafterdarlehen** insoweit Einschränkungen, als die Kapitalersatzregeln in der Krise der Gesellschaft von Gesetzes wegen eintreten (vgl *Scholz/K. Schmidt* §§ 32 a, b GmbHG Rn 101; *Wittig* NZI 2001, 169, 175). Zum andern ist zu fragen, ob es sich bei der Vereinbarung eines Rangrücktritts für Gesellschafterdarlehen um „finanzplanmäßige" Rangrücktritte iS der BGH-Rechtsprechung zu den Finanzplankrediten handelt (vgl BGHZ 142, 116 = NJW 1999, 2809 = NZI 1999, 410; *Wittig* NZI 2001, 169, 175 f).

121 **l) Passivierung von Rückforderungsansprüchen gemeinschaftswidrig gewährter Beihilfen.** Nach ständiger Rechtsprechung des EuGH können Beihilfen grundsätzlich nach Maßgabe des einschlägigen nationalen Rechts zurückgefordert werden, wenn sie verboten sind, weil die Begünstigung bestimmter Unternehmen oder Produktionszweige den Wettbewerb im Gemeinsamen Markt verfälscht oder zu verfälschen droht (vgl EuGH v 12. 10. 2000, ZIP 2000, 1938; OLG Jena ZIP 2005, 2218; *Rapp/Bauer,* Die Rückforderung gemeinschaftswidrig gewährter Beihilfen im Insolvenzverfahren, KTS 2001, 1 ff; *Ehricke* ZIP 2000, 1656, 1659 ff; *Borchardt* ZIP 2001, 1301 ff). Wenn nach vernünftiger, objektiver Betrachtung die Möglichkeit einer Forderung besteht, ist grundsätzlich eine **Rückstellung** zu bilden (vgl auch *Schluck-Amend,* Die Rückforderung gemeinschaftswidriger Beihilfen in ihren Auswirkungen auf das nationale Gesellschafts- und Insolvenzrecht, 2004, S 114; *Rapp/Bauer* KTS 2001, 1, 13 ff; *K. Schmidt/Uhlenbruck,* Die GmbH in Krise, Rn 5.192). Der **effet-utile-Grundsatz** verlangt insoweit eine Passivierung der Beihilfe der Rückforderung im Überschuldungsstatus (*Smid* FS Uhlenbruck 2000, S 405, 418; *Schluck-Amend* aaO S 114; *Koenig* BB 2000, 578 f). Das gilt insbesondere, wenn die Rückforderung überwiegend wahrscheinlich ist und das Schuldnerunternehmen ernsthaft mit seiner Inanspruchnahme rechnen muss (*Clemm/Nonnenmacher* in: Beck'scher Bilanzkommentar § 249 HGB Rn 33; *Jonas* DB 1986, 337, 338; *Koenig/Kühling* NJW 2000, 165, 166; *Koenig* ZIP 2000, 53, 55 f; *Rapp/Bauer* KTS 2001, 1, 13). Ist mit einer Rückgewährverpflichtung hinsichtlich der gewährten Beihilfe zu rechnen, sind solche Rückgewährverpflichtungen bereits im Zeitpunkt der Gewährung einer ungenehmigten Beihilfe als ungewisse Verbindlichkeit zu passivieren und entsprechende Rückstellungen zu bilden (*Rapp/Bauer* KTS 2001, 1, 14). Spätester Zeitpunkt für die Passivierung ist der Erlass einer Negativentscheidung der Kommission im Beihilfeprüfverfahren oder die Qualifizierung als Beihilfe durch ein nationales Gericht. Rückgewährverpflichtungen sind in den Überschuldungsstatus einzustellen (*Rapp/Bauer* KTS 2001, 1, 14).

122 Besondere Bedeutung haben in den letzten Jahren **Bürgschaften staatlicher Stellen** für akut krisenbedrohte Großunternehmen erhalten. So wurde zB für die Abwicklung des Vergleichsverfahrens über das Vermögen der Firma AEG eine Bürgschaft der Bundesrepublik Deutschland in Höhe von 1,1 Mrd DM bereitgestellt, die allerdings nicht in Anspruch genommen werden musste. Für die Sanierung der Arbed Saarstahl GmbH wurden allein bis Ende 1983 ca 2,8 Mrd DM an Staatsmitteln aufgewendet (1,6 Mrd DM an direkten Zuwendungen und 1,8 Mrd DM durch Kreditbürgschaften). Vgl hierzu auch *U. Krystek,* Unternehmungskrisen 1987, S 231; *Gottwald* KTS 1984, 1, 13 f). Die deutsche Werftindustrie hat im September 1983 Anträge auf Gewährung staatlicher Strukturbeihilfen in Höhe von 115 Mio DM gestellt. Die Bundesregierung hat in den 70er Jahren der Firma Beton- und Monierbau AG innerhalb von zwei Tagen eine Bürgschaft in Höhe von 50 Mio DM in Aussicht gestellt (*Gottwald* KTS 1984, 1, 14). Vgl auch *H. O. Lenel,* Staatshilfe für insolvente Großunternehmen? Das Beispiel AEG, WuW 1983, 429 ff; *Albach,* Kampf ums Überleben: Der Ernstfall als Normalfall für Unternehmen in einer freiheitlichen Wirtschaftsordnung, in: *Albach/Hahn/Mertens,* Frühwarnsysteme, ZfB 1979, Ergänzungsheft 2 S 5, 20 ff Der spektakuläre Insolvenzfall der Firma Philipp Holzmann AG 1999 (vgl *Görg* FS Uhlenbruck S 117 ff) war hinreichender Anlass, das Problem der „Bestandsgarantie für Großunternehmen" erneut zur Diskussion zu stellen. In der **Finanzmarktkrise 2008/2009** ist die Frage staatlicher Garantien und Bürgschaften besonders akut geworden. Festzustellen ist, dass, wenn eine Verbindlichkeit der Gesellschaft durch eine **Staatsbürgschaft** verbürgt ist, diese Verbindlichkeiten trotzdem im Überschuldungsstatus zu passivieren sind. Eine **Ausnahme** gilt nur, wenn der Bürge hinsichtlich seiner Rückgriffsansprüche gegenüber dem Schuldnerunternehmen (Bank) einen **Rangrücktritt** (§ 39 Abs 2) erklärt oder auf einen Rückgriffsanspruch verzichtet hat (*Jaeger/Müller* § 19 Rn 73; *Förschle/Hoffmann* in *Budde/ Förschle/Winkeljohann*, Sonderbilanzen, P Rn 121; *Weisang* WM 1997, 251).

m) Passivierung von Forderungen mit Sanierungsprivileg. Nach dem Gesetz zur Modernisierung des 123 GmbH-Rechts und zur Bekämpfung von Missbräuchen (MoMiG) wurden die Bestimmungen der §§ 32a Abs 3 Satz 2 und 3 GmbHG in die Vorschrift des § 39 übernommen. Gem Art 9 Nr 5 MoMiG wurde in § 39 Abs 4 folgender Satz 2 eingefügt:
„Erwirbt ein Gläubiger bei drohender oder eingetretener Zahlungsunfähigkeit der Gesellschaft oder bei Überschuldung Anteile zum Zweck ihrer Sanierung, führt dies bis zur nachhaltigen Sanierung nicht zur Anwendung von Abs 1 Nr 5 auf seine Forderungen aus bestehenden und neu gewährten Darlehen oder auf Forderungen aus Rechtshandlungen, die einem solchen Darlehen wirtschaftlich entsprechen."

Gemäß § 39 Abs 5 gilt § 39 Abs 1 Nr 5 nicht für den **nichtgeschäftsführenden Gesellschafter** einer 124 Gesellschaft iSv § 39 Abs 4 Satz 1, der mit **zehn Prozent** oder weniger am Haftkapital beteiligt ist. Der Anwendungsbereich des § 39 Abs 4 und 5 ist rechtsformneutral angelegt, gilt also auch für die GmbH & Co KG sowie für eine englische Limited mit Zweigniederlassung in Deutschland. Das Sanierungsprivileg gilt auch für Altgesellschafter, die weitere Anteile erwerben. Da für diese privilegierten Rückgewähransprüche § 39 Abs 1 Nr 5 nicht eingreift, kommt § 19 Abs 2 in einem Insolvenzverfahren über das Vermögen der Gesellschaft nicht zur Anwendung mit der Folge, dass die privilegierten Sanierungsdarlehen im **Überschuldungsstatus zu passivieren** sind (*K. Schmidt/Uhlenbruck*, Die GmbH in Krise, Rn 5.189). Dem Gläubiger steht es allerdings frei, mit seiner privilegierten Forderung in den Rang des § 39 Abs 2 zurückzutreten.

XI. Ansatz und Bewertung der Passiva bei negativer Fortführungsprognose

Problematisch und im Einzelfall umstritten ist der Ansatz und die Bewertung von Passivposten im 125 Überschuldungsstatus bei negativer Fortführungsprognose. Verbindlichkeiten sind grundsätzlich mit dem **Nennwert** anzusetzen, dh entspr § 253 Abs 2 HGB mit dem Rückzahlungsbetrag. Langfristige unverzinsliche Verbindlichkeiten dürfen aber abgezinst werden, da sie gem § 41 Abs 2 im eröffneten Verfahren nur mit diesem Wert berücksichtigt werden (*Jaeger/Müller* § 19 Rn 70; *K. Schmidt/Uhlenbruck*, Die GmbH in Krise, Rn 5.170 S 515). Wollte man sämtliche **durch das Insolvenzverfahren ausgelöste Verbindlichkeiten** im Überschuldungsstatus bei negativer Fortführungsprognose berücksichtigen, wären die meisten Gesellschaften überschuldet. Nach Auffassung von Hommelhoff (FS Döllerer 1988 S 245, 256) scheint es im Interesse eines umfassenden Gläubigerschutzes gerechtfertigt, das Schuldendeckungspotential der Gesellschaft so zu beurteilen, als ob das Insolvenzverfahren bereits eröffnet wäre (s auch *Kleindiek* in *Lutter/Hommelhoff* Anh zu § 64 Rn 33 [Rückstellung]; *Förschle/Hoffmann* in *Budde/Förschle/Winkeljohann*, Sonderbilanzen, 4. Aufl 2008 P Rn 117). Die uneingeschränkte Passivierung von **Verbindlichkeiten aus einem Sozialplan** bei negativer Fortführungsprognose erscheint schon deswegen bedenklich, weil die Begrenzung nach § 123 unberücksichtigt bleibt (vgl aber *Jaeger/Müller* § 19 Rn 79; *Förschle/Hoffmann* in *Budde/Förschle/Winkeljohann*, Sonderbilanzen, P Rn 117; *K. Schmidt/ Uhlenbruck*, Die GmbH in Krise, Rn 5.169 S 514). Ist das Unternehmen auf Grund der wirtschaftlichen Situation nicht mehr in der Lage, künftig die Lieferungen oder Leistungen überhaupt oder zur vereinbarten Zeit zu erbringen oder Zahlungen zu leisten, so stellt sich der Wert der Leistungen auf Null. Nunmehr sind anstelle der Zahlungsverpflichtungen die **Schadenersatzansprüche der Vertragspartner zu passivieren** (*K. Schmidt/Uhlenbruck*, Die GmbH in Krise, Rn 5.174; *Förschle/Hoffmann* in *Budde/Förschle/Winkeljohann*, Sonderbilanzen, P Rn 91). Die Einstellung von **künftigen Schadenersatzansprüchen aus schwebenden Geschäften** wegen Nichterfüllung ist jedoch nur dann geboten, wenn die **Liquidation der Unternehmung** wegen negativer Fortführungsprognose erwartet werden muss und sie deshalb ihren laufenden Verbindlichkeiten nicht mehr nachkommen kann. Da der Schadenersatzanspruch nach § 103 Abs 2 S 1 erst mit der Verfahrenseröffnung entsteht, ist dieser in den Überschuldungsstatus nur dann einzustellen, wenn das Insolvenzverfahren sicher ist. Soweit Schadenersatzansprüche von Gläubigern drohen, weil die Liquidation des Unternehmens unvermeidbar ist und die Gesellschaft ihren ein gegangenen Verpflichtungen ganz oder teilweise nicht mehr nachzukommen vermag, sind diese Verbindlichkeiten durch **Rückstellungen** in der Überschuldungsbilanz auszuweisen (vgl *Bilo* GmbHR 1981, 107; *Gurke*, Verhaltensweisen und Sorgfaltspflichten von Vorstandsmitgliedern und Geschäftsführern bei drohender Überschuldung, S 56 ff). **Sonstige Verbindlichkeiten** sind bei der Feststellung der Überschuldung mit dem Betrag zu passivieren, mit dem sie für den Fall einer Eröffnung des Insolvenzverfahrens gegenüber der Insolvenzmasse geltend gemacht werden können. Auf die Fälligkeit kommt es dabei nicht an. Auch **nicht fällige, bedingte oder unverzinslich betagte Verbindlichkeiten** sind zu passivieren (*Scholz/K. Schmidt* vor § 64 GmbHG Rn 29; *Uhlenbruck* bei *K. Schmidt/Uhlenbruck*, Die GmbH in Krise, Rn 5.169; *Beck* in *Beck/Depré*, Praxis, § 5 Rn 146; *Gottwald/Uhlenbruck* InsRHdb § 6 Rn 42).

Wie o bereits dargestellt wurde, ist umstritten, ob bei negativer Fortbestehensprognose die **Kosten** 126 **der Abwicklung** auf der Passivseite anzusetzen sind, soweit sie nicht aus zu erwartenden Erträgen gedeckt werden können. Teilweise wird die Auffassung vertreten, alle durch die Liquidation bedingten **zusätzlichen Kosten, Auflagen und steuerlichen Lasten**, insbesondere Kosten für Sozialpläne, laufende Gehälter der Mitarbeiter bis zu ihrem Ausscheiden, Abfindungen, Dauerschuldverhältnisse (zB aus Mietverträgen), seien im Überschuldungsstatus zu passivieren (*Förschle/Hoffmann* in *Budde/Förschle/ Winkeljohann,* Sonderbilanzen, P Rn 91; *M. Beck* KS I 2008, 245, 247). Nach anderer Auffassung sind **Rückstellungen für Abwicklungskosten** zu bilden (*Kleindiek* in *Lutter/Hommelhoff* Anh zu § 64 GmbHG Rn 33; *Baumbach/Hueck/Schulze-Osterloh* § 64 GmbHG Rn 27 ohne Einschränkung, ob diese Kosten aus künftigen Erträgen gedeckt werden können; HaKo-*Schröder* § 19 Rn 39; *Jaeger/Müller* § 19 Rn 79; *Rowedder/Schmidt-Leithoff* § 63 GmbHG Rn 57; IDW-FAR 1/1996, 4.3, WPg 1997, 22 f). Allerdings sind nach dieser Meinung Kosten nicht zu passivieren, die als **Masseverbindlichkeiten iSv §§ 53 ff** durch die Eröffnung des Insolvenzverfahrens ausgelöst werden (*Baumbach/Hueck/Schulze-Osterloh* § 64 GmbHG Rn 27; *Rowedder/Schmidt-Leithoff* § 63 GmbHG Rn 56; GK AktG-*Habersack* § 92 AktG Rn 56; *Jaeger/Müller* § 19 Rn 71).

127 Nach hier vertretener Auffassung bleiben künftige, **durch das Insolvenzverfahren ausgelöste Verbindlichkeiten**, wie zB Schadensersatzansprüche wegen Nichterfüllung laufender Verträge oder Sozialplanansprüche der Arbeitnehmer, im Überschuldungsstatus auch bei negativer Fortführungsprognose außer Ansatz (**AG Göttingen** ZInsO 2002, 944; *K. Schmidt/Uhlenbruck,* Die GmbH in Krise, Rn 5.169; K/P/B/ *Pape* § 19 Rn 71; *Spliedt* in *Runkel* AnwHdb § 1 Rn 145; HK-*Kirchhof* § 19 Rn 23; FK-*Schmerbach* § 19 Rn 16). Nach N/R/*Mönning* (§ 19 Rn 39) sind auch **sonstige Masseverbindlichkeiten** (§ 55) in den Überschuldungsstatus auf der Passivseite einzubeziehen, soweit es sich um Ansprüche aus gegenseitigen Verträgen handelt, deren Erfüllung zur Insolvenzmasse verlangt wird oder für die Zeit nach Verfahrenseröffnung erfolgen muss (§ 55 Abs 1 Nr 2). Wollte man die **durch das Insolvenzverfahren ausgelösten Verbindlichkeiten** in Fällen negativer Fortführungsprognose berücksichtigen, wären die meisten antragspflichtigen Kapitalgesellschaften überschuldet (vgl auch *K. Schmidt* DB 2008, 2467, 2470; *Lutter* ZIP 1999, 641).

128 Stellt man mit *Wackerbarth* (NZI 2009, 145 ff) für die Überschuldungsprüfung **auf die rechnerische Überschuldung** in der Handelsbilanz ab, die um die Aufdeckung der stillen Reserven und die Rückstellung für Abwicklungskosten berichtigt werden müsste, wäre dies zwar eine „Rückbesinnung" auf den ursprünglichen Begriff der Überschuldung, hätte jedoch verheerende Wirkung für die deutsche Wirtschaft, zumal auch **streitige Verbindlichkeiten** aus Gründen der Bilanzvorsicht in voller Höhe in den Überschuldungsstatus eingestellt werden müssten (zu Letzteren *A. Schmidt/Roth* ZInsO 2006, 236 ff). **Sozialplanansprüche der Arbeitnehmer** und Ansprüche aus Nachteilsausgleich (§§ 112, 113 BetrVG) sind allerdings dann zu passivieren, wenn bereits in der Krise der Unternehmung ein Interessenausgleich schriftlich niedergelegt und ein Sozialplan zustande gekommen ist oder der Beschluss über die Stilllegung oder Teilstilllegung bereits endgültig gefasst worden ist (*Uhlenbruck,* Die GmbH & Co KG in Krise, S 307 f; KS-*Müller/Haas* S 1799, 1812 ff Rn 30 ff; *Drukarczyk* ZGR 1979, 553, 574; *Scholz/ K. Schmidt* vor § 64 GmbHG Rn 29, 30; *K. Schmidt/Uhlenbruck,* Die GmbH in Krise, Rn 5.169). Würde man entsprechende **Rückstellungen** verlangen, würde dies idR zu einer Überschuldung führen (so iE auch *Braun/Bußhardt* § 19 Rn 30). Nach *Spliedt* (in *Runkel* AnwHdb § 1 Rn 150) ist denkbar, dass die Liquidationswerte im Einzelfall die Passiva übersteigen. Wörtlich: „Wenn die mit der Liquidation planmäßig verbundenen Abwicklungskosten nicht passiviert werden, weiß der Schuldner zwar genau, dass er Pleite geht, müsste aber dann noch keinen Antrag stellen." Nehme man die Absicht des Gesetzgebers ernst, eine frühzeitige Verfahrenseröffnung zu fördern, sei nicht recht verständlich, warum der Insolvenzgrund erst eintreten soll, wenn der geplante Aufwand zu einer unbezahlten Verbindlichkeit wird. Zumindest müsse der Aufwand passiviert werden, der mit **konkreten Maßnahmen** verbunden sei. Bei negativer Fortführungsprognose lässt sich eine solche Differenzierung in der Praxis kaum durchführen.

129 **Unverzinsliche Verbindlichkeiten** sind bei negativer Fortführungsprognose auf den Barwert abzuzinsen, da sie gem § 41 Abs 2 im eröffneten Verfahren nur mit diesem Wert berücksichtigt werden (*Baumbach/Hueck/Schulze-Osterloh* § 64 GmbHG Rn 32; *Jaeger/Müller* § 19 Rn 70; *K. Schmidt/Uhlenbruck,* Die GmbH in Krise, Rn 5.170).

130 **Passive Rechnungsabgrenzungsposten** (transitorische Passivposten) sind bei negativer Fortführungsprognose schon deswegen anzusetzen, weil für den Fall der Liquidation oder Insolvenzeröffnung die erhaltenen Anzahlungen zurückzuzahlen sind, da der Schuldner außerstande ist, den Auftrag durchzuführen. Einzelheiten bei *K. Schmidt/Uhlenbruck,* Die GmbH in Krise, Rn 5.193 S 533 f.

XII. Dokumentation der Überschuldungsprüfung

131 Über Art und Inhalt der Überschuldungsbilanz finden sich in der InsO ebenso wenig Hinweise wie über die Dokumentation der Fortführungsprognose. Hieraus kann nicht etwa gefolgert werden, es bestünden keinerlei Dokumentationspflichten (*Wolf* DStR 1998, 126; *ders Uhlenbruck* S 63 f; *Spliedt* in *Runkel,* AnwHdb § 1 Rn 182). KS-*Müller/Haas* S 1799, 1806 Rn 19): „Gleichermaßen wie bei der bisherigen modifiziert zweistufigen Überschuldungsprüfung wird man den Geschäftsführungsorganen der betroffenen Unternehmen eine **Substantiierung der Fortführungsprognose** und deren Dokumenta-

tion abverlangen müssen, wenn die in Rede stehenden Indikatoren, insbesondere Kapitalverluste, Anlass zur Prüfung der Überschuldung gegeben haben." Die Überschuldungsbilanz dient zugleich auch der handelsrechtlichen Dokumentation über das zugrunde zu legende Bewertungskonzept in der Unternehmenskrise (*Wolf* DStR 1998, 126). Die Aufstellung einer Überschuldungsbilanz bedarf deshalb ebenso der **Schriftform** wie die Erstellung einer Fortführungsprognose (so auch *Bork* ZIP 2000, 1709, 1711 f); vgl auch **OLG München** GmbHR 1998, 281, 282. Sämtliche Vermögenswerte und Verbindlichkeiten sind in einem Status zu erfassen. Die einzelnen Positionen müssen bewertet und einander gegenübergestellt werden. Ein Sachverständiger muss in der Lage sein, innerhalb angemessener Zeit die Bewertungsprämissen nachzuvollziehen (*Wolf* Überschuldung S 64). Hieraus folgt, dass auch die **Tatsachen, die für die Bewertung maßgeblich** sind, und die Schlussfolgerungen dokumentiert werden müssen (*Winnefeld* BilHdb 1997, Rn N 878; s auch *Spliedt* in *Runkel,* AnwHdb, § 1 Rn 182). Unstreitig ist auch, dass es zur Substantiierung der Fortführungsprognose eines **dokumentierten Finanz- und Ertragsplans** bedarf (*Wolf* Überschuldung S 64; *ders* DStR 1998, 126, 127). Instruktiv hierzu der FA Recht des Arbeitskreises „Sanierung und Insolvenz" d IDW, WPg 1995, 596, 599: „Nur wenn die tatsächlichen Umstände sowie die maßgeblichen Annahmen, Prüfungsschritte und Schlussfolgerungen inhaltlich geordnet und rechnerisch nachgewiesen in schriftlicher Form vorliegen, wird das Ergebnis der Überschuldungsprüfung für einen sachverständigen Dritten nachvollziehbar und beurteilbar." Einfache Behauptungen, man habe „im stillen Kämmerlein" die Überschuldung geprüft und die Fortbestehensprognose bejaht, reichen in einem späteren Haftungsprozess nicht aus. Bei Vernachlässigung der Dokumentationspflicht und einer leichtfertigen Annahme positiver Fortbestehensprognose droht die Haftung wegen Insolvenzverschleppung (KS-*Müller/Haas* S 1799, 1806 Rn 19; *Bork* ZGR 1995, 505 ff; *Kübler* ZGR 1995, 481 unter Bezugnahme auf BGHZ 126, 181 sowie *Schüppen* DB 1994, 197).

Hilfreich sind nach *Spliedt* (in *Runkel* AnwHdb § 1 Rn 182) auch **Sachverständigengutachten zur** 132 **Fortführungsprognose und zum Unternehmenswert**. In der Praxis seien allerdings Gefälligkeitsgutachten des Hausberaters keine Seltenheit. Um den Geschäftsführer zu entlasten, muss der Sachverständige sorgfältig und umfassend informiert werden. Außerdem hat der Schuldner das Gutachten auf Plausibilität zu prüfen (**BGH** v 14. 5. 2007, ZIP 2007, 1265). Die **Plausibilisierung der Wertansätze** wird teilweise durch **Multiples-Methoden** als geeignet angesehen (s *M. Beck* KS I 2008, 245 ff). Nach Feststellung des **BGH** (v 9. 10. 2006, ZInsO 2007, 36) hat die Geschäftsleitung im Haftungsprozess wegen Insolvenzverschleppung nach § 64 Abs 2 GmbHG (jetzt § 64 S 1 GmbHG, 15 a iVm § 823 Abs 2 BGB) die Umstände darzulegen und notfalls zu beweisen, aus denen sich eine günstige Prognose für den fraglichen Zeitraum ergibt. Aus dem Gesetzeswortlaut des § 19 Abs 2 Satz 2 folge außerdem zweifelsfrei, dass eine günstige Fortführungsprognose sowohl den **Fortführungswillen des Schuldners** bzw seiner Organe als auch die objektive – grundsätzlich aus einem aussagekräftigen Unternehmenskonzept (Ertrags- und Finanzplan) herzuleitende – **Überlebensfähigkeit des Unternehmens** voraussetzt (vgl aber auch **BGH** v 18. 12. 2000, ZIP 2001, 242).

In einem Zivilprozess liegt die **Darlegungslast** dafür, dass keine Überschuldung vorgelegen hat, oder da- 133 für, dass eine Fortführungsprognose durchgeführt und positiv ausgefallen ist, bei der Geschäftsführung (vgl BGHZ 143, 184, 185 = ZIP 2000, 184; BGHZ 126, 181, 200 = ZIP 1994, 1103; OLG Celle NZG 1999, 77, 78; OLG Celle GmbHR 1997, 127, 128; *Bork* ZIP 2000, 1709, 1712; Altmeppen ZIP 2001, 2201, 2209). Zwar hat grundsätzlich in einem **Schadenersatzprozess wegen Insolvenzverschleppung** der Kläger darzulegen und streitigenfalls zu beweisen, dass rechnerische und rechtliche Überschuldung vorgelegen hat. Es ist aber Sache der beklagten organschaftlichen Vertreter, Umstände aufzuzeigen, aus denen sich eine **positive Fortführungsprognose** für den fraglichen Zeitpunkt ergibt (so wörtlich *Bork* ZIP 2000, 1709, 1712). Da die Geschäftsführung ohnehin zu laufender Prüfung der Unternehmenssituation verpflichtet ist, ist ihr nach zutreffender Auffassung von *Bork* die Darlegung der entscheidungserheblichen Umstände auch zuzumuten. Nach hM trägt der organschaftliche Vertreter einer antragspflichtigen Gesellschaft auch die **Beweislast für die positive Fortbestehensprognose** (OLG München GmbHR 1998, 281, 282; *Braun/Uhlenbruck* Unternehmensinsolvenz S 293; *Baumbach/Hueck/Schulze-Osterloh* § 64 GmbHG Rn 13; *Jaeger/Müller* § 19 Rn 41; K/P/B/*Pape* § 19 Rn 49; *Gottwald/Haas* JmRHdb § 92 Rn 107 ff; *Schaub* DStR 1993, 1483, 1487; *Temme* S 124 f; *Bork* ZIP 2000, 1709, 1712). Obgleich der **BGH** die **Frage der Beweislast** offen gelassen und sogar als zweifelhaft bezeichnet hat (BGHZ 126, 181, 200 = ZIP 1994, 1103), ist mit der hM anzunehmen, dass die organschaftlichen Vertreter einer antragspflichtigen Gesellschaft zunächst einmal die Beweislast „für von ihr in Erfüllung ihrer Darlegungslast vorgetragene Tatsachen" hat (*Bork* ZIP 2000, 1709, 1712; *Groß/Amen* WPg 2002, 225, 239). Sind solche Tatsachen nicht feststellbar, wird das Gericht einen Sachverständigen einschalten müssen, der aus einer Betrachtungsweise ex post zu beurteilen hat, ob die organschaftlichen Vertreter – wie behauptet – von einer positiven Fortführungsprognose ausgehen konnten (Einzelheiten bei *Bork* ZIP 2000, 1709, 1712 f). Ist im Rahmen eines Schadenersatzprozesses die rechnerische Überschuldung unstreitig oder bewiesen, kann sich der organschaftliche Vertreter durch Nachweis der für die positive Prognose sprechenden Tatsachen entlasten. Die **Rechenschaftspflicht des Geschäftsführers** folgt nach *Altmeppen* (ZIP 1997, 1173, 1176) im Hinblick auf die Insolvenzantragspflicht schon aus dem Grundgedanken des § 666 BGB. Nach Auffassung des **BGH** trifft den Geschäftsführer im Haftungsprozess jedenfalls die **Darlegungslast** (BGHZ 126, 181, 200 = ZIP 1994, 1103, 1110). Darüber hinaus aber trifft den organschaftlichen Vertreter auch die **volle Beweislast** (so wohl auch *Altmeppen* ZIP 1997, 1173, 1176; *ders* in *Roth/Altmeppen* Vorb § 64 GmbHG Rn 37). Nach zutreffender Feststellung des Fachausschusses Recht des IDW (WPg 1995, 596, 599) bestimmen letztlich Ausmaß und Schwere der Unternehmenskrise Umfang und Detaillierungsgrad der erforderlichen Dokumentation. Ist nach Einschätzung der Verantwortlichen angesichts einer akuten Unternehmenskrise ein umfassendes **Sanierungskonzept** zur Aufrechterhaltung des finanziellen Gleichgewichts der Unternehmung erforderlich, mit dem zugleich auch unternehmensinterne Krisenursachen beseitigt werden sollen, sind darüber hinaus auch die Anforderungen an Sanierungskonzepte zu beachten.

§ 20 Auskunfts- und Mitwirkungspflicht im Eröffnungsverfahren. Hinweis auf Restschuldbefreiung

(1) ¹Ist der Antrag zulässig, so hat der Schuldner dem Insolvenzgericht die Auskünfte zu erteilen, die zur Entscheidung über den Antrag erforderlich sind, und es auch sonst bei der Erfüllung seiner Aufgaben zu unterstützen. ²Die §§ 97, 98, 101 Abs. 1 Satz 1, 2, 2 gelten entsprechend.

(2) Ist der Schuldner eine natürliche Person, so soll er darauf hingewiesen werden, dass er nach Maßgabe der §§ 286 bis 303 Restschuldbefreiung erlangen kann.

Übersicht

	Rn
I. Vorbemerkung	1
II. Zwingende Voraussetzung: Die Zulässigkeit des Insolvenzantrags	3
III. Die Auskunfts- und Mitwirkungspflichten als prozessuale Last	5
IV. Die auskunftspflichtigen Personen	10
V. Die Auskunftspflicht als höchstpersönliche Pflicht	17
VI. Adressat der Auskunft	19
VII. Art und Umfang der Auskunfts- und Mitwirkungspflichten	20
1. Auskunftspflichten	20
2. Mitwirkungspflichten	27
3. Zumutbarkeit der Auskunft und Mitwirkung	30
VIII. Fristsetzung und Sanktionen	32
1. Fristsetzung	32
2. Sanktionen	33
a) Zurückweisung des Antrags	33
b) Zwangsmaßnahmen	37
c) Rechtsmittel	40
IX. Die Pflicht zur Offenbarung strafbarer oder ordnungswidriger Handlungen	41
X. Strafbarkeit einer Falschauskunft	44
XI. Unentgeltlichkeit der Auskunfts- und Mitwirkungspflichten	45
XII. Hinweis auf Restschuldbefreiung (Abs 2)	46

I. Vorbemerkung

1 Ebenso wie in § 97 für das eröffnete Verfahren soll § 20 die Abwicklung des Eröffnungsverfahrens erleichtern und damit das Eröffnungsverfahren verkürzen. Die Amtsermittlungen des Gerichts (§ 5) reichen oftmals nicht aus, um die Voraussetzungen für eine Verfahrenseröffnung oder eine nachhaltige Sanierung eines Schuldnerunternehmens zu schaffen. Die frühere Streitfrage, ob § 20 auch für die **Mitwirkungspflicht** des Schuldners gilt, ist mit dem Gesetz zur Vereinfachung des Insolvenzverfahrens v 13. 4. 2007 (BGBl I S 509) durch die Erweiterung von § 20 Abs 1 S 1 erledigt worden. Durch das InsOÄndG v 26. 10. 2001 (BGBl I S 2710) ist Abs 2 eingefügt worden. Die Vorschrift dient einer Straffung des Verfahrens und steht in unmittelbarem Zusammenhang mit § 287 Abs 1, wonach der Schuldner den Antrag auf Restschuldbefreiung nur in Verbindung mit einem eigenen Insolvenzantrag stellen kann. Nach dem Hinweis nach Abs 2 kann der Antrag nur noch **innerhalb von zwei Wochen** nachgeholt werden (§ 287 Abs 1 S 2). Durch den Hinweis des Insolvenzgerichts auf die Möglichkeiten einer Restschuldbefreiung soll der Schuldner angehalten werden, möglichst frühzeitig einen Restschuldbefreiungsantrag zu stellen und nicht aus Rechtsunkenntnis die Befreiungsmöglichkeiten nach den §§ 286 ff zu verlieren (vgl BGHZ InsO 2005, 310, 311; HaKo-*Schröder* § 20 Rn 2; FK-*Schmerbach* § 20 Rn 5 u 37 ff).

2 Die **unbeschränkte Auskunftspflicht** des Schuldners oder der organschaftlichen Vertreter eines Schuldnerunternehmens bezieht sich wegen der Bezugnahme auf § 97 auch auf **strafbare Handlungen**, allerdings mit der Folge eines strafgerichtlichen Verwendungsverbots. Die **Mitwirkungspflicht** des Schuldners bedeutet auch, dass er Personen, die zur Aufklärung beitragen können, erforderlichenfalls von ihrer Verschwiegenheitspflicht befreien muss (*Vallender* ZIP 1996, 529, 532; HK-*Kirchhof* § 20 Rn 43; FK-*Schmerbach* § 20 Rn 10). Eine Verpflichtung des **Steuerberaters** oder **Wirtschaftsprüfers** zur Auskunft und Herausgabe von Unterlagen an das Insolvenzgericht besteht ohne Mitwirkung des Schuldners bzw Schuldnerunternehmens nicht (*Vallender* ZIP 1996, 529, 532). Einzelheiten zu Rn 111. Da § 20 nicht nur **Auskunfts-** und **Mitwirkungspflichten** regelt, sondern auch **Vorlagepflichten** des Schuld-

ners oder Schuldnerunternehmens im Eröffnungsverfahren, gleichgültig, ob ein Eigen- oder Fremdantrag vorliegt, deckt die Vorschrift auch die Schuldnerpflichten des früheren § 104 KO ab. Das bedeutet letztlich, dass der Schuldner sowohl bei Gläubigerantrag als ebenfalls bei Eigenantrag alle Unterlagen vorzulegen hat, die dem Gericht die Beurteilung ermöglichen, ob und welcher Insolvenzgrund vorliegt und ob eine die Verfahrenskosten deckende Masse vorhanden ist.

II. Zwingende Voraussetzung: Die Zulässigkeit des Insolvenzantrags

§ 20 setzt voraus, dass der Antrag zulässig ist (**BGH** ZIP 2003, 358, 359). Das Gesetz will vermeiden, dass der Schuldner oder der Schuldnervertreter auf Grund eines unzulässigen Gläubigerantrags verpflichtet ist, seine Vermögensverhältnisse umfassend zu offenbaren (MüKo-*Schmahl* § 20 Rn 25). Deshalb knüpft § 20 an den zulässigen Insolvenzantrag an. Das ist für den Fall des **Gläubigerantrags** richtig. Bei einem **Eigenantrag des Schuldners** ist die Zulässigkeitsschwelle allerdings niedriger anzusetzen. Da § 20 generell an die Zulässigkeit des Insolvenzantrags anknüpft, andererseits aber an den Eigenantrag – anders als an den Gläubigerantrag (§ 14 Abs 1) – keine besonderen Anforderungen stellt, ist der Eröffnungsantrag des Schuldners oder Schuldnerunternehmens bereits zuzulassen, wenn er die **unverzichtbaren und nachzuweisenden Angaben** enthält. Zu den **zwingenden Angaben und Darlegungen** bei einem Eröffnungsantrag s die **Kommentierung** zu § 13 Rn 40 ff sowie BGH v 12. 7. 2007, ZIP 2007, 1868 = ZInsO 2007, 887; zur Abgrenzung von den Substantiierungspflichten eingehend auch MüKo-*Schmahl* § 20 Rn 19 f Während die **Amtsermittlungspflichten** (§ 5) bereits im Zulassungsverfahren vor allem bei streitigen Zuständigkeitsfragen eingreifen können, setzen die **Auskunfts- und Mitwirkungspflichten** des Schuldners immer eine **Zulassung des Insolvenzantrags** voraus (vgl. BGH v 12. 12. 2002 IX ZB 426/02, ZIP 2003, 358, 359). Soweit im Rahmen des Eröffnungsverfahrens eine Glaubhaftmachung des Antragstellers durch Gegenglaubhaftmachung des Antragsgegners erschüttert wird, kann zwar die Zulässigkeit des Antrags ex post entfallen; jedoch ändert dies an den Auskunfts- und Mitwirkungspflichten des Schuldners nichts. Entscheidend ist, dass der Antrag einmal zugelassen worden ist und das Gericht von Amts wegen gem § 16 den Insolvenzgrund festzustellen hat (s auch unten zu Rn 7). Wird allerdings mit **ernst zu nehmenden Gründen** die Zulässigkeit des Insolvenzantrags vom Schuldner bestritten, wird der Schuldner oder organschaftliche Vertreter eines Schuldnerunternehmens von sich aus die erforderlichen Auskünfte erteilen, um die Unzulässigkeit des Gläubigerantrags darzulegen und zu beweisen. Das Gericht sollte sich solchenfalls auf die Amtsermittlungen (§ 5) beschränken und von Zwangsmaßnahmen hinsichtlich der Mitwirkung (§ 98) absehen. Bei einem **Eigenantrag** besteht die Auskunfts- und Mitwirkungspflicht bereits mit der Antragstellung, soweit nicht ein offensichtlich unzulässiger Antrag vorliegt (N/R/*Mönning* § 20 Rn 11; *Braun/Kind* § 20 Rn 7).

Eine **Verletzung der Auskunftspflicht** kann sich uU als **Bankrottdelikt** iSv § 283 Abs 1 Nr 1 oder 4 StGB darstellen (HK-*Kirchhof* § 20 Rn 3). Allerdings ist die Tat nur dann strafbar, wenn der Täter seine Zahlungen eingestellt hat oder über sein Vermögen das Insolvenzverfahren eröffnet oder der Eröffnungsantrag mangels Masse abgewiesen worden ist (§ 283 Abs 6 StGB). Wegen der Auskunftspflicht des Insolvenzschuldners im Eröffnungsverfahren begründet auch ein bloßes Verschweigen von Vermögen eine Strafbarkeit des organschaftlichen Vertreters nach § 283 Abs 1 Nr 1, § 14 Abs 1 Nr 1 StGB (*Vallender* ZIP 1996, 529, 533). Die Regelungen in den §§ 97, 98, 101 und ihre Erstreckung auf das Eröffnungsverfahren in § 20 können nur als vorbildlich bezeichnet werden, denn sie bringen eine erhebliche Erleichterung für die insolvenzgerichtliche Praxis bei der Ermittlung von Insolvenzmasse und Anfechtungstatbeständen (vgl *Uhlenbruck* KTS 1997, 371, 391; *ders* GmbHR 1999, 390, 395; K/P/B/*Pape* § 20 Rn 2; *Vallender* ZIP 1996, 529, 534). § 20 regelt nur die **Auskunftspflicht gegenüber dem Insolvenzgericht**. Die Auskunftspflicht gegenüber einem vorläufigen Insolvenzverwalter ist dagegen in § 22 Abs 3 S 3 geregelt. Zur Anwendbarkeit der Vorschrift auf Auslandsgesellschaften s *Vallender* ZGR 2006, 443 ff.

III. Die Auskunfts- und Mitwirkungspflichten als prozessuale Last

Die Auskunfts- und Mitwirkungspflichten des Schuldners gegenüber dem Insolvenzgericht dienen neben der Gewährung rechtlichen Gehörs dazu, Anhaltspunkte für das Vorliegen eines Eröffnungsgrundes sowie zum Umfang der künftigen Insolvenzmasse zu gewinnen (*Frege/Keller/Riedel* HRP Rn 524). Es handelt sich um eine **selbständige verfahrensrechtliche Pflicht öffentlich-rechtlicher Art** (*Jaeger/Gerhardt* § 20 Rn 2). Für das Insolvenzgericht gehören die Auskunfts- und Mitwirkungspflichten des Schuldners bzw organschaftlichen Vertreters eines Schuldnerunternehmens zu den Amtsermittlungspflichten (§ 5). Von der Einbeziehung des Schuldners in die Amtsermittlungen darf das Gericht nur in den Fällen absehen, in denen dieser auch im Rahmen des Vollzugs eines Vorführungs- oder Haftbefehls nicht greifbar ist (*Frege/Keller/Riedel* HRP Rn 524). Gegenüber dem Schuldner oder Schuldnervertreter können die Pflichten mittels verfahrensrechtlicher **Zwangsmittel** durchgesetzt werden, ohne dass die besonderen Voraussetzungen einer Zwangsvollstreckung erfüllt sein müssen (*Vallender* ZIP 1996, 529, 530; *Jaeger/Gerhardt* § 20 Rn 2; FK-*Schmerbach* § 20 Rn 25). Die **zwangsweise Durchsetzung** (§ 98) gewinnt vor allem Bedeutung in den Fällen der Masselosigkeit. Hier genügt nicht die Gewährung rechtlichen Gehörs, die bei übermäßiger Verzögerung unterbleiben kann. Die Auskunfts- und Mitwirkungspflichten des Schuldners sind nicht identisch mit der **Gewährung rechtlichen Gehörs**. Das rechtliche Gehör erlaubt dem Schuldner eine Stellungnahme; auf Grund seiner Anhörungs- und Mitwirkungspflicht muss er dagegen über alle das Verfahren betreffenden Umstände aussagen, also auch **belastende Vorgänge** und **strafbare Handlungen** offenbaren. Hat der Schuldner im unmittelbaren zeitlichen Zusammenhang mit der Antragstellung bereits die **eidesstattliche Versicherung** nach den §§ 807, 899 ZPO abgegeben, kann im Einzelfall auf eine erneute Darstellung der Vermögensverhältnisse verzichtet werden (*Frege/Keller/Riedel* HRP Rn 530). Die verfahrensrechtlichen Auskunfts- und Mitwirkungspflichten gehen idR einer entsprechenden Anwendung der §§ 445 ff ZPO über die **Parteivernehmung** vor (*Uhlenbruck* KTS 1997, 371, 375; MüKo-*Schmahl* § 20 Rn 15).

6   Nicht zu verwechseln sind die Auskunfts- und Mitwirkungspflichten mit den **Substantiierungspflichten im Antragsverfahren**. Auskunftspflichten können niemals dazu dienen, einen unsubstantiierten Insolvenzantrag zulässig zu machen. Auch können die fehlenden Angaben nicht mit den Mitteln des § 98 erzwungen werden. Vielmehr läuft der Antragsteller die Gefahr, dass sein Antrag als unzulässig zurückgewiesen wird. Beispiele für fehlende Substantiierung in MüKo-*Schmahl* § 20 Rn 20.

7   Entscheidend für das **Entstehen der Auskunftspflicht** ist die **erste Zulassung** des Insolvenzantrags. Stellt sich im Rahmen des Eröffnungsverfahrens heraus, dass das Gericht den Antrag nicht hätte zulassen dürfen oder wird durch Gegenglaubhaftmachung die Glaubhaftmachung des Gläubigerantrags erschüttert, so entfällt die Auskunftspflicht nicht nachträglich (einschränkend MüKo-*Schmahl* § 20 Rn 24). Nach **OLG** Köln (Beschl v 8. 3. 1995, InVo 1996, 97, 98) kann sich der Schuldner auch nicht dadurch seiner Auskunftspflicht im Eröffnungsverfahren entziehen, dass er die dem Insolvenzantrag zugrunde liegende Forderung bestreitet, ohne die Glaubhaftmachung zu erschüttern. Die Zulassung eines Insolvenzantrags und der Übergang in das Hauptprüfungsverfahren nach § 5 stellen **keine beschwerdefähigen Entscheidungen** dar (**OLG** Köln ZIP 1993, 1723 = KTS 1994, 77; **OLG** Köln InVo 1996, 97, 98). Deshalb kann der Schuldner oder Schuldnervertreter die Auskunft nicht mit dem Argument verweigern, die Zahlungsunfähigkeit/Überschuldung oder die Forderung seien nicht ausreichend glaubhaft gemacht worden (anders für die Gegenglaubhaftmachung MüKo-*Schmahl* § 20 Rn 24).

8   **Der organschaftliche Vertreter einer juristischen Person** kann sich durch **Amtsniederlegung** seinen verfahrensmäßigen Pflichten nicht entziehen. Nach **OLG** Düsseldorf (v 6. 12. 2000, ZInsO 2001, 323) ist die Amtsniederlegung als missbräuchlich anzusehen, wenn der Geschäftsführer einer GmbH nach Eröffnung des Insolvenzverfahrens sein Amt unter gleichzeitiger Kündigung des Anstellungsvertrages niederlegt, ohne daran mitzuwirken, einen anderen Geschäftsführer zu bestellen. Die Gesellschaft muss im Hinblick auf die Auskunfts- und Mitwirkungspflichten im Insolvenzverfahren ihre Vertretung durch einen Geschäftsführer sicherstellen (vgl auch BayObLG BB 1999, 1748; **OLG** Hamm ZIP 1988, 1048). Zwar ist nach der Rechtsprechung des **BGH** eine Amtsniederlegung selbst dann wirksam, wenn objektiv ein wichtiger Grund für die Niederlegung nicht gegeben ist und der Geschäftsführer sich auf das Vorhandensein eines solchen auch nicht beruft (BGHZ 121, 257; **BGH** NJW 1995, 2850); dies gilt jedoch nicht für den Fall eines **Rechtsmissbrauchs**, der immer dann zu bejahen ist, wenn die Amtsniederlegung oder Abberufung des organschaftlichen Vertreters erfolgt, um den verfahrensrechtlichen Pflichten zu entgehen. Die Amtsniederlegung nützt einem organschaftlichen Vertreter letztlich wenig, denn er kann sich wegen der Regelung in § 101 Abs 1 S 2 zwar seiner Mitwirkungspflicht, nicht aber seiner gesetzlichen Auskunftspflicht entziehen, denn § 97 Abs 1 und § 98 gelten entsprechend für Personen, die nicht früher als zwei Jahre vor dem Antrag auf Eröffnung des Insolvenzverfahrens aus ihrer Position ausgeschieden sind. Dies gilt auch für das **Insolvenzeröffnungsverfahren**, obgleich die Vorschrift des § 101 Abs 1 S 2, wonach § 97 Abs 1 entsprechend für Personen gilt, die **nicht früher als zwei Jahre** vor dem Antrag auf Eröffnung des Insolvenzverfahrens aus der Position **ausgeschieden** sind, den Zeitraum des Eröffnungsverfahrens nicht erfasst, sondern nur die Zeit der Krise vor Stellung des Antrags.

9   Bei **Führungslosigkeit** einer antragspflichtigen Gesellschaft greift nach der Neuregelung des § 101 Abs 1 S 2 durch das **MoMiG** eine unmittelbare **Auskunfts- und Mitwirkungspflicht der Gesellschafter** ein. Da in § 20 auf die Vorschrift des § 101 Abs 3 nicht Bezug genommen ist, können bei Verletzung der Auskunfts- und Mitwirkungspflicht weder die Gesellschafter noch die organschaftlichen Vertreter bei Abweisung mangels Masse (§ 26) für die Kosten des Verfahrens in Anspruch genommen werden.

IV. Die auskunftspflichtigen Personen

10 Der persönliche Geltungsbereich des § 20 beschränkt sich nicht auf den Schuldner als natürliche Person, sondern erstreckt sich gem § 101 Abs 1 auch auf die **Organe einer juristischen Person und die Aufsichtsorgane** (**OLG** Hamm ZIP 1980, 280; KS-*Henssler* S 1283 Rn 1 ff; *Uhlenbruck* KTS 1997, 371, 390; *Smid* § 20 Rn 7). Einzelheiten s § 101 Rn 23. In der **Nachlassinsolvenz** ist der Erbe verpflichtet. Bei **Führungslosigkeit** gilt dies nach § 101 Abs 2 Halbs 2 ebenfalls für **Gesellschafter**. Vertretungsberechtigte **persönlich haftende Gesellschafter** sind ebenso wie **Vorstandsmitglieder eines Vereins** oder ein **Liquidator** zu Auskünften verpflichtet (s *Vallender* ZIP 1996, 529, 530 f; HK-*Kirchhof* § 20 Rn 4; FK-*Schmerbach* § 20 Rn 15). **Aufsichtsratsmitglieder** einer AG sind nunmehr ebenso auskunftspflichtig wie Aufsichtsrats- oder Beiratsmitglieder einer GmbH und Mitglieder eines Verwaltungsrats. Weiterhin sind

IV. Die auskunftspflichtigen Personen § 20

nach §§ 20 S 2, 97 Abs 3, 101 Abs 1 S 2 auch solche Personen auskunftspflichtig, die nicht früher als zwei Jahre vor dem Antrag auf Eröffnung des Insolvenzverfahrens aus der organschaftlichen Stellung ausgeschieden sind. Dies ist vor allem für die Aufklärung von Anfechtungstatbeständen bedeutsam (*Uhlenbruck* Das neue Insolvenzrecht 1994, S 77; H/W/F Hdb 3/142). **Ehemalige Geschäftsführer oder persönlich haftende Gesellschafter,** nicht dagegen Kommanditisten sind bereits im Insolvenzeröffnungsverfahren über das Vermögen der Gesellschaft uneingeschränkt auskunftspflichtig, wenn sie **nicht früher als zwei Jahre** vor dem Antrag auf Eröffnung des Insolvenzverfahrens ausgeschieden sind (vgl OLG Hamm ZIP 1980, 280; LG Göttingen v 9. 7. 1999, ZIP 1999, 1492; *Vallender* ZIP 1996, 529, 530). Sie sind allerdings nicht zur Mitwirkung nach § 97 Abs 2 und 3 verpflichtet (K/P/B/*Pape* § 20 Rn 3). Die Auskunfts- und Mitwirkungspflichten im Eröffnungsverfahren erstrecken sich auch auf **faktische Geschäftsführer oder faktische Vorstände,** dh auf Organe, die mit Einverständnis der Gesellschafter tatsächlich die Stellung eines Gesellschaftsorgans innehaben, ohne förmlich wirksam dazu bestellt worden zu sein (*Vallender* ZIP 1996, 529, 530; K/P/B/*Pape* § 20 Rn 3; *Uhlenbruck* KTS 1997, 371, 390; HK-*Kirchhof* § 20 Rn 4; HaKo-*Schröder* § 20 Rn 8; FK/*Schmerbach* § 20 Rn 15; *Mohrbutter/Ringstmeier* Hdb 3 Rn 19; MüKo InsO-*Schmahl* § 20 Rn 62; str aA BerlKo-*Goetsch* § 21 Rn 48). Der **Alleingesellschafter einer Ein-Mann-Gesellschaft** fällt nicht unter §§ 20 Abs 1 S 2, 101 Abs 1 (MüKo-*Schmahl* § 20 Rn 62; unzutr LG Düsseldorf KTS 1961, 191). Er kann jedoch idR als faktischer Geschäftsführer verpflichtet sein (*Vallender* ZIP 1996, 529, 530; MüKo-*Schmahl* § 20 Rn 62). S unten zu Rn 111. Zur Auskunftspflicht des Gesellschafters einer **führungslosen Gesellschaft** s § 101 Rn 24.

Die Vorschrift des § 97 Abs 1 über die Auskunftspflicht gilt gem §§ 20 S 2 Abs 1, 101 Abs 2 auch für **gegenwärtige** und **frühere,** in den **letzten zwei Jahren ausgeschiedene Angestellte** des Schuldners oder Schuldnerunternehmens (*Uhlenbruck* KS S 325, 363 Rn 42; HK-*Kirchhof* § 20 Rn 6; K/P/B/*Pape* § 20 Rn 4; *Vallender* ZIP 1996, 529, 534). Allerdings sind Angestellte und frühere Angestellte nicht verpflichtet, Straftaten und Ordnungswidrigkeiten zu offenbaren. Auch können Zwangsmaßnahmen gegen sie nicht angeordnet werden (HaKo-*Schröder* § 20 Rn 8; FK-*Schmerbach* § 20 Rn 29). Geben Angestellte des Schuldners oder des Schuldnerunternehmens nicht freiwillig Auskunft, so braucht der vorläufige Insolvenzverwalter nicht vor den Zivilgerichten auf Auskunftserteilung zu klagen. Werden **Angestellte** des Schuldnerunternehmens vom Insolvenzgericht im Rahmen der Amtsermittlungen **als Zeugen vernommen,** so gelten die allgemeinen zivilprozessualen Vorschriften über den Zeugenbeweis einschließlich der Bestimmungen über Ordnungsmittel (§ 380 ZPO) und über **Zeugnisverweigerungsrechte** (§§ 383–385 ZPO). S auch FK-*Schmerbach* § 20 Rn 29. Nach MüKo-*Schmahl* (§ 20 Rn 65) hat ein Zeugnisverweigerungsrecht nach § 384 Abs 1 Nr 2 ZPO für Angestellte des Schuldners keine eigenständige Bedeutung, weil diese Zeugen gegenüber dem Insolvenzgericht kraft Gesetzes von einer etwaigen Verschwiegenheitspflicht nach § 383 Abs 2 Nr 6, § 384 Nr 3 ZPO entbunden sind. Zur **Mitwirkung** sind Angestellte und frühere Angestellte eines Schuldners nicht verpflichtet. Sie brauchen also nach ihrem Ausscheiden aus der Gesellschaft in einem späteren Insolvenzverfahren nicht etwa unentgeltlich tätig zu werden (*Uhlenbruck* KS S 325, 364 Rn 42; *Braun/Uhlenbruck,* Unternehmensinsolvenz S 257).

Bei Gesellschaften mit einem **mehrköpfigen Vertretungsorgan** oder bei Gesellschaften ohne Rechtspersönlichkeit (§ 11 Abs 2 Nr 1) ist jedes Organ, also jedes Mitglied der Geschäftsführung oder eines Vorstands sowie jeder persönlich haftende Gesellschafter (§§ 22 S 2, 101 Abs 1 S 1) zur Auskunft und Mitwirkung verpflichtet. Auf Art und Umfang der Vertretungsberechtigung oder die Wirksamkeit der Bestellung kommt es nicht an (*Vallender* ZIP 1996, 529, 530, 531; *Uhlenbruck* KTS 1997, 371, 384 ff; K/P/B/*Pape* § 20 Rn 17; *Braun/Uhlenbruck* Unternehmensinsolvenz S 256 ff). Wird eine GmbH von mehreren Geschäftsführern vertreten, ist jeder von ihnen auskunftspflichtig, auch wenn er nur gesamtvertretungsberechtigt ist (*Vallender* ZIP 1996, 529, 530). Auf interne Zuständigkeiten kommt es nicht an. Bei einer **GmbH & Co KG** sind die Geschäftsführer der Komplementär-GmbH zur Auskunft und Mitwirkung verpflichtet. Handelt es sich um eine Gesellschaft, die sich zum Zeitpunkt der Antragstellung bereits in Liquidation befindet, so treffen die Auskunfts- und Mitwirkungspflichten die **Liquidatoren.** Handelt es sich bei dem Schuldnerunternehmen um eine **Ein-Mann-GmbH,** bei der kein Geschäftsführer bestellt ist oder bei der der Allein-Gesellschafter-Geschäftsführer sein Amt in der Krise niedergelegt hat, so trifft die Auskunfts- und Mitwirkungspflicht den Alleingesellschafter (§§ 20 Abs 1 S 2, 101 Abs 1 S 2 Halbs 2; *Vallender* ZIP 1996, 529, 530; K/P/B/*Pape* § 20 Rn 4). Bei der **Genossenschaft** sind auskunftspflichtig die Vorstandsmitglieder als organschaftliche Vertreter der Genossenschaft (§ 24 Abs 1, 2 GenG). Bei **rechtsfähigen Vereinen** trifft die Auskunftspflicht im Insolvenzeröffnungsverfahren jedes einzelne Vorstandsmitglied (§ 26 Abs 1, 2 BGB; *Vallender* ZIP 1996, 529, 531).

Nicht auskunfts- und mitwirkungspflichtig nach § 20 sind sonstige Dritte, wie zB Kreditinstitute, Finanzämter, Steuerberater und Rechtsanwälte. Richtig ist, dass die Mitarbeiter solcher Institutionen vom Gericht als Zeugen gem §§ 4, 5 iVm §§ 373 ff ZPO als Zeugen vernommen werden können (HaKo-*Schröder* § 20 Rn 10). Der Schuldner ist jedoch auf Grund seiner **Mitwirkungspflicht** gezwungen, einen Rechtsanwalt, Steuerberater, Wirtschaftsprüfer, Notar oder ein Kreditinstitut von ihrer Schweigepflicht zu entbinden, wenn diese sich im Rahmen eines Auskunftsersuchens auf ihre Schweigepflicht bzw das Steuergeheimnis berufen (*Pape* NZI 2007, 425, 429; HK-*Kirchhof* § 20 Rn 17; FK-*Schmerbach* § 20 Rn 10; HaKo-*Schröder* § 20 Rn 10). Nach MüKo-*Schmahl* (§ 20 Rn 81) werden diese Zeugen schon **kraft Gesetzes** von ihrer Verpflichtung zur Verschwiegenheit entbunden (vgl auch AG Duisburg NZI

2000, 606 f; **AG** Göttingen NZI 2002, 615; **aA LG** Göttingen NZI 2003, 38 m krit Anm *Mitlehner* EWiR 2003, 279 f). Die **gesetzliche Entbindung der Zeugen von der Verschwiegenheitspflicht** gegenüber dem Insolvenzgericht erstreckt sich nach MüKo-*Schmahl* (§ 20 Rn 84) grundsätzlich auch auf Umstände, die persönliche Interessen der Gesellschafter oder der organschaftlichen Vertreter einer Gesellschaft einschließlich der Mitglieder des Aufsichtsrats berühren. Zu weitgehend auch **LG Köln** (NZI 2004, 671), wonach auch der **sogen starke vorläufige Insolvenzverwalter** berechtigt ist, von der Schweigepflicht zu befreien, nicht dagegen der **isolierte Sachverständige** (LG Göttingen ZInsO 2002, 1093). Richtig ist, dass ein Sachverständiger oder schwacher vorläufiger Insolvenzverwalter nicht berechtigt ist, Auskünfte von schwiegepflichtigen Personen oder Institutionen zu verlangen. Wohl aber kann ein **schwacher vorläufiger Insolvenzverwalter** oder **Sachverständiger** über das Insolvenzgericht vom Schuldner verlangen, auf Grund seiner Mitwirkungspflicht nach § 20 Abs 1 S 1 einen Schweigepflichtigen von seiner Verschwiegenheitspflicht zu befreien (s auch *Uhlenbruck* FS Runkel 2009).

14   Bei Anordnung einer vorläufigen Insolvenzverwaltung **ohne Anordnung eines allgemeinen Verfügungsverbots** ist ein **Kreditinstitut** zur Auskunftserteilung nicht verpflichtet, wenn es nicht durch den Schuldner vom Bankgeheimnis entbunden wird. Das Insolvenzgericht kann allerdings den schwachen vorläufigen Verwalter dadurch zur Auskunft berechtigen, dass es dem Schuldner ein **besonderes Verfügungsverbot** nach § 21 Abs 2 Nr 2 hinsichtlich der Vermögenswerte bei seiner Hausbank auferlegt (*Vallender* FS Uhlenbruck S 133, 145 f). Befreit ein Schuldner seine Hausbank nicht vom **Bankgeheimnis**, bleibt dem Sachverständigen nichts anderes übrig, als diese Mitwirkungspflicht über das Gericht nach § 20 S 2 iVm § 98 erzwingen zu lassen. Eine **Bank** kann sich zwar grundsätzlich auf das Bankgeheimnis berufen, jedoch nur insoweit, als der Schuldner und Bankkunde nicht sein Einverständnis zu Auskünften erteilt. Weigert sich der Antragsgegner (Schuldner), zB seine Hausbank von der Schweigepflicht zu entbinden, hat er selbst nach § 20 S 1 die erforderlichen Auskünfte zu erteilen. Aus § 20 S 1 wird man darüber hinaus aber auch die Verpflichtung herleiten können, dass der Antragsgegner (Schuldner) die Bank von der **Verschwiegenheitspflicht gegenüber dem Sachverständigen** als „verlängertem Arm" des Insolvenzgerichts befreit (s auch unten zu Rn 28). Im Übrigen ist die Bank im Vollstreckungsverfahren gegen ihren Kunden nach § 840 ZPO verpflichtet, eingeschränkt Auskünfte zu erteilen. So kann der Sachverständige zB gem § 840 Abs 1 Nr 1–3 ZPO Angaben verlangen, ob eine Forderung des Schuldners gegen die Bank begründet ist und anerkannt wird und ob eine Zahlungsbereitschaft besteht oder ob eine Aufrechnungslage besteht und ob Pfändungen vorliegen (so *Wessel* DZWIR 1999, 230, 233). Dagegen ist die Bank nicht verpflichtet, die Höhe der eigenen Forderungen gegen den Schuldner anzugeben oder gar Sicherheiten, die ihr der Schuldner bzw das Schuldnerunternehmen gestellt haben.

15   Soweit **Finanzämter** sich auf das **Steuergeheimnis** nach § 30 AO berufen können, besteht grundsätzlich keine Verpflichtung, Steuertatbestände, die den Schuldner oder das Schuldnerunternehmen betreffen, zu offenbaren. Jedoch bestehen Rundverfügungen einzelner Oberfinanzdirektionen, die eine Auskunftserteilung in Angelegenheiten des Insolvenzrechts vorsehen. So sieht zB die Rdvfg. der OFD Frankfurt/M. v 29. 3. 1990 (S 01.310 A – 115 – St II 42, DStR 1999, 938) vor, dass zwar das Steuergeheimnis gegenüber einem „schwachen" vorläufigen Verwalter uneingeschränkt zu wahren ist, aber auch gegenüber einem Gutachter im Eröffnungsverfahren. Anders dagegen, wenn das Insolvenzgericht gegen den Schuldner oder das Schuldnerunternehmen ein allgemeines Verfügungsverbot verhängt hat: Mit dem Übergang des Verwaltungs- und Verfügungsrechts werde der Verwalter Vertreter gem § 34 Abs 3 AO und habe zugleich die steuerlichen Pflichten des Schuldners oder Schuldnerunternehmens zu erfüllen. Einem solchen vorläufigen Insolvenzverwalter könnten deshalb alle Auskünfte über Verhältnisse des Schuldners erteilt werden, die er zur Erfüllung seiner steuerlichen Pflichten benötige. Darüber hinaus dürfte ihm keine Auskunft erteilt werden. Wird der vorläufige Insolvenzverwalter mit Verwaltungs- und Verfügungsbefugnis zugleich als **Gutachter** eingesetzt, gelten die vorstehenden Ausführungen auch für den Gutachter. Auch in diesen Fällen kann der Gutachter auf Grund der Mitwirkungspflicht vom Schuldner verlangen, die **Finanzbehörde vom Steuergeheimnis zu befreien.** Weigert sich der Schuldner, bleibt nur, ihn mit den Zwangsmitteln des § 98 durch das Gericht hierzu anzuhalten (s hierzu unten die Ausführungen zu Rn 38).

16   Im **außergerichtlichen Schuldenbereinigungsverfahren** nach § 305 Abs 1 Nr 1 ist von einer Zustimmung des Schuldners nach § 30 Abs 4 Nr 3 AO auszugehen, wenn eine Schuldnerberatungsstelle eingeschaltet ist und diese nach landesspezifischen Regelungen als geeignet anerkannt worden ist. Dies gilt aber nicht nur für Schuldnerberatungsstellen, sondern für alle „geeigneten Personen" oder „geeigneten Stellen" iSv § 305 Abs 1 Nr 1. Äußert die Finanzbehörde Zweifel, ob das Steuergeheimnis eingreift, hat der Sachverständige eine ausdrückliche schriftliche Zustimmung des Schuldners einzuholen, bevor dem Steuergeheimnis unterliegende Verhältnisse gegenüber der Schuldenberatungsstelle oder sonstigen geeigneten Personen offenbart werden. Hat der Schuldner im Einzelfall oder generell seine Zustimmung zur Offenbarung gegeben, ist das FA nach § 30 Abs 4 Nr 3 AO berechtigt, die entsprechenden Einzelheiten dem Sachverständigen oder der geeigneten Stelle bzw Schuldnerberatungsstelle mitzuteilen.

V. Die Auskunftspflicht als höchstpersönliche Pflicht

17   Die Auskunftspflicht ist vom Verpflichteten höchstpersönlich wahrzunehmen. Deshalb sind Auskunftsverlangen unmittelbar an die verpflichtete Person zu richten, selbst wenn diese anwaltlich vertre-

VII. Art und Umfang der Auskunfts- und Mitwirkungspflichten　§ 20

ten ist (*Uhlenbruck* KTS 1997, 371, 386; MüKo-*Schmahl* § 20 Rn 34; *Hess* § 20 Rn 10; FK-*Schmerbach* § 20 Rn 15 a; K/P/B/*Pape* § 20 Rn 18; N/R/*Mönning* Rn 12, 13). Ein **Anwalt** wird von einem Anhörungstermin lediglich informiert. Das Gericht kann ihm gestatten, am Termin teilzunehmen (N/R/*Mönning* § 20 Rn 16; FK-*Schmerbach* § 20 Rn 15 a; MüKo-*Schmahl* § 20 Rn 34). Das Gericht darf den Schuldner auch **gegen den Willen des Verfahrensbevollmächtigten** befragen und von ihm entsprechende Antworten verlangen (*Uhlenbruck* KTS 1997, 371, 385 f; *Jaeger/Gerhardt* § 20 Rn 7; MüKo-*Schmahl* § 20 Rn 34; N/R/*Mönning* § 20 Rn 20; *Vallender* ZIP 1996, 529 ff). Zweifelhaft ist, ob ein für den Schuldner oder Schuldnervertreter tätiger Rechtsanwalt selbst im Eröffnungsverfahren zur Auskunftserteilung – ggf auch zur Herausgabe der Handakten – verpflichtet ist (so K/P/B/*Pape* § 20 Rn 5 unter Berufung auf **BGH** ZIP 1990, 48; **OLG** Düsseldorf ZIP 1993, 1807). Selbst die Übertragung der uneingeschränkten Mitwirkungspflichten des Schuldners auf das Insolvenzeröffnungsverfahren kann mE nicht dazu führen, dass Dritte anstelle des Schuldners oder seines organschaftlichen Vertreters auskunftspflichtig werden (so auch HK-*Kirchhof* § 20 Rn 7).

In einem Termin zur **mündlichen Vernehmung des Schuldners** oder Schuldnervertreters kann das Insolvenzgericht dem antragstellenden **Gläubiger die Anwesenheit gestatten** (KS-*Vallender* S 249, 258 Rn 28; HK-*Kirchhof* § 20 Rn 14 unter Berufung auf § 357 ZPO; MüKo-*Schmahl* § 20 Rn 35; KS-*Vallender* S 249, 258 Rn 28; N/R/*Mönning* § 20 Rn 20). Allerdings ist ein Ausschluss des antragstellenden Gläubigers geboten, wenn der Schuldner Straftaten oder Ordnungswidrigkeiten zu offenbaren hat (MüKo-*Schmahl* § 20 Rn 35). Ohne Zustimmung ist der Gläubiger nicht berechtigt, **Fragen an den Schuldner** zu richten (MüKo-*Schmahl* § 20 Rn 35). Einen Rechtsanspruch auf Anwesenheit hat der Gläubiger aber nicht. 18

VI. Adressat der Auskunft

Nach § 20 S 1 ist die Auskunft gegenüber dem **Insolvenzgericht** zu erteilen. Die Vorschrift des § 20 S 1 ist jedoch nicht isoliert zu sehen. Hat das Gericht einen vorläufigen Insolvenzverwalter bestellt (§ 21 Abs 2 Nr 1), so hat der Schuldner diesem gem § 22 Abs 3 S 3 ebenfalls alle erforderlichen Auskünfte zu erteilen. Auch insoweit gelten die §§ 97, 98, 101 Abs 1 S 1, 2, Abs 2 entsprechend (§ 22 Abs 3 S 3 2. Hs). Das Gericht kann seine Amtsermittlungen (§ 5) auf einen **Sachverständigen** delegieren. In diesem Fall ist der Sachverständige „der verlängerte Arm des Gerichts" mit der Folge, dass die Auskunfts- und Mitwirkungspflicht des Schuldners auch gegenüber dem gerichtlichen Sachverständigen besteht (BGH ZVI 2005, 551 f; LG Aachen ZVI 2005, 552 f; MüKo-*Schmahl* § 20 Rn 58; HaKo-*Schröder* § 20 Rn 7). Wegen des weitgehenden Eingriffs in Persönlichkeitsrechte des Schuldners ist jedoch die **Auskunftspflicht gegenüber dem Sachverständigen** beschränkt. Dem Sachverständigen gegenüber braucht der Schuldner keine **strafbaren Handlungen** zu offenbaren. Eine **zwangsweise Durchsetzung** der Ansprüche auf Auskunft und Mitwirkung kann der Sachverständige nur mit Hilfe des Gerichts erreichen (MüKo-*Schmahl* § 20 Rn 58). Das Gericht ist nicht berechtigt, einen Sachverständigen, der nicht zugleich vorläufiger Verwalter ist, zum **Betreten der Wohn- und Geschäftsräume des Schuldners** zu ermächtigen (BGHZ 158, 212 = ZInsO 2004, 550; str **aA AG** Duisburg NZI 2004, 388). Den **Gläubigern**, also auch dem Antragsteller, räumt das Gesetz im Eröffnungsverfahren keinen verfahrensrechtlichen Auskunftsanspruch gegen den Schuldner ein (MüKo-*Schmahl* § 20 Rn 59; HaKo-*Schröder* § 20 Rn 7). 19

VII. Art und Umfang der Auskunfts- und Mitwirkungspflichten

1. Auskunftspflichten. Da die Auskunftspflicht eine höchstpersönliche Pflicht des Schuldners und seiner Organe und Angestellten ist, hat die Auskunft innerhalb von zwei Wochen grundsätzlich **persönlich und mündlich** zu erfolgen (*Uhlenbruck* KTS 1997, 371, 386; N/R/*Mönning* § 20 Rn 17). Längere **telefonische Mitteilungen** des Schuldners muss weder die Geschäftsstelle noch das Gericht entgegennehmen; der Schuldner kann auf die Möglichkeit einer **schriftlichen Äußerung** verwiesen werden (BGH NZI 2006, 481 f; MüKo-*Schmahl* § 20 Rn 34; N/R/*Mönning* § 20 Rn 21; *Uhlenbruck* KTS 1997, 386; *Hess* § 20 Rn 9; H/W/W § 20 Rn 6; HK-*Kirchhof* § 20 Rn 14). In der Praxis ist es üblich, dem Schuldner oder den organschaftlichen Vertretern eines Schuldnerunternehmens zunächst einen **Fragebogen** zu übersenden, dessen vollständige und wahrheitsgemäße Beantwortung an Eides statt zu versichern ist (*Frege/Keller/Riedel* HRP Rn 529 m Muster eines Fragebogens Rn 532; N/R/*Mönning* § 20 Rn 21; *Uhlenbruck* KTS 1997, 386; *Graf-Schlicker/Voß* § 20 Rn 9). Nach §§ 20, 97, 101 ist der Schuldner bzw sind seine organschaftlichen Vertreter verpflichtet, dem Gericht und dem Gutachter (Letzterem eingeschränkt) nicht nur vollständige Auskunft über alle Umstände zu erteilen, die zur Entscheidung des Gerichts über den Antrag auf Eröffnung des Verfahrens notwendig sind; vielmehr umfasst die Auskunfts- und Mitwirkungspflicht zugleich auch die **Pflicht zur Vorlage der notwendigen Unterlagen**, die das Gericht in die Lage versetzen, sich von den Eröffnungsvoraussetzungen zu überzeugen (MüKo-*Schmahl* § 20 Rn 27 ff; HK-*Kirchhof* § 20 Rn 8 ff; HaKo-*Schröder* § 20 Rn 15 ff; *Uhlenbruck* KTS 1997, 371, 386; *Vallender* ZIP 1996, 529, 531; *Smid* § 20 Rn 9; K/P/B/*Pape* § 20 Rn 25 ff). Die vorzulegenden Unterlagen sind idR **Gläubiger- und Schuldnerverzeichnis**, **Vermögensübersicht** (Status) sowie ein **Inventar** (H/W/W § 20 Rn 13–17; FK- 20

§ 20   *Auskunfts- und Mitwirkungspflicht im Eröffnungsverfahren. Hinweis auf Restschuldbefreiung*

Schmerbach § 20 Rn 4; *Smid* § 20 Rn 10–14; *Gottwald/Klopp/Kluth* InsRHdb § 18 Rn 6; HK-*Kirchhof* § 20 Rn 8; MüKo-*Schmahl* § 20 Rn 36).

21   Zur Konkretisierung der Auskunfts- und Mitwirkungspflichten kann das Insolvenzgericht dem Schuldner die Auflage erteilen, **geordnete schriftliche Aufzeichnungen** über seine laufenden Geschäfte anzufertigen und sie dem vorläufigen Insolvenzverwalter in bestimmten Zeitabständen, wie zB wöchentlich, zur Verfügung zu stellen (**LG** Duisburg v 2. 5. 2001, ZInsO 2001, 522; *Uhlenbruck* NZI 2002, 401, 402; MüKo-*Schmahl* § 20 Rn 36). Nach § 13 InsO ist – anders als in § 104 KO – die Einreichung eines **Gläubiger- und Schuldnerverzeichnisses** sowie einer Übersicht der Vermögensmasse nicht ausdrücklich vorgeschrieben. Jedoch dürfte es inzwischen allgemeiner Meinung entsprechen, dass der Schuldner dem Antrag die notwendigen Unterlagen beizufügen hat, aus denen sich das Vorliegen eines Insolvenzgrundes ergibt (BayObLG v 23. 3. 2000, ZIP 2000, 1220, 1221; HK-*Kirchhof* § 20 Rn 11; HaKo-*Schröder* § 20 Rn 15; *Hess* § 20 Rn 16; *Smid* § 20 Rn 10; *Jaeger/Gerhardt* § 20 Rn 6). Ebenso wie es zu den nachvertraglichen Pflichten des Geschäftsführers einer GmbH gehört, auch nach Insolvenzeröffnung dem Verwalter mit der Sorgfalt eines ordentlichen Geschäftsmanns Auskunft über **Mietverhältnisse des Schuldners** zu geben (vgl **OLG** Hamm v 15. 10. 1979, ZIP 1980, 280, 281), gehört es im Eröffnungsverfahren zur Pflicht des Antragstellers, **Miet- und Pachtverhältnisse** anzugeben (HK-*Kirchhof* § 20 Rn 8). Aus- und Absonderungsrechte sind als solche kenntlich zu machen (*Jaeger/Gerhardt* § 20 Rn 3; HK-*Kirchhof* § 20 Rn 8; FK-*Schmerbach* § 20 Rn 6).

22   Der Schuldner ist verpflichtet, auch **ungefragt Umstände zu offenbaren**, die für das Gericht als Auskunftsthema nicht erkennbar sind oder von ihm übersehen wurden (**AG** Erfurt ZInsO 2006, 1173; **AG** Oldenburg ZInsO 2001, 1170 zu § 290 Abs 1 Nr 5; HaKo-*Schröder* § 20 Rn 16; FK-*Schmerbach* § 20 Rn 7). Letztlich bezieht sich die Auskunft auf alle Umstände, die für die rechtliche oder wirtschaftliche Beurteilung der Vermögens-, Finanz- und Ertragslage bedeutsam sein können (MüKo-*Schmahl* § 20 Rn 31). Die Auskunfts- und Mitwirkungspflichten können sich überschneiden. Umfasst die Auskunftspflicht die **Vorlage von Belegen und sonstigen Unterlagen** (vgl BGHZ 162, 187, 198; BGHZ InsO 2006, 264 f), so stellen sich Vorlage und Herausgabe der Betriebsunterlagen zugleich als aktive Mitwirkungspflicht dar. Dem Schuldner ist zuzumuten, zur **Vorbereitung der Auskunft** Vorarbeiten zu erbringen, dh diese im erforderlichen Maße **einzusehen und gründlich durchzuarbeiten** (vgl auch BGHZ 162, 187, 197 f = NZI 2005, 263, 264; BGHZ InsO 2006, 264 f; OLG Hamm ZIP 1980, 280, 282; MüKo-*Schmahl* § 20 Rn 27; HK-*Kirchhof* § 20 Rn 11). IdR sind auch unpfändbare oder wertlose Gegenstände mitzuteilen, weil die Massefreiheit allein vom Insolvenzgericht zu beurteilen ist (HK-*Kirchhof* § 20 Rn 8; vgl auch *Vallender* ZIP 1996, 529, 531).

23   Beabsichtigen der Schuldner oder ein Schuldnerunternehmen die **Betriebsfortführung im Insolvenzverfahren** zB auf Grund eines Insolvenzplans, so ist zusätzlich eine **Liquiditätsrechnung** vorzulegen (K/P/B/*Pape* § 20 Rn 7; HK-*Kirchhof* § 20 Rn 9; N/R/*Mönning* § 20 Rn 29). Auf Verlangen des Gerichts hat der Schuldner bzw Schuldnervertreter die Richtigkeit der Verzeichnisse und erteilten Auskünfte **an Eides statt** zu versichern (§§ 20 S 2, 98 Abs 1 S 1). Die vorsätzliche falsche Versicherung an Eides statt ist gem § 156 StGB mit Freiheitsstrafe bis zu drei Jahren oder mit Geldstrafe bedroht (vgl *Martens* NJW 1957, 1663; *Michaelis* NJW 1960, 663; *Schubath* MDR 1972, 744). Die Vermögensübersicht muss so beschaffen sein, dass sie einen vollständigen Überblick über die Vermögenslage des Schuldners oder Schuldnerunternehmens gewährt.

24   Besondere Bedeutung kommt den Auskunftspflichten des Schuldners bei **Beantragung der Eigenverwaltung (§ 270)** zu. Hier hat der Schuldner bzw der Schuldnervertreter alle Auskünfte zu erteilen und sämtliche Unterlagen vorzulegen, aus denen sich ergibt, dass die Anordnung der Eigenverwaltung nicht zu einer Verzögerung des Verfahrens oder zu sonstigen Nachteilen für die Gläubiger führen wird (§ 270 Abs 2 Nr 3). Ein Verstoß gegen die Auskunftspflichten ist immer ein Argument gegen die Anordnung der Eigenverwaltung.

25   Hat ein Gläubiger als Antragsteller **Zahlungsunfähigkeit** des Schuldners glaubhaft gemacht (§§ 14 InsO, 294 ZPO), bestreitet aber der Antragsgegner (Schuldner) das Vorliegen des Insolvenzgrundes, so überschneiden sich quasi-streitiges Parteiverfahren und gerichtliche Amtsermittlungen. Wie der Schuldner sich zur Wehr setzt, ist seine Sache. Das Gericht hat dagegen von Amts wegen zu prüfen, ob ein Insolvenzgrund vorliegt. Dabei kann es von ihm verlangen, dass er eine **stichtagsbezogene Liquiditätsrechnung** vorlegt, bei der durch Gegenüberstellung der vorhandenen Zahlungsmittel einerseits und der fälligen Geldschulden andererseits eine Deckungsrelation hergestellt wird, mit der die Liquidität bzw Illiquidität beurteilt werden kann. Weiterhin kann das Gericht verlangen, dass der Schuldner einen **Finanzplan** als Grundlage für die Beurteilung der Zahlungsunfähigkeit vorlegt. Aus dem Finanzplan muss sich ergeben, ob fällige Verbindlichkeiten innerhalb eines Zeitraums von drei Wochen noch bedient werden können oder nicht. Aus einem **Finanzstatus** muss sich das verfügbare Finanzmittelpotential des Unternehmens ebenso ergeben wie dessen Verbindlichkeiten. Den im Finanzstatus ausgewiesenen Positionen sind die zu erwartenden Zahlungseingänge gegenüberzustellen. Im Regelfall wird das Insolvenzgericht nicht auf die Angaben des Schuldners verlassen können und dürfen. Da die Eröffnung des Verfahrens seine Überzeugung vom Vorliegen eines Insolvenzgrundes voraussetzt (§ 16), kann das Gericht im Zweifelsfall auf die **Bestellung eines Sachverständigen** nicht verzichten. In der Praxis zeigt sich immer wieder, dass der Schuldner seinen **Vorlage- und Auskunftspflichten** meist nur unvollkommen

VII. Art und Umfang der Auskunfts- und Mitwirkungspflichten § 20

nachzukommen vermag, weil das Rechnungswesen meist erhebliche Mängel aufweist. Zudem sind oftmals die Geschäftsunterlagen von der Staatsanwaltschaft beschlagnahmt worden. Deshalb sind an die Vorlagepflichten keine allzu strengen Anforderungen zu stellen, wenn es sich nicht ausnahmsweise um einen Eigenantrag wegen drohender Zahlungsunfähigkeit (§ 18) handelt.

Die Auskünfte sind nicht nur hinsichtlich der **Vermögensverhältnisse des Schuldners** oder Schuldner- 26
unternehmens zu erteilen, sondern auch hinsichtlich der **Ursachen der Krise**, über **Aufrechnungs- und Anfechtungslagen** (129 ff; **LG Leipzig** ZIP 1998, 705), **Auslandsvermögen** (**BGH** v 13. 7. 1983, WM 1983, 858) und **sonstige Sachverhalte**, die direkt oder indirekt die Insolvenzmasse (§ 35) betreffen (*Hanisch* ZIP 1983, 1289; *Merz* ZIP 1983, 136; *Uhlenbruck* KTS 1997, 371, 386). Die Auskunftpflicht erstreckt sich demgemäß auch auf sämtliche Gegenstände und Sachen, also auch die unpfändbaren, gepfändeten und sicherungsübereigneten Gegenstände sowie auf alle abgetretenen Forderungen, auf Vertragsverhältnisse sowie bestehende Verbindlichkeiten (H/W/F Hdb 3/142, 143; *Uhlenbruck* ZIP 1996, 1641; HK-*Kirchhof* § 20 Rn 8; *Smid* § 20 Rn 9 ff). Der Schuldner hat auch Angaben zu machen, die für den **Erlass von Sicherungsmaßnahmen** (§ 21) erforderlich sind oder die eine **Stilllegung des Geschäftsbetriebes** im Eröffnungsverfahren erfordern (N/R/*Mönning* § 20 Rn 30). Zur Verpflichtung einer Konzern- Muttergesellschaft zur Herausgabe von Geschäftsunterlagen der insolventen Tochter an den vorläufigen Insolvenzverwalter s **AG Karlsruhe-Durlach** ZIP 2007, 787. Soweit sich dem Schuldner gehörige Gegenstände im Besitz Dritter befinden, ist der derzeitige Aufenthaltsort anzugeben. Die Erstellung eines Inventars sowie die **Aufstellung eines Überschuldungsstatus** im Fall der Überschuldung einer Gesellschaft kann zwar auch zur Auskunftpflicht gehören, hat aber in der Praxis keine Bedeutung, weil die Überschuldung idR von einem Sachverständigen festgestellt wird. Von einem Schuldner ist eine sachgerechte Bewertung und eine zuverlässige Fortführungsprognose kaum jemals zu erwarten.

2. Mitwirkungspflichten. Der Schuldner bzw Schuldnervertreter ist im Eröffnungsverfahren in glei- 27
cher Weise gegenüber dem Insolvenzgericht zur Mitwirkung verpflichtet wie in einem eröffneten Verfahren. Er hat nach §§ 20 Abs 1 S 2, 97 Abs 2 eine **Präsenzpflicht**, dh er hat sich auf gerichtliche Anordnung jederzeit zur Auskunft und Mitwirkung zur Verfügung zu stellen und alle Handlungen zu unterlassen, die diesen Pflichten zuwider laufen (§§ 20 Abs 1 S 2, 97 Abs 3). Die Präsenzpflicht ist keine Residenzpflicht, sondern lediglich eine **Bereitschaftspflicht** (vgl MüKo-*Schmahl* § 20 Rn 50; N/R/*Mönning* § 20 Rn 39; HaKo-*Schröder* § 20 Rn 20). So hat zB der Geschäftsführer einer GmbH im Rahmen des Eröffnungsverfahrens dem Gericht jeden **Wechsel der Wohn- oder Geschäftsanschrift** mitzuteilen und dafür zu sorgen, dass er für das Gericht, den Sachverständigen oder einen vorläufigen Insolvenzverwalter erreichbar ist (vgl **LG Köln** ZIP 1997, 2161; *Uhlenbruck* KTS 1997, 371, 391; MüKo-*Schmahl* § 20 Rn 50).

Zur **aktiven Mitwirkungspflicht** (Unterstützungspflicht) gehören alle Handlungen, zu denen der 28
Schuldner nach § 22 Abs 3 gegenüber dem vorläufigen Insolvenzverwalter verpflichtet ist (MüKo-*Schmahl* § 20 Rn 42). So hat der Schuldner ua einen Rechtsanwalt, Steuerberater, Wirtschaftsprüfer, Notar oder die Hausbank von ihrer **Schweigepflicht zu entbinden**, wenn sich diese im Rahmen der Amtsermittlungen auf ihre Verschwiegenheitspflicht berufen (HK-*Kirchhof* § 20 Rn 17; *Pape* NZI 2007, 425, 429; HaKo-*Schröder* § 20 Rn 10; FK-*Schmerbach* § 20 Rn 10). Zweifelhaft ist, ob das Insolvenzgericht auch anordnen kann, dass Dritte dem vorläufigen Verwalter oder Sachverständigen die erforderlichen Auskünfte zu erteilen haben (so zB FK-*Schmerbach* § 20 Rn 10). Besitzt der Schuldner oder ein Schuldnerunternehmen **Auslandsvermögen**, so hat er hierüber nicht nur Auskunft zu erteilen, sondern auch **Vollmachten**, die eine Realisierung des Auslandsvermögens ermöglichen (so **BGH** v 18. 9. 2003, ZIP 2003, 2123 für das eröffnete Verfahren; *Graf-Schlicker/Voß* § 20 Rn 3; HK-*Kirchhof* § 20 Rn 17). Zwar findet im Eröffnungsverfahren noch keine Verwertung des Auslandsvermögens statt, jedoch kann die Vollmacht bedeutsam werden im Hinblick auf anzuordnende Sicherungsmaßnahmen (**BGH NZI** 2004, 21 f m Anm *Uhlenbruck*; MüKo-*Schmahl* § 20 Rn 48). Vor allem im Rahmen einer **einstweiligen Betriebsfortführung** durch einen starken vorläufigen Insolvenzverwalter ist dieser auf die Mitwirkung des Schuldners bzw der organschaftlichen Vertreter eines Schuldnerunternehmens angewiesen (N/R/*Mönning* § 20 Rn 41).

Befinden sich **Unterlagen beim Steuerberater**, ist er notfalls verpflichtet, ein diesem zustehendes Zu- 29
rückbehaltungsrecht durch Zahlung des ausstehenden Honorars abzulösen (FK-*Schmerbach* § 20 Rn 11; HK-*Kirchhof* § 20 Rn 17; *Vallender* ZIP 1996, 529, 531 f; HaKo-*Schröder* § 20 Rn 15; MüKo-*Schmahl* § 20 Rn 55). Allerdings muss ein Steuerberater nach **Entbindung von seiner Schweigepflicht** die Geschäftsunterlagen des Schuldners herausgeben, ohne sich auf ein Zurückbehaltungsrecht wegen offener Honorarforderungen berufen zu können (**LG Köln** ZVI 2005, 79, 80 f; **LG Düsseldorf** ZIP 1997, 1657, 1568). In der Praxis wird solchenfalls der Steuerberater zur Zeugenvernehmung vorgeladen mit der Folge, dass die Unterlagen meist vorgelegt werden (FK-*Schmerbach* § 20 Rn 11). Erforderlichenfalls ist der Schuldner zur **Ergänzung der Auskunft** verpflichtet, wenn sich herausstellt, dass sich Veränderungen ergeben haben oder die Angaben unvollständig oder unrichtig waren (**LG Mönchengladbach** ZInsO 2003, 955; **AG Oldenburg** ZInsO 2001, 1170 f; **AG Göttingen** ZInsO 2004, 757; **AG Erfurt** ZInsO 2006, 1171; MüKo-*Schmahl* § 20 Rn 38; *Jaeger/Gerhardt* § 20 Rn 6).

30 **3. Zumutbarkeit der Auskunft und Mitwirkung.** Die Auskunfts- und Mitwirkungspflichten müssen im Einzelfall für den Schuldner bzw organschaftlichen Vertreter eines Schuldnerunternehmens zumutbar sein. Unzumutbar ist es, in anfechtbarer Weise erhebliche Kosten aufzuwenden, um notwendige Unterlagen des Rechnungswesens aufarbeiten zu lassen. Unzumutbarkeit liegt nicht vor, wenn der organschaftliche Vertreter einer antragspflichtigen Gesellschaft die ihm zustehenden Dienstbezüge nicht erhält, denn die verfahrensrechtliche Mitwirkungspflicht ist eine gesetzliche Pflicht, die unentgeltlich zu erfüllen ist. Auch darf der Teilnehmer an einem **polizeilichen Zeugenschutzprogramm** Angaben zu seinen Personalien (Tarn-Identität) oder zu seinem Wohn- oder Aufenthaltsort nicht zurückhalten (**LG** Hamburg NZI 2006, 115; **AG** Hamburg ZInsO 2004, 561; **AG** Hamburg ZInsO 2005, 276; *Frind* ZVI 2005, 57; MüKo-*Schmahl* § 20 Rn 52). Ein Rechtsanwalt, Notar, Wirtschaftsprüfer, Steuerberater, Arzt, Psychologe oder Sozialarbeiter als Schuldner hat die erforderlichen Auskünfte zu erteilen, die zur Feststellung und Durchsetzung massezugehöriger Vergütungsansprüche erforderlich sind (BGHZ 141, 173, 176 ff; **BGH** NZI 2003, 389; BGHZ 162, 187, 191 ff = NZI 2005, 263 ff; **LG** Köln ZInsO 2004, 756 f; **LG** Berlin ZInsO 2004, 817 f; **AG** Köln NZI 2004, 155 f; *Vallender* NZI 2003, 530, 532; MüKo-*Schmahl* § 20 Rn 52).

31 Ob und in welchem Umfang **zusätzliche Umstände zu offenbaren** sind, die der Schweigepflicht unterfallen, ist im Einzelfall durch eine Abwägung zwischen dem Geheimhaltungsinteresse der geschützten Dritten und den Interessen der Gläubiger zu bestimmen (MüKo-*Schmahl* § 20 Rn 52). Eine **organisatorische Unzumutbarkeit** liegt nach MüKo InsO *Schmahl* (§ 20 Rn 54) vor, wenn im Einzelfall auf Grund der finanziellen und arbeitsmäßigen Belastungen dem Schuldner die Erfüllung der Auskunfts- und Mitwirkungspflichten nicht zuzumuten sind. Hier sind jedoch strenge Maßstäbe anzulegen. Zu weitgehend erscheint allerdings die Auffassung, der organschaftliche Vertreter eines Schuldnerunternehmens habe zur Erfüllung der Auskunfts- und Mitwirkungspflichten uU **eigene Finanzmittel** einzusetzen (so aber MüKo-*Schmahl* § 20 Rn 55). Die Zumutbarkeit entfällt aber in den Fällen, in denen der Verpflichtete auf Grund seiner bisherigen Tätigkeit, seinen finanziellen Verhältnissen oder aus gesundheitlichen Gründen außerstande ist, die von ihm verlangten Handlungen vorzunehmen und Auskünfte zu erteilen. So kann zB ein ausschließlich für die Technik zuständiges Mitglied des Vorstandes oder einer Geschäftsführung nicht gezwungen werden, Auskünfte hinsichtlich der finanziellen Situation der Unternehmung zu erteilen. Bei **Erkrankung** ist allerdings ein aussagekräftiges ärztliches Attest vorzulegen (**LG** Düsseldorf NZI 2004, 96 f; **LG** Köln ZInsO 2004, 756. Bei längerer Dauer der Erkrankung oder Anhaltspunkten zu Misstrauen kann das Gericht die Vorlage eines **amtsärztlichen Attests** verlangen (OLG Köln MDR 1978, 59; MüKo-*Schmahl* § 20 Rn 56; FK-*Schmerbach* 20 Rn 30).

VIII. Fristsetzung und Sanktionen

32 **1. Fristsetzung.** Für die Erteilung von Auskünften und die Vorlage von Unterlagen kann das Gericht dem Schuldner oder Schuldnerunternehmen eine **Frist** setzen. Die Frist muss angemessen sein. Wegen der Eilbedürftigkeit des Eröffnungsverfahrens wird heute allgemein angenommen, dass eine **Frist von zwei Wochen** ausreicht (H/W/F Hdb 3/28; HK-*Kirchhof* § 20 Rn 14; *Graf-Schlicker/Voß* § 20 Rn 8). In Einzelfällen muss aber auch eine **Frist von einer Woche** ausreichen, wenn Gefahr im Verzuge ist. Andererseits darf der Schuldner sich nicht darauf verlassen, dass die Amtsermittlungen (§ 5) nach gewissem Zeitablauf die Auskünfte und die Vorlage von Unterlagen überflüssig machen.

33 **2. Sanktionen. a) Zurückweisung des Antrags.** Im Rahmen des Insolvenzeröffnungsverfahrens ist zu unterscheiden zwischen **erzwingbaren Verfahrenspflichten** und nicht **erzwingbaren Schuldnerpflichten**. Legt der Schuldner bei einem Insolvenzantrag wegen **drohender Zahlungsunfähigkeit** (§ 28) einen mangelhaften oder inakzeptablen Finanzplan vor, so besteht die gesetzliche Sanktion in einer Zurückweisung des Insolvenzantrags. Gleiches gilt, wenn die notwendigen Unterlagen nicht innerhalb einer vom Gericht gesetzten angemessenen Frist vorgelegt werden. Der Eröffnungsgrund der drohenden Zahlungsunfähigkeit verschafft dem Schuldner Zugang zu einem gerichtlichen Sanierungsverfahren. Weil das Gericht in dieser Situation „keine Schutzaufgaben gegenüber etwaig gefährdeten Gläubigern" wahrzunehmen hat, vertritt *Smid* (§ 20 Rn 21) die Auffassung, dass die Auskunftserteilung die Grundvoraussetzung dafür darstellt, dass das Gericht eine Entscheidungsgrundlage für den Eigenantrag erhält. Kommt der Schuldner bei Eigenantrag wegen drohender Zahlungsunfähigkeit seiner Auskunfts- und Vorlagepflicht schuldhaft trotz Fristsetzung nicht nach, ist der **Eigenantrag als unzulässig zurückzuweisen** (zutr *Smid* § 20 Rn 21; s auch **BGH** v. 12. 12. 2002 – IX ZB 426/02; ZInsO 2003, 217; *Graeber* ZInsO 2003, 551 ff).

34 Ähnlich ist die Situation, wenn der Schuldner bzw das Schuldnerunternehmen **Eigenverwaltung (§ 270)** beantragt. Hat ein Unternehmen seit Jahren keine aussagekräftigen Jahresabschlüsse aufgestellt, ist die Anordnung der Eigenverwaltung abzulehnen (**AG** Darmstadt ZInsO 1999, 176, 177; ZIP 1999, 1494, 1495). Gleiches gilt, wenn der Schuldner im Antragsverfahren kein **Gläubiger- und Schuldnerverzeichnis** vorlegt (**AG** Darmstadt ZInsO 1999, 176, 177). Kommen die organschaftlichen Vertreter eines Schuldnerunternehmens ihren Auskunfts- und Mitwirkungspflichten nach § 20 Abs 1 S 1 nicht nach, besteht die Vermutung, dass eine Anordnung der Eigenverwaltung zu einer Verzögerung des Verfahrens und zu sonstigen Nachteilen für die Gläubiger führen wird (§ 270 Abs 2 Nr 3).

VIII. Fristsetzung und Sanktionen § 20

Die Verletzung von Obliegenheitspflichten des Schuldners im **Restschuldbefreiungsverfahren** führt lediglich zu einer Versagung der Restschuldbefreiung (§ 290 Abs 1 Nr 2). In **Verbraucher- und sonstigen Kleininsolvenzverfahren (§§ 304 ff)** ruht gem § 306 Abs 1 S 1 das Verfahren über den Antrag auf Eröffnung des Insolvenzverfahrens bis zur Entscheidung über den Schuldenbereinigungsplan. Das gilt auch, wenn der Schuldner einen Antrag nach § 306 Abs 3 S 2 stellt. Auskunfts- und Mitwirkungspflichten bestehen in diesem Verfahrensabschnitt nur, soweit das Insolvenzgericht trotz Ruhens des Verfahrens von Amts wegen tätig werden darf (MüKo-*Schmahl* § 20 Rn 21; s auch *Graeber* ZInsO 2003, 551, 555). Dagegen bleiben die Auskunfts- und Mitwirkungspflichten des Schuldners bestehen, wenn es um die **gerichtliche Klärung der Verfahrensart** (Verbraucher- oder Regelverfahren) geht (MüKo-*Schmahl* § 20 Rn 22). 35

Im Einzelfall können sich die erzwingbaren **Auskunfts- und Mitwirkungspflichten** und die nicht erzwingbaren Pflichten überschneiden. So ist zB der Schuldner oder sind seine organschaftlichen Vertreter gem § 20 nicht verpflichtet, Auskünfte hinsichtlich einer möglichen Sanierung zu erteilen, wenn die Liquidation des Schuldnerunternehmens beabsichtigt ist. Anders aber, wenn der vom Gericht eingesetzte **vorläufige Insolvenzverwalter** oder der **Sachverständige** nach § 22 Abs 1 S 2 Nr 3 zu prüfen hat, welche Aussichten für die Fortführung des Schuldnerunternehmens bestehen. Insoweit besteht eine uneingeschränkte und **erzwingbare Auskunfts- und Informationspflicht** des Schuldners und seiner organschaftlichen Vertreter. Der organschaftliche Vertreter einer juristischen Person kann seiner Auskunftspflicht nicht dadurch entgehen, dass er auf die Beschlagnahme der Geschäftsunterlagen durch die Staatsanwaltschaft verweist. Vielmehr hat er im Rahmen seiner Kenntnisse **mündlich oder schriftlich Auskunft** zu erteilen, wobei es ihm unbenommen ist, mit Rücksicht auf das Fehlen bestimmter Unterlagen entsprechende Vorbehalte bei der Auskunftserteilung zu machen (*Vallender* ZIP 1996, 529, 531 unter Bezugnahme auf LG Köln, Beschl v 2. 2. 1994 – 19 T 34/94 – [nicht veröffentl]). Auch kann sich ein Geschäftsführer oder Vorstand nicht darauf berufen, die *Unterlagen* befänden *sich bei einem Steuerberater,* der die Herausgabe auf Grund seines Zurückbehaltungsrechts wegen ausstehender Honorare verweigere. Der organschaftliche Vertreter hat ggfls das Steuerberaterhonorar zu zahlen, um dessen Zurückbehaltungsrecht zu überwinden (s oben zu Rn 29; *Vallender* ZIP 1996, 529, 532; FK-*Schmerbach* § 20 Rn 11; HK-*Kirchhof* § 20 Rn 17 unter Berufung auf LG Mainz ZIP-aktuell 1995 Nr 243). 36

b) Zwangsmaßnahmen. Kommt der Schuldner seiner Auskunftspflicht nicht nach, darf mit Ausnahme des Eigenantrags wegen drohender Zahlungsunfähigkeit der Eröffnungsantrag nicht zurückgewiesen werden (HK-*Kirchhof* § 20 Rn 18; für generelles Abweisungsverbot LG Köln v 6. 7. 2001, NZI 2001, 559). Im Einzelfall ist zu unterscheiden zwischen **fehlender Substantiierung**, die eine Zurückweisung rechtfertigt, und **fehlenden Angaben**, die gem §§ 20, 98 erzwungen werden können (vgl MüKo-*Schmahl* § 20 Rn 19, 20). Letzterenfalls hat das Gericht die **Zwangsmittel** des § 98 anzuwenden, da diese Vorschrift über § 20 Abs 1 S 2 Anwendung findet. Nicht gefolgt werden kann der Auffassung, bei einem **Eigenantrag einer natürlichen Person** seien wegen der nicht bestehenden Antragspflicht keine Zwangsmittel erforderlich (so aber AG Dresden ZIP 2002, 862; AG Hamburg ZInsO 2005, 276, 279; FK-*Schmerbach* § 20 Rn 20; *Graeber* ZInsO 2003, 551, 554; **wie hier** LG Köln NZI 2001, 559; LG Göttingen ZIP 2002, 1048; HaKo-*Schröder* § 20 Rn 4; *Jaeger/Gerhardt* § 20 Rn 11; HK-*Kirchhof* § 20 Rn 19; s auch OLG Celle ZInsO 2002, 233). Richtig ist zwar, dass – wie oben dargestellt wurde – in Verbraucherinsolvenzverfahren und sonstigen Kleinverfahren die Auskunfts- und Mitwirkungspflichten des Schuldners teilweise ruhen können, soweit sie das Regelinsolvenzverfahren betreffen; jedoch lässt sich hieraus nicht der Schluss ziehen, dass im Verbraucher- und Kleininsolvenzverfahren in der Eröffnungsphase die Anordnung von Zwangsmitteln entfällt. Zutreffend weist *Kirchhof* (HK-*Kirchhof* § 20 Rn 18) darauf hin, dass, wenn der Eröffnungsantrag zulässig ist und der Schuldner seine Auskunftspflicht nicht erfüllt, der Eröffnungsantrag deswegen nicht zurückgewiesen werden darf. Vielmehr habe das Insolvenzgericht im Rahmen seiner Amtsermittlungspflicht ggfls zu versuchen, den Schuldner **zur Auskunft zu zwingen** (BGH ZInsO 2003, 217, 218; LG Köln ZInsO 2001, 1017; LG Göttingen ZIP 2002, 1048; LG Arnsberg ZVI 2002, 278). 37

Als **Zwangsmittel** kommen in Betracht die **zwangsweise Vorführung** und die Anordnung von **Beugehaft** (Einzelheiten in der Kommentierung zu § 98). Vor einer Haftandrohung ist der Schuldner idR zunächst vorzuführen (OLG Naumburg ZInsO 2000, 562; HK-*Kirchhof* § 20 Rn 19). **Geldbußen** kommen nicht in Betracht (K/P/B/*Pape* § 20 Rn 49; HK-*Kirchhof* § 20 Rn 16). Erteilt der Schuldner oder der organschaftliche Vertreter des Schuldnerunternehmens die verlangten Auskünfte, hat das Gericht aber Bedenken hinsichtlich der Richtigkeit und Vollständigkeit, ordnet es gem § 98 Abs 1 an, dass die **Richtigkeit und Vollständigkeit an Eides statt zu versichern** ist (LG Göttingen v 9. 7. 1999, ZIP 1999, 1492, 1493; AG Duisburg v 2. 5. 2001, ZIP 2001, 1065; HK-*Kirchhof* § 20 Rn 19). Der Erlass einer Vorführungsanordnung oder eines **Haftbefehls** nach § 98 Abs 2 bleibt dem Insolvenzgericht vorbehalten. In einem Haftbefehl sind die Mitwirkungspflichten des Schuldners so konkret und bestimmt zu bezeichnen, dass der Schuldner ohne Schwierigkeiten erkennen kann, durch welche Handlungen er seinen Mitwirkungspflichten genügt (BGHZ 162, 187, 195 ff = NZI 2005, 263, 265 = ZInsO 2005, 436; MüKo-*Schmahl* § 20 Rn 71; HaKo-*Schröder* § 20 Rn 22). Bei der Anordnung von Haft hat das Gericht den **Grundsatz der Verhältnismäßigkeit** zu beachten. Grundsätzlich ist bei Verweigerung der Auskunft 38 und Mitwirkung durch den Schuldner die Anordnung der Haft nicht unverhältnismäßig (OLG Celle NZI 2001, 149, 150; LG Duisburg ZIP 2001, 1065; LG Göttingen ZInsO 2003, 134, 135; FK-*Schmerbach* § 20 Rn 23). Die Haft darf nur solange aufrecht erhalten werden, als der Verfahrenszweck dies erfordert (§ 98 Abs 3 S 2). Als **milderes Mittel** gegenüber der Vorführung und Haft kommt auch eine **Durchsuchung der Wohn- und Geschäftsräume** des Schuldners in Betracht sowie die Beschlagnahme von Geschäftsunterlagen (vgl **LG** Göttingen ZInsO 2007, 500; **LG** Duisburg ZIP 1991, 674 f; MüKo-*Schmahl* § 20 Rn 43; FK-*Schmerbach* § 20 Rn 24). Der Anordnungsbeschluss einer Durchsuchung muss nach FK-*Schmerbach* (§ 20 Rn 25 u § 23 Rn 20) mit einer **Vollstreckungsklausel** versehen werden. **Mitbewohner** der schuldnerischen Wohnung müssen eine Durchsuchung dulden (**BGH** NZI 2008, 179 m Anm *Schmerbach* NZI 2008, 228).

39   Gegen einen **nicht am Verfahren beteiligten Dritten** kann das Insolvenzgericht Durchsuchungen und Beschlagnahmen nur anordnen, wenn der Verdacht besteht, dass der Dritte an einer Vermögensverschiebung beteiligt ist, indem er Gegenstände des Schuldners in Gewahrsam genommen hat, um sie den Gläubigern vorzuenthalten (vgl **LG** Mainz ZInsO 2001, 629; **AG** Duisburg NZI 2000, 38 f = ZInsO 1999, 720; **AG** Gelsenkirchen ZIP 1997, 2092; FK-*Schmerbach* § 20 Rn 26). Auch eine **Kontensperre** ist gegenüber einem Dritten zulässig, wenn dieser im Einverständnis mit dem Schuldner Vermögensverschiebungen vornimmt (**AG** München ZVI 2007, 22). Allerdings müssen immer konkrete Anhaltspunkte für das Vorhandensein der Gegenstände vorliegen (**LG** Göttingen ZInsO 2005, 1280, 1281; FK-*Schmerbach* § 20 Rn 26). Zu beachten ist aber, dass der **BGH** in einem Beschl v 4. 3. 2004 (ZInsO 2004, 550 ff) entschieden hat, dass das Insolvenzgericht im Eröffnungsverfahren nicht befugt ist, den mit der Erstellung eines Gutachtens beauftragten Sachverständigen zu ermächtigen, die Wohn- und Geschäftsräume des Schuldners zu betreten und dort Nachforschungen anzustellen (anders **AG** Duisburg NZI 2004, 388). Nach HK-*Kirchhof* (§ 20 Rn 23) kann das Gericht ausnahmsweise anordnen, dass Geschäftsunterlagen des Schuldners durch den Gerichtsvollzieher bei einem Dritten herausgeholt werden, der dem Schuldner hilft, diese der gerichtlichen Beschlagnahme zu entziehen (vgl auch **LG** Berlin ZIP 2006, 962). Die Zwangsmaßnahmen können nicht dem **ersuchten Gericht** übertragen werden (**OLG** Köln v 6. 9. 1999, NZI 1999, 459, 460; FK-*Schmerbach* § 25 Rn 5; HK-*Kirchhof* § 20 Rn 19; HaKo-*Schröder* § 20 Rn 29).

40   c) **Rechtsmittel.** Gegen die Anordnung von Beugehaft zur Erzwingung der Auskunft und Mitwirkung des Schuldners im Eröffnungsverfahren steht diesem nach §§ 20 S 2, 98 Abs 3 S 3 die **sofortige Beschwerde** zu (vgl **OLG** Celle v 10. 1. 2001, NZI 2001, 149; **OLG** Naumburg NZI 2000, 594 = ZInsO 2000, 562; HK-*Kirchhof* § 20 Rn 21; FK-*Schmerbach* § 20 Rn 33; HaKo-*Schröder* § 20 Rn 30). Die sofortige Beschwerde gegen die Anordnung der Haft durch das Insolvenzgericht hat gem § 4 iVm § 570 Abs 1 ZPO **keine aufschiebende Wirkung** (**LG** Göttingen NZI 2005, 339; *Ahrens* NZI 2005, 299, 303; FK-*Schmerbach* § 20 Rn 33; HaKo-*Schröder* § 20 Rn 30). Sonstige gerichtliche Anordnungen im Zusammenhang mit den Auskunfts-, Präsenz- und Mitwirkungspflichten des § 20 sind **nicht anfechtbar** (§ 6). So ist zB gegen eine gerichtlich festgesetzte **Aufenthaltspflicht des Schuldners oder organschaftlichen Vertreters** kein Rechtsmittel gegeben, wohl aber, wenn die Präsenzpflicht durch **Haft** erzwungen wird (**LG** Göttingen ZIP 2000, 2174; HK-*Kirchhof* § 20 Rn 21). Entsprechendes gilt für die Ablehnung gerichtlicher Anordnungen (MüKo-*Schmahl* § 20 Rn 88; HaKo-*Schröder* § 21 Rn 30; anders für die Abweisung eines Antrags auf Aufhebung des Haftbefehls FK-*Schmerbach* § 20 Rn 33). Unanfechtbar ist auch die **Anordnung der Abgabe einer eidesstattlichen Versicherung** (§ 98 Abs 1 S 1) und die **Anordnung einer zwangsweisen Vorführung** gem § 98 Abs 2, § 101 Abs 1 (MüKo-*Schmahl* § 20 Rn 88). Mit der sofortigen Beschwerde gegen die Haftanordnung kann der Schuldner auch rügen, der Eröffnungsantrag sei unzulässig. Der Umstand, dass die Antragszulassung nicht selbständig anfechtbar ist, schließt nicht aus, dass die Zulässigkeit als Voraussetzung für die Haftanordnung im Rahmen einer Haftbeschwerde geprüft wird (HK-*Kirchhof* § 20 Rn 21; MüKo-*Schmahl* § 20 Rn 87; **str aA OLG** Köln InVo 1996, 98).

IX. Die Pflicht zur Offenbarung strafbarer oder ordnungswidriger Handlungen

41   Die nach früherem Recht streitige Frage, ob der Schuldner oder seine organschaftlichen Vertreter bereits im Insolvenzeröffnungsverfahren zur Offenbarung strafbarer oder ordnungswidriger Handlungen verpflichtet sind, hat die InsO in §§ 20 S 2, 97 Abs 1, 101 Abs 1 geregelt. Entsprechend der Entscheidung **BVerfGE** 56, 41 sieht nunmehr § 97 Abs 1 S 2 vor, dass der Schuldner auch **Tatsachen zu offenbaren** hat, die geeignet sind, eine Verfolgung wegen einer **Straftat** oder einer **Ordnungswidrigkeit** herbeizuführen. Insoweit besteht in einem späteren Straf- oder Ordnungswidrigkeitsverfahren lediglich ein **Beweisverwertungsverbot** (vgl auch *Uhlenbruck* JR 1971, 445; ders KTS 1997, 371, 385; *Uhlenbruck* KS S 325, 363 f Rn 42; *Bollig* KTS 1990, 599, 610 f; H/W/F Hdb 3/142). Die unbeschränkte Auskunftspflicht im Eröffnungsverfahren bezieht sich gem §§ 20 S 2, 97, 101 Abs 1 auf die **Mitglieder des Vertretungs- oder Aufsichtsorgans** einer Gesellschaft und auf die vertretungsberechtigten persönlich haftenden Gesellschafter des Schuldners, nicht dagegen auf **Angestellte oder frühere Angestellte** des Schuldners, denn für diese gilt zwar § 97 Abs 1 S 1, nicht dagegen § 97 Abs 1 S 2, 3. Angestellte und ehemalige Angestellte des Schuldners bzw des Schuldnerunternehmens brauchen also strafbare oder ordnungswidrige Handlungen, die zu einer Strafverfolgung führen könnten, nicht zu offenbaren (K/P/B/*Pape* § 20 Rn 20; FK-*Schmerbach* § 20 Rn 29). Das Insolvenzgericht hat Angestellte auf das Recht zur Aussageverweigerung nach den §§ 383–385 ZPO hinzuweisen. Angestellte und ehemalige Angestellte unterliegen jedoch den zivilrechtlichen Regelungen für Zeugen (§ 4 iVm §§ 373 ff ZPO), können somit für den Fall des Ausbleibens mit den verursachten Kosten oder Ordnungsgeld belegt werden (§§ 380, 381 ZPO).

Nach §§ 20 S 2, 97 Abs 1 S 3 dürfen offenbarungspflichtige Tatsachen, die geeignet sind, eine **Verfolgung wegen einer Straftat oder einer Ordnungswidrigkeit** herbeizuführen, in einem Strafverfahren oder in einem Verfahren nach dem Gesetz über Ordnungswidrigkeiten gegen den Schuldner oder einen in § 52 Abs 1 StPO bezeichneten Angehörigen des Schuldners **nur mit Zustimmung des Schuldners oder des sonstigen Pflichtigen** verwendet werden. Das **strafverfahrensrechtliche Beweisverwendungsverbot** kann nicht dadurch umgangen werden, dass Dritte als Zeugen über die Aussage vernommen werden. Das gilt auch für eine Anwesenheit des Vertreters der Staatsanwaltschaft in der Gläubigerversammlung oder hinsichtlich der Vernehmung von Gläubigern als Zeugen darüber, was der Insolvenzschuldner oder der organschaftliche Vertreter in der Gläubigerversammlung offenbart hat (**BVerfG** ZIP 1981, 361). Einzelheiten zum strafprozessualen Verwendungsverbot (§ 97 Abs 1 S 3) in der Kommentierung zu § 97; LG Stuttgart ZInsO 2001, 136; *Uhlenbruck* NZI 2002, 401, 404; *Richter* wistra 2000, 1 ff. 42

Offen ist ua die Frage, ob der Schutz des § 97 Abs 1 S 3 auch eingreift, wenn der Schuldner bzw der Schuldnervertreter **anstelle von Auskünften Unterlagen** an den Verwalter herausgibt, aus denen sich strafbare Handlungen, wie zB ein Bankrottdelikt iSv §§ 283 ff StGB, ergeben. Nach Auffassung von *Bittmann/Rudolph* (wistra 2001, 81, 82 f) erstreckt sich das **Verwendungsverbot nicht auf Geschäftsunterlagen**, die der Kaufmann nach handelsrechtlichen Bestimmungen zu fertigen und aufzubewahren hat, und zwar unabhängig davon, ob der Schuldner diese Gegenstände herausgibt oder sie vom Verwalter vorgefunden werden (s auch KTS 1997, 373I *Bieneck* in Müller Gugenberger/Bieneck, Wirtschaftsstrafrecht 4. Aufl § 75 Rn 72; *Weyand/Diversy* Insolvenzdelikte 7. Aufl Rn 143; *Bittmann* Insolvenzstrafrecht § 1 Rn 16 ff). Nach Auffassung von *Richter* (wistra 2000, 1, 3 f) trifft den Schuldner **keine allgemeine Pflicht zur Vorlage von Geschäftsunterlagen** und Handelsbüchern an den (vorläufigen) Insolvenzverwalter. Dies ist schon im Hinblick auf die Regelung in den §§ 20 S 2, 22 Abs 3 S 2 nicht richtig, denn der Schuldner ist wie der organschaftliche Vertreter eines Schuldnerunternehmens im Rahmen seiner Mitwirkungspflicht verpflichtet, die entsprechenden Unterlagen dem Gericht oder dem vorläufigen Insolvenzverwalter ebenso wie einem endgültigen Insolvenzverwalter vorzulegen. *Bittmann/Rudolph* (wistra 2001, 81, 82): „Hat eine Auskunft dem Verwalter den Weg zu den Geschäftsunterlagen oder zu deren konkreten Inhalt gewiesen, so ist zwar der Inhalt der Auskunft, also der Weg zur Erkenntnisquelle nicht verwendbar, nicht aber auch die Quelle selbst, also die Geschäftsunterlagen." Der Schutz des § 97 Abs 1 S 3 dürfe nicht zu einem „Asyl für Geschäftsunterlagen" werden (vgl auch *Richter* wistra 2000, 1, 3 f). Führt gerade die **„erzwungene Auskunft"** des Schuldners zu Erkenntnissen, die den Weg zur Ermittlung strafbarer Handlungen eröffnen, so darf diese Auskunft weder in einem Strafermittlungs- noch einem Strafverfahren verwendet werden. Es ist den Strafverfolgungsbehörden verwehrt, aus der Auskunft des Schuldners oder eines Schuldnervertreters sowohl im Eröffnungsverfahren gem § 20 als auch im eröffneten Verfahren gem § 97 Abs 1 „einen Anfangsverdacht zu schöpfen oder auf der Grundlage dieser Angaben Beweismittel zu erheben" (*Richter* wistra 2000, 1, 3). Die Schutzwirkung des § 97 Abs 1 S 3 bezieht sich dagegen nicht auf **aktive Mitwirkungspflichten** gem § 97 Abs 2. Die Vorlage von Geschäftsunterlagen, insbesondere von Handelsbüchern, Bilanzen und sonstigen Unterlagen des Rechnungswesens ist **kein Teil der Erfüllung der Auskunftspflichten** (*Richter* wistra 2000, 1, 4). Wegen der bestehenden Streit- und Abgrenzungsfragen bleibt eine Offenbarung von strafbaren Handlungen durch den Insolvenzschuldner oder organschaftliche Vertreter eines Schuldnerunternehmens ein Risiko, zumal weder das Gericht noch ein vorläufiger Insolvenzverwalter gesetzlich verpflichtet ist, die entsprechenden Auskünfte in den Insolvenzakten zu kennzeichnen oder eine Sonderakte anzulegen. S auch die Kommentierung zu § 97. 43

X. Strafbarkeit einer Falschauskunft

Nach § 283 Abs 1 Nr 1 StGB wird mit **Freiheitsstrafe bis zu fünf Jahren** oder mit **Geldstrafe** bestraft, wer bei Überschuldung, drohender oder eingetretener Zahlungsunfähigkeit Bestandteile seines Vermögens, die im Falle der Eröffnung eines Insolvenzverfahrens zur Insolvenzmasse gehören würden, verheimlicht. **Verheimlichen** ist jedes Verhalten, durch das ein Vermögensbestandteil oder dessen Zugehörigkeit zur Insolvenzmasse der Kenntnis der Gläubiger oder des Insolvenzverwalters entzogen wird (RGSt 64, 140; RGSt 67, 365; *Schönke/Schröder/Stree/Heine* § 283 StGB Rn 5; *Tiedemann* InsolvenzStrafrecht 2. Aufl § 283 StGB Rn 38 ff; *Vallender* ZIP 1996, 529, 533). **Verschweigt der Insolvenzschuldner** im Rahmen des Eröffnungsverfahrens **fremdes Eigentum**, das er im Besitz hat, so bleibt er straflos (*Tiedemann* § 283 StGB Rn 39). Dagegen zählt ein Wert, den der Schuldner oder seine organschaftlichen Vertreter mittels einer anfechtbaren Handlung aus dem Haftungsvermögen weggegeben haben oder der aus einer anfechtbaren Handlung erwachsene **Anfechtungsanspruch** (§§ 129 ff) zur Insolvenzmasse, so dass 44 das Verschweigen von Umständen, die die Anfechtung begründen, ein Verheimlichen iSv § 283 Abs 1 Nr 1 StGB darstellt (vgl RGSt 66, 152, 153; BGH 1 StR 1/58 v 22. 5. 1958, S 10; BGHSt 8, 55, 58; *Schönke/Schröder/Stree/Heine* § 283 StGB Rn 5; *Tiedemann* § 283 StGB Rn 39). Auch das **Ableugnen des Besitzes** von Gegenständen, die zur Insolvenzmasse gehören würden, stellt sich als Verletzung der Auskunftspflicht dar. Dies gilt aber nicht für **Nachfragen einzelner Gläubiger,** denn die Auskunftspflicht nach den §§ 20, 22 besteht nur gegenüber dem Insolvenzgericht, dem vorläufigen Insolvenzverwalter und – eingeschränkt – gegenüber dem Gutachter (*Tiedemann* § 283 StGB Rn 42). Vollendet ist der Tatbestand des Verheimlichens bereits dann, wenn der Schuldner oder sonstige Auskunftsverpflichtete der Offenbarungspflicht nach §§ 20, 97 (101) nicht nachkommt, obgleich er zur Auskunft aufgefordert worden ist. Die häufigsten Beispiele eines Verheimlichens sind: Ableugnen von Vermögensbestandteilen (**BGH GA 1956, 123**), das Vorschützen eines den Gläubigerzugriff hindernden Rechtsverhältnisses (**RG JW 1936, 3006**), die Nichtoffenbarung von Freistellungsansprüchen sowie das heimliche Einziehen von Forderungen, die irrtümlich nicht in das Vermögensverzeichnis aufgenommen worden sind (vgl *Weyand/Diversy* Insolvenzdelikte, 7. Aufl 2006 Rn 64; *Vallender* ZIP 1996, 529, 533; *Tiedemann* in LK § 283 StGB Rn 42). Ein **Verheimlichen** liegt auch vor, wenn der Schuldner fälschlich in einem Ehevertrag Gegenstände als Eigentum seiner Ehefrau bezeichnet und diesen Vertrag mit einem Vermögensverzeichnis dem Insolvenzgericht vorlegt. Der Schuldner ist auch ohne besondere Aufforderung verpflichtet, einen in den Unterlagen des Eröffnungsantrags nicht verzeichneten Vermögensgegenstand dem Gericht oder Insolvenzverwalter anzugeben (**BGH GA 56, 123;** *Schönke/Schröder/Stree/Heine* § 283 Rn 5). Ein Verstoß gegen die Verpflichtung, mit der Stellung des Insolvenzantrages die **erforderlichen Unterlagen einzureichen,** ist nicht strafbewehrt (**OLG Frankfurt, GmbHR 1977, 279;** *Vallender* ZIP 1996, 533). Ordnet das Gericht zur Herbeiführung einer wahrheitsgemäßen Aussage gem §§ 20 S 2, 98 Abs 1 an, dass der Schuldner die Richtigkeit seiner Aussagen zu Protokoll **an Eides statt versichert,** so macht sich der Schuldner bzw der organschaftliche Vertreter nach § 156 StGB oder nach § 163 StGB strafbar, wenn er die eidesstattliche Versicherung falsch abgibt oder unter Berufung auf eine solche Versicherung falsch aussagt. Die **falsche Versicherung an Eides statt** (§ 156 StGB) ist mit Freiheitsstrafe bis zu drei Jahren, bei Fahrlässigkeit mit Freiheitsstrafe bis zu einem Jahr oder mit Geldstrafe bedroht (vgl *Vallender* ZIP 1996, 533 f; *Smid* § 20 Rn 20).

XI. Unentgeltlichkeit der Auskunfts- und Mitwirkungspflichten

45 Die im Rahmen der §§ Abs 1, 2, 97, 98, 101 Abs 1 S 2, 2 Abs 2 entstehenden Kosten der Auskunft und Mitwirkung sind Kosten iSv § 54 Nr 1, die bei Eröffnung der Masse zur Last fallen (FK-*Schmerbach* § 20 Rn 32; MüKo-*Schmahl* § 20 Rn 77; HaKo-*Schröder* § 20 Rn 20). Der Schuldner und sowohl noch im Amt befindliche als auch **ausgeschiedene ehemalige organschaftliche Vertreter** haben keinen Anspruch gegen die Insolvenzmasse oder die Staatskasse auf **Erstattung der notwendigen Auslagen,** die ihnen bei der Erfüllung der gesetzlichen Aufgaben entstehen. Es handelt sich bei den Pflichten nach § 20 Abs 1 um originäre **Verfahrenspflichten,** für die weder eine **Vergütung** gezahlt noch **Auslagen** erstattet werden (MüKo-*Schmahl* § 20 Rn 77; HK-*Kirchhof* § 20 Rn 14; HaKo-*Schröder* § 20 Rn 20). Das gilt selbst dann, wenn die Mitwirkung nach Art, Dauer und Umfang erheblich ist (**LG Köln ZInsO 2004, 756 f;** *Jaeger/Gerhardt* § 20 Rn 12; MüKo-*Schmahl* § 20 Rn 77). Wie in der Voraufl (§ 20 Rn 25) dargestellt wurde, hat der Bundestag die ursprüngliche anders lautende Regelung im Regierungsentwurf ausdrücklich abgelehnt (BT-Drucks 12/7302, S 167, abgedr bei *Schmidt-Räntsch* InsO Anh I 7 S 910). Der antragstellende Gläubiger ist **nicht vorschusspflichtig,** weil die Zwangsmittel nicht im persönlichen Interesse des Antragstellers, sondern im Gesamtinteresse der Gläubiger verhängt werden. Kommt es nicht zur Verfahrenseröffnung, so trägt die Kosten derjenige, dem die Kosten vom Insolvenzgericht auferlegt worden sind. Soweit es sich um Mitwirkungspflichten organschaftlicher Vertreter oder persönlich haftender Gesellschafter handelt, ergibt sich deren Verpflichtung sowohl aus der InsO, als auch aus allgemeinem Dienstvertragsrecht (vgl KS-*Henssler* S 1296 ff Rn 29 ff). Die Mitwirkungspflicht ist **keine Mitarbeitspflicht.** So braucht der Geschäftsführer einer GmbH bei der Verfahrensabwicklung grundsätzlich nur dann mitzuarbeiten, wenn er entweder **vertraglich hierzu verpflichtet** ist oder der Insolvenzverwalter auf seine Mitarbeit angewiesen ist. Erreicht der Gesamtumfang der Arbeiten für einen gekündigten Geschäftsführer, dem keinerlei Vergütungsansprüche mehr zustehen, ein Ausmaß, das eine sonstige berufliche Vollzeittätigkeit nicht mehr zulässt, muss eine **angemessene Vergütung** aus der Insolvenzmasse entrichtet werden (*Uhlenbruck* GmbHR 1999, 390, 398; *ders* InVo 1997, 225, 227; *ders* in Rn 769; KS-*Henssler* S 1301 Rn 41; BerlKo-*Blersch/v. Olshausen* § 97 Rn 8; MüKo-*Schmahl* § 20 Rn 79; **str aA** *Grub* KS S 671, 687 f Rn 41). Das Problem der Vergütung und Auslagenerstattung stellt sich im Eröffnungsverfahren idR nur bei Freistellung oder Ablauf der Kündigungsfrist, da iÜ eine vertragliche Mitarbeitspflicht besteht (vgl auch MüKo-*Schmahl* § 20 Rn 74). Für **Zeugen** richtet sich die Entschädigung nach dem JVEG. Einzelheiten zur Mitwirkung und Mitarbeit des Schuldners im Insolvenzverfahren bei *Uhlenbruck* InVo 1997, 225 ff; *Henssler* ZInsO 1999, 121, 124 f § 20 betrifft das **Insolvenzeröffnungsverfahren.** Aus dieser Vorschrift können deshalb nur Schuldnerpflichten für das Eröffnungsverfahren hergeleitet werden, nicht dagegen etwa eine Erklärungspflicht nach den §§ 176, 177.

XII. Hinweis auf Restschuldbefreiung (Abs 2)

Da nach der Konzeption des Gesetzes der Schuldner nur auf Grund eines Eigenantrags eine Restschuld- 46
befreiung erlangen kann, muss er möglichst **frühzeitig über die Möglichkeit der Restschuldbefreiung** belehrt werden. Der Antrag auf Restschuldbefreiung ist idR mit dem Eröffnungsantrag zu verbinden. Stellt der Schuldner die beiden Anträge nicht gemeinsam, etwa aus Unkenntnis über die Möglichkeit einer Restschuldbefreiung, so hat er dies **innerhalb von zwei Wochen** nachzuholen, nachdem er gem § 20 Abs 2 über die Restschuldbefreiung belehrt worden ist (§ 287 Abs 1 S 2). § 287 Abs 1 geht davon aus, dass eine Restschuldbefreiung nur auf Grund eines eigenen Insolvenzantrags des Schuldners möglich ist (**BGH** v 8.7.2004; NZI 2004, 593, 594 = ZInsO 2004, 974, 975 = ZVI 2004, 492; BGHZ 162, 181, 185 = NZI 2005, 271). Um zu gewährleisten, dass der Antrag des Schuldners auf Restschuldbefreiung zugleich mit dem Antrag auf Eröffnung des Insolvenzverfahrens verbunden wird, sieht § 20 Abs 2 vor, dass der Schuldner darauf hingewiesen werden soll, dass er nach Maßgabe der §§ 286–303 Restschuldbefreiung erlangen kann. Hat das Insolvenzgericht die gem §§ 20 Abs 2, 287 erforderlichen Hinweise **fehlerhaft, unvollständig oder verspätet erteilt** und ist ein Insolvenzverfahren auf Antrag eines Gläubigers hin eröffnet worden, bevor der Schuldner Eigenantrag stellt, so genügt ein **Antrag auf Restschuldbefreiung** (BGHZ 162, 181 = NZI 2005, 271 f = ZInsO 2005, 310). Ohne die ordnungsgemäßen gerichtlichen Hinweis beginnt die **Frist zur Nachholung des Antrags auf Restschuldbefreiung** nicht zu laufen (**BGH** NZI 2004, 593, 594; BGHZ 162, 181, 185 = NZI 2005, 271 f). Wünschenswert wäre eine gesetzliche Regelung, wonach bei einem Gläubigerantrag neben dem Antrag auf Restschuldbefreiung ein eigener Antrag nicht erforderlich ist (vgl *Pape* NZI 2004, 543, 554; *Büttner* ZVI 2007, 229, 236). Durch die Regelung in § 20 Abs 2 soll die Belehrung durch das Gericht unmittelbar nach der Prüfung und Bejahung der Zulässigkeit des Antrags erfolgen.

§ 20 Abs 2 soll verhindern, dass eine natürliche Person die Chance einer Restschuldbefreiung aus Rechts- 47
unkenntnis verliert (BGHZ 162, 181, 185 = NZI 2005, 271 = ZInsO 2005, 310, 311). Die Hinweispflicht besteht unabhängig davon, ob es sich um einen Eigen- oder Fremdantrag handelt. Unerheblich ist auch, ob der Antrag in einem Regelinsolvenzverfahren oder in einem Klein-/Verbraucherinsolvenzverfahren gestellt wird (BGHZ 162, 181 ff). Die Hinweispflicht ist jedoch für das **Verbraucherinsolvenzverfahren** weitgehend bedeutungslos (K/P/B/*Pape* § 20 Rn 71; HaKo-*Schröder* § 20 Rn 25; s auch MüKo-*Schmahl* § 20 Rn 101). Der Hinweis ist grundsätzlich **allen natürlichen Personen** als Schuldner zu erteilen, auch wenn sie sich schon nach § 305 Abs 1 Nr 2 zur Restschuldbefreiung zu erklären haben (HK-*Kirchhof* § 20 Rn 24).

Der **Inhalt des gerichtlichen Hinweises** muss den Schuldner über das Erfordernis eines Eigenantrags, 48
das Erfordernis der Abtretungserklärung einschließlich ihres vorgeschriebenen Inhalts, den Beginn und die Länge der Frist für den Antrag auf Restschuldbefreiung und Abtretungserklärung sowie über die Folgen einer Fristversäumung informieren (**LG Memmingen** NZI 2004, 44, 45; K/P/B/*Pape* § 20 Rn 91 ff; MüKo-*Schmahl* § 20 Rn 96 u 99; FK-*Schmerbach* § 20 Rn 40).

Die **Form des Hinweises nach Abs 2** ist im Gesetz nicht geregelt. Der Hinweis kann auch formlos erteilt 49
werden (**BGH** v 28.9.2006 – IX ZB 64/06 zit bei HK-*Kirchhof* § 20 Rn 24 FN 78; MüKo-*Schmahl* § 20 Rn 98). Schriftform, wie zB in Form eines Merkblatts (vgl **OLG Köln** NZI 2000, 587, 589; **LG Duisburg** NZI 2000, 184) ist ebenso ausreichend wie ein besonderes Anschreiben oder ein mündlicher Hinweis (**BGH** NZI 2004, 593, 594). Zu dem Muster eines Formblatts s *Schmerbach* ZInsO 2002, 118, 120; *Schäferhoff* ZInsO 2002, 962. Entscheidend ist, dass der Hinweis dem Schuldner **nachweisbar zugeht** (BGHZ InsO 2004, 974, 976; FK-*Schmerbach* § 20 Rn 42). Bei anwaltlich vertretenen Schuldnern genügt die **Zustellung an den Verfahrensbevollmächtigten** (HK-*Kirchhof* § 20 Rn 24; MüKo-*Schmahl* § 20 Rn 98; HaKo-*Schröder* § 20 Rn 28). Erfolgt der Hinweis mündlich, sollte er **aktenkundig** gemacht werden.

Die dem Schuldner nach Eingang eines Gläubigerantrags auf Eröffnung des Insolvenzverfahrens zu set- 50
zende Frist für die Stellung eines eigenen Insolvenzantrags verbunden mit einem Antrag auf Restschuldbefreiung stellt **keine Ausschlussfrist** dar, auf die § 230 ZPO entsprechend anwendbar ist. Vielmehr kann der Schuldner auch nach Ablauf der richterlichen Frist bis zur auf Antrag eines Gläubigers erfolgenden Verfahrenseröffnung noch einen Eigenantrag stellen (**BGH** v 3.7.2008 – IX ZB 182/07, NZI 2008, 609, 610 in Ergänzung von BGHZ 162, 181 = NZI 2005, 271). Die **Folgen einer Fristversäumung** sind streitig. Umstritten ist schon die Frage, ob bei entschuldbarer Fristversäumung des Schuldners eine **Wiedereinsetzung in den vorigen Stand** möglich ist (so zB **LG Göttingen** NZI 2001, 220; **LG Dresden** ZInsO 2008, 48; **AG Duisburg** ZVI 2008, 306, 309; K/P/B/*Pape* § 20 Rn 97 ff; FK-*Schmerbach* § 20 Rn 43; str aA MüKo-*Schmahl* § 20 Rn 103; *Schäferhoff* ZInsO 2002, 962; *Schmahl* ZInsO 2002, 215). Nach hier vertretener Auffassung kann der Schuldner **Wiedereinsetzung in den vorigen Stand** (§ 233 ZPO) beantragen, weil er ansonsten nur die Möglichkeit hätte, seinen Eröffnungsantrag in den zeitlichen Grenzen des § 13 Abs 2 zurückzunehmen und einen neuen Antrag zu stellen. Sinnvoll wäre eine solche Praxis nicht (vgl auch *Schäferhoff* ZInsO 2002, 962 f). Bei einem **Gläubigerantrag** werden verspätete Anträge grundsätzlich präkludiert. Nach einer gewichtigen Literaturmeinung setzt jedoch die **Präklusion** eine gesetzliche Ermächtigung voraus (*Schmerbach/Wegener* ZInsO 2006, 400, 405; *Högner* ZVI 2006, 267; FK-*Schmerbach* § 20 Rn 45; str aA *Pape* Insbüro 2006, 212, 217). **Absolute Grenze für die Präklusion** ist nach alledem nicht nach Fristablauf, sondern die Eröffnung des Insolvenzverfahrens. Etwas anderes gilt nur in Fällen unterlassenen oder fehlerhaften Hinweises. Hier muss es dem Schuldner möglich sein, auch noch im eröffneten Verfahren einen Antrag auf Restschuldbefreiung zu stellen.

§ 21 Anordnung von Sicherungsmaßnahmen

(1) ¹Das Insolvenzgericht hat alle Maßnahmen zu treffen, die erforderlich erscheinen, um bis zur Entscheidung über den Antrag eine den Gläubigern nachteilige Veränderung in der Vermögenslage des Schuldners zu verhüten. ²Gegen die Anordnung der Maßnahme steht dem Schuldner die sofortige Beschwerde zu.

(2) ¹Das Gericht kann insbesondere
1. einen vorläufigen Insolvenzverwalter bestellen, für den § 8 Abs. 3 und die §§ 56, 58 bis 66 entsprechend gelten;
2. dem Schuldner ein allgemeines Verfügungsverbot auferlegen oder anordnen, daß Verfügungen des Schuldners nur mit Zustimmung des vorläufigen Insolvenzverwalters wirksam sind;
3. Maßnahmen der Zwangsvollstreckung gegen den Schuldner untersagen oder einstweilen einstellen, soweit nicht unbewegliche Gegenstände betroffen sind;
4. eine vorläufige Postsperre anordnen, für die die §§ 99, 101 Abs. 1 Satz 1 entsprechend gelten;
5. anordnen, dass Gegenstände, die im Falle der Eröffnung des Verfahrens von § 166 erfasst würden oder deren Aussonderung verlangt werden könnte, vom Gläubiger nicht verwertet oder eingezogen werden dürfen und dass solche Gegenstände zur Fortführung des Unternehmens des Schuldners eingesetzt werden können, soweit sie hierfür von erheblicher Bedeutung sind; § 169 Satz 2 und 3 gilt entsprechend; ein durch die Nutzung eingetretener Wertverlust ist durch laufende Zahlungen an den Gläubiger auszugleichen. Die Verpflichtung zu Ausgleichszahlungen besteht nur, soweit der durch die Nutzung entstehende Wertverlust die Sicherung des absonderungsberechtigten Gläubigers beeinträchtigt. Zieht der vorläufige Insolvenzverwalter eine zur Sicherung eines Anspruchs abgetretene Forderung anstelle des Gläubigers ein, so gelten die §§ 170, 171 entsprechend.
²Die Anordnung von Sicherungsmaßnahmen berührt nicht die Wirksamkeit von Verfügungen über Finanzsicherheiten nach § 1 Abs. 17 des Kreditwesengesetzes und die Wirksamkeit der Verrechnung von Ansprüchen und Leistungen aus Zahlungsaufträgen, Aufträgen zwischen Zahlungsdienstleistern oder zwischengeschalteten Stellen oder Aufträgen zur Übertragung von Wertpapieren, die in ein System nach § 1 Abs. 16 des Kreditwesengesetzes eingebracht wurden.

(3) ¹Reichen andere Maßnahmen nicht aus, so kann das Gericht den Schuldner zwangsweise vorführen und nach Anhörung in Haft nehmen lassen. ²Ist der Schuldner keine natürliche Person, so gilt entsprechendes für seine organschaftlichen Vertreter. ³Für die Anordnung von Haft gilt § 98 Abs. 3 entsprechend.

Übersicht

	Rn
I. Allgemeines	1
II. Die Voraussetzungen für die gerichtliche Anordnung	2
1. Zulassung des Insolvenzantrags	2
2. Erforderlichkeit der Sicherungsmaßnahmen	3
3. Eilbedürftigkeit	7
4. Amtsermittlungen	9
III. Generalklausel in § 21 Abs 1	10
IV. Einzelne Verfügungsbeschränkungen (§ 21 Abs 2)	11
1. Bestellung eines vorläufigen Insolvenzverwalters (§ 21 Abs 2 Nr 1)	12
a) Auswahl und Bestellung des vorläufigen Insolvenzverwalters	13
b) Entsprechende Anwendung der §§ 58–66	14
c) Zustellungen durch den vorläufigen Insolvenzverwalter	16
2. Allgemeines Verfügungsverbot (§ 21 Abs 2 Nr 2)	17
a) Zwingende vorläufige Insolvenzverwaltung	18
b) Vorausverfügungen des Schuldners	19
c) Verrechnung von Schuldnerkonten	20
d) Leistungen von Schuldnern an den Insolvenzschuldner	22
e) Besondere Verfügungsverbote	23
3. Anordnung eines allgemeinen Zustimmungsvorbehalts	24
4. Einstweilige Einstellung oder Untersagung von Zwangsvollstreckungsmaßnahmen (§ 21 Abs 2 Nr 3)	26
a) Einstweilige Einstellung der Mobiliarvollstreckung und Untersagung künftiger Vollstreckungen	26
b) Einstweilige Einstellung der Zwangsvollstreckung in das unbewegliche Schuldnervermögen	30
5. Anordnung einer vorläufigen Postsperre (§ 21 Abs 2 Nr 4)	34
6. Anordnung eines Verwertungs- oder Einziehungsverbots (§ 21 Abs 2 Nr 5)	38
a) Einbeziehung der Absonderungsberechtigten	38a
b) Einbeziehung von Aussonderungsberechtigten	38g
c) Nutzungsbefugnis	38j
d) Anordnungsvoraussetzungen	38l

	Rn
V. Verwertung von Finanzsicherheiten im Eröffnungsverfahren	39
VI. Maßnahmen gegen Dritte	41
VII. Das Anordnungsverfahren	42
1. Anordnung von Amts wegen	42
2. Verhältnismäßigkeit der Maßnahmen	43
3. Rechtliches Gehör	44
4. Gerichtliche Entscheidung	47
5. Wirksamwerden der Sicherungsmaßnahmen	48
6. Bekanntmachung der Verfügungsbeschränkungen	49
7. Rechtsmittel	50
8. Aufhebung der Sicherungsmaßnahmen von Amts wegen	51
VIII. Zwangsmaßnahmen gegen den Schuldner und organschaftliche Vertreter (§ 21 Abs 3)	52
1. Personenzwang als Ultima-ratio-Maßnahme	52
2. Anhörung des Schuldners oder Schuldnervertreters	53
3. Rechtsmittel gegen die Anordnung von Zwangsmaßnahmen	54
4. Kosten	55
IX. Amtshaftung bei fehlerhafter Anordnung oder schuldhafter Unterlassung von Sicherungsmaßnahmen	56

I. Allgemeines

Ein vordringliches Ziel der Insolvenzrechtsreform war die frühzeitige Eröffnung des Insolvenzverfahrens, um die Zahl der masselosen und massearmen Insolvenzverfahren zu verringern. Daneben galt es, das Ausplündern der Haftungsmassen nach Bekanntwerden der Krise, vor allem nach Stellung eines Insolvenzantrags, zu verhindern (vgl H/W/F Hdb 3/190; MüKoInsO-*Haarmeyer* § 21 Rn 1–3; KS-*Gerhardt* S 193 Rn 1; *Kleiner*, Bedeutung und Probleme der Sicherungsmaßnahmen während des Konkurseröffnungsverfahrens – [§ 106 KO], 1993; *Häsemeyer* InsR Rn 7.34). Die massesichernden Maßnahmen des Gerichts sollen verhindern, dass sich die Haftungsmasse zu Lasten der Gläubiger bis zur Verfahrenseröffnung verschlechtert. Mit dem Vorliegen des Insolvenzgrundes ist das „bellum omnium contra omnes", der Kampf aller gegen alle, beendet und es greift der Grundsatz der „par condicio creditorum", der Gläubigergleichbehandlung, ein. Kein Gläubiger soll sich auf Kosten der anderen nach Antragstellung noch Sonderrechte oder eine vorzugsweise Befriedigung seiner Forderung verschaffen können. Die in § 21 vorgesehenen Sicherungsmaßnahmen sollen nicht nur Eingriffe der Gläubiger in das Schuldnervermögen verhindern, sondern auch sonstige Eingriffe Dritter und massenachteilige Verfügungen des Schuldners selbst. Zu schützen ist die sogen **Ist-Masse**, die Haftungsmasse, die bei Antragstellung vorhanden ist. Deshalb können sich Sicherungsmaßnahmen auch auf **aussonderungsberechtigte Gläubiger** beziehen (näher dazu Ausführungen § 21 Abs 2 Nr 5), weil eine vorzeitige Zerschlagung des Schuldnervermögens vermieden und auf diese Weise die Sanierungsfähigkeit erhalten bleiben soll. Auch für den Fall der **übertragenden Sanierung** ist es erforderlich, dass das Schuldnerunternehmen nicht nur weiter besteht, sondern auch weiter wirtschaftet, was der Gesetzgeber in § 22 Abs 1 S 2 Nr 2 deutlich zum Ausdruck gebracht hat. Gegenüber dem früheren § 106 KO regelt das Gesetz in den §§ 21 ff das **System der Sicherungsmaßnahmen im Eröffnungsverfahren** wesentlich differenzierter (vgl K/P/B/*Pape* § 21 Rn 1; *Pape* WPrax 1995, 236 ff u S 252 ff; N/R/*Mönning* § 21 Rn 2 u Rn 11–13; FK-*Schmerbach* § 21 Rn 1–8). Die Anwendung der Vorschrift verlangt von den Insolvenzgerichten ein erhebliches Fingerspitzengefühl für wirtschaftliche Sachverhalte. Die **schematische Anordnung** von Sicherungsmaßnahmen, wie sie nach früherem Recht teilweise üblich war, ist nach der InsO nicht mehr möglich. Es hat im Einzelfall eine sorgfältige Abwägung zwischen Gläubiger- und Schuldnerinteressen stattzufinden. So kann zB ein **Übermaß an Sicherungsmaßnahmen** bei beantragter Eigenverwaltung den Verfahrenszweck zunichte machen. Strebt der Schuldner oder das Schuldnerunternehmen eine **Sanierung durch Insolvenzplan** an, wird das Insolvenzgericht hinsichtlich der Anordnung von Sicherungsmaßnahmen zurückhaltender sein müssen als im normalen Liquidationsverfahren. Dies gilt vor allem, wenn das Schuldnerunternehmen – in der gerichtlichen Praxis nach wie vor die Ausnahme – Insolvenzantrag wegen drohender Zahlungsunfähigkeit stellt. Abzuwägen sind im Einzelfall die Interessen der Gläubiger an einer optimalen Befriedigung und die Schuldnerinteressen an einer möglichst reibungslosen Fortführung des Unternehmens ohne gravierende gerichtliche Eingriffe (vgl auch MüKoInsO-*Haarmeyer* § 21 Rn 13, 14; *Smid* § 21 Rn 14, 15). So wäre es zB trotz der Zulässigkeit solcher Maßnahmen nach § 306 Abs 2 unverhältnismäßig, im Rahmen des **Verbraucherinsolvenzverfahrens** oder im **vereinfachten Verfahren nach §§ 311 ff** einen vorläufigen Insolvenzverwalter einzusetzen (vgl *Smid* § 21 Rn 10). Im Rahmen der **Eigenverwaltung** nach den §§ 270 ff kann allerdings die Anordnung der vorläufigen Insolvenzverwaltung geboten sein, wenn von Gläubigerseite die Voraussetzungen des § 270 Abs 2 Nr 3 für eine Versagung der Eigenverwaltung glaubhaft gemacht werden (siehe auch HambKomm/*Schröder* § 21 Rn 39). Ob dies allerdings mittels einer **Schutzschrift** erfolgen kann, wie *Bichlmeier* (DZWIR 2000, 62 ff) meint, ist zumindest ebenso zweifelhaft wie die Verhinderung der Eigenverwaltung mittels einer Schutzschrift. Die Einreichung einer Schutzschrift kann allerdings Anlass sein, die Voraussetzungen der Eigenverwaltung und der Anordnung von Sicherungsmaßnahmen besonders sorgfältig zu prüfen.

1

II. Die Voraussetzungen für die gerichtliche Anordnung

2 **1. Zulassung des Insolvenzantrags.** Nach der Begr RegE zu § 25 (§ 21 InsO, abgedr bei *Uhlenbruck* S 321) hat das Insolvenzgericht, bei dem der Antrag auf Eröffnung eines Insolvenzverfahrens eingeht, wie nach früherem Recht zunächst zu prüfen, ob der Antrag zulässig ist (vgl **OLG Köln** ZIP 1988, 664; **OLG Köln** WiB 1996, 136; **LG Göttingen** ZIP 1993, 447; *Pohlmann*, Befugnisse, 1998 Rn 16–19; FK-*Schmerbach* § 21 Rn 28; H/W/F Hdb 3. Aufl 3/234). Gleichgültig ob es sich um einen Eigenantrag des Schuldners oder einen Gläubigerantrag handelt, müssen **grundsätzlich** die **allgemeinen Zulässigkeitsvoraussetzungen** für den Insolvenzantrag vorliegen (**BGH** v 10. 7. 2008 – IX ZB 122/07, NZI 2008, 550; **BGH** v 13. 12. 2007 – IX ZB 238/06, Festhaltung **BGH** v 22. 3. 2007 – IX ZB 164/06, NZI 2007, 244 Rn 9; **BGH** v 14. 12. 2006 – IX ZA 38/06 nv; MüKoInsO-*Haarmeyer* § 21 Rn 16/17; HK-*Kirchhof* § 21 Rn 3; FK-*Schmerbach* § 21 Rn 28; siehe auch *Haarmeyer* ZInsO 2001, 203, 204). Bei **zweifelhaftem Gerichtsstand** können indes berechtigte Sicherungsinteressen der Insolvenzgläubiger es **ausnahmsweise** gebieten, Sicherungsmaßnahmen vor der Feststellung der Zulässigkeit des Insolvenzantrags zu treffen, wenn sich das Insolvenzgericht letzte Gewissheit erst im weiteren Verfahrensverlauf verschaffen kann (**BGH** aaO; **LG Göttingen** v 31. 1. 2008 – 10 T 11/08, NZI 2008, 191). Eine strikte Bindung des Insolvenzgerichts an die Bewertung des Insolvenzantrags als zulässig erscheint problematisch, weil die Zulassung des Antrags keine förmliche Zwischenentscheidung darstellt. Zudem entbindet der Übergang des Insolvenzgerichts zur Hauptprüfung des Antrags (Begründetheit) nicht von der Verpflichtung, Bedenken gegen die Zulässigkeit – nicht zuletzt aufgrund neuen Vortrags des Schuldners – im weiteren Verlauf des Eröffnungsverfahrens zu berücksichtigen (vgl **BGH** v 13. 6. 2006 – IX ZB 214/05, NZI 2006, 590). Trägt der am Verfahren beteiligte Schuldner zur Aufklärung der zuständigkeitsbegründenden Anknüpfungstatsachen nichts bei, obwohl er in der Lage ist, die Veränderungen seines Vermögensbestandes in Bezug auf den maßgeblichen Stichtag aufzuzeigen, kann es nach Lage des Falles für die Anordnung der Sicherungsmaßnahme ausreichen, dass die nicht sicher zu verneinende Zulässigkeitsvoraussetzung noch zu prüfen ist (**BGH** aaO Rn 12; HK-*Kirchhof* § 21 Rn 4; MüKoInsO-*Haarmeyer* § 21 Rn 17). Ist aber auf Grund des Verfahrensstandes von der fehlenden Zuständigkeit des Insolvenzgerichts auszugehen, ist weder für die Anordnung einer vorläufigen Insolvenzverwaltung noch für die Anordnung einer Postsperre Raum.

2a Die **Zulassung des Insolvenzantrags erfolgt nur einmal.** Hat das Insolvenzgericht den Insolvenzantrag eines Gläubigers als zulässig bewertet, dies aktenkundig gemacht und Sicherungsmaßnahmen angeordnet, ist das Gericht dadurch im weiteren Verlauf des Eröffnungsverfahrens nicht von der Prüfung der Zulässigkeitsvoraussetzungen entbunden. Stellt sich bei dieser Prüfung heraus, dass Zulässigkeitsvoraussetzungen fehlen, ist der Eröffnungsantrag als unzulässig abzuweisen, ohne dass es auf die weiteren Voraussetzungen der Insolvenzeröffnung, insbesondere die Überzeugung vom Vorliegen des Eröffnungsgrundes, ankommt (**BGH** v 13. 6. 2006 – IX ZB 214/05, NZI 2006, 590; MüKoInsO-*Schmahl* § 14 Rn 136, 138). In diesem Fall kommt eine amtswegige Aufhebung der Maßnahmen nach § 25 in Betracht. Die Zulassung des Insolvenzantrags bedeutet nicht, dass eine Insolvenzeröffnung gerade auf Grund dieses Antrags als sicher erscheint (**BGH** v 22. 3. 2007 – IX ZB 164/06, NZI 2007, 344; **LG Berlin** v 17. 12. 2008 – 86 T 735/08, ZInsO 2008, 526). Ausreichend ist vielmehr, dass eine hinreichende Wahrscheinlichkeit besteht, nach der es aufgrund des gestellten Antrags zu einer Eröffnung kommen wird. Auch nach Erlass des Anordnungsbeschlusses bekannt gewordene Umstände können daher schon wegen der Regelung in § 25 eine Aufhebung der Entscheidung im Beschwerdeverfahren allenfalls dann rechtfertigen, wenn sie die Eröffnung des Verfahrens sicher ausschließen und die **ursprüngliche Anordnung als fehlerhaft** erscheinen lassen (**LG Berlin** aaO).

3 **2. Erforderlichkeit der Sicherungsmaßnahmen.** Nach § 21 Abs 1 hat das Insolvenzgericht alle Maßnahmen zu treffen, die erforderlich erscheinen, um bis zur Entscheidung über den Antrag eine den Gläubigern nachteilige Veränderung in der Vermögenslage des Schuldners zu verhüten. Ist der Insolvenzantrag unzulässig, scheiden also Sicherungsmaßnahmen aus. Eine trotzdem erfolgende Anordnung wäre unzulässig. Zweifelhaft ist dies, wenn **Mängel des Antrags** ohne Schwierigkeiten vom Antragsteller zu beheben sind und der „concursus creditorum" ein sofortiges Einschreiten des Gerichts erfordert, weil zB die Gläubiger in das Schuldnervermögen vollstrecken oder Gegenstände des Schuldnervermögens beiseite schaffen. In diesen Fällen wird man die Anordnung dringend notwendiger Sicherungsmaßnahmen für zulässig halten müssen. Das Kriterium der Erforderlichkeit begrenzt das Auswahlermessen des Gerichts nach zutr Feststellung von *Haarmeyer* (ZInsO 2001, 204, 205) auf die Maßnahmen, die zur Erreichung des Sicherungszwecks notwendig, aber auch ausreichend sind, konkretisiert insoweit das allgemein zu beachtende Gebot der Verhältnismäßigkeit gerichtlichen Handelns (vgl **BGH** NJW-RR 1986, 1188, 1189; HK-*Kirchhof* § 21 Rn 10; K/P/B/*Pape* § 21 Rn 16). Das Merkmal der Erforderlichkeit orientiert sich nicht nur an der konkret drohenden Gefahr einer Minderung der Haftungsmasse oder an betrieblichen Notwendigkeiten des Schuldnerunternehmens, sondern auch am **Grundsatz der Verhältnismäßigkeit** (näher dazu Ausführungen Rn 43).

3a Das Merkmal der Erforderlichkeit verbietet eine **routinemäßige Anordnung von Sicherungsmaßnahmen** (*Smid* § 21 Rn 14–16; *Pohlmann*, Befugnisse Rn 21; H/W/F Hdb 3/239, 242). Erforderliche Siche-

II. Die Voraussetzungen für die gerichtliche Anordnung **§ 21**

rungsmaßnahmen dürfen nicht etwa im Hinblick auf die Haftungsgefahren für den vorläufigen Insolvenzverwalter nach den §§ 60, 61 unterlassen werden. Erweist sich der **Erlass eines allgemeinen Verfügungsverbots** als notwendig, um die Gläubigerinteressen zu schützen, darf das Gericht nicht etwa im Hinblick auf eine Haftung des vorläufigen Verwalters nach den §§ 55 Abs 2, 61 von dieser notwendigen Maßnahme Abstand nehmen. Erforderlich kann es auch sein, dass das Insolvenzgericht **Maßnahmen der Mobiliarzwangsvollstreckung** einzelner Gläubiger untersagt oder einstweilen einstellt, um eine vorzeitige Zerschlagung des Schuldnerunternehmens zu vermeiden (HK-*Kirchhof* § 21 Rn 36). Die **Untersagung von Zwangsvollstreckungen** dient zugleich dem vorbeugenden Schutz einer Rückschlagsperre (§ 88) und der Herstellung von Anfechtungslagen (*Fuchs* ZInsO 2000, 429, 430). Auch in die Rechte eines **Aussonderungsberechtigten** wird nicht in unzumutbarer Weise eingegriffen, wenn das Gericht durch eine Anordnung nach Maßgabe des § 21 Abs 2 Nr 5 die einstweilige Herausgabe des auszusondernden Gegenstandes untersagt (näher dazu Ausführungen Rn 38). Ist der Schuldnerbetrieb vollständig eingestellt worden, ist es idR nicht erforderlich, einen vorläufigen Insolvenzverwalter mit Verwaltungs- und Verfügungsbefugnis zu bestellen (*Gottwald/Uhlenbruck* InsRHdb § 14 Rn 26). Andererseits ist die Bestellung eines vorläufigen Insolvenzverwalters im Rahmen einer beabsichtigten Betriebsfortführung geeignet, notwendiges Vertrauen bei den Gläubigern wieder herzustellen. Die Anordnung einer vorläufigen Postsperre im Eröffnungsverfahren ist unverhältnismäßig, wenn im Übrigen lediglich ein vorläufiger Insolvenzverwalter mit Zustimmungsvorbehalt bestellt und kein Verfügungsverbot gegen den Schuldner erlassen worden ist (OLG Celle v 24. 1. 2001 – NZI 2001, 143). Nicht erforderlich und damit unverhältnismäßig kann es uU sein, eine Postsperre nach § 21 Abs 2 Nr 4 anzuordnen und damit den Geschäftsbetrieb eines Schuldnerunternehmens vollständig lahm zu legen (*Gottwald/Uhlenbruck* InsRHdb § 14 Rn 19).

Das Merkmal der **Erforderlichkeit** bestimmt sich nach **objektiven Kriterien**. Befürchtungen einzelner 4 Gläubiger, der Schuldner werde Masse beiseite schaffen oder einzelne Gläubiger würden sich bevorzugte Befriedigung verschaffen, reichen nicht aus. Das Gericht muss sich bewusst sein, dass mit der Anordnung eines **allgemeinen Verfügungsverbots** (§ 21 Abs 2 Nr 2) zwangsläufig die **Bestellung eines „starken" Verwalters** mit Verwaltungs- und Verfügungsbefugnis verbunden ist. KS-*Gerhardt* (S 193, 196 Rn 8): „Da ein nach § 21 Abs 2 Nr 1 InsO angeordnetes Verfügungsverbot ein absolutes ist, führt jede Anordnung eines derartigen Verfügungsverbots durch das Insolvenzgericht zwingend zur **vorläufigen Insolvenzverwaltung**. Für das Vermögen (des späteren Schuldners) muss (auch) während des Eröffnungsverfahrens ein Verfügungsbefugter existieren" (vgl auch *Gerhardt* FS Einhundert Jahre Konkursordnung 1877–1977, S 111, 121). Hieraus folgt, dass die Erforderlichkeit einer Sicherungsmaßnahme zugleich auch die Erforderlichkeit einer weiteren Maßnahme begründen kann. Nach *Pohlmann* (Befugnisse Rn 30) muss der Erlass eines allgemeinen Verfügungsverbots die rechtstechnische Ausnahme bleiben. Der Entzug der Verwaltungs- und Verfügungsbefugnis bedarf in der Tat wegen der weit reichenden Folgen und Eingriffe in Grundrechte des Schuldners einer **besonderen Rechtfertigung** (H/W/F Hdb 3. Aufl 3/243 ff; *Hintzen* ZInsO 1998, 75, 77; MüKoInsO-*Haarmeyer* § 21 Rn 27; *Pohlmann*, Befugnisse Rn 30). Sicherungsmaßnahmen sind regelmäßig erforderlich, wenn gegen den Schuldner oder das Schuldnerunternehmen wegen Bankrottdelikts (§§ 283 ff StGB) ermittelt wird bzw der Verdacht auf sonstige Straftaten besteht oder wenn der Schuldner oder sein organschaftlicher Vertreter flüchtig ist (HK-*Kirchhof* § 21 Rn 9; N/R/*Mönning* § 21 Rn 69). Sehr weitgehend MüKoInsO-*Haarmeyer* (§ 21 Rn 20), wonach bereits die Rechtsform eines Schuldnerunternehmens eine **„indizielle Vermutung"** für die Erforderlichkeit begründet. Reicht ein **gegenständlich beschränktes Veräußerungsverbot** aus, um den Sicherungszweck zu erfüllen, ist die Anordnung eines allgemeinen Verfügungsverbots nicht erforderlich. Bei der **Anordnung einer Postsperre** ist wegen der verfassungsrechtlichen Garantien das Merkmal der Erforderlichkeit besonders sorgfältig zu prüfen (näher dazu Ausführungen Rn 34 ff). Hat das Gericht zur Sicherung der Masse ein vorläufiges Verfügungsverbot und die vorläufige Insolvenzverwaltung angeordnet (§ 21 Abs 1 Nr 1, 2, § 22), so ist der vorläufige Insolvenzverwalter als Rechtsnachfolger des Schuldners anzusehen. Will ein Gläubiger in das Vermögen des Schuldners vollstrecken, bedarf es gem § 727 ZPO der Umschreibung der vollstreckbaren Ausfertigung des Schuldtitels (LG Cottbus v 28. 1. 2000, EzInsR § 21 Nr 7).

Geringe Anforderungen an die Erforderlichkeitsprüfungen sind zu stellen bei **Einstellung oder Unter-** 5 **sagung von Zwangsvollstreckungsmaßnahmen** gegen den Schuldner (§ 21 Abs 2 Nr 3). Auch wenn keine konkreten Anhaltspunkte dafür gegeben sind, dass Gläubiger in die Haftungsmasse vollstrecken oder vollstrecken wollen, kann es im Hinblick auf die Erhaltung der Haftungsmasse erforderlich sein, generell Zwangsvollstreckungsmaßnahmen den Gläubigern zu verbieten, diese einstweilen einzustellen und den Kreditinstituten Verrechnungen auf debitorischen Schuldnerkonten zu untersagen. Auf diese Weise wird dem Bestreben der Gläubiger entgegengewirkt, sich noch im Eröffnungsverfahren Vorteile zu verschaffen und den Grundsatz der Gläubigergleichbehandlung zu unterlaufen (*Stephan* NZI 1999, 103, 105; *Uhlenbruck* in *Graf-Schlicker/Maus/Uhlenbruck*, Die Unternehmensinsolvenz nach der InsO Rn 20). Zweifelhaft ist, ob bei einer juristischen Person, Personenhandelsgesellschaft oder Personengesellschaft (§ 11 Abs 1) wegen der „besonderen anonymen Struktur der juristischen Person und der besonderen kriminalitätsfördernden Rechtsform bestimmter Gesellschaftstypen, wie zB der GmbH oder GmbH & Co KG, stets eine indizielle Vermutung dafür besteht, dass die Fortdauer der freien Verfügungsbefugnis der Schuldnerin wegen der Dauer des Eröffnungsverfahrens zu einer Gefährdung der Masse führen kann (so aber *Smid* § 21 Rn 28; *Haarmeyer* ZInsO 2001, 204, 205; MüKoInsO-*Haarmeyer* § 21 Rn 20).

Der Erlass eines Vollstreckungsverbots hindert den von der Anordnung der Maßnahme betroffenen Gläubiger allerdings nicht an der **Verwertung etwaiger Sicherungsrechte**. So wird die Durchsetzung einer rechtsgeschäftlich erklärten Abtretung von einem Verbot der Zwangsvollstreckung iSd § 21 Abs 2 Nr 3 grundsätzlich nicht berührt (**BGH** v 20. 2. 2003 – IX ZR 81/02, NZI 2003, 259).

6   Vor allem bei einem **Eigenantrag wegen drohender Zahlungsunfähigkeit und einem Antrag auf Anordnung der Eigenverwaltung** (§§ 270 ff) ist ohne besondere Anhaltspunkte idR das Erfordernis von Sicherungsmaßnahmen zu verneinen (vgl auch MüKoInsO-*Haarmeyer* § 21 Rn 21). Zweifelhaft ist das Argument, die außergerichtliche Nichtbewältigung der Unternehmenskrise lasse Rückschlüsse darauf zu, dass die handelnden und verantwortlichen Personen auch zu einer Fortführung oder gar Sanierung im gerichtlichen Verfahren außerstande sind und es hierzu der Bestellung eines vorläufigen Verwalters bedürfe, der umfassend und unabhängig die Sanierungs- und Fortführungschancen zu prüfen habe (so aber **AG Darmstadt** ZInsO 1999, 176; *Haarmeyer* ZInsO 2001, 204, 205). Die Notwendigkeit, in ein gerichtliches Insolvenzverfahren zu gehen, kann im Einzelfall auch darauf beruhen, dass sogen „Akkordstörer" die Eröffnung eines Insolvenzverfahrens erforderlich machen, weil sie in diesem Verfahren überstimmt werden können. Richtig ist allerdings, dass bei **Eigenanträgen** ein solcher Antrag Teil eines strategischen Konzepts des Unternehmens selbst sein kann (vgl *Braun/Uhlenbruck* Unternehmensinsolvenz S 558 ff; MüKoInsO-*Haarmeyer* § 21 Rn 21) und durch die frühzeitige Antragstellung wegen angeblich drohender Zahlungsunfähigkeit (§ 18) lediglich eine längst bestehende Überschuldung kaschiert werden soll (zutr *Haarmeyer* ZInsO 2001, 204, 206).

6a Wird vom Schuldner **Antrag auf Anordnung der Eigenverwaltung nach den §§ 270 ff** gestellt und beruht der Insolvenzantrag auf **drohender Zahlungsunfähigkeit iSv § 18**, so ist besondere Vorsicht hinsichtlich der Beurteilung der Erforderlichkeit von Sicherungsmaßnahmen am Platze. Von einem Schuldner oder einem Schuldnerunternehmen, das sich rechtzeitig unter den Schutz des gerichtlichen Insolvenzverfahrens stellt, ist nicht ohne besondere Anhaltspunkte anzunehmen, dass sie die Haftungsmasse verkürzen. Allerdings kann im Einzelfall die **Verhängung eines allgemeinen Vollstreckungsverbots** erforderlich werden, um Zugriffe der Gläubiger auf die Vermögenssubstanz des Unternehmens zu verhindern, vor allem wenn hierdurch die Unternehmensfortführung gefährdet wird. Nach MüKoInsO-*Ganter* (§ 47 Rn 493) umfasst ein allgemeines Vollstreckungsverbot nach § 21 Abs 2 Nr 3 nicht **Aussonderungsrechte** von Gläubigern, wenn das Vollstreckungsverbot diese nicht ausdrücklich erwähnt (so auch *Lohkemper* ZIP 1995, 1641, 1650; str aA *Uhlenbruck* InVo 1996, 85, 89 Fn 31; *Vallender* ZIP 1997, 1993, 1997). Dem kann nicht gefolgt werden, denn eine Zerschlagung des Vermögens soll verhindert werden.

7   **3. Eilbedürftigkeit.** Insolvenzeröffnungsverfahren sind grundsätzlich Eilverfahren (vgl **BGH** v 3. 2. 2005 – IX ZB 37/04, ZVI 2005, 119; *Meyer* Die Haftung des vorläufigen Insolvenzverwalters S 35; *Wessel* DZWIR 1999, 230, 231). Neben den Merkmalen der **Erforderlichkeit** und der **Verhältnismäßigkeit** hat das Gericht mit Eingang des Insolvenzantrags auch die Frage der **Eilbedürftigkeit** zu prüfen. Sicherungsmaßnahmen sind eilbedürftige Entscheidungen, die grundsätzlich keinen Aufschub dulden, so dass notfalls das rechtliche Gehör nachgeholt werden muss. Die Besonderheiten des Einzelfalles können es erfordern, dass das Gericht innerhalb kürzester Zeit die Anordnungen treffen muss, um wirtschaftliche Nachteile für die Gläubigergesamtheit, Vermögensplünderung durch Selbsthilfemaßnahmen der Gläubiger oder sonstige Maßnahmen des „Faustrechts" zu verhindern (H/W/F Hdb 3. Aufl 3/ 242). Die Eilbedürftigkeit von Maßnahmen rechtfertigt es jedoch nicht, routinemäßig Sicherungsmaßnahmen anzuordnen. Vielmehr hat das Gericht in jedem Einzelfall zu prüfen, ob und welche Sicherungsmaßnahmen als Eilmaßnahmen erforderlich sind.

9   **4. Amtsermittlungen.** Das Insolvenzgericht prüft **von Amts wegen** auf Grund eines jeden Einzelfalls, ob und ggf welche Sicherungsmaßnahmen zu treffen sind, um eine den Gläubigern nachteilige Veränderung in der Vermögenslage des Schuldners bis zur Entscheidung über den Eröffnungsantrag zu verhindern. Liegt eine **Gefährdung** in diesem Sinne vor, hat das Insolvenzgericht die erforderlichen und geeigneten Sicherungsmaßnahmen zu ergreifen und kann diese, wenn sie nicht mehr nötig oder zweckmäßig erscheinen, jederzeit mit Wirkung für die Zukunft aufheben oder abändern, § 25 (**BGH** v 1. 12. 2005 – IX ZB 208/05, NZI 2006, 122, 123). Soweit der Schuldner nicht selbst den Antrag bei Gericht einreicht und dem zuständigen Richter **konkrete Gefährdungsmomente** vorträgt, dürfte ein Gericht regelmäßig nicht imstande sein, bei Eingang des Insolvenzantrags zu beurteilen, welche Sicherungsmaßnahmen im Einzelfall erforderlich sind. Aus diesem Grunde wird es im Regelfall zunächst einen **Gutachter** einsetzen und diesen mit der Prüfung beauftragen, die Notwendigkeit der Anordnung von Sicherungsmaßnahmen zu prüfen. Dagegen ist das Gericht bei **Vorliegen konkreter Gefährdungsmomente** ohne weitere Feststellungen zur Anordnung von Sicherungsmaßnahmen berechtigt (vgl auch *Uhlenbruck* in: *Graf-Schlicker/Maus/Uhlenbruck*, Die Unternehmensinsolvenz nach der InsO Rn 46; *Stephan* NZI 1999, 104, 105; FK-*Schmerbach* § 21 Rn 25). Der Gutachterauftrag ist zunächst auf die Frage zu beschrän-

ken, welche Sicherungsmaßnahmen notwendig sind. Für die Anordnung genügt es, wenn der Gutachter mündlich mitteilt, dass bestimmte Maßnahmen erforderlich sind.

III. Generalklausel in § 21 Abs 1

Nach § 21 Abs 1 hat das Insolvenzgericht alle Maßnahmen zu treffen, die erforderlich erscheinen, um bis zur Entscheidung über den Antrag eine den Gläubigern nachteilige Veränderung in der Vermögenslage des Schuldners zu verhüten. § 21 Abs 2 zählt nur einzelne Sicherungsmaßnahmen auf, die jedoch keineswegs Anspruch auf Vollständigkeit erheben können. Die Generalklausel des § 21 Abs 1 umfasst **sämtliche Sicherungsmaßnahmen**, die geeignet und erforderlich sind, um eine Minderung der Befriedigungschancen der Gläubiger zu verhindern. Zulässig ist zB die Anordnung spezieller oder „besonderer" Verfügungsbeschränkungen, die lediglich auf einzelne Gegenstände des Schuldnervermögens beschränkt sind (KS-*Gerhardt* S 200 Rn 16). So kann das Insolvenzgericht bei Bestellung eines vorläufigen Insolvenzverwalters mit Zustimmungsvorbehalt zusätzlich der Schuldnerin ein auf den Abschluss von Kredit- und Sicherungsverträgen beschränktes Verfügungsverbot auferlegen, so dass die Verwaltungs- und Verfügungsbefugnis für diesen Teilbereich auf den vorläufigen Verwalter übertragen wird (AG Hof v 29. 9. 1999, NZI 2000, 37). Nach Auffassung des AG Hof ist die Anordnung eines **beschränkten Verfügungsverbots** dann zur Werterhaltung erforderlich, wenn ein dringender Liquiditätsbedarf vorliegt, die Schuldnerin diese Mittel nicht durch eigenes Handeln erhalten kann und die beteiligten Kreditinstitute die Bereitschaft zeigen, mit dem vorläufigen Verwalter ein entsprechendes Rechtsgeschäft abzuschließen. Besondere **Verfügungsverbote** fallen nicht unter die Rechtsfolgenregelung des § 24 und lösen kein absolutes Verfügungsverbot aus (KS-*Gerhardt* S 200 f Rn 16; N/R/*Mönning* § 21 Rn 61; K/U § 106 KO Rn 4; str aA MüKoInsO-*Haarmeyer* § 21 Rn 59 ff). Ein Verfügungsverbot hinsichtlich einzelner Gegenstände des Schuldnervermögens führt nur zu einem **relativen Verfügungsverbot** iSv §§ 135, 136. Bei Verstoß gegen ein derartiges Verbot ist gutgläubiger Erwerb nach Maßgabe des § 135 Abs 2 BGB möglich (KS-*Gerhardt* S 201 Rn 16). Kritisch zur Anordnung von besonderen Verfügungsbeschränkungen, weil zu schwerfällig, kaum praktikabel und mit einem hohen Risikopotential behaftet, N/R/*Mönning* (§ 21 Rn 66). Anders als bei der generellen Zustimmungsbefugnis nach § 21 Abs 2 Nr 2 kann das Gericht Verfügungen des Schuldners über bestimmte, besonders wichtige Gegenstände von der Zustimmung des vorläufigen Verwalters abhängig machen (KS-*Gerhardt* S 201 Rn 17).

Zweifelhaft ist, ob zu diesen Maßnahmen auch die **Durchsuchung** bei einem am Insolvenzverfahren **nicht unmittelbar beteiligten Dritten** gehört, wenn der Verdacht von Vermögensverschiebungen besteht und eine Verfahrenseröffnung nur bei Aufdeckung dieser Verschiebungen möglich ist (so **AG** Gelsenkirchen v 29. 8. 1997, ZIP 1997, 2092 = EWiR 1997, 1097 [*Vallender*]; K/P/B/*Pape* § 21 Rn 44).

Zu den verfahrenssichernden Maßnahmen gehören ua auch die **Durchsuchung der Wohn- und Geschäftsräume** des Schuldners (LG Göttingen v 12. 4. 2007 – 10 T 10/07, NZI 2007, 353; LG Mainz v 3. 5. 2001, NZI 2001, 384; LG Mainz v 3. 5. 2000 NZI 2001, 384) sowie die Beschlagnahme von Geschäftsunterlagen (K/P/B/*Pape* § 21 Rn 44). Nach N/R/*Mönning* (§ 21 Rn 77, 78) bedarf es für das Betreten der Wohnung des Schuldners eines zusätzlichen Durchsuchungsbefehls, während die Geschäftsräume vom vorläufigen Verwalter ohne gerichtliche Ermächtigung jederzeit betreten werden dürfen. Die Durchsuchung der Privaträume eines GmbH-Geschäftsführers im Insolvenzeröffnungsverfahren ist dann statthaft, wenn konkrete Anhaltspunkte dafür bestehen, dass sich dort Geschäftsunterlagen der Schuldnerin befinden (**AG** Göttingen v 26. 7. 1999, EzInsR § 21 Nr 5). Zulässige Maßnahmen sind auch die Siegelung von Räumen, Behältnissen und Gebäuden. Besteht die Gefahr, dass der Schuldner oder sein organschaftlicher Vertreter sich ins Ausland absetzt, ist der **Einzug des Reisepasses** oftmals eine notwendige Sicherungsmaßnahme (*Gottwald/Uhlenbruck* InsRHdb § 14 Rn 23).

Zulässig ist auch die Anordnung **spezieller Zustimmungsvorbehalte,** dh die Anordnung, dass der Schuldner oder das Schuldnerunternehmen über bestimmte Vermögensgegenstände nur mit Zustimmung des vorläufigen Verwalters verfügen darf (N/R/*Mönning* § 21 Rn 64, 65; FK-*Schmerbach* § 21 Rn 268; *Gerhardt* ZZP 109 [1996], 415, 423). Zulässig ist ferner die Anordnung einer **vorläufigen Kontensperre** (H/W/F Hdb 3/227; FK-*Schmerbach* § 21 Rn 270). Die einstweilige Kontensperre, die auch als **Verrechnungsverbot** verhängt werden kann, soll verhindern, dass sich im Eröffnungsverfahren die Bank durch Verrechnungen mit Eingängen auf debitorischen Schuldnerkonten noch Befriedigung verschafft.

Im Rahmen des **Verbraucherinsolvenzverfahrens** kommt ebenfalls der Erlass eines Verrechnungsverbots an das Kreditinstitut in Betracht, bei dem der Schuldner sein Gehaltskonto führt. Hierdurch wird verhindert, dass die Bank Zahlungsgutschriften auf dem Konto des Schuldners mit einem Debetsaldo verrechnet (vgl *Nobbe*, Das Girokonto in der Insolvenz, in: *Prütting* (Hrsg), RWS-Forum 9, 1996, S 99 ff; FK-*Grote* § 306 Rn 14). Das hat nichts mit der Zulässigkeit von Verrechnungen auf Schuldnerkonten im Eröffnungsverfahren zu tun (zur Zulässigkeit BGH v 24. 10. 1996, WM 1996, 2250 = ZIP 1996, 2080; **BGH** v 4. 6. 1998, ZIP 1998, 1319; **BGH** v 25. 2. 1999, ZIP 1999, 665, 666; *Ganter*, Die neue Insolvenzordnung, Bankrechtstag 1999, S 27, 36 ff). Selbst wenn die Aufrechnung in der Eröffnungsphase künftig nur noch mit der Insolvenzanfechtung bekämpft werden kann, wird man es dem Gericht im Rahmen der Sicherungsmaßnahmen nicht verwehren können, entweder die Einbuchung der

Gutschriften auf dem debitorischen Schuldnerkonto oder Verrechnungen zu untersagen (FK-*Schmerbach* § 21 Rn 270).

Das Insolvenzgericht ist berechtigt, gem § 21 Abs 1 die Wohn- und Geschäftsräume des Schuldners zu schließen (FK-*Schmerbach* § 21 Rn 277). Ein **Ausreiseverbot** kann in den Bundespersonalausweis eingetragen werden (vgl FK-*Schmerbach* § 21 Rn 277). Das Gericht kann zugleich auch anordnen, dass sich der Schuldner oder der organschaftliche Vertreter des Schuldnerunternehmens nur mit **gerichtlicher Erlaubnis von seinem Wohnsitz entfernen** darf (FK-*Schmerbach* § 21 Rn 278), oder einen Hausarrest verhängen (FK-*Schmerbach* § 21 Rn 278).

Das Insolvenzgericht kann auf der Grundlage des § 4 auch zulässige **Hilfstätigkeiten** durch einen Gerichtsvollzieher anordnen, mit der die **Sicherungsaufgaben des vorläufigen Insolvenzverwalters** gem § 22 Abs 2 S 2 Nr 1 **gefördert werden** (BGH v 17. 1. 2008 – IX ZB 41/07, ZIP 2008, 476). Dazu zählt zB die Anweisung, die Wohn- und Geschäftsräume des Schuldners nach verfahrensrelevanten Unterlagen zu durchsuchen (§ 759 Abs 1, § 883 Abs 1 ZPO). **Mitbewohner des Schuldners** haben solche Anordnungen zu dulden (§ 4 iVm § 758a Abs 3 S 1 ZPO).

IV. Einzelne Verfügungsbeschränkungen (§ 21 Abs 2)

11 Während § 21 Abs 1 dem Gericht erlaubt, nach seinem pflichtgemäßen Ermessen einzelne Sicherungsmaßnahmen gegen den Schuldner zu verhängen, um eine vorzeitige Zerschlagung der Haftungsmasse und Vollstreckungen der Gläubiger zu verhindern, werden in § 21 Abs 2 einzelne Maßnahmen vom Gesetz besonders herausgestellt. In § 21 Abs 2 werden nur die wichtigsten Sicherungsmaßnahmen aufgezählt, die in der Praxis besondere Bedeutung erlangen (eingehend MüKoInsO-*Haarmeyer* § 21 Rn 45 ff); die Vorschrift ist nicht abschließend. Zu beachten ist, dass die Rechtsfolgen der Sicherungsmaßnahmen, vor allem die Rechtsstellung des vorläufigen Insolvenzverwalters, in den §§ 22, 24 eine nähere Ausprägung erfahren haben. Die Vorschrift des **§ 91** findet bei Anordnung von Sicherungsmaßnahmen gem § 21 Abs 2 Nrn 2 und 3 auch im Hinblick auf das Interesse eines umfassenden Schutzes der künftigen Insolvenzmasse vor nachteiligen Veränderungen entsprechend im Eröffnungsverfahren keine Anwendung. Insbesondere steht sie in diesem Zeitraum nicht der **Entstehung gesetzlicher Pfandrechte** entgegen (BGH v 14. 12. 2006 – IX ZR 102/03, NZI 2007, 158 aA N/R/*Mönning* § 21 Rn 51). Die InsO enthält keine Regelung, welche eine sonstigen, nicht auf Verfügungen des Schuldners oder Vollstreckungsmaßnahmen für einen Gläubiger beruhenden Rechtserwerb im Eröffnungsverfahren ausschließt. Eine erweiternde Auslegung der §§ 24, 91 scheidet schon angesichts des eindeutigen Wortlauts dieser Vorschriften aus. Mangels Vorliegen einer planwidrigen Regelungslücke kommt eine Analogie nicht in Betracht (**BGH** aaO).

12 **1. Bestellung eines vorläufigen Insolvenzverwalters (§ 21 Abs 2 Nr 1).** Die Bestellung des vorläufigen Insolvenzverwalters durch das Insolvenzgericht gem § 21 Abs 2 Nr 1 ist ebenso wie die frühere Sequestration (§ 106 KO) das „legitime Einfallstor" für ein Insolvenzverfahren (*W. Gerhardt,* FS Einhundert Jahre KO S 116; *Vallender* DZWIR 1999, 265; zu den Schwerpunkten in der Abwicklungstätigkeit des vorläufigen Insolvenzverwalters siehe *Titz/Tötter* ZInsO 2006, 976; *Heyn* ZInsO 2006, 980). § 21 Abs 2 Nr 1 regelt mit Ausnahme des Zustimmungsvorbehalts in § 21 Abs 2 Nr 2 nur die **formelle Bestellung**, Aufsicht, Entlassung, Haftung und Vergütung des vorläufigen Insolvenzverwalters. Die **Aufgaben und Pflichten** des vorläufigen Insolvenzverwalters sind dagegen in § 22 normiert. Deshalb soll im Folgenden auch lediglich auf die in § 21 Abs 2 Nr 1 verwiesenen Vorschriften kurz eingegangen werden, während die Pflichten des vorläufigen Insolvenzverwalters zu § 22 abzuhandeln sind. Hier ist nur festzustellen, dass der sogen „schwache" vorläufige Insolvenzverwalter nicht berechtigt ist, **Masseverbindlichkeiten** zu begründen (BGH v 18. 7. 2002 – IX ZR 195/01, NZI 2002, 543; OLG Köln v 29. 6. 2001 ZIP 2001, 1422 = ZInsO 2001, 762; LG Leipzig v 30. 8. 2001 ZIP 2001, 1778; AG Leipzig v 4. 9. 2001 ZIP 2001, 1780). Im Übrigen kann hinsichtlich der **Voraussetzungen der Bestellung eines vorläufigen Verwalters** auf die Ausführungen zu § 21 Abs 1 verwiesen werden, denn auch die Maßnahmen nach § 21 Abs 2 setzen (grundsätzlich) voraus, dass der Insolvenzantrag zugelassen worden ist (OLG Köln ZIP 1988, 664), dass die Haftungsmasse vor schädigenden Handlungen des Schuldners oder eines Dritten geschützt werden muss und dass die Maßnahme erforderlich ist. Dabei ist dem Grundsatz der Verhältnismäßigkeit Rechnung zu tragen.

12a Das Insolvenzgericht kann die Bestellung eines vorläufigen Insolvenzverwalters nicht davon abhängig machen, dass die Kosten der vorläufigen Insolvenzverwaltung durch das schuldnerische Vermögen voraussichtlich gedeckt sind (HambKomm/*Schröder* § 21 Rn 37, aA AG Potsdam DZWIR 2004, 439). Bei **erkennbarer Masseunzulänglichkeit** sollte es jedoch von der Anordnung einer vorläufigen Insolvenzverwaltung absehen und statt dessen lediglich einen Gutachterauftrag erteilen (BGH v 22. 1. 2004 – IX ZB 123/03, NJW 2004, 1957 = NZI 2004, 245 m Anm *Vallender* EWiR 2004, 609). Hat das Gericht die vorläufige Insolvenzverwaltung angeordnet und erkennt der vorläufige Insolvenzverwalter, dass nicht einmal die Kosten der vorläufigen Insolvenzverwaltung gedeckt sind, ist er gehalten, „nicht zu Lasten der übrigen Beteiligten weiterzuwirtschaften" (BT-Drucks 12/2443 S 262). In einem solchen Fall ist er berechtigt und verpflichtet, seine Tätigkeit erst gar nicht aufzunehmen oder jedenfalls sofort wie-

IV. Einzelne Verfügungsbeschränkungen (§ 21 Abs 2) § 21

der einzustellen (BGH aaO Rn 27). Gerade in den Fällen, in denen er zugleich als Gutachter die vorhandene Vermögensmasse feststellen muss, wird er – im Regelfall – sehr schnell diese Kenntnis erhalten.

Handelt es sich um ein **Kleinverfahren** (Verbraucherinsolvenzverfahren) nach den §§ 304 ff, kommt die Einsetzung eines vorläufigen Insolvenzverwalters idR nicht in Betracht, wohl aber die **Bestellung eines vorläufigen Treuhänders** (BGH v 12. 7. 2007 – IX ZB 82/03, VuR 2007, 470; *Maier/Krafft* BB 1997, 2175; KS-*Uhlenbruck* S 327 Rn 3; HK-*Landfermann* § 306 Rn 11). Nach Meinung von *Grote* (bei *Kothe/Ahrens/Grote* § 306 Rn 13) kann auch im Rahmen des Verbraucherinsolvenzverfahrens nach § 306 Abs 2 eine vorläufige Insolvenzverwaltung angeordnet werden (krit *Wittig* WM 1998, 157, 163). Im vereinfachten Verfahren soll der vorläufige Verwalter allerdings nur die gem § 313 Abs 2, 3 eingeschränkten Befugnisse haben. Nach *Grote* (bei *Kothe/Ahrens/Grote* § 306 Rn 13) hat im Verbraucherinsolvenzverfahren der vorläufige Verwalter ua die Aufgabe, bei der Ergänzung fehlender Unterlagen oder bei der Erstellung oder Änderung des Schuldenbereinigungsplans zu helfen, wenn der Schuldner hierzu nicht in der Lage ist.

a) Auswahl und Bestellung des vorläufigen Insolvenzverwalters. § 21 Abs 2 Nr 1 verweist für die Bestellung eines vorläufigen Insolvenzverwalters auf § 56. Es muss sich somit auch beim vorläufigen Insolvenzverwalter um eine für den jeweiligen Einzelfall geeignete, insbesondere geschäftskundige und von den Gläubigern und dem Schuldner unabhängige natürliche Person handeln (KS-*Uhlenbruck* S 325, 327 f Rn 3; *Pohlmann*, Befugnisse Rn 72 ff; *Henssler*, Berufsrechtliche Tätigkeitsverbote für den Konkurs- und Insolvenzverwalter, RWS-Forum 9, S 165 ff; KS-*Mönning* S 375, 376 Rn 5; *Uhlenbruck* KTS 1998, 1 ff; *Kraemer* in: *Kraemer/Vallender/Vogelsang* Fach 2 Kap 6 Rn 183 ff; *Gottwald/Uhlenbruck* InsRHdb § 14 Rn 14; MüKoInsO-*Haarmeyer* § 22 Rn 18). Die Entscheidung über die Bestellung liegt beim Insolvenzgericht (*Vallender* DZWIR 1999, 265, 266). Art 3 Abs 1 GG vermittelt dem Bewerber um das Amt eines (vorläufigen) Insolvenzverwalters einen Rechtsanspruch auf fehlerfreie Ausübung des Auswahlermessens nach § 56 Abs 1 (**BVerfG** v 23. 5. 2006 – 1 BvR 253/04, NZI 2006, 453, 456 Rn 55). Ein Rechtsanspruch auf Bestellung besteht nicht (**BVerfG** aaO 454 Rn 30, 457 Rn 59). Die **Auswahlkriterien** richten sich nach § 56. Insoweit wird auf die dortige Kommentierung Bezug genommen. Zu beachten hat der Richter aber, dass der vorläufige Insolvenzverwalter regelmäßig auch der endgültige Verwalter wird. Bei der Auswahl des vorläufigen Insolvenzverwalters ist somit der gleiche Sorgfaltsmaßstab anzuwenden wie bei der Bestellung des endgültigen Verwalters. Die Nichtbestellung des vorläufigen Insolvenzverwalters als endgültiger Verwalter wird von der Verwalterschaft als Diskriminierung empfunden. Deshalb unterliegt der vorläufige Verwalter dem gleichen Anforderungsprofil wie der endgültige Insolvenzverwalter (*Vallender* DZWIR 1999, 265, 266; vgl auch *Uhlenbruck* KTS 1998, 1 ff u KTS 1989, 229 ff). 13

b) Entsprechende Anwendung der §§ 58–66. Entsprechend § 58 unterliegt der vorläufige Insolvenzverwalter der **Aufsicht des Insolvenzgerichts** (siehe BGH v 14. 4. 2005 – IX ZB 76/04, ZIP 2005, 865; OLG Stuttgart v 9. 5. 2007 – 4 U 204/06, NZI 2008, 102). Das Gericht kann somit jederzeit einzelne Auskünfte oder einen Bericht über den Sachstand und die Geschäftsführung von ihm verlangen, Letzteres aber nur, soweit ihm dies übertragen worden ist. Das Gericht hat die Tätigkeit des vorläufigen Verwalters **dauernd zu überwachen** und gegen Pflichtwidrigkeiten von Amts wegen einzuschreiten, notfalls mit Zwangsgeld (§ 58 Abs 2, 3). **Art und Umfang der gerichtlichen Aufsicht** orientieren sich an der Rechtsstellung des vorläufigen Verwalters. Ein Verwalter, dem die Verfügungsbefugnis über das Schuldnervermögen übertragen worden ist, unterliegt der gerichtlichen Aufsicht in gleichem Umfang wie der endgültige Verwalter. Ein vorläufiger Verwalter ohne Befugnisse oder nur mit Zustimmungsbefugnissen braucht nicht in gleichem Maße überwacht zu werden. Jedoch kann das Insolvenzgericht auch von ihm Auskünfte oder einen Sachstandsbericht verlangen (*Pohlmann* Befugnisse Rn 239). Auch beim vorläufigen Insolvenzverwalter hat das Gericht lediglich die **Rechtmäßigkeit der Maßnahmen** und Unterlassungen des vorläufigen Verwalters zu überprüfen. In Zweckmäßigkeitsfragen ist der vorläufige Verwalter ebenso frei wie der endgültige Verwalter. Nur pflichtwidrige oder offenbar insolvenzzweckwidrige Handlungen oder Unterlassungen kann das Insolvenzgericht beanstanden und Korrektur verlangen (*Pohlmann*, Befugnisse Rn 240; N/R/*Mönning* § 21 Rn 46, 47; *Kramer/Vallender/Vogelsang* Fach 2 Kap 6 Rn 194 ff; BerlKo-*Blersch* § 21 Rn 10). Gegen die eine insolvenzgerichtliche Weisung an den vorläufigen Insolvenzverwalter ablehnende Entscheidung ist kein Rechtsmittel gegeben (vgl **BGH** v 13. 6. 2006 – IX ZB 136/05, NZI 2006, 593). 14

Festzustellen ist, dass hinsichtlich der gerichtlichen Aufsichtspflicht im Eröffnungsverfahren **grundsätzlich strengere Anforderungen** zu stellen sind als im eröffneten Verfahren, denn in diesem Verfahrensstadium haben die Gläubiger noch keine Mitwirkungs- und Prüfungspflichten. Diese sind allein dem Insolvenzgericht übertragen, das die Gläubigerinteressen auch im Hinblick auf die notwendigen Sicherungsmaßnahmen und die Tätigkeit des vorläufigen Verwalters allein wahrzunehmen hat (*Pohlmann* Befugnisse Rn 231; K/U § 106 KO Rn 25; *Uhlenbruck/Delhaes* HRP Rn 355; *Vallender* DZWIR 1999, 265, 273). Einzelheiten in der Kommentierung zu § 22. Bei **Pflichtwidrigkeiten** des vorläufigen Insolvenzverwalters hat das Gericht nicht nur einzuschreiten; es ist vielmehr berechtigt, zur Erfüllung der Pflichten **Zwangsgelder** anzudrohen und gegen den vorläufigen Verwalter festzusetzen. Das einzelne Zwangsgeld darf den Betrag von 25.000,00 Euro nicht übersteigen. Mehrere, für dieselbe Pflichtverletzung verhängte Zwangsgelder können zusammengerechnet den Betrag von 25.000,00 Euro überschreiten (**BGH** v 14. 4. 2005 – IX ZB 76/04, ZIP 2005, 865). Art 103 Abs 3 GG steht dem nicht entgegen. Denn es handelt sich nicht um eine Strafe. Vielmehr entspricht die wiederholte Anwendung der Maßnahme deren Beugecharakter. Gegen den Zwangsgeldfestsetzungsbeschluss steht dem vorläufigen Verwalter die sofortige Beschwerde zu (§§ 21 Abs 2 Nr 1, 58 Abs 2 S 3).

Aus **wichtigem Grund** kann das Insolvenzgericht entspr § 59 Abs 1 den vorläufigen Insolvenzverwalter **entlassen** (näher dazu **BGH** v 8. 12. 2005 – IX ZB 308/04, NZI 2006, 158; siehe ferner die Kommentierung zu § 59). Die Entlassung kann entweder auf **Antrag des Verwalters** oder **von Amts wegen** erfolgen (FK-*Schmerbach* § 21 Rn 83; *Pohlmann*, Befugnisse Rn 244; *Vogelsang* in: *Kraemer/Vallender/Vogelsang* Fach 2 Kap 6 Rn 197). Dem Schuldner steht ein Antragsrecht nicht zu (**BGH** v 2. 3. 2006 – IX ZB 225/04, NZI 2006, 474). Die Entlassung aus dem Amt von Amts wegen ist nur zulässig, wenn die Erfüllung der Verwalterpflichten nicht mit den Mitteln des § 58 Abs 2 durchgesetzt werden kann. Neben Verhinderungen aus persönlichen Gründen, wie zB durch schwere Krankheit, kommen als Entlassungsgründe vor allem unredliche Zusammenarbeit des vorläufigen Verwalters mit bestimmten Gläubigern oder Gläubigergruppen in Betracht oder strafbare Handlungen (vgl *Pohlmann*, Befugnisse Rn 245; *Gottwald/Uhlenbruck* InsRHdb § 14 Rn 115; K/P/B/*Pape* § 22 Rn 44; *Vallender* DZWIR 1999, 265, 274; HK-*Kirchhof* § 22 Rn 43). Die Entlassung wegen vorgeworfener Pflichtverletzungen setzt voraus, dass die Tatsachen, die den Entlassungsgrund bilden, **zur vollen Überzeugung** des Insolvenzgerichts **nachgewiesen** sind (**BGH** v 8. 12. 2005 – IX ZB 308/04, NZI 2006, 158).

15   Ein **wichtiger Grund zur Entlassung** ist auch die Ungeeignetheit des vorläufigen Insolvenzverwalters. So zB, wenn er außerstande ist, im Einzelfall die Aussichten für eine Fortführung des Unternehmens zu prüfen und zu beurteilen. Allein der „böse Schein" einer nicht ordnungsgemäßen vorläufigen Verwaltung rechtfertigt die Entlassung nicht (*Vallender* DZWIR 1999, 265, 274). Allerdings ist das Gericht bei Vorliegen entsprechender Anhaltspunkte für Verfehlungen des vorläufigen Verwalters verpflichtet, diesen nachzugehen (*Pohlmann*, Befugnisse Rn 246; *Pape* EWiR 1993, 1203, 1204; *Vallender* DZWIR 1999, 265, 274). Die Entlassung des vorläufigen Verwalters aufgrund bloßer Verdachtsmomente oder unsubstantiierter Beschuldigungen seitens der Gläubiger oder sonstiger Dritter ist unzulässig (**LG Halle** ZIP 1993, 1739; *Pohlmann*, Befugnisse Rn 246; *Uhlenbruck* KTS 1989, 229, 249; *Gottwald/Uhlenbruck* InsRHdb § 14 Rn 115; KS-*Uhlenbruck* S 325, 366 Rn 44; str aA *Carl* DZWIR 1994, 78, 80). Nach Ansicht des **AG** Flensburg (v 8. 4. 2003 – 56 IN 60/03, ZIP 2003, 920) kommt eine Entlassung des vorläufigen Insolvenzverwalters von Amts wegen in Betracht, wenn von den Großgläubigern Zweifel an der Neutralität des bestellten Verwalters geäußert werden und deshalb zu erwarten ist, dass die erste Gläubigerversammlung nach Verfahrenseröffnung ohnehin einen anderen Verwalter bestellt. Diese Auffassung ist zu weitgehend. Sie berücksichtigt nicht hinreichend, dass § 57 S 2 auf eine Kopf- und Summenmehrheit abstellt. Allein der Umstand, dass bei der Abstimmung eine Summenmehrheit zu erwarten ist, rechtfertigt die Maßnahme nicht.

Ein wichtiger Grund für die Abberufung des vorläufigen Insolvenzverwalters kann auch seine **fehlende Haftungsbonität** sein (*Pohlmann*, Befugnisse Rn 247). Der Gesetzgeber hat die Vorschrift des § 78 Abs 2 KO (§ 65 Abs 2 RegE InsO) nicht in die InsO aufgenommen. Auch wenn der Rechtsausschuss eine solche Regelung für verzichtbar hielt, ist das berechtigte Interesse der Gläubiger an einem zahlungskräftigen potentiellen Schadenersatzschuldner nicht zu verkennen. Dies gilt insbesondere deswegen, weil sich die Gläubiger gegen die Einsetzung eines vorläufigen Insolvenzverwalters nicht zur Wehr setzen können (vgl § 6 Abs 1; *Pohlmann* Befugnisse Rn 79). Das Gericht ist zwar nicht mehr befugt, dem vorläufigen Verwalter eine **Sicherheitsleistung** aufzuerlegen. Andererseits aber kann die Bestellung oder die Beibehaltung als vorläufiger Verwalter von dem **Nachweis einer ausreichenden Haftpflichtversicherung** abhängig gemacht werden (vgl auch *Pohlmann* Befugnisse Rn 80). Die allgemeine Berufshaftpflichtversicherung eines Anwalts, Wirtschaftsprüfers oder Steuerberaters reicht idR nicht aus. Liegen Anhaltspunkte für eine Haftung des Verwalters nach den §§ 21 Abs 2 Nr 1, 60, 61 vor, wird man das Gericht für berechtigt ansehen müssen, den Verwalter aufzufordern, eine hinreichende Absicherung im Hinblick auf seine mögliche Haftung nachzuweisen, zB den Abschluss einer entsprechenden Berufshaftpflichtversicherung, die auch die Tätigkeit als vorläufiger Insolvenzverwalter abdeckt (*Pohlmann*, Befugnisse Rn 247). Bestehen wegen fehlender oder nicht ausreichender Haftpflichtversicherung oder mangels sonstiger Sicherheiten vor allem in haftungsträchtigen Eröffnungsverfahren begründete Zweifel an der Zahlungsfähigkeit des Verwalters für den Fall einer haftungsrechtlichen Inanspruchnahme, ist das Insolvenzgericht nicht nur berechtigt, sondern gehalten, den Verwalter im Interesse der Gläubiger zu entlassen (*Pohlmann* Befugnisse Rn 247). Die **fehlende Haftungsbonität** ist ein **wichtiger Entlassungsgrund** iSv § 59 Abs 1 S 1. Einzelheiten zur Haftung des vorläufigen Insolvenzverwalters entsprechend §§ 60, 61, zur Vergütungsfestsetzung und zur Höhe der Vergütung sowie zur Rechnungslegung in der Kommentierung zu § 22.

16   **c) Zustellungen durch den vorläufigen Insolvenzverwalter.** Nach § 21 Abs 2 Nr 1 findet auch für den vorläufigen Insolvenzverwalter die Vorschrift des § 8 Abs 3 entsprechende Anwendung. Das Insolvenzgericht kann somit den vorläufigen Verwalter beauftragen, die Zustellungen bereits im Eröffnungsverfahren durchzuführen. Diese Regelung ändert nichts daran, dass die Zustellungen **von Amts wegen** zu

IV. Einzelne Verfügungsbeschränkungen (§ 21 Abs 2) § 21

erfolgen haben (K/P/B/*Prütting* § 8 Rn 7; MüKoInsO-*Ganter* § 8 Rn 32–34). Die Auswahl der gebotenen Art der Zustellung kann entweder dem pflichtgemäßen Ermessen des Verwalters überlassen oder vom Gericht angeordnet werden. Zu den einzelnen Arten der Zustellung und den Zustellungsarten nach dem am 1. 7. 2002 in Kraft getretenen ZustellungsreformG v 25. 6. 2001 (BGBl I, 1206) vgl die Kommentierung zu § 8. Die Frage, ob der vorläufige Insolvenzverwalter die ihm aufgrund der Übertragung der Zustellungen nach § 8 Abs 3 entstandenen Zustellungskosten neben der Auslagenpauschale (§ 8 Abs 3 InsVV) geltend machen kann, ist umstritten (zum Meinungsstand siehe die Nachweise bei BGH v 21. 12. 2006 – IX ZB 129/05, ZIP 2007, 440, 441). Nach Auffassung des Bundesgerichtshofs (aaO 441) sind entstehende Sachkosten nach § 4 Abs 2 InsVV gesondert zu erstatten, und zwar neben der allgemeinen Auslagenpauschale. In der Praxis hat sich die Vorschrift des § 8 Abs 3 für die vorläufigen Insolvenzverwalter besonders nachteilig ausgewirkt, wenn es später nicht zur Verfahrenseröffnung kommt und die Kosten aus der Masse gem § 25 Abs 2 aus dem verwalteten Vermögen nicht berichtigt werden können. Das Gericht verletzt seine „Fürsorgepflicht" gegenüber dem Verwalter, wenn es ihn mit kostenaufwändigen Zustellungen im Eröffnungsverfahren betraut, obgleich bekannt ist, dass diese Kosten aus dem Schuldnervermögen oder einem Massekostenvorschuss nicht oder nicht in voller Höhe berichtigt werden können. Angesichts der Tatsache, dass der vorläufige Insolvenzverwalter ohnehin wegen seiner Vergütung und seiner Auslagen nicht abgesichert ist (s **BGH** v 22. 1. 2004 – IX ZB 123/03, NZI 2004, 245), weil der Gesetzgeber sich geweigert hat, diese Kosten in das KostVerz aufzunehmen, wird man das Gericht nur dann für befugt halten dürfen, den vorläufigen Verwalter mit Zustellungen zu beauftragen, wenn die Kosten dieser Zustellungen gedeckt oder auf sonstige Weise gesichert sind.

2. Allgemeines Verfügungsverbot (§ 21 Abs 2 Nr 2). Als besonders effizient kann sich in der Praxis 17 die Anordnung eines allgemeinen Verfügungsverbots erweisen. Sinn und Zweck des allgemeinen Verfügungsverbots ist die **umfassende Sicherung der Insolvenzmasse** für den Fall der Eröffnung (vgl KS-*Gerhardt* S 193, 194 Rn 3; *Braun/Uhlenbruck* Unternehmensinsolvenz S 263; MüKoInsO-*Haarmeyer* § 21 Rn 54; *Fritsche* DZWIR 2002, 1 ff). Da ein **vom Schuldner erteilter Überweisungsauftrag** nicht per se auf Grund einer Verfügungsbeschränkung unwirksam wird, bleibt die Bank selbst nach Kenntnis des allgemeinen Verfügungsverbots zur Überweisung verpflichtet, wenn der Überweisungsauftrag zustande gekommen und ein Guthaben vorhanden ist. Etwas anderes gilt auch nicht bei einem debitorischen Konto. In einem solchen Fall ist der Bank anzuraten, die Überweisung schon aus wirtschaftlichen Gründen nicht durchzuführen und den Überweisungsauftrag zu kündigen. Vor diesem Hintergrund sollte der **vorläufige Insolvenzverwalter** mit Verwaltungs- und Verfügungsbefugnis zur Sicherung der künftigen Masse den **Überweisungsauftrag** vor Ausführungsfrist **kündigen** (*Hippel/Schneider* NZI 2006, 177, 178). Nach Ablauf der Ausführungsfrist kann er nur dann kündigen, wenn die Kündigungsmitteilung, die durch das überweisende Kreditinstitut zu veranlassen ist, dem Kreditinstitut des Begünstigten zu dem Zeitpunkt mitgeteilt wird, in dem der Überweisungsauftrag diesem endgültig zur Gutschrift auf dem Konto des Begünstigten zur Verfügung gestellt wird (§ 676a Abs 4 BGB). Solange die Bank den Überweisungsauftrag nicht angenommen hat, ist sie ebenfalls zur Kündigung befugt (§ 676a Abs 3 BGB).

Der Beschluss, durch den das allgemeine Verfügungsverbot angeordnet wird, ist gem § 23 Abs 1 S 1 17a **öffentlich bekannt zu machen**. Die Rechtswirkungen richten sich nach § 24. Bei einem Verstoß gegen das Verfügungsverbot gelten die §§ 81, 82 entsprechend (§ 24 Abs 1). Vom Verfügungsverbot erfasst sind sämtliche Vermögensgegenstände, die im Falle der Verfahrenseröffnung zur Insolvenzmasse iSv § 35 gehören würden (KS-*Gerhardt* S 194 Rn 3). Das allgemeine Verfügungsverbot iSv § 21 Abs 2 Nr 2 ist ein **absolutes Verfügungsverbot**, wie sich aus §§ 24, 81, 82 ergibt. Die §§ 135, 136 BGB finden keine Anwendung. Verfügungen des Schuldners, die gegen ein gem Abs 2 S 2 angeordnetes allgemeines Verfügungsverbot oder einen allgemeinen Zustimmungsvorbehalt verstoßen, sind gem §§ 24 Abs 1, 81 Abs 1 **absolut (schwebend) unwirksam gegenüber jedermann** (BGH v 19. 1. 2006 – IX ZR 232/04, Rn 15, NJW 2006, 1286 = NZI 2006, 224).

Die absolute Wirkung wird nur durch den **Verfahrenszweck begrenzt** (vgl KS-*Gerhardt* S 212 Rn 38). Das Verfügungsverbot kann nicht weiter gehen, als es der Schutz der Insolvenzmasse erfordert (vgl auch *W. Gerhardt* FS Einhundert Jahre Konkursordnung, 1977 S 111; *ders* in: KS S 194 Rn 4; N/R/*Mönning* § 21 Rn 49). Das allgemeine Verfügungsverbot wird schon **mit dem Erlass**, nicht dagegen erst mit Zustellung an den Schuldner bzw das Schuldnerunternehmen **wirksam** (BGH v 8. 12. 1994, ZIP 1995, 40 = EWiR 1995, 57 [*Uhlenbruck*]; **BGH** v 19. 9. 1996, ZIP 1996, 1909; **OLG** Köln ZIP 1995, 1684; **LG** Düsseldorf ZIP 1996, 1390; KS-*Uhlenbruck* S 325, 334 Rn 9; K/P/B/*Pape* § 21 Rn 21; *Braun/Uhlenbruck* Unternehmensinsolvenz S 263; str aA **BAG** v 17. 6. 1997, ZIP 1998, 33). Einzelheiten unten zu V. 6. Auch wenn es sich bei dem Erlass eines allgemeinen Verfügungsverbots (Veräußerungsverbots) um eine besonders effiziente Sicherungsmaßnahme handelt, stellt sie auch 10 Jahre nach Inkrafttreten der InsO im Hinblick auf die Rechtsfolgen des § 55 Abs 2 und die Haftungsgefahren nach §§ 60, 61 nach wie vor die Ausnahme dar.

a) Zwingende vorläufige Insolvenzverwaltung. In der Literatur wird die Auffassung vertreten, bei 18 Anordnung eines allgemeinen Verfügungsverbots sei zwingend ein vorläufiger Insolvenzverwalter zu

Vallender

bestellen, damit während des Eröffnungsverfahrens ein Verfügungsberechtigter hinsichtlich des Schuldnervermögens vorhanden ist. Eine Sondermasse ohne Verfügungsberechtigten gebe es nicht (*Jaeger/ Gerhardt* § 21 Rn 18; KS-*Gerhardt* S 196 Rn 8; K/P/B/*Pape* § 23 Rn 1; W. *Gerhardt* ZZP 109 [1996], 415, 419; N/R/*Mönning* § 21 Rn 53 u § 22 Rn 39). Nach anderer Meinung ist das Gericht zur Bestellung eines vorläufigen Verwalters nicht verpflichtet, sondern entscheidet nach pflichtgemäßem Ermessen (so **OLG** Jena NZI 2000, 271; FK-*Schmerbach* § 21 Rn 65, 66). Nach BerlKo-*Blersch* (§ 21 Rn 25) ist zur Vermögenssicherung zunächst ein allgemeines Verfügungsverbot zu verhängen und sodann zu klären, ob eine zusätzliche Anordnung der vorläufigen Insolvenzverwaltung erforderlich ist (vgl auch HK-*Kirchhof* § 21 Rn 21). Nach **AG** Göttingen (v 17. 5. 1999, NZI 1999, 330) kann von der Bestellung eines vorläufigen Verwalters trotz Anordnung eines allgemeinen Verfügungsverbots jedenfalls dann abgesehen werden, wenn das Schuldnerunternehmen einen laufenden Geschäftsbetrieb nicht mehr unterhält. In der Tat kann es vor allem bei voraussichtlich masselosen Verfahren angebracht sein, zunächst einmal ein allgemeines Verfügungsverbot zur Sicherung etwaiger Masse zu verhängen, ohne die Verfügungsbefugnis auf einen vorläufigen Insolvenzverwalter zu übertragen. Dies kann zB zweckmäßig sein im **Nachlassinsolvenzverfahren,** wenn Nachlassverwaltung oder Testamentsvollstreckung angeordnet worden ist, oder bei einer **GmbH & Co KG,** wenn diese ihre geschäftliche Tätigkeit eingestellt hat und kein Handlungsbedarf hinsichtlich der geschäftsführenden Komplementär-GmbH besteht. In diesen Fällen kann trotz Anordnung eines allgemeinen Verfügungsverbots auf die Bestellung eines vorläufigen verfügungsberechtigten Verwalters verzichtet werden, da weder laufende Geschäfte zu führen noch Forderungen einzuziehen sind. Soweit der Schuldner einen Geschäftsbetrieb nicht mehr unterhält und auch im Übrigen keine geschäftlichen Vorgänge mehr abzuwickeln sind, besteht nach Auffassung von *Vallender* (DZWIR 1999, 265, 266) für die Bestellung eines vorläufigen Insolvenzverwalters grundsätzlich kein Raum. Gläubigerschädigende Handlungen könnten in einem solchen Fall **durch spezielle Verfügungsverbote** nach § 21 Abs 1 unterbunden werden.

Auch bei einem **Schuldnerantrag auf Eigenverwaltung** soll nach *Grub* (ZIP 1993, 393, 396) ein vorläufiger Insolvenzverwalter nicht bestellt werden bzw nur ein solcher ohne Verfügungsbefugnis (vgl auch FK-*Schmerbach* § 21 Rn 68–72). Einen **vorläufigen Sachwalter** bei Insolvenzanträgen mit Antrag auf Anordnung der Eigenverwaltung sieht das Gesetz nicht vor (*Uhlenbruck* NZI 2001, 632). Sicherungsmaßnahmen nach § 21 Abs 2 Nr 1 sollten dem Insolvenzrichter eine sachgemäße Entscheidung über den Insolvenzantrag ermöglichen. Auch dieser Auffassung kann nur begrenzt gefolgt werden. Selbst in Fällen der Betriebsstilllegung vor Verfahrenseröffnung kann die Einsetzung eines vorläufigen Insolvenzverwalters mit Verwaltungs- und Verfügungsbefugnis notwendig sein, wenn es gilt, zB eine **Prozessunterbrechung** nach § 240 S 2 ZPO herbeizuführen (vgl **OLG** Naumburg v 3. 4. 2003 – 8 WF 42/03, ZInsO 2003, 664). Diese setzt voraus, dass das anhängige Verfahren die Insolvenzmasse betrifft. Eine nur wirtschaftliche Beziehung zur Masse reicht nicht aus (**BGH** v 22. 6. 2004 – X ZB 40/02, WM 2005, 1251). Zudem ist für das Insolvenzgericht im Eröffnungsstadium oft nicht erkennbar, welche Verfügungen im speziellen Einzelfall zu untersagen oder von der Zustimmung des vorläufigen Verwalters abhängig zu machen sind (FK-*Schmerbach* § 21 Rn 68). Wegen der mit den mangelnden Kenntnissen von der Vermögenssituation des Schuldnerunternehmens verbundenen Haftungsgefahren ist deshalb im Zweifel ein **allgemeines Verfügungsverbot** anzuordnen, auch wenn einstweilen von der Bestellung eines verfügungsberechtigten vorläufigen Verwalters wegen der Gefahr einer Masselosigkeit und der Haftung nach §§ 21 Abs 2 Nr 1, 61 Abstand genommen wird. Letztlich bedeutet die Bestellung eines vorläufigen Verwalters mit Zustimmungsvorbehalt nichts anderes, als dass der Schuldner verfügungsberechtigt bleibt, jedoch die Wirksamkeit von Verfügungen von der **Zustimmung des vorläufigen Insolvenzverwalters** abhängig gemacht ist. Insoweit entsteht also keine Situation, in der ein Verfügungsbefugter nicht existiert.

19 b) **Vorausverfügungen des Schuldners.** Für den Anwendungsbereich der Konkursordnung wurde überwiegend die Auffassung vertreten, dass Vorausverfügungen des Schuldners mit der Anordnung des allgemeinen Verfügungsverbotes die Wirksamkeit verlieren (**OLG** Hamm ZIP 1995, 140; **OLG** Koblenz ZIP 1984, 164; W. *Gerhardt* FS *Zeuner* S 353, 357; *ders* ZIP 1982, 1, 8; *ders* in: KS § 196 Rn 9; *Jaeger/Henckel* § 7 KO Rn 42). Deshalb können nach zutreffender Feststellung von KS-*Gerhardt* (S 196 Rn 9). Forderungen, die erst nach Erlass des Verfügungsverbots entstehen, von Vorausverfügungen insbesondere in Gestalt von **Globalzessionen,** nicht mehr erfasst werden. Maßgeblich sei insoweit die Entstehung der im Voraus abgetretenen Forderung. In seinem Urteil v 20. 3. 1997 (BGHZ 135, 140 = ZIP 1997, 737) hat der **BGH** allerdings für einen Fall der Pfändung durch das Finanzamt anders entschieden. Nach Verhängung eines allgemeinen Verfügungsverbots durch das Gericht waren auf dem bis dahin debitorisch geführten Schuldnerkonto Zahlungseingänge erfolgt und ein positiver Saldo entstanden. Der **BGH** hat dem Finanzamt als Pfändungspfandgläubiger den Anspruch auf das Guthaben zugestanden mit der Begründung, eine Pfändung könne nicht anders behandelt werden als eine Vorausabtretung des künftigen Kontoguthabens. Eine Vorausabtretung bleibe aber trotz der zwischenzeitlichen Anordnung der Sequestration und des Verfügungsverbots wirksam. Die Entstehung der abgetretenen Forderung gehöre nicht zum Übertragungstatbestand. Die Entscheidung hat im Schrifttum teilweise Zustimmung (*Marotzke* JR 1998, 31; *Stürner/Bormann* LM KO § 106 Nr 16; *Bode* WuB VI B. § 37 KO 1.97;

Henckel EWiR 1997, 943), aber auch strikte Ablehnung (vgl *Eckardt* ZIP 1997, 957 ff; *Häsemeyer* ZZP 111 [1998], 83 ff; FK-*Schmerbach* § 24 Rn 8) erfahren. Der **BGH** hat in seiner Entscheidung vom 20. 3. 1997 (BGHZ 135, 140 = ZIP 1997, 737) darauf hingewiesen, dass § 110 Abs 1 und 2 InsO inhaltlich die Regelung des § 21 Abs 2 KO übernommen hat. § 114 Abs 1, 3 InsO enthalte entsprechende Bestimmungen für die Bezüge aus einem Dienstverhältnis. Hinsichtlich der Wirkungen der Verfügungsbeschränkungen nach § 21 Abs 2 Nr 2 verweise § 24 Abs 1 zwar auf § 81, es fehle jedoch ein Verweis auf die dem § 15 KO entsprechende Bestimmung des § 91 InsO für das Eröffnungsverfahren (vgl *Ganter*, Die Rechtsprechung des Bundesgerichtshofs zur Insolvenzordnung, in: Die neue Insolvenzordnung, Bankrechtstag 1999, S 27, 33 f). Aus der Bemerkung, „jedenfalls für den Geltungsbereich der Konkursordnung" müsse es dabei verbleiben, dass die Masse gegen Vorausverfügungen über künftige Forderungen und bereits durchgeführte Zwangsvollstreckungen nur durch die Anfechtungsvorschriften geschützt sei, lässt sich schließen, dass der **BGH** sich eine **erneute Überprüfung der Streitfrage** für das neue Insolvenzrecht vorbehalten hat (*Ganter*, Neue Insolvenzordnung S 34; *Bode* WuB VI B. § 37 KO 1.97; *Kreft*, RWS-Forum 14 S 305, 325). *Ganter* (aaO S 25): „Ob es unter der Geltung der InsO bei der Entscheidung vom 20. März 1997, also der Insolvenzfestigkeit der Vorausverfügungen, bleiben oder ob der **BGH** bei Vorausverfügungen die Wirkungen des Insolvenzbeschlags auf den Zeitpunkt der Sequestration vorverlagern wird, kann und will ich nicht prognostizieren. Nach meinem Eindruck ist aber weder nach der einen noch der anderen Richtung bereits eine Vorentscheidung gefallen."

Trotz der Entscheidung des **BGH** v 20. 3. 1997 vertritt die Literatur zur Insolvenzordnung teilweise weiterhin die Auffassung, dass Vorausabtretungen – von § 161 Abs 1 S 2 BGB abgesehen – keine Forderungen erfassen, die erst nach Wirksamwerden des Verfügungsverbots entstehen. Das vorgenannte Urteil betreffe die Pfändung durch einen Dritten und habe nur Gültigkeit für „den Geltungsbereich der Konkursordnung" (so HK-*Kirchhof* § 24 Rn 8; *Jaeger/Gerhardt* § 24 Rn 6 ff; offengelassen von *Graf-Schlicker/Voß* § 24 Rn 3; K/P/B/*Pape* § 24 Rn 5). Dieser Auffassung ist das OLG Köln in seinem Urteil v 30. 4. 2008 (2 U 19/07, NZI 2008, 373) mit überzeugender Begründung entgegengetreten. Danach hindert ein zeitlich nach der Vereinbarung einer Globalzession vom Insolvenzgericht gem § 21 Abs 2 S 1 Nr 2 angeordneter Zustimmungsvorbehalt nicht den Rechtserwerb an einer im Voraus abgetretenen Forderung. Es trifft zwar zu, dass der Gesetzgeber mit der Regelung des § 21 den Schutz der Gläubiger vor nachteiligen Veränderungen in der Vermögenslage des Schuldners während des Eröffnungsverfahrens verstärken wollte. Dies lässt aber nicht den Schluss zu, der Gesetzgeber sei auch gleichzeitig von einer Unwirksamkeit von Vorausverfügungen des Schuldners nach Anordnung eines allgemeinen Verfügungsverbots ausgegangen. Vielmehr ist in dem Umstand, dass § 24 nur auf § 81 und nicht auf § 91 verweist, ein starkes Indiz dafür zu sehen, dass Vorausverfügungen des Schuldners mit der Anordnung eines allgemeinen Verfügungsverbots ihre Wirksamkeit nicht verlieren. Die Vorschrift des § 91 ist auch nicht entsprechend auf die Zeit zwischen Eröffnungsantrag und Insolvenzeröffnung anwendbar (**BGH** v 14. 12. 2006 – IX ZR 102/03, NZI 2007, 72). Die Auffassung des **OLG** Köln findet ihre Bestätigung in dem Urteil des **BGH** v 29. 11. 2007 (IX ZR 30/07, NZI 2008, 89) zur **Insolvenzfestigkeit der Globalzession**. In dieser Entscheidung wird – auch unter Hinweis auf das frühere Urteil v 20. 3. 1997 – ausdrücklich darauf verwiesen, dass bei einer Globalzession künftiger Forderungen der Umfang der in Zukunft auf die Zessionarin übergehenden Forderungen in abstrakter Form bereits rechtlich bindend festgelegt sei. Der Zedent nehme bei der Globalzession die Erfüllungshandlung sofort vor. Die Abtretung der zukünftigen Forderung enthalte bereits selbst alle Merkmale, aus denen der Übertragungstatbestand bestehe. Wird aber bereits bei Abschluss des Abtretungsvertrages das dingliche Geschäft vollzogen und gleichzeitig die schuldrechtliche Seite in dem vertraglich möglichen Maße konkretisiert, dann kann eine später angeordnete Verfügungsbeschränkung keine Auswirkungen mehr auf eine Vorausverfügung haben (**OLG** Köln aaO Rn 71). Die künftige Masse ist damit nicht ungesichert. Vielmehr können sowohl der Zessionsvertrag als auch das Werthaltigmachen zukünftiger Forderungen aus Zessionen als selbstständige Rechtshandlungen angefochten werden (vgl nur **BGH** aaO).

c) Verrechnungen auf Schuldnerkonten. Eine andere Frage ist die, ob die Anordnung eines allgemeinen Veräußerungsverbots auch zur **Unwirksamkeit oder Anfechtbarkeit einer Aufrechnung** durch den Gläubiger führt (vgl *Canaris* ZIP 1986, 1225 ff; *W. Gerhardt* FS *Zeuner* S 353, 358; *ders* in: KS S 197 Rn 10; *Kleiner* Bedeutung und Probleme der Sicherungsmaßnahmen während des Konkurseröffnungsverfahrens – (§ 106 KO) –, S 152 ff). Wie bereits festgestellt wurde, wird durch die Anordnung des allgemeinen Verfügungsverbots zwar das Kontokorrentverhältnis zwischen Kreditinstitut und Schuldnerunternehmen nicht beendet, jedoch erlischt die in der Kontokorrentvereinbarung enthaltene antizipierte Verfügungs- und Verrechnungsvereinbarung (BGHZ 74, 253, 255; **BGH** ZIP 1991, 1586, 1587; **BGH** ZIP 1995, 1244, 1251; **OLG** Koblenz ZIP 1984, 164; **OLG** Hamm ZIP 1995, 140, 142; **OLG** Schleswig ZIP 1995, 759, 760; *Canaris* ZIP 1986, 1225, 1226; *Obermüller* ZInsO 1998, 252, 253; str aA **OLG** Celle ZInsO 1998, 235). Deswegen ist der Saldo auf den Zeitpunkt des Erlasses des Verfügungsverbots zu ziehen (**BGH** KTS 1977, 235; *Obermüller* ZInsO 1998, 252, 253). Ergibt sich ein Guthaben für den Kunden, so stellt dies für das weiterhin laufende Kontokorrentverhältnis den „Anfang einer neuen Rechnungsperiode" dar (vgl *Obermüller* InsRBankpraxis Rn 2.16; *ders* ZInsO 1998, 252, 253). Mit Eröffnung des Insolvenzverfahrens kann der Verwalter die sofortige Auszahlung an sich verlangen.

Ob eine **Verrechnung** der Bank mit Eingängen auf **debitorischen Konten des Schuldners** zulässig ist, ist heftig umstritten. Für das frühere Recht wurde das **Aufrechnungsverbot** teilweise aus einer Analogie zu § 55 Nr 1 KO hergeleitet (OLG Stuttgart ZIP 1994, 798; OLG Hamm ZIP 1995, 140, 142; KG ZIP 1995, 53, 55; OLG Koblenz NJW-RR 1996, 757; *Kilger/K. Schmidt* § 55 KO Anm 3 a u § 106 KO Anm 3; *Canaris* ZIP 1986, 1225 ff; *Smid* § 21 Rn 62). Allerdings sollte die Aufrechnung nicht von Anfang an unwirksam sein, sondern erst mit Eröffnung des Insolvenzverfahrens ihre Wirksamkeit verlieren (vgl OLG Stuttgart v 4. 2. 1994, ZIP 1994, 798, 799; OLG Hamm ZIP 1995, 140, 142; OLG Koblenz NJW-RR 1996, 757; *Smid* § 21 Rn 62). Nur so könne verhindert werden, dass die Unwirksamkeit des Verrechnungsvertrages durch einseitige Aufrechnung seitens des Gläubigers unterlaufen werde. Gleiches gelte für das neue Recht gem § 96 Nr 1 entsprechend. Zweifelhaft sei für das neue Recht lediglich, ob die Aufrechnungserklärung nicht von Anfang an unwirksam ist. KS-*Gerhardt* (S 197 Rn 11) hat überzeugend nachgewiesen, dass die **Aufrechnungserklärung** des Gläubigers auch nach Erlass eines allgemeinen Verfügungsverbots im Eröffnungsverfahren **grundsätzlich wirksam** ist und lediglich der **Insolvenzanfechtung** unterliegt (vgl aber auch *Weitekamp* NZI 1998, 112 ff). Neben der früher entsprechenden Anwendung der §§ 394 BGB, 55 KO wird für das neue Recht ein **Aufrechnungsverbot** auch aus einem ungeschriebenen Aufrechnungshindernis mangelnder Werthaltigkeit hergeleitet (vgl K/P/B/*Lüke* § 94 mw Literaturangaben). *Nobbe* (RWS-Forum 9 1996, S 99 ff) hat bereits 1996 die Auffassung vertreten, dass zwar ein Veräußerungsverbot im Eröffnungsverfahren die Wirkungen der Insolvenzeröffnung für Girokonten im Ergebnis weitestgehend vorwegnimmt, allerdings mit **Ausnahme des Aufrechnungsverbots**. Die abweichende Rechtsprechung des BGH sei „systemwidrig und nicht haltbar". Zutreffend auch der Hinweis von KS-*Gerhardt* (S 198 Rn 11): „Dass der Schutz der zukünftigen Masse auch im Hinblick auf die Masseschmälerung durch Aufrechnungen von Verfahrensgläubigern nicht lückenlos ist und die Aufrechnung bzw der Erwerb einer Aufrechnungslage im Eröffnungsverfahren, nur unter den Anfechtungsvoraussetzungen (§§ 96 Nr 3, 130 ff InsO) unwirksam ist, ist deshalb als gesetzgeberische Absicht anzusehen und nicht als eine der Schließung durch Analogie zugängliche Lücke" (so auch *W. Henckel* FS *Lüke* S 237, 242, 249; *Mankowski* JZ 1996, 392, 396). K/P/B/*Lüke* (§ 94 Rn 88) meinen, es erscheine wenig überzeugend, aus der absoluten Wirkung eines Verfügungsverbots zugleich ein Aufrechnungsverbot herzuleiten, denn Verfügungsverbote könnten eine Aufrechnungslage durch Handlungen eines Dritten nicht verhindern (ähnlich KS-*Häsemeyer* S 645, 662 f Rn 49, 50; vgl auch *Adam* WM 1998, 801, 804; *Wittig* WM 1995, 865, 867).

21 Mit seinem Urteil v 29. 6. 2004 (IX ZR 195/03, NJW 2004, 3118 = NZI 2004, 580) hat der **Bundesgerichtshof** die Streitfrage dahin entschieden, dass sich im Falle einer vor Insolvenzeröffnung entstandenen Aufrechnungslage ein Aufrechnungsverbot nicht aus § 394 BGB in Verbindung mit § 21 Abs 2 Nr 2 und 3 herleiten lasse (so auch **OLG Rostock** v 21. 8. 2003 – 1 U 197/01, ZIP 2003, 1805 m zust Anm *Runkel* EWiR 2004, 447; **LG Berlin** v 2. 3. 2004 – 20 O 400/03, NZI 2004, 269). Mit Recht weist der BGH darauf hin, dass die Insolvenzordnung die vollstreckungsrechtlichen Folgen des Insolvenzverfahrens und die Zulässigkeit der Aufrechnung in voneinander getrennten Bestimmungen geregelt hat. Insbesondere die Verbindung der Unwirksamkeit der Aufrechnung mit der anfechtbaren Begründung der Aufrechnungslage mache deutlich, dass die §§ 94 bis 96 insgesamt die Frage, wann Aufrechnungen unwirksam sind, insolvenzrechtlich umfassend und abschließend regeln wollte und damit auch für das Eröffnungsverfahren in dieser Hinsicht keinen Raum lassen für von § 21 Abs 2 Nr 2, 3 ausgehende zusätzliche Rechtswirkungen.

Danach kann eine **Aufrechnung im Insolvenzeröffnungsverfahren** nur mit der Insolvenzanfechtung nach den §§ 129 ff (§ 96 Nr 3) oder durch die Anordnung eines Verrechnungsverbots beseitigt werden. Der Insolvenzgläubiger hat die Möglichkeit der Aufrechnung durch eine anfechtbare Rechtshandlung erlangt, wenn die Begründung der Aufrechnungslage alle nach den Regeln der §§ 129 ff erforderlichen Merkmale erfüllt (**BGH** aaO).

Allerdings zeigt das Urteil des **BGH** v 25. 2. 1999 (NZI 1999, 194 = ZIP 1999, 665, 666), dass der BGH davon ausgeht, dass nach dem Antrag eines Dritten auf Eröffnung des Insolvenzverfahrens, aber vor Bekanntwerden eines Verfügungsverbots gegen diesen, noch eine vertragsgemäße Verrechnung der Gutschriften mit dem Aufwendungsersatzanspruch der Bank aufgrund Ausführung weiterer Verfügungen des Kunden zulässig ist. In diesem Umfang stellt sich die Verrechnung zugleich als eine **unanfechtbare Bardeckung** iSv § 142 dar (s auch *Zuleger* ZInsO 2002, 49). Der **BGH** hat dabei zunächst darauf abgestellt, dass die Gutschriften in unmittelbarem zeitlichen Zusammenhang mit den Belastungen erfolgten (*Ganter*, Die Rechtsprechung des Bundesgerichtshofs zur Insolvenzordnung S 38). Demgemäß kann weder aus dem Vollstreckungsverbot des § 21 Abs 2 Nr 3 InsO iVm § 394 BGB noch aus den §§ 94–96 InsO ein generelles Aufrechnungsverbot hergeleitet werden (KS-*Gerhardt* S 198 Rn 12). Nach *J. Steinhoff* (ZIP 2000, 1141 ff) hat die Entscheidung des BGH v 25. 2. 1999 (ZIP 1999, 665) viele Fragen offen gelassen. Entschieden ist lediglich, dass die Bank davor geschützt ist, die nach dem Antrag auf Eröffnung des Insolvenzverfahrens erfolgten Zahlungseingänge zurückzahlen zu müssen, ohne entsprechende Verrechnungen vornehmen zu dürfen. Dies gilt aber nur bis zur Kenntnisnahme vom Insolvenzantrag. Im Übrigen werde nach Kenntnisnahme vom Insolvenzantrag die Bank das Kontokorrentverhältnis entweder unverzüglich kündigen oder im Hinblick auf das Risiko der Anfechtbarkeit Verrechnungen unterlassen. Nach wie vor ist die Verrechnung von Zahlungseingängen in der Krise des

IV. Einzelne Verfügungsbeschränkungen (§ 21 Abs 2) **§ 21**

Kunden zur bloßen Rückführung der Kreditlinie der Anfechtung nach den §§ 129 ff ausgesetzt (zur Insolvenzanfechtung bei AGB-Pfandrecht und Sicherungszession s *Feuerborn* ZIP 2002, 290). Ein Bargeschäft iSv § 142 liegt nur bei engem wirtschaftlichen, rechtlichen und zeitlichen Zusammenhang zwischen den Gut- und Lastschriften vor (vgl auch *Steinhoff* ZIP 2000, 1141, 1149). Nach wie vor sind die vor oder nach Antragstellung erfolgten Verrechnungen auf einem Kontokorrentkonto gem § 96 Abs 1 Nr 3 nur wirksam, wenn die zugrunde liegende Verrechnungslage nicht in anfechtbarer Weise zustande gekommen ist. Erteilt ein Kreditinstitut dem Schuldner nach Antragstellung und in Unkenntnis vom Antrag nicht nur Gutschriften, sondern lässt es auch Lastschriften zu, wird also das Konto wie ein normales Konto weitergeführt, sind die Verrechnungen als Bargeschäft in den vom BGH aufgezeigten Grenzen nicht anfechtbar (*Steinhoff* ZIP 2000, 1141, 1150). Um **Verrechnungen auf debitorischen Schuldnerkonten** zu verhindern, bleibt nur die Möglichkeit, dass das Insolvenzgericht gem § 21 Abs 2 Nr 3 im Beschlusswege **die Verrechnung ausdrücklich untersagt** (BayObLG v 6. 8. 2001, ZInsO 2001, 754). Zwar spricht § 21 Abs 2 Nr 3 nur von Maßnahmen der Zwangsvollstreckung, jedoch muss es im Interesse eines umfassenden Gläubigerschutzes auch zulässig sein, weitere Maßnahmen, wie zB ein Verrechnungsverbot, anzuordnen. Dies nicht zuletzt auch deswegen, weil die in §§ 21, 22 angeführten Sicherungsmaßnahmen lediglich beispielhaft angeführt sind und weitere Maßnahmen keineswegs ausschließen. Zur Gläubigerbenachteiligung durch Aufrechnung gegen eine sicherungshalber abgetretene Forderung vgl BGH Urt v 5. 4. 2001, ZIP 2001, 885.

d) **Leistungen von Schuldnern an den Insolvenzschuldner** im Rahmen des Eröffnungsverfahrens sind 22 grundsätzlich trotz Anordnung eines allgemeinen Verfügungsverbots nach den §§ 24 Abs 1, 82 wirksam und führen zur Befreiung des leistenden Schuldners von seiner Verbindlichkeit (KS-*Gerhardt* S 199 Rn 13 u S 213 Rn 42). Über § 81 Abs 1 finden trotz des absoluten Verfügungsverbots die Gutglaubensvorschriften Anwendung, jedoch lediglich im Bereich des Grundstücksrechts (§§ 892, 893 BGB). Ein Verweis auf § 932 BGB hinsichtlich des gutgläubigen Erwerbs beweglicher Sachen fehlt. § 24 Abs 1 verweist auf § 82, der eine Ausnahme von § 81 darstellt. Entsprechend § 82 sind deshalb auch schon im Eröffnungsverfahren Leistungen von Schuldnern des Schuldners an diesen (nicht an den vorläufigen Insolvenzverwalter) trotz einer allgemeinen Verfügungsbeschränkung nach § 21 Abs 2 Nr 2 wirksam und führen zur Schuldbefreiung des Leistenden (KS-*Gerhardt* S 199 Rn 13). Wegen der Möglichkeit gutgläubigen Erwerbs an Grundstücken und Grundstücksrechten ist der Erlass des allgemeinen Verfügungsverbots unverzüglich in das **Grundbuch** einzutragen (§§ 23 Abs 3, 32 InsO, § 38 GBO; zu den Wirkungen der vorläufigen Insolvenzverwaltung im Hinblick auf § 878 BGB siehe OLG Frankfurt v 14. 3. 2005 – 20 W 307/04, ZInsO 2006, 612). Durch die Eintragung wird der Erwerb kraft guten Glaubens ausgeschlossen. Die Eintragung erfolgt sowohl beim Eigentum (Abt II) als auch bei dinglichen Rechten, die dem Schuldner zustehen (Veränderungsspalte der Abt II bzw III). Sind die Erklärungen nach § 878 BGB für die Beteiligten bindend geworden und ist der Eintragungsantrag beim Grundbuchamt vor Erlass des allgemeinen Verfügungsverbots gestellt worden, kommt es auf den guten Glauben nicht an. Vielmehr hat das Grundbuchamt das Recht einzutragen.

e) **Besondere Verfügungsverbote.** Neben dem allgemeinen Verfügungsverbot kann das Gericht besondere Verfügungsverbote hinsichtlich einzelner besonders gefährdeter Vermögensgüter des Schuldners bzw Schuldnerunternehmens erlassen (HK-*Kirchhof* § 21 Rn 20 u Rn 48). So können zB die Befugnisse des vorläufigen Insolvenzverwalters ohne Verwaltungs- und Verfügungsbefugnis gegenüber der Hausbank des Schuldners dadurch erweitert werden, dass das Insolvenzgericht dem Schuldner gem § 21 Abs 2 Nr 2 ein besonderes Verfügungsverbot hinsichtlich seiner Vermögenswerte bei dessen Kreditinstitut auferlegt (*Vallender* FS *Uhlenbruck* S 133, 146; FK-*Schmerbach* § 21 Rn 9, 268; N/R/*Mönning* § 21 Rn 61). Nach *Vallender* ist der vorläufige Insolvenzverwalter befugt, in gleicher Weise wie der Schuldner vor Anordnung des besonderen Verfügungsverbots von dem **Kreditinstitut Auskünfte** zu allen nicht offenkundigen Tatsachen, die dem Kreditinstitut im Rahmen seiner Geschäftsbeziehung mit dem Schuldner bekannt werden, zu verlangen. Dabei erstreckt sich der Auskunftsanspruch auf alle Tatsachen, die sich auf massezugehörige Gegenstände beziehen (*Vallender* FS *Uhlenbruck* S 146; *Canaris* BankvertragsR Rn 50). Nach Auffassung von *H. Huber* (ZInsO 2001, 289, 295 f) hat die InsO nicht dazu geführt, dass in der Insolvenz des Kunden das **Bankgeheimnis** seine Bedeutung als Berufsgeheimnis im Kreditgewerbe eingebüßt hat. Der Zustimmungsvorbehalt gem § 21 Abs 2 Nr 2, 2. Altern bedeute, dass grundsätzlich die Verfügungsbefugnis beim Schuldner verbleibe, der demzufolge auch nicht seine Stellung als Geheimnisträger verliere. Somit könne der sogen „schwache" vorläufige Insolvenzverwalter allein aufgrund der Anordnung eines Zustimmungsvorbehalts keine Auskunftsrechte gegen ein Kreditinstitut geltend machen. Auskünfte von einem Kreditinstitut, vor allem der Hausbank, können somit erst erfolgen, wenn der Schuldner die Bank von dem Bankgeheimnis befreit. Folgt man letzterer Auffassung, so ist im Bestellungsbeschluss dem sogen „schwachen" vorläufigen Insolvenzverwalter mit Zustimmungsbefugnis zugleich auch ausdrücklich die Befugnis einzuräumen, Bankguthaben des Schuldners einzuziehen oder Bankguthaben des Schuldners auf Anderkonto zu nehmen oder Forderungen des Schuldners einzuziehen und auf Sonderkonto zu nehmen. Zu bezweifeln ist aber, ob der Verwalter lediglich im Rahmen der übertragenen Befugnisse konkret Auskunft über die jeweiligen Bankguthaben verlangen kann oder ob er auch berechtigt ist, Auskünfte über Vorgänge der Vergangenheit vom Kreditinstitut zu verlangen. Der

Schuldner wäre gem § 20 iVm § 97 Abs 1 (§ 101 Abs 1 S 1, 2, Abs 2) ohnehin verpflichtet, die entsprechenden Auskünfte zu erteilen. Der Auffassung, § 20 beschränke die Mitwirkungspflichten des Schuldners nach § 97 auf **Auskünfte** (so zB *Pohlmann*, Befugnisse Rn 202 ff), kann nicht gefolgt werden. Die umfassende Verweisung auf §§ 97 ff in § 20 stellt sich nicht als redaktionelles Versehen des Gesetzgebers dar (vgl KS-*Uhlenbruck* S 325, 364 Rn 42; ebenso *Thiemann*, Masseverwaltung Rn 414). Vielmehr haben sowohl der Schuldner als auch die organschaftlichen Vertreter eines Schuldnerunternehmens den vorläufigen Verwalter bei der Erfüllung seiner Aufgaben **aktiv zu unterstützen** und dem Verfahrenszweck zuwiderlaufende Handlungen zu unterlassen. Einzelheiten bei *Vallender*, Bankgeheimnis und Auskunftspflicht der Kreditinstitute im Insolvenzeröffnungsverfahren, FS *Uhlenbruck* S 133 ff. Als **besonderes Verfügungsverbot** kann das Gericht weiterhin anordnen, dass dem Schuldner die **Herausgabe fremder Sachen** verboten wird (HK-*Kirchhof* § 21 Rn 48); weiterhin kann dem Schuldner das Betreten der Geschäftsräume untersagt werden (HK-*Kirchhof* § 21 Rn 48; BerlKo-*Blersch* § 21 Rn 7; siehe auch BGH v 11. 1. 2007 – IX ZB 271/04, NZI 2007, 231). Eine vom Insolvenzgericht erlassene **Kontensperre** hat nach *Kirchhof* „äußerstenfalls die Wirkung eines besonderen Verfügungsverbots" (HK-*Kirchhof* § 21 Rn 20 u Rn 48; vgl auch FK-*Schmerbach* § 21 Rn 270; H/W/F Hdb 1. Aufl 3/227). Besondere Verfügungsverbote haben **lediglich die Wirkung relativer Veräußerungsverbote** iSv §§ 135, 136 BGB zugunsten der Gläubiger (*Gerhardt* ZZP 109 [1996], 423; K/P/B/*Pape* § 24 Rn 2; HK-*Kirchhof* § 24 Rn 4; FK-*Schmerbach* § 24 Rn 22; *Thiemann*, Masseverwaltung Rn 139; *Fritsche* DZWIR 2002, 1, 9; **str aA** *Pohlmann*, Befugnisse Rn 257; *Kießling/Singhof* DZWIR 2000, 357 ff). Die **Anordnung eines besonderen Verfügungsverbots** kommt insbesondere in Betracht, soweit der vorläufige Verwalter nur einen Teilbetrieb des schuldnerischen Unternehmens fortführen oder sichern und erhalten soll. *Thiemann* (Masseverwaltung Rn 138): „Denkbar sind auch Fälle, in denen der vorläufige Verwalter einen einzelnen Vermögensgegenstand, zB eine wertvolle Kunstsammlung, Aktien, Wertpapiere oder Münzen in Verwahrung nehmen soll, ansonsten aber keine Veranlassung besteht, gegen den Schuldner ein allgemeines Verfügungsverbot zu verhängen."

24   **3. Anordnung eines allgemeinen Zustimmungsvorbehalts.** Alternativ neben der Anordnung eines allgemeinen Verfügungsverbots sieht § 21 Abs 2 Nr 2 eine Anordnung des Gerichts vor, dass Verfügungen des Schuldners nur mit Zustimmung des vorläufigen Insolvenzverwalters wirksam sind. Dieser allgemeine Zustimmungsvorbehalt bezieht sich auf alle Verfügungen über Gegenstände des schuldnerischen Vermögens. Hierzu gehören auch Finanzmittel, die ein Dritter dem Schuldner auf Grund einer Vereinbarung zur Verfügung stellt, insbesondere bereit gestellte Kreditmittel (**BGH** v 16. 9. 1999 – IX ZR 204/98, NZI 1999, 448), Zuwendungen unter einer Zweckbestimmung (**BGH** v 31. 3. 2003 – II ZR 150/02, NZI 2003, 460) und geschäftliche Einlagen. Die Verwendung solcher Mittel unterliegt der vom Insolvenzgericht angeordneten Verfügungsbeschränkung. Über sie darf der Schuldner nur mit Zustimmung des vorläufigen Insolvenzverwalters verfügen.
Der in § 21 Abs 2 Nr 2 normierte **Zustimmungsvorbehalt,** der nach den Vorstellungen des Gesetzgebers die Ausnahme sein sollte, ist inzwischen die Regel. Die Anordnung der vorläufigen Insolvenzverwaltung nach § 21 Abs 2 Nr 1 bedeutet nicht zwingend auch die Anordnung eines allgemeinen Verfügungsverbots (KS-*Gerhardt* S 193, 199 Rn 14). Vielmehr kann das Gericht eine **vorläufige Insolvenzverwaltung** anordnen und die Wirksamkeit bestimmter wichtiger oder sämtlicher Verfügungen des Schuldners an die **Zustimmung des vorläufigen Verwalters** binden (HK-*Kirchhof* § 21 Rn 18; KS-*Uhlenbruck* S 343 Rn 16; *Vallender* DZWIR 1999, 265, 268 f; *Braun/Uhlenbruck*, Unternehmensinsolvenz S 234; *Pohlmann*, Befugnisse Rn 345 ff; *Gottwald/Uhlenbruck* InsRHdb § 14 Rn 40; MüKoInsO-*Haarmeyer* § 21 Rn 65 ff). „**Zustimmung**" iSv § 21 Abs 2 Nr 2 ist sowohl die vorherige Einwilligung als auch die nachträgliche Genehmigung (*Mankowski* NZI 2000, 572). Eine solche Maßnahme hat den Vorteil, dass der Schuldner bzw der organschaftliche Vertreter eines Schuldnerunternehmens nach außen hin im Rechtsverkehr weiterhin wie ein unbeschränkt Verfügungsbefugter auftritt, so dass die Vertrauensbasis erhalten bleibt (vgl *Kilger* FS Einhundert Jahre Konkursordnung S 189, 194; KS-*Gerhardt* S 199 Rn 14; HK-*Kirchhof* § 21 Rn 10). Die Anordnung eines Zustimmungsvorbehalts schont vor allem auch das Ansehen des Schuldners und stärkt das Vertrauen der Geschäftspartner (vgl auch W. *Gerhardt* ZZP 109 [1996], 422 f). Begnügen sich Insolvenzgericht und vorläufiger Insolvenzverwalter mit der Anordnung einer vorläufigen Insolvenzverwaltung mit Zustimmungsvorbehalt, so liegt allerdings das Risiko der Einbringlichkeit der Vergütung des vorläufigen Verwalters in erster Linie bei diesem selbst. Das Risiko kann ihm durch Aufrechterhaltung nicht mehr gerechtfertigter Sicherungsmaßnahmen nicht abgenommen werden (**OLG** Celle v 4. 4. 2001, NZI 2001, 306). Der Zustimmungsvorbehalt kann sich auch auf die **Kassenführung** erstrecken (vgl HK-*Kirchhof* § 21 Rn 16; MüKoInsO-*Haarmeyer* § 21 Rn 69). Auf Verlangen des vorläufigen Insolvenzverwalters hat der Schuldner zu gestatten, dass die eingehenden Gelder nur vom vorläufigen Verwalter entgegengenommen und Zahlungen nur vom vorläufigen Verwalter geleistet werden (*Gottwald/Uhlenbruck* InsRHdb § 14 Rn 40). Allerdings darf der Verwalter von dem Recht zur Kassenführung nur Gebrauch machen, wenn die Besorgnis besteht, dass die Masse durch Entnahmen oder gläubigerbevorzugende Überweisungen geschmälert wird. Nimmt man an, der allgemeine Zustimmungsvorbehalt umfasse nicht die Kassenführung beim Schuldner, so hat das Gericht bei entsprechender Gefährdung der Gläubigerinteressen eine **partielle Verfügungsbeschränkung** anzuordnen, wonach der

IV. Einzelne Verfügungsbeschränkungen (§ 21 Abs 2) § 21

vorläufige Insolvenzverwalter berechtigt ist, eingehende Gelder entgegenzunehmen und Zahlungen für den Schuldner zu leisten. Bei der Entgegennahme von Zahlungen ist der vorläufige Insolvenzverwalter als gesetzlicher Vertreter des Schuldners anzusehen (**BGH ZIP 1988**, 1136, 1137). Der Zustimmungsvorbehalt berechtigt den Verwalter nicht, Schuldnervermögen in Besitz zu nehmen. Bestellt das Gericht einen vorläufigen Insolvenzverwalter ohne Verwaltungs- und Verfügungsbefugnis unter Anordnung eines allgemeinen Zustimmungsvorbehalts, so ist dieser nicht berechtigt, Gegenstände, die der Schuldner einem Dritten zur Sicherheit übereignet hat, zu verwerten. Kündigt der vorläufige Verwalter eine solche Verwertung an, kann der Sicherungseigentümer diese im Wege der einstweiligen Verfügung untersagen lassen (**OLG Köln v 29. 12. 1999, NZI 2000, 267**).

Trotz der Anordnung eines allgemeinen Zustimmungsvorbehalts kann eine Bank auf – ohne Wissen 24a des vorläufigen Insolvenzverwalters erteilte – Weisung des Schuldners dessen kreditorisches Konto schuldbefreiend belasten, wenn sie von der Sicherungsanordnung keine Kenntnis hat (§§ 24 Abs 1, 82 S 1). Sie muss aber organisatorische Vorkehrungen treffen, damit sie ihre Kunden betreffende Insolvenzeröffnungsverfahren zur Kenntnis nimmt. Die Darlegungslast trifft insoweit die Bank. Hat sie entsprechende Vorkehrungen nicht getroffen, muss sie sich Kenntnisse ihrer Bediensteten auf allen Ebenen zurechnen lassen (**BGH v 15. 12. 2005 – IX ZR 227/04, NZI 2006, 175, Rn 7**). Durch die öffentliche Bekanntmachung der Verfügungsbeschränkungen nach Maßgabe des § 9 dürfte es für Banken unproblematisch sein, zu ermitteln, ob sich ein Neukunde in Insolvenz befindet oder zumindest eine Verfügungsbeschränkung angeordnet worden ist.

Statt des allgemeinen Zustimmungsvorbehalts ist das Gericht berechtigt, im Einzelfall einen **speziel-** 25 **len Zustimmungsvorbehalt** anzuordnen mit der Folge, dass nur bestimmte Verfügungen des Schuldners der Zustimmung des vorläufigen Insolvenzverwalters bedürfen. So kann zB die **Herausgabe fremder Sachen** durch den Schuldner an die Zustimmung des vorläufigen Insolvenzverwalters gebunden werden. Solche partiellen Verfügungsbeschränkungen hält *Mönning* (N/R/*Mönning* § 21 Rn 66) für „schwerfällig, wenig transparent, kaum praktikabel und mit einem hohen Risikopotential behaftet". Richtig ist, dass das Zustimmungserfordernis erhebliche praktische Probleme aufwirft, da immer eine Abstimmung zwischen vorläufigem Insolvenzverwalter und dem Schuldner hinsichtlich der Massesicherung oder einer Betriebsfortführung erforderlich ist (KS-*Gerhardt* S 199 Rn 14). Bis zur Zustimmung des Verwalters kann sich der andere Teil vom Rechtsgeschäft entsprechend § 108 Abs 2 BGB lösen (*Kießling/ Singhof* DZWIR 2000, 361; HK-*Kirchhof* § 21 Rn 16). Dem Drittschuldner kann die befreiende Zahlung allein auf ein Sonderkonto des Schuldners gestattet werden (HK-*Kirchhof* § 21 Rn 16). Verfügt der Schuldner bzw das Schuldnerunternehmen unter Verstoß gegen den Zustimmungsvorbehalt über Gegenstände der Haftungsmasse, so treten über § 24 die Rechtsfolgen der §§ 81, 82 ein. Danach sind Verfügungen des Schuldners ohne Zustimmung grundsätzlich unwirksam. Da für den Zustimmungsvorbehalt die gleichen Grundsätze gelten wie für das besondere Verfügungsverbot nach § 21 Abs 1, handelt es sich jedoch lediglich um ein **relatives Verfügungsverbot** nach § 135 Abs 1 BGB. Verstößt der Schuldner gegen das Zustimmungsverbot, ist gutgläubiger Erwerb nach Maßgabe des § 135 Abs 2 BGB möglich (*W. Gerhardt* ZZP 109 [1996] 415, 423; *ders* FS Flume Bd I, 1978 S 523, 537). Die Rechtsfolgen eines Verstoßes gegen den Zustimmungsvorbehalt können nicht strenger gehandhabt werden als der Verstoß gegen ein besonderes Verfügungsverbot. Leistungen an den Schuldner befreien gem § 82 nur, wenn der Leistende zur Zeit der Leistung die Anordnung des Verfügungsverbots nicht gekannt hat. Hat er vor der öffentlichen Bekanntmachung geleistet, so wird vermutet, dass er die Anordnung nicht kannte (H/W/F Hdb 3/217). Wegen der praktischen Schwierigkeiten sollte ein Nebeneinander der Rechtszuständigkeit von vorläufigem Insolvenzverwalter und Schuldnerunternehmen die Ausnahme bleiben. Einzelheiten in der Kommentierung zu § 22 Rn 2. Zur Bestellung eines „halbstarken" vorläufigen Insolvenzverwalters s *Bork* ZIP 2001, 1521 ff; *Pape* ZInsO 2001, 830 ff; *Spliedt* ZIP 2001, 1941 ff.

4. Einstweilige Einstellung oder Untersagung von Zwangsvollstreckungsmaßnahmen (§ 21 Abs 2 26 **Nr 3). a) Einstweilige Einstellung der Mobiliarvollstreckung und Untersagung künftiger Vollstreckungen.** Die Stellung eines Insolvenzantrags lässt die Zulässigkeit von Zwangsvollstreckungen der Gläubiger ebenso unberührt wie die Bestellung eines vorläufigen Insolvenzverwalters (**LG Tübingen DGVZ 2000, 39**; HK-*Kirchhof* § 21 Rn 43; *Fink* ZInsO 2000, 353, 356; N/R/*Wittkowski* § 89 Rn 21). Nach § 21 Abs 2 Nr 3 kann das Insolvenzgericht Maßnahmen der Zwangsvollstreckung gegen den Schuldner untersagen oder einstweilen einstellen, soweit nicht unbewegliche Gegenstände betroffen sind. Dass das Vollstreckungsverbot nach § 21 Abs 2 Nr 3 lediglich auf **bewegliche Gegenstände** des Schuldnervermögens bezogen ist, beruht auf einer vom Rechtsausschuss in letzter Minute vorgeschlagenen Sonderregelung, um das Insolvenzgericht, das sonst auch mit diesem Vollstreckungsschutz befasst gewesen wäre, zu entlasten (vgl die Beschl-Empfehlung des RechtsA zu § 25, BT-Drucks 12/7302, abgedr bei *Uhlenbruck*, Das neue Insolvenzrecht, S 323 f; krit *W. Gerhardt* Festgabe Zivilrechtslehre 1934/1935 (Hrsg W. Hadding), 1999 S 121, 133). Nach zutreffender Feststellung von *Gerhardt* hat die allein konsequente Verlagerung der Zuständigkeit vom Insolvenz- auf das Vollstreckungsgericht zur Folge, „dass nunmehr keinerlei Schutzmaßnahmen gegenüber der Eintragung von Zwangshypotheken bestehen und dass es äußerst schwieriger Argumentationen bedarf, um schließlich die vorläufige Einstellung von **Zwangsverwaltungen** zu erreichen" (hierzu *Jungmann* NZI 1999, 352 ff). Das Gericht ist aufgrund der Regelung in § 21 Abs 2 Nr 3 nicht befugt, bereits **durchgeführte Zwangsvollstreckungsmaßnahmen aufzuheben** (KS-*Gerhardt* S 201 Rn 18). Auch bei Einstellung von Vollstreckungsmaßnahmen bleiben die bereits durchgeführten Maßnahmen wirksam mit der Folge, dass der Rang gewahrt bleibt (*Vallender* ZIP 1997, 1993, 1997; KS-*Gerhardt* Rn 18). Die Anordnung nach § 21 Abs 2 Nr 3 ohne gleichzeitigen Erlass eines allgemeinen Verfügungsverbots unterbricht nicht das finanzgerichtliche Verfahren (**BFH** v 8. 4. 2008 – X B 129/07, **BFH/NV** 2008, 1190).

26a Sinn und Zweck eines auf Nr 3 gestützten Vollstreckungsverbots ist die Sicherung und der Erhalt des schuldnerischen Vermögens für die künftige Insolvenzmasse (*Jaeger/Gerhardt* § 21 Rn 30 ff). Demzufolge verstößt die Pfändung des Rückzahlungsanspruchs des Insolvenzschuldners gegen den vorläufigen Insolvenzverwalter hinsichtlich auf dessen Anderkonto verwahrter Guthaben nicht gegen die Vorschrift (**AG** Hamburg v 25. 9. 2007 – 903 a M 1240/07, NZI 2007, 669). Die künftige Insolvenzmasse bleibt von einer solchen Pfändung unberührt, weil lediglich ein Zahlungsanspruch des Schuldners gepfändet wird, der nur entsteht, wenn es nicht zur Eröffnung des Insolvenzverfahrens und damit nicht zum Entstehen einer Insolvenzmasse kommt.

Neben der einstweiligen Einstellung von Zwangsvollstreckungsmaßnahmen kommt die **Untersagung von Zwangsvollstreckungen** in das Schuldnervermögen in Betracht. Durch eine solche Anordnung wird die Wirkung des Vollstreckungsverbots, das gem § 89 erst mit der Verfahrenseröffnung eintritt, in das Eröffnungsverfahren vorgezogen. Durch die Untersagung von Vollstreckungsmaßnahmen werden die Gläubiger daran gehindert, sich im Wege der Vollstreckung Absonderungsrechte zu verschaffen, die später im eröffneten Verfahren mühsam im Wege der Insolvenzanfechtung rückgängig gemacht werden müssten (*Fuchs* ZInsO 2000, 430; HK-*Kirchhof* § 21 Rn 37). Der „concursus creditorum" wird durch die partielle oder generelle Untersagung im Interesse der „par condicio creditorum" unterbunden (vgl auch K/P/B/*Pape* § 21 Rn 25; BerlKo-*Blersch* § 21 Rn 32; MüKoInsO-*Haarmeyer* § 21 Rn 71; *Hess* § 21 Rn 59; FK-*Schmerbach* § 21 Rn 190; N/R/*Mönning* § 21 Rn 77–87).

27 Das Vollstreckungsverbot kann sich entweder auf **einzelne Vollstreckungsmaßnahmen** beziehen oder als **allgemeines Vollstreckungsverbot** angeordnet werden. Gleiches gilt für die **Einstellung von Vollstreckungsmaßnahmen,** die in einem einheitlichen Beschluss für alle anhängigen und zukünftig eingeleiteten Vollstreckungsmaßnahmen ergehen kann (H/W/F Hdb 3/214; KS-*Gerhardt* S 201 Rn 18). Umstritten ist, ob die einstweilige Einstellung von Zwangsvollstreckungsmaßnahmen nach § 21 Abs 2 Nr 3 auch die Erzwingung der **Eidesstattlichen Versicherung des Schuldners** gem § 807 ZPO erfasst (verneinend **LG** Würzburg v 21. 9. 1999, NJW-RR 2000, 781 = NZI 1999, 504 = InVo 2000, 106; **AG** Güstrow v 5. 1. 2004 – 81 M 4000/03, JurBüro 2004, 213; **AG** Rostock v 27. 10. 2003 – 64 M 8741/03, JurBüro 2004, 213; **AG** Rostock NZI 2000, 142; bejahend **LG** Heilbronn v 26. 9. 2007 – 1 T 294/07, RPfleger 2008, 88; **LG** Darmstadt v 10. 7. 2003 – 5 T 269/03, InVo 2004, 121; *Steder* NZI 2000, 456). Nach zutr Auffassung von *Steder* ist das Verfahren zur Abnahme der Eidesstattlichen Versicherung gem §§ 807, 899 ff ZPO der Mobiliarvollstreckung zuzuordnen mit der Folge, dass auch dieses Verfahren von der Anordnung nach § 21 Abs 2 Nr 3 erfasst wird. Anders als früher zu § 13 VglO brauchen in dem Beschluss die einzelnen Vollstreckungsmaßnahmen nicht etwa mit Datum und Vollstreckungsart aufgeführt werden. Vielmehr kann die Einstellung ebenso wie die Untersagung in einem **einheitlichen Beschluss** mit Wirkung für alle anhängigen und zukünftig eingeleiteten Vollstreckungsmaßnahmen ergehen (H/W/F Hdb 3/214). Die Vollstreckungsorgane haben das Vollstreckungsverbot von Amts wegen zu beachten. Bei einstweiliger Einstellung der Zwangsvollstreckung hat der Gerichtsvollzieher nach Vorlage einer Ausfertigung des Beschlusses die Vollstreckung gem § 775 Nr 2 ZPO einzustellen.

Erlässt das Insolvenzgericht im Rahmen der Entscheidung nach § 21 Abs 2 Nr 3 ein Vollstreckungsverbot, stellt dies **kein Aufrechnungsverbot** iSv § 394 BGB dar (**BGH** v 29. 6. 2004 – IX ZR 195/03, NJW 2004, 3118 = NZI 2004, 580; **OLG** Rostock v 21. 8. 2003 – 1 U 197/01, ZIP 2003, 1805 m zust Anm *Runkel* EWiR 2004, 447; **LG** Berlin v 2. 3. 2004 – 20 O 400/03, NZI 2004, 269; **aA KG** v 25. 2. 2000, NZI 2000, 221).

Bei § 21 Abs 2 Nr 3 ist zu unterscheiden zwischen der **einstweiligen Einstellung laufender Vollstreckungsmaßnahmen** und dem **allgemeinen Verbot zukünftiger Vollstreckungen.** Die Einstellung wirkt nach § 775 Nr 2 ZPO, das Verbot nach § 775 Nr 1 ZPO (vgl HK-*Kirchhof* § 21 Rn 43). Vor dem Verbot wirksam gewordene Vollstreckungsmaßnahmen bleiben nach dem Erlass des Verbots wirksam. Bei einer verbotswidrigen Vollstreckung entsteht zwar wegen des Verstoßes gegen § 775 Nr 2 ZPO kein Pfändungspfandrecht, wohl aber die öffentlich-rechtliche Verstrickung (MüKoInsO-*Haarmeyer* § 21 Rn 75). Bis zur Eröffnungsentscheidung kann der Schuldner die Maßnahme mit der Erinnerung nach § 766 ZPO rügen und so die Aufhebung der Maßnahme erreichen (HK-*Kirchhof* § 21 Rn 37; K/P/B/*Pape* § 21 Rn 31). Über die Erinnerung gem § 766 ZPO wegen Verletzung des Vollstreckungsverbots entscheidet das **Insolvenzgericht** und nicht das Vollstreckungsgericht (**AG** Göttingen v 14. 8. 2003 – 74 AR 16/03, NZI 2003, 612; *Jaeger/Gerhardt* § 21 Rn 59; K/P/B/*Pape* § 21 Rn 31; FK-*Schmerbach* § 21 Rn 217; *Vallender* ZIP 1997, 1993, 1996; *Dörndorfer* NZI 2000, 292, 293; str **aA** FK Köln ZInsO 1999, 419; **AG** Rostock NZI 2000, 142; *Fuchs* EWiR 2004, 345; HK-*Kirchhof* § 21 Rn 43).

28 Die einstweilige Einstellung einer bereits anhängigen Zwangsvollstreckung kann auch insoweit geboten sein, als es um den **Zugriff eines absonderungsberechtigten Gläubigers** auf Gegenstände geht, an denen das Absonderungsrecht besteht. Nach der Begr RegE zu § 21 InsO (abgedr bei *Balz/Landfermann,*

IV. Einzelne Verfügungsbeschränkungen (§ 21 Abs 2) **§ 21**

S 229) ist es das Ziel einer möglichst effektiven Verfahrensgestaltung, ein vorzeitiges Auseinanderreißen der einzelnen Vermögensgegenstände des Schuldners zu verhindern. Zulässig ist auch das **Verbot an aussonderungsberechtigte Gläubiger**, Gegenstände, die im eröffneten Verfahren der Aussonderung unterliegen, bereits im Eröffnungsverfahren herauszuholen (vgl auch K/P/B/*Pape* § 21 Rn 29, 30; KS-*Uhlenbruck* 1. Aufl S 239 Rn 7; *Steder* ZIP 2002, 65, 69; N/R/*Mönning* § 21 Rn 81; BerlKo-*Blersch* § 21 Rn 35; MüKoInsO-*Haarmeyer* § 21 Rn 72; str aA FK-*Schmerbach* § 21 Rn 205; *Lohkemper* ZIP 1995, 1641, 1650; *Vallender* ZIP 1997, 1993, 1997). Zur **Anfechtung der Besitzentziehung** durch den Absonderungsberechtigten vor Insolvenzeröffnung eingehend *Gundlach/Frenzel/Schmidt* NZI 2002, 20 ff. Nach HK-*Kirchhof* (§ 21 Rn 27) kann dem Schuldner jedenfalls die „freiwillige" Herausgabe beweglicher Sachen an – angeblich – Absonderungsberechtigte im Hinblick auf § 166 verboten werden (vgl auch *Uhlenbruck* InVo 1996, 89). Die Erstreckung von Sicherungsmaßnahmen nach § 21 Abs 2 Nr 3 auf **Aussonderungsrechte** ergibt sich aus § 107 Abs 2 S 1. Hat vor Verfahrenseröffnung der Schuldner eine bewegliche Sache unter EV gekauft und vom Käufer den Besitz an der Sache erlangt, so braucht gem § 107 Abs 2 S 1 der Insolvenzverwalter, den der Verkäufer zur Ausübung des Wahlrechts aufgefordert hat, die Erklärung nach § 103 Abs 2 S 2 erst unverzüglich nach dem Berichtstermin abgeben, wenn nicht die Ausnahme des § 107 Abs 2 S 2 vorliegt. Schon aus dieser Regelung ergibt sich, dass auch ein **aussonderungsberechtigter Gläubiger** nicht berechtigt ist, im Eröffnungsverfahren den der Aussonderung unterliegenden Gegenstand herauszuholen und damit die Betriebsfortführung des Schuldnerunternehmens zu gefährden. Richtig ist zwar die Feststellung von *Vallender* (ZIP 1997, 1993, 1997), dass spätestens mit der Eröffnung des Verfahrens die Befugnis des Insolvenzgerichts, diesem Gläubiger weitere Vollstreckungsmaßnahmen zu verbieten, endet. Nicht gefolgt werden kann aber der Auffassung, das Insolvenzgericht sollte in den Beschluss nach § 21 Abs 2 Nr 3 klarstellend aufnehmen, dass Aussonderungsberechtigte von dem Vollstreckungsverbot nicht betroffen sind. In Zweifelsfällen wird das Gericht sogar im Beschluss nach § 22 Abs 2 Nr 3 ausdrücklich anzuordnen, dass nicht nur **Absonderungsberechtigte** (*Uhlenbruck* InVo 1996, 89), sondern auch **Aussonderungsberechtigte** verpflichtet sind, einstweilen von der Aussonderung Abstand zu nehmen (wohl auch HK-*Kirchhof* § 21 Rn 27; MüKoInsO-*Haarmeyer* § 21 Rn 72; vgl auch *Fuchs/Bayer* ZInsO 2000, 429, 430). Hat ein Aus- oder Absonderungsberechtigter im Eröffnungsverfahren Gegenstände im Wege der verbotenen Eigenmacht in Besitz genommen, kann der Schuldner bzw vorläufige Insolvenzverwalter deren Herausgabe auch im Wege einer einstweiligen Verfügung geltend machen (LG Leipzig v 26. 5. 2006 – 05 HK O 1796/06, ZInsO 2006, 1003; MüKoInsO-*Haarmeyer* § 21 Rn 73).

Die Befugnis zur **Einziehung einer Forderung**, die der Schuldner zur Sicherung eines Anspruchs abgetreten hat, steht nur dem Insolvenzverwalter im eröffneten Verfahren zu. Schon nach geltendem Recht kann das Insolvenzgericht dem **Sicherungszessionar den Forderungseinzug untersagen** (KG ZInsO 1999, 716, 717). Zweifelhaft ist dagegen, ob das Insolvenzgericht den vorläufigen Insolvenzverwalter ermächtigen kann, schon vor Verfahrenseröffnung sicherheitshalber abgetretene Forderungen einzuziehen (so aber AG Duisburg WM 1999, 2093). Die Vorverlagerung der Einziehungsbefugnis in das Eröffnungsverfahren „gebietet die entsprechende Anwendung des § 170, rechtfertigt aber gleichzeitig die entsprechende Anwendung des § 171" (*Vallender* NZI 2002, 3, 4). Nach W. *Gerhardt* (in: KS S 203 Rn 20) treffen die Gründe, die für eine Einbeziehung des Absonderungsberechtigten in das Vollstreckungsverbot sprechen, auf Aussonderungsberechtigte nicht zu (so auch *Vallender* ZIP 1997, 1993, 1997). Will man die Vorschrift des § 107 Abs 2 S 1 nicht völlig leer laufen lassen und nimmt man die gesetzliche Intention ernst, eine vorzeitige Vermögenszerschlagung beim Schuldner zu verhindern, muss sich eine Untersagung der Herausgabevollstreckung auch auf aussonderungsberechtigte Gläubiger beziehen, vor allem wenn die Gegenstände für die einstweilige Betriebsfortführung dringend benötigt werden (zutr N/R/*Mönning* § 21 Rn 81, 82; BerlKo-*Blersch* § 21 Rn 35; MüKoInsO-*Haarmeyer* § 21 Rn 72). Im Zweifel empfiehlt es sich für das Gericht, die **anhängigen Vollstreckungsmaßnahmen** einstweilen einzustellen und die **künftigen Vollstreckungsmaßnahmen** der Gläubiger in einem einheitlichen Beschluss zu untersagen (H/W/F Hdb 3/214).

Anders als im eröffneten Verfahren darf das zuständige Vollstreckungsorgan die **Einzelzwangsvollstreckungsmaßnahme nur einstellen,** wenn ein entsprechender **Beschluss des Insolvenzgerichts** vorliegt. Bei länger andauernden Beschränkungen der Rechte **absonderungsberechtigter Gläubiger** im Eröffnungsverfahren sollten nicht nur die Regelungen über eine **Nutzungsentschädigung**, sondern auch über einen **Ausgleich von Wertverlusten** vorzeitig zur Anwendung gebracht werden (BT-Drucks 12/2443 S 116; FK-*Schmerbach* § 21 Rn 207). Deshalb ist bei **Absonderungsrechten** § 172 Abs 1 analog anzuwenden (*Warrikoff* KTS 1996, 489, 492; *Gerhardt* ZZP 109 [1996] 415, 425). Für **Aussonderungsrechte** kommt im Eröffnungsverfahren die entsprechende Anwendung der §§ 107 Abs 2 S 2, 112 in Betracht (HK-*Kirchhof* § 21 Rn 27). Droht für die Zeit bis zur Verfahrenseröffnung eine erhebliche Wertminderung der auszusondernden Sache und hat der Gläubiger den vorläufigen Insolvenzverwalter oder das Gericht auf diesen Umstand hingewiesen, greift das Aussonderungsrecht auch im Eröffnungsverfahren trotz gerichtlicher Vollstreckungsuntersagung ein, wenn nicht eine ausreichende Ersatzsicherheit gestellt wird. Ansonsten greift im eröffneten Verfahren die Ersatzaussonderung (§ 48) ein. Die **Untersagung künftiger Vollstreckungsmaßnahmen** birgt die Gefahr, dass die Rechte einzelner Gläubiger erheblich beeinträchtigt werden, da sie einerseits nicht auf Vermögenswerte des Schuldners zugreifen

29

können, anderseits ihnen die Möglichkeit der Rangwahrung genommen wird für den Fall, dass es nicht zu einer Verfahrenseröffnung kommt. Diese Rechtsfolge hat aber der Gesetzgeber bewusst in Kauf genommen (vgl *Grote* in: *Kothe/Ahrens/Grote* § 306 Rn 10).

30 **b) Einstweilige Einstellung der Zwangsvollstreckung in das unbewegliche Schuldnervermögen.** Nach § 21 Abs 2 Nr 3 erstreckt sich die Einstellungsbefugnis des Insolvenzgerichts entgegen ursprünglicher Vorstellungen in § 25 Abs 2 Nr 3 RegE nicht auf das unbewegliche Schuldnervermögen. Nach *W. Gerhardt* (in: *W. Hadding* (Hrsg), Festgabe Zivilrechtslehrer 1934/1935, 1999, S 121, 133) stellt die Gesetzesfassung „nunmehr ein leider negatives Musterbeispiel dafür dar, welcher Flurschaden angerichtet werden kann, wenn die Konsequenzen einer auf ein bestimmtes Ergebnis gerichteten Regelung nicht genau genug durchdacht sind". *W. Gerhardt* (Grundpfandrechte 8. Aufl Rn 247 a; *ders* in: *Henckel/Kreft* InsR 1998, S 217, 233 Fn 18) hat sich für eine analoge Anwendung des § 30 d Abs 4 ZVG über § 146 Abs 1 ZVG ausgesprochen (so auch *Jungmann* NZI 1999, 352, 354). Zutreffend hat *Eickmann* (FS *Uhlenbruck* S 149, 150) darauf hingewiesen, dass die Tatsache, dass § 24 Abs 1 hinsichtlich der Folge von Verstößen gegen eine der in § 21 Abs 2 Nr 2 genannten Verfügungsbeschränkungen nur auf § 81, nicht dagegen auch § 91 verweist, zu einer differenzierenden Betrachtung zwingt (vgl auch *v. Olshausen* ZIP 1998, 1093). Hinsichtlich der Rechtsfolgen eines Verstoßes gegen die in § 21 Abs 2 Nr 2 angeführten Verfügungsbeschränkungen wird in § 24 auf die §§ 81, 82 verwiesen. Nach Feststellung von *Eickmann* (FS Uhlenbruck S 149, 150) fehlt eine Verweisung auch auf § 91. In der Literatur wird trotzdem überwiegend die Auffassung vertreten, bei Anordnungen nach § 21 Abs 2 Nr 2 sei der Schutz, den die Masse nach Eröffnung erfahre, sozusagen „vorverlagert" und bereits jetzt gleichermaßen umfassend (HK-*Kirchhof* § 24 Rn 3; BerlKo-*Blersch* § 24 Rn 1; N/R/*Mönning* § 24 Rn 22; krit KS-*Gerhardt* S 193, 194 ff Rn 6 ff; *Häsemeyer* InsR Rn 7.38; vgl auch *Eckardt* ZIP 1997, 957, 964). Richtig ist der Hinweis von *Eickmann* (FS *Uhlenbruck* S 149, 150), dass ein auf § 91 verzichtender Schutz der Masse notwendig lückenhaft sein muss, weil er diejenigen Erwerbsfälle grundsätzlich nicht ausschließt, für deren Vollendung ein aktives Handeln des Schuldners nach Wirksamwerden der Verfügungsbeschränkung nicht mehr erforderlich ist (vgl die von *Eickmann* gebrachten Fallbeispiele in FS Uhlenbruck S 151 ff). Die Zwangsvollstreckung in das **unbewegliche Vermögen** des Schuldners kann nur nach Maßgabe des § 30 d Abs 4 ZVG einstweilen eingestellt werden. Zuständig ist das Zwangsversteigerungsgericht (*Gottwald/Uhlenbruck* InsRHdb § 14 Rn 98). Das Insolvenzgericht ist zu einer einstweiligen Einstellung nicht befugt. Wie bereits ausgeführt wurde, hat der Rechtsausschuss die Einstellungskompetenz auf das Vollstreckungsgericht (Zwangsversteigerungsgericht) verlagert, um die Insolvenzgerichte zu entlasten (vgl K/P/B/*Pape* § 21 Rn 27). Die Zuständigkeitsverlagerung hat lediglich zur Folge, dass das Insolvenzgericht insoweit keine amtswegige Einstellungsbefugnis hat; vielmehr hat der vorläufige Insolvenzverwalter nach § 30 d Abs 4 ZVG den Antrag auf einstweilige Einstellung zu stellen. Voraussetzung für die einstweilige Einstellung ist, dass überhaupt ein vorläufiger Insolvenzverwalter bestellt worden ist. Ist ein solcher nicht bestellt, kann allenfalls der Schuldner einen Antrag nach § 30 a ZVG stellen (vgl auch *Uhlenbruck* KTS 1994, 169, 176; *Vallender* ZIP 1997, 1993, 2001; *ders* Rpfleger 1997, 353, 355; *Marotzke* ZZP 109 [1996] 446 ff; K/P/B/*Pape* § 21 Rn 33 ff).

31 Mit dem **Antrag auf einstweilige Einstellung des Zwangsversteigerungsverfahrens** hat der vorläufige Insolvenzverwalter gem § 30 d Abs 4 ZVG glaubhaft zu machen, dass die Einstellung zur **Verhütung nachteiliger Veränderungen** der Vermögenslage des Schuldners bzw des Schuldnerunternehmens erforderlich ist. Diese Glaubhaftmachung (§ 294 ZPO) wird ihm in den meisten Fällen ohne Schwierigkeiten gelingen, denn die Gläubigerversammlung bestimmt gem § 157 das Verfahrensziel. Solange eine Sanierungsmöglichkeit nicht ausgeschlossen ist, hat der vorläufige Verwalter im Zweifel den Antrag beim Versteigerungsgericht zu stellen und gleichzeitig glaubhaft zu machen, dass die Zwangsversteigerung des schuldnerischen Betriebsgrundstücks eine geordnete Verfahrensabwicklung unmöglich macht (K/P/B/*Pape* § 21 Rn 33). Ist der Schuldnerbetrieb noch nicht völlig stillgelegt und sind die Sanierungsaussichten noch nicht abschließend geprüft, so ist die einstweilige Einstellung zur Verhütung nachteiliger Veränderung in der Vermögenslage des Schuldners immer erforderlich (vgl auch *Mönning*, Betriebsfortführung in der Insolvenz Rn 210; N/R/*Mönning* § 21 Rn 88). Mit der Verwertung des Betriebsgrundstücks wären die gesetzlichen Verfahrensziele zB der übertragenden Sanierung oder der fortführenden Sanierung nicht zu realisieren (N/R/*Mönning* § 21 Rn 88). Betreibt der Schuldner ein Handelsgeschäft und wird ein allgemeines Verfügungsverbot verhängt, ist der vorläufige Insolvenzverwalter kraft Gesetzes (§ 22 Abs 1 S 2 Nr 2) zur Unternehmensfortführung verpflichtet. Schon zwecks Vermeidung seiner eigenen Haftung nach den §§ 21 Abs 2 Nr 1, 60 wird er im Zweifel den Antrag nach § 30 d Abs 4 ZVG stellen müssen (*Uhlenbruck*, Das neue Insolvenzrecht S 65; FK-*Schmerbach* § 21 Rn 209; K/P/B/*Pape* § 21 Rn 33–35; N/R/*Mönning* § 21 Rn 88, 89).

32 Gem § 30 e Abs 1 S 1 ZVG hat die **einstweilige Einstellung mit der Auflage** zu erfolgen, dass dem betreibenden Gläubiger für die Zeit nach dem Berichtstermin nach § 29 Abs 1 Nr 1 **laufend die geschuldeten Zinsen** binnen zwei Wochen nach Eintritt der Fälligkeit aus der Insolvenzmasse gezahlt werden. Wird das Grundstück für die Insolvenzmasse genutzt, was die Regel ist, so ordnet das Vollstreckungsgericht (Versteigerungsgericht) auf Antrag des betreibenden Gläubigers weiter die Auflage an, dass der **entstehende Wertverlust** von der Einstellung des Versteigerungsverfahrens an durch laufende Zahlungen

IV. Einzelne Verfügungsbeschränkungen (§ 21 Abs 2) § 21

aus der Insolvenzmasse an den Gläubiger auszugleichen ist. Allerdings gilt dies nicht, wenn nach der Höhe der Forderung sowie dem Wert und der sonstigen Belastung des Grundstücks nicht mit einer Befriedigung des Gläubigers aus dem Versteigerungserlös zu rechnen ist (§ 30 e Abs 3 ZVG). Einzelheiten bei K/P/B/*Pape* § 21 Rn 33, 35. Der Nachteil der gesetzlichen Regelung ist, dass durch das Insolvenzgericht die **Eintragung einer Zwangshypothek** nicht verhindert werden kann, sondern allenfalls durch den vorläufigen Verwalter die Vollstreckung hieraus (HK-*Kirchhof* § 21 Rn 43; W. *Gerhardt* in: W. *Hadding* (Hrsg), Festgabe Zivilrechtslehrer 1934/1935 S 121, 133; *ders* RWS-Forum 14, 1998 S 217, 222 ff; *ders* in: KS S 193, 204 Rn 22). Nach dem Wortlaut des § 21 Abs 2 Nr 3 ist die **Einstellung der Zwangsverwaltung** im Insolvenzeröffnungsverfahren ebenso unmöglich wie nach dem ZVG. Das ZVG enthält keine Norm, die es dem vorläufigen Insolvenzverwalter erlaubt, die in das Grundstück betriebene Zwangsverwaltung einstweilen einstellen zu lassen (vgl auch *Jungmann* NZI 1999, 352 ff). Nach W. *Gerhardt* (in: *Jaeger* § 21 Rn 43; *ders* Grundpfandrechte, 9. Aufl 2000 Rn 254 a; *ders* in: *Henckel/Kreft* RWS-Forum 14, 1998 S 217, 233 Fn 18) ist § 30 d Abs 4 ZVG über die Generalverweisung in § 146 Abs 1 ZVG entsprechend anzuwenden (so auch *Jungmann* NZI 1999, 352, 353; str aA *Smid/Depré* § 49 Rn 71).

Im **Verbraucherinsolvenzverfahren** verweist zwar § 306 Abs 2 auf die §§ 21 ff, jedoch sind nach § 21 33 Abs 2 Nr 3 Zwangsvollstreckungsmaßnahmen das unbewegliche Vermögen wiederum ausgeklammert (vgl auch *Kraemer*//*Vallender*/*Vogelsang* Fach 2 Kap 6 Rn 154; *Jungmann* NZI 1999, 352, 354). Während des außergerichtlichen Einigungsversuchs ist ohnehin ein Vollstreckungsschutz nach der InsO nicht möglich (*Vallender* InVo 1998, 169, 171). Ein solcher kann allenfalls nach den allgemeinen Vorschriften, wie zB §§ 765 a ZPO, 30 a–c ZVG, gewährt werden.

5. Anordnung einer vorläufigen Postsperre (§ 21 Abs 2 Nr 4). Durch Art 2 Nr 1 EGInsOÄndG v 34 19. 12. 1998 (BGBl 1998 I, 3836) ist nunmehr entsprechend der bereits vor dem Inkrafttreten der InsO in der Literatur überwiegend vertretenen Meinung (vgl zB K/P/B/*Pape* § 20 Rn 36; HK-*Kirchhof* § 21 Rn 12) die Anordnung einer vorläufigen Postsperre gegen den Schuldner bzw das Schuldnerunternehmen in § 21 Abs 2 Nr 4 ausdrücklich für zulässig erklärt worden. Es gelten insoweit die **gleichen Grundsätze wie für das eröffnete Verfahren** (§ 99). Gerechtfertigt ist die Anordnung der Postsperre, wenn konkrete Anhaltspunkte dafür bestehen, dass durch das Verhalten des Schuldners wesentliche Belange der Masse gefährdet sind und diesen bei einer Abwägung der beiderseitigen Interessen der Vorrang vor dem Schutz des Briefgeheimnisses gebührt. Ob die entsprechenden Voraussetzungen gegeben sind, hat das Insolvenzgericht aufgrund einer Abwägung aller maßgeblichen Umstände des Einzelfalles zu entscheiden (**BGH** v 11. 9. 2003 – IX ZB 65/03, NZI 2003, 647). Gerade im Eröffnungsverfahren besteht die besondere Gefahr, dass der Schuldner zu Lasten der Gläubiger weiter wirtschaftet und unter dem Deckmantel des Briefgeheimnisses Vermögensverschiebungen vornimmt (vgl **OLG** Zweibrücken ZInsO 2000, 627 [Ls]; **LG** Göttingen DZWIR 1999, 471; **LG** Frankfurt/M InVo 1999, 346). Die Anordnung einer Postsperre ist vor allem erforderlich, wenn der Verdacht besteht, dass der Schuldner nicht sämtliche Vorgänge, die für das Insolvenzverfahren relevant sind, dem Insolvenzverwalter zur Kenntnis bringen wird (so **LG** Göttingen v 21. 8. 2000, NZI 2001, 44 für das eröffnete Verfahren). Sie kommt auch dann in Betracht, wenn der Schuldner die Arbeit eines vorläufigen Insolvenzverwalters behindert oder unzureichende Angaben über seine Vermögensverhältnisse macht (**BGH** v 12. 10. 2006 – IX ZB 34/05, NZI 2007, 34, 35; **LG** Bonn v 3. 6. 2004 – 6 T 157/04, ZInsO 2004, 818).

Auch für die Postsperre im Eröffnungsverfahren ist es verfassungsrechtlich nicht zu beanstanden, die Postsperre auch auf die an einen **Häftling gerichtete Verteidigerpost** zu erstrecken, sofern dabei das Verwertungsverbot des § 97 Abs 1 S 3 beachtet wird (so **BVerfG** v 6. 11. 2000, NJW 2001, 745 für das eröffnete Verfahren). Durch eine Postsperre kann der vorläufige Insolvenzverwalter oftmals Einblick in die Geschäftsbeziehungen des Schuldners erlangen und vielfach anfechtbare Vermögensverschiebungen aufdecken, wie zB durch Grundbuchauszüge oder Steuerbescheide (FK-*Schmerbach* § 21 Rn 219). Nach Auffassung von N/R/*Mönning* (§ 21 Rn 72) verbietet sich im Eröffnungsverfahren die Anordnung, bestimmte oder alle Postsendungen dem vorläufigen Insolvenzverwalter zuzuleiten und durch ihn öffnen zu lassen. Die vorläufige Postsperre im Eröffnungsverfahren sei allenfalls eine **Postkontrolle,** die dazu führe, sämtliche Post in Anwesenheit des vorläufigen Insolvenzverwalters zu öffnen. Dies trifft für die Fälle zu, in denen dem vorläufigen Insolvenzverwalter keine Verwaltungs- und Verfügungsbefugnis übertragen worden ist. Rückt der Verwalter dagegen in die Schuldnerposition ein mit der Folge, dass er das Schuldnerunternehmen bis zur Entscheidung über die Verfahrenseröffnung fortzuführen hat, so führt die Anordnung einer einstweiligen Postsperre dazu, dass **sämtliche Geschäftspost** des Schuldnerunternehmens an ihn weiterzuleiten ist. Nach zutreffender Auffassung des **OLG** Celle (Beschl v 24. 1. 2001, NZI 2001, 143, 144 = ZInsO 2001, 128, 130) steht die Anordnung einer vorläufigen Postsperre im Eröffnungsverfahren der Postsperre im eröffneten Verfahren gleich und bedeutet nicht, dass der vorläufige Insolvenzverwalter die Post nur **gemeinsam mit dem Schuldner öffnen** darf. Die an den Schuldner gerichteten Schreiben sind auch im Eröffnungsverfahren nicht an den Schuldner, sondern dem vorläufigen Insolvenzverwalter auszuhändigen. Zutreffend weist das **OLG** Celle darauf hin, dass nach der gegenteiligen Auffassung von *Mönning* die Schreiben weiterhin an den Schuldner auszuhändigen sind und dieser nur verpflichtet ist, die Post gemeinsam mit dem vorläufigen Insolvenzverwalter zu öffnen.

§ 21 *Anordnung von Sicherungsmaßnahmen*

Der Schuldner hätte es somit in der Hand zu entscheiden, welche Schreiben er dem vorläufigen Verwalter zugänglich macht und welche Schreiben er vor diesem verheimlicht. Eine solche Handhabung widerspricht dem Sinn der Postsperre und hätte zur Folge, dass deren Anordnung letztlich leer läuft (vgl auch FK-*Schmerbach* § 21 Rn 219 ff; K/P/B/*Pape* § 20 Rn 36 ff). Hat das Insolvenzgericht eine vorläufige Postsperre angeordnet und erfolgt die Zustellung des Beschlusses über die Anordnung der Zwangsverwaltung und der Bestellung eines Zwangsverwalters an den vorläufigen Insolvenzverwalter, so kann diese Zustellung die Zustellung an den Schuldner nicht ersetzen (**OLG** Braunschweig v 11. 1. 2001, InVo 2001, 193). Auch wenn das Insolvenzgericht die Postsperre nicht als „vorläufige Postsperre" bezeichnet, treten die Wirkungen des § 99 ein (**OLG** Celle NZI 2001, 143, 144). Ob unter dem Gesichtspunkt der Verhältnismäßigkeit der Anordnung einer vorläufigen Postsperre iVm der Anordnung einer vorläufigen Insolvenzverwaltung mit gleichzeitiger Anordnung eines bloßen Zustimmungsvorbehalts gegeben ist, ist bislang noch nicht entschieden. Nach Auffassung des **OLG** Celle (v 24. 1. 2001, NZI 2001, 143, 144 = ZInsO 2001, 128, 130) kommt eine **Postsperre** im Eröffnungsverfahren **ohne Anordnung einer vorläufigen Insolvenzverwaltung** nicht in Betracht, da eine Postkontrolle durch das Insolvenzgericht ausscheidet und die Postsperre in einer solchen Konstellation keinen Sinn gibt (so auch FK-*Schmerbach* § 21 Rn 220; **str** aA *Gottwald/Uhlenbruck* InsRHdb § 14 Rn 19). Nicht zu Unrecht weist *Kirchhof* (HK-*Kirchhof* 2. Aufl § 21 Rn 11) darauf hin, dass eine Postsperre idR nur iVm der Bestellung eines vorläufigen Insolvenzverwalters sinnvoll ist, der die Post des Schuldners überwacht (vgl auch N/R/*Mönning* § 21 Rn 72). Zwingend ist das jedoch nicht, denn im Einzelfall kann sich auch das Gericht die Prüfung bestimmter Postsendungen im Eröffnungsverfahren vorbehalten. Dem Gericht ist es unbenommen, entweder die Kontrolle selbst zu übernehmen oder den von ihm eingesetzten **Gutachter** mit der Aufgabe zu betrauen (*Gottwald/Uhlenbruck* InsRHdb § 14 Rn 19). Auf diese Weise wird uU der Sachverständige überhaupt in die Lage versetzt, die Massezulänglichkeit zu prüfen. Die gerichtlich angeordnete Postsperre erfasst nicht die **Telefonsperre** und die an den Schuldner gerichtete **Privatpost**. In einem Insolvenzverfahren über das Vermögen einer Gesellschaft bürgerlichen Rechts, einer KG oder OHG sind von der einstweiligen Postsperre auch die Sendungen an die persönlich haftenden Gesellschafter erfasst (K/P/B/*Lüke* § 99 Rn 7).

35 Bei Anordnung der Postsperre hat das Gericht den **Grundsatz der Verhältnismäßigkeit** zu beachten. Nach Auffassung des **OLG** Celle (v 24. 1. 2001, NZI 2001, 143) ist die Anordnung einer vorläufigen Postsperre im Eröffnungsverfahren unverhältnismäßig, wenn im Übrigen lediglich ein vorläufiger Insolvenzverwalter mit Zustimmungsvorbehalt bestellt und kein Verfügungsverbot gegen den Schuldner erlassen worden ist. Dieser Auffassung kann aus vorerwähnten Gründen nicht gefolgt werden (vgl auch *Gundlach/Frenzel/Schmidt* ZInsO 2001, 979, 982). Die Postsperre im Eröffnungsverfahren darf nicht schematisch angeordnet werden. Eine vorläufige Postsperre darf vielmehr nur angeordnet werden, wenn **zwingende Anhaltspunkte** dafür vorhanden sind, dass der Schuldner oder die organschaftlichen Vertreter eines Schuldnerunternehmens den Postverkehr zur **Beeinträchtigung der Haftungsmasse** oder zur gläubigerbenachteiligen Verschleierung ihrer Vermögensverhältnisse missbrauchen (vgl zu § 121 KO **OLG** Bremen ZIP 1992, 1757 = NJW 1993, 798; **LG** Coburg v 29. 11. 1971, KTS 1972, 124; K/U § 121 KO Rn 1 c; *Uhlenbruck/Delhaes* HRP Rn 388). Die Anordnung der vorläufigen Postsperre kann ua geboten sein, wenn der Schuldner die Arbeit des vorläufigen Insolvenzverwalters behindert (vgl **LG** Göttingen DZWIR 1999, 471) oder unzureichende Angaben über seine Vermögensverhältnisse macht (**OLG** Zweibrücken ZInsO 2000, 627 [LS]; **LG** Frankfurt/M InVo 1999, 346; HK-*Kirchhof* § 21 Rn 11). Immer müssen **konkrete Anhaltspunkte** vorliegen, die die Anordnung rechtfertigen (**OLG** Celle ZIP 2000, 189). Die **Verhältnismäßigkeit** ist nicht etwa dadurch gewahrt, dass keine Gründe für das Gericht ersichtlich sind, die es nahe legen, von der Anordnung einer vorläufigen Postsperre abzusehen (FK-*Schmerbach* § 21 Rn 221; anders noch LG Stuttgart, EWiR 1986, 1127 m krit Anm *Balz*). Die **Anhörung** des Schuldners oder des organschaftlichen Vertreters des Schuldnerunternehmens wird regelmäßig wegen der Eilbedürftigkeit nachgeholt werden müssen.

36 Die **Anordnung der Postsperre** im Eröffnungsverfahren geschieht durch **begründeten Beschluss** des Insolvenzgerichts. Der Beschluss des Insolvenzgerichts und des Beschwerdegerichts über die Anordnung einer Postsperre muss eine Abwägung der Interessen des Schuldners und derjenigen der Gläubiger enthalten. Eine Entscheidung des Beschwerdegerichts, der kein subsumtionsfähiger Sachverhalt vorangestellt ist, ist im Rechtsbeschwerdeverfahren aufzuheben (**OLG** Celle v 11. 9. 2000, ZIP 2000, 1898). Die obligatorische Begründung muss die Tatsachen aufführen, die die Besorgnis für gläubigerbenachteiligende Handlungen des Schuldners aufkommen lassen. Dabei reicht die Nennung von Tatsachen auch nur für einen **Anfangsverdacht** aus (HK-*Eickmann* § 99 Rn 11; *Thiemann* DZWIR 2001, 39; *Gundlach/Frenzel/Schmidt* ZInsO 2001, 979, 983; *Voss* EWiR 2001, 123, 124). Die **schuldhafte Verletzung der Auskunfts- und Mitwirkungspflicht** (§ 97 Abs 1, 2) oder **unrichtige Angaben** reichen für einen Anfangsverdacht aus. Auch wenn von einer vorherigen Anhörung des Schuldners oder seines organschaftlichen Vertreter abgesehen wird, ist dies entsprechend § 99 Abs 1 S 3 **gesondert zu begründen** und die **Anhörung unverzüglich nachzuholen**. Die Verletzung des Anspruchs auf Gewährung rechtlichen Gehörs ist primär im Verfahren der Gegenvorstellung und nicht im Verfahren über die Rechtsbeschwerde geltend zu machen. Dies gilt insbesondere dann, wenn ohnehin beantragt werden kann, die Anordnung der Postsperre bei Änderung der tatsächlichen Voraussetzungen aufzuheben (vgl **OLG** Celle v 6. 11.

IV. Einzelne Verfügungsbeschränkungen (§ 21 Abs 2) **§ 21**

2000, NZI 2001, 147 zu § 99). Der Beschluss ist dem Schuldner förmlich zuzustellen, da entsprechend § 99 Abs 3 S 1 gegen die Anordnung dem Schuldner die **sofortige Beschwerde** zusteht. Das Rechtsschutzinteresse für die Anfechtung einer vorläufigen, zeitlich bis zur Eröffnung des Insolvenzverfahrens begrenzten Postsperre entfällt jedoch, wenn das Insolvenzverfahren eröffnet wird (**OLG** Köln v 26. 1. 2000, ZIP 2000, 1221, 1222). Eine Überprüfung der gerichtlichen Entscheidung lediglich mit dem Ziel der Feststellung ihrer Rechtswidrigkeit ist ausgeschlossen. Der **Gegenstandswert** des Verfahrens der Beschwerde gegen die Anordnung einer Postsperre richtet sich nach OLG Köln (v 13. 6. 2000, NZI 2001, 154) nicht nach § 38 GKG oder nach § 77 Abs 1 BRAGO, sondern ist nach den §§ 3 ZPO, 35 GKG zu schätzen. Wenn es der Sicherungszweck nicht mehr erfordert, hat das Gericht von Amts wegen nach Anhörung des vorläufigen Insolvenzverwalters oder auf dessen Anregung die Postsperre aufzuheben (§ 99 Abs 3 S 2 entspr). Der Verwalter ist berechtigt, die ihm zugeleiteten Sendungen zu öffnen. Sendungen, deren Inhalt nicht die Insolvenzmasse betrifft, sind dem Schuldner unverzüglich zuzuleiten (§ 99 Abs 2 S 2). Der Schuldner ist berechtigt, sämtliche Post einzusehen (§ 99 Abs 2 S 3 entspr).

Die im Eröffnungsverfahren angeordnete **einstweilige Postsperre** endet wie sämtliche Sicherungsmaßnahmen mit der Eröffnung des Insolvenzverfahrens oder mit der rechtskräftigen Abweisung mangels Masse. Dem Rechtspfleger ist es unbenommen, im eröffneten Verfahren erneut eine Postsperre nach § 99 anzuordnen. Stellt der Schuldner oder Schuldnervertreter im Eröffnungsverfahren den Antrag auf Aufhebung der einstweiligen Postsperre, so ist dieser Antrag als Anregung anzusehen, die nicht rechtsmittelfähig ist. Aus der Begründung zum Regierungsentwurf ergibt sich, dass der **Begriff der Postsendung** weit zu fassen ist, so dass auch Telegramme, Fernschreiben und Telekopien hiervon erfasst werden. Lediglich eine **Telefonsperre** ermöglicht das Gesetz nicht (BT-Drucks 12/2443, S 143, abgedr bei *Balz/Landfermann*, S 320; KS-*Landfermann* S 159, 190 Rn 93). Zu § 121 KO hat das Bundesverfassungsgericht allerdings die **Telefonsperre** für zulässig erklärt (**BVerfG** ZIP 1986, 1337). Auch wenn dies im Gesetz nicht ausdrücklich vorgesehen ist, wird in Ausnahmefällen die Anordnung einer Telefonsperre zulässig sein, zB im Insolvenzverfahren eines Brokers, der seine Geschäfte überwiegend im Telefonverkehr abwickelt. Als neue Art der „Postsendung" ist nach zutreffender Feststellung von *Landfermann* (in: KS S 190 Rn 93 Fn 121) mit der technischen Entwicklung der letzten Jahre auch die **elektronische Post** („e-mail") anzusehen. Es empfehle sich, bei Anordnung der Postsperre klarzustellen, dass auch e-Mail-Sendungen erfasst werden sollen, und den Anordnungsbeschluss dem Dienstleister („Provider") des Schuldners zuzustellen (vgl auch *Münzel/Böhm*, Postsperre für e-Mail?, ZInsO 1998, 363, 368; *Thiemann* DZWIR 2000, 205). Einzelheiten s in der Kommentierung zu § 99. 37

Durch das Gesetz zur Vereinfachung des Insolvenzverfahrens v 17. 4. 2007 (BGBl I S 509) wurde § 99 Abs 1 S 1 insoweit geändert, als die Beförderungsunternehmen namentlich im Beschluss zu bezeichnen sind. Gegenüber den Postdienstleistern stellt die Entscheidung des Gerichts, mit der eine vorläufige Postsperre angeordnet wird, keinen vollstreckbaren Titel dar (HambKomm/*Wendler* § 99 Rn 12). Aus diesem Grunde ist der Zivilrechtsweg zu beschreiten, wenn der Dienstleister der gerichtlichen Anordnung nicht nachkommt. 37a

Eine vorläufige **Postsperre** ist nach § 21 Abs 2 Nr 4, § 99 Abs 3 S 2 **aufzuheben**, soweit ihre Voraussetzungen fortfallen. Eine sofortige Beschwerde gegen die Aufhebung einer vorläufigen Postsperre wird nach deren Aufhebung unzulässig, weil die Beschwer des Rechtsmittelführers im Zeitpunkt der Entscheidung noch gegeben sein muss (**BGH** v 12. 10. 2006 – IX ZB 34/05, NZI 2007, 34, 35 m Anm *Zipperer* NZI 2007, 35). 37b

6. Anordnung eines Verwertungs- oder Einziehungsverbots (§ 21 Abs 2 Nr 5). Die Vorschrift des Abs 2 Nr 5 wurde durch Art 1 Nr 6 des **Gesetzes zur Vereinfachung des Insolvenzverfahrens** vom 13. 7. 2007 (BGBl I 509) eingeführt. Das Gericht kann danach bestimmen, dass Gegenstände, die bei Verfahrenseröffnung von § 166 erfasst würden oder deren Aussonderung verlangt werden könnte, von Gläubigern nicht verwertet oder eingezogen werden dürfen und dass solche Gegenstände zur Fortführung des Unternehmens des Schuldners eingesetzt werden können, soweit sie hierfür von erheblicher Bedeutung sind. § 21 Abs 2 Nr 5 dient der Absicht der InsO, das dem unternehmerischen Zweck gewidmete materielle Substrat als wirtschaftlichen Verbund vorläufig zusammenzuhalten (BT-Drucks 16/3227 S 15; vgl auch **OLG** Naumburg v 27. 5. 2009 – 5 U 36/09, NZI 2009, 685, 686). Im Ergebnis erhält damit die Gläubigergemeinschaft einen Zeitraum, in dem die Fortführungswürdigkeit des schuldnerischen Unternehmens geprüft werden kann (vgl **BGH** v 18. 7. 2002 – IX 195/01, NZI 2002, 543). Das Verbot der Einziehung und Verwertung richtet sich gegen den Absonderungsberechtigten. Mit der Einräumung der „Nutzungsbefugnis" wendet sich der Gesetzgeber an den Schuldner bzw „starken" vorläufigen Insolvenzverwalter. Zwar setzt § 21 Abs 2 Nr 5 rechtlich nicht die Bestellung eines vorläufigen Insolvenzverwalters voraus. Ohne seine Bestellung dürfte die Umsetzung der gerichtlichen Maßnahme indes kaum möglich sein. Ein allgemeines Verfügungsverbot muss mit der Anordnung nach Nr 5 nicht einhergehen (so ausdrücklich Amtl Begr d BReG zu Art 1 Nr 6 InsOVereinfG, BT-Drucks 16/3227 S 16). Die Anordnung eines Verwertungs- und Einziehungsstopps erstreckt sich auf **Forderungen und bewegliche Sachen**, die der Schuldner in Besitz hat und an denen bei Verfahrenseröffnung Aus- oder Absonderungsrechte bestehen. Soweit keine Anordnung nach § 21 Abs 2 Nr 5 getroffen worden ist, kann der Schuldner in seinem Besitz befindliche fremde Sachen **ohne Zustimmung** des vorläufigen In- 38 solvenzverwalters an den Eigentümer herausgeben (**OLG** Naumburg aaO). Vom Wortlaut der Vorschrift ist auch **Grundvermögen** wie zB eine gemietete Immobilie erfasst mit der Konsequenz, dass die Anordnung nach § 21 Abs 2 Nr 5 eine Herausgabe bzw Räumung des Grundstücks sogar bei wirksam gekündigtem Mietverhältnis verhindert (*Kirchhof* ZInsO 2007, 227, 229, 230; *Ganter* NZI 2007, 549, 555). Dem Vermieter steht in den ersten drei Monaten nach der Anordnung kein Nutzungsentgelt („Zinsen") iSv § 169 S 2 zu (**KG** v 11. 12. 2008 – 23 U 115/08, ZIP 2009, 137). Dies entspricht weitgehend der Rechtslage bei Einstellung der Zwangsversteigerung einer pfandrechtsbelasteten Immobilie gem § 30 d Abs 4 ZVG. § 30 e Abs 1 S 2 ZVG gewährt dem betreibenden Gläubiger einen Anspruch auf Zahlung von Zinsen von dem Zeitpunkt an, der drei Monate nach der einstweiligen Einstellung liegt, wenn der Berichtstermin erst nach diesem Zeitpunkt liegt (kritisch zur Einbeziehung von Grundvermögen MüKoInsO-*Haarmeyer* § 21 Rn 100).

38a   a) **Einbeziehung der Absonderungsberechtigten.** Die Regelung zum Verwertungs- und Einziehungsverbot für absonderungsberechtigte Gläubiger hat überwiegend Zustimmung gefunden (siehe nur K/P/B/*Pape* § 21 Rn 40 b; MüKoInsO-*Haarmeyer* § 21 Rn 97; HK-*Kirchhof* Rn 27 ff). Tatsächlich liegt sie weitgehend im Rahmen der aus dem Verwertungsrecht des Insolvenzverwalters folgenden gesetzlichen Bestimmungen der §§ 165 bis 173. Denn ihrer Substanz nach sind die Sicherungsgegenstände weiter dem schuldnerischen Vermögen und damit der „Ist-Masse" zuzuordnen (MüKoInsO-*Haarmeyer* aaO). Schon vor Inkrafttreten des Gesetzes zur Vereinfachung des Insolvenzverfahrens v 17. 4. 2007 (BGBl I S 509) entsprach es der ganz herrschenden Meinung in Rechtsprechung und Literatur (**BGH** v 14. 12. 2000 – IX ZB 105/00, NZI 2001, 191; HambKomm/*Schröder* § 21 Rn 69 c; MüKoInsO-*Haarmeyer* § 21 Rn 98; *Vallender/Fuchs* NZI 2003, 292, 293), dass sich Sicherungsmaßnahmen auf mit Ab- und Aussonderungsrechte belastete Gegenstände beziehen und der vorläufige Insolvenzverwalter befugt sei, die Herausgabe des Sicherungsguts zur Sicherung der künftigen Masse abzuwehren. Seinen gesetzlichen Niederschlag findet diese Auffassung nunmehr in der Regelung des § 21 Abs 2 Nr 5, die **zusätzlich** die **Nutzungsbefugnis** für den Schuldner bzw vorläufigen Insolvenzverwalter erweitert (MüKoInsO-*Haarmeyer* aaO). Während eine auf dieser Vorschrift basierende gerichtliche Anordnung einerseits dem vorläufigen Insolvenzverwalter die Betriebsfortführung erleichtert, nimmt sie dem gesicherten Gläubiger gleichzeitig die Möglichkeit, durch die Verwertung des Sicherungsguts im Eröffnungsverfahren die Kostenbeiträge gem § 171 einzusparen.

38b   **Praktische Bedeutung** erlangt das **Verwertungsverbot** nach Maßgabe des § 21 Abs 2 Nr 5 im Regelfall nur hinsichtlich **sicherungshalber abgetretener Forderungen** (ebenso HK-*Kirchhof* § 21 Rn 28). Gegenstände, die der Schuldner bzw der vorläufige Insolvenzverwalter im unmittelbaren oder mittelbaren (siehe hierzu **BGH** v 16. 11. 2006 – IX ZR 135/04, NZI 2007, 95) Besitz hat (§ 166 Abs 1), kann der Sicherungsnehmer ohne das Zutun des vorläufigen Insolvenzverwalters ohnehin nicht an sich ziehen und verwerten. Soweit diese Gegenstände für die Fortführung des schuldnerischen Unternehmens von erheblicher Bedeutung sind, wird der vorläufige Insolvenzverwalter ein entsprechendes Herausgabeverlangen des Sicherungsnehmers abzuwehren versuchen. Dies gilt umso mehr, wenn Zweifel möglich sind, ob das herausverlangte Gut der Absonderung unterliegt. In einem solchen Fall ist der vorläufige Insolvenzverwalter verpflichtet, dem Herausgabeanspruch entgegenzutreten und den Dritten darauf hinzuweisen, sich mit dem endgültigen Insolvenzverwalter auseinanderzusetzen (**BGH** v 13. 7. 2006 – IX ZR 57/05, ZInsO 2006, 938, 939; MüKoInsO-*Ganter* § 47 Rn 454). Im Falle mittelbaren Besitzes kann der absonderungsberechtigte Gläubiger diese Befugnis nicht dadurch umgehen, dass er den unmittelbaren Besitzer veranlasst, den Besitzmittlungswillen für den Schuldner bzw den Insolvenzverwalter aufzugeben (**BGH** aaO). Bei Sicherungsgut, das sich bereits im Besitz des Sicherungsnehmers befindet, besteht grundsätzlich nicht mehr die Gefahr, dass dadurch der Verbund des schuldnerischen Unternehmens auseinandergerissen wird. Etwas anderes gilt indes dann, wenn der Schuldner den Besitz an dem Gegenstand durch **verbotene Eigenmacht** verloren hat. Bei angeordneter „schwacher" vorläufiger Insolvenzverwaltung ist nicht der vorläufige Insolvenzverwalter sondern der Schuldner berechtigt, durch Leistungsverfügung im Wege des **einstweiligen Rechtsschutzes** die vorläufige Rückführung des Sicherungsgutes zu verlangen (**LG** Leipzig v 26. 5. 2006 – 05 HK O 1796/06, ZInsO 2006, 1003).

38c   Bis zum Inkrafttreten des Gesetzes zur Vereinfachung des Insolvenzverfahrens herrschte die Auffassung vor, dass den gesicherten Gläubigern der **Forderungseinzug** im Eröffnungsverfahren nicht untersagt werden kann (**BGH** v 20. 2. 2003 – IX ZR 81/02, NZI 2003, 259; **BGH** v 15. 5. 2003 – IX ZR 218/02, NZI 2003, 496). Dem vorläufigen Insolvenzverwalter konnte auch keine Befugnis zum Eingriff in die Rechte des Sicherungszessionars dadurch verliehen werden, dass das Insolvenzgericht den Drittschuldnern verbat, an den Schuldner zu zahlen, und den vorläufigen Insolvenzverwalter ermächtigte, Forderungen des Schuldners einzuziehen sowie eingehende Gelder entgegenzunehmen (**BGH** v 22. 2. 2007 – IX ZR 2/06, NZI 2007, 338 m Anm *Gundlach/Frenzel* NZI 2007, 340). Mit der ausdrücklichen Regelung in § 21 Abs 2 Nr 5, dass der Masse die Kostenbeiträge gem §§ 170, 171 zustehen, wenn der vorläufige Insolvenzverwalter eine zur Sicherung eines Anspruchs übertragene Forderung einzieht, dürfte der Streit zu der Frage, ob zu den Kompetenzen des vorläufigen Insolvenzverwalters nach § 21 Abs 2 Nr 2 2. Altern auch die Einziehung von zedierten Forderungen gehört, (so **LG** Berlin v 21. 4. 1999, ZInsO 1999, 355; **AG** Duisburg v 6. 7. 1999, ZIP 1999, 1366; vgl auch **KG** NZI 1999, 500; H/W/W

IV. Einzelne Verfügungsbeschränkungen (§ 21 Abs 2) **§ 21**

§ 21 Rn 35; **aA** *Mitlehner* ZIP 2001, 677; *Foltis* ZInsO 1999, 390 ff; *Lwowski/Tetzlaff* NZI 1999, 395, 396; KS-*Uhlenbruck* S 353 Rn 29), weitgehend entschärft sein. Unstreitig war bereits vor Inkrafttreten der neuen Regelung, dass es bei „unbelasteten Forderungen" zur Einziehung der Forderungen durch den vorläufigen Insolvenzverwalter in den Fällen der gesetzlichen Kompetenzzuweisung einer gerichtlichen Anordnung nicht bedarf, da sich die Berechtigung des vorläufigen Verwalters sowohl aus seiner Fortführungs- als auch aus seiner Sicherungsfunktion ergibt. Zweck und Ziel des Einzugs ist in erster Linie nicht etwa die Verwertung der Forderung, sondern vielmehr die Sicherstellung des hinter dieser Forderung stehenden Geldbetrages für die Masse (*Thiemann*, Masseverwaltung Rn 274).

§ 21 Abs 2 Nr 5 Satz 3 setzt **konkludent** voraus, dass jeder vorläufige Insolvenzverwalter – auch der „schwache" (so Amtl Begr d BReG zu Art 1 Nr 6 InsOVereinfG, BT-Drucks 16/3227 S 16) – **sicherungshalber abgetretene Forderungen** aufgrund eines an den Gläubiger gerichteten Verwertungsverbot ohne dessen Einwilligung mit schuldbefreiender Wirkung einziehen kann (HK-*Kirchhof* § 21 Rn 29; K/P/B/*Pape* § 21 Rn 40 b, y; *Foerste* S 87 ff). Um etwaige Zweifel über die dem vorläufigen Insolvenzverwalter eingeräumten Befugnisse von vornherein auszuräumen, bietet es sich an, dass das Gericht ihm **ausdrücklich die entsprechende Einziehungsbefugnis überträgt** (so HambKomm/*Schröder* § 21 Rn 69 h). Damit schafft es gleichzeitig den entsprechenden rechtlichen Rahmen für den Eintritt der Erfüllungswirkung seitens des Drittschuldners (MüKoInsO-*Haarmeyer* § 21 Rn 102). Der Beschluss sollte auch an die Drittschuldner zugestellt werden, um einer etwaigen schuldbefreienden Tilgung an den Sicherungsnehmer entsprechend § 407 BGB vorzubeugen (HK-*Kirchhof* § 21 Rn 28 mwN). Die Anordnung des Forderungseinzugs erscheint insbesondere angebracht in Fällen, bei denen die Wirksamkeit einer Sicherungszession zweifelhaft ist und verhindert werden soll, dass der Zessionar durch die Offenlegung der Abtretung und Einziehung der Forderung vor Verfahrenseröffnung vollendete Tatsachen schafft (K/P/B/*Pape* § 21 Rn 40 b). Da der vorläufige Insolvenzverwalter den Erlös nicht mit der Masse vermischen und ihn nicht verbrauchen darf, sondern ihn zu separieren und nach Abzug der Kostenbeiträge an den Gläubiger abzuführen hat, kommt der Anordnung keine besondere Bedeutung für die Betriebsfortführung zu (K/P/B/*Pape* § 21 Rn 40 y). Weder der Vorschrift des § 21 Abs 2 Nr 5 noch der Begründung zum Gesetz kann zweifelsfrei entnommen werden, ob die Betriebsfortführung und eine erhebliche Bedeutung der Forderung für die Betriebsfortführung Grundvoraussetzungen der Anordnung sind. Berücksichtigt man insbesondere, dass dem künftigen Insolvenzverwalter die Möglichkeit eingeräumt werden soll, die Wirksamkeit der Sicherungsabtretung zu überprüfen, bevor der Gläubiger die Forderung einzieht und weiterer Zweck des Verwertungsverbots die Heranziehung der gesicherten Gläubiger schon im Eröffnungsverfahren zu Kostenbeiträgen ist (Amtl Begr d BReG zu Art 1 Nr 6 InsOVereinfG, BT-Drucks 16/3227 S 16, 28), erscheint es sachgerecht, von einer **generellen Befugnis** des vorläufigen Insolvenzverwalters zum Einzug sicherungshalber abgetretener Forderungen auszugehen (so auch K/P/B/*Pape* § 21 Rn 40 z; HambKomm/*Schröder* § 21 Rn 69 h).

38d

Die gerichtliche Anordnung nach § 21 Abs 2 Nr 5 verpflichtet den vorläufigen Insolvenzverwalter zum alsbaldigen Einzug der Forderungen, um einer Entwertung des Sicherungsguts vorzubeugen (*Kuder* ZIP 2007, 1690, 1695). Der **Verweis auf §§ 170, 171** in S 3 erlaubt es dem vorläufigen Insolvenzverwalter, die Kostenbeiträge nach Maßgabe dieser Bestimmungen einzubehalten. Gleichzeitig hat er den **Nettoerlös** – jedenfalls bei vertraglicher Verwertungsreife zugunsten des Sicherungsnehmers – **unverzüglich** an diesen **auszukehren** (*Kuder* ZIP 2007, 1695; HK-*Kirchhof* § 21 Rn 29). Zur Finanzierung des Eröffnungsverfahrens darf der Erlös nicht eingesetzt werden (Amtl Begr d BReG zu Art 1 Nr 6 InsO-VereinfG, BT-Drucks 16/3227 S 16). Will der vorläufige Insolvenzverwalter den aus dem Forderungseinzug erzielten Erlös als **Betriebsmittelkredit** verwenden, ist dies nur nach entsprechender Vereinbarung mit den gesicherten Gläubigern zulässig (*Flitsch* BB 2006, 1805, 1806). Ohne deren Zustimmung sieht er sich bei Beschneidung oder Vereitelung der Ansprüche der Absonderungsberechtigten unter Umständen der Gefahr einer **persönlichen Haftung nach § 60** ausgesetzt (dazu *Ganter/Bitter* ZIP 2005, 93, 100). Soweit *Foerste* (S 90 ff) und *Schröder* (in HambKomm § 21 Rn 69 j) eine Auszahlung des Erlöses erst nach Insolvenzeröffnung für erforderlich halten, dürfte dieser Ansicht der Wortlaut des § 170 Abs 1 S 2 („unverzüglich") entgegenstehen. Bei schuldhafter Verzögerung der Einziehung oder Auskehr des Erlöses hat der vorläufige Insolvenzverwalter dem Sicherungsgläubiger nach Maßgabe des § 169 S 2 und 3 die geschuldeten Zinsen zu zahlen, jedoch erst beginnend drei Monate nach gerichtlicher Anordnung. Die Verzinsungspflicht nach § 169 S 2 setzt voraus, dass gerade auch der anspruchstellende Gläubiger durch die Anordnung an der Verwertung gehindert worden ist (**BGH** v 20. 2. 2003 – IX ZR 81/02, NZI 2003, 259, 262). Zieht der Sicherungszessionar trotz des Verbots die Forderung ein, kann der vorläufige Insolvenzverwalter die Einziehung genehmigen und die Feststellungspauschale von dem Sicherungszessionar verlangen (*Ganter* NZI 2007, 549, 551). Will er darüber hinaus zusätzlich die Verwertungspauschale für die Masse sichern, sollte er von der Genehmigung absehen und den Drittschuldner auf erneute Zahlung in Anspruch nehmen (*Ganter* aaO).

38e

Die Einziehung sicherungshalber abgetretener Forderungen durch den vorläufigen Insolvenzverwalter ist nicht mehr zulässig von dem Augenblick an, in dem die Befugnis zum Einzug von Forderungen vom Sicherungsnehmer widerrufen wird (BGHZ 144, 192 = NZI 2000, 306, 308; MüKoInsO-*Haarmeyer* § 22 Rn 55; **aA** HK-*Kirchhof* § 21 Rn 28). Daran kann auch der Zweck des Verwertungsverbots nichts ändern. Denn nach dem Widerruf gehören die Forderungen nicht mehr zum schuldnerischen Vermögen.

38f

Das Verwertungsrecht steht nunmehr allein dem gesicherten Gläubiger zu. Zieht der vorläufige Insolvenzverwalter gleichwohl vom Schuldner zur Sicherheit abgetretene Forderungen ein, steht dem Zessionar bei Aufhebung der Sicherungsmaßnahmen ein Anspruch gegen den vorläufigen Insolvenzverwalter auf Herausgabe der eingezogenen Beträge unabhängig davon zu, ob die Verfügungsbefugnis über das Vermögen des Schuldners auf ihn übergegangen ist oder nicht (**BGH** v 22. 2. 2007 – IX ZR 2/06, ZIP 2007, 827, 828). Das Insolvenzgericht kann dem Gläubiger auch nicht untersagen, die Forderungen offen zu legen und die Einziehungsermächtigung zugunsten des Schuldners zu widerrufen (weiter gehend *Mitlehner* ZInsO 2001, 677, 678).

38g b) **Einbeziehung von Aussonderungsberechtigten.** Ihrem Wortlaut nach erstreckt sich die Regelung des § 21 Abs 2 Nr 5 auf alle Gegenstände, die aussonderungsfähig sind. Dies begegnet Bedenken. Denn die unterschiedslose Behandlung von Ab- und Aussonderungsberechtigten wird nicht dem Umstand gerecht, dass es eine Vielzahl von Aussonderungsrechten gibt, die sich in ihrer Struktur und ihren Wirkungen stark unterscheiden und wesentlich andere Rechtsfragen aufwerfen als typischerweise Absonderungsrechte (*Kirchhof* ZInsO 2007, 227, 231). Tatsächlich besteht die Gefahr, dass „eine unkritische Ausdehnung auf alle Aussonderungsberechtigten" die Betroffenen unter Umständen wirtschaftlich deutlich schlechter stellt als Absonderungsberechtigte (näher dazu *Kirchhof* aaO 228; *Ganter* NZI 2007, 549, 552 ff; K/P/B/*Pape* § 21 Rn 40 d ff). Während nach der Vorstellung des Gesetzgebers Gegenstände, die unter Eigentumsvorbehalt an den Schuldner geliefert worden sind, ohne weiteres dem Anwendungsbereich der Norm unterliegen (Amtl Begr d BReG zu Art 1 Nr 6 InsOVereinfG, BT-Drucks 16/ 3227 S 26; siehe dazu auch *Vallender* InVo 2004, 478, 479), bestehen bereits Zweifel, ob Leasing und Factoring erfasst sind (*Kirchhof* aaO).

38h Auch wenn eine undifferenzierte Anordnung in Bezug auf auszusondernde Gegenstände zumindest die Möglichkeit einer kalten temporären Enteignung eröffnet (*Pape* NZI 2007, 425, 430; *Schmerbach/Wegener* ZInsO 2006, 400, 404), dürfte die Vorschrift des § 21 Abs 2 Nr 5 mit **Art 14 Abs 1 GG vereinbar** sein (**KG** v 11. 12. 2008 – 23 U 115/08 ZIP 2009, 137, 139; *Heublein* ZIP 2009, 11, 15). Der durch § 21 Abs 2 Nr 5 mögliche, zeitlich eng begrenzte Eingriff in die Rechte von Aussonderungsberechtigten ist nicht unverhältnismäßig. Zum Schutz der übrigen, ungesicherten Gläubiger ist es vertretbar, dass Abs 2 Nr 5 iVm § 169 S 2 die Verpflichtung zur Zahlung von Zinsen erst nach Ablauf dreier Monate nach Anordnung der Sicherungsmaßnahme vorsieht. Bis zu diesem Zeitpunkt erhält der Aussonderungsberechtigte umfassenden Ausgleich für den durch die Nutzung eingetretenen Wertverlust. Das beinhaltet zugleich die Vorstellung des Gesetzgebers, dass im Übrigen ein **Nutzungsentgelt als Masseverbindlichkeit** nur nach den allgemeinen Grundsätzen begründet werden kann. Das Bemühen des Gesetzgebers, die Befriedigungsaussichten ungesicherter Insolvenzgläubiger zu verbessern (§ 1 S 1), kommt letztlich anteilig auch solchen Aussonderungsberechtigten zugute, soweit deren Ansprüchen auf Nutzungsentschädigung vor der Insolvenzeröffnung ausgefallen sind (**BGH** v 18. 7. 2002 – IX ZR 195/01, BGHZ 151, 153 = NZI 2002, 543; **KG** aaO; siehe aber **LG Berlin** ZInsO 2008, 629). Unbeschadet dessen sollten Insolvenzgerichte von der Möglichkeit einer Anordnung nach § 21 Abs 2 Nr 5 in Bezug auf Aussonderungsberechtigte eher restriktiv Gebrauch machen. Eine formularmäßige Anordnung verbietet sich ebenso wie eine undifferenzierte Übernahme behaupteter allgemeiner Erschwernisse (MüKoInsO-*Haarmeyer* § 21 Rn 99). Dies gilt um so mehr, als der Gesetzgeber dem Betroffenen ein Beschwerderecht gegen die Anordnung nicht eingeräumt hat.

38i Eine auf Aussonderungsberechtigte bezogene gerichtliche Anordnung nach § 21 Abs 2 Nr 5 setzt voraus, dass bereits im Zeitpunkt der Beschlussfassung ein Herausgabeanspruch gegen den Schuldner bzw den „starken" vorläufigen Insolvenzverwalter über dessen Vermögen gegeben ist, der nach Verfahrenseröffnung zur Aussonderung berechtigen würde (*Heublein* ZIP 2009, 11). Darüber hinaus ist die Maßnahme nur zulässig, wenn der Schuldner nicht mehr vertraglich zum Besitz und zur Nutzung des Gegenstandes berechtigt ist.

38j c) **Nutzungsbefugnis.** Bereits vor Inkrafttreten des Gesetzes zur Vereinfachung des Insolvenzverfahrens am 1. 7. 2007 wurde die Nutzung von mit Sicherungsrechten belasteten Gegenständen im Rahmen der Unternehmensfortführung durch den vorläufigen Insolvenzverwalter als in der Regel unerlässlich und zulässig angesehen (*Gäbel* jurisPR-InsR 2/2007 Anm 3 mwN; vgl dazu auch **BGH** v 13. 7. 2006 – IX ZR 57/05, NZI 2006, 587, 588). § 21 Abs 2 Nr 5 räumt dem Schuldner bzw vorläufigen Insolvenzverwalter ausdrücklich „die Nutzungsbefugnis an unter Eigentumsvorbehalt gelieferten oder sicherungsübereigneten Betriebsmitteln", die für eine Betriebsfortführung von erheblicher Bedeutung sind, ein (Amtl Begr d BReG zu Art 1 Nr 6 InsOVereinfG, BT-Drucks 16/3227 S 16). Diese Voraussetzungen hat der vorläufige Insolvenzverwalter, regt er eine entsprechende Maßnahme an, näher darzulegen (*Ganter* aaO 551; MüKoInsO-*Haarmeyer* § 21 Rn 99). Führt er das Unternehmen nicht fort, sind an die „Darlegungslast" erhöhte Anforderungen zu stellen. Allein die Behauptung, die Voraussetzungen des § 21 Abs 2 Nr 5 seien gegeben, reicht nicht aus (ebenso *Pape* in FS *Fischer* S 427, 435). Bestandteile des **Anlagevermögens** werden regelmäßig für die Fortführung des Unternehmens von erheblicher Bedeutung sein. Dagegen erscheint fraglich, ob dies auch für das **Umlaufvermögen** zutrifft. Für die Fortführung des Unternehmens dürfte es oft unerlässlich sein, dass der vorläufige Insolvenzverwalter das Umlaufvermögen (Verkauf sicherungsübereigneter Waren und Verarbeitung sicherungsübereigneter

IV. Einzelne Verfügungsbeschränkungen (§ 21 Abs 2) § 21

Rohstoffe) umschlägt. Den Gesetzesmaterialien ist allerdings zu entnehmen, dass eine Nutzung – als Minus zur Verwertung – nur vorliegt, solange die Sache als solche erhalten bleibt und nicht im Rahmen der Verwendung verbraucht wird. Ohne vorherige Vereinbarung mit dem von der Anordnung Betroffenen dürfe der vorläufige Insolvenzverwalter keine Gegenstände des sicherungsübereigneten Warenlagers veräußern. Diese Ausführungen bleiben zwar hinter dem zurück, was bislang allgemein anerkannt war und finden im Wortlaut des Gesetzes keine hinreichende Stütze. Gleichwohl sollte der vorläufige Insolvenzverwalter bereits aus Haftungsgründen solche Maßnahmen nicht ohne Absprache mit dem Betroffenen vornehmen.

§ 21 Abs 2 Nr 5 knüpft an die Nutzungsbefugnis zwei Rechtsfolgen: Aus der Verweisung auf § 169   38k
S 2 ergibt sich eine **Zinszahlungspflicht**; zudem ist ein **Wertverlust durch laufende Zahlungen auszugleichen** (*Büchler* ZInsO 2008, 719, 720). Die Zinszahlungspflicht an den Sicherungsnehmer beginnt in jedem Falle einer Anordnung nach § 21 Abs 2 Nr 5 **spätestens drei Monate** nach der gerichtlichen Anordnung (Nr 5 S 1, 2 Teilsatz iVm § 169 S 2). Die **geschuldeten Zinsen** sind laufend aus der vorläufigen Masse zu zahlen. Dieser Anspruch ist **Masseforderung iSv § 55 InsO** (*Ganter* NZI 2007, 549; HambKomm/*Schröder* § 21 Rn 69 e). Für die Zinszahlungspflicht bei Nutzung von Absonderungsgut sind die vertraglichen Vereinbarungen zwischen dem Absonderungsberechtigten und dem Schuldner maßgeblich (*Büchler* ZInsO 2008, 719, 720), wobei die gesicherte Forderung mit mindestens 4% pro Jahr zu verzinsen ist (BGH v 16. 2. 2006 – IX ZR 26/05, NZI 2006, 342). Wurde das Aussonderungsgut dem Schuldner aufgrund eines Nutzungsvertrages überlassen (zB Miete), ist für die Höhe der „Zinsen" iSd § 169 S 2 auf das vereinbarte Nutzungsentgelt abzustellen (HambKomm/*Büchler* § 169 Rn 7 a; *Büchler* ZInsO 2008, 719, 720). Das Insolvenzgericht ist nicht befugt, die Zinszahlungspflicht auszuschließen. Streitig ist, ob den Aussonderungsberechtigten bereits ein Ausgleich ab Anordnung zu gewähren ist, der dem vertraglich vereinbarten Nutzungsentgelt entspricht und als Masseverbindlichkeit zu erfüllen ist (siehe dazu *Pape in FS Fischer* S 441). Hätte der Gesetzgeber tatsächlich vereinbarte Gegenleistungen zu Masseforderungen erheben wollen, ergäbe die Verweisung in § 21 Abs 2 S 1 Nr 5 S 1 auf § 169 S 2 und 3 im Regelfall keinen Sinn. Für eine Analogie zu § 55 Abs 2 fehlt es an einer planwidrigen Lücke. Mit der Vorschrift des § 21 Abs 2 S 1 Nr 5 hat der Gesetzgeber eine abschließende, gegenüber § 55 Abs 2 InsO speziellere Regelung getroffen, indem er zum einen die entsprechende Geltung des § 169 S 2 InsO angeordnet (Nr 5 S 1, 2. Teils) und zum anderen einen Anspruch auf Wertverlustausgleich geschaffen (Nr 5 S 1 3. Teils und S 2) hat (**KG** v 11. 12. 2008 – 23 U 115/08, nrk, ZIP 2009, 137, 138; a**A LG Berlin** v 28. 4. 2008 – 14 O 475/07, ZInsO 2008, 629). Darüber hinaus ist ein durch die **Nutzung entstandener Wertverlust** auszugleichen, soweit er die Sicherung des Gläubigers beeinträchtigt (Nr 5 S 1 3 Teilsatz und S 2). Der Anspruch entsteht mit der gerichtlichen Anordnung. Die Ausgleichspflicht ist **durch laufende Zahlungen** an den Gläubiger zu erfüllen, falls nicht bereits das Nutzungsentgelt einen entsprechenden Abnutzungsverlust ausgleicht (*Ganter* NZI 2007, 549, 554). In diesem Fall wird kein Wertersatz geschuldet. Die Höhe des Wertverlustausgleichs richtet sich nach den Werten des Aussonderungsguts bei Beginn und am Ende der Nutzung (*Büchler* ZInsO 2008, 710, 720). Nur dann, wenn der Wertverlust auf eine ungewöhnliche Abnutzung zurückzuführen ist, wie dies zB bei Beschädigung oder gar Zerstörung des von der gerichtlichen Anordnung betroffenen Gegenstandes der Fall wäre, ist ein gesonderter Ausgleich in Gestalt einer Schadensersatzforderung zu leisten. Der Anspruch auf Ausgleich von Wertminderungen ist **Masseforderung iSv § 55 InsO** (*Ganter* NZI 2007, 549, 551; *Graf-Schlicker/Voß* § 21 Rn 25; *Pape in FS Fischer* S 444). Auch wenn im Gesetz nicht ausdrücklich auf § 172 verwiesen wird, erscheint eine entsprechende Anwendung von Abs 1 S 2 angezeigt bei Beantwortung der Frage, wann der Wertverlust infolge der Benutzung gegeben ist und ob wegen dieses Verlustes Zahlungen zu leisten sind (so auch MüKoInsO-*Haarmeyer* § 21 Rn 101; *Pape* in: FS *Fischer* S 442 ff; *Büchler* ZInsO 2008, 719, 720; wohl auch HK-*Kirchhof* § 21). Damit ist dem Insolvenzgericht jeglicher Ermessensspielraum entzogen. Die Verpflichtung zur Zahlung von Wertersatz ist zwingend, soweit der Wertersatz nicht bereits mit dem Nutzungsentgelt abgegolten wird (*Büchler* aaO 720). Sobald die Zahlungspflicht nach § 169 S 2 einsetzt, endet die Wertausgleichverpflichtung. Etwas anderes gilt nur dann, wenn der Wertverlust das Nutzungsentgelt übersteigt (*Ganter* aaO 554).

d) Anordnungsvoraussetzungen. Die Anordnung nach Nr 5 darf nur bezüglich solcher Gegenstände 38l
ergehen, auf denen ein Aus- oder Absonderungsrecht lastet und die für das Unternehmen des Schuldners von „**erheblicher Bedeutung**" sind. Davon ist auszugehen, wenn der Betriebsablauf ohne den Zugriff auf die fraglichen Gegenstände nicht unerheblich gestört würde (HK-*Kirchhof* § 21 Rn 27; HambKomm/*Schröder* § 21 Rn 69 d; K/P/B/*Pape* § 21 Rn 40 i; *Schmerbach* InsBüro 2007, 202, 207). Zwar ist es im Regelfall allein dem vorläufigen Insolvenzverwalter möglich zu beurteilen, ob eine Anordnung nach § 21 Abs 2 Nr 5 notwendig erscheint oder nicht. Dies schließt indes nicht aus, dass die Maßnahme auch von Amts wegen ergehen kann (aA *Pape* in FS *Fischer* S 436). Ein Antragsrecht sieht Abs 2 Nr 5 nicht vor. Deshalb binden „Anträge" oder Anregungen von Verfahrensbeteiligten das Gericht nicht, sondern sind allenfalls Anlass, die Voraussetzungen für die amtswegige Anordnung der Maßnahme nach Nr 5 zu prüfen (**BGH** v 12. 1. 2006 – IX ZB 29/04, NZI 2006, 249; **OLG Köln** v 1. 8. 1988, ZIP 1988, 1070; *Pape* WPrax 1995, 236, 237; KS-*Gerhardt* S 193, 205 Rn 23; FK-*Schmerbach* § 21 Rn 14; *Kleiner*, Bedeutung und Probleme der Sicherungsmaßnahmen S 158 f; HK-*Kirchhof* § 21

Rn 25). Regt der vorläufige Insolvenzverwalter eine Maßnahme nach § 21 Abs 2 Nr 5 an, hat er vorzutragen, auf welche Gegenstände sich die Anordnung erstrecken soll, welche Maßnahmen angeordnet werden und welche Gläubiger von der Anordnung erfasst werden sollen (*Pape* in FS *Fischer* S 436). Eine förmliche Zurückweisung des „Antrags" ist deshalb nicht erforderlich (*Jaeger/Gerhardt* § 21 Rn 81). Die Anordnung liegt im **pflichtgemäßen Ermessen** des Insolvenzgerichts (K/P/B/*Pape* § 21 Rn 11; KS-*Uhlenbruck* 1. Aufl S 239 Rn 8; KS-*Gerhardt* S 205 Rn 24).

38m   Die Gewährung **rechtlichen Gehörs** ist zwar nicht vorgesehen (kritisch dazu K/P/B/*Pape* § 21 Rn 40 i). Dies ist jedoch unerheblich, weil sich ein Gehörsanspruch der von der Maßnahme Betroffenen unmittelbar aus Art 103 Abs 1 GG ergibt (vgl **BVerfG** NJW 1995, 2095, 2096). In Fällen besonderer Eilbedürftigkeit ist eine Entscheidung indes auch ohne vorheriges rechtliches Gehör zulässig, wenn insoweit das Gebot der Wahrung materieller Gerechtigkeit oder des Schutzes wertvoller Rechtsgüter überwiegt. Während bezüglich des Einzugs sicherungshalber abgetretener Forderungen regelmäßig vom Vorliegen dieser Voraussetzungen auszugehen ist, erscheint dies bezüglicher solcher Gegenstände fraglich, die sich im Besitz des Schuldners befinden. Gegen den Willen des vorläufigen Insolvenzverwalters dürfte es den von der Maßnahme Betroffenen kaum möglich sein, auf diese Sachen zuzugreifen.

V. Verwertung von Finanzsicherheiten im Eröffnungsverfahren

39   Nach Art 4 Abs 1 und 5 der **Richtlinie 2002/47/EG** des Europäischen Parlaments und des Rates vom 6. 6. 2002 **über Finanzsicherheiten** (ABlEG Nr L 168 S 4) ist sicherzustellen, dass die Verwertung einer Finanzsicherheit weder durch die Eröffnung eines Insolvenzverfahrens noch durch die Einleitung von Sanierungsmaßnahmen beeinträchtigt wird (HK-*Kirchhof* § 21 Rn 6). Zweck der Regelungen des vom Deutschen Bundestag verabschiedeten **Gesetzes v 13. 2. 2004 zur Umsetzung der Finanzsicherheitenrichtlinie** (BGBl I S 502) ist es, sogen Finanzsicherheiten von bestimmten Vorschriften des nationalen Insolvenzrechts auszunehmen, soweit diese die effektive Verwertung einer Sicherheit behindern (vgl Erwägungsgrund Nr 5 der Richtlinie). Die **Regeln über Finanzsicherheiten finden nur Anwendung auf** Barguthaben, Wertpapiere, Geldmarktinstrumente sowie Schuldscheindarlehen einschließlich sämtlicher damit in Zusammenhang stehenden Rechte oder Ansprüche, die als Sicherheit in Form eines beschränkten dinglichen Sicherungsrechts oder im Wege der Vollrechtsübertragung aufgrund einer Vereinbarung zwischen einem Sicherungsnehmer und einem Sicherungsgeber bestellt werden, wenn beide Vertragsparteien öffentlich-rechtliche Körperschaften (mit bestimmten Ausnahmen), Zentralbanken und supranationale Körperschaften, beaufsichtige Finanzinstitute oder zentrale Vertragsparteien, Verrechnungsstellen, Clearingstellen oder vergleichbare Einrichtungen, die einer Aufsicht nach dem Recht eines Mitgliedstaates unterliegen und für Terminkontrakt-, Options- und Derivatenmärkte fungieren oder juristische Personen, Einzelkaufleute oder Personengesellschaften sind (vgl § 1 Abs 17 KWG; Art 1 Abs 2 lit a bis 3 der Finanzsicherheitenrichtlinie v 6. 6. 2002). Die Wahrscheinlichkeit, dass ein vorläufiger Insolvenzverwalter im Rahmen eines „normalen Eröffnungsverfahrens" mit Finanzsicherheiten konfrontiert wird, es eher gering (*Wimmer* aaO 3; eher skeptisch K/P/B/*Pape* § 21 Rn 45 e). Das **herkömmliche Kreditgeschäft** mit den dort üblichen Kreditsicherheiten, Sicherungsübereignungen und Globalzessionen wird weder von der Richtlinie noch von der Neufassung des § 21 erfasst (MüKoInsO-*Haarmeyer* § 21 Rn 104; *Obermüller* ZInsO 2004, 187, 188; *Wimmer* ZInsO 2004, 2 ff). Dies gilt gleichermaßen für die übrigen mobilen oder immobilen Gegenstände des Anlage- und Umlaufvermögens, GmbH-Anteile und nicht auf dem Kapitalmarkt gehandelte Aktien (*Meyer/Rein* NZI 2004, 367, 368).

40   Mit der Richtlinienumsetzung wird dem Finanzsektor eine gewisse Vorzugsstellung gegenüber anderen Gläubigern eingeräumt (*Meyer/Rein* aaO; aA *Obermüller* ZInsO 2004, 187, 190). So bestimmen § 21 Abs 2 S 2 und § 96 Abs 2, dass die Anordnung von Sicherungsmaßnahmen die Wirksamkeit von Verfügungen über Finanzsicherheiten und die Wirksamkeit der Verrechnung von Ansprüchen und Leistungen aus Überweisungs-, Zahlungs- oder Übertragungsverträgen nicht berührt, sofern diese in ein System iSd § 1 XVI KWG eingebracht werden. Dies bedeutet, dass eine Anordnung von Sicherungsmaßnahmen im Eröffnungsverfahren nicht dazu führen darf, dass die vereinbarungsgemäße Verwertung einer Finanzsicherheit unterbunden wird. Da dem vorläufigen Insolvenzverwalter ein originäres Verwertungsrecht nicht zusteht (**BGH** v 20. 2. 2003 - IX ZR 81/02, ZIP 2003, 632), dürfte die Bedeutung der Neufassung des § 21 Abs 2 ohnehin nicht besonders groß sein. Bedeutung erlangt sie allenfalls bezüglich etwaiger auf § 21 Abs 2 Nr 5 gestützter Maßnahmen. Insoweit ist Abs 2 S 2 lex specialis und verhindert entsprechende Anordnungen bezüglich Finanzsicherheiten.

VI. Maßnahmen gegen Dritte

41   Da es sich bei dem Insolvenzeröffnungsverfahren um ein quasi kontradiktorisches, als Parteienstreit geführtes Verfahren handelt (vgl **BGH** v 13. 6. 2006 - IX ZB 214/05, ZIP 2006, 1456, 1457; **BGH** NJW 1961, 2016 Nr 4), sind die **Befugnisse eines vorläufigen Insolvenzverwalters gegen Dritte eingeschränkt**. Der Dritte nimmt in diesem Verfahrensabschnitt grundsätzlich die Position eines Verfahrensgegners ein, der wie die beklagte Partei im Zivilprozess zu behandeln ist. Dies gilt auch im Hinblick auf die Vorlage von Urkunden durch Dritte. So kann der vorläufige Insolvenzverwalter von Dritten nicht

ohne weiteres die Vorlage eventuell belastender Unterlagen verlangen, denen gegenüber er Hinweise auf etwaige Zahlungsansprüche der Masse verfolgen will. Vielmehr bedarf es hierzu förmlicher Anträge des vorläufigen Insolvenzverwalters auf Entscheidung durch das Insolvenzgericht, das nach § 4 iVm §§ 421, 422, 424 ZPO über diese Anträge zu befinden hat (**AG** Mönchengladbach v 6. 1. 2002 – 32 IN 11/02, NZI 2003, 103; siehe auch **LG** Göttingen v 25. 11. 2002 – 10 T 62/02, NZI 2003, 102). Wohl aber ermöglicht § 21 den (passiven) Schutz des Schuldnervermögens gegen Dritte (HK-*Kirchhof* § 21 Rn 48). Vor diesem Hintergrund ist das Insolvenzgericht ausnahmsweise befugt, **Maßnahmen nach § 21 Abs 1** auch **gegen Dritte** anzuordnen, wenn erhebliche tatsächliche Anhaltspunkte für schwerwiegende Verdunkelungshandlungen oder Vermögensverschiebungen des Dritten im Zusammenwirken mit dem Schuldner vorliegen (K/P/B/*Pape* § 21 Rn 44; MüKoInsO-*Haarmeyer* § 21 Rn 89). Dazu zählt die Durchsuchung **von Räumlichkeiten Dritter** nach Geschäftsunterlagen des Schuldners (vgl **LG** Mainz v 3. 5. 2002, NZI 2001, 384; **LG** Duisburg ZIP 1991, 674; **AG** Korbach v 13. 9. 2005 – 10 IN 96/04, ZInsO 2005, 1060; **AG** Gelsenkirchen ZIP 1997, 2092 f; **AG** Duisburg v 20. 9. 1999, NZI 2000, 38; *Vallender* EWiR 1997, 1097) ebenso wie die **Kontosperre gegen einen Dritten** (**AG** München v 23. 9. 2003 – 1506 IN 1545/03, ZIP 2003, 1995, 1996). Des weiteren ist das Insolvenzgericht befugt, Dritten das Betreten der Räume des Schuldners zu untersagen (BK-*Blersch* § 21 Rn 7; HK-*Kirchhof* § 21 Rn 48). Hilft ein Dritter mit, **Geschäftsunterlagen des Schuldners** der gerichtlichen Beschlagnahme zu entziehen, kann das Insolvenzgericht ausnahmsweise anordnen, dass der Gerichtsvollzieher diese Unterlagen beim Dritten herausholt. Dagegen kann es ihn nicht ermächtigen, die **Wohnräume eines Dritten** gegen dessen Willen zu betreten, um den Schuldner zu verhaften. Für eine solche Maßnahme fehlt es an einer rechtlichen Grundlage (**LG** Göttingen v 21. 11. 2005 – 10 T 148/05, ZInsO 2005, 1280). Der „starke" vorläufige Insolvenzverwalter ist kraft der auf ihn übergegangenen Verwaltungs- und Verfügungsbefugnis über das schuldnerische Vermögen befugt, gegen den **Steuerberater des Schuldners** einen Anspruch auf Herausgabe **der Steuerdaten** (§§ 667, 675 BGB) im Wege des einstweiligen Verfügungsverfahrens gem § 935 ZPO durchzusetzen (**LG** Berlin v 3. 3. 2006 – 28 O 92/06, ZIP 2006, 962).

VII. Das Anordnungsverfahren

1. Anordnung von Amts wegen. Über die Anordnung von Sicherungsmaßnahmen nach § 21 entscheidet das Insolvenzgericht von Amts wegen. Die Anordnung stellt eine tatrichterliche Entscheidung des Insolvenzgerichts oder des an seine Stelle tretenden Gerichts der ersten Beschwerde dar. Das **Rechtsbeschwerdegericht** ist im Insolvenzeröffnungsverfahren auch dann nicht zur Anordnung von Sicherungsmaßnahmen befugt, wenn es in der Hauptsache mit einer Rechtsbeschwerde gegen die vom Beschwerdegericht bestätigte Zurückweisung eines Insolvenzantrags befasst ist (**BGH** v 1. 12. 2005 – IX ZB 208/05, NZI 2006, 332). 42

„Anträge" oder Anregungen Verfahrensbeteiligter binden das Gericht nicht, sondern sind allenfalls Anlass, die Voraussetzungen für die amtswegige Anordnung von Sicherungsmaßnahmen zu prüfen (**BGH** v 12. 1. 2006 – IX ZB 29/04, NZI 2006, 249; **OLG** Köln v 1. 8. 1988, ZIP 1988, 1070; *Pape* WPrax 1995, 236, 237; KS-*Gerhardt* S 193, 205 Rn 23; FK-*Schmerbach* § 21 Rn 25; *Kleiner*, Bedeutung und Probleme der Sicherungsmaßnahmen S 158 f; HK-*Kirchhof* § 21 Rn 25). Eine förmliche Zurückweisung des „Antrags" ist deshalb nicht erforderlich (*Jaeger/Gerhardt* § 21 Rn 81). Die Anordnung liegt im **pflichtgemäßen Ermessen** des Insolvenzgerichts (K/P/B/*Pape* § 21 Rn 15; KS-*Gerhardt* S 205 Rn 24). Soweit der vorläufige Insolvenzverwalter nach § 30 d Abs 4 ZVG zur einstweiligen Einstellung der Zwangsversteigerung zuständig ist, sollte er im Zweifel diesen Antrag stets stellen, weil einmal das Verfahrensziel im Eröffnungsverfahren noch nicht feststeht, zum andern durch die Versteigerung des Betriebsgrundstücks eine Sanierung durch Insolvenzplan meist unmöglich gemacht wird (vgl *Uhlenbruck* KTS 1994, 169, 176; KS-*Gerhardt* S 205 Rn 23). Nach § 30 f Abs 2 ZVG kann der von der Einstellung der Zwangsversteigerung betroffene Gläubiger beantragen, die einstweilige Anordnung des Zwangsversteigerungsgerichts aufzuheben (KS-*Gerhardt* S 205 Rn 23). Die pflichtwidrige und schuldhafte Unterlassung der Anordnung notwendiger Sicherungsmaßnahmen kann ebenso **Amtshaftungsansprüche** auslösen wie eine nicht erforderliche Sicherungsmaßnahme (*Häsemeyer* InsR Rn 6/08; K/P/B/*Pape* § 14 Rn 21). 42a

Es begegnet grundsätzlich keinen rechtlichen Bedenken, wenn das Gericht einen vorläufigen Insolvenzverwalter bestellt, der bereits als vorläufiger Insolvenzverwalter im Insolvenzverfahren über das Vermögen der getrennt lebenden Ehefrau des Schuldners bestellt ist, solange nicht in beiden Verfahren wechselseitige Ansprüche geprüft und geltend gemacht werden müssen. Ergeben sich im Zeitpunkt der Anordnung konkrete Anhaltspunkte für solche Ansprüche, sollte das Gericht möglichst von der Bestellung dieser Person Abstand nehmen. 42b

2. Verhältnismäßigkeit der Maßnahmen. Der Grundsatz der Verhältnismäßigkeit der Mittel bedeutet, dass je stärker die Maßnahme in Persönlichkeits- und Eigentumsrechte des Schuldners eingreift, umso sorgfältiger zu prüfen ist, ob die Maßnahme im überwiegenden Interesse der Gläubiger diesen Eingriff rechtfertigt. Grundsätzlich dürfen wegen des Sicherungscharakters keine Maßnahmen angeordnet werden, die über die Wirkungen eines eröffneten Insolvenzverfahrens hinausgehen oder die nur während 43 des eröffneten Insolvenzverfahrens zulässig sind. Das Gericht wählt das gebotene Sicherungsmittel nach **pflichtgemäßem Ermessen** aus, ohne an Anträge gebunden zu sein (**BGH** v 1. 12. 2005 – IX ZB 208/05, NZI 2006, 122). Dabei hat es immer zu prüfen, ob die Maßnahme **geeignet, erforderlich** und **angemessen** im Hinblick auf die Gläubiger- und Schuldnerinteressen ist (vgl MüKoInsO-*Haarmeyer* § 21 Rn 23 ff). Stehen mehrere Maßnahmen zur Verfügung, die gleich wirksam sind, ist die für den Schuldner weniger eingreifende Maßnahme anzuordnen, wenn damit der gleiche Zweck erfüllt werden kann (BerlKo-*Blersch* § 21 Rn 7). Die Bestellung eines vorläufigen Insolvenzverwalters und die Anordnung eines Zustimmungsvorbehalts ist regelmäßig dann verhältnismäßig, wenn die Vermögensverhältnisse des Schuldners nicht überschaubar sind und die Seriosität und Vertrauenswürdigkeit des Schuldners in Frage steht. Eine fehlende Vertrauenswürdigkeit kann angenommen werden, wenn der Schuldner einem Auskunftsverlangen des Sachverständigen nicht nachkommt und zur Begründung der Nichtwahrnehmung eines (vom Insolvenzgericht bestimmten) Termins zur Auskunftserteilung ein Arztattest vorlegt, das ihm lediglich pauschal eine „akute Erkrankung" bescheinigt (**LG Düsseldorf** v 28. 8. 2003 – 25 T 515/03, NZI 2004, 96). Nach bestandskräftigen Steuerbescheiden (ic 2,2 Mio Euro) ist die Bestellung eines vorläufigen Insolvenzverwalters zulässig, auch wenn die Steuerschuld wegen nicht rechtskräftiger Verlustfeststellung (ic über 1,89 Mio Euro) später weitgehend entfallen könnte. Mögliche **berufsrechtliche Konsequenzen** für den Schuldner (Steuerberater/Wirtschaftsprüfer) stehen der Anordnung von Sicherungsmaßnahmen nicht entgegen (**BGH** v 27. 3. 2003 – IX ZB 366/02, ZVI 2003, 289).

Das Prinzip der Verhältnismäßigkeit verbietet auch die automatische Anordnung von Sicherungsmaßnahmen, wie zB die schematische Anordnung einer Postsperre zur Massesicherung (**BGH NJW-RR** 1986, 1888, 1889; vgl K/U § 106 KO Rn 2 u § 121 KO Rn 1 c; *Uhlenbruck* KTS 1994, 169, 177; BerlKo-*Blersch* § 21 Rn 8; FK-*Schmerbach* § 21 Rn 33). So kann es zB im Einzelfall **unverhältnismäßig** sein, bei Eigenantrag des Schuldnerunternehmens und Fehlen von Anhaltspunkten für eine Gläubigergefährdung ohne weitere Prüfung einen vorläufigen Insolvenzverwalter mit Verwaltungs- und Verfügungsbefugnis (§§ 21 Abs 2 Nr 1, 22 Abs 1) einzusetzen und damit die bisherige Geschäftsführung zu ersetzen. Auf die Höhe der dem Antrag zugrunde liegenden Forderung kommt es bei Anordnung von Sicherungsmaßnahmen nicht an (vgl **BGH NJW-RR** 1986, 1188, 1189; FK-*Schmerbach* § 21 Rn 33; vgl auch **LG Magdeburg** Rpfleger 1995, 224, 225). Entsprechend dem Grundsatz der Verhältnismäßigkeit ist in der Literatur vorgeschlagen worden, bei Anordnung von Sicherungsmaßnahmen zu differenzieren, je nachdem, ob es sich um einen **Eigenantrag** oder um einen **Gläubigerantrag** handelt (vgl *Schlosser* in: *D. Leipold* (Hrsg), Insolvenzrecht im Umbruch 1991 S 9, 10 f; ähnlich FK-*Schmerbach* § 21 Rn 42–47). Stelle der Schuldner Eigenantrag, so sei „wesentlich mehr Flexibilität am Platze" (*Schlosser* S 10). Bei vertrauenswürdigen Schuldnern könnten solche Maßnahmen auch eine Form annehmen, die die Insolvenz noch weitgehend verschweige. Nach Feststellung von *Schlosser* (aaO S 11) bedrängen schon heute Schuldner häufig mit Erfolg die Insolvenzrichter, die Entscheidung über die Verfahrenseröffnung hinauszuschieben, um die Chance zu wahren, dass der Eröffnungsantrag zurückgenommen werden kann. Stelle ein Gläubiger Insolvenzantrag, brauche man einstweilige Sicherungsmaßnahmen aber so gut wie immer. Hiergegen hat KS-*Gerhardt* (S 206 Rn 25) mit Recht eingewandt, dass dieser „Automatismus" zu weit geht und dass die Verhältnismäßigkeit der Anordnung von Sicherungsmaßnahmen in jedem Einzelfall in gleicher Weise zu prüfen ist. Die Antragstellung durch den Schuldner könne lediglich Indiz dafür sein, dass ein allgemeines Verfügungsverbot nicht erforderlich ist. Andererseits kann die „Angst vor Masseschulden" (§ 55 Abs 2) nicht dazu führen, von dringend gebotenen Sicherungsmaßnahmen, wie zB der Anordnung eines allgemeinen Verfügungsverbots, Abstand zu nehmen.

44 **3. Rechtliches Gehör.** Der Gesetzgeber hat in § 21 Abs 3 S 1 eine **vorherige Anhörung** nur vorgesehen, wenn der Schuldner oder der organschaftliche Vertreter des Schuldnerunternehmens in Haft genommen werden soll. Bei Anordnung einer **vorläufigen Postsperre** gelten nach § 21 Abs 2 Nr 4 die §§ 99, 101 Abs 1 S 1 entsprechend. Nach § 99 Abs 1 S 2 ergeht die Postsperre **nach Anhörung des Schuldners** oder seiner gesetzlichen Vertreter bzw der vertretungsberechtigten persönlich haftenden Gesellschafter (§ 101 Abs 1 S 1), sofern dadurch nicht wegen besonderer Umstände des Einzelfalles der Zweck der Anordnung gefährdet wird. Die Anordnung der Postsperre im Eröffnungsverfahren ist auch **ohne Anhörung des Schuldners** statthaft, wenn ansonsten Maßnahmen zur Umgehung der Postsperre zu befürchten sind (**LG Göttingen** v 29. 7. 1999, EzInsR § 21 Nr 6). Unterbleibt die vorherige Anhörung des Schuldners oder der in § 101 Abs 1 genannten Personen, so ist dies nicht nur in dem **Beschluss gesondert zu begründen**, sondern zugleich auch die **Anhörung unverzüglich nachzuholen** (§ 99 Abs 1 S 3; vgl auch unten zu Rn 53). Im Übrigen ist die Gewährung rechtlichen Gehörs gem Art 103 Abs 1 GG für die Anordnung von Sicherungsmaßnahmen nach § 21 im Gesetz nicht ausdrücklich vorgesehen (*Jaeger/Gerhardt* § 21 Rn 90). Dies lässt den Umkehrschluss zu, dass die Anhörung vor anderen Maßnahmen als der Haftanordnung oder der Anordnung einer Postsperre **nicht in jedem Fall zwingend geboten** ist (vgl **LG Göttingen** v 11. 2. 2003 – 10 T 24/03, NZI 2003, 267; HK-*Kirchhof* § 21 Rn 52; KS-*Gerhardt* S 206 Rn 26; FK-*Schmerbach* § 21 Rn 38; *Pohlmann*, Befugnisse Rn 65). Letztlich reduziert sich der Streitstand über das rechtliche Gehör im Eröffnungsverfahren auf die Frage, ob dem Schuldner **vor** Anordnung von Sicherungsmaßnahmen rechtliches Gehör zu gewähren ist oder **nach** Anordnung. Der Gesetzgeber der InsO wollte und konnte den in Art 103 Abs 1 GG verankerten und verfassungs-

VII. Das Anordnungsverfahren § 21

rechtlich garantierten Anspruch auf Gewährung rechtlichen Gehörs für Sicherungsmaßnahmen nicht schlechthin außer Kraft setzen (vgl auch KS-*Prütting* S 221, 229 Rn 23; KS-*Vallender* S 249, 261 Rn 35, 36; *Uhlenbruck* FS *Baumgärtel* 1990 S 569; *Maintzer* KTS 1985, 617). Nach ständiger Rechtsprechung des BVerfG (vgl zB BVerfGE 9, 100, BVerfGE 36, 98, BVerfGE 36, 98; BVerfGE 55, 94; BVerfGE 65, 233; BVerfGE 69, 136) können im Rahmen der Einzelzwangsvollstreckung **eilbedürftige Entscheidungen** und **Sicherungsmaßnahmen ohne vorherige Gewährung rechtlichen Gehörs** ergehen (*Jaeger/Gerhardt* § 21 Rn 90; vgl auch KS-*Prütting* S 230 Rn 25). Diesem Grundsatz wird nach zutreffender Feststellung von *Prütting* (KS Rn 25) dadurch Rechnung getragen, dass die Verhängung eines allgemeinen Veräußerungsverbots oder die Anordnung der vorläufigen Insolvenzverwaltung ohne vorherige Anhörung des Schuldners erfolgen können, wenn es der Gläubigerschutz und die Eilbedürftigkeit der Maßnahme erfordern (vgl BVerfGE 65, 233; LG Magdeburg Rpfleger 1995, 225; N/R/*Mönning* § 21 Rn 111; HK-*Kirchhof* § 21 Rn 52; FK-*Schmerbach* § 14 Rn 101; KS-*Vallender* S 249, 261 Rn 36). Die **Gefährdung des Sicherungszwecks** ist im Allgemeinen anzunehmen, wenn sich die Sicherungsmaßnahmen gegen den Schuldner selbst richten (HK-*Kirchhof* § 21 Rn 52); ferner, wenn der mit der Anhörung verbundene Zeitverlust zu einem Funktionsverlust der Sicherungsmaßnahme führen würde (HK-*Kirchhof* § 21 Rn 26; *Kleiner*, Bedeutung und Probleme S 162; *Pohlmann*, Befugnisse Rn 65; K/P/B/*Pape* § 21 Rn 20; KS-*Vallender* S 261, Rn 36). Zur Anhörung des Schuldners oder Schuldnervertreters bei **Anordnung von Zwangsmaßnahmen** s unten zu Rn 53.

Zweifelhaft ist, ob dem rechtlichen Gehör bereits Genüge getan ist, wenn der Schuldner auf einen 45 Gläubigerantrag hin gem § 14 Abs 2 angehört worden ist (so OLG Düsseldorf NJW-RR 1994, 1126; HK-*Kirchhof* § 21 Rn 52; KS-*Vallender* S 261 Rn 36). Richtig ist zwar, dass die nachträgliche Anhörung wenig bringt. Weder aus § 21 Abs 2 Nr 3, 4 noch aus § 99 Abs 1 S 2 lässt sich aber der Schluss herleiten, dass der Gesetzgeber für Sicherungsmaßnahmen im Insolvenzeröffnungsverfahren den Verfassungsgrundsatz des Art 103 Abs 1 GG außer Kraft setzen wollte (zutr *Pohlmann*, Befugnisse Rn 66). Ob eine Anhörung nach § 14 Abs 2 im Einzelfall ausreicht, um diesem Verfassungsgrundsatz, der unmittelbares Verfahrensrecht enthält, Genüge zu tun, beurteilt sich nach Art und Umfang der Anhörung. Wird dem Schuldner oder dem organschaftlichen Vertreter eines Schuldnerunternehmens im Rahmen der Anhörung nach § 14 Abs 2 lediglich Gelegenheit gegeben, **zu dem Insolvenzantrag des Gläubigers Stellung zu nehmen**, so reicht dies für die Anordnung von Sicherungsmaßnahmen nach § 21 nicht aus. Anders, wenn der Schuldner im Rahmen der Anhörung darauf hingewiesen wird, dass das Insolvenzgericht nach Zulassung des Antrags berechtigt und uU sogar verpflichtet ist, Sicherungsmaßnahmen nach § 21 anzuordnen. Dabei muss der Schuldner oder Schuldnervertreter zumindest ungefähr wissen, was an einzelnen Maßnahmen auf ihn zukommen kann. Vielfach muss aber wegen der Eilbedürftigkeit die Anordnung der Sicherungsmaßnahmen gleichzeitig mit der Anhörung nach § 14 Abs 2 erfolgen. In diesen Fällen genügt es, wenn dem Schuldner rechtliches Gehör gem Art 103 Abs 1 GG **nachträglich** gewährt wird (HK-*Kirchhof* 2. Aufl § 21 Rn 30; KS-*Vallender* S 261 Rn 36; N/R/*Mönning* § 21 Rn 111). Nach zutreffender Feststellung von *Pape* (K/P/B/*Pape* § 21 Rn 20) stellt zwar die Anordnung von Sicherungsmaßnahmen einen schwerwiegenden Eingriff in die Schuldnerrechte dar, jedoch würde eine vorherige Anhörung des Schuldners dem **Eilcharakter** der §§ 21 ff nicht gerecht werden. Die Auffassung des LG Magdeburg (KTS 1995, 436, 437 = Rpfleger 1995, 225), wonach eine vorherige Anhörung des Schuldners nur unterbleiben darf, wenn konkrete Anhaltspunkte die Befürchtung rechtfertigen, dass der Sicherungszweck gefährdet ist, ist zu eng. Im konkreten Fall lässt sich kaum jemals verlässlich beurteilen, ob vom Schuldner Gefahr für die künftige Masse ausgeht oder nicht. Deshalb ist eine „**generalisierende Betrachtungsweise**" unvermeidbar (*Kleiner*, Bedeutung und Probleme S 164 f; *Pohlmann*, Befugnisse Rn 67; KS-*Vallender* S 261 Rn 36; MüKoInsO-*Haarmeyer* § 21 Rn 32).

Bei **Gläubigeranträgen** ist nach allgemeiner Lebenserfahrung niemals ganz auszuschließen, dass der 46 Schuldner noch in letzter Minute massenschädigende Handlungen vornimmt. Deshalb kann bei Gläubigeranträgen und Notwendigkeit von Sicherungsmaßnahmen regelmäßig auf eine **vorherige Anhörung verzichtet** werden (*Pohlmann*, Befugnisse Rn 67; HK-*Kirchhof* § 21 Rn 52; K/P/B/*Pape* § 21 Rn 20; FK-*Schmerbach* § 21 Rn 22, 23 a; MüKoInsO-*Haarmeyer* § 21 Rn 38–41).

Beim **Eigenantrag des Schuldners** gilt hinsichtlich der Gewährung rechtlichen Gehörs grundsätzlich nichts anderes als für den Gläubigerantrag. Allerdings ist hier im Einzelfall zu differenzieren: Liegt der Insolvenzgrund der Zahlungsunfähigkeit oder Überschuldung vor und besteht eine gesetzliche Insolvenzantragspflicht zB nach den §§ 64 Abs 1, 71 Abs 4 GmbHG, 92 Abs 2 AktG, 130 a, 177 a HGB, so ist der Schuldnervertreter darauf hinzuweisen, dass zwecks Vermeidung einer vorzeitigen Unternehmenszerschlagung, also zum Schutz seines Unternehmens, Sicherungsmaßnahmen erforderlich sein können. Dieser generelle Hinweis genügt für das rechtliche Gehör. Stellt dagegen ein nicht antragspflichtiger Schuldner einen Insolvenzantrag oder wird der Antrag wegen drohender Zahlungsunfähigkeit (§ 18) von einer antragspflichtigen Gesellschaft gestellt und gleichzeitig **Eigenverwaltung nach den §§ 270 ff** beantragt, kann das Insolvenzgericht im Zweifel davon ausgehen, dass eine Gefährdung von Gläubigerinteressen nicht gegeben ist. Hier genügt es, wenn das Gericht den organschaftlichen Vertreter des Schuldnerunternehmens darauf hinweist, dass nach der InsO die Möglichkeit besteht, im Interesse der Insolvenzmasse gem § 21 Abs 2 Nr 3 Vollstreckungsverbote gegen die Gläubiger anzuordnen und künftige Vollstreckungen zu untersagen. Die Anordnung einer vorläufigen Insolvenzverwaltung erscheint indes dann gerechtfertigt, wenn kurz vor Insolvenzantragstellung zugunsten eines gerade erst bestellten Geschäftsführers ein größeres Honorar angewiesen worden ist (vgl BGH v 15. 1. 2004 – IX ZB 197/03, NZI 2004, 216). Letztlich kommt es auf die Umstände des Einzelfalls an (HambKomm/*Schröder* § 21 Rn 39). Gleiches gilt für Sicherungsmaßnahmen im Rahmen des **Verbraucherinsolvenzverfahrens** (§ 306 Abs 2). Allerdings dienen hier die meisten gerichtlichen Anordnungen dem Schutz des Schuldners (vgl *Grote* bei *Kothe/Ahrens/Grote* § 306 Rn 9 ff; *Smid/Haarmeyer* § 306 Rn 8). Eine generelle Untersagung von Zwangsvollstreckungsmaßnahmen dient ebenso dem Schuldnerschutz im Verbraucherverfahren wie die einstweilige Einstellung von Zwangsvollstreckungsmaßnahmen. Rechtliches Gehör ist zu gewähren, wenn die einstweilige Einstellung mit einem Verfügungsverbot an den Schuldner gekoppelt wird (krit hierzu *Vallender* InVo 1998, 169, 173). Bei **Maßnahmen gegen die Person des Schuldners** oder organschaftliche Vertreter sind diese vor Anordnung der Sicherungsmaßnahmen anzuhören. Dies gilt besonders für den Erlass eines allgemeinen Verfügungsverbots und die Bestellung eines vorläufigen Verwalters mit Verwaltungs- und Verfügungsbefugnis. Eilmaßnahmen nach § 21 können jedoch geboten sein, wenn zB der Schuldner drohende Zahlungsunfähigkeit als Insolvenzgrund behauptet hat, jedoch schon seit längerem Überschuldung vorgelegen hat.

47   **4. Gerichtliche Entscheidung.** Die Anordnung von Sicherungsmaßnahmen erfolgt durch gerichtlichen Beschluss. Mehrere Sicherungsmaßnahmen werden idR in einem einheitlichen Beschluss angeordnet (HK-*Kirchhof* § 21 Rn 55). Mit der **generellen Zulassung der sofortigen Beschwerde gegen Sicherungsmaßnahmen** des Gerichts wird idR der gesamte Beschluss in der Beschwerdeinstanz überprüft, da nur eine einheitliche Anfechtung möglich ist. Allerdings bleibt es dem Beschwerdeführer unbenommen, die Beschwerde auf bestimmte Anordnungen zu beschränken. Die **Wirksamkeit des Anordnungsbeschlusses** tritt entspr § 27 Abs 2 Nr 3 und Abs 3 zu dem im Beschluss angegebenen Zeitpunkt ein. Ist eine bestimmte Stunde im Beschluss nicht angegeben, wird der Anordnungsbeschluss mit der **Mittagsstunde** des Tages wirksam, an dem er erlassen worden ist (*Pape* ZInsO 1998, 61, 63; *Hintzen* ZInsO 1998, 75, 77). Ein **weiteres Wirksamkeitserfordernis** ist, dass der Anordnungsbeschluss erlassen ist, dh er aus dem internen Geschäftsbereich des Insolvenzgerichts herausgegeben wird (vgl KS-*Gerhardt* S 193, 208 Rn 30; *Pohlmann*, Befugnisse Rn 43). Wird das Insolvenzeröffnungsverfahren beendet, weil der Antrag auf Eröffnung abgewiesen oder wirksam zurückgenommen wird, so erlöschen die gerichtlichen Anordnungen nach § 21 nicht ohne weiteres. Vielmehr sind die Maßnahmen nach § 25 Abs 1 aufzuheben. Dagegen treten die Anordnungen mit der Eröffnung des Insolvenzverfahrens ohne weiteres außer Kraft und greifen die Wirkungen der §§ 80 ff ein.

47a   Dem von der Sicherungsmaßnahme betroffenen Schuldner steht kein Anspruch auf Erlass einer einstweiligen Anordnung auf **Aussetzung der Vollziehung** zu (BGH v 16. 10. 2003 – IX ZB 133/03, NZI 2004, 29, 30). Soweit es sich bei dem Schuldner um einen Rechtsanwalt handelt, kann dieser seinen entsprechenden Antrag insbesondere nicht mit Erfolg darauf stützen, es gereiche ihm zum Nachteil, dass er gezwungen sei, Auskünfte über Honorarforderungen und eingehende Mandantengelder zu erteilen. Damit verletzt er nicht die in § 203 Abs 1 Nr 3 StGB normierte Schweigepflicht. **Honorarforderungen eines Rechtsanwalts** sind grundsätzlich pfändbar; sie gehören zur Insolvenzmasse (BGH v 4. 3. 2004 – IX ZB 133/03, NZI 2004, 312; 313; BGH aaO; Festhaltung BGH v 25. 3. 1999 – IX ZR 223/ 97, BGHZ 141, 173; BFH v 1. 2. 2005 – VII B 198/04, NJW 2005, 1308).

48   **5. Wirksamwerden der Sicherungsmaßnahmen.** Der Beschluss, durch den Sicherungsmaßnahmen nach § 21 angeordnet werden, wird in entsprechender Anwendung von § 27 Abs 2 Nr 3 und Abs 3 zu dem im Beschluss angegebenen Zeitpunkt des Erlasses wirksam (BGH NZI 2001, 203; BGHZ 133, 307; BGH ZIP 1995, 40, 41; K/P/B/*Pape* § 21 Rn 21; MüKoInsO-*Haarmeyer* § 21 Rn 37; H/W/W § 21 Rn 29). Er wirkt nur für die Zukunft (*Jaeger/Gerhardt* § 21 Rn 93). Zwar sieht das Gesetz in § 23 Abs 1 vor, dass die Anordnung **öffentlich bekannt zu machen** und an den Schuldner, den vorläufigen Insolvenzverwalter und die Schuldner des Schuldners **zuzustellen** ist; hieraus lässt sich aber anders als nach früherer Rechtsprechung nicht mehr der Schluss ziehen, dass der Beschluss mit der öffentlichen Bekanntmachung oder mit der Zustellung der Entscheidung wirksam wird (so auch HK-*Kirchhof* § 21 Rn 56; *Jaeger/Gerhardt* aaO). Grundsätzlich werden gerichtliche Beschlüsse mit ihrer **Verkündung** wirksam (*Häsemeyer* InsR Rn 7.38; *Gottwald/Uhlenbruck* InsRHdb § 14 Rn 10). Dabei ist es unerheblich, ob der Adressat des Veräußerungsverbots bei der Verkündung anwesend ist oder nicht. Nach Auffassung des **BGH** sollte ursprünglich ein allgemeines Veräußerungsverbot erst mit **Zustellung** an den Schuldner wirksam werden (vgl BGH v 1. 3. 1982, BGHZ 83, 158 = ZIP 1982, 464 = Rpfleger 1982, 305). Zu § 2 Abs 4 GesO hat der **BGH** später entschieden, dass ein allgemeines Verfügungsverbot (Veräußerungsverbot und Vollstreckungsverbot) bereits **mit dem Erlass** und nicht erst mit der Zustellung des Beschlusses wirksam wird (BGH v 19. 9. 1996, BGHZ 133, 307; BGH v 8. 12. 1994, ZIP 1995, 40 = EWiR 1995, 95 [*Uhlenbruck*]; OLG Köln v 29. 9. 1995, ZIP 1995, 1684 = EWiR 1995, 1205 [*Uhlenbruck*]; LG Düsseldorf v 1. 3. 1996, ZIP 1996, 1390; K/P/B/*Pape* § 21 Rn 21; *Pape* ZInsO 1998, 61, 62 f; KS-*Uhlenbruck* 1. Aufl S 239 ff; KS-*Gerhardt* S 208 Rn 30). Nach der **neuen Rechtsprechung des BGH** (BGHZ 133, 307 = ZIP 1996, 1909; BGH ZIP 1995, 40, 41; BGH NZI 2001, 203) kommt es für die Wirksamkeit der Anordnung nicht einmal auf die Angabe der Stunde des Erlasses im Beschluss an,

VII. Das Anordnungsverfahren **§ 21**

um die sofortige Wirksamkeit zu bejahen. Ist im Anordnungsbeschluss Tag und Stunde des Erlasses angegeben, wird die Sicherungsmaßnahme zu diesem Zeitpunkt wirksam (*Pape* ZInsO 1998, 61, 63). **Fehlt die Angabe der Stunde** des Erlasses, wird entsprechend § 27 Abs 3 der Beschluss zur **Mittagsstunde** des Tages, an dem der Beschluss erlassen worden ist, wirksam. Auf die Zustellung des Beschlusses kommt es für die Wirksamkeit nicht mehr an. Entscheidend ist allein der **Zeitpunkt des Erlasses**, also der Zeitpunkt, zu dem der Beschluss aufhört, eine innere Angelegenheit des Gerichts zu sein. Maßgeblich ist also die Herausgabe des unterzeichneten Beschlusses durch den Richter an die Geschäftsstelle oder die Bekanntgabe an einen sonstigen Dritten (vgl K/P/B/*Pape* § 21 Rn 21; *Pape* ZInsO 1998, 61, 63; *Gottwald/Uhlenbruck* InsRHdb § 14 Rn 10; KS-*Gerhardt* S 208 f Rn 30–33; *Vallender* DZWIR 1999, 265, 267; FK-*Schmerbach* § 23 Rn 11; MüKoInsO-*Haarmeyer* § 21 Rn 37). Die **gegenteilige Auffassung des BAG** (Urt v 17. 6. 1997, NZA 1998, 446) beruht noch auf der inzwischen überholten Entscheidung des BGH v 1. 3. 1982 (BGHZ 83, 158) und dürfte ebenfalls überholt sein (*Pape* ZInsO 1998, 61, 63; KS-*Gerhardt* S 209 Rn 33; *Smid* WM 1995, 785, 787; FK-*Schmerbach* § 23 Rn 11; *Hintzen* ZInsO 1998, 77; HK-*Kirchhof* § 21 Rn 56). Der Anordnungsbeschluss ist nur wirksam erlassen, wenn er die **vollständige Unterschrift** des zuständigen Insolvenzrichters oder der Richterin trägt. Fehlt die Unterschrift, wird der Beschluss nicht wirksam, selbst wenn er irrtümlich in die Geschäftsstelle gelangt (K/P/B/*Pape* § 21 Rn 21). Ein unwirksam bestellter vorläufiger Insolvenzverwalter hat keine Verfügungsbefugnisse (vgl **BGH** v 23. 10. 1997, ZIP 1997, 2126 = EWiR 1998, 175 *[Uhlenbruck]*; K/P/B/*Pape* § 21 Rn 21 u § 27 Rn 21). Wird die Unterschrift vom Richter oder der Richterin nachgeholt, wirkt die Heilung des Beschlusses nur ex nunc (K/P/B/*Pape* § 21 Rn 21). Auch für die **einstweilige Einstellung oder Untersagung der Zwangsvollstreckung** nach § 21 Abs 2 Nr 3 gilt, dass die Wirksamkeit bereits mit dem Erlass des Beschlusses eintritt und nicht erst mit der Zustellung (FK-*Schmerbach* § 23 Rn 11a; *Hintzen* ZInsO 1998, 77; HK-*Kirchhof* § 21 Rn 56; str aA *Vallender* ZIP 1997, 1993, 1996). Gleiches gilt für den **Erlass eines Verrechnungsverbotes** an ein Kreditinstitut, bei dem der Schuldner oder das Schuldnerunternehmen ein oder mehrere Konten führt. Zu beachten ist, dass bei der **Bestellung eines vorläufigen Insolvenzverwalters** für die Wirksamkeit der Maßnahme die **Annahme des Amtes** erforderlich ist (HK-*Kirchhof* § 21 Rn 56; *Pohlmann*, Befugnisse Rn 48, 49).

6. Bekanntmachung der Verfügungsbeschränkungen. Nach § 23 Abs 1 S 1 ist der Beschluss, durch den eine in § 21 Abs 2 Nr 2 vorgesehene Verfügungsbeschränkung angeordnet und ein vorläufiger Insolvenzverwalter bestellt wird, öffentlich **bekannt zu machen** (Einzelheiten in der Kommentierung zu § 23). Für die übrigen Sicherungsmaßnahmen ist die öffentliche Bekanntmachung nicht vorgeschrieben. Ein Ermessensspielraum steht dem Gericht nicht zu. Daran ändert auch nicht der Umstand, dass eine **voreilige Veröffentlichung** zur unangemessenen Schädigung des Schuldnerunternehmens führen kann, weil zB die Lieferanten nicht mehr liefern oder nur noch gegen Kasse. Aus diesem Grunde sollte die Veröffentlichung nicht routinemäßig erfolgen, sondern grundsätzlich nach Absprache mit dem vorläufigen Insolvenzverwalter. Unzulässig ist es, die Veröffentlichung der Sicherungsmaßnahmen nach § 21 Abs 2 Nr 2 so lange zurückzustellen, bis der vorläufige Insolvenzverwalter die Notwendigkeit der Anordnung bestätigt hat. Schon wegen der drohenden Haftungsgefahren (§§ 24 Abs 1, 82 S 1) sollte das Gericht den Sicherungsbeschluss nicht nur sofort veröffentlichen, sondern auch nach § 23 Abs 1 S 2 besonders zustellen. Soweit das Gesetz die öffentliche Bekanntmachung vorschreibt, wie zB in § 23 Abs 1 S 1, hat sie durch grds einmalige **Veröffentlichung im Internet** unter www.insolvenzbekanntmachungen.de zu erfolgen. Seit dem 1. 1. 2009 sind weitere Veröffentlichungen nur nach Maßgabe der landesrechtlichen Bestimmungen möglich. Die Länder können also weitere Veröffentlichungen neben derjenigen im Internet zulassen (MüKoInsO-*Ganter* § 9 Rn 16 a). Nach § 9 Abs 3 hat die öffentliche Bekanntmachung die Wirkung einer Zustellung. Sie ersetzt die Zustellungen an die Beteiligten.

7. Rechtsmittel. Entscheidungen des Insolvenzgerichts unterliegen gem § 6 Abs 1 nur in den Fällen einem Rechtsmittel, in denen die InsO die sofortige Beschwerde vorsieht (siehe **BGH** v 4. 3. 2004 – IX ZB 133/03, NZI 2004, 312). Hierdurch wollte der Gesetzgeber einen zügigen Ablauf des Insolvenzverfahrens gewährleisten. Lediglich bei **Anordnung von Haft** (§ 21 Abs 3 S 3 iVm § 98 Abs 3 S 3) und bei Verhängung einer **einstweiligen Postsperre** (§ 21 Abs 2 Nr 4 iVm §§ 99, 101 Abs 1 S 1) hatte das Gesetz ursprünglich im Eröffnungsverfahren die **sofortige Beschwerde** vorgesehen (zur Postsperre vgl **OLG Köln** v 26. 1. 2000, NZI 2000, 369). In den übrigen Fällen waren bis zum **Inkrafttreten des InsOÄndG 2001** Beschlüsse, durch die das Insolvenzgericht Sicherungsmaßnahmen nach § 21 Abs 1, Abs 2 Nr 1, 2 und 3 anordnet, **unanfechtbar** (**OLG Köln** v 3. 1. 2000, NZI 2000, 130, 131; **LG Berlin** NZI 1999, 416, 417; **AG Duisburg** NJW-RR 1999, 1351 = NZI 1999, 421; HK-*Kirchhof* § 21 Rn 57; N/R/*Mönning* § 21 Rn 112; FK-*Schmerbach* § 21 Rn 214). Die Möglichkeit einer sofortigen Beschwerde wurde auch nicht dadurch eröffnet, dass das Gericht die Sicherungsmaßnahmen mit beschwerdefähigen Entscheidungen, wie zB einer Haftanordnung oder Postsperre, verband (HK-*Kirchhof* § 21 Rn 29; str aA H/W/F Hdb 3/203; BerlKo-*Blersch* § 21 Rn 62). *Smid* (§ 6 Rn 21) hatte schon für die frühere Fassung des § 21 Abs 1 die Auffassung vertreten, dass jeder, der durch die Anordnung nach § 21 Abs 2 in seiner verfahrensrechtlichen oder materiell-rechtlichen Rechtsposition betroffen werde, die sofortige Beschwerde gegen die Anordnung einlegen könne.

Im Hinblick auf die in der Literatur erhobenen **verfassungsrechtlichen Bedenken** gegen die Versagung von Rechtsmitteln gegen Sicherungsmaßnahmen des Gerichts (vgl H/W/F Hdb 3/200; *Pape* WPrax 1995, 256; *Hess/Pape* InsO Rn 182; ähnlich *Pohlmann,* Befugnisse Rn 62–64; vgl aber auch BGH ZIP 1999, 319; *H. Mohrbutter* EWiR 1999, 131; KS-*Gerhardt* S 193, 210 Rn 34) hat das **InsOÄndG 2001** die Vorschrift des **§ 21 Abs 1 um einen Satz 2 ergänzt,** wonach gegen die Anordnung von Sicherungsmaßnahmen dem Schuldner die **sofortige Beschwerde** zusteht. In der Begr RegE (NZI Beilage zu Heft 1 2001 S 16) heißt es, vorläufige Sicherungsmaßnahmen könnten in der Tat nachhaltig in die Rechtsposition des Schuldners eingreifen, ihm etwa vollständig die Verwaltungs- und die Verfügungsbefugnis über sein Vermögen entziehen. Dies stelle im Vergleich zur Rechtslage unter der KO eine erhebliche Schlechterstellung des Schuldners dar. Verfahrensverzögerungen seien durch die Zulassung der Beschwerde nicht zu erwarten, da der Beschwerde **keine aufschiebende Wirkung** zukomme. Der Schuldner kann mit seinem Rechtsmittel nicht – inzidenter – die Berechtigung des Antrags auf Eröffnung des Insolvenzverfahrens rügen. Eben sowenig steht dem Schuldner das Recht der sofortigen Beschwerde gegen die **Unterlassung von Sicherungsmaßnahmen** zu (LG München v 30. 12. 2002 – 14 T 2235/02, NZI 2003, 215, 216). Da das Gesetz lediglich dem Schuldner das Recht der sofortigen Beschwerde einräumt, können weder Gläubiger noch der vorläufige Insolvenzverwalter Sicherungsmaßnahmen anfechten (BGH v 26. 10. 2006 – IX ZB 163/05, ZInsO 2007, 34, 35; LG Göttingen v 24. 6. 2004 – 10 T 75/04, ZInsO 2004, 1046). Sie haben indes die Möglichkeit einer Gegenvorstellung bei Gericht (HambKomm/*Schröder* § 21 Rn 83).

Das Problem, ob in Ausnahmefällen die **sofortige Beschwerde wegen greifbarer Gesetzwidrigkeit** der Maßnahme zugelassen werden kann (vgl BGH v 4. 3. 2004 – IX ZB 133/04, NZI 2004, 312; *Vallender* ZIP 1997, 1993, 1997f; FK-*Schmerbach* § 21 Rn 214), hat sich mit der gesetzlichen Neuregelung weitgehend erübrigt. **Missachtet ein Gläubiger gegen die Anordnung der Einstellung** oder die **Untersagung der Zwangsvollstreckung,** so liegt ein Verstoß gegen § 775 Nr 1, 2 ZPO vor. Bei Vollstreckungsmaßnahmen des Gerichtsvollziehers ist die Erinnerung nach § 766 ZPO und gegen die Erinnerungsentscheidung die sofortige Beschwerde nach § 793 ZPO gegeben (FK-*Schmerbach* § 21 Rn 215). Hatte das Gericht eine **Zwangsvollstreckung untersagt,** so sind die gegen die Anordnung verstoßenden Vollstreckungsmaßnahmen aufzuheben (§§ 775 Nr 1, 776 S 1 ZPO). Bei Zwangsvollstreckungen in das unbewegliche Schuldnervermögen ist **sofortige Erinnerung** gem § 30b Abs 3 S 1 ZVG iVm § 11 Abs 1 S 2 RPflG gegeben (FK-*Schmerbach* § 21 Rn 215). In entsprechender Anwendung von § 89 Abs 3 S 1 entscheidet das Insolvenzgericht „als das sachnähere Gericht" gem § 766 ZPO über die Vollstreckungserinnerung (vgl *Vallender* ZIP 1997, 1993, 1996; FK-*Schmerbach* § 21 Rn 217).

50a Ein Verfahren, in dem die **Rechtswidrigkeit einer bereits erledigten Sicherungsmaßnahme** iSv § 21 festgestellt werden kann, sehen weder die Zivilprozessordnung noch die Insolvenzordnung vor. Grundsätzlich ist in einem solchen Fall auch ein **Fortsetzungsfeststellungsantrag** unzulässig. Etwas anderes gilt nur dann, wenn eine **tiefgreifende Grundrechtsverletzung zum Nachteil des Schuldners** oder eine fortwirkende Beeinträchtigung, welche eine Sachentscheidung trotz Erledigung des ursprünglichen Rechtsschutzziels ausnahmsweise erfordert, möglich erscheinen (BGH v 20. 9. 2007 – IX ZB 37/07, NZI 2008, 100; vgl ferner BGH v 12. 10. 2006 – IX ZB 34/05, WM 2006, 2329, 2330; BGH v 11. 1. 2007 – IX ZB 271/04, ZIP 2007, 438 ff).

51 **8. Aufhebung der Sicherungsmaßnahmen von Amts wegen.** Sicherungsmaßnahmen des Insolvenzgerichts nach § 21 Abs 1 und 2 sind vom Insolvenzgericht von Amts wegen aufzuheben, wenn sie zur Erfüllung des Sicherungszwecks nicht mehr erforderlich sind (AG Göttingen ZInsO 1999, 476; AG Hamburg WM 2000, 895). Die Rücknahme des Eröffnungsantrags oder auch die Erledigungserklärung führt nicht automatisch zum Erlöschen von Sicherungsanordnungen nach § 21 (BGH v 20. 9. 2007 – IX ZB 37/07, NZI 2008, 100). Sie sind aber in der Regel aufzuheben, § 25 Abs 1 (vgl BGH v 10. 7. 2008 – IX ZB 122/07, NZI 2008, 550). Bei Anordnung von Haft (§ 21 Abs 3 S 3 iVm § 98 Abs 3 S 2) sowie bei der einstweiligen Postsperre (§ 21 Abs 2 Nr 4 iVm § 99 Abs 3 S 2) besteht eine Verpflichtung des Gerichts zur Aufhebung, wenn die Voraussetzungen für deren Erlass weggefallen sind. Für die übrigen Maßnahmen greift § 25 ein, ohne dass es eines Antrages oder einer Anregung bedarf. (Vgl die Kommentierung zu § 25). Eine während der Zeit der vorläufigen Insolvenzverwaltung getroffene Verfügung des Schuldners wird gem § 185 Abs 2 S 1 Fall BGB mit Aufhebung der Verfügungsbeschränkung analog automatisch wirksam, sofern der vorläufige Insolvenzverwalter keine anderweitige Verfügung getroffen hat (vgl BGH v 19. 1. 2006 – IX ZR 232/04, ZIP 2006, 479, 481). Im Falle der **Eröffnung des Verfahrens** bedarf es einer ausdrücklichen Aufhebung nicht, weil sich die Anordnung von Sicherungsmaßnahmen mit dieser Entscheidung erledigt (BGH v 17. 1. 2008 – IX ZB 20/07, ZInsO 2008, 203; LG Augsburg v 30. 12. 2002 – 7 T 4420/02, ZInsO 2003, 954). Dem vorläufigen Insolvenzverwalter steht kein Recht zur sofortigen Beschwerde gegen die Aufhebung von Sicherungsmaßnahmen zu (vgl BGH v 26. 10. 2005 – IX ZB 163/05, NZI 2007, 99).

51a Das Gericht kann ausnahmsweise davon absehen, Sicherungsmaßnahmen aufzuheben, wenn weitere Insolvenzanträge gegen den Schuldner gerichtet sind oder sogleich eingehen. Erfordern diese Antragsverfahren den Erlass gleichartiger Sicherungsmaßnahmen, kann deren Anordnung – ausdrücklich – auf den weiteren Antrag gestützt und hierdurch der Schutz der Insolvenzmasse ununterbrochen gewährleistet werden (HK-*Kirchhof* § 21 Rn 64).

VIII. Zwangsmaßnahmen gegen den Schuldner und organschaftliche Vertreter (§ 21 Abs 3)

1. Personenzwang als Ultima-ratio-Maßnahme. Maßnahmen gegen die Person des Schuldners oder gegen die organschaftlichen Vertreter eines Schuldnerunternehmens dürfen nach § 21 Abs 3 S 1 nur angeordnet werden, wenn andere Maßnahmen, wie zB persönliche Aufenthaltsbeschränkungen oder die Einziehung des Reisepasses, nicht ausreichen. Zwangsmaßnahmen iSv § 21 Abs 3 sind nur die **zwangsweise Vorführung** und die **Anordnung von Haft**. Zuständig für die Anordnung ist ausschließlich der Richter bzw die Richterin (§ 4 Abs 2 Nr 2, Abs 3 RPflG). Ist der Schuldner keine natürliche Person, so gilt gem § 21 Abs 3 S 2 Entsprechendes für seine **organschaftlichen Vertreter**. Bei Zwangsmaßnahmen nach § 21 Abs 3 ist eine **besondere Verhältnismäßigkeitsprüfung** am Platze. Reichen mildere Maßnahmen aus, wie zB die Einziehung des Reisepasses oder die Anordnung einer Meldeauflage, so sind diese Maßnahmen nach § 21 Abs 1 anzuordnen (K/P/B/*Pape* § 21 Rn 25; N/R/*Mönning* § 21 Rn 116). Während § 20 die Anordnung von **Beugehaft** zur Durchsetzung von Pflichten zulässt, handelt es sich bei den Maßnahmen nach § 21 Abs 3 um **Sicherungshaft** (vgl auch K/P/B/*Pape* § 21 Rn 46). So kann zB eine drohende Vermögensverschiebung ins Ausland die Anordnung von Haft erforderlich machen, jedoch, da es sich um einstweilige Maßnahmen handelt, nur so lange, bis das Schuldnervermögen durch andere Maßnahmen gesichert ist (vgl auch *Häsemeyer* InsR Rn 7.35; K/P/B/*Pape* § 21 Rn 46). Bei **destruktiver Beteiligung des Schuldners** im Eröffnungsverfahren kann der Haftbefehl als letztes Mittel zur Durchsetzung der Auskunftspflichten des Schuldners geboten sein (vgl LG Göttingen v 10. 1. 2003 – 10 T 4/03, NZI 2003, 383). Für die Anordnung der Haft gelten über § 21 Abs 3 S 3 gem § 98 Abs 3 S 1 die Vorschriften der §§ 904–910, 913 ZPO entsprechend. Beim Haftbefehl bedarf es keiner zusätzlichen Durchsuchungsanordnung nach § 758 ZPO (K/P/B/*Pape* § 21 Rn 46). Das Insolvenzgericht kann indes nicht einen Gerichtsvollzieher ermächtigen, die Wohnräume eines Dritten gegen dessen Willen zu betreten, um den Schuldner zu verhaften. Für eine solche Maßnahme fehlt es an einer rechtlichen Grundlage (LG Göttingen v 21. 11. 2005 – 10 T 148/05, ZInsO 2005, 1280).

Auch die **zwangsweise Vorführung** des Schuldners oder seiner organschaftlichen Vertreter nach § 21 Abs 3 S 2 muss dem **Sicherungszweck** dienen. Zur Erlangung von Auskünften hat das Gericht gem §§ 20 S 2, 97, 98, 101 Abs 1 S 2, Abs 2 zu verfahren. Ist ein organschaftlicher Vertreter abberufen worden oder hat dieser in der Krise sein Amt niedergelegt, kommen **Zwangsmaßnahmen auch gegen faktische Organe** in Betracht, wenn diese die Geschäftsführung anstelle der ausgeschiedenen organschaftlichen Vertreter tatsächlich übernommen haben. Zutreffend ist allerdings der Hinweis von *Blersch* (BerlKo § 21 Rn 711), dass im frühen Stadium eines Eröffnungsverfahrens meist keine ausreichende Kenntnis des Insolvenzgerichts von den Umständen vorliegt, aus denen sich die Stellung eines faktischen Geschäftsführers ableiten lässt. Im Hinblick auf die Schwere des Eingriffs in Freiheitsrechte und nicht zuletzt auch unter dem Gesichtspunkt der Verhältnismäßigkeit müssten dem Gericht schon nachweisbare Tatsachen bekannt sein, die die Stellung des Betroffenen als einen faktischen Geschäftsführer „hochgradig wahrscheinlich oder gewiss erscheinen lassen". Diese Voraussetzungen seien kaum jemals gegeben, so dass Zwangsmaßnahmen gegen einen faktischen Geschäftsführer regelmäßig unzulässig seien. Zwar ist in § 21 Abs 3 S 2 nicht auf § 101 Abs 1 S 1 Bezug genommen, jedoch gilt die Vorschrift auch für **vertretungsberechtigte persönlich haftende Gesellschafter** eines Schuldnerunternehmens (K/P/B/*Pape* § 21 Rn 47).

2. Anhörung des Schuldners oder Schuldnervertreters. Nach § 21 Abs 3 S 1 kann die Inhaftierung des Schuldners oder der organschaftlichen Vertreter eines Schuldnerunternehmens nur nach Anhörung erfolgen. Nach N/R/*Mönning* (§ 21 Rn 118) kann die Anordnung von Haft nur nach **vorheriger Anhörung** des Schuldners bzw des Schuldnervertreters erfolgen (wohl auch K/P/B/*Pape* § 21 Rn 46; Einzelheiten zum rechtlichen Gehör oben zu Rn 44–46). Richtig ist, dass der Schuldner grundsätzlich **vor** der Anordnung von Haft anzuhören ist (*Uhlenbruck* FS *Baumgärtel* S 574; KS-*Vallender* S 249, 264 Rn 45). Deshalb ist ohne vorherige Anhörung lediglich ein **Vorführungsbefehl** zulässig (*Uhlenbruck* FS *Baumgärtel* S 574). Bei **Eilbedürftigkeit** der Haftanordnung, wie zB, wenn der Schuldner sich zur Flucht anschickt, ist die Anhörung jedoch in einer Weise durchzuführen, die dem Schuldner oder der organschaftlichen Vertreter eines Schuldnerunternehmens keine Gelegenheit zur Flucht gibt (KS-*Vallender* S 264 Rn 46; KS-*Landfermann* S 189 Rn 89). So zB kann das Insolvenzgericht die zwangsweise Vorführung anordnen und aufgrund des Ergebnisses der Anhörung den Schuldner aufgrund eines Haftbefehls nunmehr in Haft nehmen (KS-*Vallender* S 264 Rn 46). Kommt das Insolvenzgericht aufgrund seiner Amtsermittlungen (§ 5) zu dem Ergebnis, dass gegen den Schuldner oder seine organschaftlichen Vertreter Haftbefehl zu erlassen ist, ist meist keine Zeit für eine vorherige Anhörung. Eine zwangsweise Vorführung ist oftmals wenig effizient, vor allem wenn der Schuldner Anstalten trifft, Vermögen ins Ausland zu verschieben oder sich selbst ins Ausland abzusetzen. Oftmals liegen die Voraussetzungen sowohl für eine **Beugehaft** als auch für eine **Sicherungshaft** vor (vgl auch LG Memmingen v 20. 1. 1983, KTS 1983, 317, 318). Würde man in solchen Fällen die vorherige Anhörung des Schuldners verlangen, würde das Sicherungsmittel des Haftbefehls für die Praxis völlig ineffizient, denn der Schuldner wird gewarnt und ihm durch die Anhörung die Möglichkeit verschafft, sich ins Ausland abzusetzen (K/U § 106 KO Rn 1 b). Deshalb wird man das Insolvenzgericht für berechtigt halten müssen, in Eilfällen den Haftbefehl auch **ohne vorherige Anhörung** des Schuldners oder seines organschaftlichen Vertreters zu erlassen. In solchen Fällen ist allerdings das rechtliche Gehör mit der **Verkündung des Haftbefehls** nachzuholen (vgl auch *Kleiner,* Bedeutung und Probleme S 160 ff; str aA HK-*Kirchhof* § 21 Rn 54; *Smid* § 21 Rn 66; N/R/*Mönning* § 21 Rn 118). Ähnlich wie im Rahmen der Einzelzwangsvollstreckung verbietet sich vor dem Erlass eines Haftbefehls in Eilfällen oftmals die vorherige Gewährung rechtlichen Gehörs im Hinblick auf den Zweck und die Effizienz der Maßnahme (*Uhlenbruck* FS *Baumgärtel* 1999, S 569, 580; *Maintzer* KTS 1985, 617, 621; K/U § 106 KO Rn 1 b). Der Antragsgegner (Schuldner) wird vom Insolvenzgericht bei einem Gläubigerantrag mit der Zustellung des Insolvenzantrags ohnehin in einem besonderen Anschreiben auf die gesetzliche Möglichkeit von Zwangsmaßnahmen hingewiesen. Es entspricht allgemeiner Meinung, dass das rechtliche Gehör auch **schriftlich** gewährt werden kann. Wie in der Einzelzwangsvollstreckung gilt auch im Rahmen der Gesamtvollstreckung der **Grundsatz des aufgeschobenen rechtlichen Gehörs,** da der Schuldner oder organschaftliche Vertreter eines Schuldnerunternehmens regelmäßig nicht vor Vollstreckungsmaßnahmen des ersten Zugriffs zwecks Nutzung der Überraschungschancen zu hören ist (vgl *Gaul* ZZP 105 [1992], S 425 f). Verfassungsrechtliche Bedenken im Hinblick auf Art 103 Abs 1 GG bestehen nicht, da der Schuldner die Möglichkeit hat, sich mit dem Rechtsmittel der sofortigen Beschwerde nachträglich Gehör zu verschaffen (vgl **BVerfGE** 9, 89, 98 = NJW 1959, 427, 428; str aA N/R/*Mönning* § 21 Rn 118). Entfallen die Voraussetzungen für die Anordnung von Haft, ist der Haftbefehl von Amts wegen aufzuheben (§ 98 Abs 3 S 2). Im Übrigen gelten die Vorschriften der ZPO über die Haft entsprechend, so dass auch die Höchstgrenze von **sechs Monaten** (§ 913 ZPO) gilt.

54 3. **Rechtsmittel gegen die Anordnung von Zwangsmaßnahmen.** Durch die Bezugnahme auf § 98 in § 21 Abs 3 S 3 ist gewährleistet, dass dem Schuldner oder seinem organschaftlichen Vertreter gegen die Anordnung von Haft oder die Ablehnung eines Antrags auf Aufhebung des Haftbefehls wegen Wegfalls seiner Voraussetzungen die **sofortige Beschwerde** zusteht (K/P/B/*Pape* § 21 Rn 46; KS-*Landfermann* S 159, 189 Rn 89; BerlKo-*Blersch* § 21 Rn 73). Die sofortige Beschwerde gegen die Anordnung der Haft durch das Insolvenzgericht hat gem § 4 iVm § 570 Abs 1 ZPO keine aufschiebende Wirkung (**LG** Göttingen v 17. 12. 2004 – 10 T 133/04, NZI 2005, 339; HambKomm/*Schröder* § 21 Rn 75), jedoch kann die Vollziehung gem § 570 Abs 2, 3 ZPO ausgesetzt werden. Da die Vorschriften der §§ 904–910, 913 ZPO entsprechende Anwendung finden, kann entsprechend § 906 ZPO auch mit der sofortigen Beschwerde geltend gemacht werden, dass eine **Gesundheitsgefahr** für den Schuldner, persönlich haftenden Gesellschafter oder den organschaftlichen Vertreter die Haftvollstreckung verbietet. Die Gesundheitsgefahr muss allerdings durch amtsärztliches Zeugnis oder auf sonstige Weise nachgewiesen werden. Der mit der Verhaftung beauftragte Beamte (Gerichtsvollzieher) hat den für haftfähig angesehenen Schuldner auf dessen Verlangen nicht etwa zunächst einem Arzt vorzuführen, damit dieser die Haftunfähigkeit bescheinigt. Ein privatärztliches Zeugnis genügt nur, wenn hierin die Haftunfähigkeit und Gefährdung konkret und nachvollziehbar begründet wird.

55 4. **Kosten.** Die Kosten, die durch die Vorführung oder Verhaftung des Schuldners oder Schuldnervertreters entstehen, gehören zu den Kosten des Insolvenzverfahrens iSv § 54 Nr 1 (K/P/B/*Pape* § 21 Rn 46; K/P/B/*Lüke* § 98 Rn 9; FK-*Schmerbach* § 20 Rn 32–34).

IX. Amtshaftung bei fehlerhafter Anordnung oder schuldhafter Unterlassung von Sicherungsmaßnahmen

56 Die tief greifenden Folgen einer Anordnung von Sicherungsmaßnahmen führen zu einer erhöhten Verantwortung des Insolvenzgerichts (vgl MüKoInsO-*Haarmeyer* § 21 Rn 42, 43). Die Verantwortlichkeit wird nicht zuletzt auch dadurch weiter erhöht, dass es an einer Kontrolle durch die Gläubiger fehlt. Im Eröffnungsverfahren ist das Insolvenzgericht nicht nur „Hüter der Rechtmäßigkeit des Verfahrens", sondern es greift durch seine Entscheidungen nach §§ 21, 22 sowohl in die Rechtspositionen des Schuldners als auch der Gläubiger ein. Besonders haftungsträchtig ist die Entscheidung nach § 22 Abs 1 S 2 Nr 2, wenn das Insolvenzgericht einer **vorzeitigen Stilllegung des Schuldnerunternehmens** zustimmt oder die Zustimmung verweigert. Aber auch bei fehlerhafter Auswahl eines vorläufigen Insolvenzverwalters haftet nach § 839 Abs 3 BGB iVm Art 34 GG der Staat und bei grober Fahrlässigkeit im Wege des Rückgriffs der Richter oder die Richterin persönlich. Gegenüber dem früheren Recht gestalten die §§ 21 ff nunmehr das Eröffnungsverfahren differenzierter aus (KS-*Gerhardt* S 193, 194 Rn 2). Damit aber stellt vor allem im Hinblick auf die Rechtsfolgen der einzelnen Maßnahmen das Gesetz **höhere Anforderungen an die gerichtliche Prüfungspflicht.** Bestellt das Insolvenzgericht trotz erkennbarer Masseunzulänglichkeit einen vorläufigen Insolvenzverwalter, kann dessen Ausfall mit seinen Vergütungsansprüchen eine Amtshaftung begründen (**BGH** v 22. 1. 2004 – IX ZB 123/03, NZI 2004, 245 Rn 23).

Zu beachten ist, dass die mögliche Haftung nicht nur gegenüber dem Schuldner bzw Schuldnerunternehmen oder den Gläubigern eintreten kann, sondern auch gegenüber dem **vorläufigen Insolvenzverwalter,** wenn das Gericht die ihm gegenüber obliegende Fürsorgepflicht verletzt. So zB verbietet es die gerichtliche **Fürsorgepflicht** gegenüber dem Verwalter, ihn im Eröffnungsverfahren mit **Zustellungen** nach § 21 Abs 2 Nr 1 iVm **§ 8 Abs 3** zu beauftragen, wenn für das Insolvenzgericht bereits absehbar ist, dass die Kosten des Zustellungsverfahrens nicht gedeckt sind (offengelassen von **BGH** v 22. 1. 2004 – IX ZB 123/03, NZI 2004, 245, 247 Rn 28). Solchenfalls hat das Gericht die Zustellungen selbst vorzunehmen. Personalknappheit und das Fehlen sachlicher Mittel bei den Insolvenzgerichten rechtfertigen es nicht, in masselosen Eröffnungsverfahren das Kostenrisiko auf den vorläufigen Insolvenzverwalter abzuwälzen. Eine **schuldhafte Unterlassung** der Anordnung **von Sicherungsmaßnahmen** kann eine Staatshaftung nach § 839 BGB iVm Art 34 GG begründen (**BGH NJW-RR** 1992, 919, 920; HK-*Kirchhof* § 21 Rn 8). Auch die **Anordnung unverhältnismäßiger Maßnahmen** oder gar unzulässiger Sicherungsmaßnahmen führen zur Amtshaftung (**BGH NJW-RR** 1986, 1188 f; HK-*Kirchhof* § 21 Rn 8). Für die **Haftung wegen Auswahlverschuldens** bei der Bestellung des vorläufigen Insolvenzverwalters gelten die gleichen Grundsätze wie zu § 56 (vgl HambKomm/*Schröder* § 21 Rn 90; N/R/*Mönning* § 21 Rn 101–109; KS-*Mönning* S 375, 380 Rn 21–23). *Mönning* (KS S 380 Rn 22) weist darauf hin, dass alle Regressfälle wegen falscher Auswahl eingesetzter Verwalter lediglich an der Subsidiarität der Staatshaftung gescheitert sind. Die **mangelhafte Überwachung** eines vorläufigen Insolvenzverwalters kann eine Amtshaftung begründen. Für das eröffnete Verfahren hat das OLG München (Urt v 18. 7. 1991, ZIP 1991, 1367) entschieden, dass der Staat wegen der Bestellung und Nichtabberufung eines ungeeigneten Konkursverwalters für die Schäden, die der Masse aus einer nicht angezeigten Betriebsfortführung durch den Verwalter entstehen, haftet, wenn der zuständige Rechtspfleger vom Verwalter bestochen worden war und dies dem Konkursrichter nicht mitgeteilt hat. Nach Auffassung des OLG Stuttgart (v 9. 5. 2007 – 4 U 204/06, NZI 2008, 102 m krit Anm *Frind* ZInsO 2008, 18) kommt eine gem § 839 BGB zum Schadensersatz verpflichtende Amtspflichtverletzung bei der Auswahl und Überwachung eines Insolvenzverwalters grundsätzlich nur bei **besonders groben Verstößen bzw unvertretbaren Entscheidungen** in Betracht. Aus einer Vorstrafe des Insolvenzverwalterbewerbers könne kein absoluter Ausschließungsgrund für das Insolvenzverwalteramt abgeleitet werden. Etwas anderes gelte nur dann, wenn aus der Vorstrafe auf eine Ungeeignetheit oder Unzuverlässigkeit des Bewerbers geschlossen werden könne. Dem ist der **Bundesgerichtshof** in seiner Nichtzulassungsbeschwerdeentscheidung v 31. 1. 2008 – III ZR 161/07 – (NZI 2008, 241) entgegengetreten. Danach steht eine Vorstrafe wegen einer Insolvenzstraftat der Bestellung eines Rechtsanwalts zum Insolvenzverwalter im Allgemeinen ohne Rücksicht darauf entgegen, ob die Tat im Zusammenhang mit der beruflichen Tätigkeit des Rechtsanwalts stand.

Eine Staatshaftung greift jedenfalls in allen Fällen ein, in denen das Insolvenzgericht schuldhaft seine **Aufsichtspflichten** hinsichtlich des vorläufigen Insolvenzverwalters nach den §§ 21 Abs 2 Nr 1, 58 verletzt. Eine solche Aufsichtspflichtverletzung kann schon vorliegen, wenn der vorläufige Insolvenzverwalter mit Verwaltungs- und Verfügungsbefugnis vorsätzlich erhebliche Masseverbindlichkeiten iSv § 55 Abs 2 begründet, obgleich feststeht, dass diese später nicht erfüllt werden können. Die Primärhaftung des vorläufigen Verwalters nach § 61 beseitigt die Subsidiärhaftung des Staates nicht. Eine schuldhafte Pflichtverletzung des Gerichtes kann auch darin liegen, dass es die **Pflichten des vorläufigen Insolvenzverwalters** nach § 22 Abs 2 S 1 nicht in ausreichendem Maße bestimmt oder diese Maßnahmen nicht rechtzeitig anordnet. Verweigert das Insolvenzgericht schuldhaft eine vom vorläufigen Insolvenzverwalter beantragte **Zustimmung zur Betriebsstilllegung**, um eine erhebliche Verminderung des Vermögens zu vermeiden, so greift ebenfalls die Staatshaftung nach § 839 Abs 3 BGB iVm Art 34 GG ein. Für die Schäden, die aus einer Weiterführung des Unternehmens entstehen, haftet der Verwalter insoweit nicht. Anders nur, wenn der vorläufige Verwalter dem Gericht unzutreffende oder unzureichende Angaben gemacht hat, die das Erfordernis einer vorzeitigen Betriebsstilllegung erkennen lassen (vgl *Kirchhof* ZInsO 1999, 365, 367). Besonders haftungsträchtig sind Beschlüsse des Insolvenzgerichts, die Anordnungen treffen, die zwar sachlich gerechtfertigt erscheinen, jedoch vom Gesetz nicht vorgesehen sind. So ist das Insolvenzgericht nicht befugt, im Eröffnungsverfahren den mit der Erstellung eines Gutachtens beauftragten Sachverständigen zu ermächtigen, die Wohn- und Geschäftsräume des Schuldners zu betreten und dort Nachforschungen anzustellen (BGH v 4. 3. 2004 – IX ZB 133/03, NZI 2004, 312, 313).

§ 22 Rechtsstellung des vorläufigen Insolvenzverwalters

(1) ¹Wird ein vorläufiger Insolvenzverwalter bestellt und dem Schuldner ein allgemeines Verfügungsverbot auferlegt, so geht die Verwaltungs- und Verfügungsbefugnis über das Vermögen des Schuldners auf den vorläufigen Insolvenzverwalter über. ²In diesem Fall hat der vorläufige Insolvenzverwalter:
1. das Vermögen des Schuldners zu sichern und zu erhalten;
2. ein Unternehmen, das der Schuldner betreibt, bis zur Entscheidung über die Eröffnung des Insolvenzverfahrens fortzuführen, soweit nicht das Insolvenzgericht einer Stillegung zustimmt, um eine erhebliche Verminderung des Vermögens zu vermeiden;
3. zu prüfen, ob das Vermögen des Schuldners die Kosten des Verfahrens decken wird; das Gericht kann ihn zusätzlich beauftragen, als Sachverständiger zu prüfen, ob ein Eröffnungsgrund vorliegt und welche Aussichten für eine Fortführung des Unternehmens des Schuldners bestehen.

(2) ¹Wird ein vorläufiger Insolvenzverwalter bestellt, ohne daß dem Schuldner ein allgemeines Verfügungsverbot auferlegt wird, so bestimmt das Gericht die Pflichten des vorläufigen Insolvenzverwalters. ²Sie dürfen nicht über die Pflichten nach Absatz 1 Satz 2 hinausgehen.

(3) ¹Der vorläufige Insolvenzverwalter ist berechtigt, die Geschäftsräume des Schuldners zu betreten und dort Nachforschungen anzustellen. ²Der Schuldner hat dem vorläufigen Insolvenzverwalter Einsicht in seine Bücher und Geschäftspapiere zu gestatten. ³Er hat ihm alle erforderlichen Auskünfte zu erteilen und ihn bei der Erfüllung seiner Aufgaben zu unterstützen; die §§ 97, 98, 101 Abs. 1 Satz 1, 2, Abs. 2 gelten entsprechend.

Übersicht

	Rn
I. Allgemeines	1
II. Arten vorläufiger Insolvenzverwaltung	2
III. Die Person des vorläufigen Insolvenzverwalters	3
IV. Das Bestellungsverfahren	4
V. Gerichtliche Aufsicht und Abberufung	5
VI. Vorläufige Insolvenzverwaltung ohne Pflichtenbestimmung	6
VII. Vorläufige Insolvenzverwaltung mit gerichtlicher Pflichtenbestimmung	7
VIII. Vorläufige Insolvenzverwaltung mit Zustimmungsvorbehalt	11
IX. Der vorläufige Insolvenzverwalter mit Verwaltungs- und Verfügungsbefugnis	17
1. Die Sicherungs- und Erhaltungspflicht	18
2. Die Inbesitznahme des Schuldnervermögens	19
3. Die Siegelung des Schuldnervermögens	20
4. Die Inventarisierung und Aufzeichnung der Vermögensgegenstände	21
5. Unterhaltsregelungen	22
6. Die Pflicht zur einstweiligen Unternehmensfortführung	23
7. Die vorzeitige Betriebsstillegung	25
a) Sachliche Voraussetzungen einer vorzeitigen Betriebsstillegung	26
b) Die gerichtliche Stillegungsentscheidung	29
8. Unternehmensveräußerung statt Stillegung	32
9. Die Kreditfinanzierung im Eröffnungsverfahren	34
10. Verwertungsbefugnis des vorläufigen Insolvenzverwalters?	35
11. Verwertung von Sicherungsgut	39
a) Aussonderungsrechte	39
b) Die Verwertung von Absonderungsgut	41
c) Einzug sicherungshalber abgetretener Forderungen	42
d) Die Haftung des vorläufigen Insolvenzverwalters bei Verwertung im Eröffnungsverfahren	44
12. Gegenseitige Verträge im Eröffnungsverfahren	45
a) Die Erfüllung und Kündigung von Verträgen	45
b) Der Rang der vom vorläufigen Insolvenzverwalter begründeten Verbindlichkeiten	47
X. Die arbeitsrechtliche Stellung des vorläufigen Insolvenzverwalters *(Berscheid)*	49
1. Abgrenzung der Befugnisse zwischen Schuldner und vorläufigem Insolvenzverwalter	50
a) Bestellung unter Erlass eines allgemeinen Verfügungsverbotes	53
b) Bestellung unter Anordnung eines (allgemeinen) Zustimmungsvorbehalts	56
c) Bindungswirkung der Entscheidung des Insolvenzgerichts	59
aa) Keine Überprüfung der unternehmerischen Entscheidungen	60
bb) Formulierungshilfen für Beschlüsse mit und ohne Verfügungsverbot	62
2. Umfang der Kündigungsbefugnis des vorläufigen Insolvenzverwalters	71
a) Beachtung der allgemeinen Kündigungsvorschriften	72
aa) Beachtung von Formvorschriften	73
bb) Befristung und auflösende Bedingung	76
cc) Unkündbarkeitsregelungen und Kündigungserschwerungen	79
dd) Kündigungsfristen und Kündigungstermine	82
ee) Betriebsübergang im Eröffnungsverfahren	83
ff) Aufhebungs- und Abwicklungsverträge	84
b) Freistellung der Arbeitnehmer im Eröffnungsverfahren	87
c) Nachkündigung durch den (endgültigen) Insolvenzverwalter nach Verfahrenseröffnung	88
d) Interessenausgleichsverfahren im Eröffnungsverfahren	90
3. Inanspruchnahme von Insolvenzgeld	92
a) Insolvenzereignis mit und ohne Auslandsberührung	93
b) Berechnung des Insolvenzgeld-Zeitraumes	98
c) Anspruchsberechtigter und -verpflichteter Personenkreis	102
aa) Abgrenzung von abhängiger zur selbständigen Tätigkeit	103
bb) Arbeitnehmerähnliche Personen	105
cc) Insg-Anspruch des Erben	111
d) Ansprüche mit Entgeltcharakter aus einem Arbeitsverhältnis	112

	Rn
aa) Absicherung des im Insg-Zeitraum erarbeiteten Arbeitsentgelts	113
bb) Definition der Bezüge aus dem Arbeitsverhältnis	115
cc) Gratifikationen, Jahressonderzahlungen, Sonderzuwendungen, 13 bzw 14 Monatsgehälter	118
dd) Provisionen der Einfirmenvertreter und der sonstigen Außendienstmitarbeiter	124
ee) Schadenersatzansprüche	129
ff) Beitragszuschüsse	130
gg) Gesamtsozialversicherungsbeitrag	131
hh) Ansprüche bei Altersteilzeit im Blockmodell	132
ii) Sonstige Arbeitszeitguthaben	137
e) Höhe des Insg-Anspruchs	142
aa) Anrechnung von Zwischenverdienst	144
bb) Anspruchsminderung durch Abschlagszahlung	146
cc) Abzweigungen an Dritte	148
dd) Aufrechnung durch den Arbeitgeber	150
f) Anspruchsausschluss und -verlust	151
aa) Ansprüche wegen Beendigung des Arbeitsverhältnisses	153
bb) Ansprüche für die Zeit nach Beendigung des Arbeitsverhältnisses	157
cc) Ansprüche aus angefochtenen bzw anfechtbaren Rechtshandlungen	158
dd) Leistungsverweigerungsrecht bei verfallenen Ansprüchen	163
ee) Leistungsverweigerungsrecht bei Ausübung des Zurückbehaltungsrechts	166
g) Vorfinanzierung von Insolvenzgeld	169
aa) Positive Prognoseentscheidung über den erheblichen Erhalt von Arbeitsplätzen	170
bb) Darlegung des Sanierungskonzepts bei Teil- und Vollsanierung	175
cc) Antrag des Vorfinanzierers und Bevollmächtigung eines Vertreters	178
dd) Beteiligung der Arbeitnehmer an der Insg-Vorfinanzierung	179
h) Rang der übergeleiteten Arbeitnehmeransprüche	180
i) Geltendmachung des Anspruchs	182
aa) Antragstellung und Antragsfrist	183
bb) Vorschuss und vorläufige Entscheidung	190
cc) Endgültige Entscheidung und Insg-Bescheinigung	191
dd) Forderungsübergang auf die Bundesanstalt für Arbeit	191 b
XI. Die steuerrechtliche Stellung des vorläufigen Insolvenzverwalters *(Maus)*	192 b
1. Die steuerrechtliche Stellung des vorläufigen Insolvenzverwalters	192 b
a) Allgemeines	192 b
b) Der vorläufige Insolvenzverwalter mit allgemeiner Verfügungsbefugnis	192 c
c) Der vorläufige Insolvenzverwalter mit allgemeinem Zustimmungsvorbehalt	192 d
d) Der vorläufige Insolvenzverwalter ohne die Anordnung allgemeiner Befugnisse und Vorbehalte	192 e
2. Die steuerlichen Pflichten des vorläufigen Insolvenzverwalters	192 f
a) Allgemeines	192 f
b) Besonderheiten bezüglich der Umsatzsteuer	192 h
3. Die Auskunftsrechte des vorläufigen Insolvenzverwalters gegenüber den Finanzbehörden	192 i
4. Sonstige steuerrechtliche Folgen der Anordnung von Sicherungsmaßnahmen	192 j
XII. Die Sicherung der von einem vorläufigen Insolvenzverwalter ohne Verfügungsbefugnis begründeten Verbindlichkeiten *(Uhlenbruck)*	193
1. Gesetzliche Unzulänglichkeiten	193
2. Das „Ermächtigungsmodell"	193 c
3. Das Treuhandmodell	194
XIII. Die prozessrechtliche Stellung des vorläufigen Insolvenzverwalters	195
XIV. Prüfungsaufgaben und Sachverständigentätigkeit des vorläufigen Insolvenzverwalters	198
1. Die Prüfung der Massekostendeckung	201
2. Die Vergütung des vorläufigen Insolvenzverwalters als Sachverständiger	204
XV. Prüfung der Aussichten einer Unternehmensfortführung	207
XVI. Vorläufige Insolvenzverwaltung mit gerichtlicher Kompetenzzuweisung (§ 22 Abs 2)	208
XVII. Zwangsbefugnisse des vorläufigen Insolvenzverwalters (§ 22 Abs 3)	210
1. Das Recht, die Geschäftsräume des Schuldners zu betreten	211
2. Einsichtnahme in Bücher und Geschäftspapiere	212
3. Auskunfts- und Mitwirkungspflichten des Schuldners	213
a) Auskunftspflichten	213
b) Mitwirkungspflichten gegenüber dem vorläufigen Verwalter	214
XVIII. Die Rechnungslegungspflicht des vorläufigen Insolvenzverwalters	216
XIX. Wirksamkeit von Rechtshandlungen des vorläufigen Insolvenzverwalters bei vorzeitiger Beendigung des Eröffnungsverfahrens	221
XX. Die Haftung des vorläufigen Insolvenzverwalters	222
1. Die Haftung entsprechend § 60	223
2. Die Haftung entsprechend § 61	224
3. Die Haftung des vorläufigen Verwalters als Sachverständiger	227

	Rn
XXI. Die Vergütung des vorläufigen Insolvenzverwalters	228
1. Allgemeines	228 b
2. Entstehung, Fälligkeit und Verjährung des Anspruchs auf Vergütung	229
3. Festsetzung der Vergütung	230
a) Berechnungsgrundlage	230
b) Berücksichtigung von Aus- und Absonderungsrechten	231
c) Besitzüberlassungsverträge	232
d) Regelvergütung	232 a
e) Zu- und Abschläge	233
f) Mindestvergütung	233 d
g) Regelungsgehalt des § 11 Abs 2 InsVV	233 e
h) Funktionelle Zuständigkeiten für die Vergütungsfestsetzung	234
4. Verwirkung des Vergütungsanspruchs	235
5. Auslagenerstattung	236
6. Kostenhaftung	238
XXII. Die Anfechtbarkeit von Rechtshandlungen vorläufiger Insolvenzverwalter	239

I. Allgemeines

1   Nach K/P/B/*Pape* (§ 22 Rn 1) stellt § 22 nach der Neuordnung der Sicherungsmaßnahmen im Eröffnungsverfahren das *„Herzstück der Reform"* dar (vgl auch *Kraemer/Vallender/Vogelsang* Fach 2 Kap 6 Rn 1). An die Stelle der dynamischen Sequestration, der Sicherungssequestration und der Verwaltungssequestration alter Prägung ist die Anordnung der vorläufigen Insolvenzverwaltung nach den §§ 21 Abs 2 Nr 1, 22 getreten. Die Rechtsstellung, Befugnisse sowie Pflichten des vorläufigen Insolvenzverwalters haben durch die Regelung in den §§ 21 Abs 2 Nr 1, 22, 56, 58–66 nunmehr eine gesicherte Rechtsgrundlage erhalten (vgl *Uhlenbruck* KTS 1994, 169, 177 ff; ders in: KS S 331 Rn 6; H/W/F Hdb 3/229 ff; *Vallender* DZWIR 1999, 265). Entgegen den ursprünglichen Vorstellungen des Gesetzgebers (vgl auch *Heß/Pape* InsO Rn 43; KS-*Gerhardt* 1. Aufl S 165) hat sich die **Praxis** im Hinblick auf die erheblichen Haftungsrisiken des vorläufigen Insolvenzverwalters **anders entwickelt** mit der Folge, dass von den Insolvenzgerichten überwiegend nur noch vorläufige Insolvenzverwalter ohne Verwaltungs- und Verfügungsbefugnis eingesetzt werden (vgl BGH v 18. 7. 2002 – IX ZR 15/01, NJW 2002, 3326 = NZI 2002, 543; *Werres* ZInsO 2005, 1233; vgl *Undritz* NZI 2003, 136, 137; *Rückert,* Einwirkung des Insolvenzverfahrens auf schwebende Prozesse S 93; *Hauser/Hawelka* ZIP 1998, 1261, 1262; *Wiester* ZInsO 1998, 99, 102; FK-*Schmerbach* § 22 Rn 50 ff; KS-*Uhlenbruck* S 346 f Rn 20; *Uhlenbruck/Schröder/ Schulte-Kaubrügger* DZWIR 1999, 12; *Smid* § 22 Rn 50; *Förster* ZInsO 1999, 132). Die vom Gesetzgeber vorgesehene Ausnahme ist inzwischen zur Regel geworden, was bei Vermögensverschiebungen durch Schuldner und Schuldnerunternehmungen erhebliche Haftungsgefahren für das Insolvenzgericht mit sich bringen kann. *Weisemann* (DZWIR 1999, 397 ff) hat auf die **Nachteile der sogen schwachen Verwaltung** hingewiesen. Zutreffend die Feststellung, dass es praktisch unmöglich ist, die Befugnisse eines vorläufigen Insolvenzverwalters bei Nichtanordnung eines allgemeinen Veräußerungsverbotes umfassend festzulegen. Nur der mit umfassenden Befugnissen ausgestattete vorläufige Verwalter wird imstande sein, ein insolventes Unternehmen bis zur Verfahrenseröffnung und zum Berichtstermin einstweilen fortzuführen (vgl auch *Bähr* ZIP 1998, 1553, *Kraemer/Vallender/Vogelsang* Fach 2 Kap 6 Rn 22 ff; *Jaffé/Hellert* ZIP 1999, 1204, 1205). Ein sogen „schwacher" vorläufiger Verwalter hat keine Befugnisse, Kündigungen auszusprechen und mit dem Betriebsrat einen Interessenausgleich zu vereinbaren sowie Sozialplanverhandlungen zu führen (vgl auch *Berscheid* ZInsO 1998, 9, 10 ff; ders NZI 1999, 6, 7). Ein anhängiger Rechtsstreit wird bei Bestellung eines vorläufigen Verwalters ohne Verfügungsbefugnis nach § 240 S 2 ZPO nicht unterbrochen. Um die arbeitsrechtlichen Schwierigkeiten zu umgehen, ist teilweise versucht worden, dem sogen „schwachen Verwalter" durch Gerichtsbeschluss die **Arbeitgeberbefugnisse** zu übertragen, was rechtlich bedenklich ist (vgl auch *Berscheid* ZInsO 1998, 9, 11; ders NZI 1999, 6, 7).

II. Arten vorläufiger Insolvenzverwaltung

2   Das Gesetz kennt unterschiedliche Arten der vorläufigen Insolvenzverwaltung, wobei nach wie vor davon auszugehen ist, dass die vorläufige Insolvenzverwaltung primär Sicherungsfunktion hat (vgl *Vallender* DZWIR 1999, 265 ff). Das Eröffnungsverfahren soll nicht zum „Vorkonkurs" entarten. Deshalb kann es niemals die eigentliche Aufgabe des vorläufigen Verwalters sein, das Schuldnervermögen bereits in diesem Verfahrensstadium zu verwerten. Setzt das Insolvenzgericht einen vorläufigen Verwalter ein (§ 21 Abs 2 Nr 1) **ohne Pflichtenbestimmung** nach § 22 Abs 2 S 1, so beschränkt sich die Tätigkeit des vorläufigen Verwalters einmal auf die Prüfung, ob der Insolvenzgrund vorliegt, ob das Vermögen des Schuldners die Kosten des Verfahrens voraussichtlich decken wird und welche Fortführungschancen bestehen. Auch in diesem Fall, in dem der vorläufige Insolvenzverwalter als „gesetzlicher Gutachter" tätig wird, kann das Gericht ihn **zusätzlich als Sachverständigen** beauftragen. Die Formulierung in § 22 Abs 1 S 2 Nr 3 ist missverständlich (*Uhlenbruck* NZI 2000, 289 ff). Das Nebeneinander von vorläufi-

III. Die Person des vorläufigen Insolvenzverwalters § 22

ger Insolvenzverwaltung und Gutachtertätigkeit hat seinen Grund in der Tatsache, dass der vorläufige Insolvenzverwalter bei Masselosigkeit seine Vergütung und Auslagen nicht aus der Staatskasse ersetzt erhält (**BGH** v 22. 1. 2004 – IX ZB 123/03, NZI 2004, 245, 246; **LG Fulda** NZI 2002, 61; vgl auch KS-*Uhlenbruck* S 372 Rn 50; HK-*Kirchhof* § 22 Rn 88; **aA** *Smid* § 22 Rn 60; *Graeber*, Die Vergütung des vorl InsV S 98 ff). Die Regelung in § 22 Abs 1 S 2 Nr 3 schließt keineswegs aus, dass auch in den Fällen, in denen kein vorläufiger Insolvenzverwalter oder ein solcher ohne Verwaltungs- und Verfügungsbefugnis bestellt wird, ein **Sachverständiger** bestellt werden kann, der die Aufgabe hat, nicht nur das Vorliegen eines Insolvenzgrundes und die Massekostendeckung zu prüfen, sondern zugleich auch die Aussichten für die Fortführung des Schuldnerunternehmens sowie die Notwendigkeit der Anordnung gerichtlicher Sicherungsmaßnahmen. Obgleich der Sachverständige kein vorläufiger Insolvenzverwalter ist (vgl aber *Pape* ZInsO 2001, 830 ff), umfasst seine Tätigkeit auch die Vorbereitung von Sanierungen (vgl Ausschussbericht, abgedr bei *Uhlenbruck*, Das neue Insolvenzrecht S 326; KS-*Uhlenbruck* Rn 39; N/R/*Mönning* § 22 Rn 19 u § 22 Rn 189 ff; *Braun/Uhlenbruck*, Unternehmensinsolvenz S 243 ff). Das Gericht ist indes nicht befugt, den Sachverständigen zu ermächtigen, Außenstände einzuziehen und Massegegenstände zu verwerten. Diese Anordnung ist im Gesetz nicht vorgesehen. Sie widerspricht auch der rechtlichen Wertung in § 21, wonach solche Aufgaben lediglich von einem vorläufigen Insolvenzverwalter wahrzunehmen sind (**OLG Nürnberg** v 20. 2. 2006 – 2 W 267/06, ZIP 2006, 1503).

Daneben gibt es den **vorläufigen Insolvenzverwalter mit gerichtlicher Kompetenzzuweisung** (§§ 21 Abs 2 Nr 1, 22 Abs 2). Solchenfalls bestimmt das Gericht die Pflichten des vorläufigen Insolvenzverwalters im Beschluss. Die Pflichten können jederzeit entsprechend den Erfordernissen ergänzt oder geändert werden. Schließlich hat das Gericht die Möglichkeit, einen **vorläufigen Insolvenzverwalter mit gesetzlicher Kompetenzzuweisung** nach §§ 21 Abs 2 Nr 1, 22 Abs 1 zu bestellen. Die Einsetzung eines solchen „starken" Verwalters ist immer zwingende Folge der Anordnung eines allgemeinen Verfügungsverbots nach § 21 Abs 2 Nr 2 (vgl *Kirchhof*, Leitfaden S 35; HK-*Kirchhof* § 22 Rn 4; *Pohlmann*, Befugnisse Rn 106; KS-*Gerhardt* S 193, 196 Rn 8; *ders* FS Einhundert Jahre KO 1977 S 111, 121). Zum **Begriff des „starken" vorläufigen Insolvenzverwalters** siehe *Ampferl*, Der „starke" vorläufige Insolvenzverwalter in der Unternehmensinsolvenz, 2002; *Bork* ZIP 2001, 1521 ff; *Förster* ZIP 2001, 790; *Spliedt* 2001, 1941 ff. Einen **vorläufigen Sachwalter** bei Insolvenzanträgen mit Antrag auf Anordnung der Eigenverwaltung sieht das Gesetz nicht vor (*Uhlenbruck* NZI 2001, 632; str aA *Ehricke* ZIP 2002, 782). Die Grenze ist § 22 Abs 2 S 2: Die gerichtlich angeordneten Pflichten dürfen nicht über die Pflichten des vorläufigen Insolvenzverwalters mit Verwaltungs- und Verfügungsbefugnis hinausgehen (*Kramer/Vogelsang* Fach 6 Kap 6 Rn 16; *Pohlmann*, Befugnisse Rn 216). In allen Fällen der Bestellung eines vorläufigen Insolvenzverwalters ist das Gericht nicht gehindert, einen **Sachverständigen** zu bestellen, der mit dem vorläufigen Insolvenzverwalter identisch sein sollte (vgl auch K/P/B/*Pape* § 22 Rn 13; *Feuerborn* KTS 1997, 171, 183 ff). Auch nach der InsO orientiert sich die Rechtsstellung des vorläufigen Insolvenzverwalters grundsätzlich an der Sicherungs- und Erhaltungsfunktion seiner Tätigkeit (§ 22 Abs 1 S 2 Nr 1). Die Befugnisse nach § 22 Abs 3 sind keineswegs auf den Verwalter mit Verfügungsbefugnis beschränkt, sondern gelten für jeden vorläufigen Insolvenzverwalter, nicht dagegen für einen Gutachter. Die gerichtliche Bestellung eines **vorläufigen Sachwalters** bei Antrag auf **Eigenverwaltung** ist die Bestellung eines vorläufigen Insolvenzverwalters (*Uhlenbruck* NZI 2001, 632).

III. Die Person des vorläufigen Insolvenzverwalters

Nach § 21 Abs 2 Nr 1 erfolgt die Bestellung des vorläufigen Insolvenzverwalters durch das Insolvenzgericht. Da es sich um eine Sicherungsmaßnahme handelt, ist zwingende Voraussetzung, dass der **Insolvenzantrag zugelassen** worden ist (**BGH** v 10. 7. 2008 – IX ZB 122/07, NZI 2008, 550; **BGH** v 13. 12. 2007 – IX ZB 238/06, Festhaltung **BGH** v 22. 3. 2007 – IX ZB 164/06, NZI 2007, 244 Rn 9; **BGH** v 14. 12. 2006 – IX ZA 38/06 nv; **OLG Köln** ZIP 1988, 664; **LG Göttingen** ZIP 1993, 447; KS-*Uhlenbruck* S 327 Rn 3). Ausnahmsweise können bei **zweifelhaftem Gerichtsstand** berechtigte Sicherungsinteressen der Insolvenzgläubiger es gebieten, Sicherungsmaßnahmen vor der Feststellung der Zulässigkeit des Insolvenzantrags zu treffen, wenn sich das Insolvenzgericht letzte Gewissheit erst im weiteren Verfahrensverlauf verschaffen kann (**BGH** v 22. 3. 2007 – IX ZB 164/06, NZI 2007, 244 Rn 9; **LG Göttingen** v 31. 1. 2008 – 10 T 11/08, NZI 2008, 191). Handelt es sich um ein Kleinverfahren (Verbraucherinsolvenzverfahren) nach den §§ 304 ff, 311 ff, kommt die Bestellung eines **vorläufigen Treuhänders** in Betracht (vgl **AG Köln** v 21. 1. 2000 – 72 IK 69/99, NZI 2000, 143; *Maier/Krafft* BB 1997, 2195; HK-*Landfermann* § 306 Rn 11; KS-*Uhlenbruck* S 327 Rn 3). § 21 Abs 2 Nr 1 verweist für die Bestellung eines vorläufigen Insolvenzverwalters auf § 56. Danach muss es sich auch bei dem vorläufigen Insolvenzverwalter um eine für den jeweiligen Einzelfall geeignete, insbesondere geschäftskundige und von den Gläubigern und dem Schuldner unabhängige natürliche Person handeln (*Kraemer/Vallender/Vogelsang* Fach 2 Kap 6 Rn 183; KS-*Uhlenbruck* S 325, 327 f Rn 3, *ders* KTS 1989, 229 ff; *ders* KTS 1994, 169 ff; *ders* BB 1989, 433, 437; K/P/B/*Pape* § 22 Rn 10; HK-*Kirchhof* § 22 Rn 75; MüKoInsO-*Haarmeyer* § 22 Rn 18; *Degenhart/Borchers* ZInsO 2001, 337; *Thiemann*, Die vorläufige Masseverwaltung S 121 ff Rn 168 ff; vgl hierzu auch die Kommentierung zu § 56). Das Gericht hat zu be-

3

rücksichtigen, dass der vorläufige Verwalter idR auch später der endgültige Verwalter wird. Auch für den vorläufigen Insolvenzverwalter gilt, dass die Qualifikation des Verwalters oftmals das Schicksal des Verfahrens bestimmt (vgl *Gottwald/Uhlenbruck* InsRHdb § 14 Rn 14). Ungeeignet sind **juristische Personen** (vgl *Uhlenbruck* AnwBl 1993, 454; *Pape* ZIP 1993, 737; *Grub* ZIP 1993, 393, 397; *Braun* BB 1993, 2172; K/U § 78 KO Rn 4). Auch Gesellschaften ohne Rechtspersönlichkeit, nicht vollgeschäftsfähige Personen sowie der Insolvenzschuldner oder seine gesetzlichen Vertreter scheiden als vorläufige Verwalter aus. Die Ernennung eines zum Verwalteramt Unfähigen ist wirkungslos (*Jauernig* § 43 I 1). Die **Person des Gutachters** orientiert sich an den gleichen Kriterien wie die des vorläufigen Insolvenzverwalters, denn der Gutachter wird nicht selten vorläufiger oder endgültiger Insolvenzverwalter. Ein Rechtsanspruch auf Bestellung zum vorläufigen Insolvenzverwalter besteht nicht (BVerfG v 23. 5. 2006 – 1 BvR 253/04, NZI 2006, 453, 454 Rn 30, 457 Rn 59). Die Gläubiger haben **kein Vorschlagsrecht** (*Kraemer/Vallender/Vogelsang* Fach 2 Kap 6 Rn 189). Ein Fachanwalt für Insolvenzrecht besitzt keinen Rechtsanspruch, vom Insolvenzgericht als vorläufiger Verwalter eingesetzt zu werden (*Gottwald/Uhlenbruck* InsRHdb § 14 Rn 14). Auch beim vorläufigen Insolvenzverfahren ist das **Auswahlverfahren nicht überprüfbar**, auch nicht als Justizverwaltungsakt. Einzelheiten zur Bestellung eines vorläufigen Insolvenzverwalters bei N/R/*Mönning* § 22 Rn 14–33; KS-*Uhlenbruck* S 325, 327 f Rn 3; *Pohlmann*, Befugnisse Rn 72 ff; *Neubert* ZInsO 2002, 309.

IV. Das Bestellungsverfahren

4 Der Gesetzgeber hat sich in § 21 Abs 2 Nr 1 für das Erstbenennungsrecht des Insolvenzgerichts entschieden. Der vorläufige Insolvenzverwalter wird vom Insolvenzgericht mit Zulassung des Antrags ernannt. Er unterliegt dem gleichen Anforderungsprofil wie der Insolvenzverwalter (vgl die Kommentierung zu § 56; ferner *Holzer*, Die Entscheidungsträger im Insolvenzverfahren Rn 379 ff; *Vallender* DZWIR 1999, 265, 266; HK-*Kirchhof* § 22 Rn 75; FK-*Schmerbach* § 22 Rn 80, 81). Mit der Antragszulassung ist idR nicht zu übersehen, ob Sicherungsmaßnahmen, vor allem eine vorläufige Insolvenzverwaltung, angeordnet werden müssen oder nicht. Ein klarer Überblick über die Unternehmenssituation und die Person des Schuldners bzw seiner organschaftlichen Vertreter ist kurzfristig nicht zu gewinnen. Weiterhin steht nicht fest, ob und in welchem Umfang Masseverbindlichkeiten nach § 55 Abs 2 begründet werden müssen. Deshalb ist es in der Praxis zunächst einmal angebracht, mit der Zulassung des Antrags einen **Gutachter** einzusetzen, der nicht nur den Insolvenzgrund, die Massekostendeckung und die Fortführungsaussichten zu prüfen hat, sondern zugleich auch die **Notwendigkeit von Sicherungsmaßnahmen** (vgl *Pape* DB 1999, 1539, 1543). Die Bestellung eines vorläufigen Insolvenzverwalters ist nur Teil eines abgestuften Systems von Sicherungsmaßnahmen. Die Anordnung empfiehlt sich vor allem bei laufendem Geschäftsbetrieb oder wenn der Gutachter über §§ 20, 97, 98, 101 Abs 1 S 1, 2, Abs 2 die entsprechenden Auskünfte und eine Mitwirkung des Schuldners und seiner organschaftlichen Vertreter nicht zu erlangen vermag. In diesem Zusammenhang ist zu beachten, dass mit der Verpflichtung, Auskunft über Honorarforderungen und eingehende Mandantengelder zu erteilen, ein **Rechtsanwalt** nicht die ihm obliegende **Schweigepflicht** verletzt (BGH v 4. 3. 2004 – IX ZB 133/03, NZI 2004, 312, 313). Honorarforderungen von Freiberuflern, die einer Schweigepflicht unterliegen, sind grundsätzlich pfändbar und gehören zur Insolvenzmasse. Die dem vorläufigen Insolvenzverwalter verliehenen Befugnisse verletzen weder ein durch Verfassung geschütztes Recht des Rechtsanwalts noch Grundrechte der Mandanten. Diese sind dadurch hinreichend geschützt, dass der Verwalter die auf diese Weise gewonnenen Erkenntnisse nur verwerten darf, soweit dies zur Erfüllung der ihm gesetzlich übertragenen Aufgaben erforderlich ist (*Ganter* NZI 2005, 241, 242). Da § 22 Abs 3 S 3 2. Halbs die §§ 97, 98, 101 Abs 1 S 1, 2, Abs 2 für entsprechend anwendbar erklärt, greift auch die **Mitwirkungspflicht** nach § 97 Abs 2 ein.

Die in § 22 Abs 3 aufgeführten Rechte, wie zB das Recht, die Geschäftsräume des Schuldners zu betreten und dort Nachforschungen anzustellen oder Einsicht in die Bücher und Geschäftspapiere zu nehmen, hat grundsätzlich nur der vorläufige Insolvenzverwalter. Der Schuldner bzw der Schuldnervertreter hat ihm alle erforderlichen Auskünfte zu erteilen (§ 22 Abs 3 S 3). Sind einem fortführungsfähigen und fortführungswürdigen Unternehmen sämtliche Kredite gesperrt worden, bietet sich die vorläufige Insolvenzverwaltung oftmals als einzige Möglichkeit an, über die Privilegierung des § 55 Abs 2 wieder liquide Mittel zu erhalten. Auch der vorläufige Insolvenzverwalter erhält eine **Bestellungsurkunde** (§§ 21 Abs 2 Nr 2, 56). Die Regelung einer **Sicherheitsleistung** des vorläufigen Insolvenzverwalters, wie sie ursprünglich in § 65 Abs 2 RegE InsO vorgesehen war, ist vom Rechtsausschuss ersatzlos gestrichen worden (vgl auch *Uhlenbruck* KTS 1990, 15, 18; *Pohlmann*, Befugnisse Rn 78 ff). Trotzdem ist es dem Insolvenzgericht unbenommen, im Interesse eines umfassenden Gläubigerschutzes in offensichtlich haftungsträchtigen Verfahren die „Eignung" des vorläufigen Insolvenzverwalters vom Abschluss einer entsprechenden **Berufshaftpflichtversicherung** abhängig zu machen, es sei denn, der Verwalter hat bereits bei Aufnahme in die Vorauswahlliste den entsprechenden Nachweis erbracht. Der **Zeitpunkt der Wirksamkeit der Verwalterbestellung** bestimmt sich nach zwei Kriterien: Einmal nach dem Erlass des gerichtlichen Beschlusses, durch den der vorläufige Insolvenzverwalter bestellt wird; zum andern durch die **Annahme des Amtes** durch den Ernannten (KS-*Uhlenbruck* S 334 Rn 9; *Pohlmann*, Befugnisse

Rn 48, 49; FK-*Schmerbach* § 22 Rn 80). Der vorläufige Verwalter ist nicht verpflichtet, das Amt anzunehmen (**OLG** Düsseldorf ZIP 1993, 135; HK-*Kirchhof* § 22 Rn 75). Der Bestellungsakt ist **unanfechtbar** (vgl BVerfG aaO). Der Beschluss, durch den ein vorläufiger Insolvenzverwalter mit Verwaltungs- und Verfügungsbefugnis bestellt wird, ist gem § 23 Abs 1 S 1 **öffentlich bekannt zu machen**. Er ist dem Schuldner, den Personen, die Verpflichtungen gegenüber dem Schuldner haben, und dem vorläufigen Insolvenzverwalter besonders zuzustellen (§ 23 Abs 1 S 2). Die Schuldner des Schuldners sind zugleich aufzufordern, nur noch unter Beachtung des Beschlusses zu leisten (§ 23 Abs 1 S 2, 3). Ist der Schuldner im Handels-, Genossenschafts- oder Vereinsregister bzw Partnerschaftsregister eingetragen, hat gem § 23 Abs 2 die Geschäftsstelle des Insolvenzgerichts (Service-Einheit) dem Registergericht eine Ausfertigung des Beschlusses zu übermitteln.

V. Gerichtliche Aufsicht und Abberufung

Der vorläufige Insolvenzverwalter untersteht der Aufsicht des Insolvenzgerichts (§§ 21 Abs 2 Nr 1, 58   5
Abs 1 S 1). Art und Umfang der gerichtlichen Aufsicht bestimmen sich jeweils nach der Rechtsstellung des vorläufigen Verwalters (vgl *Vallender* DZWIR 1999, 265, 273). Der sogen „starke" Insolvenzverwalter ist, da stärker der Rechtsfigur des endgültigen Verwalters angenähert, stärker zu beaufsichtigen als ein Verwalter mit Zustimmungsbefugnis. Das Gericht kann vom vorläufigen Insolvenzverwalter einzelne Auskünfte oder einen Bericht über den Sachstand und die Geschäftsführung verlangen (§§ 21 Abs 2 Nr 1, 58 Abs 1 S 2). Bei Pflichtwidrigkeiten des vorläufigen Insolvenzverwalters hat das Gericht einzuschreiten. Es ist berechtigt, zur Erfüllung der Pflichten **Zwangsgeld** anzudrohen und festzusetzen (vgl KS-*Uhlenbruck* S 329 Rn 4 u S 366 Rn 44; *Pohlmann,* Befugnisse Rn 238; *Vallender* DZWIR 1999, 265, 273; K/P/B/*Pape* § 22 Rn 44; HK-*Kirchhof* § 22 Rn 74). Kommt der vorläufige Insolvenzverwalter seinen Pflichten nicht nach, so ist das Insolvenzgericht befugt, nach vorheriger Androhung **Zwangsgeld** gegen ihn festzusetzen, und zwar bis zu einem Betrag von 25.000 Euro (§§ 21 Abs 2 Nr 1, 58 Abs 1 S 1, 2). An die Überwachungspflichten des Gerichts sind grundsätzlich strenge Anforderungen zu stellen, da im Eröffnungsverfahren eine Mitwirkung der Gläubiger weitgehend ausgeschlossen ist (vgl *Pohlmann,* Befugnisse 241; K/U § 106 KO Rn 25; KS-*Uhlenbruck* S 366 Rn 44). Das Insolvenzgericht ist befugt, den vorläufigen Insolvenzverwalter **aus wichtigem Grund aus dem Amt zu entlassen** (§§ 21 Abs 2 Nr 1, 59). Vor der Entscheidung ist der Verwalter zu hören. Ein wichtiger Grund zur Entlassung liegt vor, wenn der vorläufige Verwalter seine Pflichten schuldhaft nicht erfüllt, sich als ungeeignet erweist oder seine Aufgabe wegen Krankheit oder anderer Verhinderung nicht wahrnehmen kann (Einzelheiten bei *Vallender* DZWIR 1999, 254, 274; *Pohlmann,* Befugnisse Rn 244 ff; KS-*Uhlenbruck* S 366 Rn 44; *ders* KTS 1989, 229, 246; *Smid* Rn 125; *Vallender* DZWIR 1999, 265, 274; HK-*Kirchhof* § 22 Rn 76). Ein „wichtiger Grund" für eine Entlassung des vorläufigen Verwalters kann auch die **fehlende Haftungsbonität** sein (*Pohlmann,* Befugnisse Rn 247). Die Entlassung des vorläufigen Insolvenzverwalters aufgrund bloßer Verdachtsmomente oder bösen Scheins ist unzulässig (vgl auch **LG** Halle ZIP 1993, 1739; *Pape* EWiR 1993, 1203; *Pohlmann,* Befugnisse Rn 246; KS-*Uhlenbruck* S 367 Rn 44; str aA *Carl* DZWIR 1994, 78, 80). Ein Abberufungsgrund ist aber gegeben bei beleidigendem Verhalten des Verwalters (**OLG** Zweibrücken ZInsO 2000, 611), nicht dagegen, dass ein vorläufiger Insolvenzverwalter eine Abwicklung des Insolvenzverfahrens nach dessen Eröffnung erörtert (**OLG** Köln NJW-RR 1987, 124; HK-*Kirchhof* § 22 Rn 76). Die Entlassung des vorläufigen Insolvenzverwalters ist auch möglich, wenn das **Vertrauensverhältnis** zwischen Verwalter und Gericht in einem Maße gestört oder zerrüttet ist, dass ein gedeihliches Zusammenwirken ausgeschlossen ist (**OLG** Zweibrücken v 25. 9. 2000, NJW-RR 2001, 631 = NZI 2000, 534, 535; HK-*Eickmann* § 59 Rn 3; N/R/*Delhaes* § 59 Rn 7; *Smid* § 59 Rn 4; FK-*Hössl* § 59 Rn 7 ff; differenzierend MüKoInsO-*Haarmeyer* § 22 Rn 216). Kommt ein vorläufiger Insolvenzverwalter dem berechtigten Auskunftsverlangen des Insolvenzgerichts nach §§ 21 Abs 2 Nr 1, 58 nicht nach und reichen Zwangsmittel nicht aus, so ist eine Entlassung idR gerechtfertigt. Gegen den Entlassungsbeschluss steht dem vorläufigen Verwalter das Recht der sofortigen Beschwerde gem §§ 6, 58 Abs 3 iVm Abs 2 S 3 zu (*Kraemer/Vallender/Vogelsang* Fach 2 Kap 6 Rn 197).

VI. Vorläufige Insolvenzverwaltung ohne Pflichtenbestimmung

Die Bestellung eines vorläufigen Insolvenzverwalters ohne besondere Kompetenzzuweisung ist kaum   6
geeignet, nachteilige Veränderungen in der Vermögenslage des Schuldners oder Schuldnerunternehmens zu verhindern (*Vallender* DZWIR 1999, 265, 268); die Anordnung sollte deshalb die Ausnahme bleiben (so *Heß/Pape* InsO Rn 153; *Vallender* DZWIR 1999, 265, 268). Ein vorläufiger Insolvenzverwalter ist solchenfalls weder **prozessführungsbefugt** noch kann er die zukünftige Insolvenzmasse wirksam verpflichten (vgl **LG** Leipzig v 26. 5. 2006 – 05 HK O 1796/06, ZInsO 2006, 1003; LG Essen NZI 2000, 552 ff; H/W/F Hdb 3/236; *Kraemer/Vallender/Vogelsang* Fach 2 Kap 6 Rn 26). Seine Rechtsstellung entspricht eher der eines gerichtlichen Sachverständigen oder eines vom Gericht eingesetzten **Beraters** ähnlich dem früheren vorläufigen Vergleichsverwalter „Kölner Prägung" (H/W/F Hdb 3/236). Für eine solche Anordnung besteht in der Praxis regelmäßig kein Bedürfnis.

VII. Vorläufige Insolvenzverwaltung mit gerichtlicher Pflichtenbestimmung

7   Wird ein vorläufiger Insolvenzverwalter bestellt, ohne dass dem Schuldner ein allgemeines Verfügungsverbot auferlegt wird, so bestimmt das Gericht die Pflichten des vorläufigen Insolvenzverwalters (§ 22 Abs 2 S 1). Sie dürfen nicht über die Pflichten eines vorläufigen Insolvenzverwalters mit Verwaltungs- und Verfügungsbefugnissen hinausgehen (§ 22 Abs 2 S 2). Wie bereits zu VI. ausgeführt wurde, bestimmen sich Art und Umfang der im Beschluss festzulegenden Pflichten nach den Erfordernissen des Einzelfalles. Der vorläufige Insolvenzverwalter ist verpflichtet, bei Gericht weitere Sicherungsmaßnahmen anzuregen, wenn diese im Interesse der Masse geboten sind (*Braun/Uhlenbruck* Unternehmensinsolvenz S 235; KS-*Uhlenbruck* S 340 Rn 14). Nach zutreffender Feststellung von *Kirchhof* (Leitfaden S 38) ist insgesamt „die Rechtsstellung dieses ‚Verwalters schwächeren Rechts' so wenig durchdacht und abgesichert, dass er sich wohl nur für **untergeordnete Aufgaben in einfachen Verfahren** eignet." Außerdem könne man an diese Form der vorläufigen Verwaltung denken, wenn das Entstehen von Masseschulden (§ 55 Abs 2) vermieden werden soll oder der Schuldner die Eigenverwaltung nach den §§ 270 ff beantragt habe. In der Tat ist die Vorschrift des § 22 nicht einfach zu verstehen, da der Gesetzgeber generelle Pflichten des vorläufigen Insolvenzverwalters als insolvenzspezifische Pflichten des vorläufigen Verwalters mit Verwaltungs- und Verfügungsbefugnis geregelt hat. Dies zeigt sich vor allem bei der **Sicherungs- und Erhaltungspflicht** des vorläufigen Insolvenzverwalters in § 22 Abs 1 S 2 Nr 1. Bei der Sicherungspflicht handelt es sich um eine **generelle Pflicht** des vorläufigen Insolvenzverwalters, die unabhängig von dem gesetzlich oder gerichtlich eingeräumten Grad der Befugnisse eingreift. Auch der vorläufige Insolvenzverwalter ohne Verwaltungs- und Verfügungsbefugnis ist verpflichtet, **zu prüfen, ob das Vermögen des Schuldners die Verfahrenskosten decken wird** oder ob ein **Eröffnungsgrund vorliegt.** Bei diesen spezifischen Prüfungspflichten handelt es sich um allgemeine Pflichten, die jedem vorläufigen Insolvenzverwalter obliegen und die nicht etwa in einem Beschluss nach § 22 Abs 2 S 1 ausdrücklich festgelegt zu werden brauchen (*Uhlenbruck* NZI 2000, 289, 290; str aA AG Hof NZI 2000, 37; HK-*Kirchhof* § 22 Rn 30). Dass der Gesetzgeber nicht sorgfältig zwischen den einzelnen Arten vorläufiger Insolvenzverwaltung unterschieden hat, zeigt auch die Regelung in § 22 Abs 3 S 1, wonach der vorläufige Insolvenzverwalter berechtigt ist, die Geschäftsräume des Schuldners zu betreten und dort Nachforschungen anzustellen. Die Regelung in § 22 Abs 3 bezieht sich auf jede Art vorläufiger Insolvenzverwaltung. § 22 lässt nur den Schluss zu, dass es dem Gesetzgeber darum ging, das **formelle Bestellungsverfahren** sowie die Aufsicht und Abberufung in § 21 Abs 2 Nr 1 zu regeln, den Pflichtenkatalog dagegen in § 22 niederzulegen, wobei nicht immer zwischen den verschiedenen Arten vorläufiger Insolvenzverwaltung unterschieden wird. Dies zeigt schließlich auch die Regelung in § 22 Abs 1 S 2 Nr 3 2. Halbs, wonach das Gericht den vorläufigen Insolvenzverwalter zusätzlich beauftragen kann, als **Sachverständiger** bestimmte Prüfungen vorzunehmen. Es ist selbstverständlich, dass auch ein vorläufiger Insolvenzverwalter ohne Verfügungsbefugnis vor allem bei Insolvenzantrag wegen drohender Zahlungsunfähigkeit die Aussichten für eine Fortführung des Unternehmens zu prüfen hat. Dies gilt vor allem dann, wenn der Schuldner bzw das Schuldnerunternehmen einen „prepackaged plan" mit Antragstellung vorgelegt hat. In § 22 Abs 1 S 2 Nr 3 2. Halbs ist zum Ausdruck gebracht, dass in **allen Fällen vorläufiger Insolvenzverwaltung** das Gericht berechtigt ist, einen Sachverständigen mit der Prüfung zu betrauen, ob ein Eröffnungsgrund und welche Aussichten für eine Fortführung des Unternehmens bestehen (**str aA** HK-*Kirchhof* § 22 Rn 30). Die Sachverständigentätigkeit erstreckt sich entgegen der herrschenden Literaturmeinung auch auf die **Massekostendeckung** (zutr *Vogelsang* in: *Kraemer/Vallender/Vogelsang* Fach 2 Kap 6 Rn 26). Das Wort „zusätzlich" in § 22 Abs 1 S 2 Nr 3 2. Halbs bedeutet lediglich, dass das Gericht zur Sicherung der Kosten des vorläufigen Insolvenzverwalters und wegen der verfassungsrechtlichen Bedenken hinsichtlich einer fehlenden Kostendeckung berechtigt ist, den vorläufigen Verwalter **gleichzeitig** als Sachverständigen mit den Prüfungsaufgaben nach § 22 Abs 1 S 2 Nr 3 zu beauftragen (str aA HK-*Kirchhof* § 22 Rn 30).

8   Soweit es sich um **spezifische Pflichten des vorläufigen Insolvenzverwalters** handelt, greift § 22 Abs 2 S 1 ein und hat das Gericht diese Pflichten durch Beschluss festzulegen. Die Pflichten dürfen allerdings nach § 22 Abs 2 S 2 nicht über die Pflichten eines vorläufigen Insolvenzverwalters mit Verwaltungsbefugnis hinausgehen. Dem Gericht ist damit ein weiterer Spielraum eingeräumt (*Uhlenbruck* KTS 1994, 169, 178). Die Rechtsstellung des vorläufigen Insolvenzverwalters ohne Anordnung eines allgemeinen Verfügungsverbots ist gegenüber derjenigen eines sogen „starken" vorläufigen Verwalters erheblich eingeschränkt, weil der Schuldner bzw das Schuldnerunternehmen weiterhin verwaltungs- und verfügungsbefugt bleibt. Prozesse werden nicht unterbrochen (§ 240 S 2 ZPO) und der „schwache" vorläufige Verwalter kann die künftige Masse nicht wirksam verpflichten (vgl *Pohlmann* Befugnisse Rn 216, 217). Zu beachten ist aber, dass einmal das Insolvenzgericht die Möglichkeit hat, einen Zustimmungsvorbehalt nach § 21 Abs 2 Nr 2 anzuordnen. Nach der hier vertretenen Auffassung von den generellen oder **originären Pflichten** eines vorläufigen Insolvenzverwalters ist der Forderung von *Pohlmann* (Befugnisse Rn 218) nach einer Typisierung der Aufgabenbereiche **weitgehend** Rechnung getragen. Klarzustellen ist, dass der vorläufige Insolvenzverwalter ohne Verfügungsbefugnisse weitgehend dem früheren **Sicherungssequester** bzw der „**dynamischen Sequestration**" (*W. Henckel* ZZP 94 (1981), 347, 348) entspricht. Art und Umfang der einzelnen Maßnahmen des Sequesters bestimmten sich nach früherem Recht jeweils

nach dem Zweck der anordneten Sequestration (vgl *Herbert,* Die Sequestration im Konkursantragsverfahren, S 97 ff; *Koch,* Die Sequestration im Konkurseröffnungsverfahren, S 69 ff; K/U § 106 KO Rn 13, 13 a–13 n; *Kilger/K. Schmidt* § 106 KO Anm 4). Der Gesetzgeber hat, ähnlich wie in § 274, lediglich die Rechtsunsicherheiten hinsichtlich der Aufgabenstellung beseitigt und die Pflichten in § 22 konkretisiert (*Uhlenbruck* NZI 2000, 289, 290 f; *Beck/Depré/Beck* Hdb Rn 169 ff).

Spezifische Pflichten des vorläufigen Insolvenzverwalters ohne Verfügungsbefugnis sind nach § 22 Abs 2 S 1 vom Gericht exakt festzulegen. Diese Verpflichtung ändert jedoch nichts daran, dass es dem vorläufigen Insolvenzverwalter obliegt, die **Aufzeichnung der Vermögensmasse**, die **Erstellung eines Inventars** und bei Bedarf die **Siegelung** der künftigen Insolvenzmasse vorzunehmen (*Pohlmann* Befugnisse Rn 130; *Kraemer/Vallender/Vogelsang* Fach 2 Kap 6 Rn 157 ff). In vieler Hinsicht entspricht die Rechtsstellung des vorläufigen Insolvenzverwalters ohne Verwaltungs- und Verfügungsbefugnis weitgehend derjenigen des früheren Sicherungssequesters. Der Gesetzgeber hat lediglich klargestellt, dass über die allgemeinen Pflichten hinausgehende spezielle Pflichten durch Beschluss festzulegen sind (§ 22 Abs 2 S 1) und dass nur die vom verfügungsberechtigten vorläufigen Verwalter begründeten Verbindlichkeiten im späteren eröffneten Verfahren Masseverbindlichkeiten iSv § 55 Abs 2 sind. Das heißt aber nicht, dass es dem Insolvenzgericht verwehrt ist, den vorläufigen Verwalter im Einzelfall durch Beschluss zu ermächtigen, **Masseverbindlichkeiten** zu begründen (**BGH** v 18. 7. 2002 – IX ZR 15/01, NJW 2002, 3326 = NZI 2002, 543; *Pohlmann* Befugnisse S 162, 167; *Hauser/Hawelka* ZIP 1998, 1261, 1264; str aA *Bähr,* ZIP 1998, 1553, 1559). Auf diese Weise wird der vorläufige Insolvenzverwalter ohne Verfügungsbefugnis in die Lage versetzt, von ihm erteilte Zahlungszusagen oder mit seiner Zustimmung eingegangene Verbindlichkeiten auch nach Verfahrenseröffnung im Rang einer Masseverbindlichkeit zu erfüllen. Er ist nicht gezwungen, auf das sogen „Treuhandmodell" zurückzugreifen (näher dazu Ausführungen Rn 194 ff; vgl ferner *Kreft* FS Merz 1992, S 313 ff; *Uhlenbruck* KTS 1990, 15, 24).

Unzulässig ist dagegen eine generelle gerichtliche Anordnung, dass der „schwache" vorläufige Insolvenzverwalter berechtigt ist, Masseverbindlichkeiten zu begründen (**BGH** aaO; vgl Erster Bericht der Kommission für Insolvenzrecht, 1995, S 107; *Spliedt* ZIP 2001, 1941; *Hauser/Hawelka* ZIP 1998, 1261, 1264). Zutreffend weist *W. Marotzke* (Unternehmensfortführung und Eingehung von Verbindlichkeiten während eines schwebenden Insolvenzantrags, in: *W. Waldner/R. Künzl* [Hrsg], in: 2. Erlanger FS für *KH Schwab,* 2000 S 65, 70) darauf hin, dass man auch einem zuverlässigen Schuldner während des Eröffnungsverfahrens allein deshalb die Verwaltungs- und Verfügungsbefugnis über sein Vermögen entziehen müsste, „weil sonst seinen Geschäftspartnern nicht die Stellung von Massegläubigern angeboten werden könnte" (so auch *Pohlmann,* Befugnisse Rn 340 f; HK-*Kirchhof* § 22 Rn 48). Diese Lösung würde den Schuldner während des Eröffnungsverfahrens schlechter stellen als in einem eröffneten Insolvenzverfahren bei Eigenverwaltung. Die InsO sieht für das eröffnete Insolvenzverfahren im Rahmen der Eigenverwaltung vor, dass der Schuldner aufgrund richterlicher Anordnung sein Vermögen weiterhin selbst verwaltet und dabei Masseverbindlichkeiten begründet (vgl §§ 275 Abs 1, 277 Abs 1 S 3, 279 iVm § 55 Abs 1 Nr 2). Nach Auffassung von *Marotzke* muss dem Schuldner eine entsprechende Verpflichtungsmacht auch schon für das Eröffnungsverfahren eingeräumt werden können. Hierzu bedürfe es jedoch einer **besonderen Anordnung des Insolvenzgerichts.** Da § 22 Abs 2 S 1 nur von „Pflichten des vorläufigen Insolvenzverwalters" ausgeht, spricht einiges dafür, die Rechtsgrundlage für solche Anordnungen in § 21 Abs 1 zu suchen (so zB *Marotzke* FS *Schwab* S 71).

Typische **Kompetenzzuweisungen,** die regelmäßig auf die bloße Kontrolle des Schuldners beschränkt sind, können nach *Vallender* (DZWIR 1999, 265, 268; vgl auch *Pohlmann,* Befugnisse Rn 218 ff) die **Ermächtigung,** Gegenstände des Schuldnervermögens in unmittelbaren Besitz zu nehmen, die **Kassenführung** oder die Übertragung der **Geschäftsführung** sein. Das Insolvenzgericht kann dem vorläufigen Insolvenzverwalter ferner die Befugnis einräumen, in Bezug auf das Betriebsgrundstück des Schuldners **Betretungsverbote auszusprechen** (BGH v 11. 1. 2007 – IX ZB 271/04, NZI 2007, 231, 232). Dagegen kann es ihn nicht ermächtigen, in die **organschaftliche Vertretung des Schuldners** einzutreten und deren Aufgaben wahrzunehmen. Ein derart weitgehendes Recht darf dem vorläufigen Insolvenzverwalter nicht verliehen werden, weil es im eröffneten Insolvenzverfahren auch dem endgültigen Insolvenzverwalter nicht zusteht (*Pape* ZInsO 2008, 985, 996). Diese Befugnisse verbleiben bei den Organen des Schuldners; sie werden durch die Verfahrenseröffnung nicht angetastet. Wird der schwache vorläufige Insolvenzverwalter vom Insolvenzgericht **ermächtigt,** „im Wege einer Klage" die Ansprüche der Gesellschaft gegen die Gesellschafter auf Zahlung der Stammeinlage sowie potenzielle Unterbilanzansprüche **geltend zu machen,** um eine drohende Abweisung des Insolvenzeröffnungsantrags mangels Masse abzuwenden, ist seine **Prozessführungsbefugnis** insoweit kraft gewillkürter Prozessstandschaft gegeben. Ein solcher Ermächtigungsbeschluss beinhaltet zugleich eine auf bestimmte Forderungen bezogene Einziehungsermächtigung und begründet damit materiellrechtlich die Prozessführungsbefugnis (OLG Köln v 21. 5. 2004 – 18 W 24/04, ZIP 2004, 2450).

Um dem vorläufigen Insolvenzverwalter die praktische **Kontrolle über den Finanzverkehr** des Schuldnerunternehmens zu ermöglichen, wird es regelmäßig notwendig sein, dem Schuldner die **Kassen- und Kontenführung** zu entziehen und diese dem vorläufigen Insolvenzverwalter gem § 22 Abs 2 zu übertragen (*Pohlmann,* Befugnisse Rn 229). Ob und in welchem Umfang der vorläufige Verwalter von dem Recht zur Übernahme der Kassenführung Gebrauch macht, ist seinem pflichtgemäßen Ermessen überlassen, wenn das Gericht ihm lediglich die Kompetenz überträgt. Wird die Kassen- und Kontenführung als Pflicht nach § 22 Abs 2 angeordnet, steht dem Verwalter kein Ermessensspielraum mehr zu. Der **Umfang der Kassen- und Kontenführung** ergibt sich aus dem Sicherungszweck. Grundsätzlich bezieht sich die Kassen- und Kontenführung nur auf den laufenden Geschäftsbetrieb, kann sich aber im Einzelfall auch auf die Lebensführung des Schuldners oder Kontenbewegungen bei persönlich haftenden Gesellschaftern erstrecken. Im Rahmen des Kassen- und Kontenverkehrs ist der vorläufige Insolvenzverwalter **gesetzlicher Vertreter des Schuldners**. Die **Grenzen der Kassen- und Kontenführung** orientieren sich am Verfahrenszweck. Die **Kassenführung** berechtigt den Verwalter auch, Barzahlungen aus dem Schuldnervermögen vorzunehmen und Überweisungen von Schuldnerkonten. Bei der **Übertragung der Geschäftsführung** ist darauf zu achten, dass die Rechte und Pflichten des vorläufigen Insolvenzverwalters nicht weiter gehen als die des vorläufigen Verwalters mit Verwaltungs- und Verfügungsbefugnis (*Kraemer/Vallender/Vogelsang* Fach 2 Kap 6 Rn 19; *Pohlmann*, Befugnisse Rn 216). Ob die Übertragung der Geschäftsführung auf den vorläufigen Insolvenzverwalter im Rahmen des § 22 Abs 2 im Einzelfall sinnvoll ist (vgl *Feuerborn* KTS 1997, 171, 186), hängt nach zutreffender Feststellung von *Pohlmann* (Befugnisse Rn 232) davon ab, ob dem Verwalter auch das rechtliche Instrumentarium zur Verfügung steht, um diese Aufgabe zu bewältigen. Die Übertragung der Geschäftsführung ohne Verfügungsverbot an den Schuldner wird die Ausnahme bleiben müssen. Die **Anregungspflicht** des vorläufigen Verwalters beschränkt sich nach alledem nur auf die erforderlichen besonderen Maßnahmen, wie zB die Verfügung einer Kontensperre, die Anordnung eines Verrechnungsverbots oder eines speziellen Veräußerungsverbots. Unzulässig und als Umgehungstatbestand zu werten ist die teilweise zu beobachtende Gerichtspraxis, dem Verwalter bestimmte Funktionen gem § 22 Abs 2 zu übertragen, um ihn zB vor den haftungsträchtigen Folgen des § 55 Abs 2 zu bewahren. So ist es unzulässig, dem vorläufigen Insolvenzverwalter ohne Verwaltungs- und Verfügungsbefugnis über § 22 Abs 2 S 1 die **Rechtsposition eines Arbeitgebers** durch gerichtlichen Beschluss zu übertragen (vgl hierzu die Ausführungen unten zu XII 1 b; *Berscheid* ZInsO 1998, 9, 11; ders BuW 1998, 913, 915; *Bichlmeier/Engberding/Oberhofer* InsHdb S 186; KS-*Uhlenbruck* S 342 Rn 15; *Weisemann* DZWIR 199, 397, 398). Zutreffend der Hinweis von *Vallender* (DZWIR 1999, 265, 269), dass die Anordnung der vorläufigen Insolvenzverwaltung mit Zustimmungsvorbehalt die Grundlage für eine gemeinsame Unternehmensleitung durch Schuldner und vorläufigen Insolvenzverwalter schafft und dazu beitragen kann, das Vertrauen der Gläubigerschaft in die Geschäftsführung wieder zu gewinnen. Nachteilig wirkt sich allerdings die **öffentliche Bekanntmachung** des Beschlusses nach § 23 Abs 1 S 1 aus. Trotzdem bleibt das Ansehen eines Schuldners oder Schuldnerunternehmens „gegenüber Geschäftspartnern bei Anordnung einer Maßnahme nach § 21 Abs 2 Nr 2 2. Alt InsO eher gewahrt als bei der Auferlegung eines allgemeinen Verfügungsverbotes" (*Vallender* aaO S 269). Die gemeinsame Unternehmensleitung im Eröffnungsverfahren und sachkundige Beratung durch einen vorläufigen Verwalter ist zudem geeignet, verlorenes Vertrauen wieder herzustellen und die Voraussetzungen für die Anordnung einer Eigenverwaltung nach den §§ 270 ff zu schaffen.

VIII. Vorläufige Insolvenzverwaltung mit Zustimmungsvorbehalt

11   Nach § 21 Abs 2 Nr 2 2. HS kann das Gericht anordnen, dass Verfügungen des Schuldners nur mit Zustimmung des vorläufigen Insolvenzverwalters wirksam sind (vgl hierzu auch die Kommentierung zu § 21 IV. 3; *Mankowski* NZI 2000, 572; HK-*Kirchhof* § 21 Rn 16; FK-*Schmerbach* § 21 Rn 71 ff; *Pohlmann*, Befugnisse Rn 217; H/W/W § 21 Rn 32; KS-*Uhlenbruck* S 325, 343 Rn 16; H/W/F, Hdb 3. Aufl 3/271 ff; BerlKo-*Blersch* § 21 Rn 30; *Kraemer/Vallender/Vogelsang* Fach 2 Kap 6 Rn 27 ff). Eine ähnliche Regelung ist in § 277 Abs 1 S 1 getroffen: Auf Antrag der Gläubigerversammlung ordnet das Gericht im Eigenverwaltungsverfahren an, dass bestimmte Rechtsgeschäfte des Schuldners nur wirksam sind, wenn der Sachwalter ihnen zustimmt. Die Vorschriften haben ihren Ursprung in den früheren §§ 12, 57 VglO (vgl BGH ZIP 1992, 781, 783; BGHZ 105, 230 = ZIP 1988, 1411; *Gerhardt* ZIP 1982, 1 ff; *Braun/Uhlenbruck*, Unternehmensinsolvenz S 235 f; KS-*Uhlenbruck* S 325, 343 Rn 16; *Gottwald/ Uhlenbruck* InsRHdb § 14 Rn 40). Nach § 12 S 2 VglO konnte das Vergleichsgericht anordnen, dass die in § 57 VglO bezeichneten Beschränkungen des Schuldners eintreten und dass dem vorläufigen Verwalter die dort vorgesehenen Befugnisse des Vergleichsverwalters zustehen. **Verbindlichkeiten, die nicht zum gewöhnlichen Geschäftsbetrieb** gehörten, sollte der Schuldner nur mit Zustimmung des vorläufigen Vergleichsverwalters eingehen können (§ 57 Abs 1 S 1 VglO). Auch die Eingehung von Verbindlichkeiten, die zum gewöhnlichen Geschäftsbetrieb gehörten, sollte er unterlassen, wenn der Verwalter dagegen Einspruch erhob (§ 57 Abs 1 S 2 VglO). Zulässig war die Freistellung von Einspruch und Zustimmung bei Verbindlichkeiten, die einen bestimmten Betrag nicht überstiegen. Ähnliches gilt auch für den vorläufigen Insolvenzverwalter mit Zustimmungsvorbehalt (§ 21 Abs 2 Nr 2, 2. Altern.). Da das Gericht nach Zulassung des Insolvenzantrags idR die **konkrete Schuldnersituation nicht einzuschätzen vermag**, es insbesondere die im Einzelfall drohende Gefahr für die künftige Insolvenzmasse sowie deren konkreten Umfang nicht verlässlich festzustellen vermag, empfiehlt es sich bei Erkennbarwerden eines Sicherungsbedürfnisses, zunächst die vorläufige Insolvenzverwaltung mit der gleichzeitigen Anordnung zu beschließen, dass **alle Verfügungen** des Schuldners nur mit Zustimmung des vorläufigen Insolvenzverwal-

ters wirksam sind (vgl *Braun/Uhlenbruck*, Unternehmensinsolvenz S 234; *Vallender* DZWIR 1999, 265, 269; HK-*Kirchhof* § 21 Rn 16; H/W/F, Hdb 3. Aufl 3/271). Diese Verfahrensweise entspricht weitgehend der Praxis der Insolvenzgerichte. Zutreffend der Hinweis bei H/W/F (Hdb 3/271), dass zum Zeitpunkt der Anordnung sichernder Maßnahmen dem Gericht nur selten Kenntnisse darüber vorliegen, durch welche Verfügungen des Schuldners gegebenenfalls Vermögensminderungen eintreten können oder welche Gegenstände des Schuldnervermögens davon betroffen oder schutzwürdig sind. Zudem führt ein vom Gericht aufgestellter **Katalog zustimmungsbedürftiger Verfügungen** dazu, dass sich das Haftungsrisiko des Gerichts erhöht, wenn eine Verfügung, die später zu einer Schädigung der Masse führt, von dem Katalog nicht erfasst wird. Da der Anordnungsbeschluss in jedem Fall nach § 23 zu veröffentlichen ist, tritt keine unangemessene Beeinträchtigung des Schuldners ein (vgl auch *Bork* ZIP 1999, 781, 784; H/W/F, Hdb 3/271).

Ein **Nachteil des allgemeinen Zustimmungsvorbehalts** liegt allenfalls darin, dass einmal der vorläufige Verwalter gehindert ist, das Schuldnervermögen in Besitz zu nehmen, zum andern aber auch wegen des Abstimmungserfordernisses zwischen ihm und dem Schuldner bzw dem organschaftlichen Vertreter des Schuldnerunternehmens die Gefahr permanenter Streitigkeiten nicht auszuschließen ist. Nicht gefolgt werden kann der Auffassung von *Blersch* (BerlKo-*Blersch* § 21 Rn 31), dass ein **allgemeiner uneingeschränkter Zustimmungsvorbehalt** unzulässig sei, da in einem solchen Fall regelmäßig die Voraussetzung für die Anordnung eines allgemeinen Verfügungsverbots vorliege (wie hier auch HK-*Kirchhof* § 21 Rn 16; FK-*Schmerbach* § 21 Rn 268). Der wesentliche Unterschied zum allgemeinen Verfügungsverbot besteht darin, dass beim allgemeinen Zustimmungsvorbehalt der Schuldner bzw das Schuldnerunternehmen im Besitz der Insolvenzmasse bleibt und verfügungsberechtigt ist. Verstöße gegen das Zustimmungserfordernis berühren die Wirksamkeit von Verfügungen nicht.

Der **Vorteil der Anordnung** liegt vor allem darin, dass **Masseverbindlichkeiten nach § 55 Abs 2** vermieden werden (**BGH** v 18. 7. 2002 – IX ZR 15/01, NJW 2002, 3326 = NZI 2002, 543; OLG Köln v 29. 6. 2001 – 19 U 199/00, ZIP 2001, 1422 = ZInsO 2001, 762; LG Leipzig v 30. 8. 2001 ZIP 2001, 1778; AG Neumünster ZIP 2002, 720; *Kirchhof* ZInsO 1999, 365 ff; *Förster* ZInsO 1999, 332; *Jaffé/ Hellert* ZIP 1999, 1204; BerlKo-*Blersch* § 21 Rn 30; vgl aber auch *Bork* ZIP 1999, 781, 786; *Ahrendt/ Struck* ZInsO 1999, 455). Zweifelhaft ist, ob das Gericht bei **Antrag des Schuldners auf Anordnung der Eigenverwaltung** (§§ 270 ff) berechtigt ist, bereits im Eröffnungsverfahren einen **vorläufigen Sachwalter** zu ernennen, auf den § 275 Abs 1 S 1 entsprechende Anwendung findet. Obgleich das Gesetz das Rechtsinstitut eines vorläufigen Sachwalters nicht vorsieht, ist die Frage letztlich zu bejahen. Setzt das Gericht einen **vorläufigen Sachwalter** ein, so soll entspr § 275 Abs 1 S 1 der Schuldner Verbindlichkeiten, die nicht zum gewöhnlichen Geschäftsbetrieb gehören, nur mit **Zustimmung des vorläufigen Sachwalters** eingehen. Auch Verbindlichkeiten, die zum gewöhnlichen Geschäftsbetrieb gehören, soll er nicht eingehen, wenn der vorläufige Sachwalter widerspricht (§ 275 Abs 1 S 2 analog).

Der Grund, von der Bestellung eines sogen „starken" vorläufigen Insolvenzverwalters abzusehen und einen sogen **„schwachen" vorläufigen Insolvenzverwalter einzusetzen**, weil im ersteren Fall die Arbeitnehmeransprüche aus der Weiterbeschäftigung von Arbeitnehmern gem § 55 Abs 2 S 2 **Masseverbindlichkeiten** sind, ist durch das **InsOÄndG 2001** entfallen. Durch Art 1 Nr 7 Ins O ÄndG 2001 ist § 55 dahingehend geändert worden, dass nach Abs 3 die nach § 55 Abs 2 begründeten **Ansprüche auf Arbeitsentgelt** nach § 187 SGB III auf die Bundesanstalt übergehen, diese aber die Ansprüche nur als **Insolvenzgläubiger iSv § 38** geltend machen kann. Das gilt entsprechend auch für die nach § 208 Abs 1 SGB III bezeichneten Ansprüche, soweit diese gegenüber dem Schuldner bestehen bleiben (§ 55 Abs 3 S 2 nF; zum alten Recht vgl auch *Moll/Müller* KTS 2000, 587 ff). Zutreffend wird bei N/R/*Mönning* (§ 22 Rn 202) darauf hingewiesen, dass der vorläufige Insolvenzverwalter mit Zustimmungsbefugnis in erster Linie **Aufsichts- und Sicherungsfunktionen** zu erfüllen hat. Insoweit handelt es sich, wie vorstehend ausgeführt wurde, um **originäre Verwalterpflichten**, die nicht ausdrücklich im Beschluss festzulegen sind, wohl aber aufgeführt werden können. Das Gericht kann die zustimmungsbedürftigen Verfügungen des Schuldners entweder **konkret bestimmen** oder auf **bestimmte Verfügungen** beschränken (*Vallender* DZWIR 1999, 265, 269; H/W/F, Hdb 3. Aufl 3/271; KS-*Uhlenbruck* S 343 Rn 16; BerlKo-*Blersch* § 21 Rn 30). Eine solche **beschränkte Zustimmungsbefugnis** kommt vor allem in Betracht, wenn lediglich die Verfügung über bestimmte Vermögensgegenstände, wie zB ein verkaufsfertiges Warenlager, an die Zustimmung des vorläufigen Insolvenzverwalters gebunden wird (vgl KS-*Gerhardt* S 199 Rn 14; N/R/*Mönning* § 22 Rn 217; BerlKo-*Blersch* § 21 Rn 30). Im Einzelfall reicht es aus, nur Verfügungen des Schuldners über Grundstücksrechte, Forderungen, das Warenlager oder Teile hiervon von der Zustimmung des vorläufigen Insolvenzverwalters abhängig zu machen. Soll das Schuldnerunternehmen fortgeführt werden, genügt es oftmals, **bestimmte risikobehaftete** Geschäfte an die vorherige Zustimmung des vorläufigen Verwalters zu binden (BerlKo-*Blersch* § 21 Rn 30). Festzustellen ist, dass sich teilweise die **originären Verwalterpflichten** mit den **spezifischen Verwalterpflichten** überschneiden. So erfordert es zB die allgemeine Sicherungs- und Erhaltungspflicht nach § 22 Abs 1 S 2 Nr 1, dass der vorläufige Insolvenzverwalter bei Gericht Maßnahmen iSv § 21 anregt. S auch *Beck/Depré/Beck* Hdb Rn 169 ff.

In der Literatur wird teilweise nicht unterschieden zwischen den **Pflichten des vorläufigen Insolvenzverwalters** und den **Sicherungsmaßnahmen** nach § 21. Letztere richten sich gegen den Schuldner bzw das

Schuldnerunternehmen. Nicht selten erübrigt sich durch die Anordnung einer Sicherungsmaßnahme nach § 21 die Bestimmung der Verwalterpflichten nach § 22 Abs 2. Ordnet das Gericht zB einen **Zustimmungsvorbehalt** nach § 21 Abs 2 Nr 2 an, erübrigt sich oftmals die Bestimmung der Pflichten nach § 22 Abs 2 S 1, denn die **originären Verwalterpflichten** ergeben sich aus dem Gesetz, die Pflicht, einen schuldhaften Verstoß gegen die Zustimmungspflicht dem Gericht anzuzeigen und Zwangsmaßnahmen nach § 21 Abs 3 anzuregen, aus dem Sinn und Zweck des Zustimmungsvorbehalts. **Verfügt der Schuldner** trotz Zustimmungsvorbehalts **ohne Zustimmung des vorläufigen Insolvenzverwalters** über Gegenstände des Haftungsvermögens, so finden über § 24 Abs 1 die Vorschriften der §§ 81, 82 entsprechende Anwendung. Verfügungen ohne Zustimmung des vorläufigen Verwalters sind nach § 81 Abs 1 S 1 **absolut unwirksam** (OLG Frankfurt v 14. 3. 2005 – 20 W 307/04, ZInsO 2006, 612, 614; v 20. 11. 2005 20 W 462/04, ZInsO 2006, 270, 271; *Smid* § 22 Rn 61; KS-*Uhlenbruck* S 343 Rn 16; *Pohlmann*, Befugnisse Rn 263; *Bork*, Einf Rn 106; *Uhlenbruck* KTS 1994, 169, 179; H/W/F Hdb 3/311; MüKoInsO-*Haarmeyer* § 22 Rn 133; vgl auch *Jaffé/Hellert* ZIP 1999, 1204, 1206). Gutgläubiger Erwerb ist nur gem § 24 Abs 1 iVm § 81 Abs 1 an Grundstücken und Grundstücksrechten möglich (vgl auch K/P/B/*Pape* § 24 Rn 1). Eine **nachträgliche Genehmigung** durch den vorläufigen Insolvenzverwalter analog § 185 Abs 2 BGB ist jedoch nicht ausgeschlossen (K/P/B/*Pape* § 24 Rn 1). Die Auffassung, dass die §§ 135, 136 BGB gleichwohl anwendbar sind (vgl *Obermüller/Heß* Rn 104; FK-*Schmerbach* § 21 Rn 92; *Smid* WM 1995, 785), oder gar Verfügungen ohne Zustimmung generell wirksam sind (so *Heß* § 21 Rn 34), lässt sich angesichts des eindeutigen Gesetzeswortlauts nicht aufrechterhalten (*Uhlenbruck* KTS 1994, 169, 179; *ders* in: KS S 343 Rn 16; *Pohlmann*, Befugnisse Rn 257; *Kraemer/Vallender/Vogelsang* Fach 2 Kap 6 Rn 28; K/P/B/*Pape* § 24 Rn 1; KS-*Gerhardt* S 200 Rn 15, *ders* ZZP 109 [1996] 415, 423). Zutreffend weist *Mankowski* (NZI 2000, 572, 574) darauf hin, dass Rechtsfolge einer Verfügung durch den Schuldner ohne Einwilligung des vorläufigen Insolvenzverwalters nach § 21 Abs 2 Nr 2 2. Alt selbst wie in entsprechender Anwendung des § 81 Abs 1 gem § 24 Abs 1 S 1 die Unwirksamkeit der Verfügungserklärungen des Schuldners ist. § 21 Abs 2 Nr 2 2. Alt lehne sich zwar prinzipiell in gewissem Umfang an § 57 Abs 1 S 1 VglO an, letztere sei aber nur eine Sollvorschrift und statuiere keine Unwirksamkeitsfolge im Außenverhältnis. Die Unwirksamkeit bei Missachtung des § 21 Abs 2 Nr 2 2. Alt bei Verfügungen des Schuldners ohne Einwilligung des vorläufigen Insolvenzverwalters könne aber angesichts der bestehenden Genehmigungsmöglichkeit **zunächst nur eine schwebende, keine dauernde Unwirksamkeit** sein (vgl auch *Kißling/Singhof* DZWIR 2000, 353, 357). Zudem ordne § 24 Abs 1 nur die entsprechende Anwendung des § 81 Abs 1 S 1 an. Schließlich ist der hM zu folgen, wonach die Rechtsfolge einer fehlenden Zustimmung des vorläufigen Verwalters eine **absolute Unwirksamkeit** ist (H/W/F, Hdb 3/311; *Braun/Riggert/Kind*, Die Neuregelungen der InsO in der Praxis, 1999 S 92; *Weisemann/Smid/Steder* Hdb Unternehmensinsolvenz, 1999 Kap 7 Rn 15; KS-*Uhlenbruck* S 325, 342 Rn 16; *Gerhardt* aaO S 193, 200 Rn 15; MüKoInsO-*Haarmeyer* § 22 Rn 133; str aA FK-*Schmerbach* § 21 Rn 268). Dem widerspricht es nicht, dass eine Verfügungserklärung des Schuldners, die ohne Einwilligung des „schwachen" vorläufigen Insolvenzverwalters abgegeben wurde, nur **schwebend unwirksam** ist (*Mankowski* NZI 2000, 572, 573 f).
Leistungen an den Schuldner oder das Schuldnerunternehmen ohne Zustimmung des vorläufigen Verwalters befreien den Leistenden, wenn er zur Zeit der Leistung die Anordnung der Sicherungsmaßnahme nicht kannte (§§ 24 Abs 1, 82 S 1). Hat er vor der öffentlichen Bekanntmachung der Verfügungsbeschränkung (§ 23) geleistet, so wird vermutet, dass er die Eröffnung nicht kannte (§ 24 Abs 1, 82 S 2). Im Übrigen obliegen dem vorläufigen Insolvenzverwalter mit Zustimmungsbefugnis im Wesentlichen die gleichen Aufgaben wie dem vorläufigen Insolvenzverwalter ohne Verwaltungs- und Verfügungsbefugnis. Er hat aufgrund seiner **originären Verwalterpflichten** das Haftungsvermögen zu sichern, den Schuldner bzw das Schuldnerunternehmen zu überwachen und dessen Finanzierungsverhalten zu kontrollieren (KS-*Uhlenbruck* S 343 Rn 16). **Forderungen** einzelner Gläubiger darf der vorläufige Insolvenzverwalter nur **erfüllen** – und somit das Schuldnervermögen nur vermindern –, wenn dies **im Einzelfall** zur Erfüllung der ihm obliegenden Aufgaben, etwa zur Fortführung des Schuldnerunternehmens, im Interesse der Gläubigergesamtheit **erforderlich** oder wenigstens zweckmäßig erscheint (BGH v 4. 11. 2004 – IX ZR 22/03, NZI 2005, 99, 100/101; BGH v 14. 12. 2000 – IX ZB 105/00, NZI 2001, 191).

13a   Zahlt ein **Drittschuldner** auf Grund einer Anordnung des Insolvenzgerichts einen Geldbetrag **irrtümlich** auf ein vom vorläufigen Insolvenzverwalter eingerichtetes Anderkonto **zuviel** ein, kann er nach einem Urteil des **BGH** (v 20. 9. 2007 – IX ZR 91/06, NZI 2008, 39) nach Verfahrenseröffnung nicht Herausgabe des überzahlten Betrages nach den Grundsätzen der **ungerechtfertigten Bereicherung** verlangen (kritisch dazu *Mitlehner* EWiR 2008, 213). Er hat lediglich die Möglichkeit, den Betrag zur Insolvenzmasse als Insolvenzforderung anzumelden. Ein Masseanspruch aus § 55 Abs 2 steht ihm nicht zu, weil der vorläufige Insolvenzverwalter mit Zustimmungsvorbehalt keine Masseverbindlichkeiten begründet und die Vorschrift des § 55 Abs 1 Nr 3 voraussetzt, dass die Bereicherung der Insolvenzmasse erst nach Verfahrenseröffnung zugeflossen ist. Hieran ändert es nach der Entscheidung auch nichts, wenn der vorläufige und der endgültige Insolvenzverwalter personenidentisch sind und der Verwalter nach Verfahrenseröffnung das Konto, auf das der Betrag geflossen ist, als Hinterlegungskonto weiter nutzt. Dem Drittschuldner, der den zu hohen Betrag an den vorläufigen Insolvenzverwalter überwiesen hat, steht ein gegen Letzteren gerichteter, im Wege einer einstweiligen Verfügung sicherbarer Anspruch zu, den überschießenden Teil nicht der Insolvenzmasse zuzuführen (OLG Bremen v 8. 7. 2004 – 2 W 34/04, ZInsO 2005, 322).

VIII. Vorläufige Insolvenzverwaltung mit Zustimmungsvorbehalt § 22

Das Insolvenzgericht ist nicht gehindert, über den Zustimmungsvorbehalt hinaus gem § 22 Abs 2 S 1 **14** dem vorläufigen Insolvenzverwalter **weitere Pflichten** zu übertragen, wie zB die Kassen- und Kontenführung. Da der Schuldner bzw das Schuldnerunternehmen bei Anordnung eines Zustimmungsvorbehalts verfügungsbefugt bleibt, kann der vorläufige Verwalter die vom Gericht zugewiesenen Aufgaben grundsätzlich nur im Zusammenwirken mit dem Schuldner bzw dessen organschaftlichen Vertretern erfolgreich wahrnehmen (KS-*Uhlenbruck* S 343, Rn 16; vgl auch BerlKo-*Blersch* § 21 Rn 30, 31; *Pohlmann*, Befugnisse Rn 237; krit *Kraemer/Vallender/Vogelsang* Fach 2 Kap 6 Rn 28). Vielfach erweist sich der **lediglicher Zustimmungsvorbehalt nicht als ausreichend**, weil der Schuldner oder seine organschaftlichen Vertreter gegenüber Kunden, Lieferanten und anderen Beteiligten keinerlei Vertrauen genießen (vgl *Mönning* Betriebsfortführung in der Insolvenz Rn 7; N/R/*Mönning* § 22 Rn 206). Hier empfiehlt es sich, bei Gericht die Anordnung eines allgemeinen Verfügungsverbots anzuregen, vor allem wenn die Lieferanten und Kunden nicht mehr bereit sind, mit dem Schuldnerunternehmen zusammenzuarbeiten. In solchen Fällen schafft oftmals nur der „starke" vorläufige Verwalter neues Vertrauen, das eine einstweilige Unternehmensfortführung gewährleistet. Dies nicht zuletzt auch deswegen, weil das allgemeine Verfügungsverbot es dem Verwalter ermöglicht, Masseverbindlichkeiten nach § 55 Abs 2 zu begründen. Zu überlegen ist darüber hinaus, ob nicht eine besondere Ermächtigung zur Begründung von Masseverbindlichkeiten ausreichend erscheint. Auch auf diese Weise können Lieferanten hinreichend abgesichert werden (näher dazu Ausführungen Rn 194 ff).

Die **Anordnung einer vorläufigen Insolvenzverwaltung mit Zustimmungsvorbehalt** stellt sich idR als **15** weniger belastende Sicherungsmaßnahme dar, so dass im Zweifel vor allem bei Eigenantrag wegen drohender Zahlungsunfähigkeit eine solche Maßnahme ausreicht, um den Sicherungszweck zu erfüllen. Das nicht zuletzt auch, weil das Gesetz den **vorläufigen Sachwalter** nicht vorsieht (*Uhlenbruck* NZI 2001, 632). Diese Anordnung hat weiterhin den Vorteil, dass bei einem noch bestehenden und laufenden Geschäftsbetrieb dem vorläufigen Insolvenzverwalter „zunächst eine gewisse Zeit zur Abschätzung der Fortführungschancen und Risiken verbleibt, ohne dass er sogleich – unter Umständen gegen seine Überzeugung und gegen seinen Willen – den Geschäftsbetrieb mit all den damit verbundenen Risiken fortführen muss" (*Vallender* DZWIR 1999, 265, 269). Setzt der Schuldner mit Zustimmung des schwachen vorläufigen Insolvenzverwalters seinen Geschäftsbetrieb fort und schlägt hierbei ohne konkrete Absprache oder gar gegen den Willen des Absonderungsberechtigten auch sicherungsübereignete Warenlagerbestände um, begründen allein diese Maßnahmen keine Umsatzsteuerpflicht gem § 13 Abs 1 S 1 Nr 2 UStG des absonderungsberechtigten Gläubigers (**LG Wuppertal v 27. 10. 2006 - 2 O 280/05**, ZInsO 2007, 447).

Die in der Literatur immer wieder heraufbeschworenen Gefahren eines Konfliktes zwischen vorläufigem Insolvenzverwalter und nicht kooperationswilligem Schuldner dürften übertrieben sein (so aber *Kraemer/Vallender/Vogelsang* Fach 2 Kap 6 Rn 28). Vor allem bei sanierungsfähigen Unternehmen hat sich nach früherem Vergleichsrecht immer wieder gezeigt, dass das Schuldnerunternehmen auf die Unterstützung und **Beratung** des vorläufigen Insolvenzverwalters (früher vorläufigen Vergleichsverwalters) angewiesen ist (siehe auch *Bischoff* ZInsO 2005, 1090, 1091). Hieraus hat sich in der gerichtlichen Praxis das sogen „**Verfahren Kölner Prägung**" entwickelt (vgl *Uhlenbruck* KTS 1972, 220 ff). Beim Verfahren „Kölner Prägung" kam es vielfach im Vergleichseröffnungsverfahren bereits zu einer weit gehenden Mitwirkung des vorläufigen Vergleichsverwalters im Rahmen des § 57 VglO, die nicht nur zu einer Beratung, sondern teilweise zu einer **gemeinsamen Unternehmensleitung** führte (vgl auch *Berges* KTS 1955, 4 ff; KTS 1956, 113; KTS 1957, 183; *Uhlenbruck* KTS 1972, 220 ff; krit *Künne* KTS 1971, 235 ff). Wenn das Gesetz dem Schuldner ein gerichtliches Sanierungsverfahren zur Verfügung stellt, das es ihm erlaubt, rechtzeitig unter gerichtlicher Aufsicht mit Hilfe durch einen Insolvenzplan oder auf sonstige Weise mit den Gläubigern eine einvernehmliche Schuldenregulierung herbeizuführen, sind die Insolvenzgerichte verpflichtet, dem Schuldner oder Schuldnerunternehmen einen sachgerechten Einstieg in diese Verfahren zu ermöglichen. Die in der Literatur immer wieder geäußerten Befürchtungen einer **Konfrontation** und eines **Gegeneinanders** von vorläufigem Insolvenzverwalter und Schuldnerunternehmen sind vor allem bei beabsichtigter Sanierung weitgehend unbegründet. *Mönning* (Betriebsfortführung in der Insolvenz Rn 313 ff, 316, 317) hat überzeugend nachgewiesen, dass die unmittelbare Zwangsfortführung bei Erlass eines allgemeinen Verfügungsverbots mit Übertragung der Verwaltungs- und Verfügungsbefugnis auf den vorläufigen Verwalter sich im Ergebnis ebenso erhaltungs- und sanierungsfeindlich auswirken kann wie eine vorschnelle Verfahrenseröffnung. Erforderlichenfalls ist das Gericht sogar berechtigt, dem vorläufigen Insolvenzverwalter mit Zustimmungsvorbehalt gem § 22 Abs 2 die **einstweilige begleitende Fortführung des schuldnerischen Unternehmens** aufzugeben (KS-*Uhlenbruck* S 339 Rn 13; *Pohlmann*, Befugnisse Rn 230; *Feuerborn* KTS 1997, 171, 185; vgl auch *Obermüller* WM 1994, 1829, 1835). Vor allem im Rahmen der **beantragten Eigenverwaltung** erweist sich diese Art von Kooperation zwischen Schuldner bzw Schuldnerunternehmen und vorläufigem Insolvenzverwalter oftmals als notwendig, bis das Gericht über die Zulässigkeit der Eigenverwaltung entschieden (vgl *Pohlmann*, Befugnisse S 113 f Rn 230 ff; KS-*Uhlenbruck* S 339 Rn 13; ders NZI 2001, 632). *Vallender* (DZWIR 1999, 265, 269): „Der vorläufige Insolvenzverwalter wird hier nur als Kontrollorgan mit partiellen Sicherungs- und Gutachterfunktionen eingesetzt" (vgl auch *Pohlmann*, Befugnisse Rn 256; *Berscheid* ZInsO 1998, 11). Zur **Haftung des vorläufigen Insolvenzverwalters bei Anordnung eines allgemeinen Zustimmungsvorbehalts** weisen *Jaffé/Hellert* (ZIP 1999,

§ 22 Rechtsstellung des vorläufigen Insolvenzverwalters

1204) zutreffend darauf hin, dass die Haftungsgefahr teilweise überschätzt wird, weil die Anwendung des § 55 Abs 2 auf den allgemeinen Zustimmungsvorbehalt nicht gerechtfertigt ist (**str aA** *Bork* ZIP 1999, 781, 785 f). Richtig ist, dass die Anwendbarkeit des § 55 Abs 2 über die Fälle eines allgemeinen Verfügungsverbots hinaus auch auf die eines allgemeinen Zustimmungsvorbehalts nicht in Betracht kommt.

16 Bei der gerichtlichen Bestellung eines vorläufigen Insolvenzverwalters mit Zustimmungsvorbehalt (§ 21 Abs 2 Nr 2), die inzwischen die Regel ist (*Jaffé/Hellert* ZIP 1999, 1204; *Vallender* FS *Uhlenbruck* S 133, 145), stellt sich die Frage, in welchem Umfang der vorläufige Insolvenzverwalter berechtigt und entsprechend die Kreditinstitute verpflichtet sind, **Auskünfte über Schuldnerkonten** und Schließfächer des Schuldners zu erteilen. Eine Zuweisung von Auskunftsansprüchen an den vorläufigen Insolvenzverwalter gem § 22 Abs 2 scheidet aus, weil die Vorschrift es dem Gericht nur gestattet, den **Pflichtenkreis** des vorläufigen Verwalters im Einzelnen festzulegen (*Vallender* FS *Uhlenbruck* S 133, 145). Während der sogen „starke" vorläufige Insolvenzverwalter wegen des Übergangs der Verwaltungs- und Verfügungsbefugnis idR berechtigt ist, umfassende Auskünfte von den Schuldnerbanken zu verlangen, gilt beim vorläufigen Verwalter mit Zustimmungsvorbehalt etwas anderes (vgl auch *H. Huber* ZInsO 2001, 289, 295; *Vallender* FS *Uhlenbruck* S 133, 140 ff). Gegenüber dem sogen „starken" vorläufigen Insolvenzverwalter hat das Kreditinstitut unbeschadet der im Verhältnis zu sonstigen Dritten fortbestehenden Pflichten zur Wahrung des Bankgeheimnisses dem **vorläufigen Insolvenzverwalter auf dessen Aufforderung hin** über die bei ihm befindlichen Werte des Schuldners, über Kontenstände, Scheckrückgaben, Lastschriftrückgaben und Wechselproteste pp Auskunft zu erteilen und ihm Konto- und Depotabschlüsse sowie Kontoauszüge herauszugeben (*Obermüller* InsRBankpraxis Rn 2.195; *Vallender* FS *Uhlenbruck* S 133, 141). Der sogen „schwache" vorläufige Insolvenzverwalter dagegen kann allein aufgrund der Einsetzung und Anordnung eines Zustimmungsvorbehalts **keine Auskunftsrechte** gegenüber einem Kreditinstitut geltend machen (vgl LG Göttingen v 25. 11. 2002 – 10 T 62/02, NZI 2002, 102, 103 m Anm *Vallender*; *Huber* ZInsO 2001, 289, 295). Erforderlichenfalls muss sich der „schwache" vorläufige Verwalter die erforderlichen Daten vom Schuldner über das Insolvenzgericht nach §§ 20, 97, 98 verschaffen. Das Insolvenzgericht ist nicht berechtigt, durch entsprechende Anordnungen die Bank zu verpflichten (*Vallender* FS *Uhlenbruck* S 133, 145; *Huber* ZInsO 2001, 289, 295 Fn 91; **str aA AG** Duisburg NZI 2000, 606). Nach Auffassung des **LG** Duisburg (v 28. 3. 2001, NZI 2001, 382, 383) ist es nicht greifbar gesetzwidrig, wenn das Insolvenzgericht den sogen „schwachen" vorläufigen Insolvenzverwalter nach Aufhebung seiner Bestellung und des damit verbundenen allgemeinen Zustimmungsvorbehalts **analog § 25 Abs 2 ermächtigt**, Barmittel aus dem von ihm verwalteten Vermögen des Schuldners zurückzubehalten, soweit sie erforderlich sind, um die Erfüllung der entstandenen Kosten des Verfahrens und der unter Mitwirkung des Verwalters begründeten Verbindlichkeiten sicherzustellen. Eine solche Auffassung lässt sich nur halten, wenn man davon ausgeht, dass das Gericht den vorläufigen Verwalter mit Zustimmungsbefugnis ermächtigen kann, Masseverbindlichkeiten zu begründen. Dies ist aber gerade nicht der Fall.

16a Entzieht ein Sicherungseigentümer dem Schuldner im Eröffnungsverfahren durch **verbotene Eigenmacht** das **Sicherungsgut**, so ist bei angeordneter „schwacher" vorläufiger Insolvenzverwaltung nicht der vorläufige Insolvenzverwalter sondern der Schuldner berechtigt, durch Leistungsverfügung im Wege des **einstweiligen Rechtsschutzes** die vorläufige Rückführung des Sicherungsgutes zu verlangen (LG Leipzig v 26. 5. 2006 – 05 HK O 1796/06, ZInsO 2006, 1003). Die Prozessführungsbefugnis verbleibt beim Schuldner. Ebenso bleibt die Pflicht zur Abführung der ausgewiesenen **Umsatzsteuer** beim Schuldner (**FG** Schleswig-Holstein v 3. 8. 2006 – 5 K 198/05, EFG 2006, 1869; bestätigt durch **BFH** v 28. 2. 2008 – V R 44/06, ZIP 2008, 932). In seinem vorgenannten Urteil hat der BFH die für die Praxis wichtige Frage geklärt, ob bei der Anordnung eines vorläufigen Insolvenzverfahrens eine **Haftung des Leistungsempfängers** für die von der Insolvenzschuldnerin geschuldete **Umsatzsteuer nach § 25 d UStG** in Betracht kommt. Der BFH verneint dies mit überzeugender Begründung, wobei er in erster Linie auf die Darlegungs- und Feststellungslast des Finanzamts für das Vorliegen der Voraussetzungen des § 25 d UStG sowie die grundsätzlich den BFH bindende Würdigung des Einzelfalls durch das Finanzgericht abstellt (vgl zB **BFH** Urt. v. 27. 8. 1991 – VIII R 84/89 – BStBl II 1992, 9). Gleichwohl lässt sich dem Urteil entnehmen, dass der BFH den Anwendungsbereich des § 25 d UStG, der Gesetzesbegründung entsprechend, möglichst auf betrügerische Karussellgeschäfte begrenzen möchte (*Grube* jurisR-SteuerR/ 2008 Anm 6). Da der schwache vorläufige Insolvenzverwalter keine Masseverbindlichkeiten begründet, kommt der Erlass von **Umsatzsteuer-Vorauszahlungsbescheiden** ihm gegenüber nicht in Betracht (**FG** Saarland v 4. 2. 2003 – 2 V 256/02, ZInsO 2003, 333). Die Forderung ist ggf zur Tabelle anzumelden.

IX. Der vorläufige Insolvenzverwalter mit Verwaltungs- und Verfügungsbefugnis

17 Nach § 21 Abs 2 Nr 1, 2 kann das Gericht einen vorläufigen Insolvenzverwalter bestellen und zugleich dem Schuldner ein allgemeines Verfügungsverbot nach § 21 Abs 2 Nr 2 auferlegen. Die Folgen der Verhängung eines allgemeinen Verfügungsverbots sind in § 22 Abs 1 geregelt. Die **Kompetenzen** des vorläufigen Insolvenzverwalters mit Verwaltungs- und Verfügungsbefugnis werden durch die Regelung in § 22 Abs 1 gegenüber dem früheren Recht der Sequestration (§ 106 KO) erheblich erweitert (Einzel-

heiten bei KS-*Uhlenbruck* S 325, 343 ff 17 ff; *Gottwald/Uhlenbruck* InsRHdb § 14 Rn 49; *Braun/ Uhlenbruck* Unternehmensinsolvenz S 236 ff; *Pohlmann*, Befugnisse Rn 72 ff; H/W/F Hdb 3/300 ff). Aber auch hier ist zu unterscheiden zwischen den **originären** oder **allgemeinen Verwalterpflichten** und den **speziellen Pflichten** des vorläufigen Insolvenzverwalters, auf den gem § 22 Abs 1 S 1 die Verwaltungs- und Verfügungsbefugnis über das Vermögen des Schuldners übergegangen ist. Wie jeden anderen vorläufigen Insolvenzverwalter treffen den verfügungsbefugten vorläufigen Verwalter vor allem die **Sicherungs- und Erhaltungspflicht** (§ 22 Abs 1 S 2 Nr 1) sowie die **Prüfungspflicht**, ob das Vermögen des Schuldners die Kosten des Verfahrens decken wird (§ 22 Abs 1 S 2 Nr 3 1. Halbs). Zu den **gesetzlichen Gutachterpflichten** gehört auch die Prüfung, ob ein Insolvenzgrund vorliegt und welche Aussichten für eine Fortführung des Schuldnerunternehmens bestehen (§ 22 Abs 1 S 2 Nr 3 2. Halbs). In § 22 Abs 1 S 2 Nr 2 weist das Gesetz dem verfügungsbefugten vorläufigen Insolvenzverwalter **weitere spezielle Aufgaben** zu, die aus seiner besonderen Rechtsstellung resultieren (vgl auch *Uhlenbruck* NZI 2000, 289 ff).

Der vorläufige Insolvenzverwalter mit Verwaltungs- und Verfügungsbefugnis ist unter Umständen verpflichtet, die **Eröffnung eines Hauptinsolvenzverfahrens in einem Mitgliedstaat der Europäischen Gemeinschaft** anzufechten, wenn diese Entscheidung nicht hätte ergehen dürfen, weil zuvor in Deutschland über das Vermögen desselben Schuldners bereits eine starke vorläufige Insolvenzverwaltung angeordnet worden war (vgl **EuGH** v 23. 5. 2006 – Rs C-341/04, ZIP 2006, 907). Nach der vorgenannten Entscheidung stellt der umfassende Vermögensverlust beim Schuldner einen ausreichenden Vermögensbeschlag dar. Dieser liegt auch bei Bestellung eines sog „starken" vorläufigen Insolvenzverwalters vor. Auf Grund dieser Bestellung genießt das Verfahren, in dem die Sicherungsmaßnahme getroffen wurde, Priorität iSv Art 3 Abs 1, Art 16 EuInsVO (**OLG Innsbruck** v 8. 7. 2008 – 1 R 176/08 d, ZIP 2008, 1647, 1649; **AG Köln** v 6. 11. 2008 – 71 IN 487/08, NZI 2009, 133, 135; näher dazu *Reinhart* NZI 2009, 201 ff). Die Befugnis zur Einlegung entsprechender Rechtsmittel ergibt sich für den vorläufigen „starken" Insolvenzverwalter aus seiner Stellung als Partei kraft Amtes.

17a

Da der Schuldner bzw das Schuldnerunternehmen die Verwaltungs- und Verfügungsbefugnis verliert, verpflichtet das Gesetz den vorläufigen Insolvenzverwalter, das Schuldnerunternehmen bis zur Entscheidung über die Eröffnung des Insolvenzverfahrens fortzuführen, sofern nicht das Insolvenzgericht einer Stilllegung zustimmt, um eine erhebliche Verminderung des Vermögens zu vermeiden. Diese weitgehenden Befugnisse entsprechen der früheren **Verwaltungssequestration**, die in der Praxis allerdings die Ausnahme geblieben ist. Der Beschluss, durch den ein vorläufiger Insolvenzverwalter bestellt wird, auf den die allgemeine Verwaltungs- und Verfügungsbefugnis über das Schuldnervermögen übergeht, ist gem § 23 Abs 1 S 1 **öffentlich bekannt zu machen**. Gleichzeitig ist die Verfügungsbeschränkung im Grundbuch, im Schiffsregister, im Schiffsbauregister und im Register über Pfandrechte an Luftfahrzeugen einzutragen (§§ 23 Abs 3, 32, 33).

17b

Ein **Verstoß gegen das allgemeine Verfügungsverbot** durch den Schuldner hat nach § 24 Abs 1 iVm §§ 81, 82 entsprechend die Folge, dass Verfügungen des Schuldners oder seiner organschaftlichen Vertreter über einen Gegenstand der künftigen Insolvenzmasse nach Eintritt der Wirksamkeit des Beschlusses **absolut unwirksam** sind (§§ 24 Abs 1, 81 Abs 1 Nr 1). Eingehend hierzu *Pohlmann*, Befugnisse Rn 263 ff; KS-*Gerhardt* S 193, 194 f, Rn 4 ff u Rn 38. Die Verfügungsbeschränkungen nach § 21 Abs 2 Nr 2 schließen den Gutglaubensschutz nicht aus (*Fischer* NZI 2006, 313, 314). Jedoch wird derjenige, der nach Bekanntmachung einer derartigen Maßnahme an den Schuldner leistet, von seiner Verbindlichkeit nur dann nach § 82 S 1 befreit, wenn er beweist, das er zu diesem Zeitpunkt die Verfügungsbeschränkung nicht kannte (**BGH** v 15. 12. 2005 – IX ZR 227/04, NZI 2006, 175, 176).

Für eine **Verfügung über künftige Forderungen** auf Bezüge aus einem Dienstverhältnis des Schuldners oder an deren Stelle tretende laufende Bezüge gilt § 81 Abs 1 auch insoweit, als die Bezüge für die Zeit nach der Beendigung des Insolvenzverfahrens betroffen sind (§ 81 Abs 2 S 1). Umstritten ist die Frage, in welchem Umfang **Vorausverfügungen** des Schuldners über Forderungen und inwieweit **Aufrechnungen** im Insolvenzeröffnungsverfahren nach Erlass eines allgemeinen Verfügungsverbots noch wirksam sind (vgl hierzu die Kommentierung zu § 21 Rn 19).

Durch die entsprechende Anwendung des § 80 Abs 2 ist nunmehr klargestellt worden, dass das allgemeine Verfügungsverbot den Charakter eines **absoluten Veräußerungsverbots** hat (vgl *W. Gerhardt* FS *Flume* Bd I S 523 ff, 527, 531 ff; *ders* in: KS S 194 Rn 4; KS-*Uhlenbruck* S 344 Rn 17). Allerdings ist dieses absolute Verfügungsverbot durch den **Zweck des Insolvenzverfahrens begrenzt** (KS-*Gerhardt* S 193, 212 Rn 38). War der Gesetzgeber davon ausgegangen, dass dem vorläufigen Insolvenzverwalter über die Einräumung der Verfügungsbefugnis weiter gehende Rechte als dem früheren Verwaltungssequester eingeräumt werden sollten, zeigen sich in der Praxis immer mehr die Nachteile dieser umfassenden Erweiterung der Befugnisse. Vor allem das Privileg des § 55 Abs 2, das die Fortführung insolventer Unternehmen im Eröffnungsverfahren erleichtern sollte, hat sich in der Praxis als „Bumerang" erwiesen, denn bei Nichterfüllung derartiger privilegierter Masseverbindlichkeiten droht dem vorläufigen Insolvenzverwalter die Haftung nach § 61 S 2, wenn er bei Begründung der Verbindlichkeiten erkennen konnte, dass die Masse voraussichtlich zur Erfüllung nicht ausreichen würde. *G. Pape* (NJW 1999, 29, 30) spricht zutreffend von einer „Abkehr vom Leitbild eines vollwertigen vorläufigen Insolvenzverwalters". Es werde in zunehmenden Maße an die Gerichte appelliert, keine vorläufigen

Insolvenzverwaltungen mit allgemeinem Verfügungsverbot anzuordnen, sondern nur vorläufige Insolvenzverwaltungen mit einzelnen verfügungsbeschränkenden Maßnahmen zu erlassen (vgl K/P/B/*Pape* § 22 Rn 11; *Hauser/Hawelka* ZIP 1998, 1261, 1263 f; *Kraemer/Vallender/Vogelsang* Fach 2 Kap 6 Rn 28; BerlKo-*Blersch* § 22 Rn 21 ff). In **Kleinverfahren** (Verbraucherinsolvenzverfahren) sowie bei zulässigem Eigenantrag nach den §§ 270 ff wäre es ohnehin verfehlt, einen vorläufigen Treuhänder oder vorläufigen Insolvenzverwalter mit weitgehenden Befugnissen zu bestellen (*Smid* § 21 Rn 10). Mit der Anordnung des allgemeinen Verfügungsverbots hat das Gericht zugleich einen vorläufigen Insolvenzverwalter mit Verwaltungs- und Verfügungsbefugnis zu bestellen, denn ein „verfügungsloser Zustand" darf nicht entstehen (vgl N/R/*Mönning* § 22 Rn 39; KS-*Gerhardt* S 193, 196 Rn 8). Dem vorläufigen Insolvenzverwalter mit Verfügungsbefugnis obliegen neben den originären Verwalterpflichten **spezifische Verwalterpflichten,** wie zB die Pflicht zur Inbesitznahme des Schuldnervermögens oder die Pflicht zur einstweiligen Unternehmensfortführung nach § 22 Abs 1 S 2 Nr 2. Im Einzelnen gilt Folgendes:

18   **1. Die Sicherungs- und Erhaltungspflicht.** Wie jeder andere vorläufige Insolvenzverwalter hat der vorläufige Verwalter mit Verwaltungs- und Verfügungsbefugnis zunächst einmal die allgemeine Pflicht, für die Sicherung und Erhaltung des Schuldnervermögens zu sorgen (§ 22 Abs 1 S 2 Nr 1; **KG** v 23. 11. 2004 – 7 U 73/04, ZInsO 2004, 1361, 1362; N/R/*Mönning* § 22 Rn 44 ff; *Vallender* DZWIR 1999, 265, 270; K/P/B/*Pape* § 22 Rn 54; KS-*Uhlenbruck* S 344 f Rn 18; *Bork,* Einf Rn 104; *Pape* WPrax 1995, 236, 238, 240 f; BerlKo-*Blersch* § 22 Rn 13 ff; *Smid* WM 1995, 785, 787; FK-*Schmerbach* § 22 Rn 27–49; MüKoInsO-*Haarmeyer* § 22 Rn 37). Dagegen zählt es nicht zu den Aufgaben des „starken" Verwalters, eine vor dem Insolvenzantrag unvollständig erfüllte Verbindlichkeit endgültig zu vollziehen oder einer schwebend unwirksamen Erfüllungshandlung des Schuldners durch Genehmigung zur Wirksamkeit zu verhelfen. Seine Aufgabe ist es vielmehr, das Vermögen des Schuldners **zugunsten aller Gläubiger** zu sichern und nicht einzelne Gläubiger vorab zu befriedigen (**BGH** v 4. 11. 2004 – IX ZR 22/03, NZI 2005, 99).

Betreibt der Schuldner ein Unternehmen, so erfolgt bei Anordnung der sogen. „starken" vorläufigen Insolvenzverwaltung die Sicherung des schuldnerischen Vermögens grundsätzlich durch Inbesitznahme und Unternehmensfortführung (vgl *Pohlmann,* Befugnisse Rn 23; *Delhaes* NZI 1998, 102, 103; *Smid* § 22 Rn 31; N/R/*Mönning* § 22 Rn 44 ff). Neben der Sicherung des Vermögens hat der vorläufige Insolvenzverwalter das Schuldnervermögen zu **inventarisieren,** soweit dies im Rahmen des Eröffnungsverfahrens möglich ist (*Smid* § 22 Rn 34; *Kraemer/Vallender/Vogelsang* Fach 2 Kap 6 Rn 88 ff; *Pohlmann* Befugnisse Rn 130; KS-*Uhlenbruck* S 345 Rn 18). Zu den Sicherungs- und Erhaltungsmaßnahmen gehört ua auch die Sorge für **ausreichenden Versicherungsschutz,** die **Fortführung der Produktion,** die **Vorfinanzierung von Insolvenzgeld** und die **Beschaffung von Liquidität** (FK-*Schmerbach* § 22 Rn 27 ff u Rn 50 ff; HK-*Kirchhof* § 22 Rn 11; K/P/B/*Pape* § 22 Rn 57). Zur Vermögenserhaltung gehört auch die **Vermögensverwaltung** (HK-*Kirchhof* § 22 Rn 11). Ferner hat der vorläufige Verwalter nicht nur den Zwangszugriff von Gläubigern zu verhindern, sondern auch die Zerschlagung des Betriebsvermögens durch **aus- und absonderungsberechtigte Gläubiger** (N/R/*Mönning* § 22 Rn 49). Dies schließt nicht aus, dass er im Einzelfall Gegenstände, die der Aus- und Absonderung unterliegen, an den Berechtigten herausgibt (N/R/*Mönning* § 22 Rn 54). Im Rahmen der Vermögensverwaltung und Betriebsfortführung ist der vorläufige Verwalter ua berechtigt, **Ware zu veräußern** und **Forderungen** des Schuldners gegen Dritte **einzuziehen** (*Pohlmann,* Befugnisse Rn 404, 426 f; HK-*Kirchhof* § 22 Rn 11; *Wessel* Der Sachverständige, S 49 f; KS-*Uhlenbruck* S 345 Rn 18). Letztlich dient die Sicherungs- und Erhaltungspflicht des vorläufigen Insolvenzverwalters dazu, zunächst bis zur Verfahrenseröffnung im Interesse aller Verfahrensbeteiligten das Schuldnervermögen vor einer Ausplünderung durch Gläubiger zu bewahren und alle Chancen einer möglichen Sanierung zu erhalten (*Gottwald/Uhlenbruck* InsRHdb § 14 Rn 22; *Braun/Uhlenbruck* Unternehmensinsolvenz S 237). Zu achten ist aber darauf, dass die **Funktionsfähigkeit eines laufenden Betriebes** nicht durch die gerichtlichen Anordnungen gefährdet wird, sondern im Interesse sämtlicher Verfahrensbeteiligten zunächst erhalten bleibt (vgl auch *Smid* WM 195, 785, 787; *Uhlenbruck* KTS 1994, 169, 173 ff; *Stüdemann* BFuP 1995, 1 ff; H/W/F Hdb 3/242; *Kraemer/Vallender/Vogelsang* Fach 2 Kap 6 Rn 11–14). Zu den Sicherungspflichten der sogen „starken" vorläufigen Insolvenzverwalters gehört es auch, einen **nach § 240 S 2 ZPO** unterbrochenen Prozess aufzunehmen. Der „starke" vorläufige Insolvenzverwalter ist Partei kraft Amtes wie der endgültige Insolvenzverwalter (FK-*Schmerbach* § 22 Rn 17 a). Er ist berechtigt, im eigenen Namen zu klagen. Nicht erforderlich ist, dass es sich dabei um **unaufschiebbare Maßnahmen** zur Sicherung der Haftungsmasse handelt (**AG** Göttingen NZI 1999, 506; HK-*Kirchhof* § 22 Rn 45; FK-*Schmerbach* § 24 Rn 30; str aA Zöller/*Philippi* § 116 ZPO Rn 2). Können die Kosten aus der verwalteten Haftungsmasse nicht aufgebracht werden, ist dem „starken" vorläufigen Insolvenzverwalter mit Verwaltungs- und Verfügungsbefugnis **Prozesskostenhilfe** nach den §§ 114 ff ZPO zu gewähren (**AG** Göttingen v 2. 2. 2002, NZI 2002, 165, 166). Aber auch hier ist im Einzelfall zu prüfen, ob einzelnen Gläubigern, wie zB dem Finanzamt, die Aufbringung der Kosten für die Prozessführung des vorläufigen Verwalters gem § 116 S 1 Nr 1 ZPO zuzumuten ist. Der „starke" vorläufige Insolvenzverwalter ist wegen seines Vergütungsanspruchs nicht etwa wirtschaftlich Beteiligter.

2. Die Inbesitznahme des Schuldnervermögens. Das Gesetz spricht in § 22 Abs 1 S 2 Nr 1 von der Verpflichtung des vorläufigen Insolvenzverwalters, das Vermögen des Schuldners zu sichern und zu erhalten. Wie bereits nachgewiesen, handelt es sich insoweit um **originäre Verwalterpflichten**, die für jeden vorläufigen Insolvenzverwalter gelten. Darüber hinaus ist der vorläufige Insolvenzverwalter mit Verfügungsbefugnis berechtigt und im Regelfall sogar verpflichtet, das **Vermögen des Schuldners in Besitz zu nehmen**, vor allem, wenn ein entsprechendes Sicherungsbedürfnis besteht oder wenn die Betriebsfortführung dies erfordert (HK-*Kirchhof* § 22 Rn 9; *Pohlmann,* Befugnisse Rn 110–112; *Uhlenbruck* KTS 1990, 15, 25; K/P/B/*Pape* § 22 Rn 59; *Lohkemper* ZIP 1995, 1641, 1649; *Vallender* DZWIR 1999, 265, 270). Dies gilt gleichermaßen für einen durch das nach **Art 3 Abs 1 EuInsVO** international zuständige Insolvenzgericht bestellten vorläufigen Insolvenzverwalter (AG Hamburg v 19. 7. 2007 – 67 a IE 2/07, ZIP 2007, 1767). Dieser hat im gesamten räumlichen Geltungsbereich der EuInsVO dieselben Befugnisse, die ihm nach dem Recht der Bundesrepublik Deutschland zustehen (Art 18 EuInsVO analog iVm Art. 25 Abs 1 Unterabs 3 EuInsVO).

19

Soweit der vorläufige Insolvenzverwalter das Schuldnervermögen in Besitz nimmt, wird er **unmittelbarer Besitzer** (KS-*Uhlenbruck* S 345 Rn 19). Der Schuldner bleibt Eigenbesitzer, wird aber mittelbarer Besitzer (K/U § 106 KO Rn 13). Weigert sich der Schuldner, dem vorläufigen Insolvenzverwalter den Besitz zu übertragen, ist dieser berechtigt, die **Herausgabevollstreckung** nach den §§ 883 ff ZPO zu betreiben. Vollstreckungstitel iSv § 794 Abs 1 Nr 3 ZPO ist der Anordnungsbeschluss (*Lohkemper* ZIP 1995, 1641, 1649; K/P/B/*Pape* § 22 Rn 59; KS-*Uhlenbruck* S 346 Rn 19; *Pohlmann,* Befugnisse Rn 120 ff; *Vallender* DZWIR 1999, 265, 270; *Kraemer/Vallender/Vogelsang* Fach 2 Kap 6 Rn 94; str aA; MüKoInsO-*Haarmeyer* § 22 Rn 41). Eines besonderen, die Wegnahme anordnenden Beschlusses des Insolvenzgerichts darf es nicht (*Vallender* DZWIR 1999, 265, 270). § 148 Abs 2 S 1 findet entsprechende Anwendung mit der Folge, dass es einer vollstreckbaren Ausfertigung bedarf (*Pohlmann,* Befugnisse Rn 121 ff; HK-*Kirchhof* § 22 Rn 9).

Für die **Durchsuchung der Wohnung** des Schuldners und seiner **Geschäftsräume** bedarf es nicht der besonderen richterlichen Anordnung (KS-*Uhlenbruck* S 346 Rn 19). Überzeugend haben *Koch* (Die Sequestration im Konkurseröffnungsverfahren S 78) und *Pohlmann* (Befugnisse Rn 128) nachgewiesen, dass der Gesetzgeber für den Insolvenzverwalter eine **zusätzliche Durchsuchungsanordnung** neben dem Eröffnungsbeschluss für entbehrlich hält. Da sich der Anordnungsbeschluss einer vorläufigen Insolvenzverwaltung mit Entziehung der Verfügungsbefugnis weitgehend mit dem Insolvenzeröffnungsbeschluss deckt, lassen sich die Argumente des Gesetzgebers hinsichtlich der Vollstreckbarkeit des Eröffnungsbeschlusses auf den Sicherungsbeschluss übertragen (vgl auch Begr zu § 167 RegE, BT-Drucks 12/2443; abgedr bei *Uhlenbruck,* Das neue Insolvenzrecht S 504). Man sollte sich dazu verstehen, den gerichtlichen Beschluss, durch den dem vorläufigen Insolvenzverwalter die Verwaltungs- und Verfügungsbefugnis über das Schuldnervermögen übertragen wird, nicht als Vollstreckungstitel, sondern als Maßnahme mit unmittelbaren materiell-rechtlichen Wirkungen anzusehen, die den Verwalter berechtigen, sich ohne Vollstreckungsklausel mit oder ohne Hilfe eines Gerichtsvollziehers, ggf mit polizeilicher Hilfe, in den Besitz der Haftungsmasse zu setzen. Dies nicht zuletzt auch deswegen, weil es sich idR um Eilmaßnahmen handelt, die keine vollstreckungsrechtlichen Verzögerungen vertragen.

Soweit das Insolvenzgericht den vorläufigen Insolvenzverwalter ermächtigt hat, die **Geschäftsbücher des Schuldners** auch ohne dessen Mitwirkung in Besitz zu nehmen, verübt er keine verbotene Eigenmacht, wenn er die Geschäftsunterlagen aus den Räumen der Muttergesellschaft, welche die Geschäftsunterlagen als Besitzmittlerin in Gewahrsam hat, gegen deren Willen abtransportiert (**AG Karlsruhe-Durlach v 10. 11. 2006 – 2 C 497/06, NZI 2007, 296**).

19a

3. Die Siegelung des Schuldnervermögens. Die in § 150 für das eröffnete Verfahren vorgesehene Siegelung ist auch im Eröffnungsverfahren zulässig, wenn dies zur Sicherstellung von Geschäftsdaten, zB in Großrechnern, erforderlich ist (**LG Baden-Baden v 31. 1. 1983, ZIP 1983, 345**; N/R/*Andres* § 150 Rn 4; K/U § 106 KO Rn 13 g; *Smid* § 22 Rn 36). Wie die Inbesitznahme der Massegegenstände stellt die Siegelung eine Sicherungsmaßnahme des vorläufigen Insolvenzverwalters dar. Es bedarf deshalb keiner gerichtlichen Anordnung oder Bestätigung (vgl **LG Baden-Baden v 31. 1. 1983, ZIP 1983, 345**). Durch die Siegelung wird das schuldnerische Haftungsvermögen im Interesse der Gläubiger gesichert und eine Minderung des Vermögens verhindert. Gesiegelt werden können alle Gegenstände, die der vorläufige Insolvenzverwalter in Besitz zu nehmen hat (vgl auch K/P/*Holzer* § 150 Rn 3). Zur **Durchführung der Siegelung** muss sich der vorläufige Insolvenzverwalter einer hierzu gesetzlich ermächtigten Person bedienen, wie zB eines Gerichtsvollziehers (vgl auch *Vallender* DGVZ 1997, 53). Soweit der vorläufige Verwalter zum Kreis der siegelungsberechtigten Personen gehört, weil er etwa Gerichtsvollzieher ist, darf er die Maßnahmen selbst durchführen (vgl *Uhlenbruck* DGVZ 1980, 161, 168; *Vallender* DGVZ 1997, 53, 55). Über die Siegelung ist ein **Protokoll** aufzunehmen, das zu den Gerichtsakten zu nehmen ist. Durch die Siegelung unterfallen die Sachen dem strafrechtlichen Schutz des § 136 Abs 2 StGB.

20

4. Die Inventarisierung und Aufzeichnung der Vermögensgegenstände. Als originäre Verwalterpflicht obliegt auch dem vorläufigen Insolvenzverwalter mit Verwaltungs- und Verfügungsbefugnis die Pflicht,

21

die Vermögensmasse des Schuldners bzw Schuldnerunternehmens aufzuzeichnen (*Pohlmann*, Befugnisse Rn 130; K/U § 106 KO Rn 13 g). Entsprechend § 151 Abs 1 hat der vorläufige Insolvenzverwalter die Pflicht, die Haftungsmasse zu inventarisieren und zu bewerten (N/R/*Mönning* § 22 Rn 50; *Pohlmann*, Befugnisse Rn 130; *Kraemer/Vallender/Vogelsang* Fach 2 Kap 6 Rn 88 ff; *Wellensiek/Schluck-Amend* in: *K. Schmidt/Uhlenbruck* Rn 5.361). Ein Vermögensverzeichnis ermöglicht es ihm, sachgerechte Sicherungs- und Erhaltungsmaßnahmen nach § 22 Abs 1 S 2 Nr 1 einzuleiten und bei einer Unternehmensinsolvenz die Notwendigkeit der Schließung des schuldnerischen Unternehmens nach § 22 Abs 1 S 2 Nr 2 beurteilen zu können. Die **Inventarisierungs-** und **Aufzeichnungspflicht** ist letztlich nichts anderes als die notwendige Folge des Sicherungsauftrags aus § 22 Abs 1 S 2 Nr 1, 2 (*Pohlmann*, Befugnisse Rn 130). Das Insolvenzgericht ist analog § 151 Abs 3 S 1 berechtigt, den vorläufigen Insolvenzverwalter von seiner **Inventarisierungs-** und **Aufzeichnungspflicht zu befreien**, wenn im Einzelfall ein solches Verzeichnis zur sachgerechten Sicherung und Verwaltung der Haftungsmasse nicht notwendig ist, weil sich zB das zu verwaltende Vermögen ohne weiteres überschauen lässt (*Pohlmann*, Befugnisse Rn 131). Die Inventarisierungs- und Aufzeichnungspflicht bedeutet aber nicht, dass der vorläufige Insolvenzverwalter einen **Vermögensstatus** aufzustellen hat. Dies lässt sich allerdings in den meisten Fällen nicht vermeiden, vor allem wenn eine Überschuldung gegeben ist. Die Aufstellung eines Status geht über die reinen Sicherungsfunktionen des vorläufigen Insolvenzverwalters hinaus. Spätestens mit der Verfahrenseröffnung ist der vorläufige Verwalter ohnehin gezwungen, den Insolvenzstatus nach § 153 aufzustellen, schon um die voraussichtliche Quote errechnen zu können. Wird der vorläufige Insolvenzverwalter nach § 22 Abs 1 S 2 Nr 3 mit der **Prüfung der Überschuldung** als Sachverständiger beauftragt, wird er ohnehin einen Insolvenzstatus (Überschuldungsbilanz) aufstellen müssen. Teilweise wird in der Literatur angenommen, der vorläufige Insolvenzverwalter habe ein **Gläubigerverzeichnis** aufzustellen (so *Kraemer/Vallender/Vogelsang* Fach 2 Kap 6 Rn 91). Diese Pflicht obliegt jedenfalls beim Eigenantrag dem Schuldner.

22   **5. Unterhaltsregelungen.** Nach früherem Recht war der Sequester nicht berechtigt, Regelungen hinsichtlich des Unterhalts eines Schuldners zu treffen (K/U § 106 KO Rn 13 k; str aA *Koch*, Die Sequestration im Konkurseröffnungsverfahren S 84 ff). Auch die InsO hat Regelungen zum Unterhalt des Schuldners nur für das eröffnete Verfahren getroffen (§ 100). In der Literatur wird aber inzwischen angenommen, dass auch der vorläufige Insolvenzverwalter mit Verwaltungs- und Verfügungsbefugnis das Recht hat, bis zur Verfahrenseröffnung dem Schuldner und seiner einstweiligen notwendigen Unterhalt zu gewähren (*Keller* NZI 2007, 316, 317; FK-*Schmerbach* § 22 Rn 48; *Uhlenbruck* KTS 1999, 413, 418; vgl auch KS-*Kohte* 781, 797 Rn 57). Die Anordnung einzelner Sicherungsmaßnahmen darf nicht dazu führen, dem Schuldner die Mittel zur Bestreitung seiner persönlichen Bedürfnisse zu nehmen. Der Schuldner kann nicht schlechter gestellt werden, als er im eröffneten Insolvenzverfahren stünde.

23   **6. Die Pflicht zur einstweiligen Unternehmensfortführung.** Nach § 22 Abs 1 S 2 Nr 2 hat der vorläufige Insolvenzverwalter, auf den die Verwaltungs- und Verfügungsbefugnis über das Vermögen des Schuldners übergegangen ist, die Pflicht, das Schuldnerunternehmen bis zur Entscheidung über die Eröffnung des Insolvenzverfahrens fortzuführen, soweit nicht ausnahmsweise das Insolvenzgericht einer **Stilllegung** zustimmt, um eine erhebliche Verminderung des Haftungsvermögens zu vermeiden (Einzelheiten bei *Pohlmann*, Befugnisse Rn 34 ff; KS-*Uhlenbruck* S 346 Rn 20, 21; *Gottwald/Uhlenbruck* InsRHdb § 14 Rn 23–26; K/P/B/*Pape* § 22 Rn 57; FK-*Schmerbach* § 22 Rn 50–63; *Vallender* DZWIR 1999, 265, 270; N/R/*Mönning* § 22 Rn 65 ff; MüKoInsO-*Haarmeyer* § 22 Rn 83 ff; *Uhlenbruck* FS *Hanisch* S 281 ff; *ders* in: *Elschen* (Hrsg), Unternehmenssicherung und Unternehmensentwicklung S 210). Die Formulierung in § 22 Abs 1 S 2 Nr 2 lässt erkennen, dass es sich um eine **Fortführungspflicht** handelt, die **nicht im Ermessen des vorläufigen Verwalters** liegt (BerlKo-*Blersch* § 22 Rn 13; *Wellensiek/Schluck-Amend* in: *K. Schmidt/Uhlenbruck* Rn 5.382). In der Literatur wird teilweise der Übergang der Verwaltungs- und Verfügungsbefugnis auf den vorläufigen Insolvenzverwalter positiv bewertet, weil bereits zu einem früheren Zeitpunkt als unter Geltung der KO die Verantwortung für das Unternehmen in die Hände eines kompetenten Verwalters gelegt wird (vgl *Haberhauer/Meeh* DStR 1995, 1442, 1443; *Uhlenbruck*, GmbHR 1995, 195, 200; *Kraemer/Vallender/Vogelsang* Fach 2 Kap 6 Rn 99). Übersehen wird dabei aber, dass der Gesetzgeber mit der Erweiterung der Aufgabenzuweisung an den vorläufigen Insolvenzverwalter in den §§ 21, 22 zugleich auch dessen **Haftungsrisiken** erheblich erhöht hat. Gleichgültig, wie er sich entscheidet, werden dem vorläufigen Verwalter Vorwürfe und eventuell Haftungsprozesse nicht erspart bleiben. Entscheidet er sich im Interesse einer von ihm zu prüfenden aussichtsreichen Sanierung für die Nichtkündigung von Dauerschuldverhältnissen und beschließt im Berichtstermin (§ 157) die Gläubigerversammlung die Liquidation, wird er sich später entgegenhalten lassen müssen, er habe die gerichtliche Zustimmung zur Stilllegung herbeiführen müssen, um eine erhebliche Verminderung des Haftungsvermögens zu vermeiden. Regt er dagegen bei Gericht die Stilllegung an, setzt er sich uU dem Vorwurf aus, die Sanierungs- und Übernahmechancen des notleidenden Unternehmens schuldhaft vereitelt zu haben. Stimmt das Gericht einer vorzeitigen Betriebsstilllegung zu, stellt sich zudem die haftungsrechtliche Frage, ob die Verwalterhaftung nach § 60 nicht eine andere

Ersatzmöglichkeit iSv § 839 Abs 1 S 2 BGB darstellt. Rechtlich ungeklärt ist die Frage, ob und in welchem Umfang der Verwalter haftet, wenn das Gericht seine Zustimmung zur Stilllegung des Unternehmens versagt (vgl hierzu *Mönning*, Betriebsfortführung Rn 313 ff). Zwar hat *H.-P. Kirchhof* (ZInsO 1999, 365, 367) nachgewiesen, dass eine Haftung nach § 60 theoretisch nur in Betracht kommt, wenn der vorläufige Verwalter einen Stilllegungsantrag an das Insolvenzgericht vermeidbar so unzulänglich begründet, dass dieses deswegen die Zustimmung verweigert. Der vorläufige Verwalter müsse sich im Rahmen der vorgegebenen Unternehmensfortführung bemühen, überflüssige Kosten zu vermeiden, insbesondere nicht benötigte Arbeitskräfte von der Arbeit freizustellen und damit deren Vergütungsansprüche als bloße Insolvenzforderungen zu begründen. Eine Verletzung dieser allgemeinen Sorgfaltspflicht falle aber nicht ohne weiteres unter § 61, wohl aber unter § 60.

Die **Haftungsrisiken einer einstweiligen Betriebsfortführung** sind trotzdem nicht zu übersehen (vgl BerlKo-*Blersch* § 22 Rn 14, 15; *Pohlmann*, Befugnisse Rn 326 ff; H/W/F Hdb 5/324; *Smid* § 22 Rn 101 ff; *Heß* § 22 Rn 36). Unternehmensfortführung bedeutet **Fortsetzung der Produktion**, Begleichung von Altverbindlichkeiten und Begründung weiterer Verbindlichkeiten (*Kraemer/Vallender/Vogelsang* Fach 2 Kap 6 Rn 94 ff). Halbfertige Güter des Vorratsvermögens sind fertig zu stellen, weil Halbfertigfabrikate idR nur zum Schrottwert veräußert werden können. Ohnehin können Fertigprodukte oft nur dann zu angemessenen Preisen veräußert werden, wenn sichergestellt ist, dass Ersatzteile geliefert und Garantie- und Serviceleistungen erbracht werden können (*Wittig* DB 1999, 197).

Welche Haftungsrisiken sich für den vorläufigen Insolvenzverwalter bei einer Betriebsfortführung ergeben können, unterstreichen einige obergerichtliche Entscheidungen Nach Auffassung des **OLG** Celle (v 21. 10. 2003 – 16 U 95/03, NZI 2004, 89) begründet die Aussage des vorläufigen Insolvenzverwalters gegenüber einem Lieferanten, die Zahlung für erbrachte Leistungen sei durch das Insolvenzsonderkonto sichergestellt, einen Garantievertrag. Das **OLG** Schleswig (v 13. 10. 2003 – 1 U 42/03, NZI 2004, 92) sieht den vorläufigen Insolvenzverwalter einer Haftung aus culpa in contrahendo (vgl § 280 BGB) ausgesetzt, wenn er ankündige, die Kosten für Warenlieferungen im Eröffnungsverfahren würden aus der Insolvenzmasse übernommen werden (ähnlich **OLG** Frankfurt v 8. 3. 2007 – 26 U 43/06, ZInsO 2007, 548). Dies erscheint zu weitgehend. Wer vom vorläufigen Insolvenzverwalter eine Erhaltung der Sanierungschancen durch Fortführung fordert, darf ihn nicht für die dabei bestehenden typischen Risiken persönlich haften lassen (*Undritz* NZI 2007, 65, 70). Allerdings wird sich ein „starker" vorläufiger Insolvenzverwalter ohne **insolvenzspezifische Liquidationspläne** nur schwerlich einer persönlichen **Haftung nach § 61** entziehen können, wenn er wegen Nichterfüllung von Masseverbindlichkeiten in Anspruch genommen wird (vgl **BGH** v 17. 12. 2004 – IX ZR 185/03, NZI 2005, 222). Er hat sogleich nach seiner Bestellung organisatorische Vorsorge zu treffen, dass entsprechende Liquiditätspläne so schnell wie möglich erstellt werden. Diese hat er bis zu dem Zeitpunkt der Begründung von Masseverbindlichkeiten ständig zu überprüfen und zu aktualisieren (**BGH** aaO 224). In mittleren und größeren Verfahren wird er sich dabei qualifizierter Berater bedienen dürfen, weil ansonsten nicht gewährleistet ist, dass er seinen sonstigen Pflichten vollumfänglich nachkommen kann. Bei Liquiditätsplänen handelt es sich um Prognosen, deren Eintritt oft ungewiss ist. In diesem Zusammenhang ist im Hinblick auf die Haftungsgefahren, denen sich der vorläufige Insolvenzverwalter bei einer Betriebsfortführung ausgesetzt sieht, zu berücksichtigen, dass nach der Rechtsprechung des **BGH** für unternehmerische Führungs- und Gestaltungsaufgaben regelmäßig ein weiter Beurteilungs- und Ermessensspielraum eröffnet ist. Im Einklang damit steht die Entscheidung des **BAG** v 1. 6. 2006 (6 AZR 59/06, NZI 2007, 124), nach der ein Insolvenzverwalter nicht gem § 61 für die Nichterfüllung der ohne seine Beteiligung entstandenen Masseverbindlichkeiten haftet (hier Entgeltansprüche des Arbeitnehmers, die der Verwalter in einem gerichtlichen Verfahren anerkannt hat) und dass ihm für die Befriedigung von Gläubigern eine „angemessene, nach den Umständen des Einzelfalls zu bemessende Prüfungspflicht" trifft, bevor er gem § 60 haftet (**OLG** Hamm v 22. 6. 2006 – 27 U 183/05, ZIP 2006, 1911).

Zur Unternehmensfortführung und Sicherung der Haftungsmasse gehört auch die **Pflicht, alles zu tun, um eine vorzeitige Zerschlagung des Unternehmens zu vermeiden** (*Vallender* DZWIR 1999, 265, 270; *Pohlmann*, Befugnisse Rn 136 ff; *Braun/Uhlenbruck* Unternehmensinsolvenz S 237 f). Eine Betriebsfortführung kommt nur in Betracht, wenn nicht der Schuldner den Geschäftsbetrieb vor der Bestellung des vorläufigen Verwalters eingestellt hatte (vgl *Uhlenbruck* FS *Hanisch* S 281 ff; *ders* bei *Elschen*, Unternehmenssicherung und Unternehmensentwicklung S 210; *Mönning*, Betriebsfortführung in der Insolvenz Rn 285). Zur **Wiederaufnahme einer eingestellten Betriebstätigkeit** verpflichtet ihn das Gesetz nicht (s aber auch N/R/*Mönning* § 22 Rn 17; MüKoInsO-*Haarmeyer* § 22 Rn 93). *Pohlmann* (Befugnisse Rn 138) begreift die Geschäftsfortführung dogmatisch als „**klassische Sicherungsmaßnahme**" iSv § 22 Abs 1 S 2 Nr 1, weil sie der einzige Weg ist, den im schuldnerischen Unternehmen verkörperten übergeordneten Wert einer funktional zusammenarbeitenden Wirtschaftseinheit zu sichern. Die Pflicht zur Betriebsfortführung bedeutet eine **besondere Verantwortung** für den vorläufigen Insolvenzverwalter, denn bis auf die Betriebsstilllegung ist sein Handeln weder von der gerichtlichen Zustimmung noch von einer Billigung durch Gläubigergremien abhängig. Die **eigenständige Entscheidungskompetenz** bedeutet aber nicht nur Verantwortung, sondern zugleich auch die Chance, die Weichenstellung für eine optimale Haftungsverwirklichung bereits frühzeitig vorzunehmen. Zutreffend hat *E. Braun* (Der Insolvenzplan und die Pflicht zur Betriebsfortführung in der Insolvenzordnung, in: *J. Baetge* (Hrsg) Beiträge zum neuen Insolvenzrecht, 1998 S 89) festgestellt, dass die Pflicht zur Betriebsfortführung und die damit verbundenen Haftungsaspekte ebenso wie betriebswirtschaftliche Pflichtanlagen Herausforderungen für die Insolvenzpraktiker sind und die Schwierigkeiten markieren, an denen sich ein vorwiegend rechtlich vorgebildeter Stamm von Insolvenzverwaltern zu orientieren hat. Die Betriebsfortführung sei in vielen Fällen heute „Standard des modern handelnden Insolvenzverwalters". Wer mit der Betriebsfortführung schon Probleme habe, werde in aller Regel mit dem Insolvenzplan wenig Ehrgeiz entwickeln. Richtig ist vor allem die Feststellung von *E. Braun* (aaO S 103), dass die bisher ganz dem Zwangsvollstreckungsverständnis verhaftete deutsche Insolvenzrealität von einer – nicht zuletzt betriebswirtschaftlich genährten – Klimaveränderung, dem Einbruch der Betriebswirtschaft in Insolvenzabwicklungsszenarien, nur gewinnen kann. Jedenfalls wäre die ökonomisch sinnvolle Regelung in § 22 Abs 1 S 2 Nr 2 zum Scheitern verurteilt, wenn die Rechtsprechung den besonderen Haftungsrisiken der einstweiligen Betriebsfortführung nicht in ausreichendem Maße Rechnung tragen würde (vgl auch *Peters/Lange* ZIP 1999, 421 ff).

25   **7. Die vorzeitige Betriebsstilllegung.** Der vorläufige Insolvenzverwalter mit Verwaltungs- und Verfügungsbefugnissen ist unter **zwei Voraussetzungen** zur Stilllegung des Schuldnerbetriebes berechtigt: Einmal muss sie erforderlich sein, um eine **erhebliche Verminderung des Haftungsvermögens** zu vermeiden; zum andern muss das **Insolvenzgericht** der Betriebsstilllegung **zustimmen**. Liegt die erste Voraussetzung vor, ist der vorläufige Verwalter nicht nur berechtigt, sondern verpflichtet, die Zustimmung des Insolvenzgerichts zur vorzeitigen Betriebsstilllegung einzuholen (*Pohlmann*, Befugnisse Rn 140).

26   **a) Sachliche Voraussetzungen einer vorzeitigen Betriebsstilllegung.** Sachliche Voraussetzung für eine vorzeitige Betriebsstilllegung ist eine erhebliche Verminderung des Haftungsvermögens durch eine Weiterführung bis zur Verfahrenseröffnung. Nicht jede Vermögensminderung reicht aus, um eine Stilllegung zu rechtfertigen (N/R/*Mönning* § 22 Rn 163; *Mönning*, Betriebsfortführung Rn 595 ff). Eine **erhebliche Vermögensminderung** ist aber zu erwarten, wenn mit der Weiterführung des Schuldnerbetriebes beträchtliche Verluste erwirtschaftet werden und keinerlei Aussicht auf eine nachhaltige Sanierung besteht (AG Aachen, NZI 1999, 279; N/R/*Mönning* § 22 Rn 164; FK-*Schmerbach* § 22 Rn 64a; BerlKo-*Blersch* § 22 Rn 14; *Pohlmann*, Befugnisse Rn 140 ff; HK-*Kirchhof* § 22 Rn 19; *Smid* § 22 Rn 110; KS-*Uhlenbruck* S 347 Rn 22). Festzustellen ist, dass der Gesetzgeber im Insolvenzeröffnungsverfahren nicht etwa die **Betriebsfortführung um jeden Preis** will. Andererseits dürfen Liquiditätsprobleme nicht ohne weiteres zu einer vorschnellen Betriebsstilllegung führen (*Gottwald/Uhlenbruck* InsRHdb § 14 Rn 59). Nicht klargestellt hat der Gesetzgeber, was unter „**erheblichen Verminderung des Vermögens**" zu verstehen ist. Nach HK-*Kirchhof* (§ 22 Rn 19) ist „erheblich" jede Vermögensminderung, wenn die Befriedigung der Gläubiger ernsthaft zu verschlechtern droht. Eine Einbuße von **10 Prozent** sei jedenfalls erheblich (gegen Prozentsätze N/R/*Mönning* § 22 Rn 166). *Haarmeyer* (MüKoInsO § 22 Rn 114) setzt die „**Opfergrenze" der Gläubiger** bei einer Verschlechterung der Befriedigungsaussichten von **mehr als 25%** an (ebenso N/R/*Mönning* § 22 Rn 166). Das eigentliche Problem ist nach zutreffender Feststellung von *Haberhauer/Meeh* (DStR 1995, 1442, 1443) in der **Bewertung des Vermögens** zu sehen. Um eine erhebliche Verminderung feststellen zu können, müsse das Vermögen zu zwei unterschiedlichen Zeitpunkten miteinander verglichen werden, nämlich das Vermögen zum Zeitpunkt der Entscheidung über eine verfrühte Stilllegung mit dem Vermögen zum Zeitpunkt der Gerichtsentscheidung über die Verfahrenseröffnung. Da die Verwertungsprämisse, also das Verfahrensziel, darüber entscheidet, ob Zerschlagungs-, Liquidations- oder Fortführungswerte einzusetzen sind, dieses Verfahrensziel aber erst im Berichtstermin gem § 157 festgelegt wird, ist die Bewertung außerordentlich schwierig (vgl auch *Kraemer/Vallender/Vogelsang* Fach 2 Kap 6 Rn 115; *Smid* § 22 Rn 110). Letztlich wird man weniger auf die Bewertung abzustellen haben als vielmehr darauf, ob durch die einstweilige Unternehmensfortführung **Verluste erwirtschaftet werden**, die eine zur Zeit noch erzielbare Insolvenzquote erheblich herabmindern, ohne dass durch die Fortführung eine angemessene Werterhöhung eintritt. Eine Minderung ist schon gegeben, wenn das Unternehmen nicht kostendeckend arbeitet und sich die Verluste nicht auf zulässige und zumutbare Weise vermeiden lassen (HK-*Kirchhof* § 22 Rn 19; vgl auch AG Aachen, NZI 1999, 279). Grundsätzlich ist es im Interesse der Gläubiger geboten, ein Unternehmen, das erhebliche Verluste erwirtschaftet und bei dem keinerlei Aussicht auf Sanierung besteht, schon im Eröffnungsverfahren ganz oder teilweise stillzulegen (vgl Begr RegE zu § 22 InsO, abgedr bei *Balz/Landfermann* S 232). Dies muss aber nicht sein. So kann ein **langfristiges Unternehmenskonzept** durchaus Sanierungschancen aufzeigen, obgleich im Augenblick nur masseminderende Verluste erwirtschaftet werden. Auch kann die Umsetzung eines aussichtsreichen Sanierungskonzepts Kosten verursachen, die zunächst zu einer erheblichen Minderung der Haftungsmasse führen. Unzulässig wäre es, schon im Hinblick auf die möglichen Arbeitnehmeransprüche nach § 55 Abs 2 S 2 generell eine erhebliche Vermögensminderung zu bejahen. Nach zutreffender Feststellung von *W. Henckel* (FS Einhundert Jahre Konkursordnung, 1977 S 169, 185) müssen Massegläubiger den notwendigen Aufwand für die gebotene Abwicklung anteilig tragen. Das gilt auch für sonstige Gläubiger, denen die Hinnahme von Verlusten insoweit zugemutet werden muss, als sie später von einer Unternehmenssanierung durch Erhöhung ihrer Quoten profitieren.

27   Möglich ist auch die **Stilllegung bzw Schließung einzelner Betriebsteile**, die für die Verluste des Insolvenzunternehmens verantwortlich sind (vgl Begr RegE, BT-Drucks 12/2443, S 117; *Pohlmann*, Befug-

IX. Der vorläufige Insolvenzverwalter mit Verwaltungs- und Verfügungsbefugnis § 22

nisse Rn 142). Die zustimmungspflichtige Teilbetriebsstilllegung ist nicht identisch mit dem entsprechenden insolvenzrechtlichen Begriff. Ein Personalabbau ist keine teilweise Betriebsstilllegung. Da im Übrigen die Stilllegung eines Unternehmens eine irreversible Maßnahme darstellt, sind überzeilte Entscheidungen zu vermeiden. Eine vorzeitige Betriebsstilllegung ist als Ausnahmemaßnahme immer nur dann geboten, wenn sich ohne entsprechende Kompensation durch einen Sanierungserfolg die weiteren Verluste für die Gläubiger als unzumutbar darstellen (*Kraemer/Vallender/Vogelsang* Fach 2 Kap 6 Rn 115; *Braun/Uhlenbruck* Unternehmensinsolvenz S 238). Geringfügige Verluste reichen hierfür ebenso wenig aus wie die Tatsache, dass das schuldnerische Unternehmen verlustbringend arbeitet (*Pohlmann*, Befugnisse Rn 143). Die Zumutbarkeitsgrenze für die Gläubiger ist überschritten, wenn Unterdeckungen drohen, die auch durch die Versilberung wesentlicher Vermögensgegenstände nicht abgedeckt werden können (N/R/*Mönning* § 22 Rn 166). Richtig ist die Feststellung von *Braun/Riggert/Kind* (Die Neuregelungen S 103), dass die Regelungen über die Fortführungspflicht und die Notwendigkeit der Zustimmung des Insolvenzgerichts zur Stilllegung **Schlüsselvorschriften des Insolvenzeröffnungsverfahrens** sind. Sie sollen gewährleisten, dass der Gläubigerversammlung zum einen die gem § 157 gewährte Entscheidungsbefugnis über die Stilllegung oder vorläufige Fortführung möglich ist, zum anderen das dort ebenfalls geregelte Initiativrecht für einen Insolvenzplan wahrgenommen werden kann. Zu weitgehend dürfte es aber sein, von einer Betriebsstilllegung immer Abstand zu nehmen, wenn noch Aussicht auf eine Sanierung des Unternehmens besteht (so *Pohlmann*, Befugnisse Rn 144 unter Berufung auf Begr RegE, BT-Drucks 12/2443, S 117).

Nicht jede Sanierungschance rechtfertigt die Unternehmensfortführung. Es ist den Gläubigern zB 28 nicht zuzumuten, aufgrund eines vom Schuldnerunternehmen vorgelegten „prepackaged plan" eine weitere erhebliche Minderung der Haftungsmasse hinzunehmen, wenn das Sanierungskonzept auf utopischen Zahlen und nicht realisierbaren Vorstellungen des Schuldners beruht. Auch kann *Pohlmann* (Befugnisse Rn 144) nicht gefolgt werden, nach dessen Auffassung die Stilllegung unterbleiben muss, wenn die Möglichkeit besteht, das Unternehmen kurzfristig zu schlanken und die anfallenden Betriebskosten übergangsweise durch die Aufnahme neuer Kredite, die nach Eröffnung als Masseverbindlichkeiten iSv § 55 Abs 2 voll zu befriedigen sind, zu finanzieren (so auch *Kraemer/Vallender/Vogelsang* Fach 2 Kap 6 Rn 115). Schon im Hinblick auf die Haftung des vorläufigen Insolvenzverwalters nach § 61 kann eine **Finanzierungsmöglichkeit** nicht ohne weiteres die Unternehmensfortführung rechtfertigen. Nicht gefolgt werden kann *Pohlmann* (Befugnisse Rn 145) auch insoweit, als er in § 22 Abs 1 S 2 Nr 2 das „ungeschriebene Merkmal der Offensichtlichkeit" hineinlesen will (**str aA** auch MüKoInsO-*Haarmeyer* § 22 Rn 112). Richtig ist, dass eine offensichtliche erhebliche Minderung des Vermögens die sofortige Betriebsstilllegung rechtfertigt. Im Übrigen bedarf es zu einer sachgerechten Vorbereitung der Gerichtsentscheidung über die Stilllegung der Vorlage einer Plan- Gewinn- und Verlustrechnung (*Braun/Riggert/Kind*, Die Neuregelungen S 103). Daneben sind umfassende Informationen zur Vermögens- und Ertragslage erforderlich, ggf auch Angaben und Dokumentationen zur Auftragslage, Marktentwicklung und zur Kalkulation. Der Umfang und die notwendige Detaillierung dieser Unterlagen hängt von der Größe des insolventen Unternehmens und der Branche ab (*Braun/Riggert/Kind*, Die Neuregelungen, S 103; N/R/*Mönning* § 22 Rn 161, 162; N/R/*Mönning* § 22 Rn 160–162). In Ausnahmefällen wird das Gericht einen Sachverständigen einschalten müssen (KS-*Uhlenbruck* S 1. Aufl 1997 S 248 Rn 17; *Kraemer/Vallender/Vogelsang* Fach 2 Kap 6 Rn 116; N/R/*Mönning* § 22 Rn 168). Keineswegs aber darf die Befürchtung von *Bork* (Einführung Rn 104 Fn 6) Wirklichkeit werden, wonach es zu einer Stilllegung im Eröffnungsverfahren in der Praxis schon deshalb kaum kommen wird, „weil der Druck der Arbeitnehmer und der gesicherten Gläubiger, das Unternehmen zumindest vorläufig fortzuführen, meist sehr stark ist". Die Stilllegungsentscheidung hat sich ausschließlich an den Interessen der Gläubiger zu orientieren.

b) Die gerichtliche Stilllegungsentscheidung. Weitere Voraussetzung für die Stilllegung eines Unter- 29 nehmens im Eröffnungsverfahren ist, dass das Insolvenzgericht der Stilllegung zustimmt. Dies gilt auch, wenn es sich um eine **teilweise Betriebsstilllegung** handelt (BT-Drucks 12/2443 S 117; FK-*Schmerbach* § 22 Rn 64 a). Voraussetzung für die gerichtliche Zustimmung ist zunächst einmal ein **Antrag** oder eine **Anregung** an das Insolvenzgericht durch den vorläufigen Insolvenzverwalter. Der Antrag ist weder an eine Form noch an eine Frist gebunden. Es kann im Einzelfall bei Eilbedürftigkeit eine **mündliche Antragstellung** genügen. Zu beachten ist, dass das **Entscheidungsrecht** hinsichtlich der Stilllegung beim vorläufigen Verwalter liegt. Das Insolvenzgericht wird lediglich als „**Kontrollinstanz**" (*Pohlmann*, Befugnisse Rn 146) tätig. Es hat die Entscheidung des vorläufigen Insolvenzverwalters zu überprüfen und kann die Stilllegung nur durch die Versagung seiner Zustimmung verhindern. Dagegen ist das Insolvenzgericht nicht befugt, eine Stilllegung von sich aus anzuordnen. Eine solche Anordnung ginge über das Aufsichtsrecht des § 58 hinaus. Das Insolvenzgericht hat vor der Zustimmung die Entscheidung des Verwalters **zu überprüfen** (N/R/*Mönning* § 22 Rn 167; *Braun/Uhlenbruck* Unternehmensinsolvenz S 238; *Kraemer/Vallender/Vogelsang* Fach 2 Kap 6 Rn 116). Es darf die Zustimmung nur erteilen, wenn die Voraussetzungen für die Betriebsstilllegung zur vollen richterlichen Überzeugung vorliegen (*Pohlmann* Befugnisse Rn 147). Dies setzt voraus, dass der Antrag nicht nur zu begründen ist, sondern auch mit bestimmten **Anlagen** zu versehen ist. So muss zB die Verlustrechnung durch eine auf den fiktiven Fortführungszeitraum abgestellte Plan-Ertragsrechnung belegt werden (N/R/*Mönning* § 22 Rn 161; *Braun/ Riggert/Kind,* Die Neuregelungen S 103). Aus Gründen der Verfahrensbeschleunigung kann im Einzelfall eine **mündliche Erörterung** des Verwalterberichtes ausreichen (vgl **AG** Aachen NZI 1999, 279). Beizufügen ist auch eine **Liquiditätsbedarfsplanungsrechnung,** aus der sich ergibt, welche bereits begründeten und noch zu erfüllenden Verpflichtungen aus den Erträgnissen der Betriebsfortführung nicht mehr gedeckt werden können (N/R/*Mönning* § 22 Rn 162). Die vorgelegte Rechnung muss zudem **Art und Umfang der Vermögensminderung** darstellen (*Braun/Uhlenbruck* Unternehmensinsolvenz S 238; N/R/ *Mönning* § 22 Rn 163). **Haftungsrechtliche Gesichtspunkte,** wie zB die Gefahr einer Haftung des vorläufigen Insolvenzverwalters nach § 61, rechtfertigen allein die vorzeitige Betriebsstilllegung nicht. Das Gericht kann zwar zur Beurteilung der Stilllegungsvoraussetzungen im Zweifelsfall einen **Sachverständigen** einschalten (*Braun/Uhlenbruck* Unternehmensinsolvenz S 238). Eine solche Handhabung empfiehlt sich aber im Zweifelsfall nicht, weil hierdurch das Eröffnungsverfahren nicht unerheblich verzögert und verteuert wird (*Gottwald/Uhlenbruck* InsRHdb § 14 Rn 67; N/R/*Mönning* § 22 Rn 168). Im Zweifel kann sich das Insolvenzgericht auf den Sachverstand des vorläufigen Insolvenzverwalters verlassen und somit seinen begründeten Antrag der Entscheidung zugrunde legen (KS-*Uhlenbruck* 1. Aufl S 239, 248 Rn 17; *Pohlmann,* Befugnisse Rn 147; FK-*Schmerbach* § 22 Rn 66). Das Insolvenzgericht trägt durch seine Zustimmung die Entscheidung des Verwalters mit. Die Zustimmung entfaltet deshalb „**haftungsrechtliche Legitimationswirkung"** zugunsten des Verwalters (*Pohlmann,* Befugnisse Rn 149). Trägt das Gericht die Entscheidung mit, kann dem Verwalter kaum der Vorwurf einer fahrlässigen Pflichtverletzung gemacht werden. Etwas anderes gilt aber, wenn der vorläufige Insolvenzverwalter einen Stilllegungsantrag an das Insolvenzgericht vermeidbar so unzulänglich begründet hat, dass dieses deswegen die Zustimmung erteilt oder verweigert (vgl *Pohlmann,* Befugnisse Rn 149; *Kirchhof* ZInsO 1999, 365, 367). Der vorläufige Insolvenzverwalter hat im Antrag auch darzustellen, dass er uU **Kreditbetrugshandlungen** iSv §§ 263, 265 b StGB für den Fall der Unternehmensfortführung begehen würde. So zB wenn er auf Kredit Ware bestellt, die er später im eröffneten Verfahren nicht mehr bezahlen kann. Oder wenn er Kredite aufnimmt, deren Rückzahlung als Masseverbindlichkeit (§ 55 Abs 2) nicht gewährleistet ist (FK-*Schmerbach* § 22 Rn 54; N/R/*Mönning* § 22 Rn 89; *Mönning,* Betriebsfortführung S 261). Etwas anderes gilt, soweit man ihm zumuten kann und muss, die Betriebskosten so gering wie möglich zu halten und Vertragspartner über die Gefahr der Masseunzulänglichkeit aufzuklären.

30 Die im Eröffnungsverfahren **noch nicht organisierten Insolvenzgläubiger** sind in den Entscheidungsprozess der Betriebsstilllegung nicht einzubeziehen (*Pohlmann,* Befugnisse Rn 151, 152). Auch der **Insolvenzschuldner** oder dessen **organschaftlicher Vertreter** ist bzw sind nur insoweit in den Entscheidungsprozess einzubeziehen, als sie vor der gerichtlichen Entscheidung **anzuhören** sind (N/R/*Mönning* § 22 Rn 167; *Pohlmann,* Befugnisse Rn 153 ff; HK-*Kirchhof* § 22 Rn 26). Ein **Betriebsrat** wird von der Ausschlusswirkung des § 22 Abs 1 S 2 Nr 2 nicht erfasst (*Pohlmann,* Befugnisse Rn 163). Deshalb hat der vorläufige Insolvenzverwalter im Rahmen der Betriebsstilllegung den **Betriebsrat zu beteiligen,** ohne dass die Vorschriften der §§ 121, 122 bereits eingreifen (HK-*Kirchhof* § 22 Rn 26). Zwar kann eine Stilllegung nach § 22 Abs 1 S 2 Nr 2 nicht verhindert werden, doch greifen die Folgen der §§ 112, 113 BetrVG ein (vgl *Uhlenbruck* KTS 1973, 88 ff; HK-*Kirchhof* § 22 Rn 26; *Berscheid* ZIP 1997, 1578 ff; vgl auch die Kommentierung unten zu X. 2 a aa).

31 **Ohne gerichtliche Zustimmung** ist dem vorläufigen Insolvenzverwalter mit Verfügungsbefugnis gestattet, eine **Einschränkung des schuldnerischen Unternehmens** bis hin zur Grenze des § 22 Abs 1 S 2 Nr 2 vorzunehmen, also zB die Stilllegung von Betriebsteilen, nicht aber von ganzen Unternehmensteilen (vgl *Kirchhof* ZInsO 1999, 436, 437; *Berscheid* NZI 2000, 1, 4). Besteht das Unternehmen aus einem Betrieb, der neben einer Verwaltung die Betriebsteile Maschinenbau und Rohrbau umfasst und fährt letzterer nur Verluste ein, ist der vorläufige Insolvenzverwalter berechtigt, diesen **Betriebsteil** zur Sicherung der Restmasse auch ohne insolvenzgerichtliche Zustimmung stillzulegen. Die Arbeitsgerichte sind nicht berechtigt, diese Desinvestitionsentscheidung auf ihre Notwendigkeit oder Zweckmäßigkeit hin zu überprüfen (*Berscheid* NZI 2000, 1, 4). Die Gerichte für Arbeitssachen sind an die gerichtliche Zustimmungsentscheidung gebunden. Bei Betriebsänderungen und interessenausgleichspflichtigen Entlassungen gilt nicht die Drei-Wochen-Frist des § 122 Abs 1 S 1. Das Interessenausgleichsverfahren (§ 113 Abs 3 BetrVG) ist unbefristet. Ist der vorläufige Insolvenzverwalter aufgrund der Betriebsstilllegung verpflichtet, einen **Sozialplan** aufzustellen, so greift die Widerrufsmöglichkeit des § 124 im eröffneten Verfahren ein. Im Übrigen sind die Ansprüche der Arbeitnehmer aus einem solchen Sozialplan **Masseverbindlichkeiten** gem § 123 Abs 2 S 1 (vgl *Pohlmann,* Befugnisse Rn 166–169; *Kania* DStR 1996, 832; 835; *Lohkemper* KTS 1996, 1, 36; *Warrikoff* BB 1994; 2338, 2444; str aA K/P/B/*Moll* §§ 123, 124 Rn 105). Kommt es nicht zu einer Verfahrenseröffnung, so wird der vom vorläufigen Insolvenzverwalter mit dem Betriebsrat abgeschlossene Sozialplan endgültig wirksam. Abschlagszahlungen darf der vorläufige Insolvenzverwalter auf Sozialplanforderungen im Eröffnungsverfahren nicht leisten (*Pohlmann,* Befugnisse Rn 168). Nicht zu folgen ist der Auffassung von *Pohlmann* (Befugnisse Rn 175), wonach dem Schuldner – für den hypothetischen Fall der Nichteröffnung – das Recht zuzugestehen ist, die gerichtliche Untersagung des Sozialplans analog §§ 160 Abs 1, 161 zu beantragen. Der Gesetzgeber hat bewusst die alleinige Kompetenz im Eröffnungsverfahren dem vorläufigen Insolvenzverwalter mit Verwaltungs- und Verfügungsbefugnis übertragen. Alleinige Kontrolle des Verwalterhandelns ist die Zustimmungskompetenz

IX. Der vorläufige Insolvenzverwalter mit Verwaltungs- und Verfügungsbefugnis § 22

des Insolvenzgerichts zu einer Betriebsstilllegung. Insoweit verbietet sich eine Analogie zu den §§ 160, 161, die auf Zustimmungsbefugnisse der Gläubigerschaft abgestellt sind (anders für eine Darlehensaufnahme größeren Umfangs *Kraemer/Vallender/Vogelsang* Fach 2 Kap 6 Rn 122). Die Zustimmung des Insolvenzgerichts zur Stilllegung des Unternehmens ist keine Wirksamkeitsvoraussetzung für eine vom starken vorläufigen Insolvenzverwalter erklärte Kündigung des Arbeitsverhältnisses im Hinblick auf die beabsichtigte Einstellung des Betriebes (**BAG** v 27. 10. 2005 – 6 AZR 5/05, BB 2006, 781). **Betriebsbedingte Kündigungen** durch den vorläufigen Insolvenzverwalter sind allein an Hand der Bestimmungen des allgemeinen und besonderen Kündigungsschutzes zu beurteilen.

8. Unternehmensveräußerung statt Stilllegung. Nach altem Recht war es dem Sequester untersagt, 32 im Rahmen des § 106 Abs 1 KO das Unternehmen des Schuldners als Ganzes zu veräußern, da diese Maßnahme weit über den Sicherungscharakter hinausgeht (vgl *Gerhardt* JZ 1968, 976, 977; *Koch*, Die Sequestration S 146; *Herbert*, Die Sequestration S 138; *Kleiner*, Bedeutung und Probleme S 99 f; weiter gehend *Pape* ZIP 1994, 89, 92; K/U § 106 KO Rn 13 a). Nach Auffassung von *Kirchhof* (HK-*Kirchhof* § 22 Rn 26) gilt § 22 Abs 1 S 2 Nr 2 sinngemäß auch für die Stilllegung organisatorisch abgrenzbarer Unternehmensteile, wie zB Filialen, wenn sie zur Sanierung des restlichen Unternehmens nötig erscheint. Eine Stilllegung iSv § 22 Abs 1 S 2 Nr 2 liege dagegen nicht vor, soweit das Schuldnerunternehmen sofort nach Insolvenzeröffnung „planmäßig einem Erwerber übertragen werden soll und der vorläufige Insolvenzverwalter das vorbereitet". Zweifelhaft ist jedoch, ob man die Unternehmensveräußerung im Eröffnungsverfahren durch den vorläufigen Insolvenzverwalter „wirtschaftlich als **Minusmaßnahme zur Betriebsstilllegung**" verstehen kann (vgl *Pohlmann*, Befugnisse Rn 414; *Jaeger/Gerhardt* § 22 Rn 89; MüKoInsO-*Haarmeyer* § 22 Rn 81; offengelassen in BGHZ 104, 151). Tatsächlich handelt es sich um etwas qualitativ anderes, weil es nicht darum geht, nur das unrentable Unternehmen des Schuldners nicht weiterzuführen, sondern vielmehr die Masse schon zu verwerten, obwohl noch gar nicht feststeht, ob überhaupt ein Insolvenzverfahren durchzuführen ist (*Pape* ZInsO 2003, 389, 391). Keinesfalls ist die Unternehmensveräußerung durch einen vorläufigen Insolvenzverwalter die stärkste Form der Betriebsstilllegung. Betriebsstilllegung bedeutet lediglich Einstellung des operativen Geschäfts. Die **Unternehmensveräußerung** ist dagegen bereits Verwertung, die das Gesetz für das Eröffnungsverfahren nicht vorsieht (vgl aber *Pohlmann*, Befugnisse Rn 415) und dem vorläufigen Insolvenzverwalter grundsätzlich nicht erlaubt ist (vgl **BGH** v 22. 2. 2007 – IX ZR 2/06, NZI 2007, 338, 339; **BGH** v 20. 2. 2003 – IX ZR 81/02, NZI 2003, 259; **BGH** v 14. 12. 2000 – IX ZB 105/00, NZI 2001, 191; 193; **BGH** v 6. 4. 2000 – IX ZR 422/09, NZI 2000, 306, 308). Angesichts der erheblichen Haftungsrisiken, denen der Erwerber bei einer Betriebsveräußerung im Eröffnungsverfahren ausgesetzt ist (näher dazu *Vallender* GmbHR 2004, 543 ff; 642 ff), erscheint eine solche Maßnahme ohnehin wenig sinnvoll. So trifft den Erwerber die Haftung gem § 25 Abs 1 HGB. Da eine teleologische Reduktion des § 613 a BGB nicht in Betracht kommt, haftet der Betriebserwerber voll (**BAG** v 20. 6. 2002 – 8 AZR 459/01, NZI 2003, 222, 225). Darüber hinaus besteht bei einer Veräußerung des schuldnerischen Betriebes durch den Schuldner mit Zustimmung des vorläufigen Insolvenzverwalters die Gefahr einer Anfechtung des Unternehmenskaufs durch den Insolvenzverwalter.

Während der Diskussionsentwurf eines Gesetzes zur Änderung der Insolvenzordnung von April 2003 32a (näher dazu *Pape* ZInsO 2003, 389, 391) in Art 1 Nr 7 noch eine Unternehmensveräußerung im Eröffnungsverfahren als „vorläufige" Verwertungsmaßnahme im Rahmen des § 22 Abs 1 Nr 2 vorsah, hat der Gesetzgeber im Gesetz zur Vereinfachung des Insolvenzverfahrens v 13. 4. 2007 (BGBl I 509) von dieser Regelung Abstand genommen. Seit dem 1. 7. 2007 gibt § 158 dem Insolvenzverwalter vor dem Berichtstermin die Möglichkeit einer Veräußerung des Unternehmens im Ganzen mit Zustimmung des Gläubigerausschusses (zustimmend *Pape* NZI 2007, 481, 484; siehe auch *Vallender/Fuchs* NZI 2003, 292, 295).

Die Tatsache, dass die Produktion eingestellt ist, maßgebliche Geschäftspartner die Belieferung des Unternehmens beendet haben und ein überwiegender Teil der Belegschaft das Arbeitsverhältnis gekündigt hat, kann im Einzelfall den Antrag auf Betriebsstilllegung rechtfertigen (*Vallender* DZWIR 1999, 265, 271; *Förster* ZInsO 1998, 94, 95). Nicht jeder Produktionsstillstand führt aber zur endgültigen Stilllegung des Unternehmens. Voraussetzung für die Stilllegung ist, dass keine Aussichten bestehen, dass das Schuldnerunternehmen die Produktion wieder aufnimmt (*Förster* ZInsO 1998, 94, 95).

Zweifelhaft ist, ob auch eine Stilllegung bei gleichzeitiger **Überleitung der Geschäftstätigkeit auf eine** 33 **Auffanggesellschaft** im Wege der übertragenden Sanierung zulässig ist (so *Vallender* DZWIR 1999, 265, 271; *Förster* ZInsO 1998, 94, 95). Insoweit dient die gerichtliche Zustimmung zur Betriebsstilllegung der gleichzeitigen Übertragung des Unternehmens auf eine Übernahmegesellschaft (Auffanggesellschaft), was rechtlich nur unter besonderen Umständen gerechtfertigt sein kann (s auch *Graf-Schlicker/ Remmert* NZI 2001, 569, 574). Nur bei „**exorbitant günstiger Verwertungsmöglichkeit**" und **Zustimmung des Insolvenzschuldners** erscheint es rechtlich vertretbar, dem vorläufigen Insolvenzverwalter ausnahmsweise zu gestatten, bereits im Eröffnungsverfahren das Schuldnerunternehmen zu veräußern oder auf eine Auffanggesellschaft zu übertragen, wenn sich diese Maßnahme als für die Gläubiger günstigste Verwertungsart darstellt und gleichzeitig zur Erhaltung des „Good will" erforderlich ist (so wohl auch *Kraemer/Vallender/Vogelsang* Fach 2 Kap 6 Rn 132; zu Überlegungen der Bund-Länder-Arbeitsgruppe

„Insolvenzrecht" s *Graf-Schlicker/Remmert* NZI 2001, 569, 574). Ohne vorherige Unterrichtung des Insolvenzgerichts sollte der vorläufige Insolvenzverwalter die beabsichtigte Veräußerung nicht vornehmen.

34   9. **Die Kreditfinanzierung im Eröffnungsverfahren.** Bestehende Kreditverträge werden weder durch die Anordnung eines allgemeinen Verfügungsverbots noch durch die Bestellung eines vorläufigen Insolvenzverwalters mit Verfügungsbefugnissen beendet (*Vallender* in Handbuch zum deutschen und europäischen Bankrecht § 35 Rn 38; *Wittig* DB 1999, 197, 198). Nur theoretisch bleibt dem Schuldnerunternehmen die Möglichkeit, für die Finanzierung der Unternehmensfortführung im Eröffnungsverfahren offene Kreditlinien bestehender Kreditverträge auszunutzen, da der Kreditgeber meist von dem ihm zustehenden Kündigungsrecht wegen Verschlechterung der wirtschaftlichen Verhältnisse des Kreditnehmers Gebrauch macht (Nr 19 Abs 3 AGB-Banken, Nr 22 Abs 2 AGB-Sparkassen). Der Gesetzgeber wollte dem vorläufigen Insolvenzverwalter mit Verfügungsbefugnissen die **Aufnahme von Bankkrediten** dadurch erleichtern, dass er entgegen der früheren Rechtslage den Rückzahlungsanspruch in den Rang einer Masseverbindlichkeit nach § 55 Abs 2 S 1 gebracht hat (vgl *Uhlenbruck* GmbHR 1995, 82, 195, 200; *ders* KTS 1994, 169, 179 f; *Wittig* DB 1999, 197, 199). Kreditgeschäfte mit einem vorläufigen Insolvenzverwalter ohne Verfügungsbefugnis begründen keine Masseverbindlichkeiten. Das Insolvenzgericht ist aber befugt, dem vorläufigen Insolvenzverwalter ohne Verfügungsbefugnis gem § 22 Abs 2 die Befugnis einzuräumen (vgl **BGH** v 18. 7. 2002 – IX ZR 15/01, NJW 2002, 3326 = NZI 2002, 543). Weder die insoweit begründeten Ansprüche noch die **Privilegierung der Kredite** an den vorläufigen Insolvenzverwalter mit Verfügungsbefugnis sind nicht ohne Risiko, denn sie konkurrieren im eröffneten Verfahren gem § 209 Abs 1 Nr 3 mit den übrigen Masseverbindlichkeiten (*Uhlenbruck* Bankrechtliche Aspekte der Insolvenzrechtsreform 1994, FS *Vieregge*, 1995 S 883, 890 f; *ders* KTS 1994, 169, 180). Wird die Masseunzulänglichkeit vom Verwalter später angezeigt (§ 208), so werden die Forderungen aus einem vom vorläufigen Insolvenzverwalter im Eröffnungsverfahren gewährten Neukredit unter den Masseverbindlichkeiten nur im dritten Rang nach den Gerichtskosten und den nach der Anzeige der Masseunzulänglichkeit begründeten Masseverbindlichkeiten berichtigt (vgl *Uhlenbruck* GmbHR 1995, 81, 195, 200; *Heß/Weis* InVo 1996, 225, 226). *Smid* (WM 1998, 1313, 1314) meint zwar, die Gläubiger eines Massekredits seien durch die Verwalterhaftung abgesichert. Dies trifft aber im Hinblick auf die Haftungsregelung des § 61 S 2 nicht ohne weiteres zu (näher dazu Ausführungen Rn 224 ff). **Sicherheiten** zur Besicherung des Neukredits stehen dem Schuldnerunternehmen im Eröffnungsverfahren meist nicht zur Verfügung. Zur Sicherstellung der Rückzahlungsansprüche s *Feuerborn* KTS 1997, 171, 186 ff; *Bähr* ZIP 1998, 1553 ff. Es bleibt nur die Möglichkeit, dass der vorläufige Insolvenzverwalter aufgrund seiner Verfügungsbefugnis Sicherheiten bestellt. Diese können nach Verfahrenseröffnung durch einen späteren Insolvenzverwalter nicht etwa durch Anfechtung nach den §§ 129 ff wieder entzogen werden (K/P/B/*Pape* § 22 Rn 31). Da der vorläufige Insolvenzverwalter die Sicherheiten im unmittelbaren Zusammenhang als Gegenleistung für die Gewährung des Neukredits bestellt, handelt es sich insoweit um ein **Bargeschäft**, das von der Anfechtung gem § 142 ausgeschlossen ist (*Wittig* DB 1999, 197, 200). Anders nur, wenn der Kreditgeber Sicherheiten sogleich auch für bestehende Kredite verlangt und der vorläufige Verwalter darauf eingeht, weil sonst niemand bereit ist, die Unternehmensfortführung zu finanzieren.

35   10. **Verwertungsbefugnis des vorläufigen Insolvenzverwalters?** Entsprechend der vorstehend behandelten Unternehmensveräußerung stellt sich für den vorläufigen Insolvenzverwalter mit Verwaltungs- und Verfügungsbefugnis die generelle Frage, ob er im Rahmen des Eröffnungsverfahrens allgemein oder in besonderen Fällen berechtigt ist, Gegenstände des schuldnerischen Haftungsvermögens bereits im Eröffnungsverfahren zu verwerten. Wie sich aus § 159 ergibt, ist die Verwertung des Schuldnervermögens grundsätzlich dem eröffneten Verfahren vorbehalten(vgl HK-*Kirchhof* § 22 Rn 12, 13; HK-*Flessner* § 159 Rn 1; K/P/B/*Onusseit* § 159 Rn 5; BerlKo-*Breutigam* § 159 Rn 6; N/R/*Balthasar* § 158 Rn 11; *Vallender* DZWIR 1999, 265, 270).

35a   Dies entspricht der ständigen Rechtsprechung des **Bundesgerichtshofs** (v 22. 2. 2007 – IX ZR 2/06, NZI 2007, 338, 339; v 14. 12. 2000 – IX ZB 105/00, NZI 2001, 191, 193; v 20. 2. 2003 – IX ZR 81/02, NZI 2003, 259; v 6. 4. 2000 – IX ZR 422/09, NZI 2000, 306, 308). Danach sind dem vorläufigen Insolvenzverwalter Verwertungs- und Abwicklungsmaßnahmen aus eigenem Recht in der Regel nicht gestattet. **Fällige Forderungen** des Schuldners gegen Drittschuldner darf er außerhalb des laufenden Geschäftsbetriebs nur einziehen, um drohender Verjährung oder Uneinbringlichkeit vorzubeugen, nicht aber zur Masseanreicherung (**BGH** v 18. 12. 2003 – IX ZB 28/03, NZI 2004, 381, 382). Im Verhältnis zu gesicherten Gläubigern stehen ihm – von besonderen gerichtlichen Anordnungen und Sicherungsmöglichkeiten abgesehen – nur die zwischen Gläubiger und Schuldner vertraglich vereinbarten Rechte am Sicherungsgut zu.

36   Nur ausnahmsweise und bei **drohendem Verderb** von Waren wird man den vorläufigen Insolvenzverwalter für berechtigt ansehen müssen, diese Ware trotz des „Verwertungsmoratoriums" zu veräußern (*Vallender* RWS-Forum 16 S 77). *Pohlmann* (Befugnisse Rn 424) hält sogar die Veräußerung einzelner Unternehmensteile für zulässig, wenn diese die einzige Möglichkeit darstellt, mit der die drohende Stilllegung des gesamten Unternehmens oder des betreffenden Unternehmensteils verhindert

IX. Der vorläufige Insolvenzverwalter mit Verwaltungs- und Verfügungsbefugnis § 22

werden kann. Einen Lösungsweg hat *H.-P. Kirchhof* (ZInsO 1999, 436 ff; HK-*Kirchhof* § 22 Rn 13) aufgezeigt. Er grenzt zwischen **„ordnungsmäßiger Verwaltung"** einerseits und **„veräußernder Verfügung"** andererseits ab. Die „Verwaltung" umfasst die notwendige Erhaltung (§ 744 Abs 2 BGB) entsprechend der „Sicherung" iSv § 22 Abs 1 S 2 Nr 1 und darüber hinaus die ordnungsmäßige Pflege des Vermögens entsprechend der „Erhaltung" iSv § 22 Abs 1 S 2 Nr 1 im Interesse aller Beteiligten (§§ 744 Abs 1, 745 Abs 1 BGB). Nach zutreffender Auffassung von *Kirchhof* darf der vorläufige Verwalter von sich aus alle Handlungen vornehmen, „die bei einer Fortführung des Schuldnerunternehmens annähernd im bisherigen Umfang und Zuschnitt anfallen, also zB Rohstoffe verarbeiten, Fertigprodukte verkaufen und Forderungen auf den Erlös zur Masse ziehen". Zulässig ist somit eine **„Auslaufproduktion"** oder ein **„geordneter Abverkauf"** (*Förster* ZInsO 2000, 141; ähnlich *Kraemer/Vallender/ Vogelsang* Fach 2 Kap 6 Rn 128 ff; N/R/*Mönning* § 22 Rn 18; HK-*Kirchhof* § 22 Rn 13, 14; *Jauernig* ZIP 1980, 410; *Heß* § 22 Rn 129, 130). Die Abgrenzung von Verwaltungsmaßnahmen und Verwertungsmaßnahmen ist nicht immer einfach. Zur Verwaltung gehört jedenfalls der Einsatz von Schuldnervermögen zur Absicherung aufgenommener Kredite und eine „vermehrte, aber kaufmännisch vertretbare Veräußerung von Umlaufvermögen, etwa um nötige Liquidität zu schaffen" (*Kirchhof* ZInsO 1999, 436).

Die **Veräußerung von Anlagevermögen** gehört idR nicht mehr zur Verwaltung (*Kirchhof* ZInsO 1999, 37 436; str aA *Förster* ZInsO 2000, 141, 142), wohl aber die Veräußerung entbehrlicher Bestandteile des Anlagevermögens, wie zB von nicht dringend benötigten Kraftfahrzeugen. Man wird den vorläufigen Verwalter für berechtigt halten müssen, Fertigprodukte zu verkaufen und die Kaufpreisforderungen einzuziehen (*Pohlmann*, Befugnisse Rn 404, 426; HK-*Kirchhof* § 22 Rn 12). **Verwaltungs- und Sicherungstätigkeit** sind letztlich alle Maßnahmen, „die ein ordentlicher Geschäftsleiter vornehmen würde, um ein Unternehmen wie das des Schuldners annähernd in dem bisherigen Umfang und Zuschnitt fortzuführen, also idR die Veräußerung des gesamten Umlaufvermögens gegen angemessenes Entgelt (HK-*Kirchhof* § 22 Rn 13; *Förster* ZInsO 2000, 141 f). Nach HK-*Kirchhof* (§ 22 Rn 13) soll es sogar zulässig sein, dass der vorläufige Verwalter über **einzelne Teile des Anlagevermögens** (vgl **BGH** FamRZ 1995, 269) mit dem Ziel verfügt, nötige Liquidität zu schaffen. Insbesondere dürften Grundstücke zur Absicherung benötigter Kredite eingesetzt werden (vgl auch **BGH** WM 1987, 985). Die **Grenze zur unzulässigen Verwertung** ist nach *Kirchhof* (HK-*Kirchhof* § 22 Rn 13) „erst dort überschritten, wo entweder eindeutig mehr Massebestandteile abgegeben werden als für den Erhalt des Schuldnervermögens als Ganzes nötig, oder wo Gegenstände des Anlagevermögens veräußert werden, die für die spätere Fortführung des Schuldnerunternehmens möglicherweise wesentlich werden könnten (vgl auch **BGH** v 14. 12. 2000, NZI 2001, 191 = WM 2001, 430, 432; *Kirchhof* ZInsO 1999, 436 ff). Der **BGH** hat in seiner Entscheidung vom 14. 12. 2000 (NZI 2001, 191, 192) ausdrücklich darauf hingewiesen, dass der vorläufige Insolvenzverwalter Schuldnervermögen grundsätzlich noch nicht im technischen Sinne zu verwerten hat (HK-*Kirchhof* § 22 Rn 12; BerlKo-*Blersch* § 22 Rn 12; *Vallender* DZWIR 1999, 268, 270). Dies gilt unabhängig davon, ob ein allgemeines Verfügungsverbot erlassen worden ist oder nicht. Die Abgrenzung der Verwertungstätigkeit von der Sicherungs- und Verwaltungstätigkeit orientiert sich am Schutzzweck des § 22. Ob nach Zustimmung zur **Stilllegung des Unternehmens** durch das Insolvenzgericht im Einzelfall das Interesse des Schuldners am Bestand des Unternehmens gegenüber dem Interesse des Gläubiger zurückzustehen hat, so dass ein **Gesamtverkauf des verwalteten Vermögens zu günstigen Bedingungen** in Betracht kommt (vgl **OLG** Düsseldorf ZIP 1992, 346; *Pohlmann*, Befugnisse Rn 406, 414 f, 418–425; *Lohkemper* ZIP 1999, 1252; *Kammel* NZI 2000, 103; HK-*Kirchhof* § 22 Rn 28), erscheint fraglich. Eine solche Maßnahme erscheint nur dann vertretbar, wenn gewährleistet ist, dass es zu einer Eröffnung des Insolvenzverfahrens kommt. Bei einem Eigenantrag des Schuldners ist dies nicht der Fall, weil die Gefahr einer Antragsrücknahme besteht (vgl § 13 Abs 2). In jedem Fall sollte der vorläufige Insolvenzverwalter die Zustimmung des Schuldners zu dem beabsichtigten Verkauf einholen.

Vielfach ist der vorläufige Verwalter gezwungen, **Gegenstände des Umlaufvermögens zu veräußern** um 38 die notwendige Liquidität für eine Verfahrenseröffnung zu erhalten. Auch wird man den vorläufigen Verwalter als berechtigt ansehen müssen, zB unrentable Bauvorhaben uU auf Konkurrenzfirmen zu übertragen (vgl HK-*Kirchhof* § 22 Rn 28). **Echte Verwertungsmaßnahmen**, die über den normalen Geschäftsbetrieb hinausgehen, sind dagegen dem vorläufigen Verwalter nur gestattet, soweit **Gefahr im Verzuge** ist (*Kirchhof* ZInsO 1999, 436, 437). Die Notwendigkeit dringender Liquiditätsbeschaffung ist keine Rechtfertigung zu solchen Verwertungsmaßnahmen, wohl aber der drohende Verderb von Ware. Der **Begriff der Gefahr** ist nach *Kirchhof* (ZInsO 1999, 436, 437) „nicht eng" auszulegen, damit die nötige Handlungsfreiheit des vorläufigen Verwalters nicht übermäßig eingeschränkt wird. So dürfe zB der vorläufige Verwalter sogar wichtige Objekte des Anlagevermögens veräußern, wenn sie nicht mehr in zumutbarer Weise bis zum Berichtstermin zu erhalten seien. Forderungen gegen Gesellschafter oder Geschäftsführer einer insolventen Gesellschaft – vor allem auf Schadenersatz – dürfe der vorläufige Verwalter zur Aufrechnung verwenden oder einziehen, wenn zB die Verjährung droht oder der jeweilige Drittschuldner seinerseits zahlungsunfähig zu werden droht (*Kirchhof* ZInsO 1999, 436, 437). Unbedenklich ist es auch, dass der vorläufige Insolvenzverwalter Verwertungshandlungen **im Einvernehmen mit allen Beteiligten** vornimmt. Es genügt aber nicht, hierzu die Zustimmung der Großgläubiger einzuholen. Zu den Zustimmungsvorbehalten vgl eingehend *Vallender* RWS-Forum 14, S 84 ff. **Keine Masseverwertung** ieS stellt die **Einziehung von Forderungen** des Schuldners gegen Dritte durch den vorläufigen Insolvenzverwalter dar (*Vallender* RWS-Forum 14 S 77; *Kraemer/Vallender/Vogelsang* Fach 2 Kap 6 Rn 123; HK-*Kirchhof* § 22 Rn 12). Den Gläubigern wird durch den Forderungseinzug kein Haftungsobjekt gegenständlich entzogen. Vielmehr dient die Einziehung nur der Anreicherung des Haftungsvermögens. Jedoch hat der Gesetzgeber in § 166 Abs 2 zum Ausdruck gebracht, dass er auch den Forderungseinzug als Verwertungshandlung ansieht (vgl *Vallender* RWS-Forum 14 S 77; *Foltis* ZInsO 1999, 386, 390 ff; HK-*Kirchhof* § 22 Rn 12).

39   **11. Verwertung von Sicherungsgut. a) Aussonderungsrechte.** Nicht um Sicherungsrecht ieS handelt es sich bei Gegenständen, die der Aussonderung nach § 47 unterliegen. Diese gehören nicht zur Insolvenzmasse und sind an den Berechtigten herauszugeben. Ein **Verwertungsrecht** des vorläufigen Insolvenzverwalters besteht insoweit nicht. Jedoch ist umstritten, ob der vorläufige Insolvenzverwalter bereits im Eröffnungsverfahren Gegenstände, an denen ein Aussonderungsrecht besteht, an den Berechtigten herausgeben muss. Grundsätzlich können Gegenstände, die im Eigentum Dritter stehen, in jedem Verfahrensstadium herausverlangt werden (vgl HK-*Kirchhof* § 22 Rn 16). Eine Ausnahme gilt insoweit, als der vorläufige Verwalter ein **Recht zum Besitz** (§ 986 Abs 1 BGB) an dem Gegenstand hat. Ein solches Recht ergibt sich beim Eigentumsvorbehalt aus dem zugrunde liegenden Kaufvertrag. In bestehende Aussonderungsrechte darf nur im Rahmen der §§ 107 Abs 2, 112 eingegriffen werden (HK-*Kirchhof* § 21 Rn 35). Dies bedeutet einmal, dass der vorläufige Insolvenzverwalter bereits im Eröffnungsverfahren Gegenstände, an denen ein Aussonderungsrecht besteht, Sicherungsgut herauszugeben, soweit nicht gerichtliche Anordnungen nach § 21 Abs 2 Nr 3 oder Nr 5 entgegenstehen (HK-*Kirchhof* § 22 Rn 16). Bei Gegenständen, die unter **Eigentumsvorbehalt** geliefert worden sind, folgt aus § 107 Abs 2 S 1, dass der vorläufige Verwalter zunächst einmal im Hinblick auf die Erfüllungswahl (§ 107 Abs 2) berechtigt ist, den Gegenstand in der Masse zu behalten. Er braucht ihn zunächst nicht herauszugeben (**AG Düsseldorf** DZWIR 2000, 348; KS-*Uhlenbruck* S 351 Rn 28; *Kraemer/Vallender/Vogelsang* Fach 2 Kap 6 Rn 135; HK-*Kirchhof* § 21 Rn 27, § 22 Rn 9; *Braun/Uhlenbruck*, Unternehmensinsolvenz S 254; str aA *Lohkemper* ZIP 1995, 1641, 1650; *Pohlmann*, Befugnisse Rn 440). Selbstverständlich besteht ein **Zurückbehaltungsrecht** gem §§ 348, 320, 322, 1000 BGB, wenn auf den herauszugebenden Gegenstand Aufwendungen gemacht wurden, für die Ersatz verlangt werden kann (§§ 347, 949 ff BGB; K/U § 106 KO Rn 18; *Pohlmann*, Befugnisse Rn 440). Nach Auffassung von *Pohlmann* (Befugnisse Rn 441) spielt es keine Rolle, ob der vorläufige Insolvenzverwalter im Rahmen der Geschäftsfortführung auf den Gegenstand, der Aussonderung unterliegt, angewiesen ist oder nicht. Wären die aussonderungsberechtigten Gläubiger berechtigt, bereits im Eröffnungsverfahren die der Aussonderung unterliegenden Gegenstände aus dem Schuldnerunternehmen herauszuholen, wäre eine spätere Erfüllungswahl durch den Insolvenzverwalter nach §§ 103, 107 Abs 2 nicht mehr möglich. Das Schuldnerunternehmen müsste zu Lasten der ungesicherten Gläubiger stillgelegt werden mit der Folge, dass eine wertsteigernde Unternehmenssanierung durch Insolvenzplan ausgeschlossen wäre. Dem Gesetzgeber ging es zunächst einmal darum, das Schuldnerunternehmen als Ganzes bis zum Berichtstermin zusammenzuhalten und eine vorzeitige Wertezerschlagung zu vermeiden. Selbst wenn man nicht nur für den Eigentumsvorbehalt, sondern auch für jede Art von Aussonderungsrecht die Möglichkeit der Aussonderung im Eröffnungsverfahren bejahen würde, wäre das Gericht aufgerufen, bis zur Prüfung der Sanierungsaussichten zunächst einmal die **Aussonderung gem § 21 Abs 2 Nr 5 zu untersagen.** Hatte das Schuldnerunternehmen die Vorbehaltsware bereits veräußert bzw verarbeitet, so gewährt bei verlängertem Eigentumsvorbehalt die antizipierte Sicherungsübereignung der neu hergestellten Sache und die Vorausabtretung der Kundenforderung dem Sicherungsnehmer im Insolvenzverfahren nur noch ein **Absonderungsrecht nach den §§ 50, 51 Nr 1** (vgl Begr RegE zu § 58, BT-Drucks 12/2443, 125; *Bork*, Einf Rn 238; *ders* FS *Gaul* 1997, S 71, 77 f; *Pohlmann*, Befugnisse Rn 446).

40   Der vorläufige Verwalter mit Verwaltungs- und Verfügungsbefugnis ist im Rahmen der einstweiligen Betriebsfortführung auch zur **Verarbeitung von Vorbehaltsware** berechtigt (*Braun/Uhlenbruck*, Unternehmensinsolvenz S 254; str aA *Vallender* RWS-Forum 14, S 71, 86; *Beck/Depré/Beck* Hdb § 6 Rn 109). Allerdings hat der Verwalter das **Recht auf Ersatzaussonderung** (§ 48) zu beachten, wenn die Veräußerungsermächtigung erloschen ist und die Veräußerung demgemäß unberechtigt war. Der vorläufige Insolvenzverwalter ist im Eröffnungsverfahren bei Unternehmensfortführung darauf angewiesen, die im Schuldnerunternehmen vorhandenen Materialbestände zu verarbeiten und die bereits fertig gestellten Produkte zu veräußern. Würde mit Anordnung des allgemeinen Verfügungsverbots die **Ermächtigung zur Weiterveräußerung und zur Verarbeitung** der Eigentumsvorbehaltsware automatisch erlöschen, wäre eine Betriebsstilllegung zwangsläufige Folge. Für den EV-Lieferanten ist entscheidend, ob seine Befriedigungschancen durch die Weiterveräußerung oder Verarbeitung geschmälert werden oder nicht. Bis zu einem Widerruf bleibt eine dem Schuldner erteilte Weiterveräußerungsermächtigung von der Anordnung der vorläufigen Insolvenzverwaltung unberührt (*Mohrbutter/Ernestus* Hdb Rn 1.35; *Pohlmann*, Befugnisse Rn 450). Zweifelhaft ist, ob eine **Verarbeitungsermächtigung** auch für den vorläufigen Insolvenzverwalter mit Verwaltungs- und Verfügungsbefugnis weiter gilt. Die früher hM zum Konkursrecht vertrat die Auffassung, dass die Verarbeitungsermächtigung mit der Anordnung der Sequestration automatisch erlosch (*Henckel*, RWS-Skript Nr 125 S 63; *Herbert*, Die Sequestration S 148; *Kleiner*, Bedeutung und Probleme S 42 f). Nach Auffassung von *Serick* (Bd V § 63 II 5, 6) war der Gläubiger ledig-

lich zum **Widerruf der Ermächtigung** befugt, wenn die Gefahr des Verlustes oder der Entwertung der Sicherheit eintrat. Für das neue Recht wird teilweise die Auffassung vertreten, dass – anders als die Weiterveräußerungsermächtigung – die **Verarbeitungsermächtigung** nach dem Willen der Parteien (§§ 133, 157 BGB) regelmäßig mit der Anordnung der vorläufigen Insolvenzverwaltung erlöschen soll (*Pohlmann*, Befugnisse Rn 452). Nach richtiger Meinung ist § 172 Abs 2 nicht auf Gegenstände anzuwenden, die, wie zB der einfache Eigentumsvorbehalt, der Aussonderung unterliegen (*Pohlmann*, Befugnisse Rn 455 ff). Entscheidend ist im Einzelfall die Auslegung der vertraglichen Vereinbarungen zwischen den Parteien. Ist anzunehmen, dass der aussonderungsberechtigte EV-Lieferant damit einverstanden ist, dass der vorläufige Insolvenzverwalter den unter EV gelieferten Gegenstand weiterverarbeitet, so verwandelt sich mit der Verarbeitung das ursprüngliche Vorbehaltseigentum mit Aussonderungsrecht in ein Sicherungsrecht mit Absonderungscharakter. Es gelten insoweit die gleichen Grundsätze wie für die Verwertung von Absonderungsgut.

b) Die Verwertung von Absonderungsgut. Befinden sich Sachen im Besitz des Schuldners, an denen 41 ein Absonderungsrecht besteht, so ist der vorläufige Insolvenzverwalter berechtigt, das Sicherungsgut zunächst im vereinbarten Rahmen weiter zu nutzen (*Kirchhof* ZInsO 1999, 436, 437). Der vorläufige Insolvenzverwalter ist wegen der Regelung in den §§ 166, 172 idR nicht verpflichtet, Sicherungsgut, das der Absonderung unterliegt, an den Absonderungsberechtigten herauszugeben (**LG Bremen** ZIP 1982, 202; HK-*Kirchhof* § 22 Rn 16; K/U § 106 KO Rn 18). Sind Zweifel möglich, ob das herausverlangte Gut der Absonderung unterliegt, darf der vorläufige Insolvenzverwalter es nicht herausgeben. Er muss vielmehr dem Herausgabeanspruch entgegentreten und den Dritten darauf hinweisen, sich mit dem endgültigen Insolvenzverwalter auseinanderzusetzen (**BGH** v 13. 7. 2006 – IX ZR 57/05, ZInsO 2006, 938, 939; MüKoInsO-*Ganter* § 47 Rn 454). Einem berechtigten Herausgabeverlangen des Sicherungsnehmers kann er allerdings nur wirksam begegnen, wenn das Besitzrecht des Schuldners fortbesteht oder das Gericht ein Vollstreckungsverbot nach § 21 Abs 2 Nr 3 oder Nr 5 angeordnet hat (HK-*Kirchhof* § 22 Rn 16). In der Regel sehen die den Sicherungsverträgen zugrunde liegenden AGB vor, dass nach Stellung eines Insolvenzantrags das Recht zur Verarbeitung und Weiterveräußerung erlischt. Die vertraglichen Schranken werden nicht etwa durch § 166 gegenstandslos, denn erst im eröffneten Verfahren geht die Verwertungsbefugnis generell auf den Insolvenzverwalter über (*Kirchhof* ZInsO 1999, 436, 437). Eine entsprechende Anwendung der §§ 165 ff kommt nicht in Betracht, weil sich diese Vorschriften auf das eröffnete Verfahren beziehen (*Vallender* RWS-Forum 14 S 71, 87; KS-*Klasmeyer/Elsner/Ringstmeier* S 1083, 1095 f Rn 52). *Kirchhof* (ZInsO 1999, 437): „Da der Gesetzgeber dem bloß vorläufigen Verwalter generell keine Verwertungsbefugnis eingeräumt hat, gibt es auch keinen Anhaltspunkt dafür, dass er ihm zusätzlich vertragliche Befugnisse von Sicherungsnehmern hierbei übertragen wollte." Demgemäß dürfe der Verwalter einerseits eine dem Schuldner vertraglich erteilte, fortdauernde Veräußerungsbefugnis ausüben. Habe dagegen der Sicherungsnehmer die Veräußerung nicht wirksam gestattet, komme eine Verwertung durch den vorläufigen Insolvenzverwalter allenfalls bei Gefahr im Verzuge in Betracht. Entgegen KS-*Klasmeyer/Elsner/Ringstmeier* (S 1096 Rn 52) lässt sich eine Befugnis zur Verwertung von Absonderungsgut auch nicht aus der Betriebsfortführungspflicht des vorläufigen Insolvenzverwalters herleiten. Erscheint eine Verwertung von Gegenständen, an denen ein Absonderungsrecht besteht, dringend geboten, sollte der vorläufige Insolvenzverwalter die **Zustimmung des Absonderungsberechtigten** einholen (*Vallender* RWS-Forum 14 S 87). Insoweit bietet sich der Abschluss von **Verwertungsverträgen** mit Sicherungseigentümern und Eigentumsvorbehaltslieferanten an, die zur Aufrechterhaltung des Betriebes und zur Aufarbeitung von Halbfabrikaten beitragen können (*Vallender* RWS-Forum 14 S 87).

Das eingeschränkte Verwertungsrecht hinsichtlich des Sicherungsguts bedeutet nicht, dass der vorläufige Insolvenzverwalter verpflichtet ist, das **Sicherungsgut** an den Sicherungsgläubiger **herauszugeben** (vgl KS-*Uhlenbruck* S 352 Rn 29; K/P/B/*Pape* § 22 Rn 86; *Kraemer/Vallender/Vogelsang* Fach 2 Kap 6 Rn 135; *Pohlmann,* Befugnisse Rn 466; *Heß* § 22 Rn 126). Im Gegenteil: Er hat die gesetzmäßigen Rechte des späteren Insolvenzverwalters sicherzustellen, die der weiteren Fortführung des schuldnerischen Unternehmens dienen (*Pohlmann*, Befugnisse Rn 464). Überwiegend wird deshalb zu Recht angenommen, dass der vorläufige Insolvenzverwalter gem § 22 Abs 1 S 2 Nr 1, 2 weder berechtigt noch verpflichtet ist, die mit Absonderungsrechten belasteten beweglichen Sachen aus dem Schuldnervermögen herauszugeben. Er habe vielmehr die spätere Verwertungs- und Nutzungsrechte des Insolvenzverwalters nach den §§ 166 Abs 1, 172 Abs 1 zu sichern (vgl **LG Bremen** ZIP 1982, 202; HK-*Kirchhof* § 22 Rn 15; *Pohlmann,* Befugnisse Rn 466; vgl auch *Vallender* RWS-Forum 14 S 87 f). Letztlich ist ein **Verwertungsrecht** des vorläufigen Insolvenzverwalters hinsichtlich des Absonderungsguts mit Ausnahme der Gefahr im Verzuge abzulehnen, denn die bloße Verwaltungsbefugnis zu Zwecken der Unternehmensfortführung vermag allein einen Eingriff in Drittrechte nicht zu rechtfertigen (*Kirchhof* ZInsO 1999, 436, 437; *Pohlmann,* Befugnisse Rn 474–484; *Kraemer/Vallender/Vogelsang* Fach 2 Kap 6 Rn 140; *Braun/Uhlenbruck* Unternehmensinsolvenz S 254). Verwertet der vorläufige Insolvenzverwalter unberechtigt Gegenstände, die der Aus- oder Absonderung unterliegen, greift idR eine **Ersatzaussonderung** oder **Ersatzabsonderung** des Berechtigten gem § 48 ein (vgl *Gundlach* DZWIR 1998, 136; HK-*Kirchhof* § 22 Rn 16). Veräußert der vorläufige Insolvenzverwalter ohne Wissen oder unter Widerspruch des Vermieters des Schuldners mit einem **Vermieterpfandrechte belastete Gegenstände** (Warenbestand) aus dessen Vermögen, erlischt das Vermieterpfandrecht nach § 562a BGB, wenn die Entfernung der Sachen von dem vermieteten Grundstück den „gewöhnlichen Lebensverhältnissen" entspricht (**LG Mannheim** v 30. 10. 2003 – 10 S 38/03, ZIP 2003, 2374, 2375; aA **OLG** Düsseldorf NZI 2000, 82 zum alten Mietrecht). Auf Grund der Veräußerung der Ware geht das Vermieterpfandrecht auf die eingenommenen Barmittel über. Das Handeln des vorläufigen Insolvenzverwalters stellt grundsätzlich kein zum Schadensersatz verpflichtendes Verhalten dar (vgl **LG Mannheim** aaO).

Ohne entsprechende gerichtliche Anordnung (§ 21 Abs 2 Nr 5) ist der vorläufige Insolvenzverwalter nicht berechtigt, einen **Verwertungskostenbeitrag** iSv §§ 170, 171 zu verlangen. Wohl kann er mit dem gesicherten Gläubiger eine gesonderte Vereinbarung treffen.

42   c) **Einzug sicherungshalber abgetretener Forderungen.** Die Einziehung von Forderungen des Schuldners gegen Dritte durch den vorläufigen Insolvenzverwalter stellt zwar keine Masseverwertung ieS dar. Wie bereits oben dargestellt wurde, hat der Gesetzgeber in § 166 Abs 2 die Forderungseinziehung unter die Verwertungshandlungen eingeordnet. Der vorläufige Insolvenzverwalter mit Verwaltungs- und Verfügungsbefugnis ist berechtigt und uU sogar verpflichtet, fällige Forderungen des Schuldners einzuziehen und auf diese Weise entweder die Masse anzureichern oder die zur Unternehmensfortführung benötigten Finanzmittel zu beschaffen (*Vallender* RWS-Forum 14 S 78). Auch **Forderungen**, die der Schuldner sicherungshalber in Form einer stillen Zession abgetreten hatte, **darf der vorläufige Insolvenzverwalter zunächst weiter einziehen** (BGH v 6. 4. 2000, ZIP 2000, 895, 897; siehe auch BGH v 6. 4. 2006 – IX ZR 185/04, NZI 2006, 403; *Kirchhof* ZInsO 1999, 436, 437; str aA KS-*Klasmeyer/ Elsner/Ringstmeier* S 1096 Rn 52; *Pohlmann*, Befugnisse Rn 428 ff; *Obermüller/Heß* InsO Rn 186; *Vallender* RWS-Forum 14 S 78). Nach zutreffender Feststellung von *Kirchhof* (ZInsO 1999, 436, 437) beendet weder die Anordnung eines allgemeinen Verfügungsverbots noch die Bestellung eines vorläufigen Insolvenzverwalters die Einziehungsermächtigung, die der Gläubiger zuvor dem Schuldner erteilt hatte. Der **BGH** hat in seiner Entscheidung vom 6. 4. 2000 (ZIP 2000, 895, 897) die im Schrifttum verbreitete Meinung abgelehnt, dass der Sicherungsgeber sein Recht, die zur Sicherung abgetretenen Forderungen einzuziehen, ohne weiteres verliert, wenn das Fortbestehen der Einziehungsermächtigung den Sicherungszweck gefährden würde (vgl zu MüKo-*Roth* § 398 BGB Rn 50; *Serick* Eigentumsvorbehalt und Sicherungsübertragung Bd V § 64 II 1a; ähnlicher *Obermüller* DZWIR 2000, 10, 14). Mit Recht weist der BGH darauf hin, dass § 22 Abs 1 Nr 2 den vorläufigen Insolvenzverwalter verpflichtet, das Schuldnerunternehmen einstweilen bis zur Entscheidung über die Eröffnung des Verfahrens fortzuführen. Eine Betriebsfortführung wäre bei der heutigen Verbreitung von Sicherungsabtretungen und Sicherungsübereignungen an kreditgebende Banken und Großgläubiger von vornherein kaum möglich, wenn vorläufige Maßnahmen des Insolvenzgerichts im Eröffnungsverfahren sofort zu einer Blockierung eines Großteils des Umlaufvermögens des Schuldners führten (vgl auch *Breuer*, Das neue Insolvenzrecht 1998 S 110; HK-*Kirchhof* § 22 Rn 8). Erst mit der Eröffnung des Insolvenzverfahrens entfällt die Einziehungsermächtigung automatisch (vgl auch BGH v. 2. 10. 1952, NJW 1953, 217, 218). Richtig ist aber auch, dass der vorläufige Insolvenzverwalter den Sicherungsnehmer nicht daran hindern kann, **die Einziehungsermächtigung** zugunsten des Schuldners bei Fälligkeit der gesicherten Ansprüche zu **widerrufen, die Abtretungen offen zu legen** und den Gegenwert bei den Drittschuldnern einzuziehen (vgl BGH NJW 1969, 1171).

43   Nach hM in der Literatur fehlt es im Insolvenzeröffnungsverfahren an einer dem § 166 Abs 2 entsprechenden Regelung, so dass ein **Einziehungsrecht des Verwalters** grundsätzlich nicht besteht (*Pohlmann*, Befugnisse Rn 430; KS-*Klasmeyer/Elsner/Ringstmeier* S 1096 Rn 52; *Vallender* RWS-Forum 14 S 78). Dass die im eröffneten Verfahren geltenden Grundsätze zum Forderungseinzug auch für das Eröffnungsverfahren gelten sollen, ist der InsO nicht zu entnehmen (*Vallender* aaO S 78). Gestattet der Sicherungsnehmer die Verwertung von Sicherungsgut, die Weiterveräußerung oder den Einzug von Forderungen durch den vorläufigen Insolvenzverwalter, so entsteht **kein Ersatzabsonderungsrecht** des Sicherungsnehmers, weil die Veräußerung rechtmäßig erfolgt (*Kirchhof* ZInsO 1999, 436, 438 unter Berufung auf BGHZ 68, 199; BGHZ 73, 259, 263 f). Nur wenn die Verwertung durch den vorläufigen Insolvenzverwalter gegen den Willen des Sicherungsnehmers erfolgt, entsteht ein Ersatzabsonderungsrecht nach § 48. Zutreffend weist der **BGH** (v 6. 4. 2000, ZIP 2000, 895) darauf hin, dass eine Ersatzabsonderung voraussetzt, dass entweder das „Recht auf Gegenleistung" noch vorhanden oder dass die Gegenleistung nach Verfahrenseröffnung zur Masse eingezogen worden ist. Bei der Einziehung einer Forderung sei eine Gegenleistung, die an den Berechtigten abgetreten werden könnte, nicht vorhanden (BGHZ 23, 307, 317; **BGH** v 5. 3. 1998, ZIP 1998, 655, 657; **BGH** ZIP 1998, 793, 797). *Mitlehner* (ZIP 2001, 677, 679) weist darauf hin, dass der Widerruf der Einziehungsermächtigung auch nach der gerichtlichen Anordnung der Sicherungsmaßnahmen zulässig und für das Ersatzabsonderungsrecht des Sicherungszessionars erheblich ist (vgl auch BGH ZIP 2000, 895, 897; *Serick* Bd V § 62 IV 3 c). Durch den Widerruf könne der Sicherungszessionar dann zwar nicht mehr die gerichtlichen Sicherungsanordnungen, wohl aber das vertragliche Einziehungsrecht des Schuldners beseitigen, so dass die Forderungseinziehung durch den vorläufigen Insolvenzverwalter nicht mehr nach dem Sicherungsvertrag, sondern nur noch aufgrund der gerichtlichen Anordnung gerechtfertigt und deshalb iSv § 48 unberechtigt sei

(vgl BGH ZIP 2000, 895, 897). Nicht zu folgen ist *Mitlehner* allerdings insoweit, als er dem vorläufigen Insolvenzverwalter die Befugnis zuspricht, gegenüber dem Absonderungsberechtigten die Verfahrensbeiträge nach den §§ 166, 170, 171 abzurechnen (wie hier K/P/B/*Pape* § 22 Rn 25; *Gundlach/Frenzel/ Schmidt* NZI 2001, 119, 122). Dafür gibt es keine rechtliche Grundlage.

d) Die Haftung des vorläufigen Insolvenzverwalters bei Verwertung im Eröffnungsverfahren. Durch die Verweisung in § 21 Abs 1 Nr 1 auf die Vorschriften der §§ 60, 61 greift die Haftung des vorläufigen Verwalters auch bei unzulässiger Verwertung von Gegenständen des Schuldnervermögens oder Dritter im Eröffnungsverfahren ein. Dabei ist zu unterscheiden zwischen dem Innen- und Außenverhältnis. Grundsätzlich sind die Maßnahmen des vorläufigen Verwalters mit Verfügungsbefugnis im **Außenverhältnis** wirksam (*Bork,* Einf Rn 127; *Pohlmann,* Befugnisse Rn 103; *Vallender* RWS-Forum 14 S 89). Bei einer **zulässigen** Verwertung von Schuldnervermögen oder von Gegenständen, an denen ein Aussonderungsrecht besteht, hat der „starke" vorläufige Insolvenzverwalter die Grundsätze zu beachten, die allgemein im Rahmen der Masseverwertung zu befolgen sind. So kommt eine Haftung in Betracht, wenn er im Eröffnungsverfahren Gegenstände weit unter dem erzielbaren Preis veräußert (vgl **BGH** v 22. 1. 1985, ZIP 1985, 423, 425; **OLG** München NZI 1998, 84; ferner **RG** v 7. 9. 1936, RGZ 152, 127; *Vallender* RWS-Forum 14 S 90; *Kirchhof* ZInsO 1999, 436, 438). Erleidet ein Gläubiger oder der Schuldner durch Verwertungsmaßnahmen des vorläufigen Insolvenzverwalters einen Schaden, bestimmt sich die Haftung des vorläufigen Verwalters nach § 21 Abs 2 Nr 1 iVm § 60. Voraussetzung einer Haftung ist **Verschulden,** was angesichts der Hektik und der Unwägbarkeiten eines Eröffnungsverfahrens nur selten zu bejahen sein wird. Kaum ein vorläufiger Verwalter ist imstande, nach kurzer Zeit im Eröffnungsverfahren bereits abschließend festzustellen, an welchen Gegenständen welche Sicherungsrechte bestehen. Beabsichtigt der vorläufige Insolvenzverwalter eine übertragende Sanierung des schuldnerischen Unternehmens, erfüllt er die ihm obliegende **Mitteilungspflicht gegenüber den absonderungsberechtigten Gläubigern** (vgl § 168) bereits durch die Angabe von Verwertungsform und zu erwartende Verwertungserlös (LG Düsseldorf v 9. 5. 2003 – 14 d O 34/02, DZWIR 2003, 389 m Anm *Smid*). Eine – nicht erforderliche – gerichtliche Zustimmung zu Verwertungsmaßnahmen exkulpiert den Verwalter nicht. Die schutzwürdigen Interessen der Insolvenzgläubiger und der Absonderungsberechtigten erschöpfen sich in einem optimalen Verwertungserlös (*Kirchhof* ZInsO 1999, 436, 438). Sonstige Gläubigerinteressen fallen idR nicht in den Schutzbereich des § 60.

12. Gegenseitige Verträge im Eröffnungsverfahren. a) Die Erfüllung und Kündigung von Verträgen. Da die Wirkungen des eröffneten Verfahrens nicht vorweggenommen werden können, steht dem „starken" oder „vollberechtigten" vorläufigen Insolvenzverwalter nicht das Recht zu, die Erfüllung gegenseitiger Verträge gem § 103 zu verlangen oder abzulehnen (**BGH** v 8. 11. 2007 – IX ZR 53/04, NZI 2008, 36). Aus diesem Grund muss ein Gläubiger eine Aufforderung nach § 103 Abs 2 S 2 auch ausschließlich an den Insolvenzverwalter richten. An den vorläufigen Insolvenzverwalter gerichtete Schreiben sind wirkungslos. Ausnahmen von diesem Grundsatz gelten auch dann nicht, wenn vorläufiger Insolvenzverwalter und Insolvenzverwalter personenidentisch sind (**BGH** aaO). Der **betroffene Gläubiger** wird dadurch auch **nicht schutzlos gestellt,** weil ihm der Zeitpunkt der Eröffnung durch Zustellung des Eröffnungsbeschlusses gem § 30 mitgeteilt wird. Nach Eröffnung des Verfahrens kann der Gläubiger die Rechte aus § 103 Abs 2 S 2 geltend machen.

Allerdings ist der vorläufige Insolvenzverwalter berechtigt, von unberechtigten Drittbesitzern die Herausgabe eines zur Masse gehörigen Gegenstandes zu verlangen (HK-*Kirchhof* § 22 Rn 4). Da der vorläufige Insolvenzverwalter das Schuldnerunternehmen bis zur Entscheidung über die Eröffnung des Insolvenzverfahrens einstweilen fortzuführen hat (§ 22 Abs 1 S 2 Nr 2), muss es ihm zwangsläufig auch gestattet sein, zur Erfüllung seiner Sicherungs- und Erhaltungspflicht bestimmte Verbindlichkeiten einzugehen, die vorab zu Lasten des Schuldnerunternehmens gehen, später im eröffneten Verfahren allerdings mit dem Rang des § 55 Abs 2 S 1 zu berichtigen sind. Zunächst einmal soll das Unternehmen als Ganzes erhalten bleiben. Deshalb ist die **Erfüllungswahl** nach § 103 dem vorläufigen Insolvenzverwalter ebenso verwehrt wie die **Anwendung der §§ 115–117.** Aufträge, Geschäftsbesorgungsverträge, Kreditverträge erlöschen ebenso wenig wie Miet- und Pachtverträge (KS-*Uhlenbruck* S 350 Rn 31; N/R/*Mönning* § 22 Rn 145; *Pohlmann,* Befugnisse Rn 487 ff; *Kraemer/Vallender/Vogelsang* Fach 2 Kap 6 Rn 111). Etwas anderes gilt nur für Kontokorrentverhältnisse sowie Überweisungsaufträge, die Verfügungscharakter haben und nicht mehr ausgeführt werden dürfen (K/P/B/*Pape* § 22 Rn 27; *Nobbe* RWS-Forum 9 S 99, 121 ff). Der vorläufige Verwalter ist grundsätzlich an bestehende Verträge des Schuldners gebunden (*Kraemer/Vallender/Vogelsang* Fach 2 Kap 6 Rn 111). Dies heißt allerdings nicht, dass der vorläufige Insolvenzverwalter mit Verfügungsbefugnis nicht befugt wäre, **Miet-, Pacht- oder Dienstverhältnisse zu kündigen** (vgl HK-*Kirchhof* § 22 Rn 23; *Pohlmann,* Befugnisse Rn 501–504). Die Auflösung oder Kündigung von Verträgen richtet sich solchenfalls nach den allgemeinen Vorschriften. So gelten bei der Kündigung von Arbeitsverhältnissen nicht etwa die §§ 109, 111, 113, 120 ff (*Berscheid* ZIP 1997, 1569, 1576 ff; HK-*Kirchhof* § 22 Rn 23; **str aA** *Caspers,* Personalabbau Rn 523). Vgl hierzu die Ausführungen unten zu X. Das Sonderkündigungsrecht des § 109 greift nicht ein (*Kraemer/Vallender/Vogelsang* Fach 2 Kap 6 Rn 133). Die einzige Vorschrift, die bereits im Eröffnungsverfahren ein-

§ 22 *Rechtsstellung des vorläufigen Insolvenzverwalters*

greift, ist § 112: Danach kann ein Miet- oder Pachtverhältnis, das der Schuldner als Mieter oder Pächter eingegangen war, vom anderen Teil **nach dem Antrag auf Eröffnung des Insolvenzverfahrens** nicht gekündigt werden wegen Miet- oder Pachtzinsverzuges für die Zeit vor Antragstellung oder wegen Verschlechterung der Vermögensverhältnisse des Schuldners. Durch diese Regelung wollte der Gesetzgeber verhindern, dass dem Schuldner oder Schuldnerunternehmen bereits vorzeitig die gemieteten oder gepachteten Sachen entzogen werden und damit eine Sanierung unmöglich gemacht wird (vgl K/P/B/ *Tintelnot* § 112 Rn 1; *Leipold/Marotzke* S 183, 193; *Pohlmann,* Befugnisse Rn 489; KS-*Uhlenbruck* Rn 26). Auch bei der Betriebsfortführung im Eröffnungsverfahren handelt es sich um eine **einstweilige Sicherungsverwaltung**, die sich an dem Sicherungsbedürfnis der Gläubiger orientiert und nicht an einer Eröffnungswahrscheinlichkeit (*Gerhardt* ZIP 1982, 1, 3; *Pohlmann,* Befugnisse Rn 490). Nach alledem bleibt auch der „starke" vorläufige Insolvenzverwalter an die vom Schuldner bzw Schuldnerunternehmen abgeschlossenen gegenseitigen Verträge gebunden. § 103 findet auch nicht entsprechende Anwendung (*Pohlmann,* Befugnisse Rn 492; zum früheren Recht vgl BGHZ 97, 87, 90; *Heß* § 106 KO Rn 9; K/U § 106 KO Rn 13 b; *Uhlenbruck* KTS 1982, 201, 207; W. *Gerhardt* ZIP 1982, 1, 3, 7).

46   Eine **analoge Anwendung** der §§ 115–117 mit der Folge eines automatischen Erlöschens sämtlicher Aufträge, Geschäftsbesorgungsverträge und Vollmachten würde letztlich bedeuten, dass die Wirkungen des eröffneten Verfahrens bereits im Vorverfahren eintreten. Diese Folge ist vom Gesetzgeber nicht gewollt. Soweit es nach **allgemeinem Vertragsrecht** zulässig ist, kann der vorläufige Insolvenzverwalter mit Verfügungsbefugnis allerdings Aufträge, Geschäftsbesorgungsverträge und Vollmachten widerrufen und für die Masse nachteilige Verträge kündigen, wenn die Verwaltung, Erhaltung und Sicherung der Masse dies erfordert (KS-*Uhlenbruck* S 350 Rn 26). Er kann entsprechend die **Erfüllung von Dauerschuldverhältnissen** verlangen. Interessant und erwägenswert neuerdings der Vorschlag von *Marotzke* (Gegenseitige Verträge im neuen Insolvenzrecht, 3. Aufl § 14 Rn 14.21 ff), der Kritik an der Entscheidung des LG Lübeck (DZWIR 2000, 78) übt. Bei der Entscheidung ging es um die Durchführung von Transportleistungen, die hinsichtlich Fahrtstrecke und Preis vor Verfahrenseröffnung vertraglich vereinbart worden waren. Der vorläufige Insolvenzverwalter ließ die Fristen verstreichen, ohne die in dem Bestellschreiben bezeichneten Transportleistungen abzurufen. Die Frachtführerin verlangte den Frachtausfall im Rang einer Masseverbindlichkeit nach § 55 Abs 2. Nach LG Lübeck war der noch nicht ausgeführte Frachtvertrag bei Verfahrenseröffnung nach § 115 erloschen. Mit Recht stellt *Marotzke* (Gegenseitige Verträge Rn 14.24) die Frage, ob nicht **analog § 55 Abs 1 Nr 2 1.** Altern auch das **einseitige Erfüllungsverlangen eines „starken" vorläufigen Insolvenzverwalters** zu einer Masseverbindlichkeit führen muss. Oder ob nicht wenigstens einer Erfüllungszusage, die ein sogen „starker" vorläufiger Insolvenzverwalter gegenüber einem Vertragspartner eines Schuldners abgibt, dieselbe Masseschuldbegründungskraft beigelegt werden müsse wie dem Erfüllungsverlangen eines endgültigen Verwalters. In der Tat kommt es bei Dauerschuldverhältnissen als auch sonst bei gegenseitigen Verträgen vor allem bei beabsichtigter Betriebsfortführung immer wieder vor, dass der vorläufige Insolvenzverwalter sein an den Vertragspartner gerichtetes Erfüllungsverlangen entweder sofort oder auf kritische Nachfrage mit der ausdrücklichen oder konkludenten Zusicherung verbindet, „dass die Gegenleistung genauso zuverlässig erbracht werde, wie das gem § 25 Abs 2 S 1, 55 Abs 2 S 1 bei Neuverträgen zu geschehen habe" (*Marotzke* aaO Rn 14.72). In vielen Fällen ist es für den vorläufigen Verwalter wichtig, bei Bedarf **wirksame Erfüllungszusagen** geben zu können, die auch für das eröffnete Verfahren Bestand haben. Nach zutr Feststellung von *Marotzke* (aaO Rn 14.73) enthält ein Erfüllungsverlangen, das in die Form einer „Bestellung" gekleidet ist, „im Zweifel zugleich das Angebot, dem Vertragsverhältnis dieselbe rechtliche Behandlung zuteil werden zu lassen wie einem an seine Stelle tretenden, inhaltsgleichen Neuabschluss". Ob man allerdings in einer **bloßen Bestätigung bestehender Verträge** immer ein konkludentes Erfüllungsverlangen des vorläufigen Verwalters sehen kann, ist zumindest zweifelhaft. Es bleibt abzuwarten, ob die Rechtsprechung bereit ist, in der einseitigen Erklärung des vorläufigen Insolvenzverwalters bereits ein **Erfüllungsverlangen analog § 103** zu sehen. Der BGH hat die Frage bisher nicht entschieden. Feststehen dürfte, dass jedenfalls eine analoge Anwendung des § 103 Abs 2 auf das Wahlrecht eines vorläufigen Insolvenzverwalters ausscheidet. Folge einer entsprechenden Anwendung des § 103 auf das Eröffnungsverfahren wäre jedenfalls, dass eine spätere Anwendung des § 103 im eröffneten Verfahren ausgeschlossen ist, denn der Verwalter kann nicht einen Vertrag im eröffneten Verfahren ablehnen, dessen Erfüllung er als vorläufiger Verwalter verlangt hat (vgl auch *Marotzke,* Gegenseitige Verträge Rn 14.79 ff). Soweit dem Vertragspartner ein Kündigungsrecht wegen Verzuges oder Verschlechterung der Vermögenslage des Schuldners zusteht, findet im Eröffnungsverfahren mit Ausnahme des § 112 die Vorschrift des § 119 keine Anwendung (KS-*Uhlenbruck* S 350 Rn 26). Will der vorläufige Insolvenzverwalter die **Bankverbindung des Schuldners beenden,** so ist er berechtigt, den Girovertrag nach allgemeinen Vertragsgrundsätzen zu kündigen. Hat das Gericht ein **allgemeines Verfügungsverbot** nach § 21 Abs 2 Nr 2 erlassen, greifen die Grundsätze ein, die zum **Verrechnungsvertrag** entwickelt worden sind (vgl hierzu die Kommentierung zu § 21 IV. 2. b). Bei **Kündigung von Dauerschuldverhältnissen** hat der vorläufige Verwalter die allgemeinen Kündigungsvoraussetzungen zu beachten. Er hat somit die vertraglichen oder gesetzlichen Kündigungsfristen einzuhalten und darf nur bei Vorliegen eines Kündigungsgrundes kündigen (vgl auch *Pohlmann,* Befugnisse Rn 499). Die Stellung eines Insol-

venzantrages durch einen Gläubiger oder die Verhängung eines allgemeinen Verfügungsverbots durch das Insolvenzgericht stellt nicht etwa einen außerordentlichen Kündigungsgrund dar.

b) Der Rang der vom vorläufigen Insolvenzverwalter begründeten Verbindlichkeiten. Verbindlichkei- 47
ten, die von einem vorläufigen Insolvenzverwalter mit Verwaltungs- und Verfügungsbefugnis begründet werden, sind nach Verfahrenseröffnung als Masseverbindlichkeiten im Rang des § 55 Abs 2 S 1 zu berichtigen (**BGH** v 13. 7. 2006 – IX ZR 57/05, ZInsO 2006, 938, 939). Gleiches gilt für Verbindlichkeiten aus Dauerschuldverhältnissen, soweit der vorläufige Insolvenzverwalter die Gegenleistung in Anspruch genommen hat (§ 55 Abs 2 S 2). Umstritten ist dies allenfalls für **gesetzliche Verbindlichkeiten**, wie zB für Steuerschulden, die durch Rechtshandlungen des vollberechtigten vorläufigen Insolvenzverwalters begründet werden (*Pohlmann*, Befugnisse Rn 381 ff, 384, 616; krit *Marotzke* in FS *Schwab* 2000 S 65, 75). Begründet der vorläufige Insolvenzverwalter Masseverbindlichkeiten im Eröffnungsverfahren, so sind diese, gleichgültig aus welchem Rechtsgrund entstanden, grundsätzlich in einem eröffneten Verfahren Masseverbindlichkeiten iSv § 55 Abs 2. Dies gilt auch – wenn auch umstrittener – Meinung nach für Umsatzsteuerforderungen des Finanzamts, wenn der vorläufige Insolvenzverwalter im Rahmen der Unternehmensfortführung Umsätze tätigt (vgl Begr RegE, BT-Drucks 12/2443 S 126). Begründet der vorläufige Verwalter Masseverbindlichkeiten, so sind diese in einem anschließenden Insolvenzverfahren nicht etwa gem §§ 129 ff anfechtbar (HK-*Kirchhof* § 22 Rn 22). Wegen der **Entstehung neuer Masseverbindlichkeiten** in unerwünschter Höhe und wegen der hieraus resultierenden Haftungsgefahr nach § 61 wird in der Literatur empfohlen, zunächst einen vorläufigen Insolvenzverwalter ohne Verfügungsbefugnis einzusetzen (vgl *Wiester* ZInsO 1998, 99, 103; *Hauser/Hawelka* ZIP 1998, 1261, 1263; *Förster* ZInsO 1999, 332; *Kind* InVo 1998, 97, 60 ff; krit *Bork* ZIP 1999, 781, 786).

Wie unten unter XII. näher dargestellt wird, sind die von einem sogen „schwachen" vorläufigen Insol- 48
venzverwalter ohne Verwaltungs- und Verfügungsbefugnisse **begründeten Verbindlichkeiten grundsätzlich nicht durch § 55 Abs 2 privilegiert**, sondern Insolvenzforderungen iSv § 38. Das gilt auch, wenn das Gericht einen **Zustimmungsvorbehalt** angeordnet hat (**BGH** v 18. 7. 2002 – IX ZR 15/01, NJW 2002, 3326 = NZI 2002, 543; **OLG Köln** v 29. 6. 2001, ZIP 2001, 1422; **LG Leipzig** v 30. 8. 2001, ZIP 2001, 1778 [Bast-Bau II]; **AG Leipzig** v 4. 9. 2001, ZIP 2001, 1780 [Bast-Bau III]; **LAG Frankfurt/M** v 6. 2. 2001, ZInsO 2001, 562; HK-*Kirchhof* § 22 Rn 30; *Förster* ZInsO 1999, 332; *Kirchhof* ZInsO 1999, 365, 368 f; *Jaffé/Hellert* ZIP 1999, 1205; *Kißling/Singhof* DZWIR 2000, 362; str aA *Bork* ZIP 1999, 793 ff; *Pape* DB 1999, 1542; N/R/*Mönning* § 22 Rn 203). Die Vorschrift ist auch nicht entsprechend anwendbar (**BGH** aaO; **BGH** v 20. 9. 2007 – IX ZR 91/06, ZIP 2007, 2279, 2280; **BGH** v 24. 1. 2008 – IX ZR 201/06, NJW 2008, 1442 = NZI 2008, 295). Dies gilt auch dann, wenn der vorläufige Insolvenzverwalter über das Vermögen eines gewerblichen Zwischenvermieters im Eröffnungsverfahren von Endmietern die Miete einzieht. Der Anspruch des Vermieters gegen den Zwischenvermieter auf Zahlung der Miete bleibt reine Insolvenzforderung (**BGH** aaO). Die InsO sieht insoweit keine Privilegierung des Vermieters gegenüber anderen Insolvenzgläubigern vor und enthält daher keine Regelung, die für diese Fallgestaltung eine Durchbrechung der Grundsätze zu § 55 Abs 2 rechtfertigt (**BGH** aaO m krit Anm *Drasdo*). Dagegen findet § 55 Abs 2 S 1 Anwendung auf einen vorläufigen Insolvenzverwalter ohne Verfügungsbefugnis, wenn das Insolvenzgericht ihn ermächtigt hat, einzelne, im Voraus genau festgelegte Verpflichtungen zu Lasten der späteren Masse einzugehen (**BGH** v 18. 7. 2002 – IX ZR 15/01, NJW 2002, 3326 = NZI 2002, 543). Ebenso wenig begründet die Zusage des vorläufigen „schwachen" Insolvenzverwalters, das während des Eröffnungsverfahrens erzielte Nutzungsentgelt an den Sicherungseigentümer auszukehren, eine Masseverbindlichkeit (**BGH** v 13. 7. 2006 – IX ZR 57/05, ZInsO 2006, 938, 939). Der für das Eigenverwaltungsverfahren geltende § 277 ist im Eröffnungsverfahren nicht anwendbar (HK-*Kirchhof* § 22 Rn 30; str aA *Ahrendt/Struck* ZInsO 1999, 450, 452 f).

X. Die arbeitsrechtliche Stellung des vorläufigen Insolvenzverwalters *(Berscheid)*

Häufig werden während des Eröffnungsverfahrens die entscheidenden Weichen für eine Teilstilllle- 49
gung bzw Teilsanierung des Unternehmens gestellt. Oftmals scheitern Sanierungsbemühungen – wie die Erfahrungen aus der (vormaligen) Sequestration zeigen – an dem eingeschränkten Umfang der Kündigungsbefugnis des gerichtlich eingesetzten Sachverwalters, aber vielfach auch an der fehlenden Anschubfinanzierung.

1. Abgrenzung der Befugnisse zwischen Schuldner und vorläufigem Insolvenzverwalter. Bei der Be- 50
stellung des Sequesters im Konkurs- bzw Gesamtvollstreckungseröffnungsverfahren wurde zwar hinsichtlich seiner Stellung und seiner Befugnisse unterschieden, ob **Sicherungssequestration** oder **Verwaltungssequestration** angeordnet worden war (siehe dazu **BFH** 13. 3. 1997 – V R 96/96, EWiR 1997, 857 [*Onusseit*] = KTS 1998, 79 = ZIP 1997, 1656), jedoch war zwischen den einen allgemeinen **Veräußerungs- oder Verfügungsverbotes umstritten, ob** der gem § 106 Abs 1 S 3 KO bzw § 2 Abs 3 GesO bestellte Sequester Arbeitsverhältnisse aus eigener Rechtsmacht **kündigen konnte** (siehe zum Meinungsstand *Berscheid* ZIP 1997, 1569 ff; ferner **LAG Hamm** 26. 11. 1999 – 4/19 Sa 1360/98, InVo 1999, 234, 241 = ZInsO 1999, 363, 364).

§ 22

51 Die **Insolvenzordnung** bringt hier grundlegende Änderungen, aber auch Klarheit, denn sie **trennt** bei Bestellung eines vorläufigen Insolvenzverwalters deutlich **zwischen Anordnungen ohne allgemeines und mit** allgemeinem Verfügungsverbot. Nach Stellung eines Antrags auf Verfahrenseröffnung hat das Insolvenzgericht alle Maßnahmen zu treffen, die erforderlich erscheinen, um bis zur Entscheidung über den Antrag eine den Gläubigern nachteilige Veränderung in der Vermögenslage des Schuldners zu verhüten. Es kann im Rahmen dieser Sicherungsmaßnahmen nach § 21 Abs 2 InsO
– dem Schuldner ein **allgemeines Verfügungsverbot** auferlegen oder
– seine Verfügungen unter **Zustimmungsvorbehalt** des vorläufigen Verwalters stellen.

52 Letztere sind – wie § 22 Abs 2 InsO zeigt – bloße „Sicherungsmaßnahmen" iSd vormaligen Sicherungssequestration (KS-*Uhlenbruck* S 325, 342 Rn 16); erstere entsprechen der vormals weitgehend verpönten Verwaltungssequestration (KS-*Uhlenbruck* S 325, 342 Rn 17). **Arbeitsrechtlich ohne** jegliche **Relevanz** ist dagegen die **Bestellung** eines vorläufigen Insolvenzverwalters **allein als Gutachter**, weil eine solche Anordnung die Befugnis und die Stellung des Schuldners (Arbeitgebers) überhaupt nicht einschränkt (BKBN/*Berscheid* Teil 12 Rn 8; Kraemer/*Berscheid* Fach 6 Kap 2 Rn 4).

53 a) **Bestellung unter Erlass eines allgemeinen Verfügungsverbotes.** Das Gesetz ordnet in § 22 Abs 1 S 1 InsO an, dass bereits mit der Auferlegung eines allgemeinen Verfügungsverbotes die Verwaltungs- und Verfügungsbefugnis über das Vermögen des Schuldners auf den vorläufigen Insolvenzverwalter „übergeht" („gesetzliche Kompetenzzuweisung" – siehe zum Ausdruck KS-*Uhlenbruck* S 325, 337 Rn 12). Es kann keinem Zweifel unterliegen, dass bei Erlass eines allgemeinen Verfügungsverbotes (§ 21 Abs 2 Nr 2 Alt 1 InsO) im Insolvenzeröffnungsverfahren auch die **Arbeitgeberfunktion auf** den **vorläufigen Insolvenzverwalter übergeht** (so bereits *Smid* WM 1995, 785, 788). Bildlich gesehen kann man vom vorläufigen Insolvenzverwalter als vom „**Quasi-Arbeitgeber**" sprechen (*Bichlmeier/Engberding/Oberhofer* InsHdb 2. Aufl S 188/189) **der kündigungsbefugt wird** (*Berscheid* ZIP 1997, 1569, 1574; FK-*Schmerbach* § 22 InsO Rn 44; Kraemer/*Berscheid* Fach 6 Kap 2 Rn 5). Dies erhellt ein Vergleich des Wortlautes des § 6 KO, wo der Übergang der Arbeitgeberfunktion unbestritten ist (grundlegend BAG 17. 9. 1974 – 1 AZR 16/74, KTS 1975, 132 = NJW 1975, 182) und dies auch niemand geändert wissen will, mit dem Wortlaut der §§ 22 Abs 1 S 1, 80 Abs 1 InsO (*Berscheid* ZIP 1997, 1569, 1574; *ders* InsArbR S 151 Rn 492; Gottwald/Heinze/*Bertram* InsolvenzRHdb § 103 Rn 19). Durch die Verbindung der vorläufigen Insolvenzverwaltung mit dem Erlass eines allgemeinen Verfügungsverbotes wird der vorläufige dem (endgültigen) Insolvenzverwalter und der Schuldner dem Insolvenzschuldner gleichgestellt (*Berscheid* FS Hanau, S 701, 719; *ders* KS-InsO, S 1361, 1368 Rn 16). Mit anderen Worten, die Insolvenzordnung zieht andere Konsequenzen aus der Nichtanordnung bzw Anordnung eines Verfügungsverbotes, als dies bislang in den alten Bundesländern bei der Anordnung eines Veräußerungsverbotes nach § 106 Abs 1 S 3 KO – anders als in den neuen Bundesländern bei Anordnung eines Verfügungsverbotes nach § 2 Abs 3 GesO – geschah. Dies gilt insbesondere für die Kündigungsberechtigung, die auf den sog „starken" vorläufigen Insolvenzverwalter übergeht, so dass eine Kündigung durch den Arbeitgeber (Schuldner) nicht nur relativ, sondern absolut unwirksam wäre (*Berscheid* ZIP 1997, 1569, 1574; FK-*Schmerbach* § 22 InsO Rn 44; Kraemer/*Berscheid* Fach 6 Kap 2 Rn 5).

54 Die **Gleichstellung von vorläufigem und endgültigem Insolvenzverwalter** erfolgt in den Fällen des § 22 Abs 1 InsO zwar **nicht auf der ganzen Linie**, **aber in wesentlichen Bereichen** sowohl außerprozessual als auch in gerichtlichen Verfahren. Die Bestellung eines „starken" vorläufigen Insolvenzverwalters **mit Verwaltungs- und Verfügungsbefugnis**, also eines solchen „**mit gesetzlicher Kompetenzzuweisung**" gem § 22 Abs 1 InsO, hat **folgende Wirkungen** (*Berscheid* InsArbR S 153 Rn 497; *Weisemann* DZWIR 1999, 397, 398):
– anhängige Rechtsstreite werden unterbrochen (§ 240 S 2 ZPO nF);
– sie können nur nach den insolvenzrechtlichen Vorschriften aufgenommen werden (§ 240 S 1 ZPO nF iVm §§ 24 Abs 2, 86 Abs 1 Nr 1 InsO);
– das Rubrum ist auf den vorläufigen Insolvenzverwalter umzustellen;
– neue Rechtsstreite, insbesondere Kündigungsschutzprozesse, sind direkt gegen den vorläufigen Insolvenzverwalter zu richten.

55 Wenn die **Verwaltungs- und Verfügungsbefugnis** über das Vermögen des Schuldners nach dem Inhalt des Bestellungsbeschlusses auf einen vorläufigen Insolvenzverwalter **übergeht**, **wird** der **vorläufige Insolvenzverwalter Prozesspartei**; ob man seine Rechtsstellung nach der Amtstheorie oder Vertretertheorie oder Repräsentationstheorie oder Organtheorie bestimmen will, ist dabei in diesem Punkte ohne jegliche Bedeutung (Kraemer/*Berscheid* Fach 6 Kap 2 Rn 7).

56 b) **Bestellung unter Anordnung eines (allgemeinen) Zustimmungsvorbehalts.** Bei Anordnung eines Zustimmungsvorbehalts (§ 21 Abs 2 Nr 2 Alt 2 InsO) legt das Insolvenzgericht den Umfang der Pflichten des vorläufigen Insolvenzverwalters fest („**gerichtliche Kompetenzzuweisung**" – siehe zum Ausdruck KS-*Uhlenbruck* S 325, 337 Rn 12); sie dürfen jedoch nicht über die Pflichten nach § 22 Abs 1 S 2 InsO hinausgehen (§ 22 Abs 2 S 2 InsO). Der **vorläufige Insolvenzverwalter** ist in diesen Fällen **nicht allgemeiner Vertreter des Schuldners**, sondern hat (nur) die Aufgabe, durch Überwachung des Schuldners dessen Vermögen zu sichern und zu erhalten. Anordnungen mit Zustimmungsvorbehalt bieten sich namentlich in Fällen an, in denen der Schuldner von der nur ihm eingeräumten Möglichkeit

X. Die arbeitsrechtliche Stellung des vorläufigen Insolvenzverwalters § 22

Gebrauch macht und seinen Antrag auf Eröffnung des Insolvenzverfahrens auf den neuen Insolvenzgrund der „drohenden Zahlungsunfähigkeit" (§ 18 Abs 2 InsO) stützt (*Berscheid* ZInsO 1998, 9, 11; *ders* NZI 1999, 6, 7; Kraemer/*Berscheid* Fach 6 Kap 2 Rn 8). Wird ein vorläufiger Insolvenzverwalter bestellt, ohne dass dem Schuldner ein allgemeines Verfügungsverbot auferlegt, sondern **lediglich ein – wenn auch allgemeiner – Zustimmungsvorbehalt** angeordnet wird, **verbleibt die Arbeitgeberfunktion idR beim Schuldner** (*Berscheid* ZInsO 1998, 9, 11; *ders* BuW 1998, 913, 915; *Bichlmeier/Engberding/Oberhofer* InsHdb S 191; BKBN/*Berscheid* Teil 12 Rn 16; Gottwald/Heinze/*Bertram* InsRHdb § 103 Rn 17; KS-*Uhlenbruck* S 325, 342 Rn 15; Weisemann DZWIR 1999, 397, 398). Der vorläufige Insolvenzverwalter hat eine Stellung, wie sie vergleichbar der bisherige Sequester bei der Sicherungssequestration innehatte (*Bichlmeier/Engberding/Oberhofer* InsHdb S 188; Kraemer/*Berscheid* Fach 6 Kap 2 Rn 8).

Die Bestellung eines „schwachen" vorläufigen Insolvenzverwalters **ohne Verwaltungs- und Verfügungsbefugnis**, also eines solchen **mit „gerichtlicher Kompetenzzuweisung"** gem § 22 Abs 2 InsO, hat **folgende Wirkungen** (*Berscheid* InsArbR S 156 Rn 505; BKBN/*Berscheid* Teil 12 Rn 25; Kraemer/*Berscheid* Fach 6 Kap 2 Rn 9): 57
- der Schuldner behält weiterhin die Arbeitgeberfunktionen, auch wenn er zur Neueinstellung von Arbeitnehmern wegen der finanziellen Folgen die Zustimmung des vorläufigen Insolvenzverwalters braucht;
- der Schuldner kann weiterhin Kündigungen aussprechen, solange die Befugnis dazu nicht dem vorläufigen Insolvenzverwalter übertragen wird;
- der Schuldner kann Kündigungen nicht widersprechen, wenn der vorläufige Insolvenzverwalter die Kündigungen kraft der ihm übertragenen Befugnis ausgesprochen hat;
- der Schuldner bleibt weiterhin Prozesspartei der anhängigen Verfahren;
- der Schuldner ist zu verklagen, auch wenn der vorläufige Insolvenzverwalter die Kündigungen kraft der ihm übertragenen Befugnis ausgesprochen hat.

Ein **anhängiger Rechtsstreit wird** durch die Bestellung eines vorläufigen Insolvenzverwalters für das Vermögen einer Partei dann **nicht** gem § 46 Abs 2 ArbGG iVm § 240 S 2 ZPO **unterbrochen, wenn** dem Schuldner kein allgemeines Verfügungsverbot auferlegt, sondern **nur** ein (allgemeiner) **Zustimmungsvorbehalt** iSv von § 21 Abs 2 Nr 2 Alt 2 InsO **angeordnet** wird und deshalb die Verwaltungs- und Verfügungsbefugnis über sein Vermögen nicht gem § 22 Abs 1 S 1 InsO auf den vorläufigen Insolvenzverwalter übergeht (**BGH** 21. 6. 1999 – II ZR 70/98, NJW 1999, 2822 = NZG 1999, 939 *[Schlitt]* = NZI 1999, 363 = ZInsO 1999, 472 = ZIP 1999, 1314; **BAG** 25. 4. 2001 – 5 AZR 360/99, BAGReport 2001, 65 = NZA 2002, 87 = ZInsO 2001, 1024). Dies gilt für arbeitsgerichtliche Zahlungsprozesse auch dann, wenn die Arbeitnehmer nach der kurzzeitig später erfolgten Verfahrenseröffnung ihre vor insolvenzlichen Forderungen zunächst nach § 174 InsO beim endgültigen Insolvenzverwalter als Insolvenzforderungen iSd §§ 38, 108 Abs 3 InsO nF anmelden müssen und der Arbeitsgerichtsprozess dann nach § 240 S 1 ZPO unterbrochen ist (BKBN/*Berscheid* Teil 12 Rn 26; Kraemer/*Berscheid* Fach 6 Kap 2 Rn 10). 58

c) **Bindungswirkung der Entscheidung des Insolvenzgerichts.** Die **Gerichte für Arbeitssachen sind an die Entscheidung des Insolvenzgerichts** in Bezug auf den Inhalt der Anordnung – Erlass eines allgemeinen Verfügungsverbots bzw Anordnung des Zustimmungsvorbehalts – **gebunden.** Die Arbeitsgerichte **können** allenfalls **bei inhaltlich unklarem**, insbesondere zweideutigem **Bestellungsbeschluss** durch Vernehmung des Insolvenzrichters **klären, ob** die **Kündigungsbefugnis** auf den vorläufigen Insolvenzverwalter **übergegangen ist** oder nicht (so zum bisherigen Recht LAG Baden-Württemberg 18. 6. 1996 – 10 Sa 98/94 EWiR 1996, 855 *[Uhlenbruck]* = KTS 1996, 537 = ZIP 1996, 1387). Kritisch ist aus arbeitsrechtlicher Sicht die **Anordnung des „gemeinsamen" Handelns durch den Schuldner und vorläufigen Insolvenzverwalter** zu sehen (ausf dazu BKBN/*Berscheid* Teil 12 Rn 27 ff), da der vorläufige Insolvenzverwalter dann kein eigenes Recht zur Kündigung von Arbeitsverhältnissen hat, selbst wenn der Geschäftsführer der Schuldnerin für den vorläufigen Insolvenzverwalter nicht (mehr) erreichbar ist (so zur Sequestration: **BAG** 22. 10. 1998 – 8 AZR 618/97, KTS 1999, 251 = ZInsO 1999, 361). Des Weiteren sind Beschlüsse des Insolvenzgerichts unbeachtlich (s dazu näher Kraemer/*Berscheid* Fach 6 Kap 2 Rn 15 ff), in denen 59
- entweder dem vorläufigen Insolvenzverwalter, ohne dass dem Schuldner ein allgemeines Verfügungsverbot auferlegt wird, Pflichten aufgebürdet werden, die über die Pflichten nach § 22 Abs 1 S 2 InsO hinausgehen,
- oder, obwohl dem Schuldner ein allgemeines Verfügungsverbot auferlegt wird und damit die Verwaltungs- und Verfügungsbefugnis auf den vorläufigen Insolvenzverwalter übergeht, die gesetzlichen Aufgaben des § 22 Abs 1 S 1 InsO eingeschränkt werden.

aa) **Keine Überprüfung der unternehmerischen Entscheidungen.** Für die Frage der **Kündigungsbefugnis** des vorläufigen Insolvenzverwalters ist der **Inhalt des Bestellungsbeschlusses** entscheidend, denn aus den ihm durch das Insolvenzgericht gem § 22 Abs 2 S 1 auferlegten Pflichten ergeben sich mittelbar auch seine Befugnisse, die zu einer entsprechenden Pflichterfüllung erforderlich sind (**BGH** 18. 7. 2002 – IX ZR 195/01, NJW 2002, 3326 = ZInsO 2002, 819 = ZIP 2002, 1625). Überschreitet der **vor-** 60 läufige Insolvenzverwalter bei Übergang der Verwaltungs- und Verfügungsbefugnis seine **Befugnisse**, indem er sich bei seinem Handeln nicht am Sicherungszweck orientiert, sondern über die ihm nach der Insolvenzordnung obliegenden Pflichten hinausgeht, kann er gezwungen sein, als hernach bestellter (endgültiger) Insolvenzverwalter sein eigenes Handeln als vorläufiger Insolvenzverwalter nach Maßgabe der §§ 130 ff InsO anzufechten.

61   Er kann sich aber auch nach Verfahrenseröffnung im Falle seiner Ablösung bzw Nichtbestellung zum (endgültigen) Insolvenzverwalter einem Schadensersatzanspruch der Insolvenzmasse ausgesetzt sehen, denn der im Insolvenzeröffnungsverfahren bestellte vorläufige Insolvenzverwalter haftet für die Erfüllung seiner Pflichten allen Beteiligten gem § 21 Abs 2 Nr 1 iVm § 60 Abs 1 InsO. Anders als die Insolvenzanfechtung lässt die **Haftung** für den „Gesamtschaden" die **Maßnahme** des vorläufigen Insolvenzverwalters **im Außenverhältnis** unberührt; sie bleibt im Allgemeinen **rechtswirksam** (siehe wegen Einzelheiten *Kirchhof* ZInsO 1999, 436 ff). Anfechtung und/oder Haftung greifen unabhängig davon, ob die Beschränkung der Befugnis in dem Bestellungsbeschluss erwähnt ist oder nicht. Darüber hinaus findet keine Überprüfung der vom vorläufigen Insolvenzverwalter getroffenen unternehmerischen Entscheidung statt (aufs dazu Kraemer/*Berscheid* Fach 6 Kap 2 Rn 23).

62   **bb) Formulierungshilfen für Beschlüsse mit und ohne Verfügungsverbot.** Enthält der Bestellungsbeschluss nach § 21 Abs 2 Nr 1 folgende Anordnungen (s dazu auch **BGH** 18. 7. 2002 – IX ZR 195/01, NJW 2002, 3326 = NZM 2002, 859 = ZInsO 2002, 819 = ZIP 2002, 1625):

Der vorläufige Insolvenzverwalter wird ermächtigt, mit rechtlicher Wirkung für die Schuldnerin X zu handeln, ist jedoch, unbeschadet der Wirksamkeit der Handlung, verpflichtet, diese Befugnis nur wahrzunehmen, soweit es zur Erfüllung seiner Aufgabe schon vor der Verfahrenseröffnung dringend erforderlich ist",

dann ist wegen des „Verpflichtungssatzes" unklar, ob und ggf. ab wann der vorläufige Insolvenzverwalter kündigungsbefugt ist. Wegen der Regelungen der §§ 174 S 1, 180 S 1 BGB darf hier keine Ungewissheit herrschen (siehe dazu näher *Berscheid* FS Hanau S 701, 723 f; BKBN/*Berscheid* Teil 12 Rn 40 ff). Hält **bei einer solchen Bestellung mit** (allgemeinem) **Zustimmungsvorbehalt** der (schwache) vorläufige Insolvenzverwalter wegen des Sicherungszwecks seine Zeit für gekommen und macht er von der „Ermächtigung" in dem erwähnten Formularmuster, mit rechtlicher Wirkung für den Schuldner zu handeln, Gebrauch, in dem er sich zu der besagten **Teilstillegung eines Betriebes** (siehe dazu und zur Abgrenzung von der Stilllegung von ganzen Unternehmensteilen *Kirchhof* ZInsO 1999, 436, 437) entschließt, dann trifft der vorläufige Insolvenzverwalter die **unternehmerische Entscheidung**, die idR im Außenverhältnis wirksam ist (*Kirchhof* ZInsO 1999, 436, 438).

63   Die Vorschrift des § 22 Abs 1 und Abs 2 befasst sich nicht nur mit den Pflichten, sondern auch mit den Rechten des vorläufigen Verwalters. Da die Befugnisse des „schwachen" vorläufigen Verwalters nicht über die Pflichten des „starken" vorläufigen Verwalters hinausgehen dürfen (§ 22 Abs 2 S 2), kann der „schwache" auch keine besseren Rechte haben als der „starke". Dieser darf nur insoweit ausüben, als es der Zweck der Vermögenssicherung bis zur Entscheidung über die Verfahrenseröffnung erfordert (vgl § 22 Abs 1 S 2 Nr 2). Die Vorschrift ist keine Kündigungsschutznorm. Die Folgen einer fehlenden Zustimmung des Insolvenzgerichts zur Stilllegung führen nicht ohne weiteres zu einer Unwirksamkeit der Kündigung wegen fehlender materieller Berechtigung des „starken" vorläufigen Insolvenzverwalters, eine solche Entscheidung zu treffen und durchzuführen. Es muss nämlich streng zwischen dem, was der vorläufige Insolvenzverwalter im Außenverhältnis bewirken kann, und dem, was er im Innenverhältnis tun darf, unterschieden werden (**BAG** 27. 10. 2005 – 6 AZR 5/05, NZI 2006, 310 = ZInsO 2006, 388 = ZIP 2006, 585, unter Hinweis auf *Kirchhof*, ZInsO 1999, 436, 438). Die Sanktion für zu weitgehendes Handeln des vorläufigen Insolvenzverwalters ist dann allein eine Schadenersatzpflicht gemäß § 60 InsO im Innenverhältnis (siehe *Kirchhof* aaO S 438; MüKo/*Haarmeyer* § 22 Rn 26).

64   Spricht er wegen der beabsichtigten Teilstillegung Kündigungen aus oder will er den Betrieb aufgrund eines Sanierungskonzeptes „verkaufsfähig" machen (**BAG** 18. 7. 1996 – 8 AZR 127/94, NJW 1997, 611 = NZA 1997, 148 = ZIP 1996, 2028; siehe dazu auch *Berscheid* BuW 1997, 931, 833) oder die besagte Teilstillegung des Schuldnerbetriebes vornehmen, dann darf auch in einem solchen Falle **Prüfungsmaßstab** für die Arbeitsgerichte nur sein, **ob das Kündigungsrecht des vorläufigen Insolvenzverwalters vom Bestellungsbeschluss** des Insolvenzgerichts **erfasst** wird oder nicht (**LAG** Erfurt 18. 8. 1997 – 8 Sa 45/97, LAGE § 2 GesO Nr 1 = DB 1997, 2440 = ZAP ERW 1998, 54 *[Berscheid]*; ebenso **LAG** Hamm 26. 11. 1996 – 4/19 Sa 1360/98, InVo 1999, 234, 241 = ZInsO 1999, 363, 364). Die zitierte „Ermächtigung" in dem Formularmuster des Bestellungsbeschlusses ist deshalb nicht nur überflüssig, sondern verleitet auch dazu, dass die Gerichte den Prüfungsmaßstab verkennen und prüfen, ob die unternehmerische Maßnahme „vor der Verfahrenseröffnung dringend erforderlich ist" oder nicht (BKBN/*Berscheid* Teil 12 Rn 44).

65   Sind in einem Einzelfall einmal die Maßnahme der Stilllegung und ihre Durchführung „nur" unzulässig, weil der „starke" vorläufige Insolvenzverwalter seine Befugnisse überschritten hat, so bleiben die Maßnahme und ihre Umsetzung im Außenverhältnis rechtswirksam (*Kirchhof* aaO S 438). Schon deshalb ist die **Zustimmung des Insolvenzgerichts** zur Unternehmensstilllegung **keine Wirksamkeitsvoraussetzung** für die Kündigung der Arbeitsverhältnisse durch den „starken" vorläufigen Insolvenzverwalter wegen der von ihm beabsichtigten Stilllegung (**BAG** 27. 10. 2005 – 6 AZR 5/05, aaO; HK-*Linck* Vor

X. Die arbeitsrechtliche Stellung des vorläufigen Insolvenzverwalters   § 22

§ 113 Rn 2 vor Fußn 6; str aA **LAG** Düsseldorf 8. 5. 2003 – 10/11 Sa 246/03, LAGE § 22 InsO Nr 1 = NZA 2003, 1096 = NZA-RR 2003, 466 = ZInsO 2003, 819 = ZIP 2003, 1811; **LAG** Hamburg 16. 10. 2003 – 8 Sa 63/03, EWiR 2004, 981 *[Peters-Lange]* = jurisPR-ArbR 37/2004, Anm 3 *[Berscheid]* = ZIP 2004, 869; LAG Hessen 1. 11. 2004 – 7 Sa 88/04, ZInsO 2005, 1120). Dem entspricht es, dass die Nichtbeachtung der Vorschriften der §§ 160–163 InsO durch den (endgültigen) Insolvenzverwalter die Wirksamkeit seiner Handlungen nicht berührt (§ 164 InsO). Nur dann, wenn eine Maßnahme des Insolvenzverwalters offensichtlich gegen den Insolvenzzweck des § 1 S 1 InsO verstößt, ist sie trotz § 164 InsO auch nach außen unwirksam. Hier gelten dann die Regeln des Missbrauchs der Vertretungsmacht (**BGH** 25. 4. 2002 – IX ZR 113/99, NJW 2002, 2783 = NZI 2002, 375 = ZInsO 2002, 577 = ZIP 2002, 1093). Diese Grundsätze auf die vergleichbare Fallgestaltung des § 22 Abs 1 S 2 Nr 2 zu übertragen (**BAG** 27. 10. 2005 – 6 AZR 5/05, aaO).

Da die Insolvenzordnung zwar inhaltlich schon, aber nicht von der Bezeichnung her gesehen zwischen der Bestellung mit gesetzlicher Kompetenzzuweisung (§ 22 Abs 1 InsO) und mit gerichtlicher Kompetenzzuweisung (§ 22 Abs 2 InsO) unterscheidet, sondern den Sachwalter in beiden Fällen „vorläufigen Insolvenzverwalter" nennt, sollten die **Insolvenzgerichte** gerade bei Bestellungsbeschlüssen mit (allgemeinem) Zustimmungsvorbehalt (§ 21 Abs 2 Nr 1 Alt 2 InsO) **selbst klarstellen, ob die Arbeitgeberfunktion** beim Schuldner verbleibt oder **auf den vorläufigen Insolvenzverwalter übergeht** (siehe dazu näher *Berscheid* ZInsO 1998, 9, 12; *ders* BuW 1998, 913, 916; *ders* FS Hanau S 701, 727; krit dazu *Förster* ZInsO 1998, 45, 48; *Weisemann* DZWIR 2000, 243). **In der insolvenzgerichtlichen Praxis** hat sich **eingebürgert**, die hier beanstandete Klausel stehen zu lassen und folgende **weitere Klausel anzufügen** (vgl zB AG Bielefeld, Beschluss v 13. 8. 1999 – 43 IN 418/99, nv; AG Bielefeld, Beschluss v 8. 11. 2000 – 43 IN 610/00, nv; **AG** Detmold, Beschluss v 29. 6. 2001 – 10 c IN 20/01, nv; AG Münster, Beschluss v 4. 10. 2001 – 79 IN 46/01, nv):   66

„Das Recht zur Ausübung der Arbeitgeberfunktion einschließlich der Ermächtigung, Kündigungen auszusprechen und mit einem vorhandenen Betriebsrat Interessenausgleichs- und Sozialplanverhandlungen zu führen, wird dem vorläufigen Insolvenzverwalter übertragen."

Durch diese weitere Klausel wird den **arbeitsrechtlichen Bedenken Rechnung getragen** und aus arbeitsgerichtlicher Sicht klargestellt, dass in diesem Fall der vorläufige Insolvenzverwalter kündigungsbefugt ist. Im umgekehrten Fall sollte durch eine entsprechende weitere Klausel klargestellt werden, dass der Schuldner (Arbeitgeber) weiterhin kündigungsbefugt bleibt (*Berscheid* ZInsO 2001, 989, 991):   67

„Das Recht zur Ausübung der Arbeitgeberfunktion einschließlich der Kündigungsbefugnis verbleibt beim Schuldner."

Eine ähnliche Klausel ist – soweit bekannt – nur in den neuen Bundesländern gebräuchlich (vgl **AG** Frankfurt/Oder, Beschluss v 15. 9. 1999 – 3.1 IN 298/99, nv; AG Frankfurt/Oder, Beschluss v 9. 11. 2000 – 3.1 IN 477/00, nv; **AG** Frankfurt/Oder, Beschluss v 14. 11. 2000 – 3.1 IN 485/00, nv; **AG** Frankfurt/Oder, Beschluss v 31. 8. 2001 – 3.2 IN 190/01, nv). Es bleibt zu hoffen, dass diese Beispiele in den alten Bundesländern Schule machen. Die hier geforderte Klarstellung zur Arbeitgeberfunktion und zur Kündigungsbefugnis ist in einem Praxisfall unterblieben.   68

Die allgemein übliche Klausel des Bestellungsbeschlusses: 69

„Verfügungen der Schuldnerin über Gegenstände ihres Vermögens sind nur noch mit Zustimmung des vorläufigen Insolvenzverwalters wirksam (§ 21 Abs 2 Nr 2 InsO)",

hat arbeitsrechtlich zu ungeahnten Überlegungen Anlass gegeben, denn es ist angenommen worden, der Zustimmungsvorbehalt erfasse auch die Kündigung von Arbeitsverhältnissen; eine ohne Zustimmung erklärte Kündigung sei nach § 24 Abs 1 iVm § 81 Abs 1 S 1 InsO absolut unwirksam (**LAG** Düsseldorf 24. 8. 2001 – 18 Sa 671/01, LAGE § 21 InsO Nr 1 *[Uhlenbruck]* = LAGReport 2001, 41, 43 = ZInsO 2001, 1022, 1024; bestätigt durch **BAG** 10. 10. 2002 – 2 AZR 532/01, NZA 2003, 909 = NZI 2003, 509 = ZInsO 2003, 817 = ZIP 2003, 1161; zust. Gottwald/Heinze/*Bertram* InsolvenzRHdb § 103 Rn 17; HK-*Linck* Vor § 113 Rn 20 a + Rn 29). Bei dieser Betrachtungsweise wird übersehen, dass der **Zustimmungsvorbehalt nur einzelne Verfügungen betrifft** (*Berscheid* LAGReport 2002, 38, 39), die im Bestellungsbeschluss im Rahmen „gerichtliche Kompetenzzuweisung" nach § 22 Abs 2 S 1 InsO enumerativ aufzuzählen sind (**BGH** 18. 7. 2002 – IX ZR 195/01, NJW 2002, 3326 = NZM 2002, 859 = ZInsO 2002, 819 = ZIP 2002, 1625). **Kündigungen von Arbeitsverhältnissen** sind nach dieser Klausel **keine „Verfügungen über Gegenstände des Vermögens"** iSd Zustimmungsvorbehalt nach § 21 Abs 2 Nr 2 Alt 2 InsO, auch wenn sie bei Unwirksamkeit finanzielle Auswirkungen auf die (spätere) Insolvenzmasse haben können (*Uhlenbruck* Anm zu LAGE § 21 InsO Nr 1; *Berscheid* ZInsO 2001, 989, 991; BKBN/*Berscheid* Teil 12 Rn 22; **str aA** Gottwald/Heinze/*Bertram* InsRHdb § 103 Rn 17; HK-*Linck* Vor § 103 Rn 20 a; KR/*Weigand* § 113 InsO Rn 5; *H. Meyer* DZWIR 2004, 58; *Peters-Lange* EWIR 2004, 709, 710). Die Schuldnerin hätte daher ohne Zustimmung des vorläufigen Insolvenzverwalters, ja sogar gegen dessen Willen kündigen können (*Kraemer/Berscheid* Fach 6 Kap 2 Rn 27).

Wenn man allerdings der hier abgelehnten Gegenmeinung (**BAG** 10. 10. 2002 – 2 AZR 532/01, NZA 2003, 909 = NZI 2003, 509 = ZInsO 2003, 817 = ZIP 2003, 1161) hinsichtlich des Zustimmungserfordernisses folgt, dann sind die weiteren Schlussfolgerungen, bei der Kündigung handele es sich um ein   70 einseitiges Rechtsgeschäft, das trotz bestehender Einwilligung vom Erklärungsempfänger nach § 182 Abs 3 iVm § 111 S 2 und S 3 BGB mit der Rechtsfolge der Unwirksamkeit zurückgewiesen werden könne, wenn ein Dritter als Vertreter die Einwilligung zur Kündigung erklärt habe und die Einwilligung des vorläufigen Insolvenzverwalters nicht in schriftlicher Form vorgelegt worden sei, und die an § 174 BGB angelehnte **Rüge der Nichtvorlage einer „ordnungsgemäß legitimierenden Vollmachtsurkunde"** bedeute zugleich eine Rüge nach § 182 Abs 3 iVm § 111 S 2 BGB, folgerichtig (Kraemer/*Berscheid* Fach 6 Kap 2 Rn 23).

71 **2. Umfang der Kündigungsbefugnis des vorläufigen Insolvenzverwalters.** Bei Erlass eines **allgemeinen Verfügungsverbots** geht die **Arbeitgeberfunktion** kraft gesetzlicher Kompetenzzuweisung **auf den vorläufigen Insolvenzverwalter über.** Dieser ist nunmehr **allein kündigungsbefugt.** Gleiches gilt bei Bestellung unter Anordnung eines bloßen Zustimmungsvorbehalts, wenn das Kündigungsrecht ausdrücklich kraft gerichtlicher Kompetenzzuweisung als Einzelbefugnis übertragen wird (*Berscheid* FS Hanau S 701, 728). Der vorläufige Insolvenzverwalter kann sich bei Ausspruch von Kündigungen durch einen Bevollmächtigten vertreten lassen, denn es handelt sich hierbei nicht um insolvenzspezifische Geschäfte (**BAG** 21. 7. 1988 – 2 AZR 75/88, AP Nr 17 zu § 1 KSchG 1969 Soziale Auswahl = KTS 1989, 422 = NZA 1989, 264 = ZIP 1989, 57). Die Vertretungsmöglichkeit gilt auch für die weiteren Abwicklungsvorgänge, wie die Ausstellung von Arbeitspapieren und die Erteilung von Arbeitszeugnissen (*Berscheid* NZI 2000, 1, 4; Kraemer/*Berscheid* Fach 6 Kap 2 Rn 28).

72 **a) Beachtung der allgemeinen Kündigungsvorschriften.** Der vorläufige Insolvenzverwalter hat bei seinen Maßnahmen die **allgemeinen Kündigungsvorschriften** zu beachten. Für die kündigungsrechtlichen und betriebsverfassungsrechtlichen Befugnisse des vorläufigen Insolvenzverwalters gelten die gleichen Grundsätze, die der Arbeitgeber vor der Insolvenz nach allgemeinem Arbeitsrecht zu beachten hat; **§ 113 InsO gilt im Eröffnungsverfahren noch nicht.** Aus dem Wortlaut der Regelung und der Systematik der InsO folgt, dass die verkürzte Kündigungsfrist des § 113 S 1 InsO nur der – endgültige – Insolvenzverwalter nach Eröffnung des Insolvenzverfahrens für sich in Anspruch nehmen kann (**BAG** 20. 1. 2005 – 2 AZR 134/04, AP 18 zu § 113 InsO = ZIP 2005, 1289). **Auch eine analoge Anwendung des § 113 InsO scheidet aus,** weil die InsO insoweit keine planwidrige Lücke erkennen lässt. Der „starke" vorläufige Insolvenzverwalter und der – endgültige – Insolvenzverwalter haben unterschiedliche Funktionen und sind vom Gesetzgeber nicht völlig gleichgestellt worden (**BAG** 20. 1. 2005 – 2 AZR 134/04, AP 18 zu § 113 InsO = ZIP 2005, 1289 mwN). Eine sinngemäße Anwendung der kürzeren Kündigungsfristen des § 113 S 2 InsO könnte allenfalls dann in Betracht gezogen werden, wenn der vorläufige Insolvenzverwalter gem § 22 Abs 1 S 2 Nr 2 InsO das Unternehmen mit Zustimmung des Insolvenzgerichts stilllegt (*Gottwald/Heinze*/*Bertram* InsRHdb § 103 Rn 20; ebenso *Bertram* NZI 2001, 625, 626; *Berscheid/Bertram* InsbürO 2004, 172, 175; BKBN/*Berscheid* Teil 12 Rn 46; Kraemer/*Berscheid* Fach 6 Kap 2 Rn 29; wohl auch *Pape/Uhlenbruck* InsR Rn 407).

73 **aa) Beachtung von Formvorschriften.** Die Nichteinhaltung der durch Gesetz, Tarifvertrag oder Betriebsvereinbarung **vorgeschriebenen Schriftform** – wie zB bei der Kündigung von Heuerverhältnissen (§§ 62 Abs 1, 78 Abs 3 SeemG) – hat gem § 125 S 1 BGB die Nichtigkeit einer mündlich ausgesprochenen Kündigung zur Folge (**LAG** Düsseldorf 27. 2. 1976 – 4 Sa 1703/75, BB 1976, 1076 = DB 1976, 1726). Gleiches gilt, wenn in den Fällen des § 22 Abs BBiG 2005 (= § 15 Abs 3 BBiG 1969), des § 9 Abs 3 S 2 MuSchG nF und des § 64 Abs 2 SeemG die Kündigung ohne **Angabe der Kündigungsgründe** erfolgt (*Berscheid* BuW 1998, 913, 916; BKBN/*Berscheid* Teil 12 Rn 52). Insoweit besteht während der vorläufigen Verwaltung kein Unterschied zur Rechtslage nach Verfahrenseröffnung (*Berscheid* ZInsO 2000, 208).

74 Der vorläufige Insolvenzverwalter hat bei Ausspruch einer Kündigung grundsätzlich auch die zwischen dem Arbeitgeber und dem Arbeitnehmer vereinbarten Formvorschriften für die Übermittlung der Kündigung (zB **eingeschriebener Brief**) einzuhalten (*Berscheid* NZI 2000, 1, 4; BKBN/*Berscheid* Teil 12 Rn 53; Kraemer/*Berscheid* Fach 6 Kap 2 Rn 30). Hier kann es zu Zugangsproblemen kommen, wenn der Arbeitnehmer vom Postboten nicht angetroffen wird (s. zum Zugang der Kündigung bei Niederlegung **BAG** 25. 4. 1996 – 2 AZR 13/95, NZA 1996, 1227 = ZIP 1996, 1795, und bei Nichtabholung **BGH** 26. 11. 1997 – VIII ZR 22/97, NJW 1998, 976 = ZIP 1998, 212). Insofern wird allerdings angenommen, dass nur das Schriftformerfordernis konstitutiven Charakter hat. Erfolgt die Kündigung nicht per Einschreiben, sondern durch Versendung eines einfachen Briefes oder durch persönliche Übergabe, wird die Kündigung hierdurch nicht unwirksam (**BAG** 20. 9. 1979 – 2 AZR 967/77, AP Nr 8 zu § 125 BGB = NJW 1980, 1304; **BAG** 25. 2. 1998 – 2 AZR 279/97, AP Nr 195 zu § 620 BGB Befristeter Arbeitsvertrag = NJW 1998, 3515 = NZA 1998, 747 = ZIP 1998, 1499).

75 Durch Art 2 ArbGBeschlG (Arbeitsgerichtsbeschleunigungsgesetz v 30. 3. 2000 – BGBl I S 333, 335) ist ein **neuer** § 623 BGB geschaffen worden, wonach „die Beendigung von Arbeitsverhältnissen durch Kündigung ... zu ihrer Wirksamkeit der Schriftform" bedarf. Die gewählte Gesetzesformulierung stellt klar, dass es sich bei § 623 BGB um eine konstitutive Formvorschrift handelt (**BAG** 16. 9. 2004 – 2 AZR 659/03, AP Nr 1 zu § 623 BGB = NJW 2005, 844), deren Nichteinhaltung zwingend zur Unwirksamkeit führt (**BAG** 9. 2. 1972 – 4 AZR 149/71, AP Nr 1 zu § 4 BAT). Die Schriftform für die

Kündigung zur Beendigung des Arbeitsverhältnisses gilt sowohl für die **Beendigungskündigung** des Arbeitnehmers als auch für die des Arbeitgebers und damit für die des vorläufigen Insolvenzverwalters. Eine Änderungskündigung bezweckt zwar nur eine inhaltliche Änderung des Arbeitsverhältnisses. Da sie aber bei fehlendem oder verspätetem Vorbehalt (siehe dazu **BAG** 17. 6. 1998 – 2 AZR 336/97, AP Nr 49 zu § 2 KSchG 1969 [*H. Hanau*] = EWiR 1998, 989 [*Oetker*] = NJW 1999, 236 = NZA 1998, 1225 = ZIP 1998, 2017) in eine Beendigungskündigung umschlagen kann, bedarf auch die **Änderungskündigung** zu ihrer Wirksamkeit ebenfalls stets der Schriftform (BAG v 16. 9. 2004 – 2 AZR 628/03, AP Nr 78 zu § 2 KSchG 1969 = BAGReport 2005, 115).

bb) **Befristung und auflösende Bedingung.** Der vorläufige Verwalter hat die **Befristung von Arbeits-** 76 **verhältnissen** zu beachten und kann (zeit- oder zweck-)befristete Arbeitsverhältnisse nur kündigen, wenn das ordentliche Kündigungsrecht zwischen Arbeitgeber und Arbeitnehmer einzelvertraglich oder im anwendbaren Tarifvertrag vereinbart ist (§ 15 Abs 3 TzBfG). Gleiches gilt für **auflösend bedingte Arbeitsverhältnisse** (§ 21 iVm § 15 Abs 3 TzBfG). In beiden Fällen kommt § 113 S 1 InsO noch nicht zum Zuge (*Berscheid* BuW 1998, 913, 916). Für die **Kündigungserklärung** hat er die **Schriftform** des neu geschaffenen § 623 BGB zu beachten (BKBN/*Berscheid* Teil 12 Rn 68; Kraemer/*Berscheid* Fach 6 Kap 2 Rn 32).

Die Wirksamkeit des Arbeitsvertrages ist trotz der Regelung des § 14 Abs 4 TzBfG nach wie vor 77 nicht an die Schriftform gebunden; weiterhin sind auch mündlich geschlossene Arbeitsverträge rechtswirksam. Bei befristeten Arbeitsverhältnissen war bislang lediglich die vorhersehbare Dauer des Arbeitsverhältnisses anzugeben (§ 2 Abs 1 S 2 Nr 3 NachwG). Diese Verpflichtung wird verstärkt, denn **befristete Arbeitsverträge bedürfen** nunmehr – gleich ob es sich um Zeit- oder Zweckbefristungen handelt – zu ihrer Wirksamkeit der **Schriftform** (§ 14 Abs 4 TzBfG). Es ist zu beachten, dass lediglich die sog Befristungsabrede der Schriftform bedarf, so dass bei deren Nichtbeachtung der Arbeitsvertrag nicht insgesamt, sondern nur die Befristung unwirksam ist: Es entsteht nach § 16 S 1 TzBfG ein unbefristeter Vertrag (**LAG** Berlin 8. 10. 2001 – 18 Sa 1005/01, nv; s zur gerichtlichen Geltendmachung **LAG** Düsseldorf 26. 9. 2002 – 5 Sa 748/02, LAGE § 15 TzBfG Nr 1 = LAGReport 2003, 33). Der Befristungsgrund unterliegt nicht diesem Formerfordernis (*Lakies* BB 2000, 667), so dass es unerheblich ist, welche Vorschrift (§ 14 TzBfG, § 21 BEEG [vormals § 21 BErzGG], §§ 1–5 WissZeitVG) die Befristung rechtfertigen soll (**BAG** 23. 6. 2004 – 7 AZR 636/03, MDR 2005, 221 = ZTR 2005, 211). Der Schriftform bedürfen sowohl die Begründung, Änderung und Verlängerung eines befristeten Arbeitsvertrages (BAG 15. 1. 2003 – 7 AZR 535/02, AP Nr 1 zu § 14 TzBfG) als auch die nachträgliche Befristung eines zunächst unbefristeten Arbeitsvertrages (*Berscheid* ZInsO 2000, 208, 210; *Trittin/Backmeister* DB 2000, 618, 621) sowie eines Sachgrundes (**LAG** Berlin 31. 5. 2002 – 2 Sa 264/02, LAGReport 2002, 358 = MDR 2002, 1195).

Der Gesetzgeber hat in § 21 TzBfG bestimmt, dass auf die **Vereinbarung einer auflösenden Bedin-** 78 **gung** die Regelung des § 14 Abs 4 TzBfG analog anzuwenden ist, also auch **für deren Wirksamkeit die Schriftform** festgelegt. Hieraus folgt, dass die **Schriftform** auch dann einzuhalten ist, wenn der Arbeitnehmer nach Erhebung der Kündigungsschutzklage bis zum rechtskräftigen Abschluss des Kündigungsschutzprozesses **freiwillig weiterbeschäftigt** wird (BAG 22. 10. 2003 – 7 AZR 113/03, NJW 2004, 3586 = NZA 2004, 1275). Bei einer solchen Fallgestaltung ist nämlich typischerweise davon auszugehen, dass die Vertragsparteien mit der **Weiterbeschäftigung während des Kündigungsschutzprozesses** das gekündigte Arbeitsverhältnis **auflösend bedingt** durch die rechtskräftige Abweisung der Kündigungsschutzklage fortsetzen wollen (*Preis/Gotthardt* NZA 2000, 348, 350; zust Kraemer/*Berscheid* Fach 6 Kap 2 Rn 32). Bei fehlender Schriftform für eine Weiterbeschäftigung „unter Vorbehalt", wie dies allgemein ausgedrückt wird, ist zur Beendigung des faktischen Arbeitsverhältnisses eine (erneute) Kündigung erforderlich. Beschäftigt der Arbeitgeber dagegen den Arbeitnehmer allein zur Abwendung der Zwangsvollstreckung weiter, ohne dass eine vertragliche Absprache hierüber vorliegt, bedarf es mangels vertraglicher Befristungsabrede nicht der Einhaltung der Schriftform nach § 14 Abs 4 TzBfG (**LAG** Hamm 30. 10. 2003 – 5 Sa 1396/03, LAGE § 14 TzBfG Nr 13).

cc) **Unkündbarkeitsregelungen und Kündigungserschwerungen.** Ist bei einem unbefristeten Arbeits- 79 verhältnis der Ausschluss des ordentlichen Kündigungsrechts **einzel- oder tarifvertraglich** (zB § 20 Ziff 4 MTV-Metall NRW) vereinbart (sog **Unkündbarkeitsregelung**), so ist der vorläufige Insolvenzverwalter hieran gebunden. In einem solchen Falle ist aber eine Betriebsstilllegung geeignet, zu diesem Zeitpunkt eine außerordentliche Kündigung eines sog **unkündbaren Arbeitnehmers** zu rechtfertigen. Es ist dann bei einer Kündigung durch den vorläufigen Insolvenzverwalter als soziale Auslauffrist die bis dahin erdiente gesetzliche oder tarifliche Kündigungsfrist einzuhalten, die gegolten hätte, wenn die ordentliche Kündigung nicht ausgeschlossen gewesen wäre (**BAG** 28. 3. 1985 – 2 AZR 113/84, AP Nr 86 zu § 626 BGB [*Herschel*] = NZA 1985, 559 = ZIP 1985, 1351; **BAG** 18. 9. 1997 – 2 ABR 15/97, AP Nr 35 zu § 103 BetrVG 1972 = NJW 1998, 2238 = NZA 1998, 189).

Beispiel: Haben Arbeitgeber und Betriebsrat bspw. im Jahre 2006 zum Erhalt des Unternehmens einen Abbau über- 80 tariflicher Lohn- und Gehaltsansprüche und einen Verzicht auf Weihnachtsgratifikation mit der Maßgabe vereinbart, dass bis zum 31. 12. 2009 keine betriebsbedingten Kündigungen ausgesprochen werden dürfen, so ist dieser betriebsverfassungsrechtlich vereinbarte **Kündigungsausschluss** auch für den vorläufigen Insolvenzverwalter bindend. Ihm kommen in all diesen Fällen die günstigeren Regelungen des § 113 S 1 InsO nicht zugute (*Berscheid* NZI 2000, 1, 5; BKBN/*Berscheid* Teil 12 Rn 71; Kraemer/*Berscheid* Fach 6 Kap 2 Rn 33).

81 Des Weiteren sind tarifliche **Kündigungserschwerungen** zu beachten, so zB Regelungen, welche die Zulässigkeit einer ordentlichen Kündigung gegenüber ansonsten „unkündbaren" Arbeitnehmern an die Zahlung einer Sozialplanabfindung knüpfen (zB § 11 Abs 9 MTV-Einzelhandel NRW).

82 dd) **Kündigungsfristen und Kündigungstermine.** Der vorläufige Insolvenzverwalter hat die **verlängerten gesetzlichen Kündigungsfristen** des § 622 Abs 2 S 1 Nrn 1–7 BGB **bis hin zur Höchstkündigungsfrist von sieben Monaten** zum Monatsende und bei Tarifgeltung (Tarifbindung kraft Organisationszugehörigkeit, Allgemeinverbindlicherklärung, Inbezugnahme) evtl bestehende abweichende Kündigungsfristen von sechs Monaten zum Vierteljahresschluss zu beachten (BKBN/*Berscheid* Teil 12 Rn 72). Ist **einzelvertraglich** vereinbart, dass nur mit einer Kündigungsfrist von einem Jahr gekündigt werden darf oder dass nur zum Halbjahres- oder Jahresschluss gekündigt werden darf, ist der vorläufige Insolvenzverwalter an diese besonderen **Kündigungsfristen und -termine** gebunden (*Berscheid* InsArbR S 159 Rn 510; BKBN/*Berscheid* Teil 12 Rn 72; Kraemer/*Berscheid* Fach 6 Kap 2 Rn 34). Gleiches gilt, wenn tarifvertraglich vorgeschrieben ist, dass nur zum Quartalsende oder zum Wochenschluss gekündigt werden darf. Ist in einer **tarifvertraglichen Regelung** (zB § 7 Ziff 2 Abs 8 MTV-Groß- und Außenhandel NRW) bestimmt, dass die Kündigung nicht an einem Samstag, Sonntag oder gesetzlichen Feiertag, sondern spätestens am letzten Arbeitstag vor **Beginn der Kündigungsfrist** zugehen muss, dann hat der vorläufige Insolvenzverwalter diese Regelung zu **beachten** (*Berscheid* NZI 2000, 1, 5).

83 ee) **Betriebsübergang im Eröffnungsverfahren.** Weder die Insolvenzantragstellung noch die Bestellung eines vorläufigen Insolvenzverwalters führen bei einem von ihm vorgenommenen oder gebilligten **Betriebsübergang** zu einer eingeschränkten Anwendung des § 613 a Abs 1 S 1 BGB (so zur Sequestration BAG 21. 2. 1990 – 5 AZR 160/89, AP Nr 85 zu § 613a BGB = KTS 1990, 515 = NZA 1990, 567 = ZIP 1990, 662). Es gilt auch das **Kündigungsverbot des § 613 a Abs 4 BGB**, und zwar ohne die Beweiserleichterungen des § 128 Abs 2 InsO, die erst nach Verfahrenseröffnung zum Tragen kommen (*Berscheid* FS Hanau, S 701, 729; ferner BKBN/*Berscheid* Teil 12 Rn 74; *Schaub* DB 1999, 217, 225). Ob der vorläufige Insolvenzverwalter den Betrieb oder einzelne Betriebsteile überhaupt veräußern darf, erscheint zwar angesichts der Regelung des § 22 Abs 1 S 2 Nr 2 InsO, die nur auf die Stilllegung abstellt, zweifelhaft zu sein, hinsichtlich der Folgen einer solchen, evtl unzulässigen Verwertung muss man aber grundsätzlich unterscheiden zwischen dem, was der vorläufige Insolvenzverwalter im Außenverhältnis bewirken kann, und dem, was er im Innenverhältnis tun darf (*Kirchhof* ZInsO 1999, 436, 438; *Berscheid* NZI 2000, 1, 5). Da ihm mit Wirkung gegenüber Dritten die volle Verwaltungs- und Verfügungsbefugnis übertragen ist, ist eine **Betriebsveräußerung im Außenverhältnis wirksam**. Die Sanktion für zu weitgehendes Handeln ist allein eine Schadensersatzpflicht im Innenverhältnis (*Kirchhof* ZInsO 1999, 436, 438), welche ggf. der endgültige Insolvenzverwalter gegen der (abgelösten) vorläufigen Insolvenzverwalter realisieren muss (BKBN/*Berscheid* Teil 12 Rn 76). Die **Gerichte für Arbeitssachen** sind **auf die Prüfung von Verstößen gegen § 613 a Abs 4 S 1 BGB beschränkt**, dürfen also die unternehmerische Entscheidung (weiterhin) nicht in Zweifel ziehen (*Berscheid* NZI 2000, 1, 5; Kraemer/*Berscheid* Fach 6 Kap 2 Rn 38).

84 ff) **Aufhebungs- und Abwicklungsverträge.** Seit Inkrafttreten des § 623 BGB am 1. 5. 2000 (Art 5 ArbGBeschlG) bedürfen auch „Auflösungsvereinbarungen" der **Schriftform.**

85 Ein sog **dreiseitiger Vertrag**, wonach den Arbeitnehmern zur Vermeidung eines Insolvenzverfahrens oder nach Stellung eines Insolvenzantrages zum Zwecke der Sanierung des Unternehmens angeboten wird, aus den Diensten des sanierungsbedürftigen bisherigen Arbeitgebers auszuscheiden und von einer **Beschäftigungs- und Qualifizierungsgesellschaft** (BQG) befristet übernommen zu werden, um von dieser eine Zuzahlung zum Kurzarbeitergeld (§ 175 SGB III) bzw zum Unterhaltsgeld während einer nach §§ 254, 257 SGB III bezuschussten Durchführung von Qualifizierungs- und Bildungsmaßnahmen zu erhalten, ist gem § 623 BGB formbedürftig (*Preis/Gotthardt* NZA 2000, 348, 354; zust BKBN/*Berscheid* Teil 12 Rn 79). Auch wenn es das Ziel der BQG einerseits ist, Arbeitnehmern die Arbeitslosigkeit zu ersparen, andererseits die Chance einer Weitervermittlung durch Fortbildungs- und Qualifizierungsmaßnahmen zu erhöhen, darf nicht übersehen werden, dass die Arbeitnehmer aus ihrem bisherigen Arbeitsverhältnis ausscheiden. Dass sie nahtlos in die BQG übergeleitet werden, ist für die Formbedürftigkeit des sog dreiseitigen Vertrages ohne Bedeutung, denn die Begründung des neuen Arbeitsverhältnisses ist wesentlicher Vertragsbestandteil des einheitlichen Vertrages. (**LAG** Köln 22. 5. 2003 – 10 Sa 970/02, ZInsO 2005, 333).

86 Unterlässt der vorläufige Insolvenzverwalter eine nach §§ 17, 18 KSchG erforderliche Massenentlassungsanzeige, so sind nach der Rechtsprechung (**BAG** 6. 12. 1973 – 2 AZR 10/73, NJW 1974, 1263; **BAG** 10. 3. 1982 – 4 AZR 158/79, NJW 1982, 2839) nicht nur diejenigen, die die Grenzwerte des § 17 Abs 1 S 1 KSchG überschreiten, sondern sämtliche Kündigungen rechtsunwirksam. Bei dem mit dem Abschluss von Aufhebungsverträgen beabsichtigten Ausscheiden von Arbeitnehmern handelt es sich ebenfalls um Entlassungen iSd § 17 Abs 1 S 1 KSchG, wie sich aus § 17 Abs 1 S 2 KSchG ergibt. Deshalb ist die mit einem **Auflösungsvertrag** bezweckte Entlassung – bei Vorliegen der Voraussetzung einer

X. Die arbeitsrechtliche Stellung des vorläufigen Insolvenzverwalters § 22

Massenentlassung – gem §§ 17, 18 KSchG **so lange unwirksam, wie nicht** eine formgerechte **Massenentlassungsanzeige** (§ 17 Abs 3 KSchG) bei der zuständigen Agentur für Arbeit **eingereicht** und deren Zustimmung eingeholt wird (**BAG** 11. 3. 1999 – 2 AZR 461/98, AP Nr 12 zu § 17 KSchG 1969 = NZA 1999, 761 = ZInsO 1999, 420; zust *Schiefer* DB 2000, 669, 670; **str aA** *Bauer* Arbeitsrechtliche Aufhebungsverträge S 328 Rn 889). Zur Vermeidung der daraus resultierenden Folgen empfiehlt sich die Erstattung einer vorsorglichen Massenentlassungsanzeige (*Berscheid* ZInsO 2000, 208, 209).

b) Freistellung der Arbeitnehmer im Eröffnungsverfahren. Im Insolvenzeröffnungsverfahren kann 87 auch der **vorläufige Insolvenzverwalter** die Arbeitnehmer von der Arbeit **freistellen,** wie die Regelung des § 55 Abs 2 S 2 InsO zeigt. Die Frage des Vorrangs des § 108 Abs 3 InsO nF (= § 108 Abs 2 InsO aF) betrifft nur die Rangordnung der Arbeitnehmeransprüche vor Verfahrenseröffnung, steht einer Anwendung des § 55 Abs 2 S 2 InsO im Übrigen, insbesondere hinsichtlich der Freistellungsbefugnis, nicht entgegen (*Berscheid* FS Rheinland-Pfalz S 453, 469 in Fußn 73; HK-*Linck* Vor § 113 Rn 19; krit Gottwald/Heinze/*Bertram* InsRHdb § 103 Rn 26; zur Freistellung näher BKBN/*Berscheid* Teil 12 Rn 88 ff). Zu der Freistellung ist der Betriebsrat weder nach § 102 BetrVG zu hören (**BAG** 22. 1. 1998 – 2 AZR 266/97, ZAP ERW 1998, 157 [*Berscheid*] = ZInsO 1998, 190), noch bedarf die Freistellung nach § 99 BetrVG der Zustimmung des Betriebsrats (**BAG** 22. 1. 1998 – 2 AZR 267/97, AP Nr 11 zu § 174 BGB = KTS 1998, 499 = NZA 1998, 699 = ZIP 1998, 748; **str aA** ArbG Wesel 7. 1. 1998 – 3 Ca 3942/97, NZA-RR 1998, 266), es sind hierbei auch nicht die Mitbestimmungsrechte des Betriebsrats aus § 87 Abs 1 Nr 3 BetrVG zu beachten (**BAG** 11. 12. 2001 – 9 AZR 80/01, NZA 2002, 902 = NZI 2002, 449 = ZInsO 2002, 889 = ZIP 2002, 1261; ausf Gottwald/Heinze/*Bertram* InsRHdb § 103 Rn 28, 29; BKBN/*Berscheid* Teil 12 Rn 92; Kraemer/*Berscheid* Fach 6 Kap 2 Rn 39 ff; **str aA** ArbG Siegen 3. 6. 1983 – 1 Ga 21/83, KTS 1983, 571 = ZIP 1983, 1117, 1118; Voraufl § 22 Rn 83 mwN).

c) Nachkündigung durch den (endgültigen) Insolvenzverwalter nach Verfahrenseröffnung. Hat der 88 Arbeitgeber bereits vor Stellung des Insolvenzantrages oder danach, aber vor Insolvenzeröffnung unter Beachtung der allgemeinen (verlängerten) gesetzlichen oder tariflichen Vorschriften und/oder einzelvertraglichen Vereinbarungen gekündigt, kann der Insolvenzverwalter, um eine Verringerung der Insolvenzmasse zu verhindern, nach Verfahrenseröffnung nach Maßgabe des § 113 S 2 InsO nochmals (nach-)kündigen (*Berscheid* ZInsO 1998, 9, 13; *Bertram* NZI 2001, 625, 627; *Bichlmeier/Engberding/Oberhofer*, InsHdb S 494; BKBN/*Berscheid* Teil 12 Rn 106; FK-*Schmerbach* § 22 InsO Rn 44; *Grunsky/Moll* Arbeitsrecht und Insolvenz, S 81 Rn 340; KS-*Uhlenbruck* S 325, 349 Rn 24). Ist nach Stellung des Insolvenzantrages gem § 22 Abs 1 InsO vorläufige Insolvenzverwaltung mit allgemeinem Verfügungsverbot für den Schuldner angeordnet worden, und **hat** der **vorläufige Insolvenzverwalter mit den verlängerten Kündigungsfristen** (zB sieben Monate zum Monatsschluss oder sechs Monate zum Quartalsende) **oder zu besonderen Kündigungsterminen** (zB Halbjahres- oder Jahresschluss) **gekündigt** so **muss** der **(endgültige) Insolvenzverwalter** zur Vermeidung einer Haftung nach § 60 InsO ebenfalls gem § 113 S 2 InsO **nachkündigen.** Der (endgültige) Insolvenzverwalter braucht dabei bei einer Kündigung nach § 113 S 2 InsO in Abweichung von § 622 Abs 2 BGB nur eine Kündigungsfrist drei Monate zum Monatsende als Kündigungstermin einzuhalten (Kraemer/*Berscheid* Fach 6 Kap 2 Rn 41).

Der endgültige Insolvenzverwalter wiederholt damit nicht lediglich die erste Kündigung. Er stützt sie 89 vielmehr auf die Insolvenzeröffnung und das dadurch ausgelöste Sonderkündigungsrecht und damit auf weitere, neue Tatsachen, die den bisherigen Kündigungssachverhalt verändert haben (**BAG** 22. 5. 2003 – 2 AZR 255/02, NJW 2003, 3364 = NZA 2003, 1086 = NZI 2003, 673 = ZInsO 2003, 866 = ZIP 2003, 1670). Eine unzulässige „Wiederholungskündigung" oder „Nachkündigung" liegt darin nicht, denn nach § 113 InsO kann ein Arbeitsverhältnis vom Insolvenzverwalter stets ohne Rücksicht auf eine vereinbarte Vertragsdauer oder einen vereinbarten Ausschluss des Rechts zur ordentlichen Kündigung mit der kurzen Kündigungsfrist von drei Monaten zum Monatsende gekündigt werden, soweit nicht eine noch kürzere Frist maßgeblich ist. Sinn der gesetzlichen Regelung ist es, dass im Insolvenzfall alle Arbeitsverhältnisse zumindest mit der Höchstfrist von drei Monaten und damit innerhalb eines überschaubaren Zeitraums beendet werden können (**BAG** 13. 5. 2004 – 2 AZR 329/03, BAGReport 2004, 330 = NZA 2004, 1037 = ZInsO 2005, 390 = ZIP 2004, 1773).

d) Interessenausgleichsverfahren im Eröffnungsverfahren. Wird nach Stellung eines Antrages auf Er- 90 öffnung eines Insolvenzverfahrens (§ 13 InsO) ein vorläufiger Insolvenzverwalter bestellt und dem **Schuldner** ein **allgemeines Verfügungsverbot auferlegt** (§ 21 Abs 2 Nr 2 Alt 1 InsO), **dann** geht zu diesem frühen Zeitpunkt nicht nur die Verwaltungs- und Verfügungsbefugnis über das Vermögen des Schuldners (§ 22 Abs 1 S 1 InsO), sondern zugleich auch die Arbeitgeberfunktion (Arbeitgeberstellung) auf den **vorläufigen Insolvenzverwalter** über. Diesem **obliegt** dann auch, bei Betriebsänderungen iSd § 111 S 3 BetrVG die **Interessenausgleichs- und Sozialplanverhandlungen mit dem Betriebsrat zu führen.** Wird bei Anordnung eines (allgemeinen) Zustimmungsvorbehalts (§ 21 Abs 2 Nr 2 Alt 2 InsO) der vorläufige Insolvenzverwalter durch Einzelanordnung im Bestellungsbeschluss ermächtigt, „**Kündigungen auszusprechen und mit dem Betriebsrat Interessenausgleichs- und Sozialplanverhandlungen zu führen**" (*Berscheid* ZInsO 1998, 9, 12; krit dazu *Förster* ZInsO 1998, 45, 48), so wird der vorläufige Insolvenzverwalter Ansprech- und Verhandlungspartner des Betriebsrats (KS-*Ennemann* S 1473, 1479

Rn 14). Ansonsten bleibt es der Unternehmer, auch wenn er für den Abschluss eines Sozialplans wegen der finanziellen Auswirkungen die Zustimmung des vorläufigen Insolvenzverwalters braucht (KS-Ennemann S 1473, 1479 Rn 14).

91 Ist in Betrieben mit idR mehr als zwanzig wahlberechtigten Arbeitnehmern eine **Betriebsänderung** iSd § 111 S 3 BetrVG **geplant,** die wesentliche Nachteile für die Belegschaft oder erhebliche Teile der Belegschaft zur Folge haben kann, so hat der vorläufige Insolvenzverwalter, der bei Erlass eines allgemeinen Verfügungsverbotes an die Stelle des Unternehmers tritt (§ 22 Abs 1 S 1 InsO), den Betriebsrat hierüber rechtzeitig und umfassend zu unterrichten. Bei einem Scheitern der Einigungsbemühungen mit dem Betriebsrat ist der vorläufige Insolvenzverwalter gehalten, **zur Vermeidung von Ansprüchen auf Zahlung eines Nachteilsausgleichs** gem § 113 Abs 3 BetrVG **das für** den Versuch einer Einigung über **den Interessenausgleich vorgesehene Verfahren** (§ 112 Abs 1 bis 3 BetrVG) **voll auszuschöpfen** und von sich aus die Einigungsstelle anzurufen. Auch die übrigen Regelungen des sog Insolvenzarbeitsrechts (§§ 120–121 und §§ 125–128 InsO) gelten im Eröffnungsverfahren noch nicht; es gelten keinerlei Beweiserleichterungen in den anschließenden Kündigungsschutzverfahren (**LAG** Hamm 22. 5. 2002 − 2 Sa 1560/01, LAGReport 2003, 60 = NZA-RR 2003, 378 = ZInsO 2002, 1104). Somit besteht unterschiedliches Recht für Personalabbau und Personalanpassung vor und nach Verfahrenseröffnung. Dies ist zwar eine gesetzgeberische Fehlleistung aber geltendes Recht (so bereits *Berscheid* AnwBl 1995, 8, 9; ferner KS-*Düwell* S 1443, 1441 Rn 22).

92 **3. Inanspruchnahme von Insolvenzgeld.** Der vorläufige Insolvenzverwalter muss bei Bestellung mit **allgemeinem Verfügungsverbot** das **Unternehmen des Schuldners fortführen** (Ausnahme: § 22 Abs 1 S 2 Nr 2 InsO) und die Arbeitnehmer ebenso bezahlen wie die Lieferanten, die ihm ansonsten kein Material liefern, so dass er nicht mehr produzieren kann. Er hat für die Lohn- und Gehaltsansprüche der Arbeitnehmer nicht persönlich, sondern nur mit der (vorläufigen) Masse einzustehen. Er kann die weiterbeschäftigten **Arbeitnehmer** für die Dauer von längstens drei Monaten (§ 183 Abs 1 S 1 SGB III) **auf** das **Insolvenzgeld** (Insg), wie die Kaug-Zahlung nunmehr heißt, **und** die gekündigten, freigestellten Arbeitnehmer im Rahmen der sog Gleichwohlgewährung auf das **Arbeitslosengeld** (§ 143 Abs 3 SGB III) **verweisen**. Zahlt die Agentur für Arbeit im Rahmen der sog **Gleichwohlgewährung** im Falle einer Freistellung nach Insolvenz an die Arbeitnehmer Arbeitslosengeld, so wird der Arbeitslosengeldanspruch der Arbeitnehmer verbraucht (§ 128 Abs 1 Nr 1 SGB III), es sei denn, die Bundesagentur für Arbeit erlangt für ihre Aufwendungen tatsächlich Ersatz (*Valgolio* FA 2001, 322, 323, mwN).

93 **a) Insolvenzereignis mit und ohne Auslandsberührung.** Einen Anspruch auf Insolvenzgeld hat ein Arbeitnehmer oder ein Einfirmenvertreter iSd § 92 a HGB, der im Falle eines der nachstehenden Insolvenzereignisse, nämlich
– bei **Eröffnung des Insolvenzverfahrens** über das Vermögen seines Arbeitgebers (Nr 1)
– die **Abweisung des Antrags** auf Eröffnung des Insolvenzverfahrens mangels Masse (Nr 2),
– die vollständige **Beendigung der Betriebstätigkeit** im Inland, wenn ein Antrag auf Eröffnung des Insolvenzverfahrens nicht gestellt worden ist und ein Insolvenzverfahren offensichtlich mangels Masse nicht in Betracht kommt (Nr 3),
im Inland beschäftigt war und für die vorausgehenden drei Monate des Arbeitsverhältnisses noch Ansprüche auf Arbeitsentgelt hat (§ 183 Abs 1 S 1 Nrn 1–3 SGB III).

94 Während sich die ersten beiden Tatbestände leicht feststellen lassen, müssen im Falle des § 183 Abs 1 S 1 Nr 3 SGB III die **Beendigung der Betriebstätigkeit** und die **offensichtliche Masselosigkeit** gleichzeitig vorliegen. Bei Beendigung der Betriebstätigkeit steht einer Insolvenzgeldgewährung nichts entgegen, dass noch reine Abwicklungs-, Liquidations- oder Erhaltungsarbeiten, die nicht dem Betriebszweck dienen, durchgeführt werden (**BSG** 5. 6. 1981 − 10/8 b RAr 10/80, ZIP 1981, 1112; **BSG** 8. 2. 2001 − B 11 AL 10/00 R, ZInsO 2001, 871; **BSG** 8. 2. 2001 − B 11 AL 27/00 R, DZWIR 2001, 324 = SGb 2001, 381). Die „Offensichtlichkeit" der Masselosigkeit ist nicht iSe Evidenz zu verstehen (**LSG** Baden-Württemberg 12. 6. 1991 − L 5 Ar 116/89, AiB 1992, 172 *[Bichlmeier]*); es reicht aus, wenn für einen unvoreingenommenen Betrachter alle äußeren Tatsachen und insofern ein (böser) Anschein) für die Masseunzulänglichkeit sprechen (**BSG** 23. 11. 1981 − 10//8 b RAr 6/80 ZIP 1982, 469; **BSG** 29. 2. 1984 − 10 RAr 14/82, ZIP 1984, 1123; **BSG** 4. 3. 1999 − 11/10 AL 3/98 R, ZInsO 2000, 55). Die in § 183 Abs 1 S 1 Nrn 2, 3 SGB III genannten Insolvenztatbestände stehen einerseits zwar gleichrangig nebeneinander, jedoch wird der **Insolvenzgeldanspruch** allein **durch das zeitlich früheste Ereignis ausgelöst.** Lag bereits eine vollständige Beendigung der Betriebstätigkeit zu einem bestimmten Zeitpunkt vor, dann stellt ein später gestellter und mangels Masse zurückgenommener Antrag kein neues Insolvenzereignis dar und kann keine Insolvenzgeldansprüche auslösen (**BSG** 30. 10. 1991 − 10 RAr 3/91, KTS 1992, 291 = NZA 1992, 1151 = ZIP 1992, 197). Nur Insolvenzanträge, die am Tag der Betriebseinstellung gestellt sind, können eine Sperrwirkung auslösen und die Betriebseinstellung als Insolvenzereignis nach § 183 Abs 1 S 1 Nr 3 SGB III ausschließen (**BSG** 8. 2. 2001 − B 11 AL 10/00 R, ZInsO 2001, 871; **BSG** 8. 2. 2001 − B 11 AL 27/00 R, DZWIR 2001, 324 = SGb 2001, 381). Führt der Insolvenzverwalter den Betrieb nach Verfahrenseröffnung über längere Zeit fort, so ist die **spätere Betriebseinstellung kein neues Insolvenzereignis** (**BSG** 17. 5. 1989 − 10 RAr 10/88, AP Nr 12 zu § 141 b AFG = NZA 1989, 773 = ZIP 1989, 1270).

X. *Die arbeitsrechtliche Stellung des vorläufigen Insolvenzverwalters* § 22

Die **Insg-Regelung** schützt grundsätzlich **nur inländische Beschäftigungsverhältnisse** (vgl §§ 3, 7 95 SGB IV), wobei ein Wohnsitz im Geltungsbereich des SGB III nicht vorausgesetzt wird (Insg-DA [10. Erg 09/2007] 2.1 Abs 1 zu § 185 SGB III). Soweit über- oder zwischenstaatliches Recht nichts Abweichendes bestimmt (§ 6 SGB IV), finden die **Regelungen über die Ausstrahlung** von Beschäftigungsverhältnissen (§ 4 SGB IV) auch auf die Insg-Regelungen Anwendung. Ein iSv § 4 SGB IV ins Ausland entsandter Arbeitnehmer wird deshalb – bei Vorliegen eines Insolvenzereignisses gem (§ 183 Abs 1 S 1 Nrn 1–3 SGB III) – ebenfalls von der Insg-Versicherung geschützt (Insg-DA [10. Erg 09/2007] 2.1 Abs 1 zu § 185 SGB III).

Der **Insg-Anspruch** ist im Allgemeinen **auf inländische Insolvenzereignisse begrenzt** (vgl § 183 Abs 1 96 S 1 SGB III).

Hingegen lösen **Insolvenzereignisse im Ausland** oder nach ausländischem Recht idR keinen Anspruch 97 auf Insg-Zahlung aus (vgl Insg-DA [10. Erg 09/2007] 5.7 Abs 2 zu § 183 SGB III), es sei denn, es sind Arbeitnehmer einer **Inlandsniederlassung eines ausländischen Unternehmens** betroffen, denn dann greift die Regelung des § 183 Abs 1 S 2 SGB III nF ein (**BSG 8. 2. 2001 – B 11 AL 30/00 R, EWiR 2001, 1073 [*Gagel*]** = NZA-RR 2002, 46 = NZI 2001, 389 = ZInsO 2001, 818 = ZIP 2001, 1336). Damit stimmt die bundesdeutsche Regelung wieder mit den europarechtlichen Vorschriften überein, denn durch Art 1 Nr 4 RL 2002/74/EG ist in die RL 80/987/EWG ein **Abschnitt III a „Vorschriften für grenzübergreifende Fälle"** mit Art 8 a und Art 8 b eingefügt worden. Danach gilt EG-rechtlich folgendes: In grenzübergreifenden Fällen ist **für die Insg-Gewährung** die Garantieeinrichtung desjenigen Mitgliedstaates **zuständig**, in dessen Hoheitsgebiet die Arbeitnehmer ihre Arbeit gewöhnlich verrichten oder verrichtet haben (Art 8 a Abs 1 RL 80/987/EWG idF des Art 1 Nr 5 RL 2002/74/EG). Im Ergebnis zuständig ist danach die **Garantieeinrichtung** des **Mitgliedstaates**, dessen **Sozialversicherungsrecht** das **Beschäftigungsverhältnis unterlegen** hat (Insg-DA [10. Erg 09/2007] 2.1 Abs 3 UAbs 1 zu § 183 SGB III). Dies entspricht der seit Inkrafttreten des Job-AQTIV-Gesetzes v 10. 12. 2001 (BGBl I S 3443) geltenden bundesdeutschen Regelung, ein **ausländisches Insolvenzereignis** begründet bereits nach dem seinerzeit neu eingefügten § 183 Abs 1 S 2 SGB III einen Insg-Anspruch für **im Inland beschäftigte Arbeitnehmer**. Die Mitgliedstaaten haben die erforderlichen Maßnahmen zu treffen, um sicherzustellen, dass Entscheidungen, die in den vorgenannten Fällen im Rahmen eines Insolvenzverfahrens ergehen, dessen **Eröffnung in** einem **anderen Mitgliedstaat** beantragt wurde, bei der Feststellung der Zahlungsunfähigkeit des Arbeitgebers iSd Insolvenzschutz-Richtlinie berücksichtigt werden.

b) Berechnung des Insolvenzgeld-Zeitraumes. Nicht selten zeigt sich die Krise eines Unternehmens 98 darin, dass der Arbeitgeber mit den fälligen Lohn-, Gehalts- oder Provisionszahlungen bzw mit Weihnachts- und Urlaubsgeld ganz oder teilweise länger als drei Monate in Rückstand gerät. Die Arbeitnehmer stehen dann vor der Frage, ob sie Arbeitskraft zurückhalten oder fristlos kündigen oder in der Hoffnung, es würde sich doch noch alles zum Guten wenden, ohne Bezahlung bzw Nachzahlung auch im vierten Monat weiterarbeiten sollen. Ihre Entscheidung hat Einfluss auf die Berechnung des Insg-Zeitraumes. Bei der **Berechnung des Insolvenzgeld-Zeitraumes** zählt den Tag des Insolvenzereignisses (Insolvenzstichtag) nicht mit (**BSG 3. 10. 1989 – 10 RAr 4/94, KTS 1990, 524 = SGb 1990, 376 [*Hess*]; BSG 24. 1. 1995 – 10 RAr 4/94, DStR 1996, 636; BSG 22. 3. 1995 – 10 RAr 1/94, EWiR 1995, 729 [*Irschlinger*]** = KTS 1996, 183 = SGb 1996, 126 [*Hess*] = ZIP 1995, 935; **BSG 12. 12. 1995 – 10 RAr 1/95**, KTS 1996, 467 = NZS 1996, 288 = ZIP 1996, 758). Die vor dem Insolvenzstichtag (Insolvenzeröffnung, Abweisung des Antrags auf Verfahrenseröffnung mangels Masse, vollständige Beendigung der Betriebstätigkeit bei Masseunzulänglichkeit) ausgeschiedenen Arbeitnehmer können das Insolvenzgeld nur beanspruchen, wenn die Nichtzahlung des rückständigen Arbeitsentgelts auf dieses Insolvenzereignis zurückzuführen ist (*Berscheid* ZInsO 2000, 134). Auf das Abgrenzungsmerkmal der Kausalität kann schon deswegen nicht verzichtet werden, um eine zeitlich unbeschränkte Sicherung rückständiger Arbeitsentgelte zu vermeiden und Missbräuche auszuschließen (**LAG Hamm 12. 9. 1996 – 4 Sa 270/96, NZA-RR 1997, 272;** *Oehlerking* ZIP 1980, 18; str aA *Gagel* ZIP 1980, 90; *Peters-Lange* EWiR 1997, 529).

Seit der Neufassung des § 141 b AFG traten für die Kaug-Zahlung anstelle der letzten drei Monate, die 99 unmittelbar vor dem Insolvenzereignis lagen, die letzten drei Monate „des Arbeitsverhältnisses" (siehe dazu **BSG 27. 9. 1994 – 10 RAr 6/93, AP Nr 16 zu § 141 b AFG** = KTS 1995, 110 = NZS 1995, 110 = ZIP 1994, 1873; **BSG 27. 9. 1994 – 10 RAr 7/93, KTS 1995, 113** = ZIP 1994, 1875) mit zu den Kaug-Zahlung auslösenden Ansprüchen auf Arbeitsentgelt alle Ansprüche aus dem Arbeitsverhältnis zählten, die unabhängig von der Zeit, für die sie geschuldet wurden, Masseschulden nach § 59 Abs 1 Nr 3 a KO oder § 13 Abs 1 Nr 3 a GesO sein konnten (§§ 141 b Abs 2, 249 c Abs 21 AFG), konnte auch für solche Ansprüche Kaug gewährt werden, die außerhalb des Sechs-Monats-Zeitraums lagen (**LAG Hamm 12. 9. 1996 – 4 Sa 270/96, NZA-RR 1997, 272**). Im Ergebnis sicherte daher das Kaug den Lohn für die „**letzten drei Monate**" des Arbeitsverhältnisses vor dem Insolvenzzeitpunkt (**BSG 20. 6. 2001 – B 11 AL 3/01 R**, NZS 2002, 210 = ZInsO 2002, 152), und zwar ohne Rücksicht darauf, ob der Arbeitnehmer nur die Aussicht auf Kaug im notleidenden Betrieb hielt oder nicht (**BSG 22. 3. 1995 – 10 RAr 1/94, EWiR 1995, 729 [*Irschlinger*]** = KTS 1996, 183 = SGb 1996, 126 [*Hess*] = ZIP 1995, 935).

Die Regelung, wonach Anspruch auf Kaug für die letzten drei Monate des jeweiligen Arbeitsverhält- 100 nisses bestand, die dem Insolvenzereignis vorangingen, war verfassungsgemäß und verstieß nicht gegen die in Art 4 Abs 2 RL 80/987/EWG aufgestellten Anforderungen (**BSG** 20. 6. 2001 – B 11 AL 3/01 R, DZWIR 2002, 336 = NZS 2002, 210 = ZInsO 2002, 152).

101 Im Gegensatz zu § 141b Abs 1 S 1 AFG wird zwar in § 183 Abs 1 S 1 SGB III nach dem Wortlaut der Vorschrift nicht mehr auf die „letzten" dem Insolvenzereignis vorausgehenden drei Monate, sondern **nur noch** auf die „vorausgehenden drei Monate" abgestellt. Aus den Regelungen über die Insolvenzgeldbescheinigung (§ 314 Abs 1 S 1 SGB III), wonach der Insolvenzverwalter die Höhe des Arbeitsentgelts für die „letzten" der Eröffnung des Insolvenzverfahrens vorausgehenden drei Monate des Arbeitsverhältnisses zu bescheinigen hat, ist aber zu entnehmen, dass sich an der bisherigen Rechtslage nichts ändern soll. Die Nichterwähnung des Wortes „letzten" in § 183 Abs 1 S 1 SGB III ist als Redaktionsversehen zu qualifizieren (*Berscheid* InsArbR S 299 Rn 819). Insg wird nach § 183 Abs 1 S 1 SGB III für ausstehendes Arbeitsentgelt der letzten drei Monate des Arbeitsverhältnisses und nicht des Beschäftigungsverhältnisses gewährt, die dem Insolvenzzeitpunkt vorausgehen (**BSG** 26. 7. 1999 – B 11/10 AL 5/98 B, ZInsO 2000, 174). Damit hat der Gesetzgeber deutlich gemacht, dass er den Arbeitsentgeltausfall nach dem Ende der Beschäftigung einbezieht, wenn das Arbeitsverhältnis andauert und das Ende des Beschäftigungsverhältnisses dem Ende des Arbeitsverhältnisses nicht gleichsteht (*Berscheid* ZInsO 2000, 134, 135). Für eine Rückrechnung des Drei-Monats-Zeitraums, die von einem anderen Ereignis ausgeht, lässt die gesetzliche Regelung keinen Raum. Es kommt nach dem Wortlaut des § 183 Abs 1 S 1 SGB III insbesondere keine Rückrechnung des Drei-Monats-Zeitraums vom Zeitpunkt des Insolvenzantrags oder der Bestellung eines vorläufigen Insolvenzverwalters durch das Insolvenzgericht in Betracht (so zu § 141b AFG **BSG** 20. 6. 2001 – B 11 AL 97/00 R, ZInsO 2002, 152).

102 c) **Anspruchsberechtigter und -verpflichteter Personenkreis.** Der Begriff des Arbeitgebers ist im Insg-Recht nicht näher Arbeitgeber definiert. Sinn und Zweck des Gesetzes rechtfertigen es nach zutreffender Auffassung der Bundesagentur für Arbeit (Insg-DA [10. Erg 09/2007] 2.2 Abs 1 zu § 183 SGB III), den **Arbeitgeberbegriff** auch **im Rahmen der Insg-Regelung** grundsätzlich im gleichen Sinne **auszulegen wie im Arbeitsrecht.** Danach ist derjenige als Arbeitgeber anzusehen, dem die Verfügung über die Arbeitskraft, die Einstellung, Verwendung und Entlassung zusteht, für dessen Rechnung der Lohn gezahlt wird und dem der Erfolg der Arbeitsleistung zugute kommt (*Hess*, InsO Anhang C § 183 SGB III Rn 80–90). Für den Arbeitgeber ist ebenso wie für den Unternehmer insbesondere das **Tragen des Unternehmerrisikos** kennzeichnend (**BSG** 28. 1. 1993 – 2 BU 108/92, HV-INFO 1993, 1368; ähnl **BSG** 28. 6. 1983 – 10 ARr 26/81, SGb 1982, 209 = ZIP 1983, 1224). Haben mehrere Unternehmer eine Arbeitsgemeinschaft in Form einer Gesellschaft des bürgerlichen Rechts gebildet, so ist **Arbeitgeber** der **bei der Arbeitsgemeinschaft** beschäftigten Arbeitnehmer grundsätzlich die **Gesamtheit der Gesellschafter** und nicht der einzelne Gesellschafter (**BSG** 20. 12. 1966 – 3 RK 84/64, SozR Nr 2 zu § 245 RVO).

103 aa) **Abgrenzung von abhängiger zur selbstständigen Tätigkeit.** Anspruch aus Insg haben nur Arbeitnehmer (§ 183 Abs 1 SGB III). Der Begriff des Arbeitnehmers ist in den Insg-Vorschriften nicht abschließend geregelt. Es gelten deshalb grundsätzlich die **Abgrenzungsmerkmale,** wie sie in den **Vorschriften** über die **Versicherungspflicht** nach dem **Recht der Arbeitsförderung** (vgl. §§ 24ff SGB III) verwendet werden (Insg-DA [10. Erg 09/2007] 2.2 Abs 2 zu § 183 SGB III). Darüber hinaus findet § 7 Abs 1 SGB IV entsprechende Anwendung. Diese sind weitergehender als die arbeitsrechtlichen Definitionsversuche. Wer allerdings arbeitsrechtlich als Arbeitnehmer gilt, ist dies auch sozialrechtlich. **Arbeitnehmer ist** danach, **wer** aufgrund eines privatrechtlichen Vertrags oder eines ihm gleichgestellten Rechtsverhältnisses im Dienste eines anderen zur Arbeit verpflichtet ist, mit anderen Worten wer eine Erwerbstätigkeit in persönlicher Abhängigkeit zu einem Arbeitgeber ausübt (Insg-DA [10. Erg 09/2007] 2.2 Abs 3 zu § 183 SGB III). Entscheidend ist, dass der Arbeitnehmer Arbeit in persönlicher Abhängigkeit vom Arbeitgeber leistet, der ihm hinsichtlich Zeit, Dauer, Ort, Art und Inhalt der geschuldeten Arbeitsleistungen Weisungen erteilt (**BAG** 25. 8. 1982 – 5 AZR 7/81, AP Nr 32 zu § 611 BGB Lehrer, Dozenten). Arbeitnehmer ist mithin derjenige, der seine **Dienstleistung im Rahmen einer vom Dritten bestimmten Arbeitsorganisation nach Weisungen oder vertraglichen Vorgaben erbringt** (**BAG** 13. 1. 1983 – 5 AZR 149/82, AP Nr 42 zu § 611 BGB Abhängigkeit = NJW 1984, 1985). Das Bestehen eines Arbeitsverhältnisses kann auch aus Art oder Organisation der Tätigkeit folgen (**BAG** 24. 6. 1992 – 5 AZR 384/81, AP Nr 61 zu § 611 BGB Abhängigkeit = NJW 1993, 1156 = NZA 1993, 174; **BAG** 12. 9. 1996 – 5 AZR 104/95, AP Nr 122 zu § 611 BGB Lehrer, Dozenten = NZA 1997, 600). Dabei kann die Arbeitnehmereigenschaft nicht mit der Begründung verneint werden, es handele sich um eine nebenberufliche Tätigkeit (**BAG** 8. 10. 1975 – 5 AZR 430/74, AP Nr 18 zu § 611 BGB Abhängigkeit [*Beuthien*]; **BAG** 30. 10. 1991 – 7 ABR 19/91, AP Nr 59 zu § 611 BGB Abhängigkeit = NJW 1992, 2110 = NZA 1992, 407). Der Grad der persönlichen Abhängigkeit hängt auch von der Eigenart der jeweiligen Tätigkeit ab. Wer nicht frei seine Erwerbstätigkeit gestalten und seine Arbeitszeit bestimmen kann, ist unselbstständig und persönlich abhängig (**BAG** 21. 2. 1990 – 5 AZR 162/89, AP Nr 5 zu § 611 BGB Abhängigkeit = EzA § 611 BGB Arbeitnehmerbegriff; **BAG** 4. 2000 – 9 AZR 94/99, EzS 19/39). Insoweit enthält § 84 Abs 1 S 2 HGB ein typisches Abgrenzungsmerkmal.

104 Zu den **anspruchsberechtigten Personen zählen** alle **Arbeitnehmer,** mithin auch leitende Angestellte, Familienangehörige des (Gemein-)Schuldners, Volontäre, Praktikanten, Auszubildende. Da auch versicherungsfreie Personen zu den Arbeitnehmern iSd Insg-Regelung gehören können, haben auch beschäf-

tigte Studenten, Schüler, Rentner, geringfügig Beschäftigte grundsätzlich Anspruch auf Insg-Zahlung. Auf den Umfang und die Dauer der Beschäftigung sowie die Frage, ob der Antragsteller künftig als Arbeitnehmer tätig werden will, kommt es nicht an. Gleiches gilt für die Frage der Beitragspflicht bzw Beitragsfreiheit. Maßgebend ist allein, ob in dem jeweiligen Zeitraum, für den Insg beantragt wird, eine Arbeitsleistung erbracht worden ist oder nicht (Insg-DA [10. Erg 09/2007] 2.2 Abs 4 zu § 183 SGB III). Auf **mithaftende Dritte** darf der Arbeitnehmer nicht verwiesen werden (**BSG** 30. 4. 1981 − 10/8 b/12 RAr 11/79, ZIP 1981, 748; **BSG** 6. 11. 1985 − 10 RAr 3/84, KTS 1986, 353 = NZA 1986, 303 = ZIP 1986, 100; **BSG** 2. 11. 2000 − B 11 AL 23/00 R, NZA-RR 2001, 553 = NZI 2001, 440 = ZInsO 2002, 94), ebenso nicht darauf, zunächst eine Realisierung seiner Ansprüche auf Arbeitsentgelt durch Klage, im Insolvenzverfahren oder durch Zwangsvollstreckung zu versuchen. Geht zB ein Betrieb durch Rechtsgeschäft auf einen anderen Inhaber über und tritt dieser dadurch in die Rechte und Pflichten aus den im Zeitpunkt des Übergangs bestehenden Arbeitsverhältnissen ein (§ 613a Abs 1 S 1 BGB), so steht dem Arbeitnehmer im Hinblick auf den Zweck des Insg als einer vorrangigen Sicherung trotz des Vorhandenseins eines weiteren (solventen) Schuldners bis längstens zum Zeitpunkt der Betriebsübernahme grundsätzlich Insg zu (Insg-DA [10. Erg 09/2007] 4.1 Abs 3 zu § 183 SGB III).

bb) **Arbeitnehmerähnliche Personen.** Zu den arbeitnehmerähnlichen Personen zählen Heimarbeiter 105 (§ 13 SGB III iVm § 12 Abs 2 SGB IV), nicht dagegen Zwischenmeister iSd § 12 Abs 4 SGB IV und Hausgewerbetreibende iSd § 12 Abs 1 SGB IV (**BSG** 27. 11. 1980 − 8b/12 RAr 10/79, ZIP 1981, 134). Bei der **Abgrenzung zwischen Hausgewerbetreibenden und Heimarbeitern** kommt es entscheidend darauf an, ob jemand nur allein bzw mit Familienangehörigen arbeitet oder aber fremde Hilfskräfte beschäftigt. Personen, die erwerbsmäßig allein oder ausschließlich mit ihren Familienangehörigen arbeiten, sind im Allgemeinen als Heimarbeiter anzusehen. Beschäftigen Gewerbetreibende dagegen fremde Hilfskräfte, so sind sie idR zum Personenkreis der Hausgewerbetreibenden zu zählen; dabei spielt die Zahl der fremden Hilfskräfte − anders als bei den Hausgewerbetreibenden iSd Heimarbeitsgesetzes − grundsätzlich keine Rolle (Insg-DA [10. Erg 09/2007] 2.2 Abs 6 zu § 183 SGB III).

Dagegen kann ein Arbeitnehmer, der **aufgrund eines Werk- oder Dienstvertrages Arbeitsleistungen in** 106 **Drittbetrieben** erbracht hat, bei der Insolvenz seines Arbeitgebers nach § 183 Abs 1 SGB III Insg beanspruchen (**BSG** 27. 11. 1980 − 8 b/12 RAr 9/79, AR-Blattei ES 1840 Nr 9 = EzAÜG § 10 AÜG Fiktion Nr 7). Zur Frage, wer Arbeitnehmer oder arbeitnehmerähnliche Person ist oder nicht, ist eine umfangreiche Rechtsprechung ergangen (siehe die Nachweise bei *Hess*, InsO Anhang C § 3 SGB III Rn 28−33). Bei unerlaubter Arbeitnehmerüberlassung kann die Bundesagentur für Arbeit in der Insolvenz des Verleihers die Zahlung von Insg an den Arbeitnehmer nicht mit der Begründung ablehnen, der angebliche Entleiher habe nach § 10 Abs 1 AÜG für den Lohn einzustehen (**BSG** 25. 3. 1982 10 RAr 2/81, AR-Blattei ES 1840 Nr 10 = ZIP 1982, 976; **BSG** 29. 2. 1984 − 10 RAr 14/82, ZIP 1984, 1123; **BSG** 20. 3. 1984 − RAr 11/83, KTS 1984, 688 = NZA 1984, 237 = ZIP 1984, 988; **BSG** 12. 8. 1987 − 10 RAr 12/ 86, EzS 60/149).

Arbeitnehmer iSd § 183 Abs 1 SGB III ist auch, wer − ohne selbstständiger Gewerbetreibender zu sein − 107 gem § 84 Abs 2 HGB ständig damit beauftragt ist, für einen Unternehmer Geschäfte zu vermitteln oder in dessen Namen abzuschließen (siehe dazu **BSG** 29. 7. 1982 − 10 RAr 9/81, AP Nr 5 zu § 141b AFG = KTS 1983, 140 = ZIP 1982, 1230). Gleiches gilt für **Versicherungsvertreter** (§ 92 Abs 1 HGB) und für **Bausparkassenvertreter** (§ 92 Abs 4 HGB) sowie **Einfirmenvertreter** iSd § 92a HGB, wenn sie keine persönliche Selbstständigkeit besitzen und nicht das Unternehmerrisiko tragen (**BSG** 29. 1. 1981 − 12 RK 63/79, AP Nr 4 zu § 92 HGB; **BSG** 24. 9. 1981 − 12 RK 43/79, SozR 2200 § 165 Nr 6). Gleiches gilt ferner für Handlungsgehilfen iSd § 59 HGB, die als abhängig Beschäftigte gem § 65 HGB Geschäfte mit Anspruch auf Provision abschließen oder vermitteln (Insg-DA [10. Erg 09/2007] 2.2 Abs 7 zu § 183 SGB III).

Gesellschafter-Geschäftsführer oder **mitarbeitende Gesellschafter** einer GmbH gehören dann zum be- 108 rechtigten Personenkreis, wenn sie in einem abhängigen Beschäftigungsverhältnis zur Gesellschaft stehen. Ein abhängiges Beschäftigungsverhältnis zur GmbH liegt nach der ständigen Rechtsprechung (**BSG** 18. 4. 1991 − 7 RAr 32/90, NZA 1991, 869; **BAG** 13. 5. 1992 − 5 AZR 344/91, ZIP 1992, 1496) vor, wenn die Gesellschafter funktionsdienend am Arbeitsprozess der GmbH teilhaben, für ihre Beschäftigung ein entsprechendes Arbeitsentgelt erhalten und keinen maßgeblichen Einfluss auf die Geschicke der Gesellschaft, insbesondere kraft eines etwaigen Anteils am Stammkapital (Sperrminorität), geltend machen können (Insg-DA [10. Erg 09/2007] 2.2 Abs 8 zu § 183 SGB III). Ist der Geschäftsführer einer GmbH durch einen Treuhandvertrag im Besitz der Mehrheit am Stammkapital der Gesellschaft, dann scheidet ein beitragspflichtiges Beschäftigungsverhältnis mit korrespondierendem Insg-Anspruch nicht von vornherein aus, wenn er aufgrund der schuldrechtlichen Bindungen durch das Treuhandverhältnis ihm nicht genehme Beschlüsse der Gesellschaft nicht verhindern kann (**BSG** 30. 1. 1997 − 10 RAr 6/95, AuB 1997, 216 *[Hase]* = EWiR 1997, 805 *[Gagel]* = NZS 1997, 432 = ZIP 1997, 1120). Für alle ab dem 1. 1. 2005 aufgenommenen Beschäftigungen entscheidet − abweichend von § 28h Abs 2 SGB IV − die Deutsche Rentenversicherung Bund, ob eine Beschäftigung vorliegt (§ 7a Abs 1 S 3 SGB IV). An diese Feststellung ist die Bundesagentur für Arbeit gem § 336 SGB III leistungsrechtlich gebunden (Insg-DA [10. Erg 09/2007] 2.2 Abs 8 UAbs 2 zu § 183 SGB III).

109 **Vorstandsmitglieder einer Aktiengesellschaft** haben eine unternehmerähnliche, unabhängige Stellung im Unternehmen und sind deshalb keine Arbeitnehmer iSd Insg-Regelung (Insg-DA [10. Erg 09/2007] 2.2 Abs 10 zu § 183 SGB III).

110 **Künstler, die** im Bereich Show/Unterhaltung im Rahmen von kurzfristigen Engagements bzw sog Tagesgeschäften „konzertmäßig" auftreten und **dem Gesetz über die Sozialversicherung der selbstständigen Künstler und Publizisten (Künstlersozialversicherungsgesetz v 27. 7. 1981 – BGBl I S 705 – KSVG, zuletzt geändert durch Art 1 3. KSVGÄndG v 12. 6. 2007 – BGBl I S 1034) unterliegen, sind nicht als Arbeitnehmer** iSd Insg-Regelung anzusehen (Insg-DA [10. Erg 09/2007] 2.2 Abs 11 zu § 183 SGB III). Anders verhält es sich **bei** längerfristig angelegten Vertragsbeziehungen – zB **Wochen- oder Monatsengagements** –, denn dann handelt es sich im Hinblick auf die vorliegende Eingliederung in den Betrieb des Arbeitgebers idR um Arbeitsverhältnisse, die von der Insg-Regelung geschützt werden (Insg-DA 2.2 Abs 12 zu § 183 SGB III).

111 cc) **Insg-Anspruch des Erben.** § 183 Abs 3 SGB III stellt für das neue Recht klar, dass der **Anspruch auf Insg nicht durch den Tod des Arbeitnehmers ausgeschlossen ist, sondern auf den Erben übergeht.** Soweit er Inhaber der nicht erfüllten Arbeitsentgeltansprüche des verstorbenen Arbeitnehmers geworden ist, kann der Erbe wie ein Arbeitnehmer einen eigenen Insg-Anspruch geltend machen. Die Arbeitsentgeltansprüche müssen *vor* Stellung des Antrages auf Insg und *vor* dem Insolvenzereignis nach erbrechtlichen Vorschriften auf den oder die Hinterbliebenen übergegangen sein (Insg-DA [10. Erg 09/2007] 5.4 Abs 1 zu § 183 SGB III). Der Nachweis der Erbberechtigung ist grundsätzlich, auch bei vorhandenem Testament, durch Vorlage des Erbscheines zu führen. Ist kein Erbschein vorhanden und soll dieser aus Kostengründen – zB wegen Geringfügigkeit des Nachlasses – auch nicht beantragt werden, hat der Erbe als Insg-Antragsteller diejenigen Angaben zu machen und diejenigen Urkunden zur Feststellung seiner erbrechtlichen Position vorzulegen, die auch das Nachlassgericht gem §§ 2354 ff BGB bei der Erteilung des Erbscheines zugrunde legt, insbesondere Geburtsurkunde, Heiratsurkunde, Stammbuch, Sterbeurkunde ggf auch von Vorverstorbenen (Insg-DA [10. Erg 09/2007] 5.4 Abs 2 zu § 183 SGB III). Ist der Arbeitnehmer *nach* der Antragstellung und *nach* dem Insolvenzereignis gestorben, wird der fällige Insg-Anspruch gem § 58 S 1 SGB I nach den Vorschriften der §§ 1923 ff BGB vererbt, da bei Ansprüchen auf einmalige Geldleistungen die Sonderrechtsnachfolge des § 56 Abs 1 SGB I ausgeschlossen ist. Die Vorschrift des § 58 S 1 SGB I findet entsprechende Anwendung, wenn der insg-berechtigte Arbeitnehmer *nach* der Antragstellung, aber *vor* dem Insolvenzereignis stirbt (Insg-DA [10. Erg 09/2007] 5.4 Abs 8 zu § 183 SGB III).

112 d) **Ansprüche mit Entgeltcharakter aus einem Arbeitsverhältnis.** Zu den Ansprüchen auf Arbeitsentgelt gehören alle Ansprüche auf „Bezüge aus dem Arbeitverhältnis" (§ 183 Abs 1 S 3 SGB III nF). Dazu gehören **alle Ansprüche mit Entgeltcharakter aus dem Arbeitsverhältnis** (Geld- und Naturalleistungen), die der Arbeitnehmer aus dem Arbeitsverhältnis als Gegenwert für die von ihm geleistete Arbeit oder als Ersatz der ihm bei Erbringung der Arbeitsleistung entstandenen (ggf pauschal vergüteten) Auslagen zu beanspruchen hat. Auch Leistungen, auf die der Arbeitnehmer in Fällen nicht geleisteter Arbeit (zB bei Feiertagen, Urlaub, Krankheit, Freistellung) Anspruch hat, können Arbeitsentgelt in diesem Sinne sein. Ob das Arbeitsentgelt „für die vorausgehenden drei Monate des Arbeitsverhältnisses" (§ 183 Abs 1 S 1 SGB III) geschuldet wird und damit dem Kaug-Zeitraum zuzuordnen ist, lässt sich nicht nach einheitlichen Maßstäben beurteilen, sondern ist für jede Arbeitsvergütung unter Berücksichtigung ihrer Eigenart besonders zu prüfen (**BSG** 18. 9. 1991 – 10 RAr 12/90, NZA 1992, 329 = ZIP 1992, 347, 349, mwN).

113 aa) **Absicherung des im Insg-Zeitraum erarbeiteten Arbeitsentgelts.** Nach der Begriffsbestimmung in § 183 Abs 1 S 3 SGB III nF zählen zum **Arbeitsentgelt alle Bezüge** aus dem Arbeitsverhältnis, **die eine Gegenleistung** für die **Arbeitsleistung** des Arbeitnehmers **darstellen** (so zu § 141 b Abs 2 AFG **BSG** 24. 3. 1983 – 10 RAr 15/81, AuB 1984, 123 *[Hoppe]* = KTS 1983, 439 = ZIP 1983, 965). In dieser Interpretation entspricht § 183 Abs 1 S 3 SGB III nF den Vorgaben des Art 3 Abs 1 RL 80/987/EWG, denn nach Art 2 Abs 2 RL 80/987/EWG bleibt das einzelstaatliche Recht unter anderem bezüglich der Begriffsbestimmung „Arbeitsentgelt" unberührt (*Berscheid* ZInsO 2000, 134, 137). Welches Arbeitsentgelt überhaupt mittels Insg geschützt werden soll, bestimmt sich deshalb nicht nach der Richtlinie, sondern allein nach innerstaatlichem Recht bzw der dazu ergangenen höchstrichterlichen Rechtsprechung. Man wird ergänzend die Regelung des § 14 Abs 1 SGB IV heranziehen können, wonach der Begriff „Arbeitsentgelt" alle laufenden oder einmaligen Einnahmen aus einer Beschäftigung, gleichgültig, ob ein Rechtsanspruch auf die Einnahmen besteht, unter welcher Bezeichnung oder in welcher Form sie geleistet werden und ob sie unmittelbar aus der Beschäftigung oder im Zusammenhang mit ihr erzielt werden, erfasst.

114 Vom Ansatz her ist daher richtig, dass der Insg-Anspruch lediglich **im Insg-Zeitraum erarbeitetes Arbeitsentgelt sichern** soll und dass für jede Form des Arbeitsentgelts dessen zeitliche Zuordnung zu prüfen ist (**LSG** Niedersachsen 22. 6. 1999 – L 7 AL 32/99, ZInsO 2000, 174). **Wann** der Entgeltanspruch **fällig oder bezifferbar** wird, ist demgegenüber idR **ohne Bedeutung**, da die Beteiligten sonst die Möglichkeit hätten, bei nahender Insolvenz Fälligkeitstermine zu Lasten der Insg-Versicherung zu ändern.

X. Die arbeitsrechtliche Stellung des vorläufigen Insolvenzverwalters **§ 22**

Sowohl eine vertraglich vereinbarte Verschiebung des Fälligkeitszeitpunktes auf den Drei-Monats-Zeitraum als auch eine Stundung der Arbeitsentgeltansprüche durch die Arbeitnehmer sind mithin unbeachtlich (**LSG** Niedersachsen 27. 9. 2001 – L 8 AL 125/00, ZInsO 2002, 392). Maßgebend ist, ob die jeweilige Leistung einem Zeitraum des Erarbeitens oder einem bloßen Zeitpunkt zuzuordnen ist. Liegt dieser Zeitpunkt außerhalb des Insg-Zeitraums, wird die Entgeltleistung überhaupt nicht, auch nicht anteilig berücksichtigt. Liegt der Zeitraum des Erarbeitens außerhalb des Insg-Zeitraums, so ist auch der Anspruch auf ausgefallenes Arbeitsentgelt nicht geschützt. Einen längeren Zeitraum sieht das Gesetz nicht vor, um **Missbrauch durch Stundungsvereinbarungen** zu Lasten der Insg-Versicherung zu vermeiden (**LSG** Niedersachsen 22. 6. 1999 – L 7 AL 32/99, ZInsO 2000, 174, 175; **LSG** Niedersachsen 27. 9. 2001 – L 8 AL 125/00, ZInsO 2002, 392). Eine Stundung iSd Herausschiebens der Fälligkeit würde bei unverändertem Rechtsgrund des Anspruchs dem Grundsatz widersprechen, dass das Arbeitsentgelt regelmäßig **insolvenzrechtlich** und damit auch **insg-rechtlich** dem Zeitraum **zuzuordnen** ist, in dem die Arbeit als Gegenleistung für den Entgeltanspruch erbracht bzw für den der Lohn- oder Gehaltsanspruch „**erarbeitet" worden** ist (**BSG** 2. 11. 2000 – B 11 AL 87/99 R, SozR 3 – 4100 § 141b Nr 21 = ZInsO 2002, 94; **BSG** 20. 6. 2001 – B 11 AL 3/01 R, DZWIR 2002, 336 = NZS 2002, 210 = ZInsO 2002, 152; **BSG** 21. 7. 2005 – B 11 a/11 AL 53/04 R, NZA-RR 2006, 347 = ZIP 2005, 1933).

bb) Definition der Bezüge aus dem Arbeitsverhältnis. Zum Arbeitsentgelt iSd Insg-Vorschriften **zählen** grundsätzlich zB **Gehalt, Lohn** (Zeit- oder Akkordlohn), Vergütung und **Zuschläge** für Mehrarbeit, Überstunden, Sonntags-, Feiertags- und Nachtarbeit, **Zulagen** (Gefahren-, Wege- und Schmutzzulagen), **Auslösungen,** Kleidergelder, Kostgelder, vermögenswirksame Leistungen, Gewinnanteile (Tantiemen), Sachbezüge, **Urlaubsentgelte,** Urlaubsgelder, Jahressonderleistungen, Jubiläumszuwendungen, Lohnausgleich im Baugewerbe, Zuschüsse zum Krankengeld, Zuschüsse zum Mutterschaftsgeld, Beiträge des Arbeitgebers zur Zukunftssicherung des Arbeitnehmers, **Reisekosten** und sonstige **Spesen,** die dem Arbeitnehmer in unmittelbarem Zusammenhang mit seiner Arbeitsleistung erstattet werden (**BSG** 18. 9. 1991 – 10 RAr 12/90, KTS 1992, 152 = NZA 1992, 329 = ZIP 1992, 347, 349), Fahrgeldentschädigungen für Fahrten von der Wohnung zur Arbeitsstelle, Mankogelder, Werkzeuggelder (Insg-DA [10. Erg 09/2007] 7.2 Abs 1 zu § 183 SGB III). Daran ändert sich nichts, wenn der Arbeitnehmer solche Aufwendungen mit einer **Firmenkreditkarte** beglichen hat und später vom Kreditkartenherausgeber als Mithaftender in Anspruch genommen wird (**BSG** 18. 9. 1991 – 10 RAr 12/90). Ersatzansprüche, die der Arbeitnehmer gegen seinen Arbeitgeber erwirbt, weil er gegen ihn gerichtete Forderungen (**Geschäftsforderungen**) erfüllt hat, gehören nicht zum Arbeitsentgelt. 115

Bei **Lohn- und Gehaltsnachzahlungen** kommt es entscheidend darauf an, für welchen Zeitraum diese Nachzahlungen bestimmt sind. Erstreitet ein Arbeitnehmer über seine Arbeitsentgeltforderung ein rechtskräftiges Urteil gegen den Arbeitgeber, dann kann die Bundesagentur für Arbeit verpflichtet werden, ihrer Beurteilung des Insolvenzgeldanspruchs ohne eigene Prüfung das rechtskräftige arbeitsgerichtliche Urteil zugrunde zu legen und das Insolvenzgeld auszuzahlen (**BSG** 29. 6. 2000 – B 11 AL 35/99 R, AuB 2000, 372 *[Hase]* = NZI 2001, 277 = ZInsO 2001, 372). Nur diejenigen Nachzahlungszeiträume, die in den Drei-Monate-Zeitraum fallen, sind zu berücksichtigen (**BSG** 24. 11. 1983 – 10 RAr 15/81, ZIP 1984, 345). Dies gilt sowohl hinsichtlich der Höhe als auch des Grundes des Arbeitsentgeltanspruchs (**BSG** 9. 5. 1995 – 10 RAr 5/94, KTS 1996, 192 = NZA-RR 1996, 151; **BSG** 20. 6. 1995 – 10 RAr 6/94, EWiR 1995, 937 *[Gagel]* = ZIP 1995, 1534). **Verzugszinsen und Kosten** der Geltendmachung des rückständigen Lohnes oder Gehaltes oder anderer Ansprüche aus dem Arbeitsverhältnis gehören nicht zum Arbeitsentgelt (**BSG** 28. 2. 1985 – 10 RAr 19/83, KTS 1985, 716 = ZIP 1985, 626). Dementsprechend bleibt die Zinsforderung aus rückständigem Arbeitsentgelt aus dem Zeitraum vor dem Antrag auf Insolvenzgeld eine Insolvenzforderung des Arbeitnehmers, die nicht auf die Bundesagentur für Arbeit übergeht (**ArbG** Frankfurt/Oder 4. 11. 2001 – 4 Ca 2589/00, ZInsO 2002, 93). 116

Auch **Leistungen,** auf die der Arbeitnehmer **in Fällen nicht geleisteter Arbeit** – zB bei Urlaub oder Krankheit oder Feiertagen – Anspruch auf Arbeitsentgelt hat, können die Insg-Zahlung auslösen. Diese Ansprüche begründen einen Anspruch auf Insg-Zahlung für die Feiertage, die innerhalb des Drei-Monate-Zeitraum liegen, bzw für die Urlaubs- oder Krankheitszeit, die in diesen Zeitraum fällt (**BSG** 1. 12. 1976 – 7 RAr 136/75, AP Nr 1 zu § 141b AFG; **BSG** 27. 9. 1994 – 10 RAr 6/93, ZIP 1994, 1873; **BSG** 27. 9. 1994 – 10 RAr 7/93, KTS 1995, 113 = ZIP 1994, 1875). Anspruch auf Arbeitsentgelt besteht auch bei Freistellung von der Arbeit und in den Fällen, in denen der Arbeitgeber bzw der vorläufige Insolvenzverwalter mit der Annahme der angebotenen Arbeitsleistung gem § 615 S 1 BGB in Verzug ist (*Berscheid* InsArbR S 305 f, Rn 837). 117

cc) Urlaubsgeld, Gratifikationen, Jahressonderzahlungen, Sonderzuwendungen, 13. bzw. 14. Monatsgehälter. Zum Arbeitsentgelt kann auch das **Urlaubsgeld** gehören (**BAG** 26. 5. 1992 – 9 AZR 41/91, AP Nr 4 zu § 115 SGB X = NZA 1993, 848). Ob der Anspruch eines Arbeitnehmers auf diese betriebliche Sonderleistung allerdings in **die Insg-Berechnung einzubeziehen** ist, hängt von der Qualifizierung der Sonderleistung als Arbeitsentgelt, vom Insolvenzzeitpunkt sowie davon ab, **ob der Anspruch** iSd § 183 Abs 1 S 1 SGB III den **letzten drei Monaten** des Arbeitsverhältnisses **vor dem Insolvenzereignis zugeordnet** werden kann. Wird das zusätzliche **Urlaubsgeld** dagegen **urlaubsunabhängig gezahlt** 118

Berscheid

(hierzu **BAG** NZA 2004, 47), ist dieses nur dann **berücksichtigungsfähig**, wenn es sich ganz oder anteilig den dem Insolvenzereignis vorausgehenden **drei Monaten zuordnen** lässt. Arbeitsvertragliche Vereinbarungen bzw Regelungen, die bei vorherigem Ausscheiden des Arbeitnehmers einen zeitanteiligen Anspruch vorsehen, begründen dementsprechend einen Insg-Anspruch in Höhe des auf den Insg-Zeitraum **entfallenden Anteils**. Lässt sich die Sonderzuwendung nicht in dieser Weise einzelnen Monaten zurechnen, ist sie in voller Höhe bei dem Insg zu berücksichtigen, wenn sie im Insg-Zeitraum zu einem Stichtag im Arbeitsverhältnis stehenden Arbeitnehmern hätte ausgezahlt werden müssen. Ist dies nicht der Fall, findet sie überhaupt **keine Berücksichtigung**. Bloße **Fälligkeitsvereinbarungen** ohne Veränderung des Rechtsgrunds vermögen eine Änderung des Stichtags und damit eine Änderung in der zeitlichen Zuordnung der Sonderzuwendung nicht herbeizuführen (**BSG** 23. 3. 2006 – B 11 a AL 65/05 R, ZIP 2006, 1882).

119   **Jahressonderzahlungen** werden idR für geleistete Arbeit und zur Belohnung für die Betriebstreue erbracht. Bei der zu Zwecken der Insg-Zahlung erforderlichen zeitlichen Zuordnung einer Jahressonderzahlung ist unter Berücksichtigung des arbeitsrechtlichen Entstehungsgrunds und der Zweckbestimmung der Leistung zu differenzieren (**BSG** 2. 11. 2000 – B 11 AL 87/99 R, EWiR 2001, 637 *[Peters-Lange]* = SGb 2001, 584 *[Roth]* = ZInsO 2002, 94). Im Einzelnen gilt Folgendes: Die Zuordnung von im Insg-Zeitraum fällig gewordenen tarifvertraglich vereinbarten Sonderzahlungen – **Gratifikationen, Jahressonderzahlungen, Sonderzuwendungen und 13. bzw 14. Monatsgehälter** – richtet sich danach, ob aus dem Tarifvertrag zu entnehmen ist, dass sich die einzelne Sonderzahlung den Monaten des gesamten Jahres oder allein dem Monat zuordnen lässt, in dem die Zahlung zur Auszahlung fällig wurde (**BSG** 2. 11. 2000 – B 11 AL 87/99 R, EWiR 2001, 637 *[Peters-Lange]* = SGb 2001, 584 *[Roth]* = ZInsO 2002, 94). Auch wenn die Zuordnung von Arbeitsentgelt zum Insg-Zeitraum steht grundsätzlich nicht zur Disposition der Tarifvertragsparteien steht, haben diese jedoch die Befugnis, in einem Zweifelsfall, in dem sich aufgrund der tarifvertraglichen Bestimmungen die Jahressonderzahlung weder eindeutig als monatsweise anteilig erdientes Arbeitsentgelt noch als „echte" Einmalzahlung qualifizieren lässt (Mischcharakter), selbst die Qualifizierung vorzunehmen (**LAG** Sachsen 10. 8. 2005 – L 1 AL 212/03, nv). Lässt sich eine Zuordnung zu den einzelnen Monaten des Jahres nicht vornehmen, und wird die Sonderzahlung im Insg-Zeitraum fällig, ist sie bei der Insg-Gewährung in voller Höhe zu berücksichtigen (**BSG** 7. 9. 1988 – 10 RAr 13/87, KTS 1989, 180 = NZA 1989, 288 = ZIP 1988, 1585; **BSG** 30. 5. 1990 – 10 RAr 15/89, EzS 89/68; **LSG** Hessen 10. 5. 1999 – L 10 AL 207/96, ZInsO 2000, 175). Umgekehrt wirkt sich die Sonderzahlung nicht erhöhend aus, wenn bei dieser Variante der Fälligkeitszeitpunkt außerhalb des Insg-Zeitraumes liegt (**BSG** 18. 1. 1990 – 10 RAr 10/89, EWiR 1990, 419 *[Grub]* = KTS 1990, 531 = NZA 1990, 544 = ZIP 1990, 524).

120   Lässt sich dem Tarifvertrag dagegen entnehmen, dass die Jahressonderzahlung Entgelt für die das ganze Jahr über geleistete Arbeitsleistung ist (zB wenn ausgeschiedene Arbeitnehmer einen Anspruch auf einen **ratierlichen Teilbetrag** nach Maßgabe der monatlichen Beschäftigungszeit haben), dann ist nicht die gesamte bis dahin aufgelaufene Summe, sondern die Sonderzahlung nur anteilig (dh zu $^1/_{12}$ jeden Monat bei Jahressonderzahlung, für den Insg-Zeitraum von 3 Monaten also zu $^3/_{12}$) bei der Insg-Festsetzung zu berücksichtigen, unabhängig davon, wann nach dem Tarifvertrag die Jahressonderzahlung fällig wurde (**BSG** 12. 8. 1987 – 10 RAr 13/85, NZA 1988, 179). Bei dieser Variante ist die Sonderzahlung bei der Insg-Gewährung auch dann (anteilig) zu berücksichtigen, wenn das Insolvenzereignis weit vor dem Fälligkeitszeitpunkt des Gesamtanspruches eintritt (**BSG** 10. 9. 1987 – 10 RAr 10/86, KTS 1988, 362 = MDR 1988, 260 = SGb 1988, 348 *[Hess]*; **BSG** 2. 11. 2000 – B 11 AL 87/99 R, EWiR 2001, 637 *[Peters-Lange]* = SGb 2001, 584 *[Roth]* = ZInsO 2002, 94); umgekehrt erfolgt nur eine Anrechnung zu 3/12, selbst wenn die Sonderzahlung nach dem Tarifvertrag in voller Höhe im Insg-Zeitraum fällig wird (**BSG** 9. 12. 1997 – 10 RAr 5/97, KTS 1998, 504 = SGb 1998, 161 = WzS 1998, 378 = ZIP 1998, 481). Gleiches gilt für Jahressonderzahlungen, die nach der tariflichen Regelung erst am Fälligkeitstag entstehen und am Insolvenzstichtag noch nicht fällig sind. Für solche Ansprüche muss unter Umständen der Betriebserwerber in vollem Umfange einstehen, wenn er den Betrieb aus der Insolvenzmasse erworben hat und das Insolvenzverfahren im Laufe des Bezugszeitraums eröffnet worden ist (**BAG** 11. 10. 1995 – 10 AZR 984/94, NZA 1996, 432).

121   Soweit die Sozialgerichte die „**Vorverlegung**" des Auszahlungstages einer Jahressonderzahlung bzw das „**Hinausschieben**" des **Fälligkeitstages** durch Betriebsvereinbarung nach Insolvenzantragstellung generell nicht für zulässig halten, sind Divergenzen zur arbeitsgerichtlichen Rechtsprechung festzustellen: Während das BAG **bei entsprechender Öffnungsklausel** (**BAG** 20. 2. 2001 – 1 AZR 233/00, NZA 2001, 903 = RdA 2002, 173 *[Hanau]*) oder **mit Zustimmung der Tarifvertragsparteien** (**BAG** 20. 4. 1999 – 1 AZR 631/98, NZA 1999, 1059) ergänzende oder **abweichende Regelungen durch Betriebsvereinbarungen** zulässt, geht das BSG offenbar davon aus, dass nach den einschlägigen tariflichen Bestimmungen der 1. 12. des jeweiligen Jahres der „Regel"-Auszahlungstag sei, so dass bspw. „der Auszahlungs- und Fälligkeitszeitpunkt der Jahressonderzahlung nicht durch die Betriebsvereinbarung vom 2. 11. 1999 (rechtswirksam) auf den 10. 11. 1999 vorverlegt worden" sei (so **BSG** 18. 3. 2004 – B 11 AL 57/03 R, NZS 2005, 385 = ZInsO 2005, 110 = ZIP 2004, 1376) bzw. so dass „die Betriebsvereinbarung vom 6. 12. 2001 den im Tarifvertrag vorgesehenen und für die Zuordnung zum Insg-Zeitraum entscheidenden Auszahlungszeitpunkt (1.12. eines jeden Jahres) nicht verändert" habe (so **BSG** 21. 7.

2005 – B 11 a/11 AL 53/04 R, NZA-RR 2006, 437 = ZIP 2005, 1933), mithin also die Fälligkeit in das Jahr 2002 nicht rechtswirksam hinein verschoben worden sei.

Die beiden Entscheidungen zur „Vorverlegung" des Auszahlungstages bzw. zum „Hinausschieben" des Fälligkeitstermins einer Jahressonderzahlung durch Betriebsvereinbarung erheben den 1. 12. des jeweiligen Jahres damit zum „Regel"-Auszahlungstag. Dies ist jedoch unzutreffend, denn in beiden Fällen bestimmt der jeweilige einschlägige § 3 Ziff 1 TV-Sonderzahlung zunächst, dass „der Zeitpunkt der Auszahlung ... durch Betriebsvereinbarung geregelt" wird. Nur dann, „falls dieser Zeitpunkt durch Betriebsvereinbarung nicht geregelt ist", gilt gem. § 3 Ziff 2 S 1 TV-Sonderzahlung als Auszahlungstag der 1. 12. des jeweiligen Jahres. Mit anderen Worten, der **1. 12. des jeweiligen Jahres** ist **als „tariflicher" Auszahlungs- und Fälligkeitszeitpunkt „subsidiär"** und kommt lediglich dann zum Tragen, wenn von den Betriebsparteien durch Betriebsvereinbarung kein anderer „betrieblicher" Auszahlungstag als Regelfall festgelegt worden ist (*Berscheid* jurisPR-ArbR 35/2004, Anm 5). Die **Festlegung eines „betrieblichen" Auszahlungstages** steht im Belieben der Betriebspartner und ist keine (unzulässige) „Abweichung" von der tariflichen Regelung, sondern nach dem Wortlaut der Öffnungsklausel eben der „Regelfall" (*Berscheid* jurisPR-ArbR 35/2004, Anm 5). Gerade die tarifliche Öffnungsklausel ermöglicht die zulässige Festlegung eines anderen „betrieblichen" Auszahlungstages als den 1. 12. des Jahres. Bei entsprechender Öffnungsklausel (**BAG** 29. 10. 2002 – 1 AZR 573/01, NZA 2003, 393) **BAG** 29. 1. 2002 – 1 AZR 267/01, EzA § 77 BetrVG 1972 Nr 71) ist es **in Krisenzeiten Gang und Gäbe, dass zur Vermeidung** einer **drohenden Insolvenz** Lohn- und Gehaltskürzungen vorgenommen und **insbesondere Jahressonderzahlungen gestundet** werden.

Solche Krisenbewältigungsmöglichkeiten müssen erhalten bleiben. Entsprechende Kollektivregelungen sind allerdings nicht grenzenlos zulässig. Ob die **Betriebsvereinbarung**, mit der der Fälligkeitszeitpunkt der Jahressonderzahlung erstmals „festgelegt" (also nicht „vorverlegt" oder „hinausgeschoben") worden ist, **wegen eines Verstoßes gegen § 138 BGB nichtig** ist, was die BSG angenommen hat, hängt davon ab, ob **bei Abschluss der Betriebsvereinbarung** über die Vorverlegung bzw das Hinausschieben des Auszahlungstages in der kritischen insolvenznahen Phase schon **festgestanden** hat, dass das Insolvenzgericht das **Insolvenzverfahren** zu einem Zeitpunkt **eröffnen** würde, **wonach** der ohne diese Betriebsvereinbarung geltende (an sich „subsidiäre") „tarifliche" **Fälligkeitszeitpunkt** der Jahressonderzahlung zum 1. 12. **außerhalb des Insg-Zeitraumes** (die drei Monate bis zur Eröffnung des Insolvenzverfahrens) **liegen würde**. Dies wäre bspw der Fall, wenn das **Gutachten des vorläufigen Insolvenzverwalters** mit der Feststellung der Vermögenslosigkeit der Insolvenzfirma und der Empfehlung der Verfahrenseröffnung bei Abschluss der Betriebsvereinbarung **bereits vorgelegen** hätte. Wird das Gutachten erst Wochen später, nämlich wenige Tage vor der Insolvenzeröffnung dem Insolvenzgericht vorgelegt, dann ist eine mehrere Wochen früher abgeschlossene Betriebsvereinbarung über die erstmalige Festlegung eines „betrieblichen" Auszahlungstages in der kritischen insolvenznahen Phase auf einen anderen Tag als den 1. 12. des Jahres nicht an § 138 BGB zu messen (so als Vorinstanz **LSG** Niedersachsen-Bremen 28. 8. 2003 – L 8 AL 268/02, nv, **str** aA als Revisioninstanz **BSG** 18. 3. 2004 – B 11 AL 57/03 R, NZS 2005, 385 = ZInsO 2005, 110 = ZIP 2004, 1376).

dd) **Provisionen der Einfirmenvertreter und der sonstigen Außendienstmitarbeiter.** Bei der Insg-Berechnung sind auch die **Provisionsansprüche** der Einfirmenvertreter (§ 92 a HGB) und der sonstigen Außendienstmitarbeiter (§ 84 Abs 2 HGB) zu berücksichtigen, die – als echte Erfüllungsansprüche – aus dem Annahmeverzug des Arbeitgebers im maßgeblichen Insg-Zeitraum entstanden sind, für die also gem § 87 a Abs 1 S 1 HGB Ausführung und Abnahme des Auftrags maßgeblich sind (**BSG** 18. 12. 1980 – 8 b RAr 5/80, ZIP 1981, 637). Aber nicht nur die (primären) Provisionsansprüche, die in dem maßgeblichen Drei-Monats-Zeitraum durch Eintritt des Erfolges der Vermittlungstätigkeit „erarbeitet" worden sind, genießen den Schutz der Insg-Versicherung. Geschützt sind auch diejenigen Provisionen, die ohne Annahmeverzug des Arbeitgebers erarbeitet worden wären. Für deren Berechnung gilt das Lohnausfallprinzip, dh es sind die Provisionen zu ermitteln, die der Arbeitnehmer erzielt hätte, wenn er während des Verzugszeitraums weiterhin die geschuldeten Leistungen (Vertragsannahmen) erbracht hätte (**BSG** 20. 3. 1984 – 10 RAr 4/83, SozSich 1984, 290).

Die wesentliche Besonderheit von Provisionsansprüchen besteht in ihrer Erfolgsabhängigkeit. Der Vermittlungserfolg stellt die geschuldete Gegenleistung für den Provisionsanspruch dar. Der Einfirmenvertreter bzw der Außendienstler hat die ihm aus der Provisionsabrede entstandene vertragliche Hauptpflicht bereits zu dem Zeitpunkt erfüllt, in dem der Abschluss des Geschäfts erfolgt, also „der Auftrag hereingebracht" ist (**BSG** 24. 3. 1983 – 10 RAr 15/81, AuB 1984, 123 *[Hoppe]* = KTS 1983, 439 = ZIP 1983, 965; **BSG** 20. 3. 1984 – 10 RAr 4/83, SozSich 1984, 290). Entscheidend ist allein, dass der Provisionsanspruch selbst im Insg-Zeitraum entsteht. Daher ist für die Insolvenzgeldzahlung unerheblich, dass das provisionspflichtige Geschäft nur deshalb nicht ausgeführt wird (§ 87 a Abs 3 HGB), weil der Insolvenzverwalter wegen der Insolvenzeröffnung gem § 103 Abs 1 InsO die **Erfüllung des Vertrages ablehnt** (**BSG** 24. 3. 1983 – 10 RAr 15/81, AuB 1984, 123 *[Hoppe]* = KTS 1983, 439 = ZIP 1983, 965; siehe zur Berücksichtigung von nicht erfüllten Verkaufsprovisionsansprüchen bei der Berechnung des Insolvenzgeldes auch **BSG** 9. 5. 1995 – B 2 U 34/05 R, KTS 1996, 195).

Bei den von Arbeitnehmern **aufgrund von Zielvereinbarungen** zu beanspruchenden **variablen Entgeltanteilen** handelt es sich um Bezüge aus dem Arbeitsverhältnis iSv § 183 Abs 1 S 3 SGB III, denn „Bezüge aus dem Arbeitsverhältnis" sind alle Leistungen des Arbeitgebers, die eine Gegenleistung für die Arbeitsleistung des Arbeitnehmers darstellen. An dem Arbeitsentgeltcharakter der mit Zielvereinbarungen verknüpften Leistungsanreize besteht hiernach kein Zweifel, denn diese sollen der Erreichung eines bestimmten Leistungsziels durch den Arbeitnehmer dienen. Die Verknüpfung von Arbeitseinsatz und variabler Vergütung gehört geradezu zu den Wesensmerkmalen eines durch Zielvereinbarungen gesteuerten Vergütungssystems (BSG 23. 3. 2006 – B 11 a AL 29/05 R, AuB 2006, 273 *[Hase]* = NZA-RR 2007, 101 = ZIP 2006, 1414). Hinsichtlich der variablen Vergütung sind keine durchgreifenden Gründe ersichtlich, vom **Erarbeitungsprinzip** abzusehen. Denn es handelt sich bei den aufgrund einer Zielvereinbarung zu leistenden Zahlungen, deren Höhe vom Erreichen persönlicher und unternehmensbezogener Ziele abhängt, **nicht** um eine **Sondervergütung, sondern** um **laufendes Arbeitsentgelt**, das der Arbeitnehmer für ein bestimmtes Jahr erhält. Somit sind variable Entgeltanteile (**Varioanteile**) ihrer Art nach **insg-fähige Bestandteile des Arbeitsentgelts** (BSG 23. 3. 2006 – B 11 a AL 29/05 R, aaO).

127 Allerdings begründen nur solche Ansprüche auf Arbeitsentgelt einen Anspruch auf Insg, die für den Insg-Zeitraum zu erbringen sind (BSG 2. 11. 2000 – B 11 AL 87/99 R, EWiR 2001, 637 *[Peters-Lange]* = SGb 2001, 584 *[Roth]* = ZInsO 2002, 94; s auch BSG 18. 3. 2004 – B 11 AL 57/03 R, ZInsO 2005, 110 = ZIP 2004, 1376). Es entspricht ständiger Rechtsprechung des BSG, offene Ansprüche auf Zahlung des laufenden Arbeitslohns grundsätzlich dem **Zeitraum zuzuordnen**, in dem die Arbeit als Gegenleistung für den Entgeltanspruch erbracht worden ist (BSG 25. 6. 2002 – B 11 AL 90/01 R, AuB 2002, 341 *[Hase]* = SGb 2003, 229 *[Braun]* = ZInsO 2002, 1049 = ZIP 2004, 135), also dem Zeitraum, **für den der Lohn- und Gehaltsanspruch erarbeitet** worden ist. Das steht im Übrigen im Einklang mit der insolvenzrechtlichen Zuordnung von Lohn- und Gehaltsansprüchen (BSG 20. 6. 2001 – B 11 AL 3/01 R, DZWIR 2002, 336 = NZS 2002, 210 = ZInsO 2002, 152). Entscheidend ist mithin, ob für den maßgeblichen Insg-Zeitraum ein arbeitsrechtlicher Anspruch auf die Varioanteile bestanden hat oder nicht. Hingegen kommt es nicht darauf an, ob der Anspruch im Insg-Zeitraum fällig oder bezifferbar geworden ist (BSG 25. 6. 2002 – B 11 AL 80/01 R, DZWIR 2002, 460 = ZInsO 2002, 1052). Ansprüche, die über einen längeren Zeitraum erworben, jedoch zu einem bestimmten Zeitpunkt geschuldet werden, sind der jeweiligen Arbeitsleistung anteilig zuzuordnen.

128 Unter dem **Gesichtspunkt des Annahmeverzuges** ist ein Anspruch auf vereinbarte variable Entgeltbestandteile auch dann **durch Insg-Zahlung auszugleichen, wenn** die zugrundeliegende **Zielvereinbarung** aus Gründen **nicht zustande** kommt, die der Arbeitnehmer nicht zu vertreten hat (BSG 23. 3. 2006 – B 11 a AL 29/05 R, aaO; str aA LSG Nordrhein-Westfalen [Vorinstanz] 14. 3. 2005 – L 19/9 AL 188/04, ZIP 2005, 1567, 1568, das die Insg-Leistung nur erhöhen will, wenn im Insg-Zeitraum der Anspruch auf ein zusätzliches Varioentgelt schon zu einer gesicherten Anwartschaft darauf erstarkt, es also nicht bei der bloßen Chance hierauf verblieben sei).

129 ee) **Schadenersatzansprüche**. Unter Umständen können auch **Schadensersatzansprüche** einen Anspruch auf Insolvenzgeld auslösen. Es müssen jedoch stets Ansprüche aus dem Arbeitsverhältnis sein, das Vorliegen eines Anbahnungsverhältnisses reicht nicht aus. Rückständige Zahlungen, die aus Ansprüchen zwischen (prospektivem) Arbeitnehmer und (prospektivem) Arbeitgeber vor Abschluss eines Arbeitsvertrages entstehen, zB auch aus Verschulden bei Vertragsschluss (§ 311 Abs 2 BGB nF), begründen keinen Anspruch auf Insolvenzgeld (BSG 9. 5. 1995 – 10 RAr 5/94, KTS 1996, 192 = NZA-RR 1996, 151; BSG 20. 6. 1995 – 10 RAr 6/94, EWiR 1995, 937 *[Gagel]* = ZIP 1995, 1534). Aus dem Arbeitsverhältnis hergeleitete Schadensersatz- und **Entschädigungsforderungen** sind danach als Ansprüche auf Arbeitsentgelt iSd Insg-Vorschriften anzusehen, wenn sie auf Ersatz von Arbeitsentgeltausfall für die Zeit bis zum Ende des Arbeitsverhältnisses gerichtet sind (Insg-DA [10. Erg 09/2007] 7.2 Abs 3 zu § 183 SGB III) oder die sich darauf stützen, dass der Arbeitgeber es versäumt hat, rechtzeitig eine Anzeige über den Arbeitsausfall zu erstatten oder einen fristwahrenden Antrag auf Kurzarbeitergeld, Winterausfallgeld, Mehraufwandswintergeld, Wintergeld oder Zuschuss-Wintergeld für Zeiten des Bezugs von Überbrückungsgeld zu stellen, soweit diese Leistungen für den Insg-Zeitraum zu beanspruchen gewesen wären (Insg-DA [10. Erg 09/2007] 7.2 Abs 4 zu § 183 SGB III).

130 ff) **Beitragszuschüsse**. Beitragszuschüsse des Arbeitgebers **zum Kranken- und Pflegeversicherungsbeitrag** für freiwillige Mitglieder der gesetzlichen Krankenversicherung und Privatversicherte nach § 257 SGB V bzw § 61 SGB XI gehören ebenfalls zum Arbeitsentgelt iSd § 183 Abs 1 SGB III. Gleiches gilt für den Beitragszuschuss des Arbeitgebers zu einer berufsständischen Versorgungseinrichtung nach § 172 Abs 2 SGB VI, den von der Rentenversicherungspflicht nach § 6 Abs 1 Nr 1 SGB VI befreite Angestellte beanspruchen können, die Mitglieder einer öffentlich-rechtlichen Versicherungs- oder Versorgungseinrichtung ihrer Berufsgruppe (berufsständische Versorgungseinrichtung) sind (Insg-DA [10. Erg 09/2007] 7.2 Abs 2 zu § 183 SGB III).

131 gg) **Gesamtsozialversicherungsbeitrag**. Pflichtbeiträge zur Kranken-, Renten- und Pflegeversicherung sowie Beiträge zur Bundesagentur für Arbeit sind als Sozialabgaben dem Grunde nach Bestandteil des Arbeitsentgelts. Dieser sog **Gesamtsozialversicherungsbeitrag** (§ 28 d SGB IV) soll in gleicher Weise wie die Ansprüche auf Arbeitsentgelt gesichert werden. § 208 Abs 1 SGB III bestimmt deshalb, dass die Agentur für Arbeit auf Antrag der zuständigen Einzugsstelle die Pflichtbeiträge zur Kranken-, Renten-,

Pflege- und Arbeitslosenversicherung zahlt, die auf Arbeitsentgelt entfallen, für die die Insg-Zahlung erfolgt, sofern diese Beträge noch nicht gezahlt sind.

hh) Ansprüche bei Altersteilzeit im Blockmodell. Altersteilzeit kann kontinuierlich dergestalt geleistet werden, dass der bislang als Vollzeitkraft tätige Arbeitnehmer während der Altersteilzeit als Teilzeitkraft nur noch die Hälfte seiner bisherigen Arbeitszeit ableistet und dafür auch nur die Hälfte seines bisherigen monatlichen Arbeitsentgelt erhält. In einem solchen (seltenen) bestehen **keine insolvenzrechtlichen Besonderheiten**. Altersteilzeit kann aber auch **im Blockmodell** geleistet werden. In diesem Fall arbeitet der Arbeitnehmer während der ersten Hälfte des Altersteilzeitverhältnisses voll (**Arbeitsphase**) und während der zweiten Hälfte nicht (**Freistellungsphase**). Mit anderen Worten, im Blockmodell der Altersteilzeit tritt der Arbeitnehmer während der Arbeitsphase mit seiner vollen Arbeitsleistung hinsichtlich der anschließenden Freistellungsphase in Vorleistung. Er erarbeitet hierdurch im Umfang seiner Vorleistungen Entgeltansprüche, die nicht im Monat der Arbeitsphase erfüllt, sondern für die spätere Freistellungsphase angespart werden. Er erhält während der gesamten Dauer der Altersteilzeit durchgängig die Hälfte seines Arbeitsentgeltes und einen Aufstockungsbetrag zum Nettoeinkommen, dessen Mindesthöhe im Altersteilzeitgesetz geregelt ist. Die während der Freistellungsphase zu leistenden Zahlungen sind eine in der Fälligkeit hinausgeschobene Vergütung für die während der Arbeitsphase geleistete, über die hälftige Arbeitszeit hinausgehende Tätigkeit. 132

Das hat in der Insolvenz zur Folge, dass Forderungen, die auf **Zeiträume vor** der Verfahrenseröffnung entfallen, lediglich **Insolvenzforderungen** sind (§ 108 Abs 3 InsO) und keine Masseverbindlichkeiten (§ 55 Abs 1 Nr 2 InsO) sind. Die Abgrenzung erfolgt danach, wann die Arbeitsleistung, die den Ansprüchen zugrunde liegt, erbracht wurde. Hiergegen kommt es nicht darauf an, wann der Arbeitnehmer die Zahlungen verlangen kann (BAG 19. 10. 2004 – 9 AZR 645/03, NZA 2005, 527). Als Verbindlichkeiten aus gegenseitigen Verträgen sind Vergütungsansprüche nach § 55 Abs 1 Nr 2 InsO dann Masseverbindlichkeiten, wenn die Gegenleistung, dh die Arbeitsleistung für die **Zeit nach der Eröffnung des Insolvenzverfahrens** erfolgen muss (BAG 23. 2. 2005 – 10 AZR 600/03, NZA 2005, 1016). Wird das Insolvenzverfahren während der Freistellungsphase eröffnet, sind die nach der Eröffnung zu leistenden Zahlungen Insolvenzforderungen. Wird es während der Arbeitsphase eröffnet, ist die nach der Eröffnung verdiente Vergütung Masseforderung. Sie ist dann in der Freistellungsphase „spiegelbildlich" zu dem Zeitraum der Arbeitsphase auszuzahlen, in dem sie verdient wurde (BAG 19. 10. 2004 – 9 AZR 467/03 = ZIP 2005, 457). Bei dieser „spiegelbildlichen" Zuordnung handelt es sich bei geometrischer Betrachtung um eine Parallelverschiebung auf derselben Zeitachse. Die **Lage der Zeitabschnitte** ist gleich, nicht um den Zeitpunkt der Beendigung der Arbeitsphase gespiegelt (so zutreffend LAG Niedersachsen 18. 12. 2005 – 5 Sa 1326/04, LAGE § 55 InsO Nr 10; zust. *Berscheid* juris PR-ArbR 10/2006 Anm 5). 133

Daraus folgt für den Anspruch auf Insg-Zahlung, dass Insg im Rahmen sog Blockzeitmodelle (in der Regel mit verstetigtem Monatsentgelt) auch nur insoweit beansprucht werden kann, als es sich um rückständige Arbeitsentgeltansprüche „für" den Insg-Zeitraum handelt. Dh, dass Insg bei Eintritt des Insolvenzereignisses sowohl in der Arbeitsphase als auch in der Freistellungsphase gleichermaßen nur für das Arbeitsentgelt beansprucht werden kann, das der Arbeitgeber für die **Teilzeitarbeit** schuldet (vgl InsgDA 4.2 Abs 13 zu § 183 SGB III). 134

Die höchstrichterlich entwickelten Grundsätze haben dazu geführt, dass die Arbeitnehmer in mehreren Großverfahren wegen fehlender Insolvenzsicherung mit ihren Forderungen ausgefallen sind. Bereits die erstinstanzlichen Entscheidungen haben den Gesetzgeber veranlasst, die unzureichenden Regelungen des § 7 d SGB IV über den Insolvenzschutz – beschränkt auf die Altersteilzeit – dahingehend zu verbessern, dass die Altersteilzeitler aufgrund des Art 95 Nr 7 GRAM v 23. 12. 2003 (*Gesetz zu Reformen am Arbeits-Markt* – BGBl I S 2848), dem sog Arbeitsmarktreformgesetz, mit Wirkung vom 1. 7. 2004 einen einklagbaren Anspruch auf Sicherheitsleistung in Höhe des bestehenden Wertguthabens (§ 8 a Abs 4 ATZG) erhalten haben. Danach besteht eine **Verpflichtung zur Insolvenzsicherung** (s dazu *Hanau/Arteaga* BB 1998, 2054; ferner *Flitsch/Hinkel* DZWIR 2005, 245, 247; *Gaul/Süßbrich* ArbRB 2004, 149 ff; *Kolmhuber* ArbRB 2004, 354 ff; *Oberhofer/Worblewski* ZInsO 2005, 695 ff; *Rolfs* NZA 2004, 561; *Wahlig* DZWIR 2000, 370, 371; ausführlich zu den verschiedenen Sicherungsmöglichkeiten *Oberhofer* ZInsO 2003, 591, 594), wenn eine Vereinbarung über die Altersteilzeitarbeit iSv § 2 Abs 2 ATZG zum Aufbau eines Wertguthabens, das den Betrag des Dreifachen des Regelarbeitsentgelts nach § 6 Abs 1 ATZG einschließlich des darauf entfallenden Arbeitgeberanteils am Gesamtsozialversicherungsbeitrag (2008: alte Bundesländer 7455,00 €, neue Bundesländer 6300,00 €) übersteigt (§ 8 a Abs 1 S 1 Hs 1 AltTZG nF). **Nicht abgesichert** sind die im Blockmodell daneben anfallenden von Steuern und Sozialversicherungsbeiträgen befreiten Aufstockungsbeträge (LAG Hamm 12. 12. 2007 – 3 Sa 1468/07, NZA-RR 2008, 462; s dazu *Oberhofer* DZWIR 2008, 452; *ders* jurisPR-ArbR 41/2008, Anm 6, der als Ausweg eine die **Aufstockungsbeträge** einbeziehende Vereinbarung zur Insolvenzsicherung mit dem Arbeitgeber vorschlägt). 135

Da **Vereinbarungen über den Insolvenzschutz,** die zum **Nachteil** des in Altersteilzeitarbeit beschäftigten Arbeitnehmers, des **Altersteilzeitlers**, von den Bestimmungen dieser Vorschrift abweichen, sind unwirksam (§ 8 a Abs 5 ATZG), dürfte nunmehr hinsichtlich des Altersteilzeitentgelts ein ausreichender Insolvenzschutz bestehen. Arbeitnehmer, die von den ihnen nach § 8 a Abs 4 ATZG eingeräumten recht- 136 lichen Möglichkeiten keinen Gebrauch machen und deshalb mit ihren Ansprüchen auf Zahlung des Altersteilzeitentgelts (hälftiges mtl. Arbeitsentgelt + Aufstockungsbetrag) ausfallen, haben sich dies selbst zuzuschreiben.

137   ii) **Sonstige Arbeitszeitguthaben**, die im Rahmen der Flexibilisierung der Arbeitszeit als Kurz-, Mittel-, Langzeit- oder gelegentlich auch als *Lebens*arbeitszeitkonten angelegt wurden, unterliegen hinsichtlich ihrer Zuordnung zum Insg-Zeitraum folgenden Grundsätzen: Arbeitsentgelt aus Arbeitszeitguthaben (§§ 611, 612 BGB iVm §§ 3, 7 Abs 1 Nr 1 lit b ArbZG) wird nur insoweit ausgeglichen, als es in die letzten drei Monate des Arbeitsverhältnisses fällt (**LSG** Hessen 7. 9. 2001 – L 10 AL 681/99, ZInsO 2002, 548; **LSG** Rheinland-Pfalz 31. 1. 2002 – L 1 AL 156/00, NZS 2002, 439). Darauf, ob die Ansprüche auf ausstehendes Arbeitsentgelt im Insolvenzzeitraum fällig oder bezifferbar geworden sind, kommt es nicht an (**LSG** Niedersachsen 27. 9. 2001 – L 8 AL 125/00, ZInsO 2002, 392). Deshalb werden bereits durch Mehrarbeit außerhalb des Insg-Zeitraums erarbeitete und dem Arbeitszeitkonto gutgeschriebene Arbeitsstunden nicht vom Insg umfasst. Eine **Ausnahme vom Erarbeitungsgrundsatz** gilt nur, wenn Arbeitsentgeltansprüche nicht einem bestimmten Erarbeitungszeitraum zugeordnet werden können, wenn etwa das Zeitguthaben im Insolvenzeröffnungszeitraum „abgefeiert" und „reguläres" Arbeitsentgelt nicht gezahlt wird (**BSG** 25. 6. 2002 – B 11 AL 80/01 R, DZWIR 2002, 460 = ZInsO 2002, 1052; **BSG** 25. 6. 2002 – B 11 AL 90/01 R, AP Nr 3 zu § 14 1a AFG = ZInsO 2002, 1049 = ZIP 2004, 135).

138   Oftmals müssen vorläufige Insolvenzverwalter feststellen, dass insbesondere Arbeitnehmer in Produktionsbereichen bei Insolvenzantragstellung in erheblichem Umfang Wertguthaben zu verzeichnen haben, welche vielfach nach den einschlägigen Betriebsvereinbarungen bis zum Jahresende vorrangig durch Freizeit auszugleichen und ansonsten abzugelten sind. Der vorläufige Insolvenzverwalter kann diese Arbeitnehmer zum Abbau ihrer Wertguthaben von der Arbeit freistellen und sie auf die Insg-Zahlung verweisen. Ansprüche auf Ausgleich eines *Jahres*arbeitszeitkontos (§§ 611, 612 BGB iVm §§ 3, 7 Abs 1 Nr 1 lit b ArbZG) sind zwar seit Inkrafttreten des Art 1 Nr 54a Job-AQTIV-Gesetz v 10. 12. 2001 (BGBl I S 3443) mit Wirkung des 1. 1. 2002 hinsichtlich ihrer **Wertguthaben insolvenz*geld*gesichert** (§ 183 Abs 1 S 4 SGB III), sie sind **jedoch nicht insolvenz*schutz*gesichert**. Ansprüche von Arbeitnehmern auf Arbeitsentgelt waren zwar als Zeiten anzusehen, in denen auch während der Freistellung eine Beschäftigung gegen Arbeitsentgelt bestand (§ 7 Abs 1a SGB IV aF), jedoch waren keine Vorkehrungen zum Insolvenzschutz zu treffen, da die Voraussetzungen des § 7d Abs 1 SGB IV aF nicht erfüllt waren.

139   Durch Art 1 des „Gesetzes zur Verbesserung der Rahmenbedingungen für die **Absicherung flexibler Arbeitszeitregelungen** (v 21. 12. 2008, BGBl I S 2940 – FlexiG II)" sind die gesetzlichen Regelungen über Wertguthaben und Arbeitszeitkonten grundlegend geändert worden. Zwar sind nunmehr **Vorkehrungen zum Insolvenzschutz** gem. § 7e Abs 1 SGB IV nF dann zu treffen:
– soweit die Ausgleichsansprüche nicht durch Insolvenzgeld abgedeckt sind,
– soweit das Wertguthaben einschließlich des darauf entfallenden Arbeitgeberanteils am Gesamtsozialversicherungsbeitrag den Betrag der monatlichen Bezugsgröße (2009: alte Bundesländer 2520,00 €, neue Bundesländer 2135,00 €) übersteigt.

140   Diese Voraussetzungen, die kumulativ erfüllt sein müssen, werden zwar nicht nur bei Langzeit- und Lebenszeitkonten, sondern können auch bei Flexibilisierung der *jähr*lichen Arbeitszeit erreicht werden, aber die Regelungen des § 7e Abs 1 SGB IV nF gelten nicht für *Jahres*arbeitszeitkonten. Denn § 7b SGB IV nF enthält nunmehr eine umfassendere **Definition von Wertguthaben**, und zwar in Form einer Negativabgrenzung. Demgemäß werden **Kurzzeit-, Mittelzeit- oder Gleitzeitkonten**, mit denen das Ziel der flexiblen Gestaltung der werktäglichen oder wöchentlichen Arbeitszeit oder den Ausgleich betrieblicher Produktions- und Arbeitszeitzyklen verfolgt wird, **ausdrücklich vom Geltungsbereich** des Gesetzes **ausgenommen** (§ 7b Nr 2 SGB IV nF). Das Gesetz erfasst nur Langzeit- bzw *Lebens*arbeitszeitkonten, die es dem Arbeitnehmer ermöglichen, über einen längeren Zeitraum hinweg ein umfangreiches Zeitwertguthaben anzusparen, um zB für einen begrenzten Zeitraum eine berufliche „Auszeit" (sabbatical) einzulegen oder in den vorgezogenen Ruhestand gehen zu können.

141   Arbeitsrechtlich bleiben das Arbeitsverhältnis zwar auch nach der Insolvenzeröffnung mit Wirkung für die Masse bestehen (§ 108 Abs 1). Ansprüche aus dem Arbeitsverhältnis werden nach § 108 Abs 3 Insolvenzforderungen, wenn es sich um solche „für" die Zeit vor Eröffnung des Insolvenzverfahrens handelt (**BAG** 18. 11. 2003 – 9 AZR 95/03, ZInsO 2004, 1325 = ZIP 2004, 1013; **BAG** 18. 11. 2003 – 9 AZR 347/03, ZInsO 2005, 222 = ZIP 2004, 1011). Die Forderungen auf Vergütung der vorgeleisteten Arbeit sind in diesem Sinne Insolvenzforderungen, denn nach ständiger höchstrichterlicher Rechtsprechung (**BAG** 24. 9. 2003 – 10 AZR 640/02, ZInsO 2004, 104 = ZIP 2004, 124) drückt ein **Arbeitszeitkonto nur in anderer Form den Vergütungsanspruch** des betreffenden Arbeitnehmers aus. Die versteigte Auszahlung steht dem nicht entgegen, denn sie dient nur dazu, dem Arbeitnehmer gleichmäßige Einkünfte zu sichern. Sinn und Zweck der betrieblichen Regelung zur Flexibilisierung der Arbeitszeit durch Einrichtung von Arbeitszeitkonten sollen es rechtfertigen, den finanziellen **Abgeltungsanspruch aus** einem solchen **Kurz-, Mittel- oder *Jahres*arbeitszeitkonto** im Allgemeinen anders zu behandeln als einen Anspruch auf Urlaubsabgeltung (**LSG** Hessen 7. 9. 2001 – L 10 AL 681/99, ZInsO 2002,

548), denn es handelt sich bei dem Zeitguthaben auf dem Arbeitszeitkonto um **bereits** durch tatsächliche Arbeitsleistung **„erdientes"** Arbeitsentgelt, welches lediglich im Hinblick auf eine künftige Verrechnungsmöglichkeit noch nicht zur Auszahlung gelangt ist. Entsteht nach den tariflichen Vorschriften der Anspruch auf **Abgeltung des Arbeitszeitguthabens** erst mit Beendigung des Arbeitsverhältnisses, erscheint es allerdings sachgerecht zu sein, auf die von der Rechtsprechung zur Urlaubsabgeltung entwickelten Grundsätze abzustellen und den Entgeltanspruch dem Zeitraum unmittelbar vor der rechtlichen Beendigung des Arbeitsverhältnisses zuzuordnen, selbst wenn das Arbeitsverhältnis zu Lasten des Arbeitnehmers erst nach Eintritt des Insolvenzereignisses rechtlich beendet worden ist (**LSG** Sachsen 17. 7. 2001 – L 3 AL 142/99, ZInsO 2002, 692 = ZIP 2002, 1777; s zur Abgeltung von Wertguthaben nach Anzeige der Masseunzulänglichkeit *Ries/Berscheid* ZInsO 2008, 1233, 1240 ff).

e) **Höhe des Insg-Anspruchs.** Das Insolvenzgeld ist **Lohnersatz**, denn es bezweckt die Sicherung eines arbeitsrechtlichen Anspruchs. Es wird in Höhe des Nettoarbeitsentgelts geleistet, das sich ergibt, wenn das Arbeitsentgelt um die gesetzlichen Abzüge vermindert wird (§ 185 Abs 1 SGB III). Grundlage für die Ermittlung der Höhe des Insg ist der in der Insg-Bescheinigung angegebene und ggf. berichtigte Bruttolohnausfall, der um die gesetzlichen Abzüge zu vermindern ist (§ 185 Abs 1 SGB III). Eine **Begrenzung in der Höhe** bestand bislang **nicht**, denn eine Leistungsbemessungsgrenze (LBG) war gesetzlich nicht vorgesehen. Auch der **hochbezahlte Arbeitnehmer** hatte **bisher Anspruch** auf Zahlung des **vollen Nettoarbeitsentgelts** (*Berscheid* InsArbR S 304 Rn 833). Das Recht der Europäischen Union ermächtigt die Mitgliedstaaten, die Insg-Leistungen an die Arbeitnehmer bei Zahlungsunfähigkeit des Arbeitgebers nicht nur – wie vormals – in zeitlicher Hinsicht, sondern nunmehr auch betragsmäßig zu begrenzen (Art 4 Abs 3 RL 80/987/EWG idFd Art 1 Nr 3 RL 2002/74/EG). Von dieser Möglichkeit hat der bundesdeutsche Gesetzgeber Gebrauch gemacht und hat im Zuge der Umsetzung der „Agenda 2010" durch Art. 1 Nr 99 des Dritten Gesetzes für moderne Dienstleistungen am Arbeitsmarkt v 23. 12. 2003 (– BGBl I S 2848, 2864) das der Berechnung des Insolvenzgeldes zugrundezulegende Arbeitsentgelt (Bruttoarbeitsentgelt), welches – wie bisher – um die gesetzlichen Abzüge vermindert wird, auf die Höhe der monatlichen Beitragsbemessungsgrenze (BBG) der Arbeitslosenversicherung (§ 341 Abs 4 SGB III iVm § 275 c SGB VI) begrenzt (§ 185 Abs 1 SGB III); für das Jahr 2007 beträgt die Grenze 5250 € West bzw. 4550 € Ost ([10. Erg 09/2007] 1. Abs 1 zu § 185 SGB III). Maßgebend ist die für den jeweiligen Monat des Insg-Zeitraums geltende BBG. Die monatliche BBG, bei welcher es sich um eine reine LBG handelt (Insg-DA [10. Erg 09/2007] 1. Abs 2 zu § 185 SGB III), gilt auch dann, wenn in einem Monat neben dem laufenden Arbeitsentgelt einmalig zu zahlendes Arbeitsentgelt (zB Urlaubsgeld, Weihnachtsgeld, Jahressonderzahlungen) zu berücksichtigen ist. Freibeträge, die auf der Lohnsteuerkarte eingetragen sind, sind bei der Bemessung der Höhe des Insg zugunsten des Arbeitnehmers zu berücksichtigen (**BSG** 10. 8. 1988 – 10 RAr 5/87, SozR 4100 § 141 d Nr 3 = KTS 1989, 178), denn § 23 a Abs 3 und Abs 4 SGB IV findet insoweit keine Anwendung. Einmalig zu zahlendes Arbeitsentgelt ist dem Entgeltabrechnungszeitraum zuzuordnen, in dem es zu zahlen gewesen wäre (Insg-DA [10. Erg 09/2007] 1. Abs 2 zu § 185 SGB III).

Maßgebend für die Höhe des Insg **ist** nur das **Nettoarbeitsentgelt, das** der **Arbeitnehmer** im Zeitpunkt der Antragstellung bzw am Insolvenztag unter Beachtung der zuvor dargestellten LBG **noch beanspruchen kann** (§§ 185 Abs 1, 188 Abs 1, 189 SGB III). Der Insg-Anspruch kann auch noch danach entfallen, wenn der Arbeitgeber oder der Insolvenzverwalter nach Insg-Antragstellung das Arbeitsentgelt mit befreiender Wirkung zahlt (**BSG** 27. 9. 1994 – 10 RAr 1/93, AP Nr 17 zu § 141 b AFG = KTS 1995, 346 = NZS 1995, 375 = ZIP 1994, 1965). Gleiches gilt für Zahlungen des vorläufigen Insolvenzverwalters für den Insg-Zeitraum. Zahlungen, durch die die Arbeitnehmer Beträge in Höhe ihres Nettoarbeitsentgelts erhalten, können jedoch dann nicht als Zahlung von Arbeitsentgelt gewertet werden, wenn ihnen jeweils ein „Kauf- und Darlehensvertrag" zugrunde liegt, in dem jene Zahlungen ausdrücklich als Gewährung eines Darlehens in Höhe des Kaufpreises für den zukünftigen Insg-Anspruch qualifiziert werden (**BSG** 9. 12. 1997 – 10 RAr 1/97, KTS 1998, 505 = NZS 1998, 443 = ZInsO 1999, 182 = ZIP 1998, 2169). Bei drohender Insolvenz des Arbeitgebers kann eine tarifliche Lohn- und Gehaltsverzichtsvereinbarung mit der Wirkung gekündigt werden, dass die bis dahin durch den Verzicht aufgelaufenen Lohn- und Gehaltsbestandteile für die Insg-Berechnung von Bedeutung sein können. Das gilt aber nur insoweit, als die Lohn- und Gehaltsbestandteile im Insg-Zeitraum erarbeitet sind und deshalb Arbeitsentgelt „für" die der Insolvenz vorausgehenden drei Monate des Arbeitsverhältnisses darstellen (**BSG** 4. 3. 2009 – B 11 AL 8/08 R, Pressemitteilung 12/09 = ZInsO 2009, 791). Haben die Tarifvertragsparteien eines Flächentarifvertrages zum Erhalt des Unternehmens und der Arbeitsplätze in Ergänzungstarifverträgen mit einem Arbeitgeber Jahr für Jahr den Verzicht auf die Zahlung von Weihnachts- und Urlaubsgeld gegen Gewährung von Prämienzahlungen aus jährlich fortgeschriebenen Besserungsscheinen vereinbart und des weiteren für den Fall der Stellung eines Insolvenzantrages durch die Geschäftsführung festgelegt:

> „Mit diesem Zeitpunkt tritt dieser Tarifvertrag rückwirkend außer Kraft, mit der Folge, dass die gesamten Verzichtserklärungen unwirksam werden und durchgängig die einschlägigen Flächentarifverträge Geltung gehabt hätten. Die sich daraus ergebenden Forderungen werden sofort fällig.",

dann ist eine solcher Vereinbarung nicht als unwirksame Beschränkung (vgl dazu § 119) von gesetzlichen Anordnungen in § 105 S 1 und § 108 Abs 3 InsO nF (= § 108 Abs 2 InsO aF) anzusehen (**LAG** Hamm 25. 10. 2005 – 4 Sa 2419/04, nv; **LAG** Hamm 25. 10. 2005 – 4 Sa 55/05, nv). Die infolge der

Insolvenzantragstellung wieder aufgelebten" tariflichen Ansprüche sind allerdings auch hier bei der Berechnung der Höhe des Insg nur zu berücksichtigen, falls sie Arbeitsentgelt „für" die der Insolvenz vorausgehenden drei Monate des Arbeitsverhältnisses darstellen (BSG 4. 3. 2009 – B 11 AL 8/08 R, Pressemitteilung 12/09 = ZInsO 2009, 791); im Übrigen sind sie nach den insolvenzrechtlichen Vorschriften (§§ 28, 174) als Insolvenzforderungen (§§ 38, 108 Abs 3) beim Insolvenzverwalter zur Insolvenztabelle anzumelden (LAG Hamm 25. 10. 2005 – 4 Sa 2419/04, nv; LAG Hamm 25. 10. 2005 – 4 Sa 55/05, nv).

144   aa) **Anrechnung von Zwischenverdienst.** Hat ein vom Arbeitgeber oder vom vorläufigen Insolvenzverwalter von der Arbeit freigestellter Arbeitnehmer durch anderweitige Verwendung seiner Arbeitskraft einen **Zwischenverdienst** erzielt, so muss er sich diesen gem § 615 S 2 BGB auf seinen Entgeltanspruch mit der Folge **anrechnen lassen**, dass sich sein **Insg-Anspruch entsprechend ermäßigt** oder ggf. ganz entfällt. Mit anderen Worten, der Arbeitnehmer erhält im Insg-Zeitraum nur einmal – aus welchem Rechtsgrund auch immer – bis zu 100% seines Nettoverdienstes (so zum Kaug **BSG** 17. 3. 1993 –10 RAr 7/91, DStR 1993, 1460 = KTS 1993, 684 = SGb 1993, 582 [Hergenröder]). Bei der Anrechnung ist von dem um die gesetzlichen Abzüge verminderten Arbeitsentgelt (§ 185 SGB III) auszugehen. Der **Umfang der Anrechnung bestimmt sich nach** der für den Arbeitnehmer **maßgebenden Arbeitszeit**, so dass nur derjenige Verdienst anzurechnen ist, den der Arbeitnehmer durch die Verwendung desjenigen Teils der Arbeitskraft erzielt hat, den er sonst zur Erfüllung seiner Arbeitspflicht **beim insolventen Unternehmen** benötigt hätte. Hat der Arbeitnehmer zB im neuen Beschäftigungsverhältnis Mehrarbeitsstunden geleistet, ist die Vergütung hierfür nur dann anzurechnen, wenn der Arbeitnehmer auch bei seinem bisherigen Arbeitgeber im selben oder in noch größerem Umfang Mehrarbeitsstunden hätte leisten müssen (Insg-DA [10. Erg 09/2007] 3. Abs 2 zu § 185 SGB III).

145   Ist dem Arbeitnehmer **im Rahmen der Gleichwohlgewährung** im Insg-Zeitraum **Arbeitslosengeld gewährt** worden (§ 143 Abs 3 S 1 SGB III), so **schließt** dies den **Insg-Anspruch nicht aus**; diese Leistung wird wie ein anderweitiger Zwischenverdienst behandelt. Der Arbeitnehmer erhält daher nur noch die Differenz zwischen dem Alg (60% bzw 67% – § 129 SGB III) und seinem Nettoverdienst. Der nach § 115 SGB X iVm § 143 Abs 3 S 1 SGB III auf die Bundesagentur für Arbeit übergehende Entgeltanspruch des Arbeitnehmers ist im Insg-Verfahren zu deren Gunsten zu berücksichtigen, soweit er gem § 188 Abs 1 SGB III einen Insg-Anspruch für die Arbeitsverwaltung selbst begründet (**BSG** 24. 7. 1986 – 7 RAr 4/85, SGb 1987, 288 [Steinmeyer]). Dem Arbeitnehmer verbleibt hiernach das Insg nur, soweit auch der Anspruch auf Arbeitsentgelt ihm verblieben ist, dh abzüglich eines Betrages in Höhe des Arbeitslosengeldes, weil das Arbeitsentgelt in dieser Höhe auf die Bundesagentur für Arbeit übergeht. Jede andere Entscheidung würde dem Arbeitnehmer für den Insg-Zeitraum mehr an Sozialleistungen gewähren, als er bei Arbeitsleistung an Arbeitsentgelt erhalten hätte (**BSG** 26. 7. 1999 – B 11/10 AL 5/98 B, ZInsO 2000, 174).

146   bb) **Anspruchsminderung durch Abschlagszahlung.** Vielfach erhalten die Arbeitnehmer in den letzten Monaten vor dem Insolvenzfall nur **Abschlagszahlungen.** Zahlt der Arbeitgeber aber, um einen Eröffnungsantrag der Arbeitnehmer abzuwehren, kurz vor dem Insolvenzfall die Bezüge des letzten Monats voll oder gewährt er in diesem Monat eine größere Abschlagszahlung, dann greift wegen der Angaben in der Lohn- und Gehaltsabrechnung oder auf dem Überweisungsträger meist die **Leistungsbestimmung des § 366 Abs 1 BGB ein.** Mit anderen Worten, es wird nicht die älteste, sondern die jüngste Schuld getilgt. Das wiederum hat für das Insg zur Folge, dass nur noch für zwei Monate ein Anspruch auf diese Leistung besteht, für den dritten Monat demnach überhaupt kein oder kein volles Insg gezahlt wird (*Berscheid* ZInsO 2000, 134, 138). Ein solches Ergebnis ist mit der Richtlinie des Rates zur Angleichung der Rechtsvorschriften der Mitgliedstaaten über den Schutz der Arbeitnehmer bei Zahlungsunfähigkeit des Arbeitgebers v 20. 10. 1980 (RL 80/987/EWG – ABl v 28. 10. 1980, Nr L 283/23) unvereinbar. Ziel dieser Richtlinie ist es, den Arbeitnehmern im Fall der Zahlungsunfähigkeit des Arbeitgebers unbeschadet in den Mitgliedstaaten bestehender günstigerer Vorschriften einen gemeinschaftlichen Mindestschutz zu gewährleisten.

147   Zahlt der Schuldner bspw die Löhne und Gehälter für die Monate Januar bis März 2009 nicht und stellt er wegen Zahlungsunfähigkeit am 1. 4. 2009 den Antrag auf Eröffnung des Insolvenzverfahrens, dann ist der Drei-Monats-Zeitraum des § 183 Abs 1 S 1 SGB III bereits erschöpft. Die Arbeitnehmer könnten gem § 626 Abs 1 BGB fristlos kündigen, um ihre Entgeltansprüche über das Insg in vollem Umfang zu erhalten und keine weiteren Verluste hinnehmen zu müssen (*Berscheid* ZInsO 2000, 134, 135). Da der Entgeltrückstand von drei Monaten erheblich ist und im Falle der Weiterarbeit im April 2009 ein Lohn- bzw Gehaltsausfall droht, ist hier ein wichtiger Grund für die Eigenkündigung zu bejahen, so dass gegen die Arbeitnehmer keine Sperrzeit gem § 144 Abs 1 Nr 1 SGB III verhängt werden kann (*Plössner* AuA 1999, 100; zust *Berscheid* BuW 1999, 592, 595). **Nachzahlungen** rückständiger (älterer) **Entgeltansprüche** im Insg-Zeitraum **dürfen** den **Insg-Anspruch** – wie der EuGH (Urt v 14. 7. 1998 – C-125/97, SGb 1998, 655 = ZInsO 2000, 174) ausgeführt hat – **nicht vermindern** (so nunmehr ausdrücklich Insg-DA [10. Erg 09/2007] 1.4 zu § 185 SGB IV). Nicht korrekt wäre es, wenn im Beispielfall im Falle der Weiterarbeit der Arbeitnehmer die per EDV erstellte Abrechnung für April 2009 die erfolgte Zahlung ohne weitere Bestimmung lediglich als Abschlag statt als Nachzahlung ausweisen

würde, weil dann die Tilgungsregelung des § 366 Abs 1 BGB eingreift, indem der Abschlag vom ermittelten Nettoverdienst abgezogen und nur noch ein Restnettobetrag ausgewiesen wird (*Berscheid* ZInsO 2000, 134, 140). Das Gesetz gibt nämlich dem **Gläubiger** kein – einseitiges – Bestimmungsrecht (**BGH** 20. 6. 1984 – VIII ZR 337/82, NJW 1984, 2404 = ZIP 1984, 1236 = ZMR 1984, 370), so dass der Arbeitnehmer **eine Zahlung, die** in der Lohn- und Gehaltsabrechnung des laufenden Monats **als „Abschlag"** ausgewiesen ist, seinerseits **nicht als „Nachzahlung"** für einen früheren Abrechnungszeitraum **deklarieren kann** (*Berscheid* ZInsO 2000, 134, 140).

cc) **Abzweigungen an Dritte.** Der Arbeitnehmer hat **keinen Anspruch auf Insg**, soweit der **Entgeltanspruch** an Dritte **abgetreten** oder auf Dritte kraft Gesetzes **übergegangen** ist. Zu den Abzweigungen an Dritte, die Anspruch des Arbeitnehmers auf Insg mindern, gehören 148
– gem § 188 Abs 1 SGB III die vor Stellung des Insg-Antrags auf einen Dritten übertragenen Ansprüche auf Arbeitsentgelt,
– gem § 188 Abs 2 SGB III Pfändungen und Verpfändungen des Anspruchs auf Arbeitsentgelt.
Die „Übertragung" von Ansprüchen erfolgt durch Abtretungen nach §§ 398 ff BGB (zB im Rahmen 149 der Vorfinanzierung) oder durch gesetzliche Forderungsübergänge (zB nach § 115 SGB X wegen Gewährung von Arbeitslosengeld, Arbeitslosenhilfe, Kurzarbeitergeld usw.) bzw durch Forderungsübergänge kraft Hoheitsakts mit der Folge, dass der **Dritte** nunmehr **Inhaber des Insg-Anspruchs** ist. Die Abzweigungen (Übertragungen, Pfändungen usw) sind auch dann zu berücksichtigen, wenn der Dritte (noch) keinen Insg-Antrag gestellt hat (Insg-DA [10. Erg 09/2007] 3. Abs 3 zu § 185 SGB III).

dd) **Aufrechnung durch den Arbeitgeber.** Der gesetzliche Forderungsübergang, der mit Stellung des 150 Insg-Antrags durch den Arbeitnehmer eingetreten ist, lässt die Rechtsnatur des übergegangenen Anspruchs unberührt. Angesichts dessen kann der Arbeitgeber, der nach Abweisung des Antrags auf Eröffnung des Insolvenzverfahrens über sein Vermögen von der Bundesagentur für Arbeit als Schuldner der Lohn- oder Gehaltsforderung in Anspruch genommen wird, unter Berücksichtigung der Regelungen in §§ 412, 406 BGB trotz des gesetzlichen Forderungsüberganges unter bestimmten Voraussetzungen mit Forderungen, die ihm gegen Arbeitnehmer als bisherigen Gläubigern der Lohn- oder Gehaltsforderung zustanden, der Bundesagentur für Arbeit gegenüber als der neuen Gläubigerin aufrechnen. Allerdings ist eine **Aufrechnung** nach wie vor **nur unter Beachtung** der Bestimmungen **des § 394 S 1 BGB zulässig** (LAG Hamm 7. 5. 1999 – 15 Sa 2259/98, BuW 1999, 920 = NZA-RR 2000, 231 = ZInsO 2000, 56). Dies folgt aus dem Zweck des dort geregelten Aufrechnungsverbotes, welches im öffentlichen Interesse verhindern soll, dass dem Gläubiger der unpfändbaren Forderung die Lebensgrundlage gänzlich entzogen wird. Er verbietet deshalb die Aufrechnung gegen eine nicht der Pfändung unterworfene Forderung. Der Arbeitnehmer als Gläubiger der Lohnforderung ist wegen § 394 S 1 BGB davor geschützt, dass sich sein Arbeitgeber als Gläubiger der Gegenforderung ohne Rücksicht auf **Pfändungsfreigrenzen der §§ 850 ff ZPO** durch Aufrechnung Befriedigung verschafft.

f) **Anspruchsausschluss und -verlust.** Einen **Insg-Anspruch** hat nur derjenige, welcher aus einem Arbeitsverhältnis oder Handelsvertreterverhältnis iSd § 92a HGB (Einfirmenvertreter) einen **durchsetzbaren Anspruch auf Arbeitsentgelt für den Insg-Zeitraum** hat (BSG vom 8. 4. 1992 – 10 RAr 4/91, KTS 1992, 676 = NZA 1992, 1150 = NZS 1992, 108, 109 = ZIP 1992, 945, 946). Dementsprechend hat der Arbeitnehmer gem § 184 Abs 1 SGB III keinen Insg-Anspruch für Ansprüche auf Arbeitsentgelt, die 151
– er wegen der Beendigung des Arbeitsverhältnisses hat, oder
– er für die Zeit nach der Beendigung des Arbeitsverhältnisses hat, oder
– er durch eine nach der Insolvenzordnung angefochtene Rechtshandlung oder eine Rechtshandlung erworben hat, die im Falle der Eröffnung des Insolvenzverfahrens anfechtbar wäre, oder
– der Insolvenzverwalter wegen eines Rechts zur Leistungsverweigerung nicht erfüllt.
Soweit dennoch in einem der vorgenannten Fälle Insg-Zahlung erbracht worden ist, ist es der Bundesagentur für Arbeit zu erstatten (§ 184 Abs 2 SGB III). 152

aa) **Ansprüche wegen Beendigung des Arbeitsverhältnisses.** Für den Anspruch auf Kaug war der **Anspruch auf Urlaubsabgeltung** iSd § 7 Abs 4 BUrlG den letzten Tagen unmittelbar vor der rechtlichen Beendigung des Arbeitsverhältnisses zuzuordnen, die der abzugeltenden Urlaubsdauer entsprachen (**BSG** 27. 9. 1994 – 10 RAr 6/93, KTS 1995, 110 = NZS 1995, 90 = ZIP 1994, 1873; BSG 27. 9. 1994 – 10 RAr 7/93, SozR 3 – 4100 § 141 b AFG Nr 12 = KTS 1995, 113 = ZIP 1994, 1875; **BSG** 24. 1. 1995 – 10 RAr 4/94, DStR 1996, 636). Dies galt auch dann, wenn das Arbeitsverhältnis wegen Mutterschutzes erst nach dem Eintritt des Insolvenzereignisses zum Ende der Schutzfrist beendet wurde (**BSG** 3. 12. 1996 – 10 RAr 7/95, EWiR 1997, 625 [*Voelzke*] = KTS 1997, 522 = SGb 1997, 538 [*Backmeister*] = ZIP 1997, 1040). Nach neuem Recht hat der Arbeitnehmer keinen Anspruch auf Insg für Ansprüche auf Arbeitsentgelt, die er „wegen" der Beendigung des Arbeitsverhältnisses hat (§ 184 Abs 1 Nr 1 Alt 1 SGB III). Aus dieser Vorschrift folgt, dass Urlaubsabgeltungsansprüche nach § 7 Abs 4 BUrlG nunmehr **keine Insg-Zahlung mehr auslösen** können (vgl Insg-DA [10. Erg 09/2007] 1. Abs 5 zu § 184 SGB III; **LSG** Nordrhein-Westfalen 22. 8. 2001 – L 12 AL 212/00, ZInsO 2002, 392; **BSG** 20. 2. 2002 – B 11 AL 71/01 R, NZA-RR 2003, 209 = NZI 2002, 506 = NZS 2002, 551 = ZInsO 2002, 689; str aA *Gagel* ZIP 2000, 257, 258; *Hess*, InsO Anhang C § 184 SGB III Rn 75, § 184 SG III Rn 8). 153

§ 22

155   Soweit die Gegenmeinung (*Hess*, aaO) den Urlaubsabgeltungsanspruch splitten will und einen Insg-Anspruch jedenfalls bejaht, wie Urlaubsabgeltungstage von der rechtlichen Beendigung des Arbeitsverhältnisses an zurückgerechnet auf die Zeit vor Eröffnung des Insolvenzverfahrens fallen, wird übersehen, dass bei Fortbestand des Arbeitsverhältnisses über den Tag der Verfahrenseröffnung hinaus Urlaubsabgeltungsansprüche diese nicht mehr als Insolvenzforderungen, sondern nur noch als Masseansprüche zu berichtigen sind (**BAG** 25. 3. 2003 – 9 AZR 174/02, KTS 2004, 175 = NZA 2004, 43 = NZI 2004, 102 = ZInsO 2004, 220 = ZIP 2003, 1802). Für den **Urlaubsabgeltungsanspruch** ist mithin allein auf den **Tag der Beendigung des Arbeitsverhältnisses** abzustellen und nicht mehr zu prüfen, ob der unmittelbar vor der Verfahrenseröffnung liegenden Zeitraum zu Erfüllung des Urlaubsanspruchs ausgereicht hätte oder nicht (**LAG** Hamm 18. 10. 2001 – 4 Sa 1197/01, AP Nr 3 zu § 55 InsO = KTS 2002, 301 = LAGReport 2002, 70 = ZInsO 2002, 341; **LAG** Hamm 27. 6. 2002 – 4 Sa 468/02, LAGReport 2002, 281 = NZA-RR 2002, 538 = NZI 2003, 47 = ZInsO 2002, 785).

156   Hat der Arbeitslose wegen Beendigung des Arbeitsverhältnisses eine Urlaubsabgeltung zu beanspruchen, so ruht zwar im Allgemeinen der Anspruch auf Arbeitslosengeld für die Zeit des abzugeltenden Urlaubs (§ 143 Abs 2 S 1 SGB III), jedoch führt die Existenz des Urlaubsabgeltungsanspruchs dann nicht zum Ruhen des Anspruchs auf Arbeitslosengeld, denn **soweit** der Arbeitslose in der Insolvenz die **Urlaubsabgeltung** tatsächlich **nicht erhält**, **wird** das **Arbeitslosengeld** im Rahmen der sog **Gleichwohlgewährung** auch für die Zeit geleistet, in der der Anspruch auf Arbeitslosengeld nach § 143 Abs 3 S 1 SGB III ruht (s dazu *Berscheid* ZInsO 2000, 134, 136). Mithin besteht kein Bedürfnis, die Insg-Versicherung mit Urlaubsabgeltungsansprüchen zu belasten, zumal die Beitragspflicht nach § 23a SGB IV in der Insolvenz bislang vielfach entfiel (**LSG** Berlin 22. 12. 1997 – L 9 Kr 49/95, EWiR 1998, 561 [*Plagemann*]).

157   **bb) Ansprüche für die Zeit nach Beendigung des Arbeitsverhältnisses.** Schadensersatzansprüche wegen unbegründeter fristloser Kündigung (§ 628 Abs 2 BGB) **begründen keinen Anspruch auf Insg-Zahlung**, da sie auf die Zeit nach Beendigung des Arbeitsverhältnisses gerichtet sind und damit gem § 184 Abs 1 Nr 1 Alt 2 SGB III nicht zu den insg-fähigen Ansprüchen zählen (Insg-DA [10. Erg 09/2007] 1. Abs 4 zu § 184 SGB III). Aus dem Umstand, dass eine dem § 59 Abs 1 Nr 3 KO entsprechende Vorschrift im Insolvenzverfahren fehlt und des Weiteren die bisherige Privilegierung der Bundesagentur für Arbeit gem § 59 Abs 2 KO wegen der nach § 187 SGB III übergehenden Ansprüche entfällt, ist zu schließen, dass auch nach der Neuregelung Anhaltspunkte dafür, Schadensersatzansprüche aus § 628 Abs 2 BGB wegen vor Konkurseröffnung beendeter Arbeitsverhältnisse generell zu privilegieren, fehlen (**BAG** 22. 10. 1998 – 8 AZR 73/98, ZInsO 1999, 301).

158   **cc) Ansprüche aus angefochtenen bzw. anfechtbaren Rechtshandlungen.** Rechtshandlungen, die vor der Eröffnung des Insolvenzverfahrens vorgenommen worden sind und die Insolvenzgläubiger benachteiligen, können vom Insolvenzverwalter nach Maßgabe der §§ 129 ff InsO angefochten werden. **Arbeitsentgeltansprüche**, die der Arbeitnehmer durch eine Rechtshandlung erworben hat, **die vom Insolvenzverwalter nach den Vorschriften der §§ 130 bis 133 InsO zu Recht angefochten** worden ist (§ 184 Abs 1 Nr 2 SGB III) oder hinsichtlich deren der Insolvenzverwalter von seinem Leistungsverweigerungsrecht nach § 146 Abs 2 InsO zu Recht Gebrauch gemacht hat (§ 184 Abs 1 Nr 3 SGB III), **begründen keinen Anspruch auf Insg-Zahlung.** Die angefochtene Rechtshandlung kann im Rahmen des § 184 Abs 1 Nr 2 SGB III nur in einem Vertrag zwischen dem Schuldner und dem Arbeitnehmer bestehen, durch den Ansprüche auf Arbeitsentgelt begründet werden (zB nicht gerechtfertigte „Lohn- oder Gehaltserhöhung"). In Frage kommen daher insbesondere die Anfechtungsmöglichkeiten nach §§ 132 Abs 1, 133 InsO (Insg-DA [10. Erg 09/2007] 2 Abs 2 zu § 184 SGB III).

159   Auch in der **Krise des Unternehmens** ihres Arbeitgebers haben die Arbeitnehmer für **geleistete Arbeit Anspruch auf** Zahlung ihres **Arbeitsentgelts**. Im Normalfall sind die Voraussetzungen für eine Insolvenzanfechtung nach § 130 InsO nicht erfüllt, denn sie scheitert meist an den subjektiven Voraussetzungen (s dazu *Cranshaw* jurisPR-InsR 23/2008, Anm 4 unter C4). Die Lohn- und Gehaltszahlungen sind idR als Bargeschäfte iSd. § 142 InsO zu qualifizieren, so dass eine Insolvenzanfechtung nur bei vorsätzlicher Benachteiligungsabsicht (§ 133 Abs 1 InsO) in Betracht kommt (*Bork* ZIP 2007, 2337, 2338; *Cranshaw* jurisPR-InsR 23/2008, Anm 4; *Ries* ZInsO 2007, 1037; *Zwanziger* BB 2007, 42, 43). Ein **Bargeschäft** setzt voraus, dass vertraglich geschuldete gleichwertige Leistungen der Parteien in unmittelbarem zeitlichen Zusammenhang ausgetauscht werden. Bei Entgeltzahlungen sind diese Voraussetzungen idR erfüllt, problematisch kann hier im Einzelfall nur der unmittelbare zeitliche Zusammenhang sein (*Bork* ZIP 2007, 2337, 2338). Dieser ist lediglich dann nicht mehr gewahrt, wenn die Zahlung länger als 30 Tage nach Erbringung der Dienstleistung, also idR einer weiteren Lohnperiode, erfolgt (**BGH** 13. 4. 2006 – IX ZR 158/05, NJW 2006, 2701 = NZI 2006, 469 = ZInsO 2006, 712, Rn 35). Werden bspw die Löhne und Gehälter für September 2009 am 5. 10. 2009 fällig, dann sind die Voraussetzungen des Bargeschäfts noch bei Zahlung im Monat Oktober erfüllt, danach wird man von einer Kreditgewährung sprechen müssen, die einer rechtlichen Einordnung als Bargeschäft entgegensteht (*Bork* ZIP 2007, 2337, 2339), eben weil die nächste Lohnzahlung bereits fällig geworden ist (*Ries* ZInsO 2007, 1037, 1038 in Fußn 10). Werden Löhne und Gehälter regelmäßig und über einen längeren Zeitraum verspätet gezahlt und hat sich ein Arbeitnehmer auf diese Lohn- und Gehaltszahlungspraxis

X. Die arbeitsrechtliche Stellung des vorläufigen Insolvenzverwalters § 22

eingestellt, so rechtfertigt dies allein nicht die Annahme, er habe Kenntnis der Zahlungsunfähigkeit seines Arbeitgebers, des Schuldners, oder Kenntnis von Tatsachen, die zwingend auf eine Zahlungsunfähigkeit schließen lassen (**ArbG** Koblenz 22. 1. 2009 – 10 Ca 2058/08, ZInsO 2009, 487, ZInsO Heft 12/2009). Dies gilt auch dann, wenn der Arbeitnehmer weiß, dass der Arbeitgeber außerdem noch anderen Arbeitnehmern Löhne und Gehälter schuldig ist, denn einen Arbeitnehmer des Schuldners ohne Einblick in die Liquiditäts- oder Zahlungslage des Unternehmens trifft in der ihm bekannten Krise insoweit als Gläubiger keine Erkundungspflicht (**BGH** 19. 2. 2009 – IX ZR 62/08). Sehr problematisch ist es, die Voraussetzungen für eine Insolvenzanfechtung in den Fällen zu bejahen, in denen die Arbeitnehmer in Kenntnis der Zahlungsunfähigkeit ihres Arbeitgebers bis zur Verfahrenseröffnung weiterarbeiten und in der kritischen Phase der letzten drei Monate vor der Insolvenzantragstellung größere Nachzahlungen rückständiger Arbeitsentgelte erhalten (*Berscheid* jurisPR-InsR 20/2008, Anm 3; s auch **ArbG** Marburg 26. 9. 2008 – 2 Ca 204/08, nv).

Beispiel: Die Arbeitgeberin (Schuldnerin) zahlte an den beklagten Arbeitnehmer und seine Arbeitskollegen den Lohn für Oktober 2005 erst Anfang Dezember 2005. Die Arbeitnehmer haben des Weiteren in dem am 14. 3. 2006 beginnenden Drei-Monats-Zeitraum den Novemberlohn (am 31. 3. 2006), den Dezemberlohn (am 23. 5. 2006) und nach Insolvenzantrag den Januarlohn (am 16. 6. 2006) erhalten. Aufgrund des Antrags v 14. 6. 2006 war damit bezogen auf § 142 InsO für die Arbeitnehmer nichts mehr zu retten; ihre Vorleistungen standen voll im Anfechtungsrisiko (*Ries* ZInsO 2007, 1037, 1038 nach Fußn 10). Das AG Gera hat durch Urt v 9. 7. 2007 (4 C 654/07, ZInsO 2007, 1000 = ZIP 2007, 2231) den Arbeitnehmer zur (Rück-)Zahlung der Löhne für Dezember 2005 und Januar 2006 verurteilt. Da die schleppende Zahlung von Löhnen und Gehältern ein Anzeichen für eine Zahlungseinstellung ist (so zuletzt **BGH** 14. 2. 2008 – IX ZR 38/04, NJW-RR 2008, 870 = NZI 2008, 299 = ZInsO 2008, 378, mwN in Rn 20), hat das AG Gera folgerichtig geprüft, ob der beklagte Arbeitnehmer Umstände kannte, die zwingend auf die Zahlungsunfähigkeit des Arbeitgebers schließen ließen (§ 133 Abs 1 S 2 InsO iVm § 130 Abs 2 InsO). Es dazu zunächst zutreffend dargelegt, dass ein Arbeitnehmer grundsätzlich keinen Einblick in die Vermögensverhältnisse seines Arbeitgebers hat, und hat daher aufgrund der konkreten Umstände des Einzelfalles den Tatbestand des § 130 Abs 2 InsO für die Lohnzahlung am 31. 3. 2006 verneint. Erst als in der Folgezeit der Geschäftsführer offenbart hatte, dass er den Termin für die Zahlungen der ausstehenden Löhne Ostern 2006 nicht einhalten könne, bejaht das AG Gera von diesem Zeitpunkt die Voraussetzungen des § 130 Abs 2 InsO.

Dieser Entscheidung kann nur teilweise gefolgt werden. Zahlt der Arbeitgeber an die Arbeitnehmer kurz vor dem Insolvenzfall die Bezüge des letzten Monats voll oder gewährt er in diesem Monat eine größere Abschlagszahlung, dann greift wegen der Angaben in den Lohn und Gehaltsabrechnungen oder auf den Überweisungsträgern meist die **Leistungsbestimmung des § 366 Abs 1 BGB** ein. Mit anderen Worten, es wird nach bundesdeutschem Recht nicht die älteste, sondern die jüngste Schuld getilgt (*Berscheid* ZInsO 2000, 134, 138). Das wiederum hat für die Insg-Zahlung zur Folge, dass nur noch für zwei Monate ein Anspruch auf diese Leistung besteht, für den dritten Monat entweder überhaupt kein oder kein volles Insg gezahlt wird. Ein solches Ergebnis ist **mit der Richtlinie** des Rates zur Angleichung der Rechtsvorschriften der Mitgliedstaaten **über den Schutz** der Arbeitnehmer **bei Zahlungsunfähigkeit** des Arbeitgebers v 20. 10. 1980 (RL 80/987/EWG – ABl v 28. 10. 1980 Nr L 283/23) **unvereinbar** (*Berscheid* jurisPR-InsR 20/2008, Anm 3). Nachzahlungen rückständiger (älterer) Entgeltansprüche im Insg-Zeitraum dürfen nämlich den Insg-Anspruch nicht vermindern (**EuGH** 14. 7. 1998 – C–125/97, SGb 1998, 655 = ZInsO 2000, 174). Wurde Insg auch für Arbeitsentgeltansprüche, die nach § 184 Abs 1 Nr 1 bis 3 SGB III keinen Anspruch auf Insg begründen, zunächst in Unkenntnis der diesen Ansprüchen zugrunde liegenden Tatsachen gezahlt, ist der Empfänger des Insg insoweit erstattungspflichtig (§ 184 Abs 2 SGB III). Dabei bedarf es keiner Aufhebung des Insg-Gewährung zugrunde liegenden Verwaltungsaktes, denn § 184 Abs 2 SGB III ist eine Spezialvorschrift, die die Anwendung der §§ 44 bis 51 SGB X ausschließt (vgl. § 37 S 1 SGB I). Es ist deshalb weder eine Vertrauensschutzprüfung noch eine Ermessensausübung vorzunehmen (Insg-DA [10. Erg 09/2007] 3 zu § 184 SGB III). Die Regelung des § 184 Abs 2 SGB III zeigt, dass der Anspruchsausschluss nach § 184 Abs 1 Nr 1 bis 3 SGB III endgültig ist.

Das bedeutet für die Fälle der (wirksamen) Insolvenzanfechtung, dass der Arbeitnehmer seine „**Insolvenzgeldfähigkeit**" (Ausdruck von *Ries* ZInsO 2007, 1037, 1038 nach Fußn 13) selbst dann nicht wiedererlangt, wenn er auf die Anfechtung des Verwalters hin tatsächlich Rückzahlung geleistet, also real einen Ausfall erlitten hat (*Berscheid* jurisPR-InsR 20/2008, Anm 3). Daraus wiederum folgt, dass unter Berücksichtigung der Vorschriften der RL 80/987/EWG und der dazu ergangenen Rechtsprechung (**EuGH** 14. 7. 1998 – C-125/97, SGb 1998, 655 = ZInsO 2000, 174) **nicht** das **Sozialrecht,** sondern das **Anfechtungsrecht** zu modifizieren ist (*Berscheid* jurisPR-InsR 20/2008, Anm 3; str aA wohl *Cranshaw* jurisPR-InsR 23/2008, Anm 4 unter E3). Mit anderen Worten, die Anfechtungsregelungen sind eng auszulegen. Sie greifen dann nicht, wenn durch Nachzahlungen rückständiger (älterer) Entgeltansprüche im Insg-Zeitraum der Insg-Anspruch vermindert würde (**EuGH** 14. 7. 1998 – C-125/97, SGb 1998, 655 = ZInsO 2000, 174). Die §§ 129 bis 146 InsO sind dahin gehend richtlinienkonform auszulegen, dass eine Insolvenzanfechtung idR ausscheidet, wenn und soweit durch Nachzahlung rückständiger (älterer) Entgeltansprüche der Insg-Anspruch gemindert wird (*Berscheid* jurisPR-InsR 20/2008, Anm 3).

Fazit: Da der Januarlohn iHv 1840,01 EUR am 16. 6. 2006 und damit im Insg-Zeitraum an den Beklagten gezahlt worden ist und im Falle der Vorfinanzierung seinen Insg-Anspruch um diesen Betrag schmälert, ist die Insolvenzanfechtung insoweit ausgeschlossen. Die Insolvenzanfechtung erfasst daher nur den am 23. 5. 2006 gezahlten Dezemberlohn iHv 839,71 EUR, denn Nachzahlungen außerhalb des Insg-Zeitraumes werden von der EG-Richtlinie nicht erfasst (*Berscheid* jurisPR-InsR 20/2008, Anm 3).

164   dd) **Leistungsverweigerungsrecht bei verfallenen Ansprüchen.** Keinen Insg-Anspruch hat der Arbeitnehmer auch dann, **wenn** der insg-fähige **Entgeltanspruch nach einer tariflichen Ausschlussfrist verfallen** ist und nicht mehr geltend gemacht werden kann (FK-*Mues* Anh zu § 113 InsO Rn 161; zust *Berscheid* BuW 1999, 592, 594). Die Anwendbarkeit einer tariflichen Verfallklausel kann sich dabei sowohl kraft Tarifbindung (§§ 3 Abs 1, 4 Abs 1 TVG) als auch aufgrund einer Allgemeinverbindlicherklärung (§ 5 Abs 4 TVG) oder aus einer einzelvertraglichen Inbezugnahme ergeben (FK-*Mues* Anh zu § 113 InsO Rn 162). Ist ein tariflicher Verfall der Entgeltansprüche eingetreten, können diese Ansprüche auf rückständiges Arbeitsentgelt einen Anspruch auf Insg-Zahlung nicht (mehr) begründen, selbst wenn der Verfall erst nach dem Insolvenzstichtag oder nach Beantragung von Insg eintritt (FK-*Mues* Anh zu § 113 InsO Rn 165), denn dem Insolvenzverwalter steht hinsichtlich verfallener Entgeltansprüche ein **dauerhaftes Leistungsverweigerungsrecht** iSd § 184 Abs 1 Nr 3 SGB III zu.

165   Hat der Arbeitgeber **durch** eine schriftliche **Lohn- oder Gehaltsabrechnung,** die innerhalb einer im Tarifvertrag vorgesehenen Ausschlussfrist erteilt worden ist, eine **Forderung** des Arbeitnehmers vorbehaltlos ausgewiesen und damit **streitlos gestellt,** so braucht der Arbeitnehmer diese Forderung nicht mehr geltend zu machen, um eine Ausschlussfrist zu wahren (BAG 20. 10. 1982 – 5 AZR 100/82, ARST 1983, 33 = NJW 1983, 839), selbst wenn der Arbeitgeber die Forderung später dennoch bestreitet (BAG 21. 4. 1993 – 5 AZR 399/92, BB 1993, 1736 = DB 1993, 1930). Im umgekehrten Fall der **Zahlung** des Arbeitgebers „**unter Vorbehalt**" ist **Erfüllungswirkung** gem § 362 BGB eingetreten und ein insg-rechtlich relevanter **Entgeltanspruch** des Arbeitnehmers **nicht mehr gegeben,** wenn die spätere Rückforderung des Arbeitgebers bzw des Insolvenzverwalters durch eine tarifliche Ausschlussfrist ausgeschlossen ist (FK-*Mues* Anh zu § 113 InsO Rn 164), weil der „Vorbehalt" den tariflichen Verfall des Rückforderungsanspruchs nicht ausschließt (**BAG** 27. 3. 1996 – 5 AZR 336/94, NZA 1997, 45 = ZTR 1996, 473). Bei einstufigen Verfallklauseln für Ansprüche auf wiederkehrende Leistungen genügt idR die einmalige Geltendmachung der fortlaufenden Entgeltzahlungen zur Vermeidung des tariflichen Verfalls (FK-*Mues* Anh zu § 113 InsO Rn 164; zust *Berscheid* BuW 1999, 592, 594). Besonderheiten gelten bei einer sog zweistufigen Ausschlussklausel. Bestimmt eine Tarifnorm, dass ein Anspruch zwei Monate nach Fälligkeit bzw nach Beendigung des Arbeitsverhältnisses schriftlich geltend zu machen ist, so kann die Geltendmachung rechtswirksam auch schon vor diesen Ereignissen erfolgen (**BAG** 27. 3. 1996 – 10 AZR 668/95, AP Nr 107 zu § 112 BetrVG 1972 = NZA 1996, 986 = ZIP 1996, 312). Die Frist für die Klageerhebung nach dem Sinn der Tarifnorm beginnt regelmäßig mit dem Bestreiten des Anspruchs (**BAG** 16. 3. 1995 – 8 AZR 58/92, AuA 1996, 213 = NZA 1995, 1213).

166   ee) **Leistungsverweigerungsrecht bei Ausübung des Zurückbehaltungsrechts.** Hat der Arbeitnehmer seine Arbeitsleistung zurückbehalten, obwohl die **Voraussetzungen des Zurückbehaltungsrechts** gem § 273 Abs 1 BGB **nicht vorgelegen** haben (siehe dazu *Berscheid* FS Rheinland-Pfalz S 453, 471 ff), so hat er unzulässige Arbeitsverweigerung begangen und mithin den **vorläufigen Insolvenzverwalter nicht in Annahmeverzug** versetzt.

167   Der **Arbeitnehmer** darf, wenn der Arbeitgeber seine Lohn- oder Gehaltszahlungspflicht nicht oder nicht rechtzeitig erfüllt, das Zurückbehaltungsrecht gem § 273 BGB nur unter Beachtung des Grundsatzes von Treu und Glauben (§ 242 BGB) ausüben (**BAG** 20. 12. 1963 – 1 AZR 428/62, AP Nr 32 zu Art 9 GG Arbeitskampf [*Mayer-Maly*] = NJW 1964, 883 = SAE 1964, 144 [*Dietz*]; **BAG** 9. 5. 1996 – 2 AZR 387/95, AP Nr 5 zu § 273 BGB = NJW 1997, 274 = NZA 1996, 1085 = ZIP 1996, 1841). Danach **darf** der Arbeitnehmer unter anderem die **Arbeit nicht verweigern,** wenn
– der Lohnrückstand verhältnismäßig geringfügig ist,
– nur eine kurzfristige Verzögerung der Lohnzahlung zu erwarten ist,
– dem Arbeitgeber ein unverhältnismäßig hoher Schaden entstehen kann oder
– der Lohnanspruch auf andere Weise gesichert ist.

168   Grundsätzlich kann der **Arbeitgeber** den Arbeitnehmer vor Insolvenzeröffnung **nicht auf** zu erwartende **Ansprüche auf Insg-Gewährung** verweisen (**BAG** 25. 10. 1984 – 2 AZR 417/82, AP Nr 3 zu § 273 BGB = NJW 1985, 2494 = NZA 1985, 355 = ZIP 1985, 302). Anders ist die Sach- und Rechtslage jedoch in den Fällen der Insg-Vorfinanzierung zu beurteilen, denn sie ermöglicht nach Abschluss eines entsprechenden Forderungskaufvertrages mit der vorfinanzierenden Bank, die nicht Gläubigerin des Schuldnerunternehmens sein darf, die alsbaldige Auszahlung der jeweiligen Nettoarbeitsentgelte an die Arbeitnehmer. Die **Insg-Vorfinanzierung** stellt eine **Sicherung des Entgeltanspruchs auf andere Weise dar** und führt nur zu einer kurzfristige Verzögerung der Vergütungszahlung, die vom Arbeitnehmer hinzunehmen ist. Hat der vorläufige Insolvenzverwalter die Insg-Vorfinanzierung zugesagt und der Arbeitnehmer zur Abgabe der für einen Forderungsverkauf an die vorfinanzierende Bank notwendigen Erklärungen aufgefordert, dann ist die Annahme eines Arbeitnehmers, er habe wegen der offenen Gehaltsansprüche ein Zurückbehaltungsrecht gem § 273 Abs 1 BGB, rechtsirrig und damit unbeachtlich. Nach vorheriger, erfolgloser Abmahnung ist in einem solchen Falle eine ordentliche Kündigung wegen Arbeitsverweigerung **mit der Folge** sozial gerechtfertigt (**LAG** Hamm 26. 11. 1998 – 4/19 Sa 1360/98, InVo 1999, 234, 240 = ZInsO 1999, 363, 364; zust. *Berscheid* BuW 1999, 592, 637), **dass** der **endgül-**

tige Insolvenzverwalter nach Verfahrenseröffnung zudem die Lohn- und Gehaltszahlung verweigern kann (*Berscheid* InsArbR S 315 Rn 864). Mithin **hat** er ein **Leistungsverweigerungsrecht** iSd § 184 Abs 1 Nr 3 SGB III, so dass der Arbeitnehmer auch **keine Insg-Zahlung** verlangen kann (*Berscheid* BuW 1999, 592, 595).

g) Vorfinanzierung von Insolvenzgeld. Die Kaug-Vorfinanzierung gehörte nach bisherigem Recht (siehe dazu näher *Berscheid* FS Rheinland-Pfalz, S 453, 456 ff) zum „selbstverständlichen Instrumentarium eines jeden Verwalters" (*Kilger* KTS 1989, 495, 499), weil sie im Ergebnis die Personalkostenlast zeitweilig auf die Bundesagentur für Arbeit verlagerte und damit Liquidität schaffte (*Kilger* KTS 1989, 495, 503): „**Erst mit der Einführung des Kaug** im Jahre 1974 **und** der damit verbundenen **Möglichkeit der Vorfinanzierung von Personalkosten** trat die **Geschäftsfortführung** (durch den Konkursverwalter) **gleichwertig neben** die Zerschlagung" (*Grub* ZIP 1993, 393, 397). Dennoch war das Kaug vorrangig zur Sicherung der Arbeitnehmer und nicht als Sanierungsinstrument gedacht (vgl **BSG** 28. 6. 1983 – 10 RAr 26/81, SozR 4100 § 141b AFG Nr 27 = SGb 1982, 209 = ZIP 1983, 1224 mwN: ferner *Dieckmann* ZRP 1987, 420, 421; *Steinwedel* DB 1998, 822, 823). Dies hat der Gesetzgeber ebenso gesehen und **durch** die Regelung des § 141 k Abs 2 a AFG einerseits den Arbeitnehmern die Möglichkeit erhalten wollen, ihr Arbeitsentgelt auch vor der Konkurseröffnung vorzufinanzieren, andererseits aber sollte einer befürchteten **missbräuchlichen Inanspruchnahme** der Kaug-Versicherung **vorgebeugt** werden (siehe dazu näher *Denck* KTS 1988, 217, 230 f; ferner Voraufl Rn 147).

aa) Positive Prognoseentscheidung über den erheblichen Erhalt von Arbeitsplätzen. Um einerseits **arbeitsplatzerhaltende Sanierungen** beteiligter Gläubigerbanken und Unternehmen sowie Anteilseignern durch eine Vorfinanzierung der Arbeitsentgelte **zu ermöglichen,** andererseits aber eine **missbräuchliche Inanspruchnahme** der Insolvenzgeldversicherung **zu verhindern,** dürfen nunmehr zwar auch Anteilseigner, Gläubigerbanken und Betriebsübernehmer Insolvenzgeld vorfinanzieren, aber fortan besteht ein **Anspruch auf Insolvenzgeld** aus einem vor dem Insolvenzereignis (§ 183 Abs 1 S 1 Nrn 1–3 SGB III) zur Vorfinanzierung übertragenen oder verpfändeten Anspruch auf Arbeitsentgelt nur noch dann, **wenn** die Agentur für Arbeit der Übertragung oder Verpfändung vorher **zugestimmt** hat (§ 188 Abs 4 S 1 SGB III). Die zur Frage des Rechtsmissbrauchs iSd § 141 k Abs 2 a AFG ergangene Rechtsprechung (so zuletzt **BSG** 9. 12. 1997 – 10 RAr 1/97, KTS 1998, 505 = NZS 1998, 443 = ZIP 1998, 2169) ist mithin hinfällig geworden. Nach der neuen gesetzlichen Regelung ist der **Insg-Anspruch ausgeschlossen, wenn Gläubiger** oder Pfandgläubiger die Arbeitsentgelte vor dem Insolvenzereignis gegen Abtretung (§ 398 BGB) oder Verpfändung (§§ 1273, 1274, 1279 BGB) der **Entgeltansprüche ohne Zustimmung** der Agentur für Arbeit **vorfinanzieren.** Die Übertragung/Verpfändung der Ansprüche auf Arbeitsentgelt muss vor der Eröffnung des Insolvenzverfahrens bzw vor der Abweisung des Antrages mangels Masse und zur Vorfinanzierung der Ansprüche auf Arbeitsentgelt erfolgt sein (vgl Insg-DA [10. Erg 09/2007] 3.2 Abs 2 zu § 188 SGB III; s wegen Einzelheiten *Obermüller* InsR Bankpraxis 6. Aufl Rn 5.251 ff).

Nach den Vorstellungen des Gesetzgebers soll die **Zustimmung** gem § 188 Abs 4 S 2 SGB III **an eine positive Prognoseentscheidung** der Agentur für Arbeit **über den erheblichen Erhalt von Arbeitsplätzen** im Rahmen eines Sanierungsversuchs geknüpft sein (siehe zur Problematik *Berscheid* BuW 1999, 633 ff; *Hase* DZWIR 1999, 190 ff; *Oberhofer* DZWIR 1999, 317 ff; *Smid* NZA 2000, 113, 116 f). Dadurch wird die Agentur für Arbeit bereits im Vorfeld von Sanierungsbemühungen frühzeitig in das Insolvenzverfahren eingebunden. Die Zustimmung (§ 182 BGB) kann sowohl iSe vorherigen Einwilligung (§ 183 BGB) als auch als nachträgliche Genehmigung (§ 184 BGB) erteilt werden. Die Zustimmungserklärung kann daher auch noch nach der Übertragung der Arbeitsentgeltansprüche erfolgen, und zwar grundsätzlich noch bis spätestens unmittelbar vor dem Insolvenzereignis (vgl Insg-DA [10. Erg 09/2007] 3.2 Abs 5 UAbs 2 zu § 188 SGB III).

Vom Erhalt eines erheblichen Teils der Arbeitsplätze ist auszugehen, wenn unter Berücksichtigung des bisherigen arbeitstechnischen Zwecks die betriebliche Funktion erhalten bleibt, also die betriebliche Tätigkeit fortgeführt wird, und der Arbeitsmarkt nicht nur unwesentlich begünstigt wird. Zur Orientierung können nach der Insg-Durchführungs-Anweisung der Bundesagentur für Arbeit (vgl Insg-DA [10. Erg 09/2007] 3.2 Abs 8 zu § 188 SGB III) die Größenverhältnisse (Betriebsgröße und Zahl der Arbeitnehmer) des § 112 a Abs 1 S 1 Nr 1 bis 4 BetrVG zugrunde gelegt werden. Ein **erheblicher Teil der Arbeitsplätze** bleibt hiernach erhalten, **soweit** deren Umfang die **Mindestgrenzen des § 112 a Abs 1 BetrVG erreicht** oder überschreitet, wobei in Betrieben mit idR weniger als 20 Arbeitnehmern die Quote im Einzelfall festzulegen ist (vgl Insg-DA [10. Erg 09/2007] 3.2 Abs 8 zu § 188 SGB III). Wann erheblicher Teil der Arbeitsplätze erhalten bleibt, veranschaulicht die folgende Tabelle:

Betriebsgröße	Mindestzahl der Arbeitsplätze
21–59 Arbeitnehmer	20% der jeweiligen Zahl, aber mindestens 6 Arbeitsplätze
60–249 Arbeitnehmer	20% der jeweiligen Zahl, aber mindestens 37 Arbeitsplätze
250–499 Arbeitnehmer	15% der jeweiligen Zahl, aber mindestens 60 Arbeitsplätze
500 und mehr Arbeitnehmer	10% der jeweiligen Zahl, aber mindestens 60 Arbeitsplätze

173 Mit dem Abstellen auf die Größenverhältnisse des § 112 a BetrVG geht die Bundesagentur für Arbeit an die unterste Grenze dessen, was noch als Erhalt eines „erheblichen" Teils der Arbeitsplätze angesehen werden kann (*Berscheid* BuW 1999, 633).

174 **Problematisch** und nach der Insg-Durchführungs-Anweisung der Bundesagentur für Arbeit ungelöst sind die **Fälle, in denen** sich der vorläufige Insolvenzverwalter zunächst dazu entschließt, **unrentable Betriebsteile** mit Zustimmung des Insolvenzgerichts **stillzulegen** (§ 22 Abs 1 S 2 Nr 2 InsO), um dann den restlichen Betrieb mit Hilfe der Insg-Vorfinanzierung fortzuführen. Hatte der Betrieb insgesamt 1200 Arbeitnehmer, von denen je 350 in den drei Abteilungen Maschinenbau, Rohrbau und Kabelwerk sowie 150 in der Verwaltung tätig waren, dann fragt sich, ob nach der völligen Stilllegung der Abteilungen Rohrbau und Kabelwerk nebst entsprechender anteiliger Reduzierung der Verwaltung für die Insg-Vorfinanzierung auf die bisherigen 1200 Arbeitnehmer = 120 weiterzubeschäftigenden Arbeitnehmer (10% gem § 112 a Abs 1 S 1 Nr 4 BetrVG) oder auf die anteiligen 400 Arbeitnehmer = 80 Arbeitnehmer (20% gem § 112 a Abs 1 S 1 Nr 2 BetrVG) abzustellen ist. Die Beantwortung dieser Frage kann von entscheidender Bedeutung sein, wenn der vorläufige Insolvenzverwalter möglicherweise bis zu 100 Arbeitsplätze im Maschinenbau und in der Verwaltung garantieren, aber die weiteren 20 Arbeitsplätze im Zeitpunkt der Insg-Vorfinanzierung noch nicht zusagen kann. Soll nur ein **Betriebsteil als organisatorische Untergliederung** des Gesamtbetriebs – siehe dazu **BAG** 9. 2. 1994 – 2 AZR 666/93, NJW 1995, 75 = NZA 1994, 686 = ZIP 1994, 1041; siehe dazu auch *Hanau* ZIP 1994, 1038 ff) fortgeführt werden, dann **muss man bei** der Frage der **Erhaltung des bisherigen arbeitstechnischen** (Teil-)Zwecks für die Insg-Vorfinanzierung auf die Zahl der dem fortzuführenden Teilbetrieb zuzuordnenden Arbeitnehmer **auf** die entsprechende **bisherige Teilbelegschaft abstellen,** die Zahl der Arbeitnehmer der stillzulegenden Betriebsteile bleiben unberücksichtigt (*Berscheid* InsArbR S 321 Rn 874; so nunmehr auch Insg-DA [10. Erg 09/2007] 3.2 Abs 9 zu § 188 SGB III; s zur Zuordnung der Arbeitnehmer bei Teilsanierung *Berscheid* BuW 1999, 633, 634).

175 **bb) Darlegung des Sanierungskonzepts bei Teil- und Vollsanierung.** Die Arbeitsplätze müssen grundsätzlich auf Dauer erhalten bleiben. **Im Falle der „Ausproduktion"** (ohne Aussicht auf Übernahme) wird das **Tatbestandsmerkmal des dauerhaften Erhalts von Arbeitsplätzen nicht erfüllt** sein (vgl Insg-DA [10. Erg 09/2007] 3.2 Abs 11 zu § 188 SGB III; ferner *Berscheid* BuW 1999, 633, 634; *Hase* DZWIR 1999, 190; *Oberhofer* DZWIR 1999, 317, 319; *Smid* NZA 2000, 113, 117). Dies ist auch dann nicht der Fall, wenn der Arbeitnehmer nicht im Produktionsbereich, sondern in einer betriebsorganisatorisch eigenständigen Einheit iSd § 175 SGB III beschäftigt wird; liegen die Voraussetzungen zum Bezug von Struktur-Kurzarbeitergeld vor, bestehen auch hier auf Dauer keine Beschäftigungsmöglichkeiten mehr (vgl Insg-DA [10. Erg 09/2007] 3.2 Abs 11 zu § 188 SGB III).

176 Um eine **Prognoseentscheidung** iSd § 188 Abs 4 SGB III treffen zu können, müssen der Agentur für Arbeit Tatsachen mitgeteilt werden, die der Annahme rechtfertigen, dass durch die Vorfinanzierung der Arbeitsentgelte ein erheblicher Teil der Arbeitsplätze erhalten bleibt. Im Rahmen der Nachweisführung ist es ausreichend, wenn der Antragsteller glaubhaft macht, dass die Erhaltung eines erheblichen Teils der Arbeitsplätze überwiegend wahrscheinlich ist (§ 294 ZPO – vgl Insg-DA [10. Erg 09/2007] 3.2 Abs 6 zu § 188 SGB III). Als Tatsachen können auch Indizien vorgetragen werden, die eine bestimmte Schlussfolgerung überwiegend wahrscheinlich erscheinen lassen, ohne dass dadurch bereits alle anderen Möglichkeiten praktisch ausgeschlossen sein müssen (Insg-DA [10. Erg 09/2007] 3.2 Abs 7 zu § 188 SGB III). Zielt das Insolvenzverfahren auf die Wiederherstellung der Ertragskraft und Erhaltung des Unternehmens in unveränderter Rechtsform (**Fortführungssanierung**) ab, können zB der erhebliche Schuldenerlass durch die Hauptgläubiger als eine Tatsache iSd § 188 Abs 4 SGB III oder die **Bereitstellung von Sanierungskrediten** als **wichtige Anhaltspunkte** für ausreichende Sanierungsbemühungen angesehen werden (vgl Insg-DA [10. Erg 09/2007] 3.2 Abs 12 zu § 188 SGB III). Bei einer angestrebten übertragenden Übertragung des Unternehmens auf einen Dritten wird die Bundesagentur für Arbeit prüfen, ob der Erwerber voraussichtlich die Gewähr für die Erhaltung des Betriebes und eines erheblichen Teils der darin beschäftigten Arbeitnehmer bieten kann (vgl Insg-DA [10. Erg 09/2007] 3.2 Abs 12 zu § 188 SGB III).

178 **cc) Antrag des Vorfinanzierers und Bevollmächtigung eines Vertreters.** Die Zustimmung zur Vorfinanzierung iSd § 188 Abs 4 SGB III kann von der Agentur für Arbeit **rechtswirksam idR nur gegenüber** dem **Dritten** (neuen Gläubiger) **erklärt** werden; sie ist daher naturgemäß auch durch diesen bei der zuständigen Agentur für Arbeit **formlos zu beantragen.** Dem potentiellen Vorfinanzierer (Bank, Sparkasse, sonstiger Kreditgeber) wird seitens der Bundesagentur für Arbeit empfohlen, bereits im Rahmen der Insg-Vorfinanzierung dem Antrag ein Konzept beizufügen, dem der Erhalt der Arbeitsplätze schlüssig entnommen werden kann (Insg-DA [10. Erg 09/2007] 3.2 Abs 17 zu § 188 SGB III). Beispielhaft wird hier der erste Zwischenbericht des vorläufigen Insolvenzverwalters gegenüber dem Insolvenzgericht erwähnt, dem bereits die grobe Abwicklungskonzeption mit dem Ziel der Erhaltung eines erheblichen Teils der Arbeitsplätze zu entnehmen ist. Der Dritte braucht nicht selbst die Verhandlungen mit der Agentur für Arbeit einerseits zu führen und die Zustimmung der Arbeitnehmer andererseits einholen, sondern er kann sich vertreten lassen. Die **Bevollmächtigung eines Vertreters** (zB eines vorläufigen Insolvenzverwalters) durch den neuen Gläubiger im Verfahren nach § 188 Abs 4 SGB III **richtet sich**

nach den allgemeinen bürgerlich-rechtlichen Grundsätzen der §§ 164 ff BGB; eine Anscheins- oder Duldungsvollmacht reicht aus (Insg-DA [10. Erg 09/2007] 3.2 Abs 17 zu § 188 SGB III).

dd) Beteiligung der Arbeitnehmer an der Insg-Vorfinanzierung. Da die monatliche Auszahlung des 179 jeweiligen Nettoarbeitsentgelts nicht aus einem Massekredit getätigt werden darf (BSG 9. 12. 1997 – 10 RAr 1/97, KTS 1998, 505 = NZS 1998, 443 = ZIP 1998, 2169), müssen die betroffenen Arbeitnehmer zur Insg-Vorfinanzierung mit dem vorfinanzierenden Kreditinstitut den **Forderungskaufvertrag** abschließen. Es sind seitens der Bundesagentur für Arbeit weder einheitliche Formulare noch bestimmte Formulierungen vorgeschrieben (siehe dazu das **Vertragsmuster** bei *Berscheid* BuW 1999, 633, 635 = DZWIR 2000, 133, 138). Damit nicht alle Arbeitnehmer einzeln zu dem vorfinanzierenden Kreditinstitut gehen müssen, wird der vorläufige Insolvenzverwalter idR von den betroffenen Arbeitnehmern bevollmächtigt, gegenüber der vorfinanzierenden Bank oder Sparkasse alle notwendigen Erklärungen zur Durchführung der Insg-Vorfinanzierung abzugeben. In einem solchen Falle muss der vorläufige Insolvenzverwalter in der **Vollmachtsurkunde** von den Beschränkungen des § 181 BGB befreit werden (siehe dazu das **Formular** bei *Berscheid* BuW 1999, 633, 635 = DZWIR 2000, 133, 139).

h) Rang der übergeleiteten Arbeitnehmeransprüche. Nach Inkrafttreten der Insolvenzordnung war 180 das Hauptproblem aus arbeits- und sozialrechtlicher Sicht die Frage, welchen **Rang** die im Falle der Insg-Zahlung **übergeleiteten** Entgeltansprüche der Arbeitnehmer in der Hand der Bundesagentur für Arbeit hatten, wenn die **Arbeitnehmer** im Insolvenzeröffnungsverfahren **nicht** von der Arbeit **freigestellt** worden waren, sondern der vorläufige Insolvenzverwalter, auf den die Verwaltungs- und Verfügungsbefugnis gem § 21 Abs 2 Nr 2 1 Alt iVm § 22 Abs 1 S 1 übergegangen war, ihre Arbeitskraft für die Insolvenzmasse in Anspruch genommen hatte. Teils wurde § 108 Abs 2 aF als speziellere Regelung für Dienst- und Arbeitsverhältnisse angesehen, die der allgemeinen Regelung des § 55 Abs 2 S 2 vorgeht und die Rangstellung des § 38 mit der Folge wiederherstellt, dass die übergeleiteten Ansprüche nur als einfache Insolvenzforderungen geltend gemacht werden können. Teils wurde § 55 Abs 2 als die gegenüber § 108 Abs 2 aF speziellere Norm angesehen, so dass die Ansprüche der Arbeitnehmer auf Arbeitsentgelt Masseverbindlichkeiten sein sollten. Teils wurde angenommen, dass die Regelungen des § 55 Abs 2 im Wege der teleologischen Reduktion auf diejenigen Fälle nicht anzuwenden sind, in denen die Entgeltansprüche der Arbeitnehmer wegen Insg-Zahlung auf die Bundesagentur für Arbeit übergegangen sind.

Mit der Regelung des **§ 55 Abs 3**, angefügt durch Gesetz zur Änderung der Insolvenzordnung und 181 anderer Gesetze 26. 10. 2001 (BGBl I S 2710), in Kraft getreten am 1. 12. 2001 (Art 12 InsOÄndG), hat der Gesetzgeber diese Streitfrage endgültig geklärt. Er hat im Interesse der Sanierung erhaltenswerter Unternehmen und im Interesse der betroffenen Arbeitnehmer klar stellend die höchstrichterliche Rechtsprechung (BAG 3. 4. 2001 – 9 AZR 143/00, BAGReport 2002, 9 [*Berscheid*] = ZInsO 2001, 1174) zur Vermeidung der negativen Auswirkungen der Regelung des § 55 Abs 2 S 2 übernommen und damit die **Regelungen über Kurzarbeitergeld (Kug) und Insolvenzgeld (Insg)** wieder gleichgezogen (*Berscheid* BAGReport 2002, 11, 12). Die **Einschränkung der Rangstellung** der auf die Bundesagentur für Arbeit übergehenden Arbeitnehmeransprüche stellt sich **nicht** als **unerlaubte Beihilfe iSd Art 87 Abs 1 EG** (= vormals Art 92 Abs 1 EWGV) dar, weil hier die Entlastung der Insolvenzmasse nicht selektiv geschieht, sondern bei Inanspruchnahme von Insg für alle insolventen Unternehmen gleichermaßen besteht (BAG 3. 4. 2001 – 9 AZR 301/00, NZA 2002, 90, 93 = NZI 2002, 118, 120 = ZInsO 2001, 1171, 1174).

i) Geltendmachung des Anspruchs. Das Insolvenzgeld wird von der zuständigen Agentur für Arbeit 182 **auf Antrag** gewährt (§ 324 Abs 3 S 1 SGB III ff). Für Insolvenzgeld ist bei Inlandsbezug die Agentur für Arbeit zuständig, in dessen Bezirk die für den Arbeitgeber zuständige Lohnabrechnungsstelle liegt (§ 327 Abs 3 S 1 SGB III). Entsteht **über** den **Anspruch** auf Insolvenzgeld **Streit**, so sind die **Sozialgerichte** zur **Entscheidung** berufen.

aa) Antragstellung und Antragsfrist. Die Gewährung des Insg (einschließlich der Vorschusszahlung) 183 sowie die Zahlung des Gesamtsozialversicherungsbeitrags erfolgen nur auf Antrag (§§ 323 Abs 1 SGB III). Der Antrag ist weder an eine Form gebunden noch ist für den Antrag ein bestimmter Inhalt vorgeschrieben. Zur Vermeidung von Verzögerungen durch Rückfragen der Agentur für Arbeit ist jedoch zu empfehlen, die Vordrucke der Bundesagentur für Arbeit zu benutzen. Die Insg-Anträge von Arbeitnehmern können sowohl als **Einzelanträge** als auch als **Sammelantrag** (zB über den Betriebsrat) gestellt werden. Ansprüche auf Insg unterliegen der Verzinsung nach § 44 SGB I (so zum Kaug **BSG** 20. 3. 1984 – 10 RAr 4/83, SozSich 1984, 290).

Bei der Antragstellung durch den Arbeitnehmer oder im Falle der Vorfinanzierung durch Dritte ist 184 zusätzlich die Ausschlussfrist des § 324 Abs 3 SGB III (= vormals § 141 e Abs 1 AFG) zu beachten. Der Antrag ist innerhalb einer **Ausschlussfrist von zwei Monaten** nach Eröffnung des Insolvenzverfahrens zu stellen (§ 324 Abs 3 S 1 SGB III). Die Ausschlussfrist von zwei Monaten soll es der Agentur für Arbeit ermöglichen, den Gesamtumfang der Ansprüche auf Insg nach einer verhältnismäßig kurzen Zeit abschließend festzustellen. Im Übrigen soll diese Vorschrift der Bundesagentur für Arbeit die Möglichkeit geben, die auf sie nach § 187 S 1 SGB III übergegangenen Ansprüche auf Arbeitsentgelt innerhalb einer angemessenen Frist dem Insolvenzverwalter zu melden und damit zu einer Beschleunigung des Insolvenzverfahrens beizutragen. Gem § 324 Abs 3 S 2 SGB III ist in Fällen, in denen der Arbeitnehmer die **Ausschlussfrist** aus Gründen **versäumt** hat, die er nicht zu vertreten hat (vgl § 276 Abs 1 BGB), trotzdem **Insg zu gewähren, wenn** der **Antrag innerhalb** einer Nachfrist **von zwei Monaten nach Wegfall des Hinderungsgrundes gestellt** worden ist. Zu vertreten hat der Arbeitnehmer jede Fahrlässigkeit (§ 324 Abs 3 S 3 SGB III); er muss also die nach den Umständen erforderliche und nach seiner Persönlichkeit zumutbare Sorgfalt anwenden. Mit dieser Regelung wird die bisherige sozialgerichtliche Rechtsprechung übernommen (siehe dazu **BSG** 16. 11. 1984 – 10 RAr 17/83, NZA 1985, 375 = ZIP 1985, 364; **BSG** 3. 10. 1989 – 10 RAr 7/89, ZIP 1990, 63).

185 Maßgebend für die Berechnung der **Ausschlussfrist** ist generell das **Insolvenzereignis** (§ 324 Abs 3 S 1 iVm § 183 Abs 1 S 1 Nrn 1–3 SGB III) und nicht der Zeitpunkt der Kenntnisnahme des Arbeitnehmers von sämtlichen Merkmalen des Tatbestandes (**BSG** 4. 3. 1999 – B 11/10 AL 3/98 R, ZInsO 2000, 55 mwN). Beim **Beginn der Frist** zählt der Insolvenztag nicht mit (vgl § 26 Abs 1 SGB X iVm § 187 Abs 1 BGB). Die Frist endet deshalb mit dem Ablauf des Tages, der durch seine Zahl dem Insolvenztag entspricht (vgl § 188 Abs 2 BGB). Bei Eröffnung des Insolvenzverfahrens am 21. 4. endet die Ausschlussfrist somit am 21. 6. Fehlt der entsprechende Tag in dem Monat des Ablaufs der Frist, so endet die Frist am letzten Tag dieses Monats. Fällt der Tag der Eröffnung des Insolvenzereignisses auf den 31. 7., endet die Frist somit am 30. 9. Fällt der Tag der Eröffnung des Insolvenzereignisses auf den 31. 12., endet die Frist im Schaltjahr am 29. 2. und in den Nichtschaltjahren am 28. 2. Fällt der letzte Tag der Frist auf einen Samstag, Sonntag oder gesetzlichen Feiertag, so tritt an die Stelle eines solchen Tages der nächste Werktag (§ 26 Abs 1 SGB X iVm § 193 BGB).

186 Für den Beginn der **Ausschlussfrist** des § 324 Abs 3 S 1 SGB III (= vormals § 141 e Abs 1 S 2 AFG) ist das Insolvenzereignis der Ablehnung der Verfahrenseröffnung mangels Masse nach § 181 Abs 1 S 1 SGB III (= vormals § 141 b Abs 3 Nr 1 AFG) maßgebend, auf die Löschung der Firma im Handelsregister kommt es nicht an (**LSG** Nordrhein-Westfalen 19. 3. 2001 – L 12 AL 117/00, ZInsO 2002, 344). Im Fall der **Abweisung eines Antrages** auf Verfahrenseröffnung **mangels Masse** (§ 26 Abs 1 InsO) hat der Arbeitnehmer, der in Unkenntnis des Abweisungsbeschlusses weitergearbeitet hat (§ 183 Abs 2 Alt 1 SGB III = vormals § 141 b Abs 4 Alt 1 AFG), nur dann Anspruch auf Insg, wenn er entweder seinen Antrag innerhalb von zwei Monaten nach Erlass jenes Beschlusses stellt (**BSG** 20. 10. 1977 – 12 RAr 93/76, AP Nr 1 zu § 141 e AFG) oder ohne zurechenbares Verschulden keine Kenntnis von jenem Insolvenzfall hatte (**BSG** 30. 4. 1996 – 10 RAr 8/94, KTS 1996, 596 = NZA-RR 1997, 270 = ZIP 1996, 1623).

187 Sind Arbeitnehmer im Zeitpunkt des Ablehnungsbeschlusses **im insolventen Unternehmen beschäftigt** – und dies ist Voraussetzung für die anspruchsbegründende Weiterarbeit –, spricht nichts dafür, sie je nach dem Zeitraum des ausgefallenen Arbeitsentgelts hinsichtlich der Insg-Antragsfristen unterschiedlich zu behandeln. Geht es um Arbeitsentgelt vor dem Insolvenzereignis (Abweisungsbeschluss), gilt die Antragsfrist des § 324 Abs 3 S 1 SGB III (vormals § 141 e Abs 1 S 2 AFG) von zwei Monaten nach dem Abweisungsbeschluss; ist diese Frist verstrichen, ist **Fahrlässigkeit hinsichtlich der Unkenntnis vom Abweisungsbeschluss anspruchsschädlich** (§ 324 Abs 3 S 2 SGB III = vormals § 141 e Abs 1 S 3 AFG). Dann aber besteht **kein Grund,** solche Arbeitnehmer, bei denen ein Entgeltausfall im Falle der Weiterarbeit (auch oder erst) **nach dem Abweisungsbeschluss eingetreten ist, abweichend zu behandeln.** Dies gilt erst recht unter der Erwägung, dass diese Fristen auch für jene Arbeitnehmer gelten, die bereits – weit – vor dem Insolvenzereignis aus dem Unternehmen ausgeschieden sind, bei denen jedoch Arbeitsentgelt innerhalb der letzten drei Monate ihres Arbeitsverhältnisses ausgefallen war (§ 183 Abs 1 SGB III = vormals § 141 b Abs 1 AFG).

188 **Anders** ist die **Ausgangslage** jedoch **bei einem Arbeitnehmer, der** dem insolventen Unternehmen bisher völlig fern stand und **erst** (zB etwa ein Jahr) **nach dem Abweisungsbeschluss** dort die **Arbeit aufgenommen** hat. Hier kann der Gesichtspunkt der Gleichbehandlung mit jenen Arbeitnehmern, die bereits im Insolvenzzeitpunkt in Diensten des Unternehmens standen, keine Rolle spielen. Damit aber bleibt als **Anknüpfungspunkt für den Beginn der Zwei-Monats-Frist** des § 324 Abs 3 S 1 SGB III (vormals § 141 e Abs 1 S 2 AFG) für den Arbeitnehmer, der iSd § 183 Abs 2 Alt 2 SGB III (vormals § 141 b Abs 4 Alt 2 AFG) in Unkenntnis des Abweisungsbeschlusses die Arbeit aufgenommen hat, nur der **Zeitpunkt,** in dem er **positive Kenntnis vom Abweisungsbeschluss** hat. Denn § 183 Abs 3 SGB III (vormals § 141 b Abs 4 AFG) stellt im Ergebnis die Kenntnisnahme vom Abweisungsbeschluss in der Weise mit den auch nach § 324 Abs 3 S 1 SGB III (vormals § 141 e Abs 1 S 2 AFG) maßgebenden Insolvenzereignissen nach § 183 Abs 1 S 1 Nrn 1–3 SGB III (vormals § 141 b Abs 1 und 3 AFG) gleich, als hiernach die letzten drei Monate des Arbeitsverhältnisses abgesichert sind, die dem Tag der Kenntnisnahme vorausgehen (**BSG** 27. 8. 1998 – B 10 AL 7/97 R, KTS 1999, 260 = NZA 1999, 166 = NZI 1999, 166 = ZInsO 1999, 362 = ZIP 1999, 762).

189 Die **positive Kenntnis** ist auch **in den Fällen der Einstellung der Betriebstätigkeit** (§ 183 Abs 3 Nr 3 SGB III = vormals § 141 b Abs 3 Nr 2 AFG) maßgeblich, wenn die Eröffnung eines Insolvenzverfahrens mangels Masse nicht in Betracht kommt (**BSG** 17. 7. 1979 – 12 RAr 15/78, AR-Blattei ES 970 Nr 37 = „Konkurs: Entsch. 37"). Liegen die Voraussetzungen des § 183 Abs 1 S 1 Nr 3 SGB III vor, bleibt dieses Insolvenzereignis maßgebend für die Berechnung der Ausschlussfrist, auch wenn später das Insolvenz-

X. Die arbeitsrechtliche Stellung des vorläufigen Insolvenzverwalters § 22

verfahren eröffnet oder die Eröffnung mangels Masse abgelehnt wird. Das gilt ausnahmsweise dann nicht, wenn das Insolvenzverfahren eröffnet wird, ohne dass ein Massekostenvorschuss nach § 26 Abs 1 S 2 InsO geleistet wurde.

bb) **Vorschuss und vorläufige Entscheidung.** Die Agentur für Arbeit hat gem § 186 S 1 SGB III einen angemessenen **Vorschuss auf das Insolvenzgeld** zu zahlen, wenn die Eröffnung des Insolvenzverfahrens über das Vermögen des Arbeitgebers beantragt ist, das Arbeitsverhältnis beendet ist und die Voraussetzungen für den Anspruch auf Insolvenzgeld mit hinreichender Wahrscheinlichkeit erfüllt werden. Der Arbeitnehmer wird auf seinen **Antrag** hin einen Vorschuss beanspruchen können, wenn er die vorgenannten Voraussetzungen schlüssig dargelegt und insbesondere die letzte vollständige **Lohn-/Gehaltsabrechnung** vorlegt, sowie der Agentur für Arbeit aufgrund einer schriftlichen Erklärung des Arbeitgebers, des vorläufigen oder endgültigen Insolvenzverwalters, eines für die Lohnabrechnung zuständigen Arbeitnehmers oder des Betriebsrats bekannt ist, dass und in welchem Umfange der Arbeitgeber rückständige Löhne schuldet, denn die vorgenannten Personen sind verpflichtet, der Agentur für Arbeit auf Verlangen alle Auskünfte zu erteilen, die für die Durchführung der §§ 183 bis 189, 208, 320 Abs 2, 327 Abs 3 SGB III erforderlich sind (§ 316 Abs 1 SGB III). Mit der Vorschussregelung wird erreicht, dass der Arbeitnehmer bereits Zahlungen erhalten kann, bevor sein Anspruch auf Insolvenzgeld abschließend festgestellt ist. Die Agentur für Arbeit **bestimmt die Höhe des Vorschusses,** der auf das Insolvenzgeld anzurechnen ist, nach pflichtgemäßem Ermessen. Der Vorschuss ist zu erstatten, soweit ein Anspruch auf Insolvenzgeld nicht oder nur in geringerer Höhe zuerkannt wird (§ 186 S 4 SGB III).

Neben § 186 SGB III findet wegen seiner Stellung im neunten Kapitel des SGB III („Gemeinsame Vorschriften für Leistungen – Leistungsverfahren in Sonderfällen") § 328 SGB III, der unterschiedlichen Regelungsgegenstände sowie der unterschiedlichen Tatbestandsmerkmale (Arbeitsverhältnis muss nicht beendet sein) enthält, auf das Insg-Verfahren Anwendung. Über die Erbringung von Geldleistungen kann gem § 328 Abs 1 S 1 Nr 3 SGB III vorläufig entschieden werden, **wenn** über den (gesamten) Anspruch auf Insg **vorläufig entschieden werden soll**, weil eine **abschließende Entscheidung** hierüber **noch nicht möglich** ist (*Kranemann* EWiR 1999, 809, 810; *Peter-Lange* ZIP 1999, 421, 425; **str aA** *Braun/Wierzioch* ZInsO 1999, 496, 500; *Eckardt* DZWIR 1999, 400, 401; *Wiester* NZI 1999, 397). Dies ist der Fall, wenn zur Feststellung der Voraussetzungen des Anspruchs eines Arbeitnehmers auf Geldleistungen voraussichtlich längere Zeit erforderlich ist, die Voraussetzungen für den Anspruch mit hinreichender Wahrscheinlichkeit vorliegen und der Arbeitnehmer die Umstände, die einer sofortigen abschließenden Entscheidung entgegenstehen, nicht zu vertreten hat. Sind Arbeitsentgeltansprüche (teilweise) noch nicht fällig, kann eine vorläufige Entscheidung nicht getroffen werden. Im Übrigen, also **bei Fälligkeit der Entgeltansprüche, muss** die Agentur für Arbeit **über** den **Insg-Anspruch vorläufig entscheiden** wenn dies der Berechtigte beantragt und die Voraussetzungen des § 328 Abs 1 S 1 Nr 3 SGB III vorliegen (§ 328 Abs 1 S 3 SGB III). Ermessensüberlegungen sind in diesem Fall **nicht anzustellen** (Insg-DA [10. Erg 09/2007] 7 Abs 1 zu § 186 SGB III). Die aufgrund der vorläufigen Entscheidung erbrachten Leistungen sind auf die zustehende Leistung anzurechnen (§ 328 Abs 3 S 1 SGB III). Soweit mit der abschließenden Entscheidung ein Leistungsanspruch nicht oder nur in geringerer Höhe zuerkannt wird, sind aufgrund der vorläufigen Entscheidung erbrachte Leistungen zu erstatten (§ 328 Abs 3 S 2 Hs 1 SGB III).

Soll eine **Entscheidung** über den Insg-Anspruch bereits vor der Entscheidung des Insolvenzgerichts über den Antrag auf **Eröffnung des Insolvenzverfahrens** getroffen werden, **muss** ein vorläufiger Insolvenzverwalter mit Verwaltungs- und Verfügungsbefugnis bestellt sein (§ 21 Abs 2 Nr 1 InsO), der (in Abstimmung mit dem Insolvenzgericht) den **wahrscheinlichen Zeitpunkt der Entscheidung** des Insolvenzgerichts **über** den Antrag auf Eröffnung des Insolvenzverfahrens **glaubhaft** darlegen muss (*Berscheid* InsArbR S 346 Rn 933; *Kranemann* EWiR 1999, 809, 810; **str aA** SG Aachen 16. 7. 1999 – S 8 AL 72/99, DZWIR 1999, 408 = NZI 1999, 383 = NZS 1999, 621 = ZInsO 1999, 661 = ZIP 1999, 1397, welches annimmt, dass die vorläufige Zahlung von Insolvenzgeld für rückständige Ansprüche auf Arbeitsentgelt gem § 328 Abs 1 S 1 Nr 3, S 3 SGB III vor Verfahrenseröffnung nicht zulässig sei, weil der Insg-Anspruch noch nicht entstanden sei und die Vorschrift des § 328 SGB III nicht dazu diene, einen Anspruch, der voraussichtlich in Zukunft entstehen und fällig sein werde, vorzufinanzieren; ebenso *Eckardt* DZWIR 1999, 400, 401; *Wiester* NZI 1999, 397, 398). **Zusätzlich** muss der vorläufige Verwalter die **übrigen Voraussetzungen für** den im Zeitpunkt der insolvenzgerichtlichen Entscheidung entstehenden **Insg-Anspruch** darlegen und **glaubhaft machen.** Ohne eine solche Glaubhaftmachung der Voraussetzungen ist eine vorläufige Entscheidung vor Eintritt des Insolvenzereignisses nicht möglich (*Berscheid* InsArbR S 346 Rn 933).

cc) **Endgültige Entscheidung und Insg-Bescheinigung.** Falls ein Insolvenzverfahren eröffnet worden ist, ist eine **Insg-Bescheinigung** des Insolvenzverwalters erforderlich; eine Bescheinigung des Arbeitgebers (§ 314 Abs 2 SGB III) genügt in diesem Falle nicht. Während bei entsprechender Bevollmächtigung durch den vorinanzierenden Dritten (Bank, Sparkasse, Warengläubiger) die Vorfinanzierung vom vorläufigen Insolvenzverwalter vorzunehmen ist, hat der **endgültige Insolvenzverwalter** nach Eintritt des Insolvenzereignisses und damit nach Fälligkeit des Anspruchs auf Insg gem § 314 Abs 1 S 1 iVm S 3

SGB III auf Verlangen der Agentur für Arbeit für jeden Arbeitnehmer, für den ein Anspruch auf Insg in Betracht kommt, die **Höhe des Arbeitsentgelts** für die letzten der Eröffnung des Insolvenzverfahrens vorausgehenden drei Monate des Arbeitsverhältnisses sowie die Höhe der gesetzlichen Abzüge und der zur Erfüllung der Ansprüche auf Arbeitsentgelt erbrachten Leistungen **auf den von der Bundesagentur vorgesehenen Vordrucken zu bescheinigen** (Insg-Bescheinigung). Der Arbeitgeber und die Arbeitnehmer sowie sonstige Personen, die Einblick in die Arbeitsentgeltunterlagen hatten, sind verpflichtet, dem Insolvenzverwalter auf Verlangen alle Auskünfte zu erteilen, die er für die **Insg-Bescheinigung** benötigt (§ 316 Abs 2 SGB III). Der Insolvenzverwalter hat auch zu bescheinigen, inwieweit die Ansprüche auf Arbeitsentgelt gepfändet, verpfändet oder abgetreten sind (§ 314 Abs 1 S 2 SGB III). Sofern keine Personenidentität besteht, hat der vorläufige Insolvenzverwalter dem endgültigen Insolvenzverwalter entsprechende Angaben zur Vorfinanzierung zu machen und die Unterlagen auszuhändigen (*Berscheid* InsArbR S 347 Rn 935).

191a   Dem endgültigen Insolvenzverwalter obliegt es gem § 320 Abs 2 SGB III, **ohne Anspruch auf Kostenerstattung** auf Verlangen der Agentur für Arbeit das **Insg** auf den von der Bundesagentur vorgesehenen Vordrucken **zu errechnen und auszuzahlen,** wenn ihm dafür geeignete Arbeitnehmer des Betriebes zur Verfügung stehen, die Agentur für Arbeit die Mittel für die Auszahlung des Insg bereitstellt und sich hierdurch voraussichtlich die Erfüllung der Ansprüche der Arbeitnehmer beschleunigen lässt. Soweit der Vordruck mehr Angaben fordert als das Gesetz, handelt es sich um ein Auskunftsersuchen nach § 316 SGB III (*Berscheid* InsArbR S 348 Rn 936). Es bestehen grundsätzlich **keine Bedenken,** von Insolvenzverwaltern **selbst entwickelte EDV-Vordrucke** als ausreichende Insg-Bescheinigungen **anzuerkennen,** sofern diese der gesetzlichen Vorgabe nach § 314 Abs 1 SGB III entsprechen und ggf in Verbindung mit ergänzenden Erklärungen des Insolvenzverwalters eine ausreichende Prüfung der Bescheinigung ermöglichen ([10. Erg 09/2007] 5 Abs 2 DA Verfahren).

192   dd) **Forderungsübergang auf die Bundesanstalt für Arbeit.** Gem § 187 S 1 SGB III gehen die **Ansprüche auf Arbeitsentgelt,** die den Anspruch auf Insg begründen, bereits mit der Stellung des Antrags auf Insg **auf die Bundesagentur für Arbeit über,** wenn auch nur eine entfernte Möglichkeit besteht, dass die Leistung von Insg in Betracht kommt (**BSG** 17. 7. 1979 – 12 RAr 15/78, SGb 1980, 82 *[Heß]* = ZIP 1980, 126; **BAG** 10. 2. 1982 – 5 AZR 936/79, AP Nr 1 zu § 141 m AFG *[Brackmann]* = NJW 1983, 592 = ZIP 1982, 1105). Es geht nicht bloß der Nettolohn- oder -gehaltsanspruch, sondern der **Bruttolohn- oder -gehaltsanspruch** auf die Bundesagentur für Arbeit über (**LAG** Hamm 8. 1. 1997 – 18 Sa 1942/96, nv; str aA LAG Schleswig-Holstein 2. 5. 1995 – 1 Sa 261/95, EzInsR § 187 SGB III Nr 10 = EWiR 1997, 833 *[Peters-Lange]*), so dass der Arbeitnehmer vom Insolvenzverwalter nicht die Auszahlung der auf seinen Lohn oder sein Gehalt entfallenden Lohn- und Kirchensteuer verlangen kann (**BAG** 11. 2. 1998 – 5 AZR 159/97, AP Nr 19 zu § 611 BGB Lohnanspruch = NZA 1998, 710 = ZIP 1998, 868; ferner **BSG** 20. 6. 2001 – B 11 AL 97/00 R, ZInsO 2002, 152). Der **Arbeitnehmer verliert** mit der Antragstellung zugleich die **Aktivlegitimation** hinsichtlich des gesamten Bruttolohn- oder Gehaltsanspruchs, für den er Insolvenzgeld beantragt, und an die Stelle des Entgeltanspruchs tritt der Insg-Anspruch gegen die Bundesagentur für Arbeit (**LAG** Hamm 17. 2. 2000 – 4 Sa 1137/99, NZA-RR 2001, 161 = InVo 2000, 349 = KTS 2000, 608 = ZInsO 2000, 468). Wird der Antrag auf Insg zurückgenommen bzw. ganz oder teilweise ablehnend beschieden, so fällt der Anspruch insoweit auf den Arbeitnehmer zurück, der dadurch wieder Inhaber der vollen Bruttolohnforderung wird (**BSG** 20. 6. 2001 – B 11 AL 97/00 R, EWiR 2002, 455 *[Peters-Lange]* = ZInsO 2002, 152).

192a   Hat der **Arbeitnehmer** vor Antragstellung eine Leistungsklage auf Lohn- oder Gehaltszahlung erhoben, so ist ihm eine **Geltendmachung von übergegangenen Entgeltansprüchen im Wege der gewillkürten Prozessstandschaft** verwehrt (**LAG** Frankfurt/Main 4. 5. 1998 – 4 Sa 1137/99, ARST 1999, 232 = NZA-RR 2000, 162). Auch einem dort der Bundesagentur für Arbeit entsprechend „bevollmächtigten" Arbeitnehmer fehlt die Prozessführungsbefugnis zur klageweisen Geltendmachung von Entgeltansprüchen, die durch die Beantragung von Insg gem § 187 SGB III auf die Bundesagentur für Arbeit übergegangen sind. Mit den Regelungen über Insg sollte den Arbeitnehmer für den Insolvenzfall bezüglich etwaiger offener Lohn- oder Gehaltsansprüche für die letzten drei Monate ein sicherer Schuldner zur Verfügung gestellt werden, der auch unverzüglich leisten würde. Das Risiko und die Verzögerung etwaiger Zahlungen durch das andauernde Insolvenzverfahren sollte den Arbeitnehmern gerade genommen werden. Diesem Gesetzeszweck würde es entgegenstehen, den Arbeitnehmern in der Rolle von gewillkürten Prozessstandschaftern die Risiken und Mühen einer Prozessführung gegen den Insolvenzverwalter wieder zurückzuübertragen (**LAG** Frankfurt/Main 4. 5. 1998 – 4 Sa 1137/99, ARST 1999, 232, 233 = NZA-RR 2000, 162, 163).

192b   Von einer vor dem Antrag auf Insolvenzgeld vorgenommenen Pfändung oder **Verpfändung** des Anspruchs auf Arbeitsentgelt wird auch der **Anspruch auf Insolvenzgeld erfasst** (§ 188 Abs 2 SGB III) und die an den Ansprüchen auf Arbeitsentgelt bestehenden **Pfandrechte erlöschen,** sobald die Ansprüche auf die Bundesagentur übergegangen sind und das Insolvenzgeld an den Berechtigten erbracht hat (§ 188 Abs 3 SGB III). Zu beachten ist weiter, dass **erst nach Beantragung** des Insolvenzgeldes der Anspruch hierauf wie Arbeitseinkommen verpfändet oder **übertragen werden** kann (§ 189 S 1 SGB III).

XI. Die steuerrechtliche Stellung des vorläufigen Insolvenzverwalters (Maus)

1. Die steuerrechtliche Stellung des vorläufigen Insolvenzverwalters. a) Allgemeines. Maßgebend für die steuerrechtliche Stellung des Insolvenzverwalters sind Art und Umfang der Verwaltungs- und Verfügungsbefugnis, die auf ihn übertragen wird. Hiernach kann er **Vermögensverwalter** iSv § 34 Abs 3 AO oder **Verfügungsberechtigter** iSv § 35 AO mit allen sich aus § 34 Abs 1 AO ergebenden Pflichten und Haftungen sein. Vermögensverwalter sind Personen, denen unter Ausschluss des Eigentümers oder seines gesetzlichen Vertreters aufgrund gesetzlicher Regelungen, behördlicher oder gerichtlicher Anordnungen oder letztwilliger Verfügungen die Verwaltung des gesamten Vermögens oder eines Teils des Vermögens zusteht (*Hübschmann/Hepp/Spitaler/Boeker* AO § 34 Rn 40). Wer aufgrund eines privatrechtlichen Vertrags fremdes Vermögen verwaltet, fällt nicht unter § 34 Abs 3 AO (*Tipke/Kruse* § 34 AO Rn 10; *Hübschmann/Hepp/Spitaler/Boeker* AO § 34 Rn 11). Verfügungsberechtigt gem § 35 AO ist jemand, der rechtlich und wirtschaftlich über Mittel verfügen kann, die einem anderen nach § 39 AO zuzurechnen sind. Die Rechtsfolgen aus § 34 AO treten kraft Gesetzes ein (*Onusseit* ZInsO 2000, 363). Das **faktische Verhalten des vorläufigen Insolvenzverwalters** nach außen hat **keine entscheidende Bedeutung für seine steuerrechtliche Stellung**. Überschreitet er die ihm vom Gericht gezogenen Grenzen, verhält er sich also wie ein Verwalter, auf den das Verwaltungs- und Verfügungsrecht gem § 22 Abs 1 übergegangen ist, so wird er hierdurch nicht („faktischer") Vermögensverwalter iSv § 34 Abs 3 AO (*Maus* ZInsO 1999, 683 ff). Haftungsgrundlagen bei Pflichtverletzungen sind deshalb in diesem Fall auch nicht die steuerrechtlichen (§ 69 AO), sondern die insolvenzrechtlichen Haftungsvorschriften (§§ 60, 61). Die Verfügungsbefugnis als solche begründet noch keine Pflichten nach § 34 Abs 1 AO. Es reicht für die Annahme der Verfügungsberechtigung aus, dass der Verwalter für den Schuldner am Rechtsverkehr teilnimmt (*Rüsken* AO § 35, S 175). Soweit der vorläufige Insolvenzverwalter als Vermögensverwalter die steuerlichen Pflichten des Insolvenzschuldners zu erfüllen hat, müssen ihm auch die Möglichkeiten eingeräumt werden, gegen Steuerbescheide Rechtsbehelfe bzw Rechtsmittel einzulegen. Weiterhin wird man ihm entgegen der hM auch die Prozessführungsbefugnis in Steuerprozessen zubilligen müssen.

b) Der vorläufige Insolvenzverwalter mit allgemeiner Verfügungsbefugnis. Der Umfang der Befugnisse des vorläufigen Insolvenzverwalters hängt von der Ermächtigung durch das Insolvenzgericht ab. Im Allgemeinen wird zwischen einem schwachen, einem halbstarken und einem starken vorläufigen Insolvenzverwalter unterschieden, je nachdem, ob ein allgemeines Verfügungsverbot für den Insolvenzschuldner (starke vorläufige Insolvenzverwaltung) oder ein Zustimmungsvorbehalt zu Gunsten des vorläufigen Insolvenzverwalters (mitwirkende vorläufige Insolvenzverwaltung) angeordnet wird (*Farr* DStR 2007, 706). Das Insolvenzgericht ist aber an diese gesetzlichen Vorgaben nicht gebunden und kann den schwachen oder mitwirkenden vorläufigen Insolvenzverwalter dazu ermächtigen, bestimmte Verpflichtungen zu Lasten der späteren Insolvenzmasse einzugehen, soweit dies für eine erfolgreiche Verwaltung erforderlich erscheint (vgl. **BGH** v. 18. 7. 2002, NJW 2002, 3326). Geht die allgemeine Verwaltungs- und Verfügungsbefugnis gem § 22 Abs 1 Satz 2 auf den vorläufigen Insolvenzverwalter über, so ist dieser ua gem § 22 Abs 1 Nr 2 verpflichtet, das von dem Schuldner betriebene Unternehmen bis zur Entscheidung über die Eröffnung des Insolvenzverfahrens fortzuführen, soweit nicht das Insolvenzgericht einer Stilllegung zustimmt. Bei dieser umfassenden Übertragung der Verwaltungs- und Verfügungsbefugnis auf den vorläufigen Insolvenzverwalter zusammen mit der Verpflichtung zur einstweiligen Geschäftsfortführung besteht an der Rechtsstellung des vorläufigen Insolvenzverwalters als Vermögensverwalter iSv § 34 Abs 3 AO und Verfügungsberechtigter iSv § 35 AO kein Zweifel (*Smid/Smid* § 22 Rn 70; *Hess/Boochs/Weis*, Steuerrecht in der Insolvenz, S 210; N/R/*Mönning* InsO § 22 Rn 213; KS-*Onusseit* S 1781 Rn 3; FK-*Boochs* § 155 Rn 448; **str aA** möglicherweise K/P/*Pape* § 22 Rn 24, der eine Verpflichtung ausdrücklich nur in Bezug auf § 35 AO sieht). Nach Auffassung der Finanzverwaltung (BMF BStBl I 1998, 1500 ff) hat der vorläufige Insolvenzverwalter mit allgemeiner Verfügungsbefugnis als Vertreter gem § 34 Abs 3 AO die steuerlichen Pflichten des Schuldners zu erfüllen. Ihm können deshalb alle Auskünfte über Verhältnisse des Schuldners erteilt werden, die er zur Erfüllung dieser Pflichten benötigt. Darüber hinaus dürfen ihm keine Auskünfte erteilt werden.

c) Der vorläufige Insolvenzverwalter mit allgemeinem Zustimmungsvorbehalt. Der allgemeine Zustimmungsvorbehalt ist gegenüber dem allgemeinen Veräußerungsverbot das „mildere" Sicherungsmittel (*Bork* ZIP 1999, 781, 784). Dies gilt jedenfalls für das Innenverhältnis. Im Außenverhältnis bleibt der Schuldner grundsätzlich verwaltungs- und verfügungsbefugt (Begr zu § 26 RegE BR-Drucks 1/92 S 116/117, *Uhlenbruck* S 325; **BFH** in BFHE 204, 520, BStBl II 2004, 905; **BFH** in BFH/NV 2007, 1936, UR 2007, 809)). Schuldner und vorläufiger Insolvenzverwalter haben eine vergleichbar starke Stellung; der vorläufige Insolvenzverwalter wird vom **BFH** in ständiger Rechtsprechung als „**Berater**" des Schuldners angesehen (vgl BFH v 1. 4. 2004, BStBl II 2004, 905, unter II 2, mwN; BFH v 13. 6. 2007, BFH/NV 2007, 1936, UR 2007, 809). Der vorläufige Insolvenzverwalter, der lediglich mit einem Zustimmungsvorbehalt ausgestattet wurde, hat sich grundsätzlich an dem Ziel zu orientieren, die künftige Masse zu sichern und zu erhalten (§ 22 Abs 1 S 2 Nr 1). Daraus folgt, dass er Forderungen einzelner Gläubiger nur erfüllen –und somit das Schuldnervermögen nur vermindern – darf, wenn dies im

Einzelfall zur Erfüllung der ihm obliegenden Aufgaben, etwa zur Fortführung des Schuldnerunternehmens, im Interesse der Gläubigergesamtheit erforderlich oder wenigstens zweckmäßig erscheint (vgl BGH v 4. 11. 2004, BGHZ 161, 49, NJW 2005, 675, unter II 3 b bb). Der vorläufige Insolvenzverwalter mit allgemeinem Zustimmungsvorbehalt kann weder den Schuldner als Eigentümer von der Verwertung des Vermögens ausschließen noch rechtlich und wirtschaftlich über Mittel verfügen, die dem Schuldner nach § 39 AO zuzurechnen sind. Der Geschäftsführer einer GmbH ist deshalb an der Entrichtung der Umsatzsteuer – wenn auch nur mit Zustimmung des vorläufigen Insolvenzverwalters – nicht grundsätzlich gehindert (**BFH v 28. 2. 2008, ZIP 2008, 932**). Die Voraussetzungen für die Rechtsstellung des „schwachen" vorläufigen Insolvenzverwalters als Vermögensverwalter oder Verfügungsberechtigter (Abschn a) liegen eindeutig **nicht** vor, so dass auch seine **Haftung nach Steuerrecht** (§ 69 AO) nicht in Betracht kommt. Seine Haftung nach Insolvenzrecht bleibt unberührt.

192e **d) Der vorläufige Insolvenzverwalter ohne die Anordnung allgemeiner Befugnisse und Vorbehalte.** Die Rechtsstellung des vorläufigen Insolvenzverwalters als Vermögensverwalter oder Verfügungsberechtigter setzt voraus, dass er den Eigentümer von der Verwaltung seines Vermögens oder Teilen des Vermögens ausschließen oder rechtlich oder wirtschaftlich über Mittel verfügen kann, die einem anderen nach § 39 AO zuzuordnen sind (Abschn a). Wird statt eines allgemeinen Verfügungsverbotes ein besonderes Verfügungsverbot als andere Sicherungsmaßnahme gem § 21 Abs 1 nur für einen einzelnen Vermögensgegenstand erlassen, so wird der vorläufige Insolvenzverwalter bezüglich dieses Gegenstands Vermögensverwalter. Besondere Zustimmungsvorbehalte führen ebenso wenig zur Rechtsstellung des vorläufigen Insolvenzverwalters als Vermögensverwalter und Verfügungsberechtigter wie allgemeine Zustimmungsvorbehalte (zur Anordnung besonderer Sicherungsmaßnahmen durch das Gericht, zB Unternehmensfortführung und Kassenführung, vgl KS-*Onusseit*, S 1782 Rn 8 ff).

192f **2. Die steuerlichen Pflichten des vorläufigen Insolvenzverwalters. a) Allgemeines.** Der Umfang der steuerlichen Pflichten des vorläufigen Insolvenzverwalters richtet sich nach seiner steuerrechtlichen Stellung. Ist er **Vermögensverwalter** iSv § 34 Abs 3 AO oder **Verfügungsberechtigter** iSv § 35 AO, so hat er die steuerlichen Pflichten des Insolvenzschuldners in Bezug auf das von ihm verwaltete Vermögen (§ 34 Abs 1 AO) im vollen Umfang zu erfüllen. Zu den „steuerlichen Pflichten" iSv § 34 Abs 1 AO gehören neben der **Verpflichtung zur Steuerzahlung** (§ 34 Abs 1 Satz 2 AO) die **Mitwirkungspflichten** nach §§ 140 ff AO, ua die Buchführungs- und Aufzeichnungspflichten sowie die Steuererklärungspflichten (vgl zu den steuerlichen Pflichten des Insolvenzverwalters als Vermögensverwalter im Einzelnen die Ausführungen zu § 56 Rn 82 ff). Entstehen durch **Handlungen des vorläufigen Insolvenzverwalters**, auf den die Verfügungsbefugnis über das Vermögen des Schuldners übergegangen ist, Steuern, so gelten diese nach Eröffnung des Verfahrens als **Masseverbindlichkeiten** (§ 55 Abs 2). **Der Verwalter haftet** hierfür nach § 69 AO, wenn er seine steuerrechtliche Zahlungsverpflichtung (§ 34 Abs 1 Satz 2 AO) verletzt, also bspw bei ausreichender Masse die Umsatzsteuer nicht oder nicht vollständig abführt. Er haftet ggf nach Insolvenzrecht (§ 61), wenn die Masse nicht zur vollständigen Steuerzahlung ausreicht. Eine Einschränkung der (steuerrechtlichen) Pflicht des vorläufigen Insolvenzverwalters zur Steuerzahlung, wie sie nach dem Urteil des **BFH v 29. 4.** 1986 (BStBl II 1986, 586) für den (Verwaltungs-)Sequester galt, kann trotz der weitgehend gleichen Rechtsstellung von Verwaltungsseques ter und vorläufigem Insolvenzverwalter mit allgemeiner Verfügungsbefugnis für den vorläufigen Insolvenzverwalter (mit allgemeiner Verfügungsbefugnis) nicht angenommen werden (*Frotscher*, Besteuerung bei Insolvenz, S 45 ff; *Maus* ZInsO 1999, 683, 684; str aA *Kraemer/Vogelsang* Fach 6 Kapitel 6 Rn 116; *Onusseit* KTS 1997, 3, 24 f; *ders* ZInsO 2000, 363, 367, 368). Der **BFH** hatte in dieser Entscheidung den Sequester von der Pflicht zur Umsatzsteuerzahlung entbunden, weil die Begleichung der Umsatzsteuer-Vorauszahlung keine zur Aufrechterhaltung des Betriebs unabweisbar erforderliche Notmaßnahme ist und die Umsatzsteuerzahlung als Rechtshandlung iSv § 30 Nr 1 Halbsatz 2 KO der Anfechtung durch den Konkursverwalter unterlegen hätte. Zwar ist auch im Insolvenzeröffnungsverfahren die Begleichung der Umsatzsteuer-Vorauszahlung keine zur Aufrechterhaltung des Betriebs unabweisbar erforderliche Notmaßnahme; die Zahlung durch den vorläufigen Insolvenzverwalter ist aber durch den Insolvenzverwalter nicht anfechtbar. Anfechtbar sind §§ 129 ff InsO sind Sicherungen oder Befriedigungen von Insolvenzgläubigern und bestimmte Rechtsgeschäfte und Rechtshandlungen (§§ 132, 133 InsO). Der Steuergläubiger ist in den Fällen des § 22 Abs 1 InsO nicht Insolvenz-, sondern Massegläubiger gem § 55 Abs 2 InsO; die Steuerzahlungen sind auch keine Rechtsgeschäfte oder Rechtshandlungen iSv §§ 132, 133 InsO.

192g Die steuerrechtliche Verpflichtung des vorläufigen Insolvenzverwalters zur Steuerzahlung ist unabhängig davon, ob die Steuer aus laufenden Geschäften (der Betriebsfortführung) oder aus (zulässiger) Massewertung herrührt. Neben die Pflicht des vorläufigen Insolvenzverwalters zur Steuerzahlung nach Steuerrecht tritt seine Verpflichtung nach Insolvenzrecht; von ihm begründete Steuerverbindlichkeiten sind als **Masseverbindlichkeiten** zu erfüllen (§ 55 Abs 2). Ist die allgemeine Verfügungsbefugnis nicht auf den vorläufigen Insolvenzverwalter übertragen worden, so gehört die im Insolvenzeröffnungsverfahren begründete Steuer zu den **Insolvenzforderungen** und nicht zu den Masseverbindlichkeiten. Der sog „schwache" vorläufige Insolvenzverwalter ist zu ihrer Zahlung weder nach Steuerrecht noch nach Insolvenzrecht verpflichtet. Würde er Steuern zahlen, so wäre die Zahlung im eröffneten Insolvenzverfahren gem §§ 129 ff InsO anfechtbar. Dieses Ergebnis gilt auch für den vorläufigen **Insolvenzverwalter mit allgemeinem Zustimmungsvorbehalt**. Er ist ebenso wenig wie der „schwache" Insolvenzverwalter Vermögensverwalter iSv § 34 Abs 3 AO und hat deshalb nicht die steuerrechtlichen Pflichten des Insolvenzschuldners, ua die Pflicht zur Steuerzahlung, zu erfüllen (**FG Baden-Württemberg** v 27. 5. 2009 ZInsO 2009, 1825). Eine Ausnahme gilt nach KS-*Onusseit* S 1791 Rn 34 für die Lohnsteuer auf die „von ihm gezahlten Löhne und Gehälter".

b) Besonderheiten bezüglich der Umsatzsteuer. Umsatzsteuer kann im Insolvenzeröffnungszeitraum sowohl aus **laufenden Geschäften** (der Betriebsfortführung), als auch aus **Verwertungshandlungen** des Insolvenzschuldners (mit Zustimmung des vorläufigen Insolvenzverwalters) oder des vorläufigen Insolvenzverwalters entstehen. Die Betriebsfortführung ist eine gesetzliche Verpflichtung des Verwalters, auf den die Verfügungsbefugnis über das Vermögen des Schuldners übergegangen ist (§ 22 Abs 1 Nr 2); ihr kann er sich nicht ohne weiteres entziehen. Etwas anderes gilt für die Vermögensverwertung. Das Recht des vorläufigen Insolvenzverwalters zur Vermögensverwertung, jedenfalls zur Verwertung von Sachanlagen und Vorräten, ist umstritten. Nach mehrheitlicher Literaturmeinung (Smid/*Smid* § 22 Rn 27 mw Literaturhinweisen) wird man ihm ein **eingeschränktes Verwertungsrecht** zugestehen müssen. Der Umfang des Verwertungsrechts ist entscheidend für die **steuerrechtliche Haftung des Verwalters**: Verwertet er, ohne hierzu berechtigt zu sein, so haftet er nicht wegen Verletzung seiner Pflichten als Vermögensverwalter nach den steuerrechtlichen Vorschriften (§ 69 AO), sondern wegen Verletzung seiner verwalterspezifischen Pflichten nach § 60 InsO. Ist der Verwalter zur Vermögensverwertung berechtigt, so ist zwischen der Verwertung von Sicherungsgut und anderem Vermögen zu unterscheiden. Verwertet der **zur Veräußerung berechtigte „starke" vorläufige Verwalter** Sicherungsgut (mit Zustimmung des Sicherungsnehmers), so ist dies für die Insolvenzmasse und ihn persönlich die vergleichsweise schlechteste Lösung: Er hat die Umsatzsteuer als Masseverbindlichkeit (§ 55 InsO) aus der von ihm verwalteten Masse mit dem Haftungsrisiko des § 61 InsO zu entrichten. Eine Erstattung der Umsatzsteuer durch den Sicherungsnehmer gem § 171 Abs 2 Satz 3 InsO kann im Insolvenzeröffnungsverfahren nicht verlangt werden. Verwertet der **„schwache" vorläufige Verwalter**, ohne dazu ausdrücklich durch das Insolvenzgericht ermächtigt zu sein, so werden dadurch keine Masseverbindlichkeiten ausgelöst; ein vorläufiger Verwalter ohne Verfügungsbefugnis kann nicht die Rechtsfolgen des § 55 Abs 2 auslösen. Es greift in diesem Fall die **Umkehrung der Steuerschuldnerschaft** gem § 13 b Abs 1 S 1 Nr 2 UStG. Verwertet ein ausdrücklich vom Insolvenzgericht zur Verwertung befugter schwacher vorläufiger Verwalter, so liefert der vorläufige Insolvenzverwalter für den Schuldner unmittelbar an den Erwerber; die Umsatzsteuer aus diesem Geschäft ist eine Masseverbindlichkeit (**BGH** v 18. 7. 2002, ZIP 2002, 1625; **OFD** Frankfurt/M Vfg v 25. 5. 2007, ZInsO 2007, 1039). Verwertet der Sicherungsnehmer das Sicherungsgut, so findet nach der sog **Doppelumsatztheorie** des BFH (grundlegend BStBl II 1978, 684; **BFH** v 19. 7. 2007, BStBl II 2008, 163) gleichzeitig mit der Lieferung des Sicherungsgutes von dem Sicherungsnehmer an den Endabnehmer (Zweitumsatz) eine Lieferung von dem Sicherungsgeber an den Sicherungsnehmer (Erstumsatz) statt. In diesem Fall schuldet der Sicherungsnehmer die Umsatzsteuer (§ 13 b Abs. 2 S 1 UStG). Nimmt der Sicherungsnehmer das Sicherungsgut vor Eröffnung des Insolvenzverfahrens in Besitz, verwertet es aber erst nach Insolvenzeröffnung, liegt keine Lieferung eines sicherungsübereigneten Gegenstands durch den Sicherungsgeber an den Sicherungsnehmer außerhalb des Insolvenzverfahrens iS des § 13 b Abs. 1 Satz 1 Nr. 2 UStG vor (**BFH** v 19. 7. 2007, BStBl II 2008, 163). Der Sicherungsnehmer hat in Höhe der wegen der Lieferung des Sicherungsgutes an ihn angefallenen Umsatzsteuerschuld aus dem Verwertungserlös einen Betrag in dieser Höhe in analoger Anwendung von § 13 b Abs. 1 Nr. 2 UStG, § 170 Abs. 2, § 171 Abs. 2 Satz 3 an die Masse abzuführen (**BGH** v 29. 3. 2007, LNR 2007, 31 287). Entsteht die Umsatzsteuer aus anderen Lieferungen oder Leistungen als der Sicherheitenverwertung durch den Sicherungsnehmer (Umsatzsteuer aus der Geschäftsfortführung oder der Verwertung nicht sicherungsübereigneten Vermögens), so bleibt der Unternehmer bzw der Insolvenzschuldner Steuerschuldner iSv § 18 UStG mit der Verpflichtung zur Leistung von Vorauszahlungen auf die vorangemeldete Umsatzsteuer zu den gesetzlichen Terminen. Hat der vorläufige Insolvenzverwalter die Kassenführung übernommen, so wird der Schuldner von der Zahlungsverpflichtung frei.

3. Die Auskunftsrechte des vorläufigen Insolvenzverwalters gegenüber den Finanzbehörden. Das Steuergeheimnis (§ 30 AO) ist in Angelegenheiten des Insolvenzrechts gegenüber allen Beteiligten zu wahren. Die Finanzbehörden haben dem vorläufigen Insolvenzverwalter mit allgemeiner Verfügungsbefugnis alle Auskünfte über die Verhältnisse des Schuldners zu erteilen, die er als Vertreter des Steuerpflichtigen iSv § 34 AO zur Erfüllung seiner steuerlichen Pflichten benötigt (*App*, KStZ 2002, 230). Darüber hinaus dürfen ihm keine Auskünfte erteilt werden. Gegenüber dem vorläufigen Insolvenzverwalter ohne die Anordnung allgemeiner Befugnisse und Vorbehalte haben die Finanzbehörden das Steuergeheimnis uneingeschränkt zu wahren (**OFD Hannover** Verf v 7. 9. 1998 KTS 1999, 67).

4. Sonstige steuerrechtliche Folgen der Anordnung von Sicherungsmaßnahmen. Der Übergang der Verwaltungs- und Verfügungsbefugnis auf den Insolvenzverwalter gem § 22 Abs 1 Satz 1 führt gem

§ 240 Satz 2 nF ZPO zu einer Unterbrechung anhängiger Steuerfestsetzungs-, Rechtsbehelfs- und Rechtsmittelverfahren. Die Unterbrechungswirkung tritt nicht ein, wenn dem Schuldner „nur" ein Zustimmungsvorbehalt gem § 21 Abs 2 Nr 2 auferlegt wurde (BGH ZIP 1999, 1314).

XII. Die Sicherung der von einem vorläufigen Insolvenzverwalter ohne Verfügungsbefugnis begründeten Verbindlichkeiten

193 **1. Gesetzliche Unzulänglichkeiten.** Nach § 55 Abs 2 S 1 sind nur die Verbindlichkeiten in einem später eröffneten Verfahren Masseverbindlichkeiten, die von einem vorläufigen Insolvenzverwalter begründet worden sind, auf den die Verfügungsbefugnis über das Vermögen des Schuldners übergegangen ist. (**BGH** v 24. 1. 2008 – IX ZR 201/06, NZI 2008, 295). Die Vorschrift ist weder unmittelbar noch entsprechend auf Rechtshandlungen eines vorläufigen Insolvenzverwalters ohne begleitendes allgemeines Verfügungsverbot anzuwenden (**BGH** aaO; **BGH** v 20. 9. 2007 – IX ZR 91/06, ZIP 2007, 2279, 2280; **BGH** v 13. 7. 2006 – IX ZR 57/05, NZI 2006, 587, 588). Dies gilt auch dann, wenn der vorläufige Insolvenzverwalter über das Vermögen eines gewerblichen Zwischenmieters im Eröffnungsverfahren von Endmietern die Miete einzieht. Die Insolvenzordnung sieht insoweit keine Privilegierung des Vermieters gegenüber anderen Insolvenzgläubigern vor und enthält keine Regelung, die für diese Fallgestaltung eine Durchbrechung der angeführten Grundsätze zu § 55 Abs 2 rechtfertigt (**BGH** v 24. 1. 2008 – IX ZR 201/06, NZI 2008, 295). Ebensowenig begründet die Zusage des „schwachen" vorläufigen Insolvenzverwalters, das während des Eröffnungsverfahrens erzielte Nutzungsentgelt an den Sicherungseigentümer auszukehren, eine Masseverbindlichkeit (**BGH** v 13. 7. 2006 – IX ZR 57/05, NZI 2006, 587, 588).

193a Wegen der Gefahr, dass die vorläufige Insolvenzverwalter mit Verfügungsbefugnis nach § 21 Abs 2 Nr 1 iVm § 61 S 1 haftet, sind die Gerichte dazu übergegangen, weitgehend nur noch vorläufige Verwaltungen mit Zustimmungsvorbehalt anzuordnen (vgl **BGH** v 18. 7. 2002 – IX ZR 15/01, NJW 2002, 3326 = NZI 2002, 543; *Werres* ZInsO 2005, 1233; vgl *Undritz* NZI 2003, 136, 137; *Rückert* Einwirkung des Insolvenzverfahrens auf schwebende Prozesse S 93; *Hauser/Hawelka* ZIP 1998, 1261, 1262; *Wiester* ZInsO 1998, 99, 102; FK-*Schmerbach* § 22 Rn 21 c ff; KS-*Uhlenbruck* S 346 f Rn 20; *Uhlenbruck/Schröder/Schulte-Kaubrügger* DZWIR 1999, 12; *Smid* § 22 Rn 50; *Förster* ZInsO 1999, 132).

193b Um der Rechtsfolge des § 55 Abs 2 zu entgehen, wurde auch schon vor der Entscheidung des **BGH** v 18. 7. 2002 (IX ZR 15/01, NJW 2002, 3326 = NZI 2002, 543; näher dazu Ausführungen Rn 193c) in der Literatur teilweise die Auffassung vertreten, das Insolvenzgericht könne auch einen Verwalter ohne Verfügungsbefugnis ermächtigen, **bestimmte Masseverbindlichkeiten** im Eröffnungsverfahren einzugehen (vgl *Pohlmann*, Befugnisse Rn 335 ff; HK-*Kirchhof* § 22 Rn 30; str aA *Bähr* ZIP 1998, 1559; *Berscheid* ZInsO 1999, 697, 700). Nach Auffassung von *Bork* (ZIP 1999, 781 ff) lassen sich die Rechtsfolgen des § 55 Abs 2 nicht dadurch vermeiden, dass anstelle eines allgemeinen Verfügungsverbots ein allgemeiner Zustimmungsvorbehalt angeordnet wird. Vielmehr sei die Vorschrift des § 55 Abs 2 bei Anordnung eines allgemeinen Zustimmungsvorbehalts analog anzuwenden. Dies solle allerdings nicht gelten für einen sogen „**beschränkten Zustimmungsvorbehalt**" (vgl *Bork* ZIP 1999, 781, 786). *Ahrendt/Struck* (ZInsO 1999, 450) wollen die gesetzliche Lücke durch eine Analogie zu § 277 iVm § 55 Abs 2 schließen. Diese Analogie rechtfertige sich aus dem Gedanken des Gläubigerschutzes. Überdies habe der Gesetzgeber in § 277 zum Ausdruck gebracht, dass auch durch eine Zustimmungserklärung Masseverbindlichkeiten begründet werden können.

Nicht zuletzt im Hinblick auf die bestehende Rechtsunsicherheit stellt sich die Frage, welche Möglichkeiten der vorläufige Insolvenzverwalter ohne Verwaltungs- und Verfügungsbefugnis hat, Ansprüche von Neugläubigern, vor allem von Lieferanten und Kreditgebern, sicherzustellen. Ein **praktisches Sicherstellungsbedürfnis** ist unverkennbar, denn eine Barzahlung oder Besicherung im schuldnerischen Vermögen kommt meist wegen Fehlens jeglicher Liquidität und besicherungsfähiger Gegenstände nicht in Betracht (*Feuerborn* KTS 1997, 171, 187). Vor allem wenn das Schuldnerunternehmen eine aussichtsreiche Sanierung anstrebt und das Gericht von der Anordnung eines allgemeinen Verfügungsverbots Abstand nimmt, besteht oftmals **erheblicher Handlungs- und Liquiditätsbedarf**. Schon aus Haftungsgründen wird der vorläufige Verwalter ohne Verfügungsbefugnis **keine Garantieerklärungen** gegenüber den Lieferanten abgeben (zu den Haftungsrisiken siehe **OLG** Rostock v 4. 10. 2004 – 3 U 158/03, ZIP 2005, 220; **OLG** Schleswig v 31. 10. 2003 – 1 U 42/03, NZI 2004, 92; **OLG** Celle v 21. 10. 2003 – 16 U 95/03, NZI 2004, 89). Wegen fehlender Verfügungsbefugnis wäre er ohnehin nicht imstande, Masseverbindlichkeiten zu begründen. Bedingt durch die jeweils unterschiedliche Fakturierungspraxis bei den Lieferanten gehen Rechnungen aus Lieferungen im Eröffnungsverfahren teilweise erst erhebliche Zeit nach Verfahrenseröffnung ein. Telefon- und Stromrechnungen mit einer Endabrechnung auf den Tag vor Verfahrenseröffnung können erst nach Eröffnung des Insolvenzverfahrens dem Verwalter zugehen. Die mit Zustimmung des vorläufigen Insolvenzverwalters ohne Verfügungsbefugnis begründeten Verbindlichkeiten des Schuldners sind, da die Privilegierung des § 55 Abs 2 nicht eingreift, **einfache Insolvenzforderungen** iSv § 38, die zur Insolvenztabelle anzumelden sind (§ 174). Ohne Privilegierung oder sonstige Sicherstellung wird kein Lieferant mehr an das Schuldnerunternehmen liefern wollen mit der Folge, dass eine Betriebsfortführung nicht mehr möglich ist. Hierdurch wären viele aussichtsreiche Sanierungen schon im Eröffnungsverfahren zum Scheitern verurteilt. Der Vereinbarung eines Eigentumsvorbehalts steht § 107 Abs 2 entgegen.

2. Das „Ermächtigungsmodell". In seiner Entscheidung vom 18. 7. 2002 (IX ZR 15/01, NJW 2002, 3326 = NZI 2002, 543) hat der **Bundesgerichtshof** einen Weg aufgezeigt, wie man weitgehend sicherstellen kann, dass Geschäftspartner des vorläufigen Insolvenzverwalters auf dessen Zahlungszusagen abgesichert vertrauen können. Danach ist das Insolvenzgericht – jedenfalls iVm dem Erlass eines besonderen Verfügungsverbots – befugt, den vorläufigen Insolvenzverwalter dazu zu **ermächtigen, einzelne im voraus genau festgelegte Verpflichtungen zu Lasten der späteren Insolvenzmasse einzugehen**, soweit dies für eine erfolgreiche Verwaltung nötig ist. Verpflichtungsermächtigungen dürfen indes nicht pauschal in das Ermessen des „schwachen Insolvenzverwalters" gestellt werden. Vielmehr hat das Gericht im Rahmen des § 22 Abs 2 in jedem Fall selbst die **einzelnen Maßnahmen bestimmt zu bezeichnen**, zu denen der vorläufige Verwalter verpflichtet und berechtigt sein soll. So kann eine entsprechende Ermächtigung für den Forderungseinzug, die Aufnahme von Massedarlehen oder auch für die Kündigung bestimmbarer Arten von Dauerschuldverhältnisse erteilt werden. Aus Gründen der Rechtsklarheit und des gebotenen Schutzes von Vertragspartnern muss für diese jeweils aus der gerichtlichen Anordnung selbst unmissverständlich zu erkennen sein, mit welchen Einzelbefugnissen – nach Art und Umfang – der vorläufige Insolvenzverwalter ausgestattet ist (**BGH** aaO; *Spliedt* ZIP 2001, 1941, 1949). Eine solche Ermächtigung reicht zur Begründung von Masseverbindlichkeiten gem § 55 Abs 2 aus. Offen gelassen hat der Bundesgerichtshof, wie bestimmt eine etwa erteilte Ermächtigung des Insolvenzgerichts zu sein hat. Die Entscheidung vom 18. 7. 2002 sagt dazu nur, jede gerichtliche Anordnung dieser Art müsse „selbst unmissverständlich ... erkennen lassen, mit welchen Einzelbefugnissen – nach Art und Umfang – der vorläufige Insolvenzverwalter ausgestattet ist". Um diesen Anforderungen gerecht zu werden, sollte das Insolvenzgericht die Verpflichtungsermächtigung im Einzelnen unter Angabe der konkreten Rechtshandlungen, die zur Begründung von Masseverbindlichkeiten führen sollen, nach Prüfung der Erforderlichkeit des Versprechens der Erfüllung aus der Insolvenzmasse konkretisieren (*Pape* ZInsO 2002, 886, 887). Die **konkrete Einzelermächtigung** darf die Beteiligten nicht im Unklaren über die Reichweite der Ermächtigung lassen (*Unterbusch* Der vorläufige Insolvenzverwalter S 230). Für die betroffenen Gläubiger und den vorläufigen Insolvenzverwalter sowie den Schuldner muss aus der gerichtlichen Anordnung unmissverständlich hervorgehen, für welche Arten von Geschäften der vorläufige Insolvenzverwalter die Befugnis zur Eingehung von Masseverbindlichkeiten haben soll (**FG Baden-Württemberg** v 27. 5. 2009 – 1 K 105/06, StE 2009, 505 Rn 28). Diesem Erfordernis genügt zB die dem vorläufigen Insolvenzverwalter im Zusammenhang mit der **Vorfinanzierung von Insolvenzgeld** erteilte Ermächtigung, Verbindlichkeiten zu Lasten der späteren Insolvenzmasse zu begründen, insbesondere hinsichtlich der Forderungen des vorfinanzierenden Kreditinstituts bzgl Zinsen, Kosten und etwaiger von der Bundesagentur für Arbeit nicht erstatteter Differenzbeträge (*Vallender* FS *Greiner* S 327, 336). Für den Fall, dass **zahlreiche Masseverbindlichkeiten** jeweils einzeln begründet werden sollen, bietet sich die Überreichung einer vom vorläufigen Insolvenzverwalter erstellten Liste an, in der die gewünschten Verbindlichkeiten mit den nötigen konkretisierenden Einzelangaben aufgeführt sind. **Außerhalb einer Einzelermächtigung** kann auch der mitbestimmende vorläufige Insolvenzverwalter (§ 21 Abs 2 Satz 1 Nr 2 Fall 2, § 22 Abs 2) keine Masseverbindlichkeiten begründen (**BGH** v 7. 5. 2009 – IX ZR 61/08, NZI 2009, 475, 476); die Vorschrift des § 55 Abs 2 InsO ist auch nicht entsprechend anwendbar (**BGH** v 20. 9. 2007 – IX ZR 91/06, ZIP 2007, 2279, 2280; v 24. 1. 2008 – IX ZR 211/06, ZIP 2008, 608).

Einen abschließenden Wegweiser für die Praxis (so *Haarmeyer/Pape* ZInsO 2002, 845) stellt die Entscheidung des **BGH** vom 18. 7. 2002 aber nicht dar, weil das Insolvenzgericht bei Notwendigkeit des Erlasses einer Vielzahl von Beschlussvorlagen seine Entscheidungen unter Umständen nicht zeitnah genug wird treffen können (*Undritz* NZI 2003, 136, 140). In diesem Zusammenhang ist zu berücksichtigen, dass das Gericht vor der betreffenden Anordnung eine **Prüfungspflicht** trifft. Es hat zum einen erkennbare eindeutige Missgriffe und damit Pflichtverletzungen des vorläufigen Insolvenzverwalters zu verhindern (*Kirchhof* ZInsO 2004, 57, 59). Zum anderen hat es die vom vorläufigen Insolvenzverwalter in Aussicht genommenen Vertragspartner vor klar erkennbar drohenden Schäden zu schützen, in dem es vom vorläufigen Insolvenzverwalter nachvollziehbare Angaben darüber verlangt, wie er sich die Erfüllung der gewünschten Verbindlichkeiten konkret vorstellt (*Kirchhof* aaO). Das Gericht hat diese Angaben auf ihre Plausibilität zu überprüfen. Schwächen offenbart das Ermächtigungsmodell zudem **bei Masseunzulänglichkeit.** Dem kann nur dadurch wirksam begegnet werden, dass das Gericht den vorläufigen Insolvenzverwalter ermächtigt, Masseverbindlichkeiten zu begründen, die – im Falle einer später erfolgenden Anzeige der Masseunzulänglichkeit gem § 208 – den Rang von Neumasseverbindlichkeiten haben (so **AG Hamburg** v 15. 11. 2004 – 67g IN 390/04, ZInsO 2004, 1270; ablehnend *Marotzke* ZInsO 2005, 561; *Werres* ZInsO 2005, 1233, 1236). Tatsächlich sprechen gewichtige praktische Erwägungen und dogmatische Einwände (näher dazu *Marotzke* aaO 564 ff) gegen eine Ermächtigung zur antizipierten Begründung von Neumasseverbindlichkeiten.

3. Das Treuhandmodell. Vorteile kann in den Fällen, in denen das Ermächtigungsmodell keine hinreichende Gewähr dafür bietet, dass potenziellen Geschäftspartnern rechtlich verlässlich zugesichert werden kann, dass ihre von nun an zu erbringenden Leistungen vollständig bezahlt werden, unter Umständen das Treuhandmodell bieten. *Georg Kuhn* hat auf Anregung von *Jürgen Mohrbutter* für das Vergleichsverfahren das **Modell eines Einbehaltungsrechts** entwickelt, das in der Praxis große Zustimmung gefunden hat und heute als **Doppeltreuhand** auch für die vorläufige Insolvenzverwaltung befürwortet wird (*Förster* ZInsO 1998, 268; *Bähr* ZIP 1998, 1553; *Bork* NZI 1999, 337; *ders* ZIP 2003, 1421; *ders* NZI 2005, 530; *Undritz* NZI 2003, 136, 141; *Marotzke* ZInsO 2005, 561, 566; *Werres* ZInsO 2005, 1233, 1241; *Jaeger/Gerhardt* § 22 Rn 132; Müko*InsO*-*Haarmeyer* § 22 Rn 71; FK/*Schmerbach* § 22 Rn 61m; *Graf/Schlicker/Voß* § 22 Rn 17; **differenzierend** *Treffer* DB 2002, 2091, 2093; *Kirchhof* FS *Kreft* 2004, S 359ff; **ablehnend** *Jaeger/Henckel* § 47 Rn 64; § 55 Rn 84; *Frind* ZInsO 2003, 778; *ders* 2004, 470; *Unterbusch* Der vorläufige Insolvenzverwalter S 196 – 208, 314; *Bauer* DZWIR 2007, 188, 192; *Windel* ZIP 2009, 101ff). Abgesehen davon, dass das Modell eines „Einbehaltungsrechts" für das Vergleichseröffnungsverfahren alten Rechts entwickelt worden ist, bleibt auch „dogmatisch vieles im Dunkeln" (vgl *Bähr* ZIP 1998, 1553, 1557; *Kreft* FS *Merz* 1992, S 313, 317; *Kitzler* BB 1998, 1068, 1071). Ohne sich ausdrücklich mit der rechtlichen Möglichkeit eines vertraglichen oder gesetzlichen Einbehaltungsrechts auseinander zu setzen, hat der **BGH** in einer Entscheidung v 12. 10. 1989 (BGHZ 109, 47, 52f = ZIP 1989, 1466) die **Einrichtung eines Anderkontos** mit Zustimmung des Schuldners bejaht, auf welches der Besteller den Werklohn zu entrichten hatte und aus dem die berechtigten Forderungen der Subunternehmer zu bedienen waren. *Canaris* (EWiR 1989, 1235; ferner *Gerhardt* JZ 1990, 243; *Sundermann* WuB VI A. § 42 VglO 1.90) verdanken wir den Hinweis, dass im Verhältnis des Vergleichsverwalters zum Schuldner eine Verwaltungstreuhand und im Verhältnis zu dessen Gläubiger eine der **Verwaltungstreuhand** im Rang vorgehende **Sicherungstreuhand** vorliegt. Die Grundgedanken der Entscheidung sind später auf andere Insolvenzverfahren angewandt worden, wie zB auf die Sequestration im Konkurseröffnungsverfahren (vgl hierzu grundlegend *Kreft*, Treuhandkonto und Geschäftsfortführung bei Insolvenz, FS *Merz*, Köln 1992, S 313, 324ff; *Uhlenbruck* KTS 1982, 201, 209; *ders* KTS 1994, 169, 178; *Gerhardt* ZIP 1982, 1, 8; *Kilger*, Einhundert Jahre KO S 208; K/U § 23 KO Rn 12a; *Mohrbutter* KTS 1987, 213; *Serick*, Das Verwalterdarlehen zwischen richterlicher Rechtsfortbildung und -fortbildungsblockade, FS 600 Jahre Universität Heidelberg, 1986, S 261ff; *Bähr* ZIP 1998, 1553ff; *Feuerborn* KTS 1997, 171, 186ff; **str aA** wohl nur noch **LG** Stuttgart ZIP 1988, 45; W. *Henckel* ZIP 1993, 1277, 1282). Der **BGH** hat später die „Doppeltreuhand" auch als Sicherungsmittel für das Sequestrationsverfahren nach § 106 KO anerkannt (**BGH** NJW 1997, 3028 = ZIP 1997, 1551, 1553; vgl auch **BGH** v 24. 1. 2002 – IX ZR 180/99, NZI 2002, 257, 259).

Für die **InsO** stellt sich trotz der Vorteile, die das Ermächtigungsmodell mit sich gebracht hat, weiterhin die Frage, auf welche Weise der „schwache" vorläufige Insolvenzverwalter von ihm erteilte Zahlungszusagen oder mit seiner Zustimmung vom Schuldner oder Schuldnerunternehmen eingegangene Verbindlichkeiten sicherstellen und nach Verfahrenseröffnung in voller Höhe erfüllen kann. Für das neue Recht ist in der Literatur vor allem auch unter Berufung auf die Entscheidung des **BGH** v 5. 3. 1998 (ZIP 1998, 655) empfohlen worden, dass der vorläufige Insolvenzverwalter ein **Treuhandguthaben** bildet mit der Folge, dass die treuhänderisch gebundenen Mittel von der übrigen Masse separiert werden (*Förster* ZInsO 1998, 268, 269). Die Trennung sei am sichersten gewährleistet durch betragsmäßig ausgewiesene Übertragung der Treuhandmittel auf ein weiteres vom Verwalter eingerichtetes Rechtsanwaltsanderkonto (sogen Zwei-Konten-Modell). Das Modell der „**Doppeltreuhand in der Insolvenz**" ist von R. *Bork* (NZI 1999, 337ff) auch dogmatisch begründet worden. Nach überzeugender Begründung von *Bork* lässt sich auch bei fehlender Verfügungsbefugnis des vorläufigen Insolvenzverwalters eine mit seiner Zustimmung begründete Verbindlichkeit des Schuldners bzw Schuldnerunternehmens im Wege der Doppeltreuhand absichern. Eine entsprechende Vereinbarung verstößt nicht gegen § 119. Der Verwertung des Treuhandguts durch den Sicherungsnehmer steht § 166 nicht entgegen. Das zugrunde liegende Rechtsgeschäft ist nicht ohne weiteres anfechtbar. In den meisten dieser Fälle liegt ein **Bargeschäft** iSv § 142 vor (vgl **BGH** v 10. 7. 1997, ZIP 1997, 1551, 1553). Zudem handelt der Schuldner in diesen Fällen nicht in Gläubigerbenachteiligungsabsicht, wenn er eine kongruente Gegenleistung für die von ihm empfangene Leistung erbringt, die der Fortführung seines Unternehmens dient und damit für die Gläubiger vorteilhaft ist (**BGH** v 10. 7. 1997, ZIP 1997, 1551, 1553; **BGH** ZIP 1984, 572; **BGH** ZIP 1991, 807; **BGH** ZIP 1994, 1194; **aA** *Windel* ZIP 2009, 101, 107). Weder die Vorschrift des § 181 BGB steht der Anlegung des Treuhandkontos entgegen noch ist die Zulässigkeit des Treuhandkontenmodells von der Genehmigung durch das Insolvenzgericht abhängig (*Werres* ZInsO 2005, 1233, 1239; *Marotzke* ZInsO 2004, 721, 722; *Kreft* FS *Merz* 1992, S 314, 328ff; **aA AG** Hamburg v 15. 11. 2004 – 67g IN 390/04, ZInsO 2004, 1270, 1271; *Frind* ZInsO 2004, 470, 474; *ders* ZInsO 2003, 778, 781; *Heye* in Sanierung und Insolvenz § 40 Rn 25). Das **Modell einer Doppeltreuhand** gewährleistet, dass auch bei fehlendem allgemeinen Verfügungsverbot der Vertragspartner, der auf Veranlassung oder mit Zustimmung eines „schwachen" vorläufigen Insolvenzverwalters leistet oder liefert, hinsichtlich seiner begründeten Verbindlichkeiten nach Verfahrenseröffnung nicht nur als Massegläubiger iSv § 55 Abs 2 gesichert ist, sondern ein **Aussonderungsrecht** hinsichtlich der Beträge aus dem Treuhandkonto hat (so auch *Wiester* NZI 2003, 632, 633; *Förster* ZInsO 1998, 268).

194a Nach zutreffender Auffassung von *Marotzke* (ZInsO 2005, 561, 566) besteht dann **Anlass zu steuerndem Eingreifen des Insolvenzgerichts,** wenn die Beteiligten zu Gestaltungsformen greifen, bei denen die Position des Treuhänders nicht dem vorläufigen Insolvenzverwalter (oder dem durch ihn kontrollierten Schuldner), sondern einem nicht der Aufsicht des Insolvenzgerichts unterliegenden Dritten zugewiesen wird. Davon ist bei einem sogen „Dritttreuhändermodell" auszugehen, bei dem ein Sozius des vorläufigen Insolvenzverwalters als Treuhänder eingesetzt, auf dessen Namen ein Treuhandkonto eingerichtet wird und Teile der Masse dorthin überwiesen werden. Da mit Treuhandkonten nichts verschleiert werden soll, muss es für den vorläufigen Insolvenzverwalter eine Selbstverständlichkeit sein, dass er über diese Konten Rechnung legt (*Werres* ZInsO 2005, 1233, 1240; siehe auch *Windel* ZIP 2009, 101, 105). Um das Treuhandkontenmodell für die Nutznießer noch sicherer zu machen, erwägt *Marotzke* (ZInsO 2005, 561, 567; *ders* ZInsO 2004, 721, 724 Fn 44, 45) gar eine BGB-konforme „Verdinglichung" der Treuhandabrede.

Nach Auffassung von *Windel* (ZIP 2009, 101, 110) bietet die Sicherheitentreuhand im Eröffnungsverfahren in der Form des Treuhandkontenmodells kein sicheres Instrument zur Unternehmensfortführung. Aus diesem Grunde plädiert er für die **Bildung einer Sondermasse durch gerichtliche Anordnung.** Legitim sei eine Vermögenssonderung zum Zwecke der Unternehmensfortführung allenfalls nur für die Abwicklung in sich geschlossener Projekte. Ob die insolvenzgerichtliche Praxis diesem Lösungsansatz folgen wird, erscheint fraglich.

194b

XIII. Die prozessrechtliche Stellung des vorläufigen Insolvenzverwalters

Grundsätzlich werden nach § 240 S 1 ZPO Verfahren, die die Insolvenzmasse betreffen, durch die Eröffnung des Insolvenzverfahrens über das Vermögen einer Partei unterbrochen, bis sie nach den für das Insolvenzverfahren geltenden Vorschriften der §§ 85, 86 aufgenommen werden oder das Insolvenzverfahren beendet wird. Nach § 240 S 2 ZPO tritt die Prozessunterbrechung auch ein, wenn die Verwaltungs- und Verfügungsbefugnis über das Vermögen des Schuldners auf einen vorläufigen Insolvenzverwalter übergeht (**BGH** v 22. 6. 2004 – X ZB 40/02, WM 2005, 345; **OLG** Bamberg v 8. 2. 2006 – 4 U 5/06, InVo 2006, 184). Hierdurch wollte der Gesetzgeber sicherstellen, dass ein anhängiger Zivilprozess auch dann unterbrochen wird, wenn der vorläufige Insolvenzverwalter aufgrund seiner Verwaltungs- und Verfügungsbefugnis weitgehend in die Position des Schuldners bzw Schuldnerunternehmens einrückt (vgl KS-*Uhlenbruck* S 348 Rn 23).

195

Der „schwache" **vorläufige Insolvenzverwalter** ohne Verwaltungs- und Verfügungsbefugnis ist idR nicht prozessführungsbefugt (**BFH** v 30. 4. 2008 – V S 38/07, BFH/NV 2008, 1497; **OLG** Koblenz v 12. 5. 2005 – 5 U 132/05, ZInsO 2005, 777; HK-*Kirchhof* § 22 Rn 58). Anhängige Prozesse werden gem § 240 Abs 2 ZPO nicht unterbrochen (**BGH** ZIP 1999, 1315; HK-*Kirchhof* § 22 Rn 33). Das Gericht kann indes den sogen „schwachen" vorläufigen Verwalter entsprechend § 53 ZPO ermächtigen, zur Sicherung und Erhaltung des Schuldnervermögens Prozesse zu führen (**OLG** Köln v 21. 5. 2004 – 18 W 24/04, ZIP 2004, 2450; HK-*Kirchhof* § 22 Rn 61; *Rückert* Einwirkung des Insolvenzverfahrens auf schwebende Prozesse S 93). Es bedarf insoweit einer ausdrücklichen Anordnung des Insolvenzgerichts (**LG** Essen InVo 2000, 241 f; *Jaeger/Gerhardt* § 22 Rn 144; K/P/B/*Pape* § 24 Rn 9). Da die Prozessführungsbefugnis regelmäßig zugleich die materielle Verfügungsbefugnis über das geltend gemachte Recht verlangt, hat das Gericht dem Schuldner insoweit ein besonderes Verfügungsverbot aufzuerlegen und die Verwaltungs- und Verfügungsbefugnis über den Prozessgegenstand auf den vorläufigen Insolvenzverwalter zu über tragen (HambKomm/*Schröder* § 22 Rn 175). An die Ermächtigung des Insolvenzgerichts zur Prozessführung sind die Prozessgerichte grundsätzlich gebunden (**OLG** Köln aaO 2451; *Berscheid* ZIP 1997, 1569, 1574; *Johlke/Schröder* EWiR 1998, 1100; *Hegmann* EWiR 1987, 184; str aA **OLG** Dresden ZIP 1998, 1808). Auf Grund der Ermächtigung ist der vorläufige Insolvenzverwalter **kraft gewillkürter Prozessstandschaft** prozessführungsbefugt (**OLG** Köln aaO).

Auf den sogen „starken" **vorläufigen Insolvenzverwalter** mit Verwaltungs- und Verfügungsbefugnis geht die **Prozessführungsbefugnis** für alle das verwaltete Schuldnervermögen betreffenden Prozesse über (**AG** Göttingen NZI 2000, 506; *Johlke/Schröder* EWiR 1998, 1100; HK-*Kirchhof* § 22 Rn 26; MüKo-InsO-*Haarmeyer* § 22 Rn 184). Der vorläufige Verwalter ist Rechtsnachfolger des Schuldners, so dass ein Titel gegen diesen gem § 727 ZPO gegen den vorläufigen Verwalter umgeschrieben werden muss (**LG** Cottbus ZInsO 2000, 101 f; 337 f;). Nach § 24 Abs 2 ist der vorläufige Insolvenzverwalter mit Verfügungsbefugnis zur **Aufnahme anhängiger Rechtsstreitigkeiten** entsprechend §§ 85 Abs 1 S 1, 86 berechtigt (vgl *Hess* § 22 Rn 75; HK-*Kirchhof* § 24 Rn 20 ff; K/P/B/*Pape* § 24 Rn 8). Einer Zustimmung des Insolvenzgerichts bedarf es selbst bei erheblichen Streitwerten nicht (HK-Kirchhof § 24 Rn 26 str aA *Kraemer/Vallender/Vogelsang* Fach 2 Kap 6 Rn 144; *Pohlmann,* Befugnisse Rn 594, 595). Die Unterbrechung anhängiger Rechtsstreitigkeiten des Schuldners bzw Schuldnerunternehmens nach § 240 S 2 ZPO tritt nur insoweit ein, als der Rechtsstreit die künftige Insolvenzmasse betrifft. Familienrechtliche Streitigkeiten, wie zB ein Scheidungsprozess, werden nicht unterbrochen. Schuldner oder Gegner sind zur Aufnahme des Rechtsstreits auch dann nicht befugt, wenn der vorläufige Insolvenzverwalter von einer Aufnahme absieht (*Vallender* DZWIR 1999, 265, 271). § 24 Abs 2 erklärt lediglich § 85 Abs 1 S 1, nicht aber Abs 2 der Vorschrift für entsprechend anwendbar. Ein auch den künftigen Insolvenzverwalter bindendes Ablehnungsrecht steht dem vorläufigen Insolvenzverwalter nicht zu. Über die Aufnahme entscheidet der vorläufige Insolvenzverwalter nach **pflichtgemäßem Ermessen.** Dabei hat er nicht nur das Prozessrisiko und die Bedeutung des Rechtsstreits für das verwaltete Haftungsvermögen abzuschätzen, sondern sich zugleich am Sicherungsbedürfnis hinsichtlich der Haftungsmasse zu orientieren (vgl *Pohlmann,* Befugnisse Rn 582). Die Fortführung bzw Aufnahme eines anhängigen Verfahrens hängt weitgehend davon ab, ob das Schuldnerunternehmen bzw der Schuldner materiell als Anspruchsinhaber oder als Anspruchsgegner im Prozess auftritt, es sich also um einen Aktiv- oder Passivprozess des Schuldners handelt. Einen aussichtsreichen Aktivprozess wird der vorläufige Insolvenzverwalter meist fortführen, wenn die Kosten gedeckt sind. Bei schuldhafter Verletzung der Prozessaufnahmepflicht kann sich der Verwalter gegenüber den Beteiligten nach den §§ 60, 21 Abs 2 Nr 2 schadensersatzpflichtig machen. Der vorläufige Insolvenzverwalter mit Verfügungsbefugnis ist auch berechtigt, **Prozesse selbst anzustrengen** und zu führen, sei es, weil eigene Rechte, wie zB sein Besitzrecht oder Rechte des Schuldners, betroffen sind (vgl *Kraemer/Vallender/Vogelsang* Fach 2 Kap 6 Rn 143–145). Einer Zustimmung des Insolvenzgerichts bedarf es nicht (str aA *Kraemer/Vallender/Vogelsang* Fach 2 Kap 6 Rn 144).

196
Ein **unterbrochener Aktivprozess** des Schuldners (sogen Teilungsmassestreit) kann in der Lage, in der er sich befindet, vom vorläufigen Insolvenzverwalter aufgenommen werden (§§ 24 Abs 2, 85 Abs 1 S 1). Hat der Verwalter **keine Verfügungsbefugnis**, ist also kein allgemeines Verfügungsverbot erlassen worden, ist der Schuldner auch im Eröffnungsverfahren berechtigt, Aktiv- und Passivprozesse fortzuführen. Wegen der eingeschränkten Verweisung in § 24 Abs 2 kann der vorläufige Insolvenzverwalter hinsichtlich seiner Entscheidung auch nicht vom Prozessgegner gem § 85 Abs 1 S 2 iVm § 239 Abs 2–4 ZPO zur Entscheidung über die Aufnahme gezwungen werden (*Pohlmann,* Befugnisse Rn 583). Der vorläufige Insolvenzverwalter mit Verfügungsbefugnis wird von einer **Aufnahme** des unterbrochenen Verfahrens absehen, wenn die weitere Rechtsverfolgung keine Aussicht auf Erfolg verspricht oder der Erfolg eines obsiegenden Urteils der Insolvenzmasse nicht zugute kommt. So zB, wenn der im Streit befindliche Gegenstand über seinen eigentlichen Wert hinaus mit Sicherungsrechten Dritter belastet ist und ein Verwertungsüberschuss zugunsten des Haftungsvermögens nicht erwartet werden kann (*Pohlmann,* Befugnisse Rn 584). Die **Aufnahme des unterbrochenen Verfahrens** erfolgt durch einen dem Gegner gem § 250 ZPO zuzustellenden Schriftsatz.

197
Umstritten ist, in welchem Umfang die **Aufnahme von Passivprozessen** durch den vorläufigen Insolvenzverwalter möglich ist. Aus dem Umstand, dass die Vorschrift des § 85 Abs 2 in § 24 Abs 2 nicht erwähnt ist, wird in der Literatur teilweise gefolgert, dass die **Aufnahme von Passivprozessen** während der Zeit der vorläufigen Insolvenzverwaltung auf Prozessgegenstände beschränkt sei, die entweder Masseverbindlichkeiten betreffen (§ 86 Abs 1 Nr 2), die Aussonderung eines Gegenstandes aus der Haftungsmasse (§ 86 Abs 1 Nr 1) oder die abgesonderte Befriedigung (§ 86 Abs 1 Nr 3). So zB HambKomm/ Schröder § 24 Rn 22; HK-*Kirchhof* § 24 Rn 28; *Jaeger/Gerhardt* § 24 15; K/P/B/*Pape* § 24 Rn 12; KS-*Uhlenbruck* S 348 Rn 23; vgl auch *Smid* § 24 Rn 4 ff; *Hess* § 24 Rn 10 ff; N/R/*Mönning* § 24 Rn 19. Hinsichtlich der Masseverbindlichkeiten wird der Fall kaum praktisch, weil diese grundsätzlich erst mit dem Beginn der Tätigkeit des vorläufigen Insolvenzverwalters begründet werden können (K/P/B/*Pape* § 24 Rn 12). Nach Auffassung von *Pohlmann* (Befugnisse Rn 587; ebenso *Vallender* DZWIR 1999, 265, 271) hat der Gesetzgeber in § 85 Abs 2 nicht bloß die Rechtsfolgen einer Ablehnung regeln, sondern darüber hinaus auch das **Ablehnungsrecht** als solches festschreiben wollen. Da § 24 Abs 2 nicht auf § 25 Abs 2 verweise, stehe dem vorläufigen Insolvenzverwalter ein Ablehnungsrecht nicht zu (so *Hess/Pape* InsO Rn 260; *Vallender* DZWIR 1999, 265, 271). Letztlich ist die Ablehnung der Aufnahme bestimmter Aktivprozesse nach § 85 Abs 2 nichts anderes als die **Freigabe des Prozessgegenstandes** aus der Haftungsmasse (vgl BGH v 21.4.2005 – IX ZR 281/03, NZI 2005, 387). Dies wollte der Gesetzgeber für das Eröffnungsverfahren vermeiden und die Entscheidung dem endgültigen Insolvenzverwalter überlassen (*Pohlmann,* Befugnisse Rn 588). Deshalb muss der Prozessgegner bis zur Verfahrenseröffnung warten, bevor er auf eine Verzögerung der Verfahrensaufnahme durch den Insolvenzverwalter nach Maßgabe des § 85 Abs 1 S 2 iVm § 239 Abs 2–4 ZPO reagieren oder den Rechtsstreit nach erfolgter Ablehnung der Aufnahme gem § 85 Abs 2 seinerseits aufnehmen kann. Das Eröffnungsverfahren führt also bei Anordnung eines allgemeinen Verfügungsverbots und Einsetzung eines „starken" vorläufigen Insolvenzverwalters kraft Gesetzes zur Verfahrensunterbrechung. Nimmt der vorläufige Insolvenzverwalter den Rechtsstreit nicht freiwillig auf, bleibt es bei der Verfahrensunterbrechung, ohne dass in sonstiger Verfahrensbeteiligter die Möglichkeit hat, das Verfahren weiter zu betreiben. Betrifft das anhängige Verfahren ein **Aus- oder Absonderungsrecht** oder ist es auf die **Erfüllung einer Masseverbindlichkeit** gerichtet, so kann es gem §§ 24 Abs 2, 86 Abs 1 sowohl vom vorläufigen Insolvenzverwalter als auch vom Prozessgegner aufgenommen werden. Mit der **beiderseitigen Aufnahmemöglichkeit** trägt der Gesetzgeber bereits im Eröffnungsverfahren „dem Umstand Rechnung, dass diesen Gläubigern im eröffneten Verfahren ein Recht auf bevorzugte Befriedigung" zusteht (*Pohlmann* Befugnisse Rn 589; *Hess/Pape* InsO Rn 264; *Vallender* DZWIR 1999, 265, 271). Nimmt der Prozessgegner den unterbrochenen Rechtsstreit auf, so gehört es zu den Pflichten des vorläufigen Insolvenzverwalters, den **Prozess ordnungsgemäß zu führen** (vgl *Gerhardt* ZIP 1982, 1, 5; *Pohlmann,* Befugnisse Rn 590). Entgegen *Pohlmann* (Befugnisse Rn 594, 595) und *Kraemer/Vallender/Vogelsang* (Fach 2 Kap 6 Rn 144) ist der vorläufige Insolvenzverwalter auch bei Aufnahme von Prozessen mit **erheblichem Streitwert** nicht etwa gezwungen, in Analogie zu § 160 Abs 2 Nr 3 die **Zustimmung des Insolvenzgerichts** einzuholen. Vgl auch die Kommentierung zu § 24.

XIV. Prüfungsaufgaben und Sachverständigentätigkeit des vorläufigen Insolvenzverwalters

Es kann nicht nachhaltig genug betont werden, dass die in § 22 Abs 1 S 2 Nr 3 festgelegten Prüfungspflichten **gesetzliche Prüfungspflichten** sind, die nicht etwa in gesetzliche Gutachterpflichten und gerichtliche Gutachterpflichten aufgeteilt werden können (vgl *Uhlenbruck* NZI 2000, 289 ff; vgl auch HK-*Kirchhof* § 22 Rn 18). Zutreffend spricht *Pohlmann* (Befugnisse Rn 180; vgl auch *Vallender* DZWIR 1999, 265, 272) vom **gesetzlichen Gutachterauftrag**. Der gesetzliche Gutachterauftrag ist keineswegs auf die Prüfung der Verfahrenskostendeckung beschränkt, sondern erstreckt sich auch auf die Prüfung, ob ein Eröffnungsgrund vorliegt und welche Aussichten für die Fortführung des Schuldnerunternehmens bestehen. Der gesetzliche Gutachterauftrag ist in § 22 Abs 1 S 2 Nr 3 keineswegs abschließend geregelt. Er kann jederzeit vom Gericht konkretisiert und ergänzt werden (KS-*Uhlenbruck* S 354 Rn 32). Das **Nebeneinander von vorläufiger Insolvenzverwaltung und Gutachterbestellung** beruht offenbar auf der Rechtsprechung des BVerfG, wonach die Versagung der Sequestervergütung aus der Staatskasse (nur) dann nicht verfassungswidrig ist, wenn der Sequester jedenfalls seine Vergütung als Gutachter erhält (vgl **BVerfG** KTS 1982, 2221; ferner Begr Rechtsausschuss BT-Drucks 12/7302 S 158, abgedr bei *Balz/Landfermann*, S 233; *Uhlenbruck* KTS 1982, 230; *Hess* § 11 InsVV Rn 37 ff; K/U § 106 KO Rn 22 f; *Pohlmann*, Befugnisse Rn 185). Aus dem Nebeneinander von Sequestrationsanordnung und Gutachterbestellung hat das BVerfG die Folgerung gezogen, dass die Versagung der Gewähr einer Sequestervergütung aus der Staatskasse dann nicht verfassungswidrig ist, wenn der Sequester jedenfalls eine Vergütung als Gutachter erhalten hat (Einzelheiten bei KS-*Uhlenbruck* S 354 f Rn 32). Die verfassungsrechtlichen Bedenken dürften durch die gesetzliche Regelung in § 22 Abs 1 S 2 Nr 3 keineswegs ausgeräumt sein. Hier ist zunächst festzustellen, dass sämtliche in § 22 Abs 1 S 2 Nr 3 aufgeführten Prüfungspflichten **gesetzliche Prüfungspflichten** sind, die jedem vorläufigen Insolvenzverwalter obliegen, gleichgültig, ob er Verfügungsbefugnis hat oder nicht (vgl *Uhlenbruck* NZI 2000, 289 ff). Die gesetzliche Regelung bedeutet letztlich nichts anderes, als dass der vorläufige Insolvenzverwalter als solcher bestimmte Prüfungspflichten zu erfüllen hat, aber für den Fall der Masselosigkeit oder der Masseunzulänglichkeit durch die Entschädigung als Sachverständiger geschützt ist (so auch **BGH** v 22. 1. 2004 – IX ZB 123/03, NZI 2004, 245, 247). Da die **zusätzliche Bestellung als Sachverständiger** lediglich vergütungsrechtliche Bedeutung hat, ist anzunehmen, dass die in § 22 Abs 3 geregelten **Duldungs- und Informationspflichten des Schuldners** und seiner Angestellten (§§ 97, 98, 101) auch gegenüber dem vorläufigen Insolvenzverwalter als Sachverständigen bestehen. Dies gilt nicht, wenn der in Aussicht genommene Insolvenzverwalter lediglich **als Sachverständiger** bestellt wird, ohne dass die Anordnung einer vorläufigen Insolvenzverwaltung erfolgt (vgl **BGH** v 4. 3. 2004 – IX ZB 133/03, NZI 2004, 312, 313; aA KS-*Uhlenbruck* S 355 Rn 32). Die InsO räumt dem Sachverständigen im Eröffnungsverfahren keine Sonderrechte ein. Er hat daher nur die in §§ 402 ff ZPO normierten Befugnisse (§ 4). § 22 Abs 3 S 3 verpflichtet den Schuldner gegenüber dem vorläufigen Insolvenzverwalter, ihm alle erforderlichen Auskünfte zu erteilen und ihn bei der Erfüllung der Aufgaben zu unterstützen, nicht aber gegenüber dem Sachverständigen. Ist der Schuldner zur Erteilung von Auskünften nicht bereit, kann das Gericht von den Zwangsmitteln der zwangsweisen Vorführung oder Haft (§§ 20 Abs 1 S 2, 97, 98) Gebrauch machen. Behindert der Schuldner die Arbeit des Sachverständigen, wird in der Regel Veranlassung bestehen, einen vorläufigen Insolvenzverwalter einzusetzen (**BGH** aaO).

Die unterschiedliche Gutachtertätigkeit hat Auswirkungen nicht nur auf die **Vergütung**, sondern vor allem auch auf das **Bankgeheimnis und Auskunftspflichten der Kreditinstitute** (vgl *Vallender* FS *Uhlenbruck* S 133 ff; *Huber* ZInsO 2001, 289 ff). Der Sachverständige, der vom Insolvenzgericht nach § 5 Abs 1 S 1 eingesetzt wird, ist nicht etwa Geheimnisträger und damit befugt, Auskünfte bei der Hausbank des Schuldners einzuholen (vgl *Vallender* FS *Uhlenbruck* S 133, 137; *Huber* ZInsO 2001, 289, 290; *Bollig* KTS 1990, 599, 610; str aA *Wessel*, Der Sachverständige S 91). Allerdings steht es dem Schuldner bzw den organschaftlichen Vertretern eines Schuldnerunternehmens jederzeit frei, die Banken von dem Bankgeheimnis zu befreien. Liegt keine Einverständniserklärung des Kunden vor, ist das Kreditinstitut nicht berechtigt, dem Sachverständigen die erforderlichen Auskünfte zu erteilen. Im Rahmen **zeugenschaftlicher Vernehmung** steht den Mitarbeitern von Kreditinstituten gem § 4 InsO iVm § 383 Abs 1 Nr 6 und § 384 Nr 3 ZPO bei einer Vernehmung durch das Insolvenzgericht ein Zeugnisverweigerungsrecht im Hinblick auf das Bankgeheimnis zu (**LG Göttingen** v 22. 10. 2002 – 10 T 57/02, NZI 2003, 38). Führen die Ermittlungen des Sachverständigen hinsichtlich der Schuldnerkonten zu keinem Erfolg, hat er eine **Vernehmung des Schuldners** durch das Insolvenzgericht anzuregen (vgl auch *Uhlenbruck* KTS 1997, 371; *Vallender* ZIP 1996, 529; ders FS *Uhlenbruck* S 133, 139). Weigert sich der Schuldner oder ein organschaftlicher Vertreter des Schuldnerunternehmens, der Auskunftspflicht nachzukommen, kann ihn das Insolvenzgericht vorführen und nach Anhörung (vgl hierzu *Uhlenbruck* KTS 1990, 15, 20) in Haft nehmen lassen (§§ 20 S 2, 97, 98). Umstritten ist aber, ob die Verweisung in § 20 S 2 den Schuldner **zur Mitwirkung gem § 97 Abs 2 verpflichtet** mit der Folge, dass er das Kreditinstitut aufgrund der aktiven Mitwirkungspflicht von der Schweigepflicht zu entbinden hat (bejahend KS-*Uhlenbruck* S 325, 364 Rn 42; ders KTS 1997, 371, 388; K/P/B/*Pape* § 20 Rn 13; N/R/*Mönning* § 20 Rn 34; *Thiemann*, Masseverwaltung Rn 414; verneinend *Vallender* FS *Uhlenbruck* S 133, 140; *Huber* ZInsO 2001, 289, 291). Bestellt das Gericht gem § 21 Abs 2 Nr 1 einen vorläufigen Insolvenzverwalter und erlässt es gleichzeitig ein **allgemeines Verfügungsverbot** gegen den Schuldner, so wird dem vorläufigen Insolvenzverwalter fast die gleiche Rechtsstellung eingeräumt wie dem endgültigen Verwalter. Gleichgültig ob in seiner Eigenschaft als **Sachverständiger** oder als sogen „**starker**" **vorläufiger Insolvenzverwalter** hat der Insolvenzverwalter einen Anspruch auf umfassende Auskünfte durch die Kreditinstitute, mit denen der Schuldner bzw das Schuldnerunternehmen in Verbindung steht (umfassend *Vallender FS Uhlenbruck* S 133, 140 ff; *Huber* ZInsO 2001, 289, 292 ff). Die Auskunftspflicht bezieht sich auch auf **Drittsicherheiten**. Bei Anordnung einer vorläufigen Insolvenzverwaltung ohne gleichzeitige Anordnung eines allgemeinen Verfügungsverbots ist die Zuweisung einzelner Auskunftsansprüche an den vorläufigen Insolvenzverwalter grundsätzlich nicht möglich. Das Gericht kann jedoch den Schuldner durch **Erlass eines besonderen Verfügungsverbots** nach §§ 21 Abs 2 Nr 2, 24 Abs 1, 81, 82 aus seiner Rechtsposition partiell verdrängen mit der Folge, dass auch der sogen „schwache" vorläufige Insolvenzverwalter berechtigt ist, von den Kreditinstituten die erforderlichen Auskünfte zu verlangen. Da der vorläufige Verwalter insoweit nur im Rahmen der ihm übertragenen Befugnisse handeln darf, kann er über eine konkrete Auskunft über das jeweilige Bankguthaben hinaus **keine weiteren Auskunftsansprüche** gegen die Bank geltend machen, insbesondere nicht zu Vorgängen aus der Vergangenheit (*Huber* ZInsO 2001, 289, 296). Bei **Doppelbestellung** des vorläufigen Insolvenzverwalters als zugleich Sachverständiger ergeben sich auch **haftungsrechtliche Folgen**, weil der vorläufige Insolvenzverwalter für eine schuldhafte Verletzung seiner Pflicht nach den §§ 21 Abs 2 Nr 1, 60, 61 haftet, als Gutachter nach § 839a BGB.

200 Beauftragt das Insolvenzgericht den vorläufigen Insolvenzverwalter mit Zustellungen, können diese Kosten nicht etwa als **Auslagen** über das **JVEG** (Justizvergütungs- und Entschädigungsgesetz) abgerechnet werden. Vielmehr sind entstehende Sachkosten gem § 4 Abs 2 InsVV gesondert zu erstatten (**BGH** v 21. 12. 2006 – IX ZB 129/05, ZIP 2007, 440, 441; **LG Leipzig** v 19. 3. 2003 – 12 T 1388/03, ZInsO 2003, 514; *Graeber* ZInsO 2007, 804), und zwar neben der allgemeinen Auslagenpauschale (**BGH** aaO). Wohl aber ist es zulässig, **Prüfungsaufgaben hinsichtlich der Massekostendeckung** über das JVEG abzurechnen (vgl HK-*Kirchhof* § 22 Rn 90 mwN). Die zusätzliche Einsetzung als Sachverständiger sollte niemals „standardmäßig erfolgen", um den vorläufigen Insolvenzverwalter vor einem eventuellen Ausfall mit seiner Vergütung zu schützen (K/P/B/*Pape* § 22 Rn 15). Nicht das generelle Risiko, sondern nur die konkrete Gefahr des Verlustes seiner Vergütungs- und Auslagenansprüche rechtfertigt die Bestellung des vorläufigen Insolvenzverwalters auch als Gutachter (K/P/B/*Pape* § 22 Rn 15; KS-*Uhlenbruck* S 355 Rn 32). Dem vorläufigen Insolvenzverwalter obliegen unabhängig von seiner Bestellung als Sachverständiger die **Prüfung des Insolvenzgrundes der Zahlungsunfähigkeit, der drohenden Zahlungsunfähigkeit und der Überschuldung** (näher dazu Kommentierung §§ 17 bis 19) sowie der **Massekostendeckung**.

Bei der **Einschaltung eines externen Dienstleisters** hat der vorläufige Insolvenzverwalter, der gleichzeitig als Sachverständiger beauftragt worden ist, ein Wahlrecht, im Namen der künftigen Masse oder aber im eigenen Namen zu handeln. Handelt er als sogen „schwacher" vorläufiger Insolvenzverwalter im Namen der Masse, so bedarf es zur Absicherung des Vertragspartners einer insolvenzgerichtlichen Einzelermächtigung. Tritt er dagegen als Sachverständiger im eigenen Namen auf, so ist er verpflichtet, die beabsichtigte Beauftragung dem Insolvenzgericht im Voraus gem § 4, § 407a Abs 2 ZPO anzuzeigen (**AG Hamburg** v 6. 4. 2006 – 67 g IN 256/02, ZInsO 2006, 448). Unterlässt er diese Anzeige, läuft der externe Dienstleister Gefahr, im Insolvenzverfahren seine Forderung nur als Insolvenzforderung geltend machen zu können.

201 **1. Die Prüfung der Massekostendeckung.** § 22 Abs 1 S 2 Nr 3 verpflichtet den vorläufigen Insolvenzverwalter mit Verwaltungs- und Verfügungsbefugnis zu prüfen, ob das Vermögen des Schuldners die Kosten des Verfahrens decken wird. Wie bereits vorstehend ausgeführt wurde, ist das Gericht berechtigt, ihn zusätzlich als **Sachverständigen** mit dieser Prüfung zu beauftragen (vgl auch *Uhlenbruck* NZI 2000, 289 ff). Nach § 26 Abs 1 S 1 sind die Kosten des Insolvenzverfahrens voraussichtlich gedeckt, wenn das Schuldnervermögen ausreicht, die Kosten iSv § 54 zu decken. Nach § 54 zählen zu den Kosten des Verfahrens die Gerichtskosten für das Insolvenzverfahren sowie die Vergütungen und Auslagen des vorläufigen Insolvenzverwalters, des Insolvenzverwalters und der Mitglieder des Gläubigerausschusses. Nach § 58 Abs S 1 GKG richten sich die Gerichtsgebühren nach dem Wert der Insolvenzmasse zur Zeit der Verfahrensbeendigung. Die Vergütung des Verwalters orientiert sich an der Teilungsmasse und die Vergütung der Mitglieder des Gläubigerausschusses erfolgt nach der aufgewandten Stundenzahl. Da sich weder die Teilungsmasse noch die Zahl der aufzuwendenden Stunden im Eröffnungsverfahren feststellen lässt, ist der vorläufige Insolvenzverwalter (Gutachter) auf **Schätzungen** angewiesen (KS-*Uhlenbruck* S 359 Rn 38). Gleiches gilt für die Höhe der Kosten nach § 54 Nr 2. Die Vergütung des Verwalters richtet sich auch nach der InsVV grundsätzlich nach der Insolvenzmasse, auf die sich die Schlussrechnung bezieht (§ 1 Abs 1 InsVV). Nach § 11 Abs 1 S 2 InsVV beträgt die Vergütung des vorläufigen Verwalters in der Regel 25% der Vergütung des endgültigen Verwalters bezogen auf das Vermögen, auf das sich seine Tätigkeit während des Eröffnungsverfahrens erstreckt (näher dazu Ausführungen Rn 228 ff). Die **Vergütung des Treuhänders** im vereinfachten Insolvenzverfahren bestimmt sich ebenfalls nach der Insolvenzmasse (§ 13 Abs 1 S 1 InsVV). Die Höhe des Stundensatzes der Vergütung eines Treuhänders, der die Erfüllung der Obliegenheiten des Schuldners überwacht, wird nach § 16 Abs 1 S 1 InsVV vom Insolvenzgericht erst zum Zeitpunkt der Bestellung des Treuhänders festgesetzt. Schließlich weiß der Sachverständige nicht, in welcher Höhe die Vergütung der Mitglieder des Gläubigerausschusses (zwischen 35 und 95 Euro je Stunde) festgesetzt wird (§ 17 InsVV). *Pohlmann* (Befugnisse Rn 182) meint, die gesetzliche Gutachtertätigkeit des vorläufigen Insolvenzverwalters werde dadurch erleichtert, dass ihm der Schuldner gem § 22 Abs 3 S 2 Einsicht in seine Bücher und Geschäftspapiere gestatten muss. Zutreffend weist *Schmerbach* (FK-*Schmerbach* § 22 Rn 34) jedoch darauf hin, dass sich der vorläufige Insolvenzverwalter dabei nicht auf die Angaben des Schuldners verlassen darf.

Aus der Gesetzesbegründung (BT-Drucks 12/2443 S 117) folgt, dass das Insolvenzverfahren auch dann eröffnet werden kann, wenn das vorhandene Vermögen des Schuldners die Kosten zwar nicht deckt, der fehlende Betrag aber im Wege der **Insolvenzanfechtung** nach den §§ 129 ff zur Masse gezogen werden kann oder realisierbare Ansprüche gegen Geschäftsführer und Gesellschafter bestehen. Gleiches gilt für einen Anspruch auf **Ersatz des Gesamtschadens** der Gläubiger nach § 92 oder für die persönliche Haftung eines Gesellschafters nach § 93. Zu prüfen ist auch, ob uU Ansprüche gegen organschaftliche Vertreter des antragspflichtigen Schuldnerunternehmens wegen Insolvenzverschleppung bestehen, die auf einen Massekostenvorschuss Leistenden nach § 26 Abs 3 übergehen (vgl auch *Gottwald/ Uhlenbruck* InsRHdb § 14 Rn 29). Insgesamt ist festzustellen, dass die Prüfung der Massekostendeckung zu einer der schwierigsten Aufgaben des vorläufigen Insolvenzverwalters geworden ist, da das Gesetz ihm keinen Spielraum lässt, auch sonstige unmittelbar nach Verfahrenseröffnung anfallende Kosten mit in die Vorschussberechnung einzubeziehen (vgl hierzu die Kommentierung zu § 26). Zwar meinen K/P/B/ *Pape* (§ 26 Rn 6), die Beschränkung der Massekostendeckung auf die Verfahrenskosten des § 54 führe dazu, dass die Kosten besser als im bisherigen Recht zu schätzen seien. Unrealistische Vorschussanforderungen gehörten der Vergangenheit an. Dies ist jedoch nur teilweise richtig. Da sich die Kosten weitgehend am Schluss des Verfahrens berechnen, fehlt es im Eröffnungsverfahren an jeglicher soliden Berechnungsgrundlage, so dass auch künftig in diesem Bereich mit „großzügigen" Schätzungen zu rechnen ist. 202

Besteht die konkrete Aussicht, dass im eröffneten Verfahren alsbald Mittel zur Masse gezogen werden können, so kann das Verfahren ausnahmsweise auch ohne Anfangsliquidität eröffnet werden (**AG Göttingen** ZIP 1993, 1020; H/W/F, Hdb 3/288). Die Schwierigkeiten bei der Feststellung der Massekostendeckung beschränken sich aber nicht auf die Feststellung der Verfahrenskosten, sondern vor allem auch auf die **Liquidierbarkeit der vorhandenen Haftungsmasse** und des voraussichtlichen Erlöses (K/P/B/ *Pape* § 26 Rn 7). So dürfte es bei einer Vielzahl von Sicherungsrechten der Gläubiger nicht immer einfach sein, den voraussichtlich in die Masse fließenden **Verfahrensbeitrag** nach § 171 zu berechnen. Wird vom Gericht lediglich ein **Gutachter ohne vorläufige Insolvenzverwaltung** bestellt, so sind dessen Aufgaben begrenzt (vgl *Bollig* KTS 1990, 559, 607; *Holzer*, Die Entscheidungsträger im Insolvenzverfahren Rn 302 ff). Bei der kombinierten Bestellung zum vorläufigen Insolvenzverwalter und gleichzeitig als Sachverständiger orientieren sich die Aufgaben und Befugnisse an der Aufgabenstellung des vorläufigen Verwalters. Der Inhalt des Gutachtens ist mit dem Bericht des vorläufigen Insolvenzverwalters weitgehend identisch. Ähnlich wie nach § 22 Abs 2 S 1 hat auch der Gutachter bei Gericht **die Anordnung von Sicherungsmaßnahmen anzuregen**, soweit diese erforderlich sind. Er kann auch anregen, ihn zum vorläufigen Insolvenzverwalter mit oder ohne Verfügungsbefugnis zu bestellen (vgl auch *Holzer*, Entscheidungsträger Rn 325). Ist der vorläufige Insolvenzverwalter ohne Verwaltungs- und Verfügungsbefugnisse gleichzeitig als Gutachter bestellt, ergibt sich die Verpflichtung zur Anzeige und Information über notwendige Sicherungsmaßnahmen unmittelbar aus § 22 Abs 2. Die **Mitteilung an das Gericht** kann bei Eilbedürftigkeit auch telefonisch, per Fax oder mündlich geschehen. Zu beachten ist immer, dass die zusätzliche Beauftragung eines vorläufigen Insolvenzverwalters als Sachverständiger letztlich nur dem Zweck dient, seinen Vergütungsanspruch sicherzustellen. Die Aufgaben orientieren sich grundsätzlich an der Rechtsstellung des vorläufigen Insolvenzverwalters. Hieran ändert auch nichts die Tatsache, dass das Gericht in vielen Fällen zunächst einmal einen Sachverständigen bestellt und dieser dann aufgrund seiner Feststellungen anregt, ihn zum vorläufigen Insolvenzverwalter zu bestellen. Spätestens mit der Bestellung zum vorläufigen Verwalter richten sich Art und Umfang der Aufgaben nach § 22 Abs 1 und Abs 2. 203

2. Die Vergütung des vorläufigen Insolvenzverwalters als Sachverständiger. Nach § 11 Abs 4 InsVV (siehe zweite Verordnung zur Änderung der Insolvenzrechtlichen Vergütungsverordnung vom 21. 12. 2006, BGBl I S 2569) richtet sich die Vergütung des vorläufigen Insolvenzverwalters als Sachverständiger mit oder ohne Verwaltungs- und Verfügungsbefugnis bei einem auf Prüfung des Vorliegens eines Eröffnungsgrundes und Prüfung der Aussichten für eine Fortführung des Unternehmens des Schuldners gerichteten Auftrag nach dem Gesetz über die Vergütung von Sachverständigen, Dolmetscherinnen, Dolmetschern, Übersetzerinnen und Übersetzern sowie die Entschädigung von ehrenamtlichen Richterinnen, ehrenamtlichen Richtern, Zeuginnen, Zeugen und Dritten (**Justizvergütungs- und Entschädigungsgesetz – JVEG**) v 5. 5. 2004 (BGBl I S 718, 776), zuletzt geändert durch Art 18 Abs 4 des Gesetzes v 12. 12. 2007 (BGBl I S 2840). Das Gesetz findet Anwendung auf Aufträge, die seit dem 1. 7. 2004 erteilt wurden. Nach § 25 JVEG ist das Gesetz über die Entschädigung von Zeugen und Sachverständigen (ZSEG) auf solche Verfahren anzuwenden, bei denen Aufträge vor dem 1. 7. 2004 erteilt wurden. 204

Als **Sachverständiger** iSv § 22 Abs 1 S 2 Nr 3 HS 2 wird der vorläufige Insolvenzverwalter **nach §§ 8, 9 Abs 2 JVEG** vergütet, soweit er das Vorliegen eines Eröffnungsgrundes und die Aussicht für eine Fortführung des schuldnerischen Unternehmens zu prüfen hat (**OLG München** v 20. 5. 2005 – 11 W 1422/ 05, NZI 2005, 501). Dabei findet die Vorschrift des § 9 Abs 2 JVEG sowohl auf den „starken" als auch auf den „schwachen" vorläufigen Insolvenzverwalter, der mit der Prüfung der oben beschriebenen Fragen beauftragt ist, Anwendung (**OLG** München aaO 502; **AG** Kleve v 25. 11. 2004 – 33 IN 83/04, ZIP 2005, 228; **aA OLG** Bamberg v 24. 2. 2005 – 1 W 8/05, NZI 2005, 503, das die Vorschrift des § 9 Abs 1 S 3 JVEG anwendet und ein Stundenhonorar von 65 Euro für angemessen hält; siehe auch *Ley* ZIP 2004, 1391). Soweit der vorläufige Insolvenzverwalter zu prüfen hat, ob eine die Kosten des Verfahrens deckende Masse vorhanden ist, differenziert der **Bundesgerichtshof** (v 14. 12. 2005 – IX ZB 268/04, ZIP 2006, 625, 627) hinsichtlich des abzurechnenden Aufwandes wie folgt: Hat sich der Sachverständige, der zugleich vorläufiger Insolvenzverwalter ist, auf der Grundlage des ihm vorliegenden Materials gutachtlich zu künftigen Anfechtungsansprüchen geäußert, erstreckt sich seine Entschädigung nach § 9 Abs 2 JVEG grundsätzlich auch auf den Zeitaufwand, den er zur Feststellung der Anspruchsgrundlagen gem §§ 129 ff betrieben hat. Musste er jedoch zu dieser Feststellung Ermittlungen anstellen, die ihm nur in seiner Eigenschaft als vorläufiger Insolvenzverwalter möglich waren oder hat er Maßnahmen ergriffen, um die Durchsetzung künftiger Anfechtungsansprüche vorzubereiten oder zu sichern, so ist ihm dies als vorläufiger Insolvenzverwalter mit einem Zuschlag auf den Ausgangssatz von 25 % der Vergütung des endgültigen Verwalters zu honorieren (§ 11 Abs 1 InsVV). Der **Anspruch** auf Sachverständigenvergütung besteht **neben der Vergütung für die vorläufige Insolvenzverwaltung**, soweit das Gericht den vorläufigen Insolvenzverwalter entsprechend als Sachverständigen beauftragt hat, § 11 Abs 2 InsVV (HambKomm/*Schröder* § 22 Rn 70). Die Vergütung für die Tätigkeit als Sachverständiger schuldet das Land nach dem JVEG (**OLG** Düsseldorf v 7. 2 2009 – I – 10 W 123/08, ZIP 2009, 1172). Sie ist gem § 11 Abs 2 InsVV nicht auf die Vergütung eines Insolvenzverwalters anzurechnen (**OLG** Frankfurt ZIP 2001, 1017). Eine **Zweitschuldnerhaftung** des Gläubigers kommt in Betracht, wenn und soweit der vorläufige Insolvenzverwalter als gerichtlich beauftragter Sachverständiger nach § **22 Abs 1 S 2 Nr 3, Halbsatz 2** tätig geworden ist. Dann erhält dieser eine Vergütung gemäß §§ 1 Abs 1 S 1 Nr 1, 8, 9 Abs 2 JVEG aus der Staatskasse; die an ihn gezahlten Beträge sind Auslagen im Sinne der GKG-KV-Nr. 9005, für die die Beschränkung in § 23 Abs 1 Satz 3 GKG nicht gilt.

Das **Honorar eines „isolierten"** Sachverständigen, der im Insolveneröffnungsverfahren mit einem schriftlichen Gutachten darüber beauftragt ist, ob und gegebenenfalls welche Sicherungsmaßnahmen zu treffen sind, ob ein nach der Rechtsform des Schuldners maßgeblicher Eröffnungsgrund vorliegt, welche Aussichten gegebenenfalls für eine Fortführung des schuldnerischen Unternehmens bestehen und ob eine kostendeckende Masse vorhanden ist, beurteilt sich nach § 9 Abs 2 iVm § 9 Abs 1 S 3 JVEG. Da vergleichbare außergerichtlich vereinbarte Stundensätze nicht vorliegen, ist in einem typischen Fall das Honorar an einem **Stundensatz von 65 Euro** zu orientieren (**OLG** Nürnberg v 20. 2. 2006 – 2 W 267/06, ZIP 2006, 1503, 1506; **LG** Mönchengladbach v 19. 1. 2005 – 5 T 627/04, NZI 2005, 509; **LG** Kassel v 6. 4. 2005 – 3 T 28/05, ZInsO 2005, 590; **AG** Hamburg v 28. 9. 2004 – 67g IN 274/04, NZI 2004, 677; **AG** Göttingen v 17. 9. 2004 – 74 IN 260/04, NZI 2004, 676; **aA OLG** Frankfurt v 3. 3. 2006 – 26 W 80/05, ZInsO 2006, 540; **AG** Koblenz v 27. 12. 2005 – 4 W 815/05, ZInsO 2006, 31; **OLG** München v 15. 6. 2005 – 11 W 1423/05, NZI 2005, 502; **LG** Mönchengladbach v 22. 8. 2007 – 5 T 326/0, NZI 2008, 112; **AG** Wolfsburg v 13. 3. 2006 – 25 IN 21/05, ZInsO 2006, 764, 765; HambKomm/*Schröder* § 22 Rn 70: § 9 Abs 1 S 2 JVEG, Stundenhonorar von 80 Euro). Nur dann, wenn sich ausnahmsweise das im Insolvenzverfahren erstattete Gutachten, das regelmäßig standadisiert ist und einem allgemein verwendeten Raster folgt, den durchschnittlichen Schwierigkeitsgrad erheblich übersteigt, erscheint es gerechtfertigt, den Stundensatz von 65 Euro zu überschreiten (vgl **AG** Göttingen aaO 677; *Schmerbach* InsBüro 2004, 82, 85; *Ley* ZIP 2004, 1391, 1392). Darüber hinaus kann der Sachverständige Ersatz für besondere Aufwendungen gem § 12 JVEG beanspruchen.

205 Gegen die **Festsetzung der Vergütung** stehen dem Sachverständigen und der Staatskasse das Rechtsmittel der Beschwerde zu, wenn der Wert des Beschwerdegegenstandes 200 Euro übersteigt oder das Gericht, das über die Festsetzung entschieden hat, wegen der grundsätzlichen Bedeutung der zur Entscheidung anstehenden Frage die Beschwerde in dem Beschluss zulässt (§ 4 Abs 3 JVEG). Das Gericht kann abhelfen, wenn es die Beschwerde für zulässig und begründet hält. Anderenfalls legt es die Beschwerde dem Landgericht als nächsthöherem Gericht vor. Gegen die Entscheidung des Landgerichts ist eine weitere Beschwerde statthaft, wenn sie zugelassen worden ist (§ 4 Abs 5 JVEG). Über die weitere Beschwerde entscheidet das Oberlandesgericht.

206 Da die Prüfungspflichten in § 22 Abs 1 S 2 Nr 3 nicht abschließend geregelt sind, steht es dem Gericht jederzeit frei, dem Insolvenzverwalter als Sachverständigen **weitere Aufgaben** als Gutachter zuzuweisen. So ist das Gericht im Rahmen der Amtsermittlungen (§ 5 Abs 1) berechtigt, den Gutachter auch mit der Prüfung zu betrauen, ob die Voraussetzungen für eine vom Schuldner beantragte **Eigenverwaltung** (§ 270 Abs 2 Nr 3) vorliegen (HK-*Kirchhof* § 22 Rn 20) oder auch Feststellungen zur **örtlichen Zuständigkeit** des angerufenen Gerichts zu treffen (vgl **AG** Köln v 1. 2. 2008 – 73 IN 682/07, NZI 2008, 254 m zust Anm *Müller* EWiR 2008, 595).

XV. Prüfung der Aussichten einer Unternehmensfortführung

207 Wie bereits dargestellt wurde, ist die Regelung in § 22 Abs 1 S 2 Nr 3, wonach das Gericht den vorläufigen Insolvenzverwalter mit Verwaltungs- und Verfügungsbefugnis zusätzlich beauftragen kann, als

XV. Prüfung der Aussichten einer Unternehmensfortführung § 22

Sachverständiger zu prüfen, ob ein Eröffnungsgrund vorliegt und welche Aussichten für eine Fortführung des Schuldnerunternehmens bestehen, lediglich als „gesetzestechnische" Ergänzung zu verstehen (vgl *Uhlenbruck* NZI 2000, 289 ff). Grundsätzlich hat jeder vorläufige Insolvenzverwalter, gleichgültig ob verwaltungs- oder verfügungsbefugt, die **originäre gesetzliche Aufgabe**, das Vorliegen eines Insolvenzgrundes und die Sanierungsaussichten für das Schuldnerunternehmen zu prüfen. Die InsO kennt **drei gleichberechtigte Verfahrensziele**: die Liquidation, die fortführende Sanierung und die übertragende Sanierung. Gem § 156 Abs 1 S 1 hat der Insolvenzverwalter im Berichtstermin nicht nur über die wirtschaftliche Lage des Schuldnerunternehmens und die Ursache der Insolvenz zu berichten, sondern gem § 156 Abs 1 S 2 auch darzulegen, ob Aussichten bestehen, das Schuldnerunternehmen im Ganzen oder in Teilen zu erhalten, welche Möglichkeiten für einen Insolvenzplan bestehen und welche Folgen jeweils für die Befriedigung der Gläubiger eintreten würden. Dies setzt voraus, dass der vorläufige Insolvenzverwalter zwingend sämtliche Verfahrensziele und deren Realisierungsaussichten zu prüfen hat (vgl *KS-Uhlenbruck* S 360 Rn 39; *N/R/Mönning* § 22 Rn 189 ff; *FK-Schmerbach* § 22 Rn 36; *K/P/B/Pape* § 22 Rn 14). Es gehört wohl zu den anspruchsvollsten und schwierigsten Aufgaben des vorläufigen Insolvenzverwalters und/oder Gutachters, die **Aussichten für die Fortführung des Schuldnerunternehmens** im Einzelfall zu prüfen und zu beurteilen (*KS-Uhlenbruck* S 360 Rn 39; *Vallender* DZWIR 1999, 265, 273; *Haberhauer/Meeh* DStR 1995, 1442, 1444 f; *Braun/Uhlenbruck*, Unternehmensinsolvenz S 243; *MüKoInsO-Haarmeyer* § 22 Rn 163). Bei der Anhörung im Bundestag waren viele Experten der Auffassung, dass die Prüfung der Sanierungschancen bereits vor Verfahrenseröffnung stattfinden sollte. Dementsprechend hat der Rechtsausschuss empfohlen, die Zeit vor Eröffnung des Insolvenzverfahrens zur Prüfung von Sanierungschancen zu nutzen (vgl Beschlussempfehlung, abgedr bei *Uhlenbruck,* Das neue Insolvenzrecht S 326). Im Rahmen dieser Prüfung hat der vorläufige Insolvenzverwalter nach den Vorstellungen des Rechtsausschusses sogar die Möglichkeit, **Sanierungen bereits vorzubereiten** (*Kraemer/Vallender/Vogelsang* Fach 2 Kap 6 Rn 16; *Bork,* Einf Rn 104). N/R/Mönning (§ 22 Rn 191) halten dies allerdings für bedenklich, denn die einstweilige Fortführung sei nicht mit der Sanierung gleichzusetzen. Vielmehr könne eine Betriebsfortführung gleichermaßen allen gesetzlichen Verfahrenszielen dienen. Welches Verfahrensziel die Gläubiger anstrebten, würden diese autonom im Rahmen der ihnen übertragenen Entscheidungsbefugnis nach § 157 entscheiden. Richtig ist, dass dem vorläufigen Insolvenzverwalter **keine eigentlichen Sanierungsaufgaben** obliegen. Andererseits erfordert einmal der Sicherungs- und Erhaltungszweck der vorläufigen Insolvenzverwaltung, andererseits aber auch die Notwendigkeit rascher Entscheidungen, dass der vorläufige Verwalter bei Bejahung einer Sanierungsmöglichkeit alles tut, um die Entscheidung der Gläubigerversammlung und die Sanierung vorzubereiten. Nach allgemeiner Meinung muss die Sanierung möglichst rechtzeitig einsetzen. Deshalb hat er in solchen Fällen unverzüglich im Zusammenwirken mit dem Schuldner bzw den organschaftlichen Vertretern des Schuldnerunternehmens unter Beteiligung der Großgläubiger die **Sanierung vorzubereiten** (vgl auch *KS-Uhlenbruck* S 361 Rn 39; *ders* WPg 1978, 661 ff; *Kraemer/Vallender/Vogelsang* Fach 2 Kap 6 Rn 16; *Braun/Uhlenbruck* Unternehmensinsolvenz S 243; *Peemöller/Weigert* DB 1995, 2311 ff). Nach zutreffendem Hinweis von *Grub* (ZIP 1993, 393, 396) wird eine einstweilige Unternehmensfortführung im Eröffnungsverfahren idR nur möglich sein, wenn ein entsprechender Massekredit von den Banken eingeräumt wird. Solche Massekredite werden die Banken aber nur geben, wenn ein **plausibles Sanierungskonzept** für das notleidende Unternehmen vorgelegt werden kann (zu den Anforderungen an ein Sanierungskonzept vgl *Braun/Uhlenbruck*, Unternehmensinsolvenz S 245 ff; *Groß* DStR 1991, 1572; *Maus* DB 1991, 1133 ff; *Timm*, Wirtschaftsprüfer und vereidigte Buchprüfer als Unternehmenssanierer, in: WPK-Mitt Sonderheft Sept 1991, S 1 ff; *Ley*, Anforderungen an Sanierungskonzepte, ebend S 49 ff; *Braun* WPg 1989, 684; *Wellensiek* WM 1999, 405 ff; Entwurf IDW Standard: Anforderungen an die Erstellung von Sanierungskonzepten (IDW S 6), Stand 1. 8. 2008).

Die **Prüfung der Fortführungsaussichten** ist weitgehend identisch mit der **Prüfung der Sanierungsfähigkeit** (*Braun/Uhlenbruck* Unternehmensinsolvenz S 244). Nach Feststellung von *Nonnenmacher* (in: *Ballwieser* ua [Hrsg], Bilanzrecht und Kapitalmarkt, FS *Moxter* 1994, S 1315 ff) ist die Frage der Sanierungsfähigkeit eines notleidenden Unternehmens in zwei Stufen zu prüfen. In der **ersten Stufe** prüft der vorläufige Insolvenzverwalter/Sachverständige, ob die Fortführung des Unternehmens objektiv möglich ist. Dies ist eine Frage der Fortführbarkeit bzw der Sanierungsfähigkeit des Unternehmens (vgl auch *Gottwald/Maus* InsRHdb 1. Aufl § 3 Rn 1 ff). Dabei ist die insolvenzrechtliche Sanierungsfähigkeit nicht immer identisch mit der betriebswirtschaftlichen Sanierungsfähigkeit. Die Fortführungsaussichten können auch bejaht werden, wenn sich die Möglichkeit einer übertragenden Sanierung abzeichnet (*Braun/Uhlenbruck* Unternehmensinsolvenz S 246). Soll das Unternehmen auf Dauer fortgeführt werden, muss sowohl die **leistungswirtschaftliche** als auch die **finanzwirtschaftliche Sanierungsfähigkeit** gegeben sein (*Braun/Uhlenbruck* Unternehmensinsolvenz S 246). Schließlich nützt eine interne Sanierungsfähigkeit nichts, wenn nicht gleichzeitig die **marktwirtschaftliche Sanierungsfähigkeit** des Unternehmens zu bejahen ist, dh das Unternehmen nach der insolvenzplanmäßigen Sanierung imstande ist, sich nachhaltig am Markt eigenständig und mit ausreichender Rentabilität zu behaupten. In der **zweiten Stufe** prüft jeder Gläubiger und jede Gläubigergruppe, ob die Sanierung und Fortführung des Unternehmens für ihn bzw sie **subjektiv vorteilhafter ist als eine Liquidation** (*Braun/Uhlenbruck* Unternehmensinsolvenz S 247). Auch zu dieser Frage hat der vorläufige Insolvenzverwalter/Sachver- 207a ständige in seinem Gutachten Stellung zu nehmen. Die Kernfrage jeder Sanierung ist die Frage nach der Lebensfähigkeit des Unternehmens. Die Antwort auf diese Kernfrage setzt sowohl die Prüfung der internen als auch der externen Sanierungsfähigkeit voraus (*Braun/Uhlenbruck* Unternehmensinsolvenz S 249). In dem Sachverständigengutachten zu den Aussichten für eine Fortführung hat der Sachverständige auch die **Finanz- und Ertragslage** des insolventen Unternehmens darzustellen (vgl **OLG Naumburg** v 20. 8. 2003 – 5 U 67/03, ZInsO 2004, 512, 513) sowie die Möglichkeiten von Sanierungsmaßnahmen im finanzwirtschaftlichen und ertragswirtschaftlichen Bereich zu erörtern (vgl auch *Uhlenbruck* KTS 1981, 513 ff). Planbilanzen, Plan-, Gewinn- und Verlust-Rechnungen sowie Planliquiditätsrechnungen sind dabei ebenso unverzichtbare Bestandteile des Gutachtens wie eine Prognose hinsichtlich der künftigen Unternehmensentwicklung (vgl KS-*Uhlenbruck* S 361 Rn 39). Da die vorzeitige Zerschlagung des Schuldnerunternehmens verhindert werden muss und die Chancen einer aussichtsreichen Sanierung erhalten werden müssen, ist nicht nur die Vorbereitung der Sanierung Pflicht des vorläufigen Insolvenzverwalters, sondern uU bereits die Einleitung von Sanierungsmaßnahmen. Letztere sind oftmals erforderlich, wenn das Schuldnerunternehmen einen „prepackaged plan" mit Antragstellung vorgelegt hat, der bestimmte Maßnahmen schon im Eröffnungsverfahren erfordert.

207b **Art und Umfang der Sanierungsvorbereitung** bestimmen sich aber nicht zuletzt auch nach den Befugnissen des vorläufigen Verwalters. Von einem vorläufigen Verwalter ohne Verwaltungs- und Verfügungsbefugnisse wird man kaum verlangen können, selbst Sanierungsmaßnahmen vorzubereiten oder gar zu treffen. Bei Zustimmungsvorbehalt darf er die aussichtsreiche Sanierung aber nicht etwa durch Verweigerung von Zustimmungen zu Sanierungsmaßnahmen oder vorbereitenden Maßnahmen verhindern. Allerdings weist *P. J. Groß* (Die Prüfung der Sanierungsfähigkeit im Rahmen der Insolvenzordnung, WPK-Mitt Sonderheft Dez 1997 S 63) zutreffend darauf hin, dass die kurze Dauer des Eröffnungsverfahrens oftmals eine gründliche Sanierungsprüfung nicht zulässt (vgl auch *Uhlenbruck*, Betriebswirtschaftliche Aspekte der Insolvenzrechtsreform 1994 – Anspruch und Rechtswirklichkeit –, in: *R. Elschen* [Hrsg], Unternehmenssicherung und Unternehmensentwicklung, 1996, S 210, 220 ff). Nach Auffassung von *Kirchhof* (HK-*Kirchhof* § 22 Rn 36) kann der Zeitraum vor einer Eröffnung des Insolvenzverfahrens nicht nur zur Prüfung der Aussichten für die Unternehmensfortführung genutzt werden, sondern auch zur Vorbereitung von Sanierungen. Zu diesem Zweck soll sogar die Eröffnung des Verfahrens hinausgeschoben werden können (**AG Hamburg** v 1. 6. 2004 – 67 g IN 97/04, ZInsO 2004, 630). Für das Insolvenzgericht gilt der allgemeine verfahrensrechtliche Grundsatz, dass bei Entscheidungsreife eine abschließende Entscheidung über den Eröffnungsantrag zu treffen ist (vgl § 300 ZPO iVm § 4). Deshalb erscheint es fraglich, ob der „starke" vorläufige Insolvenzverwalter als Gutachter trotz der in seinem Gutachten getroffenen Feststellung des Vorliegens des Insolvenzgrundes und einer die Kosten des Verfahrens deckenden Masse „begründet" anregen kann, mit der Eröffnungsentscheidung abzuwarten, bis der **Insolvenzgeldzeitraum** ausgeschöpft sei (so aber **AG Hamburg** aaO). Zwar ist nicht in Abrede zu stellen, dass der Gesetzgeber eine Ausschöpfung des Insolvenzgeldzeitraums, der Sanierungschancen erhöhen kann, billigt. Dies ändert indes nichts an der Tatsache, dass bei **Entscheidungsreife** das Insolvenzgericht eine abschließende Entscheidung über den Eröffnungsantrag zu treffen hat. Das Gericht darf nicht einseitig zu Lasten bestimmter Gläubiger Masseverbindlichkeiten vermindern oder zum Nachteil von Drittschuldnern zahlungspflichten verlangen, indem es die Eröffnung des Insolvenzverfahrens künstlich hinausschiebt (*Marotzke* ZInsO 2004, 178, 187). Solange indes dem Insolvenzgericht die für die Entscheidung erforderlichen Feststellungen – regelmäßig in Gestalt eines Sachverständigengutachtens – nicht unterbreitet sind, fehlt es an einer ausreichenden Entscheidungsgrundlage. Verzögert sich die Einreichung des Gutachters aus Gründen, die vom Sachverständigen nicht zu beeinflussen sind, hat er das Gericht hiervon in Kenntnis setzen. Zu den Aufgaben eines Sachverständigen (Gutachters) im Insolvenzeröffnungsverfahren vgl *Wessel* DZWIR 1999, 230; *Rendels* NZG 1998, 841; *K. Müller* WPK-Mitt Sonderheft Oktober 1991, S 1 ff; *Bollig* KTS 1990, 599; Arbeitshinweise des AG Duisburg NZI 1999, 308.

XVI. Vorläufige Insolvenzverwaltung mit gerichtlicher Kompetenzzuweisung (§ 22 Abs 2)

208 Wird ein vorläufiger Insolvenzverwalter bestellt, ohne dass dem Schuldner ein allgemeines Verfügungsverbot auferlegt wird, so bestimmt gem § 22 Abs 2 S 1 das Insolvenzgericht die Pflichten des vorläufigen Insolvenzverwalters. Sie dürfen nicht über die Pflichten eines keines verwaltungs- und verfügungsberechtigten vorläufigen Verwalters hinausgehen (§ 22 Abs 2 S 2). Solange sich die übertragenen Befugnisse im Rahmen des § 22 Abs 1 halten und im Einzelfall verhältnismäßig sind, begegnet die gerichtliche Anordnung keinen rechtlichen Bedenken (**BGH** v 11. 1. 2007 IX ZB 271/04, NZI 2007, 231, 233). Unzulässig ist indes die dem vorläufigen Insolvenzverwalter ohne Verwaltungs- und Verfügungsbefugnis erteilte Ermächtigung, „für den Schuldner zu handeln" (**BGH** v 18. 7. 2002 – IX ZR 15/01, NJW 2002, 3326 = NZI 2002, 543).

208a Die **Bestimmung des Pflichtenkataloges** stellt das Gericht regelmäßig vor erhebliche Probleme (FK-*Schmerbach* § 22 Rn 16). Andererseits hat der Gesetzgeber dem Gericht einen weiten Spielraum eingeräumt (*Uhlenbruck* KTS 1994, 169, 178). In der Bestimmung der einzelnen Pflichten ist das Insolvenzgericht grundsätzlich frei. Nach hier vertretener Auffassung gehören die **Sicherungs- und Erhaltungspflichten** iSv § 22 Abs 1 S 2 Nr 1 ebenso zu den **originären Verwalterpflichten** wie die **Prüfungspflichten** nach § 22 Abs 1 S 2 Nr 3 (vgl auch HK-*Kirchhof* § 22 Rn 28, 29; *Pohlmann,* Befugnisse Rn 220–222; *Uhlenbruck* NZI 2000, 289 ff). Deshalb brauchen sie im gerichtlichen Beschluss nicht zwingend aufgeführt zu werden. Die Schwierigkeiten in der Praxis bestehen weniger darin, dass Unklarheiten durch das Nebeneinander von Zuständigkeiten des vorläufigen Insolvenzverwalters und des Schuldners entstehen, die haftungsrechtlich später kaum noch aufzulösen sind (vgl *Pape* ZIP 1994, 89, 90; FK-*Schmerbach* § 22 Rn 60; H/W/W § 22 Rn 137 ff; BerlKo-*Blersch* § 22 Rn 22 ff). Probleme bereiten auch nicht **Art und Umfang** der vom Gericht anzuordnenden Sicherungsmaßnahmen, die sich je nach der konkreten Situation im Einzelfall richten. Das eigentliche Problem liegt darin, dass für das Gericht nicht vorhersehbar ist, **welche Maßnahmen** im Einzelfall **anzuordnen** sind (vgl auch *Pape* WPrax 1995, 236, 238). Zudem können die Befugnisse des vorläufigen Insolvenzverwalters beschlussmäßig nicht immer so detailliert festgelegt werden, dass „zweifelsfrei klar ist, wie weit die vom Gericht verliehene Rechtsmacht des vorläufigen Insolvenzverwalters reicht" (FK-*Schmerbach* § 22 Rn 60; *Hess/Pape* InsO Rn 153). So ist zB nicht immer klar, ob und in welchem Umfang der vorläufige Verwalter gläubigernachteilige Handlungen des Schuldners oder seiner organschaftlichen Vertreter verhindern kann. *Pohlmann* (Befugnisse Rn 218 ff) hat versucht, anhand einer **Typisierung** im Interesse der Rechtsklarheit eine gewisse Vereinheitlichung der gerichtlichen Kompetenzzuweisungen zu erarbeiten. So soll das Insolvenzgericht ua anordnen können: die Überwachung des Schuldners, die Sicherung des schuldnerischen Vermögens zB durch Inbesitznahme, die Übertragung der Kassenführung, die Übertragung der Geschäftsfortführung sowie die Sichtung des schuldnerischen Vermögens (vgl auch *Feuerborn* KTS 1997, 171, 179 ff; K/U § 106 KO Rn 11 ff). Hierzu ist zunächst einmal festzustellen: Die **originären Pflichten** eines vorläufigen Insolvenzverwalters können, müssen aber nicht in den Beschluss aufgenommen werden. Zu den näheren Pflichten gehören – wie bereits dargestellt wurde – nicht nur die Sicherungs- und Erhaltungspflicht (§ 22 Abs 1 S 2 Nr 1), sondern auch die Prüfungspflichten des § 22 Abs 1 S 2 Nr 2. Auch soweit § 22 in Abs 3 **gesetzliche Rechte des vorläufigen Insolvenzverwalters** regelt, ist eine Aufnahme in den Beschluss überflüssig, denn § 22 Abs 2 S 1 spricht nur von Pflichten des vorläufigen Insolvenzverwalters. Dies schließt nicht aus, dass im Einzelfall zur Klarstellung in den Beschluss auch Rechte des vorläufigen Verwalters aufgenommen werden, wie zB das Recht, die Schuldnerkonten einzusehen oder in Bezug auf Betriebsgrundstücke des Schuldners Betretungsverbote auszusprechen (BGH v 11. 1. 2007 IX ZB 271/04, NZI 2007, 231, 233). Übrig bleiben nur noch wenige anzuordnende Pflichten, wie zB die **Übertragung der Kassenführung,** die Recht oder die Pflicht zur Eingehung einzelner, bestimmter **Masseverbindlichkeiten** (BGH v 18. 7. 2002 – IX ZR 15/01, NZI 2002, 543; vgl *Pohlmann,* Befugnisse 335–343; HK-*Kirchhof* § 22 Rn 28; *Hauser/Hawelka* ZIP 1998, 1261, 1264; MüKoInsO-*Haarmeyer* § 22 Rn 132; *Kirchhof* ZInsO 1999, 356; *Jaffé/Hellert* ZIP 1999, 1204; **str aA** *Bähr* ZIP 1998, 1559), die Pflicht, damit zugleich das Recht, Arbeitnehmern des Schuldnerunternehmens zu kündigen (vgl **LAG** Baden-Württemberg ZIP 1996, 1387; *Berscheid* ZInsO 1998, 11 f) oder die **ganze oder teilweise Übertragung der Geschäftsfortführung** (vgl *Pohlmann,* Befugnisse Rn 230; *Feuerborn* KTS 1997, 171, 185).

Die Frage, ob und unter welchen Voraussetzungen der **vorläufige Insolvenzverwalter** die „**Genehmigung von Kontobelastungen im Einzugsermächtigungsverfahren**" verhindern darf, ist höchstrichterlich noch nicht abschließend geklärt. In seiner grundlegenden Entscheidung vom 4. 11. 2004 (IX ZR 22/03, NZI 2005, 99; zustimmend *Dahl* NZI 2005, 102; *Feuerborn* ZIP 2005, 604, 605; *Flitsch* BB 2005, 17; *Ringstmeier* BGH-Report 2005, 270; *Spliedt* NZI 2007, 72, 77; siehe auch **OLG** Köln v 5. 11. 2008 – 2 U 78/08, ZIP 2009, 232; **OLG** Düsseldorf v 21. 11. 2007 – I-15 U 71/07, BKR 2008, 476), die eine von mehreren Parallelentscheidungen desselben Tages ist (BGH v 4. 11. 2004 IX ZR 28/04 und **BGH** v 4. 11. 2004 – IX ZR 82/03), vertritt der für das Insolvenzrecht zuständige IX. Zivilsenat des **BGH** die Auffassung, dass ein **vorläufiger Insolvenzverwalter mit Zustimmungsvorbehalt** grundsätzlich berechtigt sei, einer Kontobelastung, die der Schuldner noch nicht genehmigt hat, zu widersprechen bzw die Genehmigung zu verweigern, auch wenn sachliche Einwendungen gegen die eingezogene Forderung nicht erhoben werden können. Aufgabe des vorläufigen Insolvenzverwalters sei es, die künftige Masse zu sichern und zu erhalten. Finde er nicht genehmigte Belastungsbuchungen vor, bedeute dies zugleich, dass das Schuldverhältnis noch nicht erloschen sei. Würde der vorläufige Insolvenzverwalter durch Zustimmung zur Genehmigung an der Erfüllung der ungesicherten Forderung des Gläubigers mitwirken, setze er sich uU dem Vorwurf insolvenzzweckwidrigen Verhaltens aus, weil ein solches Handeln gegen den Grundsatz der Gleichbehandlung aller Gläubiger verstoße (zustimmend *Flitsch* BB 2008, 2317; *Fischer* FS *Gerhardt* S 233/234; **aA** *Bork* FS *Gerhardt* S 81). Soweit der vorläufige Insolvenzverwalter von seiner „Sperrbefugnis" (näher dazu *Kirchhof* WM 2009, 337) keinen Gebrauch macht weil die Belastungsbuchung nur der Schuldnerbank zugute käme, verbleibt ihm die Möglichkeit, die Zahlung gegenüber dem Gläubiger später als endgültiger Insolvenzverwalter anzufechten (BGH aaO). Allerdings kann ein „schwacher" vorläufiger Insolvenzverwalter die Lastschriftzahlungen weder ausdrücklich noch konkludent genehmigen; vielmehr ist er darauf beschränkt, einer ggf fingierten Genehmigungserklärung des Schuldners zuzustimmen (**OLG** Köln v 5. 11. 2008 – 2 U 78/08, ZIP 2009, 232; *Kirchhof* aaO). Eine spätere Anfechtung scheidet indes aus, wenn der vorläufige Insolvenzverwalter einen Vertrauenstatbestand gesetzt hat, so dass der Leistungsempfänger auf die Rechtsbeständigkeit des Verhaltens des vorläufigen Verwalters vertraut hat und dieses Vertrauen schutzwürdig ist (näher dazu Ausführungen Rn 239 ff).

208b

208c Trotz der Kritik an seinen Entscheidungen (*Hadding* WM 2005, 1549, 1553 ff; *Jungmann* WM 2007, 1633; *Meder* JZ 2005, 1089, 1094 ff; *Nobbe* KTS 2007, 397; *Nobbe/Eilenberger* WM 2006, 1885; *van Gelder* in *Schimansky/Bunte/Lwowski* Bankrechtshandbuch § 59 Rn 5) hat der IX. Zivilsenat auch in seinem Urteil v 25. 10. 2007 (IX ZR 217/06, NZI 2008, 27) an seiner Rechtsprechung festgehalten und sie gleichzeitig konkretisiert. So stellt er ua fest, dass die **Genehmigungsfiktion in den AGB der Kreditinstitute** (Nr 7 Abs 3 AGB-Banken) nur im Rechtsverhältnis zum endgültigen und zum starken vorläufigen Insolvenzverwalter wirkt (aA OLG München v 13. 1. 2009 – 5 U 2379/08). Diese Aussage ist zu begrüßen, weil gerade dem mit einem Zustimmungsvorbehalt ausgestatteten vorläufigen Insolvenzverwalter – jedenfalls in der Anfangsphase seiner Bestellung – häufig der Überblick fehlt, einzelne Rechts- und Bankgeschäfte, die in den letzten Wochen vor oder nach Antragstellung getätigt worden sind, hinreichend sicher beurteilen zu können (*Flitsch* BB 2008, 15 ff). Die strikte Einhaltung der Frist könnte zu nachteiligen Rechtsfolgen für die künftige Masse führen. Allerdings darf bei dieser Betrachtungsweise nicht unberücksichtigt bleiben, dass dem Gesetz ein Sonderschutz im Sinne einer Fristenunterbrechung nicht zu entnehmen ist (*Flitsch* aaO). Zu beachten ist indes, dass die Weigerung des „schwachen" vorläufigen Insolvenzverwalters zu einer Verfügung gem § 182 BGB nur Rechtswirkungen auszulösen vermag, als Verfügungen des Schuldners noch nicht wirksam geworden sind. Diese Voraussetzungen hat die Schuldnerbank eigenverantwortlich und ohne Bindung an Abschnitt III LSA zu prüfen (*Kirchhof* WM 2009, 337, 339).

208d Soweit das Insolvenzgericht dem vorläufigen Insolvenzverwalter **ausdrücklich die Befugnis eingeräumt hat, Lastschriften zu widerrufen**, zu welchen der Schuldner seine Gläubiger ermächtigt hat (§ 22 Abs 2 S 1), ist er auch an die vertraglichen Regeln zwischen Schuldner und Bank gebunden; die Regelung von Nr 7 Abs 3 AGB gilt dann auch im Verhältnis zum vorläufigen Insolvenzverwalter (*Kirchhof* WM 2009, 337).

208e Offen bleibt auch nach der Entscheidung des **BGH** v 25. 10. 2007 nicht nur die Frage, wie lange die Überlegungsfrist dauert, sondern auch die weitere Frage, ob die Genehmigungsfiktion Wirkung entfalten kann, wenn während der 6 Wochen-Frist der Nr 7 Abs 3 AGB-Banken die Stellung des vorläufigen „schwachen" Verwalters in die eines „starken" vorläufigen Insolvenzverwalters umgewandelt worden ist. Kreditinstituten ist vor dem Hintergrund der vorgenannten Entscheidungen nicht anzuraten, von ihren Kunden zu verlangen, dass diese jedenfalls bis zur Bestellung eines vorläufigen Insolvenzverwalters die Einzugsermächtigungslastschriften sofort widerrufen. Diese Handlungsweise kann den Schuldner uU straf- und zivilrechtlichen Risiken aussetzen. Um die Risiken eines möglichen Lastschriftwiderrufs zu begrenzen, bietet sich für Kreditinstitute vielmehr die Umstellung der Rechnungsabschlussperiode von Quartals- auf Monatsabschlüsse an. Darüber hinaus käme eine Anpassung der Rückbelastungsmöglichkeiten im Interbankenverhältnis über das Lastschriftabkommen in Betracht (*Schmidt* ZInsO 2006, 1233, 1238).

208f Trotz der vorgenannten Grundsatzentscheidungen besteht **weiterhin Klärungsbedarf**, weil die Rechtsprechung des für das Bankrecht zuständigen **XI. Zivilsenats** des **BGH** in wesentlichen Punkten hiervon abweicht. In seinem Urteil v 10. 6. 2008 (XI ZR 283/07, NZI 2008, 865) stellt der Senat klar, dass der vorläufige Insolvenzverwalter Lastschriften nicht grundlos widerrufen darf. In einem solchen Fall sei er gemäß § 826 BGB aufgrund einer vorsätzlich sittenwidrigen Schädigung gegenüber dem Gläubiger schadensersatzpflichtig. Nr 7 Abs 3 AGB-Banken binde auch den „schwachen" vorläufigen Insolvenzverwalter (ebenso **OLG** München v 26. 10. 2006 – 19 U 2327/06; NZI 2007, 107, 108; **OLG** Karlsruhe v 18. 1. 2007 – 12 U 185/06, NZI 2008, 188). Wolle dieser der – fingierten – Genehmigung einer Belastungsbuchung durch den Schuldner nicht zustimmen, so habe er sich wie der Schuldner selbst rechtzeitig gegenüber der Zahlstelle zu erklären.

208g Den vorläufigen Insolvenzverwalter mit Zustimmungsvorbehalt stürzen die gegensätzlichen Entscheidungen der beiden Senate in ein unauflösbares Dilemma. Folgen sie weiter der Judikatur des IX. Zivilsenats, sind sie grundsätzlich gehalten, Belastungsbuchungen auch in den Fällen zu „widersprechen", in denen nach der Auffassung des XI. Zivilsenats der Widerspruch mangels sachlich-rechtlicher Einwände missbräuchlich oder aufgrund der Genehmigungsfiktion verfristet wäre. Nach der Entscheidung v 10. 6. 2008 (XI ZR 283/07, NZI 2008, 865; siehe auch OLG Brandenburg v 18. 12. 2002 – 13 U 21/02) droht ihnen bei Widerspruch eine **Schadensersatzhaftung gemäß §§ 55 Abs 2, 60**. Da eine Vorlage an den Großen Zivilsenat nicht erfolgt ist, weil die jeweils andere Auffassung aus der Sicht der beiden Senate nicht entscheidungserheblich gewesen ist, hängt der Ausgang eines unter diesen Umständen regelmäßig eingeleiteten Rechtsstreits zunächst davon ab, welcher Ansicht sich die Untergerichte anschließen und welcher **BGH**-Senat mit der bis zur endgültigen Klärung der rechtlichen Streitfragen jeweils zuzulassenden Revision befasst wird (*Geisler* jurisPR-BGHZivilR 22/2008 Anm 1). Dabei wird die vorliegende Entscheidung jedenfalls von der Bindung auch des vorläufigen „schwachen" Insolvenzverwalters mit Zustimmungsvorbehalt an die Fiktionsklausel in Nr 7 Abs 3 AGB-Banken getragen. Wenigstens in diesem Punkt wird der IX. Zivilsenat daher künftig einer Vorlage nicht mehr ausweichen können, sofern er an seiner abweichenden Auffassung festhält und es für seine Entscheidung auf die Genehmigungsfiktion ankommt (*Geisler* aaO).

208h Auf **Abbuchungsaufträge** lässt sich die Rechtsprechung des IX. Zivilsenat des **BGH** nicht übertragen. Dieser Auftrag wird der Schuldnerbank direkt vom Schuldner erteilt. Nimmt die Bank darauf hin Belas-

XVII. Zwangsbefugnisse des vorläufigen Insolvenzverwalters (§ 22 Abs 3)

tungen des Schuldnerkontos vor, handelt sie immer berechtigt. Mithin ist für eine Genehmigung bzw Zustimmung zur Genehmigung kein Raum. Ein „Widerspruchsrecht" des vorläufigen Insolvenzverwalters gegen die Belastungsbuchung lässt sich weder aus einer Analogie zu § 115 noch aus dem Rechtsgedanken des § 88 herleiten (*d'Avoine* ZInsO 2006, 225, 228, 299).

Durch Beschluss kann das Insolvenzgericht den vorläufigen Insolvenzverwalter auch verpflichten und damit entspr § 53 ZPO ermächtigen, **Prozesse zur Sicherung und Erhaltung der Haftungsmasse zu führen** (näher dazu Ausführungen Rn 195). Nach *Pohlmann* (Befugnisse Rn 232) beurteilt sich die Frage, ob im Einzelfall die **Übertragung der Geschäftsfortführung** auf den vorläufigen Insolvenzverwalter im Rahmen des § 22 Abs 2 sinnvoll ist, danach, ob dem Verwalter auch das **rechtliche Instrumentarium** zur Verfügung steht, um dieser Aufgabe gerecht zu werden. Leistungsbereite Vertragspartner werden in der Unternehmenskrise, vor allem nach Insolvenzantragstellung, nur dann zu finden sein, wenn ihnen der vorläufige Insolvenzverwalter für den Fall der Vorleistung die günstige Befriedigungsmöglichkeit nach § 55 Abs 2 in Aussicht stellen kann. Dies ist weitgehend durch das Ermächtigungsmodell gewährleistet. In bestimmten Fällen kommt auch eine Treuhandlösung in Betracht (näher dazu Ausführungen Rn 193 b ff; vgl auch *Feuerborn* KTS 1987, 171, 186). 208i

Im Rahmen der vertraglichen Rechte ist der vorläufige Insolvenzverwalter solange zur **Einziehung sicherhalber abgetretener Forderungen** befugt, wie die Sicherungsgläubiger die Einziehungsbefugnis nicht widerrufen haben (HambKomm/*Schröder* § 22 Rn 52). Soweit Sicherungsnehmer gleichwohl versuchen, durch Forderungseinzug den nach Verfahrenseröffnung anfallenden Kostenbeitrag (§§ 170, 171) zu vermeiden, kann das Insolvenzgericht dem durch eine Anordnung nach **§ 21 Abs 2 Nr 5** „einen Riegel vorschieben" (näher dazu Ausführungen zu § 21 Rn 38). Die Anordnung des Forderungseinzugs erscheint angebracht in Fällen, bei denen die Wirksamkeit einer Sicherungszession zweifelhaft ist und verhindert werden soll, dass der Zessionar durch die Offenlegung der Abtretung und Einziehung der Forderung vor Verfahrenseröffnung vollendete Tatsachen schafft (K/P/B/*Pape* § 21 Rn 40 b). Hat der Sicherungsnehmer seine Verwertungsabsicht offengelegt, ist allein das gerichtliche Verbot an den Drittschuldner, an den Schuldner zu zahlen sowie das Gebot, an den vorläufigen Insolvenzverwalter zu zahlen, keine hinreichende Grundlage für den Einzug sicherungshalber abgetretener Forderungen durch den vorläufigen Insolvenzverwalter. Eine solche Anordnung regelt allein das Rechtsverhältnis zwischen Schuldner und vorläufigem Insolvenzverwalter gegenüber Drittschuldnerin in einer Weise, die § 80 Abs 1 und § 82 sowie § 829 Abs 1 S 1 uns 2 und § 835 Abs 1 ZPO entspricht (**BGH** v 20. 3. 2003 – IX ZR 81/02, ZInsO 2003, 318). Diese Anordnungen betreffen nicht eine etwaige Rechtsbeziehung des Schuldners zu Sicherungsnehmern. Zieht der vorläufige Insolvenzverwalter auf Grund eines solchen Beschlusses vom Schuldner zur Sicherheit abgetretene Forderungen ein, obwohl der Sicherungsnehmer dem Schuldner die Einziehungsbefugnis entzogen hatte, so steht dem Zessionar bei Aufhebung der Sicherungsmaßnahmen ein Anspruch gegen den vorläufigen Insolvenzverwalter auf Herausgabe der eingezogenen Beträge gem § 816 Abs 2 BGB unabhängig davon zu, ob die Verfügungsbefugnis über das Vermögen des Schuldners auf ihn übergegangen ist (**BGH** v 22. 2. 2007 – IX ZR 2/06, ZIP 2007, 827, 828). Im Hinblick auf die vorgenannten Anordnungen sind alle Zahlungen der Drittschuldner als solche an den vorläufigen Insolvenzverwalter, nicht an den Schuldner, anzusehen. Im Falle der Eröffnung des Insolvenzverfahrens ist der Insolvenzverwalter verpflichtet, die eingezogenen Forderungen zur Erfüllung des zu Gunsten des Sicherungsnehmers entstandenen Ersatzabsonderungsrechts (§ 48) an diesen auszukehren (**BGH** v 22. 2. 2007 – IX ZR 2/06, NZI 2007, 338, 339). 209

XVII. Zwangsbefugnisse des vorläufigen Insolvenzverwalters (§ 22 Abs 3)

§ 22 Abs 3 verleiht dem vorläufigen Insolvenzverwalter, gleichgültig, ob es sich um einen sogen „starken" oder „schwachen" vorläufigen Verwalter handelt, besondere Befugnisse gegenüber dem Schuldner bzw Schuldnerunternehmen. Obgleich sich der Schuldner durch eine bewusste Pflichtverletzung nach § 826 BGB schadenersatzpflichtig machen kann (vgl **OLG Köln** ZIP 1998, 114), ist der vorläufige Verwalter nicht berechtigt, die ihm in § 22 Abs 3 gesetzlich eingeräumten Rechte **zwangsweise durchzusetzen** (HK-*Kirchhof* § 22 Rn 34; *Irmen/Werres* NZI 2001, 579). Während § 20 die Auskunftspflicht des Schuldners und seiner organschaftlichen Vertreter **gegenüber dem Gericht** regelt, sind in § 22 Abs 3 S 3 die Auskunfts- und Mitwirkungspflichten des Schuldners und der organschaftlichen Vertreter eines Schuldnerunternehmens **gegenüber dem vorläufigen Insolvenzverwalter** normiert. **Verfassungsrechtliche Bedenken** gegen diese Vorschrift im Hinblick auf Art 13 Abs 2 GG bestehen nicht (**BGH** v 16. 10. 2003 – IX ZB 133/03, NZI 2004, 29). Allerdings erfordert das Gebot des effektiven Rechtsschutzes (Art 19 Abs 4 GG) die Möglichkeit einer gerichtlichen Überprüfung des Eingriffs (**BGH** v 4. 3. 2004 – IX ZB 133/03, NZI 2004, 312 Rn 6). 210

1. Das Recht, die Geschäftsräume des Schuldners zu betreten. Nach § 22 Abs 3 S 1 ist der vorläufige Insolvenzverwalter, gleich ob mit oder ohne Verfügungsbefugnis, berechtigt, die Geschäftsräume des Schuldners zu betreten und dort Nachforschungen anzustellen. Berechtigt sind auch Hilfskräfte des vorläufigen Insolvenzverwalters und von ihm beauftragte Dritte, zB Wirtschaftsprüfer oder Steuerberater (HK-*Kirchhof* § 22 Rn 65). Einer besonderen Anordnung nach Art 13 Abs 2 GG bedarf es nicht, denn die 211

Bestellung des vorläufigen Insolvenzverwalters und die gesetzliche Regelung in § 22 Abs 3 S 1 sind ausreichende Rechtsgrundlage (BGH v 17. 1. 2008 – IX ZB 41/07, ZIP 2008, 476). Dies gilt allerdings **nicht für die Privatwohnung des Schuldners,** die der vorläufige Verwalter nur aufgrund eines richterlichen Durchsuchungsbefehls betreten darf (*Graf/Schlicker/Voß* § 22 Rn 27; N/R/*Mönning* § 21 Rn 73; HK-*Kirchhof* § 22 Rn 35; *Irmen/Werres* NZI 2001, 579, 580 f; FK-*Schmerbach* § 4 Rn 1; N/R/*Becker* § 4 Rn 3 ff). Über § 4 findet § 758 a ZPO entspr Anwendung. Der Bestellungsbeschluss ist zugleich Vollstreckungstitel iSv § 794 Abs 1 Nr 3 ZPO. Er kann entspr §§ 883, 885 ZPO vollstreckt werden (vgl *Lohkemper* ZIP 1995, 1649; HK-*Kirchhof* § 22 Rn 36). Der Titel wirkt entsprechend § 758 a Abs 3 S 1 ZPO auch gegenüber etwaigen **Mitbewohnern des Schuldners** (BGH v 17. 1. 2008 – IX ZB 41/07, NJW-RR 2008, 271).

Schwierigkeiten ergeben sich im Einzelfall, wenn der Schuldner seine Geschäftstätigkeit (teilweise) in den Wohnräumen ausübt (BGH v 4. 3. 2004 – IX ZB 133/03, NZI 2004, 312, 313 Rn 11). Insoweit erstreckt sich die Befugnis zum Betreten auch auf die Wohnräume (ebenso HK-*Kirchhof* aaO). Dagegen schafft Abs 3 für den vorläufigen Insolvenzverwalter keine ausreichende rechtliche Grundlage, Sachen der künftigen Insolvenzmasse in Besitz zu nehmen. Insoweit bedarf es einer besonderen Ermächtigung durch das Insolvenzgericht. Eine entsprechende Anordnung erscheint nur dann gerechtfertigt, wenn solche Gegenstände zuvor bekannt sind und die Gefahr droht, dass der Schuldner die Gegenstände der Masse vorzuenthalten beabsichtigt.

Im Insolvenzeröffnungsverfahren ist es ausschließlich Sache des Insolvenzgerichts, die Ausübung der tatsächlichen Gewalt über die Geschäftsräume der Schuldnerin im Verhältnis zwischen ihr, ihren Gesellschaftern und ihren Organen einerseits und dem vorläufigen Verwalter andererseits zu regeln (LG Duisburg NZI 1999, 328, 329; HK-*Kirchhof* § 22 Rn 36). § 22 Abs 3 S 1 ermächtigt den vorläufigen Insolvenzverwalter nicht nur zum Betreten der Geschäftsräume des Schuldners, sondern auch, dort **Nachforschungen anzustellen.** Das bedeutet, dass der vorläufige Verwalter nicht nur zur Besichtigung der Geschäftsräume und ihrer Einrichtungen sowie Warenbestände berechtigt ist, sondern auch zur Einsichtnahme in verborgen gehaltene Unterlagen oder Safes. Gem § 22 Abs 3 S 3 iVm § 97 Abs 3 S 2 darf der Schuldner bzw ein organschaftlicher Vertreter des Schuldnerunternehmens den Verwalter in der Erfüllung dieser Pflichten nicht behindern.

212   **2. Einsichtnahme in Bücher und Geschäftspapiere.** Der vorläufige Verwalter ist nicht nur berechtigt, sondern auch verpflichtet, Einsicht in die Bücher und Geschäftspapiere des Schuldners zu nehmen. Dementsprechend verpflichtet das Gesetz den Schuldner in § 22 Abs 3 S 2, ihm die Einsicht zu gestatten. Etwaige berufliche Verschwiegenheitspflichten des Schuldners stehen der Einsichtnahme nicht entgegen (LG Berlin v 16. 6. 2004 – 86 T 524/04, ZVI 2005, 28; *Graf-Schlicker/Voß* § 22 Rn 22; *Hess* § 22 Rn 327; HambKomm/*Schröder* § 22 Rn 198). Die Einsicht ist auch in EDV-Datenträgern zu nehmen (HK-*Kirchhof* § 22 Rn 68). Im Übrigen ist die Einsicht überall dort zu nehmen, wo sich die Bücher und Geschäftspapiere befinden. Befinden sich die Unterlagen zB beim Geschäftsführer einer bereits aufgelösten GmbH, so hat der Verwalter die „Bücher" dort einzusehen. Einen Anspruch auf Überlassung der Unterlagen in sein Büro hat der Verwalter grundsätzlich nur dann, wenn ein allgemeines Verfügungsverbot erlassen worden ist oder soweit die Sachen für den Geschäftsbetrieb des Schuldners entbehrlich sind (HK-*Kirchhof* § 22 Rn 68). Weigert sich der Schuldner, die Einsichtnahme zu gestatten, so erfolgt die Durchsetzung im Wege von Zwangsmaßnahmen nach § 22 Abs 3 iVm § 98 Abs 2, 3, eine Herausgabe beweglicher Sachen nach § 883 ZPO, die Mitteilung des Know-how zu EDV-Datenträgern über §§ 97, 98 (so teilweise wörtlich HK-*Kirchhof* § 22 Rn 68). Hat die Strafverfolgungsbehörde bereits die Unterlagen des Schuldners bzw Informationen **beschlagnahmt,** ist der vorläufige Verwalter berechtigt, Einsicht zu verlangen (FK-*Schmerbach* § 5 Rn 17 b; HK-*Kirchhof* § 22 Rn 68). Im eröffneten Insolvenzverfahren dagegen hat das **Besitzrecht des Insolvenzverwalters** Vorrang vor der hoheitlichen Beschlagnahme und dem damit verbundenen Besitzrecht der Strafverfolgungsbehörde (Einzelheiten bei *Haarmeyer,* Beschlagnahme S 57 ff). Eine Ausnahme gilt jedoch für die **beantragte Eigenverwaltung** nach den §§ 270 ff. Hier hat der Beschlagnahmebeschluss auf Antrag der Staatsanwaltschaft jedenfalls im eröffneten Verfahren die Wirkung eines dinglichen Arrestes mit der Folge, dass die Veräußerung der Massegegenstände an einen Dritten verhindert wird (vgl *Haarmeyer,* Beschlagnahme S 194 ff Rn 382 ff).

213   **3. Auskunfts- und Mitwirkungspflichten des Schuldners. a) Auskunftspflichten.** Nach § 22 Abs 3 S 3 hat der Schuldner bzw der organschaftliche Vertreter eines Schuldnerunternehmens dem vorläufigen Insolvenzverwalter alle erforderlichen Auskünfte zu erteilen. Der Inhalt der Auskunftspflicht entspricht derjenigen nach § 20 gegenüber dem Insolvenzgericht. Dem Umfang nach erstreckt sich die Auskunft auf sämtliche Tatsachen, die im Zusammenhang mit dem beantragten Insolvenzverfahren stehen. Schuldner, die der **gesetzlichen Schweigepflicht** unterliegen (zB Ärzte, Rechtsanwälte, Steuerberater), müssen Auskunft über Honorarforderungen und eingehende Patienten bzw Mandantengelder geben. Sie verletzten damit ihre Verschwiegenheitspflicht nicht (BGH v 4. 3. 2004 – IX ZB 133/03, NZI 2004, 312, 313). Der vorläufige Insolvenzverwalter darf die auf diese Weise gewonnenen Erkenntnisse jedoch nur verwerten, soweit dies zur Erfüllung der ihm übertragenen Aufgaben erforderlich ist (BGH aaO).

Der Schuldner ist auf Nachfrage verpflichtet, die benötigten Daten und Dokumente selbst aus den Unterlagen zusammenzusuchen und zu übermitteln (BerlKo-*Goetsch* § 22 Rn 32; *Thiemann,* Masse-

XVII. Zwangsbefugnisse des vorläufigen Insolvenzverwalters (§ 22 Abs 3)

verwaltung Rn 413; K/P/B/*Pape* § 22 Rn 32). Nach **LG** Duisburg v 2. 5. 2001 (ZIP 2001, 165 = ZInsO 2001, 522) kann das Insolvenzgericht den Schuldner zu regelmäßigen **schriftlichen geordneten Aufzeichnungen** verpflichten, die dem vorläufigen Verwalter wöchentlich zur Verfügung zu stellen sind. Die Auskunftspflicht des Schuldners und seiner organschaftlichen Vertreter kann auf Antrag des vorläufigen Verwalters durch das Insolvenzgericht gem § 98 erzwungen werden (KS-*Uhlenbruck* S 325, 364 Rn 42; *Thiemann,* Masseverwaltung Rn 416; HK-*Kirchhof* § 22 Rn 40). Genügen zur Erlangung der benötigten Daten und Fakten die Durchsuchung der Wohn- und Geschäftsräume oder die Beschlagnahme von Unterlagen, sind auch diese Zwangsmittel als milderes Mittel zulässig (FK-*Schmerbach* § 20 Rn 10; *Thiemann,* Masseverwaltung Rn 416).

b) Mitwirkungspflichten gegenüber dem vorläufigen Verwalter. Die umfassende Verweisung des § 22 Abs 3 S 3 auf die §§ 97 ff hat zur Folge, dass die **aktiven und passiven Mitwirkungspflichten des Schuldners und seiner organschaftlichen Vertreter** bereits im Eröffnungsverfahren eingreifen (HK-*Kirchhof* § 22 Rn 71; *Uhlenbruck* ZInsO 1999, 404; *ders* in: KS S 325, 364 Rn 42; *Braun/Uhlenbruck,* Unternehmensinsolvenz S 257; BerlKo-*Blersch* § 22 Rn 32; *Smid* § 22 Rn 54; *Hess/Obermüller* Rn 102; FK-*Schmerbach* § 20 Rn 5; MüKoInsO-*Haameyer* § 22 Rn 171; *Thiemann,* Masseverwaltung Rn 414; N/R/*Mönning* § 20 Rn 34). Die Mitwirkungspflicht trifft gem § 101 Abs 1 S 1 auch die noch tätigen **organschaftlichen Vertreter juristischer Personen** oder die vertretungsberechtigten Gesellschafter anderer Gesellschaften (HK-*Kirchhof* § 22 Rn 71). Im Falle der **Führungslosigkeit** einer GmbH (näher dazu Kommentierung § 15a Abs 3) treffen auch die Gesellschafter **Auskunfts- und Mitwirkungspflichten** gegenüber dem vorläufigen Insolvenzverwalter (§ 101 Abs 1 S 2 HS 2). Kommen die in § 101 Abs 1 und 2 genannten Personen ihrer Auskunfts- und Mitwirkungspflicht nicht nach, können ihnen im Fall der Abweisung des Antrags auf Eröffnung des Insolvenzverfahrens die Kosten des Verfahrens auferlegt werden (§ 101 Abs 3).

Der Schuldner hat **höchstpersönlich** alle Handlungen vorzunehmen, auf die der vorläufige Insolvenzverwalter zur Erfüllung seiner Aufgaben angewiesen ist. So kann er zB verpflichtet sein, dem Verwalter entsprechende Vollmachten zu erteilen, um Auslandsvermögen sicherzustellen (vgl **OLG** Köln ZIPO 1986, 658; **OLG** Koblenz ZIP 1993, 844; HK-*Kirchhof* § 22 Rn 71). Zu den **aktiven Mitwirkungspflichten** gehört es auch, dass der Schuldner oder organschaftliche Vertreter Dritte als Wissensträger von ihrer **Verschwiegenheitspflicht befreit** (*Uhlenbruck* EWiR 1999, 852; *ders* in: KS S 325, 364 Rn 42; HK-*Kirchhof* § 22 Rn 41). Gleichzeitig hat der Schuldner entspr § 97 Abs 3 S 2 **alle Handlungen zu unterlassen,** die der Erfüllung dieser Pflichten zuwiderlaufen. Er darf somit weder Unterlagen vernichten noch Vermögensgegenstände, die vom Insolvenzbeschlag erfasst würden oder aufgrund gerichtlicher Verfügung erfasst worden sind, beiseite schaffen (**LG** Memmingen ZIP 1983, 204; HK-*Kirchhof* § 22 Rn 71). Die gebotene Mitwirkung macht es uU erforderlich, dass sich der Schuldner oder der organschaftliche Vertreter des Schuldnerunternehmens zwecks Erfüllung seiner Mitwirkungspflichten entspr § 97 Abs 3 S 1 **bereitzuhalten** hat (KS-*Uhlenbruck* S 365 Rn 42; HK-*Kirchhof* § 22 Rn 71). Allerdings ist die in § 97 Abs 3 S 1 geregelte Bereitschaftspflicht des Schuldners und seiner organschaftlichen Vertreter nicht nur von dem **Merkmal der Erforderlichkeit,** sondern auch von einer **Anordnung des Gerichts** abhängig (vgl *Braun/Uhlenbruck,* Unternehmensinsolvenz S 258; KS-*Uhlenbruck* S 325, 365 Rn 42). Auch im Rahmen des Insolvenzeröffnungsverfahrens haben der Schuldner, Schuldnervertreter oder der vertretungsberechtigte persönlich haftende Gesellschafter zwecks Erfüllung ihrer Auskunfts- und Mitwirkungspflichten auch dann zur Verfügung zu stehen, wenn sie sich im Einzelfall außerhalb ihres Wohnorts oder gar im Ausland aufhalten. Aus der Formulierung „jederzeit" folgt, dass sich der Verpflichtete nicht mit anderen Pflichten oder einer weiten Anreise entschuldigen kann. Da es sich um gesetzliche Pflichten handelt, kann die Präsenz auch nicht von einer Kostenerstattung abhängig gemacht werden.

Die Erfüllung der Mitwirkungspflichten kann durch **Haftanordnung** nach § 22 Abs 3 S 3 iVm § 98 Abs 2, 3 vollstreckt werden (vgl **LG** Köln EWiR 1998, 77; HK-*Kirchhof* § 22 Rn 473; KS-*Uhlenbruck* S 325, 365 Rn 42; *Thiemann,* Masseverwaltung Rn 415, 416). Der vorläufige Insolvenzverwalter darf allerdings **keinen unmittelbaren Zwang** auf den Schuldner ausüben. Vielmehr hat er sich hierzu des Insolvenzgerichts zu bedienen. Für die Anordnung der Haft gelten die Vorschriften der §§ 904–910, 13 ZPO entsprechend (§ 22 Abs 3 S 3 iVm § 98 Abs 3 S 1). § 101 Abs 1 S 2 iVm Abs 2 erweitern die **Auskunftspflichten** auf Personen, die nicht früher als zwei Jahre vor dem Antrag auf Eröffnung des Insolvenzverfahrens aus ihrer Position ausgeschieden sind, und auf Angestellte und frühere Angestellte des Schuldners, sofern diese nicht früher als zwei Jahre vor dem Eröffnungsantrag ausgeschieden sind. Diese Personen sind aber, da § 97 Abs 2 keine entsprechende Anwendung findet, **nicht zur Mitwirkung verpflichtet.** Auch sind sie nicht verpflichtet, Straftaten und Ordnungswidrigkeiten zu offenbaren. Handelt es sich bei dem Schuldner um eine natürliche Person, riskiert er bei schuldhafter Verletzung seiner Auskunfts- und Mitwirkungspflichten, dass die **Restschuldbefreiung** versagt (§ 290 Abs 1 Nr 5) oder die Rücknahme des Antrags bei der Verbraucherinsolvenz (§ 305 Abs 3) fingiert wird. Schließlich können bei Verletzung der Mitwirkungspflichten **strafrechtliche Sanktionen** greifen, etwa, wenn der Schuldner eine falsche Eidesstattliche Versicherung abgibt (§ 156 StGB) oder Bestandteile seines Vermögens, die im Fall der Verfahrenseröffnung zur Insolvenzmasse gehören würden, verheimlicht, indem er zB den ihm übersandten Fragebogen unrichtig ausfüllt (§ 283 Abs 1 Nr 1 StGB). Der vorläufige Insolvenzverwalter kann, wenn der Schuldner sich zur aktiven Mitwirkung nicht bereit findet, den Schuldner auch verklagen, wie zB auf Abgabe einer Willenserklärung (vgl **LG Köln** ZIP 1997, 2162).

XVIII. Die Rechnungslegungspflicht des vorläufigen Insolvenzverwalters

216 Der vorläufige Insolvenzverwalter hat gemäß § 66 bei **Beendigung seines Amtes Rechnung zu legen** (§ 21 Abs 2 Nr 1; vgl *Uhlenbruck* NZI 1999, 289 ff; ders in: KS S 367 Rn 45; *Gottwald/Uhlenbruck* InsRHdb § 14 Rn 49; *Heni*, Interne Rechnungslegung im Insolvenzverfahren S 195 ff; MüKoInsO-*Haarmeyer* § 22 Rn 202 ff; *Vallender* DZWIR 1999, 265, 275 f; *Pohlmann*, Befugnisse Rn 248; *Mohrbutter/Ringstmeier/Ernestus* § 4 Rn 176). Bei dieser Pflicht handelt es sich nicht um eine öffentlich-rechtliche, sondern um eine verfahrensspezifische privatrechtliche Abrechnung (*Unterbusch*, Der vorläufige Insolvenzverwalter S 275). Das Gesetz differenziert nicht je nach dem Verfahrensstand und den jeweiligen Befugnissen des vorläufigen Verwalters, so dass auch dann Rechnung zu legen ist, wenn es zur Verfahrenseröffnung kommt (FK-*Schmerbach* § 21 Rn 65; *Pohlmann*, Befugnisse Rn 248 ff; *Hess* § 22 Rn 107; *Uhlenbruck* NZI 1999, 289, 290). Trotzdem sind **Differenzierungen** hinsichtlich Art und Umfang der Rechnungslegung des vorläufigen Insolvenzverwalters vorzunehmen. Während die Rechnungslegung im eröffneten Verfahren dreiteilig gestaltet ist, reicht für das Eröffnungsverfahren die Vorlage in Form einer **Überschussrechnung** aus, die im Regelfall mit einem Bericht über den bisherigen Verfahrensablauf und die Aussichten einer Betriebsfortführung bzw Sanierung zu verbinden ist (*Mönning*, Betriebsfortführung in der Insolvenz Rn 1471 ff; N/R/*Mönning* § 22 Rn 218 f; BerlKo-*Blersch* § 66 Rn 17; *Uhlenbruck* NZI 1999, 289, 290; *Vallender* DZWIR 1999, 265, 276). Soweit der Verwalter im Rahmen seiner Verwaltungsaufgaben und Verfügungsbefugnisse das Schuldnerunternehmen einstweilen fortzuführen hat (§ 22 Abs 1 S 2 Nr 2), richten sich die insolvenzrechtlichen Rechnungslegungspflichten grundsätzlich nach denjenigen des eröffneten Verfahrens. Die Rechnungslegung des vorläufigen Verwalters ist kein Rechenschaftsbericht, sondern die Dokumentation des Verfahrensablaufs und Tätigkeitsnachweis. In formeller Hinsicht orientiert sich die Rechnungslegung an den gesetzlichen Maßstäben des § 259 BGB (*Uhlenbruck* NZI 1999, 289, 290). Die **Einnahmen-Ausgaben-Rechnung** hat den gesamten Geldverkehr und Geldbestand darzustellen und zu erläutern. Bei einer Unternehmensfortführung ist auch rechnerisch darzustellen, ob die Masse durch die Fortführung vermehrt oder gemindert worden ist. Die Einrichtung einer besonderen Insolvenzbuchführung ist im Eröffnungsverfahren nicht zwingend notwendig. Kommt es zu einer Verfahrenseröffnung, kann die Rechnungslegung mit dem Verzeichnis der Massegegenstände (§ 151) und der Vermögensübersicht (§ 153) verbunden werden. Wird nur ein **Sachverständiger** vom Gericht eingesetzt, so trifft diesen keine Pflicht zur Rechnungslegung (*Uhlenbruck* NZI 1999, 289, 291). Denn Sachverständige können mangels Verwaltungsbefugnis keine Verfügungen treffen, über die nach allgemeinen Grundsätzen (§ 259 BGB, § 66) Rechnung gelegt werden könnte (*Heni* aaO S 197). Findet das Eröffnungsverfahren durch Rücknahme oder Erledigungserklärung oder Abweisung als unzulässig seine **vorzeitige Erledigung**, so hat der Schuldner bzw das Schuldnerunternehmen ein rechtliches Interesse daran, einen Einblick über die mit Einnahmen und Ausgaben verbundene vorläufige Verwaltung zu erhalten. Dies entspricht dem allgemeinen Grundsatz, der auch in § 259 Abs 1 BGB zum Ausdruck gekommen ist. Allerdings dürfte es in solchen Fällen regelmäßig ausreichen, dass der vorläufige Insolvenzverwalter mit einem schlüssigen, auf einer ordnungsgemäßen Inventur basierenden Gutachten seine Schlussrechnungspflicht zu erfüllen vermag. Dem Gutachten kommt insoweit die Doppelfunktion einer Entscheidungshilfe für das Gericht sowie des (einzigen) Rechenschaftsberichts für die Gläubiger zu (*Heni* aaO S 203). Die Erfüllung der Rechenschaftspflicht kann gem § 21 Abs 2 Nr 1 iVm § 58 Abs 2 nach Androhung von Zwangsgeld erzwungen werden.

216a Die **Rechnungslegung für das Eröffnungsverfahren** sollte grundsätzlich **unmittelbar nach Abschluss dieses Verfahrensstadiums** und nicht erst im Rahmen der Schlussrechnung bei Verfahrensbeendigung erfolgen. Auch wenn Praktikabilitätsgründe für diese Handhabung sprechen sollten, ist sie abzulehnen. Für den mit der Sache befassten Richter (näher dazu Ausführungen Rn 219) ist es nicht zumutbar, sich näher mit einer Prüfung eines Sachverhalts befassen zu müssen, der unter Umständen schon Jahre zurückliegt. Darüber hinaus besteht die Gefahr, dass in diesem späten Verfahrensstadium bereits Ansprüche gegen den vorläufigen Insolvenzverwalter aus dem Eröffnungsverfahren verjährt sein könnten (*Mohrbutter/Ringstmeier/Ernestus* § 4 Rn 176).

217 **Art und Umfang der Rechnungslegung** des vorläufigen Insolvenzverwalters richten sich nicht nur nach der Zeitdauer der vorläufigen Verwaltung und der Intensität der Befugnisse, sondern auch nach der Größenordnung des Unternehmens (*Uhlenbruck* NZI 1999, 289, 291; FK-*Schmerbach* § 21 Rn 65). Überträgt das Gericht dem vorläufigen Insolvenzverwalter die Verwaltungs- und Verfügungsbefugnis über das Schuldnervermögen mit der Folge einer zeitweisen Betriebsfortführung, so ist eine Rechnungslegung idR unverzichtbar. Grundsätzlich ist zwar auch der **vorläufige Insolvenzverwalter mit Zustimmungsbefugnis** (§ 21 Abs 2 Nr 2) zur Rechnungslegung verpflichtet (vgl *Pohlmann*, Befugnisse Rn 251; *Uhlenbruck* NZI 1999, 289, 291). Da insoweit der Verwalter aber keinerlei Verwaltungsbefugnisse hat, sondern lediglich Kontrollbefugnisse, wird man das Gericht als befugt ansehen müssen, den vorläufigen Verwalter im Einzelfall von der **Rechnungslegungspflicht zu befreien** (*Uhlenbruck* NZI 1999, 289,

291). Regelmäßig genügt ein Bericht über die mit Zustimmung vorgenommenen Rechtsgeschäfte des Schuldners bzw Schuldnerunternehmens. Die Rechnungslegungspflicht reduziert sich insoweit auf eine **Berichtspflicht**. Hat das Gericht dem vorläufigen Insolvenzverwalter gem § 22 Abs 2 die **Kassenführung** übertragen oder ihn ermächtigt, bestimmte Masseverbindlichkeiten einzugehen, so ist eine eingehende und sorgfältige Rechnungslegung ebenso unverzichtbar wie bei notwendiger Verwertung verderblichen Sicherungsguts. Die Rechnungslegung bezieht sich auch auf **Abwicklungsmaßnahmen nach § 25 Abs 2**. Sind keine besonderen Pflichten des vorläufigen Verwalters vom Gericht angeordnet (§ 22 Abs 2) und hat sich die Tätigkeit auf die Sicherung und Erhaltung der Masse sowie auf die Prüfungspflichten des § 22 Abs 1 S 2 Nr 2 beschränkt, so kann das Gericht den Verwalter von der Pflicht zur **Rechnungslegung befreien** bzw diese auf eine Berichtspflicht beschränken. Hat der Verwalter kein Schuldnervermögen verwaltet, ist eine Einnahmen-Ausgaben-Rechnung ebenso überflüssig wie eine Bilanz (vgl *Braun* ZIP 1997, 1014, 1015; *Uhlenbruck* NZI 1999, 289, 292; *Pink* ZIP 1997, 185; *Liévre/Stahl/Ems* KTS 1999, 1, 5).

Adressat der Rechnungslegung ist das **Insolvenzgericht** (KS-*Uhlenbruck* S 367 Rn 45; K/P/B/*Pape* § 22 Rn 11; *Uhlenbruck* KTS 1994, 169, 181; FK-*Schmerbach* § 21 Rn 66; *Hess* § 22 Rn 63–65). Gläubigergremien bestehen in diesem Verfahrensstadium noch nicht. Selbst ein vorläufiger Gläubigerausschuss wäre nicht repräsentatives Organ der Gläubigerversammlung. Bei kurzer Dauer des Eröffnungsverfahrens und anschließender Eröffnung des Insolvenzverfahrens kann in Ausnahmefällen auf eine gesonderte Rechnungslegung für den Eröffnungszeitraum im Hinblick auf die Pflicht zur Erstellung einer Insolvenzeröffnungsbilanz verzichtet werden (K/P/B/*Pape* § 22 Rn 11; N/R/*Mönning* § 22 Rn 217–219; *Vallender* DZWIR 1999, 265, 275 f). S Beck/Depré/Beck Hdb Rn 218 ff.

Die Rechnungslegungspflicht gegenüber dem Gericht ist nicht zu verwechseln mit der Frage, ob der **218** vorläufige Insolvenzverwalter die **allgemeinen (externen) Rechnungslegungspflichten** des Schuldners oder Schuldnerunternehmens zu erfüllen hat. Die Frage betrifft nur den sogen „starken" vorläufigen Insolvenzverwalter mit Verfügungsbefugnissen. Soweit dieser das Schuldnerunternehmen gem § 22 Abs 1 S 2 Nr 2 bis zur Entscheidung über die Verfahrenseröffnung fortzuführen hat, obliegt ihm auch die **Pflicht zur handelsrechtlichen Buchführung**. Dies bedeutet aber keineswegs, dass er auch verpflichtet ist, zB bei einem Insolvenzantrag des Schuldners im Dezember nunmehr entsprechend § 155 Abs 1 auch den Jahresabschluss zu erstellen. Zwar hat nach § 155 Abs 1 S 2 der Insolvenzverwalter im eröffneten Verfahren die handels- und steuerrechtlichen Rechnungslegungspflichten des Schuldnerunternehmens zu erfüllen. Jedoch ist der vorläufige Insolvenzverwalter nicht verpflichtet, einen **Jahresabschluss zu erstellen**. § 155 Abs 2 S 1 findet keine Anwendung, so dass mit der Anordnung eines allgemeinen Verfügungsverbots kein neues Geschäftsjahr für das Schuldnerunternehmen beginnt. Die Folge wäre, dass der vorläufige Insolvenzverwalter mit Verfügungsbefugnis gezwungen wäre, einen Abschlussprüfer durch das Registergericht bestellen zu lassen, was mit erheblichen Kosten verbunden ist. Nicht ohne Grund hat der Gesetzgeber von einer Verweisung auf § 155 in § 21 Abs 2 abgesehen. Entsprechend anwendbar wäre allenfalls § 155 Abs 1 S 2. Die Pflicht des „starken" vorläufigen Insolvenzverwalters zur handels- und steuerrechtlichen Rechnungslegung ergibt sich aber schon aufgrund seiner Unternehmensfortführungspflicht nach § 22 Abs 1 S 2 Nr 2. Der Gesetzgeber hat im Übrigen bewusst dem vorläufigen Insolvenzverwalter nur die **externe Rechnungslegungspflicht** auferlegt, nicht dagegen die **interne Rechnungslegungspflicht nach § 155**. Zur handels- und steuerrechtlichen Rechnungslegung ist der vorläufige Insolvenzverwalter mit Verfügungsbefugnis nur insoweit verpflichtet, als es zur ordnungsgemäßen Erfüllung seiner handels- und steuerrechtlichen Pflichten zB als Vermögensverwalter iSv § 34 Abs 3 AO erforderlich ist. § 155 findet auch keine analoge Anwendung (*Pohlmann*, Befugnisse Rn 248; MüKoInsO-*Haarmeyer* § 22 Rn 202). Zulässig dürfte es auch sein, dem Verwalter zu gestatten, die Rechnungslegung hinsichtlich des Eröffnungsverfahrens mit der **ersten Zwischenrechnungslegung** im eröffneten Verfahren oder gar mit der Schlussrechnung zu verbinden.

Kommt es nicht zu einer Verfahrenseröffnung, so ist zur **Prüfung der Rechnungslegung** der Richter **219** oder die Richterin funktionell zuständig. Kommt es dagegen zu einer Verfahrenseröffnung, ist wie hinsichtlich der Vergütungsfestsetzung des vorläufigen Insolvenzverwalters streitig, ob die **funktionelle Zuständigkeit** des Richters oder Rechtspflegers gegeben ist (vgl *Uhlenbruck* KTS 1990, 15, 26; FK-*Schmerbach* § 21 Rn 65). Kommt es zur Verfahrenseröffnung, geht das Verfahren nach § 18 Abs 1 RPflG in die Zuständigkeit des Rechtspflegers über und damit auch die Prüfung der nach Verfahrenseröffnung eingereichten „Schlussrechnung" des vorläufigen Insolvenzverwalters. Geht man wie der hier vertretenen Auffassung davon aus, dass nicht nur die Vergütungsfestsetzung, sondern auch die Prüfung der Rechnungslegung zum Vorverfahren gehört, das bis zur Entscheidung über den Eröffnungsantrag dem Richter vorbehalten ist, so ist die **ausschließliche funktionelle Zuständigkeit des Richters** gegeben (so auch FK-*Schmerbach* § 21 Rn 65; *Uhlenbruck* NZI 1999, 289, 292; *Unterbusch* aaO S 281). Entscheidend ist für die funktionelle Zuständigkeit, welchem Verfahrensabschnitt die Prüfung der Rechnungslegung zuzuordnen ist. Die Rechnungsprüfung hinsichtlich des Eröffnungsverfahrens steht mit der dem Richter vorbehaltenen Leitung des Eröffnungsverfahrens in solch engem Zusammenhang, dass eine getrennte Bearbeitung durch den Rechtspfleger nicht sachdienlich wäre (vgl *Uhlenbruck/Delhaes* HRP Rn 367; *Uhlenbruck* NZI 1999, 289, 292; *Koch*, Die Sequestration im Konkurseröffnungsverfahren S 154). Folgt man der Gegenmeinung, wonach mit Verfahrenseröffnung die gesamte funktionelle Zuständigkeit auf den Rechtspfleger übergeht, wird man auch hier ähnlich wie bei der Vergütungsfestsetzung des vorläufigen Insolvenzverwalters die funktionelle Zuständigkeit des Rechtspflegers bejahen (so zB LG Halle ZIP 1995, 486, 488; LG Magdeburg Rpfleger 1996, 38; *Holzer,* Entscheidungsträger Rn 25, 26; *Herbst/Bassenge* § 18 RPflG Rn 4; *Dallmayer/Eickmann* § 18 RPflG Rn 4). Da Art und Umfang der Rechnungslegung im Insolvenzeröffnungsverfahren nicht gesetzlich geregelt sind, wird man das Insolvenzgericht als berechtigt ansehen müssen, je nach Verfahrensart, Verfahrensstand und Verfahrensdauer sowie nach Umfang der Verwaltungsbefugnisse **Einschränkungen der Rechnungslegung** auf Antrag oder Anregung des vorläufigen Verwalters zuzulassen (*Uhlenbruck* NZI 1999, 289, 293; FK-*Schmerbach* § 21 Rn 65). Das Insolvenzgericht hat aber hinsichtlich einer Befreiung oder Beschränkung der Rechnungslegungspflicht keinen unbeschränkten Ermessensspielraum. Dies ist nicht zuletzt deswegen, weil auch der Schuldner bzw das Schuldnerunternehmen selbst ein Interesse daran hat, in Fällen der Antragserledigung oder Rücknahme über die Tätigkeit des vorläufigen Verwalters Informationen zu erhalten. Steht allerdings bei Abweisung mangels Masse (§ 26 Abs 1 S 1) fest, dass nicht nur Vergütung und Auslagen, sondern auch die Kosten der Rechnungslegung nicht gedeckt sind, wird man das Insolvenzgericht als befugt ansehen dürfen, den Verwalter von der Rechnungslegungspflicht zu befreien oder diese auf ein Minimum zu beschränken (*Uhlenbruck* NZI 1999, 289, 293; *Beck/Depré/Beck* Hdb Rn 224, 225).

220 **Kosten der Rechnungslegung** des vorläufigen Insolvenzverwalters werden mit der Vergütung, die nach § 61 Abs 2 Nr 1 iVm §§ 63, 64 InsO, § 11 InsVV vom Gericht festgesetzt wird, abgegolten. Die Vergütung auch für die Rechnungslegung gehört deshalb zu den Verfahrenskosten iSv § 54 Nr 2. Die Kosten können nicht über das JVEG abgerechnet werden. Droht der vorläufige Insolvenzverwalter entweder mangels Masse oder wegen fehlender Kostentragungspflicht des Antragstellers mit seinem Vergütungs- und Auslagenanspruch auszufallen, so kann ihm nicht mehr zugemutet werden, auf seine Kosten zusätzlich noch eine umfangreiche Rechnungslegung zu erstellen (*Uhlenbruck* NZI 1998, 289, 294). Hatte der vorläufige Insolvenzverwalter noch keine tatsächlichen Feststellungen zur Vermögenslage des Schuldners getroffen, kann selbst von einem kurzen Bericht abgesehen werden (*Vallender* DZWIR 1999, 265, 276).

XIX. Wirksamkeit von Rechtshandlungen des Insolvenzverwalters bei vorzeitiger Beendigung des Eröffnungsverfahrens

221 Nach § 34 Abs 3 S 3 werden die Wirkungen von Rechtshandlungen, die vom Insolvenzverwalter oder ihm gegenüber im eröffneten Verfahren vorgenommen worden sind, durch die Aufhebung des Insolvenzverfahrens nicht berührt (*Uhlenbruck* KTS 1994, 169, 182 f; *ders* in: KS S 365 f Rn 43; *Gottwald/Uhlenbruck* InsRHdb § 14 Rn 47; HK-*Kirchhof* § 34 Rn 30 ff; FK-*Schmerbach* § 34 Rn 43; *Smid* § 34 Rn 12 ff; HambKomm/*Schröder* § 22 Rn 210). Die Vorschrift des § 34 Abs 3 S 3 bezieht sich zwar nur auf das eröffnete Verfahren. Sie ist jedoch entsprechend auf Rechtshandlungen des vorläufigen Insolvenzverwalters anzuwenden (*Braun/Uhlenbruck,* Unternehmensinsolvenz S 255; *Gottwald/Uhlenbruck* InsRHdb § 14 Rn 47). Begründet der **vorläufige Insolvenzverwalter mit Verwaltungs- und Verfügungsbefugnis** im Rahmen des Eröffnungsverfahrens Verbindlichkeiten zu Lasten der Haftungsmasse, so sind diese Verbindlichkeiten vom Schuldner oder Schuldnerunternehmen auch dann zu erfüllen, wenn es später nicht zu einer Verfahrenseröffnung kommt oder das Verfahren zwar eröffnet, jedoch wegen Masseunzulänglichkeit wieder eingestellt wird (vgl auch *Smid* § 34 Rn 13). Die entsprechende Anwendung des § 34 Abs 3 S 3 ist nicht zuletzt auch im Hinblick auf das Vertrauen des Rechtsverkehrs gerechtfertigt. Vertragspartner des vorläufigen Insolvenzverwalters mit Verfügungsbefugnis müssen sich vor allem im Rahmen einer einstweiligen Betriebsfortführung darauf verlassen können, dass die von ihm begründeten Verbindlichkeiten erfüllt werden, auch wenn es nicht zu einer Verfahrenseröffnung kommt (KS-*Uhlenbruck* S 366 Rn 43; K/P/B/*Pape* § 25 Rn 13). Dies galt auch schon für das frühere Recht, wo man von „stecken gebliebenen" Insolvenzverfahren sprach (vgl BGH v 10. 6. 1959, NJW 1959, 1873; K/U § 109 KO Rn 8; *Mohrbutter/Pape* Rn II.32; *Jaeger/Weber* § 109 KO Rn 4).

XX. Die Haftung des vorläufigen Insolvenzverwalters

222 Soweit er nicht als Gutachter kraft besonderen Gutachterauftrags haftet (vgl unten zu Ziff 3), bestimmt sich die Haftung des vorläufigen Insolvenzverwalters nach den §§ 21 Abs 2 Nr 1, 60, 61, 62 entsprechend (eingehend dazu *Meyer,* Die Haftung des vorläufigen Insolvenzverwalters 2003 S 1 ff). Gem § 60 Abs 1 S 1 ist der vorläufige Insolvenzverwalter **allen Beteiligten zum Schadenersatz verpflichtet**, wenn er schuldhaft die Pflichten verletzt, die ihm nach der InsO und nach dem Inhalt des gerichtlichen Beschlusses (§ 22 Abs 2) obliegen. Er hat für die **Sorgfalt eines ordentlichen und gewissenhaften vorläufigen Insolvenzverwalters** einzustehen (§ 60 Abs 1 S 2). Die Regelung in § 60 Abs 1 entspricht weitgehend der früheren Rechtslage zur Haftung des Sequesters (vgl *Feuerborn* KTS 1997, 171, 2055; K/P/B/*Pape* § 22 Rn 9; *Vallender* DZWIR 1999, 265, 273 f; K/U § 106 KO Rn 26 ff; *Hess* § 22 KO Rn 15 ff; KS-*Uhlenbruck* S 325, 367 ff Rn 46, 47; *Kraemer/Vallender/Vogelsang* Fach 2 Kap 6 Rn 171 ff; MüKo-InsO-*Haarmeyer* § 22 Rn 208). Verschärft hat sich die Haftungssituation für den vorläufigen Insolvenzverwalter durch die Regelung in § 61, wonach der vorläufige Insolvenzverwalter über § 21 Abs 2 Nr 1

für die Nichterfüllung von Masseverbindlichkeiten auch im Rahmen der einstweiligen Betriebsfortführung haftet. Die Haftungsgefahren haben dazu geführt, dass die Gerichte in 90 Prozent aller Insolvenzeröffnungsverfahren nur noch einen vorläufigen Verwalter mit Verfügungsverbot bestellen. Nach einer Untersuchung von *Bork/Klaas* (ZInsO 1999, 485, 486) wird in der Praxis vielfach gefordert, den Verweis auf § 61 in § 21 Abs 2 Nr 1 zu streichen oder die Haftung für Arbeitnehmerforderungen einschließlich der Sozialansprüche auszuschließen. Teilweise wird auch eine Beweislastumkehr zu Lasten des Geschädigten erwogen (HambKomm/*Schröder* § 22 Rn 214).

Aus **Verschulden bei Vertragsschluss** (§ 311 Abs 2, 3 BGB) haftet der vorläufige Insolvenzverwalter nur, wenn er eigene Pflichten ausdrücklich übernommen oder einen Vertrauenstatbestand geschaffen hat, an dem er sich festhalten lassen muss; die bloße, aus dem Schuldnervermögen nicht zu erfüllende Bestellung genügt nicht (**BGH** v 24. 5. 2005 – IX ZR 114/01, NZI 2005, 500; s aber **OLG** Rostock v 4. 10. 2004 – 3 U 158/03, ZIP 2005, 220, 221; **OLG** Schleswig v 31. 10. 2003 – 1 U 42/03, NZI 2004, 92). Übernimmt der vorläufige Insolvenzverwalter ausdrücklich eigene, persönliche Pflichten, muss er sich auch das **Verschulden seiner Hilfspersonen gem § 278 BGB** zurechnen lassen. Voraussetzung hierfür ist ein unmittelbarer sachlicher Zusammenhang zwischen dem durch die Hilfspersonen geschaffenen Vertrauen und den Aufgaben, die ihnen zugewiesen waren (**BGH** v 15. 12. 2005 – IX Z/R 179/03).

222a

Eine **Haftung gem § 826 BGB** trifft den vorläufigen Insolvenzverwalter, wenn er in einer gegen die guten Sitten verstoßenden Weise einem anderen vorsätzlich einen Schaden zufügt. Davon ist auszugehen, wenn der vorläufige Insolvenzverwalter wissentlich falsche Auskünfte erteilt. Dagegen reicht der Umstand, dass der vorläufige Insolvenzverwalter einen vom Schuldner geschlossenen Vertrag nicht genehmigt, nachdem der Schuldner ihm daraus künftig erwachsende Ansprüche im Voraus an einen Gläubiger abgetreten hatte, sondern einen eigenen Vertrag über den Gegenstand abschließt, nicht aus (vgl **BGH** v 15. 3. 2003 – IX ZR 322/01, ZIP 2003, 1303 ff; HK-*Kirchhof* § 22 Rn 85). Für das **Führen von Prozessen** gilt, dass das Betreiben eines gesetzlich geregelten Verfahrens der Rechtspflege in Ausnahmefällen eine Haftung nach § 826 BGB begründen kann. Sittenwidrigkeit ist insbesondere dann anzunehmen, wenn die Partei das staatliche Verfahren zur Schädigung der Gegenpartei oder Dritter missbraucht, indem sie – wie im Falle des Prozessbetrugs oder des Erschleichens gerichtlicher Handlungen – das Verfahren mit unlauteren Mitteln betreibt (**BGH** v 25. 3. 2003 – VI ZR 175/02, NZI 2003, 461, 462). Allein die Kenntnis der materiellen Unrichtigkeit des Prozessbegehrens reicht nicht aus. Vielmehr müssen besondere Umstände aus der Art der Prozesseinleitung oder der -durchführung hinzutreten, die das Vorgehen als sittenwidrig prägen (**BGH** aaO). Dies ist für den Fall eines **Aktivprozesses trotz Kenntnis der Massearmut** zu bejahen.

222b

1. Die Haftung entsprechend § 60. Auch der vorläufige Insolvenzverwalter haftet gem § 22 Abs 2 Nr 1 entsprechend § 60 nur für die Verletzung solcher Pflichten auf Schadenersatz, die ihm in seiner Eigenschaft als Verwalter nach den Vorschriften der InsO obliegen, also nur für die **schuldhafte Verletzung insolvenzspezifischer Pflichten** (K/P/B/*Pape* § 22 Rn 9; *Hess* § 22 Rn 103 ff; FK-*Schmerbach* § 21 Rn 42 ff; *Gottwald/Uhlenbruck* InsRHdb § 14 Rn 50). Seine insolvenzspezifischen Pflichten ergeben sich aus den ihm übertragenen Aufgaben (*Meyer* aaO S 100). Als Sorgfaltsmaßstab ist nicht etwa auf den Grad der erforderlichen Sorgfalt, sondern auf die Sorgfalt eines ordentlichen und gewissenhaften vorläufigen Insolvenzverwalters abzustellen (*Pape* WPrax 1995, 236, 239; *Bork,* Einf Rn 58; *Hess/Pape* InsO Rn 146; KS-*Uhlenbruck* S 368 Rn 46; *Braun/Uhlenbruck* Unternehmensinsolvenz S 259 f). Dabei ist zu berücksichtigen, dass der vorläufige Insolvenzverwalter häufig der Einarbeitung in einen völlig fremden Geschäftsbereich bedarf. Nicht selten findet er eine ungeordnete Buchführung vor, so dass es einer gewissen Zeit bedarf, um Einblick und Ordnung in die Schuldnerangelegenheiten zu gewinnen. Schon aufgrund der besonderen Situation können die strengen Grundsätze zur **Haftung wegen Rechtsirrtums**, die im Zusammenhang mit dem Verschulden bei Verzug von Rechtsprechung und Literatur entwickelt worden sind, nicht auf den vorläufigen Insolvenzverwalter übertragen werden (*Lüke,* Haftung des Insolvenzverwalters in der Unternehmensfortführung, RWS-Forum 9 1996, Hrsg *H. Prütting* S 67, 81; *Vallender* ZIP 1997, 345, 349). Die entsprechende Anwendung des § 60 Abs 1 S 2 hat für den vorläufigen Insolvenzverwalter zur Folge, dass die Zivilgerichte im Haftungsprozess die Möglichkeit haben, den **spezifischen Besonderheiten und Schwierigkeiten** der einzelnen Verfahrens Rechnung zu tragen (*Kraemer/Vallender/ Vogelsang* Fach 2 Kap 6 Rn 173). Das Gesetz zwingt den vorläufigen Insolvenzverwalter mit Verwaltungs- und Verfügungsbefugnis in § 22 Abs 1 S 2 Nr 2, ein ihm völlig fremdes Unternehmen in einem ihm kaum vertrauten Geschäftszweig ohne Einarbeitungszeit zu übernehmen und fortzuführen, so dass das Haftungsrisiko unkalkulierbar wäre, wenn nicht diesen Besonderheiten im Haftungsbereich Rechnung getragen würde (vgl *Uhlenbruck,* Das neue Insolvenzrecht S 91; *Gottwald/Uhlenbruck* InsRHdb § 14 Rn 51; *Feuerborn* KTS 1997, 171, 205 ff; HK-*Kirchhof* § 22 Rn 44; K/P/B/*Pape* § 22 Rn 9; *Vallender* DZWIR 1999, 265, 274; *Haarmeyer* ZInsO 1999, 157 ff). Die Unternehmensleitung hat oftmals versagt und das Rechnungswesen ist rückständig. Die Zuordnung einzelner Vermögensgegenstände, die unter Eigentumsvorbehalt geliefert oder zur Sicherheit an einen Gläubiger übereignet worden sind, erfordert einen ebenso intensiven Arbeitsaufwand wie **die Feststellung von Aus- und Absonderungsrechten.** Für die Verletzung dieser Rechte kann der vorläufige Insolvenzverwalter ebenfalls haften (*Jaeger/Gerhardt* § 22 Rn 205, 218). Angesichts der aufgezeigten besonderen Schwierigkeiten im Eröffnungsverfahren wird der

223

vorläufige Insolvenzverwalter die Schuldnerfremdheit von Gegenständen nicht immer erkennen können (**OLG Köln** ZIP 2001, 1823). Die gem § 1006 BGB für das Eigentum des besitzenden Schuldners sprechende Vermutung ist dann allenfalls widerlegt, wenn der angeblich Aus- oder Absonderungsberechtigte die Umstände einzeln, rechtlich schlüssig und nachprüfbar darlegt, die seine Berechtigung ergeben sollen (vgl **BGH** KTS 1996, 430; HK-*Kirchhof* § 22 Rn 79).

Der vorläufige Insolvenzverwalter ist im Rahmen der Unternehmensfortführung auf die Mitarbeit des bisherigen Personals des Schuldnerunternehmens weitgehend angewiesen. Deshalb haftet er entsprechend § 60 Abs 2 nicht gem § 278 BGB für **Verschulden von Angestellten und sonstigen Mitarbeitern** des Schuldnerunternehmens, die er zur Erfüllung der ihm obliegenden Aufgaben einsetzen muss und die nicht offensichtlich ungeeignet sind (K/P/B/*Pape* § 22 Rn 9; HK-*Kirchhof* § 22 Rn 44; *Haarmeyer* ZInsO 1998, 157 ff; *Gottwald/Uhlenbruck* InsRHdb § 14 Rn 51; *Braun/Uhlenbruck* Unternehmensinsolvenz S 60 f). Der Ausschluss der Haftung nach § 278 BGB greift nur ein, wenn der vorläufige Verwalter nach den Umständen des Falles keine andere Möglichkeit hat, als Angestellte des Schuldners bzw des Schuldnerunternehmens zur Bewältigung seiner Aufgaben einzusetzen (HK-*Kirchhof* § 22 Rn 44). Der Zwang hierzu besteht nicht nur in besonderen Kenntnissen der Mitarbeiter, sondern kann auch finanzielle Gründe haben. Bei Weiterbeschäftigung von Mitarbeitern des Schuldners bzw Schuldnerunternehmens trifft den vorläufigen Verwalter nur eine **Überwachungspflicht** und eine Verantwortlichkeit für **Entscheidungen von besonderer Bedeutung** (§ 60 Abs 2). So greift seine Haftung ein, wenn er schuldhaft Mitarbeiter einsetzt, die sich – insbesondere im Zusammenhang mit dem Eintritt der Insolvenz – erkennbar als unfähig zur Erledigung ihrer Aufgaben erwiesen haben. Das Haftungsprivileg bezieht sich nicht etwa auf eine Mitarbeit des Schuldners oder organschaftlichen Vertreters des Schuldnerunternehmens nach § 97 Abs 2 (*Gottwald/Uhlenbruck* InsRHdb § 14 Rn 51). Ein typischer Haftungsfall liegt vor, wenn der vorläufige Insolvenzverwalter ohne Verwaltungs- und Verfügungsbefugnis pflichtwidrig und schuldhaft Rechtsgeschäften des Schuldners zustimmt, die eine Masseschädigung zur Folge haben (*Hess* § 22 Rn 105; KS-*Uhlenbruck* S 368 Rn 46). Eine zum Schadenersatz verpflichtende Unterlassung ist zu bejahen, wenn der vorläufige Verwalter ohne Verfügungsbefugnisse es unterlässt, bei Gericht dringend notwendige Sicherungsmaßnahmen nach § 22 Abs 2 anzuregen.

223a Soweit das Insolvenzgericht der Stilllegung des schuldnerischen Betriebes zustimmt, scheidet eine persönliche Haftung des vorläufigen Insolvenzverwalters wegen einer Pflichtverletzung grundsätzlich aus, weil er an den Beschluss des Insolvenzgerichts gebunden ist. Etwas anderes gilt nur dann, wenn er das Insolvenzgericht falsch unterrichtet hat und die fehlerhafte Entscheidung auf der unzutreffenden Information beruht (*Meyer* aaO S 121). Nicht bindend und damit auch nicht haftungsentlastend sind Beschlüsse des bereits im Eröffnungsverfahren eingesetzten **vorläufigen Gläubigerausschusses** (näher dazu Kommentierung zu § 67).

224 **2. Die Haftung entsprechend § 61.** Dogmatisch nimmt § 61 eine Doppelfunktion ein. Einerseits werden in den Schutzbereich des insolvenzspezifischen Haftungssystems hierdurch auch solche Personen einbezogen, die noch nicht zu den Verfahrensbeteiligten gehören. Zum anderen kann die Haftung aus § 61 uU mit der allgemeinen Verwalterhaftung nach § 60 Abs 1 konkurrieren, wenn zB der vorläufige Insolvenzverwalter zum Nachteil der bereits vorhandenen Gläubiger weitere gesetzliche Verbindlichkeiten nach § 55 Abs 2 S 1 begründet und hierdurch die Befriedigungsaussichten dieser Gläubiger schmälert (*Pohlmann*, Befugnisse Rn 370). Die spezifische Ausfallhaftung nach § 61 ist dann gegenüber der allgemeinen Verwalterhaftung aus § 60 Abs 1 lex specialis (*Pohlmann*, Befugnisse Rn 370). Grundsätzlich ist festzustellen, dass sich die Haftung des vorläufigen Insolvenzverwalters gegenüber den bereits vorhandenen Gläubigern des Schuldners bzw des Schuldnerunternehmens nach § 60 richtet, dagegen die Haftung gegenüber Dritten für die Begründung nicht gedeckter Verbindlichkeiten nach § 61. Ein besonderes Problem ist die Gefahr einer Haftung des vorläufigen Insolvenzverwalters bei **Begründung von Masseverbindlichkeiten** iSv § 55 Abs 2 im **Rahmen der einstweiligen Betriebsfortführung** (§ 22 Abs 1 S 2 Nr 2). Entsprechend der Begründung des Regierungsentwurfs zu § 61 kann auch die Entgegennahme einer Leistung aus einem Dauerschuldverhältnis, auf dessen Kündigung der vorläufige Verwalter verzichtet hat, seine persönliche Haftung für die Erfüllung neubegründeter Verbindlichkeiten begründen (*Haarmeyer* ZInsO 1998, 157; *Uhlenbruck*, Das neue Insolvenzrecht S 371; *Hess/Weis* InVo 1997, 144; *Kind* InVo 1998, 60). Dabei ist der vorläufige Insolvenzverwalter mit Verwaltungs- und Verfügungsbefugnis kraft Gesetzes (§ 22 Abs 1 S 2 Nr 2) verpflichtet, nicht nur das Schuldnerunternehmen einstweilen fortzuführen, sondern im Rahmen der Fortführung auch Verbindlichkeiten zu begründen, die gem § 55 Abs 2 im eröffneten Verfahren Masseverbindlichkeiten sind, die nach § 53 vorweg aus der Masse berichtigt werden müssen. Bei einer möglichen Haftung gem § 21 Abs 2 Nr 1 iVm § 61 ist indes zu berücksichtigen, dass der vorläufige Insolvenzverwalter bei der Fortführung eines insolventen Unternehmens regelmäßig vor besonderen Schwierigkeiten steht. Außer den Problemen, die sich unmittelbar aus der wirtschaftlichen Schieflage des Unternehmens ergeben, darf insbesondere nicht außer Acht gelassen werden, dass der vorläufige Insolvenzverwalter eine **Einarbeitungszeit** benötigt, wenn er ein fremdes Unternehmen in einem ihm möglicherweise nicht vertrauten Geschäftszweig übernimmt, und dass er häufig keine geordnete Buchführung vorfindet (*Vallender* EWiR 2004, 765, 766). Zudem fehlt ihm die Möglichkeit einer Unzulänglichkeitsanzeige iSv § 208 (HK-*Kirchhof* § 22 Rn 81). Bei der Be-

XX. Die Haftung des vorläufigen Insolvenzverwalters § 22

stimmung der erforderlichen Sorgfalt (§ 276 Abs 2 BGB iVm § 61 S 2) hängt der für die Einarbeitung erforderliche Zeitraum von den Umständen des Einzelfalls ab (vgl *Lüke* FS 50 Jahre BGH 2000 S 711 ff). Zutreffend ist zwar der Hinweis von *Kirchhof* (HK-*Kirchhof* § 22 Rn 45; *Kirchhof* ZInsO 1999, 365 ff), dass im Rahmen der gesetzlich angeordneten Unternehmensfortführung **allein die allgemeine Haftungsnorm des § 60** eingreift. Dies ändert aber nichts daran, dass nach § 61 S 2 der vorläufige Insolvenzverwalter für die Nichterfüllung von Masseverbindlichkeiten haftet, wenn er bei Begründung der Verbindlichkeiten erkennen konnte, dass die Masse voraussichtlich zur Erfüllung nicht ausreichen würde (vgl OLG Brandenburg v 3. 7. 2003 – 8 U 58/02, NZI 2003, 552 m Anm *Vallender*). Dies gilt gleichermaßen für den Fall einer gerichtlichen Ermächtigung zur Begründung bestimmter Masseverbindlichkeiten(HambKomm-*Schröder* § 22 Rn 223; *Pape* FS *Kirchhof* S 419).

Den Beweis, dass er bei Begründung der Verbindlichkeiten davon ausgehen konnte, diese auch fristgerecht bedienen zu können, wird auch der vorläufige Insolvenzverwalter vor dem Hintergrund der Entscheidung des BGH v 17. 12. 2004 (IX ZR 185/03, NZI 2005, 222) nur führen können, wenn er eine plausible **Liquiditätsrechnung** erstellt, diese ständig überprüft und aktualisiert hat (so auch OLG Brandenburg aaO 553; *Wallner/Neuenhahn* NZI 2004, 63, 65). Soll eine Betriebsfortführung Erfolgschancen haben, muss der vorläufige Insolvenzverwalter möglichst rasch handeln. Dass sich insolvenzspezifische Liquiditätspläne nicht „auf Knopfdruck" erstellen lassen, liegt auf der Hand. Dies ändert aber nichts daran, dass der vorläufige Insolvenzverwalter – soweit er sich angesichts des Umfangs des Verfahrens nicht in der Lage sieht, Pläne selbst zu erstellen – unverzüglich organisatorische Vorsorge zu treffen hat, dass solche Pläne in der gebotenen Zeit erarbeitet oder überarbeitet werden. Will er einer möglichen Haftung nach § 61 InsO entgehen, hat er dafür Sorge zu tragen, dass die von ihm begründeten Ansprüche zeitnah befriedigt werden können und dass bei der Begründung neuer Ansprüche eine hohe Wahrscheinlichkeit der Befriedigung dieser Forderungen besteht (*Pape* FS *Kirchhof* 2003 S 407). Für die Phase zwischen Bestellung zum vorläufigen Insolvenzverwalter und der Erstellung der Liquiditätsübersicht gilt, dass der vorläufige Insolvenzverwalter nicht pflichtwidrig bei der Begründung von Masseverbindlichkeiten handelt, wenn bei Kenntnis der ihm bekannten Tatsachen eine Erfüllung wahrscheinlich war und er sich soweit möglich um eine weitere Aufklärung bemüht hat (*Meyer* aaO S 148). Der vorläufige Insolvenzverwalter hat sich für den Zeitpunkt der Begründung der Masseverbindlichkeit zu entlasten (**BGH** v 6. 5. 2004 – IX ZR 48/03, 435, 438).

224a

Die Wirksamkeit einer **individualvertraglichen Haftungsfreizeichnung** (für einfache und grobe Fahrlässigkeit) scheitert zwar nicht an der Regelung des § 119. Jedoch wird sich kaum ein Vertragspartner auf eine solche Vereinbarung einlassen. Eine formularmäßige Haftungsfreizeichnung dürfte allenfalls für einfache Fahrlässigkeit in Betracht kommen, sofern hierbei die in § 61 S 2 vorgesehene Beweislastverteilung ausdrücklich unberührt bleibt (*Wallner/Neuenhahn* NZI 2004, 63, 66).

224b

Rechtlich ungeklärt ist bislang die Frage, ob eine Verwalterhaftung entsprechend § 61 S 2 auch dann eingreift, wenn das Insolvenzgericht seine **Zustimmung zur Stilllegung des Unternehmens versagt** und der vorläufige Insolvenzverwalter deshalb gezwungen ist, das Insolvenzunternehmen bis zur Verfahrenseröffnung bzw bis zum Berichtstermin fortzuführen. Insoweit scheidet eine Haftung des vorläufigen Verwalters nach § 61 InsO aus und kommt nur eine Amtshaftung nach § 839 BGB iVm Art 34 GG in Betracht (*Meyer* aaO S 121; HK-*Kirchhof* § 22 Rn 83; N/R/*Mönning* § 22 Rn 179; KS-*Uhlenbruck* S 369 Rn 47). Solange und soweit der vorläufige Insolvenzverwalter verpflichtet ist, ein Unternehmen des Schuldners weiter zu betreiben, handelt er rechtmäßig und kann er den Massegläubigern deswegen objektiv nicht zum Schadenersatz verpflichtet sein. Er hat indes den aus § 22 Abs 1 S 2 Nr 2 folgenden Rechtfertigungsgrund für sein Handeln in einer dem § 61 S 2 entsprechenden Weise – insbesondere durch einen (wenigstens vorläufigen) Liquiditätsplan – im Einzelnen darzulegen (HK-*Kirchhof* § 22 Rn 83; vgl auch *Wiester* ZInsO 1998, 100, 102; *W. Lüke*, in: *H. Prütting* (Hrsg), RWS-Forum 9 S 67, 81 ff; *Kraemer/Vallender/Vogelsang* Fach 2 Kap 6 Rn 173; N/R/*Mönning* § 22 Rn 174–180; K/P/B/*Lüke* § 22 Rn 10). Mit *Grub* (ZIP 1993, 393, 396) ist zu befürchten, dass der vorläufige Insolvenzverwalter im Hinblick auf die Haftung nach § 61 bei nicht gesicherter Finanzierung der Betriebsfortführung im Zweifel den Betrieb zunächst einstellen und abwarten wird, bis die Finanzierung geklärt wird (so auch *Vallender* ZIP 1997, 345, 349; *Uhlenbruck* FS *Hanisch* 1994, S 286).

225

Das **Haftungsrisiko des vorläufigen Insolvenzverwalters für Betriebsfortführung** und Nichterfüllung von Masseverbindlichkeiten (§ 61) lässt sich nur begrenzt durch den **Abschluss einer Haftpflichtversicherung** absichern. Die Haftpflichtversicherung des (vorläufigen) Insolvenzverwalters unterliegt versicherungsrechtlichen Besonderheiten (*van Bühren* NZI 2003, 465, 467). Die Verantwortlichkeit des vorläufigen Verwalters stellt eine Haftpflicht iSv §§ 149 ff VVG dar (K/P/B/*Lüke* § 60 Rn 60; *Kilger/ K. Schmidt* § 82 KO Anm 9). In besonders risikoreichen Eröffnungsverfahren wird man den vorläufigen Insolvenzverwalter mit Verwaltungs- und Verfügungsbefugnis für berechtigt halten müssen, mit **Zustimmung des Insolvenzgerichts** eine Vermögensschaden-Haftpflichtversicherung abzuschließen. Die Kosten dieser besonderen Haftpflichtversicherung werden mit der Vergütung des vorläufigen Verwalters als Auslagen festgesetzt. Allerdings ist das Haftungsrisiko im Rahmen der einstweiligen Betriebsfortführung nur **begrenzt versicherbar**, weil die Risikoausschlussklauseln, die für Schäden im Zusammenhang mit einer Tätigkeit als Leiter, Vorstands- oder Aufsichtsratsmitglied privater Unternehmen, Vereine, Verbände verabredet werden, nicht die Tätigkeit eines Insolvenzverwalters erfassen (vgl **BGH** v 30. 1. 1980,

226

ZIP 1980, 851 ff). Der **BGH** hat in dem sogen „Schlafsack-Fall" (**BGH** Urt v 13. 1. 1982, ZIP 1982, 326, 330) darauf hingewiesen, dass der Konkursverwalter nicht etwa deshalb auf Schadensersatz in Anspruch genommen worden ist, weil er Fragen des kaufmännischen Ermessens falsch beurteilt hätte, sondern deshalb, weil er bei Abschluss von Verträgen die Vertragspartner nicht über die mangelnde oder zweifelhafte Erfüllbarkeit des Vertrages aufgeklärt hat. Die Haftpflichtansprüche „beruhen" nach Auffassung des **BGH** in einem solchen Fall nicht iSv Ziff 1 der „Besonderen Bedingungen" auf der kaufmännischen Fehlentscheidung. Zutreffend weist *Prölss* in seiner Anmerkung zu dem **BGH**-Urteil (ZIP 1982, 333) darauf hin, dass sich die Frage, wann ein Haftpflichtanspruch auf einer kaufmännischen Fehlentscheidung beruht, in doppelter Hinsicht stelle. Einmal müsse das haftungsrechtliche Unwerturteil über das Verhalten des Versicherungsnehmers darauf beruhen, dass diesen der Vorwurf einer kaufmännischen Fehlentscheidung treffe. Weiterhin müsse festgestellt werden, in welchem Zusammenhang mit der kaufmännischen Fehlentscheidung das Verhalten des Versicherungsnehmers den Haftpflichttatbestand erfülle. In der Tat „beruht" ein Haftpflichtanspruch nur dann auf einer kaufmännischen Fehlentscheidung, wenn das haftbar machende Verhalten des Versicherungsnehmers auf die Fehlentscheidung zurückzuführen ist. Eine Fehlentscheidung des vorläufigen Insolvenzverwalters hinsichtlich der Unternehmensfortführung muss deshalb darüber hinaus zu einem konkreten Verhalten des vorläufigen Insolvenzverwalters führen, das einen Haftpflichttatbestand erfüllt (vgl auch K/P/B/*Lüke* § 60 Rn 61; *van Bühren* aaO 469). Unbeschadet dessen sollte ein (vorläufiger) Insolvenzverwalter in regelmäßigen Abständen die **Höhe der Deckungssumme kontrollieren** und den Umfang des Versicherungsschutzes bei der täglichen Arbeit beachten. Eine Überprüfung im Schadensfalle schützt unter Umständen nicht mehr vor einer existenzgefährdenden Haftung (*van Bühren* aaO 470).

227 **3. Die Haftung des vorläufigen Verwalters als Sachverständiger.** Bei seiner Tätigkeit im Rahmen des Insolvenzeröffnungsverfahrens handelt der Sachverständige, obgleich er vom Gericht beauftragt wird, nicht hoheitlich. Deshalb entfällt bei schuldhafter Pflichtverletzung eine **Schadenersatzpflicht des Staates** nach § 839 BGB iVm Art 34 GG (BGHZ 59, 310 = NJW 1973, 554; MüKo-*Damrau* § 402 ZPO Rn 13). Der vom Gericht mit Amtsermittlungen gem § 5 Abs 1 betraute Sachverständige steht zu den Verfahrensbeteiligten in keinem Vertragsverhältnis, so dass bis zum 31. 7. 2002 allenfalls eine **deliktische Haftung** nach den §§ 823, 826 BGB in Betracht kam (vgl *Wessel*, Der Sachverständige S 124 ff; *Stein/Jonas/Leipold* Vorbem vor § 402 ZPO Rn 43 ff; *Zöller/Greger* § 402 ZPO Rn 10). Für die **inhaltliche Richtigkeit seines Gutachtens** haftete der Sachverständige gem § 826 BGB in seltenen Fällen, nämlich bedingt vorsätzlicher Schädigung des Schuldners bzw Schuldnerunternehmens (BGHZ 62, 54 ff; *Wessel*, Der Sachverständige S 126). Ferner haftete der Sachverständige gem § 823 Abs 2 BGB für die Richtigkeit seines Gutachtens, wenn er sich gem §§ 153–156 StGB strafbar gemacht hat (MüKo-*Damrau* § 402 ZPO Rn 13). Durch das am 1. August 2002 in Kraft getretene Zweite Schadensersatzrechtsänderungsgesetz ist die **Sachverständigenhaftung nunmehr in § 839a BGB gesetzlich geregelt**. Danach ist ein gerichtlicher Sachverständiger zum Schadensersatz verpflichtet, wenn er **vorsätzlich** oder **grob fahrlässig** ein unrichtiges Gutachten erstattet und eine darauf beruhende gerichtliche Entscheidung einem der Verfahrensbeteiligten Schaden zufügt. Gem §§ 839a Abs 2, 839 Abs 3 BGB tritt jedoch die Ersatzpflicht nicht ein, wenn der Geschädigte schuldhaft unterlassen hat, den Schaden durch Einlegung eines Rechtsmittels abzuwenden. Wird kein vorläufiger Insolvenzverwalter bestellt, sondern **lediglich ein Gutachter** mit der Prüfung des Insolvenzgrundes beauftragt, richtet sich die Haftung des Sachverständigen ausschließlich nach § 839a BGB, nicht nach Insolvenzrecht. Eine entsprechende Anwendung der Vorschriften über die Haftung des vorläufigen Insolvenzverwalters (§§ 21 Abs 2 Nr 1, 60, 61) scheidet deshalb aus (str aA *Wessel*, Der Sachverständige S 137 ff; wohl auch *Bollig* KTS 1990, 599, 612 f). Es wäre unzulässig, die spezialgesetzliche Regelung in § 839a BGB durch hilfsweise Anwendung der §§ 60, 61 InsO zu umgehen. Jedoch ist zu unterscheiden zwischen den **spezifischen Sachverständigenpflichten** und den **weiter gehenden Pflichten** des Sachverständigen im Insolvenzeröffnungsverfahren, die als Nebenpflichten gegenüber dem Insolvenzgericht bestehen. Beauftragt zB das Insolvenzgericht den Sachverständigen einerseits mit der Feststellung des Insolvenzgrundes, gibt es ihm andererseits aber auf, bei Erkennen der Notwendigkeit von Sicherungsmaßnahmen diese unverzüglich bei Gericht anzuregen, so haftet der Sachverständige für fahrlässige Fehler bei der Feststellung des Insolvenzgrundes nicht. Anders aber, wenn er fahrlässig die Notwendigkeit von Sicherungsmaßnahmen nicht erkennt oder schuldhaft die Anregung bei Gericht, dringend gebotene Sicherungsmaßnahmen nach § 21 anzuordnen, unterlässt. Insoweit handelt es sich nicht mehr um spezifische Sachverständigentätigkeit, sondern um einen **zusätzlichen Auftrag des Insolvenzgerichts**, der eine Nebenpflicht begründet und nur mittelbar mit der Sachverständigentätigkeit zusammenhängt.

XXI. Die Vergütung des vorläufigen Insolvenzverwalters

228 Seit Inkrafttreten der InsO hat die InsVV v 19. 8. 1998 (BGBl I 2205) wiederholt Änderungen erfahren. Mit der Neufassung des § 11 Abs 1 S 2 InsVV auf Grund der Verordnung zur Änderung der Insolvenzrechtlichen Vergütungsverordnung v 4. 10. 2004 (BGBl I 2569) hatte der Verordnungsgeber die Absicht verfolgt, die **Berechnungsgrundlage** für die **Vergütung im Eröffnungsverfahren** nicht allein Rechtsprechung und Literatur zu überlassen, sondern deutliche Anhaltspunkte für die Festsetzung der Ver-

XXI. Die Vergütung des vorläufigen Insolvenzverwalters § 22

gütung zu liefern (*Wimmer* jurisPR-InsR 25/2006, Anm 5 S 2). Nach dieser Bestimmung erhält der vorläufige Insolvenzverwalter **in der Regel 25%** der Vergütung nach § 2 Abs 1 InsVV bezogen auf das Vermögen, auf das sich seine Tätigkeit während des Eröffnungsverfahrens erstreckt. Die Änderung stellt gleichzeitig klar, dass die **Minderung der Vergütung** des vorläufigen Insolvenzverwalters **auf einen Bruchteil** nur innerhalb der Staffelvergütung gem § 2 Abs 1 InsVV stattfindet (**BGH** v 13. 7. 2006 – IX ZB 104/05, WM 2006, 1387, 1393). Dies ist auch für die Auslegung von § 11 Abs 1 S 2 InsVV aF heranzuziehen (**BGH** v 14. 12. 2006 – IX ZB 190/03, ZInsO 2007, 88, 89).

Unter Hinweis auf die Entscheidungen des **BGH** v 13. 7. 2006 (IX ZB 104/05, NJW 2006, 2992 = NZI 2006, 515) und v 14. 12. 2005 (IX ZB 256/04, NJW 2006, 2988 = NZI 2006, 284), mit denen ein Wechsel der Rechtsprechung des IX. Zivilsenats zur Einbeziehung von mit Aus- und Absonderungsrechten belasteten Vermögensgegenständen vollzogen wurde, vertritt *Wimmer* (aaO) die Auffassung, dieses Ziel sei verfehlt worden. Es sei nicht einmal gelungen, das Grundanliegen der Änderung 2004 zu verdeutlichen, als Ausgangspunkt der Vergütung des vorläufigen Insolvenzverwalters eine eigene Berechnungsgrundlage zu entwickeln. Die Kritik (*Blersch* ZIP 2006, 1605; *Graeber* DZWIR 2006, 437; *Haarmeyer* ZInsO 2006, 786; *Keller* NZI 2006, 271; *Nowak* NZI 2006, 519; *Schmidt* ZInsO 2006, 791; *Vallender* NJW 2006, 2956) an den vorgenannten Entscheidungen des BGH dürfte mit dazu beigetragen haben, dass die Verordnung geändert worden ist. Seit dem 29. 12. 2006 gilt die neue Fassung des § 11 InsVV. Durch die **Zweite Verordnung zur Änderung der InsVV** v 21. 12. 2006 (BGBl 3389; abgedruckt in NZI 2007, 157 ff) wurde neben einer Klarstellung der Berechnungsgrundlage der Vergütung des vorläufigen Insolvenzverwalters in Abs 1 ua ein neuer Abs 2 eingefügt (näher dazu Ausführungen Rn 233 d). Die Änderungen zielen darauf ab, einerseits an die frühere Rechtsprechung anzuknüpfen, wie sie insbesondere in dem Beschluss des BGH v 14. 12. 2000 (IX ZB 105/00, BGHZ 146, 165 = NJW 2001, 1496 = NZI 2001, 191) ihren Niederschlag gefunden hat, andererseits den Insolvenzgerichten ausreichende Hilfsmittel an die Hand zu geben, um überzogene, nicht aus der Sache heraus gebotene Vergütungshöhen zu verhindern (*Wimmer* aaO). Die auf Grund der Zweiten Verordnung eingetretenen Änderungen von § 11 Abs 1 InsVV sind nicht rückwirkend auf alle bei ihrem Inkrafttreten noch nicht rechtskräftig abgeschlossenen Festsetzungsverfahren für die Vergütung des vorläufigen Insolvenzverwalters anzuwenden (**BGH** v 23. 10. 2008 – IX ZB 36/05, NZI 2009, 54).

228a

1. Allgemeines. Die **Tätigkeit** des vorläufigen Insolvenzverwalters wird **besonders vergütet** (§ 11 Abs 1 S 1 InsVV). Er erhält **in der Regel 25 vom Hundert** der Vergütung nach § 2 Abs 1 InsVV bezogen auf das Vermögen, auf das sich seine Tätigkeit während des Eröffnungsverfahrens erstreckt. Art, Dauer und Umfang seiner Tätigkeit sind bei der Festsetzung der Vergütung besonders zu berücksichtigen (§ 11 Abs 1 S 3 InsVV). Eine **gesonderte Vergütungsfestsetzung** erfolgt auch, wenn es später zur Eröffnung des Verfahrens kommt und eine Verwaltervergütung im eröffneten Verfahren festgesetzt wird. Es wäre unzulässig, die Vergütung des vorläufigen Insolvenzverwalters in die Vergütung des endgültigen Verwalters einzurechnen (HK-*Kirchhof* § 22 Rn 49; *Braun/Uhlenbruck*, Unternehmensinsolvenz S 261 ff; *Hess* § 11 InsVV Rn 4 ff; H/W/F § 11 InsVV Rn 1; KS-*Uhlenbruck* S 370 Rn 48). Dies gilt selbst dann, wenn im eröffneten Verfahren mit dem Insolvenzverwalter **Personenidentität besteht** (*Hess* § 11 InsVV Rn 5). Vereinbarungen über eine abweichende Vergütung des vorläufigen Verwalters sind gem § 134 BGB nichtig (vgl **BGH** NJW 1982, 186; K/U § 85 KO Rn 15; HK-*Kirchhof* § 22 Rn 50).

228b

2. Entstehung, Fälligkeit und Verjährung des Anspruchs auf Vergütung. Der **Anspruch** des vorläufigen Insolvenzverwalters **entsteht** mit der Berufung in sein Amt; sein Wert wird durch die Arbeitsleistung ausgefüllt (**BGH** v 15. 1. 2004 – IX ZB 96/03, NZI 2004, 196; MüKoInsO-*Nowak* § 11 InsVV Rn 2; *Raebel* FS *Fischer* S 459, 478). Die gerichtliche Festsetzung konkretisiert den Anspruch nur der Höhe nach (**BGH** aaO). Der **Anspruch** auf Vergütung und Auslagenersatz wird **fällig**, wenn die Tätigkeit des vorläufigen Insolvenzverwalters im Eröffnungsverfahren beendet ist (**BGH** v 29. 3. 2007 – IX ZB 153/06, ZIP 2007, 1070, 1071; LG Göttingen v 1. 2. 2001 – 10 T 1/01, ZVI 2002, 433). Fälligkeit tritt danach ein mit Verfahrenseröffnung LG Hannover v 3. 8. 2009 – 11 T 35/09, NZI 2009, 688, Zurückweisung des Eröffnungsantrags, Entlassung oder Tod des vorläufigen Insolvenzverwalters. Der Anspruch des vorläufigen Insolvenzverwalters **verjährt in 3 Jahren** (§ 195 BGB), solange die Vergütung nicht bestandskräftig festgesetzt ist (**BGH** aaO). Für **bestandskräftig festgesetzte Ansprüche** auf Vergütung und Auslagenersatz gilt die **30jährige Verjährung** gem § 197 Abs 1 Nr 3 BGB (MüKoInsO-*Nowak* § 11 InsVV Rn 4). Die Verjährung beginnt mit dem Schluss des Jahres, in dem der Anspruch entstanden ist und der Forderungsinhaber (vorl Insolvenzverwalter) von den den Anspruch begründenden Umständen und der Person des Schuldners Kenntnis erlangt hat oder ohne grobe Fahrlässigkeit hätte erlangen können (§ 199 Abs 1 Nr 1 und 2 BGB, ferner § 199 Abs 4 BGB). Durch die Stellung eines Vergütungsantrags wird die Verjährung des Insolvenzverwaltervergütungsanspruchs gehemmt (**BGH** aaO 1072). Das Insolvenzgericht ist nicht von Amts wegen verpflichtet, die objektiv eingetretene Verjährung zu berücksichtigen. Eine „Einrederberechtigung" steht ihm nicht zu (MüKoInsO-*Novak* § 63 Rn 10; **aA LG** Hannover aaO).

229

3. Festsetzung der Vergütung. Die Festsetzung der Vergütungsansprüche setzt einen **Antrag** der zum vorläufigen Insolvenzverwalter bestellten Person voraus (§§ 10, 8 InsVV). Der Antrag soll frühestens ge-

230

stellt werden, wenn die Schlussrechnung an das Gericht gesandt wird (§ 8 Abs 1 S 2 InsVV). Hinsichtlich der Begründung des Antrags ist entsprechend § 8 Abs 2 InsVV zu verfahren. Da im Zeitpunkt der Beendigung der vorläufigen Insolvenzverwaltung noch keine Teilungsmasse vorhanden ist, die der Vergütungsberechnung zu Grunde gelegt werden könnte, ergeben sich unterschiedliche Ausgangspunkte für die Vergütungsberechnung im Eröffnungs- und im eröffneten Verfahren.

a) Berechnungsgrundlage. Die Vergütung des vorläufigen Insolvenzverwalters bemisst sich nach dem Vermögen des Schuldners, auf das sich seine Tätigkeit erstreckt hat (*Graeber* ZInsO 2007, 133, 134). Dass dieser Vermögensbestand Veränderungen unterworfen ist, liegt auf der Hand. So kommen im Laufe des Eröffnungsverfahrens einzelne Gegenstände neu zu diesem Vermögen hinzu, während andere im Zuge der Unternehmensfortführung aus dem Bestand ausscheiden. Nach der Begründung des Verordnungsgebers ist bei der Bewertung vom „klassischen Vermögensbegriff" auszugehen. Insofern wird unter **Vermögen** die **Gesamtheit der einer Person zustehenden Güter und Rechte von wirtschaftlichem Wert** verstanden. Hierzu zählen insbesondere das Eigentum an Grundstücken und an beweglichen Sachen, Forderungen und sonstige Rechte, die einen Geldwert besitzen (MüKoInsO-Nowak § 11 InsVV Rn 6). **Forderungen des Schuldners,** die bereits entstanden sind, müssen in die Berechnungsgrundlage für die Vergütung des vorläufigen Insolvenzverwalters aufgenommen werden (**BGH** v 26. 4. 2007 – IX ZB 160/06, NZI 2007, 461). Maßgeblich für die Bewertung sind nicht Buch- oder Hoffnungswerte, sondern der ggf zu schätzende **Verkehrswert** zum Zeitpunkt der Beendigung der vorläufigen Insolvenzverwaltung (**BGH** v 26. 4. 2007 – IX ZB 160/06, NZI 2007, 461; **BGH** v 9. 6. 2005 – IX ZB 230/03, NZI 2005, 557). **Verbindlichkeiten** zählen nicht zum Vermögen; sie sind nicht den Rechten gegenüber zu stellen und wertmäßig von ihnen abzuziehen. Letztlich geht es um das **Aktivvermögen.** Maßgeblicher Zeitpunkt für die Wertermittlung ist die Beendigung der vorläufigen Insolvenzverwaltung oder der Zeitpunkt, ab dem der Gegenstand nicht mehr der vorläufigen Insolvenzverwaltung unterliegt (§ 11 Abs 1 S 3 InsVV). Diese Regelung stellt gleichzeitig klar, dass auch das Vermögen, das zum Zeitpunkt der Beendigung der vorläufigen Insolvenzverwaltung nicht mehr vorhanden ist, als Bestandteil des dynamischen Vermögens des Schuldners zu berücksichtigen ist (*Graeber* ZInsO 2007, 133, 134). Um möglichst den wahren Wert des Vermögens der Vergütungsberechnung zugrunde legen zu können, haben sowohl der vorläufige Insolvenzverwalter als auch die Insolvenzgerichte darauf zu achten, dass anerkannte Bewertungsmaßstäbe herangezogen werden, wie sie sich etwa den §§ 252 ff HGB wieder finden (*Haarmeyer* ZInsO 2007, 73, 74 ff). Die Anrechnungsregeln des **§ 1 Abs 2 InsVV** gelten aaO nicht uneingeschränkt entsprechend (OLG Zweibrücken NZI 2000, 314; MüKoInsO-Nowak § 11 InsVV Rn 6). Nr 1 findet Anwendung bei Verwertung von Gegenständen, die mit Rechten Dritter belastet sind (HambKomm/*Büttner* § 11 InsVV Rn 18). Dagegen gelangt Nr 2 nicht zur Anwendung (BK-*Blersch* § 11 InsVV Rn 14). § 1 Abs 2 Nr 4 a, Nr 5 InsVV sind wiederum zur Ermittlung der Berechnungsgrundlage entsprechend anzuwenden (HambKomm/*Büttner* aaO). **Ansprüche aus Insolvenzanfechtung oder wegen Rückgewähr kapitalersetzender Leistungen** sind nach Auffassung des **BGH** (v 29. 4. 2004 – IX ZB 225/03, NZI 2004, 444; nochmals verschärft in **BGH** v 14. 12. 2005 – IX ZB 268/04, ZIP 2006, 625 m Bspr *Blersch* ZIP 2006, 598, 603) nicht in die Berechnungsgrundlage einzubeziehen. Hierfür mag sich zwar anführen lassen, dass diese Ansprüche erst im Zeitpunkt der Eröffnung des Verfahrens entstehen und daher während der vorläufigen Insolvenzverwaltung noch nicht zum Schuldnervermögen gehören. Ob sich diese Auffassung aber auch mit dem dynamischen, klassischen Vermögensbegriff, der inzwischen Einzug in die InsVV gehalten hat, in Einklang bringen lässt, erscheint fraglich (näher dazu BerlKo-*Blersch* § 11 InsVV Rn 31). Bei Nichteinbeziehung der vorgenannten Ansprüche in die Berechnungsgrundlage kann die Befassung mit diesen Ansprüchen aber zu einem Zuschlag führen (**BGH** v 29. 4. 2004 – IX ZB 225/03, NZI 2004, 444, 445). Wenn der vorläufige Insolvenzverwalter mit Verfügungsbefugnis ein **Unternehmen fortführt** oder der vorläufige Insolvenzverwalter mit Zustimmungsvorbehalt die Fortführung durch den Schuldner überwacht, kann nur das um die Ausgaben bereinigte Betriebsergebnis in die Berechnungsgrundlage für die Vergütung des vorläufigen Insolvenzverwalters eingestellt werden (**BGH** v 26. 4. 2007 – IX ZB 160/06, NZI 2007, 461; s dazu auch *Graeber* NZI 2007, 492 ff).

231 **b) Berücksichtigung von Aus- und Absonderungsrechten.** In Übereinstimmung mit der jüngeren Rechtsprechung des **BGH** (v 13. 7. 2006 (IX ZB 104/05, NJW 2006, 2992 = NZI 2006, 515) und v 14. 12. 2005 – IX ZB 256/04, IX ZB 256/04, NJW 2006, 2988 = NZI 2006, 284) fließen die mit Aus- und Absonderungsrechten belasteten Gegenstände nicht bereits dann in die Berechnungsgrundlage ein, wenn der vorläufige Insolvenzverwalter sich lediglich im nennenswerten Umfang mit ihnen befasst hat (anders noch **BGH** v 14. 12. 2000, NZI 2001, 191, 192). **§ 11 Abs 1 S 4 InsVV** schreibt vielmehr eine **erhebliche Befassung** vor. Nach Auffassung des **BGH** (v 28. 9. 2006 – IX ZB 230/05, NZI 2007, 40, 42) wird das gewöhnliche Maß der Beschäftigung mit Aus- und Absonderungsrechten nicht nicht überschritten, wenn der vorläufige Insolvenzverwalter die fraglichen Gegenstände in Besitz nimmt und inventarisiert. Entsprechendes gelte regelmäßig für die Prüfung, wie die Eigentumsverhältnisse liegen, welche der verwalteten Gegenstände mit Fremdrechten belastet sind und um welche Fremdrechte es sich handelt. Nicht außergewöhnlich belastend sei in der Regel auch die Prüfung, ob für Gegenstände mit fremden Rechten Versicherungsschutz besteht. Anders könne es sich etwa dann verhalten, wenn die Verwaltung von fremden oder mit Grundpfandrechten belasteten Grundstücken oder von beweglichem

Sicherungsgut einen **erheblichen Teil der Arbeitskraft des vorläufigen Insolvenzverwalters** bindet. Eine erhebliche Belastung des vorläufigen Insolvenzverwalters durch die Beschäftigung mit Aus- oder Absonderungsrechten (oder den betreffenden Gegenständen) kann je nach den konkreten Umständen beispielsweise vorliegen: wenn ein Grundpfandgläubiger die Zwangsversteigerung einer schuldnereigenen Immobilie betreibt und der vorläufige Insolvenzverwalter mit ihm darüber verhandelt, von der Zwangsvollstreckung Abstand zu nehmen, oder dieser eine bereits anhängige Zwangsvollstreckungsmaßnahme nach § 30d Abs 4 ZVG einstweilen einstellen lässt; wenn die belastete Immobilie zugleich vermietet ist und dem vorläufigen Verwalter die Mietverwaltung obliegt, ohne dass das verwaltete Vermögen dadurch angereichert wird (**BGH v 13. 7. 2006 – IX ZB 104/05, NZI 2006, 515**). Darüber hinaus ist von einer erheblichen Befassung auszugehen, wenn der vorläufige Insolvenzverwalter **zeitintensiv eine komplexe rechtliche Situation**, etwa hinsichtlich der Grundlagen der künftigen Aus- oder Absonderungsrechte, geklärt hat (*Wimmer* jurisPR-InsR 25/2006 Anm 5 S 5).

Ob Tätigkeiten des vorläufigen Insolvenzverwalters, die nicht erheblich (sondern nur nennenswert) sind, im Rahmen von **Zuschlägen** berücksichtigt werden können, wird von der überwiegenden Meinung in der Literatur bejaht (*Haarmeyer/Wutzke/Förster* § 11 Rn 53, 67; *Graeber* ZInsO 2007, 133, 135; *Wimmer* aaO). Dem ist der BGH mit seiner Entscheidung v 11. 10. 2007 (IX ZB 15/07, NZI 2008, 33) entgegengetreten. Er steht auf dem Standpunkt, eine nicht erhebliche Befassung des vorläufigen Insolvenzverwalters mit Aus- und Absonderungsrechten rechtfertige keinen Zuschlag. Zutreffend legt der BGH zwar im Einzelnen dar, das die Gegenmeinung weder vom Wortlaut der InsVV noch von den Materialien der Zweiten Verordnung zur Änderung der insolvenzrechtlichen Vergütungsverordnung gedeckt sei. Richtig ist auch, dass durch die Einführung einer zweiten Erheblichkeitsschwelle („nennenswert") unterhalb der für die Berücksichtigung im Rahmen der Berechnungsgrundlage maßgeblichen („erheblich") die Festsetzung der Vergütung verkompliziert wird und Abgrenzungsschwierigkeiten provoziert. Nicht zu verkennen ist indes, dass mit der Berücksichtigung eines angemessenen Zuschlags bei nennenswerter Befassung der Tätigkeitsaufwand des vorläufigen Insolvenzverwalters angemessen abgebildet würde.

231a

c) **Besitzüberlassungsverträge.** Nach **§ 11 Abs 1 Nr 5 InsVV** bleiben Besitzüberlassungsverträge bei der Berechnung der Vergütung außer Betracht. Damit hat der Verordnungsgeber dem Umstand Rechnung getragen, angesichts des begrenzten Verfahrenszwecks der vorläufigen Insolvenzverwaltung keine Gegenstände in die Berechnungsgrundlage einfließen zu lassen, bei denen bereits aufgrund der Rechtsbeziehung des Schuldners zu ihnen von vornherein klar ist, dass sie nicht zur Masse des späteren Insolvenzverfahrens gehören werden. Zu den Besitzüberlassungsverträgen iSd Regelung zählen, **Pacht- Miet- und Leihverträge.** Bei **Leasingverträgen** differenziert der Verordnungsgeber. Bei einem Finanzierungsleasing mit Kaufoption hält er eine Einbeziehung in die Berechnungsgrundlage für gerechtfertigt (ebenso MüKoInsO-*Nowak* § 11 InsVV Rn 11; *Haarmeyer* ZInsO 2007, 73, 76). Mit der Regelung des § 11 Abs 1 S 5 InsVV entfallen die Wertansätze, die in der Vergangenheit an ein Miet- oder Pachtverhältnis des Schuldners anknüpften und diesem den Besitz an Gegenständen mit teilweise erheblichem Wert erlaubten (**LG München v 22. 11. 2005 ZIP 2006, 197; LG Traunstein v 26. 8. 2004 – 4 T 885/04, ZInsO 2004, 1198; LG Freiburg v 22. 8. 2003 – 4 T 93/03, ZInsO 2003, 848**). Mithin ist auch ein **angemietetes Betriebsgrundstück** nicht zu berücksichtigen, weil es der Schuldner lediglich auf Grund eines Besitzüberlassungsvertrages in Besitz hatte (**BGH v 1. 3. 2007 – IX ZB 278/05, ZInsO 2007, 370, 372**). Soweit sich der vorläufige Insolvenzverwalter mit Gegenständen beschäftigt, die aufgrund von § 11 Abs 1 S 5 InsVV bei dem Vermögen des Schuldners und damit bei der Berechnungsgrundlage der Vergütung des vorläufigen Insolvenzverwalters nicht zu berücksichtigen sind, kann dies einen Zuschlag nach § 3 Abs 1 InsVV rechtfertigen (*Graeber* ZInsO 2007, 133, 135). Dazu zählen Bemühungen des vorläufigen Insolvenzverwalters zur Klärung des kapitalersetzenden Charakters der Nutzungsüberlassung des angepachteten Betriebsgrundstücks (**BGH v 27. 7. 2006 – IX ZB 243/05, NZI 2006, 581**).

232

d) **Regelvergütung.** Die Höhe der Vergütung des vorläufigen Insolvenzverwalters ist anhand der Staffelvergütung gem § 2 InsVV nach der festgestellten Berechnungsgrundlage zu ermitteln (HambKomm/*Büttner* § 11 InsVV Rn 31). Ein Bruchteil von **25% ist der Ausgangssatz** (§ 11 Abs 1 S 2 InsVV). Besondere Umstände, welche die Tätigkeit erleichtern oder erschweren, können den für den vorläufigen Insolvenzverwalter maßgeblichen Bruchteil verringern oder erhöhen (**BGH v 26. 4. 2007 – IX ZB 160/06, ZInsO 2007, 461, 462; BGH v 18. 12. 2003 – IX ZB 50/03, NZI 2004, 251**). Je weiter sich die vorläufige Insolvenzverwaltung – jedenfalls sachlich – der endgültigen Verwaltung angenähert hat, desto mehr kann sich der Ausgangssatz selbst nach dem Leistungsbild im konkreten Fall erhöhen. Die Vergütungshöhe kann stets nur fallbezogen festgestellt werden, und zwar je nach Umfang der Aufgaben und Pflichten sowie dem damit verbundenen Haftungsrisiko des vorläufigen Insolvenzverwalters (MüKoInsO-*Nowak* § 11 Rn 15).

232a

e) **Zu- und Abschläge.** Bei der Festsetzung der Vergütung des vorläufigen Insolvenzverwalters sind gem § 11 Abs 3 InsVV **Art, Dauer und Umfang der Tätigkeit** zu berücksichtigen (**BGH aaO**). Die Bemessung der Zu- und Abschläge ist so vorzunehmen, dass dem vorläufigen Insolvenzverwalter eine **angemessene Vergütung** gewährt wird. Eine **Vergleichsrechnung anhand der Anzahl der aufgewendeten**

233

Stunden des vorläufigen Insolvenzverwalters und seiner Mitarbeiter findet nicht statt (**BGH** v 1. 3. 2007 – IX ZB 278/05, ZInsO 2007, 370; Fortführung von **BGH** v 15. 1. 2004 – IX ZB 96/03, BGHZ 157, 282). Für seine Vergütung kann sich der vorläufige Insolvenzverwalter nur dann auf einen Erhöhungstatbestand berufen, wenn es sich bei den zugrunde liegenden **Maßnahmen** um solche gehandelt hat, die auch **im Eröffnungsverfahren** vorgenommen wurden. Eine Einbeziehung eines Tätigwerden im nachfolgenden Insolvenzverfahren ist unzulässig (**BGH** v 28. 9. 2006 – IX ZB 212/03, ZInsO 2007, 439).

Das Insolvenzgericht darf für jeden in Frage kommenden Zuschlags- oder Abschlagtatbestand zunächst isoliert feststellen, ob er eine Erhöhung oder Ermäßigung des Regelsatzes rechtfertigt. Es muss dies jedoch nicht, sondern darf auch sogleich eine **Gesamtbetrachtung** vornehmen, bei welcher die Umstände, die in das Endergebnis einfließen, in einer für die Beteiligten nachvollziehbaren Weise darzulegen sind (**BGH** v 11. 5. 2006 – IX ZB 294/04, NZI 2006, 464, 465). Kommt neben mehreren Zuschlagstatbeständen auch ein Abschlagtatbestand in Betracht, darf das Insolvenzgericht die Summe der Zuschläge nicht pauschal um den Abschlag kürzen, wenn der für den Abschlag in Betracht kommende Umstand nicht sämtliche Zuschlagstatbestände in gleicher Weise relativiert (**BGH** v 26. 4. 2007 – IX ZB 160/06, NZI 2007, 461, 462).

Die Beurteilung, ob und in welcher Höhe Zu- oder Abschläge auf den Regelsatz der Vergütung vorzunehmen sind, obliegt in erster Linie dem Tatrichter. Das Rechtsbeschwerdegericht kann jedoch nachprüfen, ob der Tatrichter hierbei zutreffende Beurteilungsmaßstäbe angewandt hat (**BGH** v 9. 10. 2008 – IX ZB 292/04, ZInsO 2008, 1264; **BGH** v 26. 4. 2007 – IX ZB 160/06, NZI 2007, 461, 462 mwN). Eine Bindung an sogen „**Faustregel-Tabellen**" besteht nicht (**BGH** v 22. 3. 2007 – IX ZB 201/05, ZInsO 2007, 370; Fortführung von **BGH** v 11. 5. 2006 – IX ZB 294/04, NZI 2006, 464; **BGH** v 28. 9. 2006 – IX ZB 230/05, NZI 2007, 40).

233a   Bei der Frage nach einer **Erhöhung des Regelsatzes** kommt es entscheidend darauf an, ob der vorläufige Verwalter als „starker" Verwalter den Betrieb nach § 22 Abs 1 S 1 fortzuführen hat oder lediglich mit Zustimmungsbefugnissen ausgestattet ist. Allerdings rechtfertigt allein die Bestellung zum sogen „starken" vorläufigen Insolvenzverwalter nicht generell einen Vergütungszuschlag (**BGH** v 24. 6. 2003 – IX ZB 453/02, NZI 2003, 547, 548). Die **Betriebsfortführung während des Eröffnungsverfahrens** führt grundsätzlich zu einem Vergütungszuschlag, auch wenn ein vorläufiger Insolvenzverwalter mit Zustimmungsvorbehalt daran mitgewirkt hat (**BGH** v 9. 10. 2008 – IX ZB 182/04, ZInsO 2008, 1265). Eine **Betriebsfortführung über zwei Monate** rechtfertigt nach Auffassung des **LG** Berlin (ZIP 2001, 2185) einen Zuschlag von fünf Prozent (s auch **OLG** Celle v 17. 9. 2001, NZI 2001, 653). Gleiches gelte für Bemühungen um eine übertragende Sanierung. Dagegen kommt ein Vergütungszuschlag für die **Vorfinanzierung von Insolvenzgeld** bei Betrieben mit weniger als 20 Arbeitnehmern nicht in Betracht (**BGH** aaO), wohl aber rechtfertigt die Vorfinanzierung von Insolvenzgeld bei Betrieben mit mehr als 20 Arbeitnehmern einen Zuschlag, weil eine solche Maßnahme besonders arbeits- und kostenintensiv ist (**BGH** v 22. 2. 2007 – IX ZB 120/06, NZI 2007, 343, 344). Bleibt die Erhöhung der Vergütung durch Massemehrung aufgrund Fortführung des Unternehmens hinter dem Betrag zurück, der dem Verwalter bei unveränderter Masse als Zuschlag gebühren würde, so ist ihm ein diese Differenz in etwa ausgleichender Zuschlag zu gewähren (**BGH** v 22. 2. 2007 – IX ZB 120/06, NZI 2007. 343). Die Prüfung eines vom Schuldnerunternehmen vorgelegten „prepackaged plans" oder die eigene Erstellung eines Insolvenzplans bereits im Eröffnungsverfahren rechtfertigen ebenfalls die Erhöhung der Vergütung. Hat die vorangegangene **Tätigkeit als Sachverständiger** die nachfolgende Tätigkeit des vorläufigen Insolvenzverwalters erleichtert, indem er zB ungeordnete und unübersichtliche wirtschaftliche Verhältnisse des Schuldners bereits geordnet hat, so können diese Verhältnisse bei der Vergütung des vorläufigen Verwalters nicht erneut als ein Erhöhungsfaktor Berücksichtigung finden (**OLG** Frankfurt v 7. 5. 2001, ZInsO 2001, 606, 607 f). Zur Vergütung des vorläufigen Insolvenzverwalters in Höhe von **150 Prozent der Regelvergütung** des endgültigen Verwalters vgl **AG** Chemnitz v 16. 3. 2001 (ZIP 2001, 1473). Nach **OLG** Frankfurt (Beschl v 7. 5. 2001, NZI 2001, 365) sind bei der Berechnung der Vergütung des vorläufigen Verwalters **Besonderheiten bezüglich des Umfangs oder der Schwierigkeit seiner Tätigkeit** entsprechend dem Rechtsgedanken des § 3 InsVV durch einen Zuschlag auf die fiktive Verwaltervergütung zu berücksichtigen (ähnlich **LG** Braunschweig Rpfleger 2001, 315). Nach **OLG** Dresden v 26. 6. 2002 ZIP 2002, 1365 ist dem vorläufigen Verwalter bei Anordnung eines Zustimmungsvorbehalts (§ 21 Abs 2 Nr 2) ein pauschaler Zuschlag von 10% zum Regelsatz, also 35% der fiktiven Vergütung eines endgültigen Insolvenzverwalters zuzubilligen. Hat der vorläufige Insolvenzverwalter durch seine Tätigkeit die Voraussetzungen für eine Erhöhung der Vergütung erfüllt, kann die entsprechende Festsetzung nicht mit der Begründung abgelehnt werden, die Erhöhung der Vergütung sei im Hinblick auf eine nach Insolvenzeröffnung angezeigte **Masseunzulänglichkeit** den Gläubigern nicht zumutbar (**BGH** v 18. 12. 2003 – IX ZB 50/03, NZI 2004, 251, 252).

233c   Bei **kurzer Dauer und geringem Umfang der Tätigkeit** sind **Abschläge** zulässig (vgl **OLG** Celle v 25. 9. 2001, NZI 2001, 650, 651; H/W/F § 11 InsVV Rn 30; K/P/B/*Eickmann* InsO VergütR § 11 InsVV Rn 21; vgl auch *Haarmeyer* ZInsO 2001, 577 ff; *Pape/Uhlenbruck* InsR Rn 444; **LG** Wuppertal ZIP 1998, 1692; HK-*Kirchhof* § 22 Rn 51; *Hess* § 11 InsVV Rn 15 ff).

233d   **Mindestvergütung.** Auch in **masselosen Verfahren** steht dem vorläufigen Insolvenzverwalter im Hinblick auf die verfassungsrechtlichen Vorgaben für das Vergütungsrecht eine Mindestvergütung zu. Im

Wege der verfassungskonformen Auslegung ist zur Beseitigung des Redaktionsversehens in § 11 Abs 1 InsVV der Verweis in Abs 1 S 2 InsVV auch auf § 2 Abs 2 InsVV zu erweitern (**BGH** v 13. 7. 2006 – IX ZB 104/05, WM 2006, 1387, 1393). Damit ist auch die **Anzahl der Gläubiger** zu berücksichtigen. Abzustellen ist dabei auf die Zahl der im Eröffnungsverfahren beteiligten Gläubiger (**BGH** aaO Rn 41). Bei entsprechender Gläubigerzahl ist die **Mindestvergütung in Höhe von 1000 Euro** um die gläubigerabhängigen Mindestvergütungsbeträge aus **§ 2 Abs 2 InsVV** zu erhöhen (BerlKo-*Blersch* § 11 InsVV Rn 47; siehe auch AG Potsdam v 15. 11. 2007 – 35 IN 559/07, ZInsO 2008, 314). Diese Mindestvergütungsbeiträge stellen gleichzeitig auch die endgültige Mindestvergütung des vorläufigen Insolvenzverwalters dar (BerlKo-*Blersch* aaO).

f) **Regelungsgehalt des § 11 Abs 2 InsVV.** Mit der Regelung des § 11 Abs 2 InsVV will der Verordnungsgeber dem Umstand Rechnung tragen, dass die Vergütungsfestsetzung nach Eröffnung des Verfahrens zumeist auf **Schätzwerten** beruht, die häufig erheblich von den später realisierten Werten abweichen und damit zu völlig unrealistischen Vergütungsberechnungen geführt haben. Um die Verwalter nicht der Gefahr auszusetzen, jede minimale Abweichung dem Gericht offenbaren zu müssen, sieht die Vorschrift eine **Mitteilungspflicht** erst bei einer **Abweichung von 20% oder mehr** vor, wobei als Bezugsmaßstab die Gesamtheit der Gegenstände heranzuziehen ist, die in die Berechnungsgrundlage eingeflossen sind (BerlKo-*Blersch* § 11 InsVV Rn 63). Die Pflicht zur Unterrichtung des Insolvenzgerichts („ist hinzuweisen") besteht sowohl bei Unterschreitungen als auch Überschreitungen der für den Antrag angesetzten Werte. Gegenstände, die erst nach der vorläufigen Insolvenzverwaltung hinzugekommen sind, bleiben außer Betracht (*Graeber* ZInsO 2007, 133, 137). Die Änderungsbefugnis des Insolvenzgerichts erstreckt sich nicht auf den gesamten Beschluss über die Festsetzung der Vergütung des vorläufigen Insolvenzverwalters sondern nur auf die Brechungsgrundlage der ursprünglich festgesetzten Vergütung; sie ist auf die Mehr- bzw Mindervergütung beschränkt, die sich aus der Veränderung der Berechnungsgrundlage ergibt (BerlKo-*Blersch* § 1 InsVV Rn 66). Das Gericht ist nach der Begründung der 2. Änderungsverordnung (näher dazu Ausführungen Rn 228 a) auch ohne entsprechende Mitteilung des vorläufigen Insolvenzverwalters bei Kenntnis der Veränderung der Werte **von Amts wegen** zur Änderung befugt. Ob es von der Änderungsbefugnis Gebrauch macht, hat es nach pflichtgemäßem **Ermessen** zu entscheiden („kann", § 11 Abs 2 S 2 InsVV). Bei einer Wertabweichung zugunsten des vorläufigen Insolvenzverwalters ist dieses Ermessens allerdings gebunden. Im Hinblick auf die Gefahr einer Verjährung der Vergütungsforderung ist dem vorläufigen Insolvenzverwalter dringend anzuraten, mit der Einreichung seines Vergütungsantrags für seine Tätigkeit als vorläufiger Insolvenzverwalter nicht bis zum Abschluss des Insolvenzverfahrens zu warten. Damit würde sich zwar die Gefahr einer Abänderung der Vergütungsfestsetzung erheblich verringern. Dem vorläufigen Insolvenzverwalter ist aber nicht zuzumuten, seine Tätigkeit über Jahre hinweg vorzufinanzieren.

233e

Mit der Regelung des § 11 Abs 2 S 2 InsVV lässt der Verordnungsgeber offensichtlich eine – partielle – **Durchbrechung der Rechtskraft** des Festsetzungsbeschlusses zu, um zu verhindern, dass die Insolvenzgläubiger durch unrealistische Wertansätze geschädigt werden. Ob durch eine einfache Verordnung eine rechts- bzw bestandskräftige Entscheidung aufgehoben oder abgeändert werden kann, erscheint fraglich. Nach Auffassung des **AG Leipzig** (v 27. 8. 2007 – 401 IN 1541/07, DZWIR 2008, 39) ist **Abs 2 S 2 verfassungswidrig** (so auch *Heinze/Küpper* ZInsO 2007, 231, 234) mit der Folge, dass die dort vorgesehene Abänderungsbefugnis nicht angewendet werden dürfe. Im Interesse der Rechtssicherheit soll eine Anpassung der Vergütung spätestens bis zur Entscheidung über die Vergütung des Insolvenzverwalters erfolgen (siehe auch *Graeber* aaO 139 ff). Nach Auffassung von *Büttner* (HambKomm § 11 InsVV Rn 89) handelt es sich bei der Vorschrift um **einen Entscheidungsvorbehalt** mit der Folge, dass materielle Rechtskraft der vom Insolvenzgericht getroffenen Entscheidung nicht eintreten könne, weil dem Gericht die Änderungsmöglichkeit vorbehalten sei. Das Insolvenzgericht entscheidet durch zu begründenden Beschluss nach § 64 InsO, § 8 InsVV über die Änderung. Der Beschluss unterliegt der sofortigen Beschwerde (§ 64 Abs 3).

233f

g) **Funktionelle Zuständigkeiten für die Vergütungsfestsetzung.** Funktionell zuständig für die Festsetzung der Vergütung eines vorläufigen Insolvenzverwalters ist der **Insolvenzrichter** bzw die **Richterin** (LG Koblenz Rpfleger 1997, 427; LG Rostock v 15. 11. 2000, ZInsO 2001, 96 [LS]; AG Göttingen v 2. 9. 1999, NZI 1999, 469; AG Köln v 21. 1. 2000, NZI 2000, 143; HK-*Kirchhof* § 22 Rn 51; *Uhlenbruck* ZIP 1996, 1889, 1890; FK-*Schmerbach* § 21 Rn 56; str aA OLG Köln v 18. 8. 2000, NZI 2000, 585; OLG Zweibrücken v 23. 5. 2000, NZI 2000, 314, 315; LG Halle ZIP 1995, 486; LG Magdeburg Rpfleger 1996, 38; **LG** Frankfurt ZIP 1999, 1686; LG Baden-Baden ZIP 1999, 1138; BerlKo-*Goetsch* § 64 Rn 4; K/P/B/*Eickmann* InsVV § 11 Rn 39; HK-*Eickmann* § 64 Rn 2; *Franke/Burger* NZI 2001, 403, 405 f; H/W/F § 8 InsVV Rn 13, 14; *Haarmeyer* Rpfleger 1997, 273). Nicht gefolgt werden kann dem OLG Köln in der Begründung, wonach es bestünde keine Veranlassung, den Richter neben dem Rechtspfleger mit einzelnen Teilen des Verfahrens zu befassen (vgl auch OLG Zweibrücken NZI 2000, 314, 315 = ZInsO 2000, 398, 399). Der Richter bzw die Richterin hat das Eröffnungsverfahren und damit die Tätigkeit des vorläufigen Insolvenzverwalters begleitet und ist daher imstande, seine Tätigkeit in angemessener Weise zu beurteilen. Der **Rechtspfleger**, der das Verfahren mit Eröffnung übernimmt, war vorher mit dem Eröffnungsverfahren nicht befasst und ist daher kaum jemals imstande, eine sachgerechte Beurteilung vorzunehmen.

234

§ 22 Rechtsstellung des vorläufigen Insolvenzverwalters

Auch die Gegenmeinung räumt ein, dass der Richter seine Funktionen und Kontrollaufgaben ebenso wirksam im Wege des Vorbehalts wahrnehmen kann (vgl **OLG** Zweibrücken NZI 2000, 314 = ZIP 2000, 1306, 1307 = NJW 2001, 309 [LS]; **OLG** Köln NJW-RR 2001, 559 = NZI 2000, 585 = ZIP 2000, 1993, 1995; *Franke/Burger* NZI 2001, 403, 406). Die Folge der im Vordringen begriffenen Gegenmeinung ist, dass der vorläufige Insolvenzverwalter sich aussuchen kann, ob er eine richterliche Vergütungsfestsetzung oder eine solche durch den Rechtspfleger wünscht. Fühlt er sich, wie *Franke/Burger* (NZI 2001, 403, 406) betonen, „bei dem Rechtspfleger besser aufgehoben", braucht er mit dem Vergütungsantrag nur bis zur Verfahrenseröffnung zuzuwarten. Fühlt er sich dagegen bei dem zuständigen Richter oder der Richterin besser „aufgehoben", so muss er den Antrag vor Verfahrenseröffnung stellen. Stellt er den Antrag vor Verfahrenseröffnung, entscheidet aber der Richter bzw die Richterin nicht bis zur Verfahrenseröffnung, so wird nach der Gegenauffassung automatisch der Rechtspfleger zuständig, so dass es auch der Richter in der Hand hat, die Zuständigkeit für die Vergütungsfestsetzung auf den Rechtspfleger durch Entscheidung des Vergütungsantrags zu verlagern. Nach *Franke/Burger* (NZI 2001, 403, 406) wird von vielen Insolvenzgerichten in diesem Sinne verfahren (s auch *Pape* NJW 2002, 1165, 1169). Die Wirksamkeit einer gleichwohl vom Richter vorgenommenen Festsetzung wird allerdings gem § 8 Abs 1 RPflG nicht berührt (**OLG** Köln NZI 2000, 224 = Rpfleger 2000, 293; **OLG** Köln ZInsO 2000, 585, 586; **OLG** Braunschweig NZI 2000, 321 = ZInsO 2000, 336). Voraussetzung der Vergütungsfestsetzung eines sogen „schwachen" vorläufigen Insolvenzverwalters ist nach Auffassung des **KG** (Beschl v 3. 4. 2001, NZI 2001, 307 = ZInsO 2001, 409) nicht eine Rechnungslegung iSv § 66. Vielmehr reicht es aus, wenn dieser die Grundlagen seiner Vergütung schlüssig und nachvollziehbar darlegt. (vgl MüKoInsO-*Nowak* § 11 Rn 6; *Graeber* ZInsO 2007, 133, 136). Eine bloße Bezugnahme auf das Eröffnungsgutachten reicht nicht aus.

235   **4. Verwirkung des Vergütungsanspruchs.** Da die **Vergütung des vorläufigen Insolvenzverwalters als reine Tätigkeitsvergütung** ausgestaltet ist, vermag der Einwand mangelhafter oder erfolgloser Leistung – von der Geltendmachung von Schadensersatzansprüchen abgesehen (vgl **LG** Bonn v 20. 5. 2005 – 2 O 500/04) – die Höhe der Vergütung grundsätzlich nicht zu beeinflussen (vgl **BGH** v 6. 5. 2004 – IX ZB 349/02, NZI 2004, 440, 442). Ebenso wie der Vergütungsanspruch des Insolvenzverwalters ist der Vergütungsanspruch eines vorläufigen Insolvenzverwalters abzuerkennen, wenn er **besonders schwer wiegende schuldhafte Pflichtverletzungen** in Form von strafbaren Handlungen zum Nachteil der Masse begangen hat (vgl **BGH** aaO 443 mwN.; **LG** Potsdam v 9. 1. 2004 – 5 T 698/03, NZI 2004, 321). Davon ist auszugehen, wenn sich der vorläufige Insolvenzverwalter mit falschem Diplomtitel unter Vorspiegelung nicht vorhandener Qualifikation in strafbarer Weise seine Bestellung erschlichen hat (vgl **BGH** aaO). Soweit das **AG** Hamburg (ZInsO 2001, 69) die Kosten der vorläufigen Insolvenzverwaltung wegen Schlechtleistung auf Null festsetzt, wenn der vorläufige Insolvenzverwalter anfechtbare Zahlungen des Schuldners in der Insolvenzeröffnungsphase an den Insolvenzantragsteller, die zur Erledigung des Antrags führen, geduldet hat, kann dem nicht gefolgt werden. Dieses Verhalten stellt keine besonders schwer wiegende Pflichtverletzung dar. Bedenken begegnet auch die Entscheidung des **OLG** Karlsruhe (Beschl v 6. 4. 2000, ZIP 2000, 2035, 2036), das in der Berücksichtigung einer **Untreuehandlung des Insolvenzverwalters** im Festsetzungsverfahren keine greifbare Gesetzwidrigkeit gesehen hat. Eine solche Handhabung begegnet rechtlichen Bedenken, denn die Vergütung ist nicht von der Qualität der Leistung abhängig. Eine andere Frage ist die, ob das Gericht berechtigt ist, mit Schadensersatzansprüchen wegen schadenstiftender Verhaltensweise aufzurechnen (zur Verwirkung vgl auch **AG** Wolfratshausen ZInsO 2000, 517; *Förster* ZInsO 2001, 70 f).

236   **5. Auslagenerstattung.** Der vorläufige Insolvenzverwalter hat einen **Anspruch auf Erstattung angemessener Auslagen** und **Genehmigung zur Entnahme eines Vorschusses**. Dabei kann es sich um Auslagen iSd § 4 Abs 2 InsVV handeln. So kann der vorläufige Insolvenzverwalter, der als Gutachter beauftragt ist festzustellen, ob ein Insolvenzgrund vorliegt, Kosten, die ihm wegen der **Veröffentlichung von Verfahrensdaten in einem privaten Internetdienst** zur Klärung der Vermögenslage des Schuldners entstanden sind, als notwendige Auslagen geltend machen (**LG** Dresden v 25. 4. 2001, ZIP 2001, 935). Die vom „schwachen" vorläufigen Insolvenzverwalter im Rahmen der Verwaltung gezahlten Gutachterkosten sind nach **AG** Düsseldorf v 7. 9. 2001 (Rpfleger 2002, 43) als Auslagen zu behandeln. Sie sind keine Massekosten.

Hinsichtlich der **Festsetzung der Auslagen** gilt die Regelungen des § 8 InsVV. An Stelle der tatsächlich entstandenen Auslagen kann der vorläufige Insolvenzverwalter nach **§ 8 Abs 3 InsVV** die **pauschale Auslagenerstattung** in Höhe von 15% seiner Vergütung (maximal 250 Euro je angefangenen Monat) verlangen. Die Pauschalsätze des § 8 Abs 3 InsVV beziehen sich auf die **Regelvergütung**. Dies soll ausschließen, dass sich der vom-Hundert-Satz nach der im Einzelfall festgesetzten Vergütung richtet, weil dies zu unangemessen hohen Auslagenpauschalen führen kann (**BGH** v 13. 7. 2006 – IX ZB 104/05, ZIP 2006, 1403, 1409). Da im Anwendungsbereich der Mindestvergütung diese Gefahr nicht besteht, kann als Regelvergütung in diesem Sinne auch die **Mindestvergütung** verstanden werden. Nach Inkrafttreten der Änderungsverordnung vom 4. 10. 2004 (siehe Ausführungen Rn 228) können die sachlichen Kosten, die dem (vorläufigen) Insolvenzverwalter infolge der **Übertragung des Zustellungswesens** durch das Insolvenzgericht entstanden sind, neben der allgemeinen Auslagenpauschale geltend gemacht werden (**BGH** v 21. 12. 2006 – IX ZB 129/05, NZI 2007, 244, 245). Dies gilt allerdings nicht für das vor Inkrafttreten der Änderungsverordnung geltende Recht (**BGH** v 21. 12. 2006 – IX ZB 81/06, NZI 2007, 166).

Zweifelhaft ist, ob der vorläufige Insolvenzverwalter einen **Anspruch auf einen Vorschuss** auf seine 237 Vergütung und Auslagen hat. Gem § 10 InsVV gilt § 9 InsVV entsprechend, da in § 11 InsVV nichts anderes geregelt ist. Zwar kann der vorläufige Insolvenzverwalter vom Antragsteller keinen Vorschuss verlangen (HK-*Kirchhof* § 22 Rn 50). Er ist jedoch berechtigt, vor allem in den Fällen, in denen er mit der Betriebsfortführung betraut ist, **nach einer gewissen Zeit einen Vorschuss zu beantragen**, denn es ist ihm nicht zuzumuten, mit eigenem Geld in Vorlage zu treten. So wird ein Anspruch auf Festsetzung eines Vorschusses bejaht, wenn die vorläufige Verwaltung **länger als üblich dauert** (BerlKo-*Blersch* § 11 Rn 60). Auch die **Kosten einer besonderen Haftpflichtversicherung** können vom Insolvenzgericht einem vorläufigen Insolvenzverwalter mit Verwaltungs- und Verfügungsbefugnis als Auslagen im Wege des Vorschusses bewilligt werden. Zwar hat der Verordnungsgeber in § 11 InsVV die Auslagen des vorläufigen Insolvenzverwalters nicht einmal erwähnt. Trotzdem ist entsprechend § 4 Abs 3 InsVV iVm §§ 21 Abs 2 Nr 1, 63 S 1 InsO davon auszugehen, dass auch der vorläufige Insolvenzverwalter einen Anspruch auf Erstattung der Haftpflichtprämien hat, wenn die Risiken des Eröffnungsverfahrens diejenigen eines Durchschnittsverfahrens nicht unerheblich übersteigen. Allerdings sollte der Verwalter die Genehmigung zum Abschluss einer besonderen Haftpflichtversicherung beim zuständigen Insolvenzgericht vor dem Abschluss des Versicherungsvertrages einholen. Gegen die **Versagung eines Vorschusses** ist die **sofortige Beschwerde** nach § 64 Abs 3 iVm § 6 zulässig (**LG** Stuttgart, NZI 2000, 547; *Haarmayer* ZInsO 2001, 938; str aA **OLG** Köln v 7. 1. 2002, ZIP 2002, 231; **LG** Münster NZI 2001, 604; BerlKo-*Blersch* § 9 InsVV Rn 25 ff; wie hier auch *Heß* § 9 InsVV Rn 7; K/P/B/*Eickmann* § 9 InsVV Rn 19). Gem § 7 InsVV ist auf die Vergütung nebst Auslagen die vom vorläufigen Verwalter zu zahlende **Umsatzsteuer** festzusetzen. Das gilt auch für **Vorschüsse** (K/P/B/*Eickmann* InsO VergütR § 7 InsVV Rn 1; *Heß* § 7 InsVV Rn 3; s auch *Schmittmann* ZInsO 2001, 984; **LG** Frankfurt/Oder InVo 2001, 408).

6. Kostenhaftung. Wird das Insolvenzverfahren eröffnet, so gehört der Vergütungsanspruch des vor- 238 läufigen Insolvenzverwalters zu den **Verfahrenskosten iSv § 54 Nr 2** (vgl HK-*Kirchhof* § 22 Rn 52; KS-*Uhlenbruck* S 371 Rn 50). Die Vergütung und Auslagen des vorläufigen Insolvenzverwalters sind stets vom Schuldner zu tragen, falls das Insolvenzverfahren nicht eröffnet worden ist (hM siehe nur **BGH** v 13. 12. 2007 – IX ZR 196/06, NZI 2008, 170). Dies ergebe sich – so der **BGH** (aaO 173 Rn 33, 35) – ua aus den Bestimmungen des § 54 Nr 2 und § 25 Abs 1 S 1. Danach hat der vorläufige **starke** Insolvenzverwalter vor Aufhebung seiner Bestellung das Recht, seine Vergütung aus dem Vermögen des Schuldners zu entnehmen. Regelmäßig dürfte es für den vorläufigen Insolvenzverwalter äußerst schwierig sein, seinen Anspruch zu vollstrecken (*Runke/Schmdt* BGHReport 2008, 398: Der Schuldner, der mit seinem Vermögen im **Außenverhältnis** zu dem vorläufigen Insolvenzverwalter für dessen Vergütung und Auslagen aufkommen muss, kann im Innenverhältnis zu dem Antragsteller uU berechtigt sein, von diesem Schadensersatz zu verlangen (**BGH** aaO 173 Rn 38 mwN).

Vor allem bei einer Abweisung mangels Masse droht die Gefahr, dass der vorläufige Insolvenzverwal- 238a ter seinen Anspruch wegen Unzulänglichkeit des Schuldnervermögens nicht realisieren kann. Wie sich aus den Gesetzesmaterialien (vgl *Balz/Landfermann*, S 105) ergibt, kommt eine **Staatshaftung** für die Kosten des vorläufigen Insolvenzverwalters **nicht in Betracht** (so auch **BGH** v 13. 12. 2007 – IX ZR 196/06, NZI 2008, 170; **BGH** v 22. 1. 2004 – IX ZB 123/03, NZI 2004, 245, 246; **LG** Fulda NZI 2002, 61; vgl auch KS-*Uhlenbruck* S 372 Rn 50; HK-*Kirchhof* § 22 Rn 88; aA *Smid* § 22 Rn 60; *Graeber* Die Vergütung des vorl InsV S 98 ff). Zwar gewährt § 63 Abs 2 dem Insolvenzverwalter bei Stundung der Verfahrenskosten nach § 4a einen Anspruch gegen die Staatskasse für seine Vergütung und seine Auslagen, soweit die Insolvenzmasse nicht ausreicht. Daraus ergibt sich indes nicht, dass der Gesetzgeber auch außerhalb der Stundungsfälle eine werthaltige Absicherung des Vergütungsanspruchs des vorläufigen Insolvenzverwalters durch eine Subsidiärhaftung des Staates für angemessen und zur Durchführung des Insolvenzverfahrens trotz Massearmut für erforderlich hält (**BGH** aaO). Der Ausschluss einer Staatshaftung begegnet auch keinen verfassungsrechtlichen Bedenken. Letztlich hat es der vorläufige Insolvenzverwalter selbst in der Hand, das vorläufige Verfahren rasch zu beenden. Zudem erhält er – bei entsprechender Bestellung – eine Vergütung als Sachverständiger (vgl **BVerfG** KTS 1982, 221).

XXII. Die Anfechtbarkeit von Rechtshandlungen vorläufiger Insolvenzverwalter

Nach dem Urteil des **BGH** v 11. 6. 1992 (IX ZR 2455/91, BGHZ 118, 374, 379; **BGH** NJW 1997, 239 3029) war der Konkursverwalter verpflichtet, im eröffneten Verfahren selbst solche Zahlungen nach §§ 29 ff KO anzufechten, die er selbst als Sequester geleistet hatte. Im Anschluss an diese Rechtsprechung besteht auch heute weitgehend – jedenfalls im Grundsatz – Einigkeit darüber, dass der Insolvenzverwalter Rechtshandlungen nach den Vorschriften der §§ 130, 131 anfechten kann, an denen er selbst als **vorläufiger Insolvenzverwalter ohne allgemeine Verwaltungs- und Verfügungsbefugnis** beteiligt war

(BGH v 9. 1. 2004 – IX ZR 108/04, NZI 2005, 218, 219 m weiteren Rechtsprechungsnachweisen; s auch **BAG** v 27. 10. 2004 – 10 AZR 123/04, NZI 2005, 473; eingehend zum Thema *Binder* KTS 2006, 1 ff). Ob die angefochtene Maßnahme zu einer **Betriebsfortführung** notwendig war, ist unerheblich (MüKoInsO-*Kirchhof* § 129 Rn 45).

240 Soweit das Insolvenzgericht einen „starken" vorläufigen Insolvenzverwalter bestellt hat, sind dessen **Rechtshandlungen** jedenfalls insoweit **nicht anfechtbar**, als er gem § 55 Abs 2 Masseverbindlichkeiten begründet, besichert oder tilgt (*Jaeger/Gerhardt* § 22 Rn 226 ff; MüKoInsO-*Kirchh*of § 129 Rn 44; *Marotzke* EWiR 3005, 511 zu BGHZ 161, 315), weil er damit im Rechtsverkehr stets berechtigtes Vertrauen schafft. Nichts anderes gilt für Rechtshandlungen eines vorläufigen Insolvenzverwalters ohne begleitendes allgemeines Verfügungsverbot, der durch **wirksame Einzelermächtigung** berechtigt ist, Masseverbindlichkeiten zu begründen (HK-*Kreft* § 129 Rn 32; MüKoInsO-*Kirchhof* § 129 Rn 45; offengelassen v **BGH** aa 219). Tatsächlich wäre eine solche Ermächtigung, die das Vertrauen des Rechtsverkehrs stärken soll, sinnlos, wenn die Masseverbindlichkeiten im Wege der Anfechtung wieder beseitigt werden könnten. Allerdings kann die betreffende Rechtshandlung des vorläufigen Insolvenzverwalters wegen offenkundiger **Insolvenzzweckwidrigkeit** unwirksam sein (*Ganter* FS *Gerhardt* S 237 ff). Davon ist zB auszugehen bei einer Schenkung aus dem Schuldnervermögen oder vollständiger Erfüllung einer Insolvenzforderung. Unterhalb dieser Schwelle liegende Maßnahmen sind zwar wirksam, können indes eine Haftung des vorläufigen Insolvenzverwalters begründen.

241 Hat das Insolvenzgericht einen vorläufigen Insolvenzverwalter lediglich mit einem **allgemeinen oder einem partiellen Zustimmungsvorbehalt** ausgestattet, findet auf dessen Rechtshandlungen die Vorschrift des § 55 Abs 2 BGB weder unmittelbare noch entsprechende Anwendung (**BGH** v 13. 3. 2003 – IX ZR 64/02, NZI 2003, 315). Verfügungen, die der „schwache" vorläufige Insolvenzverwalter namens des Insolvenzschuldners trifft (**BGH** aaO) sowie Verfügungen des Schuldners, zu denen der vorläufige Insolvenzverwalter Zustimmung erteilt, sind **unanfechtbar**, wenn ein **Vertrauenstatbestand** zugunsten des Gläubigers begründet worden ist und dieser infolgedessen damit rechnen durfte, ein nicht mehr entziehbares Recht errungen zu haben (vgl **BGH** aaO 317; BGHZ 118, 374, 381 ff). Bei anderer Betrachtungsweise wäre für einen Zahlungsempfänger die Zustimmung des vorläufigen Insolvenzverwalters zur Leistung des Schuldners letztlich wertlos. Der vorläufige Insolvenzverwalter wird die für die Unternehmensfortführung notwendigen Vertragspartner nur finden, wenn diese grundsätzlich darauf vertrauen dürfen, dass die mit dem vorläufigen Insolvenzverwalter getroffenen Vereinbarungen auch in der Insolvenz Bestand haben (**BGH** v 29. 11. 2007 – IX ZR 165/05, NZI 2008, 236, 238 Rn 30, 31; **BGH** v 9. 12. 2004 – IX ZR 108/04, NZI 2005, 218, 220; *Ganter* FS *Gerhardt* S 237, 243). Unberücksichtigt bleibt in diesem Zusammenhang indes, dass das Bargeschäft (§ 142) einen ausreichenden Schutz des Vertragspartners gewährleisten dürfte. Das **Wertverhältnis** zwischen einer Leistung des Gläubigers in die Insolvenzmasse einerseits und deren Gegenleistung andererseits kann für den gerechtfertigten Vertrauensschutz gegenüber Anfechtungen ebenfalls bedeutsam sein (vgl **BGH** v 15. 12. 2005 – IX ZR 1156/04, NZI 2006, 227). Hat der Gläubiger für den Ausgleich von Altforderungen auf die Durchsetzung von Aus- und Absonderungsrechten verzichtet, kommt eine Anfechtung in Betracht, wenn der Wert dieser Rechte offenkundig weitaus geringer war als die Höhe der befriedigten Altforderungen (**BGH** aaO 228).

242 Ebensowenig genießen Vertragspartner des Schuldners **Vertrauensschutz**, wenn der vorläufige Insolvenzverwalter ausdrücklich unter dem **Vorbehalt der Anfechtung** der Leistung zustimmt. In diesem Fall setzt er keinen Vertrauenstatbestand (**BGH** aaO; vgl ferner **BGH** v 3. 5. 2007 – IX ZR 14/05). Dahingegen begründet die **vorbehaltlose Zustimmung** des mit einem Zustimmungsvorbehalt ausgestatteten vorläufigen Insolvenzverwalters zu Verträgen des Schuldners über die **Erfüllung von Altverbindlichkeiten**, die im Zusammenhang mit noch zu erbringenden Leistungen des Vertragspartners stehen, für diesen grundsätzlich einen Vertrauenstatbestand, den der Verwalter bei Vornahme der Erfüllungshandlung durch den Schuldner nicht mehr zerstören kann (**BGH** v 9. 12. 2004 – IX ZR 108/04, NZI 2005, 218). Dies gilt unabhängig davon, ob er mit dem späteren Insolvenzverwalter personenidentisch ist oder nicht. Steht die **Erfüllungshandlung** des Schuldners **nicht im Zusammenhang** mit einem neuen **Vertragsschluss**, so ist der Empfänger nicht schutzwürdig (MüKoInsO-*Kirchhof* § 129 Rn 46 a; *Leithaus* NZI 2005, 221). Diese Rechtsprechung hat der **BGH** später bestätigt (Urteil v 15. 12. 2005 – IX ZR 1156/04, NZI 2006, 227). Nicht schutzwürdig ist danach das Vertrauen des Gläubigers, wenn der vorläufige Insolvenzverwalter nur widerstrebend auf das Geschäft eingegangen ist, wenn der Gläubiger es ausnützt, dass der vorläufige Insolvenzverwalter auf weitere Leistungen angewiesen ist und dadurch die Tilgung von Altschulden erzwingt (**BGH** v 9. 12. 2004 – IX ZR 108, 94, NZI 2005, 218) und, ganz allgemein, wenn der Gläubiger nur aufgrund seiner **Machtstellung auf dem Markt** die Zustimmung des vorläufigen Insolvenzverwalters herbeiführen kann. Die **Beweislast** für die hiernach erheblichen Umstände liegt beim Insolvenzverwalter, der die Verfügung trotz der vom vorläufigen Insolvenzverwalter erteilten Zustimmung anfechten will (**BGH** v 15. 12. 2005 – IX ZR 1156/04, NZI 2006, 227, 228).

§ 23 Bekanntmachung der Verfügungsbeschränkungen

(1) ¹Der Beschluß, durch den eine der in § 21 Abs. 2 Nr. 2 vorgesehenen Verfügungsbeschränkungen angeordnet und ein vorläufiger Insolvenzverwalter bestellt wird, ist öffentlich bekannt-

III. Besondere Zustellung verfügungsbeschränkender Maßnahmen § 23

zumachen. ²Er ist dem Schuldner, den Personen, die Verpflichtungen gegenüber dem Schuldner haben, und dem vorläufigen Insolvenzverwalter besonders zuzustellen. ³Die Schuldner des Schuldners sind zugleich aufzufordern, nur noch unter Beachtung des Beschlusses zu leisten.

(2) Ist der Schuldner im Handels-, Genossenschafts-, Partnerschafts- oder Vereinsregister eingetragen, so hat die Geschäftsstelle des Insolvenzgerichts dem Registergericht eine Ausfertigung des Beschlusses zu übermitteln.

(3) Für die Eintragung der Verfügungsbeschränkung im Grundbuch, im Schiffsregister, im Schiffsbauregister und im Register über Pfandrechte an Luftfahrzeugen gelten die §§ 32, 33 entsprechend.

I. Allgemeines

Die Vorschrift dient der Sicherung des Schuldnervermögens. Sie soll sicherstellen, dass Verfügungsbe- 1
schränkungen (§ 21 Abs 2 Nr 2) befolgt und Möglichkeiten gutgläubigen Erwerbs eingeschränkt werden (BGH ZInsO 2006, 92, 93). Zugleich hat die Vorschrift Informations- und Warnfunktion für den Rechts- und Geschäftsverkehr (HaKo-*Schröder* § 23 Rn 1; FK-*Schmerbach* § 23 Rn 2; HK-*Kirchhof* § 23 Rn 2; *Braun/Kind* § 23 Rn 2). Die Norm betrifft alle Verfügungsbeschränkungen iSv § 21 Abs 2 Nr 2, also das **allgemeine Verfügungsverbot** und die **Anordnung der Zustimmungsbefugnis eines vorläufigen Insolvenzverwalters**. Wird kein vorläufiger Insolvenzverwalter bestellt, steht die Bekanntmachung im Ermessen des Insolvenzgerichts. Das gilt auch für die **Bekanntmachung anderer Sicherungsmaßnahmen** (HK-*Kirchhof* § 23 Rn 3; MüKo-*Haarmeyer* § 23 Rn 9 f; K/P/B/*Pape* § 23 Rn 2). **Individuelle verfügungsbeschränkende Maßnahmen**, mit denen dem Schuldner die Verfügung über bestimmte Gegenstände verboten wird, oder die Verfügung bezüglich einzelner Gegenstände unter Zustimmungsvorbehalt des vorläufigen Insolvenzverwalters fallen nicht unter § 23 Abs 1 (K/P/B/*Pape* § 23 Rn 2). Bei einem Verstoß gegen die in § 21 Abs 2 Nr 2 vorgesehenen Verfügungsbeschränkungen gelten gem § 24 Abs 1 die §§ 81, 82 entsprechend (FK-*Schmerbach* § 23 Rn 2). Im Übrigen gilt die Vorschrift des § 23 nur, wenn ein **vorläufiger Insolvenzverwalter bestellt** und eine Sicherungsmaßnahme nach § 21 Abs 2 Nr 2 angeordnet worden ist (vgl FK-*Schmerbach* § 23 Rn 4; N/R/*Mönning* § 23 Rn 10; str aA MüKo-*Haarmeyer* § 23 Rn 9 ff). Letztlich kommt aber auch in sonstigen Fällen eine öffentliche Bekanntmachung ebenso wie eine **besondere Zustellung an Schuldner und Drittschuldner** in Betracht (AG Göttingen NZI 1999, 330, 331; BerlKo-*Goetsch* § 23 Rn 6, 7; FK-*Schmerbach* § 23 Rn 4). Die Bekanntmachung ist nicht zwingende Voraussetzung für das Wirksamwerden oder die Aufhebung der sichernden Anordnung selbst (HK-*Kirchhof* § 23 Rn 6).

II. Öffentliche Bekanntmachung der Verfügungsbeschränkungen

Der die Verfügungsbeschränkungen nach § 21 Abs 2 Nr 2 anordnende Beschluss des Insolvenz- 2
gerichts ist gem § 23 Abs 1 S 1 öffentlich bekannt zu machen. Die öffentliche Bekanntmachung ist zwingend. Wird kein vorläufiger Insolvenzverwalter bestellt oder ein solcher ohne Zustimmungs- und Verfügungsbefugnisse, so steht die öffentliche Bekanntmachung im pflichtgemäßen Ermessen des Insolvenzgerichts (HK-*Kirchhof* § 23 Rn 3). Verkündete Beschlüsse werden mit der Verkündung wirksam, wobei unerheblich ist, ob der Adressat anwesend ist (*Gottwald/Uhlenbruck* InsR Hdb § 14 Rn 20; FK-*Schmerbach* § 23 Rn 10). Eine Verkündung kommt vor allem in Betracht, wenn ein Anhörungstermin stattfindet und in diesem Termin Sicherungsmaßnahmen vom Gericht beschlossen werden. Nicht verkündete Beschlüsse des Insolvenzgerichts werden bereits mit dem Erlass wirksam. Auf eine öffentliche Bekanntmachung oder eine Zustellung kommt es für die Wirksamkeit von Beschlüssen nicht an (vgl BGHZ 133, 310; **BGH** ZIP 1995, 40, 41; *Pape* ZInsO 1998, 63; KS-*Gerhardt* S 193, 208 ff Rn 30–33). Die öffentliche Bekanntmachung der Verfügungsbeschränkungen nach § 21 Abs 2 Nr 2 ist notwendig wegen des mit absoluter Wirkung belegten allgemeinen Verfügungsverbots und des damit verbundenen Ausschlusses jeglichen Gutglaubensschutzes (KS-*Gerhardt* S 207 Rn 28; K/P/B/*Pape* § 23 Rn 3; HK-*Kirchhof* § 23 Rn 2). Die öffentliche Bekanntmachung erfolgt gem § 9 Abs 1 S 1 durch **Veröffentlichung im Internet** (unter www.insolvenzbekanntmachungen.de). **Funktionell zuständig** ist die Geschäftsstelle (Serviceeinheit) des Insolvenzgerichts. Das gilt auch, wenn die Beschwerdekammer Sicherungsmaßnahmen angeordnet hat, weil das **LG** nicht befugt ist, Eintragungen im Internet zu veranlassen (FK-*Schmerbach* § 23 Rn 12). Die Veröffentlichung erfolgt auszugsweise (§ 9 Abs 1 S 1 2. Halbs). Allerdings ist erforderlichenfalls der Beschluss mit seinem vollen Inhalt bekanntzumachen (zB der Beschluss nach § 21 Abs 2 Nr 2; *Jaeger/Gerhardt* § 23 Rn 6; HK-*Kirchhof* § 23 Rn 6). Gem § 9 Abs 1 S 3 gilt die Bekanntmachung als bewirkt, sobald nach dem Tag der Veröffentlichung zwei weitere Tage verstrichen sind (BerlKo-*Blersch* § 23 Rn 2).

III. Besondere Zustellung verfügungsbeschränkender Maßnahmen

Gem § 23 Abs 1 S 2 ist der Beschluss, durch den eine der in § 21 Abs 2 Nr 2 vorgesehenen Verfügungsbe- 3
schränkungen angeordnet und ein vorläufiger Insolvenzverwalter bestellt wird, zugleich auch dem Schuldner, den Personen, die Verpflichtungen gegenüber dem Schuldner haben, und dem vorläufigen

Insolvenzverwalter **besonders zuzustellen** (*Haeger/Gerhardt* § 23 Rn 12). Auch einem **faktischen Geschäftsführer** ist zuzustellen (FK-*Schmerbach* § 23 Rn 15). Die Zustellung kann grundsätzlich durch **Aufgabe zur Post** erfolgen (§ 8 Abs 1 S 1 iVm § 184 ZPO). Das Insolvenzgericht ist befugt, die Zustellungen gem § 8 Abs 3 dem vorläufigen Insolvenzverwalter zu übertragen. Dieser ist befugt, die Zustellung durch Aufgabe zur Post vorzunehmen. Ob und in welchem Umfang die Zustellung an Drittschuldner dem **vorläufigen Insolvenzverwalter** übertragen werden kann, ist eine Frage des Einzelfalles (FK-*Schmerbach* § 23 Rn 16). Sind Forderungen zur Sicherung abgetreten, hat die Zustellung an Drittschuldner grundsätzlich nur zu erfolgen, wenn dem vorläufigen Verwalter die Einziehungsbefugnis nach § 21 Abs 2 S 1 Nr 5 übertragen worden ist (vgl **BGH** ZInsO 2003, 318, 321; HaKo-*Schröder* § 23 Rn 5; *Graf-Schlicker/Voß* § 23 Rn 2). Allerdings sollte bei Zweifeln an der Wirksamkeit einer Sicherungsabtretung vorsorglich zugestellt werden (HaKo-*Schröder* § 23 Rn 5).

IV. Besondere Aufforderung an die Schuldner des Schuldners

4   Gem § 23 Abs 1 S 3 sind die Schuldner des Schuldners mit der Zustellung des Anordnungsbeschlusses zugleich aufzufordern, nur noch unter Beachtung des Beschlusses zu leisten. Hierdurch wird sichergestellt, dass Personen, die dem Schuldner etwas schulden, nicht mehr mit befreiender Wirkung an diesen leisten können (N/R/*Mönning* § 23 Rn 16; K/P/B/*Pape* § 23 Rn 5). Die öffentliche Bekanntmachung und Zustellung der Verfügungsbeschränkungen dient nicht nur dem Schutz der Insolvenzmasse, sondern soll auch den beteiligten Verkehrskreisen Rechts Nachteile ersparen, die durch eine Verletzung oder Missachtung der Sicherungsmaßnahmen entstehen können (H/W/F, Hdb 3/256; N/R/*Mönning* § 23 Rn 17).

V. Mitteilungen an das Registergericht (§ 23 Abs 2)

5   Nach § 23 Abs 2, 3 hat das Insolvenzgericht dem Registergericht, wenn es sich um eine dort eingetragene Handelsgesellschaft handelt, eine Ausfertigung des Beschlusses nach § 21 Abs 2 Nr 2 zu übermitteln. Zuständig ist die Geschäftsstelle bzw Service-Einheit des Insolvenzgerichts (HK-*Kirchhof* § 23 Rn 10). Eine **Eintragungspflicht** besteht, wenn das Insolvenzgericht einen vorläufigen Insolvenzverwalter bestellt hat und eine der Sicherungsmaßnahmen nach § 21 Abs 2 Nr 2 getroffen worden ist (§ 32 Abs 1 S 2 Nr 2 HGB, § 102 Abs 1 S 2 Nr 2 GenG, § 75 Abs 1 S 2 Nr 2 BGB). Sollte der Schuldner nicht im Register eingetragen, sollte trotzdem der Beschluss dem Registergericht zugeleitet werden (HK-*Kirchhof* § 23 Rn 10; BerlKo-*Goetsch* § 23 Rn 10; FK-*Schmerbach* § 23 Rn 22). Weitere Mitteilungspflichten ergeben sich aus MiZi XII a/1 (abgedr in NZI 1999, 405). Eine Mitteilungspflicht besteht weiterhin nach § 125h Abs 1 Nr 1 MarkenG. Entsprechend sind Eintragungen im Genossenschafts-, Partnerschafts- oder Vereinsregister vorzunehmen. Zu beachten sind die **Eintragungsvorschriften** der §§ 40 Nr 5, V d, 43 Nr 6 i HRV, § 21 Abs 2 Nr 2 GenRegVO, § 5 Abs 4 Nr 4 PRV. Eine öffentliche Bekanntmachung des Registervermerks erfolgt nicht, da der dem Registergericht übermittelte Beschluss nach § 23 Abs 1 S 1 öffentlich bekannt gemacht wurde (§ 32 S 3 HGB). Einzelheiten bei *Jaeger/Gerhardt* § 23 Rn 17 ff; BerlKo-*Blersch* § 23 Rn 10 ff; K/P/B/*Pape* § 23 Rn 7, 7a.

VI. Mitteilungen an das Grundbuch und Register für Schiffe und Luftfahrzeuge (§ 23 Abs 3)

6   Für die Eintragung im Grundbuch gelten die Eintragungsgrundsätze des Eröffnungsverfahrens in § 32, 33 entsprechend (§ 23 Abs 3). Da das allgemeine Verfügungsverbot der InsO nach zutreffender Feststellung von KS-*Gerhardt* (S 207 f Rn 29) ein absolutes Verfügungsverbot darstellt, tritt nunmehr mit der Eintragung dieses allgemeinen Verfügungsverbots eine **Grundbuchsperre** wie im eröffneten Verfahren nach Eintragung des Insolvenzvermerks ein (so auch K/P/B/*Pape* § 23 Rn 7; N/R/*Mönning* § 23 Rn 22; *Hess* § 23 Rn 17). Gleiches wie für das Grundbuch gilt für die Eintragungen in das Schiffsregister, Schiffsbauregister bzw Luftfahrzeugregister. Obgleich es sich bei der allgemeinen Verfügungsbeschränkung um ein **absolutes Verfügungsverbot** handelt, ist gutgläubiger Erwerb sowohl nach §§ 892, 893 BGB als auch nach §§ 16, 17 des Gesetzes über Rechte an eingetragenen Schiffen und Schiffsbauwerken ebenso möglich wie nach § 16, 17 des Gesetzes über Rechte an Luftfahrzeugen. Deshalb besteht ein dringendes Bedürfnis, Grundvermögen des Schuldners möglichst rasch und umfassend zu ermitteln, um die Wirkungen des § 81 Abs 1 S 1 herbeizuführen und den guten Glauben auszuschließen. Antragsberechtigt sind sowohl das Insolvenzgericht als auch der vorläufige Insolvenzverwalter (§ 32 Abs 2). **Funktionell zuständig** ist der Richter. Bei **unbekannten Grundstücken** ist eine sogen **Insolvenzanzeige** an das Grundbuchamt zulässig (FK-*Schmerbach* § 32 Rn 6 a). Der **Eintragungsantrag des vorläufigen Insolvenzverwalters** (§ 13 GBO) bedarf gem § 30 GBO nicht der notariellen Form des § 29 GBO (HaKo-*Schröder* § 23 Rn 8 u § 32 Rn 21 ff).

7   Nach wie vor ist **umstritten**, ob der **Grundbuchrechtspfleger** eine Eintragung auch dann noch vornehmen darf, **wenn ihm bekannt ist,** dass gegen den Veräußerer ein Verfügungsverbot erlassen worden ist. Nach Auffassung von *Kirchhof* (HK-*Kirchhof* § 23 Rn 12) hat der Grundbuchrechtspfleger das Verfügungsverbot iSv § 21 Abs 2 Nr 2 auch ohne förmliche Benachrichtigung **von Amts wegen zu beachten,**

I. Allgemeines

§ 24

sobald es ihm bekannt wird. Jedenfalls dürfe er nach dem Verbot abgegebene, dagegen verstoßende Verfügungen des Schuldners nicht mehr im Grundbuch vollziehen, solange ihm nicht die Voraussetzungen der §§ 878, 873 Abs 2 BGB nachgewiesen werden (so auch BayObLG Rpfleger 1994, 453; **OLG Dresden** BNotZ 1999, 261; **OLG Karlsruhe** NJW-RR 1998, 68; **OLG Frankfurt** ZInsO 2006, 269, 271; MüKo-*Haarmeyer* § 23 Rn 19; HaKo-*Schröder* § 23 Rn 10 u § 32 Rn 18). An der in der Vorauf] vertretenen Auffassung, wonach es **allein auf den guten Glauben des Erwerbers** ankommt, ist auch angesichts der Tatsache, dass es sich in § 21 Abs 2 Nr 2 um ein absolutes Veräußerungsverbot handelt, festzuhalten (so auch *Jaeger/Gerhardt* § 23 Rn 34; *Jaeger/Schilken* § 32 Rn 33; MüKo-*Schmahl* §§ 32, 33 Rn 51; MüKo BGB-*Wacke* § 892 Rn 69 ff). Dies folgt aus § 81 Abs 1 S 1. Wenn schon der Gutglaubensschutz nach Verfahrenseröffnung bei Grundstücken und Grundstücksrechten sowie Rechten an eingetragenen Schiffen, Schiffsbauwerken und Rechten an Luftfahrzeugen eingreift, so muss dies auch für das Eröffnungsverfahren gelten. Richtig ist zwar, dass die gegen das Verfügungsverbot verstoßenden Verfügungen des Schuldners unwirksam sind. Auch kann der Rechtserwerb nicht mehr verhindert werden, wenn die Voraussetzungen des § 878 BGB vorliegen (vgl auch **OLG Frankfurt** ZInsO 2006, 270, 271; ZInsO 2006, 612, 614). Ist aber die Auflassung erfolgt und der Eintragungsantrag gestellt, so kommt es hinsichtlich des gutgläubigen Erwerbs nur noch auf den **guten Glauben des Erwerbers** an, nicht dagegen auf den des Grundbuchrechtspflegers. Die Eintragungen im Grundbuch sind nach der Reihenfolge der Antragseingänge zu vollziehen (str aA wohl MüKo-*Haarmeyer* § 23 Rn 19). Anders nur, wenn der Schuldner die Eintragungsbewilligung vor der Anordnung der Sicherungsmaßnahme abgegeben, den Eintragungsantrag aber erst nach Erlass der Verfügungsbeschränkung gestellt hat (vgl zur Problematik auch *Wacke* ZZP 82 [1969], S 377 ff; MüKo-*Wacke* § 892 BGB Rn 90, 70; *Habscheid* ZZP 77, 199; *W Gerhardt* ZIP 1988, 749; K/U § 113 KO Rn 4). Da die InsO in § 81 Abs 1 S 1 bei dem Erwerb von Grundstücken und Grundstücksrechten die Vorschriften der §§ 892, 893 BGB für anwendbar erklärt, kann der Erwerber im Eröffnungsverfahren durch die Anordnung eines allgemeinen Verfügungsverbots nicht schlechter gestellt werden als im eröffneten Verfahren (str aA HK-*Kirchhof* § 23 Rn 12; zur Anfechtbarkeit s *Jauernig* FS *Uhlenbruck* S 3, 14 f). Zur Gleichstellung der Rechtsfolgen von allgemeiner Verfügungsbeschränkung im Insolvenzeröffnungsverfahren und dem Verfügungsverbot im eröffneten Insolvenzverfahren nach § 81 vgl KS-*Gerhardt* S 193 ff Rn 4, 5, 7.

Zur **Eintragung von Verfügungsbeschränkungen bei Gesamthänderinsolvenzen** s die Kommentierung zu § 32 Rn 6 ff; *Raebel* FS Kreft 2004 S 483 ff; HaKo-*Schröder* § 23 Rn 11 u § 32 Rn 6 ff. Ähnlich wie zu § 32 ist auch im Eröffnungsverfahren die Eintragung von Verfügungsbeschränkungen zB bei einem Gesellschaftsanteil des Schuldners zu bejahen. In dem Sicherungsvermerk ist jedoch zum Ausdruck zu bringen, dass sich die Verfügungsbeschränkung auf die gesamthänderische Beteiligung des Schuldners bezieht (LG Duisburg ZIP 2006, 1594; HaKo-*Schröder* § 23 Rn 11).

In einem **ausländischen Insolvenzeröffnungsverfahren** ist ein vorläufiger Verwalter in den Mitgliedstaaten der EU gem Art 38 EuInsVO berechtigt, entsprechende Eintragungen zu beantragen. Handelt es sich um einen ausländischen Staat, der nicht der EU angehört, hat das deutsche Insolvenzgericht auf Antrag des dortigen vorläufigen Insolvenzverwalters das Grundbuchamt um Eintragung von Verfügungsbeschränkungen auf Grund von Sicherungsmaßnahmen nach § 343 Abs 2 oder § 344 Abs 1 zu ersuchen. Allerdings ist glaubhaft zu machen, dass die tatsächlichen Voraussetzungen für die Anerkennung der Verfahrenseröffnung vorliegen (§ 346 Abs 2). Funktionell zuständig ist insoweit der Richter (§ 18 Abs 1 Nr 3 RPflG). Vgl auch FK-*Schmerbach* § 23 Rn 24; HaKo-*Schröder* § 23 Rn 12.

VII. Aufhebung von Sicherungsmaßnahmen

Wird die Anordnung einer allgemeinen Verfügungsbeschränkung aufgehoben, so hat die Löschung der Eintragung auf gleiche Weise zu erfolgen wie die Eintragung nach § 23 Abs 3. Insoweit gilt § 25 Abs 1 entsprechend (*Jaeger/Gerhardt* § 23 Rn 35; HaKo-*Schröder* § 23 Rn 13; FK-*Schmerbach* § 23 Rn 23; MüKo-*Haarmeyer* § 23 Rn 18; HK-*Kirchhof* § 23 Rn 5).

§ 24 Wirkungen der Verfügungsbeschränkungen

(1) Bei einem Verstoß gegen eine der in § 21 Abs. 2 Nr. 2 vorgesehenen Verfügungsbeschränkungen gelten die §§ 81, 82 entsprechend.

(2) Ist die Verfügungsbefugnis über das Vermögen des Schuldners auf einen vorläufigen Insolvenzverwalter übergegangen, so gelten für die Aufnahme anhängiger Rechtsstreitigkeiten § 85 Abs. 1 Satz 1 und § 86 entsprechend.

I. Allgemeines

Die Vorschrift des § 24 regelt die im früheren Recht weitgehend streitig gewesenen Rechtsfolgen eines Verstoßes des Schuldners gegen gerichtlich angeordnete Verfügungsbeschränkungen. § 24 Abs 2 erklärt darüber hinaus die Vorschriften der §§ 85 Abs 1 S 1 und 86 hinsichtlich der Aufnahme anhängiger Rechtsstreitigkeiten für entsprechend anwendbar. Die für das Konkursrecht umstrittene Frage, ob ein nach § 106 KO angeordnetes allgemeines Veräußerungsverbot den §§ 135, 136 BGB unterfällt (vgl K/U § 106 KO Rn 4), hat der Gesetzgeber der InsO dahingehend geklärt, dass ein nach § 21 Abs 2 Nr 2 angeordnetes Verfügungsverbot **absolute Wirkung** hat und nicht nur relative iSv §§ 135, 136 BGB (vgl OLG Frankfurt ZInsO 2006, 612, 614; KS-*Gerhardt* S 193, 194 f Rn 3 ff u S 212 Rn 38; *ders* ZZP 109 [1996], 415, 418 f; *Nobbe*, RWS-Forum 9 S 99, 121; K/P/B/*Pape* § 24 Rn 1; *Smid* § 24 Rn 3; FK-*Schmerbach* § 24 Rn 1; *Pohlmann*, Befugnisse Rn 88, 263–270; *Hintzen* ZInsO 1998, 75, 78; HK-*Kirchhof* § 24 Rn 3; *Hess* § 24 Rn 3; *Jauernig/Berger* § 54 IV.; BerlKo-*Blersch* § 24 Rn 3, 4). Die **absolute Unwirksamkeit** ist jedoch durch die **Zwecke des Insolvenzverfahrens** begrenzt (*v. Olshausen* ZIP 1998, 1094; BerlKo-*Blersch/v. Olshausen* § 88 Rn 14). Sie ist **nicht endgültig**, sondern wirkt nur solange als sie zum Schutz der Gläubiger erforderlich ist (vgl BGH v 19. 1. 2006, BGHZ 166, 74 ff = NZI 2006, 224 = ZInsO 2006, 261, 263; BGHZ 142, 210, 213; BGHZ 130, 347, 354; krit *Keller* ZIP 2006, 1174 ff). Die absolute dingliche Unwirksamkeit ist nach Auffassung des BGH lediglich eine „schwebende", sodass die Sicherung entspr § 185 Abs 2 S 1 2. Alt BGB mit Wirkung ex iure neu entsteht, wenn die Voraussetzungen für die Begründung der Sicherung noch gegeben sind (s auch die Kommentierung zu § 81 Rn 11; § 88 Rn 22). Verstöße gegen das allgemeine Verfügungsverbot haben die gleichen Rechtsfolgen wie entsprechende Verstöße nach Eröffnung des Insolvenzverfahrens (§ 24 Abs 1 iVm §§ 81, 82; *Jauernig/Berger* § 54 IV.). Die §§ 81, 82 finden nur entsprechende Anwendung, wenn gegen eine in § 21 Abs 2 Nr 2 vorgesehene Verfügungsbeschränkung verstoßen wird. § 21 Abs 2 Nr 2 regelt nur die Verhängung eines **allgemeinen Verfügungsverbots** und die Anordnung eines **Zustimmungsvorbehalts**. Beide Maßnahmen setzen zwingend die Bestellung eines vorläufigen Insolvenzverwalters voraus (FK-*Schmerbach* § 24 Rn 4; *Kießling/Singhof* DZWIR 2000, 354; str aA HK-*Kirchhof* § 24 Rn 3, jedoch mit Hinweis, dass fehlende Verwalterbestellung wenig Sinn macht). Nach zutreffender Feststellung von KS-*Gerhardt* (S 196 Rn 8) führt, da ein nach § 21 Abs 2 Nr 2 angeordnetes **Verfügungsverbot ein absolutes** ist, jede Anordnung eines derartigen Verfügungsverbotes durch das Insolvenzgericht zwingend zur Anordnung der vorläufigen Insolvenzverwaltung, denn es muss für das Vermögen des Schuldners jederzeit ein Verfügungsbefugter existieren (vgl auch *Gerhardt*, FS Einhundert Jahre Konkursordnung, 1977, S 111, 121; ebenso HK-*Kirchhof* § 24 Rn 3).

2 **Besondere Verfügungsverbote** werden von der Vorschrift nicht erfasst (HK-*Kirchhof* § 24 Rn 4; HaKo-*Schröder* § 24 Rn 2; FK-*Schmerbach* § 24 Rn 22; *Braun/Kind* § 24 Rn 3; str aA MüKo-*Haarmeyer* § 24 Rn 8, 9; *Pohlmann* Befugnisse Rn 259; *Kießling/Singhof* DZWIR 2000, 357). Ihnen kommt nach wie vor lediglich die Wirkung relativer Veräußerungsverbote iSv §§ 135, 136 BGB zu (*W. Gerhardt* ZZP 109 [1996], 415, 423; K/P/B/*Pape* § 24 Rn 2; HK-*Kirchhof* § 24 Rn 4; *Andres/Leithaus* § 24 Rn 2; *Graf-Schlicker/Voß* § 24 Rn 9; N/R/*Mönning* § 24 Rn 10; *Braun/Kind* § 24 Rn 3; *Jaeger/Gerhardt* § 2 Rn 9 f; vgl auch *Gerhardt* FS *Flume* I S 527 ff). Um ein relatives Verfügungsverbot handelt es sich auch, wenn das Gericht Verfügungsbeschränkungen lediglich in Bezug auf bestimmte Gegenstände verhängt oder diese an die Zustimmung des vorläufigen Insolvenzverwalters bindet (K/P/B/*Pape* § 24 Rn 2). In diesen Fällen finden die §§ 135, 136 BGB Anwendung mit der Folge, dass gutgläubiger Erwerb möglich ist. Festzustellen ist, dass sämtliche Sicherungsmaßnahmen nach § 21 Abs 1 und § 22 Abs 2 keine absoluten Wirkungen entfalten.

II. Unwirksamkeit von Verfügungen des Schuldners (§ 24 Abs 1)

3 **1. Verfügungen des Schuldners.** Erfasst werden durch die Verfügungsbeschränkung des Abs 1 nur **Verfügungen im Rechtssinne**, nicht aber ein sonstiger Rechtserwerb, wie zB der eines gesetzlichen Pfandrechts (BGHZ 170, 196, 199; HK-*Kirchhof* § 24 Rn 5; *Jaeger/Gerhardt* § 21 Rn 20; HaKo-*Schröder* § 24 Rn 3). Da § 24 nicht auf § 91 verweist, bleibt ein **sonstiger Rechtserwerb**, der nicht auf einer Verfügung des Schuldners oder einer Vollstreckungsmaßnahme des Gläubigers beruht, möglich (**BGH** ZInsO 2007, 91; HaKo-*Schröder* § 24 Rn 2). Von der Anordnung eines allgemeinen Verfügungsverbots sind sämtliche Vermögensgegenstände des Schuldners betroffen, die im Fall der Verfahrenseröffnung zur Insolvenzmasse (§ 35) gehören würden. Von der Anordnung wird sowohl das gegenwärtige Schuldnervermögen als auch das Vermögen erfasst, das der Schuldner nach Anordnung des allgemeinen Verfügungsverbots erwirbt (KS-*Gerhardt* S 193, 194 Rn 3). Trotz der absoluten Wirkung ist eine **Genehmigung durch den Insolvenzverwalter** analog § 185 Abs 2 BGB nicht ausgeschlossen (K/P/B/*Pape* § 24 Rn 1). Jedoch finden die Vorschriften der §§ 135, 136 BGB keine Anwendung (vgl *Uhlenbruck*, Das neue Insolvenzrecht, S 63; *ders* in: KS S 343 Rn 16; *ders* KTS 1994, 169, 179; FK-*Schmerbach* § 24 Rn 4; K/P/B/*Pape* § 24 Rn 1). Allerdings ist das allgemeine Verfügungsverbot durch den **Zweck des Insolvenzverfahrens beschränkt** (BGHZ 166, 74 ff = NZI 2006, 224 = ZInsO 2006, 261, 263; KS-*Gerhardt* S 194 Rn 4 u Rn 38).

4 Hinsichtlich der **Rechtsfolgen eines Verstoßes gegen das allgemeine Verfügungsverbot** verweist § 24 Abs 1 auf § 81, so dass insoweit auf die dort dargestellten Probleme verwiesen werden kann. Für das Eröffnungsverfahren ergeben sich jedoch Besonderheiten. Einmal hat die Anordnung eines allgemeinen Verfügungsverbots zwingend zur Folge, dass das Gericht einen **vorläufigen Insolvenzverwalter mit Verwaltungs- und Verfügungsbefugnis** bestellt, denn ein verfügungsloses Schuldnervermögen gibt es nicht (KS-*Gerhardt* S 196 Rn 8). Darüber hinaus werden mit der Anordnung des allgemeinen Verfügungsverbots **alle Vorausverfügungen des Schuldners unwirksam**, wenn das betroffene Recht bei Anordnung

II. Unwirksamkeit von Verfügungen des Schuldners (§ 24 Abs 1) § 24

der Verfügungsbeschränkung noch nicht besteht (**OLG** Dresden ZInsO 2006, 1057, 1058; **OLG** Koblenz v 29. 11. 1983, ZIP 1984, 164; **OLG** Stuttgart v 4. 2. 1994, ZIP 1994, 798; **OLG** Hamm ZIP 1995, 140; **OLG** Schleswig ZIP 1995, 759; W. *Gerhardt* FS *Zeuner* S 353, 357; *ders* ZIP 1982, 1, 8; *ders* in: KS S 196 Rn 9; K/P/B/*Pape* § 24 Rn 5; FK-*Schmerbach* § 24 Rn 8, 9; HaKo-*Schröder* § 24 Rn 7, 8; MüKo-*Haarmeyer* § 24 Rn 12; str aA **OLG** Köln ZInsO 2008, 622, 626; BerlKo-*Blersch* § 24 Rn 7; *Bork* Zahlungsverkehr Rn 40). Forderungen, die erst nach dem Erlass des allgemeinen Verfügungsverbots entstehen, werden von Vorausverfügungen, wie zB Globalzessionen, nicht mehr erfasst, denn maßgeblich ist insoweit die Entstehung der im Voraus abgetretenen Forderung (KS-*Gerhardt* S 196 Rn 9; K/P/B/*Pape* § 24 Rn 5, 6).

Der **BGH** hat in einem Urteil vom 20. 3. 1997 (BGHZ 135, 140 = ZIP 1997, 737 = WM 1997, 831) 5 allerdings anders entschieden. Die Entscheidung des **BGH** hat in der Literatur fast allgemein Kritik erfahren (vgl *Eckardt* ZIP 1997, 957 ff; *Häsemeyer* InsR Rn 7.37; K/P/B/*Pape* § 24 Rn 6; *Nobbe* RWS-Forum 9, 1996 S 99 ff). Sie dürfte inzwischen als überholt gelten (HaKo-*Schröder* § 24 Rn 7). Durch die Anordnung des allgemeinen Verfügungsverbots erlischt zwar nicht der Girovertrag des Schuldners mit der Bank, wohl jedoch die im Girovertrag enthaltene **antizipierte Verrechnungsabrede**, so dass auch hierin enthaltene Vorausverfügungen hinfällig werden (KS-*Gerhardt* S 196 Rn 9 unter Hinweis auf BGHZ 74, 253, 255; **BGH** ZIP 1991, 1586, 1587; **BGH** ZIP 1995, 1244; 1251; **OLG** Koblenz ZIP 1984, 164; **OLG** Hamm ZIP 1995, 140, 142; **OLG** Schleswig ZIP 1995, 759, 760). Der **BGH** beruft sich in der Entscheidung vom 20. 3. 1997 (BGHZ 135, 140) auf den fehlenden Verweis in § 24 auf § 91. Zutreffend weist *Pape* (K/P/B/*Pape* § 24 Rn 6) darauf hin, dass eine derartige Auslegung dem Zweck des vorläufigen Insolvenzverfahrens, die künftige Masse zu sichern, extrem widerspricht. Übrig bliebe nur die Anwendung der Anfechtungsvorschriften, die der Wirksamkeit des Erwerbs entgegenstehen könnten. Zu Recht führt *Nobbe* (in: H. *Prütting* [Hrsg], RWS-Forum 9, 1996 S 99, 111) aus, dass sich das **Erlöschen des Kontokorrentverhältnisses** aus dem allgemeinen Veräußerungsverbot herleiten lässt (vgl auch **OLG** Schleswig v 23. 3. 1995, ZIP 1995, 759, 760; **OLG** Hamm v 18. 11. 1994, ZIP 1995, 140, 141; **OLG** Stuttgart ZIP 1994, 798, 799; **OLG** Düsseldorf ZIP 1986, 973, 975; **OLG** Koblenz ZIP 1984, 164 f; *Kilger/K. Schmidt* § 106 KO Anm 3; *Gerhardt* ZIP 1982, 1, 8; *ders* in: KS S 196 Rn 9). Der mit dem Verbot bezweckte Erhalt des Schuldnervermögens zwecks gleichmäßiger Befriedigung der Gläubiger erfordere die Beendigung der antizipierten Verrechnungsvereinbarung, die den Charakter einer Vorausverfügung habe.

Eine **andere Frage** ist die, ob ein Kreditinstitut **mit Forderungen aus dem Debetsaldo des Schuldners** 6 nach Beendigung des Kontokorrentverhältnisses mit Zahlungseingängen nach Wirksamwerden des Veräußerungsverbots noch **aufrechnen** kann, oder ob das allgemeine Verfügungsverbot zur Unwirksamkeit einer Aufrechnungserklärung des Gläubigers führt. Nach KS-*Gerhardt* S 197 Rn 10 stellte diese Frage „bisher eines der umstrittensten Folgeprobleme der Anordnung eines allgemeinen Verfügungsverbots dar". Die für die KO von einem Teil der Literatur befürwortete entsprechende Anwendung des § 55 Nr 1 KO (vgl **OLG** Stuttgart ZIP 1994, 798; **OLG** Hamm ZIP 1995, 140; **KG** ZIP 1995, 53; *Canaris* ZIP 1986, 1225 ff) lässt sich auf die InsO nicht übertragen, denn der Schutz der künftigen Insolvenzmasse ist auch im Hinblick auf Masseschmälerungen durch Aufrechnungen von Verfahrensgläubigern keineswegs lückenlos und die Aufrechnung bzw der Erwerb einer Aufrechnungslage im Eröffnungsverfahren nur unter **Anfechtungsvoraussetzungen** (§§ 96 Nr 3, 130 ff) unwirksam (BGHZ 159, 388, 391; **LG** Rostock ZIP 2002, 270, 271; MüKo-*Haarmeyer* § 24 Rn 14; HK-*Kirchhof* § 24 Rn 9; Smid/Thiemann § 24 Rn 5; FK-*Schmerbach* § 24 Rn 11; KS-*Gerhardt* S 198 Rn 11; K/P/B/*Pape* § 24 Rn 7; str aA N/R/*Mönning* § 22 Rn 152 f). Nach KS-*Gerhardt* (Rn 11) ist die bestehende **gesetzliche Lücke** als „gesetzgeberische Absicht anzusehen und nicht als eine der Schließung durch Analogie zugängliche Lücke" (so auch *Henckel* FS *Lüke* S 237, 242, 249; *Mankowski* JZ 1996, 392, 396). Eine Anfechtung käme nur in Betracht, wenn der Erwerb der Aufrechnungslage als inkongruente Deckung anzusehen wäre. In einem Urteil v 13. 6. 1995 (BGHZ 130, 76, 80 = ZIP 1995, 1200, 1202 = EWiR 1995, 1195, *Henckel*) hat der **BGH** für den Geltungsbereich der GesO entschieden, gegen Forderungen des Schuldners, die nach Eingang eines zulässigen Antrags auf Eröffnung der Gesamtvollstreckung begründet werden, könne jedenfalls dann nicht wirksam aufgerechnet werden, wenn ein Verfügungs- und ein Vollstreckungsverbot erlassen worden seien und das Verfahren später eröffnet werde (s aber auch **BGH** ZIP 1999, 665). Zutreffend weist *Nobbe* (RWS-Forum 9 S 99, 121) darauf hin, dass zwar ein allgemeines Verfügungsverbot im Eröffnungsverfahren die Wirkungen der Insolvenzeröffnung für Girokonten im Ergebnis weitestgehend vorwegnimmt, allerdings mit **Ausnahme des Aufrechnungsverbots**. Ein solches Verbot sei auch im Gesamtvollstreckungseröffnungsverfahren nicht anzuerkennen. Die abweichende Rechtsprechung des **BGH** sei „systemwidrig und nicht haltbar". Nach KS-*Gerhardt* (S 197 Rn 11; *Jaeger/Gerhardt* § 24 Rn 6) ist an der zum früheren Recht vertretenen Auffassung festzuhalten, dass die Aufrechnungserklärung des Gläubigers grundsätzlich wirksam ist und lediglich der Insolvenzanfechtung unterliegt (so K/P/B/*Pape* § 24 Rn 7; HK-*Kirchhof* § 24 Rn 5; *Eckardt* ZIP 1997, 957 ff). Nach K/P/B/ *Lüke* (§ 94 Rn 88) erscheint es wenig überzeugend, aus der absoluten Wirkung eines Verfügungsverbots zugleich ein Aufrechnungsverbot herzuleiten, denn Verfügungsverbote könnten eine Aufrechnungslage durch Handlungen eines Dritten nicht verhindern (vgl auch *Adam* WM 1998, 801, 804; *Wittig* WM 1995, 865, 867; str aA *Weitekamp* NZI 1998, 112, 113). Nach Feststellung von KS-*Häsemeyer* (S 645,

663 Rn 50) können „auch die umfassendsten Sicherungsmaßnahmen im Eröffnungsverfahren **keine Aufrechnungssperre** begründen". Eine Anfechtung von Verrechnungen nach den §§ 129 ff scheidet meist aus, weil es sich idR meist um eine unanfechtbare Bardeckung iSv § 142 handelt (vgl **BGH** ZIP 1999, 665).

7   **Aufrechnungslagen durch Rechtshandlungen Dritter,** wie zB Forderungsabtretungen, Leistungen auf Rechnung des Schuldners etc, werden weder durch Verfügungs- noch Vollstreckungsverbote gegenüber dem Schuldner gehindert (BGHZ 159, 383, 391; HaKo-*Schröder* § 24 Rn 10; HK-*Kirchhof* § 24 Rn 9). Für diese wäre allenfalls § 91 einschlägig. Auf diese Vorschrift wird aber in § 24 nicht verwiesen (KS-*Häsemeyer* S 663 Rn 50; K/P/B/*Pape* § 24 Rn 7; vgl auch *Heublein* ZIP 2000, 161 ff). Eine **Ausnahme** gilt nur insoweit, als die Aufrechnungslage nach dem Antrag auf Verfahrenseröffnung erworben wurde (§ 96 Nr 3 iVm § 131 Abs 1 Nr 1). Die in der Voraufl vertretene Auffassung, das Insolvenzgericht sei berechtigt, im Rahmen einer **Kontensperre** die Verrechnungsmöglichkeit zu verhindern, kann angesichts der Entscheidung des **BGH** v 29. 6. 2004 (BGHZ 159, 388, 391 = ZInsO 2004, 852) nicht aufrecht erhalten werden (HaKo-*Schröder* § 24 Rn 10; anders noch BayObLG ZInsO 2001, 754; FK-*Schmerbach* § 24 Rn 11). Nach Auffassung des **BGH** enthält die InsO zum Aufrechnungsausschluss eine abschließende Regelung, die nicht über eine entsprechende Anwendung von § 394 BGB erweitert werden kann.

8   Auch das Entstehen von **Pfandrechten kraft Gesetzes** wird durch § 24 nicht gehindert (BGHZ 170, 196, 199). Das **gesetzliche Vermieterpfandrecht** an eingebrachten pfändbaren Gegenständen des Mieters entsteht mit der Einbringung, auch soweit es erst künftig entstehende Forderungen aus dem Mietverhältnis sichert (BGHZ 170, 196, 200). **Vorausverfügungen** des Schuldners über Miet- und Pachtverhältnisse bzw Bezüge auch einem Dienstverhältnis sind dagegen wirksam, obgleich die abgetretenen Forderungen jeweils monatlich entstehen (vgl **BGH** ZInsO 2006, 1264; **OLG Hamm** ZInsO 2006, 776; HaKo-*Schröder* § 24 Rn 9; *Dobmeier* NZI 2006, 144; *Flöther/Bräuer* NZI 2006, 136). Hat der Schuldner **Forderungen auf Vergütung** gegen **die Kassenärztliche Vereinigung** abgetreten oder verpfändet, so ist die Verfügung unwirksam, soweit sie sich auf Ansprüche bezieht, die auf nach Eröffnung des Insolvenzverfahrens erbrachten ärztlichen Leistungen beruhen (**BGH** v 11. 5. 2006, ZInsO 2006, 708). Zwar ist § 91 ein Auffangtatbestand, der erst nach Verfahrenseröffnung gilt (vgl **BGH** ZInsO 2007, 91, 92), jedoch ist nach *Jaeger/Gerhardt* (§ 24 Rn 7) ein umfassender Masseschutz auch im Insolvenzeröffnungsverfahren erforderlich. Entgegen den Gesetzesmaterialien und der Auffassung des **BGH** könne dieses Ergebnis nur durch eine konsequente Anwendung der Grundsätze über die Verfügungsmacht verhindert werden. Der **gestreckte Rechtserwerb** stelle einen Anwendungsfall des § 81 dar (vgl auch HaKo-*Schröder* § 24 Rn 8; HK-*Kirchhof* § 24 Rn 8).

9   Verfügungsbeschränkungen berühren weder vom Schuldner abgeschlossene **Verpflichtungsgeschäfte** noch die Fortdauer von Verträgen noch den automatischen Zinslauf (HK-*Kirchhof* § 24 Rn 10). Die Begründung neuer **schuldrechtlicher Verpflichtungen** ist keine Verfügung. Nach HK-*Kirchhof* (§ 24 Rn 10) hat der Gesetzgeber das Interesse der Insolvenzgläubiger, während des Eröffnungsverfahrens keine weiteren Insolvenzforderungen entstehen zu lassen, nur durch § 22 Abs 1 S 1 geschützt, also bei Bestellung eines starken vorläufigen Insolvenzverwalters. Statt dessen könne das Insolvenzgericht als ein Minus dem Schuldner aber auch die **Verpflichtungsbefugnis entziehen**, was allerdings deutlich zum Ausdruck gebracht werden müsste. Ohne diese Maßnahmen seien neue Verpflichtungsgeschäfte des Schuldners uneingeschränkt wirksam (so auch MüKo-*Haarmeyer* § 24 Rn 13; FK-*Schmerbach* § 24 Rn 5; str aA BerlKo-*Blersch* § 24 Rn 4). Nach Auffassung des **BGH** (v 18. 7. 2002, BGHZ 151, 353, 361 f) ist der vorläufige Insolvenzverwalter selbst bei Zustimmungsvorbehalt rechtlich nicht in der Lage, den Schuldner gegen dessen Willen zu Handlungen anzuhalten. Den Abschluss rechtswirksamer Verpflichtungsgeschäfte durch den Schuldner während des Eröffnungsverfahrens vermag er nicht zu verhindern. Auch sei er nicht befugt, den Schuldner daran zu hindern, während des Eröffnungsverfahrens die Gegenleistung aus Dauerschuldverhältnissen in Anspruch zu nehmen, soweit damit keine rechtsgeschäftliche Verfügung verbunden sei. Allerdings kann das Gericht als ein Weniger gegenüber § 22 einen **Verpflichtungsvorbehalt** für bestimmte Verpflichtungsgeschäfte oder ein gegenständlich beschränktes „Verwaltungsverbot" anordnen (HK-*Kirchhof* § 21 Rn 19). Nach der **Gegenmeinung** von *Jaeger/Gerhardt* (§ 22 Rn 177–180) ist zwar der Schuldner durch den Zustimmungsvorbehalt nicht gehindert, Verpflichtungsgeschäfte einzugehen. Diese wirken jedoch nicht mehr für und gegen die zukünftige Masse, sondern nur noch gegen das freie Vermögen des Schuldners (so auch *Braun/Uhlenbruck* Unternehmensinsolvenz S 263 f).

10   **2. Verstoß gegen den allgemeinen Zustimmungsvorbehalt.** Hatte das Insolvenzgericht gem § 21 Abs 2 Nr 2 angeordnet, dass Verfügungen des Schuldners nur mit Zustimmung des vorläufigen Insolvenzverwalters wirksam sind, so bedeutet die Anordnung der vorläufigen Insolvenzverwaltung nicht zugleich auch die Anordnung eines allgemeinen Verfügungsverbots (KS-*Gerhardt* S 199 Rn 14). Vielmehr wird im Regelfall die Wirksamkeit der Verfügung des Schuldners oder Schuldnerunternehmens an die Zustimmung des vorläufigen Insolvenzverwalters gebunden. Der Schuldner bleibt Besitzer seines Vermögens und berechtigt, das Unternehmen zunächst weiterzuführen. Verfügt der Schuldner trotz Zustimmungsvorbehalts **ohne Zustimmung** des vorläufigen Insolvenzverwalters über Gegenstände des Haftungsvermögens, so finden über § 24 Abs 1 die Vorschriften der §§ 81, 82 entsprechende Anwendung.

III. Unwirksamkeit von Leistungen an den Schuldner **§ 24**

Verfügungen ohne Zustimmung des vorläufigen Verwalters sind nach § 81 Abs 1 S 1 **absolut (schwebend) unwirksam** (vgl BGH v 19. 1. 2006 – IX ZR 232/04, ZInsO 2006, 201, 263; OLG Frankfurt ZInsO 2006, 612, 614; HaKo-*Schröder* § 24 Rn 2; FK-*Schmerbach* § 24 Rn 16–19; *Uhlenbruck* KTS 1994, 169, 179; ders in: KS S 343 Rn 16; *Pohlmann,* Befugnisse Rn 263; KS-*Gerhardt* S 200 Rn 15; vgl auch *Mankowski* NZI 2000, 572 ff; MüKo-*Haarmeyer* § 24 Rn 7–9). Etwas anderes gilt nur für **besondere Verfügungsverbote**, die das Gericht gem § 21 Abs 1 anordnet. Beziehen sich die Verfügungsbeschränkungen nur auf einzelne Gegenstände und nicht auf das gesamte Schuldnervermögen, so handelt es sich um ein **relatives Verfügungsverbot** nach § 135 (vgl KS-*Gerhardt* S 200 f Rn 16; *ders* FS *Flume* Bd I S 527, 537; HK-*Kirchhof* § 24 Rn 4; K/P/B/*Pape* § 24 Rn 2). Verstößt also der Schuldner gegen ein besonderes Verfügungsverbot, ist gutgläubiger Erwerb nach Maßgabe des § 135 Abs 2 BGB möglich. Die **absolute Unwirksamkeit verbotswidriger Verfügungen** bezieht sich nach § 24 Abs 1 ausschließlich auf die in § 21 Abs 2 Nr 2 vorgesehenen Verfügungsbeschränkungen (MüKo-*Haarmeyer* § 24 Rn 8). Jede Verfügung, die gegen eine der in § 21 Abs 2 Nr 2 vorgesehenen Verfügungsbeschränkungen verstößt, ist **absolut (schwebend) unwirksam** (§ 81 Abs 1 S 1). **Gutgläubiger Erwerb an beweglichen Sachen** ist schlechthin ausgeschlossen (§ 81 Abs 1 S 2). Anders BGH ZIP 2000, 146 ff; OLG Koblenz WM 1989, 1819; vgl auch K/P/B/*Pape* § 24 Rn 2; *Jaeger/Gerhardt* § 24 Rn 4; HK-*Kirchhof* § 24 Rn 14, 15; HaKo-*Schröder* § 24 Rn 12; FK-*Schmerbach* § 24 Rn 22; *Kießling/Singhoff* DZWIR 2000, 353, 357 ff. Gutgläubiger Rechtserwerb bei **Grundstücksgeschäften** ist dagegen möglich (BerlKo-*Blersch* § 24 Rn 3). Eine Genehmigung unwirksamer Verfügungen durch den vorläufigen Insolvenzverwalter gem §§ 185 Abs 2, 184 Abs 1 BGB führt zur rückwirkenden Wirksamkeit der Verfügung (*Pohlmann,* Befugnisse Rn 271; HK-*Kirchhof* § 24 Rn 11; HaKo-*Schröder* § 24 Rn 11; MüKo-*Haarmeyer* § 24 Rn 11).

3. Wirksamwerden der Verfügungsbeschränkungen. Die Anordnung einer Verfügungsbeschränkung 11 wird ebenso wie solche nach § 81 Abs 1 S 1 und Abs 3 entspr § 27 Abs 2, 3 **mit dem Erlass** wirksam, dh mit dem im Beschluss angegebenen Zeitpunkt (BGH NZI 2001, 203 zu § 106 KO; HaKo-*Schröder* § 24 Rn 14; HK-*Kirchhof* § 24 Rn 12). Wer sich auf die Unwirksamkeit nach § 24 beruft, hat den Zeitpunkt des Verfügungsverbots zu beweisen sowie, dass die Handlung des Schuldners danach vorgenommen wurde (HK-*Kirchhof* § 24 Rn 13). Hat der Schuldner am Tag des Erlasses verfügt, wird entspr § 81 Abs 3 zu seinen Ungunsten vermutet, dass er **nach der Wirksamkeit** verfügt hat (HK-*Kirchhof* § 24 Rn 13; HaKo-*Schröder* § 24 Rn 14). Der Empfänger der unwirksamen Leistung ist gem §§ 812 ff BGB zur **Rückgewähr** verpflichtet (LG Gera ZIP 1997, 288; NZI 2001, 101; HK-*Kirchhof* § 24 Rn 16; HaKo-*Schröder* § 24 Rn 14).

III. Unwirksamkeit von Leistungen an den Schuldner

Die Entgegennahme einer Leistung von Schuldnern durch den Schuldner oder das Schuldnerunter- 12 nehmen zum Zwecke der Erfüllung stellt eine Verfügung iSv § 81 dar. Diese wäre gem §§ 24 Abs 1, 81 absolut unwirksam. Da jedoch § 82 entsprechend anwendbar ist, erfährt die Folgewirkung des § 81 gewisse Einschränkungen. Entsprechend § 82 S 1 wird der Leistende frei, wenn er zurzeit der Leistung die Anordnung der **Verfügungsbeschränkungen nicht kannte** (vgl FK-*Schmerbach* § 24 Rn 21; *Jaeger/Gerhardt* § 24 Rn 9; HK-*Kirchhof* § 24 Rn 17 ff; HaKo-*Schröder* § 24 Rn 15 ff; BerlKo-*Blersch* § 24 Rn 14). Grob fahrlässige Unkenntnis von der Verfügungsbeschränkung oder Kenntnis von einer Zahlungseinstellung oder eines sonstigen Eröffnungsgrundes reichen nicht aus (OLG Rostock ZInsO 2006, 884). Die Darlegungs- und Beweislast für die Unkenntnis trifft grundsätzlich den Leistenden (**BGH** ZInsO 2006, 92). Es kommt nicht darauf an, ob das Geleistete in die Insolvenzmasse gelangt ist. Hat er **vor der öffentlichen Bekanntmachung** der Verfügungsbeschränkungen (§ 23) geleistet, so wird vermutet, dass er die Verfügungsbeschränkungen nicht kannte (§ 82 S 2). Der Leistung an den Schuldner steht die Leistung an seinen Vertreter gleich. Die Kenntnis seines Stellvertreters wird ihm gem § 166 BGB zugerechnet (HK-*Kirchhof* § 24 Rn 20). Ist die Leistung vor der öffentlichen Bekanntmachung der Verfügungsbeschränkungen erfolgt, so hat der **vorläufige Insolvenzverwalter zu beweisen**, dass dem Leistenden die Anordnung bekannt war (HaKo-*Schröder* § 24 Rn 17). Ist dagegen die Leistung **nach Bekanntmachung** erfolgt, hat der Leistende zu beweisen, dass ihm die Anordnung der Verfügungsbeschränkungen unbekannt war (§ 82 S 1). Handelt es sich um eine **juristische Person** oder eine BGB-Gesellschaft mit mehreren stellvertretungsberechtigten Gesellschaftern, ist der Beweis dahingehend zu führen, dass keinem von ihnen das Verfügungsverbot bekannt war (BGH v 12. 11. 1998, NZI 1999, 23, 25; BGHZ 109, 327, 330; BGHZ 140, 54). Nach Auffassung des **BGH** muss jede am Rechtsverkehr teilnehmende Organisation ua sicherstellen, dass die ihr ordnungsgemäß zugehenden rechtserheblichen Informationen von ihren Entscheidungsträgern auch zur Kenntnis genommen werden können. Sie muss es deshalb so einrichten, dass ihre Repräsentanten, die dazu berufen sind, im Rechtsverkehr bestimmte Aufgaben in eigener Verantwortung zu erledigen und die dabei angefallenen Informationen zur Kenntnis nehmen, diese Informationen auch tatsächlich an die entscheidenden Personen weiterleiten (**BGH** ZIP 2006, 138, 139 f; HaKo-*Schröder* § 24 Rn 18; vgl *Grunewald* FS *K. Beusch,* 1993, S 301, 304 ff; *Taupitz* JZ 1996, 734, 735; HK-*Kirchhof* § 24 Rn 20; einschr für Handelsgesellschaften OLG Rostock

ZIP 2006, 1684, 1685). Für Leistungen auf **im Grundbuch eingetragene Rechte** gilt § 893 BGB. Der Leistende wird frei, wenn er die Verfügungsbeschränkungen nicht kennt und diese nicht im Grundbuch eingetragen sind (HK-*Kirchhof* § 24 Rn 21; HaKo-*Schröder* § 24 Rn 16). Den Insolvenzverwalter trifft die Beweislast für die Kenntnis des Leistenden. Liegen die Voraussetzungen für eine Leistungsbefreiung nach § 82 nicht vor, so bleibt der Leistende weiterhin gegenüber der Insolvenzmasse bzw dem vorläufigen Insolvenzverwalter verpflichtet. Der vorläufige Verwalter kann den Betrag vom Leistenden noch einmal verlangen, es sei denn, die Leistung sei in die Haftungsmasse geflossen. Der Leistende hat gegen den Schuldner einen Bereicherungsanspruch gem § 812 Abs 1 S 2 2. Alt BGB (HK-*Kirchhof* § 24 Rn 16). Zunächst aber hat der vorläufige Insolvenzverwalter zu versuchen, die vom Schuldner kassierte Leistung zur Haftungsmasse zu ziehen. Dies stellt noch keine Genehmigung der Leistung dar (zutr HK-*Kirchhof* § 24 Rn 22; **str aA** *Hess* § 24 Rn 8). Unterlässt es der vorläufige Insolvenzverwalter mit Verfügungsbefugnis schuldhaft, den an den Schuldner gelangten Betrag von diesem einzufordern, kann die Unterlassung gegenüber dem Leistenden treuwidrig sein (*Jaeger/Henckel* § 8 KO Rn 48; HK-*Kirchhof* § 24 Rn 22). Einzelheiten in der Kommentierung zu § 82.

IV. Prozessuale Folgen des allgemeinen Verfügungsverbots

13   1. **Verfahrensunterbrechung (§ 240 S 2 ZPO).** § 24 Abs 2 regelt die prozessualen Wirkungen des allgemeinen Verfügungsverbots. Diese Wirkungen treten nicht beim so genannten „schwachen" vorläufigen Insolvenzverwalter mit Zustimmungsvorbehalt ein (**BGH ZIP 1999, 1314; OLG Celle ZInsO 2002, 728;** FK-*Schmerbach* § 24 Rn 23; MüKo-*Haarmeyer* § 24 Rn 18; HK-*Kirchhof* § 24 Rn 23). Gem § 240 S 2 ZPO wird ein gerichtliches Verfahren, das die Haftungsmasse betrifft, schon vor Eröffnung des Insolvenzverfahrens unterbrochen, wenn die Verwaltungs- und Verfügungsbefugnis über das Vermögen des Schuldners auf einen vorläufigen Insolvenzverwalter übergegangen ist. Die Unterbrechungswirkung nach § 240 S 1 ZPO trifft kraft gesetzlicher Verweisung auch in **Arbeits-, Verwaltungs-, Finanz- und Sozialrechtsstreitigkeiten** ein (§§ 46 Abs 2, 64 Abs 6, 72 Abs 5 ArbGG, § 173 VwGO, § 155 FGO, § 202 SGG). Nicht unterbrochen wird dagegen ein **selbstständiges Beweisverfahren** nach §§ 485 ff ZPO (**BGH ZInsO 2004, 85**). Gleiches gilt für **Verfahren der freiwilligen Gerichtsbarkeit** (HaKo-*Schröder* § 24 Rn 21; vgl auch MüKo-*Haarmeyer* § 24 Rn 20). Die gesetzliche Regelung in § 240 S 2 ZPO ist von erheblicher praktischer Bedeutung, weil zahlreiche Schuldner und Schuldnerunternehmen in der Krise mangels Liquidität Zahlungspflichten bestreiten mit der Folge, dass es zu einer Häufung von Passivprozessen kommt (vgl KS-*Uhlenbruck* 1. Aufl 1997 S 239 Rn 47; K/P/B/*Pape* § 24 Rn 10). Diese Prozesse dienen lediglich dem Zweck, die Zahlungsunfähigkeit zu kaschieren und nicht zahlen zu müssen. Es bedeutet eine erhebliche Entlastung für die Haftungs- und spätere Insolvenzmasse, wenn es dem vorläufigen Insolvenzverwalter ermöglicht wird, diese meist unergiebigen Prozesse nicht fortzuführen und durch **sofortiges Anerkenntnis** entsprechend § 86 Abs 2 zu bewirken, dass die Kosten des Rechtsstreits im eröffneten Insolvenzverfahren nur eine einfache Insolvenzforderung iSv § 38 darstellen (K/P/B/*Pape* § 24 Rn 10). Werden die **Verfügungsbeschränkungen** im Eröffnungsverfahren **aufgehoben**, entfällt die Verfahrensunterbrechung und das gerichtliche Verfahren kann nach den allgemeinen Regeln weitergeführt werden (HK-*Kirchhof* § 24 Rn 25). Nimmt der vorläufige Insolvenzverwalter den unterbrochenen Rechtsstreit auf, ist er berechtigt, nunmehr für die Fortsetzung PKH zu beantragen. An die Gewährung von PKH sind geringere Anforderungen zu stellen als im eröffneten Verfahren beim endgültigen Insolvenzverwalter, weil die Massezulänglichkeit noch nicht endgültig abgeschätzt und nachgewiesen werden kann (s FK-*Schmerbach* § 24 Rn 34, 34 a).

14   2. **Aufnahme unterbrochener Verfahren durch den vorläufigen Insolvenzverwalter. a) Aufnahme von Aktivprozessen.** Aktivprozesse können gem § 24 Abs 2 iVm § 85 Abs 1 S 1 nur vom vorläufigen Insolvenzverwalter aufgenommen werden, weil dem Prozessgegner ein Abwarten bis zur Entscheidung über den Eröffnungsantrag zuzumuten ist (Begr zu § 28 RegE [§ 24 InsO], BR-Drucks 1/92 = BT-Drucks 12/2443, S 117, abgedr bei *Uhlenbruck*, Das neue Insolvenzrecht, S 328; K/P/B/*Pape* § 24 Rn 11; HK-*Kirchhof* § 24 Rn 26; FK-*Schmerbach* § 24 Rn 25; N/R/*Mönning* § 24 Rn 19). *Hess* (§ 24 Rn 12) will die Prozessführungsbefugnis auch einem vorläufigen Verwalter ohne Verwaltungs- und Verfügungsbefugnis ausnahmsweise zusprechen, „wenn es sich um eine unaufschiebbare Maßnahme handelt, die zur Sicherung der Masse erforderlich ist". Festzustellen ist, dass insoweit die Entscheidung des **OLG Hamburg v 28. 1. 1987 (ZIP 1987, 385)** durch das neue Recht überholt ist. Eine andere Frage ist, ob in einzelnen Ausnahmefällen das Insolvenzgericht dem „schwachen" vorläufigen Insolvenzverwalter durch Beschluss die Befugnis einräumen kann, zur Sicherung der Masse bestimmte neue Prozesse durchzuführen (FK-*Schmerbach* § 24 Rn 34 b). Da aber eine Prozessunterbrechung nicht stattfindet, kommt auch eine Aufnahme nicht in Betracht. Einer **Zustimmung des Insolvenzgerichts** analog § 160 Abs 2 Nr 3 bedarf es nicht (HK-*Kirchhof* § 24 Rn 26; MüKo-*Haarmeyer* § 24 Rn 26; *Jaeger/Gerhardt* § 24 Rn 14; *Ampferl* Der „starke" vorläufige Insolvenzverwalter in der Unternehmensinsolvenz, 2002, Rn 786–789; **str aA** *Pohlmann*, Befugnisse Rn 594, 595). Die Nichtaufnahme eines anhängigen Prozesses durch den vorläufigen Insolvenzverwalter kann nicht etwa als Freigabe des streitbefangenen Gegenstandes gewertet werden (K/P/B/*Pape* § 24 Rn 11). Wegen der begrenzten Verweisung in § 24 Abs 2 kann der

vorläufige Insolvenzverwalter vom Prozessgegner nicht etwa gem § 85 Abs 1 S 2 InsO iVm § 239 Abs 2–4 ZPO zur Entscheidung über die Aufnahme gezwungen werden (*Pohlmann,* Befugnisse Rn 583; K/P/B/*Pape* § 24 Rn 11).

b) **Aufnahme von Passivprozessen.** Die Aufnahme von Passivprozessen im Insolvenzeröffnungsverfahren durch den vorläufigen Insolvenzverwalter ist weitgehend eingeschränkt, was auf der Regelung in § 87 beruht, wonach die Insolvenzgläubiger ihre Forderungen nur nach den Vorschriften über das Insolvenzverfahren verfolgen können. § 86 Abs 1 sieht vor, dass Rechtsstreitigkeiten, die zurzeit der Eröffnung des Insolvenzverfahrens gegen den Schuldner anhängig sind, von den Parteien nur aufgenommen werden können, wenn sie die **Aussonderung** eines Gegenstandes, die **abgesonderte Befriedigung** oder eine **Masseverbindlichkeit** betreffen. Mit der **beiderseitigen Aufnahmemöglichkeit** trägt der Gesetzgeber schon im Eröffnungsverfahren dem Umstand Rechnung, dass diesen Gläubigern im eröffneten Verfahren ein künftiges Recht auf gesonderte Befriedigung zusteht (*Pohlmann,* Befugnisse Rn 589; HK-*Kirchhof* § 24 Rn 28; BerlKo-*Blersch* § 24 Rn 21). Da es im Eröffnungsverfahren idR noch keine Masseverbindlichkeiten gibt, ist die **Aufnahme von Passivprozessen** weitgehend auf Aus- und Absonderungsgegenstände beschränkt (K/P/B/*Pape* § 24 Rn 12; BerlKo-*Blersch* § 24 Rn 22, 23). Nimmt der **Prozessgegner** den von ihm eingeleiteten Rechtsstreit auf, so gehört es zu den Pflichten des vorläufigen Insolvenzverwalters, den Prozess ordnungsgemäß weiterzuführen (*Pohlmann,* Befugnisse Rn 590). Er kann sich nicht gegen die Fortsetzung des Rechtsstreits durch den Kläger wehren, jedoch den geltend gemachten Anspruch gem § 307 ZPO sofort anerkennen. Dies hat gem §§ 24 Abs 2, 86 Abs 2 die Folge, dass der Gegner den Anspruch auf Erstattung der Verfahrenskosten nur noch als einfache Insolvenzforderung geltend machen kann (*Braun/Kind* § 24 Rn 9). Verliert der vorläufige Insolvenzverwalter den aufgenommenen Prozess, so sind die Kosten des gesamten Rechtsstreits bei Eröffnung des Verfahrens Masseverbindlichkeit gem § 55 Abs 2 (*Jaeger/Gerhardt* § 24 Rn 18; HK-*Kirchhof* § 24 Rn 29). Bei der Herausgabeklage eines **absonderungsberechtigten Gläubigers** ist zu beachten, dass der verfügungsberechtigte vorläufige Insolvenzverwalter gem § 22 Abs 1 S 2 Nr 1, 2 zum Besitz an dem Sicherungsgut berechtigt ist. Das Besitzrecht stellt zugleich das Besitz- und Verwertungsrecht des endgültigen Insolvenzverwalters nach den §§ 166 Abs 1, 172 Abs 1 sicher. Die Aufnahme einer Herausgabeklage gegen den Schuldner in Bezug auf das Sicherungsgut ist deshalb wenig sinnvoll, weil sich der vorläufige Insolvenzverwalter auf sein Besitzrecht berufen kann mit der Folge, dass die Klage abzuweisen ist. Betrifft der Gegenstand eines anhängigen Rechtsstreits eine **Insolvenzforderung** iSv § 38, so ist die Aufnahme des Rechtsstreits durch den Gläubiger schon deswegen ausgeschlossen, weil er seine Forderung im Verfahren nur noch nach der Maßgabe der Vorschriften der InsO verfolgen kann (§§ 87, 174, 180 Abs 2). Solche Rechtsstreitigkeiten werden für den Fall des Bestreitens später im Feststellungsverfahren nach den §§ 179 ff weiter verfolgt.

3. Aufnahme neuer Prozesse. § 24 Abs 2 regelt nur die Aufnahme anhängiger Rechtsstreitigkeiten, nicht dagegen die Aufnahme neuer Prozesse durch den vorläufigen Insolvenzverwalter mit Verfügungsbefugnis. Die Zulässigkeit neuer Prozesse durch den starken vorläufigen Insolvenzverwalter mit Verwaltungs- und Verfügungsbefugnis ergibt sich aus seiner Position als Partei kraft Amtes (FK-*Schmerbach* § 24 Rn 30). Auch der **schwache vorläufige Insolvenzverwalter** kann auf Grund einer Einzelermächtigung befugt sein, Prozesse zu führen. Das Prozessgericht hat zu prüfen, ob eine Ermächtigung des Insolvenzgerichts von den §§ 21 ff gedeckt ist (**OLG Köln** ZIP 2004, 2450, 2451; FK-*Schmerbach* § 24 Rn 34a; str aA OLG Hamm ZInsO 2005, 217, 218). Da gem § 22 Abs 1 S 1 die Verwaltungs- und Verfügungsbefugnis über das Vermögen des Schuldners auf ihn übergegangen ist, ist der vorläufige Insolvenzverwalter vor allem im Rahmen der einstweiligen Betriebsfortführung nicht nur berechtigt, sondern uU auch verpflichtet, im eigenen Namen Prozesse für die Haftungsmasse anzustrengen. Dabei kommt es nicht darauf an, ob es sich im Einzelfall um eine unaufschiebbare Eilmaßnahme handelt, wie es früher zur Sequestration vertreten wurde (FK-*Schmerbach* § 24 Rn 33, 33a; zum alten Recht s **OLG Hamburg** ZIP 1982, 860, 861; **OLG Hamburg** ZIP 1987, 385; **OLG Düsseldorf** ZIP 1983, 1079; **OLG Köln** ZIP 1984, 89). Verliert der vorläufige Insolvenzverwalter den Prozess, sind die Kosten des Rechtsstreits Masseverbindlichkeiten iS von § 55 Abs 2. Auch für **Neuverfahren** kann dem vorläufigen Insolvenzverwalter **Prozesskostenhilfe** gem § 116 S 1 Nr 1 ZPO bewilligt werden. Insoweit gelten zwar die gleichen Grundsätze wie für die PKH des endgültigen Verwalters, jedoch mit der Einschränkung, dass wegen der Unübersichtlichkeit der Vermögenslage geringere Anforderungen an den Nachweis der Massearmut gestellt werden können (**AG Göttingen** ZInsO 2002, 386; FK-*Schmerbach* § 24 Rn 34; MüKo-*Haarmeyer* § 24 Rn 29).

§ 25 Aufhebung der Sicherungsmaßnahmen

(1) Werden die Sicherungsmaßnahmen aufgehoben, so gilt für die Bekanntmachung der Aufhebung einer Verfügungsbeschränkung § 23 entsprechend.

(2) ¹Ist die Verfügungsbefugnis über das Vermögen des Schuldners auf einen vorläufigen Insolvenzverwalter übergegangen, so hat dieser vor der Aufhebung seiner Bestellung aus dem von ihm

verwalteten Vermögen die entstandenen Kosten zu berichtigen und die von ihm begründeten Verbindlichkeiten zu erfüllen. ²Gleiches gilt für die Verbindlichkeiten aus einem Dauerschuldverhältnis, soweit der vorläufige Insolvenzverwalter für das von ihm verwaltete Vermögen die Gegenleistung in Anspruch genommen hat.

Übersicht

	Rn
I. Allgemeines	1
II. Aufhebung von Sicherungsmaßnahmen	2
1. Die Pflicht zur Aufhebung	2
2. Die aufzuhebenden Maßnahmen	4
3. Zeitpunkt der Aufhebung	5
III. Sachlicher Geltungsbereich des § 25 Abs 2	6
IV. Aufhebung von Sicherungsmaßnahmen und Verfahrensbeendigung	8
1. „Vorankündigung" der Verfahrensbeendigung	9
2. Verfahrensbeendigung nach Bereinigung der Kosten und Verbindlichkeiten	10
3. Hinterlegung der erforderlichen Beträge	11
4. Das dreistufige Aufhebungsverfahren	12
5. Entsprechende Anwendung der Grundsätze über die Nachtragsverteilung (§ 203)	13
6. Lösungsansätze	14
V. Berichtigung der Kosten und „Masseverbindlichkeiten"	15
1. Berichtigung der Verfahrenskosten	19
2. Erfüllung der Verwalterverbindlichkeiten	20
VI. Verteilungsschlüssel bei unzulänglichem Schuldnervermögen	21
VII. Öffentliche Bekanntmachung	22
VIII. Mitteilungspflichten	23

I. Allgemeines

1 Dem Gesetzgeber ging es einmal darum, dem Schuldner in Fällen der Entbehrlichkeit von Sicherungsmaßnahmen möglichst rasch wieder die Verfügung über sein Vermögen zu ermöglichen, zum andern aber auch darum, eine ordnungsgemäße „Restabwicklung" sicherzustellen, wenn noch aus der Zeit der vorläufigen Insolvenzverwaltung Verbindlichkeiten offen stehen, über deren Erfüllung Streit entstehen könnte. Die Vorschrift dient letztlich auch der **Reduzierung der Verwalterhaftung** nach § 61, weil der „starke" Insolvenzverwalter berechtigt und verpflichtet ist, die von ihm begründeten Masseverbindlichkeiten (§ 55 Abs 2) aus dem von ihm verwalteten Vermögen ebenso zu berichtigen wie die Kosten. Die Regelung in § 25 Abs 2 S 2 schützt vor allem die Arbeitnehmer, die der vorläufige Insolvenzverwalter weiter beschäftigt hat, aber auch der Vermieter einer Sache kann sich auf § 25 Abs 2 S 2 berufen, wenn der „starke" Insolvenzverwalter die Mietsache für das verwaltete Vermögen benutzt hat. Die Regelung in § 25 Abs 2 stellt letztlich sicher, dass für das **Eröffnungsverfahren** die insolvenzrechtlichen Regeln eingehalten werden, auch wenn es nicht zur Verfahrenseröffnung kommt (vgl Begr RegE zu § 29 [§ 25 InsO], BR-Drucks 1/92 u BT-Drucks 12/7302, abgedr bei *Uhlenbruck*, Das neue Insolvenzrecht, S 329 f = *Balz/Landfermann*, S 235 f = K/P/B RWS-Dok 18 Bd I S 189; BGH v 26. 10. 2006 – IX ZB 163/05, ZIP 2007, 47, 48; K/P/B/*Pape* § 25 Rn 1, 2; FK-*Schmerbach* § 25 Rn 16; N/R/*Mönning* § 25 Rn 1–6; BerlKo-*Blersch* § 25 Rn 1; *Jaeger/Gerhardt* § 25 Rn 3; FK-*Schmerbach* § 25 Rn 16; *Haarmeyer* ZInsO 2000, 70 ff; *Prager/Thiemann* NZI 2001, 634 ff). § 25 Abs 2 gilt nicht für den „schwachen" vorläufigen Insolvenzverwalter, selbst wenn dieser berechtigt ist, Masseverbindlichkeiten zu begründen (**BGH ZIP 2007, 47, 48;** *Gundlach/Frenzel/Schmidt* DZWIR 2003, 309 ff).

II. Aufhebung von Sicherungsmaßnahmen

2 **1. Die Pflicht zur Aufhebung.** Ähnlich wie der frühere § 112 Abs 3 RegE, wonach das Gericht die Anordnung der Postsperre mit Wegfall ihrer Voraussetzungen aufzuheben hatte, hat der Gesetzgeber den früheren § 29 Abs 1 RegE, der die Aufhebung von Sicherungsmaßnahmen regelte, wenn die Maßnahmen entbehrlich werden, auf Vorschlag des Rechtsausschusses ersatzlos gestrichen. In der Tat ist es auch ohne gesetzliche Regelung selbstverständlich, dass in diesen Fällen die Sicherungsmaßnahmen aufzuheben sind (vgl auch Begr zu § 29 RegE, abgedr bei *Balz/Landfermann*, S 236; *Haarmeyer* ZInsO 2000, 70, 71; K/P/B/*Pape* § 25 Rn 1). Einmal hat das Insolvenzgericht **ständig zu prüfen**, ob die Beibehaltung angeordneter Sicherungsmaßnahmen noch erforderlich ist und eine Gefahr für die Insolvenzmasse nicht mehr besteht (**AG Göttingen ZIP 1999, 1566**; *Frege/Keller/Riedel* HRP Rn 597; FK-*Schmerbach* § 25 Rn 6; *Prager/Thiemann* NZI 2001, 634, 635; MüKo-*Haarmeyer* § 25 Rn 10–12). Dies gilt insbesondere für die nach § 99 angeordnete **Postsperre**. Eine Aufhebung sollte grundsätzlich nicht ohne Anhörung des vorläufigen Insolvenzverwalters erfolgen. In der Regel erfolgt die Aufhebung auf **Anregung des vorläufigen Verwalters**. Im Übrigen kommt die Aufhebung in Betracht bei rechtskräftiger **Abweisung des Insolvenzantrags** als unzulässig oder unbegründet oder bei rechtskräftiger Abweisung mangels Masse gem § 26 Abs 1. Gleiches gilt bei **Rücknahme des Insolvenzantrags** sowie in den

III. Sachlicher Geltungsbereich des § 25 Abs 2 § 25

Fällen, in denen der Antragsteller die **Hauptsache für erledigt erklärt**. Für die Aufhebung von Sicherungsmaßnahmen hinsichtlich des **unbeweglichen Schuldnervermögens** (§ 30 d ZVG) enthält § 30 f Abs 2 S 1 ZVG für den Fall der Antragsrücknahme oder Abweisung eine Sonderregelung. Ansonsten erfolgt eine Aufhebung nach § 30 f Abs 2 S 2 iVm § 30 f Abs 1 ZVG (FK-*Schmerbach* § 21 Rn 213 u § 25 Rn 6 b). **Keiner Aufhebung von Sicherungsmaßnahmen** bedarf es, wenn das Insolvenzverfahren eröffnet wird, denn der umfassende Insolvenzbeschlag nach § 80 tritt automatisch an die Stelle der bisherigen Sicherungsmaßnahmen (vgl *Jaeger/Weber* § 106 KO Rn 13; K/P/B/*Pape* § 25 Rn 6; *Häsemeyer* InsR Rn 7.34; *Prager/Thiemann* NZI 2001, 634, 635).

Die Pflicht zur Aufhebung entbehrlicher Sicherungsmaßnahmen ist eine **allgemeine Verpflichtung des Insolvenzgerichts**, die nicht etwa auf die Fälle des § 25 Abs 2 beschränkt ist. Stellt der Schuldner oder der organschaftliche Vertreter eines Schuldnerunternehmens den **Antrag auf Aufhebung von Sicherungsmaßnahmen**, so ist dieser Antrag vom Gericht nicht durch Beschluss zu bescheiden. Vielmehr handelt es sich lediglich um eine Anregung, die das Gericht zu prüfen hat. Ansonsten könnten über Anträge und ablehnende Beschlüsse die weit gehenden Rechtsmittelausschlüsse des § 6 umgangen werden (vgl K/P/B/*Pape* § 25 Rn 5 a–5 c; FK-*Schmerbach* § 25 Rn 7; *Pohlmann*, Befugnisse, S 54 ff). Der Schuldner bzw Schuldnervertreter kann allenfalls mit einer **Gegenvorstellung** geltend machen, die vom Gericht angeordnete Sicherungsmaßnahme sei zB im Hinblick auf die beantragte Eigenverwaltung unverhältnismäßig oder überflüssig (vgl auch K/P/B/*Pape* § 25 Rn 5 b). 3

2. Die aufzuhebenden Maßnahmen. Aufzuheben sind bei Entbehrlichkeit oder vorzeitiger Verfahrensbeendigung sämtliche Sicherungsmaßnahmen, die das Insolvenzgericht nach § 21 angeordnet hat. Bei Wegfall des Erfordernisses oder bei Unverhältnismäßigkeit können aber auch **einzelne Sicherungsmaßnahmen** aufgehoben werden. Bei einer vorzeitigen Verfahrensbeendigung sind **sämtliche Sicherungsmaßnahmen** aufzuheben. Entfällt im Laufe des Eröffnungsverfahrens dagegen das Sicherungsbedürfnis für einzelne Maßnahmen, so sind diese ganz oder teilweise aufzuheben. Das Gericht ist auch berechtigt, uU sogar verpflichtet, bei **Unverhältnismäßigkeit der Maßnahme** die „Austauschmaßnahme" anzuordnen, die weniger einschneidend in die Rechte des Schuldners eingreift. Entscheidend ist nur, dass die „mildere" Sicherungsmaßnahme den gleichen Sicherungszweck erfüllt. Entbehrlich ist vor allem in den Fällen der vorzeitigen Verfahrensbeendigung die Bestellung eines vorläufigen Insolvenzverwalters und die Anordnung eines allgemeinen Verfügungsverbots. Wie nachstehend noch darzustellen sein wird, erhebt sich lediglich im Hinblick auf § 25 Abs 2 die Frage, **wann** diese Aufhebung zu erfolgen hat, da dem vorläufigen Insolvenzverwalter mit Verfügungsbefugnis noch Berichtigungsaufgaben vom Gesetz zugewiesen werden. 4

3. Zeitpunkt der Aufhebung. Sicherungsmaßnahmen nach §§ 22 ff sind von Amts wegen aufzuheben, sobald sie entbehrlich geworden sind oder wenn der Eröffnungsantrag abgewiesen oder zurückgenommen wird bzw seine Erledigung gefunden hat. Die Aufhebung der Sicherungsmaßnahmen erfolgt nach den gleichen Kriterien, die bei der Anordnung zu beachten sind (*Haarmeyer* ZInsO 2000, 70, 72). Dies hat zur Folge, dass das Gericht nicht etwa einen Ermessensspielraum hat, wann im Einzelfall die Sicherungsmaßnahme aufzuheben ist. Vielmehr gebietet es der Schuldnerschutz, dass die **Sicherungsmaßnahme sofort aufzuheben ist**, wenn der Sicherungsgrund entfällt. Ein **Haftbefehl** ist gem § 21 Abs 3 S 3 iVm § 98 Abs 3 S 2 aufzuheben, wenn die Voraussetzungen für die Anordnung der Haft nicht mehr vorliegen. Vor allem, wenn die Aufrechterhaltung von Sicherungsmaßnahmen zB bei Wegfall des Insolvenzgrundes zu einer Existenzgefährdung des Schuldners führt, ist die unverzügliche Aufhebung der Sicherungsmaßnahmen geboten. Dem steht jedoch die Vorschrift des § 25 Abs 2 entgegen, wonach der vorläufige Insolvenzverwalter mit Verwaltungs- und Verfügungsbefugnis noch **Restabwicklungsmaßnahmen** durchzuführen hat, wie zB die Berichtigung von Kosten und der von ihm begründeten Verbindlichkeiten. In diesem Ausnahmefall stellt sich die unten unter IV. näher zu behandelnde Frage, ob das Gericht die Aufhebung der Sicherungsmaßnahme bis zur Berichtigung der Masseverbindlichkeiten und Gerichtskosten aufzuschieben berechtigt ist (s auch MüKo-*Haarmeyer* § 25 Rn 20–22). Vor allem fragt es sich, ob bei Aufhebung des allgemeinen Verfügungsverbots gleichzeitig die Berechtigung des vorläufigen Insolvenzverwalters entfällt, noch Masse zu verwerten und Verbindlichkeiten zu berichtigen. 5

III. Sachlicher Geltungsbereich des § 25 Abs 2

Seinem Wortlaut nach ist § 25 Abs 2 nur anwendbar auf den vorläufigen Insolvenzverwalter, auf den die **Verfügungsbefugnis** über das Vermögen des Schuldners bzw des Schuldnerunternehmens übergegangen ist. Soweit dem Schuldner nur ein **gegenständlich beschränktes Verfügungsverbot** auferlegt worden ist und insoweit die Verfügungsmacht auf den vorläufigen Insolvenzverwalter übergegangen ist, stellt sich ebenso wie bei Übertragung der Kassenführung auf den vorläufigen Verwalter die Frage, ob § 25 Abs 2 nicht entsprechend anwendbar ist, weil der Verwalter oftmals gezwungen ist, Masseverbindlichkeiten zu begründen, die vor der Verfahrensaufhebung zu berichtigen sind. Grundsätzlich ist festzustellen, dass auf den **schwachen vorläufigen Insolvenzverwalter** § 25 Abs 2 idR **nicht anwendbar** ist, weil der schwache vorläufige Verwalter ohne gerichtliche Ermächtigung keine künftigen Masseverbind- 6 lichkeiten begründen kann, die er vor Aufhebung der Verfügungsbeschränkungen erfüllen müsste (OLG Celle NZI 2001, 306 = ZInsO 2001, 377 = ZIP 2001, 797; *Haarmeyer* ZInsO 2000, 70, 71; HK-*Kirchhof* § 25 Rn 9; MüKo-*Haarmeyer* § 25 Rn 6 ff; *Vallender* EWiR 2002, 69, 70; *Prager/Thiemann* NZI 2001, 634, 636; *Jaeger/Gerhardt* § 25 Rn 4; FK-*Schmerbach* § 25 Rn 15; HaKo-*Schröder* § 25 Rn 10; str aA LG Duisburg ZIP 2001, 1021). Jedoch ist die **entsprechende Anwendung des § 25 Abs 2** in den Fällen gerechtfertigt, in denen dem vorläufigen Insolvenzverwalter durch gerichtlichen Beschluss Befugnisse übertragen werden, die ihn in die Lage versetzen, einzelne, im Voraus genau festgelegte **(BGH v 18. 7. 2002, BGHZ 151, 353, 363 = ZInsO 2002, 819, 821 ff) Masseschulden zu begründen** (HK-*Kirchhof* § 25 Rn 9; *Haarmeyer* ZInsO 2000, 70, 71; MüKo-*Haarmeyer* § 25 Rn 7; FK-*Schmerbach* § 25 Rn 15 a; HaKo-*Schröder* § 25 Rn 11). Dies ist allerdings für den Fall umstritten, dass das Gericht einen Zustimmungsvorbehalt angeordnet und dem vorläufigen Verwalter die **Kassenführung** (Verfügungsbefugnis über die Konten des Schuldners) übertragen hat (bejahend MüKo-*Haarmeyer* § 25 Rn 7; *Haarmeyer* ZInsO 2000, 70, 71; *Gundlach/Frenzel/Schmidt* DZWIR 2003, 309, 312; FK-*Schmerbach* § 25 Rn 15 a; str aA HaKo-*Schröder* § 25 Rn 11; offen lassend BGH NZI 2007, 338, 339). Zur Klarstellung empfiehlt *Kirchhof* (HK-*Kirchhof* § 25 Rn 9), dass das Gericht eine **Entnahme ausdrücklich gestattet** (vgl auch LG Göttingen ZIP 1995, 859).

7   Ob eine **entspr Anwendung von Abs 2 auf ähnliche Fallkonstellationen** zulässig ist (so zB AG Duisburg DZWIR 2000, 307; LG Duisburg ZIP 2001, 1020, 1021; K/P/B/*Pape* § 25 Rn 6 b ff) ist zwar umstritten, aber letztlich abzulehnen (MüKo-*Haarmeyer* § 25 Rn 8; *Prager/Thiemann* NZI 2001, 634, 636; *Vallender* EWiR 2002, 69; HaKo-*Schröder* § 25 Rn 11; HK-*Kirchhof* § 25 Rn 9). Zutr der Hinweis von *Hess* (§ 25 Rn 16), dass in den Fällen, in denen sich Insolvenzgericht und vorläufiger Verwalter mit der Anordnung einer vorläufigen Verwaltung mit Zustimmungsvorbehalt begnügen, das Risiko der Einbringlichkeit der Vergütung des vorläufigen Verwalters in erster Linie bei diesem liegt. Dieses Risiko könne ihm durch Aufrechterhaltung eines Zurückbehaltungsrechts am schuldnerischen Vermögen nicht abgenommen werden. Etwas anderes gilt nur bei einer **Ermächtigung des Insolvenzgerichts** oder bei **Einverständnis des Schuldners** (LG Duisburg ZIP 2001, 1020, 1022; FK-*Schmerbach* § 25 Rn 15 b). Eine entsprechende Anwendung des § 25 Abs 2 darf jedenfalls nicht dazu führen, durch Festhalten an solchen Sicherungsmaßnahmen, die durch den Zweck der Vorschrift, dem vorläufigen Verwalter die Befriedigung der von ihm begründeten Masseansprüche zu ermöglichen, nicht gedeckt sind, Druck auf den Schuldner auszuüben (OLG Celle NZI 2001, 306). Letztlich wird man die Vorschrift nur dann entsprechend anwenden dürfen, wenn entweder nach dem Gesetz oder durch gerichtliche Anordnung der vorläufige Insolvenzverwalter Masseverbindlichkeiten wirksam begründet hat. Eine entsprechende Anwendung des § 25 Abs 2 ist auch angezeigt, wenn das Beschwerdegericht den Eröffnungsbeschluss aufhebt, da mit Rechtskraft dieses Beschlusses die Verfügungsmacht des Schuldners automatisch rückwirkend wieder auflebt, jedoch nach § 34 Abs 3 S 3 Rechtshandlungen des Insolvenzverwalters wirksam bleiben (zutr K/P/B/*Pape* § 25 Rn 14; *Haarmeyer* ZInsO 2000, 70, 71).

IV. Aufhebung von Sicherungsmaßnahmen und Verfahrensbeendigung

8   Wie bereits oben festgestellt wurde, ergeben sich Schwierigkeiten hinsichtlich der Aufhebung von Sicherungsmaßnahmen und der Beendigung des Verfahrens, vor allem wenn es um die sofortige Wirksamkeit der Verfahrensbeendigung zB durch Beschwerdeentscheidung, durch Rücknahme des Insolvenzantrags oder Erledigungserklärung geht (s auch K/P/B/*Pape* § 25 Rn 7 f). In diesen Fällen hat der Schuldner bzw das Schuldnerunternehmen ein legitimes Interesse daran, unverzüglich wieder die volle Verfügungsbefugnis über sein Vermögen zu erhalten. Dem steht aber § 25 Abs 2 entgegen, wonach der Verwalter die Kosten und von ihm begründeten Verbindlichkeiten noch berichtigen darf und muss.

9   **1. „Vorankündigung" der Verfahrensbeendigung.** K/P/B/*Pape* (§ 25 Rn 9) und ihnen folgend *Jaeger/Gerhardt* (§ 25 Rn 16) versuchen den Schwierigkeiten aus dem Weg zu gehen, indem sie empfehlen, bei Erkennbarkeit der Abweisungsreife die bevorstehende Abweisung des Eröffnungsantrags anzukündigen und dem vorläufigen Insolvenzverwalter die Bereinigung der entstandenen Kosten und Verbindlichkeiten unter Fristsetzung aufzugeben. Für den Fall, dass es sich um einen Gläubigerantrag handelt, könne der die Abweisung ankündigende Beschluss mit der Entscheidung des Insolvenzgerichts, dem antragstellenden Gläubiger die Einzahlung eines Kostenvorschusses nach § 26 Abs 1 S 2 aufzuerlegen, verbunden werden (K/P/B/*Pape* § 25 Rn 10). Diese Lösung passt zwar für die Verfahrensbeendigung durch gerichtliche Aufhebungs- bzw Abweisungsentscheidung, nicht dagegen für die Fälle der Rücknahme, Erledigung oder der Beschwerdeentscheidung, durch die der Insolvenzeröffnungsbeschluss aufgehoben wird. In diesen Fällen bleibt kein Raum für eine „Vorankündigung" der Verfahrensbeendigung. Vielmehr hat das Gericht die Sicherungsmaßnahmen unverzüglich aufzuheben.

10   **2. Verfahrensbeendigung nach Bereinigung der Kosten und Verbindlichkeiten.** In der Literatur wird teilweise die Auffassung vertreten, das Insolvenzgericht könne die Aufhebung der Sicherungsmaßnahmen erst beschließen, wenn die durch die Verwaltung entstandenen Kosten und die vom vorläufigen Verwalter begründeten Verbindlichkeiten aus der Masse beglichen seien (FK-*Schmerbach* § 25 Rn 20;

Gundlach/Frenzel/Schmidt DZWIR 2003, 309, 312). Begründet wird die Auffassung ua damit, unter Geltung der KO sei der Verweisung in § 116 S 2 KO auf § 191 KO bereits zu entnehmen gewesen, dass bei Beendigung eines eröffneten Verfahrens der Insolvenzverwalter zunächst alle Ansprüche, die ohne die Beschwerdeentscheidung Masseansprüche gewesen wären, zu befriedigen oder im Bestreitensfalle sicherzustellen hatte (FK-*Schmerbach* § 34 Rn 44). Dem Konkursverwalter hätten nach altem Recht trotz der Aufhebung noch alle Rechte an der Masse zugestanden, soweit er ihrer zur Erfüllung seiner Aufgaben bedurft hätte (vgl K/U § 116 KO Rn 6, 6 a/b). Auch der **Insolvenzverwalter** sei berechtigt, **von ihm begründete Verbindlichkeiten zu erfüllen.** Insoweit habe sich für das Recht der InsO nichts geändert (FK-*Schmerbach* § 34 Rn 44). Dass dies jedenfalls für das Eröffnungsverfahren nicht richtig sein kann, ergibt sich schon daraus, dass der Schuldner bzw das Schuldnerunternehmen ein schutzwürdiges Interesse daran haben, dass nach Verfahrensbeendigung auch die sogen „abgebrochenen" Insolvenzverfahren die Verfügungsbefugnis möglichst schnell wieder an sie zurückfällt (HK-*Kirchhof* § 25 Rn 5; *Prager/Thiemann* NZI 2001, 634, 637). Es würde dem **Verfahrenszweck widersprechen,** wollte man den vorläufigen Insolvenzverwalter noch uU längere Zeit für berechtigt halten, Gegenstände des Schuldnervermögens in Besitz zu halten, zu verwerten und den Verwertungserlös zur Begleichung von Kosten und Masseverbindlichkeiten zu verwenden. Zutreffend der Hinweis von *Frege/Keller/Riedel* (HRP Rn 606), dass die Berichtigung der Kosten und die Erfüllung begründeter Verbindlichkeiten durch den vorläufigen Insolvenzverwalter iSv § 25 Abs 2 nicht zwingend voraussetzen, dass zu diesem Zeitpunkt noch ein Eröffnungsantrag vorliegt. Werde der Antrag auf Verfahrenseröffnung etwa zurückgenommen, so habe dies keinen Einfluss auf die Verpflichtung des vorläufigen Verwalters, das von ihm verwaltete Vermögen nach Maßgabe des § 25 Abs 2 „abzuwickeln". Folgt man dieser Auffassung, so kann auch im Falle der Masselosigkeit oder Unbegründetheit des Eröffnungsantrags ohne zeitliche Verzögerung der Antrag abgewiesen werden, ohne dass damit dem vorläufigen Insolvenzverwalter die Möglichkeit entzogen wird, seinen Verpflichtungen nach § 25 Abs 2 InsO nachzukommen. Umgekehrt verliert nach *Frege/Keller/Riedel* (HRP Rn 606) das Insolvenzgericht weder durch die Antragsrücknahme noch durch die Abweisung des Eröffnungsantrags seine Befugnis, die Rechnungslegung des vorläufigen Insolvenzverwalters zu prüfen oder dessen Vergütung festzusetzen. Zur Klarstellung sollte in der gerichtlichen Entscheidung, wie zB in einem Abweisungsbeschluss, deutlich gemacht werden, dass das allgemeine Verfügungsverbot aufgehoben wird, jedoch die **Bestellung des vorläufigen Insolvenzverwalters** bis zur Berichtigung der Kosten und der Erfüllung begründeter Verbindlichkeiten aus dem von ihm verwalteten Vermögen **bestehen bleibt.** Die Bestellung des vorläufigen Insolvenzverwalters ist erst aufzuheben, wenn dieser die Erfüllung der ihm obliegenden Pflichten gegenüber dem Gericht nachweist. Eine Veröffentlichung der Aufhebung der Bestellung ist im Gegensatz zur Aufhebung des Verfügungsverbots nicht erforderlich, da § 25 Abs 1 nur die Bekanntmachung der Aufhebung der Verfügungsbeschränkung verlangt (*Frege/Keller/Riedel* HRP Rn 607). Vorstehende Auffassung beantwortet aber nicht die Frage, ob der vorläufige Insolvenzverwalter nach Aufhebung des allgemeinen Verfügungsverbots noch berechtigt ist, Gegenstände des Schuldnervermögens zu verwerten (s unten zu Rn 15).

3. Hinterlegung der erforderlichen Beträge. Das Schuldnervermögen haftet auch nach Beendigung 11 des Eröffnungsverfahrens weiter für die von einem vorläufigen Verwalter mit Verfügungsbefugnis begründeten Masseverbindlichkeiten. Deshalb wird in der Literatur die Meinung vertreten, der Schuldner habe die Möglichkeit, einen Betrag in Höhe der zu erwartenden Kosten und Verbindlichkeiten unter Verzicht auf die Rücknahme bei der **Gerichtskasse zu hinterlegen** (FK-*Schmerbach* § 25 Rn 22; *Vallender* DZWIR 1999, 265, 276; *Frege/Keller/Riedel* HRP Rn 604). Auch könne der vorläufige Verwalter auf Grund einer Ermächtigung des Insolvenzgerichts oder mit Einverständnis des Schuldners Barbeträge zur Begleichung der zu erwartenden Kosten und Verbindlichkeiten **zurückbehalten** (FK-*Schmerbach* § 25 Rn 22 a). Hieraus könnten dann die Kosten des vorläufigen Insolvenzverfahrens (§ 54) beglichen werden. Der Schuldner könne auf diese Weise die schnelle Aufhebung der Sicherungsmaßnahmen erreichen. Sei die Höhe der Kosten noch nicht bekannt oder festgesetzt, seien diese zu schätzen (FK-*Schmerbach* § 25 Rn 22). Diese Auffassung lässt sich schon deswegen nicht halten, weil einmal nach § 25 Abs 2 diese Verbindlichkeiten vom Verwalter zu berichtigen sind, zum andern aber durch die Notwendigkeit einer Hinterlegung die Liquidität des Schuldnerunternehmens erheblich gefährdet würde (s auch MüKo *Haarmeyer* § 25 Rn 18). Etwas anderes ist es, wenn der vorläufige Insolvenzverwalter den Zugriff anderer Gläubiger auf das verwaltete Vermögen nach Aufhebung der Sicherungsmaßnahmen dadurch verhindert, dass er die zur Berichtigung der Kosten und „Masseverbindlichkeiten" notwendigen Beträge dem Schuldnervermögen entnimmt und auf einem **Anderkonto** anlegt (vgl HK-*Kirchhof* § 25 Rn 7; *Uhlenbruck* KTS 1990, 15, 22).

4. Das dreistufige Aufhebungsverfahren. Nach *Haarmeyer* (ZInsO 2000, 70, 74 f und MüKo § 25 12 Rn 20 ff; s auch *Frege/Keller/Riedel* HRP Rn 604; *Jaeger/Gerhardt* § 25 Rn 16) vollzieht sich das Verfahren der Aufhebung von Sicherungsmaßnahmen für den Fall der Übertragung der Verfügungsbefugnis auf den Schuldner und damit der Anordnung der vorläufigen Insolvenzverwaltung regelmäßig **dreistufig.** Sobald das Gericht erkennt, dass es zu einer Verfahrenseröffnung nicht kommt oder dass die rechtlichen Voraussetzungen für eine Eröffnung wegen Antragsrücknahme, Erledigungserklärung etc nicht vorliegen, hat es in einem **ersten Schritt** die Übertragung der Verfügungsbefugnis aufzuheben **mit Ausnahme der Verfügungsbefugnisse über die liquiden Vermögenswerte**, die bis zu diesem Zeitpunkt der Verwaltung unterstanden haben (so auch **AG** Duisburg DZWIR 2000, 307; HK-*Kirchhof* § 25 Rn 5; HaKo-*Schröder* § 25 Rn 6; *Graf-Schlicker/Voß* § 25 Rn 6; BerlKo-*Blersch* § 25 Rn 10; *Jaeger/Gerhardt* § 25 Rn 16). In einem **zweiten Schritt** ist sodann der gesetzliche Aufgabenkreis des vorläufigen Insolvenzverwalters nach § 22 Abs 1 unter Anwendung von § 22 Abs 2 dahingehend zu **reduzieren**, dass sich seine Verfügungsbefugnis auf die vorhandenen und von ihm verwalteten liquiden Mittel beschränkt. Nach außen hin ist der Schuldner zwar wieder verfügungsbefugt, jedoch obliegt dem Verwalter intern die Verwertung und Verteilung des vorhandenen Vermögens bezüglich der Kosten und der von ihm begründeten Masseverbindlichkeiten. Teilt der vorläufige Insolvenzverwalter dem Gericht den Vollzug der Verteilung mit, kann das Insolvenzgericht nach Prüfung der Rechnungslegung in einem **dritten Schritt** das Insolvenzverfahren aufheben. Mit der Aufhebung endet das Amt des vorläufigen Insolvenzverwalters und es fehlt ihm von diesem Zeitpunkt an jede hoheitlich legitimierte Funktion. Auch diese Lösung vermag letztlich nicht zu überzeugen, da das Verfahren erst nach Vollzug der Verteilung nach § 25 Abs 2 aufgehoben wird, wobei übersehen wird, dass bei aufhebenden Beschwerdeentscheidungen und Antragsrücknahme bzw Erledigungserklärungen die Verfahrensbeendigung mit sofortiger Wirkung eintritt.

13 **5. Entsprechende Anwendung der Grundsätze über die Nachtragsverteilung (§ 203).** *Mönning* (N/R/ *Mönning* § 25 Rn 19, 28) will die durch die verzögerte Aufhebung der Sicherungsmaßnahmen eintretende Rechtsunsicherheit und die sich „daraus ergebende Folge von substanzlosen, über einen längeren Zeitraum fortgeführten und nicht mehr am Insolvenzverfahrenszweck ausgerichteten Eröffnungs-Verfahren" dadurch vermeiden, dass das Gericht bei Abweisungsreife den Abweisungsbeschluss erlässt, die angeordneten Verfügungsbeschränkungen und die Bestellung des vorläufigen Verwalters aufhebt, aber eine **Nachtragsliquidation** gem § 211 Abs 3 analog anordnet.

14 **6. Lösungsansatz:** Richtig ist, dass zwischen der **Aufhebung von Sicherungsmaßnahmen**, der **Aufhebung der Bestellung des vorläufigen Verwalters** und dessen Entlassung aus dem Amt zu trennen ist (vgl *Haarmeyer* ZInsO 2000, 70 ff; MüKo-*Haarmeyer* § 25 Rn 14 ff, 19). Nach *Frege/Keller/Riedel* (HRP Rn 605) ist es durchaus möglich, dem Schuldner die Verfügungsbefugnis über sein Vermögen zurückzugewähren, ohne gleichzeitig die Bestellung des vorläufigen Insolvenzverwalters aufzuheben. Die Befugnisse des vorläufigen Insolvenzverwalters beschränken sich in diesem Fall auf die Abwicklung des Anderkontos bzw die Verteilung der von ihm zum Zeitpunkt der Antragsabweisung verwalteten Gelder nach Maßgabe des § 25 Abs 2. Im Übrigen sei der vorläufige Insolvenzverwalter nach Aufhebung des Verfügungsverbots nicht mehr befugt, über das Vermögen des Schuldners zu verfügen. Vielmehr nehme er in Bezug auf das von ihm verwaltete Vermögen eine mit § 22 Abs 2 vergleichbare Stellung ein, die abweichend von § 22 Abs 2 nicht durch das Gericht, sondern durch § 25 Abs 2 näher ausgestaltet werde (s auch *Haarmeyer* ZInsO 2000, 74 f; MüKo-*Haarmeyer* § 25 Rn 19; BerlKo-*Blersch* § 25 Rn 10; *Jaeger/Gerhardt* § 25 Rn 16; *Prager/Thiemann* NZI 2001, 634, 637; *Braun/Kind* § 25 Rn 10). Nach **aA** (*Jaeger/Gerhardt* § 25 Rn 16; FK-*Schmerbach* § 25 Rn 20) kann das Insolvenzgericht die Aufhebung der Sicherungsmaßnahmen erst dann beschließen, wenn die durch die Verwaltung entstandenen Kosten und die begründeten Verbindlichkeiten aus der Masse beglichen sind (so auch *Gundlach/Frenzel/Schmidt* DZWIR 2003, 309, 312). Nach dem Wortlaut des § 25 Abs 2 kommt es auf die **Aufhebung der Bestellung** des vorläufigen Verwalters an und nicht auf die Aufhebung der Sicherungsmaßnahmen. Die Verfügungsbefugnis ist auf den Schuldner zurückzuübertragen, wenn die Sicherungsmaßnahme nicht mehr erforderlich ist. Hiergegen steht dem vorläufigen Verwalter **kein Beschwerderecht** zu (BGH v 26.10.2006 – IX ZB 163/05, ZIP 2007, 47, 48). Dem Verwalter stehen bis zur vollständigen Abwicklung **Restbefugnisse** zu (MüKo-*Haarmeyer* § 25 Rn 19; *Jaeger/Gerhardt* § 25 Rn 16). Bei streitigen oder ungewissen **Verbindlichkeiten** empfiehlt sich die Hinterlegung des Betrages entspr § 198 (*Jaeger/Gerhardt* § 25 Rn 16; FK-*Schmerbach* § 25 Rn 23; MüKo-*Haarmeyer* § 25 Rn 25; str aA HaKo-*Schröder* § 25 Rn 9). Die **Bedeutung des § 25 Abs 2** liegt letztlich darin, dass der bisherige vorläufige Insolvenzverwalter **neben dem Schuldner berechtigt bleibt,** alle Maßnahmen vorzunehmen, die erforderlich sind, um eine Befriedigung der Gerichtskosten und der von ihm begründeten Masseverbindlichkeiten auch aus Dauerschuldverhältnissen zu berichtigen. Insoweit handelt es sich nur noch um eine **interne Beschränkung,** die der Schuldner bzw das Schuldnerunternehmen zu dulden hat. Wie bei der Nachtragsverteilung oder im Fall des § 211 Abs 3 handelt es sich um **vorbehaltene Restbefugnisse** des vorläufigen Insolvenzverwalters, die über die Verfahrensbeendigung hinaus andauern. Sie umfassen nicht nur die Verteilung von vorhandenem Barvermögen, sondern auch die **Verwertung von Insolvenzmasse** und die Einziehung von Forderungen bis zur vollständigen Berichtigung der Kosten und Verbindlichkeiten.

V. Berichtigung der Kosten und „Masseverbindlichkeiten"

15 Nicht im Gesetz geregelt ist die Frage, ob und in welchem Umfang der Insolvenzverwalter nach Aufhebung der Sicherungsmaßnahmen bzw des Verfahrens noch berechtigt ist, **Verwertungshandlungen** vorzunehmen, um die Gerichtskosten zu bezahlen und die von ihm begründeten Verbindlichkeiten zu

V. Berichtigung der Kosten und „Masseverbindlichkeiten" § 25

erfüllen. Aus der Formulierung in § 25 Abs 2 S 1 „aus dem von ihm verwalteten Vermögen" ergibt sich jedoch, dass der ehemalige vorläufige Insolvenzverwalter auch berechtigt ist, Gegenstände des Schuldnervermögens zu veräußern, wenn dies zur Berichtigung von Kosten und Masseverbindlichkeiten erforderlich ist. Das **AG Duisburg** hat in einem Beschl v 29. 3. 2000 (DZWIR 2000, 306 m Anm *Smid*) die überzeugende Auffassung vertreten, dass auch bei **Rücknahme des Insolvenzantrags** § 25 Abs 2 entsprechende Anwendung findet (so auch MüKo-*Haarmeyer* § 25 Rn 9). Der Rechtsgedanke der §§ 207 Abs 3, 258 Abs 2 greife auch insoweit ein. Geht nach Aufhebung eines allgemeinen Verfügungsverbots (§§ 21 Abs 2 Nr 2, 22 Abs 1 S 1) die Verfügungsbefugnis über das schuldnerische Vermögen wieder auf den Schuldner über, so hat nach § 25 Abs 2 der vorläufige Insolvenzverwalter **vor der Aufhebung seiner Bestellung** aus dem von ihm verwalteten Vermögen die entstehenden Kosten und die von ihm veranlassten Verbindlichkeiten zu berichtigen. Seine Verfügungsbefugnis bleibt insoweit als **Nachwirkung des allgemeinen Verfügungsverbots** zweckgebunden bestehen (vgl auch HK-*Kirchhof* § 25 Rn 4; MüKo-*Haarmeyer* § 25 Rn 7). Fraglich ist nur, ob diese sich aus dem Gesetz ergebende Rechtsfolge durch **gerichtlichen Beschluss** ausgesprochen werden muss, was *Frege/Keller/Riedel* (HRP Rn 607) zur Klarstellung nur empfehlen. Zutreffend weist *Smid* (DZWIR 2000, 308) darauf hin, dass, soweit es sich um einen vorläufigen Verwalter nach § 22 Abs 1 handelt, es hierfür keiner besonderen Legitimation durch das Insolvenzgericht bedarf. Aufgrund seiner Stellung als Partei kraft Amtes sei der vorläufige Verwalter zur Bildung einer „Sondermasse" iSv § 25 Abs 2 bereits mit seiner Einsetzung durch die vorläufige Anordnung des Insolvenzgerichts befugt.

Der „vorläufige Insolvenzverwalter" ist bei **fehlenden Barbeständen** berechtigt, bisheriges **Massevermögen zu verwerten** oder Forderungen des Schuldners einzuziehen. Die **Verwertungsbefugnis** dauert so lange an, als die Berichtigung der Kosten und Masseverbindlichkeiten dies erfordert (str aA FK-*Schmerbach* § 25 Rn 19 a; HaKo-*Schröder* § 25 Rn 8). In Fällen der **Abweisung mangels Masse** (§ 26 Abs 1) wird die Verwertungsbefugnis aber wenig nützen, denn es ist regelmäßig keine verwertbare Masse mehr vorhanden. Da zwecks Vermeidung der Verwalterhaftung nach § 61 S 1 der vorläufige Insolvenzverwalter regelmäßig bemüht sein wird, entsprechende Beträge schon im Eröffnungsverfahren zurückzubehalten oder auf ein **Treuhand- oder Anderkonto** zu nehmen (vgl BGHZ 35, 13, 17; **BGH** v 22. 12. 1982, BGHZ 86, 190, 197; *Kreft* FS Merz S 313 ff; *Uhlenbruck* KTS 1990, 15, 22; HK-*Kirchhof* § 25 Rn 7), erfolgt die Ausschüttung und Verteilung dieser Gelder nach § 25 Abs 2. 16

Soweit allerdings ein **Treuhandkonto zu Gunsten einzelner Gläubiger** (Aus- oder Absonderungsberechtigte) eingerichtet worden ist, unterfallen diese Beträge nicht der Verteilungsregel des § 25 Abs 2, sondern die gesicherten Gläubiger erhalten den vollen auf Treuhandkonto genommenen Betrag. Das gilt auch für die Fälle, in denen die vorhandene Masse nicht ausreicht, um sämtliche Masseverbindlichkeiten und Kosten zu bedienen. Nach Aufhebung der Sicherungsmaßnahmen bleibt die treuhänderische Bindung auch dann bestehen, wenn der vorläufige Verwalter Absonderungsgut auf ein von ihm eingerichtetes Treuhandkonto unberechtigt, aber wirksam eingezogen hat (HK-*Kirchhof* § 25 Rn 10). Der **Ersatzabsonderungsberechtigte** erwirbt aber einen Herausgabeanspruch nach § 816 Abs 2 BGB, der Vorrang vor anderen Gläubigern hat, die dessen Herausgabeanspruch gegen den früheren vorläufigen Insolvenzverwalter pfänden (**BGH** v 22. 2. 2007, ZIP 2007, 827, 828; vgl auch *Kuder* ZIP 2007, 1690, 1694 f; HK-*Kirchhof* § 25 Rn 10). Das gilt auch für die Fälle, in denen das Gericht gem § 21 Abs 2 S 1 Nr 5 angeordnet hat, dass zur Sicherheit abgetretene Forderungen nicht vom Gläubiger verwertet, sondern vom vorläufigen Verwalter eingezogen werden dürfen. Der Verwalter darf die Gelder nicht an den Schuldner herausgeben, sondern muss die Ansprüche des absonderungsberechtigten Gläubigers erfüllen (vgl **BGH** ZIP 2007, 827). 17

1. Berichtigung der Verfahrenskosten. Nach § 54 sind die Kosten des Insolvenzverfahrens die **Gerichtskosten** für das Verfahren sowie die **Vergütung** und die **Auslagen** des vorläufigen Insolvenzverwalters, des Insolvenzverwalters und der Mitglieder des Gläubigerausschusses. Im Rahmen des § 25 Abs 2 kommt auch die Vergütung des Insolvenzverwalters in Betracht, wenn der Eröffnungsbeschluss durch das Beschwerdegericht aufgehoben wird. Zu den **Gerichtskosten** gehören auch die Veröffentlichungskosten und die Sachverständigenkosten sowie die durch die öffentliche Bekanntmachung der Aufhebung von Sicherungsmaßnahmen noch entstehenden Kosten (MüKo-*Haarmeyer* § 25 Rn 26; FK-*Schmerbach* § 25 Rn 17). Die Höhe der Gerichtskosten ist dem vorläufigen Insolvenzverwalter durch das Insolvenzgericht mitzuteilen. Der Wert errechnet sich nach § 37 Abs 1 Nr 1 GKG. Bemessungsgrundlage ist der Wert der Insolvenzmasse nach Maßgabe der Ist-Masse, also das Vermögen, das der Verwaltungs- und Verfügungsbefugnis des vorläufigen Verwalters unterlag (N/R/*Mönning* § 25 Rn 21). Beim Gläubigerantrag berechnet sich die Gebühr nach dem Betrag der geltend gemachten Forderung. Ist der Wert der Insolvenzmasse niedriger, so ist der niedrigere Wert maßgeblich (§ 58 Abs 1, 2 GKG). Im Übrigen ergeben sich die Gebühren aus Nr 2310 f, 9018 KostVerz. Die **Vergütung und Auslagen des vorläufigen Insolvenzverwalters** sind vom Insolvenzgericht durch Beschluss festzusetzen. Zur Höhe der Vergütung des vorläufigen Insolvenzverwalters vgl die Kommentierung zu § 22 Rn 228 ff. Können die Kosten und Auslagen aus der Masse nicht gedeckt werden, rechtfertigt dies nicht etwa eine Fortführung des Verfahrens (K/P/B/*Pape* § 25 Rn 15). Vorstehendes gilt auch, soweit eine analoge Anwendung des § 25 Abs 2 in Betracht kommt. 18

§ 25 Aufhebung der Sicherungsmaßnahmen

19 **2. Erfüllung der Verwalterverbindlichkeiten.** Der bisherige vorläufige Insolvenzverwalter hat im Rahmen seiner Verwertungs- und Verteilungsbefugnisse nach § 25 Abs 2 neben den Kosten und Auslagen die von ihm begründeten Verbindlichkeiten zu erfüllen, die für den Fall der Verfahrenseröffnung Masseverbindlichkeiten nach § 55 Abs 2 S 1 gewesen wären. Gleiches gilt gem § 25 Abs 2 S 2 für **Verbindlichkeiten aus einem Dauerschuldverhältnis**, die, soweit der vorläufige Insolvenzverwalter für das von ihm verwaltete Vermögen die Gegenleistung in Anspruch genommen hat, gem 55 Abs 2 S 2 Masseverbindlichkeiten gewesen wären (FK-*Schmerbach* § 25 Rn 19; N/R/*Mönning* § 25 Rn 25; *Haarmeyer* ZInsO 2000, 70, 76; MüKo-*Haarmeyer* § 25 Rn 27). Bei **Miet- und Pachtverhältnissen** ist entscheidend, ob der Insolvenzverwalter die Miet- oder Pachtsache für das verwaltete Vermögen genutzt hat. Die **Beweislast** für die Inanspruchnahme der Gegenleistung liegt beim Gläubiger, der seine „bevorzugte" Befriedigung gem § 25 Abs 2 S 2 verlangt (N/R/*Mönning* § 25 Rn 26; *Haarmeyer* ZInsO 2000, 70, 76). Da die Aufsichtsbefugnisse des Insolvenzgerichts nach § 58 für das Verteilungsverfahren nach § 25 Abs 2 andauern, ist das Gericht berechtigt, die Höhe der zu berichtigenden Verbindlichkeiten zu prüfen und auch die Begründetheit der Kostenrechnung. Gegebenenfalls ist der Verwalter anzuweisen, zu viel entnommene Beträge zurückzuzahlen (HK-*Kirchhof* § 25 Rn 6; *Haarmeyer* ZInsO 2000, 70, 76). Da der Schuldner ein Interesse daran haben muss, dass Verwertungshandlungen des ehemaligen vorläufigen Insolvenzverwalters unterbleiben, wird er in der Regel die Masseverbindlichkeiten von sich aus berichtigen.

20 Bei **Rücknahme des Insolvenzantrags** haftet der Antragsteller nach §§ 4 InsO, 269 Abs 3 ZPO für die bisher entstandenen Verfahrenskosten. Dagegen haftet der Antragsteller nicht für die vom vorläufigen Insolvenzverwalter begründeten Verbindlichkeiten. Diese hat allein der **Schuldner oder das Schuldnerunternehmen** zu tragen. Erklärt der Antragsteller die **Hauptsache für erledigt**, zB weil der Schuldner die dem Antrag zugrunde liegende Forderung bezahlt, hat das Gericht über die Kostentragungspflicht durch Beschluss zu entscheiden. Legt – wie im Regelfall – das Insolvenzgericht die Kosten dem veranlassenden Schuldner auf, haftet der Antragsteller gem § 50 Abs 1 GKG zwar als Zweitschuldner für die Gerichtsgebühren und Auslagen, nicht aber für die vom vorläufigen Insolvenzverwalter begründeten Verbindlichkeiten. Gleiches gilt auch für den Fall der **Abweisung mangels Masse** nach § 26 Abs 1 S 1, denn sämtliche vom vorläufigen Insolvenzverwalter begründeten Masseverbindlichkeiten sind aus dem Schuldnervermögen zu berichtigen.

VI. Verteilungsschlüssel bei unzulänglichem Schuldnervermögen

21 Reicht das Schuldnervermögen nach Aufhebung der Sicherungsmaßnahmen und des Verfahrens nicht aus, um die vorhandenen Kosten und vom vorläufigen Verwalter begründeten Verbindlichkeiten zu berichtigen und ist auch sonst kein verwertungsfähiges Vermögen vorhanden, greift die **Rangordnung des § 209 Abs 1 Nr 1 u 3** entsprechend ein (HK-*Kirchhof* § 25 Rn 7; K/P/B/*Pape* § 25 Rn 16; *Haarmeyer* ZInsO 2000, 70, 71; HaKo-*Schröder* § 25 Rn 8; MüKo-*Haarmeyer* § 25 Rn 26). Dies hat zur Folge, dass zunächst die **Kosten des Insolvenzverfahrens** (§ 54) zu berichtigen sind, sodann die Masseverbindlichkeiten, die vom vorläufigen Insolvenzverwalter begründet oder zu begleichen sind. Das bedeutet, dass der vorläufige Insolvenzverwalter berechtigt ist, Zahlungen an sich auf die ihm vom Gericht festgesetzte Vergütung und die Auslagen und für den sonstigen von ihm begründeten Verbindlichkeiten vorzunehmen. **Streitige Verbindlichkeiten** darf der bisherige vorläufige Verwalter nicht ohne weiteres begleichen (FK-*Schmerbach* § 25 Rn 23). Er hat die Möglichkeit, entweder entsprechende Beträge auf Anderkonto zu hinterlegen oder auszuzahlen unter Vorbehalt und vom Gläubiger entsprechende Sicherheiten zu verlangen (FK-*Schmerbach* § 25 Rn 23; MüKo-*Haarmeyer* § 25 Rn 25; N/R/*Mönning* § 25 Rn 24; *Haarmeyer* ZInsO 2000, 70, 76; *Jaeger/Gerhardt* § 25 Rn 16; str aA HaKo-*Schröder* § 25 Rn 9, wonach es an einer gesetzlichen Grundlage fehlt). Für den Fall, dass wegen Zahlung der Hauptforderung die Hauptsache für erledigt erklärt wird und der vorläufige Verwalter keine Zugriffsmöglichkeiten auf das Schuldnervermögen mehr hat, schlägt *Schmerbach* (FK-*Schmerbach* § 25 Rn 24) vor, die Veröffentlichung nach § 9 Abs 2 dahingehend vorzunehmen, „dass der Schuldner die Hauptforderung zwar beglichen hat und die Hauptsache für erledigt erklärt ist, dass die Sicherungsmaßnahmen aber weiter fortbestehen, da die Kosten des Verfahrens noch offen sind". Entgegen der Voraufl ist dem zuzustimmen. Sind die Kosten und vom vorläufigen Verwalter begründeten bzw zu erfüllenden Verbindlichkeiten nicht im Schuldnervermögen gedeckt, hindert dies weder die Verfahrensbeendigung noch die Aufhebung von Sicherungsmaßnahmen.

VII. Öffentliche Bekanntmachung

22 Werden die Sicherungsmaßnahmen aufgehoben, so hat das Gericht nach § 25 Abs 1 iVm § 23 die Aufhebung öffentlich bekannt zu machen. Die öffentliche Bekanntmachung erfolgt aber nur in den Fällen, in denen nach § 21 Abs 2 Nr 2 auch bei Anordnung gem § 23 Abs 1 S 1 eine Veröffentlichung stattgefunden hat, also bei Aufhebung einer Verfügungsbeschränkung oder Bestellung eines vorläufigen Insolvenzverwalters mit Verfügungs- oder Zustimmungsbefugnis (MüKo-*Haarmeyer* § 25 Rn 28; FK-*Schmerbach* § 25 Rn 10). In den übrigen Fällen ist eine öffentliche Bekanntmachung nur erforderlich,

soweit die Anordnung der Sicherungsmaßnahmen im Eröffnungsverfahren auf gerichtliche Anordnung öffentlich bekannt gemacht worden ist oder wenn weitere Sicherungsmaßnahmen zusammen mit veröffentlichungspflichtigen Sicherungsmaßnahmen aufgehoben werden (*Haarmeyer* ZInsO 2000, 70, 77; MüKo-*Haarmeyer* § 25 Rn 28). Einer **Zustellung** entsprechend § 23 Abs 1 S 2, 3 bedarf es nicht, denn § 25 Abs 1 regelt nur die öffentliche Bekanntmachung nach § 23 Abs 1 S 1. Soweit Personen Verpflichtungen gegenüber dem Schuldner haben (Drittschuldner), genügt eine förmliche Übersendung des Aufhebungsbeschlusses (*Haarmeyer* ZInsO 2000, 70, 77). Grundsätzlich ist die Aufhebung von Sicherungsmaßnahmen unverzüglich **in gleicher Weise** bekannt zu machen wie deren Anordnung (HK-*Kirchhof* § 25 Rn 3; BerlKo-*Blersch* § 25 Rn 5; K/P/B/*Pape* § 25 Rn 2; N/R/*Mönning* § 25 Rn 7–11). Während *Haarmeyer* (ZInsO 2000, 70, 77) lediglich eine „förmliche Übersendung" des Beschlusses für ausreichend hält, ist nach Auffassung von *Blersch* (BerlKo-*Blersch* § 25 Rn 5) die **Zustellung des Aufhebungsbeschlusses** erforderlich, wenn der Anordnungsbeschluss entsprechend § 23 Abs 1 S 3 an die Verfahrensbeteiligten zugestellt worden war. Nach wohl richtiger Meinung bedarf es einer Zustellung nach § 23 Abs 1 S 2, 3 nicht, da § 25 Abs 1 nur für öffentliche Bekanntmachungen die Vorschrift des § 23 für entsprechend anwendbar erklärt (FK-*Schmerbach* § 25 Rn 12). Erklärt der Schuldner, dass er auf die **öffentliche Bekanntmachung verzichte**, so ist dies unbeachtlich (*Haarmeyer* ZInsO 2000, 70, 77; FK-*Schmerbach* § 25 Rn 11; *Jaeger/Gerhardt* § 23 Rn 6; MüKo-*Haarmeyer* § 25 Rn 28).

VIII. Mitteilungspflichten

Hinsichtlich der Aufhebung von Verfügungsbeschränkungen bestehen über die öffentliche Bekannt- 23 machungspflicht hinaus noch **Mitteilungspflichten des Insolvenzgerichts,** die in der allgemeinen Verfügung der Anordnung über Mitteilungen in Zivilsachen (MitZi) in Ziff XII a (Mitteilungen in Insolvenzverfahren) Nr 1 geregelt sind. Danach sind mitzuteilen die Aufhebung einer der in § 21 Abs 2 Nr 2 vorgesehenen Verfügungsbeschränkungen und die Aufhebung der Bestellung eines vorläufigen Insolvenzverwalters, soweit es sich nicht um ein Verbraucherinsolvenzverfahren handelt. Eine **Beschlussabschrift** erhalten formlos das zuständige **Amts- und Landgericht des Bezirks,** das zuständige Arbeitsgericht und in Fällen der Aufhebung einer Postsperre das zuständige **Postamt.** Die Mitteilungen sind zu richten an das **Registergericht,** wenn der Schuldner im Handels-, Genossenschafts-, Partnerschafts- oder Vereinsregister eingetragen ist (§ 30 InsO, § 45 VAG, § 32 HGB, § 102 GenG, § 1 Abs 4 PartGG, § 75 BGB). Nach FK-*Schmerbach* (§ 25 Rn 13) erhalten weiterhin eine **Beschlussabschrift formlos:** Antragsteller, Schuldner, vorläufiger Insolvenzverwalter, Verteilungsstelle für Gerichtsvollzieheraufträge, Zwangsvollstreckungsabteilung, Agentur für Arbeit und sämtliche bekannten Gläubiger und Drittschuldner. Ist gem § 23 Abs 2 bei Anordnung der Sicherungsmaßnahme eine **Mitteilung** an das Registergericht ergangen, hat die Geschäftsstelle (Service-Einheit) die Aufhebung der Sicherungsmaßnahme dem Registergericht mitzuteilen. Hatte das Insolvenzgericht gem § 23 Abs 3 die Eintragung der Verfügungsbeschränkungen im Grundbuch, Schiffsregister und anderen Registern verfügt, so ist mit Aufhebung der Maßnahmen ein entsprechendes **Löschungsersuchen** mit genauer Bezeichnung des Grundstücks, Schiffs oder Luftfahrzeugs an das Register zu übersenden (FK-*Schmerbach* § 25 Rn 14). War Mitteilung an eine Rechtsanwalts- oder Notarkammer erfolgt, ist diese über die Aufhebung der Maßnahmen ebenfalls zu informieren.

§ 26 Abweisung mangels Masse

(1) ¹Das Insolvenzgericht weist den Antrag auf Eröffnung des Insolvenzverfahrens ab, wenn das Vermögen des Schuldners voraussichtlich nicht ausreichen wird, um die Kosten des Verfahrens zu decken. ²Die Abweisung unterbleibt, wenn ein ausreichender Geldbetrag vorgeschossen wird oder die Kosten nach § 4a gestundet werden. ³Der Beschluss ist unverzüglich öffentlich bekannt zu machen.

(2) ¹Das Gericht hat die Schuldner, bei denen der Eröffnungsantrag mangels Masse abgewiesen worden ist, in ein Verzeichnis einzutragen (Schuldnerverzeichnis). ²Die Vorschriften über das Schuldnerverzeichnis nach der Zivilprozeßordnung gelten entsprechend; jedoch beträgt die Löschungsfrist fünf Jahre.

(3) ¹Wer nach Absatz 1 Satz 2 einen Vorschuß geleistet hat, kann die Erstattung des vorgeschossenen Betrages von jeder Person verlangen, die entgegen den Vorschriften des Insolvenz- oder Gesellschaftsrechts den Antrag auf Eröffnung des Insolvenzverfahrens pflichtwidrig und schuldhaft nicht gestellt hat. ²Ist streitig, ob die Person pflichtwidrig und schuldhaft gehandelt hat, so trifft sie die Beweislast.

Übersicht

	Rn
I. Allgemeines	1
II. Anwendungsbereich der Vorschrift	5

	Rn
III. Die Feststellung der Masselosigkeit	6
1. Masselosigkeit	6
a) Begriff der Verfahrenskosten	8
b) Ausreichendes Schuldnervermögen	13
2. Verwertungszeitraum	15
IV. Funktionelle Prüfungszuständigkeit und Prüfungskompetenz	19
V. Der Verfahrenskostenvorschuss	20
1. Höhe des Vorschusses	21
2. Gleicher Kostenvorschuss bei Eigen- und Fremdantrag	23
3. Die Person des Vorschussleistenden	24
4. Der Verfahrenskostenvorschuss als Sondervermögen	26
5. Vorschussanforderung	27
6. Vorschussleistung und Einzahlerkalkül	31
7. Rückzahlung des Verfahrenskostenvorschusses	32
VI. Der Abweisungsbeschluss	33
1. Gewährung rechtlichen Gehörs	34
2. Kostenentscheidung	38
3. Öffentliche Bekanntmachung und Mitteilungen	41
VII. Rechtsmittel	42
VIII. Akteneinsicht	45
IX. Eintragung im Schuldnerverzeichnis (Abs 2)	46
1. Eintragung und Auskünfte aus dem Schuldnerverzeichnis	46
2. Löschung im Schuldnerverzeichnis	48
3. Staatshaftung bei fehlerhafter Eintragung oder Löschung	50
X. Berufs- und gewerberechtliche Folgen	51
XI. Insolvenzgeld und Ruhegeldansprüche	53
XII. Zulässigkeit eines neuen Insolvenzantrags	54
XIII. Auswirkungen auf Gesellschaften *(Hirte)*	55
1. Allgemeines	55
2. Besonderheiten bei Genossenschaften	56
XIV. Erstattungsanspruch (Abs 3) *(Hirte)*	58
1. Rechtsnatur	59
2. Voraussetzungen	62
3. Verjährung	68

I. Allgemeines

1 Das frühere Konkursrecht war weitgehend funktionsunfähig geworden, weil im gewerblichen Bereich über 75 Prozent der Konkursanträge mangels Masse abgewiesen wurden. Der Zustand wurde zutreffend mit dem Schlagwort „Der Konkurs des Konkurses" umrissen (*W. Gerhardt*, Insolvenzgesetze Einl S XV). Das Versagen der Konkursordnung hat zu schweren Missständen geführt. Nahezu vermögenslose Gesellschaften nahmen weiterhin am Rechtsverkehr teil und schädigten andere. Ihr Marktaustritt konnte nicht erzwungen werden. Zudem wurde verhindert, dass eine geordnete gleichmäßige Gläubigerbefriedigung und eine Abwicklung unter gerichtlicher Aufsicht stattfand. Dem Gesetzgeber der InsO ging es vor allem darum, **Maßnahmen gegen die Massearmut** zu treffen und die Verfahrenseröffnung wesentlich zu erleichtern (vgl MüKo-*Haarmeyer* § 26 Rn 2 ff u Rn 6 ff; *Jaeger/Schilken* § 26 Rn 5; BerlKo-*Goetsch* § 26 Rn 5; HK-*Kirchhof* § 26 Rn 1; K/P/B/*Pape* § 26 Rn 1; N/R/*Mönning* § 26 Rn 2; *Pape/Uhlenbruck* InsR Rn 452 f; *Smid* § 26 Rn 1; FK-*Schmerbach* § 26 Rn 2 ff).

2 Im **Gesetzgebungsverfahren** hatte der Bundesrat gebeten zu prüfen, ob es näherer gesetzlicher Regelung bedarf, wer bei Abweisung eines Eröffnungsantrages mangels Masse die entstehenden Verfahrenskosten zu tragen hat (vgl Stellungnahme des Bundesrats zu § 30 RegE, abgedr bei *Balz/Landfermann*, S 239 = *Hess* § 26 Rn 12 S 277, 278). Der Bundesrat hat darauf hingewiesen, dass, wenn der Eröffnungsantrag vom Schuldner gestellt wird, ein vorläufiger Insolvenzverwalter Gefahr läuft, bei nicht kostendeckender Masse hinsichtlich seiner Vergütung und seiner Auslagen leer auszugehen. Dies sei unbillig und sollte ihm nicht zugemutet werden. In ihrer **Gegenäußerung** hat die **Bundesregierung** erklärt, sie halte eine nähere gesetzliche Regelung nicht für erforderlich. Die Vergütung des vorläufigen Insolvenzverwalters falle nicht unter den Begriff der Auslagen. Das Kostenverzeichnis enthalte keinen derartigen Auslagentatbestand. Der antragstellende Gläubiger hafte demgemäß nicht für die **Vergütung eines vorläufigen Insolvenzverwalters**. Im Fall der Abweisung mangels Masse sei der Vergütungsanspruch des vorläufigen Verwalters dadurch geschützt, dass er vor der Aufhebung seiner Bestellung gem § 25 Abs 2 S 1 aus dem von ihm verwalteten Vermögen die entstandenen Kosten und damit auch sein Honorar entnehmen dürfe. Nur soweit dieses Vermögen nicht ausreiche, gehe der vorläufige Verwalter leer aus. Ob diese Gefahr bestehe, werde der Verwalter mit den ihm in § 22 eingeräumten rechtlichen Möglichkeiten häufig rechtzeitig feststellen können. Die Regelung des Entwurfs setze den vorläufigen Insolvenzverwalter damit zwar einem **begrenzten Risiko** aus, seinen Vergütungsanspruch nicht voll durchsetzen zu können. Auf der anderen Seite beuge sie aber der Gefahr vor, „dass der vorläufige Verwalter auch in einer Situation, in der die Abweisung mangels Masse geboten ist, zu Lasten der übrigen

III. Die Feststellung der Masselosigkeit § 26

Beteiligten weiter wirtschaftet". Im Hinblick auf die Regelung in § 21 Abs 2 Nr 1, wonach § 8 Abs 3 auch für den vorläufigen Insolvenzverwalter entspr gilt, sollten die Gerichte im Interesse ihrer Fürsorgepflicht davon absehen, bei drohender Abweisung mangels Masse den **Insolvenzverwalter mit Zustellungen zu beauftragen**, weil dieser Gefahr läuft, auf diesen Kosten sitzen zu bleiben. Nach Feststellung von *Haarmeyer/Beck* (ZInsO 2007, 1065 ff) lassen bundesweite Befunde deutlich werden, dass es bei der Insolvenz von antragspflichtigen Kapitalgesellschaften eine extrem große Lücke zwischen faktisch bestehenden und realisierten bzw durchgesetzten Ansprüchen gibt. Die dadurch eintretenden Verluste für die Gesamtgläubigerschaft würden sich in einer mehrstelligen Milliardengröße bewegen.

Das Bundeskabinett hat am 22. 8. 2007 einen vom BMJ vorgelegten Gesetzentwurf beschlossen, mit 3 dem das Insolvenzverfahren für Verbraucher reformiert werden soll. Dieser RegE eines „Gesetzes zur Entschuldung völlig mittelloser Personen, zur Stärkung der Gläubigerrechte sowie zur Regelung der Insolvenzfestigkeit von Lizenzen" (Beil 2 zu ZVI Heft 8/2007 u Beil zu NZI Heft 10/2007), der nach der ersten Lesung im Bundestag und Beratungen im Rechtsausschuss nicht weiter verfolgt worden ist, sah u. a. vor, dass in § 26 f Abs 4 eingefügt wird:

„(4) Zur Leistung eines Vorschusses nach Abs 1 S 2 ist jede Person verpflichtet, die den Antrag auf Eröffnung des Insolvenzverfahrens entgegen den Vorschriften des Insolvenz- oder Gesellschaftsrechts pflichtwidrig und schuldhaft nicht gestellt hat. Ist streitig, ob die Person pflichtwidrig und schuldhaft gehandelt hat, so trifft sie die Beweislast. Die Zahlung des Vorschusses kann der vorläufige Insolvenzverwalter sowie jede Person verlangen, die einen begründeten Vermögensanspruch gegen den Schuldner hat."

Die vorgesehene Einfügung des § 26 Abs 4 sollte nach der Begründung des RegE (Beil 2 zu Heft 8 ZVI 2007 S 35) die nach Insolvenz- oder Gesellschaftsrecht zur Stellung des Insolvenzantrags verpflichteten Personen unmittelbar zwingen, bei Massearmut einen die Verfahrenseröffnung ermöglichenden Vorschuss aus ihrem Privatvermögen zu leisten. Die Zahlung des Vorschusses von der dazu verpflichteten Person sollte im Prozesswege der vorläufige Insolvenzverwalter sowie jede Person verlangen können, die nach Eröffnung des Verfahrens Insolvenzgläubiger iSv § 38 wäre (s auch *Paul* ZInsO 2008, 28).

§ 26 Abs 1 S 3 ist durch das seit 1. 7. 2007 geltende *Gesetz zur Vereinfachung des Insolvenzverfah-* 4 *rens* v 13. 4. 2007 (BGBl I S 509) dem Abs 1 angefügt worden. § 26 Abs 3 hat eine Doppelfunktion: Einmal soll Missbräuchen entgegengewirkt werden (*Braun/Kind* § 26 Rn 4; *N/R/Mönning* § 26 Rn 10); zum anderen soll ein Anreiz geschaffen werden, einen ausreichenden Geldbetrag vorzuschießen, der die Verfahrenseröffnung ermöglicht. Als Folgeänderung des MoMiG ist in § 26 Abs 3 das Wort „Insolvenzrecht" wegen § 15 a hinzugefügt worden.

II. Anwendungsbereich der Vorschrift

§ 26 Abs 1 ist für sämtliche Insolvenzverfahren anwendbar, also auch für das Verbraucherinsolvenz- 5 verfahren, das vereinfachte Verfahren und gem Art 49 Nr 17 EGInsO ebenfalls für Genossenschaften. § 26 ist in dem von einem völlig mittellosen Schuldner eingeleiteten Verbraucherinsolvenzverfahren anwendbar mit der Folge, dass dem Schuldner der Zugang zur Restschuldbefreiung verschlossen bleibt, wenn keine die Verfahrenskosten deckende Masse vorhanden ist, niemand einen Massekostenvorschuss leistet und der Schuldner als natürliche Person **keinen Stundungsantrag** nach § 4 a stellt (BayObLG v 5. 10. 2000, NZI 2001, 36; OLG Köln v 23. 2. 2000, NZI 2000, 217; LG Göttingen v 7. 6. 2000, NZI 2000, 438). Die Problematik der **Abweisung mangels Masse im Verbraucher- und Restschuldbefreiungsverfahren** ist dadurch wesentlich entschärft worden, dass der Gesetzgeber durch das **InsOÄndG 2001** in den §§ 4 a–d die **Möglichkeit einer Stundung der Kosten** des Insolvenzverfahrens vorsieht, wenn die gesetzlichen Voraussetzungen für die Stundung gegeben sind und der Schuldner als natürliche Person einen entsprechenden Antrag stellt. Hat eine natürliche Person als Schuldner einen Stundungsantrag nach den §§ 4 a ff gestellt, ist dieser Antrag vor dem Erlass des Abweisungsbeschlusses nach § 26 Abs 1 zu prüfen (OLG Köln ZInsO 2000, 237 f; HK-*Kirchhof* § 26 Rn 21). Ist ein Stundungsantrag noch nicht gestellt, so sollte unter Hinweis auf die Stundungsmöglichkeit und Fristsetzung dem Schuldner die Möglichkeit gegeben werden, einen entsprechenden Antrag zu stellen (FK-*Schmerbach* § 26 Rn 18). Wird die Stundung versagt, sollte nach HK-*Kirchhof* (§ 26 Rn 21) vor einer Abweisung mangels Masse „zweckmäßigerweise die Rechtskraft jenes Versagungsbeschlusses abgewartet werden". Gem § 26 Abs 2 S 2, 2. Halbs unterbleibt die Abweisung, wenn dem Schuldner die Kosten nach § 4 a gestundet werden. Sollten die bereits erwähnten Reformbestrebungen realisiert werden und die Stundungsregelungen entfallen, erübrigen sich die Hinweise an den Schuldner.

III. Die Feststellung der Masselosigkeit

1. Masselosigkeit. Die Feststellung der Masselosigkeit bzw der Massekostendeckung ist eines der 6 schwierigsten Probleme, die im Insolvenzverfahren auftreten. Die Schwierigkeiten bestehen einmal hinsichtlich der Frage, welches Schuldnervermögen der Beurteilung zugrunde zu legen ist. Vielfach ist Schuldnervermögen, vor allem Auslandsvermögen, nur in einem **längeren Zeitraum** und unter **erheb-**

lichen **Schwierigkeiten** zu realisieren. Anfechtungsprozesse nach den §§ 129 ff benötigen ebenfalls Zeit, wobei sich die Frage stellt, mit welchen finanziellen Mitteln das Verfahren – abgesehen von der Frage einer Gewährung von PKH an den Verwalter – in der **Zwischenzeit finanziert** werden soll. Grundsätzlich ist es für einen Verwalter **unzumutbar**, ein Insolvenzverfahren zu übernehmen, wenn die Kosten des Verfahrens und damit auch die Vergütung nicht gedeckt sind (vgl *Henckel* FS Einhundert Jahre KO, S 169 ff; K/P/B/*Pape* § 26 Rn 3; s aber auch **AG** Hamburg v 2. 2. 2000, NZI 2000, 140, 141). Richtig ist zwar der Hinweis von *Pape* (K/P/B/*Pape* § 26 Rn 4), dass die bisherige Streitfrage, ob bei Feststellung der Massekostendeckung auch die Masseschulden, die bisher in der Rangordnung des § 60 KO den Massekosten vorgingen, zu berücksichtigen sind, oder ob es ausschließlich auf die Deckung der Massekosten ankommt, weggefallen ist. Die Regelung in § 26 Abs 1 S 1 iVm §§ 54, 207, 209 Abs 1 Nr 1 beseitigt aber keineswegs das **Risiko des Verwalters**, in Fällen der Verfahrenseröffnung wegen lediglicher Verfahrenskostendeckung später bei Masselosigkeit (§ 207) oder Massunzulänglichkeit (§ 208) trotz des Verteilungsschlüssels in § 209 Abs 1 Nr 1 **mit seinem Vergütungsanspruch** und **Auslagenersatzanspruch** ganz oder teilweise **auszufallen**. Dem Verwalter bietet es wenig Trost, wenn in HK-*Kirchhof* (§ 26 Rn 35) darauf hingewiesen wird, dass die Prüfung der Kostendeckung dem Insolvenzgericht auch gegenüber dem Insolvenzverwalter obliegt. Insbesondere die Eröffnung auf Grund unzulänglicher Prüfung könne eine **Amtshaftung** iSv § 839 BGB iVm Art 34 GG begründen. Welcher Verwalter würde schon auf die Staatshaftung zurückgreifen, wenn er mit seiner Verwaltervergütung im Einzelfall ausfällt? Nach Feststellung von *Haarmeyer* lassen die bundesweiten Befunde deutlich werden, dass es bei der Insolvenz von antragsverpflichteten Kapitalgesellschaften „eine extrem große Lücke zwischen faktisch bestehenden und realisierten bzw. durchgesetzten Ansprüchen gibt, sowie an den dafür notwendigen tatsächlichen Voraussetzungen und/oder Feststellungen fehlt" (ZInsO 2007, 1065, 1079).

7   Die BAKinso hat am 20. 11. 2008 eine Checkliste als „**Empfehlung an die Insolvenzgerichte**" für eine Gutachtenerstellung im **Unternehmensinsolvenzverfahren** erarbeitet (ZInsO 2009, 22 ff). In den Empfehlungen heißt es, wie bei allen in die Zukunft gerichteten Entscheidungen handele es sich auch bei der Frage der Massekostendeckung um eine Prognoseentscheidung, sodass nicht festgestellt werden könne, ob die Kosten gedeckt sind, sondern ob die Ermittlungen Anlass für die Schlussfolgerung sein können, dass die Kosten des Verfahrens aus den zu erwartenden Mitteln voraussichtlich gedeckt werden können. Die **voraussichtliche Verfahrenskostendeckung** sei immer dann zu bejahen, wenn sie überwiegend wahrscheinlich sei (vgl auch **OLG** Karlsruhe ZInsO 2002, 247; **AG** Göttingen ZInsO 2003, 1156; HK-*Kirchhof* § 26 Rn 4; *Jaeger/Schilken* § 26 Rn 27). Entgegen dem üblichen Sprachgebrauch erfordere mithin die Feststellung der zu deckenden Kosten nicht eine exakte rechnerische Ermittlung, sondern dies könne schon im Hinblick auf den relativ frühen Zeitpunkt der stattfindenden Beurteilung nur im Wege einer Schätzung erfolgen. Solle bei einer Kapitalgesellschaft trotz Vorliegens massiver gesellschafts- und haftungsrechtlicher Verstöße die Abweisung mangels Masse empfohlen werden, so bedürfe es einer gesonderten Begründung (vgl **BGH** ZInsO 2008, 559; **LG** Berlin ZInsO 2000, 224; **AG** Hamburg ZInsO 2006, 51). Behaupte der Sachverständige die Nichtbeitreibbarkeit von Ansprüchen, Forderungen etc, sei im Einzelnen im Gutachten darzulegen, worauf diese Behauptungen beruhen und welche Prüfungen der Sachverständige zu Vermögensverschiebungen des Schuldners in den letzten Jahren vorgenommen hat. Nicht zu unterschätzen ist, dass eine Schwierigkeit darin besteht, dass der Sachverständige und das Gericht bei der **Beurteilung der Massezulänglichkeit** auf den voraussichtlichen Wert der Insolvenzmasse bei Beendigung des Verfahrens abzustellen haben. Die Einschätzung der Höhe der Gerichtskosten, der Vergütung des vorläufigen und endgültigen Insolvenzverwalters und der Mitglieder des Gläubigerausschusses hängt aber nicht zuletzt von dem Wert der Insolvenzmasse zurzeit der Beendigung des Verfahrens (§ 58 Abs 1 S 1 GKG), sondern auch von dem Zeitaufwand sowie den Kriterien der VergütVO ab. Zu den Ursachen der Nichteröffnungspraxis mancher Insolvenzgerichte s auch *Haarmeyer/Beck* ZInsO 2007, 1065, 1080; *Weyand* ZInsO 2008, 242 ff; *Ott* NZI Heft 5/2008 S VII f. Vgl auch *Chr. Kaufmann* Die Berücksichtigung sonstiger Masseverbindlichkeiten des § 55 InsO bei der Massekostendeckungsprüfung des § 26 Abs 1 S 1 InsO, 2004; ders ZInsO 2006, 961 ff.

8   **a) Begriff der Verfahrenskosten.** Entgegen ursprünglichen Vorstellungen des Gesetzgebers (vgl K/P/B/ *Pape* § 26 Rn 5) müssen nach § 26 Abs 1 S 1 für die Eröffnung des Verfahrens die gesamten Kosten des Verfahrens gedeckt sein. Was im einzelnen Verfahrenskosten sind, ergibt sich aus § 54. Hierzu zählen die **Gerichtskosten** für das gesamte Insolvenzverfahren, die **Vergütungen und die Auslagen** des vorläufigen Insolvenzverwalters, des Insolvenzverwalters und der Mitglieder des Gläubigerausschusses. Bei den **Gerichtskosten** (§ 54 Nr 1) ist die Gebühr nach § 3 Abs 2 GKG iVm Nr 2320 oder 2330 KV zzgl der Auslagen insbes für Zustellungen und öffentliche Bekanntmachungen (Nr 9002, 9004 KV-GKG) ebenso zu berücksichtigen, wie die Kosten für das Eröffnungsverfahren nach Nr 2310, 2311 und die Durchführung des Verfahrens (Nr 2320–2322 KV-GKG, s auch BerlKo-*Goetsch* § 26 Rn 18–24; HK-*Kirchhof* § 26 Rn 12). Die **Vergütung des Insolvenzverwalters** (§ 54 Nr 2) beträgt nach § 2 InsVV höchstens 40 Prozent des Wertes der Teilungsmasse zum Zeitpunkt der Verfahrensbeendigung, bei masselosen Verfahren mindestens 1000 Euro. Die nach § 3 InsVV vorzunehmenden **Zu- und Abschläge** vom Regelsatz der Vergütung sind ebenso wenig vor Verfahrenseröffnung abzuwägen wie die am Ende des Verfahrens vorhandene Insolvenzmasse iSv § 2 InsVV. Zu den Gerichtskosten gehören auch die

III. Die Feststellung der Masselosigkeit § 26

Kosten eines Sachverständigen, der im Rahmen des Eröffnungsverfahrens zur Feststellung einer die Kosten des Verfahrens deckenden Masse bestellt worden ist (KV-GKG Nr 9005). Die **Kosten eines vorläufigen Insolvenzverwalters** sind ebenfalls zu berücksichtigen, da sie Masseverbindlichkeiten iSv § 54 Nr 2 begründen. Wenn auch nach **Auffassung des BGH** (ZInsO 2003, 706, 707) bei der Berechnung der voraussichtlichen Verfahrenskosten auf den **voraussichtlichen Wert der Insolvenzmasse bei Beendigung des Verfahrens** abzustellen ist, bleibt hinsichtlich der richterlichen Einschätzung ein gewisses Amtshaftungsrisiko iSv § 839 BGB iVm Art 34 GG bestehen, wenn sich nach Verfahrenseröffnung herausstellt, dass eine ausreichende Insolvenzmasse nicht vorhanden war.

Nach Begr RegE § 30 (§ 26 InsO, BR-Drucks 1/92, abgedr bei *Uhlenbruck,* Das neue Insolvenzrecht, S 331) haben die **sonstigen Masseverbindlichkeiten** für die Frage der Kostendeckung außer Betracht zu bleiben. Wenn diese im eröffneten Verfahren nicht gedeckt werden können, führt dies nach Auffassung des Gesetzgebers zur Feststellung der Masseunzulänglichkeit (§ 208), jedoch nicht zur sofortigen Einstellung mangels Masse nach § 207, sondern zu einer Verteilung nach § 209, bei der sie nachrangig sind (HK-*Kirchhof* § 26 Rn 15). Die Eröffnung eines Insolvenzverfahrens darf nicht „mit der selbstständigen Begründung abgelehnt werden, dass ein eröffnetes Insolvenzverfahren alsbald wieder eingestellt werden müsste" (HK-*Kirchhof* § 26 Rn 12). *Smid* (WM 1998, 1313): „Aufgrund dieser Legaldefinition des Kostenbegriffes des § 26 Abs 1 InsO durch § 54 InsO ist klargestellt, dass die sog **Masseverwaltungs- und -verwertungskosten** jedenfalls nicht bei der Beurteilung der Kostendeckungsfähigkeit der Masse im Eröffnungsverfahren heranzuziehen sind; sie fallen auch in der insofern eindeutigen legislatorischen Entscheidung unter die nach § 26 Abs 1 InsO nicht zu berücksichtigenden Masseverbindlichkeiten nach § 55 Abs 1 Nr 1 InsO." S auch LG Berlin ZInsO 2000, 224; AG Neuruppin ZIP 1999, 1687; AG Hamburg NZI 2000, 140, 141; AG Neu-Ulm NZI 2000, 386; HK-*Kirchhof* § 26 Rn 16; *Graf-Schlicker* ZIP 2002, 1174 f; K/P/B/*Pape* § 26 Rn 1 b, 9 b, c; BerlKo-*Goetsch* § 26 Rn 28; HaKo-*Schröder* § 26 Rn 23 m Muster der Verfahrensprognose in der Regelinsolvenz Rn 20; *Jaeger/Schilken* § 26 Rn 19; *Pape/Hauser* Massearme Verfahren nach der InsO, 2002, Rn 52 ff m Prüfungsmuster in Rn 67; *Frege/Keller/Riedel* HRP Rn 720, 728; *Kröpelin* Die massearme Insolvenz, 2003, S 81 ff; MüKo-*Haarmeyer* § 26 Rn 15; *Metzger* Verfahrenskostendeckende Masse, 2002.

Trotz der eindeutigen gesetzgeberischen Entscheidung wird von einigen Insolvenzgerichten und auch in der Literatur die Auffassung vertreten, dass der **Begriff der „Gerichtskosten"** so weit ausgelegt werden muss, dass hierunter auch die **Kosten für die Verwaltung, Verwertung und Verteilung der Insolvenzmasse** fallen (vgl AG Charlottenburg ZIP 1999, 1689 m Anm *Pape* ZIP 1999, 1688; AG Charlottenburg ZIP 1999, 1687, 1688; N/R/*Mönning* § 26 Rn 19 ff; *Förster* ZInsO 1999, 141 ff; *Rattunde/Röder* DZWIR 1999, 309 ff). Würde man mit der hM entscheiden, würde das gesamte Risiko der Nichterfüllung von sonstigen Masseverbindlichkeiten allein und ausschließlich auf den Insolvenzverwalter abgewälzt (N/R/*Mönning* § 26 Rn 20). Im Übrigen sei eine Betriebsfortführung ohne Begründung neuer Masseverbindlichkeiten undenkbar (N/R/*Mönning* § 26 Rn 21). Zu Recht hat aber *Kirchhof* (ZInsO 1999, 365 ff) für die Haftung des vorläufigen Insolvenzverwalters bei Unternehmensfortführung darauf hingewiesen, dass die **Haftungsgefahren** von der Praxis höher eingeschätzt werden, als sie tatsächlich sind. Im Übrigen erlaubt es der klare Wortlaut der gesetzlichen Vorschriften der §§ 26 und 54 sowie der in der amtlichen Begründung zum RegE zum Ausdruck gebrachte Gesetzgeswille es nicht, „pragmatische und die Haftungsinteressen des Verwalters berührende Gesichtspunkte dazu einzusetzen, den eindeutigen Gesetzgeberwillen zu konterkarieren und die bisherige Regelung nach Konkurs- und Gesamtvollstreckungsordnung auf dem Wege der extensiven Auslegung des Auslagenbegriffs des § 54 quasi durch die Hintertür wieder einzuführen" (*Pape/Hauser* Massearme Verfahren Rn 84; so auch FK-*Schmerbach* § 26 Rn 6 b; *Gottwald/Uhlenbruck* InsR Hdb § 15 Rn 8).

In der Voraufl wurde auf die Möglichkeit hingewiesen, den **Begriff der „Auslagen"** des (vorläufigen) **Insolvenzverwalters,** die gem § 54 Nr 2 unter die Massekosten fallen, großzügig zu interpretieren und – wenn auch mit Zurückhaltung – auf die „kritischen" Verpflichtungen zu erstrecken (so auch K/P/B/*Pape* § 26 Rn 9 c; *Jaeger/Schilken* § 26 Rn 24). Dies wird aber als „unzulässige Umgehung der gesetzgeberischen Wertung" angesehen (HaKo-*Schröder* § 26 Rn 24). Ein weiteres mittelbares Hilfsmittel ist die **gebotene Zurückhaltung bei der Ermittlung der Werthaltigkeit der Masse** einerseits und eine großzügige Ausnützung des Spielraums bei der Schätzung der zu erwartenden Kosten andererseits (*Jaeger/Schilken* § 26 Rn 24). Richtig ist, dass eine **persönliche Haftung des Insolvenzverwalters** zB seitens der Steuerbehörden droht, wenn die steuerlichen Pflichten nicht aus Massemitteln erfüllt werden können (vgl *Ast* ZInsO 2002, 416; *Kröpelin* Die massearme Insolvenz, Rn 95). Trotzdem können **Steuerberaterkosten** nicht als Auslagen iSv § 54 Abs 2 InsVV angesehen oder in die Berechnung der voraussichtlichen Verfahrenskosten einbezogen werden (str aA LG Kassel ZInsO 2002, 1040; AG Dresden ZInsO 2002, 735; *Wienberg/Voigt* ZIP 1999, 1662, 1667; *Frenzel/Schmidt* InVo 2000, 149, 156). Allerdings können **Steuerberatungskosten** dann im Einzelfall als Auslagen des Verwalters anzuerkennen sein, wenn das FA den Verwalter zwingt, umfangreiche steuerliche Tätigkeiten zu erbringen, für die der Verwalter dann wegen der besonderen erforderlichen Kenntnisse oder des besonderen Umfangs einen Steuerberater beauftragen muss (**BGH** v 22.7.2004, ZIP 2004, 1717). Anders aber, wenn der Verwalter derartige Arbeiten durch eigene sachkundige Mitarbeiter erledigen lässt (**BGH** v 13.7.2006, ZIP 2006, 1501 = NZI 2006, 586; *Graf-Schlicker/Voß* § 26 Rn 9; HaKo-*Schröder* § 26 Rn 26). Das gilt nicht nur für sog **Stundungs-**

9

10

11

verfahren nach § 4 a (so **AG** Hamburg ZInsO 2004, 1093), sondern auch für andere Verfahren (*Pape* ZInsO 2004, 1049, 1051).

12   Nicht entspr anwendbar ist die Entscheidung des **BGH** v 22. 7. 2004 (ZIP 2004, 1717) auf **sonstige Tätigkeiten des vorläufigen oder endgültigen Insolvenzverwalters**, wie zB Erstellung von Insolvenzgeldbescheinigungen, Lohnsteuer- und Sozialversicherungsangelegenheiten etc (HaKo-*Schröder* § 26 Rn 26; **str aA AG** Dresden ZIP 2006, 1686). Bevor die Kosten eines Steuerberaters als Auslagen in die Vorschussberechnung einfließen können, hat der vorläufige Verwalter alles zu unternehmen, um mit der Finanzverwaltung eine andere Lösung, wie etwa die Schätzung der Steuerforderung, zu erreichen (**BGH** NZI 2004, 577 m Anm *Bernsau; Kaufmann* ZInsO 2006, 961, 964; *Voigt* ZIP 2004, 1531, 1533). Nur wenn eine drohende Missachtung sogar des § 209 trotz Ausschöpfung zumutbarer Rechtsbehelfe konkret dargelegt wird, darf nach HK-*Kirchhof* (§ 26 Rn 7) der Verwalter pflichtgemäß die Möglichkeit wählen, Massekosten statt Masseverbindlichkeiten zu begründen, indem er Verträge – etwa zur Entsorgung von Altlasten oder zur steuerlichen Beratung – **im eigenen Namen abschließt** und die gezahlte Vergütung als **eigene Auslagen** iSv § 54 Nr 2 geltend macht (vgl **BGH** NJW 2004, 2977; *Pape* ZInsO 2004, 1049, 1051; *Jaeger/Schilken* § 26 Rn 24). Auch **Kosten der Altlastenentsorgung** können nicht in den Begriff der notwendigen Verwaltungskosten einbezogen werden (**AG** Neuruppin ZIP 1999, 1687; HaKo-*Schröder* § 26 Rn 25). Nach *Pape/Hauser* (Massearme Verfahren Rn 83) wird man „die Behörden, insbesondere die Finanz- und Verwaltungsbehörden verwaltungsintern anzuweisen haben, dass sie in entsprechend gelagerten Fällen gegen die Masse oder den dahinter stehenden Insolvenzverwalter Ansprüche **nicht** oder – gegen die Masse – zumindest zunächst nicht durchsetzen dürfen. Werde die Nichtdurchsetzbarkeit öffentlich-rechtlicher Ansprüche durch die Behörden missachtet, so werde der Verwalter im Einzelfall **Rechtsmittel** gegen die Anordnungen zu ergreifen haben, die infolge seiner zu Recht unterlassenen Kosten auslösenden Handlungen von den Behörden erlassen worden sind (vgl auch **AG** Hamburg NZI 2000, 140 ff; *Haarmeyer* ZInsO 2001, 103, 105). Zutr weist *Voigt* (ZInsO 2004, 1531 ff) darauf hin, dass letztlich die **Deckung der Durchführungskosten** zwingende Voraussetzung ist für ein sinnvolles Insolvenzverfahren. Dabei könnte man durchaus differenzieren zwischen **erzwungenen Masseverbindlichkeiten** und **sonstigen Masseverbindlichkeiten**. In der Tat ist schwer nachzuvollziehen, warum sog oktroyierte Masseverbindlichkeiten nicht in die Vorschussberechnung einfließen dürfen.

13   **b) Ausreichendes Schuldnervermögen.** Die Abweisung nach § 26 Abs 1 S 1 setzt voraus, dass das Vermögen des Schuldners voraussichtlich nicht ausreichen wird, um die Kosten des Verfahrens (§ 54) zu decken. Sowohl der Vermögensbegriff als auch der Begriff der Verfahrenskosten sind nach Auffassung von *Kirchhof* (HK-*Kirchhof* § 26 Rn 4) „unbestimmte Rechtsbegriffe ohne einen Ermessensspielraum des Insolvenzgerichts" (OLG Köln ZInsO 2000, 606). Letztlich ist das Problem der Massekostendeckung auch ein **Problem der Liquidität iSv Liquidierbarkeit**, also der Eigenschaft von Vermögensgegenständen, mehr oder weniger rasch in Zahlungsmittel, also in Geld umwandelbar zu sein (**BGH** v 17. 6. 2003, NZI 2004, 30, 31 = ZIP 2003, 2171, 2172; HK-*Kirchhof* § 26 Rn 5). Entscheidend ist nicht nur die **Verwertbarkeit des Vermögens**, sondern auch die **Zeit, in der dieses verwertet werden kann** (**BGH** v 17. 6. 2003, NZI 2004, 30, 31 = ZIP 2003, 2171; MüKo-*Haamayer* § 26 Rn 20; *Jaeger/Schilken* § 26 Rn 13; K/P/B/*Pape* § 26 Rn 7). **Aussonderungsrechte** sind nicht zu berücksichtigen (*Jaeger/Schilken* § 26 Rn 14). Bei Gegenständen, die mit einem **Absonderungsrecht** belastet sind, ist der erzielbare Kostenbeitrag nach § 171 Abs 1, Abs 2 S 1 und ein etwaiger Erlösüberschuss zu berücksichtigen. (MüKo-*Haarmeyer* § 26 Rn 21; HK-*Kirchhof* § 26 Rn 5; FK-*Schmerbach* § 26 Rn 9) Bei **aufrechenbaren Gegenforderungen** kommt nur der Überschussbetrag in Ansatz (HK-*Kirchhof* § 26 Rn 8; FK-*Schmerbach* § 26 Rn 9). Vor allem bei langfristig liquidierbaren Vermögenswerten ist der **Liquidationsaufwand** zu berücksichtigen, der durch vorhandene oder vorgeschossene flüssige Mittel ebenfalls gedeckt sein muss (HK-*Kirchhof* § 26 Rn 5).

14   Im Einzelfall kann bei **schwieriger oder langfristiger Liquidation** von Grund- oder Auslandsvermögen des Schuldners Masselosigkeit vorliegen, weil die nötigen Mittel, die Werte zugunsten der Insolvenzgläubiger zu verwerten, nicht in der Masse vorhanden sind (vgl unten zu Rn 15 f). Bei **Forderungen des Schuldners** ist der **mutmaßliche Realisationswert** anzusetzen (N/R/*Mönning* § 26 Rn 26; HK-*Kirchhof* § 26 Rn 6). Das heißt, dass der Gutachter und auch das Gericht die **notwendigen Wertberichtigungen** vorzunehmen haben. Zu berücksichtigen sind auch **Ersatzansprüche** nach den §§ 9 a, 31 Abs 1, 43, 64 GmbHG sowie **Haftungsansprüche** gegenüber Gläubigern, deren Geltendmachung im eröffneten Verfahren gem §§ 92, 93 InsO, § 171 Abs 2 HGB dem Insolvenzverwalter zugewiesen ist. Zu berücksichtigen ist auch eine Haftung organschaftlicher Vertreter einer antragspflichtigen Gesellschaft wegen Insolvenzverschleppung (§ 15 a iVm § 823 Abs 2 BGB). Vgl auch die Übersicht bei *Haarmeyer/Suvacarevic* ZInsO 2006, 953, 956 f sowie *Altmeppen* in Roth/Altmeppen Vorb § 64 GmbHG Rn 122 ff. Auch **Ansprüche aus Insolvenzanfechtung (§§ 129 ff)** sowie **absehbarer Neuerwerb** des Schuldners während des Insolvenzverfahrens finden Berücksichtigung. Werte, die nur im Prozesswege, insbesondere im Wege der Insolvenzanfechtung, herbeigeschafft werden können, finden nur Berücksichtigung, wenn eine Rechtsverfolgung Aussicht auf Erfolg bietet. Aber auch solchenfalls dürfen die Forderungen nur mit der durch die Sachlage gebotenen Vorsicht angesetzt werden (s auch *Braun/Herzig* § 26 Rn 11; *Jaeger/Schilken*

III. Die Feststellung der Masselosigkeit § 26

§ 26 Rn 13; *Metzger* Verfahrenskosten deckende Masse S 110 ff). Das gilt auch für **streitige Forderungen**, die erst im Prozesswege geklärt werden müssen (vgl **OLG** Karlsruhe ZIP 1989, 1970, 1971; *Bork*, Einf Rn 99; BerlKo-*Goetsch* § 26 Rn 12; FK-*Schmerbach* § 26 Rn 10). Hierbei sind allerdings die Prozessaussichten, Werthaltigkeit und das Kostenrisiko einschließlich einer möglichen PKH gegeneinander abzuwägen (vgl **OLG** Karlsruhe ZIP 1989, 1071; HK-*Kirchhof* § 26 Rn 7; *Jaeger/Schilken* § 26 Rn 13; *Graf-Schlicker/Voß* § 26 Rn 12; s auch **BGH** ZIP 1990, 1490; **BGH** ZIP 2003, 2036; **BGH** ZIP 2005, 1519). Wird ein Schuldnerunternehmen insolvent, entspricht es der allgemeinen Erfahrung, dass Schuldner versuchen, sich wegen des geringen Prozessrisikos den Zahlungen zu entziehen. Dies nicht zuletzt auch im Hinblick auf die Tatsache, dass die Prozessgerichte bei der Gewährung von Prozesskostenhilfe an den Insolvenzverwalter sehr zurückhaltend sind. Forderungen gegen Dritte sind regelmäßig im Voraus abgetreten. Oftmals werden unbegründete Gegenrechte (Verjährung, Aufrechnung, Gewährleistungsansprüche etc) geltend gemacht (*Bork*, Einf Rn 99). Bei der Prüfung der Masseunzulänglichkeit ist auch das **Auslandsvermögen** des Schuldners in die Prüfung mit einzubeziehen, wenn es zur inländischen Masse gezogen werden kann (s Art 102 EG InsO n § 354; FK-*Schmerbach* § 26 Rn 22). Dabei sind aber die Kosten einer Realisierung abzuziehen.

2. Verwertungszeitraum. Das Gesetz sagt nichts darüber aus, in welcher **Zeit** das Schuldnervermögen 15 zur Kostendeckung verfügbar sein muss. Einigkeit herrscht nur insoweit, dass das zur Verfahrenskostendeckung erforderliche Vermögen nicht schon am Anfang des Verfahrens, sondern erst in **angemessener Zeit nach Verfahrenseröffnung liquide vorhanden** sein muss (**BGH** v 17. 6. 2003, ZIP 2003, 2171, 2172; HaKo-*Schröder* § 26 Rn 27). Bei einer Gegenüberstellung der Kosten und der zu erwartenden Masse muss **überwiegend wahrscheinlich** sein, dass die Kosten höher sind als die prognostizierte Masse (**BGH** v 13. 4. 2006, ZIP 2006, 1056; **OLG** Köln ZInsO 2000, 606; **OLG** Karlsruhe ZInsO 2002, 247; *Graf-Schlicker/Voß* § 26 Rn 11; HK-*Kirchhof* § 26 Rn 9; HaKo-*Schröder* § 26 Rn 27).

Der **Zeitraum**, innerhalb dessen die zur Deckung der Verfahrenskosten erforderliche **Masse realisiert** 16 werden kann, wird in Literatur und Rechtsprechung unterschiedlich beurteilt. Der BGH hält einen Zeitraum von **einem Jahr nach Verfahrenseröffnung** für unbedenklich (**BGH** v 17. 6. 2003, NZI 2004, 30 = ZIP 2003, 2171, 2172; ZInsO 2003, 706, 707). Das AG Hamburg (NZI 2000, 140, 141 u ZInsO 2006, 51, 52) will ein Insolvenzverfahren auch dann eröffnen, wenn die gerichtliche Prognose im Eröffnungszeitpunkt ergibt, dass eine mehr als verfahrenskostendeckende Masse erstmals **in mehr als zwei Jahren** zu realisieren ist (so auch MüKo-*Haarmeyer* § 26 Rn 23). Danach kommt es nicht zur Abweisung mangels Masse, wenn sich möglicherweise erst durch die spätere Verwertung von Grundstücken noch erhebliche Masse bilden lässt (aA LG Darmstadt ZIP 1981, 470, 471). Die „**temporäre Masselosigkeit**" kann danach auch **länger als zwei Jahre** dauern (AG Hamburg NZI 2000, 140; LG Leipzig ZInsO 2002, 576, 577; LG Kaiserslautern ZInsO 2001, 628; *Haarmeyer* ZInsO 2001, 103, 106). Das **OLG Köln** differenziert, wenn die Deckungsprognose allein auf den Neuerwerb nach § 35 2. Alt gestützt wird. Es verneint die voraussichtliche Verfahrenskostendeckung, wenn der voraussichtlich pfändbare Neuerwerb erst nach **sieben Monaten** zur Verfahrenskostendeckung ausreichen würde (**OLG** Köln ZInsO 2000, 606). Nach HK-*Kirchhof* (§ 26 Rn 9) kann der Insolvenzverwalter gem § 9 S 2 InsVV idR nach **sechs Monaten** einen leistungsangemessenen Vorschuss beanspruchen, jedoch muss er sich auf voraussichtlich vorübergehende Liquiditätsschwankungen der Insolvenzmasse mit der Amtsübernahme einstellen. Als Ausgleich seien Zweifel an der rechtzeitigen Verwertbarkeit von Schuldnervermögen schon bei dessen Bewertung zu berücksichtigen (vgl auch *Jaeger/Schilken* § 26 Rn 31).

In der Vorauft wurde die Auffassung vertreten, dass in die Berechnung der Massekostendeckung 17 **langfristig liquidierbare Vermögenswerte** nicht mit einzubeziehen seien, weil es einem Insolvenzverwalter nicht zugemutet werden kann, über längere Zeit in Vorleistung zu treten auf die Gefahr hin, später mit Ersatzansprüchen auszufallen. Dem ist die **hM** nicht gefolgt (zB *Jaeger/Schilken* § 26 Rn 16; FK-*Schmerbach* § 26 Rn 16 a; *Metzger* Verfahrenskosten deckende Masse, 2002, S 60 ff; MüKo-*Haarmeyer* § 26 Rn 23). Nach MüKo-*Haarmeyer* (§ 26 Rn 23) haben Kriterien der Zumutbarkeit für den Insolvenzverwalter insoweit hinter den Zielen des Gesetzgebers zurückzutreten, da, wie der **BGH** (ZInsO 2004, 336) ausführlich dargelegt habe, dieser hinreichende Sicherheitsmechanismen in der Hand hat, um einen Ausfall seiner Vergütung zu verhindern oder zumindest zu minimieren (s auch **BGH** v 26. 10. 2006 – IX ZB 163/05, ZIP 2007, 47, 48). Im Rahmen der **Zumutbarkeitsprüfung** sind sämtliche Umstände des Einzelfalls abzuwägen, wie zB der voraussichtliche Wert des Vermögens, die voraussichtliche Dauer, bis hinreichend liquide Mittel zur Verfügung stehen, der voraussichtliche Arbeitsaufwand im Verfahren und das Maß der Prognosesicherheit (so wörtlich HaKo-*Schröder* § 26 Rn 30). Es ist nicht zu verkennen, dass ein **Zweijahreszeitraum** besondere Bedeutung gewinnt, wenn Dienstbezüge abgetreten sind, die gem § 114 Abs 1 erst nach zwei Jahren der Insolvenzmasse zufließen (FK-*Schmerbach* § 26 Rn 15 b). Kann ein **Drittschuldner** seine Zahlungsverpflichtung nur in Raten begleichen, ist es nach FK-*Schmerbach* (§ 26 Rn 16) durchaus vertretbar, mit der Eröffnung so lange zu warten, bis die Ratenzahlungen die gerichtlichen Kosten abdecken (**str** aA **OLG** Köln ZIP 2000, 548, 551). Letztlich sind **ausstehende Forderungen** des Schuldners nur dann zu berücksichtigen, wenn ihre Realisierbarkeit innerhalb angemessener Frist möglich erscheint. Soweit **Anfechtungsansprüche** nach den §§ 129 ff in Betracht kommen, ist zum einen die Liquidität des Anfechtungsgegners und zum anderen das Prozesskostenrisiko zu beachten, das allerdings durch die mögliche Bewilligung von PKH relativiert wird (vgl OLG Jena ZIP 2001, 579; AG Göttingen ZIP 1993, 1020; *Frege/Keller/Riedel* HRP Rn 723).

18 Nach zutr Auffassung von HaKo-*Schröder* (§ 26 Rn 29) ist eine **einzelfallbezogene Angemessenheitsprüfung** geboten. Dabei sind das gesetzgeberische Ziel einer rechtzeitigen und leichteren Verfahrenseröffnung und die Zumutbarkeit für den Insolvenzverwalter im Einzelfall gegeneinander abzuwägen. Die erheblichen Haftungsrisiken des Verwalters bei Eröffnung masseunzulänglicher Verfahren haben das **OLG Köln** bewogen, den Zeitraum, in dem sich die verfahrenskostendeckende Masse realisieren lassen muss, auf **zwei Monate** festzusetzen und einen **Zeitraum von sieben Monaten** als im Regelfall als zu weitgehend abzulehnen (OLG Köln ZInsO 2000, 606; OLG Köln DZWIR 2000, 206, 209). Jeder abstrakt festgelegte Verwertungszeitraum ist willkürlich. Schwer verwertbare Gegenstände, bei denen langfristig erst ein Gegenwert zur Masse fließen kann, rechtfertigen idR keine Bejahung der Massekostendeckung, weil es an aktueller Liquidität fehlt, die für die Eröffnung und einstweilige Unternehmensfortführung dringend erforderlich ist. Einem Insolvenzverwalter kann das Risiko nicht zugemutet werden, ein Verfahren uU mehrere Monate oder Jahre lang durchzuführen, nur weil unsichere Realisierungschancen hinsichtlich des ausländischen Schuldnervermögens bestehen (**OLG Köln NZI 2000, 217;** *Gottwald/Uhlenbruck* InsR HdB § 15 Rn 4; **str aA AG Hamburg NZI 2000, 140;** *Metzger* Verfahrenskostendeckende Masse S 60 ff). Noch weitergehend N/R/*Mönning* (§ 26 Rn 19 ff), der die Fortführungskosten mit in die Deckungsrechnung einbezieht.

IV. Funktionelle Prüfungszuständigkeit und Prüfungskompetenz

19 Grundsätzlich hat das Gericht, dh der Richter oder die Richterin, zu prüfen, ob eine die Verfahrenskosten deckende Insolvenzmasse vorhanden ist und in welcher Höhe ein Vorschuss angefordert werden muss. Das Gericht betraut idR mit der Prüfung der Kostendeckung einen **Sachverständigen**. Nach § 22 Abs 1 S 2 Nr 3 hat auch der **vorläufige Insolvenzverwalter** die gesetzliche Pflicht zu prüfen, ob das Vermögen des Schuldners die Kosten des Verfahrens decken wird. Zutreffend weist *Pohlmann* (Befugnisse, Rn 181) darauf hin, dass der vorläufige Insolvenzverwalter insoweit als „**Gutachter kraft Amtes**" tätig wird. Seine Tätigkeit erfolgt kraft Gesetzes, also ohne besonderen Auftrag und ohne Festsetzung einer besonderen Vergütung nach dem ZSEG. Insoweit wird der vorläufige Insolvenzverwalter gegenüber dem früheren Konkursrecht durch das neue Recht erheblich schlechter gestellt. Stellt sich die Masselosigkeit heraus, ist er mit seinem Vergütungsanspruch ebenso wie mit dem Auslagenersatzanspruch allein auf das meist masselose Schuldnervermögen angewiesen (vgl KS-*Uhlenbruck* S 1. Aufl S 239 Rn 18; K/P/B/*Pape* § 22 Rn 13; *Pohlmann*, Befugnisse, Rn 180; *Delhaes* NZI 1998, 102, 104). Die Formulierung des 22 Abs 1 S 2 Nr 3 ist unglücklich und erweckt den Eindruck, als könne das Gericht einen Sachverständigen nicht mit der Prüfung der Verfahrenskostendeckung beauftragt. Richtig ist zwar, dass der Gesetzgeber den vorläufigen Insolvenzverwalter grundsätzlich als „**Gutachter kraft Amtes**" vorgesehen hat (Zum **Verbot der Doppelvergütung** s BGH v 18. 6. 2009 – IX ZB 97/08, ZIP 2009, 1630 f; BGH ZIP 2006, 1204, 1206; BGH NZI 2004, 448). Die **zusätzliche Beauftragung als Sachverständiger** dient lediglich der Überwindung verfassungsrechtlicher Bedenken, wenn Vergütung und Auslagen des vorläufigen Verwalters für diese Aufgabe nicht gedeckt sind. Dass der Gesetzgeber auch die **Prüfung der Verfahrenskostendeckung** als zusätzliche Sachverständigentätigkeit gewollt hat, ergibt sich nicht zuletzt auch aus dem Bericht des Rechtsausschusses zu 26 (*Balz/Landfermann*, S 233). Dort heißt es: „Diese Ergänzung (,als Sachverständiger') verdeutlicht, dass ein vorläufiger Insolvenzverwalter, der vom Gericht die besonderen Aufgaben nach Nummer 3 übertragen bekommt, eine Vergütung nach dem Gesetz über die Entschädigung von Zeugen und Sachverständigen beanspruchen kann. Auf diese Weise kann erreicht werden, dass ein vorläufiger Insolvenzverwalter auch bei Abweisung des Insolvenzantrags mangels Masse nicht ohne jede Vergütung bleibt" (so auch N/R/*Mönning* § 26 Rn 31).

V. Der Verfahrenskostenvorschuss

20 Sind die Verfahrenskosten (§ 54) durch die vorhandene freie Insolvenzmasse nicht gedeckt, steht es nicht nur dem Antragsteller, sondern auch den sonstigen Gläubigern oder einem Dritten frei, die Eröffnung des Insolvenzverfahrens über das Vermögen des Schuldners durch Zahlung eines Verfahrenskostenvorschusses zu erreichen. Nach § 26 Abs 1 S 2 unterbleibt die Abweisung mangels Masse, wenn ein ausreichender Geldbetrag vorgeschossen wird. Für den Gesetzgeber kommt es nicht darauf an, wer diesen Vorschuss leistet, sondern nur darauf, dass dieser Vorschuss geleistet wird, um eine Abweisung mangels Masse zu verhindern. Eine andere Frage ist, ob das Insolvenzgericht verpflichtet ist, von jedem Gläubiger oder nur vom Antragsteller den Kostenvorschuss einzufordern (s unten zu 5.). Der Vorschuss ist grundsätzlich **sofort** zu leisten und kann nicht von dem Ergebnis der das Eröffnungsverfahren abschließenden Entscheidung abhängig gemacht werden (**BGH v 5. 8. 2002, NZI 2002, 601**). Beantragt der Schuldner die Eröffnung des Insolvenzverfahrens unter Anordnung der Eigenverwaltung, ist die Zusage eines Dritten, die Kosten nach Anordnung der Eigenverwaltung übernehmen zu wollen, unbeachtlich, da sie unzulässigerweise an eine Bedingung geknüpft ist (**BGH v 7. 7. 2005, NZI 2006, 34**).

V. Der Verfahrenskostenvorschuss § 26

1. Höhe des Vorschusses. Die Höhe des Massekosten- bzw Verfahrenskostenvorschusses muss die gesamten voraussichtlich entstehenden Kosten des Insolvenzverfahrens (§ 54) abdecken (vgl OLG Köln v 23. 2. 2000, NZI 2000, 217; LG Traunstein v 30. 3. 2000, NZI 2000, 439). Bei der Berechnung des Vorschusses für die **Treuhändervergütung** sind Veröffentlichungskosten nicht zu berücksichtigen (LG Göttingen v 7. 6. 2000, NZI 2000, 438). Bei der im Rahmen des § 26 Abs 1 S 1 zu stellenden **Deckungsprognose** sind nach zutr Auffassung OLG Köln (v 23. 2. 2000, NZI 2000, 217, 219) zwar grundsätzlich auch die während des Verfahrens anfallenden Vermögenszuwächse zu berücksichtigen. Relevant ist insoweit jedoch nur eine konkret und zeitnah zum Eröffnungszeitpunkt realisierbare Masseanreicherung (so auch LG Berlin v 17. 7. 2001, ZInsO 2001, 718). Der Massekostenvorschuss kann nicht durch Prozesskostenhilfe (AG Köln KTS 1972, 127; FK-*Schmerbach* § 26 Rn 18), wohl aber durch Stundung nach § 4a ersetzt werden (§ 26 Abs 1 S 2; FK-*Schmerbach* § 26 Rn 18). Es gelten für die Einschätzung die gleichen Grundsätze wie für die Prüfung der Massekostendeckung. Wie bei der Massekostendeckung sind das Insolvenzgericht, der Gutachter oder vorläufige Insolvenzverwalter auf **Schätzungen** angewiesen. Die Schätzung sollte großzügig bzw nach dem Vorsichtsprinzip erfolgen (LG Berlin v 17. 7. 2001, ZInsO 2001, 718; *Vallender* InVo 1997, 4, 6; HK-*Kirchhof* § 26 Rn 22; *Graf-Schlicker/Voß* § 26 Rn 14; HaKo-*Schröder* § 26 Rn 35). Dies bedeutet aber nicht, dass etwa **sonstige Masseverbindlichkeiten** in den Vorschuss hineingerechnet werden (K/P/B/*Pape* § 26 Rn 14). Solche Verbindlichkeiten dürfen ebenso wenig berücksichtigt werden wie sonstige mit Verfahrenseröffnung entstehende Masseverbindlichkeiten (anders allerdings AG Charlottenburg ZIP 1994, 385; AG Charlottenburg v 30. 3. 1999, 26. 4. 1999, 3. 5. 1999, ZIP 1999, 1687 ff; *Rattunde/Röder* DZWIR 1999, 309 ff; *Wienberg/Voigt* ZIP 1999, 1662 ff). 21

Nicht gefolgt werden kann der Ansicht des AG Charlottenburg (Beschl v 3. 5. 1999, NZI 2000, 387), wonach ein Insolvenzverfahren nicht zu eröffnen ist, wenn eine **alsbaldige Einstellung des Verfahrens** mangels Masse nach § 207 als sicher erscheint. Der Gesetzgeber hat in den §§ 26 Abs 1 S 1, 54 anders entschieden. Die Entscheidung entspricht der bereits von *Ernst Jaeger* (Lehrbuch des Deutschen Konkursrechts 8. Aufl 1932/73 S 171) vertretenen Auffassung, durch den Kostenvorschuss solle die Eröffnung des Insolvenzverfahrens ermöglicht werden. Ob es gelinge, ihn noch durchzuführen, sei eine spätere Sorge. Selbst in zweifelhaften Fällen empfehle sich die Eröffnung, zumal der Mangel auch in einem späteren Stadium noch zu berücksichtigen sei (vgl auch AG Neuruppin ZIP 1999, 1687; AG Neu-Ulm v 13. 1. 2000, NZI 2000, 386; vgl auch LG Göttingen Beschl v 7. 6. 2000, NZI 2000, 438; AG Hamburg NZI 2000, 140). Sind die Kosten durch die vorhandene Masse nur **teilweise nicht gedeckt**, ist der Vorschuss lediglich in Höhe des Fehlbetrages anzufordern (HK-*Kirchhof* § 26 Rn 22). In der Praxis bewegen sich die Vorschussanforderungen idR zwischen **3000 bis 5000 Euro** im Regelverfahren und bei etwa 1500 Euro bei einer Verbraucherinsolvenz. Stellt sich im Laufe des eröffneten Verfahrens heraus, dass der Vorschuss nicht ausreicht, besteht **keine Nachschusspflicht**. Vielmehr ist das Verfahren gem § 207 einzustellen (HaKo-*Schröder* § 26 Rn 35). Nach LG Traunstein (Beschl v 30. 3. 2000, NZI 2000, 439) ist der vom Insolvenzgericht angeforderte Verfahrenskostenvorschuss auch für die Eröffnung eines **Verbraucherinsolvenzverfahrens** genau zu berechnen und hat sich an den voraussichtlich entstehenden Verfahrenskosten zu orientieren. Das Insolvenzgericht ist zur Anforderung eines Verfahrenskostenvorschusses nach § 26 Abs 1 S 2 nicht verpflichtet, wenn der Schuldner bzw das Schuldnerunternehmen den Insolvenzantrag mit einem **Antrag auf Eigenverwaltung** verbindet (KG v 20. 6. 2000, NZI 2001, 379). 22

2. Gleicher Kostenvorschuss bei Eigen- und Fremdantrag. Grundsätzlich ist der Verfahrenskostenvorschuss in gleicher Höhe anzusetzen, und zwar unabhängig davon, ob der Schuldner selbst Insolvenzantrag gestellt hat oder ein Gläubiger (HK-*Kirchhof* § 26 Rn 22). Ein Unterschied zwischen Eigen- und Fremdantrag besteht allerdings insoweit, als das Gericht bei Eigenantrag und festgestellter Masselosigkeit **keinen Verfahrenskostenvorschuss** anzufordern braucht (s unten zu Rn 30). Bei Eigenanträgen kann es aber in Ausnahmefällen angezeigt sein, wegen aussichtsreicher Anfechtungslagen einzelne Gläubiger, vor allem Großgläubiger, auf die Masselosigkeit hinzuweisen und anheimzustellen, einen entsprechenden Vorschuss zu zahlen. Beantragen **mehrere Gläubiger** selbstständig nebeneinander die Eröffnung des Insolvenzverfahrens über das Vermögen eines Schuldners oder Schuldnerunternehmens, so ist jeder Antrag, wenn die Verfahren nicht verbunden werden, selbstständig zu behandeln. Demgemäß kann das Insolvenzgericht von jedem Antragsteller die Vorschussleistung in voller Höhe verlangen (LG Mainz Rpfleger 1975, 253; HK-*Kirchhof* § 26 Rn 22; *Jaeger/Schilken* § 26 Rn 57; *Graf-Schlicker/Voß* § 26 Rn 14). Das Gericht ist nicht verpflichtet, den Vorschuss anteilig zu quoteln (LG Mainz Rpfleger 1975, 253; MüKo-*Haarmeyer* § 26 Rn 27; *Smid* § 26 Rn 34; FK-*Schmerbach* § 26 Rn 20; K/P/B/*Pape* § 26 Rn 20). Die verschiedenen Antragsteller sind aber berechtigt, gemeinsam den erforderlichen Massekostenvorschuss einzuzahlen (*Gottwald/Uhlenbruck* InsRHdb § 15 Rn 13). Dem Schuldner als Eigenantragsteller ist es unbenommen, freiwillig einen Massekostenvorschuss aus fremden Mitteln zu beschaffen. Ist ein solches Interesse erkennbar, steht es im Ermessen des Gerichts, die Vorschusszahlung einem Dritten anheimzustellen (*Henckel* FS Einhundert Jahre KO S 178 f; *Jaeger/Weber* § 107 KO Rn 3). Eine Vorschusspflicht für den Schuldner als Eigenantragsteller besteht aber nicht (s aber oben zu Rn 3). 23

24 **3. Die Person des Vorschussleistenden.** Derjenige, der den Massekostenvorschuss leistet, braucht nicht mit dem Antragsteller identisch zu sein. Das Gesetz enthält keine Regelung, wer den Vorschuss erbringen muss oder darf (BerlKo-*Goetsch* § 26 Rn 30 ff; N/R/*Mönning* § 26 Rn 36). Eine dem antragstellenden Gläubiger bewilligte **Insolvenzkostenhilfe** umfasst nicht die Vorschusszahlung (MüKo-*Haarmeyer* § 26 Rn 27; K/P/B/*Pape* § 26 Rn 20). Entsprechendes gilt bei **Gebührenfreiheit** des ASt (K/P/B/*Pape* § 26 Rn 20). Dies ist zwar angesichts der Beschränkung des Verfahrenskostenvorschusses in § 26 Abs 1 S 1 auf die Verfahrenskosten iSv § 54 nicht unproblematisch. Letztlich ist aber auf den Zweck des Eröffnungsverfahrens abzustellen. Wird dem **antragstellenden Gläubiger** für das Verfahren Insolvenzkostenhilfe (IKH) gewährt, so erstreckt sich diese Kostenhilfe lediglich auf eine das Eröffnungsverfahren abschließende Entscheidung, nicht dagegen auf die Durchführung eines uU Jahre dauernden Insolvenzverfahrens. Zwar hat der antragstellende Gläubiger die Möglichkeit, seinen Eröffnungsantrag von der **Bewilligung von Insolvenzkostenhilfe** (Prozesskostenhilfe) abhängig zu machen (vgl *Frege/Keller/Riedel* HRP Rn 415); die Gewährung der IKH beschränkt sich jedoch nur auf das Eröffnungsverfahren, **nicht dagegen auf den Massekostenvorschuss.** Ist damit zu rechnen, dass die Eröffnung des Verfahrens mangels Masse abgelehnt wird, ist die IKH idR zu versagen (vgl **BGH** v 8. 7. 2004, NZI 2004, 595). Nach der Neufassung des § 46 b KWG und des § 88 Abs 1 VAG ist auch die **BAFin** als Antragstellerin nicht von der Vorschussleistung befreit (HK-*Kirchhof* § 26 Rn 24). Will der Schuldner die Verfahrenseröffnung, um zu einer Restschuldbefreiung nach den §§ 286 ff zu gelangen, bleibt ihm nur der Weg über die **Stundung** nach § 4 a. Über die IKH kann der Schuldner keine Verfahrenseröffnung erreichen, zumal das Insolvenzverfahren im Interesse einer Vielzahl von Gläubigern durchgeführt wird.

25 Unzulässig ist es, dass der in Aussicht genommene **Insolvenzverwalter den Vorschuss leistet,** um auf diese Weise die Eröffnung des Verfahrens zu ermöglichen (BerlKo-*Goetsch* § 26 Rn 36; KS-*Kübler* S 967, 970 Rn 12; HaKo-*Schröder* § 26 Rn 36; *Jaeger/Schilken* § 26 Rn 55; *Hess* § 26 Rn 46; vgl auch H/W/F, Hdb 3/295) Mit Recht wird in der Literatur davor gewarnt, den Insolvenzverwalter durch Einschießen eigener Mittel selbst in die Rolle eines Verfahrensbeteiligten geraten zu lassen (vgl *Leipold/Häsemeyer* S 101, 109; *Smid* WM 1998, 1313, 1314; KS-*Kübler* S 970 Rn 12). Zudem bestünde „die Gefahr, dass die Gerichte solche Verwalter bevorzugt einsetzen, die sich zur Leistung eines Verfahrenskostenvorschusses aus eigenem Vermögen bereit erklären" (KS-*Kübler* S 971 Rn 12). Zudem könnte der Insolvenzverwalter durch die Inanspruchnahme der in § 26 Abs 3 vorgesehenen Beweislastumkehr zu seinen Gunsten auf diese Weise Präjudizien für künftige Anfechtungsprozesse schaffen. Zweifelhaft ist auch, ob das Problem durch **Verwalterfinanzierungsgesellschaften** gelöst werden kann. Gründen Insolvenzverwalter zB eine GmbH, deren satzungsmäßiger Zweck ist, Massekostenvorschüsse für masselose Insolvenzverfahren vorzufinanzieren, so dürften keine rechtlichen Bedenken bestehen, die Finanzierung in Verfahren durchzuführen, in denen die Gesellschafter-Verwalter nicht selbst als Insolvenzverwalter tätig sind.

26 **4. Der Verfahrenskostenvorschuss als Sondervermögen.** Der von einem Gläubiger geleistete Verfahrenskostenvorschuss wird Sondervermögen, das nur zur Deckung der Verfahrenskosten verwendet werden darf (K/P/B/*Pape* § 26 Rn 21; *Vallender* InVo 1997, 4, 6; *Mohrbutter* KTS 1973, 275; BerlKo-*Goetsch* § 26 Rn 42). Der Insolvenzverwalter hat den Vorschuss treuhänderisch zu verwalten (HK-*Kirchhof* § 26 Rn 34; *Braun/Herzig* § 26 Rn 26; HaKo-*Schröder* § 26 Rn 39; *Jaeger/Schilken* § 26 Rn 60; MüKo-*Haarmeyer* § 26 Rn 30; FK-*Schmerbach* § 26 Rn 26; N/R/*Mönning* § 26 Rn 41). Ein **Verfahrenskostenvorschuss des Schuldners** wird nur dann Sondervermögen, wenn die Mittel nachweislich massefrei sind oder von einem Dritten stammen (*Henckel* FS Einhundert Jahre KO S 169, 178 f; HK-*Kirchhof* § 26 Rn 34; HaKo-*Schröder* § 26 Rn 39). Zur Deckung der Verfahrenskosten nicht benötigte Beträge sind an den Einzahler zurückzuerstatten (**OLG** Frankfurt v 6. 2. 1986, ZIP 1986, 931; *Delhaes* KTS 1987, 597; K/P/B/*Pape* § 26 Rn 21; N/R/*Mönning* § 26 Rn 42; MüKo-*Haarmeyer* § 26 Rn 29). Da der Einzahler mit seinem Rückzahlungsanspruch in die gleiche Rangstelle eintritt wie der gerichtliche Kostenanspruch, ist die Forderung im eröffneten Verfahren mit dem Rang des § 54 zu befriedigen (vgl auch KS-*Uhlenbruck* 2. Aufl S 325, 359 Rn 38; K/P/B/*Pape* § 26 Rn 21). Tritt Masseunzulänglichkeit nach § 208 ein, hat der Rückzahlungsanspruch des Vorschussleistenden den Rang des § 209 Abs 1 Nr 1. Die **gesetzliche Zweckgebundenheit des Vorschusses** bestimmt sich nach §§ 26 Abs 1, 54. Nicht dagegen kann der Gläubiger den Vorschuss mit einer eigenen Zweckbestimmung einzahlen (vgl **BGH** v 7. 7. 2005, NZI 2006, 34, 35). Angesichts der klaren gesetzlichen Regelung sind **private Zweckbindungen** des Einzahlers schlechthin unwirksam und damit unbeachtlich (vgl *Henckel* FS Einhundert Jahre KO S 169, 180; *Unger* KTS 1961, 97, 103).

27 **5. Vorschussanforderung.** Zutreffend weist *J.-S. Schröder* (HaKo-*Schröder* § 26 Rn 37) darauf hin, dass zwar allgemein von einer **Vorschussanforderung** gesprochen wird, obwohl weder für Gläubiger noch für den Schuldner eine Vorschusspflicht besteht (vgl auch HK-*Kirchhof* § 26 Rn 32). § 26 Abs 1 S 2 geht lediglich davon aus, dass ein ausreichender Geldbetrag vorgeschossen wird. Da auch jeder Dritte – mit Ausnahme des Insolvenzverwalters – berechtigt ist, einen Vorschuss zu leisten und damit das Verfahren zur Eröffnung zu bringen, hat der Gesetzgeber von einer **förmlichen Vorschussanforderung** von einem **bestimmten Adressaten** abgesehen. Um den antragstellenden Gläubiger und auch dem

V. Der Verfahrenskostenvorschuss § 26

Schuldner die Möglichkeit der Vorschussleistung zu eröffnen, hat das Gericht vor Erlass des Abweisungsbeschlusses die Beteiligten lediglich darüber zu informieren, dass die Ermittlungen des Gerichts keine kostendeckende Masse ergeben haben und deshalb die Leistung eines Kostenvorschusses erforderlich ist, um die Verfahrenseröffnung herbeizuführen (*Frege/Keller/Riedel* HRP Rn 724). Das Gericht kann sich statt einer Bareinzahlung auch mit einer **Massekostengarantie** begnügen (**BGH** ZInsO 2002, 818, 819; *Haarmeyer* ZInsO 2001, 103, 107; *Obermüller* Bankpraxis S 506; FK-*Schmerbach* § 26 Rn 25; *Jaeger/Schilken* § 26 Rn 62). Absonderungsberechtigte können den Vorschuss durch teilweise Abtretung des Verwertungserlöses leisten (HK-*Kirchhof* § 26 Rn 32; MüKo-*Haarmeyer* § 26 Rn 29). Dies aber nur, falls eine ausreichend gesicherte Massevergrößerung zu erwarten ist (**str aA AG Bersenbrück** ZInsO 2000, 240 [Ls]). Formlose Zusagen und unverbindliche Absichtserklärungen reichen nicht aus (**BGH** 7. 7. 2005, NZI 2006, 34, 35).

Die **Vorschussanforderung** kann nach freiem Ermessen des Insolvenzgerichts **durch formloses Schreiben** oder durch **Beschluss** erfolgen, da das Gesetz eine Form für den gerichtlichen Hinweis in § 26 Abs 1 nicht vorsieht (*Jaeger/Schilken* § 26 Rn 67; N/R/*Mönning* § 26 Rn 36 u 39; HaKo-*Schröder* § 26 Rn 38; MüKo-*Haarmeyer* § 26 Rn 28; *Frege/Keller/Riedel* HRP Rn 724; nunmehr auch BerlKo-*Goetsch* § 26 Rn 37). Haben **mehrere Gläubiger** Insolvenzantrag gegen den Schuldner gestellt, ist der Vorschuss in voller Höhe von jedem Antragsteller einzufordern. Die gemeinsame Einzahlung des erforderlichen Massekostenvorschusses durch mehrere Antragsteller reicht aber aus. Im Übrigen ist das Verfahren zu eröffnen, wenn ein Antragsteller den Massekostenvorschuss zahlt und die sonstigen Voraussetzungen vorliegen. 28

Auch wenn die Vorschussanforderung durch **gerichtlichen Beschluss** erfolgt (so zB K/P/B/*Pape* § 26 Rn 18) ist sie **nicht isoliert anfechtbar** (**OLG Köln** ZIP 2000, 551; **LG Göttingen** NZI 2000, 438 f; **LG Berlin** ZInsO 2002, 680, 681; *Jaeger/Schilken* § 26 Rn 66; HK-*Kirchhof* § 26 Rn 23; BerlKo-*Goetsch* § 26 Rn 38; MüKo-*Haarmeyer* § 26 Rn 28). Eine **Überprüfung der Vorschussanforderung** kann allenfalls über § 34 Abs 1 im Wege der **sofortigen Beschwerde gegen den Abweisungsbeschluss** erfolgen, was das Beschwerdeverfahren nach § 34 negativ belastet (*Jaeger/Schilken* § 26 Rn 66; K/P/B/*Pape* § 26 Rn 18). Nach Auffassung von *Schilken* (*Jaeger/Schilken* § 26 Rn 67) sollte das Gericht die bestimmte Höhe der Vorschusszahlung und eine Frist zu seiner Einzahlung angeben, damit der Adressat die Berechtigung der Anforderung namentlich der Frage der Masseunzulänglichkeit überprüfen kann, um über seine Bereitschaft zur Vorschusszahlung auf möglichst sicherer Grundlage entscheiden zu können (so auch HK-*Kirchhof* § 26 Rn 23). Da die **Vorschussanforderung nicht anfechtbar** ist, kann sie auch keine Rechtskraftwirkungen auslösen. Das Beschwerdegericht hat im Rahmen der Überprüfung des Abweisungsbeschlusses Inzidenter zugleich auch die Vorschussanforderung des Insolvenzgerichts zu prüfen. Wird der Vorschuss oder als **Restvorschuss in Höhe eines Teilbetrages** im Beschwerdeverfahren eingezahlt, kann das Beschwerdegericht die Verfahrenseröffnung beschließen (**LG Cottbus** v 17. 7. 2001, ZIP 2002, 2188). Dies kommt vor allem in Betracht, wenn das Insolvenzgericht den Kostenvorschuss in voller Höhe eingefordert hatte, obgleich die Kosten **teilweise gedeckt** waren. Hat der Schuldner nur einen Massekostenvorschuss in Aussicht gestellt, der die geringen Kosten im Fall einer Eigenverwaltung decken würde und führt die Ablehnung der Eigenverwaltung mittelbar zur Abweisung des Insolvenzantrags mangels Masse, so ist die Höhe des Vorschusses, soweit dieser von der Eigenverwaltung abhängt, auch nicht einer Überprüfung im Wege der sofortigen Beschwerde gegen den Abweisungsbeschluss zugänglich (**BGH** NZI 2007, 238 f). 29

Bei **Eigenantrag des Schuldners** besteht keine Verpflichtung des Gerichts, überhaupt einen Vorschuss einzufordern (**KG** v 30. 6. 2000 NZI 2001, 379, 380; N/R/*Mönning* § 26 Rn 34; FK-*Schmerbach* § 26 Rn 18; *Henckel* FS Einhundert Jahre KO S 169, 178 f; HK-*Kirchhof* § 26 Rn 22; **str aA LG Traunstein** NZI 2000, 439; BerlKo-*Goetsch* § 26 Rn 37; MüKo-*Haarmeyer* § 26 Rn 26; vgl auch **OLG Köln** NZI 2000, 217). Hat der Schuldner als natürliche Person **Stundung** nach § 4a erlangt, darf ein Verfahrenskostenvorschuss ohnehin nicht angefordert werden, da das Verfahren auf Grund der Stundung der Verfahrenskosten zu eröffnen ist (§ 26 Abs 1 S 2 nF). 30

6. Vorschussleistung und Einzahlerkalkül. Sowohl Gläubiger (Antragsteller) als auch der Schuldner müssen sorgfältig überlegen, ob und in welchen Fällen sie einen Verfahrenskostenvorschuss einzahlen. Für den Gläubiger ist die Einzahlung oft sinnlos, wenn keine Quote für ihn herauskommt. Für den Schuldner dagegen kann die Einzahlung eines Vorschusses Sinn machen, wenn aussichtsreiche Anfechtungslagen bestehen und er im Interesse daran hat, zB seine persönliche Haftung durch Anreicherung der Insolvenzmasse zu vermindern. Gläubigern reicht oftmals die **Ordnungsfunktion des Insolvenzverfahrens** aus, um die Vorschussleistung zu garantieren. So sind die im Schuldnervermögen dinglich gesicherten Gläubiger nicht selten daran interessiert, dass das Sicherungsgut im Rahmen eines eröffneten Insolvenzverfahrens vom Verwalter verwertet und der Erlös an sie ausgekehrt wird. Obgleich der Vorschussleistende in die Rangstelle des § 54 des aus dem Vorschuss befriedigten Massegläubigers einrückt, wenn auch erst nach Befriedigung der übrigen Massekosten (MüKo-*Haarmeyer* § 26 Rn 29; HK-*Kirchhof* § 26 Rn 34), und der Vorschuss vom Insolvenzverwalter an den Leistenden zurückzuzahlen sind, sobald die Insolvenzmasse selbst zur Kostendeckung ausreicht (**OLG Frankfurt** KTS 1986, 503 ff; N/R/*Mönning* § 26 Rn 42 f), sind die Befriedigungsaussichten für den Vorschussleistenden angesichts der oftmals beste- 31

Uhlenbruck 563

henden Massearmut gering. Daran ändert auch nichts, dass er mit seinem Rückzahlungsanspruch gegen eine Forderung der Insolvenzmasse aufrechnen kann (*Jaeger/Schilken* § 26 Rn 61; MK-*Haarmeyer* § 26 Rn 31; HaKo-*Schröder* § 26 Rn 40). Der **Erstattungsanspruch** des Vorschussleistenden nach § 26 Abs 3 hat in der Praxis nicht die vom Gesetzgeber erhofften Wirkungen gezeigt. In den meisten Fällen haben sich die wegen Insolvenzverschleppung (§ 15 a iVm § 823 Abs 2 BGB) in Anspruch genommenen organschaftlichen Vertreter antragspflichtiger Gesellschaften entweder gesetzlich eingerichtet oder haben ein Privatinsolvenzverfahren beantragt. Aus diesem Grunde erklären manche antragstellende Gläubiger, vor allem Sozialversicherungsträger, oftmals mit der Antragstellung, dass sie nicht bereit sind, für den Fall der Masselosigkeit einen Massekostenvorschuss zu zahlen. Oftmals geht es dem antragstellenden Gläubiger nur darum, im Falle der Abweisung mangels Masse für die letzten drei Monate das **Insolvenzgeld** zu erhalten. Die mangelnde Attraktivität eines Massekostenvorschusses hat dazu geführt, dass zahlreiche Haftungstatbestände wegen Insolvenzverschleppung und wrongful trading und aussichtsreiche Anfechtungslagen nach den §§ 129 ff nicht realisiert werden können. Der **vorläufige Insolvenzverwalter** ist wegen seiner vorrangigen Unabhängigkeit nicht berechtigt, einen Verfahrenskostenvorschuss zu leisten (KS-*Kübler* S 970 f; *Hess* § 26 Rn 46; HK-*Kirchhof* § 26 Rn 32, BerlKo-*Goetsch* § 26 Rn 36; *Smid* § 26 Rn 28).

32   **7. Rückzahlung des Verfahrenskostenvorschusses.** Das Gesetz sieht keine Regelung über die Rückzahlung des Verfahrenskostenvorschusses vor. Es entspricht aber allgemeiner Meinung, dass nicht benötigter Vorschuss an den Vorschussleistenden zurückzuzahlen ist. Der geleistete Massekostenvorschuss ist vom Insolvenzverwalter an den Vorschussleistenden zurückzuzahlen, wenn nach dem Stand des Verfahrens keine Notwendigkeit besteht, auf diesen Betrag zurückzugreifen (**OLG** Frankfurt KTS 1986, 503 = ZIP 1986, 931; *Hess* § 26 Rn 50; *Smid* § 26 Rn 18; HaKo-*Schröder* § 26 Rn 40; N/R/*Mönning* § 26 Rn 42 f; *Haarmeyer* ZInsO 2001, 103, 107). Die Vorschusszahlung erfolgt regelmäßig auf das Konto der Gerichtskasse. Die InsO enthält keine Regelung, wann ein **Verfahrenskostenvorschuss zur Rückzahlung** fällig wird. Richtig ist zwar, dass der Zweck des Massekostenvorschusses darin besteht, die Eröffnung, nicht dagegen die Durchführung des Insolvenzverfahrens zu ermöglichen (*Hess* § 26 Rn 44). Da jedoch die **voraussichtlichen Kosten für das gesamte Verfahren** gedeckt sein müssen, wird der Rückzahlungsanspruch erst in dem Augenblick fällig, in dem der Verwalter feststellt, dass die Gerichtskosten iSv § 54 für das gesamte Verfahren durch die vorhandene Masse gedeckt sind (HaKo-*Schröder* § 26 Rn 40; HK-*Kirchhof* § 26 Rn 34; *Jaeger/Schilken* § 26 Rn 61). Zeigt der Insolvenzverwalter nach § 208 Abs 1 **Masseunzulänglichkeit** an, hat der Rückzahlungsanspruch den Rang des § 209 Abs 1 Nr 1, denn der Vorschussleistende tritt mit seinem Rückzahlungsanspruch an die Stelle der getilgten Gerichtskosten (KS-*Uhlenbruck* S 1171 Rn 22; *Hess* § 26 Rn 53; K/P/B/*Pape* § 26 Rn 21). Ist der Rückzahlungsanspruch nicht realisierbar, bleibt dem Vorschussleistenden nur der Haftungsanspruch gegen den organschaftlichen Vertreter nach § 26 Abs 3.

VI. Der Abweisungsbeschluss

33   Der Beschluss, durch den das Insolvenzgericht den Antrag auf Eröffnung des Insolvenzverfahrens mangels Masse abweist, setzt voraus, dass der Antrag zulässig und begründet ist, es jedoch nur wegen der fehlenden Massekostendeckung nicht zu einer Eröffnung kommt (HK-*Kirchhof* § 26 Rn 24; *Jaeger/Schilken* § 26 Rn 36). Wegen der schwerwiegenden Folgen einer Abweisung mangels Masse, wie zB die Auflösung von Gesellschaften und die Eintragung des Schuldners in das Schuldnerverzeichnis, müssen im Übrigen **sämtliche Voraussetzungen für eine Verfahrenseröffnung** vorliegen, also auch ein Insolvenzgrund gegeben sein. Lässt sich zB der Insolvenzgrund nicht mit der für eine Eröffnung des Verfahrens erforderlichen Sicherheit feststellen, ist der Insolvenzantrag als unbegründet, nicht dagegen mangels Masse abzuweisen. Bei unzulässigen Anträgen erfolgt die Abweisung wegen Unzulässigkeit des Antrags. In diesen Fällen sind die Kosten des Antragsverfahrens dem Antragsteller aufzuerlegen. Gelangt das Gericht zu dem Ergebnis, dass der Insolvenzantrag zulässig und begründet ist, jedoch weder eine Kostendeckung gegeben noch ein Massekostenvorschuss eingezahlt worden ist, hat es durch begründeten Beschluss den Insolvenzantrag mangels Masse abzuweisen. **Bei Erlass des Abweisungsbeschlusses ist Folgendes zu beachten:**

34   **1. Gewährung rechtlichen Gehörs.** Grundsätzlich ist im Hinblick auf Art 103 GG einem Schuldner vor einer Abweisung mangels Masse rechtliches Gehör zu gewähren (**BGH** v 15. 1. 2004, NZI 2004, 255 = ZInsO 2004, 274 = ZIP 2004, 724; MüKo-*Haarmeyer* § 26 Rn 24; HK-*Kirchhof* § 26 Rn 20; N/R/*Mönning* § 26 Rn 46; *Jaeger/Schilken* § 26 Rn 35; HaKo-*Schröder* § 26 Rn 58; *Graf-Schlicker/Voß* § 26 Rn 17; *Braun/Herzig* § 26 Rn 29; K/P/B/*Pape* § 26 Rn 10; *Uhlenbruck* FS *Baumgärtel* S 569, 581; KS-*Vallender* S 249, 265 Rn 48–50; FK-*Schmerbach* § 26 Rn 58–63). War der Schuldner **einmal angehört worden**, so richtet sich das rechtliche Gehör nach den allgemeinen Grundsätzen über die Gewährung rechtlichen Gehörs bei gerichtlichen Entscheidungen (vgl hierzu KS-*Vallender* S 349 ff; *Uhlenbruck* FS *Baumgärtel* S 569 ff; *Maintzer* KTS 1985, 617 ff). Nicht ausreichend ist, dass dem Schuldner im Rahmen der Anhörung nach § 14 Abs 2 darauf hingewiesen wird, dass uU der Insolvenzantrag

VI. Der Abweisungsbeschluss § 26

mangels einer die Verfahrenskosten deckenden Masse nach § 26 abgewiesen werden kann. Die Anhörung nach § 14 Abs 2 macht eine weitere Anhörung vor einer verfahrensabschließenden Entscheidung keineswegs überflüssig. Dem **antragstellenden Gläubiger** wird allerdings rechtliches Gehör gewährt, indem ihm das Gutachten mit Vorschussanforderung unter Fristsetzung übersandt wird (FK-*Schmerbach* § 26 Rn 57 a, 58). Auf eine Anhörung des Gläubigers kann verzichtet werden, wenn dieser, wie regelmäßig Sozialversicherungsträger, bei Antragstellung erklärt, dass er zur Einzahlung eines Massekostenvorschusses nicht bereit ist (FK-*Schmerbach* § 26 Rn 58).

Soweit dem **Schuldner als Antragsteller** bereits im Rahmen der Vorschussanforderung rechtliches Gehör gewährt wurde, ist eine weitere Anhörung vor Erlass des Abweisungsbeschlusses nicht erforderlich, wenn er im Rahmen der Vorschussanforderung Gelegenheit hatte, zum Ergebnis der Amtsermittlungen des Insolvenzgerichts (§ 5) Stellung zu nehmen (HK-*Kirchhof* § 26 Rn 20). Das ist zB dann der Fall, wenn dem Schuldner das **Gutachten** des Sachverständigen mit dem Hinweis übermittelt wird, der Eröffnungsantrag werde mangels Masse abgewiesen, wenn nicht binnen zwei Wochen ein Kostenvorschuss in bestimmter Höhe eingezahlt werde (vgl **BGH** ZIP 2004, 724 = NZI 2004, 255 = ZInsO 2004, 274; HK-*Kirchhof* § 26 Rn 20; *Frege/Keller/Riedel* HRP Rn 735). Das **rechtliche Gehör** muss im Hinblick auf sämtliche der Entscheidung zugrunde liegenden Tatsachen gewährt werden, also insbesondere zu dem Ergebnis der Ermittlungen einschließlich der Feststellungen zur Höhe des Massekostenvorschusses (*Jaeger/Schilken* § 26 Rn 34). Auf Umstände, zu denen der Schuldner sich nicht äußern konnte, darf eine Entscheidung nach § 26 Abs 1 S 1 nicht gestützt werden. Eine **Ausnahme** gilt nur, wenn der Schuldner ausdrücklich auf eine entsprechende **Anhörung verzichtet** hat (*Jaeger/Schilken* § 26 Rn 34; *Haarmeyer* ZInsO 2001, 103, 106). Der **BGH** hat in der Entscheidung v 15. 1. 2004 (NZI 2004, 255) darauf hingewiesen, dass es von den Umständen des Einzelfalles abhängt, in welcher Weise einem Schuldner vor Abweisung eines Gläubigerantrags auf Eröffnung des Insolvenzverfahrens Gelegenheit gegeben werden muss, gem § 26 Abs 1 S 2 einen Vorschuss für die nicht gedeckten Verfahrenskosten zu leisten. Er hält es jedoch für ausreichend, dass dem Schuldner das **Sachverständigengutachten** übersandt wird, aus dem sich ergibt, dass die Insolvenzmasse zur Deckung der Verfahrenskosten nicht ausreichen wird und wenn das Insolvenzgericht darüber hinaus ankündigt, den Antrag wegen fehlender Massekostenvorschusszahlung innerhalb einer bestimmten Frist abweisen zu wollen. Erklärt sich der Schuldner mit dem Inhalt des Sachverständigengutachtens einverstanden, bedarf es keiner erneuten Anhörung durch das Insolvenzgericht.

Erneutes rechtliches Gehör ist dem Schuldner **bei Gläubigerantrag** vor Abweisung mangels Masse immer dann zu gewähren, wenn er Zulassungsvoraussetzungen oder das Vorliegen eines Insolvenzgrundes im Rahmen seiner ersten Anhörung bestritten hatte. Hier wird im Rahmen der Amtsermittlungen (§ 5) vom Gericht regelmäßig ein Gutachter mit der Prüfung des Insolvenzgrundes beauftragt. Kommt dieser zu einem dem Schuldner nachteiligen Ergebnis, also zur Feststellung des bestrittenen Insolvenzgrundes, so ist dem Schuldner das **Gutachten zu übersenden** und ihm Gelegenheit zur Stellungnahme zu geben (**BGH** NZI 2004, 255 = ZInsO 2004, 274; HaKo-*Schröder* § 26 Rn 58; *Vallender* in: KS S 265 Rn 50; K/P/B/*Pape* § 26 Rn 10). Ausreichend ist aber auch, wenn der **Sachverständige sich unmittelbar mit dem Schuldner in Verbindung setzt**, das Gutachten mit ihm erörtert und einen entsprechenden Vermerk über das Ergebnis der Erörterung in dem Gutachten anbringt. Nicht aufrecht erhalten werden kann die Auffassung, bei **Eigenantrag des Schuldners** müsse dieser mit einer Abweisung seines Antrags mangels Masse rechnen, sodass ihm vor der Beschlussfassung kein erneutes rechtliches Gehör mehr gewährt werden muss (so noch KS-*Vallender* S 249, 264). Zutreffend weisen aber *Jaeger/Schilken* (§ 26 Rn 35) darauf hin, dass der antragstellende Schuldner durchaus auch ein Eigeninteresse an einer Verfahrenseröffnung haben kann. Er müsse zur Wahrung des rechtlichen Gehörs nach § 103 Abs 1 GG Gelegenheit haben, sich zu einer abweichenden Entscheidungsgrundlage als der Eröffnung zu äußern (vgl LG Saarbrücken Rpfleger 1992, 444; K/P/B/*Pape* § 26 Rn 12). Jedenfalls muss der Schuldner bei Eigenantrag ausreichende Informationen erhalten, um die Frage entscheiden zu können, ob er einen Massekostenvorschuss nach § 26 Abs 1 S 2 zahlt. Bei einem **Eigenantrag des Schuldners** bedarf es einer erneuten Anhörung nicht, wenn der Schuldner neben dem Eröffnungsgrund zugleich auch die voraussichtliche Masselosigkeit einräumt (FK-*Schmerbach* § 26 Rn 63; *Braun/Herzig* § 26 Rn 30). Nicht zuletzt auch wegen der einschneidenden Folgen für den Schuldner oder das Schuldnerunternehmen ist vor einer Abweisung mangels Masse nach § 26 Abs 1 S 1 auf Gläubigerantrag der Schuldner **vor Erlass der Abweisungsentscheidung regelmäßig erneut** zu hören (vgl LG Bielefeld MDR 1956, 363; LG Saarbrücken Rpfleger 1992, 444; HK-*Kirchhof* § 26 Rn 20; N/R/*Mönning* § 26 Rn 46; FK-*Schmerbach* § 26 Rn 59; K/P/B/*Pape* § 26 Rn 12; MüKo-*Haarmeyer* § 26 Rn 24). Jedoch greift wie bei der Anhörung des Schuldners § 10 Abs 1 S 1 mit der Folge ein, dass das **rechtliche Gehör unterbleiben** kann, wenn sich der Schuldner im Ausland aufhält und die Anhörung den Eintritt der Rechtsfolgen der Abweisung übermäßig verzögern würde oder wenn der Aufenthalt des Schuldners unbekannt ist. Verfassungsrechtlich gilt § 10 als eine immanente Schranke von Art 103 GG (KS-*Prütting* S 221, 229 Rn 24; HK-*Kirchhof* § 26 Rn 20; N/R/*Becker* § 10 Rn 19).

Die vom Insolvenzgericht zu setzende **Frist** zur Stellungnahme oder Einzahlung eines Massekostenvorschusses kann **im Hinblick auf die Eilbedürftigkeit** der Entscheidung **kurz bemessen** sein. Eine Frist von **zwei Wochen** reicht idR aus (**BGH** NZI 2004, 255, 256 = ZInsO 2004, 2474 = ZIP 2004, 724; HK-

§ 26

Kirchhof § 26 Rn 20; *KS-Vallender* S 265; *Frege/Keller/Riedel* HRP Rn 735). IdR genügt eine Äußerungsfrist **von wenigen Tagen** (HK-*Kirchhof* § 26 Rn 20). Das rechtliche Gehör kann im **Beschwerdeverfahren nachgeholt** werden (BGH v 16. 10. 2003, ZVI 2004, 24; HaKo-*Schröder* § 26 Rn 60; *Frege/Keller/Riedel* HRP Rn 735). Ist der Schuldner eine natürliche Person, sollte er auf die Möglichkeit der Kostendeckung durch Stundung (§§ 4a ff) unter Fristsetzung zur Stellung eines entspr Antrags hingewiesen werden (FK-*Schmerbach* § 26 Rn 18, 60; HK-*Kirchhof* § 26 Rn 21).

38   **2. Kostenentscheidung.** Ebenso wie früher die KO regelt auch die InsO die Kostenfolge bei Abweisung mangels Masse nicht. Deshalb hat das Gericht im Abweisungsbeschluss entspr § 4 InsO, 91 ZPO über die Kostentragungspflicht zu entscheiden. Bei der Abweisung mangels Masse auf Grund eines Gläubigerantrags hat der ASt **in der Sache selbst obsiegt** und der Antrag wird lediglich abgewiesen, weil das objektive Verfahrenshindernis der Masselosigkeit einer Eröffnung des Insolvenzverfahrens entgegensteht (vgl LG Köln KTS 1986, 361; LG Berlin v 1. 3. 2001, ZInsO 2001, 269; LG München I ZInsO 2002, 42 f; AG Köln v 8. 6. 2000, NZI 2000, 384; *Vallender* InVo 1997, 5, 6; *Delhaes* KTS 1987, 597, 605; FK-*Schmerbach* § 26 Rn 68; N/R/*Mönning* § 26 Rn 53; BerlKo-*Goetsch* § 26 Rn 61; *Leithaus/Andres* § 6 Rn 23; K/P/B/*Pape* § 26 Rn 29; HaKo-*Schröder* § 26 Rn 67; HK-*Kirchhof* § 26 Rn 25; N/R/*Mönning* § 26 Rn 54; *Frege/Keller/Riedel* HRP Rn 738; *Schmerbach* NZI 2003, 421, 422; *Hess* § 26 Rn 42; *Uhlenbruck*, Die anwaltliche Beratung bei Konkurs- und Vergleichsantrag, S 118; *ders* AnwBl 1979, 96; *ders* KTS 1983, 311 ff; MüKo-*Haarmeyer* § 26 Rn 33; *Haarmeyer* ZInsO 2001, 103, 108). Dies ist allerdings **nicht unbestritten** (vgl LG Frankfurt Rpfleger 1986, 496; LG Münster DZWIR 2000, 122 f; AG Göttingen ZInsO 2003, 1156; MüKo-*Ganter* § 4 Rn 27; *Jaeger/Schilken* § 26 Rn 72, 73). Selbst wenn **dem Schuldner die Kosten auferlegt** werden, bleibt der antragstellende Gläubiger **Zweitschuldner gem §§ 23 Abs 1, 31 GKG.** Jedoch haftet der ASt als **Zweitschuldner** nicht für die **Vergütung des vorläufigen Insolvenzverwalters**, da diese nicht zu den nach § 23 Abs 1 S 2 GKG erstattungsfähigen Auslagen gehört (BGH v 13. 12. 2007, ZIP 2008, 228, 229 = ZInsO 2008, 151; BGHZ 157, 370, 374, 377; BGH NZI 2006, 239). Gleiches gilt für die **Sachverständigenkosten** (AG Göttingen ZIP 2009, 1532). Vgl auch die Kommentierung zu § 14 Rn 127 ff; OLG Celle ZInsO 2000, 223; LG Stuttgart NZI 2004, 630; HaKo-*Schröder* § 26 Rn 68. Das OLG Köln (v 14. 4. 2000, NZI 2000, 374, 375) hält die Entscheidung, bei einer Abweisung mangels Masse die **Kosten** des Verfahrens dem **antragstellenden Gläubiger aufzuerlegen**, für nicht unvertretbar und daher nicht für greifbar gesetzwidrig. Für die **Gegenauffassung** (LG Münster v 6. 1. 2000, NZI 2000, 383; LG München I v 26. 10. 2001, ZInsO 2001, 42; LG Frankfurt aM, Rpfleger 1986, 496) kann nach Meinung des OLG Köln sprechen, dass den Bestimmungen über die Verpflichtung, die Kosten des Verfahrens zu tragen, auch das **Veranlassungsprinzip** zugrunde liegt und dass der Gläubiger, wenn sein Antrag auf Eröffnung des Insolvenzverfahrens abgelehnt wird, weil eine die Kosten des Verfahrens deckende Masse nicht vorhanden und er zur Einzahlung des Vorschusses nicht bereit ist, im Ergebnis ohne Erfolg die Tätigkeit des Insolvenzgerichts veranlasst habe. Dieser **Auffassung kann nicht gefolgt werden**, da sie letztlich dazu führt, dass viele Gläubiger auf Grund des Kostenrisikos von gebotenen Insolvenzanträgen Abstand nehmen. Nach *Kirchhof* (HK-*Kirchhof* § 26 Rn 25) erscheint die hM zur **Kostentragungspflicht des Schuldners** bzw des Schuldnerunternehmens nur zutreffend, wenn in Übereinstimmung aller Beteiligten sich nicht über einen Streit darüber einlässt, ob die Voraussetzungen des § 26 Abs 1 S 1 vorliegen. Sobald sich die Masseunzulänglichkeit herausstellt, sollte nach Auffassung von *Kirchhof* dem antragstellenden Gläubiger die Gelegenheit gegeben werden, seinen Antrag in der **Hauptsache für erledigt** zu erklären (§ 91a ZPO). Tue er dieses, seien die Kosten dem Schuldner aufzuerlegen. Mache dagegen der Gläubiger weiterhin zu Unrecht geltend, dass die Masse für die Eröffnung ausreiche, falle dieser Streit „nicht mehr in den Verursachungsbereich des Schuldners". Der Antragsteller verliere dann vielmehr mit der Kostenfolge des § 91 ZPO. Letzterer Auffassung kann nicht gefolgt werden. Ist der Insolvenzantrag wegen fehlender Massekostendeckung abweisungsreif, muss eine **Entscheidung in der Hauptsache** nach § 26 Abs 1 S 1 ergehen. Für eine Erledigungserklärung ist insoweit kein Raum. Die Hauptsache ist nicht erledigt, so dass § 91a ZPO über § 4 keine entsprechende Anwendung findet.

39   Zu unterscheiden ist aber zwischen der **gesetzlichen Kostentragungspflicht**, die im Verhältnis des Antragstellers zum Fiskus eingreift, und der **Kostentragungspflicht des Entscheidungsschuldners** (vgl OLG Zweibrücken v 15. 3. 2000, NZI 2000, 271; OLG München ZIP 1987, 48 f). Entscheidungsschuldner ist derjenige, dem im Abweisungsbeschluss vom Insolvenzgericht die Kosten auferlegt worden sind. Der Entscheidungsschuldner ist **Erstschuldner**, der Antragsteller gegenüber der Gerichtskasse nach §§ 23 Abs 1, 31 GKG **Zweitschuldner** (OLG München ZIP 1987, 48 f).

40   Die Folge der Kostenentscheidung zu Lasten des Schuldners ist, dass gem § 31 Abs 2 S 1 GKG die **Haftung des Antragstellers** als Zweitschuldner nach § 23 Abs 1 GKG nur geltend gemacht werden kann, wenn eine Zwangsvollstreckung in das bewegliche Vermögen des Entscheidungsschuldners erfolglos geblieben ist oder aussichtslos erscheint. Darüber hinaus hat die hier vertretene Auffassung den Vorteil, dass dem Schuldner die Möglichkeit genommen wird, die **Aufwendungen für einen Anwalt** als erstattungsfähige Auslagen im Verfahren nach den §§ 103 ff ZPO (§ 4 InsO) festsetzen zu lassen. An der in der Voraufl (Rn 32) vertretenen Auffassung, hinsichtlich der **Zweitschuldnerhaftung nach § 23 Abs 1 GKG** könne hinsichtlich der Auslagen nach Nr 9018 KV anders als § 23 Abs 1 S 3 GKG entschieden werden, wird nicht festgehalten.

VII. Rechtsmittel   § 26

3. Öffentliche Bekanntmachung und Mitteilungen. Der Abweisungsbeschluss ist dem Schuldner bzw.   41
organschaftlichem Vertreter eines Schuldnerunternehmens und dem antragstellenden Gläubiger gem
§ 329 Abs 2 S 2 ZPO iVm § 4, 34 **zuzustellen** (HK-*Kirchhof* § 26 Rn 26; *Frege/Keller/Riedel* HRP
Rn 740; FK-*Schmerbach* § 26 Rn 71). Die Geschäftsstelle (Service-Einheit) des Insolvenzgerichts hat die
Ablehnung der Eröffnung des Insolvenzverfahrens mangels Masse gem Ziff XII a 2. der Allgemeinen
Verfügung über Mitteilungen in Zivilsachen (MiZi) idF der ersten Änderung v 10. 8. 1999 (BAnz
Nr 160 v 27. 8. 1999, NZI 1999, 405) **mitzuteilen** (§ 45 VAG, §§ 26 Abs 1 S 1, 31 InsO, § 13 Abs 1
Nr 4 EGGVG). Eine Ausfertigung des Beschlusses ist gem § 31 Nr 2 nach Rechtskraft des Beschlusses
dem **Registergericht** zu übermitteln, wenn der Schuldner eine juristische Person, eine Gesellschaft ohne
Rechtspersönlichkeit ist, die durch die Abweisung mangels Masse aufgelöst wird. Nach § 26 Abs 1 S 3
ist der Beschluss **unverzüglich öffentlich bekanntzumachen.** Die öffentliche Bekanntmachung erfolgt
gem § 9 Abs 1 S 1 durch eine zentrale und länderübergreifende **Veröffentlichung im Internet.** Dies dient
der Information des Rechts- und Wirtschaftsverkehrs und löst gleichzeitig die Zustellungsfiktion des
§ 9 Abs 3 aus (vgl HaKo-*Schröder* § 26 Rn 62; FK-*Schmerbach* § 26 Rn 73; HK-*Kirchhof* § 26 Rn 26).
Zweckmäßigerweise kann die Bekanntmachung im Internet zugleich auch mit der Bekanntmachung der
Aufhebung von Sicherheitsmaßnahmen (§ 25 Abs 1) verbunden werden. Eine **Ausfertigung des rechtskräftigen Abweisungsbeschlusses** erhalten weiterhin der vorläufige Insolvenzverwalter, die Träger der
gesetzlichen Krankenversicherung, die Verteilungsstelle für Gerichtsvollzieheraufträge, Vollstreckungsabteilung, Agentur für Arbeit, das Landgericht des Bezirks, Arbeitsgericht, Finanzamt, Postamt (bei
Postsperre) sowie bekannte Gläubiger und Drittschuldner. Letztere können allerdings auf die öffentliche
Bekanntmachung im Internet verwiesen werden. Handelt es sich bei dem Schuldner um einen **Rechtsanwalt oder Notar,** erfolgt die Mitteilung an die zuständige Kammer. Eine Mitteilung an die **Steuerbera-
terkammer** ist nicht vorgeschrieben, wird jedoch von der Praxis vorgenommen (FK-*Schmerbach* § 26
Rn 74 a). Im Einzelfall sind auch **Vormundschaftsgerichte** oder das **Familiengericht** zu informieren. Einzelheiten zu den Mitteilungspflichten bei *Frege/Keller/Riedel* HRP Rn 743 ff; FK-*Schmerbach* § 26
Rn 74 ff. Im **Verbraucherinsolvenzverfahren** entfallen die Mitteilungen an das Registergericht, den Träger
der gesetzlichen Krankenversicherung und das Arbeitsamt. Die Mitteilungen gem MiZi erfolgen nach
Rechtskraft des Abweisungsbeschlusses unter Mitteilung der Aufhebung von Sicherungsmaßnahmen gem
§ 25 (FK-*Schmerbach* § 26 Rn 74). Nach XII a Abschnitt 2 MiZi werden die **Akten regelmäßig der zustän-
digen Staatsanwaltschaft** übersandt, wenn es sich nicht um ein Verfahren gegen Privatpersonen ohne
Bezug zu einer gewerblichen Tätigkeit des Schuldners oder um ein Nachlassinsolvenzverfahren handelt. In
Rheinland-Pfalz sind die Mitteilungen im **OLG**-Bezirk Koblenz an die StA Koblenz und im **OLG**-Bezirk
Zweibrücken an die StA Kaiserslautern zu richten. Das Finanzamt erhält gem § 85 AO Mitteilung. Der
Urkundsbeamte der Geschäftsstelle (Service-Einheit) trägt die Angaben in die hierfür vorgesehene
Zählkarte RA ein (*Uhlenbruck/Delhaes* HRP Rn 1061 ff; FK-*Schmerbach* § 26 Rn 75).

VII. Rechtsmittel

Während gegen die gerichtliche **Vorschussanforderung** kein Rechtsmittel zulässig ist, eröffnet § 34   42
Abs 1 die **sofortige Beschwerde** gegen den Beschluss, durch den der Insolvenzantrag mangels Masse abgewiesen wird. § 99 Abs 1 ZPO, der die isolierte Anfechtung einer Kostenentscheidung idR ausschließt,
findet über § 4 entsprechende Anwendung. Danach ist die **isolierte Anfechtung der Kostenentscheidung**
ausgeschlossen (OLG Köln v 23. 4. 2001, NZI 2001, 664 [LS]; OLG Brandenburg v 18. 4. 2000, NZI
2001, 483; OLG Zweibrücken ZInsO 2001, 87; LG München I v 26. 10. 2001, ZInsO 2001, 42). Dadurch soll verhindert werden, dass das Rechtsmittelgericht bei der Nachprüfung Inzidenter auch die
Grundlagen der – nicht angefochtenen und daher auch nicht abänderbaren – Entscheidung in der
Hauptsache überprüfen müsste und so in einem Verfahren widersprüchliche Beurteilungen und Entscheidungen über derselben Frage Bestand haben könnten (OLG Köln v 14. 4. 2000, NZI 2000, 374; OLG
Köln NJW-RR 1997, 707; OLG Hamm MDR 1985, 590; *Baumbach/Lauterbach/Albers/Hartmann*
§ 99 ZPO Rn 3; MüKo-*Belz* § 99 ZPO Rn 1; *Zöller/Herget* § 99 ZPO Rn 1). Die **Beschwerdefrist** beträgt **zwei Wochen** (§§ 4 InsO, 569 Abs 1 ZPO analog). Gegenüber dem früheren Recht ist nunmehr
auch der Schuldner bzw das Schuldnerunternehmen beschwerdeberechtigt. Die **Beschwerdefrist** beginnt
mit der Zustellung des die Verfahrenseröffnung abweisenden Beschlusses (LG Göttingen Rpfleger 1994,
78; K/P/B/*Pape* § 34 Rn 9; FK-*Schmerbach* § 26 Rn 76). Erfolgt eine öffentliche Bekanntmachung im
Internet, bestimmt diese den Lauf der Rechtsmittelfrist (FK-*Schmerbach* § 26 Rn 76).

Mit der sofortigen Beschwerde gegen den Abweisungsbeschluss kann zugleich auch eine **fehlerhafte**   43
Kostenvorschussanforderung angefochten werden (FK-*Schmerbach* § 26 Rn 76; *Hess* § 26 Rn 70; HK-
Kirchhof § 26 Rn 27; BerlKo-*Goetsch* § 26 Rn 49). Auch kann geltend gemacht werden, das Gericht
habe die **Massekostendeckung unzureichend ermittelt** (K/P/B/*Pape* § 34 Rn 9) oder es sei nachträglich
noch Vermögen des Schuldners bekannt geworden (s auch § 34 Rn 10). Wird die **Entscheidung ausnahmsweise verkündet,** beginnt die Beschwerdefrist gem § 6 Abs 2 mit der Verkündung. Das Insolvenzgericht ist verpflichtet, gem § 572 Abs 1 S 1 **der Beschwerde abzuhelfen,** wenn es sie für begründet hält.
Nach Auffassung des **BGH** können **Beschlüsse** des Insolvenzgerichts, die mit der sofortigen Beschwerde
angreifbar sind, innerhalb der laufenden Beschwerdefrist **von Amts wegen geändert** werden (BGH ZInsO

2006, 871). *Schröder* (HaKo-*Schröder* § 26 Rn 69) hält es für fraglich, ob das auch für die Abweisungsentscheidung nach § 26 Abs 1 gilt. *Jaeger/Schilken* (§ 26 Rn 78, 79) differenzieren je nachdem, ob der **Gläubiger oder der Schuldner** das Rechtsmittel eingelegt hat. Ist dem Gläubiger eine Vorschussleistung aufgegeben worden und hat dieser nicht gezahlt, so kann gegen den Abweisungsbeschluss nicht eingewandt werden, der Vorschuss sei zu hoch berechnet worden (vgl auch **LG** Hof JurBüro 1989, 655; *Jaeger/Schilken* § 26 Rn 78). Der **Antragsteller** kann im Beschwerdewege auch die **nachträgliche Einzahlung eines Kostenvorschusses** geltend machen (**LG** Potsdam ZInsO 2002, 779 f; **LG** Cottbus ZInsO 2002, 296 [Ls]; HK-*Kirchhof* § 26 Rn 27). Der **Schuldner** kann im Beschwerdewege geltend machen, dass die Forderung des ASt zwischenzeitlich beglichen worden ist (OLG Köln ZIP 1993, 1483, 1484). Die Beschwerde des Schuldners gegen die Abweisung mangels Masse ist nicht deswegen schon unzulässig, weil er selbst zuvor die Eröffnung beantragt hatte. Es ist ihm unbenommen, im Beschwerdewege die Unzulässigkeit oder Unbegründetheit des Eröffnungsantrags vorzubringen. Unter den Voraussetzungen der §§ 578 ff ZPO ist auch eine **Wiederaufnahme des Verfahrens möglich** (BGH ZInsO 2006, 259), zB wegen Fehlens eines gesetzlichen Vertreters (**BGH** ZInsO 2007, 97; HaKo-*Schröder* § 26 Rn 70). Der Antragsteller kann mit der sofortigen Beschwerde die **nachträgliche Einzahlung des Massekostenvorschusses** geltend machen (KG KTS 1957, 31; OLG Hamm OLGZ 1969, 55; **LG** Bonn JMBl NW 1966, 256 f; HK-*Kirchhof* § 26 Rn 21). Hilft das Insolvenzgericht der Beschwerde nicht ab, entscheidet die Beschwerdekammer des Landgerichts (§ 6 Abs 3). Zur Erstattungspflicht nach § 26 Abs 3 S 1 wegen fehlerhafter Ermittlung der Grundlagen einer Prognoseentscheidung s **BGH** v 15. 1. 2009 – IX ZR 56/08, NZI 2009, 233 m Anm *Grundlach/Frenzel*.

44 Da die Vorschussanforderung nicht in Rechtskraft erwächst, kann das Beschwerdegericht auch die **Höhe des vom Insolvenzgericht angeforderten Vorschusses** überprüfen. Das Beschwerdegericht hat die Möglichkeit, den Abweisungsbeschluss aufzuheben und die Sache entweder an das Insolvenzgericht zurückzuverweisen oder selbst zu eröffnen (**LG** Cottbus v 17. 7. 2001, ZIP 2001, 2188). Wird das Verfahren auf die Beschwerde des Antragstellers hin eröffnet, so ist der Schuldner berechtigt, gem § 7 **Rechtsbeschwerde** einzulegen, wenn die Voraussetzungen des § 574 Abs 1 Nr 1, Abs 2 ZPO vorliegen. Das **Beschwerderecht des Schuldners** ist nach der InsO nicht mehr auf juristische Personen beschränkt. Dem Schuldner wird Rechtsschutz sowohl gegen die Eintragung in das Schuldnerverzeichnis gewährt als auch gegen die Kostenentscheidung bei Abweisung eines Gläubigerantrages mangels Masse (*Häsemeyer* InsR Rn 7.33). Das Beschwerderecht steht dem Schuldner auch dann zu, wenn **er selbst den Insolvenzantrag gestellt** hat. So kann er zB im Fall der Abweisung mangels Masse bis zur Rechtskraft der Beschwerdeentscheidung seinen **Antrag noch zurücknehmen oder für erledigt erklären** (OLG Köln ZIP 1993, 1483, 1484; *Häsemeyer* InsR Rn 7.33 Fn 114; K/P/B/*Pape* § 34 Rn 13; HK-*Kirchhof* § 26 Rn 27; *Uhlenbruck* KTS 1986, 541, 544; *Delhaes*, Insolvenzantrag, S 196 ff). Nimmt der Schuldner seinen Eigenantrag nach § 13 Abs 2 im Beschwerdeverfahren zurück, verliert der Abweisungsbeschluss seine Wirkungen (K/P/B/*Pape* § 34 Rn 13; HK-*Kirchhof* § 26 Rn 27; MüKo-*Haarmeyer* § 26 Rn 39). Findet der Eigenantrag im Beschwerdeverfahren vor Rechtskraft der Entscheidung seine Erledigung, so entfällt die Eintragung in das Schuldnerverzeichnis. Bei einer Gesellschaft des Handelsrechts findet **keine Auflösung** statt, denn die §§ 131 Abs 2 Nr 1 HGB, 262 Abs 1 Nr 4 AktG, 60 Abs 1 Nr 5 GmbHG, 81 a Nr 1 GenG setzen die Rechtskraft des Abweisungsbeschlusses voraus. Anders als bei der Eröffnung des Insolvenzverfahrens kommt es nach § 13 Abs 2 bei der Abweisung mangels Masse darauf an, ob der **Antrag rechtskräftig abgewiesen** worden ist. Dies bedeutet für das Verbraucherinsolvenzverfahren, dass erst eine Entscheidung über die Abweisung mangels Masse ergehen kann, wenn das Verfahren über den Eröffnungsantrag von Amts wegen wieder aufgenommen wird (§ 311). Mit der Rücknahme oder der Erledigungserklärung wird der Abweisungsbeschluss gem §§ 4 InsO, 269 Abs 3 S 1 ZPO wirkungslos (OLG Köln ZIP 1993, 936; OLG Köln NJW-RR 1994, 445; HK-*Kirchhof* § 13 Rn 27). S auch die Kommentierung zu § 34 Rn 6–10.

VIII. Akteneinsicht

45 Das Akteneinsichtsrecht gehört zu den umstrittensten Fragen des Insolvenzrechts. Die Mehrzahl der Akteneinsichtsgesuche betrifft die Fälle der Abweisung mangels Masse. Nach Auffassung des **BGH** (BGH ZInsO 2006, 597, 598 = ZIP 2006, 1154) sind außer dem Antragsteller die **übrigen Gläubiger Dritte iSv § 299 Abs 2 ZPO**. Der **BGH** spricht den ASt ein ausreichendes **rechtliches Interesse** an Akteneinsicht auch nach Ablehnung der Verfahrenseröffnung wegen Masselosigkeit zu. Dieses rechtliche Interesse des Gläubigers entfällt auch nicht deshalb, weil die Akteneinsicht der Feststellung dient, ob dem Gläubiger Durchgriffs- und Schadensersatzansprüche gegen Dritte, insbesondere Geschäftsführer oder Gesellschafter des Schuldnerunternehmens, zustehen. Bei Vorliegen eines geschützten Interesses iSv § 99 Abs 2 ZPO ist auch nach einer Abweisung mangels Masse grundsätzlich ein Interesse an der Einsicht in Akten des Eröffnungsverfahrens gegeben (vgl auch *Pape* ZIP 2004, 598, 602 f). Ein Gläubiger, der durch die Insolvenz eines Schuldners bereits erhebliche Verluste erlitten hat, darf nach Auffassung des **BGH** nicht gehindert werden, sich mittels Einsicht in die Insolvenzakten ein Bild von der Vermögenslage des Schuldners zu verschaffen, um zu klären, ob eine Chance besteht, sich bei den Gesellschaftsorganen schadlos zu halten. Dies gilt vor allem in Fällen der **Insolvenzverschleppung** (§ 15 a iVm § 823 Abs 2 BGB). Hier bietet sich für den

Gläubiger oftmals noch eine Chance, doch noch einen Teil seiner ausgefallenen Forderung zu erstreiten. **Vgl auch die Kommentierung zu § 4 Rn 28.** Begehrt ein **Nichtgläubiger** Akteneinsicht, so ist im Rahmen des rechtlichen Interesses abzuwägen, ob das Interesse des Schuldners an einer Geheimhaltung und dasjenige des ASt an der gewünschten Information vorrangig ist.

IX. Eintragung im Schuldnerverzeichnis (Abs 2)

1. Eintragung und Auskünfte aus dem Schuldnerverzeichnis. Nach § 26 Abs 2 S 1 hat das Gericht die 46 Schuldner, bei denen der Eröffnungsantrag rechtskräftig mangels Masse abgewiesen worden ist, in ein **Schuldnerverzeichnis** einzutragen. Das gilt auch für juristische Personen (FK-*Schmerbach* § 26 Rn 79; HK-*Kirchhof* § 26 Rn 36; *Heyer* ZInsO 2004, 1127, 1128; K/P/B/*Pape* § 26 Rn 39 f; str aA N/R/ *Mönning* § 26 Rn 49). Die Vorschriften über das Schuldnerverzeichnis nach der ZPO gelten entsprechend; jedoch beträgt die **Löschungsfrist fünf Jahre** (§ 26 Abs 2 S 2). § 915 ZPO idF des Gesetzes für Änderung von Vorschriften über das Schuldnerverzeichnis v 15. Juli 1994 (BGBl I, 1566) konkretisiert und begrenzt die aufzunehmenden Daten (vgl *Vallender* InVo 1997, 4, 8; *Lappe* NJW 1994, 3067; *Rendels* WiB 1994, 886). Aufgenommen werden darf lediglich die Bezeichnung des Schuldners, nicht dagegen die von Vertretern des Schuldners bzw Schuldnerunternehmens, wie zB des Geschäftsführers einer GmbH. Der Zweck des Schuldnerverzeichnisses besteht darin, den Geschäftsverkehr vor vermögenslosen Personen und Gesellschaften zu warnen. Das **BVerfG** (v 25. 7. 1988, NJW 1988, 3009 = KTS 1988, 759) hat die **Schutzfunktion der Eintragung** im Schuldnerverzeichnis besonders hervorgehoben. Die durch die Eintragung bewirkte Information soll zur Verringerung volkswirtschaftlicher Fehlentwicklungen und zur Abwehr der Wirtschaftskriminalität beitragen. Der **Inhalt der Eintragung** richtet sich nach § 915 Abs 1 ZPO und § 1 Abs 2, 3 SchuVVO. Das Verzeichnis wird als alphabetisches Verzeichnis in Karteiform geführt. Die Eintragung erfolgt **nach Rechtskraft des Beschlusses** über die Abweisung. Das Schuldnerverzeichnis wird beim Insolvenzgericht geführt (§ 17 Abs 1 S 1 AktO). Sind bei einem Gericht mehrere Geschäftsstellen (Service-Einheiten) mit Insolvenzsachen befasst, wird ein **gemeinschaftliches Schuldnerverzeichnis** geführt. Unbedenklich ist es auch, das Verzeichnis bei der M-Abteilung (Vollstreckungsabteilung) einheitlich zu führen. S auch *Heyer* ZInsO 2004, 1127 ff; FK-*Schmerbach* § 26 Rn 81). Die **Auskunft aus dem Schuldnerverzeichnis** ist in § 915 b ZPO geregelt. Der Urkundsbeamte der Geschäftsstelle (Service-Einheit) erteilt auf Antrag Auskunft über die anlässlich des Abweisungsbeschlusses erfolgten Eintragungen im Schuldnerverzeichnis.

Die Entscheidung des Präsidenten des **LG** über die **Bewilligung des Bezuges von Abdrucken** aus dem 47 Schuldnerverzeichnis ist als gebundene Entscheidung ausgestaltet. Liegen die Voraussetzungen vor, so ist die Bewilligung zu erteilen (**OLG Brandenburg** ZVI 2003, 22). Eine schematische Begrenzung der Bewilligung auf das gesetzliche Mindestmaß von einem Jahr ist ermessensfehlerhaft (**OLG Brandenburg** ZInsO 2003, 81). Soweit bestimmten Personen oder Organisationen gestattet ist, Auszüge aus dem Schuldnerverzeichnis zu verwenden (§ 915 c Abs 1 b ZPO), erfolgt die Versendung durch die Geschäftsstelle des Insolvenzgerichts (Service-Einheit).

2. Löschung im Schuldnerverzeichnis. Anders als in § 915 a Abs 1 ZPO sieht § 26 Abs 2 S 2. Halbs 48 eine **Löschungsfrist von fünf Jahren** vor. Jede weitere Eintragung im Verzeichnis nach § 26 Abs 1 führt zu einer neuen Eintragung und zum erneuten Lauf der Löschungsfrist (vgl auch *Jaeger/Schilken* § 26 Rn 84 ff; HK-*Kirchhof* § 26 Rn 36). Das Gericht darf nach Auffassung von HK-*Kirchhof* (§ 26 Rn 36) auch nicht von der Eintragung absehen, wenn es den Abweisungsbeschluss nachträglich für unrichtig hält. Das trifft für die InsO jedenfalls insoweit nicht mehr zu, als das Insolvenzgericht von der Möglichkeit Gebrauch macht, einer Beschwerde gegen den Abweisungsbeschluss nach § 572 Abs 1 S 1 ZPO abzuhelfen (s auch **BGH** ZInsO 2006, 871). Ist allerdings der **Abweisungsbeschluss** einmal rechtskräftig, hat die Eintragung im Schuldnerverzeichnis auch zu erfolgen, wenn sich nachträglich herausstellt, dass der Abweisungsbeschluss nicht hätte ergehen dürfen. Eintragungen können aber entspr § 915 a Abs 2 Nr 2 ZPO **gelöscht** werden, wenn sie den Inhalt des Abweisungsbeschlusses falsch wiedergeben oder wenn der Eintragungsgrund später weggefallen ist (HK-*Kirchhof* § 26 Rn 36, 38; K/P/B/*Pape* § 26 Rn 40; FK-*Schmerbach* § 26 Rn 85). Die **Berichtigung eines rechtskräftigen Abweisungsbeschlusses** ist gem § 319 ZPO zulässig, wenn es sich um ein **offenbares Versehen** handelt. Jede darüber hinausgehende sachliche Änderung der Entscheidung ist über § 319 ZPO nicht möglich (*Jaeger/Schilken* § 26 Rn 77, 86). Die in der Vorauflage vertretene weitergehende Meinung kann nicht aufrecht erhalten werden, denn der Schuldner hat gem § 34 Abs 1 die Möglichkeit, Beschwerde gegen den Abweisungsbeschluss einzulegen (*Jaeger/Schilken* § 26 Rn 86; MüKo-*Haarmeyer* § 26 Rn 44; *Heyer* ZInsO 2004, 1127, 1131; HK-*Kirchhof* § 26 Rn 36). Nach *Jaeger/Schilken* (§ 26 Rn 86) gibt es – wie auch sonst in unserem Prozessrechtssystem – keinen Grund, den Schuldner bezüglich der Folgen der rechtskräftigen Bindung zu privilegieren. Nach Wegfall des Eintragungsgrundes iSv § 915 a Abs 2 Nr 1 ZPO komme demgemäß nur der Wegfall des Abweisungsbeschlusses durch Aufhebung in Betracht (vgl **AG Duisburg** NZI 2000, 437), oder nach Rechtskraft allenfalls eine **Nichtigkeitsbeschwerde** nach § 569 Abs 1 S 3 ZPO iVm §§ 4, 6. Weitergehend *Graf-Schlicker/Voß* § 26 Rn 27, die sich allerdings auf die hier in der Vorauflage vertretene Meinung berufen.

49 Die **vorzeitige Löschung im Schuldnerverzeichnis wegen Befriedigung** der dem früheren Insolvenzantrag zugrunde liegenden Forderung ist **ausgeschlossen**. Abweichend von § 915 a Abs 2 Nr 1 ZPO findet im Gesamtvollstreckungsverfahren eine vorzeitige Löschung im Schuldnerverzeichnis nicht schon dann statt, wenn nach der Rechtskraft des Beschlusses oder nach Eintragung die **Forderung des Antragstellers nachträglich getilgt** wird (LG Oldenburg ZIP 1980, 966 f; AG Köln ZInsO 2003, 957; AG Duisburg v 10. 4. 2001, NZI 2001, 437 für e vergleichsweise Regelung mit den früheren Gläubigern; AG Regensburg Rpfleger 1979, 267 f; *Graf-Schlicker/Voß* § 26 Rn 26; K/P/B/*Pape* § 26 Rn 40; *Jaeger/Schilken* § 26 Rn 87; *Frege/Keller/Riedel* HRP Rn 748 ff; HK-*Kirchhof* § 26 Rn 38). Eine vorzeitige Löschung im Schuldnerverzeichnis kommt selbst dann nicht in Betracht, wenn der Schuldner nachweist, dass er vor Ablauf der Fünf-Jahres-Frist **sämtliche Gläubiger befriedigt** hat, die am damaligen Insolvenzverfahren beteiligt waren (AG Köln ZInsO 2003, 957; AG Duisburg ZInsO 2001, 573; *Hess* § 26 Rn 59; *Heyer* ZInsO 2004, 1127, 1132; FK-*Schmerbach* § 26 Rn 84; str aA, wenn auch m Zurückhaltung HK-*Kirchhof* § 26 Rn 38; *Jaeger/Schilken* § 26 Rn 88; *Graf-Schlicker/Voß* § 26 Rn 27). Einmal ist es bei Abweisung mangels Masse für das Insolvenzgericht kaum jemals feststellbar, welche Gläubiger am Verfahren beteiligt waren, da eine Forderungsanmeldung nicht erfolgt ist; zum andern stuft das BVerfG (25. 7. 1988, NJW 1988, 3009 = KTS 1988, 759) mit Recht die **Schutzfunktion der Eintragung**, also den Gläubigerschutz, höher als das Löschungsinteresse des Schuldners. Befriedigt der Schuldner die frühere Forderung des Antragstellers, ist ohnehin nicht dargetan, dass der Insolvenzgrund weggefallen ist, so dass für eine vorzeitige Löschung kein Anlass besteht. Weist der Schuldner nach, dass er sämtliche früheren Gläubiger hinsichtlich ihrer Forderungen befriedigt hat, so scheidet ebenfalls eine vorzeitige Löschung aus, denn § 26 Abs 2 dient nicht allein den privaten Interessen einzelner Kreditinstitute oder anderer Gläubiger. Vielmehr dient ein durch die Eintragung bewirkter rechtlich geordneter, ziel- und zweckgebundener Informationsfluss innerhalb des ökonomischen Prozesses letztlich dem Schutz aller Marktteilnehmer und damit einem überwiegenden Allgemeininteresse. Nach zutreffender **Auffassung des BVerfG** verliert die Eintragung ihre Warn- und Schutzfunktion nicht bereits dann, wenn die dem erfolglosen Insolvenzantrag zugrunde liegende Schuld getilgt worden ist. Für den Abschluss neuer Geschäftsbeziehungen und für die Beurteilung der **Kreditwürdigkeit** und **Zuverlässigkeit des Schuldners** durch einen neuen Geschäftspartner ist vielmehr nicht nur dessen aktuelle Zahlungsfähigkeit von Interesse, sondern auch sein früheres Verhalten. Wer es einmal so weit hat kommen lassen, dass nicht einmal sein Vermögen zur Verfahrenskostendeckung ausreichte, hat keinen Anspruch auf vorzeitige Löschung im Schuldnerverzeichnis, selbst wenn er nachträglich die Forderung des Antragstellers oder sämtliche Gläubigerforderungen befriedigt hat (AG Duisburg v 10. 4. 2001, NZI 2001, 437, 438 = ZInsO 2001, 573, 574; K/P/B/*Pape* § 26 Rn 40; *Robrecht* KTS 2000, 529; str aA *Hess* § 26 Rn 46; ähnlich *Gottwald/Uhlenbruck* InsRHdb § 16 Rn 8).

50 **3. Staatshaftung bei fehlerhafter Eintragung oder Löschung.** Entspr § 915 c ZPO findet gegen Entscheidungen über Eintragungen, Löschungen und Auskunftsersuchen die **Beschwerde** nicht statt. Hat der Rechtspfleger entschieden, ist die befristete Erinnerung nach § 11 Abs 1 RPflG gegeben. Der Rechtspfleger kann nicht abhelfen. Vielmehr entscheidet der Richter durch unanfechtbaren Beschluss. Bei schuldhaften Eintragungs- oder Löschungsfehlern greift die **Amtshaftung** nach § 839 BGB iVm Art 34 GG ein (vgl **RG** v 22. 3. 1933, RGZ 140, 152, 153; HK-*Kirchhof* § 26 Rn 40; ferner **RG** v 21. 10. 1927, RGZ 118, 241, 244).

X. Berufs- und gewerberechtliche Folgen

51 Die Abweisung des Insolvenzantrags mangels Masse hat für den Schuldner, wenn er einer bestimmten Berufsgruppe angehört, berufsrechtliche Folgen. Weiterhin kann ihm die Verwaltungsbehörde gem §§ 34 b, 34 c, 35 GewO wegen mangelnder wirtschaftlicher Leistungsfähigkeit die weitere Ausübung des Gewerbes untersagen. So kann die **Bestellung zum Steuerberater** nach § 46 Abs 2 Nr 4 widerrufen werden, wenn der Steuerberater in Vermögensverfall geraten ist. Der Vermögensverfall wird vermutet, wenn ein Insolvenzverfahren eröffnet oder der Steuerberater oder Steuer bevollmächtigte in das vom Insolvenzgericht oder vom Vollstreckungsgericht zu führende Verzeichnis iSv § 26 Abs 2 iVm § 915 ZPO eingetragen ist (BFH v 28. 8. 2003, ZInsO 2004, 203; s auch BFH v 30. 4. 2009 – VII R 32/08, ZInsO 2009, 1405, 1406). Die Abweisung mangels Masse begründet zugleich auch einen hinreichenden Verdacht des Vermögensverfalls bei einer **Wirtschaftsprüfungsgesellschaft** gem § 34 Abs 2 WPO und rechtfertigt daher den Widerruf der Anerkennung (VerwG München, Mitteilungen der WP-Kammer Nr 133/89, S 20). Gleiches gilt für einen **Notar** gem § 50 Abs 1 Nr 6 BNotO und für einen **Rechtsanwalt** gem § 7 Nr 9 § 14 Nr 7 BRAO (BGH NZI 2003, 173; BGH v 25. 6. 2007, ZIP 2007, 1607 [Ls]; BGH ZInsO 2005, 213; s auch HaKo-*Schröder* § 26 Rn 66). Wer in Vermögensverfall geraten ist, soll nicht zum **ehrenamtlichen Richter** oder Schöffen berufen werden (§§ 33 Nr 5, 109 Abs 3 S 2 GVG, §§ 21 Abs 2 S 2, 37 Abs 2, 43 Abs 3 ArbGG, § 18 Abs 2 FGO, §§ 17 Abs 1 S 2, 35 Abs 1, 47 SGG und §§ 21 Abs 2, 34 VwGO). **Familienrechtliche Beschränkungen** treten – allerdings nicht zwingend – nach den §§ 1778 Abs 1 Nr 4, 1779 Abs 2 S 1, 1897 Abs 1, 1915 Abs 1 BGB ein. Auch die **strafrechtlichen Folgen** einer Abweisung mangels Masse sind im Hinblick auf die Bankrottdelikte iSv §§ 283 ff StGB erheblich. So ist eine

XII. Zulässigkeit eines neuen Insolvenzantrags

Tat iSv § 283 Abs 1 Nr 1–8 StGB gem § 283 Abs 6 StGB nur dann strafbar, wenn der Täter seine Zahlungen eingestellt hat oder über sein Vermögen das Insolvenzverfahren eröffnet oder der Insolvenzantrag mangels Masse abgewiesen worden ist. Dies gilt auch für die Gläubigerbegünstigung nach § 283 c StGB (§ 283 c Abs 3 StGB iVm § 286 Abs 6 StGB). Auch die Schuldnerbegünstigung knüpft in § 283 d Abs 4 StGB an die Zahlungseinstellung, Verfahrenseröffnung oder Abweisung mangels Masse an.

Die **Gewerbeuntersagung wegen Unzuverlässigkeit** erfolgt gem § 12 GewO, wenn Tatsachen vorliegen, welche die **Unzuverlässigkeit des Gewerbetreibenden** oder einer mit der Leitung des Gewerbebetriebes beauftragten Person in Bezug auf dieses Gewerbe dartun, sofern die Untersagung zum Schutze der Allgemeinheit oder der im Betrieb Beschäftigten erforderlich ist (vgl *Hahn* GewA 2000, 361; *Marcks*, Die Untersagungsvorschrift des § 35 GewO, 1986). Gewerberechtlich unzuverlässig ist derjenige, der keine Gewähr dafür bietet, dass er sein Gewerbe in Zukunft ordnungsgemäß ausüben wird. Es entspricht allgemeiner Meinung, dass **mangelnde wirtschaftliche Leistungsfähigkeit** ein Untersagungsgrund nach § 35 GewO sein kann. Die Ablehnung eines Insolvenzantrags mangels Masse (§ 26 Abs 1 S 1) kann ebenso Untersagungsgrund sein wie erfolglose Vollstreckungsversuche, Haftbefehl zur Erzwingung der Eidesstattlichen Versicherung oder die Abgabe der Eidesstattlichen Versicherung (vgl **VGH Baden-Württemberg** v 4. 3. 1965, GewA 1965, 156; v 11. 11. 1970, GewA 1971, 203; v 10. 5. 1971, GewA 1972, 37; *Marcks*, Die Untersagungsvorschrift Rn 46). Nach § 34 b Abs 4 S 1 Nr 2 GewO kann dem **gewerbsmäßigen Versteigerer** die Erlaubnis versagt werden, wenn der Antragsteller in ungeordneten Vermögensverhältnissen lebt. Dies ist in der Regel der Fall, wenn über das Vermögen des Antragstellers das Insolvenzverfahren eröffnet worden oder er wegen Masselosigkeit gem § 26 Abs 2 InsO iVm § 915 ZPO in das Schuldnerverzeichnis eingetragen ist. Dies gilt nach § 34 c Abs 2 Nr 2 GewO auch für **Makler, Bauträger und Baubetreuer**, bei denen ebenfalls bei Abweisung mangels Masse ein Versagungs- bzw Rücknahmegrund vorliegt.

52

XI. Insolvenzgeld und Ruhegeldansprüche

Insolvenzereignis, das einen Anspruch des Arbeitnehmers auf **Insolvenzgeld** für die dem Ereignis vorausgehenden drei Monate des Arbeitsverhältnisses sichert, ist auch die Abweisung des Antrags auf Eröffnung des Insolvenzverfahrens mangels Masse (§ 183 Abs 1 Nr 2 SGB III). Nur die Abweisung mangels Masse ist Insolvenzereignis iSv § 183 Abs 1 Nr 2 SGB III, nicht dagegen eine Abweisung aus anderen Gründen (*Schaub* NZI 1999, 215; *FK-Schmerbach* § 26 Rn 93). Nach der Rechtsprechung des **EuGH** besteht ein Anspruch für den Zeitraum von **drei Monaten** vor Einreichen des Antrags (**EuGH** ZIP 1997, 1658, 1661; **EuGH** ZIP 1997, 1663, 1666; *Heinze* KTS 1998, 513 ff; *Krause* ZIP 1998, 56 ff). Im Rahmen der **betrieblichen Altersversorgung** hat der Arbeitnehmer Ansprüche gegen den PSV aG auch in den Fällen der Abweisung mangels Masse, denn nach § 7 Abs 1 S 4 Nr 1 BetrAVG ist die Abweisung mangels Masse der Eröffnung des Insolvenzverfahrens gleichgestellt. Die Eintrittspflicht des PSV aG ist an das Datum des Abweisungsbeschlusses geknüpft (§ 7 Abs 1 S 3 Nr 1 iVm Abs 1 a BetrAVG). Vorher bestehen keine Rechtspflichten des PSV aG zur Zahlung von Leistungen (*Berenz* in Kemper/Kisters-Kölkes/Berenz/Bode/Pühler § 7 BetrAVG Rn 31).

53

XII. Zulässigkeit eines neuen Insolvenzantrags

Grundsätzlich erlischt mit dem rechtskräftigen Beschluss über die Abweisung mangels Masse (§ 26 Abs 1 S 1) die gesetzliche Insolvenzantragspflicht. Dies bedeutet jedoch nicht, dass trotz Rechtskraft des Abweisungsbeschlusses gegen den Schuldner oder ein Schuldnerunternehmen kein **neuer Insolvenzantrag** gestellt werden kann. (**BGH** v 5. 8. 2002, 601 = ZInsO 2002, 818 = ZIP 2002, 1695). Allerdings muss der ASt glaubhaft machen, dass zwischenzeitlich neues Schuldnervermögen ermittelt wurde. Auch die Einzahlung eines Kostenvorschusses genügt (**LG Kassel** ZVI 2005, 435, 436; **LG Hagen** KTS 1988, 805, 806; **AG Göttingen** ZInsO 2003, 1156; *FK-Schmerbach* § 26 Rn 94). Die „**Lehre vom Doppeltatbestand**" erfordert aber, dass der Antragsteller glaubhaft macht, dass die Antragsgegnerin als Gesellschaft oder sonstige juristische Person noch nicht voll beendet ist (s *Schulz/K. Schmidt* § 60 GmbHG Rn 56; § 74 Rn 14; *Altmeppen* in *Roth/Altmeppen* § 65 GmbHG Rn 19). Eine vollbeendete und damit erloschene Gesellschaft ist nicht mehr insolvenzfähig (Einzelheiten in der Kommentierung zu § 11). Nach **neuerer Literaturmeinung** (vgl *H. Schmidt*, Zur Vollbeendigung juristischer Personen, 1989, 103 ff; *Buchner*, Amtslöschung, Nachtragsliquidation und masselose Insolvenz von Kapitalgesellschaften, 1988, S 105; *Heller*, Die vermögenslose GmbH, 1989, S 110 ff) greift die „Lehre vom Doppeltatbestand" zu kurz, denn sie lässt den nicht vermögensrechtlichen Abwicklungsbedarf unberücksichtigt. Nach dieser Ansicht ist zB eine GmbH erst dann als vollbeendigt anzusehen, wenn ein „**Tripletatbestand**" vorliegt: **Löschung, Vermögenslosigkeit** und **fehlender Abwicklungsbedarf** (*Kleindiek* in *Lutter/Hommelhoff* § 74 GmbHG Rn 19). Macht der Antragsteller mit dem neuen Insolvenzantrag glaubhaft, dass noch Vermögen vorhanden ist, dass also die Gesellschaft (Antragsgegnerin) noch nicht vollbeendet ist, so ist der Insolvenzantrag nur zuzulassen, wenn er gleichzeitig einen **Nachtragsliquidator** benennt, an den die Zustellung des Antrags erfolgen kann. Ist kein Nachtragsliquidator bei der gelöschten Gesellschaft vorhanden, so ist auf Antrag des Gläubigers der Nachtragsliquidator vom Registergericht zu bestellen. Die Vertretungsmacht

54

des Nachtragsliquidators ist grundsätzlich unbeschränkt, wenn die Nachtragsliquidation erforderlich wird, weil noch verteilungsfähiges Vermögen vorhanden ist oder nachgewiesen wird (*Uhlenbruck* ZIP 1996, 1641, 1649; *Baumbach/Hueck/Schulze-Osterloh* § 60 GmbHG Rn 57). Nachtragsliquidatoren sind nicht ipso iure die einstigen organschaftlichen Vertreter oder Liquidatoren, die im Augenblick der Löschung im Amt waren (BGHZ 53, 266; **BGH** ZIP 1985, 678; **OLG** Stuttgart GmbHR 1995, 595; *Kleindiek* in *Lutter/Hommelhoff* § 74 GmbHG Rn 21).

XIII. Auswirkungen auf Gesellschaften *(Hirte)*

55 **1. Allgemeines.** Die rechtskräftige Abweisung des Eröffnungsantrages mangels Masse hat bei den Kapitalgesellschaften, der Genossenschaft sowie bei den Gesellschaften ohne Rechtspersönlichkeit ohne unbeschränkt haftende natürliche Person als Gesellschafter nach den jeweiligen gesellschaftsrechtlichen Bestimmungen des deutschen Rechts die **Auflösung der Gesellschaft** zur Folge. Die damit verbundenen Fragen werden in anderem Zusammenhang dargestellt (oben § 11 Rn 110 ff, Rn 286, 360).

56 **2. Besonderheiten bei Genossenschaften.** Die **Auflösungsfolge** bei Ablehnung des Eröffnungsantrags mangels Masse ist für das Genossenschaftsgesetz **neu durch die InsO** eingeführt worden. Denn das Gesetz ging in § 100 Abs 3 GenG aF früher davon aus, dass die Verfahrenskosten aus den Nachschüssen der Mitglieder gedeckt werden könnten (*Hirte*, FS Uhlenbruck 2000, S. 637, 652; *Karsten Schmidt* KTS 1997, 339, 341 f). Damit trug es nicht dem Fall Rechnung, dass die Satzung der Genossenschaft eine Nachschusspflicht ausschließt. Daher war schon unter dem alten Recht eine restriktive Auslegung der Norm in dem Sinne befürwortet worden, dass in diesem Falle auch eine Abweisung des Konkursantrages mangels Masse zulässig sei (*Hirte*, FS Uhlenbruck 2000, S. 637, 652 f mwN). Etwa vorhandene Haftungsansprüche oder Nachschusspflichten sind andererseits auch nach heutigem Recht bei der Prüfung der Massedeckung nach den allgemeinen Vorschriften zu berücksichtigen. Ohne weiteres zulässig ist bei einer Genossenschaft heute auch eine **Einstellung des Insolvenzverfahrens** mangels Masse (§ 207). Dies war ebenfalls schon unter dem alten Recht trotz § 100 Abs 3 GenG aF ebenso entschieden worden (*K. Müller*, 1. Aufl 1980, § 100 GenG Rn 17; Lang/Weidmüller/*Schaffland* § 100 GenG Rn 8).

57 Bei Ablehnung der Verfahrenseröffnung mangels Masse (§ 26) oder späterer Einstellung mangels Masse (§ 207) sind jetzt auch **Nachschüsse** zu leisten (dazu § 35 Rn 350). In diesen Fällen können die Nachschüsse unmittelbar von Gläubigern gepfändet und überwiesen werden (KP-*Noack* GesellschaftsR Rn 608; zu den hiermit verbundenen Schwierigkeiten *Terbrack* Rn 330 ff, insbes 353; abw *Beuthien/Titze* ZIP 2002, 1116, 1120).

XIV. Erstattungsanspruch (Abs 3) *(Hirte)*

58 Nach Abs 3 Satz 1 kann die Erstattung eines etwa nach Abs 1 Satz 2 vorgeschossenen Betrages „von jeder Person verlang[t werden], die entgegen den Vorschriften des Insolvenz- oder Gesellschaftsrechts den Antrag auf Eröffnung des Insolvenzverfahrens pflichtwidrig und schuldhaft nicht gestellt hat". Gleiches gilt nach § 207 Abs 1 Satz 2 Hs 2 für den Fall, dass ein Geldbetrag vorgeschossen wurde, um die spätere Einstellung des Verfahrens mangels Masse zu verhindern. Damit soll Gläubigern oder auch Dritten ein Anreiz geboten werden, einen Verfahrenskostenvorschuss zu leisten und damit eine Eröffnung des Insolvenzverfahrens zu ermöglichen oder seine spätere Einstellung zu verhindern; dieses Ziel ist freilich bislang zum einen wegen der inzwischen in dieselbe Richtung zielenden allgemeinen gesellschaftsrechtlichen Rechtsprechung (oben § 15a Rn 39 ff), zum anderen deshalb nicht erreicht worden, weil viele der potentiellen Anspruchsgegner ihrerseits vermögenslos sind Auch das Erfordernis der Durchsetzung des Anspruchs in einem uU langwierigen Zivilprozess soll seine Effektivität beeinträchtigen (*Karsten Schmidt*, in: Karsten Schmidt/Uhlenbruck, Die GmbH in Krise, Sanierung und Insolvenz, Rn 6.20; *ders* KTS 2001, 373, 393); dies gilt aber nur, soweit der Anspruch nicht in einem etwaigen Insolvenzverfahren selbst tituliert werden kann (zu dieser Möglichkeit unten Rn 63).

59 **1. Rechtsnatur.** Die Rechtsnatur des Anspruchs lässt sich nicht eindeutig ermitteln. Gegen eine Anwendung als Aufwendungsersatzanspruch (§§ 683 Satz 2, 679 BGB) sprächen das Erfordernis von Rechtswidrigkeit und Verschulden, gegen ein deliktsrechtliches Verständnis im Sinne einer Spezialnorm zu § 823 Abs 2 BGB iVm § 15a die Tatsache, dass nicht nur Insolvenzgläubiger berechtigt sein können (dazu KP-*Noack* GesellschaftsR Rn 334). Diese Überlegungen berücksichtigen allerdings nicht die Rechtsetzungsgeschichte der Norm: denn als Abs 3 mit dem Ziel konzipiert wurde, die Verletzung von Insolvenzantragspflichten stärker zu sanktionieren, hatte der Bundesgerichtshof die Beschränkung der Ersatzpflicht für deren Verletzung auf den „Quotenschaden" gegenüber Neugläubigern noch nicht aufgegeben (dazu oben § 15a Rn 40). Mit der Änderung der Rechtsprechung in diesem Punkt ist das mit Abs 3 verfolgte Ziel nunmehr auch ohne besondere insolvenzrechtliche Anspruchsgrundlage erreichbar; Abs 3 ist damit bereits vor seinem Inkrafttreten durch die zwischenzeitliche Entwicklung der Rechtsprechung teilweise überholt worden. Umgekehrt: wäre dem Gesetzgeber der neue Ansatz der Rechtsprechung bekannt gewesen, hätte er den Anspruch des Abs 3 in dieses Konzept eingefügt. Das

XIV. Erstattungsanspruch (Abs 3) § 26

spricht dafür, ihn unabhängig vom etwaigen Willen des historischen Gesetzgebers jedenfalls als **deliktischen Anspruch** zu behandeln (ebenso *Uhlenbruck* GmbHR 1999, 313, 326).

Der Anspruch aus Abs 3 bildet damit (heute) nur noch einen Sonderfall der Haftung aus § 823 Abs 2 BGB iVm § 15 a gegenüber Gläubigern wegen Insolvenzverschleppung (ebenso *Karsten Schmidt* ZGR 1996, 209, 220 f). Er ist allerdings insoweit weiter, als er überhaupt keine (Masse- oder Insolvenz-) Gläubigerstellung verlangt, wenngleich diese typischerweise gegeben sein dürfte (die Begr RegE zu § 26 Abs 3 setzt Vorschlussleistende und Gläubiger sogar gleich). Damit entfällt zugleich die für die Rechtsprechung zweite wesentliche Differenzierung zwischen Alt- und Neugläubigern. Und er ist schließlich insoweit weiter als die Rechtsprechung, als er einerseits die (sonst nachzuweisende) Kausalität der Insolvenzverschleppung für die Vorschusszahlung unwiderleglich vermutet (Vorbehalte insoweit bei *Henssler* ZInsO 1999, 121, 122) und zudem den im Schadenersatzrecht sonst möglichen Einwand des Mitverschuldens ausschließt. In der Systematik der Rechtsprechung muss Abs 3 damit so verstanden werden, dass er Vorschussleistende für Zwecke des Schadenersatzanspruchs unabhängig von ihrer Gläubigerstellung als Neugläubiger qualifiziert.

Aus dieser rechtlichen Einordnung folgt, dass es sich um einen **individuellen Ersatzanspruch** des Vorschussleistenden handelt. Er fällt daher weder in die Masse noch kann er vom Insolvenzverwalter nach § 92 geltend gemacht werden. Aus diesem Grunde ist er vom vorläufigen Insolvenzverwalter auch nicht im Rahmen seines Gutachtens nach § 22 Abs 1 Satz 2 Nr 3 Hs. 2 zu berücksichtigen (insoweit abw. KPB-*Pape* § 26 Rn 24, 26). Das ist nur für die in die Masse fallenden Ansprüche wegen unzulässiger Zahlungen nach Insolvenzreife nach § 93 Abs 3 Nr 6 AktG iVm § 92 Abs 2 (früher Abs 3) AktG und § 64 (früher Abs 2) GmbHG, § 99 (früher Abs 2) GenG anders. Dem Betroffenen droht daher nach Abs 3 eine doppelte Inanspruchnahme: einmal wegen des ohnehin in die Masse zu leistenden Quotenschadens, und zum anderen wegen der den Betroffenen unmittelbar zu ersetzenden Ansprüche nach Abs 3. Vermeiden kann er eine zusätzliche Inanspruchnahme aus Abs 3 nur, indem er direkt Leistungen in Höhe der Verfahrenskosten in die Masse erbringt (dazu *Henssler* ZInsO 1999, 121, 122 f).

2. Voraussetzungen. Gläubiger des Anspruchs kann grundsätzlich **jedermann** sein. Dazu zählt (theoretisch) auch der Schuldner, allerdings nur, wenn die vorgeschossenen Beträge aus massefremden Mitteln stammen (HK-*Kirchhof* § 26 Rn 32). Voraussetzung ist aber, dass der Vorschuss geleistet wurde, um eine Abweisung des Insolvenzantrages mangels Masse oder die spätere Einstellung des Verfahrens aus diesem Grunde **(Kausalität)** zu verhindern **(Massekostenvorschuss: BGH 14. 11. 2002 IX ZR 40/02** NZI 2003, 324 = ZInsO 2003, 28 [Zahlung aus anderem Rechtsgrund genügt nicht]; HK-*Kirchhof* § 26 Rn 41). Fehleinschätzungen des Gerichts bei der Beurteilung der Frage, ob die Masse „voraussichtlich" die Verfahrenskosten nicht decken werde (so nach Abs 1), schließen den Anspruch nicht aus **(BGH 15. 1. 2009 IX ZR 56/08 Tz 15 ff** NZI 2009, 233 *[Gundlach/Frenzel]*).

Zentrale Voraussetzung ist damit eine Insolvenzverschleppung durch eine Person, die nach den Vorschriften des Insolvenz- oder Gesellschaftsrechts zur Insolvenzantragstellung verpflichtet war. Ob ein Insolvenzverfahren tatsächlich eröffnet wurde, ist unerheblich. Verlangt wird auch nicht, dass der geleistete Vorschuss in einer einmal eröffneten Insolvenz der Gesellschaft nicht mehr zurückgefordert werden kann. Hier tritt der Regressanspruch des Vorschussleistenden zwar an die Rangstelle der befriedigten Massekosten und ist damit nach § 209 Abs 1 Nr 1 vor allen anderen Verbindlichkeiten zu begleichen (*Uhlenbruck* KS-InsO S. 1157, 1171; übersehen von *Karsten Schmidt* KTS 2001, 373, 393). Doch wird dort einerseits häufig keine volle Befriedigung erreichbar sein (§ 209 Abs 1 aA) – sonst wäre der Vorschuss ja nicht geleistet worden –; und andererseits würde sonst die mit Abs 3 auch bezweckte einfache Durchsetzung des Erstattungsanspruchs nicht erreicht.

Ob eine **Pflicht zur Insolvenzantragstellung** bestand, beurteilt sich daher nach denselben Grundsätzen wie im Rahmen der Haftung nach § 823 Abs 2 BGB (oben § 15 a Rn 6 ff). Maßgeblich ist daher seit Inkrafttreten des MoMiG zunächst als insolvenzrechtliche Vorschrift § 15 a. Unverändert in Bezug genommen werden aber auch etwaige gesellschaftsrechtliche Vorschriften; damit will der Gesetzgeber zunächst die Fälle erfassen, in denen sich – wie vor allem bei Schein-Auslandsgesellschaften denkbar – in Anwendung des internationalen Privatrechts die Pflicht zur Insolvenzantragstellung aus dem Gesellschaftsrecht ergibt (Begr Beschlussempfehlung und Bericht des Rechtsausschusses, BT-Drucks 16/9737, S. 58). Zu den „Vorschriften des Gesellschaftsrechts" wird man aber unverändert auch zählen können § 42 Abs 2 BGB (bezüglich der eingetragenen Vereins), § 86 BGB (bezüglich der Stiftung) und §§ 1980, 1985 Abs 2 BGB (bezüglich der Nachlassinsolvenz); entsprechend diesen Normen greift Abs 3 auch noch in der Liquidationsphase einer Gesellschaft (**OLG Hamm 10. 4. 2002 11 U 180/01** NZI 2002, 437 = NZG 2002, 782) und kann auch „faktische Organe" erfassen (dazu oben § 15 a Rn 8). Gleiches gilt für die Frage, wen diese Pflicht traf, ob also etwa Beihilfe zu ihrer Verletzung möglich war. Und es gilt schließlich für die Frage, ob die Pflicht pflichtwidrig und schuldhaft verletzt wurde.

Abs 3 Satz 2 erlegt die **Beweislast** für die pflichtwidrige und schuldhafte Pflichtverletzung dem Geschäftsleiter auf. Dieser soll nur dann entlasten können, wenn aufgrund besonderer Umstände – wie dem Verlust des gesamten Unternehmensvermögens in der Dreiwochenfrist (so Begr RegE zu § 26 Abs 3) – eine Pflichtverletzung zu verneinen ist. Das scheint strenger als die Lage beim allgemeinen Schadenersatzanspruch nach § 823 Abs 2 BGB iVm § 15 a. Doch wird man Abs 3 Satz 2 in erster Linie als eine Festschreibung des objektiven und berufsbezogenen Sorgfaltstandards im Rahmen von § 276 Abs 1 Satz 2 BGB ansehen müssen, der eigentlich auch ohne ausdrückliche gesetzliche Anordnung im Rahmen der Ansprüche aus § 823 Abs 2 BGB iVm § 15 a gilt (dazu *Hirte,* Berufshaftung [1996], S. 381 ff). Auch bezüglich Abs 3 Satz 2 ergeben sich dann keine Unterschiede zum allgemeinen Schadenersatzanspruch des § 823 Abs 2 BGB iVm § 15 a.

66 Aus der deliktischen Natur des Anspruchs folgt, dass mehrere Verpflichtete ebenso wie beim Anspruch aus § 823 Abs 2 BGB iVm § 15 a **gesamtschuldnerisch** haften (§§ 840, 421 BGB; ebenso KP-*Noack* GesellschaftsR Rn 334). Hinsichtlich der **Verzinsung** des Anspruchs gelten die allgemeinen Vorschriften der §§ 286, 288, 291 BGB (HK-*Kirchhof* § 26 Rn 45).

67 Zu den **Konsequenzen** aus der strengen Haftung nach Abs 3 oben § 15 a Rn 39 ff.

68 **3. Verjährung.** Der Anspruch verjährt in **fünf Jahren** (Abs 3 Satz 3). Diese Verjährungsfrist ist an die § 93 Abs 6 AktG, § 43 Abs 4 GmbHG angelehnt (Begr RegE zu § 26 Abs 3). Sie entspricht zudem der nach herrschender Meinung auch bei § 823 Abs 2 BGB iVm § 15 a zugrunde zu legenden Frist (oben § 15 a Rn 42; zur Kritik noch 12. Aufl Rn 56); die dort entwickelten Grundsätze sollten daher auch hier angewandt werden. Die Frist beginnt mit Entstehung des Anspruchs und Kenntnis davon (§ 199 Abs 1 BGB) und daher frühestens mit der Einzahlung des Verfahrenskostenvorschusses; darüber hinaus erforderlich ist die Kenntnis von der relevanten Handlung, nämlich der pflichtwidrigen Unterlassung der Insolvenzantragstellung.

§ 27 Eröffnungsbeschluß

(1) ¹Wird das Insolvenzverfahren eröffnet, so ernennt das Insolvenzgericht einen Insolvenzverwalter. ²Die §§ 270, 313 Abs. 1 bleiben unberührt.

(2) Der Eröffnungsbeschluß enthält:
1. Firma oder Namen und Vornamen, Geburtsjahr, Registergericht und Registernummer, unter der der Schuldner in das Handelsregister eingetragen ist,¹ Geschäftszweig oder Beschäftigung, gewerbliche Niederlassung oder Wohnung des Schuldners;
2. Namen und Anschrift des Insolvenzverwalters;
3. die Stunde der Eröffnung;
4. einen Hinweis, ob der Schuldner einen Antrag auf Restschuldbefreiung gestellt hat.

(3) Ist die Stunde der Eröffnung nicht angegeben, so gilt als Zeitpunkt der Eröffnung die Mittagsstunde des Tages, an dem der Beschluß erlassen worden ist.

Übersicht

	Rn
I. Allgemeines	1
II. Funktionelle Zuständigkeit	3
III. Die Entscheidung über die Eigenverwaltung (§ 270)	4
IV. Zwingender Inhalt des Eröffnungsbeschlusses	5
1. Die genaue Bezeichnung und die Anschrift des Insolvenzschuldners (§ 27 Abs 2 Nr 1)	5
2. Angabe der Verfahrensart	6
3. Bestellung, Name und Anschrift des Insolvenzverwalters	7
4. Angabe der Stunde der Eröffnung (§ 27 Abs 1 Nr 3)	8
5. Verfahrenseröffnung und Rechtsfolgen	9
6. Unzulässigkeit der Vordatierung des Eröffnungszeitpunkts	10
7. Zulässigkeit einer Verzögerung der Verfahrenseröffnung	11
8. Aufforderung an die Gläubiger zur Forderungsanmeldung	12
9. Offener Arrest mit Anzeigepflicht	13
10. Die Aufforderung zur Anmeldung von Sicherungsrechten (§ 28 Abs 2)	14
11. Bestimmung des Berichts- und Prüfungstermins	15
12. Hinweis auf einen Restschuldbefreiungsantrag	16
V. Fakultativer Inhalt des Eröffnungsbeschlusses	17
VI. Anfechtbarkeit des Eröffnungsbeschlusses	18
VII. Rechtswirkungen des Eröffnungsbeschlusses	19
1. Nachträgliche Änderungen und Ergänzungen	20
2. Berichtigung des Eröffnungsbeschlusses	21
VIII. Kompetenzübergang mit Verfahrenseröffnung	22

I. Allgemeines

1 Die Vorschrift des § 27 enthält die notwendigen inhaltlichen Anforderungen an einen Eröffnungsbeschluss des Insolvenzgerichts. Zwingende Voraussetzung für die Eröffnung ist, dass der Antrag zulässig ist und das Gericht von dem Vorliegen eines Insolvenzgrundes überzeugt ist (§ 16). Zur Entstehungsge-

---

¹ Komma fehlt im BGBl. I.

III. Die Entscheidung über die Eigenverwaltung (§ 270) § 27

schichte und zum Normzweck s K/P/B/*Pape* § 27 Rn 1 ff, Rn 7 ff. Durch das *Gesetz zur Vereinfachung des Insolvenzverfahrens v 13. 4. 2007* (BGBl I 2007, S 509) ist die Vorschrift um **Angaben zum Geburtsjahr, Registergericht** und **Registernummer** sowie einen Hinweis, ob der Schuldner einen Antrag auf Restschuldbefreiung gestellt hat, ergänzt worden. Durch die Angabe von Registergericht und Registernummer wird der Änderung des § 2 der Verordnung zu öffentlichen Bekanntmachungen in Insolvenzverfahren im Internet auf Grund von Art 12 Abs 3 des Entwurfs des Gesetzes über elektronische Handelsregister und Genossenschaftsregister sowie das Unternehmensregister Rechnung getragen (N/R/*Mönning* § 27 Rn 1). Die Verfahrenseröffnung darf nur erfolgen, wenn ein **zulässiger Eröffnungsantrag** vorliegt, die **Verfahrenskosten gedeckt** sind (§ 26 Abs 1) und der Insolvenzgrund zur **Überzeugung des Insolvenzgerichts** feststeht (§ 16; **BGH** v 27. 7. 2006 – IX ZB 204/04, BGHZ 169, 17, 21 = NZI 2006, 693, 695; **BGH** NZI 2004, 316). Bei **Parallelverfahren gegen den gleichen Schuldner** hat das Gericht die Eröffnung in dem Verfahren zu beschließen, in dem die allgemeinen Voraussetzungen vorliegen (*Uhlenbruck* KTS 1987, 561, 565; F/K/*Schmerbach* § 13 Rn 37; MüKo-*Schmahl* §§ 27–29 Rn 13; str aA K/P/B/*Pape* § 13 Rn 78; *Jaeger*/*Schilken* § 27 Rn 9). Die übrigen Anträge finden mit der Eröffnung ihre automatische Erledigung und die antragstellenden Gläubiger sind aufzufordern, ihre Forderungen zur Tabelle anzumelden. Unbedenklich ist es, wenn mehrere Anträge zulässig und begründet sind, die Verfahren zu verbinden und einen **einheitlichen Eröffnungsbeschluss** zu erlassen (so K/P/B/*Pape* § 13 Rn 78; MüKo-*Schmahl* §§ 27, 29 Rn 13 unter Hinweis auf eine unveröff Entsch des **BGH** v 17. 2. 2005 – IX ZB 88/03).

Umstritten ist, ob dem Schuldner vor Verfahrenseröffnung **erneut rechtliches Gehör** zu gewähren ist. 2 Solches kommt bei einem **Eigenantrag** nur in Betracht, wenn mit der Eröffnung zugleich **die Eigenverwaltung abgelehnt** werden soll (MüKo-*Schmahl* §§ 27–29 Rn 15). Vor allem bei Anträgen wegen drohender Zahlungsunfähigkeit (§ 18) muss dem Antragsteller Gelegenheit gegeben werden, den Antrag zurückzunehmen. Bei **Gläubigeranträgen** ist ebenfalls streitig, ob eine erneute Anhörung stattfinden muss (bejahend **LG** Frankfurt/O DZWIR 2005, 248; verneinend HaKo-*Schröder* § 27 Rn 4). Richtig ist zwar, dass das Insolvenzgericht gem § 14 Abs 2 den Schuldner gehört hat. Hatte jedoch der Schuldner den Eröffnungsgrund bestritten, so ist er zum Ergebnis der gerichtlichen Ermittlungen (§ 5) erneut zu hören (*Uhlenbruck* FS Baumgärtel 1990 S 583; *Jaeger*/*Schilken* § 27 Rn 10; HK-*Kirchhof* § 27 Rn 14; MüKo-*Schmahl* §§ 27–29 Rn 14; HaKo-*Schröder* § 27 Rn 4).

II. Funktionelle Zuständigkeit

Ist ein Insolvenzantrag zulässig und begründet, hat das Insolvenzgericht das Verfahren durch richterlichen Beschluss zu eröffnen (27 Abs 1 S 1). Eine **Begründung des Beschlusses** ist zwar nicht vorgeschrieben, jedoch zweckmäßig, vor allem, wenn der Insolvenzgrund streitig war (*Gottwald*/*Uhlenbruck* InsRHdb § 16 Rn 23; HaKo-*Schröder* § 27 Rn 16). Die **Auswahl des Insolvenzverwalters** bedarf keiner Begründung (HaKo-*Schröder* § 27 Rn 16). Funktionell zuständig für die Verfahrenseröffnung ist der Richter bzw die Richterin. Diese haben im Beschluss nicht nur die Anmeldefrist (§ 28), sondern auch den ersten Berichts- und Prüfungstermin (§ 29) zu bestimmen. Da das Verfahren mit der Eröffnung auf den Rechtspfleger übergeht (§ 18 Abs 1 RPflG), sollten die Termine vorher mit dem zuständigen Rechtspfleger abgestimmt werden (KS-*Bernsen* S 1843, 1850 Rn 17). Ein nicht verkündeter Eröffnungsbeschluss bedarf der Unterschrift des Richters. Ein schriftlicher Eröffnungsbeschluss ist **nichtig**, wenn die **Unterschrift des Richters** fehlt (BGHZ 137, 49; **BGH** ZIP 2003, 356, 357). Der Richter kann die **fehlende Unterschrift nachholen**. Die nachträgliche Unterzeichnung wirkt aber nicht zurück, so dass sämtliche auf Grund der bisherigen Eröffnungsbeschlusses vorgenommenen Verfahrenshandlungen unwirksam bleiben (**BGH** v 23. 10. 1997 – IX ZR 249/96, BGHZ 137, 49 = ZIP 1997, 2126, 2127; BGHZ 18, 350, 354; MüKo-*Schmahl* §§ 27–29 Rn 123; K/P/B/*Pape* § 27 Rn 60). Auch das **Beschwerdegericht** ist im Rahmen einer Entscheidung über die Zurückweisung oder eine Abweisung des Insolvenzantrags berechtigt, die Eröffnung des Verfahrens zu beschließen und erforderlichen Falles die **sofortige Wirksamkeit** des Beschlusses gem § 6 Abs 3 S 2 anzuordnen (**BGH** v 27. 7. 2006 – IX ZB 204/04, BGHZ 169, 17 = NZI 2006, 693, 695; MüKo-*Schmahl* §§ 27–29 Rn 150, 152). Die organisatorischen Maßnahmen, wie zB **Zustellungen und Veröffentlichungen** können dem Insolvenzgericht übertragen werden (MüKo-*Schmahl* §§ 27–29 Rn 153). Das Rechtsbeschwerdegericht kann die **Vollziehung** der erstinstanzlichen Entscheidung bis zur Entscheidung des Beschwerderichts **aussetzen** (BGHZ 169, 17 = NZI 2006, 693, 695). Eine **Festsetzung der Termine** durch das Beschwerdegericht kommt praktisch nur in Abstimmung mit dem Insolvenzgericht in Betracht (MüKo-*Schmahl* §§ 27–29 Rn 153; K/P/B/*Pape* § 27 Rn 68). Beschließt das Insolvenzgericht in Kenntnis eines nach der EG-VO Nr 1346/2000 des Rates über Insolvenzverfahren v 29. 5. 2000 in einem anderen Mitgliedstaat eröffneten Hauptinsolvenzverfahrens, dessen Wirkungen sich auf die im Inland gelegene Masse erstrecken, die Eröffnung eines inländischen Insolvenzverfahrens, findet Art 102 § 4 Abs 2 EGInsO keine Anwendung. Die **Eröffnung des inländischen Insolvenzverfahrens** ist zumindest **schwebend unwirksam** (**BGH** v 29. 5. 2008 – IX ZB 102/07, NZI 2008, 572, 574).

III. Die Entscheidung über die Eigenverwaltung (§ 270)

Das Insolvenzgericht kann im Eröffnungsbeschluss unter bestimmten Voraussetzungen (§ 270 Abs 2) 4 die Eigenverwaltung anordnen. Die Entscheidung über die Eigenverwaltung ist gem. § 270 Abs 1 S 1

Teil des Eröffnungsbeschlusses (*Vallender* WM 1998, 2129, 2133; *Jaeger/Schilken* § 27 Rn 21; MüKo-*Schmahl* §§ 27–29 Rn 33). In der Eigenverwaltung ist statt eines Insolvenzverwalters ein **Sachwalter** zu bestellen (§§ 270 Abs 1, 3 S 1, 274 Abs 1). Vor Ablehnung der Eigenverwaltung ist der **Schuldner zu hören** und ihm Gelegenheit zur Antragsrücknahme zu geben, soweit keine Antragspflicht nach § 15 a InsO besteht. Formelle Voraussetzung für die Anordnung der Eigenverwaltung ist, dass der Schuldner sie beantragt hat. Erfolgt die Eröffnung des Insolvenzverfahrens auf Gläubigerantrag, so ist zusätzlich dessen Zustimmung zu einem entsprechenden Antrag des Schuldners erforderlich (§ 270 Abs 2 Nr 2). Die Zustimmung bezieht sich auf den Antrag, nicht dagegen auf die Entscheidung des Gerichts (HK-*Kirchhof* § 270 Rn 5; K/P/B/*Pape* § 270 Rn 10; *Vallender/Fuchs/Rey* NZI 1999, 181, 194). Mit der Anordnung der Eigenverwaltung sind im Eröffnungsbeschluss gleichzeitig bereits angeordnete **Sicherungsmaßnahmen aufzuheben** (§ 25).

IV. Zwingender Inhalt des Eröffnungsbeschlusses

5 **1. Die genaue Bezeichnung und die Anschrift des Insolvenzschuldners** (§ 27 Abs 2 Nr 1). Der Eröffnungsbeschluss hat die genaue Bezeichnung des Schuldners oder Schuldnerunternehmens zu enthalten. Bei natürlichen Personen ist dies der **Vor- und Zuname**, die **Wohnung** und das **Geburtsjahr** (krit *Prütting/Brinkmann* ZVI 2006, 477) bei Kaufleuten mit der Bezeichnung des Inhabers, bei juristischen Personen oder anderen Gesellschaften der Name oder die Firma mit **Angabe der gesetzlichen Vertreter** sowie die ausgeübte Beschäftigung bzw der Geschäftszweig (OLG Brandenburg NZI 2002, 385 n rkr; HK-*Kirchhof* § 27 Rn 19; K/P/B/*Pape* § 27 Rn 12–14; MüKo-*Schmahl* §§ 27–29 Rn 18 ff; FK-*Schmerbach* § 27 Rn 18–21; *Smid* § 27 Rn 17). Der Insolvenzverwalter muss nicht angegeben werden (K/P/B/*Pape* § 27 Rn 93; s unten zu Rn 17). Wird der Schuldner nicht namentlich, sondern nur durch Bezugnahme auf ein Blatt der Akten bezeichnet, ist das zwar fehlerhaft, aber wirksam, wenn die Person des Schuldners aus der Verweisung eindeutig zu entnehmen ist (BGH v 9. 1. 2003, ZIP 2003, 356 = NZI 2003, 197). Ein eindeutiger Verweis (auf ein „Vorblatt") reicht ebenfalls aus (BGH v 17. 7. 2003, ZIP 2003, 1900; *Jaeger/Schilken* § 27 Rn 24). Bei gewerblichen Schuldnern ist auch der **Sitz der gewerblichen Niederlassung** anzugeben. Umstritten ist, ob bei Handelsgesellschaften ohne Rechtspersönlichkeit (OHG, KG, Partnerschaftsgesellschaft, EWIV) auch die **Namen und Anschriften der persönlich haftenden Gesellschafter** zu benennen sind (verneinend für das alte Recht K/U § 108 KO Rn 4; *Jaeger/Schilken* § 27 Rn 25; MüKo-*Schmahl* § 27 Rn 22). Bei einer **BGB-Gesellschaft** sind jedenfalls die Namen und Firmenbezeichnungen aller Gesellschafter anzugeben (MüKo-*Schmahl* §§ 27–29 Rn 22). Soweit Personengesellschaften durch persönlich haftende Gesellschafter vertreten werden, sind deren Namen anzugeben, soweit nicht eine firmenähnliche Bezeichnung möglich ist. Bei **Nachlassinsolvenz** ist Name und Vorname des Erblassers anzugeben sowie das Sterbedatum (MüKo-*Schmahl* § 27 Rn 22). Die Angabe des **Registergerichts** und der **Registernummer** soll der Vermeidung von Verwechslungen und der größeren Rechtssicherheit dienen. Bei der öffentlichen Bekanntmachung des Beschlusses können die Namen allerdings weggelassen werden. Nicht zwingend anzugeben ist der **Name des Antragstellers**, weil dieser für den weiteren Verfahrensgang ohne Bedeutung ist. Weiterhin ist gem § 27 Abs 2 Nr 4 der **Hinweis erforderlich**, ob der **Schuldner einen Antrag auf Restschuldbefreiung** gestellt hat. Der Hinweis soll der möglichst frühzeitigen Information der Gläubiger dienen (Begr RegE BT-Drucks 16/3227 S 31). Ist der Hinweis nach § 27 Abs 2 Nr 4 unterblieben, ist **gesondert öffentlich bekanntzumachen**, dass der Schuldner einen Antrag nach § 287 gestellt hat (§ 30 Abs 1 S 2). Die Durchführung eines Insolvenzverfahrens über das Vermögen eines Schuldners, der auf Grund des **Zeugenschutzgesetzes** Namen und Anschrift nicht mitteilen kann und damit der Kontrolle des Gerichts und der Gläubiger entzogen ist, ist nicht möglich (LG Hamburg ZVI 2005, 486 = ZInsO 2005, 1000; HK-*Kirchhof* § 27 Rn 19; vgl dazu auch *Frind* ZVI 2005, 57, 58).

6 **2. Angabe der Verfahrensart.** Der Eröffnungsbeschluss soll angeben, ob es sich um ein Regelinsolvenzverfahren handelt oder ein Nachlassinsolvenzverfahren (§§ 315 ff), ein Insolvenzverfahren über das Gesamtgut einer fortgesetzten Gütergemeinschaft (§ 332), ein Verfahren über das gemeinschaftlich verwaltete Gesamtgut einer Gütergemeinschaft (§ 333 f), ein Verbraucher- oder Kleininsolvenzverfahren (§§ 304 ff) oder um ein Partikularinsolvenzverfahren bzw ein Sekundärinsolvenzverfahren (*Smid/Frenzel* DZWIR 1998, 442, 443; HK-*Kirchhof* § 27 Rn 13; K/P/B/*Pape* § 27 Rn 20; MüKo-*Schmahl* § 27 Rn 28). Handelt es sich um ein sogen Regelinsolvenzverfahren, genügt es, im Eröffnungsbeschluss anzugeben, dass das „Insolvenzverfahren" über das Vermögen des Schuldners eröffnet worden ist.

7 **3. Bestellung, Name und Anschrift des Insolvenzverwalters, Sachwalters oder Treuhänders.** Im Eröffnungsbeschluss ist nicht nur Name und Anschrift des Insolvenzverwalters anzugeben (§ 27 Abs 2 Nr 2), sondern auch zugleich die Ernennung (§ 27 Abs 1 S 1). Eine Ausnahme gilt bei der **Eigenverwaltung**, bei der das Gericht im Eröffnungsbeschluss den **Sachwalter** (§ 274) zu bestimmen hat. Bei Anordnung der Eigenverwaltung hat der Eröffnungsbeschluss anzugeben, ob das Insolvenzgericht Anordnungen nach § 277 erlässt und inwieweit die Wirksamkeit von Rechtsgeschäften des eigenverwaltenden Schuldners von der Zustimmung des Sachwalters abhängig sein soll (*Smid/Frenzel* DZWIR 1998, 442, 443). In

IV. Zwingender Inhalt des Eröffnungsbeschlusses § 27

der Verbraucherinsolvenz ist statt des Verwalters gem §§ 27 Abs 1 S 2, 313 Abs 1 S 2 der **Treuhänder** anzugeben (K/P/B/*Pape* § 27 Rn 52). Wird das Verfahren eröffnet, ohne dass gleichzeitig ein Insolvenzverwalter ernannt wird, so macht dieser Verstoß gegen § 27 den Eröffnungsbeschluss nicht unwirksam. Vielmehr ist der **Verwalter nachträglich zu ernennen**, ggf durch den Rechtspfleger (HK-*Kirchhof* § 27 Rn 21; H/W/W § 27 Rn 6; MüKo-*Schmahl* §§ 27–29 Rn 127; K/P/B/*Pape* § 27 Rn 21; *Hess* § 27 Rn 6; HaKo-*Schröder* § 27 Rn 10; str aA N/R/*Mönning* § 27 Rn 12, die Nichtigkeit annehmen).

4. Angabe der Stunde der Eröffnung (§ 27 Abs 1 Nr 3). Nach § 27 Abs 1 Nr 3 muss der Eröffnungsbeschluss **Tag und Stunde** der Eröffnung angeben (nach HK-*Kirchhof*, § 27 Rn 22, empfiehlt sich auch die Angabe der Minute; so auch *Jauernig/Berger* § 54 V 6). Die Zeitangabe durch das Insolvenzgericht („24 Uhr") ist der Auslegung zugänglich (LG Duisburg NZI 2002, 666 = ZInsO 2002, 988). Das Insolvenzverfahren ist **in dem Augenblick eröffnet**, in dem der Richter den **Eröffnungsbeschluss unterschrieben** und in den **Geschäftsgang gegeben** hat (BGH v 12. 6. 1968 – VIII ZR 92/66, BGHZ 50, 242, 245; BGH NJW 1998, 609). Letzteres ist regelmäßig dann der Fall, wenn der unterschriebene Beschluss an die Geschäftsstelle (Service-Einheit) gegeben wird, also in dem Augenblick, in dem er aufhört, eine interne Angelegenheit des Gerichts zu sein (**BGH** v 1. 3. 1982, ZIP 1982, 464, 465; **OLG** Köln KTS 1958, 13; **OLG** Celle ZIP 2000, 675; **LG** Halle DZWIR 2004, 260; HK-*Kirchhof* § 27 Rn 22; BerlKo-*Goetsch* § 27 Rn 11; K/P/B/*Pape* § 27 Rn 12; H/W/W § 27, 11; *Kilger/K. Schmidt* § 108 KO Anm 1). Zutreffend weisen *Jauernig/Berger* (§ 54 V 6 Rn 47) darauf hin, dass das **Unterschreiben des Beschlusses** noch ein gerichtsinterner Vorgang ist (so auch HK-*Kirchhof* § 27 Rn 22, 28; str aA N/R/*Mönning* § 27 Rn 33). Der Beschluss wird erst prozessual wirksam, dh als Staatsakt existent, wenn er nach **außen kundgemacht** worden ist (BGH NJW-RR 2004, 1575; OLG Celle ZIP 2000, 675; HK-*Kirchhof* § 27 Rn 28). Dazu bedarf es zwar keiner Zustellung (BGH NJW 1982, 2075). Es genügt aber, wenn das Gericht telefonisch einem Verfahrensbeteiligten von der Eröffnung Mitteilung macht. Oder wenn die Eröffnung mit Zustimmung des Insolvenzrichters dem Schuldner, dem Insolvenzverwalter oder einem Gläubiger auf sonstige Weise mitgeteilt wird. Nicht erforderlich ist, dass die **Unterschrift in den Gerichtsräumen** oder **während der Dienstzeit** erfolgt (BGH KTS 1968, 242; HK-*Kirchhof* § 27 Rn 22; FK-*Schmerbach* § 27 Rn 23). Ein nicht richterlich unterzeichneter Beschluss über die Eröffnung eines Insolvenzverfahrens ist idR unwirksam (BGH v 23. 10. 1997 – IX ZR 249/96, BGHZ 137, 49 = ZIP 1997, 2126; BGH ZIP 2003, 356, 357). Eine fehlende richterliche Unterschrift kann jedoch mit Wirkung für die Zukunft nachgeholt werden (BGHZ 137, 49, 53; BGH NJW 1998, 609, 610; BGHZ 18, 350, 354 = NJW 1955, 1919; *Jaeger/Schilken* § 27 Rn 44). Für den Eintritt aller insolvenzrechtlichen Folgen ist der im Beschluss angegebene Zeitpunkt maßgebend (HK-*Kirchhof* § 27 Rn 28; MüKo-*Schmahl* §§ 27–28 Rn 43, 120, 124 f). **Fehlt die Zeitangabe im Beschluss**, so gilt die Mittagsstunde (12.00 Uhr) als Eröffnungszeitpunkt (§ 27 Abs 3).

5. Verfahrenseröffnung und Rechtsfolgen. Die Wirksamkeit des Beschlusses gewinnt besondere Bedeutung für die Anwendung des – international – insolvenzrechtlichen Prioritätsprinzips im Rahmen der EuInsVO: Die zeitlich frühere Eröffnung eines Hauptinsolvenzverfahrens schließt die Eröffnung weiterer Hauptinsolvenzverfahren gem Art 3, 16 ff EuInsVO aus (LG Hamburg NZI 2005, 645; s aber auch BGH NZI 2008, 572 ff). **Hinweis:** Das Amt des Insolvenzverwalters beginnt erst, wenn dieser das Amt annimmt. Die Genauigkeit der Verfahrenseröffnung ist wegen der **einschneidenden Rechtswirkungen** der Verfahrenseröffnung von wesentlicher Bedeutung (vgl zB §§ 35, 38, 40, 80–83, 85, 89, 91, 95, § 240 ZPO). Bei juristischen Personen und Personengesellschaften führt die Eröffnung idR zur **Auflösung der Gesellschaft** (§§ 42 Abs 1 S 1, 86 S 1, 728 Abs 1 S 1 BGB, 131 Abs 1 Nr 3, 161 Abs 2 HGB, 60 Abs 1 Nr 4 GmbHG, 262 Abs 1 Nr 3, 278 Abs 3 AktG). Zudem kann die Verfahrenseröffnung **berufsrechtliche oder gewerberechtliche Folgen** haben, wie zB für den Notar, Wirtschaftsprüfer oder Steuerberater oder Gewerbetreibenden (BFH v 30. 4. 2009 – VII R 32/08, ZInsO 2009, 1405, 1406; BGH ZInsO 2007, 104; BGH ZInsO 2005, 213; BFH ZVI 2004, 464; §§ 34 b, 34 c, 35 GewO). Einzelheiten zu den berufsrechtlichen Folgen § 80 Rn 20 ff. Bei der Beurteilung, ob und in welchem Umfang Berichtigungen, eine Nachholung oder sonstige Mängelbeseitigung des Eröffnungsbeschlusses zulässig ist, sollte nicht nur die verfahrensmäßige, sondern vor allem auch die **materielle Rechtskraftwirkung** im Blick behalten werden.

6. Unzulässigkeit einer Vordatierung des Eröffnungszeitpunkts. Die frühere Streitfrage, ob eine **Vordatierung**, also eine Unterzeichnung mit ausdrücklicher Festlegung eines späteren Eröffnungszeitpunkts zulässig ist, hat der **BGH** dahingehend entschieden, dass eine solche Praxis selbst in engen zeitlichen Grenzen **unzulässig** ist (BGH v 17. 2. 2004 – ZR 135/03, NZI 2004, 316 = ZInsO 2004, 387; BGH ZInsO 2005, 204; *Uhlenbruck* ZInsO 2001, 977; *Uhlenbruck/Gottwald* InsRHdb § 16 Rn 24; K/P/B/*Pape* § 27 Rn 58/59; MüKo-*Schmahl* §§ 27–29 Rn 41, str aA FK-*Schmerbach* § 27 Rn 23). Trotzdem ist sowohl in der Praxis als auch in der Literatur nach Wegen gesucht worden, der häufigen Bitte eines vorläufigen Insolvenzverwalters nachzukommen, das Insolvenzverfahren **an einem bestimmten Tag und zu einer bestimmten Stunde** zu eröffnen. Die Bitte ist häufig davon bestimmt, dass bis zu dem der Eröffnung vorausgehenden Tag von den Arbeitnehmern des Schuldnerunternehmens Insolvenzgeld in Anspruch genommen werden soll. Hier ist einmal zu unterscheiden zwischen einer **Verzögerung der Verfahrenseröffnung** und einer **Vordatierung des Eröffnungsbeschlusses**. Eine Verzögerung der Verfahrenseröffnung wird oftmals praktiziert, um das Ende des Zeitraums zu erreichen, für den **Insolvenzgeld** gezahlt wird (vgl *Uhlenbruck* ZInsO 2001, 977; K/P/B/*Pape* § 27 Rn 56–59). Zutreffend der Hinweis von *Pape* (K/P/B/*Pape* § 27 Rn 56), dass die bewusste Verzögerung der Verfahrenseröffnung mit dem Charakter des Insolvenzeröffnungsverfahrens als Eilverfahren nicht zu vereinbaren ist und zu der Frage einer Amtshaftung führt, wenn die Verfahrenseröffnung aus sachfremden Gründen verzögert wird. Trotzdem wird es für zulässig gehalten, dass der Richter **einen späteren Zeitpunkt** als den der Verkündung oder Unterzeichnung wählt, „wenn ihn besondere Gründe dazu veranlassen und keine besondere Gläubigergefährdung zu besorgen ist" (*Jaeger/Schilken* § 27 Rn 30; *Kummer* FS Metzeler 2003 S 15 ff; *Onusseit* ZInsO 2003, 404). Richtig ist, dass das Insolvenzgericht über den Eröffnungsantrag zu entscheiden hat, wenn seine Amtsermittlungen (§ 5) abgeschlossen sind (vgl **BGH** v 27. 7. 2006 – IX ZB 2004/04, ZInsO 2006, 1051 ff; LG Hamburg ZInsO 2007, 335, 336). Soweit man mit dem **BGH** die Auffassung vertritt, dass das Insolvenzverfahren **schon mit der richterlichen Unterschrift** und nicht etwa mit der Weitergabe in den Geschäftsgang **eröffnet** sei (**BGH** v 17. 2. 2004 – IX ZR 135/03, NZI 2004, 316, 317; **BGH** ZVI 2006, 561; HK-*Kirchhof* § 27 Rn 22, 28), dürfte es zulässig sein, dass der zuständige Richter „die Akte mit nach Hause nimmt, den Beschluss dort unterzeichnet und im Rahmen der üblichen Dienstzeit den Beschluss zur weiteren Erledigung durch die Geschäftsstelle in den Postgang gibt" (*Braun/Herzig* § 27 Rn 9; HaKo-*Schröder* § 27 Rn 8). Hierdurch wird es möglich, das Insolvenzverfahren auch dann zu eröffnen, wenn der Monatserste auf einen Sonn- oder Feiertag fällt. Geht man davon aus, dass der Eröffnungsbeschluss erst dann wirksam wird, wenn ihn der Richter nach Unterzeichnung in den **Geschäftsgang** gibt, so dürfte es ausreichen, dass der Richter nach Unterzeichnung den Eröffnungsbeschluss zurückhält und erst am Wochenanfang in den inneren Geschäftsbetrieb des Insolvenzgerichts gibt. Die Unterschriftsleistung des Richters ist zugleich die **Ausstellung einer öffentlichen Urkunde** iSd § 417 ZPO. Die Beurkundung bezieht sich ua auch auf die Angabe des Eröffnungszeitpunktes (*Jaeger/Schilken* § 27 Rn 31). Die Unterschriftsleistung beurkundet aber nicht, dass die Unterschriftsleistung mit dem Eröffnungszeitpunkt identisch ist.

11 7. Die **Zulässigkeit einer Verzögerung der Verfahrenseröffnung** ist durch das Verbot der Vordatierung aber noch nicht entschieden (vgl *Bork* EWiR 2004, 555, 556). Trotz der beachtenswerten Bedenken von *Pape* (K/P/B/*Pape* § 27 Rn 56, 57) ist dem Richter im Rahmen seiner auch hinsichtlich des Eröffnungszeitpunkts konstitutiven Entscheidung ein **gewisser Ermessensspielraum** zuzubilligen, wenn die sofortige Eröffnung zu Problemen bei der Berechnung der Löhne und Gehälter sowie des Insolvenzgeldes führen kann (vgl **AG Hamburg** ZIP 2001, 1885; ZInsO 2004, 631; MüKo-*Schmahl* §§ 27–29 Rn 41 unter Aufgabe der früheren M zur Vordatierung; FK-*Schmerbach* § 27 Rn 23; HaKo-*Schröder* § 27 Rn 9; str aA HK-*Kirchhof* § 27 Rn 16). Unzulässig ist es, die von einzelnen Verfahrensbeteiligten angekündigte Erledigung des Insolvenzantrags abzuwarten (**AG Hamburg** ZInsO 2005, 158 f; HK-*Kirchhof* § 27 Rn 16). Nach *Münzel* (ZInsO 2006, 1238 ff) ist es im Interesse einer Quotenoptimierung dem Gericht gestattet, auf Grund eigener Prognoseentscheidung den Grundsatz der Verfahrensbeschleunigung zurückzustellen und die Eröffnung trotz Eröffnungsreife zu verzögern, es sei denn, dass das gemeinsame Interesse der Gläubiger entgegensteht. Werde durch die Verzögerung unmittelbar in **Rechte nicht am Verfahren beteiligter Dritter** eingegriffen, so sei dies in die gerichtliche Abwägung mit einzubeziehen. Es kann einem Gläubiger vor allem als Antragsteller eine Verzögerung der Verfahrenseröffnung grundsätzlich nicht zugemutet werden (**BGH** ZInsO 2006, 1051 ff; **LG Hamburg** ZInsO 2005, 669 ff; **LG Hamburg** ZInsO 2007, 335 f). Allerdings besteht keine Amtspflicht des Gerichts dem Insolvenzgläubiger gegenüber, das Verfahren beschleunigt zu eröffnen, um zu verhindern, dass dem Insolvenzgläubiger der Versicherungsschutz für seine Forderung entgeht (**LG Münster** NZI 2005, 632; HaKo-*Schröder* § 27 Rn 9).

12 8. **Aufforderung an die Gläubiger zur Forderungsanmeldung.** Zwingendes Erfordernis des Eröffnungsbeschlusses ist die Aufforderung an die Insolvenzgläubiger, ihre Forderungen innerhalb einer bestimmten Frist zur Insolvenztabelle anzumelden (§ 28 Abs 1 S 1). Einzelheiten hierzu in der Kommentierung zu § 28 sowie MüKo-*Schmahl* §§ 27–29 Rn 45 ff.

13 9. **Offener Arrest mit Anzeigepflicht.** Im Eröffnungsbeschluss sind die Schuldner des Insolvenzschuldners aufzufordern, nicht mehr an diesen, sondern nur noch an den Verwalter zu leisten (§ 28 Abs 3). Der offene Arrest entfällt bei Anordnung der Eigenverwaltung. Einzelheiten zu § 28.

14 10. **Die Aufforderung zur Anmeldung von Sicherungsrechten (§ 28 Abs 2).** Im Eröffnungsbeschluss sind die gesicherten Gläubiger aufzufordern, dem Verwalter unverzüglich ihre in Anspruch genommenen Sicherungsrechte an beweglichen Sachen und Rechten nach Gegenstand, Art und Entstehungsgrund sowie gesicherte Forderungen mitzuteilen (vgl hierzu die Kommentierung zu § 28 Abs 2).

15 11. **Bestimmung des Berichts- und Prüfungstermins.** Nach § 29 Abs 1 Nr 1 ist der Termin für die erste Gläubigerversammlung (Berichtstermin) zu bestimmen und ein **Prüfungstermin** (§ 29 Abs 1 Nr 2) festzusetzen. Ein Fehlen dieser Angaben führt nicht zur Unwirksamkeit des Eröffnungsbeschlusses. Viel-

VI. Anfechtbarkeit des Eröffnungsbeschlusses   § 27

mehr kann die Bestimmung der Termine ebenso nachgeholt werden wie die unterlassene Ernennung eines Insolvenzverwalters (HK-*Kirchhof* § 27 Rn 24; s auch MüKo-*Schmahl* §§ 27–29 Rn 129 ff; *Jaeger/ Schilken* § 27 Rn 44). Einzelheiten id Kommentierung zu § 29.

12. Hinweis auf einen Restschuldbefreiungsantrag (§ 27 Abs 2 Nr 4). Handelt es sich bei dem Schuldner 16
um eine natürliche Person, so ist im Eröffnungsbeschluss anzugeben, ob der Schuldner einen Antrag auf Restschuldbefreiung gestellt hat (§ 27 Abs 2 Nr 4). Der Hinweis dient der **Information der Gläubiger**. Diese erhalten die Möglichkeit, schon ab Kenntnis des Eröffnungsbeschlusses Versagungsgründe zu ermitteln und später Versagungsanträge (§ 290 Abs 2) zu stellen. Der Hinweis ist auch geboten, wenn der Schuldner keinen Restschuldbefreiungsantrag gestellt hat (MüKo-*Schmahl* §§ 27–29 Rn 108). Ein **Unterlassen des Hinweises** führt nicht zur Unwirksamkeit des Eröffnungsbeschlusses. Der Hinweis kann im Rahmen der öffentlichen Bekanntmachung des Eröffnungsbeschlusses (§ 30 Abs 1) nachgeholt werden (s auch **BGH** v 7. 5. 2009 – IX ZB 202/07, ZInsO 2009, 1171; **BGH** ZInsO 2008, 1138; **BGH** ZInsO 2008, 924). Soweit der Schuldner entspr § 20 Abs 2 auf die Möglichkeit der Stellung eines Antrags auf Restschuldbefreiung hingewiesen worden ist, muss er bei einem Eigenantrag gem § 287 Abs 1 S 2 den Restschuldbefreiungsantrag **innerhalb von zwei Wochen** nach Zugang des Hinweises stellen, andernfalls wird er mit dem Antrag auf Restschuldbefreiung ausgeschlossen (vgl **BGH** v 8. 7. 2004 – IX ZB 209/03, ZVI 2004, 492; **BGH** ZVI 2005, 220; **BGH** ZVI 2006, 67). Bei einem Gläubigerantrag hat das Gericht dem Schuldner eine Frist zur Stellung eines Insolvenzantrags und Erteilung der Restschuldbefreiung zu setzen, bei deren fruchtlosem Ablauf er ebenfalls das Antragsrecht verliert (**BGH** v 17. 2. 2005 – IX ZB 176/03, ZVI 2005, 220; **BGH** ZVI 2006, 67; K/P/B/*Pape* § 27 Rn 24). Der **Insolvenzverwalter** kann bereits im Eröffnungsbeschluss mit **Zustellungen** (§ 8 Abs 3) beauftragt werden (HaKo-*Schröder* § 27 Rn 16).

V. Fakultativer Inhalt des Eröffnungsbeschlusses

Neben dem zwingenden Inhalt des Eröffnungsbeschlusses kann das Gericht zusätzlich weitere Anord- 17
nungen treffen, die in sein pflichtgemäßes Ermessen gestellt sind (vgl *Gottwald/ Uhlenbruck* InsRHdb § 16 Rn 26; *Jaeger/Schilken* § 27 Rn 35 ff; FK-*Schmerbach* § 27 Rn 24–28; *Hess* § 27 Rn 34 ff). So hat es sich in der Praxis eingebürgert, im Eröffnungsbeschluss auch den **Eröffnungsgrund** anzugeben. Allerdings hat diese Angabe keine bindenden Rechtswirkungen (K/P/B/*Pape* § 27 Rn 33). Der Zeitpunkt des Vorliegens eines Insolvenzgrundes ist nicht anzugeben, da die Feststellung den Prozessgerichten vorbehalten ist. Weiterhin kann das Gericht die **Postsperre** (§ 99) anordnen oder die Einsetzung eines **vorläufigen Gläubigerausschusses** beschließen (§ 67 Abs 1). Ist kein Gläubigerausschuss bestellt worden, so ist das Insolvenzgericht gem § 149 Abs 1 S 2 berechtigt, im Eröffnungsbeschluss anzuordnen, bei welcher Stelle und zu welchen Bedingungen **Geld, Wertpapiere und Kostbarkeiten** hinterlegt oder angelegt werden sollen (K/P/B/*Pape* § 27 Rn 30). Im Eröffnungsbeschluss kann auch die **Berechtigung des Insolvenzverwalters** ausgesprochen werden, die **Wohnung oder Geschäftsräume des Schuldners** zu betreten (*Jaeger/Schilken* § 27 Rn 38), nicht dagegen die **Anordnung einer Betriebsstilllegung** (*Jaeger/Schilken* § 27 Rn 37). Zulässig sind auch **sonstige Anordnungen**, die für das Verfahren notwendig sind und von der gesetzlichen Regelung nicht erfasst werden (vgl **OLG Köln** ZIP 1998, 113; **LG Köln** ZIP 1997, 989; *Gottwald/Uhlenbruck* InsRHdb § 16 Rn 26; H/W/F Hdb 4/9). Im Insolvenzverfahren über das Vermögen einer **privaten Lebensversicherungs-AG** oder VaG oder einer **Kranken- oder Unfallversicherung** kann nach Anhörung der Aufsichtsbehörde die Bestellung eines Pflegers zur Wahrnehmung der Rechte der Versicherten hinsichtlich des Prämienfonds angeordnet werden (§§ 78, 79 VAG). Im Insolvenzverfahren über das Vermögen eines **Wertpapierkommissionärs**, Verwahrers oder Pfandgläubigers hat das Insolvenzgericht, wenn es nach Lage des Falles erforderlich ist, den vorrangigen Gläubigern zur Wahrung der ihnen zustehenden Rechte einen **Pfleger** zu bestellen (§ 32 Abs 5 DepotG). Einzelheiten MüKo-*Schmahl* §§ 27–29 Rn 103 ff. Die Bestellung eines Pflegers ist immer dann angezeigt, wenn umfangreiche Wertpapierbestände für die Sondermasse vorhanden sind, wenn ein großer Kreis bevorrechtigter Gläubiger zu erwarten ist oder die Feststellung der Vorrechte Schwierigkeiten bereitet. Im Insolvenzverfahren über das Vermögen eines Unternehmens, das **Schuldverschreibungen auf den Inhaber** ausgegeben hat, ist mit dem Eröffnungsbeschluss durch das Insolvenzgericht eine Versammlung der Schuldverschreibungsgläubiger zum Zwecke der **Bestellung eines gemeinsamen Vertreters** in das Insolvenzverfahren einzuberufen (§ 18 Abs 2 SchuldverschRG). Für **Kreditinstitute** gelten nach den Vorschriften der §§ 45 ff KWG ebenfalls Besonderheiten (vgl MüKo-*Schmahl* §§ 27–29 Rn 104 ff). Eine **Kostenentscheidung** enthält der Eröffnungsbeschluss nicht, da die Kosten des Verfahrens von der Insolvenzmasse zu tragen sind (§ 54). Vgl auch FK-*Schmerbach* § 27 Rn 27; HK-*Kirchhof* § 27 Rn 26. Handelt es sich bei dem eröffneten Verfahren um ein Insolvenzplanverfahren, so kann es im Einzelfall geboten sein, im Eröffnungsbeschluss gem § 174 Abs 3 die **nachrangigen Gläubiger** (§ 39) aufzufordern, ihre Forderungen zur Insolvenztabelle anzumelden.

VI. Anfechtbarkeit des Eröffnungsbeschlusses

Der Eröffnungsbeschluss kann grundsätzlich mit der **sofortigen Beschwerde** nach 34 Abs 2 nur **vom** 18
Schuldner angefochten werden. Die sofortige Beschwerde eröffnet eine **vollständige zweite Tatsachenin-**

stanz. Neues Vorbringen des Beschwerdeführers ist deshalb uneingeschränkt zu berücksichtigen (**BGH v 2. 4. 2009 – IX ZB 245/08, ZInsO 2009, 872**). Der Schuldner kann aber mit dem Rechtsmittel nicht etwa eine Abweisung mangels Masse (§ 26) erreichen. Wird auf Antrag des Schuldners über sein Vermögen das Insolvenzverfahren eröffnet, ist eine von dem Schuldner dagegen eingelegte Beschwerde auch dann unzulässig, wenn sie auf die **Rüge einer die Kosten des Verfahrens** nicht deckenden Masse gestützt wird (**BGH v 17. 7. 2008 – IX ZB 225/04, NZI 2008, 557**). Die Beschwerde hat **keine aufschiebende Wirkung** (§§ 4 InsO, 570 Abs 1 ZPO). Das Insolvenzgericht kann jedoch die Vollziehung aussetzen (§§ 4 InsO, 570 Abs 2 ZPO). Einzelheiten in der Kommentierung zu § 34 Rn 22, 23. Weder eine nachträgliche Rücknahme des Insolvenzantrages (§ 13 Abs 2) noch eine Erledigungserklärung können die Wirkungen der Verfahrenseröffnung beseitigen (**OLG Brandenburg ZInsO 1998, 139; OLG Celle ZInsO 2000, 217; LG Karlsruhe NJW-RR 2002, 1627; LG Postdam ZInsO 2002, 778;** HaKo-*Schröder* § 94 Rn 16; HK-*Kirchhof* § 27 Rn 30). Aufgrund einer zulässigen sofortigen Beschwerde kann das Insolvenzgericht jedoch **verfahrensrechtliche Mängel** des Eröffnungsbeschlusses **im Wege der Abhilfe** (§ 572 Abs 3 ZPO iVm §§ 4, 6) korrigieren (HK-*Kirchhof* § 27 Rn 31; *Jaeger/Schilken* § 27 Rn 46). Solchenfalls wird eine **Erledigungserklärung zugelassen** (*Jaeger/Schilken* § 27 Rn 46). Eine **Wiederaufnahme des Verfahrens** ist unter den Voraussetzungen der §§ 578 ff ZPO nach Eintritt der Rechtskraft zulässig (**BGH v 2. 2. 2006 – IX ZB 279/04, ZInsO 2006, 259**). Fällt der Eröffnungsgrund nach Eintritt der Rechtskraft des Eröffnungsbeschlusses weg, ist nur eine **Einstellung des Verfahrens** nach § 212 möglich (*Jaeger/Schilken* § 27 Rn 47; HaKo-*Schröder* § 27 Rn 43).

VII. Rechtswirkungen des Eröffnungsbeschlusses

19 Der Insolvenzeröffnungsbeschluss entfaltet für sämtliche Beteiligten bindende Wirkung mit Ausnahme der Festlegung des Insolvenzgrundes. Es ist durchaus möglich, dass ein Insolvenzgericht wegen Zahlungsunfähigkeit eröffnet, jedoch später festgestellt wird, dass der Überschuldungstatbestand bereits Monate vorher vorgelegen hat. Die **Prozessgerichte** sind an die Wirksamkeit des Eröffnungsbeschlusses gebunden (**BGH v 22. 1. 1998 – IX ZR 99/97, ZIP 1998, 477; BGH v 14. 1. 1991, BGHZ 113, 216, 218 = ZIP 1991, 233; BAG v 11. 1. 1989, ZIP 1989, 798; LG Frankfurt v 10. 11. 1995, ZIP 1995, 1836;** K/P/B/*Pape* § 27 Rn 34). Der rechtskräftige Beschluss über die Verfahrenseröffnung ist vom Prozessgericht grundsätzlich auch dann als gültig hinzunehmen, wenn er verfahrensfehlerhaft ergangen ist (**BGH v 9. 1. 2003 – IX ZR 85/02, ZIP 2003, 356, 357**). Etwas anderes gilt aber für **nichtige Eröffnungsbeschlüsse** (**BGH v 7. 7. 2008 – II ZR 37/07, ZIP 2008, 1677, 1678; BGH ZIP 2003, 356; BGHZ 113, 216, 218; BGHZ 138, 40, 44**). Die Rechtskraft des Insolvenzeröffnungsbeschlusses **heilt alle verfahrensrechtlichen Mängel** des Eröffnungsverfahrens, die lediglich zur Anfechtbarkeit des Beschlusses geführt haben, wie zB das Fehlen des Insolvenzgrundes, Antragsmängel oder den Mangel der Insolvenzfähigkeit (**RGZ 157, 389, 392; BGHZ 113, 216, 218; BGH ZIP 1998, 477, 478;** K/P/B/*Pape* § 27 Rn 9; *Jaeger/Schilken* § 27 Rn 47; HK-*Kirchhof* § 27 Rn 35; HaKo-*Schröder* § 27 Rn 33).

20 **1. Nachträgliche Änderungen und Ergänzungen.** Das Insolvenzgericht ist nicht berechtigt, selbst bei Erkennen eines Irrtums den Eröffnungsbeschluss wieder aufzuheben (*Hess* § 27 Rn 25). Es ist aber berechtigt, auch noch nach Rechtskraft des Eröffnungsbeschlusses einzelne Anordnungen mit Wirkung für die Zukunft **abzuändern**, wie zB Fristen (MüKo-*Schmahl* §§ 27–29 Rn 128). Auch ist eine **Ergänzung** des Eröffnungsbeschlusses zulässig. Gegen die Nachholung, Ergänzung, Änderung oder Berichtigung ist entspr § 34 Abs 2, § 319 Abs 3 ZPO (§ 4) die **sofortige Beschwerde** gegeben (MüKo-*Schmahl* §§ 27–29 Rn 131). Etwas anderes gilt im Rahmen der sofortigen Beschwerde nach § 34, bei der über § 4 die Abhilfebefugnis des § 572 Abs 1 S 1 ZPO eingreift. Bei fehlender Unterzeichnung ist der Eröffnungsbeschluss unwirksam (**BGH v 23. 10. 1997, NJW 1998, 609**). Da eine **fehlende richterliche Unterschrift** mit ex nunc-Wirkung für die Zukunft nachgeholt werden kann (**BGHZ 137, 49 = NJW 1998, 609, 610**; MüKo-*Schmahl* §§ 27–29 Rn 122; *Jaeger/Schilken* § 27 Rn 43), stellt sich auch die **Nachholung der Unterschrift** als eine Abhilfe iSv § 572 Abs 1 S 1 ZPO dar. Wegen der verschobenen Wirksamkeitszeitpunktes ist nach hM die **Stunde der Eröffnung erneut festzusetzen** und der Beschluss gem § 30 **erneut öffentlich bekanntzumachen** und zuzustellen (MüKo-*Schmahl* §§ 27–29 Rn 123; *Jaeger/Schilken* § 27 Rn 44). Bei einem **absolut nichtigen Eröffnungsbeschluss** kommt eine Abhilfe nur insoweit in Betracht, als das Gericht die Nichtigkeit feststellt und die in dem Beschluss getroffenen Anordnungen ebenso wie die entsprechenden Verfügungen rückgängig macht. Wird der Unwirksamkeitsgrund vom Beschwerdeführer nicht gerügt, sondern der Eröffnungsbeschluss gem § 34 aus anderen Gründen angefochten, wird man ebenfalls die Abhilfebefugnis des Insolvenzgerichts auch hinsichtlich der nicht gerügten Verfahrensverstöße bejahen müssen.

21 **2. Berichtigung des Eröffnungsbeschlusses.** Zu unterscheiden von der **Abhilfebefugnis** nach § 572 Abs 1 S 1 ZPO ist die **Berichtigung von Schreibfehlern, Rechenfehlern und ähnlichen offenbaren Unrichtigkeiten**, die im Eröffnungsbeschluss enthalten sind. Insoweit findet über § 4 InsO § 319 ZPO entsprechende Anwendung. Möglich ist nur die **Berichtigung offenbarer Fehler**, wie zB die unrichtige Bezeichnung des Schuldnerunternehmens gem §§ 4 InsO, 319 ZPO (**BGH** v 9. 1. 2003 – IX ZR 85/02, NZI 2003, 197, 198; HK-*Kirchhof* § 27 Rn 35; MüKo-*Schmahl* §§ 27–29 Rn 132; *Jaeger/Schilken* § 27 Rn 24, 26, 42). Geheilt wird ua der Mangel der fehlenden deutschen internationalen Zuständigkeit, nicht dagegen das Fehlen der deutschen Gerichtsbarkeit (**LG Berlin** KTS 1960, 127; HK-*Kirchhof* § 27 Rn 35; *Jaeger/Schilken* § 27 Rn 47). Eine Berichtigung der **Angabe des Insolvenzverwalters** ist ebenso zulässig wie die fehlerhafte Bezeichnung des Verwalteramtes (*Jaeger/Schilken* § 27 Rn 42). Gleiches gilt für ein **Fehlen der konkreten Schuldnerbezeichnung** (**BGH** ZIP 2003, 356; K/P/B/*Pape* § 27 Rn 61, 62). Hat ein Eröffnungsgrund nicht vorgelegen, kann das Verfahren nur nach § 212 eingestellt werden. Ist ein Eröffnungsbeschluss gegen einen **Prozessunfähigen** ohne Beteiligung seines gesetzlichen Vertreters rechtskräftig ergangen, kommt eine **Wiederaufnahme** nach den §§ 579 Abs 1 Nr 4, 586 ZPO in Betracht (**LG Münster** NZI 2001, 485; *Jaeger/Schilken* § 27 Rn 7; HK-*Kirchhof* § 27 Rn 35). Gleiches gilt, wenn das Insolvenzverfahren gegen eine KG ohne Anhörung des persönlich haftenden Gesellschafters eröffnet wurde (so HK-*Kirchhof* § 27 Rn 35 unter Berufung auf **OLG Hamburg** MDR 1955, 366). Handelt es sich zB um einen Eigenantrag der KG, ist der Komplementär vor Verfahrenseröffnung nicht erneut zu hören, denn er muss mit der Verfahrenseröffnung rechnen (vgl *Uhlenbruck* FS *Baumgärtel* S 581; KS-*Vallender* S 265 Rn 49; krit *Baur/Stürner* Rn 5.31 Fn 16).

VIII. Kompetenzübergang mit Verfahrenseröffnung

Mit der Eröffnung des Insolvenzverfahrens geht die **funktionelle Zuständigkeit** für die Durchführung des Verfahrens **vom Richter auf den Rechtspfleger** über, wenn sich Ersterer nicht die weitere Abwicklung des Verfahrens ganz oder teilweise vorbehält (§ 18 Abs 1 Nr 1, Abs 2, § 3 Nr 2 e RPflG). Einzelheiten MüKo-*Schmahl* §§ 27–29 Rn 135 ff; K/P/B/*Pape* § 27 Rn 63; *Jaeger/Schilken* § 27 Rn 7. Der Richter bleibt im eröffneten Verfahren grundsätzlich nur für die im Rahmen des Schuldenbereinigungsverfahrens und des Restschuldbefreiungsverfahrens nach § 18 Abs 1 Nr 1 u 2 RPflG anstehenden Entscheidungen zuständig. Gleiches gilt für die **Anordnung von Haft**. Eine **nachträgliche Ernennung des Verwalters**, die Ernennung eines anderen Verwalters, die Ernennung eines Sonderinsolvenzverwalters gehört in die **Zuständigkeit des Richters** (MüKo-*Schmahl* §§ 27–29 Rn 137). Dagegen fallen die **Bestellung des gewählten Verwalters** (§ 57) und die **Entlassung des Verwalters** aus wichtigem Grund ebenso wie die Bestellung eines Amtsnachfolgers (§ 59) in die Zuständigkeit des Rechtspflegers (str aA **AG Göttingen** NZI 2003, 267 ff). Der Richter ist berechtigt, das **Verfahren gem § 18 Abs 2 S 3 RPflG wieder an sich zu ziehen**, wenn dieses auf den Rechtspfleger übergegangen ist (*Bassenge/Roth* § 18 RPflG Rn 15; *Uhlenbruck/Delhaes* HRP Rn 65; *Uhlenbruck* Rpfleger 1997, 359; MüKo-*Schmahl* §§ 27–29 Rn 147; FK-*Schmerbach* § 2 Rn 24; *Jaeger/Schilken* § 27 Rn 7; *Jaeger/Gerhardt* § 2 Rn 55; *Hess* § 2 Rn 23; *Dallmayer/Eickmann* § 18 RPflG Rn 13; str aA KS-*Bernsen* S 1846 Rn 5; *Arnold/Meyer-Stolte/Rellermeyer* § 18 RPflG Rn 40, 43; *Frege/Keller/Riedel* HRP Rn 200). Das **Evokationsrecht des Richters** kann auf bestimmte Verfahrensabschnitte oder Entscheidungen beschränkt werden (**AG Köln** NZI 2000, 331; **AG Duisburg** NZI 2000, 385; MüKo-*Schmahl* §§ 27–29 Rn 147; *Frind* ZInsO 2001, 993; FK-*Schmerbach* § 2 Rn 24; *Dallmayer/Eickmann* § 18 Rn 13). Zutreffend der Hinweis bei K/P/B/*Pape* (§ 27 Rn 63), dass der Richter entsprechend der bisherigen Praxis von der Möglichkeit, sich die Abwicklung des Verfahrens vorzubehalten, und dem Recht, das Verfahren wieder an sich zu ziehen, auch in Zukunft „nur sehr zurückhaltend Gebrauch machen" sollte. Andererseits hätte bei überregionalen Großverfahren die Gläubigerschaft kein Verständnis dafür, wenn das Verfahren statt vom Richter vom Rechtspfleger abgewickelt würde. Keine Bedenken bestehen dagegen, dass Richter und Rechtspfleger das Verfahren gemeinsam abwickeln, etwa in der Form, dass dem Rechtspfleger die Bearbeitung der Forderungsanmeldung einschließlich der Prüfung übertragen wird. **Einzelheiten zum Evokationsrecht** siehe § 2 Rn 6.

§ 28 Aufforderungen an die Gläubiger und die Schuldner

(1) ¹Im Eröffnungsbeschluß sind die Gläubiger aufzufordern, ihre Forderungen innerhalb einer bestimmten Frist unter Beachtung des § 174 beim Insolvenzverwalter anzumelden. ²Die Frist ist auf einen Zeitraum von mindestens zwei Wochen und höchstens drei Monaten festzusetzen.

(2) ¹Im Eröffnungsbeschluß sind die Gläubiger aufzufordern, dem Verwalter unverzüglich mitzuteilen, welche Sicherungsrechte sie an beweglichen Sachen oder an Rechten des Schuldners in Anspruch nehmen. ²Der Gegenstand, an dem das Sicherungsrecht beansprucht wird, die Art und der Entstehungsgrund des Sicherungsrechts sowie die gesicherte Forderung sind zu bezeichnen. ³Wer die Mitteilung schuldhaft unterläßt oder verzögert, haftet für den daraus entstehenden Schaden.

(3) Im Eröffnungsbeschluß sind die Personen, die Verpflichtungen gegenüber dem Schuldner haben, aufzufordern, nicht mehr an den Schuldner zu leisten, sondern an den Verwalter.

§ 28

I. Allgemeines

1 Die Vorschrift informiert die Gläubiger und führt dazu, dass die Schuldenmasse rasch ermittelt und als sogen Ist-Masse um Aus- und Absonderungsrechte zur Soll-Masse bereinigt werden kann. Die Zusammenfassung und Straffung der Vorschriften dient der Verfahrensbeschleunigung. Die §§ 27, 28, 29 gehören rechtssystematisch zusammen, denn sie bestimmen den Inhalt des Eröffnungsbeschlusses.

II. Aufforderung zur Forderungsanmeldung (Abs 1)

2 **1. Hinweis auf die Anmeldepflicht.** Gem § 28 Abs 1 S 1 sind die Gläubiger (§ 38) aufzufordern, ihre Forderungen beim Insolvenzverwalter (Sachwalter, Treuhänder) unter Beachtung des § 174 anzumelden, also schriftlich beim Insolvenzverwalter (§ 174 Abs 1 S 1). Der Anmeldung sollen die Urkunden, aus denen sich die Forderung ergibt, in Abdruck beigefügt werden (§ 174 Abs 1 S 2). Grund und Betrag der Forderung sind anzugeben (§ 174 Abs 2). Eine Anmeldung der Insolvenzforderung hat **schriftlich** zu erfolgen. Eine Anmeldung zu Protokoll der Geschäftsstelle ist nicht mehr möglich. Zu beachten ist, dass es für die **Anmeldung nachrangiger Forderungen** einer ausdrücklichen Aufforderung durch das Insolvenzgericht bedarf (§ 174 Abs 3), die allerdings nicht zwingend im Eröffnungsbeschluss erfolgen muss (MüKo-*Schmahl* §§ 27–29 Rn 47). Das **Fehlen der Aufforderung** macht den EB nicht unwirksam und auch nicht anfechtbar (HK-*Kirchhof* § 28 Rn 6; HaKo-*Schröder* § 28 Rn 4).

3 **2. Fristbestimmung.** Die Anmeldefrist beträgt **mindestens zwei Wochen** und **höchstens drei Monate** (§ 28 Abs 1 S 2). Sie beginnt mit dem Zeitpunkt, zu dem die Bekanntmachung des Eröffnungsbeschlusses als erfolgt gilt, also zwei Tage nach dem Tag, der der ersten Einrückung in das zur Veröffentlichung bestimmte Amtsblatt (§ 9 Abs 1 S 3) folgt. Die Anmeldefrist ist weder eine **Notfrist** noch eine **Ausschlussfrist** (K/P/B/*Pape* § 28 Rn 2; MüKo-*Schmahl* §§ 27–29 Rn 52; *Jaeger/Schilken* § 28 Rn 9; BerlKo-*Goetsch* § 28 Rn 11). Eine **Versäumung der Anmeldefrist** hat lediglich zur Folge, dass die Forderung in einem nachträglichen Prüfungstermin oder im schriftlichen Verfahren gem § 177 Abs 1 geprüft wird. Eine verspätete Anmeldung kann dazu führen, dass die Forderung nicht mehr in das Verteilungsverzeichnis (§ 188) aufgenommen wird. Bei der Versäumung der Anmeldefrist findet eine **Wiedereinsetzung in den vorigen Stand** entspr §§ 4 InsO, 233 ZPO nicht statt (N/R/*Mönning* § 28 Rn 22; *Hess* § 28 Rn 9). Wird die Forderung verspätet angemeldet, was bis zur Grenze der §§ 189, 192, 197 möglich ist, können die **Kosten des nachträglichen Prüfungstermins** dem säumigen Gläubiger auferlegt werden (K/P/B/*Pape* § 28 Rn 2; N/R/*Mönning* § 28 Rn 24; K/U § 138 KO Rn 5; *Hess* § 28 Rn 12). In besonders umfangreichen Insolvenzverfahren wird ein **Überschreiten der Höchstgrenze** von drei Monaten für zulässig gehalten (so BerlKo-*Goetsch* § 28 Rn 7). Die Anmeldefrist dient dem Zweck, möglichst rasch und umfassend die für das Insolvenzverfahren maßgebliche Schuldenmasse festzustellen. Eine **verfrühte Anmeldung** der Forderung beim vorläufigen Insolvenzverwalter schadet nicht. Sie ist zu berücksichtigen und in die Tabelle aufzunehmen (N/R/*Mönning* § 28 Rn 25). Unterlässt der Gläubiger trotz Aufforderung im Eröffnungsbeschluss die Anmeldung, so nimmt er mit seiner Forderung nicht am Verfahren teil. Andererseits treffen ihn sämtliche verfahrensmäßigen Beschränkungen und wird seine Forderung auch von einem bestätigten Insolvenzplan erfasst. Die **nicht angemeldete Forderung** wird gem § 301 Abs 1 S 2 darüber hinaus von einer späteren Restschuldbefreiung erfasst. Fehlt die Aufforderung oder Fristbestimmung im Eröffnungsbeschluss, ist dieser nicht etwa unwirksam (HK-*Kirchhof* § 27 Rn 16 u § 28 Rn 6). Vielmehr kann eine Ergänzung durch besonderen Beschluss erfolgen (HK-*Kirchhof* § 27 Rn 14, 16 f; *Uhlenbruck* EWiR 1998, 175 f; MüKo-*Schmahl* §§ 27–29 Rn 127). Wirkungen und Fristenlauf treten aber nur für die Zukunft ein.

III. Der „offene Arrest" (§ 28 Abs 2)

4 **1. Anzeigepflicht.** Durch den „offenen Arrest", dh die Aufforderung an die Sicherungsgläubiger, ihre Rechte an beweglichen Sachen oder Rechten des Schuldners geltend zu machen und keine Zahlungen mehr an den Schuldner zu leisten, soll die Bereinigung von der sogen Ist-Masse zur sogen Soll-Masse sichergestellt werden. Nach § 28 Abs 2 sind deshalb im Eröffnungsbeschluss die Gläubiger aufzufordern, ihre Sicherungsrechte am beweglichen Vermögen nebst gesicherten Forderungen genau zu bezeichnen. Darauf, dass der Schuldner bzw der Insolvenzverwalter oder der Gläubiger die Sache in Besitz hat, kommt es für die Anzeigepflicht nicht mehr an (HK-*Kirchhof* § 28 Rn 8). Die Vorschrift des § 28 Abs 2 gilt auch für **ausländische Gläubiger**, die Sicherheiten im deutschen Insolvenzverfahren für sich in Anspruch nehmen (HK-*Kirchhof* § 28 Rn 8; K/U § 118 KO Rn 4; *Hess* § 28 Rn 31). Eine **bestimmte Form** für die Mitteilungspflicht hat der Gesetzgeber nicht vorgesehen. Die Mitteilung kann demgemäß sowohl schriftlich als auch mündlich erfolgen (HK-*Kirchhof* § 28 Rn 9). Der Begriff der „Sicherungsrechte" in § 28 Abs 2 S 1 umfasst nicht nur Sicherungsrechte ieS, wie zB Sicherungseigentum und Sicherungszessionen, sondern auch **Eigentumsvorbehaltsrechte** (K/P/B/*Pape* § 28 Rn 3; HK-*Kirchhof* § 28 Rn 8; MüKo-*Schmahl* §§ 27–29 Rn 59). Der „offene Arrest" isv § 28 Abs 2, 3 hat lediglich Warnfunktion und entbehrt jeglicher dinglichen Wirkung (K/U § 118 KO Rn 1; *Hess* § 28 Rn 25, 27). Da dem

IV. Leistungsverbot (Abs 3)   § 28

offenen Arrest nur die Bedeutung einer öffentlichen Warnung zukommt, hat der Schuldner im Insolvenzverfahren über das Vermögen des Anspruchsgläubigers kein vorübergehendes Leistungsverweigerungsrecht iSv § 202 BGB (BGH v 2. 7. 1963, NJW 1963, 2019; K/U § 118 KO Rn 1; *Hess* § 28 Rn 27).

2. Anzeigefrist. Gem § 28 Abs 2 S 1 hat die Mitteilung gegenüber dem Insolvenzverwalter **unverzüg-** 5 **lich**, dh ohne schuldhaftes Zögern (§ 121 BGB), zu erfolgen. Eine Fristsetzung sieht das Gesetz nicht vor (K/P/B/*Pape* § 28 Rn 4; N/R/*Mönning* § 28 Rn 40). Allerdings wird in der Literatur empfohlen, im Eröffnungsbeschluss vorsichtshalber auch eine Frist zur Mitteilung der Sicherungsrechte festzulegen, um möglichst rasch Klarheit über das Bestehen möglicher Ansprüche gegen die Insolvenzmasse zu schaffen (H/W/F, Hdb 4/21; N/R/*Mönning* § 28 Rn 41).

3. Rechtsfolgen der Nichtanzeige. Wer die Mitteilung von Sicherungsrechten schuldhaft unterlässt oder 6 verzögert, haftet gem § 28 Abs 2 S 3 für den daraus entstehenden Schaden. Eine **unrichtige** oder **unvollständige Mitteilung** steht einer unterlassenen Mitteilung gleich (MüKo-*Schmahl* §§ 27–29 Rn 62). Bei **Eigenverwaltung** sind die Mitteilungen an den Sachwalter zu richten (MüKo-*Schmahl* §§ 27–29 Rn 63). Die Schadenersatzpflicht trifft nur solche gesicherten Gläubiger, die ihr Sicherungsrecht im Insolvenzverfahren auch geltend machen. Der lediglige **Besitz an Sachen des Schuldners**, wie zB als Mieter, ist grundsätzlich nicht anzeigepflichtig. Der Mieter beweglicher Sachen kann jedoch den Beschränkungen des § 28 Abs 3 unterliegen (HK-*Kirchhof* § 28 Rn 7 u Rn 10). Solange der Sicherungsgläubiger sein Sicherungsrecht nicht anzeigt, besteht nicht nur eine Eigentumsvermutung zugunsten der Insolvenzmasse, sondern auch die Vermutung, dass der Gegenstand oder die Forderung weder belastet noch zur Sicherheit abgetreten ist (K/P/B/*Pape* § 28 Rn 5). Die Nichtanzeige ändert nichts an der Verpflichtung des Insolvenzverwalters, von sich aus Sicherungsrechte, vor allem Fremdeigentum festzustellen. Die Verletzung der Anzeigepflicht kann allerdings zur Einschränkung der Haftung des Verwalters nach § 60 führen, wenn dieser Gegenstände des Umlaufvermögens verwertet, obgleich hieran Rechte Dritter bestehen. Meist kommt in diesen Fällen ein **Ersatzaussonderungs- oder -absonderungsanspruch** in Betracht.

Nur die **schuldhafte Unterlassung** oder Verzögerung der Mitteilung begründet eine Schadenersatzpflicht (N/R/*Mönning* § 28 Rn 46; HaKo-*Schröder* § 28 Rn 19). Die Nichtanzeige muss für den Schaden **ursächlich** sein (K/U § 119 KO Rn 3; N/R/*Mönning* § 28 Rn 47). An einem ursächlichen Zusammenhang fehlt es, wenn der Insolvenzverwalter bereits wusste, dass sich die Sache in der Hand des anzeigepflichtigen Besitzers befand, oder wenn der Schaden auch bei rechtzeitiger Anzeige entstanden wäre (K/U § 119 KO Rn 3). Auch das Unterlassen oder die Verzögerung der **vollständigen Anzeige** kann die Haftung nach § 28 Abs 2 begründen (HK-*Kirchhof* § 28 Rn 11). Dies aber nur, wenn sich bei einer Gesamtbetrachtung ergibt, dass wegen der Unvollständigkeit die Anzeige insgesamt als nicht oder verspätet abgegeben gilt (HK-*Kirchhof* § 28 Rn 11). **Unkenntnis der Anzeigepflicht** ist in der Regel fahrlässig, wenn dem Anzeigepflichtigen die Mitteilungspflicht auf Grund der Veröffentlichung bekannt sein musste (HK-*Kirchhof* § 28 Rn 11; *Hess* § 28 Rn 33). Jedoch stellt § 28 keine gesetzliche Vermutung für die Kenntnis oder fahrlässige Unkenntnis des offenen Arrestes auf. Der Anzeigepflichtige kann sich nicht damit entschuldigen, er habe irrtümlich angenommen, die Sache gehöre zum insolvenzfreien Vermögen des Schuldners. Der **Umfang der Schadenersatzpflicht** nach § 28 Abs 2 S 3 richtet sich nach den §§ 249 ff BGB (K/U § 119 KO Rn 4; MüKo-*Schmahl* §§ 27–29 Rn 67; N/R/*Mönning* § 28 Rn 49; *Hess* § 28 Rn 35). Der Schaden kann darin bestehen, dass der Insolvenzverwalter den Gegenstand bei Kenntnis besser hätte verwerten können (BerlKo-*Goetsch* § 28 Rn 19; FK-*Schmerbach* § 28 Rn 12). Die Vorschrift des § 254 BGB ist anwendbar. Der zu ersetzende Schaden umfasst auch den der Insolvenzmasse entgangenen Gewinn (§ 252 BGB). Der Schaden kann auch darin liegen, dass durch nachträgliche Veräußerung und Verteilung Kosten entstehen oder eine Wertminderung eintritt, etwa weil die Ware inzwischen nicht mehr veräußerlich ist. Den durch die schuldhafte Verletzung der Anzeigepflicht entstandenen Schaden hat der Insolvenzverwalter für Rechnung der Masse geltend zu machen (HK-*Kirchhof* § 28 Rn 10; N/R/*Mönning* § 28 Rn 50; K/U § 119 KO Rn 5; *Jaeger/Weber* § 119 KO Rn 3). Die Schadenersatzforderung ist Massebestandteil iSv § 35.

IV. Leistungsverbot (Abs 3)

Gem § 28 Abs 3 sind im Eröffnungsbeschluss die Personen, die Verpflichtungen gegenüber dem 7 Schuldner haben, aufzufordern, nicht mehr an den Schuldner, sondern nur noch an den Insolvenzverwalter zu leisten. Die Vorschrift ist nur noch eine **öffentliche Warnung** ohne dingliche Wirkung (K/P/B/*Pape* § 28 Rn 6; N/R/*Mönning* § 28 Rn 56; HK-*Kirchhof* § 28 Rn 2; MüKo-*Schmahl* §§ 27–29 Rn 71–73; *Jaeger/Schilken* § 28 Rn 25). Die **Rechtsfolgen von Leistungen an den Schuldner** nach Eröffnung des Insolvenzverfahrens richten sich nach § 82. Das Leistungsverbot gibt dem Drittschuldner nicht das Recht, die Leistung seinerseits gem § 205 BGB zu verweigern (BGH v 2. 7. 1963, NJW 1963, 2019; K/U § 118 KO Rn 1; N/R/*Mönning* § 28 Rn 57; HK-*Kirchhof* § 28 Rn 16; *Braun/Herzig* § 28 Rn 10). Das Leistungsverbot bezieht sich auch auf **ausländische Schuldner** des Insolvenzschuldners, wenn die Leistung innerhalb der Grenzen des deutschen Staatsgebietes zur Ausführung kommt (RGZ 190, 124,

127; K/U § 118 KO Rn 4; FK-*Schmerbach* § 28 Rn 13). Wird im Eröffnungsbeschluss bei **Eigenverwaltung** kein Insolvenzverwalter, sondern nur ein Sachwalter (§ 274) bestellt, ergeht keine Aufforderung im Eröffnungsbeschluss nach § 28 Abs 3 (HK-*Kirchhof* § 28 Rn 14; N/R/*Mönning* § 28 Rn 58; FK-*Schmerbach* § 28 Rn 17; *Jaeger/Schilken* § 28 Rn 26). Bei **Übernahme der Kassenführung nach § 274 Abs 2** kann entspr § 28 Abs 3 die Aufforderung an den Drittschuldner erfolgen, Zahlungen nur noch an den Sachwalter zu leisten (MüKo-*Schmahl* §§ 27–29 Rn 75). Bei Bestellung eines **Treuhänders im vereinfachten Insolvenzverfahren** (§ 313) ist dagegen im Eröffnungsbeschluss das Leistungsverbot auszusprechen, weil dieser an die Stelle des Insolvenzverwalters tritt (HK-*Kirchhof* § 28 Rn 17; FK-*Schmerbach* § 28 Rn 13; HaKo-*Schröder* § 28 Rn 11).

§ 29 Terminbestimmungen

(1) Im Eröffnungsbeschluß bestimmt das Insolvenzgericht Termine für:
1. eine Gläubigerversammlung, in der auf der Grundlage eines Berichts des Insolvenzverwalters über den Fortgang des Insolvenzverfahrens beschlossen wird (Berichtstermin); der Termin soll nicht über sechs Wochen und darf nicht über drei Monate hinaus angesetzt werden;
2. eine Gläubigerversammlung, in der die angemeldeten Forderungen geprüft werden (Prüfungstermin); der Zeitraum zwischen dem Ablauf der Anmeldefrist und dem Prüfungstermin soll mindestens eine Woche und höchstens zwei Monate betragen.

(2) Die Termine können verbunden werden.

I. Allgemeines

1 Die Vorschrift dient der Konzentration, Beschleunigung und Verbilligung des Verfahrens. Weitere Verfahrensvereinfachungen sind in § 5 Abs 2 vorgesehen: Danach kann bei überschaubaren Vermögensverhältnissen und geringer Gläubigerzahl sowie geringer Höhe der Verbindlichkeiten das Verfahren **schriftlich durchgeführt** werden (§ 5 Abs 2 S 1). Die schriftliche Durchführung bezieht sich im Wesentlichen auf die Abhaltung von Gläubigerversammlungen. Die **schriftliche Forderungsprüfung** ist bereits nach § 177 Abs 1 S 1 möglich. Einzelheiten bei K/P/B/*Pape* § 29 Rn 2–4; Begr RegE und Ausschussbericht zu § 35 RegE (§ 39 InsO) bei *Balz/Landfermann*, S 243 f; *Frege/Keller/Riedel* HRP Rn 51 b–51 f.

II. Bestimmung des Berichtstermins

2 Nach § 29 Abs 1 Nr 1 hat das Insolvenzgericht den Termin für die erste Gläubigerversammlung, den sogen Berichtstermin (§ 156), zu bestimmen. Der Termin **soll nicht über sechs Wochen** und **darf nicht über drei Monate** hinaus angesetzt werden (§ 29 Abs 1 Nr 1 2. Halbs). Da der Insolvenzverwalter gem § 156 Abs 1 S 1 nicht nur über die wirtschaftliche Lage des Schuldners bzw Schuldnerunternehmens zu berichten hat, sondern auch darzulegen hat, welche Aussichten bestehen, das Unternehmen des Schuldners im Ganzen oder in Teilen zu erhalten, welche Möglichkeiten für einen Insolvenzplan bestehen und welche Auswirkungen jeweils für die Befriedigung der Gläubiger eintreten würden (§ 156 Abs 1 S 2), ist der Termin so anzusetzen, dass dem Insolvenzverwalter genügend Zeit bleibt, seiner Aufgabe im Berichtstermin nachzukommen. Andererseits sollte die Frist nicht zu lang bemessen sein, um der Gläubigerversammlung die Möglichkeit zu erhalten, im Termin gem § 157 S 1 über das Verfahrensziel Beschluss zu fassen. War der vorläufige Insolvenzverwalter gem § 22 Abs 1 S 2 Nr 3, 2 bereits im Eröffnungsverfahren vom Gericht beauftragt worden, als Sachverständiger die Fortführungsaussichten des Schuldnerunternehmens zu prüfen, kann die Frist verhältnismäßig kurz angesetzt werden (KS-*Uhlenbruck* S 325, 360 Rn 39; HK-*Kirchhof* § 29 Rn 4).

§ 29 gilt auch bei **Anordnung der Eigenverwaltung** nach § 270 Abs 1, nicht jedoch im **Verbraucher-Kleininsolvenzverfahren** (§ 312 Abs 1 S 2). Problematisch dürfte das **schriftliche Verfahren** nach § 5 Abs 2 beim Berichtstermin (§ 157) sein, da hier nicht nur Anträge gestellt werden können, sondern auch Beschlussfassungen erforderlich werden können (*Frege/Keller/Riedel* HRP Rn 51 d). Wird der **Berichtstermin mit dem Prüfungstermin** verbunden (§ 29 Abs 2), muss die Mindestfrist bis zum Beginn des Prüfungstermins und die Höchstfrist zwischen Ablauf der Anmeldefrist und dem Prüfungstermin (§ 28 Abs 1 Nr 2) eingehalten werden (K/P/B/*Pape* § 29 Rn 5). Bei der **Sechs-Wochen-Frist** des § 29 Abs 1 Nr 1 2. Halbs handelt es sich um eine Soll-Vorschrift, die in dringenden Fällen, wie zB bei der Möglichkeit der Übertragung des Schuldnerunternehmens auf einen neuen Rechtsträger, unterschritten werden kann (FK-*Schmerbach* § 29 Rn 7).

III. Bestimmung des Prüfungstermins

3 Bei der Bestimmung des Prüfungstermins nach § 29 Abs 1 Nr 2 ist zu beachten, dass zwischen dem Ablauf der Anmeldefrist (§ 28 Abs 1 S 2) gem § 29 Abs 2 Nr 2 eine weitere **Frist von mindestens einer Woche** und **höchstens zwei Monaten** liegen muss. Eine zwingende Reihenfolge der Gläubigerversammlungen ist nicht vorgegeben. Vielmehr kann vor allem im Hinblick auf die Tatsache, dass die Stimm-

V. Festlegung und Bekanntmachung der Tagesordnung § 29

rechte der Gläubiger in der Gläubigerversammlung grundsätzlich vom Ergebnis der Forderungsprüfung abhängig sind, der **Prüfungstermin vor dem Berichtstermin** liegen (K/P/B/*Pape* § 29 Rn 8; vgl auch *Pape* ZIP 1991, 837 ff; str aA MüKo-*Schmahl* §§ 27–29 Rn 96; BerlKo-*Goetsch* § 29 Rn 18; *Hess* § 29 Rn 14). S auch unten zu Rn 6. Die vorgezogene Forderungsprüfung verhindert vor allem im Insolvenzplanverfahren die Nachteile einer Entscheidung über den Verfahrensfortgang und das Verfahrensziel auf Grund vorläufiger Stimmrechte (s auch *Jaeger/Schilken* § 29 Rn 11; HaKo-*Schröder* § 29 Rn 6). **Die Höchstfrist von zwei Monaten** für den Zeitraum zwischen Ablauf der Anmeldefrist und dem Prüfungstermin kann, da es sich um ein Soll-Vorschrift handelt, vor allem in **größeren Verfahren überschritten** werden (FK-*Schmerbach* § 29 Rn 9; HaKo-*Schröder* § 29 Rn 5; *Jaeger/Schilken* § 29 Rn 8, 9). Auch ein Unterschreiten der Mindestfrist von einer Woche ist zulässig, kommt aber praktisch kaum in Betracht. Die zwingende zeitliche Höchstgrenze von drei Monaten in § 29 Abs 1 Nr 1 gilt auch, wenn Berichtstermin und Prüfungstermin verbunden werden (FK-*Schmerbach* § 30 Rn 10).

IV. Funktionelle Zuständigkeit und Terminabstimmung

Funktionell zuständig für den Erlass des Eröffnungsbeschlusses und die Terminbestimmungen ist der **4** Insolvenzrichter bzw die Richterin (§ 18 Abs 1 RPflG). Da der funktionell zuständige Richter die Termine selbst nicht wahrnimmt, da das Verfahren mit der Eröffnung auf den Rechtspfleger übergeht, besteht die Gefahr der Terminaufhebung, wenn nicht eine **Abstimmung zwischen Richter und Rechtspfleger** erfolgt (vgl KS-*Bernsen* S 1843, 1850 Rn 17; K/P/B/*Pape* § 29 Rn 6; *Frege/Keller/Riedel* HRP Rn 202; N/R/*Mönnig* § 29 Rn 26; *Jaeger/Schilken* § 29 Rn 7). Nicht gefolgt werden kann der Auffassung von *Schmerbach* (FK-*Schmerbach* § 30 Rn 4), dass der Richter lediglich den Eröffnungsbeschluss mit dem Inhalt des § 27 erlässt und die restlichen Anordnungen, wie zB Terminbestimmungen, Aufgabe des Rechtspflegers sind. Erlässt erst das **Beschwerdegericht den Eröffnungsbeschluss**, gelten auch für das Beschwerdegericht die Vorschriften der §§ 27, 28, 29. Da § 29 Abs 1 zwingend vorsieht, dass die Terminbestimmung im Eröffnungsbeschluss zu erfolgen hat, muss das Beschwerdegericht für den Fall der Verfahrenseröffnung nach Absprache mit dem Insolvenzgericht auch die Termine festlegen. Für Mitteilungen und Veröffentlichungen nach den §§ 30–33 bleibt das Insolvenzgericht zuständig.

V. Festlegung und Bekanntmachung der Tagesordnung

Grundsätzlich kann in einer Gläubigerversammlung nur über solche Tagesordnungspunkte abge- **5** stimmt werden, die Gegenstand der Terminbekanntmachung waren. Zur Vermeidung von Vertagungen ist darauf zu achten, dass ein möglichst umfangreicher Katalog von Tagesordnungspunkten in die Terminsbestimmung eingebracht wird, damit gewährleistet ist, dass bereits in der ersten Gläubigerversammlung sämtliche verfahrensrelevanten Themen behandelt werden können (*Frege/Keller/Riedel* HRP Rn 767). Entgegen der Rechtslage unter Geltung der KO dürfte der **generelle Hinweis auf die gesetzlich festgelegten Punkte der Tagesordnung** jedoch ausreichen, um die Voraussetzungen für eine wirksame Terminbestimmung zu erfüllen (K/P/B/*Pape* § 29 Rn 7; *Frege/Keller/Riedel* HRP Rn 767, 775; MüKo-*Schmahl* §§ 27–29 Rn 90; LG Freiburg ZIP 1983, 1098 m Anm *Uhlenbruck* Rpfleger 1983, 493; str aA *Kübler* ZIP 1983, 1100 ff; K/P/B/*Kübler* § 74 Rn 13; *Jaeger/Gerhardt* § 74 Rn 22; *Graf-Schlicker/ Mäusezahl* § 74 Rn 5; MüKo-*Ehricke* § 74 Rn 36; BerlKo-*Goetsch* § 29 Rn 11). Nach **Auffassung des BGH** (BGH v 20. 3. 2008 – IX ZB 104/07, NZI 2008, 430 = ZIP 2008, 1030; vgl auch LG Saarbrücken ZIP 2008, 1031) muss die öffentlich bekannt zu machende Tagesordnung der Gläubigerversammlung die **Beschlussgegenstände zumindest schlagwortartig** bezeichnen, sodass der Eingeladene in die Lage versetzt wird, sich auf die Sitzung vorzubereiten und vor Überraschungen geschützt wird (vgl auch BGHZ 99, 119). Es genügt neben den Hinweisen auf die Wahl eines anderen Verwalters (§ 57) die Einsetzung eines Gläubigerausschusses (§§ 67, 68), der weitere Hinweis auf die Beschlussfassung über eine Unterstützung des Schuldners nach § 100, Regelungen nach § 149, die Beschlussfassung über Betriebsfortführung oder Betriebsschließung sowie die Beauftragung des Verwalters zur Ausarbeitung eines Insolvenzplans (§ 157). Selbst diese Tagesordnungspunkte brauchen nicht sämtlich angegeben zu werden (so auch MüKo-*Schmahl* §§ 27–29 Rn 90; **anders** aber MüKo-*Ehricke* § 74 Rn 36). Teilweise wird **in der Praxis folgende Formulierung** gewählt: „Der Termin dient zugleich zur Beschlussfassung der Gläubiger über die Person des Insolvenzverwalters, den Gläubigerausschuss, gegebenenfalls die Zahlung von Unterhalt aus der Insolvenzmasse (§§ 100, 101 InsO) sowie in den §§ 149, 159–163 Abs 2, 272, 277 InsO bezeichneten Gegenstände" (*Frege/Keller/Riedel* HRP Rn 775; AG Köln NZI 1999, 184; vgl. auch *Smid/Frenzel* DZWIR 1998, 442, 445). Ein trotz fehlerhafter Bekanntmachung gefasster **Beschluss der Gläubigerversammlung ist nichtig**, sofern nicht alle Gläubiger anwesend waren und niemand der Beschlussfassung widersprochen hat (MüKo-*Ehricke* § 74 Rn 45; HaKo-*Preß* § 74 Rn 7; *Jaeger/Gerhardt* § 74 Rn 22; K/P/B/*Kübler* § 74 Rn 13). **Einzelheiten in der Kommentierung zu § 74.** Es ist aber keinesfalls ausgeschlossen, ohne vorherige öffentliche Bekanntmachung über nicht in der Tagesordnung enthaltenen Themen zu verhandeln und zu diskutieren (MüKo-*Ehricke* § 74 Rn 36; N/R/*Delhaes* § 74 Rn 7; *Jaeger/Gerhardt* § 74 Rn 22). Der **Bestimmtheitsgrundsatz** greift aber voll ein, wenn es sich um eine **besondere Gläubigerversammlung** aus bestimmtem Anlass handelt.

VI. Verbindung von Terminen (§ 29 Abs 2)

6 § 29 Abs 2 gestattet die Verbindung von Berichts- und Prüfungstermin. Die Verbindung von Berichts- und Prüfungstermin steht im pflichtgemäßen Ermessen des Gerichts. Sie kommt vor allem dann in Betracht, wenn es sich um kleinere Verfahren handelt mit einfach gelagerten Verhältnissen (vgl LG Düsseldorf KTS 1986, 159; K/P/B/*Pape* § 29 Rn 9; *Hess* § 29 Rn 10, 11; FK-*Schmerbach* § 29 Rn 4; N/R/*Mönning* § 29 Rn 22–24). Eines Antrags für die Verbindung bedarf es nicht. Nach der – nicht realisierten – Neufassung des § 29 durch das GAVI (BR-Drucks 566/07) sollte die gesetzliche Möglichkeit einer **getrennten Beschlussfassung** eröffnet werden. Nach MüKo-*Schmahl* (§§ 27–29 Rn 81) darf der **Prüfungstermin nicht vor dem Berichtstermin** durchgeführt werden. Der Nachteil, dass Abstimmungen in der ersten Gläubigerversammlung nur auf der Grundlage **vorläufiger Stimmrechte** stattfindet (§ 77 Abs 1), sei zwar bedenklich, entspreche aber dem Willen des Gesetzgebers. Die Termine sind mit dem **Insolvenzverwalter abzusprechen**, da dieser verpflichtet ist, die **Termine persönlich wahrzunehmen** (AG Hohenschönhausen, ZInsO 2000, 168 m Anm *Nowak*; *Jaeger/Gerhardt* § 29 Rn 9; *Frege/Keller/Riedel* HRP Rn 770; str aA *Voigt-Salus/Pape* bei Mohrbutter/Kingstmeier Hdb § 21 Rn 189 ff). Wie oben bereits dargestellt wurde, empfiehlt es sich, wegen der Stimmrechte in der Gläubigerversammlung die Forderungsprüfung vorwegzunehmen (*Jaeger/Schilken* § 29 Rn 10, 11; str aA MüKo-*Schmahl* §§ 27–29 Rn 81).

VII. Terminsänderungen

Terminsänderungen, wie zB Aufhebung, Verlegung oder Vertagung sind sowohl auf Antrag eines Beteiligten oder von Amts wegen gem § 4 iVm § 227 ZPO zulässig (K/P/B/*Pape* § 29 Rn 6, 8; MüKo-*Schmahl* §§ 27–29 Rn 83, 87; HK-*Kirchhof* § 29 Rn 3; F/K/*Schmerbach* § 29 Rn 6, 10). Allerdings müssen **erhebliche Gründe** vorliegen, um eine Terminsänderung zu rechtfertigen (HK-*Kirchhof* § 29 Rn 3; *Jaeger/Schilken* § 29 Rn 9). Vor allem in Großinsolvenzen kann eine **Vertagung** über die gesetzliche Höchstgrenze hinaus zulässig sein. Das **Fehlen der Terminsbestimmungen** im Eröffnungsbeschluss oder die **Nichteinhaltung der gesetzlichen Fristen** führt nicht etwa zur Unwirksamkeit des Eröffnungsbeschlusses (HK-*Kirchhof* § 29 Rn 7; HaKo-*Schröder* § 29 Rn 5; FK-*Schmerbach* § 29 Rn 12). Der Eröffnungsbeschluss kann auch nicht deswegen **angefochten** werden (BGH v 8. 7. 2004 – IX ZB 119/03 u 126/03, zit bei HK-*Kirchhof* aaO; AG Hamburg ZInsO 2005, 670; *Jaeger/Schilken* § 30 Rn 1; str aA MüKo-*Schmahl* §§ 27–29 Rn 51, 88). Fehlt die Terminsbestimmung, ist der Beschluss entsprechend zu ergänzen. Ist die **Drei-Monats-Grenze für den Berichtstermin** überschritten, ist der Termin auf Antrag vorzuverlegen (HK-*Kirchhof* § 29 Rn 7; HaKo-*Schröder* § 29 Rn 5). Soweit es sich um die Überschreitung von Soll-Fristen handelt, ist eine Korrektur ohnehin nicht erforderlich.

§ 30 Bekanntmachung des Eröffnungsbeschlusses

(1) ¹**Die Geschäftsstelle des Insolvenzgerichts hat den Eröffnungsbeschluß sofort öffentlich bekanntzumachen.** ²Hat der Schuldner einen Antrag nach § 287 gestellt, ist dies ebenfalls öffentlich bekannt zu machen, sofern kein Hinweis nach § 27 Abs. 2 Nr. 4 erfolgt ist.

(2) Den Gläubigern und Schuldnern des Schuldners und dem Schuldner selbst ist der Beschluß besonders zuzustellen.

I. Allgemeines

1 Die Vorschrift ist durch das Vereinfachungsgesetz vom 13. 4. 2007 (BGBl I. 509; BT-Drucks 16/3227 v 2. 11. 2006; BT-Drucks 16/4194 v 21. 1. 2007) dahingehend geändert worden, dass der frühere § 30 aufgehoben und die auszugsweise **Veröffentlichung im Bundesanzeiger** weggefallen ist (vgl K/P/B/*Pape* § 30 Rn 1–4). Für Verfahren, die nach dem 30. 6. 2007 eröffnet worden sind, ist die Pflicht zur auszugsweisen öffentlichen Bekanntmachung des Eröffnungsbeschlusses im Bundesanzeiger entfallen. § 30 Abs 1 gilt auch für die **Eröffnung eines inländischen Haupt- oder Sekundärinsolvenzverfahrens**. Nach Art 21 Abs 1 EuInsVO obliegt es dem Insolvenzverwalter, die Veröffentlichung der Verfahrenseröffnung in den anderen Mitgliedstaaten nach eigenem Ermessen und nach den Bestimmungen des jeweiligen Mitgliedstaates zu veranlassen (HaKo-*Schröder* § 30 Rn 8). Die Vorschrift des § 30 wird ergänzt durch die §§ 8, 9. Der Richter braucht die öffentliche Bekanntmachung des Eröffnungsbeschlusses nicht zu verfügen. Vielmehr erfolgt die öffentliche Bekanntmachung durch die **Geschäftsstelle** (Service-Einheit) gem § 153 GVG in eigener Zuständigkeit (BGH v 23. 10. 1997 – IX ZR 249/96, BGHZ 137, 49, 54 = ZIP 1997, 2126, 2128). Die **Benachrichtigungen**, die gem XII/2 MiZi zu erfolgen haben, werden ebenso wie die Eintragungsersuchen in die Register und im Grundbuch (§§ 32, 33) vom **Rechtspfleger** durchgeführt (K/P/B/*Pape* § 30 Rn 9–11; MüKo-*Schmahl* § 30 Rn 5; *Jaeger/Schilken* § 30 Rn 4). Die öffentliche Bekanntmachung des **Schuldnerantrags auf Restschuldbefreiung in § 30 Abs 1 S 2** dient der Information der Gläubiger, die frühzeitig von der Absicht des Schuldners in Kenntnis gesetzt werden sollen, eine Befreiung von seinen im Verfahren nicht erfüllten Verbindlichkeiten zu erlangen. Meist ist der entspre-

III. Beginn der Rechtsmittelfrist § 30

chende Hinweis jedoch bereits nach § 27 Abs 2 Nr 4 erfolgt. Der Hinweis ist sowohl bei **Eigen-** als auch **Fremdanträgen** zu erteilen (K/P/B/*Pape* § 30 Rn 5). Erfolgt die Verfahrenseröffnung durch das **Beschwerdegericht**, so bleibt für die öffentliche Bekanntmachung, Mitteilungen und Zustellungen nach den §§ 30–33 das Insolvenzgericht zuständig (Hako-*Schröder* § 30 Rn 2).

II. Öffentliche Bekanntmachung (§ 30 Abs 1)

Die für die Unterrichtung des Geschäftsverkehrs wesentlichen Teile des Eröffnungsbeschlusses sollen 2
weiterhin einem unbegrenzten Personenkreis zugänglich gemacht werden. Die **materiellrechtliche Warnfunktion** der öffentlichen Bekanntmachung eines Eröffnungsbeschlusses ist besonders wichtig. Mit der Verfahrenseröffnung verliert der Schuldner die Befugnis, über sein Vermögen zu verfügen (§§ 27, 80, 81 Abs 1). Der Schuldner eines Insolvenzschuldners kann nach Verfahrenseröffnung nur noch an den Insolvenzverwalter leisten (§ 82). Die öffentliche Bekanntmachung trägt im Übrigen dazu bei, eine mögliche **Gutgläubigkeit** im Hinblick auf § 892 BGB (§§ 81 Abs 1 S 2, 91 Abs 2) oder § 407 BGB (§ 82 S 2) zu zerstören, auch wenn – anders als in § 82 S 2 – keine Beweislastumkehr damit verbunden ist (*Frege/Keller/Riedel* HRP Rn 62 a). Wie die **öffentliche Bekanntmachung** zu erfolgen hat, regelt § 9. Die auszugsweise Veröffentlichung erfolgt gem § 9 Abs 1 S 1 **generell und ausschließlich im Internet** (K/P/B/*Prütting* § 9 Rn 13). Nach Art 103 c Abs 2 EGInsO war auf Grund einer Übergangsregelung bis zum 31. 12. 2008 noch zusätzlich eine Veröffentlichung in einem Printmedium möglich (s auch *Keller* ZIP 2003, 149 ff). Die am 21. 2. 2002 in Kraft getretene **Internet-Verordnung** (InsNetV) vom 12. 2. 2002 (BGBl I S 677), zuletzt geändert durch Art 2 des Vereinfachungsgesetzes regelt die Anforderungen an die Internetbekanntmachung (vgl K/P/B/*Prütting* § 9 Rn 25; *Frege/Keller/Riedel* HRP Rn 65 a–66). Aufgrund landesrechtlicher Vorschriften bestand nach § 9 Abs 2 S 1 für eine **Übergangszeit bis zum 31. 12. 2008** noch die Möglichkeit einer **zusätzlichen Veröffentlichung** in einem am Wohnort des Schuldners periodisch erscheinenden Blatt. Die Entscheidung, ob eine solche Veröffentlichung zusätzlich erfolgen soll, hat der Richter zu treffen (K/P/B/*Pape* § 30 Rn 15).

Der **Inhalt der öffentlichen Bekanntmachung** umfasst nach § 30 Abs 1 den gesamten Inhalt des Er- 3
öffnungsbeschlusses. Jedoch wird aus der Regelung des § 9 Abs 1 S 1 2. Halbs gefolgert, dass die **Veröffentlichung auszugsweise** erfolgen kann. Allerdings muss sie den gesamten wesentlichen Inhalt des Eröffnungsbeschlusses wiedergeben (*Jaeger/Schilken* § 30 Rn 6; *Frege/Keller/Riedel* HRP Rn 66, 66 a– 66 k; MüKo-*Schmahl* §§ 27–29 Rn 115).

Wirksamkeit und Rechtsfolgen der öffentlichen Bekanntmachung. Die öffentliche Bekanntmachung 4
wird nach Maßgabe des § 9 Abs 1 S 3 wirksam **mit Ablauf von zwei Tagen** nach ihrem Erscheinen im Internet. Fällt das Ende dieser Frist auf einen Samstag, Sonntag oder allgemeinen Feiertag, verlängert sich die Frist gem. § 4 iVm § 222 Abs 2 ZPO auf das Ende des folgenden Werktages (**BGH v 13. 1. 1975 – VII ZR 220/73**, BGHZ 64, 1; MüKo-*Ganter* § 9 Rn 20; K/P/B/*Prütting* § 9 Rn 13). Die öffentliche Bekanntmachung gilt als **Zustellung an alle Verfahrensbeteiligten**, auch wenn daneben eine besondere Zustellung vorgeschrieben und erfolgt ist (§ 9 Abs 3). Die ordnungsgemäße öffentliche Bekanntmachung heilt Mängel der Einzelzustellung (MüKo-*Ganter* § 9 Rn 29; FK-*Schmerbach* § 9 Rn 7; *Frege/Keller/Riedel* HRP Rn 69). Mit dem Wirksamwerden der öffentlichen Bekanntmachung beginnt auch der **Fristenlauf für die sofortige Beschwerde** nach § 6. Dabei kommt es auf den jeweiligen Zeitpunkt der Zustellung des Eröffnungsbeschlusses nicht an (*Frege/Keller/Riedel* HRP Rn 70). Erfolgt allerdings die **Zustellung vor der öffentlichen Bekanntmachung**, so ist der Zeitpunkt der Zustellung maßgeblich (**BGH v 20. 3. 2003 – IX ZB 140/02**, ZIP 2003, 768). Die **Einzelheiten über die Internetveröffentlichung** sind in der „*Verordnung zur öffentlichen Bekanntmachung in Insolvenzverfahren im Internet*" (InsOBekV bzw InsNetV) vom 12. 2. 2002 (BGBl I S 677) geregelt. Gem § 1 S 2 InsOBekV darf die Veröffentlichung im Internet nur die **personenbezogenen Daten** enthalten, die nach der InsO bekanntzumachen sind. Sie ist spätestens einen Monat nach der Aufhebung oder Rechtskraft der Einstellung des Insolvenzverfahrens zu löschen (§ 3 Abs 1 S 1 InsOBekV). Sonstige Veröffentlichungen werden einen Monat nach dem ersten Tag der Veröffentlichung gelöscht. Für Personen, die über **keinen eigenen Internetzugang** verfügen, hat das Insolvenzgericht sicherzustellen, dass jeder von den öffentlichen Bekanntmachungen in angemessenem Umfang unentgeltlich Kenntnis nehmen kann (§ 4 InsOBekV). Einzelheiten in der Kommentierung zu § 9.

III. Beginn der Rechtsmittelfrist

Die Rechtsmittelfristen beginnen für sämtliche Beteiligten einheitlich mit der Bekanntmachung. Um- 5
stritten war, ob frühere Einzelzustellungen für die Berechnung der Beschwerdefrist aus Gründen der Rechtsklarheit außer Betracht zu bleiben haben (so zB **OLG Hamm** ZIP 1993, 777, **OLG Frankfurt** ZIP 1996, 556; *Keller* ZIP 2003, 158 ff). Ebenso wie Bekanntmachungen nach § 9 gilt für die Veröffentlichung im Internet, dass die **Bekanntmachung zum Nachweis der Zustellung** an alle Beteiligten genügt, auch wenn § 30 Abs 2 eine besondere Zustellung vorschreibt (§ 9 Abs 3). Nach inzwischen **ganz hM** wird die Rechtsmittelfrist bereits durch eine **Zustellung** in Gang gesetzt, die **vor der öffentlichen Bekanntmachung** erfolgt (**BGH v 20. 3. 2003 – IX ZB 140/02**, ZIP 2003, 768; **BGH v 4. 12. 2003 – IX**

ZB 249/02, ZIP 2004, 332 = ZVI 2004, 140 = ZInsO 2004, 199; **OLG** Köln ZIP 2000, 195; K/P/B/ *Pape* § 30 Rn 17–19; N/R/*Becker* § 9 Rn 25; BerlKo-*Goetsch* § 9 Rn 9; *Jaeger/Schilken* § 34 Rn 7; *Graf-Schlicker/ Kexel* § 9 Rn 2; *Hess* § 9 Rn 12; MüKo-*Ganter* § 9 Rn 24; str aA K/P/B/*Prütting* § 9 Rn 19, 20; *Jaeger/Gerhardt* § 9 Rn 6; FK-*Schmerbach* § 9 Rn 6). Letztlich entspricht es dem Beschleunigungsgrundsatz eines Insolvenzverfahrens, dass die Frist schon mit einer **früheren Zustellung** zu laufen beginnt (BGHZ ZIP 2003, 768; HK-*Kirchhof* § 9 Rn 9). Soweit das Gericht zusätzlich in der Übergangszeit bis zum 31. 12. 2008 **zusätzliche Veröffentlichungen** angeordnet hat, setzen diese Veröffentlichungen die Beschwerdefrist nicht in Lauf. Wird der Insolvenzeröffnungsbeschluss ausnahmsweise verkündet, so beginnt die Beschwerdefrist mit der Verkündung (FK-*Schmerbach* § 30 Rn 7).

IV. Zustellung des Eröffnungsbeschlusses (§ 30 Abs 2)

6   Die in § 30 Abs 2 angeordnete **besondere Zustellung** an den Schuldner sowie an Gläubiger und Schuldner des Schuldners dient der Sicherstellung, dass diejenigen Verfahrensbeteiligten, deren Anschriften dem Gericht bekannt sind, von der Verfahrenseröffnung unterrichtet werden. Die Zustellung kann förmlich oder durch **Aufgabe zur Post** bewirkt werden (§ 8 Abs 1 S 1 iVm § 184 ZPO). Die Zustellungen erfolgen durch die **Geschäftsstelle** (Service-Einheit), falls nicht ausnahmsweise dem **Insolvenzverwalter** gem § 8 Abs 3 die Zustellungen durch den Richter oder Rechtspfleger übertragen werden. Bei Personen, deren Aufenthalt unbekannt ist, ist die Zustellung entbehrlich (§ 8 Abs 2). Ist ein für die Entgegennahme von Zustellungen berechtigter Vertreter bekannt, ist an diesen zuzustellen. Wird die Zustellung dem **Insolvenzverwalter übertragen**, kann sich dieser aller Zustellungsformen bedienen, die auch dem Gericht zur Verfügung stehen (K/P/B/*Pape* § 30 Rn 23; HK-*Kirchhof* § 8 Rn 11; MüKo-*Ganter* § 8 Rn 32; *Jaeger/Gerhardt* § 8 Rn 12). Die Zustellung obliegt der **Geschäftsstelle** des Insolvenzgerichts. Zuzustellen ist der **vollständige Text** des Eröffnungsbeschlusses (K/P/B/*Pape* § 30 Rn 25; *Jaeger/Schilken* § 30 Rn 12; HK-*Kirchhof* § 30 Rn 8; str aA MüKo-*Schmahl* § 30 Rn 10). Anders als bei der öffentlichen Bekanntmachung nach § 30 Abs 1 dient die **Einzelzustellung** an den Insolvenzverwalter, den Insolvenzschuldner sowie an die Gläubiger und Schuldner des Insolvenzschuldners dazu, diese als Verfahrensbeteiligte über den Inhalt des Eröffnungsbeschlusses vollständig zu unterrichten.

§ 31 Handels-, Genossenschafts-, Partnerschafts- und Vereinsregister

Ist der Schuldner im Handels-, Genossenschafts-, Partnerschafts- oder Vereinsregister eingetragen, so hat die Geschäftsstelle des Insolvenzgerichts dem Registergericht zu übermitteln:
1. im Falle der Eröffnung des Insolvenzverfahrens eine Ausfertigung des Eröffnungsbeschlusses;
2. im Falle der Abweisung des Eröffnungsantrags mangels Masse eine Ausfertigung des abweisenden Beschlusses, wenn der Schuldner eine juristische Person oder eine Gesellschaft ohne Rechtspersönlichkeit ist, die durch die Abweisung mangels Masse aufgelöst wird.

I. Allgemeines

1   Die öffentliche Bekanntmachung der Verfahrenseröffnung (§§ 9, 30 Abs 1), die fakultative öffentliche Bekanntmachung des Abweisungsbeschlusses (§§ 9 Abs 2, 26 Abs 1 S 1) sowie die Eintragung des Schuldners in das Schuldnerverzeichnis (§ 26 Abs 2 S 1) erschienen dem Gesetzgeber nicht ausreichend, um den umfassenden Schutz der Gläubiger zu gewährleisten. Zugleich wird die Regelung in § 1 Abs 2 S 1 des aufgehobenen LöschG 1934 (vgl Art 2 Nr 9 EGInsO) in die Insolvenzordnung verlagert und inhaltlich durch das EGInsO dahingehend erweitert, dass die **Abweisung mangels Masse** auch bei Genossenschaften, Vereinen, OHGs oder KGs, bei denen kein persönlich haftender Gesellschafter eine natürliche Person ist, zur Auflösung führt (§ 131 Abs 2 Nr 1 HGB, § 42 Abs 1 S 1 BGB, § 81a Nr 1 GenG, §§ 31 Abs 2 Nr 1, 161 Abs 2 HGB, 75 S 1 BGB). Dem **Amtslöschungsverfahren** nach § 141a FGG (ab 1. 9. 2009 § 397 FamFG) unterliegen nicht nur Aktiengesellschaften, Kommanditgesellschaften auf Aktien oder eine GmbH, die vermögenslos ist, sondern nach § 141a Abs 3 S 1 FGG auch offene Handelsgesellschaften und Kommanditgesellschaften, bei denen kein persönlich haftender Gesellschafter eine natürliche Person ist. Allerdings kann eine solche Gesellschaft nur gelöscht werden, wenn die zur Vermögenslosigkeit geforderten Voraussetzungen sowohl bei der Gesellschaft als auch bei den persönlich haftenden Gesellschaftern vorliegen (§ 141a Abs 3 S 2 FGG, ab 1. 9. 2009 § 394 Abs 3 FamFG). Zu beachten ist, dass § 31 nur **Mitteilungspflichten** regelt, während die §§ 32, 33 unmittelbar anordnen, was im Grundbuch oder Register einzutragen ist. **Was im Register einzutragen** ist, ergibt sich §§ 6, 32 HGB und aus der Handelsregisterverfügung (HRV) v 12. 8. 1937, zuletzt geändert durch Art 23 des Gesetzes vom 22. Juni 1998 (BGBl I, 1474). und durch die VO zur Anpassung registerrechtlicher Vorschriften an die Insolvenzordnung v 8. Dezember 1998 (BGBl 1998, 3580).

2   **1. Eintragung in die Register.** Wird über das Vermögen eines Kaufmanns das Insolvenzverfahren eröffnet, so ist dies gem § 32 Abs 1 S 1 HGB von Amts wegen in das Handelsregister einzutragen. Das Gleiche gilt nach § 32 Abs 1 S 2 HGB für die **Aufhebung des Eröffnungsbeschlusses** (Nr 1); die Bestel-

II. Übermittlung des Eröffnungsbeschlusses (§ 31 Nr 1) **§ 31**

lung eines vorläufigen Insolvenzverwalters, wenn zusätzlich dem Schuldner ein **allgemeines Verfügungsverbot** auferlegt oder angeordnet wird, dass Verfügungen des Schuldners nur mit Zustimmung des vorläufigen Insolvenzverwalters wirksam sind, und die Aufhebung einer derartigen Sicherungsmaßnahme (Nr 2); die **Anordnung der Eigenverwaltung** durch den Schuldner und deren Aufhebung sowie die Anordnung der Zustimmungsbedürftigkeit bestimmter Rechtsgeschäfte des Schuldners (Nr 3); die **Einstellung** und die **Aufhebung des Verfahrens** (Nr 4) und die Überwachung der Erfüllung eines Insolvenzplans und die Aufhebung der Überwachung (Nr 5). Die Eintragungen werden nicht bekannt gemacht. Die Vorschriften des § 15 HGB sind nicht anzuwenden (§ 32 Abs 2 HGB). Nach § 6 Abs 1 HGB gilt § 32 HGB auch für **Handelsgesellschaften,** also für alle Gesellschaften, die als solche in das Handelsregister eingetragen werden. Hierzu gehören zB die AG (§ 3 AktG), die KG aA (§§ 278 Abs 3, 3 AktG), die GmbH (§ 13 Abs 3 GmbHG), die OHG, die KG und die EWIV. Unerheblich ist, ob es sich um eine inländische oder **ausländische Kapitalgesellschaft** handelt (OLG Düsseldorf NJW-RR 1995, 1184; *Roth* bei *Koller/Roth/Morck* 6 HGB Rn 2).

Für das **Insolvenzverfahren juristischer Personen** verweist § 34 Abs 5 HGB auf die Vorschriften des **3** § 32 HGB. Die Vorschrift des § 32 HGB findet über § 6 HGB auf **Vorgesellschaften** keine Anwendung, da es hier an einer Eintragung im Handelsregister fehlt (für eine Mitteilungspflicht MüKo-*Schmahl* § 31 Rn 7 für den Fall der Anmeldung zur Eintragung). § 6 Abs 1 HGB gilt auch nicht für **Genossenschaften,** da diese gem § 17 Abs 2 GenG nur als Kaufleute iSv HGB gelten, soweit das GenG keine abweichenden Vorschriften enthält. Eine solche abweichende Vorschrift ist § 102 Abs 1 S 1GenG, die jedoch inhaltlich mit § 32 HGB weitgehend über einstimmt. Ähnliches gilt für den **eingetragenen Verein,** für den § 75 Abs 1 S 1 BGB eine entsprechende Vorschrift enthält. Da auf die Partnerschaft gem § 2 Abs 2 PartGG § 32 HGB entsprechende Anwendung findet, sind die in § 32 HGB aufgeführten Tatbestände ebenfalls bei Insolvenz einer **Partnerschaft** in das Partnerschaftsregister einzutragen. Vgl auch K/P/B/*Holzer* § 31 Rn 3. Weitere Mitteilungen kommen in Betracht an die **Bundesanstalt für Finanzdienstleistungsaufsicht,** wenn es sich bei dem Schuldner um ein Kreditinstitut handelt. Das Vormundschaftsgericht bzw. das Familiengericht ist gem § 35 FGG über die Verfahrenseröffnung oder Abweisung mangels Masse zu **unterrichten,** wenn die Entscheidung das Vermögen eines Vormunds, Betreuers, Pflegers oder Elternteils betrifft (*Jaeger/Schilken* § 31 Rn 10; K/P/B/*Holzer* § 31 Rn 12). Mitteilungen erfolgen auch an das Vollstreckungsgericht, die Gerichtskasse, das Finanzamt, das Hauptzollamt und die Steuerkasse der Gemeinde. Im Hinblick auf den Beruf oder den Geschäftsbetrieb des Schuldners können **weitere Mitteilungen erforderlich werden,** wie zB an den Träger der gesetzlichen Krankenversicherung, die für den Sitz des Schuldners zuständige Stelle der Deutschen Rentenversicherung oder die Arbeitsagentur, in deren Bezirk die für die Arbeitnehmer des Schuldners zuständige Lohnabrechnungsstelle liegt. Insoweit genügt eine **beglaubigte Abschrift des Eröffnungsbeschlusses** zur Mitteilung. Einzelheiten über Mitteilungspflichten bei *Frege/Keller/Riedel* HRP Rn 800 ff; MüKo-*Schmahl* § 31 Rn 10 ff; *Jaeger/Schilken* § 31 Rn 10. Eine Mitteilungspflicht gegenüber dem **Güterrechtsregister (§ 1558 BGB)** besteht nicht (*Jaeger/Schilken* § 31 Rn 10).

2. Ausführungsbestimmungen zur Sicherstellung der Eintragung. Durch Verordnung zur Anpassung **4** registerrechtlicher Vorschriften an die Insolvenzordnung v 8. 12. 1998 (BGBl I, 3580, NZI 1999, 60 f) ist sowohl die **Handelsregisterverfügung** (HRV), die VO über das Genossenschaftsregister als auch die PartnerschaftsregisterVO mit Wirkung zum 1. 1. 1999 geändert worden. Die Verordnungen nehmen inhaltlich weitgehend Bezug auf die Vorschriften der §§ 32 HGB, 102 S 1 GenG, 2 Abs 2 PartGG. Sie regeln das Eintragungsverfahren sowie Art und Umfang der Eintragung. Einzelheiten s Kommentierung der Vorauflage.

II. Übermittlung des Eröffnungsbeschlusses (§ 31 Nr 1)

Die Eröffnung des Insolvenzverfahrens ist durch Übermittlung einer Ausfertigung des Eröffnungsbe- **5** schlusses mitzuteilen an das Handelsregister (§ 32 HGB), Genossenschaftsregister (§ 102 GenG), das Vereinsregister (§ 75 BGB) und das Partnerschaftsregister. Zuständig für die Übermittlung ist die **Geschäftsstelle** des Insolvenzgerichts. Zu übersenden ist eine **beglaubigte Abschrift** des Eröffnungsbeschlusses (K/P/B/*Holzer* § 31 Rn 5; HK-*Kirchhof* § 31 Rn 6; FK-*Schmerbach* § 31 Rn 2; für eine **Ausfertigung des Beschlusses** MüKo-*Schmahl* § 31 Rn 14; *Jaeger/Schilken* § 31 Rn 8; *Graf-Schlicker/Kexel* § 31 Rn 2; HaKo-*Schröder* § 31 Rn 2). Die Eintragung durch das Registergericht ist gebührenfrei (§ 87 Nr 1 KostO). Das Registergericht schickt eine Abschrift der Eintragung an das Insolvenzgericht zu den dortigen Akten. Das Insolvenzgericht braucht jedoch nicht zu überprüfen, ob die Eintragung tatsächlich und richtig erfolgt. Stimmen die Angaben im Eröffnungsbeschluss nicht mit der Eintragung im Register überein, wie zB bei abweichender Firma oder Vereinsbezeichnung, so kann das Insolvenzgericht den Eröffnungsbeschluss gem § 4 iVm § 319 ZPO berichtigen (FK-*Schmerbach* § 31 Rn 3). Hat das Schuldnerunternehmen **selbstständige Zweigniederlassungen** an anderen Orten, so sind die dortigen Registergerichte ebenfalls zu benachrichtigen (HK-*Kirchhof* § 31 Rn 3; *Graf-Schlicker/Kexel* § 31 Rn 2; K/P/B/*Holzer* § 31 Rn 5; HaKo-*Schröder* § 31 Rn 2; **str aA** MüKo-*Schmahl* § 31 Rn 25; *Jaeger/Schilken* § 31 Rn 8). Eine Mitteilung erfolgt auch, wenn der Schuldner oder das Schuldnerunternehmen zu Unrecht im

Register eingetragen worden ist (*Graf-Schlicker/Kexel* § 31 Rn 3; K/P/B/*Holzer* § 31 Rn 6; HaKo-*Schröder* § 31 Rn 3). Die Übermittlung erfolgt **nach Rechtskraft des Eröffnungsbeschlusses** formlos (K/P/B/*Holzer* § 31 Rn 6; HK-*Kirchhof* § 31 Rn 6; **str aA** *Jaeger/Schilken* § 31 Rn 8; MüKo-*Schmahl* § 31 Rn 25, wonach der EB sofort zu übermitteln ist). Richtig ist zwar, dass das Gesetz in § 34 Abs 3 S 1 für die öffentliche Bekanntmachung der Aufhebung des Eröffnungsbeschlusses auf die Rechtskraft abstellt. Dies lässt aber nicht den Schluss zu, dass der Eröffnungsbeschluss vor Rechtskraft mitzuteilen ist (HK-*Kirchhof* § 31 Rn 6; FK-*Schmerbach* § 31 Rn 2).

III. Übermittlung des Abweisungsbeschlusses (§ 31 Nr 2)

6 § 31 Nr 2 sieht eine Mitteilungspflicht hinsichtlich der Abweisung mangels Masse für alle diejenigen Gesellschaften, Genossenschaften oder Vereine vor, die durch den **rechtskräftigen Abweisungsbeschluss** gem § 26 aufgelöst werden. So führt die Abweisung mangels Masse zur Auflösung einer AG (§ 262 Abs 1 Nr 4 AktG), KGaA (§ 278 Abs 3 iVm § 262 Abs 1 Nr 4 AktG), GmbH (§ 60 Abs 1 Nr 5 GmbHG), Genossenschaft (§ 81 a Abs 1 S 1 GenG), Versicherungsverein auf Gegenseitigkeit (§ 42 Nr 4 VAG) sowie einer OHG oder KG, bei der kein persönlich haftender Gesellschafter wenigstens mittelbar eine natürliche Person ist (§§ 131 Abs 2 Nr 1, 161 Abs 2 HGB). Zu § 31 Nr 2 ist zu beachten, dass die Übermittlung des Abweisungsbeschlusses mangels Masse nur dann vorgeschrieben ist, wenn der Schuldner als juristische Person oder Gesellschaft ohne Rechtspersönlichkeit durch die Abweisung mangels Masse aufgelöst wird. Eine **Gesellschaft bürgerlichen Rechts** wird gem § 728 Abs 1 S 1 BGB zwar durch die Eröffnung des Insolvenzverfahrens über ihr Vermögen aufgelöst; da sie jedoch in der Regel nicht im Register eingetragen ist, entfällt die Mitteilungspflicht. Eine Mitteilungspflicht besteht entgegen der Vorauf l beim **eingetragenen Verein** und bei **Stiftungen** (MüKo-*Schmahl* § 31 Rn 23; *Wentzel* Rpfleger 2001, 334, 335; K/P/B/*Holzer* § 31 Rn 9; **str aA** HaKo-*Schröder* § 21 Rn 13), obgleich keine Auflösung erfolgt und eine gesetzliche Regelung fehlt. Gleiches gilt für eine in Deutschland eingetragene „Limited" wegen des Gläubigerschutzes (MüKo-*Schmahl* § 31 Rn 23).

IV. Sonstige Mitteilungs- und Übermittlungspflichten

7 Über die Tatbestände des § 31 hinaus bestehen weitere Mitteilungs- und Übermittlungspflichten des Gerichts, die sich entweder unmittelbar aus der InsO oder aus der „*Anordnung über Mitteilungen in Zivilsachen (MiZi)*" oder aus landesrechtlichen Vorschriften ergeben. In einigen Vorschriften, wie zB in § 200 Abs 2 S 3 (**Aufhebung des Insolvenzverfahrens**) sowie in § 215 Abs 2 S 2 (**Einstellung des Verfahrens**) ist die entsprechende Anwendung der §§ 31–33 ausdrücklich vorgesehen. § 270 Abs 3 S 3 schließt die Anwendung der §§ 32 und 33 dagegen bei der Eigenverwaltung aus. Trotzdem ist die **Anordnung der Eigenverwaltung** und deren Aufhebung sowie die Anordnung der **Zustimmungsbedürftigkeit** bestimmter Rechtsgeschäfte des Schuldners auf Grund des Gesetzes zur Änderung des Einführungsgesetzes zur Insolvenzordnung und anderer Gesetze (EGInsOÄndG) v 19. 12. 1998 (BGBl I S 3936) in das jeweilige Register einzutragen (MüKo-*Schmahl* § 31 Rn 13; HaKo-*Schröder* § 31 Rn 8; *Graf-Schlicker/Kexel* § 31 Rn 4; HK-*Kirchhof* § 31 Rn 4; FK-*Schmerbach* § 31 Rn 2; *Jaeger/Schilken* § 31 Rn 9, die Übermittlungspflicht nur bei Zustimmungsvorbehalt bejahen). So zB nach § 75 Nr 3 BGB beim eingetragenen Verein (Art 1 Nr 6 EG InsO ÄndG), § 32 Abs 1 Nr 3 HGB sowie in § 102 Abs 1 Nr 3 bei eingetragenen Genossenschaften. § 31 gilt entsprechend, wenn die **Erfüllung des Insolvenzplans** überwacht wird (§ 367 Abs 3 S 1). Welche Maßnahmen und Beschlüsse des Insolvenzgerichts im Register einzutragen sind, folgt aus dem materiellen Recht, wie zB aus §§ 75 BGB, 32 HGB.

8 In der **Anordnung über Mitteilungen in Zivilsachen (MiZi)** in der Fassung der Allgemeinen Verfügung vom 29. 4. 1998 (Beilage NJW zu Heft 38/1998 Ziff XII.) in der Fassung vom 10. 8. 1999 (BAnz Nr 160 v 27. 8. 1999, abgedr in NZI 1999, 405 f) sind weitere **Mitteilungen in Insolvenzverfahren** geregelt. So sind zB mitzuteilen die Anordnung und Aufhebung einer in § 21 Abs 2 Nr 2 vorgesehenen **Verfügungsbeschränkung** und die Bestellung und die Aufhebung der Bestellung eines vorläufigen Insolvenzverwalters, soweit es sich nicht um ein Verbraucherinsolvenzverfahren handelt (§ 23). Die Mitteilung ist alsbald nach Erlass der Anordnung oder Aufhebung zu bewirken; sie erfolgt nur, wenn kein förmliches Eintragungsersuchen des Insolvenzgerichts ergeht. Die Mitteilungen sind ua richten an das Registergericht, wenn der Schuldner im Handels-, Genossenschafts-, Partnerschafts- oder Vereinsregister eingetragen ist (§ 31 InsO, § 45 VAG, § 32 HGB, § 102 GenG, § 1 Abs 4 PartGG, § 75 BGB); ferner an den Präsidenten des Landgerichts und die Verteilungsstelle für Gerichtsvollzieheraufträge. Mitzuteilen ist auch eine **vorzeitige Löschung einer Eintragung im Schuldnerverzeichnis** (§ 26 Abs 2 InsO, § 915 g Abs 2 S 1 ZPO, § 15 Abs 2 SchuVVO). Diese Mitteilungen sind innerhalb eines Monats zu bewirken (§ 915 g Abs 2 S 1 ZPO). Sie sind an die Bezieher von Abdrucken aus dem Schuldnerverzeichnis zu richten (Ziff XII a 5 MiZi). Schließlich haben **Mitteilungen zu statistischen Zwecken** in Insolvenzverfahren zu erfolgen (Ziff XII a 6 MiZi). In Rheinland-Pfalz gilt das Rundschreiben betr Statistik der Konkurse und Vergleichsverfahren v 14. 10. 1985 (3763–1 – 7/85, Jbl, 184). Die Insolvenzmeldungen sind dem Statistischen Landesamt zu übersenden (Ziff XII a 6 (3) MiZi). Auch **landesrechtliche Vorschriften** können **weitere Mitteilungspflichten** anordnen. Zulässig ist zB ein Erlass, wonach in allen Fällen der Abweisung

I. Inhalt und Zweck der Eintragung § 32

eines Insolvenzantrags mangels Masse bei einer juristischen Person die Akten der zuständigen Staatsanwaltschaft (Abt Wirtschaftskriminalität) zu übersenden sind.

Die **Eröffnung eines ausländischen Insolvenzverfahrens** über das Vermögen einer Gesellschaft ausländischen Rechts, die gem §§ 13 d ff HGB ihren Verwaltungssitz in Deutschland hat und im deutschen Handelsregister eingetragen ist, wird auf Antrag des ausländischen Insolvenzverwalters dem deutschen Registergericht gem Art 22 Abs 1 EuInsVO iVm Art 102 § 6 Abs 1 S 1 EGInsO mitgeteilt (vgl *Holzer* ZVI 2005, 457, 461; K/P/B/*Holzer* § 31 Rn 11 b; HaKo-*Schröder* § 31 Rn 10). Einzelheiten zur **Mitteilung an ausländische Registerbehörden** bei MüKo-*Schmahl* § 31 Rn 27–31. Mitteilungen über ein in Deutschland eröffnetes Insolvenzverfahren an ausländische Registerstellen erfolgen ausschließlich durch den Insolvenzverwalter. Die ausländische Registerbehörde ist auf Antrag des Verwalters zur Eintragung verpflichtet (Art 22 Abs 1 EuInsVO). Außerhalb des Geltungsbereichs der EuInsVO besteht keine Rechtspflicht zur Benachrichtigung oder Information ausländischer Registerbehörden (MüKo-*Schmahl* § 31 Rn 29). 9

§ 32 Grundbuch

(1) Die Eröffnung des Insolvenzverfahrens ist in das Grundbuch einzutragen:
1. bei Grundstücken, als deren Eigentümer der Schuldner eingetragen ist;
2. bei den für den Schuldner eingetragenen Rechten an Grundstücken und an eingetragenen Rechten, wenn nach der Art des Rechts und den Umständen zu befürchten ist, daß ohne die Eintragung die Insolvenzgläubiger benachteiligt würden.

(2) ¹Soweit dem Insolvenzgericht solche Grundstücke oder Rechte bekannt sind, hat es das Grundbuchamt von Amts wegen um die Eintragung zu ersuchen. ²Die Eintragung kann auch vom Insolvenzverwalter beim Grundbuchamt beantragt werden.

(3) ¹Werden ein Grundstück oder ein Recht, bei denen die Eröffnung des Verfahrens eingetragen worden ist, vom Verwalter freigegeben oder veräußert, so hat das Insolvenzgericht auf Antrag das Grundbuchamt um Löschung der Eintragung zu ersuchen. ²Die Löschung kann auch vom Verwalter beim Grundbuchamt beantragt werden.

Übersicht

	Rn
I. Inhalt und Zweck der Eintragung	1
1. Buchrechte	1
2. Briefgrundpfandrechte	3
3. Wirksamwerden von Verfügungsbeschränkungen	4
II. Die Regelung in § 32 Abs 1 Nr 1 und 2	5
1. Eintragung des Insolvenzvermerks bei Grundstücken (§ 32 Abs 1 Nr 1)	5
2. Zugunsten des Insolvenzschuldners eingetragene Grundstücksrechte (§ 32 Abs 1 Nr 2)	6
3. Gläubigerbenachteiligungsgefahr	12
III. Eintragungsverfahren (§ 32 Abs 2)	13
1. Eintragungsersuchen des Insolvenzgerichts	13
2. Eintragungsantrag des Insolvenzverwalters (§ 32 Abs 2 Satz 2)	14
3. Vollzug des Eintragungsersuchens durch das Grundbuchamt	16
IV. Grundbuchsperre	17
1. Sperre durch Eintragung der Eröffnung des Insolvenzverfahrens	17
2. Sperre durch allgemeines Verfügungsverbot	23
V. Rechtsbehelfe	24
VI. Die Löschung von Sperrvermerken im Grundbuch (§ 32 Abs 3)	25
VII. Kosten	29

I. Inhalt und Zweck der Eintragung

1. Buchrechte. Buchrechte, die zur Insolvenzmasse iSv § 35 gehören oder erworben werden, sind grundsätzlich auf den Namen des Schuldners einzutragen, und zwar auch, wenn es sich um eine juristische Person oder Gesellschaft des Handelsrechts handelt, die durch die Verfahrenseröffnung aufgelöst wird (*Jaeger/Henckel* § 1 KO Rn 51). Damit dieser nicht gegenüber gutgläubigen Dritten hierüber zu Lasten der Gläubiger verfügen kann, muss die Massezugehörigkeit solcher Rechte durch einen Sperrvermerk (Insolvenzvermerk) kenntlich gemacht werden. Einzutragen sind ein **allgemeines Verfügungsverbot** bei Bestellung eines vorläufigen Verwalters (§§ 21 Abs 2 Nr 2, 23 Abs 3) und die **Eröffnung des Insolvenzverfahrens** (§ 32 Abs 1). Unerheblich ist dabei, ob es sich um ein Regelinsolvenzverfahren oder ein Verbraucherinsolvenzverfahren (Kleinverfahren) handelt, denn gem § 306 Abs 2 können auch im Verbraucherinsolvenzverfahren Sicherungsmaßnahmen nach § 21 angeordnet werden, wenn das Verfahren bis zur Entscheidung über den Schuldenbereinigungsplan ruht. Gleiches gilt für das **vereinfachte Insolvenzverfahren** nach den §§ 311–314. Nicht einzutragen ist dagegen die Anordnung der **Eigenverwaltung des Schuldners oder Schuldnerunternehmens** (§ 270 Abs 3 S 3). Die Eintragung des Sperrvermerks und des allgemeinen 1

Verfügungsverbots erfolgt in Abt II oder in der Abteilung, in der das Recht eingetragen ist, sowie in allen Grundbuchblättern, in denen das Recht vermerkt ist.

2 Das Verfügungsverbot bewirkt eine **absolute Verfügungsbeschränkung** (K/P/B/B/*Holzer* § 32 Rn 5; *Braun/Uhlenbruck*, Unternehmensinsolvenz S 263), wenn auch durch den Zweck des Insolvenzverfahrens begrenzt (*Gerhardt* ZZP 109 [1996], 415 ff; *ders* in: KS S 212 Rn 37 ff; *ders* Gedächtnisschrift *Knobbe-Keuk* 1997, S 169, 184). Verbotswidrige Verfügungen sind **absolut unwirksam**. Nach § 81 Abs 1 S 2, der über § 24 Abs 1 analog auf das Eröffnungsverfahren Anwendung findet, bleiben die Vorschriften der §§ 892, 893 BGB unberührt, so dass ein gutgläubiger Erwerb von Grundstücken und Grundstücksrechten möglich bleibt. Bei grundbuchfähigen Rechten des Schuldners oder Schuldnerunternehmens bewirkt die Eintragung eines allgemeinen Verfügungsverbots oder des Insolvenzeröffnungsvermerks eine **allgemeine Grundbuchsperre** für alle Eintragungsanträge, die nicht vom Insolvenzverwalter gestellt werden (*Häsemeyer* Rn 7.38 u 10.02). Die Eintragung bezweckt des **Ausschluss des guten Glaubens** desjenigen, der nach erlassenem Verfügungsverbot oder nach Eröffnung des Insolvenzverfahrens noch ein Grundstück, ein Recht an einem Grundstück oder an einem eingetragenen Recht erwirbt (**OLG Hamm** KTS 1970, 314; **OLG** Düsseldorf ZIP 1998, 870; K/P/B/B/*Holzer* § 32 Rn 4). Gleiches gilt für denjenigen, für den ein Recht im Grundbuch eingetragen ist, wenn an ihn auf Grund dieses Rechts eine Leistung bewirkt oder wenn zwischen ihm und einem anderen in Ansehung dieses Rechts ein nicht unter § 892 BGB fallendes Rechtsgeschäft vorgenommen wird (§§ 892, 893 BGB, §§ 24 Abs 1, 80 Abs 2 S 12, 81 Abs 1 S 2). Daher hat das Ersuchen um die Eintragung sofort nach Erlass des allgemeinen Verfügungsverbots oder des Eröffnungsbeschlusses zu erfolgen bzw sobald ein Grundstück oder ein Recht an einem Grundstück der Masse später zufällt.

3 **2. Briefgrundpfandrechte.** Bei Briefgrundpfandrechte (Hypothek, Grundschuld, Rentenschuld), für deren Erwerb nach den §§ 1117, 1192 BGB die Übergabe des Briefes erforderlich ist, kann die Eintragung des Insolvenzvermerks in das Grundbuch **unterbleiben**, wenn sich der **Brief im Besitz des Insolvenzverwalters** befindet (*Jaeger/Schilken* § 32 Rn 12; *MüKo-Schmahl* §§ 32, 33 Rn 22; *Graf-Schlicker/Kexel* § 32 Rn 11; *HK-Kirchhof* § 32 Rn 12). Solchenfalls kann der Schuldner ohne Vorlage des Briefes nicht über das Briefgrundpfandrecht verfügen (§§ 1154, 1192, 1199 BGB, §§ 41, 42 GBO). Ist der Verwalter nicht im Besitz des Briefes, ist der Insolvenzvermerk von Amts wegen in das Grundbuch einzutragen und auf dem Brief ein entsprechender Vermerk anzubringen (§ 57 Abs 1 Satz 1, §§ 62, 70 GBO). Vgl auch BayObLG ZIP 1981, 41; *MüKo-Schmahl* §§ 32, 33 Rn 38; FK-*Schmerbach* § 32 Rn 4. **Gutgläubiger Erwerb** ist aber möglich, wenn der gute Glaube des Erwerbers bei Briefübergabe oder der sie ersetzenden Vereinbarung (§ 1117 Abs 2 BGB) bei der Aushändigung durch das Grundbuchamt noch vorlag (*Jaeger/Schilken* § 32 Rn 34). Hat der Insolvenzschuldner das Grundbuchamt angewiesen, den Brief unmittelbar an den Gläubiger zu schicken (§ 60 Abs 2 GBO), so ist diese Vereinbarung (§ 1117 Abs 2 BGB) nur wirksam, wenn sie noch **vor Insolvenzeröffnung** getroffen worden oder eine Aushändigungsanweisung an das Grundbuchamt gem § 60 Abs 2 GBO ergangen ist (*Jaeger/Schilken* § 32 Rn 34; K/P/B/B/*Holzer* § 32 Rn 7; *MüKo-Schmahl* §§ 32, 33, Rn 72; *Eickmann* Rpfleger 1972, 77, 80).

4 **3. Wirksamwerden von Verfügungsbeschränkungen.** Der Insolvenzeröffnungsbeschluss (§ 27) wird ebenso wie das allgemeine Verfügungsverbot schon **mit dem Erlass**, nicht dagegen erst mit Zustellung an den Schuldner bzw das Schuldnerunternehmen oder Eintragung im Grundbuch wirksam (**BGH** ZIP 1995, 40, 41 = EWiR 1995, 57 [*Uhlenbruck*]; BGHZ 133, 307 = WM 1996, 2078 = WuB VI G. § 2 GesO 1.97 [*Uhlenbruck*]; **OLG** Köln ZIP 1995, 1684; ZIP 1996, 1909; *Häsemeyer* InsR Rn 7.38; KS-*Gerhardt* S 159, 172 Rn 32; *Braun/Uhlenbruck*, Unternehmensinsolvenz S 263). § 27 Abs 3 findet entsprechende Anwendung (vgl *Pape* WPrax 1995, 236, 239). Auf Verfügungsbeschränkungen findet ebenfalls die **Vermutungsregelung** des § 27 Abs 3 analoge Anwendung (KS-*Gerhardt*, S 172 f Rn 33; W. *Henckel* EWiR 1996, 1077, 1978; *Pape* ZInsO 1998, 61, 63).

II. Die Regelung in § 32 Abs 1 Nr 1 und 2

5 **1. Eintragung des Insolvenzvermerks bei Grundstücken (§ 32 Abs 1 Nr 1).** Bei Grundstücken des Insolvenzschuldners ist der Insolvenzvermerk stets einzutragen. Das gilt nicht bloß für Grundstücke, die von vornherein zur Insolvenzmasse gehören, sondern auch für Grundstücke, die nach § 143 Abs 1 zurückzugewähren sind oder der Insolvenzmasse aus einem anderen Grunde zufallen. Die Eintragungspflicht besteht auch bei **grundstücksgleichen Rechten**, wie zB dem **Erbbaurecht** (§ 11 ErbbauVO), dem **Wohnungs- und Teileigentum** (§ 1 WEG), dem **Bergwerkseigentum** oder Fischereirechten auf Grund Landesrecht (Art 196 EGBGB). Vgl auch *Jaeger/Schilken* § 32 Rn 6; *MüKo-Schmahl* §§ 32, 33 Rn 18. § 32 findet über seinen Wortlaut hinaus Anwendung, wenn ein Grundstück zwar nicht für den Insolvenzschuldner, sondern für einen Dritten eingetragen, aber die Berechtigung des Insolvenzschuldners nachgewiesen ist (**LG Köln** KTS 1965, 177, 178). Das gilt zB für **echte Treuhandschaften** (*Jaeger/Schilken* § 32 Rn 6; *MüKo-Schmahl* §§ 32, 33 Rn 15; str aA HaKo-*Schröder* § 32 Rn 3) und **Eigentümergrundschulden**, bei denen noch der frühere Grundpfandrechtsgläubiger eingetragen ist (*Jaeger/Schilken* § 32 Rn 6; *MüKo-Schmahl* §§ 32, 33 Rn 15). Der Insolvenzvermerk ist auch auf dem Grundbuchblatt einer dem Insolvenzschuldner

II. Die Regelung in § 32 Abs 1 Nr 1 und 2 § 32

zustehenden **Heimstätte** einzutragen, da sie vorläufig zur Insolvenzmasse gehört. Er ist bei Insolvenz der **Nacherben** auch dem eingetragenen Nacherbenrecht beizuschreiben (OLG Schleswig SchlHA 1958, 178; *Kilger/K. Schmidt* § 113 KO Anm 1). Gleiches gilt bei **Insolvenz eines Miterben.** Der Insolvenzvermerk ist als Verfügungsbeschränkung des betroffenen Miterben (§ 47 GBO) einzutragen (LG Duisburg NZI 2006, 534 = ZIP 2006, 1594; LG Dessau ZInsO 2001, 626; HK-*Kirchhof* § 32 Rn 5; *Graf-Schlicker/Kexel* § 32 Rn 7). Im **Nachlassinsolvenzverfahren** (§§ 315 ff) bedarf es zur Eintragung des Sperrvermerks auf einem massezugehörigen Grundstück nicht der Voreintragung der Erben (OLG Düsseldorf ZIP 1998, 870; HK-*Kirchhof* § 32 Rn 4). Der Sperrvermerk bei der Eintragung des Erblassers dient der Sicherung gegen gutgläubigen Erwerb Dritter und ist im Hinblick auf § 40 Abs 1 GBO zwingend erforderlich. Das Grundbuchamt darf die Eintragung der Eröffnung des Nachlassinsolvenzverfahrens nicht mit Rücksicht auf fehlende Voreintragung der Erben verweigern, wenn der Erblasser eingetragener Berechtigter ist (OLG Düsseldorf ZIO 1998, 870, 871).

2. Zugunsten des Insolvenzschuldners eingetragene Grundstücksrechte (§ 32 Abs 1 Nr 2). Bei den für 6 den Insolvenzschuldner eingetragenen Rechten an fremden Grundstücken oder an eingetragenen Rechten ist der Insolvenzvermerk nur einzutragen, wenn eine **Beeinträchtigung** der Insolvenzgläubiger zu besorgen ist. Für den Schuldner eingetragene Rechte an Grundstücken und an eingetragenen Rechten sind alle für den Schuldner eingetragenen **sonstigen beschränkt dinglichen Rechte** an fremden Liegenschaften oder Liegenschaftsrechten. So zB **Grundpfandrechte** (§§ 1113 ff BGB), **Eigentümergrundschulden**, **Nießbrauch** (§§ 1030 ff BGB), **Dienstbarkeiten** (§§ 1090 ff BGB), **dingliche Vorkaufsrechte** (§§ 1094 ff BGB) sowie **Reallasten** (§§ 1105 ff BGB). Vgl *Jaeger/Schilken* § 32 Rn 10; *Graf-Schlicker/ Kexel* § 32 Rn 10; MüKo-*Schmahl* §§ 32, 33 Rn 22. Das gilt auch für eine **Vormerkung** zugunsten des Schuldners. Zwar ist mit der Verfahrenseröffnung ein gutgläubiger Erwerb wegen § 81 Abs 1 Satz 1 nicht mehr möglich; der **Insolvenzvermerk** kann jedoch verhindern, dass die Vormerkung ohne Zustimmung des Insolvenzverwalters gelöscht wird (MüKo-*Schmahl* §§ 32, 33 Rn 22; *Jaeger/Schilken* § 32 Rn 11). Die Besorgnis einer Gläubigergefährdung ist stets begründet, wenn ein gutgläubiger Erwerb nach den §§ 892, 893 BGB möglich ist (HK-*Kirchhof* § 32 Rn 11; *Jaeger/Schilken* § 32 Rn 13; K/P/B/B/ *Holzer* § 32 Rn 3; MüKo-*Schmahl* §§ 32, 33 Rn 22). Auch bei **Briefhypotheken** ist die Eintragung des Insolvenzvermerks geboten. Die Eintragung kann aber ohne Gefahr für die Insolvenzschuldner unterbleiben, wenn über das Recht (Hypothek, Grundschuld, Rentenschuld) ein Brief erteilt ist und dieser sich in der Hand des Insolvenzverwalters befindet (Einzelheiten oben zu Rn 2).

a) Bei einer **Gesellschaft bürgerlichen Rechts** (GbR) ist der Insolvenzvermerk unabhängig davon ein- 7 zutragen, ob gem § 47 GBO die Gesellschafter als Eigentümer verzeichnet sind, denn entscheidend ist die **Identität der Gesellschaft**, nicht dagegen die möglicherweise wechselnden Gesellschafter (OLG Zweibrücken NZI 2001, 431; LG Berlin ZInsO 2004, 557; *Raebel* FS *Kreft* 2004 S 483, 488 ff; HK-*Kirchhof* § 32 Rn 7; MüKo-*Schmahl* §§ 32, 33 Rn 19; *Graf-Schlicker/Kexel* § 32 Rn 5; *Jaeger/Schilken* § 32 Rn 8; HaKo-*Schröder* § 32 Rn 6; FK-*Schmerbach* § 32 Rn 3; K/P/B/B/*Holzer* § 32 Rn 3 c-3 e; vgl auch *Wellkamp* KTS 2000, 331 ff; *Keller* Rpfleger 2000, 201; str aA *Braun/Herzig* § 32 Rn 10). Wegen der Insolvenzfähigkeit der GbR (§ 11 Abs 2 Nr 1) und der von der Rechtsprechung anerkannten Rechts- und Parteifähigkeit (vgl BGHZ 146, 341 = ZInsO 2001, 218) ist auf die Identität der Gesellschaft als solche und nicht auf den wechselnden Gesellschafterbestand abzustellen (MüKo-*Schmahl* §§ 32, 33 Rn 19; *Jaeger/Schilken* § 32 Rn 8; vgl auch *Wellkamp* 2000, 331, 337 ff). Da die **Grundbuchfähigkeit der GbR** von der hM verneint wird (OLG Celle NJW 2006, 2194; BayObLG ZInsO 2004, 1142; LG Aachen NZI 2003, 721; aA OLG Stuttgart ZIP 2007, 419; *Wagner* ZIP 2005, 637; *Ulmer/ Steffek* NJW 2002, 330), ist die **Eintragungsfähigkeit des Insolvenzvermerks** jedenfalls unter dem Gesichtspunkt der Verfügungsbeschränkung zu bejahen (OLG Zweibrücken ZIP 2001, 1207, 1209; LG Neubrandenburg NZI 2001, 325; HK-*Kirchhof* § 32 Rn 7). Nach *Holzer* (ZflR 2008, 129, 130; K/P/B/B/ *Holzer* § 32 Rn 3 e) empfiehlt es sich, nicht zuletzt aus Haftungsgründen für das Insolvenzgericht und Verwalter, die im Rechtsverkehr verwendete Bezeichnung der GbR möglichst rasch nach Verfahrenseröffnung oder bereits mit der Eintragung der Sicherungsvermerke durch einen klarstellenden Vermerk in das Grundbuch eintragen zu lassen, wenn die von der GbR im Rechtsverkehr verwendete Bezeichnung im Grundbuch nicht eingetragen ist.

b) Bei **Eröffnung des Insolvenzverfahrens über das Vermögen eines GbR-Gesellschafters** ist in Recht- 8 sprechung und Literatur **streitig**, ob ein **Insolvenzvermerk** auf dem der gesamthänderischen Bindung der GbR-Gesellschafter unterliegenden Grundstück eingetragen werden kann (**für eine Eintragungsmöglichkeit** OLG Zweibrücken NZI 2001, 431; LG Neubrandenburg NZI 2001, 325; LG Berlin ZInsO 2004, 557; BerlKo-*Goetsch* § 32 Rn 14; HK-*Kirchhof* § 32 Rn 7; HaKo-*Schröder* § 32 Rn 9; FK-*Schmerbach* § 32 Rn 3; MüKo-*Schmahl* §§ 32, 33 Rn 19; *Smid* § 32 Rn 5; *Raebel* RS *Kreft* S 495; *Undritz* EWiR 2004, 73, 74; *Graf-Schlicker/Kexel* § 32 Rn 5; str aA OLG Dresden ZIP 2003, 130, 131; OLG Rostock NZI 2003, 648; LG Neuruppin ZInsO 2003, 145; LG Frankental ZInsO 2001, 1067; LG Leipzig Rpfleger 2002, 111; K/P/B/*Pape* § 32 Rn 3 g; *Braun/Herzig* § 32 Rn 10; *Keller* Rpfleger 2000, 201; *Jaeger/ Schilken* § 32 Rn 8). Richtig ist, dass Gesellschafter und Gesellschaftsvermögen in der Insolvenz strikt zu trennen sind. Zur Insolvenzmasse des Gesellschafters gehört nicht das gesellschaftliche Grundeigentum, sondern nur der **Auseinandersetzungsanspruch** (§ 730 Abs 1 BGB) der gem § 728 Abs 2 BGB aufgelösten GbR. In der **Gesellschafterinsolvenz** ist dieser Auseinandersetzungsanspruch ebenso wie der Anteil an einer vorläufig fortbestehenden Liquidationsgesellschaft Teil der Insolvenzmasse (§ 35). Die Funktion des § 32 würde aber weitgehend verfehlt, wenn der Gesellschafter als Insolvenzschuldner über das Auseinandersetzungsguthaben noch weiter verfügen könnte. Schutzzweck des § 32 ist es, die Insolvenzmasse vor einem solchen gutgläubigen Erwerb zu bewahren (*Graf-Schlicker/Kexel* § 32 Rn 6). Der **Insolvenzvermerk** ist jedoch in der **Form einer Verfügungsbeschränkung** einzutragen (HK-*Kirchhof* § 32 Rn 7; *Raebel* FS *Kreft* S 483, 488; *Graf-Schlicker/Kexel* § 32 Rn 6; aA K/P/B/*Holzer* § 32 Rn 3 g). Steht ein Grundstück bzw ein eingetragenes Grundstücksrecht einer **Bruchteilsgemeinschaft** zu und wird über das Vermögen eines Miteigentümers das Insolvenzverfahren eröffnet, so ist der Insolenzvermerk bei dem Miteigentumsanteil des insolventen Miteigentümers in das Grundbuch einzutragen (HaKo-*Schröder* § 32 Rn 7).

9   c) Im **Nachlassinsolvenzverfahren** ist der Insolvenzvermerk auf Ersuchen des Insolvenzgerichts ungeachtet der fehlenden Voreintragung der Erben bei dem auf den Namen des Erblassers eingetragenen Grundstück einzutragen (**OLG Düsseldorf** v 18. 3. 1998, ZIP 1998, 870, 871; HK-*Kirchhof* § 32 Rn 2). Bei einem im Grundbuch eingetragenen **Nacherbenrecht** (§ 51 GBO) ist die Eröffnung eines Insolvenzverfahrens über das Vermögen des Nacherben einzutragen (**SchlHOLG** SchlHA 1958, 178; HK-*Kirchhof* § 32 Rn 4; *Hess* §§ 32, 33 Rn 23). Gehört ein Grundstück einer **Erbengemeinschaft**, an der der Schuldner beteiligt ist, hat ebenfalls die Eintragung des Insolvenzvermerks zu erfolgen (**OLG Dresden** ZInsO 2005, 1220; **LG Duisburg** ZIP 2006, 1594; **LG Dessau** ZInsO 2001, 626; HK-*Kirchhof* § 32 Rn 5; HaKo-*Schröder* § 32 Rn 11). Durch die Eintragung kann ein gutgläubiger Erwerb Dritter durch gemeinschaftliche Verfügung aller Miterben (§ 2040 Abs 1 BGB) verhindert werden (HK-*Kirchhof* § 32 Rn 5; *Jaeger/Schilken* § 32 Rn 8).

10   d) Zu den **sonstigen für den Schuldner eingetragenen Rechten** an Grundstücken und eingetragenen Rechten zählen auch **beschränkt dingliche Rechte**, wie zB Grundpfandrechte, Nießbrauch, Dienstbarkeiten, dingliche Vorkaufsrechte und Reallasten (*Jaeger/Schilken* § 32 Rn 10; HaKo-*Schröder* § 32 Rn 13). § 32 Abs 1 Nr 2 gilt entsprechend auch für eine zugunsten des Schuldners eingetragene **Vormerkung** (MüKo-*Schmahl* §§ 32, 33 Rn 22). Gleiches gilt für **grundstücksgleiche Rechte**, wie zB ein Erbbaurecht (§ 1 ErbbauVO) sowie **Wohnungs- und Teileigentum** (§ 1 Abs 2, 3 WEG). Auf Ersuchen des Insolvenzgerichts ist der Sperrvermerk dann einzutragen, wenn eine **Eigentümergrundschuld** auf den Namen eines Dritten eingetragen ist, jedoch zur Insolvenzmasse gehört (MüKo-*Schmahl* §§ 32, 33 Rn 15; K/P/B/*Holzer* § 32 Rn 12; HK-*Kirchhof* § 32 Rn 10). Ins Grundbuch ist zwar der Schuldner als Rechtsinhaber ein zutragen; bei einer Eigentümerbriefgrundschuld ist jedoch der Vermerk über die Insolvenzbefangenheit nicht nur im Grundbuch, sondern auch im Grundbuchbrief zu vermerken (BayObLG v 7. 8. 1980, ZIP 1981, 41; K/U § 113 KO Rn 1).

11   e) Bei **Auslandgrundstücken oder Grundstücksrechten des Schuldners** liegt das Eintragungsersuchen im Ermessen des Insolvenzgerichts (HK-*Kirchhof* § 32 Rn 15; HaKo-*Schröder* § 32 Rn 20). Im **Anwendungsbereich der EUInsVO** entscheidet das Recht des Eröffnungsstaats über die Eintragung im Grundbuch (Art 22 Abs 2 Satz 2 EUInsVO, Art 102 § 6 Abs 1 EGInsO). Vgl auch MüKo-*Schmahl* §§ 32, 33 Rn 50; HK-*Kirchhof* § 32 Rn 15.

12   **3. Gläubigerbenachteiligungsgefahr.** Zwingende Voraussetzung für die Eintragung des Eröffnungsvermerks bei den für den Schuldner eingetragenen Rechten an Grundstücken und an eingetragenen Rechten ist die Gefahr, dass ohne die Eintragung die Insolvenzgläubiger benachteiligt werden (§ 32 Abs 1 Nr 2). Eine solche Gefahr ist zu bejahen, wenn auf Grund der konkreten Umstände zu befürchten ist, dass eine Massebenachteiligung stattfindet, zB durch gutgläubigen Erwerb nach den §§ 892, 893 BGB (HK-*Kirchhof* § 32 Rn 11; MüKo-*Schmahl* §§ 32, 33 Rn 22; HaKo-*Schröder* § 32 Rn 14). Die Massebenachteiligungsgefahr kann ausnahmsweise verneint werden bei **Briefgrundpfandrechte** (§§ 1116, 1140, 1192, 1200 BGB), wenn der Verwalter im Besitz des Briefes ist, denn ohne Brief kann der Schuldner nicht über das Recht verfügen (§§ 1154, 1192, 1199 BGB, §§ 41, 42 GBO). S auch o zu Rn 2.

III. Eintragungsverfahren (§ 32 Abs 2)

13   **1. Eintragungsersuchen des Insolvenzgerichts.** Die Eintragung des allgemeinen Verfügungsverbots und der Insolvenzeröffnung im Grundbuch ist **von Amts wegen** zu erwirken (§§ 32 Abs 2 S 1, 23 Abs 3). Die Verpflichtung des Insolvenzgerichts zum **Eintragungsersuchen** ist Amtspflicht iSv § 839 Abs 1 BGB, deren schuldhafte Verletzung den Staat zum Schadenersatz verpflichtet. Eine **besondere Ermittlungspflicht** obliegt dem Insolvenzgericht nicht (*Jaeger/Schilken* § 32 Rn 18). **Funktionell zuständig** ist gem § 18 Abs 1 Satz 1 RPflG der **Rechtspfleger**, soweit nicht ein Richtervorbehalt eingreift (MüKo-*Schmahl* §§ 32, 33 Rn 25; *Braun/Herzig* § 32 Rn 15; *Jaeger/Schilken* § 32 Rn 18; FK-*Schmerbach* § 32 Rn 7; str aA K/P/B/*Holzer* § 32 Rn 17). Das Eintragungsersuchen hat unverzüglich nach Verfahrenseröffnung zu erfolgen. Die Rechtskraft des EB ist nicht abzuwarten (HK-*Kirchhof* § 32 Rn 14; MüKo-*Schmahl* §§ 32, 33 Rn 24; *Graf-Schlicker/Kexel* § 32 Rn 13). Das gerichtliche Ersuchen bedarf wegen § 38 GBO

IV. Grundbuchsperre **§ 32**

nicht der **formellen grundbuchmäßigen Voraussetzungen** und Erklärungen, wie zB nach den §§ 19, 22, 29 GBO. Deshalb genügt eine allgemein gehaltene **Insolvenzanzeige**, mit der das Grundbuchamt vom Insolvenzgericht ersucht wird, die Insolvenzeröffnung bei sämtlichen eingetragenen Rechten des Schuldners einzutragen (*Jaeger/Schilken* § 32 Rn 19; K/P/B/*Holzer* § 32 Rn 16; *Holzer* NZG 1998, 417, 418). Gem § 29 Abs 3 GBO ist jedoch das Ersuchen mit einem **Siegel oder Stempel** des Gerichts zu versehen und vom zuständigen Rechtspfleger oder Richter zu unterschreiben. Eine genaue grundbuchmäßige Bezeichnung ist nicht erforderlich (*Graf-Schlicker/Kexel* § 32 Rn 13). Auch eine **Begründung** des Eintragungsersuchens ist nicht erforderlich.

2. Eintragungsantrag des Insolvenzverwalters (§ 32 Abs 2 Satz 2). Nach § 32 Abs 2 Satz 2 ist der Insolvenzverwalter nicht nur **berechtigt**, sondern auch **verpflichtet**, bei Vermeidung der Haftungsfolgen des § 60 die Eintragung des Insolvenzvermerks herbeizuführen. Der Insolvenzverwalter hat zu ermitteln, ob und welche Grundstücke und Grundstücksrechte dem Schuldner zustehen und sodann unverzüglich die Eintragung eines Insolvenzvermerks zu beantragen (LG Zweibrücken NZI 2000, 327; MüKo-*Schmahl* §§ 32, 33 Rn 30), Der Sache nach handelt es sich um eine **Berichtigung des Grundbuchs**, das durch die insolvenzrechtlichen Verfügungsbeschränkungen unrichtig geworden ist (BGH v 6. 4. 2000 – V ZB 56/99, BGHZ 144, 181 = ZInsO 2000, 332 = ZIP 2000, 931; HaKo-*Schröder* § 32 Rn 22; *Graf-Schlicker/Kexel* § 32 Rn 15). Für den Antrag des Verwalters gelten die allgemeinen Vorschriften der §§ 13ff GBO. Das Grundstück oder Grundstücksrecht ist mit seiner genauen grundbuchmäßigen Bezeichnung anzugeben (§ 28 GBO). Die **Antragsberechtigung** ist durch Vorlage der Bestellungsurkunde (§ 56) und die Unrichtigkeit des Grundbuchs (§ 22 GBO) durch Vorlage des Eröffnungsbeschlusses nachzuweisen (LG Zweibrücken NZI 2000, 327; *Graf-Schlicker/Kexel* § 32 Rn 15; K/P/B/*Holzer* § 32 Rn 25).

14

Die Vorschrift des § 32 Abs 2 Satz 2 gilt entsprechend für den **vorläufigen Insolvenzverwalter**, für den **Treuhänder** im vereinfachten Verfahren (§ 313) und in Fällen der Eigenverwaltung mit Zustimmungsvorbehalt (§ 277) auch für den **Sachwalter** (*Jaeger/Schilken* § 32 Rn 22; *Smid* § 32 Rn 16; MüKo-*Schmahl* §§ 32, 33 Rn 31, 32; HK-*Kirchhof* § 32 Rn 19). Ein **ausländischer Insolvenzverwalter** ist nach § 346 (Art 22 Abs 1 EuInsVO) berechtigt, die Eintragung eines Insolvenzvermerks im Grundbuch zu beantragen. Allerdings ist er nur berechtigt, beim **deutschen Insolvenzgericht** zu beantragen, ein Eintragungsersuchen an das zuständige Grundbuchamt zu richten. Er hat dabei glaubhaft zu machen, dass die Voraussetzungen für die Anerkennung der Verfahrenseröffnung vorliegen (§ 346 Abs 2 Satz 3). Einzelheiten bei *Kebekus/Sabel/Flegel*, Cross Border Insolvencies, Art 4 EUInsVO Rn 1; K/P/B/*Holzer* § 32 Rn 23; HK-*Kirchhof* § 32 Rn 15; *Paulus* NZI 2001, 505. Bei **im Ausland belegenen Grundstücken** und Grundstücksrechten des Schuldners liegt es im eigenen Ermessen des Verwalters, um Eintragung einer Verfügungsbeschränkung oder eines Insolvenzvermerks zu ersuchen, wenn dort ein Register mit Gutglaubensschutz geführt wird (HK-*Kirchhof* § 32 Rn 15). Einzelheiten MüKo-*Schmahl* §§ 32, 33 Rn 35ff.

15

3. Vollzug des Eintragungsersuchens durch das Grundbuchamt. Die Prüfungspflicht des Grundbuchamts beschränkt sich auf Form und Inhalt des Ersuchens bzw des Antrags sowie auf die Antragsberechtigung (BayObLGZ 1970, 185; HK-*Kirchhof* § 32 Rn 17; *Jaeger/Schilken* § 32 Rn 25; MüKo-*Schmahl* §§ 32, 33 Rn 23, 54). Das Ersuchen des Insolvenzgerichts ist nicht zu überprüfen, wenn nicht erhebliche Zweifel an der Befugnis bestehen (vgl auch BGHZ 19, 355, 357f; OLG Frankfurt Rpfleger 1993, 486; *Jaeger/Schilken* § 32 Rn 25). Das Grundbuchamt hat auch nicht zu prüfen, ob die **materiellen Voraussetzungen** für eine Eintragung vorliegen (*Jaeger/Schilken* § 32 Rn 25; *Graf-Schlicker/Kexel* § 32 Rn 17). Die **Eintragung des Insolvenzvermerks** erfolgt bei Grundstücken und grundstücksgleichen Rechten in Abteilung II des Grundbuchs unter „Lasten und Beschränkungen", bei anderen Rechten unter „Veränderungen" in der Abteilung, in der das Recht eingetragen ist.

16

IV. Grundbuchsperre

1. Sperre durch Eintragung der Eröffnung des Insolvenzverfahrens. Mit der Eintragung des Insolvenzvermerks tritt eine **Grundbuchsperre** für Verfügungen des Insolvenzschuldners ein (kritisch zum Begriff K/P/B/*Holzer* § 32 Rn 5). Da die Vorschriften über einen Erwerb vom Nichtberechtigten gem § 81 Abs 1 S 2 für Grundstücke und Grundstücksrechte nicht ausgeschlossen sind, bewirkt die Eintragung des Eröffnungsvermerks im Grundbuch (§ 22) den **Ausschluss des gutgläubigen Erwerbs**. Bei Briefgrundpfandrechten (§ 1154 Abs 1 BGB) ist für die Unkenntnis des Erwerbers wie für die Eintragung des Eröffnungsvermerks auf den **Vollzug des Erwerbsgeschäfts** abzustellen (*Häsemeyer* Rn 10.08). Im Regelfall ist jedoch für die Rechtsänderung die Eintragung im Grundbuch erforderlich (§ 873 Abs 1 BGB). Hier kommt es für die Gutgläubigkeit auf den Zeitpunkt an, zu dem der Eintragungsantrag gestellt wird, spätestens aber auf eine nachfolgende dingliche Einigung (§ 892 Abs 2 BGB).

17

Umstritten ist, ob eine **Grundbuchsperre bereits durch die Insolvenzeröffnung** eintritt oder ob der Grundbuchrechtspfleger eine Eintragung noch vornehmen darf, obgleich er weiß, dass das Insolvenzverfahren über das Vermögen des Berechtigten eröffnet worden ist. Hier ist zu unterscheiden: Ist die **Bindungswirkung des § 878 BGB** bereits eingetreten und ist der **Eintragungsantrag** wirksam **vor Verfahrenseröffnung** gestellt worden, **kommt es auf den guten Glauben des Erwerbers nicht an** (§§ 91 Abs 2 InsO,

18

§ 32 Grundbuch

§ 878 BGB). Er erwirbt in jedem Fall Eigentum trotz Eröffnung des Insolvenzverfahrens über das Vermögen des Veräußerers (*Jaeger/Schilken* § 32 Rn 31; *Graf-Schlicker/Kexel* § 32 Rn 20; HaKo-*Schröder* § 32 Rn 18; MüKo-*Schmahl* §§ 32, 33 Rn 68). Das gilt auch für eine nach Verfahrenseröffnung eingetragene **Vormerkung,** wenn eine bindende Bewilligung vorliegt und ihre Eintragung vor dem Eröffnungszeitpunkt beantragt war (**BGH** v 10. 2. 2005 – IX ZR 100/03, NZI 2005, 331 f; BGHZ 138, 179, 186). § 878 BGB gilt entsprechend auch bei Verlust der Verfügungsmacht des Insolvenzverwalters (vgl **OLG** Brandenburg VIZ 1995, 365; **LG** Neubrandenburg MDR 1995, 491; MüKo-*Wacke* § 878 BGB Rn 13; *Palandt/Bassenge* § 878 BGB Rn 11). Ein vor Verfahrenseröffnung bindend bewilligtes und beantragtes Recht ist trotz der mit Insolvenzeröffnung eintretenden Grundbuchsperre noch einzutragen, selbst wenn der Insolvenzvermerk unter Verstoß gegen §§ 17, 45 GBO früher eingetragen sein sollte (MüKo-*Wacke* § 878 BGB Rn 22; *Soergel/Stürner* § 878 BGB Rn 6; *Staudinger/Gursky* § 878 BGB Rn 48).

19 War die **Bindungswirkung** des § 878 BGB **noch nicht eingetreten,** aber der **Eintragungsantrag beim Grundbuchamt** gestellt, so kommt es auf den **guten Glauben des Erwerbers** zum Zeitpunkt der Eintragung an. Ein vor Eröffnung des Insolvenzverfahrens gestellter Eintragungsantrag kann somit **nach Verfahrenseröffnung noch zum gutgläubigen Erwerb** führen (*Häsemeyer* Rn 10.08; *Kilger/K. Schmidt* § 113 KO Anm 4; MüKo-*Wacke* § 878 BGB Rn 22 u § 892 Rn 69, 70; *Bork,* Einf Rn 142 und Fn 50 dort; *Böhringer* Rpfleger 1990, 337, 344; *Böttcher* Rpfleger 1983, 187, 191; *Eickmann* Rpfleger 1972, 77, 78; *Gottwald/Eickmann* InsRHdb § 31 Rn 68 ff; *Ertl* Rpfleger 1980, 41, 44; *Habscheid* ZZP 90 [1977], 199, 200; *Staudinger/Gursky* § 892 BGB Rn 176, 201). Der **Grundbuchrechtspfleger muss,** solange der Sperrvermerk nicht eingetragen ist, die **Eintragung,** von der er weiß, dass sie von einem Nichtverfügungsberechtigten beantragt ist, **vollziehen** (K/P/B/*Holzer* § 32 Rn 6; *Jaeger/Schilken* § 32 Rn 33; *Braun/Herzig* § 32 Rn 24; *Gottwald/Eickmann* InsRHdb § 32 Rn 87; FK-*Schmerbach* § 32 Rn 12; BerlKo-*Goetsch* § 32 Rn 12; str aA *Demharter* § 13 GBO Rn 12; HaKo-*Schröder* § 32 Rn 18; MüKo-*Schmahl* §§ 32, 33 Rn 69, 70; FK-*Schmerbach* § 32 Rn 12). Ist der Insolvenzvermerk nicht rechtzeitig im Grundbuch eingetragen worden, hat das Grundbuchamt dem Eintragungsantrag eines im Zeitpunkt des § 892 Abs 2 BGB hinsichtlich der Verfahrenseröffnung redlichen Erwerbers trotzdem zu entsprechen, damit dieser **gutgläubig Eigentum erwirbt** (*Jaeger/Schilken* § 32 Rn 33; *Graf-Schlicker/Kexel* § 32 Rn 22; MüKo-*Wacke* § 878 BGB Rn 22; *Gottwald/Eickmann,* InsolvenzRHdb § 31 Rn 87).

20 Das **Grundbuchamt** darf **wegen nachträglich bekannt gewordener Eröffnung des Insolvenzverfahrens** über das Vermögen des Veräußerers den Antrag des redlichen Erwerbers **nicht zurückweisen,** denn es kommt letztlich nur darauf an, ob das Ersuchen auf Eintragung der Verfahrenseröffnung vor dem Antrag auf Eintragung der Rechtsänderung eingegangen ist (*Wacke* ZZP 82 [1969] 377, 396 ff; MüKo-*Wacke* § 878 BGB Rn 22 u § 892 BGB Rn 70; *Bork* Einführung Rn 142; *Oepen/Rettmann* KTS 1995, 609, 623; *Staudinger/Gursky* § 892 BGB Rn 176). Geschützt wird der gute Glaube des Erwerbers. Zutreffend der Hinweis bei *Graf-Schlicker/Kexel* (§ 32 Rn 22), dass der Gesetzgeber mit § 81 Abs 2 Satz 2, § 91 Abs 2 InsO, § 892 BGB „dem Schutz des im Zeitpunkt des Antragstellung auf den Rechtsschein Vertrauenden Vorrang vor den Interessen der Gläubiger, einen Rechtsverlust für die Masse zu verhindern, einräumt" (so auch *Jaeger/Schilken* § 32 Rn 32, 33; *Braun/Herzig* § 32 Rn 24; *Eickmann* Rpfleger 1972, 77 ff; *Gottwald/Eickmann* InsRHdb § 31 Rn 87; *Wacke* ZZP 82, 377 ff; K/P/B/ *Holzer* § 32 Rn 6; MüKo-*Schmahl* §§ 32, 33 Rn 53). § 892 BGB legitimiert gerade den Erwerb von einem Nichtberechtigten oder nicht mehr Verfügungsberechtigten. Die verfahrensrechtliche Pflicht, das Grundbuch richtigzuhalten, hat keinen Vorrang gegenüber dem materiell-rechtlichen Erwerberschutz (*Jaeger/Schilken* § 32 Rn 33). Auch die Gegenmeinung räumt ein, dass der amtswegige Vollzug einer Grundbucheintragung **keinen endgültigen materiellen Rechtsverlust,** sondern nur bedeutet, dass der Begünstigte seinen gutgläubigen Erwerb nach Maßgabe der §§ 81 Abs 1 Satz 2, 91 Abs 2 durch Klage gegen den Insolvenzverwalter geltend machen muss (HK-*Kirchhof* § 23 Rn 12; MüKo-*Schmahl* §§ 32, 33 Rn 70). Zur vermuteten Verfügungsbefugnis des Schuldners bei nicht eingetragenem Insolvenzvermerk und **formlos mitgeteilter Freigabe** durch den im Eröffnungsbeschluss genannten Verwalter s **LG** Berlin ZInsO 2004, 557.

21 Die **Rechtsprechung** hat sich bislang der wohl überwiegenden Literaturmeinung nicht angeschlossen, sondern geht mit einem Teil der Literatur davon aus, dass die Eröffnung eines Insolvenzverfahrens zu einer **absoluten Grundbuchsperre** führt, die abweichend von der Reihenfolge des § 17 GBO sofort im Grundbuch einzutragen ist (BayObLGZ 1994, 66, 71; BayObLG NJW 1954, 1120; **OLG** Frankfurt Rpfleger 1991, 361, 362; **OLG** Frankfurt ZInsO 2006, 269, 271 zu § 24; **OLG** Dresden BNotZ 1991, 261; **OLG** Karlsruhe NJW-RR 1998, 68; **KG** NJW 1973, 56, 58; **OLG** Köln MittRhNotK 1983, 52; **OLG** Naumburg WM 2005, 173). Das Grundbuchamt habe den **Eintragungsantrag zurückzuweisen,** wenn ihm die Insolvenzeröffnung über das Vermögen des Bewilligenden bekannt sei. Der **BGH** hat die Frage bislang offen gelassen (**BGH** NJW 1986, 1687). Der **OLG**-Rechtsprechung kann nicht gefolgt werden. Wegen des im Grundbuchrecht geltenden Prioritätsprinzips (§ 17 GBO) kommt es entscheidend auf den Zeitpunkt an, zu dem das Ersuchen des Insolvenzgerichts oder der Eintragungsantrag des Insolvenzverwalters (§ 32 Abs 2) beim Grundbuchamt eingeht. Ein vorher gestellter Antrag auf Eintragung einer Rechtsänderung ist vom Grundbuchamt auszuführen (s auch **BGH** NZI 2005, 331 f).

22 **Nach Eintragung des Sperrvermerks gestellte Anträge** dürfen dagegen nicht mehr ausgeführt werden, weil die Grundbuchsperre eingetreten ist. Da nach § 17 GBO die Anträge nach der Reihenfolge ihres Ein-

gangs erledigt werden, kommt es letztlich nur darauf an, ob das Ersuchen der Eintragung des Sperrvermerks vor dem Antrag auf Eintragung der Rechtsänderung eingegangen ist oder später (*Bork* Einführung Rn 142). **Letzterenfalls muss eingetragen werden und ist gutgläubiger Erwerb möglich.** Die Mindermeinung in der Literatur und die Rechtsprechung, wonach die **Verfahrenseröffnung zu einer absoluten Grundbuchsperre** führt, die abweichend von § 17 GBO sofort einzutragen ist, verkennt den Schutzzweck der §§ 81 Abs 1 S 1 InsO, 878, 892 BGB. Nicht die Insolvenzgläubiger, sondern der redliche Erwerber soll geschützt werden. Wichtiger als der Sperrvermerk kann es deshalb im Einzelfall sein, den Erwerber rasch bösgläubig zu machen, da die Insolvenzanfechtung nach den §§ 129 ff in den Fällen gutgläubigen Erwerbs meist nicht zieht. Die Grundbuchsperre wirkt nur gegen den Insolvenzschuldner und die Insolvenzgläubiger, nicht gegen Absonderungsberechtigte (**OLG Hamm** KTS 1970, 314) und Massegläubiger.

2. Sperre durch allgemeines Verfügungsverbot. Die Streitfrage, ob der Erlass eines Veräußerungsverbots im Eröffnungsverfahren die Annahme einer Grundbuchsperre rechtfertigt, ist durch die Regelung in § 24 nunmehr geklärt. Zwar wird immer noch die Auffassung vertreten, es handele sich bei dem allgemeinen Verfügungsverbot nach § 21 Abs 2 Nr 2 um ein **relatives Veräußerungsverbot** (so zB *Hess/Pape* InsO Rn 625; *Smid* WM 1995, 785, 787); überzeugend hat jedoch W. *Gerhardt* (FS *Flume* I 1978, S 523 ff, 527, 532; *ders* ZZP 109 [1996], 415 ff; *ders* Gedächtnisschrift *Knobbe-Keuk* 1997, 169, 184; *ders* KS S 194 ff Rn 3 ff) nach gewiesen, dass hinsichtlich der Rechtsfolgen des nach § 21 Abs 2 Nr 2 angeordneten Verfügungsverbots § 24 Abs 1 ausdrücklich auf die §§ 81, 82 verweist. Bei den in § 81 vorgesehenen Beschränkungen handelt es sich aber um **absolute**, wenn auch durch den Verfahrenszweck **beschränkte Verfügungsverbote** (vgl KS-*Gerhardt* S 212 Rn 37 ff; nunmehr auch *Obermüller* InsR Bankpraxis Rn 1.224; *Kirchhof* WM 1996, 1028). Die Eintragung eines Sperrvermerks im Grundbuch führt deshalb zu einer **Grundbuchsperre** (*Häsemeyer* 7.38 b S 167). Für die absoluten Verfügungsbeschränkungen gilt auch im Eröffnungsverfahren gem § 81 Abs 1 S 2, dass die §§ 892, 893 BGB unberührt bleiben. Ein anderweitiger gutgläubiger Erwerb ist damit ausgeschlossen. Trotz der vom **BGH** (**BGH** v 19. 9. 1996, BGHZ 133, 307 = ZIP 1996, 1909 = EWiR 1996, 1077 *[Henckel]*; **BGH** v 8. 12. 1994, ZIP 1995, 40, 41 = EWiR 1995, 57 *[Uhlenbruck]*; **OLG Köln** v 29. 9. 1995, ZIP 1995, 1684 = EWiR 1995, 1205 *[Uhlenbruck]*; vgl *Pape* ZInsO 1998, 63; *Hintzen* ZInsO 1998, 77) bejahten Frage, ob ein allgemeines Verfügungsverbot im Eröffnungsverfahren **bereits mit seinem Erlass** wirksam wird und nicht erst mit der Zustellung, ergibt sich hinsichtlich der Eintragung und des gutgläubigen Erwerbs von Grundstücken und Grundstücksrechten die gleiche Problematik wie bei der Eintragung des Eröffnungsbeschlusses (so schon MüKo-*Wacke* § 878 BGB Rn 22 und oben zu Rn 20). Zu den Sicherungsmaßnahmen im Insolvenzeröffnungsverfahrens auch KS-*Uhlenbruck* S 325 ff; *Pape* WPrax 1995, 236 ff, 252 ff; *Uhlenbruck* EWiR 1995, 57; *Pape* ZInsO 1998, 61 ff.

V. Rechtsbehelfe

Gegen die Zurückweisung eines Eintragungsersuchens oder eines Eintragungsantrags ist die **unbefristete Erinnerung** (§ 11 Abs 1 RPflG, § 71 Abs 1 GBO), gegeben (K/P/B/*Holzer* § 32 Rn 21). Die Sache ist nicht mehr dem Grundbuchrichter vorzulegen, sondern unmittelbar der Beschwerdekammer. Zur Einlegung eines Rechtsmittels berechtigt ist das **Insolvenzgericht**, der **Insolvenzverwalter** und der **Insolvenzschuldner** (vgl **LG Frankenthal** v 22. 10. 2001, ZInsO 2001, 1067; **LG Dessau** v 20. 11. 2000, ZInsO 2001, 626; **LG Köln** v 22. 2. 1965, KTS 1965, 177, 178; **LG Hamburg** v 24. 9. 1986, ZIP1986, 1590; **LG Hamburg** v 5. 9. 1986, ZIP 1986, 1592, 1593; **LG Flensburg** ZInsO 2002, 1145; HK-*Kirchhof* § 32 Rn 16; K/P/B/*Holzer* § 32 Rn 21). Dagegen steht einem **Absonderungsberechtigten** gegen das Eintragungsersuchen das Rechtsmittel der **Erinnerung nicht zu** (**OLG Hamm** v 10. 3. 1970, Rpfleger 1970, 210 = KTS 1970, 314; HK-*Kirchhof* § 32 Rn 16; *Graf-Schlicker/Kexel* § 32 Rn 22). Gegen die **Eintragung des Eröffnungsvermerks** ist nur die **beschränkte Erinnerung** zulässig (§ 11 Abs 1, 3 RPflG, § 71 Abs 2 GBO). Für Rechtsmittel des Verwalters oder des Insolvenzgerichts fehlt es in diesen Fällen an der notwendigen Beschwer. Diese haben aber die Möglichkeit, jederzeit eine Korrektur herbeizuführen, indem sie den Antrag oder das Ersuchen zurücknehmen oder ändern. Gegen die Entscheidung des **Urkundsamten der Geschäftsstelle** (§ 12 c Abs 2 Nr 3 GBO), der für Ersuchen des Insolvenzgerichts zuständig ist, ist die **unbefristete Erinnerung** gem § 11 Abs 2 RPflG zulässig. Hilft er nicht ab, entscheidet der **Rechtspfleger** (§ 12 c Abs 4 GBO, § 3 Nr 1 h, § 4 RPflG; vgl auch **LG Duisburg** NZI 2006, 534; *Graf-Schlicker/Kexel* § 32 Rn 14). Gegen die Entscheidung des Rechtspflegers gibt es die **unbefristete Beschwerde** (§ 11 Abs 1 RPflG, §§ 71, 72, 73 GBO). Vgl MüKo-*Schmahl* §§ 32, 33 Rn 29, 57; *Graf-Schlicker/Kexel* § 32 Rn 24; K/P/B/*Holzer* § 32 Rn 21. Dem **ausländischen** Verwalter oder **ausländischen Insolvenzgericht** steht gegen die einen Antrag oder das Ersuchen ablehnende Entscheidung des deutschen Insolvenzgerichts die **sofortige Beschwerde** zu (Art 102 § 7 EGInsO, § 346 Abs 2 Satz 2 InsO, §§ 567, 569 ZPO). Vgl MüKo-*Schmahl* §§ 32, 33 Rn 51.

VI. Die Löschung von Sperrvermerken im Grundbuch (§ 32 Abs 3)

Der Sperrvermerk im Grundbuch ist von Amts wegen zu löschen, wenn der Insolvenzeröffnungsbeschluss aufgehoben wird (§ 34 Abs 3 S 1), bei Aufhebung des Verfahrens (§ 200 Abs 2 S 3) bei Verfah-

§ 32 Grundbuch

renseinstellung (§§ 211 Abs 1, 213) und bei Aufhebung der Fremdverwaltung unter nachträglicher Anordnung uneingeschränkter Eigenverwaltung (§§ 271, 270 Abs 3 S 3). Gleiches gilt bei Aufhebung des Zustimmungsvorbehalts im Rahmen der Eigenverwaltung (§ 277 Abs 3 S 2). Vgl MüKo-*Schmahl* §§ 32, 33 Rn 79; K/P/B/*Holzer* § 32 Rn 31 a; *Graf-Schlicker/Kexel* § 32 Rn 12. Für die **Anordnung oder Beendigung einer Nachtragsverteilung** fehlt es an einer gesetzlichen Verweisung auf § 32, jedoch sind die Bestimmungen entsprechend anwendbar (MüKo-*Schmahl* §§ 32, 33 Rn 79; *Jaeger/Schilken* § 32 Rn 16; *Graf-Schlicker/Kexel* § 32 Rn 12; FK-*Schmerbach* § 32 Rn 7). Anders als bei der amtswegigen Löschung sieht § 32 Abs 3 vor, dass bei **Freigabe oder Veräußerung** eines Grundstücks oder Grundstücksrechts sowohl das **Insolvenzgericht** als auch der **Insolvenzverwalter** die Löschung der Eintragung beim Grundbuchamt ersuchen bzw beantragen kann. Wie bei der Eintragung von Sperrvermerken gelten auch im Rahmen des Löschungsverfahrens die Vorschriften der §§ 13 ff GBO für den Antrag des Insolvenzverwalters und § 38 GBO für das Löschungsersuchen des Insolvenzgerichts (K/P/B/*Holzer* § 32 Rn 26). Es kommt nicht mehr darauf an, wer die Eintragung des Sperrvermerks veranlasst hat (BayObLGZ 1952, 157, 159; LG Koblenz Rpfleger 1974, 438; AG Celle ZInsO 2005, 50; *Graf-Schlicker/Kexel* § 32 Rn 27; K/P/B/*Holzer* § 32 Rn 26). Zu unterscheiden ist zwischen dem **Antrag an das Grundbuchamt** und dem **Antrag an das Insolvenzgericht**. Der Antrag an das Grundbuchamt kann nur vom Insolvenzverwalter gestellt werden und vom Insolvenzgericht nur als Ersuchen (§ 38 GBO).

26 Das **Insolvenzgericht** hat das Grundbuchamt nur **um Löschung des Insolvenzvermerks zu ersuchen**, wenn dies von einem Antragsberechtigten beantragt wird. **Antragsberechtigt** ist jeder, der durch den Vermerk in seiner Rechtsposition beeinträchtigt wird, wie zB der Schuldner oder ein Erwerber (*Jaeger/Schilken* § 32 Rn 41; MüKo-*Schmahl* §§ 32 33 Rn 80; HK-*Kirchhof* § 32 Rn 23). Das Löschungsersuchen des Gerichts bedarf keiner Begründung (LG Berlin ZInsO 2003, 905). Auch ist eine förmliche Löschungsbewilligung nach § 19 GBO oder ein Unrichtigkeitsnachweis gem §§ 22, 29 Abs 1 S 2 GBO im Hinblick auf § 84 Abs 1 S 1, Abs 2 a), Abs 3 GBO nicht erforderlich (HK-*Kirchhof* § 32 Rn 23; *Braun/Herzig* § 32 Rn 29; *Graf-Schlicker/Kexel* § 32 Rn 26). Der Löschungsantrag an das Insolvenzgericht ist lediglich eine Anregung (K/P/B/*Holzer* § 32 Rn 27). Gegen die Ablehnung des Antrags durch den Rechtspfleger ist die befristete Erinnerung nach § 11 Abs 2 RPflG gegeben. Der Antrag kann auch von einem **Grundstückserwerber** gestellt werden (*Hess* §§ 32, 33 Rn 33; K/P/B/*Holzer* § 32 Rn 27; *Smid* § 32 Rn 13). Wird ein Grundstück und Grundstücksrecht aus der Masse vom Insolvenzverwalter **freigegeben**, sind antragsberechtigt der Schuldner, seine organschaftlichen Vertreter sowie jeder dinglich Berechtigte (BerlKo-*Goetsch* § 32 Rn 19; *Hess* § 32 Rn 38; *Smid* § 32 Rn 13). Stellt der Schuldner in den Fällen einer Freigabe den Antrag beim Grundbuchamt, hat er die **Zustimmung des Insolvenzverwalters (Freigabeerklärung)** beizubringen (§ 894 BGB). Bei Freigabe des Grundstücks durch den Verwalter ist das Grundbuchamt gem § 84 Abs 2 b GBO berechtigt, den Insolvenzvermerk von Amts wegen zu löschen (K/P/B/*Holzer* § 32 Rn 28; HaKo-*Schröder* § 32 Rn 29). Eine entsprechende Anregung kann auch durch den Schuldner oder das Schuldnerunternehmen erfolgen. Daneben bleiben **andere Personen**, deren Rechte durch den Vermerk beeinträchtigt sind, nach **allgemeinen Vorschriften** befugt, die Berichtigung des Grundbuchs zu verlangen (HK-*Kirchhof* § 32 Rn 22; *Jaeger/Schilken* § 32 Rn 36). Wird ein zur Insolvenzmasse gehöriges **Grundstück vom Insolvenzverwalter veräußert**, so kann der Löschungsantrag schon im Veräußerungsgeschäft selbst gestellt werden (LG Koblenz Rpfleger 1974, 438; HK-*Kirchhof* § 32 Rn 24).

27 Der **Insolvenzverwalter** ist ebenfalls berechtigt, bei **Freigabe oder Veräußerung** eines Grundstücks oder Grundstücksrechts die **Löschung** des Verfügungsverbots oder des Insolvenzvermerks zu beantragen, und zwar unabhängig davon, wer die Eintragung veranlasst hat (LG Berlin ZInsO 2003, 905, 906; K/P/B/*Holzer* § 32 Rn 26; *Graf-Schlicker/Kexel* § 32 Rn 27). Der Insolvenzverwalter ist aber nicht zur Antragstellung verpflichtet (AG Celle ZInsO 2005, 50; HK-*Kirchhof* § 32 Rn 24). Bei **Freigabe** des Grundstücks handelt es sich der Sache nach um einen **Berichtigungsanspruch** iSv § 894 BGB, §§ 13, 22 GBO (HaKo-*Schröder* § 32 Rn 28; *Graf-Schlicker/Kexel* § 32 Rn 27). Der Verwalter hat die Unrichtigkeit der Eintragung in der Form des § 29 GBO nachzuweisen oder eine Löschungsbewilligung zu erteilen (*Jaeger/Schilken* § 32 Rn 42; MüKo-*Schmahl* §§ 32, 33 Rn 83). Zur Löschung des Vermerks bei einem **Briefgrundpfandrechts** ist die Vorlage des Briefes nicht erforderlich (MüKo-*Schmahl* §§ 32, 33 Rn 83; *Jaeger/Schilken* § 32 Rn 42). Ist ein **Massegrundstück zwangsversteigert** worden (§§ 49, 165), so erfolgt die Löschung nach § 130 ZVG auch auf Ersuchen des Vollstreckungsgerichts (OLG Colmar OLGZ 16, 343; *Dassler/Schiffhauer/Gerhardt* § 130 ZVG Anm IV; HK-*Kirchhof* § 32 Rn 24).

28 Nach **Aufhebung oder Einstellung** des Insolvenzverfahrens sind sowohl das Insolvenzgericht als auch der Verwalter und der Schuldner ohne Rücksicht darauf, auf wessen Ersuchen der Sperrvermerk eingetragen worden ist, **berechtigt und verpflichtet**, die **Löschung von Sperrvermerken** herbeizuführen (MüKo-*Schmahl* §§ 32, 33 Rn 82, 79; *Braun/Herzig* § 32 Rn 37; *Jaeger/Schilken* § 32 Rn 36). War im Rahmen des Insolvenzeröffnungsverfahrens gem § 21 Abs 2 Nr 2 ein allgemeines Verfügungsverbot im Grundbuch eingetragen worden, so hat das Insolvenzgericht nach Abweisung mangels Masse (§ 26 Abs 1) die **Löschung von Amts wegen** zu veranlassen (*Jaeger/Weber* § 113 KO Rn 12; FK-*Schmerbach* § 32 Rn 19). Soweit allerdings der Insolvenzverwalter trotz Verfahrensaufhebung noch Verbindlichkeiten aus der Masse zu erfüllen hat, wie zB in Fällen des § 25 Abs 2, hat die Löschung zunächst noch zu unterbleiben (FK-*Schmerbach* § 33 Rn 19 u § 34 Rn 44).

VII. Kosten

Die Eintragungen und Löschungen durch das Grundbuchamt sind **gebührenfrei** (§ 69 Abs 2 S 2 KostO), aber **nicht auslagenfrei** (K/P/B/*Holzer* § 32 Rn 31). Das gilt auch für die Löschung gegenstandsloser Eintragungen nach § 84 GBO (§ 70 Abs 1 KostO).

§ 33 Register für Schiffe und Luftfahrzeuge

¹ Für die Eintragung der Eröffnung des Insolvenzverfahrens in das Schiffsregister, das Schiffsbauregister und das Register für Pfandrechte an Luftfahrzeugen gilt § 32 entsprechend. ² Dabei treten an die Stelle der Grundstücke die in diese Register eingetragenen Schiffe, Schiffsbauwerke und Luftfahrzeuge, an die Stelle des Grundbuchamts das Registergericht.

I. Inhalt und Zweck der Norm

Wie die Regelung in § 32 für Grundstücke bezwecken die Eintragungen den **Ausschluss des guten Glaubens** (OLG Düsseldorf ZIP 1998, 870) desjenigen, der nach Erlass eines allgemeinen Verfügungsverbots (§ 21 Abs 2 Nr 2) oder nach Insolvenzeröffnung noch ein Schiff, Schiffsbauwerk oder Registerpfandrecht an einem Luftfahrzeug, ein Recht an einem Schiff, Schiffsbauwerk oder Registerpfandrecht oder an einem eingetragenen Recht erwirbt, oder desjenigen, für den ein Recht im Seeschiffsregister, Binnenschiffsregister, Schiffsbauregister oder Luftfahrzeugpfandregister eingetragen ist, wenn an ihn auf Grund dieses Rechtes eine Leistung bewirkt oder wenn zwischen ihm und einem anderen in Ansehung dieses Rechtes ein nicht unter § 16 SchiffsRG oder § 17 LfzgRG fallendes Rechtsgeschäft vorgenommen wird (§§ 16, 17, 77 SchiffsRG, §§ 16, 17 LfzgRG, § 81 Abs 1). Vgl K/P/B/*Holzer* § 33 Rn 2 ff; *Graf-Schlicker/Kexel* § 33 Rn 3–5; *Jaeger/Schilken* § 33 Rn 3 ff. Bei dem Luftfahrzeugregister handelt es sich lediglich um ein **Pfandregister** (§ 1 LuftfzRG). Die Luftfahrzeuge selbst werden in die **Luftfahrzeugrolle** eingetragen. Im Luftfahrzeugregister werden **lediglich Pfandrechte** an Luftfahrzeugen oder Rechten an dem Registerpfandrecht eingetragen (*Schölermann/Schmid-Burgk* WM 1990, 1137 ff; K/P/B/*Holzer* § 33 Rn 7 a; *Graf-Schlicker/Kexel* § 33 Rn 9). Weil Registerpfandrechte an einem Luftfahrzeug oder Rechte daran auch nach Insolvenzeröffnung gutgläubig erworben werden können (§§ 81 Abs 1 Satz 2, 16, 17 LuftfzG), war die gesetzliche Verweisung auf § 32 erforderlich. Bei einem bisher unbelasteten und daher nicht im LfzRG eingetragenen Luftfahrzeug hat der Insolvenzverwalter mit Eröffnung des Insolvenzverfahrens über das Vermögen des Eigentümers zunächst das Luftfahrzeug **zur Eintragung in das Register nach §§ 79, 80 LfzgRG anzumelden** (HK-*Kirchhof* § 33 Rn 6; K/P/B/*Holzer* § 33 Rn 8; FK-*Schmerbach* § 33 Rn 3). Zuständig für die Anmeldung ist für das gesamte Bundesgebiet das **Amtsgericht Braunschweig** (§ 78 LuftfzG). Erst nach Eintragung kann auf dem Registerblatt des Luftfahrzeuges das Verfügungsverbot oder die Eröffnung des Insolvenzverfahrens eingetragen werden (FK-*Schmerbach* § 33 Rn 3; MüKo-*Schmahl* §§ 32, 33 Rn 100; *Graf-Schlicker/Kexel* § 33 Rn 12). Der Antrag des Insolvenzverwalters auf Eintragung einer Verfügungsbeschränkung oder eines Insolvenzvermerks kann mit dem vorrangigen Antrag auf Eintragung des Luftfahrzeuges verbunden werden (HK-*Kirchhof* § 33 Rn 6). Gleiches gilt für den **vorläufigen Insolvenzverwalter,** wenn dem Schuldner ein allgemeines Verfügungsverbot auferlegt worden ist und die Verwaltungs- und Verfügungsbefugnis auf den vorläufigen Insolvenzverwalter nach den §§ 21 Abs 2 Nr 2, 22 Abs 1 übergegangen ist. Der vorläufige oder endgültige Verwalter hat die erforderlichen Angaben und Nachweise gem §§ 79, 80 LfzgRG beizubringen. Erst nach Eintragung im Register kann auf **Ersuchen des Insolvenzgerichts** oder auf **Antrag des Insolvenzverwalters** auf dem Registerblatt des Luftfahrzeugs die Eröffnung des Insolvenzverfahrens oder das allgemeine Verfügungsverbot (§§ 23 Abs 3, 33) eingetragen werden. War das Luftfahrzeug bereits im Register eingetragen, ist das Ersuchen des Insolvenzgerichts oder der Antrag des Insolvenzverwalters mit Wirksamwerden des Eröffnungs- oder Anordnungsbeschlusses an das Register zu richten.

Im **Geltungsbereich der EuInsVO** folgt der Eintragungsvermerk im Schiffs-, Schiffsbau- oder Luftfahrtregister des betreffenden Mitgliedstaates. **Eintragungen auf Grund ausländischer Insolvenzverfahren** können nur auf Ersuchen eines deutschen Insolvenzgerichts eingetragen werden (Art 22 EuInsVO, Art 102 § 6 EGInsO, § 346 Abs 3).

II. Eintragungsverfahren

Die **Eintragung in das Schiffs- und Schiffsbauregister** erfolgt gem § 33 S 1 entsprechend § 32 Abs 2 S 1 entweder auf Ersuchen des Insolvenzgerichts oder auf Antrag des Insolvenzverwalters. Beim Schiffsregister ist zu unterscheiden zwischen dem **Seeschiffsregister** und dem **Binnenschiffsregister** (§ 3 SchRegO). In das **Schiffsbauregister** werden im Bau befindliche Schiffe sowie Schwimmdocks eingetragen (K/P/B/*Holzer* § 33 Rn 2, 3; MüKo-*Schmahl* §§ 32, 33 Rn 92). Stellt der Verwalter den schriftlichen Eintragungsantrag, ist eine Ausfertigung des Eröffnungsbeschlusses beizufügen. Die Vorschriften der SchRegO gelten nur für eingetragene Schiffe. **Nicht eingetragene Schiffe** werden wie bewegliche Sachen behandelt, so dass insoweit ein Gutglaubensschutz nicht in Betracht kommt (§§ 80, 81 Abs 1 S 2). Vgl

§§ 929 a, 932 a BGB; BGHZ 112, 4, 5; HaKo-*Schröder* § 33 Rn 2, 3. Die Massesicherungspflicht des Verwalters gebietet jedoch idR die Anmeldung und die Beschreibung des Insolvenzvermerks (MüKo-*Schmahl* §§ 32, 33 Rn 100). Die **Anordnung der Eigenverwaltung** durch den Schuldner und deren Aufhebung sowie die Zustimmungsbedürftigkeit bestimmter Rechtsgeschäfte des Schuldners bei Eigenverwaltung sind nicht in das Schiffs-, Schiffsbauregister oder in das Register für Pfandrechte an Luftfahrzeugen einzutragen. Anders nur, wenn die Zustimmungsbedürftigkeit nach § 277 Abs 1 angeordnet wird (§ 277 Abs 3 S 3).

4   **Markenregister und andere gewerbliche Schutzrechte.** Auch wenn eine **eintragungsfähige Marke** in das vom Deutschen Patent- und Markenamt in München geführte **Markenregister** eingetragen ist, kann das Markenrecht durch einen Insolvenzvermerk gesichert werden (§ 29 Abs 3 MarkenG; FK-*Schmerbach* § 32 Rn 21; K/P/B/*Holzer* § 33 Rn 10; *Graf-Schlicker/Kexel* § 33 Rn 13). Im Falle der **Eigenverwaltung** erfolgt die Eintragung auf Antrag des Sachwalters. Dem Antrag des Insolvenzverwalters sind eine Ausfertigung des EB sowie eine Kopie der Bestellungsurkunde beizufügen (§ 34 Abs 2 MarkenG). Auch hier ist das Verfahren kostenfrei (vgl auch K/P/B/*Holzer* § 33 Rn 10; *Braun/Herzig* § 34 Rn 12). Im **Geltungsbereich der EuInsVO** ist auf Antrag des Insolvenzverwalters der Insolvenzvermerk in das **nationale Markenregister** des betreffenden Mitgliedsstaates einzutragen. Im Übrigen gilt § 29 Abs 3 MarkenG entsprechend für **internationale Registrierungen auf Grund des Madrider Markenabkommens** (§§ 107 ff MarkenG) und europäischer Gemeinschaftsmarken (§§ 125 a ff MarkenG).

5   Für die **Eintragung des Insolvenzvermerks für andere gewerbliche Schutzrechte** (wie zB Patente, Gebrauchs- und Geschmacksmuster) fehlt eine gesetzliche Regelung. Das Deutsche Patent- und Markenamt nimmt keine Eintragung im Register vor. Es ändert aber auf Antrag die Zustellanschrift und bringt bei Gesellschaften einen die Insolvenz kennzeichnenden Zusatz an (*Braun/Herzig* § 33 Rn 14; K/P/B/*Holzer* § 33 R.

§ 34 Rechtsmittel

(1) Wird die Eröffnung des Insolvenzverfahrens abgelehnt, so steht dem Antragsteller und, wenn die Abweisung des Antrags nach § 26 erfolgt, dem Schuldner die sofortige Beschwerde zu.

(2) Wird das Insolvenzverfahren eröffnet, so steht dem Schuldner die sofortige Beschwerde zu.

(3) ¹Sobald eine Entscheidung, die den Eröffnungsbeschluß aufhebt, Rechtskraft erlangt hat, ist die Aufhebung des Verfahrens öffentlich bekanntzumachen. ²§ 200 Abs. 2 Satz 2 gilt entsprechend. ³Die Wirkungen der Rechtshandlungen, die vom Insolvenzverwalter oder ihm gegenüber vorgenommen worden sind, werden durch die Aufhebung nicht berührt.

Übersicht

	Rn
I. Allgemeines	1
II. Sofortige Beschwerde bei Zurückweisung des Insolvenzantrags	2
1. Zurückweisung wegen falscher Verfahrensart	2
2. Beschwerdeberechtigte	3
3. Sonstige Beschwerdegründe	4
4. Zurückweisung des Insolvenzantrags im Verbraucherinsolvenzverfahren	5
III. Sofortige Beschwerde bei Abweisung mangels Masse (§ 26 Abs 1 S 1)	6
1. Beschwerdeberechtigte	6
2. Beschwerde mit dem Ziel der Verfahrenseröffnung	7
3. Beschwerde mit dem Ziel der Aufhebung des Abweisungsbeschlusses	8
4. Beschwerde mit dem Ziel der Antragsrücknahme	9
5. Beschwerde wegen Massekostenzahlung	10
IV. Sofortige Beschwerde gegen den Eröffnungsbeschluss	11
1. Beschwerdeberechtigte	11
2. Formale Beschwerdegründe	12
3. Beschwerde wegen Wegfalls des Eröffnungsgrundes	13
4. Sofortige Beschwerde mit dem Ziel der Abweisung mangels Masse	14
5. Beschwerde wegen Wegfalls der dem Antrag zugrunde liegenden Forderung	15
V. Indirekte sofortige Beschwerde gegen Maßnahmen des Insolvenzgerichts	16
VI. Einlegung der sofortigen Beschwerde	18
1. Zuständiges Gericht	18
2. Form der Beschwerde	19
3. Das Beschwerdeziel	20
4. Beschwerdefrist	21
VII. Keine aufschiebende Wirkung der Beschwerde	22
VIII. Abhilfebefugnis des Insolvenzgerichts	23
IX. Die Beschwerdeentscheidung	24
1. Zurückweisung der Beschwerde	25
2. Aufhebung des Abweisungsbeschlusses	26
3. Aufhebung des Eröffnungsbeschlusses	27
a) Öffentliche Bekanntmachung	28

II. Sofortige Beschwerde bei Zurückweisung des Insolvenzantrags § 34

	Rn
b) Kostenentscheidung	29
c) Wegfall der Eröffnungswirkungen	30
d) Wirksamkeit von Rechtshandlungen des Insolvenzverwalters	31
e) Restabwicklungsbefugnisse des Verwalters (§ 25 Abs 2 S 1)	33
f) Rechnungslegungspflicht des Insolvenzverwalters	34
g) Vergütung des Insolvenzverwalters	36
X. Rechtsbeschwerde	36
XI. Wegfall der Besonderheiten bei Kreditinstituten	37

I. Allgemeines

Nach § 6 Abs 1 unterliegen Entscheidungen des Insolvenzgerichts nur in den Fällen einem Rechtsmittel, in denen die InsO die sofortige Beschwerde vorsieht. Da das Insolvenzeröffnungsverfahren stets Eilverfahren ist, hatte der Gesetzgeber im Interesse einer Verfahrensbeschleunigung die Rechtsmittel im Eröffnungsverfahren weitgehend ausgeschlossen (krit *Pape* ZIP 1998, 237, 239 f; *Prütting* NZI 2000, 145 ff). Auch die Anforderung bzw Festsetzung eines Massekostenvorschusses (§ 26 Abs 1 S 2) ist nach neuem Recht nicht anfechtbar. Dies stellt eine wesentliche Verschlechterung des Rechtszustands gegenüber der Konkursordnung dar (K/P/*Pape* § 34 Rn 19). Die Einschränkung der Rechtsmittel im Eröffnungsverfahren ist durch den **Charakter als Eilverfahren** gerechtfertigt, das keinerlei Verzögerung durch Beschwerdeverfahren dulden sollte, weil die Zulassung eines Beschwerderechts uU dazu führt, dass aussichtsreiche Sanierungen zum Scheitern verurteilt sind (vgl KS-*Uhlenbruck* S 325 Rn 11; *Vallender* ZIP 1997, 1993, 1997 f). Der Gesetzgeber hat durch das **Gesetz zur Änderung der InsO und anderer Gesetze (InsO ÄndG) 2001** den früher geäußerten Bedenken gegen die Einschränkung der Rechtsmittel im Eröffnungsverfahren(vgl. *Pape* WPrax 1995, 292, 296) Rechnung getragen und § 21 Abs 1 um einen Satz 2 ergänzt, wonach gegen die Anordnung von Sicherungsmaßnahmen dem Schuldner die **sofortige Beschwerde** zusteht. Nach Auffassung des Gesetzgebers können vorläufige Sicherungsmaßnahmen nachhaltig in die Rechtsposition des Schuldners eingreifen, was im Vergleich zur Rechtslage unter der Geltung der KO zu einer erheblichen Schlechterstellung des Schuldners führt. Durch die Zulassung der Beschwerde gegen Sicherungsmaßnahmen nach § 21 sind Verfahrensverzögerungen nicht zu befürchten, da der Beschwerde keine aufschiebende Wirkung zukommt. Da nunmehr gegen **Sicherungsmaßnahmen im Eröffnungsverfahren** die **sofortige Beschwerde** gegeben ist, entfällt in vielen Fällen die Notwendigkeit, den Eröffnungsbeschluss nach § 34 Abs 2 anzufechten, um auf diesem Wege die vom Insolvenzgericht angeordneten Sicherungsmaßnahmen zu beseitigen. Da § 7 durch Art 12 des **Gesetzes zur Reform des Zivilprozesses** dahin gehend geändert worden ist, dass gegen die Entscheidung über die sofortige Beschwerde die **Rechtsbeschwerde stattfindet**, sind sämtliche Beschwerdeentscheidungen, die sich auf angefochtene Sicherungsmaßnahmen des Insolvenzgerichts beziehen, im Wege der **Rechtsbeschwerde** nach § 574 ZPO anfechtbar.

1

II. Sofortige Beschwerde bei Zurückweisung des Insolvenzantrags

1. Zurückweisung wegen falscher Verfahrensart. Der Insolvenzantrag wird als unzulässig abgewiesen, wenn eine allgemeine Verfahrensvoraussetzung fehlt, wie zB die Zuständigkeit des Insolvenzgerichts, die Partei- und Prozessfähigkeit des Antragstellers, die Insolvenzfähigkeit des Schuldners, die Glaubhaftmachung der Forderung oder das rechtliche Interesse an der Verfahrenseröffnung (vgl *Jauernig* § 54 III). Als unzulässig wird teilweise auch der Insolvenzantrag zurückgewiesen, wenn der Antragsteller den Antrag in der **falschen Verfahrensart** stellt. Stellt zB der Schuldner den Antrag auf Eröffnung des Verbraucherinsolvenzverfahrens, obgleich das Regelinsolvenzverfahren die richtige Verfahrensart wäre, ist der Antrag als unzulässig zurückzuweisen, falls der angehörte Schuldner seinen ursprünglichen Antrag trotz entsprechenden gerichtlichen Hinweises aufrechterhält (so **OLG Köln** ZIP 2000, 2031; **OLG Schleswig** NZI 2000, 164; **LG Göttingen** NZI 2001, 218; **AG Köln** NZI 1999, 241, 242; *Vallender/Fuchs/Rey* NZI 1999, 218, 219; FK-*Kothe* § 304 Rn 51). Nach anderer Auffassung findet § 17 a Abs 2 GVG entsprechende Anwendung mit der Folge, dass von Amts wegen die Abgabe in die jeweils nach Ansicht des Gerichts gegebene Verfahrensart zu erfolgen hat (*Bork* ZIP 1999, 301, 303). Stellt der Schuldner einen Insolvenzantrag, ohne diesen zu spezifizieren und eine Zuordnung zum Regel- oder Verbraucherinsolvenzverfahren vorzunehmen, hat das Gericht den Schuldner auf die Bedenken hinzuweisen und ihm Gelegenheit zur Klarstellung zu geben (**LG Göttingen** NZI 2001, 218; FK-*Kothe* § 304 Rn 51). Von Amts wegen, ohne Anhörung des Schuldners ist das Insolvenzgericht nicht befugt, die von ihm für zulässig erachtete Verfahrensart dem weiteren Verfahren zugrunde zu legen (**LG Göttingen** ZInsO 2007, 166 = ZIP 2007, 367). Die Entscheidung des Insolvenzgerichts das Verfahren als Regelinsolvenz – oder Verbraucherinsolvenzverfahren einzustufen, ist als solche nicht anfechtbar (**LG Göttingen** ZInsO 2002, 244; K/P/*Wenzel* § 304 Rn 8; *Schulte-Kaubrügger* DZWIR 1999, 95). Lehnt jedoch das Gericht die Eröffnung in der beantragten Verfahrensart ab, weil es der Ansicht ist, die andere Verfahrensart sei die zutreffende, ist diese Entscheidung mit der sofortigen Beschwerde nach § 34 angreifbar (**OLG Celle** ZIP 2001, 340; **OLG Köln** ZIP 2000, 2031; **OLG Schleswig** NZI 2000, 164).

2

3 **2. Beschwerdeberechtigte.** § 34 eröffnet die Beschwerde gegen die Ablehnung der Verfahrenseröffnung (Abs 1) und gegen die Eröffnung des Verfahrens (Abs 2). Nach Abs. 1 steht das Beschwerderecht jedem Antragsteller und, wenn die Abweisung mangels Masse erfolgt (§ 26), dem Schuldner zu. Gläubiger haben damit nur ein Beschwerderecht, wenn sie den Antrag auf Eröffnung des Verfahrens gestellt haben (MüKo-*Schmahl* § 34 Rn 37; HK-*Kirchhof* § 34 Rn 3). Hatte eine juristische Person oder eine Gesellschaft ohne Rechtspersönlichkeit (§ 11 Abs 2 Nr 1) die Eröffnung des Insolvenzverfahrens über ihr Vermögen beantragt, so ergibt sich die Beschwerdeberechtigung mittelbar aus § 15 (HK-*Kirchhof* § 34 Rn 4). Wer nach § 15 antragsberechtigt ist, ist auch zur Einlegung der sofortigen Beschwerde nach § 34 berechtigt. Ist allerdings das antragstellende Organ bzw der Gesellschafter inzwischen abberufen worden, so ist sein Nachfolger als Gesellschafter oder organschaftlicher Vertreter zur Einlegung der Beschwerde berechtigt (**LG Berlin KTS 1974, 183;** HK-*Kirchhof* § 34 Rn 4; K/U § 107 KO Rn 1 a). Wer kein Antragsrecht hat, ist auch zur Einlegung der sofortigen Beschwerde nicht berechtigt (vgl **OLG Köln Rpfleger 1975, 29; OLG Hamm MDR 1972, 59 Nr 74;** HK-*Kirchhof* § 34 Rn 4). Der ehemalige Geschäftsführer einer GmbH hat kein Beschwerderecht (**BGH NZI 2006, 700**). Soweit dem **faktischen Organ** ein Antragsrecht zusteht, ist dieses auch beschwerdeberechtigt. Bei mehrköpfiger Vertretung steht das Beschwerderecht jedem einzelnen organschaftlichen Vertreter zu (FK-*Schmerbach* § 34 Rn 10). Bei der **GmbHG & Co KG** steht das Beschwerderecht dem oder den Geschäftsführern der Komplementär-GmbH zu. Bestehen daneben noch weitere persönlich haftende Gesellschafter, so sind auch diese zur Einlegung der Beschwerde berechtigt (FK-*Schmerbach* § 34 Rn 11). Bei der in Gründung befindlichen Gesellschaft sind sämtliche **Gründungsgesellschafter** beschwerdeberechtigt (K/U § 109 KO Rn 1 a; FK-*Schmerbach* § 34 Rn 11; *Heintzmann* BB 1979, 454 f). Das Beschwerderecht steht jedem Gründungsgesellschafter allein zu. Handelt es sich um eine Liquidationsgesellschaft, ist der **Liquidator** zur Einlegung der Beschwerde befugt (**OLG Frankfurt Rpfleger 1982, 436;** FK-*Schmerbach* § 34 Rn 11; **OLG Düsseldorf ZIP 1993, 214**). Beim eingetragenen Verein ist jedes Vorstandsmitglied beschwerdeberechtigt. Gleiches gilt für den nicht rechtsfähigen Verein, bei dem die Haftung idR auf das Vereinsvermögen beschränkt ist (FK-*Schmerbach* § 34 Rn 12; *Palandt/Heinrichs* § 54 Rn 13). Verfolgt der Verein dagegen wirtschaftliche Interessen iSv § 22 BGB und haften neben dem Vereinsvermögen sämtliche Mitglieder persönlich, so steht jedem Mitglied das Beschwerderecht zu (FK-*Schmerbach* § 34 Rn 12). **Aktionären einer Aktiengesellschaft** oder Gesellschaftern einer GmbH steht ein Beschwerderecht nicht zu (K/U § 109 KO Rn 1; BerlKo-*Goetsch* § 34 Rn 7). Bei einer **Gesellschaft bürgerlichen Rechts** ist Schuldner die insolvenzfähige Gesellschaft, analog § 15 Abs 1 kann zwar jeder Gesellschafter Rechtsmittel gegen die Eröffnung einlegen, jedoch nicht im eigenen Namen, sondern nur namens der Gesellschaft (**BGH NZI 2008, 121**). Bei einer **OHG** oder einer **Partnerschaft** ist jeder persönlich haftende Gesellschafter zur Einlegung der Beschwerde berechtigt, bei der **KG** aber nur der persönlich haftende Gesellschafter (BerlKo-*Goetsch* § 34 Rn 8). Der **Insolvenzverwalter hat kein Beschwerderecht**, weder gegen die Ablehnung der Eröffnung des Verfahrens noch gegen die Ablehnung der Eröffnung mangels Masse (**BGH NZI 2007, 349 = ZIP 2007, 782**).

4 **3. Sonstige Beschwerdegründe.** Die Beschwerde gegen eine Abweisung des Insolvenzantrags als unzulässig oder unbegründet kann nur darauf gestützt werden, dass das Gericht die Zulässigkeitsvoraussetzungen unzutreffend geprüft und beurteilt hat oder Vorschriften, die die Zulässigkeit des Insolvenzantrags betreffen, falsch angewandt hat. Ist der Antrag wegen Nichtfeststellung des Insolvenzgrundes zurückgewiesen worden, kann die sofortige Beschwerde auch darauf gestützt werden, dass der Insolvenzgrund bei ausreichenden Amtsermittlungen (§ 5) durchaus feststellbar gewesen wäre. Das Beschwerdegericht ist verpflichtet, von Amts wegen alle Umstände gem § 5 Abs 1 S 1 aufzuklären, die für das Insolvenzverfahren von Bedeutung sind. Dazu gehört auch die Überprüfung der Frage, ob der Schuldner seiner Auskunftspflicht nach § 20 rechtzeitig nachgekommen ist (**KG ZInsO 2000, 216**). Im Rahmen der Zulässigkeitsprüfung kann ua beanstandet werden, dass das Gericht die Anforderungen an die Glaubhaftmachung der Forderung verkannt hat (vgl **OLG Köln ZInsO 2000, 43 = NZI 2000, 78; OLG Celle NZI 2000, 214, 215; OLG Celle ZInsO 2000, 216;** K/P/*Pape* § 34 Rn 24). So kann das Beschwerdegericht zB feststellen, ob die Anforderungen an die Glaubhaftmachung der Forderung von Sozialversicherungsträgern anderen Kriterien unterliegen als die eines sonstigen Gläubigers (vgl **LG Duisburg ZIP 1999, 2065, 2077** und *Pape* ZIP 2002, 2277, 2282; K/P/*Pape* § 34 Rn 24; HK-*Kirchhof* § 14 Rn 9, 13; N/R/*Mönning* § 14 Rn 44). Letztlich kann mit der sofortigen Beschwerde gem § 34 Abs 1 alles gerügt werden, was die Beurteilung der Zulässigkeit bzw Unzulässigkeit des Insolvenzantrags durch das Insolvenzgericht betrifft. Eine sofortige Beschwerde ist mangels Beschwer unzulässig, wenn der Schuldner gegen den Eröffnungsbeschluss Beschwerde eingelegt hat, obgleich das Verfahren auf seinen eigenen Antrag hin eröffnet worden ist (**BGH ZIP 2007, 499; BGH ZInsO 2008, 859 = NZI 2008, 557**). Das gilt auch dann, wenn sie auf die Rüge einer die Kosten des Verfahrens nicht deckenden Masse gestützt wird (**BGH NZI 2008, 557 = ZInsO 2008, 859**). Ist der Insolvenzgrund nachträglich weggefallen, kommt nur eine Verfahrenseinstellung nach § 212 in Betracht (**BGH ZInsO 2006, 1051; OLG Stuttgart NZI 1999, 491**). Für die Frage, ob ein Eröffnungsgrund vorliegt, kommt es nur auf den Zeitpunkt der Verfahrenseröffnung an (**BGH ZInsO 2006, 1051;** K/P/*Pape* § 34 Rn 35; HamKom-*J.-S. Schröder* § 34 Rn 15). Selbst wenn die Eröffnungsvoraussetzungen im Beschwerdeverfahren eintreten, ist auf den Eröffnungszeitpunkt abzustellen (**BGH ZInsO 2006, 1051**).

III. Sofortige Beschwerde bei Abweisung mangels Masse (§ 26 Abs 1 S 1) § 34

Die sofortige Beschwerde kann auch nicht darauf gestützt werden, dass der Antragsteller nach Verfahrenseröffnung seinen Antrag zurückgenommen hat oder die dem Antrag zu Grunde liegende Forderung ausgeglichen worden ist (**OLG** Celle ZInsO 2000, 217; **LG** Karlsruhe NJW-RR 2002, 1627; K/P/ *Pape* § 34 Rn 35; HamKom-*J.-S. Schröder* § 34 Rn 16). Die Ablehnung des Antrags auf Anordnung der **Eigenverwaltung** kann weder isoliert noch mit der sofortigen Beschwerde gegen den Eröffnungsbeschluss angefochten werden (BGH NZI 2007, 240 = ZInsO 2007, 207).

4. Zurückweisung des Insolvenzantrags im Verbraucherinsolvenzverfahren. Probleme treten bei der 5 Frage der Zulässigkeit der sofortigen Beschwerde auf, wenn die **Rücknahmefiktion des § 305 Abs 3 S 2** eingreift. Das Gesetz sieht gegen diese Fiktion kein Rechtsmittel vor. Der BGH hat eine generelle Beschwerdemöglichkeit abgelehnt, auch wenn das Gericht **unzulässige formale Anforderungen** gestellt hat (BGH ZInsO 2003, 1040). Ob dies auch bei **missbräuchlichen Auflagen** gelten soll, hat der BGH hingegen offen gelassen (BGH ZInsO 2005, 537; vgl. auch *Pape* ZInsO 2003, 61 ff). Teilweise wird zu Recht die Auffassung vertreten, § 34 Abs 1 sei entspr. anwendbar, wenn das Gericht dem Schuldner Auflagen gemacht hat, die dieser offenkundig nicht erfüllen kann (**OLG** Celle ZIP 2001, 340; **BayObLG** ZIP 2000, 321; K/P/*Pape* § 34 Rn 32; HK-*Kirchhof* § 34 Rn 7; *Ahrens* NZI 2000, 205). Gleiches gilt, wenn das Gericht vom Schuldner Erklärungen fordert, die über die nach § 305 Abs 1 einzureichenden Vordrucke und abzugebenden Erklärungen hinausgehen (**LG** Berlin ZInsO 2008, 387). Dabei kommt es nicht darauf an, ob das Gericht die Fiktion der Antragsrücknahme durch Beschluss oder einer formlosen Verfügung mitgeteilt hat (K/P/*Wenzel* § 305 Rn 30; FK-*Grote* § 305 Rn 50 a; *Pape* ZIP 1999, 2037, 2039). Nach **LG** Berlin (ZInsO 2007, 1356) soll die Aufforderung des Gerichts an den Schuldner, die Forderungen der Gläubiger in Anl 6 des amtlichen Vordrucks zu individualisieren zulässig und deshalb die Beschwerde nach § 34 ausgeschlossen sein. Ansonsten sind jedoch die Auflagen nach § 305 Abs 3 S 1 als solche nicht anfechtbar (**BGH** ZInsO 2003, 1040; **BayObLG** ZIP 1999, 1767; **OLG** Köln NZI 2000, 317). Zur Anfechtbarkeit von Entscheidungen, in denen das Gericht die vom Schuldner **gewählte Verfahrensart** für unzulässig hält und aus diesem Grund den Antrag auf Eröffnung des Verfahrens zurückweist s. oben Rn 2 aE.

III. Sofortige Beschwerde bei Abweisung mangels Masse (§ 26 Abs 1 S 1)

1. Beschwerdeberechtigte. Gegen die Abweisung des Insolvenzantrags mangels einer die Verfahrenskosten deckenden Masse nach § 26 Abs 1 S 1 steht sowohl dem Antragsteller als auch dem Insolvenzschuldner das Rechtsmittel der sofortigen Beschwerde zu. Der Grund für die Erweiterung der Beschwerdeberechtigung liegt in den gravierenden Folgen für den Schuldner nach § 26 Abs 2, dh der Eintragung in das Schuldnerverzeichnis (HK-*Kirchhof* § 34 Rn 5). Das Gericht muss bei einem Gläubigerantrag den Abweisungsbeschluss auch dem Schuldner zustellen, um den Lauf der Beschwerdefrist in Gang zu setzen (K/P/Pape § 34 Rn 25). Die Beschwerde ist bei einer Abweisung mangels Masse nicht mehr auf **juristische Personen** beschränkt. Obwohl das Bundesverfassungsgericht (NJW 1990, 1902) die Beschränkung des Beschwerderechts auf juristische Personen für rechtmäßig erklärt hatte, hat der Gesetzgeber wegen der weit reichenden Folgen das Beschwerderecht bei Abweisung mangels Masse auch natürlichen Personen zuerkannt. Ist der Schuldner eine Gesellschaft mit mehreren vertretungsberechtigten Organen, steht das Beschwerderecht jedem organschaftlichen Vertreter zu. Der Gesellschafter kann jedoch nicht im eigenen Namen, sondern nur im Namen der Gesellschaft die sofortige Beschwerde einlegen (**BGH** ZInsO 2006, 822; **BGH** NZI 2008, 121). 6

2. Beschwerde mit dem Ziel der Verfahrenseröffnung. Lehnt das Gericht die Eröffnung des Verfahrens ab, kann die sofortige Beschwerde sowohl vom Antragsteller als auch vom Schuldner mit der Begründung eingelegt werden, das Gericht habe die **Massekostendeckung unzureichend ermittelt** oder der Sachverständige habe wichtige Vermögenswerte des Schuldners im Rahmen der Gutachtenerstellung unberücksichtigt gelassen(K/P/*Pape* § 34 Rn 22). Ziel der sofortigen Beschwerde ist in diesen Fällen die Verfahrenseröffnung. Die sofortige Beschwerde kann darauf gestützt werden, dass das Insolvenzverfahren im Hinblick darauf hätte eröffnet werden müssen, dass nach Bewilligung von PKH durch das zuständige Prozessgericht der Insolvenzverwalter in einem zu führenden Zivilprozess voraussichtlich Ansprüche in erheblicher Höhe zur Masse hätte realisieren können (FK-*Schmerbach* § 34 Rn 29). Im Fall der Abweisung mangels Masse kann die Beschwerde darauf gestützt werden, dass kein Eröffnungsgrund vorgelegen hat oder die Forderung nicht besteht (FK-*Schmerbach* § 34 Rn 29). Die **Beschwer** ist beim Antragsteller dadurch gegeben, dass er um die Chance gebracht wird, eine Quote zu erhalten. Die Beschwer beim Schuldner kann dadurch gegeben sein, dass er bei persönlicher Haftung im Fall der Verfahrenseröffnung und Auszahlung einer Quote nur noch reduziert haftet. 7

3. Beschwerde mit dem Ziel der Aufhebung des Abweisungsbeschlusses. In Fällen der Abweisung mangels Masse kann die sofortige Beschwerde vom Schuldner mit dem Ziel eingelegt werden, den Abweisungsbeschluss aufzuheben und gleichzeitig den Insolvenzantrag des Gläubigers als unzulässig zurückzuweisen, weil es an einem Zulässigkeitserfordernis fehlt (**OLG** Köln ZInsO 2000, 43; **LG** Berlin ZInsO 2001, 269; *Pape* ZIP 1989, 1029, 1032). 8

9 **4. Beschwerde mit dem Ziel der Antragsrücknahme.** Grundsätzlich ist in den Fällen der Abweisung mangels Masse eine Rücknahme des Insolvenzantrags bis zur formellen Rechtskraft des Abweisungsbeschlusses zulässig (**OLG** Köln ZIP 1993, 936; **OLG** Hamm KTS 1976, 146; **OLG** Hamm KTS 1978, 106; K/U § 107 KO Rn 6; *Uhlenbruck,* Das neue Insolvenzrecht, S 313; KS-*Delhaes* S 141, 146 f Rn 23; K/P/*Pape* § 26 Rn 31). Der Abweisungsbeschluss wird in solchen Fällen automatisch wirkungslos. Einer besonderen Aufhebung durch das Insolvenzgericht bedarf es nicht (**OLG** Köln ZIP 1993, 936; **OLG** Hamm KTS 1976, 146, 148; **OLG** Hamm KTS 1978, 106, 107; K/P/*Pape* § 26 Rn 31; KS-*Delhaes* S 147 Rn 23). Auf Antrag hat das Insolvenzgericht die Unwirksamkeit des Beschlusses festzustellen, wenn hieran ein schutzwürdiges Interesse besteht (**LG** München I KTS 1973, 74; K/U § 103 KO Rn 3 a; KS-*Delhaes* S 147 Rn 23; K/P/*Pape* § 26 Rn 31). Die zulässige Rücknahme des Insolvenzantrags hat gem §§ 4 InsO, 269 Abs 3 S 1 ZPO zur Folge, dass der Insolvenzantrag als nicht gestellt und das Insolvenzverfahren als nicht anhängig gemacht anzusehen ist (*Delhaes,* Der Insolvenzantrag S 187; *Kraemer/Vogelsang* Fach 2 Kap 3 Rn 65). Nach alledem ist der Schuldner ebenso wie der antragstellende Gläubiger berechtigt, bei Abweisung mangels Masse sofortige Beschwerde mit dem Ziel einzulegen, im Beschwerdeverfahren entweder den Antrag zurückzunehmen oder die Hauptsache für erledigt zu erklären.

10 **5. Beschwerde wegen Massekostenzahlung.** Mit der sofortigen Beschwerde nach § 34 Abs 1 kann nicht nur gerügt werden, dass das Gericht die Massekostendeckung unzutreffend berechnet hat (**LG** Göttingen Rpfleger 1994, 78; **LG** Traunstein NZI 2000, 439; HK-*Kirchhof* § 34 Rn 21; K/P/*Pape* § 34 Rn 22), sondern auch, dass vom Antragsteller ein zu hoher Massekostenvorschuss angefordert worden ist (Einzelheiten unten zu V. 3.). Die sofortige Beschwerde kann aber auch darauf gestützt werden, dass der Antragsteller oder ein sonstiger Dritter bereit ist, den erforderlichen Massekostenvorschuss zu zahlen, um die Verfahrenseröffnung zu ermöglichen. Allerdings ist in diesen Fällen die Beschwer besonders zu prüfen. Wer trotz Aufforderung des Gerichts einen Massekostenvorschuss nicht eingezahlt hat, kann grundsätzlich nicht mit der Beschwerde geltend machen, nunmehr sei er zur Einzahlung bereit. Wohl aber kann die sofortige Beschwerde eingelegt werden mit der Begründung, ein Dritter habe sich gegenüber dem Gericht bereit erklärt, den Massekostenvorschuss auf Aufforderung zu leisten und das Gericht habe diesen nicht aufgefordert. Diese sofortige Beschwerde ist auch begründet, wenn der Massekostenvorschuss inzwischen eingezahlt worden ist, so dass einer Verfahrenseröffnung nichts mehr im Wege steht.

IV. Sofortige Beschwerde gegen den Eröffnungsbeschluss

11 **1. Beschwerdeberechtigte.** Nach § 34 Abs 2 steht die sofortige Beschwerde nur dem Schuldner zu, wenn das Insolvenzverfahren über sein Vermögen eröffnet wird. Handelt es sich um ein mehrköpfiges Vertretungsorgan eines Schuldnerunternehmens, so ist jeder organschaftliche Vertreter oder jeder persönlich haftende Gesellschafter zur Einlegung der Beschwerde berechtigt (**BGH** ZInsO 2006, 822; **BGH** NZI 2006, 700). Für die Beschwerdeberechtigung kommt es weder darauf an, wer von mehreren vertretungsberechtigten Organmitgliedern den Insolvenzantrag gestellt hat, noch auf die interne Vertretungsregelung (K/P/*Pape* § 34 Rn 26; MüKo-*Schmahl* § 34 Rn 56). Nicht beschwerdeberechtigt sind die Aktionäre einer AG oder die Gesellschafter einer GmbH (K/U § 109 KO Rn 1; FK-*Schmerbach* § 34 Rn 10).

12 **2. Formale Beschwerdegründe.** Die sofortige Beschwerde kann sowohl auf materielle als auch auf formelle Gründe gestützt werden, wie zB auf Verfahrensfehler. Die sofortige Beschwerde des Schuldners gegen die Verfahrenseröffnung kann idR nicht analog § 513 Abs 2 ZPO auf die **örtliche Unzuständigkeit** gestützt werden (vgl **OLG** Köln NJW-RR 1990, 895; **LG** Frankfurt MDR 1990, 1022; HK-*Kirchhof* § 34 Rn 19; str aA K/P/*Pape* § 34 Rn 15). Gerügt werden kann aber die **Verletzung rechtlichen Gehörs,** wenn die angefochtene Entscheidung hierauf beruht (**OLG** Stuttgart Justiz 1966, 253, 255; HK-*Kirchhof* § 34 Rn 20; HamKom-*Schröder* § 34 Rn 7, 17).

13 **3. Beschwerde wegen Wegfalls des Eröffnungsgrundes.** Hat der Insolvenzgrund tatsächlich nicht vorgelegen oder war das Vorliegen eines solchen vom Schuldner bei Eigenantrag irrtümlich angenommen worden, so ist gegen die Eröffnung die sofortige Beschwerde nicht zulässig (**BGH** ZInsO 2007, 206; **LG** Düsseldorf ZInsO 2002, 243; HK-*Kirchhof* § 34 Rn 11; aA **OLG** Koblenz ZIP 1991, 1604; K/P/*Pape* § 34 Rn 38; *Hess* § 34 Rn 27; *Uhlenbruck* 12. Aufl § 34 Rn 13). Der Schuldner ist auch bei einem Irrtum über das Vorliegen eines Insolvenzgrundes durch die Eröffnung nicht beschwert, denn das Gericht hat durch die Eröffnung seinem Begehren voll entsprochen (**BGH** ZInsO 2007, 206). Die sofortige Beschwerde ist aber zulässig, wenn der Schuldner den **Antrag vor Erlass des Eröffnungsbeschlusses zurückgenommen hat** (**BGH** ZInsO 2007, 206; **OLG** Brandenburg ZInsO 2001, 1155; HK-*Kirchhof* § 34 Rn 11; HamKom-*Schröder* § 34 Rn 13). Nur in Ausnahmefällen ist der Schuldner, der selbst die Eröffnung des Verfahrens beantragt hat, durch den Eröffnungsbeschluss beschwert. Eine Ausnahme gilt zB in den Fällen, in denen ein früherer organschaftlicher Vertreter sein Antragsrecht zu Lasten der Gesellschaft arglistig missbraucht hat (vgl *Pape* ZIP 1989, 1029, 1032; *Kilger/K. Schmidt* § 109 KO Anm 3; FK-*Schmerbach* § 34 Rn 14 a; *Graf-Schlicker/Kexel* § 34 Rn 28). Hat zB der Geschäftsführer einer GmbH Insolvenzantrag für die Gesellschaft gestellt, um die Gesellschafter zu schädigen, so muss es dem neu bestellten Geschäftsführer möglich sein, sofortige Beschwerde einzulegen mit dem Ziel, den Antrag zurückzunehmen (FK-*Schmerbach* § 34 Rn 14 a).

4. Sofortige Beschwerde mit dem Ziel der Abweisung mangels Masse. Ist das Insolvenzverfahren auf Antrag eines Gläubigers eröffnet worden, kann dem Schuldner das Rechtsschutzbedürfnis für eine Beschwerde mit dem Ziel, den Antrag mangels Masse abzuweisen, nicht abgesprochen werden (BGH NZI 2004, 625; HK-Kirchhof § 34 Rn 9; HamKom-Schröder § 34 Rn 12; N/R/Mönning § 34 Rn 31; aA LG Leipzig ZInsO 2007, 278). Umstritten ist die Frage, ob der Insolvenzschuldner gegen den Eröffnungsbeschluss sofortige Beschwerde nach § 34 Abs 1 einlegen kann mit der Begründung, das Verfahren hätte nicht eröffnet werden dürfen, sondern sein Antrag hätte gem § 26 Abs 1 S 1 mangels Masse abgewiesen werden müssen, wenn er selbst den Antrag auf Eröffnung gestellt hat. (für das alte Recht vgl OLG Bamberg ZIP 1983, 200; OLG Hamm ZIP 1993, 777; OLG Stuttgart ZIP 1989, 1069; OLG Karlsruhe ZIP 1992, 417). Für die Zulässigkeit der sofortigen Beschwerde ist bei Eigenantrag grundsätzlich auf die **formelle Beschwer** abzustellen (BGH ZInsO 2008, 860; OLG Stuttgart NJW-RR 2000, 199, 200; OLG Celle ZIP 1999, 1605; LG Rostock NZI 2004, 37; K/P/*Pape* § 34 Rn 36, 37; aA HK-**Kirchhof** § 34 Rn 9).

5. Beschwerde wegen Wegfalls der dem Antrag zugrunde liegenden Forderung. Nicht einheitlich wird die Frage beantwortet, ob die sofortige Beschwerde darauf gestützt werden kann, dass die dem Antrag zugrunde liegende Forderung nachträglich weggefallen ist, zB weil der Schuldner den Antragsteller befriedigt hat. Nach früherem Recht entsprach es **hM**, dass die Befriedigung des antragstellenden Gläubigers nach Wirksamwerden des Eröffnungsbeschlusses ein Beschwerdegrund war (vgl OLG Celle KTS 1972, 264; OLG Celle MDR 1962, 911; LG Düsseldorf KTS 1975, 46; LG Düsseldorf NJW 1977, 813; LG Ulm NJW 1964, 2357; LG Kiel ZIP 1987, 870; LG Stuttgart KTS 1978, 190; LG Köln ZIP 1980, 34; LG Frankfurt KTS 1985, 750; *Delhaes*, Der Insolvenzantrag S 44 f; *Jaeger/Weber* § 103 KO Rn 10, § 109 KO Rn 2; str aA LG Braunschweig NJW 1961, 2316; LG Düsseldorf KTS 1964, 127; LG Hamburg MDR 1963, 144; K/U § 109 KO Rn 3). Entsprechend der früher bei K/U (§ 109 KO Rn 3) vertretenen Auffassung wird heute ganz überwiegend die Meinung vertreten, dass es mit der Eröffnung des Insolvenzverfahrens auf das Bestehen oder Nichtbestehen der dem Antrag zugrunde liegenden Forderungen nicht mehr ankommt (OLG Celle ZIP 2000, 673, LG Karlsruhe NZI 2002, 609; LG Göttingen ZIP 1998, 571; K/P/*Pape* § 34 Rn 35; *Hess* § 34 Rn 39, 42). Mit der Eröffnung des Insolvenzverfahrens ist das quasi streitige Parteiverfahren zwischen Schuldner und Gläubiger beendet. Ab diesem Zeitpunkt kommt es nur noch darauf an, ob der Insolvenzgrund vorliegt, der die Verfahrenseröffnung rechtfertigt. Die dem Antrag zugrunde liegende Forderung, die ohnehin nur glaubhaft zu machen ist, wird mit der Eröffnung bedeutungslos (OLG Celle ZInsO 2000, 217; K/P/*Pape* § 34 Rn 35). Wollte man anders entscheiden, so wäre es möglich, jederzeit durch Bezahlung der Antragsforderung jede objektiv gebotene Eröffnung eines Insolvenzverfahrens zu torpedieren, selbst wenn eine gesetzliche Insolvenzantragspflicht bestünde (K/U § 109 KO Rn 3 a). Nur eine **Ausnahme** ist anzuerkennen: Ist die dem Insolvenzantrag zugrunde liegende Forderung des Gläubigers die einzige, die den Insolvenzgrund ausmacht, so beseitigt ihr Wegfall zugleich auch den Insolvenzgrund (K/U § 109 KO Rn 3 a). Solchenfalls ist die Beschwerde aber nur deswegen zulässig, weil der Insolvenzgrund weggefallen ist. Gleiches gilt, wenn die sofortige Beschwerde darauf gestützt wird, dass **sämtliche Gläubiger befriedigt** worden sind bzw ihre Forderungen gestundet haben (vgl LG Mainz Rpfleger 1988, 158; LG Duisburg Rpfleger 1994, 475; LG Göttingen ZIP 1998, 572; K/U § 109 KO Rn 3a; *Kilger/K. Schmidt* § 109 KO Anm 3; *Pape* ZIP 1989, 1029, 1034 f; HK-*Kirchhof* § 34 Rn 24). Zutreffend weist *Pape* (K/P/*Pape* § 34 Rn 24) darauf hin, dass andernfalls der Gesetzgeber den Beteiligten auch nach Verfahrenseröffnung noch das Recht zur Antragsrücknahme oder Erledigungserklärung einräumen müsse, was gem § 13 Abs 2 jedoch ausdrücklich ausgeschlossen sei. Vgl zum Streitstand auch FK-*Schmerbach* § 34 Rn 24–26 mit der jedoch unzutreffenden Schlussfolgerung, dass der Streit unter der Geltung der InsO wegen § 212 bedeutungslos geworden sei. Eine **Erledigungserklärung** des Antragstellers nach Erlass des Eröffnungsbeschlusses ist wirkungslos (HK-Kirchhof § 34 Rn 24; AG Hamburg ZInsO 2007, 336).

V. Indirekte sofortige Beschwerde gegen Maßnahmen des Insolvenzgerichts

Der weitgehende Ausschluss von Rechtsmitteln gegen die Anordnung von Sicherungsmaßnahmen im Eröffnungsverfahren ist durch die Ergänzung des § 21 Abs 1 S 2 durch das InsOÄndG 2001 beseitigt worden. Andere als Sicherungsmaßnahmen sind jedoch weiterhin nicht beschwerdefähig. Das heißt aber nicht, dass sie einer gerichtlichen Überprüfung schlechthin entzogen sind. Vielmehr kann der Schuldner oder der antragstellende Gläubiger durch eine „**Kombinationsbeschwerde**" gegen den Abweisungsbeschluss nach § 26 Abs 1 rügen, das Insolvenzgericht habe die Massekostendeckung oder den Massekostenvorschuss unzutreffend berechnet (LG Berlin ZInsO 2000, 224, 226; HK-*Kirchhof* § 34

Rn 16). Zu beachten ist aber, dass die „Kombinationsbeschwerde" sich letztlich gegen den Abweisungs- oder Eröffnungsbeschluss richtet. Deshalb muss ein **kausaler Zusammenhang** zwischen der angefochtenen Maßnahme und dem Beschluss bestehen. Mit der Beschwerde gegen einen Abweisungsbeschluss kann zB gerügt werden, dass der Eröffnungsantrag vorher rechtswirksam zurückgenommen worden war (**OLG** Brandenburg NZI 2002, 44 = ZInsO 2001, 1155; **LG** München I KTS 1973, 75; HK-*Kirchhof* § 34 Rn 21). Zulässig ist die sofortige Beschwerde gegen einen Eröffnungsbeschluss mit der Begründung, das Insolvenzgericht habe mit der Zustimmung zur Betriebsstilllegung gem § 22 Abs 1 S 2 Nr 2 die Unternehmensfortführung aufgrund eines Insolvenzplans unmöglich gemacht.

17   Gegen die **Anordnung oder Ablehnung der Eigenverwaltung** steht dem Schuldner kein Beschwerderecht zu (**BGH** NZI 2007, 240 = ZInsO 2007, 207; **AG** Köln ZIP 2005, 1975, HK-*Kirchhof* Rn 13, HamKom-*Schröder* § 34 Rn 9). Ebenso hat auch der Gläubiger gegen die Anordnung der Eigenverwaltung kein Beschwerderecht (HK-*Kirchhof* § 34 Rn 13). Die noch in der Vorauflage vertretene gegenteilige Auffassung wird nicht aufrechterhalten.

VI. Einlegung der sofortigen Beschwerde

18   **1. Zuständiges Gericht.** Die sofortige Beschwerde ist wegen der Abhilfemöglichkeit (§ 572 Abs 1 S 1 ZPO) grundsätzlich beim Insolvenzgericht einzulegen (§ 4 InsO iVm § 569 Abs 1 ZPO). Sie kann aber auch beim Beschwerdegericht, dh der Kammer der zuständigen Landgerichts eingelegt werden (§ 4 InsO iVm § 569 Abs 1 ZPO). Die Einlegung beim Beschwerdegericht empfiehlt sich jedoch im Hinblick auf die Abhilfemöglichkeit des Insolvenzgerichts nach § 6 Abs 2 nicht. Wird die Beschwerde beim zuständigen **LG** eingelegt, hat dieses die Beschwerdeschrift an das Insolvenzgericht zur Prüfung der Abhilfe zurückzureichen. Entsprechend § 570 Abs 3 ZPO ist das **LG** berechtigt, die Vollziehung des Eröffnungsbeschlusses auszusetzen oder im Wege der einstweiligen Anordnung Zwischenregelungen zu treffen (FK-*Schmerbach* § 34 Rn 31; K/P/*Pape* § 34 Rn 42). Durch die Aussetzung der Vollziehung werden die rechtsgestaltenden Wirkungen des Eröffnungsbeschlusses einschließlich der Bestellung des Insolvenzverwalters nicht etwa beseitigt. Vielmehr kann allenfalls die weitere Durchführung angeordneter Maßnahmen aufschoben oder eingeschränkt werden (HK-*Kirchhof* § 34 Rn 26). So können zB Maßnahmen vor der Entscheidung der Gläubigerversammlung (§ 158) bis zur Entscheidung untersagt werden. Auch können die Wirkungen des § 80 durch gerichtliche Einzelanordnung eingeschränkt werden. Ebenso kann das **LG** die Veröffentlichung des Eröffnungsbeschlusses einstweilen untersagen. Bei der Aussetzungsentscheidung hat das Beschwerdegericht nicht nur die Interessen des Schuldners, sondern auch diejenigen der Gläubiger zu berücksichtigen (*Pieper* KTS 1963, 193, 208 ff). Da die Vorschrift des § 570 ZPO über § 4 nur entsprechende Anwendung findet, ist den Besonderheiten des Insolvenzverfahrens als Vollstreckungsverfahren Rechnung zu tragen. Keinesfalls darf die Aussetzung der Vollziehung dazu führen, dass die Wirkungen der Eröffnung gänzlich entfallen. Eine vollständige Suspendierung der Eröffnungswirkungen würde dem Gläubigerschutz zuwiderlaufen. Der Eröffnungsbeschluss kann nicht etwa im Wege der einstweiligen Anordnung außer Kraft gesetzt werden, weil diesem Ergebnis eine Beschwerdeentscheidung gleichkäme.

19   **2. Form der Beschwerde.** Gem § 4 InsO iVm § 569 Abs 2 ZPO wird die Beschwerde durch Einreichung einer Beschwerdeschrift eingelegt. Sie kann auch durch Erklärung zu Protokoll der Geschäftsstelle (Service-Einheit) eingelegt werden. Eine anwaltliche Vertretung ist nicht erforderlich. Wird die Beschwerde durch einen vollmachtlosen Vertreter eingelegt, hat der Vertretene die Genehmigung innerhalb der Rechtsmittelfrist formgerecht zu erklären (**OLG** Hamm NJW 1968, 1147). Eine unrichtige Bezeichnung des Rechtsmittels schadet nicht. Die Beschwerdeschrift muss nur erkennen lassen, dass der Beschwerdeführer die Aufhebung des Eröffnungs- oder Abweisungsbeschlusses erstrebt. Die Beschwerdeschrift muss **handschriftlich unterzeichnet** sein. Unterschriftsstempel sind kein Unterschriftsersatz. Deshalb ist auch die Einlegung per Fax unzulässig, weil dieses nicht die Originalunterschrift enthält.

20   **3. Das Beschwerdeziel.** Mit der sofortigen Beschwerde nach § 34 Abs 2 kann nur die Aufhebung des Eröffnungsbeschlusses angestrebt werden (HK-*Kirchhof* § 34 Rn 10: MüKo-*Schmahl* § 34 Rn 67). Ein Rechtsmittel mit dem Ziel, die Eröffnung unter anderen Bedingungen oder zu einem anderen Zeitpunkt zu erreichen ist nicht statthaft (**LG** Duisburg ZInsO 2002, 988; K/P/*Pape* § 34 Rn 34; HK-*Kirchhof* § 34 Rn 10; MüKo-*Schmahl* § 34 Rn 67). Ebenso wenig kann der Schuldner die Beschwerde führen, um die Einsetzung eines anderen Insolvenzverwalters zu erreichen(**LG** Münster NZI 2002, 445; **LG** Potsdam ZInsO 2005, 501). Eine Beschwerde des Schuldners gegen den Insolvenzeröffnungsbeschluss zB wegen fehlender Rechtskraft oder Nichtberechtigung der glaubhaft gemachten Forderung des Antragstellers ist unzulässig (**LG** Göttingen ZIP 1998, 1369; vgl auch **LG** München II ZIP 1996, 1952, 1953).

21   **4. Beschwerdefrist.** Für den Beginn der Beschwerdefrist von zwei Wochen (§ 4 iVm § 269 Abs 1 ZPO) kommt es nach § 6 Abs 2 auf die Verkündung der Entscheidung oder, wenn sie nicht verkündet wird, auf die Zustellung an. Beim Eröffnungsbeschluss ist neben der Zustellung die öffentliche Be-

kanntmachung vorgeschrieben. In diesem Fall beginnt die Beschwerdefrist für jeden Beteiligten mit der frühesten ihm gegenüber bewirkten Zustellung (MüKo-*Schmahl* § 34 Rn 12). Nach § 9 Abs 3 genügt die öffentliche Bekanntmachung für den Nachweis der Zustellung. Ist jedoch einem einzelnen Beteiligten der Beschluss nachweislich früher zugestellt worden, beginnt die Beschwerdefrist bereits mit dieser Zustellung zu laufen (**BGH NZI 2004, 341 = ZIP 2003, 768**; MüKo-*Schmahl* § 34 Rn 12; K/P/*Pape* § 34 Rn 10). S auch § 8 II und § 9 Rn 5.

VII. Keine aufschiebende Wirkung der Beschwerde

Die Einlegung der sofortigen Beschwerde gegen den Eröffnungsbeschluss oder den Abweisungsbeschluss hat gem § 4 InsO iVm § 570 ZPO keine aufschiebende Wirkung (K/P/*Pape* § 34 Rn 42; N/R/*Mönning* § 34 Rn 32). Gem § 4 InsO iVm § 570 ZPO hat die sofortige Beschwerde nur dann aufschiebende Wirkung, wenn sie die Feststellung eines Ordnungs- oder Zwangsmittels zum Gegenstand hat oder das Gericht die **Vollziehung der Entscheidung aussetzt**. Nach § 570 Abs 3 ZPO kann das **Beschwerdegericht** vor der Entscheidung eine **einstweilige Anordnung** erlassen, insbesondere die Vollziehung der angefochtenen Entscheidung aussetzen. Das Gericht sollte hiervon nur Gebrauch machen, wenn das Rechtsmittel erfolgreich erscheint und dem Schuldner bei weiterer Durchführung große Nachteile drohen (**BGH ZIP 2002, 718**; K/P/*Pape* § 34 Rn 42). Die kraft Gesetzes eintretenden Folgen der Verfahrenseröffnung werden von einer solchen Aussetzung nicht berührt. Es bleibt trotz Aussetzung ua dabei, dass der Schuldner die Verwaltungs- und Verfügungsbefugnis über sein Vermögen verloren hat und diese auf den Insolvenzverwalter übergegangen sind (HK-*Kirchhof* § 34 Rn 26). Da die sofortige Beschwerde keine aufschiebende Wirkung hat, ist das Insolvenzverfahren fortzusetzen, die insolvenzgerichtlichen sind Maßnahmen durchzuführen (*Graf-Schlicker/Kexel* § 34 Rn 4). 22

VIII. Abhilfebefugnis des Insolvenzgerichts

Die früher in § 6 Abs 2 S 2 InsO vorgesehene Abhilfebefugnis des Insolvenzgerichts ist durch das **Gesetz zur Reform des Zivilprozesses** (Art 12) **aufgehoben** worden mit der Folge, dass über § 4 nunmehr § 572 Abs 1 S 1 ZPO Anwendung findet. Danach hat das Insolvenzgericht der Beschwerde abzuhelfen, wenn es die Beschwerde gegen den Eröffnungsbeschluss für begründet hält. Wegen der uneingeschränkten Verweisung auf § 572 Abs 1 S 1 ZPO kann die Abhilfe auch darin bestehen, dass das Insolvenzgericht den Insolvenzeröffnungsbeschluss aufhebt und die entsprechenden Verfügungen rückgängig macht. Der Beschwerdeführer hat keinen Anspruch darauf, dass das Beschwerdegericht die Fehlerhaftigkeit des Eröffnungsbeschlusses feststellt. Die Abhilfebefugnis bezieht sich nach der Änderung des § 6 und der ZPO nicht mehr ausschließlich auf **insolvenzspezifische Entscheidungen**, sondern auf sämtliche Entscheidungen des Insolvenzgerichts, also auch auf solche, bei denen das Rechtsmittel der sofortigen Beschwerde über § 4 nach der ZPO zulässig ist. Hilft das Insolvenzgericht der Beschwerde ab, so wird ein neuer Beschwerdeweg eröffnet, wenn durch die Abhilfe ein anderer beschwert wird (N/R/*Becker* § 6 Rn 61). Auch die Teilabhilfe kann im Einzelfall eine neue Beschwer schaffen und somit eine neue Beschwerdemöglichkeit eröffnen (N/R/*Becker* § 6 Rn 61). Will das Gericht der sofortigen Beschwerde ganz oder teilweise abhelfen, muss es den Beteiligten rechtliches Gehör gewähren. Hilft das Insolvenzgericht nicht ab, legt es die Sache dem Beschwerdegericht zur Entscheidung vor. 23

IX. Die Beschwerdeentscheidung

Das Beschwerdegericht kann entweder die Entscheidung des Insolvenzgerichts aufheben oder die sofortige Beschwerde zurückweisen. Erlangt der Eröffnungsbeschluss Rechtskraft, so werden hierdurch grundsätzlich die Mängel des Eröffnungsverfahrens geheilt (vgl **BAG ZIP 1989, 798**; K/P/*Pape* § 34 Rn 43; HK-*Kirchhof* § 27 Rn 35; MüKo-*Schmahl* § 34 Rn 110; *Kilger*/K. *Schmidt* § 109 KO Anm 7; *Hess* § 34 Rn 68 ff). Eine Ausnahme gilt nur, wenn der Eröffnungsbeschluss so gravierende Mängel enthält, dass er als nichtig anzusehen ist (HK-*Kirchhof* § 27 Rn 35; *Hess* § 34 Rn 69). So wird der nichtige Eröffnungsbeschluss wegen fehlender Unterschrift des Richters nicht geheilt (vgl **BGH ZIP 1997, 2126** = EWiR 1998, 175, **BGH ZIP 1986, 319**; **OLG Köln NJW-RR 2000, 1580** = NZI 2000, 480; **OLG Köln ZIP 1988, 1001, 1002**; K/P/*Pape* § 34 Rn 43). Auch ein Eröffnungsbeschluss, der sich gegen eine nicht existente Person richtet, ist und bleibt nichtig (HK-*Kirchhof* § 27 Rn 34). Im Einzelnen gilt Folgendes: 24

1. Zurückweisung der Beschwerde. Wird die sofortige Beschwerde als unzulässig oder unbegründet zurückgewiesen, so hat der Beschwerdeführer gem § 4 InsO iVm § 97 Abs 1 ZPO die **Kosten des Rechtsmittelverfahrens** zu tragen. Ist während des Beschwerdeverfahrens die Erledigung der Hauptsache eingetreten, bedarf es weder einer Aufhebung noch einer Zurückweisung der Beschwerde, jedoch kann der Eröffnungsbeschluss in der Beschwerdeentscheidung deklaratorisch für wirkungslos erklärt werden (**OLG Köln NJW-RR 1994, 445**; HK-*Kirchhof* § 34 Rn 33; str aA **OLG Brandenburg ZInsO 1998, 138, 139**). Nach Auffassung des Brandenburgischen **OLG** ist eine Entscheidung, die die Wirkungslosigkeit der Insolvenzeröffnung ausspricht, wegen greifbarer Gesetzeswidrigkeit aufzuheben. Erklärt der Antragsteller sei- 25 nen Eröffnungsantrag einseitig für erledigt, findet gegen die Entscheidung des Insolvenzgerichts, welche die Erledigung des Antrags feststellt, und dem Antragsgegner die Kosten des Verfahrens auferlegt, die sofortige Beschwerde nach §§ 6, 34 Abs 2 statt; § 91 a ZPO ist nicht anwendbar (**BGH** NZI 2008, 736 = ZInsO 2008, 1206).

26 **2. Aufhebung des Abweisungsbeschlusses.** Wird der Abweisungsbeschluss (§ 26 Abs 1 S 1) auf die sofortige Beschwerde hin aufgehoben, so bestehen zwei Möglichkeiten: Entweder verweist das Beschwerdegericht die Sache an das Insolvenzgericht zurück oder es erlässt selbst den Eröffnungsbeschluss. Ein Zwang zur Zurückverweisung besteht nicht. Ist der Antrag auf Eröffnung vom Insolvenzgericht abgewiesen worden, ist die Sach- und Rechtslage im Zeitpunkt der Entscheidung des Beschwerdegerichts maßgebend. Liegen die Eröffnungsvoraussetzungen in diesem Zeitpunkt vor, ist das Insolvenzverfahren zu eröffnen (**BGH** Beschluss v. 27. 3. 2008 – IX ZB 144/07 –). Erlässt das Beschwerdegericht den Eröffnungsbeschluss, hat es die Vorschriften der §§ 27–29 zu beachten (HK-*Kirchhof* § 34 Rn 31). Das LG ist gem § 4 InsO iVm § 572 Abs 3 ZPO berechtigt, den Abweisungsbeschluss aufzuheben, die Eröffnung zu beschließen und die ergänzenden Anordnungen dem Insolvenzgericht zu übertragen (HK-*Kirchhof* § 34 Rn 31; LG Potsdam NZI 2002, 554). Einer Anordnung der sofortigen Wirksamkeit (§ 6 Abs 3 S 2) bedarf es nicht, weil der Eröffnungsbeschluss sofort wirksam wird. Für die Veröffentlichungen nach §§ 30–33 ist das Insolvenzgericht zuständig (HK-*Kirchhof* § 34 Rn 31).

27 **3. Aufhebung des Eröffnungsbeschlusses.** Auch wenn der Eröffnungsbeschluss vom Beschwerdegericht aufgehoben wird, weil es die sofortige Beschwerde für begründet hält, sind zwei Möglichkeiten der Entscheidung gegeben: Einmal kann es den Eröffnungsbeschluss aufheben und zugleich den Eröffnungsantrag zurückweisen. Zum andern kann es sich darauf beschränken, den Eröffnungsbeschluss aufzuheben und die Sache zur erneuten Entscheidung an das Insolvenzgericht zurückzuverweisen. Erstere Möglichkeit empfiehlt sich schon deswegen nicht, weil dem Antragsteller hierdurch uU eine Instanz genommen wird. Vor der stattgebenden Entscheidung hat das LG dem Beschwerdegegner **rechtliches Gehör** zu gewähren (MüKo-*Schmahl* § 34 Rn 20). Nach **LG** Potsdam (NZI 2002, 554 = ZInsO 2002, 438) kann das Beschwerdegericht das Verfahren selbst eröffnen, wenn die Voraussetzungen für die Eröffnung erst im Beschwerdeverfahren eingetreten sind. Die dann gebotenen Anordnungen nach §§ 27 ff hat es jedoch dem Insolvenzgericht zu übertragen. Die Aufhebung wird idR mit der Rechtskraft des Beschlusses der Beschwerdekammer wirksam (§ 6 Abs 3 S 1). Das Beschwerdegericht kann die sofortige Wirksamkeit der Entscheidung anordnen (§ 6 Abs 3 S 2). Dies sollte jedoch nur in Ausnahmefällen geschehen (MüKo-*Schmahl* § 34 Rn 21; FK-*Schmerbach* § 34 Rn 33).

28 **a) Öffentliche Bekanntmachung.** Gem § 34 Abs 3 S 1 ist die öffentliche Bekanntmachung der rechtskräftigen Aufhebung des Eröffnungsbeschlusses anzuordnen (FK-*Schmerbach* § 34 Rn 34; K/P/*Pape* § 34 Rn 43; N/R/*Mönning* § 34 Rn 42; *Hess* § 34 Rn 72, 73). Eine auszugsweise Veröffentlichung im Bundesanzeiger erfolgt nicht mehr. Durch das Vereinfachungsgesetz ist die entsprechende Anordnung entfallen. Die öffentliche Bekanntmachung erfolgt nach § 9 Abs 1 im Internet (K/P/*Pape* § 34 Rn 3 a; FK-*Schmerbach* § 34 Rn 35). Veranlasst wird die öffentliche Bekanntmachung und die Mitteilung an die Register durch das Insolvenzgericht, das sämtliche zur Ausführung des Eröffnungsbeschlusses getroffenen Maßnahmen rückgängig zu machen hat (*Frege/Keller/Riedel* HRP Rn 791; FK-*Schmerbach* § 34 Rn 34; HK-*Kirchhof* § 34 Rn 30). Mit der Aufhebung sind Sicherungsmaßnahmen nach § 21 ebenso aufzuheben wie eine Postsperre oder anberaumte Termine. Die gem XII MiZi informierten Stellen sind auch über die Aufhebung zu informieren. Hinsichtlich der Mitteilungen an die Register (§ 33) und des Löschungsersuchens (§ 32) gelten die allgemeinen Grundsätze. Das Insolvenzgericht hat sich mit dem Verwalter abzustimmen, wer die Löschung des Insolvenzvermerks im Grundbuch veranlasst. Im Hinblick auf § 25 Abs 2 sollte das Beschwerdegericht den Insolvenzverwalter vorab von der Aufhebung unterrichten, damit er in die Lage versetzt wird, vor Wegfall seiner Verfügungsbefugnis von ihm begründete Masseverbindlichkeiten zu erfüllen (HK-*Kirchhof* § 34 Rn 30).

29 **b) Kostenentscheidung.** Hinsichtlich der Kostenentscheidung gelten gem § 4 die allgemeinen Vorschriften der ZPO. Wird die Beschwerde zurückgewiesen, so trägt der Beschwerdeführer gem § 4 InsO iVm § 97 Abs 1 ZPO die Kosten des Verfahrens. Hat die sofortige Beschwerde Erfolg, so fallen die Kosten dem Beschwerdegegner zur Last (K/P/*Pape* § 34 Rn 44; HK-*Kirchhof* § 34 Rn 33). *Kirchhof* (HK-*Kirchhof* § 34 Rn 33) hält die §§ 91–93, 97 Abs 2 und § 516 Abs 3 ZPO, insbesondere auch § 91 a ZPO, für entsprechend anwendbar, wenn das Rechtsmittel erst aufgrund neuen tatsächlichen Vorbringens in der 2. Instanz Erfolg hat. Zutreffend jedoch der Hinweis bei K/P/*Pape* (§ 34 Rn 44), dass die Beschwerderücknahme und die Erledigung im Beschwerdeverfahren durch die Vorschrift des § 13 Abs 2 erheblich eingeschränkt werden.

30 **c) Wegfall der Eröffnungswirkungen.** Mit dem Wirksamwerden einer den Eröffnungsbeschluss aufhebenden Beschwerdeentscheidung entfallen sämtliche privat- und öffentlich-rechtlichen Folgen einer Insolvenzeröffnung rückwirkend (K/P/*Pape* § 34 Rn 45; N/R/*Mönning* § 34 Rn 39; *Jaeger/Schilken* § 34 Rn 28; K/U § 109 KO Rn 7; *Hess* § 34 Rn 45). Nur soweit gem § 104 bei Fixgeschäften und Finanz-

IX. Die Beschwerdeentscheidung § 34

tergingeschäften nur noch eine Forderung wegen Nichterfüllung geltend gemacht werden kann, bleibt es bei diesen Rechtswirkungen (K/P/*Pape* § 34 Rn 45), ebenso bei einseitigen Gestaltungsrechen des Schuldners, weil diese Willenserklärungen keinen Schwebezustand vertragen (Jaeger/Schilken § 34 Rn 29). Im Übrigen entfallen sämtliche gesellschaftsrechtlichen Folgen der Insolvenzeröffnung, wie zB die Auflösung von juristischen Personen und Gesellschaften ohne Rechtspersönlichkeit (§§ 42 Abs 1 S 1 BGB [Verein], § 728 Abs 1 S 1 BGB [BGB-Gesellschaft], § 131 Abs 1 Nr 3 HGB [OHG], § 9 Abs 1 PartGG, § 262 Abs 1 Nr 3 AktG, § 60 Abs 1 Nr 4 GmbHG und § 101 GenG). Die Aufrechnungsschranken fallen weg. Rechtsgeschäfte, die zwischenzeitlich vom Schuldner oder gegenüber dem Schuldner unwirksam vorgenommen worden sind, werden wirksam.

d) **Wirksamkeit von Rechtshandlungen des Insolvenzverwalters.** Vom Wegfall der Eröffnungswirkungen bei Aufhebung des Eröffnungsbeschlusses werden nicht erfasst die vom Insolvenzverwalter im Eröffnungsverfahren und nach Verfahrenseröffnung vorgenommenen Rechtshandlungen (§ 34 Abs 3 S 3). § 34 Abs 3 S 3 spricht zwar nur von Rechtshandlungen, die vom oder gegenüber dem Insolvenzverwalter vorgenommen worden sind. War jedoch vom Gericht im Eröffnungsverfahren bereits ein vorläufiger Verwalter mit Verwaltungs- und Verfügungsbefugnis bestellt worden, so bleiben auch dessen Rechtshandlungen nach Aufhebung des Eröffnungsbeschlusses wirksam (*Uhlenbruck* KTS 1994, 169, 182; *ders* in: KS S 325, 365 Rn 43; FK-*Schmerbach* § 34 Rn 42; K/P/*Pape* § 34 Rn 50). Der Regelung in § 34 Abs 3 S 3 liegt der Gedanke zugrunde, dass die Wirksamkeit von Rechtshandlungen einer Person, die in einem gerichtlich angeordneten Verfahren berufen worden ist, von der Aufhebung des Verfahrens nicht berührt werden dürfe (*Jaeger/Schilken* § 34 Rn 33; K/U § 109 KO Rn 8). Rechtsgestaltende Handlungen des Verwalters (zB Ablehnung der Vertragserfüllung, Kündigung eines Mietverhältnisses) bleiben auch für die Zeit nach Aufhebung des Eröffnungsbeschlusses wirksam (BGHZ 30, 173, 176; *Jaeger/Schilken* § 34 Rn 33; K/U § 109 KO Rn 8). Zu den nach Verfahrensaufhebung **fortwirkenden Rechtshandlungen** des Verwalters gehören alle die Masse verpflichtenden Verträge und sämtliche Verwaltungs- und Verwertungsmaßnahmen MüKo-*Schmahl* § 34 Rn 95). Kündigungen des vorläufigen oder endgültigen Insolvenzverwalters bleiben wirksam (HK-*Kirchhof* § 34 Rn 40). Auch Verbindlichkeiten, die von einem vorläufigen Insolvenzverwalter mit Verwaltungs- und Verfügungsbefugnis begründet worden sind, sind entweder vom Verwalter vor Beendigung seiner Befugnisse gem § 25 Abs 2 zu erfüllen oder vom Schuldner bzw Schuldnerunternehmen (HK-*Kirchhof* § 34 Rn 41). Schadenersatzansprüche aus Vertragsverletzungen des Verwalters, die gegen die Insolvenzmasse bestehen, sowie Gewährleistungs- und Schadenersatzansprüche wegen Schlechtleistung oder Nichterfüllung der vom Verwalter zu Lasten der Masse eingegangenen vertraglichen Verpflichtungen (§§ 323 ff, 280 ff, 437 ff, 634 ff BGB) bleiben bestehen. § 34 Abs 3 S 3 ist nur auf Verwaltungs- und Verwertungshandlungen sowie auf gestaltende Rechtshandlungen des Insolvenzverwalters anwendbar, nicht dagegen auf **deliktisches Verhalten** und die Ansprüche nach §§ 823 ff BGB (K/U § 109 KO Rn 8). Soweit der Verwalter deliktisch haftet, richten sich die Ansprüche nach § 60. Der Anspruchsberechtigte hat diese Ansprüche ohnehin außerhalb des Insolvenzverfahrens zu verfolgen.

Kollidieren rechtsgeschäftliche Verfügungen des Insolvenzschuldners mit solchen des Insolvenzverwalters, genießen die Handlungen des Verwalters ohne Rücksicht auf die zeitliche Reihenfolge der Vornahme absoluten Vorrang vor Rechtshandlungen des Insolvenzschuldners (vgl **BGH** BGHZ 30, 173, 176; HK-*Kirchhof* § 34 Rn 40; K/P/*Pape* § 34 Rn 46; MüKoInsO-*Schmahl* § 34 Rn 96; K/U § 109 KO Rn 8). Wenn Schuldner und Insolvenzverwalter Verfügungen über denselben Gegenstand treffen, bleiben beide Verfügungen wirksam. Widersprechen sich die Verfügungen des Schuldners und des Insolvenzverwalters in Bezug auf denselben Gegenstand – zB Abtretung einer Forderung an verschiedene Personen – geht die Verwalterhandlung vor (*Jaeger/Schilken* § 34 Rn 34; Hess § 34 Rn 48). Redliche Partner des Schuldners werden im Übrigen nur bei Verfügungen über Grundstücke oder Grundstücksrechte geschützt, wenn der Insolvenzvermerk nach § 32 noch nicht eingetragen worden ist. Nach HK-*Kirchhof* (§ 34 Rn 40) wird sich der Insolvenzverwalter in der Zeit zwischen Bekanntmachung und Wirksamwerden der aufhebenden Beschwerdeentscheidung „auf notwendige Verwaltungsmaßnahmen beschränken müssen", um eine Haftung nach § 60 zu vermeiden. Da verpflichtende Geschäfte des vorläufigen oder endgültigen Insolvenzverwalters auch für den Insolvenzschuldner bzw das schuldnerische Unternehmen wirksam bleiben, **haftet das Schuldnervermögen** nach Aufhebung des Eröffnungsbeschlusses für die vom Verwalter begründeten Masseverbindlichkeiten. Das Vertrauen des Rechtsverkehrs in die Rechtsstellung des Insolvenzverwalters wird durch § 34 Abs 3 S 3 geschützt. Der Schuldner ist somit verpflichtet, die nicht vom Insolvenzverwalter berichtigten Masseansprüche aus seinem Vermögen zu erfüllen. Der Nachteil ist, dass hierdurch die „Gläubiger eine verlässliche Grundlage für ihre Befriedigung" verlieren (K/P/*Pape* § 34 Rn 47). Um den Schwierigkeiten einer Realisierung der Gläubigeransprüche nach Aufhebung des Eröffnungsbeschlusses zu begegnen, hat der Gesetzgeber in § 25 Abs 2 vorgesehen, dass vor Aufhebung seiner Bestellung der vorläufige Insolvenzverwalter berechtigt und verpflichtet ist, die entstandenen Kosten und die von ihm begründeten Verbindlichkeiten aus dem von ihm verwalteten Schuldnervermögen zu erfüllen. Diese Regelung gilt nicht nur für den vorläufigen Insolvenzverwalter mit Verwaltungs- und Verfügungsbefugnissen, sondern nach richtiger Meinung auch für den endgültigen Verwalter entsprechend (zutr HK-*Kirchhof* § 34 Rn 41; Hess § 34 Rn 75). Um dem Verwalter die Berichtigung der von ihm begründeten Masseverbindlichkeiten zu ermöglichen, sollte das Beschwerdegericht ihn rechtzeitig vor dem Wirksamwerden des Aufhebungsbeschlusses informieren, damit er die Masseverbindlichkeiten abwickeln kann (HK-*Kirchhof* § 34 Rn 41; K/P/*Pape* § 34 Rn 47).

33 **e) Restabwicklungsbefugnisse des Verwalters (§ 25 Abs 2 S 1).** Zweifelhaft ist, ob die früher zu § 116 KO entwickelten Grundsätze auch auf die Abwicklung nach § 25 Abs 2 Anwendung finden mit der Folge, dass sich die Aufhebung des Verfahrens um die Zeit verzögert, die der Verwalter braucht, um die zur Deckung der Masseansprüche erforderlichen Mittel flüssig zu machen und zu verteilen (vgl K/U § 116 KO Rn 6 a). Schon zum alten Recht wurde die Auffassung vertreten, dass es unter keinem Gesichtspunkt gerechtfertigt ist, die bisherige Insolvenzmasse bis zur Realisierung der Masseverbindlichkeiten formell gesperrt zu halten und die öffentliche Bekanntmachung sowie die sonstigen Maßnahmen nach § 200 Abs 2 S 2, 3 zu verzögern (vgl *Jaeger/Weber* § 116 KO Rn 2; K/U § 116 KO Rn 6 b). Dies gilt auch für das neue Recht. Mit der Rechtskraft der den Eröffnungsbeschluss aufhebenden Beschwerdeentscheidung erlischt nicht nur das Amt des Insolvenzverwalters, sondern auch jegliche Verfügungsbefugnis über das Schuldnervermögen. Anders als früher § 116 S 2 KO enthält die InsO keine Sonderregelung dahingehend, dass der Insolvenzverwalter auch außerhalb des beendeten Insolvenzverfahrens im Rahmen der ihm obliegenden Restaufgaben tätig werden darf oder dass bestimmte Vermögenswerte zur Berichtigung der Masseverbindlichkeiten und Massekosten zurückbehalten werden dürfen. Der Wortlaut des § 25 Abs 2 S 1 lässt nur die Möglichkeit zu, dass das Beschwerdegericht die **bevorstehende Aufhebung des Eröffnungsbeschlusses dem Insolvenzverwalter ankündigt** und ihm zugleich anheim stellt, für die Berichtigung der von ihm begründeten Masseverbindlichkeiten sowie für die Festsetzung und Entnahme seiner Vergütung und derjenigen der Gläubigerausschussmitglieder Sorge zu tragen (vgl auch K/P/*Pape* § 25 Rn 9, 10).

34 **f) Rechnungslegungspflicht des Insolvenzverwalters.** Auch wenn der Eröffnungsbeschluss auf sofortige Beschwerde aufgehoben wird, hat der Insolvenzverwalter gem § 66 gegenüber dem Insolvenzgericht Rechnung zu legen (K/P/*Pape* § 34 Rn 48; aA FK-*Schmbach* § 34 Rn 45 und MüKo-*Schmahl* § 34 Rn 105, die nur eine Rechnungslegung gegenüber dem Schuldner annehmen). Eine Rechnungslegungspflicht gegenüber der Gläubigerversammlung kommt nicht in Betracht, weil eine solche nicht mehr zustande kommt. Hat der Insolvenzverwalter im Hinblick auf die sofortige Beschwerde keinerlei Tätigkeit entfaltet, kann im Einzelfall auf eine Rechnungslegung verzichtet werden (**str aA** K/P/*Pape* § 66 Rn 8). Entscheidend ist letztlich für **Art und Umfang der Rechnungslegung** immer die Dauer des Verfahrens sowie der Umfang der Verwaltungstätigkeit des Insolvenzverwalters. Hat er bis zur Beschwerdeentscheidung den Schuldnerbetrieb fortgeführt, so hat er gegenüber dem Insolvenzgericht die Pflicht, über die Betriebsfortführung Rechnung zu legen. Die Rechnungslegung wird nicht nur vom Insolvenzgericht, sondern auch vom Schuldner bzw dessen organschaftlichen Vertretern geprüft. Diese sind berechtigt, Einwendungen gegen die Abschlussrechnung zu erheben. Auf eine Rechnungslegung kann ebenfalls nicht verzichtet werden, wenn der Insolvenzverwalter Abwicklungsmaßnahmen nach § 25 Abs 2 durchgeführt hat. Ein Verzicht auf die Rechnungslegung ist jedoch unbedenklich, wenn lediglich Sachwalterschaft im Eigenverwaltungsverfahren angeordnet war.

35 **g) Vergütung des Insolvenzverwalters.** Wird der Eröffnungsbeschluss durch das Beschwerdegericht aufgehoben, so steht dem bisherigen Insolvenzverwalter das Recht zu, seine Vergütung vom Insolvenzgericht festsetzen zu lassen. Wird die Vergütung vor Aufhebung des Eröffnungsbeschlusses festgesetzt, was die absolute Ausnahme darstellen dürfte, so ist der Insolvenzverwalter berechtigt, gem § 25 Abs 2 S 1 die Vergütung des Insolvenzverwalters zu entnehmen. Kündigt das Beschwerdegericht die Aufhebung des Eröffnungsbeschlusses an, sollte der Insolvenzverwalter sich vom Insolvenzgericht einen Vorschuss bewilligen lassen, den er aus der von ihm verwalteten Masse entnehmen kann. Wird die Vergütung nach rechtskräftiger Aufhebung des Eröffnungsbeschlusses festgesetzt, so kann der Verwalter seinen Vergütungs- und Auslagenanspruch nur noch gegen den Schuldner bzw das Schuldnerunternehmen geltend machen (FK-*Schmerbach* § 34 Rn 46). Der Schuldner haftet allerdings nur mit der bisherigen „Insolvenzmasse" (vgl **BGH** v 25. 11. 1954, NJW 1955, 339; **LG** Aachen EWiR 1989, 911; *Kalter* KTS 1980, 215, 223; *Smid* § 34 Rn 17; FK-*Schmerbach* § 34 Rn 46; K/U § 116 KO Rn 6 b). Zwecks Vollstreckung gegen den Schuldner genügt der für vollstreckbar erklärte Vergütungsbeschluss des Insolvenzgerichts (§ 64 InsO iVm § 794 Abs 1 Nr 3 ZPO). Einer Klage gegen den Schuldner bedarf es nicht (FK-*Schmerbach* § 34 Rn 46; *Kilger/K. Schmidt* § 85 KO Anm 3; **str aA LG** Aachen v 20. 6. 1989, EWiR § 58 KO 1/89, 911 m krit Anm *Gerhardt*).

X. Rechtsbeschwerde

36 Seit dem 1. 1. 2002 ist § 7 in der Fassung des Art 12 ZPO-RefG auf alle Entscheidungen der Beschwerdegerichte anzuwenden, die nach diesem Zeitpunkt ergangen sind. Die **Rechtsbeschwerde nach § 574 ZPO** ist nur statthaft, soweit sie vom Gesetz zugelassen wird. Nach § 7 findet gegen die Entscheidung über die sofortige Beschwerde die Rechtsbeschwerde statt, wenn die Voraussetzungen des § 574 ZPO gegeben sind (vgl hierzu auch die Kommentierung zu § 7; *Kluth* ZInsO 2001, 1082; W. *Lüke*

KTS 2001, 395 ff; *Schmerbach* ZInsO 2001, 1087 ff; F/K-*Schmerbach* § 7 Rn 6 ff). Einer Zulassung der Rechtsbeschwerde durch das Beschwerdegericht bedarf es nicht. Das Rechtsbeschwerdegericht kann im Wege der einstweiligen Anordnung die **Vollziehung des Eröffnungsbeschlusses aussetzen** (BGH ZIP 2002, 718). Eine Aussetzung kommt aber nicht in Betracht, wenn die drohenden Nachteile für die gesamte Gläubigerschaft die Erfolgsaussichten des Rechtsmittels überwiegen (BGH ZIP 2002, 718).

XI. Wegfall der Besonderheiten bei Kreditinstituten

Durch Art 79 EGInsO ist § 46 b KWG neu gefasst worden. Der Antrag auf Eröffnung des Insolvenzverfahrens über das Vermögen eines Kreditinstituts kann zwar gem § 46 b S 4 KWG nur vom Bundesaufsichtsamt gestellt werden. Das Beschwerdeverfahren findet aber nicht mehr vor den Verwaltungsgerichten statt. Vielmehr kann nunmehr der Eröffnungsbeschluss nach § 34 Abs 2 angefochten werden (vgl K/P/*Pape* § 34 Rn 39). 37

Zweiter Abschnitt. Insolvenzmasse. Einteilung der Gläubiger

§ 35 Begriff der Insolvenzmasse

(1) Das Insolvenzverfahren erfaßt das gesamte Vermögen, das dem Schuldner zur Zeit der Eröffnung des Verfahrens gehört und das er während des Verfahrens erlangt (Insolvenzmasse).

(2) ¹Übt der Schuldner eine selbstständige Tätigkeit aus oder beabsichtigt er, demnächst eine solche Tätigkeit auszuüben, hat der Insolvenzverwalter ihm gegenüber zu erklären, ob Vermögen aus der selbstständigen Tätigkeit zur Insolvenzmasse gehört und ob Ansprüche aus dieser Tätigkeit im Insolvenzverfahren geltend gemacht werden können. ² § 295 Abs. 2 gilt entsprechend. ³ Auf Antrag des Gläubigerausschusses oder, wenn ein solcher nicht bestellt ist, der Gläubigerversammlung ordnet das Insolvenzgericht die Unwirksamkeit der Erklärung an.

(3) ¹Die Erklärung des Insolvenzverwalters ist dem Gericht gegenüber anzuzeigen. ²Das Gericht hat die Erklärung und den Beschluss über ihre Unwirksamkeit öffentlich bekannt zu machen.

§ 35 übernimmt die Legaldefinition der Insolvenzmasse aus § 1 Abs 1 KO und erweitert sie um den sog Neuerwerb. Die Beschränkung nach § 1 Abs 1 KO auf das „einer Zwangsvollstreckung unterliegende Vermögen des Gemeinschuldners" ist mit den ergänzenden Vorschriften der Abs 2 bis 4 in § 36 übernommen worden. Abs 2 u 3 eingefügt durch das Gesetz zur Vereinfachung des Insolvenzverfahrens v 13. 4. 2007 (BGBl I S 509) mWv 1. 7. 2007.

Übersicht

	Rn
I. Allgemeines	1
1. Insolvenzmasse als Sondervermögen	1
2. Insolvenzbeschlag und haftungsrechtliche Zuweisung	5
3. Rechtsstellung der Insolvenzmasse	10
II. Begriff der Insolvenzmasse	11
1. Vermögenswert-Erfordernis	13
a) Person des Schuldners	14
b) Familienrechtliche Ansprüche	18
c) Vertretungs- oder Verfügungsbefugnisse	20
d) Vertragsangebote oder Optionsrechte	21
2. Rechtszuständigkeit	25
a) Vermögenszuordnung bei Treuhandverhältnissen	26
b) Vermögenszuordnung bei Sicherungsübertragung	33
c) Vermögenszuordnung bei anfechtbaren Rechtsgeschäften	34
d) Vermögenszuordnung bei Stellvertretung	35
e) Sonderfälle der gesetzlichen Vermögenszuordnung	37
3. Masseergänzung durch Gesetz	44
4. Soll- und Istmasse	46
5. Teilungs- und Schuldenmasse	49
6. Sondermasse und besondere Vermögensmassen	53
7. Gesamtinsolvenz und Sonderinsolvenz	61
8. Insolvenzmasse in besonderen Verfahrensarten	64
a) Überwachte Planverfahren	64
b) Eigenverwaltung	65
c) Verbraucherinsolvenzverfahren	66
d) Nachlassinsolvenzverfahren	67
III. Insolvenzfreies Vermögen (Abs 2 u 3)	69
1. Gesetzliche Ausnahme vom Insolvenzbeschlag	69

	Rn
2. Gewillkürte Ausnahme durch Freigabe	71
a) Echte Freigabe	71
aa) Freigabe und Umwelthaftung	75
bb) Wirkungen der Freigabe	82
cc) Freigabe eines streitbefangenen Gegenstandes	83
dd) Steuerliche Folgen der Freigabe	84
b) Unechte Freigabe	85
c) Modifizierte Freigabe	86
3. Freigabe von Sicherheiten durch den Gläubiger	88
4. Gewillkürte Insolvenzmasse durch Verzicht des Schuldners auf Pfändungsschutz	89
5. „Freigabe" einer selbständigen Tätigkeit (Abs 2 u 3)	90
a) Hintergrund	90
b) Rechtsnatur	91
c) Adressat und Inhalt der Erklärung	93
d) Wirkung der Erklärung	99
e) Schutz der Gläubigerinteressen	105
f) Vorläufiges Insolvenzverfahren	108
IV. Neuerwerb	110
1. Allgemeines	110
2. Neuerwerb bei natürlichen Personen	116
3. Neuerwerb bei juristischen Personen	120
V. Massesurrogation	123
VI. Streit über die Massezugehörigkeit	126
1. Streit zwischen Insolvenzverwalter und Schuldner	126
2. Streit zwischen Insolvenzverwalter und einem Dritten	131
VII. Gegenstände der Insolvenzmasse im Einzelnen	132
1. Unbewegliche Sachen	132
a) Grundstücke	132
b) Grundstücksgleiche Rechte	133
c) Sonstige dingliche Grundstücksrechte	139
2. Bewegliche Sachen	143
a) Allgemeines	143
b) Bestandteile von Grundstücken	144
c) Pfandgegenstände	146
d) Persönliche Gegenstände (Briefe, Ehrenzeichen etc)	147
e) Geschäftsbücher und Urkunden	150
f) Computerprogramme (Software)	151
3. Forderungen des Schuldners	153
a) Arbeitseinkommen und sonstige laufende Bezüge	153
b) Ansprüche auf Insolvenzgeld	155
c) Altersrenten	156
d) Unterhaltsansprüche und Ersatzrenten	157
e) Abfindungsansprüche	159
f) Mitgliedschaftsrechte und Gesellschaftsanteile	160
g) Schuldbefreiungsansprüche	162
h) Personalsicherheiten	167
i) Erstattung der Prozesskosten	171
j) Ansprüche aus zweckbestimmten Verträgen	172
k) Steuererstattungsansprüche des Schuldners	181
l) Vorkaufsrecht des Insolvenzschuldners	185
m) Nießbrauch	189
n) Beiträge des Absonderungsberechtigten	195
o) Unterlassungsansprüche	196
p) Blankowechsel und Gefälligkeitsakzepte	197
q) Schmerzensgeldanspruch	198
r) Erbschaft und Vermächtnis	199
s) Anspruch auf Zugewinnausgleich	203
t) Miet- und Pachtrechte	205
u) Recht auf Rücknahme einer hinterlegten Sache	206
v) Ansprüche auf Versicherungsleistungen	207
aa) Allgemeines	207
bb) Lebensversicherungen	216
cc) Unfallversicherung	222
dd) Gebäude- oder Feuerversicherung	223
ee) Sonstige Versicherungsleistungen	224
w) Betriebliche Altersvorsorge	225
aa) Insolvenzsicherung nach dem BetrAVG	225
bb) Direktversicherung und Rückdeckungsversicherung	230
4. Immaterialgüterrechte	238
a) Allgemeines	238
b) Gewerbliche Schutzrechte	239

	Rn
aa) Schutz von Erfindungen	239
bb) Sorten- und Halbleiterschutz	244
cc) Kennzeichenschutz	245
dd) Geschmacksmusterschutz	247
c) Urheberrecht	248
d) Filmwerke, Internetdomain und Software	251
e) Know-how	253
f) Lizenzen und urheberrechtliche Nutzungsrechte	254
aa) Lizenzvertrag	254
bb) Urheberrechtlicher Nutzungsvertrag	256
5. Anwartschaftsrecht in der Insolvenz	258
a) Allgemeines	258
b) Eigentumsvorbehalt in der Insolvenz des Vorbehaltskäufers	259
c) Eigentumsvorbehalt in der Insolvenz des Vorbehaltsverkäufers	262
d) Anwartschaftsrecht des Auflassungsempfängers	265
e) Sonstige Anwartschaften	267
VIII. Unternehmen in der Insolvenz	268
1. Allgemeines	268
a) Massezugehörigkeit des Unternehmens	268
b) Gewerbegenehmigungen	270
c) Ausnahmen vom Vollstreckungsschutz	273
2. Insolvenz des Kaufmanns	274
a) Allgemeines	274
b) Massezugehörigkeit der Firma	275
3. Insolvenz des Freiberuflers	276
a) Massezugehörigkeit der freiberuflichen Praxis	276
b) Massezugehörigkeit der Praxiseinrichtung	278
c) Massezugehörigkeit von Honorarforderungen	281
d) Praxisverwertung	282
aa) Fortführung	282
bb) Praxisveräußerung	288
cc) Praxisstilllegung	289
e) Widerruf der Berufszulassung	290
f) Sonderfall: Insolvenz von Apotheken	296
4. Insolvenz des Landwirts	298
IX. Insolvenzmasse der juristischen Personen	301
1. Aktiengesellschaft und GmbH	307
a) Ansprüche der Aktiengesellschaft/GmbH gegen die Gründer	307
b) Ansprüche der Aktiengesellschaft/GmbH gegen Gesellschafter	308
aa) Einlageforderungen	308
bb) Rückeinlageforderungen	312
cc) Rückzahlung kapitalersetzender Gesellschafterdarlehen	317
dd) Wiederkehrende Nebenleistungen	318
ee) Ansprüche einer abhängigen Gesellschaft	319
c) Ansprüche der Aktiengesellschaft/GmbH gegen die Mitglieder der Verwaltung	323
d) Ansprüche der Aktiengesellschaft gegen Dritte wegen Benutzung des Einflusses auf die Gesellschaft	335
e) Ansprüche der Aktiengesellschaft gegen Prüfer	336
f) Verhältnis des Insolvenzverwalters zur Aktivlegitimation der Gesellschaft, der Gläubiger und der Aktionäre	338
aa) Begrenzte Verzichts- oder Vergleichsbefugnis der Gesellschaft	338
bb) Zustimmung des Gläubigeraussschusses	340
cc) Verfolgungsrecht der Gläubiger	341
dd) Besonderer Vertreter	345
2. Kommanditgesellschaft auf Aktien	346
3. Genossenschaft	347
a) Pflichteinzahlungen und Nebenleistungen	348
b) Nachschusspflicht	350
aa) Voraussetzungen	350
bb) Nachschusspflichtige Mitglieder	351
cc) Umfang der Nachschusspflicht	353
dd) Vorschussberechnung und Vorschusseinziehung	360
ee) Nachschussberechnung	362
ff) Eigenverwaltung	366
gg) Rechtsschutz	367
4. Eingetragener Verein	372
5. Versicherungsverein auf Gegenseitigkeit	375
6. Stiftung	376
7. Juristische Personen des öffentlichen Rechts	377
X. Insolvenzmasse der Gesellschaften ohne Rechtspersönlichkeit	378
1. Handelsgesellschaften und BGB-Gesellschaft	378

		Rn
a) Firma		379
b) Ansprüche gegen die Gesellschafter		380
aa) Rückständige Beiträge		380
bb) Haftung bei unzulänglicher oder überbewerteter Sacheinlage		383
cc) Nachschusspflicht		385
c) Ansprüche der Gläubiger auf die Hafteinlage des Kommanditisten		386
aa) Allgemeines		386
bb) Aufrechnung durch den Kommanditisten		394
cc) Aufrechnung durch Gesellschaftsgläubiger		398
dd) Wiederaufleben des Haftungsanspruchs		399
ee) Haftung des ausgeschiedenen Kommanditisten		401
ff) Verfahrensrechtliche Fragen		407
d) Ansprüche gegen organschaftliche Vertreter		410
2. GmbH & Co KG		412
a) Allgemeines		412
b) Ansprüche gegen Gesellschafter		413
c) Ansprüche der Gläubiger auf die Hafteinlage des Kommanditisten		418
d) Ansprüche gegen organschaftliche Vertreter		419
3. Partnerschaft		422

I. Allgemeines

1 **1. Insolvenzmasse als Sondervermögen.** Nach dem Wortlaut des § 35 bildet das „gesamte Vermögen" des Schuldners die Insolvenzmasse. Rechtsobjekt ist aber nicht das Vermögen als solches (zum Sonderfall der Massezugehörigkeit des Unternehmens s Rn 268 ff). Es gilt vielmehr auch bei § 35 das Spezialitätsprinzip. Der Vermögensbegriff ist demnach ein Sammelbegriff, der geldwerte (körperliche und unkörperliche) Rechtsgegenstände zusammenfasst. Üblicherweise wird der Begriff Vermögen für das sog „freie Vermögen" eines Rechtssubjektes verwendet, das *alle* geldwerten (körperlichen und unkörperlichen) Rechtsgegenstände zusammenfasst, die unter einheitlicher Trägerschaft eines Rechtssubjekts stehen. Die Rechtsgegenstände der Insolvenzmasse sind aber nicht mit den Rechtsgegenständen des sog freien Vermögen des Gemeinschuldners identisch. Die **Rechtsgegenstände der Insolvenzmasse bilden** vielmehr ein **sog Sondervermögen**, das mit Verfahrenseröffnung entsteht (s zum Zeitpunkt Rn 9). Für das Sondervermögen ist kennzeichnend, dass der Schuldner als Rechtsinhaber von der Ausschlusswirkung der Rechte betroffen ist, die zum Aktivsondervermögen gehören (vgl *Jacoby* Das private Amt, 2007, S 28). Obwohl das Recht also weder erloschen oder auf einen anderen Rechtsträger übergegangen ist, verliert der Rechtsinhaber die mit seinem (subjektiven) Recht verbundene Verhaltensberechtigung. Diese wird mit Eröffnung des Insolvenzverfahrens durch den Insolvenzverwalter als besonderen Funktionsträger ausgeübt (vgl § 80). Da die Rechtsträgerschaft weder wechselt noch die Insolvenzmasse selbst zum Rechtssubjekt und Rechtsträger erhoben wird (deshalb ist die Rechtsstellung des Insolvenzverwalters auch nicht die eines Organs des Sondervermögens; s dazu § 80 Rn 79), wird die Bildung des Sondervermögens Insolvenzmasse derart konstruiert, dass der Schuldner eine doppelte Subjektsrolle annimmt: Einmal als Träger seines freien Vermögens, zum anderen als Träger des Sondervermögens Insolvenzmasse (vgl zur „mehrfachen Subjektsrolle" früh schon *J. Schröder* JZ 1978, 379, 383). Damit ist das **rechtliche Phänomen Insolvenzmasse als Sondervermögen** beschrieben.

2 Offen ist die Frage, wann und warum ein Recht aus dem freien Vermögen seines Inhabers ausscheidet und ihm fortan wie einem besonderen Rechtsträger zugeordnet ist. Die Zuordnungsfrage kann nicht mit dem Hinweis darauf beantwortet werden, dass das Sondervermögen Insolvenzmasse aus allen Rechten besteht, deren Verhaltensberechtigung dem besonderen Funktionsträger Insolvenzverwalter zur Ausübung zugewiesen ist. Das führt zu einem Zirkelschluss, da sich die Verwaltungs- und Verfügungsbefugnis des Insolvenzverwalters nach § 80 auf „das zur Insolvenzmasse gehörende Vermögen" bezieht. Die **Funktion der Zuordnung** erfüllen vielmehr **§§ 35, 36**, die diejenigen Rechte identifizieren, die so behandelt werden, als seien sie seinem Rechtsträger als einem besonderen Rechtssubjekt (mit eingeschränkter Verhaltensberechtigung) zugeordnet (Näheres dazu Rn 11 ff).

3 Das **Vorliegen eines Insolvenzgrunds rechtfertigt den Eingriff in die Rechte des Schuldners**, der als Rechtsträger des Sondervermögens seiner eigenen Rechtsmacht beraubt ist. Der Eingriff ist verhältnismäßig, weil einerseits die Rechtsträgerschaft die Interessen des Schuldners an einer korrekten Verwertung seines Vermögens sowie an einer Minderung seiner persönlichen Nachhaftung gem § 201 Abs 1 sowie daran wahrt, die Liquidation noch durch ein Insolvenzplanverfahren nach den §§ 217 ff abwenden zu können. Andererseits wird aber den Gläubigerinteressen durch die Entziehung der Verwaltungs- und Verfügungsbefugnis und deren Übertragung auf den Insolvenzverwalter Genüge getan. Denn das Beschlagsrecht (sogleich Rn 5 ff) verhindert, dass der Schuldner oder Dritte das Vermögen durch weitere Rechtshandlungsgeschäfte, Verfügungen und Vollstreckungen mindern.

4 Die **Freigabe** (dazu Rn 71 ff) gibt dem Schuldner die mit dem freigegebenen (subjektiven) Recht verbundene Verhaltensberechtigung zurück, sodass das Recht wieder zum freien Vermögen des Schuldners zählt.

I. Allgemeines § 35

2. Insolvenzbeschlag und haftungsrechtliche Zuweisung. Durch die Eröffnung des Insolvenzverfahrens erfolgt eine Teilung des Schuldnervermögens in Insolvenzmasse als Sondervermögen und (insolvenz-)freies Vermögen (s oben Rn 1). Die **Entstehung der Insolvenzmasse als Sondervermögen** ist eine Folge des Insolvenzbeschlags (vgl W. *Henckel* FS Weber 1975, S 237, 252: mit der Eröffnung des Insolvenzverfahrens wird den Insolvenzgläubigern die Masse als „fixiertes, abgegrenztes Vermögen haftungsrechtlich zugewiesen"; vgl auch *Berges* KTS 1957, 49). Für den Schuldner bedeutet der Insolvenzbeschlag vor allem, dass er die Verwaltungs- und Verfügungsbefugnis über das zur Insolvenzmasse gehörende Vermögen verliert. Aus Sicht der Gläubiger bewirkt der Insolvenzbeschlag, dass ihnen das gesamte haftende Vermögen des Schuldners fortan (nur) zur *gemeinschaftlichen* Befriedigung zugeordnet ist (vgl § 89 u allgem Grundsatz der *par condicio creditorum*).

Der **Begriff des Insolvenzbeschlags** beschreibt letztlich aber nur die Bildung des Sondervermögens Insolvenzmasse; er ist alleine „zu farblos, um die systematischen Zusammenhänge und die zugrunde liegenden Wertungen deutlich genug zum Ausdruck zu bringen" (W. *Henckel* FS Weber 1975, S 237, 251). Für die Rechtsanwendung entscheidend ist die Frage, auf welchen Teil des freien Vermögens des Schuldners sich der Insolvenzbeschlag genau bezieht. Die Antwort kann im Vermögensbegriff selbst gesucht werden, etwa mit dem Ergebnis, dass § 35 das wirtschaftliche, sachliche oder materielle Vermögen, nicht das juristische, rechtliche oder formale Vermögen meint (dazu etwa die Diskussion über die Vermögenszuordnung bei Treuhandverhältnissen Rn 27). Vorzugswürdig ist jedoch eine teleologische Betrachtungsweise: Das Insolvenzverfahren dient letztlich der Realisation der Haftung des Vermögens eines Rechtsträgers für seine Schulden (insofern bezeichnet *Medicus* [SchuldR I AT, § 3 Rn 19] die Haftung auch als den „Schatten der Schuld"), und zwar in der besonderen Situation, dass voraussichtlich nicht alle Gläubiger voll befriedigt werden können (vgl §§ 1, 38). Dieser **Zweck der Haftungsverwirklichung** wird üblicherweise zum Ausdruck gebracht, indem von der **haftungsrechtlichen Zuweisung des Schuldnervermögens an seine Gläubiger** gesprochen wird (statt vieler Jaeger/*Henckel* § 35 Rn 3).

Der **Grundsatz der haftungsrechtlichen Zuweisung** lautet, dass das gesamte *haftende* Vermögen eines Rechtsträgers allen Gläubigern zugewiesen ist. Da nur Vermögensgegenstände haften, besteht die Insolvenzmasse (nur) aus der Gesamtheit der geldwerten Vermögensrechte (zum Vermögenswert-Erfordernis s Rn 13 ff). Ferner haften nur die Vermögensrechte, deren Inhaber der Schuldner ist (zum Erfordernis der Rechtsinhaberschaft s Rn 25 ff). Schließlich ist noch eine weitere Einschränkung zu machen: Haften bedeutet nämlich „Zugriffsobjekt in der Zwangsvollstreckung sein" (*Fikentscher* SchuldR Rn 26). Ob ein Vermögensgegenstand der (Einzel-)Zwangsvollstreckung unterliegt, bestimmt sich in erster Linie nach den §§ 811 ff, 850 ff, 864 ff ZPO. Diese gesetzliche Konkretisierung des *haftenden* Vermögens des Schuldners übernimmt die InsO gem § 36 Abs 1 S 1 als Grenze für die haftungsrechtliche Zuweisung der Insolvenzmasse an die Insolvenzgläubiger. Die Modifikationen nach § 36 Abs 2 tragen den Besonderheiten der Gesamtvollstreckung Rechnung (dazu § 36 Rn 43 ff).

Die haftungsrechtliche Zuweisung im Rahmen der Gesamtvollstreckung konkurriert mit anderen, vor Verfahrenseröffnung begründeten Sicherungsrechten, denen der Gesetzgeber eine unterschiedliche „Insolvenzfestigkeit" zugemessen hat. Häufiges Kreditsicherungsmittel ist etwa die Sicherungsübereignung bzw Sicherungszession. Die **Konkurrenz des Sicherungseigentums** an den beweglichen Sachen oder Forderungen eines bestimmten Gläubigers **mit der haftungsrechtlichen Zuweisung** des Schuldnervermögens an alle Gläubiger des Schuldners wird in der Insolvenz des Sicherungsgebers nach § 51 Nr 1 InsO aufgelöst: Der Sicherungsnehmer ist zwar (formal-rechtlicher) Eigentümer des Sicherungsgegenstands, kann ihn aber nicht aussondern, dh geltend machen, dass der Sicherungsgegenstand nicht zur Insolvenzmasse gehört. Das Sicherungseigentum begründet lediglich ein Recht zur abgesonderten Befriedigung (ausf dazu § 51 Rn 2 ff). Die haftungsrechtliche Zuweisung des Sicherungsgegenstandes an alle Gläubiger des Gemeinschuldners setzt sich also gem § 51 Nr 1 InsO durch. Dagegen setzt sich umgekehrt zB der (einfache) Eigentumsvorbehalt in der Insolvenz des Käufers als Sicherungsmittel für die Kaufpreisforderung *gegen* die haftungsrechtliche Zuweisung des Schuldnervermögens an die Gläubigergesamtheit durch: Entscheidet sich der Insolvenzverwalter gegen die Vertragserfüllung (vgl § 103 Abs 1), kann der Verkäufer den Kaufgegenstand nach § 47 aussondern. Dasselbe gilt, wenn der Insolvenzverwalter zwar die Vertragserfüllung wählt, aber den Kaufpreis nicht zahlt. Auch dann kann der Verkäufer den Kaufgegenstand nach § 47 aussondern (unter den weiteren Voraussetzungen des Rücktritts).

Die Wirkungen des Insolvenzbeschlags setzen ab dem **Zeitpunkt der Verfahrenseröffnung** (§ 27) ein. Mit Verfahrenseröffnung ist die Insolvenzmasse den Gläubigern zur *gemeinschaftlichen* Befriedigung haftungsrechtlich zugewiesen. Der genaue Zeitpunkt der haftungsrechtlichen Zuweisung kann insbesondere bei **mehraktigen Erwerbstatbeständen** entscheidend sein. Erst wenn von einem mehraktigen Entstehungstatbestand eines Rechts schon so viele Erfordernisse erfüllt sind, dass der Veräußerer die Rechtsposition des Erwerbers nicht mehr durch einseitige Erklärung zerstören kann, entsteht ein **Anwartschaftsrecht** (vgl **BGH** 5. 1. 1955 NJW 1955, 544), das als solches bereits in die Insolvenzmasse fällt (ausf dazu Rn 258 ff). Hat der Insolvenzschuldner im Zeitpunkt der Verfahrenseröffnung noch keine derart gesicherte Rechtsposition inne, kann der Veräußerer einen Rechtserwerb des Insolvenzschuldners noch verhindern. Bei **Forderungen** ist entscheidend, dass sich ihre Rechtsgrundlage vor Verfahrenseröffnung derart verfestigt hat, dass sie gegen den Schuldner durchgesetzt werden kann (dazu zB

Rn 182). Erst dann fallen sie in die Insolvenzmasse. Auf die Fälligkeit kommt es dabei nicht an (**BGH 25. 10. 1984** Z 92, 339 = NJW 1985, 976 = ZIP 1984, 1501; **RG 18. 6. 1915** Z 87, 82, 85; **RG 20. 11. 1933** Z 142, 291, 295).

10   **3. Rechtsstellung der Insolvenzmasse.** Jedes Insolvenzrecht hat die Frage zu entscheiden, wie die Auswirkungen des Insolvenzverfahrens auf die Rechtsstellung und Rechtszuständigkeit für das Vermögen des Schuldners zu regeln sind (vgl *Hanisch* Rechtszuständigkeit der Konkursmasse, 1973, S 47 ff; zur Insolvenz s *Rajak* ZInsO 1999, 666 ff; zum römischen Recht auch die Hinweise in der 12. Aufl Rn 4). Moderne Insolvenzrechtssysteme haben die Idee der gläubigerautonomen Selbsthilfe, die schon seit den Zeiten des römischen Rechts die europäische Rechtsentwicklung beeinflusst hat, nicht übernommen. Stattdessen wurde teilweise der Übergang des insolvenzbefangenen Vermögens angeordnet, und zwar in die Rechtszuständigkeit eines **treuhänderischen Sachwalters** *(trustee)*, wie zB im englischen und US-amerikanischen Recht. Dagegen hatte sich schon der Gesetzgeber der KO dafür entschieden, dem Schuldner bzw Schuldnerunternehmen grundsätzlich das Eigentum bzw die Inhaberschaft an den Sachen und Rechten der Insolvenzmasse zu belassen und ihm lediglich die Verwaltungs- und Verfügungsbefugnis darüber zu entziehen (oben Rn 1). Folge der (nur) haftungsrechtlichen Zuweisung der Insolvenzmasse an die Gläubiger ist, dass der **Schuldner Rechtsträger der Insolvenzmasse** bleibt. Das vom Insolvenzbeschlag erfasste Schuldnervermögen wird auch nicht etwa selbst zum Rechtssubjekt, sondern bleibt **Rechtsobjekt** (vgl **RG 15. 3. 1880** Z 1, 386, 389 f; **RG 30. 3. 1892** Z 29, 29, 36; **RG 21. 10. 1902** Z 52, 330, 332; **RG 24. 1. 1903** Z 53, 350, 352; *Jaeger/Henckel* § 35 Rn 3, 67; MK/*Lwowski/Peters* § 35 Rn 22). Deshalb ist die Insolvenzmasse als solche zB nicht parteifähig (KPB-*Holzer* § 35 Rn 9; Zöller-*Vollkommer* § 50 ZPO Rn 28). Das **Recht zur Prozessführung kraft Amtes** steht gem § 80 dem Insolvenzverwalter zu (**BGH 27. 10. 1983** Z 88, 331 = NJW 1984, 739 = ZIP 1984, 82 = ZZP 98, 86 = DB 1984, 1090 = WM 1983, 1357; **BGH 5. 10. 1994** Z 127, 156 = NJW 1994, 3232 = ZIP 1994, 1700 = KTS 1995, 92 = ZZP 108, 382 = DB 1994, 2391 = WM 1994, 2130; Zöller-*Vollkommer* Vor § 50 ZPO Rn 21; *Lüke* ZZP 76, 6 ff). Ebenso wird (erst) der Erwerber eines Grundstücks aus der Insolvenzmasse als neuer Eigentümer im Grundbuch eingetragen, nicht etwa zwischenzeitlich mit der Verfahrenseröffnung auch die Insolvenzmasse als solche. Dem Verfügungsentzug des Schuldners wird lediglich durch den sog Sperrvermerk (§ 32) Rechnung getragen (dazu näher Komm zu § 32).

II. Begriff der Insolvenzmasse

11   Die Frage, welche Gegenstände des Schuldnervermögens dem Sondervermögen Insolvenzmasse haftungsrechtlich zugewiesen werden, beantwortet in erster Linie das Gesetz. Nach der **Legaldefinition der Insolvenzmasse in § 35** erfasst das Insolvenzverfahren das gesamte Vermögen, das dem Schuldner zur Zeit der Eröffnung des Verfahrens „gehört" und das er während des Verfahrens „erlangt". § 35 enthält in Anlehnung an § 1 Abs 1 KO aber nur den „Grundsatz für die Begriffsbestimmung der Insolvenzmasse" (BT-Drucks 12/2443, S 122). Dieser Grundsatz wird in den §§ 36, 37 teilweise erweitert, teilweise eingeengt. Die Eingrenzung erfolgt im Wesentlichen dadurch, dass gem § 36 Abs 1 Gegenstände, die nicht der Zwangsvollstreckung unterliegen, nicht zur Insolvenzmasse gehören (s § 36 Rn 13 ff). Von diesem Grundsatz wird andererseits teilweise abgewichen, zB sind nach § 36 Abs 2 bestimmte Gegenstände trotz Unpfändbarkeit Teil der Insolvenzmasse (unten Rn 273 u § 36 Rn 43 ff).

12   Die Legaldefinition der Insolvenzmasse in §§ 35, 36 entspricht terminologisch dem früheren § 1 KO (dasselbe gilt für § 37 InsO und § 2 KO). Anders als nach früherem Recht ist der **Begriff der Insolvenzmasse aber nicht mehr nur statisch** („Vermögen, das dem Schuldner zur Zeit der Eröffnung des Verfahrens gehört ..."), **sondern dynamisch** („... und das er während des Verfahrens erlangt"), denn der Bestand der Masse verändert sich durch die Einbeziehung des Neuerwerbs dauernd (unten Rn 110 ff). Im Übrigen spiegelt die Legaldefinition noch immer ein stark exekutorisches Denken wieder (krit hierzu Kilger/*Karsten Schmidt* Vorb I 1 a). Dieses Denken ist vor allem mit Blick auf die Unternehmensinsolvenz nicht mehr zeitgemäß. Richtig ist zwar, dass Ziel des Insolvenzverfahrens die Befriedigung der Insolvenzgläubiger ist (vgl § 1 Satz 1). Mittel zur Gläubigerbefriedigung ist aber nicht bloß die Verwertung des Schuldnervermögens, sondern ggf auch der „Erhalt des Unternehmens" (dazu § 1 Satz 1 aE). Und bei der Verwertung steht nicht die Verwertung durch „scheibchenweisen" Verkauf aller Gegenstände im Vordergrund, sondern der „Gesamt"-Verkauf. Dem entspricht, dass bei der Unternehmensbewertung zum Zwecke der Abfindung ausscheidender Gesellschafter heute nicht mehr auf die – aus historischen Einzelwertungen aggregierte – Handelsbilanz, sondern auf den sich aus künftigen Gewinnen ergebenden Ertragswert abgestellt wird. Entsprechendes gilt nach dem modernen „internationalen" Rechnungslegungsrecht.

13   **1. Vermögenswert-Erfordernis.** Das Insolvenzverfahren erfasst „das gesamte Vermögen" des Schuldners. Nach dem Sinn und Zweck des § 35 wird den Insolvenzgläubigern aber nur der Teil des Vermögens des Schuldners zugewiesen, der für dessen Schulden *haftet* (s oben Rn 7) Haften bedeutet „Zugriffsobjekt in der Zwangsvollstreckung sein" (*Fikentscher* SchuldR Rn 26). Diese Grenzziehung spiegelt sich auch in § 36 Abs 1 S 1 wieder. Im Sinne des Zwangsvollstreckungsrechts sind Vermögens-

II. Begriff der Insolvenzmasse § 35

rechte Rechte aller Art, die einen Vermögenswert derart verkörpern, dass die Pfandverwertung zur Befriedigung des Geldanspruchs des Gläubigers führen kann (vgl etwa BGH 5. 7. 2005 NJW 2005, 3353 = WM 2005, 1849 = InVo 2005, 507 = MDR 2005, 1311 unter Verweis auf Zöller-*Stöber* § 857 ZPO Rn 2).

a) **Person des Schuldners.** Die Insolvenzmasse umfasst nicht die **Persönlichkeit des Schuldners** als solche, die keinen Vermögenswert hat (Jaeger/*Henckel* § 35 Rn 19). Der Schuldner ist als Person Rechtssubjekt und nicht Rechtsobjekt. Die Abgrenzung von vermögenswerten Gegenständen des Schuldnervermögens und Personenrechten ist nicht immer einfach, weil nicht selten eine Kombination von vermögens- und personenrechtlichen Elementen vorliegt, wie zB bei Urheberrechten, Geschmacksmustern, Gebrauchsmustern, Patenten sowie Lizenzen (unten Rn 238 ff), der Firma (unten Rn 275) oder einer freiberuflichen Praxis (unten Rn 276 ff). 14

Der **Leib des Schuldners** ist nicht verkehrsfähig und hat schon deshalb keinen Vermögenswert und auch **künstliche Gliedmaßen** gehören (zumindest in den Grenzen der Unpfändbarkeit gem § 811 Nr 12 ZPO; s Komm § 36 Rn 14 ff) nicht zur Insolvenzmasse (Jaeger/*Henckel* § 35 Rn 19). 15

Ferner gehört die **Arbeitskraft des Schuldners** nicht zur Insolvenzmasse. Als Verwirklichung und damit letztlich Ausdruck der eigenen Persönlichkeit ist sie kein Vermögensobjekt (**OLG Düsseldorf** 23. 12. 1981 NJW 1982, 1712, 1713 = ZIP 1982, 720 = BB 1982, 695; ebenso Jaeger/*Henckel* § 35 Rn 19; MK/*Lwowski/Peters* § 35 Rn 436). Der Insolvenzverwalter kann deshalb den Schuldner, soweit dieser natürliche Person ist, nicht zwingen, seine gewerbliche, wissenschaftliche oder künstlerische Tätigkeit in den Dienst der Insolvenzmasse zu stellen. Die gegenteilige Annahme würde „zu einer Art moderner Schuldknechtschaft" führen (**RG** 26. 1. 1909 Z 70, 226, 230). Faktischen Zwang kann jedoch die drohende Versagung der Restschuldbefreiung nach § 295 Abs 1 Nr 1 ausüben (*Pech*, Einbeziehung des Neuerwerbs S 24). 16

Das **allgemeine Persönlichkeitsrecht** und seine besonderen Erscheinungsformen, wie das **Recht am eigenen Bild** und das **Namensrecht,** dienen (auch) der Verwirklichung ideeller Interessen der Persönlichkeit und sind damit Ausstrahlungen der Garantie der Menschenwürde und des Rechts auf Selbstbestimmung. So ist etwa der **Name des Schuldners** eine sprachliche Kennzeichnung seiner Person zur Unterscheidung von anderen und damit Ausdruck der Individualität (**RG** 3. 12. 1917 Z 91, 350, 352; **BGH** 5. 12. 1958 NJW 1959, 525). Soweit die Persönlichkeitsrechte dem Schutz ideeller Interessen dienen, sind sie unauflöslich an die Person ihres Trägers gebunden und als höchstpersönliche Rechte unverzichtbar und unveräußerlich, also nicht übertragbar und nicht vererblich (grdl **BGH** 20. 3. 1968 Z 50, 133, 137 = NJW 1968, 1773). Folglich fallen das Recht des Schuldners am eigenen Bild, sein Namensrecht oder seine sonstigen Persönlichkeitsrechte nicht in die Insolvenzmasse (ebenso Jaeger/*Henckel* § 19 Rn 19). Anderes kann ausnahmsweise für den Familiennamen des Schuldners gelten, wenn er ihn im Rahmen einer geschäftlichen Betätigung als Firmennamen kommerzialisiert hat (ausf zur Frage der Zuordnung der Firma zu den vermögenswerten Rechten unten Rn 275, 302, 379). 17

b) **Familienrechtliche Ansprüche.** Um ein höchstpersönliches Recht handelt es sich bei der **Befugnis zur Entbindung von der Schweigepflicht.** Hier ist jedoch zu unterscheiden: Betrifft die Schweigepflicht die Insolvenzmasse, wird das Recht des Schuldners bzw Schuldnerunternehmens, den Schweigepflichtigen von der Verpflichtung zur Verschwiegenheit zu entbinden, vom Insolvenzverwalter ausgeübt (Jaeger/*Henckel* § 19 Rn 66; siehe zu Gesellschaften auch oben § 11 Rn 136 und unten § 80 Rn 140 ff). 18

Ebenso fallen **familienrechtliche Ansprüche,** wie zB das Recht auf Ehescheidung, Nichtigerklärung oder Aufhebung der Ehe und die sich aus der elterlichen Sorge ergebenden Rechte nicht in die Insolvenzmasse (MK/*Lwowski/Peters* § 35 Rn 430). Etwas anderes kann für **vermögensrechtliche Folgeansprüche** gelten, die sich aus dem Familienverhältnis ergeben. Allerdings sind die bedeutendsten Folgeansprüche, nämlich die gesetzlichen Unterhaltsansprüche nach §§ 1569 ff, 1601 ff, 1615 a ff, 1615 l, 1615 n BGB, gem § 850 b Abs 1 Nr 2 ZPO nicht pfändbar und auch nicht massezugehörig (s § 36 Rn 9). Die Ausnahme von Pfändungsschutz gem § 850 b Abs 2 ZPO ändert daran nichts, da sie lediglich im Einzelfall ein Privileg für bestimmte Gläubiger begründet (unten § 36 Rn 9). 19

c) **Vertretungs- oder Verfügungsbefugnisse.** Nicht massezugehörig sind auch bloße **Vertretungs- oder Verfügungsbefugnisse,** denen kein eigener Vermögenswert innewohnt. Zu diesen massefreien Rechten gehört etwa die Verfügungsbefugnis über das Konto eines Dritten in Form einer Handlungsvollmacht (vgl **FG Kassel** 16. 4. 1996 WM 1998, 2430 = EFG 1998, 531; dazu auch *Vortmann* NJW 1991, 1038). Eine Vollmacht kann allenfalls dann als Gegenstand des Vermögens angesehen werden, wenn sie im Interesse des Bevollmächtigten erteilt wurde (**BayObLG** 13. 7. 1978 Z 1978, 194 = Rpfleger 1978, 372 = DB 1978, 1929). Dies ist der Fall, wenn die Erteilung der Vollmacht dem Bevollmächtigten dazu dienen soll, Vermögenswerte des Vollmachtgebers ohne dessen weitere Mitwirkung zu erwerben (zur Pfändbarkeit einer Vollmacht nach § 857 ZPO werden im Schrifttum unterschiedliche Standpunkte vertreten; s dazu Baumbach-*Hartmann* Grundz vor § 704 ZPO Rn 113; Zöller-*Stöber* § 857 ZPO Rn 2). 20

d) **Vertragsangebote oder Optionsrechte.** Ähnlich verhält es sich mit der **Annahme- bzw Ausübungsbefugnis** bei bindenden Vertragsangeboten (§ 145 BGB) oder **Optionsrechten** (s auch die Komm zu § 104 Abs 2 Nr 5 [Finanztermingeschäfte]). Ist gegenüber dem Schuldner oder Schuldnerunternehmen 21 ein bindender Antrag gemacht worden (sog Festofferte; alternative Gestaltung durch Optionsvertrag: Angebotsvertrag oder bedingter Hauptvertrag; s dazu Palandt/*Heinrichs* Einf v § 145 Rn 23), so ist die dem Empfänger aus dem bindendem Antrag erwachsende Rechtsposition (nach früher hM ein Gestaltungsrecht, s etwa **RG** 9. 2. 1931 Z 132, 6, 7; **OLG Celle** 31. 7. 1961 NJW 1962, 743, 744; *Lorenz*, FS Dölle I, 1963, S 103, 106 ff; Palandt/*Heinrichs* § 145 Rn 5; nach der heute wohl überwiegenden Meinung eine Rechtsposition eigener Art, s etwa Staudinger/*Bork* § 145 Rn 34: „sonstige Rechtsposition"; MK-BGB/*Kramer* § 145 Rn 22: „Annahmeposition", jeweils mwN) dann massezugehörig, wenn die Rechtsposition einen Vermögenswert hat und übertragbar ist (abw ohne Einschränkung für das sog Ankaufsrecht MK/*Lwowski/Peters* § 35 Rn 446).

22 Ob der Antrag auch für den Insolvenzfall gelten soll, ist gewissermaßen als **Vorfrage** stets vorab zu klären. Der Antrag kann etwa bei insolvenzabhängigen Lösungsklauseln erlöschen (vgl dazu **BGH** 27. 5. 2003 Z 155, 87 = NJW 2003, 2744 = ZIP 2003, 1208 = NZI 2003, 491 = ZInsO 2003, 607 = KTS 2003, 631 = WM 2003, 1384 = DB 2003, 1949; ausf Komm zu § 119 Rn 10 ff). Im Übrigen bleibt der Antrag bei Insolvenz des Antragsempfängers annahmefähig, sofern sich aus dem Antrag nach Treu und Glauben nichts anderes ergibt (anders deshalb ggf bei Kreditverträgen, bei denen die mangelnde Solvenz als verkehrswesentliche Eigenschaft einer Person anzusehen ist; vgl Palandt/*Heinrichs* § 119 Rn 26).

23 Erlischt der Antrag nicht, kann die Möglichkeit, ein vorteilhaftes Vertragsangebot anzunehmen, grds vermögenswerte Rechtsposition sein, wenn zB dem Insolvenzschuldner als *gewerblichem* Mieter ein Optionsrecht gewährt wird, das ihm die Entscheidungsfreiheit lässt, das Mietverhältnis auslaufen zu lassen oder durch Ausübung der Option zu verlängern. Die Übertragbarkeit der vermögenswerten Rechtsposition an Dritte beurteilt sich sodann nach §§ 398 f, 413 BGB. Ob die Rechtsposition hiernach übertragbar ist, ist eine Frage des Einzelfalls und kann nur im Wege der Auslegung (§§ 133, 157 BGB) beantwortet werden (vgl Staudinger/*Bork* § 153 Rn 16; MK-BGB/*Kramer* § 145 Rn 23; vgl auch **BGH** 20. 2. 2003 Z 154, 64 = NJW 2003, 1858 = ZIP 2003, 1217 = KTS 2003, 480 = WM 2003, 940 = EWiR § 857 ZPO 1/03, 667 *[Barnert]*; „Pfändbarkeit von nicht akzessorischen Gestaltungsrechten richtet sich nach dem Einzelfall"). Entscheidend ist, ob der Antragende nur gegenüber dem Schuldner als Antragsempfänger gebunden sein wollte (dazu MK-BGB/*Kramer* § 145 Rn 23 mwN). Im Ergebnis liegt die Annahmebefugnis nur dann beim Insolvenzverwalter, wenn die Rechtsposition eigener Art massezugehörig ist. Ist sie nicht Bestandteil der Masse, ist weiterhin der Insolvenzschuldner annahmebefugt. Freilich kann er nach Verfahrenseröffnung durch die Annahme keine Verfügungsverträge über Gegenstände der Masse mehr abschließen (vgl § 81). Er verliert aber infolge der Verfahrenseröffnung nicht seine Verpflichtungsfähigkeit (vgl etwa **BGH** 14. 9. 2001 Z 149, 1 = NJW 2002, 213 = ZIP 2001, 2008 = NZI 2002, 30 = ZInsO 2001, 1056 = KTS 2002, 88 = WM 2001, 2173 mwN), wenngleich die vom Schuldner während des Verfahrens eingegangenen Verpflichtungen nicht zu einer Verkürzung der Masse führen können.

24 Die Möglichkeit des Schuldners, bei einer Vertragsstrafe nach **§ 343 Abs 1 S 1 BGB** per Antrag Herabsetzung der von ihm geschuldeten Vertragsstrafe zu erreichen, entzieht sich der Zwangsvollstreckung durch Pfändung seitens des Gläubigers des Vertragsstrafenschuldners (vgl **BGH** 20. 2. 2003 Z 154, 64 = NJW 2003, 1858 = ZIP 2003, 1217 = KTS 2003, 480 = WM 2003, 940 = EWiR § 857 ZPO 1/03, 667 *[Barnert]* und fällt mithin auch nicht in die Insolvenzmasse. Diese Möglichkeit ist weder eine Forderung noch ein sonstiges Vermögensrecht des Vertragsstrafenschuldners, sondern kommt einem unselbstständigen und höchstpersönlichen Gestaltungsrecht am nächsten (**LG Hannover** 23. 1. 1959 NJW 1959, 1279).

25 **2. Rechtszuständigkeit.** § 35 stellt auf das Vermögen ab, das dem Schuldner zur Zeit der Eröffnung des Verfahrens „gehört" und das er während des Verfahrens „erlangt". Für die vermögensrechtliche (dingliche) Zuordnung ist entscheidend, dass der **Schuldner Inhaber des Rechtsgegenstandes** (Sache oder Recht) ist: Bei Sachen wird die Rechtszuständigkeit nach dinglichen Gesichtspunkten zugeordnet (zB Eigentum des Schuldners). Bei Forderungen und sonstigen Rechten ergibt sich die Rechtszuständigkeit aus Rechtsgeschäft (zB Zahlungsanspruch aus schuldrechtlichem Vertrag) oder Gesetz (zB Unterhaltsanspruch). Die mit Verfahrenseröffnung begründete haftungsrechtliche Zuweisung des Schuldnervermögens an seine Gläubiger bedeutet **keine Veränderung der Rechtszuständigkeit** (oben Rn 1). Der Schuldner verliert lediglich seine Verwaltungs- und Verfügungsbefugnis, die durch einen Insolvenzverwalter ausgeübt wird (§ 80 Abs 1). Haftungsrechtliche und vermögensrechtliche (dingliche) Zuordnung laufen in der Regel gleich.

26 **a) Vermögenszuordnung bei Treuhandverhältnissen.** Bei Treuhandverhältnissen kann die Rechtsinhaberschaft an einem Gegenstand von seiner haftungsrechtlichen Zuweisung zum Vermögen des Rechtsinhabers abweichen (ausf dazu § 47 Rn 31 ff). Zunächst sind die Fälle noch ganz regelmäßig zu beurteilen, in denen der **Treugeber Rechtsinhaber** bleibt und der **Treuhänder lediglich eine Verfügungsbefugnis** (§ 185 BGB) über das Treugut eingeräumt bekommt (sog **Ermächtigungstreuhand**; s etwa **BGH** 29. 1. 1964 NJW 1964, 1320; Palandt/*Bassenge* § 903 Rn 34). Das Treugut fällt in der Insolvenz des Treugebers in die Insolvenzmasse. In der Insolvenz des Treuhänders kann allenfalls die Verfügungsbefugnis in

II. Begriff der Insolvenzmasse § 35

die Insolvenzmasse fallen, nicht hingegen das Treugut. Der Treugeber hat als Rechtsinhaber einen Anspruch auf Aussonderung des Treuguts (§ 47).

Abweichungen von dem regelmäßigen Gleichlauf zwischen Rechtsinhaberschaft an einem Gegenstand und seiner haftungsrechtlicher Zuweisung an die Gläubiger des Rechtsinhabers können sich ergeben, wenn nicht der Treugeber, sondern der **Treuhänder Rechtsinhaber (sog echte Treuhand)** ist: Obwohl der Treuhänder Rechtsinhaber des Treuguts ist, kann es in der **Insolvenz des Treuhänders** gerechtfertigt sein, das Treugut nicht den Gläubigern des Treuhänders, sondern denen des Treugebers haftungsrechtlich zuzuweisen. Im Ergebnis hat der Treugeber trotz der Vollrechtsstellung des Treuhänders gem § 47 ein Aussonderungsrecht (Jaeger/*Henckel* § 35 Rn 83; MK/*Lwowski/Peters* § 35 Rn 117; im Fall der eigennützigen [Sicherungs-]Treuhand freilich nur dann, wenn er die gesicherte Forderung begleicht), das sich aber eben nicht auf die dingliche Rechtsposition des Treugebers als Vollrechtsinhaber stützen kann, sondern allenfalls auf dessen Rechtsposition aus dem Treuhandverhältnis (s auch Komm § 47 Rn 36). Das Wesen dieser Rechtsposition wird in der Rspr häufig in der Weise beschrieben, dass der Treuhänder nur „formell Berechtigter" sei, denn der Schuldner habe als Treugeber lediglich eine „formelle Rechtsstellung" aus seinem Vermögen weggegeben, während er aufgrund der Treuhandabrede „wirtschaftlich" Inhaber der vom Treuhänder bekleideten Rechtsposition sei (vgl etwa **BGH** 9. 12. 1993 Z 124, 298 = NJW 1994, 726 = ZIP 1994, 218 = KTS 1994, 266 = WM 1994, 459; **BGH** 4. 3. 1993 NJW 1993, 2041 = ZIP 1993, 602 = KTS 1993, 439 = WM 1993, 1106 = DB 1993, 1353 = BB 1993, 881 = EWiR § 387 BGB 1/93, 553 *[Serick]*). Hinter diesem begrifflichen Gegensatzpaar verbirgt sich zumindest insoweit eine funktionell-teleologische Betrachtung, als in den Begriffen eine Vergleichbarkeit der Rechtsposition des Treugebers mit der eines Vollrechtsinhabers zum Ausdruck kommt (*Gaul* FS Serick 1992, S 105, 118 f). Ähnlich findet sich in Rspr und Lit der Hinweis auf eine „quasi-dingliche" Rechtsposition des Treugebers (**BGH** 24. 6. 2003 Z 155, 227 = NJW 2003, 3414 = NZI 2003, 594 = ZIP 2003, 1613 = ZInsO 2003, 797 = KTS 2004, 57 = WuB VI C § 47 InsO 1.03 *[Bitter]* = EWiR § 12 GesO 1/03, 1191 *[Gundlach/Frenzel]*; MK/*Ganter* § 47 Rn 356 c). Letztlich bleibt aber die Wertung vage, nach der die gegenläufigen Interessen von Gläubigern des Treuhänders und Treugeber in der Insolvenz geordnet werden (*Armbrüster* DZWIR 2003, 485, 487; *Kesseler* ZNotP 2003, 368, 369).

Die Frage nach den Wertungen beantwortet der **BGH** bis *dato* mit dem Hinweis, dass bei Treuhandgeschäften eine von der regelmäßigen dinglichen Betrachtung abweichende Vermögenszuordnung „auch unter Beachtung der Interessen der Gläubigergesamtheit" gerechtfertigt ist, weil der Treuhänder das dingliche Recht von vornherein nur in einer die Ausübungsbefugnis im Interesse eines anderen einschränkenden Gestalt erhalten hat. Infolge der Vereinbarung mit dem Treugeber hat der Treuhänder das Eigentum nur in solcher Weise eingeschränkt erworben, dass dem Treugeber wegen seiner von Anfang an bestehenden Weisungsbefugnis der Gegenstand vermögensmäßig zuzuordnen ist (so zuletzt der Hinweis in **BGH** 24. 6. 2003 Z 155, 227 = NJW 2003, 3414 = NZI 2003, 594 = ZIP 2003, 1613 = ZInsO 2003, 797 = KTS 2004, 57 = WuB VI C § 47 InsO 1.03 *[Bitter]* = EWiR § 12 GesO 1/03, 1191 *[Gundlach/Frenzel]*; Jaeger/*Henckel* § 47 Rn 68 spricht vom Innenverhältnis mit haftungsrechtlicher Außenwirkung). Der Schuldner erwerbe das dingliche Recht nur mit der aus der Treuhandabrede ersichtlichen **Ausübungsbeschränkung,** sodass der Erwerb für ihn „lediglich mit einem sehr begrenzten Vermögenszuwachs verbunden" sei (wegen der dinglichen und schuldrechtlichen Komponente der Treuhand wird auch von der **„Zwei-Komponenten-Theorie"** gesprochen, s *Ganter* FS Kreft 2004, S 251, 264 [abgedruckt auch in ZInsO 2004, 1217, 1222]).

Allerdings wird zum Schutz der Gläubiger des Treuhänders für die Insolvenzfestigkeit, dh die „haftungsrechtliche Außenwirkung" (Jaeger/*Henckel* § 47 Rn 68), verlangt, dass der Treugeber das Treugut *unmittelbar* aus seinem Vermögen an den Treuhänder überträgt (sog **Unmittelbarkeitsprinzip;** früh zB schon **RG** 19. 2. 1914 Z 84, 214, 216 [Drittwiderspruchsklage nach § 771 ZPO wegen Mietforderungen aus Grundstück]; **RG** 23. 12. 1899 Z 45, 80, 85 [Aussonderung von Grundstücken nach § 43 KO]; die Rspr des **RG** hat der **BGH** bisher nicht aufgegeben, dazu zuletzt **BGH** 24. 6. 2003 Z 155, 227 = NJW 2003, 3414 = NZI 2003, 594 = ZIP 2003, 1613 = ZInsO 2003, 797 = KTS 2004, 57 = WuB VI C § 47 InsO 1.03 *[Bitter]* = EWiR § 12 GesO 1/03, 1191 *[Gundlach/Frenzel]*, sondern lediglich in einigen Fällen Ausnahmen zugelassen [zu den Ausn *Bitter* Rechtsträgerschaft für fremde Rechnung, S 86 ff]).

Im Ergebnis „gehört" iSv § 35 das Treugut hiernach jedenfalls dann zur Masse, wenn der Treugeber selbst Rechtsinhaber war und er das Treugut *unmittelbar* aus seinem Vermögen an den Treuhänder übertragen hat (sog **Übertragungstreuhand**). In einzelnen Fällen hat die Rspr die Übertragung des Treuguts von dritter Seite ausreichen lassen (sog **Erwerbstreuhand**), und zwar vor allem wenn Dritte Geld auf ein Treuhandkonto überweisen, das *offenkundig* dem Zweck dient, fremde Gelder zu verwalten (**BGH** 5. 11. 1953 Z 11, 37 = NJW 1954, 190 = DB 1953, 1032 = BB 1953, 993; zu Anderkonto s **BGH** 19. 11. 1992 NJW-RR 1993, 301 = ZIP 1993, 213 = KTS 1993, 256 = DB 1993, 728 = BB 1993, 96 = WM 1993, 83 = EWiR § 43 KO 1/93, 163 *[Paulus]*; dagegen verneint für vom Arbeitgeber auf einem besonderen Bankkonto für die Abgeltung von Arbeitszeitguthaben der Arbeitnehmer bereitgestellte Gelder **BAG** 24. 9. 2003 E 108, 1 = ZIP 2004, 124 = NZI 2005, 122 = KTS 2004, 450 = ZInsO 2004, 104 = NZA 2004, 980 = DB 2004, 191 = BB 2004, 1453 = EWiR § 47 InsO 2/04, 391 *[Bezani/Richter]*; ebenso verneint bei sog Treuhandkonto als bloßes Unter-Konto zum Geschäftskonto der Schuldnergesellschaft **LAG Niedersachsen** 23. 9. 2002 ZIP 2003, 448 = ZInsO 2003, 143; zur gesetzlichen Neuordnung der Insolvenzsicherung von Arbeitszeitguthaben unten Rn 237). Dagegen ist die lediglich schuldrechtlich vereinbarte treuhänderische Bindung der von Beginn an bestehenden Rechtsinhaberschaft des Treuhänders mangels jedweden Übertragungsakts nicht insolvenzfest (sog **Vereinbarungstreuhand**).

31 Dagegen wird im Schrifttum für eine **Ablösung des reinen Unmittelbarkeitsprinzips** plädiert, da es kein sachgerechtes Kriterium sei und zudem ohne Weiteres zB durch Hin- und Herübertragung manipuliert werden könne (ausf zur Kritik *Assfalg* Die Behandlung von Treugut im Konkurs des Treuhänders 1960, S 146 u 167 ff; *Walter* Das Unmittelbarkeitsprinzip bei der fiduziarischen Treuhand 1974, S 113 ff; *Scharrenberg* Die Rechte des Treugebers in der Zwangsvollstreckung 1989, S 65 ff u 151 ff; jüngeren Datums etwa *Hirschberger* Die Doppeltreuhand in der Insolvenz und Zwangsvollstreckung 2005, S 42 ff). Stattdessen wird etwa eine Kombination des Unmittelbarkeitsprinzips mit dem Kriterium der Offenkundigkeit (MK/*Ganter* § 47 Rn 357 f) oder eine vollständige Ersetzung durch die Kriterien der Bestimmtheit und Offenkundigkeit (Jaeger/*Henckel* § 47 Rn 72) vorgeschlagen. Wirtschaftlich wird das Unmittelbarkeitserfordernis auch deshalb als einengend empfunden, weil ausländische Rechtsordnungen hier zum Teil liberaler sind. Durch Einrichtung des Refinanzierungsregisters hat der Gesetzgeber diesen Bedenken teilweise Rechnung getragen (dazu unten Rn 41, § 47 Rn 39 A). Überzeugend streitet jüngst *Bitter* dafür, die Frage der Vermögenszuordnung mithilfe des gesetzlichen **Regelzusammenhangs zwischen Rechtsmacht und Gefahrtragung** zu beantworten (*Bitter* Rechtsträgerschaft für fremde Rechnung, S 298 ff): Die vermögensmäßige Zuordnung des Gegenstands zum Treugeber folgt aus dessen, in der Regel – verstanden als Regel im normativen Sinne – nur mit der Rechtsträgerschaft zusammenfallender Gefahrtragung *(casum sentit dominus).* Damit ergibt sich für § 35 bzw § 47 die Lesart, dass „gehören" eine Zuordnung der Gegenstände nach der Gefahrtragung meint. Die Last der Gefahrtragung des Treugebers präzisiert zugleich den von der Rechtsprechung verwendeten Begriff des „wirtschaftlichen" Eigentums des Treugebers und legt das maßgebliche sachliche Kriterium offen, das im Rahmen des § 35 bzw § 47 eine bloß schuldrechtliche Rechtsposition, für die im Wesentlichen der schuldrechtliche Anspruch des Treugebers auf Übertragung des Treuguts charakteristisch ist, derart aufzuwerten vermag, dass sie bzgl des Treuguts einer tatsächlichen Rechtsinhaberschaft gleichzustellen ist.

32 Umgekehrt kann das Treugut in der **Insolvenz des Treugebers** unter denselben Voraussetzungen wie in der Insolvenz des Treuhänders haftungsrechtlich zum Vermögen des Treugebers „gehören" iSv § 35, obwohl der Treuhänder Rechtsinhaber des Treuguts ist (Jaeger/*Henckel* § 35 Rn 83). Mit der Eröffnung des Insolvenzverfahrens über das Vermögen des Treugebers erlischt das Treuhandverhältnis nach den §§ 115, 116, 117 einschließlich entsprechender Vollmachten (zuletzt **OLG Celle** 18. 5. 2006 OLGR Celle 2006, 607 = ZIP 2006, 1878 = DB 2006, 1784). Der Insolvenzverwalter kann mithin die Herausgabe des Treuguts verlangen (MK/*Lwowski/Peters* § 35 Rn 125). Der Treuhänder hat *trotz* Rechtsinhaberschaft kein Recht auf Aussonderung nach § 47, sondern allenfalls im Fall der eigennützigen (Sicherungs-)Treuhand ein Absonderungsrecht gem §§ 50, 51 Nr 1 als Sicherungsnehmer (Jaeger/*Henckel* § 35 Rn 83; dazu auch § 47 Rn 34 ff).

33 **b) Vermögenszuordnung bei Sicherungsübertragung.** Sicherungsübereignung und Sicherungszession sind gängige Sicherungsmittel in der Praxis, die durch einen **treuhänderischen Charakter der Rechtsübertragung** gekennzeichnet sind (zum Sicherungsmittel des Eigentumsvorbehalts s Rn 258 ff). Obwohl (Voll-)Rechtsinhaber, steht dem Sicherungsnehmer (Treuhänder) das Eigentum an dem Sicherungsgegenstand (Treugut) wirtschaftlich nur insoweit zu, als es der Sicherungszweck der Eigentumsübertragung nach Maßgabe der Sicherungsabrede erfordert. Dem Sicherungsgeber (Treugeber) verbleiben als ursprünglichem Eigentümer dagegen sämtliche darüber hinausgehenden Nutzungsfunktionen, soweit sie den Sicherungszweck nicht beeinträchtigen. Es gelten die Grundsätze der (eigennützigen) Treuhand (oben Rn 32 aE): In der Insolvenz des Sicherungsgebers hat der Sicherungsnehmer kein Aussonderungsrecht nach § 47, sondern lediglich ein Absonderungsrecht nach §§ 50, 51 Nr 1 (Jaeger/*Henckel* § 35 Rn 81; Palandt/*Bassenge* § 930 Rn 37). Die Frage des Verwertungsrechts beantwortet § 166. Der Insolvenzverwalter darf ein ihm zustehendes Verwertungsrecht nach § 170 Abs 2 dem absonderungsberechtigten Sicherungsnehmer überlassen. In der Insolvenz des Sicherungsnehmers ist der Sicherungsgeber zur Aussonderung des Sicherungsgegenstandes nach § 47 berechtigt. Allerdings ist das Aussonderungsrecht auch in der Insolvenz weiterhin durch den Sicherungszweck der *eigennützigen* Treuhand beschränkt, der nach Maßgabe der Sicherungsabrede solange ein Recht zum Besitz des Sicherungsnehmers begründet, bis die gesicherte Forderung getilgt oder der Sicherungszweck anderweitig entfallen ist (Jaeger/ *Henckel* § 35 Rn 82; MK/*Lwowski/Peters* § 35 Rn 120; Palandt/*Bassenge* § 930 Rn 36); zum Ganzen auch Komm § 47 sowie § 50.

34 **c) Vermögenszuordnung bei anfechtbaren Rechtsgeschäften.** Nach neuerer Rspr des IX. ZS ist der Gleichlauf haftungsrechtlicher und vermögensrechtlicher (dinglicher) Vermögenszuordnung auch in den Fällen aufgehoben, in denen der Vermögenserwerb auf einer nach §§ 129 ff anfechtbaren Rechtshandlung beruht (**BGH** 23. 10. 2003 Z 156, 350 = NJW 2004, 214 = ZIP 2003, 2307 = NZI 2004, 78 = ZInsO 2003, 1096 = KTS 2004, 129 = DB 2004, 703 = WM 2003, 2479 = VersR 2004, 93 = EWiR § 134 InsO 2/04, 1099 *[Neußner]*, der zwar den Streit zwischen Dinglichkeitstheorie, schuldrechtlicher Theorie und haftungsrechtlicher Theorie über die Rechtsnatur des Anfechtungsrechts offen lassen will, faktisch aber auf dem Boden der haftungsrechtlichen Theorie argumentiert; ebenso *Eckardt* KTS 2005,

II. Begriff der Insolvenzmasse § 35

15, 20, 30). Der **BGH** verweist hier ausdrücklich auf seine Rspr zur Behandlung von Treuhandverhältnissen in der Insolvenz des Treuhänders (dazu Rn 27), in der er gleichsinnig festgestellt habe, dass die Vermögenszuordnung zwar in der Regel nach dinglichen Gesichtspunkten erfolgt, dies aber eine abweichende Zuordnung nach Inhalt und Zweck der gesetzlichen Regelung nicht ausschließt. Im Ergebnis werden nach Ansicht des **BGH** Gegenstände, die aufgrund einer in den §§ 129 ff genannten Rechtshandlung aus dem Vermögen des Schuldners ausgeschieden sind, als ein dem Zugriff der Gläubigergesamtheit zur Verfügung stehendes Objekt der Vermögensmasse des insolventen Schuldners behandelt, obwohl sie schuld- und sachenrechtlich wirksam in das Eigentum des Anfechtungsgegners übergegangen sind. Die haftungsrechtliche Zuweisung zur Insolvenzmasse des Schuldners zeigt sich in dem vom **BGH** angenommenen Recht auf Aussonderung des Gegenstandes nach § 47 in dem Fall, dass auch über das Vermögen des Anfechtungsgegners ein Insolvenzverfahren eröffnet worden ist (s auch § 47 Rn 76, § 143 Rn 4).

d) Vermögenszuordung bei Stellvertretung. Lässt sich eine Person beim Erwerb von Vermögensgegenständen nach §§ 164 ff BGB durch einen Dritten **offen vertreten**, findet ein Direkterwerb statt, der die letztlich gewollte Vermögenszuordnung unmittelbar herbeiführt. 35

Anders hingegen bei **verdeckter Stellvertretung**. Hier tritt der Vertreter im eigenen Namen, jedoch wirtschaftlich für fremde Rechnung auf. Erwirbt er einen Gegenstand für Rechnung des Vertretenen, so wird zunächst er selbst Eigentümer, ist aber verpflichtet, das Eigentum auf den Vertretenen zu übertragen oder abredegemäß zu verwenden. Da der Vertretene lediglich einen schuldrechtlichen Übereignungsanspruch hat, gehört zu seiner Insolvenzmasse nur dieser schuldrechtliche Anspruch, und zwar so, wie er sich aus dem Vertrag mit dem Vertreter ergibt (MK/*Lwowski/Peters* § 35 Rn 133). Bei Insolvenz des verdeckten Vertreters hat der Vertretene dementsprechend kein Recht auf Aussonderung des Gegenstandes nach § 47; vielmehr wandelt sich der Übereignungsanspruch nach § 45 in einen Geldanspruch um, der gem § 174 zur Insolvenztabelle anzumelden ist (MK/*Lwowski/Peters* § 35 Rn 133). 36

e) Sonderfälle der gesetzlichen Vermögenszuordnung. Beim **Kommissionsgeschäft** gelten nach § 392 Abs 2 HGB Forderungen, die der Kommissionär aus dem Ausführungsgeschäft für seinen Kommittenten erworben hat, im Verhältnis zwischen dem Kommittenten und dem Kommissionär oder zu dessen Gläubigern als Forderungen des Kommittenten. Die Forderungen fallen also, obgleich der Kommissionär sie als Stellvertreter des Kommittenten erworben hat, nicht in die Insolvenzmasse des Kommissionärs (nach *Bitter* Rechtsträgerschaft für fremde Rechnung 2006, S 262 hat dieses Zuordnungskonzept des § 392 Abs 2 HGB sogar „Modellcharakter", weswegen er den ihm innewohnenden Gedanken der typischen Risikozuordnung auf die Treuhandverhältnisse überträgt, S 264 ff; dazu oben Rn 31). Vielmehr ist der Kommittent in der Insolvenz des Kommissionärs zur Aussonderung nach § 47 berechtigt. Der Schuldner des Kommissionärs kann gegenüber dem Kommittenten, an den die Forderung aus dem Ausführungsgeschäft bestimmungsgemäß abgetreten worden ist, nicht einwenden, der Kommissionär habe dieselbe Forderung zuvor bereits an einen seiner Gläubiger abgetreten (**BGH** 30. 3. 1988 Z 104, 123, 127 f = NJW 1988, 3203 = ZIP 1988, 849 = DB 1988, 1441 = WM 1988, 872 = EWiR § 398 BGB 2/88, 663 [*Sonnenschein*]; *Koller/Roth/Morck* § 392 HGB Rn 6; Staub/*Koller* § 392 HGB Rn 19). Umstritten ist zu § 392 Abs 2 HGB, ob die Vorschrift auf das Surrogat der Forderung Anwendung findet, also bei der Verkaufskommission der Kaufpreis und bei der Einkaufskommission das Kommissionsgut von § 392 Abs 2 erfasst werden. Nach einer im Vordringen befindlichen Meinung setzt sich der Schutz des § 392 Abs 2 HGB im Fall der Einkaufskommission an dem Surrogat fort (dazu vor allem *Karsten Schmidt* Handelsrecht, § 31 V 4c, S 903 ff; Staub/*Koller* § 392 HGB Rn 2, 19; ebenso für eine Analogie **LG Bonn** 1. 4. 2004 18 O 215/03 Rbeistand 2004, 59; Baumbach/*Hopt* § 392 HGB Rn 7; zum Meinungsstand Ebenroth/Boujong/Joost/*Krüger* § 392 Rn 7; zuletzt mangels Regelungslücke gegen eine Analogie noch **OLG Hamm** 7. 10. 2003 ZIP 2003, 2262 = ZInsO 2004, 97 = WM 2004, 1252 = EWiR § 47 InsO 1/04, 75 [*Gundlach/Schmidt*]; ebenso *Gundlach/Frenzel/Schmidt* DZWIR 2000, 449 [möglicherweise aber Ersatzaussonderung]). Allerdings ist selbst nach den Stimmen, die für eine analoge Anwendung des § 392 Abs 2 HGB plädieren, zu fordern, dass der auszusondernde Gegenstand bzw das Surrogat bestimmt oder jedenfalls bestimmbar im Vermögen des Schuldners vorhanden ist (vgl **OLG Hamm** 7. 10. 2003 ZIP 2003, 2262 = ZInsO 2004, 97 = WM 2004, 1252 = EWiR § 47 InsO 1/04, 75 [*Gundlach/Schmidt*]; MK/*Ganter* § 47 Rn 32 f; Baumbach/*Hopt* § 392 HGB Rn 7). Ein Recht auf Aussonderung eines bloßen Geldsummenanspruchs wird daher nicht anerkannt (**BGH** 8. 3. 1972 Z 58, 257 = NJW 1972, 872; **BGH** 24. 6. 2003 Z 155, 227 = NJW 2003, 3414 = NZI 2003, 594 = ZIP 2003, 1613 = ZInsO 2003, 797 = KTS 2004, 57 = WuB VI C § 47 InsO 1.03 [*Bitter*] = EWiR § 12 GesO 1/03, 1191 [*Gundlach/Frenzel*]; **OLG Köln** 25. 8. 2004 NZI 2005, 37 = ZInsO 2005, 151 = DZWIR 2005, 160 m abl Anm *Gundlach/Schmidt*). 37

Im Fall der Eröffnung eines **Insolvenzverfahrens über das Vermögen einer Kapitalanlagegesellschaft** iSd § 6 InvG erlischt gem § 38 Abs 3 S 1 InvG das Recht der Kapitalanlagegesellschaft, den Fonds zu verwalten (dazu auch Jaeger/*Henckel* § 35 Rn 84 [noch zum früheren KAGG] sowie oben § 11 Rn 26). Das Sondervermögen fällt jedoch nicht in die Insolvenzmasse der Kapitalanlagegesellschaft (§ 38 Abs 3 S 2 InvG), sondern geht auf die Depotbank über (§ 39 Abs 1 InvG). Zum Sondervermögen gehört nach § 30 Abs 2 InvG auch alles, was die Kapitalanlagegesellschaft auf Grund eines zum Sondervermögen 38 gehörenden Rechts oder durch ein Rechtsgeschäft erwirbt, das sich auf das Sondervermögen bezieht, oder was derjenige, dem das Sondervermögen zusteht, als Ersatz für ein zum Sondervermögen gehörendes Recht erwirbt, also nicht nur das von den Anlegern ursprünglich eingelegte Geld. Das gesetzliche Konzept knüpft den Schutz der Anleger als Treugeber insoweit allein an die Voraussetzungen des InvG, als im Übrigen die Voraussetzungen für eine insolvenzfeste Treuhand nicht erfüllt zu werden brauchen. Nicht erforderlich ist vor allem eine unmittelbare Übertragung des Treuguts von den Anlegern als Treugeber auf die Kapitalanlagegesellschaft als Treuhänderin (dazu oben Rn 29). Die Depotbank muss das Sondervermögen entweder nach § 39 Abs 2 InvG abwickeln und an die Anteilsinhaber verteilen oder nach § 39 Abs 3 InvG mit Genehmigung der BaFin einer anderen Kapitalanlagegesellschaft die Verwaltung des Sondervermögens übertragen.

39 Ähnlichen gesetzlichen Schutz gewähren die §§ 157 ff BauGB den Gemeinden (Treugeber), die sich zur Erfüllung von Aufgaben, die ihnen bei der Vorbereitung oder Durchführung der Sanierung obliegen, eines geeigneten Beauftragten (Treuhänder) bedienen. Der als Treuhänder tätige Sanierungsträger hat das in Erfüllung der Aufgabe gebildete Treuhandvermögen (vgl § 160 BauGB) getrennt von anderem Vermögen zu verwalten. Im Falle der Eröffnung des **Insolvenzverfahrens über das Vermögen des Sanierungsträgers** als Treuhänder gehört das Treuhandvermögen nach § 161 Abs 3 BauGB nicht zur Insolvenzmasse.

40 Ist über das Vermögen einer Pfandbriefbank das Insolvenzverfahren eröffnet, so fallen die in den **Deckungsregistern gem § 5 PfandBG** eingetragenen Werte nicht in die Insolvenzmasse (§ 30 Abs 1 PfandBG; zuvor schon Hypothekenregister nach § 35 HypBankG); s auch §§ 77 a, b VAG zur vorrangigen Befriedigung der Versicherten bzw begünstigten oder geschädigten Dritten aus dem Wert des Sicherungsvermögens iSd § 66 VAG.

41 Ebenso können Treuhandkonstruktionen im Rahmen der Verbriefung von Krediten *(Asset Backed Securities)* durch das neu eingeführte Instrument des **Refinanzierungsregisters gem §§ 22 a KWG** insolvenzfest gestaltet werden, und zwar weitgehend unabhängig von dem Unmittelbarkeitsprinzip *(Fleckner* WM 2004, 2051; ferner *Obermüller* ZInsO 2005, 1079; *Pannen/Wolff* ZIP 2006, 52; *Tollmann* WM 2005, 2017).

42 Ein besonderes Treuhandverhältnis begründet die InsO selbst, und zwar im **Verfahren der Restschuldbefreiung**. Hier hat der Treuhänder gem § 292 Abs 1 S 2 die Beträge, die er durch die Abtretung (§ 287 Abs 2) erlangt, und sonstige Leistungen des Schuldners oder Dritter von seinem Vermögen getrennt zu halten und einmal jährlich auf Grund des Schlussverzeichnisses an die Insolvenzgläubiger zu verteilen. Nach der Gesetzesbegründung bilden die erlangten Beträge ein Treuhandvermögen, das den Gläubigern des Treuhänders entzogen ist; entsprechend steht in der Einzelzwangsvollstreckung in das Treuhandvermögen jedem Insolvenzgläubiger die Drittwiderspruchsklage nach § 771 ZPO zu (Begr RegE zu § 241 [= § 292], BT-Drucks 12/2443 S 191). In der Insolvenz des Treuhänders fällt das Treuhandvermögen nicht in die Masse (Jaeger/*Henckel* § 35 Rn 75).

43 Mit der Regelung in § 292 vergleichbar ist **§ 6 Makler- und Bauträgerverordnung (MaBV)**, der ebenfalls verlangt, dass ein Gewerbetreibender iSv § 1 MaBV die zur Ausführung eines Auftrages erlangten Vermögenswerte des Auftraggebers getrennt von seinem eigenen Vermögen und dem seiner sonstigen Auftraggeber zu verwalten hat. In der Insolvenz des Gewerbetreibenden iSv § 1 MaBV hat der Auftraggeber ein Aussonderungsrecht nach § 47 (*Fridgen* ZInsO 2004, 530, 535 f).

44 **3. Masseergänzung durch Gesetz.** Bestimmte Gestaltungsrechte können zwar nicht selbstständig verwertet werden, können aber die Insolvenzmasse im Laufe des Verfahrens ergänzen. Hierzu gehören die bürgerlichrechtlichen Anfechtungsrechte nach den §§ 119 ff BGB oder das insolvenzrechtliche Wahlrecht nach § 103 bei beiderseits noch nicht erfüllten gegenseitigen Verträgen sowie die Sonderkündigungsrechte nach §§ 109, 113 bei Miet-, Pacht- und Dienstverträgen (Gottwald/*Klopp* InsR HdB § 26 Rn 14 ff: „**Gestaltungsrechte zur Ergänzung der Masse**"). Ferner ist stets an Möglichkeit der **Insolvenzanfechtung nach §§ 129 ff** zu denken, die dazu dient, sachlich ungerechtfertigte Vermögensverschiebungen, durch die die Insolvenzmasse vor Insolvenzeröffnung verkürzt wurde, rückgängig zu machen (dazu auch oben Rn 34 u Komm zu §§ 129 ff InsO).

45 Eine Sonderrolle nehmen auch **sog Gesamtschadenersatzansprüche sowie die Ansprüche aus der akzessorischen persönlichen Haftung der Gesellschafter einer Personengesellschaft nach §§ 128, 161 Abs 2 HGB** ein, die beide gem §§ 92, 93 nach Eröffnung des Insolvenzverfahrens ausschließlich vom Insolvenzverwalter geltend gemacht werden müssen (Einzelheiten s §§ 92, 93; zur Frage der Bildung einer Sondermasse unten Rn 53 ff).

46 **4. Soll- und Istmasse.** In der Praxis der Insolvenzabwicklung unterscheidet man zwischen Soll- und Istmasse. Diese begriffliche Unterscheidung macht deutlich, dass die Insolvenzmasse als Sondervermögen ein *rechtliches* Phänomen ist, das mit den *tatsächlichen* Verhältnissen, so wie sie der Insolvenzverwalter beim Schuldner vorfindet, in aller Regel nicht übereinstimmt. Insofern beschreibt die **Istmasse** zunächst diejenige Vermögensmasse, die der Verwalter beim Schuldner *tatsächlich* vorfindet und nach § 148 in Besitz nimmt (MK/*Lwowski/Peters* § 35 Rn 20; Jaeger/*Henckel* § 35 Rn 7). Es ist einhellige Meinung, dass der Insolvenzverwalter nach § 148 berechtigt und verpflichtet ist, auch solche Gegenstän-

II. Begriff der Insolvenzmasse § 35

de in Besitz zu nehmen, deren Massezugehörigkeit zweifelhaft ist (Näheres bei § 148 Rn 2, 7). Der Insolvenzverwalter hat mitunter sogar Gegenstände in Besitz zu nehmen, die zweifellos massefremd sind, wenn ein Sicherungsbedürfnis des Schuldners (zB bei vorläufiger Betriebsfortführung) oder den (Aussonderungs-)Berechtigten besteht. Der Insolvenzverwalter hat zunächst auch Gegenstände zu verwalten, die dem Schuldner unter Eigentumsvorbehalt geliefert worden sind, da diese gem § 107 Abs 2 bis zum Berichtstermin in der Masse verbleiben (dazu unten Rn 261). Zur Istmasse gehören demgemäß auch Gegenstände, die nicht im Eigentum des Schuldners stehen oder nach § 36 nicht zur Insolvenzmasse gehören (vgl etwa LG Köln 8. 10. 2003 NJW-RR 2004, 552 = NZI 2004, 36).

Der Insolvenzverwalter hat nach Verfahrenseröffnung die **Aufgabe, die Istmasse zur Sollmasse zu bereinigen**, indem er aus der Istmasse diejenigen Gegenstände an Gläubiger herausgibt, an denen diese Aussonderungsrechte haben (vgl §§ 47, 48), sowie diejenigen Gegenstände an den Schuldner auskehrt, die wegen ihrer Pfändungsfreiheit dem Insolvenzbeschlag nicht unterliegen (vgl §§ 35, 36). Ferner kann der Insolvenzverwalter einzelne Gegenstände der Insolvenzmasse freigeben, die dann ebenfalls an den Schuldner herauszugeben sind (dazu unten Rn 71ff). Zur Bereinigung der Istmasse zur Sollmasse gehört aber nicht nur, alles aus der Masse herauszugeben, was nicht in die Insolvenzmasse iSv § 35 gehört, sondern auch Gegenstände, die in anfechtbarer Weise aus der Masse herausgelangt sind, im Wege der **Insolvenzanfechtung nach §§ 129ff** wieder der Masse zuzuführen. Ergebnis der Bereinigung durch Aussonderung, Anfechtung, Freigabe etc ist die Sollmasse, also die Insolvenzmasse iSv § 35, die den Gläubigern haftungsrechtlich zugewiesen ist und vom Verwalter letztlich nach § 159 verwertet wird. 47

In der Sprache des Gesetzes ist mit dem Begriff Insolvenzmasse regelmäßig die Sollmasse gemeint. Die **früher undifferenzierte Verwendung des Begriffs Konkursmasse** ist in der geltenden Fassung des Gesetzes redaktionell weitgehend bereinigt worden (vgl etwa die Formulierung in §§ 43, 46 KO früher und §§ 47, 48 InsO heute). Auch die Formulierung in § 50 Abs 1 weicht nicht von der einheitlichen Verwendung des Begriffs Insolvenzmasse iSv Sollmasse ab (anders MK/*Lwowski/Peters* § 35 Rn 20; wie hier Jaeger/*Henckel* § 35 Rn 7). Übersehen wurde offenbar aber § 86 Abs 1 Nr 1, wo immer noch von der „Aussonderung eines Gegenstandes aus der Insolvenzmasse" die Rede ist und der Begriff Insolvenzmasse daher die Istmasse meint (Jaeger/*Henckel* § 35 Rn 7). Auch in § 148 ist abw von der Istmasse die Rede, nicht von der Sollmasse (soeben Rn 46). 48

5. Teilungs- und Schuldenmasse. Der Begriff der **Teilungsmasse** wurde früher an ganz unterschiedlichen Stellen im Gesetz mit unterschiedlicher Bedeutung verwendet. So war etwa der dritte Titel der KO (§§ 117–137) mit „Teilungsmasse" überschrieben, in § 148 KO war von Teilungsmasse die Rede, ebenso in § 1 VergVO. Heute wird der Begriff der Teilungsmasse immer noch synonym für die Sollmasse bzw Aktivmasse verwendet. Deshalb werden Aktivprozesse iSv § 85, also Rechtsstreitigkeiten über das zur Insolvenzmasse gehörende Vermögen, bis heute auch als „Teilungsmassestreit" bezeichnete (vgl Gottwald/*Gerhardt* InsR HdB § 32 Rn 17, 21ff); entspr werden Passivprozesse (§ 86), die die Masse betreffen, als „Teilungsmassegegenstreit" bezeichnet (vgl *Bork* Einf Rn 188). 49

Will man hingegen die Masse in Geld bezeichnen, die zur Verteilung an die Insolvenzgläubiger zur Verfügung steht, sollte man genauer von der **Verteilungsmasse** sprechen, die als Ergebnis der Verwertung der Gegenstände der Sollmasse, nach Vollzug von Aufrechnungen, abgesonderter Befriedigung, Freigaben (zB von unverwertbaren Gegenständen) und vor allem nach Befriedigung der Massegläubiger übrig bleibt (MK/*Lwowski/Peters* § 35 Rn 21 spricht hier abw von Teilungsmasse). Die Verteilungsmasse wird bei Schlussverteilung nach § 196 Abs 1 in Form der Quote an die einzelnen Gläubiger ausgezahlt. Als Verteilungsmasse können auch die *vor* der Schlussverteilung für eine Abschlagsverteilung (§ 187 Abs 2) oder *nach* der Schlussverteilung für eine Nachtragsverteilung (§ 203) zur Verfügung stehenden Geldmittel bezeichnet werden. 50

Nach § 1 Abs 1 InsVV wird die Vergütung des Insolvenzverwalters nach dem Wert „der Insolvenzmasse" berechnet, auf die sich die Schlussrechnung bezieht. Damit ist die Sollmasse iSv § 35 gemeint. Früher sprach das Gesetz auch in diesem Zusammenhang von der Teilungsmasse (vgl § 1 Abs 1 VergVO). Allerdings wird der Massebegriff für die Zwecke der vergütungsrechtlichen Festsetzung durch § 1 Abs 2 InsVV weiter konkretisiert. Dadurch bekommt der Massebegriff eine vergütungsrechtliche Sonderbedeutung, weshalb hier besser von der **Berechnungsmasse** als Grundlage für die Vergütung des Insolvenzverwalters gesprochen werden sollte (so etwa *Haarmeyer/Wutzke/Förster* § 1 InsVV Rn 50ff). Nach Abs 2 ist die Berechnungsmasse vor allem um die durchlaufenden Posten der Sollmasse zu bereinigen (zB werden mit Absonderungsrechten belastete Gegenstände, die grds zur Sollmasse zählen, für die Berechnungsmasse im Fall der Verwertung durch den Absonderungsberechtigten nur insoweit berücksichtigt, als aus ihrer Verwertung der Masse ein Überschuss zusteht, vgl § 1 Abs 2 Nr 1 S 3 InsVV). 51

Der Begriff der Schuldenmasse ist in der InsO ebenfalls nicht (mehr) enthalten. Früher war etwa der vierte Titel der KO (§§ 138–148) mit „Schuldenmasse" überschrieben. Als **Schuldenmasse oder Passivmasse** wird aber damals wie heute die Gesamtheit der Verbindlichkeiten (Passiva) des Schuldners bezeichnet (MK/*Lwowski/Peters* § 35 Rn 21). Zur Schuldenmasse gehören sämtliche Forderungen, also auch diejenigen der Massegläubiger nach §§ 53ff, Forderungen der Aussonderungsberechtigten nach den §§ 47ff, der Absonderungsberechtigten und die Forderungen der Insolvenzgläubiger (§§ 38, 39). 52

53   **6. Sondermasse und besondere Vermögensmassen.** Nach wie vor gilt als **Grundregel:** „Eine Person, ein Vermögen, ein Insolvenzverfahren" (Jaeger/Henckel § 35 Rn 131), dh in der Insolvenz einer (natürlichen oder juristischen) Person wird ihren Gläubigern das gesamte Vermögen haftungsrechtlich zugewiesen, es bildet die einheitliche Insolvenzmasse (Jaeger/Henckel § 35 Rn 141 f). Es gilt also der Grundsatz, dass alles, was dem Schuldner vermögensrechtlich gehört, haftungsrechtlich allen seinen Gläubigern zugeordnet ist, und zwar gleichermaßen. Dadurch, dass jemand sein Vermögen privatautonom segmentiert, kann keine von §§ 35, 36 InsO abweichende haftungsrechtliche Zuweisung bestimmter Vermögenspositionen zu bestimmten Gläubigern erfolgen, also keine von dem übrigen Vermögen getrennt verwaltete Masse gebildet werden. Die **Trennung von Vermögensmassen** kann allenfalls dadurch erreicht werden, dass Vermögensteile auf einen anderen, selbstständigen Rechtsträger übertragen werden, wie zB im Rahmen der Aufspaltung eines Betriebs in eine Betriebs- und Besitzgesellschaft. Hierin ist aber keine Ausnahme zu der eingangs genannten Grundregel zu erblicken, weil ganz iSd Regel über das Vermögen rechtlich selbstständiger Vermögensträger selbstständige Insolvenzverfahren durchgeführt werden, die zu entspr getrennten Insolvenzmassen führen. Entsprechend ist in einem solchen Fall nach bislang herrschender Auffassung die Durchführung mehrerer selbstständiger Insolvenzverfahren zwingend, da das deutsche Recht ein einheitliches Konzerninsolvenzverfahren (noch) nicht kennt (dazu näher oben § 11 Rn 394 ff). Umgekehrt ist es genauso möglich, durch **Verschmelzung von Vermögensmassen** auf einen einzigen Rechtsträger ein einheitliches Insolvenzverfahren mit nur einer Insolvenzmasse zu erreichen. Sowohl bei der Trennung als auch bei der Verschmelzung von Vermögensmassen ist jedoch stets auch an die Möglichkeit der Insolvenzanfechtung der vorgängigen gesellschaftsrechtlichen Strukturmaßnahmen zu denken (s § 129 Rn 68).

54   Ein **(Sonder-)Insolvenzverfahren über besondere Vermögensmassen** ein und desselben Rechtsträgers ist nur dort zulässig, wo eine begrenzte Vermögensmasse *kraft Gesetzes* bestimmten Gläubigern haftungsrechtlich (allein) zugewiesen ist (s auch Rn 61), zB der Nachlass iSd § 1922 Abs 1 BGB, über den ein gesondertes Insolvenzverfahrens durchgeführt werden kann (§§ 315 ff InsO), obwohl der Nachlass selbst keine Rechtspersönlichkeit besitzt. In der Nachlassinsolvenz wird dann eine Nachlassinsolvenzmasse nach den entspr erbrechtlichen Vorschriften des BGB gebildet, die alleine den Nachlassgläubigern haftungsrechtlich zugewiesen ist (§§ 11 Abs 2 Nr 2, 315 ff InsO). Gesetzlich anerkannt ist das Insolvenzverfahren über besondere Vermögensmassen in § 11 Abs 2 Nr 2 (s Komm zu § 11 Rn 418 f).

55   Die (Sonder-)Insolvenzverfahren über besondere Vermögensmassen sind begrifflich zu unterscheiden von den **Sondermassen** (BGH 10. 5. 1978 Z 71, 296, 300 = NJW 1978, 1525; s auch Jaeger/Henckel § 35 Rn 141). Bei Sondermassen handelt es sich um Teile der Insolvenzmasse, die innerhalb ein und desselben Insolvenzverfahrens haftungsrechtlich nur einer bestimmten Gläubigergruppe zugewiesen sind, ohne dass über sie ein weiteres selbstständiges (Sonder-)Insolvenzverfahren durchgeführt wird bzw werden kann (vgl Jaeger/Henckel § 35 Rn 141; KPB-*Holzer* § 35 Rn 13; MK/*Lwowski/Peters* § 35 Rn 74). Dabei handelt es sich nicht um die Bildung eines dinglich gesonderten Vermögens (dazu oben Rn 38), sondern lediglich um ein zweckgebundenes Vermögen innerhalb der Masse (vgl MK-HGB/*Karsten Schmidt* §§ 171, 172 Rn 112: „die Sonderbehandlung wirkt sich nur rechnerisch aus"). Die Zweckbindung führt im Ergebnis dazu, dass das Befriedigungsinteresse einzelner Gläubiger bevorzugt berücksichtigt wird, da die vom besonderen Zweck privilegierten Gläubiger unter Ausschluss der „einfachen" Insolvenzgläubiger vorweg aus der Sondermasse befriedigt werden. Damit kollidiert die Bildung von Sondermassen zwangsläufig mit dem allgemeinen insolvenzrechtlichen Gebot der Gläubigergleichbehandlung: Die Insolvenzgläubiger werden zwar gemeinschaftlich in ein und demselben Verfahren befriedigt, aber nicht gleichermaßen. Dennoch verletzt die Bildung von Sondermassen nicht das Gebot der Gläubigergleichbehandlung, wenn die haftungsrechtliche Zuweisung bestimmter Vermögenspositionen an *alle* Gläubiger des Gemeinschuldners durch rechtliche Wertungen negiert wird. Insoweit steht das Gebot der Gläubigergleichbehandlung aber nur zur Disposition des Gesetzgebers. Das Gleichbehandlungsgebot kann nicht durch vertragliche Vereinbarung zwischen dem Schuldner und einzelnen Gläubigern ausgeschlossen oder eingeschränkt werden. „Sonderzuweisungen" rechtsgeschäftlicher Art sind einzig im Rahmen der gesetzlich anerkannten Aus- und Absonderungsrechte denkbar (vgl §§ 47 ff InsO).

56   Für die Verteilung der Erlöse aus der Verwertung einer Sondermassen ist ein **besonderes Verteilungsverzeichnis** anzulegen. Dieses ist zwar äußerlich getrennt vom Hauptverzeichnis anzulegen, kann aber gemeinsam mit dem Hauptverzeichnis niedergelegt und veröffentlicht werden kann (KPB-*Holzer* § 188 Rn 21).

57   Eine Sondermasse muss zB aus der nach § 171 Abs 2 HGB auf die **Kommanditistenhaftung** geleisteten Beträge gebildet werden, wenn der Kommanditist vor Eröffnung des Insolvenzverfahrens ausgeschieden ist (dazu unten Rn 390 sowie 12. Aufl Rn 7). In bestimmten Konstellationen muss auch im Hinblick auf **Gesamtschadenersatzansprüche iSd § 92 InsO** eine Sondermasse gebildet werden, da sie nur haftungsrechtlich der Insolvenzmasse zugeordnet werden, vermögensrechtlich aber zum Privatvermögen der Insolvenzgläubiger gehören, denen durch das materielle Recht mit der Gläubigerposition regelgemäß auch die Rechtszuständigkeit zugewiesen wird (dazu unten § 92 Rn 15 u 16; *Brinkmann* Die Bedeutung der §§ 92, 93 InsO für den Umfang der Insolvenzmasse 2001, S 42 mwN; *Oepen* Massefremde Masse, 1999 Rn 91). Für die Individualschäden sog Neugläubiger gilt dies nach Ansicht der

Rechtsprechung freilich nicht (unten § 92 Rn 12). Die Sondermasse wird deshalb nur an die geschädigten Gläubiger ausgeschüttet (KPB-*Lüke* § 92 Rn 24; zuvor schon K/U § 82 KO Rn 6). Die Pflicht zur Bildung einer Sondermasse besteht schließlich bei der Geltendmachung der **persönlichen Gesellschafterhaftung** nach § 93 (dazu § 93 Rn 3). Eine Sondermasse ist danach zB immer dann zu bilden, wenn durch ein Verhalten des Insolvenzverwalters nur bestimmte Gläubiger betroffen sind, wie zB Massegläubiger iSv § 53 oder nur Neugläubiger im Falle der Unternehmensfortführung (K/U § 82 KO Rn 6; KPB-*Lüke* § 92 Rn 24). Nach Ansicht des **BGH** (10. 5. 1978 Z 71, 296 = NJW 1978, 840 = WM 1978, 671) kann auch die **Bildung einer verschmelzungsbedingten Sondermasse** erforderlich sein, wenn eine Personengesellschaft durch Übernahme aller Gesellschaftsanteile in einer Kapitalgesellschaft aufgegangen ist und der Insolvenzverwalter im Falle einer späteren Insolvenz der übernehmenden Kapitalgesellschaft Rechtshandlungen der erloschenen Personengesellschaft nach §§ 129 ff InsO anficht (**BGH** 10. 5. 1978 Z 71, 296, 304 = NJW 1978, 840 = WM 1978, 671; zust Jaeger/*Henckel* § 35 Rn 141; MK/ Lwowski/Peters § 35 Rn 74; krit daggen *Petersen* NZG 2001, 836, nach dessen Ansicht die umwandlungsrechtliche Universalsukzession jede Möglichkeit einer Sonderzuordnung überlagert).

Ferner muss der Insolvenzverwalter einen der **Testamentsvollstreckung unterliegenden Nachlass** (vgl §§ 2197 ff BGB) in der Insolvenz des Erben als Sondermasse innerhalb der Insolvenzmasse einordnen, aus der nur Nachlassgläubiger zu befriedigen sind, nicht hingegen die Eigengläubiger des Erben (**BGH** 11. 5. 2006 Z 167, 352 = NJW 2006, 2698 = ZIP 2006, 1258 = ZInsO 2006, 705 = NZI 2006, 461 = WM 2006, 1254 = EWiR § 35 InsO 3/06, 659 [*Stahlschmidt*]). Das Erfordernis, eine Sondermasse zu bilden, ergibt sich hier aus § 2214 BGB (**BGH** aaO Tz 23). Der Nachlass fällt zwar mit dem Erbfall vorläufig, mit der Annahme der Erbschaft endgültig in die Insolvenzmasse (dazu unten Rn 199 ff). Die Testamentsvollstreckung besteht aber auch während des Insolvenzverfahrens fort mit der Folge, dass die Verfügungsbeschränkung des Erben nach § 2211 BGB auch für den Insolvenzverwalter gilt. Um das Verfügungsverbot zugunsten des Testamentsvollstreckers sowie der Nachlassgläubiger auch in der Insolvenz abzusichern, können die Erbengläubiger gem § 2214 BGB keine Befriedigung aus den der Testamentsvollstreckung unterliegenden Gegenständen des Nachlasses verlangen. Der Nachlass ist allein den Nachlassgläubigern haftungsrechtlich zugewiesen. Erst mit dem Ende der Testamentsvollstreckung endet auch das „Vorrecht" der Nachlassgläubiger und die Sondermasse vereinigt sich mit der übrigen Insolvenzmasse. Der Zugriff der Erbengläubiger auf den Nachlass kann aber auch dann noch ausgeschlossen werden, wenn ein Nachlassgläubiger bei Vorliegen eines Eröffnungsgrundes Antrag auf Eröffnung eines Nachlassinsolvenzverfahrens stellt (§§ 317, 320 InsO).

Im Insolvenzverfahren des volljährig gewordenen Schuldners ist aus dem **Vermögen, das bei Eintritt der Volljährigkeit vorhanden ist,** keine Sondermasse zu bilden (Jaeger/*Henckel* § 35 Rn 142). Es besteht zwar die Möglichkeit, dass der Insolvenzverwalter die haftungsbeschränkende Einrede nach § 1629 a BGB erhebt, wenn das Altvermögen zur Befriedigung der Altgläubiger nicht ausreicht. Rechtsfolge ist aber nicht eine gegenständliche „Sonderzuweisung" der Teile der Insolvenzmasse, die der Schuldner vor bzw nach Eintritt der Volljährigkeit erworben hat. Vielmehr folgt aus dem Verweis in § 1629 a Abs 1 S 2 BGB auf die Vorschriften der Erbenhaftung, dass der Insolvenzverwalter gem § 1990 BGB den Altgläubigern das Altvermögen und seine Surrogate „zum Zwecke der Befriedigung des Gläubigers im Wege der Zwangsvollstreckung herauszugeben" hat.

Ebenfalls nicht um eine Sondermasse handelt es sich, wenn der Verwalter im Rahmen des **Restschuldbefreiungsverfahrens** aufgrund der Abtretung den vollen Lohn oder das gesamte Einkommen des Schuldners zunächst zur Masse zieht und den **pfändungsfreien Betrag** an den Schuldner auskehrt. Insoweit liegt lediglich eine Bereinigung von der Istmasse zur Sollmasse vor.

7. Gesamtinsolvenz und Sonderinsolvenz. Die Grundregel lautet: Eine Person, ein Vermögen, ein Insolvenzverfahren (so schon Rn 53). Bei einem weiten Begriffsverständnis kann man demnach bereits immer dann von einer Sonderinsolvenz sprechen, wenn von dieser Grundregel abgewichen wird (enger insoweit Jaeger/*Henckel* § 35 Rn 132). Das Gesetz kennt zB Ausnahmen von dem Grundsatz, dass Objekt des Insolvenzverfahrens immer eine bestimmte natürliche oder juristische Person („eine Person") sein muss (vgl § 11 Abs 2 Nr 2). Objekt des Insolvenzverfahrens ist in diesen Fällen eine besondere Vermögensmasse, die nicht allen Gläubigern ihres Rechtsträgers gleichermaßen haftet, sondern nur einer besonderen Gruppe persönlicher Gläubiger des Rechtsträgers zur gemeinschaftlichen Befriedigung dient (dazu schon oben Rn 54; s auch § 11 Rn 4). In diesem Sinne wird beim **Nachlassinsolvenzverfahren** (§§ 315 ff), bei Insolvenzverfahren über das **Gesamtgut einer fortgesetzten Gütergemeinschaft** (§ 332) sowie bei einem Insolvenzverfahren über das **gemeinschaftlich verwaltete Gesamtgut einer Gütergemeinschaft** (§§ 333 f) von Sonderinsolvenzverfahren gesprochen (Jaeger/*Henckel* § 35 Rn 133). Der Wortlaut des § 11 Abs 2 Nr 1 legt nahe, auch das Insolvenzverfahren über das Vermögen einer Gesellschaft *ohne* Rechtspersönlichkeit als Sonderinsolvenzverfahren zu bezeichnen, weil auch hier Objekt des Insolvenzverfahrens nicht eine bestimmte natürliche oder juristische Person („eine Person") ist, dennoch aber ein selbstständiges Insolvenzverfahren alleine über das Vermögen der Gesellschaft (zB der OHG, KG, PartG, EWIV) durchgeführt werden kann, während das Privatvermögen der Gesellschafter nicht in das (Sonder-)Insolvenzverfahren einbezogen wird (ausf dazu § 11 Rn 235). Das ist jedoch nur dann konsequent, wenn die in § 11 Abs 2 Nr 1 genannten Gesellschaften keine Rechtssubjekteigenschaft besitzen. Der Streit um die Rechtssubjekteigenschaften dieser Gesellschaften spielt hier indes heute keine allzu große Rolle mehr, seit das Gesetz ein selbstständiges Insolvenzverfahren über ihr Vermögen eindeutig zulässt (siehe zur früher abw Beurteilung bei der BGB-Gesellschaft oben § 11 Rn 368).

62 Ebenso werden die in Fällen grenzüberschreitender Insolvenzverfahren möglichen **territorialen Parallelinsolvenzverfahren (Partikularinsolvenzverfahren bzw Sekundärinsolvenzverfahren)** als Sonderinsolvenzverfahren bezeichnet (Art 3 EuInsVO Rn 43 ff). Nach der Grundregel wird über ein Vermögen lediglich ein Verfahren eröffnet. Das eine Verfahren hat dann grds weltweite Geltung („Universalität"). Folglich unterliegt auch das im Ausland belegene Vermögen eines inländischen Schuldners dem Insolvenzbeschlag (allgem dazu Art 4 EuInsVO Rn 34 ff). Im Anwendungsbereich der EuInsVO (s dazu Art 1 EuInsVO Rn 2 ff) kann es neben diesem sog Hauptinsolvenzverfahren mit universalem Geltungsanspruch zur Eröffnung territorialer Parallelverfahren kommen (insoweit werden das unabhängige Partikularinsolvenzverfahren und das Sekundärinsolvenzverfahren unterschieden, je nachdem ob das territoriale Parallelverfahren zeitlich vor oder nach dem Hauptinsolvenzverfahren eröffnet wurde; vgl Art 3 Abs 3 u 4 EuInsVO). Die Wirkung der territorialen Parallelverfahren bleibt jedoch gegenständlich auf das im Gebiet des Eröffnungsstaates belegene Schuldnervermögen beschränkt. Im Ergebnis wird durch die Eröffnung eines territorialen Parallelverfahrens das Vermögen des Schuldners territorial aufgeteilt und unterschiedlichen Aktivmassen zugewiesen (MK-BGB/*Kindler* IntInsR Rn 646). Bei einem Sekundärinsolvenzverfahren existiert nach der Eröffnung eine Sekundärmasse neben der Hauptmasse. Im seltenen Fall des unabhängigen Partikularinsolvenzverfahrens existiert (zunächst) nur eine unabhängige Partikularmasse. Das territoriale Parallelverfahren wird als Sonderinsolvenzverfahren allein über das im Gebiet des Eröffnungsstaates belegene Schuldnervermögen durchgeführt, und zwar mit eigener Verwaltung, Verwertung und Verteilung. Auch außerhalb des Anwendungsbereichs der EuInsVO ist es nach deutschem internationalem Insolvenzrecht im Verhältnis zu Drittstaaten möglich, entgegen der Grundregel, dass ein Insolvenzverfahren das weltweite Vermögen des Schuldners erfasst, ein territoriales Parallelverfahren zu eröffnen (vgl §§ 354 ff), sodass sowohl im Inland als auch im Ausland über das Vermögen eines Schuldners bzw Schuldnerunternehmens jeweils selbstständige und voneinander getrennte Insolvenzverfahren eröffnet werden (ausf dazu § 354; ferner Gottwald/*Gottwald* InsR HdB § 130 Rn 150). Bei dem im Inland eröffneten Insolvenzverfahren handelt es sich gegenüber dem ausländischen Verfahren ebenfalls um ein **Sonderinsolvenzverfahren**, weil dessen Wirkung entgegen der Grundregel insoweit räumlich beschränkt ist, als es nur das im Inland belegene Vermögen des Schuldners erfasst (ausf dazu § 354 Rn 9 ff).

63 Vereinzelt wird auf die Möglichkeit von **inländischen Parallelinsolvenzverfahren** hingewiesen (KPB-*Holzer* § 35 Rn 14 a ff). Ansatzpunkt für diesen Gedanken ist, dass die Gesamtvollstreckungs- bzw Konkursverfahren alten Rechts anders als die Insolvenzverfahren neuen Rechts nicht das Neuvermögen des Schuldners erfassen (s dazu Rn 110 ff). Insofern könnten sich die Grundsätze der territorialen Parallelinsolvenz auch auf die Konkurrenz zwischen Verfahren nach altem Konkurs- und neuem Insolvenzrecht übertragen lassen. Es wäre demnach denkbar, ein gegenständlich auf den Neuerwerb beschränktes Insolvenzverfahren zuzulassen. In der Praxis begegnet es aber erheblichem Zweifel, ob Verfahren nach altem und neuem Recht unabhängig voneinander und parallel eröffnet werden können mit der Folge, dass die jeweiligen Insolvenzmassen voneinander abgegrenzt werden müssen (*Vallender/Rey* NZI 1999, 1, 4; dafür aber KPB-*Holzer* § 35 Rn 14 a ff; vgl auch *Schmahl* Rpfleger 1998, 493, 495). Vorzugswürdig ist eine verfahrensrechtliche Lösung der Konkurrenz, indem etwa Insolvenzeröffnungsanträgen vor unerledigten Konkursanträgen der Vorrang eingeräumt wird, weil der Antrag auf Eröffnung des Insolvenzverfahrens auf eine weitergehende Entscheidung abzielt, als ein Konkurseröffnungsantrag (*Vallender/Rey* NZI 1999, 1, 3 f; ebenso **AG Soltau** 14. 1. 1999 DZWIR 1999, 116 m zust Anm *Graeber;* anders aber nachgehend **LG Lüneburg** 1. 3. 1999 ZInsO 1999, 231; bestätigt nachgehend **OLG Celle** 29. 3. 1999 NZI 1999, 196 = ZIP 1999, 717 = ZInsO 1999, 292 = DZWir 1999, 213 = NJW-RR 2000, 125; aA auch **OLG Düsseldorf** 6. 9. 1999 ZIP 1999, 1813 = NZI 1999, 414 = ZInsO 1999, 570 = KTS 2000, 536 = NJW-RR 2000, 501). Hierbei müsste es dann aber auch unerheblich sein, ob der Konkurseröffnungsantrag von einem Gläubiger gestellt wurde, dessen Forderung im Konkursverfahren gemäß § 61 KO bevorrechtigt wäre (in diesem Sinne **LG Duisburg** 1. 7. 1999 NZI 1999, 366 = NJW-RR 1999, 1652). Durch Zeitablauf bleiben diese Kollisionsfälle letztlich nur als theoretische Fallgruppe der Sonderinsolvenz (vgl die Übergangsvorschriften Art 103, 104 EGInsO). Nach geltendem Recht kann es parallel zu einem laufenden Insolvenzverfahren kein **weiteres Insolvenzverfahren** mehr geben, weil das während des Insolvenzverfahrens erlangte Vermögen des Schuldners ebenfalls in die Insolvenzmasse fällt (dazu Rn 116). Entsprechend sind freilich die Neugläubiger in das laufende Verfahren einbezogen. Auch Planverfahren können nicht mit weiteren Insolvenzverfahren konkurrieren. Denn das Insolvenzverfahren wird durch Beschluss des Insolvenzgerichts aufgehoben, sobald die Bestätigung des Insolvenzplans rechtskräftig ist, und zwar selbst bei vereinbarter Planüberwachung (vgl § 258 Abs 1). Beim Scheitern des Insolvenzplans kann ein weiteres Insolvenzverfahren eröffnet werden, aber zeitlich nach Aufhebung des ersten Insolvenzverfahrens, nicht parallel zu diesem.

64 **8. Insolvenzmasse in besonderen Verfahrensarten. a) Überwachte Planverfahren.** Da nach § 261 Abs 1 S 2 die Ämter des Verwalters und der Mitglieder des Gläubigerausschusses und die Aufsicht des

II. Begriff der Insolvenzmasse § 35

Insolvenzgerichts fortbestehen, fragt es sich, ob im überwachten Verfahren auch der Insolvenzbeschlag aufrechterhalten wird. Dem steht die Vorschrift des § 259 Abs 1 S 2 entgegen. Danach erhält der Schuldner bzw das Schuldnerunternehmen das Recht zurück, über die Insolvenzmasse frei zu verfügen. Das Verwaltungs- und Verfügungsrecht des Insolvenzverwalters nach § 80 verwandelt sich mit der Aufhebung des Insolvenzverfahrens nach Planbestätigung (§ 258 Abs 1) in eine Überwachungstätigkeit. Die Verfügungsbefugnis über die Insolvenzmasse steht wieder dem Insolvenzverwalter zu.

b) Eigenverwaltung. Die Terminologie der §§ 270 Abs 1 S 1, 278 Abs 1, 280, 281 Abs 1 S 1, 285 zeigt, dass der Gesetzgeber auch bei der Eigenverwaltung davon ausgeht, dass eine Insolvenzmasse iSv § 35 gebildet wird, die dem Insolvenzbeschlag unterliegt. Durch die Anordnung der Eigenverwaltung wird lediglich die Verwaltungs- und Verfügungsbefugnis des Schuldners bzw Schuldnerunternehmens hinsichtlich des zur Insolvenzmasse gehörenden Vermögens (§ 80 Abs 1) auf den Schuldner (zurück) übertragen, wenn die Anordnung im bereits eröffneten Verfahren erfolgt. Wird die Eigenverwaltung schon im Eröffnungsbeschluss angeordnet, so heißt dies lediglich, dass das Verwaltungs- und Verfügungsrecht beim Schuldner verbleibt. Da gem § 270 Abs 1 S 2 für das Verfahren die allgemeinen Vorschriften gelten, soweit in den §§ 270 ff nichts anderes bestimmt ist, ändert sich am Insolvenzbeschlag nichts. Vielmehr bleibt dieser auch während des gesamten Verfahrens erhalten (str aA *Koch* Die Eigenverwaltung nach der Insolvenzordnung 1997, S 175). Es wird also nicht etwa in einer logischen Sekunde eine Masse gebildet, sondern dem Schuldner bzw Schuldnerunternehmen lediglich die Befugnis eingeräumt, statt eines Insolvenzverwalters, jedoch unter Aufsicht oder Mitwirkung des Sachwalters oder Gläubigerausschusses Aufgaben eines Insolvenzverwalters zu übernehmen. Gerade hierin unterscheidet sich das neue Recht wesentlich vom früheren Vergleichsrecht, in dem gem § 91 Abs 1 VglO das Vergleichsverfahren mit Bestätigung des Vergleichs aufzuheben war, wenn sich der Schuldner der Überwachung durch einen oder mehrere im Vergleich bezeichnete Personen als Sachwalter der Gläubiger bis zur Erfüllung des Vergleichs unterworfen hatte. Nach § 92 Abs 5 VglO konnte dem Sachwalter zur Erfüllung des Vergleichs Vermögen des Schuldners übertragen werden. Eine Insolvenzmasse gab es nicht. 65

c) Verbraucherinsolvenzverfahren. Die Insolvenzmasse bestimmt sich wie in jedem anderen Insolvenzverfahren auch in der Verbraucherinsolvenz nach § 35 (Einzelheiten bei § 312 Rn 29 ff). Verbraucherspezifische Probleme können sich allenfalls daraus ergeben, dass die Abgrenzung der Insolvenzmasse vom pfändungsfreien Schuldnervermögen in der Praxis vielfach nicht einfach ist. Praktische Bedeutung hat allerdings die **erkaufte Freigabe** nach § 314 Abs 1. Nach § 314 Abs 1 S 1 ordnet das Insolvenzgericht auf Antrag des Treuhänders an, dass von einer Verwertung der Insolvenzmasse ganz oder teilweise abgesehen wird. In diesem Fall hat es dem Schuldner aufzugeben, binnen einer vom Gericht festgesetzten Frist an den Treuhänder einen Betrag zu zahlen, der dem Wert der Masse entspricht, die an die Gläubiger zu verteilen wäre (§ 314 Abs 1 S 2). Die Freigabe durch den Treuhänder erfolgt durch einseitige empfangsbedürftige Willenserklärung des Treuhänders gegenüber dem Schuldner; es gelten die allgemeinen Grundsätze für die Freigabe (dazu Rn 71 ff; vgl auch BGH S. 10. 1994 Z 127, 156, 163 = NJW 1994, 3232, 3233 = ZIP 1994, 1700 = KTS 1995, 92 = EWiR § 43 KO 1/94, 1117 *[Eckert]*; s auch Bespr *Karsten Schmidt* NJW 1995, 911). Die Vorschrift des § 314 Abs 1 dient vorwiegend der Verfahrensbeschleunigung und setzt den Fall voraus, dass der Schuldner nur wenig verwertbares Vermögen hat und imstande ist, aus seinem pfändungsfreien Vermögen oder aus Zuwendungen Dritter einen entsprechenden Geldbetrag aufzubringen (HK-*Landfermann* § 314 Rn 1). Unbegründet sind die Bedenken hinsichtlich einer **Perpetuierung von Insolvenzverfahren** wegen der Einbeziehung von Neuerwerb in die Insolvenzmasse (dazu Rn 111). Im **Restschuldbefreiungsverfahren** gibt es keine Insolvenzmasse, denn mit der Aufhebung des Insolvenzverfahrens nach § 287 Abs 2 S 1 iVm § 200 Abs 1 ist der Insolvenzbeschlag entfallen. Die vom Schuldner abgetretenen Beträge sind nicht länger Insolvenzmasse, sondern Neuerwerb, der wirksam an den Treuhänder abgetreten und dem Zugriff der Gläubiger entzogen ist. Der Insolvenzverwalter ist nicht berechtigt, die Schlussverteilung und die Verfahrensaufhebung mit der Begründung zu verhindern, die künftigen Ansprüche fielen als Neuvermögen in die Masse (§ 196 Abs 1). Die gesetzlich zugelassene Abtretung künftiger Beträge als Neuvermögen zeigt gerade, dass sie dem Massebeschlag entzogen sein sollen. 66

d) Nachlassinsolvenzverfahren. Für die Frage, was in die **Nachlassinsolvenzmasse** fällt, ist auf der Basis der InsO im Einzelfall zu prüfen, was an Vermögen im Zeitpunkt der Bestimmung des Nachlasses vorhanden war, welche Nachlassgegenstände pfändbar gewesen sind, welche Beschränkungen der Masse durch Rechtsgeschäfte der Erben erfolgt sind und welche Ersatzansprüche zum Nachlass gehören (vgl hierzu § 315 Rn 7 ff). Dabei ist vor allem streitig, ob sich der **Umfang der Masse** im Nachlassinsolvenzverfahren nach dem Vermögen bestimmt, das zum Zeitpunkt der Verfahrenseröffnung zum Nachlass gehört (so KPB-*Kemper* § 315 Rn 11; *Hanisch* FS *Henckel* 1995, S 369, 374) oder ob Stichtag zur Ermittlung der Nachlassinsolvenzmasse der Zeitpunkt des Erbfalls ist (so *Hess* § 315 Rn 14). Schon für das alte Recht wurde zutreffend angenommen, dass es auf den Zeitpunkt der Eröffnung des Insolvenzverfahrens ankommt (K/U § 214 KO Rn 2; Kilger/*Karsten Schmidt* § 214 KO Anm 2). Das ist zB entscheidend, wenn Ersatzansprüche gegen Erben oder den Nachlassverwalter nach den §§ 1978, 1985 BGB bestehen sowie Ersatzansprüche gegen Dritte wegen Zerstörung oder Entziehung von Nach- 67 lassgegenständen. Da es auf den Zeitpunkt der Eröffnung ankommt, ist nicht mehr der ursprüngliche Gegenstand Teil der Insolvenzmasse, sondern der an dessen Stelle getretene Schadenersatzanspruch (vgl auch KPB-*Holzer* § 35 Rn 18).

68 Im Übrigen spielt auch beim Nachlassinsolvenzverfahren die Frage der Pfändbarkeit bzw Unpfändbarkeit (§ 36 Abs 1) von Vermögensgegenständen eine Rolle. Die Beurteilung der Pfändbarkeit in der Nachlassinsolvenz orientiert sich an der Person des Erben (KPB-*Kemper* § 315 Rn 11; Kilger/*Karsten Schmidt* § 214 KO Anm 2). Bei der **Erbengemeinschaft** tritt gem § 2041 BGB dingliche Surrogation ein, wenn für die Miterben durch Rechtsgeschäft Nachlassvermögen, das gesamthänderisch gebunden ist, erworben wird.

III. Insolvenzfreies Vermögen (Abs 2 u 3)

69 **1. Gesetzliche Ausnahme vom Insolvenzbeschlag.** Zum insolvenzfreien Vermögen zählen alle **unpfändbaren Gegenstände** iSv § 36 (ausf hierzu § 36). Insolvenzfrei sind ferner sämtliche höchstpersönlichen Rechte des Schuldners (zum Vermögenswert-Erfordernis oben Rn 13 ff) sowie die Rechte, deren Inhaber der Schuldner nicht ist (zum Erfordernis der Rechtszuständigkeit oben Rn 25 ff), so wird vor allem auch Vermögen des Ehegatten und der Kinder des Schuldners nicht vom Insolvenzbeschlag berührt.

70 **Zweifelhaft ist die Beschlagsfreiheit bei Unverwertbarkeit.** Das Reichsgericht (**RG** 20. 6. 1902 Z 52, 49, 51) hat die Beschlagsfreiheit bejaht bei Vermögensrechten, bei denen schon zu Beginn des Verfahrens nach allgemeiner Lebensauffassung zweifelsfrei feststeht, dass eine Verwertungsmöglichkeit nicht besteht. Diese Auffassung lässt sich heute nicht mehr halten. Die Frage der Verwertbarkeit oder Unverwertbarkeit stellt sich immer erst im Laufe des Verfahrens. Für die Frage der Massezugehörigkeit oder Beschlagsfreiheit ist jedoch auf den Zeitpunkt der Verfahrenseröffnung abzustellen (*Kalter* KTS 1975, 1, 4 f; *Pech* Einbeziehung des Neuerwerbs, S 33). Die Frage der **Verwertbarkeit** der Vermögensgegenstände hat nichts mit derjenigen nach der Massezugehörigkeit zu tun. Im eröffneten Verfahren hat der Verwalter bei Unverwertbarkeit von Gegenständen immer noch die Möglichkeit der Freigabe (vgl etwa die Konstellationen bei **BGH** 21. 4. 2005 Z 163, 32, 34 = NJW 2005, 2015 = ZIP 2005, 1034 = NZI 2005, 387 = ZInsO 2005, 594 = DB 2005, 1682 = BB 2005, 1468 = WM 2005, 1084 = EWiR § 35 InsO 1/05, 603 *[Flitsch]*; **BVerwG** 23. 9. 2004 E 122, 75 = ZIP 2004, 2145 = NZI 2005, 51 = ZInsO 2004, 1206 = WM 2005, 233 = EWiR § 80 InsO 2/05, 439 *[Kreft]*; ferner Jaeger/*Henckel* § 35 Rn 6 aE; MK/*Lwowski*/*Peters* § 35 Rn 85).

71 **2. Gewillkürte Ausnahme durch Freigabe. a) Echte Freigabe.** Die Freigabe führt dazu, dass der dem Insolvenzbeschlag unterliegende Gegenstand in das insolvenzfreie Schuldnervermögen zurückgegeben wird. Unter Geltung der InsO ist die Möglichkeit der Freigabe von Gegenständen aus der Insolvenzmasse durch den Insolvenzverwalter ebenso anerkannt, wie sie es früher unter Geltung der KO war (zum alten Recht **RG** 1. 3. 1912 Z 79, 27, 29; **RG** 1. 11. 1922 Z 105, 113, 115; **RG** 21. 9. 1928 Z 122, 51, 56; **BGH** 29. 5. 1961 Z 35, 180 = NJW 1961, 1528 = KTS 1961, 141; **BFH** 12. 5. 1993, ZIP 1993, 1247 = EWiR § 58 KO 1/93, 795 *[Braun]*; **BVerwG** 20. 1. 1984 NJW 1984, 2427 m Anm *Schulz* NJW 1984, 2428 = ZIP 1984, 722; OLG Nürnberg 11. 7. 1957 MDR 1957, 683; Jaeger/*Henckel* § 6 KO Rn 17 ff; *Benckendorff* KS-InsO S 1099 Rn 1–16; Kilger/*Karsten Schmidt* § 6 KO Anm 4 d; zum neuen Recht – statt aller – MK/*Lwowski*/*Peters* § 35 Rn 84 ff). Zwar wurde und wird die Freigabe nicht ausdrücklich geregelt; § 114 KO und § 32 Abs 3 Satz 2 InsO setzen die Existenz dieses gewohnheitsrechtlich anerkannten Instituts jedoch voraus (so ausdrücklich **BGH** 21. 4. 2005 Z 163, 32, 34 = NJW 2005, 2015 = ZIP 2005, 1034 = NZI 2005, 387 = ZInsO 2005, 594 = DB 2005, 1682 = BB 2005, 1468 = WM 2005, 1084 = EWiR § 35 InsO 1/05, 603 *[Flitsch]*; **BVerwG** 23. 9. 2004 E 122, 75 = ZIP 2004, 2145 = NZI 2005, 51 = ZInsO 2004, 1206 = WM 2005, 233 = EWiR § 80 InsO 2/05, 439 *[Kreft]*). Spätestens mit den neuen Abs 2 u 3 (eigefügt mWv 1. 7. 2007 durch Gesetz zur Vereinfachung des Insolvenzverfahrens v 13. 4. 2007, BGBl I S 509) bestehen keine Zweifel mehr an der Zulässigkeit der Freigabe (ausf dazu Rn 90 ff).

72 Streitig war nach altem Recht nur die Frage, ob im **Konkurs einer juristischen Person oder konkursfähigen Personenvereinigung** die Freigabe unzulässig ist (so *Karsten Schmidt* Wege S 73; *ders* KTS 1988, 12 ff; Kilger/*Karsten Schmidt* § 6 KO Anm 4 d cc; zustimmend OVG Mecklenburg-Vorpommern 16. 1. 1997 NJW 1998, 175 = ZIP 1997, 1460, 1464 = EWiR § 13 GesO 1/97, 989 *[Pape]*). Entsprechendes gilt für die Möglichkeit insolvenzfreien Hinzuerwerbs. Die hM bejaht auch für juristische Personen und sonstige insolvenzfähige Personenvereinigungen iSv § 11 die Zulässigkeit einer echten Freigabe, die ursprünglich immer erfolgte, wenn der dem Insolvenzbeschlag unterliegende Gegenstand bei der Verwertung für die Masse nichts brachte, wie zB ein hochbelastetes Massegrundstück. Auch für das neue Recht ist umstritten, ob bei juristischen Personen und überhaupt bei Gesellschaften des Handelsrechts eine echte Freigabe zulässig ist oder ob sie nicht vielmehr wegen einer Pflicht des Insolvenzverwalters zur Vollabwicklung des Gesellschaftsvermögens abzulehnen ist (ausf zum Streitstand MK/*Lwowski*/*Peters* § 35 Rn 104 ff). Richtig ist, dass die Freigabe auch gegenüber einer Gesellschaft möglich ist. Obwohl die Eröffnung des Insolvenzverfahrens über das Vermögen der Gesellschaft nach der

III. Insolvenzfreies Vermögen (Abs 2 u 3)   § 35

Regel zu deren Vollabwicklung führt (vgl oben § 11 Rn 148), kann sie trotzdem insolvenzfreies Vermögen haben. Es ist mit dem Zweck der Gläubigerbefriedigung nicht zu vereinbaren, wenn der Insolvenzverwalter gezwungen wäre, Gegenstände, die nur noch geeignet sind, die verteilungsfähige Masse zu schmälern, allein deshalb in der Masse zu behalten, um eine Vollbeendigung der Gesellschaft zu bewirken; dies entspricht auch der neueren Rechtsprechung des **BGH** (**BGH** 21. 4. 2005 Z 163, 32, 34 = NJW 2005, 2015 = ZIP 2005, 1034 = NZI 2005, 387 = ZInsO 2005, 594 = DB 2005, 1682 = BB 2005, 1468 = WM 2005, 1084 = EWiR § 35 InsO 1/05, 603 *[Flitsch]*; **BGH** 26. 1. 2006 ZInsO 2006, 260, 261; **BGH** 2. 2. 2006 ZIP 2006, 583, 584 = NJW-RR 2006, 989 = NZI 2006, 293 = ZInsO 2006, 326 = WM 2006, 1496 = EWiR § 55 InsO 2/06, 311 *[Henkel]*; ebenso etwa **FG Köln** 20. 3. 2007 ZIP 2007, 1421 [aufgehoben durch **BFH** 16. 10. 2007 ZIP 2008, 283 = ZInsO 2008, 211]; unberücksichtigt geblieben in dem abw Beschluss des **FG München** 2. 11. 2005 EFG 2006, 597).

Die **Freigabeerklärung** erfolgt durch **einseitige empfangsbedürftige Willenserklärung** gegenüber dem 73
Schuldner bzw den Organen des Schuldnerunternehmens (**BGH** 5. 10. 1994 Z 127, 156, 163 = NJW 1994, 3232 = ZIP 1994, 1700 = EWiR § 43 KO 1/94, 1117 *[Eckert]*; MK/*Lwowski/Peters* § 35 Rn 100). Sie bedarf **keiner besonderen Form**, ist mithin auch konkludent möglich. Der Schuldner bzw das Schuldnerunternehmen muss der Freigabeerklärung nicht etwa zustimmen. Die materiell-rechtliche Situation ändert sich durch die Freigabe ohnehin nicht, weil der Schuldner Eigentümer bzw Rechtsinhaber bleibt. Durch die Freigabe erlangt er lediglich die Verwaltungs- und Verfügungsbefugnis über den Gegenstand zurück. Mit dem Zugang der Erklärung beim Schuldner wird die Freigabe wirksam (§ 130 Abs 1 BGB). Bis zur Freigabe entstandene Ansprüche stehen der Masse zu (**RG** 19. 10. 1918 Z 94, 55, 56; **RG** 17. 10. 1932 Z 138, 69, 72; **BGH** 28. 9. 1989 NJW 1990, 1239 = ZIP 1989, 1411 = KTS 1990, 73 = DB 1990, 170 = WM 1989, 1868 = EWiR § 240 ZPO 1/90, 513 *[Münch]*; *Benckendorff* KS-InsO S 1100 Rn 4). Die Freigabeerklärung muss unbedingt erfolgen, damit sie nicht zu einem rechtsunsicheren Schwebezustand bzgl des Massegegenstandes führt. Ebenso ist ein **Widerruf der Freigabeerklärung** nicht möglich, allenfalls eine Anfechtung wegen Irrtums nach § 119 BGB sowie widerrechtlicher Täuschung oder Drohung nach § 123 BGB (MK/*Lwowski/Peters* § 35 Rn 100). Auch jenseits des unmittelbaren Anwendungsbereichs von Abs 2 wird man aber dem Gericht die Möglichkeit zuerkennen müssen, die Unwirksamkeit der Erklärung nach Abs 2 S 3 anzuordnen (dazu im Übrigen unten Rn 106).

Der Insolvenzverwalter wird sich zu einer **echten Freigabe** immer entschließen, wenn die Kosten der 74
Verwaltung und Verwertung den voraussichtlichen Verwertungserlös übersteigen werden (vgl etwa die Konstellationen bei **BGH** 21. 4. 2005 Z 163, 32, 34 = NJW 2005, 2015 = ZIP 2005, 1034 = NZI 2005, 387 = ZInsO 2005, 594 = DB 2005, 1682 = BB 2005, 1468 = WM 2005, 1084 = EWiR § 35 InsO 1/05, 603 *[Flitsch]*; **BVerwG** 23. 9. 2004 E 122, 75 = ZIP 2004, 2145 = NZI 2005, 51 = ZInsO 2004, 1206 = WM 2005, 233 = EWiR § 80 InsO 2/05, 439 *[Kreft]*; ferner *Lüke* KS-InsO S 886 Rn 75; Jaeger/*Henckel* § 6 KO Rn 17; *Pape* ZIP 1993, 1546). In der Mieterinsolvenz werden auch **Miet- und Pachträume** als „freigabefähig" angesehen (**LG Hannover** 9. 5. 1955, KTS 1955, 123; **LG Göttingen** 4. 4. 1990 ZIP 1990, 878). Die echte Freigabe ist keineswegs identisch mit einer **Dereliktion** (KPB-*Lüke* § 80 Rn 57). Zu einer Dereliktion wäre der Insolvenzverwalter schon wegen der Verfahrenszweckwidrigkeit der Maßnahme nicht berechtigt (vgl auch Jaeger/*Henckel* § 6 KO Rn 19; KPB-*Lüke* § 80 Rn 57).

aa) Freigabe und Umwelthaftung. In den letzten Jahren wurde die Möglichkeit der Freigabe und 75
Rückführung eines Gegenstandes in das insolvenzfreie Vermögen des Schuldners in zunehmendem Maße benutzt, um den Insolvenzverwalter bzw die Insolvenzmasse von der ordnungsrechtlichen, insbesondere umweltrechtlichen Haftung zu befreien (vgl *Eichhorn* Altlasten im Konkurs 1996; *Kilger* FS Merz 1992 S 253; *Lüke* KS-InsO S 859 ff, 886 ff Rn 75 ff; *Karsten Schmidt* GS Martens 1987, 273 ff; *ders* BB 1992, 1092 ff; *ders* BB 1991, 273 ff; *ders* ZIP 1997, 1441 ff; *Stoll* ZIP 1992, 1437; *ders* Insolvenz und hoheitliche Aufgabenerfüllung 1992; *Stürner* FS Merz 1992, S 563; *Pape* ZIP 1991, 1544; *ders* KTS 1993, 551; *Weitemeier* Ordnungsrechtliche Maßnahmen im Konkursverfahren 1995; *Wiester* Altlastensanierung im Konkurs, 1996; *v Wilmowsky* ZIP 1997, 389; *ders* ZIP 1997, 1445; *Westpfahl* Umweltschutz und Insolvenz 1998, S 143 ff). Insoweit ist aber die **Zulässigkeit und Wirkung der Freigabe von belasteten Grundstücken und Sachen** umstritten (vgl **BVerwG** 20. 1. 1984 NJW 1984, 2427 = ZIP 1984, 722 = BB 1984, 1071; **OVG Greifswald** 16. 1. 1997 ZIP 1997, 1460, 1464; **OVG Lüneburg** 20. 3. 1996 NJW 1998, 398, 399 = ZInsO 1998, 188; MK/*Lwowski/Peters* § 35 Rn 90 ff; KPB-*Lüke* § 80 Rn 68, 69; *Lüke* KS-InsO S 889 Rn 80, 81; *Häsemeyer* FS Uhlenbruck 2000, S 97, 112 ff). Die Freigabe soll – unabhängig von der Frage nach der Zulässigkeit der Freigabe in der Insolvenz einer Gesellschaft (dazu oben Rn 72 und unten Rn 305) – aus ordnungsrechtlichen Gründen unzulässig sein, weil sie die Kostentragungslast faktisch auf die Allgemeinheit abwälzt, was sittenwidrig sei (gleichsinnig wurde die Veräußerung von kontaminierten Grundstücken an eine vermögenslose juristische Person bereits als sittenwidrig erachtet, s etwa **BVerwG** 14. 11. 1996 NJW 1997, 2192 (Ls) = NVwZ 1997, 577; **VGH Mannheim** 20. 1. 1998 GewArch 1998, 301 NuR 1999, 331; vgl auch **BVerfG** 24. 8. 2000 NVwZ 2001, 65 [Nichtannahmebeschluss]). Dem Sittenwidrigkeitsurteil kann indes nicht ohne weiteres gefolgt werden (so jetzt auch **BVerwG** 23. 9. 2004 E 122, 75 = ZIP 2004, 2145 = NZI 2005, 51 = ZInsO 2004, 1206 = WM 2005, 233 = EWiR § 80 InsO 2/05, 439 *[Kreft]*), da die Rückübertragung der

Verfügungsbefugnis und auch der Sachherrschaft durch Freigabe lediglich den ursprünglichen Zustand wieder herstellt (vgl auch *Weitemeyer* Ordnungsrechtliche Maßnahmen im Konkursverfahren, S 179; str aA *Lüke* KS-InsO S 889 Rn 81). Es tritt letztlich keine andere Situation ein, als wenn das Verfahren wegen Masselosigkeit (§ 207) oder wegen Masseunzulänglichkeit (§ 211) eingestellt werden muss. Die Überlassung an einen leistungsunfähigen Schuldner ist auch als solche nicht als Störungshandlung anzusehen (*Lüke* KS-InsO Rn 82; str aA *Stürner* FS Merz 1992, S 563, 576; *ders* EWiR § 3 KO 1/91, 487, 488; *Karsten Schmidt* NJW 1993, 2833, 2836).

76 Ob die im Grundsatz zulässige Freigabe allerdings auch zur **Befreiung von der konkreten Ordnungspflicht** führt oder ob sie ordnungsrechtlich ins Leere geht, ist eine andere Frage. Insoweit darf nicht übersehen werden, dass allein das Ordnungsrecht regelt, unter welchen Voraussetzungen eine Störung der öffentlichen Sicherheit vorliegt, wie dieser Störung zu begegnen ist und wer dafür in Anspruch genommen werden kann. Deshalb beantwortet das BVerwG die Frage, ob allein die dem Übergang der Verwaltungs- und Verfügungsbefugnis folgende Inbesitznahme der Masse durch den Insolvenzverwalter nach § 148 Abs 1 InsO eine Ordnungspflicht für von der Masse ausgehende Störungen begründet, zutreffend allein durch Subsumtion unter die Tatbestandsmerkmale des im Einzelfall jeweils einschlägigen Ordnungsrechts (**BVerwG** 23. 9. 2004 E 122, 75 = ZIP 2004, 2145 = NZI 2005, 51 = ZInsO 2004, 1206 = WM 2005, 233 = EWiR § 80 InsO 2/05, 439 *[Kreft]*; unter Auseinandersetzung mit teils abw **BGH** 5. 7. 2001 Z 148, 252 = NJW 2001, 2966 = ZIP 2001, 1469 = NZI 2001, 531 = ZInsO 2001, 751 = KTS 2001, 494 = DB 2001, 2343 = WM 2001, 1574 = EWiR § 43 KO 1/02, 395 *[Flitsch/ Herbst]*; **BGH** 18. 4. 2002 Z 150, 305 = NJW-RR 2002, 1198 = ZIP 2002, 1043 = NZI 2002, 425 = ZInsO 2002, 524 = KTS 2002, 568 = WM 2002, 1195 = EWiR § 9 GesO 1/02, 573 *[Tetzlaff]*; zu diesen Entscheidungen *Lwowski/Tetzlaff* WM 2005, 921; *Weers/Hönig* ZInsO 2005, 244; *Vierhaus* ZInsO 2005, 1026; *Riese/Karsten* NuR 2005, 234). Bei der Auslegung der Tatbestände des jeweils einschlägigen Ordnungsrechts sind freilich die insolvenzrechtlichen Besonderheiten zu berücksichtigen (so bezeichnet zB der **BGH** die Inbesitznahme durch den Insolvenzverwalter als zunächst bloßes „vorbereitendes Verhalten", das nicht ohne weiteres zu einer umfassenden Zustandshaftung für den Gegenstand führen könne, s **BGH** 18. 4. 2002 Z 150, 305 = NJW-RR 2002, 1198 = ZIP 2002, 1043 = NZI 2002, 425 = ZInsO 2002, 524 = KTS 2002, 568 = WM 2002, 1195 = EWiR § 9 GesO 1/02, 573 *[Tetzlaff]*).

77 Im Übrigen ist die **insolvenzrechtliche Einordnung der Ordnungspflichten** eine Frage, die wiederum vornehmlich das Insolvenzrecht zu beantworten hat (zB die Frage, ob bestimmte Ordnungspflichten als Masseverbindlichkeit einzustufen sind; zur Differenzierung durch das BVerwG s jüngst **BVerwG** 23. 9. 2004 E 122, 75 = ZIP 2004, 2145 = NZI 2005, 51 = ZInsO 2004, 1206 = WM 2005, 233 = EWiR § 80 InsO 2/05, 439 *[Kreft]*). Soweit die Ordnungspflicht an ein **Verhalten des Schuldners (Verhaltensstörer)** *vor* Verfahrenseröffnung anknüpft, wie etwa die Verursachung einer schädlichen Bodenveränderung oder Altlast (vgl § 4 Abs 3 S 1 BBodSchG) oder die Erzeugung von Abfall (§ 11 Abs 1 iVm § 3 Abs 5 KrW/AbfG), kann die Besitzergreifung durch den Insolvenzverwalter bei Verfahreneröffnung nach zutreffender Feststellung des BVerwG von vornherein nicht zur persönlichen Inanspruchnahme des Insolvenzverwalters führen; denn seine Sachherrschaft hat keinen Bezug zu den Voraussetzungen, die das Ordnungsrecht in diesen Fällen an die Störereigenschaft stellt (**BVerwG** 23. 9. 2004 E 122, 75 = ZIP 2004, 2145 = NZI 2005, 51 = ZInsO 2004, 1206 = WM 2005, 233 = EWiR § 80 InsO 2/05, 439 *[Kreft]*). Entsprechend sind die Ordnungspflichten im Insolvenzverfahren als Insolvenzforderung iSd § 38 einzuordnen, nicht als Masseverbindlichkeit § 55 Abs 1 Nr 1.

78 Mit Blick auf die **Zustandsverantwortlichkeit für kontaminierte Grundstücke** im Schuldnervermögen hat das BVerwG entschieden, dass zwar der Insolvenzverwalter nach § 4 Abs 3 S 1 BBodSchG als Inhaber der tatsächlichen Gewalt für die Sanierung von massezugehörigen Grundstücken herangezogen werden kann, die bereits *vor* der Eröffnung des Insolvenzverfahrens kontaminiert waren; eine solche Verpflichtung soll dann sogar Masseverbindlichkeit gem § 55 Abs 1 Nr 1 InsO sein. Hat der Insolvenzverwalter die kontaminierten Grundstücke aber aus der Masse freigegeben, endet seine Zustandsverantwortlichkeit und er darf nicht (mehr) gem § 4 Abs 3 S 1 BBodSchG für deren Sanierung in Anspruch genommen werden; ebenso wenig ist § 4 Abs 3 Satz 4 Hs 2 BBodSchG analog anwendbar (**BVerwG** 23. 9. 2004 E 122, 75 = ZIP 2004, 2145 = NZI 2005, 51 = ZInsO 2004, 1206 = WM 2005, 233 = EWiR § 80 InsO 2/05, 439 *[Kreft]*). Eine vor erfolgter Freigabe begründete Insolvenzforderung bzw Masseverbindlichkeit bleibt auch nach der Freigabe unverändert bestehen (s aber auch **BGH** 5. 7. 2001 Z 148, 252 = NJW 2001, 2966 = NZI 2001, 531 = ZIP 2001, 1469 = ZInsO 2001, 751 = EWiR § 43 KO 1/02, 395 *[Flitsch]*).

79 Anders ist die **Abfallbeseitigungspflicht nach § 5 Abs 1 Nr 3 BImSchG** zu behandeln, die nicht an die aktuelle Stellung des Verwalters als Inhaber der tatsächlichen Gewalt anknüpft, sondern an die Eigenschaft als früherer Betreiber der genehmigungsbedürftigen Anlage (dazu BVerwG 22. 10. 1998 E 107, 299 = NJW 1999, 1416 = ZIP 1998, 2167 = NZI 1999, 37 = ZInsO 1999, 50 = BB 1999, 391). Diese Eigenschaft bleibt von der Freigabe jedoch unberührt. Der Insolvenzverwalter einer stillgelegten, aber der Wiederaufnahme fähigen Industrieanlage ist nicht Betreiber iSd BImSchG und scheidet damit als Handlungsstörer aus (**VG Hannover** 16. 5. 2001 NJW 2002, 843 = ZIP 2001, 1727 = NZI 2002, 171 = EWiR § 6 KO 1/01, 1105 *[Petersen]*).

80 Mit Blick auf die **Zustandsverantwortlichkeit für Abfälle** ist der Insolvenzverwalter mit Inbesitznahme der Insolvenzmasse fortan auch Abfall-Besitzer iSd § 3 Abs 6 KrW/AbfG und mithin Adressat der

III. Insolvenzfreies Vermögen (Abs 2 u 3) **§ 35**

ordnungsrechtlichen Pflicht zur gemeinwohlverträglichen Abfallbeseitigung gem § 11 Abs 6 KrW/AbfG. Auch hier kann er sich aber von den abfallrechtlichen Ordnungspflichten durch Freigabe befreien (*Vierhaus* ZInsO 2005, 1026, 1028; vgl auch **OVG Sachsen-Anhalt** ZIP 1994, 1130, 1134 = EWiR § 1 GesO 2/94, 675 *[Pape]* [zur GesO]; abw BayVGH 4. 5. 2005 ZInsO 2006, 496, der fordert, dass der Gemeinschuldner die Freigabeerklärung auch annimmt und den freigegebenen Gegenstand auch tatsächlich wieder in Besitz nimmt; derartige zusätzliche Vorauss sind indes abzulehnen). Eine **wasserrechtliche Anordnung** gegenüber einem Insolvenzverwalter, der ein Grundstück freigegeben hat, ist offensichtlich rechtswidrig (**VG Darmstadt** 29. 9. 2000 ZIP 2000, 2077). Allgem zur **Altlastenproblematik in der Insolvenz** s auch MK/*Lwowski/Peters* § 35 Rn 95 ff; ferner *Häsemeyer* FS Uhlenbruck 2000, S 97 ff ; *Kebekus* NZI 2001, 63; *Lwowski/Tetzlaff* Umweltrisiken und Altlasten in der Insolvenz 2002, S 358 ff; *dies* NZI 2001, 57; *Karsten Schmidt* ZIP 2000, 1913; *Schulte-Kaubrügger* Die Erfüllung der Polizeipflicht nach Eröffnung des Konkursverfahrens 1995; *Schwartmann* NZI 2001, 69; *Weitemeyer* Ordnungsrechtliche Maßnahmen im Konkursverfahren 1995; *Wiester* Altlastensanierung im Konkurs 1996; ferner die Kommentierung zu § 80 Rn 170 ff.

Der Insolvenzverwalter ist grundsätzlich Schuldner der **Kraftfahrzeugsteuer** ab dem Tag der Insolvenzeröffnung bis zum Tag einer Abmeldung oder Ummeldung. Hierfür reicht aus, dass das Fahrzeug auf Grund der Zulassung für den Schuldner als vom Schuldner gehalten gilt, egal ob das Fahrzeug bei Insolvenzeröffnung nicht mehr Eigentum des Schuldners ist und er weder im Besitz des Fahrzeugs ist noch ein Recht zum Besitz hat (**FG Düsseldorf** 24. 8. 2006 EFG 2006, 1787 [Revision zurückgewiesen, s **BFH** 18. 9. 2007 ZIP 2008, 283]). Die nach Insolvenzeröffnung entstandene Kraftfahrzeugsteuer ist sogar unbeschadet einer vom Insolvenzverwalter ausgesprochenen Freigabe des Fahrzeugs Masseverbindlichkeit iSv § 55 Abs 1 Nr 1 InsO, solange die Steuerpflicht wegen der verkehrsrechtlichen Zulassung des Fahrzeugs auf den Schuldner noch andauert (s „Leitentscheidung" **BFH** 29. 8. 2007 E 218, 435 = ZIP 2007, 2081 = NZI 2008, 59; ferner **BFH** 29. 8. 2007 X R 58/06, IX R 60/06, IX R 61/06; zuletzt bestätigt **BFH** 18. 9. 2007 ZIP 2008, 283; **BFH** 16. 10. 2007 BFH/NV 2008, 250; anders noch die Instanzgerichte, s etwa **FG Köln** 20. 3. 2007 ZIP 2007, 1421; **FG Hamburg** 30. 3. 2007 SrE 2007, 406). 81

bb) Wirkungen der Freigabe. Durch die Freigabeerklärung wird der dem Insolvenzbeschlag unterliegende Vermögensgegenstand aus der Insolvenzmasse entlassen und fällt in das **insolvenzfreie Schuldnervermögen** zurück (MK/*Lwowski/Peters* § 35 Rn 103; KPB-*Holzer* § 35 Rn 30; *Lüke* KS-InsO S 890 Rn 82). Es findet kein Vermögenserwerb des Schuldners statt, also auch kein Neuerwerb (dazu Rn 110 ff), weil der Schuldner während des gesamten Verfahrens Inhaber der Massegegenstände ist; er erlangt lediglich seine Verfügungsbefugnis zurück. Die Freigabe wirkt für die Zukunft und erfasst auch etwaige Surrogate, zB einen etwaigen Erlös aus der Verwertung des freigegebenen Gegenstandes durch den Schuldner, der demnach nicht zur Masse fließt, sondern insolvenzfreies Vermögen des Schuldners wird (MK/*Lwowski/Peters* Rn 103; zur Frage der Freigabe eines Anspruchs auf Eigenheimzulage bei Freigabe eines Grundstücks s Rn 179). Prozessual hat die Freigabe nicht zur Folge, dass der Schuldner Rechtsnachfolger des Insolvenzverwalters wird (KPB-*Holzer* § 35 Rn 30). Soweit Ordnungsverfügungen gegen den Insolvenzverwalter ergangen sind, behalten diese ihre Wirkung. Gibt ein Insolvenzwalter oder Treuhänder einen dem Schuldner gehörenden Gegenstand aus der Insolvenzmasse frei, unterliegt dieser als sonstiges Vermögen des Schuldners dem **Vollstreckungsverbot des § 89 Abs 1 InsO** (**BGH** 12. 2. 2009 IX ZB 112/06 NJW-RR 2009, 923 = NZI 2009, 382 = ZIP 2009, 818 = ZInsO 2009, 830). 82

cc) Freigabe eines streitbefangenen Gegenstandes. Auch ein prozessbefangener Gegenstand, der zur Insolvenzmasse iSv § 35 gehört, kann, wenn der Rechtsstreit zur Zeit der Verfahrenseröffnung für den Schuldner anhängig ist, vom Insolvenzverwalter freigegeben werden. Die Freigabe hat die gleiche Wirkung wie eine Ablehnung der Aufnahme des Verfahrens nach § 85. Lehnt der Verwalter die Aufnahme des Rechtsstreits ab, so können gem § 85 Abs 2 sowohl der Schuldner als auch der Gegner den Rechtsstreit aufnehmen (vgl *Benckendorff* KS-InsO S 1099, 1101 Rn 10; vgl auch **BGH** 8. 1. 1962 Z 36, 258, 261 ff = NJW 1962, 589). Anzumerken ist aber, dass in der Praxis oftmals in diesen Fällen eine sog modifizierte Freigabe vorliegt, weil der Insolvenzverwalter mit dem Schuldner vereinbart, dass der Ertrag der Masse zufließen soll, falls der Prozess gewonnen wird (dazu unten Rn 86 f). 83

dd) Steuerliche Folgen der Freigabe. Die echte Freigabe ist ein rein unternehmensinterner Vorgang, der grundsätzlich keine Umsatzsteuerpflicht auslöst (KPB-*Lüke* § 80 Rn 63). Der BFH verkennt den Begriff der Freigabe, wenn er unabhängig von der Art der Freigabe bei Verwertung durch den Insolvenzschuldner jedenfalls eine **umsatzsteuerpflichtige, Massekosten auslösende Verwertung** für Rechnung der Masse annimmt, wenn der Kauferlös in vollem Umfang an den Grundpfandrechtsgläubiger fließt (**BFH** 16. 8. 2001 E 196, 341 = BStBl II 2003, 208 = NZI 2002, 572 = ZInsO 2002, 222 = EWiR § 58 KO 1/02, 301 *[Büteröwe]*). Problematisch ist auch die steuerliche Situation bei der **Freigabe von Sicherungsgut** durch den Insolvenzverwalter. Die Freigabe bewirkt, dass das Sicherungsgut zum insolvenzfreien Vermögen des Schuldners gehört (**BGH** 29. 5. 1961 Z 35, 180 = NJW 1961, 1528; **BFH** 12. 5. 1993 BFH/NV 1994, 274 = ZIP 1993, 1247, 1248 = EWiR § 58 KO 1/93, 795 *[Braun]*; **BFH** 84

24. 9. 1987 E 151, 99 = BStBl II 1987, 873 = ZIP 1988, 42). Völlig zu Unrecht hat der **BFH** in dieser Freigabe eine **modifizierte Freigabe** gesehen (vgl zur Kritik K/U § 6 KO Rn 35 a; *Frotscher* Besteuerung, S 215 ff; *Maus* Steuerrechtliche Probleme im Insolvenzverfahren, S 96 ff; *Onusseit* KTS 1994, 3, 13 ff). In Verkennung des Begriffs der „modifizierten Freigabe" hat der **BFH** (12. 5. 1993 ZIP 1993, 1247) angenommen, die Freigabe durch den Insolvenzverwalter an den Schuldner habe zur Folge, dass die sicherungsübereigneten Gegenstände nicht in das insolvenzfreie Vermögen fallen, sondern in der Insolvenzmasse (Konkursmasse) verbleiben. Dies ist unrichtig. Zudem lassen sich aus der Annahme einer solchen modifizierten Freigabe keine zwingenden Folgen für die Umsatzsteuerpflicht herleiten (vgl auch **FG Köln** 30. 10. 1989 UR 1990, 381 = EWiR § 58 KO 1/90, 271 *[Onusseit];* KPB-*Lüke* § 80 Rn 63). Anders wäre der Fall nur zu beurteilen, wenn der Gegenstand vom Insolvenzverwalter an den Sicherungsnehmer unmittelbar zur Verwertung herausgegeben würde. Eine Freigabe aus der Insolvenzmasse bedeutet lediglich das Ende der Verfügungs- und Verwaltungsbefugnis. Dies ist aber kein umsatzsteuerbarer Vorgang (Einzelheiten bei *Maus* Steuerrechtliche Probleme im Insolvenzverfahren S 96 ff; *Benckendorff* KS-InsO S 1101 f Rn 12 ff). Nur wenn der Insolvenzverwalter den Sicherungsgegenstand dem gesicherten Gläubiger zur Verwertung überlässt, greift die „Lehre vom Doppelumsatz" ein, denn es finden nach – unzutreffender – Auffassung des **BFH** zwei steuerbare Umsätze statt (zur Umsatz- und Einkommensteuerpflicht nach erfolgter Freigabe im Übrigen unten § 80 Rn 36 f).

85   **b) Unechte Freigabe.** Gibt der Insolvenzverwalter demgegenüber einen *massefremden* Gegenstand zB an einen Aussonderungsberechtigten frei, so erkennt er damit eine bereits bestehende Rechtslage an. Die Freigabe als solche hat in diesem Fall lediglich deklaratorische Wirkung, so dass man von einer sog unechten Freigabe spricht (s etwa MK/*Lwowski/Peters* § 35 Rn 86). Die unechte Freigabe kann allenfalls problematisch sein, wenn der Insolvenzverwalter, wie zB nach § 107 Abs 2, zum zeitweisen Besitz des Sicherungsgegenstandes berechtigt ist. In diesen Fällen kommt eine unechte Freigabe vor allem in Betracht, wenn in der Zeit bis zum Berichtstermin eine erhebliche Wertminderung der Sache zu erwarten ist und der Gläubiger den Verwalter auf diesen Umstand hingewiesen hat (§ 107 Abs 2 S 2).

86   **c) Modifizierte Freigabe.** Die Freigabeerklärung des Insolvenzverwalters muss einen unbedingten Verzicht auf die Massezugehörigkeit enthalten (dazu oben Rn 73). Ansonsten träte ein Schwebezustand ein, während dessen Dauer ungewiss ist, wer über den freigegebenen Gegenstand tatsächlich verfügen kann (zuvor schon K/U § 1 KO Rn 5 f). Trotzdem haben sich in der Praxis **Sonderformen der Freigabe** entwickelt, die von der Rechtsprechung anerkannt werden. Hierzu gehört einmal die **erkaufte Freigabe**, dh die Freigabe gegen ein vom Schuldner in die Masse zu zahlendes Entgelt. Eine materielle Rechtsänderung findet nicht statt. Der Schuldner – idR eine natürliche Person – zahlt einen bestimmten Betrag, um die Insolvenzfreiheit des Gegenstandes zu erkaufen (vgl KPB-*Lüke* § 80 Rn 64).

87   Eine Sonderform der Freigabe ist auch die **fiduziarische Freigabe**. Hier gibt der Insolvenzverwalter ein Recht, das ohne Klage nicht durchgesetzt werden kann, mit der Abrede frei, dass der Schuldner das Recht einklagt und für den Fall des Prozessgewinns das Erlangte ganz oder teilweise an die Insolvenzmasse abführt (*Häsemeyer* InsR Rn 13.16; KPB-*Lüke* § 80 Rn 65; *Benckendorff* KS-InsO S 1104 Rn 20; *Kilger/Karsten Schmidt* § 6 KO Anm 4 d bb; *Weber* JZ 1963, 223, 224). Der Vorteil der Masse liegt darin, dass das Prozess- und Kostenrisiko auf den – meist vermögenslosen – Schuldner abgewälzt wird, der den Prozess uU im Wege der Prozesskostenhilfe durchführen kann. Eine solche fiduziarische Freigabe ist ebenso wie eine Inkassozession nach § 138 BGB nichtig, wenn sie sittenwidrigen Zwecken dient, also etwa dazu, dem Dritten in dem beabsichtigten Prozess eine vermögenslose Person gegenüberzutreten zu lassen und ihm so das Kostenrisiko auch für den Fall des Obsiegens anzulasten (vgl **BGH** 24. 10. 1985 Z 96, 151 = NJW 1986, 850 = ZIP 1986, 25 = EWiR § 51 ZPO 1/86, 203 *[Crezelius];* KPB-*Lüke* § 80 Rn 66). Ebenso wie der Schuldner nicht vom Insolvenzverwalter ermächtigt werden kann, in gewillkürter Prozessstandschaft über massezugehörige Rechte zu prozessieren, ist auch die Freigabe zwecks Entlastung der Masse vom Prozessrisiko als unzulässig anzusehen (*Häsemeyer* InsR Rn 10.44 u 13.16; KPB-*Lüke* § 80 Rn 66). Die frühere Rechtsprechung (**BGH** 29. 5. 1961 Z 35, 180, 182 = NJW 1961, 1528; anders **RG** 18. 2. 1930 KuT 1932, 99) und ein Teil der Literatur (*Bötticher* JZ 1963, 582 ff; *Grunsky* Grundlagen des Verfahrensrechts, § 28 I 4; K/U § 6 KO Rn 13) hielten die **gewillkürte Prozessstandschaft** für zulässig, da sie ein Minus gegenüber der zulässigen Freigabe darstelle. Dem ist jedoch entgegenzuhalten, dass eine Prozessführung des Schuldners über eigene Rechte derjenigen über fremde Rechte nicht vergleichbar ist (*Häsemeyer* InsR Rn 10.44). Die haftungsrechtliche Trennung der Masse vom insolvenzfreien Vermögen solle sicherstellen, dass die Masse „aus eigenen Mitteln erfasst und verwertet werden" könne. Dem widerspreche jegliche Abschiebung des Prozesskosten- und Prozesshaftungsrisikos auf das insolvenzfreie Vermögen. Eine echte gewillkürte Prozessstandschaft kann daher wohl nur angenommen werden, wenn man mit Blick auf die Rechtstellung des Insolvenzverwalters der Organtheorie folgt (vgl *Bötticher* JZ 1963, 582 ff; *Diederichsen* KTS 1963, 94 ff; KPB-*Lüke* § 80 Rn 66). Im Übrigen gilt, dass der Verwalter seine gesetzliche Prozessführungsbefugnis nicht durch eine dem Konkurszweck widersprechende Vereinbarung mit den Beteiligten einschränken kann (**BGH** 4. 6. 1996 ZIP 1996, 1307 = WM 1996, 1411 = KTS 1996, 436 = EWiR § 8 GesO 2/96, 797 *[Weitzmann]).* Es genügt nicht, dass der Schuldner ein schutzwürdiges Eigeninteresse hat; vielmehr ist erforderlich, dass er auch befugt ist, dieses Interesse selbst wahrzunehmen (überzeugend Jaeger/

III. Insolvenzfreies Vermögen (Abs 2 u 3) § 35

Windel § 80 Rn 216 ff, gegen **BGH** 29. 5. 1961 Z 35, 180, 182 = NJW 1961, 1528; **BGH** 28. 11. 1962 Z 38, 281; **BGH** 24. 10. 1985 Z 96, 151 = NJW 1986, 850 = ZIP 1986, 25 = EWiR § 51 ZPO 1/86, 203 *[Crezelius]*; **BGH** 19. 3. 1987 Z 100, 217 = NJW 1987, 2018 = ZIP 1987, 793 = EWiR § 51 ZPO 1/87, 725 *[Marotzke]*).

3. Freigabe von Sicherheiten durch den Gläubiger. Um eine „unechte Freigabe" handelt es sich, wenn 88 Gläubiger aufgrund von sog **qualifizierten Freigabeklauseln** bei den Globalsicherheiten, insbesondere im Rahmen der Sicherungsabtretung und bei Sicherungsübereignung, verpflichtet sind, wegen **Überdeckung oder Übersicherung** Sicherheiten an den Sicherungsgeber herauszugeben (vgl **BGH** 29. 11. 1989 Z 109, 240 = NJW 1990, 716 = ZIP 1990, 25 = EWiR § 9 AGBG 5/90, 215 *[Wolf]*; **BGH** 19. 3. 1992 Z 117, 374 = NJW 1992, 1626 = ZIP 1992, 629 = EWiR § 41 KO 1/92, 687 *[Uhlenbruck]*; **BGH** 9. 11. 1995 NJW 1996, 253 = ZIP 1995, 1973 = WM 1995, 2173 = EWiR § 9 AGBG 4/96, 147 *[Tiedtke]*; *Nobbe* ZIP 1996, 657 ff; *Serick* BB 1996, 857; *Benckendorff* KS-InsO S 1102 Rn 16). Die Rechtsprechung der verschiedenen Senate des **BGH** zur Frage, ob Wirksamkeitsvoraussetzung für eine Sicherungsübereignung eines Warenlagers eine ausdrückliche, ermessensunabhängige ausgestaltete Freigabeklausel ist, ist keineswegs einheitlich (vgl *Nobbe* ZIP 1996, 657, 660). Bei der **Freigabe von Sicherheiten** in die Insolvenzmasse handelt es sich nicht um eine Freigabe, die den betreffenden Gegenstand aus der Masse herauslöst. Vielmehr liegt insoweit ein Verzicht auf ein ohnehin zweifelhaftes Absonderungsrecht vor, das den eigentlichen Massebestand nicht berührt, denn nach § 50 haben die Gläubiger an dem Gegenstand lediglich ein Recht zur abgesonderten Befriedigung. Etwas anderes könnte allenfalls bei Gegenständen gelten, die der Aussonderung (§ 47) unterliegen. Verzichtet der Gläubiger auf das Aussonderungsrecht und nimmt er lediglich mit seiner Forderung (Schadenersatzforderung) am Verfahren teil, so wird die Insolvenzmasse durch diese Freigabe angereichert. Es handelt sich insoweit nicht um eine Freigabe aus der Masse, sondern um eine Freigabe in die Masse.

4. Gewillkürte Insolvenzmasse durch Verzicht des Schuldners auf Pfändungsschutz. Im eröffneten In- 89 solvenzverfahren kann ein Schuldner (in Betracht kommen nur natürliche Personen) im Interesse seiner Gläubiger auf die Unpfändbarkeit gewisser Sachen (§§ 811 ff ZPO) oder auf den Pfändungsschutz nach §§ 850 ff ZPO zugunsten der Insolvenzmasse verzichten, wodurch der Insolvenzbeschlag nach § 35 erweitert wird (zu dieser „Freigabe in die Insolvenzmasse" unten § 36 Rn 39 ff). Ebenso ist die vom Schuldner freiwillig erbrachte Gegenleistung für die Erlangung der Restschuldbefreiung (vgl *Schmidt-Räntsch* KS-InsO 1. Aufl S 1177 Rn 25 ff; *Döbereiner* Restschuldbefreiung S 188; KPB-*Wenzel*, § 287 Rn 16). Selbst wenn man für den **Fall des § 850 f ZPO**, bei dem die Änderung des unpfändbaren Betrages auf **Antrag** erfolgt, davon ausgeht, dass der Schuldner auf den erweiterten Pfändungsschutz jederzeit verzichten kann, wenn er hierdurch in die Lage versetzt wird, eine Restschuldbefreiung zu erlangen, ist für **sonstige unpfändbare Forderungen** festzustellen, dass diese nach § 287 Abs 2 nicht abgetreten werden können. Da es sich nach § 287 Abs 1 um eine **Abtretung im eröffneten Verfahren** handelt, also um eine Verfügung über Neuvermögen, ist die Frage auch für das Insolvenzverfahren relevant. Fällt nämlich aufgrund des **Verzichts auf den Pfändungsschutz** ein Teil der Forderung in die Insolvenzmasse (§ 35), handelt es sich um eine Verfügung über Neuvermögen, die allerdings erst mit Aufhebung des Verfahrens, also aufschiebend bedingt, wirksam werden soll. Lässt man einen Verzicht auf den Pfändungsschutz im Rahmen der Restschuldbefreiung zu, wird grundsätzlich die Insolvenzmasse nicht berührt. Etwas anderes gilt für das **Regelinsolvenzverfahren** und das **vereinfachte Verfahren** nach den §§ 311 ff. Hier gilt, dass alle in der Einzelzwangsvollstreckung unpfändbaren und für unpfändbar erklärten Forderungen insolvenzfrei sind (§ 36 Abs 1). Die Pfändbarkeit und damit die Massezugehörigkeit richtet sich nach den allgemeinen Vorschriften, insbesondere nach den §§ 850 a–850 k ZPO und nach § 54 Abs 1 SGB I. Das gilt auch, soweit **Unterhaltsgläubiger** gem § 89 Abs 2 S 2 wegen des Unterhaltsanspruchs oder Gläubiger wegen einer Forderung aus einer vorsätzlich unerlaubten Handlung in den Teil der Bezüge vollstrecken können, der für andere Gläubiger nicht pfändbar ist. Das Gesetz erklärt in § 89 Abs 2 S 2 lediglich insoweit die Einzelzwangsvollstreckung für zulässig, ohne damit den Insolvenzbeschlag nach § 35 zu erweitern. Es ist demgemäß auch keine Sondermasse vom Insolvenzverwalter zu bilden. Der Schuldner kann durch **Verzicht auf den Pfändungsschutz** den Gläubigern den Zugriff nach § 89 Abs 2 S 2 nicht dadurch unmöglich machen, dass er freiwillig auf den gesetzlichen Pfändungsschutz verzichtet. Dies würde dem gesetzlichen Schutzzweck des § 89 Abs 2 S 2 krass zuwiderlaufen (dazu auch § 36 Rn 40).

5. „Freigabe" einer selbstständigen Tätigkeit (Abs 2 u 3). a) Hintergrund. Die im Jahr 2007 neu ein- 90 gefügten Abs 2 u 3 dienen dem Interesse des Schuldners, sich eine wirtschaftliche Existenz auch nach Eröffnung des Insolvenzverfahrens dadurch zu sichern oder zu schaffen, dass er eine bereits vorher ausgeübte selbstständige Tätigkeit fortsetzt oder eine neue selbstständige Tätigkeit aufnimmt. Die Fortführung einer selbstständigen Tätigkeit durch den Schuldner kann freilich auch im Interesse der Gläubiger liegen. Gleichwohl hatte das Gesetz eine selbstständige Tätigkeit des Insolvenzschuldners bislang faktisch nahezu unmöglich gemacht: zum einen weil Einkünfte, die der Schuldner durch seine Tätigkeit erzielt, als Neuerwerb nach Abs 1 (dazu Rn 110 ff) ohne Abzug für beruflich bedingte Kosten zur Insolvenzmasse gehören (s zum sog Bruttobeschlagsprinzip die sog Psychologinnen-Entscheidung des **BGH 20. 3. 2003** NJW 2003, 2167 = NZI 2003, 389 = ZInsO 2003, 413 = KTS 2003, 488 = EWiR § 290 InsO 2/03, 593 *[Tetzlaff]*; dagegen für einen sog Nettoneuerwerb *Hess/Röpke* NZI 2003, 233, 236; N/R-*Andres* § 35 Rn 93; zum Ganzen auch *Heinze* ZVI 2007, 349, 352), sodass der Schuldner für den überobligatorischen Einsatz seiner Arbeitskraft keine „Prämie" erhielt (auf Antrag war ihm allenfalls ein Unterhaltsbedarf zu belassen); zum anderen weil in der bloßen Duldung der selbstständigen Tätigkeit des Schuldners eine Verwalterhandlung gem § 55 Abs 1 Nr 1 gesehen werden kann, die Masseverbindlichkeiten begründet, sodass der Insolvenzverwalter nicht unerheblichen Risiken ausgesetzt war (*Ahrens* NZI 2007, 622, 623; *Heinze* ZVI 2007, 349, 352 f; *Smid* DZWIR 2008, 133, 136).

91 **b) Rechtsnatur.** Die Erklärung nach Abs 2 S 1 ist ausschließlich **verfahrensrechtlicher Natur**. Sie ist unbedingt abzugeben und kann nach ihrer Wirksamkeit nicht mehr widerrufen werden (Begr RegE, BT-Drucks 16/3227, S 17 [„endgültig und unbedingt"]); ebenso scheidet eine Anfechtung nach §§ 119, 123 BGB aus (*Holzer* ZVI 2007, 289, 293). Im Übrigen ist die begriffliche Einordnung der Erklärung nach Abs 2 in die bekannten Kategorien schwierig. Die Erklärung nach Abs 2 ist weder „echte" Freigabe (dazu oben Rn 71 ff), weil diese sich allein auf einzelne Gegenstände der Insolvenzmasse bezieht, noch ist sie „modifizierte" Freigabe (dazu oben Rn 86 f), weil der Schuldner nach Abs 2 nicht als ein bloßer Repräsentant im Außenverhältnis auftritt, sondern das rechtliche Band zur Masse zerschnitten wird (*Zipperer* ZVI 2007, 541). Die „Freigabe" der selbstständigen Tätigkeit nach Abs 2 erfasst vielmehr einen Inbegriff von Rechten und Pflichten, nämlich das gesamte Vermögen, das der gewerblichen Tätigkeit gewidmet ist, einschließlich der dazu gehörenden Vertragsverhältnisse (die „Gesamtwirkung" betont auch *Ahrens* NZI 2007, 622, 624 f; ebenso *Chr. Berger* ZInsO 2008, 1101, 1103 [„haftungsrechtliche Gesamterklärung"]). In den Gesetzgebungsmaterialien wird sie deshalb auch nur als „eine Art Freigabe", die mit § 109 Abs 1 S 2 „vergleichbar" ist (Begr RegE, BT-Drucks 16/3227, S 17), oder mit einer der „echten Freigabe ähnlichen Erklärung" umschrieben (Stellungnahme des BT-Rechtsausschuss, BT-Drucks 16/4194, S 30 f; so auch *Pape* NZI 2007, 481 [s dort Fn 5]).

92 Eine weitere Besonderheit der Erklärung nach Abs 2 im Vergleich zur „echten" Freigabe besteht darin, dass eine Freigabe der selbstständigen Tätigkeit nach Abs 2 nur insoweit möglich ist, als der Schuldner eine bestimmte selbstständige Tätigkeit tatsächlich ausführt oder deren Aufnahme beabsichtigt. Fehlt ein entsprechender **Wille des Schuldners**, hat der Insolvenzverwalter ein bestehendes schuldnerisches Unternehmen selbst fortzuführen, bis die Gläubiger entscheiden (§§ 157, 158) und kann sich von seinen Pflichten nicht durch eine Erklärung nach Abs 2 befreien (*Heinze* ZVI 2007, 349, 351).

93 **c) Adressat und Inhalt der Erklärung.** Der (endgültige) Insolvenzverwalter ist zur **Abgabe der Erklärung nach Abs 2 gegenüber dem Schuldner** verpflichtet (zur Erklärungspflicht *Pape* NZI 2007, 481, 482); die Erklärung wird mit Zugang beim Schuldner wirksam (*Ahrens* NZI 2007, 622, 623; *Chr. Berger* ZInsO 2008, 1101, 1104). Der Adressatenkreis ist auf natürliche Personen als Schuldner beschränkt (*Ahrens* NZI 2007, 622, 623; *Chr. Berger* ZInsO 2008, 1101, 1104; *Haarmeyer* ZInsO 2007, 696, 697; *Holzer* ZVI 2007, 289, 291; aA *Heinze* ZVI 2007, 349, 351).

94 Die Erklärung ist **formfrei**, aus Beweisgründen empfiehlt sich aber, die Erklärung schriftlich abzugeben (*Holzer* ZVI 2007, 289, 293). Die Erfüllung der Erklärungspflicht ist zwar **nicht fristgebunden**, der Insolvenzverwalter sollte sie aber ohne schuldhaftes Zögern abgeben, um einer etwaigen Haftung nach § 60 zu entgehen (für Verbindung mit dem Gutachten *Haarmeyer* ZInsO 2007, 696, 697). Es besteht zudem die Gefahr, dass ein Schweigen des Verwalters als konkludente (Positiv-)Erklärung gedeutet wird (*Smid* DZWIR 2008, 133, 137).

95 Nach Abs 3 S 1 trifft den Insolvenzverwalter hinsichtlich der Freigabeerklärung zusätzlich eine **Anzeigepflicht gegenüber dem Gericht**. Nach Abs 3 S 2 ist die Erklärung bzw der Freigabeerklärung iSv Abs 2 S 1 und ggf auch einen späteren Unwirksamkeitsbeschluss iSv Abs 2 S 3 öffentlich bekannt zu machen, damit die Neugläubiger und allgem der Rechtsverkehr stets darüber informiert sind, ob die Masse für die Verbindlichkeiten aus der selbstständigen Tätigkeit des Schuldners haftet. Die Bekanntmachung nach Abs 3 ist bei der Auslegung der Erklärung nach Abs 2 mit zu berücksichtigen (*Chr. Berger* ZInsO 2008, 1101, 1105). Die Art und Weise der öffentlichen Bekanntmachung erfolgt nach Maßgabe des § 9 InsO.

96 Der **Inhalt der Erklärung** lautet entweder **positiv**, dass das Vermögen aus der selbstständigen Tätigkeit vom Insolvenzbeschlag erfasst wird *und* Ansprüche aus der Tätigkeit im Insolvenzverfahren als Masseverbindlichkeiten geltend gemacht werden können, **oder negativ**, dass das Vermögen aus der selbstständigen Tätigkeit nicht vom Insolvenzbeschlag erfasst wird *und* Ansprüche aus *der*selben Tätigkeit nicht im Insolvenzverfahren geltend gemacht werden können (*Holzer* ZVI 2007, 289, 291). Ein abweichender Inhalt in der Weise, dass zwar Vermögen aus der selbstständigen Tätigkeit vom Insolvenzbeschlag erfasst wird, aber Ansprüche aus dieser Tätigkeit nicht im Insolvenzverfahren geltend gemacht werden können, verstößt gegen § 55 Abs 1 Nr 1 und ist unzulässig (vgl auch Begr RegE, BT-Drucks 16/3227, S 17; ebenso *Chr. Berger* ZInsO 2008, 1101, 1103). Auch die umgekehrte Kombination, dass Vermögen aus der selbstständigen Tätigkeit *nicht* vom Insolvenzbeschlag erfasst wird, aber Ansprüche aus dieser Tätigkeit im Insolvenzverfahren geltend gemacht werden können, ist unzulässig. Mit einer solchen Erklärung einseitig zulasten der Gläubiger macht sich der Insolvenzverwalter unter den weiteren Voraussetzungen des § 60 sogar schadenersatzpflichtig.

III. Insolvenzfreies Vermögen (Abs 2 u 3) § 35

Grundlage der Erklärung ist eine **Prognose des Insolvenzverwalters**, deren Gegenstand der für die 97
Masse zu erzielende Erlös aus der selbstständigen Tätigkeit ist und deren Maßstab die optimale Gläubigerbefriedigung nach § 1, also die Massemehrung ist. Damit der Insolvenzverwalter die nach Abs 2 erforderliche Prognose erstellen kann, ist der Schuldner zur Mitwirkung, insbesondere zur Festlegung von Art und Umfang der avisierten selbstständigen Tätigkeit, verpflichtet (*Holzer* ZVI 2007, 289, 293).

Die **Einschränkung der Erklärung** auf nur einen Teil der selbstständigen Tätigkeit des Schuldners, 98
etwa einen bestimmten Geschäftszweig oder ein bestimmtes Marktsegment, ist nicht möglich (*Chr. Berger* ZInsO 2008, 1101, 1103; aA *Haarmeyer* ZInsO 2007, 696, 698).

d) Wirkung der Erklärung. Nur soweit der Insolvenzverwalter nach Abs 2 erklärt, dass er den aus der 99
selbstständigen Tätigkeit zu erwartenden Neuerwerb *nicht* zur Masse zieht und dass entsprechend Verbindlichkeiten, die der Schuldner im Rahmen seiner selbstständigen Tätigkeit begründet, *nicht* im Range von Masseverbindlichkeiten gem § 55 Abs 1 Nr 1 befriedigt werden, hat die Erklärung konstitutiven Charakter (*Holzer* ZVI 2007, 289, 292); sie wirkt stets *ex nunc* (*Chr. Berger* ZInsO 2008, 1101, 1106). Denn dann ist der nach der Erklärung durch die selbstständige Tätigkeit erzielte Neuerwerb massefrei und steht den Neugläubigern als Haftungsmasse zur Verfügung; zur Masse gehört nur der Ausgleichsanspruch aus der entsprechenden Anwendung des § 295 Abs 2 (dazu Rn 105). Im umgekehrten Fall hat die (Positiv-)Erklärung dagegen bloß deklaratorischen Charakter, da der Neuerwerb nicht erst infolge der Erklärung, sondern schon nach § 35 Abs 1 in die Insolvenzmasse fällt (*Haarmeyer* ZInsO 2007, 696, 697).

Abs 2 dient der haftungsmäßigen Zuordnung des Neuerwerbs und der Regelung der Haftung für 100
Neuverbindlichkeiten. Die „Freigabe" umfasst daher **nicht** (gegenwärtige) **Gegenstände der Insolvenzmasse**, die der Schuldner zur Ausübung seiner selbstständigen Tätigkeit benötigt (*Chr. Berger* ZInsO 2008, 1101, 1104 u 1106). Ihre Massezugehörigkeit bestimmt sich nach den allgemeinen Regeln, also danach, ob sie gem § 36 Abs 1 S 1 iVm § 811 Abs 1 Nr 5 u Nr 7 ZPO unpfändbar sind (BAG 10. 4. 2008 ZIP 2008, 1346, 1348; s auch § 36 Rn 15 ff) oder ggf dem Schuldner im Wege der „echten" Freigabe zur Verfügung gestellt wurden (*Chr. Berger* ZInsO 2008, 1101, 1104 u 1106).

Als Folge der Freigabe nach Abs 2 wird der **Schuldner** aus Verträgen, die er im Rahmen seiner selbst- 101
ständigen Tätigkeit *neu* begründet, unmittelbar **selbst berechtigt und verpflichtet**. Unklar ist die Reichweite der Erklärung nach Abs 2 mit Blick auf die im Zeitpunkt der Freigabe nach Abs 2 bereits *bestehenden* Vertragsverhältnisse, insbesondere ob zusätzlich zur „Freigabe" nach Abs 2 eine Kündigung von Dauerschuldverhältnissen (§§ 109, 113) oder eine Erfüllungsablehnung bei noch nicht vollständig erfüllten gegenseitigen Verträgen (§ 103 Abs 2) erforderlich sind. In der Gesetzesbegründung findet sich lediglich der Hinweis, dass die Freigabe der selbstständigen Tätigkeit des Schuldners „die dazu gehörenden Vertragsverhältnisse" einschließt (Begr RegE, BT-Drucks 16/3227, S 17). Dieser Hinweis legt ein weites Verständnis der Wirkungen der Erklärung nach Abs 2 nahe, nach dem der Insolvenzverwalter im Falle einer Negativ-Erklärung nach Abs 2 Dauerschuldverhältnisse nicht mehr zu kündigen braucht, um die Entstehung von Masseverbindlichkeiten zu verhindern. Bei einem solchen weiten Verständnis umfasst die Erklärung nach Abs 2 alle Vertragsverhältnisse, die im Zusammenhang mit der selbstständigen Tätigkeit des Schuldners stehen, mit der Folge, dass sich die vertraglichen Ansprüche wieder unmittelbar gegen den Schuldner richten (*Ahrens* NZI 2007, 622, 625; *Braun-Bäuerle* § 35 Rn 84; *Haarmeyer* ZInsO 2007, 696, 697; *Holzer* ZVI 2007, 289, 292; *Pannen/Riedemann* NZI 2006, 193, 196; *Zipper* ZVI 2007, 541, 542). Allerdings muss die Wirkung der Erklärung nach Abs 2 insoweit enger verstanden werden, als durch sie der sich aus §§ 108, 109, 113 ergebende Schutz des anderen Vertragsteils zu unterlaufen werden droht (vgl *Wischemeyer/Schur* ZInsO 2007, 1240, 1242): Die Erklärung nach Abs 2 wirkt deshalb erst nach Ablauf der Kündigungsfrist des § 109 Abs 1 oder des § 113; bis zum Ablauf haftet die Masse. Dies entspricht der in der Gesetzesbegründung angesprochenen Parallele zur Regelung in § 109 Abs 1 S 2 (Begr RegE, BT-Drucks 16/3227, S 17). Der Verwalter muss die bestehenden Vertragsverhältnisse mithin nicht kündigen; vielmehr wird die Kündigung durch die Freigabe nach Abs 2 ersetzt (*Heinze* ZVI 2007, 349, 354), ohne jedoch den durch das Gesetz getroffenen Ausgleich der Parteien des Schuldverhältnisses zu stören. Dagegen werden Verträge, die nach §§ 115, 116 mit Verfahrenseröffnung erloschen sind, von der Freigabe nach Abs 2 nicht mehr erfasst und leben auch nicht etwa rückwirkend wieder auf (ebenso *Heinze* ZVI 2007, 349, 355).

Die Beschränkungen des Verwertungsrechts der **absonderungsberechtigten Gläubiger** nach §§ 166 ff 102
gelten nur innerhalb des Insolvenzverfahrens, sodass sie an der Verwertung eines „freigegebenen" Sicherungsgegenstandes nicht (mehr) gehindert sind (*Heinze* ZVI 2007, 349, 354). Das betrifft hier vor allem die zur Sicherheit abgetretenen (künftigen) Forderungen aus der selbstständigen Tätigkeit, die als Neuerwerb gerade nicht (mehr) in die Masse fallen, aber auch das dem Schuldner im Wege der „echten" Freigabe zur Verfügung gestellte Inventar (dazu oben Rn 100).

Die Erklärung kann allein nach Abs 2 S 3 mit Wirkung *ex nunc* ihre Wirksamkeit verlieren, wenn der 103
Gläubigerausschuss oder, wenn ein solcher nicht bestellt ist, die Gläubigerversammlung dies beim Insolvenzgericht beantragt und das Insolvenzgericht die **Unwirksamkeit der Erklärung durch Beschluss** anordnet. Der einzelne Gläubiger hat kein individuelles Antragsrecht, wohl aber bleibt ihm ein Scha-

denersatzanspruch, wenn der Verwalter pflichtwidrig die Erklärung nach Abs 2 abgibt (*Chr. Berger* ZInsO 2008, 1101, 1105).

104 Erklärt der Insolvenzverwalter, die selbstständige Tätigkeit des Schuldners *nicht* freigeben zu wollen, sind die durch den Schuldner begründeten Verbindlichkeiten wie bisher als **Masseverbindlichkeiten** zu qualifizieren, wenn der Insolvenzverwalter die Tätigkeit duldet (dazu oben Rn 90). Das gilt selbst dann, wenn der Schuldner die selbstständige Tätigkeit mit Gegenständen ausübt, die nach § 811 Abs 1 Nr 5 ZPO unpfändbar sind (Begr RegE, BT-Drucks 16/3227, S 17).

105 e) **Schutz der Gläubigerinteressen.** Erklärt der Insolvenzverwalter die „Freigabe" der selbstständigen Tätigkeit des Schuldners nach Abs 2, hat er zugleich Art und Umfang einer **Ausgleichszahlung des Schuldners entsprechend § 295 Abs 2** zu konkretisieren. Damit soll eine pauschale Besserstellung der Selbstständigen gegenüber den abhängig Beschäftigten vermieden werden (Begr RegE, BT-Drucks 16/3227, S 17). Die Ausgleichspflicht ist keine bloße Obliegenheit des Schuldners, sondern eine vom Insolvenzverwalter einklagbare und in das sonstige Vermögen des Schuldners vollstreckbare Leistungspflicht (*Andres* NZI 2006, 198, 200); ihre Erfüllung ist zudem Mitwirkungspflicht iSv § 290 Abs 1 Nr 5, deren Verletzung zur Versagung der Restschuldbefreiung führen kann (wie hier *Chr. Berger* ZInsO 2008, 1101, 1107; anders noch **BGH** 20. 3. 2003 NJW 2003, 2167 = NZI 2003, 389 = ZInsO 2003, 413 = KTS 2003, 488 = EWiR 2003, 593 *[Tetzlaff]* mit Blick auf eine vertragliche Vereinbarung, da eine solche keine „Pflicht aus dem Gesetz" iSd § 290 Abs 1 Nr 5 sei).

106 Sind die Gläubiger mit der Freigabe nicht einverstanden, ordnet das Insolvenzgericht die **Unwirksamkeit der Erklärung** an, wenn der Gläubigerausschuss oder, wenn ein solcher nicht bestellt ist, die Gläubigerversammlung dies gem Abs 2 S 3 beim Insolvenzgericht beantragt. Eine eigene materielle Prüfungskompetenz hat das Gericht insoweit nicht.

107 Den Neugläubigern steht nach erklärter Freigabe der selbstständigen Tätigkeit des Schuldners der Neuerwerb als Haftungsmasse zur Verfügung. Sie können gegen den Schuldner persönlich klagen, aber nur in das massefreie Vermögen vollstrecken. Über das massefreie Vermögen kann später sogar ein **zweites Insolvenzverfahren** eröffnet werden (**AG Hamburg** 18. 6. 2008 ZInsO 2008, 680; **AG Göttingen** 26. 2. 2008 NZI 2008, 313; MK/*Lwowski/Peters* § 35 Rn 75; *Holzer* ZVI 2007, 289, 292 f; *Zipperer* ZVI 2007, 541, 542; die Möglichkeit der Einzelzwangsvollstreckung bejaht *Andres*, NZI 2006, 198, 200 f). Ob aufgrund der öffentlichen Bekanntmachung ein Zweitinsolvenzverfahren die Ausnahme bleibt (so *Pape* NZI 2007, 481, 482), darf mit Blick auf die Restschuldbefreiungsverfahren bezweifelt werden. Dem Zweitinsolvenzverfahren steht auch nicht die Rechtsprechung des **BGH** (18. 5. 2004 NJW-RR 2004, 1349 = NZI 2004, 444 = ZInsO 2004, 739 = EWiR 2004, 987 *[Hölzle]*) entgegen, nach welcher die Neugläubiger, solange das Insolvenzverfahren nicht abgeschlossen ist, grundsätzlich kein rechtlich geschütztes Interesse an der Eröffnung eines weiteren Insolvenzverfahrens haben, wenn der nach Eröffnung des Insolvenzverfahrens selbstständig tätige Schuldner die daraus herrührenden Verbindlichkeiten nicht zu erfüllen vermag. Denn dort hatte der **BGH** darauf abgestellt, dass nach Eröffnung des Insolvenzverfahrens erzielte Einkünfte aus selbstständiger Tätigkeit eines Schuldners im vollen Umfang zur Insolvenzmasse gehören (unter Hinweis auf **BGH** 20. 3. 2003 NJW 2003, 2167 = NZI 2003, 389 = ZInsO 2003, 413 = KTS 2003, 488 = EWiR 2003, 593 *[Tetzlaff]*), sodass der Neugläubiger darlegen müsse, dass der Schuldner Vermögen hat, welches weder gem § 35 InsO zur Insolvenzmasse gehört noch nach § 36 InsO unpfändbar ist, während hier die Freigabe der selbstständigen Tätigkeit des Schuldners nach Abs 2 gerade bewirkt, dass der Neuerwerb nicht zur Masse des Insolvenzverfahrens gehört. Insofern sind wie schon unter Geltung der KO mehrere laufende Insolvenzverfahren möglich (vgl unter Geltung der InsO auch den Fall eines nach Tod des Schuldners als Nachlassinsolvenzverfahren fortgeführten massereichen Insolvenzverfahrens und eines [weiteren] Nachlassinsolvenzverfahrens der Erben, dazu **AG Göttingen** 5. 10. 2007 NZI 2008, 56 = ZInsO 2007, 1164 = ZVI 2007, 534). Freilich kann Gegenstand des Zweitinsolvenzverfahrens nur das nicht vom Insolvenzbeschlag des ersten Insolvenzverfahrens erfasste Vermögen sein. In Betracht kommen deshalb vor allem der Neuerwerb des Schuldners sowie Anfechtungsansprüche gegenüber Neugläubigern.

108 f) **Vorläufiges Insolvenzverfahren.** Der vorläufige Insolvenzverwalter (dazu § 22) kann die „Freigabe" nach Abs 2, der nur von dem Insolvenzverwalter spricht, *nicht* erklären. Abs 2 wird auch nicht von der Verweisung des § 21 Abs 2 Nr 1 in Bezug genommen. Für eine Analogie fehlt es schon an einer planwidrigen Regelungslücke (*Ahrens* NZI 2007, 622, 623; aA *Heinze* ZVI 2007, 349, 355). Im Übrigen ist zwar richtig, dass sich die Interessen des Schuldners im **Stadium der vorläufigen Insolvenz** nur unwesentlich von der Interessenlage in der endgültigen Insolvenz unterscheiden. Gleichwohl hat der vorläufige Insolvenzverwalter vorrangig im Interesse der Gläubiger das schuldnerische Vermögen zu sichern und zu verwalten, nicht hingegen zu verwerten. Zur Verwaltung in der vorläufigen Insolvenz kann vorbehaltlich § 22 Abs 1 S 2 Nr 2 auch die Unternehmensfortführung *durch den Insolvenzverwalter* gehören. Die Negativ-Erklärung nach Abs 2, also die Lösung der insolvenzrechtlichen Bindung und Fortführung einer selbstständigen Tätigkeit *durch den Schuldner*, geht aber über eine bloße Verwaltung des schuldnerischen Vermögens hinaus und greift in die zukünftige Insolvenzmasse ein. Die Erklärung nach Abs 2 wäre wie die Freigabe einzelner Gegenstände durch den vorläufigen Insolvenzverwalter (dazu § 22) für den endgültigen Verwalter irreversibel; die Rücknahme der Wirkungen einer Negativ-Erklärung stände dann nämlich nach Abs 2 S 3 allein den Gläubigern offen. Überdies passt im Stadium der vorläufigen Insolvenz die Revisionsklausel nach Abs 2 S 3 nicht, da es (noch) keinen Gläubigerausschuss bzw keine Gläubigerversammlung gibt. Diese „Unstimmigkeit" im Stadium der vorläufigen Insolvenz könnte allenfalls dadurch behoben werden, dass die Kontrolle nach Abs 2 S 3 entsprechend seiner verfahrensbestimmenden Rolle beim Insolvenzgericht liegt, das wie bei der Zustimmung zur Stilllegung des Unternehmens nach § 22 Abs 1 S 2 Nr 2 stets um die Vermeidung erheblicher Verminderungen des Vermögens bemüht ist (sogar für einen Zustimmungsvorbehalt *Heinze* ZVI 2007, 349, 355).

Unabhängig davon können im Stadium der vorläufigen Insolvenz, insbesondere im **Eröffnungsgutachten**, die Erfolgsaussichten einer Fortführung oder Aufnahme einer selbstständigen Tätigkeit durch den Schuldner ausgelotet werden (*Ahrens* NZI 2007, 622, 623; *Haarmeyer* ZInsO 2007, 696, 697). Die Erklärung nach Abs 2 kann jedoch auch hier nicht bindend vorweggenommen werden, sondern bleibt stets eine Erklärung des Insolvenzverwalters. 109

IV. Neuerwerb

1. Allgemeines. Im Gegensatz zum früheren Konkursrecht wird nunmehr auch der Neuerwerb des Schuldners während des eröffneten Insolvenzverfahrens zur Insolvenzmasse gezogen (ausf dazu *Pech* Die Einbeziehung des Neuerwerbs in die Insolvenzmasse, 1998; zur Abgrenzung des Neuerwerbs des Schuldners von der Massesurrogation unten Rn 123 ff). Der Reformgesetzgeber wollte damit die Sonderstellung des deutschen Konkursrechts im internationalen Vergleich in der Frage der Konkursfreiheit des Neuerwerbs beenden (vgl Begr zu § 42 RegE-InsO, BT-Drucks 12/2443, S 122). Die Einbeziehung des Neuerwerbs soll die Nachteile für die Gläubiger, die aus der neu eingeführten Restschuldbefreiung (§§ 286 ff) sowie dem Schuldenbereinigungsplan (§§ 305 ff) resultieren, zumindest teilweise kompensieren. Die Gefahr, dass durch die Einbeziehung des Neuerwerbs jeder Anreiz für den Schuldner zu einer weiteren Erwerbstätigkeit verloren gehen könnte, ist durch Restriktionen für den Schuldner in der sog Wohlverhaltensperiode gebannt (vgl § 295 Nr 1). Weiter reduziert wurde sie durch den zum 1. 7. 2007 eingefügten Abs 2 (dazu oben Rn 90 ff). 110

„Endlosverfahren" wegen **fortlaufender Massemehrung** verhindert die gesetzgeberische Klarstellung, dass das Ende der Verwertung nach § 196 Abs 1 unabhängig vom laufenden Einkommen zu bestimmen ist (eingef durch G v 26. 10. 2001, BGBl I 2710; zuvor schon **BGH** 18. 9. 2001 NJW 2002, 960 = ZIP 2002, 365 = NZI 2001, 646 = ZInsO 2001, 1009 = KTS 2002, 108 = BB 2002, 64 = WM 2001, 2177; **AG Duisburg** 6. 11. 2000 NZI 2001, 106 = ZInsO 2001, 273; abw hingegen **AG Düsseldorf** 28. 5. 2001 ZInsO 2001, 572; dazu auch *Erdmann* ZInsO 2001, 742; *Henning* ZInsO 1999, 333; *Vallender* KTS 2001, 519). 111

Neuerwerb liegt immer vor, wenn der **Erwerbstatbestand in vollem Umfang nach Verfahrenseröffnung** erfüllt wird. Eine Ausnahme gilt nur für Rechtshandlungen des Insolvenzverwalters, weil es sich insoweit um einen **Verwaltungserwerb** handelt (vgl Jaeger/*Henckel* § 35 Rn 105). Durch die Einbeziehung des Neuerwerbs in die Insolvenzmasse ist die Problematik sog **transitorischer Erwerbstatbestände** erledigt (zum früheren Recht vgl K/U § 1 KO Rn 94 ff). Für die Frage, wer Insolvenzgläubiger iSv § 38 ist, ist nach wie vor der **Zeitpunkt der Verfahrenseröffnung** maßgeblich. Für die Frage dagegen, welches Schuldnervermögen in die Insolvenzmasse fällt, ist der **Zeitpunkt der Verfahrensbeendigung** maßgeblich. Im Ergebnis verschiebt der Gesetzgeber damit die Zugriffsgrenzen zugunsten der Insolvenzgläubiger (Altgläubiger) zu Lasten der Neugläubiger (vgl zur Kritik an der gesetzlichen Neuregelung etwa Jaeger/*Henckel* § 35 Rn 121 ff; KPB-*Holzer* § 35 Rn 38; *Keller* NZI 2001, 449; MK/*Lwowski/Peters* § 35 Rn 64 f; *Windeln* KTS 1995, 367 ff; speziell zur Verschlechterung der Situation der Unterhaltsgläubiger im Insolvenzverfahren des Unterhaltsschuldners *Uhlenbruck* FamRZ 1993, 1026, 1027; ders FamRZ 1998, 1473 ff; ders KTS 1999, 413; zum Ganzen auch *Pech* Einbeziehung des Neuerwerbs S 151). Denn der Schuldner kann auch nach Eröffnung des Insolvenzverfahrens weiterhin vor allem durch Abschluss von Verträgen neue vermögensrechtliche Verpflichtungen begründen. Freilich kann er dadurch die Masse nicht wirksam verpflichten, sodass auch eine Zwangsvollstreckung wegen dieser Forderungen in die Insolvenzmasse nicht zulässig ist, denn diese ist dem Zugriff der Neugläubiger entzogen. Hierin liegt nach Einschätzung des Gesetzgebers jedoch kein unzumutbarer Eingriff in die Rechte der Neugläubiger, weil auch nach früherem Recht vor allem das künftige Arbeitseinkommen großenteils bereits an Gläubiger abgetreten und von diesen gepfändet worden war (vgl Begr zu § 42 RegE-InsO, BT-Drucks 12/2443, S 122). 112

Den Neugläubigern bleibt nur die Vollstreckung in das vom Insolvenzverfahren nicht erfasste „freie Vermögen" des Schuldners (zum insolvenzfreien Vermögen Rn 69 ff). Solches wird jedoch regelmäßig kaum vorhanden sein. Erst nach **Beendigung des Insolvenzverfahrens** ist die Zwangsvollstreckung in das gesamte schuldnerische Vermögen wieder möglich. Deshalb kann der Klage des Neugläubigers während des laufenden Insolvenzverfahrens nicht das Rechtsschutzbedürfnis mit der Begründung abgesprochen werden, derzeit sei keinerlei Vermögen für eine Vollstreckung vorhanden (**OLG Celle** 7. 1. 2003 NZI 2003, 201 = ZInsO 2003, 128). 113

Die Einbeziehung des Neuerwerbs in die Insolvenzmasse hat vor allem Bedeutung für die **Einkünfte**, die eine natürliche Person aus beruflicher Tätigkeit nach Verfahrenseröffnung bezieht (zur „Freigabe" 114 der selbstständigen Tätigkeit des Schuldners nach Abs 2 siehe oben Rn 90 ff); auch **Erbschaften und Schenkungen**, die dem Schuldner während des Verfahrens zufallen, werden erfasst (vgl Begr zu § 42 RegE-InsO, BT-Drucks 12/2443, S 122). Allerdings ist der Schuldner zur Aufnahme einer selbstständigen Tätigkeit nicht verpflichtet. Ebenso kann er gem § 83 Abs 1 S 1 frei entscheiden, ob er die Erbschaft oder das Vermächtnis überhaupt (zugunsten der Masse) annimmt (s § 83 Rn 1; allgem zu den Folgen einer Erbschaft des Insolvenzschuldners *Marotzke* ZVI 2003, 309). Dasselbe gilt wegen des vergleichbaren höchstpersönlichen Charakters für die Entscheidung über die Annahme einer Schenkung (MK/*Lwowski/ Peters* § 35 Rn 48). Freilich gelten auch für das Neuvermögen die Grenzen der Massezugehörigkeit nach §§ 35, 36.

115   Gegenstände, die der Schuldner mit **Mitteln seines insolvenzfreien Vermögens** erwirbt, wie zB Sachen, die er mit dem unpfändbaren Teile seines Einkommens anschafft, fallen als Neuerwerb immer dann in die Insolvenzmasse, wenn die erworbenen Gegenstände ihrerseits pfändbar sind (ausf dazu § 36 Rn 51 A).

116   **2. Neuerwerb bei natürlichen Personen.** Praktische Bedeutung gewinnt der Neuerwerb vor allem für **natürliche Personen** oder **eheliche Gütergemeinschaften**. Die Einbeziehung des Neuerwerbs stellt die Insolvenzpraxis vor allem hinsichtlich der wirtschaftlichen Tätigkeit des selbstständigen Schuldners, der seine Tätigkeit auch nach Eröffnung des Insolvenzverfahrens fortsetzen oder eine neue beginnen will, vor große Schwierigkeiten. Hintergrund ist der Umstand, dass das gesamte vom Schuldner nach Eröffnung des Insolvenzverfahrens erworbene Vermögen zur Insolvenzmasse gehört, und zwar ohne einen Abzug für beruflich bedingte Ausgaben (**BGH** 20. 3. 2003 NJW 2003, 2167 = NZI 2003, 389 = ZInsO 2003, 413 = KTS 2003, 488 = DB 2003, 1507 = WM 2003, 980 = EWiR § 290 InsO 2/03, 593 [*Tetzlaff*]). Forderungen aus der Tätigkeit des Schuldners fallen als Neuerwerb im Laufe des Insolvenzverfahrens ungekürzt in die Masse, während Verbindlichkeiten nicht gegen die Masse, nicht einmal als Insolvenzforderungen geltend gemacht werden können, weil sie zur Zeit der Verfahrenseröffnung noch nicht gem § 38 begründet waren (zum Auseinanderfallen des Beurteilungszeitpunkts oben Rn 112); Eine wirtschaftliche Tätigkeit des Schuldners wird daher praktisch unmöglich gemacht, weil der Schuldner selbst über kein Vermögen zur Erfüllung der Neuverbindlichkeiten verfügt. Mangels beschlagsfähigen (Neu-)Vermögens haben deshalb die Neugläubiger, solange ein Insolvenzverfahren nicht abgeschlossen ist, grundsätzlich auch kein rechtlich geschütztes Interesse an der Eröffnung eines weiteren Insolvenzverfahrens (**BGH** 18. 5. 2004 NJW-RR 2004, 1349 = NZI 2004, 444 = ZInsO 2004, 739 = WM 2004, 1589). Der Schuldner kann allenfalls gem § 850i ZPO beantragen, dass ihm von seinen durch Vergütungsansprüche gegen Dritte erzielten Einkünften ein pfandfreier Anteil für beruflich bedingte Ausgaben belassen wird (**BGH** 20. 3. 2003 NJW 2003, 2167 = NZI 2003, 389 = ZInsO 2003, 413 = KTS 2003, 488 = DB 2003, 1507 = WM 2003, 980 = EWiR § 290 InsO 2/03, 593 [*Tetzlaff*]) oder nach neuem Recht eine Freigabe seiner wirtschaftlichen Tätigkeit bewirken (dazu und zur Neuregelung des Abs 2 oben Rn 90 ff).

117   Im Übrigen ist der Neuerwerb für die Insolvenzmasse fast immer nur im **Verbraucher- oder Kleininsolvenzverfahren** in Bezug auf künftiges Arbeitseinkommen von praktischem Interesse, soweit es der Zwangsvollstreckung nach den §§ 850 ff ZPO unterliegt, sowie hinsichtlich Ansprüchen aus Sozialleistungen, soweit diese nach § 850i Abs 4 ZPO, § 54 SGB I der Pfändung unterworfen sind, wie zB das Arbeitslosengeld und die Arbeitslosenhilfe sowie Ansprüche des Schuldners auf rückständiges Altersruhegeld; hier hat die Neuregelung in § 36 Abs 1 S 2 Klarheit geschaffen (Einzelheiten § 36 Rn 20 ff).

118   Bei den pfändbaren Forderungen auf Bezüge aus einem Dienstverhältnis oder den an deren Stelle tretenden laufenden Bezügen, die der Schuldner im **Rahmen der Restschuldbefreiung** nach § 286 Abs 2 für die Dauer von sechs Jahren nach der Eröffnung des Insolvenzverfahrens (sog Wohlverhaltensperiode) an einen vom Gericht zu bestimmenden Treuhänder abtritt, handelt es sich letztlich nicht um Neuerwerb iSd § 35. Die Forderungen sind schlicht von einer zivilrechtlichen Forderungsübertragung an einen Treuhänder betroffen, die sowohl Alt- als auch Neugläubigern den Zugriff auf den abgetretenen Betrag (Arbeitslohn oder Einkommen) verwehrt. Dies ist aber **kein Problem** der Insolvenzmasse bzw des Neuvermögens, sondern der Haftungszuweisung und der Verkürzung des Gläubigerzugriffs in einem **Anschlussverfahren** (ausf zu diesem § 287 Rn 21 a f).

119   Bei der **ehelichen Gütergemeinschaft** resultiert aus der Einbeziehung des Neuerwerbs in die Insolvenzmasse ebenfalls ein stark rechtfertigungsbedürftiges Ergebnis daraus, dass nach § 35 bei Insolvenz des das Gesamtgut alleine verwaltenden Ehegatten (§ 37 Abs 1 S 1) auch der von dem anderen Ehegatten erzielte Neuerwerb in die Masse fällt (KPB-*Holzer* § 35 Rn 40; dazu § 37 Rn 8).

120   **3. Neuerwerb bei juristischen Personen.** Bei **Gesellschaften und juristischen Personen** ist die Einbeziehung des Neuerwerbs meist unproblematisch, weil es sich entweder um Fälle der Surrogation handelt (dazu Rn 123 ff) oder um Gewinne, die im Rahmen der Betriebsfortführung erzielt werden. Unter der Geltung der KO wurde die Auffassung vertreten, dass es im Insolvenzverfahren über das Vermögen einer Gesellschaft des Handelsrechts und sonstigen juristischen Personen überhaupt kein insolvenzfreies Gesellschaftsvermögen geben kann (vor allem *Karsten Schmidt* KTS 1988, 1, 12; *ders* ZGR 1986, 186;

ders KTS 1984, 345, 362 ff; *ders* Wege zum Insolvenzrecht der Unternehmen, S 70 ff; *Karsten Schmidt/ Schulz* ZIP 1982, 1016, 1021; Scholz/*Karsten Schmidt* § 63 GmbHG Rn 54; dazu näher unten Rn 305). Unter dieser Prämisse ist die Einbeziehung des Neuerwerbs in die Insolvenzmasse bei juristischen Personen ohnehin bedeutungslos. Denn hiernach kam man schon nach altem Recht zu dem Ergebnis, dass alles, was eine Gesellschaft im Insolvenzverfahren erwirbt, automatisch in die Insolvenzmasse fällt.

Geht man dagegen mit der hM davon aus, dass auch eine juristische Person insolvenzfreies Vermögen haben kann (vgl *Braun/Uhlenbruck*, Unternehmensinsolvenz S 88 ff; *Uhlenbruck* KS-InsO S 1157, 1172 ff Rn 24; abw *Karsten Schmidt* Gesellschaftsrecht, § 11 VI 4 b) bb), S 325 f; *ders* in: Karsten Schmidt/Uhlenbruck, Die GmbH in Krise, Sanierung und Insolvenz, Rn 7.12; *ders* ZIP 2000, 1913, 1916 f; KP-*Noack* GesellschaftsR Rn 278), so gewinnt die Frage des Neuerwerbs vor allem in den Fällen zeitweiser Betriebsfortführung Bedeutung. So war die Massezugehörigkeit zweifelhaft, wenn die Insolvenzgesellschaft im Rahmen der Unternehmensfortführung oder bei Eigenverwaltung neues Vermögen erwirbt, das nicht mit Mitteln der Masse erwirtschaftet wird, sondern bei dem es sich um neues Kapital handelt, wenn also zB eine **Kapitalerhöhung** beschlossen wird oder freiwillige Nachschüsse von den Gesellschaftern geleistet werden (dazu unten Rn 304). Die Massezugehörigkeit lässt sich hier nach neuem Recht aus der Einbeziehung des Neuerwerbs in die Insolvenzmasse begründen (Jaeger/*H-F Müller* § 35 Rn 162 aE; *ders* ZGR 2004, 842, 845 f); auf einen Masseerwerb kraft Surrogation braucht nicht mehr rekurriert zu werden. **121**

Eine gewisse **sanierungsfeindliche Wirkung der Einbeziehung des Neuerwerbs** in die Insolvenzmasse der Gesellschaften und juristischen Personen kann nicht geleugnet werden. Es liegt auf der Hand, dass ein Sanierungsplan, der zusätzliche Beiträge der Gesellschafter vorsieht, schwer realisierbar sein dürfte, wenn die zusätzlichen Mittel nicht ausschließlich für Sanierungszwecke zur Verfügung stehen, weil auch die Gesellschaftsgläubiger an dem erhöhten Kapital partizipieren können (für die Insolvenzfreiheit des Neuerwerbs aus einer Kapitalerhöhung deshalb *Uhlenbruck* KS-InsO S 1157, 1174; Braun/*Uhlenbruck* Unternehmensinsolvenz S 88 ff; zust *Schlitt* NZG 1998, 755 f). Diese Wirkung kann indes durch einen **bedingten Insolvenzplan** (§ 249) erreicht werden (Begr zu § 296 RegE-InsO, BT-Drucks 12/2443, S 211; näher unten Rn 304). **122**

V. Massesurrogation

Vom Neuerwerb (dazu Rn 110 ff) zu unterscheiden ist die **Massesurrogation** (vgl Begr § 42 RegE-InsO, BT-Drucks 12/2443, S 122). Bei der Surrogation handelt es sich um Vermögensumsetzungen im Schuldnervermögen (der Begriff der Massesurrogation ist insoweit weiter als der Begriff der dinglichen Surrogation nach dem BGB; zu diesem ausf *Wolf* JuS 1975, 643 ff, 710 ff, 1976, 32 ff, 104 ff). Erwirbt der Insolvenzverwalter mit Mitteln der Insolvenzmasse Gegenstände, spricht man von **rechtsgeschäftlichen Surrogaten** oder von **Verwaltungssurrogation** bzw **Verwaltungserwerb** (Jaeger/*Henckel* § 35 Rn 105; MK/*Lwowski/Peters* § 35 Rn 55). Wird zB vom Insolvenzverwalter ein Vermögensgegenstand veräußert, fällt der Erlös automatisch in die Masse. In diesen Fällen liegt kein Neuerwerb iSv § 35 vor, weil Neuerwerb nur dasjenige Vermögen meint, das *der Schuldner* während des Verfahrens durch eine eigene Rechtshandlung erlangt (*Bork* Einf Rn 119; ausf *Harder* Insolvenzrechtliche Surrogation 2002, S 7 Rn 15 ff; zum „umgekehrten Surrogationsprinzip" hinsichtlich des Vermögenserwerbs des Schuldners mit unpfändbaren Mitteln s § 36 Rn 51 A). Verfügt der Insolvenzverwalter über schuldnerfremde Gegenstände, an denen ein Aussonderungsrecht eines Dritten besteht, fällt die Gegenleistung für die Verwalterverfügung kraft Surrogation in die Masse, kann aber von dem Dritten im Wege der Ersatzaussonderung nach § 48 herausverlangt werden (dazu § 48 Rn 1 ff; dort auch zur Ersatzabsonderung Rn 30). **123**

Der Surrogationsgedanke führt auch in den Fällen zu einer sachgerechten Lösung, in denen der Insolvenzverwalter einen von keiner Seite vollständig erfüllten gegenseitigen Vertrag iSd §§ 103 ff unter Einsatz von Massegegenständen erfüllt, die Gegenleistung aber mit einem Aus- oder Absonderungsrecht belastet ist (ebenso HK-*Marotzke* § 103 Rn 17 a; dazu § 103 Rn 149 ff). Die Aus- und Absonderungsrechte gehen mit Erfüllungswahl grds kraft Surrogation unter, sodass die Gegenleistung unbelastet in die Insolvenzmasse fällt (ausf dazu *Harder* Insolvenzrechtliche Surrogation 2002, S 145 Rn 426 ff). **124**

Bei einem auf **Verbindung, Vermischung oder Verarbeitung** beruhenden Rechtserwerb für die Masse nach den §§ 946 ff BGB handelt es sich um eine gesetzliche Surrogation (zur Geltung der §§ 946 ff BGB bei Insolvenz eines Beteiligten *Bork* FS Gaul 1992, S 71, 81 ff). Dasselbe gilt auch für alle nach Verfahrenseröffnung gezogenen Früchte oder Nutzungen aus Gegenständen der Insolvenzmasse (Jaeger/*Henckel* § 35 Rn 102). **125**

VI. Streit über die Massezugehörigkeit

1. Streit zwischen Insolvenzverwalter und Schuldner. Ist zwischen dem Schuldner und dem Insolvenzverwalter streitig, ob ein Gegenstand zur sog Sollmasse gehört, so ist dieser Streit vor den ordentlichen Gerichten auszutragen (**BGH 25. 10. 1984 Z 92, 339 = NJW 1985, 976 = ZIP 1984, 1501 = KTS 1985, 96**; Jaeger/*Henckel* § 35 Rn 129; Kilger/*Karsten Schmidt* § 1 KO Anm 4 C; MK/*Lwowski*/ **126**

Peters § 35 Rn 30), es sei denn, es besteht Streit über die Frage, ob ein Gegenstand nach den in § 36 Abs 1 S 2 genannten Vorschriften der Zwangsvollstreckung unterliegt, dann ist gem § 36 Abs 4 das Insolvenzgericht zuständig (dazu § 36 Rn 54 f); eine weitere Ausn sieht § 148 Abs 2 S 2 vor (dazu sogleich Rn 128). Die Klage ist regelmäßig **Feststellungsklage**; denkbar sind aber auch **Leistungs- oder Unterlassungsklagen** des Schuldners (Jaeger/*Henckel* § 35 Rn 129; MK/*Lwowski/Peters* § 35 Rn 30). Die Feststellungsklage ist auch dann vor den ordentlichen Gerichten zu erheben, wenn streitig ist, ob eine öffentlich-rechtliche Forderung, wie zB der Anspruch auf Altersruhegeld, dem Insolvenzbeschlag unterliegt (vgl **BGH** 25. 10. 1984 Z 92, 339 = NJW 1985, 976 = ZIP 1984, 1501 = KTS 1985, 96). Allgem zur **Prozessführungsbefugnis des Insolvenzverwalters** in Aktiv- und Passivprozessen s § 80 Rn 103 ff.

127 Der Insolvenzverwalter ist bei Streit über die Massezugehörigkeit nicht gehindert, den Gegenstand nach § 148 Abs 1 in Besitz und Verwaltung zu nehmen. Gelingt ihm die Inbesitznahme, so kann sich der Schuldner gegen die **Maßnahme des Insolvenzverwalters** nicht mit der Vollstreckungserinnerung (§ 766 ZPO) wehren, da es sich nicht um eine Maßnahme der Zwangsvollstreckung, sondern der Insolvenzverwaltung handelt (Jaeger/*Henckel* § 35 Rn 129). Der Erbe kann nicht mit der Erinnerung nach § 766 ZPO geltend machen, der Nachlassinsolvenzverwalter vollstrecke in massefremdes Nachlassvermögen (**AG München** 1. 9. 1964 KTS 1964, 255, 256).

128 Leistet der Schuldner jedoch Widerstand gegen die Inbesitznahme, darf der Insolvenzverwalter selbst keine Zwangsmaßnahmen ergreifen. Dann kann der Verwalter die Herausgabe nur unter **Mithilfe eines Gerichtsvollziehers** erzwingen. Hierzu ist er unmittelbar befugt, dh ohne vorher den Klageweg beschreiten zu müssen, da der Insolvenzeröffnungsbeschluss gem § 148 Abs 2 Vollstreckungstitel iSv § 794 Abs 1 Nr 3 ZPO gegen den Schuldner auf Herausgabe ist (vgl **BGH** 23. 5. 1962 NJW 1962, 1392 = KTS 1962, 170 [zu § 117 KO]; der Insolvenzverwalter ist auch in diesem Fall berechtigt, gem § 256 ZPO auf Feststellung der Massezugehörigkeit zu klagen). Im Zusammenhang mit den Maßnahmen des Gerichtsvollziehers ist die Vollstreckungserinnerung gegeben (§ 766 ZPO), für die gem § 148 Abs 2 S 2 das Insolvenzgericht zuständig ist; die funktionale Zuständigkeit liegt hier beim Richter (so entschieden zu § 89 Abs 3 s **BGH** 2. 6. 2005 NJW-RR 2005, 1299 = ZIP 2005, 1616 [Ls] = NZI 2005, 520 = ZInsO 2005, 708; **BGH** 5. 2. 2004 ZIP 2004, 732 = NZI 2004, 278 = ZInsO 2004, 391 = BB 2004, 853 = WM 2004, 834, jeweils mit dem Hinweis auf § 20 Nr 17 S 2 RPflG; **AG Hamburg** 29. 9. 1999 NZI 2000, 96 = ZInsO 2000, 172 [Ls]; abw **AG Hamburg** 26. 9. 2006 NZI 2006, 646 [ohne Auseinandersetzung mit den zuvor genannten Entscheidungen]); aA *Althammer/Löhnig* KTS 2004, 525; zum Ganzen auch § 89 Rn 42 ff). Hat die Vollstreckungserinnerung keinen Erfolg, kann daneben ein Aussonderungsprozess angestrengt werden, und zwar vor dem zuständigen Prozessgericht; die vorherige Entscheidung des Insolvenzgerichts über die Vollstreckungserinnerung ist im Aussonderungsprozess nicht bindend (Jaeger/*Henckel* § 35 Rn 130 u § 47 Rn 161).

129 Die **Verwertung ist Masseverwaltung** und nicht Vollstreckung, sodass die Vollstreckungserinnerung (§ 766 ZPO) gegen Verwertungsmaßnahmen des Insolvenzverwalters unzulässig ist (Jaeger/*Henckel* § 35 Rn 130). Hat der Gerichtsvollzieher den Herausgabeanspruch bereits vollstreckt, ist der Schuldner gezwungen, gegen den Insolvenzverwalter Leistungsklage auf Herausgabe zu erheben. Fordert der Schuldner vom Finanzamt die Erstattung zu viel gezahlter Steuern aus Billigkeitsgründen an ihn persönlich und nicht an die Masse, so ist der Streit über die Zugehörigkeit zur Masse vor dem Finanzgericht auszutragen, weil es sich um einen Streit zwischen dem Gemeinschuldner und dem Finanzamt außerhalb des Insolvenzverfahrens handelt (**BFH** 7. 3. 1968 E 92, 153 = BStBl II 1968, 496 = KTS 1969, 53, 54 m Anm *Schwarz* S 55; vgl im Übrigen oben Rn 126). Geht es dagegen um die Frage, ob der Einkommensteuererstattungsanspruch pfändbares Einkommen gem § 36 InsO iVm § 850 ZPO darstellt, ist nach § 36 Abs 4 InsO für die Beantwortung dieser Frage wie in den Fällen des § 89 Abs 3 das Insolvenzgericht als besonderes Vollstreckungsgericht zuständig (**BGH** 12. 1. 2006 NJW 2006, 1127 = ZIP 2006, 340 = NZI 2006, 246 = ZInsO 2006, 139 = EWiR § 35 InsO 2/06, 245 *[Beck]*; **BGH** 5. 2. 2004 ZIP 2004, 732 = NZI 2004, 278 = ZInsO 2004, 391; allgem dazu auch § 36 Rn 54 f).

130 Bei **Streit um die Zugehörigkeit ausländischen Schuldnervermögens** zur Inlands-Sollmasse kann der Insolvenzverwalter eines im Inland eröffneten Insolvenzverfahrens vor deutschen Gerichten Ansprüche geltend machen, die sich auf das im Ausland belegene Vermögen des Schuldners bzw Schuldnerunternehmens beziehen (**BGH** 10. 12. 1976 E 68, 16 = NJW 1977, 900 = KTS 1977, 172 = BB 1977, 472 = DB 1977, 718 = WM 1977, 453). Allerdings ist die Vollstreckung aufgrund der vollstreckbaren Ausfertigung des Eröffnungsbeschlusses im Ausland nicht ohne weiteres möglich (vgl **BGH** 13. 7. 1983 Z 88, 147 = NJW 1983, 2147 = ZIP 1983, 961 = DB 1983, 1973 = WM 1983, 858 = IPRax 1984, 264). Im Anwendungsbereich der EuInsVO kann der Insolvenzverwalter aber den Eröffnungsbeschluss – soweit er einen vollstreckbaren Inhalt hat – nach Art 25 Abs 1 EuInsVO iVm Art 38 ff EuGVVO in einem anderen Mitgliedstaat für vollstreckbar erklären lassen (zum vereinfachten Exequaturverfahren in Deutschland Art 102 § 8 EGInsO).

131 **2. Streit zwischen Insolvenzverwalter und einem Dritten.** Streitigkeiten zwischen einem Insolvenzverwalter und einem Dritten darüber, ob ein Gegenstand zur Insolvenzmasse gehört oder nicht, sind als Aussonderungsstreit mittels Klage auszutragen. Die **Vollstreckung gegen Dritte** aufgrund der vollstreckbaren Ausfertigung des Eröffnungsbeschlusses ist wegen des eindeutigen Wortlauts des § 148 Abs 2 („im Gewahrsam des Schuldners") nicht möglich (s auch **LG Trier** 4. 4. 2005 NZI 2005, 563 = ZInsO 2005, 780 = NZM 2005, 599 [Anschluss an **BGH** 25. 6. 2004 Z 159, 383 = NJW 2004, 3041 = WM 2004, 1696 = ZZP 118, 103]; Jaeger/*Henckel* § 35 Rn 130; s auch § 148 Rn 28 ff).

VII. Gegenstände der Insolvenzmasse im Einzelnen

1. Unbewegliche Sachen. a) Grundstücke. Zur Insolvenzmasse gehören **Grundstücke**, die im Eigentum des Schuldners stehen. In der Insolvenz wird der gutgläubige Erwerb eines Dritten verhindert (vgl § 81 Abs 1 S 2, §§ 892, 893 BGB), indem bei Grundstücken, als deren Eigentümer der Schuldner eingetragen ist, gem § 32 ein Insolvenzvermerk in das Grundbuch eingetragen wird (s dazu näher Komm zu § 32). Sofern ein zur Insolvenzmasse gehörendes Grundstück mit einem Grundpfandrecht belastet ist und der Insolvenzverwalter das Grundstück mit Zustimmung eines Grundpfandgläubigers veräußert, so ist für die Antwort auf die Frage, ob die bei der Veräußerung anfallende Umsatzsteuer der Insolvenzmasse oder als Teil des Verwertungserlöses dem Grundpfandgläubiger gebührt, in erster Linie die zwischen Insolvenzverwalter und Grundpfandgläubiger getroffene Vereinbarung entscheidend (**BGH** 7. 5. 1987 NJW-RR 1987, 1291 = ZIP 1987, 764 = KTS 1987, 695 = WM 1987, 853 = EWiR § 242 BGB 9/87, 757 [*Gaberdiel*] mwN). In diesem Kontext darf nicht übersehen werden, dass der Insolvenzverwalter neben der Grundstückslieferung an den Erwerber eine sonstige entgeltliche Leistung an den Grundpfandgläubiger ausführt, wenn der absonderungsberechtigte Grundpfandgläubiger und der Insolvenzverwalter vereinbaren, dass der Insolvenzverwalter ein Grundstück für Rechnung des Grundpfandgläubigers veräußert und vom Veräußerungserlös einen bestimmten Betrag für die Masse einbehalten darf. Der für die Masse einbehaltene Betrag ist in diesem Fall Entgelt für eine Leistung, sodass die Voraussetzungen der Umsatzsteuerpflicht nach § 1 Abs 1 Nr 1 Satz 1 UStG vorliegen (**BFH** 18. 8. 2005 BFHE 211, 551 = BStBl II 2007, 183 = ZIP 2005, 2119 = ZInsO 2005, 1214; **BFH** 17. 2. 2005 BFH/NV 2005, 1394).

b) Grundstücksgleiche Rechte. Zur Insolvenzmasse gehören nicht nur **Grundstücke**, sondern auch **grundstücksgleiche Rechte**, das sind Rechte, die gem § 864 Abs 1 ZPO der Zwangsvollstreckung in das unbewegliche Vermögen unterliegen (KPB-*Holzer* § 35 Rn 46; MK/*Lwowski*/*Peters* § 35 Rn 165). Ein solches grundstücksgleiche Recht ist das **Erbbaurecht** (**BGH** 20. 10. 2005 NJW-RR 2006, 188 = ZIP 2005, 2267 = NZI 2006, 97 = ZInsO 2005, 1322 = WM 2005, 2325 = EWiR § 55 InsO 3/06, 313 [*Tintelnot*]; zu beachten aber evtl dingl Veräußerungsbeschränkung nach §§ 5, 8 ErbbRVO; dazu **BGH** 8. 7. 1960 Z 33, 76, 85 ff = WM 1960, 973; ausf zum Erbbaurecht in der Insolvenz *Meyer* NZI 2007, 487) ebenso wie das **Wohnungs- und Teilerbbaurecht** (§ 30 WEG) und das **Gebäudeeigentum**, das in den neuen Bundesländern nach Art 231 § 5 und Art 233 §§ 2 b, 4 EGBGB bestehen geblieben ist (vgl auch Baumbach-*Hartmann* § 864 ZPO Rn 7; Zöller-*Stöber* § 864 ZPO Rn 2). Allerdings ist der Grundstückseigentümer wegen seiner dinglichen Erbbauzinsansprüche insoweit geschützt, als er nach § 9 Abs 1 S 1 ErbbauVO, §§ 1105, 1107, 1147 BGB durch Zwangsvollstreckung in das Erbbaurecht Befriedigung suchen kann; er ist folglich in der Insolvenz des Erbbauberechtigten gem § 49 InsO zur abgesonderten Befriedigung aus dem Erbbaurecht im Wege der Zwangsversteigerung berechtigt (s § 49 Rn 12).

Der **Erbbaurechtsvertrag** ist kein beiderseits noch nicht vollständig erfüllter Austauschvertrag iSd §§ 103 ff InsO. Der Erbbauzins fällt auch weder direkt noch analog unter § 108 und das Erbbaurecht ist in der Insolvenz des Erbbauberechtigten weder direkt noch analog nach § 109 InsO kündbar (**BGH** 20. 10. 2005 NJW-RR 2006, 188 = ZIP 2005, 2267 = NZI 2006, 97 = ZInsO 2005, 1322 = WM 2005, 2325 = EWiR § 55 InsO 3/06, 313 [*Tintelnot*]; **OLG Thüringen** 25. 1. 2006 2 U 746/05 OLG-NL 2006, 60). Die Vereinbarung eines **Heimfallanspruchs für den Insolvenzfall** in einem Erbbaurechtsvertrag kann unter dem Gesichtspunkt der Gläubigerbenachteiligung anfechtbar sein, mit der Folge, dass der Insolvenzverwalter verlangen kann, dass die Masse so gestellt wird, wie wenn der Vertrag ohne diese Vereinbarung abgeschlossen worden wäre (dazu u § 129 Rn 115).

Grundstücksgleiche Rechte iSv § 864 Abs 1 ZPO sind auch das **Bergwerkseigentum** (§ 9 BBergG), landesrechtliche **Jagd- und Fischereirechte** und **Kohlenabbaurechte** etc (vgl Art 63–69, 184, 196 EGBGB) und **Realgemeinderechte** (Art 164 EGBGB). Die **Heimstätte** ist Teil der Insolvenzmasse, und zwar seit Aufhebung des Reichsheimstättengesetzes durch G v 17. 6. 1993, BGBl 1993 I S 912 sogar ohne Einschränkung (dazu MK/*Lwowski*/*Peters* § 35 Rn 166).

Massebestandteile sind auch im Schiffsregister eingetragene Seeschiffe und Binnenschiffe oder ein im Schiffsbauregister eingetragenes **Schiffsbauwerk** (vgl SchiffsregisterO; s auch Jaeger/*Henckel* § 36 Rn 60; MK/*Lwowski*/*Peters* § 35 Rn 174 ff) sowie in der Luftfahrzeugrolle eingetragene **Luftfahrzeuge** (vgl LuftfzRG). Zur Sicherung kann gem § 33 ein Insolvenzvermerk in das jeweilige Register eingetragen werden. **Schiffshypotheken**, also Hypotheken an Schiffen und Schiffbauwerken Dritter (§ 8 Abs 1 SchiffsregisterO), fallen ebenso in die Masse wie **Hochseekabel** (§ 31 KabelpfandG).

Wohnungs- und Sondereigentum (§ 1 Abs 2, 3 WEG) fallen mit Verfahrenseröffnung in die Insolvenzmasse (zur Insolvenz der Wohnungseigentümergemeinschaft selbst oben § 11 Rn 421 ff). Die Wohnungseigentümergemeinschaft bleibt von der Verfahrenseröffnung unberührt (ausf zu den Wirkungen der Verfahrenseröffnung auf das Wohnungseigentum *Vallender* NZI 2004, 401, 402 ff). Da Wohnungseigentum als Sondereigentum an einer Wohnung in Verbindung mit dem Miteigentumsanteil am gemeinschaftlichen Eigentum ohne Miteigentumsanteil nicht veräußert werden kann (§ 6 Abs 1 WEG), ist der Insolvenzverwalter nicht berechtigt, gem § 84 Abs 2 die Aufhebung der Gemeinschaft zu verlangen (§ 11 Abs 2 WEG). Der Insolvenzverwalter kann entweder freihändig veräußern oder gem § 165 im Wege der Zwangsversteigerung nach den §§ 172 ff ZVG verwerten (*Vallender* NZI 2004, 401, 404 f). Auch die Veräußerung des Wohnungseigentums kann durch Zustimmungserfordernisse eingeschränkt werden (§ 12 Abs 1, 3 S 2 WEG), die wiederum nur aus wichtigen Gründen eingreifen (§ 12 Abs 2 WEG). Eine **vereinbarte Veräußerungsbeschränkung** hat auch der Insolvenzverwalter zu beachten. Eine gleichwohl vorgenommene Veräußerung und das Verpflichtungsgeschäft sind schwebend unwirksam (Palandt/*Bassenge* § 12 WEG Rn 13).

138 Im Insolvenzverfahren über das Vermögen eines Wohnungseigentümers bleiben vor Verfahrenseröffnung begründete und fällig gewordene Ansprüche gegen den Schuldner auf Zahlung von **Wohngeldvorschüssen** auch dann Insolvenzforderungen iSv § 38, wenn über die Jahresabrechnung nach Verfahrenseröffnung beschlossen wird (vgl auch BGH 10. 3. 1994 = NJW 1994, 1866 = ZIP 1994, 720 = KTS 1994, 396 = EWiR § 58 KO 2/94, 473 *[Grub]*; zum Ganzen *Vallender* NZI 2004, 401, 406 ff). Im Insolvenzverfahren über das Vermögen eines Wohnungseigentümers ist dessen anteilige Verpflichtung zur Zahlung einer nach Eröffnung des Insolvenzverfahrens beschlossenen **Sonderumlage**, die den von diesem Wohnungseigentümer durch Wohngeldrückstand verursachten Fehlbedarf der Gemeinschaft ausgleichen soll, Masseverbindlichkeit iSv § 55 Abs 2 Nr 2 (BGH [V. ZS] 15. 6. 1989 Z 108. 44 = NJW 1989, 3018 = ZIP 1989, 930 = KTS 1989, 860 = EWiR § 28 WEG 1/89, 1033 *[Hauger]*; zweifelnd dagegen BGH [IX. ZS] 18. 4. 2002 Z 150, 305 = NJW-RR 2002, 1198 = ZIP 2002, 1043 = NZI 2002, 425 = ZInsO 2002, 524 = KTS 2002, 568 = WM 2002, 1195 = EWiR § 9 GesO 1/02, 573 *[Tetzlaff]*; dazu *Vallender* NZI 2004, 401, 407).

139 **c) Sonstige dingliche Grundstücksrechte.** Zur Insolvenzmasse gehören auch dingliche Grundstücksrechte, wie zB Hypotheken, Grund- und Rentenschulden (§§ 1113, 1191, 1199 BGB), dingliche Wohnungsrechte (§ 1093 BGB) und Dauerwohnrechte (§ 31 WEG). Vom Insolvenzbeschlag werden alle in den Haftungsbereich der Grundpfandrechte fallenden beweglichen Sachen (§ 1120 BGB) einbezogen, wie zB die wesentlichen Bestandteile des Grundstücks einschließlich der Erzeugnisse (§§ 93, 94 BGB) und das Zubehör (§§ 97, 98 BGB).

140 Eine **Eigentümergrundschuld** fällt in die Insolvenzmasse, soweit sie gepfändet werden kann (vgl zur Pfändung Zöller-*Stöber* § 857 ZPO Rn 20 ff). Da die Pfändung zu ihrer Wirksamkeit der Übergabe des Briefes bzw der Eintragung im Grundbuch bedarf, ist sie problematisch, wenn sie außerhalb des Grundbuchs entstanden ist (vgl §§ 1163 Abs 1 S 2, 1177 BGB), sodass die Eintragung nicht vorgenommen werden kann (§ 39 GBO), weil der Grundstückseigentümer nicht als Berechtigter der Eigentümergrundschuld eingetragen ist (RG 4. 2. 1928 Z 120, 110, 112). Dies hindert jedoch die Zugehörigkeit einer Eigentümergrundschuld zur Insolvenzmasse nicht, weil die Eintragung nachgeholt werden kann. Dasselbe gilt für künftige oder auflösend bedingte Eigentümergrundschulden (vgl zur Pfändung RG 4. 2. 1928 Z 120, 110, 112; Zöller-*Stöber* § 857 ZPO Rn 25). Zur Insolvenzmasse des Grundtümers gehört auch ein **Grundpfandrecht**, dem eine rechtszerstörende Einrede entgegensteht, denn in diesem Fall kann der Grundeigentümer nach § 1169 BGB verlangen, dass der Gläubiger auf das Grundpfandrecht verzichtet (früh schon K/U § 1 KO Rn 46).

141 Die **Grunddienstbarkeit** (§§ 1018 ff BGB) gehört nach § 96 BGB zur Masse des herrschenden Grundstücks. Dagegen fällt eine **beschränkte persönliche Dienstbarkeit** (§§ 1090 ff BGB) allein dann in die Insolvenzmasse, wenn die Überlassung zur Ausübung an einen anderen gestattet ist (vgl § 1092 Abs 1 S 2 BGB, § 857 Abs 3 ZPO; BGH 29. 9. 2006 ZIP 2006, 2321 = ZInsO 2006, 1324 = WM 2006, 2226 = MDR 2007, 296; BGH 25. 9. 1963 NJW 1963, 2319; BGH 23. 5. 1962 NJW 1962, 1392 = KTS 1962, 170, 172; allgem zur Ausübungsgestattung MK-BGB/*Joost* § 1092 Rn 5). Im Übrigen ist sie massefrei, selbst wenn sie dem Gewerbebetrieb des Berechtigten dient (BGH 25. 9. 1963 NJW 1963, 2319 = MDR 1964, 51 = JZ 1964, 100 = WM 1963, 1161; BGH 23. 5. 1962 NJW 1962, 1392 = BB 1962, 733 = WM 1962, 746 = MDR 1962, 728). Die Ausübungsgestattung muss sich nicht unmittelbar aus dem Grundbuch ergeben; es genügt, dass diese in der in Bezug genommenen Eintragungsbewilligung enthalten ist (BGH 29. 9. 2006 ZIP 2006, 2321 = ZInsO 2006, 1324 = WM 2006, 2226 = MDR 2007, 296). Insoweit ist die Eintragung im Grundbuch nur bedeutsam für die Frage, ob sich ein Grundstückserwerber die Befugnis zur Übertragung der Ausübung entgegen halten lassen muss (BGH 25. 9. 1963 NJW 1963, 2319 = MDR 1964, 51 = JZ 1964, 100 = WM 1963, 1161; BGH 23. 5. 1962 NJW 1962, 1392 = BB 1962, 733 = WM 1962, 746 = MDR 1962, 728; RG 16. 1. 1939 Z 159, 193, 204; OLG Karlsruhe 26. 8. 1988 BB 1989, 942, 943; MK/*Lwowski/Peters* § 35 Rn 455).

142 Steht eine beschränkte persönliche Dienstbarkeit oder der Anspruch auf Einräumung einer beschränkten persönlichen Dienstbarkeit einer **juristischen Person oder einer rechtsfähigen Personengesellschaft** zu, ist die Unübertragbarkeit nach § 1092 Abs 2, 3 iVm §§ 1059a–1059d BGB gelockert. Soweit die Dienstbarkeit hiernach übertragbar ist, unterliegt sie der Zwangsvollstreckung und fällt in die Insolvenzmasse (MK-BGB/*Joost* § 1092 Rn 7).

VII. Gegenstände der Insolvenzmasse im Einzelnen § 35

2. Bewegliche Sachen. a) Allgemeines. Zur Insolvenzmasse gehören grds alle beweglichen Gegenstände, deren Eigentümer der Schuldner ist (oben Rn 25 ff), es sei denn, sie fallen gem § 36 aus der Insolvenzmasse heraus, weil sie nicht der Zwangsvollstreckung unterliegen (zu der negativen Abgrenzung s § 36 Rn 13 ff); zu den Ausnahmen vom Gleichlauf zwischen haftungsrechtlicher und vermögensrechtlicher (dinglicher) Vermögenszuordung oben Rn 8; zu den Besonderheiten der Massezugehörigkeit beweglicher Sachen im unternehmerischen Vermögensverbund unten Rn 278 (Praxiseinrichtung), Rn 296 (Apotheke) sowie § 36 Rn 14 ff (Arbeitsgerät von Selbstständigen); zur Reichweite der Freigabe nach Abs 2 s Rn 100. 143

b) Bestandteile von Grundstücken. Zu den beweglichen Sachen gehören **Bestandteile von Grundstücken und Gebäuden**, wenn sie nicht deren wesentliche Bestandteile (§ 93 BGB) geworden sind, wie zB sog Scheinbestandteile (KPB-*Holzer* § 35 Rn 55), es sei denn, das Grundstück bzw Gebäude selbst gehört auch in die Masse. Sonst bleibt allenfalls ein etwaiger Entschädigungsanspruch nach § 951 BGB wegen eines Rechtsverlusts gem §§ 946 ff BGB, der wiederum in die Masse fällt. Zu beachten ist, dass bewegliche Sachen häufig als Zubehör in den Haftungsverband eines Grundpfandrechts fallen und folglich an ihnen ein Recht auf abgesonderte Befriedigung besteht (vgl §§ 49, 165; MK/*Lwowski/Peters* § 35 Rn 138). 144

In der Insolvenz über das Vermögen eines **Grundstückspächters** gehören die Früchte am Halm zu dessen Insolvenzmasse (**BGH** 30. 5. 1958 Z 27, 360, 365; KPB-*Holzer* § 35 Rn 56; MK/*Lwowski/Peters* § 35 Rn 139). Auch Baumschulbestände fallen in die Insolvenzmasse, weil es sich bei den Bäumen, Sträuchern, Gerätschaften um Scheinbestandteile des Grundstücks handelt (Palandt/*Heinrichs* § 95 Rn 3 mw Bsp). 145

c) Pfandgegenstände. Gegenstände des Schuldners an denen ein rechtsgeschäftliches Pfandrecht, ein durch Pfändung erlangtes Pfandrecht oder ein gesetzliches Pfandrecht besteht, gehören zur Insolvenzmasse (vgl auch Wortlaut § 50 Abs 1: **Pfandrecht „an einem Gegenstand der Insolvenzmasse"**). Die Gläubiger sind allenfalls gem §§ 166 ff zur abgesonderten Befriedigung aus dem Pfandgegenstand berechtigt (zum Beitrag des Absonderungsberechtigten für die Insolvenzmasse unten Rn 195). Pfandrechte des Schuldners an beweglichen Sachen oder Rechten bleiben von der Eröffnung des Insolvenzverfahrens unberührt und fallen als akzessorisches Sicherungsmittel mit der Hauptforderung in die Insolvenzmasse. 146

d) Persönliche Gegenstände (Briefe, Ehrenzeichen etc). Höchstpersönliche Gegenstände wie zB **private Briefe und Aufzeichnungen oder Unterlagen über den Gesundheitszustand des Schuldners** gehören zur durch Art 1, 2 GG geschützten Geheimsphäre des Schuldners und deswegen insolvenzfrei (**BGH** 25. 5. 1954 Z 13, 334, 337; **BGH** 26. 11. 1954 Z 15, 249, 257; vgl auch **BGH** 2. 4. 1957 Z 24, 72, 78 ff = NJW 1957, 1146 m Anm *Neumann-Duesberg* NJW 1957, 1276; MK/*Lwowski/Peters* § 35 Rn 154), und zwar auch dann, wenn die private Korrespondenz in elektronischer Form geführt und gespeichert wurde, sodass der hierfür benutzte private Computer ebenfalls massefrei ist. 147

Ebenfalls insolvenzfrei sind **Familienpapiere** des Schuldners sowie **Familienfotos** und **Trauringe** (vgl § 811 Abs 1 Nr 11 ZPO), letztere auch dann, wenn sie nicht getragen werden oder die Ehe durch den Tod aufgelöst, durch Gestaltungsurteil geschieden (§ 1564 Abs 1 S 1 BGB) oder aufgehoben (§ 1313 Abs 1 S 1 BGB) ist. 148

Nicht in die Insolvenzmasse fallen auch **Orden und Ehrenzeichen** im Original (vgl § 811 Abs 1 Nr 11 ZPO), aber nur soweit es sich um inländische oder ausländische *staatliche* Auszeichnungen handelt (vgl Baumbach/Lauterbach-*Hartmann* § 811 ZPO Rn 51); freilich sind bloße Sammlerstücke ohne jede persönliche Beziehung zum Geehrten massezugehörig (Zöller-*Stöber* § 811 Rn 35). Ebenso wie das (höchstpersönliche) Mitgliedschaftsrecht in Vereinen insolvenzfrei ist, fallen auch **Vereinspokale und -abzeichen** nicht in die Insolvenzmasse, es sei denn, das persönliche Interesse des Schuldners an diesen Gegenständen tritt hinter den Interessen der Gläubiger zurück, zB wenn sie einen erheblichen Sachwert verkörpern (*Hess* §§ 35, 36 Rn 118; str aA HK-*Eickmann* § 36 Rn 16). 149

e) Geschäftsbücher und Urkunden. Geschäftsbücher des Schuldners bzw des Schuldnerunternehmens sind gem § 36 Abs 2 Nr 1 ebenso der Insolvenzmasse gesetzlich zugewiesen wie Sachen, die nach § 811 Nr 4 und Nr 9 ZPO nicht der Zwangsvollstreckung unterliegen (hierzu § 36 Rn 43 ff); zur Sonderfrage der Massezugehörigkeit der **Praxisunterlagen eines Freiberuflers** ausf unten Rn 280. **Urkunden** über in die Insolvenzmasse fallende Forderungen und sonstige Rechte des Schuldners, wie zB Aktienurkunden, Sparbücher, Grundpfandbriefe etc fallen in die Masse. 150

f) Computerprogramme (Software). Computerprogramme (Software), die der Steuerung einer EDV-Anlage (Hardware) dienen, sind Teil der Insolvenzmasse im Insolvenzverfahren über das Vermögen des Softwarehauses, soweit nicht § 36 eingreift (KPB-*Holzer* § 35 Rn 63; *Heidland* KTS 1990, 183 ff; *Heilmann* KTS 1990, 437). Die Software (Datenträger) ist als **bewegliche Sache** anzusehen, die nach den §§ 802 ff ZPO pfändbar ist (*Paulus* ZIP 1996, 2, 3; aA *Müller-Hengstenberg* NJW 1994, 3128; vgl auch St/J-*Münzberg* § 808 Rn 3 mwN zum Streitstand), soweit nicht die Vorschriften der §§ 811 Nr 5, 6, 10, 11 ZPO eingreifen (Jaeger/*Henckel* § 35 Rn 51; St/J-*Münzberg* § 808 Rn 4). Auch das Nutzungsrecht an der Software ist grds pfändbar, zwar nicht nach § 808 ZPO, aber nach § 857 ZPO, und somit 151 massezugehörig. Freilich kann bei der Frage der Massezugehörigkeit sowie bei der späteren Verwertung der (auch) immaterielle Charakter der Software nicht völlig unberücksichtigt bleiben. Insbesondere ist an den urherberrechtlichen Schutz der Software (§ 2 Abs 1 Nr 1, §§ 69 a ff UrhG) und an Beschränkungen aufgrund des Datenschutzes zu denken (Einzelheiten bei *Paulus* ZIP 1996, 2; St/J-*Münzberg* § 808 Rn 5). Allerdings erweitert in aller Regel der Erschöpfungsgrundsatz gem § 69 c Nr 3 S 2 UrhG den Verwertungsspielraum des Insolvenzverwalters (St/J-*Münzberg* § 857 Rn 23). Ebenso kann der Insolvenzverwalter gem § 34 Abs 3 UrhG im Fall der Gesamtveräußerung eines Unternehmens oder Unternehmensteils ein Nutzungsrecht ohne Zustimmung des Urhebers veräußern, wenn es Bestandteil der veräußerten organisatorischen Einheit ist (Jaeger/*Henckel* § 35 Rn 51 aE).

152 In der **Insolvenz des Herstellers** (Lizenzgebers) gehört die Software selbst dann in die Insolvenzmasse, wenn Mitarbeiter ein Urheberrecht erlangt haben, da der Schuldner Nutzungsberechtigter ist. Die Computersoftware gehört auch schon im Entwicklungsstadium als Teil des Geschäftsbetriebes zur Insolvenzmasse (*Heilmann* KTS 1990, 437, 438; *Paulus* ZIP 1996, 2, 5). Zur Verwertung der Software bedarf der Insolvenzverwalter allerdings, wenn die Entwicklung als Programm nicht auf den Vertrieb gerichtet war, der Zustimmung des Urhebers (MK/*Lwowski/Peters* § 35 Rn 161; zu insolvenzfesten Nutzungsrechten und Lizenzen an Software s auch *Wallner* NZI 2002, 70). In der **Insolvenz des Nutzers und Anwenders** gehören die bezahlten Softwarepakete ebenfalls zur Insolvenzmasse (MK/*Lwowski/Peters* § 35 Rn 162; *Paulus* CuR 1987, 651, 654 ff; *Gesper* CuR 1989, 8, 9 ff). Werden die Nutzungsrechte erst mit der Bezahlung des Kaufpreises erlangt, kann je nach den zugrunde liegenden Geschäftsbedingungen der Hersteller zur Aus- oder Absonderung im Insolvenzverfahren über das Vermögen des Nutzers berechtigt sein.

153 **3. Forderungen des Schuldners. a) Arbeitseinkommen und sonstige laufende Bezüge.** Das Arbeitseinkommen des Schuldners fällt in die Masse, und zwar – anders als nach früherem Recht – unabhängig davon, ob es vor oder während des Insolvenzverfahrens erzielt wird (zur Einbeziehung des Neuerwerbs s Rn 110 ff). Deshalb ist § 196 Abs 1 dahingehend präzisiert worden, dass die Schlussverteilung erfolgen kann, sobald die Insolvenzmasse ohne Berücksichtigung des laufenden Einkommens verwertet ist bzw der Schuldner den Betrag nach § 214 Abs 1 bezahlt hat, um „Endlosverfahren" wegen fortlaufenden Einkommens des Schuldners zu vermeiden (vgl *Grub/Smid* DZWIR 1999, 2, 7; *Runkel* FS Uhlenbruck 2000, S 315, 324 f). Dem Arbeitseinkommen stehen **Abfindungen** für den Verlust des Arbeitsplatzes, der Anspruch auf **Insolvenzgeld** (§§ 183 ff SGB III), **Sozialleistungen** der SGB I bis XII oder laufende Bezüge von Rentnern und Hinterbliebenen aus einer **betrieblichen Altersversorgung** gleich (Einzelheiten bei § 36 Rn 20 ff). **Rückständiges Arbeitseinkommen** des Schuldners gehört ebenfalls nach Maßgabe der Pfändungsschutzvorschriften der §§ 832, 850 ff ZPO zur Insolvenzmasse (LG Köln 14. 3. 1997 ZIP 1997, 989 = EWiR § 826 BGB 2/97, 745 *[Johlke/Schröder]*; Kilger/*Karsten Schmidt* § 1 KO Anm 2 B b). Der Insolvenzverwalter ist berechtigt, gem § 850 h ZPO auch die vor Insolvenzeröffnung begründeten pfändbaren Anteile **verschleierter Arbeitseinkommen** zur Masse zu ziehen, da § 850 h Abs 1 ZPO nicht nur Verfahrensregel, sondern auch Haftungsregel ist, die auch im Insolvenzverfahren gilt (aus Jaeger/*Henckel* § 36 Rn 16).

154 Arbeitseinkommen und gleichgestellte laufende Bezüge dürfen aber gem § 36 Abs 1 nicht dem **Pfändungsschutz nach den §§ 850 ff ZPO** unterfallen oder gem § 54 SGB I von der Pfändbarkeit ausgeschlossen sein (ausf dazu § 36 Rn 20 ff; zum Verhältnis von §§ 35, 36 zu § 100 kritisch *Grub/Smid* DZWIR 1999, 2; *Keller* NZI 2001, 449, 454). Nur der *pfändbare* Teil des Arbeitseinkommens ist zur Insolvenzmasse zu ziehen. Der gem § 36 Abs 1 S 1 iVm §§ 850, 850 a, 850 c, 850 e, 850 f Abs 1, 850 g–850 i ZPO *unpfändbare* Teil des Arbeitseinkommens verbleibt dem Schuldner. Im Hinblick auf Honorarforderungen von Angehörigen der freien Berufe, die einer besonderen Schweigepflicht unterliegen, sind einige Besonderheiten zu beachten (ausf dazu § 36 Rn 24 ff).

155 **b) Ansprüche auf Insolvenzgeld.** Ansprüche auf Insolvenzgeld (§§ 183 ff SGB III) sind nach Maßgabe des § 189 SGB III grundsätzlich wie Arbeitseinkommen der Pfändung unterworfen, so dass die Ansprüche im Rahmen der Pfändbarkeit in die Insolvenzmasse fallen (Gottwald/*Klopp/Kluth* InsR HdB § 25 Rn 26).

156 **c) Altersrenten.** Die Altersrente eines in der **gesetzlichen Rentenversicherung** versicherten Schuldners kann gem § 54 Abs 4 SGB I wie Arbeitseinkommen, also in den Grenzen des § 850 c ZPO, gepfändet werden (vgl **BGH** 25. 10. 1984 Z 92, 339 = NJW 1985, 976 = ZIP 1984, 1501, 1502 = KTS 1985, 96; **LG Köln** 14. 3. 1997 ZIP 1997, 989 = EWiR § 826 BGB 2/97, 745 *[Johlke]*). Sie gehört mithin zur Insolvenzmasse. Das gilt auch für Ansprüche auf rückständiges Altersruhegeld (**LG Köln** 14. 3. 1997 ZIP 1997, 989 = EWiR § 826 BGB 2/97, 745 *[Johlke]*), ebenso wie für zukünftig entstehende oder fällig werdende laufende Geldansprüche gegen einen Träger der gesetzlichen Rentenversicherung, die pfändbar und mithin massezugehörig sind, sofern die Ansprüche in einem bereits bestehenden Sozialversicherungsverhältnis wurzeln (**BGH** 21. 11. 2002 NJW 2003, 1457 = ZInsO 2003, 330 = KTS 2003, 398 = WM 2003, 548). Dasselbe gilt trotz ihrer Unabtretbarkeit für Ansprüche gegen einen **öffentlich-rechtlichen Versorgungsträger** (**BGH** 25. 8. 2004 Z 160, 197 = NJW 2004, 3770 = WM 2004, 2316

VII. Gegenstände der Insolvenzmasse im Einzelnen § 35

[Versorgungswerk für Rechtsanwälte]; ebenso **BGH** 28. 3. 2007 WM 2007, 1033 [Versorgungsanstalt der deutschen Bezirksschornsteinfegermeister]). Zu den Besonderheiten der privaten und betrieblichen Altersvorsorge Rn 225 ff sowie ausf § 36 Rn 36 f.

d) Unterhaltsansprüche und Ersatzrenten. Gesetzliche **Unterhaltsansprüche** nach den §§ 1360 ff, 157 1569 ff, 1601 ff, u 1969 BGB sowie die den **Unterhaltsanspruch ersetzenden Renten** nach § 844 bzw § 843 BGB, § 8 HaftpflG, § 13 StVG, § 38 LuftVG fallen, da die bedingte Pfändbarkeit der Unpfändbarkeit gleichzustellen ist, nicht in die Insolvenzmasse des Berechtigten (*Uhlenbruck* FamRZ 1998, 1473, 1474; *ders* KTS 1999, 413; *Jaeger/Henckel* § 36 Rn 19; *Kohte* KS-InsO S 781, 802; *Heilmann* KTS 1966, 79, 80). Unterhaltsrenten, die wegen Entziehung einer Unterhaltsforderung zu leisten sind, werden von § 850 b Abs 1 Nr 2 ZPO erfasst. Deshalb sind zB die im Fall des Todes des Unterhaltspflichtigen an den Unterhaltsberechtigten gem § 844 Abs 2 oder § 618 BGB zu leistenden Zahlungen der Pfändung und damit auch der Insolvenzmasse entzogen (*Kohte* KS-InsO S 781, 802 f).

Umstritten ist, ob **einmalige Unterhaltsleistungen**, zB unterhaltsrechtlicher Sonderbedarf nach § 1613 158 Abs 2 BGB, wie zB Prozesskostenvorschuss, ärztliche Behandlungskosten, Gelder zur Anschaffung eines Behindertenfahrzeuges etc, unter den Pfändungsschutz des § 850 b ZPO fallen und damit vom Insolvenzbeschlag ausgenommen sind. Zutreffend weist *Kohte* (KS-InsO S 803 Rn 76) nach, dass der Streit unter insolvenzrechtlichen Aspekten ohne Bedeutung ist, denn selbst diejenigen, die eine Pfändbarkeit zulassen, bejahen sie nur im Rahmen der Zweckbindung. Ein **einmaliger Unterhaltssonderbedarf** ist nicht Bestandteil der Insolvenzmasse (*Kohte* KS-InsO Rn 76). Auch **Abfindungen** und **Unterhaltsansprüche** nach den §§ 1360, 1360 a BGB während bestehender Haushaltsgemeinschaft fallen ebenso wenig in die Insolvenzmasse wie **Unterhaltsansprüche des Insolvenzschuldners gegen die Insolvenzmasse** (Einzelheiten bei *Kohte* KS-InsO S 804 ff Rn 80 ff). Was dem Schuldner und seiner Familie gem § 100 Abs 1 durch Beschluss der Gläubigerversammlung an Unterhalt aus der Insolvenzmasse gewährt wird, ist schon deswegen kein Neuvermögen, weil es aus der Insolvenzmasse stammt.

e) Abfindungsansprüche. Zur Insolvenzmasse gehören **Abfindungsansprüche des Arbeitnehmers** nach 159 §§ 112, 113 BetrVG und §§ 9, 10 KSchG (**BAG** 12. 9. 1979 E 32, 96 = DB 1980, 358 = BB 1980, 728; **OLG** Düsseldorf 28. 8. 1979 NJW 1979, 2520 = DB 1980, 112 = BB 1980, 44). Sie genießen nicht den Pfändungsschutz wiederkehrender Leistungen gem § 850 a ff ZPO, sondern werden als sonstige Vergütung gem § 850 i ZPO geschützt (**BAG** 12. 9. 1979 E 32, 96 = DB 1980, 358 = BB 1980, 728).

f) Mitgliedschaftsrechte und Gesellschaftsanteile. Zur Insolvenzmasse gehören auch Aktien, GmbH- 160 Geschäftsanteile, Genossenschaftsanteile oder Anteile an einer Personengesellschaft, einschließlich vinkulierter (Namens-)Aktien oder GmbH-Geschäftsanteile, deren Veräußerung an die Zustimmung der Gesellschaft gebunden ist (*Bergmann* ZInsO 2004, 225; *Gottwald/Klopp/Kluth* InsR HdB § 25 Rn 62; MK/*Lwowski/Peters* § 35 Rn 179, 191, 240, 261 f; ausf zur Frage des Verwertungsrechts bzgl Wertpapieren *Hirte/Knof* WM 2008, 7 (Teil I) u 49 (Teil II); zur Kündigung eines Genossenschaftsanteils s § 11 Rn 207A). Dagegen fällt die Mitgliedschaft in einem Idealverein nicht in die Insolvenzmasse (§ 36 Rn 38). Im Übrigen gehören zur Insolvenzmasse auch alle sonstigen (derivativen) Rechte des Schuldners, zB Aktienoptionen.

Ist der Schuldner Teilhaber an einer **Gesamthandsgemeinschaft**, so fällt der Anteil in die Masse, nicht 161 dagegen die Anteile an den einzelnen Gegenständen des Gesamthandsvermögens (§ 719 Abs 1 BGB; *Häsemeyer* InsR Rn 9.17; MK/*Lwowski/Peters* § 35 Rn 179). So fällt zB, wenn der **Schuldner Miterbe** ist, sein Anteil am Nachlass (§§ 2033 Abs 1 BGB, 859 Abs 1 S 1, 2 ZPO) in die Insolvenzmasse mit der Folge, dass der Insolvenzverwalter berechtigt ist, den Anteil zu verwerten (*Gottwald/Klopp/Kluth* InsR HdB § 25 Rn 64; *Häsemeyer* InsR Rn 9.17). Auch **Miteigentumsbruchteile** (§§ 1008 ff BGB) und sonstige Bruchteilsberechtigungen zählen zur Masse (*Gottwald/Klopp/Kluth* InsR HdB § 25 Rn 64; Kilger/*Karsten Schmidt* § 1 KO Anm 2 A d).

g) Schuldbefreiungsansprüche. Schuldbefreiungsansprüche sind – außer an den (Haupt-)Gläubiger 162 selbst – nicht übertragbar (§ 399 BGB; **RG** 2. 7. 1909 Z 71, 363; **RG** 28. 1. 1913 Z 81, 250; **RG** 27. 5. 1938 Z 158, 6; **BGH** 22. 1. 1954 Z 12, 136, 141; **BGH** 20. 12. 1956 Z 23, 17, 22; **BGH** 22. 9. 1971 Z 57, 78, 81 f); gleichwohl gehören sie zur Insolvenzmasse. Denn, da der Gläubiger seine Forderung im Insolvenzverfahren über das Vermögen des Schuldners geltend machen kann, muss auch der Insolvenzverwalter berechtigt sein, den Befreiungsanspruch geltend zu machen. Mit der Eröffnung des Insolvenzverfahrens über das Vermögen des Schuldners verwandelt sich der **Befreiungsanspruch** in der Hand der Befreiungsberechtigten in einen in die Masse fallenden **Zahlungsanspruch** (**BGH** 22. 1. 1954 Z 12, 136, 141; **BGH** 22. 9. 1971 Z 57, 78; **BGH** 16. 9. 1993 NJW 1994, 49, 50 = ZIP 1993, 1656 = KTS 1994, 102 = WM 1993, 2180 unter Auseinandersetzung mit der Gegenauffassung von *Gursky* KTS 1973, 27 ff; **BGH** 7. 6. 2000 NJW-RR 2001, 1490 = NZI 2001, 539 = ZIP 2001, 1248; zuletzt **OLG** Frankfurt 30. 9. 2005 ZInsO 2005, 1274; zuvor schon **RG** 8. 6. 1903 Z 55, 86, 91 ff; **RG** 2. 7. 1909 Z 71, 363, 364; **RG** 2. 2. 1933 Z 139, 315, 321; ferner *W. Gerhardt* Der Befreiungsanspruch S 100 f; MK/*Lwowski/Peters* § 35 Rn 399; **abw OLG** Hamburg 25. 2. 1994 NJW-RR 1995, 673 = ZIP 1994, 477 = EWiR § 1 KO 2/94, 371 *[Gerhardt]*).

Der Gläubiger des Anspruchs, der sich gegen den Schuldner richtet, hat mit der Insolvenz des 163 Schuldners lediglich eine quotal zu bedienende Insolvenzforderung, während der Dritte, der den

Schuldner von der Verpflichtung zu befreien hat, den vollen Betrag in die Masse zahlen muss (MK-BGB/*Krueger* § 257 Rn 10); anderes gilt ausnahmsweise nach § 110 VVG (= § 157 VVG aF), der dem (Haupt-)Gläubiger ein **Recht zur abgesonderten Befriedigung aus der Entschädigungsforderung** (umgewandelter Befreiungsanspruch) des Versicherungsnehmers gegen die Versicherung gibt (Einzelheiten bei Prölss/Martin/*Voit/Knappmann* § 157 VVG Rn 3 ff). Eine analoge Anwendung des § 110 VVG (= § 157 VVG aF) oder der §§ 50, 51 InsO, § 851 ZPO, § 399 BGB kommt mangels Regelungslücke nicht in Betracht (ebenso **OLG Frankfurt** 30. 9. 2005 ZInsO 2005, 1274).

164 Ausnahmsweise wandelt sich der Befreiungsanspruch mit Eröffnung des Insolvenzverfahrens nicht in einen Zahlungsanspruch um, wenn der nicht selbst insolvente Schuldner des Befreiungsanspruchs dem (Haupt-)Gläubiger auch im Außenverhältnis neben dem Insolvenzschuldner unmittelbar zur Leistung verpflichtet ist (zB bei Gesamtschuldnerschaft; vgl **BGH** 16. 9. 1993 NJW 1994, 49, 50 = ZIP 1993, 1656 = KTS 1994, 102 = WM 1993, 2180; **OLG Hamburg** 25. 2. 1994 NJW-RR 1995, 673 = ZIP 1994, 477 = EWiR § 1 KO 2/94, 371 *[Gerhardt]*; **KG** 17. 4. 2001 KGR Berlin 2001, 254). Wollte man bei zusätzlicher **Haftung des Befreiungsschuldners im Außenverhältnis** dem Insolvenzverwalter statt des Befreiungsanspruchs zugunsten der Masse in voller Höhe einen Zahlungsanspruch gegen den Befreiungsschuldner zubilligen, liefe der Befreiungsschuldner Gefahr, doppelt leisten zu müssen. Eine derartige Verschlechterung der Rechtsstellung des Befreiungsschuldners wäre aber mit den Grundprinzipien des Insolvenzverfahrens unvereinbar, nach denen das Insolvenzverfahren grundsätzlich nicht zu einer Erweiterung der Verpflichtungen des Schuldners eines Insolvenzschuldners führt. Auch der **BGH** (**BGH** 16. 9. 1993 NJW 1994, 49 = ZIP 1993, 1656 = KTS 1994, 102) lässt erkennen, dass er den Grundsatz der insolvenzbedingten Umwandlung eines Befreiungs- in einen Zahlungsanspruch in solchen Fällen nicht für anwendbar hält, in denen der Befreiungsschuldner unmittelbar dem Drittgläubiger zur Leistung verpflichtet ist.

165 Will der Verfahrensschuldner als Befreiungsberechtigter nach **Freigabe des Befreiungsanspruch** aus der Masse selbst Klage erheben, so greift der Grundsatz, dass sich der Befreiungsanspruch in der Hand des Insolvenzverwalters in einen Zahlungsanspruch in voller Höhe verwandelt, nicht ohne weiteres ein (Kilger/*Karsten Schmidt* § 1 KO Anm 2 E d). Gleiches gilt, wenn das Insolvenzverfahren durch ein Insolvenzplanverfahren beendet wird und die Schuld, von der der Schuldner Befreiung beansprucht, gem § 227 Abs 1 erlassen wird (so für den Zwangsvergleich nach altem Recht **BGH** 22. 9. 1971 Z 57, 78, 83 = NJW 1971, 2218; Kilger/*Karsten Schmidt* § 1 KO Anm 2 E d). Auch aus § 254 Abs 2 S 2 ergibt sich nichts Gegenteiliges.

166 Im Fall der **Insolvenz des Befreiungsschuldners** ist der Befreiungsanspruch eine Forderung, die nicht auf Geld gerichtet ist, sodass § 45 S 1 gilt (MK-BGB/*Krueger* § 257 Rn 11; Staudinger/*Bittner* § 257 Rn 16).

167 **h) Personalsicherheiten.** Ebenso wie die Forderung des Schuldners gegen einen Dritten massezugehörig ist, fällt eine (akzessorische) **Bürgschaft** für die Forderung in die Insolvenzmasse. Unabhängig von einer massezugehörigen Forderung gehören auch (nicht akzessorische) **Garantien, Schuldübernahmen** oder **Kreditaufträge** zur Insolvenzmasse des Schuldners als Sicherungsnehmer (MK/*Lwowski/Peters* § 35 Rn 402; zur Haftung aus einer Garantieerklärung s etwa **Brandenburgisches OLG** 18. 4. 2007 3 U 125/06, zitiert nach juris). Zur Insolvenzmasse gehören auch die Ansprüche aus der vor Insolvenzeröffnung ausgereichten Prozessbürgschaft. Dies gilt jedenfalls dann, wenn Zwangsvollstreckungsmaßnahmen gegen den Schuldner durchgeführt worden sind und daher Ansprüche aus der Bürgschaft in Betracht kommen (**OLG Köln** 3. 4. 2001 25 W 2/00 BB 2001, 2445).

168 Patronatserklärungen werden im Kreditgeschäft der Banken in zunehmendem Maße benutzt und gewinnen vor allem in der Erscheinungsform der sog **harten Patronatserklärung** als Sammelbegriff für im Detail ganz unterschiedlich rechtlich bindende Liquiditätszusagen oder Kapitalausstattungszusagen zunehmende Bedeutung (allgem dazu *Gerth* Atypische Kreditsicherheiten 1980; *Michalski* WM 1994, 1229; *Marotzke* ZInsO 2004, 601; *von Rosenberg/Kruse* BB 2003, 641; *Wittig* WM 2003, 1981). Alle sog harten Patronatserklärungen verbindet die Pflicht des Patrons, für die Verbindlichkeiten des Schuldners einzustehen, indem sich der Patron entweder gegenüber einem oder mehreren Gläubigern des Schuldners im Außenverhältnis oder gegenüber dem Schuldner selbst im Innenverhältnis dazu verpflichtet, den Schuldner stets finanziell so auszustatten, dass er jederzeit in der Lage ist, seine Verpflichtungen zu erfüllen (vgl **BGH** 30. 1. 1992 Z 117, 127, 133 = NJW 1992, 2093 = ZIP 1992, 338, 341 f = KTS 1992, 275 = EWiR § 765 BGB 2/92, 335 *[Rümker]*; zur Passivierung von Verbindlichkeiten aus einer Patronatserklärung zuletzt **BFH** 25. 10. 2006 BStBl II 2007, 384 = DStRE 2007, 393 = DB 2007, 492 = BB 2007, 598 = GmbHR 2007, 334; ferner *Loitz/Schulze* DB 2004, 769). Zwar hat die garantieähnliche Patronatserklärung eine wirtschaftlich erhebliche Bedeutung nur im Konzernzusammenhang; rechtlich anerkannt ist sie aber auch außerhalb dessen (vgl **OLG Dresden** 27. 6. 2000 NVwZ 2001, 836 [Patronatserklärung einer Gemeinde]; **OLG Düsseldorf** 26. 1. 1989 NJW-RR 1989, 1116 = WM 1989, 1642 [Erklärung eines Lieferanten für seinen Abnehmer]; *Obermüller* ZIP 1982, 915, 918 [Erklärung von Gesellschaftern/Aktionären gegenüber Dritten]), und zwar auch im Verkehr unter Privaten (**OLG Rostock** 16. 12. 2004 OLGR Rostock 2005, 529 = MDR 2005, 1277).

169 Der Sicherungsnehmer kann die harte Patronatserklärung im eröffneten Insolvenzverfahren – ähnlich wie eine Bürgschaft oder Garantie (vgl statt vieler **BGH** 8. 5. 2003 ZIP 2003, 1097 = NZI 2003, 434 =

VII. Gegenstände der Insolvenzmasse im Einzelnen § 35

ZInsO 2003, 562 = KTS 2003, 601 = NZG 2003, 725 [„bürgschafts- und garantieähnliches Rechtsinstitut"]) – wie eine Personalsicherheit zu seinen Gunsten realisieren (Jaeger/*Henckel* § 35 Rn 73; MK/*Lwowski/Peters* § 35 Rn 405). In der Insolvenz des unterstützten Schuldners wandelt sich die Liquiditätszusage des Patrons in eine **Verpflichtung zur Direktzahlung an den Erklärungsempfänger** um (**BGH** 8. 5. 2003 ZIP 2003, 1097 = NZI 2003, 434 = ZInsO 2003, 562 = KTS 2003, 601 = NZG 2003, 725 mwN). Umstritten ist nur, ob der Direktzahlungsanspruch als Schadenersatzanspruch wegen Nichterfüllung aus §§ 280, 283 BGB (so etwa **BGH** 30. 1. 1992 Z 117, 127, 133 = NJW 1992, 2093 = ZIP 1992, 338, 341 f = KTS 1992, 275 = EWiR § 765 BGB 2/92, 335 *[Rümker]* [für eine Patronatserklärung im Außenverhältnis]; **OLG München** 22. 7. 2004 ZIP 2004, 2102 = ZInsO 2004, 1040 = EWiR § 135 InsO 1/05, 31 *[Tetzlaff]* [für eine Patronatserklärung im Innenverhältnis]; **KG** 18. 1. 2002 WM 2002, 1190; **OLG Naumburg** 13. 1. 2000 OLGR Naumburg 2000, 407) oder aus einer ergänzenden Auslegung der Patronatserklärung folgt (**OLG Nürnberg** 9. 12. 1998 OLGR Nürnberg 1999, 109 = IPRax 1999, 464; **OLG München** 24. 1. 2003 OLGR München 2003, 220 = DB 2003, 711 = EWiR § 777 BGB 1/03, 1019 *[Keil]*; MK-BGB/*Habersack* Vorb §§ 765 ff Rn 52 mwN). Der Anspruch gegen den Patron fällt aber nur dann in die Insolvenzmasse des unterstützten Schuldners, wenn die Patronatserklärung ihm selbst gegenüber im Innenverhältnis abgegeben worden ist. Hat etwa eine Muttergesellschaft gegenüber ihrer Tochtergesellschaft eine harte Patronatserklärung abgegeben, begründet diese in der Insolvenz der Tochtergesellschaft aufgrund der Verletzung der Ausstattungspflicht einen vom Insolvenzverwalter geltend zu machenden Anspruch gegen die Patronin (**OLG München** 22. 7. 2004 ZIP 2004, 2102 = ZInsO 2004, 1040 = EWiR § 135 InsO 1/05, 31 *[Tetzlaff]* aA **OLG Celle** 28. 6. 2000 OLGR Celle 2001, 39 = KTS 2001, 439 [Ls], nach dem eine Patronatserklärung, die sich nur auf das interne Verhältnis zwischen dem Patron und der Tochtergesellschaft bezieht und bezweckt, die Gesellschaft lebensfähig zu halten und die Beantragung sowie Eröffnung eines Insolvenzverfahrens durch Abwehr der Überschuldung zu verhindern, mit der Eröffnung des Insolvenzverfahrens untergeht; folgend **LG München II** 25. 2. 2004 ZInsO 2004, 626 m abl Anm *Marotzke* ZInsO 2004, 601). Wurde sie dagegen im Außenverhältnis gegenüber dem Gläubiger abgegeben, hat der Schuldner weder einen primären Erfüllungsanspruch noch irgendwelche Sekundäransprüche gegen den Patron. Der Anspruch des Sicherungsnehmers aus der Patronatserklärung stellt im Verhältnis zum unterstützten Schuldner keinen Vermögensgegenstand dar, der in dessen Masse fallen könnte (Jaeger/*Henckel* § 35 Rn 73).

Dagegen fällt eine **weiche Patronatserklärung** als Erklärung, aus der keine oder nur eingeschränkte 170 rechtliche Verpflichtungen entstehen (vgl auch **OLG Karlsruhe** 7. 8. 1992 ZIP 1992, 1394 = DStR 1993, 486 = BB 1992, 2097 = WM 1992, 2088 EWiR § 303 AktG 2/92, 1155 *[von Gerkan]*), als solche nicht in die Insolvenzmasse (Jaeger/*Henckel* § 35 Rn 73; MK/*Lwowski/Peters* § 35 Rn 404; zu Inhalt und Abgrenzung der weichen und harten Patronaterklärungen s etwa *Hirte* KapGesR Rn 5.162; *Michalski* WM 1994, 1229; MK-BGB/*Habersack* Vorbem §§ 765 ff Rn 49 ff).

i) **Erstattung der Prozesskosten.** Ansprüche auf Erstattung von Prozesskosten sind pfändbar, mit der 171 Folge, dass der **Anspruch auf Prozesskostenerstattung** zur Insolvenzmasse gehört, wenn der die Erstattungsforderung begründende Sachverhalt vor oder während des Insolvenzverfahrens verwirklicht wurde (**BGH** 1. 2. 2007 ZIP 2007, 1020 = NZI 2007, 407 = ZInsO 2007, 545 = DB 2007, 1189 = WM 2007, 977; Jaeger/*Henckel* § 35 Rn 111). Zur Prozessbürgschaft oben Rn 167.

j) **Ansprüche aus zweckbestimmten Verträgen.** Für zweckgebundene Ansprüche des Schuldners gegen 172 Dritte gilt im Grundsatz dasselbe wie für Schuldbefreiungsansprüche (dazu oben Rn 162 ff): Beide können nur von demjenigen gepfändet werden, für den auch die Mittel aus dem Anspruch bestimmt sind. Entsprechend fallen Ansprüche aus zweckbestimmten Verträgen nur bei zweckgemäßer Verwendung der Mittel in die Insolvenzmasse (MK/*Lwowski/Peters* § 35 Rn 391).

Bei einer **vereinbarten Zweckbindung**, mit der die Zahlung an den ursprünglichen Gläubiger zum 173 Leistungszweck gemacht wird (§ 399 Alt 1 BGB), ist die Forderung trotz des § 851 Abs 2 ZPO dann pfändbar, wenn die Bindung nicht treuhänderischen Charakter hat (**BGH** 29. 3. 2001 Z 147, 193 = NJW 2001, 1937 = ZIP 2001, 825 = DStR 2001, 1037 = EWiR § 851 ZPO 1/01, 599 *[Prütting/Stickelbrock]*; **BGH** 16. 12. 1999 NJW 2000, 1270 = ZIP 2000, 265 = DB 2000, 869 = WM 2000, 264 = EWiR § 851 ZPO 1/00, 603 *[Derleder]*; **BGH** 15. 5. 1985 Z 94, 316, 322 = NJW 1985, 2263). Von einer treuhänderischen Bindung kann aber nicht ohne weiteres ausgegangen werden, auch nicht etwa bei einem bankgeschäftlichen Dispositionskredit (**BGH** 29. 3. 2001 Z 147, 193 = NJW 2001, 1937 = ZIP 2001, 825 = DStR 2001, 1037 = EWiR § 851 ZPO 1/01, 599 *[Prütting/Stickelbrock]*; dazu auch unten § 129 Rn 98). Darüber hinaus fehlt es bei ihm überhaupt an einer vereinbarten Zweckbindung, wenn die Bank dem Kontoinhaber das Kapital zur freien Verfügung überlässt. Folglich gehört der Anspruch des Insolvenzschuldners aus einer sog **offenen Kreditlinie** grundsätzlich zur Insolvenzmasse ebenso wie der Anspruch aus einem Darlehensvertrag mit der Zweckbindung, den Kreditbetrag einer bestimmten Person zu gewähren (**BGH** 7. 6. 2001 NJW-RR 2001, 1490 = ZIP 2001, 1248 = NZI 2001, 539 m krit Anm *Spliedt* NZI 2001, 524). Dagegen ist der Anspruch aus einem Darlehensversprechen nicht abtretbar, wenn der Abtretungsempfänger anstelle des Zedenten durch den Empfang des Geldes selbst der Darlehensschuldner werden soll (**RG** 7. 10. 1907 Z 66, 359, 361; KPB-*Holzer* § 35 Rn 85).

174 Nur beschränkt übertragbar ist auch eine **Baugeldforderung**, denn nach § 1 des Gesetzes über die Sicherung von Bauforderungen (BauFordSiG oder GSB) ist der Empfänger von Baugeld verpflichtet, das Baugeld zur Befriedigung solcher Personen zu verwenden, die an der Herstellung des Baues aufgrund eines Werk-, Dienst- oder Lieferungsvertrags beteiligt sind (zum Begriff des Baugelds vgl § 1 Abs 3 BauFordSiG); nur für diese Personen ist die Forderung auch pfändbar (St/J-*Brehm* § 851 ZPO Rn 21). Nur ausnahmsweise ist nach § 1 Abs 1 S 2 BauFordSiG eine anderweitige Verwendung des Baugeldes bis zu dem Betrag statthaft, in welchem der Empfänger aus anderen Mitteln Gläubiger der bezeichneten Art bereits befriedigt hat. Regelmäßig wären solche Ansprüche, soweit sie nur beschränkt pfändbar sind, gem § 36 nicht Teil der Insolvenzmasse. Hier dient die Beschränkung der Pfändbarkeit aber dem **Schutz Dritter (den Baugläubigern)**, nicht dem Schutz des Schuldners. Str ist insoweit, wie der vom Gesetz bezweckte Schutz der Baugläubiger in der Insolvenz verwirklicht werden soll. Denkbar ist, den Anspruch auf Auszahlung des Baugelds ausnahmsweise nicht dem insolvenzfreien Vermögen des Schuldners zuzuweisen, sondern der Insolvenzmasse, wenn der Darlehensvertrag nicht ohnehin nach § 480 BGB gekündigt wird (ausf Jaeger/*Henckel* § 36 Rn 25). Der Insolvenzverwalter wäre dann während des laufenden Insolvenzverfahrens bei der Verwendung des Baugelds an die Zweckbindung nach dem BauFordSiG gebunden (Jaeger/*Henckel* § 36 Rn 25; vgl dazu [zu § 10 GesO] auch **LG Dresden** 8. 10. 2001 ZIP 2002, 91 = KTS 2002, 298 [Ls]; m abl Anm *von Gleichenstein* EWiR § 10 GesO 5/02, 717). Dagegen könnte man dem Schuldner die Verfügungsbefugnis über den Anspruch auf Auszahlung des Baugelds ebenso gut belassen. Es darf nämlich nicht übersehen werden, dass die Insolvenzfreiheit der Baugeldforderungen nicht bewirkt, dass der Schutz der Baugläubiger vereitelt wird (so der zutreffende Hinweis von *Uhlenbruck* [12. Aufl] § 35 Rn 67). Dem Schutz der Baugeldgläubiger ist durch die Regelung in § 5 BauforSichG Rechnung getragen, dass eine Benachteiligung dieser Gläubiger durch den Insolvenzschuldner als Baugeldempfänger mit einer Freiheitsstrafe bis zu 5 Jahren oder Geldstrafe bedroht ist. Gleiches gilt nach § 6 Abs 1 BauforSichG, wenn der Insolvenzschuldner nach Verfahrenseröffnung als zur Führung eines Baubuchs verpflichtete Person die in § 2 Abs 3 Nr 1 BauforSichG genannten Gläubiger benachteiligt.

175 Nach neuerer Rechtsprechung fällt die **Baugeldforderung in die Insolvenzmasse**, und zwar ohne dass der Insolvenzverwalter die Verwendungspflicht des § 1 Abs 1 BauFordSiG weiter zu beachten hat (**OLG Hamm** 12. 12. 2006 [s dort Tz 12] OLGR Hamm 2007, 159 = ZIP 2007, 240 = ZInsO 2007, 331 = EWiR § 129 InsO 3/07, 441 *[von Gleichenstein]*; nachgehend **BGH** 20. 9. 2007 IX ZR 1/07 [Verlustigkeitsbeschluss gem §§ 565, 516 ZPO]). Denn anders als bei echten Treuhandverhältnissen oder sonstigen Aus- oder Absonderungsrechten begründe die Verwendungspflicht des § 1 Abs 1 BauFordSiG keine rechtliche Zuordnung eines bestimmten Vermögensbestandteils zu einem bestimmten Gläubiger. Der Schuldner als Baugeldempfänger sei außerhalb der Insolvenz vielmehr frei darin, welchen Baugläubiger er in welcher Höhe und in welcher Reihenfolge er mehrere Baugläubiger befriedigt (**BGH** 6. 6. 1989 NJW-RR 1989, 1045, 1046 = DB 1989, 2270 = WM 1989, 1473; **BGH** 11. 4. 2001 St 46, 373 = NJW 2001, 2484 = NZBau 2001, 445 = NStZ 2001, 600). Ohnehin würde die Baugeldeigenschaft dem Baugeld nur als unselbstständige Verhaltenspflicht anhaften (*Hagenloch* Handbuch zum Gesetz über die Sicherung der Bauforderungen, Rn 62 ff, 78), die im Insolvenzverfahren zumindest ruht (**OLG Hamm** 12. 12. 2006 [s dort Tz 11] OLGR Hamm 2007, 159 = ZIP 2007, 240 = ZInsO 2007, 331 = EWiR § 129 InsO 3/07, 441 *[von Gleichenstein]*).

176 Der **Bausparer** hat nach der Zuteilung Anspruch auf Auszahlung des angesammelten Sparguthabens einschließlich Zinsen und einen Anspruch auf Auszahlung eines Bauspardarlehens in Höhe des Differenzbetrages zwischen der vereinbarten Bausparsumme und dem Bausparguthaben. Diese Ansprüche aus Bausparverträgen dürfen gem § 5 Abs 3 Nr 7 BSpKG nicht abgetreten und verpfändet werden. Trotz des Abtretungsverbots bleiben die Ansprüche unter den Vorauss des § 851 Abs 2 ZPO pfändbar und fallen in die Insolvenzmasse (ebenso Jaeger/*Henckel* § 36 Rn 26). Allerdings erfolgt die Auszahlung des Bauspardarlehens – wenn überhaupt (vgl § 490 BGB) – nur zweckgebunden. Wird das Bauspardarlehen im eröffneten Insolvenzverfahren an den Schuldner ausgezahlt, so unterliegt es deshalb dem Gesetz über die Sicherung der Bauforderungen (zu den Rechtsfolgen s Rn 175); der Anspruch auf Auszahlung des Sparguthabens bleibt hiervon unberührt. Pfändbar ist auch das **Recht auf Kündigung des Bausparvertrages**, das damit in die Insolvenzmasse fällt (MK-ZPO/*Smid* § 851 Rn 10). Das Kündigungsrecht des Schuldners hat jedoch wenig praktische Bedeutung, da schon die Bausparkasse den Vertrag regelmäßig nach § 490 BGB kündigen wird.

177 Die **Wohnungsbauprämien** unterfallen der Zweckbindung des § 5 Abs 2 Wohnungsbau-Prämiengesetzes (WoPG) und sind – zusammen mit den prämienbegünstigten Aufwendungen – zu dem „vertragsmäßigen Zweck" zu verwenden; geschieht dies nicht, so müssen sie zurückgezahlt werden. Die prämienbegünstigten Aufwendungen sind in § 2 WoPG abschließend aufgezählt; praktisch im Vordergrund stehen die „Beiträge an Bausparkassen zur Erlangung von Baudarlehen" (§ 2 Abs 1 Nr 1). Nur soweit der Prämienberechtigte über Prämien, die für Aufwendungen nach § 2 Abs 1 Nr 2 ausgezahlt werden, nach § 5 Abs 3 WoPG frei verfügen kann, ist der Anspruch ohne jede Einschränkung Massebestandteil.

178 Ansprüche aus Anlageformen im Rahmen des **Vermögensbildungsgesetzes** (VermBG), insbesondere Ansprüche aus Sparverträgen, mit denen vermögenswirksame Leistungen des Arbeitgebers angelegt

VII. Gegenstände der Insolvenzmasse im Einzelnen § 35

werden (§ 2 Abs 1 Nr 6, § 8 VermBG), fallen in die Insolvenzmasse (ausf Jaeger/*Henckel* § 36 Rn 27; siehe auch § 36 Rn 33).

Der Anspruch auf Auszahlung der **Eigenheimzulage** ist nach seiner Entstehung pfändbar (§ 10 Eig- 179 ZulG) und gehört als persönlicher Steuervergütungsanspruch ebenfalls zur Insolvenzmasse, so dass der Insolvenzverwalter die Auszahlung an sich verlangen kann. Trotz Streichung der Zulage per 1. 1. 2006 (durch Gesetz vom 22. 12. 2005 BGBl I S 3680) kann sie bei Bewilligung vor diesem Zeitpunkt noch bis mindestens 2013 gewährt werden. Die Freigabe eines zuvor massezugehörigen Grundstücks bewirkt nicht auch die Freigabe eines Anspruches auf Auszahlung der Eigenheimzulage (**FG Berlin-Brandenburg** 28. 9. 2006 DStRE 2007, 437 = EFG 2007 = StE 2006, 773, 991).

Auch ansonsten kann ein Anspruch wegen **Zweckgebundenheit unpfändbar** sein. Darf ein vermächt- 180 nisweise zugewendetes **Notgeld** nach dem Inhalt des Testaments nur unter der Bedingung ausgezahlt werden, dass der Vermächtnisnehmer den Betrag nicht zur Befriedigung seiner Gläubiger, sondern zur Deckung dringender persönlicher Bedürfnisse verwenden, fällt der Anspruch auf das Notgeld nicht in die Insolvenzmasse (**RG** DR 1939, 776). Gleiches gilt für den Anspruch einer politischen Partei auf Parteienfinanzierung (*Hientzsch* NVwZ 2009, 1135, 1138).

k) **Steuererstattungsansprüche des Schuldners.** Nach § 46 Abs 1 AO können Ansprüche auf Erstat- 181 tung von Steuern, Haftungsbeträgen, steuerlichen Nebenleistungen und auch Steuervergütungen abgetreten, verpfändet und gepfändet werden (vgl **BGH** 12. 12. 2003 Z 157, 195 = NJW 2004, 954 = ZIP 2004, 528 = DStR 2004, 1618 = WM 2004, 394; **BFH** 18. 8. 1998 E 187, 1, 3 = BStBl II 1999, 84 DStRE 1999, 16; **BFH** 29. 2. 2000 E 191, 311 = BStBl II 2000, 573 = NJW 2001, 462 = DStR 2000, 874). Entsprechend fällt der Steuererstattungsanspruch grds in die Insolvenzmasse, wenn der zugrunde liegende Sachverhalt, der zu der Entstehung der Steueransprüche führt, vor Insolvenzeröffnung oder – während des laufenden Insolvenzverfahrens verwirklicht worden ist (vgl **BFH** 22. 5. 1979 E 128, 146, 147 = BStBl II 1979, 639 = NJW 1980, 87 = BB 1979, 1442; **BFH** 21. 9. 1993 E 172, 308, 310 = BStBl II 1994, 83 = BB 1994, 415; **BFH** 6. 2. 1996 E 179, 547, 551 = BStBl II 1996, 557 = NJW-RR 1996, 799 = ZIP 1996, 641 = BB 1996, 889; **BFH** 5. 10. 2004 E 208, 10 = BStBl II 2005, 195; **BFH** 16. 11. 2004 E 208, 296 = BStBl II 2006, 193; **BFH** 31. 5. 2005 BFH/NV 2005, 1745; der st Rspr des **BFH** hat sich der IX. Zivilsenat angeschlossen s **BGH** 12. 1. 2006 NJW 2006, 1127 = ZIP 2006, 340 = NZI 2006, 246 = ZInsO 2006, 139 = WM 2006, 539 = DB 2006, 387 = EWiR § 35 InsO 2/06, 245 *[Beck]*; wiederum bestätigt durch **BFH** 7. 6. 2006 E 212, 436 = BStBl II 2006, 641 = ZIP 2006, 1593 = ZInsO 2006, 875 = DStRE 2006, 1159 = DB 2006, 2106 = BB 2006, 1729; ebenso Jaeger/*Henckel* § 35 Rn 109 f; MK/*Lwowski/Peters* § 35 Rn 422 f; *Frotscher* Besteuerung S 52).

Der Rechtsgrund wird hier bereits mit dem Moment der Vorauszahlung durch den Insolvenzschuldner 182 bzw der Abführung der Lohnsteuer gelegt, in dem er bereits einen Erstattungsanspruch unter der aufschiebenden Bedingung erlangt, dass am Ende des Besteuerungszeitraums die geschuldete Steuer geringer ist als die Vorauszahlung oder die Summe etwaiger Anrechnungsbeträge (s etwa **BGH** 12. 1. 2006 NJW 2006, 1127 = ZIP 2006, 340 = NZI 2006, 246 = ZInsO 2006, 139 = WM 2006, 539 = DB 2006, 387 = EWiR § 35 InsO 2/06, 245 *[Beck]*: „Anwartschaft auf den am Ende des Veranlagungszeitraums entstehenden Erstattungsanspruch"). Dass aus Sicht des Steuerrechts der Erstattungsanspruch – wie die Einkommensteuerschuld selbst – gem § 38 AO iVm. § 36 Abs 1 EStG erst mit Ablauf des Veranlagungszeitraums entsteht, ist insoweit unbeachtlich. Gleichsinnig ist auch der Erstattungsanspruch, der infolge Aufhebung, Rücknahme oder Änderung eines früher erlassenen Bescheids entsteht (vgl §§ 126, 129, 130 ff, 172 ff AO 1977), aus insolvenzrechtlicher Sicht bereits im Zeitpunkt der Zahlung entstanden (Jaeger/*Henckel* § 35 Rn 110). Durch die Einbeziehung des Neuerwerbs des Schuldners in die Insolvenzmasse (s Rn 110 ff) ist die Frage, ob der Erstattungsanspruch vor oder während des Insolvenzverfahrens entstanden ist, aber heute letztlich zumeist ohne Bedeutung (vgl MK/*Lwowski/Peters* § 35 Rn 422). Die **Frage nach dem genauen Zeitpunkt der Enstehung des Erstattungsanspruchs** kann allerdings immer noch relevant werden, wenn erst nach dem Schlusstermin mit Ablauf des Veranlagungszeitraums eine Steuerfestsetzung erfolgt, die ein Guthaben ausweist (zu einer solchen Konstellation s etwa **BFH** 7. 6. 2006 E 212, 436 = BStBl II 2006, 641 = ZIP 2006, 1593 = ZInsO 2006, 875 = DStRE 2006, 1159 = DB 2006, 2106 = BB 2006, 1729). Nur wenn der Steuererstattungsanspruch des Schuldners zur Insolvenzmasse gehört, ist er nicht aus der Insolvenzbeschlagnahme entlassen, sondern gem § 203 Abs 1 Nr 3 InsO § 203 Abs 2 InsO Gegenstand einer Nachtragsverteilung. Nach § 203 Abs 2 steht selbst eine bereits erfolgte Aufhebung des Insolvenzverfahrens (§ 200 Abs 1) der Nachtragsverteilung und damit einer erneuten Insolvenzbeschlagnahme des Steuererstattungsanspruchs nicht entgegen (zum Ganzen auch *Welsch* DZWIR 2006, 406).

Der Anspruch auf Steuererstattung ist auch nicht mit Blick auf die **Pfändungsfreigrenzen für Ar-** 183 **beitseinkommen** nach § 850 c ZPO massefrei, weil er öffentlich-rechtlicher Natur ist und nicht den Charakter eines Einkommens hat, das dem Berechtigten aufgrund eines Arbeits- oder Dienstverhältnisses zusteht (entsprechend wird der Anspruch auf Steuererstattung auch nicht von der Abtretungserklärung gemäß § 287 Abs 2 S 1 InsO erfasst; s dazu **BGH** 21. 7. 2005 Z 163, 391 = NJW 2005, 2988 = NZI 2005, 565 = ZInsO 2005, 873 = WM 2005, 1714; **BGH** 12. 1. 2006 NJW 2006, 1127 = ZIP 2006, 340 = NZI 2006, 246 = ZInsO 2006, 139 = WM 2006, 539 = DB 2006, 387 = EWiR § 35 InsO 2/06, 245 *[Beck]*).

184 Im Fall der **Abtretung künftiger Erstattungs- und Vergütungsansprüche** *vor* Eröffnung des Insolvenzverfahrens durch den Schuldner (zur Zulässigkeit s *Pahlke/Koenig* AO § 46 Rn 14; Verpfändung künftiger Erstattungs- und Vergütungsansprüche ist hingegen unzulässig, s § 46 Abs 6 S 2 AO 1977), wird die Abtretung nur wirksam, wenn sie dem Finanzamt jeweils *nach* Entstehung des einzelnen Anspruchs im beschriebenen steuerlichen Sinne (dazu *Pahlke/König* AO § 46 Rn 20) angezeigt wird (vgl § 46 Abs 3 AO 1977). Da die Anzeige der Abtretung und Verpfändung in der vorgeschriebenen Form materielle Wirksamkeitsvoraussetzung ist, bis zu deren Erfüllung die Abtretung der Erstattungs- und Vergütungsansprüche absolut, dh gegenüber jedermann, unwirksam ist, bedarf der Schuldner als Zedent der **Mitwirkung des Insolvenzverwalters** (vgl BFH 6. 2. 1996 E 179, 547 = BStBl II 1996, 557 = NJW-RR 1996, 799 = ZIP 1996, 641 = BB 1996, 889; MK/*Lwowski/Peters* § 35 Rn 423). Sind die **Steuern aus dem insolvenzfreien Vermögen** gezahlt worden, fallen Erstattungsansprüche nicht in die Insolvenzmasse (MK/*Lwowski/Peters* § 35 Rn 422).

185 l) **Vorkaufsrecht des Insolvenzschuldners**. Das **schuldrechtliche Vorkaufsrecht** nach § 463 BGB ist gem § 473 BGB im Zweifel unübertragbar und deshalb insolvenzfrei. Gleiches gilt für das **dingliche Vorkaufsrecht** nach Maßgabe des § 1094 Abs 1 BGB gem § 1098 Abs 1 BGB (Jaeger/*Henckel* § 36 Rn 41; Kilger/*Karsten Schmidt* § 1 KO Anm 2 C d bb). Ist allerdings das Vorkaufsrecht dinglich mit einem zur Insolvenzmasse gehörigen Grundstück verbunden (§ 1094 Abs 2 BGB), fällt es mit diesem in die Masse (Jaeger/*Henckel* § 36 Rn 41; Kilger/*Karsten Schmidt* § 1 KO Anm 2 C d bb; MK/*Lwowski/Peters* § 35 Rn 439). Sind Vorkaufsrechte bereits vom Schuldner vor Verfahrenseröffnung ausgeübt worden, sind die aus dem Kaufvertrag resultierenden Rechte abtretbar und fallen in die Insolvenzmasse (RG 5. 3. 1924 Z 108, 114, 115).

186 Das **gesetzliche Vorkaufsrecht des Erben** (§§ 2034, 2035 BGB) ist auch in Verbindung mit dem Erbteil nicht übertragbar (§ 473 BGB; dazu auch BGH 9. 2. 1983 NJW 1983, 2142 = WM 1983, 619; BGH 22. 4. 1971 Z 56, 115 = WM 1971, 689) und deshalb insolvenzfrei (Jaeger/*Henckel* § 36 Rn 41; Kilger/*Karsten Schmidt* § 1 KO Anm 2 C d bb; MK/*Lwowski/Peters* § 35 Rn 443; Staudinger/*Werner* § 2034 Rn 11). Das Miterbenvorkaufsrecht ist zwar vererblich (§ 2034 Abs 2 S 2 BGB); es würde aber seinem Zweck, das Eindringen Fremder in die Erbengemeinschaft zu verhindern, widersprechen, wenn es frei übertragen und im Insolvenzverfahren verwertet werden könnte. Das Vorkaufsrecht des Erben ist deshalb als höchstpersönliches Recht mit der Erbengemeinschaft untrennbar verbunden und fällt nicht in die Insolvenzmasse, so dass es auch vom Insolvenzverwalter nicht ausgeübt werden kann (KG 26. 9. 1904 OLGZ 9, 387; OLG Colmar 25. 2. 1913 OLGZ 26, 302; Jaeger/*Henckel* § 36 Rn 41; MK/*Lwowski/Peters* § 35 Rn 443; Staudinger/*Werner* § 2034 Rn 11 mwN).

187 Das **Vorkaufsrecht gegenüber dem Schuldner** ist gem § 471 BGB ausgeschlossen, wenn der Verkauf im Wege der Zwangsvollstreckung oder aus einer Insolvenzmasse erfolgt (dazu auch Jaeger/*Henckel* § 36 Rn 42). Nur das dingliche Vorkaufsrecht gegenüber dem Schuldner kann gem § 1098 Abs 1 S 2 BGB ausnahmsweise auch dann ausgeübt werden, wenn das Grundstück von dem Insolvenzverwalter aus freier Hand verkauft wird. Für die Zwangsversteigerung des Grundstücks bleibt es dagegen bei dem Verweis des § 1098 Abs 1 S 1 BGB auf § 471 BGB. Ebenso bleibt das Vorkaufsrecht des Miterben nach § 471 BGB ausgeschlossen (Jaeger/*Henckel* § 36 Rn 42 aE).

188 Auch das **Wiederkaufsrecht** (§§ 456 ff BGB) fällt in die Insolvenzmasse (RG 21. 11. 1929 Z 126, 311; Jaeger/*Henckel* § 36 Rn 43; MK/*Lwowski/Peters* § 35 Rn 444; zur str Rechtsnatur des Wiederkaufsrechts s MK-BGB/*Westermann* § 456 Rn 3). Die Ausübung des Wiederkaufsrechts führt zu einem Rückgewährschuldverhältnis. Entsprechendes gilt für das im BGB nicht geregelte Wiederverkaufsrecht, zB in Leasingverträgen oder Bauherrenmodellverträgen (Jaeger/*Henckel* § 36 Rn 43).

189 m) **Nießbrauch**. Nur die Ausübung des Nießbrauchs kann einem anderen überlassen werden, während der Nießbrauch selbst nicht übertragbar ist (§ 1059 BGB); auch nur insoweit ist der Nießbrauch gem § 857 Abs 3 ZPO pfändbar, wobei Gegenstand der Pfändung der Nießbrauch selbst und nicht nur ein obligatorischer Anspruch auf seine Ausübung ist (BGH 12. 1. 2006 Z 166, 1 = NJW 2006, 1124 = WM 2006, 913 = NZM 2006, 273; BGH 20. 2. 1974 Z 62, 133 = WM 1974, 324; MK-BGB/*Pohlmann* § 1059 Rn 19 f mwN [auch zur Gegenansicht]). Die Pfändung unveräußerlicher Rechte hat jedoch nur eine eingeschränkte Wirkung, die darin besteht, dass nicht die Verfügung über das Stammrecht, sondern nur seine Ausübung möglich ist (BGH 20. 2. 1974 Z 62, 133 = WM 1974, 324). Dasselbe hat für die Massezugehörigkeit zu gelten: Der Nießbrauch selbst fällt in die Insolvenzmasse, nur die insolvenzmäßige Verwertung ist durch § 36 Abs 1 iVm 857 Abs 3 ZPO beschränkt (dagegen für Massefreiheit des Stammrechts KPB-*Holzer* § 35 Rn 50). Würde lediglich die Ausübungsbefugnis in die Masse fallen, verbliebe die Verfügungsbefugnis über den Nießbrauch beim Schuldner als Nießbraucher. Dieser könnte gemeinsam mit dem Eigentümer den Nießbrauch aufheben und die Rechte der Gläubiger dadurch beinträchtigen. Unabhängig davon, dass ein solcher Verzicht des Nießbrauchers auf den Nießbrauch zumindest nach §§ 129 ff anfechtbar wäre, gebietet ein effektives Insolvenzverfahren, dass die Verfügungsbefugnis des Nießbrauchers jedenfalls im Ergebnis ausgeschlossen sein muss (vgl MK-BGB/*Pohlmann* § 1059 Rn 26).

190 Wegen seiner Unveräußerlichkeit, die auch in der Insolvenz Bestand hat, darf der Insolvenzverwalter den Nießbrauch aber nicht zum Zwecke der Verwertung veräußern, sondern ihn nur zu diesem Zwecke

ausüben; die aus dem Nießbrauch resultierenden Rechte und Erträge fallen insoweit in die Insolvenzmasse, insbesondere die Nutzungen iSv § 100 BGB. Allerdings kann der Insolvenzverwalter den Nießbrauch durch Vereinbarung mit dem Eigentümer in der Weise verwerten, dass er **gegen Entschädigung die Aufgabe des Nießbrauchs** erklärt (OLG Frankfurt/M 8. 3. 1990 NJW-RR 1991, 445 = ZIP 1990, 1357 = MDR 1990, 922 = EWiR § 1059 BGB 1/90 *[Petzoldt]*; MK-BGB/*Pohlmann* § 1059 Rn 27). Der Insolvenzverwalter kann dann anstelle des Nießbrauchsberechtigten die Löschungsbewilligung für das Nießbrauchrecht erteilen, ohne dass es der Mitwirkung des Nießbrauchsberechtigten bedarf. Das ist zulässig, weil die Unübertragbarkeit den Eigentümer lediglich vor einer unkontrollierbaren Aushöhlung und Entwertung seines Eigentums schützen soll, indem er die leichte Übertragbarkeit des Nießbrauchs nach Art eines Verkehrsguts verhindert.

Ein **vertraglicher Ausschluss der Überlassungsbefugnis** des Nießbrauchers aus § 1059 S 2 BGB führt gem § 857 Abs 1, 3 iVm § 851 Abs 2 ZPO nicht zur Unpfändbarkeit und auch nicht zur Massefreiheit des betreffenden Nießbrauchs, und zwar selbst dann, wenn der Ausschluss mit dinglicher Wirkung vereinbart wurde (BGH 21. 6. 1985 Z 95, 99 = NJW 1985, 2827 = WM 1985, 1234 = DB 1985, 2241 = BB 1985, 1883 = EWiR § 857 ZPO 1/85, 719 *[Eickmann]*; MK-BGB/*Pohlmann* § 1059 Rn 26). 191

Steht der **Nießbrauch einer juristischen Person** zu, so ist er nach Maßgabe der §§ 1059 a–1059 e BGB übertragbar und insoweit ohne Beschränkung pfändbar mit der Folge, dass er insoweit auch ohne Beschränkung in die Insolvenzmasse der juristischen Person fällt. Gleiches gilt nach § 1059 e BGB für den Anspruch auf Einräumung eines Nießbrauchs einer juristischen Person oder rechtsfähigen Personengesellschaft. 192

Sind **verbrauchbare Sachen** Gegenstand des Nießbrauchs, so wird gem § 1067 Abs 1 BGB der Nießbraucher Eigentümer der Sachen mit der Folge, dass die Gegenstände in die Insolvenzmasse des Nießbrauchers fallen. Soweit bei Beendigung des Nießbrauchs der Wert zu ersetzen ist (§ 1067 Abs 1 2 Halbs BGB), besteht nur eine Insolvenzforderung iSv § 38 (Kilger/*Karsten Schmidt* § 1 KO Anm 2 C c aa). Entsprechend ist der Besteller nicht berechtigt, im Insolvenzverfahren über das Vermögen des Nießbrauchers den Gegenstand, wenn er sich als verbrauchbare Sache darstellt, auszusondern (Staudinger/*Frank* § 1967 BGB Rn 11). Eine Vereinbarung mit dinglicher Wirkung dahingehend, dass der Eigentumsübergang auf den Nießbraucher ausgeschlossen und ihm lediglich eine weitgehende Verfügungsbefugnis eingeräumt wird, ist zulässig (MK-BGB/*Pohlmann* § 1067 Rn 10). In der Insolvenz des Nießbrauchsberechtigten fällt die dingliche Verfügungsbefugnis als Inhalt des Nießbrauchs in die Insolvenzmasse bzw in der Insolvenz des Eigentümers ist die dinglich wirkende Vereinbarung als Inhalt des Nießbrauchs insolvenzfest (dazu Staudinger/*Frank* § 1067 BGB Rn 12). Möglich ist auch, dem Nießbraucher eine rein schuldrechtliche Vollmacht zur Verfügung über den Gegenstand zu erteilen, wobei solchenfalls nur ein schuldrechtliches Nutzungsrecht entsteht. 193

Auch der **Anspruch auf Bestellung eines Nießbrauchs** fällt in die Insolvenzmasse des Berechtigten (Kilger/*Karsten Schmidt* § 1 KO Anm 2 C c aa). 194

n) Beiträge des Absonderungsberechtigten. Der Sicherungsnehmer realisiert sein Recht auf abgesonderte Befriedigung (§ 50 Abs 1 InsO) nach Maßgabe der §§ 166 bis 173 InsO (Einzelheiten s dort). Ist hiernach der Insolvenzverwalter zur Verwertung berechtigt, fällt nicht der gesamte Erlös in die (Soll-)Masse, sondern ein etwaiger „Übererlös", der den Betrag der gesicherten Forderung übersteigt. Mit dem Erlös ist vielmehr der absonderungsberechtigte Gläubiger unverzüglich zu befriedigen (§ 170 Abs 1 S 2). Vorab darf der Insolvenzverwalter aber die **Kosten der Feststellung und der Verwertung des Gegenstands** für die (Soll-)Masse entnehmen (§§ 170 Abs 1 S 1, 171). Führt die Verwertung zu einer Belastung der Masse mit Umsatzsteuer, so ist der **Umsatzsteuerbetrag** zusätzlich anzusetzen (§ 171 Abs 2 S 3; zum „Doppelumsatz" zwischen Schuldner und Sicherungsnehmer sowie Sicherungsnehmer und Erwerber bei Verwertung des Sicherungsguts s etwa *de Weerth* BB 1999, 821, 823 ff). Überlässt der Insolvenzverwalter einen Gegenstand dem Gläubiger zur Verwertung, sind nach § 170 Abs 2 nur Feststellungskostenbeitrag und Umsatzsteuer an die Masse abzuführen, sobald aus der Verwertung ein Erlös erzielt worden ist; ein Verwertungskostenbeitrag fällt nicht an. Ist der Sicherungsnehmer sogar nach § 173 Abs 1 InsO originär zur Verwertung berechtigt, sind überhaupt keine Kostenbeiträge abzuführen, sondern nur ein etwaiger Übererlös. Allerdings hat der Sicherungsnehmer in Höhe der wegen der Lieferung des Sicherungsgutes an ihn angefallenen Umsatzsteuerschuld, die zu den Masseverbindlichkeiten gem § 55 Abs 1 Nr 1 Alt 2 gehört (BGH 29. 3. 2007 ZIP 2007, 1126 = DB 2007, 1351 = WM 2007, 1129 mwN zur Rspr), aus dem Verwertungserlös einen Betrag in dieser Höhe in analoger Anwendung von § 13 b Abs 1 Nr 2 UStG, §§ 170 Abs 2, 171 Abs 2 S 3 InsO an die Masse abzuführen, wenn der Sicherungsnehmer das Sicherungsgut zwar vor Eröffnung des Insolvenzverfahrens in Besitz genommen, aber erst nach der Eröffnung verwertet hat (BGH 29. 3. 2007 ZIP 2007, 1126 = DB 2007, 1351 = WM 2007, 1129; zuvor schon für eine analoge Anwendung *Marotzke* ZZP 109 (1996) 429, 463 f; *Ganter/Brünink* NZI 2006, 257, 260; gegen die Analogie: **LG Stuttgart** 24. 2. 2004 ZIP 2004, 119 = EWiR § 173 InsO 1/04, 983 *[Maus]*; *Onusseit* KTS 1994, 3, 20; *Obermüller* WM 1994, 1829, 1875; *de Weerth* ZInsO 2003, 246, 250; *Welzel* ZIP 1998, 1823, 1824 ff, 1828; *Maus* ZInsO 2005, 82, 83; *Frotscher* Besteuerung und Insolvenz, S 220). 195

o) Unterlassungsansprüche. Der Unterlassungsanspruch des Insolvenzschuldners gehört nur dann in die Insolvenzmasse, wenn er dem Schutz eines Gegenstandes dient, der zur Insolvenzmasse gehört, zB 196 der Anspruch auf Unterlassung eines Wettbewerbsbetriebes oder zur Abwehr künftiger Beeinträchtigungen des Eigentums nach § 1004 BGB (Jaeger/*Henckel* § 35 Rn 65; KPB-*Holzer* § 35 Rn 89; zum Unterlassungsanspruch des Urhebers s Rn 250). Wurde eine strafbewehrte Unterlassungserklärung abgegeben und später verletzt, fällt auch die ausbedungene Vertragsstrafe in die Masse; ebenso ein Schadenersatzanspruch im Zusammenhang mit dem Unterlassungsanspruch (Jaeger/*Henckel* § 35 Rn 65; MK/*Lwowski/Peters* § 35 Rn 429).

197 **p) Blankowechsel und Gefälligkeitsakzepte.** Findet sich in der Insolvenzmasse zum Zeitpunkt der Verfahrenseröffnung ein dem Insolvenzschuldner begebener Blankowechsel, so ist der Insolvenzverwalter zur Verwertung berechtigt, wenn der Schuldner zur Ausfüllung befugt war (Jaeger/*Henckel* § 35 Rn 96). Die Ausfüllungsbefugnis ist ein Gestaltungsrecht, das ebenfalls zur Insolvenzmasse zählt. Der Insolvenzverwalter ist deshalb berechtigt, zB Blanko-Indossamente nach Art 13, 14 WG auszufüllen oder den Wechsel unausgefüllt weiter zu indossieren (Jaeger/*Henckel* § 35 Rn 96). Handelt es sich dagegen um **gegenstandslose Urkunden**, wie zB Hypothekenbriefe, Grundschuldbriefe, Wechsel, aus denen der Schuldner keine Ansprüche mehr herleiten kann, die sich jedoch noch in seinem Besitz befinden, so darf der Verwalter diese Papiere nicht in Umlauf setzen oder sonstwie verwerten (Einzelheiten bei Jaeger/*Henckel* § 35 Rn 98).

198 **q) Schmerzensgeldanspruch.** Nach Wegfall des § 847 Abs 2 S 2 BGB ist der **Schmerzensgeldanspruch** des Schuldners als Opfer einer Verletzung des Körpers, der Gesundheit, der Freiheit oder der sexuellen Selbstbestimmung (vgl § 253 Abs 2 BGB) übertragbar, vererbbar und nach §§ 850 ff ZPO pfändbar. Der Schmerzensgeldanspruch als Ausgleich für einen immateriellen Schaden fällt folglich auch in die Insolvenzmasse des Schuldners (Kilger/*Karsten Schmidt* § 1 KO Anm 2 E c; MK/*Lwowski/Peters* § 35 Rn 427). Dagegen fallen Renten iSv § 843 Abs 1 BGB, die eine Aufhebung oder Minderung der Erwerbstätigkeit ausgleichen sollen, wegen § 850 b Abs 1 Nr 1 ZPO nicht in die Masse (Palandt-*Sprau* § 843 Rn 14; s auch Rn 157); anders wiederum, wenn statt der Rente eine Abfindung gezahlt wird (KPB-*Holzer* § 35 Rn 78; MK/*Lwowski/Peters* § 35 Rn 428).

199 **r) Erbschaft und Vermächtnis.** Ist dem Schuldner vor der Eröffnung des Insolvenzverfahrens eine **Erbschaft** (§§ 1942 ff BGB) oder ein **Vermächtnis** (§§ 2176 ff BGB) angefallen oder geschieht dies während des Verfahrens (dann Neuerwerb), sind die hierzu gehörenden Vermögensgegenstände Bestandteile der Insolvenzmasse (dazu und zum Folgenden **BGH** 11. 5. 2006 Z 167, 352 = NJW 2006, 2698 = ZIP 2006, 1258 = ZInsO 2006, 705 = NZI 2006, 461 = WM 2006, 1254 = EWiR § 35 InsO 3/06, 659 [*Stahlschmidt*]). Allerdings ist die Verwertung durch den Insolvenzverwalter zunächst ausgeschlossen, bis der Schuldner die Erbschaft oder das Vermächtnis angenommen oder ausgeschlagen hat; das Recht hierzu steht gem § 83 Abs 1 InsO weiterhin ausschließlich dem Schuldner zu. Nach Annahme der Erbschaft, kann der Schuldner sie gemäß § 1943 BGB nicht mehr ausschlagen, es tritt hinsichtlich der Erbschaft Vollerwerb ein (s auch Palandt/*Edenhofer* § 1942 Rn 2). Ab diesem Zeitpunkt ist der Nachlass endgültig Bestandteil der Insolvenzmasse (s Komm § 83 Rn 3), aus der die Nachlassgläubiger und die Eigengläubiger der Erben (Erbengläubiger) zu befriedigen sind. Die Vermögensmassen können jedoch getrennt werden, wenn Nachlassverwaltung oder Nachlassinsolvenzverfahren beantragt werden (s Komm § 83 Rn 6).

200 Es ist allerdings umstritten, ob ein Nachlass, für den **Testamentsvollstreckung** angeordnet ist, Bestandteil der Insolvenzmasse ist, wenn über das Vermögen des Erben das Insolvenzverfahren eröffnet wird. Das wird unter Berufung auf § 36 Abs 1 Satz 1 InsO, § 2214 BGB zum Teil abgelehnt (**OLG Düsseldorf** 27. 9. 1961 KTS 1962, 115, 116; Soergel/*Damrau* § 2214 Rn 1, 3; MK-BGB/*Zimmermann* § 2214 Rn 3; KPB-*Holzer* § 35 Rn 19; *Muscheler* Die Haftungsanordnung der Testamentsvollstreckung, 1994, S 101). Diese Ansicht verkennt jedoch, dass der unter Testamentsvollstreckung stehende Nachlass nach § 2214 BGB nicht schlechthin unpfändbar ist, sondern nur für die Privatgläubiger des Erben, die keine Nachlassgläubiger sind (dazu und zum Folgenden **BGH** 11. 5. 2006 Tz 14 Z 167, 352 = NJW 2006, 2698 = ZIP 2006, 1258 = ZInsO 2006, 705 = NZI 2006, 461 = WM 2006, 1254 = EWiR § 35 InsO 3/06, 659 [*Stahlschmidt*]). Überdies können auch die Erbengläubiger auf die Gegenstände des Nachlassvermögens zugreifen, sobald die Testamentsvollstreckung endet. Deshalb ist nicht von einer Unpfändbarkeit iSd § 36 Abs 1 S 1 InsO auszugehen, sodass auch ein Nachlass, für den Testamentsvollstreckung angeordnet ist, grds Bestandteil der Insolvenzmasse ist (so schon Vorinstanz **OLG Köln** 2. 2. 2005 ZIP 2005, 452 = NZI 2005, 268 = ZInsO 2005, 601; ferner **LG Aachen** 22. 9. 1959 NJW 1960, 46, 48; Gottwald/*Eickmann* InsR HdB § 31 Rn 129; KPB-*Lüke* § 83 Rn 7; MK/*Siegmann* § 331 Rn 7). Die Verfügungsbefugnis der Erben bzw des Insolvenzverwalters ist jedoch weiterhin nach § 2211 BGB beschränkt, sodass die Erbengläubiger keine Befriedigung aus den der Testamentsvollstreckung unterliegenden Gegenständen verlangen können (§ 2214 BGB) und nur der Testamentsvollstrecker im Rahmen seiner Befugnisse den Nachlass verwalten und über Nachlassgegenstände verfügen kann. Deshalb muss der Insolvenzverwalter bzgl der Gegenstände des Nachlassvermögens eine Sondermasse bilden (dazu oben Rn 53 ff).

201 Der **Pflichtteilsanspruch** (§§ 2303, 2305 BGB) eines Kindes, Ehegatten oder Elternteil des Erblassers, die von der Erbfolge ausgeschlossen sind, gehört zur Insolvenzmasse, und zwar bereits mit Eintritt des Erbfalls; er ist übertragbar (§ 2317 Abs 2 BGB), lediglich die Verwertung ist solange ausgeschlossen, bis

VII. Gegenstände der Insolvenzmasse im Einzelnen § 35

der Anspruch gem § 852 Abs 1 ZPO durch Vertrag gegenüber dem Schuldner anerkannt oder rechtshängig gemacht worden ist (vgl **BGH** 8. 7. 1993 Z 123, 183 = NJW 1993, 2876 = ZIP 1993, 1662 = KTS 1993, 667 = DB 1993, 2586 = WM 1993, 1729 = EWiR § 852 ZPO 1/93, 1141 *[Gerhardt]* [LS: „Ein Pflichtteilsanspruch kann vor vertraglicher Anerkennung oder Rechtshängigkeit als in seiner zwangsweisen Verwertbarkeit aufschiebend bedingter Anspruch gepfändet werden."]; OLG Brandenburg 31. 8. 1998 FamRZ 1999, 1436; *Kuchinke* NJW 1994, 1769, 1771; MK-BGB/*Lange* § 2317 Rn 17; Palandt/*Edenhofer* § 2317 Rn 8).

Die **Befugnis des Pflichtteilsberechtigten zur Entscheidung** darüber, ob der Anspruch gegen den Erben durchgesetzt werden soll, bleibt nach Ansicht des BGH wegen der familiären Verbundenheit zwischen dem Erblasser und dem Pflichtteilsberechtigten von der Beschlagwirkung jedoch unberührt und geht auch nicht auf den Insolvenzverwalter über (**BGH** 8. 7. 1993 Z 123, 183 = NJW 1993, 2876 = ZIP 1993, 1662 = KTS 1993, 667 = DB 1993, 2586 = WM 1993, 1729 = EWiR § 852 ZPO 1/93, 1141 *[Gerhardt]*; **BGH** 25. 6. 2009 IX ZB 196/08 Tz 14 ZInsO 2009, 1461 dazu auch § 36 Rn 35); auch eine Insolvenzanfechtung kommt nicht in Betracht, wenn der Pflichtteilsberechtigte den Pflichtteilsanspruch nicht realisieren will (dazu u § 129 Rn 100). Wird der Pflichtteilsanspruch erst *nach* Verfahrensbeendigung durch Vertrag gegenüber dem Schuldner anerkannt oder rechtshängig gemacht, kann es zu einer Nachtragsverteilung gem § 203 kommen. 202

s) **Anspruch auf Zugewinnausgleich.** Der Anspruch eines Ehegatten auf **Zugewinnausgleich** ist zwar mit dem Augenblick seiner Entstehung übertragbar und vererblich (§§ 1378 Abs 3 S 1, 2317 Abs 2 BGB); er unterliegt aber dem Insolvenzbeschlag erst, wenn er gem § 852 Abs 1, 2 ZPO durch Vertrag anerkannt oder rechtshängig gemacht worden und damit pfändbar ist (MK/*Lwowski*/*Peters* § 35 Rn 431). Das gilt auch für den Ausgleich des Zugewinns in anderen Fällen (§§ 1371, 1372 BGB); s auch § 36 Rn 35 sowie § 37 Rn 26. 203

Problematisch ist auch der **Versorgungsausgleich** im Insolvenzverfahren des Ausgleichspflichtigen. Soweit es sich um den Ausgleich öffentlich-rechtlicher Anwartschaften durch Splitting, Quasi-Splitting und Realteilung handelt, führt die Unübertragbarkeit der Anwartschaftsrechte zur Pfändungsfreiheit und damit zur Massefreiheit. Im Leistungsstadium dagegen ist der Insolvenzverwalter durch die sozialrechtliche Pfändungsschranke nicht gehindert, laufende Bezüge zur Masse zu ziehen (Einzelheiten bei *A. Scholz* Versorgungsausgleich und Konkurs, 1986). 204

t) **Miet- und Pachtrechte.** Miet- und Pachtrechte gehören, wie sich aus §§ 108, 110, 111 ergibt, in die Insolvenzmasse, obgleich das Nutzungsrecht des Mieters oder Pächters ohne Zustimmung des Vermieters oder Verpächters unübertragbar (vgl § 540 Abs 1 S 1 BGB bzw § 581 Abs 2 BGB) und damit unpfändbar ist (§ 399 BGB, § 851 ZPO). Der Insolvenzverwalter ist aber lediglich berechtigt, den Mietgegenstand (zB die Räume) derart zu „verwerten", dass er ihn nutzt und die bestehenden Verträge verlängert oder kündigt (Jaeger/*Henckel* § 36 Rn 44). Dagegen darf der Insolvenzverwalter das Miet- oder Pachtrecht nicht auf Dritte übertragen. Aus dem Miet- oder Pachtverhältnis resultierende Verwendungs- und Schadenersatzansprüche des Mieters bzw des Pächters sind pfändbar und demgemäß massezugehörig (Jaeger/*Henckel* § 36 Rn 44); zu den Besonderheiten der Lizenz s Rn 254. 205

u) **Recht auf Rücknahme einer hinterlegten Sache.** Das Recht auf Rücknahme einer hinterlegten Sache ist unpfändbar (§ 377 Abs 1 BGB; vgl auch **BGH** 20. 2. 2003 Z 154, 64 = NJW 2003, 1858 = ZIP 2003, 1217 = KTS 2003, 480 = WM 2003, 940 = EWiR § 857 ZPO 1/03, 667 *[Barnert]*). Der Anspruch gehört somit nicht zur Insolvenzmasse (Jaeger/*Henckel* § 35 Rn 28; KPB-*Holzer* § 35 Rn 90; MK/*Lwowski*/*Peters* § 35 Rn 424). Voraussetzung ist, dass die Hinterlegung wirksam ist und das Annahmerecht des Gläubigers nach § 382 BGB noch nicht erloschen ist. Dann schützt § 377 Abs 1 BGB den Gläubiger, der ein Recht auf die hinterlegte Sache hat, auch in der Insolvenz des Hinterlegers. Dieser Schutz wäre unvollkommen, könnte der Schuldner während des Insolvenzverfahrens das Rücknahmerecht ausüben. Deshalb ist das Rücknahmerecht durch § 377 Abs 2 BGB für den Schuldner ausgeschlossen. Der Gläubiger ist auch nach Eröffnung des Insolvenzverfahrens berechtigt, die hinterlegte Sache anzunehmen. Mit der Annahme erwirbt er das Eigentum an der hinterlegten Sache. Bei einer Zug-um-Zug-Leistung (§ 373 BGB) hat der Gläubiger die der Insolvenzmasse zustehende Leistung an den Verwalter zu erbringen (MK/*Lwowski*/*Peters* § 35 Rn 425). Erlischt das Annahmerecht des Gläubigers (§ 382 BGB), so kann der Insolvenzverwalter die hinterlegte Sache zur Masse ziehen. § 377 Abs 1 BGB greift insoweit nicht ein. 206

v) **Ansprüche auf Versicherungsleistungen. aa) Allgemeines.** Grundsätzlich fallen die **vermögenswerten Rechte aus einer Versicherung** in die Insolvenzmasse des Versicherungsnehmers, vor allem Geldleistungen aus dem Versicherungsverhältnis wie zB Entschädigungen, Rückzahlung unverdienter Prämien, Erstattung des Rückkaufswerts nach § 169 VVG (= § 176 VVG aF). Das gilt auch dann, wenn der Versicherungsfall erst nach Eröffnung des Verfahrens eingetreten ist (**RG** 20. 6. 1902 Z 52, 49, 51; Kilger/*Karsten Schmidt* § 1 KO Anm 2 B c aa; KPB-*Holzer* § 35 Rn 82; MK/*Lwowski*/*Peters* § 35 Rn 411). Auch ein **versicherungsrechtlicher Befreiungsanspruch** fällt in die Insolvenzmasse (vgl **BGH** 28. 3. 1996 NJW 1996, 2035 = ZIP 1996, 842, 844 = KTS 1996, 406 = EWiR § 12 KO 1/96, 751 *[Pluta]*). Allerdings ist *in praxi* stets an die **Leistungsfreiheit des Versicherers als besondere Verzugsfolge** 207 nach § 37 Abs 2 VVG (= § 38 Abs 2 VVG aF) (Erstprämie) oder § 38 Abs 2 VVG (= § 39 Abs 2 VVG aF) (Folgeprämie) zu denken, weil gerade im Vorfeld der Insolvenz des Versicherers Prämienzahlungen häufig ausgeblieben sind. Leistungsfreiheit des Versicherers kann auch Folge einer **Obliegenheitsverletzung** iSd § 28 VVG (= § 6 VVG aF) durch den Versicherungsnehmer sein; im Falle der Erfüllungswahl (§ 103 Abs 1) kann auch die Verletzung von Obliegenheiten durch den Insolvenzverwalter zur Leistungsfreiheit führen (Prölss/Martin/*Prölss* VVG § 6 Rn 44).

208 Nicht in die Insolvenzmasse des Versicherungsnehmers fallen dagegen die nach §§ 850 ff ZPO sowie § 17 VVG (= § 15 VVG aF; früher auch § 98 VVG aF) unpfändbaren Ansprüche, vor allem die in § 850 b Abs 1 Nr 4 ZPO genannten **Bezüge aus Witwen-, Waisen-, Hilfs- und Krankenkassen** (gemeint sind hier auch Leistungen eines Versicherers; der „Kassenbegriff" ist lediglich Anlehnung an den früheren Wortlaut), die ausschließlich oder zu einem wesentlichen Teil zu Unterstützungszwecken gewährt werden, ferner **Ansprüche aus Lebensversicherungen**, die nur auf den Todesfall des Versicherungsnehmers abgeschlossen sind, wenn die Versicherungssumme 3579 € nicht übersteigt (dazu näher unten § 36 Rn 36).

209 Ebenfalls nicht zur Insolvenzmasse gehören **Verletzungsrenten** iSd § 850 b Abs 1 Nr 1 ZPO, der neben den gesetzlichen Ansprüchen auch den Fall erfasst, dass der Schuldner durch einen Versicherungsvertrag Vorsorge für eine von einem Dritten nicht verschuldete Invalidität getroffen hat (zB Berufsunfähigkeitsversicherung; s etwa **BGH** 25. 1. 1978 Z 70, 206 = NJW 1978, 950 = VersR 1978, 447 = WM 1978, 356 = BB 1978, 427 = DB 1978, 788; **KG** 7. 6. 2003 VersR 2003, 490; **OLG Karlsruhe** 21. 6. 2001 OLGR 2002, 114 = InVo 2002, 238; **OLG Jena** 19. 5. 2000 OLGR 2001, 51 = VersR 2000, 1005 = InVO 2001, 298; **OLG München** 13. 3. 1997 VersR 1997, 1520 [LS] [Aufgabe von **OLG München** 12. 7. 1993 VersR 1996, 318]; **OLG Saarbrücken** 9. 11. 1994 VersR 1995, 1227; **OLG Oldenburg** 23. 6. 1993 NJW-RR 1994, 479 = VersR 1994, 846).

210 Ansprüche aus **sog Riester-Rentenverträgen** sind nach § 97 EStG iVm § 851 Abs 1 ZPO unpfändbar und fallen ebenfalls nicht in die Insolvenzmasse. Neu hinzugekommen ist auch der **Pfändungsschutz bei Altersrenten gem § 851 c ZPO und steuerlich geförderten Altersvorsorgevermögen gem § 851 d ZPO** (Einzelheiten dazu § 36 Rn 36).

211 Die Eröffnung des Insolvenzverfahrens hat folgende Auswirkungen auf die Rechte und Pflichten im Verhältnis zwischen Versicherer und Versicherungsnehmer: Bisher ist der **BGH** auch im Fall von Versicherungsverträgen von der **sog Erlöschenstheorie** ausgegangen mit der Folge, dass bei Versicherungsverträgen ohne Bezugsberechtigung oder mit einer widerruflichen Bezugsberechtigung zugunsten eines Dritten der Anspruch auf den Rückkaufswert automatisch mit Eröffnung des Insolvenzverfahrens über das Vermögen des Versicherungsnehmers in die Insolvenzmasse fällt, wenn der Insolvenzverwalter nicht die Erfüllung des Vertrages verlangt; einer Kündigung des Vertrages nach § 168 VVG (= § 165 VVG aF) oder des Widerrufs der Bezugsberechtigung bedurfte es in diesem Falle nicht (**BGH** 4. 3. 1993 NJW 1993, 1994 = ZIP 1993, 600, 601 = KTS 1993, 447 = EWiR § 17 KO 1/93, 473 *[Blomeyer]*; ferner **OLG Brandenburg** 18. 7. 2002 NZI 2003, 212 = ZInsO 2003, 221 = EWiR § 35 InsO 3/03, 979 *[Breitling]*; **OLG Hamm** 21. 4. 1995 NJW-RR 1996, 1311 = VersR 1996, 360; **OLG Hamm** 13. 7. 1992 NJW-RR 1993, 42 = VersR 1993, 172 = EWiR § 17 KO 1/92, 1213 *[Grub]*; Prölss/Martin/*Prölss* § 14 VVG Rn 4; allgem zur automatischen Vertragsauflösung vgl **BGH** 20. 12. 1988 Z 106, 236, 242 = NJW 1989, 1282 = ZIP 1989, 171 = KTS 1989, 414 = EWiR § 17 KO 1/89, 283 *[Pape]*; **BGH** 21. 11. 1991 Z 116, 156, 158 = NJW 1992, 507 = ZIP 1992, 48 = KTS 1992, 234 = EWiR § 55 KO 1/92, 71 *[Marotzke]*; *Bork* Einf Rn 156 ff; MK/*Kreft* § 103 Rn 3 jeweils mwN. Für die Annahme eines solchen Automatismus fehlt indes jeglicher normative Anknüpfungspunkt. Überdies wirft er dogmatisch schwer lösbare Folgefragen auf, zB danach wie akzessorische Sicherheiten nach Erlöschen der gesicherten Forderungen auf die infolge Erfüllungsverlangens des Insolvenzverwalters neu begründete Forderung übergehen (zu den Schwächen der Erlöschenstheorie *Bärenz* NZI 2006, 72; *Bork* FS Zeuner 1994, 297, 302 ff [zu § 17 KO]. Auch der IX. ZS des **BGH** hat daher mittlerweile die Erlöschenstheorie zugunsten einer bloßen **insolvenzrechtlichen Modifizierung des Schuldverhältnisses** aufgegeben, nach der die Eröffnung des Insolvenzverfahrens zur Folge hat, dass die gegenseitigen Ansprüche auf weitere Leistung lediglich ihre Durchsetzbarkeit verlieren (**BGH** 17. 11. 2005 NJW 2006, 915 = ZIP 2006, 87 = NZI 2006, 229 = ZInsO 2006, 35 = BB 2006, 235 = WM 2006, 144 = EWiR § 103 InsO 1/06, 119 *[Bärenz]* [Softwarenutzungsvertrag]; **BGH** 27. 5. 2003 Z 155, 87 = NJW 2003, 2744 = ZIP 2003, 1208 = NZI 2003, 491 = ZInsO 2003, 607 = KTS 2003, 631 = WM 2003, 1384 = DB 2003, 1949 [Grundstückskauf]; **BGH** 25. 4. 2002 Z 150, 353, 359 = NJW 2002, 2783 = ZIP 2002, 1093 = NZI 2002, 375 = ZInsO 2002, 577 = KTS 2002, 693 = WM 2002, 1199 = DB 2002, 1499 [Bauwerkvertrag]; *Kayser* FS Kreft S 341, 345, 347, 349; die Aussagen sind auf die Abwicklung von Versicherungsverträgen übertragbar, ebenso *Elfering* BB 2004, 617, 618; aA *Flitsch/Herbst* BB 2003, 317, 318 f [s dort auch Fn 20]; nur indirekt wird dies durch den IV. ZS des **BGH** bestätigt, der in der Insolvenz des Versicherungsnehmers ein Kündigungsrecht des Versicherers nach § 14 Abs 1 VVG aF (ohne Entsprechung im neuen VVG) angenommen hatte, das überhaupt nur Raum hat, wenn man nicht ohnehin von dem Erlöschen der Erfüllungsansprüche ausgeht, vgl **BGH** 26. 11. 2003 NJW-RR 2004, 460 = ZIP 2004, 176 = NZI 2004, 144 = ZInsO 2004, 86 = BB 2004, 239 = VersR 2004, 858 = EWiR § 103 InsO 1/04, 295 *[Blank]* [Warenkreditversicherung]). Stattdessen ist das Vertragsverhältnis nach den insolvenzrechtlichen Regeln abzuwickeln (vgl MK/*Kreft* § 103 Rn 13).

VII. Gegenstände der Insolvenzmasse im Einzelnen § 35

Der Insolvenzverwalter hat im Regelfall beiderseits noch nicht vollständig erfüllter Versicherungsverträge das **Wahlrecht nach** § **103** (ausf § 103 Rn 44; ferner MK/*Lwowski/Peters* § 35 Rn 412; § 16 VVG [= § 13 VVG aF] ersetzt § 103 im Fall der Insolvenz des Versicherers). Wählt er die **Fortsetzung** (§ 103 Abs 1), bedeutet dies nicht Neubegründung des Versicherungsverhältnisses, sondern eine qualitative Aufwertung der Forderung des Gläubigers zur Masseverbindlichkeit iSv § 55 Abs 1 Nr 2 (*Bork* Einf Rn 156a [„Qualitätssprungtheorie"]). Falls zB die Prämien für die gesamte vereinbarte Versicherungszeit noch nicht bezahlt worden sind, ist die Prämienschuld Masseschuld iSv § 55 Abs 1 Nr 2. Bis zum Erfüllungsverlangen sind die Forderungen des Gläubigers aus dem Versicherungsverhältnis einfache Insolvenzforderungen iSv § 38. Entsprechend fallen aber auch die Ansprüche des Schuldners aus dem Versicherungsverhältnis in die Masse, soweit sie vollstreckungsfähig sind (s oben Rn 207ff). Daneben hat der Insolvenzverwalter alle sonstigen Rechte aus dem Versicherungsverhältnis, zB das Kündigungsrecht (Prölss/Martin/*Prölss* VVG § 14 Rn 3). 212

Die **Erfüllungsablehung** hat keine rechtsgestaltende Wirkung (MK/*Kreft* § 103 Rn 176), es bleibt vielmehr bei dem modifizierten Schuldverhältnis, also der Undurchsetzbarkeit der gegenseitigen Ansprüche. Der modifizierte Vertrag ist kein Rechtsgrund iSv § 812 BGB, sodass der Insolvenzverwalter in der Insolvenz des Versicherungsnehmers zB Erstattung der bereits im Voraus bezahlten Prämien verlangen kann. Einer Rückforderung im Voraus gezahlter Versicherungsprämien steht auch eine etwaige Klausel in den verwendeten AVB, wonach der Anspruch auf die gesamte vereinbarte Jahresprämie auch für den Fall bestehen bleibt, dass der Versicherungsvertrag mit Insolvenzeröffnung erlischt oder seitens des Versicherers mit sofortiger Wirkung gekündigt wird, wegen einer unangemessenen Benachteiligung (§ 307 BGB) des Versicherungsnehmers nicht entgegen (**AG Wiesbaden** 7. 10. 2004 ZIP 2005, 500 [Ls] = EWiR § 16 AVBWKV-plus 1/05, 151 *[Göb/Wirth]*). Der Einwand der Kenntnis vom fehlenden Rechtsgrund im Rahmen des § 814 BGB oder des Gesetzesverstoßes nach § 817 S 2 BGB greift auch in der Insolvenz durch, wenn die Voraussetzungen in der Person des leistenden Schuldners erfüllt sind, an dessen Stelle der Insolvenzverwalter lediglich tritt mit der Folge, dass zB geleistete Prämienzahlungen für eine Versicherung nicht existenter Sachen, um deren Vorhandensein im Rahmen eines Betrugs Dritten gegenüber vorzutäuschen, nach Aufdeckung der Tat wegen § 814 BGB (und wohl auch wegen des allgem Rechtsgedankens aus § 817 S 2 BGB) nicht vom Versicherer nach § 812 BGB zurückgefordert werden können (**OLG Karlsruhe** 3. 5. 2005 ZIP 2005, 1181 = NJW-RR 2005, 1553 = VersR 2005, 1269 = EWiR § 68 VVG 1/05, 843 *[van Bühren]*). 213

Der Versicherer *kann* einen **Schadenersatzanspruch wegen Nichterfüllung** geltend machen, der gem § 103 Abs 2 S 1 als Insolvenzforderung zur Insolvenztabelle anzumelden ist. Freilich hat der andere Vertragsteil übderies jedenfalls *nach* Erfüllungsablehnung die Möglichkeit, das Schuldverhältnis durch **Rücktritt oder Kündigung** zu beenden (dazu *Bärenz* NZI 2006, 72, 74ff); entscheidend ist insoweit allein, ob die gesetzlichen oder vertraglichen Voraussetzungen für die Kündigung oder den Rücktritt vorliegen (**BGH** 17. 11. 2005 NJW 2006, 915 = ZIP 2006, 87 = NZI 2006, 229 = ZInsO 2006, 35 = BB 2006, 235 = WM 2006, 144 = EWiR § 103 InsO 1/06, 119 *[Bärenz]* [Softwarenutzungsvertrag]; **BGH** 27. 5. 2003 Z 155, 87 = NJW 2003, 2744 = ZIP 2003, 1208 = NZI 2003, 491 = ZInsO 2003, 607 = KTS 2003, 631 = WM 2003, 1384 = DB 2003, 1949 [Grundstückskauf]; **OLG Hamburg** 11. 5. 2004 ZInsO 2004, 812 [Warenkreditversicherung]; **OLG Köln** 2. 12. 2002 ZIP 2003, 543 = NZI 2003, 149 = ZInsO 2003, 336 = EWiR § 107 InsO 1/03, 715 *[Runkel]* [Leasingvertrag]). Allerdings findet das Kündigungsrecht des Versicherers nach § 14 VVG aF im neuen VVG keine Entsprechung mehr. 214

Im Einzelfall kann sich der Umstand, dass das Wahlrecht des Insolvenzverwalters nach §§ 103, 119 InsO der **Kündigungsbefugnis des Versicherers** in der Insolvenz des Versicherungsnehmers sogar *vor* dessen Ausübung nicht entgegensteht (**BGH** 26. 11. 2003 NJW-RR 2004, 460 = ZIP 2004, 176 = NZI 2004, 144 = ZInsO 2004, 86 = BB 2004, 239 = VersR 2004, 858 = EWiR § 103 InsO 1/04, 295 *[Blank]* [Warenkreditversicherung], **OLG Hamburg** 11. 5. 2004 ZInsO 2004, 812 [Warenkreditversicherung], als Sanierungshindernis darstellen (deshalb früher schon für eine teleologische Reduktion von § 14 VVG *Blank* ZInsO 2004, 795; *ders* EWiR § 103 InsO 1/04, 295). 215

bb) **Lebensversicherungen.** Bei Lebensversicherungen ist zunächst danach zu differenzieren, ob ein Bezugsrecht besteht oder nicht (ausf. zum Ganzen *Kayser* Die Lebensversicherungen in der Insolvenz des Arbeitgebers, 2006). Besteht ein Bezugsrecht, muss weiter danach unterschieden werden, ob das etwaige Bezugsrecht unwiderruflich oder unwiderruflich ausgestaltet ist (vgl § 159 Abs 2 u 3 VVG = § 166 Abs 2 VVG aF). Im (seltenen) Fall, dass der Versicherungsnehmer keine sog Begünstigungserklärung abgegeben hat, fallen die Ansprüche aus dem Versicherungsvertrag in die Masse, da diese dann, wenn **kein Dritter als Bezugsberechtigter** bestimmt wurde, problemlos dem Vermögen des Versicherungsnehmers zuzuordnen sind (*Armbrüster/Pilz* KTS 2004, 481, 482), und zwar spätestens seit der Einbeziehung des Neuerwerbs auch unabhängig davon, ob der Anspruch vor oder während des Insolvenzverfahrens entsteht. Freilich ist immer der besondere Pfändungsschutz zu beachten (dazu schon Rn 208; dazu auch *Flitsch* ZVI 2007, 161 ff). Zu den vertraglich versprochenen Leistungen bei einer Lebensversicherung gehört vor allem der Rückkaufswert (vgl § 169 VVG = § 176 VVG aF), denn das Recht auf den Rückkaufswert ist nur eine andere Erscheinungsform des Rechts auf die Versicherungssumme (**BGH** 18. 6. 2003 NJW 2003, 2679 = VersR 2003, 1021 = InVo 2004, 30 = WM 2003, 2247; **BGH** 22. 3. 2000 NJW 2000, 2103 = VersR 2000, 709). 216

217 Im Fall des **widerruflichen Bezugsrechts** erwirbt der Bezugsberechtigte nach § 159 Abs 2 VVG vor Eintritt des Versicherungsfalls keine insolvenzfeste Rechtsposition („nur eine Hoffnung auf die später einmal fällig werdende Leistung": **BGH** 22. 3. 1984 NJW 1984, 1611 = VersR 1984, 632 = WM 1984, 817; **BGH** 4. 3. 1993 NJW 1993, 1994 = ZIP 1993, 600 = VersR 1993, 689 = KTS 1993, 447 = WM 1993, 1057; **BGH** 18. 7. 2002 NJW 2002, 3253 = ZIP 2002, 1697 = NVersZ 2002, 495 = VersR 2002, 1294 = NZI 2002, 604 = ZInsO 2002, 878 = KTS 2003, 136 = WM 2002, 1852; „lediglich eine mehr oder weniger starke tatsächliche Aussicht auf den Erwerb eines zukünftigen Anspruchs": **BGH** 23. 10. 2003 Z 156, 350 = NJW 2004, 214 = ZIP 2003, 2307 = VersR 2004, 93 = NZI 2004, 78 = ZInsO 2003, 1096 = KTS 2004, 129 = WM 2003, 2479; **BGH** 7. 4. 2005 NJW 2005, 2231 = ZIP 2005, 909 = VersR 2005, 923 = NZI 2005, 384 = ZInsO 2005, 535 = WM 2005, 937 = EWiR § 50 InsO 2/05, 641 *[Balle]*), auch wenn dass die widerrufliche Bezugsberechtigung als solche zum Vermögen des Bezugsberechtigten gehört (vgl MK/*Lwowski/Peters* § 35 Rn 407 ff; MK-BGB/*Gottwald* § 330 Rn 17).

218 Tritt der **Versicherungsfall vor Insolvenzeröffnung** über das Vermögen des Versicherungsnehmers ein, so ist das Bezugsrecht mit dem Eintritt des Versicherungsfalls wie ein unwiderrufliches zu behandeln (dazu Rn 221). Der bezugsberechtigte Dritte erwirbt dann gem §§ 328, 330, 331 Abs 1 BGB unmittelbar das Recht, die Leistung vom Versicherer zu fordern. Eine spätere Insolvenzeröffnung ändert dann nichts daran, dass die Versicherungssumme zum Vermögen des Dritten und damit nicht zur Insolvenzmasse zählt. Allerdings ist stets an die Möglichkeit der Insolvenzanfechtung zu denken, weil es sich im Valutaverhältnis regelmäßig um eine unentgeltliche Leistung an den bezugsberechtigten Dritten handelt, die in der Insolvenz des Versicherungsnehmers als Versprechensempfängers gem §§ 134, 143 zur Masse zurückgewährt werden muss (**BGH** 23. 10. 2003 Z 156, 350 = NJW 2004, 214 = ZIP 2003, 2307 = NZI 2004, 78 = ZInsO 2003, 1096 = KTS 2004, 129 = DB 2004, 703 = WM 2003, 2479 = VersR 2004, 93 = EWiR § 134 InsO 2/04, 1099 *[Neußner]*; zust Anm *Huber* NZI 2004, 81; näher dazu § 134 Rn 15, 18). Bei Lebensversicherungen ist Gegenstand der anfechtbaren Rechtshandlung nicht die Leistung der Prämien durch den Versicherungsnehmer innerhalb der Vier-Jahresfrist des § 134, sondern die Leistung der Versicherungssumme an den bezugsberechtigten Dritten (**BGH** 23. 10. 2003 Z 156, 350 = NJW 2004, 214 = ZIP 2003, 2307 = NZI 2004, 78 = ZInsO 2003, 1096 = KTS 2004, 129 = DB 2004, 703 = WM 2003, 2479 = VersR 2004, 93 = EWiR § 134 InsO 2/04, 1099 *[Neußner]*; *Heilmann* VersR 1972, 997, 1001; *Müller-Feldhammer* NZI 2001, 343, 349 f; *Thiel* ZIP 2002, 1232, 1236). Die Zwischenschaltung des Versicherers als Versprechenden ändere an der (mittelbaren) Zuwendung durch den Versicherungsnehmer nichts, und zwar selbst dann, wenn die Bezugsberechtigung des Dritten sogleich bei Vertragsschluss vereinbart worden sei.

219 Ist der **Versicherungsfall bislang nicht (weder vor noch nach Verfahrenseröffnung) eingetreten**, gehören die Ansprüche aus der Lebensversicherung, vor allem der Anspruch auf den Rückkaufswert (§ 169 VVG = § 176 VVG aF) bei Beendigung des Versicherungsverhältnisses, im Fall einer widerruflichen Bezugsberechtigung zur Insolvenzmasse (*Bork* FS Kollhosser 2004, S 57, 60). Allerdings fällt der Anspruch auf den Rückkaufswert nach der Abkehr des **BGH** von der sog Erlöschenstheorie nicht mehr automatisch mit Eröffnung des Insolvenzverfahrens über das Vermögen des Versicherungsnehmers in die Insolvenzmasse, wenn der Insolvenzverwalter die Vertragserfüllung nach § 103 ablehnt (oben Rn 212 f). Fraglich ist nur, welche Anforderung an den Widerruf der Bezugsberechtigung zu stellen ist, um den bis zur Eröffnung des Insolvenzverfahrens angefallenen Rückkaufswert zur Masse zu ziehen (dazu [im Ergebnis aber offen lassend] **BGH** 7. 4. 2005 NJW 2005, 2231 = ZIP 2005, 909 = VersR 2005, 923 = NZI 2005, 384 = ZInsO 2005, 535 = DB 2005, 1453 = WM 2005, 937 = EWiR § 50 InsO 2/05, 641 *[Balle]*. Da sowohl das Kündigungsrecht (§ 168 VVG = § 165 VVG aF) als auch das Widerrufsrecht in die Masse fallen, ist dem Insolvenzverwalter *in praxi* eine ausdrückliche Kündigung des Versicherungsvertrags und auch ein ausdrücklicher Widerruf der Bezugsberechtigung zu empfehlen. In einer Kündigung der Versicherungsverträge, die mit der Aufforderung verbunden wird, die Rückkaufswerte auf ein näher bezeichnetes Massekonto zu zahlen, liegt jedoch regelmäßig auch ein konkludenter Widerruf der Bezugsberechtigung (**BGH** 7. 4. 2005 NJW 2005, 2231 = ZIP 2005, 909 = VersR 2005, 923 = NZI 2005, 384 = ZInsO 2005, 535 = DB 2005, 1453 = WM 2005, 937 = EWiR § 50 InsO 2/05, 641 *[Balle]*; **BGH** 4. 3. 1993 NJW 1993, 1994 = ZIP 1993, 600, 601 = KTS 1993, 447 = EWiR § 17 KO 1/93, 473 *[Blomeyer]*; *Elfring* BB 2004, 617, 619 f; *Hasse* VersR 2005, 15, 32; diese Auslegungsregel gilt nicht außerhalb der Insolvenz vgl **OLG Köln** 20. 12. 2001 OLGR Köln 2002, 26). Nur das Eintrittsrecht des Bezugsberechtigten nach § 170 Abs 1 S 1 VVG (= § 177 Abs 1 S 1 VVG aF) kann dann den drohenden Rechtsverlust noch vermeiden.

220 Tritt der **Versicherungsfall im Laufe des Insolvenzverfahrens**, aber noch vor dem Widerruf der Bezugsberechtigung bzw vor der Kündigung des Versicherungsvertrags ein, steht die für den Eintritt des Versicherungsfalls vereinbarte Leistung – vorbehaltlich der Insolvenzanfechtung – dem Bezugsberechtigten zu (*Hasse* VersR 2005, 15, 32). § 91 Abs 1 steht dem nicht entgegen, weil der Bezugsberechtigte bei Eintritt des Versicherungsfalls gem §§ 328, 330, 331 Abs 1 BGB unmittelbar das Recht erwirbt, die Leistung vom Versicherer zu fordern, die Versicherungsforderung somit nicht iSv § 91 Abs 1 Gegenstand der Insolvenzmasse ist. Eine abweichende haftungsrechtliche Zuweisung zum Vermögen des Schuldners als Versicherungsnehmer kann allenfalls das Anfechtungsrecht (§§ 129 ff) begründen (aA *Elfring* BB 2004, 617, 620 unter Hinweis auf **BGH** 4. 3. 1993 NJW 1993, 1994 = ZIP 1993, 600, 601

VII. Gegenstände der Insolvenzmasse im Einzelnen § 35

= KTS 1993, 447 = EWiR § 17 KO 1/93, 473 *[Blomeyer]*, der seinem Urteil jedoch noch die sog Erlöschentheorie zugrunde gelegt hat, nach der das Versicherungsverhältnis [und mit ihm die Bezugsberechtigung] ohnehin mit Verfahrenseröffnung erlöschen).

Bei **Einräumung eines unwiderruflichen Bezugsrechts** erwirbt der Bezugsberechtigte die Ansprüche 221 aus dem Versicherungsvertrag gegenüber dem Versicherer nach § 159 Abs 3 VVG grundsätzlich sofort (zur entsprechenden Rechtslage nach § 166 Abs 2 VVG aF siehe **BGH** 18. 6. 2003 NJW 2003, 2679 = VersR 2003, 1021 = InVo 2004, 30 = WM 2003, 2247 mwN). Die sog Begünstigungserklärung begründet sich in aller Regel aus den AVB (Prölls/Martin/*Kollhosser* § 166 VVG Rn 7), sonst aus § 328 Abs 2 BGB (*Bork* FS Kollhosser 2004, S 57, 61). Bei Kündigung des Versicherungsvertrags durch den Insolvenzverwalter (§ 168 Abs 1 VVG [= § 165 Abs 1 VVG aF] iVm § 80 Abs 1) gehört damit der Anspruch des Bezugsberechtigten auf den Rückkaufswert nicht zur Insolvenzmasse des Versicherungsnehmers und kann, wenn der Insolvenzverwalter den Rückkaufswert bereits eingezogen hat, nach § 47 ausgesondert werden (*Armbrüster/Pilz* KTS 2004, 481, 486; *Bork* FS Kollhosser 2004, S 57, 61; *Elfring* BB 2004, 617, 620; Jaeger/*Henckel* § 35 Rn 77). Der Bezugsberechtigte kann zudem gem § 170 VVG (= § 177 VVG aF) den Vertragseintritt erklären und damit die Kündigung des Versicherungsvertrags durch den Insolvenzverwalter abwenden (*Bork* FS Kollhosser 2004, S 57, 61; *Elfring* BB 2004, 617, 620; Prölls/Martin/*Kollhosser* § 177 VVG Rn 2, 6). In diesem Fall muss der Bezugsberechtigte in der Regel nicht einmal gem § 170 Abs 1 S 2 VVG (= § 177 Abs 1 S 2 VVG aF) den Rückkaufswert zur Insolvenzmasse erstatten, es sei denn, der Rechtserwerb aufgrund des unwiderruflichen Bezugsrechts unterliegt der Insolvenzanfechtung nach §§ 129 ff (*Elfring* BB 2004, 617, 620).

cc) **Unfallversicherung.** Für die **Unfallversicherung,** bei der als Leistung des Versicherers die Zahlung 222 eines Kapitals vereinbart ist, gelten nach § 185 VVG (= § 180 VVG aF) die für die Lebensversicherung maßgebenden §§ 159 u 160 VVG (= §§ 166–168 VVG aF) entsprechend. Bei der Unfalltod-Versicherung gehört die Versicherungsforderung in den Nachlass des Versicherungsnehmers. Die Erben (Hinterbliebenen) haben nur dann einen eigenen, vom Erbgang unabhängigen Anspruch auf Auszahlung der Versicherungssumme, wenn der Versicherungsnehmer von der Möglichkeit, sie als Bezugsberechtigte zu bezeichnen, Gebrauch gemacht hat (**BGH** 8. 2. 1960 Z 32, 44, 47 f = NJW 1960, 912 = DB 1960, 409 = BB 1960, 388). Nimmt der Versicherungsnehmer die Unfallversicherung gegen Unfälle, die einem anderen (der sog Gefahrsperson) zustoßen (Fremd-Unfallversicherung), so gilt die Gefahrsperson allein als Versicherter (**BGH** 8. 2. 1960 Z 32, 44, 49 = NJW 1960, 912 = DB 1960, 409 = BB 1960, 388). Die Versicherungsforderung gehört somit zum Nachlass der Gefahrsperson. Die Erben sind nicht die Versicherten. Bei der **Auto-Insassen-Unfallversicherung** (§ 16 AKB) handelt es sich um eine Fremdversicherung iSv § 179 Abs 1 VVG (= § 179 Abs 2 VVG aF), sodass nur der Insasse Versicherter iSv § 45 VVG (= § 75 VVG aF) ist, so dass der Versicherungsanspruch allein ihm zusteht und nicht in die Insolvenzmasse des Versicherungsnehmers fällt (**BGH** 8. 2. 1960 Z 32, 44, 50 = NJW 1960, 912 = DB 1960, 409 = BB 1960, 388).

dd) **Gebäude- oder Feuerversicherung.** Forderungen auf Entschädigungsleistung wegen einer Gebäude- 223 oder Feuerversicherung fallen grundsätzlich in die Insolvenzmasse (vgl zum Befreiungsanspruch auch **BGH** 16. 9. 1993 NJW 1994, 49 = ZIP 1993, 1656 = KTS 1994, 102 = WM 1993, 2180). Ist der Versicherer nach den Versicherungsbestimmungen nur verpflichtet, die Entschädigungssumme zur Wiederherstellung des versicherten Gebäudes zu zahlen (sog **Wiederaufbauklausel**), so kann der Versicherungsnehmer die Zahlung nach § 93 VVG erst verlangen, wenn die Wiederherstellung gesichert ist (nach dem bisherigen § 97 VVG aF musste nur die bestimmungsgemäße Verwendung der Entschädigungssumme gesichert sein). Allerdings stelle § 93 VVG auf Wiederherstellungsklauseln ab, die sich auf den *Mehrbetrag* beziehen, den der Versicherer über den Zeitwert nach § 88 VVG hinaus nur bei Wiederherstellung zu bezahlen hat; den Zeitwert kann der Versicherungsnehmer bereits vor einer Sicherstellung der Wiederherstellung und unabhängig von der Wiederherstellung verlangen (so der ausdrückliche Hinweis der Begr RegE, BT-Drucks 16/3945, S 83). Aufgrund der im Vergleich zu § 97 VVG aF eingeschränkten Wiederaufbauklausel nach § 93 VVG hielt der Gesetzgeber auch das bisherige Verbot zur Abtretung der Entschädigungssumme nach § 98 VVG aF für verzichtbar (Begr RegE, BT-Drucks 16/3945, S 83; zur bisherigen Rechtslage Jaeger/*Henckel* § 36 Rn 24). § 98 VVG aF wurde deshalb ersatzlos gestrichen. Nicht übersehen werden darf aber, dass § 93 VVG – ebenso wie schon § 97 VVG aF – abdingbar ist.

ee) **Sonstige Versicherungsleistungen.** Im Übrigen gehören Ansprüche aus Versicherungsverträgen, 224 soweit sie als Rechte einen Vermögenswert darstellen, zur Insolvenzmasse des Berechtigten (Jaeger/ *Henckel* § 36 Rn 21 ff). Hierzu gehören sämtliche Ansprüche aus der **Schadensversicherung,** wie zB aus einer Feuer-, Wasser-, Hagel-, Viehseuchen-, Sturm-, Einbruch- oder Transportversicherung. Auch Ansprüche aus einer **Personenversicherung** (Tod, Krankheit, Unfall, Arbeitsunfähigkeit) fallen in die Insolvenzmasse, allerdings nur im Rahmen der pfändungsfreien Beträge und soweit es sich nicht um rein persönliche Ansprüche handelt, wie zB auf freie ärztliche Behandlung oder Verpflegung in einem Krankenhaus oder Altersheim (Jaeger/*Henckel* § 36 Rn 21 (ausf zum Pfändungsschutz § 36 Rn 36 ff).

w) **Betriebliche Altersvorsorge. aa) Insolvenzsicherung nach dem BetrAVG.** Werden einem Arbeit- 225 nehmer Leistungen der Alters-, Invaliditäts- oder Hinterbliebenenversorgung aus Anlass seines Arbeitsverhältnisses vom Arbeitgeber zugesagt (betriebliche Altersversorgung), gelten zusätzlich die Vorschriften des BetrAVG (zu den Mitteilungspflichten des Insolvenzverwalters § 80 Rn 101; allgem dazu [auch rechtsvergleichend] s *M Roth* Private Altersvorsorge. Betriebsrentenrecht und individuelle Vorsorge, 2009). Leistungen der betrieblichen Altersversorgung sind in der Regel Geldleistungen in der Form laufender Renten oder einmaliger Kapitalzahlungen. Nach § 1 BetrAVG kann die Durchführung der betrieblichen Altersversorgung unmittelbar über den Arbeitgeber oder über einen der in § 1 b Abs 2 bis 4 BetrAVG genannten Versorgungsträger (Direktversicherung, Pensionskasse und Pensionsfonds, Unterstützungskasse) erfolgen. Unabhängig von der Wahl des Durchführungswegs für die betriebliche Altersversorgung hat der Arbeitgeber für die Erfüllung der von ihm zugesagten Leistungen einzustehen.

226 Kein Insolvenzrisiko besteht insofern bei den Versorgungszusagen im Wege der Direktversicherung mit *unwiderruflichem* Bezugsrecht des Arbeitnehmers (dazu Rn 232). Entsprechend risikolos ist die Versicherung bei Pensionskassen, da hier der Arbeitnehmer idR selbst Versicherungsnehmer ist. Dagegen ist **im Fall der Direktzusage** in der Insolvenz des Arbeitgebers das für die Versorgungsansprüche bzw -anwartschaften erforderliche **Deckungskapital Teil der Insolvenzmasse**, selbst wenn entsprechende Rückstellungen gebildet worden sind, weil Rückstellungen kein Sonder- oder Treuhandvermögen begründen, sondern lediglich Bilanzposten darstellen, die in der Insolvenz des Arbeitgebers weder Aus- noch Absonderungsrechte gewähren (vgl *Blomeyer/Rolfs/Otto* BetrAVG Vorbem § 7 Rn 54; *Kuhn* WM 1958, 834, 835 f). Aber nicht nur bei der Direktzusage, sondern auch bei den anderen Durchführungswegen kann die Insolvenz des Arbeitgebers die Versorgungsansprüche bzw -anwartschaften (mittelbar) gefährden (vgl *Blomeyer/Rolfs/Otto* BetrAVG Vorbem §§ 7–15 Rn 5). Soweit zB der Arbeitgeber Träger der von ihm geschaffenen und unterhaltenen Unterstützungskasse ist, kann seine Insolvenz die Insolvenz der Unterstützungskasse zur Folge haben. Deshalb sieht das BetrAVG einen **besonderen Schutz der betrieblichen Altersvorsorge** für den Fall vor, dass der Arbeitnehmer in der Insolvenz des Arbeitgebers (sog Sicherungsfall iSv § 7 Abs 1 BetrAVG) mit seinen Versorgungsansprüchen bzw -anwartschaften ausfällt (zum persönlichen Anwendungsbereich Rn 236); zu beachten ist stets die allgemeine Höchstbetragsgrenze nach § 7 Abs 3 BetrAVG, bis zu der Ansprüche gesichert sind.

227 Nach § 7 Abs 1 BetrAVG iVm den Allgemeinen Versicherungsbedingungen für die Insolvenzsicherung der betrieblichen Altersversorgung (AIB) sind die **bereits entstandenen Versorgungsansprüche** aus einer unmittelbaren Versorgungszusage (§ 7 Abs 1 S 1 BetrAVG), Leistungen einer Direktversicherungen, bei denen der Arbeitgeber das Bezugsrecht abgetreten oder beliehen hat (§ 7 Abs 1 S 2 Nr 1) sowie Leistungen einer Unterstützungskasse oder eines Pensionsfonds (§ 7 Abs 1 S 2 Nr 2) in der Weise insolvenzgesichert, dass im Fall der Insolvenz des Arbeitgebers der Träger der Insolvenzsicherung, namentlich der Pensions-Sicherungs-Verein auf Gegenseitigkeit (PSVaG), den Anspruch erfüllt, und zwar in dem Umfang, in dem der Arbeitgeber zur Leistung verpflichtet war und der Versorgungsempfänger infolge der Insolvenz mit seinem Anspruch ausfällt (akzessorische Ausfallhaftung). Ob der Anspruch entstanden ist, beantwortet die konkrete Versorgungsvereinbarung, zB Erreichen einer bestimmten Altersgrenze, Eintritt der Invalidität oder Tod des Berechtigten (vgl **BAG** 21. 1. 2003 E 104, 256 ZIP 2003, 1996 = KTS 2004, 168 = NZI 2004, 51 = NZA 2004, 152 = DB 2003, 2711 = BB 2004, 334 mwN). Auf Fälligkeit kommt es indes nicht an (ErfKomm-*Steinmeyer* § 7 Rn 10).

228 Dagegen sind **Versorgungsanwartschaften** in der Insolvenz des Arbeitgebers nach § 7 Abs 2 BetrAVG nur insoweit insolvenzgesichert, als sie unverfallbar iSv § 1 b BetrAVG geworden sind (zum unterschiedlichen Insolvenzschutz für Versorgungsempfänger und Versorgungsanwärter s etwa BAG 26. 1. 1999 E 91, 1 = ZIP 1999, 1018 = NZI 2000, 42 = KTS 1999, 399 = DB 1999, 1563 = NZA 1999, 711 = EWiR § 7 BetrAVG 4/99, 769 [*Reichold*]). Die Entstehung einer insolvenzfesten Anwartschaft ist mithin gesetzlich „standardisiert" und nicht der individualvertraglichen Regelung der Versorgungszusage überlassen (vgl **BAG** 21. 1. 2003 E 104, 256 ZIP 2003, 1996 = KTS 2004, 168 = NZI 2004, 51 = NZA 2004, 152 = DB 2003, 2711 = BB 2004, 334 mwN). Der **Eintritt der gesetzlichen Unverfallbarkeit** hängt davon ob, ob die betriebliche Altersversorgung vom Arbeitgeber oder vom Arbeitnehmer im Rahmen der Entgeltumwandlung finanziert wird. Anwartschaften aus einer **arbeitgeberfinanzierten betrieblichen Altersversorgung** sind gem § 1 b Abs 1 S 1 BetrAVG erst dann durch den PSVaG insolvenzgesichert, wenn der Arbeitnehmer am Stichtag (Sicherungsfall oder Beendigung des Arbeitsverhältnisses) mindestens das 30. Lebensjahr vollendet *und* die Versorgungszusage mindestens 5 Jahre bestanden hat (Rechtslage für Versorgungszusagen ab 1. 1. 2001; zu den abw Alters- und Bestandsgrenzen für Versorgungszusagen vor dem 1. 1. 2001 s Übergangsregelung in § 30 f BetrAVG). Im Fall der **arbeitnehmerfinanzierten betrieblichen Altersversorgung** durch Entgeltumwandlung tritt Unverfallbarkeit gem § 1 b Abs 5 BetrAVG sofort mit Erteilung der Entgeltumwandlungszusage ein. Alters- oder Bestandsgrenzen spielen für die Insolvenzsicherung mithin im Grundsatz keine Rolle. Allerdings gilt auch für die arbeitnehmerfinanzierte betriebliche Altersversorgung **die Einschränkung der Insolvenzsicherung nach § 7 Abs 5 S 3**, nach der iS des Rechtsgedankens der §§ 133, 134 InsO eine Missbrauchsabsicht unterstellt wird, wenn am Stichtag (Sicherungsfall oder Beendigung des Arbeitsverhältnisses) noch nicht mindestens zwei Jahre ab Zusageerteilung abgelaufen sind. Hiervon werden gem § 7 Abs 5 S 3 Nr 1 BetrAVG nur die Anwartschaften ausgenommen, denen eine ab 1. 1. 2002 erteilte Entgeltumwandlungszusage zugrunde liegt, und die auf einer Entgeltumwandlung in Höhe von bis zu 4% der Beitragsbemessungsgrenze zur allgemeinen Rentenversicherung (2007: 2520 €/Jahr alte Länder, 2184 €/Jahr

neue Länder) beruhen. Soweit keine gesetzliche Unverfallbarkeit vorliegt, besteht keine Ausfallhaftung des Pensionssicherungsvereins. Waren bei Verfahrenseröffnung nach der individualvertraglichen Regelung der Versorgungszusage Anwartschaften entstanden, nehmen sie an dem Insolvenzverfahren als Insolvenzforderungen teil (vgl [auch zur Erwerberhaftung nach § 613a BGB] **BAG** 19. 5. 2005 E 114, 349 = ZIP 2005, 1706 = DB 2005, 2362 = BB 2006, 943 = EWiR § 613a BGB 6/05, 855 *[Richter]*).

Der Versicherungsanspruch oder die Versicherungsanwartschaft nach § 7 BetrAVG entlässt den insolventen Arbeitgeber nicht aus seiner Haftung, sondern tritt neben den Versorgungsanspruch oder die Versorgungsanwartschaft (*Blomeyer/Rolfs/Otto* BetrAVG, § 7 Rn 192). Die gegen den Arbeitgeber gerichteten Ansprüche des Arbeitnehmers, gehen nach § 9 Abs 2 **BetrAVG** (*lex specialis* gegenüber § 86 Abs 1 VVG [= § 67 Abs 1 VVG aF]) auf den Träger der Insolvenzsicherung über, der sie im Insolvenzverfahren über das Vermögen des Arbeitgebers als einfache Insolvenzforderung iSv § 38 geltend macht. 229

bb) Direktversicherung und Rückdeckungsversicherung. Der *in praxi* häufigste Durchführungsweg der betrieblichen Altersvorsorge ist die Direktversicherung iSv § 1b Abs 2 S 2 BertrAVG: Der Arbeitgeber schließt eine Lebensversicherung auf das Leben des Arbeitnehmers ab und räumt diesem oder seinen Hinterbliebenen ein Bezugsrecht ein. Auf die Direktversicherungen sind zunächst die **Grundsätze der Behandlung von Lebensversicherungen in der Insolvenz** anzuwenden, insbesondere ist auch bei der Direktversicherung danach zu unterscheiden, ob die Lebensversicherung **widerruflich** oder **unwiderruflich** abgeschlossen worden ist (dazu oben Rn 216 ff). Ob dem begünstigten Arbeitnehmer ein widerrufliches oder unwideruflichesBezugsrecht eingeräumt wurde, hängt allein von der Ausgestaltung des Versicherungsverhältnisses zwischen Arbeitgeber und Versicherung ab, das von dem zwischen Arbeitgeber und Arbeitnehmer bestehenden Versorgungsverhältnis strikt zu trennen ist (vgl etwa **BAG** 8. 6. 1999 E 92, 1 = ZIP 1999, 1638 = NZI 2000, 341 = KTS 2000, 547 = NZA 1999, 1103 = DB 1999, 2069 = BB 1999, 2195 = EWiR 1 BetrAVG 1/00, 111 *[Blomeyer]*). 230

Hat der Arbeitgeber als Versicherungsnehmer in einem Lebensversicherungsvertrag dem Arbeitnehmer lediglich ein **widerrufliches Bezugsrecht** auf die Versicherungsleistungen eingeräumt, so gehört der Anspruch auf die Versicherungsleistung nach Widerruf des Bezugsrechts im Insolvenzverfahren über das Vermögen des Arbeitgebers zur Insolvenzmasse (dazu oben Rn 219), und zwar selbst dann, wenn der Arbeitnehmer die Direktversicherung im Wege der Entgeltumwandlung selbst finanziert hat (**BGH** 18. 7. 2002 NJW 2002, 3253 = ZIP 2002, 1697 = NZI 2002, 604 = ZInsO 2002, 878 = KTS 2003, 136 = NZG 2002, 1015 = DB 2002, 2104 = BB 2002, 2350 = WM 2002, 1852; **BGH** 4. 3. 1993 NJW 1993, 1994 = ZIP 1993, 600 = KTS 1993, 447 = EWiR § 6 KO 1/93, 473 *[Blomeyer]*; **BAG** 17. 10. 1995 ZIP 1996, 965 = NZA-RR 1996, 343 = KTS 1996, 458 = EWiR § 7 BetrAVG 3/96, 627 *[Blomeyer]*, **BAG** 28. 3. 1995 ZIP 1995, 2012 = NZA 1996, 36 = KTS 1996, 173 EWiR § 6 BetrAVG 1/95, 1161 *[Blomeyer]*). Die Entgeltumwandlung nach § 1 Abs 2 Nr 3 BetrAVG begründet auch kein Treuhandverhältnis zwischen Arbeitgeber und Arbeitnehmer (**OLG Karlsruhe** 18. 1. 2007 ZIP 2007, 286 = EWiR § 129 InsO 1/07, 405 *[Schröder]*), das ein Aussonderungsrecht am Treugut gewähren würde (dazu Rn 26 ff). Auch bei einer Entgeltumwandlung erfüllt der Insolvenzverwalter mit dem Widerruf des Bezugsrechts seine insolvenzrechtlichen Pflichten nach § 148 (**BAG** 8. 6. 1999 E 92, 1 = ZIP 1999, 1638 = NZI 2000, 341 = KTS 2000, 547 = NZA 1999, 1103 = DB 1999, 2069 = BB 1999, 2195 = EWiR § 1 BetrAVG 1/00, 111 *[Blomeyer]*; **BAG** 17. 10. 1995 ZIP 1996, 343 = KTS 1996, 458 = NZA-RR 1996, 343 = DB 1996, 1240 = EWiR § 7 BetrAVG 3/96, 627 *[Blomeyer]*); **BAG** 26. 2. 1991 ZIP 1991, 1295 = KTS 1991, 601 = NZA 1991, 845 = EWiR § 1 BetrAVG 6/91, 859 *[Blomeyer]*. Hat der Verwalter das Bezugsrecht des Versorgungsberechtigten versicherungsvertraglich wirksam widerrufen, kann er gem §§ 985, 952 BGB die Herausgabe des Versicherungsscheins verlangen (**BAG** 8. 6. 1999 E 92, 1 = ZIP 1999, 1638 = NZI 2000, 341 = KTS 2000, 547 = NZA 1999, 1103 = DB 1999, 2069 = BB 1999, 2195 = EWiR § 1 BetrAVG 1/00, 111 *[Blomeyer]*). Der Insolvenzverwalter kann das Bezugsrecht sogar dann noch widerrufen, wenn es gem § 1b Abs 2 BetrAVG unverfallbar geworden ist (vgl **BGH** 15. 1. 1992 Z 117, 70 = NJW 1992, 1103 = DB 1992, 951; **BGH** 22. 3. 1984 NJW 1984, 1611 = DB 1984, 1776 = BB 1984, 1048 = WM 1984, 817; zum Ganzen auch *Stahlschmidt* NZI 2006, 375 f). Der Widerruf wirkt sich trotz Unverfallbarkeit günstig für die Insolvenzmasse aus: Mit Unverfallbarkeit erwirbt der Arbeitnehmer zwar einen Anspruch gegen den PSVaG nach § 7 BetrAVG (dazu oben Rn 226 ff) und der nach § 7 BetrAVG insolvenzsichere Anspruch des Arbeitnehmers geht auf den PSVaG über (vgl § 9 Abs 2 BetrAVG), der PSVaG kann den Anspruch aber nur als einfache Insolvenzfordrung iSv § 38 geltend machen (dazu oben Rn 229). 231

Ist die **Bezugsberechtigung unwiderruflich**, so fallen weder die Anwartschaft noch der Versicherungsanspruch in die Insolvenzmasse des Arbeitgebers als Versicherungsnehmer (dazu oben Rn 226). Der bezugsberechtigte Arbeitnehmer kann den Rückkaufswert, wenn der Insolvenzverwalter ihn bereits eingezogen hat, nach § 47 aussondern (dazu oben Rn 221). 232

In der Insolvenz des Arbeitgebers steht das **sog eingeschränkt unwiderrufliche Bezugsrecht**, bei dem sich der Arbeitgeber den Widerruf des Bezugsrechts unter bestimmten Voraussetzungen (idR Eintritt der Unverfallbarkeit vor Ende des Arbeitsverhältnisses) im Versicherungsvertrag vorbehalten hat, dem unwiderruflichen Bezugsrecht gleich, mit der Folge, dass dem Arbeitnehmer ein Aussonderungsrecht gem § 47 in Bezug auf den Rückkaufswert der Direktversicherung zusteht, obwohl die tatbestandlichen 233

Voraussetzungen des Vorbehalts nicht erfüllt sind, weil der Zweck des Vorbehalts in der Insolvenz regelmäßig entfällt (sog „versicherungsvertragliche Lösung"; dazu BGH 3. 5. 2006 NJW-RR 2006, 1258 = NZI 2006, 527 = ZInsO 2006, 710 = ZIP 2006, 1309 = EWiR § 35 InsO 4/06, 661 *[Gundlach/ Frenzel]*; BGH 22. 9. 2005 ZIP 2005, 1836; BGH 8. 6. 2005 NJW-RR 2005, 1412 = ZIP 2005, 1373 = NZI 2005, 555 = ZInsO 2005, 768 = WM 2005, 2141 = EWiR § 47 InsO 1/06, 275 *[Stahlschmidt]*; dazu krit *Hinkel/Flitsch* ZInsO 2005, 796; BGH 3. 5. 2006 NJW-RR 2006, 1258 = ZIP 2006, 1309 = NZI 2006, 527 = ZInsO 2006, 710 = DB 2006, 1488 = WM 2006, 1393 EWiR § 47 InsO 4/06, 661 *[Gundlach/Frenzel]*; folgend OLG Bamberg 9. 2. 2006 NZI 2006, 355 = NZA-RR 2006, 423 = VersR 2006, 1389; LAG Köln 11. 5. 2006 ArbRB 2006, 328; LAG Hamm 22. 9. 2006 ZIP 2007, 291 = EWiR § 47 InsO 1/07, 307 *[Blank]*; LAG Hannover 24. 11. 2006 10 Sa 946/06 [nicht rkr]; abw OLG München 11. 7. 2008 ZIP 2008, 1738 [allerdings zu Geschäftsführer und Mitgesellschafter, späteren sogar Alleingesellschafter einer GmbH, als Bezugsberechtigten]; OLG Hamm 24. 1. 2006 ZIP 2006, 719 = NZI 2006, 406 = ZInsO 2006, 881 = NZG 2006, 949 = EWiR § 47 1/06, 275 *[Stahlschmidt]* [allerdings zu beherrschendem Gesellschafter als Bezugsberechtigten] LAG München 20. 10. 2006 11 Sa 727/05 ZInsO 2007, 839 [anhängig BAG Az 3 AZR 994/06]; LAG Hamm 15. 2. 2006 3 Sa 2064/05 ZInsO 2007, 669 [anhängig BAG Az 3 AZR 334/06]; die Rechtsfrage wurde jetzt dem Gemeinsamen Senat der Obersten Gerichtshöfe des Bundes zur Entscheidung vorgelegt [Vorlagebeschluss v 22. 5. 2007 E 122, 351 = NZI 2007, 674 = ZIP 2007, 1869 = ZInsO 2008, 515]; zum Ganzen auch *Stahlschmidt* NZI 2006, 375).

234 Hat der Schuldner als Arbeitgeber nur den (aufschiebend bedingten) Todesfallanspruch einer Lebensversicherung mit widerruflichem Bezugsrecht, nicht aber den Erlebensfallanspruch zur Sicherheit an einen Dritten abgetreten, stellt sich in der Insolvenz des Arbeitgebers bei Kündigung der Lebensversicherung durch den Insolvenzverwalter die Frage, ob der Rückkaufswert voll der Insolvenzmasse zusteht oder der Sicherungsnehmer nach § 51 Nr 1 ein Absonderungsrecht an dem für die Insolvenzmasse vereinnahmten Rückkaufswert hat. Der Rückkaufswert ist grds nur eine andere Erscheinungsform des Rechts auf die Versicherungssumme (dazu Rn 216). Insoweit legt es § 169 Abs 1 VVG (= § 176 Abs 1 VVG aF) nahe, dass er dem Todesfallanspruch zuzuordnen ist (ebenso OLG Celle 23. 6. 2005 ZInsO 2005, 890), es sei denn, ausdrücklich oder konkludent ist etwas anderes vereinbart (so im Fall OLG Dresden 2. 12. 2004 ZIP 2005, 631 = ZInsO 2005, 149). Entscheidend ist mithin die Sicherungsabrede, bei deren Auslegung auch die steuerlichen Auswirkungen der Sicherungskonstruktion zu berücksichtigen sind (BGH 13. 6. 2007 NJW 2007, 2320 = ZIP 2007, 1375 = ZInsO 2007, 772 = NZI 2007, 447 = ZVI 2008, 71 = WM 2007, 1510; s auch *Stahlschmidt* NZI 2006, 375).

235 **Verpfändete Ansprüche** aus einer Lebensversicherung werden zwar mit Eröffnung des Insolvenzverfahrens über das Vermögen des Versicherungsnehmers nach §§ 103, 41 fällig, dürfen aber nicht vom Insolvenzverwalter zur Masse gezogen werden, wenn der Pfandgläubiger zur Einziehung gem § 1282 Abs 1 BGB berechtigt ist (OLG Hamm 12. 5. 1995 NJW-RR 1996, 1312 = KTS 1996, 380 = WM 1996, 1928; s auch OLG Hamm 20. 9. 2001 ZInsO 2001, 1162 = NZI 2002, 50; LG Tübingen 17. 11. 2000 NJW-RR 2001, 1344 = NZI 2001, 263 = KTS 2002, 66). Vielmehr darf der Pfandgläubiger die verpfändete Forderung gem § 173 Abs 1 selbst verwerten. Waren die **Ansprüche aus einem Lebensversicherungsvertrag unanfechtbar zur Sicherheit abgetreten** worden, fällt auch keine Feststellungspauschale nach den §§ 170 Abs 2, 171 Abs 1 an, wenn der Absonderungsberechtigte die Sicherheit verwertet. Gleiches gilt, wenn der Absonderungsberechtigte im Insolvenzeröffnungsverfahren nach Bestellung eines vorläufigen Insolvenzverwalters, aber noch vor Verfahrenseröffnung unter Inanspruchnahme der Sicherheit den Lebensversicherungsvertrag kündigt, der Versicherer darauf die Überweisung des verfügbaren Betrages zum Kündigungstermin ankündigt, die Zahlung aber erst nach Insolvenzeröffnung erfolgt (OLG Hamm 20. 9. 2001 ZInsO 2001, 1162 = NZI 2002, 50).

236 Bei Direktversicherungen zugunsten von beherrschenden **Gesellschafter-Geschäftsführern** findet das BetrAVG keine Anwendung; es gelten allein die **Grundsätze der Behandlung von Lebensversicherungen in der Insolvenz** (dazu auch § 11 Rn 130 ff). Dasselbe gilt auch für Zusagen an Arbeitnehmer, wenn Ansprüche oberhalb der allgemeinen Höchstbetragsgrenze des § 7 Abs 3 BetrAVG gesichert werden sollen. Die Praxis hilft sich in diesen Fällen seit einigen Jahren mit dem sog **Verpfändungsmodell**, das dem organschaftlichen Vertreter eines insolventen Unternehmens, der nicht den Schutz des Betriebsrentengesetzes genießt, ein insolvenzfestes Absonderungsrecht gem §§ 50 f verschafft (BGH 10. 7. 1997 Z 136, 220 = NJW 1998, 312 = ZIP 1997, 1596 = NZA 1997, 1113 = KTS 1998, 106 = EWiR § 67 KO 1/97, 999 *[Blomeyer]* = WuB VI B § 69 KO 1.97 *[Hess]*; *Arteaga* ZIP 1998, 276 ff; *Blomeyer* VersR 1999, 653 ff; *Doetsch* DB 1997, 2116; *Hanau/Arteaga*, Gehaltsumwandlung zur betrieblichen Altersversorgung, 1999 Rn 242 ff S 347 ff; *Neumann* BB 1997, 2697). Das Verwertungsrecht liegt *vor* Pfandreife zwar beim Insolvenzverwalter, weil die zu sichernde Forderung aus der Zusage unter einer aufschiebenden Bedingung steht (Eintritt des Versorgungsfalls), so gebührt zB der Rückkaufswert der Insolvenzmasse (dazu und zum Folgenden BGH 7. 4. 2005 ZIP 2005, 909 = NZI 2005, 384 = ZInsO 2005, 535 = EWiR § 50 InsO 2/05, 641 *[Balle]*; zu den Problemen, die in der Praxis aus den Vorgaben des BGH für die Verwertung einer Rückdeckungsversicherung erwachen s etwa *Rhein/Lasser* NZI 2007, 153). Allerdings muss der Insolvenzverwalter den Erlös in Höhe der zu sichernden Forderung (vgl § 45 S 1) zurückbehalten und vorrangig hinterlegen, bis die zu sichernde Forderung aus der

VII. Gegenstände der Insolvenzmasse im Einzelnen § 35

Versorgungsanwartschaft fällig wird oder die Bedingung ausfällt (§ 191 Abs 1, § 198; ebenso *Bitter* NZI 2000, 399, 400, 405; *Küppers/Louven* BB 2004, 337, 341; *Stegmann/Lind* NVersZ 2002, 193, 201). Nur im letzteren Fall werden die hinterlegten Beträge frei und es kommt zu einer Nachtragsverteilung an die Gläubiger (§ 203 Abs 1 Nr 1); zur Massezugehörigkeit der vom insolventen Arbeitgeber durch Gehaltsumwandlung finanzierten Prämien für die Direktversicherung s OLG Karlsruhe 18. 1. 2007 ZIP 2007, 286 = NZI 2008, 188 m Anm *Schäfer* NZI 2008, 151 = EWiR § 129 InsO 1/07, 405 *[J.-S. Schröder]*.

In der Literatur wird schon seit einiger Zeit als Instrument der privatrechtlichen Insolvenzsicherung 237 im Bereich der betrieblichen Altersversorgung auch die **doppelseitige Treuhand** diskutiert (vgl *Bode/Bergt/Obenberger* DB 2000, 1864 ff; *Fischer/Thoms-Meyer* DB 2000, 1861 ff). Zur Absicherung der **Ansprüche von Arbeitnehmern aus Wertguthaben** muss der Arbeitgeber dementsprechend jetzt eine Insolvenzabsicherung vorsehen, die insbesondere in der Schaffung eines Treuhandkontos bei einem Dritten bestehen kann (§ 7 e Abs 1 und 2 SGB IV). Erfüllt der Arbeitgeber diese Verpflichtung nicht, kann nicht nur den Arbeitgeber eine Ersatzpflicht treffen, sondern bei einer juristischen Person auch deren Organe (§ 7 e Abs 7 SGB IV; ausführlich *Huke/Lepping* ZIP 2009, 1204, 1206 f; abw für die frühere Fassung der Norm BAG 16. 8. 2005 9 AZR 470/04 NZA 2006, 1052 = NZI 2006, 726 = ZIP 2006, 344, 345 ff; BAG 13. 12. 2005 9 AZR 436/04 E 116, 293 = NZA 2006, 729 = ZIP 2006, 1213; BAG 21. 11. 2006 9 AZR 206/06 ZIP 2007, 692 = NZA 2007, 693; unabhängig davon eine Haftung des Geschäftsleiters für den Fall bejahend, dass er konkret das Vorhandensein einer Wertsicherung vorgespiegelt hat, BAG 13. 2. 2007 9 AZR 207/06 E 121, 182 = ZIP 2007, 1334, 1335 f = NJW 2007, 2573 = EWiR § 823 BGB 3/07, 555 *[J. Schmidt]*). Für den Bereich der **Wertguthaben aus Altersteilzeit** findet sich eine ähnliche Verpflichtung zur Insolvenzsicherung in § 8 a Abs 1 S 1 AltTZG; nach dessen Hs. 2 findet § 7 e SGB IV darauf zwar keine Anwendung. Bedeutung kann § 7 e SGB IV für die Altersteilzeit aber dennoch erlangen, weil er zeigt, welche Instrumente der Insolvenzsicherung der Gesetzgeber als geeignet und ausreichend ansieht (*Hanau* NZA 2009, 225, 226). Fehlt eine hinreichende Insolvenzsicherung, gehört das Guthaben in der Insolvenz des Arbeitgebers zur Insolvenzmasse. Die Rechtsstellung der Arbeitnehmer begründet dann keinen Aussonderungsanspruch nach § 47, sondern einen Verschaffungsanspruch, der jedoch lediglich „einfache" Insolvenzforderung ist.

4. Immaterialgüterrechte. a) Allgemeines. Immaterialgüterrechte sind in der Unternehmensinsolvenz 238 häufig Bestandteil der Insolvenzmasse und bilden insbesondere bei Unternehmen aus forschungsintensiven Branchen einen erheblichen Anteil des verwertbaren Vermögens. Sie unterteilen sich in gewerbliche Schutzrechte, wie Patent-, Muster-, Kennzeichen-, Geschmacksmuster-, Sorten- und Halbleiterschutzrechte auf der einen sowie Urheberrechte auf der anderen Seite (vgl zu den Begrifflichkeiten *Zimmermann* Immaterialgüterrechte und ihre Zwangsvollstreckung, 1998, S 54). Für den Insolvenzbeschlag und die Verwertbarkeit ist regelmäßig entscheidend, ob spezialgesetzliche Regelungen bestehen oder, ob die allgemeinen Regelungen der InsO Anwendung finden, wobei in letzterem Fall die spezialgesetzlichen Regelungen zur Übertragbarkeit der jeweiligen Rechte ausschlaggebend sind.

b) Gewerbliche Schutzrechte. aa) Schutz von Erfindungen. Bereits vor der Anmeldung zum Patent/ 239 Gebrauchsmuster unterliegen **Erfindungen** der Zwangsvollstreckung und fallen somit in die Insolvenzmasse (**RG** 3. 10. 1902 VII 204/02 Z 52, 227, 230; Benkard-*Mellulis* § 6 Rn 18; MK/*Lwowski/Peters* § 35 Rn 285). Das gilt jedoch nur für den vermögensrechtlichen Teil, das **Recht auf das Patent**, §§ 6, 15 PatG (**BGH** 24. 10. 1978 X ZR 42/76 Z 72, 236, 245 = NJW 1979, 269 = GRUR 1979, 145; LG Nürnberg-Fürth 25. 10. 1967 3 O 3/67 GRUR 1968, 252, 253; Benkard-*Mellulis* § 6 Rn 9; MK/ *Lwowski/Peters* § 35 Rn 286; vgl auch *McGuire/von Zumbusch/Joachim* GRUR Int 2006, 682 ff; aA *Pfister* Das technische Geheimnis „Know How" als Vermögensrecht, 1974, S 17; *Mentzel* KuT 1937, 17; *Göttlich* MDR 1957, 11), das Erfinderpersönlichkeitsrecht hingegen als persönlichkeitsrechtlicher Teil ist nicht übertragbar und somit auch nicht pfändbar (vgl **BGH** 20. 6. 1978 X ZR 49/75 GRUR 1978, 583, 585 m Anm v *Harmsen*). Das Recht die Erfindung zum Patent anzumelden oder auf ein Patent zu verzichten steht daher ab Verfahrenseröffnung dem Insolvenzverwalter zu (Benkard-*Mellulis* § 6 Rn 18; *Jaeger/Henkel* § 35 Rn 61; zur Auskunftspflicht des Schuldners ggü dem Insolvenzverwalter in diesem Zusammenhang **OLG** Hamm 16. 3. 1951 7 W 59/51 JMBl NRW 1951, 151). **Verwertbar ist das Recht auf das Patent** aber erst dann, wenn der Erfinder selbst kundgetan hat, die Erfindung wirtschaftlich nutzen zu wollen (**RG** 3. 10. 1902 VII 204/02 Z 52, 227, 230; **BGH** 25. 1. 1955 I ZR 15/53 Z 16, 172 = NJW 1955, 628, 629 = GRUR 1955, 388 [zu § 1 KO]; KG 2. 5. 1930 6 U 86/30 JW 1930, 2803; MK/*Lwowski/Peters* § 35 Rn 292; vgl auch **BGH** 2. 4. 1998 IX ZR 232/96 NJW-RR 1998, 1057, 1058 = ZIP 1998, 1037 = KTS 1998, 473 = WM 1998, 1037 = WRP 1998, 609 = InVo 1998, 187 [zu §§ 1, 29, 21, 32 KO]; ausführlich zur Verwertung immaterieller Vermögenswerte *Hirte*, FS Fischer, 2008, S 239, 244 ff sowie § 166 Rn 14). Nach aA soll die Erfindung bereits mit ihrer Verlautbarung in die Insolvenzmasse fallen (*Isay* Anh zu § 2, 3 PatG Rn 20; *Mentzel* KuT 1937, 17; *Bernhardt* Lehrbuch des Patentrechts, 3. Aufl 1973, § 31 VI). Dagegen spricht aber das zu berücksichtigende Erfinderpersönlichkeitsrecht, das solange überwiegt, bis der Erfinder selbst mit der Verwertung beginnen wollte. Erst dann sind seine Interessen gegenüber denen der Gläubiger als nachrangig zu bewerten.

240　Besondere Relevanz besitzen aufgrund ihrer Häufigkeit (nach *Kraßer* Lehrbuch des Patentrechts, 5. Aufl 2004, S 394, 80–90% aller patentierten Erfindungen) die **Arbeitnehmererfindungen**. Ihre Pfändung richtet sich nach den insolvenzrechtlichen Sonderregeln des § 27 ArbnErfG. Wenn der Arbeitgeber die Diensterfindung gem § 6 Abs 1 ArbnErfG in Anspruch nimmt, gehen mit Zugang der Erklärung die vermögensrechtlichen Werte der Erfindung auf den Arbeitgeber über und fallen in dessen Insolvenzmasse (MK/*Lwowski/Peters* § 35 Rn 331). Entsprechend dem Tatbestand des § 27 ArbnErfG sind hinsichtlich der Verwertung verschiedene Konstellationen zu unterscheiden (vgl auch *Schwab* NZI 1999, 257, 259 f; zur alten Rechtslage MK/*Lwowski/Peters* § 35 Rn 332 ff). Veräußert der Insolvenzverwalter die vor Verfahrenseröffnung unbeschränkt in Anspruch genommene Diensterfindung **mit dem Geschäftsbetrieb**, so tritt der Erwerber für die Zeit von der Eröffnung des Insolvenzverfahrens an in die Vergütungspflicht des Arbeitgebers (§ 9 ArbnErfG) ein (§ 27 Nr 1 ArbnErfG). Veräußert der Insolvenzverwalter die Diensterfindung **ohne den Geschäftsbetrieb**, hat der Arbeitnehmer ein **Vorkaufsrecht**, § 27 Nr 2 S 2 ArbnErfG (Einzelheiten bei *Bartenbach/Volz* § 27 Rn 66 ff). Verwertet der Insolvenzverwalter die Diensterfindung dagegen im Unternehmen des Schuldners, so hat der Arbeitnehmer eine angemessene Vergütung für die Verwertung aus der Insolvenzmasse zu zahlen (§ 27 Nr 3 ArbnErfG). Will der Insolvenzverwalter die Diensterfindung ferner weder im Unternehmen verwenden noch an Dritte veräußern, kann der Arbeitnehmererfinder die Übertragung verlangen (§ 27 Nr 4 iVm § 16 Abs 1 und 2 ArbnErfG). Ansprüche aus Nutzungs- und Verwertungshandlungen vor der Eröffnung des Insolvenzverfahrens können nur als einfache Insolvenzforderungen nach § 38 InsO geltend gemacht werden (§ 27 Nr 5 ArbnErfG).

241　Gem § 15 Abs 1 PatG sind sowohl das Recht auf das **Patent** (wie zuvor erläutert) als auch der Anspruch auf Erteilung des Patents und das Recht aus dem Patent grundsätzlich übertragbar und damit auch pfändbar (§§ 857 Abs 1, 851 Abs 1 ZPO). Die Verfügungsbefugnis liegt beim Insolvenzverwalter, der die Rechte aus § 15 PatG zum Zwecke der Verwertung übertragen, das Recht zur Benutzung des Patents ausüben (§ 9 PatG), auf das Patent verzichten oder Lizenzen erteilen kann (MK/*Lwowski/Peters* § 35 Rn 300; *Jaeger/Henckel* § 35 Rn 61). Ferner ist er berechtigt, **Ansprüche gegen Patentverletzer** gem §§ 139, 140 a, 140 b PatG geltend zu machen (*Zeising* Mitt. 2000, 353, 354). Auch **Geheimpatente** fallen in die Insolvenzmasse, allerdings mit der Besonderheit, dass aufgrund des § 93 StGB der Geheimnischarakter bei der Verwertung durch die Lizenzvergabe und Veräußerung zu beachten ist (MK/*Lwowski/Peters* § 35 Rn 306), genauso wie der Entschädigungsanspruch gem § 55 PatG, unabhängig davon, ob er vor oder nach der Insolvenzeröffnung fällig war (*Zeising* Mitt. 2000, 353, 354).

242　In die Insolvenzmasse fällt ferner das **Vorbenutzungsrecht** (§ 12 PatG). Auch wenn es nur zusammen mit dem Geschäftsbetrieb auf Dritte übertragen werden kann (§ 12 Abs 1 S 3 PatG) und die Zwangsvollstreckung in ein solches mangels Selbstständigkeit und Pfändbarkeit eines Unternehmens unzulässig ist (MK/*Peters* § 36 Rn 28 a mwN), hat der **BGH** (BGH 7. 10. 1965 I a ZR 129/63 GRUR 1966, 370, 374) die Zugehörigkeit zur Insolvenzmasse bejaht. Die Veräußerung durch den Insolvenzverwalter kann nach dem **BGH** jedoch ebenfalls nur zusammen mit dem Geschäftsbetrieb erfolgen.

243　Nach § 22 GebrMG sind das Recht auf das **Gebrauchsmuster**, der Anspruch auf seine Eintragung und das durch die Eintragung begründete Recht übertragbar, dementsprechend pfändbar und Teil der Insolvenzmasse (MK/*Lwowski/Peters* § 35 Rn 293; *Jaeger/Henckel* § 35 Rn 57). Auch das Geheimgebrauchsmuster iSd § 9 GebrMG ist dem Insolvenzbeschlag unterworfen (MK/*Lwowski/Peters* § 35 Rn 296). Hinsichtlich der Verfügungs- und Verwertungsbefugnis des Insolvenzverwalters wird im Übrigen auf die Ausführungen zum Patent bzw Geheimpatent verwiesen (zuvor Rn 239 ff), da insoweit keine Unterschiede bestehen (*Empting* Immaterialgüterrechte in der Insolvenz, 2003, S 43 f).

244　**bb) Sorten- und Halbleiterschutz.** Sorten- und Halbleiterschutzrechte sind vergleichbar den traditionellen Schutzrechten Patent- oder Gebrauchsmuster ausgestaltet. Beide Rechte sind übertragbar (§ 11 Abs 1 S 1 SortSchG bzw § 2 Abs 4 und 5 HalblSchG) und pfändbar, werden also Teil der Insolvenzmasse (*Empting* Immaterialgüterrechte in der Insolvenz, 2003, S 61). Wie beim Erfinderrecht gilt die Unterteilung in einen persönlichkeitsrechtlichen und vermögensrechtlichen Teil auch bei den Sorten- und Halbleiterschutzrechten (*Wuesthoff/Leßmann/Wendt*, 2. Aufl 1990, SortSchG, § 11 Rn 5), mit der Folge, dass letzterer dem Insolvenzbeschlag unterliegt. Für die **Verfügungs- und Verwertungsrechte** wird ebenfalls auf die Ausführungen zum Patentrecht verwiesen (zuvor Rn 239 ff). Zudem kann der Verwalter mögliche Ansprüche aus Verletzung des erteilten Sortenschutzes gem §§ 37 ff SortSchG geltend machen (*Empting* Immaterialgüterrechte in der Insolvenz, 2003, S 60).

245　**cc) Kennzeichenschutz.** Dem Kennzeichenschutz durch das MarkenG unterfallen Marken, geschäftliche Bezeichnungen und geographische Herkunftsangaben, § 1 MarkenG. Das **Markenrecht** und die **Markenanwartschaft** (§ 31 MarkenG) sind gem § 29 MarkenG in allen unterschiedlichen Ausgestaltungen (Registermarken, Benutzungsmarken, Notorietätsmarken, vgl § 4 Nr 1 bis 3 MarkenG) in der Insolvenz des Markenrechtsinhabers pfändbar und somit Bestandteil der Masse (RG 5. 6. 1931 II 314/30 MuW 1931, 430, 431; **BGH** 26. 2. 1960 I ZR 159/58 Z 32, 103, 113 = NJW 1960, 1008 = GRUR 1960, 490; **BGH** 14. 12. 1989 I ZR 17/88 Z 109, 364, 366 = NJW 1990, 1605 = EWiR § 6 KO 1/90, 491 [*Lepsien*] [jeweils zu § 8 WZG]; MK/*Lwowski/Peters* § 35 Rn 367; *Fezer* Markenrecht, 3. Aufl 2001, § 29 Rn 25). Das **Verfügungs- und Verwertungsrecht** liegt ab Verfahrenseröffnung beim In-

VII. Gegenstände der Insolvenzmasse im Einzelnen § 35

solvenzverwalter, der die Marke unabhängig vom Geschäftsbetrieb verwerten kann (*Fezer* Markenrecht, 3. Aufl 2001, § 29 Rn 26; zur Wertermittlung *Repenn* NJW 1994, 175). Infolge der Aufhebung der Akzessorietät von Marke und Geschäftsbetrieb (§ 8 Abs 1 S 2 WZG) durch die Einführung des § 27 Abs 1 MarkenG ist die Übertragung der Marke nunmehr nicht mehr an die Übertragung des Unternehmens gebunden (vgl **BGH** 1. 2. 1999 I ZR 49/97 Z 143, 214, 222 = NJW 2000, 2195 = GRUR 2000, 709 = WRP 2000, 746 = WM 2000, 1449). Ebenso kann der Verwalter die Unterlassungsansprüche nach §§ 14 ff MarkenG geltend machen (Jaeger/*Henckel* § 35 Rn 38).

Die **geschäftlichen Bezeichnungen** unterteilen sich in Unternehmenskennzeichen und Werktitel. Sie 246 werden mit Verfahrenseröffnung Teil der Insolvenzmasse (Jaeger/*Henckel* § 35 Rn 29). Im Gegensatz zur Marke ist eine isolierte Verwertung eines **Unternehmenskennzeichens** aufgrund der Bindung an das Unternehmen (**RG** 13. 9. 1943 II 76/43 GRUR 1943, 349, 350; **BGH** 6. 3. 1951 I ZR 40/50 Z 1 241, 247 = NJW 1951, 521 = GRUR 1951, 324; **BGH** 2. 5. 2002 I ZR 300/99 GRUR 2002, 972, 975 = GRUR Int 2002, 71 = WRP 2002, 1156 = EWiR § 5 MarkenG 2/02, 963 [*Beyerlein*]; Jaeger/*Henckel* § 35 Rn 29) aber nicht möglich. Die Übertragung auf den Erwerber kann nur gemeinsam stattfinden (**RG** 26. 1. 1909 VII 146/08 Z 70, 226, 227; **RG** 2. 4. 1919 I 221/18 Z 95, 235, 237; **BGH** 26. 2. 1960 I ZR 159/58 Z 32, 103, 113 = NJW 1960, 1008 = BB 1960, 421 = DB 1960, 494 = WM 1960, 579 = GRUR 1960, 490). Zur **Firma** als in der Praxis relevantestem Unternehmenskennzeichen ausführlich Rn 302. Der **Werktitel** wird ebenfalls Massebestandteil und kann nur in Verbindung mit dem Werk verwertet werden. Der BGH hat trotz fehlender Regelung zur Übertragung immer wieder betont, dass Werk und Werktitel akzessorisch sind (**BGH** 24. 4. 1997 I ZR 233/94 NJW 1997, 3315 = GRUR 1997, 902 = WRP 1997, 1181, 1183; **BGH** 24. 4. 1997 I ZR 44/95 Z 135, 278 = NJW 1997, 3313 = WM 1997, 2230 = WRP 1997, 1184, 1186 [jeweils zur Titelschutzanzeige]; str *Empting* Immaterialgüterrechte in der Insolvenz, 2003, S 101 ff mwN). Vom Insolvenzbeschlag nicht erfasst werden die **geographischen Herkunftsangaben** (§§ 1 Nr 3, 126 Abs 1 MarkenG) (*Empting* Immaterialgüterrechte in der Insolvenz, 2003, S 125 f). Sie können von jedermann genutzt werden, soweit die Anforderungen der §§ 127, 128 MarkenG erfüllt sind. Es fehlt also an der Übertragbarkeit (vgl *Fezer* Markenrecht, 3. Aufl 2001, Vorbem §§ 27 bis 30 Rn 3).

dd) **Geschmacksmusterschutz.** Beim Geschmacksmusterschutz ist hinsichtlich des Insolvenzbeschlags 247 zwischen der Verwertung vor und nach der Anmeldung zu differenzieren. Das **Anwartschaftsrecht** ist pfändbar und wird mithin Massebestandteil, wohl aber nur, soweit der Gestalter das Recht eingeräumt hat, die Anmeldung vorzunehmen (**BGH** 2. 4. 1998 IX ZR 232/96 NJW-RR 1998, 1057, 1058 = ZIP 1998, 830 = KTS 1998, 473 = WRP 1998, 609 = WM 1998, 1037 = InVo 1998, 187 [Notwendigkeit der Zustimmung des Gestalters lässt der **BGH** mangels Relevanz ausdrücklich offen]; *v. Gamm* GeschmMG, 2. Aufl 1989, § 3 Rn 60 f; aA *Empting* Immaterialgüterrechte in der Insolvenz, 2003, S 131). Das angemeldete **Geschmackmusterrecht** (Vollrecht) ist gem §§ 29 Abs 1, § 30 Abs 3 GeschmMG übertragbar, pfändbar und wird Objekt des Insolvenzbeschlags. Die Verwaltungs- und Verfügungsbefugnisse des Insolvenzverwalters entsprechen denen der Verwertung von Patenten und Gebrauchsmustern (oben Rn 239 ff). Genießt der Urheber des Geschmacksmusters zugleich Urheberrechtsschutz (§ 2 UrhG), so gelten sowohl bezüglich des Insolvenzbeschlags als auch bezüglich der Verwertung die urheberrechtlichen Einschränkungen der §§ 112 ff UrhG (MK/*Lwowski/Peters* § 35 Rn 327; Jaeger/*Henckel* § 35 Rn 56), vgl insoweit die Ausführungen sogleich Rn 248 ff. Man spricht dann vom sog **Doppelschutz** (*v. Gamm* GeschmMG, 2. Aufl 1989, § 3 Rn 60 f).

c) **Urheberrecht.** Das **Urheberrecht** als solches wird nicht Teil der Insolvenzmasse (zur Insolvenz des 248 Urhebers *Wallner* Die Insolvenz des Urhebers 2002), denn gem § 29 Abs 1 UrhG ist die rechtsgeschäftliche Übertragung ausgeschlossen (vgl § 857 Abs 1 iVm § 851 Abs 1 ZPO). Der Zwangsvollstreckung und damit dem Insolvenzbeschlag unterliegt aber das vom Urheber eingeräumte **Nutzungsrecht** (§§ 31 ff UrhG) (Jaeger/*Henckel* § 35 Rn 43). Der Insolvenzverwalter kann dieses entweder selbst durch Vervielfältigung etc oder Lizenzvergabe an Dritte für die Masseanreicherung nutzen, allerdings nur, soweit der Urheber gem § 113 UrhG seine Einwilligung erteilt hat (Fromm/Nordemann-*Vick* UrhG, 9. Aufl 1998, § 113 Rn 1; *Schwab* KTS 1999, 49, 50). Dieser entscheidet also darüber, ob ein Nutzungsrecht Massebestandteil wird (aA Möhring/Nicolini-*Lütje* UrhG, 2. Aufl 2000, § 112 Rn 9 nach dem nur die Verwertung von der Einwilligung abhängig ist). Der Insolvenzverwalter ist zudem nur berechtigt, Dritten ein Nutzungsrecht in der Art und Weise einzuräumen, zu der der Schuldner seine Einwilligung erteilt hat (MK/*Lwowski/Peters* § 35 Rn 346). Die Einwilligung des Urhebers kann im Gegensatz zur Zwangsvollstreckung (str vgl Fromm/Nordemann-*Vinck* UrhG, 9. Aufl 1998, § 113 Rn 2) auch nach Eröffnung des Insolvenzverfahrens erteilt werden, da § 35 InsO entgegen der KO das gesamte Vermögen des Schuldners auch nach Verfahrenseröffnung erfasst (Möhring/Nicolini-*Lütje* UrhG, 2. Aufl 2000, § 112 Rn 9; *Empting* Immaterialgüterrecht in der Insolvenz, 2003, S 143; aA Wandtke/Bullinger-*Kefferpütz* UrhG, 2. Aufl 2006, § 112 Rn 52; N/R-*Andres* § 35 Rn 71; *Stickelbrock* WM 2004, 549, 552). Für **Werkoriginale** gilt gem § 114 UrhG ebenfalls das Zustimmungserfordernis (Fromm/Nordemann-*Vinck* UrhG 9. Aufl 1998, § 114 Rn 1), nicht jedoch für **Vervielfältigungsstücke**, die als Sacheigentum stets Teil der Insolvenzmasse werden (MK/*Lwowski/Peters* § 35 Rn 359).

249 **Ausnahmen vom Einwilligungserfordernis** sind nach § 114 Abs 2 UrhG für den Fall möglich, dass die Zwangsvollstreckung in das Original zur Zwangsvollstreckung in das Nutzungsrecht erforderlich ist (Nr 1) oder es sich um ein Werk der Baukunst (Nr 2) bzw anderes Werk der bildenden Kunst (Nr 3) handelt (vgl Wandtke/Bullinger-*Kefferpütz* UrhG, 2. Aufl 2006, § 114 Rn 10 ff). Soweit der Schuldner Eigentümer eines Werkoriginals ist, aber nicht zugleich dessen Urheber, wird dieses Bestandteil der Insolvenzmasse. Die Verwertung ist jedoch nur im Rahmen der vom Urheber an den Erwerber eingeräumten Nutzungsrechte möglich (Jaeger/*Henckel* § 35 Rn 50).

250 Eine andere Betrachtungsweise ist bei **Zahlungs- und Unterlassungsansprüchen** des Urhebers angezeigt. Die Beschränkungen der §§ 113 ff UrhG gelten hier nicht. Vergütungs-, Schadenersatz-, Bereicherungs- (MK/*Lwowski*/*Peters* § 35 Rn 348; Jaeger/*Henckel* § 35 Rn 48) sowie Unterlassungsansprüche (Jaeger/*Henckel* § 35 Rn 49) werden als reine Vermögensansprüche Massebestandteil und können vom Insolvenzverwalter geltend gemacht werden.

251 d) **Filmwerke, Internetdomain und Software:** Bei **Filmwerken** bestehen hinsichtlich des Insolvenzbeschlags und der Verwertung für das vorbestehende Werk (Roman, Drehbuch, Exposé etc) keine Besonderheiten im Vergleich zur Insolvenz des Urhebers (vgl ausführlich *Marrder* Verwertung von Filmrechten in der Insolvenz, 2006, S 75). In der **Insolvenz des Filmherstellers** (Recht am Filmwerk) hingegen wird das Schutzrecht gem § 94 UrhG sowie das Nutzungsrecht gem § 88 UrhG Teil der Insolvenzmasse und kann durch den Insolvenzverwalter verwertet werden (vgl zu Verwertungsarten Wandtke/Bullinger-*Manegold* UrhG, 2. Aufl 2006, § 88 Rn 25 ff). Das Schutzrecht ist gem § 94 Abs 2 UrhG und das Nutzungsrecht ist gem § 34 Abs 3 UrhG mit dem Unternehmen des Schuldner übertragbar, pfändbar und mithin Gegenstand der Insolvenzmasse, ohne dass der Urheber seine Einwilligung erteilen muss (Jaeger/*Henckel* § 35 Rn 54). Der Verwalter kann verwerten, indem er es vervielfältigt oder verbreitet (*Empting* Immaterialgüterrechte in der Insolvenz, 2003, S 151).

252 Der Insolvenzbeschlag einer **Internetdomain** ist dagegen in Rechtsprechung und Literatur umstritten (vgl ausführlich *Mock*/*Schildt* in: *Plöckinger*/*Duursma*/*Mayrhofer* Internet-Recht, 2003, 212 ff; *Empting* Immaterialgüterrechte in der Insolvenz, 2003, S 247 ff; *ders* ZInsO 2006, 229 ff). Nach dem BGH ist die Internetdomain als solche nicht pfändbar, da sie kein „anderes Vermögensrecht" iSd § 857 Abs 1 ZPO darstellt (**BGH** 5. 7. 2005 VII ZB 5/05 NJW 2005, 3353, 3353 = InVo 2005, 507 = GRUR 2005, 969 = MMR 2005, 685 m Anm v *Hoffmann* = BB 2005, 2658 = WM 2005, 1849 = EWiR § 857 ZPO 1/05, 811 [*Beyerlein*]). Dieser Aussage ging eine Entscheidung des BVerfG voran, nach der der Inhaber einer Internetdomain weder das Eigentum noch ein sonstiges absolutes Recht an der Domain erwirbt (BVerfG 24. 11. 2004 1 BvR 1306/02 MMR 2005, 165, 165 = NJW 2005, 589 = GRUR 2005, 261 = WM 2005, 149). Dem Insolvenzbeschlag unterliegen aber die schuldrechtlichen Ansprüche des Domaininhabers gegenüber der DENIC (Deutsches Network Informations Center), denn diese stellen ein Vermögensrecht iSd § 857 Abs 1 ZPO (so bereits zuvor **LG** Mönchengladbach 22. 9. 2004 5 T 445/04 NJW-RR 2005, 439 = InVo 2005, 199 = MMR 2005, 197; **LG** Düsseldorf 16. 3. 2001 25 T 59/01 InVo 2002, 116 = JurBüro 2001, 548; m abw Begr **LG** Essen 22. 9. 1999 11 T 370/99 MMR 2000, 286, 287 = GRUR 2000, 453; **AG** Langenfeld 21. 12. 2000 12 M 2416/00 CR 2001, 477). Pfändbar sind im Einzelnen der Registrierungsanspruch, der Anspruch auf Aufrechterhaltung der Eintragung, der Anspruch auf Anpassung des Registers an die veränderten persönlichen Daten des Kunden sowie das Nutzungsrecht (*Hoffmann* MMR 2005, 687). Der Insolvenzverwalter kann die Domain durch Benutzung oder Veräußerung verwerten (*Ulmer* ITRB 2005, 112, 114) Zum Insolvenzbeschlag von **Computersoftware** und dessen Verwertung in der Insolvenz vgl ausführlich Rn 151 f.

253 e) **Know-how.** Beim Know-how handelt es sich um nicht allgemein zugängliches, nicht durch ein Patent oder eine Patentanmeldung geschütztes technisches oder betriebswirtschaftliches Wissen eines anderen (*Henn* Patent- und Know-how-Lizenzvertrag, 5 Aufl 2003, Rn 29). Es ist ein Vermögenswert, der über den reinen Sachwert hinaus den Wert repräsentiert, der gesetzlich nicht geschützte Erfindungsleistungen, Fabrikationsverfahren, Konstruktionen sowie sonstige die Technik bereichernde Leistungen, Erfahrungen und Spezialkenntnisse von Fachkräften erfasst (*Zeising* Mitt 2001, 60, 63). Über die **Zugehörigkeit des Know-how zur Insolvenzmasse** besteht Streit (vgl *Zeising* Mitt 2001, 60, 63). Bezüglich des Know-how, das sich „im Kopf" des Unternehmers und seiner Mitarbeiter befindet, handelt es sich zwar um ein wirtschaftlich verwertbares Gut. Dieses ist aber weder konkretisierbar noch fassbar. Etwas anderes gilt dann, wenn bereits ein **Know-how Vertrag** besteht oder bereits einer konkreter Preis feststeht (MK/*Lwowski*/*Peters* § 35 Rn 377). Die Know-How-Lizenzverträge fallen in den Anwendungsbereich des § 103 InsO und werden ähnlich den Lizenzen über gewerbliche Schutzrechte behandelt (dazu Rn 254).

254 f) **Lizenzen und urheberrechtliche Nutzungsrechte. aa) Lizenzvertrag.** Im Bereich der gewerblichen Schutzrechte werden Nutzungsrechte an Dritte durch Lizenzen erteilt (vgl § 15 Abs 2 PatG, § 31 GeschmMG, § 22 Abs 2 GebrMG, § 30 MarkenG). **Einfache Lizenzen** sind unübertragbar und fallen nicht in die Insolvenzmasse (**RG** 26. 10. 1931 VIII 117/31 Z 134, 91, 97; **RG** 16. 11. 1929 I 170/1929 GRUR 1930, 174; **BGH** 23. 4. 1974 X ZR 4/71 Z 62, 272, 276 = NJW 1974, 1197 = GRUR 1974, 463; MK/*Lwowski*/*Peters* § 35 Rn 310; aA Nerlich/Römermann-*Andres* § 35 Rn 70). Der Insolvenz-

VII. Gegenstände der Insolvenzmasse im Einzelnen § 35

verwalter kann die Nutzungsrechte nur für die Masse weiternutzen oder sich vom Vertrag unter bestimmten Voraussetzungen (vgl § 103 Rn 38) lösen (**RG** 26. 10. 1931 VIII 117/31 Z 134, 91, 97). Die **ausschließliche Lizenz** hingegen ist übertragbar (**RG** aaO Z 134, 91, 98; **RG** 1913 I 139/13 MuW 1913/1914, 143, 144; **BGH** 17. 4. 1969 KZR 15/68 Z 52, 55 = NJW 1969, 1810 = GRUR 1969, 560, 561), pfändbar (**RG** 18. 11. 1916 I 110/16 Z 89, 114, 115; **RG** 28. 9. 1928 III 523/27 Z 122, 70, 73) und wird in der **Insolvenz des Lizenznehmers** Teil der Insolvenzmasse. Eine **Zwangslizenz** kann nur zusammen mit dem Betrieb veräußert bzw übertragen werden (Benkard-*Rogge* aaO, § 24 Rn 44; *Reimer* PatG § 15 Rn 17). In der **Insolvenz des Lizenzgebers** ist der Insolvenzverwalter nach § 103 InsO berechtigt, die Nichterfüllung des Vertrages zu wählen und die Lizenz zu günstigeren Konditionen zu verwerten (vgl § 103 Rn 38); ausführlich *Hub* Filmlizenzen in der Insolvenz des Lizenzgebers [2006]; *Koehler/Ludwig* NZI 2007, 79 ff). Nach dem in der vergangenen Legislaturperiode geplanten § 108a InsO sollte der Lizenzvertrag insolvenzfest werden (siehe dazu den Entwurf eines Gesetzes zur Entschuldung mittelloser Personen, zur Stärkung der Gläubigerrechte sowie zur Regelung der Insolvenzfestigkeit von Lizenzen [BT-Drucks. 16/7416] und dazu die Sachverständigenanhörung im Rechtsausschuss des Deutschen Bundestages am 9. 4. 2008, Prot Nr 95 [http://www.bundestag.de/bundestag/ausschuesse/a06/anhoerungen/Archiv/32_Insolvenz-Teil_I/05_Wortprotkoll.pdf]; befürwortend unter anderem die Stellungnahme von *Hirte*, abrufbar unter http://www.bundestag.de/bundestag/ausschuesse/a06/anhoerungen/Archiv/32_Insolvenz_Teil_I/index.html; kritisch hierzu *Dengler/Gruson/Spielberger* Insolvenzfestigkeit von Lizenzen? Forschungsstandort Deutschland – so wohl kaum!, NZI 2006, 677).

Bei einem Verein kann auch das **Recht auf Teilnahme mit Mannschaften am sportlichen Wettbewerb einer Bundesliga** in die Masse fallen (dazu unten Rn 373). 255

bb) Urheberrechtlicher Nutzungsvertrag. Sowohl einfache als auch ausschließliche Nutzungsrechte 256 des Urhebers können durch einen urheberrechtlichen Nutzungsvertrag auf Dritte übertragen werden (§ 34 UrhG). Das Nutzungsrecht wird in der **Insolvenz des Urhebers** Teil der Insolvenzmasse und kann verwertet werden. Will der Insolvenzverwalter jedoch einem Dritten ein Nutzungsrecht einräumen, bedarf es der Zustimmung des Urhebers (Rn 248). Gleiches gilt in der **Insolvenz des Nutzungsberechtigten**. Auch hier greift der Insolvenzverwalter bei der Verwertung durch Erteilung weiterer Nutzungsrechte (§ 35 UrhG) in die Rechtsstellung des Urhebers ein (MK/*Lwowski/Peters* § 35 Rn 351). Die §§ 112–118 sind in der Insolvenz des Nutzungsberechtigten nicht anwendbar, da er weder der eigentliche Urheber noch dessen Rechtsnachfolger ist (*Empting* Immaterialgüterrechte in der Insolvenz, 2003, S 232).

Infolge der Einordnung als Rechtspacht (**BGH** 17. 11. 2005 IX ZR 162/04 NJW 2006, 915, 916 = 257 NZI 2006, 229 = ZIP 2006, 87 = GRUR 2006, 435 = EWiR § 103 InsO 1/06, 119 *[Bärenz]*; Palandt/ *Weidenkaff* Einf Vorb § 581 Rn 81; *Stickelbrock* WM 2004, 549, 557 mwN) fallen beiderseits nicht vollständig erfüllte urheberrechtliche Nutzungsverträge sowohl in der Insolvenz des Urhebers als auch in der des Nutzungsberechtigten in den **Anwendungsbereich des § 103 InsO** (*Abel* NZI 2003, 121, 124 mwN; siehe auch § 103 Rn 38). Dem Insolvenzverwalter steht ein Wahlrecht zu, ob er Erfüllung wählt oder ablehnt. Zu Lösungsmöglichkeiten des Urhebers in der Insolvenz des Nutzungsberechtigten oben § 103 Rn 47 und *Stickelbrock* WM 2004, 549, 560 ff.

5. Anwartschaftsrecht in der Insolvenz. a) Allgemeines. Anwartschaftsrechte, wie zB Eigentumsan- 258 wartschaften an beweglichen Sachen oder Grundstücken, fallen grundsätzlich in die Insolvenzmasse (Jaeger/*Henckel* § 35 Rn 85; allgem zur Rechtsnatur des Anwartschaftsrechts MK-BGB/*Westermann* § 449 Rn 40 ff mwN). Praktisch bedeutsam ist zB das **Anwartschaftsrecht aufgrund eines Kaufs unter Eigentumsvorbehalt** zur Sicherung des Kaufpreiszahlungsanspruchs, dh der Verkäufer überträgt das Eigentum an dem Kaufgegenstand (nur) unter der aufschiebenden Bedingung (zB bei beweglichen Sachen gem §§ 929, 158 BGB) vollständiger Zahlung des Kaufpreises (vgl Auslegungsregel § 449 BGB). Im Fall der Insolvenz ist dann zwischen dem Eigentumsvorbehalt in der Insolvenz des Vorbehaltskäufers oder in der Insolvenz des Vorbehaltsverkäufers zu unterscheiden.

b) Eigentumsvorbehalt in der Insolvenz des Vorbehaltskäufers. Im Insolvenzverfahren über das Ver- 259 mögen des Vorbehaltskäufers gehört das vom Verkäufer vorbehaltene Eigentum (noch) nicht zur Insolvenzmasse. Das Vollrecht fällt erst mit Bedingungseintritt in die Masse, also mit Zahlung des (Rest-) Kaufpreises (Jaeger/*Henckel* § 35 Rn 85). Dem Insolvenzverwalter steht die Erfüllung des (Vorbehalts-)-Kaufvertrags frei (vgl §§ 103, 107 Abs 2). Entscheidet er sich für die Erfüllung des Vorbehaltskaufvertrags ist der offene (Rest-)Kaufpreis Masseschuld gem § 55 Abs 1 Nr 2 Alt 1. Zur Insolvenzmasse gehört aber von Beginn an das Anwartschaftsrecht als vermögenswerte Rechtsposition des Schuldners (**BGH** 10. 4. 1961 Z 35, 85, 88; **BGH** 31. 5. 1965 NJW 1965, 1475).

Hatte der Vorbehaltskäufer vor Verfahrenseröffnung das Anwartschaftsrecht an der Vorbehaltssache 260 **auf einen Dritten übertragen,** so kann sich der Eigentumserwerb in der Person des Zweiterwerbers dadurch vollziehen, dass dieser den Kaufpreis in die Insolvenzmasse zahlt. Das Eigentum geht in diesem Fall unmittelbar vom Vorbehaltsverkäufer auf den Zweiterwerber über. Insoweit steht § 91 nicht entgegen, denn der Schuldner hatte vor Verfahrenseröffnung das Anwartschaftsrecht auf den Zweiterwerber übertragen. Die Vorbehaltssache war deshalb zu keinem Zeitpunkt Massebestandteil (**RG** 4. 4. 1933 Z 140, 223, 227; **BGH** 22. 2. 1956 Z 20, 88, 101; **BGH** 30. 5. 1958 Z 27, 360, 367; KPB-

§ 35

Luke § 91 Rn 21). Dasselbe gilt, wenn der Insolvenzverwalter über das Vermögen des Vorbehaltserstkäufers den Vorbehaltsverkäufer hinsichtlich seiner Forderung befriedigt. Zum rechtlichen Schicksal der Anwartschaften bei den Verlängerungs- und Erweiterungsformen im Insolvenzverfahren s *Marotzke,* Gegenseitige Verträge im Konkurs und Vergleich, S 79 ff; MK-BGB/*Westermann* § 449 Rn 94 [zu durch Verarbeitungsklausel verlängerte Eigentumsvorbehalt in der Insolvenz des Käufers]); insbesondere kommen keine Ersatzaussonderungsansprüche gem § 48 bei verlängertem Eigentumsvorbehalt durch berechtigte Weiterveräußerung in Betracht (Staudinger/*Beckmann* § 449 Rn 93).

261 In der Käuferinsolvenz steht dem Verkäufer ein **Aussonderungsrecht** zu, wenn der Insolvenzverwalter nicht zum Besitz berechtigt ist (§ 47 InsO, § 986 BGB), was früher die Regel war, da nach st Rspr des **BGH** angenommen wurde, dass die Erfüllungsansprüche aus gegenseitigen Verträgen automatisch mit Verfahrenseröffnung erlöschen sollten (zur sog „Erlöschenstheorie" s § 103 Rn 6). Nach der Aufgabe der „Erlöschenstheorie" gilt das nicht mehr. Vielmehr verlieren die Leistungsansprüche mit Verfahrenseröffnung lediglich ihre Durchsetzbarkeit (dazu *Bork* Einf Rn 156a mwN). Folglich kommt auch ein Rücktrittsrecht des Verkäufers wegen Verzugs des Käufers mit der Kaufpreiszahlung (vgl § 323 BGB) solange nicht in Betracht, bis der Insolvenzverwalter sein Erfüllungswahlrecht ausgeübt hat, da die Leistungsansprüche solange nicht durchsetzbar sind und Verzug nach § 286 BGB einen durchsetzbaren Anspruch des Gläubigers voraussetzt (vgl Palandt/*Heinrichs* § 286 Rn 12). Der Vorbehaltsverkäufer kann deswegen nur dann nach § 47 aussondern, wenn der Insolvenzverwalter die Erfüllung abgelehnt hat oder wenn er zwar Erfüllung gewählt hat, sodann aber nicht leistete und mithin selbst in Verzug gerät. Mit der Erfüllungswahl kann sich der Verwalter aber Zeit lassen, denn selbst bei Aufforderung durch den Verkäufer ist er erst verpflichtet, unverzüglich nach dem Berichtstermin (§§ 29 Abs 1 Nr 2, 156f) zu erklären, ob er in den Vertrag eintritt (§ 107 Abs 2 S 1). Zweck des Aufschubs der Wahlrechtsausübung ist es, vor allem in der Unternehmensinsolvenz die Einheit des schuldnerischen Vermögens zu erhalten, um Fortführungs- und Sanierungschancen zu wahren (Begr RegE BT-Drucks 12/2443, S 146).

262 **c) Eigentumsvorbehalt in der Insolvenz des Vorbehaltsverkäufers.** In die Insolvenzmasse des Vorbehaltsverkäufers fällt das Eigentum an dem Vorbehaltsgegenstand. Dies ist kein Widerspruch zu der Ansicht, dass das Anwartschaftsrecht des Vorbehaltskäufers zu dessen Insolvenzmasse gehört. Denn beim Kauf unter EV hat jede Vertragsseite eine dinglich gesicherte Rechtsposition inne, die sich gegenüber der anderen durchsetzen kann (vgl *Marotzke* Gegenseitige Verträge im Konkurs und Vergleich, S 79 f). Nach § 161 Abs 1 S 2 BGB kann sich die **Rechtsposition des Käufers** durchsetzen, wenn durch Zahlung des vollständigen (Rest-)Kaufpreises in die Masse die Bedingung des Eigentumserwerbs eintritt, und zwar ohne dass dem § 91 entgegenstünde (Jaeger/*Henckel* § 35 Rn 85; MK-BGB/*Westermann* § 449 Rn 77 mwN). Der Käufer kann dann als Eigentümer den Kaufgegenstand nach § 47 aussondern.

263 Hat der Insolvenzverwalter den Kaufgegenstand an einen Dritten veräußert, hängt die Wirksamkeit der Veräußerung gegenüber dem anwartschaftsberechtigten Vorbehaltskäufer von der **Gutgläubigkeit des Zweiterwerbers** ab (vgl § 166 Abs 3 BGB iVm §§ 932 ff BGB). Bei wirksamer Verfügung des nichtberechtigten Insolvenzverwalters ist der **Bereicherungsanspruch des Vorbehaltskäufers** (§ 816 Abs 1 BGB) gem § 55 Abs 1 Nr 3 Masseverbindlichkeit (Jaeger/*Henckel* § 35 Rn 85).

264 Der Insolvenzverwalter ist zudem an den Kaufvertrag nach **§ 107 Abs 1** gebunden, sodass er die Anwartschaft des Käufers auch nicht mehr durch Ablehnung der Erfüllung des Vertrages zerstören kann (zur Möglichkeit der Ablehnung der Vertragserfüllung nach § 17 KO durch den Insolvenzverwalter **BGH 9. 7. 1986 Z 98, 160, 169 = NJW 1986, 2948 = ZIP 1986, 1059 = DB 1986, 2070 = WM 1986, 1161 = EWiR § 17 KO 4/86, 915** [*Marotzke*]; allgem zur umstrittenen Rechtslage unter Geltung des § 17 KO s Kilger/*Karsten Schmidt* § 17 KO Anm 3b; Staudinger/*Beckmann* § 449 Rn 96 mwN). Das Recht, Erfüllung des Vertrages zu verlangen, steht insoweit nach Eröffnung des Insolvenzverfahrens über das Vermögen des Verkäufers allein dem Käufer zu (KPB-*Lüke* § 91 Rn 21; KPB-*Tintelnot* § 107 Rn 5 ff; MK-BGB/*Westermann* § 449 Rn 77; krit *Marotzke* JZ 1995, 803, 807 ff [„uferlos"]; zum Ganzen auch Komm § 107.

265 **d) Anwartschaftsrecht des Auflassungsempfängers.** Beim Grundstückserwerb erlangt der Erwerber bereits eine gesicherte Rechtsstellung, wenn die Auflassung für den Veräußerer bindend geworden ist. Ein Grundstück, das dem Schuldner vor Eröffnung des Insolvenzverfahrens gem §§ 873 Abs 2, 925 BGB bindend aufgelassen worden ist, gehört auch dann zur Insolvenzmasse, wenn der Eintragungsantrag erst nach Verfahrenseröffnung gestellt wird. Auf die Gültigkeit des der Auflassung zugrunde liegenden Vertrages kommt es dabei nicht an (Jaeger/*Henckel* § 35 Rn 88). Gleiches gilt für **Ansprüche auf Einräumung oder Aufhebung eines Rechts an einem Grundstück**, die durch eine **Vormerkung** zugunsten des Schuldners gesichert sind. Auch hier gehört das Anwartschaftsrecht in die Insolvenzmasse, denn der Schuldner hat bereits seine gesicherte Rechtsposition erlangt (zur Streitfrage, zu welchem Zeitpunkt bei der Auflassungsvormerkung das Anwartschaftsrecht entsteht s MK-BGB/*Kanzleiter* § 925 Rn 34 mwN).

266 Ist dagegen im Insolvenzverfahren über das Vermögen des Schuldners eine **Vormerkung zugunsten eines Gläubigers** eingetragen, greift die Vorschrift des § 106 Abs 1 S 1 ein, wonach der Gläubiger für seinen Anspruch Befriedigung aus der Insolvenzmasse verlangen kann.

VIII. Unternehmen in der Insolvenz § 35

e) **Sonstige Anwartschaften.** Soweit zugunsten des Schuldners vor Eröffnung des Insolvenzverfahrens 267
Forderungsrechte aufschiebend bedingt begründet worden sind, gehört die Forderung auch dann zur
Insolvenzmasse iSv § 35, wenn die Bedingung erst nach Insolvenzeröffnung eintritt (Jaeger/*Henckel*
§ 35 Rn 90). Entscheidend ist, dass bereits zum Zeitpunkt der Eröffnung des Insolvenzverfahrens für
den Schuldner eine vermögenswerte Rechtsposition bestand, die insoweit gesichert ist, als der Rechtserwerb unabhängig vom Willen des Schuldners eintritt. Das gilt auch für aufschiebend befristete Rechte
(ausf dazu Jaeger/*Henckel* § 35 Rn 91).

VIII. Unternehmen in der Insolvenz

1. Allgemeines. a) Massezugehörigkeit des Unternehmens. Das Unternehmen als Inbegriff von Ver- 268
mögenswerten (allgem zum Unternehmensbegriff s etwa GroßkommHGB-*Hüffer* Vor § 22 Rn 6) fällt
nach heute allgemeiner Auffassung in die Insolvenzmasse (HK-*Eickmann* § 35 Rn 25; Jaeger/*Henckel*
§ 35 Rn 9; KPB-*Holzer* § 35 Rn 70; KP-*Noack* GesellschaftsR Rn 276; MK/*Lwowski/Peters* § 35
Rn 464). Das ergibt sich heute auch im Umkehrschluss aus Abs 2 u 3: denn die dort geregelte Möglichkeit einer Art Freigabe bezüglich des Unternehmens setzt dessen vorherigen Insolvenzbeschlag voraus.
Der Begriff des „Unternehmens" umfasst nicht nur Sachen (zB Geschäftsgrundstücke, Warenvorräte,
Einrichtungsgegenstände) und Rechte (zB Außenstände, Warenzeichen, Patente und Lizenzen), sondern
auch tatsächliche, originäre Werte (zB Kundschaft, Geschäfts- und Betriebsgeheimnisse sowie Kenntnis
von Absatzquellen). Eine Ausnahme gilt nur insoweit, als gewisse Rechte personengebunden sind, wie
zB eine personengebundene Gewerbegenehmigung (dazu unten Rn 240), oder einzelne Mitarbeiter des
Unternehmens aus Erfindungen eigene Rechte herleiten können (dazu oben Rn 270 ff).

Auch wenn das Unternehmen als Inbegriff von Vermögenswerten rechtlicher und tatsächlicher Art 269
für sich allein nicht pfändbar ist, geht die InsO auch in anderen Bestimmungen von einer Zugehörigkeit
des Unternehmens zur Insolvenzmasse aus, wenn sie etwa in §§ 1, 156 von seiner Erhaltung, in §§ 19,
22, 157, 228, 230, 260 von seiner Fortführung, in §§ 157, 158 von seiner Stilllegung, in §§ 160, 162,
163 von seiner Veräußerung sowie in § 229 von seiner Zahlungsunfähigkeit spricht (so der Hinweis bei
Jaeger/*Henckel* § 35 Rn 9; HK-*Eickmann* § 35 Rn 25). Hiergegen bestehen im Rahmen der Gesamtvollstreckung, also im Rahmen eines Insolvenzverfahrens, keine rechtlichen Bedenken, obwohl das Unternehmen oder das Geschäft des Schuldners als Ganzes nicht der Einzelzwangsvollstreckung unterliegt
(*Gerhardt* FS Gaul 1997, S 139, 144). Anderenfalls wäre zB auch eine Fortführung des Unternehmens
im Insolvenzverfahren unzulässig, wenn der Insolvenzbeschlag auf die einzeln pfändbaren Unternehmensteile beschränkt wäre, da sich die Verwaltungs- und Verfügungsbefugnis des Verwalters naturgemäß auf die Insolvenzmasse bezieht (vgl *Gerhardt* FS Gaul 1997 S 139, 143; zu **Unternehmensveräußerung** und **-fortführung** in der Insolvenz siehe im Übrigen den Überblick oben § 11 Rn 9 ff). Das alles
gilt heute grundsätzlich auch für den Sonderfall der Insolvenz des **Freiberuflers** (dazu näher unten
Rn 276 ff).

b) **Gewerbegenehmigungen.** Nicht zur Masse gehört eine **öffentlich-rechtliche Genehmigung** zum Be- 270
trieb eines Gewerbes, wenn die Genehmigung ein höchstpersönliches Recht begründet (vgl BVerwG
4. 7. 1969 E 32, 316 = MDR 1970, 80 für die Güternahverkehrserlaubnis nach § 80 GüKG [heute
entspr § 3 Abs 2 GüKG oder § 3 Abs 1 PersBefG]). Das ist jedoch nicht der Regelfall. In den allermeisten Fällen ist die Ausübung der Genehmigung durch einen Stellvertreter möglich, so etwa nach § 9
GastG oder § 45 GewO, der auch für Handwerksbetriebe gilt. Doch selbst wenn die Genehmigung kein
höchstpersönliches Recht begründet, kann die Massezugehörigkeit der Gewerbegenehmigungen nicht
ohne weiteres bejaht werden. Damit die Gewerbegenehmigung in die Masse fällt, müsste sie nämlich
ein Vermögensrecht darstellen (zum Vermögenswert-Erfordernis siehe oben Rn 13 ff). Insofern muss
noch einmal differenziert werden, und zwar zwischen **personenbezogenen Genehmigungen** (zB §§ 30 ff
GewO) und **Sachgenehmigungen** (zB § 4 BImSchG). Sofern die Gewerbegenehmigung auf die Person
des Gemeinschuldners bezogen ist, ist sie zwar Grundlage der durch Fortführung des Unternehmens realisierbaren Vermögenswerte, aber nicht selbst Vermögenswert, da sie weder einzeln noch durch Verkauf des ganzen Unternehmens verwertet werden kann. Vielmehr muss ein etwaiger Erwerber des Unternehmens die Voraussetzungen der Genehmigung stets in seiner eigenen Person erfüllen und kann sie
nicht vom Veräußerer ableiten. Deshalb gehört die personenbezogene Gewerbegenehmigung nicht zur
Insolvenzmasse, sondern schlicht zur beruflichen Betätigung des Gewerbetreibenden (vgl **Hess**VGH
21. 11. 2002 NVwZ 2003, 626 f). Anders ist die Lage bei Sachgenehmigungen, zB für Anlagen nach
§§ 4 ff BImSchG. Die Genehmigung bleibt auch nach Veräußerung des Gegenstandes, auf die sie sich
bezieht, bestehen. Insofern ist hinsichtlich der Sachgenehmigungen das Vermögenswert-Erfordernis erfüllt und sie fallen in die Insolvenzmasse (ebenso MK/*Lwowski/Peters* 35 Rn 515).

In der Praxis spielt die Massezugehörigkeit der Gewerbegenehmigung für eine geordnete Durchfüh- 271
rung von Insolvenzverfahren, vor allem für die Unternehmensfortführung, ohnehin nur eine untergeordnete Rolle. Zum einen erlischt die personenbezogene Genehmigung zum Betrieb eines Gewerbes
nicht *per se* mit der Eröffnung des Insolvenzverfahrens, sodass der Insolvenzverwalter im Fall der Unternehmensfortführung das Gewerbe als **gewerberechtlicher Vertreter** (vgl § 45 GewO) entweder selbst

ausüben oder einen gewerberechtlich geeigneten Betriebsleiter bestellen kann (Jaeger/*Henckel* § 35 Rn 12 f). Letzteres ist sogar zwingend, wenn der Insolvenzverwalter den für das Gewerbe vorgeschriebenen Erfordernissen in eigener Person nicht genügt (zu den daraus zu ziehenden Folgerungen für ein während des Insolvenzverfahrens durchzuführendes Gewerbeuntersagungsverfahren oben § 11 Rn 118).

272 Zum anderen sichert § 12 GewO den **Vorrang des Insolvenzverfahrens gegenüber den gewerberechtlichen Rücknahme- oder Widerrufsverfahren** (dazu auch unten Rn 290 ff). Hiernach finden Vorschriften, welche die Untersagung eines Gewerbes oder die Rücknahme oder den Widerruf einer Zulassung wegen Unzuverlässigkeit des Gewerbetreibenden ermöglichen, die auf ungeordnete Vermögensverhältnisse zurückzuführen ist, während der Zeit, in der Sicherungsmaßnahmen nach § 21 angeordnet sind, und während der Überwachung der Erfüllung eines Insolvenzplans (§ 260) keine Anwendung in Bezug auf das Gewerbe, das zur Zeit des Antrags auf Eröffnung des Insolvenzverfahrens ausgeübt wurde. Die Vorschrift bewirkt einen Ausschluss der Anwendung der Vorschriften über die Gewerbeuntersagung nicht nur nach der GewO, sondern auch nach gewerberechtlichen Nebengesetzen oder der HandwO, soweit die Vorschriften die Rücknahme oder den Widerruf einer Zulassung wegen Unzuverlässigkeit des Gewerbetreibenden, die auf ungeordnete Vermögensverhältnisse zurückzuführen ist, ermöglichen, zB §§ 15, 31 GastG, §§ 16, 19 HeimG, §§ 47, 60 WaffG, §§ 34 49 Abs 1 SprengG (*Landmann/Rohmer* GewO § 12 Rn 4; *Tettinger/Wank* GewO § 12 Rn 3, beide mit dem Hinweis auf Begr EGInsO-RegE, BT-Drs 12/3803, S 103; dagegen ist § 12 GewO zB nicht anwendbar auf den Widerruf der Genehmigung zur Verbreitung von lokalen oder regionalen Fernsehangeboten nach Art 26 Abs 5 BayMG, s **BayVGH** 19. 1. 2004 BayVBl 2004, 307 = AfP 2004, 168; zum Widerruf der berufsrechtlichen Bestellung von Personen, die kein Gewerbe, sondern einen freien Beruf ausüben s Rn 290 ff). Wegen der Regelung des § 12 GewO kann während eines bereits laufenden Insolvenzverfahrens eine Gewerbeuntersagungsverfügung nicht erlassen werden bzw – bei bereits zuvor erlassener Gewerbeuntersagungsverfügung – eine Maßnahme zur Vollziehung einer Gewerbeuntersagungsverfügung nicht getroffen werden (vgl **HessVGH** 21. 11. 2002 NVwZ 2003, 626 = GewArch 2004, 162 = ZVI 2003, 128 = EWiR § 12 GewO 1/03, 1033 *[Blank]*; **VG Gießen** 8. 4. 2003 ZIP 2003, 1763 = ZInsO 2003, 427 = ZVI 2003, 401 = GewArch 2003, 253; s auch *Hahn* GewArch 2000, 361, 363; ausf zu den Auswirkungen des § 12 GewO auf die in den unterschiedlichen Stadien befindlichen gewerberechtlichen Verfahren s *Antoni* NZI 2003, 246, 249 ff; *Landmann/Rohmer* GewO § 12 Rn 14 ff). Der Vorrang des Insolvenzverfahrens stellt sicher, dass keine dem Insolvenzrecht zuwiderlaufenden (sanierungsfeindlichen) Entscheidungen über den Fortbestand des Gewerbebetriebes getroffen werden können und ist insoweit unbedenklich, als der Schuldner in dieser Phase der Aufsicht durch das Insolvenzgericht unterliegt (vgl Begr EGInsO-RegE, BT-Drs 12/3803, S 103). So kann das Insolvenzverfahren etwa zur vorläufigen Fortführung des Unternehmens des Schuldners führen, wie aus § 157 S 1 folgt, oder auch nach Bestätigung eines Insolvenzplanes aufgehoben werden mit der Folge, dass der Schuldner gemäß § 259 Abs 1 S 2 wieder das Recht zur freien Verfügung über die Insolvenzmasse erhält. Die mit diesen Maßnahmen bezweckte Unternehmenssanierung setzt jedoch zwingend eine gewerberechtlich zulässige Fortführung der gewerblichen Tätigkeit des insolventen Gewerbetreibenden voraus.

273 **c) Ausnahmen vom Vollstreckungsschutz.** Freilich gelten die **Vollstreckungsschutzvorschriften der §§ 811 ff ZPO und §§ 850 ff ZPO** im Grundsatz auch insoweit, als das Unternehmen im Ganzen zur Masse gehört (*W. Gerhardt* FS Gaul 1997, S 139, 144). Wichtig sind jedoch die Ausnahmen nach § 36 Abs 2. Hiernach sind die Geschäftsbücher eines Unternehmens (§ 36 Abs 2 Nr 1) oder die zum Betrieben der Landwirtschaft notwendigen Geräte, Vieh und Erzeugnisse (§ 36 Abs 2 Nr 2 InsO iVm § 811 Abs 1 Nr 4 ZPO) oder die zum Betrieb einer Apotheke unentbehrlichen Geräte, Gefäße und Waren (§ 36 Abs 2 Nr 2 InsO iVm § 811 Abs 1 Nr 9 ZPO) ausdrücklich vom Pfändungsschutz ausgenommen und der Insolvenzmasse zugewiesen. Wäre das nicht so, wäre es kaum jemals möglich, ein Unternehmen, ein Geschäft, einen landwirtschaftlichen Betrieb oder eine Apotheke im Insolvenzverfahren zu veräußern. Über die Frage, ob die auf natürliche Personen zugeschnittenen Pfändungsschutzvorschriften der §§ 811 ff ZPO und §§ 850 ff ZPO nach ihrem Sinn und Zweck (Bewahrung der Sozialexistenz) in der Insolvenz einer juristischen Person Anwendung finden, lässt sich streiten (dazu unten Rn 301).

274 **2. Insolvenz des Kaufmanns. a) Allgemeines.** Das Unternehmen als Massebestandteil spielt in erster Linie eine Rolle in der Insolvenz des Kaufmanns. Dem gleichgestellt sind über § 6 HGB sämtliche Handelsgesellschaften und juristischen Personen des Handelsrechts.

275 **b) Massezugehörigkeit der Firma.** Der Kaufmann und die ihm gleichgestellten Handelsgesellschaften haben das Recht und die Pflicht zur Führung einer kaufmännischen Firma (§§ 17, 29 HGB). Hierin unterscheiden sie sich von den sonstigen, insbesondere freiberuflichen Unternehmen, die allerdings unter Umständen auch einen Namen (wie in der Partnerschaftsgesellschaft) oder sonstiges Kennzeichen führen dürfen. Die Massezugehörigkeit der kaufmännischen Firma war lange Zeit in Hinblick darauf streitig, dass die Firma beim Einzelkaufmann und den Personengesellschaften zwingend aus dem bürgerlichen Namen des Kaufmanns oder eines Gesellschafters gebildet werden musste (zur Rechtslage vor der Handelsrechtsreform 1998 ausf MünchHdbGesR I-*Butzer/Knof* § 85 Rn 40). Allerdings hat nach

geltendem Recht nunmehr jeder Kaufmann bei der Firmenbildung die freie Wahl zwischen einer Personal-, einer Sach- und darüber hinaus sogar einer Phantasiefirma. Mit der Einführung des Grundsatzes der namensrechtlichen Gestaltungsfreiheit ist damit zugleich das maßgebliche Argument, das gegen eine freie Verwertungsmöglichkeit der Firma durch den Insolvenzverwalter im Fall der Insolvenz angeführt worden ist, nicht (mehr) tragfähig und die Firma gehört zur Masse (ausf dazu unten Rn 379).

3. Insolvenz des Freiberuflers. a) Massezugehörigkeit der freiberuflichen Praxis. Unter der Geltung 276
der KO war umstritten, ob die freiberufliche Praxis, wie die eines Arztes, Rechtsanwalts, Steuerberaters, Zahnarztes oder vereidigten Buchprüfers bzw Wirtschaftsprüfers, in die Insolvenzmasse fällt. Bedeutsam ist die Frage wegen des „inneren Werts" der insolvenzbefangenen Praxis *(goodwill)*, der iaR über die Summe der Substanzwerte der einzelnen Vermögensgegenstände hinausgeht. Dieser *goodwill* wurde den Gläubigern früher von der hM verwehrt, mit der Begründung, die freiberufliche Praxis als solche sei grundsätzlich unveräußerlich (zum damaligen Streitstand und zum Folgenden s ausf *Schildt* Die Insolvenz des Freiberuflers 2006, S 19 mwN). Die hM bedarf „aus heutiger Sicht aber der Korrektur" (*Kilger/Karsten Schmidt* § 1 KO Anm 2 D a bb). Wollte man mit der überholten Auffassung eine Massezugehörigkeit der freiberuflichen Praxis zur Insolvenzmasse verneinen, wäre dies eine unzulässige und mit § 35 nicht zu vereinbarende Privilegierung für Freiberufler. Hinsichtlich der insolventen freiberuflichen Praxis hat ein Freiberufler keine stärkere und schützenswertere Bindung als der Inhaber eines jeden gewöhnlichen Handelsgeschäfts, auch nicht aus Gründen des Schutzes der Persönlichkeitsrechte der Patienten oder Mandanten, der freilich im Falle der Fortführung oder Veräußerung der Praxis eine Rolle spielt (dazu Rn 280f). Aus heutiger Sicht ist daher auch eine **freiberufliche Praxis grundsätzlich massezugehörig** (str; bejahend *Uhlenbruck* FS Henckel 1995 S 877ff; W. *Gerhardt* FS Gaul 1997 S 139, 145; N/R-*Andres* § 35 Rn 73; MK/*Lwowski/Peters* § 35 Rn 509; *Kluth* NJW 2002, 186; Gottwald/*Klopp*/ *Kluth* InsR HdB § 26 Rn 7; *Vallender* FS Metzeler 2003, S 6; früh schon K/U § 1 KO Rn 78a; vorsichtiger HK-*Eickmann* § 35 Rn 28 [„könnte sie grds massezugehörig sein"]; FK-*Wegener* § 159 Rn 9; verneinend B/B/G-*Breutigam* § 35 Rn 18; KPB-*Holzer* § 35 Rn 74).

Für die Massezugehörigkeit einer freiberuflichen Praxis spricht vor allem die sich verfestigende 277
Rechtsprechung, wonach eine **Veräußerung der Praxis im Rahmen eines Praxiskaufs oder -tauschs** grundsätzlich zulässig ist (früh schon **BGH** 18. 12. 1954 Z 16, 74 – Arzt; **BGH** 11. 4. 1958 VIII ZR 190/57 BB 1958, 496 – Steuerberater [Nr 890]; **BGH** 20. 1. 1965 Z 43, 46 = NJW 1965, 580 – Rechtsanwalt; **BGH** 26. 10. 1972 NJW 1973, 98 – Rechtsanwalt; jüngst **BGH** 9. 1. 1997 NJW 1997, 2453; **LSG NRW** 7. 10. 1998 MedR 1999, 333 – Arzt [bestätigt durch **BSG** 10. 5. 2000 E 86, 121 = MedR 2001, 159]; **LSG NRW** 12. 3. 1997 NJW 1997, 2477; **OLG** Braunschweig 20. 4. 1995 NJW 1997, 2454 – Zahnarzt; **LG** Darmstadt 9. 6. 1994 NJW 1994, 2962; str aA **FG** Düsseldorf 3. 3. 1993 ZIP 1992, 635 = EWiR § 1 KO 1/92, 581 *[Grub]*). Die im PartGG zum Ausdruck kommende Annäherung freiberuflicher Zusammenschlüsse an das Recht der Handelsgesellschaften ebenso wie die in Rechtsprechung und inzwischen auch Gesetzgebung vorhandene Tendenz, die GmbH als zulässige Kooperationsform für Freiberufler anzuerkennen (vgl **BGH** 25. 11. 1993 Z 124, 224 = ZIP 1994, 381 m Anm *Henssler* ZIP 1994, 844 = JZ 1994, 1127 m Anm *Taupitz* JZ 1994, 1100 = EWiR Art 12 GG 2/94, 785 *[Kleine-Cosack]* [Zahnärzte-GmbH]; BayObLG 24. 11. 1994 Z 1995, 353 = ZIP 1994, 1868 [Anwalts-GmbH]; s inzwischen auch § 59c BRAO), lassen eine Kommerzialisierung der freiberuflichen Tätigkeit erkennen, die nicht ohne Auswirkungen auf die Frage des Insolvenzbeschlags der freiberuflichen Praxis bleiben kann (*Gerhardt* FS Gaul 1997, S 139, 145 mwN; s auch *Uhlenbruck* FS Henckel 1995, S 877, 888ff). Die Gegenansicht (vor allem KPB-*Holzer* § 35 Rn 74) bezweifelt die Zugehörigkeit einer freiberuflichen Praxis zur Masse ua deshalb, weil der Freiberufler-Schuldner auch in der Insolvenz berechtigt sei, seine freiberufliche Tätigkeit fortzusetzen, und er sich deshalb auf die Pfändungsschutzvorschrift des § 811 Nr 5 und 7 ZPO berufen könne, solange öffentlich-rechtliche Vorschriften (zB §§ 13, 14 BRAO) nicht entgegenstehen. Dies entspreche auch der Wertung des Gesetzgebers, der in § 36 Abs 2 die von § 811 Nr 5 und 7 ZPO erfassten Gegenstände gerade nicht erwähnt habe. Richtig ist an dieser Argumentation, dass der Insolvenzverwalter die allgem Grenzen des Insolvenzbeschlags beachten muss. Ein etwaiges insolvenzfreies Vermögen innerhalb der freiberuflichen Praxis (dazu Rn 278) ändert jedoch nichts an der grds Massezugehörigkeit der freiberuflichen Praxis als solcher. Ohne Einfluss bleibt deshalb etwa der Umstand, dass bei Ärzten die **Zulassung als Vertragsarzt** und der dem Vertragsarzt zugewiesene **Vertragsarztsitz** nicht in die Insolvenzmasse fallen, da es sich bei ihnen um unveräußerliche Rechte handelt, die nicht pfändbar sind. Durch die Eröffnung des Insolvenzverfahrens über sein Vermögen verliert der Vertragsarzt deshalb zB nicht das Recht, die Genehmigung zur Verlegung seines Vertragsarztsitzes zu beantragen (**LSG NRW** 7. 10. 1998 MedR 1999, 333 – Arzt [bestätigt durch **BSG** 10. 5. 2000 E 86, 121 = MedR 2001, 159]).

b) Massezugehörigkeit der Praxiseinrichtung. Ungeachtet der grds Massezugehörigkeit der freiberuf- 278
lichen Praxis muss der Insolvenzverwalter freilich die allgem Grenzen des Insolvenzbeschlags beachten. Es gilt also, ein etwaiges **insolvenzfreies Vermögen innerhalb der freiberuflichen Praxis** zu bestimmen (ausf dazu *Schildt* Die Insolvenz des Freiberuflers 2005, S 29ff). Insoweit ist der Pfändungsschutz nach § 811 Nr 5 u Nr 7 ZPO für die selbstständig tätigen Freiberufler von besonderer Bedeutung, die über

§ 36 Abs 1 S 1 grds auch im Insolvenzverfahren anwendbar sind (*Schildt* Die Insolvenz des Freiberuflers 2005, S 46 u S 49 mwN; s auch *Ries* ZVI 2004, 221, 224; *Voigt/Gerke* ZInsO 2002, 1054, 1056 f; für eine nur eingeschränkte Anwendbarkeit der Pfändungsschutzregelungen plädieren dagegen MK/ *Peters* § 36 Rn 25 ff; *Runkel* FS Gerhardt 2004, S 839, 843; *Smid/Wehdeking* InVo 2000, 293, 294 ff; *Tetzlaff* ZInsO 2005, 393, 399; *ders* ZInsO 2004, 1, 6 f). Bei der von Freiberuflern betriebenen Erwerbstätigkeit steht die persönliche Dienstleistung im Vordergrund, so dass der persönliche Anwendungsbereich des § 811 Nr 5 und 7 ZPO eröffnet ist (MK-ZPO/*Gruber* § 811 Rn 35; Zöller-*Stöber* ZPO, § 811 Rn 25; *Musielak* ZPO-*Becker* § 811 Rn 18). Damit der sachliche Anwendungsbereich eröffnet ist, genügt es nach der neuen Fassung des § 811 Nr 5 ZPO, die einer unerwünscht engen Auslegung entgegenwirken soll (Stein/Jonas-*Münzberg* ZPO, § 811 Rn 5), dass die Gegenstände zur Fortsetzung der Erwerbstätigkeit des Schuldners „erforderlich" sind. Somit fällt vor allem die **Praxiseinrichtung** aus dem Insolvenzbeschlag heraus, soweit sie gem § 811 Abs 1 Nr 5 ZPO zur Fortsetzung der freiberuflichen Tätigkeit des Schuldners „erforderlich" und mithin unpfändbar ist. Was erforderlich ist, bestimmt sich nach den individuellen Bedürfnissen des Schuldners sowie nach wirtschaftlichen und betrieblichen Erwägungen. Abzustellen ist dabei auch auf die Gewährleistung der Konkurrenzfähigkeit „in der Branche" vor Ort (AG Köln 15. 4. 2003 71 IN 25/02 NJW-RR 2003, 987 = NZI 2003, 387 = ZInsO 2003, 667 mwN). Bei Rechtsanwälten dürfte iaR die Büroeinrichtung, Computer, Telefon, Fax, Kopierer und eine juristische Bibliothek erforderlich sein. Dem Schuldner ist gem § 36 InsO iVm § 811 Nr 5 u Nr 7 ZPO nicht die Möglichkeit zu verwehren, auch künftig den Unterhalt für sich und seine Familienangehörigen aus eigenen Kräften zu erwirtschaften (vgl zum Normzweck etwa Musielak-*Becker* ZPO § 811 Rn 1). Das kann von Rechts wegen grds auch durch Fortführung der freiberuflichen Tätigkeit in neuer Praxis und außerhalb des Insolvenzverfahrens geschehen (zu den tatsächlichen Problemen s Rn 285 f). Insbesondere ist der Schuldner nicht verpflichtet ist, seine Arbeitskraft der „Praxis iK" zur Verfügung zu stellen (*W. Gerhardt* FS Gaul 1997, S 139, 146; *Tetzlaff* ZInsO 2005, 393). Stellt der Schuldner nach Verfahrenseröffnung hingegen seine freiberufliche Tätigkeit in eigener Praxis (oder Praxisgemeinschaft) ein, zB weil seine Berufszulassung widerrufen worden ist (dazu unten Rn 290 ff), dann fällt mangels Schutzbedürftigkeit des Schuldners auch der ansonsten insolvenzfreie Teil der Praxiseinrichtung in die Insolvenzmasse.

279 Schutzgut des § 811 Abs 1 Nr 5 ZPO ist nicht das Eigentum, sondern der Besitz und die Gebrauchsmöglichkeit, sodass der Schuldner den Pfändungsschutz nicht wegen einer Sicherungsübereignung der Praxiseinrichtung verliert (dazu und zur Frage des Wertersatzes oder der Herausgabe sicherungsübereigneter Gegenstände der Praxiseinrichtung *Mai* ZVI 2007, 166 ff [zugl Anm zu **LG Aachen** 16. 3. 2006, ZVI 2006, 309 sowie nachgehend OLG Köln 12. 6. 2006, ZVI 2006, 591]).

280 Ausdrücklich vom Insolvenzbeschlag erfasst werden nach § 36 Abs 2 Nr 1 die „Geschäftsbücher des Schuldners". Hinter dieser ggü § 811 Nr 11 ZPO spezielleren Vorschrift steht die Zweckmäßigkeitserwägung, dass ein Unternehmen als Ganzes nicht fortgeführt oder veräußert werden kann, wenn die Geschäftsunterlagen nicht von der Verwaltungs- und Verfügungsbefugnis des Insolvenzverwalters erfasst werden. Vor diesem Hintergrund fallen unter § 36 Abs 2 Nr 1 nicht nur handels- oder steuerrechtlich vorgeschriebene Aufzeichnungen in die Insolvenzmasse, sondern auch nicht kaufmännische Aufzeichnungen, zB die **Mandanten- oder Patientenunterlagen** (allgem zum Begriff der „Geschäftsbücher" s § 36 Rn 44 ff). Freilich hat der Insolvenzverwalter bei der **Verwertung der Mandanten- oder Patientendaten** im Rahmen der Fortführung oder Veräußerung der Praxis die Interessen der Patienten an einer Geheimhaltung ihrer Daten zu wahren. Der Insolvenzverwalter verstößt aber jedenfalls dann nicht gegen die Geheimhaltungsinteressen der Mandanten oder Patienten, wenn er oder der Schuldner die Einwilligung der betroffenen Personen in die Offenlegung ihrer persönlichen Daten gegenüber dem Erwerber einholt. Auf die Zustimmung des Praxisinhabers kommt es hingegen nicht an (ausf zu den Auskunfts- und Mitwirkungspflichten des Schuldners und ihrer Durchsetzung *Vallender* NZI 2003, 530, 531 ff). Allerdings stößt eine solche „Befragungsaktion" ganz schnell an ihre faktischen Grenzen: Ein Arzt, der 20, 25 oder 30 Jahre seine Praxis geführt hat, besitzt eine Patientenkartei mit ca. 10.000 bis 12.000 Karteikarten (*Kamp* NJW 1992, 1545). Selbst wenn man davon ausgeht, dass nach Aussonderung der Karteikarten von Patienten, die erst gar nicht angeschrieben zu werden brauchen, noch 5000 bis 6000 Karteikarten übrig bleiben, können allein schon durch den Versand der Anschreiben mit vorfrankiertem Freiumschlag erhebliche Kosten auf die Masse zukommen, wobei der Rücklauf nur schwer eingeschätzt werden kann. Eine gangbare Lösung kann im sog „Zwei-Schrank-Modell" nach dem Konzept der „Münchener Empfehlungen zur Wahrung der ärztlichen Schweigepflicht bei Veräußerung einer Arztpraxis" v 8. 4. 1992 bestehen (abgedruckt MedR 1992, 207 f; s auch *Kamp* NJW 1992, 1545, 1546; Laufs/Uhlenbruck-*Uhlenbruck/ Schlund* § 19 Rn 11). Hiernach verpflichtet sich der Erwerber, die persönlichen Unterlagen für den Veräußerer zu verwahren und nur dann Zugriff zu nehmen, wenn ein Patient bzw Mandant ihn zwecks Behandlung oder Beratung aufsucht und „vor Ort" seine Zustimmung dazu erklärt, dass der Erwerber in das bisherige Behandlungs- bzw Beratungsverhältnis eintritt und entspr persönliche Daten verwenden darf. Dasselbe hat zu gelten, wenn die Patienten- oder Mandantendaten lediglich elektronisch in einer EDV-Anlage gespeichert vorliegen. Insofern ist ggf zusätzlich darauf zu achten, dass die Einwilligung in schriftlicher Form abgegeben wird, wenn man die Übergabe der Daten als „Übermittlung" iSv § 3 Abs 5 BDSG ansieht (dazu Laufs/Uhlenbruck-*Schlund* § 76 Rn 25).

VIII. Unternehmen in der Insolvenz § 35

c) Massezugehörigkeit von Honorarforderungen. Zur Massezugehörigkeit von Honorarforderungen 281
von Angehörigen der freien Berufe, die einer besonderen Schweigepflicht unterliegen, wie zB Ärzte,
Rechtsanwälte, Steuerberater und Wirtschaftsprüfer, s § 36 Rn 24 ff.

d) Praxisverwertung. aa) Fortführung. Nach § 156 Abs 1 S 2 hat der Insolvenzverwalter oder Treu- 282
händer im **Berichtstermin** darzulegen, ob Aussichten bestehen, die Praxis des Schuldners im Ganzen
oder in Teilen durch Fortführung zu erhalten und welche Möglichkeiten für einen Insolvenzplan oder
eine Restschuldbefreiung bestehen. Sodann beschließt die Gläubigerversammlung im Berichtstermin
(§ 157 S 1), ob die Praxis stillgelegt oder vorläufig weitergeführt werden soll. Wird die Liquidation beschlossen, hat der Insolvenzverwalter das zur Insolvenzmasse gehörige Schuldnervermögen gem § 159
unverzüglich zu verwerten. Die **Zerschlagung der Praxis** empfiehlt sich jedoch häufig nicht, da in den
allermeisten Fällen die Betriebs- und Geschäftseinrichtung der Praxis nicht nennenswert werthaltig ist
oder bereits wegen Unpfändbarkeit aus der Insolvenzmasse heraus fällt (dazu oben Rn 278). Der einzige werthaltige Vermögensgegenstand ist häufig der *goodwill* der Praxis, der in erster Linie durch den
Mandanten- bzw Patientenstamm sowie Ruf und Lage der Praxis gebildet wird. Dieser *goodwill* lässt
sich regelmäßig selbst dann nicht für die Gläubiger realisieren, wenn die Praxis im Ganzen veräußert
wird (dazu unten Rn 288), da er bei einer freiberuflichen Tätigkeit typischerweise auf einer besonderen
Vertrauensbeziehung zum bisherigen Praxisinhaber beruht (ebenso *Graf/Wunsch* ZIP 2001, 1029,
1031).

Zur bestmöglichen Befriedigung der Gläubiger bleibt die **Fortführung der Praxis**, insbesondere wenn 283
die Ursache des Vermögensverfalls – wie häufig – in Vermögensdispositionen außerhalb der freiberuflichen Erwerbstätigkeit liegt. Doch selbst wenn der Freiberufler in der selbstständigen Ausübung seines
Berufs nicht kostendeckend gearbeitet hat, bietet das Insolvenzgeld für die Dauer von drei Monaten die
Möglichkeit, Maßnahmen zur Kostenersparnis zu ergreifen (*Hess/Röpke* NZI 2003, 233). Der Freiberufler kann aber über seine Auskunfts- und Mitwirkungspflicht iSv § 97 hinaus nicht zum Einsatz seiner Arbeitskraft im Rahmen der Fortführung seiner „Alt-Praxis" gezwungen werden (s bereits oben
Rn 278). Insbesondere kann dem Schuldner ein Neuanfang unter Einsatz seiner Arbeitskraft in neuer
freiberuflicher Praxis oder in einem Anstellungsverhältnis nicht verwehrt werden (*Tetzlaff* ZInsO 2005,
393). Die Gläubiger müssen sich die Mitwirkung des Freiberufler-Schuldners bei der Praxisfortführung
iaR auch „etwas kosten lassen".

Entscheidend ist nach allem die Frage nach einer geeigneten **Organisation der Praxisfortführung** (zur 284
Möglichkeit der „Freigabe" der selbstständigen Tätigkeit des Schuldners nach Abs 2 auf oben Rn 90 ff).
Der Insolvenzverwalter ist idR schon deshalb außerstande, die Praxis fortzuführen, weil ihm die berufsrechtlich notwendige Qualifikation des Freiberufler-Schuldners (zB die eines Arztes, Architekten oder
Apothekers) fehlt. Die **Übernahme der Tätigkeit des Schuldners durch den Insolvenzverwalter** ist zwar
grds zulässig, wenn dieser selbst im konkreten Fall über die erforderliche Qualifikation verfügt, zB in
der Insolvenz eines Rechtsanwalts (vgl **BFH** 22. 3. 1994 ZIP 1994, 1283, 1285; zust KPB-O*nusseit*
§ 157 Rn 7; aA *Schick* NJW 1990, 2359, 2361). Zudem muss andererseits der Insolvenzverwalter nicht
notwendig Jurist oder Kaufmann sein. Aber auch dann kann noch eine Interessenkollision zu besorgen
sein, die es dem Insolvenzverwalter mitunter verbietet, die Praxis fortzuführen (ausf dazu *Schildt* Die
Insolvenz des Freiberuflers 2006, S 125 ff). Das Manko der fehlenden persönlichen Qualifikation kann
ebenso wie das Auftreten etwaiger Interessenkollisionen uU dadurch behoben werden, dass ein **berufs-
qualifizierter neutraler Dritter als „Praxisbetreuer"** die freiberufliche Tätigkeit übernimmt, wenn die
„Vertretung" auch außerhalb des Insolvenzverfahrens grds zulässig ist, zB in Fällen wie Urlaub oder
Krankheit (ebenso KPB-O*nusseit* § 157 Rn 7). Allerdings sind auch von dem „Praxisbetreuer" die berufsrechtlichen Verschwiegenheitspflichten zu erfüllen, was dem Insolvenzverwalter die Fortführung der
Tätigkeit erheblich erschweren kann.

Eine Fortführung der Praxis kann also in den allermeisten Fällen praktisch nur umgesetzt werden, 285
wenn der Schuldner selbst zur fortdauernden Mitwirkung willens ist. Eine **gemeinsame Praxisfortführung durch Insolvenzverwalter und Schuldner** ist dadurch denkbar, dass beide Parteien ein Dienstverhältnis begründen, wobei wiederum berufsrechtliche Aspekte gegen ein Dienstverhältnis sprechen können, insbesondere wenn dem Insolvenzverwalter die erforderliche Berufsqualifikation fehlt
(Selbstständigkeit und Eigenverantwortlichkeit der Berufsausübung des Freiberuflers). Besser geeignet
erscheint es, den Schuldner – wie bisher – selbstständig für die Insolvenzmasse arbeiten zu lassen. Fraglich ist jedoch, ob es sich für den Schuldner überhaupt lohnt, diesen Sanierungsweg einzuschlagen.
Denn nach der bisherigen gesetzlichen Konzeption gehörten Einkünfte, die ein selbstständig tätiger
Schuldner nach der Insolvenzeröffnung erzielt, in vollem Umfange als sog Neuerwerb zur Insolvenzmasse, und nicht etwa nur ein sich aus der Verminderung der Einnahmen um die betrieblich veranlassten Ausgaben ergebender Gewinn (zum Neuerwerb s Rn 110 ff). Entsprechend war zB eine Kassenärztliche Vereinigung aufgrund des Insolvenzbeschlags verpflichtet, das vertragsärztliche Honorar, das ein
Vertragsarzt erwirtschaftet und während der Dauer des Insolvenzverfahrens als Neuerwerb erwirtschaftet, vollständig an den Insolvenzverwalter auszukehren (**SG Düsseldorf** 25. 5. 2005 ZInsO 2005,
828). Der Schuldner konnte allenfalls beantragen, dass ihm von den pfändbaren Vergütungen als Unterhaltsbedarf so viel belassen bleibt, wie ihm verbleiben würde, wenn sein Einkommen aus laufendem

Arbeits- oder Dienstlohn bestände (§ 36 Abs 1 S 2 InsO iVm § 850i Abs 1 S 1 u S 3 ZPO). Bei der Bemessung des notwendigen Unterhalts waren zwar Werbungskosten analog § 850a Nr 3 ZPO zu berücksichtigen (vgl Zöller-*Stöber*, § 850i Rn 2). Der pfandfreie Anteil der erzielten Einkünfte versetzte Freiberufler-Schuldner jedoch iaR nicht in die Lage, den gesamten Praxisbetrieb wie bisher aufrechterhalten zu können (zu den praktischen „Umsetzungsproblemen" s auch *Andres/Pape* NZI 2005, 141, 143). Durch die Einfügung von Abs 2 u 3 mit der Möglichkeit einer „Art Freigabe" der selbstständigen Tätigkeit hat der Gesetzgeber dieses Problem jetzt gelöst (dazu oben Rn 90 ff).

286   Ein hinsichtlich der betrieblichen Ausgaben über den Unterhaltsbedarf hinausgehender ausreichender „**Mehrbedarf für Selbstständige**" wird aber *in praxi* wohl nicht zugebilligt werden, nicht zuletzt weil sich die monatlichen Kosten bisweilen schwer prognostizieren lassen und stark schwanken können. Insolvenzverwalter und Freiberufler-Schuldner können jedoch – vorbehaltlich einer Stilllegungsentscheidung gem § 157 (dazu unten Rn 289) – eine Vereinbarung treffen, nach der dem Freiberufler-Schuldner zunächst die Fortführung seiner selbstständigen Tätigkeit auf eigene Rechnung gestattet ist und der Insolvenzverwalter die für die Fortführung der selbstständigen Tätigkeit erforderlichen Mittel aus der Insolvenzmasse zur Verfügung stellt (vgl **BGH** 20. 3. 2003 NJW 2003, 2167 = NZI 2003, 389 = ZInsO 2003, 413 = KTS 2003, 488 = WM 2003, 980). Der Schuldner leistet dann zB nur eine monatliche Vorauszahlung auf das pfändbare Einkommen, unter dem Vorbehalt, dass eine endgültige Ermittlung des an die Insolvenzmasse abzuführenden pfändbaren Einkommens auf Grund einer zweckmäßigerweise jeweils quartalsweise aufzustellenden Abrechnung über die Einnahmen und Ausgaben noch erfolgt. Nicht übersehen werden darf aber, dass der Insolvenzverwalter weiterhin in der Pflicht steht, insbesondere hat er für die ordnungsgemäße Erfüllung der Masseverbindlichkeiten Sorge zu tragen und muss ggf nach § 61 sogar persönlich haften (*Hess/Röpke* NZI 2003, 235). Insofern ist zu beachten, dass die von § 55 Abs 1 Nr 1 erfassten Verbindlichkeiten nicht nur durch Handlungen des Insolvenzverwalters begründet werden können (dazu und zum Folgenden **BFH** 7. 4. 2005 E 210, 156 = BStBl II 2005, 848 = DStRE 2005, 965 = ZIP 2005, 1376 = ZInsO 2005, 774 = ZVI 2006, 253 [zur Qualifikation der Umsatzsteuerschuld]; dazu krit Anm *Obermaier* DStR 2005, 1561; krit zum Ganzen auch *Maus* ZIP 2004, 389 mwN). Sie können vielmehr auch „in anderer Weise" durch die Verwaltung, Verwertung und Verteilung der Insolvenzmasse begründet werden. Als Verwertung der Masse ist auch die ertragbringende Nutzung der zur Insolvenzmasse gehörenden Vermögensgegenstände anzusehen. Dabei kommt es nicht auf die Frage an, ob die Entgelte, die der Schuldner für seine Tätigkeit erhält, gem § 35 in die Insolvenzmasse fallen und ob der Insolvenzverwalter sie zur Masse ziehen muss, sondern ob die Verbindlichkeiten aus einer insolvenzfreien Tätigkeit des Schuldners herrühren (ebenso **LG Erfurt** 30. 10. 2002 NZI 2003, 40 = ZIP 2002, 2325 = ZInsO 2002, 1090).

287   Denkbar ist auch, dass der Freiberufler-Schuldner „seine" Praxis ohne den Insolvenzverwalter alleine fortführt. Dieser Weg kann vor allem sinnvoll sein, um etwaige Haftungsrisiken für den Insolvenzverwalter zu vermeiden (ausf dazu und zum Folgenden *Schildt* Die Insolvenz des Freiberuflers 2006, S 162 ff; ferner *Hess/Röpke* NZI 2003, 235, 236; *Tetzlaff* ZInsO 2005, 393, 397). Die **alleinige Fortführung der Praxis durch den Freiberufler** ist etwa nach deren (echter) **Freigabe** oder „Freigabe" der selbstständigen Tätigkeit des Schuldners nach Abs 2 durch den Insolvenzverwalter möglich (zur letztgenannten Option Rn 90 ff; allgem *Andres/Pape* NZI 2005, 141 ff; *Tetzlaff* ZVI 2004, 2, 7; ders ZVI 2002, 309 ff). Die Entscheidung über die Freigabe der Praxis sollte der Insolvenzverwalter aber nur nach sorgfältiger Abwägung treffen und die Zustimmung der Gläubigerorgane einholen (allgem zur Freigabe s Rn 71 ff). Ferner ist die alleinige Fortführung der freiberuflichen Praxis auch im Rahmen eines **Eigenverwaltungsverfahrens** gem §§ 270 ff zu erreichen. Bis zum InsOÄndG 2001 stellte der § 304 Abs 1 für insolvente Freiberufler eine regelmäßig schwer zu überwindende Hürde dar, weil hiernach eine „geringfügige wirtschaftliche Tätigkeit" genügte, um den Vorrang der Vorschriften über das Verbraucherinsolvenzverfahren zu begründen, mit der Folge, dass die Vorschriften über die Eigenverwaltung und den Insolvenzplan ausgeschlossen sind (vgl § 312 Abs 3). Mit dem neu gefassten § 304 Abs 1 S 1 Alt 1, nach dem *jede* bei Antragstellung vorliegende Ausübung einer selbstständigen wirtschaftlichen Tätigkeit den Anwendungsbereich der Vorschriften über das Regelinsolvenzverfahren eröffnet, wenn mehr als zwanzig Gläubiger oder Forderungen aus Arbeitsverhältnissen vorhanden sind oder die Vermögenslage nicht überschaubar ist, hat sich der Zugriff der Freiberufler auf das Instrument der Eigenverwaltung entscheidend verbessert (ebenso *Hess/Röpke* NZI 2003, 233, 236). Problematisch ist dabei nur, dass der Freiberufler zu Lasten der Masse Verbindlichkeiten begründen kann, was idR Anordnungen nach §§ 275, 277 erfordert. Schließlich kommt auch eine alleinige Fortführung aufgrund eines **Insolvenzplans** in Betracht (dazu etwa *Graf/Wunsch* ZIP 2001, 1029 ff; *Kluth* NJW 2002, 186, 187; *Tetzlaff* ZInsO 2005, 393, 395).

288   bb) **Praxisveräußerung.** Die **Zulässigkeit der Veräußerung der freiberuflichen Praxis** wie jedes anderen Unternehmens wird heute außerhalb wie innerhalb des Insolvenzverfahrens allgemein anerkannt (dazu oben Rn 268 f; speziell zur Veräußerung einer Arztpraxis im Rahmen eines Insolvenzplans s *Bange* ZInsO 2006, 362; allgem zur Unternehmensveräußerung in der Insolvenz § 11 Rn 9 ff). Allerdings gelten dieselben Einschränkungen wie bei der Fortführung der Praxis durch den Insolvenzverwalter (zB bei der Übertragung des Klienten- oder Patientenstamms oder bei der Abtretung von offenen

VIII. Unternehmen in der Insolvenz § 35

Honorarforderungen, dazu oben Rn 280 bzw § 36 Rn 24 ff). Grundsätzlich bedarf der Insolvenzverwalter für die Veräußerung eines Gegenstandes, der zur Insolvenzmasse gehört, nicht der Zustimmung des Gemeinschuldners. Von diesem Grundsatz ist auch im Fall der Veräußerung einer freiberuflichen Praxis, die als Ganzes in die Insolvenzmasse fällt, keine Ausnahme zu machen (Jaeger/*Henckel* § 35 Rn 14; *Kluth* NJW 2002, 186; MK/*Lwowski/Peters* § 35 Rn 158; *Uhlenbruck* FS Henckel 1995, S 877, 884; *W. Gerhardt* FS Gaul 1997, S 139, 145; aA *Schick* NJW 1990, 2359, 2361). Zur **Übertragung der freiberuflichen Praxis** des Schuldners kann allenfalls die Zustimmung der Gläubigerversammlung einzuholen sein (vgl § 11 Rn 18).

cc) **Praxisstillegung.** Die freiberufliche Praxis kann nach § 22 Abs 1 Nr 2 mit Zustimmung des Gerichts bereits im Eröffnungsverfahren stillgelegt werden, wenn eine erhebliche Minderung der Masse droht. Spätestens aber im Berichtstermin ist die Gläubigerversammlung berufen, über die Stillegung der Praxis zu beschließen (§ 157; vor dem Berichtstermin gilt § 158). Hat die Gläubigerversammlung die Stillegung der Praxis beschlossen, ist der Freiberufler-Schuldner nicht berechtigt, die Praxis fortzuführen. **289**

e) **Widerruf der Berufszulassung.** Im Zusammenhang mit der Fortführung der freiberuflichen Praxis durch den Freiberufler-Schuldner können sich weitere Schwierigkeiten aus der **mangelnden Abstimmung der insolvenz- und berufsrechtlichen Regelungen** ergeben. Insoweit kann § 12 GewO (dazu oben Rn 272) auf den Widerruf einer berufsrechtlichen Zulassung bzw Bestellung in der Freiberufler-Insolvenz nicht, auch nicht entsprechend angewendet werden (**BVerwG** 17. 3. 2008 6 B 7/08, Buchholz 451.20 § 12 GewO Nr 1 [Unanwendbarkeit von § 12 GewO auf das Berufsrecht der saarländischen Architekten]; **BFH** 28. 12. 2006 BFH/NV 2007, 987; **BFH** 4. 3. 2004 BFHE 204, 563 = BStBl II 2004, 1016 = **BFH/NV** 2004, 895 = DStRE 2004, 733 = ZVI 2004, 302; **BFH** 28. 8. 2003 BFH/NV 2004, 376 = ZInsO 2004, 203 = ZVI 2004, 464; **FG Niedersachsen** 29. 1. 2004 EFG 2004, 927; *Schmittmann* ZInsO 2004, 725, 727). In der Freiberufler-Insolvenz ist daher stets offen, ob die persönliche Qualifikation des freiberuflich tätigen Schuldners fortbesteht (ausf dazu und zum Folgenden *Schildt* Die Insolvenz des Freiberuflers 2006, S 135 ff; ferner *Janca* ZInsO 2005, 242; *Schmittmann* ZInsO 2004, 725; *Tetzlaff* ZInsO 2005, 393). Eine Praxisfortführung kommt für den Freiberufler nur in Betracht, wenn die Eröffnung des Insolvenzverfahrens nicht zum Wegfall bzw zum Entzug der Erlaubnis zur Ausübung des Berufes führt. Bei Rechtsanwälten, Patentanwälten, Notaren und Steuerberatern ist für den **Widerruf der Zulassung bzw Amtsenthebung** entscheidend, ob sie „in Vermögensverfall" geraten sind (§ 14 Abs 2 Nr 7 BRAO, § 21 Abs 2 Nr 10 PAO, § 50 Abs 1 Nr 6 BNotO, § 46 Abs 2 Nr 4 StBerG; zur Verfassungsmäßigkeit des § 50 Abs 1 Nr 6 BNotO gemessen am Maßstab des Art 12 Abs 1 GG s BVerfG 31. 8. 2005 NJW 2005, 3057). Bei Wirtschaftsprüfern wird darauf abgestellt, ob sie „**in geordneten wirtschaftlichen Verhältnissen**" leben (§ 20 Abs 2 Nr 5 WPO). Doch auch bei der Prüfung der „geordneten wirtschaftlichen Verhältnisse" stellt die Rechtsprechung im Wesentlichen auf den eingetretenen Vermögensverfall iSd zuvor genannten Vorschriften ab (vgl **BVerwG** 17. 8. 2005 E 124, 110 = NJW 2005, 3795 = DVBl 2006, 256). Der Vermögensverfall wird nach dem Gesetz vermutet, wenn ein Insolvenzverfahren über das Vermögen des Berufsträgers eröffnet oder der Berufsträger in das vom Insolvenzgericht oder vom Vollstreckungsgericht zu führende Verzeichnis gem § 26 Abs 2 InsO oder § 915 ZPO eingetragen ist. Im Übrigen liegt nach der Rechtsprechung ein Vermögensverfall immer dann vor, wenn der Schuldner in ungeordnete, schlechte finanzielle Verhältnisse geraten ist, die er in absehbarer Zeit nicht ordnen kann, und er außerstande ist, seinen Verpflichtungen nachzukommen (s etwa **BGH** 22. 3. 2004 NJW 2004, 2018 = ZIP 2004, 1006 = NZI 2004, 342 = ZInsO 2004, 677 = ZVI 2004, 247 = DNotZ 2004, 886; **BGH** 13. 3. 2000 NJW-RR 2000, 1228 = ZIP 2000, 1018 = KTS 2001, 611 = NZI 2000, 262 = ZInsO 2000, 283 = AnwBl 2001, 296; **BFH** 3. 11. 1992 BFH/NV 1993, 624, 625; **FG Niedersachen** 21. 2. 1990 EFG 1991, 217; s auch BVerfG 31. 8. 2005 NJW 2005, 3057). Die „ungeordneten, schlechten finanziellen Verhältnisse" setzen nicht voraus, dass der Freiberufler-Schuldner vermögenslos ist; er braucht nicht einmal zahlungsunfähig oder überschuldet zu sein. Vielmehr kann für die Annahme „ungeordneter, schlechter finanzieller Verhältnisse" bereits genügen, dass Gläubiger darauf angewiesen sind zu versuchen, berechtigte Forderungen gegen den Freiberufler im Wege der Zwangsvollstreckung durchzusetzen (vgl **BGH** 12. 10. 1990 DNotZ 1991, 94 zur „Art der Wirtschaftsführung" eines Notars). Deshalb genügt als Beweisanzeichen für den Vermögensverfall, dass gegen den Freiberufler-Schuldner Schuldtitel erwirkt und Vollstreckungsmaßnahmen unternommen worden sind (vgl **BGH** 16. 6. 2004 ZVI 2004, 598; **BGH** 25. 3. 1991 BRAK-Mitt 1991, 102; **BGH** 21. 11. 1994 BRAK-Mitt 1995, 126, zum Widerruf der Rechtsanwaltszulassung). Der Umstand, dass sich der Freiberufler-Schuldner mit seinen Hauptgläubigern geeinigt und zB die Freigabe gepfändeter Bankguthaben bewirkt hat, ist nicht geeignet, den vermuteten Vermögensverfall zu beseitigen, sofern danach nicht alle anderen Vollstreckungsgläubiger ebenfalls befriedigt worden sind (**BGH** 16. 6. 2004 ZVI 2004, 598). **290**

Ein etwaiger Vermögensverfall ist jedoch nach § 14 Abs 2 Nr 7 BRAO, § 21 Abs 2 Nr 10 PAO, § 46 Abs 2 Nr 4 StBerG, § 20 Abs 2 Nr 5 WPO *expressis verbis* unschädlich („es sei denn"), wenn durch ihn die Interessen der Auftraggeber, Rechtsuchenden oder anderer Personen nicht gefährdet sind. Für die Amtsenthebung der Notare gilt dasselbe, zwar nicht nach dem Wortlaut des § 20 Abs 2 Nr 5 BNotO, **291** aber nach seinem Sinn und Zweck (vgl **BVerwG** 17. 8. 2005 BVerwGE 124, 110 = NJW 2005, 3795 = DVBl 2006, 256). Klar dürfte sein, dass die Eröffnung des Insolvenzverfahrens über das Vermögen des Freiberufler-Schuldners, die Voraussetzung für die gesetzliche Vermutung des Vermögensverfalls ist, trotz der mit der Verfahrenseröffnung verbundenen Verfügungsbeschränkung des Insolvenzschuldners nicht zugleich geeignet sein kann, die Vermutung des Vermögensverfalls zu widerlegen (**BFH** 20. 4. 2006 BFH/NV 2006, 1522; **BFH** 4. 3. 2004 BFHE 204, 563 = BStBl II 2004, 1016 = **BFH/NV** 2004, 895 = DStRE 2004, 733 = ZVI 2004, 302; **BGH** 18. 10. 2004 NJW 2005, 511 = ZInsO 2005, 213 m Anm *Janca* ZInsO 2005, 242 = ZVI 2006, 22; **BGH** 13. 3. 2000 NJW RR 2000, 1228; **BVerwG** 17. 8. 2005 BVerwGE 124, 110 = NJW 2005, 3795 = DVBl 2006, 256). Ohnehin hat allein die Möglichkeit, dass die wirtschaftliche Situation des in Vermögensverfall geratenen Freiberuflers im Rahmen eines Insolvenzverfahrens bereinigt werden könnte, noch nicht zur Folge, dass die wirtschaftlichen Verhältnisse nunmehr als geordnet zu betrachten wären (st Rspr; s etwa zu § 46 Abs 2 Nr 4 StBerG grdl **BFH** 28. 8. 2003 BFH/NV 2004, 90 = DStR 2004, 974; jüngst **BFH** 26. 6. 2006 VII B 18/06, zitiert nach juris; **BFH** 20. 4. 2006 BFH/NV 2006, 1522). Zu geordneten Vermögensverhältnissen gehört vielmehr auch, dass die Schulden in absehbarer Zeit entfallen und der Freiberufler-Schuldner frei über sein Vermögen verfügen kann. Dementsprechend hat der **BGH** entschieden, dass ein Antrag auf Wiederzulassung zur Rechtsanwaltschaft während der sog Wohlverhaltensphase grundsätzlich nicht mit der Begründung abgelehnt werden dürfe, es seien geordnete Vermögensverhältnisse noch nicht wiederhergestellt, wenn über das Vermögen eines (früheren) Rechtsanwalts ein Insolvenzverfahren durchgeführt und mit dessen Aufhebung dem Schuldner die Restschuldbefreiung angekündigt worden ist (**BGH** 7. 12. 2004 NJW 2005, 1271 = NZI 2005, 274 = ZVI 2005, 324 = AnwBl 2005, 363).

292   Aus dem **Regel-Ausnahme-Verhältnis** ergibt sich, dass die Darlegungs- und Feststellungslast für den gesetzlichen Ausnahmetatbestand „Nichtgefährdung der Interessen der Auftraggeber" dem Berufsträger obliegt (**BFH** 28. 12. 2006 VII B 229/05 Tz 8 **BFH/NV** 2007, 987; **BFH** 20. 4. 2006 BFH/NV 2006, 1522; **BFH** 8. 2. 2000 BFH/NV 2000, 992 = DStRE 2000, 670; **BFH** 3. 11. 1992 BFH/NV 1993, 624, 625; **BFH** 22. 9. 1992 BFHE 169, 286 = BStBl II 1993, 203). Der Nachweis der Nichtgefährdung der Auftraggeberinteressen bezieht sich auf die nach den Besonderheiten des Einzelfalls zu beurteilende konkrete Gefährdungssituation für die Mandanten des in Vermögensverfall Geratenen (zur Anknüpfung an die *konkrete* Gefährdungssituation im Rahmen des Ausnahmetatbestandes s jüngst **BFH** 20. 4. 2006 BFH/NV 2006, 1522; **BFH** 10. 4. 2006 BFH/NV 2006, 1520; **BFH** 24. 1. 2006 BFH/NV 2006, 983; **BFH** 22. 9. 1992 BFHE 169, 286 = BStBl II 1993, 203). Erforderlich ist ein substantiierter Vortrag, aufgrund dessen mit hinreichender Gewissheit die Gefährdung der Auftraggeberinteressen ausgeschlossen werden kann (s etwa **BFH** 20. 4. 2006 BFH/NV 2006, 1522; **BFH** 4. 3. 2004 BFHE 204, 563 = BStBl II 2004, 1016 = **BFH/NV** 2004, 895 = DStRE 2004, 733 = ZVI 2004, 302; **BFH** 22. 9. 1992 BFHE 169, 286 = BStBl II 1993, 203). Indizien für eine Gefährdung der Auftraggeberinteressen können sich aus der eigenen Verletzung der Steuererklärungspflichten sowie aus der Nichtzahlung der Kammerbeiträge oder Prämien für die Berufshaftpflichtversicherung und dem dadurch bedingten Erlöschen der Versicherung ergeben (**BFH** 3. 11. 1992 BFH/NV 1993, 624, 625; VG Dessau 23. 7. 1997 WPK-Mitt 1997, 320). Die Gefährdung der Interessen der Auftraggeber, Rechtsuchenden oder anderer Personen durch den Vermögensverfall eines Freiberuflers wird nach nicht allein dadurch ausgeschlossen, dass kein Zahlungsverkehr mehr über die Konten des Freiberufler-Schuldners abgewickelt wird, weil immer auch Zahlungen per Scheck und in bar erfolgen können (**BGH** 27. 5. 1991 BRAK-Mitt 1991, 227; **BGH** 25. 3. 1991 BRAK-Mitt 1991, 102 [zu § 14 Abs 2 Nr 7 BRAO]). Die Auftraggeberinteressen können außerdem nicht allein deshalb als nicht gefährdet angesehen werden, weil der insolvente Freiberufler ausschließlich als Angestellter tätig ist und nach der Gestaltung seines Arbeitsverhältnisses keinen Zugriff auf Mandantengelder hat, zB weil ihm Treuhandtätigkeiten oder sogar jegliche Kontaktaufnahme zu Mandanten untersagt sind (vgl **BFH** 16. 11. 2005 BFH/NV 2006, 375 = DStR 2006, 392 m Anm *Hund*; **BFH** 4. 3. 2004 BFHE 204, 563 = BStBl II 2004, 1016 = **BFH/NV** 2004, 895 = DStRE 2004, 733 = ZVI 2004, 302; **BFH** 28. 8. 2003 BFH/NV 2004, 90 = DStR 2004, 974). Die gesetzliche Vermutung des Vermögensverfalls ist auch nicht dadurch ausgeschlossen, dass der Freiberufler als Angestellter einer Gesellschaft tätig ist, für die er keine umfassende Vertretungsmacht, etwa lediglich Prokura besitzt und von der er ein festes (erfolgsunabhängiges) Gehalt bezieht. Denn abgesehen davon, dass die Zulassung bzw Bestellung vorbehaltlos ist, dem Freiberufler also jederzeit ermöglicht, selbständig tätig zu werden, schließt die Gestaltung der beruflichen Stellung des Freiberuflers als Angestellter einer Gesellschaft schon deshalb eine Gefährdung nicht aus, weil der Geschäftsführer der Gesellschaft iaR faktisch schwerlich in der Lage ist, den Kläger so anzuleiten und zu kontrollieren, dass dadurch die Auftraggeberinteressen gewahrt werden können (**BFH** 4. 3. 2004 BFHE 204, 563 = BStBl II 2004, 1016 = **BFH/NV** 2004, 895 = DStRE 2004, 733 = ZVI 2004, 302; *Henssler/Prütting* BRAO, § 14 Rn 62 mwN); auch die Kontrollrechte der Kammern vermögen dies nicht.

293   Allerdings dürfen nach Ansicht des BVerfG die **Anforderungen an eine Widerlegung des gesetzlich vermuteten Vermögensverfalls** mit Blick auf die Berufsfreiheit des Freiberuflers aus Art 12 GG nicht unnötig überspannt werden (**BVerfG** 31. 8. 2005 NJW 2005, 3057; strikter noch vorgehend **BGH** 22. 3. 2004 NJW 2004, 2018 = ZIP 2004, 1006 = NZI 2004, 342 = ZInsO 2004, 677 = ZVI 2004, 247 = DNotZ 2004, 886 [zu § 50 Abs 1 Nr 6 BNotO]). Ist die Erwartung gerechtfertigt, dass die finanziellen Verhältnisse des

VIII. Unternehmen in der Insolvenz § 35

Freiberuflers in absehbarer Zeit wieder geordnet werden können, so liegen die Voraussetzungen eines Zulassungswiderrufs bzw einer Amtsenthebung nicht vor. Dennoch wird die gesetzliche Vermutung als (normative) Regel *in praxi* nur in ganz seltenen Ausnahmefällen widerlegt werden können (vgl den Hinweis etwa in **BGH** 18. 10. 2004 NJW 2005, 511 = ZInsO 2005, 213 = ZVI 2006, 22; *Tetzlaff* ZInsO 2005, 393, 399). Eine solche (**seltene**) **Ausnahme** hat der **BGH** unter Berücksichtigung des dem Freiberufler zustehenden Grundrechts auf Berufsfreiheit (Art 12 GG) in dem Fall eines Rechtsanwalts bejaht, der seinen Beruf bisher beanstandungsfrei ausgeübt hat, den Insolvenzantrag selbst gestellt hat, keine Anmeldungen von Insolvenzgläubigern vorliegen, die aus Mandaten herrühren, und der Anwalt sich außerdem in seinem Anstellungsvertrag in einer größeren Anwaltskanzlei im Hinblick auf die durch § 14 Abs 2 Nr 7 BRAO geschützten Belange der Rechtsuchenden erheblichen Beschränkungen unterworfen hat (**BGH** 18. 10. 2004 NJW 2005, 511 = ZInsO 2005, 213 m Anm *Janca* ZInsO 2005, 242 = ZVI 2006, 22).

Das berufsrechtliche Verfahren zum vorläufigen oder endgültigen **Widerruf der Zulassung bzw Amtsenthebung** wegen Vermögensverfalls steht grundsätzlich in keinem Nachrangigkeitsverhältnis zum Insolvenzverfahren über das Vermögen des Freiberuflers. Es ist daher nicht zurückzustellen, um dem Freiberufler zunächst Gelegenheit zu geben, zB über ein Insolvenzplanverfahren seine finanziellen Verhältnisse wieder zu ordnen (zur Amtsenthebung eines Notars siehe **BGH** 20. 11. 2006 NJW 2007, 1287 = ZInsO 2007, 104 = DNotZ 2007, 552 m Anm *Harders*). 294

Uneinheitlich ist die Gesetzeslage hinsichtlich der **Insolvenz eines Architekten und der Löschung aus der Architektenliste**, da insoweit die jeweils (unterschiedlichen) landesrechtlichen Regelungen zur Berufsausübung der Architekten zu beachten sind. Die jeweiligen landesrechtlichen Regelungen formulieren zwar nicht immer ausdrücklich die Forderung nach geordneten Vermögensverhältnissen der Architekten (ausdrücklich zB in § 7 Abs 2 iVm § 6 Abs 2 Nr 1 ArchG Baden-Württemberg). Im Hinblick auf die mit dem Berufsbild des Architekten unmittelbar verbundene beständige und zuverlässige Wahrung öffentlicher Belange und Interessen der Auftraggeber ist sie aber ohne weiteres gerechtfertigt (**VGH** Baden-Württemberg 30. 7. 2009 9 S 1008/08; **OVG** Münster 26. 4. 2007 4 B 497/06 zitiert nach Juris oder BeckRS 2009 33291; VG Aachen 23. 5. 2008 5 L 133/08 zitiert nach Juris oder BeckRS 2009 33291). Insofern gehen die – *bis dato* vereinzelt gebliebenen – Entscheidungen zur erforderlichen Zuverlässigkeit für die Ausübung der Berufstätigkeit von Architekten davon aus, dass die zuvor zitierte Rechtsprechung des BVerfG, des **BGH** und des BFH zu den Freiberuflern Notar, Rechtsanwalt und Steuerberater auch auf den Architekten sinngemäß anzuwenden sein soll (so verweist das **OVG Lüneburg** 23. 11. 2006 8 ME 146/06 [zitiert nach Juris] auf die Rechtsprechung des BGH 5. 12. 2005 AnwBl 2006, 281 und des BFH 10. 4. 2006 BFH/NV 2006, 1520 zum Widerruf der Zulassung bzw Bestellung von Rechtsanwälten und Steuerberatern sowie auf den Beschl des BVerfG 31. 8. 2005 NJW 2005, 3057 zur Amtsenthebung eines Notars; vgl noch **VGH Baden-Württemberg** 23. 3. 2006 – 9 S 2455/05; **VGH Baden-Württemberg** 17. 5. 2006 DÖV 2006, 748 = VBlBW 2006, 437 = IBR 2006, 623 (red. LS) m Anm *Hunger*; **VGH Hessen** 15. 6. 2004 NJW 2005, 919 = IBR 2004, 625 m Anm *Morlock*). Demnach ist ein Architekt aus der Architektenliste zu löschen, wenn er in Vermögensverfall geraten ist, es sei denn, fremde Vermögensinteressen oder öffentliche Belange sind nicht gefährdet. Die Abgabe einer eidesstattlichen Versicherung nach § 807 ZPO indiziert, dass der betroffene Architekt nicht mehr die für die Eintragung in die Architektenliste erforderliche finanzielle Unabhängigkeit besitzt (**OVG Lüneburg** 23. 11. 2006 8 ME 146/06; **VGH Baden-Württemberg** 30. 7. 2009 9 S 1008/08) ebenso wie die Eröffnung des Insolvenzverfahrens über das Vermögen des Architekten oder die Abweisung mangels Masse (**VGH Hessen** 15. 6. 2004 NJW 2005, 919 = IBR 2004, 625 m Anm *Morlock*). Dabei spielt keine Rolle, ob der Architekt selbst als Bauträger tätig wird oder lediglich Bauvorhaben im Auftrag von Bauträgern oder Bauherren betreut (**VGH Hessen** 15. 6. 2004 NJW 2005, 919 = IBR 2004, 625 m Anm *Morlock*). Mit Inkrafttreten des Rechtsdienstleistungsgesetzes, aufgrund dessen Architekten auch gewisse rechtsberatende Tätigkeiten erbringen dürfen (§ 5 Abs 1 RDG), dürfte dieser Ansatz noch weiter an Überzeugungskraft gewinnen (zu den bisherigen Grenzen s etwa **OLG Düsseldorf** 20. 9. 2005 = NJW-RR 2006, 562 = NZBau 2006, 517). 295

f) Sonderfall: Insolvenz von Apotheken. Der Insolvenzbeschlag einer Apotheke ist auch im Hinblick auf die Freiberuflichkeit des Apothekers nicht infrage zu stellen (*Uhlenbruck* FS Henckel 1995, S 877, 881). Weil es an einem besonderen Vertrauensverhältnis zwischen Apotheker und Kunden fehlt, war eine Apotheke schon nicht den gleichen Beschränkungen unterworfen wie andere freiberufliche Praxen (*W. Gerhardt* FS Gaul 1997 S 139, 147). Die Regelung in § 811 Nr 9 ZPO, wonach die zum Betrieb einer Apotheke unentbehrlichen Geräte, Gefäße und Waren unpfändbar sind, soll dem Apotheker ermöglichen, die Apotheke fortführen zu können und damit seinen Beruf weiter auszuüben. Die Vorschrift dient nicht nur dem Schuldnerschutz, sondern zugleich auch dem öffentlichen Interesse an einer gesicherten medizinischen Versorgung (**OLG Köln** 1. 2. 1961 NJW 1961, 975). Ebenso wie früher § 1 Abs 2 KO weist nunmehr § 36 Abs 2 Nr 2 die zum Betrieb einer Apotheke unentbehrlichen Geräte, Gefäße und Waren ausdrücklich der Insolvenzmasse zu mit der Folge, dass die Apotheke als Ganzes vom Insolvenzverwalter verwertet werden kann. Auch wenn der Insolvenzverwalter die Apotheke nicht selbst weiterführen darf, kann er sie aber veräußern oder verpachten (vgl *Hoffmann*, Gesetz über das Apothekenwesen § 1 Anm 73; *Jaeger/Henckel* § 1 KO Rn 66). 296

297 Ist mit der Eröffnung des Insolvenzverfahrens über das Vermögen des Inhabers der **Apothekenerlaubnis** dessen Recht, das zur Insolvenzmasse gehörende Vermögen zu verwalten und darüber zu verfügen, auf einen bestellten Insolvenzverwalter übergegangen, kann der Erlaubnisinhaber die Apotheke nicht mehr den gesetzlichen Anforderungen entsprechend führen (**OVG Berlin** 18. 6. 2002 ZVI 2004, 620 [s auch ausf Vorinstanz **VG Berlin** 7. 6. 2002 ZVI 2004, 618]; ferner *Graf/Wunsch* ZVI 2005, 105). Die **Fortführung des Apothekenbetriebes** während des laufenden Insolvenzverfahrens lässt sich im Wesentlichen nur durch Verpachtung gem § 9 Abs 1 Nr 1 ApoG oder im Wege der Eigenverwaltung gem §§ 270 ff bewerkstelligen. Der Schuldner kann die Fortführung der Apotheke nicht dadurch vereiteln, dass er auf die Apothekenerlaubnis verzichtet (*W. Gerhardt* FS Gaul 1997, S 147; *Jaeger/Henckel* § 1 KO Rn 66; *Schulz* GewArch 1959, 74; **str aA** *Hofmann* § 3 ApothG Anm 9). Im Übrigen gelten für die Fortführung einer Apotheke im Insolvenzverfahren die gleichen Grundsätze wie für sonstige Freiberuflerpraxen (dazu oben Rn 276 ff).

298 **4. Insolvenz des Landwirts.** Der Hof eines Landwirts gehört im Insolvenzverfahren über dessen Vermögen in die Insolvenzmasse; Veräußerungsbeschränkungen können aber nach den Vorschriften des Grundstücksverkehrsgesetzes eingreifen (Kilger/*Karsten Schmidt* § 1 KO Anm 2). Hinsichtlich landwirtschaftlicher Betriebe ist im Übrigen § 36 Abs 2 zu beachten, nach dem der **Pfändungsschutz gem** § 811 Nr 4 ZPO für das zum Wirtschaftsbetrieb erforderliche Gerät und Vieh nebst dem nötigen Dünger sowie die landwirtschaftlichen Erzeugnisse **aufgehoben** ist (s unten § 36 Rn 50). Wären die zum Betreiben der Landwirtschaft notwendigen Geräte, Vieh und Erzeugnisse nicht in § 36 Abs 2 ausdrücklich vom Pfändungsschutz ausgenommen und der Insolvenzmasse zugewiesen, wäre es kaum jemals möglich, ein Unternehmen, ein Geschäft, einen landwirtschaftlichen Betrieb oder eine Apotheke im Insolvenzverfahren zu veräußern. Der Insolvenzverwalter darf freilich das landwirtschaftliche Inventar nicht zur Befriedigung der Insolvenzgläubiger verwenden, falls ein Hypothekengläubiger zwecks abgesonderter Befriedigung die Zwangsvollstreckung in das Grundstück betreibt (vgl **RG** 7. 7. 1915 JW 1915, 1033; *Jaeger/Henckel* § 4 KO Rn 9).

299–300 [unbesetzt]

IX. Insolvenzmasse der juristischen Personen

301 Die Insolvenzmasse umfasst auch bei einer juristischen Person das gesamte Vermögen, das ihr zur Zeit der Eröffnung des Verfahrens gehört und – weiter als der frühere § 1 KO – das sie während des Verfahrens erlangt. Die früher in § 1 KO enthaltene Beschränkung auf das der „Zwangsvollstreckung unterliegende Vermögen des Gemeinschuldners" findet sich heute in § 36. Sie soll bei den juristischen Personen keine beschränkende Rolle spielen (KP-*Noack* GesellschaftsR Rn 275; *Karsten Schmidt*, Wege zum Insolvenzrecht, S 75 f; näher unten Rn 304 f; dazu auch § 36 Rn 19). Davon sind freilich Ausnahmen denkbar: eine Gesellschaft – wie typischerweise bei Einpersonengesellschaften – stellt mittelbar die Existenzgrundlage für eine Person dar; hier mag man etwa im Wege des Zurechnungsdurchgriffs die Pfändungsbeschränkungen für Arbeitsmittel nach § 811 Abs 4, 5 und 7 ZPO entsprechend anwenden (dazu § 36 Rn 19). Ist der Schuldner eine juristische Person des öffentlichen Rechts, kann sich eine Beschränkung aus § 882 a Abs 2 ZPO ergeben (dazu im Übrigen unten Rn 377). **Nicht** erfasst vom Insolvenzbeschlag ist der **Anteil der Gesellschafter an der insolventen Gesellschaft.** Letzterer gehört zum Privatvermögen des Gesellschafters, was auf Schwierigkeiten bei Übertragung des gesamten Unternehmens führt (dazu § 11 Rn 16 ff).

302 Den Kern der Insolvenzmasse bildet regelmäßig das **Unternehmen.** Zu ihm gehören dabei nicht nur die pfändbaren Aktiva des Anlage- und Umlaufvermögens, sondern auch sonstige Rechte wie zB die **Firma** (§ 23 HGB; **BGH** 27. 9. 1982 Z 85, 221, 223 f = NJW 1983, 755 = ZIP 1983, 193, 194 *[Schulz];* **BGH** 14. 12. 1989 Z 109, 364, 366 f = NJW 1990, 1605, 1606 f = ZIP 1990, 388, 390 = KTS 1990, 457, 460 = EWiR § 6 KO 1/90, 491 *[Lepsien];* **OLG** Düsseldorf 20. 7. 1978 NJW 1980, 1284; **OLG** Frankfurt/Main 20. 1. 1982 ZIP 1982, 334, 335; *Jaeger/Ehricke* § 35 Rn 20 ff m. w. N.; *Karsten Schmidt/ Schulz* ZIP 1982, 1015, 1019; GroßKomm/*Heinrich* § 4 GmbHG Rn 96 ff; *Steinbeck* NZG 1999, 133 f, 135; *Uhlenbruck* ZIP 2000, 401 ff; *Weber* KTS 1970, 73, 85; teilweise abw *H.-F. Müller* Der Verband in der Insolvenz, S 171 ff). Patente, Marken, Nießbrauchsrechte und andere subjektiv-persönliche Rechte iSv §§ 1059 a Nr 2, 1092 Abs 2, 1098 Abs 3 BGB, die zwar nicht pfändbar sind, aber zusammen mit dem Unternehmen oder Geschäftsbetrieb veräußert werden können (oben Rn 238 ff). Nach der Veräußerung kann der Insolvenzverwalter entweder eine Ersatzfirma bilden und die dazu erforderlichen Satzungsänderungen veranlassen oder die alte Firma mit Zustimmung des Erwerbers der alten Firma bis zur Beendigung der Abwicklung mit einem Insolvenzzusatz fortführen (GroßKomm/*Heinrich* § 4 GmbHG Rn 98; *A. Herchen* ZInsO 2004, 1112, 1115 ff; *H.-F. Müller* Der Verband in der Insolvenz, S 177 ff; MünchHdb GmbH-*Wellensiek/Oberle* § 67 Rn 87; *Scholz/Karsten Schmidt* vor § 64 GmbHG Rn 63; *Uhlenbruck* ZIP 2000, 401, 403; *Ulmer* NJW 1983, 1697, 1701 f; die Möglichkeit der Fortführung der Einzelfirma mit Zusatz verneinend *Emmerich*, Das Firmenrecht im Konkurs [1992], S 129; abw hinsichtlich der Befugnis, auch die entsprechenden Satzungsänderungen zu veranlassen, **BayObLG** 22. 2. 1979 DB 1979, 831 f). Soll in der Firma der Name eines Gesellschafters fortgeführt werden, der

IX. Insolvenzmasse der juristischen Personen § 35

selbst ausscheidet, bedarf es dazu nach § 24 Abs 2 HGB dessen bzw dessen Erben Einwilligung; dies gilt auch in der Insolvenz (Baumbach/*Hopt* § 17 HGB Rn 47; *H.-F. Müller* Der Verband in der Insolvenz, S 173 f; *Wertenbruch* ZIP 2002, 1931, 1933; abw und für Vorrang des Insolvenzrechts *Barnert* KTS 2003, 523, 529 ff; Gottwald/*Haas* InsR HdB § 92 Rn 311).

Bei **juristischen Personen oder Gesellschaften ausländischen Rechts**, über deren Vermögen im Inland ein Insolvenzverfahren eröffnet wird, beurteilt sich die Frage der gesellschaftsrechtlichen Ansprüche gegen Gesellschafter, Geschäftsleiter und eventuelle weitere Personen als Frage des Haftungsgrundes nach dem auf die Gesellschaft anwendbaren ausländischen Recht (*Hirte* in: Hirte/Bücker, § 1 Rn 72; exemplarisch für Ansprüche in der Insolvenz einer Gesellschaft englischen Rechts *Schall* DStR 2006, 1229). 303

Auch bei juristischen Personen fällt nach heutigem Recht der **Neuerwerb** während des Insolvenzverfahrens in die Masse (allgemein oben Rn 110 ff). Das wurde teilweise schon für das alte Recht so gesehen (*Heinze* NJW 1982, 1665, 1669; Jaeger/*Weber* §§ 207, 208 Rn 46; *Karsten Schmidt*/*Schulz* ZIP 1982, 1015, 1017 ff; *Karsten Schmidt* Gutachten D zum 54. DJT [1982], S D 45 ff; *ders* KTS 1984, 345, 364, 369 f; *ders* ZGR 1986, 178, 187; abw Hachenburg/*Ulmer* § 63 GmbHG Rn 78 ff). Insbesondere fällt und fiel der Erwerb mit Mitteln der Gesellschaft schon *qua* Surrogation in die Insolvenzmasse (BGH 30. 5. 1978 Z 27, 360, 366 [obiter]; Begr RegE zu § 35). Daher fallen auch die aus einer vor oder während des Verfahrens beschlossenen **Kapitalerhöhung** stammenden Mittel (zu deren Zulässigkeit oben § 11 Rn 193) oder in gleicher Weise beschlossene **Nachschüsse** in die Masse (*H.-F. Müller* ZGR 2004, 842, 845 f; *Karsten Schmidt* AG 2006, 597, 604). Isoliert betrachtet, verschlechtern sich durch diese Rechtslage zwar die Sanierungschancen, wenn und weil neue Mittel allein den (Alt-)Gläubigern zufließen (*Uhlenbruck* KS-InsO S 1157, 1174; *Schlitt* NZG 1998, 755, 756). Nach heutigem Recht ist es aber möglich, in einem Fortführungs-Insolvenzplan den Forderungsverzicht der Altgläubiger zur Bedingung für eine Kapitalzuführung zu machen (§ 249; KP-*Noack* GesellschaftsR Rn 279; *Karsten Schmidt* KS-InsO S 1199, 1209). Damit kann das gleiche Ergebnis erreicht werden. Auch die **Rückforderungsansprüche aus Anfechtungslagen** nach §§ 129 ff gehören zur Insolvenzmasse. Seit Inkrafttreten des MoMiG bilden diese die ausschließliche Grundlage für die Rückforderung von Gesellschafterdarlehen (dazu unten Rn 317, § 135 Rn 4). Die Beachtung gesellschaftsrechtlicher Gläubigerschutzbestimmungen steht dabei der Anfechtung nicht entgegen (unten § 129 Rn 34). 304

Insolvenzfreies Vermögen (allgemein § 32 Abs 3 und oben Rn 69 ff) kann aber auch nach heutigem Recht noch dadurch entstehen, dass der Insolvenzverwalter dem Insolvenzbeschlag unterliegendes Vermögen freigibt (BGH 5. 10. 1994 Z 127, 156, 163 = NJW 1994, 3232 f = ZIP 1994, 1700, 1702 = KTS 1995, 92, 95 = EWiR § 43 KO 1/94, 1117 [*Eckert*]; BGH 21. 4. 2005 IX ZR 281/03 Z 163, 32 = ZIP 2005, 1034; abw OLG Karlsruhe 25. 7. 2003 ZIP 2003, 1510, 1511 f [zum Personengesellschaftsrecht; krit. dazu *Hirte* ZInsO 2005, 403, 408]). Dieser Möglichkeit steht auch der nunmehr dem Insolvenzverfahren zugrunde liegende Grundsatz der Vollabwicklung juristischer Personen nicht entgegen (KP-*Noack* GesellschaftsR Rn 281; abw *H.-F. Müller* Der Verband in der Insolvenz, S 25 ff, 38 ff, 114; *Karsten Schmidt* ZIP 2000, 1913, 1916 f; ausführlich zur Zulässigkeit insolvenzfreien Vermögens nach heutigem Recht Gottwald/*Haas* InsR HdB § 92 Rn 309). Doch darf die Freigabe nicht dazu genutzt werden, Lasten der Insolvenzmasse – etwa im Umweltbereich – auf die Allgemeinheit zu verlagern (*Karsten Schmidt* KS-InsO S 1199, 1207 ff). Dem hat sich das BVerwG im Ergebnis insoweit angeschlossen, als es Kosten der Ersatzvornahme für die Beseitigung von Altlasten als Masseverbindlichkeiten qualifiziert hat unabhängig davon, wann die Kontaminationen eingetreten sind; die grundsätzliche Möglichkeit einer Freigabe auch bei juristischen Personen hat es jedoch nicht in Frage gestellt (BVerwG 22. 10. 1998 E 107, 299, 303 = NJW 1999, 1416, 1417 = ZIP 1998, 2167, 2169 = NZI 1999, 37, 39; BVerwG 10. 2. 1999 E 108, 269, 274 = ZIP 1999, 538, 540 = NZI 1999, 246, 247; *Karsten Schmidt* ZIP 2000, 1913, 1920 f; *Schwartmann* NZI 2001, 69 ff; abw *Kebekus* NZI 2001, 63, 67; verfassungsrechtliche Bedenken bei *Lwowski*/*Tetzlaff* NZI 2001, 57, 61 ff; Näheres oben Rn 75 ff). 305

Nicht zur Insolvenzmasse gehören unmittelbar gegen die Gesellschafter gerichtete Ansprüche der Gläubiger unter dem Gesichtspunkt der **Durchgriffshaftung** (insbes. nach § 826 BGB); das gilt auch dann, wenn diese nach § 93 vom Insolvenzverwalter geltend gemacht werden (dazu unten § 93 Rn 8). Nach der ursprünglichen Konzeption der Rechtsprechung galt dies auch für Ansprüche wegen **existenzvernichtenden Eingriffs** (BGH 17. 9. 2001 II ZR 178/99 Z 149, 10 = ZIP 2001, 1874 = NJW 2001, 3622 = LM H. 5/2002 § 309 AktG 1965 Nr 1 [*Schünemann*] [Bremer Vulkan]; dazu *Decher* ZInsO 2002, 113; *Karsten Schmidt* NJW 2001, 3577). Infolge der Neu-Ausrichtung der Rechtsprechung durch das „Trihotel-Urteil" BGH 16. 7. 2007 II ZR 3/04 Z 173, 246 = ZIP 2007, 1552 = NJW 2007, 2689 = EWiR § 826 BGB 3/07, 557 [*Wilhelm*] = WuB II C. § 13 GmbHG 1.08 [*Reiner*] [Trihotel]; dazu *Hirte* KapGesR Rn 5.172 ff) sind diese aber jetzt zur Insolvenzmasse zu zählen (dazu unten Rn 320). Von Bedeutung ist in diesem Zusammenhang im Übrigen, dass die öffentlichrechtliche Haftung als **Zustandsstörer nach dem Bundesbodenschutzgesetz** inzwischen auch auf diejenigen erstreckt wird, die nach Handels- oder Gesellschaftsrecht für den eigentlichen Zustandsstörer einzustehen haben (§ 4 Abs 3 Satz 4 BBodSchG); das betrifft vor allem Fälle der Konzernhaftung oder sonstiger Durchgriffshaftung (hierzu *Gröpper* ZInsO 2002, 1161, 1164 ff). 306

§ 35 Begriff der Insolvenzmasse

307 **1. Aktiengesellschaft und GmbH. a) Ansprüche der Aktiengesellschaft/GmbH gegen die Gründer.** Der Gesellschaft stehen zunächst auch in der Insolvenz die sich aus der Gründerhaftung ergebenden Ansprüche gegen die **Gründer** auf Ersatz fehlender Einzahlungen und Schadenersatz (§ 46 Abs 1 und 2 AktG, § 9 a Abs 1 und 2 GmbHG) zu. Diese Ansprüche richten sich nach § 46 Abs 5 AktG, § 9 a Abs 4 GmbHG auch gegen solche Personen, für deren Rechnung die Gründer Anteile übernommen haben, und nach § 47 AktG gegen sog. **Gründergenossen und Emittenten.**

308 **b) Ansprüche der Aktiengesellschaft/GmbH gegen die Gesellschafter. aa) Einlageforderungen.** Der Insolvenzverwalter kann alle Ansprüche gegenüber den Gesellschaftern geltend machen, die der AG/GmbH gegen die Gesellschafter zustehen. Hierzu gehören die **rückständigen Einlagen und Nebenleistungen** der Gesellschafter (§§ 54, 63 Abs 1, 65 AktG, §§ 3 Abs 2, 19 Abs 1, 22 GmbHG) einschließlich etwaiger Vertragsstrafen und Zinsen (§§ 63 Abs 2 und 3, 55 Abs 2 AktG; **RG** 9. 12. 1927 Z 119, 220, 223; **RG** 12. 6. 1928 Z 120, 363; §§ 20, 21 GmbHG). Dazu bedarf es weder eines Beschlusses von Vorstand (§ 63 Abs 1 Satz 1 AktG) oder Gesellschafterversammlung (§ 46 Nr 2 GmbHG), noch ist der Insolvenzverwalter an gesetzliche oder etwa in der Satzung festgelegte Beschränkungen gebunden, die Art und Zeitpunkt der Geltendmachung derartiger Ansprüche betreffen oder ihre Durchsetzung erschweren (**RG** 23. 6. 1911 Z 76, 434, 438; **RG** 18. 10. 1932 Z 138, 106, 111; **BGH** 15. 10. 2007 II ZR 216/06 ZIP 2007, 2416 = DStR 2008, 60 [für Einforderung eines Agios in GmbH]; *Haas*, FS Konzen 2006, S 157, 169; *Scholz/Karsten Schmidt* vor § 64 GmbHG Rn 61; abw für die Monatsfrist des § 21 Abs 1 Satz 3 GmbHG OLG Jena 8. 6. 2007 6 U 311/07 ZIP 2007, 1571, 1572 = NZG 2007, 717 [nicht rechtskr]). Eine vor Verfahrenseröffnung zwischen Gesellschaft und Gesellschafter getroffene Schiedsabrede wirkt allerdings auch zu Lasten des Insolvenzverwalters (**BGH** 28. 2. 1957 Z 24, 15, 18 = NJW 1957, 791; **BGH** 19. 7. 2004 Z 160, 127 = NJW 2004, 2898 = NZG 2004, 905 = ZIP 2004, 1616, 1619 = EWiR § 1025 ZPO aF 1/2005, 239 *[Kuhne]* [auch schon *obiter* zum neuen Schiedsverfahrensrecht]. In den Fällen des „**Hin- und Herzahlens**" kann seit Inkrafttreten des MoMiG eine nochmalige Leistung der Einlage dann nicht mehr verlangt werden, wenn die Voraussetzungen von § 19 Abs 5 GmbHG vorliegen (zu Einzelheiten *Hirte* KapGesR Rn 5.35). Gleiches gilt spätestens seit Inkrafttreten des ARUG nach § 27 Abs 4 AktG nF im Aktienrecht. Eine nicht zur freien Verfügung der Gesellschaft (§ 36 Abs 2 Satz 1 AktG, *arg.* § 8 Abs 2 Satz 1 GmbHG) geleistete Einlage kann unabhängig davon dann nicht nochmals vom Verwalter eingefordert werden, wenn er die Zahlung erfolgreich gegen den Empfänger (Kreditinstitut) angefochten hat (**OLG** Hamm 14. 1. 2004 8 U 32/03 ZInsO 2005, 442 = ZIP 2004, 1427; krit. *A. Henkel* ZInsO 2005, 578 ff). Zu den Einlageforderungen gehören auch nicht oder nicht gehörig erfüllte **Sacheinlageversprechen** (§ 27 Abs 1 AktG, § 9 Abs 1 GmbHG; für die **AG BGH** 27. 2. 1952 Z 64, 52, 62 = NJW 1975, 974; **BGH** 14. 3. 1977 Z 68, 191, 195 = NJW 1977, 1196; *Hüffer* § 9 AktG Rn 6, § 27 AktG Rn 28). Bei **verdeckten Sacheinlagen** schuldet der Gesellschafter seit Inkrafttreten des MoMiG und unter den weiteren Voraussetzungen des § 19 Abs 4 GmbHG nicht mehr die Geldeinlage in voller Höhe; vielmehr wird die geleistete Sacheinlage auf die Einlageschuld angerechnet (ausführlich *Hirte* KapGesR Rn 5.64 ff). Gleiches gilt spätestens seit Inkrafttreten des ARUG nach § 27 Abs 3 AktG nF im Aktienrecht. Die Nicht-Erfüllung einer Sacheinlagepflicht begründet dabei einen unmittelbaren Schaden nur bei der Gesellschaft selbst, der – auch im Insolvenzverfahren – durch Leistung von Schadensersatz in die Kasse der Gesellschaft auszugleichen ist (**BGH** 21. 10. 2002 NJW-RR 2003, 170 = NZG 2003, 85 = NZI 2003, 116 = ZIP 2003, 30). Ebenfalls zur Masse gehört die **Differenzhaftung** (auch **Unterbilanz- oder Vorbelastungshaftung**) der Gründer analog § 9 Abs 1 GmbHG gegenüber der eingetragenen Gesellschaft, wenn das tatsächliche Reinvermögen im Zeitpunkt der Eintragung hinter dem aufgrund der Einlageverpflichtung geschuldeten Kapitalbetrag, gegebenenfalls zuzüglich des Aufgelds, zurückbleibt (**BGH** 9. 3. 1981 Z 80, 129, 141 = ZIP 1981, 394 = NJW 1981, 1373 = LM § 11 GmbHG Nr 30 a *[Fleck]*). Zur Insolvenzmasse gehören auch Ansprüche aus einer vor Verfahrenseröffnung beschlossenen und angemeldeten **Kapitalerhöhung** (Einzelheiten bei § 11 Rn 193). **Nachschüsse** (§§ 26 ff GmbHG), deren Einzahlung vor Eröffnung des Insolvenzverfahrens beschlossen worden war, werden vom Insolvenzverwalter zur Masse eingefordert (zur Frage, ob nach Eröffnung des Insolvenzverfahrens noch Nachschüsse beschlossen werden können, oben § 11 Rn 193). Nicht einzuziehen sind Ansprüche aus rein **schuldrechtlichen Abreden**, wenn und soweit sie in der Insolvenz der Gesellschaft nicht als – gegebenenfalls nachrangiges – Eigenkapital zu berücksichtigen sind (Gottwald/*Haas* InsR HdB § 92 Rn 327 ff; *Haas*, FS Konzen 2006, S 157, 171).

309 Den Gesellschaftern steht gegenüber den geltend gemachten Einlageforderungen der Einwand nicht zu, die Einlagen könnten nicht mehr werbenden Zwecken dienen (**RG** 22. 10. 1918 Z 94, 61; vgl auch §§ 271 Abs 3 Satz 2, 277 Abs 3 AktG). Der Insolvenzverwalter darf aber nicht mehr an rückständigen Einlagen einziehen, als **zur Gläubigerbefriedigung erforderlich** ist (**RG** 3. 4. 1912 Z 79, 174, 175; **OLG** Düsseldorf 15. 11. 1990 ZIP 1991, 161 = KTS 1991, 262 = EWiR § 235 AktG 1/91, 105 *[Joost]*; Jaeger/*H.-F. Müller* § 35 Rn 153; KP-*Noack* GesellschaftsR Rn 285). Der Gesellschafter trägt allerdings die Beweislast für die Einrede der Massezulänglichkeit, also für die Behauptung, die Einziehung sei zur Befriedigung der Gläubiger nicht erforderlich (**RG** 3. 4. 1912 Z 79, 174, 175). Auch muss der Insolvenzverwalter nicht den Gleichbehandlungsgrundsatz des § 54 Abs 1 AktG, § 19 Abs 1 GmbHG beachten (**RG** 12. 11. 1935 Z 149, 293, 300; **BGH** 5. 11. 1979 NJW 1980, 1522, 1524 = ZIP 1980, 192;

IX. Insolvenzmasse der juristischen Personen § 35

OLG Köln 16. 12. 1982 ZIP 1983, 310, 311; *Haas*, FS Konzen 2006, S 157, 170; vgl auch **BGH 29. 5. 1980** NJW 1980, 2253 = ZIP 1980, 551 [Pfändungspfandgläubiger]; KP-*Noack* GesellschaftsR Rn 285; abw Baumbach/Hueck/*Schulze-Osterloh* § 64 GmbHG Rn 64; *Häsemeyer* Rn 30.54; Scholz/ *Karsten Schmidt* vor § 64 GmbHG Rn 61. Der zur Einlage verpflichtete Gesellschafter kann sich von seiner Verbindlichkeit nicht durch Aufrechnung befreien (§ 66 Abs 1 Satz 2 AktG, § 19 Abs 2 Satz 2 GmbHG; **BGH 13. 10. 1954** Z 15, 52, 56; **BGH 26. 3. 1984** Z 90, 370 = NJW 1984, 1891 = ZIP 1984, 698). Das Zurückbehaltungsrecht ist zwar nur für Sacheinlagen und nur im GmbH-Recht ausdrücklich eingeschränkt (§ 19 Abs 2 Satz 3 GmbHG), eine Zurückbehaltung ist aber insgesamt unzulässig (**RG 7. 11. 1913** Z 83, 266, 268; Baumbach/Hueck/*Hueck*/*Fastrich* § 19 GmbHG Rn 26 aE; KK-*Lutter* § 66 AktG Rn 25). So kann der Aktionär, sofern das Recht nicht nach § 10 Abs 5 AktG ohnehin satzungsmäßig ausgeschlossen ist, nicht etwa seine Einlageleistung von der Aushändigung teuer zu erstellender Aktienurkunden abhängig machen (KP-*Noack* GesellschaftsR Rn 394). Auch eine Pfändung der eigenen Einlageschuld durch einen Gesellschafter wegen einer ihm gegen die Gesellschaft zustehenden Forderung ist unzulässig (KK-*Lutter* § 66 AktG Rn 51). Auch kann sich ein Gesellschafter nicht von seiner Haftung für rückständige Einlageschulden nach deren Einforderung durch den Insolvenzverwalter dadurch befreien, dass er seinen Anteilserwerb wegen arglistiger Täuschung anficht (**BGH 10. 5. 1982** Z 84, 47 = NJW 1982, 2822 = ZIP 1982, 837; *Knobbe-Keuk* ZIP 1983, 274 f). Gleiches gilt für den Fall, dass ein Sacheinlageversprechen nach §§ 125, 313 BGB nichtig ist.

Der Insolvenzverwalter kann die Einlageforderung allerdings zur **Aufrechnung gegen eine Gesellschaf-** 310 **terforderung** verwenden, wenn die Einlageforderung gar nichts oder weniger wert ist als die voraussichtliche Insolvenzquote; § 66 Abs 1 AktG, § 19 Abs 2 GmbHG gelten nicht (*Haas*, FS Konzen 2006, S 157, 170; Jaeger/*H.-F. Müller* § 35 Rn 158). Zwar darf die Gesellschaft außerhalb der Insolvenz mit der Einlageforderung nur aufrechnen, wenn die Gegenforderung des Aktionärs oder GmbH-Gesellschafters, gegen die die Gesellschaft aufrechnet, vollwertig (= in einer Insolvenz in vollem Umfang nicht mit der Quote bedienbar), fällig und liquide (= nach Grund und Höhe unbestritten sowie keinen Einwendungen ausgesetzt) ist (**BGH 13. 10. 1954** Z 15, 52, 57, 60; **BGH 13. 7. 1964** Z 42, 89, 93; **BGH 26. 3. 1984** Z 90, 370, 372 f = NJW 1984, 1891 = ZIP 1984, 698 [GmbH]; **BGH 21. 2. 1994** Z 125, 141 = ZIP 1994, 701 = NJW 1994, 1477 = EWiR § 19 GmbHG 1/94, 467 *[von Gerkan]* [GmbH]; **BGH 4. 3. 1996** Z 132, 141 = ZIP 1996, 668, 671 = NJW 1996, 1473 = LM H. 6/1996 § 5 GmbHG Nr 14 [GmbH]; **BGH 16. 9. 2002** Z 152, 37 = NJW 2002, 3774 = ZIP 2002, 2045, 2047 f = NZG 2002, 1172 = NZI 2003, 50; dazu *Hirte* KapGesR Rn 5.42 ff; GroßK-*Wiedemann* § 183 AktG, Rn 88 ff, 111). Doch gilt diese Beschränkung nicht für den Insolvenzverwalter: denn eine beschränkte Zulassung der Aufrechnung würde nicht etwa die Aufbringung des haftenden Kapitals sichern, sondern entgegen ihrem Zweck bei Mittellosigkeit des Einlageschuldners zu einer Schädigung der schnell zu realisierenden Insolvenzmasse führen. Ganz entsprechend ist der Insolvenzverwalter auch zum **Verkauf der Einlageforderung** gegen nicht vollwertiges Entgelt berechtigt, während der Gesellschaft außerhalb der Insolvenz die Abtretung der Einlageforderung oder ihre Pfändung im Wege der Einzelzwangsvollstreckung gegen nicht vollwertiges Entgelt versagt ist (**RG 14. 6. 1929** Z 124, 380; **BGH 15. 6. 1992** NJW 1992, 2229 = ZIP 1992, 992, 993 = KTS 1992, 639, 640 = EWiR § 19 GmbHG 3/92, 881 *[Karsten Schmidt]*). Denn durch das Erfordernis der Vollwertigkeit der abzutretenden oder zu pfändenden Einlageforderung sollen Verstöße gegen den Grundsatz der Gleichbehandlung der Gesellschafter vermieden werden, der im Insolvenzverfahren nicht mehr gilt (*Karsten Schmidt* ZHR 157 [1993], 291 ff). Zu **Vergleich** und **Verzicht** unten Rn 338 f.

Der Insolvenzverwalter übt auch das **Kaduzierungsrecht** (§ 64 AktG, § 21 GmbHG) aus und hat da- 311 mit in begrenztem Umfang Einfluss auf den Gesellschafterkreis. An satzungsmäßige Einschränkungen dieses Rechts ist der Insolvenzverwalter nur gebunden, soweit sie – wie bei Benachrichtigungspflichten – allgemein üblich sind und nicht speziell zu Lasten der Gläubiger gehen (KP-*Noack* GesellschaftsR Rn 388); die Monatsfrist des § 21 Abs 1 Satz 3 GmbHG gilt aber auch für den Insolvenzverwalter (**OLG Jena 8. 6. 2007** 6 U 311/07 ZIP 2007, 1571, 1572 = NZG 2007, 717 [nicht rechtskr.]). Durch die Kaduzierung wird die Gesellschaft Inhaberin der Mitgliedschaft. Für den Ausfall der Gesellschaft haftet der Gesellschafter nach § 64 Abs 4 AktG, § 24 GmbHG. Kann die Zahlung vom säumigen Gesellschafter nicht erlangt werden, können subsidiär zudem die früheren Inhaber der Aktie bzw des Geschäftsanteils (die „Vormänner") in Anspruch genommen werden (§ 65 Abs 1 AktG, § 22 Abs 1 GmbHG). Der Insolvenzverwalter ist zur Verwertung nach den Regeln der §§ 64 Abs 4 Satz 2, 65 AktG verpflichtet. Ist die Einlageschuld auch so nicht beizutreiben, müssen in der GmbH – anders als in der Aktiengesellschaft – die übrigen Gesellschafter den Fehlbetrag nach dem Verhältnis ihrer Geschäftsanteile aufbringen (§ 24 GmbHG) (*Kalter* KTS 1955, 39, 59).

bb) Rückeinlageforderungen. Der Gesellschaft und damit dem Insolvenzverwalter steht schließlich 312 der Anspruch auf **Rückerstattung der Zahlungen** zu, die die Gesellschafter den Vorschriften der §§ 57– 60 AktG, §§ 30, 31 GmbHG zuwider empfangen haben (**RG 19. 10. 1934** Z 146, 84) (Rückeinlageanspruch). Unter das Verbot der Rückgewähr von Einlagen fallen dabei alle Zahlungen, die die Gesellschaft an ihre Gesellschafter in deren Eigenschaft als Gesellschafter geleistet hat. Nach § 57 Abs 3 AktG darf dabei unter den Aktionären vor Auflösung der Gesellschaft nur der (formell festgestellte) Bilanzgewinn verteilt werden; alle anderen Zahlungen sind daher verboten. Eine Rückforderung des gezahlten Bilanzgewinns ist zudem ausgeschlossen, soweit die Aktionäre die Zahlungen in gutem Glauben als Gewinnanteile auf der Grundlage eines gültigen Gewinnverwendungsbeschlusses bezogen haben (§ 62 Abs 1 Satz 2 AktG; *Hüffer* § 62 AktG Rn 7). In der GmbH sind Zahlungen an die Gesellschafter zwar grundsätzlich erlaubt; nach § 30 GmbHG sind sie aber unzulässig, wenn dadurch das zur Erhaltung des Stammkapitals erforderliche Vermögen (weiter) angegriffen wird. Dies ist regelmäßig der Fall, wenn (in der Krise) die Leistung an einen Gesellschafter erfolgt und eine gleichwertige Gegenleistung fehlt (**BGH** 24. 3. 1954 Z 13, 49, 54; **BGH** 29. 9. 1977 Z 69, 274, 280 = NJW 1978, 160; **BGH** 13. 7. 1981 Z 81, 252 = NJW 1981, 2570 = ZIP 1981, 974; **BGH** 21. 9. 1981 Z 81, 311 = NJW 1982, 383 = ZIP 1981, 1200; zur Nicht-Erstreckung der Normen auf gesellschaftsfremde Dritte [Kreditinsitute] **BGH** 19. 3. 1998 Z 138, 291 = NJW 1998, 2593 = ZIP 1998, 793 = EWiR § 30 GmbHG 1/98, 699 *[Eckardt]* = DStR 1998, 1272 = DZWir 1998, 368 *[Becker-Eberhard];* dazu *Hirte* KapGesR Rn 5.81). Zudem sind selbst bei Gutgläubigkeit des Empfängers sämtliche Zahlungen zu erstatten, soweit sie zur Befriedigung der Gesellschaftsgläubiger erforderlich sind (§ 31 Abs 2 GmbHG; hierzu näher **BGH** 22. 9. 2003 NJW 2003, 3629 = NZG 2003, 1116 = ZIP 2003, 2068 = DStR 2003, 2128 *[Goette]* = EWiR § 30 GmbHG 1/04, 383 *[F. Wagner]*). Daher sind in der GmbH zwar Ausschüttungen auf noch nicht endgültig festgestellte Gewinne zulässig; doch hat der Insolvenzverwalter einen Rückforderungsanspruch, wenn sich die Prognose als zu günstig erweist. Zu den verbotenen „Zahlungen" gehörte früher auch die Gewährung von **Darlehen** an die Gesellschafter aus dem gebundenen Vermögen; denn nach Auffasung des **BGH** änderte die bilanzrechtliche Neutralität einer solchen Darlehensgewährung nichts an der wirtschaftlichen Verschlechterung des Vermögensstandes der Gesellschaft, selbst dann, wenn der Rückzahlungsanspruch gegen den Gesellschafter im Einzelfall vollwertig sein sollte (**BGH** 24. 11. 2003 Z 157, 72, 75 = NJW 2004, 1111 = NZG 2004, 233 = NZI 2004, 396 = ZIP 2004, 263, 264 = EWiR § 30 GmbHG 3/04, 911 *[Schöne/Stolze]*). Davon wendet sich die durch das MoMiG vorgenommene Neufassung der § 57 Abs 1 Satz 3 AktG, § 30 Abs 1 Satz 2 GmbHG mit einer Rückkehr zur „bilanziellen Betrachtung" bewusst ab (zu den Parallelen bei der Kapitalaufbringung oben Rn 308): Danach stellt eine Leistung *keine Auszahlung aus dem zur Erhaltung des Stammkapitals erforderlichen Vermögen* dar, soweit sie durch einen *vollwertigen Gegenleistungs- oder Rückgewähranspruch* gedeckt ist (Einzelheiten bei *Hirte* KapGesR Rn 5.76a). Dieselben Normen schließen zudem auch Leistungen „bei Bestehen" eines Beherrschungs- oder Gewinnabführungsvertrages vollständig von der Anwendung der Kapitalerhaltungsvorschriften aus.

313 Die Leistung kann auch in **geldwerten Vorteilen** bestehen wie zB in einer unentgeltlichen Gebrauchsüberlassung, einer unterbezahlten Dienstleistung der Gesellschaft oder der Stundung des Kaufpreises für veräußertes Gesellschaftsvermögen. Damit gehören auch **verdeckte Gewinnausschüttungen** hierher (**RG** 19. 10. 1934 Z 146, 84; **RG** 13. 12. 1935 Z 149, 389, 400; **BGH** 1. 12. 1986 II ZR 306/85 ZIP 1987, 575 = NJW 1987, 1194 = EWiR § 30 GmbHG 1/87, 255 *[Westermann];* **BGH** 10. 3. 1997 NJW-RR 1997, 985 = ZIP 1997, 927 = LM H. 9/1997 § 22 GenG Nr 3; *Hüffer* § 62 AktG Rn 9; Überblick bei *Hirte* KapGesR Rn 5.81; ausführlich *Schön,* in: Festgabe für Flume [1998], S 265 ff). Ein Verstoß gegen § 57 AktG, § 30 GmbHG kann auch in der Zahlung der Schuld eines Gesellschafters liegen, in der Übernahme einer Bürgschaft oder dinglicher **Sicherheiten** für eine Verbindlichkeit des Gesellschafters (verneinend **BGH** 19. 3. 1998 Z 138, 291 = NJW 1998, 2593 = ZIP 1998, 793 = EWiR § 30 GmbHG 1/98, 699 *(Eckardt)* = DStR 1998, 1272 = DZWir 1998, 368 *[Becker-Eberhard]* [für Sicherheitenbestellung einer Tochter- zugunsten der Muttergesellschaft]; zu Einzelheiten *Hirte* KapGesR Rn 5.76 a).

314 Der **Rückgewähranspruch** richtet sich grundsätzlich gegen die Gesellschafter, die die verbotene Leistung erhalten haben (zum Inhalt des Anspruchs [Rückgabe des verbotswidrig weggegebenen Vermögensgegenstandes] **BGH** 17. 3. 2008 II ZR 24/07 Z 176, 62 = ZIP 2008, 922f = NJW 2008, 2118 = EWiR § 31 GmbHG 1/2008, 495 *[H. P. Westermann]*). Ihnen ist dabei wie bei der originären Kapitalaufbringung eine Aufrechnung untersagt (**BGH** 27. 11. 2000 Z 146, 105 = NJW 2001, 830 = ZIP 2001, 157, 158 = DStR 2001, 408 *[Goette]* = ZInsO 2001, 264 = EWiR § 31 GmbHG 1/01, 327 *[Westermann]* [zu § 19 Abs 2 Satz 2 GmbHG]). Daneben trifft den Geschäftsleiter nach § 93 Abs 2, 3 Nr 1 AktG, § 43 Abs 3 GmbHG gegenüber der Gesellschaft eine persönliche Haftung wegen der unerlaubt zurückgewährten Einlagen. Die Erstattungsansprüche nach §§ 30 f GmbHG sind solche „aus Vertrag" iSv Art 5 Nr 1 EuGVÜ, nicht aber solche mit Insolvenzbezug iSv Art 1 Abs 2 Nr 2 EuGVÜ (jetzt durch die EuGVO übernommen; **OLG** Koblenz 11. 1. 2001 DStR 2002, 144 [Ls.] m krit Anm Haas). Auf Zuwendungen an die Bundesanstalt für vereinigungsbedingte Sonderaufgaben (früher: Treuhandanstalt) aus dem Vermögen der von ihr gehaltenen Gesellschaften unter Einschluss der Gewährung von Sicherheiten sind die §§ 30, 31 GmbHG aber nicht anwendbar, sondern werden durch § 25 Abs 5 und 6 DMBilG verdrängt (**BGH** 10. 12. 2001 Z 149, 276 = NZG 2002, 237 = NZI 2002, 230 = ZIP 2002, 436 = EWiR § 25 DMBilG 1/02, 517 *[Kort]*. Ein einmal entstandener Erstattungsanspruch entfällt nicht von Gesetzes wegen, wenn das Stammkapital zwischenzeitlich anderweitig wieder bis zur Höhe des Stammkapitals wiederhergestellt wurde (**BGH** 29. 5. 2000 Z 144, 336 = NJW 2000, 2577 = ZIP 2000, 1251, 1253 = DStR 2000, 1234 *[Goette]* = ZInsO 2000, 453 = NZI 2000, 417 [Balsam/Procedo I]; **BGH** 29. 5. 2000 ZIP 2000, 1256, 1257 [Balsam/Procedo II]; anders noch **BGH** 11. 5. 1987 ZIP 1987, 1113 *[H. P. Westermann]* = NJW 1988, 139 = EWiR § 31 GmbHG 2/87, 1099

IX. Insolvenzmasse der juristischen Personen § 35

[K. Müller]). Auch stellt es keinen Verstoß gegen den gesellschaftsrechtlichen Gleichbehandlungsgrundsatz dar, einen Gesellschafter auf Rückzahlung voll in Anspruch zu nehmen, nachdem sich andere über den Anspruch bereits mit der Gesellschaft verglichen haben.

Bei Leistungen an **nahe Angehörige** oder dem Gesellschafter **verbundene Unternehmen** oder **faktische** 315
Gesellschafter (hierzu BGH 13. 11. 2007 XI ZR 294/07 ZIP 2008, 118, 119 = NZG 2008, 106 = EWiR § 57 AktG 1/2008, 545 [Schall]) kann sich der Rückgewähranspruch auch gegen Nicht-Gesellschafter richten. Hier tritt bei gegen § 57 AktG, § 30 GmbHG verstoßenden Auszahlungen eine Haftung des Empfängers auf volle Rückgewähr analog § 62 Abs 1 AktG, § 31 Abs 1 GmbHG ein. Neben dieser steht in der GmbH die Ausfallhaftung der (Mit-)Gesellschafter nach § 31 Abs 3 GmbHG. Die **Mitgesellschafter** haften dabei selbst bei Mitwirkung an der gegen die Kapitalschutzvorschriften verstoßenden Transaktion – sofern kein Fall der Existenzvernichtung der GmbH vorliegt – regelmäßig nur unter den von der GmbH darzulegenden und zu beweisenden Voraussetzungen der §§ 31 Abs 3, 43 Abs 3 Satz 3 GmbHG (BGH 21. 6. 1999 Z 142, 92 = NJW 1999, 2817 = ZIP 1999, 1352 [Altmeppen] = DStR 1999, 1366 [Goette] = EWiR § 823 BGB 3/99, 835 [Wilhelm] = LM H. 1/2000 § 823 (B) BGB Nr 12 [Roth]; insoweit Einschränkung gegenüber BGH 10. 12. 1984 Z 93, 146 = NJW 1985, 1030 = ZIP 1985, 279 = EWiR § 30 GmbHG 1/85 [Priester]). Allerdings besteht nach § 31 Abs 6 GmbHG die Möglichkeit des Regresses beim Geschäftsführer. Die Ausfallhaftung des § 31 Abs 3 GmbHG erfasst nicht den gesamten durch Eigenkapital nicht gedeckten Fehlbetrag, sondern ist auf den Betrag der Stammkapitalziffer beschränkt (BGHZ 25. 2. 2002, 150, 61 = ZIP 2002, 848 = DStR 2002, 1010 = NJW 2002, 1803 = EWiR § 31 GmbHG 1/02, 679 [Blöse] = LM H. 9/2002 § 6 GmbHG Nr 3 [G. H. Roth]; BGH 22. 9. 2003 NJW 2003, 3629 = NZG 2003, 1116 = ZIP 2003, 2068 = DStR 2003, 2128 [Goette] = EWiR § 30 GmbHG 1/04, 383 [F. Wagner]; dazu Altmeppen, ZIP 2002, 961). Die Haftung ist aber nicht um den Umfang der Beteiligung des nicht zahlenden Gesellschafters am Stammkapital zu kürzen (abw **OLG** Oldenburg 10. 5. 2001 EWiR § 31 GmbHG 2/01, 761 mit krit. Anm von Gerkan; krit. auch Hirte NJW 2002, NJW 2003, 1154, 1156). Sie erfasst auch den Ausgleich einer eingetretenen oder durch die Auszahlung vertieften Überschuldung (BGH 5. 2. 1990 NJW 1990, 1730 = ZIP 1990, 451 = KTS 1990, 470; im zweiten Revisionsrechtszug BGH 16. 12. 1991 DStR 1992, 330 = § 31 GmbHG EWiR 1/92, 787; insoweit enger noch BGH 29. 3. 1973 Z 60, 324, 329 = NJW 1973, 1036). Da sich das Auszahlungsverbot nur gegen Geschäftsleiter richtet, nicht aber gegen **Prokuristen** und sonstige Mitarbeiter einer GmbH, können diese nicht auf gesellschaftsrechtlicher Grundlage, sondern nur wegen positiver Vertragsverletzung (§§ 280 Abs 1, 241 Abs 2 BGB) ihres Anstellungsvertrages haftbar sein, wenn sie Auszahlungen unter Verstoß gegen die Kapitalerhaltungsvorschriften vornehmen (BGH 25. 6. 2001 Z 148, 167 = NJW 2001, 3123 = ZIP 2001, 1458 = DB 2001, 1770 = NZG 2001, 893 = NZI 2002, 38 = EWiR § 30 GmbHG 2/01, 917 (Keil) [zu § 30 GmbHG]).

Mit Blick auf den unzureichenden Gläubigerschutz durch die Kapitalerhaltungsvorschriften ergänzte 316
der Bundesgerichtshof diese durch eine Haftung der Gesellschafter wegen „**Existenzvernichtung**". Sie knüpft an die missbräuchliche Schädigung des im Gläubigerinteresse gebundenen Gesellschaftsvermögens und ist daher – heute in Gestalt einer schadenersatzrechtlichen **Innenhaftung** gegenüber der Gesellschaft – allein in § 826 BGB als einer besonderen Fallgruppe der vorsätzlichen sittenwidrigen Schädigung anzusiedeln. Ansprüche aus dieser Haftung sind zudem nicht – wie zunächst angenommen – gegenüber solchen aus §§ 30, 31 GmbHG subsidiär; vielmehr besteht im Überschneidungsbereich Anspruchskonkurrenz (BGH 16. 7. 2007 II ZR 3/04 Z 173, 246 = ZIP 2007, 1552 = NJW 2007, 2689 = EWiR § 826 BGB 3/07, 557 [Wilhelm] = WuB II C. § 13 GmbHG 1.08 [Reiner] [Trihotel]; dazu Altmeppen NJW 2007, 2657; Goette ZInsO 2007, 1177, 1181 ff; Hirte KapGesR Rn 5.173). Eine Haftung wegen existenzvernichtenden Eingriffs trifft auch die Mitgesellschafter, die durch ihr Einverständnis mit dem Vermögensabzug an der Existenzvernichtung der Gesellschaft mitgewirkt haben, ohne selbst etwas empfangen zu haben (BGH 25. 2. 2002 Z 150, 61 = NJW 2002, 1803 = ZIP 2002, 848 = EWiR § 31 GmbHG 1/02, 679 [Blöse] = LM H. 9/2002 § 6 GmbHG Nr 3 [G. H. Roth]; dazu Altmeppen, ZIP 2002, 961); auch mittelbare Gesellschafter (beherrschende Gesellschafter von Gesellschaftern) sind erfasst (BGH 13. 12. 2004 NZG 2005, 177 = NJW-RR 2005, 335 = ZIP 2005, 117 [Altmeppen mit Berichtigung S 157] = EWiR § 13 GmbHG 1/05, 221 [Wilhelmi]).

cc) Die von der Rechtsprechung entwickelten Grundsätze zu §§ 30, 31 GmbHG hinsichtlich der 317
Rückzahlung kapitalersetzender Gesellschafterdarlehen galten trotz ihrer 1980 erfolgten gesetzlichen Neuregelung in §§ 32 a, 32 b GmbHG (§ 32 a KO [jetzt § 135 InsO], § 3 b AnfG [jetzt § 6 AnfG], § 172 a HGB) weiter (BGH 26. 3. 1984 Z 90, 370, 380 = NJW 1984, 1891 = ZIP 1984, 698 [GmbH]; BGH 26. 3. 1984 Z 90, 381, 385 = NJW 1984, 1893 = ZIP 1984, 572 [Beton- und Monierbau AG]; dazu Hirte KapGesR Rn 5.104). Seit Inkrafttreten des **MoMiG** sind sie aber jetzt endgültig durch die „Novellenregeln" ersetzt worden, die bei der Rückzahlung von Gesellschafterdarlehen vor Verfahrenseröffnung die Insolvenzanfechtung eröffnen (dazu bereits oben Rn 304; ausführlich unten § 135 Rn 7 ff). Die alten „Rechtsprechungsgrundsätze" gelten nur noch für Altverfahren, die vor dem Inkrafttreten des MoMiG (1. 11. 2008) eröffnet wurden (BGH 26. 1. 2009 II ZR 260/07 Tz 17 f Z = ZIP 2009, 615 [Gut Buschow]; dazu näher § 39 Rn 75).

318 dd) **Wiederkehrende**, nicht in Geld bestehende **Nebenleistungen** einschließlich der Zahlung etwaiger Vertragsstrafen (§ 55 AktG, § 3 Abs 2 GmbHG) haben die Aktionäre auch nach Eröffnung des Insolvenzverfahrens zu erbringen, soweit sie für eine zulässige Fortführung des Geschäfts benötigt werden (*Haas*, FS Konzen 2006, S 157, 171; *Hüffer* § 55 AktG Rn 8 aE; *KK-Lutter* § 55 AktG Rn 27). Sofern sie nur gegen Entgelt zu erbringen sind, ist der Gesellschafter mit den ausstehenden Ansprüchen Insolvenzgläubiger, mit den Gegenleistungen für Leistungen, die nach § 103 nach Verfahrenseröffnung erbracht werden, Massegläubiger (§ 55 Abs 2 Nr 2).

319 ee) Bei einer **abhängigen Gesellschaft** können sich darüber hinaus Ansprüche gegen das herrschende Unternehmen ergeben, typischerweise den Mehrheitsaktionär. Sie sind nach Eröffnung des Insolvenzverfahrens ebenfalls vom Insolvenzverwalter durchzusetzen.

320 Besteht zwischen der abhängigen Gesellschaft und dem herrschenden Unternehmen ein Unternehmensvertrag (Beherrschungs- oder Gewinnabführungsvertrag, Betriebspacht- oder -überlassungsvertrag: „Vertragskonzern"), kommt insoweit vor allem ein Anspruch auf **Verlustausgleich** in Betracht (§ 302 Abs 1 und 2 AktG). Dieser Anspruch konnte analog § 302 AktG auch dann entstehen, wenn zwar kein Vertragskonzern besteht, die GmbH oder (insoweit str.) Aktiengesellschaft aber von dem herrschenden Unternehmen qualifiziert faktisch beherrscht wird (dazu oben § 11 Rn 404). Inzwischen hat der **BGH** diesen Ansatz als Grundlage für den Gläubigerschutz aufgegeben und durch die Haftung wegen „existenzvernichtenden Eingriffs" ersetzt (**BGH** 17. 9. 2001 II ZR 178/99 Z 149, 10 = ZIP 2001, 1874 = NJW 2001, 3622 = LM H. 5/2002 § 309 AktG 1965 Nr 1 *[Schünemann]* [Bremer Vulkan]; dazu oben § 11 Rn 404). Eine Ersatzpflicht gegen das herrschende Unternehmen kann sich schließlich wegen schuldhaft schädigender Weisungen ergeben, wenn diese nicht den eigenen Belangen des herrschenden Unternehmens oder den Belangen der mit dem herrschenden Unternehmen verbundenen Unternehmen dienen. Daneben können die gesetzlichen Vertreter des herrschenden Unternehmens der abhängigen Aktiengesellschaft haften, wenn sie bei der Erteilung von Weisungen nicht die Sorgfalt eines ordentlichen und gewissenhaften Geschäftsleiters angewandt haben (§ 309 Abs 1 AktG).

321 Bei Fehlen eines Unternehmensvertrages („faktischer Konzern") schuldet das herrschende Unternehmen der abhängigen Aktiengesellschaft nach § 311 Abs 1 AktG **Nachteilsausgleich**, wenn sie veranlasst wurde, ein für sie nachteiliges Rechtsgeschäft vorzunehmen oder Maßnahmen zu ihrem Nachteil zu treffen oder zu unterlassen. Ob ein Nachteil und gegebenenfalls in welcher Höhe er vorliegt, richtet sich danach, ob eine unabhängig gedachte Vergleichsgesellschaft sich genauso verhalten hätte („*Stand-alone*-Prinzip"; hierzu **BGH** 3. 3. 2008 II ZR 124/06 Z 175, 365 = ZIP 2008, 785, 786 f = NZG 2008, 389 [Telekom]; dazu *Fleischer* NZG 2008, 371; *Habersack* ZIP 2006, 1327). Wird der Nachteilsausgleich unterlassen, schuldet sie der abhängigen Aktiengesellschaft nach § 317 Abs 1 Satz 1 AktG Schadenersatz. Das gilt auch im Falle nicht fristgerechter Leistung des Ausgleichsanspruchs (**BGH** 1. 3. 1999 Z 141, 79 = NJW 1999, 1706 = ZIP 1999, 708 = LM § 311 AktG Nr 1 *[Günter H. Roth]*). Neben dem herrschenden Unternehmen haften nach § 317 Abs 3 AktG die gesetzlichen Vertreter des Unternehmens, die die Gesellschaft zu dem nachteiligen Rechtsgeschäft oder der ihr nachteiligen Maßnahme veranlasst haben.

322 Auch für eine **eingegliederte Gesellschaft** kann sich ein Anspruch auf **Verlustausgleich** gegen die Hauptgesellschaft ergeben (§ 324 Abs 3 AktG). Daneben können nach §§ 323 Abs 1 Satz 2, 309 Abs 1 AktG die gesetzlichen Vertreter der Hauptgesellschaft der eingegliederten Aktiengesellschaft haften, wenn sie bei der Erteilung von Weisungen nicht die Sorgfalt eines ordentlichen und gewissenhaften Geschäftsleiters angewandt haben.

323 c) **Ansprüche der Aktiengesellschaft/GmbH gegen die Mitglieder der Verwaltung**. Zur Insolvenzmasse und damit zu den Ansprüchen, die der Insolvenzverwalter geltend zu machen hat, gehören auch alle Ansprüche *der Gesellschaft* gegen Mitglieder der Verwaltung. Zu den Verwaltungsmitgliedern zählen die Vorstandsmitglieder und Geschäftsführer einschließlich etwaiger Stellvertreter, die Aufsichtsratsmitglieder und die Abwickler. Ansprüche externer Dritter gegen die genannten Personen gehören demgegenüber nicht zur Insolvenzmasse, sofern es sich nicht um nach § 92 vom Insolvenzverwalter zusammengefasst geltend zu machende Gesamtschadensansprüche handelt.

324 Zentrale Haftungsnormen für Ansprüche gegen die Geschäftsleiter (**Vorstandsmitglieder** und **Geschäftsführer**) sind insoweit § 93 Abs 2 Satz 1 AktG, § 43 Abs 2 GmbHG. Sie erfassen **Verstöße gegen die Organpflichten und die Pflichten aus dem Anstellungsvertrag**. Hinzu kommt im Zusammenhang mit Insolvenzverfahren vor allem die Pflicht zur rechtzeitigen Stellung des Insolvenzantrags; auf die mit einer Verletzung dieser Pflicht verbundenen Haftungsfolgen, die auch Ansprüche der Gesellschaft auslösen kann, wurde an anderer Stelle eingegangen (oben § 15a Rn 20 ff). Ersatzansprüche auslösen kann aber auch die Nicht- oder Schlechterfüllung anderer Verfahrensrechte, die der Geschäftsleiter als Vertreter der Gesellschaft hätte wahrnehmen müssen.

325 Die Geschäftsleiter werden auch im Interesse der **Kapitalerhaltung** in die Pflicht genommen – genauer: im Interesse der Vermeidung unzulässiger Ausschüttungen (§§ 57 Abs 3, 58 Abs 4 AktG) bzw der Erhaltung des zur Deckung des Stammkapitals erforderlichen Vermögens (§§ 30, 33 GmbHG); dazu im Übrigen bereits oben Rn 312 ff. Ihnen persönlich sind daher dem Gesetz widersprechende Rückzahlungen an die Aktionäre (§ 93 Abs 3 Nrn. 1, 2 und 5 AktG) bzw in der GmbH – nicht ganz so streng –

IX. Insolvenzmasse der juristischen Personen § 35

eine Rückgewähr des zur Erhaltung des Stammkapitals erforderlichen Vermögens untersagt (§ 30 Abs 1 iVm § 43 Abs 3 GmbHG). Und ebenso ist es ihnen untersagt, jenseits der durch §§ 71 ff AktG, § 33 GmbHG gezogenen Grenzen eigene Anteile zu erwerben (§ 93 Abs 3 Nr 3 AktG, § 33 iVm § 43 Abs 3 GmbHG). Aus § 93 Abs 3 Nrn. 1, 5 AktG, § 43 Abs 3 GmbHG folgt hier eine Haftung des Geschäftsleiters auf den gesamten zu Unrecht ausgeschütteten Betrag, soweit dieser zur Befriedigung der Gläubiger erforderlich ist (§ 93 Abs 5 Satz 3 AktG, § 43 Abs 3 Satz 3 GmbHG); allerdings bleibt ihm die Möglichkeit des Regresses gegen den nach § 30 GmbHG zur Rückzahlung des erhaltenen Betrages verpflichteten Gesellschafter. Beim unzulässigen Erwerb eigener Anteile haftet der Geschäftsführer aus § 43 Abs 3 GmbHG auf den gezahlten Kaufpreis; der Veräußerer haftet hier daneben nach § 812 Abs 1 Satz 1 BGB.

Der Verschuldensmaßstab richtet sich nach den – gegenüber § 276 Abs 1 Satz 2 BGB konkretisierten 326 und erhöhten Anforderungen - der § 93 Abs 1 Satz 1 AktG, § 43 Abs 1 GmbHG. Dabei handelt es sich um einen **objektiven Standard**: individuelle Defizite spielen keine Rolle (dazu ausführlich *Hirte*, Berufshaftung [1996], S 381 ff). Bei unternehmerischen Entscheidungen steht ihm aber nach der *Business judgment rule* des § 93 Abs 1 Satz 2 AktG ein gewisser nicht gerichtlich nachprüfbarer Ermessensspielraum zu; im GmbH-Recht gilt dies entsprechend (**BGH** 4. 11. 2002 II ZR 224/00 Z 152, 280 = ZIP 2002, 2314 = NJW 2003, 358 = NZG 2003, 81; **BGH** 14. 7. 2008 II ZR 202/07 ZIP 2008, 1675, 1676 = NJW 2008, 3361).

Sind mehrere Geschäftsleiter vorhanden, die sämtlich gegen ihre der Gesellschaft gegenüber beste- 327 henden Pflichten verstoßen haben, haften diese nach § 93 Abs 2 Satz 1 AktG, § 43 Abs 2 GmbHG **gesamtschuldnerisch**. Problematisch ist dabei vor allem, inwieweit den einzelnen Geschäftsführer eine Überwachungspflicht des Mitgeschäftsführers trifft; eine solche Verpflichtung wurde etwa im Zusammenhang mit der Haftung wegen verspäteter Insolvenzantragstellung bejaht (dazu § 15a Rn 44). Sie hat nichts mit einer Haftung aus §§ 278, 831 BGB zu tun: denn weder bedient sich der eine Geschäftsleiter des anderen zur Erfüllung seiner Verbindlichkeit, noch befindet sich der andere in sozialer Abhängigkeit des einen. Problematisch ist auch, ob die einem Mitgeschäftsführer erteilte Ermächtigung oder die ausdrückliche Zustimmung zu dessen Handeln haftungsbegründend sein kann.

Zur Durchsetzung der Ansprüche bedarf es im Insolvenzverfahren oder bei der Ablehnung seiner Er- 328 öffnung mangels Masse in der Aktiengesellschaft keines Beschlusses des Aufsichtsrats (*arg*. § 112 AktG) und in der GmbH keines Beschlusses der Gesellschafterversammlung (§ 46 Nr 8 GmbHG) (**BGH [VIII Zs]** 14. 7. 2004 NJW-RR 2004, 1408 = NZG 2004, 962 = ZIP 2004, 1708, 1710 f; *Jaeger/H.-F. Müller* § 35 Rn 179; *Karsten Schmidt* KTS 2005, 261, 265 ff; aber **BGH** 13. 6. 1960 NJW 1960, 1667).

Bezüglich der **Darlegungs- und Beweislast** enthält nur das Aktienrecht eine Regelung, die aber im 329 GmbH-Recht entsprechend angewandt wird. Danach muss die Gesellschaft ihren Schaden und die Kausalität der Pflichtverletzung des Geschäftsleiters für den Schaden nachweisen; der Geschäftsleiter muss sich demgegenüber nach § 93 Abs 2 Satz 2 AktG (analog) bezüglich des Fehlens einer Sorgfaltspflichtverletzung entlasten.

Deliktische Ansprüche der Gesellschaft gegenüber Geschäftsleitern dürften nur in Ausnahmefällen in 330 Betracht kommen. Zu denken ist etwa an Ansprüche aus § 823 Abs 2 BGB iVm § 266 StGB (**Untreue**) zu Lasten der Gesellschaft (nicht zu Lasten der Gesellschafter: **BGH** 5. 4. 2006 St 51, 29 = NJW 2006, 1984 = NZG 2006, 465 = ZIP 2006, 993 = EWiR § 266 StGB 3/06, 509 *[Marxen/Taschner]*). Diese greifen allerdings erst bei schwerwiegenden gesellschaftsrechtlichen Pflichtverletzungen bzw bei einer Existenz- oder Liquiditätsgefährdung der GmbH ein, nicht etwa schon bei jeder unerlaubten Gewinnentnahme (**BGH** 29. 5. 1987 St 34, 379 = NJW 1988, 1397; **BGH** 24. 8. 1988 3 StR 232/88 St 35, 333 = NJW 1989, 112 = ZIP 1989, 370 = EWiR § 29 GmbHG 2/89, 367 *[Fleck]*; **BGH** 6. 12. 2001 1 StR 215/01 St 47, 187 = NJW 2002, 1585 = NZG 2002, 471 = NStZ 2002, 322 = EWiR § 266 StGB 1/02, 305 *[Wessing]* = DStR 2002, 1102 [Ls] *[Lange]* [SSV Reutlingen]; **BGH** 13. 5. 2004 St 49, 147 = NJW 2004, 2248 = NZG 2004, 717 = ZIP 2004, 1200, 1205 = EWiR § 266 StGB 1/04, 723 *[Eisner]* [Bremer Vulkan]; **BGH** 21. 12. 2005 St 50, 331 = NJW 2006, 522 = ZIP 2006, 72 = EWiR § 266 StGB 1/06, 187 *[Reiner/Geuter]* [für nachträgliche, ausschließlich belohnende Anerkennungsprämie; Mannesmann]; abw als Vorinstanz **LG Düsseldorf** 22. 7. 2004 ZIP 2004, 2044 *[Tiedemann]* = NJW 2004, 3275 = NZG 2004, 1057; hierzu *Kort*, NJW 2005, 333). Eine Ersatzpflicht der alleinigen Gesellschafter und Geschäftsführer nach § 43 Abs 2 GmbHG oder wegen Untreue nach § 823 Abs 2 BGB iVm § 266 StGB scheidet im Übrigen grundsätzlich damit aus, wenn sie ihrer GmbH einvernehmlich (nur) Vermögen entziehen, das nicht zur Deckung des Stammkapitals erforderlich ist (**BGH** 26. 9. 1992 Z 119, 257 = NJW 1993, 193 = ZIP 1992, 1734 = EWiR § 43 GmbHG 2/92, 1203 *[Kort]* = LM § 687 BGB Nr 16 *[Roth]* = WuB II C. § 43 GmbHG 1.93 *[Schneider]* = BB 1993, 1162 *[Hey]* = DStR 1993, 1547 *[Kottke]* = JR 1994, 60 *[Windbichler]*; **BGH** 10. 5. 1993 Z 122, 333, 336 = NJW 1993, 1922 = ZIP 1993, 917 = EWiR § 31 GmbHG 1/93, 693 *[Maier-Reimer]* = BB 1993, 1548 *[Hey]* = WuB II C. § 30 GmbHG 1.93 *[Hunecke]* = DStR 1993, 1073 *[Goette]* = LM H. 9/1993 § 31 GmbHG Nr 29 *[Heidenhain]*; **BGH** 21. 6. 1999 Z 142, 92 = NJW 1999, 2817 = ZIP 1999, 1352 *[Altmeppen]* = DStR 1999, 1366 *[Goette]* = EWiR § 823 BGB 3/99, 835 *[Wilhelm]* = LM H. 1/2000 § 823 (B) BGB Nr 12 *[Roth]*). Straf- wie zivilrechtlich verantwortlich kann in allen Fällen aber auch ein „**faktischer Geschäftsführer**" sein, wenn er nach außen aufgetreten ist (**BGH** 28. 6. 1966 St 21, 101 = NJW 1966, 2225; **BGH** 22. 9. 1982 3 StR

287/82 St 31, 118 = NJW 1983, 240 = ZIP 1983, 173 = KTS 1983, 559; **BGH 27. 6. 2005** NZG 2005, 755 = ZIP 2005, 1414 f; dazu auch oben § 15 a Rn 8).

331 Wichtigste Haftungsnormem für Ansprüche gegen **Aufsichtsratsmitglieder** sind §§ 116, 93 Abs 2 Satz 1 AktG. Danach haftet der Aufsichtsrat der Gesellschaft vor allem bei Verstößen gegen seine **Kontroll- und Überwachungspflichten** (zusammenfassend zu den Pflichten des Aufsichtsrats *Hirte* KapGesR Rn 3.192 ff).

332 Sowohl Vorstands- als auch Aufsichtsratsmitglieder können Ansprüchen aus der **Gründerhaftung** ausgesetzt sein (§ 48 Satz 1 AktG. Gleiches gilt für Ansprüche wegen Pflichtverletzungen bei der **Nachgründung** (§ 53 AktG) und bei Ermöglichung einer **unzulässigen Einflussnahme** auf die Gesellschaft (§ 117 Abs 2 AktG). Beide können auch Schadenersatzansprüchen wegen pflichtwidriger Ausführung schädigender Weisungen im **Vertragskonzern** nach § 310 Abs 1 AktG oder wegen der unterlassenen Offenlegung (ggfls. auch nur des fehlenden Ausgleichs) einer nachteiligen Maßnahme bzw eines nachteiligen Rechtsgeschäfts nach § 318 Abs 1 und 2 AktG im **faktischen Konzern** ausgesetzt sein.

333 Weiter kann der Insolvenzverwalter den Anspruch auf Rückgewähr verbotswidrig an Vorstands- oder Aufsichtsratsmitglieder gewährter **Kredite** (§§ 89 Abs 5, 115 Abs 4 AktG) oder - insoweit nur gegen amtierende Vorstandsmitglieder (§ 268 Abs 3 AktG) - Ansprüche auf Schadenersatz wegen Verstoßes gegen ein **Wettbewerbsverbot** geltend machen (§ 88 Abs 2 AktG); im letzten Fall kommt alternativ die Ausübung des Eintrittsrechts in Betracht. Für Ansprüche wegen Verstoßes gegen das Wettbewerbsverbot muss das getätigte „Geschäft" aber in den satzungsmäßigen Tätigkeitsbereich der Gesellschaft fallen (**BGH 17. 2. 1997** NJW 1997, 2055 = ZIP 1997, 1063, 1064 = DStR 1997, 1053 *(Goette)* = EWiR § 88 AktG 1/97, 631 *[Wilhelm]*; **BGH 2. 4. 2001** NJW 2001, 2476 = ZIP 2001, 958, 959).

334 Schadenersatzansprüche gegen **Liquidatoren** wegen Verletzung der Pflichten bei der Abwicklung einer **AG** oder **GmbH** können sich aus § 268 Abs 2 Satz 1 AktG iVm § 93 AktG bzw §§ 71 Abs 4, 43 GmbHG ergeben, solche gegen Aufsichtsratsmitglieder wegen fehlerhafter **Überwachung der Liquidatoren** bei der Abwicklung einer **AG** aus § 268 Abs 2 Satz 2 AktG iVm §§ 116, 93 AktG.

335 d) **Ansprüche der Aktiengesellschaft gegen Dritte wegen Benutzung des Einflusses auf die Gesellschaft.** Zur Insolvenzmasse und damit zu den Ansprüchen, die der Insolvenzverwalter geltend zu machen hat (§ 117 Abs 5 Satz 3 AktG), gehören auch Ansprüche gegen Dritte wegen vorsätzlicher Benutzung ihres Einflusses auf die Gesellschaft zum Schaden der Gesellschaft oder ihrer Aktionäre (§ 117 Abs 1 AktG); Gleiches gilt für die Haftung solcher Personen, die aus einer solchen Handlung einen Vorteil erlangt haben (§ 117 Abs 3 AktG). Anders als nach § 309 Abs 4 AktG kann ein einzelner Aktionär solche Ansprüche nicht geltend machen, auch nicht in der Insolvenz (**OLG Bremen 28. 5. 2001** NZG 2002, 186 [inzwischen rechtskr.]).

336 e) **Ansprüche der Aktiengesellschaft gegen Prüfer.** Zur Insolvenzmasse und damit zu den Ansprüchen, die der Insolvenzverwalter geltend zu machen hat, gehören auch Ansprüche gegen externe Prüfer. Hierzu zählen zunächst die **Gründungsprüfer**, deren Haftung sich aus § 49 AktG iVm § 323 Abs 1 bis 4 HGB ergibt. Entsprechendes gilt für den **Nachgründungsprüfer** (§ 53 Satz 1 iVm § 49 AktG) und den **Sonderprüfer** (§§ 144, 258 Abs 5 Satz 1 AktG iVm § 323 HGB). Ein vom Insolvenzverwalter geltend zu machender Schadenersatzanspruch gegen den **Abschlussprüfer** wegen Verletzung seiner Prüfungspflichten kommt nach § 323 HGB in Betracht (dazu ausführlich *Hirte*, Berufshaftung, 1996, S 59 ff).

337 Ansprüche gegen Prüfer, die vom Insolvenzverwalter geltend zu machen sind, können sich schließlich im Zusammenhang mit **Kapitalerhöhungen** ergeben, wenn Sacheinlagen eingebracht werden sollen (§§ 183 Abs 3, 194 Abs 4, 205 Abs 3 AktG). Ihre Haftung ergibt sich hier ebenfalls aus § 49 AktG iVm § 323 Abs 1 bis 4 HGB, allerdings in entsprechender Anwendung. Schließlich kommen Ansprüche gegen **Umwandlungsprüfer** wegen Verletzung der im Rahmen der Prüfung bestehenden Pflichten nach §§ 9–12, 125, 176 Abs 1, 177 Abs 1, §§ 29, 30 Abs 2, §§ 208, 30 Abs 2 UmwG iVm § 11 Abs 2 UmwG, § 323 HGB in Betracht.

338 f) **Verhältnis des Insolvenzverwalters zur Aktivlegitimation der Gesellschaft, der Gläubiger und der Aktionäre. aa) Begrenzte Verzichts- oder Vergleichsbefugnis der Gesellschaft.** Aus Gründen des Gläubigerschutzes ordnet das Gesetz für einige der hier genannten Schadenersatzansprüche an, dass eine Ersatzpflicht den Gläubigern gegenüber während einer dreijährigen Sperrfrist weder durch einen Verzicht oder Vergleich **der Gesellschaft** noch dadurch aufgehoben werden kann, dass die Handlung auf Beschluss der Hauptversammlung beruht oder vom Aufsichtsrat gebilligt wurde (§§ 48 Satz 2, 93 Abs 5 Satz 3, 117 Abs 5 Satz 2, 268 Abs 2, 302 Abs 3 AktG; zu letzterem ausf *Hirte*, Liber amicorum Happ [2006], S 65, 66 ff [dort auch zur Ausnahme: Insolvenz des *Schuldners*]). Für das GmbH-Recht finden sich ähnliche, allerdings nicht so weit reichende Regelungen, die im Gegensatz zum Aktienrecht *nur* dem Gläubigerschutz und nicht auch dem Schutz der Mitgesellschafter dienen (§§ 9 b Abs 1, 19 Abs 2 Satz 1, 43 Abs 3, 57 Abs 4, 64 [früher Abs 2] GmbHG.

339 Für **den Insolvenzverwalter** gelten diese gesellschaftsrechtlichen Beschränkungen nicht unmittelbar (vgl auch oben Rn 308). Doch darf sich auch der Insolvenzverwalter nur beschränkt über Ansprüche vergleichen oder auf sie verzichten, wenn ein solcher Schritt dem Insolvenzzweck nicht dienlich ist; die Grenzen für die Möglichkeit von Verzicht oder Vergleich folgen hier also aus dem Insolvenzrecht. Ver-

IX. Insolvenzmasse der juristischen Personen § 35

zichtet der Insolvenzverwalter gleichwohl oder vergleicht er sich über solche Ansprüche, sind diese Rechtshandlungen im Normalfall zwar wirksam, können aber eine Schadenersatzpflicht des Verwalters nach § 60 auslösen (so wohl Scholz/*Karsten Schmidt* vor § 64 GmbHG Rn 63; *Karsten Schmidt* KTS 2001, 373, 378 ff). Ein dem Insolvenzzweck offensichtlich widersprechender Vergleich ist dagegen wegen Missbrauchs der Vertretungsmacht als unwirksam anzusehen; vgl auch unten § 80 Rn 150 ff (BGH 3. 2. 1971 NJW 1971, 701, 703; *Jauernig*, FS Friedrich Weber 1975, S 307 ff; Kilger/*Karsten Schmidt* § 6 KO Anm 6 a aa; KK-*Mertens* § 93 AktG Rn 137; MK-AktG/*Spindler* § 93 Rn 251). Gleiches gilt für einen Verzicht (MK-AktG/*Spindler* § 93 Rn 251; str).

bb) Soweit die Entscheidung, die vorgenannten Ansprüche gegen Gründer, Aktionäre, Mitglieder der Verwaltung, Dritte oder Prüfer gerichtlich durchzusetzen oder auf deren Durchsetzung zu verzichten, eine Rechtshandlung darstellt, die für das Insolvenzverfahren von besonderer Bedeutung ist, hat der Insolvenzverwalter zudem vorsorglich die **Zustimmung des Gläubigerausschusses** einzuholen (§ 160 Abs 1 Satz 1). Denn eine Rechtshandlung von besonderer Bedeutung liegt nach § 160 Abs 2 Nr 3 insbesondere dann vor, wenn über Ansprüche mit erheblichem Streitwert ein Rechtsstreit anhängig gemacht oder aufgenommen, die Aufnahme eines solchen Rechtsstreits abgelehnt oder zur Beilegung oder zur Vermeidung eines solchen Rechtsstreits ein Vergleich oder ein Schiedsvertrag geschlossen werden soll (zum alten Recht KK-*Mertens* § 93 AktG Rn 137). 340

cc) In einigen Fällen räumt das Gesetz den **Gläubigern der Aktiengesellschaft** eine eigenständige Klagebefugnis (**Verfolgungsrecht**) für dieser zustehende Ansprüche ein (§ 62 Abs 2 Satz 1 AktG: Einlageansprüche; §§ 93 Abs 5 Satz 1, 116 Satz 1 AktG: Ersatzansprüche gegen die Verwaltung; § 117 Abs 5 Satz 1 AktG: Ersatzansprüche gegen Dritte wegen verbotener Einflussnahme; §§ 309 Abs 4 Satz 3, 317 Abs 4 AktG: Haftung der gesetzlichen Vertreter des herrschenden Unternehmens; §§ 310 Abs 4, 318 Abs 4 iVm § 309 Abs 4 Satz 3 AktG: Haftung der gesetzlichen Vertreter des abhängigen Unternehmens). Bei den konzernrechtlichen Ansprüchen gegen die gesetzlichen Vertreter des herrschenden bzw des abhängigen Unternehmens steht eine solche Klagebefugnis auch den Aktionären zu (§§ 309 Abs 4 Satz 1, 317 Abs 4, 310 Abs 4, 318 Abs 4 AktG). Eine entsprechende Norm findet sich in § 34 Abs 5 Satz 1 GenG für die Verfolgung von Ersatzansprüchen gegen Mitglieder der Verwaltung einer **Genossenschaft**. 341

Mit der Eröffnung des Insolvenzverfahrens verlieren die Gläubiger bzw die Aktionäre der **AG** diese Klagebefugnis (§§ 62 Abs 2 Satz 2, 93 Abs 5 Satz 4, 309 Abs 4 Satz 4, 310 Abs 4, 317 Abs 4, 318 Abs 4 AktG; § 34 Abs 5 Satz 3 GenG; ausführlich *Gundlach/Frenzel/Strandmann* DZWIR 2007, 142, 144 ff; *Habscheid*, FS Weber 1975, S 197 ff; GroßK-*Hirte* § 309 AktG, Rn 44 ff; vgl auch *D. Schneider*, FS Oppenhoff 1985, S 349 ff). Für die Gründerhaftung folgt dies aus der Verweisung in § 48 Satz 2 AktG. Bezüglich des Aufsichtsrats folgt dies aus der Verweisung in § 116 Satz 1 AktG, und für die Liquidatoren und den Aufsichtsrat in der Abwicklung aus § 268 Abs 2 AktG. Gleiches gilt nach § 117 Abs 5 Satz 3 AktG für eine etwaige Haftung aus § 117 Abs 2 AktG. Denn die entsprechenden Rechte werden während der Dauer des Insolvenzverfahrens vom Insolvenzverwalter oder vom Sachwalter ausgeübt (dazu Emmerich/*Habersack*, Aktien- und GmbH-Konzernrecht, § 317 AktG Rn 29). Das ist ähnlich wie in Bezug auf die Kommanditistenhaftung nach § 171 Abs 2 HGB (dazu unten Rn 386 ff) und die Haftung der (unbeschränkt) persönlich haftenden Gesellschafter (dazu unten § 93 Rn 3). Doch geht es hier um Ansprüche der Gesellschaft – nicht Ansprüche der Gläubiger –, die den Aktionären bzw Gläubigern zur Verfolgung zugewiesen sind; wenn diese Rechte im Insolvenzverfahren vom Insolvenzverwalter oder Sachwalter geltend gemacht werden, bedeutet dies damit hier nur eine Rückkehr zur „insolvenzrechtlichen Normallage". 342

Ein etwa seitens eines Gläubigers oder Aktionärs angestrengtes Verfahren wird mit der Eröffnung des Insolvenzverfahrens unterbrochen (§ 240 ZPO) und kann von Insolvenzverwalter oder Sachwalter wieder aufgenommen werden; dieser ist dann nach § 325 ZPO Rechtsnachfolger (**RG** 5. 6. 1935 JW 1935, 3301; KK-*Mertens* § 93 AktG Rn 152). Ein Urteil, das der Insolvenzverwalter gegen ein oder mehrere Aktionäre erstritten hat, wirkt daher hinsichtlich der Rechtskraft für und gegen die Gesellschaft und für und gegen alle Gläubiger bzw Aktionäre, deren Ansprüche in den Rechtsstreit mit einbezogen sind. Lehnt der Insolvenzverwalter die Aufnahme des Verfahrens ab, bleibt es bei der Unterbrechung. 343

Für die Dauer des Insolvenzverfahrens fehlt damit den Gläubigern bzw den Aktionären die Klagebefugnis nach den genannten Normen (**RG** 19. 5. 1897 Z 39, 62, 64; **RG** 17. 12. 1910 Z 74, 428, 429 f; KK-*Lutter* § 62 AktG Rn 50; KK-*Mertens* § 93 AktG Rn 155; MK-AktG/*Spindler* § 93 Rn 250). Eine etwa in diesem Zeitraum erhobene Klage ist daher mangels Aktivlegitimation abzuweisen (**RG** 17. 12. 1910 Z 74, 428, 429 f). Vor Eröffnung des Insolvenzverfahrens bereits geleistete Zahlungen können anfechtbar sein (dazu § 129 Rn 89). Die Klagebefugnis lebt aber nach Beendigung des Insolvenzverfahrens insoweit wieder auf, als die Gläubiger nicht befriedigt und der Schuldner die Leistung nicht in die Insolvenzmasse geleistet hat (*Hüffer* § 62 AktG Rn 16; KK-*Lutter* § 62 AktG Rn 50). Sie lebt auch dann wieder auf, wenn der Insolvenzverwalter den Anspruch freigibt (abw Jaeger/*H.-F. Müller* § 35 Rn 189, der die Freigabemöglichkeit bereits ablehnt). In einem solchen Fall wirkt die Freigabe für Insolvenzgläubiger (*Habscheid*, FS Weber 1975, S 197, 210, 213) bzw bei den konzernrechtlichen Anspruchsgrundlagen für alle Aktionäre. 344

345 dd) Die Vertretungsmacht eines nach § 147 Abs 2 AktG bestellten **besonderen Vertreters** zur Geltendmachung von Ersatzansprüchen nach §§ 93, 116, 117 AktG oder aus der Gründerhaftung erlischt nicht von selbst durch die Eröffnung des Insolvenzverfahrens, sondern ruht nur, solange sie mit Rücksicht auf die Rechte des Insolvenzverwalters nicht ausgeübt werden kann (**BGH** 18. 12. 1980 NJW 1981, 1097 = ZIP 1981, 178 = KTS 1981, 234).

346 **2. Kommanditgesellschaft auf Aktien.** Nach § 278 Abs 2 AktG richtet sich bei der Kommanditgesellschaft auf Aktien das Verhältnis der persönlich haftenden Gesellschafter untereinander und gegenüber der Gesamtheit der Kommanditaktionäre sowie gegenüber Dritten nach den §§ 161 ff HGB. Für die **persönlich haftenden Gesellschafter** gelten allerdings zahlreiche der für den Vorstand der Aktiengesellschaft geltenden Vorschriften sinngemäß (§ 283 AktG). Dies betrifft vor allem die Regelungen über die Gründungsprüfung (§ 283 Nr 2 AktG), die Sorgfaltspflicht und Verantwortlichkeit (§ 283 Nr 3 AktG), die Pflichten gegenüber dem Aufsichtsrat (§ 283 Nr 4 AktG), die Zulässigkeit einer Kreditgewährung (§ 283 Nr 5 AktG) und namentlich den Antrag auf Eröffnung des Insolvenzverfahrens (§ 283 Nr 14 AktG). Der Umfang der Insolvenzmasse entspricht daher, insbesondere was die möglicherweise geltend zu machenden Ersatzansprüche angeht, der Rechtslage bei der Aktiengesellschaft (ausführlich zur Insolvenz der KGaA *Siebert* ZInsO 2004, 773 und 831).

347 **3. Genossenschaft.** Hier gelten zunächst dieselben Aussagen wie schon bezüglich der Kapitalgesellschaften. Erhebliche Besonderheiten ergeben sich bezüglich folgender Punkte.

348 a) **Pflichteinzahlungen und Nebenleistungen.** Bei der Genossenschaft zählen zur Insolvenzmasse zunächst die rückständigen Pflichteinzahlungen und Ansprüche aus § 73 Abs 2 GenG (vgl **RG** 15. 1. 1932 Z 135, 55, 61; **RG** 23. 6. 1933 Z 141, 230, 232; **BGH** 16. 3. 2009 II ZR 138/08 Tz 17 DStR 2009, 1657, 1659; *K. Müller* § 101 GenG Rn 19; Lang/Weidmüller/*Schaffland* § 101 GenG Rn 8). Nicht zur Insolvenzmasse gehörten nach früherem Recht jedoch die erst nach Eröffnung des Insolvenzverfahrens fällig werdenden Einzahlungen auf den Geschäftsanteil (**RG** 7. 5. 1910 Z 73, 410, 412; **RG** 20. 5. 1927 Z 117, 116, 120). Diese Aussage kann nach heutigem Recht nicht mehr aufrechterhalten werden: denn nach § 35 InsO gehört auch das während des Verfahrens erlangte Vermögen zur Masse. Nebenleistungspflichten nicht korporationsrechtlicher Natur sind nach allgemeinen insolvenzrechtlichen Grundsätzen (§ 103) abzuwickeln (Einzelheiten bei *K. Müller* § 101 GenG Rn 21).

349 Der Insolvenzverwalter kann die Ansprüche der Genossenschaft auf rückständige Einzahlungen auf den Geschäftsanteil, auf anteilige Fehlbeträge nach § 73 Abs 2 Satz 4 GenG und auf Nachschüsse (§ 105 GenG) nur mit Genehmigung des Insolvenzgerichts abtreten (§ 108 a Abs 1 GenG). Die notwendige gerichtliche Genehmigung ist nur zu erteilen, wenn zuvor der zuständige Prüfungsverband angehört wurde und der Abtretungsempfänger eine genossenschaftliche Zentralbank oder eine der Prüfung durch einen Prüfungsverband unterstehende Stelle ist (§ 108 a Abs 2 GenG).

350 b) **Nachschusspflicht. aa) Voraussetzungen.** Für die Verbindlichkeiten einer eingetragenen Genossenschaft (eG) haftet den Gläubigern grundsätzlich nur das Vermögen der Genossenschaft (§ 2 GenG). Für den Fall, dass die Gläubiger in der Insolvenz der Genossenschaft nicht befriedigt werden, hat die Satzung zu bestimmen (§ 6 Nr 3 GenG), ob die Mitglieder Nachschüsse zur Insolvenzmasse unbeschränkt, beschränkt auf eine bestimmte Summe (Haftsumme) oder überhaupt nicht zu leisten haben. Auch bei bestehender Nachschusspflicht können sich die Gläubiger der Genossenschaft aber nicht unmittelbar an deren Mitglieder halten. Denn die Nachschusspflicht ist eine mitgliedschaftliche Beitragspflicht gegenüber der Genossenschaft (**BGH** 3. 2. 1964 Z 41, 71, 77 = NJW 1964, 766; *Karsten Schmidt* KTS 1997, 339, 340). Die Nachschüsse stehen aber *neben* der Pflicht zur Erbringung der Pflichteinzahlungen. Rechtlich entsteht die Nachschusspflicht nicht schon als aufschiebend bedingte Forderung durch den Beitritt zur eG, sondern erst durch die Eröffnung des Insolvenzverfahrens über das Vermögen der Genossenschaft oder die Feststellung der Unzulänglichkeit der Masse (**BGH** 3. 2. 1964 Z 41, 71, 78 = NJW 1964, 766; **OLG** Oldenburg 9. 5. 1963 NJW 1963, 1551; abw *Beuthien* § 105 GenG Rn 5; *Beuthien/Titze* ZIP 2002, 1116, 1118 ff; Lang/Weidmüller/*Schaffland* § 105 GenG Rn 10, die den Anspruch als aufschiebend bedingt durch den Insolvenzfall ansehen; Einzelheiten bei *K. Müller* § 105 GenG Anm 5). Der **vorläufige Insolvenzverwalter** (§ 22) kann die Nachschüsse daher noch nicht einfordern. Durch die Neufassung von § 105 Abs 1 GenG wurde dabei klargestellt, dass die Nachschusspflicht auch in den Fällen der Masselosigkeit (§ 207) oder Masseunzulänglichkeit (§ 208) gilt (Begr RegE zu Art 49 Nr 22 EGInsO; zum alten Recht ebenso **OLG** Frankfurt/Main 8. 5. 1996 NJW-RR 1997, 675 = KTS 1997, 519; dazu *Karsten Schmidt* KTS 1997, 339, 343 ff). Für den Fall der Nicht-Eröffnung des Insolvenzverfahrens mangels Masse (§ 26) muss dies ebenfalls gelten (KP-*Noack* GesellschaftsR Rn 609; abw *Terbrack* Rn 341 ff; *Beuthien* § 105 GenG Rn 5; *Beuthien/Titze* ZIP 2002, 1116, 1120). Dafür spricht jetzt auch die parallele Lage für Ansprüche nach § 64 (früher Abs 2) GmbHG (dazu oben § 15 a Rn 21). In der Insolvenz sind die Nachschusspflichten Teil der Insolvenzmasse.

351 bb) **Nachschusspflichtige Mitglieder.** Nachschusspflichtig sind alle **gegenwärtigen Mitglieder**, also alle die, deren Mitgliedschaft im Zeitpunkt der Eröffnung des Insolvenzverfahrens besteht. Nach-

schusspflichtig sind auch zu Unrecht in der Mitgliederliste gelöschte Mitglieder. Nach früherem Recht hafteten Mitglieder, die vor Eröffnung des Insolvenzverfahrens ihren Austritt erklärt hatten, zum Zeitpunkt der Eröffnung des Insolvenzverfahrens aber wegen fehlender Eintragung des Ausscheidens (früher § 70 GenG) noch nicht wirksam ausgeschieden waren, ebenfalls (RG 26. 10. 1908 Z 69, 366, 368; *Beuthien*, 12. Aufl 1983, § 105 GenG Anm 4). Da Mitglieder einer Genossenschaft seit der Streichung von § 70 GenG durch das Registerverfahrensbeschleunigungsgesetz vom 20. 12. 1993 (BGBl 1993 I 2182, 2206 ff) automatisch ausscheiden, und zwar regelmäßig zum Ende des Geschäftsjahrs (§§ 65, 67 GenG), ist diese Rechtsprechung überholt. Daher ist jetzt auch das zu Unrecht in die Mitgliederliste eingetragene Mitglied nicht mehr zu Nachschüssen verpflichtet (*Terbrack* Rn 307).

Frühere Mitglieder, die während der letzten sechs Monate vor Eröffnung des Insolvenzverfahrens 352 ausgeschieden waren, sind mit Ausnahme der durch Übertragung des Geschäftsguthabens (§ 76 Abs 1 GenG) ausgeschiedenen ebenfalls nachschusspflichtig. Denn sie werden nach §§ 101, 75 Satz 1 GenG rückwirkend wieder als Mitglieder behandelt (RG 20. 5. 1927 Z 117, 116, 119; **BGH** 15. 6. 1978 NJW 1978, 2595; dazu oben § 11 Rn 208). Soweit ein Mitglied durch Übertragung des Geschäftsguthabens ausgeschieden ist, haftet er subsidiär neben dem Erwerber für die Nachschüsse, zu deren Zahlung er ohne sein Ausscheiden verpflichtet gewesen wäre (§ 76 Abs 3 GenG). Ist ein Mitglied innerhalb von sechs Monaten nach seinem Ausscheiden erneut in die Genossenschaft eingetreten, besteht die Nachschusspflicht allerdings nur einmal, da eine Doppelmitgliedschaft ausgeschlossen ist (RG 16. 6. 1933 Z 141, 178, 181). Bei unterschiedlicher Höhe der Nachschusspflichten ist die höhere Nachschusspflicht maßgeblich. **Noch früher ausgeschiedene** Mitglieder, die vor Beginn der Frist des § 75 GenG, aber innerhalb von 18 Monaten vor dem Antrag auf Eröffnung des Insolvenzverfahrens über das Vermögen der Genossenschaft ausgeschieden sind, sind in den Grenzen des §§ 115 b, 105 GenG ebenfalls nachschusspflichtig, allerdings nur subsidiär; dies geht insoweit über das bislang geltende Recht hinaus, als früher auf die „Eröffnung des Konkursverfahrens" abgestellt wurde. Wird ein Genossenschaftsanteil **vererbt** (§ 77 GenG), so geht die Nachschusspflicht auf den Erben über (§§ 1922 Abs 1, 1967 BGB; Einzelheiten bei *K. Müller* § 105 GenG Rn 15 ff; Lang/Weidmüller/*Schaffland* § 105 GenG Rn 17).

cc) Umfang der Nachschusspflicht. Der **Umfang** der Nachschusspflicht richtet sich nach dem Ge- 353 samtbetrag, der über die Nachschüsse aufzubringen ist (§ 105 Abs 1 Satz 1 GenG), nach dem Verteilungsmaßstab des § 105 Abs 2 GenG und nach der Höhe der Haftsumme, die für das einzelne Mitglied festgesetzt ist (§§ 119, 121 GenG). Der Gesamtumfang der Nachschusspflicht ist letztlich der Ausfall der Insolvenzgläubiger aus der Masse. Anders als nach früherem Recht mindert ein eventueller Neuerwerb während des Verfahrens die Nachschusspflicht (Begr RegE zu Art 49 Nr 22 EGInsO). Der Verteilungsmaßstab bestimmt sich nach § 105 Abs 2 GenG nach Köpfen, wenn nicht die Satzung ein anderes Beitragsverhältnis festsetzt.

Umstritten ist, ob ein Mitglied nach Auflösung der Genossenschaft durch Eröffnung des Insolvenz- 354 verfahrens **weitere Pflichtanteile** (§ 7a Abs 2 GenG) übernehmen muss, wenn er aufgrund der Satzung zuvor hierzu verpflichtet war. Das ist jedenfalls insoweit zu verneinen, als er sonst noch Pflichteinzahlungen leisten müsste (ebenso RG 20. 5. 1927 Z 117, 116, 119 ff; **BGH** 15. 6. 1978 NJW 1978, 2595, 2596; abw OLG Hamm 25. 10. 1976 BB 1977, 812 [Vorinstanz zu **BGH**]; *Beuthien* § 105 GenG Rn 10). Nach Auffassung des **BGH** (aaO) ergibt sich daraus auch, dass keine Nachschüsse zu leisten sind, zumal es bezüglich der erweiterten Mitgliedschaft an entsprechender Publizität fehle. Betroffen sind aber auch die anderen Mitglieder, die in größerem Umfang herangezogen werden, als dies bei pflichtgemäßen Verhalten des Mitgenossen der Fall gewesen wäre (ausführlich dazu *Terbrack* Rn 377 ff; zu vorbeugenden Maßnahmen ebda. Rn 270 f). Der als Lösung denkbare Ausgleichsanspruch der Mitglieder untereinander (KP-*Noack* GesellschaftsR Rn 618) erscheint aber im Hinblick auf die Notwendigkeit von Individualprozessen wenig praktikabel. Eine doppelte Analogie von § 87 a Abs 2 Satz 5 GenG vermeidet diese Probleme (so *Beuthien* § 105 GenG Rn 10).

Beiträge, zu deren Leistung einzelne Mitglieder nicht in der Lage sind, werden **auf die übrigen Mit-** 355 **glieder verteilt** (§ 105 Abs 3 GenG). Bei beschränkter Nachschusspflicht ist eine Ausfallverteilung jedoch nur insoweit zulässig, als sie die Höhe der Nachschusspflicht des einzelnen Mitglieds nicht überschreitet. In die Vorschussberechnung (§ 106 GenG) müssen auch die unvermögenden Mitglieder aufgenommen werden (*Beuthien* § 105 GenG Rn 11). Das in Anspruch genommene Mitglied hat kein Rückgriffsrecht gegen das unvermögende Mitglied. Vielmehr ist der nach § 105 Abs 2 GenG zu berechnende Nachschuss eine eigene Verbindlichkeit des leistungsfähigen Mitglieds (**BGH** 3. 2. 1964 Z 41, 71, 77 = NJW 1964, 766, 768; KP-*Noack* GesellschaftsR Rn 621).

Nach § 105 Abs 4 Satz 1 GenG haben Mitglieder, die Überzahlungen geleistet haben, einen **Rücker-** 356 **stattungsanspruch** hinsichtlich dieser Mehrleistungen aus den Nachschüssen; dies gilt aber nur, wenn die Insolvenzgläubiger vollständig befriedigt sind. Zur Überzahlung bzw Mehrleistung gehört auch eine nicht geschuldete Mehrleistung, wenn zB andere Mitglieder zu Unrecht als unvermögend oder als Nichtmitglied behandelt wurden (*Beuthien* § 105 GenG Rn 12; *K. Müller* § 105 GenG Rn 36). Denn diese Mitglieder sind nachträglich zu Nachschüssen heranzuziehen, während den anderen ihre Zuvielleistungen zu erstatten sind. Gleiches gilt für Mitglieder, die Zahlungen nach § 87a Abs 2 GenG erbracht haben (§ 105 Abs 4 Satz 2 GenG; dazu auch Lang/Weidmüller/*Schaffland* § 105 GenG Rn 21).

357   Nach § 105 Abs 5 GenG kann das Mitglied gegen eine Nachschussforderung der Genossenschaft mit einer eigenen Forderung gegen die Genossenschaft **aufrechnen**, wenn die Voraussetzungen vorliegen, unter denen ein Insolvenzgläubiger wegen der Forderung Befriedigung aus den Nachschüssen zu beanspruchen hat. Erfasst sind damit nur nichtmitgliedschaftliche Forderungen (**OLG** Hamburg 4. 4. 2008 11 U 208/06 DB 2008, 1738). Die Aufrechnung ist nur zulässig mit dem Teil der Forderung, mit dem das Mitglied nicht ausgefallen ist. Aufrechnung ist also zulässig mit der Insolvenzquote, die bei der Endabrechnung auf die Insolvenzforderung des Mitglieds entfällt (Lang/Weidmüller/*Schaffland* § 105 GenG Rn 22). Das Mitglied muss die Forderung, mit der er aufrechnet, bereits vor dem Zeitpunkt der Eröffnung des Insolvenzverfahrens erworben haben. Später erworbene Forderungen sind nicht aufrechenbar. § 96 InsO wird nicht durch § 105 GenG verdrängt (*Beuthien* § 105 GenG Rn 13; *K. Müller* § 105 GenG Rn 30; Lang/Weidmüller/*Schaffland* § 105 GenG Rn 23; abw *Schubert/Steder* § 105 GenG Rn 17).

358   Die Aufrechnung findet nur gegen Ansprüche aus einer Nachschussberechnung (§ 114 GenG), nicht schon gegen die Ansprüche aus einer Vorschussberechnung (§ 106 GenG) statt (**BGH** 15. 6. 1978 NJW 1978, 2595, 2596; *Beuthien* § 105 GenG Rn 13; Lang/Weidmüller/*Schaffland* § 105 GenG Rn 24).

359   In einem **Insolvenzplan** können die Nachschusspflichten nach § 105 Abs 1 Satz 2 GenG abweichend geregelt werden. Das geht allerdings nur im Rahmen der Grenzen der Satzung; der Insolvenzplan kann also nicht etwa eine Nachschusspflicht einführen oder eine beschränkte Nachschusspflicht erweitern (*Beuthien* § 105 GenG Rn 14). § 105 Abs 1 Satz 2 GenG ist dabei zunächst eine Sonderregelung ähnlich dem für Gesellschaften ohne Rechtspersönlichkeit und KGaA geltenden § 227 Abs 2; in § 105 Abs 1 Satz 2 GenG ist aber anders als in § 227 Abs 2 nicht zweifelsfrei das automatische Entfallen der Nachschusspflicht angeordnet. Ein Insolvenzplan führt daher (wohl) nicht automatisch zum Entfallen einer etwaigen Nachschusspflicht der Mitglieder (eine Aufnahme der Frage in den Plan daher empfehlend KP-*Noack* GesellschaftsR Rn 612). Der Umfang der Nachschusspflicht steht vielmehr in den Grenzen der Satzung grundsätzlich zur Disposition im gestaltenden Teil des Insolvenzplans. Da eine etwaige Nachschusspflicht der Mitglieder nicht automatisch erlischt, muss ihnen aber andererseits in jedem Fall ein Beschwerderecht gegen den Plan als Beteiligte (§ 221) eingeräumt werden (etwas enger KP-*Noack* GesellschaftsR Rn 613; *Terbrack* Rn 509 ff). Die Ausdehnung beschränkter Nachschusspflichten (§ 6 Nr 3 GenG) über den Umfang hinaus, der sich im Regelinsolvenzverfahren ergeben würde, würde aber jedenfalls gegen das Schlechterstellungsverbot des § 247 Abs 2 Nr 1 verstoßen (*Beuthien* § 105 GenG Rn 14; nicht ganz klar KP-*Noack* GesellschaftsR Rn 613).

360   dd) **Vorschussberechnung und Vorschusseinziehung.** Nach § 106 Abs 1 GenG hat der Insolvenzverwalter unverzüglich, nachdem die Vermögensübersicht (§ 153) auf der Geschäftsstelle niedergelegt ist, zu berechnen, wieviel zur Deckung des aus der Vermögensübersicht ersichtlichen Fehlbetrags die Mitglieder vorschussweise beizutragen haben. Dabei sind für die Berechnung des Vorschusses, sofern sowohl Fortführungs- als auch Stillegungswerte existieren, die Stillegungswerte zugrunde zu legen (§ 106 Abs 1 Satz 2 GenG). Die Beträge sind auf die einzelnen namentlich zu bezeichnenden Mitglieder zu verteilen (§ 106 Abs 2 Satz 1 GenG). Eine Vorschussberechnung ist auch dann zu erstellen, wenn keine Überschuldung vorliegt und somit keine Vorschüsse anfallen. Die Vorschussberechnung ist durch Zusatzberechnung während des Insolvenzverfahrens laufend zu berichtigen bzw zu ergänzen (§ 113 GenG). Entscheidend ist die Differenz zwischen dem voraussichtlichen Erlös aus der Verwertung der Insolvenzmasse und den Gesamtverbindlichkeiten der Genossenschaft einschließlich der Massegläubiger (Einzelheiten bei *Terbrack* Rn 409 ff).

361   Die Vorschussberechnung ist dem Insolvenzgericht mit dem Antrag einzureichen, sie für vollstreckbar zu erklären (§ 106 Abs 3 Satz 1 GenG). Dem Antrag ist eine beglaubigte Abschrift der Liste der Mitglieder und, sofern das Genossenschaftsregister nicht beim Insolvenzgericht geführt wird, der Satzung beizufügen (§ 106 Abs 3 Satz 2 GenG). Das Insolvenzgericht kann die Einreichung der Vorschussberechnung erzwingen (§ 58 Abs 2).

362   ee) **Nachschussberechnung.** Sobald mit dem Vollzug der Schlussverteilung (§ 196) begonnen wird oder sobald nach einer Anzeige der Masseunzulänglichkeit (§ 208) die Insolvenzmasse verwertet ist, hat der Insolvenzverwalter schriftlich festzustellen, ob und in welcher Höhe nach der Verteilung des Erlöses ein Fehlbetrag verbleibt und inwieweit er durch die bereits geleisteten Nachschüsse gedeckt ist (§ 114 Abs 1 Satz 1 GenG). Die Feststellung ist auf der Geschäftsstelle des Insolvenzgerichts niederzulegen (§ 114 Abs 1 Satz 2 GenG). Verbleibt ein ungedeckter weiterer Fehlbetrag und können die Mitglieder zu weiteren Nachschüssen herangezogen werden, so hat der Insolvenzverwalter in Ergänzung oder Berichtigung der Vorschussrechnung und der zu ihr etwa ergangenen Zusätze zu berechnen, wieviel die Mitglieder nach § 105 GenG an Nachschüssen zu leisten haben (§ 114 Abs 2 GenG).

363   Jede **Nachschussberechnung** setzt zunächst die Feststellung eines Fehlbetrags durch den Insolvenzverwalter voraus. Dazu müssen die Aktiven und Passiven saldiert werden; insbesondere der für die Vorschussberechnung maßgebliche § 106 Abs 1 GenG (dazu oben Rn 360) gilt auch hier (§ 114 Abs 3 GenG). Aus dieser Berechnung muss sich ein auf die Mitglieder zu verteilender Negativsaldo ergeben. Schließlich müssen die Mitglieder zu weiteren Nachschüssen herangezogen werden können (Einzelheiten bei *Beuthien* § 114 GenG Rn 2 ff; Lang/Weidmüller/*Schaffland* § 114 GenG Rn 4).

IX. Insolvenzmasse der juristischen Personen § 35

Nachdem die **Nachschussberechnung für vollstreckbar erklärt** worden ist, hat der Insolvenzverwalter 364 unverzüglich den vorhandenen Bestand an die Gläubiger **zu verteilen** (§ 115 Abs 1 Satz 1 GenG). Außer den Anteilen auf die in §§ 217 bis 219 bezeichneten Forderungen sind die Anteile auf Forderungen zurückzubehalten, die im Prüfungstermin vom Vorstand der Genossenschaft ausdrücklich bestritten worden sind (§ 115 Abs 2 Satz 1 GenG; zu den Besonderheiten des Widerspruchsrechts des Vorstands *Terbrack* Rn 210 ff). Damit soll den Interessen der Mitglieder an einer unberechtigten Erhöhung ihrer Nachschusspflicht Rechnung getragen werden. Den Gläubigern bleibt es überlassen, den Widerspruch des Vorstands durch Klage zu beseitigen (§ 115 Abs 2 Satz 1 GenG). Die zur Befriedigung der Gläubiger nicht erforderlichen Überschüsse hat der Insolvenzverwalter an die Mitglieder zurückzuzahlen (§ 115 Abs 3 GenG).

Zeichnet sich ab, dass das Insolvenzverfahren längere Zeit in Anspruch nehmen wird, kann der In- 365 solvenzverwalter mit Zustimmung des Insolvenzgerichts und eines etwa bestellten Gläubigerausschusses bereits zuvor eine **Abschlagsverteilung** durchführen (§ 115 a Abs 1 GenG). Nicht erforderliche Überschüsse sind an die Mitglieder zurückzuzahlen (§ 115 Abs 3 GenG). Dabei sind die noch zu Nachschüssen herangezogenen ausgeschiedenen Mitglieder (§ 115 d Abs 2 GenG) ebenso wie diejenigen, die freiwillige Zahlungen geleistet haben (§ 105 Abs 4 Satz 1 GenG), vorab zu berücksichtigen.

ff) Eigenverwaltung. Ist nach §§ 270 oder 271 die Eigenverwaltung unter Aufsicht eines Sachwalters 366 angeordnet, so tritt im Verfahren der Vorschuss- und Nachschusseinziehung der **Sachwalter** an die Stelle des Insolvenzverwalters (§ 115 e GenG). Die Genossenschaft, vertreten durch ihre Organe, kann also keine Nachschüsse einziehen.

gg) Rechtsschutz. Nach § 107 Abs 1 Satz 1 GenG bestimmt das Gericht zur **Erklärung über die Be-** 367 **rechnung des Vorschusses** einen Termin, der nicht über zwei Wochen hinaus anberaumt werden darf. Die Frist beginnt mit der Einreichung der jeweiligen Berechnung bei Gericht (dazu *Terbrack* Rn 432 ff, 438). Der Termin ist öffentlich bekanntzumachen. Die in der Berechnung aufgeführten Mitglieder sind besonders zu laden (§ 107 Abs 1 Satz 2 GenG). Die Berechnung selbst ist spätestens drei Tage vor dem Termin auf der Geschäftsstelle zur Einsicht der Beteiligten niederzulegen. Hierauf ist in der Bekanntmachung und in den Ladungen hinzuweisen (§ 107 Abs 2 GenG). Die Bekanntmachung erfolgt nach § 9 durch mindestens einmaliges Einrücken in das für die amtlichen Bekanntmachungen des Insolvenzgerichts bestimmte Blatt. Sie kann zusätzlich in Tageszeitungen erfolgen (§ 9 Abs 2). Für die Einzelladung der Mitglieder genügt die Aufgabe zur Post (§ 8 Abs 1 Satz 2). Eine förmliche Zustellung ist nicht notwendig.

Im Erklärungstermin sind Vorstand und Aufsichtsrat der Genossenschaft sowie der Insolvenzverwal- 368 ter und – sofern vorhanden – der Gläubigerausschuss und, soweit **Einwendungen** erhoben werden, die sonst Beteiligten (vor allem Mitglieder) zu hören (§ 108 Abs 1 GenG). Mögliche Einwendungen sind zB die Unrichtigkeit der Vermögensübersicht, die fehlerhafte Festlegung des Verteilungsmaßstabs, die unrichtige Angabe des Mitgliederbestandes (dazu **RG** 3. 1. 1933 Z 139, 168, 170, allerdings auf der Grundlage des früheren Rechts, nach dem die Eintragung in die Genossenschaftsliste konstitutiv war) und formale Mängel der Vorschussberechnung (*Beuthien* § 108 GenG Rn 2; *K. Müller* § 108 GenG Rn 8; Lang/Weidmüller/*Schaffland* § 108 GenG Rn 2; *Schubert/Steder* § 108 GenG Rn 2).

Nach **Anhörung der Beteiligten** entscheidet das Insolvenzgericht über die erhobenen Einwendungen. 369 Soweit erforderlich, berichtigt es die Berechnung oder ordnet die Berichtigung an und erklärt die Berechnung für vollstreckbar (§ 108 Abs 2 Satz 1 GenG). Die **Entscheidung des Gerichts** ist in dem Termin oder in einem sofort anzuberaumenden Termin, der nicht über eine Woche hinaus angesetzt werden soll, zu verkünden (§ 108 Abs 2 Satz 2 GenG). Gegen die Entscheidung findet ein Rechtsmittel nicht statt (§ 108 Abs 3 GenG).

Nachdem die Berechnung für vollstreckbar erklärt worden ist, hat der Insolvenzverwalter ohne Ver- 370 zug die Beträge von den Mitgliedern **einzuziehen** (§ 109 Abs 1 GenG). Leisten die Mitglieder die Vorschüsse nicht freiwillig, kann der Insolvenzverwalter im Wege der Zwangsvollstreckung gegen sie vorgehen. Der Auszug aus der für vollstreckbar erklärten Berechnung ist Zwangsvollstreckungstitel (§ 109 Abs 2 GenG, § 750 ZPO). Für das Zwangsvollstreckungsverfahren finden die Vorschriften der §§ 726, 727, 728, 729 ZPO Anwendung; zur Klage auf Erteilung der Vollstreckungsklausel (§ 731 ZPO) und zur Vollstreckungsgegenklage (§ 767 ZPO) *Beuthien* § 109 GenG Rn 3, 4. Nach § 110 GenG sind die eingezogenen Beiträge nach Maßgabe von § 149 InsO zu **hinterlegen oder anzulegen**. Die Entscheidungsbefugnis liegt danach bei Gläubigerversammlung, Gläubigerausschuss oder Insolvenzgericht. Nach früherem Recht oblag sie demgegenüber immer der Gläubigerversammlung (§ 110 GenG aF; abw zum alten Recht Lang/Weidmüller/*Schaffland* § 110 GenG Rn 2: Generalversammlung).

Nach § 111 Abs 1 Satz 1 GenG ist jedes Mitglied befugt, die für vollstreckbar erklärte Berechnung 371 im Wege der Klage **anzufechten** (zu den Grenzen – keine Berücksichtigung von Verfahrensmängeln – **OLG** Schleswig 11. 2. 2005 ZIP 2005, 617, 619; ähnlich **OLG** Hamburg 4. 4. 2008 11 U 208/06 DB 2008, 1738). Gleiches gilt für andere zu Unrecht als Pflichtige ausgewiesene (**LG** Lübeck 13. 7. 2004 ZInsO 2005, 271; KP-*Noack* GesellschaftsR Rn 628). Die Klage ist gegen den Insolvenzverwalter zu richten und binnen einen Monats nach Verkündung der Entscheidung zu erheben. Das Verfahren richtet sich nach § 112 GenG. Nach § 112 a Abs 1 Satz 1 GenG kann der Insolvenzverwalter über den von dem Mitglied zu leistenden Nachschuss einen **Vergleich** abschließen; der Vergleich bedarf zu seiner Wirksamkeit der Zustimmung des Gläubigerausschusses, wenn ein solcher bestellt ist, und der Bestätigung durch das Insolvenzgericht (§ 112 a Abs 1 Satz 2 GenG).

372   **4. Eingetragener Verein.** Beim eingetragenen Verein wie beim nicht eingetragenen (der wie eine juristische Person insolvenzfähig ist; § 11 Abs 1 Satz 2) gehören zur Insolvenzmasse neben dem Vereinsvermögen (das beim nicht eingetragenen Verein den Mitgliedern zur gesamten Hand zusteht; §§ 54, 705 ff, 719 BGB) vor allem Ansprüche auf ausstehende **Mitgliedsbeiträge** gegen einzelne Mitglieder (zu Ansprüchen gegen **Vorstandsmitglieder** und der neuen Sonderregel zugunsten ehrenamtlich tätiger Vorstandsmitglieder oben § 11 Rn 220). Während des Insolvenzverfahrens sind weitere Beiträge nur noch geschuldet, wenn die Satzung dies vorsieht. Eine weitergehende Haftung der Mitglieder ist beim eingetragenen Verein im Hinblick auf seine Eigenschaft als juristische Person (§ 21 BGB) ausgeschlossen. Auch beim nicht eingetragenen Verein ergibt sich eine auf ihren Anteil am Vereinsvermögen beschränkte Haftung der Mitglieder für Vereinsschulden (§§ 714, 427 BGB) entweder ausdrücklich (kraft Satzung) oder zumindest stillschweigend (zu den wirtschaftlichen Hintergründen der Insolvenz von Non-Profit-Organisationen, insbes. Vereinen, ausf *Neuhoff* NZI 2004, 486 ff).

373   Ein DFB-Lizenzspieler ist berechtigt, ohne Mitwirkung seines alten Vereins zu einem neuen Verein zu wechseln. In diesem Fall ist der neue Verein nach dem – heute in seiner Zulässigkeit umstritten – § 29 LSpSt zur Zahlung der Transferentschädigung verpflichtet, die in die **Insolvenzmasse** fällt. In die Insolvenzmasse fällt auch das Recht zur Teilnahme mit Mannschaften am sportlichen Wettbewerb einer Bundesliga (**BGH** 22. 3. 2001 ZIP 2001, 889, 890 f = NJW-RR 2001, 1552 = EWiR § 32 KO 1/01, 683 *[Eckardt]* [Basketball-Gemeinschaft Bramsche]; allgemein zur Massezugehörigkeit derartiger Teilnahmerechte *Adolphsen* KTS 2005, 53, 60 ff; *Haas* NZI 2003, 177, 180 ff; *Kreißig*, Der Sportverein in Krise und Insolvenz, 2004, S 199 ff). Satzungsbestimmungen bei Dachverbänden, die dem entgegenstehen und etwa einen automatischen Lizenzverlust bei Eröffnung eines Insolvenzverfahrens oder einen „Zwangsabstieg" des insolventen Vereins vorsehen, sind im Allgemeinen unwirksam (ausführlich *Walker* KTS 2003, 169, 174 ff; *Kreißig*, Der Sportverein in Krise und Insolvenz, 2004, S 182 ff [bloßer Zwangsabstieg aber zulässig]; abw **OLG** Frankfurt/Main 18. 7. 2000 11 U (Kart) 36/00 SpuRt 2001, 28; *Zeuner/Nauen* NZI 2009, 213, 214 f; zur – davon unabhängig zu beurteilenden – Zulässigkeit des Ausschlusses eines insolventen Mitglieds aus einem Dachverband *Haas* NZI 2003, 177, 179 f).

374   Eine (nach § 93 durchzusetzende) **persönliche Haftung** der Vereinsmitglieder ergibt sich weder beim eingetragenen noch beim nicht eingetragenen Verein; auch für eine (nach § 80 zur Insolvenzmasse zu ziehende) Ausfallhaftung der Mitglieder eines nicht rechtsfähigen Vereins ist kein Raum (KP-*Noack* GesellschaftsR Rn 697 mwN; abw Kuhn/*Uhlenbruck* § 213 KO Rn 3). Selbst bei einer zweckwidrigen Überschreitung des Nebenzweckprivilegs durch einen eingetragenen Idealverein sind die Möglichkeiten der Amtslöschung nach §§ 159, 142 FGG (ab 1. 9. 2009: §§ 374, 395 FamFG) und der behördlichen Entziehung der Rechtsfähigkeit nach § 43 Abs 2 BGB gegenüber der Annahme eines Durchgriffs auf die Mitglieder vorrangig (**BGH** 10. 12. 2007 II ZR 239/05 Z 175, 12 = ZIP 2008, 364, 365 ff = NZG 2008, 670 = EWiR § 43 BGB 1/2008, 293 *[Haertlein/Primaczenko]* [Kolpingwerk]; in dieselbe Richtung zuvor *Karsten Schmidt* ZIP 2007, 605).

375   **5. Versicherungsverein auf Gegenseitigkeit.** Beim Versicherungsverein auf Gegenseitigkeit haften Mitglieder oder ausgeschiedene Mitglieder, die nach dem Gesetz oder der Satzung zu **Beiträgen** verpflichtet sind (§§ 24–26 VAG), im Falle der Insolvenz dem Verein gegenüber für seine Schulden (§ 50 Abs 1 VAG). Dieser Klarstellung bedarf es, weil Versicherungsverhältnisse in der Insolvenz des VVaG erlöschen (§ 16 Abs 1 VVG [= § 13 Satz 1 VVG aF]; § 77 b Satz 1 VAG). Das gilt nach § 50 Abs 2 VAG auch für Mitglieder, die im letzten Jahr vor dem Antrag auf Eröffnung des Insolvenzverfahrens oder nach diesem Antrag ausgeschieden sind. **Nachschüsse oder Umlagen**, die das Insolvenzverfahren erfordert, werden vom Insolvenzverwalter festgestellt und ausgeschrieben (§ 52 Abs 1 Satz 1 VAG). Für die Vorschussberechnung und die Zusatzberechnungen gelten dabei die §§ 106 Abs 1 Satz 2, Abs 2 und 3, 107–113 GenG entsprechend (§ 52 Abs 1 Satz 3 VAG). Alsbald nach Beginn der Schlussverteilung hat der Insolvenzverwalter zu berechnen, welche Beiträge die Mitglieder endgültig zu leisten haben. Auch hier und für das weitere Verfahren gelten entsprechend die §§ 114 Abs 2, 115–118 GenG (§ 52 Abs 2 VAG).

376   **6. Stiftung.** Bei der Insolvenzmasse einer (rechtsfähigen) Stiftung (zur Abgrenzung oben § 11 Rn 226 f) ergeben sich keine Besonderheiten gegenüber den anderen juristischen Personen. Zur Insolvenzmasse gehören insbesondere die durch das (wirksame) Stiftungsgeschäft begründeten Verbindlichkeiten des Stifters zur Vermögensausstattung und Anfechtungsansprüche gegen Destinatäre der Stiftung, vor allem aufgrund der Schenkungsanfechtung nach § 134 Abs 1; zu Einzelheiten siehe *Hirte* FS Werner [2009], S 222, 232; *G. Roth/Knof* KTS 2009, 163, 172 ff). Wie beim Verein (oben § 11 Rn 220) ist heute aber die Haftung ehrenamtlich tätiger Stiftungsvorstände gegenüber der Stiftung ausgeschlossen (§ 86 Satz 1 iVm § 31 a BGB nF).

7. Juristische Personen des öffentlichen Rechts. Soweit über das Vermögen einer juristischen Person 377 des öffentlichen Rechts die Eröffnung eines Insolvenzverfahrens zulässig ist (dazu oben § 12 Rn 1 ff), findet § 35 Anwendung. Von den Rechtssubjekten des Privatrechts unterscheiden sie sich jedoch dadurch, dass sie zur Erfüllung öffentlicher Aufgaben errichtet wurden. Diese öffentliche Aufgabenerfüllung steht aber in einem gewissen Widerspruch zur Beschlagnahme des gesamten Schuldnervermögens. § 36 Abs 1 mit seinem Verweis auf die § 882 a ZPO, § 170 VwGO und § 152 FGO trägt dem Rechnung, indem er bestimmte Teile des Schuldnervermögens als insolvenzfreie Masse dem Verfahren entzieht (ausführlich *Engelsing*, Zahlungsunfähigkeit von Kommunen und anderen juristischen Personen des öffentlichen Rechts [1999], S 132 ff; zur Insolvenzmasse bei kirchlichen juristischen Personen des öffentlichen Rechts oben § 12 Rn 15).

X. Insolvenzmasse der Gesellschaften ohne Rechtspersönlichkeit

1. Handelsgesellschaften und BGB-Gesellschaft. Die Insolvenzmasse umfasst das gesamte Vermögen, 378 das der Gesellschaft bei Eröffnung des Insolvenzverfahrens gehört und das sie während des Verfahrens erlangt (§ 35 iVm §§ 105 Abs 3, 161 Abs 2 HGB, § 718 BGB, § 1 Abs 4 PartGG, Art 36 Satz 1 EWIV-VO iVm § 1 Hs. 1 EWIV-AG). Die Pfändungsbeschränkung des § 36 greift hier nur dann ein, wenn durch die Verwertung des Gesellschaftsvermögens mittelbar die Sozialexistenz einer natürlichen Person gefährdet wird (vgl auch oben Rn 301).

a) **Firma.** Auch bei den Handelsgesellschaften gehört die Firma zur Insolvenzmasse, obwohl sie für 379 sich allein nicht pfändbar ist (§ 23). Die vor allem zur GmbH entwickelten Grundsätze (dazu oben Rn 302) waren allerdings bis zum Inkrafttreten des HRefG nicht als auf die Personengesellschaften übertragbar. Die Rechtsprechung sprach früher vielmehr dem Insolvenzverwalter bei natürlichen Personen und Personenhandelsgesellschafen die Befugnis ab, die Firma ohne weiteres **ohne Zustimmung des Namensträgers** zu veräußern. Vielmehr sei eine Güterabwägung zwischen Persönlichkeitsrecht des namengebenden Schuldners und den Gläubigerinteressen erforderlich (**BGH** 26. 2. 1960 Z 32, 103 ff; **OLG Koblenz** 17. 10. 1991 NJW 1992, 2101 = ZIP 1991, 1440 = EWiR § 6 KO 2/91, 1105 [*Ackmann*]; Jaeger/*H.-F. Müller* § 35 Rn 23; zur firmenrechtlichen Unbedenklichkeit der Fortführung einer Personenfirma, auch wenn keiner der Namensgeber mehr Gesellschafter der Auffanggesellschaft ist, **OLG Hamm** 6. 1. 1998 ZIP 1998, 746). Auch wurde darauf verwiesen, dass dem Schuldner bei einer uneingeschränkten Veräußerungsbefugnis entgegen den Intentionen des Insolvenzrechts der Aufbau einer neuen wirtschaftlichen Existenz unter seinem Namen unmöglich gemacht werde. Eine starke Meinung im Schrifttum wollte allerdings früher schon dem Insolvenzverwalter die Veräußerung der Firma zusammen mit dem Unternehmen in jedem Fall **ohne Einwilligung des Schuldners** gestatten, also auch dann, wenn die Firma – wie vor Inkrafttreten des HRefG – zwangsläufig dessen Familiennamen enthält (Einzelheiten oben Rn 302; *Bokelmann* KTS 1982, 27, 53 ff; Jaeger/*Weber* §§ 207, 208 KO Rn 33; Kilger/*Karsten Schmidt* § 1 KO Anm 2 D c bb). Mit Inkrafttreten des HRefG Mitte 1998 ist aber vor allem das frühere weitere Argument, dass der Schuldner durch § 19 HGB aF zur Einbringung seines Namens in die Firma gezwungen gewesen sei, gefallen (*A. Herchen* ZInsO 2004, 1112, 1114; KP-*Noack* GesellschaftsR Rn 474; *Steinbeck* NZG 1999, 133, 137; *Uhlenbruck* ZIP 2000, 401 ff). Es lässt sich seit der Reform des Firmenrechts nur noch für Altfirmen (insoweit ebenso *A. Herchen* ZInsO 2004, 1112, 1114 f; *Uhlenbruck* ZIP 2000, 401, 403 f; weitergehend *Barnert* KTS 2003, 523, 529 ff; abw *H.-F. Müller* Der Verband in der Insolvenz, S 173 f; *Wertenbruch* ZIP 2002, 1931, 1934 f) und auch hier wohl nur für eine Übergangszeit halten. Da der Name nicht mehr zwangsläufig Firmenbestandteil ist, wird den Gesellschaftern durch die Verwertung der Firma auch nicht mehr der Aufbau einer neuen Existenz gefährdet, als ihnen selbst durch Bildung einer Personenfirma anzulasten ist (zur abw Lage bei der Partnerschaftsgesellschaft unten Rn 422).

b) **Ansprüche gegen die Gesellschafter. aa) Rückständige Beiträge.** Zur Insolvenzmasse gehört der 380 Anspruch auf rückständige Beiträge bzw versprochene **(Pflicht-)Einlagen** einschließlich etwaiger Sacheinlagen. Versprochene, aber noch nicht fällige Beiträge werden entsprechend dem Insolvenzzweck mit der Eröffnung des Insolvenzverfahrens fällig (§§ 105 Abs 2, 161 Abs 2 HGB, § 706 BGB; Staub/*Ulmer* § 131 HGB Anm 70; anders in der gewöhnlichen Liquidation: **BGH** 14. 11. 1977 NJW 1978, 424; **BGH** 15. 5. 2000 NJW 2000, 2586 = ZIP 2000, 1208, 1209). Zur Einziehung ausstehender Einlagen ist der Insolvenzverwalter aber nur insoweit berechtigt, als diese Beträge zur Liquidation voraussichtlich notwendig sind (**BGH** 3. 7. 1978 WM 1978, 898 [für durch Gesellschafterbeschluss aufgelöste KG]; **BGH** 21. 11. 1983 NJW 1984, 435 = ZIP 1984, 49). Die Beweislast für die fehlende Notwendigkeit trägt allerdings der Gesellschafter. Der Insolvenzverwalter kann auch über die Hafteinlage hinausgehende Darlehensansprüche gegen einen Kommanditisten geltend machen, wenn diese aufgrund privatautonomer Entscheidung Eigenkapitalcharakter hatten (**Finanzplankredite**; **BGH** 9. 2. 1981 NJW 1981, 2251, 2252 = ZIP 1981, 734, 735; **BGH** 10. 12. 1984 Z 93, 159, 161 = NJW 1985, 1468, 1469 = EWiR 1985, 233, 234 = EWiR § 53 KO 1/85, 115 [*Seidl*]; **BGH** 7. 11. 1988 Z 106, 7, 9 f = ZIP 1989, 95, 96 f = NJW 1989, 982 = EWiR § 30 GmbHG 2/89, 587 [*Koch*]; **BGH** 28. 6. 1999 Z 142, 116 = NJW 1999, 2809 = ZIP 1999, 1263 = DStR 1999, 1198 [*Goette*] = EWiR § 32 a GmbHG 5/99, 843

[Dauner-Lieb]; **OLG Hamm** 6. 3. 1996 WM 1997, 2323 = EWiR § 236 HGB 2/97, 707 *[von Gerkan]* [rechtskr.]; **BGH** 26. 5. 1997 – II ZR 123/96]; **OLG Frankfurt** a. M. 30. 4. 1997 GmbHR 1997, 892 = EWiR § 236 HGB 1/97, 555 *[von Gerkan]* [nicht rechtskr.]); insoweit ist dem Kommanditisten auch eine Aufrechnung mit seinem Rückzahlungsanspruch verwehrt (dazu auch unten § 39 Rn 71).

381   Bei der Einforderung der Beiträge hat der Insolvenzverwalter nach pflichtgemäßem Ermessen zu entscheiden, gegen wen er vorgeht; er braucht den Grundsatz der Gleichbehandlung insoweit nicht zu beachten, als er anteilig einzieht (**BGH** 11. 12. 1989 Z 109, 334, 344 = ZIP 1990, 307, 311 = NJW 1990, 1109 = EWiR § 172 HGB 1/90, 169 *[Crezelius]*; **OLG Köln** 16. 12. 1982 ZIP 1983, 310, 311 f). Zur Auffüllung ihrer durch Verlust verminderten Einlagen sind die Gesellschafter nicht verpflichtet (§ 707 Alt. 2 BGB). Das **passive Kapitalkonto** (negativer Kapitalanteil) ist keine Schuld des Gesellschafters gegenüber der Gesellschaft und gibt daher dem Insolvenzverwalter keinerlei Rechte; es besagt nur, in welchem Umfang sein Inhaber den Mitgesellschaftern bei Auflösung der Gesellschaft ausgleichspflichtig ist (**BGH** 28. 11. 1957 Z 26, 126, 129; *Jaeger/H.-F. Müller* § 35 Rn 204). **Nachschüsse** kann der Insolvenzverwalter aber nach dem Wortlaut des § 735 BGB verlangen, wenn von der gesetzlichen Regelung nicht im Gesellschaftsvertrag abgewichen wurde. Die ganz hM verneint aber die Anwendbarkeit dieser Norm für die Handelsgesellschaften im Hinblick auf die dort bestehende direkte Haftung der Gesellschafter nach § 128 HGB (dazu *Pelz* Die Gesellschaft bürgerlichen Rechts in der Insolvenz [1999], S 76; abw *Karsten Schmidt* ZHR [153] 1989, 294 ff). Im Hinblick darauf, dass die akzessorische Gesellschafterhaftung inzwischen von der Rechtsprechung auch auf die BGB-Gesellschaft übertragen wurde (dazu oben § 11 Rn 373), wird man dort nicht (mehr) anders entscheiden können (abw daher noch *Pelz* Die Gesellschaft bürgerlichen Rechts in der Insolvenz [1999], S 77 f). Nachschüsse können daher schon nach der gesetzlichen Lage nur von den Gesellschaftern einstimmig oder mit der im Gesellschaftsvertrag vorgesehenen Mehrheit beschlossen werden; erst recht gilt dies, wenn § 735 BGB ausdrücklich abbedungen wurde. Vertragliche Vereinbarungen hinsichtlich der Erfüllung einer über die vertragliche Einlagepflicht hinausgehenden Nachschusspflicht sind aber abweichend vom Grundsatz des § 707 BGB wirksam, wenn sie ausdrücklich für den Insolvenzfall vereinbart worden sind.

382   In Betracht kommen bei den Personengesellschaften weiter Ansprüche auf **Verzinsung rückständiger Einlagen** und unbefugt entnommener Beträge sowie auf Ersatz weiterer Schäden aus diesen Gründen (§ 111 HGB). Möglich sind weiter Ansprüche wegen Verstößen gegen ein **Wettbewerbsverbot** aus dem Gesellschaftsvertrag oder § 113 HGB sowie wegen Verletzung der gesellschaftsrechtlichen **Treuepflicht**. Ferner kann die **Herausgabe** von Ergebnissen einer Geschäftsführung nach §§ 105 Abs 2, 161 Abs 2 HGB, §§ 713, 667 BGB verlangt werden (für die KG ausführlich *Karsten Schmidt*, Einlage und Haftung des Kommanditisten, S 124 ff).

383   **bb) Haftung bei unzulänglicher oder überbewerteter Sacheinlage.** Der Kommanditist, der eine Sacheinlage versprochen hat, schuldet der Gesellschaft gehörige Erfüllung. Bei nicht erfüllbarem Leistungsversprechen oder bei mangelhafter Erfüllung hat er sein Einlageversprechen bar zu erfüllen (**BGH** 2. 5. 1966 Z 45, 338, 345). Außerdem muss seine Sacheinlage bei objektiver Betrachtung in ihrem Wert mindestens den Geldbetrag, durch den die Kommanditeinlage in der Registereintragung bestimmt ist, erreichen (**BGH** 9. 5. 1963 Z 39, 319, 329 = LM § 172 HGB Nr 2 *[Fischer]*; **BGH** 8. 7. 1985 Z 95, 188, 195 = NJW 1985, 2947 = ZIP 1985, 1198, 1202; *Baumbach/Hopt* § 171 HGB Rn 6). Eine Sacheinlage, deren Wert hinter diesem Betrag zurückbleibt, begründet einen **Nachzahlungsanspruch** zur Insolvenzmasse.

384   Werden die **Schulden** eines von einem Kommanditisten eingebrachten Unternehmens bewusst zum Nachteil der Gesellschaftsgläubiger **überhaupt nicht bewertet oder unterbewertet**, wirkt seine Einlage (gegebenenfalls teilweise) nicht befreiend; eine über die Einlage hinausreichende Haftung des Kommanditisten scheidet aber aus (**BGH** 29. 3. 1973 Z 60, 324, 327 = NJW 1973, 1036; abw *Kuhn*, in: Festschrift für Schilling, S 69, 75 ff).

385   **cc) Nachschusspflicht.** In Betracht kommen schließlich Ansprüche aus der (allerdings abdingbaren!) Nachschusspflicht des § 735 BGB. Dabei hat der Insolvenzverwalter darzulegen und zu beweisen, dass der einzuziehende Betrag zur Gläubigerbefriedigung erforderlich ist (**BGH** 9. 2. 1981 NJW 1981, 2231, 2232 = ZIP 1981, 734, 735). Im Hinblick auf die Möglichkeit des Insolvenzverwalters, die Haftung des persönlich haftenden Gesellschafters aus § 128 HGB und (jedenfalls nach neuer Rechtsprechung auch) die des BGB-Gesellschafters nunmehr nach § 93 geltend zu machen, reduziert sich der Anwendungsbereich dieser Anspruchsgrundlage allerdings beträchtlich (siehe bereits zuvor Rn 381). Für den Kommanditisten ist zusätzlich die Grenze des § 167 Abs 3 HGB zu beachten.

386   **c) Ansprüche der Gläubiger auf die Hafteinlage des Kommanditisten. aa) Allgemeines.** Nach § 171 Abs 2 HGB steht aber auch die **Geltendmachung der Rechte**, die den Gesellschaftsgläubigern nach § 171 Abs 1 HGB aus der (unmittelbar) ihnen gegenüber bestehenden **Haftung des Kommanditisten** bis zur Höhe seiner Hafteinlage zustehen, **ausschließlich dem Insolvenzverwalter oder dem Sachwalter** zu („Ermächtigungswirkung"). Der Insolvenzverwalter kann aber einen Gläubiger ermächtigen, eine Forderung gegen einen Kommanditisten einzuziehen. Eine persönliche Inanspruchnahme des Kommanditisten durch Insolvenzgläubiger ist daher wie heute (§ 93) auch die des Komplementärs (§ 128 HGB)

X. Insolvenzmasse der Gesellschaften ohne Rechtspersönlichkeit § 35

oder BGB-Gesellschafters (§§ 709, 714 BGB) während des Insolvenzverfahrens ausgeschlossen ("**Sperrwirkung**"; zu früheren Erweiterungen des Anwendungsbereichs von § 171 Abs 2 HGB **BGH 2. 7. 1990** Z 112, 31 = NJW 1990, 3145 = ZIP 1990, 1009 = KTS 1990, 637 in Abweichung von **BGH 20. 10. 1975** NJW 1976, 751 = KTS 1976, 228). Das gilt auch dann, wenn feststehen sollte, dass das Vermögen des Kommanditisten zur Befriedigung aller Gläubiger ausreicht (*Bork* KS-InsO S 1333, 1337; *Leven*, Zur persönlichen Haftung des Kommanditisten im Gesellschaftskonkurs, Diss. Köln 1966, S 86 ff). Denn das würde zu beträchtlichen Unsicherheiten in der Abgrenzung und damit zu einer erschwerten Durchsetzung der Ansprüche führen. Auch kommt es grundsätzlich nicht darauf an, ob sich der Gesellschaftsgläubiger überhaupt am Insolvenzverfahren über das Vermögen der Gesellschaft beteiligt. Entsprechend haben *nach Verfahrenseröffnung* erbrachte **Leistungen eines Kommanditisten an einen Insolvenzgläubiger** keine befreiende Wirkung (Ebenroth/Boujong/Joost/Strohn/*Strohn* § 171 HGB Rn 94). Er muss vielmehr nochmals in die Masse leisten, wobei er selbst bei Gutgläubigkeit hinsichtlich der Verfahrenseröffnung nicht durch §§ 407, 412 BGB geschützt ist; der Kommanditist hat aber gegen den Insolvenzgläubiger einen Bereicherungsanspruch nach §§ 812, 816 BGB, soweit seine Leistung die Insolvenzquote überstiegen hat. *Vor Verfahrenseröffnung* seitens eines Kommanditisten an einen Insolvenzgläubiger erbrachte Leistungen können anfechtbar sein (unten § 129 Rn 89).

Das Recht aus § 171 Abs 2 HGB darf der Insolvenzverwalter aber nicht ausüben, wenn die Forde- 387 rungen, für die der Kommanditist über sein Ausscheiden hinaus haftet, aus der Insolvenzmasse voll befriedigt werden können (**BGH 9. 5. 1963** Z 39, 319, 326 = LM § 172 HGB Nr 2 *[Fischer]* für den Fall einer Bevorrechtigung nach § 61 KO aF; Kilger/*Karsten Schmidt* § 209 KO Anm 2 d bb). Denn sonst würde er etwas verlangen, was er dem Ausgeschiedenen wieder zurückzahlen müsste. Die mit § 171 Abs 2 HGB verbundene Sperrwirkung tritt freilich auch in diesem Fall ein.

Angesichts der mit der InsO eingeführten allgemeinen Norm des § 93 ist § 171 Abs 2 HGB überflüs- 388 sig geworden (KP-*Noack* GesellschaftsR Rn 496, 523; iE auch KPB-*Lüke* § 93 Rn 43); um Überschneidungen der beiden Normen zu vermeiden, wird man § 93 daher restriktiv in dem Sinne auslegen müssen, dass er nur die Inanspruchnahme *unbeschränkt* persönlich haftender Gesellschafter erfasst (dazu unten § 93 Rn 7). Der Hinweis auf die Kompetenz des Sachwalters ist ebenfalls überflüssig, da sich dessen Kompetenz zur Geltendmachung der persönlichen Haftung bereits aus § 280 ergibt (KP-*Noack* GesellschaftsR Rn 496, 523). § 171 Abs 2 HGB erfasst aber nur Ansprüche gegen den Kommanditisten; der Insolvenzverwalter einer GmbH & Co KG kann daher nicht geltend machen, dass die Sacheinlage eines GmbH-Geschäftsführers dem Einlagevertrag nicht entspricht, wenn dieser nicht zugleich Kommanditist ist (vgl auch *Häsemeyer* ZHR 149 [1985], 42, 55 ff).

Mit § 171 Abs 2 HGB (ebenso wie mit dem neuen § 93 in bezug auf die persönlich haftenden Gesell- 389 schafter) soll der sonst möglicherweise eintretende Wettlauf der Gläubiger um die Kommanditistenhaftung vermieden werden (Baumbach/*Hopt* § 171 HGB Rn 11). Deshalb sollte nach früherer Auffassung § 171 Abs 2 HGB nicht eingreifen, wenn ihn im Verhältnis zu allen Gesellschaftsgläubigern eine unbeschränkte Haftung nach §§ 176, 161 Abs 2, 128 HGB trifft (**BGH 13. 7. 1967** Z 48, 203 ff = NJW 1967, 2203, 2204; **BGH 28. 10. 1981** Z 82, 209, 214 = NJW 1982, 883 *[Karsten Schmidt]* = ZIP 1982, 177; OLG Nürnberg 20. 12. 1967 KTS 1968, 188, 189; Baumbach/*Hopt* § 171 HGB Rn 11, § 176 HGB Rn 1; Kilger/*Karsten Schmidt* § 209 KO Anm 2 d cc). Das ist inzwischen überholt, weil alle diese Fälle nunmehr von § 93 erfasst sind (dazu unten § 93 Rn 7). **Gläubiger** der Ansprüche auf die **Hafteinlage**, die sich auch aus unzulänglichen oder überbewerteten Sacheinlagen ergeben können, ist aber nach wie vor nicht die Gesellschaft, sondern jeder einzelne Gesellschaftsgläubiger (**BGH 19. 5. 1958** NJW 1958, 1139). Dieser behält daher auch die Verfügungsbefugnis. Der Insolvenzverwalter macht mithin ein fremdes Recht im eigenen Namen für fremde Rechnung geltend (**BGH 20. 3. 1958** Z 27, 51, 57). Nach neuerem Verständnis wird der Anspruch dem Insolvenzverwalter zugewiesen (*Häsemeyer* ZHR 149 [1985], 42, 55 f).

Der Insolvenzverwalter kann grundsätzlich **wählen**, ob er die Kommanditisten aufgrund ihrer Pflicht- 390 einlage nach § 80 oder aufgrund der Hafteinlage nach § 171 Abs 2 HGB in Anspruch nimmt (Ebenroth/Boujong/Joost/Strohn/*Strohn* § 171 HGB Rn 98; *Häsemeyer* Rn 31.43; abw *Armbruster*, Die Stellung des haftenden Gesellschafters in der Insolvenz der Personengesellschaft nach geltendem und künftigem Recht [1996], S 44 ff; KP-*Noack* GesellschaftsR Rn 530). Denn solange sich rückständige Pflichteinlage und die noch nicht in Anspruch genommene Hafteinlage der Höhe nach decken, wirkt sich die Regelung des § 171 Abs 2 HGB nur insoweit aus, als die Möglichkeit des Einzelzugriffs der Gesellschaftsgläubiger ausgeschlossen wird. Eine selbstständige Bedeutung kommt der Geltendmachung der Gläubigerrechte durch den Insolvenzverwalter nach § 171 Abs 2 HGB dagegen dann zu, wenn der Insolvenzmasse neue Werte zugeführt werden können oder die Verfolgung der **Pflichteinlageforderung** nach § 80 für die Masse **ungünstiger** wäre. Dies ist etwa dann der Fall, wenn die eingetragene Haftsumme höher ist als die bedungene Pflichteinlage, der objektive Wert der geleisteten Sacheinlage niedriger ist als die Haftsumme oder wenn die Einziehung und Verwertung einer an sich wertentsprechenden Sacheinlage aufwendiger ist als die nach hM auf Geld gerichteten Ansprüche der Gläubiger. In diesem Fall ist primär die im Gesellschaftsvertrag vereinbarte Pflichteinlage einzufordern, sofern dies mit dem Insolvenzzweck vereinbar ist (*Armbruster* ebda. S 47; Ebenroth/Boujong/Joost/Strohn/*Strohn* § 171 HGB Rn 98; Kilger/*Karsten Schmidt* § 209 KO Anm 2 d bb; KPB-*Lüke* § 93 Rn 44; KP-*Noack* GesellschaftsR Rn 530). Schwieriger liegen die Dinge bei der Haftung eines **ausgeschiedenen Kommanditisten**. Ist hier die Pflichteinlage noch nicht geleistet und besteht daher noch ein Anspruch der Gesellschaft (dazu *Armbruster* ebda. S 47) und gegenüber den Altgläubigern, macht es einen erheblichen Unterschied, ob der Insolvenzverwalter den Anspruch auf die Pflichteinlage oder den aus § 171 Abs 2 HGB geltend macht; denn letzterer soll nur den Altgläubigern zugute kommen. Daher ist in einem solchen Fall eine **Sondermasse** zu bilden, an der die Neugläubiger anders als bei einem Einzug der Pflichteinlage nicht partizipieren (*Armbruster* ebda S 47; näher unten Rn 401 und allgemein zur Sondermasse oben Rn 53 ff). Allerdings ist eine solche Sachlage im Hinblick darauf eher unwahrscheinlich, dass im Rahmen der Auseinandersetzung mit dem ausgeschiedenen Kommanditisten auch offene Einlageansprüche berücksichtigt werden dürften und die Rückzahlung damit im Verhältnis zur Gesellschaft und den Mitgesellschaftern endgültig ist (**BGH** 20. 3. 1958 Z 27, 51, 57).

391 Der Insolvenzverwalter darf die nach § 171 Abs 2 HGB eingezogenen Beträge nur zur Tilgung derjenigen Gesellschaftsverbindlichkeiten verwenden, für die der Kommanditist haftet. Beteiligt sich der **einzige von § 171 HGB begünstigte Insolvenzgläubiger** nicht am Insolvenzverfahren, kann der Insolvenzverwalter daher das Recht aus § 171 Abs 2 HGB nicht ausüben (**BGH** 19. 5. 1958 NJW 1958, 1139; *Keuk* ZHR 135 [1971], 410, 432). Denn dann könnte aus der zu bildenden Sondermasse niemand befriedigt werden. Sind mehrere Altgläubiger vorhanden, von denen nur ein Teil auch Insolvenzgläubiger ist, tritt aber die Sperrwirkung gegen alle ein, unabhängig davon, ob sie ihre Forderungen angemeldet haben. Auch wenn nur ein einziger Altgläubiger vorhanden ist, steht dies dem Übergang der Einziehungsbefugnis auf den Insolvenzverwalter nicht entgegen, solange er Insolvenzgläubiger ist und seine Forderung anmeldet (*Bork* KS-InsO S 1333, 1337; *Leven*, Zur persönlichen Haftung des Kommanditisten im Gesellschaftskonkurs, Diss Köln 1966, S 81, 86).

392 Die Einziehung von Forderungen gegen einen Kommanditisten setzt deren **Feststellung** in der Insolvenz der Gesellschaft voraus; die Lage ist nicht anders als bei § 93 (dazu unten § 93 Rn 41). Nicht erforderlich ist die Feststellung aber bezüglich der Frage, ob die Einziehung von Forderungen in geforderten Umfang zur Befriedigung der Gläubiger erforderlich ist (**OLG Stuttgart** 26. 10. 1955 NJW 1955, 1928). Ein **Insolvenzplan** über das Vermögen der Kommanditgesellschaft beschränkt nach Maßgabe von § 227 Abs 2 auch den Umfang der Kommanditistenhaftung (dazu oben § 11 Rn 316). Gleiches gilt für den Fall, dass der Kommanditist **Restschuldbefreiung** nach §§ 286 ff erhält (KPB-*Lüke* § 93 Rn 53).

393 Der Kommanditist kann bei seiner Inanspruchnahme **einwenden**, er habe in Höhe der Haftsumme bereits an die Gesellschaft gezahlt oder seine Einlage sei nicht oder nicht im geforderten Umfang zur Befriedigung der Gesellschaftsgläubiger erforderlich (**OLG Stuttgart** 26. 10. 1955 NJW 1955, 1928). Der Kommanditist hat dabei die Erbringung der Einlage und ihren Wert zu beweisen (**BGH** 18. 11. 1976 DB 1977, 394; Ebenroth/Boujong/Joost/Strohn/*Strohn* § 171 HGB Rn 86). Dabei wird im Falle des Erwerbs eines Kommanditanteils durch Abtretung eine vom Rechtsvorgänger erbrachte Leistung dem Erwerber auch dann zugerechnet, wenn im Handelsregister kein auf die Rechtsnachfolge hinweisender Vermerk eingetragen ist; vielmehr haftet der Rechtsvorgänger, weil seine Einlageleistung für den Erwerber wirkt (**BGH** 29. 6. 1981 Z 81, 82, 89 = NJW 1981, 2747 = ZIP 1981, 981; *Karsten Schmidt* GmbHR 1981, 253, 259). Ein Kommanditist kann dagegen nicht einwenden, es sei eine geringere Haftsumme als die im Handelsregister verlautbarte vereinbart worden; denn die Eintragung der Haftsumme hat, wie sich aus § 172 Abs 2 HGB und im Vergleich von § 171 Abs 1 mit § 176 HGB ergibt, konstitutive Wirkung. Soweit die Grundsätze über die fehlerhafte Gesellschaft eingreifen, kann er sich auch nicht darauf berufen, der Gesellschaftsvertrag oder sein Beitritt zur Gesellschaft sei anfechtbar oder nichtig (**BGH** 14. 12. 1972 II ZR 82/70 NJW 1973, 1604 = WM 1973, 863; **BGH** 24. 1. 1974 – II ZR 158/72 WM 1974, 318; **BGH** 14. 10. 1991 II ZR 212/90 NJW 1992, 1501 = WM 1992, 490 = WuB II J § 705 BGB 1.93 [*Ott*] = ZIP 1992, 247 = EWiR 1992, 449 [*Wiedemann*]; Baumbach/*Hopt* § 105 HGB Rn 80). Daher kann der durch Täuschung zum Beitritt bewogene Kommanditist nicht die Erfüllung der mit dem übernommenen Einlageverpflichtungen verweigern (für die Kommanditgesellschaft zuletzt etwa **BGH** 16. 12. 2002 II ZR 109/01 Z 153, 214, 221 = ZIP 2003, 165, 168 = NJW 2003, 1252 = NZG 2003, 277 [selbst im Falle einer wegen Verstoßes gegen das Rechtsberatungsgesetz nichtigen Vollmacht zur Gesellschaftsgründung]; **OLG Celle** 20. 1. 1999 NJW-RR 1999, 1337 = ZIP 1999, 1128; **OLG München** 21. 12. 1999 NJW-RR 2000, 624; für die atypische stille Gesellschaft **BGH** 19. 7. 2004 – II ZR 354/02 ZIP 2004, 1706, 1707 f = NZG 2004, 961 = DStR 2004, 1799 = EWiR § 235 HGB 1/04, 1093 [*Lürken*] [Real Direkt AG II] [auch zu den Grenzen]; **OLG Hamburg** 14. 7. 1999 DStR 1999, 2044 [*Hergeth*]). Im Übrigen sollen ihm nach Auffassung der Rechtsprechung sämtliche persönlichen Einwendungen gegen einzelne Gläubiger versagt sein, soweit sie ihm nicht gegen sämtliche Gläubiger zustehen (**BGH** 14. 1. 1991 Z 113, 216, 221 = NJW 1991, 922 = ZIP 1991, 233, 235 = EWiR § 171 HGB 1/91, 481 [*Karsten Schmidt*]; Ebenroth/Boujong/Joost/Strohn/*Strohn* § 171 HGB Rn 97). Das gilt aber dann nicht, wenn ein „Aufrücken" der einwendefreien Gläubigerforderungen in den Anteil der ausgefallenen Forderung ausscheidet, weil die Haftsumme die Summe der (einwendungsfreien) Gläubigerforderungen übersteigt. In diesem Fall kann sich der Kommanditist auch mit Einwendungen wehren, die ihm nicht gegenüber allen Gläubigern zustehen.

394 **bb) Aufrechnung durch den Kommanditisten.** Unter den Voraussetzungen der §§ 94 ff kann der Kommanditist gegen den Anspruch des Insolvenzverwalters mit einer *vor* Eröffnung des Insolvenzver-

X. Insolvenzmasse der Gesellschaften ohne Rechtspersönlichkeit § 35

fahrens begründeten Forderung gegen die Gesellschaft **aufrechnen.** Dies gilt sowohl bezüglich der Pflichteinlageforderung der Gesellschaft (**RG** 2. 5. 1906 Z 63, 265 ff; **BGH** 3. 3. 1969 Z 51, 391, 393) als auch bezüglich des Anspruchs der Gläubiger auf die Hafteinlage (**BGH** 9. 12. 1971 Z 58, 72, 75 f; **BGH** 7. 7. 1980 NJW 1981, 232 [GmbH & Co KG]; *Armbruster,* Die Stellung des haftenden Gesellschafters in der Insolvenz der Personengesellschaft nach geltendem und künftigem Recht [1996], S 98 ff; KPB-*Lüke* § 93 Rn 44; krit *Häsemeyer* Rn 31.44; *ders* ZHR 149 (1985), 42, 58 f; *Karsten Schmidt,* Einlage und Haftung, S 158 ff). Bezüglich letzterer ist er zwar nicht Schuldner der Gesellschaft, sondern der Gesellschaftsgläubiger, so dass es an der nach § 387 BGB erforderlichen Gegenseitigkeit fehlt (**BGH** 19. 5. 1958 NJW 1958, 1139; **BGH** 9. 12. 1971 Z 58, 72, 76); er kann aber nach § 171 Abs 1 Hs. 2 HGB mit befreiender Wirkung an die Gesellschaft leisten, so dass § 387 BGB entsprechend anzuwenden ist (**BGH** 9. 12. 1971 Z 58, 72, 76; Baumbach/*Hopt* § 171 HGB Rn 13). Die Leistung verweigern kann er auch dann, wenn und soweit die Gesellschaft zur Aufrechnung berechtigt ist (§ 129 Abs 3 HGB). Die zur Aufrechnung gestellten Forderungen des Kommanditisten müssen im Übrigen grundsätzlich **vollwertig** sein (**BGH** 8. 7. 1985 Z 95, 188, 195 = NJW 1985, 2947 = ZIP 1985, 1198, 1202). Die Dinge liegen hier nicht anders, als wenn der Kommanditist eine nicht vollwertige Forderung für eine Sacheinlage verwendet (**BGH** 25. 6. 1973 Z 61, 59, 71). Daher kann der Kommanditist zur Aufrechnung zunächst Forderungen aus dem Gesellschaftsverhältnis verwenden, die unmittelbar zu Lasten der Gesellschaft entstanden waren (**BGH** 25. 6. 1973 Z 61, 59, 70 f). Er kann aber auch mit Forderungen aufrechnen, die er außerhalb des Gesellschaftsverhältnisses gegen die Gesellschaft (zB aus Kauf, Miete, Darlehen) erworben hat (**BGH** 25. 6. 1973 Z 61, 59, 70 f); denn er steht der Gesellschaft insoweit wie ein Dritter und gleichberechtigt mit sonstigen Gesellschaftsgläubigern gegenüber (**RG** 2. 5. 1906 Z 63, 265, 266 f; **BGH** 3. 3. 1969 Z 51, 391, 395). Doch ist hier die Vollwertigkeit vor allem dann gesondert zu prüfen, wenn die Verbindlichkeit nicht unmittelbar zu Lasten des Gesellschaftsvermögens entstanden ist, weil sie etwa durch die Gesellschaft von einem Dritten übernommen wurde. Eine Aufrechnung scheidet aus, wenn der zur Aufrechnung gestellte Anspruch kapitalersetzenden Charakter hat (**BGH** 10. 12. 1984 Z 93, 159 = NJW 1985, 1468 = ZIP 1985, 233). Hat er Gläubiger der Gesellschaft befriedigt, kann er mit dem ihm dadurch entstehenden Aufwendungsersatzanspruch nach § 110 HGB gegen die Einlageforderung der Gesellschaft aufrechnen (**BGH** 30. 4. 1984 II ZR 132/83 NJW 1984, 2290 = WM 1984, 893; **OLG** Hamm 19. 5. 1999 DStR 1999, 1916 [*Hergeth*]; **OLG** Dresden 24. 6. 2004 NZG 2004, 1155 = ZIP 2004, 2140, 2141; Baumbach/*Hopt* § 171 HGB Rn 8). Da (und wenn) die Gesellschaft in diesem Fall in gleichem Umfang von einer Schuld entlastet wird, die bei dieser voll zu passivieren war, bedarf es hier keiner Prüfung der Vollwertigkeit (Ebenroth/Boujong/Joost/Strohn/*Strohn* § 171 HGB Rn 36; Staub/*Schilling* § 171 HGB Rn 15).

Nach **Abtretung des Pflichteinlageanspruchs der Gesellschaft** an einen Gesellschaftsgläubiger kann der Kommanditist im Ergebnis mit nach § 171 Abs 1 HGB befreiender Wirkung auch nach Eröffnung des Insolvenzverfahrens an den Zessionar leisten. Zwar müsste er im eröffneten Insolvenzverfahren wegen § 171 Abs 2 HGB eigentlich an den Insolvenzverwalter zahlen. Doch steht dem Kommanditisten nach § 171 Abs 1 Hs. 2 HGB auch die Befugnis zu, die persönliche Haftung durch Leistung der Pflichteinlage zu beseitigen. Hat die KG den Pflichteinlageanspruch an einen Dritten **an Erfüllungs Statt abgetreten**, wird sie in Höhe der Abtretung der Pflichteinlage von einer Forderung des Zessionars befreit, so dass ihr in dieser Höhe Vermögen zufließt (**BGH** 19. 12. 1974 Z 63, 338, 342; **BGH** 28. 9. 1981 NJW 1982, 35 = ZIP 1981, 1199; Staub/*Schilling* § 171 HGB Rn 15). Sowohl die Pflichteinlage (wegen der Erfüllungswirkung nach § 364 Abs 1 BGB) als auch die Haftung auf die Haftsumme (wegen § 171 Abs 1 Hs. 2 HGB) sind damit im Verhältnis zur Gesellschaft und ihren Gläubigern erloschen. Einzig der Zessionar kann gegen den Gesellschafter aufgrund der Abtretung der Pflichteinlageforderung Ansprüche geltend machen. Insoweit ist er wie ein Privatgläubiger des Gesellschafters zu behandeln. Erfolgte die Abtretung des Pflichteinlageanspruchs an einen Gläubiger der KG vor Eröffnung des Insolvenzverfahrens **sicherungs- oder zahlungshalber,** führt dies weder zu einem Erlöschen des Anspruchs der Gesellschaft auf die Pflichteinlage noch des Anspruchs der Gläubiger auf die Haftsumme (**BGH** 19. 12. 1974 Z 63, 338, 341). Leistet der Kommanditist jetzt – auch nach Verfahrenseröffnung – auf die abgetretene Einlageforderung der Gesellschaft, führt dies wegen des dadurch begründeten Vermögenszuflusses an die Gesellschaft in Form der Befreiung von ihrer Verbindlichkeit zum Erlöschen der Einlagepflicht und damit auch der Haftung aus § 171 Abs 1 HGB (**BGH** 19. 12. 1974 Z 63, 338, 342). Der Kommanditist wird auch dann von seiner persönlichen Haftung gegenüber den anderen Gesellschaftsgläubigern frei, wenn er an den Abtretungsempfänger nicht zahlt, sondern dieser ihm die Forderung abtritt oder erlässt; eine Anfechtung der Abtretung ist nur vor Ablauf der Verjährungsfrist des § 146 möglich (**BGH** 19. 12. 1974 Z 63, 338, 342; **BGH** 28. 11. 1983 NJW 1984, 874 = ZIP 1984, 171; abw als Vorinstanz KG 7. 4. 1983 ZIP 1983, 593, 595 = KTS 1983, 453; vgl auch *Ebenroth* JZ 1985, 322, 324). Von seiner Haftung wird der Kommanditist auch frei, wenn er die Haftsumme nach Eröffnung des Insolvenzverfahrens über das Vermögen der Gesellschaft nach § 171 Abs 2 HGB an den Insolvenzverwalter zahlt; in diesem Fall kann er mit dem daraus resultierenden Anspruch aus § 110 HGB gegen die erfüllungshalber abgetretene Pflichteinlageforderung aufrechnen, ohne dass dem § 406 BGB entgegenstünde (**BGH** 19. 12. 1974 Z 63, 338, 343). Der Unterschied zwischen der Sicherungsabtretung und der Abtretung an Erfüllungs Statt besteht lediglich darin, dass der Kommanditist bei der

395

Sicherungsabtretung nach beiden Alternativen des § 171 Abs 1 HGB befreit wird (*Karsten Schmidt* ZGR 1976, 307, 347).

396　Hat ein Kommanditist vor Eröffnung des Insolvenzverfahrens eine **Bürgschaft** oder die **Mitschuld** für eine Schuld der Gesellschaft übernommen und *nach* Eröffnung des Verfahrens einen *einzelnen* Gesellschaftsgläubiger befriedigt, so kann er jedoch die sich für ihn ergebende Ersatzforderung, die bei Eröffnung des Insolvenzverfahrens bereits bedingt entstanden ist, gegen die Forderung auf Leistung der Hafteinlage **nicht aufrechnen;** er muss also doppelt leisten (**BGH** 9. 12. 1971 Z 58, 72, 76 ff; **BGH** 1. 7. 1974 NJW 1974, 2000, 2001 f = KTS 1975, 40 = BB 1974, 1360, 1361; Baumbach/*Hopt* § 171 HGB Rn 13; abw **RG** 30. 5. 1896 Z 37, 82, 87; Kilger/*Karsten Schmidt* § 209 KO Anm 2 d bb; Staub/ *Schilling* § 171 HGB Rn 20). Dies gilt auch dann, wenn er in Unkenntnis der Eröffnung des Insolvenzverfahrens geleistet hatte. Das Aufrechnungsverbot findet aber keine Anwendung, soweit die privatrechtliche Verpflichtung des Kommanditisten seine gesellschaftsrechtliche Haftung übersteigt. Es besteht dann kein Grund, den Kommanditisten anders als einen gewöhnlichen Gesellschaftsgläubiger zu behandeln, für den eine vor Eröffnung des Insolvenzverfahrens bestehende Aufrechnungslage nach § 94 erhalten bleibt (**BGH** 9. 12. 1971 Z 58, 72, 78). Unzulässig ist auch die **Aufrechnung des Kommanditisten** mit Forderungen, die ihm gegen Gesellschaftsgläubiger zustehen, denen er persönlich haftet (**BGH** 17. 9. 1964 Z 42, 192, 193; Kilger/*Karsten Schmidt* § 209 KO Anm 2 d bb).

397　Die Aufrechnung hat, gleichviel ob dazu eine Forderung aus dem Gesellschaftsverhältnis, aus einem Außenverhältnis (Kauf, Miete, Darlehen) oder eine echte (abgetretene) Drittforderung verwendet wird, grundsätzlich **haftungsbefreiende Wirkung.** Denn die Gesellschaft wird im Umfang der Aufrechnung von einer echten Schuld frei; § 171 Abs 2 HGB steht dem nicht entgegen: denn er will nur ausschließen, dass nach Eröffnung des Insolvenzverfahrens noch Insolvenzgläubiger vor anderen bevorzugt werden (**BGH** 17. 9. 1964 Z 42, 192, 194; **BGH** 9. 12. 1971 Z 58, 72, 76).

398　cc) **Aufrechnung durch Gesellschaftsgläubiger.** Mit der Eröffnung des Insolvenzverfahrens über das Vermögen der Gesellschaft **verliert** ein Gesellschaftsgläubiger, der Schuldner eines noch die Hafteinlage „schuldenden" Kommanditisten ist, die **Aufrechnungsbefugnis.** Das folgt daraus, dass sein Haftungsanspruch durch Eröffnung des Insolvenzverfahrens nach § 171 Abs 2 HGB „in die Hand des [Insolvenz]verwalters übergeleitet" wird (**BGH** 19. 5. 1958 NJW 1958, 1139; **BGH** 9. 12. 1971 Z 58, 72, 76; KPB-*Lüke* § 93 Rn 44); dies steht nicht im Widerspruch zu dem Grundgedanken der §§ 94 ff, das Vertrauen in eine einmal entstandene Aufrechnungslage zu schützen (**BGH** 20. 6. 1951 Z 2, 300; **BFH** 24. 7. 1984 JZ 1985, 346; *Kuhn,* in: Festschrift für Schilling, S 74 f). Ganz entsprechend verliert der Gesellschaftsgläubiger, dem der Kommanditist zur Sicherung des Haftungsanspruchs eine Grundschuld bestellt oder ein Pfand gegeben hat, Haftungsanspruch und Sicherung, wenn der Kommanditist die Haftsumme an die Gesellschaft (oder einen anderen Gesellschaftsgläubiger) zahlt (vgl auch **BGH** 9. 5. 1963 Z 39, 319, 323 = LM § 172 HGB Nr 2 [*Fischer*]; **BGH** 19. 12. 1974 Z 63, 338, 342 ff; krit. *Häsemeyer* ZHR 149 [1985], 42 ff).

399　dd) **Wiederaufleben des Haftungsanspruchs.** Der durch Zahlung der Haftsumme erledigte Haftungsanspruch lebt insoweit wieder auf, als der Kommanditist seine Einlage **wieder zurückgezahlt erhalten** (§ 172 Abs 4 Satz 1 HGB) oder unter den Voraussetzungen des § 172 Abs 4 Satz 2 HGB Gewinnanteile entnommen hat (**BGH** 10. 12. 1984 Z 93, 159 = NJW 1985, 1468 = ZIP 1985, 233; **OLG** Köln 9. 7. 1981 ZIP 1981, 1093). Dabei ist als **Rückzahlung** jede Zuwendung aus dem Vermögen der Gesellschaft zu verstehen, durch die der Gesellschaft Werte entzogen werden, ohne dass dem Gesellschaftsvermögen eine gleichwertige Leistung zufließt (**BGH** 20. 10. 1975 NJW 1976, 751, 752 = KTS 1976, 228: Sicherheitenbestellung zugunsten eines Gesellschafters). Diese Voraussetzung ist auch bei „mittelbaren Zuwendungen" gegeben, wenn die Gesellschaft ihr Vermögen um einen Betrag bis zur Höhe der Einlage zugunsten eines Dritten verkürzt und der Dritte es dafür übernimmt, eine entsprechende Zahlung an den Kommanditisten zu leisten (**BGH** 13. 2. 1967 Z 47, 149, 155 f). Sie liegt auch dann vor, wenn ein Mitgesellschafter die Einlage zurückzahlt und dieser dafür gegen die Gesellschaft einen Erstattungsanspruch nach § 110 HGB erlangt (**BGH** 18. 1. 1973 Z 61, 149, 151 = NJW 1973, 1878; **BGH** 28. 1. 1980 Z 76, 127, 130 = NJW 1980, 1163 = ZIP 1980, 191 f; **BGH** 14. 1. 1985 Z 93, 246, 249 = NJW 1985, 1776 = ZIP 1985, 609 f = EWiR § 172 HGB 1/85, 307 [*Karsten Schmidt*]; Baumbach/*Hopt* § 172 HGB Rn 6). Ausgeschlossen ist die Rückzahlungsverpflichtung nach § 172 Abs 5 HGB nur, wenn die vorgängige Zahlung von Gewinn auf einer in **gutem Glauben** errichteten Bilanz beruhte (H.-F. *Müller* Der Verband in der Insolvenz, S 223 f [auch keine Einschränkung bei Publikums-KG]).

400　§ 172 Abs 4 HGB ist auch anzuwenden, wenn die KG einem Kommanditisten einen **Vermögensgegenstand** weit unter Wert verkauft. Denn dann liegt in der Differenz zwischen dem wahren und dem vereinbarten Kaufpreis eine Zuwendung, die als Rückzahlung der Kommanditeinlage zu betrachten ist (*Fischer* Anm zu **BGH** LM § 172 HGB Nr 5). Ist die Einlage eines Kommanditisten bei seinem Ausscheiden in ein **Darlehen an die KG** umgewandelt worden, so liegt darin keine Rückgewähr iSv § 172 Abs 4 HGB. Eine Haftung nach § 171 Abs 1 HGB ist damit nicht gegeben (**BGH** 9. 5. 1963 Z 39, 319 = LM § 172 HGB Nr 2 [*Fischer*]). Anders liegen die Dinge, wenn die Darlehensforderung beglichen wird (**BGH** 9. 5. 1963 Z 39, 319, 331 = LM § 172 HGB Nr 2 [*Fischer*]; dazu *Keuk* ZHR 135 (1971), 410, 421). Nach einer im Vordringen befindlichen Meinung sollen die Grundsätze über (früher: kapitalersetzende) **Gesellschafterdarlehen** auch auf die gesetzestypische KG angewendet werden können (dazu unten § 39 Rn 59). Die Haftung des Kommanditisten kann nach § 172 Abs 4 HGB allerdings nur bis zum **Betrag der Hafteinlage** wieder aufleben. Weitergehende Rückzahlungen lassen ihn daher nicht höher haften (**BGH** 29. 3. 1973 Z 60, 324, 327 = NJW 1973, 1036).

ee) Haftung des ausgeschiedenen Kommanditisten. Der ausgeschiedene Kommanditist haftet nur den 401 bei seinem Ausscheiden bereits vorhandenen Gesellschaftsgläubigern (Altgläubigern), soweit er seine Einlage nicht geleistet oder sein Abfindungsguthaben und damit seine Hafteinlage ausgezahlt erhalten hat (§§ 160, 161 Abs 2, 171 Abs 1, 172 Abs 2 HGB). Das bedeutet, dass eine Inanspruchnahme durch den Insolvenzverwalter nur dann in Betracht kommt, wenn solche Forderungen von Altgläubigern zu befriedigen sind (**BGH** 20. 3. 1958 Z 27, 51, 57; Baumbach/*Hopt* § 171 HGB Rn 14; *Gerhardt* ZIP 2000, 2181, 2182; *Häsemeyer* Rn 31.50; Kilger/*Karsten Schmidt* § 209 KO Anm 2 d bb; *Wiedemann*, FS Bärmann, S 1037, 1039; ausführlich *Karsten Schmidt*, Einlage und Haftung, S 162 ff). Zudem darf der Insolvenzverwalter das von dem ausgeschiedenen Gesellschafter nach § 171 Abs 2 HGB Erlangte nur zur **zusätzlichen Befriedigung** der Altgläubiger verwenden (**BGH** 20. 3. 1958 Z 27, 51, 56; **BGH** 9. 5. 1963 Z 39, 319, 321 = LM § 172 HGB Nr 2 *[Fischer]*; **BGH** 10. 5. 1978 Z 71, 296, 304 = NJW 1978, 1525 = KTS 1979, 76 = LM § 29 KO Nr 8 *[Merz]*; KPB-*Lüke* § 93 Rn 44). Dies führt beim Ausscheiden eines Gesellschafters zu einer Differenzierung zwischen den Alt- und den Neugläubigern. Daher ist in einem solchen Fall eine **Sondermasse** zu bilden, an der die Neugläubiger anders als bei einem Einzug der Pflichteinlage (dazu oben Rn 390) nicht partizipieren (allgemein zur Sondermasse oben Rn 53 ff). Doch ist die darin liegende Ungleichbehandlung mit § 171 Abs 2 HGB zu vereinbaren; denn dieser will durch die Einschaltung des Insolvenzverwalters die gleichmäßige Befriedigung nur der berechtigten Gläubiger, keineswegs aber aller Gläubiger sicherstellen (**BGH** 9. 5. 1963 Z 39, 319, 321 = LM § 172 HGB Nr 2 *[Fischer]*; krit. *Berges* KTS 1962, 191 f).

Die Einziehung von Altforderungen setzt **keine Feststellung** der Forderungen in einem Prüfungster- 402 min der Gesellschaft voraus (**OLG** Stuttgart 26. 10. 1955 NJW 1955, 1928; Baumbach/*Hopt* § 171 HGB Rn 14). Der ausgeschiedene Kommanditist braucht sich aber andererseits auch nicht eine in der späteren Insolvenz der Gesellschaft getroffene Forderungsfeststellung entgegenhalten zu lassen (**BGH** 8. 11. 1965 Z 44, 229, 233 = NJW 1966, 145).

Der Insolvenzverwalter einer früheren Komplementär-GmbH, die durch Ausscheiden der übrigen Ge- 403 sellschafter das **Handelsgeschäft der KG erworben** hatte, ist auch befugt, anstelle der Gesellschaftsgläubiger die ausgeschiedenen Kommanditisten aus ihrer persönlichen Haftung in Anspruch zu nehmen (abw **BGH** 20. 10. 1975 NJW 1976, 751 = KTS 1976, 228); die entsprechenden Überlegungen zu § 93 gelten auch hier (dazu unten § 93 Rn 7, 11). Wird eine KG in eine andere Gesellschaftsform – auch eine Kapitalgesellschaft – **umgewandelt** oder wird sie durch Ausscheiden aller Kommanditisten zu einer OHG, bleibt es gleichwohl bei der Haftung der früheren Kommanditisten, soweit ihnen die Einlage zurückgewährt worden ist; in diesem Fall greift § 171 Abs 2 HGB auch in der Insolvenz anderer Gesellschaftsformen unmittelbar ein (**BGH** 2. 7. 1990 Z 112, 31, 41 f = NJW 1990, 3145 f = ZIP 1990, 1009, 1010 = KTS 1990, 637, 639 = EWiR § 171 HGB 1/90, 915 *[Karsten Schmidt]* = JZ 1991, 146 *[Grunewald]*; KP-*Noack* GesellschaftsR Rn 525; vgl auch unten § 93 Rn 11). Geht die Personenhandelsgesellschaft durch **Übernahme aller Gesellschaftsanteile** in einer Kapitalgesellschaft auf, so kann im Falle einer späteren Insolvenz der Insolvenzverwalter auch Rechtshandlungen der erloschenen Personengesellschaft anfechten, wenn noch nicht befriedigte Gläubiger der Personengesellschaft vorhanden sind. Vermögenswerte, die auf solche Weise zur Masse kommen, sind in Form einer „Sondermasse" auf diese Gläubiger zu verteilen; zum Kreis dieser Gläubiger kann auch die übernehmende Gesellschaft gehören (**BGH** 10. 5. 1978 Z 71, 296 = NJW 1978, 1525 = KTS 1979, 76 = LM § 29 KO Nr 8 *[Merz]*).

Wurde ein **bevorrechtigter Altgläubiger** (§ 61 KO) aus dem voll berechtigt, was der ausgeschiedene 404 Kommanditist in Erfüllung seiner Haftpflicht in die Insolvenzmasse gezahlt hat, sollte das Vorrecht auf den Ausgeschiedenen übergehen (**BGH** 9. 5. 1963 Z 39, 319, 326 = LM § 172 HGB Nr 2 *[Fischer]*). Das sollte daraus folgen, dass § 171 Abs 2 HGB den Haftungsanspruch beim Gesellschaftsgläubiger belässt und der Rechtsgedanke der §§ 426 Abs 2, 412, 401 Abs 2 BGB anwendbar sein soll, wenn der noch mithaftende ausgeschiedene Kommanditist seine Haftung zu Händen des Insolvenzverwalters abdeckt und dieser die Leistung an den Gläubiger weiterleitet (**BGH** 20. 3. 1958 Z 27, 51, 58; **BGH** 9. 5. 1963 Z 39, 319, 324 ff = LM § 172 HGB Nr 2 *[Fischer]* [bei direkter Befriedigung eines Gläubigers]; Baumbach/*Hopt* § 171 HGB Rn 14). Dies gilt nach dem Entfallen gesetzlicher Vorrechte heute weiterhin für **Sicherungsrechte** im Rahmen von § 401 Abs 1 BGB. Danach kann ein ausgeschiedener Kommanditist zwar nach wie vor seinen Aufwendungsersatzanspruch für die Befriedigung eines Gesellschaftsgläubigers nach § 426 Abs 1 BGB als Insolvenzforderung anmelden. Im Hinblick darauf, dass auch der Gläubiger mit seiner gesamten und wirtschaftlich identischen Forderung am Insolvenzverfahren über das Vermögen der Gesellschaft teilnimmt, kann er nach § 44 seinen Ersatzanspruch gegen die Gesellschaft nur nach voller Befriedigung des Altgläubigers geltend machen. Geht der ausgeschiedene Kommanditist dagegen nach § 426 Abs 2 BGB aus der übergegangenen Sicherheit vor, ist § 190 zu berücksichtigen (**BGH** 20. 3. 1958 Z 27, 51, 54; **BGH** 9. 5. 1963 Z 39, 319, 324 ff = LM § 172 HGB Nr 2 *[Fischer]*; krit. *Häsemeyer* Rn 31.49).

405 Der ehemalige Gesellschafter haftet aber für vor seinem Ausscheiden begründete Verbindlichkeiten nur insoweit, als diese innerhalb von **fünf Jahren** nach seinem Ausscheiden fällig werden und Ansprüche daraus gerichtlich gegen ihn geltend gemacht sind (§§ 160 Abs 1 Satz 1, § 161 Abs 2 HGB). Insoweit gilt die früher vertretene „Kündigungstheorie" nicht mehr. Danach bestand eine Nachhaftung des ausgeschiedenen Gesellschafters bei kündbaren Dauerschuldverhältnissen nur bis zu dem Zeitpunkt, zu dem der Gläubiger der Gesellschaft frühestens kündigen konnte. Für diesen Ansatz bestehe nach der Neufassung des § 160 HGB aber kein Bedürfnis mehr (**BGH** 27. 9. 1999 Z 142, 324 = NJW 2000, 208 = ZIP 1999, 1967 = LM H. 3/2000 § 160 HGB Nr 2 *[Koller]*; BAG 19. 5. 2004 5 AZR 405/03 E 110, 372 = NJW 2004, 3287 = NZA 2004, 1045 = NZG 2004, 1105 = ZIP 2004, 1905, 1906 f = EWiR § 160 HGB 1/04, 1091 *[Klepsch]*; LAG Düsseldorf 14. 12. 2000 ZIP 2001, 758 = EWiR § 160 HGB 1/01, 585 *[Diller/Powietzka]*; anders zum neuen Recht noch Baumbach/*Hopt*, 29. Aufl, § 128 HGB Rn 33, § 160 HGB Rn 1). Voraussetzung für ein Eingreifen der Sonderverjährung des § 160 HGB ist aber, dass die Gesellschaft selbst als primärer Haftungsschuldner weiterbesteht (BAG 24. 3. 1998 E 88, 229 = NJW 1999, 967 = ZIP 1998, 1973 [für Übernahme durch einen Gesellschafter]).

406 Der ausgeschiedene Kommanditist kann bei einer Inanspruchnahme durch den Insolvenzverwalter nach § 171 Abs 2 HGB jedenfalls mit seinem Erstattungsanspruch nach § 110 HGB wegen der Befriedigung solcher Forderungen gegen die KG **aufrechnen**, die er beim Ausscheiden aus der KG bereits erworben hatte (**BGH** 9. 5. 1963 Z 39, 319 = LM § 172 HGB Nr 2 *[Fischer]*; **BGH** 7. 7. 1980 NJW 1981, 232; kritisch *Fromm* BB 1981, 813; vgl im Übrigen oben Rn 394 ff). Im Übrigen kann er sich nicht durch unmittelbare Befriedigung eines einzelnen Gesellschaftsgläubigers, auch nicht durch Aufrechnung mit einer eigenen Forderung gegen diesen von seiner Haftung befreien (**BGH** 17. 9. 1964 Z 42, 192; Baumbach/*Hopt* § 171 HGB Rn 14; Kilger/*Karsten Schmidt* § 209 KO Anm 2 d bb; eingehend *Häsemeyer* ZHR 149 [1985], 42, 69 ff).

407 **ff) Verfahrensrechtliche Fragen.** Für die Klage eines Insolvenzverwalters auf die Hafteinlage nach § 171 Abs 2 HGB gegen einen im EU-Ausland wohnenden Kommanditisten nach EuGVÜ verneinte das **OLG** Naumburg die **internationale Zuständigkeit** (OLG Naumburg 24. 8. 2000 NZG 2000, 1218 = DStR 2001, 268 m krit Anm *Haas*). Da es sich bei der gemeinsamen Geltendmachung von Ansprüchen nach § 171 Abs 2 HGB um materielles Insolvenzrecht handelt, ist dem aber nicht zu folgen; daher ist zudem mit Wirkung vom 31. Mai 2002 die EU-Verordnung Nr 1346/2000 anwendbar (zutreffend *Haas*, ebda, mwN.; entsprechendes müsste für Ansprüche nach § 64 [früher Abs 2] GmbHG gegen einen Geschäftsführer gelten: *Haas* Anm zu **OLG** München 25. 6. 1999 DStR 2001, 363 = ZIP 1999, 1558 = NZG 1999, 1170 = EWiR Art 5 EuGVÜ 1/99, 949 *[Mankowski]* [organschaftliche Beziehung bildet „Vertrag" iSd Lugano-Übereinkommens]).

408 Ein bei Eröffnung des Insolvenzverfahrens **anhängiger Rechtsstreit** zwischen einem Gesellschaftsgläubiger und einem Kommanditisten wegen dessen Haftung wird analog § 17 AnfG unterbrochen (**BGH** 28. 10. 1981 Z 82, 209, 218 = NJW 1982, 883 *[Karsten Schmidt]* = ZIP 1982, 177; Baumbach/*Hopt* § 171 HGB Rn 12; *Bork* KS-InsO S 1333, 1345; KP-*Noack* GesellschaftsR Rn 520; abw die früher hM, nach der Erledigung in der Hauptsache eintreten sollte; zur entsprechenden Frage bei § 93 unten § 93 Rn 44). Eine Fortführung des Prozesses durch den Gläubiger nach § 265 ZPO als Prozessstandschafter kommt nicht in Betracht (KPB*Lüke* § 93 Rn 36; KP-*Noack* GesellschaftsR Rn 520).

409 Eine **nach Eröffnung** des Insolvenzverfahrens vom Gläubiger selbst **erhobene Klage** ist als unzulässig abzuweisen. Vgl zum Ganzen im Übrigen unten § 93 Rn 43 ff; § 92 Rn 27.

410 **d) Ansprüche gegen organschaftliche Vertreter.** Ansprüche der Gesellschaft gegen ihre organschaftlichen Vertreter gehören zur Insolvenzmasse. So können Ansprüche der Gesellschaft auf Schadenersatz und sonstige Ansprüche wegen Verstoßes gegen ein **Wettbewerbsverbot** (§ 113 HGB) ebenfalls vom Insolvenzverwalter geltend gemacht werden wie Schadensersatzansprüche aus positiver Vertragsverletzung im Rahmen der **Geschäftsführung** und bei der Liquidation. Bei Liquidatoren, die eine Gesellschaft sind, kann abweichend von § 708 BGB jede schuldhafte Verletzung des Dienstvertrages oder Auftrages eine Ersatzpflicht entstehen lassen. Zur Masse gehören auch Ansprüche auf Schadenersatz wegen **Verletzung von Gesellschafterpflichten**. Alle diese Ansprüche können während der Insolvenz ausschließlich vom Insolvenzverwalter geltend gemacht werden; die insoweit außerhalb der Insolvenz zulässige *actio pro socio* (**BGH** 27. 6. 1957 Z 25, 47, 49 = NJW 1957, 1358) kommt während des Insolvenzverfahrens nicht in Betracht (Staub/*Ulmer* § 131 HGB Anm 73).

411 Schadenersatzansprüche gegen Mitglieder des gesellschaftsvertraglich errichteten **Beirats** einer Publikumskommanditgesellschaft verjähren analog §§ 116, 93 Abs 6 AktG in fünf Jahren (**BGH** 7. 3. 1983 Z 87, 84 = NJW 1983, 1675 = ZIP 1983, 563).

412 **2. GmbH & Co KG. a) Allgemeines.** Zur Insolvenzmasse der GmbH & Co KG gehört die **Firma** der GmbH & Co KG, selbst wenn sie den Familiennamen eines Gesellschafters enthält (für das alte Handelsrecht bereits BGH 27. 9. 1982 ZIP 1983, 193 *[Schulz]*; BGH 14. 12. 1989 Z 109, 364, 366 f = NJW 1990, 1605, 1606 f = ZIP 1990, 388, 389 f = KTS 1990, 457, 459 f = EWiR § 6 KO 1/90, 491 *[Lepsien]*; OLG Hamm 25. 6. 1981 NJW 1982, 586 = ZIP 1981, 1356; OLG Düsseldorf 20. 7. 1978 NJW 1980, 1284; Kilger/*Karsten Schmidt* § 1 KO Anm 2 D c bb; weitere Einzelheiten oben Rn 302). Weiter gehören zur Insolvenzmasse auch etwa von der KG gehaltene **Anteile an der Komplementär-GmbH**.

X. Insolvenzmasse der Gesellschaften ohne Rechtspersönlichkeit § 35

b) Ansprüche gegen Gesellschafter. Bezüglich der Ansprüche auf die (**Pflicht-**)**Einlage** des Kommanditisten ist § 172 Abs 6 HGB zu beachten. Danach gilt gegenüber den Gläubigern einer GmbH & Co KG die Einlage nicht als geleistet, soweit sie (bei der **Einheitsgesellschaft**) in Anteilen an der Komplementär-GmbH bewirkt ist. Im Übrigen ist zu beachten, dass eine Einlage des Kommanditisten auf das Konto der Komplementär-GmbH den Kommanditisten erst dann von seiner Einlageschuld befreit, wenn der Betrag an die KG gelangt ist (**BGH** 24. 3. 1980 II ZR 213/77 Z 76, 326 = NJW 1980, 1524 = ZIP 1980, 361, 362 [für den spiegelbildlichen Fall der Kapitalerhaltung]; KP-*Noack* GesellschaftsR Rn 577). Umgekehrt entlastet eine Zahlung auf die Einlageforderung der GmbH durch Überweisung auf das Konto der KG nur, soweit die Einlageforderung der KG gegen die GmbH fällig, liquide und vollwertig ist (**BGH** 25. 11. 1985 II ZR 48/85 ZIP 1986, 161 = NJW 1986, 989; KP-*Noack* GesellschaftsR Rn 577). Bislang wurde eine korrekte Erfüllung der Einlageforderung der Komplementär-GmbH zudem dann verneint, wenn die an sie gezahlten Einlagemittel umgehend als „Darlehen" an die von dem oder den Inferenten beherrschte KG weiterflossen; die wirtschaftliche Einheit zwischen den beiden Gesellschaften ändere daran nichts (**BGH** 10. 12. 2007 II ZR 180/06 Z 174, 370 = ZIP 2008, 174, 176 = NZG 2008, 143 = EWiR § 30 GmbHG 1/2008, 333 *[Thonfeld]* = EWiR § 19 GmbHG 2/2008, 403 *[Henkel])*; krit *Karsten Schmidt* ZIP 2008, 481). Seit Inkrafttreten des MoMiG dürfte dies demgegenüber mit Blick auf die Neuregelung des Hin- und Herzahlens in § 19 Abs 5 GmbHG zulässig sein, und dies wegen § 3 Abs 4 Satz 1 EGGmbHG sogar rückwirkend (*Hirte* NJW 2009, 415, 417).

Die gesetzlichen Grundsätze hinsichtlich der **Kapitalerhaltung** bei den Kapitalgesellschaften finden 414 grundsätzlich auch auf die GmbH & Co KG Anwendung, wenn und weil Auszahlungen an Kommanditisten mittelbar zu Lasten des Stammkapitals der GmbH gehen (**BGH** 10. 11. 1975 NJW 1976, 418; **BGH** 27. 9. 1976 Z 76, 171 = NJW 1977, 104 *[Karsten Schmidt]*; **BGH** 24. 3. 1980 Z 76, 326 = NJW 1980, 1524 = ZIP 1980, 361; *Hunscha* GmbHR 1975, 145, 146; *Lutter* DB 1980, 1317, 1325; *Karsten Schmidt* ZGR 1976, 307 ff). Denn Verringerungen des Vermögens der KG erhöhen das Risiko einer Inanspruchnahme der GmbH nach §§ 128, 161 Abs 2 HGB; sie erhöhen damit deren (Eventual-)Verbindlichkeiten und damit das zur Ausschüttung zur Verfügung stehende Vermögen. Die Auszahlung der KG an einen Kommanditisten verstößt daher gegen das Verbot des § 30 Abs 1 GmbHG, selbst wenn sie aus dem Vermögen der Kommanditgesellschaft erbracht wird, aber hierdurch das Vermögen der GmbH unter den Nennwert des Stammkapitals herabsinkt. Eine mittelbare Auswirkung auf das Stammkapital der GmbH liegt einmal wegen der Haftung nach § 128 HGB vor, wenn die KG überschuldet ist und die GmbH keine über ihr Stammkapital hinausgehenden Vermögenswerte besitzt; zum anderen, wenn die GmbH am Vermögen der KG beteiligt ist und durch die Entwertung dieser Beteiligung das Stammkapital der GmbH in Mitleidenschaft gezogen wurde und die Gesellschafterleistung diese Kapitallücke auffüllt (**BGH** 24. 3. 1980 Z 76, 326 = NJW 1980, 1524 = ZIP 1980, 361). Daher kommen zunächst bei Auszahlungen an Kommanditisten, die zugleich GmbH-Gesellschafter sind, die §§ 30, 31 GmbHG neben § 172 Abs 4 HGB zur Anwendung (**BGH** 29. 3. 1973 Z 60, 324 ff = NJW 1973, 1036; **BGH** 29. 9. 1977 Z 69, 274, 280 = NJW 1978, 160, 161 f; *Bülow* DB 1982, 527, 532). Dies führt zu einer über den Betrag der Einlage hinausgehenden Haftung des Empfängers. Die §§ 30, 31 GmbHG finden entsprechende Anwendung auch, wenn dem Gesellschafter der KG unmittelbar etwas aus dem GmbH-Vermögen ausbezahlt wird. Gleiches gilt aber auch, wenn ein Kommanditist, der nicht zugleich GmbH-Gesellschafter ist, Zahlungen von der GmbH erhält; denn er macht sich den in der GmbH & Co KG verringerten Kapitalschutz ebenfalls zunutze (**BGH** 19. 2. 1990 Z 110, 342 = ZIP 1990, 578 = EWiR § 30 GmbHG 3/90, 479 *[Bergmann]*; **BGH** 27. 3. 1995 NJW 1995, 1960 f = ZIP 1995, 736 f = KTS 1995, 479 f; *Karsten Schmidt* GmbHR 1989, 141, 143). Keine Erstattungspflicht besteht aber, wenn eine adäquate Gegenleistung in das Gesellschaftsvermögen gelangt ist (**BGH** 29. 9. 1977 Z 69, 274, 279 = NJW 1978, 160).

Das Rückzahlungsverbot gilt auch für die **Rückzahlung der Pflichteinlage** des Kommanditisten einer 415 GmbH & Co KG, die zugleich Gesellschafter der Komplementär-GmbH ist (**BGH** 29. 9. 1977 Z 69, 274 = NJW 1978, 160; **OLG** München 9. 12. 1982 DB 1983, 166; *Bülow* DB 1982, 527, 532). Bezieht ein Kommanditist als Geschäftsführer der Komplementär-GmbH eine angemessene Vergütung, so ist diese noch nicht als Entnahme von Gewinnanteilen aus dem Gesellschaftsvermögen der KG anzusehen (**BAG** 28. 9. 1982 NJW 1983, 1869 = ZIP 1983, 170). Auf die Umwandlung der Einlage des ausscheidenden Kommanditisten in Darlehen sind die §§ 30, 31 GmbHG ebenfalls anwendbar. Dabei kommt es auf die Vermögensverhältnisse zum Zeitpunkt des Ausscheidens an (Baumbach/*Hopt* § 172 a HGB Rn 34).

Ist die verbotswidrige Zahlung aus dem Vermögen der KG erbracht worden, gehört der Anspruch in 416 die Insolvenzmasse der KG und kann entsprechend vom Insolvenzverwalter als **Gesamtschaden** geltend gemacht werden (**BGH** 29. 3. 1973 Z 60, 324, 331 f; **BGH** 19. 2. 1990 Z 110, 342, 359 f = NJW 1990, 1725, 1729 f = ZIP 1990, 578, 585 = EWiR § 30 GmbHG 3/90, 479 *[Bergmann]*). Betrifft der Erstattungsanspruch die GmbH, so ist der Insolvenzverwalter über das Vermögen der GmbH zur Geltendmachung berechtigt.

Bis zum Inkrafttreten des MoMiG fanden auch die Vorschriften der §§ 32 a, 32 b GmbHG aF über 417 die Haftung für zurückgezahlte **kapitalersetzende Darlehen** nach §§ 129 a, 172 a HGB aF auf die GmbH & Co KG entsprechende Anwendung, jedoch mit der Maßgabe, dass an die Stelle der Gesellschafter der GmbH die Gesellschafter oder Mitglieder der persönlich haftenden Gesellschafter der Kommanditgesellschaft sowie die Kommanditisten treten (dazu 12. Aufl Rn 225 ff). Diese Normen gelten jetzt nur noch für Altfälle (oben Rn 317); im Übrigen kommt insoweit jetzt vor allem das Anfechtungsrecht mit § 135 InsO zum Zuge.

418   c) **Ansprüche der Gläubiger auf die Hafteinlage des Kommanditisten.** Hat die Komplementär-GmbH das Handelsgeschäft der GmbH & Co KG übernommen und wird daraufhin über das Vermögen der früheren Komplementär-GmbH das Insolvenzverfahren eröffnet, ist ihr Insolvenzverwalter nicht berechtigt, anstelle der Gesellschaftsgläubiger die ausgeschiedenen Kommanditisten aus ihrer unmittelbaren Haftung in Anspruch zu nehmen (**BGH** 20. 10. 1975 NJW 1976, 751 = KTS 1976, 228). Das Gleiche gilt, wenn der einzige Komplementär einer Kommanditgesellschaft deren Geschäft übernimmt und dann insolvent wird (abw Staub/*Schilling* § 171 HGB Anm 27). Denn auch in diesem Fall treffen die Gründe zu, mit denen der **BGH** (20. 10. 1975 NJW 1976, 751, 752 = KTS 1976, 228) die Anwendung des § 171 Abs 2 HGB abgelehnt hat. Diese unbefriedigende Rechtslage hat sich nach heutigem Recht insoweit geändert, als nunmehr der Insolvenzverwalter in jedem Fall nach § 93 zur Geltendmachung der Haftung berechtigt und verpflichtet ist.

419   d) **Ansprüche gegen organschaftliche Vertreter.** Ansprüche der Gesellschaft gegen ihre organschaftlichen Vertreter gehören zur Insolvenzmasse. Hierzu können bei der GmbH & Co KG auch Ansprüche gegen die organschaftlichen Vertreter der zur Vertretung der Gesellschaft ermächtigten Gesellschafter (GmbH-Geschäftsführer) gehören. Obwohl diese nach § 43 GmbHG nur der (Komplementär-)GmbH gegenüber verpflichtet sind, kann sie der Insolvenzverwalter der KG unmittelbar geltend machen, wenn die wesentliche Aufgabe der Komplementär-GmbH in der Führung der Geschäfte der KG liegt. Dann nämlich erstreckt sich der Schutzbereich des Anstellungsvertrages der Geschäftsführer auch auf die Kommanditgesellschaft (**BGH** 12. 11. 1979 Z 75, 321, 324; **BGH** 24. 3. 1980 Z 76, 326, 327, 337 f = NJW 1980, 1524 = ZIP 1980, 361, 365; **BGH** 28. 6. 1982 NJW 1982, 2869 = ZIP 1982, 1073; **BGH** 25. 2. 2002 NJW-RR 2002, 965 = ZIP 2002, 984; *Grunewald* BB 1981, 581 ff; *Hüffer* ZGR 1981, 348 ff; Baumbach/Hueck/Zöllner/*Noack* § 43 GmbHG Rn 66; enger früher **BGH** 28. 9. 1955 WM 1956, 61, 64). Erst recht gilt dies in Fällen unerlaubter Handlung oder bei Vorliegen eines unmittelbaren Vertragsverhältnisses des Geschäftsführers (**BGH** 1. 12. 1969 BB 1970, 226, 277 = LM Nr 7 zu § 109 HGB). Gegenüber Schadenersatzansprüchen der KG kann sich der Gesellschafter-Geschäftsführer der Komplementär-GmbH nicht auf die fünfjährige Verjährungsfrist des § 43 Abs 4 GmbHG berufen, wenn er mit der Verletzung der Geschäftsführerpflichten zugleich grob fahrlässig gegen ihm als Kommanditisten der Gesellschaft obliegende Pflichten verstoßen hat (**BGH** 28. 6. 1982 NJW 1982, 2869 = ZIP 1982, 1073); dieser noch zum alten Verjährungsrecht ergangene Grundsatz dürfte heute nur noch dann Bedeutung haben, wenn sich etwa wegen anderen Fristbeginns nach allgemeinem Verjährungsrecht ein längerer Fristlauf ergibt.

420   Bei der GmbH & Co KG können sich aber vor allem wie bei der GmbH (dazu oben Rn 324) Ansprüche *der Gesellschaft* wegen **verspäteter Insolvenzantragstellung** ergeben (§§ 130 a Abs 2 [früher Abs 3] Satz 1, 177 a Satz 1 HGB; dazu auch oben § 15 a Rn 9 ff). Sie richten sich von Gesetzes wegen unmittelbar gegen die organschaftlichen Vertreter der zur Vertretung der Gesellschaft ermächtigten Gesellschafter sowie gegen die Liquidatoren. Wie im Kapitalgesellschaftsrecht (dazu oben Rn 338 f) kann die Gesellschaft nur eingeschränkt auf die sich daraus ergebenden Ansprüche verzichten oder sich über sie vergleichen (§§ 130 a Abs 2 [früher Abs 3] Sätze 3–5, 177 a Satz 1 HGB).

421   § 130 a Abs 2 (früher Abs 3) HGB geht dabei insoweit über § 64 (früher Abs 2) GmbHG hinaus, als er der Gesellschaft einen Schadenersatzanspruch auch wegen der sorgfaltswidrigen Massebelastung mit Neuverbindlichkeiten einräumt, der als Gesamtgläubigerschaden vom Insolvenzverwalter geltend gemacht werden kann (§ 92; enger Gottwald/*Haas* InsR HdB § 94 Rn 22 ff: § 130 a Abs 3 HGB erfasst nur Altgläubigerschäden). Hinsichtlich dieses **Quotenschadens** geht die Norm Ansprüchen aus § 823 Abs 2 BGB iVm § 15 a vor (dazu oben § 15 a Rn 41). Soweit den Gesellschaftsgläubigern (vor allem Neugläubigern) individuelle Schadenersatzansprüche, insbesondere aus § 823 Abs 2 BGB iVm § 15 a zustehen, sind sie an deren Geltendmachung auch während des Insolvenzverfahrens nicht gehindert (dazu oben § 15 a Rn 56, unten § 92 Rn 12).

422   **3. Partnerschaft.** Besonderheiten ergeben sich hier vor allem insoweit, als der Name der Partnerschaft nach § 2 Abs 1 PartGG den Namen mindestens eines ihrer Partner enthalten muss. Hier ist die Lage damit so wie bezüglich der handelsrechtlichen Personalfirma vor Inkrafttreten des HRefG (ebenso wohl *Uhlenbruck* ZIP 2000, 401, 403). Der Name der Partnerschaft kann daher nur unter denselben engeren Voraussetzungen in der Insolvenz verwertet werden wie die Personalfirma einer Handelsgesellschaft vor Inkrafttreten des HRefG (dazu oben Rn 379).

§ 36 Unpfändbare Gegenstände

(1) [1]Gegenstände, die nicht der Zwangsvollstreckung unterliegen, gehören nicht zur Insolvenzmasse. [2]Die §§ 850, 850 a, 850 c, 850 e, 850 f Abs. 1, §§ 850 g bis 850 i, 851 c und 851 d der Zivilprozessordnung gelten entsprechend.

I. Allgemeines § 36

(2) Zur Insolvenzmasse gehören jedoch
1. die Geschäftsbücher des Schuldners; gesetzliche Pflichten zur Aufbewahrung von Unterlagen bleiben unberührt;
2. die Sachen, die nach § 811 Abs. 1 Nr. 4 und 9 der Zivilprozeßordnung nicht der Zwangsvollstreckung unterliegen.

(3) Sachen, die zum gewöhnlichen Hausrat gehören und im Haushalt des Schuldners gebraucht werden, gehören nicht zur Insolvenzmasse, wenn ohne weiteres ersichtlich ist, daß durch ihre Verwertung nur ein Erlös erzielt werden würde, der zu dem Wert außer allem Verhältnis steht.

(4) [1] Für Entscheidungen, ob ein Gegenstand nach den in Absatz 1 Satz 2 genannten Vorschriften der Zwangsvollstreckung unterliegt, ist das Insolvenzgericht zuständig. [2] Anstelle eines Gläubigers ist der Insolvenzverwalter antragsberechtigt. [3] Für das Eröffnungsverfahren gelten die Sätze 1 und 2 entsprechend.

§§ 35, 36 sind eine Aufspaltung des früheren § 1 KO. Zur Entstehungsgeschichte siehe § 35. Abs 2 Nr 2 ist durch das Gesetz zur Änderung des Einführungsgesetzes zur InsO und anderer Gesetze (EGInsOÄndG v 19. 12. 1998, BGBl I S 3836, 3839) an die Regelung in § 811 ZPO angepasst worden. Durch Art 1 Nr 6a InsOÄndG 2001, ist Abs 1 (BGBl I S 2710) dahingehend geändert worden, dass die §§ 850, 850a, 850c, 850e, 850f Abs 1, §§ 850g bis 850i ZPO entsprechende Anwendung finden. Durch Art 2 des Gesetzes zum Pfändungsschutz der Altersvorsorge vom 26. 3. 2007 (BGBl I S 365) ist diese Verweisung um die neuen §§ 851c, 851d ZPO erweitert worden.

Übersicht

	Rn
I. Allgemeines	1
II. Unpfändbarkeit und Insolvenzmasse	4
2. Zweckgebundene Forderungen und Insolvenzmasse	5
3. Erweiterte Pfändbarkeit	6
4. Bedingte Pfändbarkeit	7
5. Vertraglicher Ausschluss der Pfändbarkeit und Insolvenzmasse	10
6. Ist- und Sollmasse bei unpfändbaren Einkünften	12
III. Nicht zur Insolvenzmasse gehörende Gegenstände (Abs 1)	13
1. Unpfändbare Sachen	14
2. Unpfändbare Forderungen und Rechte	20
a) Unpfändbares Arbeitseinkommen und sonstige Leistungen	20
b) Honorarforderungen schweigepflichtiger Berufe	24
c) Anspruch auf Insolvenzgeld	31
d) Recht auf Rücknahme einer hinterlegten Sache	32
e) Anspruch auf vermögenswirksame Leistungen	33
f) Taschengeldanspruch	34
g) Pflichtteilsanspruch und Anspruch eines Ehegatten auf Zugewinnausgleich	35
h) Private Lebensversicherungen	36
i) Mitgliedschaftsrechte in Vereinen	38
IV. Verzicht auf den Pfändungsschutz	39
V. Austauschpfändung als Austauschmasse im eröffneten Insolvenzverfahren	41
VI. Erweiterter Pfändungsschutz (§ 850f ZPO)	42
VII. Einbeziehung unpfändbarer Gegenstände in die Insolvenzmasse (Abs 2)	43
1. Geschäftsbücher	44
a) Begriff der Geschäftsbücher (Abs 2 Nr 1 Hs 1)	44
b) Herausgabepflichten	46
c) Rücknahme- und Aufbewahrungspflichten (Abs 2 Nr 1 Hs 2)	47
2. Landwirtschaftliche Betriebsmittel und Apothekeneinrichtung (Abs 2 Nr 2)	49
a) Landwirtschaftliche Betriebsmittel	50
b) Apothekeneinrichtung	51
3. Vermögenserwerb des Schuldners mit unpfändbaren Mitteln	51a
VIII. Massefreier Hausrat (Abs 3)	52
IX. Rechtsbehelfe des Schuldners (Abs 4)	54

I. Allgemeines

Die Vorschrift des § 36 stellt sich als eine Aufteilung des früheren § 1 KO dar. Während § 35 den Begriff der Insolvenzmasse definiert, enthält § 36 die Ausnahmetatbestände. Durch § 36 wird einmal der Begriff der Insolvenzmasse eingeschränkt, zum anderen aber in Abs 2 erweitert. Abs 2 Nr 2 ist durch das Gesetz zur Änderung des Einführungsgesetzes zur InsO und anderer Gesetze (EGInsOÄndG v 19. 12. 1998, BGBl I S 3836, 3839) an die Regelung in § 811 ZPO angepasst worden. Sachliche Änderungen haben sich nicht ergeben (KPB-*Pape* § 36 Rn 1). § 36 ist eine **Schuldnerschutzvorschrift**. Da nach § 35 auch der Neuerwerb des Schuldners in die Insolvenzmasse (§ 35) fällt und das Gesetz dem Schuldner in den §§ 286ff die Möglichkeit eröffnet, seine pfändbaren Forderungen auf Bezüge aus einem Dienstverhältnis oder an deren Stelle tretende laufende Bezüge für die Zeit von sechs Jahren nach Eröffnung des Insolvenzverfahrens an einen vom Gericht zu bestimmenden Treuhänder abzutreten 1

(§ 287 Abs 2 S 1), muss das Gesetz dem Schuldner hinreichende Mittel belassen, um weiter zu existieren. Die gem § 811 Nr 11 ZPO in der Einzelzwangsvollstreckung **unpfändbaren Geschäftsbücher** des Schuldners bzw des Schuldnerunternehmens hat der Gesetzgeber demgegenüber nach Abs 2 der Masse zugeordnet, um die Fortsetzung des Betriebes im Eröffnungsverfahren und im eröffneten Verfahren zu gewährleisten und eine übertragende Sanierung zu ermöglichen. Die frühere Vorschrift des § 117 Abs 2 KO, wonach die Geschäftsbücher des Gemeinschuldners nur mit dem Geschäft im Ganzen und nur insoweit veräußert werden durften, als sie zur Fortführung des Geschäftsbetriebes unentbehrlich waren, hat der Gesetzgeber in § 148 nicht übernommen (zum alten Recht K/U § 1 KO Rn 20).

2   Mit Einfügung der **Verweisung des Abs 1 Satz 2** (durch Art 1 Nr 6 a InsOÄndG 2001) ist § 36 dahingehend geändert worden, dass die §§ 850, 850a, 850c, 850e, 850f Abs 1, §§ 850g bis 850i ZPO entsprechende Anwendung finden (dazu *Smid* DZWiR 2002, 221 ff; zur Behandlung von Altfällen **BGH** 20. 3. 2003 NJW 2003, 2167 = ZInsO 2003, 413 = NZI 2003, 389 = WM 2003, 980 = ZVI 2003, 170 = EWiR § 290 InsO 2/03, 593 *[Tetzlaff]*; LG Mönchengladbach 1. 2. 2005 NZI 2006, 49 = ZInsO 2007, 280 = ZVI 2005, 326). Damit ist diese vormals hochumstrittene Frage (siehe 12. Aufl Rn 1, 31) im Sinne der herrschenden Meinung gelöst worden (zur Auswirkung der Neuregelung der Sozialhilfe *Winter* ZVI 2004, 322 ff; zu verbleibenden Lücken im Bereich von Mieteinnahmen *Fischer/Hempler* ZInsO 2006, 474 ff). Die entsprechende Anwendbarkeit der Vorschriften über die individuelle Bestimmung der Pfändungsfreigrenzen nach den §§ 850, 850c Abs 4, 850e Nr 1, 2a ZPO und § 850f Abs 1 ZPO gewinnt vor allem für das **Verbraucherinsolvenzverfahren** (zur Anwendbarkeit § 4) und das **Restschuldbefreiungsverfahren** Bedeutung (zur Geltung auch für die Abtretung im Restschuldbefreiungsverfahren AG Braunschweig 10. 1. 2007 ZInsO 200). Für den Treuhänder stellt sich die **Herabsetzung der Pfändungsfreigrenzen** als eine Möglichkeit dar, in masseärmen Verbraucherinsolvenzverfahren Masse zu schaffen. Die **Heraufsetzung der Pfändungsfreigrenzen** ist dagegen immer dann geboten, wenn dem Schuldner bei Anwendung der Regeltabelle weniger verbleibt als der sozialhilferechtliche Mindestbedarf. Durch Art 2 des Gesetzes zum Pfändungsschutz der Altersvorsorge vom 26. März 2007 ist diese Verweisung um die neuen §§ 851c, 851d ZPO erweitert worden (dazu noch Rn 36). Die Verweisung in Abs 1 Satz 2 ist leider nicht vollkommen geglückt. Die komplette Nichterwähnung des § 850 b bedeutet nicht etwa den Wegfall der Unpfändbarkeit nach § 850 b Abs 1, sondern lediglich den Ausschluss der bedingten Pfändbarkeit nach dessen Abs 2 und 3 (näher Rn 9). Denn die Pfändbarkeitsbeschränkungen der ZPO gelten bereits über Abs 1 Satz 1, so dass Satz 2 nur Bedeutung für die Anwendbarkeit konnexer gerichtlicher Entscheidungsbefugnisse (va § 850f Abs 1 ZPO) hat (vgl **LG Köln** 8. 10. 2003 NJW-RR 2004, 36 = ZVI 2004, 497 = NZI 2004, 36; *Foerste* InsolvenzR § 15 Rn 153).

3   Abs 3 macht die Sollvorschrift des § 812 ZPO für die Gesamtvollstreckung zu einer zwingenden Norm. Der Vorschrift liegt der Gedanke zugrunde, dass einerseits der Veräußerungswert gebrauchter **Hausratsgegenstände** gering sein dürfte, dass diese aber andererseits im Rahmen der persönlichen Lebensgewohnheiten und des Lebensstils des Schuldners einen erheblichen Stellenwert haben können. Der Verlust würde den Schuldner uU außerstande setzen, die für die Restschuldbefreiung erforderlichen Einkünfte zu erzielen (vgl FK-*Schmerbach* § 36 Rn 9, 10). Durch Abs 4 ist die Entscheidung der Frage, ob ein Gegenstand in die Insolvenzmasse fällt, der **Zuständigkeit des Insolvenzgerichts** zugewiesen (dazu unten Rn 54 f).

II. Unpfändbarkeit und Insolvenzmasse

4   1. Nach Abs 1 gehören **Gegenstände, die nicht der Zwangsvollstreckung unterliegen**, nicht zur Insolvenzmasse. Die Unpfändbarkeit von Gegenständen und Forderungen ergibt sich entweder aus den §§ 811ff ZPO und §§ 850ff, 851c, 851d ZPO oder aus § 851 Abs 1 ZPO, ggf iVm § 857 ZPO. Nach letzteren Vorschriften sind Forderungen und Rechte in Ermangelung besonderer Vorschriften der Pfändung nur insoweit unterworfen, als sie übertragbar sind. Daher sind insbesondere **höchstpersönliche Ansprüche und Rechte** nicht massezugehörig. So sind beispielsweise das schuldrechtliche und das subjektiv-persönliche dingliche **Vorkaufsrecht** nicht übertragbar (§§ 514, 1094 Abs 1, 1098 BGB) und deshalb nicht zur Insolvenzmasse gehörig (dazu § 35 Rn 185 ff). Das Recht des Gläubigers auf Löschung seiner Hypothek und das Recht, eine Miet- oder Pachtsache zu vermieten oder zu verpachten (§ 549 Abs 1 BGB), fallen ebenso wenig in die Insolvenzmasse wie Anteile des Miteigentümers eines Grundstücks an der Mietzinsforderung oder vereinsrechtliche Mitgliedschaftsrechte nach § 38 BGB (Einzelheiten MK/*Smid* § 851 ZPO Rn 5; *Zöller/Stöber* § 851 ZPO Rn 2; *Schuschke* § 851 ZPO Rn 2, 3). Nicht in die Insolvenzmasse fallen auch sonstige Ansprüche der **Gesellschafter** einer BGB-Gesellschaft oder einer Personengesellschaft aus dem Gesellschaftsverhältnis (§ 717 S 1 BGB). Zu den höchstpersönlichen Ansprüchen und Rechten, die unpfändbar sind, gehören beispielsweise auch der Anspruch des Straf- und Untersuchungsgefangenen auf Auszahlung des Eigengeldes, der Anspruch auf Auszahlung eines Vorschusses auf Haftentschädigung, personengebundene öffentlich-rechtliche **Genehmigungen** und Konzessionen (vgl OVG Münster 2. 10. 2003 OVGE MüLü 49, 243 = GewArch 2004, 73 zur Genehmigung für Krankentransportfahrten; siehe auch VG Berlin 7. 6. 2002 ZVI 2004, 618: Entzug der Approbation bei Insolvenz möglich) sowie das Rentenstammrecht (**OLG Frankfurt** 1. 12. 2003 FamRZ 2004, 1043: daher keine Unterbrechung des Versorgungsausgleichsverfahrens). Be-

II. Unpfändbarkeit und Insolvenzmasse § 36

schränkt pfändbar sind Pflichtteils- und Zugewinnausgleichsansprüche unter den Voraussetzungen des § 852 ZPO (näher Rn 35). **Keine Einschränkung der Massezugehörigkeit** ergibt sich dagegen aus den besonderen Vollstreckungsschutznormen der §§ 851a, 851b ZPO. Denn dort wird nicht kraft Gesetzes die Pfändbarkeit beschränkt, sondern es kann lediglich – wie in der *lex generalis* § 765a ZPO – die ausnahmsweise Aufhebung der erfolgten Pfändung beantragt werden.

2. Zweckgebundene Forderungen und Insolvenzmasse. Zweckgebundene Forderungen sind nur im 5 Rahmen ihrer Zweckbindung pfändbar und gehören deshalb regelmäßig nicht zur Insolvenzmasse, weil die Zweckbestimmung in der Insolvenz meist entfällt bzw nicht mehr erfüllbar ist (HK-*Eickmann* § 36 Rn 4). Die Zweckbindung kann dabei nicht einseitig oder durch Abrede zwischen Schuldner und Drittschuldner herbeigeführt werden (vgl **BGH** 20.11.1997 ZIP 1998, 294 = NJW 1998, 746 = EWiR § 851 ZPO 1/98, 143 [*Hintzen*] = WuB IV A § 135 BGB 1.98 [*Jedzig*] = WM 1998, 40; *Thomas/Putzo* § 851 ZPO Rn 3; MK/*Smid* § 851 ZPO Rn 6; *Schuschke* § 851 ZPO Rn 5). So ist der **Freistellungsanspruch** des Arbeitnehmers gegen seinen Arbeitgeber von Ansprüchen auf Schadenersatz wegen fahrlässiger Schadenszufügung, da nur für den Geschädigten pfändbar, nicht Teil der Insolvenzmasse (siehe auch oben § 35 Rn 162). Gleiches gilt für den Anspruch des Ehegatten oder Partners einer eingetragenen Lebenspartnerschaft (§ 5 LPartG) auf Prozesskostenvorschuss nach § 1360a BGB oder den Anspruch des Bauherrn gegen die Bank auf Auszahlung des Baudarlehens, denn dieser ist nur für die am Bau beteiligten Handwerker, Architekten etc, nicht aber für Dritte, pfändbar (*Schuschke* § 851 ZPO Rn 4; *Rosenberg/Schilken* § 54 I 1 b; *Stein/Jonas/Münzberg* § 851 ZPO Rn 21; *Stöber*, Forderungspfändung Rn 80). Dasselbe gilt für den Vorschuss des Architekten zur Baubetreuung oder den Anspruch des Mieters auf Gebrauchsüberlassung der Mietsache (Einzelheiten MK/*Smid* § 851 ZPO Rn 7). Zu den Ausnahmen bei Baugeldansprüchen oder bei Versicherungsleistungen mit Wiederherstellungsklauseln oben § 35 Rn 223. Anders liegen die Dinge, wenn die **Zweckbestimmung entfallen** ist, weil zB die Bauunternehmerforderung wegen Eigenleistung des Schuldners nicht entsteht (*Stöber*, Forderungspfändung Rn 79). Dann entfällt die Pfändungsbeschränkung und damit fällt der Gegenstand oder Anspruch in die Insolvenzmasse (*Stöber* Forderungspfändung Rn 81; MK/*Smid* § 851 ZPO Rn 7).

3. Erweiterte Pfändbarkeit. Bei Pfändbarkeit einer Forderung nur zugunsten bestimmter Gläubiger 6 (§§ 850d, 850f Abs 2 ZPO) entfällt die Massezugehörigkeit, weil sich die Pfändbarkeit danach beurteilt, ob sie **für alle Gläubiger pfändbar** ist (HK-*Eickmann* § 36 Rn 5). So fallen nicht in die Insolvenzmasse ua Heirats- und Geburtshilfen (§ 850a Nr 5 ZPO), Ansprüche gem § 13 PachtkreditG auf Rückzahlung des Darlehens, Ansprüche auf Schuldbefreiung sowie Freistellungsansprüche (vgl MK/*Smid* § 851 ZPO Rn 8). Werden nach § 850c Abs 4 ZPO Unterhaltsberechtigte auf Antrag des Insolvenzverwalters vom Insolvenzgericht ausgeschlossen, so ist der hierdurch entstehende pfändbare Betrag Teil der Insolvenzmasse (HK-*Eickmann* § 36 Rn 5).

4. Bedingte Pfändbarkeit. Bedingt pfändbar sind nach § 851 Abs 2 ZPO Forderungen, für die § 399 7 BGB eingreift. Sie dürfen gepfändet werden, wenn der geschuldete Gegenstand, gleichgültig ob es sich um eine Sache oder ein Recht handelt, nicht unpfändbar ist. Bedingt pfändbar sind ferner nach § 857 Abs 3 ZPO unveräußerliche Rechte, wenn die Ausübung einem Dritten überlassen werden kann. Das trifft etwa auf Urheberrechte oder den Nießbrauch gem § 1059 S 2 zu (dazu auch oben § 35 Rn 189ff, 254ff). Bei einer beschränkt persönlichen Dienstbarkeit bedarf es zusätzlich gem § 1092 Abs 1 Satz 2 BGB einer Gestattung, die aber nicht aus dem Grundbuch ersichtlich sein muss, um die Pfändung zu ermöglichen (**BGH** 29.9.2006 ZIP 2006, 2321 = ZInsO 2006, 1324 = WuB VI A § 81 InsO 1.07 [*Bartels*] = WM 2006, 2226; dazu *Kesseler* ZIP 2006, 2323; *Böttcher* ZfIR 2007, 97). Soweit die Voraussetzungen der bedingten Pfändbarkeit erfüllt sind, fallen solche Forderungen und Rechte in die Masse. Der Prüfung der Abtretbarkeit nach § 399 BGB bedarf es nicht, wenn die **Unübertragbarkeit der Forderung** gesetzlich geregelt ist, so zB bei Ansprüchen auf Dienstleistung (§ 613 S 2 BGB, vgl **BFH** 5.2.2003 **BFH/NV** 2003, 663 = ZInsO 2003, 375; FG Hamburg 27.8.2003 EFG 2004, 527 = DStrE 2004, 667 jew zu Bestellung als Steuerberater), auf Ausführung eines Auftrags (§ 644 BGB), die Ansprüche der Genossenschaft auf Einzahlung der Geschäftsanteile durch die Genossen, der Anspruch auf Aufhebung der Gemeinschaft (§ 749 Abs 1 BGB) sowie das Recht auf Erbauseinandersetzung nach § 2042 Abs 1 BGB.

Grundsätzlich pfändbar sind **Honorarforderungen** von Steuerberatern, Rechtsanwälten und Ärzten 8 gegen ihre Mandanten bzw Patienten, da die jeweiligen gesetzlichen Schweigepflichten insoweit zugunsten höherrangigen Allgemeininteresses zurücktreten müssen (dazu Rn 24ff; siehe dort auch zu Honorarforderungen des Vertragsarztes Rn 29). Das Gleiche gilt für den Anspruch auf Prozesskostenerstattung (**BGH** 1.2.2007 ZIP 2007, 1020 = NJW-RR 2007, 1205 = ZInsO 2007, 545 = NZI 2007, 407 = WM 2007, 977). Zur Insolvenzmasse des Schuldners gehört trotz § 2214 BGB grundsätzlich auch ein **Nachlass unter Testamentsvollstreckung** (ausf dazu § 35 Rn 200).

Unterhaltsansprüche sind gem § 850b Abs 2 ZPO bedingt pfändbar. Die bedingte Pfändbarkeit ist 9 mit dem Insolvenzverfahren nicht vereinbar, denn sie setzt eine Billigkeitsprüfung nach den Umständen des Einzelfalles voraus. Solche **Billigkeitsentscheidungen zugunsten einzelner Gläubiger** haben **im Insol-**

venzverfahren keinen Platz, weil sie systemwidrig sind. Denn das Insolvenzverfahren mit dem Gleichbehandlungsgrundsatz dient der Befriedigung sämtlicher Gläubiger eines Schuldners (KS-*Kohte* S 781, 785 Rn 13, 14). Das **InsOÄndG 2001** hat daher in Abs 1 S 2 die Vorschrift des § 850 b ZPO nicht für entsprechend anwendbar erklärt. Diese Entscheidung bleibt den Vollstreckungsgericht vorbehalten. Erlässt das Vollstreckungsgericht den Pfändungsbeschluss (§ 829 ZPO), so begründet dies die Pfändbarkeit nur zugunsten des Antragstellers (*Jaeger/Henckel* § 1 KO Rn 73; HK-*Eickmann* § 36 Rn 6). Damit bleibt insoweit die Einzelzwangsvollstreckung zulässig mit der Folge, dass § 89 keine Anwendung findet. Andererseits fallen deshalb Ansprüche, die bedingt pfändbar sind, nicht in die Insolvenzmasse (MK/*Peters* Rn 43). Damit gehören nicht in die Insolvenzmasse: **Renten wegen einer Verletzung des Körpers oder der Gesundheit** (zB § 843 BGB, § 8 HpflG, § 13 Abs 2 StVG); Unterhaltsrenten, die auf gesetzlichen Vorschriften beruhen; ferner **Ansprüche aus Vertrag und Vergleich**, wenn es sich um Unterhalt handelt, der auf gesetzlicher Vorschrift beruht (**BGH 29. 1. 1997 NJW 1997, 1441, 1442**) oder **Unterhaltsrenten**, die wegen Entziehung einer Unterhaltsforderung zu entrichten sind (§§ 844 Abs 2, 618 Abs 3 BGB, § 62 Abs 3 HGB, § 8 Abs 2 HpflG, § 13 Abs 2 SpVG, § 38 Abs 2 LuftVG, § 28 Abs 2 AtomG, § 36 Abs 2 BGSG). Nach § 89 Abs 2 S 2 gilt das Vollstreckungsverbot nicht für die Zwangsvollstreckung wegen eines Unterhaltsanspruchs oder einer Forderung aus einer vorsätzlichen unerlaubten Handlung in den Teil der Bezüge, der für andere Gläubiger nicht pfändbar ist. **Unterhaltsgläubiger** können somit wegen der nach Verfahrenseröffnung entstehenden familienrechtlichen Unterhalts- und Erstattungsansprüche, soweit diese nicht nach § 40 am Verfahren teilnehmen, in Teile des Schuldnervermögens vollstrecken, das wegen Abs 1 nicht in die Insolvenzmasse fällt (vgl KPB-*Lüke* § 89 Rn 29; KS-*Gerhardt* S 193, 215 Rn 46; KS-*Landfermann* S 159, 172 Rn 41).

10 **5. Vertraglicher Ausschluss der Pfändbarkeit und Insolvenzmasse.** Eine nach § 399 BGB nicht übertragbare Forderung kann insoweit gepfändet und zur Einziehung überwiesen werden, als der geschuldete Gegenstand der Pfändung unterworfen ist (§ 851 Abs 2 ZPO), weil es ansonsten Schuldner und Drittschuldner in der Hand hätten, wesentliche Teile des Schuldnervermögens den Gläubigern zu entziehen (*Schuschke* § 851 ZPO Rn 8). Pfändbarkeit ist daher zB auch gegeben, wenn **Lohnabtretungsverbote** tarifvertraglich vereinbart sind oder das Verbot der Forderungsabtretung in amtlich genehmigten Versicherungsbedingungen enthalten ist oder wenn in Vergabebedingungen der öffentlichen Hand oder in der Satzung einer Körperschaft des öffentlichen Rechts Abtretungsverbote geregelt sind. Das gilt selbst dann, wenn die Vereinbarung auch den Insolvenzfall einbezieht (**BGH 10. 4. 1961 NJW 1961, 1349**; HK-*Eickmann* § 36 Rn 3). Nicht zur Insolvenzmasse gehören allerdings Forderungen, wenn die Leistung an einen anderen nicht ohne Veränderung des Inhalts erfolgen kann (HK-*Eickmann* § 36 Rn 3).

11 Vielmehr darf der Pfandgläubiger die verpfändete Forderung gem § 173 Abs 1 selbst verwerten. Waren die **Ansprüche aus einem Lebensversicherungsvertrag unanfechtbar zur Sicherheit abgetreten** worden, fällt auch keine **Feststellungspauschale** nach den §§ 170 Abs 2, 171 Abs 1 an, wenn die Absonderungsberechtigte die Sicherheit verwertet. Gleiches gilt, wenn der Absonderungsberechtigte im Insolvenzeröffnungsverfahren nach Bestellung eines vorläufigen Insolvenzverwalters, aber noch vor Verfahrenseröffnung unter Inanspruchnahme der Sicherheit den Lebensversicherungsvertrag kündigt, der Versicherer darauf die Überweisung des verfügbaren Betrages zum Kündigungstermin ankündigt, die Zahlung aber erst nach Insolvenzeröffnung erfolgt (**OLG Hamm 20. 9. 2001 ZInsO 2001, 1162 = NZI 2002, 50**).

12 **6. Ist- und Sollmasse bei unpfändbaren Einkünften.** Sehr umstritten ist, ob das Arbeitseinkommen oder sonstige Einkünfte des Schuldners in vollem Umfang zunächst einmal in die Insolvenzmasse als Ist-Masse fallen und dann vom Insolvenzverwalter zur Herstellung einer Soll-Masse ausgekehrt werden müssen (dafür **BGH 5. 4. 2006 ZVI 2007, 78** für Einkünfte aus selbstständiger Tätigkeit, wo allerdings ohnehin erst Antrag nach § 850i ZPO zu stellen ist; insoweit ebenso **OLG Hamm 31. 5. 2005 NJW 2005, 2788**, siehe noch Rn 20; generell **LG Köln 8. 10. 2003 = NJW-RR 2004, 552 = ZVI 2004, 497 = NZI 2004, 36**; MK/*Peters* Rn 40; Smid § 36 Rn 3) oder ob die unpfändbaren Gegenstände von vornherein vom Insolvenzbeschlag ausgenommen sind (dafür vor allem die arbeitsrechtliche Rechtsprechung, **LAG Düsseldorf 2. 6. 2004 NZA-RR 2005, 317 = ZVI 2004, 484 = ZInsO 2005, 391**; **LAG Schleswig-Holstein 18. 1. 2006 ZVI 2006, 151 = NZA-RR 2006, 309**; ferner **SG Dresden 28. 1. 2002 S 23 RJ 290/02**; *Steder* ZIP 1999, 1874, 1876; *Braun/Bäuerle* § 36 Rn 11 f). Hintergrund ist der praktischen Probleme, wenn zunächst einmal das gesamte Arbeitseinkommen des Schuldners durch das Insolvenzverfahren blockiert wird und er uU Wochen oder gar Monate Sozialhilfe in Anspruch nehmen muss (siehe 12. Aufl Rn 7). Daher ist, soweit sich das pfändungsfreie Einkommen ohne Weiteres aus § 850c ZPO und nach den aus § 850c Abs 2 ZPO erstellten Tabellen ermitteln lässt und daher keine Zweifel an der Massezugehörigkeit aufkommen können, der letztgenannten Ansicht der Vorzug zu geben (abw 12. Aufl Rn 7: lediglich Pflicht des Insolvenzverwalters, unpfändbaren Teil zügig festzustellen und den Arbeitgeber anzuweisen, diesen an den Schuldner auszukehren). Das gilt erst recht bei anderen Ansprüchen, die offensichtlich nicht der Masse zugehören (zB Erstattungsanspruch für ärztliche Behandlungskosten nach § 850b Abs 1 Nr 4 ZPO; aA **LG Köln 8. 10. 2003 NJW-RR 2004, 552 = NZI**

III. Nicht zur Insolvenzmasse gehörende Gegenstände (Abs 1) **§ 36**

2004, 36 = ZVI 2004, 497). Bei der Ermittlung der Freibeträge zu beachten ist nicht nur das Siebte Gesetz zur Änderung der Pfändungsfreigrenzen, das am 1. 1. 2002 in Kraft getreten ist, sondern auch die automatische Anpassung, die alle zwei Jahre ab 1. 7. 2003 jeweils zum 1. Juli stattfindet (s auch *Grote* ZInsO 2001, 1139). Steuerrechtlich erfolgt keine Trennung zwischen der Insolvenzmasse und dem beschlagsfreien Vermögen des Schuldners (*Smid* § 36 Rn 3).

III. Nicht zur Insolvenzmasse gehörende Gegenstände (Abs 1)

Abs 1 S 1 orientiert sich am Wortlaut des früheren § 1 Abs 1 KO. Statt des Begriffs des „Vermögens" 13 verwendet das Gesetz den des „Gegenstandes" (vgl BegrRegE zu § 43, BR-Drucks 1/92 S 122; KS-*Bernsen* S 1843, 1850 Rn 18; KPB-*Holzer* § 36 Rn 6). Der Begriff ist missverständlich, denn er beschränkt sich nicht etwa auf körperliche Gegenstände, sondern erfasst wie § 35 sämtliche Bestandteile des Schuldnervermögens. Allgemein zu beachten ist, dass die Zwecke der meisten Pfändungsverbote auf natürliche Personen zugeschnitten sind und für juristische Personen oder Handelsgesellschaften keine Geltung beanspruchen können (vgl Rn 19; MK/*Peters* Rn 6).

1. Unpfändbare Sachen. Unpfändbar und deshalb nicht zur Insolvenzmasse gehören ua sämtliche Sa- 14 chen, die § 811 Nr 1–13 ZPO für unpfändbar erklärt, also etwa alle dem persönlichen Gebrauch oder dem Haushalt dienenden Sachen, soweit der Schuldner ihrer zu einer seiner Berufstätigkeit und seiner Verschuldung angemessenen bescheidenen Lebensführung und Haushaltsführung bedarf. Die Unpfändbarkeit erstreckt sich dabei nicht auf den für die Veräußerung einer unpfändbaren Sache erlangten Erlös. Eine dingliche Surrogation findet im Insolvenzverfahren nicht statt (Rn 51 A). Außerdem entfällt der Pfändungsschutz, wenn der Schuldner unpfändbare Gegenstände zur Sicherheit übereignet und damit auf den Pfändungsschutz in zulässiger Weise verzichtet hat (**AG Köln** 15. 4. 2003 NJW-RR 2003, 987, 989 = ZInsO 2003, 667 = NZI 2003, 987 = EWiR § 36 InsO 3/03, 1151 *[Tetzlaff]* aA **OLG Köln** 12. 6. 2006 2 U 45/06 Tz 3 = ZVI 2006, 591 = EWiR § 36 InsO 1/06, 625 *[Gundlach/Schmidt]* in Bestätigung von **LG Aachen** 16. 3. 2006 = ZIP 2006, 1110 = NZI 2006, 643: Wirkung des Verzichts, selbst wenn zulässig, nur relativ ggü Sicherungsnehmer, siehe noch Rn 39); zur Verwertbarkeit von Kfz in der Insolvenz eingehend *Winter* ZVI 2005, 569 ff.

In der Praxis der Insolvenzabwicklung ist insbesondere die fehlende **Massezugehörigkeit von Gegen-** 15 **ständen, die zur Fortsetzung der Erwerbstätigkeit** des Schuldners erforderlich sind (§ 811 Nr 5 ZPO) problematisch, vor allem wenn es sich um **Handwerker** oder **Freiberufler** handelt. Denn sie kann dazu führen, dass der Betrieb als solcher im Insolvenzverfahren nicht im Wege der übertragenden Sanierung auf einen Dritten übertragen werden kann. Dementsprechend hat sich eine neuere Ansicht zu Recht für die teleologische Reduktion des § 811 Abs 1 Nr 5 ZPO ausgesprochen, um den Interessen der Gläubiger gerecht zu werden (*Smid/Wehdeking* InVo 2000, 293, 294; zust **AG Köln** 15. 4. 2003 NJW-RR 2003, 987 = ZVI 2003, 418 = ZInsO 2003, 667 = NZI 2003, 387 = EWiR § 36 InsO 1/03, 1151 *[Tetzlaff]*). Der Pfändungsschutz entfällt aber nicht schon, wenn die Gläubigerversammlung die Stilllegung der Praxis beschlossen hat, weil damit nicht die Befugnis des Schuldners zu selbstständiger Arbeit entfällt, der deren Ausübung er im Insolvenzverfahren frei entscheiden darf (**AG Köln** aaO; *Voigt/Gerke* ZInsO 2002, 1054, 1057; aA wohl **AG Dresden** 16. 4. 2002 ZVI 2002, 119 ff; siehe auch nächste Rn). Unabhängig davon kann der Insolvenzverwalter nach neuem Recht aber auch bewusst die selbstständige Tätigkeit nach § 35 Abs 2 und 3 „freigeben" und dabei eine Ausgleichzahlung nach § 295 Abs 2 zugunsten der Masse festlegen. Die Kehrseite der Massefreiheit von Gegenständen nach § 811 Nr 5 und 7 ZPO ist, dass die Steuern auf die damit erzielten Einkünfte keine Masseverbindlichkeiten darstellen (**BFH** 7. 4. 2005 BFHE 210, 156 = ZIP 2005, 1376 = ZInsO 2005, 774 zu Umsatzsteuer; dazu *Grabau/Miehe* ZVI 2006, 232).

Der Insolvenzschutz der § 36 Abs 1 InsO, § 811 Abs 1 Nr 5 ZPO kommt aber auch dann zum Tragen, 16 wenn der **Schuldner zur Zeit ohne Arbeit ist**, er aber die Gegenstände zur **Wiederaufnahme der Arbeit** benötigt, da die Erfüllung eines Schuldenregulierungsplans im Rahmen eines Verbraucherinsolvenzverfahrens ebenso wie die zwingende Regelung in § 295 Abs 1 Nr 1 zur Erlangung einer Restschuldbefreiung erfordert, dass der Schuldner weiter eine Erwerbstätigkeit ausübt. Eine nur vorübergehende Nichtausübung der Tätigkeit hat nicht die Unzulässigkeit der Pfändung zur Folge (**OLG Köln** JMBl NW 1956, 64; **LG Tübingen** 5. 2. 1975 DGVZ 1976, 28; **AG Mönchengladbach** 21. 7. 1976 DGVZ 1977, 95; *Zöller/Stöber* § 811 ZPO Rn 24 a). Ein Schuldner genießt dagegen keinen Schutz nach Abs 1, wenn er eine längere Freiheitsstrafe verbüßt und deshalb an der Ausübung seines Gewerbes gehindert ist (*Zöller/Stöber* § 811 ZPO Rn 24 a). Die **Beschäftigung von Mitarbeitern** und der **Einsatz von Maschinen** schließt die Unpfändbarkeit der für die Erwerbstätigkeit des Schuldners erforderlichen Gegenstände keineswegs aus (*Zöller/Stöber* § 811 ZPO Rn 35). Es braucht sich nicht um eine **hauptberufliche Tätigkeit** zu handeln. Geschützt sind nach § 36 Abs 1 InsO, § 811 Nr 5 ZPO auch Tätigkeiten, die einen Erwerb mit Nebenverdienst darstellen (**LG Rottweil** 7. 4. 1992 DGVZ 1993, 57; **AG Karlsruhe** 28. 3. 1998 DGVZ 1989, 141; str aA **LG Regensburg** 3. 11. 1977 DGVZ 1978, 45).

Zur **Fortsetzung der Erwerbstätigkeit erforderliche Gegenstände** (**BGH** 5. 11. 1992 NJW 1993, 921, 17 922 = ZIP 1993, 128 = WM 1993, 246 = EWiR § 419 BGB 1/93, 129 *[Martinek]* = WuB IV A § 419

BGB 1.93 *[Emmerich]*) sind alle Sachen, die der Schuldner zur Fortsetzung seiner bisherigen Erwerbstätigkeit oder zum Neuanfang einer unterbrochenen Erwerbstätigkeit benötigt. Unentbehrlichkeit ist nicht erforderlich. Hierzu kann im Einzelfall zählen das Kraftfahrzeug, ein Lieferwagen oder ein Fahrrad, wenn die Benutzung öffentlicher Verkehrsmittel unzumutbar ist (vgl **OLG** Hamm 1. 3. 1984 OLGZ 1984, 368 = WM 1984, 671 LG Heilbronn 16. 3. 1987 NJW 1988, 148; LG Rottweil 7. 4. 1992 DGVZ 1993, 57). Bei **Werkzeugen, Maschinen** und **sonstigen Geräten**, die der Schuldner zur Fortsetzung seiner Erwerbstätigkeit benötigt, kommt es nicht darauf an, ob die Gegenstände vom Schuldner selbst oder von Hilfskräften benutzt werden, wie zB Werkzeuge eines Handwerksbetriebes (vgl *Baumbach/Lauterbach/Hartmann* § 811 ZPO Rn 36, 37, 39 ff; MK/*Schilken* § 811 ZPO Rn 29, 30; *Stein/Jonas/Münzberg* § 811 ZPO Rn 51; *Zöller/Stöber* § 811 ZPO Rn 27 ff). Hierzu zählen auch **Arbeitskleidung**, Verwaltungsmaterial und Mittel zur geistigen Arbeit, wie zB **Bücher, EDV-Anlagen, Software** und uU sogar **Kraftfahrzeuge**, soweit sie für die persönliche Erwerbstätigkeit notwendig sind (MK/*Schilken* § 811 ZPO Rn 29, 30; HK-*Eickmann* § 36 Rn 18; KPB-*Holzer* § 36 Rn 17). Nicht in die Insolvenzmasse fällt auch der **Laptop** eines Schriftstellers oder Journalisten, das Taxi eines Taxifahrers oder die Staffelei eines Malers (§ 36 Abs 1 InsO, § 811 Abs 1 Nr 5 ZPO). Praxis- und Laboreinrichtungsgegenstände eines (Zahn-)Arztes werden wegen § 811 Nr 7 ZPO nicht vom Insolvenzbeschlag erfasst (**LG** Aachen 16. 3. 2006 = ZIP 2006, 1110 = NZI 2006, 643. Die **Handbibliothek** eines Rechtsanwalts oder Hochschullehrers ist ebenfalls nach § 36 Abs 1 InsO, § 811 Abs 1 Nr 7 ZPO ausgenommen. **Computer** gehören nicht in die Masse, wenn sie persönlich für die Ausübung des Berufes, Gewerbes oder zur Vorbereitung eines Examens benötigt werden (*Paulus* DGVZ 1990, 151, 152; HK-*Eickmann* § 36 Rn 10). **Private Briefe**, nicht dagegen Geschäftskorrespondenz, sind insolvenzfrei, da sie der Geheimsphäre des Schuldners zuzurechnen sind (dazu und zu sonstigen persönlichen Gegenständen s § 35 Rn 147 f). Nach § 811 c Abs 1 ZPO sind **Tiere**, die im häuslichen Bereich und nicht zu Erwerbszwecken gehalten werden, nicht der Pfändung unterworfen und fallen deshalb nicht in die Insolvenzmasse, es sei denn, das Vollstreckungsgericht hat nach § 811 c Abs 2 ZPO bereits die Pfändung wegen des **hohen Wertes des Tieres** zugelassen. Im Insolvenzverfahren kann der Insolvenzverwalter dieses Ergebnis mit Zustimmung des Insolvenzgerichts herbeiführen (näher 12. Aufl Rn 14). Nach § 811 Abs 1 Nr 8 ZPO ist **Bargeld**, das zum unpfändbaren Teil des Arbeitseinkommens gehört, und sind entsprechende Bezüge (§§ 850, 850 a, 850 b ZPO) auch **nach der Auszahlung** nicht Teil der Insolvenzmasse. Andernfalls würde zwar ein Teil des Lohns oder Gehalts, solange er nicht ausgezahlt ist, unpfändbar sein, aber mit der Auszahlung pfändbar und damit Teil der Insolvenzmasse werden (*Jauernig* § 32 II D 3; MK/*Schilken* § 811 ZPO Rn 33; *Schuschke* § 811 ZPO Rn 32). Für **Sozialgeldleistungen** gilt gem § 55 Abs 4 SGB I Entsprechendes. Die Herkunft des Geldes spielt keine Rolle, vielmehr hat der Insolvenzverwalter (Treuhänder) dem Schuldner einen Geldbetrag zu belassen, der der Pfändungsschutzbestimmung des § 811 Abs 1 Nr 8 ZPO entspricht.

18   Die Ausnahme des § **811 Abs 2 ZPO** gewinnt – anders als in der Einzelzwangsvollstreckung – für die Gesamtvollstreckung keine große Bedeutung. Ebenso wie **Sicherungseigentum** hat der **Eigentumsvorbehaltsgläubiger** zunächst einmal die Sache in der Insolvenzmasse zu belassen (ausführlich oben § 35 Rn 258 ff). Die erweiterte Pfändbarkeit unter EV gelieferter Gegenstände führt immerhin dazu, dass die Gegenstände zunächst einmal der Ist-Masse zuzuordnen sind, also in die Insolvenzmasse fallen. Es ist dann Sache des Eigentumsvorbehaltsgläubigers, den für ihn pfändbaren Gegenstand nach § 47 InsO, § 985 BGB auszusondern. **Weitere Pfändungsverbote** über den Katalog des § 811 ZPO hinaus können sich aus der Art des Gegenstandes ergeben, weil die Veräußerung durch einen Gerichtsvollzieher gesetzlich verboten ist, wie zB bei gesundheitsschädlichen Lebensmitteln, Losen verbotener Lotterien oder nicht geeichten medizinischen Geräten (vgl *Stein/Jonas/Münzberg* § 811 ZPO Rn 74; MK/*Schilken* § 811 ZPO Rn 39; KPB-*Holzer* § 36 Rn 26).

19   Für **juristische Personen** und **Gesellschaften ohne Rechtspersönlichkeit** (§ 11 Abs 1 und Abs 2 Nr 1) besteht der Insolvenzschutz hinsichtlich der für die weitere Erwerbstätigkeit erforderlichen Gegenstände grundsätzlich nicht (ausf. *H.-F. Müller* Der Verband in der Insolvenz, S 29 ff, 33). Das ist Folge des für sie grundsätzlich geltenden Vollabwicklungsgebots (dazu oben § 11 Rn 148 ff, Rn 301 ff). Etwas anderes kann im Einzelfall aber gelten, wenn zB sämtliche Gesellschafter einer Gesellschaft ihren Erwerb aus körperlicher Arbeit im Gewerbebetrieb der Gesellschaft ziehen (vgl **OLG** Oldenburg 5. 7. 1963 NJW 1964, 505; **AG** Bersenbrück 23. 12. 1991 DGVZ 1992, 78; *Zöller/Stöber* § 811 ZPO Rn 26; MK/*Schilken* § 811 ZPO Rn 28; str aA *Jauernig* § 32 II D 2; siehe dazu im Übrigen oben § 35 Rn 301).

20   **2. Unpfändbare Forderungen und Rechte. a) Unpfändbares Arbeitseinkommen und sonstige Leistungen.** Nicht in die Insolvenzmasse gehören gem Abs 1 unabtretbare und deswegen grundsätzlich unpfändbare Forderungen und Rechte des Schuldners. Das sind vor allem Forderungen auf unpfändbares Arbeitseinkommen (§§ 850 ff ZPO). Dagegen zählen sonstige Vergütungen nach § 850 i ZPO grundsätzlich in vollem Umfang zur Masse und können lediglich auf Antrag des Schuldners vom Insolvenzgericht freigegeben werden (Abs 1 Satz 2 iVm § 850 i ZPO, vgl **BGH** 5. 4. 2006 ZVI 2007, 78 = für Einkünfte eines Arztes; **OLG** Hamm 31. 5. 2005 NJW 2005, 2788; **SG** Düsseldorf 25. 5. 2005 ZInsO 2005, 828; **AG** Kleve 25. 2. 2003 ZVI 2003, 368 für Abfindung bei Arbeitsplatzverlust; dazu auch **AG**

III. Nicht zur Insolvenzmasse gehörende Gegenstände (Abs 1) § 36

Wilhelmshaven 30. 1. 2003 ZVI 2003, 138: Erwerbsobliegenheit nach § 295 Abs 1 Nr 1 vorrangig; zum ganzen auch *Hergenröder* ZVI 2006, 173 ff). Auch rückständiges Arbeitseinkommen des Schuldners gehört nach Maßgabe der §§ 832, 850 ff ZPO zur Masse (*Kilger/K. Schmidt* § 1 KO Anm 2 B b; *Hess* §§ 35, 36 Rn 91). Nicht zum Arbeitseinkommen gehört dagegen eine Einkommensteuererstattung, so dass sie im Verfahren unbeschränkt der Masse, in der Wohlverhaltenperiode dagegen dem Schuldner zusteht (oben § 35 Rn 181 ff). Das unpfändbare Einkommen steht dem Schuldner in voller Höhe zur Verfügung und kann daher zur Berechnung seines Unterhalts ohne Abzug der Insolvenzverbindlichkeiten herangezogen werden, so dass die Eröffnung des Insolvenzverfahrens einen anhängigen Unterhaltsprozess gegen den Schuldner nur hinsichtlich der zum Eröffnungszeitpunkt fälligen Ansprüche unterbricht (**OLG Koblenz**, 29. 11. 2004 ZVI 2005, 369 = NZI 2005, 346 sowie 15. 5. 2002 ZVI 2003, 354 = ZInsO 2002, 832 = NZI 2003, 60; ferner **OLG** Celle 8. 11. 2002 FamRZ 2003, 1116). Denn nur letztere werden Insolvenzforderungen (§§ 38, 40; **OLG** Nürnberg 4. 10. 2004 NJW-RR 2005, 776 = ZInsO 2005, 638). Wenn nur massezugehöriges Einkommen zur Verfügung steht (zB Einkünfte eines Zahnarztes nach § 850 i ZPO), ist der Prozess daher vollständig zu unterbrechen (**OLG Hamm** 31. 5. 2005 NJW 2005, 2788). Nach umstrittener Ansicht vor allem der arbeitsgerichtlichen Rechtsprechung soll der Schuldner in Höhe der Unpfändbarkeit seiner Lohnansprüche verfügungsberechtigt bleiben, so dass insoweit die Einziehungsbefugnis des Insolvenzverwalters fehlt und der Schuldner zur Geltendmachung selbst aktivlegitimiert bleibt (**LAG Schleswig-Holstein** 18. 1. 2006 ZVI 2006, 151 = NZA-RR 2006, 309) und ein Prozess nicht unterbrochen wird (**LAG** Düsseldorf 2. 6. 2004 LAGE § 36 InsO Nr 1 = ZVI 2004, 484 = ZInsO 2005, 391 = NZA-RR 2005, 317; **LAG** Schleswig-Holstein 18. 1. 2006 ZVI 2006, 151 = NZA-RR 2006, 309; siehe aber Rn 12). Umgekehrt kann der Insolvenzverwalter vom Arbeitgeber die Zahlung der pfändbaren Beträge zur Masse fordern (**LAG** Hamm 16. 8. 2006 ZIP 2007, 348 = ZVI 2007, 81 = EWiR § 36 InsO 1/07, 337 *[U. Keller]*). Welche Teile des Arbeitseinkommens in die Insolvenzmasse fallen, ergibt sich aus den §§ 850 a, 850 b–850 g ZPO. Dabei ist das Weihnachtsgeld gem § 850 e ZPO brutto in voller Höhe und nicht lediglich um Steuern gekürzt abzuziehen (**LG** Mönchengladbach 1. 2. 2005 ZVI 2005, 326 = ZInsO 2007, 280 = NZI 2006, 49). Arbeitseinkommen für die Zeit nach Insolvenzeröffnung fällt gem § 35 als Neuerwerb in die Insolvenzmasse. Auch hier greifen die Pfändungsgrenzen des § 850 c ZPO ein, so dass die unpfändbaren Beträge nicht massezugehörig sind. Arbeitseinkommen, das auf ein Schuldnerkonto überwiesen worden ist, fällt nur mit dem pfändbaren Teil in die Masse (§ 850 k ZPO; zu dessen Reichweite *Foerste* ZInsO 2009, 646 ff; zur Neuregelung ab 2010 *Graf-Schlicker/Linder* ZIP 2009, 989 ff). Der Schuldner, der Restschuldbefreiung nach § 287 Abs 1 S 1 beantragt, hat nur den **pfändbaren Teil seines Einkommens** oder an dessen Stelle tretende laufende Bezüge an den Treuhänder abzutreten. Auf diese Weise sollen ihm ausreichende finanzielle Mittel verfügbar bleiben, um seinen eigenen Lebensunterhalt zu bestreiten (*Döbereiner*, Restschuldbefreiung S 186).

Da auch im Rahmen des eröffneten Insolvenzverfahrens das **Vollstreckungsgericht** berechtigt ist, gem 21 §§ 850 d, 850 f Abs 2 ZPO für bestimmte Gläubiger und Gläubigergruppen den Pfändungsschutz zu erweitern oder einzuschränken und damit uU die Insolvenzmasse zu schmälern, kommt bei **Unterhaltsansprüchen** eine Korrektur allenfalls über § 100 in Betracht. Die Problematik der Unterhaltsgewährung nach § 100 (eingehend 12. Aufl Rn 17) hat sich durch die Änderung der Pfändungsfreigrenzen und die ständige zweijährige Anpassung ab 2003 (Rn 12) weitgehend entschärft (§ 850 c Abs 2 a S 1 ZPO).

Der Insolvenzverwalter ist berechtigt, gem § 850 h ZPO auch die vor Insolvenzeröffnung begründe- 22 ten pfändbaren Anteile **verschleierten Arbeitseinkommens** zur Masse zu ziehen (*Jaeger/Henckel* § 1 KO Rn 72; *Keller* NZI 2001, 449, 451). Wird die **Miete** für die Wohnung des Schuldners aus der Masse gezahlt (§ 55 Abs 1 Nr 2), so ist der unpfändbare Betrag der Unterhaltsleistungen um ca 20% zu kürzen (vgl *Behr* JurBüro 1997, 293; HK-*Eickmann* § 36 Rn 7). Nicht in die Insolvenzmasse fallen bedingt pfändbare Ansprüche nach § 850 b Abs 1 ZPO (näher Rn 9). Gleiches gilt für Ansprüche auf Entschädigung für Strafverfolgungsmaßnahmen oder **Ansprüche auf Kindergeld**. Nicht in die Insolvenzmasse fallen auch Ansprüche auf den notwendigen Unterhalt (§ 850 d ZPO) sowie neuerdings unter den Voraussetzungen und Freigrenzen der §§ 851 c, d ZPO Ansprüche auf Altersrenten (dazu Rn 23). Ansprüche auf **Sozialleistungen** fallen gem § 850 i Abs 4 ZPO, §§ 54, 55 SGB I nur mit den pfändbaren Teilen in die Insolvenzmasse (**BGH** 25. 10. 1984 KTS 1985, 96, 98; *Häsemeyer* InsR Rn 9.13; N/R/*Andres* § 36 Rn 14). Die früher vertretene Auffassung bei K/U (§ 1 KO Rn 32 a) ist aufzugeben (eingehend 12. Aufl Rn 18). Da die Pfändung allerdings nur wie Arbeitseinkommen zugelassen werden kann, sind dem Schuldner zumindest die Freibeträge, die sich aus § 850 c Abs 1, 2 ZPO ergeben, zu belassen (*Schuschke* § 850 c ZPO Rn 11). Vorinsolvenzlich entstandene Sozialleistungen (zB Arbeitslosengeld, Übergangs- und Krankengeld) sollen aber nach Ansicht des **LG** Lübeck 7. 12. 2004 ZVI 2005, 275 ZInsO 2005, 155) pfändbar sein, wenn sie nach Verfahrenseröffnung ausgezahlt werden, wobei aber auf Antrag ein angemessener Betrag in Höhe von einem Drittel als pfandfrei zugestanden werden könne. Unpfändbare Sozialhilfe nach den §§ 2, 90 BSHG gibt es zwar nicht mehr; das unter Hartz IV an ihre Stelle getretene Arbeitslosengeld II gem **§ 19 SGB II** dürfte aber praktisch wegen der verschärften Vermögensanrechnungen ebensowenig wie das Sozialgeld gem **§ 28 SGB II** für eine Pfändung in Betracht kommen (vgl *Neugebauer* MDR 2005, 911 ff). Die dem Ausgleich einer Behinderung dienende Grundrente und Leistungen der Ausbildungsförderung sind schon nach den §§ 850 a, 850 b ZPO nicht oder nur beschränkt pfändbar. Eine Rentennachzahlung nach einem Antrag auf Erwerbsunfähigkeitsrente ist ihrer Anspruchsgrundlage nach keine einmalige, sondern eine wiederkehrende Leistung und daher nicht nach § 850i ZPO, sondern nach §§ 850b, 850c ZPO zu behandeln und in der Summe aller monatlichen Freibeträge unpfändbar (**LG Bielefeld** 21. 10. 2004 ZVI 2005, 138). Das Recht, **Kapitalabfindungen** zu fordern (§ 1585 Abs 2 BGB), fällt als höchstpersönliches Recht ebenfalls nicht in die Insolvenzmasse. **Einmalige Leistungen** sind Insolvenzmasse iSv § 35, wenn die Pfändbarkeit nach Maßgabe von § 54 Abs 2 SGB I der Billigkeit entspricht. Hierunter fallen Rentenabfindungen, Kapitalabfindungen, Sterbegelder und Beitragserstattungen (vgl *Zöller/Stöber* § 850i ZPO Rn 18). Nicht zur Masse zählen weiterhin Ansprüche auf **Erziehungsgeld** nach dem BErzGG und vergleichbare Leistungen der Länder (§ 54 Abs 3 Nr 1 SGB I) sowie Elterngeld bis zur Höhe der nach § 10 des Bundeselterngeld- und Elternzeitgesetzes anrechnungsfreien Beträge. **Mutterschaftsgeld** nach § 13 Abs 1 des Mutterschutzgesetzes ist bis zur Höhe des Erziehungsgeldes oder Elterngeldes, soweit es die anrechnungsfreien Beträge nach § 10 des Bundeselterngeld- und Elternzeitgesetzes nicht übersteigt, vom Massebeschlag ausgenommen. Gleiches gilt für Geldleistungen, die dazu bestimmt sind, den durch einen **Körper- oder Gesundheitsschaden bedingten Mehraufwand** auszugleichen (§ 54 Abs 3 Nr 3 SGB I).

23 Die **Berechnung des zur Insolvenzmasse gehörenden pfändbaren Teils des Arbeitseinkommens** richtet sich nach den Bestimmungen der ZPO (ausf Zöller-*Stöber* § 850e Rn 15 ff): Nach § 850e Nr 1 ZPO sind bei der Berechnung des pfändbaren Einkommens die Beträge, die unmittelbar aufgrund sozialrechtlicher und steuerrechtlicher Vorschriften zur Erfüllung gesetzlicher Verpflichtungen des Schuldners abzuführen sind, nicht mitzurechnen (vgl dazu BayVGH 28.3. 2006 15 ZB 05.902 BeckRS 2009 34467). Im Ergebnis fällt daher regelmäßig nur der Nettolohnanspruch des Arbeitnehmers in die Insolvenzmasse. Darüber hinaus legt § 850c Abs 1 ZPO einen unpfändbaren Grundfreibetrag des Arbeitseinkommens zur Sicherung des Existenzminimums des Arbeitnehmers und seiner unterhaltsberechtigten Familienangehörigen fest. Nach § 850e Nr 2 bzw Nr 2a ZPO kann eine **Zusammenrechnung mehrerer Arbeitseinkommen des Schuldners** oder von Ansprüchen auf laufende Leistungen nach dem SGB erfolgen, damit der Schuldner die Pfändungsfreibeträge nicht mehrfach in Anspruch nehmen kann. Vorfrage ist, ob überhaupt mehrere Arbeitseinkommen vorliegen, was regelmäßig der Fall ist, wenn sich die Forderung des Schuldners gegen unterschiedliche Drittschuldner richtet (Zöller-*Stöber* § 850e Rn 15). Bezieht zB der Schuldner, der aufgrund eines dreiseitigen Vertrages zu einer Beschäftigungs- und Qualifizierungsgesellschaft gewechselt ist, neben dem Transferkurzarbeitergeld gemäß § 216b SGB III einen Aufstockungsbetrag zur Sicherung seines bisherigen Nettoentgelts, handelt es sich nicht um mehrere Einkommen, sondern um ein einheitliches Arbeitseinkommen; eines Zusammenrechnungsbeschlusses gemäß § 850e Nr 2 bzw Nr 2a ZPO bedarf es nicht (**LAG Hamm** 16. 8. 2006 ZIP 2007, 348 = EWiR § 36 InsO 1/07, 337 *[Keller]*). Auf Antrag zusammenzurechnen sind dagegen Renten- und Arbeitsverdienstansprüche (vgl etwa **BAG** 24. 4. 2002 E 101, 130 = NJW 2002, 3121 = NZI 2002, 451 = KTS 2002, 742 = NZA 2002, 868 = BB 2002, 1546 = EWiR § 850e ZPO 1/03, 195 *[Pape]*; abw können ausländische und inländische Renteneinkünfte nicht zusammengerechnet werden, vgl **AG Nienburg** 15. 6. 2004 JurBüro 2004, 559) sowie laufende Geldleistungen nach dem SGB mit dem Arbeitseinkommen; Wohngeld kann wie Arbeitseinkommen gepfändet werden und auch eine Zusammenrechnung von Wohngeld und Arbeitseinkommen ist zulässig (**LG Landshut** 29. 2. 2000 JurBüro 2000, 436). Allerdings schließen es sowohl § 850e Nr 2a ZPO als auch § 54 Abs 4 SGB I aus, Ansprüche auf Arbeitseinkommen mit Sozialleistungen oder Ansprüche auf verschiedene Sozialleistungen untereinander zusammenzurechnen, soweit diese der Pfändung nicht unterworfen sind (vgl etwa **BGH** 5. 4. 2005 NJW-RR 2005, 1010 = WM 2005, 1369). Über die Zusammenrechnung entscheidet entweder das Vollstreckungsgericht gem § 850f ZPO oder das Insolvenzgericht gemäß § 36 Abs 4 (dazu Rn 54f).

24 b) **Honorarforderungen schweigepflichtiger Berufe.** Fraglich ist, ob Honorarforderungen von Angehörigen der freien Berufe, die einer besonderen Schweigepflicht unterliegen, wie zB Ärzte, Rechtsanwälte, Steuerberater, Wirtschaftsprüfer etc, dem Insolvenzbeschlag unterliegen und bejahendenfalls, inwieweit der Insolvenzverwalter befugt ist, die Honorarforderungen zu verwalten und über sie zu verfügen (ausf dazu *Schildt* Die Insolvenz des Freiberuflers 2005, S 63 ff). Zweifel an der Massezugehörigkeit der Honorarforderungen machen sich an § 36 Abs 1 fest, nach dem Gegenstände, die nicht der Zwangsvollstreckung unterliegen, nicht zur Insolvenzmasse gehören. Nach § 851 Abs 1 ZPO ist eine Forderung in Ermangelung besonderer Vorschriften der Pfändung aber nur insoweit unterworfen, als sie übertragbar ist (oben Rn 4). Dementsprechend wird vereinzelt die Ansicht vertreten, Honorarforderungen von Angehörigen schweigepflichtiger Berufe seien unpfändbar und gehörten somit auch nicht zur Insolvenzmasse, weil der **BGH** wiederholt entschieden habe, dass ohne Zustimmung des Mandanten die Abtretung der Honorarforderung eines Rechtsanwaltes wegen der damit nach § 402 BGB verbundenen umfassenden Pflicht, dem Zessionar die zur Geltendmachung der abgetretenen Forderung nötigen Auskünfte zu erteilen, in der Regel nach § 134 BGB wegen Verletzung von Privatgeheimnissen nach § 203 Abs 1 Nr 3 StGB nichtig ist (**BGH** 17. 10. 1996 NJW 1997, 188; **BGH** 5. 12. 1995 NJW 1996, 775; **BGH** 10. 8. 1995 NJW 1995, 2915 = ZIP 1995, 1678; **BGH** 7. 5. 1995 NJW 1995, 2026 = ZIP 1995, 1016; **BGH** 8. 7. 1993 NJW 1993, 2795; **BGH** 13. 5. 1993 NJW 1993, 1912 = WM 1993, 1251; **BGH** 25. 3. 1993 Z 122, 115, 117f = NJW 1993, 1638 = WM 1993, 1009; s auch **BFH** 1. 2. 2005 NJW

III. Nicht zur Insolvenzmasse gehörende Gegenstände (Abs 1) § 36

2005, 1308; dagegen ist die Abtretung einer Anwaltsgebührenforderung an einen Rechtsanwalt ohne Zustimmung des Mandanten wirksam, s jüngst **BGH** 1. 3. 2007 NJW 2007, 1196 = ZIP 2007, 683 = DStR 2007, 1010 = DB 2007, 969). Nichts anderes gelte für die Abtretung der Honorarforderung eines Arztes, Steuerberaters, Wirtschaftsprüfers oder eines sonstigen Angehörigen schweigepflichtiger Berufe, die § 203 Abs 1 Nr 1 bis Nr 4 StGB in gleicher Weise zur Verschwiegenheit verpflichteten (**BGH** 17. 2. 2005 Z 162, 187 = NJW 2005, 1505 = ZIP 2005, 722 = NZI 2005, 263 = ZInsO 2005, 436; **BGH** 10. 7. 1991 Z 115, 123 = NJW 1991, 2955 beide für die Honorarforderung eines Arztes; **BGH** 25. 3. 1999 Z 141, 173, 176 ff = NJW 1999, 1544 = NZI 1999, 191 = ZIP 1999, 621 = ZInsO 1999, 280 = KTS 1999, 372 = EWiR § 64 1/99, 857 *[Johlke]* für die Honorarforderung eines Steuerberaters). Überdies sähe das Berufsrecht für einige freie Berufe vor, dass die Abtretung von Honorarforderungen an einen Dritten, der nicht denselben Schweigepflichten unterliegt, nur unter engen Voraussetzungen zulässig ist (vgl § 49 b Abs 4 S 1 BRAO, § 64 Abs 2 S 2 StBerG, § 55 a Abs 3 WPO).

Der Schluss von einem etwaigen Abtretungsverbot für Honorarforderungen von Angehörigen der 25 freien Berufe im Einzelfall auf ein generelles Pfändungsverbot nach § 851 Abs 1 ZPO ist jedoch unzulässig. Denn das Merkmal der Unübertragbarkeit iSd § 851 Abs 1 ZPO erfasst nur Forderungen, die als solche unübertragbar sind, also bereits nicht verkehrsfähig sind (**BGH** 25. 3. 1999 Z 141, 173, 176 ff = NJW 1999, 1544 = NZI 1999, 191 = ZIP 1999, 621 = ZInsO 1999, 280 = KTS 1999, 372 = EWiR § 64 1/99, 857 *Johlke]*; s auch **BFH** 1. 2. 2005 NJW 2005, 1308). Hingegen genügt es für § 851 Abs 1 ZPO nicht, wenn eine Forderung ihrem Inhalt und ihrer Zweckbestimmung nach übertragbar ist und die Abtretung lediglich an unter bestimmten Voraussetzungen gestattet wird, die hier aus der jeweiligen Berufsordnung zu entnehmen sind. Die Unübertragbarkeit iSd § 851 Abs 1 ZPO kann auch nicht ohne weiteres damit begründet werden, dass der Gläubiger keinen Anspruch auf Weitergabe von Daten oder Urkunden hat, soweit die Schweigepflicht des § 203 Abs 1 StGB entgegensteht. In beiden Fällen kann erst eine Auslegung des beschränkenden Gesetzes ergeben, ob es sich zwingend auch gegen eine Pfändbarkeit und folgerichtig auch gegen einen Insolvenzbeschlag der Forderung richtet. Dabei ist entscheidend auf den Schutzzweck der berufsrechtlichen Abtretungsverbote bzw der Unwirksamkeit der Abtretung wegen eines Verstoßes gegen die Verschwiegenheitspflicht nach § 203 Abs 1 bis 4 StGB iVm § 134 BGB zu rekurrieren, und zwar auf das von Art 2 Abs 1 iVm Art 1 Abs 1 GG geschützte Recht auf informationelle Selbstbestimmung der Patienten bzw der Mandanten des Schuldners (vgl etwa Henssler/Prütting-*Dittmann* BRAO § 49 b Rn 38; zum Normzweck des § 203 StGB siehe auch MKStGB-*Cierniak* § 203 StGB Rn 1 ff).

Insofern hat der **BGH** – dem BVerfG folgend (BVerfG 14. 9. 1989 E 80, 367, 373 = NJW 1990, 563; 26 BVerfG 15. 12. 1983 E 65, 1, 41 f = NJW 1984, 419) – aufgrund einer Abwägung des von Art 2 Abs 1 iVm Art 1 Abs 1 GG geschützten Rechts auf informationelle Selbstbestimmung der Patienten bzw der Mandanten des Schuldners einerseits und des von Art 14 Abs 1 GG geschützten Befriedigungsinteresses der Gläubiger andererseits das Geheimhaltungsinteresse der Patienten bzw der Mandanten zurücktreten lassen (**BGH** 25. 3. 1999 Z 141, 173, 176 ff = NJW 1999, 1544 = NZI 1999, 191 = ZIP 1999, 621 = ZInsO 1999, 280 = KTS 1999, 372 = EWiR § 64 1/99, 857 *[Johlke]* für die Honorarforderung eines Steuerberaters; **BGH** 17. 2. 2005 Z 162, 187 = NJW 2005, 1505 = ZIP 2005, 722 = NZI 2005, 263 = ZInsO 2005, 436 für die Honorarforderung eines Arztes; zuletzt **BGH** 1. 3. 2007 NJW 2007, 1196 = ZIP 2007, 683 = DStR 2007, 1010 = DB 2007, 969 für die Anwaltsgebührenforderung). Mit der Offenlegung der für die Durchsetzung der Forderung erforderlichen Daten über die Person des Drittschuldners (Namen und Anschrift) und die Forderungshöhe im Rahmen der Pfändung bzw Insolvenz verstößt der Schuldner nicht gegen § 203 Abs 1 StGB, da er im Insolvenzverfahren durch § 35 und § 97 Abs 1 und im Rahmen der Forderungspfändung und -überweisung bei der Individualzwangsvollstreckung durch § 836 Abs 3 ZPO legitimiert wird (vgl auch MKStGB-*Cierniak* § 203 StGB Rn 56; Schönke/Schröder-*Lenckner* § 203 StGB Rn 23; zur parallelen Problematik bei der Veräußerung von notleidenden Darlehensforderungen durch Sparkassen und Banken *Sester* DB 2005, 375). Diese Grundsätze gelten entsprechend, soweit ein Abtretungsverbot für Honorarforderungen zusätzlich auf berufsrechtliche Regelungen (vgl § 49 b Abs 4 S 1 BRAO, § 64 Abs 2 S 2 StBerG, § 55 a Abs 3 WPO) gestützt werden könnte. Im Ergebnis sind Honorarforderungen gegen Patienten oder Mandanten damit zwar im Einzelfall nicht übertragbar, sie sind aber pfändbar und fallen deshalb – wie schon die freiberufliche Praxis selbst (oben § 35 Rn 276 ff) – in die Insolvenzmasse.

Nicht übersehen wird, dass die Erhebung, Verarbeitung und Nutzung personenbezogener Daten nach 27 § 4 Abs 1 BDSG nur zulässig sind, soweit das BDSG oder eine andere Rechtsvorschrift dies erlaubt oder anordnet oder der Betroffene eingewilligt hat. Allerdings sind die Rechtsfolgen eines Verstoßes gegen das BDSG in den Bußgeld- und Strafvorschriften der §§ 43 und 44 BDSG abschließend geregelt. Das BDSG lässt nach seinem Sinn und Zweck auch keinen Raum für ergänzende zivilrechtliche Rechtsfolgen nach § 134 BGB, sodass schon die Abtretung von Honorarforderungen nicht allein wegen Verstoßes gegen das BDSG unwirksam ist (abw noch 12. Aufl Rn 84). Doch selbst wenn man das BDSG als Verbotsgesetz iSd § 134 BGB einordnete, darf nicht übersehen werden, dass nach § 28 Abs 1 Nr 2 BDSG das Erheben, Speichern, Verändern oder Übermitteln personenbezogener Daten oder ihre Nutzung als Mittel für die Erfüllung eigener Geschäftszwecke zulässig sind, soweit es zur Wahrung berechtigter Interessen der verantwortlichen Stelle erforderlich ist und kein Grund zu der Annahme besteht, dass das schutzwürdige Interesse des Betroffenen an dem Ausschluss der Verarbeitung oder Nutzung überwiegt. Die Vorschrift erfordert eine Interessenabwägung, die – ganz im Sinn der og Rechtsprechung des **BGH** – im Ergebnis das Geheimhaltungsinteresse der Patienten bzw der Mandanten hinter das Befriedigungsinteresse der Gläubiger zurücktreten lässt.

28 Allein der Umstand, dass die Honorarforderungen in die Insolvenzmasse fallen, macht sie aber noch nicht für den Insolvenzverwalter liquidierbar. Bei der **Verwertung der Honorarforderungen** ist der Grundsatz der Verhältnismäßigkeit zu wahren, dh die Patienten bzw die Mandanten dürfen in ihrem persönlichen grundrechtlich geschützten Lebensbereich nur so wenig wie möglich tangiert werden. Insofern haben die Belange der Gläubiger aber jedenfalls Vorrang, soweit nur die Angaben der Namen des Drittschuldners und die Höhe der Forderungen für die Durchsetzung der Gläubigerrechte erforderlich sind. Der Gemeinschuldner vermag aus seiner Schweigepflicht auch keine Einschränkung der gem § 97 Abs 1 bestehenden Auskunfts- und Mitwirkungspflicht herzuleiten, wenn ohne Angabe des Namens des Drittschuldners und der Höhe der Forderungen eine Überprüfung nicht möglich ist, inwieweit an den Schuldner erfolgte Zahlungen zur Erfüllung der Forderungen geführt haben (vgl § 81) und in welchem Umfang bestehende Ansprüche der Masse noch geltend gemacht und durchgesetzt werden können (vgl **BGH** 17. 2. 2005 Z 162, 187 = NJW 2005, 1505 = ZIP 2005, 722 = NZI 2005, 263 = ZInsO 2005, 436). Im Gegenteil lässt sich mit der Schweigepflicht sogar eine **besondere Auskunfts- und Mitwirkungspflicht gem § 97** begründen, zB soweit dem Insolvenzverwalter die Einsichtnahme in die Praxisunterlagen aufgrund der entgegenstehenden Geheimnisschutzes verwehrt ist (s auch Rn 45), die Einsichtnahme aber erforderlich ist, weil der Drittschuldner die Honorarforderung ganz oder teilweise bestreitet (ausf zu den Auskunfts- und Mitwirkungspflichten *Schildt* Die Insolvenz des Freiberuflers 2006, S 75 ff). Die Auskunfts- und Mitwirkungspflichten des Gemeinschuldners können sogar mit den Mitteln des § 98 erzwungen werden (**BGH** 17. 2. 2005 Z 162, 187 = NJW 2005, 1505 = ZIP 2005, 722 = NZI 2005, 263 = ZInsO 2005, 436; s dazu auch *Vallender* NZI 2003, 530).

29 Zur **Pfändbarkeit und Abtretbarkeit von Ansprüchen eines Vertragsarztes** gegen seine Kassen(zahn)-ärztliche Vereinigung hat der **BGH** (5. 12. 1985 Z 96, 324 = NJW 1986, 2362 = WuB VI E § 850 a ZPO 1.86 *[Bruchner]* = WM 1986, 211 = Rpfleger 1986, 144) eingehend Stellung genommen. Grundsätzlich ist die Vorausabtretung aller Ansprüche eines Arztes gegen die jeweils zuständige Kassen(zahn)ärztliche Vereinigung zulässig (vgl auch **BGH** 30. 5. 1995 Z 130, 59 = NJW 1995, 2219 = ZIP 1995, 1071 = KTS 1995, 692 = WuB I F a Sicherungsabtretung 5.95 *[Bülow]*). Nach Auffassung des **BGH** wird die Pfändbarkeit und damit die Abtretung von Ansprüchen eines Kassenarztes gegen die KV/KZV durch § 850 a Nr 3 ZPO nicht eingeschränkt. Vielmehr greift in diesen Fällen § 850 f Abs 1 lit a ZPO ein. Zu beachten ist, dass von einer im Vordringen befindlichen Literaturmeinung die Ansprüche des Vertragsarztes gegen die KV/KZV den „Bezügen aus einem Dienstverhältnis" iSv § 114 gleichgesetzt werden (BerlKo-*Goetsch* § 114 Rn 6; N/R/*Kiessner* § 114 Rn 26 ff; KPB-*Moll* § 114 Rn 13). Zwar besteht zwischen Vertragsarzt und KV/KZV keine unmittelbare Rechtsbeziehung, während zwischen Vertragsarzt und Versichertem ebenso wie zwischen Arzt und einem Privatpatienten ein Dienstvertrag begründet wird („Vertragkonzeption", zB **BGH** 10. 1. 1984 Z 89, 250 = NJW 1984, 1820; BSG 14. 1. 1981 E 51, 108). Jedoch obliegt dem Vertragsarzt die öffentlich-rechtliche Pflicht gegenüber der KV/KZV, die ärztliche Versorgung der Kassenpatienten sicherzustellen (vgl § 95 Abs 3 SGB V). Obgleich der Vertragsarzt einen freien Beruf ausübt, handelt es sich bei den Vergütungsansprüchen gegen die KV/KZV um „Vergütungen für Dienstleistungen, die die Existenzgrundlage des Schuldners bilden, weil sie seine Erwerbstätigkeit ganz oder zu einem wesentlichen Teil in Anspruch nehmen" (**BGH** 5. 12. 1985 Z 96, 324, 327 = NJW 1986, 2362 = WuB VI E § 850 a ZPO 1.86 *[Bruchner]* = WM 1986, 211 = Rpfleger 1986, 144; **BGH** 8. 12. 1977 NJW 1978, 756; **BAG** 10. 2. 1962 NJW 1962, 1221). Deshalb findet § 850 ZPO entsprechende Anwendung (vgl auch *Zöller/Stöber* § 850 ZPO Rn 9; *Ahrens* bei *Kothe/Ahrens/Grote* § 287 Rn 51; H/W/W § 114 Rn 14). Daher gilt für vorausgeleitete Honoraransprüche eines Vertragsarztes: Im Insolvenzeröffnungsverfahren bleibt dem Vertragsarzt nur die Möglichkeit, gem Abs 4 S 3 InsO iVm § 850 f Abs 1 ZPO die zur Weiterführung der Praxis und zur Erlangung der Restschuldbefreiung benötigten Mittel pfändungsfrei zu stellen. Im eröffneten Insolvenzverfahren gilt gem Abs 1 S 2 die Vorschrift des § 850 f Abs 1 ZPO entsprechend. **Zuständig** für die Entscheidung, in welchem Umfang Beträge nicht zur Masse gehören, ist das **Insolvenzgericht** (Abs 4 S 1, 3; dazu unten Rn 54 f). Soweit die Unpfändbarkeit vom Insolvenzgericht beschlossen wird, wird der Zession die Rechtsgrundlage entzogen. Einzelheiten zur Abtretung von Honoraransprüchen des Vertragsarztes (Kassenarztes) gegen die KV/KZV zwecks Kreditbesicherung bei *Uhlenbruck* ZVI 2002, 49 ff.

30 Gegenüber der Kassenärztlichen Vereinigung ist der Insolvenzverwalter nur dann vergütungsberechtigt, wenn er die Forderungen vom Arzt als Gemeinschuldner abgetreten erhält oder selbst die Eigenschaft eines Vertragsarztes erwirbt; für Letzteres genüge die Zustimmung der Landeszahnärztekammer zum Praxisweiterbetrieb nicht (**BGH** 9. 1. 1997 NJW 1997, 2453). Tritt der Arzt vor Eröffnung des Insolvenzverfahrens seine gegenwärtigen und künftigen Vergütungsansprüche gegen die Kassenärztliche Vereinigung einem Gläubiger (zB Kreditinstitut) zur Sicherheit ab, steht § 91 Abs 1 einem **Rechtsübergang der Vergütungsansprüche des Arztes auf die Kassenärztliche Vereinigung** insoweit entgegen, als die zu vergütende ärztliche Leistung bei Eröffnung des Insolvenzverfahrens noch nicht erbracht war

III. Nicht zur Insolvenzmasse gehörende Gegenstände (Abs 1) § 36

(BGH 11. 5. 2006 Z 167, 363 = NJW 2006, 2485 = ZIP 2006, 1254 = NZI 2006, 457 m Anm *Gundlach/Frenzel* = ZInsO 2006, 708 = DZWIR 2006, 468 m Anm *Spliedt* ZVI 2006, 300 = WM 2006, 1343; s dazu auch Anm *Rehborn* BGHReport 2006, 1131; Anm *Bräuer* InVo 2006, 413; zuvor schon *Wegener/Köke* ZVI 2003, 382; *Branz* ZInsO 2004, 1185; *Ries* ZInsO 2003, 1079; *Runkel* FS Gerhardt 2004, S 839, 845 ff; vgl auch unten § 114 Rn 6 und LG Köln 17. 2. 2004 ZInsO 2004, 756 = ZVI 2004, 193 [zur Abtretung von Forderungen aus einer *privatärztlichen* Behandlung]); die Vorschrift des § 114 Abs 1 komme insofern nicht zum Zuge (dazu auch *Tetzlaff* ZInsO 2005, 393, 400).

c) Der **Anspruch auf Insolvenzgeld** des Arbeitnehmers gehört nur mit dem pfändbaren Betrag in die 31 Insolvenzmasse, wenn der Antrag bereits beim zuständigen Arbeitsamt gestellt worden ist. Nach § 189 SGB III kann der Anspruch auf Insolvenzgeld wie Arbeitseinkommen gepfändet werden, nachdem das Insolvenzgeld beantragt worden ist. Soweit der Pfändungsschutz hinsichtlich des Arbeitsentgelts nach den §§ 850 ff ZPO reicht, fällt der Anspruch nicht in die Insolvenzmasse.

d) Das **Recht auf Rücknahme einer hinterlegten Sache** ist gem § 377 Abs 1 BGB grundsätzlich nicht 32 pfändbar, so dass der Anspruch nicht in die Insolvenzmasse fällt (näher § 35 Rn 206).

e) Der **Anspruch** *auf* **vermögenswirksame Leistungen** ist nicht übertragbar (§ 13 Abs 8 5. VermBG), 33 darum nicht pfändbar (§ 851 ZPO) und gehört nicht zur Insolvenzmasse. Dagegen ist das *aus* vermögenswirksam angelegten Leistungen gebildete Kapital pfändbar und fällt in die Masse (oben § 35 Rn 178). Derartige Leistungen können nicht erst nach Beendigung der Sperrfrist verwertet werden (*Brych* DB 1974, 254; **str aA** *Borrmann* DB 1974, 382). Im Einzelfall kann aber mit § 765a ZPO geholfen werden (Einzelheiten bei *Stöber* Forderungspfändung Rn 915 ff).

f) Der **Taschengeldanspruch** des nicht erwerbstätigen Ehegatten fällt, obgleich seine Pfändbarkeit 34 umstritten ist, grundsätzlich nicht in die Insolvenzmasse und wird im Übrigen kaum die Freigrenzen der §§ 850 c, 850 d ZPO übersteigen.

g) Der **Pflichtteilsanspruch und der Anspruch eines Ehegatten auf Zugewinnausgleich** sind wegen 35 ihren höchstpersönlichen Charakters erst pfändbar, wenn sie durch Vertrag anerkannt oder rechtshängig geworden sind (§ 852 Abs 1, 2 ZPO). Nur dann zählen sie zur Insolvenzmasse (MK/*Peters* § 36 Rn 53; s auch § 35 Rn 202 f, siehe dort auch zum Versorgungsausgleich Rn 204). Mit der Einbeziehung des Neuerwerbs in § 35 gilt dies jetzt unproblematisch auch, wenn Anerkennung oder Rechtshängigkeit (oder sogar die Anspruchsentstehung) erst nach Eröffnung erfolgen (dafür unter der KO schon *Jaeger/Henckel* § 2 KO Rn 6 und § 9 KO Rn 16). Allerdings kann der Schuldner nach wie vor den Pflichtteilsanspruch der Masse vorenthalten, indem er mit der Entscheidung zuwartet, bis das Insolvenzverfahren beendet ist, was aber nur hilft, wenn das Insolvenzverfahren durch einen bestätigten Insolvenzplan mit Schuldbefreiung nach § 227 Abs 1 beendet wird (**BGH** 25. 6. 2009 IX ZB 196/08 Tz 14 ZInsO 2009, 1461; (Einzelheiten bei *Jaeger/Henckel* § 9 KO Rn 18). Verzichtet der Schuldner auf einen bestehenden Pflichtteilsanspruch, soll er allerdings keine Stundung der Verfahrenskosten nach § 4a InsO verlangen können (**LG** Koblenz 22. 6. 2004 NZI 2004, 515).

h) **Private Lebensversicherungen**, die der Altersvorsorge dienen, sind seit 31. 3. 2007 in den Grenzen der 36 §§ 851c, 851d ZPO pfändungsfrei (*Holzer* ZVI 2007, 113 ff; ausf. zur Massezugehörigkeit von Ansprüchen auf Versicherungsleistungen § 35 Rn 207 ff sowie der betrieblichen Altersvorsorge § 35 Rn 225 ff). Damit wird die gebotene Gleichstellung der Altersvorsorge von Selbstständigen mit der von Arbeitnehmern erreicht, deren Rentenstammrecht unpfändbar ist (Rn 4). Liegen die Voraussetzungen vor, die ein Versicherungsvertrag nach § 851c ZPO erfüllen muss, besteht für den Versicherungsnehmer die Möglichkeit, 238.000 Euro als „pfändungsfreie Anwartschaft" durch jährlich steigende Sockelbeträge (vgl § 851c Abs 2 ZPO) anzusammeln; das in diesem Rahmen angesammelte Deckungskapital bleibt vollständig pfändungsfrei. Soweit die „pfändungsfreie Anwartschaft" von 238.000 Euro überschritten wird, bleiben nach § 851c Abs 2 S 3 ZPO noch weitere drei Zehntel des überschießenden Betrags pfändungsfrei (zur praktischen Abwicklung von teilweise pfändbaren Versicherungsverträgen s *Flitsch* ZVI 2007, 161, 164). Die späteren Rentenzahlungen sind entsprechend den Vorschriften über die Pfändung von Arbeitseinkommen pfändbar (dazu oben Rn 20 ff). Lebensversicherungen, die nur auf den Todesfall des Versicherungsnehmers genommen sind, sind gem § 850b Abs 1 Nr 4 ZPO bis zur Höhe von 3579 Euro unpfändbar und bis zu dieser Höhe dementsprechend insolvenzfrei (*Kilger/K. Schmidt* § 2 KO Anm B ca h; N/R/*Andres* § 36 Rn 22). Beträgt die Versicherungssumme mehr als 3579 Euro, ist der Anspruch **in voller Höhe** nur hinsichtlich des überschießenden Betrages, pfändbar (so *Berner* Rpfleger 1964, 68; Zöller/*Stöber* § 850b ZPO Rn 10; **str aA OLG** Bamberg 19. 7. 1985 JurBüro 1985, 1739). Mehrere **Kleinlebensversicherungen** fallen nur dann nicht in die Insolvenzmasse, wenn sie insgesamt den Betrag von 3579 Euro nicht übersteigen (*Zöller/Stöber* § 850b ZPO Rn 10). Die Frage der Zusammenrechnung ist für den Fall der Pfändung allerdings umstritten (für eine Zusammenrechnung **OLG** Hamm 7. 7. 1961 MDR 1962, 661; **LG** Essen 11. 1. 1962 VersR 1962, 245; **AG** Köln 2. 8. 1967 VersR 1967, 948; gegen Zusammenrechnung **AG** Fürth 9. 4. 1981 VersR 1982, 59; *Berner* Rpfleger 1964, 68; Prölss/Martin/*Prölss* § 15 VVG Rn 3).

Eine **Sterbegeldversicherung** fällt, wenn kein Bezugsberechtigter benannt ist, in die Insolvenzmasse 37 des Versicherungsnehmers, auch wenn sie dazu dienen sollte, den Hinterbliebenen die Bezahlung der ihnen durch den Todesfall erwachsenen Ausgaben zu ermöglichen (**BGH** 8. 2. 1960 Z 32, 44, 47 = NJW 1960, 912). **Handwerker-Lebensversicherungen,** die bis zu einer Höhe von 5000 Euro abgeschlossen worden sind, gehören nach § 22 Abs 1 der VO vom 13. 7. 1939 (RGBl I 1255, HVG) nicht zur Insolvenzmasse (**BGH** 3. 7. 1961 Z 35, 261 = NJW 1961, 1720 = WM 1961, 858; *Jaeger/Henckel* § 1 KO Rn 76). Der Anspruch auf Zahlung einer Rente ist in gleicher Höhe unpfändbar wie eine Arbeitsvergütung und gehört damit nicht zur Insolvenzmasse, wenn aufgrund eines Lebensversicherungsvertrages Versicherungsfreiheit oder Halbversicherung in der gesetzlichen Versicherung geltend gemacht worden ist (*Jaeger/Henckel* § 1 KO Rn 76). Nicht zur Insolvenzmasse zählen auch Ansprüche nach dem **Lastenausgleichsgesetz** (K/U § 1 KO Rn 35), Prämien nach dem Wohnungsbau-Prämiengesetz (oben § 35 Rn 177), ein im Rahmen eines Vermächtnisses zugewendetes Notgeld sowie das Leibgedinge. Die gesondert ausgewiesene **Umsatzsteuer** gehört weder bei der Sicherungsabtretung der Kaufpreisforderung noch bei der Verwertung von Versicherungsgut zur Insolvenzmasse des Sicherungsgebers. Im ersteren Fall kann der Sicherungsnehmer die volle Kaufpreisforderung und im zweiten Fall den ganzen Erlös zur Deckung seiner Forderung verwenden, weil die gesondert in Rechnung gestellte Umsatzsteuer nach **BGH** 22. 3. 1972 Z 58, 292, 295, da an den Verkäufer zu entrichten (**BGH** 13. 9. 1969 WM 1970, 414), Teil des Kaufpreises ist. Es kann daher keine Rede davon sein, dass der Sicherungsgeber auf die in der abgetretenen Kaufpreisforderung enthaltene Mehrwertsteuer oder die ihm vom Sicherungsnehmer erteilte Gutschrift einen Anspruch aus treuhandähnlichem Verhältnis hat (so aber *Flies* DB 1970, 559, 563). Für einen solchen Anspruch gibt es auch keine andere Rechtsgrundlage (**BGH** 22. 3. 1972 Z 58, 292, 296; **BGH** 26. 10. 1961 NJW 1962, 46). Der Sicherungsgeber hat gegen den Sicherungsnehmer nur aus der Sicherungsabrede oder nur insoweit einen Anspruch, als der eingezogene Betrag oder erzielte Erlös die gesicherte Forderung übersteigt.

38 i) **Mitgliedschaftsrechte in Vereinen** fallen nicht in die Insolvenzmasse, da sie nicht übertragbar und unpfändbar sind. Der Insolvenzverwalter kann die Mitgliedschaft nicht kündigen und die nach Verfahreneröffnung verwirkten Beitragspflichten sind keine Masseschulden. Vielmehr handelt es sich um persönliche Verbindlichkeiten des Schuldners, die dieser zu erfüllen hat (*Kilger/K. Schmidt* § 1 KO Anm 2 C) b) aa)). Eine vor Verfahrenseröffnung begründete Forderung auf Beitragszahlung ist aber Insolvenzforderung iSv § 38. Die gleichen Grundsätze gelten für **Zwangsmitgliedschaften** in öffentlichen Körperschaften, wie zB die Mitgliedschaft in der Rechtsanwalts- oder Ärztekammer. Etwas anderes gilt, wenn das Schuldnerunternehmen aufgrund seiner gewerblichen Tätigkeit Mitglied einer öffentlichen Körperschaft ist, wie zB Mitglied einer Industrie- und Handelskammer oder Handwerkskammer. Hier knüpft die Mitgliedschaft an die gewerbliche Tätigkeit an. Führt der Insolvenzverwalter das Unternehmen fort oder tut dies der Schuldner im Rahmen der Eigenverwaltung, so handelt es sich um einen vermögensrechtlichen Anspruch gegen die Insolvenzmasse nach § 55. Stehen dem Schuldner oder Schuldnerunternehmen dagegen vermögensrechtliche Ansprüche anlässlich seines Ausscheidens gegen den Verein oder eine Körperschaft zu, so fällt dieser Anspruch in die Masse (*Kilger/K. Schmidt* § 1 KO Anm 2 C) b) aa)). Zur **Insolvenz von Vereinen** im Übrigen oben § 11 Rn 219 ff; zu dessen Insolvenzmasse oben § 35 Rn 372 ff.

IV. Verzicht auf den Pfändungsschutz

39 Ein unpfändbarer Gegenstand kann dadurch zur Insolvenzmasse iSv § 35 werden, dass der Insolvenzschuldner auf die Unpfändbarkeit verzichtet (vgl **AG** Köln 14. 4. 2003 NJW-RR 2003, 987, 989 = ZVI 2003, 418, 420 = ZInsO 2003, 667, 669 = NZI 2003, 387, 389 = EWiR § 36 InsO 1/2003, 1151 [*Tetzlaff*]; *Jaeger/Henckel* § 1 KO Rn 64; FK-*Schumacher* § 36 Rn 34; MK/*Peters* § 36 Rn 58, siehe auch Rn 14). Die Folge des Verzichts ist, dass der Insolvenzverwalter berechtigt ist, den Gegenstand zur Masse zu ziehen. Letztlich handelt es sich um eine „**Freigabe in die Insolvenzmasse**". Die Zulässigkeit eines Verzichts auf den Pfändungs- und damit den Insolvenzschutz ist sowohl für das Insolvenzverfahren als auch für die Einzelzwangsvollstreckung umstritten. Bei der Einzelzwangsvollstreckung geht es um die Frage, ob der Schuldner im Einzelfall auf den Pfändungsschutz nach der Pfändung verzichten und entweder dem Gerichtsvollzieher unpfändbare Gegenstände zur Pfändung anbieten oder nach der Pfändung derartiger Gegenstände auf Einlegung einer Erinnerung verzichten kann. Die hM hält wegen des öffentlichen Schutzinteresses der Pfändungsschutzvorschriften einen Verzicht des Schuldners auf diesen Schutz für schlechthin unzulässig (**RG** 19. 11. 1909 RGZ 72, 183; **RG** 28. 2. 1930 RGZ 128, 85; **OLG** Köln 13. 8. 1969 Rpfleger 1969, 439; **OLG** Nürnberg 26. 11. 1910 OLGRspr 23, 216 [allerdings schon die Erforderlichkeit verneinend]; **LG** Oldenburg 10. 12. 1979 DGVZ 1980, 39; **OLG** Frankfurt 2. 12. 1952 NJW 1953, 1835; BayObLG 19. 6. 1950 MDR 1950, 558; **AG** Sinzig 3. 7. 1986 NJW-RR 1987, 757; *Zöller/Stöber* § 811 ZPO Rn 10; *Stein/Jonas/Münzberg* § 811 ZPO Rn 8; *Thomas/Putzo* § 811 ZPO Rn 5; *Brox/Walker* Rn 304; offenlassend **OLG** Köln 12. 6. 2006 2 U 45/06 Rn 3 EWiR § 36 InsO 1/06, 625 [*Gundlach/Schmidt*] in Bestätigung von **LG** Aachen 16. 3. 2006 NZI 2006, 643 = ZIP 2006, 1110; dazu Anm *Mai* ZVI 2007, 166). Nach **anderer Meinung** schließt die öffentlich-rechtliche Natur der Pfändungsbeschränkung eine Dispositionsbefugnis der Parteien nicht schlechthin aus (**OLG** Bamberg 18. 4. 1980 MDR 1981, 50, 51; **OLG** Frankfurt aM 9. 3. 1972 NJW

1973, 104 **OLG** Celle 2. 11. 1907 OLGRspr 17, 196; **OLG** Hamburg 15. 2. 1902 OLGRspr 4, 368; **OLG** Karlsruhe 28. 3. 1906 OLGRspr 14, 174; **KG** 19. 5. 1952 1 W 1131/52 JR 1952, 281; **LG** Bonn 21. 9. 1962 MDR 1963, 141; **AG** Köln 14. 4. 2003, NJW-RR 2003, 987, 989 = ZVI 2003, 418, 420 = ZInsO 2003, 667, 669 = NZI 2003, 387, 389 = EWiR § 36 InsO 1/2003, 1151 *[Tetzlaff]*; *Jaeger/Henckel* § 1 KO Rn 64; *Kilger/K. Schmidt* § 1 KO Anm 3 C) b)). Richtigerweise ist für das Insolvenzverfahren im Einzelfall zu **differenzieren**: Vereinbarungen zu Lasten des Schuldners **vor Eröffnung** des Insolvenzverfahrens, dass bestimmte unpfändbare Gegenstände in die Insolvenzmasse fallen, sind unzulässig. Im Rahmen des **eröffneten Insolvenzverfahrens** kann dagegen der Schuldner auf den Pfändungsschutz hinsichtlich einzelner Gegenstände verzichten. Dies bietet sich insbesondere in den Fällen an, in denen der Schuldner im Rahmen eines **Verbraucherinsolvenzverfahrens** eine **Restschuldbefreiung** anstrebt. Das öffentliche Interesse verlangt nur, dass gegen den Schuldner kein Zwang angewandt wird. Deshalb ist die Wirksamkeit eines Verzichts auf den Schutz des § 811 ZPO **im Rahmen eines eröffneten Insolvenzverfahrens** zu bejahen (vgl auch MK/*Schilken* § 811 ZPO Rn 9, 10; *Jaeger/Henckel* § 1 KO Rn 64; *Rosenberg/Gaul/Schilken* § 33 IV 1 c bb und § 52 III 1; *Schuschke* Vollstreckung und vorläufiger Rechtsschutz § 811 ZPO Rn 9).

Dies gilt allerdings nicht für **unpfändbare Forderungen und Rechte**, da über diese nicht rechtsgeschäftlich verfügt werden kann (§§ 400, 413, 1274 Abs 2 BGB). Ein im Voraus erklärter Verzicht auf Insolvenzschutz ist daher insoweit unwirksam, als er unpfändbare Forderungen von Gegenstand her, die der Schuldner nicht abtreten und damit auch nicht freiwillig auf seine Gläubiger übertragen kann (**RG** 19. 11. 1915 Z 72, 181, 183; **OLG** Köln 13. 8. 1969 Rpfleger 1969, 439; MK/*Schilken* § 811 ZPO Rn 9; *Rosenberg/Gaul/Schilken* § 33 IV 1 c bb). Umstritten ist allerdings im Rahmen des § 287, inwieweit der Pfändungsschutz aus § 850 f ZPO zur Unabtretbarkeit einer Forderung führt (vgl *Braun/Uhlenbruck* Unternehmensinsolvenz S 699; K/P-*Wenzel*, § 287 Rn 16; *Kohte* ZIP 1994, 184, 186; *ders* FS Remmers 1995, S 479, 486). Eine andere Frage ist die, ob ein Schuldner im Rahmen der Vollstreckungsmöglichkeiten der Unterhaltsgläubiger nach § 89 Abs 2 in bestimmtem Umfang auf den Pfändungsschutz zumindest teilweise verzichten kann. Das öffentliche Interesse im Rahmen des Pfändungsschutzes verlangt nur, dass gegen den Schuldner kein Zwang angewandt wird. Im Übrigen respektiert der Schuldnerschutz das Interesse eines Schuldners an der Erhaltung eines Existenzminimums gegenüber dem Rechtsausübungsinteresse der Gläubiger (*Jaeger/Henckel* § 1 KO Rn 64). Im eröffneten Insolvenzverfahren kann der Schuldner daher, wenn der Insolvenzverwalter eine unpfändbare Sache nach § 80 in Besitz genommen hat, auf den Pfändungsschutz verzichten und den Gegenstand für die Masse freigeben (vgl auch *Jaeger/Henckel* § 1 KO Rn 64; *Steder* ZIP 1999, 1874 ff).

V. Austauschpfändung als Austauschmasse im eröffneten Insolvenzverfahren

Die in §§ 811 a, 811 b ZPO geregelte Austauschpfändung ermöglicht es dem Gläubiger, dem Schuldner ein Ersatzstück, das dem geschützten Verwendungszweck genügt, oder den zur Beschaffung eines solchen Ersatzstückes erforderlichen Geldbetrag zu überlassen. Über die Zulässigkeit der Austauschpfändung entscheidet das Vollstreckungsgericht auf Antrag des Gläubigers durch Beschluss (§ 811 a Abs 2 S 1 ZPO). Die Vorschriften über die Austauschpfändung sind zwar auf die Einzelzwangsvollstreckung zugeschnitten, finden aber im **Insolvenzverfahren entsprechende Anwendung** (*Gerhardt*, Grundbegriffe Rn 261; *Jaeger/Henckel* § 1 KO Rn 65; *Häsemeyer* InsR Rn 9.12; H/W/W-*Weis* § 36 Rn 66; *Kilger/K. Schmidt* § 1 KO Anm 2 H b); *Jauernig* JZ 1964, 39). Für das Insolvenzverfahren bedeutet dies, dass zwar eine an sich unpfändbare Sache in die Insolvenzmasse (§ 35) fällt, wenn der Insolvenzverwalter dem Schuldner ein Ersatzstück oder den zur Ersatzbeschaffung erforderlichen Geldbetrag anbietet (Einzelheiten in den Kommentierungen zu § 811 ZPO). Ersatzstück oder Geldbetrag müssen dem Schuldner entsprechend § 811 a ZPO vor der Wegnahme zur Verfügung gestellt werden (anders 12. Aufl Rn 30). Die Vorschrift des § 811 Abs 2 S 1 ZPO findet im Insolvenzverfahren keine Anwendung, da das Vollstreckungsgericht grundsätzlich nicht befugt ist, Einfluss auf die zum Zeitpunkt der Insolvenzeröffnung bestehende Insolvenzmasse zu nehmen. Der Austausch bedarf auch **nicht der Entscheidung durch das Insolvenzgericht**. Das Insolvenzgericht ist nur einzuschalten, wenn der Schuldner geltend macht, dass die Zulässigkeitsvoraussetzungen für eine Austauschpfändung nicht vorliegen. Durch die Ersatzgewährung wird zwischen dem Insolvenzverwalter und dem Schuldner hinsichtlich des Ersatzstückes ein **kaufähnliches Rechtsverhältnis** begründet. Die Vorschriften der §§ 433, 435, 437 ff BGB sind insoweit anwendbar, als der besondere Zweck der Austauschpfändung dem nicht entgegensteht (*Brox/Walker* Rn 290; *Rosenberg/Schilken* § 53 IV; *Schuschke* Vollstreckung und vorläufiger Rechtsschutz § 811 a ZPO Rn 16).

VI. Erweiterter Pfändungsschutz (§ 850 f ZPO)

Nach § 850 f ZPO kann das Vollstreckungsgericht dem Schuldner auf Antrag von dem nach den Bestimmungen der §§ 850 c, 850 d und 850 i ZPO pfändbaren Teil seines Einkommens einen Teil unter bestimmten Voraussetzungen belassen. Voraussetzung ist allerdings, dass überwiegende Belange des Gläubigers nicht entgegenstehen. Vor dem Inkrafttreten des InsOÄndG 2001 war umstritten, ob die

§ 36 *Unpfändbare Gegenstände*

Vorschrift des § 850 f ZPO im Insolvenzverfahren Anwendung findet (siehe 12. Aufl Rn 31). Die **antragsgebundene Korrekturmöglichkeit** des § 850 f Abs 1 ZPO besteht nunmehr auch im Insolvenzverfahren (Abs 1 S 2). Allerdings ist die **Zuständigkeit des Insolvenzgerichts** an die Stelle derjenigen des Vollstreckungsgerichts getreten (Abs 4 S 1; vgl KS-*Kohte* S 805 Rn 84). In den Fällen, in denen kein einsetzbares Vermögen vorhanden ist und das nach § 850 c bzw d ZPO pfändungsfreie Einkommen unter dem **Existenzminimum** liegt, ist der Schuldner im Insolvenzverfahren berechtigt, einen Antrag an das Insolvenzgericht zu stellen, ihm einen nach den §§ 850 c, 850 d und § 850 i ZPO pfändbaren Teil seines Arbeitseinkommens zu belassen, wenn die übrigen Voraussetzungen des § 850 f Abs 1 ZPO vorliegen. Der Antrag kann erst im eröffneten Verfahren und auch dann nicht mit Wirkung für die Vergangenheit gestellt werden (**AG** Göttingen, 2. 4. 2003, NZI 2003, 333 = ZVI 2003, 176 = ZInsO 2003, 233 = RPfleger 2003, 466). Da für das **Eröffnungsverfahren** Abs 4 S 1 und 2 entsprechend gelten, bedarf es der Anwendung des § 765 a Abs 1 ZPO nicht mehr, da das Insolvenzgericht die Möglichkeit hat, entsprechend § 850 f Abs 1 ZPO eine **Änderung des unpfändbaren Betrages** zu beschließen und gem § 21 Abs 2 Nr 3 Zwangsvollstreckungen gegen den Schuldner insoweit zu untersagen oder einstweilen einzustellen. Die Entscheidung des Insolvenzgerichts im eröffneten Verfahren ist aber nur herbeizuführen, wenn die **Gläubigerversammlung**, die nach § 100 Abs 1 über den dem Schuldner und seiner Familie zu gewährenden Unterhalt aus der Insolvenzmasse beschließt, diesen unter dem Existenzminimum festgesetzt hat. Nach Auffassung von KS-*Kohte* (S 807 Rn 90) greift insoweit sogar eine **Aufsichtspflicht des Insolvenzgerichts** nach § 58 ein.

VII. Einbeziehung unpfändbarer Gegenstände in die Insolvenzmasse (Abs 2)

43   Abs 2 erklärt bestimmte Gegenstände zu Massebestandteilen iSv § 35, obgleich sie nach den §§ 811 Abs 1 Nr 4, 9, 11 ZPO nicht der Zwangsvollstreckung unterliegen. Diese Ausnahmeregelung ist durch die Besonderheiten des Insolvenzverfahrens als Gesamtvollstreckung bedingt.

44   **1. Geschäftsbücher. a) Begriff der Geschäftsbücher (Abs 2 Nr 1 Hs 1).** Geschäftsbücher, die nach § 811 Nr 11 ZPO unpfändbar sind, gehören nach zwingender Vorschrift des Abs 2 Nr 1 zur Insolvenzmasse. Diese Regelung, die der früheren Regelung in § 1 Abs 3 KO entspricht, basiert auf der Erwägung, dass ein Unternehmen als Ganzes nicht veräußert werden kann, wenn die Geschäftsunterlagen nicht mit veräußert werden dürfen. Unter Abs 2 Nr 1 fallen nicht nur das **gesamte Rechnungswesen** eines Einzelkaufmanns, einer Handelsgesellschaft oder Genossenschaft, sondern auch **Tagnotizbücher, Beibücher, Kontobücher, Kundenbücher, Lohnlisten, Rechnungen, Quittungen, Umsatzsteuerunterlagen** und **EDV-Unterlagen** sowie **Programme** und der **Datenbestand** (OLG Saarbrücken 8. 11. 2000 NJW-RR 2001, 419 = ZIP 2001, 164 = NZI 2001, 41 = KTS 2001, 268 = EWiR § 36 InsO 1/01, 437 *[van der Moolen]*; N/R/*Andres* § 36 Rn 40 ff, 43 f; *Jaeger/Henckel* § 1 KO Rn 67; K/U § 1 KO Rn 20; HK-*Eickmann* § 36 Rn 28). Unerheblich ist, ob der Schuldner zur Führung von Büchern verpflichtet ist oder nicht (KPB-*Holzer* § 36 Rn 30). Auch wenn das Unternehmen nach Art und Umfang einen in kaufmännischer Weise eingerichteten Geschäftsbetrieb nicht erfordert (§ 1 Abs 2 HGB, § 304 Abs 2 InsO), fallen sämtliche Geschäftsunterlagen in die Insolvenzmasse. Die genannten Unterlagen zählen selbst dann zur Masse, wenn sie keine selbstständigen Beweis- oder Vermögenswert besitzen, nicht dagegen ein zum Privatvermögen gehörendes Notiz- oder Haushaltungsbuch. Insoweit greift der Schutz des § 811 Abs 1 Nr 11 ZPO ein. Gegenüber der früheren Regelung in § 1 Abs 3 KO ergeben sich Abweichungen dadurch, dass der Urkundsbeamte der Geschäftsstelle nicht mehr die Geschäftsbücher zu schließen hat (so noch § 122 Abs 2 KO). Eine weitere Neuerung besteht darin, dass die frühere Regelung aus § 117 Abs 2 KO, wonach es dem Konkursverwalter untersagt war, die Geschäftsbücher selbstständig zu verwerten, nicht in das neue Recht übernommen worden ist (N/R/*Andres* § 36 Rn 43). Abs 2 Nr 1 gilt auch für Einzelkaufleute (*Kalter* KTS 1960, 65 ff; KPB-*Holzer* § 36 Rn 30).

45   Maßgeblich für die Massezugehörigkeit der genannten Unterlagen ist immer der **vermögensrechtliche Beweiswert** der Unterlagen mit Blick auf das zu verwertende Vermögen. Die Unterlagen sollen dem Verwalter ermöglichen, das zur Insolvenzmasse gehörige Schuldnervermögen zunächst als sogen Ist-Masse festzustellen und zur sogen Soll-Masse zu berichtigen. Deshalb fallen auch **Datenträger** in die Masse, auf denen Geschäftsvorfälle gespeichert sind (vgl auch *Paulus* DGVZ 1990, 151, 153 ff; KPB-*Holzer* § 36 Rn 30; HK-*Eickmann* § 36 Rn 38). Soweit es sich um Geschäftsbücher iSv Geschäftsunterlagen handelt, greift das **Briefgeheimnis** im Insolvenzverfahren nicht ein (*Jaeger/Henckel* § 1 KO Rn 67). **Private Korrespondenz** hat der Verwalter an den Schuldner herauszugeben. Ist die Privatwohnung des Schuldners nicht mit dem Geschäft oder einer Praxis identisch, so ist im Zweifel anzunehmen, dass sämtliche Unterlagen, die sich am Geschäftssitz befinden, zur Insolvenzmasse gehören. Handelt es sich um die Insolvenz eines Privatmannes, zählen zu den Geschäftsbüchern auch sämtliche **Überweisungsträger, Sparkassenbücher, Wertpapiere, Hypotheken-, Grundschuld-** und **Rentenschuldbriefe.** Zweifelhaft ist, ob wegen des Geheimnisschutzes auch **Patientenkarteien** eines Arztes oder **Mandantenkarteien** eines Rechtsanwalts, Steuerberaters oder Wirtschaftsprüfers in die Masse fallen (dazu § 35 Rn 280). Der Insolvenzverwalter hat trotz Massezugehörigkeit und der Möglichkeit, die Geschäftsunterlagen auf einen Dritten zu übertragen, die **gesetzlichen Aufbewahrungsfristen** nach den § 257 HGB,

VII. Einbeziehung unpfändbarer Gegenstände in die Insolvenzmasse § 36

§ 147 AO zu beachten. Er ist nicht etwa zur Vernichtung der Unterlagen vor Ablauf der Aufbewahrungsfristen berechtigt (HK-*Eickmann* § 36 Rn 28; KPB-*Holzer* § 36 Rn 32; vgl auch *Kalter* KTS 1960, 65, 67; FK-*Schmerbach* § 36 Rn 5).

b) **Herausgabepflichten.** Nach § 148 Abs 1 hat der Insolvenzverwalter die Geschäftsbücher und sonstigen Geschäftsunterlagen des Schuldners bzw Schuldnerunternehmens in Besitz zu nehmen. Bei **Herausgabeverweigerung** durch den Schuldner oder Organe des Schuldnerunternehmens erfolgt die Vollstreckung aus dem Insolvenzeröffnungsbeschluss (vgl *Kalter* KTS 1960, 65; K/U § 1 KO Rn 20; KPB-*Holzer* § 36 Rn 31). Einer **Vollstreckungsklausel** bedarf es nicht (**str aA** N/R/*Andres* § 36 Rn 45). Werden die Handelsbücher von einer **Datenverarbeitungsanlage** erstellt, so können die EDV-Unterlagen über §§ 883, 886 ZPO, §§ 257–263 HGB herausverlangt werden (KPB-*Holzer* § 36 Rn 31; K/U § 1 KO Rn 20; *Mohrbutter/Ernestus* Hdb Rn VIII.43). Das Recht zur Inbesitznahme richtet sich auch **gegen Dritte,** die die entsprechenden Unterlagen des Schuldners in Besitz haben, etwa gegen die Muttergesellschaft der Schuldnerin (AG Karlsruhe-Durlach 10. 11. 2006 ZIP 2007, 787: keine verbotene Eigenmacht durch Insolvenzverwalter, der Unterlagen gegen den Willen der Muttergesellschaft aus deren Räumen abtransportiert). Dabei steht dem **Steuerberater** des Schuldners oder Schuldnerunternehmens gegenüber dem Herausgabeverlangen des Insolvenzverwalters **kein Zurückbehaltungsrecht** wegen offener Honorarforderungen zu, ebensowenig wie Wirtschaftsprüfern, vereidigten Buchprüfern, Rechtsanwälten oder Konzernmüttern (OLG Stuttgart 1. 12. 1981, ZIP 1982, 80; **OLG** Düsseldorf 12. 3. 1982, ZIP 1982, 471, 472; **OLG** Hamm 4. 8. 1987 ZIP 1987, 1330, 1331 = EWiR § 49 KO 1/87, 1121 *[Marotzke]*; AG Karlsruhe-Durlach 10. 11. 2006 ZIP 2007, 787; zum Ganzen KPB-*Holzer* § 36 Rn 31; N/R/*Andres* § 36 Rn 46; *Mohrbutter/Ernestus* Hdb Rn VIII.44; **str aA** OLG Nürnberg 11. 4. 1990 MDR 1990, 820). Der **BGH** (25. 10. 1988 ZIP 1988, 1474, 1475 = NJW 1989, 1216 = EWiR § 667 BGB 1/89, 33 *[Keller]*) macht entgegen der Auffassung des **OLG** Hamm aaO insoweit eine zutreffende Ausnahme, als sich die Verpflichtung des Steuerberaters nicht auf Unterlagen bezieht, die nicht iSv § 667 BGB „erlangt" sind, wie zB eine **Hauptabschlussübersicht** nebst Umbuchungslisten (eingehend 12. Aufl Rn 35). Vgl zum Zurückbehaltungsrecht auch *Zeiler* DB 1987, 2136, 2138; *Marotzke* JA 1988, 117; N/R/*Andres* § 36 Rn 47. Bei **Weigerung des Steuerberaters, Rechtsanwalts, vBP oder Wirtschaftsprüfers,** die herausgabepflichtigen Unterlagen herauszugeben, ist der Insolvenzverwalter berechtigt, im Wege der einstweiligen Verfügung (§§ 935, 940 ZPO) die Herausgabe zu erzwingen (**OLG** Düsseldorf 12. 3. 1982 KTS 1983, 145 = ZIP 1982, 471; N/R/*Andres* § 36 Rn 47; KPB-*Holzer* § 36 Rn 31).

c) **Rücknahme- und Aufbewahrungspflichten (Abs 2 Nr 1 Hs 2).** Die Regelung in Abs 2 Nr 1 Hs 2 besagt lediglich, dass die **gesetzlichen Pflichten zur Aufbewahrung von Unterlagen** unberührt bleiben. Danach gehört die **handels- und steuerrechtliche Aufbewahrungspflicht** hinsichtlich der Geschäfts- und Steuerunterlagen des Schuldners bzw Schuldnerunternehmens zu den Abwicklungsaufgaben des Insolvenzverwalters. Dieser hat auf Kosten der Masse die Unterlagen einzulagern und nach Ablauf der Aufbewahrungsfristen für deren Vernichtung zu sorgen. Keinesfalls ist er berechtigt, die Geschäftsunterlagen als Altpapier zu verkaufen, um damit seine Auslagen zu decken (Begr RegE zu § 36 [§ 43 RegE]; LG Koblenz 11. 6. 1965 KTS 1965, 241, 242 f). § 36 sagt aber nichts darüber aus, an wen die Unterlagen nach Verfahrensabwicklung zurückzugeben sind und ob der Schuldner bzw das Schuldnerunternehmen die Unterlagen zurückverlangen kann. Die früher fast allgemein vertretene Auffassung, die **Pflicht zur Verwahrung der Bücher und Schriften** treffe allein den Schuldner und bei Gesellschaften den Geschäftsführer, Vorstand oder die Liquidatoren (OLG Hamm 3. 7. 1964 NJW 1964, 2355; **OLG** Stuttgart 3. 1. 1984 ZIP 1984, 1385 = KTS 1984, 491; *Jaeger/Weber* § 117 KO Rn 19; zum Bestehen einer Rücknahmepflicht des Schuldners, die aber nicht mit Zwangsmitteln durchsetzbar sein soll, **LG** Hannover 5. 7. 1972 KTS 1973, 191 m krit Anm *Skrotzki*; *Kalter* KTS 1960, 65 ff), kann nach neuem Recht nicht uneingeschränkt aufrechterhalten werden. Vielmehr ist zu **differenzieren:** Nur wenn das schuldnerische Unternehmen aufgrund eines Insolvenzplans oder im Rahmen der Eigenverwaltung fortgeführt wird, treffen die handels- und steuerrechtlichen Aufbewahrungspflichten nach den § 257 HGB, § 147 AO weiterhin das Schuldnerunternehmen. Wird das Unternehmen dagegen liquidiert, so ist der Insolvenzverwalter auch zur gesellschaftsrechtlichen Vollabwicklung verpflichtet (oben § 11 Rn 148 ff, 301 ff). Dementsprechend führt die Beendigung des Verfahrens durch Einstellung nach §§ 207, 211 oder die Aufhebung des Verfahrens nach § 200 regelmäßig dazu, dass eine AG, KGaA oder eine GmbH von Amts wegen gem § 394 Abs 1 Satz 2 FamFG (früher § 141 a Abs 1 S 2 FGG) im Handelsregister gelöscht wird. Damit fehlt es wegen Beendigung des Amtes der organschaftlichen Vertreter der Gesellschaft auch an einem zur Rücknahme Verpflichteten. Ähnlich stellt sich die Situation dar, wenn der **Schuldner eine natürliche Person** ist. Mit Ausnahme eines anschließenden **Restschuldbefreiungsverfahrens** nach den §§ 286 ff hat der Schuldner zudem nicht nur kein Interesse an einer Rücknahme der Geschäftsbücher und Geschäftsunterlagen, sondern er ist auch oftmals außerstande, der Aufbewahrungspflicht zu genügen. Dazu kommen mögliche **interne und externe Rechnungslegungspflichten** des Insolvenzverwalters (va nach den §§ 66, 155, § 257 HGB, § 147 AO). Mithin ist es grundsätzlich **Sache des Verwalters,** in der **Schlussrechnung Rückstellungen zu bilden,** die die Kosten einer Aufbewahrung der gesamten Unterlagen des Schuldners oder Schuldnerunternehmens für die gesetzliche Aufbewahrungsfrist abdecken (*H.-F. Müller* Der Verband in der Insolvenz, S 22 f). Ausnahmsweise

46

47

kann bei **berechtigtem Interesse** des Schuldners oder Schuldnerunternehmens eine Herausgabepflicht des Insolvenzverwalters bestehen (etwa dann, wenn die Gesellschaft mit dem Insolvenzverfahren noch nicht voll abgewickelt wurde: **OLG** Stuttgart 30. 9. 1998 NZG 1999, 31 = ZIP 1998, 1880 = EWiR § 207 KO 1/98, 987 *[Eckardt]* **[AG]**). Die Bestellung eines Verwahrers nach § 74 GmbHG begründet dagegen keine Verwahrungspflicht für diesen. Der nach Einstellung des Insolvenzverfahrens gem § 207 zwischen Insolvenzverwalter und einer schuldnerischen GmbH entstehende Streit über die Verwahrungspflicht kann auch nicht im Verfahren nach den § 74 Abs 2 GmbHG, § 375 Nr 6 FamFG (früher §§ 146, 148 Abs 1 FGG) entschieden werden (**OLG** Stuttgart 3. 1. 1984 ZIP 1984, 1385 = KTS 1984, 491).

48 Sind die Kosten in den Fällen der Einstellung mangels Masse (§ 207) oder der Masseunzulänglichkeit (§ 211) nicht gedeckt, hat der Schuldner die Unterlagen zurückzunehmen. Für **Personenhandelsgesellschaften** greift dann die Vorschrift des § 157 Abs 2 S 1 HGB ein mit der Folge, dass die Bücher und Papiere der aufgelösten Gesellschaft einem der Gesellschafter oder einem Dritten in Verwahrung gegeben werden. Die Gesellschafter können sich über die Verwahrung verständigen (§ 119 HGB). Notfalls bestimmt das Gericht nach § 375 Nr 1 FamFG (früher §§ 145 f FGG) den verwahrungspflichtigen Gesellschafter. Die Kosten der Aufbewahrung tragen die Gesellschafter gemeinsam (§ 128 HGB). Ist bei juristischen Personen im Gesellschaftsvertrag über die Aufbewahrungspflicht nichts gesagt und reicht die Masse zur Deckung der Aufbewahrungskosten nicht aus, so trifft ausnahmsweise die gesetzliche Aufbewahrungsfrist den **Vorstand oder die Geschäftsführung bzw den Liquidator**. Es gelten insoweit die Grundsätze, die für das frühere Recht entwickelt worden sind (Rn 7). Eine **Hinterlegung** nach § 372 BGB scheidet aus, da die Geschäftsbücher keine hinterlegungsfähigen Sachen sind. Das Problem lässt sich nur mit **nachwirkenden Pflichten** der persönlich haftenden Gesellschafter bei Personengesellschaften und der organschaftlichen Vertreter bei juristischen Personen lösen (so für § 157 Abs 2 HGB *Koller* bei *Koller/Roth/Morck* § 157 HGB Rn 1). Bei **juristischen Personen** kann zugleich auch auf die **Schadenersatzpflichten** nach § 43 GmbHG, § 93 AktG zurückgegriffen werden: Wer als Geschäftsführer oder Vorstand einer antragspflichtigen Gesellschaft die Eröffnung des Insolvenzverfahrens schuldhaft so lange verzögert, dass nicht einmal die Aufbewahrungskosten für die Geschäftsunterlagen bei Abweisung oder Einstellung mangels Masse gedeckt sind, hat für die **Kosten der Aufbewahrung** durch den Insolvenzverwalter oder einen von diesem bestimmten Dritten aufzukommen (*arg.* auch § 26 Abs 4). Die praktische Folge ist, dass der Insolvenzverwalter berechtigt ist, die für die Aufbewahrung der Unterlagen erforderlichen Beträge von den Gesellschaftern oder organschaftlichen Vertretern auch nach Aufhebung des Verfahrens noch einzuklagen, wenn diese ihren Pflichten aus den § 157 Abs 2 HGB, § 74 Abs 1 GmbHG, § 273 Abs 2 AktG nicht nachkommen.

49 **2. Landwirtschaftliche Betriebsmittel und Apothekeneinrichtung (Abs 2 Nr 2).** Die Erwägungen, die im Bereich der Einzelzwangsvollstreckung zu einer Unpfändbarkeit von **Gegenständen des landwirtschaftlichen Betriebes** (§ 811 Nr 4 ZPO) und des **Apothekeninventars** (§ 811 Nr 9 ZPO) geführt haben, nämlich die Versorgung der Bevölkerung mit landwirtschaftlichen Produkten und Medikamenten (MK/*Schilken* § 811 ZPO Rn 1, 2, 5; KPB-*Pape* § 36 Rn 4), treffen für das heutige Insolvenzverfahren als Gesamtvollstreckung nicht mehr zu. Daher trifft § 36 Abs 2 Nr 2 eine von der Einzelzwangsvollstreckung abweichende Regelung. Sie ermöglicht es, im eröffneten Insolvenzverfahren zB eine Apotheke zu verwerten oder im Wege der übertragenden Sanierung auf einen Dritten zu übertragen. Sie entspricht zudem der hier vertretenen heutigen Auffassung, dass ebenso wie eine **freiberufliche Praxis** auch die **Apotheke** uneingeschränkt in die Insolvenzmasse fällt.

50 **a) Landwirtschaftliche Betriebsmittel.** Nach Abs 2 Nr 2 gehören zur Insolvenzmasse ausnahmsweise landwirtschaftliche Betriebsmittel, die nach § 811 Nr 4 ZPO nicht der Zwangsvollstreckung unterliegen (vgl auch MK/*Schilken* § 811 ZPO Rn 24; *Zöller/Stöber* § 811 ZPO Rn 19; *Schuschke* Vollstreckung und vorläufiger Rechtsschutz § 811 ZPO Rn 18; KPB-*Holzer* § 36 Rn 33). Auch **landwirtschaftliche Nebenerwerbsbetriebe** fallen in die Insolvenzmasse; zum Ganzen § 35 Rn 298.

51 **b) Apothekeneinrichtung.** Nach § 811 Abs 1 Nr 9 ZPO unterliegen die zum Betrieb einer Apotheke unentbehrlichen Geräte, Gefäße und Waren nicht der Pfändung. Abs 2 Nr 2 formuliert davon für die Insolvenzmasse eine Ausnahme, wodurch auch die in einer Apotheke unentbehrlichen Geräte, wie zB Waagen, Thermometer, Registrierkassen, Gefäße und Arzneimittel sowie Rezepte in die Insolvenzmasse fallen; zum Ganzen § 35 Rn 296 f.

51a **3. Vermögenserwerb des Schuldners mit unpfändbaren Mitteln.** *H.-P. Runkel* (FS Uhlenbruck 2000 S 315, 318 ff) hat die Frage aufgeworfen, ob der Insolvenzbeschlag auf neu erworbene, **mit unpfändbaren Mitteln erworbene Gegenstände** des Schuldners ausgedehnt werden kann oder ob solche Gegenstände gem § 811 ZPO von der Pfändung und damit vom Insolvenzbeschlag ausgenommen sind. Für die **Massefreiheit** solcher Gegenstände spricht der Surrogationsgedanke. Surrogate, die mit beschlagnahmtem Vermögen angeschafft werden, gehören zur Masse iSv § 35 (oben § 35 Rn 123). Entsprechend müssen Surrogate, die mit insolvenzfreien Mitteln angeschafft werden, vom Insolvenzbeschlag ausgenommen werden. Dieser Argumentation hält *Runkel* (FS Uhlenbruck S 319 f) unter anderem entgegen, dass Neugläubiger vor Verlusten aus Geschäften mit dem Schuldner geschützt sind, da sie Kenntnis vom Insolvenzverfahren haben oder auf dem Abschluss eines Bargeschäfts bestehen könnten. Auch das **AG Hamburg** hat bezüglich des Veräußerungserlöses für einen unpfändbaren Vertragsarztsitz eine Surrogation abgelehnt (**AG Hamburg** 11. 9. 2006 ZInsO 2006, 1232; vgl auch *Pech*, Die Einbeziehung des Neuerwerbs in das Insolvenzrecht 1999 S 59 f). In der Tat würde ein solches „umgekehrtes Surrogationsprinzip" hinsichtlich des insolvenzfreien Schuldnervermögens bedeuten, dass mit dem insolvenzfreien Vermögen Gegenstände erworben werden könnten, die dann dem Insolvenzbeschlag nicht unterliegen. Damit hätten die Neugläubiger die Möglichkeit, in dieses insolvenzfreie Vermögen zu vollstrecken, da insoweit § 89 nicht eingreift. Das aber kann nicht richtig sein. Erwirbt der Schuldner mit Mitteln, die wegen Pfändungsfreiheit nicht dem Insolvenzbeschlag unterfallen, Gegenstände, die unter den Begriff der Insolvenzmasse iSv § 35 fallen, ist dies aber wie ein **Verzicht auf den Pfändungsschutz** zu behandeln mit der Folge, dass der Insolvenzbeschlag die neu erworbenen Gegenstände erfasst (so auch *Runkel* FS Runkel S 320). Erwirbt der Schuldner, der bislang ein Fernsehgerät besaß, mit dem unpfändbaren Teil seines Arbeitsentgelts ein neues Fernsehgerät, so handelt es sich nach zutreffender Ansicht um einen unpfändbaren Gegenstand iSv § 811 Abs 1 ZPO iVm § 36 Abs 1 InsO, der nicht in die Insolvenzmasse fällt (*Hess* §§ 35, 36 Rn 35 ff; zust MK/*Lwowski/Peters* 35 Rn 45). Schaffe er sich dagegen ein zweites Fernsehgerät an, falle dieses Fernsehgerät in die Insolvenzmasse. Gleiches gilt, wenn der Schuldner sich mit Mitteln, die dem unpfändbaren Vermögen entstammen, ein Lotterielos kauft und einen erheblichen Lotto- oder Lotteriegewinn erzielt. Hier ist zweifelhaft, ob nicht schon das Los bzw der Lottozettel in die Insolvenzmasse fällt. Jedenfalls aber ist der Lotto- oder Lotteriegewinn ebenso als Neuvermögen anzusehen wie Gelder oder Gegenstände bzw Reisen, die der Schuldner aufgrund eines Preisausschreibens gewinnt. Da der Gegenstand stets ohne Mitwirkung des Insolvenzverwalters erworben wird, ist ihm nach dem Rechtsgedanken des § 333 BGB als Ausgleich die Befugnis einzuräumen, den erworbenen Gegenstand zurückzuweisen (Jaeger-*Henckel* § 35 Rn 118; MK/*Lwowski/Peters* § 35 Rn 53; *Windel* KTS 1995, 367, 378 ff).

VIII. Massefreier Hausrat (Abs 3)

Nach Abs 3 gehören nicht zur Insolvenzmasse Sachen, die zum **gewöhnlichen Hausrat** gehören und im Haushalt des Schuldners gebraucht werden, wenn ohne weiteres ersichtlich ist, dass durch ihre Verwertung nur ein Erlös erzielt werden würde, der zu dem Wert außer allem Verhältnis steht. Die Vorschrift erweitert die Pfändungsbegrenzungen des § 811 Abs 1 Nr 1 ZPO um die in § 812 ZPO genannten Gegenstände. Die in § 811 Abs 1 Nr 1 ZPO aufgeführten Gegenstände fallen schon nach Abs 1 nicht in die Insolvenzmasse. Der Vorschrift liegt der Gedanke zugrunde, dass erfahrungsgemäß der Veräußerungswert gebrauchter Hausratsgegenstände niedrig ist, dass diese aber andererseits im Rahmen der persönlichen Lebensgewohnheiten des Schuldners und seines Lebensstils einen erheblichen Stellenwert haben können (*Schuschke* Vollstreckung und vorläufiger Rechtsschutz § 812 ZPO Rn 1). Die **Hausratsgegenstände**, die zum gewöhnlichen Hausrat des Schuldners gehören und dort benötigt werden, sind in der Regel **Möbel**, **Haushaltsgeräte**, ein **Fernsehgerät** sowie ein **Videogerät**. Zu einer **bescheidenen Haushaltsführung** gehören jedoch nicht etwa Luxusgegenstände und Sachen mit besonderem Sammler- oder Altertumswert (**AG Frankfurt** 18. 12. 1973 DGVZ 1974, 45; HK-*Eickmann* § 36 Rn 31; *Schuschke* Vollstreckung und vorläufiger Rechtsschutz § 812 ZPO Rn 2). Wertvollere Haushaltsstücke, wie zB **kostbare Teppiche**, **Möbel** auf dem Dachboden oder **wertvolle Bilder** sowie neuwertige und **aufwendige Unterhaltungselektronik** gehören in die Insolvenzmasse (FK-*Schmerbach* § 36 Rn 9). Was im Einzelfall zum **gewöhnlichen Hausrat** zählt und was nur den Luxusbedürfnissen dient, entscheidet sich nach allgemeiner Lebensanschauung. Hierunter fallen nicht nur Wäsche und Kleidung zum Wechseln, Haushaltsgeräte und Möbel, sondern auch sämtliche in § 811 Abs 1 Nr 1 ZPO aufgezählten Gegenstände, wie zB Kleidungsstücke, Schuhe, Wäsche etc. Dagegen sind gewerblich genutzte Gegenstände nicht Hausrat (*Thomas/Putzo* § 812 ZPO Rn 1; *Schuschke* Vollstreckung und vorläufiger Rechtsschutz § 812 ZPO Rn 2; str aA *Stein/Jonas/Münzberg* § 812 ZPO Rn 1). Für den Insolvenzverwalter muss **ohne weiteres ersichtlich sein**, dass durch die Verwertung nur ein Erlös erzielt werden würde, der zu dem Wert außer allem Verhältnis steht. Die Entscheidung trifft allein der Insolvenzverwalter. Gegen die Einbeziehung von Hausrat in die Insolvenzmasse müssen dem Schuldner die gleichen Rechtsmittel wie beim Streit um die Unpfändbarkeit nach § 811 ZPO zustehen (dazu **AG Dresden**, 2. 5. 2005, ZVI 2005, 322: Vollstreckungsgericht zuständig), da Abs 3 lediglich eine Verstärkung des § 812 ZPO bezweckt, wo die Erinnerung nach § 766 ZPO möglich wäre. Die Auffassung der 12. Aufl (Rn 41), es könne lediglich auf Feststellung geklagt werden, dass der Gegenstand nicht in die Insolvenzmasse fällt, ist wegen Art 19 Abs 4 GG bedenklich.

Das **Gesetz zur Änderung der Insolvenzordnung und anderer Gesetze** v 26. 10. 2001 (BGBl I S 2710) hat den früheren Streit um den Insolvenzbeschlag angemieteten Wohnraums des Schuldners (siehe 12. Aufl Rn 42) durch eine Änderung des § 109 weitgehend erledigt. Ist der Gegenstand des Mietverhältnisses eine vom Schuldner angemietete **Wohnung**, so tritt an die Stelle der Kündigung nach § 103 das Recht des Insolvenzverwalters zu erklären, dass Ansprüche, die nach Ablauf der in § 109 Abs 1 S 1 genannten Frist fällig werden, nicht im Insolvenzverfahren geltend gemacht werden können. Kündigt der Verwalter das Mietverhältnis nach § 109 Abs 1 S 1 oder gibt er die Erklärung nach § 109 Abs 1 S 2 ab, so kann der andere Teil wegen der vorzeitigen Beendigung des Vertragsverhältnisses oder wegen der

52

53

Folgen der Erklärung als Insolvenzgläubiger Schadenersatz verlangen (§ 109 Abs 1 S 3). Da das Gesetz dem Verwalter das Recht einräumt, zu erklären, dass zumindest neu entstehende Mietzinsforderungen nicht mehr die Masse belasten, wird der Mietvertrag nicht beendet, sondern vom Schuldner fortgesetzt (*Marotzke* KTS 2001, 67; FK-*Schumacher* § 36 Rn 32; 32 a, 33; vgl aber auch *Pape* ZInsO 2001, 587, 594). Dem Vermieter bleibt nur die Möglichkeit einer **außerordentlichen fristlosen Kündigung** nach § 543 Abs 2 Nr 3 BGB (FK-*Schumacher* § 36 Rn 33; *Keller* NZI 2001, 449, 454). Damit ist auch **die Mietkaution geschützt**. Solange der Mietvertrag läuft, hat der Mieter lediglich einen durch das Vertragsende aufschiebend bedingten Anspruch auf Rückzahlung der Kaution. Dieser Anspruch fällt zwar in die Insolvenzmasse iSv § 35, kann jedoch vom Insolvenzverwalter erst nach Bedingungseintritt, also nach Beendigung des Mietvertrages, geltend gemacht werden.

IX. Rechtsbehelfe des Schuldners (Abs 4)

54   Die Streitfrage, ob das **Vollstreckungsgericht** oder das **Insolvenzgericht** im Eröffnungsverfahren oder im eröffneten Insolvenzverfahren berechtigt ist, dem Schuldner auf Antrag gem § 850 f ZPO einen Teil des nach den Bestimmungen der §§ 850 c, 850 d und 850 i ZPO pfändbaren Einkommens zu belassen, ist durch Art 1 Nr 6 a des **InsOÄndG 2001** entschieden worden. Einmal sind gem Abs 1 S 2 die §§ 850, 850 a, 850 c, 850 e, 850 f Abs 1, §§ 850 g bis 850 i ZPO entsprechend anwendbar; zum anderen ist gem Abs 4 für die entsprechenden Entscheidungen nunmehr das **Insolvenzgericht zuständig** (dazu BGH 5. 4. 2006 ZVI 2007, 78; BGH 20. 3. 2003 NJW 2003 = ZInsO 2003, 413 = 2167 = NZI 2003, 389 = WM 2003, 980 = ZVI 2003, 170 = EWiR § 290 InsO 2/03, 593 *[Tetzlaff]* jew zu § 850 i ZPO; AG Göttingen 19. 3. 2004 ZInsO 2004, 456 = NZI 2004, 332 = ZVI 2004, 198 zur Frage, ob Steuererstattungen Arbeitseinkommen darstellen, dazu Rn 20), wobei die funktionelle Zuständigkeit bei demjenigen liegt, der das Insolvenzverfahren führt (s dazu § 18 RPflG). Der Rechtszug richtet sich wegen der funktionalen Wahrnehmung vollstreckungsgerichtlicher Aufgaben nach allgemeinen vollstreckungsrechtlichen Vorschriften (BGH aaO; st Rspr seit **BGH** 5. 2. 2004 ZIP 2004, 732 = ZInsO 2004, 391 = NZI 2004, 278 = WM 2004, 834 = EWiR § 89 InsO 2/04, 1231 *[Lüke/Ellke]*; ferner **BGH** 12. 1. 2006 ZIP 2006, 340 = NJW 2006, 1127 = ZInsO 2006, 139 = NZI 2006, 246 = WM 2006, 539 = ZVI 2006, 58 = EWiR § 35 InsO 2/06, 245 *[Beck]* = DZWIR 2006, 174; **BGH** 6. 5. 2004 ZIP 2004, 1379 = NZI 2004, 447 = EWiR § 574 ZPO 1/04, 1003 *[Hintzen]*; abw zB noch LG Köln 27. 4. 2004 ZVI 2006, 461). Ansonsten verbleibt es bei Streit um die Pfändbarkeit und damit Massezugehörigkeit von Gegenständen bei der Zuständigkeit des Vollstreckungsgerichts (AG Dresden 2. 5. 2005 ZVI 2005, 322; AG Köln NJW-RR 2003, 987 = ZVI 2003, 418 = ZInsO 2003, 667 = NZI 2003, 387 = EWiR § 36 InsO 1/03, 1151 *[Tetzlaff]*, jeweils zur Unpfändbarkeit gem § 811 Abs 1 Nr 5 ZPO; siehe auch AG Regensburg 5. 3. 2003 ZVI 2003, 178: Zuständigkeit des Insolvenzgerichts zur Entscheidung über Pfändbarkeit körperlicher Gegenstände in Wohlverhaltensperiode allein über § 58 InsO als Insolvenzaufsicht). Mit der Zuständigkeit des Insolvenzgerichts wird verhindert, dass das Vollstreckungsverbot des § 89 Abs 2 S 1 unterlaufen wird, indem über § 89 Abs 2 S 2 eine erweiterte Zwangsvollstreckung der Unterhaltsgläubiger ermöglicht wird. Schließlich könnte durch vollstreckungsgerichtliche Anhebung der Pfändungsfreigrenzen in den Grundsatz der Gläubigerautonomie eingegriffen werden, denn gem § 100 Abs 1 beschließt die Gläubigerversammlung, ob und in welchem Umfang dem Schuldner und seiner Familie Unterhalt aus der Insolvenzmasse gewährt werden soll (krit *Keller* NZI 2001, 449, 451). Anstelle des Gläubigers ist iR von Abs 4 der **Insolvenzverwalter antragsberechtigt** (Abs 4 S 2). Für Entscheidungen nach den §§ 850 d, 850 f Abs 2 ZPO bleibt weiterhin das Vollstreckungsgericht zuständig. Bis zur Zulassung des Antrags durch das Insolvenzgericht besteht die **Zuständigkeit des Vollstreckungsgerichts**. Diese endet mit der Zulassung des Insolvenzantrags, da ab diesem Zeitpunkt das Insolvenzgericht zudem auch nach § 21 Abs 2 Nr 3 die Möglichkeit hat, **Maßnahmen der Zwangsvollstreckung** gegen den Schuldner **zu untersagen oder einstweilen einzustellen**, soweit nicht unbewegliche Gegenstände betroffen sind. Zu begrüßen ist, dass der Gesetzgeber nach Abs 4 S 3 die Vorschriften des Abs 1 S 2 und Abs 2 auch für das **Eröffnungsverfahren** für entsprechend anwendbar erklärt hat und damit frühzeitig Klarheit über die zu erwartende Insolvenzmasse ermöglicht.

55   Zuständig für die **Anpassung des Pfändungsfreibetrages** (dazu oben Rn 42) auf Antrag des Verwalters bzw Treuhänders oder Schuldners ist ebenfalls das **Insolvenzgericht**, das an die Stelle des Vollstreckungsgerichts tritt. Das gilt sowohl für die **Anhebung der pfändungsfreien Beträge** als auch für eine **Herabsetzung des Freibetrages** (vgl AG Göttingen 2. 4. 2003 Rpfleger 2003, 466 = ZInsO 2003, 435 = ZVI 2003, 176 = NZI 2003, 333; eingehend schon *Ott/Zimmermann* ZInsO 2000, 421 ff). Dem Antrag steht nicht entgegen, dass der Schuldner sein Einkommen bereits abgetreten hat (AG Göttingen 19. 6. 2003 ZInsO 2003, 625 = ZVI 2003, 365). Eine Erhöhung ist insbesondere geboten, wenn der Schuldner andernfalls ohne Krankenversicherung wäre (AG Göttingen aaO).

§ 37 Gesamtgut bei Gütergemeinschaft

(1) ¹Wird bei dem Güterstand der Gütergemeinschaft das Gesamtgut von einem Ehegatten allein verwaltet und über das Vermögen dieses Ehegatten das Insolvenzverfahren eröffnet, so gehört das Gesamtgut zur Insolvenzmasse. ²Eine Auseinandersetzung des Gesamtguts findet nicht

II. Gütergemeinschaft § 37

statt. ³ Durch das Insolvenzverfahren über das Vermögen des anderen Ehegatten wird das Gesamtgut nicht berührt.

(2) Verwalten die Ehegatten das Gesamtgut gemeinschaftlich, so wird das Gesamtgut durch das Insolvenzverfahren über das Vermögen eines Ehegatten nicht berührt.

(3) Absatz 1 ist bei der fortgesetzten Gütergemeinschaft mit der Maßgabe anzuwenden, daß an die Stelle des Ehegatten, der das Gesamtgut allein verwaltet, der überlebende Ehegatte, an die Stelle des anderen Ehegatten die Abkömmlinge treten.

§ 37 (§ 44 RegE; § 42 RefE; § 42 DiskE) nimmt den Regelungsgegenstand des früheren § 2 KO mit nur geringfügigen redaktionellen Änderungen auf; wegen der Regelung in § 11 Abs 2 Nr 2 ist § 2 Abs 2 Halbs 2 KO nicht übernommen worden.

I. Allgemeines

Im Hinblick auf das eheliche Güterrecht (§§ 1363 bis 1563 BGB) gelten im normativen (und tatsächlichen) Regelfall des gesetzlichen Güterstands der **Zugewinngemeinschaft nach §§ 1363 bis 1390 BGB** (dazu Rn 24 ff) sowie bei **Gütertrennung nach § 1414 BGB** (dazu Rn 30) keine haftungsrechtlichen und daraus abgeleiteten insolvenzrechtlichen Besonderheiten (Jaeger-*Henckel* § 37 Rn 6). Das Güterrecht begründet im (normativen) Regelfall mithin keine Ausnahme von dem Grundsatz der Haftungstrennung; es gilt auch hier: „Eine Person, ein Vermögen, eine Insolvenz" (vgl auch § 11 Rn 394). Die Vermögen der Ehegatten bleiben rechtlich getrennt. Jeder Ehegatte verwaltet sein Vermögen selbständig. Jeder Ehegatte haftet nur für seine eigenen Schulden und nur mit seinem Vermögen. Einzig in dem (seltenen) Fall, in dem die Eheleute in **Gütergemeinschaft nach §§ 1415 bis 1518 BGB** (dazu Rn 2 ff) leben, werden die für den Regelfall geltenden insolvenzrechtlichen Bestimmungen durch § 11 Abs 2 Nr 2, 37, 333, 334 ergänzt. Grund hierfür ist die **Vermögenssonderung nach § 1416 Abs 1 S 1 BGB**: Das Vermögen des Mannes und das Vermögen der Frau werden durch die Gütergemeinschaft gemeinschaftliches Vermögen beider Ehegatten (Gesamtgut); zu dem Gesamtgut gehört auch das Vermögen, das der Mann oder die Frau während der Gütergemeinschaft erwerben (§ 1416 Abs 1 S 2 BGB). In der Insolvenz eines Ehegatten stellt sich dann die Frage der Massezugehörigkeit des Gesamtguts; diese Frage beantwortet § 37 (dazu Rn 6 ff). 1

II. Gütergemeinschaft

1. Begriff. Ehegatten können in einem notariell beurkundeten Ehevertrag (§§ 1408, 1410 BGB) abweichend vom gesetzlichen Güterstand der Zugewinngemeinschaft als „Wahlgüterstand" **Gütergemeinschaft** vereinbaren (§ 1415 BGB). Dann gelten die §§ 1415 ff BGB und § 37 (zur Anwendbarkeit dieser Vorschriften, wenn Ehegatten am 1. 7. 1958 im vertraglichen Güterstand der allgemeinen Gütergemeinschaft gelebt haben, ausf Jaeger-*Henckel* § 37 Rn 2, siehe dort auch Rn 3 zur Errungenschafts- und Fahrnisgemeinschaft alten Rechts). 2

a) Gesamtgut. Mit der Begründung der Gütergemeinschaft entsteht das **Gesamtgut als gesamthänderisch gebundenes Sondervermögen mit mehrheitlicher Rechtsträgerschaft** (vgl § 1614 Abs 1 S 2 BGB; dazu *Beuthien* NJW 2005, 855, 856). Das Sondervermögen Gesamtgut selbst besitzt keine Rechtspersönlichkeit (MK BGB-*K. Schmidt* § 741 Rn 6). Rechtsträger sind die Ehegatten. Es muss daher zwischen den **Ehegatten als Träger des Gesamtguts und als Träger ihrer eigenen Vermögen** unterschieden werden. Neben dem Gesamtgut kann es nämlich auch noch Sondergut (§ 1417 BGB) und Vorbehaltsgut (§ 1418 BGB) der Ehegatten geben, die jeweils vom Gesamtgut ausgeschlossen sind. Es müssen in der Insolvenz eines Ehegatten, der im Güterstand der Gütergemeinschaft lebt, mithin bis zu fünf Vermögensmassen auseinander gehalten werden. 3

b) Sondergut. Das **Sondergut** wird vom jeweiligen Eigentümer selbständig verwaltet (§ 1417 Abs 3 BGB). Sondergut sind die Gegenstände, die gem § 1417 Abs 2 BGB nicht durch Rechtsgeschäft übertragen werden können. Ob ein Gegenstand auch dann zum Sondergut zählt, wenn er zwar *ex lege* übertragbar ist, die Übertragbarkeit aber *durch Rechtsgeschäft* ausgeschlossen wurde (zB § 399 Alt 2 BGB oder § 15 Abs 5 GmbHG), ist umstritten. Richtigerweise sind solche Gegenstände ebenfalls Sondergut, da die Nichtübertragbarkeit auch hier *inter omnes* wirkt und der Dritte gerade davor geschützt werden soll, dass ihm gegen seinen Willen ein neuer Gläubiger oder Vertragspartner aufgedrängt wird (MK BGB-*Kanzleiter* § 1417 Rn 3; Staudinger-*Thiele* § 1417 Rn 9; *Bötticher* ZHR 114 (1951), 91, 93 f; *Schotten/Schmellenkamp* DNotZ 2007, 729, 731 ff; aA *Lutter* AcP 161 [1962], 163, 169; Palandt-*Brudermüller* 1417 Rn 3). Eine Ausnahme von der Zuordnung zum Sondergut ist nur in der Konstellation zu machen, in der das Verbot sich nicht auch auf eine Übertragung an den Ehegatten erstreckt, weil der Vertragspartner dann gerade mit einer Mitberechtigung des anderen Ehegatten rechnen musste (BFH 19. 10. 2006 [Tz 19] BFHE 215, 268 = DStR 2006, 2207). Zum Sondergut gehören demnach zB (siehe allg zum Umfang des Sonderguts etwa Palandt-*Brudermüller* § 1417 BGB Rn 2; ferner *Lutter* AcP 161 [1962], 163 ff) die nicht abtretbaren und unpfändbaren Forderungen (§§ 399, 400 BGB; ausf 4 dazu Staudinger-*Thiele* § 1417 Rn 8; vgl auch § 36 Rn 20ff), der Nießbrauch (§ 1059 BGB), eine beschränkte persönliche Dienstbarkeit (§§ 1092, 1093 BGB), die Ansprüche aus §§ 1103 Abs 2, 1111 Abs 2, das Urheberrechte (§ 29 Abs 1 UrhG, abw gem §§ 29 Abs 2, 31 UrhG nicht auch das Nutzungsrecht), das Vorkaufsrecht (§§ 1098 Abs 1 iVm § 473 BGB [entspr wörtlich § 514 BGB aF]). Der Anteil an einer OHG oder der Anteil an einer KG als persönlich haftender Gesellschafter ist Gegenstand des Sonderguts (**BGH** 20. 10. 1971 [Tz 19] Z 57, 123 = NJW 1972, 4; *Schotten/Schmellenkamp* DNotZ 2007, 729). Dagegen fällt der Anteil an einer Kapitalgesellschaft in das Gesamtgut. Auch der Anteil eines Ehegatten an einer mit ihm fortgesetzten Gütergemeinschaft ist bis zu deren Beendigung *und* Auseinandersetzung Sondergut, da dem Abkömmling gem §§ 1497 Abs 2, 1419, 1471 Abs 2 BGB auch während der Auseinandersetzung die Verfügung über seinen Anteil noch entzogen bleibt, wenngleich zuzugeben ist, dass die Bindung bereits mit Beendigung gem § 860 Abs 2 ZPO gelockert ist (wie hier MK BGB-*Kanzleiter* § 1417 Rn 4; Staudinger-*Thiele* § 1417 Rn 6; **aA RG** 28. 9. 1929 Z 125, 347, 354; *Bötticher* ZHR 114 [1951], 92; Soergel-*Gaul* § 1417 Rn 5). Seit der Streichung von § 847 Abs 1 S 2 BGB (aufgeh durch G v 14. 3. 1990, BGBl I S 478) sind Schmerzensgeldansprüche (jetzt § 253 BGB) frei übertragbar (Palandt-*Heinrichs* § 253 Rn 23) und damit kein Sondergut.

5 **c) Vorbehaltsgut.** Auch das **Vorbehaltsgut** wird von jedem Ehegatten selbständig verwaltet, und zwar für eigene Rechnung (§ 1418 Abs 3 BGB). Vorbehaltsgut ist alles, was weder Gesamtgut noch Sondergut ist. Die Grenzziehung erfolgt nicht durch Gesetz, sondern gem § 1418 Abs 2 BGB gewillkürt: den Ehegatten wird das Recht eingeräumt, durch Ehevertrag (§ 1408 BGB) Teile ihres Vermögens vom Gesamtgut auszunehmen (Nr 1). Die gleiche Möglichkeit haben Dritte durch einseitige Bestimmung bei einer Zuwendung unter Lebenden oder von Todes wegen (Nr 2). Die „Surrogationsvorschrift" (Nr 3) perpetuiert die einmal vorgenommene Zuordnung. Nicht übersehen werden darf aber, dass die Vorbehaltsguteigenschaft eines Gegenstandes Dritten gegenüber nur nach Maßgabe des § 1412 BGB wirksam ist (§ 1418 Abs 4 BGB), also nur, wenn sie zur Zeit der Vornahme des Rechtsgeschäfts oder der Rechtshängigkeit des Rechtsstreits im Güterregister eingetragen oder dem Dritten bekannt war. Sollen Gegenstände des Gesamtguts im Nachhinein gem § 1418 Abs 2 Nr 1 BGB zum Vorbehaltsgut eines Ehegatten erklärt werden (Übertragungen nach Nr 2 u Nr 3 kommen hier nicht in Betracht), so bedarf es zusätzlich eines Verfügungsgeschäfts, um den Gegenstand in das Alleineigentum des Ehegatten zu überführen (BayObLG Z 1962, 205, 208 = Rpfleger 1961, 250; BayObLG 14. 1. 1993 Z 1993, 1, 5 = NJW-RR 1993, 472; Soergel-*Gaul* § 1416 Rn 7; Staudinger-*Thiele* Rn 34 mwN; aA MK BGB-*Kanzleiter* § 1418 Rn 3). Umgekehrt bedarf es neben der eheverträglichen Vereinbarung keines zusätzlichen Verfügungsgeschäfts, wenn Vorbehaltsgut später in Gesamtgut umgewandelt werden soll, da insoweit § 1416 Abs 2 BGB gilt (MK BGB-*Kanzleiter* § 1416 Rn 17 f; Staudinger-*Thiele* § 1416 Rn 33; aA OLG Colmar 16. 2. 1903 OLGE 7, 54; KG J 52, 140; Palandt-*Brudermüller* § 1416 Rn 3 aE; Soergel-*Gaul* § 1416 Rn 7). Für die Umwandlung des Vorbehaltsguts des einen Ehegatten in das des anderen bedarf es hingegen keiner eheverträglichen Vereinbarung (**OLG** Hamburg 27. 4. 1905 OLGE 12, 312; aA Soergel-*Gaul* § 1416 Rn 7); die Umwandlung soll aber eine bereits bestehende eheverträgliche Vorbehaltsgutsvereinbarung oder eine entsprechende Bestimmung nach § 1418 Abs 2 Nr 2 BGB voraussetzen (Staudinger-*Thiele* § 1418 Rn 14 u 27).

6 **2. Massezugehörigkeit des Gesamtguts.** Im Insolvenzverfahren über das Vermögen eines Ehegatten ist die Massezugehörigkeit des Gesamtguts abhängig von der **Verwaltungszuständigkeit nach § 1421 BGB**. Hiernach sollten die Ehegatten schon in dem Ehevertrag, durch den sie die Gütergemeinschaft vereinbaren, bestimmen, ob das Gesamtgut von dem Mann oder der Frau oder von ihnen gemeinschaftlich verwaltet wird. Insoweit darf aber nicht übersehen werden, dass die Vereinbarung der Alleinverwaltung durch einen Ehegatten, um *gegen* Dritte wirksam zu sein, der Eintragung in das Güterrechtsregister bedarf (§ 1412 BGB). Schweigt der Ehevertrag zur Verwaltungszuständigkeit hinsichtlich des Gesamtguts, dann verwalten die Ehegatten das Gesamtgut gemeinschaftlich (§ 1421 S 2 BGB). Im Einzelnen sind bei der ehelichen Gütergemeinschaft im Insolvenzverfahren somit folgende drei Fallgestaltungen zu unterscheiden:

7 **a) Insolvenz des allein verwaltenden Ehegatten.** Der Umstand, dass das Gesamtgut gesamthänderisch gebundenes Sondervermögen mit mehrheitlicher Rechtsträgerschaft ist (dazu Rn 3), wird in der Insolvenz des allein verwaltenden Ehegatten ausgeblendet: Ein **selbständiges Insolvenzverfahren über das Gesamtgut** ist nicht zulässig (Umkehrschluss aus § 11 Abs 2 Nr 2). Der Insolvenzbeschlag erstreckt sich nach Maßgabe der §§ 35, 36 auf sämtliches (Eigen-)Vermögen des verwaltenden Ehegatten (Sonder- und Vorbehaltsgut) und nach Abs 1 S 1 zusätzlich auf das Gesamtgut. Bei der **Prüfung des Insolvenzgrunds** der (drohenden) Zahlungsunfähigkeit ist das Gesamtgut deshalb in den Finanzmittelfond des verwaltenden Ehegatten mit einzubeziehen (MK InsO-*Schumann* § 37 Rn 21). Der Insolvenzverwalter unterliegt nicht den **Verfügungsbeschränkungen der §§ 1423 bis 1425 BGB** (Jaeger-*Henckel* § 37 Rn 15; K/P/B-*Holzer* § 37 Rn 9; MK BGB-*Kanzleiter* § 1437 Rn 16). Eine **Auseinandersetzung des Gesamtguts** findet nicht statt (§ 37 Abs 1 S 2), dh dem nicht verwaltenden Ehegatten ist das Recht auf Auseinandersetzung und Absonderung gem § 84 InsO, § 1471 ff BGB versagt.

8 Zu dem Gesamtgut und damit als **Neuerwerb** auch zur Insolvenzmasse des allein verwaltenden Ehegatten gehört gem § 1416 Abs 1 S 2 auch das Vermögen, das der nicht verwaltende Ehegatte während

II. Gütergemeinschaft § 37

des Bestehens der Gütergemeinschaft erwirbt, da die Gütergemeinschaft durch die Eröffnung des Insolvenzverfahrens nicht beendet wird. Deshalb ist in der Insolvenz des allein verwaltenden Ehegatten an eine einvernehmliche Aufhebung der Gütergemeinschaft durch Ehevertrag nach § 1408, 1414 BGB oder unter den weiteren Voraussetzungen des § 1447 Nr 3 BGB sogar an eine Aufhebungsklage des nicht verwaltenden Ehegatten zu denken (Jaeger-*Henckel* § 37 Rn 20; MK InsO-*Schumann* § 37 Rn 23). Die Auseinandersetzung bleibt aber auch in diesen Fällen durch Abs 1 S 2 ausgeschlossen.

Insolvenzgläubiger sind sämtliche Gläubiger, denen das Vermögen des allein verwaltenden Ehegatten 9 als Haftungsmasse zugewiesen ist. Nicht übersehen werden darf, dass der allein verwaltende Ehegatte nach § 1437 Abs 2 S 1 BGB auch für die Verbindlichkeiten des nicht verwaltenden Ehegatten persönlich haftet, die Gesamtgutsverbindlichkeiten sind.

b) Insolvenz des nicht verwaltenden Ehegatten. Wird über das Vermögen des nicht verwaltenden 10 Ehegatten ein Insolvenzverfahren eröffnet, so wird das Gesamtgut nicht berührt (Abs 1 S 3). Allein das **Sondergut** und das **Vorbehaltsgut** des nicht verwaltenden Ehegatten, nicht hingegen das Gesamtgut bilden die Insolvenzmasse. Gegenstände, die zum Gesamtgut gehören, kann der verwaltende Ehegatte daher im Insolvenzverfahren des nicht verwaltenden Ehegatten gem § 47 aussondern (**BGH 4. 5. 2006** [Tz 4 f] NZI 2006, 402 = ZIP 2006, 1145 [nur LS] = ZInsO 2006, 597; *F. Baur* FamRZ 1958, 252, 258; Jaeger-*Henckel* § 37 Rn 21; K/P/B-*Holzer* § 37 Rn 12; N/R-*Andres* § 37 Rn 10; MK InsO-*Schumann* § 37 Rn 29).

Erträge und Surrogate des Vorbehaltsguts, das nach § 1418 Abs 3 S 2 BGB selbständig und für eigene 11 Rechnung verwaltet wird, fallen ebenfalls in den Kreis der Vorbehaltsgutsgegenstände (§ 1418 Abs 2 Nr 3 BGB) und damit als Neuerwerb in die Insolvenzmasse des nicht verwaltenden Ehegatten. Im Hinblick auf das Sondergut muss differenziert werden: **Erträge und Surrogate des Sonderguts** fallen nur dann in den Kreis der Sondergutsgegenstände, wenn sie selbst ebenfalls unübertragbar iSv § 1417 Abs 2 BGB sind (MK BGB-*Kanzleiter* § 1417 Rn 7). Im Übrigen fallen sie in das Gesamtgut, weil das Sondergut nach § 1417 Abs 3 S 2 BGB für Rechnung des Gesamtguts verwaltet wird. So ist zB der Nießbrauch zwar unübertragbar (§ 1059 S 1 BGB), die gezogenen Nutzungen können aber gleichwohl übertragbar sein und damit in der Insolvenz des nicht verwaltenden Ehegatten als Teil des Gesamtguts aus der Insolvenzmasse herausfallen.

Die Anknüpfung an die Verwaltungszuständigkeit eröffnet den Ehegatten auf den ersten Blick einen 12 großen Gestaltungsspielraum. Denn sie können die Verwaltungszuständigkeit durch Änderung des Ehevertrags (vgl § 1421 BGB) auf den nicht in der Krise befindlichen Ehegatten verlagern und dadurch den Gläubigern des nicht verwaltenden Ehegatten das Gesamtgut als Haftungsmasse *ad hoc* entziehen (krit deshalb K/P/B-*Holzer* § 37 Rn 5 u Rn 10). Bei näherem Hinsehen ist die **Lücke im Gläubigerschutz** aber nicht allzu groß, sodass auch eine Lückenschließung im Wege einer Rechtsfortbildung nicht in Betracht gezogen werden muss (ebenso **BGH 4. 5. 2006** [Tz 6] NZI 2006, 402 = ZIP 2006, 1145 [nur LS] = ZInsO 2006, 597). Denn der verwaltende Ehegatte haftet persönlich als Gesamtschuldner für die Gesamtgutsverbindlichkeiten des nicht verwaltenden Ehegatten (§ 1437 Abs 2 BGB; zum Begriff der Gesamtgutsverbindlichkeit s etwa Staudinger-*Thiele* § 1437 Rn 5). Im Verhältnis zwischen dem Gläubiger einer Gesamtgutsforderung und dem persönlich haftenden verwaltenden Ehegatten gilt auch das Vollstreckungsverbot nach § 89 nicht (MK InsO-*Schumann* § 37 Rn 30). Im Übrigen ist bei einer Änderung der Verwaltungszuständigkeit in der Krise auch stets zu prüfen, ob eine solche Verlagerung der Anfechtung gem §§ 129 ff unterliegt oder nach § 138 BGB nichtig ist.

c) Gemeinschaftliche Verwaltung des Gesamtguts. Wird das Gesamtgut von beiden Ehegatten ge- 13 meinschaftlich verwaltet (§§ 1421, 1450 ff BGB), so wird das Gesamtgut durch das Insolvenzverfahren über das Vermögen eines Ehegatten nicht berührt (Abs 2). Das gemeinschaftlich verwaltete Gesamtgut fällt mithin im Insolvenzverfahren über das Vermögen eines der Ehegatten nicht in die Insolvenzmasse. Entsprechend hat das Gesamtgut bei der Prüfung der Insolvenzgründe (§§ 17, 18) außer Betracht zu bleiben (MK InsO-*Schumann* § 37 Rn 32).

Das Gesamtgut bildet vielmehr ein **Sondervermögen, das gem § 11 Abs 2 Nr 2 selbst insolvenzfähig** 14 **ist** und damit Gegenstand eines (Sonder-)**Insolvenzverfahrens** sein kann, obwohl das Sondervermögen keine Rechtspersönlichkeit besitzt und sein Rechtsträger die beiden Ehegatten sind (dazu Rn 3); für das gemeinschaftlich verwaltete Gesamtgut gelten insoweit die §§ 333, 334. Die Eröffnung eines Insolvenzverfahrens über das (nicht gesamthandsgebundene) Vermögen eines oder beider Ehegatten ist weder Voraussetzung für das Sonderinsolvenzverfahren über das gemeinschaftlich verwaltete Gesamtgut noch schließt sie ein solches Sonderinsolvenzverfahren aus (MK InsO-*Schumann* § 37 Rn 34).

3. Massezugehörigkeit des Anteils am Gesamtgut. Unabhängig von der Verwaltungszuständigkeit fal- 15 len der Anteil am Gesamtgut oder der Anteil an den einzelnen zum Gesamtgut gehörenden Gegenständen in der Insolvenz eines der Ehegatten nicht in die Insolvenzmasse (**BGH 4. 5. 2006** [Tz 5 f] NZI 2006, 401 = ZInsO 2006, 597 [auch in dem Fall, dass der nicht verwaltende Ehegatte ein Erwerbsgeschäft betreibt]). Denn der **Anteil am Gesamtgut** kann nach § 1419 Abs 1 BGB schon nicht Gegenstand einer Verfügung sein und ist nach § 860 Abs 1 ZPO auch nicht pfändbar. Durch diesen Ausschluss der persönlichen Gläubiger eines insolventen Ehegatten vom sowohl unmittelbaren als auch mittelbaren

Zugriff auf das gemeinsam verwaltete Gesamtgut unterscheidet sich dessen Haftung von der Haftung des Gesellschafters bei der Gesellschaft ohne Rechtspersönlichkeit. Denn die Privatgläubiger eines Gesellschafters können zwar während des Bestehens der Gesellschaft ebenfalls nicht unmittelbar auf das Gesellschaftsvermögen zugreifen (§ 124 Abs 2 HGB). Als Vollstreckungsobjekt steht ihnen aber der Gesellschaftsanteil zur Verfügung, dessen Pfändung nach §§ 859 Abs 1, 857 Abs 1 ZPO möglich ist. In einem weiteren Schritt kann der pfändende Privatgläubiger nach § 135 HGB auf den Kapitalwert des Gesellschaftsanteils zugreifen, indem er die Gesellschaft kündigt (mit der regelmäßigen Folge des Ausscheidens des betroffenen Gesellschafters gem § 131 Abs 3 Nr 4 HGB). Eben diese Konsequenz, dass die Gütergemeinschaft infolge Anteilspfändung oder Insolvenzeröffnung aufgelöst wird, soll § 860 Abs 1 ZPO wenigstens für die Dauer der Ehe verhindern.

16 Die *ratio* des Ausschlusses der persönlichen Gläubiger eines insolventen Ehegatten auch vom mittelbaren Zugriff auf das gemeinsam verwaltete Gesamtgut in Form der Unpfändbarkeit des Anteils am Gesamtgut trägt freilich nach **Beendigung der Gemeinschaft** durch Änderung bzw Aufhebung des Ehevertrags, Eheauflösung, Tod des überlebenden Ehegatten (§ 1494 BGB) oder Aufhebungsurteil (§§ 1447 bis 1449, 1496 f BGB) nicht mehr. Deshalb ist nach Beendigung der Gemeinschaft auch der (unverändert nicht übertragbare!) Anteil an dem Gesamtgut zugunsten der Gläubiger des Anteilsberechtigten gem § 860 Abs 2 ZPO der Pfändung unterworfen.

17 4. **Beendete Gütergemeinschaft.** Mit der Beendigung der Gütergemeinschaft löst sich die gesamthänderische Bindung der ursprünglichen Vermögen des Mannes und der Frau nicht sofort (§§ 1471 Abs 2, 1719 BGB); es bedarf erst noch einer entsprechenden **Vermögensauseinandersetzung** (§§ **1474 ff BGB**). Die erforderliche Auseinandersetzung der Ehegatten untereinander erfolgt außerhalb des Insolvenzverfahrens (§ 84 Abs 1 S 1 InsO). Solange wird das Gesamtgut nach § 1472 Abs 1 BGB von beiden Ehegatten gemeinschaftlich verwaltet. Wird erst in dieser Phase das Insolvenzverfahren über das Vermögen eines Ehegatten eröffnet, gilt § 37 nicht (Jaeger-*Henckel* § 37 Rn 31; MK InsO-*Schumann* § 37 Rn 35). Die **Insolvenzfähigkeit des Gesamtguts** (§ 11 Abs 2 Nr 2) besteht hingegen auch bei Beendigung der Gütergemeinschaft bis zum Abschluss der Auseinandersetzung fort und es kann in analoger Anwendung des § 333 ein **selbständiges Insolvenzverfahren** durchgeführt werden (Jaeger-*Henckel* § 37 Rn 34 u zu Einzelfragen Rn 35 ff; K/P/B-*Holzer* § 37 Rn 6 a u 14; MK InsO-*Schumann* § 37 Rn 38).

18 Das **Gesamtgut** fällt unabhängig von der Regelung der Verwaltungszuständigkeit in der ehelichen Gütergemeinschaft bis zu deren Beendigung im Insolvenzverfahren über das Vermögen eines der Ehegatten nicht in die Insolvenzmasse. Massezugehörig ist allein der Gesamtgutsanteil des insolventen Ehegatten (oben Rn 16). Der **Neuerwerb** fällt freilich nicht mehr in das Gesamtgut und fällt mithin nach Maßgabe der §§ 35, 36 in die Insolvenzmasse des insolventen Ehegatten (MK InsO-*Schumann* § 37 Rn 36). Gesamtgutsverbindlichkeiten (§§ 1437, 1459 BGB) können nach Beendigung der Gütergemeinschaft nicht mehr begründet werden (BGH 10. 7. 1985 [Tz 11] FamRZ 1986, 40; MK InsO-*Schumann* § 37 Rn 37).

III. Fortgesetzte Gütergemeinschaft (Abs 3)

19 1. **Begriff.** Haben Ehegatten in Gütergemeinschaft gelebt und durch Ehevertrag vereinbart, dass die Gütergemeinschaft nach dem Tod eines Ehegatten fortgesetzt wird (§ 1483 Abs 1 S 1 BGB), dann wird hinsichtlich des bisherigen Gesamtguts die Gesamthand vom überlebenden Ehegatten mit den gemeinschaftlichen, erbberechtigten Abkömmlingen fortgesetzt, wenn der überlebende Ehegatte die Fortsetzung nicht gem § 1484 Abs 1 BGB ablehnt (auch in der Insolvenz steht nach § 83 Abs 1 S 2 das Recht zur Ablehnung allein dem Schuldner, nicht dem Insolvenzverwalter zu). Der Anteil des verstorbenen Ehegatten am Gesamtgut gehört dann nicht zum Nachlass, sondern bleibt Bestandteil des Gesamtguts (§ 1483 Abs 1 S 3 BGB).

20 2. **Insolvenzmasse.** Nach Abs 3 gilt im Insolvenzfall das zuvor zur ehelichen Gütergemeinschaft Gesagte mit der Maßgabe entsprechend, dass der überlebende Ehegatte bei der fortgesetzten Gütergemeinschaft (§§ 1483 ff BGB) an die Stelle der Ehegatten, das Gesamtgut allein verwaltet, tritt, während die Abkömmlinge an die Stelle des (bisher) nicht verwaltenden Ehegatten treten. Bei Insolvenz des überlebenden Ehegatten gehört das **Gesamtgut** deshalb zu seiner Insolvenzmasse (oben Rn 7), während in der Insolvenz eines Abkömmlings das Gesamtgut und dessen Gesamtgutsanteil insolvenzfrei bleiben (oben Rn 10). Das Gesamtgut der fortgesetzten Gütergemeinschaft besteht nach § 1485 BGB aus dem bisherigen ehelichen Gesamtgut der Gütergemeinschaft, aber abzüglich dessen, was ein einseitiger Abkömmling nach § 1483 Abs 2 BGB und ein von der Fortsetzung der Gütergemeinschaft ausgeschlossener gemeinschaftlicher Abkömmling nach § 1511 Abs 2 BGB erhält. Ebenfalls zum Gesamtgut der fortgesetzten Gütergemeinschaft gehört das, was der überlebende Ehegatte aus dem Nachlass des verstorbenen Ehegatten, also aus dessen Sonder- und Vorbehaltsgut, auch durch Pflichtteil oder Vermächtnis, erhält; ferner das, was der überlebende Ehegatte während des Bestehens der fortgesetzten Gütergemeinschaft erwirbt, sofern dies nicht nach § 1486 BGB sein Sonder- oder Vorbehaltsgut wird; schließlich die Surrogate, insbesondere die Nutzungen des Gesamtguts der fortgesetzten Gütergemeinschaft und die Nutzungen des Sonderguts (§§ 1486

Abs 2, 1417 Abs 3 S 2 BGB), nicht aber Nutzungen des Vorbehaltsguts (§§ 1486 Abs 1, 1418 Abs 2 Nr 3, Abs 3 S 2 BGB).

Dagegen **nicht zum Gesamtgut gehört das Sonder- und Vorbehaltsgut des überlebenden Ehegatten** 21 (§ 1486 BGB). Das sonstige Vermögen der Abkömmlinge gehört ebenfalls nicht zum Gesamtgut, und zwar unabhängig vom Zeitpunkt seines Erwerbs (§ 1485 Abs 2 BGB). Deshalb ergibt sich im Vergleich zum bisherigen ehelichen Gesamtgut der Gütergemeinschaft insoweit eine Abweichung, als zwar der Neuerwerb des überlebende Ehegatte in die Insolvenzmasse fällt (§§ 1485 Abs 1, 1486 BGB), nicht aber der Neuerwerb der Abkömmlinge (§ 1485 Abs 2 BGB).

Eine **Auseinandersetzung über das Gesamtgut** findet zwischen dem überlebenden Ehegatten und den 22 gemeinschaftlichen Abkömmlingen nicht statt (K/P/B-*Holzer* § 37 Rn 15; MK InsO-*Schumann* § 37 Rn 41). Das Gesamtgut gehört auch dann zur Insolvenzmasse des überlebenden Ehegatten, wenn bei Eröffnung des Insolvenzverfahrens der nicht Verwaltende oder ein Abkömmling bereits Klage auf Aufhebung der Gemeinschaft erhoben hatte (§§ 1447, 1495 BGB). War die Gemeinschaft bereits aufgehoben, so ist § 37 nicht anwendbar (N/R-*Andres* § 37 Rn 16).

Nach § 11 Abs 2 Nr 2 kann auch ein **selbstständiges Insolvenzverfahren** über das Gesamtgut einer 23 **fortgesetzten Gütergemeinschaft** eröffnet werden (dazu 11 Rn 418); dann finden die Vorschriften des § 332 iVm §§ 315 bis 331 entsprechende Anwendung. Hintergrund ist die Haftungsstruktur des Gesamtguts der fortgesetzten Gütergemeinschaft (dazu MK InsO-*Schumann* § 37 Rn 40), insbesondere die Möglichkeit der Beschränkung der persönlichen Haftung des überlebenden Ehegatten für alle Gesamtgutsverbindlichkeiten (§ 1488 BGB) auf das Gesamtgut nach den allgemeinen Bestimmungen der Erbenhaftung (§ 1489 Abs 2 BGB).

IV. Zugewinngemeinschaft

1. Begriff. Nach § 1363 Abs 1 BGB leben die Ehegatten im gesetzlichen **Güterstand der Zugewinn-** 24 **gemeinschaft**, falls sie nicht durch Ehevertrag etwas anderes bestimmt haben. Anders als der Begriff der Zugewinn*gemeinschaft* auf den ersten Blick vermuten lässt, wird keine Gemeinschaft am konkreten Gegenstand begründet, sondern gilt auch hier der güterrechtliche Grundsatz der Haftungstrennung (dazu Rn 1): Die Vermögen der Ehegatten bleiben haftungsrechtlich getrennt (§ 1363 Abs 2 BGB) und werden von jedem Ehegatten selbständig verwaltet (§ 1364 BGB). Das Vermögen, das ein Ehegatte nach der Eheschließung erwirbt, wird nicht etwa gemeinschaftliches Vermögen (§ 1363 Abs 2 S 1 BGB). Jeder Ehegatte haftet entsprechend allein mit seinem Vermögen für seine Schulden. Der güterrechtliche Grundsatz der Haftungstrennung wird jedoch modifiziert: Zum einen durch die gläubigerschützende **Eigentumsvermutung nach § 1362 BGB** (dazu Rn 31 ff), zum anderen durch die **Verfügungsbeschränkungen nach §§ 1365 bis 1370 BGB**, welche die materielle Grundlage der Familie erhalten und den Zugewinnausgleich nach §§ 1371 ff BGB (dazu Rn 26 ff) sichern sollen (Jaeger-*Henckel* § 37 Rn 6: „Zugewinngemeinschaft [...] ist in Wahrheit Gütertrennung mit gewissen Bindungen").

2. Insolvenzmasse. Die Eröffnung des Insolvenzverfahrens über das Vermögen eines Ehegatten been- 25 det die Zugewinngemeinschaft nicht und lässt das Vermögen des anderen Ehegatten unberührt. Im Insolvenzfall gehört deshalb zur **Insolvenzmasse** gem §§ 35, 36 auch nur das Vermögen des insolventen Ehegatten (Jaeger-*Henckel* § 37 Rn 6; MK InsO-*Schumann* § 37 Rn 7).

Der **Anspruch eines Ehegatten auf Zugewinnausgleich** (§§ 1363 Abs 2 S 2, 1371 ff BGB) kann eben- 26 falls in die Insolvenzmasse fallen. Die Ausgleichsforderung entsteht mit der Beendigung des Güterstandes und nimmt von da an am Rechtsverkehr teil (§§ 1378 Abs 3 S 1, 2317 Abs 2 BGB); er unterliegt aber dem **Insolvenzbeschlag** erst, wenn er gem § 852 Abs 1, 2 ZPO durch Vertrag anerkannt oder rechtshängig gemacht worden und damit pfändbar ist (§ 35 Rn 203). Der Güterstand endet zugleich mit dem Ende der Ehe, also durch Tod eines Ehegatten (§ 1371 BGB), durch rechtskräftiges Scheidungsurteil (§ 1564 S 2), durch rechtskräftiges Aufhebungsurteil (§§ 1313 S 2, 1318 Abs 1 BGB; beachte stets Härteklausel des § 1318 Abs 3 BGB) oder durch Wiederheirat des einen Ehegatten, nachdem der andere zu Unrecht für tot erklärt wurde (§ 1319 Abs 2 BGB). Bei gleichzeitigem Tod beider Ehegatten wird der Güterstand zwar beendet, ein Zugewinnausgleich nach den §§ 1373 ff findet aber nicht statt (**BGH 28. 6. 1978 [Tz 12 ff] Z 72, 85, 89 ff = NJW 1978, 1855**). Die Zugewinngemeinschaft kann aber auch beendet werden, während die Ehe fortbesteht, zB durch richterlichen Akt, wenn einer der Ehegatten erfolgreich auf vorzeitigen Ausgleich des Zugewinns geklagt hat (§§ 1385, 1386 BGB); dann tritt mit Rechtskraft des Urteils Gütertrennung ein (§ 1388 BGB). Ferner durch einen Ehevertrag (§ 1408 BGB), durch den ein anderer Güterstand vereinbart oder der gesetzliche Güterstand lediglich aufgehoben wird (vgl § 1414 S 2 BGB). Durch die Eröffnung des Insolvenzverfahrens wird der Güterstand der Zugewinngemeinschaft hingegen nicht beendet.

Bestand vor Verfahrenseröffnung eine Ausgleichsforderung, war diese jedoch mit Eröffnung des In- 27 solvenzverfahrens über das Vermögen des ausgleichspflichtigen Ehegatten noch nicht erfüllt, so ist der Ausgleichsberechtigte nicht privilegiert, sondern einfacher Insolvenzgläubiger iSv § 38 (MK InsO-*Schumann* § 37 Rn 13; MK BGB-*Koch* § 1378 Rn 22). Ist der Ausgleichsberechtigte nach §§ 1382 Abs 3 oder § 1389 BGB aF (zur intertemporalen Anwendbarkeit siehe Art 229 § 20 II EG BGB) durch

Verpfändung oder Hinterlegung (§ 233 BGB) gesichert oder hat sich der Ausgleichsberechtigte den zukünftigen Zugewinnausgleich durch Arrest nach § 916 ZPO sichern lassen (zu dieser Möglichkeit *Büte* NJW 2009, 2776, 2780), so steht ihm ein Recht auf Absonderung nach den §§ 49ff zu (MK InsO-*Schumann* § 37 Rn 13 aE); § 91 steht dem nicht entgegen (Jaeger-*Henckel* § 37 Rn 12). Gegenstände, die dem Gläubiger als Leistung an Erfüllungs Statt übertragen wurden, darf er aussondern (§§ 47f InsO), sofern der Insolvenzverwalter die Vereinbarung nicht gem. § 133 Abs 2 InsO anfechten kann. Dabei ist zu beachten, dass nunmehr auch Handlungen des Schuldners nach Beendigung der Ehe von diesem Anfechtungsrecht erfasst werden (§ 138 Abs 1 Nr 1 InsO). Wird der gesetzliche Güterstand erst **nach der Eröffnung des Insolvenzverfahrens** beendet, so bleibt der Zugewinn Massebestandteil im Insolvenzverfahren über das Vermögen des anderen Ehegatten. Der Ausgleichsberechtigte kann sich nur an das insolvenzfreie Vermögen des Schuldners halten. Hat der insolvente Ehegatte gem § 1389 BGB aF Sicherheit geleistet, kann der Ehegatte aus der Sicherheit abgesonderte Befriedigung verlangen (ausf dazu Jaeger-*Henckel* § 37 Rn 12). Dasselbe gilt nach neuem Recht für den Fall der Sicherung des zukünftigen Zugewinnausgleichs im Wege des Arrests nach § 916 ZPO.

28 Der **Höhe** nach berechnet sich der Zugewinn gem § 1373 BGB als Differenz zwischen Endvermögen (§ 1375 BGB) und Anfangsvermögen (§ 1374 BGB) eines jeden Ehegatten. Übersteigt der Zugewinn des einen Ehegatten den Zugewinn des anderen, so steht die Hälfte des Überschusses dem anderen Ehegatten als Ausgleichsforderung zu (§ 1378 Abs 1 BGB).

29 **Entsprechende gilt für Lebenspartner** iSd § 1 Abs 1 S 1 LPartG (allgem zur weitgehenden Gleichstellung der Lebenspartnerschaft nach dem Gesetz zur Überarbeitung des Lebenspartnerschaftsrechts siehe etwa *Grziwotz* DNotZ 2005, 13ff). Sie leben gem § 6 S 1 LPartG ebenfalls im Güterstand der Zugewinngemeinschaft, wenn sie nicht durch Lebenspartnerschaftsvertrag (§ 7 LPartG) etwas anderes vereinbaren.

V. Gütertrennung

30 Haben die Ehegatten den gesetzlichen Güterstand der Zugewinngemeinschaft, den Ausgleich des Zugewinns oder die Gütergemeinschaft (§§ 1415ff BGB) durch Ehevertrag (§§ 1408ff BGB) ausgeschlossen oder aufgehoben, so leben sie, falls der Ehevertrag nichts anderes vorsieht, in Gütertrennung (§ 1414 BGB). Das Gleiche gilt, falls durch rechtskräftiges Urteil auf vorzeitigen Ausgleich des Zugewinns (§ 1388 BGB) oder auf Aufhebung der Gütergemeinschaft (§§ 1449 Abs 1, 1470 Abs 1 BGB) erkannt worden ist oder falls bei Inkrafttreten des Gleichberechtigungsgesetzes die Ehegatten Gütertrennung ausdrücklich vereinbart hatten (Art 8 Abs 1 Nr 5 Abs 1 GleichberG). Das Insolvenzverfahren eines Ehegatten erfasst nur das Vermögen dieses Ehegatten (MK InsO-*Schumann* § 37 Rn 15). Bei der Gütertrennung wird der Vermögenszuwachs, den die Ehegatten während der Ehe erzielen, zu keiner Zeit ausgeglichen. Arbeitet ein Ehegatte über den gesetzlichen Rahmen (§ 1356 Abs 2 BGB) hinaus im Beruf oder im Betrieb des anderen Ehegatten mit, so kann er einen Anspruch auf Bezahlung seiner Arbeit oder einen Anspruch auf einen angemessenen Anteil am Verdienst bzw Gewinn des anderen Ehegatten haben; idR liegt zwischen den Ehegatten insoweit eine **Innengesellschaft** vor (BGH 20. 12. 1952 Z 31, 197; BGH 22. 2. 1967 Z 47, 157; BGH 9. 10. 1974 NJW 1974, 2278; *Kuhn* WM 1975, 722, 723). Bei verschleiertem Arbeitseinkommen (§ 850h ZPO) können uU die Rückstände zur Masse des insolventen Ehegatten gezogen werden (dazu § 35 Rn 153). Die Vermutung des § 1362 BGB greift auch hier ein (dazu Rn 31).

VI. Beweisfragen und Eigentumsvermutung

31 Die **gesetzliche Vermutung des § 1362 Abs 1 S 1 BGB** und ihre Ausnahmen nach Abs 1 S 2 u Abs 2 gelten auch in der Insolvenz eines Ehegatten (**BGH** 30. 9. 1954 NJW 1955, 20; Jaeger-*Henckel* § 37 Rn 7), und zwar **bei allen Güterständen** (Palandt-*Brudermüller* § 1362 Rn 1). Die Rechtsvermutung des § 1362 Abs 1 S 1 BGB ist widerlegbar (vgl § 292 ZPO). Immer dann, wenn die Widerlegung nicht gelingt, bewirkt § 1362 Abs 1 S 1 BGB *de facto* eine Gesamthaftung beider Ehegatten für an sich alleinige Verbindlichkeiten eines von ihnen. Der güterrechtliche Grundsatz der Haftungstrennung wird dadurch für bewegliche Sachen weit eingeschränkt (MK BGB-*Wacke* § 1362 Rn 3). Allerdings ist er ohnehin je nach Güterstand unterschiedlich stark ausgeprägt. Bei der Gütergemeinschaft erfasst § 1362 Abs 1 S 1 BGB zB nur die beweglichen Sachen, die nicht zum Gesamtgut gehören (Palandt-*Brudermüller* § 1362 Rn 1).

32 Die Anwendbarkeit des § 1362 Abs 1 S 1 BGB in der Insolvenz eines Ehegatten legt schon sein Zweck nahe, namentlich der **Schutz des Gläubigers gegen eine Verschleierung von Eigentumsverhältnissen bzw Schutz des Gläubigers vor unbeabsichtigte Vermischungen der Eigentumssphären** (zum Zweck des § 1362 BGB siehe BGH 26. 11. 1975 [Tz 11] NJW 1976, 238 = WM 1975, 1307; Palandt-*Brudermüller* § 1362 Rn 1). Die praktische Bedeutung des § 1362 BGB in der Insolvenz hat zugenommen, seit der frühere § 45 KO für verfassungswidrig erklärt wurde (**BVerfG** 24. 7. 1968 E 24, 104 = NJW 1968, 1771 = FamRZ 1968, 437 m Anm *F. W. Bosch*; dazu *Brox* FamRZ 1968, 406; *Heinzjörg*

Müller KTS 1969, 146; zur parallelen Frage der Verfassungsmäßigkeit §§ 1362 BGB, 739 ZPO früh schon *Brox* FamRZ 1981, 1125; siehe dazu auch Staudinger-*Voppel* § 1362 Rn 4f mwN; MK InsO-*Stürner* Einl Rn 99 [„§ 1362 BGB ist indessen bei heutigen gesellschaftlichen Lebensgepflogenheiten klar verfassungswidrig."]; vgl auch **BVerfG** 14. 5. 1991 NJW 1991, 2695 = ZIP 1991, 736 [Nichtannahmebeschluss] zur Verfassungsmäßigkeit der zweijährigen Anfechtungsmöglichkeit von unentgeltlichen Verfügungen des Schuldners zugunsten seines Ehegatten gem AnfG § 3 Abs 1 Nr 4). Für den Insolvenzverwalter ergibt sich in der Insolvenz eines Ehegatten wie für den Gläubiger in der Einzelzwangsvollstreckung eine Beweisnot daraus, dass bei regelmäßig gegebenem Mitbesitz der Ehegatten gem § 1006 BGB auf Miteigentum geschlossen werden müsste.

Ein **Auskunftsrecht des Insolvenzverwalters gegen den nicht insolventen Ehegatten** lässt sich aus § 1362 BGB nicht ableiten (**BGH** 18. 1. 1978 NJW 1978, 1002; vgl auch **BGH** 15. 1. 1987 NJW 1987, 1812 = EWiR 1987, 273 *[Balz]* = WuB VI B § 37 KO 1.87 *[Johlke]*); ebenfalls nicht in Betracht kommt ein Auskunftsanspruch gegen Ehegatten aus § 97, denn die speziellen insolvenzrechtlichen Pflichten des § 97 gelten nicht zu Lasten Dritter (§ 97 Rn 5; MK InsO-*Passauer/Stephan* § 97 Rn 29). 33

Der nicht insolvente Ehegatte kann eine bewegliche Sache in der Insolvenz des anderen Ehegatten deshalb nur dann nach § 47 aussondern, wenn Alleineigentum (voll) nachgewiesen wird (MK InsO-*Schumann* § 37 Rn 8). Dabei kann sich der nicht insolvente Ehegatte nur dann auf § 1006 BGB stützen, wenn feststeht, dass er schon vor der Begründung des gemeinsamen Hauswesens Besitzer der Sache gewesen ist (**BGH** 9. 1. 1992 [Tz 15] NJW 1992, 1162; MK InsO-*Ganter* § 47 Rn 488; Staudinger-*Voppel* § 1362 Rn 75). Ein bloßes Vermögensverzeichnis (etwa nach § 1377 BGB) reicht für den Vollbeweis des Eigentums nicht aus (MK BGB-*Wacke* § 1362 Rn 24; Palandt-*Brudermüller* § 1362 Rn 1); die einfache Vermutungswirkung eines Verzeichnisses nach § 1377 Abs 1 BGB bleibt auf das Verhältnis der Ehegatten zueinander beschränkt und wirkt nicht gegenüber Dritten. Wird Miteigentum nachgewiesen gilt § 84. Umgekehrt hilft die **Eigentumsvermutung des § 1362 Abs 2 BGB** dem nicht insolventen Ehegatten, wenn er Sachen aussondern möchte, die ausschließlich zu seinem persönlichen Gebrauch bestimmt sind. 34

Freilich schließt § 1362 BGB eine **ausdrückliche Eigentumsregelung** nicht aus. Gläubigerschutz wird in solchen Fällen allein nach **Maßgabe der §§ 129 ff** gewährt (Staudinger-*Voppel* § 1362 Rn 3). In diesen Konstellationen streitet § 1362 Abs 1 S 1 BGB ebenfalls insoweit zugunsten der Gläubiger, als die Vermutungswirkung alle Zuwendungen, die Ehegatten einander aus ihrem Besitz gewähren, im Zweifel den unentgeltlichen Zuwendungen zuweist. Denn jede vereinbarte Gegenleistung gehört aus der Sicht des § 1362 BGB (widerlegbar vermutet) bereits von vornherein zum Vermögen des zuwendenden Ehegatten (§ 134 Rn 52; MK InsO-*Kirchhof* § 134 Rn 49). Es ist mithin stets an eine Schenkungsanfechtung nach § 134 Abs 1 InsO zu denken (MK BGB-*Wacke* § 1362 Rn 20). 35

Sind **beide Ehegatten insolvent** und wird je ein Verfahren eröffnet, so heben sich die Vermutungen des § 1362 Abs 1 S 1, Abs 2 BGB gegenseitig auf (Jaeger-*Henckel* § 37 Rn 7); es greift ab dann wieder § 1006 BGB ein (MK InsO-*Schumann* § 37 Rn 9; Palandt-*Brudermüller* § 1362 Rn 1). Allerdings wirkt die Eigentumsvermutung gem § 1362 Abs 1 S 1 u Abs 3 BGB zugunsten der Gläubiger des zuerst eröffneten Verfahrens auch nach Eröffnung des zweiten Verfahrens fort, wenn der Insolvenzverwalter des zuerst eröffneten Verfahrens die Gegenstände der Gesamtgutes nach § 80 Abs 1 in Besitz genommen hat. Insoweit gilt hier das Prioritätsprinzip und damit nichts anderes als bei der Einzelzwangsvollstreckung (*Hess* § 37 Rn 16 ff; MK InsO-*Schumann* § 37 Rn 9; *H Müller* Zwangsvollstreckung gegen Ehegatten S 66 ff; aA *Gottwald* InsRHdB § 40 Rn 82; Jaeger-*Henckel* § 37 Rn 7). Dagegen gelten die §§ 1365, 1369 BGB im Insolvenzverfahren über das Vermögen eines Ehegatten nicht. 36

Entsprechendes gilt für **Lebenspartner** iSd § 1 Abs 1 S 1 LPartG (allgem zur weitgehenden Gleichstellung der Lebenspartnerschaft nach dem Gesetz zur Überarbeitung des Lebenspartnerschaftsrechts siehe etwa *Grziwotz* DNotZ 2005, 13 ff). Auch der Gläubiger eines der Lebenspartner kann sich gem § 8 LPartG auf die Vermutung stützen, dass die im Besitz eines Lebenspartners oder beider Lebenspartner befindlichen beweglichen Sachen dem Schuldner gehören. Im Übrigen gilt § 1362 Abs 1 S 2 u 3 u Abs 2 BGB entsprechend (§ 8 Abs 1 S 2 LPartG); auch die §§ 1357, 1363 Abs 2 und die §§ 1364 bis 1390 BGB gelten entsprechend (vgl § 6 S 2 sowie § 8 Abs 1 S 2 u Abs 2 LPartG). 37

Dagegen ist die gesetzliche Vermutung, dass die im Besitz beider Ehegatten befindlichen beweglichen Sachen dem Schuldner allein gehören, mangels planwidriger Regelungslücke auf die **nichteheliche Lebensgemeinschaft** nicht entsprechend anzuwenden (**BGH** 14. 12. 2006 [Tz 15 ff] Z 170, 187 = FamRZ 2007, 457 = Anm *Böttcher* = JZ 2007, 528 m Anm *H Roth* = NJW 2007, 992 m Anm *Metz* = ZIP 2007, 352 = EWiR 2007, 171 *[Ahrens]*; zum Ganzen auch *Löhnig/M Würdinger* FamRZ 2007, 1856). Der gesetzgeberische Wille zieht vorliegend auch einer richterlichen Rechtsfortbildung eindeutige Grenzen (**BGH** 14. 12. 2006 [Tz 19 ff]). 38

§ 38 Begriff der Insolvenzgläubiger

Die Insolvenzmasse dient zur Befriedigung der persönlichen Gläubiger, die einen zur Zeit der Eröffnung des Insolvenzverfahrens begründeten Vermögensanspruch gegen den Schuldner haben (Insolvenzgläubiger).

§ 38

Übersicht

	Rn
I. Allgemeines	1
II. Tatbestandsvoraussetzungen	4
1. Persönlicher Gläubiger	5
2. Vermögensanspruch	10
a) Allgemeines	10
b) Abgrenzung zwischen Vermögens- und Nichtvermögensanspruch	11
aa) höchstpersönliche, familien- und erbrechtliche Ansprüche	11
bb) Unterlassungsansprüche	12
cc) öffentlich-rechtliche Ordnungspflichten	14
dd) Gestaltungsrechte	16
ee) Naturalobligationen	17
ff) verjährte Ansprüche	18
gg) vertretbare und nicht vertretbare Handlungen des Schuldners	19
hh) Besserungsabreden	22
ii) Wechsel- und Kausalforderungen	24
jj) Anfechtungsrechtlicher Rückgewähranspruch	25
3. Begründetheit im Eröffnungszeitpunkt	26
a) Allgemeines	26
b) Einzelfragen der zeitlichen Abgrenzung	30
aa) Betagte, befristete, bedingte und künftige Forderungen	33
bb) Abtretung und gesetzlicher Forderungsübergang	38
cc) Rückgriffsansprüche	39
dd) Schadensersatzansprüche	41
ee) Verträge zu Gunsten Dritter	44
ff) Rechtsverhältnisse zu Geldinstituten	46
gg) Verfahrenskosten	49
hh) Rückforderung staatlicher Beihilfen	55
ii) Ansprüche aus vor Verfahrenseröffnung aufgestellten Sozialplänen	57
III. Besonderheiten	58
1. Dauerschuldverhältnisse und wiederkehrende Ansprüche	58
a) Allgemeines	58
b) Wiederkehrschuldverhältnisse	59
c) Mietverhältnisse	60
d) Wohngelder	61
e) Arbeitsverhältnisse	62
2. Steuerforderungen	67
a) Allgemeines	67
b) steuerliche Nebenleistungen, Säumniszuschläge, Geldstrafen und Geldbußen	71
c) einzelne Steuerarten	72
aa) Einkommen- und Körperschaftsteuer	72
bb) Lohnsteuer	76
cc) Umsatzsteuer	78
dd) Gewerbesteuer	90
ee) Grundsteuer	92
ff) Grunderwerbsteuer	93
gg) Kraftfahrzeugsteuer	94
3. Bevorrechtigte Forderungen im Insolvenzverfahren	95

I. Allgemeines

1 § 38 enthält – inhaltlich mit § 3 Abs 1 KO übereinstimmend – eine Legaldefinition des Begriffs der Insolvenzgläubiger (RegE BT-Drs. 12/2443, 123); ihrer gemeinschaftlichen Befriedigung dient das Insolvenzverfahren (§ 1 S 1) und letztlich die in den §§ 35–37 näher bestimmte Insolvenzmasse (Braun/*Bäuerle* § 38 Rn 1; MüKo-*Ehricke* § 38 Rn 1). **Ob jemand Insolvenzgläubiger ist, hängt nicht davon ab, dass er am Verfahren teilnimmt.** Nur das „Ob" der Rechtsverfolgung und ihr Umfang bleiben jedem Gläubiger selbst überlassen, nicht aber das „Wie" der Rechtsverfolgung. Hier trifft § 87 die klare Anordnung, dass Insolvenzgläubiger ihre Forderungen „nur" nach den Vorschriften über das Insolvenzverfahren verfolgen können, d. h. durch Anmeldung zur Tabelle (§§ 174 ff). Diese Regelung kann nicht durch einen – grundsätzlich möglichen – ausdrücklichen Verzicht des Gläubigers auf die Befriedigung aus der Insolvenzmasse umgangen werden (Braun/*Kroth* § 87 Rn 5; HaKo-*Lüdtke* § 38 Rn 4; HK/*Eickmann* § 38 Rn 3; aA MüKo-*Ehricke* § 38 Rn 9). Die Regelung des § 38 ist **materiell-rechtlicher Natur.** Es gilt der Grundsatz: Wer sich am Verfahren nicht beteiligt, nimmt zwar an der Verteilung nicht teil, unterliegt aber dennoch dessen Rechtswirkungen (BGH 24. 10. 78 – VI ZR 67/77, NJW 1979, 162; K/P/B/*Pape* § 174 Rn 7). Ein Insolvenzgläubiger kann sich somit weder den verfahrensrechtlichen Wirkungen (§§ 89, 254 Abs 1 S 3, 301 Abs 1) dadurch entziehen, dass er von einer Forderungsanmeldung Abstand nimmt (*Birkenhauer* Probleme der Nichtteilnahme am und im Insolvenzverfahren, 2002, S 78 ff), noch kann ein Verzicht auf die Verfahrensteilnahme dazu führen, dass ein Insolvenzgläubiger

II. Tatbestandsvoraussetzungen

nicht mehr als solcher zu behandeln ist. Ebenso wird nach § 240 ZPO ein bei Verfahrenseröffnung anhängiger Rechtsstreit unabhängig davon unterbrochen, ob der Gläubiger an dem Insolvenzverfahren teilnehmen möchte.

Die unterschiedliche Rechtsstellung erfordert es, den Kreis der Insolvenzgläubiger **abzugrenzen von** 2 **Gläubigern, die** eine bevorzugte Befriedigung im Insolvenzverfahren durchsetzen können, weil sie entweder **Rechte an einzelnen Gegenständen beanspruchen können** (wie aus- und absonderungsberechtigte Gläubiger [§§ 47 ff] oder vormerkungsgesicherte Gläubiger [§ 106]) **oder vorab befriedigt werden** (wie Massegläubiger [§§ 53 ff] bzw Kreditgläubiger [§ 264] und Neugläubiger [§ 265 f] im Insolvenzplanverfahren). Diese Abgrenzung hat vor allem deshalb große Bedeutung, weil die Befriedigungschance des einzelnen Gläubigers ganz wesentlich davon abhängt, welcher der von der Insolvenzordnung statuierten Gläubigergruppe er zuzuordnen ist; dies gilt insbesondere für die Abgrenzung zwischen Insolvenz- und Massegläubigern, was in zahlreichen Vorschriften der InsO explizit bestimmt wird. Für die Abgrenzung im Übrigen ist im Zweifel von einer Insolvenzforderung auszugehen, da die gemeinschaftliche Befriedigung der Gläubigergesamtheit in § 1 Abs 1 als Verfahrensziel normiert ist (FK-*Schumacher* § 38 Rn 2).

Erst nach Aufhebung des Verfahrens (und ggf Ablauf der Wohlverhaltensperiode, § 294 Abs 1) steht 3 es dem Insolvenzgläubiger wieder frei, seine Rechte gegen den Schuldner zu verfolgen (§ 201 Abs 1), soweit nicht ein rechtskräftig bestätigter Insolvenzplan (§ 254 Abs 1 S 3) vorliegt oder dem Schuldner die Restschuldbefreiung (§ 301 Abs 1) erteilt wurde.

II. Tatbestandsvoraussetzungen

Die Eigenschaft als Insolvenzgläubiger – und damit auch die Qualifikation eines Anspruchs als Insol- 4 venzforderung – setzt voraus, dass drei Kriterien kumulativ erfüllt sind: Es muss sich
(1.) um einen **persönlichen Gläubiger** handeln, dem der Schuldner mit seinem gesamten Vermögen haftet und nicht nur mit bestimmten Gegenständen, der
(2.) gegen den Schuldner einen **Vermögensanspruch**, dh einen mit Geld zu befriedigenden Anspruch hat, der
(3.) **zum Zeitpunkt der Verfahrenseröffnung begründet** ist.

1. Persönlicher Gläubiger. Gemäß § 38 dient die Insolvenzmasse zur Befriedigung der „persönlichen 5 Gläubiger"; nur diese werden als Insolvenzgläubiger definiert. Persönliche Gläubiger sind solche, denen der Schuldner mit seinem gesamten Vermögen, zumindest aber mit einem Sondervermögen, und nicht nur mit einem bestimmten Vermögensgegenstand haftet (Jaeger/*Henckel* § 38 Rn 19; MüKo-*Ehricke* § 38 Rn 10; HaKo-*Lüdtke* § 38 Rn 7 ff; HK/*Eickmann* § 38 Rn 5). Weiteres Merkmal ist, dass der Gläubiger mit allen anderen Gläubigern im Hinblick auf die Befriedigung seines Anspruchs in Konkurrenz steht (Jaeger/*Henckel* § 38 Rn 19). Die persönlichen Gläubiger sind **von den dinglichen Gläubigern abzugrenzen**, die gerade nicht in einem Konkurrenzverhältnis zu den übrigen Gläubigern stehen (zur Kritik an dieser Abgrenzung MüKo-*Ehricke* § 38 Rn 11). Hierzu zählen die aus- und absonderungsberechtigten oder durch eine Vormerkung gesicherten Gläubiger. Ihre Befriedigung ist durch die Belastung eines Gegenstandes mit einem rechtsgeschäftlich, gesetzlich oder im Wege der Zwangsvollstreckung begründeten Pfandrecht oder aber durch eine Sicherungsübertragung gesichert (Jaeger/*Henckel* § 38 Rn 19). Trotz ihrer dinglichen Sicherung sind absonderungsberechtigte Gläubiger gem § 52 S 1 aber zugleich Insolvenzgläubiger, *soweit* ihnen der Schuldner auch persönlich haftet und sie entweder mit ihrer abgesonderten Befriedigung ausfallen oder auf diese verzichten; sie sind grundsätzlich mit der vollen Höhe ihrer Forderung als Insolvenzgläubiger anzusehen (BT-Drs 12/2443 S 12; FK-*Schumacher* § 38 Rn 7). Auch der **Baugläubiger**, zu dessen Befriedigung das Baugeld im Sinne des § 1 des Gesetzes über die Sicherung der Bauforderungen (GSB) dient, ist einfacher Insolvenzgläubiger (OLG Hamm 12. 12. 06 – 27 U 98/06, ZIP 2007, 240; aA MüKo-*Kirchhof* § 129 Rn 106). Denn die Verwendungspflicht des § 1 Abs 1 GSB endet oder ruht mit Eröffnung des Insolvenzverfahrens (zumindest im Falle der Nichterfüllung).

Für die Qualifikation als persönlicher Gläubiger kommt es auf den Rechtsgrund des Anspruchs nicht 6 an. Die persönliche Haftung des Schuldners kann unmittelbar aus dem Gesetz, aus Vertrag, aus unerlaubter Handlung, ungerechtfertigter Bereicherung oder aus einer Verfügung von Todes wegen folgen.

Die beschränkte Haftung als **Kommanditist** steht der Anwendbarkeit von § 38 nicht entgegen 7 (HK/*Eickmann* § 38 Rn 5; HaKo-*Lüdtke* § 38 Rn 7; Jaeger/*Henckel* § 38 Rn 21). Der Kommanditist haftet nur summenmäßig beschränkt, allerdings mit seinem gesamten Vermögen, dh gegenständlich unbeschränkt und nicht lediglich mit einem oder mehreren bestimmten Gegenständen. Dies unterscheidet ihn von den aus- und absonderungsberechtigten Gläubigern. Der gegen einen Kommanditisten gerichtete Haftungsanspruch kann in dessen gesamtes Vermögen vollstreckt werden. Sein Haftungsanspruch konkurriert daher mit dem der anderen Insolvenzgläubiger.

In der Insolvenz einer Gesellschaft stellen **Mitgliedschaftsrechte der Gesellschafter** ebenso wenig wie 8 die von ihnen erbrachten Einlagen und Beiträge eine Insolvenzforderung dar (BGH 30. 6. 09 – IX ZA 21/09, NZG 2009, 984; HaKo-*Lüdtke* § 38 Rn 10). Diese Leistungen der Gesellschafter bilden das Haftkapital der Gesellschaft. Etwas anders gilt lediglich für den **stillen Gesellschafter**. Nach § 236

§ 38

Abs 1 HGB kann der stille Gesellschafter in einem Insolvenzverfahren über das Vermögen des Geschäftsinhabers wegen seiner Einlage eine Forderung als Insolvenzforderung anmelden, soweit sie den Betrag des auf seine Einlage entfallenden Anteils am Verlust übersteigt.

9 Eine nicht nur der Summe nach, sondern auch gegenständlich beschränkte Haftung findet sich hingegen in diversen **familien- und erbrechtlichen Vorschriften** (MüKo-*Ehricke* § 38 Rn 13). Dies gilt für die Haftung des Ehegatten nach der Teilung des Gesamtguts vor der Berichtigung der Gesamtgutsverbindlichkeiten aus § 1480 S 2 BGB, die Haftung des überlebenden Ehegatten infolge des Eintritts der fortgesetzten Gütergemeinschaft (§ 1489 Abs 2 BGB) und die Haftung anteilsberechtigter Abkömmlinge den Gesamtgutsgläubigern gegenüber aus § 1504 S 2 BGB; ferner zählt hierzu die Haftung des Erben für Nachlassverbindlichkeiten (§ 1975 BGB), die Haftung nach Erhebung der Dürftigkeitseinrede (§§ 1991, 1990 BGB) und die Haftung des Hauptvermächtnisnehmers (§ 2187 BGB).

10 **2. Vermögensanspruch. a) Allgemeines.** Neben der persönlichen Haftung des Schuldners ist nach dem Wortlaut des § 38 weitere Voraussetzung, dass ein Vermögensanspruch den Gegenstand der Forderung des Gläubigers bildet, weil das Insolvenzverfahren ausschließlich der Realisierung geldwerter, aus dem Vermögen des Schuldners beitreibbarer Leistungen dient. Davon zu unterscheiden sind nicht vermögensrechtliche Ansprüche, also solche, die nicht **auf Zahlung einer Geldsumme gerichtet** sind und die sich auch nicht gem § 45 in einen Geldanspruch umrechnen lassen; solche Ansprüche gehören nicht zu den Insolvenzforderungen (HK/*Eickmann* § 38 Rn 7; HaKo-*Lüdtke* § 38 Rn 13 f; MüKo-*Ehricke* § 38 Rn 14). Allerdings können die auf diesen Forderungen beruhenden Schadensersatzansprüche Insolvenzforderungen sein. Anders verhält es sich bei Ansprüchen, die auf Vornahme einer unvertretbaren Handlung gerichtet sind und ihrerseits nur zur Durchsetzung eines vermögenswerten Hauptanspruchs dienen. Diese Handlungen sind weder selbst Insolvenzforderung noch vermögen sie eine solche zu begründen. So richtet sich der Anspruch auf **Auskunftserteilung** über eine vor Insolvenzeröffnung abgetretene Forderung (§ 402 BGB) gegen den Insolvenzschuldner persönlich, weil aus dem zugrunde liegenden Rechtsverhältnis keine Haftung der Masse mehr besteht (Jaeger/*Henckel* § 38 Rn 69), während Auskunftsansprüche der Mobiliarkreditgeber sich gegen die Masse richten (§ 50) und daher vom Insolvenzverwalter zu erfüllen sind (§ 167).

11 **b) Abgrenzung zwischen Vermögens- und Nichtvermögensanspruch. aa) höchstpersönliche, familien- und erbrechtliche Ansprüche.** Soweit höchstpersönliche, familien- und erbrechtliche Ansprüche nicht vermögensrechtlicher Art sind, stellen sie keine Insolvenzforderungen dar. Das gilt insb für das elterliche Umgangsrecht, den Anspruch auf Anerkennung der Vaterschaft oder einen Anspruch auf Ehescheidung; diese Ansprüche sind nicht auf das Vermögen des Schuldners gerichtet und darüber hinaus schon der Sache nach nicht geeignet, Gegenstand des Insolvenzverfahrens zu sein. Demgegenüber zählen Ansprüche aus einem Scheidungsfolgenvergleich oder ein Schadensersatzanspruch, der auf der Verletzung eines höchstpersönlichen Rechts beruht, zu den Insolvenzforderungen. Gleiches gilt für einen gegen den Schuldner als Erben gerichteten Anspruch auf Auszahlung des Pflichtteils und die Erfüllung von Auflagen oder Vermächtnissen (Jaeger/*Henckel* § 38 Rn 29).

12 **bb) Unterlassungsansprüche.** Unterlassungsansprüche sind ebenfalls nicht vermögensrechtlicher Art. Sie werden mittels Zwang gegen die Person des Schuldners, nicht aber durch Zugriff auf sein Vermögen durchgesetzt (**KG** Berlin 17. 12. 99 – 5 W 5591/99, NZI 2000, 228; HaKo-*Lüdtke* § 38 Rn 18; HK/*Eickmann* § 38 Rn 10; Jaeger/*Henckel* § 38 Rn 78; MüKo-*Ehricke* § 38 Rn 38; *Holzer* EWiR 2004, 27). Sie sind im Kern Ansprüche auf die Vornahme einer nicht vertretbaren Handlung, denen ein zur Tabelle anmeldbarer Inhalt fehlt; allenfalls das Nichterfüllungsinteresse kann eine Insolvenzforderung begründen, wenn diese Pflicht die Insolvenzmasse nicht bindet (**BGH** 10. 7. 03 – IX ZR 119/02, NZI 2003, 539; als obiter dictum bestätigt in **BGH** 25. 10. 07 – IX ZR 217/06, NZI 2008, 27 Rn 18). Soweit dem Unterlassungsanspruch ein selbständiger Vermögenswert zukommt, etwa auf Grund einer Schadensersatzforderung, kann dieser geschätzt und zur Tabelle angemeldet werden (§ 45). Dieser Vermögenswert ist aber nicht mit dem Unterlassungsanspruch als solchen gleich zu setzen, so dass aus der Möglichkeit, den Vermögenswert zu schätzen und anzumelden, keine Qualifikation des Unterlassungsanspruchs als Insolvenzforderung folgt (*Holzer* EWiR 2004, 27).

13 **Schadensersatzansprüche aus der Missachtung eines Unterlassungsanspruchs** können dagegen als Insolvenzforderung zur Tabelle angemeldet werden. Soweit der Insolvenzverwalter Adressat des Unterlassungsgebot ist, kommt grundsätzlich auch eine Qualifikation als Masseverbindlichkeit in Betracht, wobei hinsichtlich durch den Schuldner vertraglich begründeter Pflichten § 103 zu berücksichtigen ist.

14 **cc) öffentlich-rechtliche Ordnungspflichten.** Eingehend dazu und zu den Kosten einer Ersatzvornahme: s u § 55 Rn 29 ff. Trifft den Insolvenzverwalter als Inhaber der tatsächlichen Gewalt die **Zustandsverantwortlichkeit**, so ist eine solche Verpflichtung nach der Rechtsprechung des BVerwG stets **Masseverbindlichkeit** iSd § 55 Abs 1 Nr 1, auch wenn die Grundstücke bereits *vor* der Eröffnung des Insolvenzverfahrens kontaminiert waren (**BVerwG** 23. 9. 04 – 7 C 22/03, NZI 2005, 51; **BVerwG** 22. 7. 04 – 7 C 17/03, ZIP 2004, 1766; **BVerwG** 22. 10. 98 – 7 C 38/97, ZIP 1998, 2167; ausführlich hierzu *Eckardt* AbfallR 2008, 197 ff). Die Ordnungspflicht für eine von der Masse ausgehende Störung

richte sich allein nach dem jeweils einschlägigen Ordnungsrecht. Der Insolvenzverwalter könne jedoch als bloßer Zustandsstörer die kontaminierten Grundstücke aus der Masse **freigeben** mit der Folge, dass er dann nicht mehr nach § 4 Abs 3 S 1 BBodSchG für deren Sanierung in Anspruch genommen werden kann (BVerwG 22. 7. 04 aaO m abl Anm *Pape*; BVerwG 23. 9. 04 aaO). Der BGH lehnt diese Rechtsprechung ab, weil allein die sicherstellende *Inbesitznahme* störender Sachen des Gemeinschuldners durch einen Insolvenzverwalter noch keine Haftung der Masse für die Kosten der Störungsbeseitigung begründe, sondern erst die *Nutzung* der fraglichen Sachen für die Masse oder ihre Verwertung (BGH 18. 4. 02 – IX ZR 161/01, ZIP 2002, 1043, 1045; BGH 5. 7. 01 – IX ZR 327/99, ZIP 2001, 1469; ebenso Jaeger/*Henckel* § 38 Rn 26).

Soweit die Ordnungspflicht sich nicht aus der Verantwortlichkeit für den aktuellen Zustand von Massegegenständen ergibt, sondern an ein in der Vergangenheit liegendes Verhalten anknüpft (**Verhaltensstörer**), kommt es darauf an, ob das störende Verhalten dem Insolvenzverwalter (§ 55 Abs 1 Nr 1) oder dem Gemeinschuldner anzulasten ist (§ 38). Soweit der Insolvenzverwalter als Verhaltensstörer in Anspruch genommen wird, ist eine **Freigabe nicht möglich** (BVerwG 23. 9. 04 – 7 C 22/03, NZI 2005, 51; BVerwG 22. 10. 98 – 7 C 38/97, ZIP 1998, 2167). Die Ordnungspflicht ist nicht vom Insolvenzverwalter persönlich zu erfüllen, sondern nur aus den Mitteln der Masse (BVerwG 10. 2. 99 – 11 C 9/97, ZIP 1999, 538).

dd) Gestaltungsrechte. Gestaltungsrechte wie die Kündigung nach § 626 BGB, der Rücktritt nach § 323 Abs 1 BGB oder die Anfechtung nach den §§ 119 ff BGB sind keine Insolvenzforderung. Gleiches gilt für Wiederverkaufs-, Vorkaufs- und Aneignungsrechte sowie die Optionsrechte des Leasingnehmers in der Insolvenz des Leasinggebers. Erst die Ausübung dieser Rechte kann zum Entstehen von Insolvenzforderungen führen. Gestaltungsrechte verschaffen dem Rechtsinhaber lediglich die Möglichkeit, Änderungen einer bestehenden Rechtslage zu bewirken (HaKo-*Lüdtke* § 38 Rn 17; Jaeger/*Henckel* § 38 Rn 64; MüKo-*Ehricke* § 38 Rn 47).

ee) Naturalobligationen. Naturalobligationen, also unvollkommene Verbindlichkeiten, die nicht einklagbar sind, bei denen das Gewährte aber auch nicht zurückgefordert werden kann, besitzen keine Anspruchsqualität und können daher auch keine Insolvenzforderung sein (HaKo-*Lüdtke* § 38 Rn 20; Jaeger/*Henckel* § 38 Rn 13); ihnen kommt nur die Funktion eines Rechtsgrundes iSv § 812 BGB zu. Zu den klassischen Naturalobligationen zählen Spiel- und Wettschulden (§ 762 BGB) sowie die Ehemäklerprovision (§ 656 BGB). Ferner sind unverbindliche Finanztermingeschäfte (§ 37 e WpHG), Differenzgeschäfte (§§ 762–764 BGB) und – insolvenzspezifisch – die in einem Insolvenzplan erlassenen (§ 254 Abs 3) oder die von der Restschuldbefreiung erfassten Verbindlichkeiten (§ 301 Abs 3) zu nennen.

ff) verjährte Ansprüche. Verjährte Ansprüche sind Insolvenzforderungen, soweit es sich nicht um Steuerforderungen handelt, die gem §§ 47, 232 AO mit Eintritt der Verjährung erlöschen. Der Verwalter hat die Verjährungseinrede im Rahmen der Forderungsfeststellung (§ 178) zu berücksichtigen.

gg) vertretbare und nicht vertretbare Handlungen des Schuldners. Es gilt der Grundsatz, dass vertretbare Handlungen Insolvenzforderung sein können, nicht vertretbare Handlungen dagegen nicht. Nach der gesetzlichen Definition des § 887 Abs 1 ZPO ist eine Handlung **vertretbar**, wenn deren Vornahme durch einen Dritten erfolgen kann. Dies ist der Fall, wenn es für den Gläubiger des Anspruchs unter rechtlichen und wirtschaftlichen Gesichtspunkten unerheblich ist, ob der Schuldner oder ein Dritter die Handlung vornimmt (B/L/A/H-*Hartmann* ZPO § 887 Rn 6). Vertretbare Handlungen sind damit vor allem Dienst- und Versorgungsleistungen; Arbeitsleistungen; die Befreiung von einer Verbindlichkeit (BGH 16. 9. 93 – IX ZR 255/92, ZIP 1993, 1656; OLG Düsseldorf 28. 9. 06 – 5 U 6/06, NZI 2007, 289); Bilanzierungen und Rechnungslegung, soweit die erforderlichen Unterlagen in einer Form vorliegen, welche die Bearbeitung durch einen Sachkundigen zulässt; Handwerker- und Bauleistungen; Abrechnungen aller Art, insbesondere Lohn- und Provisionsabrechnungen; Sicherheitsleistungen sowie die Erfüllung von Verbindlichkeiten aus einem Mietvertrag, insbesondere die vertragsgemäße Herstellung der Mietsache. Die auf Grund der Vornahme der vertretbaren Handlung durch einen Dritten entstanden Kosten sind nach Maßgabe des § 45 S 1 zur Insolvenztabelle anzumelden.

Anders als der Anspruch auf eine vertretbare Handlung ist der Anspruch auf Vornahme einer **unvertretbaren** Handlung keine Insolvenzforderung. Eine Handlung ist nach § 888 Abs 1 ZPO nicht vertretbar, wenn sie durch einen Dritten nicht vorgenommen werden kann. Dies ist regelmäßig dann der Fall, wenn die Handlung von dem Schuldner persönlich zu erfüllen und nicht auf eine aus seinem Vermögen beitreibbare Leistung gerichtet ist. Nach § 888 Abs 1 S 1 kann die Leistungen durch den Schuldner nur erzwungen werden, wenn sie ausschließlich von dessen Willen abhängt. Die Zwangsmittel, Zwangsgeld und Zwangshaft, richten sich aber nicht gegen das Vermögen des Schuldners, sondern allein gegen dessen Person (Jaeger/*Henckel* § 38 Rn 69). Der Schuldner soll durch das Zwangsmittel allein zu normgerechtem Verhalten „angehalten" (§ 888 Abs 1 S 1 aE ZPO) werden.

Nicht vertretbare Handlungen sind insbesondere die Unterweisung in spezifische wissenschaftliche oder künstlerische Fertigkeiten; geistige und künstlerische Leistungen; die Ausstellung von Zeugnissen und Nachlassverzeichnissen; Auskunfts-, Rechnungslegungs- und Abrechnungsansprüche, soweit sie in tatsächlicher Hinsicht allein von dem Schuldner erbracht werden können; ebenso die Erstellung einer Bilanz, bei der die Mitwirkung des Schuldners unerlässlich ist; höhere Dienste eines bestimmten Architekten, Arztes, Ingenieurs; der Abdruck einer Gegendarstellung; die Ausstellung eines Wechsels oder Schecks; die Erklärung eines Widerrufs oder der Annahme als Erfüllung; die Abgabe von Erklärungen, deren Ersetzung nach § 894 ZPO nicht möglich ist, wie etwa Ehrenerklärungen; die Fortführung eines Einzelunternehmens und die Weiterbeschäftigung von Arbeitnehmern (**zu weiteren Beispielen** vertretbarer und unvertretbarer Handlungen: B/L/A/H-*Hartmann* ZPO § 887 Rn 20–43).

22 **hh) Besserungsabreden.** Ansprüche, auf deren zwangsweise Durchsetzung der Gläubiger vertraglich verzichtet hat, sind keine Insolvenzforderungen (RG 24. 8. 1908, RGZ 67, 290, 392). Bei Besserungsvereinbarungen, also Besserungsscheinen oder Besserungsklauseln, ist zu differenzieren: § 253 Abs 2 Nr 1 RegE sah ursprünglich eine Besserungsvereinbarung durch Insolvenzplan vor. Dass der Gesetzgeber die Besserungsvereinbarung nicht in der InsO geregelt hat, schließt Besserungsvereinbarungen jedoch nicht aus. Sie stellen nach teilweise vertretener Ansicht einen (durch den Besserungsfall) auflösend bedingten Forderungsverzicht verbunden mit einem aufschiebend bedingten Schuldanerkenntnis dar; nach anderer Ansicht soll es sich um einen pactum de non petendo oder eine Stundung handeln (zum Meinungsstand: Jaeger/*Henckel* § 38 Rn 12).

23 Unter „Besserungsschein" versteht die Insolvenzpraxis, dass die Gläubiger, die im Rahmen eines gerichtlichen oder außergerichtlichen Vergleichs zum Zweck der Erhaltung der Liquidität des Schuldners auf einen Teil ihrer Forderung verzichtet haben, Nachzahlungen erhalten, wenn und soweit sich die Vermögensverhältnisse des Schuldners bessern (Eintritt des Besserungsfalles; LAG Hamm 25. 10. 05 – 4 Sa 2419/04, nv). Abhängig vom Willen der Parteien und seiner konkreten Gestaltung im Einzelfall kann es sich bei dem Besserungsschein entweder um einen unbedingten Forderungsverzicht mit aufschiebend bedingter Neuverpflichtung, einen unbedingten Forderungsverzicht mit auflösend bedingtem Wiederaufleben der Altverpflichtung, um ein aufschiebend bedingtes Schuldanerkenntnis oder um eine Stundung mit aufschiebend bedingter Fälligkeit handeln. Bei der Auslegung ist stets im Einzelfall auf den Willen der Parteien der Besserungsvereinbarung abzustellen (Jaeger/*Henckel* § 38 Rn 12; MüKo-*Ehricke* § 38 Rn 51). Ist von den Parteien der Besserungsvereinbarung gewollt, dass die **Forderung nur im Besserungsfall wiederauflebt**, dann stellt sie weder eine Insolvenzforderung noch eine Masseverbindlichkeit dar, denn bis zu dem völlig unwahrscheinlichen Bedingungseintritt bleiben die Forderungen infolge des Forderungsverzichts erlassen (§ 397 BGB; HK/*Eickmann* § 38 Rn 13; MüKo-*Ehricke* § 38 Rn 51). Gleiches gilt, wenn für den Besserungsfall das Entstehen einer Neuverpflichtung vereinbart wird. Die Eröffnung des Insolvenzverfahrens lässt gerade das Ausbleiben des Besserungsfalls zu Tage treten. Soll die Forderung hingegen **für den Fall des Scheiterns von Sanierungsbemühungen** oder der Eröffnung des Insolvenzverfahrens **wieder aufleben**, so handelt es sich um eine Insolvenzforderung (HK/*Eickmann* § 38 Rn 13).

24 **ii) Wechsel- und Kausalforderung.** Soweit der Schuldner zum Zwecke der Befriedigung eines Gläubigers erfüllungshalber eine neue Verbindlichkeit übernommen hat (§ 364 Abs 2 BGB), etwa indem er zu Gunsten des Gläubigers einen Wechsel akzeptiert hat, kann der Gläubiger **nicht** den Anspruch aus dem Wechsel **neben** der zu Grunde liegenden **Kausalforderung** geltend machen; vielmehr darf der Gläubiger seinen Anspruch lediglich einmal zur Tabelle anmelden (Jaeger/*Henckel* § 38 Rn 80). Wie bei der Zahlung mit einem Scheck tritt auch bei der Hingabe eines Wechsels die Erfüllung der ursprünglichen Forderung zwar erst durch die tatsächliche Leistung aus dem Wechsel ein. Hat der Gläubiger den Wechsel aber seinerseits an einen Dritten, den Indossatar, weiter gereicht, kann der Gläubiger seine Forderung nur dann zur Tabelle anmelden, wenn der Indossatar seine Forderung aus dem Wechsel nicht anmeldet (Jaeger/*Henckel* § 38 Rn 80). Andernfalls würde die Masse doppelt in Anspruch genommen, obwohl nur ein Kausalgeschäft vorliegt. Soweit die Kausalforderung zusätzlich durch ein Pfandrecht gesichert ist, bestehen keine Besonderheiten. Die abgesonderte Befriedigung und Feststellung der Forderung für den Ausfall im Übrigen ist möglich. Sind **Kausalforderung und Wechselgläubigerrecht nicht mehr in einer Person vereinigt**, besteht die Gefahr, dass die Masse sowohl von dem Inhaber der Kausalforderung als Absonderungsberechtigten als auch durch den Wechselgläubiger in Anspruch genommen wird. Eine Doppelbelastung der Masse ist nach den vorstehenden Ausführungen aber unzulässig. Daher hat der Inhaber der Kausalforderung als den Anspruch aus dem Wechsel übertragender Indossant das Absonderungsrecht für Rechnung des Indossatars zu verfolgen (Jaeger/*Henckel* § 38 Rn 80).

25 **jj) anfechtungsrechtlicher Rückgewähranspruch.** Der Rückgewähranspruch nach § 11 Abs 1 S 1 AnfG ist zwar ein vermögensrechtlicher Anspruch; jedoch sieht **§ 16 Abs 1 AnfG** vor, dass allein der Insolvenzverwalter berechtigt ist, die von den Insolvenzgläubigern erhobenen Anfechtungsansprüche zu verfolgen, wenn über das Vermögen des Schuldners das Insolvenzverfahren eröffnet worden ist (*Huber* § 16 AnfG Rn 4 ff). Die Insolvenzeröffnung über das Vermögen des Schuldners hat das Erlöschen des Einzelgläubigeranfechtungsanspruchs nach § 11 zur Folge (**BGH 29. 11. 89 – VIII ZR 228/88, BGHZ 109, 240, 242**). Der Anfechtungsanspruch wird Bestandteil der Insolvenzmasse (§ 35) und zugleich seinem Inhalt nach dahingehend modifiziert, dass der Anspruch nunmehr entsprechend § 143 Abs 1 S 1 auf Rückgewähr zur Insolvenzmasse gerichtet ist (*Huber* § 16 AnfG Rn 7). Der Einzelgläubigeranfech-

II. Tatbestandsvoraussetzungen   § 38

tungsanspruch steht unter der auflösenden Bedingung (§ 158 Abs 2 BGB) der Verfahrensbeendigung. Mit Beendigung des Insolvenzverfahrens leben die Anfechtungsrechte der Einzelgläubiger unter den Voraussetzungen des § 18 AnfG mit Wirkung für die Zukunft wieder auf (*Huber* § 16 AnfG Rn 9).

3. Begründetheit im Eröffnungszeitpunkt. a) Allgemeines. Persönlicher Gläubiger iSv § 38 ist nur derjenige, dessen Vermögensanspruch gegen den Schuldner „*zur Zeit der Eröffnung des Insolvenzverfahrens*" „**begründet**" ist. Dies setzt voraus, dass der anspruchsbegründende Tatbestand bereits vor Verfahrenseröffnung erfüllt worden ist, also das Schuldverhältnis schon vor Verfahrenseröffnung bestand, selbst wenn sich hieraus eine Forderung erst nach Verfahrenseröffnung ergibt (BGH 7. 4. 05 – IX ZB 129/03, ZInsO 2005, 537) Nur der Schuldrechtsorganismus, der die Grundlage des Anspruchs bildet und nicht schon die Forderung selbst, braucht vor Verfahrenseröffnung entstanden zu sein (**BGH** 6. 11. 78 – VIII ZR 179/77, BGHZ 72, 263, 265 f; **BAG** 13. 12. 78 – GS 1/77, NJW 1979, 774; **BFH** 11. 11. 93 – XI R 73/92, ZIP 1994, 1286; **BFH** 29. 9. 70 – II B 22/70, KTS 1971, 111, 115 f; **BFH** 28. 7. 83 – V S 8/81, ZIP 1983, 1120). Für die Abgrenzung, ob eine Insolvenzforderung oder Masseschuld vorliegt, ist **weder** das **Entstehen** des Anspruchs **noch** dessen **Fälligkeit maßgeblich** (s u Rn 67; *Jaeger/Henckel* § 38 Rn 82), was insbesondere in Gewährleistungsfällen deutlich wird. So handelt es sich bei einem Aufwendungsersatzanspruch gem § 637 Abs 1 BGB auch dann um eine Insolvenzforderung, wenn der Mangel (zB ein Feuchtigkeitsschaden) erst nach Verfahrenseröffnung zutage tritt, jedoch auf einer nicht fachgerechten Leistung vor Verfahrenseröffnung beruht, selbst wenn die Nacherfüllung erst vom Insolvenzverwalter abgelehnt und die Selbstvornahme vom Besteller nach Eröffnung ausgeführt wurde.

Für Zwecke der Forderungs*anmeldung* kommt es (anders als für ihre Feststellung) nicht darauf an, ob die Forderung tatsächlich eine Insolvenzforderung ist. Maßgeblich ist allein, ob sie – ihr Bestehen unterstellt – zur Teilnahme an der gemeinschaftlichen Befriedigung berechtigt. Deshalb nehmen auch **verjährte** Forderungen und im Wege der Einzelzwangsvollstreckung **nicht durchsetzbare** Forderungen am Insolvenzverfahren teil; sie sind wie jede andere einredebehaftete Forderung zur Prüfung zu stellen (§ 176). Dies gilt auch für verjährte Steuerforderungen, die nach § 232 AO erloschen sind. Allerdings ist der Insolvenzverwalter im Interesse aller Gläubiger verpflichtet, in diesen Fällen der Feststellung zur Tabelle zu widersprechen. Der kontrovers diskutierten Frage, ob auch **rechtskräftig aberkannte** Forderungen Insolvenzforderungen sind (bejahend: *Jaeger/Henckel* § 38 Rn 16; *K/P/B/Holzer* § 38 Rn 3; **aA** [verneinend]: *MüKo-Ehricke* § 38 Rn 52), kommt daher keine praktische Relevanz zu, da rechtskräftig feststeht, dass überhaupt kein Anspruch, also auch keine Insolvenzforderung besteht. Gleichwohl steht es dem Gläubiger frei, das Bestehen des aberkannten Anspruchs weiter zu behaupten und im Falle eines (zu erwartenden) Widerspruchs deshalb Feststellungsklage nach Maßgabe der Vorschriften des Wiederaufnahmeverfahrens (§§ 578 ff ZPO) zu verfolgen. Dies erfordert es, den Anspruch während des Anmelde-, Prüfungs- und Feststellungsverfahrens als Insolvenzforderung zu behandeln.

Eine **öffentlich-rechtliche Beitragsforderung** ist Insolvenzforderung, wenn sie vor Eröffnung des Insolvenzverfahrens in der Weise begründet worden ist, dass der zugrunde liegende Sachverhalt, der zur Entstehung der Beitragsforderung führt, bereits vor Eröffnung des Insolvenzverfahrens verwirklicht worden ist; Voraussetzung ist zudem das Vorliegen einer wirksamen Beitragssatzung, da ohne eine solche keine wirksame Beitragspflicht entstehen kann (**VGH** München 25. 10. 07 – 23 ZB 07.1941, BayVBl 2008, 244; **OVG** Thüringen 27. 9. 06 – 4 EO 1283/04, ZIP 2007, 880; **VG** Dresden 29. 8. 08 – 2 K 2574/06, nv).

Nach Eröffnung des Insolvenzverfahrens entstehende **Säumniszuschläge** auf vor diesem Zeitpunkt begründete Krankenversicherungsbeiträge sind als nachrangige Insolvenzforderungen zu behandeln, wie inzwischen auch § 39 Abs 1 Nr 1 klarstellt (zuvor bereits **BSG** 26. 1. 05 – B 12 KR 23/03 R, SozR 4 – 2400 § 24 Nr 3, allerdings mit unzutreffender Begründung).

b) Einzelfragen der zeitlichen Abgrenzung. Im Zivilrecht kann eine Insolvenzforderung schon begründet sein, wenn vor Verfahrenseröffnung die *Grundlagen des Schuldverhältnisses* bereits gelegt worden sind, aus denen sich während des Verfahrens später der eigentliche Anspruch ergibt (**BAG** 13. 12. 78 – GS 1/77, NJW 1979, 774; **BFH** 11. 11. 93 – XI R 73/92, ZIP 1994, 1286). Der vertragliche Anspruch des Vermieters auf Erstattung der **Kosten der Abholung der Mietsache** ist auch dann Insolvenzforderung, wenn der Mietvertrag erst nach Eröffnung des Insolvenzverfahrens durch Kündigung beendet und die Mietsache danach abgeholt worden ist (**BGH** 6. 11. 78 – VIII ZR 179/77, BGHZ 72, 263; *Jaeger/Henckel* § 38 Rn 82). Zutreffend hat der **BGH** darauf abgestellt, dass die Vereinbarung mit den sich daraus ergebenden Verpflichtungen bereits im Mietvertrag vor Verfahrenseröffnung für den Fall der Beendigung der Mietzeit begründet worden war. Wird über das Vermögen eines **Versicherers** nach Abschluss des Versicherungsvertrages und nach Erhalt der Versicherungsprämien das Insolvenzverfahren eröffnet, so begründet der erst während des Verfahrens eintretende Versicherungsfall eine Insolvenzforderung. Ebenso ist die Haftung aus einem **Garantievertrag** bereits mit dem Vertragsschluss und nicht erst mit dem Eintritt des Garantiefalles begründet.

Für den Vergütungsanspruch eines **Vormundes, Betreuers** oder **Pflegers** hat die Rechtsprechung früher angenommen, dass dieser erst mit Bewilligung durch das Vormundschaftsgericht begründet werde (**BGH** 26. 5. 54 – IV ZB 23/54, Rpfleger 1954, Sp 512); selbst wenn der Vormund, Betreuer oder Pfleger ausschließlich bis zur Insolvenzeröffnung tätig geworden ist, gehöre er nicht zu den Insolvenzforderungen, falls die Vergütung zum Zeitpunkt der Verfahrenseröffnung noch nicht festgesetzt war. Dies steht im Widerspruch zur Qualifizierung des Vergütungsanspruchs des **vorläufigen Insolvenzverwalters** in einem nachfolgenden zweiten Insolvenzverfahren über das Vermögen des gleichen Schuldners lediglich als Insolvenzforderung, wenn das erste Verfahren nicht zur Eröffnung gelangt (**BGH** 9. 10. 08 – IX ZR 168/07, ZIP 2008, 2371; **OLG** Celle 11. 9. 07 – 16 U 291/06, ZInsO 2007, 1048). Ebenso stellt der **BFH** zu Recht darauf ab, dass bereits die *Tätigkeit* des vorläufigen Verwalters den Anspruch auf eine Vergütung und damit die Umsatzsteuer auslöse; auf den Zeitpunkt der Festsetzung komme es nicht an (**BFH** 27. 2. 09 – VII B 96/08, nv Rn 8; **BFH** 16. 1. 07 – VII R 4/06, ZIP 2007, 829 Rn 12). Nichts anderes kann daher auch für den Vergütungsanspruch eines Vormundes, Betreuers oder Pflegers gelten.

32 Insolvenzforderungen sind nach Maßgabe der §§ 103, 104, 105, 109, 113, 115, 116, 118 auch solche Forderungen, die erst infolge der Eröffnung des Insolvenzverfahrens entstehen. Dass diese Forderungen zur Zeit der Verfahrenseröffnung schon nach Art und Betrag bestimmt waren, ist für die Qualifizierung als Insolvenzforderung nicht erforderlich.

33 **aa) betagte, befristete, bedingte und künftige Forderungen.** Auflösend bedingte Forderungen (§ 42), die bei Beginn des Insolvenzverfahrens bereits bestanden, sind Insolvenzforderungen, da sie schon zum Zeitpunkt der Verfahrenseröffnung begründet waren. Gleiches gilt nach § 163 BGB für Forderungen, für die ein Endtermin bestimmt worden ist, da insoweit die für die auflösende Bedingung geltenden Vorschriften der §§ 158, 160, 161 BGB entsprechende Anwendungen finden (§ 163 BGB). Im Insolvenzverfahren bedarf es keiner Differenzierung zwischen befristeten und betagten Forderungen (Palandt/*Heinrichs* § 163 BGB Rn 2). Beide werden wegen des bestehenden Anwartschaftsrechtes als Insolvenzforderung berücksichtigt. § 41 Abs 1 ist entsprechend anzuwenden (MüKo-*Ehricke* § 38 Rn 17). Vorausverfügungen des Schuldners über die ihm als Leasinggeber oder als Vermieter zustehenden Ansprüche sind, auch wenn man sie als befristet ansieht, gem §§ 103, 108 insolvenzfest (Palandt/*Heinrichs* § 163 BGB Rn 2). Betagte und aufschiebend bedingte Forderungen sind Insolvenzforderungen, da das Anwartschaftsrecht schon vor Verfahrenseröffnung bestand. Bei der Verteilung sind allerdings die in § 191 statuierten Einschränkungen zu berücksichtigen.

34 Wer als **Gesamtschuldner** neben dem eigentlichen Insolvenzschuldner verpflichtet ist, kann seine Regressforderung nur als Insolvenzforderung zur Tabelle anmelden (§§ 174 ff), selbst wenn er den Gläubiger erst nach Eröffnung des Insolvenzverfahrens befriedigt. Der Schadenersatzanspruch wegen Nichterfüllung (§§ 103 Abs 2 S 1, 104 Abs 2 S 1, 105 S 1, 109 Abs 2 S 2, 113 Abs 1 S 3) und der Anspruch aus einem Vertragsstrafeversprechen für den Fall der Nichterfüllung (§§ 339, 340 BGB) oder der nicht gehörigen Erfüllung (§§ 339, 341 Abs 1 BGB) sind Insolvenzforderungen, weil nicht die Nichterfüllung oder Zuwiderhandlung, sondern bereits der Vertrag den Anspruchsgrund bildet.

35 **Künftig entstehende** Ansprüche sind keine Insolvenzforderungen, wenn das forderungs- und haftungsbegründende Rechtsgeschäft bei Insolvenzeröffnung lediglich erst in Aussicht genommen worden ist, also noch nicht bedingt oder befristet vorgenommen wurde. Es handelt sich um Forderungen, deren Leistungsinhalt erst durch den Eintritt einer künftigen Tatsache bestimmt wird, auch wenn der Grund zu dem künftigen Forderungsrecht schon vor Verfahrenseröffnung gelegt ist. Bei künftigen Forderungen ist – im Unterschied zu betagten und bedingten Ansprüchen – noch kein Anwartschaftsrecht entstanden. So verhält es sich zB bei dem **Anspruch des Versicherers auf Prämien**, die erst nach Eröffnung des Insolvenzverfahrens über das Vermögen des Versicherungsnehmers fällig werden. Da weder der Versicherungsnehmer noch der Versicherer den Vertrag vollständig erfüllt haben, findet § 103 Anwendung. Wählt der Insolvenzverwalter Erfüllung, so ist die Prämienschuld Masseverbindlichkeit iSv § 55 Abs 1 Nr 2. Entscheidet sich der Insolvenzverwalter für die Nichterfüllung und bleibt es daher bei der Suspendierung des Vertrages, so tritt an die Stelle des Anspruchs auf Prämienzahlung der Schadenersatzanspruch des Versicherers nach § 103 Abs 2 S 1 als Insolvenzforderung.

36 Ebenso sind Honoraransprüche eines Beraters des Betriebsrates nach **§ 111 S 2 BetrVG** hinsichtlich vor Insolvenzeröffnung erbrachter Tätigkeiten bloße Insolvenzforderungen (LAG München 10. 5. 07 – 2 TaBV 36/06, ZIP 2008, 35).

37 Allein die *bis zur Eröffnung* fällig gewordenen **Unterhaltsansprüche** sind Insolvenzforderungen. Unterhaltsforderungen entstehen in jedem Zeitpunkt neu, in dem ihre Voraussetzungen vorliegen (**OLG** Nürnberg 4. 10. 04 – 11 WF 2713/04, ZInsO 2005, 443). Infolge dessen sind Unterhaltsforderungen, die *nach der Eröffnung* des Insolvenzverfahrens entstehen, keine Insolvenzforderungen; sie richten sich gegen das insolvenzfreie Vermögen des Schuldners. Die Ausklammerung der Unterhaltsgläubiger aus dem Kreis der Insolvenzgläubiger hat wesentliche Konsequenzen auch für den Schuldner. Nach § 301 erfasst die gerichtlich ausgesprochene Restschuldbefreiung nur die Insolvenzgläubiger. Damit erstreckt sich die Restschuldbefreiung nur auf rückständige, nicht dagegen auf die nach Verfahrenseröffnung sowie während der sechsjährigen Wohlverhaltensperiode auflaufenden Unterhaltsansprüche.

38 **bb) Abtretung und gesetzlicher Forderungsübergang.** Sowohl die rechtsgeschäftliche Abtretung der Forderung als auch ein Forderungsübergang kraft Gesetzes nehmen einer Forderung nicht ihre Eigenschaft als Insolvenzforderung. Der neue Gläubiger rückt als Sonder- oder Gesamtrechtsnachfolger in die Stellung des bisherigen Gläubigers ein. Der Gläubigerwechsel ändert nichts an der Tatsache, dass die

II. Tatbestandsvoraussetzungen § 38

Forderung bereits vor Verfahrenseröffnung begründet wurde (Jaeger/*Henckel* § 38 Rn 106). Ebenso verhält es sich bei der Pfändung oder Verpfändung einer Insolvenzforderung.

cc) Rückgriffsansprüche. Besteht zwischen dem Schuldner und einem Dritten ein vertragliches oder gesetzliches Gesamtschuldverhältnis, so wird der Insolvenzgläubiger neben der bloßen Anmeldung der Forderung im Insolvenzverfahren des Hauptschuldners primär die Inanspruchnahme des solventen Dritten anstreben. Sein Ausgleichsanspruch aus § 426 Abs 1 BGB ist zunächst ein Befreiungsanspruch, der sich erst durch die Befriedigung des Gläubigers in einen Zahlungsanspruch umwandelt. Bei den *künftigen* Rückgriffs- oder Ausgleichsansprüche des Bürgen oder Gesamtschuldners handelt es sich folglich um aufschiebend bedingte Forderungen, die als solche auch schon vor der Zahlung an den Gläubiger materiell-rechtlich als Insolvenzforderung iSv § 38 „begründet" sind (BGH 21. 3. 91 – IX ZR 286/90, BGHZ 114, 117, 122 f; *Noack/Bunke* FS Uhlenbruck, S 335, 354 f; im Ergebnis auch Jaeger/ *Henckel* § 38 Rn 109 ff [Rechtsbedingung]; zur **Forderungsanmeldung** von Haupt- und Mitschuldner s u § 174 Rn 11). 39

Der Rückgriffsanspruch eines Dritten wegen der Tilgung einer Insolvenzforderung stellt selbst dann eine Insolvenzforderung dar, wenn die Befriedigung des Gläubigers erst nach Eröffnung des Insolvenzverfahrens erfolgt ist (BGH 6. 12. 07 – IX ZR 215/06, ZInsO 2008, 100). Denn die Tilgung einer Insolvenzforderung kann nicht das Entstehen einer Masseverbindlichkeit zur Folge haben. 40

dd) Schadensersatzansprüche. Bestand das Schuldnerverhältnis bereits vor Eröffnung des Insolvenzverfahrens, so sind die hieraus resultierenden Schadensersatzansprüche (zB wegen cic, Nichterfüllung oder Verzug) grundsätzlich Insolvenzforderungen iSv § 38, sofern die Vertragsverletzung, Unmöglichkeit oder der Verzug vor Verfahrenseröffnung eingetreten sind. Es gilt insoweit das Gleiche wie für Schadensersatzansprüche aus Verträgen, die durch die Insolvenzeröffnung nach den §§ 103 ff beendet und vom Insolvenzverwalter nicht erfüllt worden sind. Spätere schadenstiftende Handlungen des Schuldners gehen nicht zu Lasten der Insolvenzmasse, sondern betreffen das insolvenzfreie Vermögen, da der Schuldner nicht mehr verwaltungs- und verfügungsbefugt ist. 41

Deliktschuldverhältnisse sind schon mit der schädigenden Handlung begründet und nicht erst mit dem Schadenseintritt (MüKo-*Ehricke* § 38 Rn 26; K/P/B/*Holzer* § 38 Rn 31; BerlKo-*Breutigam* § 38 Rn 19). Ist die Rechtsverletzung schon vor Eröffnung des Insolvenzverfahrens eingetreten, sind folglich alle hieraus adäquat kausal resultierenden Schadensersatzansprüche als Bestandteil eines einheitlichen Schuldverhältnisses Insolvenzforderungen, auch wenn der Schaden sich erst später realisiert (RGZ 87, 82, 84; *Häsemeyer* InsR Rn 16.15). Ansprüche auf Ersatz künftigen Schadens sind zu schätzen (§ 45 S 1). 42

Schadensersatzansprüche aus der **Vollstreckung** eines Vorbehaltsurteils oder lediglich vorläufig vollstreckbaren Urteils (§§ 302 Abs 4 S 3, 600 Abs 2, 717 Abs 2 und 3 ZPO), das später aufgehoben wird, sind Insolvenzforderung, wenn die Vollstreckung vor Verfahrenseröffnung betrieben wurde. 43

ee) Verträge zugunsten Dritter. Soweit der Dritte keine Rechte aus dem Vertrag erwirbt (wie beim **unechten** oder ermächtigenden Vertrag zu Gunsten Dritter), ist ausschließlich der Versprechensempfänger als Vertragspartner des Versprechenden zur Geltendmachung der Forderung im Insolvenzverfahren über das Vermögen des Versprechenden berechtigt (Jaeger/*Henckel* § 38 Rn 91). Ob auch die Quote an den Versprechensempfänger auszuschütten ist oder aber die Ausschüttung an den Dritten zu erfolgen hat, hängt vom dem Inhalt des Vertrages ab. 44

Bei einem **echten** Vertrag zu Gunsten Dritter, insb bei Lebensversicherungsverträgen, erwirbt der Dritte selbst das Recht, die versprochene Leistung von dem Versprechenden einzufordern (§ 328 Abs 2 BGB; § 330 BGB). Zur Geltendmachung des Anspruchs sind im Zweifel Versprechensempfänger und der Dritte befugt (§ 335 BGB). 45

ff) Rechtsverhältnisse zu Geldinstituten. Die Erteilung des **Überweisungsauftrages** (§ 676a Abs 1 BGB) begründet keinen Vertrag zugunsten Dritter und daher auch noch keinen Anspruch des Empfängers gegen seine Bank (Empfängerbank). Erst wenn der Überweisungsbetrag der Empfängerbank endgültig zur Gutschrift auf dem Konto des Begünstigten zur Verfügung gestellt ist, hat der Empfänger gem § 676g BGB einen Gutschriftsanspruch; bis zu diesem Zeitpunkt kann der Auftraggeber den Überweisungsvertrag noch kündigen (§ 676a Abs 4 BGB) und ist die Empfängerbank auf entsprechende Mitteilung hin verpflichtet, den Überweisungsauftrag an das überweisende Kreditinstitut zurückzuleiten (§ 676d Abs 2 BGB). In der **Insolvenz der Empfängerbank** ist der Überweisungsempfänger selbst dann nur Insolvenzgläubiger, wenn die Gutschrift auf seinem Konto erst nach Verfahrenseröffnung vorgenommen wurde, was zulässig ist, weil die Verpflichtung zur **Gutschriftserteilung nach § 676g Abs 1 BGB** durch die Insolvenzeröffnung nicht berührt wird (Jaeger/*Henckel* § 38 Rn 93). Entscheidend ist nämlich, dass der Anspruch auf Gutschrift bereits in dem Zeitpunkt begründet wird, in dem die Empfängerbank Deckung erlangt. Ebenso ist das überweisende Kreditinstitut mit seinem **Anspruch aus § 676d Abs 2 S 1 BGB** nur Insolvenzgläubiger, wenn der Überweisende den Überweisungsvertrag rechtzeitig gekündigt und die Empfängerbank noch vor der Gutschrift eine entsprechende Mitteilung erhalten hatte. Allerdings kann sich das überweisende Kreditinstitut im Wege der Aufrechnung schadlos halten, wenn dem Anspruch eigene fällige Verbindlichkeiten gegenüberstehen, da in diesem Fall die Auf- 46 rechnungslage schon vor Insolvenzeröffnung bestand. Soweit das überweisende Kreditinstitut keine Deckung erlangen kann, darf es seinen Bankkunden mit dem Ausfall belasten (§§ 675, 670 BGB) und diesem später nur die erlangte Insolvenzquote gutschreiben (Jaeger/*Henckel* § 38 Rn 94; *Canaris* BankVR Rn 363). Die Empfängerbank braucht den Überweisungsbetrag dem Empfängerkonto nicht mehr gutzuschreiben, da sie in gleicher Höhe einer Rückforderung ausgesetzt ist.

47   Beim **Lastschriftverfahren** erfolgt die Gutschrift für den Empfänger meist schon vor dem Eingang der Lastschriftbeträge, jedoch unter Vorbehalt des Eingangs. Der **Anspruch aus der Gutschrift** steht somit unter der auflösenden Bedingung der Nichteinlösung der Lastschrift bzw des Widerspruchs des Schuldners (**BGH** 29. 9. 86 – II ZR 283/85, ZIP 1986, 1537; zur Streitfrage, ob es sich bei dem Vorbehalt um eine aufschiebende oder auflösende Bedingung handelt: Jaeger/*Henckel* § 38 Rn 96) und kann vom Empfänger in der Insolvenz der Empfängerbank nur als Insolvenzforderung (§ 42) geltend gemacht werden, wenn die Gutschrift vor Verfahrenseröffnung erfolgt ist (MüKo-*Ehricke* § 38 Rn 102). Dies gilt selbst dann, wenn die Empfängerbank erst nach Eröffnung Deckung erlangt, weil schon mit der Gutschrift eine bedingte Forderung begründet wird. Auch wenn der Empfänger nur eine Insolvenzquote erhält, ist gleichwohl sein **Anspruch aus dem Kausalgeschäft** mit dem Lastschriftschuldner zum Nennbetrag der Lastschrift erloschen, da der Empfänger den Zahlungsweg vorgibt und daher das Insolvenzrisiko seiner Bank tragen muss (*Canaris* BankVR Rn 642, 667). Widerspricht der Lastschriftschuldner der Abbuchung, wird ihm von seiner Bank der volle Betrag gutgeschrieben, auch wenn sie auf ihren **Rückbuchungsanspruch** von der insolventen Empfängerbank nur die Insolvenzquote erhält, während diese ihrerseits das Konto des Empfängers mit dem vollen Nennbetrag belastet (*Canaris* BankVR Rn 670).

48   Beim **Kontokorrent** erlöschen die in das Kontokorrent eingestellten Forderungen mit der Saldierung und der Feststellung des Saldos. Ist bei Eröffnung des Insolvenzverfahrens noch keine Saldofeststellung erfolgt, kann der Gläubiger einen Aktivsaldo ohne weiteres zur Tabelle anmelden. Denn mit Insolvenzeröffnung endet gem § 115 das Kontokorrentverhältnis (**BGH** 4. 5. 79 – I ZR 127/77, BGHZ 74, 253 ff; Röhricht/Graf von Westphalen/*Wagner* HGB, § 355 Rn 53; Baumbach/*Hopt* HGB, § 355 Rn 23), so dass der Gläubiger seine positive **kausale Saldoforderung** als sofort fällige Insolvenzforderung geltend machen kann (*Canaris* Großkomm HGB, § 355 Rn 246). Schließt der Insolvenzverwalter nach Verfahrenseröffnung einen Feststellungsvertrag über die kausale Saldoforderung, so kann diese, da nun einredebehaftet (*Canaris* Großkomm HGB, § 355 Rn 195 ff; Baumbach/*Hopt* HGB, § 355 Rn 7), nicht mehr zur Tabelle geltend gemacht werden. Gleichwohl begründet die neu entstandene **abstrakte Forderung** aber keine Masseverbindlichkeit (eingehend hierzu Jaeger/*Henckel* § 38 Rn 101 ff; MüKo-*Ehricke* § 38 Rn 103). Denn diese entspricht der schon vor Insolvenzeröffnung bestehenden kausalen Saldoforderung und soll diese nur gegen Einwendungen freistellen. Bestehen nur für einzelne in das Kontokorrent eingestellte Forderungen **Absonderungsrechte** oder Aufrechnungsbefugnisse, sichern diese Rechte nur den niedrigsten anerkannten Saldo, auch wenn die besicherte Forderung selbst inzwischen getilgt ist (**BGH** 13. 12. 90 – IX 2 ZR 33/90, NJW-RR 1991, 562 sub II 3 a; eingehend dazu Jaeger/*Henckel* § 38 Rn 105 mwN; krit *Canaris* Großkomm HGB, § 356 Rn 14 ff; aA *Schimansky*, in: BankR-Hdb § 47 Rn 46, 58). Im Bankgiroverkehr haften nach Nr 14 Abs 2, 15 Abs 4 ABG-Banken alle Sicherheiten für alle Forderungen.

49   gg) **Verfahrenskosten.** Ansprüche der Gerichtskasse oder des Prozessgegners auf Zahlung bzw Erstattung von Verfahrenskosten sind Insolvenzforderungen, wenn sie **vor Verfahrenseröffnung entstanden** sind, namentlich die Prozessgebühr für die erste Instanz, wenn die zu Grunde liegende Klage bereits vor Verfahrenseröffnung erhoben wurde, oder die Gebühren für das Berufungs- und Revisionsverfahren, wenn das Rechtsmittel vor Verfahrenseröffnung eingelegt wurde. Denn der Kostenerstattungsanspruch entsteht bereits aufschiebend bedingt mit Prozessbeginn, selbst wenn die „Kostenfestsetzung" (zur Unterbrechung gem § 240 ZPO: **BGH** 29. 6. 05 – XII ZB 195/04, NZI 2006, 128) erst nach Eröffnung erfolgt. Ob man ihn als bedingt entstanden oder als Anwartschaftsrecht begreift, ist für das Ergebnis unerheblich, da § 191 jedenfalls entsprechend anwendbar ist (Jaeger/*Henckel* § 38 Rn 152).

50   Ebenso bleiben die Kosten eines vor Verfahrenseröffnung **in der Hauptsache erledigten** Prozesses Insolvenzforderungen. Wie bei der Prozesskostenhilfe (§ 119 ZPO) gilt auch hier, dass auf die einzelnen Instanzen abzustellen ist (**OLG** Rostock 5. 11. 01 – 3 U 168/99, ZIP 2001, 2145). Kosten einer Instanz, die in einem Kostenfestsetzungsbeschluss gegen den Schuldner festgesetzt wurden, können deshalb auch nicht gem § 727 ZPO auf den Insolvenzverwalter, den den Rechtsstreit erst in einer Rechtsmittelinstanz aufgenommen hat, umgeschrieben werden. Anderenfalls würden sie durch die Umschreibung in unzulässiger Weise zu Masseverbindlichkeiten aufgewertet (obiter dictum **OLG** Stuttgart 1. 9. 06 – 8 W 352/05, ZInsO 2007, 43; **OLG** München 11. 10. 99 – 11 W 2206/99, NZI 1999, 498).

51   **Tritt** der Insolvenzverwalter **in einen unterbrochenen Rechtsstreit nicht ein**, bleibt der Schuldner Partei mit der Folge, dass die Verfahrenskosten keine Masseforderungen werden, sondern allenfalls Insolvenzforderung sind (**BAG** 19. 9. 07 – 3 AZB 35/05, ZIP 2007, 2141 Rn 18; MüKo-*Hefermehl* § 55 Rn 45). Erklärt der Verwalter die Freigabe eines vom Schuldner rechtshängig gemachten Anspruchs, wird dadurch der Insolvenzbeschlag aufgehoben mit der Folge, dass die Unterbrechung des Verfahrens endet (**BGH** 21. 4. 05 – IX ZR 281/03, NZI 2005, 387). Auch wenn der Verwalter hinsichtlich des Rechts-

geschäfts, das den Gegenstand des Rechtsstreits bildet, Erfüllung nach § 103 wählt, ändert dies an dem Status der Kosten- und Gebührenansprüche als bloße Insolvenzforderungen nichts (MüKo-*Hefermehl* § 55 Rn 46).

Nimmt der Insolvenzverwalter hingegen **einen Rechtsstreit auf,** werden nur die von ihm wie bei einer 52 Neuklage ausgelösten Verfahrenskosten, vom Ausnahmefall des § 86 Abs 2 abgesehen, Masseforderungen nach § 55 Abs 1 Nr 1 (s u § 55 Rn 18 und § 180 Rn 44 ff), da sie nur insoweit durch die Verwaltung der Insolvenzmasse begründet werden. Schließt der Verwalter nach Aufnahme des Rechtsstreits einen Vergleich unter Kostenaufhebung, so sind die zu erstattenden Kosten Masseverbindlichkeiten, wenn keine gesonderte Regelung getroffen wurde (OLG Köln 10. 9. 04 – 17 W 150/04, NZI 2004, 665). Auch in einer **Klagerücknahme** kann eine Aufnahme des Prozesses liegen mit der Folge, dass die Kosten des Rechtsstreits in den Rang einer Masseverbindlichkeit erhoben werden (BGH 21. 4. 05 – IX ZR 281/03, NZI 2005, 387 sub II 5).

Auch hinsichtlich der **sonstigen Gerichtsgebühren**, etwa für Eintragungen ins Grundbuch oder Han- 53 delsregister, muss auf den Zeitpunkt des Antrages und nicht etwa auf den Zeitpunkt der tatsächlichen Eintragung abgestellt werden (LG Hannover KTS 1970, 59). Denn bereits der Antrag ist kostenauslösend. Wird ein **Vorbehaltsurteil** vollstreckt, so ist der hieraus resultierende Schadensersatzanspruch eine Insolvenzforderung, wenn die Vollstreckung vor Verfahrenseröffnung betrieben wurde.

Die Kosten eines **Strafverfahrens** und der **Strafvollstreckung** sind keine nachrangigen Insolvenzforde- 54 rungen iSd § 39 Abs 1 Nr 3, sondern Insolvenzforderungen iSd § 38, wenn die gerichtliche Untersuchung schon vor Eröffnung des Insolvenzverfahrens begonnen hat (MüKo-*Ehricke* § 38 Rn 108; *Jaeger/ Henckel* § 38 Rn 155). Denn sie werden dem Insolvenzschuldner nach dem Veranlasserprinzip auferlegt und sind keine Sanktion für begangenes Unrecht.

hh) **Rückforderung staatlicher Beihilfen.** Die Rückforderung einer **europarechtswidrig gewährten** 55 **Beihilfe** seitens der Bundesrepublik Deutschland ist eine Insolvenzforderung iSd § 38, selbst wenn es sich um Gesellschafterdarlehen handelt, bei denen der Tatbestand des § 39 Abs 1 Nr 5 erfüllt ist (BGH 5. 7. 07 – IX ZR 221/05, NZI 2007, 647 Rn 29; s dazu auch unten § 39 Rn 51). Denn die Verpflichtung zur Rückforderung durch die die Beihilfe gewährende Stelle wird mit der Anmeldung im Insolvenzverfahren nur dann effektiv und unverzüglich umgesetzt, wenn die Rückforderungsansprüche als nicht nachrangige Insolvenzforderungen behandelt werden; nur unter dieser Voraussetzung wird die mit der rechtswidrigen Beihilfe verbundene Wettbewerbsverzerrung wirksam beseitigt. Durch die Nichtanwendung des § 39 Abs 1 Nr 5 wird kein Gläubigervorrecht eingeführt und handelt es sich auch nicht um eine unzulässige richterliche Rechtsfortbildung. Die Nichtanwendung folgt vielmehr aus dem Anwendungsvorrang des europäischen Rechts und der den nationalen Gerichten im Rahmen des Art 88 Abs 2 EGV, Art 14 Abs 3 S 1 EG-VO 659/1999 zugewiesenen Funktion (BGH 5. 7. 07 aaO Rn 32 f; aA MüKo-*Ehricke* § 38 Rn 95). Jeder Mitgliedstaat ist verpflichtet, eine europarechtswidrige Beihilfe effektiv und unverzüglich zurückzufordern. Dieser Grundsatz bleibt auch im Falle der Eröffnung des Insolvenzverfahrens über das Vermögen des Beihilfeempfängers bestehen. Denn das Insolvenzverfahren ist allein der rein tatsächlichen Unmöglichkeit der vollständigen Befriedigung aller Gläubiger des Beihilfeempfängers geschuldet. Die Eröffnung des Insolvenzverfahrens soll den Beihilfegeber nicht von seiner Rückforderungspflicht entbinden (BGH 5. 7. 07 aaO Rn 33). Er ist verpflichtet, alle Gläubigerrechte im Rahmen des Insolvenzverfahrens zur bestmöglichen Befriedigung des Beihilferückforderungsanspruchs aktiv wahrzunehmen (*Ehricke* ZIP 2000, 1656, 1660).

Wurde vor der Eröffnung des Insolvenzverfahrens eine **Investitionszulage** (zB nach InvZulG) von 56 vornherein unter dem Vorbehalt gewährt, dass sie bei Verletzung der Bindefristen zurückzuzahlen ist, war damit der Rechtsgrund für die Entstehung des Rückforderungsanspruchs bereits vor der Eröffnung des Insolvenzverfahrens gelegt, sodass dieser Anspruch als Insolvenzforderung zu behandeln ist (BFH 14. 10. 77 – III R 111/75, NJW 1978, 559; FG Berlin-Brandenburg 29. 5. 08 – 13 K 2037/05, DStRE 2008, 1403; zur Rückforderung zweckgebundener staatlicher Zuwendungen in der Insolvenz des Zuwendungsempfängers: *Bornheimer/Krumm* KTS 2008, 145).

ii) **Ansprüche aus vor Verfahrenseröffnung aufgestellten Sozialplänen.** Ein Sozialplan, der vor Eröff- 57 nung des Insolvenzverfahrens, jedoch nicht früher als drei Monate vor dem Eröffnungsantrag aufgestellt worden ist, kann sowohl vom Insolvenzverwalter als auch vom Betriebsrat widerrufen werden (§ 124 Abs 1). Wird das Widerrufsrecht des § 124 Abs 1 nicht ausgeübt, so bleibt der ursprüngliche Sozialplan in Kraft. Streitig ist jedoch, ob die Sozialforderungen aus dem Plan vor Eröffnung des Verfahrens **Insolvenzforderungen** iSv § 38 sind (so K/P/B/*Moll* §§ 123, 124 Rn 104; MüKo-*Ehricke* § 38 Rn 58; *Gottwald/Heinze* InsRHdb § 105 Rn 67; *Uhlenbruck* Das neue Insolvenzrecht S 54; *Caspers* Personalabbau und Betriebsänderung im Insolvenzverfahren, 1998, Rn 476 ff) oder ob es sich um **Masseverbindlichkeiten** handelt (*Kania* DStR 1996, 832, 835; *Lohkemper* KTS 1996, 1, 36; *Warrikoff* BB 1994, 2338, 2444). Für die erstgenannte Meinung spricht, dass es insolvenzzweckwidrig wäre, wenn der Insolvenzverwalter die Befriedigungschancen einer Sozialplanforderung vor der Zeit vor Eröffnung des Insolvenzverfahrens dadurch verbessern könnte, dass er mit dem Unterlassen des Widerrufs der Forderung zu einer Masseschuld aufwertet (K/P/B/*Moll* §§ 123, 124 Rn 105). Eine solche Aufwertung liegt außerhalb des Normzwecks. Es war zudem das erklärte Ziel des Gesetzgebers, in dem durch § 124 vorgegebenen zeitlichen Rahmen eine Gleichbehandlung der entlassenen Arbeitnehmer zu ermöglichen. Indem derartige Sozialpläne vom Betriebsrat widerrufen werden können, wird nur der Weg hierzu eröffnet (KS-*Schwerdtner* S 1605, 1654 Rn 146). Die vor Insolvenzeröffnung begründeten Ansprüche der Arbeitnehmer aus einem nicht widerrufenen Sozialplan können folglich nur wie jede andere Insolvenzforderung nach § 174 Abs 1 zur Tabelle angemeldet werden.

III. Besonderheiten

58   1. **Dauerschuldverhältnisse/wiederkehrende Ansprüche.** a) **Allgemeines.** Bei wiederkehrenden Ansprüchen, vor allem aus Dauerschuldverhältnissen, ist zu unterscheiden, ob sie aus einem einheitlichen, vor Verfahrenseröffnung begründeten „Stammrecht" resultieren oder ob es sich um „Einzelansprüche" handelt, die jeweils immer wieder neu entstehen (MüKo-*Ehricke* § 38 Rn 20; Jaeger/*Henckel* § 38 Rn 166; *Häsemeyer* InsR Rn 16.16). Resultieren die Ansprüche **aus einem einheitlichen,** vor Verfahrenseröffnung begründeten **Stammrecht,** sind sämtliche hieraus folgenden Ansprüche, auch soweit sie auf die Zeit nach Eröffnung entfallen, Insolvenzforderungen (HaKo-*Lüdtke* § 38 Rn 36). Denn der Gläubiger hat die Gegenleistung für seine künftigen Ansprüche bereits vor Insolvenzeröffnung vollständig erbracht, so dass sämtliche Ansprüche ein für allemal begründet sind und nur noch einen Zeitablauf voraussetzen. Hierzu zählen insb betriebliche Pensions- und Rentenansprüche der Arbeitnehmer (**BAG** 4. 7. 69 – 3 AZR 212/68, NJW 1970, 964), Ansprüche aus Leibrentenvertrag (RGZ 111, 287) und Rentenansprüche gem §§ 618 Abs 3, 843, 845 BGB, 62 Abs 3 HGB. Dagegen sind bei sog **Einzelansprüchen** nur die bis zur Verfahrenseröffnung begründeten Ansprüche Insolvenzforderungen. Die später entstehenden Einzelansprüche sind entweder Masseschulden (zB der Mietzins in der Zeit von Insolvenzeröffnung bis zum Wirksamwerden der Enthaftungserklärung gem § 109 Abs 1 S 2) oder Neuverbindlichkeiten, die sich allein und unmittelbar gegen den Schuldner richten (zB der Mietzins nach Wirksamwerden der Enthaftungserklärung gem § 109 Abs 1 S 2). Denn Einzelansprüche hängen von einer jeweils neu zu erbringenden Gegenleistung ab und werden daher für jeden Zeitabschnitt immer wieder neu begründet.

59   b) **Wiederkehrschuldverhältnisse.** Ansprüche aus **Wiederkehrschuldverhältnissen** (zB aus Energielieferungsvertrag) sind, soweit es sich um Rückstände handelt, bis zum Zeitpunkt der Insolvenzeröffnung Insolvenzforderungen. Das Wiederkehrschuldverhältnis fällt grundsätzlich unter § 103. Der Insolvenzverwalter hat aber die Möglichkeit, den Vertrag fortzusetzen mit der Folge, dass zwar nicht die Rückstände (§ 105 S 1), wohl aber die Forderungen aus nach Verfahrenseröffnung erfolgenden Leistungen Masseforderungen iSv § 55 Abs 1 Nr 2 werden (**anders** bei Sonderabnehmervertrag bzw **Sukzessivlieferungsvertrag,** die ein einheitliches Schuldverhältnis darstellen: BGH 21. 4. 82 – VIII ZR 142/81, ZIP 1982, 854; BGH 1. 7. 81 – VIII ZR 168/80, ZIP 1981, 878).

60   c) **Mietverhältnisse.** Ausführlich s u § 55 Rn 52 ff. Ansprüche auf **Miet- und Pachtzinszahlung** entstehen nach § 163 BGB aufschiebend befristet erst zum Anfangstermin des jeweiligen Zeitraums der Nutzungsüberlassung (BGH 14. 12. 06 – IX ZR 102/03, NZI 2007, 158 Rn 12). Die aus dem Zeitraum vor Verfahrenseröffnung resultierenden Ansprüche sind daher Insolvenzforderung; soweit sie für den Zeitraum nach Eröffnung geschuldet sind, handelt es sich um Masseschulden. Der Anspruch auf Erstattung von Kosten, die im Rahmen von Mietverhältnissen im Zusammenhang mit der Rückgabe der Mietsache entstehen, ist Insolvenzforderung. Alle **Abwicklungsansprüche** sind bereits vor Eröffnung entstanden und folglich grundsätzlich Insolvenzforderungen (BGH 21. 12. 06 – IX ZR 66/05, NZI 2007, 287 Rn 11; BGH 6. 11. 78 – VIII ZR 179/77, NJW 1979, 310). Etwas anderes gilt nur, wenn der Insolvenzverwalter die Miet- oder Pachtsache nach Verfahrenseröffnung (weiter) nutzt und den Vermieter oder Verpächter dabei gezielt vom Besitz ausschließt; in diesem Fall ist der Anspruch des Vermieters auf Nutzungsentschädigung eine Masseforderung (BGH 1. 3. 07 – IX ZR 81/05, NZI 2007, 33 Rn 21 [Mobilien]; BGH 21. 12. 06 aaO Rn 15 [Immobilien]). Das gilt insb für den Schadenersatzanspruch auf Herstellung des vertragsgemäßen Zustandes der Mietsache (**Schönheitsreparaturen, Rückbaukosten**), und zwar unabhängig davon, ob der Mietvertrag vor oder erst nach der Insolvenzeröffnung durch Kündigung beendet wird, sofern die nachteiligen Veränderungen bereits vor der Verfahrenseröffnung durch den Schuldner verursacht wurden (BGH 17. 4. 08 – IX ZR 144/07, Grundeigentum 2008, 865). Der Herausgabeanspruch des Vermieters begründet ein Aussonderungsrecht nur im Umfang des § 985 BGB. Ein weitergehender mietvertraglicher Räumungsanspruch ist lediglich Insolvenzforderung (BGH 5. 7. 01 – IX ZR 327/99, ZIP 2001, 1469). Dazu zählen auch die **Kosten der Abholung der Mietsache,** selbst wenn der Mietvertrag erst nach Eröffnung des Insolvenzverfahrens über das Vermögen des Mieters durch Kündigung beendet und die Mietsache danach abgeholt worden ist (BGH 6. 11. 78 – VIII ZR 179/77, NJW 1979, 310). Der **Kautionsrückgewähranspruch** des Mieters im Insolvenzverfahren über das Vermögen des Vermieters berechtigt weder zur Aus- noch zur Absonderung, wenn der Vermieter die Kaution nicht von seinem eigenen Vermögen gem § 551 Abs 3 BGB getrennt angelegt hat; in diesem Fall hat der Mieter nur eine Insolvenzforderung auf Rückgewähr der Kaution (BGH 20. 12. 07 – IX ZR 132/06, NJW 2008, 1152; OLG München 6. 7. 90 – 21 U 2752/90, ZMR 1990, 413). Der Anspruch auf Auszahlung eines **Guthabens aus Betriebskosten- oder Heizkostenvorauszahlungen** ist auch dann nur Insol-

III. Besonderheiten § 38

venzforderung, wenn die Rechnungsperiode nach Verfahrenseröffnung abläuft, weil der Rechtsgrund hierfür vor Verfahrenseröffnung liegt (**AG** Berlin-Mitte 18. 3. 04 – 16 C 401/03, MM 2005, 39).

d) Wohngelder. Ausführlich s u § 55 Rn 35. Die aus einem Wirtschaftsplan geschuldeten Wohngeld- 61
rückstände aus der Zeit vor Insolvenzeröffnung sind einfache Insolvenzforderungen. Daran ändert sich nichts, wenn nach Insolvenzeröffnung eine Jahresabrechnung beschlossen wird; diese hat lediglich rechtsverstärkende Wirkung. Nur der insoweit neu beschlossene, die geschuldeten Sollwohngelder übersteigende Saldo (sog **Abrechnungsspitze**) begründet dann eine Masseverbindlichkeit (**BGH** 10. 3. 94 – IX ZR 98/93, ZIP 1994, 720; **OLG** Köln 15. 11. 07 – 16 Wx 100/07, NZI 2008, 377 m Anm *Drasdo*; **AG** Neukölln 23. 5. 05 – 70 II 222/04 WEG, ZMR 2005, 659; MüKo-*Hefermehl* § 55 Rn 76), da er seinen Schuldgrund nicht in dem Wirtschaftsplan findet, sondern allein in der Jahresabrechnung. Das Gleiche gilt für **Sonderumlagen**, die nach Insolvenzeröffnung beschlossen werden (**BGH** 15. 6. 89 – V ZB 22/88, ZIP 1989, 930; **OLG** Köln 15. 11. 07 aaO; **KG** Berlin 2. 12. 02 – 24 W 92/02, NJW-RR 2003, 443). Ebenso sind die für die Zeit **nach Insolvenzeröffnung geschuldeten Wohngeldvorschüsse** Masseschulden (**OLG** Düsseldorf 28. 4. 06 – 3 Wx 299/05, NZI 2007, 50).

e) Arbeitsverhältnisse. Ausführlich s u § 55 Rn 61. Entgeltansprüche für die Zeit **vor** der Eröffnung 62
des Insolvenzverfahrens kann der Arbeitnehmer nur zur Tabelle anmelden (§ 108 Abs 2). Hierzu gehören alle geldwerten Ansprüche aus dem Arbeitsverhältnis (Gehalts-, Lohn-, Entgeltfortzahlungs-, Feiertagslohn-, Urlaubs- und Abgeltungsansprüche, Provisionen, Gratifikationen, Tantiemen, Karenzentschädigung, Spesen, Auslösungen, sonstiger Auslagenersatz, vermögenswirksame Leistungen etc), soweit sie für die Zeit vor Insolvenzeröffnung rückständig sind (**LAG** Sachsen 22. 11. 07 – 1 Sa 364/03, nv). Unter § 55 Abs 1 Nr 2 fallen dagegen alle Entgeltansprüche, die aus der Beschäftigung von Arbeitnehmern **nach** Verfahrenseröffnung durch den Insolvenzverwalter erwachsen.

Der Anspruch auf Zahlung einer **Abfindung**, der auf einer Vereinbarung zwischen dem Schuldner 63
und dem Arbeitnehmer beruht, ist grundsätzlich eine Insolvenzforderung, auch wenn er erst nach Insolvenzeröffnung entsteht (**BAG** 27. 9. 07 – 6 AZR 975/06, ZIP 2008, 374 Rn 21; **LAG** Düsseldorf 18. 1. 07 – 5 (8) Sa 1023/06, LAGE § 47 InsO Nr 2; **LAG** Hamm 10. 1. 07 – 2 Sa 1901/05, nv; *Holzer* EWiR 2008, 335; zum **Urlaubsabgeltungsanspruch**: s u § 55 Rn 68 f). § 38 ist Ausfluss des in § 1 Satz 1 formulierten Ziels, die gemeinschaftliche Befriedigung der Gläubiger herbeizuführen und stellt den Regelfall dar; § 55 hat lediglich Ausnahmecharakter (**BAG** 27. 9. 07 aaO). Insbesondere § 55 Abs 1 Nr 2 2. Alt bringt mit dem Wort „für" zum Ausdruck, dass es bei den gemäß § 53 vorweg aus der Insolvenzmasse zu berichtigenden Verbindlichkeiten aus gegenseitigen Verträgen nicht allein auf die vereinbarte Leistungszeit, sondern auch auf die Zwecksetzung ankommt. Es genügt daher nicht, dass die Verbindlichkeiten „in der Zeit" nach der Eröffnung des Insolvenzverfahrens erfüllt werden müssen. Denn Abfindungen sind in der Regel kein Entgelt für nach Insolvenzeröffnung erbrachte Arbeitsleistungen, sondern stellen einen Ausgleich für die durch den Verlust des Arbeitsplatzes entstehenden Nachteile und/oder eine Honorierung der Zustimmung des Arbeitnehmers zur vorzeitigen Vertragsauflösung dar. Nur ausnahmsweise kommt eine Einordnung als Masseschuld in Betracht, wenn eine synallagmatische Verknüpfung zur Arbeitsleistung besteht und die Abfindung Entgeltcharakter hat (**BAG** 27. 9. 07 aaO). Ebenso ist der für den Fall der Kündigung vertraglich vereinbarte Abfindungsanspruch eines Geschäftsführers Insolvenzforderung (**OLG** Frankfurt/M 16. 9. 04 – 3 U 205/03, NZI 2004, 667).

Auch ein Freistellungsanspruch aus der Umwandlung von Vergütung in Freizeit oder zum Ausgleich 64
von Überstunden (sog **Freizeitguthaben**) ist nach Insolvenzeröffnung als Insolvenzforderung zu behandeln. Da § 45 Anwendung findet, kann Erfüllung durch Freistellung nicht mehr verlangt werden (**LAG** Frankfurt/M 10. 9. 08 – 8 Sa 1595/07, NZA-RR 2009, 92.

Ansprüche aus einem **Altersteilzeitverhältnis** sind gem § 108 Abs 2 Insolvenzforderung, wenn es sich 65
um solche „für" die Zeit vor Eröffnung des Insolvenzverfahrens handelt (**BAG** 27. 9. 07 – 6 AZR 975/06, ZIP 2008, 374; **BAG** 19. 10. 04 – 9 AZR 645/03, ZIP 2005, 457; **BAG** 24. 9. 03 – 10 AZR 640/02, ZIP 2004, 124). Die Abgrenzung erfolgt danach, wann die Arbeitsleistung, die den Ansprüchen zugrunde liegt, erbracht wurde (**BAG** 23. 2. 05 – 10 AZR 672/03, DB 2005, 1227). Hingegen kommt es nicht darauf an, wann der Arbeitnehmer die Zahlungen verlangen kann. Denn ein Arbeitnehmer ist in der Arbeitsphase (Blockmodell) der Altersteilzeit mit seiner vollen Arbeitsleistung ungesichert in Vorlage getreten. Auch soweit der Arbeitgeber die Vergütung erst später auszuzahlen hat, ist diese in vollem Umfang bereits verdient.

Ansprüche auf **Überbrückungsgeld** und **betriebliche Altersversorgung** sind mit dem vor Eröffnung 66
des Insolvenzverfahrens über das Vermögen des Arbeitgebers erdienten Anteil Insolvenzforderung und mit dem während des eröffneten Verfahrens entstandenen Anteil Masseschuld (**BGH** 6. 12. 07 – IX ZR 284/03, NZI 2008, 185; **BAG** 15. 12. 87 – 3 AZR 420/87, ZIP 1988, 327 sub III 2 b; Jaeger/*Henckel* § 55 Rn 56).

2. Steuerforderungen. a) Allgemeines. Während das Steuerrecht die Frage der Entstehung und Höhe 67
der Forderung regelt, bestimmt das Insolvenzrecht deren Einordnung und Behandlung in der Insolvenz, wobei zwischen der **Begründung**, der **Entstehung** und der **Fälligkeit** der Steuerforderung zu unterscheiden ist (s o Rn 26 ff; **BFH** 27. 8. 75 – II R 93/70, BStBl II 1976, 77 juris-Rn 14). Nur der „Schuld-

Sinz

rechtsorganismus", der die Grundlage der Forderung bildet, muss vor Eröffnung des Insolvenzverfahrens entstanden sein, nicht aber die Steuerforderung selbst (K/P/B/*Holzer* § 38 Rn 36; MüKo-*Ehricke* § 38 Rn 79; Gottwald/*Frotscher* InsRHdb § 62 Rn 1; Waza/Uhländer/*Schmittmann* Insolvenzen und Steuern, 7. Aufl 2007, Rn 484; *Maus* Steuern im Insolvenzverfahren, Rn 30). Maßgeblich ist dabei der Zeitpunkt, in dem nach insolvenzrechtlichen Grundsätzen der Rechtsgrund für den Anspruch gelegt worden ist (BFH 21. 9. 93 – VII R 68/92, ZIP 1993, 1892). Eine Steuerforderung ist immer dann Insolvenzforderung iSv § 38, wenn der **Lebenssachverhalt**, der zur Entstehung der Steuerforderung führt, vom Schuldner bereits vor Verfahrenseröffnung verwirklicht worden ist (BFH 1. 4. 08 – X B 201/07, ZVI 2008, 441) oder die nach dem Gesetz maßgebenden Besteuerungsmerkmale erfüllt sind (BFH 29. 3. 84 – IV R 271/83, BStBl II 1984, 602). Auf die steuerrechtliche Entstehung der Forderung iSv § 38 AO, also die vollständige Verwirklichung des Tatbestandes, an den das Gesetz die Leistungspflicht knüpft, kommt es im Insolvenzverfahren ebenso wenig an (anders aber der V. Senat [s u Rn 79]: BFH 29. 1. 09 – V R 64/07, DStR 2009, 851 Rn 14; BFH 13. 11. 86 – V R 59/79, ZIP 1987, 119; BFH 21. 12. 88 – V R 29/86, ZIP 1989, 384) wie auf deren Fälligkeit (*Tipke/Kruse* § 251 AO Rn 16).

68 Liegt der Schuldrechtsorganismus vor dem Eröffnungszeitpunkt (§ 27), so kann der Entstehungszeitpunkt allenfalls Bedeutung erlangen für die Frage, ob es sich im Einzelfall um eine Insolvenzforderung iSv § 38 handelt oder um eine Masseforderung nach § 55 Abs 2, zB wenn der gesetzliche Veranlagungszeitraum in die Verfahrenseröffnung hineinreicht (MüKo-*Ehricke* § 38 Rn 79; N/R/*Andres* § 38 Rn 15; K/P/B/*Holzer* § 38 Rn 36 ff; Gottwald/*Frotscher* InsRHdb § 62 Rn 1). Nach wie vor ist entsprechend der Regelung in § 251 Abs 2 S 1 AO daran festzuhalten, dass die **Vorschriften der InsO durch das Steuerrecht nicht berührt,** also auch nicht eingeschränkt werden. Bei der Frage des „Begründetseins" iSv § 38 geht es ausschließlich um die insolvenzrechtliche Vermögenszuordnung. Diese ist allein nach insolvenzrechtlichen bzw zivilrechtlichen Kriterien zu entscheiden (BFH 21. 9. 93 – VII R 68/92, ZIP 1993, 1892, 1893). Als „begründet" iSv § 38 ist eine Forderung nach Auffassung des BFH auch anzusehen, wenn zum Zeitpunkt der Verfahrenseröffnung zu ihrer Entstehung noch ein ungewisses künftiges Ereignis fehlt (BFH 27. 8. 75 – II R 93/70, BFHE 117, 176), spätestens aber dann, wenn der Eintritt der Tatbestandsverwirklichung bei Verfahrenseröffnung derart gesichert ist, dass er als unausweichlich anzusehen ist (BFH 21. 9. 93 – VII R 68/92, ZIP 1993, 1892, 1893; *Weiß* EWiR 1987, 915).

69 Eine **Ausnahme** von dem Grundsatz, dass vor Verfahrenseröffnung begründete Forderungen nur Insolvenzforderungen sein können, bildet jedoch § 55 Abs 2 (*Frotscher* Besteuerung bei Insolvenz, S 53 ff). Verwertet der vorläufige Insolvenzverwalter mit Verwaltungs- und Verfügungsbefugnis (§ 22) bereits im Eröffnungsverfahren Gegenstände der Anlage- und Umlaufvermögens des Schuldners bzw Schuldnerunternehmens, so fällt die entsprechende Umsatzsteuer als Masseverbindlichkeit iSv § 55 Abs 2 an.

70 Zum Zeitpunkt der Verfahrenseröffnung **nicht fällige** Forderungen (§§ 220, 361 AO) gelten gem § 41 Abs 1 als fällig und sind nach § 174 beim Verwalter als fällige Forderungen zur Tabelle anzumelden (Gottwald/*Frotscher* InsRHdb § 62 Rn 4). Gem § 41 Abs 2 findet eine Abzinsung mit dem gesetzlichen Zinssatz statt (Gottwald/*Frotscher* InsRHdb § 62 Rn 5 f; vgl auch §§ 234, 237 AO). Keine Rolle spielt es für die Einordnung von Steuerforderungen als Insolvenzforderungen, ob es sich um **befristete** Steuerforderungen handelt. Hierbei handelt es sich um Forderungen, deren sachliche Voraussetzungen bereits vor Verfahrenseröffnung gegeben sind, deren Entstehung aber noch von dem Eintritt einer zeitlichen Voraussetzung abhängt. Sie sind nach dem auch für das Insolvenzverfahren geltenden § 163 BGB der aufschiebend bedingten Forderung (§ 41) gleich zu behandeln und gelten daher von Gesetzes wegen als zur Zeit der Verfahrenseröffnung „begründet" (Gottwald/*Frotscher* InsRHdb § 62 Rn 7; für Grunderwerbsteuer, die wegen Aufgabe des begünstigten Zwecks nachzuerheben ist: BFH 27. 8. 75 – II R 93/70, BStBl II 1976, 77; BFH 23. 8. 78 – II R 16/76, BStBl II 1979, 198).

71 **b) steuerliche Nebenleistungen, Säumniszuschläge, Geldstrafen und Geldbußen.** Die seit Verfahrenseröffnung laufenden Zinsen auf Steuerforderungen nach den §§ 233 ff AO (§ 39 Abs 1 Nr 1 InsO), Zwangsgelder nach § 329 AO (§ 39 Abs 1 Nr 3 InsO) sowie die Kosten der Teilnahme der Finanzbehörden am Insolvenzverfahren (§ 39 Abs 1 Nr 2 InsO) können nur als nachrangige Insolvenzforderung geltend gemacht werden. Vor Insolvenzeröffnung verwirkte **Säumniszuschläge** wegen nicht rechtzeitiger Zahlung fälliger Steuern sind dagegen keine Zwangsmittel und können Zwangsgeldern auch nicht gleichgesetzt werden; es handelt sich um Druckmittel eigener Art, die nicht unter § 39 fallen, sondern Insolvenzforderungen iSv § 38 darstellen (BFH 19. 1. 05 – VII B 286/04, ZIP 2005, 1035 f). Lediglich die seit Insolvenzeröffnung laufenden Säumniszuschläge sind nach der nunmehr klarstellenden Regelung in § 39 Abs 1 Nr 1 nachrangige Insolvenzforderungen (ebenso BSG 26. 1. 05 – B 12 KR 23/03 R, SozR 4 – 2400 § 24 Nr 3 zur Rechtslage vor der Ergänzung des § 39 Abs 1 Nr 1 mWv 1. 7. 07). **Verspätungszuschläge** nach § 152 AO sanktionieren die nicht rechtzeitige Abgabe einer Steuer*erklärung*. Es handelt sich ebenfalls um ein Druckmittel eigener Art, so dass diese gem § 38 geltend gemacht werden können (BFH 19. 1. 05 – VII B 286/04, ZIP 2005, 1035; **VG** Köln 16. 7. 08 – 23 K 4827/08, NVwZ-RR 2009, 34, 35; MüKo-*Ehricke* § 38 Rn 80). Soweit die versäumte Steuererklärungspflicht den Verwalter trifft, sind die ab Insolvenzeröffnung festgesetzten Verspätungszuschläge jedoch als Masseschuld zu berichtigen. Auch die Steuerforderung nach **§ 14 Abs 3 UStG** wegen unberechtigten Vorsteuerausweises ist keine Strafe, sondern Haftungstatbestand wegen Gefährdung des Steueraufkommens. Vor

III. Besonderheiten   § 38

Verfahrenseröffnung angefallene Kosten wie zB **Vollstreckungskosten** nach §§ 337 ff AO (VG Köln 16. 7. 08 – 23 K 4827/08, NVwZ-RR 2009, 34) sowie die bis zur Verfahrenseröffnung aufgelaufenen **Zinsen** nach §§ 233 ff AO können ebenfalls als Insolvenzforderungen iSv § 38 geltend gemacht werden.

c) Einzelne Steuerarten. aa) Einkommensteuer- und Körperschaftsteuer. Einkommen- und Körperschaftsteuerforderungen entstehen mit Ablauf des Veranlagungszeitraums und sind in der Form einer Abschlusszahlung als Jahressteuer zu entrichten. Gem §§ 2 Abs 5 EStG, 7 Abs 1 KStG berechnen sie sich nach dem zu versteuernden Einkommen des Steuerpflichtigen während eines Kalenderjahres (N/R/ *Andres* § 38 Rn 16; K/P/B/*Holzer* § 38 Rn 41). Das Kalenderjahr ist sowohl Bemessungszeitraum als auch Ermittlungszeitraum (§ 2 Abs 7 S 2 EStG, § 7 Abs 3 KStG). Übt der Insolvenzschuldner die **Tätigkeit ohne Wissen und Billigung durch den Insolvenzverwalter** aus und sind die Erträge tatsächlich nicht zur Masse gelangt, liegt eine Masseverbindlichkeit auch dann nicht vor, wenn nicht nachgewiesen ist, dass der Insolvenzschuldner Insolvenzmasse Ertrag bringend nutzt (s u Rn 90; FG Nürnberg 11. 12. 08 – 4 K 1394/07, ZInsO 2009, 488 [n. rkr.; Revision beim **BFH** unter Az. X R 11/09 anhängig]). Indes stellt der **Gewinnanteil eines insolventen Mitunternehmers** eine Masseverbindlichkeit dar, auch wenn die Insolvenzmasse durch den Gewinnanteil nicht vermehrt wird; denn nach § 721 BGB steht der Masse der Auszahlungsanspruch hinsichtlich des Gewinnanteils zu (FG Hannover 28. 10. 08 – 13 K 457/07, ZIP 2009, 772 [n rkr; Revision beim **BFH** unter Az X R 60/08 anhängig]). 72

Uneinigkeit besteht zwischen Rechtsprechung und Literatur nach wie vor bei der Einordnung von Steuerforderungen aus **Veräußerungsgewinnen**, die **aus Verwertungshandlungen** des Insolvenzverwalters entstehen. Nach gefestigter Rechtsprechung sind die nach Verfahrenseröffnung erzielten, der Einkommensteuer unterliegenden Veräußerungsgewinne noch nicht vor Verfahrenseröffnung begründet iSv § 38, sondern erst mit **Gewinnrealisierung** (nach Eröffnung), so dass eine **Masseverbindlichkeit** iSv § 55 Abs 1 Nr 1 vorliegt (**BFH** 11. 8. 98 – VII R 118/95, BStBl II 1998, 705; **BFH** 11. 11. 93 – XI R 73/92, ZIP 1994, 1286; grundlegend **BFH** 28. 3. 84 – IV R 271/83, ZIP 1984, 853; *Vortmann* in: Mohrbutter/Ringstmeier § 31 Rn 117; BMF-Schreiben vom 17. 12. 1998 – IV A 4 – S 0550 – 28/98, ZIP 1999, 775, 776, Beispiel 6 zu Ziff 4.2). Nach **aA** (MüKo-*Ehricke* § 38 Rn 81 Jaeger/*Henckel* § 38 Rn 134; K/U § 3 KO Rn 34 b; *Häsemeyer* InsR Rn 23.49; *Wessel* DZWiR 2009, 112; *Onusseit* ZIP 1986, 77, 81; *Frotscher* Besteuerung bei Insolvenz, S 93 ff) spreche für die Einordnung der Veräußerungsgewinne als **Insolvenzforderung**, dass – anders als Gewinne im Rahmen der Unternehmensfortführung – Veräußerungsgewinne nur erzielt werden könnten, weil die steuerrechtliche Bewertungs- und Abschreibungsvorschriften erlauben, den Buchwert niedriger als den realen Wert der Vermögensgegenstände festzusetzen. Die damit verbundene Steuerminderung bedeute eine **Stundung der Steuerschuld und damit** eine **Kreditgewährung** (vor Eröffnung). Diese Begründung **überzeugt**. Zwar ist dem **BFH** zuzugestehen, dass das bloße Halten von stillen Reserven noch kein Besteuerungsmerkmal erfüllt. Dies betrifft aber nur das (insolvenzrechtlich nicht maßgebliche) „Entstehen" der Einkommensteuerschuld. Für das „Begründetsein" iSv § 38 genügt es hingegen, dass der Rechtsgrund (thesaurierter Gewinn) für den Steueranspruch gelegt und der Eintritt der Tatbestandsverwirklichung bei Verfahrenseröffnung derart gesichert ist, dass er als unausweichlich anzusehen ist (**BFH** 21. 9. 93 – VII R 68/92, ZIP 1993, 1892, 1893); denn der Verwalter *muss* verwerten und damit die stillen Reserven gewinnerhöhend realisieren. 73

Der **Veranlagungszeitraum wird durch die Eröffnung des Insolvenzverfahrens nicht unterbrochen** (**BFH** 11. 11. 93 – XI R 73/92, ZIP 1994, 1286), sodass der Steuerpflichtige auch während des Insolvenzverfahrens über sein Vermögen einheitlich zu veranlagen ist (Hübschmann/Hepp/Spitaler/*Beermann* § 251 AO Rn 44, 149; *Maus* S 109 ff, *Frotscher*, Besteuerung bei Insolvenz, S 100 ff; *Uhlenbruck* Insolvenzrecht, Rn 302 ff). Allerdings sind die im Veranlagungszeitraum erzielten Einkünfte insolvenzrechtlich in drei Einkunftsermittlungszeiträume **aufzuteilen**, nämlich in Einkommen, das der Schuldner vor Verfahrenseröffnung erzielt hat, in Einkommen, das durch die Verwertung im Insolvenzverfahren erzielt wurde, und solches, das ihm (unpfändbar) erst nach Verfahrenseröffnung zugeflossen ist (**BFH** 11. 11. 93 – XI R 73/92, ZIP 1994, 1286; MüKo-*Ehricke* § 38 Rn 81; N/R/*Andres* § 38 Rn 16; *Häsemeyer* InsR Rn 23.47; Beispiele bei *Frotscher* Besteuerung bei Insolvenz, S 109 ff; Waza/Uhländer/ *Schmittmann* Insolvenzen und Steuern, Rn 1081). Diese Aufteilung hat zur Folge, dass der erste Teil des Steueranspruchs, also die Einkommensteuer auf die vor Verfahrenseröffnung erzielten Einkünfte, eine Insolvenzforderung iSv § 38 ist, der zweite dagegen eine Masseverbindlichkeit nach § 55 Abs 1 Nr 1 und für den letzten Teil nur das insolvenzfreie Vermögen des Schuldners haftet (**BFH** 5. 3. 08 – X R 60/04, ZIP 2008, 1643 Rn 13). Wie die Aufteilung vorzunehmen ist, regelt das Gesetz nicht. Die vom **BFH** (11. 11. 93 – XI R 73/92, ZIP 1994, 1286) gebilligte Aufteilungsmethode der Jahressteuerschuld nach dem **Verhältnis der jeweiligen Teileinkünfte** führt angesichts der Progression des Einkommensteuertarifs zu unbilligen Ergebnissen (instruktives Beispiel bei Jaeger/*Henckel* § 38 Rn 136; abl auch *Vortmann* in: Mohrbutter/Ringstmeier § 31 Rn 119). Vorzuziehen ist eine **analoge Anwendung von § 38 a Abs 3 EStG**, wonach das jeweilige Teileinkommen auf ein Jahreseinkommen umgerechnet, aus diesem die Jahressteuer ermittelt und zeitanteilig angesetzt wird (Jaeger/*Henckel* § 38 Rn 136; ähnlich [§§ 268–270 AO analog] Gottwald/*Frotscher* InsRHdb § 120 Rn 12 ff; Hübschmann/Hepp/Spitaler/*Beermann* § 251 AO Rn 152). Das FA kann zur Abgrenzung der Steuerforderungen gegen den Verwalter 74 einen Einkommensteuerbescheid erlassen, der auf den Zeitraum nach Insolvenzeröffnung beschränkt ist (**BFH** 5. 3. 08 aaO; **BFH** 11. 11. 93 aaO).

75 Für die **Körperschaftsteuer** gelten die gleichen Grundsätze wie für die Einkommensteuerforderungen (§ 8 Abs 1 KStG). Die Insolvenzeröffnung über das Vermögen einer Kapitalgesellschaft hat die Auflösung der Gesellschaft zur Folge (§§ 60 Abs 1 Ziff 4 GmbHG, 262 Abs 1 Nr 1 AktG). Entgegen der Regelung in § 11 Abs 4 S 1 KStG wird das Abwicklungs-Anfangsvermögen regelmäßig dem Betriebsvermögen entsprechen, das sich aus der gem § 155 Abs 2 auf den Stichtag vor Insolvenzeröffnung aufzustellenden Schlussbilanz der werbenden Gesellschaft ergibt. Durch § 155 Abs 2 entsteht für den Zeitraum bis zur Verfahrenseröffnung ein **Rumpfwirtschaftsjahr**, wobei das Ergebnis des Rumpfwirtschaftsjahres nicht in die Insolvenzbesteuerung einbezogen wird (**BFH** 21. 9. 73 – III R 153, 154/72, BStBl II 1974 S 692). Nach § 11 Abs 1 KStG ist der im Zeitraum der Abwicklung erzielte Gewinn der Besteuerung zugrunde zu legen. Der Besteuerungszeitraum soll drei Jahre nicht übersteigen. Auch bei einer Betriebsfortführung durch den Insolvenzverwalter findet **keine Unterbrechung des Veranlagungszeitraums** statt. Erst nach Einstellung der werbenden Tätigkeit, also mit Beginn der eigentlichen Liquidation, kann der dreijährige Besteuerungszeitpunkt in Anspruch genommen werden (K/U § 3 KO Rn 24 c; *Vortmann* in: Mohrbutter/Ringstmeier § 31 Rn 145). Wegen der Anwendbarkeit der Vorschriften des EStG erfolgt die Zuordnung der Gewinne bei der Kapitalgesellschaft ebenso wie bei der Einkommensteuer vom jeweiligen Zeitpunkt des Zuflusses ab (*Hundt-Esswein* BB 1987, 1718, 1721).

76 **bb) Lohnsteuer.** Lohnsteuerforderungen sind, wenn der Bruttolohnanspruch vor Verfahrenseröffnung begründet worden ist, Insolvenzforderung iSv § 38 unabhängig davon, ob der Lohnanspruch des Arbeitnehmers ganz, teilweise oder überhaupt nicht erfüllt worden ist (**BFH** 16. 5. 75 – VI R 101/71, BB 1975, 1047, 1048). Dem steht nicht entgegen, dass die Lohnsteuer erst in dem Zeitpunkt entsteht, in dem der Arbeitslohn dem Arbeitnehmer zufließt (§ 38 Abs 2, § 41a Abs 1 EStG; **aA BMF-Schreiben vom 17. 12. 1998** – IV A 4 – S 0550 – 28/98, ZIP 1999, 775, 776 Beispiel 3), und unabhängig von § 55 Abs 2 S 2, da der Lohnsteuerabführungsanspruch als selbständiger Anspruch des Finanzamts nicht den Rang der Arbeitnehmeransprüche teilt (BerlKo-*Goetsch* § 55 Rn 50; *Frotscher* Besteuerung bei Insolvenz, S 157 ff; *Bringewat/Waza*, Insolvenzen und Steuern, Rn 286; aA [Abführungspflicht teilt den Rang des Lohnanspruchs] Hess § 38 Rn 92; *Häsemeyer* InsR Rn 23.63 ff). Zahlt der Schuldner in der Krise zwar die Nettolöhne aus, führt der Arbeitgeber jedoch die Lohnsteuerteile nicht an das Finanzamt ab, so ist der Tatbestand des Zufließens (§§ 38 Abs 2, 41a Abs 1 EStG) erfüllt, der Lohnsteueranspruch gegen den Arbeitnehmer mithin entstanden. Zwar richtet sich der materielle Zahlungsanspruch des FA gegen den Arbeitnehmer; die **Abführungspflicht** trifft jedoch als öffentlich-rechtliche Verpflichtung den Arbeitgeber. Dieser Anspruch ist aber nicht Teil des Lohn- oder Gehaltsanspruchs, sondern ein **selbständiger Haftungsanspruch** nach § 42d EStG. Für die insolvenzrechtliche Einordnung dieses Haftungsanspruchs ist allein entscheidend, dass der spätere Insolvenzschuldner vor Eröffnung des Insolvenzverfahrens Lohnsteuer nicht abgeführt hat, also der Haftungstatbestand des § 42d EStG vor Verfahrenseröffnung verwirklicht und damit eine Insolvenzforderung iSv § 38 begründet ist (MüKo-*Ehricke* § 38 Rn 94; HaKo-*Lüdtke* § 38 Rn 55; *Frotscher* Besteuerung bei Insolvenz, S 159). Hat der Insolvenzschuldner im Rahmen eines entgeltlichen Anstellungsvertrages als haftender Geschäftsführer einer GmbH die von der GmbH geschuldete Lohnsteuer nicht abgeführt, wird dadurch keine Masseverbindlichkeit begründet. Denn die rückständigen Lohnsteuern und steuerlichen Nebenleistungen sind nicht durch den Insolvenzverwalter „in anderer Weise" begründet worden, weil er nicht verhindert hat, dass der Insolvenzschuldner seine Pflichten als gesetzlicher Vertreter der GmbH verletzt (FG Rheinl.-Pfalz 10. 11. 08 – 5 K 2143/08, EFG 2009, 383 [n. rkr.; Revision beim BFH unter Az. VII R 50/08 anhängig]).

77 Bei **Pauschalierung der Lohnsteuer** gem §§ 40, 40a, 40b EStG ist die originäre Steuerschuld des Arbeitgebers (§§ 40 Abs 3, 40a Abs 4, 40b Abs 4 EStG) ebenfalls Insolvenzforderung iSv § 38, soweit die Arbeitsleistung vor Eröffnung des Insolvenzverfahrens erbracht worden ist. Dies gilt selbst dann, wenn der Lohn erst nach Verfahrenseröffnung durch den Insolvenzverwalter ausgezahlt wird, denn die Lohnsteuerforderung wird bereits mit der Erbringung der Arbeitsleistung begründet. War bei Verfahrenseröffnung noch kein Nachforderungsbescheid erlassen, ist auch diese Forderung in Form der Steuerberechnung geltend zu machen (*Farr* Die Besteuerung in der Insolvenz, Rn 325).

78 **cc) Umsatzsteuer.** Die Abgrenzung zwischen Begründung, Entstehen und Fälligkeit einer Forderung wird besonders am Fall der Umsatzsteuer deutlich (s o Rn 27). So *entsteht* eine Umsatzsteuerforderung gem § 13 Abs 1 Nr 1 (a oder b) UStG erst mit Ablauf des Voranmeldungszeitraumes, da dieser durch die Eröffnung des Insolvenzverfahrens nicht unterbrochen wird (**BFH** 16. 7. 87 – V R 80/82, ZIP 1987, 1130) und wird gem § 18 Abs 1 UStG am 10. des Folgemonats *fällig*. Selbst wenn diese Zeitpunkte nach Eröffnung liegen, handelt es sich dennoch nicht um eine Masseverbindlichkeit, sondern um eine Insolvenzforderung, sofern der die Umsatzsteuer auslösende Sachverhalt (Lieferung oder Leistung) bereits vor Verfahrenseröffnung verwirklicht ist. Denn „begründet" iSv § 38 wird die Umsatzsteuer schon, **sobald** der **Rechtsgrund** für den Steueranspruch **gelegt** ist (**BFH** 22. 5. 79 – VIII R 58/77, BStBl II 1979, 639; aber noch nicht bei Herausgabe des Sicherungsgutes an den Gläubiger unter Verzicht auf ein Auslöserecht: BFH 21. 6. 07 – V B 10/06, UR 2007, 933 Rn 23). Eine vollständige Tatbe-

III. Besonderheiten § 38

standserfüllung wird indes – zumindest nach der Rechtsprechung des **VII. Senats** des **BFH** – nicht verlangt; „begründet" ist eine Forderung auch schon dann, wenn – etwa weil aufschiebend bedingt – im Zeitpunkt der Insolvenzeröffnung zu ihrer „Entstehung" noch ein ungewisses künftiges Ereignis fehlt, spätestens aber dann, wenn der Eintritt der Tatbestandsverwirklichung bei Insolvenzeröffnung derart gesichert ist, dass er als unausweichlich anzusehen ist (BFH 21. 9. 93 – VII R 68/92, ZIP 1993, 1892 sub II 2 c). Demgegenüber stellt der **V. Senat** des **BFH** für die Frage, ob es sich bei einem Steueranspruch um eine Insolvenzforderung oder um eine Masseverbindlichkeit handelt, auf den Zeitpunkt ab, zu dem der den Umsatzsteueranspruch begründende **Tatbestand** nach den jeweiligen Vorschriften des Steuerrechts **vollständig verwirklicht** und damit abgeschlossen ist (BFH 29. 1. 09 – V R 64/07, DStR 2009, 851 Rn 14). Dies lässt sich mit der Rechtsprechung der übrigen Senate zu § 95, insb zur Einordnung von aufschiebend bedingten Steuererstattungsansprüchen (s u § 95 Rn 23 ff; statt aller BFH 17. 4. 07 – VII R 27/06, ZIP 2007, 1166 Rn 12 f mwN) kaum in Einklang bringen und erfordert eine harmonisierende Entscheidung des Großen Senats.

Auf der Basis dieser Rechtsprechung folgt für die Praxis hieraus: Im Rahmen der **Sollbesteuerung** ist 79 der die Umsatzsteuer begründende Tatbestand die **Durchführung der umsatzsteuerbaren Lieferung oder Leistung**; liegt diese vor Insolvenzeröffnung, kann die Umsatzsteuer nur als Insolvenzforderung zur Tabelle angemeldet werden, selbst wenn der Insolvenzverwalter die zur Weiterleitung an das Finanzamt bestimmte Umsatzsteuer als Bestandteil der Forderung zur Masse zieht. Dagegen knüpft die **Istbesteuerung** gem § 13 Abs 1 Nr 1 Buchst b UStG nicht an die Leistungserbringung an, sondern an die Vereinnahmung des Entgelts. Dementsprechend ist der den Umsatzsteueranspruch begründende Tatbestand in diesem Fall auch erst mit der **Entgeltvereinnahmung** vollständig verwirklicht und abgeschlossen. Wird das Entgelt vom Insolvenzverwalter nach Eröffnung des Insolvenzverfahrens im Rahmen der Istbesteuerung für Leistungen vereinnahmt, die bereits vor Verfahrenseröffnung erbracht wurden, handelt es sich folglich bei der für die Leistung entstehenden Umsatzsteuer – jedenfalls nach Ansicht des V. Senats des BFH – um eine Masseverbindlichkeit (BFH 29. 1. 09 – V R 64/07, DStR 2009, 851 Rn 16, 23 ff; aA HaKo-*Lüdtke* § 38 Rn 53; Jaeger/*Henckel* § 38 Rn 146; FK-*Boochs* § 155 Rn 349; MüKo-E*hricke* § 38 Rn 88; *Onusseit* ZInsO 2006, 516 ff; Waza/Uhländer/*Schmittmann* Insolvenzen und Steuern, Rn 1595; *Frotscher* Besteuerung bei Insolvenz, S 177 f). **Dem kann jedoch nicht gefolgt werden** (abl auch *Onusseit* ZInsO 2009, 1740, 1742 f; *Berger* EWiR 2009, 315 f). Zwar ist die Vereinnahmung des Entgelts bei der Istbesteuerung Voraussetzung der steuerrechtlichen Entstehung der Forderung. Das ändert jedoch nichts daran, dass die Sachverhalte, die der Umsatzsteuer unterliegen, die in § 1 Abs 1 UStG genannten Formen von Umsätzen sind, zu denen jeweils die Vereinnahmung des Entgelts nicht gehört. Der Haupttatbestand des § 1 Abs 1 Nr 1 UStG sind als steuerbare Umsätze die gegen Entgelt ausgeführten Lieferungen und sonstigen Leistungen. Das bedeutet schon sprachlich, dass zwar die Lieferung oder sonstige Leistung ausgeführt, nicht aber das Entgelt gezahlt sein muss. Es genügt vielmehr, dass das Entgelt vereinbart ist. Der eigentliche steuerbare Vorgang ist die Erbringung der Leistung (so zutreffend die Vorinstanz FG Sachsen-Anhalt 12. 7. 07 – 1 K 806/06, EFG 2007, 1737 juris-Rn 35).

Beruht die Umsatzsteuer auf einem zu hohen oder **unberechtigten Vorsteuerausweis** (§ 14 c UStG), ist 80 der Zeitpunkt des Zugangs der unrichtigen Rechnung maßgeblich (BFH 4. 2. 05 – VII R 20/04, ZIP 2005, 997). Die **Einfuhrumsatzsteuer** (§ 1 Abs 1 Nr 4 UStG) ist mit der Einführung der Gegenstände in das Zollgebiet entstanden. Dies gilt auch für den Sonderfall, dass der Insolvenzschuldner als Spediteur gem § 12 S 3 ZollG zum Sammelzollverfahren zugelassen ist und die Einfuhrumsatzsteuer auch für die von ihm vertretenen Importeure zu entrichten hat (BGH 16. 6. 94 – IX ZR 94/93, ZIP 1994, 1194).

Umsatzsteuerforderungen aus vor Insolvenzeröffnung abgelaufenen Voranmeldungszeiträumen sind 81 demnach ohne weiteres Insolvenzforderungen. Eine Ausnahme gilt nur für Steueransprüche, die durch Umsätze des vorläufigen Insolvenzverwalters mit Verwaltungs- und Verfügungsmacht begründet worden sind (§ 55 Abs 2). Für **Umsätze im laufenden Voranmeldungszeitraum** sind zur besseren Transparenz der Abgrenzung zwei Umsatzsteuervoranmeldungen abzugeben (FK-*Boochs* § 155 Rn 350; Gottwald/*Frotscher* InsRHdb § 123 Rn 5), eine für den Zeitraum vom Beginn des Voranmeldungszeitraums bis zur Eröffnung des Insolvenzverfahrens (**Insolvenzforderung**) und eine zweite für den Zeitraum vom Tag der Insolvenzeröffnung bis zum Ende des Voranmeldungszeitraums (**Masseschuld**). Soweit die Umsatzsteuer als Insolvenzforderung zwar begründet, aber im Zeitpunkt der Insolvenzeröffnung noch nicht entstanden war, ist sie wie eine aufschiebend bedingte Forderung nach § 191 zu behandeln (Gottwald/*Frotscher* InsRHdb § 123 Rn 10). Eine bereits entstandene, aber noch nicht fällige Umsatzsteuerforderung ist mit dem abgezinsten Betrag zur Tabelle anzumelden (§ 41).

Wählt der Insolvenzverwalter die **Erfüllung** eines bei Eröffnung des Insolvenzverfahrens noch nicht 82 oder nicht vollständig erfüllten Werkvertrages, wird die Werklieferung – wenn keine Teilleistungen iSd § 13 Abs 1 Nr 1 Buchst. a Sätze 2 und 3 UStG gesondert vereinbart worden sind – erst mit der Leistungserbringung nach Eröffnung ausgeführt. Dies hat zur Folge, dass es sich bei der anfallenden Umsatzsteuer – auch für Teilleistungen, die schon vor Eröffnung erbracht wurden – um Masseverbindlichkeiten handelt, soweit die hierfür zu entrichtende Entgelte nicht bereits vor Verfahrenseröffnung vereinnahmt wurden (BFH 30. 4. 09 – V R 1/06, ZIP 2009, 1677 Rn 14).

Hat der Schuldner eine **Anzahlung vor Insolvenzeröffnung** vereinnahmt, so stellt die darauf zu ent- 83 richtende Umsatzsteuer (Mindest-Istbesteuerung gem § 13 Abs 1 Nr 1 a Satz 4 UStG) selbst dann eine

Insolvenzforderung dar, wenn die Umsätze erst nach Verfahrenseröffnung vom Insolvenzverwalter bewirkt werden (BFH 30. 4. 09 – V R 1/06, ZIP 2009, 1677 Rn 31 f; FK-*Boochs* § 155 Rn 347; MüKo-*Ehricke* § 38 Rn 88; Jaeger/*Henckel* § 38 Rn 146; *Onusseit/Kunz* Steuern in der Insolvenz, Rn 340; aA [nur bei gesondert abrechenbarer Leistung] Gottwald/*Frotscher* InsRHdb § 123 Rn 6, da hier der den Umsatzsteueranspruch begründende Tatbestand die Entgeltvereinnahmung ist und nicht die Leistungserbringung. Die vor Eröffnung des Insolvenzverfahrens vom späteren Insolvenzschuldner gem § 13 Abs 1 Nr 1 a Satz 4 UStG zu versteuernden Anzahlungen sind deshalb von der Bemessungsgrundlage für die nach Insolvenzeröffnung (zB aufgrund der Fertigstellung eines Bauwerks) geschuldete Umsatzsteuer abzuziehen, da es sonst zu einer nicht gerechtfertigten Privilegierung des Steuergläubigers gegenüber anderen Gläubigern kommen würde.

84   Eine Aufteilung der Umsatzsteuerschulden und der Vorsteueransprüche desselben Voranmeldungszeitraums in solche, die vor, und solche, die nach Insolvenzeröffnung begründet worden sind, findet nicht statt (BFH 16. 1. 07 – VII R 4/06, ZIP 2007, 829 Rn 11; BFH 16. 1. 07 – VII R 7/06, ZIP 2007, 490 Rn 13). Die einzelnen **Vorsteuerbeträge** stellen umsatzsteuerrechtlich lediglich eine **unselbständige Besteuerungsgrundlage** dar, die bei der Berechnung der Umsatzsteuer mitberücksichtigt werden und in die Festsetzung der Umsatzsteuer eingehen (BFH 24. 3. 83 – V R 8/81, BStBl II 1983, 612). Setzt sich der Vorsteuervergütungsanspruch aus mehreren Vorsteuerbeträgen diverser **Eingangsrechnungen** für sowohl vor als auch nach der **Insolvenzeröffnung** ausgeführte Lieferungen und Leistungen zusammen, wird die für den Besteuerungszeitraum berechnete Umsatzsteuer nach § 16 Abs 2 S 1 UStG zunächst mit solchen Vorsteuerbeträgen dieses Zeitraums verrechnet, die vor Eröffnung des Insolvenzverfahrens (insolvenzrechtlich) begründet worden sind. Gegen einen dann noch verbleibenden Vergütungsanspruch kann das FA mit Insolvenzforderungen aufrechnen. Soweit diese „Spitze" sich weiterhin aus Vorsteuerbeträgen aus sowohl vor als auch nach der Insolvenzeröffnung ausgeführten Lieferungen und Leistungen zusammensetzt, muss eine entsprechende Aufteilung erfolgen; denn die Aufrechnung darf nur gegen denjenigen Teil erklärt werden, der auf vor der Insolvenzeröffnung erbrachte Unternehmerleistungen zurückzuführen ist (zu Einzelheiten s u § 96 Rn 19–23, 55; BFH 16. 1. 07 – VII R 7/06, ZIP 2007, 490 Rn 10; BFH 16. 1. 07 – VII R 4/06, ZIP 2007, 829 Rn 7; BFH 16. 11. 04 – VII R 75/03, ZIP 2005, 628 sub II 6. Abs).

85   Der **Vorsteuerberichtigungsanspruch** (§ 17 Abs 1 S 2, Abs 2 Nr 1 UStG) entsteht ebenfalls erst mit Ablauf des Voranmeldungszeitraums, ist aber zur Zeit der Eröffnung des Insolvenzverfahrens bereits begründet, weil die (noch) offenen Forderungen aus Lieferungen und sonstigen Leistungen an den Schuldner spätestens mit dem Zeitpunkt der Eröffnung des Insolvenzverfahrens unbeschadet einer möglichen Insolvenzquote zunächst einmal **in voller Höhe** uneinbringlich werden (BFH 13. 11. 86 – V R 59/79, ZIP 1987, 119; BFH 16. 7. 87 – V R 80/82, ZIP 1987, 1130; BMF-Schreiben vom 17. 12. 1998 – IV A 4 – S 0550-28/98, ZIP 1999, 775, 776; MüKo-*Ehricke* § 38 Rn 91 f; N/R/*Andres* § 38 Rn 19; *Hess* § 38 Rn 99; *Frotscher* Besteuerung bei Insolvenz, S 189 ff; ebenso zu § 95: BFH 12. 8. 08 – VII B 213/07, BFH/NV 2008, 1819 Rn 6; BFH 17. 4. 07 – VII R 27/06, ZIP 2007, 1166; BGH 19. 7. 07 – IX ZR 81/06, NZI 2007, 655 Rn 23). Darauf, dass sie sich später doch noch realisieren lassen, weil zB der Insolvenzverwalter die Erfüllung des Vertrages wählt oder weil sich eine Quote erzielen lässt, kommt es nicht an; die Quotenausschüttung führt lediglich zu einer erneuten Berichtigung (§ 17 Abs 2 Nr 1 S 2 UStG; dazu: FG Berlin 14. 11. 07 – 7 K 5362/05 B, EFG 2008, 518). Das Gleiche gilt, wenn der Insolvenzverwalter Eigentumsvorbehaltsware an den Lieferanten zurückgibt (BFH 13. 11. 86 – V R 59/79, ZIP 1987, 119; FK-*Boochs* § 155 Rn 376) oder ein Leasingvertrag nach § 109 gekündigt wird und die vom Schuldner gezahlte Leasingsonderzahlung zum Teil an den Insolvenzverwalter erstattet wird (MüKo-*Ehricke* § 38 Rn 92; aA [Masseschuld] aber noch BFH 24. 8. 95 – V R 55/94, ZIP 1996, 465). Denn in beiden Fällen wird in gleicher Weise eine steuerpflichtige Lieferung rückgängig gemacht iSv § 17 Abs 2 Nr 3 UStG (so für das Leasing: FG Nürnberg 29. 1. 07 – II 342/2005, DStRE 2007, 1572 sub II 3 b).

86   Wird im Rahmen einer **umsatzsteuerlichen Organschaft** (dazu: FK-*Boochs* § 155 Rn 425 a–c) über das Vermögen einer Organgesellschaft das Insolvenzverfahren eröffnet und ergibt sich dadurch als Insolvenzforderung ein Vorsteuerberichtigungsanspruch iSd § 17 Abs 2 Nr 1 UStG, ist Schuldner dieses Rückforderungsanspruchs der Organträger, sofern die Uneinbringlichkeit vor der Organschaftsbeendigung eingetreten ist oder durch die Insolvenzeröffnung sowohl die Organschaftsbeendigung als auch die Uneinbringlichkeit gleichzeitig erfolgen (BFH 5. 12. 08 – V B 101/07, BFH/NV 2009, 432 Rn 11). Ist dagegen das Entgelt für eine während des Bestehens einer Organschaft bezogene Leistung erst *nach* Beendigung der Organschaft uneinbringlich geworden, richtet sich der Vorsteuerberichtigungsanspruch gegen das (frühere) Organ (BFH 7. 12. 06 – V R 2/05, BStBl II 2007, 848 Rn 18). Die Anordnung einer vorläufigen Insolvenzverwaltung mit Zustimmungsvorbehalt lässt die organisatorische Eingliederung iSd § 2 Abs 2 Nr 2 UStG ebenso wenig entfallen (BFH 10. 3. 09 – XI B 66/08, ZInsO 2009, 1262; BFH 11. 11. 08 – XI B 65/08, ZInsO 2009, 191; grundlegend BFH 1. 4. 04 – V R 24/03, ZInsO 2004, 618) wie die Abweisung eines Insolvenzantrages mangels Masse (BFH 28. 9. 07 – V B 213/06, nv).

87   Ein **Berichtigungsanspruch gem § 15 a UStG** wegen Änderung der Verhältnisse wird ausgelöst, wenn der Schuldner unter Vorsteuerabzug auf seinem Grundstück ein Betriebsgebäude errichtet oder das Be-

III. Besonderheiten § 38

triebsgelände wegen Optierung des Veräußerers zur Umsatzsteuer (§ 9 Abs 1 UStG) unter Vorsteuerabzug erworben hatte und der Insolvenzverwalter das Grundstück innerhalb der 10-Jahresfrist des § 15a Abs 1 S 3 UStG umsatzsteuerfrei gem § 4 Nr 9 UStG veräußert (**BFH** 9. 4. 87 – V R 23/80, BStBl II 1987, 527) oder das Grundstück zwangsversteigert wird (**BFH** 13. 11. 90 – V B 110/90, ZIP 1991, 238; *Take* ZInsO 2001, 546 f). Um zu vermeiden, dass der Berichtigungsanspruch als Masseschuld begründet wird (**BFH** 9. 4. 87 aaO), was eine Haftung gem § 60 zur Folge hätte, sollte der Insolvenzverwalter vorsorglich den Verzicht auf die Umsatzsteuerbefreiung bereits in dem notariell zu beurkundenden Vertrag oder vor der Aufforderung zur Abgabe von Geboten im Versteigerungstermin erklären (§ 9 Abs 3 UStG). Im Gegensatz zum **V. Senat** (**BFH** 6. 6. 91 – V R 115/87, ZIP 1991, 1080; **BFH** 9. 4. 87 aaO) vertritt allerdings der **VII. Senat** in einem obiter dictum die Auffassung, § 15 a UStG sei kein eigener Steuertatbestand (**BFH** 17. 4. 07 – VII R 27/06, ZIP 2007, 1166 Rn 13; ebenso **FG** Berlin 19. 6. 08 – 7 V 7032/08, ZIP 2009, 283; *Frotscher* Besteuerung bei Insolvenz, S 196 f; *Rüsken* ZIP 2007, 2053, 2055). Eine Rückzahlungsverpflichtung des Steuerpflichtigen, der vor Insolvenzeröffnung einen Steuervorteil erhalten hat, sei auch dann vor Eröffnung des Insolvenzverfahrens begründet, wenn die Rückzahlungsverpflichtung auf einem nach Eröffnung des Verfahrens eintretenden Ereignis beruht. Dem ist zuzustimmen; folglich handelt es sich nur um eine Insolvenzforderung.

Bei **Verwertung von Sicherungsgut durch den Sicherungsnehmer** im Insolvenzeröffnungsverfahren **88** begründet die beim Schuldner aufgrund der Doppelumsatztheorie anfallende Umsatzsteuer auch im Falle des Übergangs der Verwaltungs- und Verfügungsbefugnis auf den vorläufigen Verwalter nur eine Insolvenzforderung (KS-*Onusseit* S 1779, 1796 Rn 46). § 51 Abs 1 Nr 2 UStDV (Abzugbesteuerung) ist aufgehoben. Verwertet hingegen der Schuldner (mit Zustimmung des vorläufigen Insolvenzverwalters) einen Gegenstand, war der Anspruch auf die Gegenleistung für den steuerpflichtigen Umsatz jedoch an einen anderen Unternehmer **abgetreten**, verpfändet oder von diesem gepfändet, so haftet der Abtretungsempfänger bzw Pfandgläubiger gem § 13 c UStG für die Abführung der Umsatzsteuer (dazu: *Friedrich* UR 2009, 149 ff).

Veräußert der Insolvenzschuldner **insolvenzfreies Unternehmensvermögen** (§ 36), begründet die Ver- **89** wertungshandlung eine Umsatzsteuerforderung weder als Masseschuld noch als Insolvenzforderung. Vielmehr kann das FA die Umsatzsteuer ausschließlich gegenüber dem Insolvenzschuldner geltend machen (FK-*Boochs* § 155 Rn 348).

Nimmt der Schuldner während des Insolvenzverfahrens eine **neue Erwerbstätigkeit** auf, indem er durch **90** seine Arbeit und mit Hilfe von nach § 811 Nr 5 ZPO unpfändbaren Gegenständen steuerpflichtige Leistungen erbringt, ist die hierfür geschuldete Umsatzsteuer keine Masseschuld, sondern vom Insolvenzschuldner aus seinem pfändungsfreien Vermögen zu entrichten (**BFH** 7. 4. 05 – V R 5/04, ZInsO 2005, 774; ebenso **FG** München 29. 5. 08 – 14 K 3613/06, EFG 2008, 1483 [n. rkr.; Revision beim **BFH** unter Az. XI R 30/08 anhängig]). Dagegen ist die Ertrag bringende Nutzung von zur Insolvenzmasse gehörenden Gegenständen als Verwertung der Masse anzusehen mit der Folge, dass die aus der Tätigkeit resultierende Umsatzsteuer als Masseschuld anfällt (**BFH** 7. 4. 05 aaO). Auf die Frage, ob die Entgelte, die der Schuldner für seine steuerpflichtige Tätigkeit erhält, einen **Neuerwerb** darstellen, kommt es nicht an (aA *Wirtsch/Dahms* ZInsO 2005, 794). Denn nach § 1 Abs 1 Nr 1 UStG unterliegen nicht die Entgelte für die Lieferung von Gegenständen und sonstige Leistungen der Umsatzsteuer, sondern die Lieferungen und sonstigen Leistungen selbst. Entscheidend ist deshalb, ob die Steuerschulden aus einer insolvenzfreien Tätigkeit des Schuldners herrühren und nicht, ob die Entgelte in die Insolvenzmasse fallen (**BFH** 7. 4. 05 aaO; LG Erfurt 30. 10. 02 – 3 O 2992/01, ZInsO 2002, 1090).

dd) **Gewerbesteuer.** Durch die Eröffnung des Insolvenzverfahrens wird der **Veranlagungszeitraum** **91** **nicht unterbrochen** (§ 4 Abs 2 GewStDV), so dass eine gemeinsame Veranlagung für die Zeit vor und nach Eröffnung zu erfolgen hat. Wird das Insolvenzverfahren im Laufe eines Kalenderjahres eröffnet, ist der einheitliche Gewerbesteuermessbetrag für das ganze Jahr zu ermitteln (nur als Berechnung, nicht als Bescheid: **BFH** 10. 12. 08 – I R 41/07, BFH/NV 2009, 719 Rn 9; **BFH** 2. 7. 97 – I R 11/97, ZIP 1997, 2160) und auf den Zeitraum vor und nach Eröffnung prozentual **aufzuteilen**. Aufteilungsmaßstab kann das Verhältnis des vor Insolvenzeröffnung erzielten Gewerbeertrags zu dem nach Insolvenzeröffnung erzielten Gewerbeertrag sein (FK-*Boochs* § 155 Rn 337 ff; *Häsemeyer* InsR Rn 23.52; *Braun/Uhlenbruck* Unternehmensinsolvenz S 144 ff; *Frotscher* Besteuerung bei Insolvenz, S 172). Der vor Insolvenzeröffnung begründete Teil der Jahresabschlusszahlung ist Insolvenzforderung; denn die Gewerbesteuer ist wegen § 18 GewStG bei Insolvenzeröffnung zwar noch nicht entstanden, aber trotzdem hinsichtlich desjenigen Teils des Gewerbeertrags, der auf die Zeit vor Eröffnung des Insolvenzverfahrens entfällt, bereits begründet iSv § 38. Der nach Insolvenzeröffnung begründete Teilbetrag ist dagegen Masseverbindlichkeit iSv § 55 (MüKo-*Ehricke* § 38 Rn 84; *Boochs/Dauernheim* Steuerrecht in der Insolvenz, Rn 150; *Pelka/Niemann* Rechnungslegung, Rn 355 ff).

ee) **Grundsteuer.** Die Grundsteuer entsteht mit Beginn des Kalenderjahres, für das die Steuer festzu- **92** setzen ist (§ 9 Abs 2 GrStG). Nach dem im Grundsteuerrecht geltenden Stichtagsprinzip ist die volle für ein Jahr anfallende Grundsteuer bereits zu Beginn des Jahres begründet (§ 27 GrStG), so dass die die Grundsteuerforderung begründende Tatbestand mit Jahresbeginn vollständig verwirklicht ist. Demnach ist die **gesamte Jahressteuer** für das Jahr der Insolvenzeröffnung **Insolvenzforderung** iSv § 38 (OVG Berlin 21. 12. 05 – 9 B 23.05, KKZ 2009, 42 Rn 25; **VG** Schleswig 24. 7. 85 – 1 D 19/85, KTS 1985, 752; HaKo-*Lüdtke* § 38 Rn 56; K/P/B/*Pape* § 55 Rn 16; Braun/*Bäuerle* § 55 Rn 18; *Tipke/Kruse* § 251 AO Rn 75; *Hess/Boochs/Weis*, Steuerrecht in der Insolvenz, Rn 788; *Bringewat/Waza/Grawe* Insolvenzen und Steuern, Rn 502; *Maus* S 137; *Häsemeyer* InsR Rn 23.53; **aA** [für Aufteilung vor und nach Eröffnung] MüKo-*Ehricke* § 38 Rn 85; Jaeger/*Henckel* § 38 Rn 147; *Frotscher* Besteuerung bei Insolvenz, S 235). Im Unterschied zu anderen Steuern (zB Kfz-Steuer) ist sie nach Grund und Höhe nämlich nicht von bestimmten innerhalb des Veranlagungszeitraumes sich ereignenden oder ändernden Verhältnissen und Vorgängen abhängig.

93   **ff) Grunderwerbsteuer.** Die Grunderwerbsteuer ist nach § 38 begründet, wenn die in § 1 GrErwStG genannten Erwerbsvorgänge vor Eröffnung des Insolvenzverfahrens verwirklicht worden sind. Auf die Entstehung der Steuer kommt es nicht an. Insbesondere § 14 GrErwStG, der den Entstehungszeitpunkt in besonderen Fällen regelt, ist für § 38 InsO ohne Belang (*Farr* Die Besteuerung in der Insolvenz, Rn 427). War die Grunderwerbsteuer bei Insolvenzeröffnung noch nicht fällig, so ist sie gem § 41 als fällige Forderung mit dem abgezinsten Betrag zur Insolvenztabelle anzumelden (*Bringewat/Waza/Grawe* Insolvenzen und Steuern, Rn 497; *Frotscher* Besteuerung S 234). Die Grunderwerbsteuer zählt auch dann zu den Insolvenzforderungen, wenn der Insolvenzverwalter die **Erfüllung** eines vor Insolvenzeröffnung geschlossenen Vertrages **nach § 103 verlangt** oder der Gläubiger die Erfüllung nach § 106 durchsetzen kann. In beiden Fällen war die Steuer schon mit der Vereinbarung des Erwerbsgeschäfts begründet (MüKo-*Ehricke* § 38 Rn 85; *Frotscher* Besteuerung bei Insolvenz, S 233). **Lehnt** der Insolvenzverwalter dagegen die **Erfüllung ab**, steht der Masse ein – vor Insolvenzeröffnung begründeter – Steuererstattungsanspruch nach § 16 GrEStG wegen der vor Eröffnung entrichteten Grunderwerbsteuer zu (**BFH** 17. 4. 07 – VII R 27/06, ZIP 2007, 1166 Rn 15 f; *Farr* Die Besteuerung in der Insolvenz, Rn 429).

94   **gg) Kraftfahrzeugsteuer.** Bei der Kraftfahrzeugsteuer ist zwischen dem Entstehen der Kraftfahrzeugsteuer und der Kraftfahrzeugsteuer-Zahlungsschuld zu unterscheiden. Kraftfahrzeugsteuer entsteht – von Sonderfällen abgesehen (§ 1 Abs 1 Nr 2–4 KraftStG) – durch das fortdauernde Halten von inländischen Fahrzeugen zum Verkehr auf öffentlichen Straßen; die Steuerpflicht beginnt mit der verkehrsrechtlichen Zulassung des betreffenden Fahrzeuges und dauert grundsätzlich bis zu dessen Abmeldung (§ 5 Abs 1 Nr 1 KraftStG). Die Kraftfahrzeugsteuer **entsteht** mithin (vorbehaltlich § 5 Abs 1 Nr 1 letzter Halbsatz KraftStG) **tageweise** (**BFH** 16. 11. 04 – VII R 62/03, ZIP 2005, 264; **BFH** 8. 7. 97 – VII B 89/97, BFH/NV 1998, 86; **BFH** 31. 1. 73 – II B 79/72, BStBl II 1973, 197). Dagegen entsteht die **Kraftfahrzeugsteuer-Zahlungsschuld** mit Beginn des jeweiligen Entrichtungszeitraums (§ 6 KraftStG) als gesetzlich vorgeschriebene **Vorauszahlung für ein Jahr** (§ 11 Abs 1 KraftStG) auf eine noch nicht entstandene Steuer (**BFH** 31. 10. 07 – IX B 21/07, nv). Die Kraftfahrzeugsteuerschuld ist – nach Ansicht des BFH – im Falle der Insolvenzeröffnung über das Vermögen des Kraftfahrzeughalters **aufzuteilen** auf die Tage vor und die Tage nach Eröffnung des Verfahrens. Selbst wenn die Steuer für den gesamten Entrichtungszeitraum bereits vor Verfahrenseröffnung gezahlt worden ist, müsse gleichwohl die auf die Tage nach Verfahrenseröffnung entfallende Steuer gegen den Verwalter **als Masseschuld neu festgesetzt** werden, unabhängig davon, ob der Verwalter Kenntnis von dem Fahrzeug und Besitz hieran hat oder dieses tatsächlich nutzt (**BFH** 31. 10. 07 – IX B 21/07, nv; nach **FG** Köln 20. 11. 08 – 6 K 1746/08, nv, selbst bei Unpfändbarkeit, n rkr [Nichtzulassungsbeschwerde anhängig unter **BFH** II B 22/09]); allein der Eingang der Veräußerungsanzeige bei der Zulassungsstelle könne die durch die unwiderlegbare Haltervermutung begründete Steuerpflicht der Masse beenden (**BFH** 29. 8. 07 – IX R 4/07, NZI 2008, 59 Rn 11, 15, 17), eine bloße „Freigabe" genüge nicht (**BFH** 16. 10. 07 – IX R 29/07, ZIP 2008, 283 Rn 9; **BFH** 29. 8. 07 aaO Rn 21; **aA FG** Hamburg 30. 3. 07 – 7 K 248/06, EFG 2007, 1371; **FG** Köln 20. 3. 07 – 6 K 3604/06, EFG 2007, 1267). Soweit **Vorauszahlungen** für die Tage nach Verfahrenseröffnung der Masse **zu erstatten sind, kann das FA** – nach Ansicht des BFH – **mit Insolvenzforderungen aufrechnen**; da die allgemeinen Aufrechnungsvoraussetzungen vorlägen, stünden die §§ 95, 96 nicht entgegen (**BFH** 16. 11. 04 – VII R 62/03, ZIP 2005, 264; **BFH** 9. 2. 93 – VII R 12/92, ZIP 1993, 933; **aA** *Gundlach/Frenzel* NZI 2005, 281 f). Zur Kritik an dieser Rechtsprechung und **aA** s u *Sinz* § 95 Rn 34.

95   **3. Bevorrechtigte Ansprüche im Insolvenzverfahren.** Der Gesetzgeber der InsO hat die früheren Konkursvorrechte abgeschafft. Allerdings sieht **§ 32 Abs 1 DepotG** auch in der Neufassung durch Art 51 EGInsO vom 5. 10. 1994 (BGBl I, 2911) vor, dass im Insolvenzverfahren über das Vermögen eines der in §§ 1, 17, 18 DepotG bezeichneten Verwahrers, Pfandgläubigers oder Kommissionärs diejenigen Kommittenten, die das Eigentum oder Miteigentum an den neu zu beschaffenden Wertpapieren noch nicht erlangt haben (§ 32 Abs 1 Nr 1 DepotG), solche Hinterleger, Verpfänder oder Kommittenten, deren Eigentum durch rechtswidrige Verfügungen des Verwahrers, Pfandgläubigers oder Kommissionärs verletzt worden ist (§ 32 Abs 1 Nr 2 DepotG), oder der Gläubiger nach den Nr 1 und 2 des § 32 Abs 1 DepotG **Vorrang vor den anderen Insolvenzgläubigern** genießen, wenn der noch nicht erfüllte Teil der sie treffenden Verbindlichkeit 10 Prozent des Wertes ihres Wertpapierlieferungsanspruchs nicht überschreitet. Diese Forderungen werden nach § 32 Abs 3 S 1 DepotG vor den Forderun-

gen aller anderen Insolvenzgläubiger aus einer **Sondermasse** beglichen, die aus den in der Masse vorhandenen Wertpapieren derselben Art und aus den Ansprüchen auf Lieferung solcher Wertpapiere gebildet wird.

§ 39 Nachrangige Insolvenzgläubiger

(1) Im Rang nach den übrigen Forderungen der Insolvenzgläubiger werden in folgender Rangfolge, bei gleichem Rang nach dem Verhältnis ihrer Beträge, berichtigt:
1. die seit der Eröffnung des Insolvenzverfahrens laufenden Zinsen und Säumniszuschläge auf Forderungen der Insolvenzgläubiger;
2. die Kosten, die den einzelnen Insolvenzgläubigern durch ihre Teilnahme am Verfahren erwachsen;
3. Geldstrafen, Geldbußen, Ordnungsgelder und Zwangsgelder sowie solche Nebenfolgen einer Straftat oder Ordnungswidrigkeit, die zu einer Geldzahlung verpflichten;
4. Forderungen auf eine unentgeltliche Leistung des Schuldners;
5. nach Maßgabe der Absätze 4 und 5 Forderungen auf Rückgewähr eines Gesellschafterdarlehens oder Forderungen aus Rechtshandlungen, die einem solchen Darlehen wirtschaftlich entsprechen.

(2) Forderungen, für die zwischen Gläubiger und Schuldner der Nachrang im Insolvenzverfahren vereinbart worden ist, werden im Zweifel nach den in Absatz 1 bezeichneten Forderungen berichtigt.

(3) Die Zinsen der Forderungen nachrangiger Insolvenzgläubiger und die Kosten, die diesen Gläubigern durch ihre Teilnahme am Verfahren entstehen, haben den gleichen Rang wie die Forderungen dieser Gläubiger.

(4) [1] Absatz 1 Nr. 5 gilt für Gesellschaften, die weder eine natürliche Person noch eine Gesellschaft als persönlich haftenden Gesellschafter haben, bei der ein persönlich haftender Gesellschafter eine natürliche Person ist. [2] Erwirbt ein Gläubiger bei drohender oder eingetretener Zahlungsunfähigkeit der Gesellschaft oder bei Überschuldung Anteile zum Zweck ihrer Sanierung, führt dies bis zur nachhaltigen Sanierung nicht zur Anwendung von Absatz 1 Nr. 5 auf seine Forderungen aus bestehenden oder neu gewährten Darlehen oder auf Forderungen aus Rechtshandlungen, die einem solchen Darlehen wirtschaftlich entsprechen.

(5) Absatz 1 Nr. 5 gilt nicht für den nicht geschäftsführenden Gesellschafter einer Gesellschaft im Sinne des Absatzes 4 Satz 1, der mit 10 Prozent oder weniger am Haftkapital beteiligt ist.

Die ehemalige Rangordnung der Konkursforderungen nach §§ 61, 62 KO hat der Reformgesetzgeber nicht in die InsO übernommen. Die bislang privilegierten Forderungen sind unter der Geltung der InsO „einfache" Insolvenzforderungen iSd § 38. Trotz Beseitigung der Vorrechte nach §§ 61, 62 KO teilt auch die InsO die Forderungen noch in Rangklassen ein. Zu den nachrangigen Forderungen iSd § 39 zählen im Wesentlichen die Forderungen, die bisher nach § 63 KO, § 29 VglO, § 32 a Abs 1 S 2 GmbHG ganz von der Konkursteilnahme ausgeschlossen waren. Gegenüber dem bisherigen Recht wird der Katalog der nachrangigen Forderungen um die in Nr 5 genannten kapitalersetzenden Forderungen ergänzt. Abs 2 ohne Vorbild in der KO; Abs 3 entspricht dem bisherigen § 227 KO. § 46 RegE ohne Änderungen im Rechtsausschuss. Abs 1 Nr 1 geändert durch Art 1 Nr 12 Gesetz zur Vereinfachung des Insolvenzverfahrens v 13. 4. 2007 (BGBl I S 509). Abs 1 Nr 5 neu gefasst, Abs 4 und 5 angefügt durch Art 9 Nr 5 MoMiG vom 23. 10. 2008 (BGBl I, S 2026) mWv 1. 11. 2008.

Übersicht

	Rn
I. Allgemeines	1
II. Begriff und Feststellung der nachrangigen Forderungen	5
III. Rangfolge des § 39	6
IV. Die einzelnen nachrangigen Forderungen des Abs 1 Nrn 1–5	7
1. Laufende Zinsen und Säumniszuschläge (Abs 1 Nr 1)	8
2. Kosten der Verfahrensteilnahme (Abs 1 Nr 2)	21
3. Geldstrafen, Geldbußen, Ordnungsgelder und Zwangsgelder (Abs 1 Nr 3)	23
4. Forderungen auf eine unentgeltliche Leistung des Schuldners	28
5. Forderungen auf Rückgewähr von Gesellschafterdarlehen	32
a) Grundsatz	32
b) Gesellschafterdarlehen	36
c) Gesellschafter als Darlehensgeber	40
d) Gesellschafterbesicherte Drittdarlehen	48
e) Berücksichtigung in der Überschuldungsbilanz	49
f) Verhältnis des früheren Kapitalersatzrechts zum (europäischen) Beihilferecht	51
V. Rangrücktrittsvereinbarung (Abs 2)	52
VI. Zinsen und Kosten nachrangiger Insolvenzgläubiger (Abs 3)	57

	Rn
VII. Anwendungsbereich des Abs 1 Nr 5 (Abs 4)	58
1. Erfasste Gesellschaften (Satz 1)	58
2. Sanierungsprivileg (Satz 2)	63
3. Finanzplankredite	71
VIII. Kleinbeteiligtenprivileg (Abs 5)	72
IX. Übergangsvorschrift	75

I. Allgemeines

1   Die in § 39 genannten Forderungen werden in der sich aus der Norm ergebenden Rangfolge befriedigt, und zwar erst dann, wenn die „einfachen" Insolvenzforderungen iSd § 38 befriedigt worden sind. Praktische Folge ist, dass die nachrangigen Gläubiger nur in Ausnahmefällen mit einer Befriedigung rechnen können, wenn nämlich alle „normalen" Insolvenzgläubiger iSv § 38 zu 100% befriedigt werden können und danach noch ein Überschuss verbleibt oder wenn ein Insolvenzplan vorgelegt wird, der auch Zahlungen an nachrangige Gläubiger vorsieht. Innerhalb der einzelnen Rangklassen (Abs 1 Nr 1 bis 5) besteht Gleichrang nach dem Verhältnis der Beträge; genauso wie es innerhalb der „normalen" Insolvenzforderungen iSd § 38 keine Rangunterschiede gibt; es gilt der Grundsatz der *par condicio creditorum* (zur Frage der Zulässigkeit von privatautonom vereinbarten „Zwischenrangklassen" s Rn 52). Die Vorschriften der §§ 39 und 166 beruhen auf der Intention des Gesetzgebers, eine einheitliche Verfahrensabwicklung zu gewährleisten und eine vorzeitige Zerschlagung sanierungsfähiger Unternehmen zu vermeiden. Dazu sollen auch sämtliche Gegenstände in die Masse einbezogen werden; selbst wenn sie mit Absonderungsrechten Dritter belastet sind. Auch der sog Neuerwerb des Schuldners wird daher nunmehr zur Insolvenzmasse gezogen (s § 35 Rn 110 ff). Insbesondere auf diese Einbeziehung des Neuerwerbs reagiert § 39: Der Neuerwerb war früher als Teil des insolvenzfreien Vermögens gem § 63 KO, § 29 VglO, § 32 a Abs 1 S 2 GmbHG dem vom Insolvenzverfahren ausgeschlossenen Gläubigern haftungsrechtlich zugewiesen. Weil der Neuerwerb nicht mehr zum insolvenzfreien Vermögen des Schuldners gehört, wären deren Befriedigungsaussichten außerhalb des Insolvenzverfahrens deutlich verschlechtert worden. Durch die Aufnahme der früher gem § 63 KO, § 29 VglO, § 32 a Abs 1 S 2 GmbHG vom Insolvenzverfahren ausgeschlossenen Forderungen in den Kreis der Insolvenzforderungen nach § 39 erhalten deren Gläubiger dagegen eine (theoretische) Befriedigungsmöglichkeit innerhalb des Insolvenzverfahrens.

2   Die geringe Aussicht auf Befriedigung rechtfertigt, die Stellung der nachrangigen Gläubiger zugunsten einer effektiven Durchführung des Insolvenzverfahrens zu schwächen. Daher werden nachrangige Gläubiger bestimmten **verfahrensmäßigen Einschränkungen** unterworfen: Damit das Verfahren zügig abläuft, sind die Forderungen nachrangiger Gläubiger gem § 174 Abs 3 S 1 nur anzumelden, wenn das Insolvenzgericht besonders zur Anmeldung dieser Forderungen auffordert. Bei Beschlüssen der Gläubigerversammlung sind nachrangige Gläubiger nicht stimmberechtigt (§ 77 Abs 1 S 2). Bei Abschlagsverteilungen werden nachrangige Insolvenzgläubiger nicht berücksichtigt (§ 187 Abs 2 S 2).

3   Für das **Insolvenzplanverfahren** sieht § 246 weitere Einschränkungen gegenüber anderen Gläubigergruppen vor. Danach gilt die Zustimmung bestimmter nachrangiger Gläubigergruppen unter den in § 246 Nr 1–3 genannten Voraussetzungen als erteilt (erweitertes *Cram-down*-Verfahren). Schließlich greift das Gesetz in § 225 Abs 1 auch in den materiellen Bestand der nachrangigen Forderungen ein: Die nachrangigen Forderungen gelten als erlassen, wenn im Insolvenzplan nichts anderes bestimmt ist. Soweit im Insolvenzplan eine abweichende Regelung getroffen wird, sind gem § 225 Abs 2 im gestaltenden Teil für jede Gruppe der nachrangigen Gläubiger die in § 224 vorgeschriebenen Angaben zu machen, nämlich um welchen Bruchteil die Forderung gekürzt, für welchen Zeitraum sie gestundet, wie sie gesichert oder welchen sonstigen Regelungen sie unterworfen werden sollen (vgl auch FK-*Schulz* § 39 Rn 4–7; *Smid* § 39 Rn 2).

4   Abgesehen von diesen Besonderheiten stehen die nachrangigen Gläubiger verfahrensrechtlich den übrigen Gläubigern gleich, so dass sie etwa ihre Forderungen gem § 87 nur nach den Vorschriften des Insolvenzverfahrens verfolgen und sie einer Insolvenzanfechtung nach §§ 129 ff ausgesetzt sein können (*Bork*, Einf Rn 70 b; dazu § 130 Rn 30; § 135 Rn 7 ff). Auch das Vollstreckungsverbot des § 89 gilt für die nachrangigen Gläubiger. Ferner sind die nachrangigen Gläubiger von der verfahrensunterbrechenden Wirkung der Eröffnung des Insolvenzverfahrens nach § 240 ZPO betroffen.

II. Begriff und Feststellung der nachrangigen Forderungen

5   Der Begriff der Insolvenzforderung bestimmt sich nach materiellem Recht. Die Frage des Nachrangs ist eine verfahrensrechtliche Frage, die oftmals erst im Laufe des Insolvenzverfahrens streitig wird. Zweifelhaft ist, ob bereits im Anmeldungsverfahren geltend gemacht werden kann, die von einem Gläubiger angemeldete Forderung dürfe nicht angemeldet werden, weil es zB an einer entsprechenden Aufforderung des Insolvenzgerichts nach § 174 Abs 3 S 1 fehlt. Es stellt sich nämlich auch nach der InsO die Frage, ob unzulässige Anmeldungen zurückgewiesen werden dürfen und wem diese Zurückweisung obliegt (ebenso KPB/*Pape* § 174 Rn 21). Nach § 174 Abs 1 S 1 haben die Insolvenzgläubiger

IV. Die einzelnen nachrangigen Forderungen des Abs 1 Nrn 1–5 § 39

heute ihre Forderungen schriftlich *beim Insolvenzverwalter* anzumelden; damit dürfte die **gerichtliche Vorprüfungspflicht** entfallen sein (KPB/*Pape* § 174 Rn 21). Bei der Frage, ob der **Insolvenzverwalter** berechtigt ist, unzulässige Anmeldungen zurückzuweisen und die Aufnahme in die Tabelle zu verweigern, ist zu differenzieren (ausf zum Vorprüfungsrecht des Insolvenzverwalters s § 175 Rn 9 ff): Wird eine Forderung zB nicht „als Insolvenzforderung" angemeldet – etwa weil sie ausdrücklich als Aus- bzw Absonderungsrecht oder als Masseforderung bezeichnet wird –, so handelt es sich um eine Nichtanmeldung und sie kann vom Verwalter zurückgewiesen werden. Dasselbe gilt für angemeldete Nachrangforderungen, solange das Insolvenzgericht noch nicht zur Anmeldung dieser Forderungen gem § 174 Abs 3 aufgefordert hat (InsRHdb-*Eickmann* § 63 Rn 15). Die Fälle, in denen der Gläubiger gem § 174 Abs 3 S 2 bei der Anmeldung von sich aus auf den Nachrang hinweist und die ihm zustehende Rangstelle bezeichnet, sind jedoch selten. In der Regel meldet der Gläubiger seine Forderung zunächst als Forderung iSv § 38 gem § 174 Abs 1 zur Tabelle an. Solchenfalls hat der Insolvenzverwalter gem § 175 Abs 1 die angemeldete Insolvenzforderung mit den Angaben nach § 174 in die Insolvenztabelle aufzunehmen. Dem steht auch nicht entgegen, dass es sich nach Auffassung des Insolvenzverwalters um nachrangige Forderungen iSv § 174 Abs 3 handelt, zu deren Anmeldung die erforderliche Aufforderung fehlt (**LG Waldshut-Tiengen** 26. 1. 2005 ZIP 2005, 499 = ZInsO 2005, 557 = NZI 2005, 396). Der Insolvenzverwalter ist nämlich insoweit an die Auffassung des Gläubigers gebunden. Denn sein Vorprüfungsrecht ist auf eine rein formale Prüfung dahingehend beschränkt, ob die Anmeldung der Insolvenzforderungen ordnungsgemäß erfolgt ist (str, zum Streitstand s § 175 Rn 9 ff). Hiernach besteht keine Zurückweisungsbefugnis, wenn eine nachrangige Forderung als Insolvenzforderung iSv § 38 angemeldet wurde. Vielmehr ist jede als Insolvenzforderung angemeldete Forderung zur **Teilnahme am Feststellungs- und Prüfungsverfahren** berechtigt (ebenso KPB/*Pape* § 174 Rn 23). Erst im späteren Prüfungstermin können Insolvenzverwalter, Gläubiger oder der organschaftliche Vertreter der Schuldnergesellschaft der Forderung widersprechen und eine rechtskräftige Feststellung herbeiführen. Letztlich wird in Streitfällen der **insolvenzrechtliche Nachrang** vom Prozessgericht festgestellt. Dies gilt auch, wenn lediglich die Qualität der Forderung als Insolvenzforderung iSv § 38 bestritten wird (vgl auch *Häsemeyer* InsR Rn 22.06).

III. Rangfolge des § 39

Grundsätzlich gilt auch für § 39, dass die in Abs 1 bezeichneten Forderungen in der Rangfolge des 6 Abs 1 Nrn 1–5 nacheinander befriedigt werden (KPB/*Holzer* § 39 Rn 6; HK-*Eickmann* § 39 Rn 3). Eine Ausschüttung auf Forderungen der nächsten Rangklasse findet also erst dann statt, wenn die Forderungen der vorgehenden Rangklasse in vollem Umfang befriedigt worden sind. Die Rangklassen können nicht durch Vereinbarung oder richterliche Entscheidung abgeändert oder ergänzt werden (KPB/*Holzer* § 39 Rn 6). Innerhalb einer Rangklasse werden die Forderungen nach dem **Verhältnis ihrer Beträge** berichtigt (HK-*Eickmann* § 39 Rn 4; KPB/*Holzer* § 39 Rn 7; *Hess* § 39 Rn 22). Für das **Nachlassinsolvenzverfahren** sieht § 327 eine weitere Gruppe nachrangiger Verbindlichkeiten vor, die gem § 327 Abs 1 nach den in § 39 bezeichneten Verbindlichkeiten in der dort vorgesehenen Rangfolge, bei gleichem Rang nach dem Verhältnis ihrer Beträge, erfüllt werden. Besonderheiten können sich auch im **Insolvenzplanverfahren** gem § 264 ergeben, wenn ein sogen Plafonds-Kredit eingeräumt wird. Kommt es wieder zu einem Insolvenzverfahren, weil die Sanierung scheitert, gehen die Plafonds-Forderungen den Insolvenzgläubigern iSv § 38 und den Gläubigern nach § 265 vor. Gem § 266 Abs 1 werden somit die Insolvenzgläubiger und die in § 265 bezeichneten Gläubiger in einen Nachrang verwiesen. Dies hat zur Folge, dass die nachrangigen Gläubiger iSv § 39 in einem „Nachnachrang" befriedigt werden (§ 266 Abs 2).

IV. Die einzelnen nachrangigen Forderungen des Abs 1 Nrn 1–5

Der Katalog der nachrangigen Forderungen in § 39 ist bis auf die Rangordnung des § 327 und 7 Rangverschiebungen bzw Rangergänzungen in Sonderfällen wie zB in §§ 264, 266 Abs 2 abschließend und kann weder abgeändert noch ergänzt werden. Nachrangbestimmungen finden sich aber auch in anderen Gesetzen, wie die Nachranganordnung in Bezug auf Ansprüche auf Tilgung des Gründungsstocks in einem VVaG nach § 51 Abs 1 Satz 1 VAG (dazu oben § 11 Rn 224). Außerhalb der InsO finden sich vereinzelt auch besondere **Vorrechte**, die sich jeweils auf Sondermassen bzw besondere Vermögensmassen beziehen (vgl § 35 Rn 37 ff), zB § 38 Abs 3 S 2 InvG, § 32 Abs 3 u 4 DepotG, § 77 a Abs 1 VAG, § 30 Abs 1 PfandBG, § 1 Abs 1 S 1 IKB AG, § 36 Abs 1 SchiffsBG, § 16 Abs 2 des Gesetzes über die Landwirtschaftliche Rentenbank sowie landesrechtliche Regelungen über Vorrechte der Inhaber von gesicherten Schuldverschreibungen (Art 109 EGInsO); zum Ganzen auch oben § 11 Rn 26 ff.

1. Laufende Zinsen und Säumniszuschläge (Abs 1 Nr 1). Entgegen dem früheren Recht (§ 63 Nr 1 8 KO) bezieht Abs 1 Nr 1 nunmehr die während des Verfahrens laufenden Zinsen und Säumniszuschläge auf Insolvenzforderungen in das Verfahren ein, weist diesen Ansprüchen jedoch einen Nachrang hinter den „normalen" Insolvenzforderungen des § 38 zu. **Zinsen, die *vor* Eröffnung des Insolvenzverfahrens angefallen sind,** nehmen im gleichen Rang wie die Hauptforderung am Verfahren teil. Abs 1 Nr 1 betrifft nur Zinsen von Insolvenzforderungen, nicht dagegen **Zinsen von Masseansprüchen** (Jaeger-*Henckel* § 39 Rn 3 u 11; HK-*Eickmann* § 39 Rd 7; MK/*Ehricke* § 39 Rn 15, 16; so schon K/U § 63 KO Rn 2 c); letztere sind Masseschulden gem § 55 Abs 1 Nr 1. Für den Ausschluss der laufenden Zinsen aus dem früheren Konkursverfahren sprachen insbesondere Praktikabilitätserwägungen. Es müssen nämlich die Quoten nach jedem Zinstermin neu berechnet werden, was die Verteilung erheblich erschwert. Das Argument, dass die Berücksichtigung laufender Zinsen die Verteilung der Masse erschwere, gilt freilich auch heute noch. Allerdings sind die nachrangigen Forderungen nach § 174 Abs 3 ohnehin nur zu berücksichtigen, wenn das Insolvenzgericht dazu auffordert, diese Forderungen zur Tabelle anzumelden. Dies wird jedoch in den seltensten Fällen der Fall sein, so dass die grundsätzliche Einbeziehung der Forderungen nach Abs 1 in das Insolvenzverfahren die Verteilung des Verwertungserlöses *in praxi* nicht wesentlich erschwert. Für eine **Einbeziehung der seit Verfahrenseröffnung laufenden Zinsen** spricht aber vor allem das Verfahrensziel der Restschuldbefreiung für redliche Schuldner (§ 1 S 2). Weil die Restschuldbefreiung (nur) gegen alle Insolvenzgläubiger wirkt (§ 301 Abs 1 S 1), mussten die Gläubiger von Zinsen seit Verfahrenseröffnung in den Kreis der Insolvenzgläubiger aufgenommen werden, damit dem redlichen Gläubiger ein *„fresh start"* möglich ist. *En passant* stellt Abs 1 Nr 1 damit klar, dass für eine Hauptforderung während des Insolvenzverfahrens anfallende Zinsen bereits im Zeitpunkt der Eröffnung des Insolvenzverfahrens als begründet behandelt werden. Dies ist nicht selbstverständlich: Noch die Begründung des Entwurfs zur KO hatte den seit der Eröffnung des Insolvenzverfahrens laufenden Zinsen die Eigenschaft als Konkursforderung abgesprochen, weil die Zinsansprüche im Zeitpunkt der Verfahrenseröffnung noch nicht, auch nicht bedingt, begründet gewesen seien (Entwurf einer KO 1875, S 270). Vielmehr entstünden die Zinsansprüche erst mit Ende der Laufzeit, für die das Kapital überlassen worden sei.

9   Durch den Abs 1 Nr 1 werden **alle Zinsen seit Verfahrenseröffnung** erfasst, unabhängig davon, ob sie auf Vertrag oder Gesetz beruhen (HK-*Eickmann* § 39 Rn 7; *Hess* § 39 Rn 27; KPB/*Holzer* § 39 Rn 10; MK/*Ehricke* § 39 Rn 13); dazu gehören mithin auch die an abfindungsberechtigte außenstehende Aktionäre nach § 305 Abs 3 Satz 3 AktG zu leistenden Zinsen (**BGH** 17. 3. 2008 II ZR 45/06 Z 176, 43 = ZIP 2008, 778, 780 ff = NZG 2008, 391 = EWiR § 305 AktG 1/2008, 357 *[Goslar]* [EKU]). Eine Besonderheit gilt für die Zinsforderungen nachrangiger Insolvenzgläubiger. Nach dem Vorbild des § 227 KO werden ihre Zinsforderungen nicht bloß in die „Rangklasse 1" des Abs 1 Nr 1 zurückgestuft, sondern teilen gem Abs 3 denjenigen Rang, in dem auch die nachrangige Hauptforderung gem Abs 1 Nr 2 bis 5 fällt (s auch Rn 57). Ebenso ist Abs 1 Nr 1 nicht auf Zinsen für Masseverbindlichkeiten (§ 55) anwendbar. Auch sie sind als Masseverbindlichkeiten zu erfüllen, dh vor den – quotal zu befriedigenden – Insolvenzgläubigern iSd § 38.

10   **Zinsen** sind eine gewinn- und umsatzunabhängige, aber laufzeitabhängige, in Geld zu entrichtende Vergütung für den Gebrauch eines überlassenen bzw (unfreiwillig) entbehrten Kapitals (**BGH** 16. 11. 1978 NJW 1979, 540, 541 = WM 1979, 52 = MDR 1979, 292; **BGH** 9. 11. 1978 NJW 1979, 805, 806 = WM 1979, 225 = DB 1979, 979; *Canaris* NJW 1978, 1891, 1892). Auch **Steuerzinsen** (§§ 233 ff AO 1977), die ab Eröffnung des Insolvenzverfahrens auf Insolvenzforderungen anfallen, zählen gem Abs 1 Nr 1 zu den nachrangigen Insolvenzforderungen (*Frotscher* Besteuerung S 59). Unter den Zinsbegriff des Abs 1 Nr 1 fallen auch Forderungen, die als bloße **Zinserweiterungen** anzusehen sind, wie zB Überziehungsprovisionen, die als Nebenleistungen der Insolvenzforderung anhängen (K/U § 63 KO Rn 2, 2e; *Hess* § 39 Rn 27). Zu den Zinsen gehört auch der **Zinsverlustschaden**, selbst wenn er als schadenersatzrechtliche Forderung iSv § 38 in das Insolvenzverfahren eingebracht und angemeldet werden soll, da hierin eine Umgehung des Abs 1 Nr 1 liegen würde (K/U § 63 KO Rn 2 a).

11   Auch **Verspätungs- und Säumniszuschläge für Steuern und öffentlich-rechtliche Abgaben,** wie sie etwa nach den §§ 152, 240 AO, § 18 a Abs 8 UStG und § 24 SGB IV geschuldet werden, fallen seit dem Inkrafttreten des Gesetzes zur Vereinfachung des Insolvenzverfahrens (BGBl I 2007 S 509) zum 1. 7. 2007 als Zinserweiterung ausdrücklich in den Anwendungsbereich des Abs 1 Nr 1. Diese Erweiterung des Abs 1 Nr 1 stellt nach der Begründung des Regierungsentwurfs (BT-Drucks 16/3227 S 17 f) lediglich klar, was vorher schon hM war (zur bisher hM siehe etwa 12. Senat **BSG** 26. 1. 2005 B 12 KR 23/03 R SozR 4–2400 § 24 Nr 3 = ZfS 2005, 78 [Kurzwiedergabe] [Krankenversicherungsbeiträge]; unter Hinweis auf 11. Senat **BSG** 18. 12. 2003 E 92, 82 = ZIP 2004, 521 m zust Anm *Mitlehner* = ZInsO 2004, 350 = SGb 2004, 501 m zust Anm *A. Schmidt* = DZWiR 2005, 113 [Winterbauumlageforderung]; **BFH** 30. 3. 2006 E 212, 23 = BStBl II 2006, 612 = DStR 2006, 943 = ZIP 2006, 1266 = ZVI 2006, 349 = BB 2006, 1260 [Umsatzsteuer, Lohnsteuer]; **BFH** 9. 7. 2003 E 203, 8 = BStBl II 2003, 901 = ZIP 2003, 2036 = ZInsO 2003, 1103 = ZVI 2003, 529 = BB 2003, 2442 [Umsatzsteuer, Lohnsteuer]; Jaeger-*Henckel* § 39 Rn 10; für Anwendung des Abs 1 Nr 3 dagegen **SG Köln** 31. 5. 2001 ZIP 2001, 1162 = ZInsO 2001, 631 [Winterbauumlageforderung]; zur weitergehenden Privilegierung rückständiger Beiträge zu Sozialversicherungen einschließlich Säumniszuschläge für die letzten sechs Monate *vor* Eröffnung des Konkursverfahrens nach dem früheren § 59 Abs 1 Nr 3 lit e KO (sog „unechte Masseschulden") und Erstreckung dieser Privilegierung auf Säumniszuschläge auf Beitragsrückstände

IV. Die einzelnen nachrangigen Forderungen des Abs 1 Nrn 1–5 § 39

für die letzten sechs Monate vor Konkurseröffnung, soweit sie erst *nach* Verfahrenseröffnung angefallen waren, siehe 12. Aufl Rn 5.

Die Gleichbehandlung von Zinsen und Säumniszuschlägen nach Abs 1 Nr 1 ist nicht selbstverständlich. Säumniszuschläge verfolgen zwar wie Zinsen den Zweck, vom Schuldner eine Gegenleistung für das Hinausschieben der Zahlung fälliger Steuern oder Beiträge zu erhalten. Darüber hinaus sind sie aber ein **Druckmittel eigener Art**, das den Steuer- oder Beitragsschuldner zur rechtzeitigen Zahlung anhalten soll. Durch Säumniszuschläge werden schließlich auch die Verwaltungsaufwendungen abgegolten, die bei den verwaltenden Körperschaften dadurch entstehen, dass der Schuldner fällige Steuern oder Beiträge nicht oder nicht fristgemäß zahlt (**BFH** 9. 7. 2003 aaO). Nach dem insoweit eindeutigen Wortlaut des Gesetzes fallen Säumniszuschläge ungeachtet ihrer unterschiedlichen Funktionen dem Grunde nach unter Abs 1 Nr 1. Hinsichtlich des Druckteils kann sich freilich aus öffentlichem Recht eine Pflicht zum (teilweisen) Erlass der Säumniszuschläge ergeben (dazu unten Rn 15). 12

In den (Nach-)Rang des Abs 1 Nr 1 fallen nur die *seit der Eröffnung des Insolvenzverfahrens* laufenden Säumniszuschläge. Vor wie nach der ausdrücklichen Einbeziehung der Säumniszuschläge in den Anwendungsbereich des Abs 1 Nr 1 kommt es mithin für die Abgrenzung zu den „einfachen" Insolvenzforderungen nach § 38 auch in Bezug auf die Nebenforderung auf das Merkmal der „Begründung" zurzeit der Eröffnung des Insolvenzverfahrens an. Begründet in diesem Sinne sind nicht schon (Neben-)Forderungen, deren Leistungsinhalt erst durch den Eintritt einer künftigen Tatsache bestimmt wird, mag auch schon der Grund zu dem künftigen Forderungsrecht vor Verfahrenseröffnung gelegt sein (**BSG** 26. 1. 2005 B 12 KR 23/03 R aaO; unter Hinweis auf **BSG** 18. 12. 2003 E 92, 82 = ZIP 2004, 521 = ZInsO 2004, 350 = SGb 2004, 501 = DZWiR 2005, 113 mwN). Demnach fallen Verspätungs- und Säumniszuschläge als nachrangige Forderung unter Abs 1 Nr 1, wenn sie erst *nach* dem Stichtag der Verfahrenseröffnung sozialversicherungs- oder steuerrechtlich entstanden und fällig sind. Denn entscheidend ist, dass ihr Leistungsinhalt erst durch den Eintritt einer nach dem Stichtag liegenden Tatsache bestimmt ist, nämlich die Nichterfüllung der Hauptforderung zum Zeitpunkt der Fälligkeit (aA und für eine generelle Anwendung des § 38 MK/*Ehricke* § 39 Rn 19 aE). 13

Verspätungs- und Säumniszuschläge für öffentlich-rechtliche Abgaben, die erst *nach* dem Stichtag der Verfahrenseröffnung begründet wurden, können allenfalls noch den **Charakter von Masseschulden** haben, wenn sie zwar *nach* Verfahrenseröffnung, aber „durch Handlungen" des Insolvenzverwalters iSv § 55 Abs 1 Nr 1 oder 2 gegenüber der Finanzbehörde oder dem Sozialversicherungsträger begründet worden sind (ebenso Jaeger-*Henckel* § 39 Rn 10 aE). Sofern die Verspätungs- und Säumniszuschläge für öffentlich-rechtliche Abgaben nach dem oben Gesagten bereits *vor* der Verfahrenseröffnung begründet sind, fallen sie als „einfache" Insolvenzforderung unter § 38 (und nicht – auch nicht teilweise – unter Abs 1 Nr 3; s **BFH** 19. 1. 2005 BFH/NV 2005, 1001 = ZIP 2005, 1035 = ZInsO 2005, 494 = ZVI 2005, 375; dazu auch Rn 8). Bereits *vor* Verfahrenseröffnung festgesetzte Beiträge bzw Säumniszuschläge können nur ausnahmsweise nach § 55 Abs 2 in den Rang von Masseverbindlichkeiten erhoben werden, wenn sie von einem vorläufigen Insolvenzverwalter begründet worden sind. 14

Soweit die Säumniszuschläge ihre Funktion als Druckmittel erfüllen (zu den unterschiedlichen Funktionen oben Rn 12), können sich in der Insolvenz des Steuer- bzw Beitragsschuldners **Einschränkungen nach öffentlichem Recht** ergeben, und zwar unabhängig davon, ob sie *vor* oder *nach* dem Stichtag der Verfahrenseröffnung begründet wurden. Denn nach § 227 AO, § 76 Abs 2 Nr 3 SGB IV *können* Säumniszuschläge ganz oder zum Teil erlassen werden, wenn deren Einziehung nach Lage des Einzelfalls unbillig wäre. Insofern entspricht es fehlerfreier Ermessensausübung der Behörde, Säumniszuschläge zur Hälfte zu erlassen, wenn dem Steuer- bzw Beitragsschuldner die rechtzeitige Zahlung wegen Überschuldung und Zahlungsunfähigkeit unmöglich ist und deshalb die Ausübung von Druck zur Zahlung ihren Sinn verliert (gebilligt zuletzt **BFH** 30. 3. 2006 E 212, 23 = BStBl II 2006, 612 = DStR 2006, 943 = ZIP 2006, 1266 = ZVI 2006, 349 = BB 2006, 1260; zuvor schon st Rspr s **BFH** 9. 7. 2003 E 203, 8 = BStBl II 2003, 901 = ZIP 2003, 2036 = ZInsO 2003, 1103 = ZVI 2003, 529; **BFH** 19. 12. 2000 E 193, 524 = ZIP 2001, 427; **BFH** 16. 7. 1997 E 184, 193 = ZIP 1998, 340; **BFH** 18. 4. 1996 E 180, 516 = ZIP 1996, 1876; **BSG** 4. 3. 1999 E 83, 292 = ZIP 1999, 887 = DZWiR 1999, 375 = InVo 1999, 227 = NZS 1999, 562 = SGb 1999, 707 = EWiR § 24 SGB IV 1/99, 905 *[A. Schmidt]; Zimmermann* ZInsO 2001, 495, 496 mwN). Nur die weitere Funktion der Zuschläge als standardisierter Mindestschaden bleibt auch im Insolvenzverfahren erhalten (zur Doppelfunktion der Säumniszuschläge s etwa **BFH** 30. 3. 2006 E 212, 23 = BStBl II 2006, 612 = DStR 2006, 943 = ZIP 2006, 1266 = ZVI 2006, 349 = BB 2006, 1260; **BFH** 16. 11. 2004 BFH/NV 2005, 495 = GmbHR 2005, 502; **BFH** 9. 7. 2003 E 203, 8 = BStBl II 2003, 901 = ZIP 2003, 2036 = ZInsO 2003, 1103 = ZVI 2003, 529 [Säumniszuschläge]; **BSG** 17. 5. 2001 E 88, 146 = ZIP 2001, 1159 = NZI 2001, 609 = EWiR § 24 SGB IV 1/01, 687 *[Gagel]*; zur Doppelfunktion der Verspätungszuschläge **BFH** 19. 1. 2005 BFH/NV 2005, 1001 = ZIP 2005, 1035 = ZInsO 2005, 494 = ZVI 2005, 375). Deshalb kommt wegen der Insolvenz des Steuer- bzw Beitragsschuldners zunächst auch nur ein Teilerlass in Betracht, wonach nur der Teil der Forderung, der einen über die Druckfunktion hinausgehenden Zweck verfolgt, zu berücksichtigen ist (zur Frage der Anwendung des Abs 1 Nr 3 auf den verbleibenden Teil s Rn 26). Freilich ist ein weitergehender Erlass möglich, wenn neben der Insolvenz weitere besondere Gründe persönlicher oder sachlicher Billigkeit gegen 15 die Geltendmachung von Säumniszuschlägen sprechen (so der Hinweis **BFH** 30. 3. 2006 E 212, 23 = BStBl II 2006, 612 = DStR 2006, 943 = ZIP 2006, 1266 = ZVI 2006, 349 = BB 2006, 1260; **BFH** 19. 12. 2000 E 193, 524 = BStBl II 2001, 217 = DStRE 2001, 383 = ZIP 2001, 427 = DZWiR 2001, 294).

16 Ferner fallen **Verzugszinsen** in den Anwendungsbereich des Abs 1 Nr 1 (Jaeger-*Henckel* § 39 Rn 12; KPB/*Holzer* § 39 Rn 10; MK/*Ehricke* § 39 Rn 13). Die frühere Rechtsprechung und Literaturmeinung ging noch von der alten Rechtslage aus, wonach auch nach Konkurseröffnung *außerhalb* des Konkursverfahrens noch Verzugszinsen entstehen konnten (vgl auch **BSG** 1. 12. 1972 E 35, 78 = NJW 1973, 774 = SGb 1973, 509 m Anm *Schnorr von Carolsfeld*; **BSG** 30. 3. 1973 SGb 1974, 103 m Anm *Schnorr von Carolsfeld*; **LG Frankfurt** 28. 11. 1967 KTS 1968, 191; **AG Osnabrück** 2. 2. 1965 KTS 1965, 181, 182; K/U § 63 KO Rn 2; *Kilger/Karsten Schmidt* § 63 KO Anm 2). Die Situation hat sich aber durch die **Einbeziehung sämtlicher Zinsforderungen** in das Verfahren grundlegend geändert. Mit der eindeutigen Regelung in Abs 1 Nr 1 hat der Gesetzgeber zu erkennen gegeben, dass er sämtliche Zinsen, also auch solche aus einem Verzug des Schuldners, nicht nur in das Verfahren einbeziehen, sondern auch mit einem Nachrang versehen wollte. Hinsichtlich Verzugszinsen ist folglich zu unterscheiden zwischen Zinsen, die bereits vor Eröffnung des Insolvenzverfahrens angefallen sind und den Rang der Hauptforderung teilen, und Zinsen, die erst nach der Eröffnung und während der Laufzeit des Verfahrens entstanden sind und nur mit Nachrang gem Abs 1 Nr 1 geltend gemacht werden können. Im Übrigen fallen die Voraussetzungen eines bereits eingetretenen Schuldnerverzugs mit der Eröffnung des Insolvenzverfahrens nicht weg. Richtig ist, dass der Schuldnerverzug die Möglichkeit des Eintritts des Leistungserfolges durch eine Leistungshandlung des Schuldners voraussetzt. Durch die Eröffnung des Insolvenzverfahrens tritt jedoch keine Unmöglichkeit der Leistungserbringung für den Schuldner ein. Die sich aus §§ 81, 87 ergebenden rechtlichen Beschränkungen stellen sich zwar als Hindernis für die Begleichung der Schuld durch ihn und die Geltendmachung der Forderung gegen ihn dar. Das rechtfertigt aber nicht, den Schuldner von der Regel freizustellen, dass er für seine Zahlungsunfähigkeit stets einzustehen hat. Die §§ 81, 87 dienen dem Schutz der Insolvenzgläubiger, indem sie eine *par condicio creditorum* sicherstellen, und nicht dem Schutz des Verfahrensschuldners. Überdies würde ein anderes Ergebnis dem Rechtsgedanken des § 287 BGB widersprechen: der Schuldner, der sich einmal im Verzug befindet, ist nach § 287 BGB sogar für eine nachträglich durch Zufall eintretende (dauernde) Unmöglichkeit der Leistung verantwortlich (vgl auch **OLG Düsseldorf** 8. 10. 1968 KTS 1969, 108, 109). Dann muss er erst recht für (vorübergehende) Leistungshindernisse infolge der Eröffnung des Insolvenzverfahrens einstehen. Des Weiteren liegt in der Teilnahme eines Insolvenzverfahren mit der Hauptforderung kein den Schuldnerverzug beseitigender Verzicht des Gläubigers auf seine Rechte aus dem Verzug; hierfür bedürfte es einer rechtsgeschäftlichen Erklärung, die regelmäßig fehlt (*Hess* § 39 Rn 36). Der Schuldnerverzug wird hier auch nicht dadurch beendet, dass der Schuldner die geschuldete Leistung nachträglich erbringt. Insofern ist zwar nicht der Eintritt des Leistungserfolgs maßgeblich. Ausreichend ist vielmehr, dass der Schuldner die Leistungshandlung vornimmt, wie das von einem ordentlichen Schuldner verlangt werden kann (Staudinger-*Löwisch* § 286 Rn 112). Der Beitritt des Gläubigers zum Verfahren stellt indes nur den Beginn des Befriedigungsverfahrens dar, dessen Ausgang zudem äußerst ungewiss ist (vgl **OLG Hamburg** 24. 10. 1958 MDR 1959, 221, 222). Hierin die erforderliche Leistungshandlung eines ordentlichen Schuldners zu sehen, die die Voraussetzungen des Verzugs beseitigt, ginge zu weit (anders noch zur Rechtslage unter der KO; s dazu *Jaeger/Lent* KO § 63 Rn 2).

17 Da der Bankvertrag als Geschäftsbesorgungsvertrag mit Verfahrenseröffnung über das Vermögen des Kunden gem §§ 116, 115 erlischt, wird zugleich auch das Kontokorrentverhältnis beendet mit der Folge, dass ein **außerordentlicher Saldenabschluss** erfolgt (**BGH** 7. 12. 1977 Z 70, 86, 93 = NJW 1978, 538; **BGH** 4. 5. 1979 Z 74, 253, 254 = NJW 1979, 1658; **BGH** 13. 11. 1990 NJW 1991, 1286 = ZIP 1991, 155 = KTS 1991, 275 = WM 1991, 60 = EWiR § 1191 BGB 2/91, 151 [*Bülow*]; *Bork* Zahlungsverkehr in der Insolvenz, 2002, Rn 61; KPB/*Holzer* § 39 Rn 11; MK/*Lwowski* § 35 Rn 396; *Obermüller* InsRBankpraxis Rn 2.55). Von diesem Zeitpunkt an können **keine Zinseszinsen**, sondern nur noch einfache Zinsen (§ 246 BGB, § 355 HGB) vom – negativen – Schlusssaldo berechnet werden (**RG** 11. 10. 1935 Z 149, 19, 25; Jaeger-*Henckel* § 39 Rn 15; KPB/*Holzer* § 39 Rn 11; MK/*Ehricke* § 39 Rn 14; zum Zinseszinsverbot im Übrigen **OLG Köln** 23. 9. 1966 NJW 1966, 2217 = WM 1966, 1114; **OLG Hamm** 22. 1. 1973 NJW 1973, 1002; *Löwisch* NJW 1978, 26). Keine Zinsen sind vertraglich vereinbarte (Vorfälligkeits-)**Entschädigungen für einen Zinsausfall**, den der Kreditgeber bei vorzeitiger Kündigung eines verzinslichen Kredits wegen Insolvenz des Kreditnehmers erleidet (im Ergebnis auch: **OLG Hamburg** 13. 9. 2002 DZWiR 2003, 79 m zust Anm *Flitsch/Reus*). Ferner fallen **Gewinnbeteiligungen, Dividenden, Tantiemen und Provisionen** nicht unter den Zinsbegriff, da „Zinsen" die Unabhängigkeit von Gewinn oder Umsatz voraussetzen (siehe oben Rn 10). Zu den Rechtsfolgen der Eröffnung eines **neuen Kontos** durch den Insolvenzverwalter und der Behandlung der hier geschuldeten Zinsen als Masseverbindlichkeiten unten § 55 Rn 8.

18 Ohne Einfluss bleibt Abs 1 Nr 1 auf die **Haftung des Bürgen**. Dieser kann neben der Hauptschuld auch für die während des eröffneten Insolvenzverfahrens aufgelaufenen Zinsen in Anspruch genommen werden (**OLG Nürnberg** 21. 3. 1990 NJW-RR 1992, 47 = ZIP 1991, 1018 = WM 1991, 1794 = EWiR § 63

IV. Die einzelnen nachrangigen Forderungen des Abs 1 Nrn 1–5 § 39

KO 1/91, 913 *[Wissmann]*; Smid § 39 Rn 5). Umgekehrt ist Abs 1 Nr 1 für den **Regress des Bürgen** beachtlich. Soweit der Bürge nämlich auf die während des Verfahrens angefallenen Zinsen gezahlt hat, nimmt seine entsprechende Regressforderung nur als nachrangige Insolvenzforderung gem Abs 1 Nr 1 am weiteren Verfahren teil (Jaeger-*Henckel* § 39 Rn 14).

Durch **Absonderungsrechte gesicherte Gläubiger** sind insoweit besser gestellt, als sich ihr Recht auf 19 abgesonderte Befriedigung auch auf die Zinsansprüche, die nach Eröffnung des Insolvenzverfahrens bis zur Verwertung entstanden sind, erstreckt (BGH 5. 12. 1996 Z 134, 195 = NJW 1997, 522 = ZIP 1997, 120 = KTS 1997, 148 = WM 1997, 136 = EWiR § 64 KO 1/97, 227 *[Henckel]* = WuB VI B § 63 KO 1.97 *[Uhlenbruck]*; vorgehend schon LG Stuttgart 14. 7. 1995 ZIP 1995, 1438 = EWiR § 64 KO 1/95, 903 *[Wissmann]*; OLG Hamburg 13. 9. 2002 DZWiR 2003, 79 m zust Anm *Flitsch/Reus*; Jaeger-*Henckel* § 39 Rn 13; MK/*Ehricke* § 39 Rn 15). Dabei ist für die Ermittlung der Ausfallforderung keine zwingende Anrechnungsreihenfolge vorgegeben. Der Verwertungserlös aus der abgesonderten Befriedigung kann zunächst auf die Kosten und Zinsen verrechnet werden mit der Folge, dass sich der auf die Hauptforderung anzurechnende Erlösanteil zu Lasten der Masse verringert (vgl für das alte Recht bereits RG 9. 12. 1918 Z 92, 181, 186; BGH 8. 5. 1956 NJW 1956, 1594, 1595 = WM 1956, 1022; Jaeger/*Henckel* § 4 KO Rn 15; *Kilger/Karsten Schmidt* § 63 KO Anm 1; K/U § 63 KO Rn 1a; *Walter* KTS 1983, 179, 181). Der Vorteil für den Absonderungsberechtigten besteht also darin, dass er im Gegensatz zu der gem Abs 1 Nr 1 nachrangigen Zinsforderung mit seiner Hauptforderung als einfacher Insolvenzgläubiger am Verfahren teilnimmt, soweit die Hauptforderung durch den Verwertungserlös aus der abgesonderten Befriedigung nicht getilgt werden konnte (§ 52). Die Gefahr, wegen des Nachrangs der Zinsforderungen am Ende ganz auszufallen, wird so umgangen (kritisch hierzu *Görg* KTS 1987, 191 ff).

Die **Verjährung der Zinsforderung** tritt gem § 174 Abs 3 S 1 InsO, § 204 Abs 1 Nr 10 BGB nur ein, 20 wenn die Forderung nicht zur Insolvenztabelle angemeldet worden ist (zur Verjährung von Zinsforderungen nach § 63 Nr 1 KO s BGH 29. 6. 2001 NZI 2001, 588 = KTS 2002, 309).

2. Kosten der Verfahrensteilnahme (Abs 1 Nr 2). Kosten, die den Gläubigern durch ihre Teilnahme am 21 Insolvenzverfahren nach Verfahrenseröffnung entstehen, können im Insolvenzverfahren nur als nachrangige Insolvenzforderung auf Aufforderung des Gerichts (§ 174 Abs 3) geltend gemacht und angemeldet werden. Zu den Kosten der Verfahrensteilnahme gehören vor allem die **Anwaltskosten**, zB für die Vertretung eines Gläubigers im Regelinsolvenzverfahren (§ 2 Abs 2 S 1 RVG iVm VV 3317) oder Planverfahren (§ 2 Abs 2 S 1 RVG iVm VV 3318, 3319) sowie für die Anmeldung von Forderungen (§ 2 Abs 2 S 1 RVG iVm VV 3320). Ferner gehören hierzu Kosten, die durch die Teilnahme an einer Gläubigerversammlung oder am Erörterungstermin entstehen, sowie Auslagen, etwa für Porto, Telefon- oder Faxkosten (vgl FK-*Schulz* § 39 Rn 9; KPB/*Holzer* § 39 Rn 12; N/R-*Andres* § 39 Rn 7; weitere Bsp bei Jaeger-*Henckel* § 39 Rn 17). Ansprüche auf Erstattung von Kosten, die vor der Verfahrenseröffnung entstanden sind, zB durch Stellung des Insolvenzantrags gem §§ 13, 14, sind nicht *durch* die Verfahrensteilnahme entstanden; sie fallen nicht unter Abs 1 Nr 2, sondern teilen als Nebenforderung auch den Rang der Hauptforderung (Jaeger-*Henckel* § 39 Rn 16; MK/*Ehricke* § 39 Rn 17). Offen ist, ob **Vorschüsse an den anwaltlichen Vertreter**, die bereits die Kosten der Vertretung im eröffneten Verfahren ganz oder teilweise abdecken, vom Verwalter als vertraglich nicht geschuldet zurückgefordert werden können mit der Folge, dass der überschießende Betrag nur nach Abs 1 Nr 2 angemeldet werden kann. Nach § 9 RVG kann der Rechtsanwalt von seinem Auftraggeber für die entstandenen und die voraussichtlich entstehenden Gebühren und Auslagen einen angemessenen Vorschuss fordern (vgl auch BGH 15. 5. 1985 Z 94, 316 = NJW 1985, 2263 = JZ 1985, 503; BGH 29. 9. 1988 St 35, 357 = NJW 1989, 1167 = NStZ 1989, 179 = ZIP 1989, 455 = KTS 1989, 362 = EWiR § 283 d 1/89, 505 *[Marxen]*). Hält sich der Vorschuss jedoch im Rahmen von Treu und Glauben (§ 242 BGB) und verstößt er nicht gegen die Standesrichtlinien, so ist der Gläubiger als berechtigt anzusehen, den Vorschuss zu behalten oder einen vereinbarten Vorschuss zur Insolvenztabelle anzumelden; denn die Vorschusspflicht ist vor Verfahrenseröffnung entstanden, so dass § 38 Anwendung findet. Beauftragt daher zB ein Gläubiger im Rahmen des Insolvenzeröffnungsverfahrens einen Rechtsanwalt mit der Wahrnehmung seiner Interessen auch für den Fall der Eröffnung und leistet er einen entsprechenden Vorschuss, so ist seine gesamte Forderung Insolvenzforderung iSv § 38. **Vollstreckungskosten der Finanzbehörden** (§§ 337 ff AO) können, soweit sie vor Verfahrenseröffnung angefallen sind, als Insolvenzforderung iSv § 38 angemeldet werden. Lediglich die Kosten der Teilnahme der Finanzbehörden am Insolvenzverfahren sind, soweit sie nach Verfahrenseröffnung entstanden sind, nachrangige Forderungen iSv Abs 1 Nr 2 (*Frotscher* Besteuerung S 59).

Ausnahmsweise können Gläubiger die Erstattung von Kosten, die durch ihre Teilnahme am Verfah- 22 ren entstanden sind, als **Masseforderungen** geltend machen. Dies gilt für Kosten eines Antrags nach § 163 Abs 1, durch den im Falle einer geplanten Betriebsveräußerung durch die gerichtliche Anordnung eines Zustimmungsvorbehalts zugunsten der Gläubigerversammlung eine Veräußerung unter Wert verhindern werden soll (das Nähere bei § 163 Rn 10). Kann der Antragsteller (zB durch Sachverständigengutachten) glaubhaft machen, dass eine Veräußerung an einen anderen Erwerber günstiger wäre, privilegiert § 163 Abs 2 die Antragskosten und hebt sie aus dem Nachrang gem Abs 1 Nr 2 in den Rang von Masseforderungen. Anderenfalls hätte der antragstellende Gläubiger alleine die Kosten seiner Initiative

Hirte

zu tragen, während der Nutzen, nämlich der später für die Masse realisierte Mehrwert, in Form einer erhöhten Quote allen Gläubigern zugute käme. Ferner kann sich nach § 183 Abs 3 im Rahmen des Forderungsfeststellungsverfahrens (§§ 174 ff) ein Anspruch auf Erstattung von Prozesskosten gegen die Masse ergeben. Obsiegt der Widersprechende im Feststellungsprozess gegen einen oder mehrere Gläubiger mit der Folge, dass die streitige Forderung nicht zur Tabelle festgestellt wird, steht dem obsiegenden Gläubiger gem § 91 ZPO ein Kostenerstattungsanspruch gegen den unterlegenen Anmelder zu. Solange dieser nicht zahlt, wird den obsiegenden Gläubigern nach § 183 Abs 3 ein Anspruch auf Kostenerstattung gegen die Masse gewährt. Dies ist gerechtfertigt, soweit der Gläubiger durch seine erfolgreiche Prozessführung erreicht hat, dass die (zu Recht) bestrittene Forderung die Masse nicht schmälert (§ 183 Abs 3 Hs 2). Daraus folgt auch, dass der Gläubiger, der im Rahmen eines Feststellungsprozesses unterliegt, die Kosten selbst tragen muss (dazu § 183 Rn 18).

23   **3. Geldstrafen, Geldbußen, Ordnungsgelder und Zwangsgelder (Abs 1 Nr 3).** Während der Dauer des Insolvenzverfahrens können die unter Nr 3 genannten Forderungen nicht vollstreckt werden (§ 89 iVm §§ 459 ff StPO und § 6 Abs 1 Nr 2 JBeitrO). Geldstrafen, Geldbußen, Ordnungsgelder und Zwangsgelder sowie solche Nebenfolgen einer Straftat oder Ordnungswidrigkeit, die zu einer Geldzahlung verpflichten, wie zB der Vorfall (§ 73 a StGB; **OLG** Karlsruhe 10. 7. 2009 14 U 107/08 ZIP 2009, 1774, 1775) oder die Einziehung des Wertersatzes (§ 74 c StGB, §§ 21 ff OWiG) oder die Abführung des Mehrlöses (§ 8 WiStG) werden darüber hinaus nur im dritten (Nach-)Rang berichtigt. Die Nachrangigkeit rechtfertigt sich mit dem poenalen Charakter der genannten Forderungen; ihr Sanktionszweck wird nur erfüllt, wenn der Schuldner persönlich belastet wird und nicht die Insolvenzgläubiger durch Verminderung ihrer Quote (MK/*Ehricke*, § 39 Rn 19). Da **Geldstrafen** als nachrangige Forderungen eingestuft werden, ist eine Befriedigung aus der Masse nicht zu erwarten. An die Stelle der Geldstrafe kann daher nach § 43 StGB Freiheitsstrafe treten, wenn die Uneinbringlichkeit feststeht (dazu *Franke* NStZ 1999, 548). Die Uneinbringlichkeit setzt zwar voraus, dass der Staat als Gläubiger erfolglos versucht hat, die Geldstrafe im Wege der Zwangsvollstreckung zu realisieren (*Meyer-Goßner* StPO, § 459 c Rn 5; MK-StGB/*Radtke*, § 43 Rn 7); das Ausbleiben der Zahlung des Verurteilten trotz Aufforderung in Gestalt der Kostenrechnung (§ 7 EBAO) allein genügt also nicht. Die Vollstreckung kann aber nach § 459 c Abs 2 StPO unterbleiben, wenn zu erwarten ist, dass sie in absehbarer Zeit zu keinem Erfolg führen wird. Eine solche Aussichtslosigkeit von Vollstreckungsmaßnahmen kann in der Insolvenz regelmäßig bejaht werden, da eine Zwangsvollstreckung in das Vermögen des Schuldners nach § 89 Abs 1 ausgeschlossen ist. Auch mit einer Besserung der wirtschaftlichen Situation des verurteilten Schuldners ist in nächster Zeit regelmäßig nicht zu rechnen (so auch *Vallender/Elschenbroich* NZI 2002, 130, 131). Anders ist dies allenfalls in den Fällen, in denen der Schuldner Insolvenzantrag wegen drohender Zahlungsunfähigkeit (§ 18) gestellt hat und mit einem Insolvenzplan und im Rahmen der Eigenverwaltung (§§ 270 ff) eine Sanierung anstrebt. Dann kann § 459 c Abs 2 StPO nicht ohne weiteres bejaht werden, weil sich bei positiver Prognose für die Sanierungsbemühungen die rechtliche und tatsächliche Leistungsfähigkeit des Schuldners alsbald wieder einstellen könnte. Liegen die Voraussetzungen des § 43 StGB vor, ist der Staat durch die Eröffnung des Insolvenzverfahrens an der **Vollstreckung von Ersatzfreiheitsstrafen** nicht gehindert. Zuvor ist aber zu prüfen, ob Entscheidungen nach §§ 459 d, 459 f StPO anzuregen sind. Die Einleitung eines Insolvenzverfahrens als solche ist aber keine „unbillige Härte" iSd § 459 f StPO und hindert die Vollstreckung der Freiheitsstrafe nicht *per se* (**LG** Leipzig 22. 6. 2001 ZIP 2002, 142 = KTS 2002, 297 [Ls] = EWiR § 459 f StPO 1/02, 167 [*Wessing*]). Vielmehr müssen besondere Umstände hinzukommen, aufgrund derer mit der Vollstreckung der Ersatzfreiheitsstrafe eine außerhalb des Strafzwecks liegende zusätzliche Härte verbunden ist.

24   Während des Laufs des **Restschuldbefreiungsverfahrens** würde eine blinde Verhängung der Ersatzfreiheitsstrafe nach § 43 StGB indes das gesetzgeberische Anliegen des §§ 286 ff konterkarieren, das darin besteht, dem insolventen Schuldner einen wirtschaftlichen Neuanfang zu ermöglichen, wenn er sich nach besten Kräften bemüht, seine Gläubiger während der Dauer von sechs Jahren (vgl §§ 295 Abs 1 iVm 287 Abs 2 S 1) so weit wie möglich zu befriedigen. Durch die Vollstreckung der Ersatzfreiheitsstrafe würde dem Schuldner nämlich die Erwerbsmöglichkeit genommen (so auch *Franke* NStZ 1999, 548). Ferner sind dem verurteilten Schuldner während der sechsjährigen Wohlverhaltensperiode Zahlungen gem § 295 Abs 1 Nr 4 *de facto* unmöglich. Bei Zuwiderhandlung des Schuldners droht die Versagung der Restschuldbefreiung auf Antrag eines Gläubigers, da im Regelfall die Insolvenzgläubiger mit der Sonderbefriedigung des Staates nicht einverstanden sein dürften. Während der Dauer des Restschuldbefreiungsverfahrens sollte daher (nur) eine Unterbleibensanordnung gem § 459 c Abs 2 StPO erlassen werden, aber nicht mit dem Ziel, Ersatzfreiheitsstrafe nach § 43 StGB anzuordnen. Damit „verzichtet" der Staat nicht auf seinen Strafanspruch, da eine Unterbleibensanordnung gem § 459 c Abs 2 StPO nicht zum Erlass der Strafe, sondern nur zu einem Vollstreckungsaufschub führt. Der Aufschub bewirkt nach § 79 a Nr 2 StGB, dass in den sechs Jahren der Wohlverhaltensperiode die Vollstreckungsverjährung (bei Geldstrafen gem § 79 Abs 3 Nr 4 und 5 StGB nur fünf bzw bei Geldstrafen bis zu dreißig Tagessätzen sogar nur drei Jahre!) ruht. Überdies bleiben Geldstrafen und die diesen in Abs 1 Nr 3 gleichgestellten Verbindlichkeiten des Schuldners gem § 302 Nr 2 von den Wirkungen der Rest-

schuldbefreiung unberührt. Im Planverfahren gilt entsprechendes gem § 225 Abs 3. Hiernach kann durch einen Insolvenzplan die Haftung des Schuldners für Geldstrafen und die diesen in Abs 1 Nr 3 gleichgestellten Verbindlichkeiten weder ausgeschlossen noch eingeschränkt werden. Der Plan kann die in Abs 1 Nr 3 genannten Forderungen nur besser stellen, als sie im Regelinsolvenzverfahren stünden. Deshalb haben die Gläubiger von Forderungen iSv Abs 1 Nr 3 kein Stimmrecht bei der Abstimmung über den Insolvenzplan (§§ 225 Abs 3, 237 Abs 2). Insoweit ist auch die Zustimmungsfiktion des § 246 Nr 2 bedeutungslos.

Für das **Nachlassinsolvenzverfahren** können die Wertungen des § 459c Abs 3 StPO bzw § 101 OWiG 25 fruchtbar gemacht werden. Hiernach können Geldstrafen und Geldbußen nicht in den Nachlass des verurteilten Schuldners vollstreckt werden. Auch die Vollstreckung eines Zwangsgeldes in den Nachlass zuungunsten der Erben ist wegen seines poenalen Charakters sinnlos. Dasselbe gilt für die Insolvenz des Nachlasses. Dennoch enthält § 327 keine dem § 226 Nr 2 KO entsprechende Vorschrift, die die allgemeine Regel des Abs 1 Nr 3 einschränkt (dazu *Holzer* NZI 1999, 44, 45, der insoweit ein „unechtes Redaktionsversehen" des Gesetzgebers annimmt). Am Nachlassinsolvenzverfahren nehmen jedoch von vornherein nur Nachlassverbindlichkeiten iSd § 325 teil. Es bleibt daher, den Inhalt des Abs 1 Nr 3 im Falle der Nachlassinsolvenz „auf einen dem § 226 Nr 2 KO entsprechenden Inhalt" (KPB/*Holzer* § 39 Rn 14) zu reduzieren und auf diesen Wege Geldstrafen, Geldbußen sowie Zwangsgelder über den Begriff der Nachlassverbindlichkeiten iSv § 325 von vornherein aus dem Nachlassinsolvenzverfahren zu eliminieren (so auch MK/*Ehricke* § 39 Rn 20).

Mit der Aufnahme der „seit der Eröffnung des Insolvenzverfahrens laufenden" Säumniszuschläge in 26 den Katalog der nachrangigen Forderungen unter Abs 1 Nr 1 hat sich die Erfassung der Säumniszuschläge als Zwangsgelder insoweit erledigt, als es Steuersäumnis- und Verspätungszuschläge geht, die *nach* Verfahrenseröffnung angefallen sind. Diese sind jetzt eindeutig insgesamt nachrangige Forderungen iSv Abs 1 Nr 1 (zum Ganzen oben Rn 11). Aber auch die *vor* **Verfahrenseröffnung angefallenen Steuersäumnis- und Verspätungszuschläge** nach §§ 152, 240 AO können als „einfache" Insolvenzforderungen iSv § 38 geltend gemacht werden (abw *Mitlehner* NZI 2003, 189; *ders* ZIP 2004, 523 der aufgrund der teilweisen Funktion der Zuschläge als Druckmittel bzgl der Hälfte des Zuschlags zu einer Anwendung des Abs 1 Nr 3 gelangt, weil er in Anlehnung an die sog Erlass-Rechtsprechung [vgl oben Rn 15] von einem Zwangsgeldanteil iHv 50% ausgeht; ebenso K/P/B-*Holzer* § 39 Rn 10a; *Buhmann/Woldrich* ZInsO 2004, 1238, 1239 f). Sie gehören nicht zu den Zwangsgeldern (vgl zu Säumniszuschlägen nach § 240 AO BFH 21. 9. 1973 E 110, 318 = NJW 1974, 719, 720 = DStR 1973, 760; **BFH** 22. 4. 1983 E 138, 169 = NJW 1984, 511 = DStR 1983, 519 = ZIP 1983, 840 = WM 1983, 1218 = KTS 1983, 444; jüngst zu Verspätungszuschlägen nach § 152 AO **BFH** 19. 1. 2005 BFH/NV 2005, 1001 = ZIP 2005, 1035 = ZInsO 2005, 494 = ZVI 2005, 375; ferner *Frotscher* Besteuerung S 59; *Jaeger-Henckel* § 39 Rn 23; MK/*Ehricke* § 39 Rn 20; bzgl Verspätungszuschlag nach § 152 Abs 1 S 1 AO aA KPB/*Holzer* § 39 Rn 14 a). Denn Steuersäumnis- und Verspätungszuschläge sind lediglich Druckmittel eigener Art (dazu oben Rn 12), keine Zwangsgelder (**BFH** 18. 4. 1996 E 180, 516 = BStBl II 1996, 561 = ZIP 1996, 1876 = EWiR § 240 AO 1/97, 5 [*Onusseit*]; **BFH** 16. 7. 1997 E 184, 193 = BStBl II 1998, 7 = ZIP 1998, 340 = EWiR § 240 AO 1/98, 969 [*Onusseit*]).

Geldstrafen und Geldbußen sind gem Abs 1 Nr 3 auch dann nachrangige Insolvenzforderungen, 27 wenn sie in einem **Steuerstraf- oder Steuerordnungswidrigkeitenverfahren** verhängt werden (*Frotscher* Besteuerung S 59; *Jaeger-Henckel* § 39 Rn 23). Die Steuerforderung nach § 14 Abs 2, 3 UStG wegen unberechtigten Vorsteuerausweises ist demgegenüber keine Strafe und fällt nicht unter Abs 1 Nr 3 (vgl **BFH** 10. 12. 1981 E 135, 107 = BStBl II 1982, 229 = DStR 1982, 210 = ZIP 1982, 358; *Frotscher* Besteuerung S 59).

4. Forderungen auf eine unentgeltliche Leistung des Schuldners. Forderungen auf eine unentgeltliche 28 Leistung des Schuldners vor Verfahrenseröffnung stuft Abs 1 Nr 4 zu nachrangigen Insolvenzforderungen zurück. Ist die unentgeltliche Leistung bereits vollzogen, ist für Abs 1 Nr 4 kein Raum mehr; ab Vollzug ist aber an eine Anfechtung gem §§ 129 ff (insbesondere gem § 134) zu denken. Die Regelung des Abs 1 Nr 4 entspricht der in anderen Bereichen des Zivilrechts (zB §§ 816 Abs 1 S 2, 822, 988 BGB) und auch im Recht der Insolvenzanfechtung (§ 134) zum Ausdruck kommenden Wertung, dass unentgeltliche Zuwendungen weniger schutzwürdig sind als solche, für die der Empfänger ein ausgleichendes Vermögensopfer zu erbringen hat. Der BGH stellt für die Frage der Unentgeltlichkeit der Leistung darauf ab, ob ihr eine **Gegenleistung als „Entgelt" gleichwertig** gegenübersteht (vgl BGH 29. 11. 1990 Z 113, 98, 101 = NJW 1991, 560 = ZIP 1991, 35 = KTS 1991, 292 = EWiR § 32 KO 1/91, 75 [*Ackmann*]; BGH 4. 3. 1999 Z 141, 96, 99 = NJW 1999, 1549 = NZI 1999, 188 = ZIP 1999, 628 = KTS 1999, 361 = ZInsO 1999, 286 = EWiR § 32 KO 2/99, 509 [*Gerhardt*]; BGH 3. 3. 2005 Z 162, 276 = NJW 2005, 1867 = ZIP 2005, 767 = ZInsO 2005, 431 = NZI 2005, 323 = EWiR § 32 KO 1/05, 737 [*Haas/Panier*]). Nur wenn dem Schuldner für seine Leistung kein dem von ihm aufgegebenen Vermögenswert entsprechender Gegenwert zufließt, liegt eine unentgeltliche Leistung iSd Abs 1 Nr 4 vor. Damit ist klar, dass vor allem **einseitige Leistungen**, denen überhaupt keine Gegenleistung gegenübersteht, in den Anwendungsbereich des Abs 1 Nr 4 fallen. Im Übrigen ist der Begriff der **Gegenleistung** weit auszulegen. In Betracht kommt insoweit jeder wirtschaftliche Vorteil des Insolvenzschuldners, der in einem kausalen Zusammenhang mit seiner eigenen Leistung steht. Ein solcher Zusammenhang besteht unproblematisch, wenn zwei Leistungen in einem synallagmatischen Verhältnis *("do ut des")* zueinander stehen. Eine synallagmatische Verknüpfung zweier Leistungen ist hingegen nicht zwingende Voraussetzung, um von Leistung und Gegenleistung sprechen zu können (MK/*Ehricke* § 39 Rn 23). Allerdings sind lediglich einseitige Vorstellungen über mögliche wirtschaftliche Vorteile, ohne dass die rechtliche Verpflichtung zur Gewährung solcher Vorteile begründet wird, nicht genügend, einer Leistung den Charakter der Unentgeltlichkeit zu nehmen. Das gilt etwa für eine nur erwartete Gegenleistung (**OLG Celle** 17. 10. 1989 NJW 1990, 720 zu sog unbenannten Zuwendungen unter Ehegatten) oder für Leistungen, die der Verschleierung rechtswidrigen Verhaltens dienen sollen (**BGH** 29. 11. 1990 Z 113, 98, 104 = NJW 1991, 560 = ZIP 1991, 35 = KTS 1991, 292 = EWiR § 32 KO 1/91, 75 *[Ackmann]*).

29   Erst wenn feststeht, dass eine Gegenleistung versprochen wurde, stellt sich die Frage nach der **Gleichwertigkeit** von Leistung und Gegenleistung. Vor dem Hintergrund des Zwecks des Abs 1 Nr 4, Forderungen zurück zu stufen, deren Erfüllung eine (wirtschaftlich) nicht gerechtfertigte Vermögensverschiebung zum Nachteil der „normalen" Insolvenzgläubiger bewirken würde, ist hinsichtlich der Beurteilung der Wertrelationen in erster Linie der **objektive Sachverhalt** maßgeblich. Anderenfalls würde die Vorschrift obsolet, wenn es die Beteiligten in der Hand hätten, die Entgeltlichkeit des Geschäfts allein dadurch zu begründen, dass sie einer an sich objektiv wertlosen Gegenleistung in ihren rechtsgeschäftlichen Erklärungen einen subjektiven Wert beimessen. Demnach kann auch die Leistung in Erfüllung eines gegenseitigen Vertrags unentgeltlich sein, wenn die versprochene Gegenleistung objektiv keinen Wert oder nur einen Scheinwert hat (*Jaeger-Henckel* § 39 Rn 27). Das bloße Ausbleiben einer versprochenen (wertvollen) Gegenleistung begründet hingegen keine Unentgeltlichkeit.

30   Ist die Gegenleistung objektiv zumindest nicht wertlos, fragt sich weiter, ob sie den Wert der Leistung des Schuldners voll erreicht und damit als volles Entgelt für die erbrachte Leistung angesehen werden kann. Zur Beantwortung dieser Frage ist auch die Parteiauffassung – im Rahmen eines angemessenen Beurteilungsspielraums – maßgeblich (**BGH** 3. 3. 2005 Z 162, 276 = NJW 2005, 1867 = ZIP 2005, 767 = ZInsO 2005, 431 = NZI 2005, 323 = EWiR § 32 KO 1/05, 737 *[Haas/Panier]*; **BGH** 28. 2. 1991 Z 113, 393, 397 = NJW 1991, 1610 = ZIP 1991, 454 = KTS 1991, 415 = WM 1991, 1053 = DB 1992, 85 = EWiR § 3 AnfG 2/91, 331 *[Gerhardt]*; **BGH** 29. 11. 1990 Z 113, 98, 102 = NJW 1991, 560 = ZIP 1991, 35 = WM 1991, 112 = DB 1991, 1663 = KTS 1991, 292 = EWiR § 32 KO 1/91, 75 *[Ackmann]*; **BGH** 13. 3. 1978 Z 71, 61, 64 f = NJW 1978, 1326 = WM 1978, 371 = FamRZ 1978, 398 m Anm *Bosch*). Nur insofern ist die (Teil-)Unentgeltlichkeit auch nach **subjektiven Kriterien** zu beurteilen (ausf dazu W. *Gerhardt* ZIP 1991, 273, 279 f; MK/*Ehricke* § 39 Rn 23). Ergibt zB die rein objektive Betrachtung der Wertrelationen von Leistung und Gegenleistung, dass der Schuldner seine Leistung zumindest zum Teil „unter Wert" versprochen hat, so liegt unter Berücksichtigung subjektiver Kriterien dennoch eine (voll) entgeltliche Leistung vor, wenn zB der Schuldner sich durch den schnellstmöglichen Verkauf Liquidität verschaffen wollte (*Jaeger-Henckel* § 39 Rn 29). In Fällen des einseitigen Irrtums gilt Folgendes: Auf den inneren Willen des Gläubigers oder des Schuldners allein kann es bei der Beurteilung eines Rechtsgeschäfts als entgeltlich oder (teil-)unentgeltlich nicht ankommen (vgl **BGH** 29. 11. 1990 Z 113, 98 = NJW 1991, 560 = ZIP 1991, 35 = WM 1991, 112 = DB 1991, 1663 = KTS 1991, 292 = EWiR § 32 KO 1/91, 75 *[Ackmann]*; so auch W. *Gerhardt* ZIP 1991, 273, 280). Ausschlaggebend können nur die Vorstellungen sein, die nach außen und vor allem für den anderen Beteiligten erkennbar geworden sind. Eine unentgeltliche Leistung liegt also nur vor, wenn sich aus den erklärten bzw aus den Umständen erkennbaren Vorstellungen der Beteiligten ableiten lässt, dass kein Austausch (vollwertiger) Leistungen gewollt war. Für die Beurteilung der Unentgeltlichkeit ist dabei auf den Zeitpunkt der Versprechensabgabe abzustellen (vgl **RG** 13. 7. 1933 Z 141, 358, 359). Im Schrifttum (*Jaeger-Henckel* § 39 Rn 29; *ders* ZIP 1990, 137 ff) wird vereinzelt der subjektiven Vorstellung der Beteiligten eine größere Bedeutung bei der Beurteilung der Unentgeltlichkeit beigemessen. Eine entgeltliche Rechtshandlung soll demnach schon dann vorliegen, wenn alle Beteiligten ihrer Vorstellung nach sowohl der Leistung des Schuldners als auch der Gegenleistung einen angemessenen Wert beigemessen hatten, selbst wenn die Gegenleistung objektiv wertlos ist. Stellt sich die Bewertung später als allseitige Fehleinschätzung heraus, soll die Insolvenzforderung iSv § 38 nicht im Nachhinein zur unentgeltlichen Forderung iSv Abs 1 Nr 4 zurückgestuft werden. Dies ist indes zu weitgehend: Fehlt es schon objektiv an einem Gegenwert, so kommt es im Dienste eines effektiven Schutzes der übrigen Gläubiger auf die subjektiven Vorstellungen nicht an.

31   Paradigma des unentgeltlichen Rechtsgeschäfts ist die Schenkung unter Lebenden (§ 516 Abs 1 BGB) oder unter Lebenden auf den Todesfall (§ 2301 Abs 2 BGB). Insofern ist auch die vorweggenommene Erbfolge gemeint, die zivilrechtlich als Schenkung unter Lebenden qualifiziert wird. Zu unterscheiden ist hiervon die unentgeltliche Zuwendung des Schuldners **von Todes wegen**. Ansprüche aus einer Schenkung von Todes wegen begründen nämlich einen Vermögensanspruch iSv § 38 erst mit dem Ableben des Testators, so dass der Bedachte, wenn über das Vermögen des Testators schon zu Lebzeiten das Insolvenzverfahren eröffnet wird, schon nach § 38 kein Insolvenzgläubiger ist. Handelt es sich dagegen um ein **Nachlassinsolvenzverfahren,** so greift die Vorschrift des § 327 Abs 1 Nr 2 ein. Im Falle der Schenkung von Todes wegen stellt sich die Frage nach der Unentgeltlichkeit iSv Abs 1 Nr 4 mithin

IV. Die einzelnen nachrangigen Forderungen des Abs 1 Nrn 1–5   § 39

nicht. Insoweit war der Wortlaut des früheren § 63 Nr 4 KO irreführend, nach dem Forderungen aus einer Schenkung von Todes wegen von der Geltendmachung im Konkursverfahren ausgeschlossen waren (zutreffend bereits *Kilger/Karsten Schmidt* § 63 KO Anm 5). Der Anwendungsbereich des Abs 1 Nr 4 geht freilich über das Schenkungsversprechen hinaus. Erfasst wird etwa die unentgeltliche Gebrauchsüberlassung, also die Leihe gem § 598 BGB. Auch Forderungen auf eine unentgeltliche Leistung des Schuldners, die auf einem selbstständigen Schuldversprechen und Schuldanerkenntnis beruhen, fallen unter Abs 1 Nr 4 (MK/*Ehricke* § 39 Rn 26). Bei dem Anspruch nach § 661a BGB aus einer Gewinnzusage handelt es sich ebenfalls um eine Forderung auf eine unentgeltliche Leistung, die unter Nr 4 fällt (BGH 13. 3. 2008 NJW-RR 2008, 1006 = ZInsO 2008, 505 = NZI 2008, 369 = ZIP 2008, 975). Ebenso gehören dazu die sog unbenannten Zuwendungen unter Ehegatten, nahen Angehörigen und Lebenspartnern (vgl **OLG Celle** 17. 10. 1989 NJW 1990, 720; zu den unbenannten Zuwendungen im Allgemeinen MK-BGB/*Kollhosser* § 516 Rn 56 ff; *ders* NJW 1994, 2313). Eine Zuwendung, die zwecks Erfüllung einer **gesetzlichen Unterhaltspflicht** versprochen wird, ist hingegen entgeltlich (RG LZ 1908, Sp 606; *Kilger/Karsten Schmidt* § 63 KO Anm 5; KPB/*Holzer* § 39 Rn 16; MK/*Ehricke* § 39 Rn 24; N/R-*Andres* § 39 Rn 9; früh schon K/U § 63 KO Rn 8;). Eine Vermächtnisforderung, mit der der Schuldner gleichzeitig beschwert ist, zählt ebenso wenig zu den Forderungen iSv Abs 1 Nr 4 wie ein formungültiges Schenkungsversprechen (vgl § 518 Abs 1 BGB), das überhaupt keine Forderung begründet. Dies gilt selbst dann, wenn das Schenkungsversprechen in die Form eines Wechsels gekleidet ist (vgl **RG** 16. 6. 1909 Z 71, 289, 291 ff). Anders jedoch, wenn ein Dritter als gutgläubiger Indossatar den Wechsel erworben hat; solchenfalls nimmt die Wechselforderung des Dritten als allgemeine Insolvenzforderung iSv § 38 am Verfahren teil (*Smid* § 39 Rn 10).

5. Forderungen auf Rückgewähr von Gesellschafterdarlehen. a) Grundsatz. Nach der InsO können   32
auch Forderungen auf Rückgewähr von Gesellschafterdarlehen (bzw – wie es bis zur Reform durch das MoMiG hieß – kapitalersetzender Leistungen) und ihnen gleichgestellte Forderungen im Insolvenzverfahren angemeldet werden. Damit ist keine Besserstellung kapitalersetzender Forderungen gegenüber dem vor Inkrafttreten der InsO geltenden Recht beabsichtigt. Die Einbeziehung der Forderungen in das Insolvenzverfahren dient vielmehr in erster Linie der nunmehr vom Insolvenzrecht beabsichtigten Vollabwicklung insolventer juristischer Personen (dazu oben § 11 Rn 148). Denn sie stellt klar, dass in Fällen, in denen nach Befriedigung der Gläubiger im Insolvenzverfahren noch ein Überschuss verbleibt, dieser entsprechend dem Gesellschafterwillen zunächst an die kreditgebenden Gesellschafter zurückzugewähren ist (Begr RegE zu § 39). Das ist auch sachgerecht: denn mit der Befriedigung der Gläubiger (oder – was gleich zu achten ist – mit ihrem Einverständnis) ist der Grund für die Zurücksetzung der Forderungen aus Gesellschafterleistungen entfallen. Die Qualifikation der Gesellschafterforderungen als nachrangige Verbindlichkeiten erlaubt zum anderen, diese Gläubiger in ein Insolvenzplanverfahren mit einzubeziehen (Begr RegE zu § 39). In der Sache entspricht der jetzt im deutschen Recht gewählte Ansatz der Lösung des US-amerikanischen Insolvenzrechts, das ebenfalls in Anknüpfung an das Urteil *Pepper v. Litton*, 308 U.S. 295 (1939) bestimmte Gesellschafterdarlehen (nur) hintanstellt.

Die Rechtsprechung ist diesem, auf die „Novellenregeln" des GmbH-Rechts zurückgehenden Ansatz   33
freilich zunächst nicht gefolgt; vielmehr hat sie nach den „Rechtsprechungsregeln" Forderungen von Gesellschaftern daneben unter teilweise abweichenden Voraussetzungen als „materielles Eigenkapital" qualifiziert und damit im „Rang" auch noch hinter die Verbindlichkeiten nach § 39 gestellt (Einzelheiten unten § 135 Rn 2). Durch das MoMiG wurde dieses Konzept jetzt aufgegeben, und auch Gesellschafterdarlehen werden im Ausgangspunkt – ausländischem Vorbild folgend – entsprechend ihrer Form auch als Verbindlichkeiten behandelt, können aber im Insolvenzverfahren (nur) als nachrangige Insolvenzforderung iSv Nr 5 geltend gemacht werden; näher unten § 135 Rn 5. Das entspricht insoweit dem alten Recht, als auch bislang stehen gelassene Altdarlehen in aller Regel ab Eintritt der „Krise" und damit schon im Vorfeld der Insolvenz als kapitalersetzend zu qualifizieren waren und dementsprechend in der Insolvenz nicht zurückgefordert werden konnten (Begr RegE, BT-Drucks 16/6140, S 137); allerdings ist eine „Finanzierungsentscheidung" wie bislang bei den „stehen gelassenen" Darlehen (dazu 12. Aufl § 135 Rn 22) jetzt nicht mehr erforderlich. An deren Stelle tritt jetzt der Sache nach eine **unwiderlegliche Vermutung** des missbräuchlichen Charakters der Darlehensgewährung durch den Gesellschafter, selbst wenn das Darlehen vor einer „Krise" der Gesellschaft gewährt wurde (näher sogleich Rn 34; zum früheren Recht 12. Aufl § 135 Rn 11); das gilt ganz entsprechend für Befriedigungen oder Sicherungen bezüglich solcher Darlehen im Vorfeld der Insolvenz (dazu näher unten § 135 Rn 7 ff).

Durch die (endgültige) Auflösung des Zusammenhangs mit der Kapitalerhaltung entfällt aber die   34
bisherige „präventive Durchsetzungssperre", das Auszahlungsverbot von Gesellschafterdarlehen analog § 30 Abs 1 GmbHG vor Insolvenzeröffnung (§ 57 Abs 1 Satz 4 AktG, § 30 Abs 1 Satz 3 GmbHG; *Bork* ZGR 2007, 250, 265; *Haas* ZInsO 2007, 617, 618; *Karsten Schmidt* GmbHR 2007, 1072, 1077); solche Rückzahlungen sind jetzt zulässig, freilich mit dem Risiko der Anfechtbarkeit (dazu § 135 Rn 5). Ganz entsprechend entfallen die ebenfalls an die Analogie zur Kapitalerhaltung anknüpfende Geschäftsführerhaftung für solche Rückzahlungen nach § 43 Abs 3 GmbHG und die – praktisch freilich

unbedeutende – Ausfallhaftung von Mitgesellschaftern für den Erhalt der Zahlungen nach § 31 Abs 3 GmbHG; das wird jedoch durch die Erweiterung der Zahlungsverbote teilweise kompensiert (dazu näher oben § 15 a Rn 26 ff; *Habersack* ZIP 2007, 2145, 2146; *Haas* ZInsO 2007, 617, 618; für die zusätzliche Kodifikation eines Leistungsverweigerungsrechts des Geschäftsleiters Stellungnahme des Handelsrechtsausschusses des Deutschen Anwaltvereins, NZG 2007, 735 Rn 58; *Hirte* ZInsO 2008, 146, 148).

35 Als **dogmatische Grundlage** für die Rückstufung der Gesellschafterdarlehen wird jetzt das Prinzip der Haftungsbeschränkung in der Kapitalgesellschaft genannt, dessen missbräuchlicher Ausnutzung durch die Gesellschafter begegnet werden soll (*Habersack* ZIP 2007, 2145, 2147; *Huber* FS Priester, 2007, S 259, 275 ff). Dem ist entgegengehalten worden, dass auch der neue Ansatz durchaus noch mit der unter dem bisherigen Recht gegebenen Begründung rechtfertigt werden könne, dass es um die Finanzierungsfolgenverantwortung für gefährliche, in der – jetzt unwiderleglich vermuteten – Krise gewährte Darlehen gehe (*Altmeppen* NJW 2008, 3601, 3602 f; *Bork* ZGR 2007, 250, 257). Letztlich ist die **unwiderlegliche Vermutung der Krise** damit das rechtstechnische Mittel zur Durchsetzung des Prinzips der Haftungsbeschränkung in der Kapitalgesellschaft. Doch ist der pauschalierende Ansatz des neuen Rechts bei der Rückstufung von Gesellschafterdarlehen nicht ohne Kritik geblieben, weil er Gesellschafterdarlehen auch dann zurückstufe, wenn sie ökonomisch sinnvoll gewesen seien, insbesondere weil sie *im Einzelfall* keinen Beitrag zur Insolvenzverschleppung geleistet hätten (ähnlich *Bork* ZGR 2007, 250, 256; *Eidenmüller* FS Canaris, 2007, S 49, 53 ff; *Haas* Gutachten E zum 66. DJT [2006], S E 79 f).

36 b) **Gesellschafterdarlehen**. Ob und wie weit eine Forderung als Gesellschafterdarlehen oder wirtschaftlich entsprechende Rechtshandlung zu qualifizieren ist, richtete sich nach dem ursprünglichen InsO-Recht nicht nach Nr 5. Diese Frage wurde vielmehr durch die gesellschaftsrechtlichen Regelungen und die Judikatur beantwortet (Überblick in 12. Aufl § 135 Rn 16 ff). Das betraf insbesondere den Anwendungsbereich des „Kapitalersatzrechts", die ihm unterworfenen Gesellschafter und ihnen gleichgestellten Dritten sowie die erfassten Sachverhalte. Das wurde durch die Formulierung „oder gleichgestellte Forderungen" in Nr 5 aF deutlich gemacht (Begr RegE zu § 39 unter Verweis auf § 32 a Abs 3 GmbHG). Mit der jetzigen Formulierung „Forderungen aus Rechtshandlungen, die einem solchen Darlehen **wirtschaftlich entsprechen**" wird der bisherige § 32 a Abs 3 Satz 1 GmbHG, auf dem diese Judikatur beruhte, in personeller Hinsicht (Erstreckung auf „Dritte"; *Bayer/Graff* DStR 2006, 1654, 1659 [zum RefE]; *Bork* ZGR 2007, 250, 254; *Gehrlein* BB 2008, 846, 850; *Knof* ZInsO 2007, 125, 127; abw *Eidenmüller* FS Canaris, 2007, S 49, 64 [zum RefE]; *Wälzholz* DStR 2007, 1914, 1918) und sachlicher Hinsicht in das Insolvenzrecht übernommen (Begr RegE, BT-Drucks 16/6140, S 137).

37 Vom Nachrang erfasst sind aber entgegen ursprünglichen Überlegungen zum MoMiG nur **Darlehensforderungen** und diesen wirtschaftlich entsprechende Forderungen; **Gesellschafterforderungen aus anderem Rechtsgrund** fallen nicht in den Anwendungsbereich von Nr 5 und stellen daher keine nachrangigen Forderungen dar (*Dahl/Schmitz* NZG 2009, 325, 328; *Spliedt* ZIP 2009, 149, 156; zustimmend *Bork* ZGR 2007, 250, 256; abw *Marotzke* ZInsO 2008, 1281, 1284 ff). Daher fällt die Forderung auf Rückgewähr eines kapitalersetzend **zur Nutzung überlassenen Gegenstandes** (unverändert) nicht unter Nr 5; denn die Sachsubstanz selbst wird durch die Nutzungsüberlassung nicht verstrickt und kann vom Gesellschafter-Gläubiger nach § 47 ausgesondert werden. Im Gegensatz zum bislang geltenden Recht fällt aber seit der Neuregelung durch das MoMiG auch der Nutzungswert nicht mehr in die Masse (zum alten Recht 12. Aufl § 135 Rn 23). Vielmehr gelten auch für Nutzungsüberlassungsverträge jetzt im Grundsatz die §§ 103 ff; sie werden allerdings durch die erst im Gesetzgebungsverfahren hinzu gekommene Sonderregelung des § 135 Abs 3 ergänzt (dazu näher § 135 Rn 21 ff).

38 Hinsichtlich der einem Darlehen „wirtschaftlich entsprechenden" Forderungen (zum früheren Recht 12. Aufl § 135 Rn 22 f; siehe zu Einzelfällen auch MK-InsO/*Stodolkowitz/Bergmann* Rn 63 ff) sind in erster Linie **Stundungs- und Fälligkeitsvereinbarungen** zu nennen, und zwar auch dann, wenn das zugrunde liegende Geschäft kein Darlehensvertrag gewesen sein sollte (vgl **BGH** 16. 6. 1997 NJW 1997, 3026 = DStR 1997, 1298 = ZIP 1997, 1375 = EWiR § 32 a GmbHG 2/97, 753 [*von Gerkan*] mwN; *Habersack* ZIP 2007, 2145, 2150); daher können unverändert auch rückständige Mietzinsansprüche von Gesellschaftern nachrangig sein (unten § 135 Rn 27). Dazu gehört auch der Erwerb gestundeter Forderungen Dritter gegen die Gesellschaft oder die Übernahme stiller Beteiligungen. Ebenso kann die Einlage eines stillen Gesellschafters, der zugleich Gesellschafter einer GmbH ist (oder einem solchen gleichsteht; dazu Rn 41) eine „wirtschaftlich entsprechende" Forderung begründen; § 236 Abs 1 HGB wird dann durch Nr 5 überlagert (dazu auch unten § 136 Rn 2; MK-InsO/*Stodolkowitz/ Bergmann* Rn 66). Auch die Stundung der Abfindungsforderungen von aus einer GmbH oder GmbH & Co KG ausgeschiedenen Gesellschaftern kann hierzu gehören, in der Regel freilich nur dann, wenn die Forderung erst nach dem Ausscheiden gestundet wird (*Philippi* BB 2002, 841, 843 f). Erfasst sein dürfte auch ein nur für den Krisenfall gegebenes selbstständiges Schuldversprechen (für das alte Recht **BGH** 9. 3. 1992 II ZR 168/91 ZIP 1992, 616 = NJW 1992, 1763). Auch eine („harte") Patronatserklärung kann eine einem Gesellschafterdarlehen „gleichgestellte Forderung" sein (**OLG** München 22. 7. 2004 ZIP 2004, 2102 = ZInsO 2004, 1040; dazu *Paul* ZInsO 2004, 1327 ff). Ferner können bestimmte Lea-

singkonstruktionen, insbesondere das sog *sale and lease back*, wirtschaftlich einer Kreditgewährung mit Sicherungsübereignung entsprechen und mithin von Nr 5 erfasst sein (MK-InsO/*Stodolkowitz/Bergmann* Rn 68). Viel spricht dafür, auch den Anspruch auf den Bilanzgewinn darunter zu fassen, wenn dieser auf der Auflösung einer Gewinnrücklage oder eines Gewinnvortrags beruht (*Mylich* ZGR 2009, 474, 489 f). Wie nach bislang geltendem Recht erfasst der Nachrang auch *rückständige* Zinsen und sonstige Nebenforderungen (Abs 3; dazu unten Rn 57; zur Nicht-Erfassung der *fristgerecht* gezahlten [angemessenen] Zinsen und Mietzinsen *Mylich* ZGR 2009, 474, 494 ff, 502; insoweit weitergehend A. *Henkel* ZInsO 2009, 1577, 1579; *Marotzke* ZInsO 2008, 1281, 1285 f).

Zu verneinen ist eine wirtschaftliche Vergleichbarkeit aber beim echten **Factoring**; denn hier bleibt 39 der gezahlte Factoringerlös endgültig als haftendes Eigenkapital im Vermögen des Anschlusskunden. Anders liegen die Dinge beim unechten Factoring: hier bejaht das **OLG** Köln (25. 7. 1986 ZIP 1986, 1585, 1587 = EWiR § 32 a GmbHG 4/86, 1213 *[G. H. Roth]*) die Vergleichbarkeit, weil der Factor eine Rückbelastungsmöglichkeit hat. Nach richtiger Auffassung ist der Sachverhalt jedoch nur dann mit einer Darlehensgewährung vergleichbar, wenn der Delkrederefall tatsächlich eintritt. Denn erst dann steht fest, dass Leistungen aus dem Schuldnervermögen zu erbringen sind. Würde die bloße Rückbelastungsmöglichkeit schon zur Annahme einer wirtschaftlichen Entsprechung ausreichen, wäre der Factor bereits daran gehindert, die zedierte Forderung gegenüber dem Factor überhaupt geltend zu machen und so die Rückbelastung abzuwenden.

c) **Gesellschafter als Darlehensgeber.** Das Gesellschafterdarlehen muss von einem Gesellschafter der 40 Gesellschaft gewährt worden sein. Dabei kommt es allerdings – wie schon nach dem bislang geltenden Recht – nicht entscheidend auf die formale Rechtsstellung an; entscheidend ist vielmehr auch hier, dass die Darlehensgewährung durch einen Dritten derjenigen durch einen Gesellschafter wirtschaftlich entspricht. Dafür hat der Gesetzgeber bewusst nicht – was möglich gewesen wäre – auf § 138 Bezug genommen; über eine Zurechnung ist daher nach eigenständigen gesellschaftsrechtlichen Prinzipien zu entscheiden (ebenso zum früheren Recht 12. Aufl § 135 Rn 18). Einen besonders häufigen Fall der Erweiterung von Nr 5 auf Dritte regelt das Gesetz bereits selbst in § 44 a (zurückgehend auf den früheren § 32 a Abs 2 GmbHG). Danach unterfallen den Regelungen auch **Darlehen Dritter**, wenn ein Gesellschafter für die Rückzahlung des Darlehens **Sicherheiten bestellt oder sich verbürgt** hat (dazu unten § 44 a Rn 3 ff).

Im Hinblick auf die wirtschaftliche Vergleichbarkeit kann im Übrigen etwa ein **Pfandgläubiger** Gesell- 41 schafter iSv Nr 5 sein, wenn er sich zusätzliche Befugnisse einräumen lässt, die es ihm ermöglichen, die Geschicke der GmbH ähnlich wie ein Gesellschafter mitzubestimmen (**BGH** 13. 7. 1992 Z 119, 191 = NJW 1992, 3035 = ZIP 1992, 1300). Gleiches gilt für einen **Treuhänder** (**BGH** 19. 9. 1988 Z 105, 168 = NJW-RR 1989, 33 = ZIP 1988, 1248 = KTS 1989, 114; **OLG** Hamburg 24. 7. 1987 NJW-RR 1988, 46 = ZIP 1987, 977 = EWiR § 32 a GmbHG 1/87, 165 *[Fleck]*); er kann daher nicht auf den Treugeber verweisen. Das gilt sowohl für den eigennützigen wie den Verwaltungstreuhänder; die Tatsache, dass der Sicherungstreuhänder nur ein pfandähnliches Sicherungsrecht hat, ändert an seiner Gesellschafterstellung im Sinne von Nr 5 nichts (*Priester* ZBB 1989, 30, 33; *Lutter* ZIP 1989, 477, 482 f; abw *Rümker* FS Stimpel [1985] S 673, 688). Daher gehören zum Kreis der Normadressaten auch solche dritten Personen, die mit Mitteln des Gesellschafters der GmbH Finanzierungshilfen gewähren wie **mittelbare Stellvertreter** (**BGH** 14. 6. 1993 NJW 1993, 2179 = ZIP 1993, 1072 = EWiR § 32 a GmbHG 6/93, 1207 *[von Gerkan]*; **BGH** 18. 11. 1996 NJW 1997, 740 = ZIP 1997, 115 = KTS 1997, 138 [Darlehensgewährung durch Komplementär]). Denn ein Gesellschafter kann sich dem Nachrang nach Nr 5 nicht dadurch entziehen, dass er die benötigten Finanzierungsmittel durch gemeinschaftliche Darlehensaufnahme zusammen mit einem Dritten beschafft und diesen dann – unter interner Freistellung von dessen Rückzahlungspflicht – formal als alleiniger Darlehensgeber gegenüber der GmbH einschaltet (**BGH** 26. 6. 2000 NJW 2000, 3278 = NZG 2000, 1029 = NZI 2000, 528 = ZInsO 2000, 498 = ZIP 2000, 1489 = EWiR § 30 GmbHG 1/01, 19 *[von Gerkan]*). Nicht zu erstrecken ist Nr 5 demgegenüber auf durch **Covenants** gesicherte Gläubiger (*Habersack* ZIP 2007, 2145, 2148 mwN; zum früheren Recht *Tillmann* DB 2006, 199, 200); wegen der besonderen wirtschaftlichen Nähe und des Einflusses eines **Nichtgesellschafters als Mitglied einer Erbengemeinschaft**, auf die ein GmbH-Geschäftsanteil übergegangen ist, soll aber dessen Gleichstellung mit einem Gesellschafter möglich sein (**OLG** Düsseldorf 3. 7. 2003 NJW-RR 2003, 1617 = NZG 2003, 1073).

Auch eine Ausdehnung der Vorschriften über Gesellschafterdarlehen auf **nahe Angehörige** des Gesell- 42 schafters ist – anders als bei § 138 – abzulehnen, solange keine besonderen Umstände hinzukommen (**BGH** 28. 9. 1981 Z 81, 365 = NJW 1982, 386 = ZIP 1981, 1332 = LM § 30 GmbHG Nr 30 *[Brandes]*; **BGH** 14. 10. 1985 ZIP 1986, 456; **BGH** 28. 1. 1991 NJW-RR 1991, 746 = ZIP 1991, 396 = EWiR § 17 BetrAVG 1/91, 337 *[Blomeyer]*; **BGH** 19. 2. 1991 NJW-RR 1991, 744 = ZIP 1991, 366 = EWiR § 32 a GmbHG 3/91, 681 *[Frey]*; **BGH** 14. 6. 1993 NJW 1993, 2179 = ZIP 1993, 1072 = EWiR § 32 a GmbHG 6/93, 1207 *[von Gerkan]*; **BGH** 8. 2. 1999 NJW 1999, 2123 = DStR 1999, 810 *[Goette]*; **BGH** 26. 6. 2000 NJW 2000, 3278 = ZIP 2000, 1489 f = DStR 2000, 1524 *[Goette]* = ZInsO 2000, 498 = NZI 2000, 528 = NZG 2000, 1029 = EWiR § 30 GmbHG 1/01, 19 *[von Gerkan]* [Haftung der Ehefrau nur, weil Mittel aus Vermögen des Gesellschafters stammten]; **OLG** Hamburg 16. 5. 1986 ZIP 1986, 1048; **OLG**

Hamburg 2. 2. 1996 ZIP 1996, 709, 710 [für Mitgesellschafter vor Beitritt bejahend]; *Altmeppen* FS Kropff [1997] S 641, 654 ff; *von Gerkan* ZGR 1997, 173, 181 ff; abw noch *von Gerkan* GmbHR 1986, 218, 223). Demgegenüber handelt es sich bei der Kreditgewährung durch **verbundene Unternehmen** um einen der Darlehensgewährung durch einen Gesellschafter wirtschaftlich entsprechenden Tatbestand (**BGH** 21. 9. 1981 Z 81, 311, 315 = NJW 1982, 383, 384 = ZIP 1981, 1200, 1202 = LM § 30 GmbHG Nr 14 a *[Fleck]* [Helaba/Sonnenring]; **BGH** 28. 9. 1981 Z 81, 365, 368 = NJW 1982, 386, 387 = ZIP 1981, 1332, 1333 = LM § 30 GmbHG Nr 30 *[Brandes]*; **BGH** 10. 10. 1983 NJW 1984, 1036 = ZIP 1983, 1448; **BGH** 9. 10. 1986 NJW 1987, 1080, 1081; **BGH** 24. 9. 1990 NJW 1991, 357 = ZIP 1990, 1467, 1468 f; **BGH** 22. 10. 1990 NJW 1991, 1057 = ZIP 1990, 1593, 1595 = EWiR § 32 a GmbHG 1/91, 67 *[von Gerkan]*; **BGH** 16. 12. 1991 NJW 1992, 1167 = ZIP 1992, 242 = KTS 1992, 426 = EWiR § 30 GmbHG 2/92, 279 *[Joost]*; **BGH** 18. 11. 1996 NJW 1997, 740 = ZIP 1997, 115 = KTS 1997, 138 [Darlehensgewährung durch Komplementär]; **BGH** 21. 6. 1999 ZIP 1999, 1314 = NJW 1999, 2596 [50%-ige Beteiligung des Gesellschafters an einer anderen Gesellschaft reicht grundsätzlich aus]; **BGH** 27. 11. 2000 NJW 2001, 1490 = ZIP 2001, 115 = EWiR § 32 a GmbHG 2/01, 379 *[von Gerkan]*; **BGH** 28. 2. 2005 NZG 2005, 395 = NZI 2005, 350 = ZIP 2005, 660; **BGH** 5. 5. 2008 II ZR 108/07 ZIP 2008, 1230, 1231 f = NZG 2008, 507 = EWiR § 32 a GmbHG 2/2008, 463 *[Jungclaus/Keller]* [aber keine Übertragung der Grundsätze auf Darlehensgewährung durch abhängige Aktiengesellschaft]; **OLG** Hamm 26. 5. 1997 NZG 1998, 681). Ein mit dem Gesellschafter verbundenes und deshalb in Nr 5 einbezogenes „Unternehmen" kann auch eine Gebietskörperschaft sein, die sich zB über ihre – auf der Grundlage öffentlichen Rechts errichtete – Landesbank an einer GmbH beteiligt (**BGH** 19. 9. 1988 Z 105, 168 = NJW 1988, 3143 = ZIP 1988, 1248 = EWiR § 32 a GmbHG 1/88, 1095 *[Fleck]*).

43   Kein Gesellschafter iSv Nr 5 ist der typische **stille Gesellschafter**; für die Rückgewähr seiner Einlage gilt daher nicht § 135, sondern § 136 (Kilger/*Karsten Schmidt* § 32 a KO Anm 9 a; *Karsten Schmidt* ZIP 1981, 689, 690). Anders liegen die Dinge freilich beim **atypischen stillen Gesellschafter**, dem auch Mitsprache- und Gewinnbeteiligungsrechte eingeräumt sind (**BGH** 7. 11. 1988 Z 106, 7 = NJW 1989, 982 = EWiR § 30 GmbHG 2/89, 587 *[Koch]*; **BGH** 13. 2. 2006 NJW-RR 2006, 760 = NZG 2006, 341 = ZIP 2006, 703 = EWiR § 30 GmbHG 2/06, 653 *[Kort]*; **OLG** Saarbrücken 1. 9. 1998 ZIP 1999, 2150 [n. rechtskr.]; so auch *Wiedemann*, FS Beusch, 1993, S 893, 912 [Prinzip der Haftung für Herrschaft]), oder wenn die Parteien einen Rangrücktritt vereinbart haben und damit die stille Einlage dem haftenden Eigenkapital gleichgestellt haben (dazu Rn 52 ff). Kein Gesellschafter ist auch der Inhaber einer **Unterbeteiligung** oder eines **Nießbrauchrechts**.

44   Auf die **Höhe der Beteiligung** des Gesellschafters kam es nach hM bis zum Inkrafttreten des Kapitalaufnahmeerleichterungsgesetzes (KapAEG) vom 20. April 1998 (BGBl I 707) nicht an (**BGH** 21. 9. 1981 Z 81, 311 = ZIP 1981, 1200 = NJW 1982, 383 = LM § 30 GmbHG Nr 14 a *[Fleck]* [Helaba/Sonnenring]; **BGH** 26. 3. 1984 Z 90, 381, 389 = NJW 1984, 1893 = ZIP 1984, 572 [Beton- und Monierbau]; **BGH** 19. 9. 1988 Z 105, 168, 175 = NJW-RR 1989, 33 = ZIP 1988, 1248 = KTS 1989, 114). Die durch dessen Art 2 eingeführte Regelung des § 32 a Abs 3 Satz 2 GmbHG aF wurde durch das MoMiG in den jetzigen § 39 Abs 5 übernommen; dazu näher unten Rn 72 ff. Schon zuvor unterlag ein bei einer GmbH angestellter Gesellschafter mit seinen stehen gelassenen Lohnansprüchen nicht der seinerzeitigen Kapitalersatzhaftung (**LG** Ingolstadt 26. 10. 1998 EWiR § 32 a GmbHG 4/98, 1135 mit krit. Anm *von Gerkan*); er behielt daher auch den Anspruch auf Insolvenzgeld (EuGH 11. 9. 2003 Slg. 2003, I-8827 Tz 40 ff = NZA 2003, 1083 = NZI 2003, 670 = ZIP 2003, 2375, 2378 f *[Walcher]*).

45   Maßgeblicher **Zeitpunkt** für die Gesellschafterstellung ist zunächst der Zeitpunkt der Gewährung oder Belassung des Darlehens (**BGH** 13. 7. 1981 Z 81, 252, 258 f = ZIP 1981, 974, 976; **BGH** 21. 3. 1988 Z 104, 33, 43 = NJW 1988, 1841 = ZIP 1988, 638 = KTS 1988, 505). Auch ein ausgeschiedener Gesellschafter kann daher der Kapitalersatzhaftung unterliegen, sofern die Voraussetzungen der Nr 5 bereits im Zeitpunkt seines Ausscheidens vorlagen (**BGH** 6. 5. 1985 NJW 1985, 2719, 2720 = ZIP 1985, 1075, 1077 = EWiR § 32 a GmbHG 3/85, 685 *[Fleck]*; **BGH** 9. 10. 1986 NJW 1987, 1080 = WM 1986, 1554; **BGH** 19. 2. 1990 Z 110, 342 = NJW 1990, 1725 = ZIP 1990, 578 = EWiR § 30 GmbHG 3/90, 479 *[Bergmann]*; **OLG** Düsseldorf 15. 9. 1994 ZIP 1995, 1907 = EWiR § 31 GmbHG 1/96, 27 *[von Gerkan]*; *Dahl/Schmitz* NZG 2009, 325, 326; *Philippi* BB 2002, 841, 844 f). Andererseits unterfällt auch ein Darlehensgeber der Norm, der die Gesellschafterstellung erst später erwirbt (*Altmeppen*, NJW 2008, 3601, 3603; *Dahl/Schmitz* NZG 2009, 325, 326).

46   Der **Nachrang** soll nach überwiegender Auffassung nach § 404 BGB auch **erhalten bleiben**, wenn der Gesellschafter eine – auch erst künftig entstehende – Forderung an einen außenstehenden Dritten abtritt (**BGH** ZIP 2006, 2272, 2273 = NJW-RR 2007, 391 = DStR 2007, 36 = NZG 2007, 29 = WM 2007, 20; BGHZ 104, 33, 43 = ZIP 1988, 638 = NJW 1988, 1841 = WM 1988, 750; *Altmeppen* NJW 2008, 3601, 3603 f; *Dahl/Schmitz* NZG 2009, 325, 326; *Gehrlein* Konzern 2007, 771, 787; *Haas* ZInsO 2007, 617, 626; *Habersack* ZIP 2007, 2145, 2149; *Mülbert* WM 2006, 1977, 1982); Gleiches gilt, wenn ein Gesellschafter nach „Verstrickung" des Darlehens seine Gesellschafterstellung aufgibt (*Altmeppen* NJW 2008, 3601, 3603; *Haas* ZInsO 2007, 617, 626). Die damit verbundenen Risiken lassen es als sinnvoll erscheinen, Darlehen und Gesellschafterstellung immer nur gleichzeitig abzutreten (*Heckschen* DStR 2007, 1442, 1448; ebenso *Wälzholz* DStR 2007, 1914, 1920). Erwägenswert ist freilich, die Abtretung eines verstrickten Gesellschafterdarlehens an einen Dritten als Befriedigung iSv § 135

IV. Die einzelnen nachrangigen Forderungen des Abs 1 Nrn 1–5　　　　　　　　　§ 39

Nr 2 anzusehen und dem Zessionar damit vor der entsprechenden Frist den Erwerb einer gewöhnlichen Insolvenzforderung zu gestatten (*Habersack* ZIP 2007, 2145, 2149; dem folgend *Gehrlein* BB 2008, 846, 850). Das soll auch für den Fall gelten, dass ein Gesellschafter seine Beteiligung abtritt, aber seine Stellung als Darlehensgeber behält (*Gehrlein* BB 2008, 846, 850).

Obwohl die Gläubiger von Gesellschafterdarlehen – wenn auch nur nachrangige – Insolvenzgläubiger 47 sind, finden Ihnen gegenüber nicht die gewöhnlichen **Anfechtungsbestimmungen** der Deckungsanfechtung (§§ 130, 131) Anwendung; für ihre Befriedigung und Sicherung ist § 135 vielmehr Spezialvorschrift (siehe § 135 Rn 6).

d) Gesellschafterbesicherte Drittdarlehen. Wirtschaftlich vergleichbar sind auch Darlehen eines Dritten, 48 für die sich ein Gesellschafter (oder eine ihm zuzurechnende Person) verbürgt hat oder eine Sicherheit gestellt hat. Die Abwicklung dieser Fälle ist allerdings in § 44a für die Geltendmachung der Darlehens- oder vergleichbaren Forderung und in §§ 135 Abs 2, 143 Abs 3 für die Anfechtung vorinsolvenzlich erfolgter Rückzahlungen besonders geregelt. Danach wird im Falle des § 44a die Ausfallforderung eines (nicht dem Gesellschafter zuzurechnenden) **Dritten**, dessen Darlehen von einem Gesellschafter besichert wurde, nicht zur nachrangigen Insolvenzforderung (Begr RegE zu § 39; KP-*Holzer* § 39 Rn 20). Insolvenzgläubiger, allerdings nur nachrangiger, ist andererseits ein **Gesellschafter**, der einem Gläubiger eine private Sicherheit gestellt hatte, in bezug auf seine Regressforderung im Anschluss an die Befriedigung eines Drittgläubigers nach § 44a (*Baumbach*//*Hueck*/*Hueck*/*Fastrich* § 32a GmbHG Rn 71; *Karsten Schmidt* ZIP 1999, 1821, 1828; *ders* BB 2008, 1966, 1868; dazu auch § 135 Rn 15ff).

e) Berücksichtigung in der Überschuldungsbilanz. Sehr umstritten war vor Inkrafttreten des MoMiG 49 die Behandlung kapitalersetzender Darlehen in der für die Frage einer eventuellen Insolvenzantragstellung maßgeblichen Überschuldungsbilanz (§ 19 Abs 2 InsO; Einzelheiten in der 12. Aufl Rn 11). Nach dem durch das MoMiG neu gefassten § 19 Abs 2 Satz 2 sind Forderungen auf Rückgewähr von Gesellschafterdarlehen oder – insoweit in Abweichung vom Regierungsentwurf (dazu Begr Beschlussempfehlung und Bericht des Rechtsausschusses, BT-Drucks 16/9737, S 105; zur ursprünglichen Fassung Begr RegE, BT-Drucks 16/6140, S 136) – „aus Rechtshandlungen, die einem solchen Darlehen wirtschaftlich entsprechen", nicht bei der Überschuldungsfeststellung zu berücksichtigen; Voraussetzung ist aber nach der vom Rechtsausschuss empfohlenen jetzigen Gesetzesfassung, dass – im Einklang mit der bisherigen Rechtsprechung (**BGH** 8.1.2001 II ZR 88/99 Z 146, 264ff = ZIP 2001, 235ff) – aus Gründen der Klarheit ein **Rangrücktritt** vereinbart wurde. Der Inhalt der erforderlichen Rangrücktrittserklärung wird mit Blick darauf, dass die kapitalersetzenden Darlehen als solche vom Gesetz abgeschafft werden, vom Gesetz vorgegeben: Erforderlich ist eine Vereinbarung zwischen Gläubiger und Schuldner, dass der Gläubiger hinter die in § 39 Abs 1 Nrn. 1 bis 5 genannten Forderungen zurücktritt; nicht mehr erforderlich ist also eine Gleichstellung mit statutarischem Eigenkapital (dazu Begr Beschlussempfehlung und Bericht des Rechtsausschusses, BT-Drucks 16/9737, S 105; damit weitergehende Rangrücktritte nach früherem Recht bleiben daher aber selbstverständlich wirksam). Infolge der Rangrücktrittserklärung rückt der Gesellschafter-Kreditgeber nach § 39 Abs 2 noch einen Rang hinter die Gesellschafter, die keine solche Erklärung abgegeben haben (§ 39 Abs 1 Nr 5 InsO; dazu Begr Beschlussempfehlung und Bericht des Rechtsausschusses, BT-Drucks 16/9737, S 105), kann dadurch aber die Insolvenz vermeiden (zu den Gründen für die Beibehaltung des Erfordernisses einer Rangrücktrittserklärung *Hirte* ZInsO 2008, 689, 696f; *ders* ZInsO 2008, 146, 148f; ebenso *Bork* ZGR 2007, 250, 261; *Burg/Poertzgen* ZInsO 2008, 473f; *Haas* ZInsO 2007, 617, 626f; *Karsten Schmidt* BB 2008, 461, 462ff; abw *Eidenmüller* FS Canaris, 2007, S 49, 57; *Gehrlein* BB 2008, 846, 847; *Habersack* ZIP 2007, 2145, 2150f). Wird ein Darlehen trotz Erklärung des Rangrücktritts zurückgezahlt, begründet dies (nur) die Möglichkeit der Insolvenzanfechtung nach § 135 (dazu Begr, aaO, BT-Drucks 16/9737, S 105). Für das Innenverhältnis der Gesellschafter zueinander bleibt ein Rangrücktritt im Übrigen ohne Wirkung, solange die Gesellschafter nicht ausdrücklich etwas anderes vereinbart haben (*Henle/Bruckner* ZIP 2003, 1738). **Fehlt es an einem Rangrücktritt**, sind Forderungen aus Gesellschafterdarlehen und ihnen wirtschaftlich entsprechenden Forderungen bei der Überschuldungsfeststellung nach § 19 Abs 2 zu berücksichtigen und können daher eine Insolvenzantragspflicht begründen; da der Rangrücktritt aber leicht erklärt und vom Geschäftsführer leicht festgestellt werden kann, ist das Risiko einer zu frühen Eröffnung des Insolvenzverfahrens für die Gesellschaft gering (dazu Begr, aaO, BT-Drucks 16/9737, S 105).

Die **steuerliche Behandlung des Rangrücktritts** erfolgt unabhängig von der insolvenzrechtlichen Ein- 50 ordnung. Bei der Erklärung eines Rangrücktritts sind deshalb nicht nur die insolvenzrechtlichen Anforderungen für eine Vermeidung der Überschuldung nach § 19 Abs 2 S 3 zu beachten, sondern auch die steuerlichen Folgen im Blick zu behalten (*Kahlert/Gehrke* ZIP 2008, 2392; *Knof* ZInsO 2006, 192; *Karsten Schmidt* FS Raupach, 2006, S 405). Der Rangrücktritt hat im Gegensatz zum Forderungsverzicht (dazu *Drews/Götze* DStR 2009, 945) regelmäßig keinen Einfluss auf die Bilanzierung der Verbindlichkeit in der Steuerbilanz (zu den Voraussetzungen siehe **BMF-Schreiben vom 8.9.2006**, BStBl I 2006, 497; ersetzt das bis dahin einschlägige BMF-Schreiben vom 18.8.2004, BStBl I 2004, 850; zum Ganzen *Knof* KS I 2006, 216); das gilt insbesondere, wenn er auf das Verhältnis zu den Gläubigern beschränkt bleibt. Auch die Voraussetzungen eines „Passivierungsaufschubs" nach § 5 Abs 2a EStG liegen im Fall des Rangrücktritts regelmäßig nicht vor (siehe ebenfalls BMF-Schreiben vom 8.9.2006, BStBl I

2006, 497). An der grundsätzlichen Steuerneutralität des Rangrücktritts eines GmbH-Gesellschafters hat sich auch durch das MoMiG nichts geändert (*Kahlert/Gehrke* ZIP 2008, 2392; *Funk* BB 2009, 867). Auch der nach § 19 Abs 2 Satz 3 InsO vereinbarte Rangrücktritt stellt keinen Forderungsverzicht dar. Auch auf ihn ist – unter den bisher schon geltenden Voraussetzungen das BMF-Schreiben vom 8. 9. 2006, BStBl I 2006, 497 – § 5 Abs 2 a EStG nicht anwendbar.

51 f) Ein gewisses Problem unter dem bislang geltenden Recht bildete das Verhältnis des früheren Kapitalersatzrechts zum (europäischen) **Beihilferecht**. Denn nach Auffassung der EU-Kommission können (auch indirekt) von staatlicher Seite gegebene Darlehen (ggfls verbotene) Beihilfen nach Art 87 f EG darstellen (vgl Entscheidung der Kommission vom 21. 6. 2000 – CDA [Thüringen], ABl EG Nr L 318 v 16. 12. 2000, S 62; dazu *Meessen* DB 2001, 1294). Daher durfte die Rückforderung eines kapitalersetzenden Darlehens, das zugleich eine verbotene Beihilfe darstellt (etwa wenn es von einer staatlich geförderten „Auffanggesellschaft" gewährt wurde), nicht in Anwendung der „Rechtsprechungsregeln" nach §§ 30 ff GmbHG gänzlich ausgeschlossen sein; diesen Anforderungen entspricht die heute für die Problematik allein maßgebliche Nr 5 (und zuvor schon § 32 a Abs 1 Satz 1 GmbHG), nach der ein Gesellschafterdarlehen als nachrangige Insolvenzforderung geltend gemacht werden kann (für eine entsprechende Auslegung schon des bisher geltenden Rechts LG Erfurt 8. 8. 2001 ZIP 2001, 1673, 1676 ff = EWiR § 32 a GmbHG 3/02, 577 *[Blöse]* [Weida Leder GmbH]; teilweise abw *Geuting/Michels* ZIP 2004, 12).

V. Rangrücktrittsvereinbarung (Abs 2)

52 Der Abs 2 stellt die gesetzliche Auslegungsregel auf, dass Forderungen, für die zwischen Gläubiger und Schuldner der Nachrang im Insolvenzverfahren vereinbart worden ist, *im Zweifel* nach den in Abs 1 bezeichneten Forderungen berichtigt werden – *quasi* in einer „Rangklasse 6". Aus Abs 2 lässt sich zunächst ablesen, dass eine privatautonome Vereinbarung hinsichtlich der Rangklasse von Forderungen überhaupt zulässig ist, solange sie nicht zu Lasten dritter Gläubiger geht. Deren Zulässigkeit begründet sich damit, dass es jedem Gläubiger grundsätzlich frei steht, ob er am Verfahren teilnimmt oder nicht. Wenn den Gläubigern aber schon das Ob der Verfahrensteilnahme freisteht, dann muss ihnen als *minus* zum gänzlichen Verzicht auf die Verfahrensteilnahme „erst recht" möglich sein, mit der Berichtigung ihrer Forderung hinter andere Gläubiger zurückzutreten. Für Forderungen, die im eröffneten Verfahren als allgemeine Insolvenzforderungen iSd § 38 geltend zu machen wären, kann also ein beliebiger Rang vereinbart werden, während Forderungen, die gem Abs 1 nachrangig zu befriedigen sind, nur in eine niedrigere Rangklasse zurückgestuft werden können. Ebenfalls denkbar ist, durch eine Rangrücktrittsvereinbarung eine „Zwischenrangklasse" zu schaffen (KPB/*Holzer* § 39 Rn 6; MK/*Ehricke* § 39 Rn 45).

53 Der Rangrücktritt ist **kein Forderungserlass**; es ist umstritten, ob es sich bei der Rangrücktrittsvereinbarung um einen schuldändernden Vertrag mit dinglicher Wirkung iSv § 311 Abs 1 BGB zwischen Gläubiger und Schuldner handelt, der die Forderung in ihrem Bestand unberührt lässt (vgl auch KPB/ *Holzer* § 39 Rn 21), oder ob der Rangrücktritt eine Variante des *pactum de non petendo* ist (*Karsten Schmidt* GmbHR 1999, 9, 13; dazu auch 12. Aufl § 19 Rn 70). Jedenfalls bleiben etwaige akzessorische Sicherheiten von dem erklärten Rangrücktritt ebenso unberührt wie ein Anspruch auf Verzinsung der nunmehr nachrangigen Forderung. Die Vereinbarung eines Nachrangs iSv Abs 2 erfasst auch nicht solche Schadenersatzansprüche, die sich auf Umstände stützen, welche erst zum Abschluss des Vertrages mit der Nachrangvereinbarung geführt haben (siehe **OLG Bamberg** 8. 6. 2006 WM 2006, 2093 = BB 2006, 2214 = InVo 2007, 60 zur Nachrangvereinbarung im Rahmen der Zeichnung von Genussrechten). Insgesamt geht im Falle der Insolvenz die Stellung als Gläubiger nicht verloren. Sofern nach Befriedigung aller Gläubiger (einschl der nachrangigen nach Abs 1) noch Vermögen vorhanden ist, können sodann die mit einem Rangrücktritt versehenen Forderungen befriedigt werden, noch bevor evtl vorhandenes Restvermögen nach § 199 S 2 (idR an die Gesellschafter) verteilt wird. Insoweit ist durch die Gesetzesbegründung zu § 19 (BT-Drucks 12/2443, S 115), nach der ein Rangrücktritt einen „Verzicht" auf die Forderung darstelle, ein Widerspruch zum Gesetzeswortlaut des Abs 2 entstanden (ebenso *Livonius* ZInsO 1998, 309, 310). Ginge man von einem Erlass in diesem Sinne aus, würde es sich daher – abgesehen von den steuerlichen Folgen – nicht mehr um eine Forderung handeln, die mit einer Quote bedient werden kann, falls die übrigen Gläubiger in voller Höhe befriedigt würden. Der Forderungserlass erhöhte mithin letztlich nur den Überschuss, der im Rahmen der Schlussverteilung nach § 199 S 1 an den Schuldner herauszugeben ist. Das aber war vom Gesetzgeber gerade nicht beabsichtigt.

54 Der Rangrücktritt bedarf der „Vereinbarung"; dazu muss er ausdrücklich angetragen werden, während die Annahme auch konkludent erklärt werden kann (vgl **BGH** 30. 3. 1998 Z 138, 211, 219 = NJW 1998, 2667 = NZG 1998, 424 = NZI 1998, 38 = WM 1998, 944 = KTS 1998, 462 = ZInsO 1998, 41; **OLG Düsseldorf** 25. 11. 1996 NJW 1997, 1455, 1456) oder nach § 151 BGB sogar ganz entbehrlich ist (*Wittig* NZI 2001, 169, 171). Aufgrund des privatrechtlichen Charakters der Vereinbarung ist zu ihrer Wirksamkeit keine Bestätigung durch das Insolvenzgericht, den Insolvenzverwalter oder eine Billigung durch die Gläubigerversammlung oder den Gläubigerausschuss erforderlich. Aller-

dings entfaltet sie keine prozessualen Wirkungen und muss daher durch Prozesserklärung in das Verfahren eingeführt werden (KPB/*Holzer* § 39 Rn 21). Trotz der irreführenden Formulierung „im Insolvenzverfahren vereinbart" ist damit nicht gemeint, eine solche Vereinbarung könne erst *nach* Verfahrenseröffnung getroffen werden (KP/*Noack*, InsO GesellschaftsR Rn 197). Die Vereinbarung kann ebenso *vor* Eröffnung des Insolvenzverfahrens getroffen werden. Eine Forderung mit vereinbartem Nachrang wird **im Zweifel** nach den Forderungen des Abs 1 berichtigt. Damit Abs 2 Anwendung findet, müssen also Zweifel bestehen, welchen Rang die Forderung nach der Vereinbarung einnehmen soll. Haben die Beteiligten etwa über den Rang speziell nichts gesagt, sondern nur vereinbart, dass die Gesellschafter-Forderung im Nachrang bedient werden soll (unspezifischer Rangrücktritt), greift die Auslegungsregel des Abs 2 ein. Umgekehrt wird eine Forderung, deren Rangklasse vertraglich eindeutig vereinbart worden ist, entsprechend dem vereinbarten Rang berichtigt (vgl auch Begr zu § 46 RegE, BT-Drucks 12/2443, S 123); für Abs 2 als Auslegungsregel bleibt dann kein Raum. Die Auslegungsregel des Abs 2 gilt ihrer Formulierung nach für alle Rangrücktritte, insbesondere für solche mit Besserungsabrede (*Karsten Schmidt* GmbHR 1999, 9, 12). Die Auslegungsregel des Abs 2 kann in einigen Fällen zu unbilligen Ergebnissen führen, insbesondere wenn Drittgläubiger einen unspezifischen Rangrücktritt erklärt haben. Hier würde ihre Forderung nach Abs 2 noch hinter die Gesellschafterdarlehen im Rang des Abs 1 Nr 5 zurücktreten. Wieso der Drittgläubiger mit seinem Sanierungsbeitrag gegenüber Gesellschafterdarlehen ohne Rangrücktritt diskriminiert wird, ist zwar unverständlich, entspricht aber mit Blick auf Abs 2 der Gesetzeslage (das gefundene Ergebnis beklagt auch *Haarmann* FS Röhricht, 2005, S 148). Einen Ausweg bietet allenfalls die (vorrangige) Auslegung der Rangrücktrittsvereinbarung selbst (§§ 133, 157 BGB). Insofern ist daher stets genau zu prüfen, ob nicht der Wille des Drittgläubigers erkennbar nur auf einen Rücktritt seiner Forderung in den Rang des Abs 1 Nr 5 gerichtet ist (das reicht freilich nur dann aus, sofern man diesen Rang für eine Nicht-Passivierung der Verbindlichkeit ausreichen lässt, was aber mit Blick auf den neuen Satz 2 des § 19 nicht (mehr) vertretbar ist (dazu sogleich Rn 55 und – mit Blick auf Gesellschafterdarlehen – bereits oben Rn 49).

Abs 2 enthält zwar „nur" eine Verteilungsregelung für den Insolvenzfall. Der Rangrücktritt spielt 55 aber schon im Vorfeld der Insolvenz im Rahmen des nach § 19 aufzustellenden **Überschuldungsstatus** eine große Rolle (dazu § 19 Rn 117). Mit der Vereinbarung eines Rangrücktritts bezwecken Gläubiger und Schuldner regelmäßig, eine drohende Überschuldung abzuwenden bzw eine bereits eingetretene zu beseitigen. Ob eine Forderung mit vereinbartem Nachrang im Überschuldungsstatus zu passivieren ist oder nicht, war hinsichtlich der konkreten inhaltlichen Ausgestaltung der Rangrücktrittserklärung vor Inkrafttreten des MoMiG ungewiss (hierzu 12. Aufl § 39 Rn 9–12; die entsprechenden Ausführungen aus der 12. Aufl dieses Werkes stehen auf der Homepage des Verfassers [http://www.uni-hamburg.de/fachbereiche-einrichtungen/handelsrecht/hirte.html] in bis zum Inkrafttreten des MoMiG aktualisierter Form zur Verfügung). Bedeutung erlangt diese Frage vor allem im Hinblick auf die Rangrücktrittsvereinbarungen bei Gesellschafterdarlehen (dazu oben Rn 49, § 19 Rn 117 ff). Das MoMiG hat die Frage nunmehr eindeutig in der Weise gelöst, dass eine Passivierung im Überschuldungsstatus nach § 19 Abs 2 entfällt, aber nur wenn ein Rangrücktritt hinter § 39 Abs 1 Nr 5 vereinbart wurde (näher oben Rn 49). Überdies werden Rangrücktrittsvereinbarungen aber auch noch in anderen Zusammenhängen eingesetzt, zB kann die Passivierungspflicht von Drohverlustrückstellungen in der Überschuldungsbilanz aufgrund eines Rangrücktritts entfallen (zu den Voraussetzungen *Haas* ZInsO 2002, 645, siehe dort auch zu der Vorfrage, ob und inwieweit das Recht des Insolvenzverwalters, sich von dem schwebenden Geschäft nach §§ 103 ff lösen zu können, die Passivierungspflicht auf Drohverlustrückstellungen von vornherein entfallen lässt). Im Übrigen bedeutet die Vereinbarung eines Rangrücktritts zur Vermeidung der Überschuldung iSv § 19 nicht auch zwingend einen Rangrücktritt iR der Verteilung (oben § 19 Rn 117).

Ist die Krise überwunden, können insbesondere Drittkreditgeber sowie ausscheidende Gesellschafter 56 ein Interesse daran haben, dass ihre **Rangrücktrittsvereinbarung wieder aufgehoben** wird. Dies ist grundsätzlich möglich, und zwar selbst dann, wenn der Rangrücktritt im Jahresabschluss offen gelegt worden ist (Scholz/*Karsten Schmidt* GmbHG, §§ 32 a, 32 b Rn 101; *Wittig* NZI 2001, 169, 175; kritisch *Habersack* ZGR 2000, 384, 405 ff). Allerdings können sich Aufhebungshindernisse aus den allgemeinen insolvenzrechtlichen Bestimmungen ergeben, zB §§ 24 Abs 1, 81 Abs 1. Zudem kann später eine Anfechtung der Aufhebung nach Maßgabe der §§ 129 ff durch den Insolvenzverwalter drohen (unten § 129 Rn 94). Freilich lässt auch eine wirksame Aufhebung der Rangrücktrittsvereinbarung die Geltung der zwingenden Regeln über den Kapitalersatz unberührt (*Haarmann* FS Röhricht, 2005, S 150).

VI. Zinsen und Kosten nachrangiger Insolvenzgläubiger (Abs 3)

Abs 3 weist den **Zinsforderungen** nachrangiger Insolvenzgläubiger den gleichen Rang zu wie den ent- 57 sprechenden Hauptforderungen. Dies entspricht zugleich auch der früheren Regelung in § 227 KO für den Nachlasskonkurs (so auch Begr RegE BT-Drucks 12/2443, S 123 f). Gemeint sind insoweit die Verzugszinsen, nicht aber die als Leistungsentgelt gezahlten Darlehens- oder Miet-„Zinsen" (dazu auch oben Rn 38 aE). Weiterhin werden durch die Vorschrift die **Kosten** erfasst, die den nachrangigen Gläubigern durch ihre Teilnahme am Verfahren entstehen. Insofern ist strikt zwischen den Zinsen und Kosten hinsichtlich nachrangiger Insolvenzforderungen und den Zinsen und Kosten hinsichtlich allgemeiner Insolvenzforderungen, die unter Abs 1 Nr 1 und Nr 2 fallen, zu trennen. Abs 3 wirkt sich praktisch nur auf Zinsen und Kosten für die nachrangigen Forderungen nach Abs 1 Nr 3 bis 5 sowie Abs 2 aus, da diese eben nicht im Rang des Abs 1 Nr 1 bzw Nr 2 berichtigt werden, sondern die entsprechend niedrigere Rangklasse ihrer Hauptforderung teilen. Die der Vereinfachung dienende Vorschrift ist in der Praxis nicht immer leicht anzuwenden. So ist zB bei anwaltlicher Vertretung eines Gläubigers vor und im eröffneten Insolvenzverfahren zu unterscheiden: Die vor Verfahrenseröffnung, also auch im Eröffnungsverfahren durch die Vertretung entstehenden Kosten können als Insolvenzforderungen iSv § 38 zur Tabelle angemeldet werden. Die ab Verfahrenseröffnung entstehenden Anwaltskosten, die ihm durch die Teilnahme am Verfahren mit seiner Forderung iSv § 38 entstehen, fallen unter Abs 1 Nr 2. Wird der Gläubiger nunmehr auch wegen dieser durch die anwaltliche Vertretung entstandenen Kosten, die in die Rangklasse des Abs 1 Nr 2 fallen, vom Gericht nach § 174 Abs 3 S 1 aufgefordert, sie zur Tabelle anzumelden, dann haben die durch die Vertretung auch in diesem Anmeldeverfahren entstehenden Anwaltskosten den gleichen (Nach-)Rang des Abs 1 Nr 2. Dagegen gehören Anwaltskosten für die Geltendmachung einer gem Abs 1 Nr 4 nachrangigen Forderung auf unentgeltliche Leistung nicht etwa zu den nachrangigen Forderungen des Abs 1 Nr 2, sondern teilen mit ihrer Hauptforderung den vierten Rang gem Abs 1 Nr 4 (KPB/*Holzer* § 39 Rn 23). Bei Zinsforderungen gem Abs 1 Nr 1 ist das **Zinseszinsverbot** des § 289 BGB zu beachten (**OLG Köln** 23. 9. 1966 NJW 1966, 2217 = WM 1966, 1114; **OLG Hamm** 22. 1. 1973 NJW 1973, 1002; *Löwisch* NJW 1978, 26; s auch Rn 17).

VII. Anwendungsbereich des Abs 1 Nr 5 (Abs 4)

58 **1. Erfasste Gesellschaften (Satz 1).** Die Neuregelung in Abs 1 Nr 5 ist grundsätzlich **rechtsformneutral** ausgestaltet. Ob freilich auch Verein und Stiftung erfasst sind, lässt sich mit Blick darauf bezweifeln, dass dort keine vermögensmäßige Beteiligung der Mitglieder besteht, wie sie beim Kleinbeteiligtenprivileg mit dem Begriff „Haftkapital" vorausgesetzt wird (*Haas* ZInsO 2007, 617, 628; *Habersack* ZIP 2007, 2145, 2148). Dagegen spricht freilich, dass auch bei diesen juristischen Personen ein Insolvenzverschleppungsrisiko besteht, wenn Darlehen von – dann freilich anders zu erfassenden – Insidern gewährt wurden (zur Stiftung *Hirte* FS Werner [2009], S 222, 232 f; zum Verein auch oben § 12 Rn 16).

59 Bei den **Personengesellschaften** sind aber nur solche erfasst, bei denen keine natürliche Person – auch nicht indirekt – persönlich haftet (§ 39 Abs 4 Satz 1; für eine Einbeziehung der Personengesellschaften insgesamt Gottwald/*Haas* InsR HdB § 94 Rn 56 ff; *Haas* ZInsO 2007, 617, 628; *von der Linden* DZWIR 2007, 5 ff; abw *Habersack* ZIP 2007, 2145, 2147). Gemeint ist damit die unbeschränkte persönliche Außenhaftung nach § 128 HGB (*Habersack* ZIP 2007, 2145, 2147; *Mülbert* WM 2006, 1977, 1981), so dass etwa weder die Kommanditistenhaftung nach § 161 HGB (da beschränkt) noch der Verlustausgleichsanspruch nach § 302 AktG oder – je nach Ansicht – die Gründerhaftung in der Vorgesellschaft (da Innenhaftung) darunter fallen. Das betrifft nach dem Gesetzeswortlaut aber nur persönlich haftende Gesellschafter auf bis zu „zwei Ebenen", so dass eine unmittelbare persönliche Haftung erst auf der dritten oder einer noch höheren Ebene eine Anwendbarkeit der Normen nicht ausschließt (*Haas* ZInsO 2007, 617, 628). Erfasst sind aber entgegen dem bislang geltenden Recht *alle* Gesellschaften, so dass auch Darlehensgewährungen seitens der Komplementärin dem Recht der Gesellschafterdarlehen unterfallen (*Haas* ZInsO 2007, 617, 629; *Habersack* ZIP 2007, 2145, 2148 [der dies freilich mit Blick auf § 93 für überflüssig hält]). Im Gegensatz zu den früheren §§ 129 a, 172 a HGB werden Darlehensgewährungen durch „mittelbar" beteiligte Gesellschafter nicht mehr ausdrücklich erwähnt; das soll sich nach der Vorstellung der Gesetzgebers jetzt aus der allgemeinen Erstreckung auf „wirtschaftlich entsprechende" Sachverhalte in § 39 Abs 1 Nr 5 ergeben (Begr RegE, BT-Drucks 16/6140, S 138).

60 Mit Blick auf Art 3 EuInsVO finden die Regelungen auch auf Insolvenzverfahren über das Vermögen **ausländischer Gesellschaften** Anwendung, über die in Deutschland ein Insolvenzverfahren eröffnet wurde (Begr RegE, BT-Drucks 16/6140, S 137 f; **AG** Hamburg 26. 11. 2008 67 g IN 352/08 NZG 2009, 197 [zu § 135]; zustimmend *Bork* ZGR 2007, 250, 252; *Kindler* AG 2007, 721, 727; zweifelnd *Altmeppen* NJW 2008, 3601, 3602 Fn 16; *Zahrte* ZInsO 2009, 223 ff). Andererseits ergibt sich jetzt – wie bei der Neuregelung der Insolvenzantragspflicht (dazu oben § 15 a Rn 4) – das Risiko, dass sich eine deutsche Schuldner-Gesellschaft durch Verlagerung des Mittelpunkts ihrer wirtschaftlichen Interessen ins Ausland den neuen Regelungen entziehen kann (dazu *Eidenmüller* FS Canaris, 2007, S 49, 68 f; *Hirte* ZInsO 2008, 146, 147).

61 Nicht anwendbar sind die Regeln über Gesellschafterdarlehen auf **Unternehmensbeteiligungsgesellschaften** (dazu *Hirte* ZInsO 1998, 147, 149). § 25 UBGG aF verbot hier früher schon – allerdings befristet – eine Zurechnung des Anteilsbesitzes von Kreditinstituten und Versicherungen verbundenen Unternehmensbeteiligungsgesellschaften für den Fall, dass die Kreditinstitute/Versicherungen Darlehen gewähren und diese umqualifiziert werden (dazu auch *Claussen* GmbHR 1996, 316, 320 f; *Obermüller* ZInsO 1998, 51, 54). Durch den durch das Dritte Finanzmarktförderungsgesetz vom 24. März 1998 (BGBl I 529) vollständig neu formulierten § 24 UBGG nF wurde eine Freistellung zum einen auf sämtliche Gesellschafter erweitert und zum anderen festgelegt, dass die Privilegierung auch „andere der Darlehensgewährung wirtschaftlich entsprechende Rechtshandlung[en]" erfasst. Durch Art 21 MoMiG

VII. Anwendungsbereich des Abs 1 Nr 5 § 39

wurde dann eine Anwendbarkeit des in Abs 1 Nr 5 statuierten Nachrangs für die von Unternehmensbeteiligungsgesellschaften und ihren Gesellschaftern ausgereichten Darlehen vollständig ausgeschlossen.

Besonderheiten im Bereich der Gesellschafterdarlehen galten auch für von der **Bundesanstalt für vereinigungsbedingte Sonderaufgaben (früher: Treuhandanstalt)** ausgereichte Darlehen und sonst für Unternehmen in den neuen Bundesländern (Einzelheiten in 12. Aufl § 135 Rn 8). 62

2. Sanierungsprivileg (Satz 2). Ein (allgemeines) Sanierungsprivileg für Darlehen, die zum Zwecke der Überwindung einer Krise gewährt wurden, war von der wohl hM ursprünglich überwiegend abgelehnt worden. Vielmehr wurde auf einen zunächst reinen Darlehensgeber der Gesellschaft, der nach Eintritt der Krise einen Geschäftsanteil erwarb, grundsätzlich ebenfalls § 32a GmbHG (entsprechend Abs 1 Nr 5 InsO) angewandt, wenn er entweder das Darlehen bereits in sachlichem Zusammenhang mit dem vorgesehenen Eintritt in die Gesellschaft gegeben oder es nach dem Anteilserwerb kapitalersetzend stehen gelassen hat (**BGH 21. 9. 1981 Z 81, 311 = NJW 1982, 383 = ZIP 1981, 1200 = LM § 30 GmbHG Nr 14a** *[Fleck]* [Helaba/Sonnenring]; abw *Rümker* ZIP 1982, 1385, 1394; *Uhlenbruck* GmbHR 1982, 141 ff; *Westermann* ZIP 1982, 379, 386). Die entsprechenden Darlehen konnten daher in der Insolvenz entweder nur als nachrangige Forderungen oder – wegen der Gleichsetzung mit Eigenkapital – gar nicht geltend gemacht werden. 63

Wegen der damit verbundenen Folgen vor allem für die Kreditinstitute schuf der Gesetzgeber in § 32a Abs 3 S 3 GmbHG aF daher ausdrücklich ein solches – vom Insolvenzverfahren unabhängiges – Sanierungsprivileg (zu Einzelheiten *Dauner-Lieb* DStR 1998, 1517; *Hirte* ZInsO 1998, 147, 150 ff). Voraussetzung seiner Inanspruchnahme war, dass die Übernahme von Geschäftsanteilen „zum Zwecke der Überwindung der Krise" erfolgen muss; das heißt, dass die Gesellschaft aus der Sicht eines objektiven Dritten sanierungsfähig sein muss (was idR eine mindestens signifikante Mittelzufuhr voraussetzt) und dies eine nachhaltige Überwindung der Krise – freilich aus *Ex-ante*-Sicht – in überschaubarer Zeit ermöglicht; andererseits wurde die Norm auch auf die nach den früheren „Rechtsprechungsregeln" umqualifizierten Darlehen erstreckt (**BGH 17. 7. 2006 ZIP 2006, 2130 = DStR 2006, 2140**). 64

Diese Regelung führt der durch das MoMiG eingeführte Abs 4 Satz 2 in leicht veränderter Form fort. Das Sanierungsprivileg gilt auch nach dem MoMiG für Personen, die vor dem Anteilserwerb aus dem Anwendungsbereich des Abs 1 Nr 5 herausfielen, also weder Gesellschafter noch gleichgestellte Personen waren oder vor dem Hinzuerwerb dem Kleinbeteiligtenprivileg unterfielen (weitergehend *Altmeppen* NJW 2008, 3601, 3605: Anwendung auch auf Altgesellschafter, die bereits mit über 10% beteiligt sind); Voraussetzung ist unverändert ein Beteiligungserwerb (*Habersack* ZIP 2007, 2145, 2149; zur Kritik *Burg/Poertzgen* ZInsO 2008, 473, 474 f; *Gehrlein* BB 2008, 846, 851; *Hirte* ZInsO 2008, 146, 149; *Hirte/Knof* WM 2009 1961, 1963; *Tillmann* DB 2006, 199, 201 ff; zum früheren Recht zusammenfassend *H.-F. Müller* Der Verband in der Insolvenz, 2002, S 408 ff). Ungeklärt ist, ob das Privileg auch dann greift, wenn ein vom Kreditgeber verschiedener Dritter im Zusammenhang mit einer Darlehensgewährung die Anteile übernimmt (zum früheren Recht bejahend *Tillmann* DB 2006, 199, 200 f). 65

An Stelle des bislang verwendeten Merkmals der „Krise" greift das Privileg jetzt ab dem **Zeitpunkt** der drohenden (§ 18) oder eingetretenen (§ 17) Zahlungsunfähigkeit bzw Überschuldung (§ 19). Die Gewährung von Darlehen ist damit nicht schon ab dem Zeitpunkt der Kreditunwürdigkeit privilegiert (*Freitag* WM 2007, 1681, 1682; *Gehrlein* Konzern 2007, 771, 787 f). 66

Die Freistellungswirkung des Sanierungsprivilegs kennt freilich auch Grenzen, und zwar zunächst **gewillkürte** Grenzen durch Rangrücktritt (dazu oben Rn 52 ff), ferner die **gesetzliche** Grenze nach Abs 4 S 2, der die Nichtanwendung der Subordination nach Abs 1 Nr 5 nur „bis zur nachhaltigen Sanierung" anordnet (für die Festlegung eines klare[re]n Zeitpunkts [ein Jahr] *Haas* ZInsO 2007, 617, 625; zu den im Übrigen nur relativ unbedeutenden Unterschieden zwischen altem und neuem Recht *Bork* ZGR 2007, 250, 254 ff; *Hirte/Knof* WM 2009, 1961, 1969). Mit dem Eintritt der „nachhaltigen Sanierung" muss sich der Sanierungsgesellschafter daher vor der Frist des § 135 zum Abzug seines zum Zwecke der Sanierung gewährten Darlehens entschließen oder sein Darlehen unterliegt – wie das jedes „einfachen" Gesellschafters – der Nachranganordnung des Abs 1 Nr 5 (ebenso *Altmeppen*, NJW 2008, 3601, 3605 f). Ein **Scheitern der Sanierung**, das spätestens mit Eröffnung des Insolvenzverfahrens konstatiert werden muss, lässt die Freistellungswirkung des Sanierungsprivilegs nicht entfallen (*Gyllensvärd* Das Sanierungsprivileg – § 32a Abs 3 S 3 GmbHG, 2005, S 167 f; *Hirte/Knof* WM 2009 1961, 1970); denn gerade hierfür ist die Regelung gedacht. 67

Privilegiert ist nur der **Beteiligungserwerb**. Eine allgemeine Privilegierung von Sanierungsdarlehen, also auch solchen, die nicht im Zusammenhang mit einem Beteiligungserwerb stehen, findet sich an dieser Stelle nicht (nachdrücklich kritisch dazu *Bork* ZGR 2007, 250, 259; *Haas* ZInsO 2007, 617, 624 f; *Knof* ZInsO 2007, 125, 129); das ist gesetzessystematisch auch nicht erforderlich, weil es hier nur um die „von Gesellschaftern" gewährten Darlehen geht. Eine solche Privilegierung kann sich aber in Anwendung der allgemeinen insolvenz-anfechtungsrechtlichen Bestimmungen ergeben (siehe dazu insbesondere § 142 Rn 10). In Abs 1 Nr 5 geht es daher eigentlich nur um Sanierungsbeteiligungen, nicht um Sanierungskredite. 68

Mit Blick auf den Wortlaut des Abs 4 S 2 InsO ist unklar, ob der Sanierungsgesellschafter seine **Gläubiger**stellung zwingend *vor* seiner **Gesellschafter**stellung begründet haben muss; klar dürfte nur 69 sein, dass er die Gläubigerstellung nicht bereits „bei [= vor] drohender oder eingetretener Zahlungsunfähigkeit der Gesellschaft oder bei Überschuldung" innegehabt haben muss (*Hirte/Knof* WM 2009 1961, 1963 ff; aA *Pichler,* WM 1999, 411, 416). Bei der Auslegung des Tatbestandes ist vor allem auf den Anknüpfungspunkt des Sanierungsprivilegs abzuheben. Das ist der Anteilserwerb (1) „bei drohender oder eingetretener Zahlungsunfähigkeit der Gesellschaft oder bei Überschuldung" (früher im Stadium der Krise der Gesellschaft) und (2) „zum Zwecke ihrer Sanierung". Diese Zweckbindung der Sanierungsbeteiligung (nicht des Sanierungskredits!) ist entscheidend. Ein auch zeitlich nach dem Erwerb der Sanierungsbeteiligung gewährtes Darlehen ist demnach immer dann privilegiert, wenn bei seiner Gewährung noch ein Zusammenhang mit dem Sanierungszweck bejaht werden kann.

70 In der Insolvenz kann sich eine Privilegierung von Sanierungskrediten zudem dadurch ergeben, dass vom Insolvenzverwalter aufgenommene Kredite als **Masseverbindlichkeiten** nach § 55 Abs 1 Nr 1 gelten; gleiches gilt nach § 55 Abs 2 Satz 1 auch für die von einem vorläufigen Insolvenzverwalter aufgenommenen Kredite, auf den die Verfügungsbefugnis nach § 21 Abs 2 Nr 1 übergegangen ist. Diese Einordnung als Masseverbindlichkeit wirkt freilich sicher nur für das Verfahren, in dem die Kredite aufgenommen wurden. Unklar ist demgegenüber, wie solche Kredite in einem späteren Insolvenzverfahren nach Aufhebung des Verfahrens, in dem die Kredite in Anspruch genommen wurden, zu behandeln sind. Ein Fortbestand der Privilegierung, die die Einordnung als Masseverbindlichkeit iSv § 55 bedeutet, würde dabei sicher gegen § 264 verstoßen, der eine solche Möglichkeit unter besonderen Bedingungen und in umfangmäßigen Grenzen dem Insolvenzplan vorbehält. Wurden die Darlehen von Gesellschaftern gewährt, kann sich aber die weitere Frage stellen, ob diese in einem späteren Insolvenzverfahren nachrangig iSv § 39 Abs 1 Nr 5 sind oder werden. Das ist zu verneinen. Entscheidend ist dabei, dass hier im Gegensatz zur typischen Lage bei der Gewährung von Gesellschafterkrediten nicht auf beiden Seiten des Darlehensvertrages Personen stehen, deren Interessen gleichlaufen; denn der Insolvenzverwalter hat die Interessen aller Beteiligten und insbesondere der Gläubiger zu berücksichtigen (ebenso KP-*Noack* GesellschaftsR Rn 209; *ders* FS Claussen [1997], S 307, 316 f unter Hinweis auf die Spezialität der insolvenzrechtlichen gegenüber den gesellschaftsrechtlichen Regelungen; dem folgend *Koppensteiner* AG 1998, 308, 317; zweifelnd *Karsten Schmidt* ZGR 1998, 633, 661).

71 **3. Finanzplankredite.** Mit der Abschaffung der „Rechtsprechungsregeln" hat § 30 Abs 1 Satz 3 GmbHG nF lediglich das *gesetzlich* gebundene Ersatzkapital im Blick hat. Damit ist jedoch nicht ausgeschlossen, dass es zukünftig noch *rechtsgeschäftlich* generiertes Eigenkapital gibt, das von § 30 Abs 1 Satz 3 GmbHG unberührt bleibt (*Ekkenga* WM 2006, 1986, 1992 ff; *Habersack* ZIP 2007, 2145, 2152; *Knof* ZInsO 2007, 125, 128, *Marotzke* ZInsO 2008, 1281, 1291 f; *Karsten Schmidt* ZIP 2006, 1925, 1933; mit guten Gründen für eine Anwendung von § 136 Abs 2 auf diese Kredite *Krolop* ZIP 2007, 1738, 1742). Hiermit ist insbesondere die **Finanzplanrechtsprechung** des BGH (BGH 28. 6. 1999 Z 142, 116 = NJW 1999, 2809 = ZIP 1999, 1263 = DStR 1999, 1198 *[Goette]* = EWiR § 32 a GmbHG 5/99, 843 *[Dauner-Lieb]*); siehe auch BGH NZG 2006, 543 = DStR 2006, 1240 = ZIP 2006, 1199 = WM 2006, 1202 = ZInsO 2006, 650) angesprochen, deren Anwendung auf Sachverhalte, die bisher nach den allgemeinen Grundsätzen über eigenkapitalersetzende Leistungen behandelt worden sind, noch ausgelotet werden muss. Eine besondere Zurückhaltung – über die vom BGH mit Blick auf die Fallgruppe des „Finanzplankredits" ohnehin eng gezogenen Grenzen hinaus – ist zumindest nicht als Folge der Abschaffung der „Rechtsprechungsregeln" geboten. Denn der sog. „Finanzplankredit" ist gerade keine eigenständige Kategorie des Eigenkapitalersatzrechts gewesen. Inwieweit ein Gesellschafter verpflichtet ist, ein derartiges Darlehen zur Verfügung zu stellen, richtet sich nach Inhalt und Fortbestand der zwischen den Gesellschaftern untereinander oder mit der Gesellschaft – sei es auf satzungsrechtlicher Grundlage, sei es in Form einer schuldrechtlichen Nebenabrede – getroffenen Vereinbarungen (BGH 21. 3. 1988 Z 104, 33, 40 f = NJW 1988, 1841 = ZIP 1988, 638 = KTS 1988, 505). Danach kann sich auch nach Verfahrenseröffnung noch die Pflicht eines Gesellschafters ergeben, der Gesellschaft ein Darlehen zu gewähren oder ihr Gegenstände zu überlassen. Für die Vergütung des Gesellschafters haben dabei die privatautonomen Regelungen auch gegenüber § 135 Abs 3 Satz 2 Vorrang, wenn dies für die Masse günstiger ist (*Marotzke* ZInsO 2008, 1281, 1292). Wie bei einem Rangrücktritt (dazu oben Rn 52 ff) kann die Aufhebung einer Finanzierungszusage vor Verfahrenseröffnung der Insolvenzanfechtung unterliegen.

VIII. Kleinbeteiligtenprivileg (Abs 5)

72 Im neuen Abs 5 wird das frühere Kleinbeteiligtenprivileg („Witwen- und Erbtantenprivileg"; § 32 a Abs 3 Satz 2 GmbHG aF) übernommen (zur Kritik an dessen ursprünglicher Kodifikation im GmbH-Gesetz *Karsten Schmidt* ZIP 1996, 1586, 1588; dazu auch *Habersack* ZHR 161 [1997], 458, 459; *ders* ZHR 162 [1998], 201, 210; *Hirte* ZInsO 1998, 147, 152. Selbst *Seibert,* DStR 1997, 35, 36 rechnete das Vorhaben des Gesetzgebers „eher zu den rechtspolitischen Allotria"). Bei diesem „Witwen- und Erbtantenprivileg" ist zunächst widersprüchlich, dass es eine Privilegierung nicht nur für die mit „weniger als 10%" beteiligten Gesellschafter schafft, sondern für die mit „zehn Prozent oder weniger" beteiligten Gesellschafter (deutlich *Dauner-Lieb* DStR 1998, 609, 612 f: „Mogelpackung"). Von der Rückstufung ihrer

IX. Übergangsvorschrift **§ 39**

Darlehen ausgenommen werden damit also auch diejenigen Gesellschafter, denen die Minderheitsrechte des § 50 Abs 1 GmbHG zustehen und die etwa die Entscheidung über eine Liquidation nach § 61 GmbHG herbeiführen könnten (zu den Schwierigkeiten der entsprechenden Anwendung der Regelung bei der GmbH & Co KG *Linde*, Das Kleinbeteiligtenprivileg des § 32a Abs 3 Satz 2 GmbHG in der GmbH & Co iSd §§ 172a, 129a HGB [2002]). Nicht einleuchtend sind auch die Willkürlichkeit und der Schematismus, die Rückstufung von Gesellschafterforderungen in der Insolvenz an einen bestimmten Umfang der Beteiligung am Stammkapital zu knüpfen. Denn der Umfang der gesellschaftsrechtlichen Beteiligung ist für die Finanzierung durch Ersatzkapital nur von untergeordneter Bedeutung (*Altmeppen* ZIP 1996, 1455; *von Gerkan* ZGR 1997, 173, 179 f; *ders* GmbHR 1997, 677; *Habersack* ZHR 162 [1998], 201, 208, 209; *Hirte* ZInsO 1998, 147, 153 [mit der Forderung, stattdessen auf den fehlenden Zurechnungszusammenhang bei Kleinstbeteiligungen abzustellen]; *Karollus* ZIP 1996, 1893, 1894; *Pape/Voigt* DB 1996, 2113, 2116; *Pentz* BB 1997, 1265, 1269; *Karsten Schmidt* ZIP 1996, 1586, 1588; *ders* GmbHR 1999, 1269, 1276; abw *Claussen* GmbHR 1996, 316, 321 [zudem mit Forderung nach Festlegung einer Quote von 25%]).

In Abweichung vom bislang für die Aktiengesellschaft geltenden Recht (**BGH** 26. 3. 1984 Z 90, 381, 391 = ZIP 1984, 572 = NJW 1984, 1893 [Beton- und Monierbau]; bestätigt durch **BGH** 9. 5. 2005 NZG 2005, 712, 713 = ZIP 2005, 1316, 1317 = BB 2005, 1758 = DStR 2005, 1416; zur Kritik bereits *Hirte* Vortrag auf dem 66. DJT [2007], S P 11, P 33; *Hirte* 12. Aufl § 135 Rn 25) wird das Kleinbeteiligtenprivileg jetzt aber allgemein davon abhängig gemacht, dass eine **Beteiligung von 10% des „Haftkapitals"** nicht überschritten wird (Begr RegE, BT-Drucks 16/6140, S 138). Abzustellen ist mithin auf die Kapitalbeteiligung, nicht auf ein etwa davon abweichendes Stimmgewicht. Bei einer indirekten Beteiligung wie im Falle der GmbH & Co KG kommt es auf die „durchgerechnete" Beteiligung an der gesamten Gesellschaft an; zur Kapitalbeteiligung als Kommanditist ist also diejenige an der Komplementärin hinzuzurechnen und in Bezug zum Gesamtkapital zu setzen (nicht ganz klar *Gehrlein* BB 2008, 846, 852). Im Übrigen gelten die bislang dazu entwickelten Grundsätze fort: Für die Frage, ob das Kleinbeteiligtenprivileg greift, kommt es daher zunächst auf den **Zeitpunkt** der Darlehensgewährung an, und es kann nicht dadurch nachträglich erlangt werden, dass die Geschäftsführerstellung aufgegeben oder die Beteiligung verringert wird (*Gehrlein* Konzern 2007, 771, 787 f; *von Gerkan* GmbHR 1997, 677, 679 [anders für den Umkehrfall der späteren Aufstockung]; *Haas* ZInsO 2007, 617, 619; *Habersack* ZIP 2007, 2145, 2150; *Hirte* in: RWS-Forum 10 [1998], S 145, 161; abw Begr RegE KapAEG [BT-Drucks 13/7141 = ZIP 1997, 706, 709 f]). Umgekehrt kann das Privileg bei **späterem Überschreiten** der Schwelle verloren gehen (*Altmeppen* NJW 2008, 3601, 3604 f; *Dahl/Schmitz* NZG 2009, 325, 326; *Gehrlein* Konzern 2007, 771, 788; *Haas* ZInsO 2007, 617, 620; *Habersack* ZIP 2007, 2145, 2150).

Die starre Grenze lädt im Übrigen zu **Umgehungsversuchen** geradezu ein, die mit Zurechnungsregeln beantwortet werden müssen. Naheliegend ist insoweit eine entsprechende Anwendung der im Bereich des Aktienrechts bei den Meldepflichten der § 20 AktG, §§ 21 ff WpHG und der Umgehung von Höchststimmrechten (§ 134 Abs 1 Satz 2 AktG) geltenden Zurechnungsregeln einschließlich der dort bestehenden Nachweismöglichkeiten und -vermutungen. Die gemeinsame Gewährung von Darlehen von jeweils mit 10% oder weniger beteiligten Gesellschaftern ist also zusammenzurechnen und als Darlehensgewährung durch eine entsprechend größere Gesellschaftergruppe zu behandeln (vgl *Hirte* ZInsO 1998, 147, 153; *Karsten Schmidt* GmbHR 1999, 1269, 1276; sowie auch den Diskussionsbericht von *Schäfer* ZHR 162 [1998], 232, 234; iE ebenso *Dauner-Lieb* DStR 1998, 609, 613; *Paulus* BB 2001, 425, 428 f; die tatsächlichen Voraussetzungen eines solchen Vorgehens verneinend **BGH** 9. 5. 2005 ZIP 2005, 1316, 1317 = NZG 2005, 712, 713 = BB 2005, 1758 = DStR 2005, 1416). Und selbst bei einer Darlehensgewährung durch einen nur geringfügig beteiligten Gesellschafter dürften die Dinge anders zu sehen sein, wenn diese auf Initiative oder jedenfalls mit Zustimmung der Mehrheit der Gesellschafter erfolgen sollte oder ihm die Mittel dazu von höher beteiligten Gesellschaftern zur Verfügung gestellt werden (*Dauner-Lieb* DStR 1998, 609, 614; *Goette* DStR 1997, 2027, 2035).

IX. Übergangsvorschrift

Nach Art 103d EGInsO sind die durch das MoMiG geänderten bzw eingefügten neuen Vorschriften auf solche Insolvenzverfahren anwendbar, die nach Inkrafttreten des MoMiG (1. 11. 2008) eröffnet wurden (Satz 1); umgekehrt bleibt es für vorher eröffnete Verfahren bei der Anwendung des bislang geltenden Rechts, so dass dies noch eine erhebliche Zeit von Bedeutung bleiben dürfte (Satz 2). Nach Auffassung des Bundesgerichtshofs gelten dieselben Grundsätze auch für die sog. Rechtsprechungsregeln (**BGH** 26. 1. 2009 – II ZR 260/07 Tz 17 f Z [demnächst] = ZIP 2009, 615 [Gut Buschow]; abw *Hirte/Knof/Mock* NZG 2009, 48; *Holzer* ZIP 2009, 206). Mit der rein verfahrensrechtlich ausgestalteten Übergangsregelung des Gesetzes einschließlich der erweiternden Auslegung durch den **BGH** ist aber noch keine Aussage darüber getroffen, ob auch *schon entstandene gesellschaftsrechtliche Ansprüche* gegen Gesellschafter aus §§ 30, 31 GmbHG analog mit materieller Wirkung fortfallen, wenn kein Insolvenzverfahren vor dem genannten Datum eröffnet wurde; dafür spricht auch, dass es in der Gesetzesbegründung nur heißt, die neue Norm bestimme den zeitlichen Anwendungsbereich der neuen *insolvenzrechtlichen* Bestimmungen (Begr RegE, BT-Drucks 16/6140, S 140). Der Gesetzestext dürfte insoweit lückenhaft sein, was auch damit zusammenhängt, dass ein bislang materiellrechtlicher in einen verfahrensrechtlichen Ansatz konzeptionell geändert wurde. Aus dem gesetzgeberischen Ziel ebenso wie aus dem systematischen Zusammenhang dürfte sich aber sicher ein Wille des Gesetzgebers ergeben, dass gesellschaftsrechtliche Ansprüche künftig nicht mehr durchgesetzt werden (ebenso *Büscher* GmbHR 2009, 800 ff; *Rellermeyer/Gröblinghoff* ZIP 2009, 1933 ff). Eine Lückenfüllung in diese Richtung ist mit Blick auf Art 14 GG freilich nicht ganz unproblematisch; aber einerseits dürfte eine solche Lückenfüllung eine bloße Inhaltsbestimmung darstellen, weil früher bestehende Ansprüche ja nicht vollständig entfallen, und andererseits ist auch hier zu bedenken, dass es sich bei den entfallenden Ansprüchen um solche in analoger Anwendung gesetzlicher Bestimmungen handelt. Das könnte zudem ein Argument für Gerichte sein, in der Zukunft ohne Bezugnahme auf gesetzliche Bestimmungen selbst die Analogienotwendigkeit zu verneinen.

§ 40 Unterhaltsansprüche

¹Familienrechtliche Unterhaltsansprüche gegen den Schuldner können im Insolvenzverfahren für die Zeit nach der Eröffnung nur geltend gemacht werden, soweit der Schuldner als Erbe des Verpflichteten haftet. ² § 100 bleibt unberührt.

<small>Regelungsgehalt des § 40 (§ 47 RegE; § 45 RefE; § 45 DiskE) entspricht demjenigen der früheren §§ 3 Abs 2 KO und 25 Abs 2 VglO; S 1 noch vor Inkrafttreten der InsO geändert durch Art 4 V des KindUG v 6. 4. 1998 (BGBl I S 666).</small>

I. Allgemeines

1   Nach § 38 müssen Forderungen stets vor Eröffnung des Insolvenzverfahrens begründet worden sein, um als Insolvenzforderungen im Verfahren geltend gemacht werden zu können. Das gilt auch für familienrechtliche Unterhaltsansprüche. Da diese allerdings in **Abhängigkeit von der Bedürftigkeit des Berechtigten und der Leistungsfähigkeit des Pflichtigen** laufend neu begründet werden, fallen die nach Eröffnung des Insolvenzverfahrens weiterhin laufenden familienrechtlichen Unterhaltsansprüche nicht unter § 38 (und auch nicht als Masseforderungen unter § 55) und sind damit regelmäßig außerhalb des Insolvenzverfahrens geltend zu machen. Grund hierfür ist die Verbundenheit des Berechtigten mit der Lebenssituation des Pflichtigen, die somit ein und dasselbe vermögensrechtliche Schicksal teilen. Von dieser Regel ist nach S 1 bei familienrechtlichen Unterhaltsansprüchen eine Ausnahme zu machen, wenn der Schuldner als Erbe des Verpflichteten haftet. Denn insofern fehlt die sonst typische Verbundenheit des Berechtigten mit der Lebenssituation des Pflichtigen (zur *ratio* Jaeger-*Henckel* § 40 Rn 5; MK InsO-*Schumann* § 40 Rn 1).

2   Obgleich der Regelungsgehalt des § 40 demjenigen der früheren §§ 3 Abs 2 KO und 25 Abs 2 VglO entspricht, stehen die Unterhaltsgläubiger nach der InsO im Ergebnis dennoch überwiegend schlechter (vgl *Uhlenbruck* FamRZ 1998, 1473 ff; *ders* FamRZ 1993, 1026 ff; *ders* KTS 1999, 413 ff; KS-*Kohte* S 781 ff); insbesondere im Restschuldbefreiungsverfahren nach den §§ 286 ff bzw im Verbraucherinsolvenzverfahren nach den §§ 304 ff (unten Rn 3). Die Unterhaltsgläubiger nehmen unverändert mit den ab Verfahrenseröffnung entstehenden Unterhaltsansprüchen nicht am Verfahren teil, denn sie sind Neugläubiger. Während die Unterhaltsgläubiger nach früherem Recht aber wenigstens in den Neuerwerb vollstrecken konnten, ist ihnen durch die **Einbeziehung des Neuerwerbs in die Insolvenzmasse gem § 35** und durch das **Vollstreckungsverbot des § 89 Abs 2 S 1** diese Möglichkeit weitgehend genommen worden (*Uhlenbruck* KTS 1999, 413 ff; *ders* FamRZ 1998, 1473). Das Vollstreckungsverbot des § 89 Abs 2 S 1 InsO findet aber in § 89 Abs 2 S 2 InsO zugunsten solcher Neugläubiger eine Ausnahme, die aus Unterhalts- oder Deliktsansprüchen in den Teil der Bezüge vollstrecken, der für sie erweitert pfändbar ist (§§ 850 d, 850 f Abs 2 ZPO). Dieser nicht zur Insolvenzmasse gehörende Teil der Bezüge wird von der die Restschuldbefreiung bezweckenden Abtretung der (pfändbaren) Bezüge an den Treuhänder nicht erfasst und unterliegt darum dem Zugriff der privilegierten Neugläubiger (BT-Drucks 12/2443 S 137 f zu § 100 RegE zur InsO). Damit wird das Vollstreckungsverbot zugunsten der Neugläubiger, die im Insolvenzverfahren nicht berücksichtigt werden und infolge der Einbeziehung des Neuerwerbs in die Insolvenzmasse (§ 35 Abs 1) keinen realistischen Vollstreckungszugriff auf das insolvenzfreie Vermögen haben, im Umfang der erweitert pfändbaren Beträge gelockert. Diese Lockerung gilt freilich nur, soweit die besondere Schutzbedürftigkeit reicht. Die Besserstellung durch § 89 Abs 2 S 2 InsO gilt deshalb nach Ansicht des **BGH** eindeutig nur für Neugläubiger von Unterhalts- und Deliktsansprüchen, aber nicht auch für Unterhalts- und Deliktsgläubiger, die an dem Insolvenzverfahren teilnehmen (**BGH** 27. 9. 2007 NZI 2008, 50 = ZIP 2007, 2330 = ZInsO 2007, 1226). Der erweiterte Zugriff der Unterhaltsgläubiger auf das Vermögen des Schuldners dürfte praktisch aber nur von einem geringen Mehrwert sein, denn nach § 850 d Abs 1 S 2 ZPO ist dem Schuldner zumindest so viel zu belassen, als er für seinen eigenen notwendigen Unterhalt und zur Erfüllung seiner laufenden gesetzlichen Unterhaltspflichten bedarf.

3   Besonders benachteiligt sind die **Unterhaltsgläubiger im Restschuldbefreiungsverfahren** (vgl *Smid* in Leipold, Insolvenzrecht im Umbruch, 1991, S 139, 147 [„erhebliches Schutzdefizit" zu Lasten der Un-

II. Anwendungsbereich

terhaltsgläubiger]; gleichsinnig *Uhlenbruck* FamRZ 1998, 1473, 1476). Unterhaltsansprüche des Schuldners vor Eröffnung des Insolvenzverfahrens fallen als Vermögensansprüche familienrechtlicher Natur unter die Restschuldbefreiung, selbst wenn sie vertraglich oder gesetzlich nach den §§ 1607 Abs 2 S 2, 1608 S 3, 1584 S 3 oder 1615l Abs 3 S 1 BGB auf einen anderen Unterhaltspflichtigen bzw nach § 33 Abs 1 SGB II, § 95 SGB VIII, § 94 Abs 1 SGB XII, § 7 UVG oder § 37 Abs 1 BA, § 94 Abs 3 SGB VIII auf einen öffentlichen Träger übergegangen sind (*Uhlenbruck* FamRZ 1998, 1473, 1476; MK InsO-*Schumann* § 40 Rn 13). Die während der Wohlverhaltensperiode unbefriedigt gebliebenen rückständigen Unterhaltsforderungen belasten den Schuldner weiterhin für viele Jahre auch nach der Restschuldbefreiung, mit der Folge, dass der Schuldner nach Erteilung der Restschuldbefreiung wieder im „Schuldturm" sitzt (*Döbereiner* Restschuldbefreiung 1997, S 256). Andererseits würde die Einbeziehung laufender Unterhaltsforderungen in das eröffnete Verfahren und die Herausnahme rückständiger Unterhaltsforderungen aus den Wirkungen der Restschuldbefreiung angesichts der Höhe rückständiger Unterhaltsansprüche, denen die Schuldner in den meisten Fällen ausgesetzt sind, den Erfolg des gesamten Restschuldbefreiungsverfahrens infrage stellen. Der Erfolg eines Insolvenzverfahrens mit anschließender Restschuldbefreiung ist aber ohnehin infrage gestellt, wenn die Unterhaltsgläubiger wegen der laufenden Ansprüche in den sonstigen Neuerwerb des Schuldners vollstrecken können, der nicht unter die Vorschriften der Restschuldbefreiung fällt und der Zwangsvollstreckung durch die Unterhaltsgläubiger nicht entzogen ist.

Eine Schlechterstellung der Unterhaltsgläubiger ergibt sich auch mit Blick auf den **außergerichtlichen Schuldenregulierungsplan**, für den die Vorschrift des § 305 Abs 1 Nr 4 nicht gilt, wonach ua auch die Familienverhältnisse des Schuldners Berücksichtigung zu finden haben. Obgleich der Planinhalt der Privatautonomie der Beteiligten unterliegt und diese in der Gestaltung grundsätzlich frei sind, wird man schon aus Art 6 GG den Schluss ziehen müssen, dass die Familienverhältnisse auch bei der außergerichtlichen Schuldenregulierung zu berücksichtigen sind mit der Folge, dass die Unterhaltspflichten bei der Aufstellung eines Schuldenregulierungsplans ebenfalls vorrangige Bedeutung haben (Einzelheiten zu Unterhaltsansprüchen im außergerichtlichen Schuldenregulierungsplan bei *Uhlenbruck* KTS 1999, 413, 425 ff). 4

II. Anwendungsbereich

1. Familienrechtliche Unterhaltsansprüche. Bei den familienrechtlichen Unterhaltsansprüchen nach S 1 handelt es sich im Wesentlichen um die **gegen den Schuldner gerichteten gesetzlichen Unterhaltsansprüche** aus aufgehobener Ehe (§ 1318 Abs 2 BGB), des Ehegatten (§§ 1360, 1360 a, 1360 b, 1361), des geschiedenen Ehegatten (§§ 1569 bis 1586 b BGB), eines Verwandten in gerader Linie (§§ 1601 ff, 1770 Abs 3 BGB), eines Kindes nicht miteinander verheirateter Eltern (§ 1615 a BGB), eines Adoptivkindes (§ 1754 BGB), eines als Kind angenommenen Volljährigen und dessen Abkömmlingen (§ 1770 Abs 3 BGB) und der Mutter bzw des Vaters aus Anlass der Geburt eines Kindes (§ 1615 lit l BGB). Auch **Ansprüche auf Rente nach einem schuldrechtlichen Versorgungsausgleich** (§§ 1587 f, g BGB) zählen zu den familienrechtlichen Unterhaltsansprüchen (ausf *Scholz* Versorgungsausgleich und Konkurs 1986, S 84 bis 101; HambKomm-*Lüdtke* § 40 Rn 8; Jaeger-*Henckel* § 40 Rn 4; N/R-*Andres* § 40 Rn 3; *Uhlenbruck* KTS 1999, 413, 420; aA FK-*Schumacher* § 40 Rn 5; MK InsO-*Schumann* § 40 Rn 12 aE). Ebenfalls von S 1 erfasst werden Ansprüche auf Schadenersatz nach § 826 BGB wegen sittenwidriger Entziehung eines Unterhaltsanspruchs (KS-*Kohte* S 781 ff Rn 61). 5

Dagegen fallen sonstige auf einer unerlaubten Handlung beruhenden Geldrenten (zB §§ 618 Abs 3, 843 bis 845, § 62 Abs 3 HGB, § 8 HPflG, §§ 10, 13 StVG, §§ 28 Abs 2, 30 AtG) nicht in den Anwendungsbereich des S 1. Dasselbe gilt für **vertraglich begründete Unterhaltsansprüche**, soweit sie eigenständig sind (zB Leibrentenverträge, Gutsübernahmeverträge) und nicht bloß den gesetzlichen Unterhaltsanspruch vertraglich ausgestalten (MK InsO-*Schumann* § 40 Rn 14). 6

Der **Unterhalt, den sich Lebenspartner nach dem LPartG schulden**, fällt als familienrechtlicher Unterhalt in den Anwendungsbereich des S 1 (MK InsO-*Schumann* § 40 Rn 11). Nicht übersehen werden darf nämlich, dass auch die Lebenspartner einander verpflichtet sind, durch ihre Arbeit und mit ihrem Vermögen die partnerschaftliche Lebensgemeinschaft angemessen zu unterhalten (§ 5 LPartG); § 1360 Satz 2, die §§ 1360 a, 1360 b und 1609 BGB gelten entsprechend. Ebenfalls erfasst werden der Unterhalt nach § 12 LPartG, wenn also die Lebenspartner getrennt leben; insoweit gelten die §§ 1361 und 1609 BGB entsprechend. Schließlich wird auch auf den Unterhalt nach § 16 LPartG für die Zeit nach der Aufhebung der Lebenspartnerschaft S 1 angewendet; hier gelten die §§ 1570 bis 1586 b und 1609 BGB entsprechend. 7

2. Kapitalabfindung. Wird anstelle der Unterhaltsrente kraft Vereinbarung oder aufgrund berechtigten Verlangens des Unterhaltsgläubigers (§ 1585 Abs 2 BGB) eine **Kapitalabfindung** geschuldet, so handelt es sich nach hM um eine Insolvenzforderung iSv § 38, sofern die Abfindung vor Verfahrenseröffnung entstanden ist (Jaeger-*Henckel* § 40 Rn 7; KS-*Kohte* Rn 62). Als Insolvenzforderung kann auch der **Anspruch auf eine künftige Kapitalabfindung** geltend gemacht werden, die der Schuldner unter Verzicht auf die Berücksichtigung seiner Lebensverhältnisse zur Zeit der Fälligkeit versprochen hatte, ob- 8 gleich sie als solche nicht geschuldet war, denn die Kapitalabfindung ist in diesem Fall von der familienrechtlichen Grundlage gelöst (Jaeger-*Henckel* § 40 Rn 7; MK InsO-*Schumann* § 40 Rn 14). Die Abfindungsforderung ist hingegen gem § 40 von der Verfahrensteilnahme ausgeschlossen, wenn sie erst **nach Verfahrenseröffnung fällig** wird und bis dahin eine laufende Unterhaltsrente vereinbart ist (Jaeger-*Henckel* § 40 Rn 7; *Uhlenbruck* FamRZ 1998, 1473, 1475; str, zum Meinungsstand siehe 12. Aufl Rn 4).

9   3. **Übergang der Unterhaltsansprüche.** Die Beantwortung der Frage, ob auch **Rechtsnachfolger der Gläubiger von Unterhaltsansprüchen** für die Zeit nach Verfahrenseröffnung von § 40 erfasst werden, erfordert eine **Differenzierung** (KS-*Kohte* Rn 64). Vertragliche Rechtsnachfolge kommt gem §§ 850 b Abs 1 ZPO, 400 BGB nur infrage, wenn der Zessionar dem Zedenten den geschuldeten Unterhalt anstelle des Unterhaltsschuldners geleistet hat (**LG München 1. 10. 1975 NJW 1976, 1796**). § 850 d ZPO findet Anwendung und folglich gilt auch die Regelung des § 40 (KS-*Kothe* Rn 64). Beim **gesetzlichen Forderungsübergang** wird der Ersatzanspruch nicht mehr als Unterhaltsanspruch qualifiziert, wenn die Ansprüche auf einen Zweitverpflichteten übergegangen sind, wie zB nach §§ 1607 Abs 3, 1608 BGB (vgl auch *Uhlenbruck* KTS 1999, 413, 429; *Helwich* NZI 2000, 460). Lediglich die Frage, ob der Anspruch das Vorrecht aus § 850 d ZPO erhält, bleibt umstritten (vgl KS-*Kohte* Rn 65). § 40 soll insoweit – bejahendenfalls – eingreifen. Für den gesetzlichen Forderungsübergang des **Unterhaltsbürgen** wird vorwiegend die Auffassung vertreten, dass die Vorrechte des § 401 Abs 2 BGB auf ihn nicht übergehen (MK ZPO-*Smid* § 850 d Rn 6; Stein/Jonas-*Brehm* § 850 d Rn 13; KS-*Kohte* Rn 66). Gleiches in den Fällen, in denen ein Unterhaltsanspruch auf den jeweiligen Erben nach § 1922 BGB übergeht (**LG Würzburg 20. 7. 1961 MDR 1961, 1024**; KS-*Kohte* Rn 66). In beiden Fällen kommt § 40 nicht zur Anwendung. Auf **öffentliche Träger** übergegangene Unterhaltsansprüche (zB §§ 91 BSHG, 94 SGB VIII, 37 BAföG) behalten nach hM auch im Insolvenzverfahren die Vorrechte nach §§ 412, 401 Abs 2 BGB (**BAG 18. 2. 1971 E 23, 226 = NJW 1971, 2094**; **BGH 5. 3. 1986 NJW 1986, 1688**). Deshalb findet § 40 Anwendung (zu dieser strittigen Frage vgl MK ZPO-*Smid* § 850 d Rn 6 ff; *Bethke* FamRZ 1991, 397; zum Ganzen auch MK InsO-*Schumann* § 40 Rn 13).

III. Unterhaltsansprüche des Schuldners vor Verfahrenseröffnung

10   Für die Zeit vor Eröffnung des Insolvenzverfahrens gelten für (rückständige) Unterhaltsansprüche die gleichen Grundsätze wie für jede andere Forderung. Da sie als vermögensrechtliche Ansprüche vor Verfahrenseröffnung begründet sind, nehmen sie als Insolvenzforderungen iSv § 38 am Verfahren teil und sind als Unterhaltsrückstände gem § 174 Abs 1 zur Tabelle anzumelden (KS-*Kohte* S 781, 797 Rn 58; MK InsO-*Schumann* § 40 Rn 15). Rückständig ist der gesamte Unterhalt einschließlich des Unterhalts für den im Zeitpunkt der Eröffnung des Insolvenzverfahrens laufenden Periode, wenn dieser – etwa nach § 1612 Abs 3 BGB – zum Beginn des Periode im Voraus fällig geworden ist (**OLG Hamm 30. 6. 2004 FamRZ 2005, 279**; Jaeger-*Henckel* § 40 Rn 6; MK InsO-*Schumann* § 40 Rn 15).

IV. Unterhaltsansprüche nach Verfahrenseröffnung

11   1. **Originäre Unterhaltspflicht.** Laufende Unterhaltsansprüche für die **Zeit nach Eröffnung des Verfahrens** gehören gem § 40 InsO im Insolvenzverfahren des Pflichtigen nicht zu den Insolvenzforderungen (dazu und zum Folgenden **OLG Hamm 30. 6. 2004 FamRZ 2005, 279**; **OLG Koblenz 15. 5. 2002 NZI 2003, 60 = ZInsO 2002, 832**; **OLG Naumburg 3. 4. 2003 ZInsO 2003, 664**; **OLG Nürnberg 4. 10. 2004 NZI 2005, 638 = ZInsO 2005, 443**). Sie können daher unabhängig vom Insolvenzverfahren eingeklagt und auch während dieses Verfahrens in das nicht zur Insolvenzmasse gehörende Vermögen des Schuldners vollstreckt werden. Durch die Bestimmung des § 89 Abs 1 InsO wird der Vollstreckungszugriff nur für Insolvenzgläubiger für unzulässig erklärt, während nach Abs 2 S 2 der Bestimmung die Zwangsvollstreckung wegen eines Unterhaltsanspruchs in den unpfändbaren Teil der Bezüge ausdrücklich für zulässig erklärt ist. Das auf den künftigen Unterhalt bezogene Verfahren betrifft somit nicht die Insolvenzmasse, weshalb ein zur Zeit der Insolvenzeröffnung bereits anhängiger Rechtsstreit auf Zahlung künftigen Unterhalts nicht nach § 240 ZPO unterbrochen wird. Zäsur für die insolvenzrechtliche Einordnung ist im Verbraucherinsolvenzverfahren der Beschluss nach § 312. Die Restriktion des § 40 greift somit während des Schuldenbereinigungsverfahrens, das nach den §§ 305 ff vor der Eröffnung stattfindet, noch nicht ein (KS-*Kohte* S 798 Rn 59).

12   2. **Schuldner als Erbe des Unterhaltsverpflichteten.** Voraussetzung für eine ausnahmsweise Geltendmachung von Unterhaltsforderungen im Insolvenzverfahren ist, dass der Schuldner als Erbe des Verpflichteten haftet (S 1). Mit anderen Worten: Die **Ausnahmevorschrift des S 1** setzt voraus, dass die Unterhaltspflicht mit dem Tode des Verpflichteten auf den Erben übergeht (deutlich Jaeger-*Henckel* § 40 Rn 9; MK InsO-*Schumann* § 40 Rn 19). Der Übergang ist wegen der höchstpersönlichen Natur der Unterhaltspflicht eher die Ausnahme als die Regel. Da auch S 1 das materielle Unterhaltsrecht nicht ändern will, gewinnt die Vorschrift nur Bedeutung für Unterhaltsansprüche geschiedener Ehegatten

(§ 1586 b BGB), getrennt lebender eingetragener Lebenspartner (§ 12 LPartG) und für Sonderansprüche bei der Geburt eines nichtehelichen Kindes (§ 1615 n BGB iVm §§ 1615 k ff BGB). Unterhaltsansprüche sind im Insolvenzverfahren über das Vermögen des Erben nach § 174 Abs 1 zur Tabelle anzumelden. Da sie erst im Laufe des Verfahrens fällig werden, greifen §§ 41, 46 ein mit der Folge, dass die zukünftigen Unterhaltsforderungen zu kapitalisieren sind (HambKomm-*Lüdtke* § 40 Rn 19). Sie sind, da unverzinslich, gem § 41 Abs 2 mit dem gesetzlichen Zinssatz abzuzinsen (FK-*Scholz* § 41 Rn 13; N/R-*Andres* § 40 Rn 4). Zur Möglichkeit einer Haftungsbeschränkung nach den §§ 1990 – 1992 BGB s K/P/B-*Holzer* § 40 Rn 12.

V. Unterhaltsregelungen im Insolvenzplan

Obgleich Unterhaltsgläubiger nach S 1 grundsätzlich nicht am Insolvenzverfahren beteiligt sind, kann ein nach §§ 217 ff aufzustellender Insolvenzplan im Insolvenzverfahren über das Vermögen natürlicher Personen Regelungen hinsichtlich der Unterhaltsforderungen enthalten (*Uhlenbruck* FamRZ 1998, 1473, 1475; vgl OLG Düsseldorf 24. 9. 2008 NZI 2008, 689 = ZInsO 2008, 1142; krit dazu *Paul* DZWIR 2009, 186, 188; *Stapper/Jacobi* EWiR 2009, 191 f). So kann zB ein Liquidationsplan vorsehen, dass die rückständigen und künftigen Unterhaltsforderungen von Familienangehörigen im Wege einer reduzierten Kapitalabfindung befriedigt werden. Das ist freilich insoweit keineswegs unproblematisch, als Unterhaltsforderungen in der Zeit nach Verfahrenseröffnung entstanden sind (*Uhlenbruck* KTS 1999, 413, 424; **abl**, weil dann der Unterhaltsgläubiger nicht Beteiligter iSv § 254 ist, Jaeger-*Henckel* § 40 Rn 8). Eindeutig ist die Rechtslage hier nur, wenn der unterhaltsberechtigte Neugläubiger den Regelungen im Insolvenzplan gem § 230 Abs 2 analog ausdrücklich zustimmt (*Paul* DZWIR 2009, 186, 188). Die Zustimmung gem § 230 Abs 2 analog kann jedoch vom Gericht nicht nach § 245 ersetzt werden (abw OLG Düsseldorf 24. 9. 2008 NZI 2008, 689 = ZInsO 2008, 1142). Allenfalls hinsichtlich der rückständigen Unterhaltsbeträge kann der Verzicht auch gegen den Willen des Unterhaltsgläubigers im gestaltenden Teil des Insolvenzplans wirksam umgesetzt werden, weil er hinsichtlich der rückständigen Unterhaltsansprüche Beteiligter iSv §§ 217 ff ist.

13

VI. Unterhalt aus der Insolvenzmasse (S 2)

Nach S 2 bleibt § 100 unberührt. Die Vorschrift stellt lediglich klar, dass der von der Gläubigerversammlung dem Schuldner und seiner Familie gewährte Unterhalt nicht unter § 40 fällt. Dies ist an sich selbstverständlich. Der Gesetzgeber wollte mit der Regelung lediglich klarstellen, dass aus der Gewährung von Unterhalt aus der Insolvenzmasse gem § 100 die Unterhaltsberechtigten keine unmittelbaren Ansprüche gegen den Schuldner herleiten können. Gewährt die Gläubigerversammlung dem Schuldner und seiner Familie gem § 100 Abs 1 aus der Insolvenzmasse Unterhalt in einer Höhe, die über dem sozialhilferechtlich geschützten Existenzminimum liegt, fragt es sich, ob die Unterhaltsgläubiger gehindert sind, in den für sie pfändbaren Teil des Schuldnereinkommens zu vollstrecken. Die Frage ist zu verneinen. § 89 Abs 2 S 1 spricht nur von „Bezügen aus einem Dienstverhältnis" des Schuldners oder an deren Stelle tretende laufende Bezüge. Die erweiterte Vollstreckbarkeit bezieht sich nicht auf Unterhalt, der gem § 100 von der Gläubigerversammlung gewährt wird.

14

VII. Einleitung eines Verbraucherinsolvenzverfahrens als Obliegenheit

Eltern unterliegen gem § 1603 Abs 2 S 1 BGB im Verhältnis zu ihren gemeinsamen minderjährigen unverheirateten Kindern einer **gesteigerten Unterhaltspflicht**; dasselbe gilt unter den Voraussetzungen des § 1603 Abs 2 S 2 BGB auch im Verhältnis zu ihren volljährigen Kindern. Die gesteigerte Unterhaltspflicht führt vor allem dazu, dass an die Erwerbsobliegenheit des Unterhaltspflichtigen gesteigerte Anforderungen zu stellen sind. Nach Ansicht des **BGH** trifft den Unterhaltsschuldner im Rahmen seiner gesteigerten Unterhaltspflicht sogar auch eine **Obliegenheit zur Einleitung der Verbraucherinsolvenz**, wenn dieses Verfahren zulässig und geeignet ist, den laufenden Unterhalt seiner minderjährigen Kinder dadurch sicherzustellen, dass ihm Vorrang vor sonstigen Verbindlichkeiten eingeräumt wird (BGH 23. 2. 2005 Z 162, 234 = NJW 2005, 1279 = NZI 2005, 342 = ZInsO 2005, 433; ebenso schon vorher OLG Hamm 31. 5. 2000 NJW-RR 2001, 220; entgegen OLG Düsseldorf 25. 10. 2003 FuR 2004, 308 ff; OLG Naumburg 5. 3. 2003 NZI 2003, 615 = FamRZ 2003, 1215 f mit Anm *Melchers* FamRZ 2003, 1769 ff und Anm *Wohlgemuth* FamRZ 2004, 297 f; OLG Stuttgart 17. 9. 2001 ZInsO 2002, 197; zum Ganzen auch *Ahrens* NZI 2008, 159 ff; *Melchers* NJW 2008, 806 ff; MK InsO-*Schumann* § 40 Rn 24 mwN). Das gilt nur dann nicht, wenn der Unterhaltsschuldner Umstände vorträgt und ggf beweist, die eine solche Obliegenheit im Einzelfall als unzumutbar darstellen. Umstritten ist, ob der Unterhaltsschuldner auch dann auf eine Obliegenheit zur Einleitung der Verbraucherinsolvenz verwiesen werden kann, wenn er nicht im Rahmen seiner gesteigerten Unterhaltspflicht gem § 1603 Abs 2 S 1 BGB Kindesunterhalt, sondern auf anderer Grundlage familienrechtlich Unterhalt schuldet. Im Rahmen des **Trennungsunterhalts** soll den Unterhaltsschuldner nach überzeugender Ansicht des **BGH** keine Obliegenheit zur Einleitung der Verbraucherinsolvenz treffen (**BGH** 12. 12. 2007 Z 175, 67 =

15

NJW 2008, 851 = NZI 2008, 193; ebenso zuvor schon **OLG** Celle 9. 2. 2006 FamRZ 2006, 1536; aber entgegen **OLG** Koblenz 12. 1. 2004 NJW 2004, 1256).

§ 41 Nicht fällige Forderungen

(1) Nicht fällige Forderungen gelten als fällig.

(2) ¹Sind sie unverzinslich, so sind sie mit dem gesetzlichen Zinssatz abzuzinsen. ²Sie vermindern sich dadurch auf den Betrag, der bei Hinzurechnung der gesetzlichen Zinsen für die Zeit von der Eröffnung des Insolvenzverfahrens bis zur Fälligkeit dem vollen Betrag der Forderung entspricht.

§ 41 (§ 48 RegE; § 46 RefE; § 46 DiskE) entspricht den früheren §§ 65 KO, 30 VglO; er wurde lediglich redaktionell und sprachlich angepasst.

I. Allgemeines

1   Die in den §§ 41 ff geregelten Forderungen bereiten im Insolvenzverfahren wegen ihrer fehlenden Fälligkeit, ihrer Bedingtheit oder wegen ihrer Unbestimmtheit bei der **Verwirklichung des Grundsatzes der** *par conditio creditorum* besondere Schwierigkeiten (*Bitter* NZI 2000, 399). Es wäre für die Gläubiger solcher Forderungen unbillig, wenn ihnen eine Geltendmachung ihrer Forderungen im Insolvenzverfahren ganz versagt werden würde. Umgekehrt wäre eine pauschale Gleichbehandlung solcher Forderungen iSv §§ 41 ff und „einfacher" Insolvenzforderungen ebenso unbillig. Sinn und Zweck der §§ 41 ff ist es deshalb, den Grundsatz der *par conditio creditorum* zu verwirklichen, ohne die Interessen der übrigen Gläubiger „einfacher" Insolvenzforderungen allzu weit zurückzudrängen (BFH 8. 10. 1997 [Tz 12] E 184, 208 = BStBl II 1998, 69 = ZIP 1998, 214). Dem Ausgleich der Interessen liegt nach dem Gesetz grundsätzlich eine **Zweiteilung** zugrunde: Forderungen nach §§ 41, 45, 46 die im Zeitpunkt der Verfahrenseröffnung bereits entstanden sind oder deren Entstehung zumindest gewiss ist, werden im Grundsatz wie „einfache" Forderungen sofort berücksichtigt. Nicht fällige Forderungen gelten daher nach Abs 1 im Wege der Fiktion als fällig. Allerdings muss gegebenenfalls ein Zeitvorteil in Form des Zwischenzinses gem Abs 2 abgezogen werden (unten Rn 10 ff). Bedingte Forderungen nach § 42, deren Entstehen ungewiss ist, sollen dagegen bis zur Beseitigung der Ungewissheit nur eingeschränkt berücksichtigt werden und zunächst nur zur Sicherung nach §§ 191 Abs 1, 198 berechtigen. Die Unterscheidung zwischen beiden Fallgruppen ist im Detail nicht immer ganz eindeutig (zB im Fall befristeter Forderungen, unten Rn 5) und „schon vom Gesetzgeber sehr eng angelegt" (*Bitter* NZI 2000, 399, 402). Ferner sollen die §§ 41 ff sicherstellen, dass Insolvenzforderungen **im Interesse einer beschleunigten Abwicklung des Insolvenzverfahrens** vom Gläubiger schon vor ihrer normalen Fälligkeit (§ 41) oder vor Eintritt der Bedingung (§ 42) oder trotz ihrer Unbestimmtheit (§§ 45, 46) geltend gemacht und zur Insolvenztabelle angemeldet werden können (BGH 8. 2. 2000 [Tz 16] NJW 2000, 1408 = NZI 2000, 213 = ZIP 2000, 585 = EWiR 2000, 467 *[Gerhardt]* [zu § 65 Abs 1 KO]). Sie dienen mithin auch einer schnellen Schuldenbereinigung und setzen mit Eröffnung des Insolvenzverfahrens gewissermaßen einen „Schlusspunkt". Sie schaffen den Gläubigern eine klare Grundlage für ihre Rechtsposition im Verfahren, insbesondere für die Antragsbefugnis (§ 13 Abs 1 S 2), für das Stimmrecht (§§ 76, 77, 157, 160 bis 163, 235 ff, 271, 277, 292 Abs 2), für die Feststellung der Forderungen (§§ 174 ff) und ihre in den §§ 178 Abs 3, 201 Abs 2, 257, 292 Abs 1 bestimmten Rechtsfolgen (vgl Begr zu § 48 RegE, BT-Drucks 12/2443 S 124).

II. Anwendungsbereich

2   **1. Insolvenzforderung.** § 41 Abs 1 gilt für Insolvenzforderungen, also für (auch nachrangige) Forderungen iSv §§ 38, 39 (Jaeger-*Henckel* § 41 Rn 6; MK InsO-*Bitter* § 41 Rn 4). Das bedeutet, dass die Forderungen zum Zeitpunkt der Eröffnung des Insolvenzverfahrens als Vermögensanspruch gegen den Schuldner oder das Schuldnerunternehmen begründet sein müssen (zum Merkmal der Begründetheit s § 38 Rn 26 ff). Forderungen, die erst nach Verfahrenseröffnung gegen die Masse entstehen, werden von § 41 nicht erfasst (**OLG** Frankfurt 22. 6. 1983 ZIP 1983, 1229, 1230; Jaeger-*Henckel* § 41 Rn 6; K/P/B-*Holzer* § 41 Rn 3; MK InsO-*Bitter* § 41 Rn 5). Auch **Steuerforderungen**, die im Zeitpunkt der Verfahrenseröffnung bereits nach § 38 AO entstanden, aber noch nicht fällig sind, unterfallen § 41. Die Forderung gilt mit Verfahrenseröffnung als fällig und ist somit als fällige Forderung zur Insolvenztabelle nach § 174 Abs 1 anzumelden (*Frotscher* Besteuerung S 61; unzutreffend **BFH** 12. 6. 1975 BStBl II 1975 S 755, wonach die Forderung erst mit Anmeldung zur Tabelle rückwirkend fällig wird). **Forderungen gegen Dritte** werden von § 41 nicht erfasst (**OLG** Frankfurt 22. 6. 1983 ZIP 1983, 1229, 1230 f [Nichtannahme der Revision, vgl ZIP 1984, 993]; Jaeger-*Henckel* § 41 Rn 6 aE; MK InsO-*Bitter* § 41 Rn 5).

3   **2. Betagte („nicht fällige") Forderungen.** § 41 regelt die früher in §§ 65 Abs 1 KO; 30 S 1 VglO als „betagte" Forderungen bezeichneten Ansprüche. Nicht fällige Forderungen iSv Abs 1 sind im Zeitpunkt der Eröffnung des Insolvenzverfahrens schon entstanden. Der **Begriff der Fälligkeit** bezeichnet den

II. Anwendungsbereich § 41

Zeitpunkt, von dem an der Gläubiger die Leistung verlangen kann (**BGH** 1. 2. 2007 Z 171, 33 = NJW 2007, 1581 = ZIP 2007, 1114 = EWiR 2007, 515 *[Schroeter]*; Palandt-*Heinrichs* § 271 Rn 1). Dieser Zeitpunkt richtet sich in erster Linie nach den Vereinbarungen der Parteien (Palandt-*Heinrichs* § 271 Rn 2). Der Rechtsgrund der späteren Fälligkeit ist für die Anwendung des § 41 jedoch unbeachtlich. § 41 erfasst sämtliche Forderungen, gleichgültig ob sie auf Vereinbarung, Gesetz oder gerichtlicher bzw behördlicher Anordnung beruhen (Jaeger-*Henckel* § 41 Rn 8; K/P/B-*Holzer* § 41 Rn 4; MK InsO-*Bitter* § 41 Rn 7). Der Zeitpunkt kann erstens hinsichtlich des Ob und des Wann sicher sein, wenn er kalendermäßig bestimmt oder zumindest bestimmbar ist; zweitens hinsichtlich des Ob sicher, hinsichtlich des Wann ungewiss (Verfügung für den Fall des Todes einer bestimmten Person); drittens hinsichtlich des Ob unsicher, aber bezüglich des Datums gewiss (Versprechen für das Erreichen der Volljährigkeit); schließlich viertens bezüglich beider Aspekte unsicher (Beendigung der Testamentsvollstreckung, wenn der Erbe ein bestimmtes Examen abgelegt hat; siehe die Bsp bei MK BGB-*HP Westermann* § 163 Rn 1). In den Anwendungsbereich des § 41 fallen auch Forderungen, deren Fälligkeit von einer Kündigung abhängt (zB § 488 Abs 3 S 1 BGB), wobei § 41 selbst dann anwendbar ist, wenn die Kündigung (zB durch Parteivereinbarung) zeitweise oder dauernd ausgeschlossen ist (Jaeger-*Henckel* § 41 Rn 8; MK InsO-*Bitter* § 41 Rn 7). Haben die Parteien hingegen keine Zeit bestimmt, so ist gem § 271 Abs 1 BGB die Forderung mit ihrer Entstehung sofort fällig. Nicht selten sind auch Vereinbarungen, nach denen eine Forderung jedenfalls bei Eröffnung eines Insolvenzverfahrens fällig ist.

In der Praxis dürfte die Vereinbarung einer Stundung oder Ratenzahlung der häufigste Fall der nicht 4 fälligen Forderung iSv § 41 sein. Weitere **Anwendungsfälle des § 41** sind zB Schuldverschreibungen mit Auslosung (Jaeger-*Henckel* § 41 Rn 8), Saldoforderung des Schuldners aus einem Kontokorrentverhältnis (Jaeger-*Henckel* § 41 Rn 7; zum Kontokorrentbürgen unten Rn 17), Wechselforderungen (MK InsO-*Bitter* § 41 Rn 7), Schadenersatzansprüche wegen der vorzeitigen Kündigung eines Miet- oder Pachtvertrages und ungünstigerer Weitervermietung gem § 109 Abs 2 S 2 (vgl **RG** JW 1891, 392 f; stehen im Zeitpunkt der Kündigung Entstehen und Umfang des Schadens aus der vorzeitigen Kündigung nicht fest, kann lediglich die Feststellung eines aufschiebend bedingten Schadenersatzanspruchs zur Tabelle beantragt werden, vgl **LAG** Rheinland-Pfalz 28. 1. 1983 ZIP 1983, 595). Leistet ein Abnehmer im Rahmen eines Energielieferungsvertrages monatliche **Abschlagszahlungen**, so entsteht der Anspruch des Energielieferanten auf Nachzahlung monatlich mit dem Verbrauch der Energie. Deshalb ist der Abrechnungsbetrag als Insolvenzforderung anzumelden, wenn vor Ablauf der Abrechnungsperiode über das Vermögen des Abnehmers das Insolvenzverfahren eröffnet wird und soweit die Leistungen, die Gegenstand der Abrechnung sind, vor der Eröffnung des Insolvenzverfahrens erfolgt sind. Das gilt gem § 41 selbst dann, wenn der Nachzahlungsanspruch erst mit Rechnungsstellung fällig und die Abrechnung erst nach der Insolvenzeröffnung dem Abnehmer übersandt wird (**AG Saarbrücken** 24. 2. 2005 ZMR 2006, 49). Ferner hat der **BGH** mehrfach bestätigt, dass der **Entgeltanspruch des Leasinggebers** bereits mit dem Vertragsschluss als betagte Forderung entsteht, weil die Leasingraten nicht nur – wie dies beim reinen Mietvertrag grundsätzlich der Fall ist – die Gegenleistung für eine zeitlich begrenzte Gebrauchsüberlassung, sondern zugleich das Entgelt für die vom Leasinggeber vorweg erbrachte Finanzierungsleistung darstellen und durch den – vor Ablauf der Grundmietzeit in der Regel nicht kündbaren – Leasingvertrag von vornherein rechtlich festgelegt sind (**BGH** 3. 6. 1992 Z 118, 282, 290 = NJW 1992, 2150 = ZIP 1992, 930 = EWiR 1992, 759 *[von Westphalen]*; **BGH** 14. 12. 1989 Z 109, 368, 372 = NJW 1990, 1113 = ZIP 1990, 180 m Anm *Eckert* = EWiR 1990, 173 *[Ackmann]*; **BGH** 28. 3. 1990 Z 111, 84 = NJW 1990, 1785 = ZIP 1990, 646 = EWiR 1990, 559 *[Eckert]*); mWv 25. 7. 1996 gilt allerdings § 108 Abs 1 S 2 (eingef durch Art 2 G v 19. 7. 1996 I 1013; krit KS-*Pape* S 442 f; *Klinck* KTS 2007, 37). Auch der Vorschussanspruch des Verfahrensbevollmächtigten des Schuldners im Verbraucherinsolvenzverfahren entsteht bereits vor Antragstellung, insoweit kommt es nicht darauf an, wann die den Gebührentatbestand auslösende Tätigkeit erfolgt. Im Fall einer etwaigen Stundung tritt die Fälligkeit gem § 41 mit Eröffnung des Insolvenzverfahrens ein und muss in das Gläubiger- und Forderungsverzeichnis eingetragen werden (**BGH** 7. 4. 2005 NZI 2005, 403 = ZInsO 2005, 484 = WuB VI A § 305 InsO 1.06 *[Pape]*). Auch die **Vergütungsansprüche aus einem Altersteilzeit-Verhältnis**, die in ihrer Fälligkeit während der Freistellungsphase grundsätzlich hinausgeschoben sind, werden nach Abs 1 InsO mit Eröffnung des Insolvenzverfahrens fällig (**BAG** 30. 10. 2008 [Tz 30] ZIP 2009, 682). Der Anspruch auf Abfindung aus einer Vereinbarung iVm einem Sozialplan, der ausweislich der Vereinbarung ratenweise zu zahlen war, kann ebenfalls mit Insolvenzeröffnung vollumfänglich fällig sein (**BAG** 21. 2. 2008 [Tz 53] ZIP 2008, 1184 = EWiR 2008, 691 *[Homann]*; Parallelsache zu **BAG** 21. 2. 2008 – 6 AZR 281/07 [Tz 55]). Ferner kann auch die Prozesskostenhilfebewilligung ohne Zahlungsanordnung als Stundung auf unbestimmte Zeit wirken, wodurch der Eintritt der Fälligkeit aufgeschoben wird, sodass auch insoweit Abs 1 in der Insolvenz des seinerzeitigen Antragstellers Anwendung finden kann (**OLG Bamberg** 24. 11. 2003 ZInsO 2005, 441).

3. Befristete Forderungen. Von den betagten Forderungen sind die befristeten Forderungen zu unter- 5 scheiden (vgl § 163 BGB). Für die Abgrenzung einer betagten, nicht fälligen Forderung von einer befristeten ist der Parteiwille maßgeblich (§§ 133, 157 BGB). Forderungen, deren sachliche Voraussetzungen bereits vorliegen, deren Entstehung aber noch von dem Eintritt einer zeitlichen Voraussetzung abhängen soll, sind befristete Forderungen (MK BGB-*HP Westermann* § 163 Rn 1), während nicht fällige Forderungen bereits entstanden und lediglich nicht durchsetzbar sind (Palandt-*Heinrichs* § 163 Rn 2). Auch in der Insolvenz soll für befristete Forderungen die Gleichstellung der Befristung mit der Bedingung nach § 163 BGB gelten (Jaeger-*Henckel* § 41 Rn 5): Ein Anfangstermin wird der *aufschiebenden* Bedingung, ein Endtermin der *auflösenden* Bedingung gleichgestellt. Demnach finden auf befristete Forderungen entweder § 42 oder § 191 Anwendung, keinesfalls aber § 41 (gegen eine Analogie jüngst **BGH** 6. 7. 2006 Z 168, 276 = NZI 2006, 637 = ZIP 2006, 1781 = ZInsO 2006, 1055 = BKR 2007, 74 m. Anm *Habersack* = WuB VI A § 41 InsO 1.07 *[Bitter/Rauhut]* = EWiR 2007, 309 *[Stahlschmidt]*; **BGH** 18. 1. 2007 NZI 2007, 234 m Anm *Stapper* = ZIP 2007, 543 = WuB VI A § 116 InsO 1.07 *[Hess]*). Zur Begründung wird darauf verwiesen, § 41 helfe nur der fehlenden Fälligkeit der Forderung ab, nicht hingegen der fehlenden Entstehung. Diese Differenzierung kann indes angesichts der Wertungen der §§ 41, 42, 45 InsO nicht überzeugen (oben Rn 1). Vielmehr ist die unterschiedliche Behandlung betagter und befristeter Forderungen für das Insolvenzrecht nicht gerechtfertigt, soweit die Entstehung der Forderung *gewiss* ist. § 41 ist daher in diesem Fällen analog anzuwenden (überzeugend MK InsO-*Bitter* § 41 Rn 9 ff; zust HambKomm-*Lüdtke* § 45 Rn 7; **str aA** Jaeger-*Henckel* § 41 Rn 5; N/R-*Andres* § 41 Rn 5).

6 **4. Forderungen mit unbestimmter Fälligkeit.** Forderungen mit unbestimmter Fälligkeit (oben Rn 3), die hinsichtlich des Ob sicher, hinsichtlich des Wann aber ungewiss sind (zB Forderungen, die auf den Todesfall einer Person fällig gestellt sind), fallen in den Anwendungsbereich des § 41 (HambKomm-*Lüdtke* § 45 Rn 5; MK InsO-*Bitter* § 41 Rn 8; **abw** und für eine Einordnung als aufschiebend bedingte Forderung FK-*Schumacher* § 41 Rn 3; N/R-*Andres* § 41 Rn 4 [siehe dort aber auch Rn 9]). Freilich ist eine Abzinsung nach Abs 2 erst möglich, wenn zuvor der Eintritt des ungewissen Fälligkeitstermins nach § 45 in Tagen geschätzt worden ist (zur Abzinsung unten Rn 10 ff; MK InsO-*Bitter* § 41 Rn 8, 20, 25; *Bitter* NZI 2000, 399, 401; vgl auch OLG Köln 26. 11. 2003 [Tz 15] OLGR 2004, 200). Dagegen sind die Vorschriften über aufschiebend bedingte Forderungen anzuwenden, wenn der Fälligkeitstermin hinsichtlich des Ob unsicher ist (MK InsO-*Bitter* § 41 Rn 8). Diese Forderungen fallen nicht unter § 41 Abs 1, sind also nicht als fällig zu behandeln, sondern berechtigen gem §§ 191 Abs 1, 198 allenfalls zur Sicherung.

III. Aus- und Absonderungsrechte

7 Auf **Aussonderungsrechte** ist § 41 eindeutig nicht anwendbar (HambKomm-*Lüdtke* § 41 Rn 9; Jaeger-*Henckel* § 41 Rn 6; MK InsO-*Bitter* § 41 Rn 12). Mit Blick auf **Absonderungsrechte** muss zunächst deutlich zwischen der Fälligkeit des dinglichen Absonderungsrechts selbst und der Fälligkeit der dem Absonderungsrecht zugrunde liegenden persönlichen Forderung unterschieden werden (früh schon **RG** 20. 2. 1915 Z 86, 247, 249f; ebenso der Hinweis bei *Gundlach/Frenzel/Schmidt* DZWIR 2002, 367, 368; MK InsO-*Bitter* § 41 Rn 13). Beide Fälligkeitszeitpunkte müssen nicht zusammenfallen. Auf die dem Absonderungsrecht zugrunde liegende persönliche Forderung ist § 41 unproblematisch anwendbar, wenn sie Insolvenzforderung iSv §§ 38, 39 ist (insoweit sind lediglich die Einschränkungen des § 52 zu beachten). Nimmt man sodann das Absonderungsrecht selbst in den Blick, muss weiter danach unterschieden werden, ob der absonderungsberechtigte Gläubiger nur ein isoliertes Absonderungsrecht hat oder ob er zugleich Inhaber einer persönlichen Forderung *gegen den Insolvenzschuldner* ist (MK InsO-*Bitter* § 41 Rn 14; diese Differenzierung findet sich bereits bei *Jaeger/Lent* § 65 Anm 3; K/U § 65 Rn 5). Ein isoliertes Absonderungsrecht kann zB bestehen, weil der Insolvenzschuldner die Sicherung iSv §§ 50, 51 für eine persönliche Forderung des absonderungsberechtigten Gläubigers *gegen einen Dritten* gewährt hat. Auf derartige isolierte Absonderungsrechte ist § 41 nicht anwendbar (**BGH** 11. 12. 2008 [Tz 20 f] NZI 2009, 165 = ZIP 2009, 228 = ZInsO 2009, 143 = EWiR 2009, 387 *[Weiß]*; MK InsO-*Bitter* § 41 Rn 14). Denn es ist völlig ungewiss, ob der absonderungsberechtigte Gläubiger mit seiner persönlichen Forderung *gegen den Dritten* ausfällt oder nicht. Gegenüber dem Dritten gilt § 41 jedoch nicht (oben Rn 2 aE). § 41 ist ebenfalls nicht anwendbar auf eine isolierte Grundschuld, der keine Forderung zugrunde liegt (Jaeger-*Henckel* § 41 Rn 13). Nur wenn der absonderungsberechtigte Gläubiger eine persönliche Forderung gegen den Insolvenzschuldner hat, kommt überhaupt eine Anwendung des § 41 auf das dingliche Absonderungsrecht in Betracht. Allerdings spielt § 41 *in praxi* auch dann insoweit keine Rolle, als das Verwertungsrecht beim Insolvenzverwalter liegt (vgl §§ 173, 165 f). Der Verwalter verwertet die Gegenstände, an denen ein Absonderungsrecht besteht, unabhängig von der Fälligkeit des dinglichen Absonderungsrechts (Jaeger-*Henckel* § 41 Rn 10). Die analoge Anwendung des § 41 auf das Absonderungsrecht ist deshalb nur dann von entscheidender Bedeutung, wenn das Verwertungsrecht beim absonderungsberechtigten Gläubiger liegt (ebenso Jaeger-*Henckel* § 41 Rn 11; MK InsO-*Bitter* § 41 Rn 16). Nur in dieser Konstellation tritt heute noch die Zwangslage ein, derentwegen der **BGH** seinerzeit die analoge Anwendung des § 65 KO auf das Absonderungsrecht begründet hat (unten Rn 8).

8 Die Anwendbarkeit des § 65 KO, der dem heutigen § 41 entspricht, war für das frühere Recht für Forderungen mit Absonderungsrechten umstritten (bejahend **BGH** 10. 12. 1959 Z 31, 337, 339 ff =

IV. Abzinsungsregelung (Abs 2) § 41

NJW 1960, 675 [ausdrücklich Abweichung von **RG** 20. 2. 1915 Z 86, 247; **RG** 21. 6. 1918 Z 93, 209]; folgend **OLG Hamm** 12. 5. 1995 OLGR 1995, 209 = NJW-RR 1996, 1312; *Kilger/K. Schmidt* § 65 KO Anm 3; *Jaeger/Lent* § 65 KO Rn 4; verneinend zuvor K/U § 65 KO Rn 5; *Kuhn* WM 1960, 958, 965; *Werner* KTS 1969, 215, 219 ff). Die **Nichtanwendung des** § 65 KO wurde vorwiegend damit begründet, dass der Zweck der Fälligkeitsfiktion des § 65 KO, die konkursmäßige Schuldenbereinigung zu fördern, wegen § 4 Abs 2 KO überhaupt nicht erreicht werden könne. Denn hiernach erfolgte die abgesonderte Befriedigung unabhängig vom Konkursverfahren. Dagegen hat der **BGH** die **Anwendung des** § 65 KO damit begründet, dass bei absonderungsberechtigten Forderungen, die erst erhebliche Zeit nach der Konkurseröffnung fällig werden (zB bei nachrangigen Hypotheken), für den Gläubiger die Gefahr besteht, in eine Zwangslage zu geraten. Denn nach der in der KO getroffenen Regelung konnte eine absonderungsberechtigte Forderung, wenn deren Ausfall noch nicht feststeht, zwar zur Konkurstabelle angemeldet werden, bei der Schlussverteilung musste der Ausfall aber endgültig feststehen, andernfalls wurde die Forderung nicht berücksichtigt (§§ 153 ff, 168 Ziff 3 KO). Die Zwangslage ergab sich nunmehr daraus, dass der Inhaber des Absonderungsrechts entweder auf sein Absonderungsrecht verzichten musste, um gem § 64 KO am Konkurs teilnehmen zu können, oder aber einen etwaigen Ausfall bei der späteren Verwertung seines Absonderungsrechts in Kauf zu nehmen hatte.

Die Argumente, die gegen eine Anwendbarkeit des § 65 KO auf absonderungsberechtigte Gläubiger 9 vorgebracht wurden, sind mit Blick auf § 41 zumindest insoweit weggefallen, als die absonderungsberechtigten Gläubiger nach der in der InsO getroffenen Regelung (§§ 165 bis 173) weitgehend in das Insolvenzverfahren einbezogen worden sind. Allerdings hat sich nunmehr auch die vom **BGH** beschriebene Zwangslage entschärft, als nunmehr der Insolvenzverwalter zur Verwertung der Gegenstände mit Absonderungsrecht befugt ist (vgl § 190 Abs 3). Nur in den Fällen der Verwertung durch den Gläubiger (§ 173) kann die bisherige Problematik erneut auftreten. Dann bleibt es unverändert bei der vom **BGH** mit Blick auf § 65 KO erkannten Zwangslage des Gläubigers (vgl § 190 Abs 1). Für den zuletzt genannten Fall bleibt es daher bei der **analogen Anwendung des § 41 auf das Absonderungsrecht** (Jaeger-*Henckel* § 41 Rn 12; MK InsO-*Bitter* § 41 Rn 16; aA *Gundlach/Frenzel/Schmidt* DZWIR 2002, 367, 368; K/P/B-*Holzer* § 41 Rn 5). Es darf auch nicht übersehen werden, dass das Insolvenzverfahren auf eine schnelle Bereinigung der gesamten Verbindlichkeiten des Schuldners gerichtet ist (oben Rn 1). Dieses Ziel würde erschwert, wenn nicht auch das dingliche Absonderungsrecht mit der Insolvenzeröffnung fällig würde. Der hat dadurch freilich nicht nur Vorteile. Einen gewissen Ausgleich für die alsbaldige Fälligkeit schafft die Abzinsung, die der absonderungsberechtigte Gläubiger sich wegen der vorzeitigen Fälligkeit nach Abs 2 gefallen lassen muss.

IV. Abzinsungsregelung (Abs 2)

1. Unverzinsliche Forderungen. Abs 2 ist eine gesetzliche Ausnahmen vom Verbot, dass ein Schuldner, 10 der eine unverzinsliche Schuld vor Fälligkeit bezahlt, keine Zwischenzinsen abziehen darf (§ 272 BGB). Eine vergleichbare gesetzliche Ausnahme findet sich auch in anderen Fällen, in denen der Schuldner gesetzlich zu vorzeitiger Leistung gezwungen wird; so in den Fällen des § 1133 S 3 (vorzeitige Befriedigung des Gläubigers aus dem Grundstück bei Gefährdung der Sicherheit der Hypothek), des § 1217 Abs 2 S 2 BGB (vorzeitige Rückgabe des Pfandes bei Rechtsverletzung durch den Pfandgläubiger) oder des § 111 S 2 ZVG (Einbeziehen betagter Forderungen in die Vollstreckung). Abs 2 ist mithin Ausdruck eines allgemeinen Rechtsgrundsatzes (HK-*Eickmann* § 41 Rn 1; MK InsO-*Bitter* § 41 Rn 21). Der Gläubiger würde durch den Zwischenzins in der Zeit von der Verteilung bis zum eigentlichen Fälligkeitszeitpunkt einen Gewinn erzielen. Dies will Abs 2 dadurch vermeiden, dass er eine **Abzinsung in Höhe des gesetzlichen Zinssatzes** verlangt, also von 4% nach § 246 BGB und 5% nach § 352 HGB. Zinseszinsen werden nicht berücksichtigt (vgl § 248 BGB). Der Kapitalbetrag der abgezinsten Forderung ist seit der Eröffnung des Insolvenzverfahrens wiederum mit dem gesetzlichen Zinssatz zu verzinsen, wobei diese seit der Eröffnung des Insolvenzverfahrens laufenden Zinsen nachrangige Insolvenzforderungen iSv § 39 Abs 1 Nr 1 sind und gem § 174 Abs 3 nur nach Aufforderung durch das Insolvenzgericht angemeldet werden können. (Jaeger-*Henckel* § 41 Rn 18; MK InsO-*Bitter* § 41 Rn 19).

Voraussetzung des Abs 2 ist, dass eine **unverzinsliche Forderung** vorliegt. Die Forderung darf also 11 weder nach Gesetz noch nach Vereinbarung zu verzinsen sein (zur Behandlung verzinslicher Forderungen unten Rn 12). Die Abgrenzung kann im Einzelfall schwierig sein und ist bei einer etwaigen Zinspflicht kraft Vereinbarung nach §§ 133, 157 BGB zu ermitteln. Durch Auslegung der Vereinbarung ist die Frage zu beantworten, ob die Parteien für eine eingeräumte Möglichkeit der Kapitalnutzung bzw für eine (unfreiwillige) Kapitalvorenthaltung eine in Geld oder vertretbaren Sachen zu entrichtende gewinn- und umsatzunabhängige Vergütung vorsehen wollten. Verzinslichkeit liegt hiernach zB vor, wenn bei einem Lieferantenkredit zwar kein (periodischer) Zins, aber ein Aufschlag auf die Preise als Gegenleistung vereinbart wurde (**OLG Köln** 12. 3. 1992 ZIP 1992, 1478, 1481; Jaeger-*Henckel* § 41 Rn 19 aE). Ist bei einem unverzinslichen Darlehen Ratenzahlung vereinbart worden, so darf der Gläubiger die bereits geleisteten Raten behalten. Für die Restforderung ist zu unterscheiden: Soweit bereits Fälligkeit eingetreten ist, kann die Rate in vollem Umfang zur Insolvenztabelle als Insolvenzforderung (§ 38) angemeldet werden. Hinsichtlich der ausstehenden Raten tritt gem Abs 1 mit der Verfahrenseröffnung Fälligkeit ein. Die Ratenbeträge sind abzuzinsen je nach Fälligkeiten.

12 **2. Verzinsliche Forderungen.** Auf verzinsliche Forderungen ist Abs 2 nicht anzuwenden, und zwar selbst dann nicht, wenn der kraft Gesetzes oder kraft Vereinbarung geschuldete Zinssatz den gesetzlichen Zinssatz deutlich unterschreitet. Eine unverzinsliche Forderung ist mithin nach Abs 2 mit dem gesetzlichen Zinssatz abzuzinsen, während eine verzinsliche Forderung auch bei niedrigstem Zinsfuß „einfach mit ihrem Kapitalbetrag eingesetzt" werden darf (*Kilger/K. Schmidt* § 65 KO Anm 5). Die sich in diesen Fällen aus der wortlautgetreuen Anwendung des Abs 2 ergebende Ungleichbehandlung ist zwar schwerlich zu rechtfertigen (ebenso MK InsO-*Bitter* § 41 Rn 18). Eine Korrektur des gefundenen Ergebnisses und damit eine Anwendung des Abs 2 wenigstens auf verzinsliche Forderung mit niedrigstem Zinsfuß würde aber die Wortlautgrenze überschreiten. Ferner hat der Gesetzgeber selbst den Regelungsgehalt § 65 Abs 2 KO bei der Übernahme in § 41 nur redaktionell korrigiert. Soweit Forderungen verzinslich sind, sind die Zinsen als Teil des vertraglichen Anspruchs mit der Forderung als einfache Insolvenzforderungen iSv § 38 anzumelden, soweit sie bis zur Verfahrenseröffnung entstanden sind. Die seit der Eröffnung des Insolvenzverfahrens laufenden Zinsen sind nachrangige Insolvenzforderungen iSv § 39 Abs 1 Nr 1. Sie können gem § 174 Abs 3 nur nach Aufforderung durch das Insolvenzgericht angemeldet werden. Der Gläubiger kann den vollen Kapitalbetrag zuzüglich der vereinbarten Zinsen zur Tabelle anmelden. Soweit die ab Verfahrenseröffnung nachrangig angemeldeten Zinsforderungen **unverzinsliche** oder niedrig verzinsliche Kapitalforderungen betreffen, steht nach *Bitter* (MK InsO Rn 19) den Gläubigern von abgezinsten Forderungen der **gesetzliche Zinssatz** zu (oben Rn 10 aE).

13 **3. Berechnung des Abzinsungsbetrages.** Der Abzinsungsbetrag wird mit Hilfe der sog **Hoffmann'schen Methode** berechnet, die der Gesetzgeber auch für die §§ 1133 S 3, 1217 Abs 2 S 2 BGB, 111 S 2 ZVG vorsieht (ein fast lehrbuchartiges Beispiel findet sich bei **BGH** 10. 10. 1991 Z 115, 307, 309 = NJW 1991, 3274 = ZIP 1991, 1503 = EWiR 1991, 1169 [*Keller*] [Schadenersatzansprüche]). Danach gebührt dem Gläubiger nur der Betrag, der unter Hinzurechnung der gesetzlichen Zinsen für die Zeit von der Eröffnung des Verfahrens bis zur Fälligkeit dem vollen Betrag der Forderung entspricht (Abs 2 S 2). Zinseszinsen werden nicht zuletzt mit Rücksicht auf § 248 BGB nicht einbezogen (so aber sog Leibniz´sche Methode, dazu und ferner zur sog Carpzow´schen Methode siehe Staudinger-*Bittner* § 272 Rn 4 ff). Bei einem gesetzlichen Zinssatz von 4% (§ 246 BGB) bzw 5% (§ 352 Abs 1 S 1 HGB) ist der Berechnung folgende Formel zugrunde zu legen:

$$\text{abgezinster Betrag} = \frac{36.500 \times \text{Nennbetrag der Forderung}}{36.500 + (\text{Zinssatz} \times \text{Tage von Eröffnung bis Fälligkeit})}$$

14 Die Zahl 36.500 wird mit dem Nennbetrag der Forderung in Euro multipliziert. Der sich daraus ergebende Betrag ist zu dividieren durch die Summe aus 36.500 und dem Produkt aus Zinssatz und Tagen zwischen Eröffnung des Insolvenzverfahrens und Fälligkeit der Forderung. Die **Zahl der Tage** bestimmt sich nach §§ 186 ff BGB. Der Tag der Eröffnung des Insolvenzverfahrens wird gem § 187 Abs 1 BGB nicht mitgerechnet. Dagegen ist der Tag der Fälligkeit gem § 188 Abs 1 BGB zu berücksichtigen (MK InsO-*Bitter* § 41 Rn 23 m Bsp).

15 Die Abzinsungsregelung des Abs 2 findet auch auf **unverzinsliche Forderungen mit unbestimmter Fälligkeit** Anwendung, wenn zB die Fälligkeit einer Forderungen an ein Ereignis anknüpft, dessen Eintritt zwar gewiss, dessen Termin aber unbestimmt ist (dazu oben Rn 3). Die Zahl der Tage von Eröffnung bis Fälligkeit ist jedoch unbekannt. Damit die Berechnung des Abzinsungsbetrages nach der sog Hoffmann'schen Formel vorgenommen werden kann, muss deshalb zuvor der unbestimmte Fälligkeitstermin entsprechend § 45 geschätzt werden (MK InsO-*Bitter* § 41 Rn 20; vgl auch **BFH** 6. 5. 1975 E 115, 307 = BStBl II 1975, 590; **BGH** 10. 12. 1959 Z 31, 337 [ohne Abdruck der einschlägigen Passage der Gründe] = WM 1960, 229, 231). Orientiert sich die Fälligkeit einer Forderung etwa an einem der Zeit nach ungewissen Ereignis wie dem Tod einer Person, so ist zunächst nach biometrischen Erfahrungswerten die durchschnittliche Lebenserwartung zu schätzen (dazu § 45 Rn 19) und sodann auf den ermittelten Zeitpunkt die Abzinsung gem Abs 2 nach der sog Hoffmann'schen Formel vorzunehmen (MK InsO-*Bitter* § 41 Rn 20, 25; *Bitter* NZI 2000, 399, 411; vgl auch *Kilger/K. Schmidt* § 65 KO Anm 5). Bei der Ermittlung des Barwertes von **wiederkehrenden Forderungen aus einer betrieblichen Altersversorgung** soll statt des gesetzlichen Zinssatzes gem Abs 2 auch eine Abzinsung mit einem höheren Zinssatz, der sich nach dem für die voraussichtliche Dauer der Rentenzahlung wahrscheinlich erzielbaren durchschnittlichen Anlagezins orientiert, durch § 45 gedeckt sein (dazu § 45 Rn 22).

V. Materielle Wirkung und Wirkung auf Dritten

16 Die Fälligkeitsfiktion nach Abs 1 bleibt **zugunsten des Gläubigers** auch nach Beendigung des Insolvenzverfahrens insoweit wirksam, als sie sich auf die Rechtskraft des Tabelleneintrags stützen kann (vgl auch § 45 Rn 24 ff). Die Eintragung der angemeldeten abgezinsten Forderung in die Insolvenztabelle wirkt für

I. Allgemeines

die festgestellten Forderungen ihrem Betrag und ihrem Rang nach wie ein rechtskräftiges Urteil und ist insoweit auch ein zur Zwangsvollstreckung geeigneter Titel (§§ 178 Abs 3, 201 Abs 2 S 1). Der Gläubiger kann somit eine im Verfahren nicht befriedigte Restforderung sofort nach Beendigung des Verfahrens gegen den Schuldner geltend machen und muss nicht etwa den Eintritt der ursprünglichen Fälligkeit abwarten (Jaeger-*Henckel* § 41 Rn 24; MK InsO-*Bitter* § 41 Rn 27; vgl auch RG 21. 6. 1918 Z 93, 209, 212; RG 8. 1. 1926 Z 112, 297, 300). Da die Wirkungen des § 41 über das Ende des Insolvenzverfahrens hinaus an die Rechtskraft des Tabelleneintrags anknüpfen, bestehen sie nicht fort, wenn der Schuldner der (abgezinsten) Forderung widersprochen hat (MK InsO-*Bitter* § 41 Rn 31). Ein Widerspruch des Schuldners steht einer Feststellung der Forderung für das Insolvenzverfahren zwar grundsätzlich nicht entgegen (§ 178 Abs 1 S 2). Nach Aufhebung des Verfahrens hat die Eintragung in die Insolvenztabelle für den Gläubiger jedoch gem § 201 Abs 2 S 1 keine Vollstreckungswirkung. Der Tabellenauszug ist mithin kein zum Zwecke der Zwangsvollstreckung geeigneter Titel (zum Ganzen auch BGH 14. 5. 1998 NJW 1998, 2364 = ZIP 1998, 1113 = EWiR 1998, 757 *[Runkel]*). Die Fälligkeitsfiktion nach Abs 1 und vor allem die Abzinsung einer unverzinslichen Forderung nach Abs 2 bleiben **zulasten des Gläubigers** nach Beendigung des Insolvenzverfahrens jedenfalls insoweit bestehen, als der Gläubiger mit seiner abgezinsten unverzinslichen Forderung bei der Schlussverteilung tatsächlich befriedigt worden ist. Der Gläubiger trägt damit in Höhe des abgezogenen Zwischenzinses das Risiko, dass er den Geldbetrag nicht in Höhe des gesetzlichen Zinssatzes anlegen kann. Der nach der Schlussverteilung weiterhin offene Kapitalbetrag der abgezinsten Forderung ist seit der Eröffnung des Insolvenzverfahrens mit dem gesetzlichen Zinssatz zu verzinsen (oben Rn 10); erst zum ursprünglichen Fälligkeitstermin ist der zuvor abgezogene Zwischenzins mithin wieder wettgemacht (im Ergebnis ebenso Jaeger-*Henckel* § 41 Rn 25; MK InsO-*Bitter* § 41 Rn 29).

Die gesetzliche Anordnung der Fälligkeit gilt ausschließlich im Verhältnis des Gläubigers zum Schuldner, nicht dagegen im **Verhältnis des Schuldners zu Dritten** (BGH 8. 2. 2000 NJW 2000, 1408, 1409 = NZI 2000, 213 = ZIP 2000, 585 = EWiR 2000, 467 *[Gerhardt]*; LG Neuruppin 20. 11. 2007 – 5 O 184/06 [Tz 51] [Gesamtschuld]; RG 6. 6. 1916 Z 88, 373, 375; RG 20. 2. 1915 Z 86, 247, 249; Jaeger-*Henckel* § 41 Rn 14; MK InsO-*Bitter* § 41 Rn 32; N/R-*Andres* § 41 Rn 6; *Obermüller* NZI 2001, 225, 226). § 41 greift demnach vor allem gegenüber mithaftenden Gesamtschuldnern oder Bürgen nicht ein (*von Wilmowsky* WM 2008, 1189, 1193; vgl auch § 45 Rn 27). Nicht übersehen werden darf aber, dass § 41 wiederum in der **Insolvenz des persönlichen Sicherungsgebers** (dazu auch § 43 Rn 4) sehr wohl Anwendung finden kann, wenn zB dem Bürgen aufgrund selbstschuldnerischer Verpflichtung oder sonst die Einrede der Vorausklage gem §§ 773 BGB, 349 HGB verwehrt ist (MK InsO-*Bitter* § 41 Rn 38). Steht dem Bürgen die Einrede der Vorausklage hingegen zu, kann die Forderung gegen den Bürgen nur als aufschiebend bedingte Forderung geltend gemacht werden. Dasselbe gilt in der Insolvenz des Garanten oder Patrons (dazu § 43 Rn 9; MK InsO-*Bitter* § 41 Rn 39).

VI. Aufrechnung

Für das alte Recht sah § 54 Abs 2 KO vor, dass die betagte Forderung eines Gläubigers zum Zwecke der Aufrechnung nach der Vorschrift des § 65 zu berechnen war (vgl RG 8. 5. 1908 Z 68, 342). Schon § 107 S 1 des Entwurfs einer Insolvenzordnung (BT-Drucks 12/2442, S 25 nebst Begr S 140 f) hat die nach § 54 Abs 2 KO bestehenden Möglichkeiten der gegenüber den allgemeinen Voraussetzungen des § 287 BGB erleichterten Aufrechnung bei betagten, bedingten oder nicht auf Geld gerichteten Forderungen nicht übernommen. In der Begr RegE zu § 48 (§ 41 InsO) heißt es lapidar: „Für die Zwecke einer Aufrechnung gilt die Regelung nicht." Das stellt nunmehr auch § 95 Abs 1 S 1 eindeutig klar. Demgemäß ist **§ 41 für die Zwecke der Aufrechnung nicht anwendbar** (vgl auch Jaeger-*Henckel* § 41 Rn 9; MK InsO-*Bitter* § 41 Rn 40; de lege ferenda krit *von Wilmowsky* WM 2008, 1189, 1193). Sind die zur Zeit der Verfahrenseröffnung aufzurechnenden Forderungen nicht fällig, so kann die Aufrechnung erst erfolgen, wenn die Voraussetzungen der Fälligkeit nach allgemeinem Recht eingetreten sind.

§ 42 Auflösend bedingte Forderungen

Auflösend bedingte Forderungen werden, solange die Bedingung nicht eingetreten ist, im Insolvenzverfahren wie unbedingte Forderungen berücksichtigt.

§ 42 (§ 49 RegE; § 47 RefE; § 47 DiskE) entspricht den früheren §§ 66 KO, 31 VglO; er wurde lediglich redaktionell und sprachlich angepasst.

I. Allgemeines

Im Dienste einer effizienten Abwicklung des Insolvenzverfahrens (ausf zum Normzweck der §§ 41 ff siehe § 41 Rn 1) sind *auflösend* bedingte Forderungen – im Gegensatz zu *aufschiebend* bedingten Forderungen – nach § 42 im Insolvenzverfahren wie unbedingte Forderungen zu berücksichtigen. Das entspricht der Rechtslage unter § 66 KO, § 31 VglO. Dagegen hat der Gesetzgeber auf ein Gegenstück zur bisherigen Regelung in § 168 Nr 4 KO verzichtet, weil es sich hierbei um einen „wenig praktischen Sonderfall" handele (Begr zu § 49 RegE BT-Drucks 12/2443 S 124). Nach neuem Recht scheidet die

§ 42 *Auflösend bedingte Forderungen*

Möglichkeit einer Hinterlegung des auf die auflösend bedingte Forderung entfallenden Quotenbetrages deshalb selbst dann aus, wenn der Gläubiger vertraglich oder kraft Gesetzes zu einer Sicherheitsleistung verpflichtet ist und die Sicherheit nicht leistet (vgl K/P/B-*Holzer* § 42 Rn 5; §§ 188 Rn 11; 198 Rn 3; aA Jaeger-*Henckel* § 42 Rn 6; MK InsO-*Bitter* § 42 Rn 3 u 7). Für *aufschiebend* bedingte Forderungen findet sich in den §§ 41 ff keine einschlägig Norm. Die Behandlung aufschiebend bedingter Forderungen ergibt sich aber aus zahlreichen Einzelregelungen (unten Rn 7).

II. Auflösend bedingte Forderungen

2   **1. Begriff.** Forderungen mit auflösender Bedingung sind solche iSv § 158 Abs 2 BGB. Es werden von § 42 nicht nur Einzelforderungen mit auflösender Bedingung erfasst (so Wortlaut § 42), sondern auch ganze Rechtsgeschäfte mit auflösender Bedingung (so Wortlaut § 158 BGB). Unter einer auflösenden Bedingung ist die Abhängigkeit des Fortbestehens einer Forderung oder der Wirkungen eines Rechtsgeschäfts von einem zukünftigen, ungewissen Ereignis zu verstehen (MK BGB-*HP Westermann* § 158 Rn 8 f). Endgültige Klarheit über den Umfang der Rechtswirkungen eines Rechtsgeschäfts besteht mithin erst, wenn die Ungewissheit über das Eintreten des künftigen Ereignisses beseitigt ist. Trotz dieser „Schwäche" zeitigt die auflösend bedingte Forderung zunächst uneingeschränkte Rechtswirkungen, die auch für das Insolvenzverfahren eingreifen. Erst mit dem Eintritt der Bedingung endigt nach § 158 Abs 2 BGB die Wirkung des Rechtsgeschäfts. Mit diesem Zeitpunkt tritt der frühere Rechtszustand wieder ein. Dann hat der Insolvenzverwalter den Eintritt der auflösenden Bedingung einzuwenden und ggf im Feststellungsstreit zu beweisen (Jaeger-*Henckel* § 42 Rn 7; MK InsO-*Bitter* § 42 Rn 6).

3   Die Frage, ob überhaupt ein bedingtes Rechtsgeschäft vorliegt, ist durch Auslegung nach den §§ 133, 157 BGB zu beantworten (ausf dazu MK BGB-*HP Westermann* § 158 Rn 10 ff). Beim **Kauf auf Probe** gilt nach § 454 Abs 1 S 2 BGB die Vermutung für eine aufschiebende Bedingung. Bei **Finanzierungsklauseln** in Kaufverträgen, steht die Fortgeltung des Kaufvertrags regelmäßig unter der auflösenden Bedingung, dass die Finanzierung zustande kommt, wenn dem Verkäufer klar war, dass der Käufer den Preis nicht aus Eigenmitteln zahlen konnte oder wollte (OLG Braunschweig 12. 8. 1997 NJW-RR 1998, 567). Die **Freizeichnungsklausel** „richtige und rechtzeitige Selbstbelieferung, glückliche Ankunft, behördliche Maßnahmen vorbehalten" ist ebenfalls auflösende Bedingung des zunächst wirksam zustande gekommenen Vertrages (BGH 19. 3. 1957 Z 24, 39). Um auflösend bedingte Forderungen iSd § 42 handelt es sich auch bei der Lohnsteuer (vgl § 38 EStG) als eine besondere Erhebungsform der Einkommensteuer (die Vorauszahlungen auf die Einkommensteuer (vgl § 36 EStG) (MK InsO-*Bitter* § 42 Rn 5). Schwierigkeiten ergeben sich, wenn eine **aufschiebende und auflösende Bedingung zusammenfallen**, zB beim schenkweise versprochenen Erlass einer Darlehensschuld für den Fall, dass der Schuldner den Gläubiger überlebt (MK BGB-*HP Westermann* § 158 BGB Rn 15; Staudinger-*Bork* § 158 Rn 6). Oder die **Gutschrift im Lastschriftverfahren**, die aufschiebend bedingt durch den Eingang des Geldes und auflösend bedingt durch den Widerspruch des Schuldners ist (vgl MK HGB-*Hadding/Häuser* Anh I Rn C 124; MK BGB-*HP Westermann* § 158 BGB Rn 15; ferner *Bork* JA 1986, 121, 127; *Häuser* WM 1991, 1, 4; *Sandberger* JZ 1977, 285, 287; vgl LG Regensburg 5. 8. 1991 NJW-RR 1992, 717 [Zahlung der Mietkaution im Wege des Einzugsermächtigungsverfahrens]; beachte aber auch „Genehmigungstheorie" BGH 4. 11. 2004 [Tz 14] Z 161, 49 = NJW 2005, 675 = NZI 2005, 99 = ZIP 2004, 2442 = ZInsO 2004, 1353 = EWiR 2005, 121 [*Gundlach/Frenzel*]; bestätigt BGH 25. 10. 2007 [Tz 15] Z 174, 84 = NJW 2008, 63 = NZI 2008, 27 = ZIP 2007, 2273 = ZInsO 2007, 1216). In diesen Fällen lassen sich meist zwei Forderungen feststellen, von denen eine dem § 42 unterfällt, die andere dagegen den verfahrensmäßigen Regelungen nach §§ 77 Abs 3 Nr 1, 237, 95 Abs 1, 191. **Nicht unter § 42 fallen** bedingungsähnliche Erscheinungen, wie zB Motiv, Zweckabrede, Geschäftsgrundlage, Gegenwartsbedingung (Unterstellung), Rechtsbedingung. Im Einzelfall schwierig ist allerdings die Abgrenzung zwischen auflösender Bedingung und Rücktritts- oder Widerrufsvorbehalt (vgl MK BGB-*HP Westermann* § 158 BGB Rn 57 f). Auch bei einem Options- oder Vorvertrag sind die Grenzen zum bedingten Vertrag fließend (ausf dazu MK BGB-*HP Westermann* § 158 BGB Rn 59 ff). Wird der Vollzug eines Leasingvertrages von der Vorlage einer Übernahmebestätigung abhängig gemacht, liegt im Zweifel eine bloße Fälligkeitsregelung vor (BGH 17.2. 1993 NJW 1993, 1381 = ZIP 1993, 436 = EWiR 1993, 353 [*Eckert*]; Palandt-*Heinrichs* § 158 Rn 4). Ist im Einzelfall zweifelhaft, ob es sich um eine auflösende oder eine aufschiebende Bedingung handelt, sollte der Verwalter nach § 191 Abs 1 S 2 verfahren mit der Folge, dass die auf die Forderung entfallende Anteil bei der Verteilung zurückbehalten wird (unten Rn 7). Dies hat den Vorteil, dass die Haftungsgefahr wegen ungerechtfertigter Ausschüttung auf ein Minimum reduziert wird. Steht fest, dass das Ereignis eintreten wird, nur nicht der Zeitpunkt, so liegt eine **Befristung** iSv § 163 BGB vor (vgl § 41 Rn 5).

4   **2. Eintritt der Bedingung.** Beim Eintritt der auflösenden Bedingung ist danach zu unterscheiden, in welchem Verfahrensabschnitt sie eintritt. War die Forderung vom Gläubiger zwar angemeldet, jedoch noch nicht in die Insolvenztabelle eingetragen, so ist der Insolvenzverwalter berechtigt, die Anmeldung im **Prüfungstermin** nach § 176 zu bestreiten. Hatte der Verwalter im Prüfungstermin bereits die Forderung zur Tabelle anerkannt und ist die Bedingung später eingetreten, so kann er wegen der Feststellungswirkung des § 178 Abs 3 **Vollstreckungsgegenklage** nach § 767 ZPO erheben (MK InsO-*Bitter*

§ 42 Rn 8 mwN); ist die Bedingung hingegen schon vor Feststellung eingetreten, dann ist die Einwendung des nachträglichen Erlöschens präkludiert, wobei es insoweit nicht auf die Kenntnis ankommt. Tritt die auflösende Bedingung ein, nachdem bereits eine Quotenzahlung geleistet worden ist, ist der Insolvenzverwalter verpflichtet, diese zurückzufordern. Anspruchsgrundlage ist ein **eigenständiger vertraglicher Rückabwicklungsanspruch**, der im Fall des auflösend bedingten Rechtsgeschäfts auch ohne besondere Rückbeziehungsvereinbarung iSv § 159 BGB im Wege der Auslegung begründet werden kann (Staudinger-*Bork* § 159 Rn 9; MK InsO-*Bitter* § 42 Rn 9); hilfsweise kann § 812 Abs 1 S 2 BGB herangezogen werden (N/R-*Andres* § 42 Rn 4). Erfolgt der Bedingungseintritt nach Beendigung des Insolvenzverfahrens, so kann grundsätzlich der Insolvenzschuldner die vom Verwalter erbrachte Leistung zurückfordern. Allerdings ist wieder der Insolvenzverwalter aktivlegitimiert, sobald eine Nachtragsverteilung angeordnet wurde (§ 203 Abs 1 Nr 2).

III. Verfahrensmäßige Behandlung

Auflösend bedingte Forderungen sind, solange die Bedingung nicht eingetreten ist, nach § 42 den unbedingten Forderungen vollständig gleichgestellt. Hinsichtlich ihrer **verfahrensmäßigen Behandlung** ergeben sich mithin **keine Besonderheiten**: sie sind wie unbedingte in das Gläubigerverzeichnis (§ 152) und die Insolvenzeröffnungsbilanz (§ 153) aufzunehmen; sie sind als unbedingte Insolvenzforderungen nach § 174 Abs 1 schriftlich beim Insolvenzverwalter zur Tabelle anzumelden, in die Insolvenztabelle einzutragen (§ 175) und werden auch als unbedingte Forderungen festgestellt (§ 178); bei Abstimmungen sind sie in gleicher Weise zugelassen wie unbedingte Forderungen; sie nehmen wie unbedingte Forderungen an Abschlags- und Schlussverteilungen und auch an Nachtragsverteilungen (§ 203) teil, und zwar ohne Pflicht des Insolvenzverwalters zur Sicherung nach § 191 Abs 1 S 2 (abw aufschiebend bedingte Forderungen, unten Rn 7). Auch hinsichtlich der Aufrechnungsmöglichkeiten nach Maßgabe der §§ 94 ff ergeben sich im Vergleich zu unbedingten Forderungen keine Unterschiede. 5

Die auflösend bedingte Forderung ist im Insolvenzverfahren selbst dann wie eine unbedingte Forderung zu berücksichtigen, wenn die Wahrscheinlichkeit des Eintritts der Bedingung nahezu sicher ist, dh die Forderung wirtschaftlich schon keinen Vermögenswert mehr hat. Nur ausnahmsweise wird man dem Insolvenzverwalter ein **Zurückbehaltungsrecht oder ein Recht auf Sicherheitsleistung** in den engen Grenzen des § 242 BGB zubilligen können (allg OLG Stuttgart 29. 9. 2008 NZM 2009, 32). Bestehen etwa erhebliche Anhaltspunkte dafür, dass sich der Gläubiger in Vermögensverfall befindet, gebieten es Treu und Glauben, dass eine Zahlung nur Zug um Zug gegen Bewirkung einer Sicherheitsleistung in der Höhe geschuldet ist, in der ein eigenständiger vertraglicher Rückabwicklungsanspruch oder (hilfsweise) ein bereicherungsrechtlicher Rückforderungsanspruch gem § 812 Abs 1 S 2 BGB wegen Eintritts der auflösenden Bedingung in Betracht kommen (oben Rn 4). Die Vorschrift des § 191 Abs 2 S 1 (unten Rn 7) findet keine entsprechende Anwendung auf auflösend bedingte Forderungen. 6

IV. Aufschiebend bedingte Forderungen

Grundsätzlich kann auch der Gläubiger einer aufschiebend bedingten Forderung diese wie jede andere Forderung zur Insolvenztabelle anmelden. Für die **Feststellung des Stimmrechts** gilt jedoch die Einschränkung des § 77 Abs 3 Nr 1, wonach § 77 Abs 2 entsprechend Anwendung findet. Im **Insolvenzplanverfahren** gelten nach § 238 Abs 1 S 2 für das Stimmrecht bei aufschiebend bedingten Forderungen die §§ 41, 77 Abs 2, 3 Nr 1 entsprechend. Einschränkungen ergeben sich auch hinsichtlich der **Aufrechnung** nach § 95 Abs 1 S 1. Sind zur Zeit der Eröffnung des Verfahrens die aufzurechnenden Forderungen oder eine von ihnen noch aufschiebend bedingt, so kann die Aufrechnung erst erfolgen, wenn ihre Voraussetzungen eingetreten sind. Eine erhebliche Einschränkung erfahren aufschiebend bedingte Forderungen im **Verteilungsverfahren** (§ 191). Sie werden zwar bei einer Abschlagsverteilung mit ihrem vollen Betrag berücksichtigt. Der auf die Forderung entfallende Anteil wird jedoch bei der Verteilung **zurückbehalten** (§ 191 Abs 1 S 2). Bei der Schlussverteilung wird die aufschiebend bedingte Forderung wie eine unbedingte bedient, wenn die Bedingung inzwischen eingetreten ist. Wenn nicht, erfolgt Hinterlegung des Betrages nach § 198. Eine Ausnahme sieht § 191 Abs 2 S 1 lediglich dann vor, wenn die Möglichkeit des Eintritts der Bedingung so fern liegt, dass die Forderung zur Zeit der Verteilung keinen Vermögenswert hat. In diesem Fall wird ein zurückbehaltener Anteil für die Schlussverteilung zugunsten der übrigen Gläubiger frei. Auch die persönliche Mithaft der Gesamtschuldner oder Bürgen steht unter der aufschiebenden Bedingung der Inanspruchnahme und Befriedigung des Hauptgläubigers; insoweit ist bei Eintritt der Bedingung stets an den möglichen Ausschluss des Gesamtschuldners oder Bürgen mit seinem Regressanspruch vom Insolvenzverfahren nach § 44 zu denken (siehe § 44 Rn 2). 7

§ 43 Haftung mehrerer Personen

Ein Gläubiger, dem mehrere Personen für dieselbe Leistung auf das Ganze haften, kann im Insolvenzverfahren gegen jeden Schuldner bis zu seiner vollen Befriedigung den ganzen Betrag geltend machen, den er zur Zeit der Eröffnung des Verfahrens zu fordern hatte.

§ 43

§ 43 (§ 50 RegE; § 50 RefE; § 48 DiskE) entspricht im Wesentlichen den §§ 68 KO, 32 VglO; er wurde lediglich redaktionell und sprachlich angepasst.

Übersicht

	Rn
I. Allgemeines	1
II. Anwendungsbereich	3
1. Gesamtschuld	3
2. Bürgschaft	4
a) Insolvenz des Bürgen	4
b) Insolvenz des Hauptschuldners	5
3. Patronatserklärung	7
4. Factoring	10
III. Gesamthaftung für einen Teilbetrag	11
1. Ausgangslage	11
2. Anwendbarkeit des § 43	12
3. Kritik	14
IV. Sachmithaftung	15
1. Ausgangslage	15
2. Treuhand	16
3. Übertragung	17
V. Gesellschaft und Gesellschafter	18
1. Primäre Eigenhaftung eines Gesellschafters	18
2. Haftung für Gesellschaftsschulden	19
3. (Eigenkapitalersetzende) Gesellschafter-Sicherheiten	22
VI. Rechtsfolgen	23
1. Teilzahlung nach Verfahrenseröffnung	23
2. Vollbefriedigung und Quotenüberschuss	24
3. Teilzahlung nach Verfahrenseröffnung	25
4. Absonderungsberechtigte, aufrechnungsberechtigte Mitschuldner	26
5. Ausgleichung unter Mitverpflichteten	27
VII. Ausnahmen von § 43	28
VIII. Wirkungen eines bestätigten Insolvenzplans	29
IX. Wirkungen der Restschuldbefreiung	30

I. Allgemeines

1 § 43 statuiert den **Grundsatz der Doppelberücksichtigung** (besser: Vollberücksichtigung), der in der Insolvenz verhindern will, dass der Gläubiger, dem mehrere Personen für dieselbe Leistung „auf das Ganze" haften, selbst dann notwendig einen Verlust erleidet, wenn er eigentlich bei Berücksichtigung der vollen Höhe der ursprünglich besicherten Forderung in jedem Insolvenzverfahren *in summa* eine Quote von 100% erzielt hätte (zu der Wirkungsweise des § 43 siehe unten Rn 23 ff). Die *ratio* des § 43 erschließt sich, wenn man sich die *ratio* der zugrunde liegenden persönlichen Mithaft „auf das Ganze" in Erinnerung ruft: Wenn mehrere der Erfüllung ein und desselben Leistungsinteresses haften, aber eine mehrfache Befriedigung dieses Leistungsinteresses vermieden werden soll, ist im Regelfall von einer Teilschuld gemäß § 420 BGB auszugehen. Durch die Teilschuld vervielfältigen sich aber die Prozess- bzw Transaktionskosten und -risiken des Gläubigers ebenso wie seine Insolvenzrisiken. In einigen Fällen erscheint diese Risikoverteilung bei der Teilschuld unbillig, weshalb sie entweder gesetzlich oder rechtsgeschäftlich durch eine Mithaft „auf das Ganze" korrigiert wird (so ordnet zB § 840 BGB die gesamtschuldnerische Haftung der deliktisch Handelnden an, weil die Risikoverteilung zulasten des Geschädigten im Regelfall der Teilschuld unbillig wäre). Dann schulden mehrere eine Leistung in der Weise, dass der Gläubiger die Leistung nach seinem Belieben von jedem der Schuldner ganz oder zu einem Teil fordern kann (vgl § 421 BGB), sodass sich die eben genannten Risiken weg vom Gläubiger, hin zum leistenden Gesamtschuldner verlagern (trefflich spricht *Heck* Grundriß des Schuldrechts, Nachdruck der Ausgabe von 1929, 1974, S 234 deshalb von einer „Paschastellung" des Gesamtgläubigers). Damit die Gesamtschuld im Ergebnis keine Kumulation der Schuld bewirkt, die den Gläubiger dazu berechtigen würde, die Mehrfache Befriedigung ein und desselben Leistungsinteresses zu erlangen, ordnet § 422 BGB die **Gesamtwirkung der (Teil-)Erfüllung** an. Die Verteilung des Risikos durch §§ 421, 422 BGB basiert aber auf der Grundannahme, dass wegen des Regelfalls der unbeschränkten Vermögenshaftung der Schuldner („Geld hat man zu haben") immer zumindest ein Gesamtschuldner leistungsfähig sein wird, sei er auch zunächst nicht leistungswillig. Die intendierte Risikoverteilung wird deshalb in dem Fall gestört, in dem alle Schuldner nicht oder nur teilweise leistungsfähig oder leistungswillig sind. Dann nämlich verbleibt das Risiko (zumindest teilweise) beim Gläubiger. Diese Störung der in §§ 421, 422 BGB an sich vorgesehene Risikoverteilung in der Insolvenz kompensiert § 43 InsO, indem er die Gesamtwirkung von Teilzahlungen gemäß § 422 BGB für die Dauer des Insolvenzverfahrens suspendiert, wenn nunmehr das Insolvenzverfahren über das Vermögen eines oder mehrerer Gesamtschuldner eröffnet wird. Letztlich ist § 43 *innerhalb* der Insolvenz Ausdruck der Billigkeit, die *außerhalb* der Insolvenz die Anordnung der Mithaft „auf das Ganze" begründet hat.

Vereinzelt wird mit Blick auf § 43 auch auf die Verwandtschaft mit dem in §§ 1225 S 2, 1143 Abs 1 **2**
S 2, 774 Abs 1 S 2, 426 Abs 2 S 2 BGB enthaltenen **Verbot der Geltendmachung der Regressforderung zum Nachteil des Gläubigers** hingewiesen (*Bitter* ZInsO 2003, 490, 495; dagegen spricht sich *v Olshausen* KTS 2005, 403, 410 ff nach dezidiertem Vergleich von Regelungsanliegen und Wirkungsweise der Normen gegen eine solche Verwandtschaft aus). Die Verwandtschaft besteht indes nur insoweit, als der Ausschluss einer etwaigen Regressforderung des leistenden Gesamtschuldners von der Verfahrensteilnahme lediglich als Reflex durch das auch im Zusammenhang mit § 43 geltende Verbot der Kumulation der Schuld ausgelöst wird, die im Insolvenzverfahren zu Lasten der sonstigen Gläubiger gehen würde (*v Olshausen* Gläubigerrecht und Schuldnerschutz bei Forderungsübergang und Regreß, 1988, S 242). Ausdruck dieses Verbots der Kumulation der Schuld zulasten der übrigen Gläubiger ist im Insolvenzverfahren des Hauptschuldners § 44, der die gleichzeitige volle Berücksichtigung der Hauptforderung und die Berücksichtigung einer infolge Teilzahlung begründeten Regressforderung des Mithaftenden ausschließt. Das Regelungsanliegen des § 43 wäre indes selbst dann nicht obsolet, wenn alle Mithaftungsverhältnisses als regresslose Verhältnisse ausgestaltet wären (so der Hinweis von *v Olshausen* KTS 2005, 403, 412), so wie umgekehrt § 43 trotz Bestehens eines mittels Legalzession erworbenen Regressanspruchs und trotz Verweises auf § 774 Abs 1 S 2 BGB nicht anwendbar sein kann (wie etwa in den Fällen der §§ 268, 1150, 1249 BGB).

II. Anwendungsbereich

1. Gesamtschuld. § 43 findet Anwendung in allen Fällen einer **Gesamtschuld** iSv §§ 421 ff BGB, un- **3** abhängig davon, ob sie durch rechtsgeschäftliche Verpflichtung (zB Schuldmitübernahme oder Schuldbeitritt; zu den häufigen Auslegungsproblemen MK BGB-*Bydlinski* § 421 Rn 19) oder ob sie durch gesetzliche Anordnung (zB Haftung der Mittäter, Anstifter oder Gehilfen etc nach § 840 Abs 1 BGB, der Erbschaftsübernehmer nach §§ 2382, 2385 BGB, bei Firmenübernahme nach § 25 HGB, der an der Spaltung beteiligte Rechtsträger nach § 133 Abs 1 S 1 UmwG, aller Scheckverpflichteten nach Art 44 Abs 1 ScheckG, mehrerer Wechselschuldner nach Art 47 WG, der Vorstandmitglieder bei Pflichtverletzung nach § 93 Abs 2 S 1 AktG, der Geschäftsführer bei Pflichtverletzung nach § 43 Abs 2 GmbHG, des Steuerpflichtigen nach § 44 AO) begründet worden ist (Jaeger-*Henckel* § 43 Rn 8). § 43 findet ebenfalls in den Fällen der sog **unechten Gesamtschuld** Anwendung, weil § 43 zwar voraussetzt, dass mehrere Schuldner für die gleiche Leistung haften, die mehreren Verpflichtungen aber nicht gleichrangig oder gleichstufig sein müssen (Jaeger-*Henckel* § 43 Rn 9; MK InsO-*Bitter* § 43 Rn 5; zum Erfordernis der Gleichstufigkeit bei § 421 BGB s etwa Palandt-*Grüneberg* § 421 Rn 7 ff).

2. Bürgschaft. a) Insolvenz des Bürgen. Bürge und Hauptschuldner haften nicht als Gesamtschuldner. **4** Dies gilt auch für die Variante der selbstschuldnerischen Bürgschaft (§§ 773 BGB, 349 HGB). Wird gesamtschuldnerische Haftung vereinbart, so liegt vielmehr eine **Schuldmitübernahme** vor (§§ 414, 415 BGB); bisheriger Schuldner und Mitübernehmer haften hier als Gesamtschuldner (**BGH 21. 4. 1998 Z 138, 321 = NJW 1998, 1939 = ZIP 1998, 949 = EWiR 1998, 567 [*Deimel*]**). Dennoch ist auf die Haftung des Bürgen § 43 insoweit anwendbar, als die **Einrede der Vorausklage des Bürgen (§ 771 BGB)** ausgeschlossen ist (§§ 773 BGB, 349 HGB), da Hauptschuldner und Bürge dann nebeneinander für dieselbe Leistung auf das Ganze haften (**BGH 9. 10. 2008 [Tz 16] NJW 2008, 3780 = NZI 2008, 733 = ZIP 2008, 2183 = ZInsO 2008, 1202 = EWiR 2008, 755 [*Koza*]**); **BGH 22. 1. 1969 NJW 1969, 796**; so schon der Hinweis in Begr RegE BT-Drucks 12/2443 S 124; zum Ganzen Jaeger-*Henckel* § 43 Rn 11). Die Einrede der Vorausklage ist nämlich gerade Ausdruck der nicht gleichstufigen, sondern nur subsidiären Haftung des Bürgen. Steht dem Bürgen die Einrede der Vorausklage (§ 771 BGB) zu, kann der Gläubiger die Bürgschaftshaftung im (alleinigen) Insolvenzverfahren des Bürgen daher auch nur als aufschiebend bedingte Insolvenzforderung geltend machen (Jaeger-*Henckel* § 43 Rn 13; zur Behandlung aufschiebend bedingter Forderungen § 42 Rn 7). Eine Quote wird dann nur auf den Ausfallbetrag berechnet (HambKomm-*Lüdtke* § 43 Rn 9; MK InsO-*Bitter* § 43 Rn 11; *Obermüller* NZI 2001, 225, 228). Allerdings darf nicht übersehen werden, dass nach § 773 Abs 1 Nr 3 BGB allein die Tatsache der Eröffnung des Insolvenzverfahrens über das Vermögen des Schuldners die Einrede der Vorausklage des Bürgen ausschließt (beachte aber Ausnahme gem § 773 Abs 2 BGB). Wird also nicht nur über das Vermögen des Bürgen, sondern auch des Hauptschuldners das Insolvenzverfahren eröffnet, ist § 43 anwendbar (Jaeger-*Henckel* § 43 Rn 13 mit dem Hinweis, dass § 43 freilich auch dann anzuwenden ist, wenn allein über das Vermögen des Hauptschuldners das Insolvenzverfahren eröffnet wird; unten Rn 5). Für den Ausschluss der Einrede der Vorausklage ist unerheblich, ob die Klage gegen den Bürgen bereits erhoben war; maßgeblich ist vielmehr Schluss der letzten mündlichen Verhandlung (Palandt-*Sprau* § 773 Rn 2). Erst mit Aufhebung oder Einstellung des Insolvenzverfahrens gemäß §§ 200, 258, 213 InsO lebt die Einrede der Vorausklage wieder auf (MK BGB-*Habersack* § 773 Rn 8; aA Palandt-*Sprau* § 773 Rn 2); dann ist aber stets noch an Nr 4 des § 771 Abs 1 BGB zu denken. Im Ergebnis kann der Gläubiger in diesem **Fall der Doppelinsolvenz** daher den vollen Forderungsbetrag unbedingt und in beiden Verfahren anmelden (Grundsatz der Doppelberücksichtigung). Erhält der Gläubiger im Verfahren des Hauptschuldners eine Quote, so kann er trotzdem im Verfahren des Bürgen den vollen Anmeldungsbetrag weiterverfolgen (MK InsO-*Bitter* § 43 Rn 8; Jaeger-*Henckel* § 43 Rn 8; Jaeger-*Henckel* § 43 Rn 14). Erfolgt eine Quotenausschüttung im Verfahren über das Vermögen des Bürgen, gilt Entsprechendes für die Weiterverfolgung der Hauptforderung im Insolvenzverfahren des Hauptschuldners. Der Forderungsübergang, der in Höhe der Quote gem § 774 Abs 1 S 1 BGB stattfindet, kann im Verfahren des Hauptschuldners neben der ursprünglichen Gläubigerforderung nicht zur Tabelle angemeldet werden (ausf zur **Rechtsstellung des Bürgen als Regressgläubiger**, also in dem Fall, dass der Bürge vor oder nach Eröffnung des Insolvenzverfahrens den Gläubiger des Hauptschuldners voll oder teilweise befriedigt hat siehe § 44.

5   b) **Insolvenz des Hauptschuldners.** In dem alleinigen Insolvenzverfahren über das Vermögen des Hauptschuldners ist der Ausschluss der Einrede der Vorausklage des Bürgen wegen §§ 773 BGB, 349 HGB die Regel (hierzu schon in der Konstellation der Doppelinsolvenz oben Rn 4). Es gilt mithin der Grundsatz der Doppelberücksichtigung nach § 43, wenn keine Ausfallbürgschaft vorliegt (unten Rn 6). Der Gläubiger kann demnach seine Hauptforderung im Insolvenzverfahren über das Vermögen des Hauptschuldners unverändert in voller Höhe und bis zur vollständigen Befriedigung weiterverfolgen, selbst wenn er vom Bürgen zwischenzeitlich eine (Teil-)Zahlung erhalten hat (Jaeger-*Henckel* § 43 Rn 12). Zur **Rechtsstellung des Bürgen als Regressgläubiger**, also in dem Fall, dass der Bürge vor oder nach Eröffnung des Insolvenzverfahrens den Gläubiger des Hauptschuldners voll oder teilweise befriedigt hat siehe § 44.

6   Der nicht insolvente bloße **Ausfallbürge** kann grundsätzlich erst nach Beendigung des Verfahrens über das Vermögen des Hauptschuldners in Anspruch genommen werden (Kilger/K.*Schmidt* § 68 KO Anm 3; MK InsO-*Bitter* § 43 Rn 9; vgl auch **BGH** 30. 1. 1992 [Tz 29] Z 117, 127, 133 = NJW 1992, 2093 = ZIP 1992, 338 = EWiR 1992, 335 *[Rümker]* [Patronatserklärung]). Eine Ausnahme kommt allenfalls dann in Betracht, wenn schon vor Abschluss des Insolvenzverfahrens ein Mindestausfalls nachgewiesen werden kann (**RG** 22. 12. 1910 Z 75, 186, 188; Jaeger-*Henckel* § 43 Rn 19; Kilger/K.*Schmidt* § 68 KO Anm 3).

7   3. **Patronatserklärung.** Ein bürgschafts- und garantieähnliches Rechtsinstitut ist die sog **harte Patronatserklärung** (**BGH** 8. 5. 2003 NZI 2003, 434 = ZIP 2003, 1097 = ZInsO 2003, 562; MK BGB-*Habersack* Vorb §§ 765 ff Rn 50). Rechtstatsächlich werden harte Patronatserklärungen in aller Regel im Unternehmensverbund von einer Muttergesellschaft als Patronin („konzernintern") gegenüber einer Tochtergesellschaft oder („konzernextern") gegenüber Kreditgebern und anderen Gläubigern der Tochtergesellschaft abgegeben. Der Inhalt der Erklärung kann im Einzelfall stark unterschiedlich sein. Kern der Erklärung ist aber die Selbstverpflichtung der Patronin zur hinreichenden finanziellen Ausstattung der Tochter im Hinblick auf bestimmte Verbindlichkeiten (vgl dazu *von Rosenberg/Kruse* BB 2003, 641).

8   In der **Insolvenz des unterstützten Schuldners** wandelt sich die Liquiditätszusage des Patrons in eine Verpflichtung zur Direktzahlung an den Erklärungsempfänger um (**BGH** 8. 5. 2003 NZI 2003, 434 = ZIP 2003, 1097 = ZInsO 2003, 562 mwN). Umstritten ist nur, ob der Direktzahlungsanspruch als Schadenersatzanspruch wegen Nichterfüllung aus §§ 280, 283 BGB (so etwa **BGH** 30. 1. 1992 Z 117, 127, 133 = NJW 1992, 2093 = ZIP 1992, 338, 341 f = EWiR 1992, 335 *[Rümker]* [für eine Patronatserklärung im Außenverhältnis]; **OLG** München 22. 7. 2004 ZIP 2004, 2102 = ZInsO 2004, 1040 = EWiR 2005, 31 *[Tetzlaff]* [für eine Patronatserklärung im Innenverhältnis]; **KG** 18. 1. 2002 WM 2002, 1190; **OLG** Naumburg 13. 1. 2000 OLGR Naumburg 2000, 407) oder aus einer ergänzenden Auslegung der Patronatserklärung folgt (**OLG** Nürnberg 9. 12. 1998 OLGR Nürnberg 1999, 109 = IPRax 1999, 464; **OLG** München 24. 1. 2003 OLGR München 2003, 220 = EWiR 2003, 1019 *[Keil]*; MK BGB-*Habersack* Vorb §§ 765 ff Rn 52 mwN). Ist eine solche harte Patronatserklärung abgegeben worden, haftet der Patron dem Gläubiger in der Insolvenz des Schuldners neben diesem für dieselbe Leistung auf das Ganze und folglich ist § 43 in dem Insolvenzverfahren über das Vermögen des Schuldners anwendbar (**BGH** 30. 1. 1992 Z 117, 127, 133 = NJW 1992, 2093 = ZIP 1992, 338, 341 f = WuB I F 1 c – 1.92 *[Obermüller]* = EWiR 1992, 335 *[Rümker]*; **BGH** 8. 5. 2003 NZI 2003, 434 = ZIP 2003, 1097 = ZInsO 2003, 562; **OLG** Stuttgart 21. 2. 1985 WM 1985, 455 = WuB I F 1 c – 1.85 *[Schröter]*; Jaeger-*Henckel* § 43 Rn 20; MK InsO-*Bitter* § 43 Rn 8). Auch im Fall der **Doppelinsolvenz von Schuldner und Patron** ist § 43 anwendbar (MK InsO-*Bitter* § 43 Rn 8 aE).

9   Nur in der **alleinigen Insolvenz des Patrons** findet § 43 keine Anwendung (HambKomm-*Lüdtke* § 43 Rn 11; Jaeger-*Henckel* § 43 Rn 21; MK InsO-*Bitter* § 43 Rn 12), weil zur Inanspruchnahme des Patrons der Nachweis der Zahlungsunfähigkeit *des Schuldners* erforderlich ist. Solange der unterstützte Schuldner selbst in der Lage ist, die gegen ihn gerichteten Forderungen bei Fälligkeit (§ 41 gilt hier nicht) zu erfüllen, besteht überhaupt keine gleichstufige Mithaft des Patron iSv § 43 „auf das Ganze" (MK InsO-*Bitter* § 43 Rn 12). Die Forderung kann deshalb allenfalls als durch den „Garantiefall" aufschiebend bedingte Forderung angemeldet werden (dazu § 42 Rn 7). Im Falle von Teilzahlungen des unterstützten Schuldners muss der Gläubiger seine Forderung im Insolvenzverfahren über das Vermögen des Patrons auf den Ausfallbetrag reduzieren (MK InsO-*Bitter* § 43 Rn 12 aE).

10 4. **Factoring.** Nicht anwendbar ist § 43 im Fall der Doppelinsolvenz von Anschlusskunde und Abnehmer bei **unechtem Factoring** (Jaeger-*Henckel* § 43 Rn 24), wenn also kein Forderungskauf, bei dem

III. Gesamthaftung für einen Teilbetrag § 43

das Insolvenzrisiko endgültig auf den Factor übergegangen ist, sondern lediglich eine atypische Darlehensgewährung verbunden mit einer Sicherungsabtretung vorliegt, bei der sich der Factor die Rückbelastung des Anschlusskunden vorbehält für den Fall, dass sich die abgetretene Forderung als nicht werthaltig erweist. Denn der Factor ist in dieser Konstellation nur absonderungsberechtigt (dazu § 47 Rn 94), mit der Folge, dass er gem § 52 nur für den Betrag verhältnismäßige Befriedigung verlangen kann, mit welchem er beim Abnehmer ausgefallen ist (*Jaeger-Henckel* § 43 Rn 24). Dagegen wird man § 43 konsequenterweise auch bei unechtem Factoring anwenden müssen, wenn man davon ausgeht, dass der Factor aussonderungsberechtigt ist (*Serick* Bd V § 70 VIII 2; so auch noch 12. Aufl Rn 1).

III. Gesamthaftung für einen Teilbetrag

1. Ausgangslage. Besteht die Mithaft eines Dritten nur für einen Teil der Forderung des Hauptgläubigers gegen den Gemeinschuldner (Teilgesamtschuldner, Teilbürge), findet § 43 unstreitig Anwendung, wenn der Dritte seine Teilmithaftung nicht oder erst teilweise abgedeckt hat (*Bitter* ZInsO 2003, 490, 493; MK InsO-*Bitter* § 43 Rn 28, jeweils mwN). Dagegen ist die Anwendbarkeit des § 43 – wie schon zu Zeiten des früheren § 68 KO – umstritten, wenn der Dritte neben dem Gemeinschuldner nur für einen Teil der Forderung haftet und er seine Haftung nach Verfahrenseröffnung zwar *vollständig* deckt, die Forderung des Hauptgläubigers damit aber erst *teilweise* getilgt ist. So zB wenn der mithaftende Dritte im Insolvenzverfahren über das Vermögen des Gemeinschuldners die Forderung des Hauptgläubigers nur teilweise tilgt, weil sich seine Haftung ursprünglich nur auf den von ihm getilgten Forderungsteil beschränkt hat (zB Höchstbetragsbürgschaft) oder seine Haftung nachträglich auf einen Teil der Forderung des Hauptgläubigers beschränkt wurde (zB durch Vergleich) oder ein Fall der unzureichenden Sachmithaftung vorliegt (unten Rn 15 ff). Aus Perspektive des Gläubigers stellt sich die Frage, ob er seine Forderungsanmeldung um den erhaltenen Betrag ermäßigen muss, weil der nur in Teilhöhe haftende Schuldner seine Schuld voll erfüllt hat und damit „volle Befriedigung" des Gläubigers iSv § 43 hinsichtlich des entsprechenden Teils der Gesamtschuld vorliegt. Oder ob „volle Befriedigung" erst dann gegeben ist, wenn die gesamte vom Gemeinschuldner geschuldete Betrag geleistet worden ist. Aus Perspektive des Mithaftenden stellt sich die Frage, ob er seinerseits eine etwaige Regressforderung oder eine im Wege der Abtretung oder *cessio legis* erworbene Forderung gegen den Gemeinschuldner im Verfahren – in Konkurrenz zur (Rest-)Forderung des Hauptgläubigers – anmelden und auch bis zur Schlussverteilung weiterverfolgen kann (unten Rn 23; siehe auch § 44 Rn 8 ff).

2. Anwendbarkeit des § 43. Bis heute sind zwei frühe Entscheidungen des **BGH** (BGH 9. 5. 1960 NJW 1960, 1295, 1296 [mit Grundschuld belastetes Grundstück]; BGH 22. 1. 1969 NJW 1969, 796 f [Verpfändung eines Bankguthabens]; in den Gründen unter Verweis auf *Jaeger* Lehrbuch des Deutschen Konkursrechts, 1932, § 11 V S 75; *Kuhn* KTS 1957, 68; Mentzel-*Kuhn* KO, 7 Aufl 1962, § 68 Anm 1 u 5; *Böhle-Stamschräder* KO, 8 Aufl 1966, § 68 Anm 6; *Bley* Vergleichsordnung, 2 Aufl 1955, § 32 Anm 13) Ausgangspunkt der Antwort auf die eben aufgeworfenen Fragen: In der **Entscheidung vom 9. 5. 1960** stellte der **BGH** fest, dass § 68 KO (entspricht § 43) bei einer Teilbürgschaft nicht eingreift, wenn der Teilbürge nach der Eröffnung des Konkurses über das Vermögen des Hauptschuldners den vollen Betrag der übernommenen Bürgschaft an den Gläubiger zahlt, weil in Höhe des dem Gläubiger noch zustehenden Restbetrages keine Gesamthaftung (mehr) bestehe; entsprechend müsse der Gläubiger dann seine Forderungsanmeldung um den empfangenen Betrag ermäßigen, während anderseits der Bürge seinen Regressanspruch anmelden dürfe, weil die gebotene Kürzung der Anmeldung des Gläubigers der Hauptforderung es gestatte, den Rückgriffsanspruch neben der restlichen Forderung des Gläubigers zu berücksichtigen (die Haftung war in dem vom BGH zu entscheidenden Fall „gegenständlich" beschränkt, indem zur Sicherung einer Forderung eines Gläubigers des Gemeinschuldners eine Grundschuld an einem Grundstück bestellt worden war; ausf zur Sachmithaftung unten Rn 15 ff). In der **Entscheidung vom 22. 1. 1969** knüpfte der **BGH** hieran und wies darauf hin, dass sich nach dem Gesetzeszweck die Anwendung des § 68 KO auf den Fall verbietet, dass ein Gesamtschuldner neben dem Gemeinschuldner nur für einen Teil der Schuld haftet und seine Schuld vollständig tilgt. Denn vom Zeitpunkt dieser Tilgung ab scheide der bisherige Gesamtschuldner aus dem Schuldverhältnis aus. Die Entscheidungen haben alsbald auch Eingang in die Kommentierungen zu § 68 KO gefunden (siehe etwa *Kuhn/Uhlenbruck* KO, 11 Aufl 1994, § 68 Rn 5 b; *Jaeger/Henckel* KO, 9 Aufl 1997, § 3 Rn 59 aE; *Kilger/K. Schmidt* KO 16 Aufl 1993, § 68 Anm 6 aE). In den Folgejahren hat der **BGH** seine frühen Entscheidungen bestätigt, so soll § 68 KO nicht zugunsten des Gläubigers eingreifen, der sich mit einem Gesamtschuldner dahin verglichen hat, dass dieser nur einen Teil der Schuld des Gemeinschuldners zu bezahlen hat, wenn der Vergleich den Umfang der ursprünglichen Mitschuld auf einen Teil der Gesamtschuld begrenzt und dieser Teil bezahlt wird (dazu und zum Folgenden BGH 19. 12. 1996 NJW 1997, 1014 = ZIP 1997, 372 = KTS 1997, 255 = WM 1997, 341 = EWiR 1997, 269 [*Gerhardt*] = WuB VI B § 68 KO 1.97 [*Soehring*]; siehe ferner BGH 30. 10. 1984 [Tz 18] Z 92.374, 379, NJW 1985, 614 = ZIP 1985, 18 = WM 1984, 1630 = EWiR 1985, 85 [*Horn*] = WuB 1 F 1 a Bürgschaft 1.84 [*Rehbein*]). Im Gegenzug könne der mithaftende Dritte seine **Regressforderung** im Insolvenzverfahren anmelden, ohne dass hierin eine Geltendmachung „zum Nachteil des Gläubigers" iSv § 426 Abs 2 S 2

11

12

BGB zu sehen wäre (eine § 44 entsprechende ausdrückliche Einschränkung des Teilnahmerechts fand sich seinerzeit in der KO nicht, nur in § 33 VglO). Insofern schaffe § 68 KO eine konkursrechtliche Sonderberechtigung, die sich nicht uneingeschränkt mit der materiell-rechtlichen Lage zu decken braucht (zu diese sog **gespaltene Lösung** siehe BGH 19. 12. 1996 [Tz 14 f]). Ganz in diesem Sinne wirke § 426 Abs 2 S 2 BGB nicht innerhalb des Konkursverfahrens, sondern rein materiell- rechtlich: Der Gläubiger kann möglicherweise außerhalb des Konkursverfahrens von dem weiteren Gesamtschuldner verlangen, dass dieser die auf ihn entfallende Konkursquote an ihn auskehrt, soweit das zu dessen voller Befriedigung erforderlich ist (als Konsequenz der sog **gespaltene Lösung** zeigt sich auch die „Folgeentscheidung" zu **BGH** 19. 12. 1996 zu der Frage einer Anwendung des § 426 Abs 2 2 BGB, wenn von mehreren aus unterschiedlichem Schuldgrund verpflichteten Gesamtschuldnern einer nur einen Teil des Gesamtschadens zu vertreten hat und diesen [Teil-]Schaden in voller Höhe ersetzt hat: **BGH** 9. 1. 2003 NJW 2003, 1036 = ZIP 2003, 952 = ZInsO 2003, 421 = EWiR 2003, 903 *[Clemente]*). Gegebenenfalls müsse der Gläubiger den Anspruch des mithaftenden Dritten auf die Konkursquote dann rechtzeitig pfänden lassen, um seinen materiell-rechtlichen Vorrang durchzusetzen.

13   Im **Schrifttum zu § 43** wird diese Auffassung großteils fortgeschrieben (FK-*Schumacher* § 43 Rn 6; HK-*Eickmann* § 43 Rn 7; K/P/B-*Holzer* § 43 Rn 4; N/R-*Andres* § 43 Rn 9; *Noack/Bunke* FS Uhlenbruck 2000, S 335, 343; *Obermüller* NZI 2001, 225, 227; ferner Jaeger-*Henckel* § 43 Rn 9 aE [Gesamtschuld], siehe aber auch Rn 17, dort nämlich mit einer Differenzierung danach, ob die Forderung des Gläubigers gegen den Hauptschuldner als ganze gesichert werden sollte, aber summenmäßig begrenzt [zB durch eine Höchstbetragsbürgschaft], oder ob nicht die ganze Forderung gesichert werden sollte, sondern nur der Teil, der dem Wert der Sicherheit entspricht [zB dem Wert eines Grundpfandrechts]; krit zu dieser Differenzierung *v Olshausen* KTS 2005, 403, 415 [Fn 59]). Als Begründung wird damals wie heute angeführt, dass § 68 KO als Ausnahmevorschrift eng auszulegen sei. Infofern setzte § 68 KO voraus, dass eine Person oder mehrere Personen für *eine und dieselbe* Leistung auf das Ganze haften. Das treffe aber gerade nur für einen Teil der Forderung zu, wenn die Mithaftung nur für ihn und nicht für die ganze Forderung übernommen worden ist. Der Schuldner sei deshalb vom Zeitpunkt der vollständigen Deckung seiner Haftung an nicht mehr Gesamtschuldner iSv § 43.

14   **3. Kritik.** Der Lesart der hM, dass der (teil-)mithaftende Dritte vom Zeitpunkt der vollständigen Deckung seiner Haftung an nicht mehr Gesamtschuldner iSv § 43 ist, wird von *Bitter* vorgeworfen, sie sei zirkulär und wende sich gegen die Wertung des § 43 selbst. Denn § 43 regele ganz generell eine Ausnahme von § 422 Abs 1 BGB und die Gesamtschuld werde daher auch bei vollständiger Deckung der persönlichen Mithaft für die Zwecke des Insolvenzverfahrens als fortbestehend berücksichtigt bzw fingiert, obwohl sie materiell nicht mehr besteht (*Bitter* ZInsO 2003, 490, 496; ausf zum Ganzen auch MK InsO-*Bitter* § 43 Rn 28 ff, jeweils mit dem Hinweis darauf, dass sich zuvor das Reichsgericht [**RG** 10. 11. 1882 Z 8, 290, 292; **RG** 30. 11. 1937 Z 156, 271, 278] und einige Oberlandesgerichte [**KG** 24. 4. 1912 OLGRspr 25, 335; **OLG** Hamm 7. 1. 1918 SeuffArch 73, 143, 144; **OLG** Karlsruhe 18. 12. 1957 MDR 1958, 345, 346] für die Anwendung des § 68 KO auch im Fall der vollständigen Befriedigung einer Teilgesamtschuld ausgesprochen hatten; ferner für eine Anwendung des § 68 KO auf Fälle der Teilmithaftung im Schrifttums *Künne* KTS 1957, 58; *Dempewolf* NJW 1961, 1341; *J. Blomeyer* BB 1971, 937; ausf zum Meinungsbild *Wissmann* Mithaft Rn 27 ff mwN, der im Ergebnis ebenfalls für eine Anwendung des § 68 KO bzw des § 43 in dem Fall, dass ein Teilbürge seine Bürgschaftsverpflichtung voll erfüllt hat, streitet [Rn 80 f]). Dieser Vorwurf ist jedoch selbst insoweit zirkulär, als er wiederum nur unter der Prämisse berechtigt ist, dass es die Wertung des § 43 verlangt, dass die Suspendierung der Gesamtwirkung des § 422 Abs 1 BGB auch über die vollständige Befriedigung der (Teilgesamt-)Schuld hinaus auszudehnen ist (so die Prämisse von *Bitter* ZInsO 2003, 490, 496 „§ 43 ganz generell eine Ausnahme von § 422 Abs 1 BGB"). Das ist jedoch nicht zwingend der Fall: Der Wortlaut des § 43 lässt noch offen, ob „volle Befriedigung" sich auf den einzelnen Teilanspruch oder den Gesamtanspruch bezieht oder – mit anderen Worten – ob „volle Befriedigung" aus Perspektive des Teilschuldners oder der Perspektive des Gläubigers beurteilt werden muss (so schon der Hinweis von *Dempewolf* NJW 1961, 1341, 1342). Es ist zwar die Tendenz deutlich erkennbar, dass § 43 (in einer Zusammenschau mit § 44) den Hauptgläubiger weitestgehend begünstigen will, der es geschafft hat, für seine Forderung eine Sicherheit zu erhalten (das betonen *Küpper/Heinze* ZInsO 2006, 452, 454). Diese „Wohltat" verlangt jedoch nach einer sachlichen Rechtfertigung. Entscheidend ist also der Antwort auf die Frage, warum und – daraus abgeleitet – wie weit der Gläubiger begünstigt wird. Insofern verweist *Bitter* auf die Verwandtschaft von dem Verbot, eine eigene Forderung zum Nachteil eines konkurrierenden Gläubigers geltend zu machen (§§ 1225 S 2, 1143 Abs 1 S 2, 774 Abs 1 S 2, 426 Abs 2 S 2 BGB), und § 43 (*Bitter* ZInsO 2003, 490, 495: „insolvenzrechtliche Fortsetzung"; siehe auch **BGH** 30. 10. 1984 [Tz 18] Z 92, 374 = NJW 1985, 614 = ZIP 1985, 18 = EWiR 1985, 85 *[Horn]*; zumindest im Ergebnis ebenfalls zustimmend, aber mit anderer Begründung und vor allem ohne auf die – aus seiner Sicht nur vermeintliche – Verwandtschaft von § 774 Abs 1 S 2 BGB und § 43 abzuheben *v Olshausen* KTS 2005, 403, 415 ff). Im Ergebnis sollen § 43 und § 44 als Teil einer einheitlichen Regelung verstanden werden und die vom **BGH** vorgenommene Trennung der materiellrechtlichen von der insolvenzrechtlichen Beurteilung der Gesamtschuldfälle überwunden werden, nicht zuletzt um eine

Verdoppelung von Prozessen zu vermeiden. Es bleibt abzuwarten, ob der **BGH** für § 43 von seiner früheren Auffassung zu § 68 KO abgeht. Bis dahin ist die Rechtsprechung als für die Rechtspraxis maßgebend zu akzeptieren (*Schlosser* ZIP 2005, 781, 785).

IV. Sachmithaftung

1. Ausgangslage. Schon früh hatte das RG entschieden, dass sich das Ausfallprinzip des § 52 (zuvor 15 § 64 KO) in Konstellationen, in denen der **persönlich Mitverpflichtete** *zugleich* **auch dinglich haftet**, lediglich auf das Verhältnis und das Recht des absonderungsberechtigten Gläubigers in dem Verfahren bezieht, in welchem das Absonderungsrecht geltend gemacht ist, während in dem Verhältnis von Gläubiger und Gemeinschuldner bzw weiteren Mithaftenden § 43 (zuvor § 68 KO) Anwendung findet (**RG** 19. 9. 1902 Z 52, 169, 171; **RG** 19. 9. 1910 Z 74, 231, 234; MK InsO-*Bitter* § 43 Rn 19). Ferner werden in **analoger Anwendung des** § 43 auch Fälle erfasst, in denen einem Gläubiger des Gemeinschuldners eine dingliche Sicherheit an einem Gegenstand, die einem Dritten gehört, bestellt worden ist, der Dritte aber für die Forderung *nicht zugleich* auch persönlich haftet (zur **bloße Sachmithaftung massefremder Vermögensgegenstände** siehe RG 30. 11. 1937 Z 156, 271, 278 [mit Grundschuld belastete Erbpachthufe]; **BGH** 9. 5. 1960 NJW 1960, 1295, 1296 = WM 1960, 720, 721 [mit Grundschuld belastetes Grundstück]; **BGH** 15. 10. 1969 NJW 1970, 44, 46 = WM 1969, 1346, 1347 [Verpfändung eines Bankguthabens]; dazu auch *Jaeger-Henckel* § 43 Rn 22; K/P/B-*Holzer* § 43 Rn 7; MK InsO-*Bitter* § 43 Rn 19; *Kilger/K. Schmidt* § 68 KO Anm 4). Zwar ist § 43 darauf zugeschnitten, dass über das Vermögen mehrerer oder einer von mehreren Personen, die nebeneinander persönlich für das Ganze haften, das Insolvenzverfahren eröffnet ist. Für eine unterschiedliche Behandlung der Sachmithaftung und der persönlichen Mithaftung im Insolvenzverfahren fehlt aber jeglicher sachlicher Grund (vgl auch **RG** 30. 11. 1937 Z 156, 271, 278; **BGH** 9. 5. 1960 NJW 1960, 1295, 1296; ferner *Gerhardt* Grundpfandrechte S 57; *Karsten Schmidt/Bitter* ZIP 2000, 1077, 1080). In beiden Fällen haften rechtlich getrennte Vermögensmassen für die Verbindlichkeit des Gemeinschuldners. Erfasst werden etwa die Fälle der Bestellung von Hypothek und Grundschuld, der Verpfändung eines Gegenstandes sowie der Sicherungsübereignung und -zession durch einen vom Schuldner verschiedenen Dritten. Durch die **Verwertung des Sicherungsgegenstandes** während des Verfahrens ist eine teilweise Mithaftung für die Schulden des Hauptschuldners gegenüber dem Gläubiger voll verwirklicht worden, sodass fortan eine Anwendung des § 43 ausgeschlossen ist (**BGH** 9. 5. 1960 [Tz 17] NJW 1960, 1295, 1296 [mit Grundschuld belastetes Grundstück]; aA MK InsO-*Bitter* § 43 Rn 22).

2. Treuhand. Nach dem zuvor Gesagten passt das Ausfallprinzip des § 52 nur auf den Fall, dass sich 16 ein Gläubiger Sicherungsrechte am Vermögen des Insolvenzschuldners hat einräumen lassen, nicht aber auf die Haftung des Vermögens (mithaftender) Dritter. Hier gilt vielmehr der Grundsatz der Doppelberücksichtigung nach § 43. Soweit eine **Umgehung des § 52 durch Treuhandkonstruktionen** droht (zur Frage der Massezugehörigkeit § 35 Rn 26 ff), kommt trotz rechtlicher Verschiedenheit von Gemeinschuldner und mithaftenden Dritten als Sicherungsgeber (Treuhänder) das Ausfallprinzip nach § 52 zur Anwendung, wenn ein Gläubiger aus einem solchen Gegenstand abgesonderte Befriedigung betreibt und außerdem Befriedigung aus der Insolvenzmasse verlangt (**RG** 10. 10. 1917 Z 12, 15; MK InsO-*Bitter* § 43 Rn 21).

3. Übertragung. Im Fall der **Übertragung des (mit-)haftenden Sicherungsgegenstandes vom Dritten** 17 **auf den Schuldner** während des laufenden Insolvenzverfahrens bleibt es unverändert bei der Anwendung des Grundsatzes der Doppelberücksichtigung gem § 43 (*Jaeger*-*Henckel* § 43 Rn 22; MK InsO-*Bitter* § 43 Rn 25). Der Insolvenzverwalter kann deshalb den Grundsatz der Doppelberücksichtigung gem § 43 nicht dadurch „umgehen", dass er den Pfandgegenstand während des laufenden Insolvenzverfahrens für die Masse erwirbt (**RG** 19. 12. 1904 Z 59, 367, 368). Dagegen führt eine Übertragung des (mit-)haftenden Sicherungsgegenstandes vom Dritten auf den Schuldner *vor* Eröffnung des Insolvenzverfahrens im später laufenden Insolvenzverfahren zur Anwendung des Ausfallprinzips nach § 52 (MK InsO-*Bitter* § 43 Rn 25). Der Gläubiger erleidet durch die Übertragung *vor* Eröffnung des Insolvenzverfahrens ohne sein Zutun einen Rechtsverlust. Damit für den Gläubiger und Sicherungsnehmer die Insolvenz als Risiko kalkulierbar bleibt, sollte er mit dem Dritten wenigstens ein **schuldrechtliches Verbot der Übertragung** des (mit-)haftenden Sicherungsgegenstandes auf den Schuldner vereinbaren. Dadurch kann die Übertragung selbst freilich nicht verhindert werden, ihm erwächst aber ein Schadenersatzanspruch (§ 280 Abs 1 BGB) gegen den ursprünglichen Sicherungsgeber (MK InsO-*Bitter* § 43 Rn 25 aE).

V. Gesellschaft und Gesellschafter

1. Primäre Eigenhaftung eines Gesellschafters. Der Grundsatz der Doppelberücksichtigung des § 43 18 kommt zur Anwendung, wenn die Mithaftung des Gesellschafters für die Schuld der Gesellschaft einen **eigenständigen Verpflichtungsgrund** kennt und nicht auf eine gesellschaftsrechtlich angeordnete persönliche Haftung (§ 128 HGB) zurückgeht. Das ist unproblematisch der Fall, wenn der Gesellschafter einer

§ 43   *Haftung mehrerer Personen*

juristischen Personen eine Personal- und Sachsicherheit bestellt (MK InsO-*Bitter* § 43 Rn 14 u 23). Der Gläubiger braucht die Anmeldung seiner Forderung in der Gesellschaftsinsolvenz mithin gem § 43 nicht zu ermäßigen, wenn er während des laufenden Verfahrens eine Teilzahlung des Gesellschafters aufgrund der Personal- und Sachsicherheit erhält. Für den ebenfalls nur beschränkt haftenden Kommanditisten gilt entsprechendes (MK InsO-*Bitter* § 43 Rn 16). Dasselbe gilt aber auch, wenn ein persönlich haftender Gesellschafter einer OHG, einer BGB-Gesellschafter oder einer KG zusätzlich zu seiner gesellschaftsrechtlichen Haftung nach § 128 HGB (analog bzw iVm § 161 Abs 2 HGB) eine Personal- und Sachsicherheit bestellt hat (MK InsO-*Bitter* § 43 Rn 16 u 23 mwN).

19   **2. Haftung für Gesellschaftsschulden.** Geht die Mithaft des Gesellschafters für die Schuld der Gesellschaft wie bei den Gesellschaftern der OHG (§ 128 HGB), den Gesellschaftern der BGB-Gesellschaft (§ 128 HGB analog) oder den Komplementären der KG (§§ 161 Abs 2, 128 HGB) auf eine gesellschaftsrechtlich angeordnete persönliche Haftung zurück, ist wegen § 93 InsO bzw § 171 Abs 2 HGB wie folgt zu differenzieren (ausf dazu § 93 Rn 22 ff; MK InsO-*Bitter* § 43 Rn 15 f): In der (alleinigen) **Insolvenz des persönlich haftenden Gesellschafters** kommt § 43 zu Anwendung (Jaeger-*Henckel* § 43 Rn 25; MK InsO-*Bitter* § 43 Rn 15). Insoweit stehen die § 93 InsO und § 171 Abs 2 HGB, die nur in der Gesellschaftsinsolvenz anwendbar sind, nicht entgegen (*Karsten Schmidt/Bitter* ZIP 2000, 1077, 1081). Der Gläubiger braucht die Anmeldung seiner Forderung in der Gesellschaftsinsolvenz mithin gem § 43 nicht zu ermäßigen, wenn er während des laufenden Verfahrens eine Teilzahlung der weiterhin solventen Gesellschaft erhält. Ferner kommt § 43 auch im Verhältnis mehrerer persönlich haftender Gesellschafter untereinander, die nämlich alle als Gesamtschuldner solidarisch auf das Ganze haften (MK HGB-*Karsten Schmidt* § 128 Rn 18), zur Anwendung (Jaeger-*Henckel* § 43 Rn 26; das gilt im Fall der Doppel- bzw Mehrfachinsolvenz auch zugunsten eines nach § 93 vorgehenden Insolvenzverwalters, siehe § 93 Rn 27).

20   Dagegen spielt § 43 aus Sicht des Gläubigers *unmittelbar* keine Rolle, wenn (allein) das **Insolvenzverfahren über das Vermögen der Gesellschaft** eröffnet wird (Jaeger-*Henckel* § 43 Rn 25). Dann sind nämlich die § 93 InsO oder § 171 Abs 2 HGB anwendbar und damit dem Gesellschaftsgläubiger die Einziehungs- und Verfügungsbefugnis hinsichtlich der Haftungsforderung entzogen und ohnehin ausschließlich der Insolvenzverwalter dazu befugt, die sich aus § 128 HGB (analog) ergebende Haftungsforderung geltend zu machen (zur sog Sperr- und Ermächtigungswirkung, dazu § 93 Rn 3 f). Allerdings spielt es aus Sicht des Gläubigers *mittelbar* sehr wohl eine Rolle, ob das früher (für den Fall der Doppelinsolvenz) nach § 212 KO bestimmte Ausfallprinzip durch § 93 nur rechtstechnisch oder sogar inhaltlich durch § 93 beseitigt worden ist (siehe die Kontroverse *Karsten Schmidt/Bitter* ZIP 2000, 1077, 1082 ff [Vollanmeldungsmodell von *Bitter*] und 1085 ff [Ausfallmodell von *Karsten Schmidt*]). Es kann sich nämlich auch nach geltendem Recht zumindest insoweit noch eine Privilegierung nach § 43 ergeben, als der Verwalter die Summe aller Gesellschaftsverbindlichkeiten gem § 93 gegen jeden persönlich haftenden Gesellschafter geltend machen kann (Vollanmeldungsmodell) und nicht nur den auf den Eröffnungsstichtag berechneten Unterdeckungsbetrag (Ausfallmodell). In der alleinigen Insolvenz der Gesellschaft kann die Antwort auf diese Frage zwar offen bleiben, da der Insolvenzverwalter nach Abschluss des Insolvenzverfahrens einen etwaigen Überschuss gem § 199 S 2 ohnehin wieder an die Gesellschafter zu verteilen hätte; eine Voll-Inanspruchnahme trotz Nichterforderlichkeit kann sogar den „dolo agit"-Einwand (§ 242 BGB) der Gesellschafter begründen (MHBGesR I-*Butzer/Knof* § 85 Rn 64).

21   Der **Unterschied zwischen Vollberücksichtigung (§ 43) und Ausfallprinzip** (früher § 212 Abs 1 KO, jetzt § 52) wird aber **im Fall der Doppel- bzw Mehrfachinsolvenz** virulent. Richtigerweise ist hier die Haftungsabwicklung nach § 93 durch das im geltenden Recht nunmehr in das Innenverhältnis verlegte Ausfallprinzip überlagert, sodass die Haftungsabwicklung auf den am Eröffnungsstichtag berechneten Unterdeckungsbetrag beschränkt bleibt (siehe auch § 93 Rn 25 und Rn 28 f zu den Folgefragen im Zusammenhang mit Personal- oder Realsicherheiten des Gesellschafters). Nicht übersehen werden darf jedoch, dass der Grundsatz der Doppelberücksichtigung (§ 43) auch hier im Übrigen noch gilt: Steht im Insolvenzverfahren über das Vermögen der Gesellschaft die Höhe der Deckungslücke fest, so kann der Insolvenzverwalter der Gesellschaft, wenn gleichzeitig mit der Gesellschaftsinsolvenz auch über die Privatvermögen *mehrerer* ihrer Gesellschafter Insolvenzverfahren eröffnet worden sind, diesen Ausfallbetrag in *jedem* Gesellschafter-Insolvenzverfahren in *vollem* Umfang geltend machen, da die Gesellschafter gesamtschuldnerisch für die (ausgefallenen) Verbindlichkeiten der Gesellschaft haften (oben Rn 19). Ferner braucht der Insolvenzverwalter seine Forderungsanmeldungen in den Insolvenzverfahren über die Vermögen der Gesellschafter später nicht zu ermäßigen, wenn er während des laufenden Insolvenzverfahrens über das Vermögen der Gesellschaft in einem der Insolvenzverfahren über das Vermögen der Gesellschafter eine Teilzahlung erhält.

22   **3. (Eigenkapitalersetzende) Gesellschafter-Sicherheiten.** Umstritten war bislang die Anwendung des § 43 im Fall **eigenkapitalersetzender Gesellschaftersicherheiten**, wenn also einem Kreditgeber von einem Gesellschafter des Schuldnerunternehmens für einen Darlehensrückzahlungsanspruch eine Sicherheit (im Regelfall eine Bürgschaft) gestellt worden ist, die eigenkapitalersetzenden Charakter iSv § 32a Abs 2 GmbHG aF hat (siehe zum Ganzen auch § 44a Rn 1; ausf zum bislang geltenden Recht auch 12

Aufl § 135 Rn 27). Der Dritte war nach § 32 a Abs 2 GmbHG aF mit Eröffnung des Insolvenzverfahrens über das Vermögen der Gesellschaft gezwungen, zunächst Befriedigung aus der Gesellschaftersicherheit zu suchen. Ob der Dritte, nachdem er vom Gesellschafter als Sicherungsgeber nur eine Teilzahlung erlangt hatte, sodann im Insolvenzverfahren über das Vermögen der Gesellschaft den vollen ursprünglichen Betrag seiner gesicherten Forderung (entspricht § 43) oder nur einen auf den Ausfall ermäßigten Betrag (entspricht § 52) anmelden durfte, wurde uneinheitlich beantwortet. Hier wurde für die Anwendung des § 43 gestritten (siehe 12 Aufl § 43 Rn 10; ebenso vor allem *Karsten Schmidt/Bitter* ZIP 2000, 1077, 1087 f; siehe auch Scholz-*Karsten Schmidt* §§ 32 a, 32 b GmbHG Rn 169 ff mwN [auch zur Gegenansicht]). Im Fall einer eigenkapitalersetzenden Gesellschaftersicherheit iSv § 32 a Abs 2 GmbHG aF musste sich der Dritte als Sicherungsnehmer somit zwar vorrangig an den Gesellschafter als Sicherungsgeber wenden, was verfahrensmäßig einer Anwendung des § 52 entspricht. Im Insolvenzverfahren über das Vermögen der Gesellschaft als Schuldnerin der besicherten Forderung konnte der Dritte aber dennoch den vollen ursprünglichen Betrag anmelden, was materiell-rechtlich einer Anwendung des § 43 entspricht. Mit der Reform des GmbH-Rechts durch das MoMiG ist § 32 a Abs 2 GmbHG aF aufgehoben worden. Nur soweit das bisherige Recht auf „Altfälle" weiter Anwendung findet, kommt es unmittelbar noch auf die bislang im Kontext des § 32 a Abs 2 GmbHG aF diskutierten Fragen an (zum Übergangsrecht *Haas* DStR 2009, 976; ein „Altfall" soll vorliegen, wenn das Insolvenzverfahren über das Vermögen der Gesellschaft vor Inkrafttreten des MoMiG eröffnet wurde, dazu **BGH** 26. 1. 2009 [Tz 16] ZIP 2009, 615 = ZInsO 2009, 674; **BGH** 26. 1. 2009 [Tz 9] NJW 2009, 997 = ZIP 2009, 471 = ZInsO 2009, 530; siehe auch **OLG** Köln 11. 12. 2008 [Tz 37] NZI 2009, 128 = ZIP 2009, 315 = ZInsO 2009, 392; zum Teil abw **OLG** Jena 18. 3. 2009 [Tz 30] DStR 2009, 651; abw auch *Hirte/Knof/Mock* NZG 2009, 48). Allerdings ist der Regelungsgehalt des § 32 a Abs 2 GmbHG aF im geltenden Recht vom neu eingefügten § 44 a aufgenommen worden. Dort begegnen einem die alten Fragen im neuen Gewand (Einzelheiten siehe Komm zu § 44 a, insbesondere zur Frage der Geltung des Doppelberücksichtigungs- oder Ausfallprinzips Rn 5; dazu auch HambKomm-*Lüdtke* § 43 Rn 18 f).

VI. Rechtsfolgen

1. Teilzahlung nach Verfahrenseröffnung. Der **Grundsatz der Doppelberücksichtigung nach § 43** gestattet es einem Gläubiger, dem mehrere Personen für dieselbe Leistung auf das Ganze haften, die Forderung im Falle der Insolvenz eines oder mehrerer seiner mithaftenden Schuldnern bis zur vollen Befriedigung in jedem einzelnen Insolvenzverfahren in der Höhe geltend machen, die ursprünglich schon zur Zeit der Verfahrenseröffnung bestanden hat (sog Berücksichtigungsbetrag). Mit anderen Worten wird der sog Berücksichtigungsbetrag auf den Zeitpunkt der Verfahrenseröffnung „fixiert" und Teilleistungen, die von einem der Mithaftenden nach diesem Zeitpunkt erbracht werden, vermindern den Berücksichtigungsbetrag nicht (so ausdrücklich **BGH** 22. 1. 1969 NJW 1969, 796). Dieser Grundsatz der Doppelberücksichtigung ermöglicht es einem Gläubiger im Ergebnis in mehreren parallel laufenden Insolvenzverfahren seine gesamte Forderung zu realisieren, wenn die Quoten dieser Verfahren insgesamt 100% erreichen (*Wissmann* Mithaft Rn 15 u Rn 241 ff). Ohne die Vorschrift des § 43 würde ein Gläubiger immer einen Verlust erleiden, weil er nach Ausschüttung der Quote in dem einen Insolvenzverfahren in allen übrigen Insolvenzverfahren nur noch mit dem danach verbleibenden Forderungsbetrag teilnehmen dürfte. Auf diese Weise würde er Gefahr laufen, mit einem Teil seiner Forderung auszufallen, obgleich die Quoten sämtlicher Insolvenzverfahren aller Gesamtschuldner zusammen genommen zu einer vollen Befriedigung geführt hätten (vgl Beispielrechnung bei Motive II S 286 f zu § 61 KO 1877 [entspricht § 68 KO 1900]; ferner Bsp bei MK InsO-*Bitter* Rn 34; siehe zum Normzweck des § 43 auch *v Olshausen* KTS 2005, 403, 412 f). Der Grundsatz der Doppelberücksichtigung ist jedoch keineswegs auf den Fall beschränkt, dass sämtliche nebeneinander auf das Ganze haftende Personen insolvent werden. Vielmehr ergibt sich aus dem Wortlaut der Vorschrift, dass die Regelung auch eingreift, wenn über das Vermögen allein einer von mehreren Personen das Insolvenzverfahren eröffnet worden ist (siehe das Bsp bei MK InsO-*Bitter* Rn 35). Denn auch in einer solchen Konstellation würde die Befriedigungsquote des Gläubigers von dem Zufall abhängen, ob eine etwaige Teilzahlung des nicht insolventen Mithaftenden vor oder nach Ausschüttung der Quote erfolgt (*v Olshausen* KTS 2005, 403, 413). Überdies kann nicht ausgeschlossen werden, dass nachträglich noch ein weiteres Insolvenzverfahren über das Vermögen wenigstens eines Mithaftende eröffnet wird (Jaeger-*Henckel* § 43 Rn 3). Konsequenz der Doppelberücksichtigung ist die Einschränkung des Teilnahmerechts hinsichtlich der **Regressforderung des mithaftenden Dritten nach § 44**, da es sonst zu einer Kumulation der Schuld zulasten der übrigen Gläubiger kommen würde (oben Rn 1; siehe zu den Folgefragen des Regresses auch § 44). 23

2. Vollbefriedigung und Quotenüberschuss. Befriedigung kann der Gläubiger allerdings nur in Höhe seiner zur Zeit der Verfahrenseröffnung noch bestehenden Forderung verlangen, was im Übrigen auch ohne ausdrückliche Bestimmung in § 43 („bis zu seiner vollen Befriedigung") selbstverständlich wäre (zur Wirkung bereits *vor* Verfahrenseröffnung auf die Mitschuld geleisteter Zahlungen unten Rn 25). Letztlich darf § 43 nicht dazu führen, dass der Hauptgläubiger bei Addition von Teilleistung des Mitverpflichteten und Dividende aus dem Insolvenzverfahren über das Vermögen des Hauptschuldners 24

§ 43

Haftung mehrerer Personen

mehr erhält, als er materiell zu beanspruchen hat. Vorher führt die volle Befriedigung nach § 362 Abs 1 BGB nämlich schlicht zum Erlöschen der besicherten Forderung des Hauptgläubigers. In diesem Fall ist die Quote im Insolvenzverfahren über das Vermögen des Hauptschuldners gem § 43 („bis zu seiner vollen Befriedigung") entsprechend zu kürzen, um eine ungerechtfertigte Bereicherung des Gläubigers zu verhindern. Wegen der Rechtskraftwirkung der Feststellung zur Tabelle hängt die Kürzung jedoch von einer **Vollstreckungsgegenklage nach § 767 ZPO** ab (OLG Karlsruhe 2. 10. 1981 ZIP 1981, 1231; zust MK InsO-*Bitter* § 43 Rn 36; Jaeger-*Henckel* § 43 Rn 33; aA *Wissmann* Mithaft Rn 251 f, nach dem der Insolvenzverwalter die Möglichkeit hat, die Auszahlung der Dividende unter schlichtem Hinweis auf § 43 zu verweigern [einer Vollstreckungsgegenklage fehle deshalb das Rechtsschutzbedürfnis]). Ist es nach voller Befriedigung des Hauptgläubigers dennoch zur Auszahlung einer Dividende an ihn gekommen, kann der Insolvenzverwalter (bzw nach Aufhebung des Insolvenzverfahrens der Gemeinschuldner) den Quotenüberschuss als ungerechtfertigte Bereicherung nach §§ 812 ff BGB zurückfordern (vgl OLG Karlsruhe 2. 10. 1981 ZIP 1981, 1231; Jaeger-*Henckel* § 43 Rn 33; K/P/B-*Holzer* § 43 Rn 10 a). Dagegen tritt nach *Wissmann* (Mithaft Rn 247 ff) die Bereicherung des Gläubigers nicht auf Kosten der Masse ein. Dies könne allenfalls der Fall sein, wenn für die Masse die Gefahr bestünde, nach Zahlung der vollen Quote an den Gläubiger wegen derselben oder eines Teils derselben Forderung nochmals vom Mithaftenden in Anspruch genommen zu werden. Diese Möglichkeit sei aber deswegen ausgeschlossen, weil dieselbe Forderung im Insolvenzverfahren nicht doppelt berücksichtigt werden kann. Die Masse werde bei Überzahlung gegenüber einem etwaigen Rückgriffsanspruch des Mithaftenden befreit. Eine Bereicherung des Gläubigers erfolge nicht auf Kosten der Masse, sondern auf Kosten des Mithaftenden. Im Verhältnis zwischen Mithaftenden und Gläubiger liege aber insoweit der typische Anwendungsfall des § 816 Abs 2 BGB vor, so dass ein Bereicherungsausgleich zwischen Mithaftenden und Gläubiger stattzufinden habe.

25   **3. Teilzahlung vor Verfahrenseröffnung.** Hat der Mithaftende vor Verfahrenseröffnung einen Teilbetrag bezahlt, so kann der Gläubiger seine Restforderung, der Mithaftende den auf ihn übergegangenen Forderungsteil (Regressanspruch) zur Tabelle anmelden. Insoweit finden §§ 43, 44 keine Anwendung, denn die Forderung steht dem Mithaftenden bereits im Zeitpunkt der Verfahrenseröffnung zu bzw dem Hauptgläubiger im Zeitpunkt der Verfahrenseröffnung nicht mehr zu (RG 29. 12. 1913 Z 83, 401, 403 ff; BGH 30. 10. 1984 Z 92, 374, 379 f = NJW 1985, 614 = ZIP 1985, 18 = EWiR 1985, 85 [*Horn*]; OLG Köln 26. 1. 1989 NJW-RR 1989, 1266; ebenso Jaeger-*Henckel* § 43 Rn 7; MK InsO-*Bitter* § 43 Rn 39; Palandt-*Sprau* § 774 Rn 12; aA *Häsemeyer* KTS 1993, 151, 161 ff; mit beachtlichen Gründen nunmehr auch *v Olshausen* KTS 2005, 403, 420 ff). Ob die Teilbefriedigung vor oder nach Verfahrenseröffnung liegt, beantwortet im Fall der Aufrechnung wegen der Rückwirkung nach § 389 BGB der Zeitpunkt der „effektiven Erfüllung", also der Zeitpunkt, in dem beide Forderungen sich erstmals aufrechenbar iS des § 387 BGB gegenüberstanden (MK InsO-*Bitter* § 43 Rn 40).

26   **4. Absonderungsberechtigte, aufrechnungsberechtigte Mitschuldner.** Hat sich ein Mitschuldner oder der Bürge den Regressanspruch durch den Insolvenzschuldner oder einen Dritten absichern lassen (zB durch Pfandrecht, Hypothek, Grundschuld, Sicherungsübereignung oder -abtretung) oder ist der regressberechtigte Mitschuldner oder Bürge der Insolvenzmasse gegenüber zur Aufrechnung befugt, so findet § 43 ebenfalls hinsichtlich der **persönlichen Forderung (Regressforderung)** gegen die Masse Anwendung. Das **Recht zur abgesonderten Befriedigung** kann der regressberechtigte Mithaftende hingegen auch dann verfolgen, wenn der Hauptgläubiger noch nicht voll befriedigt ist und daher gem § 43 seine ursprüngliche Forderung im Insolvenzverfahren über das Vermögen des Hauptschuldners nicht ermäßigt hat (MK InsO-*Bitter* § 44 Rn 31). Soweit die Regressforderung dinglich gesichert ist, ist er nach § 52 S 1 in voller Höhe seiner Regressforderung einfacher Insolvenzgläubiger. Lediglich in der Höhe eines etwaigen Ausfalls, in der die Regressforderung im Wege der abgesonderten Befriedigung nicht befriedigt werden konnte (vgl § 52 S 2), bleibt es bei der Anwendung der §§ 43, 44.

27   **5. Ausgleichung unter Mitverpflichteten.** Für den internen Ausgleich mehrerer Mithaftender untereinander gelten die für ihre innere Rechtsbeziehung allgemein geltenden Vorschriften (N/R-*Andres* § 43 Rn 11; K/P/B-*Holzer* § 43 Rn 13). Ist einer der Mithaftenden insolvent geworden und wird ein Insolvenzverfahren über sein Vermögen eröffnet, so kann ein **Innenausgleich- oder Innenregress** nur ungeachtet des § 43 stattfinden, wenn der Hauptgläubiger die Haftung in diesem Verfahren nicht geltend macht oder schon der Mithaftende als **Regressgläubiger** nicht von § 43 erfasst wird, da er die Hauptforderung bereits vor Verfahrenseröffnung über das Vermögen des Hauptschuldners teilweise befriedigt hat (vgl auch N/R-*Andres* § 43 Rn 11).

VII. Ausnahmen von § 43

28   Eine **Ausnahme** von dem Prinzip der Doppelberücksichtigung in § 43 enthält § 331 Abs 1, wonach **bei gleichzeitiger Insolvenz über das Vermögen des Erben und des Nachlasses** der Ausfallgrundsatz des § 52 eingreift (Jaeger-*Henckel* § 43 Rn 27; MK InsO-*Bitter* § 43 Rn 43). Gleiches gilt nach § 331

Abs 2, wenn ein Ehegatte der Erbe ist und der Nachlass zum Gesamtgut gehört, das vom anderen Ehegatten allein verwaltet wird, auch im Insolvenzverfahren über das Vermögen des anderen Ehegatten und, wenn das Gesamtgut von den Ehegatten gemeinschaftlich verwaltet wird, auch im Insolvenzverfahren über das Gesamtgut und im Insolvenzverfahren über das sonstige Vermögen des Ehegatten, der nicht Erbe ist. Gemeinsamer, tragender Gedanke dieser Regelungen ist jeweils, dass die bezeichneten Nachlass- oder Gesamtgutsgläubiger nicht durch eine doppelte Zugriffsmöglichkeit gegenüber den reinen Eigengläubigern des Erben oder Ehegatten bevorzugt werden sollen, die sich aus dem Nachlass oder Gesamtgut nicht befriedigen können (BGH 9. 6. 1994 NJW 1994, 2286, 2287 = ZIP 1994, 1118 = EWiR 1994, 1217 *[Mohrbutter]*). Anderes gilt deshalb auch dann, wenn der Mithaft ein eigenständiger Verpflichtungsgrund zugrunde liegt (MK InsO-*Bitter* § 43 Rn 44). Ferner sind von den Gesamtschuldnern die **Gesamtgläubiger (§ 428 BGB)** zu unterscheiden; auf die Gesamtgläubiger findet § 43 keine Anwendung (MK InsO-*Bitter* § 43 Rn 45).

VIII. Wirkungen eines bestätigten Insolvenzplans

Nach § 254 Abs 2 S 1 werden die Rechte des Insolvenzgläubigers gegen Mitschuldner und Bürgen durch einen Insolvenzplan nicht berührt. Der Gläubiger bleibt berechtigt, den Bürgen oder Gesamtschuldner in voller Höhe des ursprünglich geschuldeten Betrages selbst dann in Anspruch zu nehmen, wenn der Insolvenzplan in seinem gestaltenden Teil einen teilweisen Erlass der gesicherten Insolvenzforderung vorsieht (*Noack/Bunke* FS Uhlenbruck 2000, S 335, 351). § 254 Abs 2 findet keine Anwendung auf die **persönliche Gesellschafterhaftung** für Gesellschaftsverbindlichkeiten. Insoweit erstreckt § 227 Abs 2 die Wirkungen des Insolvenzplans auf das Verhältnis zwischen Insolvenzgläubiger und nicht insolventen Gesellschaftern (*Noack/Bunke* FS Uhlenbruck 2000, S 335, 352). Erlangt somit gem § 227 Abs 1 die Gesellschaft Befriedigung von ihren restlichen Verbindlichkeiten, so greift § 227 Abs 2 auch für die persönliche Haftung der Gesellschafter ein. Ohne diese Regelung würden die Gesellschafter trotz des bestätigten Plans mit ihrem Privatvermögen in voller Höhe weiter haften (vgl K/P-*Noack* InsO GesellschaftsR Rn 539 ff; K/P/B-*Lüke* § 93 Rn 55 f; *Oepen* Massefremde Masse Rn 247; *Noack/Bunke* FS Uhlenbruck 2000, S 352 f). Soweit allerdings persönlich haftende Gesellschafter eine Bürgschaft oder eine gesamtschuldnerische Mithaftung für Gesellschaftsschulden übernommen haben, haften sie weiterhin aus diesem selbständigen Rechtsgrund (K/P-*Noack* InsO GesellschaftsR Rn 537; *Theißen* ZIP 1998, 1625, 1628; *Noack/Bunke* FS Uhlenbruck 2000, S 335, 353). Nach § 254 Abs 2 S 2 wird der Schuldner durch den Plan gegenüber dem Bürgen und Mitschuldner in gleicher Weise wie gegenüber dem Gläubiger befreit (so schon zur früheren Regelung des § 82 Abs 2 S 2 VglO BGH 21. 3. 1991 Z 114, 117, 123 = NJW 1991, 1733 = ZIP 1991, 524 = EWiR 1991, 551 *[Mohrbutter]*, mit Verweis auf BGH 21. 12. 1970 Z 55, 117, 119; siehe dazu auch *Wissmann* Mithaft Rn 261 ff). Das hat zur Folge, dass die Forderung des Gläubigers und die Regressforderung des Gesamtschuldners bzw Bürgen zusammen **nur mit einer Quote bedient** werden, die sich nach der Forderung des Hauptgläubigers berechnet (MK InsO-*Huber* § 254 Rn 32). Für den Regress bleibt daher nur der Betrag, den der Gläubiger dem Insolvenzschuldner nicht abverlangt hat (*Noack/Bunke* FS Uhlenbruck 2000, S 335, 360).

IX. Wirkungen der Restschuldbefreiung

Für das Restschuldbefreiungsverfahren gelten für die Mithaftung (zB Bürgschaft oder Schuldbeitritt) die gleichen Grundsätze wie für das Regelverfahren; es gelten auch hier die §§ 43, 44. Ein Mitschuldner oder Bürge rückt ebenfalls in die Stellung des Gläubigers ein, wenn er seine Verpflichtung erst im Lauf der **sechsjährigen Treuhandzeit** insgesamt erfüllt. Bei vollständiger Leistung des Mithaftenden ist der aus §§ 43, 44 abgeleitete Ausschluss seiner Beteiligung nicht länger berechtigt. Der Mithaftende wird dann an der Verteilung nach den §§ 187 ff, 292 Abs 1 S 2 beteiligt. Nach § 301 Abs 2 S 1 werden die Rechte der Insolvenzgläubiger gegen Mitschuldner und Bürgen des Schuldners durch die Restschuldbefreiung nicht berührt. Der Schuldner wird jedoch nach § 301 Abs 2 S 2 gegenüber dem Mitschuldner, dem Bürgen oder anderen Rückgriffsberechtigten in gleicher Weise befreit wie gegenüber den Insolvenzgläubigern. Diese Regelung ist jedoch nur dann von Bedeutung, wenn die Mithaftung nach dem Abschluss des Restschuldbefreiungsverfahrens erfüllt wird, weil vorher ein Rückgriff des Haftenden durch § 301 Abs 1 S 1 ausgeschlossen ist (MK InsO-*Stephan* § 301 Rn 34).

§ 44 Rechte der Gesamtschuldner und Bürgen

Der Gesamtschuldner und der Bürge können die Forderung, die sie durch eine Befriedigung des Gläubigers künftig gegen den Schuldner erwerben könnten, im Insolvenzverfahren nur dann geltend machen, wenn der Gläubiger seine Forderung nicht geltend macht.

§ 44 (§ 51 RegE; § 49 RefE; § 49 DiskE) kennt keine Vorgängerregelung in der KO, doch galten hier sinngemäß dieselben Grundgedanken; fast wörtlich herrscht dagegen Übereinstimmung mit § 33 VglO.

I. Allgemeines

1   Das **Verbot der Doppelanmeldung** nach § 44 ist nachgerade zwingende Konsequenz aus dem Grundsatz der Doppelberücksichtigung nach § 43 (gleichsinnig MK InsO-*Bitter* § 44 Rn 1). In der Begr RegE heißt es, die Forderungen des Gläubigers gegen den Schuldner und die Rückgriffsforderung des Bürgen oder des Gesamtschuldners, die diese durch eine Befriedigung des Gläubigers erwerben können, seien „jedenfalls bei wirtschaftlicher Betrachtung identisch". Forderung und Rückgriffsforderung dürften daher im Verfahren nicht nebeneinander geltend gemacht werden (vgl BT-Drucks 12/2443 S 124). Eine derartige Kumulation der Schuld zulasten der übrigen Gläubiger droht, weil § 43 den Grundsatz der Doppelberücksichtigung hinsichtlich der besicherten Forderung des Hauptgläubigers statuiert und hiernach der Hauptgläubiger als Sicherungsnehmer im Fall einer teilweisen Leistung des Mithaftenden nach Eröffnung des Insolvenzverfahrens seine besicherte Insolvenzforderung nicht zu ermäßigen braucht (dazu § 43 Rn 23).

2   Es geht in § 44 nicht um die Teilnahme von „künftigen" Forderungen, denn der Rückgriffsanspruch des Gesamtschuldners oder Bürgen ist eine **aufschiebend bedingte Forderung** (vgl *Wissmann*, Mithaft Rn 203). Die Formulierung des § 44 ist insoweit zwar ebenso ungenau wie die des früheren § 33 VglO. Der Sinn der Bestimmung ist aber eindeutig: Die Vorschrift will die Teilnahme von Forderungen verhindern, die mit Abschluss des Haftungsvertrages bereits vor Eröffnung des Insolvenzverfahrens als bedingte Ansprüche entstanden sind und daher gem §§ 42, 43 noch neben der Forderung des Gläubigers zu berücksichtigen wären. Die Vorschrift hat nur die verfahrensrechtliche Bedeutung, dass der rückgriffsberechtigte Gesamtschuldner oder Bürge erst dann im Insolvenzverfahren seine Forderung geltend machen darf, wenn er den Gläubiger voll befriedigt und dieser daher als Insolvenzgläubiger am Verfahren nicht mehr beteiligt ist (zu dieser Folge § 43 Rn 24). Materiell-rechtlich dagegen nehmen Rückgriffs- und Ausgleichsansprüche des Bürgen oder Gesamtschuldners am Verfahren teil, da sie Insolvenzforderungen iSv § 38 sind (Jaeger-*Henckel* § 44 Rn 4 mwN; siehe auch BGH 21. 3. 1991 Z 114, 117, 122 = NJW 1991, 1733 ZIP 1991, 524 EWiR 1991, 551 [*Mohrbutter*]). Entsprechend gelten für den Mithaftenden als Insolvenzgläubiger die allgemeinen Beschränkungen des Insolvenzverfahrens, insbesondere die sog Rückschlagssperre des § 88 und das Vollstreckungsverbot nach § 89.

II. Anwendungsbereich

3   **1. Gesamtschuld und Bürgschaft.** Der Anwendungsbereich deckt sich schon dem Wortlaut nach weitestgehend mit dem Anwendungsbereich des § 43, erfasst also vor allem die **Regressforderungen der Gesamtschuldner** (§ 426 Abs 2 S 1 BGB) **und Bürgen** (§ 774 Abs 1 S 1 BGB), aber auch die Regressforderungen aus den gesamtschuldähnlichen Verhältnissen (dazu § 43 Rn 7 ff). Die Vorschrift des § 44 betrifft auch nur Rückgriffsberechtigte, die nicht ihrerseits den Hauptgläubiger *vor* Eröffnung des Insolvenzverfahrens über das Vermögen des Hauptschuldners bereits voll oder teilweise befriedigt haben (MK InsO-*Bitter* § 44 Rn 26 ff). Hat der Bürge den Gläubiger vor Verfahrenseröffnung teilweise befriedigt, so können die jeweiligen Teilforderungen (ermäßigte Hauptforderung und unbedingter Regressforderung) im Insolvenzverfahren über das Vermögen des Schuldners nebeneinander geltend gemacht werden (zu dieser str Rechtsfolge § 43 Rn 25). Bei vollständiger Befriedigung ist der Hauptgläubiger mangels Insolvenzforderung von der Verfahrensteilnahme ausgeschlossen und stattdessen meldet der Mithaftende seine unbedingte Regressforderung im Verfahren an. Entsprechendes gilt, wenn mehrere Mithaftende den Hauptgläubiger durch Teilleistungen voll befriedigt haben. Sie sind dann, soweit die Forderung gegen den Insolvenzschuldner auf sie übergeht, aktiv teilnahmeberechtigte Insolvenzgläubiger. Der Anwendungsbereich der Vorschrift ist aber auch teilweise weiter als derjenige des § 43. § 44 gilt etwa im Insolvenzverfahren des Hauptschuldners auch dann, wenn der Bürge bloßer **Ausfallbürge** ist (HambKomm-*Lüdtke* § 43 Rn 6; MK InsO-*Bitter* § 44 Rn 5 u 8).

4   **2. Eigenständiger Regressanspruch.** Ferner ist nicht nur die Anmeldung der Regressforderungen durch § 44 ausgeschossen, die sich aus dem Gesetz ergeben (zB §§ 426 Abs 2 S 1, 774 Abs 1 S 1 BGB), sondern auch die Anmeldung sonstiger Rückgriffsforderungen aus eigenem Recht, zB auch ein eigenständiger **Befreiungsanspruch** aus einem Auftragsverhältnis nach §§ 670 (ggf iVm §§ 675, 683), 257 BGB, der nach § 775 Abs 1 Nr 1 BGB schon begründet ist, wenn sich die Vermögensverhältnisse des Hauptschuldners wesentlich verschlechtert haben (zum Maßstab statt vieler MK BGB-*KP Berger* § 490 Rn 5), oder sonstige vertragliche Befreiungsansprüche (vgl BGH 14. 7. 2005 NJW 2005, 3285 = NZI 2005, 624 = ZIP 2005, 1559 = ZInsO 2005, 875 = EWiR 2005, 681 [*Blank*], mit einem knappen Hinweis auf § 44 in Tz 14; BAG 30. 4. 1975 E 27, 127, 133). Der Befreiungsanspruch ist zwar kein Zahlungsanspruch (statt vieler MK BGB-*Habersack* § 775 Rn 11). Nach hM wird der Befreiungsanspruch aber in der Einzelzwangsvollstreckung als Anspruch auf eine vertretbare Handlung angesehen (BGH 19. 6. 1957 Z 25, 1, 7; BGH 22. 10. 1957 NJW 1958, 497; BGH 28. 6. 1983 NJW 1983, 2438 = ZIP 1983, 1087). Ansprüche auf vertretbare Handlungen, die in der Einzelzwangsvollstreckung gem § 887 ZPO durch Zugriff auf das Vermögen des Schuldners realisiert werden, sind im Insolvenzverfahren gem § 45 zum Geldbetrag des Kostenaufwandes anzumelden, den eine Vornahme der Handlung

durch Dritte verursacht (dazu § 45 Rn 7, 20). Macht der Gläubiger seine Forderung im Insolvenzverfahren des Hauptschuldners nicht geltend, so kann der Bürge den Befreiungsanspruch neben dem Regressanspruch geltend machen, wenn auch letzteren nur als aufschiebend bedingte Forderung (*Wissmann* Mithaft Rn 238). Wird der Befreiungsanspruch erfüllt, erlischt gleichzeitig auch der bedingte Rückgriffsanspruch. Macht der Gläubiger dagegen seine Forderung geltend, kommt wegen § 44 weder eine Verfahrensbeteiligung des Bürgen hinsichtlich des Befreiungsanspruchs noch hinsichtlich des bedingten Rückgriffsanspruchs in Betracht. Die Auszahlung der Quote an den Gläubiger befreit den Schuldner insoweit nicht nur von der Bürgschaftsverpflichtung, sondern zugleich auch von Freistellungsansprüchen eines Bürgen oder Sicherungszedenten (**BGH** 26. 5. 1994 ZIP 1994, 1121, 1123 = EWiR 1994, 923 *[Henckel]*; K/P/B-*Holzer* § 44 Rn 9).

3. Sachmithaftung. Fragen der dinglichen Sachmithaftung sind vom Gesetzgeber der InsO nicht geregelt worden. Wie bereits zu § 43 festgestellt wurde, ist davon auszugehen, dass § 43 ebenso wie früher schon § 68 KO auch die **dingliche Mithaft** betrifft (dazu § 43 Rn 15). Konsequenterweise ist § 44 analog dann auch auf den Rückgriffsberechtigten anwendbar, wenn er eine Sachhaftung übernommen hatte (MK InsO-*Bitter* § 44 Rn 9). Dies rechtfertigt sich daraus, dass auch bei dinglicher Haftung für fremde Schuld die Forderung gegen den persönlichen Schuldner auf den sog Realbürgen übergeht, soweit er den Gläubiger befriedigt (§§ 1143 Abs 1, 1225 BGB), sodass auch hier der Gedanke hinter dem Verbot der Doppelanmeldung trägt (oben Rn 1). Dasselbe gilt in aller Regel auch dann, wenn für den Fall der Befriedigung des Hauptgläubigers kein Übergang der Hauptforderung kraft Gesetzes stattfindet, nicht zuletzt in den Fällen, die gesetzlich keine besondere Regelung erfahren haben (zB Sicherungsübereignung oder Sicherungszession). Denn § 44 findet auch auf eigenständige Rückgriffsansprüche Anwendung (oben Rn 4), zB solche aus Auftrag oder Geschäftsbesorgung und hilfsweise sogar aus Geschäftsführung ohne Auftrag oder Bereicherungsrecht (MK InsO-*Bitter* § 44 Rn 10). Umstritten sind aber auch hier die Folgen, die sich aus einer Verwertung der Realsicherheit im laufenden Insolvenzverfahren ergeben, insbesondere vor dem Hintergrund, dass die Sachmithaftung auch als Teilmithaftung verstanden werden kann (unten Rn 11; s auch § 43 Rn 11 ff). 5

III. Gesellschaft und Gesellschafter

Soweit im Verhältnis zwischen Gesellschaft und Gesellschafter § 43 Anwendung findet (dazu § 43 Rn 18 ff), ist grundsätzlich auch § 44 anzuwenden. Das Verbot der Doppelberücksichtigung gilt demnach etwa dann, wenn der Gesellschafter einer Kapitalgesellschaft oder ein beschränkt haftender Kommanditist durch Bestellung einer Personal- oder Realsicherheit im Verhältnis zu bestimmten Gläubigern eine **primäre Eigenhaftung** begründet (zB durch Bürgschaft oder Schuldbeitritt). Hinsichtlich der akzessorischen **Haftung für Gesellschaftsschulden nach § 128 HGB** gilt folgendes: Der vom Hauptgläubiger nach § 128 HGB in Anspruch genommene Gesellschafter kann jedenfalls nach § 110 HGB Erstattung von der Gesellschaft erlangen (ob daneben auch die Hauptforderung gegen die Gesellschaft im Wege der *cessio legis* auf ihn übergeht, ist umstritten; dazu MK HGB-*Karsten Schmidt* § 128 Rn 31). Allerdings ist im Fall der Leistung eines Gesellschafters an einen Gläubiger der Gesellschaft nach Verfahrenseröffnung wegen der sog **Sperrwirkung nach § 93** (dazu § 93 Rn 4) davon auszugehen, dass die Leistung grundsätzlich nicht mehr schuldbefreiend wirkt, also überhaupt keine Regressforderung begründet. Der Gesellschafter ist dann auf einen Anspruch aus § 812 BGB gegen den Empfänger der Leistung verwiesen (Jeager-*Henckel* § 44 Rn 11; MK InsO-*Bitter* § 44 Rn 35). 6

Ein **Kommanditist** kann die Gesellschaft ebenfalls nach § 110 HGB auf Aufwendungsersatz in Anspruch nehmen (MK HGB-*Karsten Schmidt* § 128 Rn 31; siehe auch **BGH** 17. 12. 2001 NJW-RR 2002, 455 = ZIP 2002, 394 = EWiR 2002, 627 *[Schöne]*). Das eben zur Sperrwirkung des § 93 Gesagte gilt jedoch im Grundsatz auch für die **Sperrwirkung nach § 171 Abs 2 HGB** (MK InsO-*Bitter* § 44 Rn 37). Hiervon wird sogar die Leistung des ausgeschiedenen Kommanditisten erfasst, der nach Verfahrenseröffnung an einen Gesellschaftsgläubiger leistet (Jeager-*Henckel* § 44 Rn 11). Ferner weist *Karsten Schmidt* darauf hin, dass der „Schlüssel zum Regressproblem" bei den §§ 171 Abs 1 u 2, 172 Abs 4 HGB liegt (Einzelheiten *Karsten Schmidt* Einlage und Haftung, S 147 ff). Nur dann, wenn die Kommanditistenhaftung infolge einer Dividendenausschüttung auf den Regressanspruch nicht mehr mit der Rechtsfolge des § 171 Abs 2 HGB aufleben kann, ist der Kommanditist berechtigt, seinen Erstattungsanspruch gegen die Gesellschaft geltend zu machen. Der Ausschluss der Regressforderung beruht mithin nicht auf § 44, sondern auf der besonderen Struktur der Kommanditistenhaftung. Unter dieser Prämisse bleibt die Regressforderung deshalb auch dann ausgeschlossen, wenn die Zahlung vor Verfahrenseröffnung geleistet wurde, obwohl insoweit der § 44 keine Anwendung finden würde (MKInsO-*Bitter* § 44 Rn 38). Der aktive Kommanditist könnte seine Regressforderung zwar geltend machen, wenn er alle Gesellschaftsgläubiger befriedigt hat. Dies wird aber praktisch nicht vorkommen. Anders aber möglicherweise im Fall des ausgeschiedenen Kommanditisten, dessen Haftung nach §§ 128, 161 Abs 2, 171 HGB auf den Kreis der Altgläubiger beschränkt ist. Eine Regressnahme des Altkommanditisten gegenüber der Insolvenzmasse und eine Anmeldung der Regressforderung im Insolvenzverfahren der KG kommt ebenfalls in Betracht, sobald alle Altgläubiger befriedigt sind oder aus 7

§ 44 Rechte der Gesamtschuldner und Bürgen

der an den Insolvenzverwalter geleisteten Zahlung befriedigt werden können, denen der Altkommanditist haftet (MK InsO-*Karsten Schmidt* § 172 Rn 119; vgl auch **BGH** 20. 3. 1958 Z 27, 51, 58; **BGH** 9. 5. 1963 Z 39, 320, 327 = NJW 1963, 1873, 1875).

IV. Rechtsfolgen

8   1. **Allgemeiner Verfahrensausschluss.** Nach § 44 ist die doppelte Anmeldung (wirtschaftlich) identischer Forderungen ausgeschlossen (oben Rn 1), um die verfahrensmäßige Teilnahme des Rückgriffsberechtigten mit seiner aufschiebend bedingten Forderung oder seiner Teilforderung zu verhindern (zB an Abstimmungen und an der Verteilung). Im Regelfall wird es allerdings überhaupt nicht zu konfligierenden Anmeldungen kommen. Nur im Fall der persönlichen Mithaft ist dies wegen des Grundsatzes der Doppelberücksichtigung nach § 43 ausnahmsweise anders, wenn die (teilweise) Befriedigung der Hauptforderung durch einen der Mithaftenden eine Regressforderung begründet. Denn nach dem Grundsatz der Doppelberücksichtigung gem § 43 ist es dem Gläubiger, dem mehrere Personen für dieselbe Leistung auf das Ganze haften, gestattet, seine Forderung im Falle der Insolvenz eines oder mehrerer seiner mithaftenden Schuldner bis zur vollen Befriedigung in jedem einzelnen Insolvenzverfahren in der Höhe geltend zu machen, die ursprünglich schon zur Zeit der Verfahrenseröffnung bestanden hat (sog Berücksichtigungsbetrag). Auch durch eine teilweise Befriedigung im laufenden Insolvenzverfahren ändert sich der Berücksichtigungsbetrag nicht. § 44 räumt der auf den Zeitpunkt der Verfahrenseröffnung „fixierten" **Hauptforderung im Kollisionsfall** mithin solange **Vorrang vor der Regressforderung des Mithaftenden** ein, bis die Hauptforderung vollständig befriedigt ist. Ein über die vollständige Befriedigung des Hauptgläubigers hinausgehender Dividendenüberschuss steht zur Verteilung an die Regressberechtigten zur Verfügung (dazu § 43 Rn 24; siehe auch das Bsp bei MK InsO-*Bitter* § 44 Rn 24). Nimmt der Hauptgläubiger nicht am Verfahren teil, weil er etwa auf die Zahlungsfähigkeit und Zahlungswilligkeit des Mithaftenden vertraut, droht ebenfalls keine Kollision. Darum macht § 44 insoweit eine Ausnahme und der Mithaftende kann auch schon vor seiner Inanspruchnahme den aufschiebend bedingten Regressanspruch verfolgen (Rückschluss aus § 42; MK InsO-*Bitter* § 44 Rn 12); jedoch unterliegt er den Einschränkungen der §§ 77 Abs 3 Nr 1, 237, 95 Abs 1, 191. Nimmt der Hauptgläubiger nur mit einem Teil der Hauptforderung am Verfahren teil, gilt dasselbe, soweit der Hauptgläubiger seine Forderung nicht angemeldet hat, weil § 44 nur die Doppelanmeldung verbietet (MK InsO-*Bitter* § 44 Rn 15 aE; *Noack/Bunke* FS Uhlenbruck 2000, S 335, 359). Meldet der Hauptgläubiger die Hauptforderung später im Verfahren doch noch an, nachdem der Regressanspruch zur Tabelle festgestellt wurde, hat der Insolvenzverwalter den Regressanspruch im Prüfungstermin zu bestreiten oder sogar Vollstreckungsgegenklage nach § 767 ZPO zu erheben (MK InsO-*Bitter* § 44 Rn 14).

9   Für die Befriedigung des Hauptgläubigers nach Verfahrenseröffnung gilt Folgendes: Mit der **vollständigen Befriedigung nach Verfahrenseröffnung** scheidet der Hauptgläubiger nach Verfahrenseröffnung aus dem Verfahren aus (MK InsO-*Bitter* § 44 Rn 21). Eine Neuanmeldung der übergegangenen Forderung ist nicht notwendig (vgl Jaeger-*Henckel* § 38 Rn 121); Rechtsnachfolge wird in der Tabelle vermerkt. Es stellt sich allenfalls die Frage, ob gem § 774 Abs 1 S 2 BGB der Übergang nicht zum Nachteil des Gläubigers geltend gemacht werden kann. Im Übrigen treten der oder die Leistenden an die Stelle des Gläubigers. Sie erhalten je nach Verfahrensstand Stimmrecht und sind, da die aufschiebende Bedingung eingetreten ist, unbeschränkt zur Verfahrensteilnahme berechtigt. Bei nur **teilweiser Befriedigung nach Verfahrenseröffnung** greift § 44 ein mit der Folge, dass der Verpflichtete mit der (übergegangenen oder eigenständigen) Regressforderung nicht am Insolvenzverfahren teilnimmt, wenn der Hauptgläubiger die volle Forderung angemeldet hat. Tritt dagegen durch mehrere Teilzahlungen eines Mitverpflichteten im Laufe des Verfahrens eine Vollbefriedigung des Gläubigers ein, so findet § 44 keine Anwendung (mehr).

10 **Meinungsverschiedenheiten hinsichtlich der Berechtigung zur Anmeldung** der Hauptforderung oder Regressforderung sind außerhalb des Insolvenzverfahrens auszutragen. Der Insolvenzverwalter kann die Forderung im Fall des Streits dann ungeachtet der Rechtszuständigkeit in die Tabelle aufnehmen und muss bei einer etwaigen Abschlags- und Schlussverteilung auf die Forderung entfallende Dividenden nach § 372 S 2 BGB hinterlegen. Ein Streit zB zwischen Bürge und Hauptgläubiger über den Vorrang von Sicherungsrechten ist im Wege der Drittwiderspruchs- oder Vorzugsklage nach §§ 771, 805 ZPO auszutragen; bei Streit über den Vorrang hinsichtlich der Forderung stehen die Feststellungsklage (§ 256 ZPO), Hauptintervention (§ 64 ZPO) und Widerspruch gegen den Teilungsplan (§ 115 ZVG) zur Verfügung.

11 2. **Teilmithaftung.** Streitig ist die Anwendung des § 44 im Fall der **Teilmithaftung,** sei es in Form der teilweisen persönlichen Verpflichtung (zB Höchstbetragsbürgschaft) oder sei es in Form der Sachmithaftung (dazu MK InsO-*Bitter* § 44 Rn 25). Die hM wendet im Fall der vollständigen Befriedigung der Teilhaftung durch den Mithaftenden (zB durch Zahlung des verbürgten Höchstbetrages an den Hauptgläubiger oder Verwertung der Realsicherheit) für diesen Forderungsteil die Grundsätze über die Vollbefriedigung an mit der Folge, dass der Teilmithaftende insoweit in die Position des Gläubigers (gemessen an der Höhe der Hauptforderung nur teilweise) einrückt (oben Rn 5; siehe auch § 43 Rn 11 ff [dort auch zur beachtlichen Gegenansicht]).

3. Gesicherter Regressanspruch. Ist der Rückgriffsberechtigte zur abgesonderten Befriedigung berech- 12
tigt, ist zB der Rückgriffsanspruch durch ein Pfandrecht, eine Hypothek oder Grundschuld, eine Sicherungsübereignung oder -abtretung gesichert, so steht dem **Recht auf abgesonderte Befriedigung** § 44
nicht entgegen (Jaeger-*Henckel* § 44 Rn 10; K/P/B-*Holzer* § 44 Rn 4; MK InsO-*Bitter* § 44 Rn 31; N/R-
Andres § 44 Rn 6). Der Rückgriffsberechtigte kann auch dann, wenn er erst nach Eröffnung des Verfahrens mit seiner Teilzahlung den Hauptgläubiger teilweise befriedigt hat, wegen seines Ausgleichsanspruchs abgesonderte Befriedigung suchen. Sein Recht als Insolvenzgläubiger wird zwar durch § 44
eingeschränkt, das Absonderungsrecht bleibt jedoch unberührt. Den Erlös aus der Verwertung seines
Sicherungsgegenstandes kann er nach §§ 170, 171 beanspruchen. Die Regressforderung bleibt freilich
in der Höhe bestehen, in welcher eine Unterdeckung durch die Sicherheit vorliegt. Hinsichtlich des
dann weiter bestehenden Regressanspruchs ist § 44 anwendbar (Jaeger-*Henckel* § 44 Rn 10 aE).

Schuldet der Mithaftende (Bürge) seinerseits dem Insolvenzschuldner etwas, so ist er berechtigt, wenn 13
er nach Eröffnung des Insolvenzverfahrens über das Vermögen des Hauptschuldners eine Teilzahlung
an den Gläubiger erbringt, mit dem sich daraus ergebenden Rückgriffsanspruch ohne Rücksicht auf die
Beteiligung des Gläubigers am Verfahren aufzurechnen (§§ 383 ff BGB, §§ 94 bis 96). Ob die Teilbefriedigung vor oder nach Verfahrenseröffnung liegt, beantwortet im **Fall der Aufrechnung** wegen der
Rückwirkung nach § 389 BGB der Zeitpunkt der „effektiven Erfüllung", also der Zeitpunkt, in dem
beide Forderungen sich erstmals aufrechenbar iS des § 387 gegenüberstanden (MK InsO-*Bitter* § 43
Rn 40). Allerdings sind die **Einschränkungen der Aufrechnungsmöglichkeit nach § 95 Abs 1 S 3** zu beachten (dazu Begr RegE zu § 107, BT-Drucks 12/2443 S 140 f). Hiernach ist die Aufrechnung ausgeschlossen, wenn die Forderung, gegen die aufgerechnet werden soll, unbedingt und fällig wird, bevor
die Aufrechnung erfolgen kann. Der Regressberechtigte muss seinen Regressanspruch also erwerben,
bevor die gegen ihn gerichtete Forderung des Schuldners unbedingt und fällig wird (so auch der Hinweis von MK InsO-*Bitter* § 44 Rn 32). Eine Aufrechnung ist jedoch nicht mehr möglich, wenn aufgrund des bestätigten Insolvenzplans der Schuldner bzw das Schuldnerunternehmen gem § 254 Abs 2
S 2 gegenüber dem Mitschuldner, dem Bürgen oder anderen Rückgriffsberechtigten in gleicher Weise
befreit worden ist wie gegenüber dem Gläubiger.

V. Restschuldbefreiung und Insolvenzplan

Im laufenden **Insolvenzplan- oder Restschuldbefreiungsverfahren** gelten dieselben Grundsätze wie im 14
Regelinsolvenzverfahren, insbesondere hinsichtlich der Wirkungen von teilweiser oder vollständiger Befriedigung des Hauptgläubigers vor oder nach Eröffnung des Verfahrens (oben Rn 8 ff). In der sechsjährigen Treuhandphase rückt bei Zahlung durch den Mitverpflichteten der Mitschuldner oder Bürge bei
Vollzahlung in die Rechtsposition des Mithaftenden ein. Der aus den §§ 43, 44 hergeleitete Ausschluss
der Beteiligung greift dann nicht länger ein. Im Regelfall kann der Regressberechtigte, der von der Teilnahme am Verfahren nach § 44 ausgeschlossen ist, seine Regressforderung nach Beendigung des Verfahrens gem § 201 Abs 1 weiterverfolgen. Der materielle Bestand der Forderung wird nämlich nicht
berührt (oben Rn 2). Anders ist dies zum Teil nach Beendigung des **Insolvenzplan- oder Restschuldbefreiungsverfahrens**. Die Restschuldbefreiung lässt – ebenso wie ein Forderungsverzicht in einem Insolvenzplan (§ 294 Abs 2) – die Rechte des Gläubigers hinsichtlich eines Mitschuldners oder Bürgen
unberührt (§ 302 Abs 2 S 1). Der Schuldner selbst wird gegenüber dem Mitschuldner und dem Bürgen
sowie anderen Rückgriffsberechtigten in gleicher Weise durch die Restschuldbefreiung befreit wie gegenüber den Insolvenzgläubigern (§ 301 Abs 2 S 2). *Smid* (§ 44 Rn 2) hält die Regelung in § 44, wonach der Bürge nicht am Insolvenz- und damit auch nicht am Restschuldbefreiungsverfahren teilnehmen darf, jedoch in seinen Rechten von der Restschuldbefreiung nachhaltig betroffen wird, mit Blick
auf Art 103 Abs 1 GG für bedenklich. Seiner Auffassung nach ist bei Insolvenzverfahren über das Vermögen einer natürlichen Person wegen der Möglichkeit des § 301 die „Vorschrift des § 44 verfassungskonform dahingehend auszulegen, dass sie zwar die Teilnahme des Bürgen nicht verhindert, aber die
Berücksichtigung seiner Forderung bei der Quotenbildung". An den Bürgen sei eine Dividende nicht
auszuschütten, ihm sei aber durch die Verfahrensbeteiligung rechtliches Gehör zu gewähren (vgl auch
Noack/Bunke FS Uhlenbruck 2000, S 335, 363, die darüber hinaus sogar das Recht nach § 289, gegen
den der Restschuldbefreiung stattgebenden Beschluss sofortige Beschwerde einzulegen, als begründet
ansehen).

Die Rechte der Insolvenzgläubiger gegen Mitschuldner und Bürgen des Schuldners werden durch den 15
Insolvenzplan nicht berührt (MHBGesR I-*Butzer/Knof* § 85 Rn 103 f). Allerdings wird der Schuldner
durch den Plan gegenüber dem Mitschuldner, dem Bürgen oder anderen Rückgriffsberechtigten in gleicher Weise befreit wie gegenüber dem Gläubiger (§ 254 Abs 2 S 2). Ein im Insolvenzplan vorgesehener
Erlass wirkt mithin restschuldbefreiend, indem er den Schuldner mit der Befriedigung der Planquote
auch gegenüber den Regressberechtigten entschuldet und diesen damit das Recht zur freien Nachforderung nimmt, das ihnen nach § 201 Abs 1 im Insolvenzverfahren nach Verfahrensaufhebung (§ 200
Abs 1) zusteht. Diese Wirkungen treten zudem ohne Mitwirkung der Gesamtschuldner und Bürgen, vor
allem ohne die Teilnahme an der Abstimmung über den Plan, ein (ausf dazu *Noack/Bunke* FS Uhlenbruck 2000, S 335, 360 ff). Dieser Ausschluss des Bürgen bzw Gesamtschuldners von der Teilnahme

§ 44a *Gesicherte Darlehen*

am Insolvenzverfahren ist im Hinblick auf die Wirkung eines Insolvenzplans, wonach einerseits im Außenverhältnis zum Gläubiger dessen Ansprüche gegenüber dem Bürgen oder Mitschuldner in vollem Umfang fortbestehen, andererseits im Innenverhältnis die Regressforderungen gegen den Haupt- bzw Mitschuldner durch die im Plan vereinbarte Quote beschränkt sind, „nicht unbedenklich" (*Noack/ Bunke* FS Uhlenbruck 2000, S 335, 361). In der Tat ist nicht zu verkennen, dass insbesondere die Gläubiger, denen neben dem Insolvenzschuldner noch eine weitere Person haftet, sich mit Blick auf die ihnen nach § 254 Abs 2 S 2 erhalten bleibenden Sicherheiten unter Umständen als „großzügig" erweisen und auf ihre Insolvenzforderung teilweise oder sogar vollständig verzichten. Dies kommt einem Vertrag zu Lasten Dritter in bedenklicher Weise nahe (*Noack/Bunke* FS Uhlenbruck S 335, 362, die den Sicherungsgebern wegen des potentiellen Regressausfalls bei dem Zustandekommen eines Insolvenzplans ein eigenes Stimmrecht geben und für sie den Minderheitenschutz des § 251 eröffnen wollen; teilweise zust MK InsO-*Bitter* § 44 Rn 19 aE).

§ 44a Gesicherte Darlehen

In dem Insolvenzverfahren über das Vermögen einer Gesellschaft kann ein Gläubiger nach Maßgabe des § 39 Abs. 1 Nr. 5 für eine Forderung auf Rückgewähr eines Darlehens oder für eine gleichgestellte Forderung, für die ein Gesellschafter eine Sicherheit bestellt oder für die er sich verbürgt hat, nur anteilsmäßige Befriedigung aus der Insolvenzmasse verlangen, soweit er bei der Inanspruchnahme der Sicherheit oder des Bürgen ausgefallen ist.

Eingefügt durch Art 9 Nr 6 MoMiG vom 23. 10. 2008 (BGBl I, S 2026) mWv 1. 11. 2008.

1   **1. Allgemeines.** Hat ein **Dritter** einer Gesellschaft ein **Darlehen** gewährt und hat ihm ein **Gesellschafter** für die Rückgewähr des Darlehens eine **Sicherheit bestellt** oder sich dafür verbürgt, handelt es sich nach § 39 Abs 1 Nr 5 (früher § 32a Abs 2 Satz 1 GmbHG) um ein einer Darlehensgewährung durch einen Gesellschafter wirtschaftlich entsprechendes Vorgehen. In diesem Fall kann der Dritte nach § 44a im Insolvenzverfahren nur für den Betrag anteilsmäßige Befriedigung aus der Insolvenzmasse verlangen, mit dem er bei der Inanspruchnahme des Bürgen oder der Sicherheit ausgefallen ist. Der Gesellschafter kann sodann von der Gesellschaft Erstattung verlangen; diese Forderung kann er in der Insolvenz der Gesellschaft aber nur als entsprechend § 39 Abs 1 Nr 5 nachrangige Insolvenzforderung anmelden (*Karsten Schmidt* ZIP 1999, 1821, 1822 ff, 1828; *ders*, BB 2008, 1966, 1968; oben § 39 Rn 48). In der Insolvenz der Gesellschaft haftet also der Gesellschafter dem außerhalb des Insolvenzverfahrens stehenden Gläubiger primär (vgl BGH 28. 9. 1987 NJW 1988, 824 = ZIP 1987, 1541 = EWiR § 31 GmbHG 1/88, 67 *[Fleck]*; BGH 9. 12. 1991 ZIP 1992, 108 = KTS 1992, 424 = EWiR § 30 GmbHG 1/92, 277 *[Huneck]*; BGH 18. 11. 1991 NJW 1992, 1169 = ZIP 1992, 177 = KTS 1992, 419 = EWiR § 32a GmbHG 2/92, 363 *[von Gerkan]*; **OLG** Köln 19. 10. 1988 ZIP 1989, 523 = EWiR §§ 32a GmbHG 2/89, 589 *[Johlke]*). Der dritte Kreditgeber wird zwar nicht materiell einem darlehensgewährenden Gesellschafter gleichgestellt (*Karsten Schmidt* ZIP 1999, 1821, 1824 ff), sondern ist nur insofern betroffen, als er seinen Rückzahlungsanspruch in der Insolvenz nur in Höhe des Ausfalls durchsetzen kann. Er kann daher zwar gleich einem absonderungsberechtigten Gläubiger die gesamte Forderung nach §§ 52 Satz 1, 174 anmelden, wird aber nur in Höhe dieses **Ausfalls** nach §§ 52 Abs 2, 190 befriedigt (*Karsten Schmidt* ZIP 1999, 1821, 1826; *Baumbach/Hueck//Hueck/Fastrich* § 32a GmbHG Rn 71; Hachenburg/*Ulmer* § 32a, b GmbHG Rn 148 [Anmeldung einer aufschiebend bedingten Forderung]; *Marx* ZInsO 2003, 262, 263 f; anders aber jetzt *Karsten Schmidt/Bitter* ZIP 2000, 1077, 1087 f: Vollanmeldung *und* Quote auf den vollen Betrag).

2   Durch **Verzicht** auf die Sicherheit kann der Dritte die Anwendbarkeit des § 44a ausschließen; das gilt vor wie nach Verfahrenseröffnung. Das bedeutet eine Abweichung gegenüber dem alten Recht (dazu *Karsten Schmidt* ZIP 1999, 1821, 1826), das trotz Verzichts auf die Sicherheit das Ausfallprinzip anwandte und damit eine Verschlechterung der Stellung des Fremdkapitalgebers gegenüber § 43 bewirkte (HK-*Kreft* § 135 Rn 5; anders daher *Karsten Schmidt/Bitter* ZIP 2000, 1077, 1087 f). Freilich kann heute ein solcher Verzicht, so er in der kritischen Zeit erfolgt, der Anfechtung ausgesetzt sein (dazu unten § 135 Rn 18). Es kommt mithin jetzt maßgeblich auf die Gläubigerbenachteiligung iSv § 129 Abs 1 an.

3   **2. Darlehensgewährung durch Dritten.** Die Norm ersetzt – dem neuen Regelungskonzept des MoMiG entsprechend – den früheren § 32a Abs 2 GmbHG und ist infolge des Verweises auf § 39 Abs 1 Nr 5 jetzt wie dieser **rechtsformneutral** ausgestaltet (Begr RegE, BT-Drucks 16/6140, S 138). § 44a erfasst damit dieselben Gesellschaften wie § 39 Abs 1 Nr 5 (iVm § 39 Abs 4 Satz 1); dazu oben § 39 Rn 58 ff. Auch das Kleinbeteiligtenprivileg des § § 39 Abs 5 gilt entsprechend (zutr *Oepen* NZI 2009, 300 ff). Systematisch wäre die Norm aber richtiger im Insolvenzanfechtungsrecht angesiedelt worden (zutreffend *Bork* ZGR 2007, 250, 261).

4   Als „Darlehensgewährung" seitens des Dritten kommen auch hier neben der Gewährung eines Darlehens ieS solche Leistungen in Betracht, die einem Darlehen wirtschaftlich entsprechen. Unter einer **Sicherheit** ist eine solche im weitesten Sinne zu verstehen (so zu den früheren „kapitalersetzenden Si-

5. Doppelbesicherung § 44a

cherheiten" **BGH** 12. 12. 1988 NJW 1989, 1733 = ZIP 1989, 161 [Kaution]; *Obermüller* ZIP 1982, 915, 919). Neben den Sicherheiten nach § 232 BGB kommen in Betracht Hypotheken, Grund- und Rentenschulden, Verpfändung von Forderungen oder Wertpapieren, Kautionen, Sicherungsübereignung und -abtretung sowie sonstige rechtlich verbindliche Zusagen des Gesellschafters, bei Fälligkeit nach einer vorherigen Inanspruchnahme der Hauptschuldnerin oder ohne sie an deren Stelle die Darlehenssumme ganz oder teilweise zu zahlen oder sonst Ersatz für den Ausfall der Hauptschuldnerin zu leisten (Scholz/*Karsten Schmidt* §§ 32 a, 32 b GmbHG Rn 130). Dazu gehören auch der Kreditauftrag (§ 778 BGB), die – ausdrücklich erwähnte – **Bürgschaft**, der Garantievertrag oder eine Patronatserklärung, soweit sie der Sicherung dritter Kreditgeber dienen.

3. Anmeldung der Forderung. Die Anmeldung der Forderung in der Insolvenz der Gesellschaft setzt 5 nicht voraus, dass der Gläubiger schon aus der Sicherheit gegen den Gesellschafter vorgegangen ist (*Gehrlein* BB 2008, 846, 852; *Marx* ZInsO 2003, 262). Umfangmäßig kann der dritte Gläubiger – wie nach der überwiegend zum bisherigen Recht vertretenen Auffassung (für Geltung des Ausfallprinzips unter dem bislang geltenden Recht 12. Aufl § 135 InsO Rn 27; in: Baumbach/Hueck/*Hueck/Fastrich* GmbH-Gesetz [18. Aufl 2006], § 32 a Rn 85; *Lutter/Hommelhoff* in: Lutter/Hommelhoff, GmbH-Gesetz [16. Aufl 2004], §§ 32 a/b Rn 124; abw *Karsten Schmidt/Bitter* ZIP 2000, 1077, 1087 f; *Marx* ZInsO 2003, 262 f [anders für das Verteilungsverfahren: Ausfallprinzip nach § 52; S 263 f]; MK/*Bitter* § 43 Rn 23, 27) – aber nur den erwarteten Ausfall und nicht den vollen Forderungsbetrag anmelden, obwohl die Sicherheit nicht von der Gesellschaft selbst gestellt wurde, gilt also § 52 und nicht § 43, weil der Gesetzgeber nicht zu erkennen gegeben hat, dass er an dieser bislang vorherrschenden Sichtweise etwas ändern wollte (*Dahl/Schmitz* NZG 2009, 325, 327; abw für das neue Recht *Gehrlein* BB 2008, 846, 852; *Freitag* WM 2007, 1681, 1684; in einem Ausblick auf den neuen § 44 a InsO jetzt etwas vorsichtiger *Bitter*, aaO, § 44 InsO Rn 46). Daran ändert auch die jetzige Nähe zu § 43 nichts. Die aus den von Gesellschaftern gestellten Sicherheiten resultierenden (Erstattungs-)Verbindlichkeiten der Gesellschaft sind jedoch wegen des klaren Wortlauts des neugefassten § 19 im **Überschuldungsstatus** anzusetzen (*Wälzholz* DStR 2007, 1914, 1919). Das ist nur dann anders, wenn auch insoweit ein ausdrücklicher Rangrücktritt erklärt wird. Er setzt voraus, dass der Gesellschafter die Gesellschaft durch persönliche Haftungsübernahme bzw dingliche Haftung des Sicherungsguts von der Verbindlichkeit freihalten wird und für den insoweit bestehenden Freistellunganspruch im Rang entsprechend den Anforderungen des § 19 Abs 2 Satz 2 zurücktritt; dabei ist die Höhe des im Überschuldungsstatus aktivierbaren Freistellungsanspruchs auf dessen Wert bzw den Wert der Sachsicherheit begrenzt (*Karsten Schmidt* BB 2008, 1966, 1971; dazu oben § 39 Rn 49).

4. Rückzahlung des Darlehens in der kritischen Zeit. Hat die Gesellschaft ein gesellschafterbesicher- 6 tes Drittdarlehen innerhalb eines Jahres vor dem Antrag auf Eröffnung des Insolvenzverfahrens oder nach diesem Antrag zurückgezahlt, kann der von der Sicherheit frei gewordene Gesellschafter insoweit heute der Insolvenzanfechtung ausgesetzt sein (§ 135 Abs 2 iVm § 143 Abs 3 Satz 1); dazu näher § 135 Rn 15 ff.

5. Doppelbesicherung. Umstritten sind die Fälle der Doppelbesicherung durch Gesellschafter und Ge- 7 sellschaft. Das sind die Fälle, in denen der Kredit des Dritten sowohl durch eine Realsicherheit am Gesellschaftsvermögen als auch durch eine Personal- oder Realsicherheit von Seiten des Gesellschafters oder eines ihm gleichgestellten Dritten besichert wurde. Rechtsprechung und hM haben sich hier für eine Wahlfreiheit des Kreditgebers entschieden, die von der Gesellschaft oder vom Gesellschafter gestellte Sicherheit in Anspruch zu nehmen (**BGH** 19. 11. 1984 NJW 1985, 858 = ZIP 1985, 158 = KTS 1985, 317 = EWiR § 32 a GmbHG 1/85, 105 *[Kübler];* **BGH** 14. 10. 1985 NJW 1986, 429, 430 = NJW-RR 1986, 257 = KTS 1986, 115; **BGH** 9. 12. 1991 NJW 1992, 1166 = ZIP 1992, 108 = KTS 1992, 424 = EWiR § 30 GmbHG 1/92, 277 *[Hunecke];* Baumbach/Hueck/*Hueck/Fastrich* § 32 a GmbHG Rn 70; *Dahl/Schmitz* NZG 2009, 325, 328 [iE]; *Munßen* DB 1981, 1603 ff; Jaeger/*Henckel* § 32 a KO Rn 91 f; krit. Scholz/*Karsten Schmidt* §§ 32 a, 32 b GmbHG Rn 145; *Karsten Schmidt* ZIP 1999, 1821, 1827). Danach kann der Dritte nach Eröffnung des Insolvenzverfahrens über das Vermögen der Gesellschaft auch aus der Sicherheit am Gesellschaftsvermögen volle Befriedigung suchen, ohne vorrangig die Gesellschaftersicherung in Anspruch nehmen zu müssen. Die Beschränkung des § 44 a (früher § 32 a Abs 2 GmbHG) kommt damit im Verhältnis zum dritten Gläubiger nur insoweit zum Zuge, als er durch die Realsicherheit am Gesellschaftsvermögen nicht befriedigt wird; der Gläubiger muss also nur und erst bezüglich seines Ausfalls die vom Gesellschafter persönlich gestellte Sicherheit in Anspruch nehmen. Damit ist es an der Gesellschaft bzw deren Insolvenzverwalter, nach einer Verwertung der von ihr gestellten Sicherheit ihren Rückgriffsanspruch gegen den Gesellschafter geltend zu machen und eventuell auf die vom Gesellschafter parallel bestellte persönliche Sicherheit zuzugreifen; sie – und nicht der dritte Gläubiger – trägt daher auch das entsprechende Kosten- und Prozessrisiko. An diesen Grundsätzen hat sich durch das MoMiG nichts geändert (zutr. *Bartsch/Weber* DStR 2008, 1884 f; *Spliedt* ZIP 2009, 149, 155; in dieselbe Richtung *Dahl/Schmitz* NZG 2009, 325, 328).

8   Nach anderer Meinung soll es wegen der Belastung der Gesellschaft mit dem Kosten- und Prozessrisiko auch in Fällen der Doppelbesicherung zu einer (entsprechenden) Anwendbarkeit von § 44 a (früher § 32 a Abs 2 GmbHG) mit der Folge kommen, dass – umgekehrt – der dritte Gläubiger die von der Gesellschaft gestellte Sicherheit nur in dem Umfang in Anspruch nehmen kann, mit dem er bei der Verwertung der Gesellschaftersicherheit ausfalle; denn sei es am Dritten, nicht am Insolvenzverwalter, die Sicherheit in das Verfahren einzubeziehen, zumal er diesem Zwang normalerweise nicht einmal durch Verzicht auf die Sicherung oder die Befriedigung aus ihr entgehen könne (*Beinert/Hennerkes/Binz* GmbHR 1981, 10, 12; *Kilger/Karsten Schmidt* § 32 a KO Anm 7 b; *Karsten Schmidt* ZIP 1981, 689, 694; *ders* ZIP 1999, 1821, 1827). Allerdings kann der Gesellschafter in jedem Fall und auch schon vor dem Zugriff des Gläubigers auf die Sicherheit im Innenverhältnis zur Freistellung der Gesellschaft verpflichtet sein (**BGH 9. 12. 1991 NJW 1992, 1166 = ZIP 1992, 108 = KTS 1992, 424 = EWiR § 30 GmbHG 1/92, 277 [*Hunecke*]**).

§ 45 Umrechnung von Forderungen

¹Forderungen, die nicht auf Geld gerichtet sind oder deren Geldbetrag unbestimmt ist, sind mit dem Wert geltend zu machen, der für die Zeit der Eröffnung des Insolvenzverfahrens geschätzt werden kann. ²Forderungen, die in ausländischer Währung oder in einer Rechnungseinheit ausgedrückt sind, sind nach dem Kurswert, der zur Zeit der Verfahrenseröffnung für den Zahlungsort maßgeblich ist, in inländische Währung umzurechnen.

§ 45 (§ 52 RegE; § 50 RefE; § 50 DiskE) entspricht im Wesentlichen den §§ 69 KO, 34 VglO; er wurde lediglich redaktionell und sprachlich angepasst.

I. Allgemeines

1   Die insolvenzrechtliche gleichmäßige Befriedigung der Gläubiger aus dem Vermögen des Schuldners (§ 1) ist nur durchführbar, wenn sich die Forderungen für die Berechnung der Quote (§§ 195, 196) eignen. Demgemäß können zur Tabelle grundsätzlich nur Geldforderungen angemeldet werden (§ 174 Abs 2). Deshalb sind nach S 1 Forderungen, die nicht auf Geld gerichtet sind oder deren Geldbetrag unbestimmt ist, mit dem Wert geltend zu machen, der für die Zeit der Eröffnung des Insolvenzverfahrens geschätzt werden kann. Ähnlich verhält es sich mit Forderungen, die in ausländischer Währung oder in einer Rechnungseinheit ausgedrückt sind; sie werden gem S 2 zum Zwecke der Anmeldung umgerechnet.

II. Die betroffenen Forderungen

2   § 45 regelt nur **Insolvenzforderungen iSv §§ 38, 39**, nicht dagegen Ansprüche von Massegläubigern. Weiterhin werden von § 45 nicht erfasst: Aussonderungsansprüche (§ 47), Absonderungsrechte (§§ 50, 51; ausf dazu MK InsO-*Bitter* § 45 Rn 5), Ersatzabsonderungsansprüche (§ 48).

3   **1. Forderungen, die nicht auf Geld gerichtet sind (S 1 Alt 1).** Zu den Forderungen, die von vornherein nicht auf Geld gerichtet und daher nach § 45 umzurechnen sind, gehören: Forderungen auf Naturalleistungen wie Kost, Wohnung, Kleidung etc (MK InsO-*Bitter* § 45 Rn 7); **Verschaffungsansprüche auf Überlassung oder Belassung** (**RG 8. 11. 1909 Z 72, 192, 198**), zB auf Bestellung einer Grundschuld einschl Übergabe des Grundschuldbriefs (**RG 7. 10. 1911 Z 77, 106, 109**) oder Bestellung eines Nießbrauchs oder Pfandrechts (MK InsO-*Bitter* § 45 Rn 7); **Löschungsansprüche nach § 1179 a Abs 1 BGB**, soweit sie nicht insolvenzfest sind (*Alff* Rpfleger 2006, 486); Anspruch auf **Wegnahme oder Trennung einer Sache** (**RG 15. 5. 1906 Z 63, 307, 308**), und zwar auch hinsichtlich wesentlicher Bestandteile (§§ 946, 93 BGB), zB des Mieters oder Pächters nach §§ 539 Abs 2, 581 Abs 2 BGB (MK InsO-*Bitter* § 35 Rn 7 m w Bsp); **privatrechtliche Räumungs- und Beseitigungsansprüche** (**BGH 18. 4. 2002 [Tz 14] Z 150, 305, 308 f = KTS 2002, 568 = NZI 2002, 425 = ZIP 2002, 1043 = ZInsO 2002, 524 = EWiR 2002, 573 [*Tetzlaff*]**); **Nacherfüllungsansprüche** in Form der Mängelbeseitigung oder Nachlieferung nach §§ 439, 635 BGB (**BGH 23. 10. 2003 [Tz 18] KTS 2004, 135 = NZI 2004, 214 = ZIP 2003, 2379 = ZInsO 2003, 1138 = EWiR 2004, 191 [*Holzer*]**; **RG 30. 1. 1907 Z 65, 132, 133 f**); Ansprüche auf **Übertragung von Gesellschaftsanteilen** (*Schlosser* ZIP 2005, 781, 785); Anspruch auf **Renovierung der Mieträume** mit Beendigung des Mietverhältnisses (**BGH 4. 10. 1984 [Tz 20] NJW 1985, 271 = ZIP 1984, 1509**); zur Behandlung der **betrieblichen Altersversorgung** unten Rn 13 ff.

4   **Ansprüche aus Auftragsverhältnissen** fallen nur dann in den Anwendungsbereich des § 45, wenn sie nicht unmittelbar auf Geld gehen (**RG 8. 11. 1909 Z 72, 192, 198**) und keine Rechtsträgerschaft für fremde Rechnung vorliegt, die ein Aussonderungsrecht begründet. Letzteres ist beim Anspruch auf Herausgabe nach § 667 BGB der Fall, wenn bestimmte Gegenstände für Rechnung des Auftraggebers erworben wurden (MK InsO-*Bitter* § 45 Rn 7 a; ausf *ders* Rechtsträgerschaft für fremde Rechnung, 2006, S 189 ff); aus demselben Grund str ist die Einordnung eines **Anspruchs des Bedachten aus einem Vermächtnis** auf Übertragung des vermachten Gegenstandes (für Anwendung des § 45, soweit er nicht

II. Die betroffenen Forderungen § 45

etwa durch Vormerkung gesichert ist Jaeger-*Henckel* § 35 Rn 6; für Aussonderungsrecht und damit gegen Anwendung des § 45 hingegen MK InsO-*Bitter* § 45 Rn 7 a; ausf *ders* Rechtsträgerschaft für fremde Rechnung, 2006, S 352 ff).

Gestaltungsrechte, wie zB das Anfechtungsrecht (§§ 142, 119, 123 BGB) oder das Kündigungs- bzw 5 Rücktrittsrecht nach den §§ 323 ff BGB, begründen zwar selbst keine Insolvenzforderungen iSv § 38, sodass § 45 insoweit nicht anwendbar ist (dazu Rn 2). Ihre Ausübung kann aber einen vermögensrechtlichen Anspruch begründen, zB einen **Anspruch auf Rückgewähr von Gegenständen aus Rückgewährschuldverhältnis** nach § 346 Abs 1 BGB (RG 30. 1. 1907 Z 65, 132, 133), der wiederum nach § 45 umzurechnen ist (MK InsO-*Bitter* § 45 Rn 8; abw im umgekehrten Fall des Anspruchs auf Rückzahlung des Kaufpreises Zug-um-Zug gegen Rückgewähr des Kaufgegenstandes **BGH** 23. 10. 2003 [Tz 18] KTS 2004, 135 = NZI 2004, 214 = ZIP 2003, 2379 = ZInsO 2003, 1138 = EWiR 2004, 191 *[Holzer]*). Keine Anwendung findet § 45, wenn der Gläubiger zB den Rücktritt nach §§ 323, 324, 634 Nr 3 BGB schon vor Verfahrenseröffnung erklärt hatte. § 45 findet keine Anwendung auf Ansprüche gegen den Schuldner infolge **Anfechtung** nach §§ 129 ff (Konstellation der Doppelinsolvenz), weil der Anfechtungsanspruch nach inzwischen hM in der Insolvenz des Anfechtungsgegners ein **Aussonderungsrecht** begründet (dazu § 143 Rn 4). Da die Belastung des Schuldnerkontos durch **Lastschrift im Einzugsermächtigungsverfahren** erst durch die Genehmigung des Schuldners wirksam wird, ist die Forderung des Gläubigers auch nach der Gutschrift auf dessen Konto und der Belastungsbuchung auf dem Schuldnerkonto noch nicht erfüllt; vielmehr hat der Gläubiger gegen den Schuldner weiterhin den Erfüllungsanspruch, der nunmehr auf **Genehmigung** der Belastung gerichtet ist. Dabei handelt es sich lediglich um einen schuldrechtlichen Anspruch, der mit Verfahrenseröffnung zu einer Insolvenzforderung im Sinne von § 38 InsO wird; auch dieser ist, weil nicht auf Zahlung von Geld gerichtet, gemäß § 45 InsO umzurechnen (**OLG** Düsseldorf 23. 4. 2009 – I-6 U 65/08 [Tz 27]; zur „Genehmigungstheorie" **BGH** 4. 11. 2004 [Tz 14] Z 161, 49 = NJW 2005, 675 = NZI 2005, 99 = ZIP 2004, 2442 = ZInsO 2004, 1353 = EWiR 2005, 121 *[Gundlach/Frenzel]*; bestätigt **BGH** 25. 10. 2007 [Tz 15] Z 174, 84 = NJW 2008, 63 = NZI 2008, 27 = ZIP 2007, 2273 = ZInsO 2007, 1216).

Unterlassungsansprüche fallen grundsätzlich nicht unter § 45 (Jaeger-*Henckel* § 45 Rn 7), da ihre 6 Umwandlung in Geld keinen vernünftigen Sinn gibt und der besonderen Art des Anspruchs nicht gerecht wird. Dies wird außerhalb des Insolvenzverfahrens dadurch bestätigt, dass dem Gläubiger auch wegen Unterlassungsansprüchen nach § 890 ZPO eine Individualvollstreckung durch Ausübung eines Zwanges auf den entgegenstehenden Willen des Schuldners ermöglicht wird und er nicht auf die ersatzweise „Geldexekution" verwiesen wird. Es ist indes nicht schlechterdings unmöglich, dass ein etwaiger Vermögenswert von Unterlassungsansprüchen – mindestens aber das Nichterfüllungsinteresse eines vertraglichen Unterlassungsgläubigers – ausnahmsweise doch eine Insolvenzforderung begründet (so der Hinweis **BGH** 10. 7. 2003 [Tz 28 ff] Z 155, 371 = KTS 2003, 663 = NJW 2003, 3060 = NZI 2003, 539 = ZIP 2003, 1550 = ZInsO 2003, 751 = EWiR 2004, 27 *[Holzer]* [obiter dictum]; dazu auch MK InsO-*Bitter* § 45 Rn 8). Da Unterlassungsansprüche als solche jedoch unstreitig keinen zur Insolvenztabelle anmeldbaren Inhalt haben, ist ihr Wert dann nach § 45 zu schätzen (zu etwaigen Ausnahmekonstellationen ausf *Karsten Schmidt* KTS 2004, 241, 249 ff).

Bei **Ansprüchen auf vertretbare Handlungen** entspricht es inzwischen allgemeiner Meinung, dass diese 7 im Insolvenzverfahren gem § 45 zum Geldbetrag des Kostenaufwands anzumelden sind, den die Vornahme der Handlung durch Dritte verursacht (Jaeger-*Henckel* § 45 Rn 6; so zB für den Fall eines Anspruchs auf Rechnungserteilung **OLG** Köln 22. 9. 1992 NJW-RR 1993, 361, 363). In der Einzelzwangsvollstreckung wird auch der **Befreiungsanspruch** als Anspruch auf eine vertretbare Handlung iSv § 887 ZPO angesehen (MK ZPO-*Gruber* § 887 Rn 4 u 14). Entsprechend werden Befreiungsansprüche gegen den Schuldner von § 45 erfasst (**BGH** 14. 7. 2005 [Tz 14] NJW 2005, 3285 = NZI 2005, 624 = ZIP 2005, 1559 = ZInsO 2005, 875 = EWiR 2005, 681 *[Blank]*; vgl auch **BGH** 18. 4. 2002 [Tz 14] Z 150, 305, 308 f = KTS 2002, 568 = NZI 2002, 425 = ZIP 2002, 1043 = ZInsO 2002, 524 = EWiR 2002, 573 *[Tetzlaff]*); **OLG** Stuttgart 14. 7. 1988 ZIP 1988, 1344, 1345 [n rk]; MK InsO-*Bitter* § 45 Rn 8), wenngleich im Insolvenzverfahren die Einordnung des Befreiungsanspruchs als Anspruch auf eine vertretbare Handlung auf Schwierigkeiten stößt (Jaeger-*Henckel* § 45 Rn 6). Allerdings ist eine Schätzung des Wertes der Forderung des Befreiungsgläubigers nach S 1 nicht erforderlich, soweit der Anspruch auf Befreiung von einer Geldschuld durch Zahlung an einen Drittgläubiger gerichtet ist. Mit diesem Inhalt kann der Befreiungsgläubiger den Anspruch vielmehr wie eine auf Geld gerichtete Forderung zur Tabelle anmelden mit der Folge, dass die Quote sodann unmittelbar an den Drittgläubiger ausgezahlt wird (Jaeger-*Henckel* § 46 Rn 6; abw für den Fall, dass auch der Schuldner dem Dritten als Gesamtschuldner haftet, überzeugend MK InsO-*Bitter* § 45 Rn 8).

Dagegen bildet der **Anspruch auf Vornahme einer nicht vertretbaren Handlung**, die nur durch per- 8 sönliche Tätigkeit vollzogen werden kann, wegen dieses nicht vertretbaren Inhalts auch dann keine Insolvenzforderung iSd § 38, wenn der Anspruch einen berechenbaren Vermögenswert hat (**BGH** 2. 6. 2005 [Tz 18] NZI 2005, 628 = ZIP 2005, 1325 = ZInsO 2005, 770 = EWiR 2006, 147 *[J-S Schröder]* = WuB VI A § 38 InsO 1.05 *[Jungmann]*); schon deshalb kommt hier auch eine Anwendung des § 45 nicht in Betracht (zu etwaigen Ausnahmekonstellationen *Karsten Schmidt* KTS 2004, 241, 249 ff).

Nach Auffassung des **BGH** soll auch ein „**Feststellungsanspruch**" mit einem gem § 45 geschätzten 9 Wert zur Tabelle aufgenommen werden können (**BGH** 27. 3. 1995 KTS 1995, 486 = NJW 1995, 1750

= ZIP 1995, 643). Dies ist angesichts der (prozessualen) Natur des „Feststellungsanspruchs" indes abzulehnen (Jaeger-*Henckel* § 45 Rn 7 aE; krit auch MK InsO-*Bitter* § 45 Rn 8 a). Vielmehr können allenfalls die vermögensrechtlichen Ansprüche, deren Feststellung begehrt wird, als Insolvenzforderungen, die nicht auf Geld gerichtet sind, nach § 45 zu schätzen sein. Der Schätzwert hängt dann von der Art der Forderung ab (dazu Rn 20 ff).

10   Bei **öffentlich-rechtlichen Pflichten des Schuldners** ist häufig schon die Eigenschaft als Insolvenzforderung zu verneinen, sodass § 45 schon deshalb nicht anwendbar ist (dazu Rn 2). So ist zB die Pflicht des Schuldners zur Abgabe von Emissionsberechtigungen gem § 6 Abs 1 TEHG schon keine Insolvenzforderung iSv § 38 (dazu *Klöhn* ZIP 2006, 2015 ff); siehe zur öffentlich-rechtlichen Pflicht zur Abfallentsorgung MK InsO-*Bitter* § 45 Rn 7 (s dort Fn 27).

11   **2. Forderungen, deren Geldbetrag unbestimmt ist (S 1 Alt 2).** Nach S 1 Alt 2 sind Forderungen, deren Geldbetrag unbestimmt ist, mit dem Wert geltend zu machen, der für die Zeit der Eröffnung des Insolvenzverfahrens geschätzt werden kann. Hier handelt es sich einmal um Forderungen, die bei Verfahrenseröffnung zwar dem Grunde nach, nicht aber der Höhe nach feststehen, wie es zB bei Schadenersatzansprüchen häufig der Fall ist (**RG 18. 6. 1915 Z 87, 82, 84;** K/P/B-*Holzer* § 45 Rn 5; MK InsO-*Bitter* § 45 Rn 10), und weiterhin um **Forderungen auf eine einmalige bestimmte Leistung** mit unbestimmtem Fälligkeitstermin (Jaeger-*Henckel* § 45 Rn 8; K/P/B-*Holzer* § 45 Rn 5; MK InsO-*Bitter* § 45 Rn 11; siehe auch § 41 Rn 3), wie zB eine Forderung, bei deren Fälligkeit auf den Tod einer Person abgestellt ist. Ferner sind auch solche Forderungen, bei denen zwar der Forderungsbetrag feststeht, jedoch Anfangs- oder Endtermin der Leistungen ungewiss sind, Forderungen, deren Geldbetrag (zumindest im Zeitpunkt der Verfahrenseröffnung) iSv S 1 Alt 2 unbestimmt ist (MK InsO-*Bitter* § 45 Rn 11). Eine befristete Forderung (dazu § 41 Rn 5) fällt ebenfalls unter § 45, nicht aber aufschiebend bedingte Forderungen (dazu § 42 Rn 7).

12   § 45 ist auf **Forderungen auf wiederkehrende Leistungen**, bei denen Betrag oder Dauer der einzelnen Leistungen unbestimmt sind (zur Kombination von §§ 45 u 46 siehe § 46 Rn 5 ff) ebenfalls anwendbar (MK InsO-*Bitter* § 45 Rn 11). Wird zB infolge einer Verletzung des Körpers oder der Gesundheit die Erwerbsfähigkeit des Verletzten aufgehoben oder gemindert, so ist dem Verletzten durch Entrichtung einer monatlichen oder jährlichen **Geldrente** Schadensersatz zu leisten (vgl § 843 Abs 1 BGB). Die monatlichen oder jährlichen Zahlungen beruhen zwar auf einem einheitlichen Schuldgrund, sie sind aber noch nicht fällig und unklar ist auch die Dauer der Zahlungsverpflichtung. Bei der Forderungsanmeldung kann die Rente durch eine Kombination der §§ 41, 45 S 1, 46 S 2 berücksichtigt werden (Jaeger-*Henckel* § 45 Rn 8; MK InsO-*Bitter* § 45 Rn 11); dasselbe gilt für die **Leibrente** (**RG 18. 5. 1908 Z 68, 340, 342**).

13   Hinsichtlich der Behandlung der **betrieblichen Altersversorgung**, bei der dem Arbeitnehmer Leistungen bei Eintritt des Versorgungsfalls (Erreichen einer bestimmten Altersgrenze, Invalidität oder Tod) versprochen wurden, ist mit Blick auf § 45 vielfach zu differenzieren (ausf dazu MK InsO-*Bitter* § 45 Rn 12 ff; *ders* NZI 2000, 399 ff). Klarheit herrscht insoweit, als zum Zeitpunkt der Verfahrenseröffnung der **Versorgungsfall bereits eingetreten** ist, also bereits wiederkehrend eine Alters- oder Invaliditätsrente gezahlt wird. Die Alters- oder Invaliditätsrente wird dann wie jede Geldrente nach §§ 41, 45 S 1, 46 S 2 kapitalisiert (dazu Rn 12) und mit dem so ermittelten Betrag bei der Forderungsanmeldung berücksichtigt. Im Fall, dass der **Versorgungsfall noch nicht eingetreten** ist, herrscht ebenfalls Klarheit, soweit es sich um eine **verfallbare Versorgungsanwartschaft** handelt (zum Begriff der Verfallbarkeit siehe § 1 b BetrAVG; siehe auch § 35 Rn 228). Denn eine solche Versorgungsanwartschaft erlischt schlicht wegen der Verfallbarkeit im Fall der insolvenzbedingten Beendigung des Arbeitsverhältnisses (MK InsO-*Bitter* § 45 Rn 14).

14   Und auch in dem Fall, dass der **Versorgungsfall noch nicht eingetreten** ist und es sich um eine **unverfallbare Versorgungsanwartschaft** handelt, ist die Rechtslage seit einer im Jahre 1999 in Kraft getretene Gesetzesänderung eindeutig, soweit das **BetrAVG Anwendung** findet. Denn mit der Einfügung des neuen S 3 in § 9 Abs 2 BetrAVG ist ausdrücklich klargestellt, dass die mit der Eröffnung des Insolvenzverfahrens auf den Träger der Insolvenzsicherung übergegangenen unverfallbaren Anwartschaften im Insolvenzverfahren als unbedingte Forderungen nach § 45 geltend gemacht werden. Die Gesetzesänderung soll klarstellen, dass aus Gründen der Praktikabilität die auf den Träger der Insolvenzsicherung übergegangenen Versorgungsanwartschaften nach Umrechnung gem § 45 bei der Verteilung der Insolvenzmasse berücksichtigt werden können, ohne dass die Umwandlung der Versorgungsanwartschaft in einen Versorgungsanspruch abgewartet werden muss (Begr BReg zu Art 94 Nr 4 des Entwurfs EGInsO, BT-Drucks 12/3803 S 112). Damit hat der Gesetzgeber für den Anwendungsbereich des BetrAVG einen schon damals lange andauernden **Streit zwischen BGH und BAG** zugunsten letzterem entschieden (zum Ganzen auch *Bitter* NZI 2000, 399, 405; MK InsO-*Bitter* § 45 Rn 15). Der Streit ging im Wesentlichen darum, ob unverfallbare Versorgungsanwartschaften in der Insolvenz des Arbeitgebers gem § 69 KO (§ 45 InsO) als umgerechnete, bestimmte Kapitalleistungen sofort zu berücksichtigen sind oder nur als aufschiebend bedingte Forderungen gem § 67 KO (§ 191 InsO) zu einer Sicherung in Form der Rücklage berechtigen. Das **BAG** hatte mehrfach entschieden, dass sich eine unverfallbare Versorgungsanwartschaft mit Insolvenzeröffnung in einen Zahlungsanspruch verwandelt, der nach § 69 KO (§ 45 InsO) zu

II. Die betroffenen Forderungen § 45

schätzen ist (**BAG** 16. 3. 1972 E 24, 204, 211; **BAG** 8. 12. 1977 NJW 1978, 1343; **BAG** 12. 4. 1983 E 42, 188, 190 = NJW 1984, 998 = ZIP 1983, 1095, 1096; **BAG** 11. 10. 1988 E 60, 32, 35 = ZIP 1989, 319, 320; **BAG** 7. 11. 1989 ZIP 1990, 400, 401; **BAG** 28. 11. 1989 E 63, 260, 267 = ZIP 1990, 534, 536). Dagegen hatte der **BGH** angesichts der Unsicherheit des Eintritts des Versorgungsfalls vertreten, dass allein die Regeln über aufschiebend bedingte Forderungen anzuwenden sind, die nur zur Sicherung gem § 67 KO (§ 191 InsO) berechtigen (**BGH** 10. 1. 1991 Z 113, 207, 212 = NJW 1991, 1111, 1112 = ZIP 1991, 235 = EWiR 1991, 389 *[Molkenbur]*; **BGH** 23. 1. 1992 NJW 1992, 2091, 2092 = ZIP 1992, 342). Mit Urteil vom 10. 7. 1997 hat der **BGH** zuletzt – schon mit Blick auf den neuen S 3 in § 9 Abs 2 BetrAVG – entschieden, dass die Vorschriften über die Berücksichtigung einer aufschiebend bedingten Forderung (§§ 67 KO, 191 InsO) und die Bestimmungen über die Kapitalisierung (§ 69 KO, § 45 InsO) grundsätzlich nebeneinander anwendbar sind (**BGH** 10. 7. 1997 [Tz 26] Z 136, 220, 222 f = NJW 1998, 312 = ZIP 1997, 1596 = EWiR 1997, 999 *[Blomeyer]*; abw noch *Everhardt* KTS 1992, 179 ff; angeschlossen **BGH** 7. 4. 2005 NJW 2005, 2231, 2232 = WuB VI A § 50 InsO 1.05 *[Bitter]*). Der auf die aufschiebend bedingten Forderungen entfallenden Anteil ist demnach gem § 69 KO (§ 45 InsO) erst zu schätzen; dann aber nicht auszuzahlen, sondern gem §§ 191 Abs 1, 198 InsO vorrangig zu hinterlegen.

Umstritten ist die Anwendbarkeit des § 45 dagegen (immer noch) in dem Fall, dass der **Versorgungsfall noch nicht eingetreten** ist, es sich um eine **unverfallbare Versorgungsanwartschaft** handelt und das **BetrAVG keine Anwendung** findet (zB Gesellschafter-Geschäftsführer, der allein oder gemeinsam mit einem weiteren Geschäftsführer 50% der Geschäftsanteile hält; so etwa in **BGH** 9. 6. 1980 Z 77, 233 = NJW 1980, 2257 = ZIP 1980, 556). Denn außerhalb des Anwendungsbereichs des BetrAVG lebt der schon eben dargestellte Streit zwischen BAG und **BGH** weiter fort. Der **BGH** nimmt den Ausschluss des früheren § 67 KO (§ 191 InsO) nämlich nur insoweit hin, als mit § 9 Abs 2 S 3 BetrAVG eine hinreichende gesetzliche Grundlage für einen hinsichtlich der kraft Gesetzes insolvenzgeschützten Anwartschaften vorliegt. Im Übrigen bleibt aber die Frage zu entscheiden, wer die Gefahr zu tragen hat, dass der Anspruchsberechtigte künftig die Voraussetzungen der Rentenberechtigung nicht erfüllen wird. Zutreffend weist der **BGH** darauf hin, dass die InsO das Risiko eindeutig den einzelnen Anwartschaftsberechtigten auferlegt (ebenfalls zust MK InsO-*Bitter* § 45 Rn 16). Denn der Gesetzgeber hat den Konflikt zwischen Einzelfallgerechtigkeit und Praktikabilität in der Systematik der §§ 41 ff nur für die Fälle zugunsten der Praktikabilität entschieden, in denen endgültig feststeht, dass der Schuldner zur Leistung verpflichtet ist und nur der Umfang der Leistungspflicht ungewiss ist (*Bitter* NZI 2000, 399, 405; dazu auch § 41 Rn 1). Das BAG hingegen begünstigt den Anwartschaftsberechtigten und nimmt zugleich der Masse der ungesicherten Insolvenzgläubiger die Chance, dass die (ungewisse) Berechtigung nicht eintritt. Eine solche von §§ 41 ff abweichende Gewichtung der Interessen entgegen dem Grundsatz der Gläubigergleichbehandlung bedarf – so der **BGH** – der gesetzlichen Grundlage, die fehle, soweit § 9 Abs 2 S 3 BetrAVG nicht einschlägig ist. Die Antwort des **BGH** führt zu einer „gespaltenen Lösung": Für Versorgungsanwartschaften derjenigen Berechtigten, die nicht in den persönlichen Geltungsbereich des BetrAVG (Arbeitnehmer und gem § 17 Abs 1 S 2 BetrAVG gleichgestellte Personen) fallen, bleibt es auch nach der neueren Rechtsprechung des **BGH** folglich dabei, dass die Versorgungsanwartschaften nur zu einer Sicherstellung, nicht zu einem Zahlungsanspruch führt. Die „gespaltene Lösung" ist auch auf den Teil zu übertragen, mit dem eine Anwartschaft die **Höchstgrenze gem § 7 Abs 3 BetrAVG** übersteigt; zu den Folgefragen im Zusammenhang mit der Schätzung ihres Wertes unten Rn 21 f.

Nur ausnahmsweise erfolgt für Versorgungsanwartschaften **keine Sicherung gem §§ 191 Abs 1, 198**, obwohl der Anwendungsbereich des BetrAVG nicht eröffnet ist, wenn die Möglichkeit des Eintritts der Bedingung so fern liegt, dass die Forderung zur Zeit der Verteilung keinen Vermögenswert hat; dann wird sie überhaupt nicht zugunsten des Berechtigten berücksichtigt mit der Folge, dass der Betrag für die Schlussverteilung an die übrigen Gläubiger frei wird (§ 191 Abs 2). Der Zwang zur Sicherung entfällt auch, wenn der Versorgungsbeginn noch während des Verfahrens eintritt. Der geschätzte Gesamtanspruch ist dann zugunsten des Berechtigten als unbedingte Forderung zur Insolvenztabelle festzustellen. Für den Schätzwert gem § 45 bleiben hier die Umstände zur Zeit der Verfahrenseröffnung maßgeblich (**BGH** 6. 12. 2007 NZI 2008, 185 = ZIP 2008, 279 = WuB VI A § 55 InsO 1.08 *[Mohrbutter]*), dh der Anspruch wird nicht dynamisch – etwa entsprechend der sich stetig ändernden Sterbewahrscheinlichkeitsstatistik – angepasst.

3. Forderungen in ausländischer Währung oder einer Rechnungseinheit (S 2). Ferner werden von S 2 Forderungen erfasst, die in ausländischer Währung oder in einer Rechnungseinheit ausgedrückt sind; sie werden nicht geschätzt, sondern umgerechnet (unten Rn 23). Eine Fremdwährungsschuld ist eine in ausländischer Währung ausgedrückte Geldschuld, dh die geschuldete Leistung ist nach dem Inhalt des Schuldverhältnisses nicht in Euro bezeichnet (Palandt-*Heinrichs* § 245 Rn 17). Geldwertschulden im Zusammenhang mit gesetzlichen Ansprüchen zB auf Schadens-, Wert- oder Aufwendungsersatz lauten nicht *per se* auf eine bestimmte Währung; nach deutschem Recht begründete gesetzliche Ansprüche lauten auf Euro. § 45 ist anwendbar sowohl auf echte (effektive) Valutaschulden, die zwingend durch Zahlung in ausländischer Währung zu erfüllen sind, als auch auf unechte Valutaschulden, die zwar auf eine ausländische Währung lauten, wahlweise aber auch in Euro getilgt werden können, also eine Ersetzungsbefugnis des Schuldners beinhalten (Jaeger-*Henckel* § 45 Rn 12; *Karsten Schmidt* FS Merz 1992 S 533, 538; MK InsO-*Bitter* § 45 Rn 17). Die Ergänzung der Vorschrift um die **Rechnungseinheit** beruht auf einem Vorschlag des Bundesrates (vgl BT-Drucks 12/2443 S 250, 262, abgedr bei *Uhlenbruck* Das neue Insolvenzrecht, S 352). Vor allem die internationale Wirtschaft bedient sich in zunehmendem Maße bestimmter Rechnungseinheiten zur Denominierung von Geldforderungen. Besondere Bedeutung hat hier neben dem **Sonderziehungsrecht** des Internationalen Währungsfonds der ECU erlangt, der allerdings keine eigene Währung darstellt (vgl auch K/P/B-*Holzer* § 45 Rn 13 f; MK InsO-*Bitter* § 45 Rn 18).

III. Schätzung und Umrechnung

18 1. **Persönlich.** Der Gläubiger hat die Schätzung und Umrechnung selbst vorzunehmen, wenn er seine Forderung als Geldforderung in Euro zur Tabelle anmelden will (**BGH** 22. 6. 1989 Z 108, 123, 128 f = NJW 1989, 3155 = ZIP 1989, 926; LG Mönchengladbach 29. 9. 1975 KTS 1976, 67; Jaeger-*Henckel* § 45 Rn 11 u 15; MK InsO-*Bitter* § 45 Rn 21). Wird die Forderung mit einem vom Gläubiger geschätzten Wert zur Tabelle angemeldet und im Prüfungstermin bestritten, so ist der Gläubiger auf die Feststellungsklage gem §§ 179, 184 S 1 gegen den oder die Bestreitenden zu verweisen (**RG** 15. 6. 1889 Z 24, 60, 62; Jaeger-*Henckel* § 45 Rn 11; MK InsO-*Bitter* § 45 Rn 23). Der Insolvenzverwalter hat die Anmeldung in ausländischer Währung wegen offensichtlicher Fehlerhaftigkeit zurückzuweisen und darf sie nicht in die Insolvenztabelle eintragen.

19 2. **Zeitlich.** Für die **Schätzung** nach S 1 sind schon nach dem eindeutigen Wortlaut des § 45 S 1 die **Umstände und Erkenntnisse im Zeitpunkt der Verfahrenseröffnung** maßgeblich (ebenso zum insoweit nicht eindeutigen Wortlaut der Vorgängerregelung § 69 KO bereits **BGH** 22. 6. 1989 Z 108, 123 = NJW 1989, 3155 = ZIP 1989, 926 = EWiR 1989, 919 *[Hanisch]*; dazu auch Rn 16); der Zeitpunkt der Verfahrenseröffnung gilt auch für die **Umrechnung** nach S 2 (Jaeger-*Henckel* § 45 Rn 14; *Karsten Schmidt* FS Merz 1992 S 533, 540; krit *Arend* ZIP 1988, 74). Der Schätzung sind freilich auch bereits absehbare zukünftige Entwicklungen zugrunde zu legen (MK InsO-*Bitter* § 45 Rn 30), zB auch die künftig zu erwartenden Inflationsrate oder eine am Preisindex für die Lebenshaltung orientierte Erhöhung einer Rente (vgl dazu auch die Maßstäbe einer Anpassung der betrieblichen Altersversorgung nach § 16 BetrAVG). Erforderlich ist insoweit eine Prognose aus *Ex-ante*-Sicht. Kommt es **nach der Feststellung zur Tabelle** zu einer von der Prognose später abweichenden tatsächlichen Entwicklung oder werden erst später Umstände bekannt, die aber bei Verfahrenseröffnung schon vorhanden waren, sind diese späteren Abweichungen der ursprünglich prognostizierten Entwicklung und Erkenntnisse unbeachtlich (MK InsO-*Bitter* § 45 Rn 31); eine Abänderungsklage ist unstatthaft (Jaeger-*Henckel* § 45 Rn 9). Dies kann zB zu einem sog Sterblichkeitsgewinn bzw zu einem sog Langlebigkeitsrisiko führen, weil die tatsächliche Lebensdauer des Berechtigten kürzer bzw länger ist als ihm dies nach biometrischen Erfahrungswerten im Zeitpunkt der Verfahrenseröffnung prognostiziert worden ist. Anders verhält es sich mit Blick auf Abweichungen von der Prognose noch **vor der Feststellung zur Tabelle**. Hier ist zwischen späteren Erkenntnissen und späteren Entwicklungen zu unterscheiden (MK InsO-*Bitter* § 45 Rn 33 f): Der maßgebliche Stichtag der Verfahrenseröffnung schließt keineswegs aus, dass das Insolvenzgericht oder ein Prozessgericht bei Streit über den endgültigen Berücksichtigungsbetrag auch erst später gewonnene Erkenntnisse über bei Verfahrenseröffnung schon vorhandene Umstände beachten darf (**RG** 12. 1. 1943 Z 170, 276, 280; HambKomm-*Lüdtke* § 45 Rn 25; K/P/B-*Holzer* § 45 Rn 6 aE). Nicht übersehen werden darf aber, dass hiermit kein Wechsel der zeitlichen Perspektive verbunden ist. Es geht auch insoweit unverändert um eine Schätzung des Forderungswertes im Zeitpunkt der Verfahrenseröffnung – nunmehr lediglich auf der Basis neuer Erkenntnisse. Dagegen sind spätere tatsächliche Entwicklungen bei der Schätzung des Wertes nicht mehr verwertbar (abw **BGH** 10. 1. 1991 Z 113, 207, 212 = NJW 1991, 1111, 1112 = ZIP 1991, 235 = EWiR 1991, 389 *[Molkenbur]*; siehe dazu die abl Stellungnahme bei MK InsO-*Bitter* § 45 Rn 34; gleichsinnig Jaeger-*Henckel* § 45 Rn 9). Der Anspruch müsste sonst dynamisch – etwa entsprechend der sich stetig ändernden Sterbewahrscheinlichkeitsstatistik – angepasst werden, was Verzögerungstaktiken Tür und Tor öffnen würde.

20 3. **Sachlich.** Bei **nicht auf Geld gerichteten Forderungen** (S 1 Alt 1) ist der gemeine Wert der Forderung, nicht dagegen ein Liebhaberwert für den Gläubiger maßgeblich (Jaeger-*Henckel* § 45 Rn 11; K/P/B-*Holzer* § 45 Rn 6). Der gemeine Wert ist abhängig von der Art der Forderung und muss im Streitfall durch ein Gutachten ermittelt werden (MK InsO-*Bitter* § 45 Rn 25 aE). Bei Verschaffungsansprüchen ist zB der gewöhnliche Wert des zu übereignenden Gegenstandes oder bei Werk- oder Dienstleistungen die taxmäßige oder übliche Vergütung maßgeblich. Bei gegenseitigen Verträgen kann insoweit regelmäßig auf die vereinbarte Gegenleistung als Maßstab zurückgegriffen werden. Ansprüche auf vertretbare Handlungen sind zum Geldbetrag des Kostenaufwands anzumelden, den die Vornahme der Handlung durch Dritte verursacht (dazu Rn 7). Die Schätzung des Wertes einer der Höhe nach unbestimmten Schadenersatzforderungen (S 1 Alt 2), hat den Wiederherstellungsaufwand oder etwaige Heilbehandlungskosten zu prognostizieren. Bei Dauerschuldverhältnissen bezieht sich die Schätzung auf die künftig fällig werdenden Beträge, da die bis zur Verfahrenseröffnung bereits angefallenen Beträge feststehen.

IV. Materielle Wirkung und Wirkung auf Dritte § 45

Im Fall einer **Forderung auf eine einmalige Leistung**, deren Fälligkeit an ein (nur) der Zeit nach ungewisses Ereignis geknüpft ist (dazu Rn 11), ist der Wert der Forderung in zwei Schritten zu ermitteln: In einem ersten Schritt ist der Fälligkeitszeitpunkt zu schätzen. Maßstab ist insoweit der Grad der Wahrscheinlichkeit des Eintritts des (nur) der Zeit nach ungewissen Ereignisses. Knüpft die Fälligkeit zB an den Tod einer Person, ist zunächst der Fälligkeitszeitpunkt nach Maßgabe der durchschnittlich zu erwartenden Lebensdauer (Sterbewahrscheinlichkeitsstatistik) zu ermitteln. In einem zweiten Schritt ist der geschuldete Betrag auf der Grundlage des soeben geschätzten Fälligkeitstermins nach § 42 Abs 2 abzuzinsen. Dieser Zweierschritt gilt auch, wenn § 45 S 1 aufgrund § 46 S 2 entsprechend anzuwenden ist, also in dem Fall, dass eine **wiederkehrende Leistung** (nur) der Dauer nach unbestimmt ist (dazu Rn 12). Erst muss die unbestimmte Dauer der wiederkehrenden Leistung im Wege der Schätzung „fixiert" werden (idR unter Anwendung versicherungsmathematischer Methoden) und dann erfolgt die Abzinsung nach §§ 46 S 1, 41 Abs 2. Bei der Schätzung des Wertes einer **Versorgungsanwartschaft** (allgem zu deren Behandlung oben Rn 13 ff) kommt es im Ergebnis darauf an, ob die Forderung als unbedingte Forderung sofort berücksichtigt wird (so unstreitig etwa nach § 9 Abs 2 S 3 BetrAVG) oder als bedingte Forderung gem §§ 191 Abs 1, 198 InsO zunächst nur zur Sicherung in Form der Rücklage berechtigt (so zumindest nach Ansicht des **BGH** außerhalb des Anwendungsbereichs des BetrAVG). Denn die Wahrscheinlichkeit, mit welcher der Versorgungsfall überhaupt eintreten wird, ist nur im zuerst genannten Fall beachtlich und führt dort je nach Grad der Wahrscheinlichkeit zu einer Minderung des Kapitalbetrags, während sie im zweiten Fall wegen der Rücklagenbildung außer Betracht bleiben kann (MK InsO-*Bitter* § 45 Rn 28), solange die Möglichkeit des Eintritts des Versorgungsfalls nicht so fern liegt, dass die Forderung keinen Vermögenswert hat (§ 191 Abs 2 S 1). Tritt nämlich der Versorgungsfall nach Rücklagenbildung gem §§ 191 Abs 1 S 2, 198 nicht ein, wird der zurückbehaltene Betrag für die Schlussverteilung bzw Nachtragsverteilung gem § 203 Abs 1 Nr 1 zugunsten der übrigen Gläubiger frei.

Bei der Ermittlung des Barwertes von **wiederkehrenden Forderungen aus einer betrieblichen Altersversorgung** soll statt des gesetzlichen Zinssatzes gem § 41 Abs 2 (dazu § 41 Rn 10) auch eine Abzinsung in Höhe von 5,5% durch § 45 gedeckt sein (**LAG** Baden-Württemberg 15. 10. 1986 ZIP 1987, 1468; [nachgehend bestätigt **BAG** 11. 10. 1988 E 60, 32, 35 ff = ZIP 1989, 319]; **LAG** München 16. 9. 1987 ZIP 1987, 1466). Auch das **OLG** Köln hält einen Rückgriff auf den gesetzlichen Zinssatz von 4 bzw 5% für nicht fällige, durch den Insolvenzfall aber fällig gestellte Forderungen gemäß § 41 Abs 2 InsO iVm §§ 246 BGB bzw 352 HGB gem § 41 Abs 2 InsO für nicht sachgerecht (**OLG** Köln 26. 11. 2003 [Tz 16] OLGR 2004, 200). Allerdings stellt das **OLG** Köln auf den Abzinsungssatz nach dem für die voraussichtliche Dauer der Rentenzahlung wahrscheinlich erzielbaren durchschnittlichen Anlagezins ab. Angesichts des für mittel- oder längerfristige Geldanlagen herrschenden Zinsniveaus und der zu erwartenden Entwicklung ist daher eine Abzinsung von 5% angemessen. Jedenfalls ist § 6 Abs 3 EStG, der eine Abzinsung für Pensionsrückstellungen von 6% vorschreibt, nicht entsprechend anwendbar (so auch schon **BAG** 11. 10. 1988 E 60, 32, 35 ff = ZIP 1989, 319). Richtigerweise muss es jedoch auch im Fall der kombinierten Anwendung der §§ 41, 45, 46 bei dem gesetzlichen Zinssatz gem § 41 Abs 2 bleiben (MK InsO-*Bitter* § 45 Rn 26), da für eine Ungleichbehandlung von Forderung auf eine einmalige Leistung mit einem unbestimmten Termin und wiederkehrenden Leistungen, deren Betrag und Dauer bestimmt sind, auf der einen Seite sowie wiederkehrenden Leistungen, deren Betrag oder Dauer unbestimmt sind, auf der anderen Seite, ein sachlicher Grund fehlt. Nicht übersehen werden darf zudem die Deckelung im Rahmen der Kapitalisierung nach § 46 (dazu § 46 Rn 9).

Für eine **Fremdwährungsforderung** gilt gem S 2 als Umrechnungssatz der für den Zahlungsort (vgl § 244 Abs 2) maßgebende **amtliche Wechselkurs** (**BGH** 22. 6. 1989 Z 108, 123, 128 f = NJW 1989, 3155 = ZIP 1989, 926). In Übereinstimmung mit § 244 Abs 2 BGB gilt es zu verhindern, dass der Gläubiger dem Äquivalenzgedanken zuwider bei örtlich divergierenden Wechselkursen eine quantitative Einbuße erleidet, sodass auch bei § 45 der Kurs am Zahlungsort entscheidet. Mit **Zahlungsort** ist der Ort, an den das Geld zu übermitteln ist, gemeint. Er ist also der (durch Vertrag oder Gesetz) rechtlich bestimmte Leistungs*erfolg*sort, nicht der Leistungsort, der sich nach § 269 BGB und den dazu entwickelten Grundsätzen bestimmt (Jaeger-*Henckel* § 45 Rn 14; MK InsO-*Bitter* § 45 Rn 20; vgl auch MK BGB-*Krüger* § 270 Rn 7 ff). Nach § 270 Abs 1 BGB ist der Zahlungsort „im Zweifel" der Wohnsitz des Gläubigers, bei Gewerbetreibenden der Ort der Niederlassung (Abs 2), und zwar im Zeitpunkt der Leistung (Abs 3). Der **Stichtag** für die Umrechnung ist nicht der für Geldschulden nach § 244 Abs 2 BGB übliche Tageskurs, die Feststellung zur Tabelle oder der Auszahlungszeitpunkt der Quote, sondern der **Zeitpunkt der Verfahrenseröffnung**. Entwicklungen auf den Devisenmärkten in der Zeit von der Verfahrenseröffnung an werden bei der Forderung im Nachhinein grundsätzlich nicht mehr berücksichtigt. Anders allenfalls dann, wenn bei Verfahrenseröffnung im Falle nicht fälliger Forderungen eine zukünftige Entwicklung bis hin zum eigentlichen Fälligkeitstermin bereits absehbar ist (MK InsO-*Bitter* § 45 Rn 24).

IV. Materielle Wirkung und Wirkung auf Dritte

Nach Auffassung des **BGH** enthält der frühere § 69 KO (heute § 45 InsO) eine „**ausschließlich verfahrensrechtlich bedingte Regelung**" (**BGH** 10. 1. 1991 Z 113, 207, 214 = NJW 1991, 1111, 1112 = ZIP 1991, 235 = EWiR 1991, 389 [*Molkenbur*]), jedoch finde auch eine **inhaltliche Umwandlung** statt,

§ 45

da jedenfalls die Eintragung in die Tabelle für die festgestellten Forderungen gem §§ 178 Abs 3, 201 Abs 2 (§§ 145 Abs 2, 164 Abs 2 KO) wie ein rechtskräftiges Urteil gegenüber dem Insolvenzverwalter und allen Insolvenzgläubigern wirke (vgl **BGH** 7. 12. 1995 NJW 1996, 1058 = ZIP 1996, 183, 184 = EWiR 1996, 229 *[Mohrbutter]* [für das Vergleichsverfahren]). Es kann mithin zwischen dem Zeitpunkt unterschieden werden, für den die Schätzung und die Umrechnung der Forderung nach § 45 zu erfolgen haben, und dem Zeitpunkt, in dem die inhaltliche Umwandlung der Forderung eintritt. Wie oben bereits festgestellt wurde, hat die Berechnung der Beträge auf den Zeitpunkt der Verfahrenseröffnung zu erfolgen (oben Rn 19, 23). Eine inhaltliche Umwandlung hat dagegen erst die rechtskräftige Feststellung zur Tabelle zur Folge (zu früheren Ansichten, die von einer Umwandlung bereits mit Verfahrenseröffnung oder mit Forderungsanmeldung ausgingen siehe 12 Aufl Rn 6 sowie MK InsO-*Bitter* § 45 Rn 37, jeweils mwN). Die Schätzung vor dem Prüfungstermin erfolgt lediglich, um den Gläubigern die Forderungsanmeldung nach § 174 Abs 1 zu ermöglichen. Der **Schätzungs- und Umrechnungszeitpunkt** und der **Umwandlungszeitpunkt** sind demgemäß nicht identisch. Ist die Forderung etwa im Umwandlungszeitpunkt bereits erloschen oder lautet sie nunmehr auf einen bestimmten Geldbetrag, bleibt für die Schätzung kein Raum mehr.

25   Nicht geklärt ist die Frage, ob mit der Feststellung der Forderung zur Insolvenztabelle eine **materielle Änderung bzw Umwandlung der Forderung** in eine Geldforderung stattfindet. Die hM nimmt dies an (**RG** 8. 1. 1926 Z 112, 297, 299 f; **BGH** 22. 6. 1989 Z 108, 123, 127 = NJW 1989, 3155 = ZIP 1989, 926 = EWiR 1989, 919 *[Hanisch]*; **BGH** 23. 1. 1992 NJW 1992, 2091, 2092 = ZIP 1992, 342 = EWiR 1992, 489 *[Molkenbur]*; K/P/B-*Holzer* § 45 Rn 9), während nach **neuerer Ansicht** die rechtskräftige Feststellung der Forderung zur Insolvenztabelle nicht die materielle Umwandlung der Forderung bewirken soll (vgl *Ahrend* ZIP 1988, 69, 72; *Karsten Schmidt* FS Merz 1992 S 533, 541 ff; *Grothe* Fremdwährungsverbindlichkeiten, 1999 S 782 ff; MK InsO-*Bitter* § 45 Rn 42 ff). Andere wiederum wollen dem Gläubiger oder dem Schuldner hinsichtlich der Dauerhaftigkeit der Umrechnung ein Wahlrecht gewähren mit der Folge, dass der Gläubiger seine Forderung nur eingeschränkt auf deren Berücksichtigung im Insolvenzverfahren und unter Ausschluss der Nachhaftung anzumelden berechtigt ist (*Häsemeyer* InsR Rn 25.11 ff; zust N/R-*Westphal* §§ 201, 202 Rn 14).

26   Richtig ist, dass die Feststellung einer Forderung zur Tabelle Rechtskraftwirkungen zeitigt. Richtig ist aber auch, dass die sog materielle Rechtskrafttheorie, nach der das Urteil das darin festgestellte Recht mit den Inhalten des Urteils neu begründet, nicht (mehr) vertreten wird, sondern auf die sog **prozessuale Rechtskrafttheorie** abzustellen ist, wonach die rechtskräftige Feststellung in die Insolvenztabelle keine direkte Wirkung auf das materielle Recht hat, sondern nur jedes neu angerufene Gericht insoweit bindet, als die Rechtskraft reicht (ausf MK InsO-*Bitter* § 45 Rn 42 mwN). Was nach der Gesetzeslage bleibt, ist die Maßgeblichkeit der einmal erfolgten Forderungsfeststellung für das Weiterverfolgungsrecht des Gläubigers nach Verfahrensbeendigung (§ 201 Abs 1); es hat zudem für den Regelfall einer Bindung gegenüber dem Schuldner (§ 201 Abs 2) auch den Vorteil der Praktikabilität. Deshalb sind im Rahmen des § 767 Abs 2 ZPO alle Einwendungen präkludiert, die wegen des Zwangs insolvenzmäßiger Befriedigung durch Gesetz ausgeschlossen waren. Der Schuldner kann mithin auch nach Verfahrensbeendigung nicht geltend machen, die Forderung sei nicht fällig (§ 41) oder nicht auf Geld, sondern auf eine Sachleistung gerichtet (§ 45 S 1 Alt 1) oder als Rente periodisch und nicht einmalig in kapitalisierter Form zu zahlen gewesen (MK InsO-*Bitter* § 45 Rn 43). Ein einseitiges Wahlrecht des Gläubigers, die jeweils günstigere Forderung geltend zu machen, ist damit ebenfalls ausgeschlossen. Ein vor Verfahrenseröffnung bereits erlangter rechtskräftiger Titel ist als verbraucht anzusehen und wird durch die spätere Eintragung zur Tabelle als allein rechtskräftigen Titel ersetzt (MK InsO-*Bitter* § 45 Rn 45).

27   Die Wirkungen des § 45 bleiben auf das Verhältnis zwischen Gläubiger der Forderung iSv § 45 und Schuldner beschränkt und erstrecken sich vor allem nicht auf **mithaftende Gesamtschuldner und Bürgen** (HambKomm-*Lüdtke* § 45 Rn 30; abw im Hinblick auf [Haftpflicht-]Versicherungen MK InsO-*Bitter* § 45 Rn 51). Will man bei der Begründung dieser auf die Mithaftung bezogenen Position freilich in Erklärungsnöte kommt man bei der Begründung dieser auf die Mithaftung bezogenen Position freilich in Erklärungsnöte (MK InsO-*Bitter* § 45 Rn 42 aE u 50). Dagegen lässt sich die beschränkte Wirkung des § 45 bei einer Argumentation auf der Basis der sog prozessualen Rechtskrafttheorie ohne Weiteres aus der beschränkten Rechtskraft des Tabelleneintrags (§§ 178 Abs 3, 201 Abs 2), die ebenfalls auf das Verhältnis zwischen Gläubiger Schuldner beschränkt bleibt, folgern. Die Abfindung (in Form der Quote auf den Kapitalbetrag) des Inhabers einer **Forderung, die auf eine wiederkehrende Leistung gerichtet ist, deren Dauer aber nicht bestimmt ist,** lässt die Haftung des Bürgen für den nicht abgefundenen Rest unberührt. Insoweit besteht die Hauptverbindlichkeit weiter. Ist zB ein in monatlichen Raten zu zahlender Versorgungsanspruch mit einer kapitalisierten Quote von 35 % abgefunden worden, so kann der Berechtigte einen Bürgen für den im Verfahren ausgefallenen Rest ab sofort in monatlichen Raten in Anspruch nehmen. Der erforderlichen Quotenanrechnung liegt mithin eine relative Betrachtung zugrunde: Der Bürge hat dann zukünftig für 65 % des monatlichen Rentenbetrags einzustehen (**BGH** 19. 10. 1977 Z 69, 369 = NJW 1978, 107; MK InsO-*Bitter* § 45 Rn 53). Im Fall einer **nicht auf Geld gerichteten Forderung** kann der Bürge, nachdem der Gläubiger nach Umrechnung seiner Forderung gem § 45 bereits eine Quote in Geld erhalten hat, nicht ohne Weiteres zusätzlich noch auf die ursprüngliche nicht auf Geld gerichtete Forderung in Anspruch genommen werden. Vielmehr kann der Gläubiger Leistung

vom Bürgen nur Zug um Zug gegen Herausgabe der erhaltenen Quote in Geld verlangen (früh schon *Fürst* ZZP 56 [1931], 381, 391; MK InsO-*Bitter* § 45 Rn 55).

Anders als bei den mithaftenden Gesamtschuldnern und Bürgen gehen die Wirkungen des § 45 über das Verhältnis von Gläubiger und Schuldner hinaus und erstrecken sich auch auf die **persönliche Haftung für Gesellschaftsverbindlichkeiten (§§ 128, 129 HGB)**, dh auch der Anspruch gegen persönlich haftende Gesellschafter geht nach rechtskräftiger Feststellung nur noch auf eine Geldleistung (MK InsO-*Bitter* § 45 Rn 57; str aA *Müller* NJW 1968, 225, 226). Die akzessorische Haftung wird gem § 93 vom Insolvenzverwalter möglichst frühzeitig geltend gemacht, wobei der Insolvenzverwalter nicht warten muss, bis die Feststellung zur Tabelle rechtskräftig geworden ist (MünchHdbGesR I-*Butzer/Knof* § 85 Rn 65). Auch das Zurückgreifen auf einen früher hinsichtlich der Forderung mit ihrem ursprünglichen Inhalt erwirkten Vollstreckungstitel gegen die *Gesellschaft* ist regelmäßig ausgeschlossen, weil der Titel durch die Feststellung zur Tabelle aufgezehrt ist (**RG** 21. 6. 1918 Z 93, 209, 213; **RG** 8. 1. 1926, RGZ 112, 297, 300; **BGH** 4. 10. 1984 ZIP 1984, 1509; MK InsO-*Bitter* § 45 Rn 57–59; K/P/B/*Holzer* § 45 Rn 9; K/U § 69 KO Rn 5 c; str aA *Karsten Schmidt* FS Merz 1992 S 533, 542 ff; *Arend* ZIP 1988, 69, 72). Auch das Zurückgreifen auf einen früher hinsichtlich der Forderung mit ihrem ursprünglichen Inhalt erwirkten Vollstreckungstitel gegen den *Gesellschafter* ist regelmäßig ausgeschlossen und muss durch eine Titulierung unter Hinweis auf die Tabelleneintragung und § 129 HGB „erneuert" werden (MK InsO-*Bitter* § 45 Rn 58 aE; **abw LG** Hannover Rpfleger 1992, 127 = EWiR 1992, 384 *[Pape]; Pape* KTS 1992, 185, 188).

Im **Insolvenzplanverfahren** treten gem § 254 Abs 1 die im gestaltenden Teil festgelegten Wirkungen für und gegen alle Beteiligten mit der Rechtskraft der Bestätigung des Insolvenzplans ein. Demgemäß dürfte nach hM auch die Umwandlung der Forderung nicht schon mit der gerichtlichen Bestätigung des Plans, sondern erst mit der Rechtskraft der Bestätigung erfolgen (K/P/B-*Holzer* § 45 Rn 10). Es gelten insoweit die gleichen Grundsätze wie früher für die Bestätigung des gerichtlichen Vergleichs (vgl **BGH** 22. 6. 1989 Z 108, 123, 127 = NJW 1989, 3155 = ZIP 1989, 926 = EWiR 1989, 919 *[Hanisch]; Kilger/ K. Schmidt* § 34 VglO Anm 5; *Bley/Mohrbutter* § 34 VglO Rn 4, 5). Die Rechte der Insolvenzgläubiger gegen Mitschuldner und Bürgen des Schuldners sowie die Rechte dieser Gläubiger an Gegenständen, die nicht zur Insolvenzmasse gehören, werden gem § 254 Abs 2 S 1 nicht durch den Plan berührt. Sie können aber vom Gläubiger hinsichtlich der inhaltlich umgewandelten Forderung erst dann in Anspruch genommen werden, wenn die aufgrund des bestätigten Insolvenzplans zu zahlenden Beträge nicht vom Schuldner oder Schuldnerunternehmen gezahlt werden. Sieht der Insolvenzplan eine Quotenzahlung vor, kommt die Haftung von Mitschuldnern und Bürgen erst dann zum Tragen, wenn die Quote auf den Berücksichtigungsbetrag des § 45 ausgezahlt worden ist. Soweit **Absonderungsrechte** hinsichtlich der Forderungen iSv § 45 S 1 bestehen, werden diese durch die Inhaltsänderung nicht berührt. Anderes gilt freilich im Wesentlich auch dann nicht, wenn man mit dem zutreffenden Hinweis auf die sog **prozessuale Rechtskrafttheorie** feststellt, dass die rechtskräftige Feststellung in die Insolvenztabelle keine direkte Wirkung auf das materielle Recht hat. Dasselbe gilt dann zwar auch mit Blick auf die Rechtskraft der Bestätigung des Insolvenzplans. Ebenso bleibt es aber auch hier bei der Maßgeblichkeit der einmal erfolgten Forderungsfeststellung für das Weiterverfolgungsrecht des Gläubigers. Vollstreckungstitel ist auch im Insolvenzplanverfahren ohnehin der Tabelleneintrag, wobei die Vollstreckungsmöglichkeit lediglich nach Maßgabe des Insolvenzplans eingeschränkt wird. Im Ergebnis kann daher die Forderung nur in der zur Tabelle festgestellten Form und freilich nur nach Maßgabe des Plans weiterverfolgt werden. Ferner ist wegen der Rechtskraft die Geltendmachung des ursprünglichen Anspruchs ebenso ausgeschlossen wie die Vollstreckung aus einem vor Verfahrenseröffnung ergangenen Titel (MK InsO-*Bitter* § 45 Rn 48). Da die im gestaltenden Teil des Plans festgelegten Wirkungen gem § 254 Abs 1 S 3 auch die Gläubiger binden, die ihre Forderungen nicht angemeldet haben, werden auch diese Gläubiger an einer Weiterverfolgung ihrer Forderungen ungeachtet der Maßgaben des Insolvenzplans gehindert (Jaeger-*Henckel* § 45 Rn 23). Schließlich muss ein neuer Vollstreckungstitel erwirkt werden, wenn eine Forderung iSv § 45 in umgewandelter Form als Geldforderung zur Tabelle angemeldet wurde, der später rechtskräftige Insolvenzplan hingegen die Weiterverfolgung der Forderung mit ihrem ursprünglichen Inhalt vorsieht (Jaeger-*Henckel* § 45 Rn 22). Dann kann der Tabelleneintrag nämlich nicht als Vollstreckungstitel dienen (vgl § 257 Abs 1).

V. Aufrechnungsbeschränkungen

§ 95 Abs 1 S 2 enthält nunmehr, anders als früher § 54 KO, Aufrechnungsbeschränkungen für Forderungen iSv §§ 41, 45. Nach § 95 Abs 1 S 2 ist § 45 nicht anwendbar, so dass die Aufrechnung mit einem Anspruch, der erst auf einen Geldbetrag umgerechnet werden muss, ausgeschlossen ist. Damit ist die frühere Besserstellung dieser Insolvenzgläubiger gegenüber der Masse, die als ungerechtfertigt empfunden wurde, beseitigt. Hinsichtlich der Aufrechnung wird die Fälligkeit der Insolvenzforderung nicht mehr fingiert, sondern es wird allein auf den zivilrechtlichen Tatbestand abgestellt. Die Aufrechnung ist demgemäß erst mit der Vollendung der materiell-rechtlichen Aufrechnungslage zulässig, also erst mit der Fälligkeit der Insolvenzforderung und der Erfüllbarkeit der massezugehörigen Forderung. Nach §§ 95 Abs 1 S 2, 45 werden Individualansprüche nur noch zwecks Berechnung der Quote in Geldforderungen umgewandelt. Forderungen, die nicht auf Geld gerichtet sind, sind nur noch aufrechenbar, wenn sie mit dem angemeldeten Schätzbetrag zur Tabelle rechtskräftig festgestellt worden sind und die Gegenforderung nicht bereits vorher unbedingt und zur Zahlung fällig war (§ 95 Abs 1 S 3; N/R-*Andres* § 45 Rn 7; aA MK InsO-*Bitter* § 45 Rn 61). Allerdings wird für **Forderungen auf unterschiedliche Währungen oder Rechnungseinheiten** die Aufrechnung gem § 95 Abs 2 S 1 nicht dadurch ausgeschlossen, dass diese Währungen oder Rechnungseinheiten am Zahlungsort der Forderung frei getauscht werden können. Insoweit enthält § 95 Abs 2 für die Fälle konvertibler Währungen und Rechnungseinheiten eine Aufrechnungserleichterung (zutr N/R-*Andres* § 45 Rn 7; KS-*Häsemeyer* S 654 Rn 27).

§ 46 Wiederkehrende Leistungen

¹Forderungen auf wiederkehrende Leistungen, deren Betrag und Dauer bestimmt sind, sind mit dem Betrag geltend zu machen, der sich ergibt, wenn die noch ausstehenden Leistungen unter Abzug des in § 41 bezeichneten Zwischenzinses zusammengerechnet werden. ²Ist die Dauer der Leistungen unbestimmt, so gilt § 45 Satz 1 entsprechend.

§ 46 (§ 53 RegE; § 51 RefE; § 51 DiskE) nimmt den Regelungsgehalt der früheren §§ 35 VglO, 70 KO nahezu unverändert auf; sein Wortlaut entspricht eher noch dem § 35 VglO. Wie schon in § 35 VglO ist der S 2 des § 70 KO, der eine Deckelung des kapitalisierten Gesamtbetrags vorsah, nicht übernommen worden.

I. Allgemeines

1 § 46 regelt die **verfahrensmäßige Behandlung von Forderungen auf wiederkehrende Leistungen**. Den Gläubigern soll – vergleichbar mit §§ 41, 45 – eine klare Grundlage für ihre Rechtsposition im Verfahren geschaffen werden, insbesondere für ihr Stimmrecht in der Gläubigerversammlung (§§ 76, 77, 237), für die Berechnung einer anteiligen Kürzung ihrer Forderungen durch einen Insolvenzplan (§ 224) und für ihre Berücksichtigung bei Verteilungen (Jaeger-*Henckel* § 46 Rn 2 u 8). Hierfür müssen Forderungen auf wiederkehrende Leistungen auf den Zeitpunkt der Eröffnung des Verfahrens fixiert werden (MK InsO-*Bitter* § 46 Rn 1). Dies geschieht nach S 1 durch eine Kapitalisierung der Einzelforderungen (dazu Rn 8 ff). § 46 enthält **zwingendes Recht** (vgl RG 21. 6. 1918 Z 93, 209).

2 Die Ansprüche auf wiederkehrende Leistungen sind Forderungen, denen das gleiche Rechtsverhältnis zugrunde liegt (anders sog Wiederkehrschuldverhältnis, dazu K/P/B-*Holzer* § 46 Rn 4). Hierzu zählen ua Darlehenszinsen (§ 488 Abs 2 BGB), familienrechtliche Unterhaltsansprüche nach § 40, Vergütungen aus Dienst- oder Geschäftsbesorgungsverträgen (§§ 611 Abs 1, 675 BGB), Zahlungen aus einem Leibgedinge oder Leistungen der betrieblichen Altersversorgung (K/P/B-*Holzer* § 46 Rn 3; zum früheren Recht *Bley/Mohrbutter* § 35 VglO Rn 3 u 4). § 46 erfasst hingegen **nicht Ansprüche auf Abzahlung eines Kapitals** (zB Raten eines Ratenkredits). Solche Forderungen sind vielmehr ggf nach § 41 fällig zu stellen, wobei der Zwischenzins nach § 41 Abs 2 abweichend von § 46 nur dann abgezogen wird, wenn die Forderungen unverzinslich sind (Jaeger-*Henckel* § 46 Rn 3; MK InsO-*Bitter* § 46 Rn 6).

3 Die Forderungen auf wiederkehrende Leistungen müssen Insolvenzforderungen iSv §§ 38, 39 sein (Jaeger-*Henckel* § 46 Rn 3). Sie müssen demnach einem Stammrecht entspringen, das bereits *vor* Verfahrenseröffnung begründet worden ist (Jaeger-*Henckel* § 46 Rn 3). Allerdings müssen nur die Forderungen auf wiederkehrende Leistungen nach S 1 kapitalisiert werden, die *nach* Verfahrenseröffnung zu erbringen sind. Die Vorschrift greift also nicht ein für rückständige Forderungen auf wiederkehrende Leistungen aus der Zeit vor Eröffnung des Verfahrens. Diese werden als einfache Insolvenzforderungen mit den fälligen Beträgen geltend gemacht (Jaeger-*Henckel* § 46 Rn 3).

4 § 46 gilt hingegen nicht für **Masseforderungen** und **Aussonderungsrechte** (MK InsO-*Bitter* § 46 Rn 3); ebenso wenig für **Absonderungsrechte** (RG 20. 2. 1915 Z 93, 213; MK InsO-*Bitter* § 46 Rn 4), wohl aber für den Betrag ihres Ausfalls (K/P/B-*Holzer* § 46 Rn 3).

II. Bestimmtheit von Betrag und Dauer

5 Der Regelungsgehalt des § 46 steht im engen **Kontext mit §§ 41, 45** und ist mit diesen Vorschriften kombinierbar: § 46 S 1 findet seinem Wortlaut nach Anwendung bei Forderungen auf wiederkehrende Leistungen, deren Betrag *und* Dauer bestimmt sind. Ist dagegen (nur) der Betrag bestimmt, die **Dauer der wiederkehrenden Leistungen hingegen unbestimmt**, so gilt nach S 2 die Vorschrift des § 45 S 1 entsprechend. Die Dauer ist dann zuerst durch Schätzung nach § 45 S 1 zu ermitteln und erst danach erfolgt die Kapitalisierung der noch ausstehenden Leistungen nach S 1. § 46 S 2 greift zB ein bei einer Betriebsrente, die mit dem Tod des Berechtigten erlischt. In solchen Fällen ist die Lebensdauer nach § 45 S 1 zu schätzen, wobei Statistiken und mathematische Wahrscheinlichkeitsberechnungen der Versicherungswirtschaft zur Hilfe herangezogen werden können (siehe auch § 45 Rn 21).

6 Ist dagegen (nur) die Dauer bestimmt, der **Betrag der wiederkehrenden Leistungen hingegen unbestimmt**, kann S 1 seinem Wortlaut nach zunächst nicht angewendet werden; auch die in S 2 angeordnete entsprechende Anwendbarkeit des § 45 S 1 ist nicht einschlägig. Letzteres ist allerdings auch entbehrlich, weil insoweit § 45 S 1 Alt 2 direkt Anwendung findet (Jaeger-*Henckel* § 46 Rn 7). In einem

Zweierschritt ist deshalb zuerst durch Schätzung nach § 45 S 1 Alt 2 ein iSv S 1 bestimmter Betrag zu ermitteln, der sodann als Grundlage der Berechnung des Kapitalbetrags dient (HambKomm-*Lüdtke* § 37 Rn 9; MK InsO-*Bitter* § 46 Rn 4).

Dasselbe gilt schließlich, wenn **Dauer *und* Betrag der wiederkehrenden Leistungen unbestimmt sind.** **7** In einem ersten Schritt werden Dauer und Betrag jeweils durch Schätzung nach § 45 S 1 ermittelt und in einem zweiten Schritt erfolgt die Kapitalisierung nach S 1 (HambKomm-*Lüdtke* § 37 Rn 10). Das alles galt so auch schon für die entsprechende Vorschrift des § 35 VglO (*Bley/Mohrbutter* § 35 VglO Rn 1; siehe auch 12 Aufl Rn 3). In dieser letzten Fallgruppe gelingt die Auflösung des Konflikt zwischen Praktikabilität und Einzelfallgerechtigkeit durch die §§ 45, 46 aufgrund der erforderlichen doppelten Schätzung freilich nicht mehr ganz so überzeugend (vgl deshalb die in der 12 Aufl bei Rn 3 aE geäußerten Zweifel).

III. Kapitalisierung

Die Forderungen auf wiederkehrende Leistungen, die auf die Zeit nach Verfahrenseröffnung entfallen, werden gem S 1 auf den Zeitpunkt der Eröffnung des Verfahrens fixiert. Wegen der Unverzinslichkeit der einzelnen Hebungen kommt ihre einfache Addition nicht in Betracht, weil der Gläubiger sonst um den Zwischenzins ungerechtfertigt bereichert wäre. Darum erklärt S 1 die Abzinsungsvorschrift des § 41 für anwendbar mit der Folge, dass entsprechend der **Hoffmann'schen Formel** (dazu § 41 Rn 13 ff) eine Kapitalisierung durch Addition der einzelnen abgezinsten ausstehenden Leistungen zu erfolgen hat. Rückständige Forderungen auf wiederkehrende Leistungen aus der Zeit vor Eröffnung des Verfahrens unterfallen nicht § 46 (dazu Rn 3) und können daher zu den kapitalisierten Forderungen in voller Höhe addiert werden (HambKomm-*Lüdtke* § 46 Rn 5). **8**

Die frühere Vorschrift des § 70 S 2 KO, wonach der Gesamtbetrag, der sich aus dem Zusammenrechnen der künftigen Hebungen unter Abzug des Zwischenzinses ergibt, den zum gesetzlichen Zinssatz kapitalisierten Betrag nicht übersteigen darf, ist vom Gesetzgeber der InsO nicht ausdrücklich in § 46 übernommen worden. Eine § 70 S 2 KO vergleichbare Deckelung fehlte auch schon in § 35 VglO. Gleichwohl wurde diese Regelung seinerzeit auf § 35 VglO übertragen (*Bley/Mohrbutter* § 35 VglO Rn 2; *Kilger/K. Schmidt* § 35 VglO Anm 1). Eine solche **Deckelung der nach S 1 berechneten Gesamtsumme** ist auch für § 46 geboten (Jaeger-*Henckel* § 46 Rn 6; MK InsO-*Bitter* § 46 Rn 2 u 8). Bei einer Jahresrente von 1000 € wird bei einem gesetzlichen Zinssatz von 4% demnach maximal ein Betrag von 25.000 € berücksichtigt, also das 20-fache der jährlich wiederkehrenden Leistung. **9**

Die **Berechnung der kapitalisierten und abgezinsten Forderung hat der Gläubiger vorzunehmen** (Jaeger-*Henckel* § 46 Rn 5). Wird die Forderung bestritten, so ist der Streit außerhalb des Insolvenzverfahrens im Wege der Feststellungsklage zur Tabelle nach § 179 auszutragen. Im Übrigen erfolgt die Kapitalisierung der Forderung nur zum Zwecke der besseren Handhabbarkeit im Insolvenzverfahren. Sie ist deshalb **außerhalb des Insolvenzverfahrens** (etwa nach seiner Einstellung) unbeachtlich (Jaeger-*Henckel* § 46 Rn 4). **10**

Die Ansprüche auf wiederkehrende Leistungen sind **keine bedingten Forderungen**. Der nach S 1 kapitalisierte Betrag nimmt deshalb wie jede andere Insolvenzforderung an der Schlussverteilung teil; eine Rücklage nach § 191 Abs 1 S 2 ist nicht zu bilden (Jaeger-*Henckel* § 46 Rn 8). Der kapitalisierte Betrag ist auch für das Stimmrecht (§§ 76 f, 237, 244 Abs 1 Nr 2) maßgeblich. **11**

§ 47 Aussonderung

¹Wer auf Grund eines dinglichen oder persönlichen Rechts geltend machen kann, daß ein Gegenstand nicht zur Insolvenzmasse gehört, ist kein Insolvenzgläubiger. ²Sein Anspruch auf Aussonderung des Gegenstands bestimmt sich nach den Gesetzen, die außerhalb des Insolvenzverfahrens gelten.

Übersicht

	Rn
I. Allgemeines	1
II. Begriff	2
III. Der Aussonderungsanspruch	3
1. Rechtsgrundlagen	3
2. Aussonderungsanspruch und Amtspflichten des Insolvenzverwalters	4
3. Bestimmtheit	5
4. Die Aussonderungsfähigkeit von Geld	6
5. Aussonderung in der Ehegatteninsolvenz	7
IV. Nichtzugehörigkeit zur Insolvenzmasse	8
V. Aussonderung aufgrund dinglicher Rechte	9
1. Eigentum	9
2. Bestandteile, Früchte und Zubehör	10
3. Miteigentum	11
4. Gesamthandseigentum	12

	Rn
5. Eigentumsvorbehalt	13
a) Wirksame Vereinbarung des Eigentumsvorbehalts	14
b) Erlöschen	15
c) Ausländische Regelungen	16
d) Einfacher Eigentumsvorbehalt	17
aa) Insolvenz des Vorbehaltsverkäufers	18
bb) Insolvenz des Vorbehaltskäufers	19
e) Erweiterter Eigentumsvorbehalt	21
aa) Kontokorrentvorbehalt	23
bb) Konzernvorbehalt	24
f) Weitergeleiteter und nachgeschalteter Eigentumsvorbehalt	25
g) Verlängerter Eigentumsvorbehalt	26
aa) Verarbeitungsklauseln	26
bb) Verlängerter EV mit Weiterveräußerungsermächtigung und Vorausabtretungsklausel	27
(1) Das Erfordernis der Bestimmtheit oder Bestimmbarkeit	28
(2) Abtretungsverbot	29
cc) Weiterveräußerungsermächtigung und Herstellerklausel im laufenden Insolvenz(-plan-)verfahren	30
6. Treuhandverhältnisse	31
a) Uneigennützige (unechte) Treuhand	32
aa) Insolvenz des Treuhänders	33
bb) Insolvenz des Treugebers	34
b) Eigennützige (echte) Treuhand	35
aa) Insolvenz des Treuhänders	36
bb) Insolvenz des Treugebers	37
c) Einschaltung eines Strohmannes	38
d) Der außergerichtliche Treuhandliquidationsvergleich	39
7. Deckungs- und Refinanzierungsregister (§§ 30 ff PfandBG, §§ 22 a ff KWG)	39 a
8. Besondere Kontoformen	40
a) Treuhandkonten	40
b) Anderkonten	42
c) Separat- oder Sonderkonten	43
d) Treuhandkonto des Insolvenzverwalters	44
e) Tankstellen- und sonstige Agenturkonten	45
f) Sperrkonto	46
g) Mietkautionskonto	47
h) Konten pro Diverse (CpD)	48
i) Konten zugunsten Dritter	49
j) Arbeitszeitkonten	49 a
k) Gemeinschaftskonten	50
l) Depotverwahrung	51
9. Sicherungseigentum	54
a) Insolvenz des Sicherungsnehmers	55
b) Insolvenz des Sicherungsgebers	56
c) Insolvenz eines Drittbesitzers	57
10. Sicherungszession	58
11. Lieferantenpool	59
12. Nutzungsüberlassung durch Gesellschafter und Aussonderung	63
13. Besitz	65
14. Wegnahmerechte	65 a
15. Beschränkte dingliche Rechte	66
16. Gewerbliche Schutz- und Nutzungsrechte	67
a) Patentrechte	67
b) Gebrauchsmusterrechte	68
c) Markenrechte	69
d) Geschmacksmusterrechte	70
17. Software	71
18. Forderungen	72
19. Unterlassungsansprüche	73
20. Erbrechtliche Ansprüche	74
VI. Aussonderung aufgrund obligatorischer Berechtigung, sowie nach Anfechtung	75
1. Schuldrechtliche Ansprüche	75
2. Insolvenz- und Gläubigeranfechtung	76
VII. Verträge für fremde Rechnung	77
1. Das handelsrechtliche Kommissionsgeschäft	77
a) Insolvenz des Verkaufskommissionärs	78
b) Insolvenz des Einkaufskommissionärs	79
c) Aufrechnungen	80
d) Selbsteintritt des Kommissionärs	81
e) Wertpapierkommission	82

	Rn
2. Versicherung für fremde Rechnung	83
3. Anhalte- und Rückholrechte	84
4. Pensionsfonds und Lebensversicherungen zugunsten der Arbeitnehmer	85
a) Selbständige Pensions- oder Unterstützungskassen	86
b) Sicherung von Versorgungszusagen durch Abschluss einer Versicherung	87
VIII. Leasing	90
1. Insolvenz des Leasingnehmers	90
a) Leasing von beweglichen Sachen	90
b) Immobilienleasing	91
2. Insolvenz des Leasinggebers	92
IX. Factoring	93
1. Insolvenz des Anschlusskunden	94
2. Insolvenz des Factors	96
X. Aussonderungsgleiches Recht des Schuldners an den pfändungsfreien Teilen seines Arbeitseinkommens	97
XI. Durchsetzung der Aussonderung	98
1. Allgemeines	98
2. Prüfungspflicht des Verwalters	99
3. Anerkennung von Aussonderungsrechten	100
4. Bereitstellungspflicht des Insolvenzverwalters	101
5. Verzugsfolgen	102
6. Auskunftspflichten des Insolvenzverwalters	103
7. Kosten der Auskunft und Aussonderung	105
XII. Rechtsstreit über die Aussonderung	108
1. Zuständigkeit der Zivilgerichte	108
2. Anhängige Prozesse und Vollstreckungen	109
3. Parteirolle	110
4. Klageantrag	111
5. Sofortiges Anerkenntnis	112
6. Einwendungen	113
7. Einstweiliger Rechtsschutz	114
8. Beweisfragen	115
9. Auslandsbezug	116
a) Im Anwendungsbereich der EuInsVO	116
b) Autonomes deutsches Internationales Insolvenzrecht	117

I. Allgemeines

§ 47 entspricht weitgehend dem früheren § 43 KO. Die Vorschrift ist die **insolvenzrechtliche Parallele** 1 zu § 771 ZPO in der Einzelzwangsvollstreckung. Wer den Aussonderungsanspruch geltend macht, behauptet, dass der Gegenstand nicht zur Insolvenzmasse (§ 35) gehört, also nicht dem Schuldner, sondern dem Aussonderungsberechtigten zusteht. Der Aussonderungsberechtigte braucht nicht darzulegen und nachzuweisen, dass er Eigentümer des auszusondernden Gegenstandes ist. Es genügt, dass er nachweist, dass der Gegenstand nicht zur Insolvenzmasse gehört und dass ihm ein Anspruch auf Herausgabe des Gegenstandes zusteht (Jaeger/*Henckel* § 47 Rn 5). Zutreffend weist *Häsemeyer* (InsR Rn 11.04) darauf hin, dass sich die Unterscheidung zwischen Insolvenzforderungen, aussonderungsfähigen und absonderungsfähigen Rechten „längst nicht mehr mit der zwischen persönlichen Ansprüchen, dinglichen Vollrechten und beschränkten dinglichen Rechten deckt". Persönliche Ansprüche, wie zB der Anspruch auf Rückübertragung von Treugut, können zur Aussonderung berechtigen, andererseits dingliche Vollrechte, wie zB das Sicherungseigentum, nur zur abgesonderten Befriedigung berechtigen. So hat die Rechtsprechung beim erweiterten und verlängerten Eigentumsvorbehalt der Tatsache Rechnung getragen, dass hier die Sicherung des Kaufpreises im Vordergrund steht, und gewährt deshalb nach dem Verlängerungs- bzw Erweiterungsfall lediglich ein Absonderungsrecht.

Die **Realisierung des Aussonderungsrechts** verursacht nach der InsO größere praktische Schwierigkeiten als nach der KO, obgleich sich der Anspruch nach § 47 S 2 nach den Gesetzen bestimmt, die außerhalb des Insolvenzverfahrens gelten. Die Schwierigkeiten bestehen ähnlich wie früher bei § 26 VglO vor allem darin, dass es ein Anliegen des Gesetzgebers war, im Interesse einer Sanierung des notleidenden Schuldnerunternehmens eine vorzeitige Zerschlagung zu vermeiden. Nach § 159 hat der Insolvenzverwalter erst nach dem Berichtstermin (§ 156) und nach der Entscheidung der Gläubigerversammlung über das Verfahrensziel (§ 157) mit der Verwertung des zur Insolvenzmasse gehörenden Vermögens zu beginnen, soweit die Beschlüsse der Gläubigerversammlung nicht entgegenstehen. Eine Regelung dahingehend, dass Aussonderungsrechte zunächst einmal nicht geltend gemacht werden können bzw die auszusondernden Gegenstände zunächst einmal im Schuldnervermögen bleiben, sieht das Gesetz im Hinblick auf Art 14 GG nicht vor. Die alleinige Rechtfertigung für die Einbeziehung der Sicherungsgläubiger in das Verfahren hat der Gesetzgeber darin gesehen, dass für die Verwertung des Schuldnervermögens im Ganzen möglichst günstige Bedingungen geschaffen werden sollen (vgl Allgem Begr RegE, abgedr bei *Balz/Landfermann*, S 156). Trotz der Erkenntnis, dass die Insolvenzmasse am wirtschaft- 1a lichsten verwertet werden kann, wenn der Unternehmensverbund erhalten bleibt, konnte der Gesetzgeber zwar einen **automatischen Verwertungsstopp** und ein Verwertungsrecht des Insolvenzverwalters für besitzlose Mobiliarsicherheiten in den §§ 166 ff vorsehen, nicht dagegen Aussonderungsberechtigte daran hindern, das Aussonderungsrecht zu realisieren. Eine Ausnahme bildet der **Verwertungsstopp der Eigentumsvorbehaltsgläubiger** nach § 107 Abs 2. Unter EV gekaufte Sachen können nicht sogleich nach Eröffnung des Verfahrens abgezogen werden. Vielmehr dürfen die Vorbehaltssachen in den ersten Wochen nach Verfahrenseröffnung vom Insolvenzverwalter genutzt werden, um die Fortführungs- und Sanierungschancen zu wahren (KS-*Gottwald/Adolphsen* S 1043, 1072 Rn 113). Dies ist dadurch gewährleistet, dass der Insolvenzverwalter gem § 107 Abs 2 von seinem Wahlrecht nach § 103 Abs 2 S 2 erst unverzüglich nach dem Berichtstermin Gebrauch machen muss, wenn nicht ausnahmsweise in der Zeit bis zum Berichtstermin eine erhebliche Wertminderung der Sache zu erwarten ist und der Gläubiger den Verwalter auf diesen Umstand hingewiesen hat. Auch im Rahmen der **Eigenverwaltung** darf der eigenverwaltende Schuldner zunächst einmal gem § 282 Abs 1 S 1 den Gegenstand behalten und ist zur Verwertung nach Maßgabe der §§ 166 ff berechtigt. Er kann aber ebenso wenig wie der Insolvenzverwalter Aussonderungsberechtigte daran hindern, die Gegenstände aus der Ist-Masse herauszuholen. Die Folge dieser Enthaltsamkeit des Gesetzgebers ist, dass aussichtsreiche Sanierungen vor allem im Insolvenzplanverfahren zum Scheitern verurteilt sind, wenn Fremdeigentümer notwendiges Betriebsvermögen aus dem Schuldnervermögen abziehen. Anders als beim Eigentumsvorbehalt kann sich der Insolvenzverwalter oder der eigenverwaltende Schuldner gegenüber dem Herausgabeanspruch nicht darauf berufen, dass er ein Recht zum einstweiligen Besitz habe. In Aussonderungsrechte kann auch nicht durch einen **Insolvenzplan** eingegriffen werden (*Braun/Uhlenbruck* Unternehmensinsolvenz S 580). Dies kann sich für eine Unternehmenssanierung insbesondere nachteilig auswirken, wenn zB beim Operating-Leasing-Vertrag dem Leasinggeber im Insolvenzverfahren über das Vermögen des Leasingnehmers ein Aussonderungsrecht zugestanden wird (s u Rn 90).

II. Begriff

2   Begrifflich ist die Aussonderung die **Geltendmachung der Nichtzugehörigkeit eines Gegenstandes zur Insolvenzmasse.** Insofern bedeutet Aussonderung „die Verteidigung eines massefremden Rechts" (*K. Schmidt* (ZZP 90 [1977], 38 ff). Die Aussonderung ist Teil der Bereinigung der sogen „Ist-Masse" zur sogen „Soll-Masse" durch den Insolvenzverwalter (*Häsemeyer* InsR Rn 11.01; K/P/B/*Prütting* § 47 Rn 4; MüKo-*Ganter* § 47 Rn 3). Diese Bereinigung ist keine insolvenzmäßige Verwertung iSv § 159, sondern lediglich eine außerhalb des eigentlichen Insolvenzverfahrens erfolgende materiellrechtliche Verwirklichung der haftungsrechtlichen Zuordnung. Voraussetzung ist aber, dass sich der auszusondernde Gegenstand in der sogen „Ist-Masse" befindet, also die Massebefangenheit des Gegenstandes in Form des Besitzes oder der Inanspruchnahme durch den Insolvenzverwalter (BGHZ 127, 161). Der Schuldner oder das Schuldnerunternehmen kann niemals selbst aussonderungsberechtigt sein (MüKo-*Ganter* § 47 Rn 9), allerdings kann der Schuldner ein aussonderungsgleiches Recht bezügl solcher Gegenstände haben, die nicht der Zwangsvollstreckung unterliegen (Jaeger/*Henckel* § 47 Rn 8), s Rn 97.

III. Der Aussonderungsanspruch

3   **1. Rechtsgrundlagen.** Zutreffend weist *K. Schmidt* (Kilger/*K. Schmidt* § 43 KO Anm 1) darauf hin, dass § 47 ebenso wie früher § 43 dem Aussonderungsberechtigten keinen besonderen „Aussonderungsanspruch" zuspricht, sondern lediglich die Befugnis, seine Aussonderungsrechte außerhalb des Insolvenzverfahrens geltend zu machen. Mit der Formulierung in § 47 S 2 „Anspruch auf Aussonderung" verweist das Gesetz lediglich darauf, dass die Nichtzugehörigkeit des Gegenstandes zum Schuldnervermögen gegenüber dem Insolvenzverwalter geltend zu machen ist (*Gottwald/Gottwald* InsRHdb § 40 Rn 1; MüKo-*Ganter* § 47 Rn 5). Ein Eigentümer hat also seinen Herausgabeanspruch nach § 985 BGB geltend zu machen. Er kann zB Grundbuchberichtigung verlangen (§ 894 BGB) oder die Bewilligung der Auszahlung einer hinterlegten Geldsumme nach § 13 Abs 2 Nr 1 HinterlO. Die **Geltendmachung der Aussonderung** setzt nicht immer einen Anspruch voraus (Kilger/*K. Schmidt* § 43 KO Anm 1). Vielmehr genügt es für die Aussonderung, dass ein Dritter geltend macht, dass der Gegenstand oder die Forderung nicht in die Insolvenzmasse gehört. Der Nachweis, dass ein Gegenstand nicht zur Insolvenzmasse gehört, entbindet den Anspruchsteller nicht vom Nachweis, dass er des auszusondernden Gegenstandes berechtigt ist. So hat zB der Vermieter, Verleiher oder Hinterleger sein Besitzrecht nachzuweisen. Bei Forderungen und Rechten kommt es auf die Inhaberschaft an (K/P/B/*Prütting* § 47 Rn 8). Der **Inhalt des Aussonderungsanspruchs** hängt von der jeweiligen Fallkonstellation ab. Hat der Insolvenzverwalter unberechtigt Gegenstände, an denen ein Aussonderungsrecht besteht, in Besitz genommen (§ 148 Abs 1), kann der Aussonderungsberechtigte Herausgabe verlangen. Im Einzelfall ist immer zu prüfen, ob der Schuldner bzw das Schuldnerunternehmen ein Recht zum Besitz hat und sich dieses Besitzrecht auch nach Verfahrenseröffnung fortsetzt. Solchenfalls beschränkt sich das Aussonderungsrecht auf die **Feststellung des Eigentums** (vgl *Gottwald/Gottwald* InsRHdb § 40 Rn 5; MüKo-*Ganter* § 47 Rn 436 c). Beruht das Besitzrecht des Schuldners auf einem **Miet- oder Pachtvertrag**, sind die §§ 103, 108 ff zu beachten.

III. Der Aussonderungsanspruch § 47

2. Aussonderungsanspruch und Amtspflichten des Insolvenzverwalters. Da das Gesetz eine Selbsthilfe 4
des Aussonderungsberechtigten verbietet, muss der Aussonderungsberechtigte die Aussonderung gegenüber dem Insolvenzverwalter geltend machen. Die Nichtgeltendmachung der Aussonderung heißt aber nicht, dass der Berechtigte auf die Aussonderung verzichtet. Vielmehr ist der Insolvenzverwalter von Amts wegen verpflichtet, die sogen „Ist-Masse" zur sogen „Soll-Masse" zu berichtigen. Aufgrund der **Pflicht zur Massebereinigung** ist er gleichzeitig auch verpflichtet, Gegenstände oder Rechte, die der Aussonderung unterliegen, festzustellen und an den Berechtigten herauszugeben bzw abzutreten. Wenn dem Herausgabeanspruch des Berechtigten auch nicht eine Herausgabe- oder Abtretungspflicht des Insolvenzverwalters entspricht, ist doch festzustellen, dass dieser **Drittrechte zu respektieren** hat. So ist er verpflichtet, Gegenstände, die nicht zur Insolvenzmasse gehören, festzustellen und nichts zu tun, was einer Realisierung des zivilrechtlichen Herausgabeanspruchs des Berechtigten zuwiderläuft. Ein Insolvenzverwalter, der unberechtigt fremdes Eigentum zur Masse zieht, handelt fahrlässig, wenn er die Sachlage unzureichend aufklärt oder eine klare Rechtslage falsch beurteilt und haftet dementsprechend nach § 60 (**BGH** v 9. 5. 1996, ZIP 1996, 1181, 1183; **OLG** Hamm NJW 1985, 865, 867; **OLG** Köln ZIP 1991, 1606 = NJW 1991, 2570, 2571; **OLG** Jena ZInsO 2005, 44; *Barnert* KTS 2005, 431). Allerdings haftet der Insolvenzverwalter für die Verwertung fremden Eigentums nicht, wenn er keine konkreten Hinweise durch einen Aussonderungsberechtigten erhält (**BGH** v 9. 5. 1996, ZIP 1996, 1181). Festzustellen ist freilich, dass die Rechtsprechung hinsichtlich der Pflichten des Insolvenzverwalters gegenüber Aus- und Absonderungsberechtigten nicht einheitlich ist. Nach richtiger und überwiegender Auffassung ist es zB Sache des Vorbehaltslieferanten, die auszusondernden **Gegenstände näher zu bezeichnen** und sein Aussonderungsrecht geltend zu machen. Entsprechend können, wenn der Vorbehaltslieferant sein Aussonderungsrecht nicht geltend macht und die auszusondernden Gegenstände einzeln nicht näher bezeichnet, vom Insolvenzverwalter **keine umfangreichen Nachforschungen** in Büchern und Warenlagern erwartet werden (**BGH** ZIP 1996, 1181; **OLG** Köln ZIP 1982, 1107; **OLG** Düsseldorf ZIP 1988, 450). Allerdings kann er bei unzureichender Individualisierung verpflichtet sein, den Lieferanten zur Übermittlung weiterer Informationen aufzufordern (**OLG** Jena ZInsO 2005, 44). Zugunsten des Verwalters gilt die Eigentumsvermutung des § 1006 BGB. Diese hat der Aussonderungsberechtigte zu widerlegen (**OLG** Hamburg ZIP 1984, 348; *W. Lüke*, Persönliche Haftung Rn 105). Auch die Meinung, die von einer **Nachforschungspflicht des Insolvenzverwalters** hinsichtlich aller Gegenstände ausgeht, die in den letzten Monaten vor Verfahrenseröffnung vom Schuldner erworben worden sind (**OLG** Düsseldorf v 6. 8. 1986 – 4 U 12/86 –, zit nach **OLG** Düsseldorf ZIP 1988, 450, 452), macht Einschränkungen hinsichtlich des Prüfungsaufwandes des Verwalters. Bei Gegenständen, die nach allgemeiner Praxis nur unter Eigentumsvorbehalt des Lieferanten geliefert werden, wird man eine **beschränkte Prüfungspflicht** des Insolvenzverwalters bejahen können (vgl auch **OLG** Stuttgart ZIP 1990, 1091; *W. Lüke* EWiR 1990, 925).

3. Bestimmtheit. Aus dem Wesen der Aussonderung, also der Befugnis, dem Schuldner nicht gehören- 5
des Vermögen aus der Insolvenzmasse auszusondern, folgt, dass sich das Aussonderungsrecht stets nur auf **individuell bestimmte** oder einwandfrei bestimmbare Gegenstände erstrecken kann (*Prütting*, Sachenrecht 33. Aufl Rn 20 u Rn 418; K/P/B/*Prütting* § 47 Rn 9; *Baur/Stürner* Sachenrecht 18. Aufl S 39 f u 749 f). Es gilt insoweit der allgemeine Grundsatz der Spezialität. Deshalb können Sachgesamtheiten, wie zB Warenlager, nur im Wege der Herausgabe der einzelnen Gegenstände ausgesondert werden. Die Bestimmtheit ist insoweit gegeben, wenn die einzelnen Gegenstände einer Sachgesamtheit durch besondere Kennzeichnungen oder **Markierungen** identifizierbar sind (**BGH** v 9. 2. 1995, ZIP 1995, 451; K/P/B/*Prütting* § 47 Rn 9). Die Aussonderung mit der Behauptung, der Berechtigte besitze an einer Sachgesamtheit eine **numerische Quotenbeteiligung**, also zB ein Viertel oder ein Fünftel des Warenlagers, Wertanteile (Waren für 100 Euro) oder die **Bezeichnung durch Zahlen** (10 von 20 PKW), genügt dem Erfordernis der Bestimmtheit nicht (*Andersen/Freihalter* (Hrsg), Aus- und Absonderungsrechte in Insolvenz 1999, Rn 86). Bei sogen **Mengensachen**, wie zB Getreide, Sand, Zement etc, reicht eine bloße Zahlen-, Gewichts- oder Wertbezeichnung nicht aus. Bei **mehreren Eigentümern** ist es belanglos, ob die Anteile der Miteigentümer ihrem Umfang nach feststellbar sind. Jedenfalls könnten die Miteigentümer die Herausgabe an alle Mitberechtigten verlangen (§§ 1011, 432 BGB). Auf das Merkmal der Bestimmbarkeit kann aber nicht verzichtet werden, wenn im Einzelfall nicht feststellbar ist, ob die Mitglieder des Lieferanten-Pools die einzigen Miteigentümer sind oder ob noch andere Personen Miteigentumsanteile haben (Einzelheiten zum Miteigentum s Rn 11, zum Lieferantenpool Rn 59, zum Sicherheitenpool § 51 Rn 46 ff).

4. Die Aussonderungsfähigkeit von Geld. Geld ist zwar, da es sich um vertretbare Sachen handelt, 6
grundsätzlich aussonderungsfähig. Dies aber nur, wenn es sich um einen individuell bestimmten Geldschein oder ein Geldstück handelt. Der Eigentümer von Geldzeichen hat daher nur so lange einen Herausgabeanspruch nach § 985 BGB gegen den Besitzer (Schuldner) und damit ein Aussonderungsrecht nach § 47, wie sich die konkreten Banknoten oder Münzen individualisierbar im Besitz des Herausgabepflichtigen befinden (*Häde* KTS 1991, 365, 370 ff; K/P/B/*Prütting* § 47 Rn 10). Die Frage hat aber wenig praktische Relevanz, da idR das Geld wegen Vermischung, Umwechselung oder Einzahlung auf Bank-

konten nicht mehr individualisierbar ist (K/P/B/*Prütting* § 47 Rn 10). In solchen Fällen kommt die **Ersatzaussonderung** gem § 48 in Betracht (vgl **BGH** v 15. 11. 1988, ZIP 1989, 118, 119). Der Ersatzaussonderungsanspruch scheitert jedoch meist daran, dass der Insolvenzverwalter die vereinnahmten Gelder ununterscheidbar in die Insolvenzmasse eingebracht hat. Eine **Geldsumme, auf deren Zahlung ein Anspruch besteht**, kann nicht Gegenstand der Aussonderung sein (RGZ 94, 194; **BGH** v 8. 3. 1972, KTS 1972, 250, 251; *Kilger/K. Schmidt* § 43 KO Anm 2; K/P/B/*Prütting* § 47 Rn 10). Die in der Literatur teilweise vertretene Lehre von der „Geldwertvindikation" ist mit der hM abzulehnen (K/P/B/*Prütting* § 47 Rn 10; *Kilger/K. Schmidt* § 43 KO Anm 2; MüKoBGB-*Medicus* § 985 BGB Rn 17). Trotzdem kann der **Anspruch auf Zahlung einer Geldsumme** Gegenstand der Aussonderung sein. Geld, das der Schuldner mit der Verpflichtung in Verwahrung genommen hat, die gleiche Summe zurückzugewähren (§ 700 BGB), begründet nur eine Insolvenzforderung iSv § 38. Abzulehnen ist die Ansicht von *Reinhardt* (FS *Boehmer* S 97), dass die Einzahlung fremden Geldes auf das eigene Konto aufgrund dinglicher Surrogation so lange dem Geldeigentümer und nicht dem Kontoeigentümer zusteht, als noch ein entsprechendes Konto vorhanden ist. Eine so weit gehende Surrogation sieht die Rechtsordnung nicht vor (vgl auch *Canaris* Großkomm HGB Anh § 357 Anm 108, 256; MüKo-*Ganter* § 47 Rn 19).

7 **5. Aussonderung in der Ehegatteninsolvenz.** Bei gesetzlichem Güterstand der Zugewinngemeinschaft haftet der Ehegatte nicht für Verbindlichkeiten des anderen, wenn nicht ein besonderer Rechtsgrund hierfür gegeben ist. Sowohl bei gesetzlichem Güterstand als auch bei vereinbarter Gütertrennung gilt, dass im Fall der Insolvenz eines Ehepartners der andere Ehegatte Gegenstände, die in seinem Eigentum stehen, aussondern kann (MüKo-*Ganter* § 47 Rn 437; K/P/B/*Prütting* § 47 Rn 12; *Gottwald/Gottwald* InsRHdb § 40 Rn 82). Zugunsten des Insolvenzverwalters des insolventen Ehegatten gilt § 1362 Abs 1 BGB (*Gottwald/Gottwald* InsRHdb § 40 Rn 81; MüKo-*Ganter* § 47 Rn 438; MüKoBGB-*Wacke* § 1362 BGB Rn 20; *Palandt/Brudermüller* § 1362 BGB Rn 6), wonach vermutet wird, dass die im Besitz eines oder beider Ehegatten befindlichen Gegenstände dem Schuldner gehören. Eine Ausnahme gilt nur, wenn es sich um Gegenstände handelt, die zum persönlichen Gebrauch eines Ehegatten bestimmt sind (§ 1362 Abs 2 BGB) oder wenn die Ehegatten getrennt leben (§ 1362 Abs 1 S 2 BGB). Wird über das Vermögen beider Eheleute das Insolvenzverfahren eröffnet, heben sich die widersprechenden Vermutungen aus § 1362 Abs 1 auf, so dass die Vermutung des § 1006 BGB wieder eingreift (*Gottwald/Gottwald* InsRHdb § 40 Rn 82; MüKo-*Ganter* § 47 Rn 444). Bei **Gütergemeinschaft** greift die Vermutung des § 1362 BGB nur für Sachen ein, die nicht zum Gesamtgut gehören. Für das Gesamtgut gilt der Vorrang der §§ 1416 BGB, 37 InsO (MüKoBGB-*Wacke* § 1362 BGB Rn 15; *Gottwald/Gottwald* InsRHdb § 40 Rn 83). Verwaltet ein Ehegatte das Gesamtgut allein, so wird diesem in dessen Insolvenzverfahren das Gesamtgut allein zugerechnet (§ 37 Abs 1 S 1, MüKo-*Schumann* § 37 Rn 21). Eine Auseinandersetzung des Gesamtguts findet nicht statt (§ 37 Abs 1 S 2). Das Gesamtgut wird dagegen bei Eröffnung eines Insolvenzverfahrens über das Vermögen des nicht verwaltenden Ehegatten nicht berührt (§ 37 Abs 1 S 3), der verwaltende Ehegatte ist insoweit aussonderungsberechtigt (**BGH** v 4. 5. 2006 ZIP 2006, 1145). Für **Lebenspartnerschaften** wird gem § 8 Abs 1 S 1 LPartG zugunsten der Gläubiger eines Lebenspartners vermutet, dass die im Besitz eines Lebenspartners befindlichen beweglichen Sachen dem Schuldner gehören. Im Übrigen gilt § 1362 Abs 1 S 2 und 3, Abs 4 BGB entsprechend (§ 8 Abs 1 S 2 LPartG).

IV. Nichtzugehörigkeit zur Insolvenzmasse

8 Begrifflich ist der Aussonderungsanspruch die Geltendmachung der Nichtzugehörigkeit eines Gegenstandes zur Insolvenzmasse. Die Massezugehörigkeit (§ 35) beurteilt sich nach **haftungsrechtlichen Kriterien**. Auch das Aussonderungsrecht ist entsprechend haftungsrechtlich zu beurteilen (Jaeger/*Henckel* § 47 Rn 5; *Häsemeyer* InsR Rn 11.04). Weitere Voraussetzung ist, dass der Insolvenzverwalter das Recht für die Masse beansprucht, so dass es **massebefangen** ist (BGHZ 72, 263, 265; **BGH** v 5. 10. 1994, ZIP 1994, 1700, 1701; BGHZ 148, 252, 260; **BGH** v 19. 6. 2008- IX ZR 84/07, NZI 2008, 554 zum Anspruch auf Räumung einer Mietwohnung). Unerheblich ist, ob der Insolvenzverwalter den Gegenstand bereits – unberechtigt – in Besitz und Verwaltung genommen hat. Es genügt, dass der Insolvenzverwalter Anspruch auf den Gegenstand erhebt mit der Behauptung, dieser stehe im Eigentum des Schuldners.

V. Aussonderung aufgrund dinglicher Rechte

9 **1. Eigentum.** Der Musterfall des zur Aussonderung berechtigenden Rechtes ist das Eigentum. Allerdings berechtigt nicht jedes Eigentum zur Aussonderung. So steht dem Sicherungseigentümer gem §§ 50 51 Nr 1 lediglich ein Recht auf Absonderung zu. Im Regelfall richtet sich der Anspruch auf **Herausgabe des Eigentums** (§ 985 BGB). Handelt es sich um Grundstücke, kann der Eigentümer seinen **Grundbuchberichtigungsanspruch** im Insolvenzverfahren des Bucheigentümers im Wege der Aussonderung geltend machen (§ 894 BGB) und Löschung des Insolvenzvermerks (§ 32) verlangen (MüKo-*Ganter* § 47 Rn 40; *Häsemeyer* InsR Rn 11.08). Ist der Insolvenzverwalter mittelbarer Besitzer, kann er den-

noch nach hM direkt auf Herausgabe verklagt werden (**BGH** v 18. 7. 2003 – V ZR 297/02, NJW-RR 2004, 570; Jaeger/*Henckel* § 47 Rn 38; MüKo-*Ganter* § 47 Rn 344). Nach früherer Rspr sollte der Anspruch auf Herausgabe gegen den mittelbaren Besitzer nur dann bestehen, wenn der Schuldner gegen diesen seinerseits einen durchsetzbaren Herausgabeanspruch hat. Diese Einschränkung bedarf es infolge der Umstellung bei § 281 BGB, § 283 aF BGB nicht mehr (Palandt/*Bassenge* § 985 Rn 9).

2. Bestandteile, Früchte und Zubehör. Zu den Gegenständen, die der Aussonderung unterliegen, gehören auch die mit der Sache (§ 90) verbundenen wesentlichen Bestandteile (§§ 93, 94 BGB). Bei **Scheinbestandteilen** iSv § 95 Abs 1 BGB ist im Einzelfall zu prüfen, ob dem Eigentümer aufgrund der fehlenden rechtlichen Verbindung mit dem Grundstück ein Aussonderungsrecht zusteht (K/P/B/*Prütting* § 47 Rn 17; N/R/*Andres* § 47 Rn 7; HambKom-*Büchler* InsO § 47 Rn 5). **Früchte einer Sache** können nach ihrer Trennung ebenfalls Gegenstand eines Aussonderungsrechts sein. Im Einzelfall ist zu prüfen, ob der ursprüngliche Eigentümer der einheitlichen Sache gem § 953 BGB Eigentümer geworden ist oder ein Dritter nach den §§ 954 ff BGB (K/P/B/*Prütting* § 47 Rn 18; N/R/*Andres* § 47 Rn 8). Zubehör iSv § 97 BGB kann aufgrund seiner Sonderrechtsfähigkeit unabhängig von der Hauptsache ausgesondert werden (MüKo-*Ganter* § 47 Rn 29.) Die Zubehöreigenschaft kann allerdings bei der Reichweite eines zur abgesonderten Befriedigung berechtigenden Grundpfandrechts eine Rolle spielen, wenn das Zubehör dem Haftungsverband der §§ 1120 ff BGB unterfällt (siehe § 49 Rn 13 ff).

3. Miteigentum. Auch Miteigentum kann zur Aussonderung unter Berücksichtigung der für Bruchteilsgemeinschaften geltenden Regeln (§§ 1008 ff, 432 BGB) berechtigen (FK-*Joneleit/Imberger* § 47 Rn 11; K/P/B/*Prütting* § 47 Rn 20; Gottwald/*Gottwald* InsRHdb § 40 Rn 9, 10). Steht eine Sache im Miteigentum, so ist jeder Miteigentümer berechtigt, im Insolvenzverfahren eines Drittbesitzers die Aussonderung nach den §§ 1011, 432 BGB zu verlangen (K/P/B/*Prütting* § 47 Rn 20; Gottwald/*Gottwald* InsRHdb § 40 Rn 9). Auch wenn das Miteigentum durch Verbindung oder Vermischung nach den §§ 947, 948 BGB entstanden ist, ohne dass der **Insolvenzschuldner Miteigentümer** geworden ist, kann die Sache ausgesondert werden. Ist der Insolvenzschuldner Miteigentümer, können die anderen Miteigentümer als Aussonderungsberechtigte die Einräumung eines widerrechtlich vorenthaltenen Mitbesitzes sowie die Auseinandersetzung nach § 749 BGB außerhalb des Insolvenzverfahrens verlangen (§ 84 Abs 1, MüKo-*Ganter* § 47 Rn 91). Ist die Sache teilbar (§ 752 BGB), kann jeder Miteigentümer seinen Anteil aussondern (*Gottwald/Gottwald* InsRHdb § 40 Rn 10). Der Miteigentümer, der seinen Aussonderungsanspruch geltend macht, muss den Miteigentumsanteil wertmäßig darlegen und beweisen (Jaeger/*Henckel* § 47 Rn 92). Die Durchsetzung eines Aussonderungsrechts aufgrund von Miteigentum ist daher problematisch, wenn es an einer Bestimmbarkeit wegen Nichtvorhandenseins jeglicher Unterlagen zur Ermittlung der quotenmäßigen Beteiligung fehlt und auch nicht die beteiligten Miteigentümer feststellbar sind (**RG** v 17. 11. 1925, RGZ 112, 102; **BGH** v 3. 6. 1958, NJW 58, 1534). Um eine Beweislastentscheidung zu vermeiden, wird teilweise ein entsprechende Anwendung der Teilungsmechanismen vorgeschlagen, die für andere dynamische Gemeinschaftsformen (Depot, Sammellager, Sammelversendung) entwickelt wurden, siehe im Einzelnen Jaeger/*Henckel* § 47 Rn 92; *Norbert Hilger*, Miteigentum der Vorbehaltslieferanten gleichartiger Ware, 1983. Da vereinzelt die Auffassung vertreten wird, der Anspruch auf Leistung setze zunächst die **Zustimmung zur Aufhebung der Gemeinschaft** voraus, die im Fall der Verweigerung gerichtlich erstritten werden müsse, wird in der Literatur angeraten, „im Wege der objektiven Klagehäufung auch den Antrag auf Zustimmung zur Aufhebung zu stellen" (*Andersen/Freihalter*, Aus- und Absonderungsrechte Rn 248). Ist die Teilung in Natur ausgeschlossen, erfolgt die Aufhebung der Gemeinschaft durch Verkauf des gemeinschaftlichen Gegenstandes nach den Vorschriften über den Pfandverkauf, wenn es sich um eine bewegliche Sache oder ein Recht handelt (§ 753 Abs 1 S 1 1. Altern BGB). Im Zuge der Auseinandersetzung entsteht für die Miteigentümer nicht nur ein Anspruch auf ihren Anteil, sondern gem § 84 Abs 1 S 2 auch ein **Recht auf abgesonderte Befriedigung** an dem dabei ermittelten Anteil des Schuldners für Ansprüche aus dem Gemeinschaftsverhältnis (siehe im Einzelnen § 84 Rn 18).

4. Gesamthandseigentum. Steht das Eigentum an dem auszusondernden Gegenstand mehreren Personen zur gesamten Hand zu, wie zB einer Gesellschaft bürgerlichen Rechts (§§ 705 ff BGB), einer OHG (§§ 105 ff HGB), einer KG (§§ 161 ff HGB), einer Gütergemeinschaft (§§ 1415 ff BGB) oder einer Erbengemeinschaft (§§ 20, 32 ff BGB), kann der Einzelne über seinen Anteil am Gesamthandsvermögen oder an den hierzu gehörenden Gegenständen nicht eigenständig verfügen. Diese Befugnis steht nur allen Gesamthändern gemeinschaftlich zu. Ein Aussonderungsrecht aufgrund des Gesamthandsanteils kann von einzelnen Gesamthändern weder am Anteil noch an den einzelnen Gegenständen geltend gemacht werden. Steht eine Sache, die nicht zur Insolvenzmasse gehört, im gesamthänderischen Eigentum mehrerer Personen, kann die Aussonderung nur zugunsten der Gesamthand geltend gemacht werden. Wer hierzu befugt ist, richtet sich nach den für die jeweilige Rechtsform geltenden Vorschriften (für die BGB-Gesellschaft vgl § 714, für die Erbengemeinschaft vgl § 2039 BGB).

5. Eigentumsvorbehalt. Die Insolvenzfestigkeit des Eigentumsvorbehalts ist eines der umstrittensten Probleme der Insolvenzrechtsreform gewesen. Ohne die Problematik erschöpfen zu wollen ist festzustellen, dass der Gesetzgeber in § 107 Abs 1 S 1 die frühere Streitfrage endgültig geklärt hat, ob und unter welchen Voraussetzungen der Insolvenzverwalter durch Ablehnung der Erfüllung das Anwartschaftsrecht des Käufers im Insolvenzverfahren über das Vermögen des Verkäufers zerstören kann. Die Regelung in § 107 Abs 2 zeigt hinsichtlich der Insolvenz des Käufers, dass der Gesetzgeber entgegen den Vorstellungen der Reformkommission und einer Mindermeinung in der Literatur mit der hM davon ausgeht, dass unter Eigentumsvorbehalt (EV) gelieferte Gegenstände im Insolvenzverfahren über das Vermögen des Käufers gem § 47 ausgesondert werden können (zur KO vgl BGHZ 54, 214, 218 f; *Serick*, I S 75 ff, 136 ff u 345). De lege lata wird daher allgemein davon ausgegangen, dass der Vorbehaltsverkäufer zur Aussonderung berechtigt ist, wenn der Insolvenzverwalter nicht die Vertragserfüllung wählt (*Bork*, Einf Rn 238; *ders* FS *Gaul* S 71, 77; *Jauernig* § 44 II. 1. b; FK-*Joneleit/Imberger* § 47 Rn 18 ff; K/P/B/*Prütting* § 47 Rn 31; N/R/*Andres* § 47 Rn 16; HK-*Lohmann* § 47 Rn 11; KS-*Gottwald/Adolphsen* S 1043, 1047 Rn 13). Die gegen diese Entscheidung des Gesetzgebers vor allem von *Häsemeyer* (FS *Serick* S 153, 156; InsR Rn 11.10) erhobenen Einwände, stoßen insoweit auf Verständnis, als die hM sowie die Rechtsprechung bei den Erweiterungs- und Verlängerungsformen des Eigentumsvorbehalts zutreffend primär auf die Sicherungsfunktion abstellen und deshalb nur ein Absonderungsrecht (§ 51) gewähren. Da jedoch auch das einfache Vorbehaltseigentum jedenfalls bei längerfristigen Zahlungszielen nur Sicherungsfunktion hat, sollte auch dem Vorbehaltseigentümer nur die abgesonderte Befriedigung gestattet werden. Besonders deutlich werden die Widersprüche des geltenden Rechts in der Entscheidung des **BGH** v 27. 3. 2008 (IX ZR 220/05, BGHZ 176, 86 = NJW 2008, 1803 = JZ 2008, 1050 m Anm *Jacoby*; dazu *H. Roth* KTS 2008, 526; *Smid* WM 2008, 2089), in welcher der **BGH** die Ansicht vertrat, dass die Übertragung des Vorbehaltseigentums an einen Dritten diesem als Drittfinanzierer kein Aus- sondern nur ein Absonderungsrecht verschafft. Gerade weil die Entscheidung im Ergebnis überzeugt, weckt sie Zweifel an der Angemessenheit der Aussonderungsbefugnis des Vorbehaltsverkäufers (*Prütting* FS Leipold S 427 ff).

14 **a) Wirksame Vereinbarung des Eigentumsvorbehalts.** Der Eigentumsvorbehalt wird idR begründet durch einen unbedingten Kaufvertrag und eine daraufhin erfolgende Übereignung der Sache, bei der die Übergabe sogleich erfolgt und die dingliche Einigung iSv § 929 S 1 BGB unter der aufschiebenden Bedingung der vollständigen Zahlung des Kaufpreises erklärt wird (§ 158 Abs 1 BGB; K/P/B/*Prütting* § 47 Rn 31; MüKo-*Westermann* § 449 BGB Rn 1). Der EV ist meist in den Allgemeinen Geschäftsbedingungen des Lieferanten geregelt. In den AGB des Käufers sind oftmals **Abwehrklauseln** enthalten, die den EV des Verkäufers ausschließen (vgl **BGH ZIP 1982, 447; BGH ZIP 1982, 845;** *Lambsdorff* ZIP 1986, 1524 ff; MüKoBGB-*Westermann* § 449 BGB Rn 13). Bei **widersprechenden Verkaufs- und Einkaufsbedingungen** gilt inzwischen nicht mehr die „Theorie des letzten Wortes", sondern es ist der tatsächliche Wille der Parteien zu ermitteln (vgl **BGH NJW 1985, 1838; BGHZ 61, 282; BGH ZIP 1986, 1052;** *v. Westphalen* ZIP 1987, 1361). Jedenfalls der schuldrechtliche Vertrag kommt dann ohne die sich widersprechenden Klauseln nach Maßgabe des dispositiven Rechts zustande. Auch kann nicht angenommen werden, dass immer dann, wenn die Ware ohne Bezahlung dem Käufer übergeben wird, ein **schlüssiger Eigentumsvorbehalt** anzunehmen ist. Das schließt nicht aus, dass im Einzelfall die Erklärungen der Vertragsparteien als **stillschweigende Vereinbarung** eines Eigentumsvorbehalts angesehen werden (**BGH BB 1965, 435; BGHZ 18, 212; BGH NJW 2006, 3488;** MüKoBGB-*Westermann* § 449 BGB Rn 16). Wer die Aussonderung nach § 47 begehrt, muss darlegen und beweisen, dass der Eigentumsvorbehalt vereinbart worden ist. Dies ergibt sich aus der Eigentumsvermutung des § 1006 Abs 1 BGB, die zugunsten des Schuldners bzw des Insolvenzverwalters eingreift. Der **nachträgliche Eigentumsvorbehalt**, dh die Vereinbarung des Eigentumsvorbehalts nach Kaufvertragsabschluss, ist im Einzelnen umstritten. Dieser erfolgt in der Praxis oftmals durch eine entsprechende Vorbehaltsklausel auf dem Lieferschein. Die Vereinbarung ist sachenrechtlich grundsätzlich wirksam, wenn der Eigentumsvorbehalt deutlich erkennbar war und der Lieferschein dem Käufer zugegangen ist (*Kilger/K. Schmidt* § 43 KO Anm 3 a). Nimmt der Käufer in Kenntnis der neuen Bedingung die Ware an, so wird hierdurch das zugrunde liegende Schuldverhältnis durch stillschweigende Vereinbarung abgeändert (**BGH** v 30. 5. 1979, BGHZ 75, 23 = NJW 1979, 2199; **OLG** Jena ZInsO 2005, 44; MüKoBGB-*Westermann* § 449 BGB Rn 19). Allerdings kann die Erklärung des Verkäufers auf dem Lieferschein oder der Rechnung sich als **überraschende Klausel** iSv § 305 c BGB oder als unzulässige Abweichung von einer Individualvereinbarung (§ 305 b BGB) darstellen und deshalb unbeachtlich sein (*Hübner/Lambsdorff*, Eigentumsvorbehalt und AGBG, Rn 41 f; *v. Westphalen* BB 1980, 1406). Vereinbaren Käufer und Verkäufer wegen der Krise nachträglich einen Eigentumsvorbehalt, um den Gegenstand aus der Insolvenzmasse herauszuhalten, ist diese Vereinbarung, die allenfalls als Sicherungsübereignung Bestand haben kann, entweder wegen Sittenwidrigkeit nach § 138 BGB nichtig oder zumindest wegen vorsätzlicher Gläubigerbenachteiligung nach § 133 anfechtbar. Die Rechtsprechung hält demgegenüber aber eine nachträgliche Bestätigung, dass vorangegangene Lieferungen unter EV erfolgt sind, für zulässig (**BGH NJW 1986, 2948**).

15 **b) Erlöschen.** Der EV erlischt durch Zahlung des Kaufpreises, also Eintritt der Bedingung. Hat der Schuldner dem Verkäufer einen Scheck oder Wechsel erfüllungshalber gegeben, wird hierdurch der Eigentumsvorbehalt nicht berührt. Die Bedingung tritt erst in dem Augenblick ein, in dem der Käufer auf den Wechsel oder die Forderung zahlt (*Graf Lambsdorff*, Handbuch des Eigentumsvorbehalts im deutschen

V. Aussonderung aufgrund dinglicher Rechte § 47

und ausländischen Recht, 1974, Rn 158; *Serick* I S 418; MüKo-*Westermann* § 449 BGB Rn 24, **aA** BGHZ 56, 264, 267 = NJW 1971, 1934, 1936; BGHZ 97, 200 = NJW 1986, 1677). Der Eigentumsvorbehalt erlischt ferner durch **Verzicht**. Hierzu genügt eine einseitige Erklärung, die auch schlüssig (zB durch Herausgabe eines Kraftfahrzeugbriefes beim Autokauf) abgegeben werden kann (**BGH** NJW 1958, 1231). Der EV erlischt weiter durch **Verbindung** des Gegenstandes mit einer unbeweglichen oder beweglichen Sache, **Vermischung** oder **Verarbeitung** (§§ 946 ff BGB). Den häufigsten Fall der Verbindung bildet der Einbau von unter EV gelieferten Sachen in ein Grundstück des Schuldners mit der Folge, dass diese wesentliche Bestandteile des Grundstücks werden. Der Eigentumsvorbehalt erlischt auch bei **gutgläubigem Erwerb** des Vorbehaltsguts durch einen Dritten (**BGH** v 14. 6. 1964, WM 1964, 814, 817).

Vom Erlöschen des Eigentumsvorbehalts ist das **Erlöschen des Aussonderungsrechts** zu unterscheiden. **15a** Der Eigentumsvorbehalt vermittelt nämlich nach dem Urteil des **BGH** v 27. 3. 2008 (BGHZ 176, 86 = NJW 2008, 1803 = JZ 2008, 1050 m Anm *Jacoby*) nur dem ursprünglichen Lieferanten ein Aussonderungsrecht. Wird das vorbehaltene Eigentum auf einen Dritten übertragen, der den Restkaufpreis finanziert, indem er dem Lieferanten das Vorbehaltseigentum abkauft, so vermittelt das Vorbehaltseigentum dem Drittfinanzierer nur ein Absonderungsrecht. Im Ergebnis wird der Drittfinanzierer so behandelt als wäre ihm die Sache zur Sicherheit übereignet worden. Dies erscheint im Ergebnis angemessen, da er in jedem Fall nur ein Interesse an der Sache als Haftungsobjekt hat. Auch wird so die Übertragung des Vorbehaltseigentums gleich behandelt mit einer Gestaltung, bei der der Drittfinanzierer den Kaufpreis zahlt, der Vorbehaltskäufer durchgangsweise Eigentum erwirbt und dieser dann dem Drittfinanzierer die Sache zur Sicherheit übereignet. Der **BGH** behandelt die funktional identischen Gestaltungen zutreffender Weise gleich. Die Entscheidung verdeutlicht allerdings auch die Zweifel, die an der generellen Gewährung eines Aussonderungsrechts zu Gunsten von Vorbehaltsverkäufern bestehen. Mit ihrer „Einbindung in den Warenkreislauf" (**BGH** aaO Rn 36) lässt sich diese Besserstellung gegenüber sonstigen Kreditgebern jedenfalls nicht überzeugend erklären. Rechtspolitisch erscheint es vielmehr geboten, danach zu differenzieren, ob der Eigentumsvorbehalt der Sicherung des kaufvertraglichen Synallagmas dient – dann ist ein Aussonderungsrecht angemessen –, oder ob der Eigentumsvorbehalt „nur" ein Sicherungsrecht im Hinblick auf den durch den Verkäufer gewährten Kredit darstellt. Im zweiten Fall sollte auch der sogen „Warenkreditgeber" nur ein Absonderungsrecht haben.

c) **Ausländische Regelungen.** Nach Art 4 Abs 2 b) EuInsVO regelt das Recht des Staates der Verfahrens- **16** eröffnung, welche Vermögenswerte zur Masse gehören. Gem Art 7 Abs 1 EuInsVO bleibt allerdings in der Käuferinsolvenz der Eigentumsvorbehalt an einer Sache von der Eröffnung des Verfahrens unberührt, wenn sich der Gegenstand zu diesem Zeitpunkt im Gebiet eines anderen Mitgliedsstaates befindet. Für die Verkäuferinsolvenz bestimmt Art 7 Abs 2 EuInsVO, dass die Eröffnung des Insolvenzverfahrens nicht die Auflösung des Vertrages rechtfertigt und dem Eigentumserwerb des Käufers nicht entgegensteht, wenn sich der Gegenstand zu diesem Zeitpunkt im Gebiet eines anderen Mitgliedsstaates befindet. Insofern kommt es für einen im Ausland befindlichen Gegenstand darauf an, ob das Belegenheitsstatut den deutschen Eigentumsvorbehalt anerkennt. So ist eine EV-Vereinbarung ohne Urkunde mit festem Datum nach **italienischem Recht** unwirksam und besteht im Insolvenzverfahren über das Vermögen des italienischen Kunden kein Aussonderungsrecht des deutschen Lieferanten (vgl **Appellationsgericht** Mailand v 6. 4. 1956, Foro it 1957 I, 1856). Für die **Schweiz** verlangt Art 715 ZGB, dass ein EV an dem jeweiligen Wohnort des Erwerbers in ein öffentliches Register eingetragen ist. In **Frankreich** ist der EV erst seit 1980 insolvenzfest. Da die Revindizierung unter EV gelieferter Waren von Art 47 Abs 1 InsolvenzG nicht erfasst wird, steht einer Aussonderung im französischen Insolvenzverfahren nichts entgegen (vgl für Einzelheiten *Graham-Siegenthaler*, Kreditsicherungsrechte im internationalen Rechtsverkehr, 2005; *A. Trunk*, Internationales Insolvenzrecht 1998, S 136 ff; *Gottwald*, Grenzüberschreitende Insolvenzen, 1997 S 35; *D. Favoccia*, Vertragliche Mobiliarsicherheiten im internationalen Insolvenzrecht, KTS-Schriften zum Insolvenzrecht, Bd 2 1991).

d) **Einfacher Eigentumsvorbehalt.** Beim einfachen EV übereignet der Lieferant den verkauften Gegen- **17** stand gem §§ 929 ff BGB unter der aufschiebenden Bedingung (§ 158 Abs 1 BGB), dass das Eigentum erst mit Zahlung des Kaufpreises bzw der letzten Kaufpreisrate übergehen soll. Zu unterscheiden ist im Einzelfall die Insolvenz des Verkäufers und die des Käufers.

aa) **Insolvenz des Vorbehaltsverkäufers.** Vor vollständiger Zahlung des Kaufpreises hat der Käufer **18** kein Eigentum erworben, so dass ihm insoweit auch kein Aussonderungsrecht zusteht. Die unter der KO streitige Frage, ob das Anwartschaftsrecht des Vorbehaltskäufers insolvenzfest ist, wurde durch die InsO in § 107 positiv entschieden. Ist dem Käufer vor Verfahrenseröffnung der Besitz an der Sache übertragen worden, ist er berechtigt, gem § 107 Abs 1 die Erfüllung des Kaufvertrages zu verlangen. Durch die Regelung in § 107 Abs 1 S 1 hat der Gesetzgeber klargestellt, dass der Käufer, solange er sich vertragstreu verhält, gegenüber dem Insolvenzverwalter zum Besitz berechtigt ist und dass er unabhängig vom Willen und Erklärungen des Insolvenzverwalters nicht wie vor bereitigt bleibt, durch Zahlung des Restkaufpreises den Eigentumserwerb gem § 158 Abs 1 BGB herbeizuführen. Letztlich soll dem Käufer die Aussonderung der Sache gegen Tilgung des Restkaufpreises ermöglicht werden (*Marotzke* JZ 1995, 803, 805 ff; *Häsemeyer* InsR Rn 18.36).

19 **bb) Insolvenz des Vorbehaltskäufers.** Im Insolvenzverfahren über das Vermögen des Käufers steht dem Insolvenzverwalter das Wahlrecht nach § 103 zu (zum Ganzen *Huber* NZI 2004, 57). Der Vorbehaltseigentümer ist bei **Ablehnung der Erfüllung** zur Aussonderung nach § 47 berechtigt. Hat dagegen der Vorbehaltseigentümer diese Rechtsstellung im Wege der Übertragung des Vorbehaltseigentums erworben, soll er als Drittfinanzierer nur zur abgesonderten Befriedigung berechtigt sein (**BGH** v 27. 3. 2008 – IX ZR 220/05 Z 176, 86 = NJW 2008, 1803). Der Insolvenzverwalter kann die Erfüllung des Vertrages verlangen, ist dann seinerseits aber verpflichtet, anstelle des insolventen Schuldners den Vertrag zu erfüllen (§§ 103 Abs 1, 55 Abs 1 Nr 2 1. Alt). Hierbei liegt in der Verwertung des gelieferten Gegenstands durch den Verwalter nicht ohne Weiteres eine Erfüllungswahl im Sinne von § 103 (siehe § 103 Rn 120; **OLG** Düsseldorf NZI 2003, 379), vielmehr kann der Verwalter es auch darauf ankommen lassen, das Eigentum des Lieferanten zu missachten (zu den Konsequenzen § 48 Rn 17). Lehnt er die Erfüllung ab (§ 103 Abs 2 S 1), so greift das Aussonderungsrecht. Der Verkäufer kann Herausgabe der Kaufsache gegen Erstattung der bereits gezahlten Kaufpreisraten verlangen. Str ist inwieweit der Vorbehaltsverkäufer hierbei mit seinem Anspruch aus § 103 Abs 2 S 1 aufrechnen kann (bejahend K/P/B/*Tintelnot* § 103 Rn 102; MüKo-*Kreft* § 103 Rn 35; *Huber* NZI 2004, 62; *Mitlehner*, Mobiliarsicherheiten Rn 190; abl MüKo-*Ganter* § 47 Rn 72). Würde man diese Aufrechnung nicht zulassen, würde das Sicherungsrecht des Vorbehaltsverkäufers empfindlich entwertet. Ein Aufrechnungsausschluss ergibt sich insbesondere nicht aus § 95 Abs 1 S 3, denn die Forderung wegen Nichterfüllung steht in einem synallagmatischen Verhältnis zum Anspruch auf Rückzahlung der bereits geleisteten Raten. Dies wird deutlich, wenn man die Situation mit der Insolvenz des Leasingnehmers vergleicht: Der Leasinggeber ist nach ganz herrschender Meinung berechtigt, die gezahlten Raten auch dann für sich zu behalten, wenn er das Leasinggut aussondert, da diese auch eine Vergütung der Nutzungsmöglichkeit während der bisherigen Vertragslaufzeit darstellen. Entsprechend muss dem Vorbehaltsverkäufer wenigstens die Aufrechnung mit seiner Forderung wegen Nichterfüllung möglich sein.

19a Entscheidet sich der Insolvenzverwalter dagegen **für die Erfüllung** und zahlt er den Restkaufpreis, geht das Eigentum gem §§ 929 S 1, 158 Abs 1 BGB auf den Schuldner bzw das Schuldnerunternehmen über und fällt in die Insolvenzmasse. Der Gesetzgeber hat durch die Regelung in § 107 Abs 2 S 1 die EV-Gläubiger insoweit in das Verfahren eingebunden, als der Insolvenzverwalter seine Entscheidung über Erfüllung oder Nichterfüllung bis zum Berichtstermin aufzuschieben berechtigt ist. Durch diese „faktische Ausübungssperre" wird verhindert, dass bis zur Festlegung des Verfahrensziels durch die Gläubigerversammlung das Unternehmen vorzeitig zerschlagen wird. Könnte der EV-Gläubiger das vorbehaltene Eigentum bereits vor dem Berichtstermin aussondern, wäre uU die gesamte Produktion des Schuldnerunternehmens blockiert. Bis „unverzüglich nach dem Berichtstermin" kann der Verwalter somit den Gegenstand im Rahmen der Betriebsfortführung nutzen, soweit nicht die Ausnahme eines erheblichen Wertverlustes iSv § 107 Abs 2 S 2 eingreift (vgl auch *Uhlenbruck*, Das neue Insolvenzrecht, S 433; Jaeger/*Henckel* § 47 Rn 47; MüKo-*Ganter* § 47 Rn 65). Für die Begründung der **Nutzungsbefugnis** hinsichtlich des Vorbehaltsguts durch den Insolvenzverwalter bedarf es nicht der analogen Anwendung des § 172 Abs 1 S 1. Vielmehr ergibt sich das Nutzungsrecht bereits unmittelbar aus § 107 Abs 2 S 1. Eine Verpflichtung des EV-Gläubigers, den Gegenstand zunächst einmal in der Insolvenzmasse zu belassen, wäre sinnlos, wenn man dem Insolvenzverwalter ein Nutzungsrecht absprechen würde.

20 Durch § 107 ist allerdings nicht gewährleistet, dass der Verwalter berechtigt ist, unter EV gelieferte Sachen im Rahmen der Betriebsfortführung zu **verarbeiten oder weiter zu veräußern**. Der Verwalter ist lediglich befugt, die Sache zu **nutzen** (Jaeger/*Henckel* InsO § 47 Rn 47; MüKo-*Ganter* § 47 Rn 65 a). Unzulässig ist gleichfalls die **Verwertung** des Vorbehaltsguts durch den Insolvenzverwalter, weil hierdurch die Aussonderung unmöglich gemacht wird und allenfalls ein Anspruch nach § 55 Abs 1 Nr 3 InsO iVm § 951 Abs 1 BGB, ein Schadensersatzanspruch gegen den Insolvenzverwalter oder ein Anspruch auf Ersatzaussonderung besteht. Dem Insolvenzverwalter bleibt somit keine andere Möglichkeit, als entweder Einzelvereinbarungen mit den EV-Gläubigern zu treffen.

21 **e) Erweiterter Eigentumsvorbehalt.** Ein erweiterter Eigentumsvorbehalt liegt vor, wenn zwischen Verkäufer und Käufer vereinbart wird, dass das Eigentum auf den Käufer nicht schon mit der Zahlung des Kaufpreises, sondern erst nach Tilgung sämtlicher Verbindlichkeiten des Käufers gegenüber dem Verkäufer übergehen soll (vgl *Serick* V § 56 I 2; MüKoBGB-*Westermann* § 449 BGB Rn 90).

22 Ist die eigentliche Kaufpreisforderung noch nicht beglichen und der **Erweiterungsfall noch nicht eingetreten**, kann der Verkäufer im Insolvenzverfahren über das Vermögen des Käufers wie beim einfachen EV die Sache aussondern, wenn nicht der Verwalter Erfüllung nach § 103 wählt. Hat der Schuldner dagegen die ursprüngliche Kaufpreisforderung getilgt, ist jedoch die Bedingung für den Eigentumserwerb wegen noch offener Rechnungen zwischen den Parteien nicht eingetreten, berechtigt der „Eigentumsvorbehalt" hinsichtlich der bereits bezahlten Gegenstände nach allgemeiner Meinung lediglich zur **Absonderung** (*Bork*, Einf Rn 238; *Gottwald/Gottwald* InsRHdb § 43 Rn 26; KS-*Gottwald/Adolphsen* S 1048 Rn 16; K/P/B/*Prütting* § 47 Rn 40; N/R/*Andres* § 47 Rn 29). Es handelt sich um ein Absonderungsrecht iSv § 51 Nr 1, das den Verwertungsvorschriften der §§ 166 ff unterliegt. Das vorbehaltene Eigentum dient nur noch der dinglichen Sicherung von Forderungen, die nicht mehr den gelieferten Ge-

V. Aussonderung aufgrund dinglicher Rechte § 47

genstand betreffen. Der erweiterte Eigentumsvorbehalt wird insofern ab Eintritt des Erweiterungsfalls als Sicherungsübereignung behandelt, da der EV in seiner Erweiterungsform nur noch Sicherungsfunktion hat (**BGH** NJW 1971, 799 = KTS 1971, 213 = WM 1971, 347; **BGH** NJW 1978, 632 = KTS 1978, 165; *Serick* FS „Einhundert Jahre Konkursordnung 1877–1977" S 281, 285; Bülow WM 2007, 429 ff; MüKo-*Ganter* § 47 Rn 93; Jaeger/*Henckel* InsO § 47 Rn 51).

aa) **Kontokorrentvorbehalt.** Der **Saldovorbehalt** und der **Kontokorrentvorbehalt** sind ebenso wie die **Geschäftsverbindungsklausel** Sonderformen des erweiterten Eigentumsvorbehalts. Bei dieser Art von Vorbehalt wird vereinbart, dass das Eigentum an den gelieferten Sachen so lange vorbehalten wird, bis nicht nur der Kaufpreis für diese Sache, sondern sämtliche aus der Geschäftsverbindung mit dem Käufer resultierenden bzw erst künftig entstehenden Forderungen des Verkäufers vollständig bezahlt sind. Sind zu einem Zeitpunkt sämtliche Verbindlichkeiten beglichen, ist die Bedingung erfüllt, und der Käufer erwirbt das Eigentum auch dann, wenn künftig noch Forderungen entstehen können. Der Kontokorrentvorbehalt ist im **unternehmerischen Geschäftsverkehr** grdsl wirksam. Auch die nachträgliche Erstreckung auf weitere Forderungen ist möglich (MüKoBGB-*Westermann* § 449 BGB Rn 82). Die Vereinbarung einer Kontokorrentklausel in den AGB des Verkäufers ist nach wohl hM weder überraschend iSv § 305c Abs 1 BGB noch unwirksam nach § 307 Abs 1, 2 BGB (BGHZ 98, 303, 307 = NJW 1987, 487, 488; BGHZ 94, 105, 112 = NJW 1985, 1836; **BGH** NJW 1991, 2285; *Gottwald/Gottwald* InsR-Hdb § 43 Rn 18). Der Kontokorrentvorbehalt kann allerdings jedenfalls in AGB nicht etwa auf Forderungen des Lieferanten ausgedehnt werden, die in keinerlei wirtschaftlichem Zusammenhang mit dem Kaufvertrag stehen, wohl aber auf Forderungen aus Reparaturen oder Ersatzteilen (BGHZ 28, 17), nicht jedoch auf Mietzinsforderungen für Wohnräume (*Kuhn* WM 1972, 209; *Serick* Bd VI § 79 II 2; vgl auch BGHZ 94, 105, 112 = NJW 1985, 1836; MüKoBGB-*Westermann* § 449 Rn 83). Im **nichtkaufmännischen Geschäftsverkehr** ist auch eine formularmäßige Weiterung unbedenklich im Hinblick auf die im Zusammenhang mit dem Kauf stehenden Forderungen des Verkäufers (OLG Frankfurt NJW 1981, 130; LG Braunschweig ZIP 1981, 876). Die Geschäftsverbindungsklausel wird allerdings im Verhältnis zum Letztverbraucher (B to C transactions) als unangemessene Benachteiligung iSv § 307 Abs 2 Nr 2 BGB angesehen, weil und soweit sie auch Forderungen aus künftigen noch nicht absehbaren Geschäften erfasst (OLG Frankfurt ZIP 1981, 393; OLG Koblenz NJW-RR 1989, 1460; *Palandt/Weidenkaff* § 449 Rn 19). Auch im Rahmen des Kontokorrentvorbehalts kann nach den zu § 51 Rn 10 dargestellten Grundsätzen ein ermessensunabhängiger Freigabeanspruch wegen nachträglicher Übersicherung gegeben sein (vgl BGHZ 137, 212 = NJW 1998, 671).

bb) **Konzernvorbehalt.** Eine Sonderform des erweiterten Eigentumsvorbehalts ist der Konzernvorbehalt. Hiermit wird ein Eigentumsvorbehalt bezeichnet, bei dem die Beteiligten vereinbaren, dass der Eigentumsübergang nicht nur von der Bezahlung der Forderung des unter EV liefernden Verkäufers, sondern auch anderer, nicht notwendigerweise konzernmäßig mit diesem verbundener Unternehmen gegen den Käufer abhängig ist (MüKoBGB-*Westermann* § 449 Rn 85). Die schon zum Konkursrecht hM hielt den Konzernvorbehalt grundsätzlich für sittenwidrig und daher für nichtig (*Serick* Bd V § 59 VI 1 S 235 ff; *Reinicke/Tiedtke* Kaufrecht 1997, Rn 1176; *Kilger/K. Schmidt* § 17 KO Anm 3 d; umfassend zur Wirksamkeit oder Nichtigkeit des Konzernvorbehalts *Chr. Becker*, Maßvolle Kreditsicherung S 360 ff). Nach § 449 Abs 3 BGB (früher § 455 Abs 2) ist der **Konzernvorbehalt nichtig**. Nach der Begr RegE zu Art 33 Nr 17 EGInsO (abgedr bei *Uhlenbruck*, Das neue Insolvenzrecht, S 933) wird eine Vereinbarung, nach der das Eigentum erst nach Erfüllung sowohl von Forderungen des Verkäufers als auch von Forderungen Dritter übergehen soll, „auf ihren wirksamen Kern reduziert". Jedenfalls als einfacher Eigentumsvorbehalt, der die Erfüllung der Kaufpreisforderung sichert, und gegebenenfalls auch als erweiterter EV, der zusätzliche andere Forderungen des Verkäufers gegen den Käufer erfasst, bleibt die Vereinbarung also wirksam (MüKo-*Westermann* BGB § 449 Rn 85). Es handelt sich insoweit um eine gesetzliche Konkretisierung des § 139 BGB (vgl auch N/R/*Andres* § 47 Rn 28). Das Gesetz erklärt durch § 449 Abs 3 BGB auch einen **eingeschränkten Konzernvorbehalt** für nichtig, bei dem ein Zusammenhang zwischen den gesicherten Forderungen besteht, ein Kostenausgleich vorgesehen und eine Weiterveräußerungsermächtigung erteilt worden ist (vgl *Serick* Bd V § 59 VII–IX; KS-*Gottwald/Adolphsen* S 1050 Rn 23). Zutreffend weisen *Andersen/Freihalter* (Aus- und Absonderungsrechte Rn 376) darauf hin, dass von der Nichtigkeitsregelung des § 449 Abs 3 BGB die **Übereignung nicht erfasst wird**. Der Käufer erwirbt also mit Zahlung des Kaufpreises nicht ohne Weiteres Eigentum, da § 449 Abs 3 BGB nur das Verpflichtungsgeschäft betrifft. An dem Willen des Verkäufers nur unter Beifügung einer entsprechenden Bedingung zu übereignen, ändert dies nichts (MüKo-*Ganter* § 47 Rn 95). Der Verkäufer bleibt daher Eigentümer bis er die (unbedingte) Übereignung der Kaufsache erklärt oder hierzu verurteilt wird (§ 894 ZPO).

Der sogen **umgekehrte Konzernvorbehalt** wird von § 449 Abs 3 BGB nicht erfasst. Bei diesem hängt der Eigentumserwerb des Käufers davon ab, dass auch Forderungen des Verkäufers gegen Dritte erfüllt sind. Die Erweiterung betrifft hier somit die Schuldnerseite. Eine Analogie zu § 449 Abs 3 BGB ist abzulehnen (PWW/D *Schmidt* § 449 BGB Rn 31; aA *Leible/Sosnitza* JuS 2001, 556). Gleichwohl wird man solche Klauseln, jedenfalls soweit sie in AGB enthalten sind, als nichtig nach § 307 Abs 2 Nr 2 BGB ansehen müssen (MüKoBGB-*Westermann* § 449 Rn 86 MüKo-*Ganter* § 47 Rn 96; aA *Schirmer*

§ 47

ZInsO 1999, 379). Denn insbesondere wenn die Einbeziehung Forderungen gegen solche Unternehmen betrifft, deren Verhalten der Käufer nicht beeinflussen kann, wird der Zweck des Kaufvertrages – der Erwerb der Kaufsache durch den Käufer – nachhaltig gefährdet.

25 f) **Weitergeleiteter und nachgeschalteter Eigentumsvorbehalt.** Ein weitergeleiteter oder nachgeschalteter Eigentumsvorbehalt liegt vor, wenn der Käufer sich dem Verkäufer gegenüber verpflichtet, die unter EV gekaufte Sache nur in der Weise weiter zu übereignen, dass der Verkäufer Vorbehaltseigentümer bleibt (*Palandt/Weidenkaff* § 449 BGB Rn 16; MüKoBGB-*Westermann* § 449 Rn 102; K/P/B/*Prütting* § 47 Rn 37). Beim **weitergeleiteten Eigentumsvorbehalt** erfolgt die Veräußerung unter Offenlegung des bestehenden Eigentumsvorbehalts mit der Maßgabe, dass der Zweitkäufer erst Eigentümer werden soll, wenn sein Vertragspartner, der Eigentumsvorbehaltskäufer, seine Verpflichtung gegenüber dem Verkäufer erfüllt hat. Eine solche Vereinbarung verstößt auch im kaufmännischen Verkehr im Verhältnis zwischen Verkäufer und Käufer regelmäßig gegen § 307 BGB (vgl auch **BGH NJW 1991, 2285**; MüKoBGB-*Westermann* § 449 Rn 95). Wird vereinbart, dass die Genehmigung zur Weiterveräußerung der Vorbehaltssache unter dem Vorbehalt der Aufrechterhaltung des Eigentums des Lieferanten oder mit der Abrede erteilt wird, dass der Gegenwert an die Stelle der gelieferten Ware treten soll, so liegt ein sogen **nachgeschalteter Eigentumsvorbehalt** vor. Der Käufer verfügt mit Einwilligung des Verkäufers (§ 185 BGB) über den Kaufgegenstand wiederum aufschiebend bedingt. Wenn der Zweitkäufer an den Erstkäufer den Kaufpreis zahlt, führt er durch die Zahlung die Bedingung herbei mit der Folge, dass gem §§ 929, 185 Abs 1, 158 BGB das Eigentum auf ihn übergeht (MüKoBGB-*Westermann* § 449 Rn 96). Der Erstverkäufer verliert demgemäß sein Eigentum erst dann, wenn entweder der Vorbehaltskäufer an ihn, der Zweitkäufer an ihn oder der Zweitkäufer an den Vorbehaltskäufer zahlt (**BGH v 24. 3. 1971, BGHZ 56, 34 = NJW 1971, 1038**). Im Fall der Insolvenz des Verkäufers greift § 107 Abs 1 ein (K/P/B/*Prütting* § 47 Rn 38). Im Insolvenzverfahren über das Vermögen des Erstkäufers greift § 103 nach erfolgter Weiterveräußerung nicht ein. Der Verkäufer kann jedoch im Insolvenzverfahren über das Vermögen des Zweitkäufers aussondern, wenn der Kaufpreis nicht gezahlt wird. Zahlt der Erstkäufer, steht diesem das Aussonderungsrecht zu.

26 g) **Verlängerter Eigentumsvorbehalt. aa) Verarbeitungsklauseln.** Ein verlängerter Eigentumsvorbehalt liegt vor, wenn Verkäufer und Käufer vereinbaren, dass anstelle des Eigentumsvorbehalts, wenn dieser durch Veräußerung, Verbindung, Vermischung oder Verarbeitung erlischt, die neue Sache oder die aus einer Veräußerung entstehende Forderung treten soll. Hierdurch wird eine Sicherheit am wirtschaftlichen Surrogat bestellt. Die Verlängerung des EV kann durch eine sogen **Verarbeitungs- oder Herstellerklausel** vereinbart werden. Wird die unter EV verkaufte Sache vom Käufer oder im Betrieb des Käufers verarbeitet, so erwirbt nach hM der Lieferant (Verkäufer) durch eine sogen Herstellerklausel gem § 950 BGB originäres Eigentum an der neu hergestellten Sache (BGHZ 20, 159, 163; BGHZ 46, 117; *Serick* Bd IV § 44 III 6 b; KS-*Gottwald/Adolphsen* S 1048 Rn 18; N/R/*Andres* § 47 Rn 24). Die Gegenauffassung geht davon aus, dass § 950 BGB zwingend ist und die Herstellereigenschaft nicht durch eine Vereinbarung abbedungen werden kann (MüKo-*Ganter* § 47 Rn 108; *Medicus,* Bürgerliches Recht Rn 519; *Gottwald/Gottwald* InsRHdb § 43 Rn 29; *Kilger/K. Schmidt* § 43 KO Anm 3 b aa; N/R/*Andres* § 47 Rn 24). Danach kann ein unmittelbarer Eigentumserwerb des Lieferanten nur herbeigeführt werden, wenn dieser auch tatsächlich Herstellerfunktion hat. Andernfalls sei die Verarbeitungsklausel als antizipierte Sicherungsübereignung mit Durchgangserwerb des Verarbeiters auszulegen (*Kilger/K. Schmidt* § 43 KO Anm 3 b aa; *Gottwald/Gottwald* InsRHdb § 43 Rn 29; N/R/*Andres* § 47 Rn 24; *Westermann,* Sachenrecht § 53 III 2 e; MüKoBGB-*Westermann* § 449 Rn 91). Nach *Häsemeyer* (InsR Rn 18.32) erscheint es „konsequenter, den Käufer selbst als Hersteller und die Verarbeitungsklausel als antizipierte Sicherungsübereignung des neu hergestellten Produkts auf den Vorbehaltsverkäufer zu behandeln" (vgl auch *Flume* NJW 1950, 841, 843 ff). Gleichgültig ob man aufgrund der Verarbeitungsklausel den Verkäufer als „Hersteller" iSv § 950 BGB ansieht, der mit der Verarbeitung unmittelbar Eigentum an der neuen Sache erwirbt (BGHZ 20, 163 f), oder ob man der Meinung vertritt, das verarbeitete Produkt werde mit Hilfe eines antizipierten Besitzkonstituts vorweg zur Sicherheit übereignet, ist man sich weitgehend einig, dass der Eigentumsvorbehalt mit Verarbeitungsklausel im Insolvenzverfahren über das Vermögen des Käufers lediglich ein **Absonderungsrecht** verschafft (KS-*Gottwald/Adolphsen* S 1048 Rn 19; *Häsemeyer* InsR Rn 18.32; K/P/B/*Prütting* § 47 Rn 36; *Andersen/Freihalter,* Aus- und Absonderungsrecht Rn 446; N/R/*Andres* § 47 Rn 23). Diese Auffassung hält *Jauernig* (§ 45 II. 3.) für „inkonsequent", da auch der einfache EV, der ein Aussonderungsrecht gewährt, im wesentlichen Sicherungszwecken diene. Auch *H. P. Westermann* (MüKoBGB-*Westermann* § 449 Rn 94) hält den Verlust des Aussonderungsrechts auf Grundlage der hM für „schwer erklärlich". Nimmt man an, es handele sich bei der Verarbeitungsklausel um eine **antizipierte Sicherungsübereignung** mit Durchgangserwerb des Verarbeiters handelt, lässt sich das Absonderungsrecht des Verkäufers nach § 51 Nr 1 ohne konstruktive Schwierigkeiten begründen (vgl auch *Gottwald/Gottwald* InsRHdb § 43 Rn 29 ff; *Palandt/Bassenge* § 950 BGB Rn 11; N/R/*Andres* § 47 Rn 24).

27 bb) **Verlängerter EV mit Weiterveräußerungsermächtigung und Vorausabtretungsklausel.** Beim verlängerten Eigentumsvorbehalt mit Weiterveräußerungsermächtigung und Vorausabtretungsklausel tritt

der Vorbehaltskäufer dem Vorbehaltsverkäufer (Lieferant) die Forderung aus der – gestatteten – künftigen Weiterveräußerung der Vorbehaltssache zur Sicherung der Kaufpreisforderung ab (MüKo-*Ganter* § 47 Rn 129 ff). Bei einer Weiterveräußerung der Sache geht das vorbehaltene Eigentum gem §§ 929 ff, 185 Abs 1 BGB ohne Durchgangserwerb des Erstkäufers auf den Zweitkäufer über, so dass der Verkäufer sein Sicherungsrecht an der Kaufsache verliert. Durch die Vorausabtretung tritt jedoch als Surrogat an die Stelle des Eigentums die Kaufpreisforderung des Käufers gegen den Zweitkäufer.

(1) Das Erfordernis der Bestimmtheit oder Bestimmbarkeit. Die Rechtswirksamkeit der Abtretung 28 künftiger Forderungen hängt von der Bestimmtheit oder Bestimmbarkeit der Forderung ab (BGHZ 26, 182; 32, 364, 365; BGH WM 1978, 138 u 370; MüKo-*Ganter* § 47 Rn 131 ff; *Gottwald* FS Fischer, S 183). Die Frage der Bestimmbarkeit beurteilt sich nach dem **Zeitpunkt der Entstehung** der als abgetreten in Anspruch genommenen Forderung (RGZ 136, 100; BGHZ 7, 365; BGH v 25. 10. 1952, BGHZ 7, 365, 369; BGH v 16. 12. 1957, BGHZ 26, 185, 189 = NJW 1958, 417). Es kommt für das **Erfordernis der Bestimmbarkeit** nicht darauf an, ob die abgetretenen Forderungen für jeden denkbaren Fall genügend festgelegt sind. Insofern reicht es aus, wenn nach der objektiv ausgelegten Abtretungsklausel die vom Abtretungsempfänger im Einzelfall in Anspruch genommene Forderung eindeutig zuzuordnen ist. Hinreichend bestimmbar ist die Forderung, wenn zB aufgrund der Allgemeinen Lieferbedingungen vereinbart wird, alle aus der Weiterveräußerung der EV-Ware resultierenden Forderungen sollten in Höhe des Rechnungsbetrages der Lieferung abgetreten werden. **Ausreichend bestimmbar** ist die Forderung, wenn bei einer Kombination von Verarbeitungs- und Vorausabtretungsklausel vereinbart wird, dass die Vorausabtretung des Anteils an der Weiterverkaufsforderung dem Miteigentumsanteil des Vorbehaltslieferanten entsprechen soll (BGH v 20. 11. 1980, BGHZ 79, 16 = NJW 1981, 816). Erfolgt die Abtretung „bis zur Höhe des Wertes der Vorbehaltsware", so ist der Kaufpreis maßgebend, den der Verkäufer mit dem vorausabtretenden Käufer vereinbart hat (BGH NJW 1964, 149; *Palandt/Weidenkaff* § 449 BGB Rn 18). **Beispiele:** BGH v 16. 12. 1957, BGHZ 26, 178j; BGHZ 70, 86, 89 ff; BGH v 15. 3. 1978, BGHZ 71, 75; BGH v 20. 11. 1980, BGHZ 79, 16; OLG Karlsruhe ZIP 1981, 257; OLG Köln KTS 1979, 114; OLG Celle ZIP 1982, 158; BGH WM 1982, 482. Bei einem mit einem Käufer und Weiterverarbeiter von Baustoffen vereinbarten verlängerten EV erfasst eine dem Verarbeiter zustehende Forderung auf Abschlusszahlungen im Zweifel nur denjenigen Teil der Werklohnforderung, der nach Verarbeitung des Materials fällig geworden ist (LG Tübingen MDR 1991, 648; MüKoBGB-*Westermann* § 449 Rn 87). An der Bestimmbarkeit der Forderung fehlt es, wenn und soweit die Eigentumsvorbehaltsware ganz oder teilweise durch Verbindung oder Vermischung mit anderen Sachen zu einer neuen Sache verarbeitet und diese veräußert wird, ohne dass der Umfang der Forderung konkretisiert wird (RGZ 136, 103; BGH v 16. 12. 1957, BGHZ 26, 178).

(2) Abtretungsverbot. Der Forderungsübergang aufgrund eines verlängerten Eigentumsvorbehalts 29 oder einer Globalzession (§ 51 Rn 21) kann durch ein zwischen Vorbehaltskäufer und dessen Abnehmer vereinbartes Abtretungsverbot verhindert werden. Ein Abtretungsverbot kann auch in AGB vorbehaltlich § 354 a HGB wirksam vereinbart werden und verstößt nur dann gegen § 307 Abs 1 S 1 BGB, wenn ein schützenswertes Interesse des Verwenders an dem Abtretungsverbot nicht besteht, oder die berechtigten Belange des Vertragspartners an der freien Abtretbarkeit das entgegenstehende Interesse des Verwenders überwiegen (BGH v 13. 7. 2006 – VII ZR 51/05, NJW 2006, 3486). Die Weiterveräußerung erfolgt dann ohne Ermächtigung des Verkäufers. Der Zweitkäufer ist wegen der seitherigen Abwehrklausel als bösgläubig anzusehen, so dass ein gutgläubiger Eigentumserwerb ausgeschlossen ist (*Gottwald/ Gottwald* InsRHdb § 43 Rn 29; N/R/*Andres* § 47 Rn 25). Da das Eigentum des Vorbehaltsverkäufers somit nicht erlischt, ist er berechtigt, sein Eigentum sowohl im Insolvenzverfahren des Käufers als auch des Zweitkäufers auszusondern.

Zu beachten ist allerdings § 354 a HGB, wonach die Abtretung von Geldforderungen aus einem beiderseitigen Handelsgeschäft trotz Abtretungsverbots wirksam ist (vgl *Saar* ZIP 1999, 988 ff; *Seggewiße* NJW 2008, 3256). Nach Auffassung von *K. Schmidt* ist dem Urteil des BGH v 9. 11. 1998 zu entnehmen, dass Abtretungsverbote auch nach § 354 a HGB nicht etwa unwirksam sind, sondern § 354 a HGB die Forderung aus dem beiderseitigen Handelsgeschäft nur dem Zugriff des an sich wirksam vereinbarten Abtretungsverbots entzieht (vgl auch MüKoHGB-*K. Schmidt* § 354 a HGB Rn 17). Handelt es sich um ein beiderseitiges Handelsgeschäft, erwirbt der Verkäufer demgemäß bei Insolvenz des Käufers trotz des Abtretungsverbots ein Absonderungsrecht an der abgetretenen Forderung. Eine analoge Anwendung des § 354 a HGB auf Forderungen aus Verträgen, die nicht beide Teile Handelsgeschäfte darstellen, lehnt der BGH ab (BGH v 13. 7. 2006 – VII ZR 51/05, NJW 2006, 3486). Dem Interesse des Schuldners an dem Abtretungsverbot wird jedoch dadurch Rechnung getragen, dass der Schuldner berechtigt ist, mit befreiender Wirkung an den bisherigen Gläubiger zu leisten (§ 354 a S 2 HGB). Zu den insolvenzrechtlichen Problemen des § 354 a HGB s auch *v. Olshausen* ZIP 1995, 1950 ff; ferner *K. Schmidt* NJW 1999, 400 f; *ders* FS *Schimansky* 1999, 503 ff; *Bruns* WM 2000, 505 ff. 29a

cc) **Weiterveräußerungsermächtigung und Herstellerklausel im laufenden Insolvenz(-plan-)verfahren.** 30 Zweifelhaft ist, ob auch der **Insolvenzverwalter** im Rahmen der Betriebsfortführung zur **Weiterveräußerung im ordnungsgemäßen Geschäftsverkehr** befugt ist und ob bei Vereinbarung eines verlängerten EV

§ 47 *Aussonderung*

der Verkäufer noch im eröffneten Verfahren Eigentum an einer neuen Sache gem § 950 BGB erwerben oder bei Veräußerung von Gegenständen aufgrund der Vorausabtretung noch ein Absonderungsrecht nach § 51 Nr 1 erwerben kann. War nach altem Recht davon auszugehen, dass eine **Veräußerungsermächtigung** mit der Eröffnung des Insolvenzverfahrens über das Vermögen des Käufers ebenso erlosch wie eine Verarbeitungsklausel, so ist dies für das neue Recht im Hinblick auf die Betriebsfortführung durch den Insolvenzverwalter zweifelhaft geworden. § 22 Abs 1 S 2 Nr 2 sieht vor, dass der vorläufige Insolvenzverwalter mit Verwaltungs- und Verfügungsbefugnis das Schuldnerunternehmen einstweilen fortzuführen hat, soweit nicht das Insolvenzgericht einer Stilllegung zustimmt. Nach § 157 S 1 bestimmt erst die Gläubigerversammlung, ob das Schuldnerunternehmen still gelegt oder vorläufig fortgeführt werden soll. Beschließt die Gläubigerversammlung die Fortführung, würde es den Intentionen des Gesetzgebers widersprechen, wenn der Insolvenzverwalter vor allem in den Fällen der Erfüllungswahl nach § 103 wegen Erlöschens der Verarbeitungs- und Weiterveräußerungsklauseln nicht mehr berechtigt wäre, das Unternehmen ordnungsgemäß fortzuführen. Insofern ist jedenfalls bis zur Erfüllungsablehnung durch den Insolvenzverwalter vom Fortbestehen einer Veräußerungsermächtigung auszugehen (Jaeger/*Henckel* § 51 Rn 33; *Bork* FS Gaul, S 71; aA MüKo-*Ganter* § 47 Rn 111). Dies befindet sich in Übereinstimmung mit dem **BGH**, der die sogen **Erlöschenstheorie** iR von § 103 inzwischen aufgegeben hat (**BGH** v 25. 4. 2002, BGHZ 150, 353 = NJW 2002, 2783). Weil der Vertrag nach dieser Rechtsprechung nur in seiner Durchsetzbarkeit durch die Eröffnung des Verfahrens gehemmt, aber keineswegs erloschen ist, spricht nichts dagegen auch die Fortgeltung einer Weiterveräußerungsermächtigung anzunehmen. Geht man davon aus, dass Verarbeitungsklauseln als antizipierte Sicherungsübereignungen wirken, die im Insolvenzverfahren über das Vermögen des Käufers ihre Wirksamkeit behalten (vgl Rn 26), ergibt sich ein konstruktives Problem im Hinblick auf § 91 Abs 1, denn so erhält der Verkäufer ein **aufschiebend bedingtes Absonderungsrecht** an Gegenständen der Insolvenzmasse. Obwohl die neu hergestellte Sache nach dieser Konstruktion für eine juristische Sekunde in die Masse fällt, scheitert der Erwerb dennoch nicht an § 91 Abs 1, da der Rechtsgrund dieses Erwerbs schon vor der Eröffnung des Verfahrens gelegt wurde (MüKo-*Ganter* § 47 Rn 108; vgl auch Jaeger/*Henckel* § 51 Rn 34).

31 **6. Treuhandverhältnisse.** Bei Treuhandverhältnissen ist zu unterscheiden zwischen der eigennützigen und der uneigennützigen Treuhand sowie zwischen der Insolvenz des Treugebers und derjenigen des Treunehmers. Die uneigennützige Treuhand wird auch als **Verwaltungstreuhand** bezeichnet und die eigennützige als **echte Treuhand oder Sicherungstreuhand** (vgl **BGH** v 19. 11. 1992, ZIP 1993, 213; Kilger/K. *Schmidt* § 43 KO Anm 9; K/P/B/*Prütting* § 47 Rn 25–30; FK-*Joneleit/Imberger* § 47 Rn 40–45; N/R/*Andres* § 47 Rn 37–40; *Gottwald/Gottwald* InsRHdb § 40 Rn 29–64; *Andersen/Freihalter*, Aus- und Absonderungsrechte Rn 365–372).

32 **a) Uneigennützige (unechte) Treuhand.** Bei der uneigennützigen Treuhand dient der Treuhandvertrag ausschließlich den Interessen des Treugebers. Dem Treunehmer wird lediglich in formeller Hinsicht die Rechtsposition als Berechtigter eingeräumt, wie zB bei der Abtretung einer Forderung zu Einziehungszwecken oder der Übertragung des Vermögens des Treugebers auf einen Treuhänder zwecks Abwicklung eines außergerichtlichen Liquidationsvergleichs (vgl auch *Heinsius*, Der Sicherheitentreuhänder im Konkurs, FS *Henckel* 1995, S 387; *Henssler*, Treuhandgeschäft – Dogmatik und Wirklichkeit, AcP 196 [1996], 37; *Walter*, Die Treuhand im Exekutions- und Insolvenzverfahren, Wien 1999). Nach allgemeiner Ansicht gehört das Treugut vermögensrechtlich dem Treuhänder, haftungsrechtlich dagegen zum Vermögen des Treugebers. Hieraus ergeben sich für die Insolvenz und das Aussonderungsrecht Konsequenzen:

33 **aa) Insolvenz des Treuhänders** Im Insolvenzverfahren über das Vermögen des Treuhänders hat der Treugeber nach ganz herrschender Meinung ein **Aussonderungsrecht** nach § 47, denn haftungsrechtlich ist der Treugeber Berechtigter geblieben (**BGH** v 19. 11. 1992, ZIP 1993, 213, 214 = WM 1993, 83; **BGH** v 5. 11. 1953, WM 1955, 372; **BGH** WM 1959, 686, 687; **BGH** NJW 1969, 942; K/P/B/*Prütting* § 47 Rn 26; N/R/*Andres* § 47 Rn 37; FK-*Joneleit/Imberger* § 47 Rn 41; Jaeger/*Henckel* § 47 Rn 61, 68; MüKo-*Ganter* § 47 Rn 369; sehr kritisch *Fridgen* ZInsO 2003, 530ff). So hat bei treuhänderischer Übertragung zwecks Verwaltung (Verwaltungstreuhand), Durchsetzung von Rechten, Verwahrung, Geschäftsbesorgung etc der Treugeber bei Insolvenz des Treuhänders das Recht, den Gegenstand oder die Forderung auszusondern. Bei Insolvenz des Vermögensverwalters ist der Treugeber berechtigt, die Rückübertragung der diesem treuhänderisch übertragenen Rechte zu fordern, bei Insolvenz eines Zessionars also die Rückabtretung der ihm zur Einziehung abgetretenen Forderung (*Häsemeyer* InsR Rn 11.15). Wird ein Wertpapierdienstleistungsunternehmen insolvent, das Kundengelder entspr § 34 a WpHG offen für fremde Rechnung angelegt hat, kann das Konto ausgesondert werden (*Gottwald/Gottwald* InsRHdb § 40 Rn 30).

33a Streitig ist, welche **Voraussetzungen die Treuhandabrede** erfüllen muss, damit sie den beschriebenen insolvenzrechtlichen Schutz genießt. Der Treugutcharakter muss ausreichend erkennbar gemacht werden(**BGH** v 1. 7. 1993, ZIP 1993, 1185; *Gottwald/Gottwald* InsRHdb § 40 Rn 31; vgl auch *Henssler* AcP 196 [1996], 37, 55ff; kritisch gegenüber dem Offenkundigkeitsprinzip auch *Bitter*, Rechtsträgerschaft für fremde Rechnung, 2006, S 141ff) Der **BGH** hat es zuletzt offen gelassen, ob die **Offenkun-**

V. Aussonderung aufgrund dinglicher Rechte § 47

digkeit Voraussetzung der Insolvenzfestigkeit eines Treuhandverhältnisses ist (v 24. 6. 2003 – IX ZR 75/01, BGHZ 155, 227, 231 = NJW 2003, 3413). Früher hat die Rechtsprechung entscheidend darauf abgestellt, dass das Treugut unmittelbar aus dem Vermögen des Treugebers in das des Treuhänders gelangt ist (vgl nur RGZ 133, 67; BGH v 19. 11. 1992, ZIP 1993, 213). Für das Treuhandkonto wurde insoweit allerdings schon früh Ausnahme gemacht (unten Rn 40). Zutreffend hält *Gottwald* (*Gottwald/Gottwald* InsRHdb § 40 Rn 31) das **Unmittelbarkeitsprinzip**, also das Erfordernis, dass die Vermögensgegenstände unmittelbar aus dem Vermögen des Treugebers in das Vermögen des Treuhänders übertragen werden, für „ein zu grobes Kriterium" (zur Kritik am Unmittelbarkeitsprinzip auch *Bitter*, Rechtsträgerschaft für fremde Rechnung, 2006, S 51 et passim; *Ganter* FS Kreft, S 251). Der **BGH** hat zuletzt offen gelassen, inwieweit die Prinzipien der Unmittelbarkeit und der Offenkundigkeit taugliche Abgrenzungsmerkmale darstellen (BGHZ 155, 227 = NZI 2003, 1375; **BGH** v 7. 7. 2005 – III ZR 422/04, ZIP 2005, 1465 = ZInsO 2005, 879, 880). Er hat allerdings klargestellt, dass die bloß **schuldrechtliche Beschränkung der Rechte eines Grundstückseigentümers** zugunsten eines Dritten (hier: Verfügungsverbot, Vollmacht zum Verkauf und zur Einziehung des Erlöses) keine zur Aussonderung berechtigenden Ansprüche schaffen kann. Das ursprünglich unbeschränkte Volleigentum könne nicht durch eine schuldrechtliche Absprache zu aussonderungsfähigem Treuhandeigentum werden. Eine zur Aussonderung berechtigende Treuhandabrede bedürfe daher neben der schuldrechtlichen auch einer **dinglichen Komponente** (siehe auch **BGH** v 20. 12. 2007 – IX ZR 132/06, NJW 2008, 1152 im Anschluss an MüKo-*Ganter* § 47 Rn 356 ff). Im Übrigen stützt der **BGH** die Ablehnung eines Aussonderungsrechts darauf, dass Ansprüche auf die Übertragung eines Grundstücks nur aussonderungsfähig seien, wenn sie durch Vormerkung gesichert sind (zu den Implikationen dieser Rspr gerade für die Konstruktion von sogen Asset Backed Securities u in Doppeltreuhand gehaltenen Grundschulden bei **Konsortialkrediten** *Fleckner* ZIP 2004, 585, 588 f; *Stürner* KTS 2004, 259 ff; *Hirschberger*, Die Doppeltreuhand in der Insolvenz, 2005 S 109 ff; *von Rom* WM 2009, 813).

In der Rechtsprechung gewinnt das **Bestimmtheitsprinzip** zunehmende Bedeutung. Bei **Vermischungen** des Treuguts mit dem sonstigen Vermögen des Treugebers müsse eine Aussonderung scheitern. Dies gilt etwa, wenn treuhänderisch abgetretene Forderungen vom Treuhänder eingezogen werden und der Erlös auf einem Konto eingeht, das auch als Eigenkonto des Treuhänders genutzt wird (**BGH** v 24. 6. 2003 – IX ZR 120/02, NJW-RR 2003, 1375; **BGH** v 20. 12. 2007 – IX ZR 132/06 NJW 2008, 1152). Das Treugut ist daher vom Eigenvermögen des Treuhänders getrennt zu halten (**BGH** 16. 11. 2007 IX ZR 194/04, BGHZ 174, 228 = ZIP 2008, 125 = NJW 2008, 655 = NZI 2008, 163 = EWiR 2008, 211 [Keller]; **BGH** 6. 4. 2006 IX ZR 185/04, ZIP 2006, 1009 = ZInsO 2006, 544 = NZI 2006, 403 = EWiR 2006, 501 [Homann]). Eine zur Aussonderung berechtigende Treuhandvereinbarung liegt auch dann nicht vor, wenn die konkrete Verwendung der zur Verfügung gestellten Gelder dem Schuldner überlassen wird (**BGH** 27. 5. 2003 IX ZR 169/02, BGHZ 155, 75 = NJW 2003, 3347 = ZIP 2003, 1506 = ZInsO 2003, 764 = NZI 2003, 533 = EWiR 2003, 2097 [Hölzle]). Zum **Kommissionär** s Rn 77 ff. 33b

bb) Insolvenz des Treugebers. Im Insolvenzverfahren über das Vermögen des Treugebers gehört das Treugut zur Insolvenzmasse iSv § 35, denn das Treugut ist haftungsrechtlich seinem Vermögen zugeordnet. Der Insolvenzverwalter kann somit Herausgabe des dem Treuhänder übertragenen Vermögens verlangen (RGZ 145, 253, 256; **BGH** NJW 1962, 1200; Jaeger/*Henckel* § 47 Rn 69; MüKo-*Ganter* § 47 Rn 359). Ein Aussonderungsrecht des Treuhänders in der Insolvenz des Treugebers kommt nicht in Betracht (*Kilger/K. Schmidt* § 43 KO Anm 9; *Andersen/Freihalter*, Aus- und Absonderungsrechte Rn 366; N/R/*Andres* § 47 Rn 37). 34

b) Eigennützige (echte) Treuhand. Die Hauptfall der eigennützigen Treuhand ist die **Sicherungstreuhand**, die bei **Sicherungsübereignung** und **Sicherungsabtretung** entsteht (vgl *Serick* Bd III § 35 S 265 ff; K/P/B/*Prütting* § 47 Rn 47; FK-*Joneleit/Imberger* § 47 Rn 43; N/R/*Andres* § 47 Rn 40). Bei der eigennützigen Treuhand bleibt das Treugut, obgleich formal auf den Treuhänder übertragen, haftungsrechtlich weiterhin dem Treugeber zugeordnet (vgl *Gerhardt*, Gläubigeranfechtung S 268 ff; *Henckel* FS Coing II 1982, S 137; *Gottwald/Gottwald* InsRHdb § 40 Rn 31). Das Treugut wird lediglich formal dem Treuhänder zugeordnet. 35

aa) Insolvenz des Treuhänders Bei Insolvenz des Sicherungsnehmers, der idR zugleich Gläubiger ist, hat der Treugeber daher grundsätzlich ein Aussonderungsrecht (BGHZ 11, 37 = NJW 1954, 190, 192; **BGH** v 3. 3. 1969, NJW 1969, 942; **BGH** v 19. 11. 1992, WM 1993, 83; *von Rom* WM 2008, 813; K/P/B/*Prütting* § 47 Rn 27; N/R/*Andres* § 47 Rn 40; Jaeger/*Henckel* § 47 Rn 58; MüKo-*Ganter* § 47 Rn 375). Voraussetzung für das Aussonderungsrecht ist immer, dass die gesicherte Forderung erfüllt wird (vgl *Serick* KTS 1970, 89, 91 ff; N/R/*Andres* § 47 Rn 40; K/P/B/*Prütting* § 47 Rn 27). Bei Sachen erfolgt die Aussonderung im Wege der Herausgabe und Rückübertragung, bei Forderungen durch Rückabtretung (*Gottwald/Gottwald* InsRHdb § 40 Rn 33). 36

bb) Insolvenz des Treugebers. Im Insolvenzverfahren über das Vermögen des Treugebers gewährt § 51 Nr 1 entsprechend der schon zur KO hM (RGZ 118, 209; RGZ 124, 75; **BGH** ZIP 1986, 720, 722; **BGH** WM 1987, 74, 76; **BGH** NJW 1962, 46; **BGH** WM 1965, 84; **BGH** WM 1977, 1422; *Kilger/* 37

K. Schmidt § 43 KO Anm 9) dem Treuhänder/Sicherungsnehmer, obgleich er formell Eigentümer ist, kein Aussonderungsrecht, sondern nur ein **Absonderungsrecht** (K/P/B/*Prütting* § 47 Rn 47; N/R/*Andres* § 47 Rn 40; MüKo-*Ganter* § 47 Rn 371). Haftungsrechtlich wird der eigennützige Treuhänder insofern so behandelt wie der Inhaber eines rechtsgeschäftlichen Pfandrechts. Dies ist gerechtfertigt, weil beim Sicherungseigentum der Sicherungszweck im Vordergrund steht (zu Einzelheiten siehe unten Rn 54 und § 51 Rn 2 ff).

38   c) **Einschaltung eines Strohmannes.** Wird der Treuhänder als sogen Strohmann zur Gründung und Führung eines Unternehmens verwendet, so kann der Treugeber (Hintermann) das Treugut im Insolvenzverfahren über das Vermögen des Strohmanns nicht aussondern, da es die Kreditgrundlage für das Auftreten des Strohmanns im Wirtschaftsverkehr bildet und der Befriedigung der Gläubiger des Strohmanns nicht vorenthalten werden kann (vgl **BGH** v 14. 12. 1959, BGHZ 31, 258, 264; **BGH** v 11. 12. 1963, WM 1964, 179; MüKo-*Ganter* § 47 Rn 370; *Gottwald/Gottwald* InsRHdb § 40 Rn 39).

39   **d) Der außergerichtliche Treuhandliquidationsvergleich.** Beim außergerichtlichen Treuhandliquidationsvergleich überträgt der Schuldner sein gesamtes Vermögen einem Treuhänder, der es mit der Aufgabe der Befriedigung der Gläubiger verwalten und verwerten soll. Der Treuhänder wird durch Vertrag zugunsten Dritter (§§ 328 ff BGB) vom Schuldner zugunsten der Gläubiger bestellt. Der Treuhänder hat die Interessen sowohl des Schuldners als auch der Gläubiger zu wahren, weshalb auch von einer doppelseitigen Treuhand gesprochen wird. Der Treuhänder ist im Zweifel berechtigt, das übertragene Vermögen zu verwerten und den Erlös an die Gläubiger auszuschütten. Durch die Übertragung der Vermögensgegenstände auf den Treuhänder erfolgt keine Schuldbefreiung, wenn dies nicht ausdrücklich im außergerichtlichen Vergleich vereinbart worden ist. Bei der unechten Treuhand verbleibt das Vermögen beim Schuldner. Der Treuhänder erhält lediglich die Befugnis zur Verwaltung des Schuldnervermögens, zur Verwertung desselben als Vertreter des Schuldners, wenn auch im eigenen Namen. Der Schuldner hat in der Insolvenz des Treuhänders ein Aussonderungsrecht (§ 47). In der Insolvenz des Treugebers (Schuldners) fällt bei Vereinbarung einer **auflösenden Bedingung** das Treuhandvermögen mit Verfahrenseröffnung automatisch zurück in die Insolvenzmasse des Treugebers. War eine unbedingte Übereignung gewollt, kommt allenfalls eine Insolvenzanfechtung nach den §§ 129 ff in Betracht (vgl auch *Jaeger/Henckel* § 47 Rn 77; *Pohle* MDR 1954, 111). Nach Auffassung von *Henckel* (Jaeger/Henckel § 47 Rn 77) ist beim außergerichtlichen Vergleich nicht ohne weiteres davon auszugehen, dass er als durch die Eröffnung des Insolvenzverfahrens auflösend bedingt gewollt sei. Ob dies der Fall ist, müsse durch Auslegung ermittelt werden. Die Rechtsfolge des § 161 Abs 2 BGB spreche regelmäßig gegen eine solche Auslegung. Ist das Treugut als **unbedingtes zweckgebundenes Eigentum** auf den Treuhänder übertragen worden, endet der Treuhandvertrag nicht automatisch mit der Eröffnung des Insolvenzverfahrens über das Vermögen des Treugebers, weil sich das Geschäftsbesorgungsverhältnis auf das Treugut und nicht auf die eigentliche Insolvenzmasse iSv § 35 bezieht, jedenfalls sofern alle Altgläubiger dem Vergleich zugestimmt haben. Das Treugut dient in solchen Fällen der Befriedigung lediglich der Altgläubiger. Soweit jedoch Altgläubiger vorhanden sind, die dem Vergleich nicht zugestimmt haben, gehört das Treugut in die Masse, so dass der Treuhandvertrag in diesem Fall nach § 116 beendet wird (Jaeger/*Henckel* § 47 Rn 77). Der Treuhänder hat wegen seiner eigenen Verwendungen für die Masse weder ein Recht auf abgesonderte Befriedigung noch einen Masseschuldanspruch nach § 55 (vgl **OLG Frankfurt** MDR 1954, 110; krit *Pohle* MDR 1954, 111).

39a   7. **Deckungs- und Refinanzierungsregister (§§ 30 ff PfandBG, §§ 22 a ff KWG).** Der Gesetzgeber hat zur Förderung der Refinanzierung mittels Verbriefungsgeschäften die Möglichkeit geschaffen, die Deckungswerte durch Eintragung in Register von der Insolvenzmasse des Originators (Pfandbriefbank oder Refinanzierungsunternehmen) zu separieren, um so die Insolvenzfestigkeit der Verbriefungstransaktion zu gewährleisten (allgemein *Obermüller* ZInsO 2005, 1079; *Pannen/Wolff* ZIP 2006, 52). Die Aussonderungsberechtigung wird für **Pfandbriefe** durch § 30 I PfandBG und für **Asset Backed Securities** (ABS) durch § 22 j I KWG positiv festgeschrieben. Pfandbriefe sind eine gesetzlich besonders geregelte Form von Schuldverschreibungen, bei denen bestimmte Vermögenswerte des Emittenten ausschließlich zur Befriedigung der Pfandbriefgläubiger zur Verfügung stehen. Die Separierung der Deckungswerte vom übrigen Vermögen des Emittenten erfolgt nicht durch deren dingliche Übertragung auf einen anderen Rechtsträger, sondern erst im Insolvenzfall durch die Bildung von Sondervermögen (Deckungsmassen). Insofern handelt es sich hier um eine Treuhandkonstruktion, weil die Emittentin die Deckungswerte im Interesse der Pfandbriefgläubiger hält. Als einfaches Treuhandgeschäft wäre die Aussonderungsfähigkeit von Treugut hinsichtlich der Deckungswerte wegen der fehlenden Beachtung des Unmittelbarkeitsprinzips nicht zweifelsfrei gewährleistet. Daher setzt die Aussonderungsfähigkeit von Deckungswerten voraus, dass diese in das **Deckungsregister** (§ 5 PfandBG) eingetragen worden sind. Unter dieser Voraussetzung fallen die Deckungswerte nicht in die Insolvenzmasse des Emittenten und stehen als Sondervermögen ausschließlich zur Befriedigung der Pfandbriefgläubiger zur Verfügung – allerdings gilt die Regel des § 41 I InsO für die Pfandbriefe nicht, so dass es nicht zu einer vorzeitigen Rückzahlung des Kapitals kommt. Zum Pfandbrief im Einzelnen (Bunte/Schimansky/Lwowski/*Stöcker* BankRHdb § 86 a).

V. Aussonderung aufgrund dinglicher Rechte § 47

Asset Backed Securities sind eine dem Pfandbrief verwandte Form der Refinanzierung (Ausführlich *Arlt*, True Sale Securitisation (2009); *Tollmann* WM 2005, 2017, 2018; zur insolvenzrechtlichen Behandlung insbesondere *Obermüller* FS Kreft S 427). Auch hierbei handelt es sich um Schuldverschreibungen, für deren Befriedigung bestimmte Vermögenswerte reserviert sind. Allerdings unterliegen ABS nicht den strengen gesetzlichen Anforderungen für Pfandbriefe. Bei den praktisch ganz im Vordergrund stehenden true-sale Transaktionen verkauft und überträgt eine Gesellschaft (Originator/Refinanzierungsunternehmen) Forderungen gegen Dritte an eine eigens zu diesem Zweck gegründete Gesellschaft (special purpose vehicle/Zweckgesellschaft). Die Zweckgesellschaft emittiert Anleihen am Kapitalmarkt, deren Rating entscheidend von der Bonität der vom Originator erworbenen Forderungen abhängt. Soweit für die übertragenen Forderungen Sicherheiten bestehen, ist es daher entscheidend, dass auch diese Sicherheiten vom Vermögen des Refinanzierungsunternehmen getrennt werden, damit diese nicht von einer eventuellen Insolvenz dieses Unternehmens erfasst werden. Insofern müssten an sich auch nichtakzessorische Sicherheiten auf die Zweckgesellschaft übertragen werden. Gerade bei Sicherheiten in Form von Buchgrundschulden ist – wegen der Buchpflichtigkeit der Übertragung nach §§ 1154 III, 873 BGB – die Übertragung mit einem erheblichen Zeit-, Verwaltungs- und Kostenaufwand verbunden (*Fleckner* ZIP 2004, 585). Um diese gerade bei großen Forderungsportfolien als prohibitiv empfundenen Kosten zu vermeiden, behilft sich die Praxis mit der Vereinbarung eines Treuhandverhältnisses zwischen Refinanzierungsunternehmen und Zweckgesellschaft, wonach das Refinanzierungsunternehmen diese Sicherheiten zunächst weiter treuhänderisch für die Zweckgesellschaft hält und eine dingliche Übertragung unter der aufschiebenden Bedingung der Verschlechterung der Vermögensverhältnisse vorgenommen wird. Gegen die Insolvenzfestigkeit solcher Konstruktionen bestehen berechtigte Bedenken nicht nur vor dem Hintergrund des Unmittelbarkeitsprinzips, sondern vor allem weil diese Treuhandverhältnisse die vom **BGH** zuletzt geforderte dingliche Komponente (BGHZ 155, 227, 231) in Gestalt einer Vormerkung vermissen lassen (*Tollmann* WM 2005, 2017, 2019). Schließlich dürfte auch die auf den Vermögensverfall bedingte Übertragung nach § 133 anfechtbar sein. Um solche Transaktionen dennoch zu ermöglichen, hat der Gesetzgeber in den §§ 22a ff KWG das Instrument eines **Refinanzierungsregisters** geschaffen (hierzu *Fleckner* WM 2006, 697; *ders* WM 2007, 2272). Vermögenswerte die in ein solches Register eingetragen werden, fallen nicht in die Insolvenzmasse des Refinanzierungsunternehmens, sondern können nach § 22j Abs 1 KWG vom Übertragungsberechtigten – also der Zweckgesellschaft – ausgesondert werden. Das Register dient dabei nicht der Herstellung von Publizität, sondern soll nur die haftungsrechtliche Zuordnung der Sicherheiten zum Vermögen der Zweckgesellschaft zweifelsfrei nachvollziehbar machen. Das Aussonderungsrecht bezieht sich nach § 22j Abs 1 S 2 KWG auch auf Surrogate, die an die Stelle der eingetragenen Gegenstände getreten sind. Dieses **Ersatzaussonderungsrecht** bezieht sich insbesondere auf das zur Erfüllung der besicherten Forderungen geleistete (Boos/Fischer/Schulte-Mattler/*Tollmann* KWG § 22j Rn 22). Siehe zu weiteren Einzelheiten und auch zur Kritik an der vom Gesetzgeber gewählten Lösung *Arlt*, True Sale Securitisation, S 550 ff; *Fleckner* WM 2007, 2272. Zur Anwendung des Refinanzierungsregisters für ausländische Kreditinstitute *Brocker* BKR 2007, 60. 39b

8. Besondere Kontoformen a) Treuhandkonten. Eröffnet der Kunde bei einer Bank ein Treuhandkonto (vgl hierzu *Canaris*, NJW 1973, 830), so ist allein der Treuhänder verfügungsberechtigt, wenn nicht ausdrücklich eine abweichende Vereinbarung getroffen wird (*Canaris* NJW 1973, 830, 831; *Obermüller* InsRBankpraxis Rn 2.84). Das Treuhandkonto genügt allerdings nicht dem zur Anerkennung eines Treuhandverhältnisses sonst teilweise geforderten **Unmittelbarkeitsprinzip** (Rn 33), da die Zahlungen auf das Konto regelmäßig nicht vom Treugeber, sondern von Dritten vorgenommen werden. Der **BGH** hat für das Treuhandkonto daher schon früh eine Ausnahme vom Unmittelbarkeitsprinzip anerkannt (**BGH** v 10.1.1963, BGHZ 11, 37; **BGH** v 14.5.1958, WM 1958, 1044; **BGH** v 7.4.1959, WM 1959, 686; **BGH** v 19.11.1992, WM 1993, 83. Siehe auch *Obermüller* InsRBankpraxis Rn 2.85; MüKo-*Ganter* § 47 Rn 393; *Ganter* FS Kreft, S 251; *Lange* NJW 2007, 2513). Notwendige Voraussetzung eines Aussonderungsrechts ist aber, dass das Konto offen ausgewiesen oder sonst nachweisbar ausschließlich zur Aufnahme von treuhänderisch gebundenen Fremdgeldern bestimmt ist (**BGH** v 24.6.2003 – IX ZR 120/02, ZIP 2003, 1404; **BAG** v 5.3.2008 6 AZR 1087/06 ZIP 2007, 2173). Die bloße Abrede, dass Forderungen, die einem Dritten zustehen, über das Konto des späteren Insolvenzschuldners laufen sollen, genügt nicht (**BGH** v 7.7.2005, ZIP 2005, 1465 EWiR 2005, 863 [*Gundlach/Frenzel*]). Die Annahme eines Treuhandkontos scheidet aus, wenn das Konto zugleich als Eigenkonto des Schuldners geführt wurde, die Trennbarkeit von Eigen- und Treuhandgut genügt insoweit nicht (ebenso **OLG Köln**, ZIP 2002, 947; aA *Canaris* BankvertragsR Rn 280). Auch **nach Beendigung des Treuhandvertrages** von einem Dritten versehentlich an den insolventen Treuhänder geleistete Zahlungen sollen aussonderungsfähig sein (**BGH** v 7.7.2005 – III ZR 422/04, ZIP 2005, 1465). Aussondern kann der Treugeber allerdings nur **gegenüber dem Insolvenzverwalter**, denn auch das Treuhandkonto fällt in die sogen Ist-Masse. Grundsätzlich hat der Treugeber nur dann Ansprüche gegen die Bank, wenn der Treuhänder ihm seine Rechte überträgt. Allerdings kann ein „automatischer Übergang" der Ansprüche stattfinden, wenn das Treugut unter der auflösenden Bedingung der Insolvenzeröffnung übertragen wurde (**OLG Köln** v 17.3.1987, ZIP 1987, 867). Es ist insoweit aber § 119 zu beachten, wonach Vereinbarungen, durch die im Voraus die Anwendung der §§ 103–118 ausgeschlossen oder be- 40

§ 47 *Aussonderung*

schränkt wird, unwirksam sind. Zur Zulässigkeit der **Aufrechnung** der Bank gegen Guthabenforderungen ihres Kunden aus dem Treuhandkonto mit Forderungen gegen den Kunden vgl *Obermüller* InsRBankpraxis Rn 2.87. IdR ist jedoch bei sogen **offenen Treuhandkonten** die Aufrechnungsbefugnis der Bank vertraglich ausgeschlossen (**BGH** v 25. 6. 1973, WM 1973, 895; **BGH** v 22. 6. 1987, WM 1987, 922; *Obermüller* InsRBankpraxis Rn 2.87).

41 *Obermüller* (DB 1973, 1833 ff) will die für Treuhandkonten vom Unmittelbarkeitsprinzip gemachte Ausnahme auf den Fall ausdehnen, dass mehrere einen Kredit an einen Dritten gewähren (**Konsortialkredit**) und dieser die verlangten Sicherheiten nur einem der Kreditgeber bestellt, der sie „treuhänderisch" für die anderen Kreditgeber mit verwaltet. Dem kann insoweit nicht zugestimmt werden, als *Obermüller* den anderen Kreditgebern in der Insolvenz des „Treuhänders" ein Aussonderungsrecht zubilligt. Auch *Hirschberger*, Doppeltreuhand, S 160 bejaht zwar ein Aussonderungsrecht, stellt aber klar, dass die Konsorten nicht Herausgabe des Sicherungsguts an sich verlangen können. Die Konsorten haben nur einen schuldrechtlichen Anspruch, der nicht auf Herausgabe eines nicht dem Schuldner gehörenden Gegenstandes, sondern auf interessengerechte Verwendung dem Treuhänder gehörender Sicherheiten gerichtet ist (*von Rom* WM 2008, 813, 817). Dieser Fall steht dem des Treuhandkontos nicht gleich. Während beim Treuhandkonto gerade noch von einem „Anvertrauen zu treuen Händen" gesprochen werden kann, weil es sachlich keinen Unterschied macht, ob der Auftraggeber selbst vereinnahmt und es dem Kontoinhaber bar übergibt, oder ob dieser es aufgrund Ermächtigung des Forderungsinhabers von den Schuldnern des Auftraggebers in bar erhält und dann auf Treuhandkonto nimmt (so die Begründung **BGH** NJW 1959, 1225), behält bei dem von *Obermüller* erörterten Fall jeder der mehreren Kreditgeber seine Forderung, und der „Treuhänder" wird nicht der soziarische Inhaber der Kreditforderungen, sondern bloß Treuhänder der Sicherung (siehe hierzu auch *Fleckner* ZIP 2004, 585, 588 f; *Stürner* KTS 2004, 259 ff). Ein Aussonderungsrecht der Konsorten lässt sich nur unter Verletzung des von der Rspr noch nicht ausdrücklich aufgegebenen Unmittelbarkeitsprinzips annehmen (so etwa *Hirschberger*, Doppeltreuhand, S 161). Zum Sicherheitenpool bei Konsortialkrediten s § 51 Rn 62.

42 **b) Anderkonten.** Das Anderkonto ist eine Unterart des Treuhandkontos. Es steht nur bestimmten Berufsgruppen offen, wie zB Notaren, Rechtsanwälten, Steuerberatern, Patentanwälten und Wirtschaftsprüfern (**BGH** ZIP 1989, 1466; *Canaris* NJW 1973, 833; *ders* BankvertragsR Rn 244 ff, 288). Anderkonten dienen der Aufnahme fremder Gelder oder von Wertpapieren, die vom sonstigen Vermögen und den sonstigen Konten des Treuhänders getrennt zu halten sind (**BGH** v 5. 11. 1953, NJW 1954, 190, 192; **BGH** v 7. 4. 1959, WM 1959, 686). Dies gilt selbst dann, wenn Dritte das Geld auf das Anderkonto überwiesen haben (**BGH** v 7. 4. 1959, WM 1959, 686). Auf Anderkonten hat die Rechtsprechung das Unmittelbarkeitsprinzip nie angewendet. Anderkonten gehören deshalb **bei Insolvenz des Treuhänders** nicht zur Insolvenzmasse iSv § 35 (**BGH** NJW 1965, 1046, 1048; *Canaris*, BankvertragsR Rn 294 b; *Andersen/Freihalter*, Aus- und Absonderungsrechte Rn 370). Der Treugeber kann die Guthaben in der Insolvenz des Inhabers des Anderkontos aussondern (K/P/B/*Prütting* § 47 Rn 28; *Gottwald/Gottwald* InsRHdb § 40 Rn 35; *Smid* § 47 Rn 30; MüKo-*Ganter* § 47 Rn 397). Soweit die Anderkontobedingungen früher vorsahen, dass auch der Insolvenzverwalter nicht ohne Zustimmung des Schuldners über die Anderkonten verfügen darf, stand dies im Widerspruch zu dem Verfügungsrecht des Verwalters nach § 80. Die neuen „Bedingungen für Anderkonten und Anderdepots von Rechtsanwälten und Gesellschaften von Rechtsanwälten" kennen diese Gestaltung nicht mehr. Mit der Eröffnung des Insolvenzverfahrens über das Vermögen des Kontoinhabers gibt das Kreditinstitut dem Insolvenzverwalter idR Nachricht vom Bestehen eines oder mehrerer Anderkonten und auf Verlangen Auskunft über den Kontostand oder die Werte (*Kilger/K. Schmidt* § 43 KO Anm 9; *Obermüller* InsRBankpraxis Rn 2.89). Im **Insolvenzverfahren über das Vermögen des Treugebers** kann der Insolvenzverwalter seine Ansprüche auf das Anderkontenguthaben nicht gegenüber der Bank, sondern nur im Innenverhältnis zwischen dem Treugeber und dem Kontoinhaber geltend machen (*Obermüller* InsRBankpraxis Rn 2.92).

43 **c) Separat- oder Sonderkonten.** Separat- oder Sonderkonten werden zu bestimmten Zwecken eingerichtet. Sie können rechtlich sowohl Eigenkonten des Verfügungsberechtigten als auch Fremdkonten sein (*Canaris*, BankvertragsR Rn 243). Im Insolvenzverfahren ist entscheidend, ob es sich im Einzelfall um ein Eigen-, Fremd- oder Treuhandkonto handelt. Bei Treuhandkonten kommt es wiederum darauf an, ob es sich um ein **verdecktes Treuhandkonto** oder ein **offenes Treuhandkonto** handelt. Sonderkonten für eigene Zwecke des Kontoinhabers fallen ohne weiteres in die Insolvenzmasse (*Obermüller* InsRBankpraxis Rn 2.95). Verdeckte Treuhandkonten in der Form eines Sonderkontos sind wie Eigenkonten zu behandeln (*Canaris*, BankvertragsR Rn 239, 246; *Obermüller* InsRBankpraxis Rn 2.95).

44 **d) Treuhandkonto des Insolvenzverwalters.** Eine Besonderheit im Insolvenzverfahren ist das Treuhandkonto des vorläufigen oder endgültigen Insolvenzverwalters bei Geschäftsfortführung im Insolvenzverfahren (Einzelheiten bei *Kreft*, FS Merz S 313 ff; *Kirchhof* FS Kreft, S 359; *Frind* ZInsO 2003, 778, 781 f, sowie die „Hamburger Leitlinien zum Insolvenzeröffnungsverfahren" ZInsO 2004, 24 ff = NZI 2004, 133, dazu *Bork* NZI 2005, 530). Soweit der Insolvenzverwalter mit Neugläubigern entweder im Insolvenzeröffnungsverfahren oder im eröffneten Verfahren wegen drohender Masselosigkeit

V. *Aussonderung aufgrund dinglicher Rechte* § 47

oder Massearmut vereinbart, dass deren Forderungen aus einem Konto zu befriedigen sind, das er aus dem Erlös der Veräußerung gelieferter Sachen erzielt, entsteht ein **Vollrechtstreuhandkonto** zugunsten des Kreditgebers oder Lieferanten (zur unzulässigen nachträglichen Genehmigung zur Einrichtung von Treuhandkonten durch den schwachen vorläufigen Insolvenzverwalter **AG** Hamburg v 20. 2. 2006, ZInsO 2006, 218). Der Insolvenzverwalter wird Inhaber des Treuhandkontos als Sondermasse. Den nicht in die Absprachen einbezogenen Gläubigern ist der Zugriff auf das Konto versagt. Es handelt sich nicht um einen Aussonderungsanspruch, sondern um eine Treuhandkontolösung, die außerhalb des Insolvenzverfahrens greift und unabhängig von einer etwaigen Masseverbindlichkeit iSv § 55 dem Lieferanten oder Kreditgeber eine Sicherung verschafft (vgl auch **BGH** v 12. 10. 1989, BGHZ 109, 47 = ZIP 1989, 1466).

e) **Tankstellen- und sonstige Agenturkonten.** Beim Tankstellenkonto handelt es sich um ein Geschäftskonto, dessen ausschließlicher Zweck darin besteht, die Erlöse aufzunehmen, die der Tankstelleninhaber aus dem Verkauf von Kraft- und Schmierstoffen einer bestimmten Mineralölgesellschaft über seine Tankstelle erzielt (*Obermüller* InsRBankpraxis Rn 2.93). Kontoinhaber ist der Tankstelleninhaber. Bei Versicherungsagenturen und Reisebüros werden ähnliche Konten als **Agenturkonten** bezeichnet. Die auf Agenturkonten oder Tankstellenkonten eingezahlten Gelder können in der Insolvenz über das Vermögen des Tankstellenpächters bzw Agenten vom Treugeber gem § 47 ausgesondert werden (*Obermüller* InsRBankpraxis Rn 2.94; MüKo-*Ganter* § 47 Rn 400). 45

f) **Sperrkonto.** Beim Sperrkonto ist die Verfügungsmacht des Berechtigten eingeschränkt. Dieser kann nur bei Erfüllung bestimmter Voraussetzungen oder nach Eintritt eines bestimmten Ereignisses oder Termins oder aufgrund der Zustimmung eines Dritten verfügen (vgl *Kollhosser* ZIP 1984, 389; *Obermüller* InsRBankpraxis Rn 2.96; *Liesecke* WM 1975, 289; *Canaris*, BankvertragsR Rn 250). Wird der Inhaber eines Sperrkontos insolvent, ist der Insolvenzverwalter im Verhältnis zur Bank nur berechtigt, diejenigen Rechte geltend zu machen, die auch dem Kontoinhaber zustanden (**BGH** v 15. 12. 1994, WM 1995, 352; *Bork* NJW 1981, 905; *Obermüller* InsRBankpraxis Rn 2.97). Deshalb muss er sich die Einrede der Bank wegen der Sperrvereinbarung entgegenhalten lassen (*Eckert* ZIP 1984, 1121). Der durch das Sperrkonto Begünstigte hat im Insolvenzverfahren über das Vermögen des Kontoinhabers kein Aussonderungsrecht. Ein Absonderungsrecht besteht nur, wenn ihm an dem Sperrkonto ein dingliches Recht bestellt worden ist, wie zB ein Pfandrecht (vgl **BGH** v 2. 5. 1984, ZIP 1984, 1118; *Canaris*, BankvertragsR Rn 258). 46

g) **Mietkautionskonto.** Eine Sonderform des Sperrkontos ist das Mietkautionskonto, bei dem der Mieter dem Vermieter im Rahmen eines Mietverhältnisses über Wohnraum eine bestimmte Geldsumme zur Sicherheit zur Verfügung zu stellen hat. Gem § 551 Abs 3 BGB hat der Vermieter den Kautionsbetrag getrennt von seinem Vermögen bei einem Kreditinstitut zu dem für Spareinlagen mit dreimonatiger Kündigungsfrist üblichen Zinssatz anzulegen. Die Trennung vom Vermögen des Vermieters erfolgt idR durch die offene Bezeichnung des Kontos als Treuhandkonto bzw Mietkautionskonto. Kommt der Vermieter dieser Verpflichtung nach, hat der Mieter im Fall der Insolvenz des Vermieters ein Aussonderungsrecht hinsichtlich des Kautionsbetrages einschließlich der Zinsen (**OLG** Düsseldorf ZIP 1988, 449; BayObLG v 8. 4. 1988, ZIP 1988, 789 = NJW 1988, 1796; **LG** München ZIP 1989, 254; *Derleder* NJW 1988, 2988; *Jauch* WM 1989, 277). Unterbleibt die Trennung, hat der Mieter lediglich eine Insolvenzforderung iSv § 38 (**BGH** v 20. 12. 2007 – IX ZR 132/06, NJW 2008, 1152; aA *Derleder* NZM 2004, 568, 577). Soweit im Insolvenzverfahren über das Vermögen des Vermieters dem Mieter ein Aussonderungsrecht zusteht, hat er dieses nicht gegenüber der Bank, sondern gegenüber dem Insolvenzverwalter geltend zu machen (BayObLG v 8. 4. 1988, ZIP 1988, 789). 47

h) **Konten pro Diverse (CpD).** CpD-Konten sind bankinterne Sammelkonten, auf denen Geschäftsvorgänge verschiedener Art von einer Vielzahl von Kunden, die kein eigenes Konto bei der betreffenden Bank unterhalten, abgewickelt werden (*Obermüller* InsRBankpraxis Rn 2.103). Einen speziellen Kontoinhaber gibt es nicht. Die Kunden haben keinen Auszahlungsanspruch gegen die Bank. Ob die Buchung auf einem CpD-Konto eine Gutschrift für eine bestimmte Person darstellt, ist nach den Umständen des Einzelfalles zu beurteilen, nämlich danach, ob es sich um eine vorläufige Buchung handelt, die sich in der Regel in angemessener Frist von selbst erledigt, oder ob die Bank verpflichtet sein sollte, jederzeit den Betrag an einen bestimmten begünstigten Kunden auszuzahlen (**BGH** v 5. 5. 1958, WM 1958, 776; **BGH** v 4. 12. 1958, WM 1959, 113; **BGH** v 15. 5. 1986, WM 1986, 1182; *Obermüller* InsRBankpraxis Rn 2.103). Ist im Einzelfall eine Plusbuchung bei dem insolventen Kunden erfolgt, gehört der Anspruch in die Insolvenzmasse (§ 35). Vgl *Andersen/Freihalter*, Aus- und Absonderungsrechte Rn 372; *Obermüller* InsRBankpraxis Rn 2.103. Im Insolvenzverfahren über das Vermögen des Kreditinstituts hat der Kunde lediglich eine Insolvenzforderung, die zur Tabelle gem § 174 anzumelden ist. 48

i) **Konten zugunsten Dritter.** Kommt zwischen der Bank und dem Kunden ein Kontovertrag zustande, der eine Drittbegünstigungsklausel enthält, so erwirbt der Dritte gem §§ 328 ff BGB ein Forderungsrecht gegen die Bank. Oftmals ist vorgesehen, dass der begünstigte Dritte den Anspruch auf das Guthaben erst zu einem späteren Zeitpunkt erlangen soll, wie zB mit Eintritt der Volljährigkeit oder im Fall 49

Brinkmann 821

des Todes des Kontoinhabers. Wird über das Vermögen des Kontoinhabers das Insolvenzverfahren eröffnet, bevor der Dritte einen Anspruch erworben hat, wird die Begünstigungsklausel gegenstandslos. Der Insolvenzverwalter kann das Guthaben uneingeschränkt verwerten (*Obermüller* InsRBankpraxis Rn 2.100). War der Anspruch des Dritten bereits vor Erlass eines allgemeinen Verfügungsverbots oder Insolvenzeröffnung über das Vermögen des Kontoinhabers entstanden, so steht das Guthaben dem Begünstigten zu, und er hat einen unmittelbaren Anspruch auf Auszahlung gegen die Bank, da das Guthaben nicht in die Insolvenzmasse des Kontoinhabers fällt. Hier bleibt nur die Insolvenzanfechtung.

49a j) **Arbeitszeitkonten.** Wird einem Arbeitnehmer auf einem sogenannten Arbeitszeitkonto, welches der Arbeitgeber in seinem Namen führt, vorgeleistete Arbeit gutgeschrieben, die erst in einer folgenden Abrechnungsperiode vergütet werden soll, so unterliegt das Guthaben dieses Kontos in der Insolvenz des Arbeitgebers nicht der Aussonderung durch den Arbeitnehmer (**BAG** v 24. 9. 2003 – 10 AZR 640/02, NZI 2005, 122). Die Vorleistungen des Arbeitnehmers sind in das Vermögen des Arbeitgebers übergegangen, so dass sie Bestandteil der Insolvenzmasse geworden sind. Selbst wenn man das Arbeitszeitguthabenkonto als Treuhandkonto deuten würde, lägen hier doch die Voraussetzungen einer Aussonderung nicht vor, da hier weder der Treugeber unmittelbar auf das Konto eingezahlt hat noch Dritte Forderungen des Treugebers über dieses Konto beglichen haben (vgl Rn 41), sondern der Schuldner selbst die Einzahlungen vorgenommen hat. Soweit es an einer Verdinglichung der Rechtsstellung des Arbeitnehmers – etwa durch Verpfändung – fehlt, ist die Aussonderung daher ausgeschlossen (im Einzelnen zu Arbeitszeitkonten *Skorczyk/Klups/Jacobsen* BB 2007 Beilage Nr 4; siehe auch *Passarge* NZI 2006, 20).

49b Zur Insolvenzsicherung solcher **Wertguthaben** sollen nach dem **Gesetz v 21. 12. 2008 zur Verbesserung der Rahmenbedingungen für die Absicherung flexibler Arbeitszeitregelungen** (BT-Drs 16/10.289, BGBl I S 2940) entsprechende Konten bei einem Dritten unter Ausschluss der Rückführung in das Vermögen des Arbeitgebers geführt werden, § 7 e Abs 2 SGB IV nF. Dem Gesetzgeber schwebt hier offenbar die Einrichtung offener Treuhandkonten für solche Wertguthaben vor. Nach § 7 e Abs 2 S 2 SGB IV nF sollen allerdings auch andere Formen der Sicherung zulässig sein (etwa Verpfändung des Arbeitszeitkontos), sofern sie zu einer Absicherung des Arbeitnehmers vor einer Insolvenz des Arbeitgebers führen. Keine geeigneten Vorkehrungen sind lediglich bilanzielle Rückstellungen, da diese kein Aussonderungsrecht begründen, § 7 e Abs 3 SGB IV nF.

50 k) **Gemeinschaftskonten.** Gemeinschaftskonten sind Konten mit Einzelverfügungsbefugnis mehrerer Kontoinhaber (Oder-Konten) und Konten mit gemeinschaftlicher Verfügungsbefugnis (Und-Konten). Bei Eröffnung des Insolvenzverfahrens über das Vermögen eines der Konteninhaber wird das Kontokorrentverhältnis der Bank nicht beendet. Gem § 84 Abs 1 fällt das Konto nicht in die Insolvenzmasse. Die Teilung erfolgt vielmehr außerhalb des Insolvenzverfahrens (*Andersen/Freihalter*, Aus- und Absonderungsrechte Rn 375; *Obermüller* InsRBankpraxis Rn 2.18). Bei sogen **Und-Konten** kann der insolvente Kunde seine Rechte an dem Konto nicht mehr ausüben. Da gemeinschaftliche Verfügungsbefugnis besteht, kann der Insolvenzverwalter nur mit dem anderen Kontoinhaber verfügen (MüKo-*Ganter* § 47 Rn 407). Über ein sogen **Oder-Konto** dagegen kann der einzelverfügungsbefugte Mitinhaber weiter verfügen. Zahlungseingänge können, da das Gemeinschaftskonto nicht in die Insolvenzmasse des Mitinhabers fällt, auch nach Eröffnung des Insolvenzverfahrens noch auf dem Konto gut geschrieben werden (*Obermüller* InsRBankpraxis Rn 2.68). Bei Einzelverfügungsbefugnis ist die Bank – anders als nach § 428 BGB – verpflichtet, an denjenigen zu zahlen, der zuerst die Auszahlung des Guthabens verlangt (**BGH** v 29. 11. 1989, WM 1990, 239; **OLG** Köln v 14. 6. 1989, DB 1989, 2017; **OLG** Düsseldorf v 15. 10. 1987, BB 1987, 2329; *Obermüller* InsRBankpraxis Rn 2.72). Der Insolvenzverwalter über das Vermögen des Kontomitinhabers ist gem § 80 Abs 1 berechtigt, den Anspruch auf das Guthaben geltend zu machen. Auch der andere Mitinhaber kann die Auszahlung des Guthabens an sich verlangen, was einem Aussonderungsrecht gleichkommt. Um dem „Wettlauf" auf das Guthaben zu begegnen, ist der Insolvenzverwalter berechtigt, die Einzelverfügungsbefugnis zu widerrufen mit der Folge, dass die Bank nicht mehr an den anderen Kontoinhaber leisten darf (*Obermüller* InsRBankpraxis Rn 2.74). Erfolgt die Auseinandersetzung des Gemeinschaftskontos außerhalb des Insolvenzverfahrens gem § 84 Abs 1, kann der nicht insolvente Mitinhaber seinen Anteil beanspruchen. Nach *Andersen/Freihalter* (Aus- und Absonderungsrechte Rn 375) steht ihm hinsichtlich solcher Ansprüche, die aus einem dem Gemeinschaftskonto zugrunde liegenden Rechtsverhältnis resultieren, ein **Absonderungsrecht** zu. Das Absonderungsrecht bezieht sich auf das bei der Teilung ermittelte Guthaben des Insolvenzschuldners.

51 l) **Depotverwahrung.** Bei Depotverträgen ist zu unterscheiden zwischen Einzeldepots und Gemeinschaftsdepots. Beim Einzeldepot fällt der Depotinhalt in die Insolvenzmasse, und das Kreditinstitut kann nur noch an den Insolvenzverwalter leisten (*Obermüller* InsRBankpraxis Rn 2.132; *Canaris*, BankvertragsR Rn 2203 ff). Übergibt die Bank in Unkenntnis der Insolvenzeröffnung die Wertpapiere an den insolventen Depotinhaber, wird sie aus ihrer Verpflichtung aus dem Depotvertrag nach Maßgabe des § 82 befreit (*Obermüller* InsRBankpraxis Rn 2.138). Beim **Gemeinschaftsdepot mit Einzelverfügungsbefugnis** kann sowohl der Insolvenzverwalter als auch der nicht insolvente Depotmitinhaber die Herausgabe der Wertpapiere von der Bank verlangen. Besteht dagegen **gemeinschaftliche Verfügungsbe-**

V. Aussonderung aufgrund dinglicher Rechte § 47

fugnis und wird ein Depotmitinhaber insolvent, so ist der Insolvenzverwalter nur mit dem anderen zusammen berechtigt, über die Wertpapiere zu verfügen. Unerheblich ist dabei, ob sich die Wertpapiere in Sonderverwahrung oder Girosammelverwahrung befinden (vgl **OLG Hamm** 21. 2. 1990, WM 1991, 130; *Obermüller* InsRBankpraxis Rn 2.134). Es handelt sich insoweit **nicht um eine Aussonderung**, denn eine solche kommt nur in Betracht, wenn das Kreditinstitut insolvent wird. Im Insolvenzverfahren über das Vermögen der Bank kann der Kunde die von ihr selbst oder bei einer anderen Bank verwahrten Wertpapiere einschließlich der Zinsen und Dividendenansprüche aussondern (vgl *Heinsius* FS *Henckel* S 387, 393; *Gottwald/Gottwald* InsRHdb § 40 Rn 40). Hat die Bank allerdings die Zinsen und Dividende dem Kunden bereits gutgeschrieben, hat dieser nur eine einfache Insolvenzforderung (§ 38) gegen die Bank. Der Kunde, dem vereinbarungsgemäß im Ausland angeschaffte und dort aufbewahrte Wertpapiere nach Maßgabe der „Sonderbedingungen für Auslandsgeschäfte in Wertpapieren" in Wertpapierrechnung gutgeschrieben worden sind, hat im Insolvenzverfahren über das Vermögen der inländischen Depotbank hinsichtlich der Wertpapiere ebenfalls ein Aussonderungsrecht nach § 47 (*Heinsius* FS *Henckel* S 387, 393). Das durch die Sonderbedingungen begründete fiduziarische Treuhandverhältnis ist für jedermann offenkundig und die Identität des Treuguts steht in diesen Fällen fest (*Heinsius* FS *Henckel* S 387, 393). Bei **Sammelverwahrung** erlischt mit der Eröffnung des Insolvenzverfahrens über das Vermögen der Bank der Depotvertrag gem § 116. Der Bankkunde als Hinterleger hat jedoch ein Aussonderungsrecht an den in Sammelverwahrung befindlichen Effekten (*Canaris*, BankvertragsR Rn 2208; MüKo-*Ganter* § 47 Rn 420).

Befinden sich die **Wertpapiere in Sonderverwahrung** (Streifbanddepot iSv § 2 DepotG), kann die Herausgabe im Wege der Aussonderung nach den §§ 1011, 432 BGB nur in der Weise verlangt werden, dass der einzelne Miteigentümer Leistung an alle verlangt (*Obermüller* InsRBankpraxis Rn 2.135). Bei einem **Girosammeldepot** verliert der Eigentümer sein Alleineigentum. Er wird Miteigentümer an dem Sammelbestand (§§ 5, 6 DepotG). Die Aussonderung im Insolvenzverfahren über das Vermögen der Bank erfolgt durch Geltendmachung des dinglichen Herausgabeanspruchs auf Auslieferung einer bestimmten Anzahl von Wertpapieren derselben Art. Damit wird der bisherige Miteigentümer Alleineigentümer der Wertpapiere (K/P/B/*Prütting* § 47 Rn 63). Die Aussonderung erfolgt durch Herausgabe der entsprechenden Wertpapiere nach § 7 DepotG. Im Insolvenzverfahren über das Vermögen des Depotinhabers übt der Insolvenzverwalter die Rechte gegenüber dem Kreditinstitut aus. Bei der **unregelmäßigen Wertpapierverwahrung** iSv §§ 13, 15 DepotG, die dem Grundfall des § 700 BGB entspricht, hat der Hinterleger seine dingliche Rechtsstellung verloren. Unregelmäßige Verwahrung liegt vor, wenn entweder der Verwahrer oder ein Dritter unmittelbar mit der Übergabe in die Verwahrung Eigentum an den hinterlegten Wertpapieren erhalten soll. Solchenfalls ist der Verwahrer nicht verpflichtet, genau die in Verwahrung gegebenen Wertpapiere zurückzugeben, sondern nur Wertpapiere derselben Art (§ 15 Abs 1 DepotG). Demgemäß steht dem Hinterleger ein Aussonderungsrecht nicht zu. Er kann seine Forderung gegen die Bank allenfalls als einfache Insolvenzforderung zur Tabelle anmelden (MüKo-*Ganter* § 47 Rn 415; K/P/B/*Prütting* § 47 Rn 64; *Andersen/Freihalter*, Aus- und Absonderungsrechte Rn 355). 52

Im Insolvenzverfahren über das Vermögen einer **Kapitalanlagegesellschaft** wird das Sondervermögen der Anleger (§ 6 KAGG) selbst dann nicht Insolvenzmasse iSv § 35, wenn es der Gesellschaft treuhänderisch übertragen worden war (§ 13 Abs 3 S 2 KAGG). Zur Aussonderung ist jedoch nach § 14 KAGG nur die Depotbank berechtigt, die das Sondervermögen verwahrt hat (*Gottwald/Gottwald* InsRHdb § 40 Rn 41). Die Depotbank wird Eigentümerin und hat das Sondervermögen auf die Anteilsinhaber zu verteilen (*Canaris*, BankvertragsR Rn 2414, 2456, 2476 ff; MüKo-*Ganter* § 47 Rn 424). 53

Im Insolvenzverfahren über das Vermögen eines **Sicherheitentreuhänders** sind wegen der nur schuldrechtlichen Struktur der Abrede die Anleihegläubiger nicht berechtigt, die Aussonderung der Ausleihesicherung zu fordern (**BGH** v 24. 6. 2003, BGHZ 155, 227 = NJW 2003, 3414. Siehe auch oben Rn 32 ff; sowie *Fleckner* ZIP 2004, 585, 588 f; *Stürner* KTS 2004, 259, 273; **aA** *Heinsius* FS *Henckel* S 387, 394 f; *von Rom* WM 2008, 813 unter Einschränkung des Unmittelbarkeitsprinzips). Das gilt auch für Sicherheiten für ein Schuldscheindarlehen bei Insolvenz des ersten Darlehensgebers oder für die Sicherheiten beim **Konsortialkredit** im Insolvenzverfahren über das Vermögen der das Konsortium führenden Bank. 53a

9. Sicherungseigentum. Die Sicherungsübereignung bzw Sicherungsabtretung ist das typische Sicherungsmittel eines Geldkreditgebers. Die Sicherungsübereignung entsteht typischerweise durch Übereignung und Vereinbarung eines Besitzkonstituts nach den §§ 929, 930, 868 BGB. Einzelheiten bei KS-*Gottwald/Adolphsen* S 1043, 1050 Rn 24; *Palandt/Bassenge* § 930 BGB Rn 15; *Reinicke/Tiedtke*, Kreditsicherung S 130; K/P/B/*Prütting* § 47 Rn 22; *Häsemeyer* InsR Rn 18.27. Zu Voraussetzungen und Grenzen im Einzelnen bei § 51 Rn 2 ff. 54

a) **Insolvenz des Sicherungsnehmers.** In der Insolvenz des Sicherungsnehmers gehört das Sicherungsgut nicht zur Insolvenzmasse (§ 35). Der Sicherungsgeber kann den sicherungsübereigneten Gegenstand trotz fehlendem Eigentum nach § 47 aussondern (RGZ 133, 84; BGHZ 11, 37; FK-*Joneleit/Imberger* § 47 Rn 25; *Smid* § 47 Rn 14; K/P/B/*Prütting* § 47 Rn 23; *Andersen/Freihalter*, Aus- und Absonderungsrechte Rn 423; *Gottwald/Gottwald* InsRHdb § 43 Rn 49; HK-*Lohmann* § 47 Rn 21). Das Aussonderungsrecht des Sicherungsgebers lässt sich mit der treuhänderischen Bindung des Sicherungsguts 55 und der Ähnlichkeit mit dem Pfandrecht begründen (RGZ 118, 209; RGZ 124, 73, 75; BGHZ 72, 141, 146; **BGH** ZIP 1980, 40; BGHZ 80, 296, 299; *Kilger/K. Schmidt* § 43 KO Anm 9; *Mohrbutter/Vortmann* Hdb Rn 6.283; *Serick* Bd III § 35 I 1). Nach Feststellung von KS-*Gottwald/Adolphsen* (S 1052 Rn 29) wird „der Inhalt des Sicherungseigentums durch die schuldrechtliche Sicherungsabrede so stark überlagert, dass der Sicherungsabrede quasi-dingliche Wirkung zukommt" (so auch FK-*Joneleit/ Imberger* § 47 Rn 26). Nach Sinn und Zweck der Sicherungsvereinbarung soll das Sicherungseigentum dem Sicherungsnehmer nicht endgültig gehören und auch seinen Gläubigern nicht als Haftungsobjekt dienen, sondern bloß seine Forderung sichern (vgl *Serick* Bd III § 35 II 2 a; *Baur/Stürner* II Rn 15.11; *Lwowski* ZIP 1980, 953, 955; KS-*Gottwald/Adolphsen* S 1052 Rn 29). Das Sicherungsgut gehört daher haftungsrechtlich zum Vermögen des Sicherungsgebers. Das Aussonderungsrecht steht dem Sicherungsgeber aber nur zu, wenn der Sicherungszweck entfallen ist oder er die gesicherten Forderungen tilgt (**BGH** v 10. 1. 1963, NJW 1964, 190; K/P/B/*Prütting* § 47 Rn 23; *Bork,* Einf Rn 240; *Serick* Bd III § 35 II 2 a, III 2; *ders* KTS 1970, 89, 91; N/R/*Andres* § 51 Rn 8). Der Sicherungsgeber hat nach hM kein Recht, die Forderung vorzeitig zu tilgen, um auf diese Weise sein Aussonderungsrecht realisieren zu können (*Gottwald/Gottwald* InsRHdb § 43 Rn 49; K/P/B/*Prütting* § 47 Rn 23; *Serick* Bd III § 35 II 2 b). In der Praxis empfiehlt es sich, mit dem Insolvenzverwalter über das Vermögen des Sicherungsnehmers eine Vereinbarung zu treffen, dass die gesicherte Forderung vorzeitig getilgt wird, damit der Insolvenzmasse Liquidität zugeführt wird.

56 **b) Insolvenz des Sicherungsgebers.** Im Insolvenzverfahren über des Vermögen des Sicherungsgebers steht im Vordergrund, dass das Sicherungsgut nur der Sicherung einer Forderung dient und im Verhältnis zum Sicherungsgeber pfandrechtsartige Bedeutung hat. Konsequenterweise hat der Sicherungsnehmer daher nur ein **Absonderungsrecht nach § 51 Nr 1.** Hierzu im Einzelnen bei § 51 Rn 2 ff.

57 **c) Insolvenz eines Drittbesitzers.** Befindet sich das Sicherungsgut im Besitz eines Dritten, wie zB ein zur Sicherheit übereignetes Kraftfahrzeug im Besitz der Reparaturwerkstatt, und wird über das Vermögen der Reparaturwerkstatt bzw des Inhabers das Insolvenzverfahren eröffnet, so kann der Sicherungseigentümer das Sicherungsgut aussondern (*Gottwald/Gottwald* InsRHdb § 43 Rn 52). Aufgrund seines obligatorischen Herausgabeanspruchs ist aber auch der Sicherungsgeber berechtigt, die Aussonderung zu verlangen (*Gottwald/Gottwald* InsRHdb § 43 Rn 52).

58 **10. Sicherungszession.** Ebenso wie beim Sicherungseigentum hat der Gesetzgeber in § 51 Nr 1 dem Sicherungszessionar lediglich ein Absonderungsrecht im Insolvenzverfahren über das Vermögen des Sicherungsgebers zugebilligt. Hierdurch wird die Sicherungszession der Forderungsverpfändung gleichgestellt, da sie wirtschaftlich nur Sicherungszwecke erfüllt. Insolvenzrechtlich gilt insoweit das Gleiche wie für das Sicherungseigentum. Siehe im Einzelnen § 51 Rn 20 ff. Der Sicherungszedent hat entsprechend in der Insolvenz des gesicherten Zessionars ein Aussonderungsrecht kraft seiner treuhänderischen Berechtigung an der nur sicherungshalber abgetretenen Forderung.

59 **11. Lieferantenpool.** Beim Lieferantenpool schließen sich verschiedene Verkäufer, die an den Schuldner oder das Schuldnerunternehmen unter Eigentumsvorbehalt geliefert haben, zusammen, um das Aussonderungsrecht gemeinsam gegenüber dem Insolvenzverwalter geltend zu machen (vgl K/P/B/*Prütting* § 47 Rn 41; FK-*Joneleit/Imberger* § 47 Rn 13–16; N/R/*Andres* § 47 Rn 9). Siehe ausführlich zu Formen, Zulässigkeit und Anfechtbarkeit des **Sicherheitenpools,** der die Durchsetzung von Absonderungsrechten erleichtern soll bei § 51 Rn 46 ff (vgl auch *Steinwachs* NJW 2008, 2231; *Burgermeister,* Sicherheitenpool S 9 ff; *Lösler* ZInsO 2003, 773 ff; MüKo-*Ganter* § 47 Rn 362, 189 ff; *Reinicke/Tiedtke,* WM 1979, 186 ff). Die rechtliche Zulässigkeit der Poolbildung ist heute anerkannt, wenn auch unter der nachdrücklichen Prämisse, dass die in einem Pool zusammengeschlossenen Gläubiger durch die Poolbildung nicht mehr Rechte im Insolvenzverfahren haben können, als sie ohne Poolbildung hätten. Durch die Poolbildung kann die materiell-rechtliche Lage ebenso wenig verändert werden wie die Haftungssituation (N/R/*Andres* § 47 Rn 9). Allerdings kann durch die Poolbildung die **Problematik der Bestimmtheit oder Bestimmbarkeit** von Aussonderungsrechten in den außergerichtlichen Bereich verlagert werden, wenn dem Pool der Nachweis gelingt, dass der Gegenstand nicht zur Insolvenzmasse des Schuldners gehört. Die Frage der **Anteilsbestimmung** ist später eine Sache, die unter den Miteigentümern auszutragen ist. Ist jedoch nur ein Miteigentümer dem Pool nicht beigetreten, ist der Pool gezwungen, seinen Miteigentumsanteil nachzuweisen. Die Mitgliedschaft in einem Pool ist freiwillig. Niemand kann gezwungen werden, einem Miteigentümer-Pool beizutreten. Eine Ausnahme gilt lediglich für die bloße Bruchteilsgemeinschaft (§§ 741 ff, 1008 ff BGB), die kraft Gesetzes entsteht. An ihr sind auch Mitberechtigte beteiligt, die sich dem Pool nicht angeschlossen haben (*Burgermeister,* Sicherheitenpool S 11; *Gottwald/Gottwald* InsRHdb § 44 Rn 10).

60 Der **Vorteil des Pools** liegt darin, dass Aussonderungsrechte durchgesetzt werden können, die als Einzelrechte **mangels ausreichender Bestimmtheit** nicht aussonderungsfähig wären (vgl *Gundlach/Frenzel/ Schmidt* NZI 2003, 142 ff; *Häsemeyer* InsR Rn 18.64–18.67; MüKo-*Ganter* § 47 Rn 189 ff; FK-*Joneleit/Imberger* § 47 Rn 13; N/R/*Andres* § 47 Rn 9, 10; BerlKo-*Breutigam* § 47 Rn 51, 52, 54). Kann der Pool im Einzelfall nachweisen, dass alle Miteigentümer an einem Gegenstand, bei dem die Anteile

der Einzelnen nicht mehr bestimmbar sind, dem Pool angehören, so steht fest, dass die Sache nicht zum Schuldnervermögen gehört, so dass folglich der Aussonderungsanspruch nicht verneint werden kann (**BGH WM 1958, 899**; *Jaeger/Henckel* § 47 Rn 90). Haben zB mehrere Poolmitglieder gleichartige Sachen beim Schuldner eingelagert, die miteinander vermischt oder vermengt worden sind, oder werden die von mehreren Lieferanten unter EV gelieferten Waren miteinander vermischt oder zu einer neuen Sache verarbeitet, so steht nach zutreffender Auffassung von *Henckel* (*Jaeger/Henckel* § 47 Rn 90) fest, dass die neue Sache oder vermischte Menge nicht zur Insolvenzmasse iSv § 35 gehört. Deshalb könne sie ausgesondert werden. Verlangen die Poolmitglieder gemeinsam Schadenersatz oder verlangt einer von ihnen, dass der Insolvenzverwalter an sie gemeinsam Ersatz leistet (§§ 1011, 432 BGB), so kommt es nach Auffassung von *Jaeger/Henckel* wiederum auf die Bestimmbarkeit ihrer Anteile nicht an. Die Frage werde erst für die Auseinandersetzung der Miteigentümer interessant. Anders nur, wenn ein einzelner Gläubiger Schadenersatz wegen Verletzung seines Sicherungsrechts vom Insolvenzverwalter verlange. In diesem Fall müsse der Gläubiger seinen Anteil konkretisieren und spezifizieren. Aussonderungsberechtigte Gläubiger, die nicht am Pool beteiligt sind, können ihre Rechte ungehindert individuell verfolgen (**BGH ZIP 1982, 543, 545**; *Jauernig* ZIP 1980, 318; *Andersen/Freihalter*, Aus- und Absonderungsrechte Rn 200).

Ein **Aussonderungsanspruch des Pools besteht nicht,** wenn der Schuldner oder das Schuldnerunternehmen selbst einen Miteigentumsanteil an der Sache hat, weil zB die unter EV gelieferten Waren mit Sachen des Schuldners vermischt worden sind oder weil der Schuldner bzw der Insolvenzverwalter den Kaufpreis für die Lieferung eines der Miteigentümer voll bezahlt hat. Der Erwerb des Miteigentumsanteils durch den Schuldner oder den Insolvenzverwalter führt zum Verlust des Anspruchs auf Herausgabe. An dessen Stelle tritt ein Anspruch der Miteigentümer gegen den Insolvenzverwalter auf **Aufhebung der Gemeinschaft** (§§ 749 BGB, 84 InsO). Einzelheiten bei Jaeger/*Henckel* § 47 Rn 91; MüKo-*Ganter* § 47 Rn 198. Hat sich das vorbehaltene Eigentum, das den Gläubiger zur Aussonderung berechtigte, durch Weiterveräußerung, Vermischung oder Vermengung aufgrund der Vereinbarung eines verlängerten oder erweiterten Eigentumsvorbehalts in ein Absonderungsrecht verwandelt, ist eine Poolbildung mit dem Ziel der gemeinschaftlichen Aussonderung nicht mehr möglich, denn der Pool kann keine bessere Rechtsposition erwerben, als das einzelne Mitglied vor der Übertragung seines Rechts an den Pool hatte. Etwas anderes gilt in den Fällen, in denen der Gläubiger durch Verbindung, Vermischung oder Verarbeitung Miteigentum an dem hergestellten Gegenstand erwirbt, denn dieses führt nicht zum Verlust des Aussonderungsrechts. Hatten **mehrere Lieferanten** unter der Klausel geliefert, ihnen solle jedem das **Alleineigentum an dem verarbeiteten Produkt** zustehen, so ist trotz kollidierender AGB der Wert der einzelnen Lieferungen (Rechnungswert) im Verhältnis zum Wert des Endprodukts maßgebend (MüKo-*Ganter* § 47 Rn 172, 200). Im Zweifel geht das Interesse eines jeden Vorbehaltsverkäufers nicht auf den Vollerwerb des Eigentums am Verarbeitungsprodukt, sondern nur auf die **Sicherung seiner Forderung**. Umstritten ist, ob sich das Sicherungsbedürfnis am Rohstoffwert oder am Rechnungswert orientiert (vgl *Serick* Bd IV § 45 IV S 213 ff). Nach Auffassung von *Serick* ist es zulässig, die Zuordnung eines Miteigentumsanteils aufgrund einer Verarbeitungsklausel derart vorzusehen, dass der Vorbehaltsverkäufer Miteigentümer in dem Verhältnis werden soll, das sich aus dem Wert eines gelieferten Materials zuzüglich des Verarbeitungswertes vom Wert des Fertigfabrikats ergibt. Nicht zu beanstanden sei auch eine Bemessungsgrundlage, die den Miteigentumsanteil dem Verhältnis des Wertes der gelieferten Vorbehaltsware zum Wert der anderen, für die Herstellung der Sache verwendeten Materialien errechnet (so *Serick* Bd IV § 45 V S 219).

Zu beachten ist, dass Änderungen der jeweiligen Sicherungsabreden einseitig durch einen oder mehrere Gläubiger nicht möglich sind. Es bedarf vielmehr der Zustimmung des Schuldners, die allerdings nach Verfahrenseröffnung gem § 91 Abs 1 unwirksam ist (HK-*Lohmann* § 51 Rn 19). Aber auch **wirksame Änderungen** von Sicherungsabreden sind gem § 131 anfechtbar, wenn sie innerhalb der letzten drei Monate vor Antragstellung vorgenommen worden sind (vgl zum alten Recht OLG Köln ZIP 1994, 1461; *Häsemeyer* InsR Rn 18.67; *Burgermeister*, Sicherheitenpool S 188 ff; BerlKo-*Breutigam* § 47 Rn 54; *Obermüller* InsRBankpraxis Rn 6.137). Nicht nur der Poolvertrag als solcher, sondern auch die Zustimmung des Schuldners zur Poolabsprache kann im Einzelfall der Anfechtung unterliegen (vgl OLG Köln ZIP 1994, 1461, 1463). Liegen die Voraussetzungen einer Insolvenzanfechtung vor, kann der Insolvenzverwalter dem Aussonderungsanspruch des Gläubigers die Einrede der Anfechtbarkeit entgegenhalten.

12. Nutzungsüberlassung durch Gesellschafter und Aussonderung. Die Regeln, die auf die Nutzungsüberlassung durch einen Gesellschafter an seine Gesellschaft Anwendung finden wurden durch das **MoMiG** (BGBl 2008 I 2026) grundlegend verändert (*Göck* ZInsO 2009, 170). Der Gesellschafter verliert durch die Nutzungsüberlassung nicht seine dingliche Berechtigung hinsichtlich des der Gesellschaft überlassenen Gegenstands. Allerdings kann er nach § 135 Abs 3 seinen Aussonderungsrecht während der Dauer des Insolvenzverfahrens, höchstens aber für ein Jahr ab Eröffnung des Insolvenzverfahrens, nicht geltend machen, wenn der überlassene Gegenstand für die Fortführung des schuldnerischen Unternehmens von erheblicher Bedeutung ist. Auf einen eigenkapitalersetzenden Charakter der Nutzungsüberlassung kommt es insoweit nicht an. Durch diese **Aussonderungssperre** wird das Unternehmen als

Funktionseinheit geschützt, indem das Aussonderungsrecht des Gesellschafters zeitlich gesperrt wird (Hirte WM 2008, 1429, 1431; § 135 Rn 21; vgl auch – allerdings zur Fassung des § 135 im Regierungsentwurf – *Heinze* ZIP 2008, 110).

63a Für **Altfälle** – also für Verfahren, die vor dem Inkrafttreten des MoMiG am 1. 11. 2008 eröffnet worden sind (§ 103 d EGInsO) – wird die alte Rechtslage maßgeblich bleiben (zum zeitlichen Anwendungsbereiche des alten und neuen Rechts *Hirte/Knof/Mock* NZG 2009, 48). Hiernach kommt es zunächst gemäß § 32 a aF GmbHG auf den eigenkapitalersetzenden Charakter der Nutzungsüberlassung an. Zu berücksichtigen ist insoweit auch die Anfechtbarkeit der Nutzungsüberlassung nach § 135 aF. Im eröffneten Verfahren geht es um die Frage, ob die überlassenen Gegenstände vom Gesellschafter ausgesondert werden können. Nach Auffassung des **BGH** ist der Gesellschafter nicht berechtigt, den kapitalersetzenden Gegenstand aus der Masse auszusondern, solange der Insolvenzverwalter berechtigt ist, das Nutzungsrecht für die Masse zu verwerten (**BGH** ZIP 1993, 1072, 1074; **OLG** Hamm GmbHR 1992, 755; *Lutter/Hommelhoff* §§ 32 a/b GmbHG Rn 147; *dies* ZGR 1979, 51; *Braun* ZIP 1983, 1180; *Schulze-Osterloh* ZGR 1983, 142). Hinsichtlich seines Rückforderungsanspruchs hat der Gesellschafter beim „normalen" kapitalersetzenden Darlehen lediglich eine nachrangige Insolvenzforderung iSv § 39 Abs 1 Nr 5. Soweit es sich um kapitalersetzende Nutzungsüberlassungen von Gegenständen des Anlage- und Umlaufvermögens handelt, entfällt mit der Verfahrenseröffnung über das Vermögen der Gesellschaft nicht nur der Anspruch auf Nutzungsentgelt; vielmehr ist der Gesellschafter für die **Dauer der vereinbarten Nutzungszeit** gehindert, sein Aussonderungsrecht nach § 47 geltend zu machen. Mit Verfahrenseröffnung geht zwar das Eigentum des Gesellschafters nicht verloren, in den Haftungsverband der Gesellschaft fällt jedoch das Nutzungsrecht, das der Insolvenzverwalter verwerten kann (vgl *Lutter/Hommelhoff* §§ 32 a/b GmbHG Rn 145 ff; *Scholz/K. Schmidt* §§ 32 a/b GmbHG Rn 57 ff, 120 ff). Ein Anspruch auf Ersatz des der Masse gebührenden Nutzungswerts besteht in den Fällen, in denen der Gesellschafter die weitere Nutzungsüberlassung dadurch vereitelt, dass er dem dem Nutzungsrecht unterliegenden Gegenstand veräußert (vgl **BGH** v 11. 7. 1994, BGHZ 127, 14, 31; vgl auch **OLG** Celle v 14. 7. 1998, OLG Report 1999, 75; **OLG** Dresden v 26. 11. 1998, NZG 1999, 309; *Scholz/K. Schmidt* §§ 32 a/b GmbHG Rn 131).

64 **Die Wirkung einer eigenkapitalersetzenden Gebrauchsüberlassung endet,** sofern das überlassene Grundstück mit einem Grundpfandrecht belastet war, in entsprechender Anwendung von §§ 146 ff ZVG, 1123, 1124 BGB mit dem Wirksamwerden des im Wege der Zwangsverwaltung erlassenen Beschlagnahmebeschlusses (**BGH** v 7. 12. 1998, KTS 1999, 145; zur Übertragung dieser Grundsätze auf das neue Recht s unten § 135 Rn 22). Entgegen der Auffassung von *Andersen/Freihalter* (Aus- und Absonderungsrechte Rn 180) wird die kapitalersetzende Leistung nicht etwa „quasi-Vermögen" der Gesellschaft. Vielmehr wird die materiell-rechtliche Eigentumsposition des Gesellschafters auch für den Fall der Insolvenzeröffnung über das Vermögen der Gesellschaft nicht berührt. Das **Risiko der Nutzungsmöglichkeit** tragen der Insolvenzverwalter und die Gesellschaftsgläubiger (BGHZ 127, 14, 31; *Lutter/Hommelhoff* §§ 32 a/b GmbHG Rn 148). Stellt sich heraus, dass der Insolvenzverwalter zB ein Grundstück nicht weiter verpachten kann und die Gesellschaft wegen Liquidation das Grundstück nicht zu nutzen vermag, wird man dem Gesellschafter das uneingeschränkte Aussonderungsrecht zubilligen müssen. Gleiches gilt, wenn er dem Insolvenzverwalter anbietet, einen dem Nutzungswert entsprechenden Geldbetrag in die Insolvenzmasse zu zahlen. Zu einer solchen Zahlung ist der Gesellschafter zwar nicht verpflichtet (vgl **BGH** DStR 1998, 1199; *Steinbeck* ZGR 1996, 136, 138); eine freiwillige Zahlung kann ihm jedoch nicht verwehrt werden, um die Aussonderung zu ermöglichen (*Lutter/Hommelhoff* §§ 32 a/b GmbHG Rn 148; str aA *Altmeppen* NJW 1994, 2354). Soweit die Nutzungsmöglichkeit verwertbar ist, richtet sich die **Dauer der „Zwangsüberlassung"** nach der vertraglichen Vereinbarung zwischen Gesellschafter und Gesellschaft oder der Üblichkeit (BGHZ 127, 1; *Scholz/K. Schmidt* §§ 32 a/b GmbHG Rn 131; *Lutter/Hommelhoff* §§ 32 a/b GmbHG Rn 149; *Hommelhoff/Kleindiek* FS GmbHG S 436; *Priester/Timm* [Hrsg], Abschied von der Betriebsaufspaltung, 1990, S 20 f; *Ulmer* FS Kellermann 1991, S 485, 499 f; *Bork* ZHR 1990, 234; *K. Schmidt* ZHR 1990, 250).

65 **13. Besitz.** Der Anspruch auf Wiedereinräumung des vom Schuldner fehlerhaft erlangten Besitzes (§ 861 BGB) begründet im Insolvenzverfahren über das Vermögen des Schuldners einen Aussonderungsanspruch iSv § 47 hinsichtlich des fehlerhaft erlangten Besitzes (**OLG** Düsseldorf v 9. 6. 2008, ZIP 2008, 1930; Jaeger/*Henckel* § 47 Rn 117; K/P/B/*Prütting* § 47 Rn 43; *Andersen/Freihalter*, Aus- und Absonderungsrechte Rn 263; FK-*Joneleit/Imberger* § 47 Rn 53; N/R/*Andres* § 47 Rn 45, 46; MüKo-*Ganter* § 47 Rn 326). Der Insolvenzverwalter kann sich gegen den Besitzschutzanspruchs aus § 861 nicht mit dem Nachweis der Massezugehörigkeit der Sache selbst verteidigen, denn der fehlerhafte Besitz ist in keinem Fall massezugehörig und kann daher ausgesondert werden (Jaeger/*Henckel* § 47 Rn 118; MüKo-*Ganter* § 47 Rn 326). Der Beseitigungsanspruch aus einer Besitzstörung (§ 862 BGB) setzt voraus, dass die Besitzstörung während des eröffneten Verfahrens noch fortbesteht (*Andersen/ Freihalter*, Aus- und Absonderungsrechte Rn 266; FK-*Joneleit/Imberger* § 47 Rn 53). Niesert (InVo 1998, 85, 89; *Andersen/Freihalter*, Aus- und Absonderungsrechte Rn 267, 268) hat die Frage aufgeworfen, ob die Geltendmachung des Beseitigungsanspruchs aus § 862 BGB gegenüber dem **vorläufigen Insolvenzverwalter** unter dem rechtlichen Gesichtspunkt eines Aussonderungsrechts zulässig ist. Die Frage

V. Aussonderung aufgrund dinglicher Rechte § 47

wird von *Niesert* unter dem Gesichtspunkt bejaht, dass es sich insoweit um eine Verbindlichkeit iSv § 55 Abs 2 handele. Durch die Aufrechterhaltung des störenden Zustandes durch den vorläufigen Insolvenzverwalter werde die Verbindlichkeit dementsprechend durch fehlerhafte Verwaltung herbeigeführt mit der Folge, dass das Verhalten des Verwalters unter § 55 Abs 1 Nr 1 zu subsumieren sei. Diese Frage ist vor allem im Bereich der Altlastenproblematik umstritten und kann allenfalls bei einem vorläufigen Verwalter mit Verwaltungs- und Verfügungsbefugnis relevant werden. Auch wenn es sich – anders als bei § 861 BGB – in § 862 BGB um einen „Verhaltensanspruch" handelt, nicht dagegen um einen Herausgabe- oder sonstigen Leistungsanspruch, kommt insoweit ein Aussonderungsrecht in Betracht (Jaeger/*Henckel* § 47 Rn 118; vgl auch *K. Schmidt* ZZP 90 [1977], S 38, 50).

14. Wegnahmerechte. Das in § 258 BGB geregelte **Wegnahmerecht**, das dem Mieter, Pächter (§§ 539 Abs 2, 581 BGB), Wiederverkäufer (§ 459 S 2 BGB), Entleiher (§ 601 Abs 2 BGB), Besitzer (§ 997 BGB), Nießbraucher (§ 1049 Abs 2 BGB), Pfandgläubiger (§ 1216 S 2 BGB) und Vorerben (§ 2125 Abs 2 BGB) zusteht, verschafft dem Berechtigten lediglich eine Insolvenzforderung iSv § 38. Demgegenüber bleibt der Mieter, Pächter oder Nießbraucher eines Grundstücks, der eine Einrichtung nur zum vorübergehenden Gebrauch während der Nutzungszeit mit dem Grundstück verbunden hat, Eigentümer der Einrichtung (§ 95 BGB), da es sich um **Scheinbestandteile** handelt. Er ist daher zur Aussonderung berechtigt (vgl Rn 10). 65a

15. Beschränkte dingliche Rechte. Auch hinsichtlich beschränkter dinglicher Rechte besteht ein Aussonderungsanspruch des Berechtigten. Ausgesondert werden kann aber nur das dingliche Recht selbst, nicht dagegen die belastete Sache oder das belastete Recht (RGZ 98, 145; Gottwald/*Gottwald* InsRHdb § 40 Rn 17; FK-*Joneleit/Imberger* § 47 Rn 46; *Kilger/K. Schmidt* § 43 KO Anm 5; MüKo-*Ganter* § 47 Rn 328). Ausgesondert werden kann ua der **Nießbrauch** (§§ 1030 ff BGB), ein **Erbbaurecht**, eine **Grunddienstbarkeit** (§§ 1018 ff BGB), beschränkte persönliche **Dienstbarkeiten** (§§ 1090 ff BGB) sowie ein **Wohnungsrecht** (§ 1093 BGB). Beim **dinglichen Vorkaufsrecht** (§ 1094 Abs 1 BGB) geht der Aussonderungsanspruch im Insolvenzverfahren über das Vermögen des Dritterwerbers auf Bewilligung der Umschreibung im Grundbuch (FK-*Joneleit/Imberger* § 47 Rn 46; *Kilger/K. Schmidt* § 43 KO Anm 5; Gottwald/*Gottwald* InsRHdb § 40 Rn 18). Im Insolvenzverfahren über das Vermögen des Vorkaufsverpflichteten kann das Grundstück nicht herausverlangt werden, nachdem der Insolvenzverwalter das Grundstück verkauft und der Berechtigte das Vorkaufsrecht geltend gemacht hat (Gottwald/*Gottwald* InsRHdb § 40 Rn 18). Das Vorkaufsrecht hat dem Dritten gegenüber nur die Wirkung einer Vormerkung (§ 1098 Abs 2 BGB). Bestreitet der Insolvenzverwalter das Bestehen des dinglichen Vorkaufsrechts, hat die Feststellung des Vorkaufsrechts allerdings Aussonderungscharakter (Jaeger/*Henckel* § 47 Rn 113; Gottwald/*Gottwald* InsRHdb § 40 Rn 18). Das persönliche Vorkaufsrecht (§§ 463 ff BGB) und das Vorkaufsrecht des Miterben (§§ 2034 ff BGB) begründen kein Aussonderungsrecht. Beim **Nießbrauch an einem Gesellschaftsanteil** kann der Nießbraucher den Nießbrauch als massefremde dingliche Berechtigung aussondern (*Blaurock*, Unterbeteiligung und Treuhand an Gesellschaftsanteilen 1981 S 283). Da bei Personengesellschaften die Insolvenz des Anteilsinhabers meist zu seinem Ausscheiden aus der Gesellschaft führt, besteht der Nießbrauch lediglich am Abwicklungsguthaben bzw am Liquidationserlös. **Pfandrechte** führen lediglich zu einem Absonderungsrecht an dem belasteten Gegenstand. Bestreitet aber der Insolvenzverwalter das Pfandrecht, sei es, dass er den Bestand des Rechts überhaupt in Abrede stellt, sei es, dass er es für den Insolvenzschuldner in Anspruch nimmt, wie zB eine Hypothek als Eigentümergrundschuld, so betrifft der Streit einen Aussonderungsanspruch. In diesem Fall wird die Nichtzugehörigkeit des Pfandrechts zur Masse geltend gemacht (RGZ 44, 3; RGZ 86, 240; Jaeger/*Henckel* § 47 Rn 112; Gottwald/*Gottwald* InsRHdb § 40 Rn 19). 66

16. Gewerbliche Schutz- und Nutzungsrechte. a) Patentrechte. Auch die absoluten Rechte des Immaterialgüterrechts wie Patent-, Gebrauchsmuster- Sortenschutz-, Halbleiterschutz-, Geschmacksmuster- und Urheberrechte berechtigen ihren Inhaber in der Insolvenz eines Dritten zur Aussonderung (zur Absonderung bei urheberrechtlichen Nutzungsrechten *C. Berger* FS Kirchhof, S 1). Der Erfinder oder sein Rechtsnachfolger können in der Insolvenz des nicht berechtigten Patentinhabers das Patent gem §§ 6, 8 PatG herausverlangen. Es handelt sich um einen dinglichen Anspruch auf Übertragung des Patents. Der Anspruch umfasst auch die Übertragung bereits erteilter Lizenzen (§ 15 Abs 2 PatG). Insoweit handelt es sich um einen Herausgabeanspruch, der im Insolvenzverfahren ein Aussonderungsrecht gewährt (Gottwald/*Gottwald* InsRHdb § 40 Rn 20; *Andersen/Freihalter*, Aus- und Absonderungsrechte Rn 312; K/P/B/*Prütting* § 47 Rn 72; *Kilger/K. Schmidt* § 43 KO Anm 8; MüKo-*Ganter* § 47 Rn 339). In der Insolvenz des Verletzers kann der Patentinhaber den Anspruch aus § 9 PatG aussondern. In der Insolvenz des Patentinhabers kann der Inhaber einer **ausschließlichen Lizenz** iSv § 30 Abs 4 PatG seinerseits das Lizenzrecht aussondern, da eine ausschließliche Lizenz stets dinglich wirkt (**BGH** v 23. 3. 1982, BGHZ 83, 251, 256 = NJW 1983, 1790; *Bausch* NZI 2005, 289). Dieses Recht wird allerdings vereitelt, wenn der Verwalter bezüglich dieser Verträge die Nichterfüllung nach § 103 (vgl LG Mannheim ZIP 2004, 576; siehe auch § 108 Rn 17. Zur insolvenzfesten Gestaltung von Lizenzverträgen siehe auch *Koehler/Ludwig* WRP 2006, 1342; *Hombrecher* WRP 2006, 219). 67

68 b) **Gebrauchsmusterrechte.** Auch Gebrauchsmuster können ausgesondert werden, wenn sie nicht zur Insolvenzmasse gehören. Dies ergibt sich für den Erfinder eines Gebrauchsmusters aus § 13 Abs 3 GbrMG, der insoweit auf §§ 6, 8 PatG verweist (*Andersen/Freihalter*, Aus- und Absonderungsrechte Rn 316; *Gottwald/Gottwald* InsRHdb § 40 Rn 20). Das gilt wegen der Verweisung in § 13 Abs 3 GbrMG auf § 12 PatG auch für das Vorbenutzungsrecht.

69 c) **Markenrechte.** Im Insolvenzverfahren über das Vermögen des Lizenznehmers fällt das Lizenzrecht an der Marke in die Masse. Im Übrigen kann der Markeninhaber gem §§ 14, 15 MarkenG das Markenrecht in der Insolvenz des unberechtigt Eingreifenden aussondern (*Gottwald/Gottwald* InsRHdb § 40 Rn 20; K/P/B/*Prütting* § 47 Rn 72, 73; *Andersen/Freihalter*, Aus- und Absonderungsrechte Rn 320). Behauptet der Insolvenzverwalter, dem Insolvenzschuldner und damit der Masse stehe ein Eingriffsrecht zu, stellt sich die Abwehr des Eingriffs in das Markenrecht ähnlich wie das Abwehrrecht des Eigentümers als ein Recht zur Aussonderung dar (*Jaeger/Henckel* § 47 Rn 107; *Andersen/Freihalter*, Aus- und Absonderungsrechte Rn 320). Vgl auch §§ 14, 15, 128, 135 MarkenG. Schadensersatzansprüche aus konkreten Verletzungen des Markenrechts führen allerdings nicht zur Aussonderung, sondern sind einfache Insolvenzforderungen nach § 38 oder Masseschulden iSv § 55 Abs 1 Nr 1 (K/P/B/*Prütting* § 47 Rn 74; *Gottwald/Gottwald* InsRHdb § 40 Rn 20). Im Übrigen kann die Aussonderung in sämtlichen vorgenannten Fällen nur verlangt werden, wenn der Insolvenzverwalter das Recht für die Insolvenzmasse in Anspruch nimmt.

70 d) **Geschmacksmusterrechte.** Auch die Rechte eines Entwerfers eines Geschmackmusters nach §§ 7 ff GeschmG berechtigen zur Aussonderung (BGH v 2. 4. 1998, WM 1998, 1037) Ebenso können **Internet-domains** ausgesondert werden (*Niesert/Kairies* ZInsO 2002, 510, 512; *Gottwald/Gottwald* InsRHdb § 40 Rn 20; *Andersen/Freihalter*, Aus- und Absonderungsrechte Rn 324; *Jaeger/Henckel* § 47 Rn 107).

71 **17. Software.** Softwareprogramme fallen bei Insolvenz von Unternehmen, soweit diese die Programme erworben oder entwickelt haben, in die Insolvenzmasse (*Paulus* in: Lehmann [Hrsg], Rechtsschutz und Verwertung von Computerprogrammen, S 857 Rn 52; *Andersen/Freihalter*, Aus- und Absonderungsrechte Rn 333). Ist die Software lediglich auf mietrechtlicher Grundlage überlassen worden, ist der Urheber grundsätzlich berechtigt, die Software auszusondern (im Einzelnen *Klauze*, Urheberrechtliche Nutzungsrechte in der Insolvenz, S 203). Da aber der Lizenzvertrag wie ein Miet- oder Pachtvertrag behandelt wird, greift die Regelung des § 103 ein mit der Folge, dass der Insolvenzverwalter wählen kann, ob er den Vertrag kündigen oder erfüllen will. Beabsichtigt der Insolvenzverwalter, die Nutzungsrechte zu verwerten, bedarf er grundsätzlich gem § 34 UrhG der Zustimmung des Urhebers. Die Zustimmung ist verzichtbar, wenn Nutzungsrechte als Teil des Geschäftsbetriebs veräußert werden (§ 34 Abs 3 UrhG; *Heitmann* KTS 1990, 437, 438; *Andersen/Freihalter*, Aus- und Absonderungsrechte Rn 336). Allerdings werden die allgemeinen Vorschriften durch die §§ 69 a ff UrhG für Softwareprogramme erheblich modifiziert (Einzelheiten bei *Andersen/Freihalter*, Aus- und Absonderungsrechte Rn 336, 337; *Paulus*, Software in Vollstreckung und Insolvenz, ZIP 1996, 2 ff). Auch eine auf das Trägermaterial bezogene Eigentumsvorbehaltsklausel gewährt dem Lieferanten ein Aussonderungsrecht nach § 47. Zum Eigentumsvorbehalt an Software s auch *Heidland*, Software in der Insolvenz unter besonderer Berücksichtigung der Sicherungsrechte, KTS 1990, 183, 209 ff.

72 **18. Forderungen.** Aussonderungsberechtigt ist auch der Inhaber einer Forderung, die der Insolvenzverwalter zur Insolvenzmasse des Schuldners beansprucht (vgl **BGH NJW-RR 1989, 252**; *Häsemeyer* InsR Rn 11.13). Die Aussonderung erfolgt aufgrund der dinglichen Berechtigung des Forderungsinhabers. Bei einem **echten Vertrag zugunsten Dritter** (§ 328 BGB) kann der Dritte aussondern. Bei einer **Versicherung für fremde Rechnung** stehen dem Versicherten die Rechte aus dem Versicherungsvertrag zu (§ 44 VVG), unten Rn 83. Auch der Zweiterwerber einer Forderung kann diese in der Insolvenz des Zedenten aussondern. Zutreffend weist *Gottwald* (*Gottwald/Gottwald* InsRHdb § 40 Rn 21) darauf hin, dass das Aussonderungsrecht nur bei einer sogen „Vollzession" besteht, nicht dagegen wenn die Forderung sicherungshalber abgetreten wird. Die Sicherungsabtretung, wie zB die Globalzession oder der verlängerte Eigentumsvorbehalt, berechtigen nur zur Absonderung (vgl § 51 Rn 20 ff). Ist eine Forderung vom Schuldner mehrfach abgetreten worden, greift das grdsl Prioritätsprinzip ein mit der Folge, dass dem ersten Zessionar das Aussonderungsrecht zusteht (*Gottwald/Gottwald* InsRHdb § 40 Rn 22). Bei der **Vorausabtretung** ist zu unterscheiden, ob die Forderung unmittelbar in der Person des Zessionars entstanden ist oder ob der Rechtsgrund für die Forderung erst nach Eröffnung des Insolvenzverfahrens entsteht. Entsteht zB die Forderung erst durch ein Handeln des Insolvenzverwalters, fällt sie in die Insolvenzmasse (**BGH NJW 1955, 544** = KTS 1955, 80; MüKoBGB-*Roth* § 398 Rn 80; *Palandt/Grüneberg* § 398 BGB Rn 11; krit *Marotzke* KTS 1979, 40, 50 f).

73 **19. Unterlassungsansprüche.** Auch Unterlassungsansprüche können Gegenstand der Aussonderung sein, wenn ein absolutes Recht zugrunde liegt und der Berechtigte sein Recht gegen die Insolvenzmasse zu verteidigen hat (vgl *K. Schmidt* ZZP 90 [1977], 46 ff; N/R/*Andres* § 47 Rn 51; K/P/B/*Prütting* § 47 Rn 44). So kann ein Aussonderungsanspruch auch mit der Eigentumsstörungsklage (§ 1004 BGB) gel-

tend gemacht werden, wenn zB der Insolvenzverwalter ein Recht zum Eingriff in fremdes Eigentum, wie zB zur Mitbenutzung einer Mauer, in Anspruch nimmt (Jaeger/*Henckel* § 47 Rn 99). Massefremdes Eigentum kann somit auch im eröffneten Insolvenzverfahren gegen Störungen durch die Masse oder den Insolvenzverwalter verteidigt werden. Absolute Rechte, die einen Unterlassungsanspruch begründen, sind zB die in den §§ 12, 907, 1004 BGB, §§ 14 Abs 5, 15 Abs 4, 128, 135 MarkenG, § 139 PatG, § 97 UrhG geregelten Ansprüche. Daher lässt sich ein Anspruch auf Unterlassung einer andauernden Störung noch im Insolvenzverfahren über das Vermögen des Eigentümers der störenden Sache durchsetzen (*Gottwald/Gottwald* InsRHdb § 40 Rn 7). Dagegen ist der Anspruch auf Beseitigung der Folgen einer bereits vor Verfahrenseröffnung abgeschlossenen Einwirkungshandlung nicht aussonderungsfähig. Insoweit handelt es sich um eine Insolvenzforderung iSv § 38 (*Gursky* JZ 1996, 683, 685; *Gottwald/ Gottwald* InsRHdb § 40 Rn 7). Keinen Unterlassungsanspruch im Rang eines Aussonderungsrechts begründen schuldrechtliche Verpflichtungen, wie zB die Unterlassungsansprüche nach § 8 UWG (N/R/ *Andres* § 47 Rn 51).

20. **Erbrechtliche Ansprüche.** Im Insolvenzverfahren über das Vermögen des Erbschaftsbesitzers ist 74 der Erbe berechtigt, die Erbschaft nicht nur in seiner Eigenschaft als Eigentümer gem §§ 985, 1982 BGB auszusondern, sondern auch gem §§ 2018, 2019 BGB (K/P/B/*Prütting* § 47 Rn 68; N/R/*Andres* § 47 Rn 52; *Gottwald/Gottwald* InsRHdb § 40 Rn 16; FK-*Joneleit/Imberger* § 47 Rn 52; MüKo-*Ganter* § 47 Rn 335). Der **Nacherbe** kann nach Eintritt des Nacherbfalls die Erbschaft gem §§ 2130, 2111 BGB im Insolvenzverfahren über das Vermögen des Vorerben aussondern (Jaeger/*Henckel* § 47 Rn 86; *Smid* § 47 Rn 12; *Gottwald/Gottwald* InsRHdb § 40 Rn 16; *Andersen/Freihalter*, Aus- und Absonderungsrechte Rn 303). Zu beachten ist, dass nach § 2128 BGB der Nacherbe berechtigt ist, **Sicherheitsleistung** zu verlangen, wenn eine Verletzung seiner Rechte durch die ungünstige Vermögenslage des Vorerben zu befürchten ist. Dieses Recht kann aber im eröffneten Verfahren wegen § 83 Abs 2 nicht mehr durchgesetzt werden (*Andersen/Freihalter*, Aus- und Absonderungsrechte Rn 304). Anders als beim Einzelanspruch handelt es sich bei dem Herausgabeanspruch aus § 2018 BGB um einen **Gesamtanspruch**, der sich auf die gesamte Erbschaft sowie gem § 2019 BGB auch auf die Surrogate bezieht, die der Erbschaftsbesitzer durch Rechtsgeschäft mit Mitteln der Erbschaft erwirbt (*Andersen/Freihalter*, Aus- und Absonderungsrechte Rn 298). Herausgabe- und Ersatzansprüche des Erben nach den §§ 812 ff, 823 ff, 2020 f, 2023 ff BGB können nicht ausgesondert werden. Insoweit steht dem Erben lediglich eine Insolvenzforderung iSv § 38 zu (*Gottwald/Gottwald* InsRHdb § 40 Rn 16). Deshalb können die gezogenen Nutzungen sowie die zu Eigentum erworbenen und noch vorhandenen Früchte nicht ausgesondert werden. Einzelheiten sind allerdings streitig. Der Anspruch aus § 2020 BGB hinsichtlich der **Früchte** verschafft dem Erben dann ein Aussonderungsrecht, wenn der Erbe kraft dinglicher Surrogation Eigentümer der Früchte geworden ist und die Früchte von Anfang an zum Vermögen des Erben zählten, wie zB bei bösem Glauben des Erbschaftsbesitzers gem §§ 955 Abs 1 S 2, 953 BGB (*Andersen/Freihalter*, Aus- und Absonderungsrechte Rn 300). Ist der Erbschaftsbesitzer nach § 955 Abs 1 S 1 BGB Eigentümer der Früchte geworden, so verschafft § 2020 2. Halbs BGB dem Erben lediglich einen schuldrechtlichen Anspruch, der zur Tabelle anzumelden ist (*Andersen/Freihalter*, Aus- und Absonderungsrechte Rn 301; Jaeger/*Henckel* § 47 Rn 86; aA K/P/B/*Prütting* § 47 Rn 69). Ist der Insolvenzschuldner Erbschaftsbesitzer aufgrund eines **unrichtigen Erbscheins**, ist der Erbe berechtigt, die Herausgabe des Erbscheins an das Nachlassgericht gem § 2362 BGB zu verlangen. Der Anspruch ist mit dem Grundbuchberichtigungsanspruch des § 894 BGB vergleichbar, so dass ihm Aussonderungskraft zuzubilligen ist (Jaeger/*Henckel* § 47 Rn 86).

VI. Aussonderung aufgrund obligatorischer Berechtigung, sowie nach Anfechtung

1. **Schuldrechtliche Ansprüche.** Schuldrechtliche **Verschaffungsansprüche** begründen kein Recht auf 75 Aussonderung (*Kilger/K. Schmidt* § 43 KO Anm 7; *Gottwald/Gottwald* InsRHdb § 40 Rn 25; K/P/B/ *Prütting* § 47 Rn 45; N/R/*Andres* § 47 Rn 50; BerlKo-*Breutigam* § 47 Rn 28; siehe aber auch *Häsemeyer* InsR Rn 11.15 a). Ansprüche aus schuldrechtlichen Verträgen, die in der Einzelzwangsvollstreckung nicht zur Drittwiderspruchsklage nach § 771 ZPO berechtigen, können auch im Insolvenzverfahren nicht zur Aussonderung des geschuldeten Gegenstandes führen (FK-*Joneleit/Imberger* § 47 Rn 56). Allerdings kann sich aufgrund des konkreten Inhalts der Forderung ergeben, dass der Anspruch sich nicht auf Verschaffung einer Rechtsposition an einer Sache bezieht, sondern auf die **Herausgabe** der Sache selbst (K/P/B/*Prütting* § 47 Rn 25; zur Rechtsstellung des obligatorisch Aussonderungsberechtigten vgl *Gundlach/Frenzel/Schmidt* DZWIR 2001, 95 ff, *C. Berger* FS Kreft S 191 ff). So hat der Vermieter, der nicht Eigentümer der vermieteten Sache ist, einen Anspruch auf Herausgabe der gemieteten Sache, den er gem § 546 Abs 1 BGB als Aussonderungsanspruch in der Insolvenz des Mieters geltend machen kann (BerlKo-*Breutigam* § 47 Rn 29; K/P/B/*Prütting* § 47 Rn 45; vgl auch BGH v 5. 10. 1994, ZIP 1994, 1700, 1701). Ob der Mietvertrag schon vor der Eröffnung des Insolvenzverfahrens beendet worden war, so dass der Anspruch aus § 546 Abs 1 schon vorher entstanden war, ist unerheblich (OLG Hamm DZWIR 2004, 87; *Scherer* DZWIR 2002, 184, 185). Nach Ansicht des **BGH** begründet der Herausgabeanspruch des Vermieters ein Aussonderungsrecht in der Insolvenz des Mieters nur in demselben Umfang wie derjenige

§ 47 *Aussonderung*

nach § 985 BGB. Ein weitergehender mietvertraglicher Räumungsanspruch ist lediglich eine Insolvenzforderung (**BGH** v 5. 7. 2001, NJW 2001, 2966 = ZIP 2001, 1469 in Abweichung von BGHZ 127, 156, 165 ff; **OLG** Saarbrücken ZInsO 2006, 779. Hierzu *Braun* NZI 2005, 255). Ist der Mieter bei vor Insolvenzeröffnung beendetem Mietverhältnis seiner Rückgabepflicht nicht nachgekommen, so ist sowohl der Herausgabeanspruch nach § 985 BGB als auch der schuldrechtliche Rückgabeanspruch nach § 546 Abs 1 BGB grundsätzlich im Wege der Aussonderung geltend zu machen. Voraussetzung dafür ist, dass ein Aussonderungsanspruch überhaupt besteht. Dies ist nicht der Fall, wenn zum Zeitpunkt der Konkurseröffnung Eigentum und Besitz an den zu räumenden Gegenständen (wertloses Recyclingmaterial) bereits aufgegeben worden war (§ 959 BGB) oder wenn es sich um völlig wertloses Material handelt, dessen Beseitigung einen ganz erheblichen Kostenfaktor darstellt (**BGH** IX ZR 84/07, DZWiR 2009, 118; **OLG** Köln, Urt v 31. 8. 2000 ZInsO 2001, 239). Zur Aussonderung berechtigen im Übrigen ua Rückschaffungsansprüche des Vermieters (§ 562 b Abs 2) und Rückgabeansprüche des Verpächters (§ 596 BGB), des Verleihers (§ 604 BGB), des Hinterlegers (§ 695 BGB) oder der Herausgabeanspruch des Auftraggebers (§ 667 BGB). Hierzu zählt auch der Herausgabeanspruch des Mieters hinsichtlich der nach § 551 Abs 3 BGB gesondert angelegten Kaution (siehe Rn 48).

75a Der **Bereicherungsanspruch** begründet die Aussonderung nur dann, wenn er mit Dritteigentum verbunden ist, also auf Herausgabe des Besitzes gerichtet ist (**OLG** München NJW-RR 1998, 992; HK-*Lohmann* § 47 Rn 17; BerlKo-*Breutigam* § 47 Rn 30; K/P/B/*Prütting* § 47 Rn 48). Die Gegenansicht, nach der der Bereicherungsanspruch dann Aussonderungskraft haben soll, wenn die Leistung widerrechtlich unter Verstoß gegen § 242 BGB erlangt wurde (**OLG** Brandenburg ZIP 98, 1049; **LG** Bremen NJW-RR 2004, 168), verkennt, dass auch Ansprüche aus Delikt in der Insolvenz des Schädigers nach geltendem Recht nicht zur Aussonderung berechtigen. Beim **Geschäftsbesorgungsvertrag** bezieht sich der Aussonderungsanspruch auf Herausgabe der Gegenstände, die der Berechtigte dem Beauftragten zur Ausführung der Geschäftsbesorgung überantwortet hat. Auch der aus der Bundesanstalt für vereinigungsbedingte Sonderaufgaben zustehende Anspruch aus § 25 V DMBilG besitzt Aussonderungskraft (**BGH** v 24. 6. 2003 – IX ZR 75/01, BGHZ 155, 227 = NJW 2003, 3414 f; Jaeger/*Henckel* § 47 Rn 145; MüKo-*Ganter* § 47 Rn 429 ff). Nur so wird der gesetzliche Zweck erreicht, dass im Zuge der Wiedervereinigung unentgeltlich überlassener Grund und Boden in der Insolvenz des begünstigten Unternehmens nicht ausschließlich dessen Gläubigern, sondern der Sanierung der allgemeinen Wirtschaft zu Gute kommt.

75b **Keinen Aussonderungsanspruch** gewährt dagegen der Rückgewähranspruch aufgrund **Rücktritts** (§ 346 BGB). Ebenso gewährt der Anspruch auf Herausgabe des durch einen **Auftrag** Erlangten aus § 667 BGB kein Aussonderungsrecht (**BGH** WM 1962, 181). Ebenso gehört **Baugeld** im Sinne des Bauforderungssicherungsgesetzes zur Insolvenzmasse. Die obligatorische Zweckbindung aus § 1 BauFordSiG verschafft den Begünstigten kein insolvenzfestes Vorrecht (**OLG** Hamm ZIP 2007, 240 = EWiR 2007, 441 [*v Gleichenstein*]). Die **zivilrechtliche Anfechtung eines Vertrages** wegen Inhalts- oder Erklärungsirrtums sowie wegen arglistiger Täuschung nach den §§ 119 ff BGB führt nur dann zu einem Aussonderungsanspruch, wenn gleichzeitig auch das dingliche Geschäft angefochten wird (RGZ 70, 57; *Kilger/K. Schmidt* § 43 KO Anm 7; N/R/*Andres* § 47 Rn 50; *Andersen/Freihalter*, Aus- und Absonderungsrechte Rn 347–350). Auch bei **Nichtigkeit des Rechtsgeschäfts** nach den §§ 134, 138 BGB besteht nur dann ein Aussonderungsrecht, wenn die Nichtigkeit (auch) die Unwirksamkeit des dinglichen Geschäfts zur Folge hat (*Kilger/K. Schmidt* § 43 KO Anm 7). Kein Aussonderungsanspruch, sondern lediglich ein persönlicher Verschaffungsanspruch ist gegeben, wenn eine **Briefhypothek** oder eine **Briefgrundschuld** eingetragen, aber der Brief vor Eröffnung des Insolvenzverfahrens noch nicht übergeben und mit dem Gläubiger auch keine Vereinbarung gem § 1117 Abs 2 BGB getroffen worden ist (RGZ 77, 106). Gleiches gilt, wenn zwischen dem Schuldner und einem Hypothekengläubiger mündlich vereinbart war, dass eine Hypothek, durch Rückzahlung der Forderung zu einer Eigentümergrundschuld geworden ist, für andere Forderungen als Sicherheiten gelten solle (**RG** LZ 1910, 226). In beiden Fällen steht die Hypothek oder Eigentümergrundschuld noch dem Insolvenzschuldner zu. Auch ist **kein Aussonderungsrecht** gegeben, wenn der Erwerb eines dinglichen Rechts mit Wirkung gegenüber den Insolvenzgläubigern nach § 878 BGB, § 81 InsO daran gescheitert ist, dass infolge eines Fehlers des beurkundenden Notars kein Eintragungsantrag bis zur Eröffnung des Insolvenzverfahrens beim Grundbuchamt eingegangen war, mithin nur ein Verschaffungsanspruch im Rang einer Insolvenzforderung bestand (**OLG** Köln v 13. 1. 1965, KTS 1968, 245, 250).

76 **2. Insolvenz- und Gläubigeranfechtung.** Streitig war, ob die **Insolvenzanfechtung** und die **Gläubigeranfechtung** nach dem AnfG in der Insolvenz des Anfechtungsgegners zur Aussonderung berechtigen. Der **BGH** hat sich nunmehr der herrschenden Literaturmeinung (Jaeger/*Henckel* § 47 Rn 116; HK-*Lohmann* § 47 Rn 18; *Kilger/K. Schmidt* § 29 KO Anm 2 a, § 43 KO Anm 7; K/P/B/*Paulus* § 143 Rn 33; MüKo-*Ganter* § 47 Rn 346; N/R/*Nerlich* § 129 Rn 10; aA *Häsemeyer* InsR Rn 21.16) angeschlossen, die ein Aussonderungsrecht des Anfechtungsberechtigten in der Insolvenz des Anfechtungsgegners bejaht (**BGH** v 23. 10. 2003 – IX ZR 252/01, BGHZ 156, 350 = NJW 2004, 214, 216 = EWiR 2004, 347 [*Haas/Müller*], ausführlich hierzu *Eckhardt* KTS 2005, 15 ff). Hierbei stellt der **BGH** allerdings nicht entscheidend auf die dogmatische Natur des Anfechtungsanspruchs aus § 11 AnfG, § 143 ab, sondern auf Inhalt und Zweck der gesetzlichen Regelung. Auch die Interessenlage der Beteiligten gebiete es, ein

VII. Verträge für fremde Rechnung § 47

Aussonderungsrecht zu gewähren, da nicht einzusehen sei, warum die Gläubiger des Anfechtungsgegners von ungerechtfertigten Vermehrungen der ihnen haftenden Vermögensmasse auf Kosten der Gläubiger des Anfechtungsberechtigten profitieren können sollten. Der Wertersatzanspruch aus § 143 Abs 1 S 2 iVm § 818 Abs 2 BGB ist jedoch nur eine gewöhnliche Geldforderung, die nicht zur Aussonderung berechtigt. Insoweit kommt allenfalls eine Ersatzaussonderung nach § 48 in Betracht (**BGH** v 24. 6. 2003, BGHZ 155, 199, 203 ff = NJW 2003, 3345 f), siehe Weiteres bei § 143 Rn 4).

VII. Verträge für fremde Rechnung

1. Das handelsrechtliche Kommissionsgeschäft. Beim handelsrechtlichen Kommissionsgeschäft gelten 77
Forderungen aus einem Geschäft, das der Kommissionär abgeschlossen hat, im Verhältnis zwischen dem Kommittenten und dem Kommissionär oder dessen Gläubigern auch ohne Abtretung als Forderungen des Kommittenten (§ 392 Abs 2 HGB). Gegenüber den Gläubigern des Kommissionärs bewirkt § 392 Abs 2 HGB eine Verdinglichung des Anspruchs des Kommittenten aus § 384 Abs 2 2. Halbs HGB in der Weise, dass im Insolvenzverfahren über das Vermögen des Kommissionärs der Kommittent **Aussonderung nach § 47 verlangen** kann (**BGH** v 30. 3. 1988, BGHZ 104, 123, 127; N/R/*Andres* § 47 Rn 53; *Gottwald/Gottwald* InsRHdb § 40 Rn 65; K/P/B/*Prütting* § 47 Rn 65). Zu den aussonderungsfähigen Forderungen gehören auch Ansprüche aus Papieren (Wechsel, Schecks, Akkreditive), die in Erfüllung des Ausführungsgeschäfts dem Kommissionär begeben worden sind (RGZ 41, 4; **OLG** Hamburg SeuffArch 50 Nr 71; str aA Jaeger/*Henckel* § 47 Rn 149). Die Vorschrift des § 392 Abs 2 HGB ist auf andere Geschäftsbesorgungsverhältnisse, wie zB auf Handelsvertreter oder bürgerlich-rechtliche Geschäftsbesorgungsverträge, nicht entsprechend anwendbar (**RG** RGZ 84, 216; *Kilger/K. Schmidt* § 43 KO Anm 12; MüKo-*Ganter* § 47 Rn 286; aA *Bitter*, Rechtsträgerschaft für fremde Rechnung, S 198 ff). Zum Aussonderungs- und Ersatzaussonderungsrecht eines Mitglieds der International Air Transport Association (IATA) bei Insolvenz eines IATA-Agenten vgl **BGH** NJW-RR 1989, 252. Im Einzelnen ist zu unterscheiden:

a) Insolvenz des Verkaufskommissionärs. Der Kommittent hat bei einer Verkaufs- oder Vermietungs- 78
kommission ein Aussonderungsrecht, solange sich das Kommissionsgut noch in den Händen des Kommissionärs befindet. Gleiches gilt, wenn die Ware dem Kommissionär ausnahmsweise zur Weiterveräußerung als Treugut übereignet worden ist (K/P/B/*Prütting* § 47 Rn 66). Der Selbsteintritt des Kommissionärs hat den Verlust des Eigentums des Kommittenten und damit den Verlust des Aussonderungsrechts vom Kommissionsgut zur Folge. Zutreffend der Hinweis von *K. Schmidt* (Handelsrecht § 31 V 4 b), dass die Wirkung des § 392 Abs 2 HGB nicht etwa darin besteht, dass eine Abtretung überflüssig würde (so auch *Gottwald/Gottwald* InsRHdb § 40 Rn 65). Nur zum Schutz des Kommittenten wird im Verhältnis zu dem Kommissionär und zu seinen Gläubigern eine Vorausabtretung fingiert. Ist die Gegenleistung nach Eröffnung des Insolvenzverfahrens vom Verwalter zur Masse gezogen worden, steht dem Kommittenten gem § 48 ein **Ersatzaussonderungsrecht** zu, soweit sie sich noch unterscheidbar in der Masse befindet (**RG** JW 1901, 458). Dasselbe gilt nach der Erweiterung des § 48 ggü § 46 KO auch für Einziehungen durch den Kommissionär vor Verfahrenseröffnung (Jaeger/*Henckel* § 47 Rn 149, § 48 Rn 17, 36; *Gundlach/Frenzel/Schmidt* DZWIR 2000, 449, 551). Problematisch ist aber, ob der Kommissionär bei der Einziehung ihm gehörender Forderungen rechtswidrig handelt. Verneint man dies (MüKo-*Ganter* § 47 Rn 289), so stellt sich die Frage, ob § 392 Abs 2 auf die Gegenleistung analog anwenden lässt. Zu Recht weist *K. Schmidt* (Handelsrecht § 31 V 4 c aa S 904) darauf hin, dass die Nichtanwendung des § 392 Abs 2 HGB auf das Surrogat der Kaufpreisforderung zwar dem historischen Befund entspricht, sachlich aber kaum zu begründen ist. Die Praxis habe § 392 Abs 2 HGB bereits früh auf Forderungen aus Schecks und Wechseln angewandt, die der Kommissionär zahlungshalber vom Verkäufer erhalten hat (RGZ 41, 1, 4 f; **OLG** Hamburg SeuffArch 50 Nr 71). Was für Zahlungsmittel gelte, solle auch für die Zahlung selbst gelten und „hierbei scheint es sogar angängig, auf das Erfordernis gegenständlicher Unterscheidbarkeit zu verzichten" (dagegen **OLG** Köln NZI 2005, 37 = DZWIR 2005, 160 m abl Anm *Gundlach/Schmidt*). Obgleich gewichtige Gründe für die Auffassung von *K. Schmidt* sprechen, scheint die hM auch für das neue Recht dabei zu bleiben, dass das vor Eröffnung des Insolvenzverfahrens auf die Forderung Geleistete im Insolvenzverfahren des Kommissionärs nicht ausgesondert werden kann (**OLG** Hamm ZIP 2003, 2262; Jaeger/*Henckel* § 47 Rn 149), sondern allenfalls der Ersatzaussonderung unterliegt (aA MüKo-*Ganter* § 47 Rn 289; *ders* NZI 2008, 583, 585).

b) Insolvenz des Einkaufskommissionärs. Der Insolvenzverwalter über das Vermögen des Kommissi- 79
onärs nimmt die von diesem angekaufte Sache idR in Besitz. Ob der Kommittent die Sache nach § 47 auszusondern berechtigt ist, bestimmt sich zunächst einmal danach, ob er bereits Eigentümer geworden ist. Ist ein antizipiertes Besitzkonstitut vereinbart und der Kommittent bereits Eigentümer geworden, so besteht das Aussonderungsrecht zweifelsfrei. Dies ist aber nicht die Regel, weil es auch Fälle gibt, in denen das antizipierte Besitzkonstitut nicht weiterhilft, weil zB nach dem Kommissionsvertrag der Kommittent erst mit der Ablieferung Eigentümer wird, oder das Kommissionsgut mit dem Kommissionsgut Dritter untrennbar vermischt ist (vgl die Beispielsfälle bei *K. Schmidt* Handelsrecht § 31 V 4 c bb S 905 f). Auch in diesen Fällen führt die **analoge Anwendung** des § 392 Abs 2 HGB zu gerechten und

Brinkmann

praktikablen Ergebnissen (*K. Schmidt* Handelsrecht § 31 V 4 b bb S 906; *Gottwald/Gottwald* InsRHdb § 40 Rn 69; wohl auch N/R/*Andres* § 47 Rn 53; BerlKo-*Breutigam* § 47 Rn 35; **str aA** Jaeger/*Henckel* § 47 Rn 149; K/P/B/*Prütting* § 47 Rn 67).

80   c) **Aufrechnungen.** In der Literatur wird hinsichtlich der Frage, wie sich Aufrechnungen von Gläubigern des Kommissionärs gegen die Forderung aus dem Ausführungsgeschäft für die Stellung des Kommittenten auswirken, zwischen konnexen und inkonnexen Gegenforderungen unterschieden. Die konnexen Gegenforderungen, also die aus dem Ausführungsgeschäft erwachsende Gegenforderung, kann danach unstreitig zur Aufrechnung verwendet werden (*K. Schmidt* Handelsrecht § 31 V 4 b S 901; *Schlegelberger/Hefermehl* § 392 HGB Rn 24; *Gottwald/Gottwald* InsRHdb § 40 Rn 70). Etwas anderes soll für inkonnexe Gegenforderungen gelten, bei denen § 392 Abs 2 HGB die Aufrechnung verbietet (*Schlegelberger/Hefermehl* § 392 HGB Rn 24; *K. Schmidt* Handelsrecht § 31 V 4 d S 901 f; **str aA** *Gottwald/Gottwald* InsRHdb § 40 Rn 70). Nach Feststellung von *K. Schmidt* (Handelsrecht § 31 V 4 b S 902) muss auch der mit dem Kommissionär kontrahierende Dritte volle Klarheit über die Person seines Vertragspartners und die hieraus resultierenden Rechte haben. Diesen Schutz verdiene er aber nur in seiner Eigenschaft als Vertragspartner beim Ausführungsgeschäft, nicht dagegen in seiner Eigenschaft als Drittgläubiger. In letzterer Eigenschaft trete „der Schutzzweck des Offenkundigkeitsgrundsatzes nach § 392 Abs 2 HGB hinter die Schutzinteressen des Kommittenten zurück".

81   d) **Selbsteintritt des Kommissionärs.** Nach § 400 Abs 1 HGB kann, wenn der Kommittent nicht etwas anderes bestimmt hat, die Kommission in der Weise ausgeführt werden, dass der Kommissionär das Gut, welches er einkaufen soll, selbst als Verkäufer liefert oder das Gut, welches er verkaufen soll, selbst als Käufer übernimmt. Allerdings müssen die Waren oder Wertpapiere einen Börsen- oder Marktpreis haben. Der Kommissionär übereignet die Ware nach § 929 S 2 BGB aufgrund der ihm nach § 185 Abs 1 BGB erteilten Verfügungsermächtigung an sich selbst. Macht er hiervon Gebrauch, erlischt das Aussonderungsrecht des Kommittenten am Kommissionsgut (*Kilger/K. Schmidt* § 43 KO Anm 12; MüKo-*Ganter* § 47 Rn 297). Die Veräußerungsermächtigung wird aber für den Fall des Selbsteintritts nur aufschiebend bedingt durch die Zahlung des Kaufpreises erteilt. Wird der Kaufpreis bezahlt, kommt eine Aussonderung nicht mehr in Betracht. Wird der Kaufpreis nicht bezahlt, kann der Kommittent sein Eigentum trotz des Selbsteintritts des Kommissionärs in dessen Insolvenz aussondern (*Gottwald/Gottwald* InsRHdb § 40 Rn 71; Jaeger/*Henckel* § 47 Rn 152).

82   e) **Wertpapierkommission.** Handelt es sich um eine Einkaufskommission, ist der Kunde berechtigt, sein Eigentum oder bei Sammelverwahrung sein Miteigentum gem § 6 DepotG auszusondern. Gem § 18 Abs 3 DepotG geht das Eigentum an in Kommission eingekauften Wertpapieren spätestens mit der Absendung des Stückeverzeichnisses auf den Kommittenten über, sofern die Stücke nicht vorher ausgeliefert oder bereits weiterveräußert worden sind (*Gottwald/Gottwald* InsRHdb § 40 Rn 72). Beim stückelosen Effektenverkehr erwirbt der Kunde gem § 24 Abs 2 DepotG spätestens mit der Eintragung des Übertragungsvermerks im Verwahrungsbuch der Bank Eigentum (*Canaris* BankvertragsR Rn 1993 ff). Mit Ausführung des Auftrages durch die Bank, aber vor Eröffnung des Insolvenzverfahrens über ihr Vermögen kann der Kommittent den Lieferungsanspruch gem § 392 Abs 2 HGB, § 47 InsO aussondern, es sei denn, es handelt sich um einen Selbsteintritt oder ein Eigengeschäft der Bank (*Gottwald/Gottwald* InsRHdb § 40 Rn 72). Ist der Kommittent weder Eigentümer geworden, noch hat er einen aussonderungsfähigen Lieferungsanspruch, so ist er gem § 32 DepotG berechtigt, **bevorrechtigte Befriedigung** aus der Sondermasse vorhandener Wertpapiere zu verlangen (§ 51 Rn 43).

82a   Handelt es sich um eine **Verkaufskommission**, ist der Kommittent zur Aussonderung berechtigt, solange er noch Eigentümer der Wertpapiere ist. Auch bei Selbsteintritt der Bank ist der Kunde zur Aussonderung berechtigt, wenn die Bank die Papiere auf sich selbst überträgt, ohne eine Gegenleistung zu erbringen (*Gottwald/Gottwald* InsRHdb § 40 Rn 73; **str aA** *Heinsius/Horn/Than* § 32 DepotG Rn 7). Handelt es sich nicht um ein Eigengeschäft der Bank, ist der Kunde berechtigt, den Kaufpreisanspruch gegen den Dritterwerber entsprechend § 392 Abs 2 HGB auszusondern (*Gottwald/Gottwald* InsRHdb § 40 Rn 73). Im Übrigen findet beim Wertpapierverkauf durch den Kunden § 32 DepotG keine Anwendung (*Heinsius/Horn/Than* § 32 DepotG Rn 7; *Gottwald/Gottwald* InsRHdb § 40 Rn 73; **str aA** *Canaris*, BankvertragsR Rn 2072). Ein Schadenersatzanspruch gem § 25 DepotG kann nur als Insolvenzforderung iSv § 38 geltend gemacht werden (N/R/*Andres* § 47 Rn 45).

83   2. **Versicherung für fremde Rechnung.** Bei der Versicherung für fremde Rechnung nach §§ 43 ff VVG versichert der Versicherungsnehmer ein fremdes Interesse (Drittinteresse). Vertragspartner ist der Versicherungsnehmer, während der Versicherte nach § 44 Abs 1 VVG Gläubiger des Anspruchs auf die Versicherungsleistung ist. Bei der Versicherung für fremde Rechnung stehen die Rechte aus dem Versicherungsvertrag dem Versicherten zu (§ 44 Abs 1 S 1). Wegen der Gegenansprüche aus dem Innenverhältnis zum Versicherten steht dem Insolvenzverwalter über das Vermögen des Versicherungsnehmers ein Zurückbehaltungsrecht am Versicherungsschein nach § 46 S 1 VVG zu. In der Praxis kommt die Versicherung für fremde Rechte vorwiegend als Speditionsversicherung, Schadenversicherung sicherungsübereigneter Sachen oder als Direktversicherung einer betrieblichen Altersversorgung vor. Letztere wird in einem

VII. Verträge für fremde Rechnung § 47

besonderen Teil unten zu Rn 87 ff behandelt. Wird über das Vermögen des Versicherungsnehmers das Insolvenzverfahren eröffnet, kann der Versicherte nach § 47 die **Aussonderung des Versicherungsanspruchs** verlangen (**BGH** v 28.10. 1953, BGHZ 10, 376, 377, 380; *Heilmann* KTS 1972, 14, 16; FK-*Joneleit/ Imberger* § 47 Rn 51; *Kilger/K. Schmidt* § 43 KO Anm 12). Im **Insolvenzverfahren über das Vermögen des Versicherungsnehmers** hat der Insolvenzverwalter das Verfügungsrecht aus § 45 I VVG auszuüben (*Prölss/Martin* § 76 VVG Rn 3; *Gottwald/Gottwald* InsRHdb § 40 Rn 74). Zieht der Insolvenzverwalter die Versicherungsforderung ein, ist der Versicherte analog § 48 S 2 berechtigt, **Ersatzaussonderung** zu verlangen, soweit die Versicherungssumme noch unterscheidbar in der Masse vorhanden ist (**BGH** v 28.10. 1953, BGHZ 10, 376, 384 = NJW 1953, 1825, 1826; *Gottwald/Gottwald* InsRHdb § 40 Rn 74). Bei der **Versicherung von Sicherungseigentum** hat dagegen der Versicherte/Sicherungsnehmer lediglich ein Absonderungsrecht (*Gottwald/Gottwald* InsRHdb § 40 Rn 74), das sich in ein Ersatzabsonderungsrecht wandelt, wenn die Versicherungsforderung an den Versicherungsnehmer gezahlt wurde (**BGH** v 28.10. 1953, BGHZ 10, 376, 384 = NJW 1953, 1825, 1826). Das Ersatzabsonderungsrecht im Fall der **Sicherungsübereignung** ist lediglich bis zur Höhe der gesicherten Forderung gegeben (*Jaeger/Henckel* § 47 Rn 157). **Fehlt es an der (Ersatz-)Aussonderungsfähigkeit**, so ist der Versicherte Massegläubiger iSv § 55 Nr 1 oder 3, wenn der Verwalter die Forderung eingezogen hat (*Gottwald/Gottwald* InsRHdb § 40 Rn 74). Hat der Versicherungsnehmer (Insolvenzschuldner) die Entschädigung vor Eröffnung des Insolvenzverfahrens bereits eingezogen und fehlt es insoweit an der Unterscheidbarkeit, steht dem Versicherten lediglich eine einfache Insolvenzforderung iSv § 38 zu, die zur Tabelle anzumelden ist (Jaeger/*Henckel* § 47 Rn 157; MüKo-*Ganter* § 47 Rn 314).

3. Anhalte- und Rückholrechte. Das Anhalterecht nach Art 71 Abs 2 CISG (Wiener UN-Kaufrechts- 84 Übereinkommen 1980) gibt dem Verkäufer beim internationalen Warenkauf das Recht, die auf dem Weg zum Käufer befindliche Ware anzuhalten und die Auslieferung an diesen zu verhindern, wenn sich nach der Absendung herausstellt, dass der Käufer seinen Pflichten nicht nachkommen wird. Das **Stoppungs- und Anhalterecht** ist gegeben, wenn sich die wirtschaftliche Lage des Käufers nach Absendung der Ware derart verschlechtert, dass sehr wahrscheinlich ist, dass er den Kaufpreis nicht wird bezahlen können (MüKoBGB-*Huber* Art 71 CISG Rn 11). Die herrschende Meinung macht die Aussonderungskraft des Anhalterechts davon abhängig, ob der Käufer schon Eigentum erworben hat. Sofern dies der Fall sei, könne der Verkäufer trotz der Ausübung des Anhalterechts nicht mehr aussondern (Jaeger-*Henckel* § 47 Rn 170; MüKo-*Ganter* § 47 Rn 349). Damit wird im Ergebnis jede haftungsrechtliche Wirkung des Anhalterechts verneint. Hierfür spricht, dass das Anhalterecht aus Art 71 CISG nur das Rechtsverhältnis zwischen Verkäufer und Käufer betrifft aber nicht das Verhältnis der Gläubiger des Käufers untereinander. Insolvenzfest ist dagegen das Rückholrecht des Verkäufers nach Article 2–702 Uniform Commercial Code.

4. Pensionsfonds und Lebensversicherungen zugunsten der Arbeitnehmer. Vielfach werden vom Ar- 85 beitgeber Ruhegeldzusagen gemacht, die nicht durch den Pensions-Sicherungs-Verein (PSVaG) im Insolvenzfall abgedeckt sind (zur Rechtsstellung des PS V vgl KS-*Wohlleben* S 1655 ff). Eine **bilanzielle Pensionsrückstellung** nach § 249 Abs 1 HGB begründet ebenso wenig ein Aussonderungsrecht der Arbeitnehmer im Insolvenzverfahren über das Vermögen des Arbeitgebers wie Ansprüche gegen einen unselbständigen Betriebsfonds (*Gottwald/Gottwald* InsRHdb § 40 Rn 54; FK-*Joneleit/Imberger* § 47 Rn 34). Der zurückgestellte Betrag bleibt uneingeschränkt Vermögen des Unternehmens. Um die Ansprüche der Arbeitnehmer insolvenzfest zu machen, sind in der Praxis verschiedene Modelle entwickelt worden.

a) Selbständige Pensions- oder Unterstützungskassen. Werden Pensionen oder Unterstützungen aus 86 rechtlich selbständigen Pensionsfonds oder Unterstützungskassen geleistet, so wird das Vermögen des Fonds bzw der Kasse durch das Insolvenzverfahren des Betriebsinhabers nicht berührt, da die Pensionseinrichtung selbständiger Rechtsträger ist. Der Insolvenzverwalter über das Vermögen des Betriebsinhabers oder der Gesellschaft ist nicht berechtigt, das rechtlich selbständig Vermögen der Kasse oder des Fonds zur Insolvenzmasse zu ziehen (*Gottwald/Gottwald* InsRHdb § 40 Rn 54; *Kilger/ K. Schmidt* § 43 KO Anm 10). Bestehen die Leistungsberechtigten darauf, dass Pensions-Sondervermögen einem nicht rechtsfähigen Verein mit den Arbeitnehmern bzw Pensionären als Mitgliedern zur gesamten Hand zusteht, so handelt es sich nicht um ein Aussonderungsverlangen ieS, da das gesamte Vermögen nicht einmal zur sogen Ist-Masse des Unternehmens zählt. Der Verein, die GmbH, Stiftung oder der Versicherungsverein aG ist rechtlich selbständiger Vermögensträger, der allenfalls Aussonderungsansprüche geltend machen kann, wenn der Insolvenzverwalter des Unternehmens sich berühmt, dass die angesammten Gelder zur Insolvenzmasse des Unternehmens gehören. Soweit die rechtlich selbständige Pensions- oder Unterstützungskasse Gelder an das insolvente Unternehmen ausgeliehen hatte, ist ein Aussonderungsanspruch nicht gegeben. Vielmehr hat die Kasse lediglich eine Insolvenzforderung iSv § 38 im Insolvenzverfahren des Unternehmens.

b) Sicherung von Versorgungszusagen durch Abschluss einer Versicherung. In den meisten Fällen ge- 87 währt heute der Unternehmer seinen Arbeitnehmern, vor allem leitenden Mitarbeitern, die nicht unter

§ 47 *Aussonderung*

das Betriebsrentengesetz fallen, eine Altersversorgung über einen Versicherungsvertrag, der mit einer außerbetrieblichen Versicherungsgesellschaft als echter Vertrag zugunsten Dritter (§§ 328 ff BGB) abgeschlossen wird (vgl MüKoBGB-*Gottwald* § 328 Rn 32; *Gottwald/Gottwald* InsRHdb § 40 Rn 56; FK-*Joneleit/Imberger* § 47 Rn 35–38; *Kayser* FS Kreft, S 341). Einzelheiten bei *Arteaga*, Insolvenzschutz der betrieblichen Altersversorgung mitarbeitender Gesellschafter, 1995; *ders* Unternehmer Pensionszusagen im Unternehmenskonkurs, ZIP 1996, 2008 ff; *Hanau/Arteaga*, Gehaltsumwandlung zur betrieblichen Altersversorgung, 1999; *Doetsch*, Möglichkeit beitragsdefinierter Versorgungszusagen nach geltendem Arbeits- und Steuerrecht, ZIP 1998, 270 ff; *ders* Altersvorsorge für Manager, 1998; *Passarge* NZI 2006, 20.

88 Zu unterscheiden ist zwischen **widerruflichen** und **unwiderruflichen Bezugsrechten** der Arbeitnehmer. Ist das Bezugsrecht des Arbeitnehmers auf Versicherungsleistungen **widerruflich** gem § 159 Abs 2 VVG, so ist der Arbeitnehmer im Insolvenzverfahren über das Vermögen des Arbeitgebers nicht zur Aussonderung berechtigt (**BAG** NZA 1991, 845; **LAG** München ZIP 1988, 1070, 1071; *Ganter* NZI 2008, 583, 586; *Stahlschmidt* NZI 2006, 375; aA *Kießling* NZI 2008, 469). Bei Widerruflichkeit hat der Insolvenzverwalter des Unternehmens (Arbeitgebers) den Widerruf gegenüber dem Versicherer zu erklären, die Versicherung zu kündigen und den Rückkaufswert zur Insolvenzmasse zu ziehen (**BGH** NJW 1993, 1994 = KTS 1993, 447 = ZIP 1993, 600; **BAG** ZIP 1995, 2012; **BAG** ZIP 1991, 1295 = KTS 1991, 601; **OLG** Hamm NJW-RR 1993, 42; *Gottwald/Gottwald* InsRHdb § 40 Rn 56). Dies gilt selbst dann, wenn die Prämien aus einer **Gehaltsumwandlung** aufgebracht werden. Denn jedenfalls hinsichtlich der sich aus dem Versicherungsvertrag ergebenden Rechte entsteht keine zur Aussonderung berechtigende uneigennützige Treuhand (**BGH** v 18. 7. 2002 – IX ZR 264/01, NZI 2002, 604; **BAG** v 8. 6. 1999, NZI 2000, 341, 343; aA MüKo-*Ganter* § 47 Rn 319). Nach herrschender Ansicht ändert auch die eingetretene Unverfallbarkeit der Versorgungsanwartschaft nach § 1 b Abs 1 BetrAVG nichts an der Möglichkeit des Verwalters, den Widerruf auszuüben und die Ansprüche aus dem Versicherungsvertrag so zur Masse zu ziehen (**BAG** v 26. 2. 1991, ZIP 1991, 1295; **BAG** v 28. 3. 1995, BAGE 79, 360 = ZIP 1995, 2012; **LAG** Reinland-Pfalz NZA-RR 2004, 258). Dem Versicherungsnehmer bleibt dann nur ein Schadensersatzanspruch (**BAG** v 17. 10. 1995, ZIP 1996, 965), der allerdings der Insolvenzsicherung nach § 7 BetrAVG unterliegt (*Armbrüster/Pilz* KTS 2004, 481, 491).

88a Gerade bei **Gesellschafter-Geschäftsführern**, also außerhalb des Anwendungsbereichs des BetrAVG, werden häufig die Ansprüche aus einer widerruflichen Versorgungsanwartschaft an den Begünstigten verpfändet, um diesem so eine unangreifbare Rechtsposition zu verschaffen (**BGH** v 10. 7. 1997, BGHZ 136, 220; vgl auch *Doetsch* DB 1997, 2116; *Arteaga* ZIP 1998, 276, 278). Sofern die Pfandreife noch nicht eingetreten ist, wirkt sich die Verpfändung in der Insolvenz der Gesellschaft so aus, dass der Insolvenzverwalter kraft des auf ihn übergegangen Widerrufsrechts des Insolvenzschuldners berechtigt ist, die Rechte aus dem Versicherungsvertrag einzuziehen. Der Begünstigte kann wegen seiner aufschiebend bedingten Versorgungsansprüche nur Sicherung in Form der Hinterlegung nach §§ 191 Abs 1, 198 InsO verlangen (zum Ganzen **BGH** v 7. 4. 2005 – IX ZR 138/04, NJW 2005, 2231; **BGH** v 10. 7. 1997, BGHZ 136, 220 = NJW 1998, 312).

89 Bei **unwiderruflichem Bezugsrecht** kann der Arbeitnehmer die Aussonderung der Versicherung bzw des Anwartschaftsrechts fordern (**BAG** NJW 1991, 717 = KTS 1991, 162 = ZIP 1990, 1596; **LAG** München ZIP 1988, 1070; **OLG** München ZIP 1991, 1505; *Güther/Kohly* ZIP 2006, 1229, 1232; MüKo-*Ganter* § 47 Rn 320). Der begünstigte Arbeitnehmer kann mit Zustimmung des Versicherungsnehmers, dessen Rechte gem § 80 vom Insolvenzverwalter ausgeübt werden, in den Versicherungsvertrag eintreten (§ 170 Abs 1 S 1 VVG). Das Eintrittsrecht besteht nicht mehr, wenn die Versicherungssumme oder der Rückkaufswert in die Masse ausgezahlt worden ist. Strittig ist das Verhältnis zum Verwalterwahlrecht aus § 103 InsO. Erklärt der Verwalter vor Ablauf der Frist des § 170 Abs 3 VVG, den Versicherungsvertrag nicht erfüllen zu wollen, macht er sich uU schadensersatzpflichtig, denn er vereitelt das Eintrittsrecht des Arbeitnehmers (*Huntemann* EWiR 1998, 953, 954). *König* (NVersZ 2002, 481, 483) nimmt dagegen eine Verdrängung des Verwalterwahlrechts durch § 170 VVG für die in Abs 3 bestimmte Frist an (dem folgend *Armbrüster/Pilz* KTS 2004, 481, 502 f). Der Insolvenzverwalter macht sich aber nicht schadenersatzpflichtig, wenn er einen vom Schuldner zugunsten eines früheren Arbeitnehmers geschlossenen Lebensversicherungsvertrag nicht fortsetzt, sondern gem § 103 den Nichteintritt erklärt, nachdem der Arbeitnehmer zuvor von seinem Eintrittsrecht nach § 170 VVG keinen Gebrauch gemacht hat (**OLG** Düsseldorf v 17. 4. 1998, ZIP 1998, 1037; vgl hierzu auch *Armbrüster/Pilz* KTS 2004, 481, 502 f).

89a Im Einzelfall kann das unwiderrufliche Bezugsrecht auch durch **Vorbehalte** eingeschränkt werden (sogen **eingeschränkt unwiderrufliches Bezugsrecht**). Sind die Voraussetzungen der Vorbehalte nicht erfüllt, kann der eingeschränkt unwiderruflich Bezugsberechtigte im Insolvenzverfahren über das Vermögen des Arbeitgebers die Versicherung aussondern, denn der Anspruch auf die Versicherungsleistungen gehört nicht zum Vermögen des Arbeitgebers, sondern zum Vermögen des Arbeitnehmers (**BGH** v 3. 5. 2006 – IV ZR 134/05, NZI 2006, 527 = ZIP 2006, 1309; **BAG** v 31. 7. 2007 – 3 AZR 446/05, NZA-RR 2008, 32). Ein Vorbehalt, dass der Versicherungsnehmer bei Beendigung des Arbeitsverhältnisses vor Eintritt des Versicherungsfalls und der Unverfallbarkeit nach dem BetrAVG die Versicherungsleistung für sich in Anspruch nehmen kann, wird vom **BGH** einschränkend dahin ausgelegt, dass dieser nur gilt, wenn das Arbeitsverhältnis auf Grund freiwilligen Ausscheidens des Arbeitnehmers oder aus sonstigen Gründen in der Person des versicherten Arbeitnehmers endet, nicht aber bei insolvenzbedingtem Ende des Arbeitsverhältnisses (**BGH** v 8. 6. 2005 – IV ZR 30/04, NZI 2005, 555; **BGH** v 22. 9. 2005, ZIP 2005, 1836; LAG Hamm v 22. 9. 2006 ZIP 2006, 291; str aA **BAG** Vorlagebeschluss zum Gemeinsamen Senat v 22. 5. 2007 – 3 AZR 334/06, NZI 2007, 674 hierzu *Böhm* BB 2007, 1502; **BAG** v 31. 7. 2007 – 3 AZR 446/05, NZA-RR 2008, 32, 35). Zum gesetzlichen Insolvenzschutz für **Gehaltsumwandlungs-Direktversicherungen** siehe *Hanau/Arteaga*, Gehaltsumwandlung Rn 168 ff. Hat der Arbeitgeber zwecks Erfüllung seiner Pflichten aus der Versorgungszusage eine **Rückdeckungsversicherung** auf eigene Rechnung abgeschlossen, hat der Arbeitnehmer dennoch kein Aussonderungsrecht (*BerlKo-Breutigam* § 47 Rn 41; *FK-Joneleit/Imberger* § 47 Rn 39; *Gottwald/Gottwald* InsRHdb § 40 Rn 60). Die Zweckbindung der Versicherung begründet kein Treuhandverhältnis zugunsten des versorgungsberechtigten Arbeitnehmers (vgl auch **BAGE** 20, 11, 16 = NJW 1967, 2425; LAG Saarbrücken v 7. 10. 1970, DB 1970, 2447).

VIII. Leasing

1. Insolvenz des Leasingnehmers. a) Leasing von beweglichen Sachen. Bei dem sogen **Operating-Leasing** handelt es sich um eine auf unbestimmte Zeit vereinbarte entgeltliche Gebrauchsüberlassung, aufgrund deren der Leasingnehmer berechtigt ist, Anlagen, Maschinen und sonstige Gegenstände des Umlaufvermögens zu benutzen. Der Substanzwert der Gegenstände wird nicht vergütet, so dass der Leasinggeber als Eigentümer im Insolvenzverfahren über das Vermögen des Leasingnehmers das Leasinggut aussondern kann (*Häsemeyer* InsR Rn 11.11; MüKo-*Ganter* § 47 Rn 219). Das Aussonderungsrecht besteht jedoch erst in dem Augenblick, in dem der Insolvenzverwalter kein Recht zum Besitz aus dem Leasingvertrag mehr hat. Siehe zum Schicksal des Leasingvertrages in der Insolvenz ausführlich § 108 Rn 50 ff.

90

Beim **Finanzierungsleasing** steht die Finanzierungsfunktion des Leasinggebers im Vordergrund. Der Leasingnehmer sucht das Leasinggut selbst bei einem Händler oder Hersteller aus, während der Leasinggeber den Leasinggegenstand erwirbt und den Kaufpreis finanziert (zu den einzelnen Formen des Leasings vgl MüKo-*Ganter* § 47 Rn 218 ff). Das Leasinggut unterliegt deshalb in der Insolvenz des Leasingnehmers der Aussonderung, jedenfalls soweit der Vertrag vor dem Eröffnungsantrag Verfahrens gekündigt worden war (MüKo-*Ganter* § 47 Rn 223). Andernfalls greift die Kündigungssperre aus § 112. Erst wenn der Verwalter die Nichterfüllung des Vertrages gewählt hat, ist der Aussonderungsanspruch des Leasinggebers durchsetzbar. Siehe auch die Kommentierung zu § 108 Rn 84, 106 ff. Nach *Häsemeyer* (InsR Rn 11.11) steht dem Aussonderungsrecht entgegen, dass die Leasingraten auch einen Entgeltanteil für den Substanzwert des Leasingguts enthalten. Deshalb sei das Finanzierungsleasing in Höhe der vereinbarten Amortisation ein Austauschvertrag. Ebenso wie das Vorbehaltseigentum sollte deshalb „das Leasinggut ganz oder teilweise haftungsrechtlich der Insolvenzmasse zugerechnet werden; entweder in Höhe der Teilamortisation oder als Teilleistung, oder insgesamt mit Absonderungsberechtigung des Leasinggebers" (vgl auch *Häsemeyer* FS *Serick* S 153, 166 ff).

90a

b) Immobilienleasing. Beim Immobilienleasing fällt im eröffneten Verfahren das Wahlrecht des Verwalters nach § 103 weg. An seine Stelle tritt das besonders geregelte Kündigungsrecht des § 109, das das Fortbestehen des Vertrages über die Verfahrenseröffnung hinaus voraussetzt (KS-*Gottwald/Adolphsen* S 1064 Rn 83; *Tintelnot* ZIP 1995, 616, 620; *Eckart* ZIP 1996, 897, 901). War das Leasinggut dem Leasingnehmer bereits vor Verfahrenseröffnung überlassen worden, ist der Insolvenzverwalter berechtigt, den Leasingvertrag ohne Rücksicht auf die vereinbarte vertragliche Laufzeit unter Einhaltung der gesetzlichen Frist (§§ 580 a, 573 c BGB) gem § 109 Abs 1 zu kündigen. War das Leasinggut noch nicht übergeben, gewährt § 109 Abs 2 beiden Vertragsparteien ein Rücktrittsrecht. Wird der Vertrag gekündigt, kann der Leasinggeber aussondern (K/P/B/*Prütting* § 47 Rn 51; MüKo-*Ganter* § 47 Rn 236).

91

2. Insolvenz des Leasinggebers. Im Fall der Insolvenz des Leasinggebers ist umstritten, ob der Leasingnehmer während der Grundmietzeit ein Aussonderungsrecht gegenüber dem Verwalter des Leasinggebers hat (so zB *Canaris*, BankvertragsR Rn 1786). Nach anderer Meinung steht dem entgegen, dass das Leasinggut vermögensrechtlich auf Dauer dem Vermögen des Leasinggebers zuzuordnen ist (K/P/B/*Prütting* § 47 Rn 53). Bei Leasingverträgen über **unbewegliche Sachen** bleibt der Vertrag gem § 108 zunächst bestehen, so dass der Leasingnehmer hieraus ein Recht zum Besitz gegenüber dem Insolvenzverwalter des Leasinggebers hat (vgl MüKo-*Ganter* § 47 Rn 252). Bei Leasingverträgen über **bewegliche Sachen** findet jedoch § 103 Anwendung mit der Folge, dass der Insolvenzverwalter entscheiden kann, ob er den Leasingvertrag erfüllen will (s hierzu die Kommentierung zu § 108 Rn 126). Lehnt der Verwalter die Erfüllung ab, so kann er das Leasinggut vom Leasingnehmer herausverlangen (MüKo-*Ganter* § 47 Rn 251). Eine **Ausnahme** gilt nach § 108 Abs 1 S 2 jedoch bei Insolvenz des Leasinggebers für Leasingverträge, bei denen der Leasinggegenstand einem Dritten (Bank), der die Anschaffung oder Herstellung finanziert hat, als Sicherung übertragen worden war. Der refinanzierenden Bank steht daher als Sicherungseigentümerin ein Absonderungsrecht nach § 51 Abs 1 zu, wenn der Insolvenzverwalter die Erfüllung ablehnt oder der Leasing-

92

vertrag auf sonstige Weise beendet wird (KS-*Gottwald/Adolphsen* S 1066 Rn 91; MüKo-*Ganter* § 47 Rn 250; *Michalski/Ruess* NZI 2000, 250, 252; FK-*Joneleit/Imberger* § 47 Rn 30 u FK-*Wegener* § 108 Rn 14, 15). Wählt der Verwalter die Erfüllung des Vertrages, bleibt der Leasingnehmer zum Besitz berechtigt und hat im Gegenzug die Leasingraten zu leisten. Zweifelhaft ist, inwieweit eine diesbezügliche Sicherungszession zugunsten der finanzierenden Bank angesichts von § 91 zu beurteilen ist (für Unwirksamkeit MüKo-*Ganter* § 47 Rn 251; differenzierend ob Überlassung des Leasinggutes bereits vor Verfahrenseröffnung – dann Wirksamkeit – oder erst nach – dann Unwirksamkeit MüKo-*Breuer* § 91 Rn 91). Jedenfalls für die Raten bezüglich der Grundmietzeit wird man von betagten Ansprüchen auszugehen haben, so dass die Abtretung insoweit nicht an § 91 scheitert (**BGH** v 28. 3. 1990, BGHZ 111, 84 = ZIP 90, 646; vgl auch § 91 Rn 25). Weitere Einzelheiten in der Kommentierung zu § 108 Rn 129 ff.

IX. Factoring

93   Der Hauptzweck des Factoringgeschäfts besteht in der Vorfinanzierung von offenen Forderungen des Anschlusskunden durch den Factor, indem dieser den Gegenwert abzüglich des Factoringentgelts und eines Sperrbetrages dem Anschlusskunden sogleich gutschreibt und die Forderungen bei Fälligkeit einzieht. Beim Factoring tritt ein Gläubiger, der **Anschlusskunde**, seine Forderungen, die ihm aus Warenlieferungen oder Dienstleistungen gegenüber einem Schuldner (Abnehmer, Drittschuldner), dem **Debitor** zustehen, an ein Finanzierungsinstitut, den Factor, auf kaufrechtlicher Grundlage ab, der den Gegenwert abzüglich der Gebühren, Zinsen und Sicherungseinbehalt dem Anschlusskunden sofort gutschreibt und die Forderungen nach Eintritt der Fälligkeit beim Debitor einzieht (vgl *Martinek*, Moderne Vertragstypen, Bd I: Leasing und Factoring, 1991; *Sinz*, Factoring, Köln 1997 Rn 3 ff). Beim „**echten Factoring**" handelt es sich idR um einen Forderungskauf mittels globaler Vorausabtretung aller künftigen Forderungen des Anschlusskunden gegen seine Abnehmer und Auftraggeber an eine Factoring-Bank unter der aufschiebenden Bedingung, dass diese die jeweilige Forderung aufkauft (BGHZ 69, 254 = NJW 1977, 2207; *Brink* ZIP 1997, 817 ff; *Kilger/K. Schmidt* § 43 KO Anm 11 c; *K. Schmidt* Handelsrecht § 35 III 4 S 1019 ff). Beim **unechten Factoring** übernimmt die Bank das Risiko der Zahlungsunfähigkeit des Debitors nicht, sondern behält sich vor, dem Kunden die Forderung zurückzubelasten, wenn sie sich als nicht realisierbar erweist (*K. Schmidt* Handelsrecht § 35 IV a S 1019; *Sinz* Factoring Rn 339 ff; FK-*Joneleit/Imberger* § 51 Rn 28; K/P/B/*Prütting* § 47 Rn 58; vgl auch *Serick* NJW 1981, 794).

94   **1. Insolvenz des Anschlusskunden.** Die Insolvenz des Anschlusskunden führt zum Erlöschen des Factoringvertrages (§ 116 iVm § 115 Abs 1). Das der Factoringzession zugrunde liegende Kausalgeschäft ist beim **echten Factoring** mit Verfahrenseröffnung bereits beiderseitig vollständig erfüllt. § 103 kommt nicht mehr zur Anwendung. Auch beim **unechten Factoring** findet § 103 keine Anwendung, da zumindest der Factor durch die Gutschrift des Gegenwerts für die Forderung den Vertrag bereits vollständig erfüllt hat (KS-*Sinz* S 593, 623 Rn 77). Die Pflicht zum Forderungseinzug beim Debitor und zur Auskehrung des Sicherungseinbehalts ist eine nachvertragliche Pflicht des Factors und keine Nebenpflicht, die auf Herbeiführung des Leistungserfolges (Vorfinanzierung) gerichtet ist (KS-*Sinz* S 623 Rn 77). Forderungen, die vor Verfahrenseröffnung an den Factor aufgrund des **echten Factorings** abgetreten und von ihm bezahlt worden sind, kann der Factor im Insolvenzverfahren über das Vermögen des Anschlusskunden gem § 47 aussondern (KS-*Sinz* S 623 Rn 78 unter Bezugnahme auf ein Urteil des KG Berlin v 16. 4. 1984 – 14 U 4779/83; *ders* Factoring Rn 190; *Canaris*, BankvertragsR Rn 1676; MüKo-*Ganter* § 47 Rn 265; Jaeger/Henckel § 47 Rn 126; *Serick* Bd IV § 70 VIII 2 S 847; *Obermüller* InsR-Bankpraxis Rn 7.93). Eine Übertragbarkeit der für das echte Factoring entwickelten Lösungen auf **konzerninterne Cash-Pooling Systeme** nimmt *Primozic* (NZI 2005, 358) an. Für das heute seltene **unechte Factoring** billigt die hM wegen des Sicherungscharakters der Abtretung dem Factor lediglich eine **Absonderung** zu (*Kilger/K. Schmidt* § 43 KO Anm 11 c; § 48 KO Anm 1 *Obermüller* InsRBankpraxis Rn 7.97; *Glomb* Finanzierung durch Factoring, S 89; MüKo-*Ganter* § 47 Rn 266). Einen eigenen Lösungsansatz entwickelt KS-*Sinz* (S 632 Rn 104): Ein wesentlicher Unterschied zur kreditsichernden Globalzession liege darin, dass es sich bei der Bonitätshaftung des Anschlusskunden im Rahmen des unechten Factorings um eine **Eventualverbindlichkeit** handelt. Die bloße Rückbelastungsmöglichkeit sei kein geeignetes Kriterium, um die Gleichstellung des unechten Factorings mit einem Zessionskredit zu begründen. Vielmehr sei danach zu differenzieren, ob es tatsächlich zu einem Rückgriff komme oder nicht. Nach Auffassung von KS-*Sinz* (S 634 Rn 108–110) ist daher beim unechten Factoring in der Insolvenz des Anschlusskunden dem Factor ein auflösend bedingtes Aussonderungsrecht zuzusprechen. Auflösende Bedingung sei die Geltendmachung des Rückgriffsanspruchs seitens des Factors (vgl auch *Sinz* Factoring Rn 359). Allerdings trägt beim unechten Factoring die Factoring-Bank nicht das Risiko der Zahlungsfähigkeit oder Zahlungsfähigkeit des Drittschuldners mit der Folge, dass es sich um ein atypisches Kreditgeschäft handelt, wobei der dem Anschlusskunden gewährte Kredit sich an der Höhe der abgetretenen Forderungen orientiert und das Darlehen durch die Abtretung der Außenstände lediglich gesichert wird. Da die Vorausabtretung lediglich Sicherungscharakter hat, kann der Factor beim unechten Factoring nur **abgesonderte Befriedigung** verlangen (FK-*Joneleit/Imberger* § 47 Rn 32; Jaeger/Henckel § 47 Rn 127; K/P/B/*Prütting* § 47 Rn 58).

Bei **Kollision zwischen Factoring und verlängertem Eigentumsvorbehalt** war früher umstritten, ob die 95 vom BGH im Anschluss an die zur „Vertragsbruchtheorie" von *Flume* entwickelten Grundsätze zur Sittenwidrigkeit der Globalzession bei Bankkrediten auch auf das Factoring anwendbar sind (vgl *K. Schmidt* DB 1977, 65 ff; *Heidland* KTS 1970, 177 ff). Für das **echte Factoring** hat der BGH entschieden, dass die Globalzession nicht sittenwidrig ist, wenn sie mit einem verlängerten Eigentumsvorbehalt kollidiert, da den Vertragspartnern des Factoringvertrages unter Berücksichtigung der schutzwürdigen Interessen des Vorbehaltsverkäufers der Vorwurf der Sittenwidrigkeit nicht gemacht werden kann (BGH v 19. 9. 1977, BGHZ 69, 254 = NJW 1977, 2207; BGH v 7. 6. 1978, BGHZ 72, 15 = NJW 1978, 272; OLG Frankfurt v 5. 11. 1976, NJW 1977, 906; ausf auch zu Reaktionsmöglichkeiten der Vorbehaltslieferanten *Beck* KTS 2008, 121 ff). Die Berufung des Factors auf die Priorität ist selbst dann nicht rechtsmissbräuchlich, wenn der Anschlusskunde den Factoringerlös an den Vorbehaltslieferanten nicht abführt, denn das Weiterleitungsrisiko trifft stets den Vorbehaltsverkäufer (BGHZ 100, 353, 360; *Serick* Bd V § 70 VI 2 S 787; *KS-Sinz* S 630 Rn 98). Für das **unechte Factoring** ist die Lösung der Kollisionsproblematik zwischen Factoring-Globalzession und verlängertem Eigentumsvorbehalt nach wie vor umstritten. Nach **Auffassung des BGH** (Urt v 14. 10. 1981, BGHZ 82, 50, 64 f = NJW 1982, 164 = ZIP 1981, 1313) gelten für den Fall des unechten Factorings bei Kollision zwischen Globalzession und Eigentumsvorbehalt des Vorbehaltslieferanten die allgemeinen von der Rechtsprechung entwickelten Grundsätze über die Sittenwidrigkeit. Soweit die Abtretung an den Vorbehaltslieferanten zeitlich vorrangig ist, sei die Factoringzession von der Einziehungsermächtigung nicht mehr gedeckt. Im Falle einer vorrangigen Globalzession zugunsten des Factors bedarf die Vorausabtretungsvereinbarung zu ihrer Wirksamkeit einer dinglichen Teilverzichtserklärung, gerade so wie in Kollisionsfällen zwischen einer Globalzession zugunsten einer Geschäftsbank und Zessionen zugunsten von Warenkreditgebern. Das Schrifttum hat sich teilweise der Auffassung des **BGH** angeschlossen (*Kilger/K. Schmidt* § 43 KO Anm 11 c; *MüKo-Ganter* § 47 Rn 188; *Palandt/Grüneberg* § 398 BGB Rn 37; *Obermüller* insRBankpraxis Rn 7.103; *Erman/Westermann* § 398 BGB Rn 25; *Graf Lambsdorff* ZIP 1980, 543, 544; *Serick* NJW 1981, 794, 797. Zur **Gegenansicht** vgl *Canaris*, BankvertragsR Rn 1686; *MüKoBGB-Roth* § 398 Rn 174; *Graf von Westphalen* in: *Röhricht/Graf von Westphalen*, Factoring Rn 46; *Larenz/Canaris* § 65 III 2 d; *Blaurock* ZHR 142 [1978], 325, 340 f).

2. Insolvenz des Factors. Im Insolvenzverfahren über das Vermögen des Factors greift das Wahlrecht 96 des Insolvenzverwalters nach § 103 ein, wenn nicht zum Zeitpunkt der Verfahrenseröffnung die betroffene Forderung dem Factor abgetreten und von ihm bezahlt war (*MüKo-Ganter* § 47 Rn 274). Lehnt der Insolvenzverwalter bei angedienten, aber noch nicht gutgeschriebenen Forderungen das Vertragsangebot ab, kann bei Vertragsgestaltung mit aufschiebend bedingter Vorauszession die Bedingung für den Forderungsübergang nicht eintreten. Die Forderung fällt nicht in die Insolvenzmasse mit der Folge, dass der Anschlusskunde sie gem § 47 aussondern kann (*KS-Sinz* S 639 Rn 129). Bei Verträgen mit auflösend bedingter Vorausabtretung entsteht dagegen kein Aussonderungsrecht, denn der Factor ist zunächst Forderungsinhaber geworden. Die auflösende Bedingung tritt erst mit Verfahrenseröffnung ein. Insoweit gilt § 105 S 2 (*Sinz* Factoring Rn 478; *ders* in: *KS* S 640 Rn 129). Auch bei einer unbedingten Vorauszession ist der Anschlusskunde nicht berechtigt, die Forderungen auszusondern (§ 105 S 2). Er hat vielmehr lediglich einen Anspruch aus §§ 812 Abs 1 S 1 1. Altern, 818 Abs 2 BGB auf Wertersatz, der eine Insolvenzforderung iSv § 38 ist. Guthaben auf Sperrkonten des Kunden beim Factor, über die er erst nach endgültigem Eingang der abgetretenen Forderungen beim Factor verfügen darf, sind nicht Treugut, sondern begründen lediglich eine einfache Insolvenzforderung (o Rn 46; *Gottwald/Gottwald* InsRHdb § 40 Rn 51; *KS-Sinz* S 640 f Rn 133).

X. Aussonderungsgleiches Recht des Schuldners an den pfändungsfreien Teilen seines Arbeitseinkommens

Durch die Einbeziehung des Neuerwerbs in die Insolvenzmasse (§ 35) fällt nunmehr auch der un- 97 pfändbare Teil des Schuldnereinkommens zunächst in die sogen Ist-Masse. Daran ändert auch nichts die Tatsache, dass nur Vermögen, das der Zwangsvollstreckung unterliegt, gem § 36 Abs 1 zur Insolvenzmasse gehört. Unerheblich ist auch, dass durch die Neuregelung in § 36 Abs 1 S 2 die Vorschriften der §§ 850, 850 a, 850 c, 850 e, 850 Abs 1, 850 g–850 i ZPO entsprechend gelten. Nach *Smid* FS *Rolland*, 1999, S 355, 358; ferner *Smid/Wehdeking*, InVo 2000, 293, 294 f fällt trotz der Regelung in § 36 Abs 1 das gesamte Arbeitseinkommen des Schuldners nach Verfahrenseröffnung zunächst einmal in die sogen Ist-Masse mit der Folge, dass es im vereinfachten Verfahren durch den Treuhänder (§ 313) eingezogen werden kann. Erst im Rahmen der Bereinigung der Ist-Masse zur Soll-Masse hat der Treuhänder den unpfändbaren Teil des Arbeitseinkommens zu ermitteln und zum Zwecke der Bereinigung der Ist-Masse zur Soll-Masse an den Schuldner auszuzahlen (**krit** *Steder* ZIP 1999, 1874 ff; *Mäusezahl* ZInsO 2000, 193 ff; vgl auch *Ott/Zimmermann* ZInsO 2000, 421 ff). Diese Auffassung hat den Vorteil, dass der Arbeitgeber das **Arbeitsentgelt in voller Höhe an den Treuhänder auszuzahlen** berechtigt ist, ohne die pfändungsfreien Beträge ausrechnen zu müssen. Für den Schuldner hat diese Auffassung den Nachteil, dass oft längere Zeit vergeht, bis er den pfändungsfreien Betrag vom Treuhänder ausgezahlt erhält.

Nicht zuletzt deswegen wird für das Restschuldbefreiungsverfahren die Auffassung vertreten, dass der Arbeitgeber nur die pfändbaren Beträge abführt und die Vorschriften der §§ 850 ff ZPO beachtet (vgl FK-*Grote* § 292 Rn 6). Zutreffend weist *Mäusezahl* (ZInsO 2000, 193) darauf hin, dass die „Umleitung des Arbeitseinkommens an den Treuhänder und die anschließende Auskehrung des unpfändbaren Betrages an den Schuldner" im günstigsten Fall ein bis zwei Wochen in Anspruch nimmt. Während dieser Zeit ist der Schuldner nicht in der Lage, aus eigenen Mitteln seinen Lebensunterhalt zu bestreiten. Nach Auffassung von *Smid/Wehdeking* (InVo 2000, 293, 297 f) fällt zunächst einmal das **gesamte Arbeitseinkommen** einschließlich der pfändungsfreien Teile in die sogen Ist-Masse. Allerdings sei der Arbeitgeber auch berechtigt, mit befreiender Wirkung den pfändungsfreien Betrag an den Schuldner zu leisten, da dieser nicht in die Insolvenzmasse fällt. Nach *Smid/Wehdeking* ist der für den Arbeitgeber des insolventen Schuldners einfachere Weg die hundertprozentige Auszahlung des Nettoeinkommens an den Treuhänder. Der Schuldner hat nach Auszahlung ein **aussonderungsgleiches Recht** auf Auskehrung des pfändungsfreien Betrages. Damit werde der Schuldner im Hinblick auf die Sicherstellung seines Unterhalts nicht schlechter gestellt als außerhalb des Insolvenzverfahrens. Ob der Insolvenzverwalter (Treuhänder) befugt ist, das gesamte Nettoeinkommen des Schuldners zu vereinnahmen (§ 148), ist nach wie vor umstritten. Bejaht man ein aussonderungsgleiches Recht, stellt sich der Streit über den Umfang der auszuzahlenden Beträge als **Aussonderungsrechtsstreit** dar, der vor den ordentlichen Gerichten auszutragen ist (so *Smid/Wehdeking* InVo 2000, 293, 298). Ein Mittelweg wäre der, zunächst Zahlung des Arbeitgebers an den Verwalter bzw Treuhänder. Nach endgültiger Festlegung der Pfändungsfreigrenzen erfolgt Nachricht an den Arbeitgeber, der den pfändungsfreien Betrag risikolos an den Schuldner überweist.

XI. Durchsetzung der Aussonderung

98 **1. Allgemeines.** Nach § 47 S 2 bestimmt sich der Anspruch auf Aussonderung nach den Gesetzen, die außerhalb des Insolvenzverfahrens gelten. Bei beweglichen Sachen, die im Eigentum des Anspruchsstellers stehen, ist Anspruchsgrundlage daher § 985 BGB; bei der Aussonderung eines Grundstücks greift der Grundbuchberichtigungsanspruch gem § 894 BGB. Das Aussonderungsrecht beinhaltet keinen Anspruch des Aussonderungsberechtigten auf **Selbsthilfe**. Es ist ihm verwehrt, ohne Zustimmung des Schuldners bzw Schuldnerunternehmens die Räume des Schuldners zu betreten, Aussonderungsobjekte zu besichtigen oder im Wege der Selbsthilfe aus der Ist-Masse herauszunehmen (**OLG Köln** v 2. 4. 1987, ZIP 1987, 653, 654; **LAG** Hamm v 29. 4. 1986, ZIP 1986, 1262, 1266; FK-*Joneleit/Imberger* § 47 Rn 58). Nacht- und Nebelaktionen der aussonderungsberechtigten Gläubiger sind unzulässig und rechtswidrig. Der Aussonderungsberechtigte ist vielmehr verpflichtet, sein Recht nach den allgemeinen Regeln gegenüber dem Insolvenzverwalter geltend zu machen und notfalls im Klagewege durchzusetzen.

99 **2. Prüfungspflicht des Verwalters.** Die Tatsache, dass Aussonderungsrechte grundsätzlich vom Berechtigten geltend zu machen sind, entbindet den Insolvenzverwalter nicht von der Verpflichtung, im Rahmen der Bereinigung der sogen Ist-Masse zur sogen Soll-Masse Aussonderungsrechte zu prüfen und festzustellen. Es gehört zu den insolvenzspezifischen Pflichten des Verwalters, die Rechtspositionen der Aussonderungsberechtigten zu beachten, in diese nicht einzugreifen und bei der Herausgabe (Aussonderung) ohne besonderen Honoraranspruch mitzuwirken (K/P/B/*Lüke* § 60 Rn 15; KS-*Wellensiek* S 403, 412 f Rn 35, 37). Die **Aussonderung ist insofern Teil der Masseverwaltung** (*Häsemeyer* InsR Rn 11.27). Nebenpflichten gegenüber dem Aussonderungsberechtigten hat der Insolvenzverwalter zu erfüllen. Die **Feststellung der Aussonderungsrechte** gehört ebenso zu seinen Amtspflichten wie die **Pflicht zur ordnungsgemäßen Verwaltung und Sicherung** des Aussonderungsgegenstandes. Die Prüfungspflicht des Verwalters ist eine **originäre Verwalterpflicht**. Unzulässig ist es, die Aussonderungsrechte durch Mitglieder des Gläubigerausschusses prüfen zu lassen. Einen bestimmten **Prüfungszeitraum** für die Prüfung von Aussonderungsrechten sieht das Gesetz nicht vor. Mit Ausnahme des § 107 Abs 2 S 1 hat der Insolvenzverwalter in **angemessener Zeit** die Aus- und Absonderungsrechte zu prüfen. Ein Prüfungszeitraum von **zwei Monaten** im Rahmen eines mittleren Firmeninsolvenzverfahrens muss als angemessen angesehen werden. In umfangreicheren Verfahren kann der angemessene Prüfungszeitraum erheblich größer sein. Zur Prüfungspflicht siehe auch oben Rn 4. Anders als nach früherem Recht und entgegen der amtlichen Begründung zu § 151 sollten auch **Aussonderungsgegenstände** in dem Verzeichnis der Massegegenstände (§ 151) erfasst und gesondert kenntlich gemacht werden. § 151 verbietet ein solches Vorgehen nicht (§ 151 Rn 3). Einmal ist zum Zeitpunkt der Aufstellung eine abschließende Bewertung von Fremdvermögen nicht möglich, zum anderen aber kann es darum gehen, die Fortführungsaussichten aufgrund eines Planverfahrens nach §§ 217 ff zu prüfen. Die Aussonderungsrechte und die Frage, ob die Gläubiger von den Aussonderungsrechten auch Gebrauch machen, bzw unter welchen Konditionen sie das Aussonderungsgut im Schuldnerunternehmen belassen, kann für die Frage einer Unternehmensfortführung von entscheidender Bedeutung sein. Dies nicht zuletzt auch deswegen, weil sich der Insolvenzverwalter uU bei Lieferungen unter EV dazu entschließen muss, sein Wahlrecht nach § 103 auszuüben, um den Aussonderungsgegenstand in der Masse zu halten.

XI. Durchsetzung der Aussonderung § 47

3. Anerkennung von Aussonderungsrechten. Grundsätzlich ist der Insolvenzverwalter berechtigt, 100
Aussonderungsrechte Dritter ohne Genehmigung des Gläubigerausschusses anzuerkennen (N/R/*Andres*
§ 47 Rn 59; K/P/B/*Prütting* § 47 Rn 80; FK-*Joneleit/Imberger* § 47 Rn 61; MüKo-*Ganter* § 47 Rn 456).
Die oftmals in der Praxis erklärte „Freigabe" des Aussonderungsguts ist letztlich nichts anderes als die
Anerkennung des Aussonderungsrechts. Es handelt sich um keine Freigabe ieS, denn der Aussonderungsgegenstand hat niemals zur Insolvenzmasse gehört. Besitzt das **Aussonderungsrecht erheblichen
Wert** und ist es zweifelhaft oder streitig, so ist die Anerkennung eine **besonders bedeutsame Rechtshandlung** iSv § 160 Abs 1 S 1, so dass es der Zustimmung des Gläubigerausschusses bedarf (K/P/B/
Onusseit § 160 Rn 20; N/R/*Andres* § 47 Rn 59; FK-*Joneleit/Imberger* § 47 Rn 61; FK-*Wegener* § 160
Rn 3; K/P/B/*Prütting* § 47 Rn 80). Vorher besteht eine Unterrichtungspflicht nach § 161 S 1. Hat der
Insolvenzverwalter einen Aussonderungsanspruch irrtümlich anerkannt oder den Gegenstand irrtümlich an den angeblich Berechtigten herausgegeben, führt dies nicht zum Verlust des Eigentums des wirklich Berechtigten. Der wirkliche Eigentümer hat ein Rückforderungsrecht, ohne dass es einer Anfechtung wegen Irrtums bedarf. Ist der Insolvenzschuldner der Eigentümer, übt der Verwalter das Rückforderungsrecht aus. Etwas anderes gilt aber, wenn der Insolvenzverwalter eine vom Insolvenzschuldner
vor Verfahrenseröffnung gem § 930 BGB veräußerte Sache, die dem Schuldner nicht gehörte, an einen
gutgläubigen Dritten herausgibt. In diesem Fall erwirbt dieser auch dann Eigentum, wenn der Verwalter
einen **vermeintlichen Aussonderungsanspruch** des Erwerbers zu erfüllen glaubte (**BGH** v 29. 9. 1959,
KTS 1959, 188 = WM 1959, 1313; MüKo-*Ganter* § 47 Rn 457).

4. Bereitstellungspflicht des Insolvenzverwalters. Der Insolvenzverwalter ist nicht verpflichtet, den 101
Aussonderungsgegenstand an den Berechtigten zu verschicken. Ihm obliegt bei Bestehen eines Aussonderungsrechts lediglich die Verpflichtung, den Aussonderungsgegenstand **zur Abholung bereitzustellen**
(MüKo-*Ganter* § 47 Rn 463; K/P/B/*Prütting* § 47 Rn 81; FK-*Joneleit/Imberger* § 47 Rn 62). Der Aussonderungsberechtigte darf ohne ausdrückliche Zustimmung des Verwalters das Aussonderungsgut nicht
beim Schuldner aussortieren und herausholen (MüKo-*Ganter* § 47 Rn 464). Bereitstellen heißt, dass der
Insolvenzverwalter auch für die Sicherung des Aussonderungsgegenstandes Sorge zu tragen hat und alles
vermeiden muss, was eine reibungslose Aussonderung verhindert (KS-*Wellensiek* S 403, 413 Rn 37; *Häsemeyer* InsR Rn 11.27, 13.02). Der Verwalter ist demgemäß verpflichtet, notfalls das Aussonderungsgut
gegen Vereitelung der Aussonderung, Zerstörung oder Beschädigung zu schützen, wenn eine entsprechende Vorsorge von anderer Seite nicht zu erwarten ist (vgl **OLG Hamburg** ZIP 1996, 386; *Häsemeyer*
InsR Rn 13.02). Der Verwalter haftet nach § 60, wenn er nicht in ausreichendem Maße für die **Sicherstellung** aussonderungsfähiger Sachen und Rechte sorgt (*Häsemeyer* InsR Rn 13.02). Die Bereitstellungspflicht hindert den Verwalter nicht, das Sicherungsgut einstweilen im Rahmen der gesetzlich gebotenen Unternehmensfortführung und der schuldrechtlichen Beziehung zum Aussonderungsberechtigten
zu **benutzen**. Insoweit gelten die gleichen Grundsätze wie für den Eigentumsvorbehalt (§ 107 Abs 2). Das
Benutzungsrecht entfällt entspr § 107 Abs 2 S 2, wenn in der Zeit bis zur Herausgabe des Gegenstandes
eine **erhebliche Wertminderung** des Sicherungsguts durch die Benutzung zu erwarten ist. Der Herausgabeanspruch des Vermieters eines Grundstücks begründet das Aussonderungsrecht nur in demselben Umfang wie derjenige nach § 985 BGB. Ein weitergehender mietvertraglicher Räumungsanspruch ist lediglich eine Insolvenzforderung iSv § 38 (**BGH** v 5. 7. 2001, ZIP 2001, 1469; *C. Berger* FS Kreft S 191,
201 ff). Eingehend zum Inhalt eines Aussonderungsanspruchs des Vermieters eines Grundstückes MüKo-
Ganter § 47 Rn 465; *Scherer* DZWIR 2004, 184.

5. Verzugsfolgen. Kommt der Insolvenzverwalter seiner Prüfungs- und Bereitstellungspflicht nicht in 102
angemessener Zeit nach, gerät er in Verzug und der Gläubiger kann den Verzugsschaden nach § 286
Abs 1 BGB geltend machen (K/P/B/*Prütting* § 47 Rn 82). Im Falle der verspäteten Rückgabe einer Mietsache durch den Verwalter ist der Anspruch aus § 546a Abs 1 BGB Masseschuld nach § 55 Abs 1 Nr 2
(**BGH** v 24. 11. 1993, ZIP 1993, 1874). Voraussetzung ist aber, dass der Verwalter den vertragswidrigen Zustand selbst zu verantworten hat (**OLG Saarbrücken** v 9. 3. 2006 ZInsO 2006, 779).

6. Auskunftspflichten des Insolvenzverwalters. Als Nebenpflicht gegenüber dem Aussonderungsbe- 103
rechtigten hat der Insolvenzverwalter dem Aussondernden Auskunft über den Verbleib, Zustand oder
etwaige Verarbeitung sowie Belastung des Aussonderungsguts zu erteilen (KS-*Wellensiek* S 413 Rn 37;
Häsemeyer InsR Rn 11.27 u Rn 13.10; MüKo-*Ganter* § 47 Rn 460–462; *Gottwald/Gottwald* InsRHdb
§ 40 Rn 98; K/P/B/*Prütting* § 47 Rn 83; FK-*Joneleit/Imberger* § 47 Rn 60). Die Auskunftspflicht besteht deswegen, weil der Aussonderungsberechtigte grundsätzlich nicht befugt ist, die Räume des
Schuldners oder Schuldnerunternehmens zu betreten, um sein Eigentum zu besichtigen, herauszusuchen
und zu inventarisieren (vgl *Uhlenbruck* Gläubigerberatung in der Insolvenz S 324). Anders als beim Absonderungsgläubiger (§ 167) hat der Gesetzgeber für das Aussonderungsrecht einen **Auskunftsanspruch
nicht kodifiziert**. Deshalb muss über Art und Umfang der Auskunftsrechts des Aussonderungsberechtigten auf die Grundsätze zurückgegriffen werden, die die Rechtsprechung bereits zur KO und GesO
entwickelt hat. Jedenfalls kann aus der fehlenden Regelung nicht geschlossen werden, dass dem Aussonderungsberechtigten ein Auskunftsanspruch nicht zusteht (*Andersen/Freihalter* Aus- und Absonde-

rungsrechte Rn 219). Die hM leitet die Auskunftsverpflichtung des Insolvenzverwalters gegenüber dem Aussonderungsberechtigten aus § 242 BGB als Annex zur Aussonderungsbefugnis her (vgl BGHZ 70, 86, 91; **OLG** Stuttgart DB 1986, 643; **OLG** Köln ZIP 1982, 1107; MüKo-*Ganter* § 47 Rn 461; *Mohrbutter/Pape* Rn VI.151). Ist der Insolvenzverwalter im Vorfeld auf die Massefremdheit der Gegenstände hingewiesen worden, sollen nach einer Literaturmeinung die §§ 687 Abs 2, 681 S 22, 666 BGB anwendbar sein (*Breuer*, Insolvenzrecht S 104; *Andersen/Freihalter* Aus- und Absonderungsrechte Rn 221). Nach wiederum anderer Auffassung kommt als Anspruchsgrundlage § 260 BGB in Betracht (*Gottwald/Gottwald* InsRHdb § 40 Rn 99). Als weitere Anspruchsgrundlage für eine Auskunft solle im Falle der Vorausabtretung von Forderungen und Übertragung anderer Rechte § 402 BGB herangezogen werden können. Einzelheiten zu den Auskunftskosten unten bei Rn 104.

104 **Art und Umfang der Auskunftspflicht** bestimmen sich im Einzelfall nach den Umständen sowie nach der Zumutbarkeit (**BGH** v 7. 12. 1977, BGHZ 70, 86, 91). Die **Zumutbarkeit** (§ 242 BGB) bestimmt sich nach einer „sinnvollen Relation zwischen Arbeits- und Zeitaufwand des Insolvenzverwalters und dem schutzwürdigen Sicherungsinteresse des Aussonderungsberechtigten" (BGHZ 70, 86 = NJW 1978, 538, 539; *Gottwald/Gottwald* InsRHdb § 40 Rn 83). Im Einzelfall hat der Insolvenzverwalter eine Abwägung vorzunehmen hinsichtlich der **Relation von Aufwand der Auskunftserteilung und dem Auskunftsinteresse**. Einem Insolvenzverwalter kann nicht zugemutet werden, allein um Auskunftsbegehren von einigen Gläubigern nachkommen zu können, andere wichtige Aufgaben zurückzustellen (vgl *Kilger* KTS 1975, 142, 149; *Mohrbutter/Pape* Rn VI.154). Steht der Arbeits- und Kostenaufwand der Feststellung von Aussonderungsrechten und der Auskunftserteilung in keinem vernünftigen Verhältnis zum Auskunftsinteresse der Gläubiger, ist die Auskunftserteilung gem § 242 BGB **unzumutbar** (vgl BGHZ 70, 86 = **BGH** NJW 1978, 538). Der Verwalter ist aber berechtigt, den Gläubigern die Feststellung an Ort und Stelle durch Einsicht in die Geschäftsunterlagen oder in das Warenlager zu ermöglichen (**LG** Baden-Baden v 20. 6. 1989, ZIP 1989, 1003; N/R/*Andres* § 47 Rn 68; K/P/B/*Prütting* § 47 Rn 83; BerlKo-*Breutigam* § 47 Rn 43). Im Übrigen steht es bei Auskünften, die umfangreiche Ermittlungen erfordern (quotenmindernde Auskünfte), dem Verwalter frei, vom Auskunft Begehrenden einen angemessenen Kostenvorschuss zu verlangen (MüKo-*Ganter* § 47 Rn 469). Jedenfalls hat der aussonderungsberechtigte Gläubiger den **Aussonderungsgegenstand** im Rahmen des Zumutbaren **genau zu bezeichnen** (**OLG** Köln ZIP 1982, 1107; **OLG** Düsseldorf ZIP 1988, 450, 452). Zur Erfüllung der Auskunftspflichten kann sich der Insolvenzverwalter der **Mithilfe des Insolvenzschuldners** (§ 97) bedienen, denn dieser ist nicht nur zu Auskünften verpflichtet, sondern zugleich auch gem § 97 Abs 2 zur aktiven Mitwirkung (vgl BGHZ 98, 160, 164 = NJW 1986, 2948, 2949; BGHZ 70, 86 = NJW 1978, 538; BGHZ 49, 11 = NJW 1968, 300; *Häsemeyer* ZZP 80 [1967], 263; *Gerhardt* ZIP 1980, 941). Dem Umfang nach erstrecken sich die Auskunftspflichten des Verwalters auf sämtliche Handlungen und Wahrnehmungen auch seiner Hilfskräfte sowie auf die ihm zugänglichen Unterlagen (*Häsemeyer* InsR Rn 13.10). Die Auskunft kann durch **Zwangsgeld** oder auch **Zwangshaft erzwungen** werden (§ 888 ZPO). Das Zwangsgeld ist gegen die Insolvenzmasse festzusetzen, Zwangshaft gegen den Verwalter persönlich (*Häsemeyer* ZZP 80, 262, 271 ff; *Häsemeyer* InsR Rn 13.10; vgl auch **OLG** Stuttgart ZIP 1995, 47). Bestehen Zweifel hinsichtlich der Aussonderungslage, hat der Insolvenzverwalter den Gegenstand mit einem Vermerk über das beanspruchte Aussonderungsrecht in das nach § 153 zu erstellende Inventarverzeichnis aufzunehmen (KS-*Wellensiek* S 413 Rn 37; vgl auch Rn 98). Die **Mitglieder eines Sicherungs-Pools** haben bei mangelnder Durchsetzbarkeit wegen unüberwindlicher Beweisschwierigkeiten keinen Auskunftsanspruch gegen den Insolvenzverwalter (**OLG** Frankfurt ZIP 1986, 104 = NJW-RR 1986, 721 = EWiR 1986, 281 [*Junker*]).

105 **7. Kosten der Auskunft und Aussonderung.** Die Frage der Kostenbeteiligung der Aussonderungs- und Absonderungsgläubiger im Rahmen der Inventarisierung, Lagerung, Sicherung und Herausgabe war nach altem Recht umstritten (vgl K/U, 11. Aufl, § 43 KO Rn 70 a; *Bochers* KTS 1972, 237; *Lüke* KTS 1988, 421). Der Gesetzgeber hat die Frage für **Absonderungsrechte** durch die Regelung in den §§ 170, 171 geklärt. Hieraus lässt sich schließen, dass für die Aufbewahrung, Sicherstellung und Bereitstellung von Aussonderungsgut grdsl kein Anspruch auf Aufwendungsersatz nach den §§ 677, 683, 670 BGB besteht (so auch **BGH** v 26. 5. 1988, BGHZ 104, 304, 308; BGHZ 127, 156, 166; **OLG** Köln ZIP 1987, 653, 654 = WuB VI B. § 43 KO 1.87 [*Uhlenbruck*]; FK-*Joneleit/Imberger* § 47 Rn 64, 65; *Gottwald/Gottwald* InsRHdb § 40 Rn 95). In der Begr RegE zu § 195 (§ 170 InsO; BR-Drucks 1/92 S 180/181, abgedr bei *Uhlenbruck*, Das neue Insolvenzrecht, S 538) wird hinsichtlich des einfachen Eigentumsvorbehalts darauf hingewiesen, dass die tatsächliche Feststellung der Sachen und die Prüfung der rechtlichen Wirksamkeit des EV zwar Schwierigkeiten bereiten könne; in der Mehrzahl der Fälle seien aber diese Schwierigkeiten nicht vorhanden oder erheblich geringer als bei den vom Verwertungsrecht des Verwalters erfassten Sicherungsformen, so dass es gerechtfertigt erscheine, den einfachen EV nicht mit einem Kostenbeitrag zu belasten. Ein **Kostenerstattungsanspruch** des Aussonderungsberechtigten bestehe deshalb grundsätzlich nicht (*Lüke* KTS 1988, 421, 431 f; K/P/B/*Prütting* § 47 Rn 85; N/R/*Andres* § 47 Rn 69; *Kilger/K. Schmidt* § 43 KO Anm 3 b cc; MüKo-*Ganter* § 47 Rn 467 ff). Demgegenüber vertritt eine **Gegenmeinung** den Standpunkt, dass der Aussonderungsberechtigte der Masse die notwendigen Aufwendungen für die Aussonderung, dh für die Feststellung, Verwahrung, Si-

cherung und Bereitstellung des Gegenstandes, zu erstatten hat (*Häsemeyer* InsR Rn 11.27). Teilweise wird sogar angenommen, der Verwalter könne vom Gläubiger einen ausreichenden Vorschuss für die Auskunftserteilung verlangen (*Mohrbutter/Pape* Rn VI.151; BerlKo-*Breutigam* § 47 Rn 42). Eine vom Aussonderungsberechtigten auf Verlangen des Insolvenzverwalters vorbehaltlos gezahlte Aufwandsentschädigung nach **LG** Köln (v 14. 7. 1988, ZIP 1988, 1272) nicht zurückgefordert werden, was keineswegs unzweifelhaft ist.

Die Frage nach der **Erstattungspflicht von Kosten der Aussonderung** ist differenzierend zu beantworten. Da der Insolvenzverwalter die sogen Ist-Masse nicht nur zu inventarisieren, sondern auch zu verwalten hat sowie darüber hinaus verpflichtet ist, die sogen Ist-Masse zur sogen Soll-Masse zu berichtigen, fallen grundsätzlich die Kosten der Prüfung, Inventarisierung, Feststellung und Auskunftserteilung gegenüber dem Aussonderungsberechtigten der Masse zur Last. Insoweit ist der Verwalter nicht berechtigt, vom Aussonderungsberechtigten Vorschuss einzufordern (vgl **BGH** ZIP 1983, 839; **BGH** v 26. 5. 1988, BGHZ 104, 304, 308; BGHZ 127, 156, 166; **OLG** Köln ZIP 1987, 653, 654). Dies gilt auch hinsichtlich von Kosten für die Bereitstellung von Sicherungsgut zur Abholung durch den Berechtigten. Insoweit erfüllt der Insolvenzverwalter **typische Verwalterpflichten**, die durch seine Vergütung nach der InsVV abgedeckt sind. Der Gesetzgeber hat das Problem gesehen und – anders als bei den Absonderungsrechten – eine Kostenerstattungspflicht nicht vorgesehen. Eine andere Frage ist, ob es dem Insolvenzverwalter verwehrt ist, durch **Vereinbarung mit dem Aussonderungsberechtigten** eine Vergütung für die Aussonderung festzulegen (bejahend: *Lüke* KTS 1988, 421, 431; K/P/B/*Prütting* § 47 Rn 85; MüKo-*Ganter* § 47 Rn 468; FK-*Joneleit/Imberger* § 47 Rn 64). Nach zutr Auffassung des **LG** Braunschweig v 20. 10. 2000 (DZWIR 2001, 303) darf aber der Verwalter die vorzeitige Herausgabe von Aussonderungsgut nicht von der Zahlung eines Geldbetrages abhängig machen (MüKo-*Ganter* § 47 Rn 468; aA Hess/*Weis* § 47 Rn 321). Weiterhin wäre es unzulässig, wenn der Insolvenzverwalter die Vergütung für sich beanspruchen würde. Diese kann nur zugunsten der Masse vereinbart und geltend gemacht werden. Übernimmt der Insolvenzverwalter über die typischen Verwalterpflichten, die mit der Erfüllung von Aussonderungsansprüchen verbunden sind, im Einzelfall **weitere Pflichten gegenüber den Aussonderungsberechtigten** oder einem Gläubiger-Pool, die eine eigenständige und nicht der Masse anzulastende Vergütungspflicht begründen, sind diese vom Aussonderungsberechtigten oder Gläubiger-Pool besonders zu vergüten (vgl **BGH** v 26. 5. 1988, BGHZ 104, 304, 308 = KTS 1988, 529 = ZIP 1988, 853; **OLG** Köln ZIP 1987, 653, 654; **OLG** Koblenz NZI 2004, 498; *Lüke* KTS 1988, 421 ff).

Die **Abgrenzung von typischen Verwalterpflichten** und **zusätzlichen Pflichten** ist nicht immer einfach. So sieht zB *K. Schmidt* (Kilger/*K. Schmidt* § 43 KO Anm 3 b cc) eine Erstattungspflicht für für Aufwendungen, die der Sicherung und Erhaltung des Sicherungsguts dienen. Diese seien anteilig zu ersetzen, auch wenn die Kosten für die Insolvenzmasse aufgewandt worden sind. Dies folge aus den §§ 347 S 2, 994 Abs 2, 683 BGB. Für das neue Recht ist jedoch zu beachten, dass zB beim Eigentumsvorbehalt wegen § 107 Abs 2 S 1 der Insolvenzverwalter berechtigt ist, das Aussonderungsgut zeitweise zu benutzen. Das Benutzungsrecht ist auch für sonstiges Aussonderungsgut zu bejahen, vor allem für den Zeitraum, in dem kraft gesetzlicher Vorschrift das Schuldnerunternehmen zeitweise fortzuführen ist. Voraussetzung ist aber, dass der Schuldner vor Verfahrenseröffnung berechtigt war, die Sache zu nutzen. Es ist kein Grund ersichtlich, in diesen Fällen der **Erhaltungs- und Sicherungskosten** dem Aussonderungsberechtigten anzulasten. Soll das Schuldnerunternehmen aufgrund eines Insolvenzplans fortgeführt werden, sind ohnehin Vereinbarungen unverzichtbar, ob und unter welchen Bedingungen das Aussonderungsgut in der Masse verbleibt und vom Insolvenzverwalter oder Schuldner genutzt werden darf. Zweifelhaft ist, ob Aufwendungen, die dem Aussonderungsberechtigten anlässlich der Abholung seiner Gegenstände erwachsen, im Insolvenzverfahren lediglich als nachrangige Forderungen iSv § 39 Abs 2 Nr 2 geltend gemacht werden können (so FK-*Joneleit/Imberger* § 47 Rn 67). Insoweit handelt es sich nicht um Kosten der Verfahrensteilnahme. Vielmehr können Kostenansprüche, weil sie auf vor Verfahrenseröffnung begründeten Rechtsverhältnissen beruhen, als Insolvenzforderungen (§ 38) geltend gemacht werden.

XII. Rechtsstreit über die Aussonderung

1. Zuständigkeit der Zivilgerichte. Nach § 47 ist das Aussonderungsrecht außerhalb des Insolvenzverfahrens geltend zu machen. Das bedeutet, dass der Rechtsstreit über die Aussonderung nach allgemeinen prozessualen Vorschriften durchzuführen ist. Funktionell zuständig ist daher das **Prozessgericht**, nicht das Insolvenzgericht (K/P/B/*Prütting* § 47 Rn 90). Die **sachliche Zuständigkeit** richtet sich nach den §§ 23, 71 GVG. Der Aussonderungsanspruch kann auch Handelssache iSv § 95 Abs 1 Nr 1 GVG sein (Kilger/*K. Schmidt* § 43 KO Anm 15; K/P/B/*Prütting* § 47 Rn 91). Ob im Einzelfall das Amtsgericht oder Landgericht zuständig ist, entscheidet sich grundsätzlich nach dem Streitwert des Aussonderungsanspruchs. Die **örtliche Zuständigkeit** des Gerichts für die Aussonderungsklage bestimmt sich nach § 19a ZPO, wonach der **allgemeine Gerichtsstand eines Insolvenzverwalters** für Klagen, die sich auf die Insolvenzmasse beziehen, durch den Sitz des Insolvenzgerichts bestimmt wird (Art 18 Nr 1 EGInsO, BayObLG v 17. 1. 2003, ZIP 2003, 541). Durch die gesetzliche Neuregelung ist die frühere Rechtsprechung des **BGH** (BGHZ 88, 331, 334) überholt. § 19a ZPO gilt für Klagen, die sich gegen die Insolvenzmasse richten, also auch für den Aussonderungsstreit (Musielak/*Heinrich* ZPO § 19a Rn 4). Klagt dagegen der Insolvenzverwalter auf Herausgabe oder Leistung in die Masse, so bestimmt sich die örtliche Zuständigkeit mangels besonderer Vereinbarung nach dem allgemeinen Gerichtsstand des Beklagten (K/P/B/*Prütting* § 47 Rn 92; *Häsemeyer* InsR Rn 11.28; *Gottwald/Gottwald* InsRHdb § 40 Rn 89). Der Gerichtsstand des § 19a ZPO ist jedoch kein ausschließlicher Gerichtsstand. Auch weiterhin kommen **besondere Gerichtsstände** für Aussonderungsklagen in Betracht, wie zB der dingliche Gerichtsstand (§ 24 ZPO), der Gerichtsstand der Erbschaft (§ 27 ZPO) und der Gerichtsstand des Erfüllungsortes gem § 29 ZPO (*Gottwald/Gottwald* InsRHdb § 40 Rn 89; K/P/B/*Prütting* § 47 Rn 92). **Gerichtsstandsvereinbarungen** zwischen Gläubiger und Insolvenzverwalter sind zulässig (*Kilger/K. Schmidt* § 11 KO Anm 1; *Gottwald/Gottwald* InsRHdb § 40 Rn 90).

109   **2. Anhängige Prozesse und Vollstreckungen.** Ein bei Verfahrenseröffnung für oder gegen das zur Insolvenzmasse gehörige Vermögen des Insolvenzschuldners anhängiges Verfahren wird gem § 240 S 1 ZPO unterbrochen. Es kann nach §§ 85, 86 aufgenommen oder beendet werden (*Häsemeyer* InsR Rn 11.28; *Gottwald/Gottwald* InsRHdb § 40 Rn 92). Nach § 86 Abs 1 Nr 1 ist sowohl der Insolvenzverwalter als auch der Gegner berechtigt, den Prozess aufzunehmen. Erkennt der Verwalter den Anspruch sofort an, ist der Gegner mit seinem Kostenerstattungsanspruch Insolvenzgläubiger (§ 86 Abs 2). Aus einem gegen den Insolvenzverwalter erstrittenen Titel sind Aussonderungsberechtigte zur Zwangsvollstreckung in die Insolvenzmasse berechtigt, weil insoweit das Vollstreckungsverbot des § 89 Abs 1 nicht eingreift (*Häsemeyer* InsR Rn 11.28; MüKo-*Ganter* § 47 Rn 492). Vollstreckungen von Aussonderungsberechtigten aus einem **vor Verfahrenseröffnung** gegen den Schuldner erlangten Titel sind ebenfalls nach Umschreibung gegen den Insolvenzverwalter (§ 727 ZPO) zulässig.

110   **3. Parteirolle.** Im Regelfall ist Gegner der Aussonderungsklage der Insolvenzverwalter (vgl **OLG** Celle DZWIR 2004, 87; *Smid* § 47 Rn 4; *Kilger/K. Schmidt* 43 KO Anm 15; *Gottwald/Gottwald* InsRHdb § 40 Rn 86). Der Aussonderungsberechtigte kann sich aber auch in der Rolle des Beklagten befinden (K/P/B/*Prütting* § 47 Rn 93). Der Aussonderungsberechtigte kann somit nicht nur den Aussonderungsanspruch als Kläger geltend machen, sondern ist ebenso berechtigt, gegenüber dem Insolvenzverwalter, der auf Herausgabe klagt, den Aussonderungseinwand zu erheben (MüKo-*Ganter* § 47 Rn 478). Gibt der Insolvenzverwalter den Streitgegenstand aus der Insolvenzmasse frei, behauptet aber der Insolvenzschuldner, der Gegenstand gehöre zu seinem insolvenzfreien Vermögen, ist der Kläger gezwungen, die Herausgabe gegen den Insolvenzschuldner zu verfolgen (**AG** Charlottenburg NZM 2005, 618; Jaeger/*Henckel* § 47 Rn 164; *Gottwald/Gottwald* InsRHdb § 40 Rn 87). War bereits ein Prozess mit dem Insolvenzverwalter anhängig, kann nach Freigabe durch den Verwalter der Prozess sowohl vom Insolvenzschuldner als auch vom Gläubiger aufgenommen werden (*Gottwald/Gottwald* InsRHdb § 40 Rn 87).

111   **4. Klageantrag.** IdR wird Herausgabe aufgrund dinglicher oder obligatorischer Berechtigung verlangt. Die Klage ist entweder als **Leistungs-** oder als **Feststellungsklage** zu erheben. Verfehlt ist die in der Praxis oft verwendete Formulierung „auf Freigabe" (vgl aber auch BGHZ 58, 292; **BGH** NJW 1982, 768). Bei **Aussonderung beweglicher Sachen** wird der Antrag regelmäßig auf Herausgabe lauten. In diesen Fällen ist der Urkundsprozess unstatthaft, da der Aussonderungsanspruch auf Herausgabe individuell bestimmter Gegenstände gerichtet ist, so dass es an der für den Urkundsprozess erforderlichen Vertretbarkeit der herausverlangten Sachen (§ 592 ZPO) fehlt (**OLG** Düsseldorf ZIP 2003, 542, EWiR 2003, 665 [*Stickelbrock*]). Ist aber der Insolvenzverwalter berechtigt, die Sache auf bestimmte Zeit oder zu einem bestimmten Zweck, wie zB zur Ausübung eines Nießbrauchs oder Mietrechts, zu behalten, so hat der Antrag auf **Feststellung des Aussonderungsanspruchs** zu lauten (**RG** JG 1906, 436; *Kilger/K. Schmidt* § 43 KO Anm 15; Jaeger/*Henckel* § 47 Rn 164). Das Feststellungsinteresse (§ 256 ZPO) ist durch die Verfahrenseröffnung und das Bestreiten des Insolvenzverwalters oder das Ausbleiben seiner Erklärung trotz Aufforderung gegeben (RGZ 98, 145). Wird die **Aussonderung eines Grundstücks** verlangt, so geht der Antrag auf Grundbuchberichtigung, § 894 BGB. Das gilt auch, wenn ein sonstiges Grundstücksrecht im Grundbuch zu Unrecht für den Insolvenzschuldner eingetragen ist. Bei der **Aussonderung fiduziarischen Eigentums** ist Rückauflassung oder Rückübertragung zu beantragen. Der Insolvenzverwalter kann auf Herausgabe oder Leistung in die Masse klagen, wenn der Beklagte sich auf die Aussonderung beruft. Bei Besitzstörung geht der Klageantrag gem § 1004 BGB auf Unterlassung oder Beseitigung, im Fall des § 392 Abs 2 HGB auf Abtretung (*Kilger/K. Schmidt* § 43 KO Anm 15).

112   **5. Sofortiges Anerkenntnis.** § 93 ZPO ist auch im Aussonderungsrechtsstreit anwendbar. Erklärt der Insolvenzverwalter als Beklagter das sofortige Anerkenntnis, so fallen die Kosten des Rechtsstreits dem Kläger gem § 93 ZPO zur Last, soweit nicht der Insolvenzverwalter durch sein Verhalten Anlass zur Klage gegeben hat (vgl **OLG** Bamberg v 24. 9. 1952, NJW 1953, 109; K/P/B/*Prütting* § 47 Rn 94; N/R/*Andres* § 47 Rn 65). Der Insolvenzverwalter gibt dann Anlass zur Klage, wenn er den auszusondernden Gegenstand nach Aufforderung, ausreichender Glaubhaftmachung und Ablauf einer Prüfungsfrist nicht herausgibt (*Gottwald/Gottwald* InsRHdb § 40 Rn 93). Dabei ist jedoch zu beachten, dass der Insolvenzverwalter vor der Anerkennung eines Aussonderungsanspruchs nicht nur verpflichtet ist,

XII. Rechtsstreit über die Aussonderung § 47

den Anspruch auf seine Begründetheit zu prüfen, sondern auch in besonders bedeutsamen Fällen die Genehmigung des Gläubigerausschusses, hilfsweise der Gläubigerversammlung gem § 160 Abs 1 S 1 einzuholen, siehe oben Rn 99. Weiterhin muss er dem Insolvenzschuldner vor der Beschlussfassung des Ausschusses bzw Anerkennung des Anspruchs rechtzeitig Mitteilung machen und gem § 161 S 1 Gelegenheit zur Stellungnahme geben (*Gottwald/Gottwald* InsRHdb § 40 Rn 93). Handelt es sich um einen Aussonderungsanspruch aufgrund Eigentumsvorbehalts, ist die Vorschrift des § 107 Abs 2 S 1 zu beachten. Bis zum Berichtstermin kann er danach keinen Anlass zur Klage iSv § 93 ZPO geben. Keine Veranlassung zur Klage hat der Verwalter auch gegeben, wenn der Aussonderungsberechtigte seinen Anspruch nicht hinreichend glaubhaft macht (**OLG Bamberg** v 24. 9. 1952, NJW 1953, 109). Im Rahmen der Aussonderungsklage eines Gläubigers nach § 47 ist der Insolvenzverwalter wie ein Pfändungspfandgläubiger bei der Drittwiderspruchsklage zu behandeln, so dass er den Aussonderungsanspruch nur dann anzuerkennen braucht, wenn der Kläger sein Aussonderungsrecht wahrscheinlich gemacht hat (**OLG Köln** OLGZ 9, 63; *Kilger/K. Schmidt* § 43 KO Anm 15; *Jaeger/Henckel* § 47 Rn 168). Die gegenseitigen Pflichten ergeben sich aus den Sonderbeziehungen privatrechtlicher Art zwischen den Aussonderungsberechtigten und dem Insolvenzverwalter, die nicht etwa erst mit der Klageerhebung einsetzen (vgl auch **BGH** v 7. 3. 1972, KTS 1972, 245, 248).

6. Einwendungen. Dem Insolvenzverwalter stehen gegen den Aussonderungsanspruch alle Einwendungen und Einreden zu, die der Insolvenzschuldner außerhalb des Insolvenzverfahrens gegen den Anspruch geltend machen könnte. Daneben aber kann er auch solche Einwendungen erheben, die ihm in seiner speziellen Eigenschaft als Insolvenzverwalter zustehen. So kann der Insolvenzverwalter, wenn der Kläger seinen Aussonderungsanspruch auf Rechtserwerb vom Insolvenzschuldner gründet, einwenden, das Veräußerungsgeschäft sei als **Scheingeschäft** nichtig (**RG** JW 1897, 386). Gegenüber dem Aussonderungsanspruch darf der Verwalter auch geltend machen, dass das zugrunde liegende Geschäft wegen Verstoßes gegen ein gesetzliches Verbot (§ 134 BGB) oder gegen die guten Sitten (§ 138 BGB) oder zufolge Anfechtung wegen Irrtums oder arglistiger Täuschung (§§ 119, 123 BGB) gemäß § 142 BGB nichtig sei. Auch kann der Verwalter dem Aussonderungsanspruch entgegenhalten, der Erwerb sei wegen Gläubigerbenachteiligung anfechtbar nach den §§ 129 ff (K/P/B/*Jacoby* § 143 Rn 12). Der vorläufige Insolvenzverwalter kann sich auf Anordnungen nach § 21 Abs 2 Nr 5 berufen, mit denen das Insolvenzgericht die Durchsetzung solcher Aussonderungsansprüche untersagen kann, die sich auf Gegenstände richten, die für die Fortführung des Unternehmens von erheblicher Bedeutung sind (*Ganter* NZI 2007, 549). Der Insolvenzverwalter ist berechtigt, gegenüber dem Herausgabeanspruch des Eigentümers (§ 985 BGB) die Herausgabe mit der Einwendung nach § 986 BGB zu verweigern mit der Begründung, dass er gegenüber dem Eigentümer zum Besitz berechtigt ist. Allerdings begründen **Zurückbehaltungsrechte** nach §§ 273, 972, 1000 BGB, §§ 369 ff HGB kein Besitzrecht, sondern führen zu einer Verurteilung Zug-um-Zug. Gegenüber dem Herausgabeverlangen des Eigentumsvorbehaltsverkäufers ist bis zum Berichtstermin der Einwand möglich, der Verwalter habe seine Erklärung nach § 103 Abs 2 S 2 erst unverzüglich nach dem Berichtstermin abzugeben (§ 107 Abs 2 S 1) und sei bis dahin zum Besitz berechtigt. Im Insolvenzverfahren über das Vermögen eines Mieters oder Pächters können die Einwendungen nach Maßgabe der §§ 103, 108 InsO geltend gemacht werden (*Andersen/Freihalter*, Aus- und Absonderungsrechte, Rn 380). Für **unbewegliche Gegenstände und Räume** gilt § 108 Abs 1 S 1, wonach das Miet- oder Pachtverhältnis fortbesteht. Auch bei gemischten Verträgen, bei denen die vertragliche Hauptleistung in der Nutzungsgewährung besteht, kann der Insolvenzverwalter gegenüber dem Aussonderungsanspruch des Eigentümers sein Besitzrecht geltend machen. So zB beim Beherbergungsvertrag (RGZ 169, 87), Stahlkammer- und Schrankfachvertrag (RGZ 141, 101).

7. Einstweiliger Rechtsschutz. Der Aussonderungsanspruch kann durch **einstweilige Verfügung** gem § 935 ZPO dahingehend gesichert werden, dass der Insolvenzverwalter über den Gegenstand nicht verfügen darf (*Kilger/K. Schmidt* § 43 KO Anm 15; N/R/*Andres* § 47 Rn 64; K/P/B/*Prütting* § 47 Rn 96; MüKo-*Ganter* § 47 Rn 491). Diese Möglichkeit besteht auch während des Insolvenzeröffnungsverfahrens mit Zwangsvollstreckungsverbot gem § 21 Abs 2 Nr 3. So kann dem Insolvenzverwalter im Wege der einstweiligen Verfügung verboten werden, über den betreffenden Gegenstand zu verfügen. Verwertet der Insolvenzverwalter den Gegenstand im Wege der Zwangsvollstreckung, darf der Aussonderungsberechtigte gem § 771 ZPO im Wege der Drittwiderspruchsklage intervenieren und nach den §§ 771 Abs 3, 769 ZPO durch einstweilige Anordnung eine Einstellung der Zwangsvollstreckung erreichen (N/R/*Andres* § 47 Rn 64; *Kilger/K. Schmidt* § 43 KO Anm 15).

8. Beweisfragen. Grundsätzlich gilt im Aussonderungsrechtsstreit zugunsten des Insolvenzverwalters die Eigentumsvermutung des § 1006 Abs 1 BGB (**BGH** WM 1996, 1242, 1243; FK-*Joneleit/Imberger* § 47 Rn 70; K/P/B/*Prütting* § 47 Rn 84). Der die Aussonderung Begehrende hat die gesetzliche Vermutung zu widerlegen. Es gelten insoweit die allgemeinen Beweisgrundsätze des BGB und der ZPO. Bei **Grundstücken** greift die Vermutung des § 891 BGB ein, wonach der Inhalt des Grundbuchs als richtig anzusehen ist (K/P/B/*Prütting* § 47 Rn 84). Wer sich auf die Unrichtigkeit des Grundbuchs beruft und Aussonderung verlangt, hat den vollen Beweis seiner behaupteten Rechtsposition zu führen (K/P/B/*Prütting*

113

114

115

§ 47 Rn 84). Einzelheiten zur Beweislage im Insolvenzverfahren über das Vermögen eines oder beider Eheleute oben Rn 7 und bei *Gottwald/Gottwald* InsRHdb § 40 Rn 80–82.

9. Auslandsbezug. a) Im Anwendungsbereich der EuInsVO. Art 5 EuInsVO bestimmt, dass dingliche Rechte eines Gläubigers oder eines Dritten an körperlichen oder unkörperlichen, beweglichen oder unbeweglichen Gegenständen des Schuldners, welche sich im Gebiet eines anderen Mitgliedstaats befinden, von der Eröffnung des Insolvenzverfahrens nicht berührt werden. Der Grundfall der Aussonderung, in dem der Aussonderungsberechtigte sein Eigentum geltend macht, ist von dieser Norm nicht erfasst, da sie das Eigentum des Schuldners voraussetzt. Entsprechend nennt Art 5 Abs 2 EuInsVO als Regelbeispiele nur Sicherungsrechte (Rauscher/*Mäsch* EuZPR Art 5 EuInsVO Rn 6). Allerdings lässt sich der Norm im Wege eines Erst-recht-Schlusses entnehmen, dass erst recht dingliche Rechte Dritter unberührt bleiben, die an Gegenständen bestehen, die nicht im Eigentum des Schuldners stehen. Die Frage, ob ein Aussonderungsrecht besteht, richtet sich dabei nach der lex rei sitae als dem anwendbaren Sachrecht. Ergibt sich nach der lex rei sitae, dass der Gegenstand nicht dem Schuldner gehört, so hat dies die lex fori concursus zu akzeptieren, so dass der Berechtigte im ausländischen Insolvenzverfahren die Aussonderung verlangen kann. Die internationale Zuständigkeit für den Aussonderungsstreit richtet sich nicht nach der EuInsVO, sondern nach der **EuGVVO**, da es sich beim Aussonderungsstreit um ein Einzelverfahren handelt, so dass der Ausschlusstatbestand des Art 1 Abs 2 b) EuGVVO für Konkurse und Vergleiche nicht einschlägig ist.

b) Autonomes deutsches Internationales Insolvenzrecht. § 351 trifft außerhalb des Anwendungsbereichs der EuInsVO eine Art 5 EuInsVO im Kern vergleichbare Regelung für die Behandlung dinglicher Rechte, die an im Inland befindlichen Gegenständen bestehen und die nach deutschem Recht ein Aus- oder Absonderungsrecht verschaffen. § 351 bestimmt, dass diese Rechte durch ein ausländisches Verfahren unberührt bleiben, so dass die Aussonderungsberechtigung des Rechtsinhabers von der Eröffnung eines ausländischen Verfahrens nicht betroffen wird (MüKo-*Reinhart* § 351 Rn 15).

§ 48 Ersatzaussonderung

¹Ist ein Gegenstand, dessen Aussonderung hätte verlangt werden können, vor der Eröffnung des Insolvenzverfahrens vom Schuldner oder nach der Eröffnung vom Insolvenzverwalter unberechtigt veräußert worden, so kann der Aussonderungsberechtigte die Abtretung des Rechts auf die Gegenleistung verlangen, soweit diese noch aussteht. ²Er kann die Gegenleistung aus der Insolvenzmasse verlangen, soweit sie in der Masse unterscheidbar vorhanden ist.

Übersicht

	Rn
I. Allgemeines	1
II. Anwendungsbereich der Vorschrift	2
1. Individuelle Sachen und Rechte	2
2. Leistungen an den Insolvenzschuldner	3
3. Verfügungen des Insolvenzverwalters	4
4. Verfügungen des vorläufigen Insolvenzverwalters	5
III. Gegenstand ursprünglicher Aussonderung	6
IV. Vereitelung schuldrechtlicher Herausgabeansprüche	8
V. Unberechtigte Veräußerung	9
1. Begriff der Veräußerung	9
2. Zeitpunkt	12
3. Entgeltlichkeit	13
4. Wirksamkeit der Veräußerung	14
5. Fehlende Berechtigung	15
a) Einfacher Eigentumsvorbehalt	16
b) Eigentumsvorbehalt mit Verfügungsermächtigung	16a
c) Verlängerter Eigentumsvorbehalt	18
d) Abhanden gekommene Sachen	20
6. Dingliche Surrogation	21
VI. Inhalt des Ersatzaussonderungsanspruchs	22
1. Abtretung des Anspruchs auf die ausstehende Gegenleistung	22
a) Begriff	22
b) Anspruch auf die volle Gegenleistung	23
c) Ausstehende Gegenleistung	25
d) Veräußerung zu einem Gesamtpreis	26
2. Herausgabe der bereits erbrachten Gegenleistung bei Unterscheidbarkeit	27
3. Weiterveräußerung der erhaltenen Gegenleistung	29
VII. Ersatzabsonderung	30

I. Allgemeines

Befindet sich der auszusondernde Gegenstand als solcher nicht mehr in der Insolvenzmasse, ist dafür jedoch ein Gegenwert in die Masse geflossen, so ist dieses Wertsurrogat ebenso wenig wie das bisherige

II. Anwendungsbereich der Vorschrift § 48

Aussonderungsgut Haftungsmasse. Die Gläubiger haben keinen Anspruch auf Befriedigung aus dem Verwertungserlös (vgl *Gerhardt* KTS 1990, 1 ff; *Gundlach,* Der Ersatzaussonderungsberechtigte, 1994; *ders* ZIP 1995, 1789). § 55 RegE wollte ursprünglich im Anschluss an den Referentenentwurf (§ 52 a) die Ersatzaussonderung auf die Fälle beschränken, in denen der Insolvenzverwalter eine Aussonderungslage vereitelt hat. § 48 belässt es dagegen bei der bisherigen Regelung in § 46 KO, dass auch **unberechtigte Veräußerungen des Schuldners vor Verfahrenseröffnung** eine Ersatzaussonderung auslösen (vgl *Dieckmann,* Zur Reform des Ersatzaussonderungsrechts, FS *Henckel* 1995, S 95, 96 ff). Eine **Erweiterung gegenüber** § 46 S 2 KO bedeutet es, dass nach § 48 S 2 das Ersatzaussonderungsrecht auch gegeben ist, soweit der Schuldner die Leistung schon vor Verfahrenseröffnung eingezogen hatte, diese aber noch in der Masse **unterscheidbar vorhanden** ist (vgl Beschl-Empfehlung des RechtsA zu § 55 RegE, BT-Drucks 12/7302, S 160, abgedr bei *Uhlenbruck,* Das neue Insolvenzrecht, S 354 = *Balz/Landfermann,* S 261 = K/P/B, RWS-Dok 18 Bd I S 215; vgl auch *W. Gerhardt* KTS 1990, 1 ff; *Jaeger/Henckel* § 48 Rn 1; *Gundlach/Frenzel/Schmidt* DZWIR 2001, 441, 444; K/P/B/*Prütting* § 48 Rn 1; N/R/*Andres* § 48 Rn 2; *Gottwald/Gottwald* InsRHdb § 41 Rn 2). Der Ersatzaussonderung liegt der Gedanke zugrunde, dass eine unberechtigte Veräußerung durch den Schuldner oder den Insolvenzverwalter nicht zu einer Anreicherung der Haftungsmasse führen darf, auf die die Gläubiger keinen Anspruch haben. § 48 dient dem Schutz des Aussonderungsberechtigten und weist ihm im Wege einer „**haftungsrechtlichen Surrogation**" (*Prütting*) die erworbene Gegenleistung zu. Einzelheiten bei *Franke,* Eigentumsvorbehalt und Ersatzaussonderung, KTS 1957, 139; *Hochmuth,* Die Ersatzaussonderung, 1931; *W. Gerhardt,* Der Surrogationsgedanke im Konkursrecht – dargestellt an der Ersatzaussonderung, KTS 1990, 1; *Gundlach,* Die Ersatzabsonderung, KTS 1997, 553; *ders* Die sog zweite Ersatzaussonderung, KTS 1997, 453 ff; *Marotzke,* Die dinglichen Sicherheiten im neuen Insolvenzrecht, ZZP 109 [1996], 429; *Harder* KTS 2001, 97; *ders,* Insolvenzrechtliche Surrogation, 2002; kritisch ggü dem Surrogationsgedanken *Ganter* NZI 2008, 583. § 48 verschafft dem Aussonderungsberechtigten für seinen ansonsten zur Tabelle als Forderung anzumeldenden Bereicherungsanspruch oder für einen Anspruch nach den §§ 687 Abs 2, 670 und §§ 989, 990 BGB oder bei Verfügungen des Insolvenzverwalters für seinen Masseanspruch nach § 55 Abs 1 Nr 1 bzw Nr 3 einen **schuldrechtlichen Erstattungsanspruch mit Aussonderungskraft** (*Gottwald/Gottwald* InsRHdb § 41 Rn 2; *Kilger/K. Schmidt* § 46 KO Anm 1). Eine **entsprechende Anwendung** des § 48 auf andere Tatbestände ist – abgesehen von der Ersatzabsonderung – grundsätzlich ausgeschlossen (siehe aber zu den gegenteiligen Auffassungen unten bei Rn 5). Soweit dies von *Hess/Weis/Wienberg* § 48 Rn 6 für die **Eigenverwaltung** unter Aufsicht eines Sachwalters bejaht wird, handelt es sich nicht um eine entsprechende, sondern direkte Anwendung, denn der eigenverwaltende Schuldner nimmt weitgehend die Funktionen des Insolvenzverwalters wahr.

II. Anwendungsbereich der Vorschrift

1. Individuelle Sachen und Rechte. Wie bei der Aussonderung nach § 47 ist auch die Ersatzaussonderung nach § 48 nur an individuellen Sachen und Rechten zulässig. Zwar kann die Ersatzaussonderung auf einen bestimmten Bargeldbetrag gerichtet sein, nicht aber generell auf eine Geldsumme oder Wertersatz (*Gerhardt* KTS 1990, 1, 2; *Gottwald/Gottwald* InsRHdb 41 Rn 3). 2

2. Leistungen an den Insolvenzschuldner. § 48 gewährt einen Ersatzaussonderungsanspruch, auch wenn der Schuldner die Gegenleistung schon **vor Verfahrenseröffnung** eingezogen hatte. Voraussetzung ist aber, dass die Gegenleistung in der Masse noch unterscheidbar vorhanden ist (*Gerhardt* KTS 1990, 1, 10 f; FK-*Joneleit/Imberger* § 48 Rn 14). Dass in der gesetzlichen Regelung eine kaum zu rechtfertigende Bevorzugung gegenüber Wertersatzforderungen aus Delikt und Eingriffskondiktion liegt, dürfte kaum bestritten werden können (vgl *Häsemeyer* InsR Rn 11.19; *Gottwald/Gottwald* InsRHdb § 41 Rn 4; *Niesert* InVo 1998, 141, 142; *Dieckmann* FS *Henckel* S 95, 101 ff u 112 ff). *Häsemeyer* bedauert (InsR Rn 11.19), dass die im Regierungsentwurf (§ 55 RegE) vorgeschlagene Beschränkung der Regelung auf Veräußerungen des Insolvenzverwalters nicht Gesetz geworden ist. Angesichts dessen lasse es sich insbesondere nicht rechtfertigen, Wertersatzforderungen aus Delikt und Eingriffskondiktion nur als einfache Insolvenzforderungen zu behandeln (vgl auch *Häsemeyer* KTS 1982, 507, 535). Der Anspruch auf die Gegenleistung sei bis zur Verfahrenseröffnung der Privatautonomie des Schuldners unterstellt und Gläubigerzugriffen ausgesetzt. Insoweit könne jede nach dem Eröffnungszeitpunkt fortdauernde „Surrogation" oder „Wertverfolgung" nur zu „willkürlichen Bevorzugungen einzelner Gläubiger führen" (vgl auch *Dieckmann* FS *Henckel* S 95, 101 ff). Man mag rechtspolitisch wie systematisch die Erweiterung der Ersatzaussonderung in § 48 für verfehlt halten. Festzustellen ist aber, dass sie geltendes Recht ist. 3

3. Verfügungen des Insolvenzverwalters. Durch § 48 wird der Aussonderungsberechtigte auch gegen unberechtigte Verfügungen des Insolvenzverwalters geschützt. Bei Fehlen einer solchen Vorschrift stünde dem Aussonderungsberechtigten allenfalls eine Masseforderung iSv § 55 Abs 1 Nr 3 zu, bei schuldhafter Vereitelung des Aussonderungsrechts dagegen auch eine Forderung nach § 55 Abs 1 Nr 1. Dieser Schutz ist aber im Fall der Masseunzulänglichkeit wegen der Verteilung nach § 209 ungenügend (*Häse-* 4 *meyer* InsR Rn 11.25). Deshalb ist das Ersatzaussonderungsrecht bei Veräußerungen durch den Insolvenzverwalter gerechtfertigt.

5   **4. Verfügungen des vorläufigen Insolvenzverwalters.** Nach dem Wortlaut des § 48 erfasst die Vorschrift nur Verfügungen des Schuldners vor Verfahrenseröffnung oder des Insolvenzverwalters nach Verfahrenseröffnung, nicht dagegen solche des vorläufigen Insolvenzverwalters. Zutreffend weist aber *Prütting* (K/P/B/*Prütting* § 48 Rn 48) darauf hin, dass trotz gewisser Bedenken gegen eine Analogie der Gesetzgeber „nunmehr den Zeitraum vor Insolvenzeröffnung und nach Insolvenzeröffnung einheitlich dem Regelungsbereich des § 48 unterstellt hat". Eine **Anwendung des § 48** auf Veräußerungen des vorläufigen Insolvenzverwalters sei daher geboten (so auch *Niesert* InVo 1998, 141, 142; FK-*Joneleit/Imberger* § 48 Rn 21; *Andersen/Freihalter*, Aus- und Absonderungsrechte Rn 392). Dies ist jedenfalls beim vorläufigen Verwalter mit Einziehungsbefugnis angemessen (*Gottwald/Gottwald* InsRHdb § 41 Rn 6; ebenso Jaeger/Henckel § 48 Rn 23). Zieht also ein vorläufiger Verwalter mit Einziehungsbefugnis zur Sicherheit abgetretene Forderungen ein, so unterliegen die eingezogenen Beträge im eröffneten Insolvenzverfahren der Ersatzaussonderung, wenn er sich nicht auf eine vom Gläubiger erteilte Einziehungsermächtigung berufen konnte (siehe unten Rn 19). Kommt es nicht zur Verfahrenseröffnung, kann der gesicherte Gläubiger nach Aufhebung der Sicherungsmaßnahmen gegen den vorläufigen Verwalter aus § 816 Abs 2 BGB vorgehen (BGH v 22. 2. 2007 – IX ZR 2/06, NZI 2007, 338).

III. Gegenstand ursprünglicher Aussonderung

6   Voraussetzung für jede Ersatzaussonderung ist, dass ursprünglich ein Gegenstand im Haftungsvermögen des Schuldners oder nach Verfahrenseröffnung in der Insolvenzmasse (§ 35) vorhanden war, dessen Aussonderung hätte verlangt werden können. Welche Gegenstände ausgesondert werden können, bestimmt sich nach § 47. Die Ersatzaussonderung ist echte Aussonderung und damit nur an **individuell bestimmten Gegenständen und Rechten** möglich. Wie bereits oben festgestellt wurde, ist ein Anspruch auf Wertersatz dem Aussonderungsrecht grundsätzlich fremd (vgl BGH v 8. 3. 1972, BGHZ 58, 257, 261). Kein Fall der Ersatzaussonderung ist gegeben in den Fällen **dinglicher Surrogation**, bei denen ein Ersatzgegenstand an die Stelle des ursprünglichen Aussonderungsgegenstandes tritt, wie zB nach den §§ 1048 Abs 1 S 2, 1247, 1287, 1370, 1473, 1646, 2019, 2041, 2111 BGB. In diesen Fällen kann das Surrogat nach § 47 ausgesondert werden (*Gerhardt* KTS 1990, 1, 4; *Dieckmann* FS *Henckel* S 95, 100; *Gottwald/Gottwald* InsRHdb § 41 Rn 8; K/P/B/*Prütting* § 48 Rn 5; MüKo-*Ganter* § 48 Rn 10). Einzelheiten unten Rn 21. Wird der Gegenstand der Aussonderung unberechtigt veräußert und ist auch die in der Masse unterscheidbar vorhandene Gegenleistung ebenfalls veräußert worden, so kommt es auf die Zulässigkeit einer sogenannten **zweiten Ersatzaussonderung** an. Hierzu im Einzelnen unten Rn 29 ff.

7   Hat der **Schuldner unbefugt fremdes Geld auf ein eigenes Konto eingezahlt** und damit aussonderungsfähiges Bargeld in Buchgeld umgewandelt mit der Folge, dass ein entsprechendes Bankguthaben zu seinen Gunsten entstanden ist, oder hat ein Drittschuldner eine aussonderungsfähige Forderung wirksam getilgt, indem er auf ein Konto des (späteren) Insolvenzschuldners überwiesen hat, kommt eine Ersatzaussonderung bis zur Höhe des in der Zeit danach eingetretenen niedrigsten Tagessaldos in Betracht („**Bodensatztheorie**"), sofern die durch Buchungen belegten Eingänge als solche noch unterscheidbar vorhanden sind, auch wenn zwischenzeitlich Rechnungsabschlüsse mit Saldoanerkennung stattgefunden haben (BGH v 11. 3. 1999, BGHZ 141, 116 = NJW 1999, 1709 in Abweichung von BGH, 8. 3. 1972, BGHZ 58, 257 ff). Zur Ersatzaussonderung beim bargeldlosen Zahlungsverkehr im Einzelnen bei Rn 28.

IV. Vereitelung schuldrechtlicher Herausgabeansprüche

8   Auch soweit schuldrechtliche Herausgabeansprüche oder beschränkt dingliche Rechte zur Aussonderung berechtigen, führt die Vereitelung der Aussonderung zur Ersatzaussonderung nach § 48 (*Ganter* NZI 2005, 1, 3; FK-*Joneleit/Imberger* § 48 Rn 4; *Gottwald/Gottwald* InsRHdb § 41 Rn 9; aA Jaeger/*Henckel* § 48 Rn 12 ff). Bei den schuldrechtlichen Herausgabeansprüchen ist aber im Einzelfall immer zu prüfen, ob sie ein Aussonderungsrecht nach § 47 gewährt haben, so zB der persönliche Anspruch auf Herausgabe eines bestimmten, nicht zur Soll-Masse gehörenden Gegenstandes. Wird somit der Herausgabeanspruch eines Vermieters (§ 546 Abs 1 BGB), Verpächters (§§ 562 b, 581 BGB), Verleihers (§ 604 BGB), Hinterlegers (§ 695 S 1 BGB) oder Auftraggebers (§ 667 BGB) vereitelt, kommt, wenn die übrigen Voraussetzungen vorliegen, eine Ersatzaussonderung in Betracht. Die Gegenansicht, die die Anwendung von § 48 InsO auf schuldrechtliche Aussonderungsansprüche ablehnt, begründet dies unter anderem mit einer ansonsten drohenden Kollision der Ersatzaussonderungsrechte des schuldrechtlich (Bsp Vermieter) und des dinglich Berechtigten (Bsp Eigentümer) (*Gundlach/Frenzel/Schmidt* DZWIR 2001, 95 ff). Zur Lösung dieses Konflikts wird man dem dinglich Berechtigten in der Insolvenz des schuldrechtlich Berechtigten seinerseits einen Ersatzaussonderungsanspruch gewähren müssen (*Ganter* NZI 2005, 1, 4).

8a Richtigerweise ist allerdings die Anwendung von § 48 für den Fall der Vereitelung des **Rückgewähranspruchs aus § 143** abzulehnen, jedenfalls soweit die Veräußerung durch den Insolvenzschuldner erfolgte (*Eckhardt* KTS 2005, 15, 43 verneint auch bei Verfügungen des Insolvenzverwalters die Befugnis zur Ersatzaussonderung). Auch wenn dem Anspruch aus § 143 InsO nach der neuen Rspr des **BGH** Aussonderungskraft zukommt (§ 47 Rn 76), erfolgt die Veräußerung des anfechtbar erlangten Gegenstands durch den späteren Insolvenzschuldner auf der Grundlage seiner materiellrechtlichen Berechtigung, insofern also nicht „unberechtigt" im Sinne von § 48. Für Verfügungen des Insolvenzverwalters gilt allerdings eine haftungsrechtliche Betrachtungsweise, so dass hier das Merkmal der fehlenden Berechtigung erfüllt ist. Insoweit ist auf die parallele Problematik bei der sogenannten zweiten Ersatzaussonderung zu verweisen (vgl Rn 29 f).

V. Unberechtigte Veräußerung

1. Begriff der Veräußerung. § 48 spricht nur von „Veräußerungen". Hierunter fallen jedoch sämtliche 9 Verfügungen, mit denen der Schuldner den Vermögenswert des aussonderungsfähigen Rechts realisiert, also auch die **Einziehung einer dem Schuldner** nicht zustehenden Forderung, die dem berechtigten Gläubiger einen Ersatzaussonderungsrecht am eingezogenen Erlös verschafft (**BGH** v 19. 1. 2006 – IX ZR 154/03, NZI 2006, 700, 701; zu § 46 S 1 KO BGHZ 23, 307, 317; **BGH** v 30. 10. 1967, WM 1967, 1211, 1213; *Jaeger/Henckel* § 48 Rn 32; *Häsemeyer* InsR Rn 11.20; K/P/B/*Prütting* § 48 Rn 7; MüKo-*Ganter* § 48 Rn 17, 20; *Andersen/Freihalter*, Aus- und Absonderungsrechte Rn 394). Eine „Veräußerung" ist allerdings nur gegeben, wenn durch die Verwertungshandlung die **haftungsrechtliche Zuordnung** des Gegenstandes zum Berechtigten aufgehoben wird. Eine solche Aufhebung findet nicht statt, wenn der Schuldner oder Insolvenzverwalter den Gegenstand lediglich vermietet oder verpachtet (**BGH** v 13. 7. 2006 – IX ZR 57/05, NZI 2006, 587 = ZIP 2006, 1641 Rn 10; zum Masseschuldanspruch des Hauptvermieters bei unberechtigter Untervermietung durch den Verwalter *Marotzke* ZInsO 2007, 1, 12). Für die Ersatzaussonderung muss somit eine Verfügung vorliegen, also eine Übertragung, Belastung, Aufhebung oder Inhaltsänderung eines dinglichen Rechts (K/P/B/*Prütting* § 48 Rn 7). Auch die **Darlehensgewährung** ist als Veräußerung fremden Geldes zur Begründung einer Forderung anzusehen und fällt unter § 48 (*Jaeger/Henckel* § 48 Rn 27; MüKo-*Ganter* § 48 Rn 18). Gegenleistung iSv § 48 ist der Rückzahlungsanspruch.

Eine Veräußerung iSv § 48 S 1 setzt immer **eine rechtsgeschäftliche Einigung** zwischen dem Insol- 10 venzschuldner oder dem Insolvenzverwalter und dem Erwerber des Aussonderungsgegenstandes voraus (*Gottwald/Gottwald* InsRHdb § 41 Rn 11). Geht also vorbehaltenes Eigentum durch Verbindung oder Vermischung unter, wird das Ersatzaussonderungsrecht des Lieferanten nicht berührt, wenn die Verbindung oder Vermischung in Ausführung eines gegenseitigen Vertrages erfolgt ist (BGHZ 30, 176, 180 f = NJW 1959, 1681; **BGH** v 3. 12. 1987, NJW 1988, 1210, 1213 = ZIP 1988, 175; K/P/B/*Prütting* § 48 Rn 8; *Gerhardt* KTS 1990, 1, 4). So kommt es zB beim Einbau von Baumaterial in ein Gebäude nicht darauf an, ob vor dem Einbau bereits eine rechtsgeschäftliche Übereignung an den Bauherrn stattgefunden hat, sondern allein darauf, dass ein Vertrag zur Erstellung des Bauobjekts abgeschlossen worden ist. Im Einzelfall ist nicht leicht zu unterscheiden, ob ein Aussonderungs- oder Ersatzaussonderungsrecht eingreift (vgl **OLG** Köln v 10. 5. 1991, ZIP 1991, 1606 zum Einbau von Motoren in technische Geräte). Zum Begriff der Veräußerung iSv § 48 S 1 gehören nach allgemeiner Meinung auch **Zwangsvollstreckungsmaßnahmen** sowie **Enteignungen** (RG v 8. 10. 1918, RGZ 94, 20, 22, 25; *Jaeger/Henckel* § 48 Rn 23; MüKo-*Ganter* § 48 Rn 23; *Kilger/K. Schmidt* § 46 KO Anm 4; *Gundlach* KTS 1996, 505, 510 ff).

Keine Veräußerung iSv § 48 S 1 liegt vor bei originärem Eigentumserwerb ausschließlich aufgrund 11 tatsächlicher Vorgänge, wie zB bei bloßer Verarbeitung ohne entsprechende vertragliche Vereinbarung (BGHZ 30, 176, 180 = NJW 1959, 1681; **OLG** Düsseldorf NZI 2003, 379; *Gottwald/Gottwald* InsRHdb § 41 Rn 14). Entsteht nach Verarbeitung der unter EV gelieferten Sache eine neue Sache, an der originäres Eigentum begründet wird, so entsteht ein Ersatzaussonderungsanspruch auch dann nicht, wenn der Schuldner oder Insolvenzverwalter die neue Sache veräußert und übereignet (**BGH** v 15. 6. 1989, ZIP 1989, 933; K/P/B/*Prütting* § 48 Rn 8). Solchenfalls hat der Lieferant nur noch einen Bereicherungsanspruch gegen die Masse nach § 55 Abs 1 Nr 3 sowie uU einen Schadenersatzanspruch nach § 60 Abs 1 gegen den Verwalter wegen Vereitelung des Aussonderungsrechts (vgl **OLG** Frankfurt NJW-RR 1986, 721, 724). Ist im Einzelfall in der Verarbeitung durch den Insolvenzverwalter eine Erfüllungswahl iSv § 103 Abs 1 zu sehen, wird der Kaufpreis Masseverbindlichkeit iSv § 55 Abs 1 Nr 2 (**OLG** Celle WM 1987, 1569, 1570; *Serick* ZIP 1982, 505, 515; vgl aber auch **OLG** Frankfurt NJW-RR 1986, 721, 724). Wird der aussonderungsfähige Gegenstand durch einen Dritten **beschädigt oder zerstört**, so liegt keine Veräußerung vor. Der Schadenersatzanspruch steht grundsätzlich dem Eigentümer und damit dem Aussonderungsberechtigten zu. Gerade in Fällen der **Drittschadensliquidation** können allerdings Schadensersatzansprüche des Insolvenzschuldners gegen Dritte wegen Beschädigung oder Zerstörung des Aussonderungsguts aussonderungsfähig sein. Denn bestand zu Gunsten eines Gläubigers des Insolvenzschuldners ein zur Aussonderung berechtigender schuldrechtlicher Anspruch auf Herausgabe des zerstörten Gegenstands, beispielsweise aus einem Treuhandverhältnis, so tritt der Schadensersatzanspruch gegen den Dritten gem § 285 BGB an die Stelle des unmöglich gewordenen Herausgabeanspruchs. Dem Anspruch aus § 285 kommt dann in demselben Umfang Aussonderungskraft zu, wie dem ursprünglichen Anspruch des Gläubigers (vgl im Einzelnen *Ganter* NZI 2005, 1, 5; *Brinkmann* KTS 2004, 357, 366; *Häsemeyer* InsR Rn 11.21). Zur Anwendung des § 285 BGB außerhalb der Drittschadensliquidation vgl **BGH** v 15. 10. 2004 – V ZR 100/04, NZI 2005, 108).

12 **2. Zeitpunkt.** Der entscheidende Zeitpunkt für das Vorliegen einer Aussonderungsberechtigung ist der Augenblick der Veräußerung iSv § 48 (K/P/B/*Prütting* § 48 Rn 9; Jaeger/*Henckel* § 48 Rn 21; MüKo-*Ganter* § 48 Rn 16; *Gundlach* KTS 1997, 55, 57 ff). Für die **Veräußerung vor Insolvenzeröffnung** ist für den Zeitpunkt der Veräußerung ein Insolvenzverfahren zu fingieren mit der Folge, dass die „Aussonderungsfähigkeit" gegeben ist, wenn zum Zeitpunkt der Veräußerung bei einem fiktiven Insolvenzverfahren der Gegenstand hätte ausgesondert werden können (*Hochmuth*, Die Ersatzaussonderung 1931 S 9; *Moritz*, Die Rechte des Vorbehaltsverkäufers nach § 46 KO im Konkurs des Käufers, 1970 S 14; *Gundlach* KTS 1997, 55, 61).

13 **3. Entgeltlichkeit.** Voraussetzung für die Ersatzaussonderung nach § 48 ist eine entgeltliche Veräußerung des Gegenstandes, an dem ein Aussonderungsrecht besteht, durch den Schuldner oder den (vorläufigen) Insolvenzverwalter (MüKo-*Ganter* § 48 Rn 31; N/R/*Andres* § 48 Rn 6; K/P/B/*Prütting* § 48 Rn 10; FK-*Joneleit/Imberger* § 48 Rn 9). Das Erfordernis der Entgeltlichkeit folgt schon aus der Tatsache, dass ein Anspruch auf die Gegenleistung bestehen muss. Nicht notwendig ist, dass dem Sachwert des veräußerten Gegenstandes ein voller Gegenwert entspricht (K/P/B/*Prütting* § 48 Rn 11). Auf eine **unentgeltliche Verfügung** findet § 48 keine Anwendung (FK-*Joneleit/Imberger* § 48 Rn 9). Wenn der Insolvenzschuldner einen Gegenstand unentgeltlich veräußert, hat der Aussonderungsberechtigte allenfalls Ansprüche nach den §§ 816 Abs 1 S 2, 822 BGB auf Herausgabe des Erlangten. Bei unentgeltlichen Verfügungen des Insolvenzverwalters treten hierzu Schadenersatzansprüche gem § 60 Abs 1 gegen den Insolvenzverwalter persönlich (K/P/B/*Prütting* § 48 Rn 10; *Gottwald/Gottwald* InsRHdb § 41 Rn 16; N/R/*Andres* § 48 Rn 7). § 48 findet jedoch Anwendung auf die **gemischte Schenkung**, bei der jedenfalls hinsichtlich des entgeltlichen Teils ein Anspruch auf die Gegenleistung besteht (*Gottwald/Gottwald* InsRHdb § 41 Rn 16; K/P/B/*Prütting* § 48 Rn 11). Der Ersatzaussonderungsanspruch beschränkt sich allerdings auf den entgeltlichen Teil des Geschäfts, denn nur insoweit ein Anspruch der Masse begründet. Ist der aussonderungsfähige Gegenstand mit anderen Gegenständen zusammen zu einem **Gesamtpreis** veräußert worden, so erstreckt sich der Ersatzaussonderungsanspruch auf den Anteil am Gesamtpreis (Jaeger/*Henckel* § 48 Rn 56). Bei Einziehung einer fremden Forderung bildet der gezahlte Betrag die Gegenleistung für die Befreiung von der Schuld (**RG** v 2. 5. 1933, RGZ 141, 89, 92 f; **BGH** v 14. 2. 1957, BGHZ 23, 307, 317; **BGH** NJW 2000, 1950; **BGH** v 22. 2. 2007 – IX ZR 2/06, NJW-RR 2007, 989 = ZIP 2007, 827). Bei der **Belastung des Aussonderungsgegenstandes** mit einem Pfandrecht bildet der bei der Pfandverwertung erzielte Übererlös nicht etwa die Gegenleistung für die Pfandbestellung. Der Übererlös gehört gem § 1247 S 2 BGB vielmehr dem Eigentümer der vom Schuldner unberechtigt verpfändeten Sache und kann daher nach § 47 ausgesondert werden (MüKo-*Ganter* § 48 Rn 39). Wurde der fremde Gegenstand zur Sicherung eines neu aufgenommenen Darlehens verpfändet, so ist die Darlehensgewährung die Gegenleistung iSv § 48 (Jaeger/*Henckel* § 48 Rn 68; vgl auch N/R/*Andres* § 48 Rn 6; K/P/B/*Prütting* § 48 Rn 11; aA MüKo-*Ganter* § 48 Rn 40). Der Berechtigte kann die Darlehenssumme allerdings nur aussondern, wenn er zugleich die Masse von der Inanspruchnahme wegen der Rückzahlung des Darlehens freihält.

14 **4. Wirksamkeit der Veräußerung.** Nach wie vor streitig ist, ob der Ersatzaussonderungsanspruch voraussetzt, dass die aussonderungsvereitelnde Verfügung wirksam ist (vgl zur Problematik *Gundlach* KTS 1997, 211 ff). Nach der unter Geltung der KO hM war die Wirksamkeit der Veräußerung nicht Voraussetzung für die Ersatzaussonderung (**RG** v 19. 2. 1920, RGZ 98, 143, 148; **RG** v 2. 5. 1933, RGZ 141, 89, 93; **BGH** v 16. 3. 1977, BGHZ 68, 199). In der Literatur wird diese Ansicht auch zur InsO von einer beachtlichen Autorengruppe vertreten (*Gottwald/Gottwald* InsRHdb § 41 Rn 17; K/P/B/*Prütting* § 48 Rn 12; N/R/*Andres* § 48 Rn 8; FK-*Joneleit/Imberger* § 48 Rn 10; Smid/*Smid* § 48 Rn 7). Die Gegenmeinung steht dagegen auf dem Standpunkt, dass bei unwirksamen Verfügungen des Schuldners vor Verfahrenseröffnung oder unwirksamen Verfügungen des Insolvenzverwalters nach Verfahrenseröffnung ein Ersatzaussonderungsanspruch nicht entstehe, da durch die Verfügung der Herausgabeanspruch des Berechtigten nicht vereitelt worden sei. Da der Aussonderungsberechtigte im Fall einer unwirksamen Veräußerung von dem Erwerber die Herausgabe der Gegenstände bzw bei unwirksamer Einziehung einer Forderung nochmals Zahlung verlangen könne (**BGH** v 16. 3. 1977, BGHZ 68, 199 = WM 1977, 483, 484; *Gottwald/Gottwald* InsRHdb § 41 Rn 17), bedürfe es keiner Verstärkung des Aussonderungsrechts durch Gewährung von Ersatzaussonderungsrechten (so MüKo-*Ganter* § 48 Rn 43; *Häsemeyer* InsR Rn 11.22; *Mitlehner* Mobiliarsicherheiten Rn 242). Der Meinungsstreit entschärft sich, wenn man mit *Henckel* (JuS 1985, 840) in Anlehnung an die Interpretation zu § 816 Abs 1 BGB genügen lässt, dass die Wirksamkeit durch die Genehmigung des Berechtigten herbeigeführt wird (vgl MüKo-*Ganter* § 48 Rn 43). Deshalb nimmt die hM bei unwirksamen Veräußerungen an, dass der **Berechtigte wahlweise sein Recht** gegenüber dem potentiellen Dritterwerber **durchsetzen darf** oder Ersatzaussonderung beanspruchen kann, wenn er die Verfügung genehmigt (**RG** v 2. 5. 1933, RGZ 141,

V. *Unberechtigte Veräußerung* § 48

89, 93; **BGH** v 16. 3. 1977, BGHZ 68, 199, 201 = NJW 1977, 901; *Serick* V § 62 IV a S 333; *Dieckmann* FS *Henckel* S 95, 115; *Gerhardt* Gedächtnisschrift Arens S 127, 135; *Bork* Einf Rn 244; N/R/ *Andres* § 48 Rn 8; HK-*Lohmann* § 48 Rn 7; str aA OLG Stuttgart WM 1978, 149, 152; Smid/*Smid* § 48 Rn 7). Nach *Häsemeyer* (InsR Rn 11.22) sollte „im Hinblick auf den Grundsatz der Gläubigergleichbehandlung dem Berechtigten dieses Wahlrecht gar nicht erst zugebilligt werden". Der Insolvenzmasse werde ansonsten die Gegenleistung entzogen, obwohl sich der Berechtigte an den Dritten halten könnte (vgl auch *Häsemeyer* KTS 1982, 1, 18 ff; *Andersen/Freihalter* Aus- und Absonderungsrechte Rn 399). *Henckel* (Jaeger § 48 Rn 43) gewährt das Wahlrecht daher nur für den Fall, dass die unberechtigte Verfügung vor Verfahrenseröffnung erfolgte und die Gegenleistung noch nicht erbracht wurde. Ansonsten scheitere die Genehmigung an § 91 (so auch *Ganter* NZI 2005, 1, 6). Gegen die Lösung über die Genehmigung sollte nicht eingewendet werden, dass die Genehmigung der Verfügung das Tatbestandsmerkmal der *unberechtigten* Verfügung entfallen lasse (so aber *Mitlehner* Mobiliarsicherheiten Rn 247). Denn die Genehmigung im Sinne von § 185 Abs 1 BGB betrifft die dingliche Verfügungsbefugnis während die Berechtigung im Sinne von § 48 das Innenverhältnis zwischen Schuldner und Aussonderungsberechtigtem betrifft. *Dieckmann* (FS *Henckel* S 95, 115 f): „Die nachträgliche Genehmigung entzieht dem Bereicherungsanspruch nicht die Grundlage beim Merkmal ‚Verfügung eines Nichtberechtigten', sondern verhilft diesem Anspruch gerade zur Wirksamkeit beim Merkmal ‚wirksame Verfügung'. Im Ersatzaussonderungsrecht sollte sie das Merkmal ‚unberechtigte Veräußerung' ebenfalls nicht gefährden."

5. **Fehlende Berechtigung hinsichtlich der Veräußerung.** Der Ersatzaussonderungsanspruch entsteht 15 nur, wenn die Veräußerung unberechtigt ist (vgl RGZ 115, 362, 364; **BGH** v 2. 10. 1952, NJW 1953, 217; **BGH** v 24. 6. 2003 – IX ZR 120/02, NJW-RR 2003, 1377 = NZI 2003, 549, 551; FK-*Joneleit/ Imberger* § 48 Rn 11; K/P/B/*Prütting* § 48 Rn 14; MüKo-*Ganter* § 48 Rn 27). Bei berechtigter Veräußerung findet § 48 keine Anwendung (RGZ 115, 362, 364; BGHZ 30, 176, 184 = NJW 1959, 1681; BGHZ 68, 199, 201 = NJW 1977, 901; **BGH** v 6. 4. 2006 – IX ZR 185/04, NJW-RR 2006, 1134). *Gundlach/Frenzel/Schmidt* (KTS 2002, 459 ff) vertreten die Ansicht, dass die fehlende Berechtigung iR von § 48 nicht im bürgerlich-rechtlichen Sinn, sondern spezifisch haftungsrechtlich zu verstehen sei. Gerade in der Insolvenz des Treuhänders oder bei der zweiten Ersatzaussonderung (Rn 29) führt dieses Verständnis zum richtigen Ergebnis, allerdings enthebt die Redeweise von der haftungsrechtlichen Zuordnung nicht von einer Begründung, warum es an dieser im Einzelfall fehlt. Bei der **Einziehung fremder Forderungen** kommt es daher darauf an, ob sich der Schuldner oder der Insolvenzverwalter auf eine Einziehungsermächtigung berufen konnte. Hierbei führen weder der Eintritt der finanziellen Krise noch Maßnahmen des vorläufigen Insolvenzverwalters automatisch zum Erlöschen dem Schuldner erteilten Einziehungsermächtigung (**BGH** v 24. 6. 2003 – IX ZR 120/02, NJW-RR 2003, 1377 = NZI 2003, 549, 551; **OLG** Frankfurt WM 2007, 1178). Diese Wirkung hat erst die Eröffnung des Insolvenzverfahrens (**BGH** v 6. 4. 2000, BGHZ 144, 192, 200), wobei bei Sicherungsabtretungen zu beachten ist, dass der Verwalter unter der InsO ein Einziehungsrecht aus § 166 Abs 2 besitzt.

a) **Einfacher Eigentumsvorbehalt.** Liefert der Verkäufer Waren unter einfachem Eigentumsvorbehalt, 16 ist er regelmäßig mit der Weiterveräußerung vor Kaufpreiszahlung nicht einverstanden, da so sein Sicherungsrecht zerstört würde. Verkauft und übereignet der Vorbehaltskäufer vor Bedingungseintritt die Waren dennoch an einen Dritten, so handelt der Schuldner insofern ohne Berechtigung im Sinne von § 48 InsO, so dass der Lieferant in der Insolvenz die Ersatzaussonderung verlangen kann. Gleiches gilt für Verfügungen durch den (vorläufigen) Insolvenzverwalter.

b) **Eigentumsvorbehalt mit Verfügungsermächtigung.** Demgegenüber entstehen Ersatzaussonderungs- 16a ansprüche nicht bei Veräußerung von Waren vor Insolvenzeröffnung, die an den späteren Insolvenzschuldner unter EV zum Weiterverkauf im „ordnungsgemäßen" oder „normalen" Geschäftsgang geliefert worden sind (BGHZ 68, 199, 201; *Kilger/K. Schmidt* 46 KO Anm 7). Oft wird es sich hier um einen verlängerten Eigentumsvorbehalt handeln. Ob das Geschäft **im ordnungsgemäßen Geschäftsgang** abgewickelt worden ist, entscheidet sich nach **objektiven Kriterien** (BGHZ 68, 199, 202; *Serick* Bd V § 62 II 3 b; *Gottwald/Gottwald* InsRHdb § 41 Rn 18; N/R/*Andres* § 48 Rn 9). Von einem „ordnungsgemäßen Geschäftsgang" kann nicht mehr die Rede sein bei Weiterveräußerung an ein in der Krise befindliches Unternehmen, das mit dem Schuldner verbunden ist (**OLG** Hamburg ZIP 1982, 599). Eine Veräußerung im ordnungsgemäßen Geschäftsverkehr liegt auch nicht vor, wenn Vorbehaltsware zu Schleuderpreisen veräußert wird (**BGH** v 28. 10. 1988, ZIP 1989, 13), der Verkauf unter dem Einkaufspreis erfolgt oder bei der Veräußerung an Händler, wenn die Veräußerung an Endabnehmer üblich ist (**BGH** v 15. 10. 1969, MDR 1970, 227; **OLG** Celle v 24. 4. 1959; NJW 1959, 1686; MüKoBGB-*Westermann* § 449 Rn 59). Auch eine Weiterveräußerung im „Sale-and-lease-back-Geschäft" ist durch die Weiterveräußerungsermächtigung nicht gedeckt (K/P/B/*Prütting* § 48 Rn 15). Bei diesem Verfahren vereinbaren die Parteien, dass der Leasingnehmer dem Leasinggeber das Eigentum an dem Gegenstand überträgt und der Leasinggeber darauf dem Leasingnehmer den Gegenstand wieder zur Nutzung überlässt.

Beim Verkauf unter EV mit Verfügungsermächtigung kann nicht ohne weiteres angenommen werden, 17 dass der Verkäufer den Willen hat, sich im Voraus für den Fall der Insolvenz über das Vermögen des

Vorbehaltskäufers auch mit einer Veräußerung der unter EV gelieferten Ware durch den Insolvenzverwalter einverstanden zu erklären. Im Zweifel galt daher nach hM zum alten Recht eine **Weiterveräußerungsermächtigung** als erloschen, wenn der Käufer seine Zahlungen eingestellt hat oder ein Konkursverfahren eröffnet worden war (**BGH** v 2. 10. 1952, NJW 1953, 217; *Serick* Bd I § 8 II 5; *Kilger/ K. Schmidt* § 46 KO Anm 7). Dies ist jedoch mit dem neuen Recht zweifelhaft geworden. Auch die EV-Lieferanten müssen sich darauf einstellen, dass der sogen „starke" vorläufige Insolvenzverwalter zur einstweiligen **Betriebsfortführung** kraft Gesetzes (§ 22 Abs 1 S 2 Nr 2) und der endgültige Verwalter bis zum Berichtstermin (§§ 156, 157) verpflichtet sind, das schuldnerische Unternehmen einstweilen fortzuführen. Vor allem in den Fällen, in denen die **fortführende Sanierung** durch Insolvenzplan beabsichtigt ist, wäre es für das Schuldnerunternehmen tödlich, wenn sämtliche Weiterveräußerungsermächtigungen mit Insolvenzantragstellung automatisch erlöschen würden (so auch für die Bestellung eines vorläufigen Insolvenzverwalters gem § 21 Abs 2 Nr 1 **BGH** v 6. 4. 2000, BGHZ 144, 192 = NJW 2000, 1950, 1952; *Gottwald/Gottwald* InsRHdb § 41 Rn 18; *Jaeger/Henckel* § 48 Rn 46). Die Aussicht des Käufers, den Kaufpreis zu erhalten, wird durch die Eröffnung des Insolvenzverfahrens über das Vermögen des Käufers nicht notwendigerweise geschmälert, wenn der Insolvenzverwalter die Erfüllung des Kaufvertrages nach § 103 wählt, da der Verkäufer dann einen Masseanspruch gem § 55 Abs 1 Nr 2 erwirbt (*Jaeger-Henckel* § 48 Rn 55). Eine **Gefährdung des Kaufpreisanspruchs** ist nur dann gegeben, wenn wegen Masseunzulänglichkeit die Vorschrift des § 209 eingreift oder eine Einstellung nach § 207 erfolgt. Deshalb ist die Veräußerung durch den Insolvenzverwalter nur dann nicht mehr als durch die Ermächtigung des Vorbehaltsverkäufers gedeckt anzusehen, wenn der Insolvenzverwalter den unter EV gelieferten Gegenstand veräußert, obgleich ihm bewusst ist, dass er den Erlös aus der Masse nicht an den Lieferanten bezahlen kann (**aA OLG Celle** EWiR 2004, 117 *[Pape];* MüKo-*Ganter* § 48 Rn 30: Die Veräußerung durch den Verwalter sei stets rechtswidrig). **Lehnt der Verwalter die Erfüllung ab** und verwertet dennoch einen unter EV gelieferten Gegenstand (in der bloßen Verwertung kann nicht zugleich die Erfüllungswahl gesehen werden, vgl § 47 Rn 19), so ist der Lieferant zur Ersatzaussonderung berechtigt (*Jaeger-Henckel* § 48 Rn 55) oder kann eine ungerechtfertigte Massebereicherung (§ 55 Abs 1 Nr 3) geltend machen. Schließlich kommen auch Ersatzansprüche nach § 55 Abs 1 Nr 1 und § 60 gegen den Verwalter selbst in Betracht (**BGH** v 8. 1. 1998, NJW 1998, 992 f). Verfügungen des Insolvenzverwalters über das Anwartschaftsrecht aus einem Vorbehaltskauf nach erfolgter Ablehnung der Erfüllung des Vertrages gehen ins Leere, da durch die Ablehnung der Erfüllung das Anwartschaftsrecht untergeht (MüKo-*Ott/Vuia* § 107 Rn 23; vgl auch **OLG Düsseldorf** NZI 2003, 379). Verfügt der **vorläufige Insolvenzverwalter** über Vorbehaltsware, so unterliegt das Erlangte nur dann der Ersatzaussonderung, wenn er ohne Veräußerungsermächtigung handelte, s o Rn 16 a. Bei berechtigter Verfügung können aber Masseverbindlichkeiten nach § 55 Abs 2 iVm Abs 1 Nr 1 und § 60 iVm § 21 Abs 2 Nr 1 entstehen (**OLG Celle** ZInsO 2006, 1108).

18 c) **Verlängerter Eigentumsvorbehalt.** Hat sich der Vorbehaltsverkäufer dadurch zusätzlich abgesichert, dass er mit dem Vorbehaltskäufer eine Vorausabtretung der durch die Veräußerung des Vorbehaltskäufers entstehenden Forderung vereinbart hat, steht die Weiterveräußerungsermächtigung ebenfalls unter der Bedingung des ordnungsgemäßen Geschäftsverkehrs (*Smid/Gundlach* § 48 Rn 45). Demgemäß erlischt die **Weiterveräußerungsermächtigung beim verlängerten Eigentumsvorbehalt,** wenn der Erfolg der Forderungsabtretung durch eine Handlung des Vorbehaltskäufers vereitelt wird (**BGH** v 11. 6. 1959, BGHZ 30, 176, 181; *Smid/Gundlach* § 48 Rn 45). Ein ordnungsgemäßer Geschäftsgang soll auch dann gegeben sein, wenn mit dem Lieferanten eine Vorausabtretung ausbedungen war, die jedoch nicht eingetreten ist, da der Zedent seine Lieferungen an seine Abnehmer über Kontokorrent abrechnete mit der Folge, dass die Vorausabtretungen an Warenlieferanten, die unter verlängertem EV an ihn geliefert hatten, nicht wirksam werden konnten (**BGH** v 7. 2. 1979, NJW 1979, 1206, 1207). Ein Recht auf Ersatzabsonderung haben die Warenlieferanten im Insolvenzverfahren über das Vermögen des Großhändlers daher nicht, solange sie die Weiterveräußerungsermächtigung nicht ausdrücklich widerrufen haben. Der Lieferant kann sich nur durch ausdrückliche Abtretung des Saldoanspruchs sichern (vgl hierzu *Gottwald/Gottwald* InsRHdb § 41 Rn 21 u § 43 Rn 20).

19 Strittig ist, ob die dem Käufer beim verlängerten Eigentumsvorbehalt erteilte **Einziehungsermächtigung** automatisch erlischt, wenn der Schuldner in die Krise gerät. Der BGH geht davon aus, dass die Einziehungsermächtigung bis zum zulässigen Widerruf fortbesteht und erst mit der Eröffnung des Insolvenzverfahrens erlischt (**BGH** v 4. 10. 2000, BGHZ 144, 192; **BGH** v 24. 6. 2003 – IX ZR 120/02, NZI 2003, 549; ebenso MüKo-*Ganter* § 47 Rn 126). Allerdings wird vertreten, dass die Einziehung einer Forderung durch den Schuldner nicht mehr im Rahmen des ordnungsgemäßen Geschäftsgangs erfolgt, wenn die Einziehung nach Eintritt der Krise aber vor Anordnung der vorläufigen Insolvenzverwaltung erfolgt. Die Einziehung ist dann trotz grdsl bestehender Einziehungsermächtigung rechtswidrig (*Jaeger/ Henckel* § 48 Rn 34; MüKo-*Ganter* § 47 Rn 145).

19a Problematisch ist bei Lieferung unter verlängertem EV der Fall, dass der Erwerb der Forderung aus dem Weiterverkauf an einem **Abtretungsverbot** scheitert. Die Problematik ist allerdings weitgehend entschärft, weil nach § 354a HGB das Abtretungsverbot unter Kaufleuten nicht gilt (ausf *Seggewiße* NJW 2008, 3256; § 47 Rn 29). Insoweit stellt sich aber das Problem, ob der Vorbehaltsverkäufer an dem vom Drittschuldner nach § 354a S 2 HGB an den Zedenten gezahlten Erlös ein Ersatzabsonderungsrecht hat. Hierbei ist zu beachten, dass die Zahlung zwar für den Drittschuldner befreiende Wirkung hat, der Zedent jedoch nur dann berechtigt iSv § 48 ist, wenn er sich im Verhältnis zum Zessionar auf eine Einziehungsermächtigung berufen kann. In den übrigen Fällen, also bei wirksamem Abtretungsverbot, steht nach Auffassung von *Serick* (Bd V § 66 VI 3 S 568 ff) dem Lieferanten der Einziehungserlös nach § 48 S 2 zu, obgleich er die Abtretung der Forderung aus dem Zweitgeschäft wegen des Abtretungsverbots nicht fordern kann (vgl **BGH** v 11. 6. 1959, WM 1959, 965, 968; **BGH** v 27. 5. 1971, NJW 1971, 1750). Richtigerweise handelt es sich insoweit allerdings um ein Ersatzabsonderungsrecht, da der Vorbehaltsverkäufer auch bei unwirksamem Abtretungsverbot an der Forderung aus dem Weiterverkauf nach § 51 Nr 1 nur ein Absonderungsrecht gehabt hätte (*Pieckenbrock* NJW 2007, 1247, 1248). Genehmigt der Drittschuldner die verbotswidrige Abtretung, so erlangt der Lieferant ein Absonderungsrecht an der Forderung aus dem Zweitgeschäft, da das Abtretungsverbot mit rückwirkender Kraft beseitigt wird (so *Serick* Bd V § 66 IV 4 S 573;**str aA BGH** v 27. 5. 1971, BGHZ 56, 228, 233, der einer Genehmigung die Rückwirkung versagt).

d) **Abhanden gekommene Sachen.** Keine Verfügungsbefugnis besteht bei Veräußerung gestohlener 20 oder sonst abhanden gekommener Sachen (vgl *Behr*, Wertverfolgung 1986, S 345; *Gottwald/Gottwald* InsRHdb § 41 Rn 20). Zwar kann der Berechtigte nicht die Herausgabe des unwirksam veräußerten Gegenstandes von dem Dritten verlangen und zugleich gegen den Insolvenzverwalter die Ersatzaussonderung betreiben. Zutreffend weist *Dieckmann* (FS *Henckel* S 95, 115) darauf hin, dass man deshalb dem Berechtigten die Ersatzaussonderung unter den Voraussetzungen gestatten kann, unter denen ihm im materiellen Recht auch ein Bereicherungsanspruch nach § 816 Abs 1 S 1 zusteht. Obwohl eine nachträgliche Genehmigung gem § 185 Abs 2 S 1 1. Alt BGB auf den Zeitpunkt der Vornahme der Verfügung zurückwirkt (§ 184 Abs 1 BGB), bleibt die Verfügung eine „unberechtigte Veräußerung" iSv § 48. Vgl auch oben Rn 14.

6. **Dingliche Surrogation.** Soweit nach dem Gesetz eine dingliche Surrogation in Betracht kommt, wie 21 zB nach den §§ 1048 Abs 1 S 2, 1247 S 2, 1287, 1370, 1473, 1646, 2019, 2041, 2111 BGB, § 92 Abs 1 ZVG, scheidet eine Ersatzaussonderung nach § 48 aus. Vielmehr greift § 47 hinsichtlich des Surrogats ein (vgl K/P/B/*Prütting* § 48 Rn 17; *Gottwald/Gottwald* InsRHdb § 41 Rn 8; *Kilger/K. Schmidt* § 46 KO Anm 2; *Gerhardt* KTS 1990, 1, 4; *Dieckmann* FS *Henckel* S 95, 100). Der Ersatzgegenstand wird nicht Eigentum des Insolvenzschuldners, sondern steht als Ersatz für den ursprünglichen Aussonderungsgegenstand im Eigentum des Aussonderungsberechtigten. Nicht hierher gehört die Bestimmung des § 285 BGB. Sie gewährt dem Gläubiger nur einen schuldrechtlichen Anspruch auf Herausgabe des Ersatzes, den der Schuldner infolge eines Umstandes, der die Leistung unmöglich macht, erlangt hat. Eine dingliche Surrogation liegt hierin nicht (RGZ 94, 22). Ob dem Anspruch Aussonderungskraft zukommt, richtet sich danach, ob der unmöglich gewordene Anspruch Aussonderungskraft hatte (vgl Rn 11). **Keine Ersatzaussonderung,** sondern eine Aussonderung nach § 47 ist gegeben, wenn der Kommittent aufgrund des § 392 Abs 2 HGB die Abtretung der Forderung des Kommissionärs aus dem Ausführungsgeschäft beansprucht (§ 47 Rn 77 ff). Im Rahmen des § 392 Abs 2 HGB ist fraglich, ob der vom Verkaufskommissionär eingezogene Kaufpreis ebenfalls den Schutz genießen soll, den § 392 Abs 2 HGB dem Kommittenten hinsichtlich der Forderung verschafft (verneinend **BGH** WM 1974, 156, 157; BGHZ 79, 89, 94. Siehe hierzu ausführlich bei § 47 Rn 78).

VI. Inhalt des Ersatzaussonderungsanspruchs

1. **Abtretung des Anspruchs auf die ausstehende Gegenleistung, S 1.** a) **Begriff.** Der aus dem BGB geläu- 22 fige Begriff der Gegenleistung bedarf für die Ersatzaussonderung nach § 48 einer eigenständigen Definition. Mit dem Begriff der „Gegenleistung" ist dasjenige erfasst, was aufgrund der „Veräußerung" in die Haftungs- oder Insolvenzmasse geflossen ist, diese also angereichert hat (*Gundlach* ZIP 1995, 1789; K/P/B/*Prütting* § 48 Rn 18). Mit dem Instrumentarium der Ersatzaussonderung soll letztlich eine ungerechtfertigte Bereicherung der Haftungs- oder Insolvenzmasse ausgeglichen werden. Entsprechend dem weiten Begriff der „Veräußerung" beschränkt sich somit der Begriff der Gegenleistung nicht auf gegenseitige Verträge im technischen Sinne. Vielmehr muss als Gegenleistung alles angesehen werden, was der Masse an Werten durch die Veräußerung zugeflossen ist (K/P/B/*Prütting* § 48 Rn 18; *Gundlach* ZIP 1995, 1789 ff). So gehört zum Begriff der Gegenleistung aus haftungsrechtlicher Sicht zB der Gutschriftsbetrag bei Einzug einer fremden Forderung (**RG** v 19. 2. 1920, RGZ 98, 143, 148). Auch bei der **Darlehensgewährung** kann der Anspruch auf Rückzahlung der Darlehensvaluta als Gegenleistung ebenso angesehen werden wie die Kapitalrückzahlung selbst (*Gundlach* ZIP 1995, 1789, 1790; K/P/B/*Prütting* § 48 Rn 18).

b) **Anspruch auf die volle Gegenleistung.** Der Ersatzaussonderungsanspruch richtet sich auf die volle 23 Gegenleistung (*Gundlach* ZIP 1995, 1789, 1794 ff; Jaeger/*Henckel* § 48 Rn 75; MüKo-*Ganter* § 48 Rn 67). Der Schutz des § 48 beschränkt sich nicht etwa auf den wirtschaftlichen Wert des veräußerten Gegenstandes, sondern schützt die Aussonderungsberechtigung als solche. Der unberechtigt Veräußernde bzw die Insolvenzmasse soll nicht noch Vorteile aus der unberechtigten Veräußerung erzielen dürfen.

Deshalb ist der ersatzaussonderungsberechtigte Vorbehaltsverkäufer berechtigt, den **Weiterverkaufspreis in voller Höhe** und nicht bloß in Höhe des objektiven Werts oder des ihm geschuldeten Kaufpreises zu verlangen. Dieser Auffassung hat *Serick* (Bd I § 13 II 4 S 348 f; *ders* FS Einhundert Jahre Konkursordnung S 291) entgegengehalten, dass dabei die Sicherungsfunktion des Vorbehaltseigentums außer Betracht bleibe. Auch das Vorbehaltseigentum sei aus wirtschaftlicher Sicht dem Vorbehaltslieferanten nur noch sicherungshalber zuzuordnen. Deshalb könne er Ersatzaussonderung auch nur in Höhe der Werte beanspruchen, die gewährleisten, dass sein gesicherter Kaufpreis in voller Höhe befriedigt wird, denn weiter gehe das Sicherungsbedürfnis nicht. Diese funktional zutreffende Einordnung widerspricht freilich der Behandlung des Eigentumsvorbehalts durch die herrschende Meinung als ein zur Aussonderung der Kaufsache berechtigendes Recht. Wenn es dem Vorbehaltsverkäufer gestattet ist, die Kaufsache gegen Rückzahlung der erbrachten Raten auszusondern, dann muss man ihm auch den Zugriff auf den Erlös aus einem Geschäft mit der Kaufsache zubilligen. Hierfür wird auch angeführt, dass der Vorbehaltsverkäufer beim einfachen EV neben dem Sicherungsinteresse zugleich auch ein Sachinteresse daran hat, dass ihm der Gegenstand erhalten bleibt (*Gundlach* KTS 1997, 553, 561; so auch *Jaeger/Henckel* § 48 Rn 76; *Kilger/K. Schmidt* § 46 KO Anm 8; *FK-Joneleit/Imberger* § 48 Rn 18).

24   Wird der einer Aussonderung unterliegende Gegenstand zu einem höheren Preis veräußert, ist nach alledem auch der **Verkaufsgewinn** herauszugeben. Auf seinen Ersatzaussonderungsanspruch muss sich allerdings der Eigentumsvorbehaltsverkäufer die durch die anderweitige Veräußerung ersparten Transport-, Lager-, Verkaufs- und Wartungskosten anrechnen lassen (**LG Hamburg** ZIP 1981, 1238, 1240; MüKo-*Ganter* § 48 Rn 72; *Jaeger/Henckel* § 48 Rn 75). Wurde der Gegenstand dagegen **unter Wert veräußert**, schließt § 48 weitergehende Ansprüche des Vorbehaltslieferanten nicht aus, die entweder Masseschulden iSv § 55 Abs 1 Nr 2 sind oder Insolvenzforderungen iSv § 38 oder Schadensersatzansprüche nach § 60 gegen den Insolvenzverwalter sind.

25   c) **Ausstehende Gegenleistung.** Solange die Gegenleistung noch aussteht, kann der Ersatzaussonderungsberechtigte vom Insolvenzverwalter die Abtretung des Anspruchs auf die Gegenleistung verlangen. Bei Verkäufen, die der Umsatzsteuer unterliegen, soll sich der Anspruch auf die Abtretung des **Bruttokaufpreisanspruchs** beziehen (**BGH** v 8. 5. 2008 – IX ZR 229/06, NZI 2008, 426 = ZIP 2008, 1127 Rn 9; *Gundlach/Schmidt* EWiR 2008, 469; differenzierend *de Werth* NZI 2008, 427). Ist die Gegenleistung jedoch schon erbracht und hat der Verwalter die Umsatzsteuer bereits abgeführt, so kann nur Herausgabe des Nettoerlöses verlangt werden (**BGH** v 8. 5. 2008 – IX ZR 229/06, NZI 2008, 426 = ZIP 2008, 1127). Ob die Gegenleistung iSv § 48 S 1 aussteht, beurteilt sich nach den allgemeinen Rechtsgrundsätzen der §§ 362 ff BGB (K/P/B/*Prütting* § 48 Rn 19; MüKo-*Ganter* § 48 Rn 46 ff). Die Begebung eines Wechsels oder Schecks erfolgt im Zweifel erfüllungshalber (§ 364 Abs 2 BGB), so dass die Gegenleistung im Sinne des § 48 noch aussteht. Steht die Gegenleistung noch aus, ist ein Ersatzaussonderungsanspruch nicht gegeben, wenn der Anspruch auf die Gegenleistung nicht übertragbar ist (**BGH** v 27. 5. 1971, BGHZ 56, 228, 233; MüKo-*Ganter* § 48 Rn 49–52). Dem Zessionar bleibt nichts anderes übrig, als die Erbringung der Gegenleistung von dem Schuldner abzuwarten und dann die Gegenleistung auszusondern (*Ganter* NZI 2005, 1, 6). Der Drittschuldner kann aber auch die verbotswidrige Abtretung genehmigen (vgl oben Rn 19 a).

26   d) **Veräußerung zu einem Gesamtpreis.** Sind Gegenstände, die der Aussonderung unterlagen, mit solchen des Insolvenzschuldners zu einem Gesamtpreis veräußert worden, so ist der Ersatzaussonderungs- oder Masseanspruch nur hinsichtlich des auf den Aussonderungsgegenstand entfallenden Teils der Gegenleistung gegeben (**BGH** ZIP 1999, 626; BGHZ 30, 167, 185 vgl auch oben Rn 13). Ist in den Aussonderungsgegenstand Fremdmaterial eingebaut worden (§ 946 BGB), so findet eine Aufteilung des Gesamtwerklohns auf die Arbeitsleistung und den Materialwert statt (**BGH** v 11. 6. 1959, BGHZ 30, 159).

27   **2. Herausgabe der bereits erbrachten Gegenleistung bei Unterscheidbarkeit, S 2.** Für den Fall, dass die Gegenleistung im Sinne von S 1 bereits erbracht ist, bestimmt § 48 S 2 ausdrücklich, dass der Berechtigte die Gegenleistung aus der Insolvenzmasse nur verlangen kann, soweit diese in der Masse „unterscheidbar" vorhanden ist (so schon für das frühere Recht **BGH** v 11. 6. 1959, BGHZ 30, 176, 184; *Jaeger/Lent* § 46 KO Rn 17; K/U, 11 Aufl, § 46 KO Rn 14). Handelt es sich bei der Gegenleistung um eine vertretbare Sache, fehlt es an einer Unterscheidbarkeit, wenn der Schuldner in seinem haftenden Vermögen gleichartige Gegenstände hatte und die Gegenstände nunmehr vermischt oder vermengt wurden. Im Übrigen wird die Frage der Unterscheidbarkeit oft problematisch bei **Bargeldleistungen**, bei denen der Barbetrag in eine Kasse des Schuldnerunternehmens geflossen und mit anderem Geld vermischt worden ist (K/P/B/*Prütting* § 48 Rn 21; *Gottwald/Gottwald* InsRHdb § 41 Rn 25; *Gundlach* DZWIR 1998, 12 ff). Nach *Gundlach* ergibt sich gem §§ 947, 948 BGB ein Miteigentumsanteil des Berechtigten am Gesamtbestand, der sich nach dem Verhältnis der Werte bestimmt, den die Gegenstände zur Zeit der Vermischung/Vermengung hatten (zust MüKo-*Ganter* § 48 Rn 57). Freilich daran wird hier regelmäßig § 947 Abs 2 BGB eingreifen, so dass Alleineigentum des Schuldners entsteht. Daher ergibt sich im Fall der Vermengung eines fremden Gegenstandes mit massezugehörigen Gegenständen bei der Vermengung der Gegenleistung mit dem Kassenbestand zwar kein Aussonderungsrecht aufgrund einer

VI. Inhalt des Ersatzaussonderungsanspruchs § 48

Miteigentumsstellung des Berechtigten. Eine Ersatzaussonderung wird man in Entsprechung zur Rspr beim bargeldlosen Zahlungsverkehr (unten Rn 28) nur dann zulassen können, wenn ausnahmsweise die Kasse bis zur Geltendmachung des Ersatzaussonderungsrechts einen dieses deckenden „Bodensatz" aufwies (MüKo-*Ganter* § 48 Rn 57; vgl auch *Krull* InVo 2000, 257 ff). Für den Regelfall, indem der Kassenbestand geschäftsüblich auf ein Konto eingezahlt wird kann der Aussonderungsberechtigte daher nur noch einen Masseanspruch iSv § 55 Abs 1 Nr 1 InsO iVm § 989 BGB oder einen Masseschuldanspruch nach § 55 Abs 1 Nr 3 InsO iVm § 812 BGB geltend machen (*Gottwald/Gottwald* InsRHdb § 41 Rn 25; N/R/*Andres* § 48 Rn 13).

Beim **bargeldlosen Zahlungsverkehr** sind unterschiedliche Fallgestaltungen zu unterscheiden. Wird die Zahlung auf ein **Anderkonto** des Insolvenzverwalters oder auf ein seiner Verwaltung unterliegendes **Sonderkonto** im Wege der Überweisung vorgenommen, ist nach hM die Unterscheidbarkeit gegeben, da der Wert durch den Buchungsbeleg identifizierbar ist (**BGH** v 15. 11. 1988, ZIP 1989, 118 m Anm *Gerhardt*; **BGH** v 11. 3. 1999, ZIP 1999, 626; **OLG** Köln v 13. 3. 1998, ZIP 1998, 1544; **OLG** Hamburg ZIP 1982, 599, 602; K/P/B/*Prütting* § 48 Rn 21; FK-*Joneleit/Imberger* § 48 Rn 14; HK-*Lohmann* § 48 Rn 11; *Kilger/K. Schmidt* § 46 KO Anm 8). Nach früherer Auffassung des **BGH** war bei Einzahlung auf ein **allgemeines Girokonto** des späteren Insolvenzschuldners die Ersatzaussonderung unzulässig, weil der Rückzahlungsanspruch bereits mit Einstellung in das **Kontokorrent**, spätestens mit der Erstellung eines Rechnungsabschlusses gem § 355 Abs 2 HGB seine rechtliche Selbständigkeit und damit seine Abtretbarkeit verloren habe (**BGH** v 8. 3. 1972, BGHZ 58, 257, 260 = NJW 1972, 872, 873). In **Abweichung von dieser Entscheidung** hat der **BGH** in einem Urteil v 11. 3. 1999 (BGHZ 141, 116 = ZIP 1999, 626, 628 = ZInsO 1999, 284 m Anm *Krull* ZInsO 2000, 304 ff) entschieden, dass, wenn der Erlös aus der Veräußerung massefremder Gegenstände auf ein im Kontokorrent geführtes allgemeines Bankkonto des Verwalters gelange, der Erlös der Ersatzaussonderung bis zur Höhe des in der Zeit danach eingetretenen niedrigsten Tagessaldos unterliegt, und zwar unabhängig davon, ob zwischenzeitlich Rechnungsabschlüsse mit Saldoanerkennung stattgefunden haben oder nicht (siehe auch BGHZ 150, 326, 328; **BGH** v 19. 1. 2006 – IX ZR 154/03, NZI 2006, 700 = ZIP 2006, 959, 960; **BGH** v 8. 5. 2008 – IX ZR 229/06, NZI 2008, 426 = ZIP 2008, 1127). Nach **neuerer Auffassung des BGH** ist somit die Ersatzaussonderung zulässig, solange ein sie deckender „Bodensatz" auf dem Konto vorhanden ist (so auch Jaeger/*Henckel* § 48 Rn 81; MüKo-*Ganter* § 48 Rn 71; *K. Schmidt* Jus 1999, 1022 f; *Canaris* EWiR 1999, 707; *Gottwald/Gottwald* InsRHdb § 41 Rn 27; K/P/B/*Prütting* § 48 Rn 21). Wird dieser Bodensatz unterschritten lässt auch eine spätere Wiederauffüllung des Kontos durch andere Gutschriften den Anspruch nicht wieder aufleben (**BGH** ZIP 1999, 626, 628; **OLG** Köln v 13. 3. 1998, ZIP 1998, 1544; *Gundlach* DZWIR 1998, 12, 18). Die Unterscheidbarkeit bei Überweisungen auf das allgemeine **Insolvenzverwalterkonto** ist somit solange zu bejahen, wie noch ein dem Ersatzaussonderungsrecht entsprechendes Guthaben auf dem Verwalterkonto vorhanden ist. Wird dagegen die Leistung auf ein im Soll geführtes Konto erbracht, fehlt es an einer „gegenständlich fassbaren" Gegenleistung, da hierdurch nur der Sollsaldo reduziert wird (**BGH** v 19. 1. 2006 – IX ZR 154/03, NZI 2006, 700; MüKo-*Ganter* § 48 Rn 34). Darauf, dass der Insolvenzverwalter das Geld bewusst im Hinblick auf das Aussonderungsrecht auf dem Konto belassen hat, kommt es nicht an (**BGH** ZIP 1999, 626, 628). Genügt der Tagessaldo nicht zur Befriedigung sämtlicher zur Ersatzaussonderung berechtigter Gläubiger, so ist nach hM eine anteilige Kürzung der Ersatzaussonderungsansprüche vorzunehmen (**OLG** Köln ZIP 2002, 947, 950; MüKo-*Ganter* § 48 Rn 71; *Gundlach* DZWIR 1999, 335). Diese Lösung entspricht der im anglo-amerikanischen Rechtskreis verwendeten „lowest intermediate balance-rule". Allerdings kann der Ersatzaussonderungsberechtigte nach § 48 S 2 nur den gezahlten **Nettoerlös** herausverlangen, sein Recht erstreckt sich also nicht auf die angefallene **Umsatzsteuer**, wenn der Verwalter diese bereits an das Finanzamt abgeführt hat (**BGH** v 8. 5. 2008 – IX ZR 229/06, NZI 2008, 426 = ZIP 2008, 1127 Rn 9).

3. Weiterveräußerung der erhaltenen Gegenleistung. In den Fällen, in denen die einem Ersatzaussonderungsrecht unterliegende Gegenleistung ihrerseits durch den Insolvenzverwalter oder den Insolvenzschuldner veräußert wird, spricht man von einer sogen „**zweiten Ersatzaussonderung**". Deren Zulässigkeit ist umstritten. Richtigerweise ist zwischen Verfügungen durch den Insolvenzschuldner und solchen durch den Insolvenzverwalter zu unterscheiden: **Verfügt der Insolvenzverwalter** oder der vorläufige Insolvenzverwalter mit Verfügungsbefugnis über die aus der Verfügung über einen der Aussonderung unterliegenden Gegenstand erlangte Gegenleistung, tritt er also etwa den Kaufpreisanspruch aus der Veräußerung einer schuldnerfremden Sache gegen eine Gegenleistung ab, so kann der Eigentümer nach § 48 Ersatzaussonderung auch der Gegenleistung für die Abtretung verlangen (*W Gerhardt* KTS 1990, 1, 3; Jaeger/*Henckel* § 48 Rn 10; MüKo-*Ganter* § 48 Rn 74 f; K/P/B/*Prütting* § 47 Rn 6; *Gottwald/Gottwald* InsRHdb § 41 Rn 28; *Harder*, Insolvenzrechtliche Surrogation, Rn 240 ff). Dass der Verwalter hier materiellrechtlich als Berechtigter über die Gegenleistung verfügt, da diese Teil der seiner Verwaltung unterliegenden Insolvenzmasse geworden ist, ist insofern unbeachtlich als hier eine haftungsrechtliche Betrachtungsweise maßgeblich sein muss, nach der die Gegenleistung ein massefremdes Recht bildet (*Henckel* JuS 1985, 836, 841; *Häsemeyer* InsR Rn 11. 25; *Gundlach/Frenzel/Schmidt* KTS 2003, 69, 73 f). Verfügungen über Fremdrechte lösen nach § 48 Ersatzaussonderungsansprüche aus. Die von *Scherer* (KTS 2002, 197 ff) vertretene Gegenansicht, nach der die zweite Ersatzaussonderung in jedem Fall, also auch bei Veräußerungen durch den Insolvenzverwalter, ausscheide, verkennt, dass sich die Berechtigung des Insolvenzverwalters im Verhältnis zu den Gläubigern nicht nach bürgerlichem, sondern nach Insolvenz- also nach Haftungsrecht zu bestimmen hat. Denn für die Frage, welche Rechte die Gläubiger am Schuldnervermögen haben und inwieweit sie dem Gleichbehandlungsgrundsatz unterworfen sind, ist nicht das bürgerliche Recht, sondern das Insolvenzrecht maßgeblich, wie schon die Bespiele der besonderen Insolvenzanfechtung und der Absonderungsfähigkeit von Sicherungseigentum zeigen.

29a   Anders ist zu entscheiden, wenn der **Schuldner** vor Verfahrenseröffnung derartige Verfügungen vornimmt. Die Neufassung des § 48 S 2 erfasst nun zwar auch Erlöse aus Einziehungen des Insolvenzschuldners vor Verfahrenseröffnung, dies führt jedoch nicht dazu, dass auch das Recht zur Aussonderung des Surrogats auf diesen Fall auszudehnen ist (Jaeger/*Henckel* § 48 Rn 10; *Häsemeyer* InsR Rn 11. 24; *Dieckmann* FS *Henckel* S 95, 116 f, aA MüKo-*Ganter* § 48 Rn 76, *ders* NZI 2005, 1, 7; wohl auch *W Gerhardt* KTS 1990, 1, 10 f). Über das Problem der nach bürgerlichem Recht zu bejahenden Berechtigung der Verfügung durch den Schuldner mag man mit der haftungsrechtlichen Betrachtungsweise noch hinwegkommen (vgl *Gundlach/Frenzel/Schmidt* KTS 2003, 69, 73), wenngleich deren Anwendbarkeit auf vor Verfahrenseröffnung verwirklichte Tatbestände äußerst fraglich ist (Jaeger/*Henckel* § 48 Rn 10 Fn 25). Allerdings scheidet eine Anwendung von § 48 aus Wertungsgesichtspunkten aus. Denn es hängt vom Zufall ab, welche Leistungen bei Verfahrenseröffnung noch unterscheidbar in der Masse vorhanden sind. Insofern wäre es willkürlich, gewährte man den Gläubigern, die dieses Glück haben, ein Ersatzaussonderungsrecht, während die anderen einfache Insolvenzgläubiger wären (insoweit überzeugend *Scherer* KTS 2002, 197, 205). Es geht fehl, eine derartige Differenzierung mit der privatautonomen Entscheidung des Insolvenzschuldners zu erklären, welche Vermögensbestandteile er umsetzt und hierdurch deren Unterscheidbarkeit beseitigt. Denn die Eröffnung des Insolvenzverfahrens hat gerade das Versagen der Fähigkeit des Schuldners bewiesen, seine Haftungsverhältnisse privatautonom zu steuern (*Häsemeyer* InsR Rn 2.21 ff).

VII. Ersatzabsonderung

30   Schon nach altem Recht war weitgehend anerkannt, dass die Vorschrift des § 46 KO entsprechend anwendbar war, wenn der Konkursverwalter ein **Absonderungsrecht vereitelte** (BGHZ 47, 181 = NJW 1967, 1370; BGH KTS 1971, 194; BGH NJW 1978, 1030; BGH NJW 1982, 1751; *Serick* Bd V S 348, 365 ff, 556 f; K/U, 11. Aufl, § 46 KO Rn 4). § 60 RegE enthielt eine dem § 48 entsprechende Vorschrift für Gegenstände, an denen ein Absonderungsrecht bestand. Der Rechtsausschuss hat die Vorschrift „aus Gründen der redaktionellen Straffung" gestrichen. Ausdrücklich heißt es jedoch in der Beschlussempfehlung des RechtsA zu § 60 (BT-Drucks 12/7302 S 160, abgedr bei *Uhlenbruck*, Das neue Insolvenzrecht, S 358), der Ausschuss wolle dadurch jedoch nicht die Möglichkeit der Ersatzabsonderung ausschließen. Auch in der KO habe die Ersatzabsonderung keine ausdrückliche Regelung gefunden und sei gleichwohl anerkannt. Die analoge Anwendung der Vorschriften über die Ersatzaussonderung erscheine dem Ausschuss für die InsO ebenso wie für die KO ein „praktikabler Lösungsweg" (vgl K/P/B RWS-Dok 18 Bd I S 594; K/P/B/*Prütting* § 48 Rn 26). Umfassend zur **Ersatzabsonderung und dinglicher Surrogation** *Harder*, KTS 2001 97 ff; *ders* Insolvenzrechtliche Surrogation, 2002). Auch für die InsO ist eine **analoge Anwendung** des § 48 auf die Ersatzabsonderung zu bejahen (K/P/B/*Prütting* § 48 Rn 27; Jaeger/*Henckel* § 48 Rn 61 ff; *Jauernig* § 45 V; *Häsemeyer* InsR Rn 18.68–18.70; *Gottwald/Gottwald* InsRHdb § 42 Rn 170; MüKo-*Ganter* §§ 49–52 Rn 167 ff). Der BGH hat in einem Urteil v 19. 3. 1998 (ZIP 1998, 793, 797 = NJW 1998, 2596) die analoge Anwendung des enger gefassten § 46 KO bejaht, so dass auch nach neuem Recht die Rechtsprechung ein Ersatzabsonderungsrecht trotz des wenig glücklichen Ganges der Gesetzgebung nicht zuletzt auch im Hinblick auf den Bericht des Rechtsausschusses anerkennen wird. § 48 findet danach **entsprechende Anwendung** in allen Fällen, in denen der Insolvenzschuldner, der sogen „starke" vorläufige Verwalter oder der Insolvenzverwalter über einen mit einem Absonderungsrecht belasteten Gegenstand in einer Weise verfügt, dass dieses untergeht (BGH v 4. 12. 2003 – IX ZR 222/02, ZIP 2004, 326 = EWiR 2004 [*Pape*]; *Gottwald/Gottwald* InsRHdb § 42 Rn 172; K/P/B/*Prütting* § 48 Rn 27; FK-*Joneleit/Imberger* § 48 Rn 22; N/R/*Andres* § 48 Rn 17, 18; HK-*Lohmann* § 48 Rn 19). Nach zutreffender Feststellung von *Häsemeyer* (InsR Rn 18.69) wird für Verfügungen des Insolvenzverwalters die Analogie zu § 48 durch § 170 Abs 1 S 2 bestätigt, denn Absonderungsrechte sollen sich am Verwertungserlös fortsetzen, wenn der Verwalter das belasteten Gegenstand befugtermaßen verwertet hat. Eine Ersatzabsonderung findet zB statt, wenn der Insolvenzverwalter **Grundstückszubehör** unberechtigt veräußert, das nach den §§ 865 ZPO, 1120 ff BGB der Grundpfandrechtshaftung unterlag (*Gottwald/Gottwald* InsRHdb § 42 Rn 172; *Gerhardt* Grundbegriffe, Rn 327; *Dieckmann* FS *Henckel* S 95, 120). Denn veräußert der Insolvenzschuldner oder der Insolvenzverwalter Zubehör eines mit einem Grundpfandrecht belasteten Schuldnergrundstücks im Rahmen des gewöhnlichen Geschäftsbetriebes vor Beschlagnahme, werden die Zubehörstücke von der dinglichen Haftung für die Grundpfandrechte frei (§ 1121 Abs 1 BGB), so dass insoweit eine Vereitelung des Absonderungsrechts vorliegt.

31   Ob im Einzelfall ein **Ersatzaussonderungs**- oder ein **Ersatzabsonderungsanspruch** in Betracht kommt, richtet sich danach, ob zB, wie beim verlängerten Eigentumsvorbehalt, die verlängerte oder erweiterte

Form des Eigentumsvorbehalts dem Lieferanten wegen des Sicherungscharakters lediglich ein Absonderungsrecht gewährt. Es kann also durchaus der Fall eintreten, dass durch die unberechtigte Veräußerung von EV-Ware ein Ersatzaussonderungsrecht entsteht, dagegen bei unberechtigter Weiterveräußerung aufgrund der erweiterten Sicherungsform lediglich ein Ersatzabsonderungsrecht. Beim verlängerten Eigentumsvorbehalt setzt sich, wenn der Schuldner die Gegenforderung einzieht, das Ersatzabsonderungsrecht an dem unterscheidbaren Erlös fort (vgl *Serick* Bd III § 35 I 1 S 266; Bd V § 62 II 4 c S 349 f).

Ebenso findet eine **Ersatzabsonderung** auch bei **unberechtigter Veräußerung von Sicherungseigentum** statt (N/R/*Andres* § 48 Rn 17). Auch entsteht ein Ersatzabsonderungsrecht, wenn unberechtigterweise **Forderungen zur Masse eingezogen werden**, an denen aufgrund einer Sicherungszession ein Absonderungsrecht bestand (**BGH** ZIP 1998, 793, 797; *Mohrbutter/Vortmann* Hdb Rn VI. 214; *Gottwald/Gottwald* InsRHdb § 42 Rn 172). Hierbei ist allerdings das **Einziehungsrecht des Insolvenzverwalters aus § 166 Abs 2** zu beachten. Soweit der Insolvenzverwalter berechtigt war, im Rahmen der §§ 166 ff Gegenstände, an denen ein Absonderungsrecht bestand, zu verwerten, kommt die analoge Anwendung des § 48 nicht in Betracht. Das Gesetz trägt dem durch die Regelung in § 170 Abs 1 S 2 Rechnung, wonach aus dem nach Abzug der Kosten verbleibenden Betrag unverzüglich der absonderungsberechtigte Gläubiger zu befriedigen ist. Verfahrensverstöße bei der Verwertung von Absonderungsgut (etwa die Verletzung der Mitteilungspflicht aus § 168) führen grdsl nicht zur Entstehung eines Ersatzabsonderungsrechts (vgl ausführlich *Ganter/Bitter* ZIP 2005, 93, 101). **Kein Absonderungsrecht** entsteht daher auch, wenn der Insolvenzverwalter das Absonderungsrecht nicht vereitelt, sondern der Gläubiger das Sicherungsrecht aufgrund einer Vereinbarung aufgibt (**OLG** Köln ZIP 1989, 523). **Vereitelt der Insolvenzschuldner** das Entstehen eines Absonderungsrechts der Gläubigerbank dadurch, dass er einen Scheck entgegen der vertraglichen Abrede nicht abliefert, sondern über das Eigentum am Scheck unberechtigt verfügt und bei einer Drittbank einlöst, so steht der Gläubigerin nach Eintritt des Insolvenzfalles an dem der Restgutschrift entsprechenden Betrag ein Ersatzabsonderungsrecht zu (**OLG** Stuttgart v 24. 10. 2001, ZInsO 2002, 85 = ZIP 2001, 2183, Abgrenzung zu **BGH** ZIP 2000, 985). Werden im **Insolvenzplan** Absonderungsrechte gekürzt oder sonstigen Einschränkungen unterworfen, so erfassen diese Einschränkungen auch den Ersatzabsonderungsanspruch, wenn der Verwalter planwidrig über das Absonderungsgut verfügt. Hatte der Insolvenzverwalter bereits vor der Bestätigung des Insolvenzplans über den Gegenstand, der der Absonderung unterlag, verfügt, so erfasst eine im Plan beschlossene abweichende Regelung nach § 223 Abs 2 nicht das Recht auf Ersatzabsonderung. Im Übrigen unterscheidet sich die Ersatzabsonderung von der Ersatzaussonderung dadurch, dass bei einer Verwertung der Sicherheit die Regeln über die **Ausfallhaftung** (§§ 52, 190) Anwendung finden (*Serick* ZIP 1982, 507, 508; *Gottwald/Gottwald* InsRHdb § 42 Rn 173). In jedem Fall ist zwingende Voraussetzung für die Ersatzabsonderung, dass die Gegenleistung entweder noch aussteht oder noch **unterscheidbar** in der Insolvenzmasse vorhanden ist. Bei eingezogenen Geldforderungen durch den Insolvenzverwalter gelten die gleichen Grundsätze wie für die Aussonderung von Eingängen auf einem Konto des Insolvenzschuldners oder des Insolvenzverwalters (Rn 28). Ist die Unterscheidbarkeit nicht mehr gegeben, hat der Berechtigte nur noch einen **Masseanspruch** iSv § 55 Abs 1 Nr 3 (vgl **BGH** ZIP 1982, 447 = NJW 1982, 1751; **BGH** ZIP 1989, 118, 120; *Gottwald/Gottwald* InsRHdb § 42 Rn 174; N/R/*Andres* § 48 Rn 17). Auch ein **Recht zur zweiten Ersatzabsonderung** bei Verfügungen über den Erlös ist anzuerkennen. Vereitelt der Insolvenzverwalter das Ersatzabsonderungsrecht zB durch Zerstörung oder Auszahlung des Erlöses an einen Nichtberechtigten, so steht dem Gläubiger ein Anspruch gegen die Masse nach § 55 Abs 1 Nr 1 zu, gegen den Insolvenzverwalter bei Verschulden ein Schadenersatzanspruch nach § 60 (*Gottwald/Gottwald* InsRHdb § 42 Rn 174). Nicht zuletzt deshalb muss der Insolvenzverwalter das Ersatzabsonderungsrecht genau prüfen (vgl **AG** Bonn ZIP 1994, 1880; *Kilger/ K. Schmidt* § 46 KO Anm 9). Wird durch die unberechtigte Veräußerung das Absonderungsrecht des Gläubigers nicht berührt, wie zB im Fall der Veräußerung des Pfandgegenstandes, so scheidet ein Ersatzabsonderungsanspruch aus (vgl BGHZ 47, 181 = NJW 1967, 1370; *Kilger/K. Schmidt* § 46 KO Anm 9; *Gottwald/Gottwald* InsRHdb § 42 Rn 174). Für die Probleme einer „**Surrogationskette**" gelten die gleichen Grundsätze wie für die Aussonderung (Rn 29; vgl *Häsemeyer* InsR Rn 18.69; 11.19; *Dieckmann* FS Henckel S 95, 120 ff).

§ 49 Abgesonderte Befriedigung aus unbeweglichen Gegenständen

Gläubiger, denen ein Recht auf Befriedigung aus Gegenständen zusteht, die der Zwangsvollstreckung in das unbewegliche Vermögen unterliegen (unbewegliche Gegenstände), sind nach Maßgabe des Gesetzes über die Zwangsversteigerung und die Zwangsverwaltung zur abgesonderten Befriedigung berechtigt.

Übersicht

	Rn
I. Allgemeines zu den §§ 49–52	1
1. Funktion der Absonderung	1
2. Unterschied zur Aussonderung	2

	Rn
3. Haftung des Insolvenzschuldners	3
a) Persönliche Haftung	3
b) Dingliche Haftung	4
4. Entstehung des Absonderungsrechts	5
a) Entstehungszeitpunkt	6
b) Inhaberwechsel	7
c) Konkurrierende Absonderungsrechte	8
d) Konkurrenz zwischen Insolvenzverwaltung und Zwangsversteigerung/Zwangsverwaltung	9
e) Wirkungen einer Freigabe	9 a
5. Der Rang der Absonderungsrechte	9 b
6. Ersatzabsonderung	9 c
II. Gegenstand der Absonderung im Immobiliarvermögen, § 49	10
1. Grundstücke	11
2. Grundstücksgleiche Rechte	12
3. Der Haftungsverband bei Grundstücken	13
a) Die Haftung von getrennten Erzeugnissen, wesentlichen Bestandteilen und Zubehör	13
b) Die Mithaftung von Miet- oder Pachtforderungen	13 a
c) Enthaftung von Erzeugnissen, Bestandteilen und Zubehör eines Grundstücks	14
d) Surrogation und Ersatzabsonderung	17
e) Anspruch des Grundpfandgläubigers auf den Verwertungserlös	18
f) Ansprüche des Grundpfandgläubigers	19
4. Eingetragene Schiffe und Schiffsbauwerke	21
5. Luftfahrzeuge	22
6. Miteigentumsanteile	23
7. Sonstige Gegenstände, auf die sich das Pfandrecht erstreckt	24
III. Durchführung der abgesonderten Befriedigung	25
1. Zwangsversteigerung und Zwangsverwaltung	25
a) Antrag des dinglich berechtigten Gläubiger	26
b) Antrag des Insolvenzverwalters	27
c) Antrag des persönlichen Gläubigers	28
d) Antrag von Massegläubigern	29
2. Vereinbarte freiwillige Veräußerung	30
3. Vereinbarte Befriedigung aus Nutzungen	31
IV. Einstweilige Einstellung der bereits anhängigen Zwangsversteigerung oder Zwangsverwaltung	32
1. Einstweilige Einstellung der Zwangsversteigerung	32
2. Einstweilige Einstellung der Zwangsverwaltung	40
V. Befriedigung der Absonderungsberechtigten aus dem Verwertungserlös	41
1. Rangordnung bei Grundstücken	42
a) Ansprüche eines die Zwangsverwaltung betreibenden Gläubigers	42
b) Verfahrenskostenbeitrag	43
c) Ansprüche auf Zahlung der Beiträge zu den Lasten und Kosten nach § 16 Abs 2, § 28 Abs 2 u 5 WoEiG	44
d) Ansprüche auf Entrichtung der öffentlichen Lasten des Grundstücks	45
e) Ansprüche aus Rechten an Grundstücken	46
f) Sonstiger Anspruch des Gläubigers	48
2. Schiffe und Schiffsbauwerke	50
a) Ausgaben des betreibenden Gläubigers	51
b) Sonstige Rangfolgen	52
aa) Binnenschiffe	53
bb) Seeschiffe	54
3. Luftfahrzeuge	55
VI. Zwangsverwaltung und Insolvenzverwaltung bei kapitalersetzenden Nutzungsüberlassungen	56
VII. Umsatzsteuer	57
VIII. Prozessuale Fragen	58

I. Allgemeines zur Absonderung nach §§ 49–52

1   **1. Funktion der Absonderung.** Das Absonderungsrecht gewährt seinem Inhaber einen **Anspruch auf vorzugsweise Befriedigung** des Gläubigeranspruchs aus einem zur Masse gehörigen Gegenstand. Der Kreis der Rechte, die zur abgesonderten Befriedigung berechtigen, ist in den §§ 49–51 gesetzlich geregelt (zur gegenständlichen Beschränkung s MüKo-*Ganter* vor §§ 49–52 Rn 16). Absonderungsrechte gewähren insbesondere: Immobiliarpfandrechte (§ 49), Mobiliarpfandrechte (§ 50), Sicherungseigentum (§ 51 Nr 1), Sicherungszessionen (§ 51 Nr 1), Zurückbehaltungsrechte wegen Verwendungen auf eine Sache (§ 51 Nr 2); Zurückbehaltungsrechte nach dem HGB (§ 51 Nr 3), Zoll- und Steuersicherheiten, der erweiterte Eigentumsvorbehalt nach Eintritt des Erweiterungsfalls, das Recht auf Befriedigung aus dem Grundstück nach Erwirkung der Anordnung der Zwangsverwaltung oder Zwangsversteige-

I. Allgemeines zur Absonderung nach §§ 49–52 § 49

rung sowie die Feststellungskosten für Mobiliarvermögen, auf das sich die Zwangsversteigerung erstreckt (§ 10 Abs 1 Nr 1 a ZVG). Der Kreis der Rechte, die zur Absonderung berechtigen, ist gesetzlich festgelegt. Die InsO enthält insoweit allerdings keine abschließende Regelung (MüKo-*Ganter* vor §§ 49–52 Rn 13). Die Beteiligten können sich jedoch über die gesetzlichen Voraussetzungen der Absonderung nicht hinwegsetzen und durch Vereinbarung dem Gesetz unbekannte Absonderungsrechte schaffen. Daher ist der Insolvenzverwalter nicht berechtigt, ein in Wirklichkeit nicht bestehendes Absonderungsrecht durch „Anerkennung" zu schaffen (RGZ 93, 211 f; **RG** 137, 111; **BGH** v 11. 10. 1967, KTS 1968, 91; K/P/B/*Prütting* § 49 Rn 4; MüKo-*Ganter* vor §§ 49–52 Rn 14; *Gottwald/Gottwald* InsR Hdb § 42 Rn 2; *Kilger/K. Schmidt* § 47 KO Anm 1).

Ist der absonderungsberechtigte Gläubiger auch Inhaber einer persönlichen Forderung, ist er mit dieser Insolvenzgläubiger (§ 38) und kann seine ganze Forderung zur Tabelle anmelden und feststellen lassen. Soweit der Gläubiger bei der Befriedigung aus dem Absonderungsrecht ausfällt, kann er dann gem § 52 mit der persönlichen Forderung am Verteilungsverfahren teilnehmen. Unterlässt der absonderungsberechtigte Insolvenzgläubiger die Anmeldung seiner persönlichen Forderung zur Insolvenztabelle, beschränkt sich sein Befriedigungsrecht auf den haftenden Gegenstand. Verzichtet dagegen der absonderungsberechtigte Insolvenzgläubiger auf die abgesonderte Befriedigung, nimmt er wie jeder andere Insolvenzgläubiger am Verfahren teil und erhält die Insolvenzquote. IdR nimmt der Gläubiger entsprechend seiner materiell-rechtlichen Doppelstellung als persönlicher Gläubiger und dinglich Berechtigter auch im Insolvenzverfahren eine Doppelstellung ein mit der Folge, dass er nur hinsichtlich des Ausfalls anteilsmäßige Befriedigung erhält. Allerdings erhält er gem § 52 die Quote nicht auf die volle Forderung, sondern lediglich auf seinen Ausfall. Anders als nach altem Recht ist der Pfandgläubiger nicht mehr berechtigt, den Pfandgegenstand selbst zu verwerten. Vielmehr ist hinsichtlich beweglicher Sachen und Forderungen in § 166 das Verwertungsrecht dem Insolvenzverwalter zugewiesen mit der Maßgabe, dass dem Gläubiger der Verwertungserlös nur abzüglich des Kostenbeitrages iSv § 171 zusteht. Allerdings besteht ein **Recht zur Selbstverwertung** auch im Insolvenzverfahren, wenn der Gläubiger im Besitz der Pfandsache ist (§§ 166, 173). Soweit ein Selbstverwertungsrecht besteht, kann der Gläubiger die Pfandsache nach den Regeln über den Pfandverkauf nach den §§ 1234 ff BGB veräußern und Befriedigung aus dem Erlös suchen (§ 1247 BGB). Ein Überschuss ist an den Insolvenzverwalter abzuführen (*Gottwald/Gottwald* InsRHdb § 42 Rn 1).

1a

Im gestaltenden Teil des **Insolvenzplans** kann auch in Rechte der Absonderungsberechtigten eingegriffen werden (§§ 217, 223 Abs 2). Hierbei ist gem §§ 221, 223 Abs 2 für Absonderungsrechte anzugeben, welchen sonstigen Regelungen und Einschränkungen sie unterworfen werden sollen. Da der Insolvenzplan entweder vom Verwalter oder vom Schuldner bzw Schuldnerunternehmen aufgestellt wird, können die Absonderungsberechtigten zunächst nicht verhindern, dass der Plan rechtsverkürzende Regelungen vorsieht (KS-*Braun* S 1137, 1146 Rn 23). Die absonderungsberechtigten Gläubiger haben erst im Erörterungs- und Abstimmungstermin die Möglichkeit, auf die Plangestaltung Einfluss zu nehmen. Die Ablehnung des Insolvenzplans durch die Mehrheit der Absonderungsberechtigten unterliegt allerdings dem Obstruktionsverbot des § 245 (§ 245 Rn 2). Eine Beeinträchtigung des Absonderungsrechts nach § 264 durch einen Vorrang sogenannter **„Planfonds-Kredite"** ist abzulehnen (Einzelheiten bei KS-*Braun* S 1150 ff Rn 34 ff). Die Rückstufung von Insolvenzgläubigern in § 264 Abs 1 S 1 erfasst zwar die persönliche Forderung, nicht dagegen Absonderungsrechte.

1b

Der Gesetzgeber der InsO hat die Unterscheidung zwischen der abgesonderten Befriedigung aus unbeweglichem Vermögen (§ 49) und beweglichem Vermögen (§§ 50, 51) beibehalten. Die Regelung in § 49 entspricht weitgehend der früheren konkursrechtlichen Regelung in § 47 KO. Allerdings werden durch § 49 InsO die Absonderungsberechtigten als „Gläubiger" angesprochen, was Grundlage ihrer Beteiligung im Gläubigerausschuss, in der Gläubigerversammlung und bei der Aufstellung eines Insolvenzplans ist (Jaeger/*Henckel* § 49 Rn 1). Die Differenzierung zwischen Absonderungsrechten an unbeweglichem und beweglichem Vermögen entspricht der Unterscheidung in der Einzelzwangsvollstreckung. § 49 beantwortet die Frage, wer zur abgesonderten Befriedigung aus unbeweglichem Schuldnervermögen berechtigt ist, durch eine Verweisung auf die §§ 864, 865 ZPO iVm §§ 93 ff, 1120 ff, 1165 BGB. Welchen Inhalt das Absonderungsrecht hat und in welcher Rangfolge die Befriedigung stattfindet, ist in den §§ 10–14 ZVG geregelt (vgl *Gottwald/Gottwald* InsRHdb § 42 Rn 5; *Andersen/Freihalter* Aus- und Absonderungsrechte Rn 414, 415). Für die Zwangsverwaltung gelten ergänzend die §§ 152, 153 und 155 ZVG. Eine Besonderheit folgt aus § 165: Neben dem Absonderungsberechtigten ist auch der Insolvenzverwalter berechtigt, die Zwangsversteigerung oder Zwangsverwaltung zu betreiben. Die **Insolvenzverwertung** von unbeweglichen Gegenständen des Schuldnervermögens ist in den §§ 172 ff ZVG geregelt und von der **Vollstreckungsverwertung** des Absonderungsberechtigten nach § 49 zu unterscheiden. Wie nach früherem Recht kann der Gläubiger, dem ein Recht auf Befriedigung aus einem Grundstück oder anderen unbeweglichen Gegenständen zusteht, auch noch nach Eröffnung des Insolvenzverfahrens Befriedigung im Wege der Zwangsversteigerung oder Zwangsverwaltung erlangen, was praktisch der Zulässigkeit einer Einzelzwangsvollstreckung gleichkommt. Anders als der Insolvenzverwalter, der im eröffneten Verfahren berechtigt ist, gem § 160 Abs 2 Nr 1 mit Zustimmung des Gläubigerausschusses oder der Gläubigerversammlung einen massezugehörigen unbeweglichen Gegenstand **freihändig zu verkaufen**, ist der absonderungsberechtigte Gläubiger allerdings ausschließlich auf das gerichtliche Verfahren verwiesen. Im Regie-

1c

rungsentwurf (§ 56 RegE) war ursprünglich vorgesehen, dass das Insolvenzgericht zur einstweiligen Einstellung der Zwangsversteigerung und Zwangsverwaltung berechtigt war. Auf Veranlassung des Rechtsausschusses sind jedoch die Vorschriften der §§ 187–190 ZVG nicht Gesetz geworden und ist die einstweilige Einstellung in die **Zuständigkeit des Vollstreckungsgerichts** (Zwangsversteigerungsgerichts) zurückverlagert worden (vgl *Uhlenbruck*, Das neue Insolvenzrecht, S 895; *Niesert* InVo 1998, 143). Die durch Art 20 Nr 4 EGInsO erfolgte Einfügung des § 30 d ZVG hat den wesentlichen Inhalt des früheren § 187 RegE übernommen (vgl *Uhlenbruck*, Das neue Insolvenzrecht, S 899 f).

2 **2. Unterschied zur Aussonderung.** Die Absonderung ist von der Aussonderung deutlich zu unterscheiden. Mit dem Aussonderungsrecht wird die Nichtzugehörigkeit eines Gegenstandes zur Insolvenzmasse (§ 35) geltend gemacht. Das Absonderungsrecht gewährt dagegen dem Gläubiger lediglich die **vorzugsweise Befriedigung aus einem zur Masse gehörigen Gegenstand.** Absonderungsrechte sind letztlich nichts anderes als „insolvenzfeste Vorzugsrechte an haftungsrechtlich der Insolvenzmasse zugeordneten Gegenständen" (*Häsemeyer* InsR Rn 18.03). Im Gegensatz zum früheren Recht ist jedoch der Anspruch lediglich auf den Erlös gerichtet, weil und soweit der Insolvenzverwalter nach den §§ 165, 166 zur Verwertung des Sicherungsguts berechtigt ist und gem § 170 Abs 1 S 2 nach Abzug des Kostenbeitrags (§ 171) den Verwertungserlös unverzüglich an den absonderungsberechtigten Gläubiger auszuzahlen hat.

3 **3. Haftung des Insolvenzschuldners. a) Persönliche Haftung.** Auch einem persönlichen Gläubiger ist der Zugriff auf das unbewegliche Vermögen des Schuldners bzw Schuldnerunternehmens nicht schlechthin verwehrt (*Smid/Depré* § 49 Rn 17). Der persönliche Gläubiger ist nicht gezwungen, zunächst nach den §§ 866 Abs 1, 867 ZPO die Eintragung einer Zwangshypothek zu bewirken. Vielmehr ist er berechtigt, die Zwangsversteigerung oder Zwangsverwaltung mit einem vollstreckbaren Zahlungstitel zu betreiben (*Eickmann*, Zwangsversteigerungs- und Zwangsverwaltungsrecht 2004 § 4 I 1; *Smid/Depré* § 49 Rn 17). Die Beschlagnahme tritt zugunsten des Gläubigers ein, der die Beschlagnahmeanordnung bewirkt hat (betreibender Gläubiger). Der wegen eines persönlichen Anspruchs betreibende Gläubiger erwirbt ein Recht auf Befriedigung aus dem Grundstück (§ 10 Abs 1 Nr 5 ZVG) als prozessualen Anspruch, nicht aber ein Pfandrecht oder ein sonstiges dingliches Recht (*Stöber* § 20 ZVG Rn 2.2). Anders, wenn der persönliche Gläubiger die Eintragung einer Zwangshypothek nach den §§ 866 Abs 1, 867 f ZPO betreibt. Im Hinblick auf § 89 Abs 1 muss die Beschlagnahme und damit das Befriedigungsrecht iSv § 10 Abs 1 Nr 5 ZVG allerdings vor Verfahrenseröffnung erlangt worden sein (K/P/B/*Prütting* § 49 Rn 21). Zusätzlich ist die Rückschlagsperre des § 88 zu beachten, so dass letztlich ein persönlicher Gläubiger die Zwangsversteigerung nach Insolvenzeröffnung nur betreiben kann, wenn das Grundstück zu seinen Gunsten schon einen Monat vor Eröffnung des Insolvenzverfahrens beschlagnahmt worden ist, denn nur in diesem Fall hat er – vorbehaltlich der Insolvenzanfechtung nach den §§ 129 ff – ein insolvenzfestes Recht auf Befriedigung aus dem Grundstück erworben (*Vallender* Rpfleger 1997, 353, 354; *Gottwald/Gottwald* InsRHdb § 42 Rn 76). Die Beschlagnahme des Grundstücks ist dagegen nicht schon deswegen unwirksam, weil das Insolvenzgericht im Eröffnungsverfahren ein allgemeines Verfügungsverbot nach § 21 Abs 2 Nr 2 gegen den Schuldner bzw das Schuldner unternehmen verhängt hat. Auch ist das Insolvenzgericht kraft ausdrücklicher gesetzlicher Regelung in § 21 Abs 2 Nr 3 nicht berechtigt, die Zwangsversteigerung oder Zwangsverwaltung einstweilen einzustellen oder zu untersagen. In diesen Fällen bringt aber eine Vollstreckung des persönlichen Gläubigers nichts, denn ein hierdurch erlangtes Absonderungsrecht unterläge jedenfalls der Anfechtung nach den §§ 129 ff.

4 **b) Dingliche Haftung.** Bildet der Gegenstand der Absonderung eine unbewegliche Sache, ein grundstücksgleiches Recht, wie zB das Erbbaurecht (§ 1017 BGB, § 11 ErbbauVO), das Wohnungseigentum (§ 1 WEG), das Wohnungserbbaurecht (§ 30 WEG), im Schiffsregister eingetragene Schiffe, ein im Schiffsbauregister eingetragenes Schiffbauwerk, im Bau befindliche oder fertig gestellte Schwimmdocks, in die Luftfahrzeugrolle eingetragene Luftfahrzeuge (§§ 1, 3 des Luftverkehrsgesetzes, §§ 98, 99 LuftFzgG), so finden für die Zwangsvollstreckung die Vorschriften der §§ 869, 870, 870 a ZPO, §§ 1147, 1192, 1199 BGB, § 47 SchRG, § 47 LuftFzgG iVm den Bestimmungen des Gesetzes über die Zwangsversteigerung und Zwangsverwaltung Anwendung. **Grundpfandrechte und Reallasten** (§§ 1105, 1113, 1191, 1199 BGB) verschaffen als dingliche Rechte dem Inhaber im Fall der Eröffnung eines Insolvenzverfahrens ein Absonderungsrecht, ohne dass es darauf ankommt, ob die Beschlagnahme zugunsten des dinglichen Gläubigers noch vor der Eröffnung des Insolvenzverfahrens erfolgt ist oder später (§ 49). Zwingende Voraussetzung für das Bestehen eines Absonderungsrechts ist jedoch, dass das dingliche Recht wirksam entstanden ist. Dabei sind die Vorschriften der §§ 81 Abs 1, 91 zu beachten (*Smid/Depré* § 49 Rn 12–14). Auch kann der Insolvenzverwalter dem Absonderungsbegehren die Einrede des anfechtbaren Erwerbs entgegenhalten (K/P/B/*Jacoby* § 143 Rn 13).

5 **4. Entstehung des Absonderungsrechts.** Das Recht zur Absonderung ist die insolvenzrechtliche Wirkung eines materiellen Rechts des Gläubigers. Ob ein bestimmtes materielles Recht in der Insolvenz dem Berechtigten ein Absonderungsrecht verschafft, bemisst sich nicht nach der vertraglichen Vereinba-

I. Allgemeines zur Absonderung nach §§ 49–52 § 49

rung der Parteien, sondern nach dem Gesetz. Hier zeigt sich der numerus clausus der dinglichen Rechte. Allerdings hat die Wirtschaft mit Sanktionierung der Rechtsprechung einen Katalog von Sicherungsrechten entwickelt, denen das Gesetz Absonderungscharakter zubilligt. Im Grundsatz obliegt aber die Schaffung neuer Absonderungsrechte dem Gesetzgeber (RGZ 137, 111; **BGH** WM 1968, 242, 246 f; *Kilger/K. Schmidt* § 47 KO Anm 1). Deshalb ist nach geltendem Recht eine **vertragliche Kontensperre** zugunsten eines Gläubigers ebenso wenig insolvenzfest wie eine sogen **Negativklausel**, durch die sich der Schuldner ggü einem Gläubiger verpflichtet, an seinem Vermögen keine weiteren Sicherungsrechte zu bestellen (vgl **BGH** KTS 1986, 477 = NJW-RR 1986, 848; *Gottwald/Gottwald* InsRHdb § 42 Rn 2).

a) **Entstehungszeitpunkt.** Das zur Absonderung berechtigende materiellen Recht muss grundsätzlich 6 bereits zum Zeitpunkt der Verfahrenseröffnung wirksam begründet sein (§ 91 Abs 1; eingehend zur zeitlichen Begrenzung MüKo-*Ganter* § 49 bis 52 Rn 17 ff). Bei Erlass eines allgemeinen Verfügungsverbots nach § 21 Abs 2 Nr 2 ist der Zeitpunkt des Erlasses maßgeblich (*Mitlehner*, Mobiliarsicherheiten Rn 449). Auch der Schuldner kann gem § 81 Abs 1 nach Eröffnung des Insolvenzverfahrens oder nach Erlass eines allgemeinen Verfügungsverbots wegen der §§ 24 Abs 1, 81 Abs 1 kein Absonderungsrecht mehr begründen. Eine Ausnahme, die jedoch wegen der Eintragung des Sperrvermerks im Grundbuch kaum praktisch werden dürfte, sieht § 81 Abs 1 für den guten Glauben nach Maßgabe der §§ 892, 893 BGB, §§ 16, 17 SchRG und §§ 16, 17 LuftFzgG vor. Größere praktische Bedeutung hat dagegen § 91 Abs 2, wonach die Vorschriften der §§ 878, 892, 893 BGB, §§ 3 Abs 3, 16, 17 SchRG, §§ 5 Abs 3, 16, 17 LuftFzgG unberührt bleiben. Der Erwerb eines Grundpfandrechts ist daher nach §§ 878 BGB, 91 Abs 2 InsO wirksam, wenn bei Eröffnung des Insolvenzverfahrens die **Einigung bereits bindend** geworden und der Eintragungsantrag beim Grundbuchamt gestellt worden ist. Auch kann gutgläubig nach Verfahrenseröffnung noch ein Grundpfandrecht und damit ein Absonderungsrecht nach den §§ 892, 893 BGB erworben werden. Gleiches gilt, wenn zur Sicherung des Anspruchs bereits eine **Vormerkung** im Grundbuch eingetragen worden war (§ 106). Bei der sicherungsweisen Übertragung eines Rechts, die vor Verfahrenseröffnung oder Anordnung eines Verfügungsverbots unbedingt erfolgt, schadet es dabei nicht, dass der Sicherungsfall erst nach Verfahrenseröffnung eintritt (**BGH** v 13. 3. 2008 – IX ZR 14/07, NJW-RR 2008, 1007 = ZIP 2008, 371 = EWiR 2008, 599 [*Weiß*]) § 91 steht nicht entgegen, da der Gläubiger bereits vor Verfahrenseröffnung das Recht erworben hat. Zugunsten der **Massegläubiger** kann auch während des Verfahrens unter den einengenden Voraussetzungen der §§ 90, 210 ein Absonderungsrecht entstehen (vgl auch *Smid/Depré* § 49 Rn 19). Das Absonderungsrecht erfasst auch **Nebenforderungen**, die nach Verfahrenseröffnung entstehen, wie zB im Laufe des Insolvenzverfahrens anfallende Zinsen und Kosten (**BGH** v 17. 7. 2008 – IX ZR 132/07, NJW 2008, 3064 = ZIP 2008, 1539; **BGH** v 16. 10. 2008 – IX ZR 46/08, ZIP 2008, 2276; BGHZ 134, 195, 197; **OLG** Köln NZI 2007, 528 = ZIP 2007, 1614; *Gottwald/Gottwald* InsRHdb § 42 Rn 4). Daran ändert auch nichts die Tatsache, dass die während des Verfahrens anfallenden Zinsen gem § 39 Abs 1 Nr 1 nur nachrangige Insolvenzforderungen sind. Die Regelung in § 169 S 1 lässt nicht etwa den Schluss zu, dass für die gesicherten Forderungen für die Zeit bis zum Berichtstermin diese Zinsen von der dinglichen Haftung ausgeschlossen sind (vgl *A. Funk*, Die Sicherungsübereignung in Einzelzwangsvollstreckung und Insolvenz, 1998, S 90 f). Vielmehr verdrängen die §§ 49 ff den § 39 insoweit (MüKo-*Ganter* Vor §§ 49 bis 52 Rn 59 b).

b) **Inhaberwechsel.** Geht die dem Absonderungsrecht zugrunde liegende Forderung auf einen neuen 7 Gläubiger durch Abtretung oder kraft Gesetzes über, so gehen akzessorische Sicherungsrechte kraft Gesetzes mit über, so dass der neue Gläubiger zur Absonderung berechtigt ist (§§ 401, 412, 774, 1153 BGB; RGZ 55, 161). Falls das Absonderungsrecht aus einer Sicherungsübereignung hergeleitet wird – es sich also um ein abstraktes Sicherungsrecht handelt –, erlangt der Zessionar nicht schon mit der Forderungsabtretung das Sicherungseigentum, sondern in entsprechender Anwendung der §§ 401, 412 BGB nur den Anspruch auf Übertragung des Sicherungseigentums (RGZ 91, 280; **BGH** v 15. 6. 1964, BGHZ 42, 53, 56, 57). Der Zessionar muss sich also, um das Absonderungsrecht aus den sicherungsübereigneten Gegenständen geltend machen zu können, von dem Zedenten das fiduziarische Eigentum übertragen lassen.

c) **Konkurrierende Absonderungsrechte.** Mehrere Absonderungsrechte können im Einzelfall konkurrieren. Zwei Gläubiger, die beide ein Absonderungsrecht hinsichtlich desselben Gegenstands haben, müssen notwendigerweise in einem bestimmten Rangverhältnis stehen (**BGH** KTS 1981, 193 f; **BGH** v 12. 2. 1992, BGHZ 117, 200 = NJW 1992, 1156; vgl auch *Nicolai* JZ 1996, 219). Aus dem notwendigen Rangverhältnis (u Rn 9 b) ergibt sich, in welcher Reihenfolge die Inhaber der Rechte zur Befriedigung aus dem Gegenstand berechtigt sind. Zur Kollision von Sicherungsrechten vgl auch *Mitlehner*, Mobiliarsicherheiten, Rn 241 ff.

d) **Konkurrenz zwischen Insolvenzverwaltung und Zwangsversteigerung/Zwangsverwaltung.** Bei 9 Immobiliarsicherheiten kann im Einzelfall die Insolvenzverwaltung mit einer Zwangsversteigerung oder Zwangsverwaltung zusammentreffen, oben Rn 1 a. So ist zB der Insolvenzverwalter gem § 165 berechtigt, die Zwangsversteigerung oder Zwangsverwaltung eines unbeweglichen Gegenstandes der Insolvenzmasse zu betreiben, auch wenn an dem Gegenstand ein Absonderungsrecht besteht (Verwaltervollstreckung). Gleichzeitig räumt § 49 dem absonderungsberechtigten Gläubiger ebenfalls ein Recht auf abgesonderte Befriedigung nach Maßgabe des ZVG ein. Verzichtet der Insolvenzverwalter auf die Verwertung eines Grundstücks im Wege der Zwangsversteigerung, weil er sich von einer freihändigen Veräußerung mehr verspricht, ist der absonderungsberechtigte Gläubiger nicht gehindert, die Zwangsverwertung nach dem ZVG zu betreiben. Die Immobiliarvollstreckung wird vom Grundsatz der Selbstständigkeit der Einzelverfahren beherrscht (*Eickmann* ZIP 1986, 1517, 1518). Deshalb ist, wenn ein persönlicher Gläubiger die Zwangsversteigerung oder Zwangsverwaltung betreibt, in jedem Einzelfall zu prüfen, ob die Beschlagnahme zu seinen Gunsten (Anordnung oder Beitritt) auch im eröffneten Verfahren Bestand hat (*Smid/Depré* § 49 Rn 25). Zu beachten sind insoweit die §§ 88, 89 Abs 1. Ist das Insolvenzverfahren eröffnet, können nur noch Massegläubiger im Rahmen der §§ 90, 210 sowie dingliche Gläubiger und sonstige Absonderungsberechtigte die Immobiliarvollstreckung betreiben. Für die übrigen Gläubiger greift § 87 ein.

9a e) **Wirkungen einer Freigabe.** In Folge einer wirksamen Freigabe eines Massegegenstands (§ 35 Rn 23 ff), an dem ein Recht auf Immobiliarabsonderung besteht, entfällt das insolvenzrechtliche Absonderungsrecht, und es finden die allgemeinen Vorschriften über die Zwangsvollstreckung in Grundstücke Anwendung (zur Freigabe *d'Avoine* NZI 2008, 17; *Pape* ZInsO 2008, 465, 470; *Tetzlaff* ZInsO 2004, 521, 524).

9b **5. Der Rang der Absonderungsrechte.** Der Rang der Absonderungsrechte bestimmt sich nach dem **Prioritätsgrundsatz.** Das ältere Recht geht dem jüngeren Recht vor (vgl §§ 879, 1209 BGB; § 804 Abs 3 ZPO; § 10 ZVG). Zu beachten ist aber, dass das Absonderungsrecht des Fiskus Vorrang vor sonstigen Absonderungsrechten hat (§ 51 Nr 4). Dies entspricht § 76 Abs 2 AO, wonach die Sachhaftung bereits mit der Herstellung der steuerpflichtigen Ware oder mit der Einfuhr eintritt. Allerdings hat der Fiskus keinen Vorrang vor Schiffsgläubigerrechten (§ 761 S 2 HGB). Vgl auch *Gottwald/Gottwald* InsRHdb § 42 Rn 58; MüKo-*Ganter* §§ 49–52 Rn 73–78 u § 50 Rn 81; K/P/B/*Prütting* § 51 Rn 22; *Andersen/Freihalter*, Aus- und Absonderungsrechte Rn 583–599. Treffen Vertrags- und Pfändungspfandrecht zusammen, gilt der Grundsatz der Zeitfolge. Dies gilt in Abweichung von RGZ 84, 395, 397 auch dann, wenn ein Vertragspfandrecht an dem Miterbenanteil des Schuldners mit einem später entstandenen Pfändungspfandrecht konkurriert (**BGH** v 12. 5. 1969, KTS 1970, 192, 195). Einschränkungen gelten allerdings insoweit für das **AGB-Pfandrecht der Banken und Sparkassen:** Ab dem Moment der Pfändung des Auszahlungsanspruchs stehen Forderungen aus Neugeschäften zur Befriedigung des Pfändungsgläubigers zur Verfügung, obwohl das AGB-Pfandrecht der Bank älter ist (**BGH** v 13. 5. 1997, NJW 1997, 2322, 2322 = ZIP 1997, 1231). Bei der **Pfändung von künftigen Lohnforderungen** ist § 114 Abs 3 zu berücksichtigen (*Mitlehner* NZI 2008, 724). Die Unwirksamkeit der Pfändung wirkt auch zugunsten eines (zeitlich späteren) Zessionars der Lohnforderung (**BGH** v 12. 10. 2006 – IX ZR 109/05, NJW 2007, 81 = ZIP 2006, 2276). Die zunächst relativ unwirksame Abtretung erlangt somit nach dem in § 114 Abs 3 bezeichneten Zeitpunkt Wirksamkeit. Zur Kollision von **Vermieterpfandrecht** und Sicherungsübereignung s § 50 Rn 24.

9c **6. Ersatzabsonderung.** Hinsichtlich der Zulässigkeit einer Ersatzabsonderung hat sich gegenüber dem früheren Recht nichts geändert. Vereiteln der Insolvenzschuldner oder der Insolvenzverwalter ein Absonderungsrecht, so gelten in analoger Anwendung des § 48 die Regeln über die Ersatzaussonderung (**BGH** v 19. 3. 1998, ZIP 1998, 793, 797 = NJW 1998, 2596; **BGH** v 4. 12. 2003 – IX ZR 222/02, ZIP 2004, 326 = EWiR 2004 [*Pape*]; K/P/B/*Prütting* § 48 Rn 26, 27; HK-*Lohmann* § 48 Rn 17, 13; für das alte Recht vgl **BGH** v 10. 3. 1967, BGHZ 47, 181). Praktische Bedeutung gewinnt das Ersatzabsonderungsrecht insbesondere bei der Veräußerung von Sicherungs- oder Vorbehaltsgut sowie bei der Veräußerung von Grundstückszubehör, das für Grundpfandrechte mit haftet (§§ 866 ZPO, 1120 ff BGB). Einzelheiten zur Ersatzabsonderung siehe § 48 Rn 30.

II. Gegenstand der Absonderung im Immobiliarvermögen, § 49

10 Welche Gegenstände der Immobiliarabsonderung unterliegen, richtet sich gem § 49 nach den für die Einzelzwangsvollstreckung geltenden Vorschriften. Insofern verweist § 49 auf §§ 864, 865 ZPO iVm §§ 93 ff, 1120 ff, 1165 BGB.

11 **1. Grundstücke.** Grundstück im Rechtssinne ist ein von einer in sich zurücklaufenden Grenzlinie umschlossener Abschnitt der Erdoberfläche, der im Grundbuch als rechtliche Einheit auf einem besonderen Grundbuchblatt allein oder auf einem gemeinschaftlichen Grundbuchblatt im Bestandsverzeichnis unter einer besonderen Nummer eingetragen ist (*Stöber* ZVG Einleitung Rn 11.1). Ein Bruchteil an einem Grundstück ist kein selbständiges Grundstück. Die Zwangsvollstreckung in den Bruchteil eines Grundstücks ist nur zulässig, wenn der Bruchteil in dem Anteil eines Miteigentümers besteht oder wenn sich der Anspruch des Gläubigers auf ein Recht gründet, mit dem der Bruchteil als solcher belastet ist (§ 864 Abs 2 ZPO). Das Absonderungsrecht erstreckt sich auf nicht sonderrechtsfähige wesentliche Grundstücksbestandteile (§§ 93, 94 BGB).

2. Grundstücksgleiche Rechte. Gegenstand der abgesonderten Befriedigung sind auch grundstücks- 12
gleiche Rechte (§§ 864, 870 ZPO), wie zB das **Erbbaurecht** (§ 11 ErbbauRG), **Wohnungs- und Teileigentum** sowie Wohnungs- und Teilerbbaurechte nach dem WoEigG, **bergrechtliche Berechtigungen** aufgrund des Bundesberggesetzes v 18. 8. 1980 (BGBl I, 1310), also das Bergwerkseigentum (§ 9 BBergG), das aufrechterhaltene Bergwerkseigentum (§§ 149 Abs 1 Nr 1, 151 BBerG), sowie dingliche Gerechtigkeiten zum Aufsuchen oder zur Gewinnung von Bodenschätzen (§§ 149 Abs 1 Nr 5, 156 BBergG).

3. Der Haftungsverband bei Grundstücken. a) Die Haftung von getrennten Erzeugnissen, wesent- 13
lichen Bestandteilen und Zubehör. Zubehör wird gemäß § 1120 BGB von der Hypothek oder Grundschuld nur ergriffen, soweit es in das Eigentum des Grundstückseigentümers gelangt ist, also nicht etwa Inventar des Pächters ist. Die Hypothek oder Grundschuld erstreckt sich, wenn der Grundstückseigentümer Zubehör des Grundstücks unter Eigentumsvorbehalt gekauft hat, auf das **Anwartschaftsrecht** (BGH v 10. 4. 1961, BGHZ 95, 85 = NJW 1961, 1349; BGH v 10. 10. 1984, ZIP 1984, 1456 = NJW 1985, 376, 386; *Gottwald/Gottwald* InsRHdb § 42 Rn 9; K/P/B /*Prütting* § 49 Rn 11; *Smid/Depré* § 49 Rn 35). Unternehmenszubehör wird nur dann Grundstückszubehör, wenn das Betriebsgrundstück die Hauptsache im Verhältnis zum Betriebsinventar bildet (BGHZ 85, 234 = NJW 1983, 746). Bei einem Speditionsunternehmen ist der Kraftfahrzeugpark nicht Zubehör des Grundstückes, von dem aus das Unternehmen geführt wird, da der Fuhrpark insoweit keine dienende Funktion besitzt (BGH v 2. 11. 1982, BGHZ 85, 234 = NJW 1983, 746 = ZIP 1983, 148). Ebenfalls dem Haftungsverband des Grundpfandrechts zugewiesen sind durch § 1120 BGB sonstige Bestandteile, sowie **vom Grundstück getrennte Erzeugnisse.** Das Recht des Pächters auf den Fruchtgenuss wird von der Beschlagnahme der Liegenschaftsvollstreckung nicht berührt (§ 21 Abs 3 ZVG). Der Fruchterwerb ist dem Pächter durch die Bestimmungen der §§ 1120, 956 BGB gesichert. Mit dem Erwerb durch den Pächter (Gleiches gilt für den Nießbraucher) werden die Erzeugnisse von der Hypothekenhaftung frei.

b) **Mithaftung von Miet- oder Pachtforderungen.** Nach § 865 Abs 1 ZPO, § 1123 BGB unterliegen 13a
auch Miet- und Pachtzinsforderungen der Immobiliarvollstreckung. Die Beschlagnahme des Grundstücks erfasst damit auch die innerhalb des letzten Jahres fällig gewordenen Miet- und Pachtzinsforderungen. Str ist allerdings, ob die Beschlagnahme Voraussetzung dafür ist, dass die Forderungen in den Haftungsverband fallen, ob also die grundpfandrechtliche Haftung insoweit erst durch die Beschlagnahme hergestellt wird. Nach neuerer Auffassung des **BGH** ist die Beschlagnahme aufgrund des dinglichen Anspruchs des Grundpfandgläubigers nicht Voraussetzung für das Entstehen des Absonderungsrechts (**BGH** v 9. 11. 06 – IX ZR 133/05, NZI 2007, 98, 99 = ZIP 2007, 35; str aA *Mitlehner* ZIP 2007, 804. Siehe hierzu auch *Ganter* ZInsO 2007, 842, 848). Allerdings kann der Grundpfandgläubiger nur im Wege der Zwangsverwaltung auf die mithaftenden Nutzungsüberlassungsansprüche zugreifen (BGHZ 168, 339 v 13. 7. 2006 – IX ZB 301/04, NJW 2006, 3356 = ZIP 2006, 1554 = EWiR 2007, 281 [*Freudenberg*]). Für die Durchsetzung der Haftung bedarf es insofern doch der Beschlagnahme. Eine Pfändung im Wege der Einzelzwangsvollstreckung durch den grundpfandrechtlich gesicherten Gläubiger ist nach Eröffnung des Insolvenzverfahrens unzulässig (**BGH** 3. 7. 06 – IX ZB 301/04, BGHZ 168, 339; AG Hamburg ZIP 2005, 1801). Ihr steht § 89 Abs 1 InsO entgegen, da der Grundpfandgläubiger insoweit nicht als persönlicher Gläubiger auf die Mietzinsansprüche zugreift (MüKo-*Ganter* § 49 Rn 28, 86).

c) **Enthaftung von Erzeugnissen, Bestandteilen, Zubehör eines Grundstücks und Miete oder Pacht.** 14
Handelt es sich um nicht wesentliche Bestandteile, Erzeugnisse und Zubehör (§ 1120 BGB), ist eine Enthaftung möglich (vgl *Smid/Depré* § 49 Rn 36; N/R/*Andres* § 49 Rn 8, 9; K/P/B/*Prütting* § 49 Rn 12). In der Praxis hat die **Enthaftung von Grundstückszubehör** erhebliche Bedeutung, weil angesichts der Ausweitung des Zubehörbegriffs (§ 97 BGB) durch die Rechtsprechung das Grundstückszubehör oftmals einen wesentlichen Teil des Grundstückswerts ausmacht. Eine Enthaftung von Erzeugnissen, getrennten Bestandteilen oder Zubehör nach den §§ 1121 Abs 1, 1122 BGB erfolgt durch die Entfernung vom Grundstück nach Veräußerung, aber noch vor der Beschlagnahme des Grundstücks (BFH NJW 1979, 2514). Liegen die Voraussetzungen des § 48 vor entsteht dem Grundpfandgläubiger ein Ersatzabsonderungsanspruch analog § 48. Vor der Beschlagnahme oder nach dem Antrag auf Zwangsversteigerung durch den Insolvenzverwalter (§§ 172, 173 ZVG) ist der Insolvenzverwalter berechtigt, das Grundstück mit Zustimmung des Gläubigerausschusses (§ 160 Abs 2 Nr 1) freihändig zu veräußern. Die Mithaftung des Zubehörs wird durch die Verwertung nicht berührt (*Häsemeyer* InsR Rn 18.09). Erfolgt die Veräußerung und Entfernung von Erzeugnissen, Bestandteilen oder Zubehörstücken vom Grundstück **vor der Beschlagnahme**, so werden diese gem § 1121 Abs 1 BGB von der Haftung frei. Die Haftung von Grundstückszubehör endet auch ohne Veräußerung, wenn die Erzeugnisse oder Bestandteile innerhalb der **Grenzen einer ordnungsmäßigen Wirtschaft** vom Grundstück vor der Beschlagnahme getrennt werden (§ 1122 Abs 2 BGB). Erfolgt dagegen die **Trennung nach der Beschlagnahme und der Veräußerung**, bleibt die Haftung bestehen (§ 1121 Abs 2 BGB) – für ein Ersatzabsonderungsrecht analog § 48 ist daher kein Raum. Die Haftung entfällt nicht schon, weil der Erwerber beim Erwerb hinsichtlich der Grundpfandrechtshaftung gutgläubig war (§ 1121 Abs 2 S 1 BGB). Jedoch kann im Einzelfall die Haftung erlöschen, wenn der Erwerber bezüglich der Beschlagnahme

gutgläubig war (§ 1121 Abs 2 S 2 BGB). Gegen den guten Glauben spricht idR § 23 Abs 2 S 2 ZVG, wonach die Beschlagnahme mit Eintragung des Zwangsversteigerungsvermerks im Grundbuch als bekannt gilt (K/P/B/*Prütting* § 49 Rn 12).

15 Veräußert der Insolvenzverwalter Erzeugnisse, wesentliche Bestandteile oder Zubehör außerhalb der Grenzen einer ordnungsgemäßen Wirtschaft, macht er sich nach § 823 Abs 1 u 2 BGB iVm §§ 1134, 1135 BGB gegenüber den Grundpfandgläubigern ersatzpflichtig. Der Schadenersatzanspruch ist Masseschuld iSv § 55 Abs 1 Nr 1 u 3 (BGHZ 60, 267, 270 = NJW 1973, 997; *Jaeger/Henckel* § 49 Rn 48; *Jauernig* § 1122 BGB Rn 15; *Gottwald/Gottwald* InsRHdb § 42 Rn 11; MüKoBGB-*Eickmann* § 1121 BGB Rn 16).

16 Nach **Auffassung des BGH** (BGHZ 92, 280 = NJW 1985, 376 = ZIP 1984, 1456) wird ein Zubehörgegenstand auch dann enthaftet, wenn das **Anwartschaftsrecht** des Vorbehaltskäufers im gegenseitigen Einvernehmen **aufgehoben** wird und der Lieferant der finanzierenden Bank gleichzeitig das Sicherungseigentum an dem Zubehör überträgt. Diese Lösung hält *Gottwald* (*Gottwald*/Gottwald InsRHdb § 42 Rn 9) mit Recht für zweifelhaft. Seiner Ansicht nach liegt es näher, „eine Enthaftung nur bei Zustimmung des Grundpfandgläubigers analog § 1276 BGB anzunehmen" (vgl auch *Jauernig* § 929 BGB Rn 63; *Bülow*, Rechte der Kreditsicherheiten Rn 102 f; *Marotzke* AcP 1986, 491; *Palandt/Bassenge* § 1276 BGB Rn 5). Eingehend zum Eigentumsanwartschaftsrecht im Haftungsverband und teilweise kritisch zur Rechtsprechung des **BGH** W. *Gerhardt*, Grundpfandrechte S 36 ff; *Kollhosser* JZ 1985, 370 ff; *Reinecke* JuS 1986, 957 ff; *Marotzke* AcP 186 (1986), 490; *Wilhelm* NJW 1987, 1785; *Tiedtke* NJW 1988, 28. Ist das Zubehör Eigentum des Schuldners geworden und wird es **einem Dritten zur Sicherheit übereignet**, bleibt die Haftung für Grundpfandrechte fortbestehen. Die Haftung erlischt erst mit der Entfernung vom Grundstück nach der Veräußerung und vor der Beschlagnahme des Grundstücks (**BGH NJW 1979, 2514**; *Gottwald/Gottwald* InsRHdb § 42 Rn 10). Der Fortfall der Zubehöreigenschaft kann auch durch „**Entwidmung**" eintreten (vgl W. *Gerhardt*, Grundpfandrechte S 21). Die Entwidmung richtet sich nach § 97 BGB. Danach setzt die Zubehöreigenschaft voraus, dass die beweglichen Sachen nicht nur für eine vorübergehende Zeit dem wirtschaftlichen Zweck der Hauptsache zu dienen bestimmt sind. Maßgeblich ist insoweit der Wille des tatsächlichen Benutzers der Hauptsache. Instruktiv insoweit das Kirchenglocken-Beispiel **BGH JR 1985, 102** m krit Anm *Gerhardt*. Zutreffend weist *Gerhardt* (Grundpfandrechte S 22) darauf hin, dass richtigerweise darauf hätte abgestellt werden müssen, dass die Zubehöreigenschaft der Kirchenglocke mit dem Wegfall ihrer Voraussetzungen entfallen war, nämlich mit der Entwidmung der Kapelle. Mit der Entwidmung der Hauptsache entfalle die Zugehörigkeit automatisch. Die **Betriebsstilllegung** führt dagegen nicht ohne weiteres zur Enthaftung des Zubehörs (**BGH NJW 1996, 835, 836; BGHZ 56, 298 = NJW 1971, 1701**; *Gottwald/Gottwald* InsRHdb § 42 Rn 11). Zutreffend hat der **BGH** (BGHZ 56, 298, 299; BGHZ 60, 267, 269) darauf hingewiesen, dass eine Enthaftung durch Betriebsstilllegung und eine dadurch bewirkte Aufhebung der Zubehöreigenschaft nur „innerhalb der Grenzen einer ordnungsmäßigen Wirtschaft" nach § 1122 Abs 2 BGB in Betracht kommt (so auch W. *Gerhardt*, Grundpfandrechte S 29; MüKoBGB-*Eickmann* § 1121 Rn 16; *Jauernig* § 1122 BGB Rn 15; *Smid/Depré* § 49 Rn 39; K/P/B/*Prütting* § 49 Rn 12). Die **Enthaftung von Mietzinsforderungen** durch Einziehung des Mietzinses oder Verfügungen über die Mietzinsforderungen durch den Insolvenzverwalter nach §§ 1124 Abs 2 BGB, 80 Abs 1 InsO) stellt weder einen rechtswidrigen noch rechtsgrundlosen Eingriff dar (*Jaeger/Henckel* § 49 Rn 53; *Gerhardt*, Grundpfandrechte S 35). Etwas anderes gilt für **Gebäudeversicherungen** gem § 1128 BGB. Der Hypothekengläubiger erwirbt ohne Beschlagnahme bereits mit dem Haftungsbeginn und nicht erst mit Eintritt des Versicherungsfalls ein Absonderungsrecht an der Versicherungsforderung. Denn gem § 1127 BGB erstreckt sich die Hypothekenhaftung auch auf die Versicherungsforderung als dem Surrogat. Allerdings erlischt die Haftung der Forderung gegen den Versicherer, wenn zB das abgebrannte Gebäude wieder hergestellt worden ist oder sonstiger Ersatz beschafft worden ist (§ 1127 Abs 2 BGB). Der Hypothekengläubiger hat ein Einziehungsrecht nach den §§ 1128 Abs 2, 1281, 1282 BGB, wenn nicht die strenge Wiederherstellungsklausel eingreift.

17 d) **Surrogation und Ersatzabsonderung.** Führt die Verwertung des Zubehörs durch den Insolvenzverwalter zum Untergang des Absonderungsrechts des Grundpfandgläubigers, so stellt sich die Frage, ob der erzielte Erlös nicht als **Surrogat** des veräußerten Zubehörs angesehen werden kann. Dies ist jedoch abzulehnen (RG v 17. 6. 1908, RGZ 69, 85, 88; *Jaeger/Henckel* § 49 Rn 48). Eine **dingliche Surrogation** findet nur in den gesetzlich vorgesehenen Fällen statt, wie zB nach den §§ 2041, 1370, 1473, 1646, 2019, 2041, 2111 BGB. Insoweit kommt allenfalls ein Recht auf **Ersatzabsonderung** analog § 48 in Betracht, wenn der Insolvenzverwalter oder der Insolvenzschuldner unberechtigt Gegenstände, die der Absonderung unterliegen, wie zB das Grundstückszubehör, veräußert (vgl **BGH ZIP 1989, 793, 797**; HK-*Lohmann* § 49 Rn 11 *Gottwald/Gottwald* InsRHdb § 42 Rn 170). So kommt eine Ersatzabsonderung in Betracht, wenn der Insolvenzverwalter Grundstückszubehör unberechtigt veräußert, das nach den §§ 865 ZPO, 1120 BGB der Grundpfandrechtshaftung unterliegt (so *Gerhardt*, Grundbegriffe Rn 327; *Dieckmann* FS Henckel S 95, 125; *Gottwald/Gottwald* InsRHdb § 42 Rn 148). Ein Ersatzabsonderungsrecht entsprechend § 48 setzt aber immer voraus, dass das Absonderungsrecht durch eine Verfügung des Schuldners oder des (vorläufigen) Insolvenzverwalters vereitelt wird. Daran fehlt es,

wenn ein Grundpfandrecht aufgrund einer Vereinbarung des Gläubigers mit dem Insolvenzverwalter von dem Gläubiger aufgehoben wird (§ 875 BGB). Im Übrigen hat der Insolvenzverwalter Absonderungsrechte nur zu beachten, nicht dagegen die Aufgabe, die Interessen der Absonderungsberechtigten zu fördern (**OLG Köln** ZIP 1989, 523).

e) Anspruch des Grundpfandgläubigers auf den Verwertungserlös. Da keine dingliche Surrogation hinsichtlich des Verwertungserlöses stattfindet, stellt sich die Frage, ob ein durch die Verwertung mit Enthaftungswirkung erzielter Erlös in die Insolvenzmasse fließt oder dem Grundpfandrechtsgläubiger in Gestalt eines Massebereicherungsanspruchs zusteht. **Grundsätzlich gebührt dem Grundpfandrechtsgläubiger** insoweit der Vorrang (*Gerhardt*, Grundpfandrechte S 31). Unter Berufung auf die Entscheidung des **BGH** v 21. 3. 1973 (BGHZ 60, 267, 270 f) wird heute überwiegend angenommen, dass § 1121 Abs 1 BGB anwendbar ist (*Jaeger/Henckel* § 49 Rn 48; *Gerhardt*, Grundpfandrechte S 31). Nach Auffassung des **BGH** (BGHZ 60, 267, 272 f) ist zwar bei der Enthaftung nach § 1121 Abs 1 BGB – anders als bei § 1122 Abs 2 BGB – nicht Voraussetzung, dass der die Enthaftung herbeiführende Tatbestand innerhalb der Grenzen einer ordnungsmäßigen Wirtschaft realisiert worden ist. Wie sich aus § 1135 BGB ergebe, sei jedoch der Grundstückseigentümer gegenüber dem Grundpfandgläubiger nicht berechtigt, Zubehör außerhalb der Grenzen einer ordnungsmäßigen Wirtschaft vom Grundstück zu entfernen und dadurch die Sicherheit des Grundpfandrechts zu gefährden. Tue er dies gleichwohl, so handele er gegenüber dem Grundpfandgläubiger rechtswidrig und könne diesem gegenüber nach §§ 1135, 823 BGB zum Schadensersatz verpflichtet sein (vgl auch **BGH** v 10. 10. 1984, BGHZ 92, 280 = ZIP 1984, 1456; **BGH** v 6. 11. 1990, NJW 1991, 695). Daneben tritt ein Massebereicherungsanspruch nach § 55 Abs 1 Nr 3 sowie ggf ein Anspruch gegen den Verwalter persönlich aus § 60, im Einzelnen Rn 19. Hält sich der Insolvenzverwalter bei der Veräußerung von Zubehör innerhalb der Grenzen einer ordnungsmäßigen Wirtschaft, so steht der Erlös der Insolvenzmasse zu (BGHZ 60, 267, 272; *Jaeger/Henckel* § 49 Rn 48; *Gerhardt*, Grundpfandrechte S 33).

f) Ansprüche des Grundpfandgläubigers. Vereitelt der Insolvenzverwalter durch Veräußerung außerhalb einer ordnungsmäßigen Wirtschaft Grundstückszubehör oder veräußert bzw entfernt er Erzeugnisse oder sonstige Bestandteile vom Grundstück, so ist zunächst zu prüfen, ob eine **Ersatzabsonderung** in Betracht kommt. Scheidet diese aus, bestehen folgende **Schadenersatzansprüche** gegen die Masse: gem § 55 Abs 1 Nr 1 InsO iVm § 823 Abs 1 BGB (Eingriff in das Absonderungsrecht); nach § 55 Abs 1 Nr 1 InsO iVm §§ 823 Abs 2, 1134, 1135 BGB (Verletzung von Schutzgesetzen); ferner gegen den Insolvenzverwalter persönlich Schadenersatzansprüche nach § 60 (**BGH** v 9. 3. 2006 – IX ZR 55/04, NZI 2006, 350: Der Insolvenzverwalter ist dem Absonderungsberechtigten ggü verpflichtet, dafür zu sorgen, dass der mit dem Recht belastete Gegenstand nicht einen Wertverlust durch einen vermeidbaren Rechtsmangel – unterlassene Kündigung eines Mietvertrags – erleidet).

Der Umfang des Schadens bemisst sich nach dem infolge der Enthaftung erlittenen Ausfall (*Gerhardt*, Grundpfandrechte S 34). Zum Wegfall der Widerrechtlichkeit nach § 823 Abs 1, 2 BGB vgl **BGH** v 10. 10. 1984, BGHZ 92, 280, 292 = ZIP 1984, 1456 = NJW 1985, 376. Weiterhin steht dem Grundpfandgläubiger ein **Massebereicherungsanspruch** gem § 55 Abs 1 Nr 3 InsO iVm §§ 812 Abs 1, 816 Abs 1 S 1 BGB zu. Der Umfang des Bereicherungsanspruchs ist allerdings begrenzt durch den erlangten Erlös einerseits und die Einbuße andererseits (*Gerhardt*, Grundpfandrechte S 34). Einzelheiten bei *Jaeger/Henckel* § 49 Rn 49; *MüKoBGB-Eickmann* § 1121 Rn 16). Um die Enthaftung von Grundstückszubehör durch den Insolvenzverwalter zu verhindern, kann der Grundpfandgläubiger eine **Unterlassungsklage** nach den §§ 1135, 1134 BGB gegen den Insolvenzverwalter erheben oder die Beschlagnahme des Grundstücks im Wege der Immobiliarvollstreckung nach Maßgabe der §§ 165 InsO, 172 ZVG betreiben (*Smid/Depré* § 49 Rn 37).

4. Eingetragene Schiffe und Schiffsbauwerke. Der abgesonderten Befriedigung nach § 49 unterliegen auch im Schiffsregister eingetragene Schiffe und Schiffsbauwerke (§§ 864 Abs 1, 870 a ZPO). Der Antrag kann allerdings bereits vorher gestellt werden (§ 170 a Abs 2 S 2 ZVG). Entscheidend für die Antragsberechtigung ist, dass das Schiffsbauwerk eintragungsfähig ist (*Stöber* § 170 a ZVG Rn 2.1). Ein ausländisches Schiff, das zur Insolvenzmasse gehört, kann unter den Voraussetzungen des § 171 ZVG Gegenstand einer Zwangsversteigerung sein, wenn es sich in einem deutschen Hafen befindet. Wird das Schiff in Deutschland versteigert, findet deutsches Recht Anwendung.

5. Luftfahrzeuge. Luftfahrzeuge können Gegenstand der Zwangsversteigerung sein, wenn sie in die Luftfahrzeugrolle eingetragen sind, oder wenn für sie ein Pfandrecht im Register für Pfandrechte an Luftfahrzeugen eingetragen ist (§§ 171 a, 171 c ZVG). Unter den Begriff des Luftfahrzeuges fallen Flugzeuge, Hubschrauber, Luftschiffe, Segelflugzeuge, Motorsegler, Frei- und Fesselballons, Drachen, Flugmodelle und sonstige für die Benutzung des Luftraums bestimmte Geräte, wie zB Raumfahrzeuge, Raketen und ähnliche Flugkörper (§ 1 Abs 2 LuftverkehrsG). Die Luftfahrzeugrolle wird beim Luftfahrtbundesamt geführt. Die Vorschriften der §§ 1–145 ZVG über die Zwangsversteigerung von Grundstücken finden auf die Versteigerung von Luftfahrzeugen entsprechende Anwendung, soweit sich nicht aus den §§ 171 b–g ZVG etwas anderes ergibt. Die Zwangsversteigerung eines Luftfahrzeuges darf erst angeordnet werden, nachdem das Luftfahrzeug in das Register für Pfandrechte an Luftfahrzeugen eingetragen ist (§ 171c Abs 1 S 1 ZVG). Allerdings kann der Antrag auf Anordnung der Zwangsversteigerung bereits vor der Eintragung gestellt werden (§ 171c Abs 1 S 2 ZVG).

23 **6. Miteigentumsanteile.** Miteigentumsanteile an Grundstücken, grundstücksgleichen Rechten, Schiffen, Schiffsbauwerken, Schwimmdocks und Luftfahrzeugen unterliegen nach Maßgabe des § 864 Abs 2 ZPO, § 99 Abs 1 LuftFzG ebenfalls dem Absonderungsrecht, soweit sie als selbständige Gegenstände belastet werden können (§§ 747, 1114 BGB). Steht ein Grundstück im Eigentum mehrerer Miteigentümer (§ 741 BGB), so findet die Verwertung im Insolvenzverfahren nach den Grundsätzen der Immobiliarvollstreckung statt. Besteht dagegen eine **Gesamthandsgemeinschaft**, so erfolgt die Vollstreckung und Verwertung nach den §§ 859, 860 ZPO. Ist der Insolvenzschuldner zwar Alleineigentümer, ist jedoch ein ideeller Grundstücksbruchteil mit einem Grundpfandrecht belastet, so ist es nach § 864 Abs 2 ZPO möglich, dass aus diesem Recht die Immobiliarvollstreckung nur in diesen Anteil betrieben wird (vgl MüKoZPO-*Eickmann* § 864 Rn 30). Allerdings ist die originäre Belastung nur eines Bruchteils von Alleineigentum nach hM unzulässig (RGZ 88, 26; *Staudinger/Scherübl* § 1114 BGB Rn 8; MüKoZPO-*Eickmann* § 864 Rn 31).

24 **7. Sonstige Gegenstände, auf die sich das Pfandrecht erstreckt.** Gegenstände, auf die sich bei Grundstücken, grundstücksgleichen Rechten, Schiffen, Schiffsbauwerken die Hypothek (§§ 1120ff BGB, § 31 SchRG, § 103 BinSchG), bei Luftfahrzeugen das Registerpfandrecht (§§ 1 ff, 31 LuftFzG) erstreckt (§ 865 ZPO), unterliegen ebenfalls der abgesonderten Befriedigung (*Smid/Depré* § 49 Rn 33–35; K/P/B/*Prütting* § 49 Rn 12). Für das Grundstückszubehör, wurde dies bereits dargestellt, Rn 13 ff. Bei den der Liegenschaftsvollstreckung unterliegenden Luftfahrzeugen (§§ 171a ff ZVG) besteht für Ersatzteile, auf welche sich nach näherer Maßgabe der §§ 68, 71, 99 LuftFzG das Registerpfandrecht miterstreckt, eine Ausnahme: Insoweit finden die Vorschriften der §§ 803 ZPO Anwendung (§ 100 LuftFzG, *Wendt* MDR 1963, 448). Für die Enthaftung gelten die gleichen Grundsätze, die bereits für die Enthaftung von Grundstückszubehör dargestellt worden sind.

III. Durchführung der abgesonderten Befriedigung

25 **1. Zwangsversteigerung und Zwangsverwaltung.** Nach § 49 sind die Grundpfandrechtsgläubiger, denen ein Recht auf abgesonderte Befriedigung zusteht, berechtigt, nach Maßgabe des ZVG die Befriedigung außerhalb des Insolvenzverfahrens zu suchen (vgl *Wenzel* NZI 1999, 101ff; *Zimmermann* NZI 1999, 57; *Vallender* Rpfleger 1997, 353; K/P/B/*Prütting* § 49 Rn 17). Sowohl der dinglich berechtigte Gläubiger als auch der Insolvenzverwalter, aber auch persönliche Gläubiger sind berechtigt, Befriedigung wegen ihres Absonderungsrechts nach den Vorschriften des ZVG zu suchen.

26 **a) Antrag des dinglich berechtigten Gläubigers.** Dinglich berechtigte Gläubiger und sonstige Berechtigte iSv § 10 Abs 1 Nr 1–4 ZVG sind berechtigt, die Zwangsversteigerung oder Zwangsverwaltung des schuldnerischen Grundstücks zu betreiben. Erforderlich ist ein dinglicher, gegen den Insolvenzverwalter gerichteter Titel (N/R/*Andres* § 49 Rn 18). Bei einer **Unterwerfungsklausel** ist Umschreibung nach § 727 ZPO auf den Verwalter erforderlich (N/R/*Andres* § 49 Rn 18). War zum Zeitpunkt der Verfahrenseröffnung ein Zwangsversteigerungs- oder -verwaltungsverfahren bereits anhängig, so findet gem § 80 Abs 2 S 2 **keine Unterbrechung** nach § 240 ZPO statt. Solchenfalls ist die Umschreibung des Titels auf den Insolvenzverwalter nicht erforderlich (KG NJW-RR 2000, 1075; *Stöber* § 15 ZVG Rn 23.11 u Einl Rn 27). Der Insolvenzverwalter tritt an die Stelle des Schuldners und nimmt dessen Rechte im eigenen Namen wahr. Der Insolvenzverwalter kann dem Verfahren des betreibenden Gläubigers beitreten (N/R/*Andres* § 49 Rn 19; K/P/B/*Flöther* § 165 Rn 24). Der Beitritt löst die Wirkungen der Insolvenzverwalterversteigerung nach den §§ 172ff ZVG aus. Es besteht zB auch nicht die Möglichkeit des Doppelausgebots nach § 174a ZVG. Der Insolvenzverwalter wird mit dem Beitritt zu einem normalen Verfahrensbeteiligten (vgl auch K/P/B/*Flöther* § 165 Rn 24).

27 **b) Antrag des Insolvenzverwalters.** Gem § 165 kann neben dem Absonderungsberechtigten auch der Insolvenzverwalter die Zwangsvollstreckung in das unbewegliche Vermögen des Schuldners betreiben. Für die Verwertung eines unbeweglichen Gegenstandes im Wege der Zwangsversteigerung durch den Insolvenzverwalter gelten die §§ 172–174 ZVG. Der Antrag des Insolvenzverwalters setzt zwingend voraus, dass das unbewegliche Vermögen Teil der Insolvenzmasse iSv § 35 ist und er seine Rechtsstellung nachweist. Abweichend von § 16 Abs 1 ZVG bedarf es allerdings keines vollstreckbaren Titels gegen den Schuldner. Es genügt, dass der Verwalter seine Bestellungsurkunde (§ 56 Abs 2) vorlegt. Einzelheiten bei § 165 Rn 8.

28 **c) Antrag des persönlichen Gläubigers.** Nur wenn die Voraussetzungen des § 49 vorliegen, wenn also der persönliche Gläubiger durch Beschlagnahme vor Verfahrenseröffnung ein wirksames Absonderungsrecht an dem Grundstück erlangt hat, ist er nach Verfahrenseröffnung berechtigt, aufgrund seines Absonderungsrechts die Zwangsversteigerung in das unbewegliche Schuldnervermögen zu betreiben.

Zur Zwangsversteigerung bedarf es eines gegen den Insolvenzverwalter gerichteten Titels (*Stöber* NZI 1998, 105, 107). Ein gegen den Insolvenzschuldner lautender Titel ist nach Anhörung gem §§ 727, 730 ZPO umzuschreiben und an den Verwalter gem § 750 Abs 2 ZPO besonders zuzustellen (*Gottwald/ Gottwald* InsRHdb § 42 Rn 76).

d) Antrag von Massegläubigern. Ein Massegläubiger (§§ 53, 55) ist nach Verfahrenseröffnung berechtigt, die Befriedigung seiner Forderung durch Zwangsversteigerung in das unbewegliche Schuldnervermögen zu suchen (K/P/B/*Flöther* § 165 Rn 22). Allerdings ist das **beschränkte Vollstreckungsverbot** des § 90 zu beachten. Nach § 90 Abs 1 sind Zwangsvollstreckungen wegen Masseverbindlichkeiten, die nicht durch eine Rechtshandlung des Insolvenzverwalters begründet worden sind, für die Dauer von **sechs Monaten** seit der Eröffnung des Verfahrens unzulässig. Dies gilt nicht für die Masseverbindlichkeiten iSv § 90 Abs 2. Zu beachten ist weiter, dass die Vollstreckung wegen einer Masseverbindlichkeit iSv § 209 Abs 1 Nr 3 unzulässig ist, sobald der Insolvenzverwalter die Masseunzulänglichkeit (§ 208 Abs 1) angezeigt hat (§ 210). 29

2. Vereinbarte freiwillige Veräußerung. Eine abgesonderte Befriedigung des Gläubigers findet entgegen dem irreführenden Wortlaut des § 49 auch dann statt, wenn es nicht zu einer Verwertung durch Zwangsversteigerung, sondern durch zwischen Verwalter und Gläubiger vereinbarte freiwillige Veräußerung kommt (**BGH** v 5.11. 1976, WM 1977, 17; **BGH** v 7. 5. 1987, ZIP 1987, 764 = WM 1987, 853 = KTS 1987, 695; MüKo-*Ganter* vor §§ 49–52 Rn 99 a; *Kilger/K. Schmidt* § 47 KO Anm 7). Dieses Vorgehen wird häufig zu nicht nur zu höheren Erlösen als das Zwangsversteigerungsverfahren, sondern auch zu einer schnelleren Befriedigung führen (*Zeuner* NJW 2007, 2952, 2956; zum freihändigen Verkauf an einen Grundpfandrechtsgläubiger selbst *d'Avoine*, NZI 2008, 17, der Grundpfandgläubiger kann seinen Anspruch auf den Erlös abzüglich der Kosten mit dem Kaufpreis verrechnen). Auch in einem solchen Fall sind die Befriedigungsregeln der §§ 10 ff ZVG zu beachten. Daher sind die Zinsen entsprechend dem in den § 12 Nr 1 ZVG; § 50 Abs 1 InsO; § 367 Abs 1 BGB enthaltenen Rechtsgedanken vor der Hauptforderung zu befriedigen (**RG** v 18. 12. 1937, JW 1938, 892), allerdings nur innerhalb der sich aus § 10 Abs 1 Nr 4 iVm § 13 ZVG ergebende zeitlichen Begrenzung. Ein Kostenersatz zu Gunsten der Masse bei der freihändigen Verwertung wird sich an den Vorgaben der §§ 170, 171 orientieren müssen. 30

3. Vereinbarte Befriedigung aus Nutzungen. Als eine Form der Realisierung von Absonderungsrechten kommt auch eine Vereinbarung zwischen dem Insolvenzverwalter und dem Absonderungsberechtigten in Betracht, wonach ohne formelle Durchführung eines Zwangsverwaltungsverfahrens vom Insolvenzverwalter laufend Beträge zur Befriedigung aus Nutzungen an den Berechtigten abgeführt werden. Die Praxis spricht insoweit von einer „kalten Zwangsverwaltung" (vgl **OLG München** v 9. 7. 1992, ZIP 1993, 135 = WM 1993, 434; *Pape* ZInsO 2008, 465; *Raab* DZWIR 2006, 234; *Tetzlaff* ZInsO 2004, 521, 528; K/P/B/*Flöther* § 165 Rn 55 a). 31

IV. Einstweilige Einstellung der bereits anhängigen Zwangsversteigerung oder Zwangsverwaltung

1. Einstweilige Einstellung der Zwangsversteigerung. Bei Parallelität von Immobiliarzwangsvollstreckung und Insolvenz sind die Grundpfandrechtsgläubiger berechtigt, das Zwangsversteigerungsverfahren fortzusetzen, wenn der Anordnungsbeschluss der Zwangsversteigerung dem Schuldner bereits vor Verfahrenseröffnung zugestellt oder das Ersuchen um Eintragung des Zwangsversteigerungsvermerks dem Grundbuchamt zugegangen ist (§§ 15, 22, 146 ZVG). Die Wirkungen der Beschlagnahme (§§ 20, 22 Abs 1 ZVG) werden durch die Eröffnung des Insolvenzverfahrens über das Vermögen des Grundstückseigentümers nicht berührt (§ 80 Abs 2 S 2). Wie bereits festgestellt wurde (Rn 26), findet die Vorschrift des § 240 ZPO auf das Zwangsversteigerungsverfahren keine Anwendung, so dass weder durch die Anordnung von Sicherungsmaßnahmen nach § 21 Abs 2 Nr 3 noch durch die Eröffnung des Insolvenzverfahrens ein Zwangsversteigerungsverfahren unterbrochen wird. 32

Bereits im **Eröffnungsverfahren** ist allerdings der **vorläufige Insolvenzverwalter mit Verfügungsbefugnis** gem § 30 d Abs 4 ZVG berechtigt und uU verpflichtet, beim Zwangsversteigerungsgericht die einstweilige Einstellung der Zwangsversteigerung zu beantragen. Dabei hat er glaubhaft zu machen, dass die einstweilige Einstellung zur Vermeidung nachteiliger Veränderungen der Vermögenslage des Insolvenzschuldners erforderlich ist (Einzelheiten bei *Wenzel* NZI 1999, 101 f). Hierzu reicht es idR aus, dass er die Möglichkeiten einer Unternehmensfortführung oder übertragenden Sanierung aufzeigt und glaubhaft macht. Mit dieser Bestimmung soll erreicht werden, dass dem Schuldnerunternehmen das Betriebsgrundstück nicht vorzeitig entzogen wird. Zudem soll im Interesse einer möglichen übertragenden Sanierung ein vorzeitiges Auseinanderreißen der einzelnen Vermögensgegenstände des Schuldners verhindert werden. Eine **nachteilige Veränderung der Vermögenslage** des Schuldners ist zu befürchten, wenn die mit dem Grundpfandrecht belastete Immobilie im Fall der Eröffnung eines Insolvenzverfahrens für die Fortführung des Schuldnerunternehmens oder eine Gesamtveräußerung mit großer Wahr- 33 scheinlichkeit benötigt wird. Da das Verfahrensziel im Eröffnungsverfahren meist noch nicht feststeht, wird man den vorläufigen Insolvenzverwalter für verpflichtet halten müssen, im Zweifel den Antrag auf einstweilige Einstellung zu stellen (*Uhlenbruck* KTS 1994, 169, 176 f; *Wenzel* NZI 1999, 101, 102). Nach Auffassung von *Wenzel* (NZI 1999, 101, 102) ist jedenfalls dann, wenn der gesicherte Gläubiger eine Beeinträchtigung seiner Rechte auch in einem eröffneten Verfahren nicht zu dulden braucht, in der Zwangsverwertung keine nachteilige Veränderung der Vermögenslage des Schuldners iSv § 30 d Abs 4 ZVG zu sehen. Diese Auffassung übersieht, dass die einstweilige Einstellung nach § 30 d Abs 4 ZVG zunächst einmal dazu dient, das Schuldnervermögen zusammenzuhalten, eine vorzeitige Zerschlagung zu vermeiden und eine fortführende Sanierung aufgrund eines Insolvenzplans zu ermöglichen. So hat zB der gesicherte Gläubiger eine Beeinträchtigung seiner Rechte zu dulden, wenn der Insolvenzplan gem § 223 Abs 2 eine Beschränkung seiner Rechte vorsieht und es zu einer Planbestätigung kommt.

34   Im **eröffneten Insolvenzverfahren** ordnet gem § 30 d Abs 1 ZVG das Zwangsversteigerungsgericht als Vollstreckungsgericht auf Antrag des Insolvenzverwalters die einstweilige Einstellung an, wenn
– der Berichtstermin (§ 29 Abs 1 Nr 1) noch bevorsteht (§ 30 d Abs 1 S 1 Nr 1 ZVG);
– das Grundstück nach dem Ergebnis des Berichtstermins für eine Fortführung des Unternehmens oder für die Vorbereitung der Veräußerung des Betriebes oder eine andere Gesamtheit von Gegenständen benötigt wird (§ 30 d Abs 1 S 1 Nr 2 ZVG);
– durch die Versteigerung die Durchführung eines vorgelegten Insolvenzplans gefährdet würde (§ 30 d Abs 1 S 1 Nr 3 ZVG);
– in sonstiger Weise durch die Versteigerung die angemessene Verwertung der Insolvenzmasse wesentlich erschwert würde (§ 30 d Abs 1 S 1 Nr 4 ZVG).
Die **Generalklausel des** § 30 d Abs 1 S 2 Nr 4 ZVG ist ein Auffangtatbestand, der nach den Vorstellungen des Gesetzgebers zur Anwendung gelangt, wenn bei sofortiger Versteigerung ein erheblich geringerer Erlös zu erwarten ist als bei einer späteren Veräußerung, wenn also die Versteigerung zur Unzeit vermieden werden soll (*Andersen/Freihalter*, Aus- und Absonderungsrechte Rn 467; *Wenzel* NZI 1999, 101; *Hintzen* ZInsO 1998, 318, 319).

35   Neben der Einstellung nach §§ 30 d ff ZVG ist der Insolvenzverwalter berechtigt, einen **Einstellungsantrag nach § 765 a ZPO** zu stellen (*Gottwald/Gottwald* InsRHdb § 42 Rn 79).

36   Gem § 30 d Abs 1 S 2 ZVG ist der Antrag auf einstweilige **Einstellung der Zwangsversteigerung abzulehnen**, wenn die Einstellung dem Gläubiger unter Berücksichtigung seiner wirtschaftlichen Verhältnisse **nicht zuzumuten** ist. Abzuwägen sind hier die Interessen des vollstreckenden Gläubigers und diejenigen der Insolvenzgläubiger an einer Haftungsverwirklichung. Auf die Interessen des Insolvenzschuldners kommt es nicht an (vgl *Vallender* ZIP 1997, 1993, 2001; *Wenzel* NZI 1999, 101, 102). Im Zweifel haben aber die Interessen der Insolvenzgläubiger Vorrang (**OLG** Braunschweig NJW 1968, 164). Zur Zumutbarkeit für den Gläubiger vgl auch **AG** Bremen ZIP 1980, 389. Dem Gläubiger ist insoweit ein Ausgleich zu gewähren, als nach § 30 e Abs 1 S 1 ZVG die einstweilige Einstellung mit der Auflage anzuordnen ist, dass dem betreibenden Gläubiger für die Zeit nach dem Berichtstermin nach § 29 Abs 1 Nr 1 **laufend die geschuldeten Zinsen binnen zwei Wochen** nach Eintritt der Fälligkeit aus der Insolvenzmasse gezahlt werden müssen. Ist das Zwangsversteigerungsverfahren bereits vor Eröffnung des Insolvenzverfahrens gem § 30 d Abs 4 ZVG einstweilen eingestellt worden, so ist die Zahlung von Zinsen spätestens von dem Zeitpunkt an anzuordnen, der **drei Monate** nach der ersten einstweiligen Einstellung liegt (§ 30 e Abs 1 S 2 ZVG). Wird das Grundstück weiter vom Insolvenzverwalter genutzt, hat er für einen etwaigen **Wertverlust einen Ausgleich** zu leisten (§ 30 e Abs 2 ZVG). Zinsen und Wertverlustausgleich brauchen nicht gezahlt zu werden, wenn mit einer Befriedigung des Gläubigers aus dem Versteigerungserlös nicht zu rechnen ist (§ 30 e Abs 3 ZVG). Einen Anhaltspunkt für die Höhe des voraussichtlichen Erlöses gibt der nach § 74 a Abs 4 ZVG festgesetzte Verkehrswert (vgl *Vallender* Rpfleger 1997, 353, 355). Ist mit einer Teilbefriedigung zu rechnen, orientiert sich die Zinspflicht am Teilbetrag (K/P/B/*Flöther* § 165 Rn 40; *Wenzel* NZI 1999, 101, 103). Die Zins- und Wertausgleichsansprüche sind Masseverbindlichkeiten iSv § 55 Abs 1 Nr 1, die vom Verwalter aus der Masse zu zahlen sind. Stellt sich im Rahmen der Zwangsversteigerung heraus, dass der Gläubiger zu Unrecht oder zu viel Zinsen auf seine getilgte Forderung erhalten hat, ist ein Ausgleich zugunsten der Masse ausgeschlossen (K/P/B/*Flöther* § 165 Rn 42; *Gottwald/Gottwald* InsRHdb § 42 Rn 80).

37   Der **Schuldner selbst ist berechtigt**, die einstweilige Einstellung der Zwangsversteigerung zu beantragen, wenn er einen Insolvenzplan vorgelegt hat, der nicht nach § 231 zurückgewiesen worden ist, und die Zwangsversteigerung die Durchführung des Plans gefährden würde (§ 30 d Abs 2 ZVG).

38   Auch wenn das **Verbraucherinsolvenzverfahren** als vereinfachtes Insolvenzverfahren eröffnet wird, kommt eine einstweilige Einstellung nach § 30 d Abs 1 u 2 ZVG grdsl in Betracht (*Kothe/Ahrens/Grote* 1. Aufl, S 363). Nach Auffassung von *Wenzel* (NZI 1999, 101) wird jedoch eine angemessene Verwertung der Insolvenzmasse (§ 30 d Abs 1 S 1 Nr 4 ZVG) durch die Versteigerung seitens des Grundpfandrechtsgläubigers im vereinfachten Insolvenzverfahren nicht erschwert, weil das Recht auf Verwertung des Grundstücks ohnehin ausschließlich den Grundpfandgläubigern gem § 313 Abs 3 S 2 zusteht. Im **außergerichtlichen Schuldenbereinigungsverfahren** greift § 30 d ZVG jedoch noch nicht ein (*Obermüller* WM 1998, 483, 492; *Wenzel* NZI 1999, 101, 103; aA *Kothe/Ahrens/Grote* 1. Aufl S 363; *Hoffmann*, Verbraucherinsolvenz und Restschuldbefreiung, S 121 ff; *Bindemann*, Hdb Verbraucherkonkurs 4. Aufl

V. Befriedigung der Absonderungsberechtigten aus dem Verwertungserlös § 49

Rn 172). Selbst wenn man annehmen würde, im außergerichtlichen Schuldenbereinigungsverfahren sei § 30 d Abs 4 ZVG anwendbar, fehlt es idR an der Bestellung eines vorläufigen Insolvenzverwalters. Eine Einstellung der Immobiliarzwangsvollstreckung durch das Insolvenzgericht nach § 21 Abs 2 Nr 3 ist insoweit unzulässig (*Kohte/Ahrens/Grote* 1. Aufl S 363).

Auf Antrag des die Zwangsversteigerung betreibenden Gläubigers ist die **einstweilige Einstellung aufzuheben**, wenn das Insolvenzverfahren beendet ist (§ 30f Abs 1 S 2 ZVG) oder wenn der die einstweilige Einstellung beantragende Verwalter bzw Insolvenzschuldner der Aufhebung zustimmt (§ 30f Abs 1 S 1 3. Var ZVG). Die einstweilige Einstellung ist auch aufzuheben, wenn das Insolvenzverfahren beendet wird (§ 30f Abs 1 ZVG). Das Verfahren endet nicht nur mit der Aufhebung, sondern auch mit der **Bestätigung eines Insolvenzplans** (§ 258 Abs 1). Soll der Gläubiger über die Planbestätigung hinaus an der Geltendmachung seines Rechts gehindert werden, muss dies im gestaltenden Teil des Insolvenzplans festgelegt sein (vgl *Städtler*, Grundpfandrechte in der Insolvenz, 1998, S 237; *Gottwald/Gottwald* InsRHdb § 42 Rn 85). Im Eröffnungsverfahren ist die einstweilige Einstellung gem § 30f Abs 1 ZVG aufzuheben, wenn der Insolvenzantrag zurückgenommen oder abgewiesen wird. Werden entgegen § 30e Abs 1 ZVG die laufenden Zinsen nicht gezahlt oder wird der Wertausgleich nach § 30e Abs 2 ZVG nicht gezahlt, kann der Gläubiger die Aufhebung der einstweiligen Einstellung beantragen (Einzelheiten bei *Wenzel* NZI 1999, 101, 102). 39

2. Einstweilige Einstellung der Zwangsverwaltung. Die einstweilige Einstellung der Zwangsverwaltung ist für das **Eröffnungsverfahren** nicht vorgesehen. Nach § 153b Abs 1 ZVG kann jedoch im **eröffneten Verfahren** der Zwangsverwalter das Vollstreckungsgericht das Zwangsverwaltungsverfahren teilweise oder ganz einstellen, wenn der antragstellende Insolvenzverwalter glaubhaft macht, dass durch die Fortsetzung der Zwangsverwaltung eine wirtschaftlich sinnvolle Nutzung der Insolvenzmasse wesentlich erschwert wird. Hierdurch erhalten die Verwaltungsrechte des Insolvenzverwalters Vorrang vor den Rechten des Zwangsverwalters, der gem § 152 ZVG berechtigt ist, Nutzungsentgelt und Zinsen einzuziehen und diese an die Gläubiger zu verteilen (*Städtler* Grundpfandrechte S 238; *Wenzel* NZI 1999, 101, 103; *Gottwald/Gottwald* InsRHdb § 42 Rn 86; Vallender ZIP 1997, 1993, 2002). Gem § 153b Abs 2 ZVG ist die Einstellung mit der Auflage anzuordnen, dass die Nachteile, die dem betreibenden Gläubiger aus der Einstellung erwachsen, durch **laufende Zahlungen** aus der Insolvenzmasse ausgeglichen werden. Vor der Entscheidung des Gerichts sind der Zwangsverwalter und der betreibende Gläubiger zu hören (§ 153b Abs 3 ZVG). Vgl auch *Andersen/Freihalter*, Aus- und Absonderungsrechte Rn 482–485; *Niesert* InVo 1998, 141, 144. Nach Auffassung von *Smid/Depré* (§ 49 Rn 104) ist der Zwangsverwalter trotzdem nicht berechtigt, das beschlagnahmte Grundstück anderweitig zu vermieten oder zu verpachten. Ziel der InsO sei es, die Entscheidung über die Art und Weise der Verwertung des schuldnerischen Vermögens bis zum Berichtstermin möglichst offen zu halten, damit allein die Gläubigerversammlung hierüber entscheiden könne. Festzustellen ist jedoch, dass das Gesetz keine Möglichkeit vorsieht, den Zwangsverwalter davon abzuhalten, im Eröffnungsverfahren entsprechende Verfügungen zu treffen. Dies gilt insbesondere, wenn der schuldnerische Betrieb bereits stillgelegt ist. Im Übrigen kann die einstweilige Betriebsfortführung durch den Zwangsverwalter durchaus im Interesse der Masse liegen, vor allem wenn der vorläufige Insolvenzverwalter keine Verwaltungs- und Verfügungsbefugnis hat. Schwierigkeiten ergeben sich allenfalls im Verteilungsverfahren nach den §§ 155 ff ZVG (vgl *Smid/Depré* § 49 Rn 106). 40

V. Befriedigung der Absonderungsberechtigten aus dem Verwertungserlös

Die Befriedigung der Absonderungsberechtigten erfolgt nach der in §§ 10ff ZVG bestimmten Rangfolge. Gem §§ 44 Abs 1, 109 Abs 1 ZVG haftet das Grundstück vorweg für die **Kosten des Zwangsversteigerungsverfahrens**. Die Erlösverteilung in der Zwangsverwaltung erfolgt nach § 155 ZVG (Einzelheiten bei *Eickmann*, Zwangsversteigerungs- und Zwangsverwaltungsrecht § 4 II 1). Bei Grundstücken bestehen acht Rangklassen (§ 10 ZVG). 41

1. Rangordnung bei Grundstücken. a) Ansprüche eines die Zwangsverwaltung betreibenden Gläubigers. Nach § 10 Abs 1 Nr 1 ZVG stehen an **erster Rangklasse** die Ansprüche eines die Zwangsverwaltung betreibenden Gläubigers auf Ersatz seiner Auslagen zur Erhaltung oder nötigen Verbesserung des Grundstücks. Unerheblich ist dabei, ob die Leistungen freiwillig erbracht worden sind oder auf Anordnung des Gerichts (§ 161 Abs 2 ZVG). Dabei wird in jedem Fall vorausgesetzt, dass die Beträge für das Grundstück verwandt worden sind. Ausgaben der Zwangsverwaltung genießen nur dann den Vorrang vor Grundpfandrechten, wenn von ihnen im Einzelfall eine objekterhaltende oder -verbessernde Wirkung ausgeht (**BGH** v 10. 4. 03 – IX ZR 106/02, BGHZ 154, 387; *Stöber* ZVG § 10 Rn 2.2). Im Fall der Zwangsversteigerung haben die bezeichneten Ansprüche den ersten Rang (§ 10 Abs 1 Nr 1 ZVG) nur, wenn die Zwangsverwaltung bis zum Zuschlag (§§ 81 Abs 1, 89, 90 Abs 1 ZVG) fortdauert und die Ausgaben nicht aus den Nutzungen des Grundstücks (in der Zwangsverwaltung) erstattet werden können. Dies ist unschwer festzustellen, da die Zwangsverwaltung durch den Zuschlag nicht von selbst endet (BGHZ 30, 73; 39, 235; *Smid/Depré* § 49 Rn 43) und der Zwangsverwalter den Erlös der von 42 ihm gezogenen Nutzungen (§ 152 ZVG) so rechtzeitig nach dem im Zwangsverwaltungsverfahren aufgestellten Teilungsplan (§ 155 ZVG) und dessen Ergänzungen (§ 157 ZVG) gemäß der ihm erteilten Anweisungen zu verteilen hat, dass die Zahlungen noch bei der Verteilung des Zwangsversteigerungserlöses (§§ 105 ff ZVG) berücksichtigt werden können.

43 **b) Verfahrenskostenbeitrag.** Durch Art 20 EGInsO ist in § 10 Abs 1 ZVG eine weitere **Rangklasse Nr 1 a** eingefügt worden. Danach sind bei Zwangsversteigerung des zur Insolvenzmasse gehörenden Schuldnergrundstücks die Kosten, die durch die Feststellung der mithaftenden beweglichen Gegenstände (Zubehör) entstehen, in Höhe von **pauschal vier Prozent des Wertes** zu erheben, der nach § 74 a Abs 5 S 2 ZVG festgesetzt worden ist. Allerdings ist zwingende Voraussetzung für den Kostenbeitrag, dass ein Insolvenzverwalter bestellt worden ist (§ 10 Abs 1 Nr 1 a 2. Halbs ZVG). Damit scheidet der Kostenbeitrag in Fällen der Eigenverwaltung aus (*Zimmermann* NZI 1998, 57, 59; *Vallender* Rpfleger 1997, 353; *Wenzel* NZI 1999, 101, 103). Die Regelung in § 10 Abs 1 Nr 1 a ZVG führt dazu, dass die Kosten für die Verwertung von Grundstückszubehör von demjenigen Grundpfandgläubiger allein zu tragen sind, der ansonsten noch Befriedigung aus dem Verwertungserlös erlangt hätte. Somit trägt letztlich derjenige die Kosten, der keine volle Befriedigung erhält. Die anteilige Kostenbeteiligung sämtlicher Grundpfandrechtsgläubiger, die Befriedigung erhalten, wäre sachgerechter gewesen.

44 **c) Ansprüche auf Zahlung der Beiträge zu den Lasten und Kosten nach § 16 Abs 2, § 28 Abs 2 u 5 WoEiG.** Die Rangklasse 2 des § 10 ZVG wurde vollkommen neu gefasst. Die früher hier geregelten „Litlohnansprüche" der Bediensteten bei landwirtschaftlich genutzten Grundstücken hatten sich als nicht mehr zeitgemäß erwiesen. Stattdessen nehmen die Vorschrift nun Ansprüche einer Wohnungseigentümergemeinschaft nach § 16 Abs 2 WoEiG und § 28 Abs 2 u 5 sowie diesbezüglichen Rückgriffsansprüchen einzelner Wohnungseigentümer den zweiten Rang ein (ausf *Hintzen* ZInsO 2008, 481 ff). Die Hausgeldansprüche haben dadurch ein Vorrecht vor den Rechten der Rangklasse 4. Das Vorrecht ist zeitlich begrenzt auf die laufenden und die rückständigen Beträge aus dem Jahr der Beschlagnahme und den letzten zwei Jahren. Nach § 10 Abs 1 Nr 2 S 3 ZVG ist es der Höhe nach auf 5% des Verkehrswert (§ 74 a Abs 5 ZVG) begrenzt. In Folge der Aufnahme der bezeichneten Ansprüche in die Rangordnung des § 10 ZVG steht den Berechtigten „ein Recht zur Befriedigung aus dem Grundstück" zu, so dass sie absonderungsberechtigte Gläubiger im Sinne des § 49 sind (*Hintzen* ZInsO 2008, 481, 483).

45 **d) Ansprüche auf Entrichtung der öffentlichen Lasten des Grundstücks.** Nach § 10 Abs 1 Nr 3 ZVG gehören auch öffentliche Lasten zu den bei der Verteilung des Erlöses der Zwangsversteigerung oder Zwangsverwaltung zu berücksichtigenden Forderungen. Das Absonderungsrecht für öffentliche Grundstückslasten wirkt sich aber erst aus, wenn die Zwangsverwaltung oder Zwangsversteigerung des zur Masse gehörigen Grundstücks gem § 165 InsO oder durch einen dinglich Berechtigten betrieben wird; nur dann wird es im Rang von § 10 I Nr 3 ZVG bedient (**OLG Hamm NJW-RR 1994, 469**). Die öffentliche Last ist insofern zwar ein dingliches Recht an dem Grundstück, sie verschafft jedoch aus sich heraus kein Befriedigungsrecht. Daher ist auch die Ansicht abzulehnen, dass die unter § 10 Abs 1 Nr 3 ZVG genannten Lasten nach Eröffnung des Verfahrens durch Erlass eines Duldungsbescheids durchgesetzt werden können (so aber **OVG Sachsen-Anhalt v 14. 3. 2006, WM 2007, 1622**). Dem steht § 89 Abs 1 entgegen (*MüKo-Breuer* § 89 Rn 14). Die öffentliche Hand ist wie andere Gläubiger auch hinsichtlich der Lasten auf die Befriedigung im Rahmen der Verwertung des Grundstücks verwiesen. In der **Rangklasse 3** werden die öffentlichen Lasten des Grundstücks erfasst, also sämtliche auf öffentlichem Recht beruhende Abgabenverpflichtungen, die in Geld durch wiederkehrende oder einmalige Zahlungen zu erbringen sind. Rückstände auf einmalige Leistungen werden erfasst für die letzten **vier Jahre** vor dem Zeitpunkt der Beschlagnahme. Wiederkehrende Leistungen dagegen, zu denen Grundsteuern, Zinsen, Zuschläge und Rentenleistungen sowie Kommunalabgaben gehören, werden nur für die laufenden Beträge und für **Rückstände aus den letzten zwei Jahren** berücksichtigt (§ 10 Abs 1 Nr 4 2. Halbs ZVG). Sämtliche Grundstückslasten haben den gleichen Rang. Zu den öffentlichen Grundstückslasten gehören auch **Erschließungskosten,** wie zB Straßenkosten oder Anliegerbeiträge nach dem Baugesetzbuch (§§ 127–135), die Beitrags- und Vorschusspflicht der Teilnehmer am Flurbereinigungsverfahren an den im Bereinigungsgebiet liegenden Grundstücken sowie Beiträge Nichtbeteiligter zu den Ausführungskosten, die von der Flurbereinigung wesentliche Vorteile haben (§§ 20, 106 FlurbG; *Stöber* ZVG Anh T 18 u § 10 ZVG Rn 6.5). Zu den **öffentlichen Grundstückslasten** zählen neben der Grundsteuer nach § 12 Grundsteuergesetz die **Kommunalabgaben,** also Gebühren für Müllabfuhr, Straßenreinigung, Anschluss-, Benützungs- sowie Bezugskosten für Gas, Strom, Wasser und Fernwärme, Abgabe für wirtschaftliche Gemeindeunternehmen (*Stöber* § 10 ZVG Rn 6.9; *Gottwald/Gottwald* InsRHdb § 42 Rn 20). **Gemeindlichen Versorgungsunternehmen auf privatrechtlicher Grundlage** wird dagegen ein Privatentgelt geschuldet, nicht eine öffentliche Abgabe. Diese Entgelte können nicht öffentliche Grundstückslast sein. Jedoch können je nach Landesausführungsgesetzen zum ZVG oder BGB öffentliche Grundstückslasten zusätzlich geregelt sein, wie Abgaben und Leistungen, die auf dem Grundstück lasten und nicht auf einer privatrechtlichen Verpflichtung beruhen. Hierzu gehören ua Deichlasten, Schullasten, Kirchenlasten, Patronatslasten oder Versicherungsbeiträge an Versicherungsgesellschaften öffentlichen Rechts,

soweit sich die Versicherungsverträge auf den Grundbesitz und die für die Hypotheken mithaftenden Gegenstände beziehen (*Stöber* § 10 ZVG Rn 6.10).

e) Ansprüche aus Rechten an Grundstücken. In die **Rangklasse 4** des § 10 Abs 1 ZVG fallen Ansprüche 46 aus Rechten an Grundstücken, zu denen vor allem Hypotheken, Grundschulden, Rentenschulden (§§ 1113, 1191, 1199 BGB), Reallasten (§ 1105 BGB) und die Rechte zählen, auf die die Vorschriften über Reallasten Anwendung finden; das sind die Überbaurente (§§ 912–914 BGB), die Notwegrente (§ 917 BGB) und der Anspruch auf Unterhalt einer Anlage zur Ausübung einer Grunddienstbarkeit (§§ 1021, 1022 BGB). Auch der Nießbrauch (§ 1030 BGB), das dingliche Vorkaufsrecht (§ 1094 BGB) und das Erbbaurecht (§ 1 ErbbauVO) fallen ebenso in die Rangklasse 4 wie **Eigentümergrundschulden**. Ist das Eigentümergrundpfandrecht die einzige Belastung, so kann der Verwalter sie löschen lassen. Bei nachrangigen Grundpfandrechten ist der Löschungsanspruch aus § 1179 a BGB zu berücksichtigen, der in der Insolvenz so zu behandeln ist, als bestünde zu Gunsten des nachrangigen Gläubigers eine Vormerkung (§ 1179 a Abs 1 S 3 BGB). Der nachrangige Gläubiger kann somit vom Verwalter verlangen, dass das Eigentümergrundpfandrecht gelöscht wird, der Gläubiger rückt dann entsprechend nach. Voraussetzung der Insolvenzfestigkeit des Löschungsanspruchs ist aber, dass dieser vor Verfahrenseröffnung entstanden ist, dass also Eigentum am Grundstück und die Grundschuld vor diesem Zeitpunkt zusammengefallen sind (BGHZ 166, 31 v 9. 3. 2006 – IX ZR 11/05, NJW 2006, 2408 = ZInsO 2006, 599 = EWiR 2006, 457 [*Kesseler*]).

Zwingende Voraussetzung ist, dass das Grundpfandrecht wirksam bestellt worden ist. So verstößt es 47 idR nicht gegen die §§ 305 ff BGB, wenn sich ein Kreditinstitut ein Darlehen durch abstraktes Schuldversprechen und dieses durch eine mit einer Vollstreckungsklausel versehene Sicherungsgrundschuld sichern lässt (BGHZ 99, 274 = ZIP 1987, 439, 442; *Gottwald/Gottwald* InsRHdb § 42 Rn 21; aA LG Hamburg ZIP 2008, 1466; dagegen *Bork* ZIP 2008, 2049). Unter § 10 Abs 1 Nr 4 ZVG zählen ferner die nicht auf Zahlung eines Kapitals gerichteten Rechte, an deren Stelle bei ihrem Erlöschen durch Zuschlag (§ 92 ZVG) ein Anspruch auf Wertersatz tritt. Dazu gehören der Nießbrauch, die beschränkte persönliche Dienstbarkeit (vgl zur Bestimmung des Ersatzwertes BGH KTS 1974, 168), das Wiederkaufsrecht (BGHZ 57, 356), nicht dagegen Verwendungen, die der Besitzer vor der Zwangsversteigerung auf das Grundstück gemacht hat (§ 93 Abs 2 ZVG). **Verwendungen**, die der Besitzer nach dem Zuschlag auf die versteigerten Sachen gemacht hat, sind ihm nach bürgerlich-rechtlichen Grundsätzen zu ersetzen (§§ 994–1003 BGB; *Stöber* § 93 ZVG Rn 6); eine abgesonderte Befriedigung findet bei Verwendungen auf Grundstücke außerhalb von § 10 Abs 1 Nr 1 ZVG nicht statt (**BGH** v 23. 5. 2003 – V ZR 279/02, NZI 2003, 605). **Wiederkehrende Leistungen** werden nur mit den laufenden Beträgen und mit den **Rückständen der letzten zwei Jahre** berücksichtigt. Rückständige Annuitäten, die sich aus Zinsen und Tilgungsleistungen zusammensetzen, sind nur hinsichtlich ihres die Zinstilgung betreffenden Teils zeitlich beschränkt zu berücksichtigen. Die Befriedigung in der Rangklasse 4 für **laufende Zinsen** entfällt nicht etwa dadurch, dass die seit Verfahrenseröffnung laufenden Zinsen gem § 39 Abs 1 Nr 1 als nachrangige Insolvenzforderungen eingestuft werden (**BGH** v 17. 7. 2008 – IX ZR 132/07, NJW 2008, 3064 = ZIP 2008, 1539 Rn 17). Bei der **Tilgungshypothek** (Amortisationshypothek) sind die geschuldeten Leistungen in Tilgungsraten und Zinsanteile zu zerlegen (*Stöber* § 10 ZVG Rn 8.7; *Smid/Depré* § 49 Rn 47). Keine Berücksichtigung finden Rechte, die infolge der Beschlagnahme dem Gläubiger gegenüber unwirksam werden (*Gottwald/Gottwald* InsRHdb § 42 Rn 22). An **Tilgungsvereinbarungen** zwischen Grundpfandgläubiger und Schuldner, zB dass Zahlungen auf die Forderung, nicht dagegen auf die Grundschuld erfolgen, ist der Insolvenzverwalter nicht gebunden; *Gottwald/Gottwald* (InsRHdb § 42 Rn 23): „Leistungen an den dinglich gesicherten Gläubiger in der Insolvenz werden vielmehr stets auf das Grundpfandrecht erbracht, so dass der Insolvenzschuldner insoweit eine Eigentümergrundschuld erwirbt" (vgl auch *Gerhardt* ZIP 1980, 165, 168).

f) Sonstiger Anspruch des Gläubigers. Der Anspruch des betreibenden Gläubigers wird in der Rang- 48 klasse § 10 Abs 1 Nr 5 ZVG befriedigt, soweit er nicht in einer der vorhergehenden Klassen zu befriedigen ist. Die **Rangklasse 5** hat eine Auffangfunktion für alle in den vorhergehenden Rangklassen nicht zu berücksichtigenden Ansprüche. Die betreibenden Gläubiger werden so behandelt, als wäre für ihre Ansprüche im Beschlagnahmezeitpunkt eine Hypothek an letzter Rangstelle eingetragen worden (*Stöber* § 10 ZVG Rn 9.1). Erforderlich für die Berücksichtigung in der Rangklasse 5 ist, dass der Gläubiger aus dem Anspruch das Zwangsversteigerungsverfahren betreibt, dh einen Anordnungs- oder Beitrittsbeschluss erwirkt (*Stöber* § 10 ZVG Rn 9.2). Ein Grundpfandgläubiger kann das Verfahren sowohl als persönlicher Gläubiger im Rang der Nr 5 als auch als dinglicher Gläubiger im Rang der Nr 4 betreiben (*Gottwald/Gottwald* InsRHdb § 42 Rn 25). Vollstreckt ein dinglicher Gläubiger nur wegen der obligatorischen Forderung, so betreibt er das Verfahren in der Rangklasse 5 (*Smid/Depré* § 49 Rn 48). Betreiben mehrere Gläubiger in Rangklasse 5, so entscheidet die zeitliche Reihenfolge der Beschlagnahme über den Rang (§ 11 Abs 2 ZVG).

In die **Rangklasse 6** fallen die relativ unwirksamen dinglichen Rechte, dh Ansprüche, die an sich in 49 die Rangklasse 4 gehören würden, die aber infolge einer ihnen zeitlich vorausgehenden Zwangsversteigerungs- oder Zwangsverwaltungsbeschlagnahme gegenüber dem Beschlagnahmegläubiger relativ unwirksam sind (§ 23 ZVG). In die **Rangklasse 7** fallen ältere Rückstände der Rangklasse 3, in **Rangklasse 8** ältere Rückstände der Rangklasse 4.

50 **2. Schiffe und Schiffsbauwerke.** Die Befriedigung aus einem eingetragenen Schiff oder Schiffsbauwerk (ohne Unterschied von See- und Binnenschiffen) oder einem Schwimmdock kann nur im Wege der Zwangsversteigerung, nicht dagegen durch Zwangsverwaltung gesucht werden. Die Versteigerung kann grundsätzlich nur bei Eigenbesitz des Schuldners angeordnet werden (*Dassler/Schiffhauer/Hintzen/ Engels/Rellermeyer* § 171 ZVG Rn 17). Anstelle der Zwangsverwaltung kann das Gericht bei Schiffen, einem Schiffsbauwerk oder bei einem Schwimmdock während der Dauer der einstweiligen Einstellung des Zwangsversteigerungsverfahrens – gleich, ob dieses auf §§ 30, 30 a ff, 77, 86 ZVG oder auf § 765 a ZPO oder auf einer Anordnung des Prozessgerichts (zB aus §§ 775, 776 ZPO) beruht – im Einvernehmen mit dem betreibenden Gläubiger die treuhänderische Nutzung anordnen (§§ 165 Abs 2, 170 a Abs 2, 171 Abs 5, 171 c Abs 3 ZVG, Art 3 des Änderungsgesetzes v 4. 12. 1968, BGBl I, 1295). Der Treuhänder wird dabei vom Zwangsversteigerungsgericht ermächtigt, das Schiff, Schiffsbauwerk oder Schwimmdock „für Rechnung und im Namen des Schuldners zu nutzen" (zB § 165 Abs 2 S 3 ZVG). Er untersteht wie ein Zwangsverwalter (vgl § 13 Abs 1 ZVG) den Weisungen des Zwangsversteigerungsgerichts, das auch über die Verwendung des Reinertrages entscheidet, wobei die Grundsätze des § 155 ZVG für die Verteilung maßgeblich sind (vgl *Mohrbutter* KTS 1963, 21 ff).

51 **a) Ausgaben des betreibenden Gläubigers.** Wenn die treuhänderische Nutzung die fehlende Zwangsverwaltung ersetzen soll, erscheint es auch gerechtfertigt, in entsprechender Anwendung des § 10 Abs 1 Nr 1 ZVG den Ausgaben des betreibenden Gläubigers, die dieser während der Nutzungszeit des § 165 Abs 2 ZVG für die Erhaltung oder nötige Verbesserung des Schiffes aufgewandt hat, die erste Rangklasse zuzubilligen (vgl *Mohrbutter* KTS 1963, 21, 31 f). Die Entscheidung RGZ 97, 61, 63 steht dem nicht entgegen, denn einmal waren in dem damals entschiedenen Fall die Aufwendungen vor der Einleitung der Zwangsversteigerung gemacht worden; zum anderen war nur eine „Bewachung und Verwahrung des Schiffes" (§ 165 Abs 1 ZVG), nicht aber dessen treuhänderische Nutzung möglich. Die Zubilligung des Ranges aus § 10 Abs 1 Nr 1 ZVG für die Ausgaben des betreibenden Gläubigers während einer Anordnung aus §§ 165 Abs 2, 170 a Abs 2, 171 Abs 5, 171 c Abs 3 ZVG ist von nicht geringer wirtschaftlicher Bedeutung, da hiermit der Weg zur Finanzierung einer Fertigstellung von Schiffen, Schiffsbauwerken und Schwimmdocks eröffnet wird.

52 **b) Sonstige Rangfolgen.** Der Rang des Schiffspfandrechts an einem **ausländischen Schiff** ist nach deutschem Recht zu beurteilen (**BGH NJW-RR 1991, 1211**). Im Übrigen ist zu unterscheiden:

53 **aa) Binnenschiffe.** Bei Binnenschiffen folgen den Kosten des Verfahrens (§ 109 Abs 1 ZVG), zu denen auch die Kosten der Bewachung und Verwahrung des Schiffes (§ 165 Abs 1 ZVG), wie zB die Hafengebühren, die Prämien für eine Still-Liegeversicherung, Entschädigungen für das Bewachen, Pflege des Schiffes und der Maschinen, gehören, die Rechte der Schiffsgläubiger, die sich aus den §§ 102–105 BinSchG mit der Rangfolge der §§ 106–108 BinSchG ergeben. Das einem Schiffsgläubiger zustehende Pfandrecht, das in gleichem Maße für Kapital, Zinsen und Kosten gilt (§ 105 BinSchG), hat den Vorrang vor sonstigen Pfandrechten an Schiff oder Fracht. Dies gilt für die in § 102 BinSchG unter Nr 4–6 aufgeführten Forderungen jedoch hinsichtlich des Schiffes nur insoweit, als jene Pfandrechte nicht früher entstanden sind (§ 109 Abs 1 BinSchG).

54 **bb) Seeschiffe.** Bei Seeschiffen folgen den Kosten des Verfahrens (§ 109 Abs 1 ZVG), wozu auch hier die Hafengebühren, die Entschädigung für das Bewachen, Pflege des Schiffes und der Maschinen sowie Versicherungen gehören (§ 165 Abs 1 ZVG), die Schiffsgläubigerrechte des § 754 HGB. Für den Rang der Schiffsgläubigerrechte aus § 754 HGB gelten die §§ 762–764 HGB. Die Pfandrechte der Schiffsgläubiger haben den Vorrang vor allen anderen Pfandrechten am Schiff (§ 761 HGB). Den jeweiligen Schiffsgläubigerrechten folgen rangmäßig die eingetragenen Schiffshypotheken (§ 24 SchRG) in der durch § 25 SchRG untereinander bestimmten Rangfolge. Schiffshypotheken-Gläubiger können das Vorrecht eines Schiffsgläubigers nicht mit der Einrede bekämpfen, das Schiffsgläubigerrecht sei verjährt (**BGH v 11. 7. 1974, BGHZ 63, 61**). Darauf folgt der Anspruch des die Zwangsversteigerung betreibenden Gläubigers (§ 162 ZVG iVm § 10 Abs 1 Nr 5 ZVG). Dem gehen nach die späteren, dem Beschlag nehmenden Gläubiger gegenüber unwirksamen Pfandrechte (§ 23 ZVG, §§ 135, 136 BGB).

55 **3. Luftfahrzeuge.** Auch bei Luftfahrzeugen kann die Befriedigung aus einem eingetragenen Luftfahrzeug nur im Wege der Zwangsversteigerung, nicht auch durch Zwangsverwaltung gesucht werden (MüKo-*Ganter* § 49 Rn 82). Anstelle der Zwangsverwaltung kann das Gericht bei Luftfahrzeugen während der Dauer einer einstweiligen Einstellung des Zwangsversteigerungsverfahrens im Einvernehmen mit dem betreibenden Gläubiger die **treuhänderische Nutzung** anordnen (§ 171 c Abs 3 S 1 ZVG). Die Zwangsversteigerung darf erst angeordnet werden, nachdem das Luftfahrzeug in das Register für Pfandrechte an Luftfahrzeugen eingetragen worden ist (§ 171 c Abs 1 S 1 ZVG). Bei Anordnung der Zwangsversteigerung eines Luftfahrzeugs muss das Gericht zugleich die **Bewachung und Verwahrung** anordnen (§ 171 c Abs 2 S 1 ZVG). Wird zugleich mit der einstweiligen Einstellung des Zwangsversteigerungsverfahrens gem § 171 c Abs 3 S 1 ZVG ein Treuhänder bestellt, so untersteht dieser der Aufsicht des Zwangsversteigerungsgerichts. Er ist an erteilte Weisungen gebunden (§ 171 c Abs 3 S 2 ZVG). Das Gericht entscheidet über die Verwendung des Reinertrages. Bei Luftfahrzeugen ist, wie auch die An-

sprüche wegen Entschädigung für die Bergung eines in der Luftfahrzeugrolle eingetragenen Luftfahrzeugs in §§ 75 ff LuftFzgG eine besondere Regelung erfahren haben (vgl § 102 Nr 3 BinSchG und § 754 Abs 1 Nr 4 HGB), bewusst auf eine sinngemäße Übernahme der „Schiffsgläubigerrechte" verzichtet worden (vgl BR-Drucks 108/58). Den Kosten des Verfahrens, die aus dem Versteigerungserlös vorweg zu entnehmen sind (§ 109 Abs 1 ZVG), folgen unmittelbar die eingetragenen Registerpfandrechte (§ 24 LuftFzgG), und zwar mit dem sich aus § 25 LuftFzgG ergebenden Rang. Zu den **Kosten des Verfahrens** iSv § 109 ZVG gehören auch die Ansprüche aus Verträgen, die der zuständige Gerichtsvollzieher im Auftrag des Vollstreckungsgerichts (§ 171 b Abs 1 ZVG) zur Durchführung der Bewachung und Verwahrung des Luftfahrzeugs (§ 171 c Abs 2 S 1 ZVG) etwa mit der örtlichen Flughafenverwaltung abgeschlossen hat. Zu den Kosten des Verfahrens gehört auch die Vergütung des Gerichtsvollziehers, der als Sequester (§ 938 Abs 2 ZPO) tätig geworden ist. Ein Vermieterpfandrecht (§ 562 BGB) von Flughafengesellschaften („Hangars") wegen ihrer Forderungen aus dem Mietverhältnis für die Zeit vor der Anordnung der Zwangsversteigerung (§ 171 c ZVG) kann gegenüber dem Registerpfandrecht nach §§ 9, 25 LuftFzgG nicht durchschlagen. Für die Liegenschaftsvollstreckung, der die eingetragenen Luftfahrzeuge unterworfen sind (§§ 99 Abs 1 LuftFzgG, 171 a ff ZVG), gilt die Rangfolge der §§ 10 ff ZVG mit der Modifikation des § 171 i ZVG (vgl *Wendt* MDR 1963, 450).

VI. Zwangsverwaltung und Insolvenzverwaltung bei kapitalersetzenden Nutzungsüberlassungen

Bei Kapitalgesellschaften gehört das Betriebsgrundstück oftmals einem Gesellschafter mit der Folge, **56** dass im eröffneten Insolvenzverfahren über das Vermögen der Gesellschaft das nach altem Recht unter Geltung des § 32 a GmbHG aF das Problem der eigenkapitalersetzenden Nutzungsüberlassung auftrat. Durch das **MoMiG** wurde das Eigenkapitalersatzrecht als solches abgeschafft. Die Überlassung eines Gegenstands zur Nutzung vom Gesellschafter an die Gesellschaft wird nun durch **§ 135 Abs 3** geregelt. Danach kann der Aussonderungsanspruch eines Gesellschafters im Hinblick auf einen Gegenstand, den er der schuldnerischen Gesellschaft zum Gebrauch oder zur Ausübung überlassen hat, während der Dauer des Insolvenzverfahrens, höchstens aber für ein Jahr ab Eröffnung des Verfahrens, nicht geltend gemacht werden, wenn der Gegenstand für die Fortführung des Unternehmens des Schuldners von erheblicher Bedeutung ist (§ 47 Rn 63). Diese Aussonderungssperre kann allerdings in der Doppelinsolvenz von Gesellschafter und Gesellschaft nicht zu einer Verkürzung des Absonderungsrechts führen, das am Grundstück des Gesellschafters besteht (siehe auch unten § 135 Rn 22). Der Sache nach entspricht dies der früheren Rechtsprechung zur eigenkapitalersetzenden Nutzungsüberlassung:

Im Hinblick auf **Altfälle** gilt insoweit folgendes: Hatte ein Gesellschafter einer Kapitalgesellschaft **56a** dieser ein Grundstück mit eigenkapitalersetzender Wirkung überlassen, erlangte die Gesellschaft – und in der Insolvenz der Gesellschaft der Insolvenzverwalter – das Recht auf eine unentgeltliche Nutzung des Überlassungsobjekts für die vereinbarte oder ansonsten übliche Dauer der Überlassung (BGHZ 127, 1, 7 ff = ZIP 1994, 1261, 1264; BGHZ 137, 17, 21 ff = ZIP 1994, 1441 ff). Kam es zur Zwangsverwaltung des Grundstücks aufgrund der auf diesem lastenden Grundpfandrechte, entstand eine Konfliktsituation im Hinblick auf die vom Zwangsverwalter wahrzunehmenden Zins- und Tilgungsforderungen aus den Grundpfandrechten. Im Grundsatz entschied der **BGH** die Frage, ob durch die von der Rechtsprechung entwickelten Grundsätze zur kapitalsetzenden Nutzungsüberlassung in die dinglichen Rechte der Grundpfandrechtsgläubiger eingegriffen werden kann, zu Gunsten der Grundpfandrechtsgläubiger: Nach Auffassung des **BGH** (Urt v 7. 12. 1998, BGHZ 140, 147 = ZIP 1999, 65 = KTS 1999, 145; BGHZ 109, 55, 66) endete die Wirkung einer eigenkapitalersetzenden Gebrauchsüberlassung, sofern das überlassene Grundstück mit einem Grundpfandrecht belastet war, in entsprechender Anwendung von §§ 146 ff ZVG, §§ 1123, 1124 Abs 2 BGB mit dem Wirksamwerden des im Wege der Zwangsverwaltung erlassenen Beschlagnahmebeschlusses, ohne dass es hierzu weiterer Tätigwerdens des Zwangsverwalters bedurfte (vgl auch *v Gerkan* EWiR § 32 a GmbHG 1/2000, 31 f; *Uhlenbruck* FS *Heinsius* 1991, S 841 ff; *Michalski* NZG 1998, 42; *Suchan*, Auswirkungen eigenkapitalersetzender Sachwertüberlassungen auf Grundpfandrechtsgläubiger des Gesellschafters, 1998, S 42; *Gehrlein* NZG 1998, 845, 847; *Heublein* ZIP 1998, 1899, 1902). Zur Kollision von kapitalsetzenden Nutzungsüberlassungen und Grundpfandrechten vgl auch *Michalski/Barth* NZG 1999, 277 ff; *Welsch* DZWIR 2000, 139 ff; eingehend auch *Smid/Depré* § 49 Rn 115 ff. Letztlich entsprach eine eigenkapitalersetzende Nutzungsüberlassung nach altem Recht einer Vorausverfügung des Eigentümers über künftige Mietzinsforderungen. Mit der Beschlagnahme war deshalb die Umqualifizierung nach Wertung des § 1124 Abs 2 BGB gegenüber dem die Zwangsverwaltung betreibenden Grundpfandrechtsgläubiger unwirksam. Offen gelassen hat der **BGH** die Frage, ob dies auch gilt, wenn lediglich ein persönlicher Gläubiger die Zwangsverwaltung betreibt (bejahend *Depré* DZWIR 1999, 249, 251; *Welsch* DZWIR 2000, 139, 141; str aA OLG München ZIP 1998, 1917). *Depré* (*Smid/Depré* § 49 Rn 118) weist darauf hin, dass der **BGH** einen Zahlungsanspruch des Insolvenzverwalters für den Fall bejaht hat, dass das Grundstück dem Verwalter durch Veräußerung gegen dessen Willen entzogen wird (**BGH ZIP 1994, 1261, 1266**). Dies müsse auch dann gelten, wenn die kostenlose Überlassung des Grundstücks nicht möglich sei, weil ein dazu berechtigter Gläubiger die Zwangsverwaltung betreibe. Folglich habe die Masse einen Anspruch gegen den Gesellschafter auf Ausgleich des verbliebenen Wertes des Nutzungsrechts (vgl auch *Michalski* NZG 1998, 41, 43; *Tetzlaff* ZInsO 2004, 521, 526). Nach **neuem Recht** ergibt sich ein solcher Anspruch aus §§ 135, 143 Abs 1 S 2 iVm § 818 Abs 2 BGB.

VII. Umsatzsteuer

57   Gem § 4 Nr 9a UStG sind Umsätze steuerfrei, soweit sie unter das Grunderwerbssteuergesetz fallen, wie zB die freihändige Veräußerung durch den Insolvenzverwalter oder die Veräußerung durch Zwangsversteigerung (§ 1 Abs 1 Nr 1, 3c GrEStG). Allerdings kann der Verwalter unter den Voraussetzungen von § 9 UStG für die Umsatzsteuer optieren, so dass er dem Erwerber die Umsatzsteuer in Rechnung stellen kann. Str. ist, ob dieses Vorgehen auch zulässig ist, wenn der entstehende Umsatzsteueranspruch des Finanzamtes erkennbar wegen Masseunzulänglichkeit nicht oder nicht vollständig befriedigt werden kann (verneinend **FG** Münster EFG 1997 Nr 5, 193 ff; aA FK-*Joneleit/Imberger* § 49 Rn 33 mit Einzelheiten).

VIII. Prozessuale Fragen

58   Grundsätzlich ist das Absonderungsrecht an unbeweglichen Gegenständen außerhalb des Insolvenzverfahrens nach Maßgabe des ZVG geltend zu machen (§§ 49, 165). Der Anspruch auf Absonderung richtet sich gegen den Insolvenzverwalter (N/R/*Andres* § 49 Rn 36; K/P/B/*Prütting* § 49 Rn 28). Wegen § 89 Abs 1 ist es einem Gläubiger allerdings verwehrt, zwecks Durchsetzung schuldrechtlicher Ansprüche einen Vollstreckungstitel zu erlangen. Vielmehr ist er auf das Anmeldeverfahren nach §§ 174 ff verwiesen (§ 87). Zulässig ist aber die sogen **Pfandklage**, dh eine Klage, mit der die Duldung der Zwangsvollstreckung aus einem bestehenden dinglichen Recht in den unbeweglichen Gegenstand verlangt wird (vgl K/P/B/*Prütting* § 49 Rn 28; N/R/*Andres* § 49 Rn 36). Die Pfandklage ist gegen den Insolvenzverwalter zu erheben (MüKo-*Ganter* Vor §§ 49–52 Rn 142; N/R/*Andres* § 49 Rn 36; K/P/B/*Prütting* § 49 Rn 28). Er ist auch Gegner in einem Rechtsstreit, mit welchem die Feststellung eines bestrittenen Absonderungsrechts begehrt wird (**BGH** WM 1971, 71, 72; vgl auch **LG** Düsseldorf v 19. 6. 1996, ZIP 1996, 1309; **BFH** v 7. 11. 1995, NJW-RR 1997, 28). Eine **Schiedsklausel** des Inhalts, dass im Streit über ein einen Absonderungsanspruch begründendes Recht durch einen Schiedsspruch entschieden werden soll, gilt auch nach Eröffnung des Insolvenzverfahrens für und gegen den Insolvenzverwalter (RGZ 137, 111; **BGH** v 28. 2. 1957, BGHZ 24, 15, 18; MüKo-*Ganter* vor §§ 49–52 Rn 148). Ein zur Zeit der Eröffnung des Insolvenzverfahrens anhängiger Rechtsstreit, der ein Absonderungsrecht betrifft, kann vom und gegen den Insolvenzverwalter aufgenommen werden (vgl § 86 Abs 1 Nr 2). Allerdings kann der Verwalter ungeachtet der Schiedsklausel die Einrede des anfechtbaren Erwerbs (§ 143) gegen den Absonderungsanspruch erheben (**BGH** NJW 1956, 1920). Ein vorhandener dinglicher Schuldtitel muss gem §§ 727, 750 Abs 2, 730 ZPO gegen den Insolvenzverwalter umgeschrieben werden (OLG Stuttgart v 29. 7. 1957, NJW 1958, 1353; OLG Hamm v 31. 3. 1965, Rpfleger 1966, 24; MüKo-*Ganter* Vor §§ 49–52 Rn 147).

§ 50 Abgesonderte Befriedigung der Pfandgläubiger

(1) Gläubiger, die an einem Gegenstand der Insolvenzmasse ein rechtsgeschäftliches Pfandrecht, ein durch Pfändung erlangtes Pfandrecht oder ein gesetzliches Pfandrecht haben, sind nach Maßgabe der §§ 166 bis 173 für Hauptforderung, Zinsen und Kosten zur abgesonderten Befriedigung aus dem Pfandgegenstand berechtigt.

(2) ¹Das gesetzliche Pfandrecht des Vermieters oder Verpächters kann im Insolvenzverfahren wegen der Miete oder Pacht für eine frühere Zeit als die letzten zwölf Monate vor der Eröffnung des Verfahrens sowie wegen der Entschädigung, die infolge einer Kündigung des Insolvenzverwalters zu zahlen ist, nicht geltend gemacht werden. ²Das Pfandrecht des Verpächters eines landwirtschaftlichen Grundstücks unterliegt wegen der Pacht nicht dieser Beschränkung.

Übersicht

	Rn
I. Allgemeines	1
II. Maßgeblicher Zeitpunkt des Entstehens des Absonderungsrechts	2
III. Das vertraglich bestellte Pfandrecht	3
1. Gegenstände des Absonderungsrechts aufgrund eines Vertragspfandrechts	3
2. Rechtsgeschäftliche Bestellung eines Pfandrechts	5
a) Pfandrechtsbestellung an beweglichen Sachen	5
b) Pfandrechte durch Übergabe von Traditionspapieren	6
c) Vertragspfandrecht der Banken	7
d) Einzahlungen auf Sperrkonto	9
IV. Gesetzliche Pfandrechte	12
1. Allgemeines	12

III. Das vertraglich bestellte Pfandrecht § 50

	Rn
2. Das gesetzliche Pfandrecht des Vermieters/Verpächters	13
a) Allgemeines	13
b) Sachen, die dem Vermieter- oder Verpächterpfandrecht unterfallen	14
aa) Körperliche Sachen	14
bb) Fremde Sachen	15
cc) Unpfändbare Sachen	16
c) Einbringen	17
aa) Einbringen nach Eröffnung des Insolvenzverfahrens	18
bb) Einbringen im Insolvenzeröffnungsverfahren	19
d) Die gesicherten Forderungen	20
aa) Erfasste Forderungsarten	20
bb) Zeitliche Beschränkung	21
e) Erlöschen des Pfandrechts	22
aa) Durch Entfernung vor Eröffnung des Insolvenzverfahrens	22
bb) Entfernung nach Eröffnung des Insolvenzverfahrens	23
f) Rangverhältnis von Sicherungseigentum und Vermieterpfandrecht	24
g) Nutzungsüberlassung durch einen Gesellschafter	25
h) Anfechtbarkeit des Vermieterpfandrechts	25 a
i) Besonderheiten beim Landpachtvertrag	31
3. Pfandrecht des Pächters am Inventar	32
4. Das Pfandrecht des Gastwirts (§ 704 BGB)	33
5. Das Werkunternehmerpfandrecht (§ 647 BGB)	34
6. Das Hinterlegungspfandrecht (§ 233 BGB)	35
7. Das Pfandrecht des Kommissionärs	36
8. Das Spediteurpfandrecht (§ 464 HGB)	37
9. Das Lagerhalterpfandrecht (§ 475 b HGB)	38
10. Das Frachtführerpfandrecht (§ 441 HGB)	39
11. Pfandrechte der Schiffseigner, Seefrachter, Schiffsgläubiger, Vergütungsberechtigte aus großer Haverei Berger, Hilfeleister	40
12. Das Früchte-Pfandrecht	41
V. Pfändungspfandrecht	42
1. Entstehung	42
2. Kein gutgläubiger Erwerb des Pfändungspfandrechts	44
3. Erlöschen	45
4. Anfechtbarkeit des Pfändungspfandrechts	46
VI. Durchführung der abgesonderten Befriedigung	47
VII. Ersatzabsonderung	49

I. Allgemeines

§ 50 gewährt den rechtsgeschäftlichen und gesetzlichen Pfandgläubigern ein Absonderungsrecht im Insolvenzverfahren über das Vermögen des Eigentümers des Pfandgegenstandes. *Gottwald* (*Gottwald/ Gottwald* InsRHdb § 42 Rn 1) bezeichnet nicht zu Unrecht den Pfandgläubiger als den „Prototyp des Absonderungsberechtigten". Da das Absonderungsrecht auch **Nebenansprüche** erfasst, wie § 50 Abs 1 verdeutlicht, kann der absonderungsberechtigte Gläubiger auch für die nach Verfahrenseröffnung entstehenden **Zinsen** Befriedigung aus dem Sicherungsgut verlangen, obgleich die Zinsen nach § 39 Abs 1 Nr 1 nachrangige Insolvenzforderungen sind (BGH v 17. 7. 2008 – IX ZR 132/07, NJW 2008, 3064 = ZIP 2008, 1539, Vorinstanz OLG Köln NZI 2007, 528 = EWiR 2007, 569 m abl Anm *Mitlehner*; vgl auch BGH NJW 1956, 1594; *Gottwald/Gottwald* InsRHdb § 42 Rn 4; *A. Funk*, Die Sicherungsübereignung in Einzelzwangsvollstreckung und Insolvenz 1998, S 90 f). Im Übrigen enthält § 50 nunmehr eine klarere Aufgliederung der Pfandrechte in rechtsgeschäftliches, gesetzliches und Pfändungspfandrecht. 1

II. Maßgeblicher Zeitpunkt des Entstehens des Absonderungsrechts

Ein Absonderungsrecht muss grdsl vor Verfahrenseröffnung entstanden sein. Im eröffneten Verfahren steht der Entstehung § 91 Abs 1 entgegen (MüKo-*Ganter* vor §§ 49–52 Rn 17). Eine Ausnahme gilt nur bei Erwerb kraft guten Glaubens nach § 91 Abs 2 oder kraft Vormerkung nach § 106. Nicht ausgeschlossen ist eine **Veränderung von Absonderungsrechten** im eröffneten Verfahren durch Verfügungen des Insolvenzverwalters. Auch ist der Insolvenzverwalter gem § 80 InsO berechtigt, Pfandrechte mit Absonderungsrecht an Massegegenständen zu bestellen (MüKo-*Ganter* vor §§ 49–52 Rn 41; Jaeger/*Henckel* Vor §§ 49–52 Rn 16). Massegläubiger können durch Zwangsvollstreckungsmaßnahmen oder Arrestvollziehung neue Pfandrechte erwerben (*Kilger/K. Schmidt* § 47 KO Anm 2; *Gottwald/Gottwald* InsRHdb § 42 Rn 3). 2

III. Das vertraglich bestellte Pfandrecht

1. Gegenstände des Absonderungsrechts aufgrund eines Vertragspfandrechts. Gegenstand des vertraglichen Pfandrechts bilden bewegliche körperliche Sachen (§ 90 BGB), Forderungen (§ 1279 BGB für 3

§ 50 *Abgesonderte Befriedigung der Pfandgläubiger*

verbriefte Forderungen s §§ 1292, 1293 BGB) oder sonstige übertragbare Vermögensrechte (§§ 1204, 1273, 1274 Abs 2 BGB). Auch an **Unternehmensbeteiligungen** kann durch Verpfändung der Aktien nach §§ 1291, 1292 ein Pfandrecht bestellt werden (*Tetzlaff* ZInsO 2007, 478). Zur Verpfändung **urheberrechtlicher Nutzungsrechte** C. *Berger* FS Kirchhof, S 1 ff. Von der Verpfändung ausgeschlossen sind nicht übertragbare Rechte (§ 1274 Abs 2 BGB). Bewegliche Sachen können, auch wenn sie gem § 811 ZPO unpfändbar sind, trotzdem Gegenstand einer Verpfändung sein (N/R/*Andres* § 50 Rn 4). An wesentlichen Bestandteilen kann mangels Sonderrechtsfähigkeit ein Pfandrecht nicht bestellt werden (§§ 93, 94 BGB). Dagegen erstreckt sich das Pfandrecht an beweglichen Sachen auch auf die **getrennten Erzeugnisse** (§ 1212 BGB). Zwar erstreckt sich nach § 311 c BGB im Zweifel eine Verpflichtung zur Bestellung eines Pfandrechts auch auf das Zubehör, außerhalb der Auflassung (§ 926 Abs 1 S 2 BGB) gibt es aber keine Vorschrift, die diese Vermutung auch auf Verfügungen erstreckt. Insofern ist es Auslegungsfrage, ob das Zubehör einer beweglichen Sache mitverpfändet ist. Grundstückszubehör kann ebenso wie Erzeugnisse nach der Trennung von der Hauptsache Gegenstand selbständiger Rechte sein, also selbständig verpfändet werden (N/R/*Andres* § 50 Rn 4). Allerdings ist die Mithaftung nach den §§ 1120, 1121 BGB für Hypotheken, Grund- und Rentenschulden zu beachten. Die Miet- und Pachtzinsen eines Grundstücks können zwar gepfändet werden; das Pfandrecht ist aber den Hypothekengläubigern gegenüber nur im Rahmen des § 1124 Abs 2 BGB wirksam. Wird die verpfändete Sache zerstört oder beschädigt, erstreckt sich das Pfandrecht und damit das Absonderungsrecht grundsätzlich nicht auf etwaige **Ersatzansprüche** (N/R/*Andres* § 50 Rn 4). Etwas anderes gilt in den Fällen dinglicher Surrogation nach den §§ 1219, 1247 BGB (N/R/*Andres* § 50 Rn 4).

4   Wird eine **künftige Forderung oder eine noch nicht entstandene Sache verpfändet**, so entsteht das Pfandrecht grdsl erst mit dem Entstehen der Forderung bzw der Sache (**OLG** Köln ZIP 1987, 907, 908; *Gottwald/Gottwald* InsRHdb § 42 Rn 34). Bei der Verpfändung von Kontokorrentforderungen entsteht das Absonderungsrecht erst mit Erstellung des Schlusssaldos (nach **OLG** Frankfurt ZIP 2008, 2127 kommt es daher auch auf diesen Zeitpunkt iR des § 140 bei der Anfechtbarkeit des Pfandrechts an, str aA Jaeger/*Henckel* § 140 Rn 8). Entsteht die Forderung erst im eröffneten Verfahren, kommt die Verpfändung wegen § 91 nicht mehr zum Tragen (BGHZ 135, 140, 145; MüKo-*Ganter* vor §§ 49–52 Rn 23). Die Verpfändung anderer künftiger Rechte berechtigt zur Absonderung nur dann, wenn vor Verfahrenseröffnung bereits eine wirksame **Verpfändung des Anwartschaftsrechts** erfolgt ist (MüKo-BGB-*Damrau* § 1273 Rn 6; *Gottwald/Gottwald* InsRHdb § 42 Rn 34).

5   2. **Rechtsgeschäftliche Bestellung eines Pfandrechts. a) Pfandrechtsbestellung an beweglichen Sachen.** Zur Bestellung eines Pfandrechts an beweglichen Sachen gehört die Einigung zwischen dem Verpfänder und dem Pfandgläubiger über die Verpfändung (dinglicher Pfandvertrag) und die Übertragung des Besitzes auf den Pfandgläubiger mit dem Willen, dass dieser Pfandbesitz haben soll. Einigung und Besitzübertragung können zeitlich zusammenfallen, notwendig ist dies aber nicht. Der Besitz ist das äußere Kennzeichen der Verpfändung, das vom Gesetz für ihre Wirksamkeit verlangt wird. Der Besitzübergang kann sich auf unterschiedliche Weise vollziehen. Allerdings ist die Besitzeinräumung durch **Vereinbarung eines Besitzkonstituts** (§ 930 BGB) nicht möglich (*Palandt/Bassenge* § 1205 BGB Rn 10; PWW/*Nobbe* § 1205 BGB Rn 10; FK-*Joneleit/Imberger* § 50 Rn 6; K/P/B/*Prütting* § 50 Rn 7). Die einfachste Form ist die Aushändigung der Pfandsache an den Pfandgläubiger, so dass dieser unmittelbarer Besitzer wird. Soll eine Gesamtheit von Sachen verpfändet werden, wie zB ein Warenlager, können Gegenstand des Pfandrechts nur die einzelnen Sachen bilden. Die Besitzübertragung kann jedoch in der Weise erfolgen, dass der Verpfänder dem Pfandgläubiger den Schlüssel zu dem Raum übergibt, in dem sich die Sachen befinden (PWW/*Nobbe* § 1205 BGB Rn 10). Die Schlüsselübergabe kann an einen Vertreter des Pfandgläubigers erfolgen (**RG** WarnRspr 1914 Nr 58), auch an einen Angestellten des Verpfänders, der Besitzdiener des Pfandgläubigers ist (RGZ 66, 262; RGZ 67, 423). Die Übergabe eines Schlüssels genügt zur Wirksamkeit der Verpfändung nicht, wenn der Verpfänder gleichwohl die vom Pfandgläubiger unabhängige Möglichkeit der Benutzung behält. Notwendiges Erfordernis ist insofern stets, dass der Verpfänder sich der tatsächlichen Herrschaftsgewalt und Verfügungsmacht über die Pfandsachen zugunsten des Pfandgläubigers in äußerlich erkennbarer Weise vollständig begibt (RGZ 52, 391). Es genügt auch die **Einräumung des Mitbesitzes** in der Art, dass sich die Sachen unter dem Mitverschluss des Pfandgläubigers oder seines Vertreters befinden (§ 1206 BGB; **RG** v 23. 12. 1902, RGZ 53, 218). Nicht jeder Mitverschluss bringt Mitbesitz. Banksafes können zwar nur von der Bank und dem Kunden gemeinsam geöffnet werden. Die Bank hat jedoch keinen Besitz, denn der Mitverschluss der Bank dient lediglich dem Schutz des Kunden. Mitbesitz kann auch in der Weise eingeräumt werden, dass ein Dritter, der sich im unmittelbaren Besitz der Sache befindet, die Sache vereinbarungsgemäß nur an den Verpfänder und den Pfandgläubiger gemeinschaftlich herausgeben darf (Pfandhalterschaft; vgl **RG** v 23. 12. 1902, RGZ 53, 218, 221). Der Vertreter des Pfandgläubigers im Besitz ist nicht Pfandhalter (RGZ 56, 258). Befindet sich der Pfandgläubiger bereits im Besitz der Sache, so genügt die Einigung über die Verpfändung (§ 1205 Abs 1 S 2 BGB). Die Einräumung des **mittelbaren Besitzes** reicht gem § 1205 Abs 2 BGB aus, wenn der Verpfänder seinen Herausgabeanspruch gegen einen unmittelbaren Besitzer an den Pfandgläubiger abtritt und der Verpfänder oder der Pfandgläubiger als Bevollmächtigter des Verpfänders die Verpfändung dem Besitzer anzeigt (vgl auch **RG** v 23. 12. 1902, RGZ 53, 218; **RG**

III. Das vertraglich bestellte Pfandrecht **§ 50**

v 7.11.1914, RGZ 85, 343, 346). Die Anzeige muss vom Verpfänder ausgehen (RGZ 85, 436). Sie kann auch konkludent erklärt werden (RGZ 89, 289, 291; *Palandt/Bassenge* § 1205 BGB Rn 10). Die bloße Kenntnis des Besitzmittlers von der Verpfändung genügt nicht (RGZ 89, 289). Diese Grundsätze gilt es auch bei der **Verpfändung von Wertpapieren** in Sammelverwahrung zu beachten: Nach § 6 DepotG ist der Kunde Miteigentümer des Sammelbestandes, wenn die Wertpapiere bei einer Wertpapiersammelstelle verwahrt werden. Die Verpfändung der Wertpapiere durch den Kunden vollzieht sich also durch die Abtretung des Herausgabeanspruchs aus §§ 7, 8 DepotG des Kunden an den Pfandgläubiger und der Anzeige der Verpfändung an die Sammelverwahrungsstelle nach § 1205 Abs 2 BGB (*Gottwald/Gottwald* InsRHdb § 42 Rn 37). Zur Verpfändung von **globalverbrieften Aktien** und der in diesem Zusammenhang problematischen Übergabetauglichkeit der Globalurkunde *Hirte/Knof* WM 2008, 7, 12.

b) **Pfandrechte durch Übergabe von Traditionspapieren.** Ein Pfandrecht kann auch durch Übergabe 6 eines Traditionspapiers (Konnossement eines Verfrachters, Ladeschein eines Frachtführers, Lagerschein, Versicherungspolice gem § 363 Abs 2 HGB oder Seekonnossement gem §§ 642, 650 HGB) begründet werden. Die Übergabe eines solchen Traditionspapiers hat die gleiche Rechtswirkung wie die Übergabe der Ware selbst, vgl § 448 HGB für den Ladeschein. Gem § 363 Abs 2 HGB können Konnossemente der Verfrachter, Ladescheine der Frachtführer, Lagerscheine sowie Transportversicherungspolicen durch Indossament übertragen werden, wenn sie an Order lauten. Zur Verpfändung eines Wechsels oder eines anderen Papiers, das durch Indossament übertragen werden kann, genügt nach § 1292 BGB die Einigung des Gläubigers und des Pfandgläubigers und die Übergabe des indossierten Papiers.

c) **Vertragspfandrecht der Banken.** Nach Nr 14 AGB-Banken bzw Nr 21 AGB-Sparkassen sind der 7 Bank alle in ihrem unmittelbaren oder mittelbaren Besitz befindlichen Sachen und Rechte des Kunden für sämtliche Ansprüche der Bank gegen ihren Kunden verpfändet. Das zur Begründung des Pfandrechts nach §§ 1204, 1274 BGB erforderliche dingliche Rechtsgeschäft liegt als vorweggenommene Einigung in der Einbeziehung der AGB für die Geschäftsverbindung (**BGH** WM 1983, 926; *Canaris* BankvertragsR Rn 2657; MüKo-*Ganter* § 50 Rn 44). Gem Nr 14 Abs 1 S 2 AGB-Banken erwirbt die Bank ein Pfandrecht an eigener Schuld auch an den Ansprüchen, die dem Kunden gegen die Bank aus der bankmäßigen Geschäftsverbindung zustehen oder künftig zustehen werden (RGZ 116, 198, 207; **BGH** WM 1983, 926; *Gössmann/Wagner/Wieduwilt/Weber*, AGB-Banken Rn 1/393). Bei Verpfändung einer eigenen Schuld bedarf es nicht der nach § 1280 BGB zur Verpfändung sonst erforderlichen Anzeige des Gläubigers der verpfändeten Forderung an den Schuldner (BGHZ 93, 71, 76). Von Nr 14 Abs 1 S 2 AGB-Banken werden sämtliche Arten von Guthaben erfasst, die Ansprüche auf und aus Gutschrift, Ansprüche auf Herausgabe von Wertpapieren sowie Ansprüche auf Herausgabe des im Rahmen der Geschäftsverbindung Erlangten. Das Pfandrecht erfasst auch den Anspruch auf Auszahlung aus einem **Akkreditiv**. Der Begriff der „bankmäßigen Geschäftsverbindung" erfasst auch Ansprüche, welche die Bank durch Abtretung erworben hat, etwa Leasingforderungen des Kunden, dieser zur Refinanzierung an die Bank abgetreten hat (**BGH** v 18.11.2008 – XI ZR 590/07, ZIP 2009, 117). An Beträgen, die mit einer Zweckbestimmung eingezahlt worden sind, erwirbt die Bank jedoch nicht ohne weiteres ein Pfandrecht nach Nr 14 AGB-Banken (Nr 14 Abs 3 AGB-Banken). So unterliegen die zur Diskontierung an die Bank übergebenen Schecks und Wechsel nicht dem Pfandrecht der Bank, weil die Wertpapiere der Bank mit einer besonderen Zweckbestimmung zugeleitet wurden (**BGH** NJW-RR 1990, 366). Weiterhin enthält Nr 21 Abs 1 AGB-Sparkassen eine antizipierte Sicherungszession für Rechte, über die eine Urkunde ausgestellt worden ist. Zwingende Voraussetzung für das Vertragspfand der Banken bzw Sparkassen ist, dass das Kreditinstitut dem Insolvenzschuldner bereits vor Eröffnung des Insolvenzverfahrens etwas schuldete, denn nur solchenfalls kann es an dem gegen sich selbst gerichteten Anspruch ein Pfandrecht erwerben (*Gottwald/Gottwald* InsRHdb § 42 Rn 39). Ein späterer Erwerb des Pfandrechts im eröffneten Verfahren ist durch § 91 ausgeschlossen. Zur Anfechtbarkeit des AGB-Pfandrechts **BGH** 17.6.2004 – IX ZR 124/03, NZI 2004, 314; 12.2.2004 – IX ZR 98/03, NJW 2004, 1660 = NZI 2004, 492. Wird beim **Dokumenteninkasso** die zugrunde liegende Kaufpreisforderung sicherungshalber an die Einreicherbank abgetreten, erlangt diese aber erst nach Verfahrenseröffnung Deckung, so entsteht der Anspruch auf Herausgabe des Erlöses aus dem Dokumenteninkasso erst, wenn die Einreicherbank buchmäßige Deckung erlangt (**BGH** v 1.7.1985, BGHZ 95, 149, 154 = NJW 1985, 2649). Wird nach Aufnahme der Dokumente durch die Bank das Insolvenzverfahren eröffnet, ist der Akkreditivauftraggeber zwar Eigentümer geworden, jedoch hat die Bank an den Dokumenten ein Pfandrecht nach Nr 14 Abs 2 AGB-Banken bzw Nr 21 Abs 1 AGB-Sparkassen erworben, aus dem sie wegen ihres Aufwendungsersatzanspruchs aufgrund der Zahlung an den Begünstigten abgesonderte Befriedigung verlangen kann (vgl *Obermüller* InsRBankpraxis Rn 4.58; *Canaris* BankvertragsR Rn 1079; *Nielsen* BuB 5/408). Sind die AGB mit dem Akkreditivauftraggeber nicht vereinbart worden, so steht der das Akkreditiv eröffnenden Bank ein kaufmännisches Zurückbehaltungsrecht zu, das ebenfalls ein **Absonderungsrecht** nach den §§ 369, 371 HGB, § 51 Nr 3 InsO gewährt (*Obermüller* InsRBankpraxis Rn 4.58).

Gem Nr 14 Abs 2 S 2 AGB-Banken kann das **Pfandrecht** auch für **Drittverbindlichkeiten** bestehen. 8 So haftet gem Nr 14 Abs 2 S 2 AGB-Banken das Guthaben des Kunden, der gleichzeitig **Bürge** ist, für die Verpflichtung aus der übernommenen Bürgschaft ab Fälligkeit der Hauptschuld (*Gössmann/Wagner/*

§ 50 Abgesonderte Befriedigung der Pfandgläubiger

Wieduwilt/Weber, AGB-Banken Rn 1/400–402). Ist ein Konto für eine BGB-Gesellschaft eröffnet worden, kann die Bank für Verbindlichkeiten eines Gesellschafters nicht auf Guthaben der BGB-Gesellschaft zurückgreifen, denn das Gesellschaftsvermögen ist Gesamthandsvermögen (*Gössmann/Wagner/Wieduwilt/ Weber*, AGB-Banken Rn 1/404). Bei einem **offenen Treuhandkonto** ist wie bei einem Eigenkonto das Pfandrecht stillschweigend ausgeschlossen (BGHZ 61, 72, 77; **BGH NJW 1988, 262, 265; BGH WM 1990, 1954, 1955**; MüKo-*Ganter* § 50 Rn 47). Allerdings muss das Treuhandkonto als solches erkennbar sein (**BGH NJW 1991, 101, 102; BGH WM 1993, 83, 84**). Bei verdeckten Treuhandkonten darf die Bank daher von einem Eigenkonto ausgehen (**BGH NJW 1991, 101, 102**), so dass das AGB Pfandrecht greift. Wird im Rahmen eines **Wertpapiergeschäfts** nach Ausführung einer Ein- oder Verkaufskommission der Bankkunde insolvent, so erlangt die Bank an den aus der Durchführung des Geschäfts in ihren Besitz gelangten Vermögenswerten ein Absonderungsrecht nach Nr 21 Abs 1, Abs 5 AGB-Sparkasse iVm § 50 Abs 1 InsO). Nach *Gottwald/Gottwald* (InsRHdb § 42 Rn 40) erwirbt die Bank zugleich ein Absonderungsrecht aufgrund des gesetzlichen Pfandrechts gem §§ 397 ff HGB iVm § 50 Abs 1 InsO sowie aufgrund des kaufmännischen Zurückbehaltungsrechts nach § 369 HGB iVm § 51 Nr 3 InsO (so auch *Canaris* BankvertragsR Rn 2068 f; *Klein* BuB 7/183). Für **Wertpapiere im Depot** vgl die §§ 4, 6, 8, 12, 33 DepotG. Vertraut der Verwahrer die Wertpapiere einem Dritten an, so gilt als dem Dritten bekannt, dass die Wertpapiere dem Verwahrer nicht gehören (§ 4 Abs 1 S 1 DepotG). Der Dritte kann daher an den Wertpapieren ein Pfandrecht oder ein Zurückbehaltungsrecht nur wegen solcher Forderungen geltend machen, die mit Bezug auf diese Wertpapiere entstanden sind oder für die diese Wertpapiere nach den einzelnen über sie zwischen dem Verwahrer und dem Dritten vorgenommenen Geschäften haften sollen (§ 4 Abs 1 S 2 DepotG). Das gilt auch für Pfandrechte im Rahmen eines **Kommissionsgeschäfts** gem § 30 Abs 2 DepotG (vgl auch *Gottwald/Gottwald* InsRHdb § 42 Rn 41).

9   d) **Einzahlungen auf Sperrkonto.** Bei dem Sperrkonto wird die Verfügungsbefugnis über das Konto dem Kontoinhaber nur bei Erfüllung bestimmter Voraussetzungen oder nach Eintritt eines bestimmten Ereignisses oder Termins oder bei Erteilung der Zustimmung eines Dritten eingeräumt (vgl *Obermüller*, InsRBankpraxis Rn 2.96; *Canaris* NJW 1973, 829; *Heidland* Bauvertrag Rn 1181–1183; *Kollhosser* ZIP 1984, 389 ff). Eine solche Sperrvereinbarung kann als dreiseitiger Vertrag oder Vertrag zu Gunsten Dritter nach § 328 BGB ausgestaltet sein. *Bork* (NJW 1981, 905) hat nachgewiesen, dass sich die Konstruktion über § 328 BGB im Insolvenzfall nicht bewährt und für Depots wegen § 137 BGB keine ausreichende Sicherheit bietet. Im Verhältnis zwischen dem Kontoinhaber und dem Sperrbegünstigten ist zu klären, ob die Sperre ein dingliches, dh auch in der Insolvenz des Kontoinhabers wirksames Recht, wie zB ein Pfandrecht, geschaffen hat mit der Folge, dass dem Sperrbegünstigten ein Absonderungsrecht zusteht, oder ob der Sperrbegünstigte lediglich Inhaber eines schuldrechtlichen Anspruchs geworden ist, der im Insolvenzverfahren keine Vorzugsstellung verschafft (vgl **BGH** v 2. 5. 1984, ZIP 1984, 1118; **BGH** v 17. 4. 1986, WM 1986, 749; MüKo-*Ganter* § 50 Rn 51, 52; *Obermüller* InsRBankpraxis Rn 2.97; BerlKo-*Breutigam* § 50 Rn 11). Der durch das Sperrkonto Begünstigte kann gem § 50 Absonderung nur verlangen, wenn ihm am Sperrkonto ein **Pfandrecht** bestellt worden ist (**OLG Nürnberg** WM 1998, 1968, 1969; *Andersen/Freihalter* Aus- und Absonderungsrechte Rn 371).

10 Eröffnet etwa der **Mieter ein Konto auf seinen Namen** und wird das Konto mit einem Sperrvermerk zugunsten des Vermieters versehen, so wird der Vermieter zwar gegen Verfügungen des Mieters gesichert, nicht aber für den Insolvenzfall, denn der bloße Sperrvermerk führt nicht zur Entstehung eines Absonderungsrechts. Wird das Sparkonto auf den Namen des Mieters geführt und erhält der Vermieter Besitz am Sparbuch, kann im Einzelfall eine **Sicherungsabtretung** vorliegen, die gem § 398 BGB die Einigung genügt, ohne dass es einer Anzeige an die Bank bedarf (vgl **BGH** v 12. 2. 1962, WM 1962, 487; **BGH** v 23. 6. 1965, WM 1965, 897, 900; **BGH** v 9. 2. 1972, WM 1972, 373; *Canaris* BankvertragsR Rn 157, 1182; *Schopp* ZMR 1968, 1, 5). In der Praxis hat die Verpfändung des Auszahlungsanspruchs durch Abgabe einer Verpfändungserklärung iSv § 1280 BGB die Einrichtung eines Sparbuchs weitgehend ersetzt. An dem ihm verpfändeten Auszahlungsanspruch hat der Vermieter ein Absonderungsrecht. Der Auszahlungsanspruch ist vom AGB-Pfandrecht nicht erfasst; auch insoweit ist ein konkludenter Ausschluss wie beim offenen Treuhandkonten (Rn 9) anzunehmen. Zur Aussonderungsberechtigung bei **Mietkautionskonten**, die der Vermieter eröffnet hat siehe § 47 Rn 47 sowie **BGH** v 20. 12. 2007 – IX ZR 132/06, NJW 2008, 1152. Das auf einem Sonderkonto des Vermieters festgelegte Guthaben hat den Vorteil, dass es nicht zu Lasten des Mieters von dem Pfand- oder Aufrechnungsrecht der Bank gem Nr 14 AGB-Banken erfasst wird (vgl auch **BGH** v 25. 6. 1973, WM 1973, 894).

11 Die Einrichtung eines Sperrkontos im Sinne von **§ 17 Nr 5 VOB/B** führt zur Entstehung eines Gemeinschaftskontos mit gemeinschaftlicher Verfügungsbefugnis („**Und-Konto**"). Der Insolvenzverwalter kann über ein solches Konto nur gemeinsam mit dem anderen Berechtigten verfügen. Dieser kann seine Zustimmung zur Auszahlung an den Insolvenzverwalter nur verweigern, wenn er ein (vertraglich begründetes) Absonderungsrecht an dem Konto hat.

IV. Gesetzliche Pfandrechte

12 1. **Allgemeines.** Nach § 50 Abs 1 berechtigen auch gesetzliche Pfandrechte zur abgesonderten Befriedigung. Das gilt sowohl für **Besitzpfandrechte** wie auch **besitzlose Pfandrechte**. Auch hier ist zwingende

IV. Gesetzliche Pfandrechte § 50

Voraussetzung, dass das Pfandrecht vor Eröffnung des Insolvenzverfahrens entstanden ist. Unter die Besitzpfandrechte fallen ua das **Werkunternehmerpfandrecht** für die Werklohnforderung des Unternehmers an den in seinem Betrieb befindlichen hergestellten oder reparierten Gegenständen (§ 647 BGB), die **Pfandrechte des Kommissionärs** am Kommissionsgut (§§ 397 ff HGB), des **Spediteurs** am Speditionsgut (§§ 464 f HGB), des **Lagerhalters** am Lagergut (§ 475 b HGB) und des **Frachtführers** am Frachtgut (§§ 441 ff HGB); ferner das Pfandrecht des **Grundstückspächters** an den in seinen Besitz gelangten mitverpachteten Gegenständen des Inventars (§§ 583, 585 Abs 2 BGB). Zu den besitzlosen gesetzlichen Pfandrechten zählen vor allem das **Vermieterpfandrecht** an den eingebrachten Sachen des Mieters (§ 562 BGB), das Pfandrecht des **Verpächters** an den eingebrachten Sachen des Pächters (§ 592 BGB), das Pfandrecht des **Gastwirts** an den vom Gast eingebrachten Sachen (§ 704 BGB). Ein Recht auf abgesonderte Befriedigung am Freistellungsanspruch verschafft § 110 VVG dem Geschädigten. Dem Begünstigten bei der Hinterlegung von Geld oder Wertpapieren zur Sicherheitsleistung steht gem § 233 BGB ein Absonderungsrecht ebenso zu, wie nach § 26 BinSchG sowie § 77 Abs 2 BinSchG dem Beförderer am Gepäck der Reisenden. Weitere gesetzliche Pfandrechte bestehen im Seehandelsrecht (§§ 623, 674, 726, 752, 755 HGB).

2. Das gesetzliche Pfandrecht des Vermieters/Verpächters. a) Allgemeines. Der Vermieter erwirbt an 13 den eingebrachten Sachen des Mieters gem § 562 BGB ein Pfandrecht. Entsprechendes gilt für das Pfandrecht des Verpächters (§§ 581 Abs 2, 562 BGB). Bei der **Untermiete** oder **Unterpacht** steht das gesetzliche Pfandrecht an den eingebrachten Sachen des Untermieters oder Unterpächters dem Mieter oder Pächter zu und nicht etwa dem Vermieter oder Verpächter. Eingehend zum Vermieterpfandrecht in der Insolvenz des Mieters *Giesen* KTS 1995, 579 ff. Zum Verhältnis zur Sicherungsübereignung s *Vortmann* ZIP 1988, 626; *Weber/Rauscher* NJW 1988, 1571 ff; *Dahl* NJW-Spezial 2009, 549. Das Absonderungsrecht des Vermieters bzw Verpächters beschränkt sich allerdings gem § 50 Abs 2 auf den **Miet- oder Pachtzins für das letzte Jahr** vor der Eröffnung des Verfahrens. Durch die Formulierung in § 50 Abs 2 „die letzten zwölf Monate" wird klargestellt, dass der maßgebliche Zeitraum für die Geltendmachung des gesetzlichen Pfandrechts des Vermieters oder Verpächters nicht das Kalenderjahr ist (vgl Beschl-Empfehlungen des RechtsA zu § 57, BT-Drucks 12/7302 S 160, abgedr bei *Uhlenbruck*, Das neue Insolvenzrecht, S 356). Die Beschränkung gilt jedoch nur zugunsten der Masse nicht ggü anderen absonderungsberechtigten Gläubigern (**BGH** NJW 1959, 2251). Hat ein anderer Gläubiger eine eingebrachte Sache wirksam gepfändet und beruft sich der Vermieter gegenüber dem Pfändungspfandgläubiger auf sein gesetzliches Pfandrecht, so gilt auch insoweit gem § 562 d BGB die Beschränkung des Vermieterpfandrechts auf Forderungen, die nicht älter als ein Jahr sind. Gem § 50 Abs 2 S 3 unterliegt das Pfandrecht des **Verpächters eines landwirtschaftlichen Grundstücks** wegen des Pachtzinses nicht dieser Beschränkung. Einzelheiten unten Rn 21.

b) Sachen, die dem Vermieter- oder Verpächterpfandrecht unterfallen. aa) Körperliche Sachen. Nur 14 körperliche Sachen unterliegen dem Pfandrecht. Hierzu gehören auch Inhaber- und Orderpapiere, nicht aber Forderungen und sonstige Rechte, insbesondere nicht Hypothekenbriefe, Sparkassenbücher und sonstige Legitimationspapiere (MüKoBGB-*Artz* § 562 Rn 14).

bb) Fremde Sachen. Dem Pfandrecht unterliegen nur solche Sachen, die dem Mieter oder Pächter ge- 15 hören (RGZ 60, 73; RGZ 80, 62; RGZ 132, 116). Ein gutgläubiger Erwerb eines besitzlosen gesetzlichen Pfandrechts ist nach allg Meinung ausgeschlossen (**RG** v 6. 5. 1924, RGZ 108, 163, 165; **BGH** v 21. 12. 1960, BGHZ 34, 153, 158; **BGH** v 21. 12. 1960, BGHZ 34, 122, 127; MüKoBGB-*Artz* § 562 Rn 14; PWW/*Riecke* § 562 BGB 22). Hat die Ehefrau allerdings den Miet- oder Pachtvertrag mit abgeschlossen werden auch die ihr gehörigen eingebrachten Sachen vom gesetzlichen Pfandrecht erfasst. Erwirbt der Mieter oder Pächter eingebrachte fremde Sachen nachträglich zu Eigentum, so fallen die Sachen mit dem Zeitpunkt des Eigentumserwerbs unter das gesetzliche Pfandrecht. Das Vermieter- und Verpächterpfandrecht erstreckt sich auch auf den **Anteil eines Miteigentümers** (RGZ 146, 334, 335 f; MüKoBGB-*Artz* § 562 Rn 15; *Erman/Jendrek* § 562 BGB Rn 9), da § 1273 BGB das Pfandrecht daran nicht als Pfandrecht an einem Recht behandelt. Gesamthandseigentum fällt unter das Vermieter- oder Verpächterpfandrecht nur, wenn alle Gesamthänder Mieter sind. Auch **Anwartschaftsrechte** des Mieters oder Pächters an eingebrachten Sachen unterliegen dem gesetzlichen Pfandrecht, wie zB Sachen, die unter Eigentumsvorbehalt erworben worden sind (BGHZ 117, 200 = NJW 1992, 1156; BGH NJW 1985, 1475; MüKoBGB-*Artz* § 562 Rn 16).

cc) Unpfändbare Sachen. An Sachen, die der Pfändung nicht unterliegen (§ 811 ZPO) oder nicht ge- 16 pfändet werden sollen (§ 812 ZPO), entsteht das gesetzliche Pfandrecht nicht (*Staudinger/Emmerich* § 562 BGB Rn 22). Eine Ausnahme macht gem § 592 S 3 BGB bei der Pacht eines landwirtschaftlichen Grundstücks für die nach § 811 Abs 1 Nr 4 ZPO der Pfändung nicht unterworfenen Sachen. Der **Auskunftsanspruch des Vermieters** erstreckt sich jedoch auch auf nach Ansicht des Verwalters unpfändbare Sachen (BGH v 4. 12. 2003 – IX ZR 222/02, ZIP 2004, 326 = DZWIR 2004, 238).

c) Einbringen. Das Pfandrecht an pfändbaren Sachen des Mieters entsteht mit deren Einbringung in 17 die Mieträume (BGH v 14. 12. 2006 – IX ZR 102/03, ZIP 2007, 191 = NZI 2007, 160). Das Einbringen erfordert einen Willensakt des Mieters oder Pächters in dem Sinn, dass das Verbringen in die Mieträume bewusst geschieht. Der Wille braucht sich nicht auf die Entstehung des Pfandrechts zu beziehen (*Palandt/Weidenkaff* § 562 BGB Rn 6). Dass die Sachen zum **dauernden Verbleib** auf das Grundstück gebracht werden, ist nicht erforderlich (*Jauernig/Teichmann* § 562 BGB Rn 3). Auch ein auf einem gemieteten Einstellplatz abgestelltes Kraftfahrzeug ist eingebracht (**OLG** Frankfurt ZMR 2006, 609; MüKoBGB-Artz § 562 Rn 12). Gleiches gilt für Gegenstände, die der Mieter oder Pächter vom Vermieter, Verpächter oder vom Vormieter oder Vorpächter erwirbt. Nicht vom Vermieterpfandrecht erfasst werden Gegenstände, die erkennbar nur **zu vorübergehendem Zweck** in die Miträume bzw auf das verpachtete Grundstück verbracht werden, wie zB Baumaschinen oder Bau- bzw Speditionsfahrzeuge, die ausschließlich außerhalb des Betriebsgrundstücks eingesetzt werden (vgl **BGH** NJW 1994, 864, 867; BGHZ 85, 234, 238; N/R/*Andres* § 50 Rn 19; PWW/*Riecke* § 562 BGB Rn 21). Zweifelhaft ist daher das „Einbringen" in den Fällen, in denen Ware oder Geld zwecks alsbaldiger Veräußerung bzw Abziehung erfolgt, wie zB beim Warenlager mit wechselndem Bestand oder bei der Tageskasse (verneinend *Eckert* ZIP 1984, 663, 664; vgl auch *Giesen* KTS 1995, 579 ff). Die Rspr erstreckt jedoch das Vermieterpfandrecht ohne Weiteres auch auf die Bestandteile des Warenlagers (BGHZ 117, 200 = NJW 1992, 1156).

18   aa) **Einbringen nach Eröffnung des Insolvenzverfahrens.** Bei Einbringung nach Verfahrenseröffnung kann wegen § 91 InsO kein Absonderungsrecht zugunsten von Insolvenzgläubigern entstehen (*Jaeger/Henckel* § 50 Rn 39; *Eckert* ZIP 1984, 663, 665; *Giesen* KTS 1995, 579, 582 ff; *Ehricke* FS Gerhardt (2004) S 191, 197). Allerdings kann dadurch, dass der **Insolvenzverwalter** Sachen in die Mieträume einbringt auch nach Verfahrenseröffnung über das Vermögen des Mieters ein gesetzliches Pfandrecht zugunsten des Vermieters entstehen, soweit dieses sich auf Masseforderungen gem § 55 Abs 1 Nr 2 bezieht (*Jaeger/Henckel* § 50 Rn 39; *Eckert* ZIP 1984, 663, 665; *Giesen* KTS 1995, 579, 583 f; *Ehricke* FS Gerhardt (2004) S 191, 197; **aA** Vorauflage). Soweit die Mietzinsansprüche Insolvenzforderungen sind, greift es nicht ein. Bei der **Eigenverwaltung** nach den §§ 270 ff wird dem Sachwalter nicht die Verwaltungs- und Verfügungsbefugnis über das Schuldnervermögen zugewiesen. Der Schuldner kann im Rahmen der Eigenverwaltung Sachen gem § 562 BGB einbringen, wodurch gleichfalls ein gesetzliches Vermieterpfandrecht für Masseschulden entsteht (*Giesen* KTS 1995, 579, 603; **aA** Vorauflage).

19   bb) **Einbringen im Insolvenzeröffnungsverfahren.** § 91 gilt im Insolvenzeröffnungsverfahren nicht, da diese Vorschrift nicht von der Verweisung in § 24 erfasst ist (BGHZ 135, 140, 147 = ZIP 1997, 737, 739). Eine Analogie ist mangels einer planwidrigen Regelungslücke nicht zulässig. Daher können durch Einbringungen des vorläufigen Verwalters mit Verfügungsbefugnis (§ 22 Abs 1) auch Absonderungsrechte für Insolvenzforderungen begründet werden. Bei einem vorläufigen Verwalter mit Zustimmungsvorbehalt (§ 21 Abs 2 Nr 2 Alt 2) kommt es darauf an, ob die Einbringung auch mit seinem Willen geschah, ist dies der Fall, steht auch hier der Entstehung eines Vermieterpfandrechts nichts im Wege (BGHZ 170, 196 v 14. 12. 2006 – IX ZR 102/03 ZIP 2007, 191 = NJW 2007, 1588). Zu beachten ist freilich die Anfechtbarkeit, Rn 25 a. Handelt der Schuldner, dem ein Zustimmungsvorbehalt auferlegt wurde, bei der Einbringung dagegen „auf eigene Faust", so fehlt es am erforderlichen Einverständnis des vorläufigen Insolvenzverwalters mit der Folge, dass kein Vermieterpfandrecht entsteht (*Ehricke* FS Gerhardt (2004) S 191, 196).

20   **d) Die gesicherten Forderungen. aa) Erfasste Forderungsarten.** Das gesetzliche Pfandrecht des Vermieters und Verpächters besteht für sämtliche Forderungen, die aus dem Miet- oder Pachtverhältnis herrühren oder mit ihm im Zusammenhang stehen, wie zB Ansprüche des Vermieters oder Verpächters aus der Lieferung von Gas, Strom, Wasser, Sammelheizung etc sowie für Entschädigungsansprüche (zB § 546a BGB). Zu den gesicherten Forderungen zählen auch Schadensersatzansprüche wegen Veränderung oder Verschlechterung der Miet- oder Pachtsache, Ansprüche auf Ersatz des Mietzinsausfalls wegen einer vom Mieter oder Pächter zu vertretenden vorzeitigen Vertragsauflösung, vertragliche Ansprüche wegen Nichterfüllung der Rückgabepflicht sowie der Anspruch auf Ersatz eines Verzugsschadens nach §§ 280 Abs 2, 286 BGB (*Eckert* ZIP 1984, 663, 665). Gesichert sind auch die Kosten der Kündigung und der Rechtsverfolgung, ebenso der Klage auf abgesonderte Befriedigung (§§ 1210 Abs 2, 1257 BGB), vom Mieter vertraglich übernommene Zuschüsse zum Aufbau, Umbau und Instandsetzungen der Mieträume oder eine eigene (vertragliche) Rückverpflichtung des Mieters (**RG** Seuff Arch 61, 182; **BGH** v 6. 12. 1972, BGHZ 60, 22; Erman/*Jendrek* § 562 BGB Rn 10; **str aA** *Eckert* ZIP 1984, 663, 665). Das Vermieterpfandrecht sichert dagegen nicht sonstige vertragliche Ansprüche, die neben dem Miet- oder Pachtverhältnis bestehen (FK-*Joneleit/Imberger* § 50 Rn 22; N/R/*Andres* § 50 Rn 22). So zB wird vom Pfandrecht nicht erfasst ein mit der Verpachtung einer Gastwirtschaft verbundener Bierlieferungsvertrag oder eine Forderung aus einem vom Pächter gegebenen Darlehen. Auch der Anspruch auf Zahlung einer Vertragsstrafe wird nach *Eckert* nicht durch das Vermieterpfandrecht gedeckt (ZIP 1984, 663, 665, zweifelhaft). Durch § 50 Abs 2 S 1 wird der Entschädigungsanspruch des Vermieters, der infolge einer Kündigung des Insolvenzverwalters (§ 109) entsteht, ausdrücklich vom Absonderungsrecht ausgenommen (*Gottwald/Gottwald* InsRHdb § 42 Rn 45; *Eckert* ZIP 1984, 663 u 1123; FK-*Joneleit/Imberger* § 50 Rn 21; *Kilger/K. Schmidt* § 49 KO Anm 3 a). Str ist, inwieweit der Anspruch auf

Zahlung einer Kaution gesichert ist. Dafür spricht, dass der Kautionszahlungsanspruch in engem Zusammenhang mit dem Mietvertrag steht und auch das Pfandrecht des Vermieters als Sicherungsmittel nicht ersetzen soll (Staudinger/*Emmerich* § 562 Rn 27). Abzulehnen ist eine Erstreckung des Vermieterpfandrechts auf Ausgleichsansprüche nach § 135 Abs 3 wg **Nutzungsüberlassung durch einen Gesellschafter**, s u Rn 25.

bb) **Zeitliche Beschränkung.** In zeitlicher Hinsicht ist die Sicherungswirkung des Vermieterpfandrechts in mehrfacher Weise beschränkt: So sichert es nach § 562 Abs 2 BGB nicht künftige Entschädigungsforderungen und den künftigen Mietzins über das laufende und das folgende Mietjahr hinaus. Durch § 50 Abs 2 S 1 wird das Vermieterpfandrecht auch rückwirkend beschränkt, da es wegen des Miet- oder Pachtzinses für eine frühere Zeit als die letzten zwölf Monate vor Eröffnung des Verfahrens kein Absonderungsrecht verschafft. (Eine Ausnahme gilt gem § 50 Abs 2 S 2 für das Pfandrecht des Verpächters eines landwirtschaftlichen Grundstücks wegen des Pachtzinses (hierzu unten Rn 31). Die Beschränkung der Geltendmachung des Pfandrechts durch § 50 Abs 2 S 1 bedeutet nicht, dass das Pfandrecht für ältere Rückstände erlischt (vgl *Kuhn* MDR 1960, 221, 222; *Gottwald*/*Gottwald* InsRHdb § 42 Rn 45; *Smid* § 50 Rn 8; N/R/*Andres* § 50 Rn 23). Der Sinn der Beschränkung liegt vielmehr darin, dass im Interesse einer gleichmäßigen Gläubigerbefriedigung das Pfandrecht und damit das Absonderungsrecht im Verhältnis zur Insolvenzmasse nicht mehr ausgeübt werden darf (*Kuhn* MDR 1960, 221, 222; *Kilger*/K. *Schmidt* § 49 KO Anm 3 a). Ein Vermieter, der hohe Mietzinsrückstände auflaufen lässt, erscheint nicht schutzwürdig. Zweck der Beschränkungen in § 50 Abs 2 ist es daher, die Insolvenzmasse vor übermäßig hohen, die Befriedigung der übrigen Gläubiger verhindernden oder schmälernden Absonderungsrechten zu bewahren. Die Beschränkungen des § 50 Abs 2 S 1 gelten deshalb nicht, wenn die Insolvenzmasse nicht beeinträchtigt wird (vgl **BGH** NJW 1959, 2251), weil die Verkürzung der Rechte des Vermieters nur einem anderen Absonderungsberechtigten zugute käme (*Kuhn* MDR 1960, 221). 21

e) **Erlöschen des Pfandrechts.** aa) **Durch Entfernung vor Eröffnung des Insolvenzverfahrens.** Sind **vor Eröffnung des Insolvenzverfahrens** dem gesetzlichen Vermieter- oder Verpächterpfandrecht unterliegende Sachen vom Grundstück entfernt worden, so ist das Pfandrecht an ihnen gem § 562 a BGB erloschen, es sei denn, die Entfernung ist ohne Wissen oder unter Widerspruch des Vermieters erfolgt. Ein Widerspruchsrecht des Vermieters oder Verpächters besteht nicht, sofern die Entfernung den gewöhnlichen Lebensverhältnissen entspricht, also etwa im Rahmen des regelmäßigen Geschäftsbetriebes erfolgt, oder wenn die auf dem Grundstück zurückbleibenden Sachen zur Sicherung des Vermieters offenbar ausreichen (§ 562 a S 2 BGB; vgl auch BGHZ 120, 368, 375 = NJW 1993, 1791; **BGH** v 13. 10. 1959, NJW 1959, 2251). Liegen die Voraussetzungen des § 562 a BGB nicht vor, ist an einen **gutgläubigen lastenfreien Erwerb** nach § 936 BGB zu denken. Danach ist gutgläubiger pfandfreier Erwerb ausgeschlossen, wenn die veräußerten Sachen im Besitz des Mieters oder Pächters verbleiben (§§ 936, 930 BGB). Das Vermieterpfandrecht erlischt auch bei bloß vorübergehender Entfernung vom Grundstück, so ua an Kraftfahrzeugen, wenn sie aus der Garage oder von einem gemieteten Einstellplatz weggefahren werden (OLG Karlsruhe NJW 1971, 624; **OLG Hamm** ZIP 1981, 165; *Kohl* NJW 1971, 1733; MüKoBGB-*Artz* § 562 a Rn 5; Staudinger/*Emmerich* § 562 a Rn 5; str aA OLG Frankfurt ZMR 2006, 609; *Schopp* NJW 1971, 1141). Das gesetzliche Vermieter- oder Verpächterpfandrecht erlischt bspw auch an Teppichen, Pelzen und anderen Kleidungsstücken, wenn sie zur Reinigung oder Reparatur gegeben werden. Dies hat zur Folge, dass der Reparaturbetrieb bzw Restaurator ein Werkunternehmerpfandrecht nach § 647 BGB unbelastet vom Vermieterpfandrecht erwirbt. 22

bb) **Entfernung nach Eröffnung des Insolvenzverfahrens.** Bei einer **Betriebsfortführung** durch den Insolvenzverwalter und einer Veräußerung im ordnungsgemäßen Geschäftsgang findet eine Enthaftung nach § 562 a S 2 BGB statt (*Ehricke* FS Gerhardt (2004) S 191, 198). Der Vermieter kann der Entfernung von Sachen, die dem Vermieterpfandrecht unterliegen, auch nicht widersprechen, soweit der Insolvenzverwalter von seinem **Verwertungsrecht nach §§ 166** ff Gebrauch macht (*Ehricke* KTS 2004, 321, 325). Das Vermieterpfandrecht erlischt bei einer Verwertung durch den Verwalter und setzt sich nach Ansicht des BGH in diesen Fällen am von der Masse getrennt zu verwahrenden Erlös fort (v 12. 7. 2001, NZI 2001, 548; v 18. 5. 1995, NJW 1995, 2783 = ZIP 1995, 1204). Der Verwalter kann dem Erlös die Kosten nach §§ 170, 171 entnehmen und den Überschuss an den Vermieter bis zur Höhe seiner gesicherten Forderung weiterleiten. Ist der Erlös aus der Verwertung der Sachen vom Verwalter zur Masse gezogen worden und nicht mehr unterscheidbar vorhanden, so tritt an die Stelle des Absonderungsrechts ein Masseschuldanspruch nach § 55 Abs 1 Nr 3. Der Vermieter hat gegen den Insolvenzverwalter einen **Auskunftsanspruch** über die noch vorhandenen und bereits entfernten Gegenstände (**BGH** v 4. 12. 2003 – IX ZR 222/02, NZI 2004, 209). 23

f) **Rangverhältnis von Sicherungseigentum und Vermieterpfandrecht.** In der Praxis werden in gemieteten oder gepachteten Räumen vorhandene Vorräte und Warenlager oftmals zur Sicherung des Betriebsmittelkredits zur Sicherheit an den Kreditgeber übereignet. Nach Auffassung des BGH (BGHZ 117, 200 = NJW 1992, 1156; Urt v 4. 12. 2003 – IX ZR 222/02, NZI 2004, 209; dazu auch *Gerhardt* FS Fischer S 149, 152; für Nichtigkeit der Raumsicherungsübereignung ohne dingliche Freigabeklausel 24

Mitlehner, Mobiliarsicherheiten Rn 933) hat das Vermieterpfandrecht Vorrang vor dem Sicherungseigentum des Kreditgebers. Es erstreckt sich auch auf solche Teile des Warenlagers, die erst nach der Sicherungsübereignung eingebracht werden (s auch **OLG** Düsseldorf NJW-RR 1998, 237; *Ehricke* FS Gerhardt (2004) S 191, 205; krit *Gnamm* NJW 1992, 2806). In der Literatur wird vorgeschlagen, in diesem Fall Gleichrangigkeit beider Rechte entsprechend ihres gleichzeitigen Entstehens anzunehmen (*Fischer* JuS 1993, 542). Dogmatisch lässt sich freilich die Gleichrangigkeit kaum mit dem Charakter der Sicherungsübereignung als Vollrechtsübertragung vereinbaren.

25 g) **Nutzungsüberlassung durch einen Gesellschafter.** Ungeklärt ist, ob ein Vermieterpfandrecht auch für Ausgleichsansprüche nach § 135 Abs 3 bei **Nutzungsüberlassung durch einen Gesellschafter** geltend gemacht werden kann. Dies dürfte zu verneinen sein. Das Vermieterpfandrecht sichert nur Ansprüche, die ihren Rechtsgrund im Mietverhältnis haben (oben Rn 21). Die Ausgleichsansprüche des Gesellschafters beruhen jedoch nicht auf dem Mietvertrag, sondern sind gesetzliche Ausgleichsansprüche, die sich lediglich der Höhe nach an der tatsächlich gezahlten Vergütung orientieren. Anders als die Entschädigungsansprüche nach § 546 a BGB stehen die Ausgleichsansprüche nach § 135 Abs 3 insofern mit einem eventuell geschlossenen Mietvertrag in keinem Zusammenhang. § 135 knüpft nur an die tatsächliche Überlassung durch den Gesellschafter an. Ein unterschiedliche Behandlung wird auch durch den abweichenden Wortlaut der Vorschriften gestützt: Während nach § 546 a BGB der Vermieter „als Entschädigung die vereinbarte Miete" verlangen kann, „gebührt dem Gesellschafter ein Ausgleich"; bei dessen Berechnung „der Durchschnitt der im letzten Jahr vor Verfahrenseröffnung geleisteten Vergütung in Ansatz zu bringen" ist.

25a h) **Anfechtbarkeit des Vermieterpfandrechts.** Die Einbringung von Sachen nach §§ 562, 592 BGB ist eine Rechtshandlung iSv §§ 129 ff (BGHZ 170, 196 v 14. 12. 2006 – IX ZR 102/03, ZIP 2007, 191 dazu *Mitlehner* ZIP 2007, 804). Allerdings sind gesetzliche Pfandrechte grdsl kongruente Sicherheiten, so dass eine Anfechtung des Vermieterpfandrechts allenfalls unter den Voraussetzungen des § 130 in Betracht kommt (vgl auch *Giesen* KTS 1995, 579, 587, 603 f; krit für bisher ungesicherte Altforderungen K/P/B/*Bork* Anh I zu § 147 Rn 27). Teilweise wird das Vermieterpfandrecht allerdings für inkongruent erachtet, soweit der Mieter „unnötig viele oder besonders wertvolle Sachen" eingebracht hat (§ 130 Rn 20). Eine solche Abgrenzung ist jedoch praktisch kaum durchführbar und daher abzulehnen (MüKo-*Kirchhof* § 130 Rn 24). Hinsichtlich des Zeitpunkts der Vornahme der Rechtshandlung iSv § 140 kommt es für das Vermieterpfandrecht grdsl auf den Zeitpunkt der Einbringung an.

26 Nach Auffassung des **BGH** soll dies auch dann gelten, wenn die Forderungen, wegen deren Befriedigung begehrt wird, aus der Überlassung der Mietsache während der Krise herrühren. Die Mietzinsforderungen Forderung seien bereits mit Abschluss des Mietvertrages – als befristete Ansprüche – entstanden (**BGH** v 11. 11. 2004 – IX ZR 237/03, NJW-RR 2005, 487 = ZIP 2005, 181). Auf den Ablauf der Frist komme es daher nach § 140 Abs 3 nicht an. Für das Vermieterpfandrecht sei deshalb ausschließlich der Zeitpunkt der Einbringung maßgeblich. Liege dieser außerhalb der Krise, sei das Absonderungsrecht in vollem Umfang anfechtungsfest (ebenso wohl MüKo-*Kirchhof* § 140 Rn 16; str aA Jaeger/Henckel § 140 Rn 18; *Gundlach* EWiR 2007, 185).

27 Der Entscheidung ist nur insoweit zuzustimmen als sie im Ergebnis die Anfechtbarkeit des Vermieterpfandrechts verneint. Die Unanfechtbarkeit beruht jedoch nicht auf § 140 Abs 3, sondern ergibt sich richtigerweise aus dem Bargeschäftsprivileg (ebenso *Mitlehner* ZIP 2007, 804, 806). Das Vermieterpfandrecht entsteht unabhängig von dem (späteren) Fristablauf bezüglich der Forderung bereits mit der Einbringung. Dass der Fristablauf bezüglich der Forderung insoweit unbeachtlich ist, beruht nicht auf § 140 Abs 3, sondern darauf, dass ein Pfandrecht auch künftige Forderungen sichern kann (§ 1204 Abs 2 BGB) und in diesem Fall bereits mit der Bestellung unabhängig von der späteren Entstehung der Forderung entsteht (BGHZ 86, 340, 346). Zu welchen Fehlschlüssen das Abstellen auf § 140 Abs 3 verleiten kann, zeigen die Überlegungen des BGH zur Anfechtbarkeit einer Zahlung auf die Mietzinsforderung. Aus § 140 Abs 3 und dem Charakter der Mietzinszahlungspflicht als befristete Verbindlichkeit will der Senat offenbar folgern, dass es bezüglich der Anfechtung der Zahlung des Mietzinses auf den Abschluss des Mietvertrages ankommen soll (BGHZ 170, 196 v 14. 12. 2006 – IX ZR 102/03, ZIP 2007, 191 Rn 18). Dem kann keinesfalls zugestimmt werden. Bei der Befriedigung einer Forderung kommt es nach § 140 Abs 1 auf den Zeitpunkt der Zahlung an. Der Zeitpunkt der Forderungsentstehung ist unbeachtlich. Eine Befriedigung während der kritischen Zeit wäre insofern vorbehaltlich des Bargeschäftseinwands aus § 142 anfechtbar; eine Befriedigung vor Entstehung der Forderungen sogar nach § 131.

28 Zu prüfen ist allerdings, ob sich für das Vermieterpfandrecht, also für eine Sicherung etwas anderes ergibt, weil und soweit es bereits entsteht, bevor die Befristung der Forderung fortfällt. Aus der Entstehung des Pfandrechts bereits vor Forderungsentstehung hat der BGH gefolgert, dass es bei der Anfechtung rechtsgeschäftlich bestellter Pfandrechte für künftige Forderungen auch hinsichtlich der Kenntnis nicht auf den Zeitpunkt der Entstehung der Forderung, sondern auf den der Begründung des Pfandrechts ankomme (**BGH** v 19. 3. 1998 – IX ZR 22/97, BGHZ 138, 291, 307 = ZIP 1998, 793, 798; **BGH** v 5. 11. 1998 – IX ZR 246/97, ZIP 1999, 79 = WM 1998, 2463). Es ist grdsl konsequent diese Wertung auf gesetzlich begründete Pfandrechte zu übertragen. Auch hier muss es auf die Entstehung

IV. Gesetzliche Pfandrechte **§ 50**

des Pfandrechts – beim Vermieterpfandrecht also auf das Einbringen mietereigener Sachen – ankommen. Wenn die Rechtsprechung bezüglich rechtsgeschäftlich begründeter Pfandrechte zutrifft, dann ist der spätere Fristablauf ist bezüglich der Entstehung des Rechts auch hier unbeachtlich, da auch das gesetzliche Pfandrecht nach §§ 1257, 1204 Abs 2 auch künftige Forderungen sichern kann (vgl § 562 Abs 2 für das Vermieterpfandrecht).

Gleichwohl ist beim Pfandrecht nicht immer die Entstehung des Rechts der nach § 140 Abs 1 maßgebliche Zeitpunkt. Denn bis zum Fortfall der Befristung der gesicherten Forderung hat der Schuldner gegen das „forderungslose Pfandrecht" – ob rechtsgeschäftlich oder gesetzlich begründet – die **Einrede der Nichtvalutierung**. Fällt diese erst nach Verfahrenseröffnung weg, muss ein Rechtserwerb an § 91 scheitern (MüKo-*Breuer* § 91 Rn 32, 33; Jaeger/*Henckel* § 140 Rn 17; MüKo-*Kirchhof* § 140 Rn 15; *Mitlehner* Mobiliarsicherheiten Rn 684). Fällt die Einrede vor Verfahrenseröffnung aber innerhalb des Anfechtungszeitraums weg, ist zu fragen, ob der Eintritt der Wirkungen einer Rechtshandlung iSd § 140 erst dann vorliegt, wenn das durch die Rechtshandlung begründete Recht einredefrei ist. Jedenfalls für die Begründung von Sicherungsrechten ist dies zu bejahen, da hier die Existenz einer gesicherten Forderung Voraussetzung für das Vorgehen aus dem Sicherungsrecht ist. Für Hypothek und Grundschuld entspricht dies der hM (**OLG Köln** WM 1979, 1342; Jaeger/*Henckel* § 140 Rn 25; § 140 Rn 7). Es ist nicht erkennbar, wieso für Pfandrechte an beweglichen Sachen anders entschieden werden sollte. Der anfechtungsrechtlich relevante Zeitpunkt ist insofern in der Tat der Fortfall der Einrede, also der Fristablauf. 29

Beim Vermieterpfandrecht ist allerdings insoweit das **Bardeckungsprivileg des § 142** zu berücksichtigen (*Mitlehner* ZIP 2007, 804, 806). Denn die Einrede der Nichtvalutierung fällt nur insoweit fort, wie der Vermieter dem Mieter den Gebrauch der Mietsache überlässt. Insofern besteht zwischen dem Fortfall der Einrede und der Überlassung der Mietsache ein unmittelbarer Zusammenhang (zum Bargeschäftsprivileg bei Dauerschuldverhältnissen BGHZ 167, 190, 201 v 13. 4. 2006 – IX ZR 158/05 = NJW 2006, 2701; MüKo-*Kirchhof* § 142 Rn 19). Im Ergebnis kann daher das Vermieterpfandrecht auch dann nicht angefochten werden, wenn es Forderungen sichert, die erst während der Krise entstanden sind. Dies gilt sogar dann, wenn es um Sicherungsgut geht, das während der Krise eingebracht wurden. 30

i) **Besonderheiten beim Landpachtvertrag.** Das Pfandrecht des Verpächters eines landwirtschaftlichen Grundstücks kann für den gesamten rückständigen und künftigen Pachtzins geltend gemacht werden (zum Landpachtvertrag vgl §§ 585 ff BGB). Für den Pachtzins kann also uneingeschränkt abgesonderte Befriedigung verlangt werden. Das Pfandrecht erstreckt sich auch auf die **Früchte** des Grundstücks und auf die nach § 811 Nr 4 ZPO der Pfändung nicht unterworfenen Sachen. Dagegen erstreckt sich das gesetzliche Pfandrecht nicht auf die dem Unterpächter zufallenden natürlichen Früchte. Es kann auch wegen des vom Pächter für die Eigentumsüberlassung des Inventars zu zahlenden Übernahmepreises geltend gemacht werden. Das gesetzliche Pfandrecht des Verpächters eines landwirtschaftlichen Grundstücks erfährt allerdings eine Einschränkung, wenn der Pächter aufgrund des Pachtkreditgesetzes vom 5. 8. 1951 (BGBl I, 494) idF d Gesetzes v 8. 11. 1985 (BGBl I, 2065) einem Kreditinstitut das Inventar verpfändet hat. Der Verpächter kann gem § 11 Abs 1 S 1 PachtkredG der Verwertung des Inventars durch Pfandverkauf nicht widersprechen. Zu einer Verwertung, die nicht im Wege der öffentlichen Versteigerung erfolgt, bedarf das Pachtkreditinstitut der Einwilligung des Verpächters. Das Pachtkreditinstitut hat dem Verpächter auf sein Verlangen die Hälfte des Erlöses zur Befriedigung der Sicherstellung für die ihm gegen den Pächter zustehenden Forderungen, die durch das gesetzliche Pfandrecht gesichert sind, zu überlassen (§ 11 Abs 1 S 3 PachtkredG). Der Überschuss, der nach Befriedigung beider verbleibt, fällt in die Insolvenzmasse. Dem gesetzlichen Verpächterpfandrecht gehen die gesetzlichen Pfandrechte an den pfändbaren Grundstücksfrüchten wegen der Ansprüche für Lieferung von Düngemitteln und Saatgut im Rang vor. 31

3. Pfandrecht des Pächters am Inventar. Nach § 583 Abs 1 BGB steht dem Pächter eines Grundstücks für die Forderungen gegen den Verpächter, die sich auf das mit gepachtete Inventar beziehen, ein Pfandrecht an den in seinen Besitz gelangten Inventarstücken zu. § 583 BGB gilt für alle verpachteten Grundstücke, also auch gewerblich oder landwirtschaftlich genutzte Grundstücke. Der Pächter muss das Inventar mit gepachtet haben und dieses muss in seinen Besitz gelangt sein. Gleichgültig ist dabei, ob das Inventar dem Verpächter oder einem Dritten gehört (MüKo-*Ganter* § 50 Rn 103). Zu den Forderungen, die sich auf das mit gepachtete Inventar beziehen, gehören ua der Anspruch auf Ersatzbeschaffung (§ 582 Abs 2 S 1 BGB), auf Ausgleich des Differenzbetrages zwischen übernommenem und zurückzugewährendem Inventar (§ 582 a Abs 3 S 3 BGB) sowie auf Rückgabe einer für das Inventar gestellten Kaution (MüKo-*Ganter* § 50 Rn 103). Das Inventarpfandrecht des Pächters erlischt durch Rückgabe des Inventars, nicht aber durch unfreiwilligen Verlust des Besitzes (§ 1253 BGB). Dagegen steht dem Nießbraucher eines Grundstücks kein Pfandrecht am Inventar zu (MüKo-*Ganter* § 50 Rn 103). 32

4. Das Pfandrecht des Gastwirts (§ 704 BGB). Der Gastwirt, der gewerbsmäßig Fremde zur Beherbergung aufnimmt, hat für seine Forderungen für Wohnung und andere dem Gast zur Befriedigung sei- 33 ner Bedürfnisse gewährte Leistungen ein Pfandrecht an den eingebrachten Sachen des Gastes (§ 704 BGB). In der Praxis spielt das Pfandrecht des Gastwirts deswegen eine geringe Rolle, weil entweder der Gastwirt zur Zeit der Insolvenzeröffnung die eingebrachten Sachen schon in Besitz genommen hat oder aber das Insolvenzverfahren im Zeitpunkt der Entstehung des Pfandrechts schon eröffnet ist, so dass § 91 der Entstehung eines Pfandrechts entgegensteht, soweit die eingebrachten Sachen des Gastes zu dessen Insolvenzmasse (§ 35) gehören. An eingebrachten Sachen, die im Eigentum eines Dritten stehen, besteht ein Gastwirtpfandrecht nicht, ein gutgläubiger Erwerb ist nicht möglich. Sachen von Angehörigen und Begleitern des Gastes werden vom Pfandrecht nicht mit erfasst, sofern diese nicht selbst Gast sind (MüKoBGB-*Hüffer* § 704 Rn 4; *Palandt/Sprau* § 704 BGB Rn 1).

34   **5. Das Werkunternehmerpfandrecht (§ 647 BGB).** Der Werkunternehmer hat für seine Forderungen aus dem Vertrag ein Pfandrecht an den von ihm hergestellten oder ausgebesserten beweglichen Sachen des Bestellers, wenn sie zum Zweck der Werkleistung in seinen Besitz gelangt sind (§ 647 BGB). Das Unternehmerpfandrecht nach § 647 BGB sichert alle Forderungen des Unternehmens aus dem Werkvertrag, gleichgültig, ob es sich um Vergütungsansprüche, Schadenersatzansprüche oder Ansprüche auf Entschädigung handelt. Entscheidend ist, dass die Ansprüche ihre Rechtsgrundlage im Werkvertrag haben (§§ 631, 645, 649, 642 BGB; MüKoBGB-*Busche* § 647 Rn 14; *Jauernig/Mansel* § 647 BGB Rn 2). Nicht gesichert sind dagegen Ansprüche aus Delikt, Geschäftsführung ohne Auftrag oder Bereicherungsansprüche. Dagegen sind gesichert Ansprüche auf Prozesskostenerstattung (MüKoBGB-*Busche* § 647 Rn 14). Der in einem **Subunternehmerverhältnis** tätig werdende Unternehmer erwirbt kein Unternehmerpfandrecht (MüKoBGB-*Busche* § 647 Rn 7). Der werkvertragliche **Besteller** muss **Eigentümer** der Sache sein. Deshalb kann ein Pfandrecht nach § 647 BGB nicht an solchen beweglichen Sachen entstehen, die nicht dem Besteller, sondern einem Dritten gehören. Während § 1207 BGB den gutgläubigen Erwerb eines Vertragspfandrechts zulässt, ist die Frage, ob und in welchen Fällen der **gutgläubige Erwerb gesetzlicher Pfandrechte** zulässig ist, umstritten. Insbesondere für die Fälle des Werkunternehmerpfandrecht als gesetzliches Besitzpfandrecht wird die Möglichkeit des gutgläubigen Erwerbs unter Hinweis auf § 366 Abs 3 HGB von der hM in der Literatur (vgl zB MüKoBGB-*Damrau* § 1257 BGB Rn 3; *Baur/Stürner*, Sachenrecht § 55 Rn 40) für möglich gehalten. Dagegen der lässt der **BGH** außerhalb der handelsrechtlichen gesetzlichen Pfandrechte einen gutgläubigen Erwerb nicht zu, weil § 1257 BGB nur das entstandene Pfandrecht, nicht dagegen den Entstehungstatbestand dem Fall der rechtsgeschäftlichen Verpfändung gleichstelle (**BGH v 21. 12. 1960, BGHZ 34, 153, 158 = NJW 1961, 502; BGH DB 1987, 1140, 1141**). § 1207 BGB sei daher auf das gesetzliche Pfandrecht nicht anwendbar. *K. Schmidt* (Handelsrecht § 23 II 2 S 680) geht aber mit Recht davon aus, dass der Gesetzgeber des HGB in § 366 Abs 3 die Möglichkeit eines Pfandrechtserwerbs an Sachen Dritter stillschweigend vorausgesetzt hat. Bei Reparaturen von Kraftfahrzeugen behilft man sich in der Praxis in diesen Fällen mit einer rechtsgeschäftlichen Pfandrechtsbestellung in den AGB. Das Werkunternehmerpfandrecht **erlischt** mit der Ablieferung der Sache an den Besteller. Es entsteht nicht wieder erneut, wenn der Unternehmer wieder in den Besitz der Sache gelangt (MüKo-*Ganter* § 50 Rn 105). Verliert der Unternehmer dagegen ungewollt den Besitz, bleibt das Pfandrecht bestehen (RGZ 72, 284; MüKoBGB-*Busche* § 647 BGB Rn 15). Wird der Unternehmer zum unrechtmäßigen Besitzer, weil das Besitzrecht des Bestellers gegenüber dem Eigentümer der Sache zB durch Rücktritt des Eigentumsvorbehaltsverkäufers (§ 449 BGB) endet, so hat der Unternehmer nach umstrittener Ansicht des **BGH** gegen den Eigentümer den Anspruch aus § 994 BGB und ein Zurückbehaltungsrecht nach § 1000 BGB auch für diejenigen Verwendungen, die er auf die Sache in der Zeit gemacht hatte, in der er noch zum Besitz berechtigt war (**BGH v 21. 12. 1960, BGHZ 34, 153, 158 = NJW 1961, 502; sehr str** dagegen ua MüKoBGB-*Medicus* Vor § 987 Rn 9f). Die **Verwertung** des Pfandrechts erfolgt nach den für Vertragspfandrechte geltenden Bestimmungen.

35   **6. Das Hinterlegungspfandrecht (§ 233 BGB).** Der durch Hinterlegung Berechtigte erwirbt ein Pfandrecht an dem hinterlegten Geld oder an den hinterlegten Wertpapieren und, wenn das Geld oder die Wertpapiere in das Eigentum des Fiskus oder der Hinterlegungsstelle übergehen, ein Pfandrecht an der Forderung auf Rückerstattung (§ 233 BGB). Das Pfandrecht am Rückerstattungsanspruch entsteht auch dann, wenn fremdes Geld hinterlegt wurde Staudinger/*Repgen* § 233 BGB Rn 5). Bei der Hinterlegung fremder Wertpapiere soll es dagegen auf den guten Glauben ankommen (Palandt/*Heinrichs* § 233 Rn 1). Auch die **Hinterlegung nach § 108 ZPO** sowie Hinterlegungen nach §§ 709ff, 923 ZPO, nicht dagegen die Hinterlegung nach §§ 711 S 1, 712 Abs 1 S 1 ZPO, lösen die Wirkungen des § 233 BGB aus. Durch die **Hinterlegung des Streitgegenstandes** nach § 711 ZPO wird kein Absonderungsrecht begründet. Allerdings kann die Hinterlegung durch bedingte Übereignung erfolgen und begründet dann ein Aussonderungsrecht (*Jaeger/Henckel* § 50 Rn 32; MüKo-*Ganter* § 50 Rn 107). Gleiches gilt für die Hinterlegung eines streitbefangenen Gegenstandes bei einem Sequester nach § 938 Abs 2 ZPO. Ist der in einem Zwangsversteigerungsverfahren auf eine gem § 91 ZVG erloschene Eigentümergrundschuld entfallende Erlösanteil zufolge eines Widerspruchs eines Beteiligten (§ 9 ZVG) gegen den Teilungsplan gem §§ 124, 120 ZVG hinterlegt worden, so hat sich der kraft des Surrogationsprinzips an die Stelle der erloschenen Eigentümergrundschuld getretene Anspruch des bisherigen Eigentümers und Schuldners gegen den Ersteher auf Entrichtung des Versteigerungserlöses an das Zwangsversteigerungs-

IV. Gesetzliche Pfandrechte **§ 50**

gericht wiederum gewandelt, und zwar in einen Anspruch des Schuldners gegen die Hinterlegungsstelle. Dieser (bedingte) Anspruch unterliegt unabhängig von vorausgegangenen anderweitigen Anspruchspfändungen einer selbständigen Pfändung, die mit der Zustellung des Pfändungsbeschlusses an die Hinterlegungsstelle wirksam wird (**BGH** v 5. 4. 1972, KTS 1972, 257).

7. Das Pfandrecht des Kommissionärs. Der Kommissionär hat an dem in seinem Besitz befindlichen **36** Kommissionsgut ein gesetzliches Pfandrecht wegen der auf das Gut verwendeten Kosten, der Provision, der auf das Gut gegebenen Vorschüsse und Darlehen, der mit Rücksicht auf das Gut gezeichneten Wechsel oder in anderer Weise eingegangenen Verbindlichkeiten sowie wegen aller Forderungen aus laufender Rechnung in Kommissionsgeschäften (§ 397 HGB). Vgl auch §§ 383 Abs 2, 406 Abs 1 S 2 HGB; ferner *Serick* Bd V § 59 IV 2 a S 218; *K. Schmidt* Handelsrecht § 31 IV 3 c S 883 ff; MüKo-*Ganter* § 50 Rn 108; N/R/*Andres* § 50 Rn 26. Aus § 366 Abs 3 HGB folgt, dass das Pfandrecht grundsätzlich voraussetzt, dass der Kommittent Eigentümer des Kommissionsguts ist oder die Verfügungsmacht über das Gut hat. Das Pfandrecht kann jedoch gem §§ 366 Abs 3 HGB, 932, 1207 BGB **gutgläubig erworben** werden, es sei denn, das Kommissionsgut ist abhanden gekommen oder der Kommissionär hat von der fehlenden Rechtsmacht des Kommittenten gewusst bzw diese grob fahrlässig nicht erkannt (*K. Schmidt* Handelsrecht § 31 IV 3 c S 883). Über die konnexen Forderungen hinaus sind sämtliche Forderungen aus laufender Rechnung in Kommissionsgeschäften gesichert (BGHZ 150, 326, 331 = ZIP 2002, 1204), Ausnahme: § 30 Abs 2, 4 DepotG (hierzu *Heinsius/Horn/Than* § 4 DepotG Anm 9 ff; § 30 Anm 15). Nach § 1257 BGB steht das Pfandrecht des Kommissionärs dem vertraglichen Pfandrecht gleich. In der Insolvenz des Kommittenten berechtigt das Pfandrecht den Kommissionär zur abgesonderten Befriedigung nach § 50 Abs 1. Voraussetzung ist allerdings, dass der Kommissionär vor Verfahrenseröffnung Besitz am Kommissionsgut erlangt hat (RGZ 71, 76, 77; *K. Schmidt* Handelsrecht § 31 IV 3 c aa S 884). Abweichend von den allgemeinen zivilrechtlichen Regelungen in den §§ 1257, 1256 Abs 1 S 1 BGB begründet § 398 HGB ein dem § 397 HGB entsprechendes **pfandrechtsähnliches Befriedigungsrecht** am Kommissionsgut, das im Eigentum des Kommissionärs steht (*Koller/Roth/Morck* § 398 HGB Rn 1; *Baumbach/Hopt* § 398 HGB Rn 1; *K. Schmidt* Handelsrecht § 31 IV 3 c bb S 884; MüKo-*Ganter* § 50 Rn 108). Überträgt der Kommissionär das Eigentum an den Kommittenten gem §§ 929, 930 BGB, wird das pfandrechtsähnliche Recht nach § 398 HGB zu einem Pfandrecht iSv § 397 HGB (*Koller/Roth/Morck* § 398 HGB Rn 1). Der Kommissionär kann sich auch aus den Forderungen, die nach Maßgabe des § 392 Abs 2 HGB bereits als Forderungen des Kommittenten gelten, wegen der ihm nach § 397 HGB zustehenden Ansprüche vor dem Kommittenten und dessen Gläubigern befriedigen (§ 399 HGB). Auch bei § 399 HGB handelt es sich um ein **pfandrechtsähnliches Recht**, das dem Kommissionär ein Absonderungsrecht hinsichtlich der in § 397 HGB bezeichneten Ansprüche verschafft (vgl *K. Schmidt* Handelsrecht § 31 IV 3 c cc S 885; MüKo-*Ganter* § 50 Rn 108; *Koller/Roth/Morck* § 399 HGB Rn 1; *Baumbach/Hopt* § 399 HGB Rn 3). Das Befriedigungsrecht besteht nur hinsichtlich der Ansprüche aus dem Ausführungsgeschäft. Der Kommissionär bleibt in voller Höhe, also nicht bloß bis zur Höhe seiner eigenen Ansprüche, einziehungsbefugt, jedoch nur gegenüber seinen Gläubigern. In seinem Insolvenzverfahren greift § 392 Abs 2 HGB ein (s § 47 Rn 78). Eine Schadenersatzforderung des Kommissionärs gegen die Eisenbahn wegen Verlusts von Frachtgut, das ihm vom Kommittenten zugesandt worden ist, fällt weder unter § 397 HGB noch unter § 399 HGB (vgl RGZ 105, 125, 126; *K. Schmidt* Handelsrecht § 31 IV 3 c cc S 885).

8. Das Spediteurpfandrecht (§ 464 HGB). Der Spediteur hat an dem in seinem Besitz befindlichen **37** oder in seiner Verfügungsmacht stehenden Speditionsgut gem § 464 HGB wegen aller durch den Speditionsvertrag begründeten Forderungen sowie wegen der Forderungen aus anderen mit dem Versender abgeschlossenen Speditions-, Fracht- und Lagerverträgen ein gesetzliches Pfandrecht. Daneben begründet Nr 20.1 ADSp ein inhaltsgleiches vertragliches Pfandrecht sowie ein Zurückbehaltungsrecht an den in der Verfügungsgewalt des Spediteurs befindlichen Gütern oder sonstigen Werten. § 464 S 2 HGB verweist auf das Frachtführerpfandrecht (§ 441 HGB). Damit sind die früheren Ungleichheiten zwischen dem HGB-Pfandrecht und dem ADSp-Pfandrecht des Spediteurs beseitigt (*K. Schmidt* Handelsrecht § 33 II 3 c S 961). Befriedigt ein nachfolgender Frachtführer einen vorhergehenden Frachtführer, so gehen dessen Forderungen ebenso wie das Pfandrecht gem §§ 465 Abs 1, 442 Abs 2 HGB auf ihn über. Dies gilt gem § 442 Abs 3 HGB auch für die Rechte eines vorhergehenden Spediteurs (*K. Schmidt* Handelsrecht § 33 II 3 d S 961).

9. Das Lagerhalterpfandrecht (§ 475 b HGB). Der Lagerhalter hat gem § 475 b HGB wegen aller **38** durch den Lagervertrag begründeten Forderungen sowie wegen unbestrittener Forderungen aus anderen mit dem Einlagerer abgeschlossenen Lager-, Fracht- und Speditionsverträgen ein Pfandrecht an dem in seinem Besitz befindlichen Lagergut auch soweit es sich um unpfändbare Sachen handelt. Das Pfandrecht erstreckt sich auch auf die Forderung aus einer Versicherung sowie auf die Begleitpapiere (§ 475 b Abs 1 S 2 HGB). Voraussetzung für die Entstehung des Absonderungsrechts ist, dass der Lagerhalter das Lagergut in Besitz hat, insbesondere mittels Konnossements, Ladescheins oder Lagerscheins darüber verfügen kann (§ 475 b Abs 1, 3 HGB). Bei unfreiwilligem Besitzverlust erlischt das Pfand-

nicht. Ist ein Orderlagerschein durch Indossament übertragen worden, so besteht das Pfandrecht gegenüber dem legitimierten Besitzer des Orderlagerscheins nur wegen der aus diesem ersichtlichen Forderungen oder Forderungen, die ihm bei Erwerb des Lagerscheins bekannt oder infolge grober Fahrlässigkeit unbekannt waren (§ 475 Abs 2 HGB). Hinsichtlich zusätzlich übernommener Werkleistungen ist der Lagerhalter durch das Pfandrecht des § 647 BGB gesichert (**BGH BB 1960, 837; BGH BB 1966, 179**; *Schlegelberger/Schröder* § 421 HGB Rn 4 a; *K. Schmidt* Handelsrecht § 34 IV 2 b S 983). Im Übrigen kann neben dem gesetzlichen Pfandrecht dem Lagerhalter ein **Zurückbehaltungsrecht** nach § 273 BGB, § 369 HGB zustehen (*Baumbach/Hopt* § 475 b HGB Rn 1).

39 10. **Das Frachtführerpfandrecht (§ 441 HGB).** Der Frachtführer hat wegen aller durch den Frachtvertrag begründeten Forderungen gegen den Absender und den Empfänger ein gesetzliches Pfandrecht am Frachtgut, solange er dieses im Besitz hat (§ 441 Abs 1 S 1 HGB). Nach § 441 Abs 3 HGB besteht das Pfandrecht allerdings auch nach Ablieferung fort, wenn der Frachtführer es innerhalb von drei Tagen gerichtlich geltend macht und das Gut noch im Besitz des Empfängers ist. Das Pfandrecht erstreckt sich auch auf die Begleitpapiere (§ 441 Abs 1 S 1 HGB). Das Pfandrecht sichert ua Forderungen wegen der Fracht- und Liegegelder sowie der Zollgelder und anderer Auslagen (*K. Schmidt* Handelsrecht § 32 II 8 S 929). Nicht erforderlich ist, dass das Frachtgut dem Absender gehört. Verfügungsbefugnis reicht aus (*K. Schmidt* Handelsrecht § 32 II 8 S 929). Gem § 366 Abs 3 HGB kann das Pfandrecht gutgläubig erworben werden, wenn der Erwerber die fehlende Verfügungsbefugnis kannte oder grob fahrlässig nicht kannte (§§ 366 Abs 3 HGB, 1207, 1257, 932 Abs 2 BGB). Einzelheiten bei *K. Schmidt* Handelsrecht § 32 II 2 b u § 32 II 8; *Baumbach/Hopt* § 441 HGB Rn 4; **OLG** Stuttgart WM 1978, 1333. § 441 Abs 1 S 1 HGB erstreckt das Pfandrecht auch auf **unbestrittene Forderungen** aus anderen mit dem Absender abgeschlossenen Fracht-, Speditions- oder Lagerverträgen, sog inkonnexe Forderungen (vgl BGHZ 150, 326, 329 v 18. 4. 2002 – IX ZR 219/01, NZI 2002, 485; **BGH** v 21. 4. 2005 – IX ZR 24/04, NJW-RR 2005, 916 = ZIP 2005, 992 zur Kongruenz eines solchen Pfandrechts). Die Geltendmachung der **Rechte wo aufeinander folgenden Frachtführern** beurteilt sich nach den § 442 f HGB. Die Pfandrechte der vorhergehenden Frachtführer und Spediteure bestehen so lange wie das Pfandrecht des letzten Frachtführers (§ 442 Abs 1 S 2 HGB). Befriedigt der nachfolgende Frachtführer den vorhergehenden, so geht dessen Forderung gem § 442 Abs 2 HGB mit dem Pfandrecht auf ihn über (vgl **RG** JW 1934, 2971, 2972; *K. Schmidt* Handelsrecht § 32 III 1 b S 933). Gleiches gilt, wenn der Vormann oder der Nachmann nicht Frachtführer, sondern Spediteur ist (§ 442 Abs 3 HGB). Einzelheiten zum kombinierten (multimodalen) Transport bei *K. Schmidt* Handelsrecht § 32 III 2 S 933 ff.

40 11. **Pfandrechte der Schiffseigner, Seeverfrachter, Schiffsgläubiger, Vergütungsberechtigte aus großer Haverei Berger, Hilfeleister.** Die Berger und Hilfeleister haben an den geborgenen oder geretteten Gegenständen wegen der Bergungs- und Hilfskosten, insbesondere auch wegen des Berge- und Hilfslohns aus großer Haverei ein gesetzliches Pfandrecht nach den §§ 725, 731 Abs 3, 751, 777 HGB. Für Beförderer iR der **Binnenschifffahrt** greift § 77 Abs 2 BinSchG, für **Seeverfrachter** die §§ 623, 627, 674 HGB und für **Schiffsgläubiger** hinsichtlich eines Pfandrechts an der Fracht die §§ 756, 758, 771 ff HGB, §§ 104 ff, 112 BinSchG ein (MüKo-*Ganter* § 50 Rn 113).

41 12. **Das Früchte-Pfandrecht.** Das **Früchte-Pfandrecht** nach dem Gesetz zur Sicherung der Düngemittel- und Saatgutversorgung v 19. 1. 1949 (WiGBl S 8; BGBl III 403–11) gewährt dem Pfandgläubiger in der Insolvenz des Eigentümers gem § 50 ein Recht zur abgesonderten Befriedigung an den Früchten und zwar bereits vor deren Trennung. Bei Entfernung der Früchte setzt sich ein Absonderungsrecht am Erlös der Früchte fort (BGHZ 139, 319, 322 ff). Löst der Insolvenzverwalter das Früchtepfandrecht durch Zahlung ab, kann der Pfandgläubiger auch den Absonderungsanspruch nach § 3 Abs 1 des Düngemittelsicherungsgesetzes nicht mehr erheben. § 2 Abs 1 und Abs 2 des Düngemittelsicherungsgesetzes gelten in der Insolvenz des Schuldners dagegen nicht (**BGH** v 12. 7. 2001 KTS 2001, 602, 613).

V. Pfändungspfandrecht

42 1. **Entstehung.** Ein Pfändungspfandrecht begründet nach § 50 Abs 1 ebenfalls ein Recht auf abgesonderte Befriedigung. Die Pfändung beweglicher Sachen wird dadurch bewirkt, dass der Gerichtsvollzieher die zu pfändenden Sachen tatsächlich in Besitz nimmt oder ein Pfandsiegel anbringt (§ 808 Abs 1, 2 ZPO). Geldforderungen und sonstige Vermögensrechte werden durch Beschluss des Vollstreckungsgerichts gepfändet (§§ 828, 829, 846, 857 ZPO). Zur Pfändung einer **Lebensversicherung OLG** Celle, NZI 2009, 390. Ein wirksames Pfändungspfandrecht kann auch für Geldstrafen gem §§ 6 Abs 1 Nr 1 JBeitrO, 459 StPO entstehen (vgl **OLG** Köln EWiR 2005, 357 [*Schmerbach*]); ferner als Arrestpfandrecht nach § 930 ZPO. Zur von der Praxis verneinten Insolvenzfestigkeit einer **Beschlagnahme nach §§ 111b ff StPO** *Vorwerk* FS Kreft S 581. Die Absonderung nach § 50 Abs 1 setzt voraus, dass die Pfändung schon über einen Monat vor dem Antrag auf Eröffnung des Insolvenzverfahrens bewirkt sein muss, weil ansonsten die Rückschlagsperre des § 88 eingreift, also ein Absonderungsrecht nicht besteht (KG ZIP 2008, 2374). Eine **Vorpfändung** (§ 845 ZPO) begründet daher nur dann ein Absonderungs-

recht für den Gläubiger, wenn die endgültige Pfändung noch vor der Monatsfrist des § 88 erfolgt (*Häsemeyer* InsR Rn 18.19; Jaeger/*Henckel* § 50 Rn 80; *Walker/Schuschke* § 845 Rn 10). Nach Verfahrenseröffnung greifen die **Rückschlagssperre nach § 88 und** das **Vollstreckungsverbot des § 89**. Im Eröffnungsverfahren kann das Gericht gemäß **§ 21 Abs 1 Nr 3** ein **Vollstreckungsverbot** anordnen, so dass Absonderungsrechte nicht mehr erworben werden können. Da der Verstoß gegen die gerichtliche Anordnung einen schweren Verfahrensfehler darstellt, erwirbt der Gläubiger **kein Pfändungspfandrecht**, wohl aber ist die Sache öffentlich-rechtlich verstrickt (**BGH** v 20. 3. 2008 – IX ZR 2/07, NZI 2008, 363 = ZIP 2008, 796; *Vallender* ZIP 1997, 1993, 1996). Die trotz Vollstreckungsverbot durchgeführte Vollstreckungsmaßnahme kann der vorläufige Insolvenzverwalter, aber auch der Schuldner, dem ein allgemeines Verfügungsverbot nach § 21 Abs 2 Nr 2 nicht auferlegt worden ist, mit der **Erinnerung** nach § 766 ZPO anfechten (*Vallender* ZIP 1997, 1993, 1996; K/P/B/*Pape* § 21 Rn 20). Soweit der Pfändungspfandgläubiger bereits ein Pfändungspfandrecht erlangt hat, kann das Gericht im Eröffnungsverfahren die einstweilige Einstellung der Zwangsvollstreckung anordnen, um eine vorzeitige Zerschlagung des Schuldnerunternehmens zu vermeiden. Dem Pfändungspfandgläubiger ist bei längerer Beeinträchtigung seines Rechts nach Maßgabe der §§ 169 S 2, 172 Wertersatz zu leisten (*Vallender* ZIP 1997, 1993, 1997). Eine **Lohnpfändung** ist gem § 114 Abs 3 nur wirksam, soweit sie sich auf die Bezüge für den zur Zeit der Eröffnung des Verfahrens laufenden Kalendermonat bezieht, bei Eröffnung des Verfahrens nach dem 15. des Monats auch für den nachfolgenden Monat. Dies hat für den Schuldner den Vorteil, dass Zwangsvollstreckungen in seine Dienstbezüge spätestens in dem auf die Verfahrenseröffnung folgenden Monat enden (vgl K/P/B/*Moll* § 114 Rn 41).

Hat ein **Gläubiger des Erben** aufgrund eines titulierten Anspruchs nicht in das sonstige Vermögen des Erben, sondern **in den Nachlass vollstreckt**, verschafft ihm sein Pfändungspfandrecht im Nachlassinsolvenzverfahren kein Absonderungsrecht. Die Unwirksamkeit wird aber nur gegenüber der Insolvenzmasse begründet. Das Verbot einer abgesonderten Befriedigung bezieht sich auf den gesamten Zeitraum des **Nachlassinsolvenzverfahrens** (K/P/B/*Kemper* § 321 Rn 12; HK-*Marotzke* 321 Rn 3, 4, 7). 43

2. Kein gutgläubiger Erwerb des Pfändungspfandrechts. Ein Pfändungspfandrecht kann nicht gutgläubig erworben werden (**BGH** NJW 1992, 2570, 2572 f; HK-*Lohmann* § 50 Rn 15; *Gottwald/Gottwald* InsRHdb § 42 Rn 47; Jaeger/*Henckel* § 50 Rn 77; *Rosenberg/Gaul/Schilken*, ZwangsvollstreckungsR § 50 III 3 b cc; MüKo-*Ganter* § 50 Rn 78). Grundsätzlich entsteht daher kein Pfändungspfandrecht bei der Pfändung schuldnerfremder Sachen. Allerdings kann später ein Pfändungspfandrecht entstehen, wenn der Schuldner nachträglich Eigentümer wird (*Rosenberg/Gaul/Schilken*, ZwangsvollstreckungsR § 50 III 3 b cc; *K. Schmidt* ZZP 87 [1974], 316). Der Erwerb muss aber außerhalb der Monatsfrist des § 88 stattfinden. Die Pfändung einer vom Schuldner vorher abgetretenen Forderung ist demgegenüber schlechthin wirkungslos. Anders als bei der Sachpfändung, wo ein wirksamer Staatsakt (Beschlagnahme) die Grundlage für die spätere Entstehung des Pfändungspfandrechts analog § 185 Abs 2 BGB bilden kann, fehlt es an einer solchen Grundlage bei der im Pfändungszeitpunkt dem Schuldner nicht (mehr) gehörenden Forderung. Sie wird deswegen von der Pfändung auch nicht erfasst, wenn der neue Gläubiger die Forderung nach der Pfändung an den Schuldner zurück abtritt (BGHZ 56, 339, 350 f; BGHZ 100, 36 v 5. 2. 1987 – IX ZR 161/85; **BGH** 21. 9. 2006 – IX ZR 23/05, NJW-RR 2007, 927; *Schuschke/Walker* ZPO § 829 Rn 49). 44

3. Erlöschen. Das Pfändungspfandrecht erlischt, wenn der Gläubiger oder der Gerichtsvollzieher den Pfandgegenstand freigibt (**BGH** v 5. 5. 1959, WM 1959, 906; *Gottwald/Gottwald* InsRHdb § 42 Rn 48; *Rosenberg/Gaul/Schilken*, ZwangsvollstreckungsR § 50 III 3 c bb; MüKo-*Ganter* § 50 Rn 82). Gleiches gilt, wenn die Zwangsvollstreckung auf Erinnerung (§ 766 ZPO) rechtskräftig für unzulässig erklärt wird (*Gottwald/Gottwald* InsRHdb § 42 Rn 45). Wegen der Akzessorietät kann das Pfändungspfandrecht gem § 1250 BGB auf einen Einzel- oder Gesamtrechtsnachfolger der Vollstreckungsforderung übergehen. Es erlischt gem § 1252 BGB mit dem Untergang der Forderung (*Rosenberg/Gaul/Schilken*, ZwangsvollstreckungsR § 50 III 3 c). Die Entfernung des Pfandsiegels beeinträchtigt das Pfändungspfandrecht grundsätzlich nicht (*Gottwald/Gottwald* InsRHdb § 42 Rn 48). Jedoch erlischt das Pfändungspfandrecht analog § 936 BGB, wenn ein Dritter Eigentum an der Sache erwirbt und im Hinblick auf die Pfandfreiheit gutgläubig ist (RGZ 161, 112; **BGH** WM 1962, 1177; *Gottwald/Gottwald* InsRHdb § 42 Rn 48; *Walker/Schuschke* Vor §§ 803, 804 ZPO Rn 18). Bei der **Pfändung von künftigen Lohnforderungen** ist § 114 Abs 3 zu berücksichtigen, s. o. Rn 42. Die Unwirksamkeit der Pfändung wirkt auch zugunsten eines (zeitlich späteren) Zessionars der Lohnforderung (BGH v 12. 10. 2006 – IX ZR 109/05, NJW 2007, 81 = ZIP 2006, 2276). Greift die **Rückschlagsperre** des § 88 ein, erlischt das Pfändungspfandrecht rückwirkend mit der Verfahrenseröffnung. Die Aufhebung des Titels oder der Vollstreckbarkeit beseitigt das Pfändungspfandrecht und damit das Absonderungsrecht des Gläubigers nicht ohne weiteres, sondern nur dann, wenn auch der materielle Anspruch wegfällt (*Stein/Jonas/Münzberg* § 804 ZPO Rn 41). Nach zutreffender Feststellung bei *Rosenberg/Gaul/Schilken* (ZwangsvollstreckungsR § 50 III 3 c aa) entfällt das Pfändungspfandrecht erst mit der Aufhebung aller Zwangsvollstreckungsmaßregeln, wenn der materiell-rechtliche Anspruch fortbesteht. Ist eine **unpfändbare Sache** gepfändet worden oder liegt ein sonstiger, die Vollstreckung nicht beeinträchtigender Ver- 45 fahrensmangel vor, so ist trotzdem ein Pfändungspfandrecht und damit ein Absonderungsrecht an der Sache entstanden (vgl *Gerhardt*, Vollstreckungsrecht § 8 II 3 b; *Walker/Schuschke* § 811 ZPO Rn 12). Schließlich kann der Berechtigte **auf das Absonderungsrecht verzichten** und im Insolvenzverfahren lediglich seine Forderung unbeschränkt geltend machen. Der Verzicht muss gegenüber dem Insolvenzverwalter erklärt werden und führt dazu, dass der Sicherungsgegenstand für die Masse frei wird (FK-*Joneleit/Imberger* § 52 Rn 4; *Gottwald/Gottwald* InsRHdb § 42 Rn 68).

46   **4. Anfechtbarkeit des Pfändungspfandrechts.** Die durch Zwangsvollstreckung erlangte Deckung kann nach **hM** als inkongruente Deckung nach § 131 angefochten werden (BGHZ 157, 350, 353 v 22. 1. 2004 – IX ZR 39/03, ZIP 2004, 513; BGHZ 136, 309, 311 v 9. 9. 1997 – IX ZR 14/97, ZIP 1997, 1929). Eine während des Dreimonatszeitraums im Wege der Zwangsvollstreckung erlangte Sicherung ist damit nach § 131 Abs 1 Nr 3 anfechtbar, wenn dem Gläubiger bekannt war, dass die Sicherung die Insolvenzgläubiger benachteiligte. Zu beachten ist, dass die Rechtsprechung insoweit bei inkongruenten Deckungen mit einer Vermutung operiert, wenn der Gläubiger von der finanziell beengten Lage des Schuldners wusste (BGHZ 157, 242, 252 v 18. 12. 2003 – IX ZR 199/02), was bei Zwangsvollstreckungen stets der Fall sein dürfte. Ist das Pfändungspfandrecht anfechtbar erworben, kann der Insolvenzverwalter dem Absonderungsbegehren des Vollstreckungsgläubigers die Einrede des anfechtbaren Erwerbs entgegenhalten.

VI. Durchführung der abgesonderten Befriedigung

47   Die abgesonderte Befriedigung der Pfandgläubiger richtet sich gem § 50 Abs 1 nach den §§ 166–173. Die Verwertung erfolgt, wenn der Insolvenzverwalter den Gegenstand in Besitz hat, durch diesen. Für die **Auskunftspflicht des Insolvenzverwalters** gegenüber Gläubigern mit Absonderungsrechten gelten die gleichen Grundsätze wie für die Auskunftsrechte aussonderungsberechtigter Gläubiger (**BGH** v 4. 12. 2003 – IX ZR 222/02, ZIP 2004, 326 = DZWIR 2004, 238 zur Auskunft über die dem Vermieterpfandrecht unterliegenden Sachen, vgl im Übrigen die Kommentierung zu § 47 Rn 102). Nach § 167 Abs 1 S 1 ist der Insolvenzverwalter verpflichtet, dem absonderungsberechtigten Gläubiger auf dessen Verlangen **Auskunft über den Zustand der Sache** zu erteilen. Anstelle der Auskunft kann er dem Gläubiger gestatten, die Sache zu besichtigen (§ 167 Abs 1 S 2). Bei unzumutbarem Arbeitsaufwand ist der Verwalter auch berechtigt, dem Absonderungsberechtigten zu erlauben, sich die gewünschten Informationen durch **Einsichtnahme in die Geschäftsunterlagen** zu verschaffen (**BGH** v 11. 5. 2000, ZIP 2000, 1061). Darüber hinaus besteht eine **Mitteilungspflicht** über die beabsichtigte Verwertung (§ 168 Abs 1). Dem Gläubiger ist Gelegenheit zu geben, binnen einer Woche auf eine andere, für den Gläubiger günstigere Möglichkeit der Verwertung des Gegenstandes hinzuweisen (§ 168 Abs 1 S 2). Die andere Verwertungsmöglichkeit kann auch darin bestehen, dass der Gläubiger den Gegenstand selbst übernimmt (§ 168 Abs 3 S 1). Gem § 173 Abs 1 kommt eine **Verwertung durch den absonderungsberechtigten Gläubiger** in Betracht, wenn der Insolvenzverwalter nicht selbst zur Verwertung berechtigt ist (§ 173 Abs 1). So kann der Verwalter eine **bewegliche Sache**, an der er keinen Besitz hat, gem § 166 Abs 1 nicht verwerten. Das sogen Faustpfandrecht hat aber in der Praxis so gut wie keine Bedeutung mehr. Auch hinsichtlich verpfändeter Forderungen besteht ein Selbstverwertungsrecht des Pfandgläubigers. Bei **Forderungen** besteht nach § 166 Abs 2 nur bei Sicherungsabtretungen ein Verwertungsrecht des Verwalters. Bei Verpfändungen von Forderungen, die gem § 1280 BGB einer Verpfändungsanzeige an den Schuldner bedürfen, besteht dagegen ein Selbstverwertungsrecht des Pfandgläubigers. Einzelheiten bei § 166.

48   Streitig ist die **Befriedigungsfolge** bei Verwertung des der Absonderung unterliegenden Gegenstandes durch den Insolvenzverwalter. Nach § 50 Abs 1 hat die Befriedigung nach Maßgabe der §§ 166–173 für die Hauptforderung, Zinsen und Kosten zu erfolgen. Diese Tilgungsreihenfolge weicht von § 367 BGB ab, nach dem außerhalb des Insolvenzverfahrens eine Leistung zunächst auf die Zinsen, dann auf die Kosten und zuletzt auf die Hauptforderung anzurechnen ist. Die abweichende Regelung in § 50 ist im Hinblick auf § 52 erfolgt. Denn durch die **Tilgungsreihenfolge** des § 50 Abs 1 wird verhindert, dass der Schuldner auch nach Verfahrenseröffnung entstehende Zinsansprüche und Verfahrenskosten, die der Gesetzgeber in § 39 Abs 1 Nr 1, 2 mit einem Nachrang versehen hat, in die dingliche Primärhaftung einbringt mit der Folge, dass nachrangige Forderungen durch das Absonderungsrecht bzw durch dessen Erlös abgedeckt werden und die Hauptforderung weitgehend als nicht nachrangige Forderung am Verfahren teilnimmt (*Häsemeyer* InsR Rn 18.78; *Gottwald/Gottwald* InsRHdb § 42 Rn 67; jetzt auch MüKo-*Ganter* Vor §§ 49–52 Rn 59 ff, § 52 Rn 28 ff; N/R/*Andres* § 50 Rn 28; *Grub* KTS 1982, 391 f; *Dahl* NJW 2008, 3067; str aA K/P/B/*Prütting* § 50 Rn 18; Jaeger/*Henckel* § 50 Rn 16; differenzierend *Görg* KTS 2006, 151 ff. **BGH** v 17. 7. 2008 IX ZR 132/07, NJW 2008, 3064 = ZIP 2008, 1539 lässt die Frage offen, ob § 50 eine zwingende Tilgungsreihenfolge zu entnehmen ist). Deshalb ist die **Tilgungsreihenfolge des § 50 Abs 1 als zwingend** anzusehen, soweit es die Befriedigung aus dem Absonderungsrecht betrifft. Einzelheiten zum Streitstand siehe § 52 Rn 8. Unberührt von § 50 bleibt das **Bestimmungsrecht des Vermieters**, hinsichtlich welcher Forderungen er sich aus der ihm geleisteten Barkaution in der Insolvenz des Mieters befriedigt (**OLG Hamburg** ZMR 2008, 714 = EWiR 2008, 567 [*Schopp*]).

VII. Ersatzabsonderung

Vereiteln der Insolvenzschuldner oder der Insolvenzverwalter ein Absonderungsrecht, so gelten in analoger Anwendung des § 48 die Regeln über die Ersatzaussonderung (**BGH** v 19. 3. 1998, ZIP 1998, 793, 797 = NJW 1998, 2596; **BGH** v 4. 12. 2003, ZIP 2004, 326 = EWiR 2004 *[Pape]*; K/P/B/*Prütting* § 48 Rn 26, 27; HK-*Lohmann* § 48 Rn 17 ff). Einzelheiten zur Ersatzabsonderung siehe § 48 Rn 30. 49

§ 51 Sonstige Absonderungsberechtigte

Den in § 50 genannten Gläubigern stehen gleich:
1. Gläubiger, denen der Schuldner zur Sicherung eines Anspruchs eine bewegliche Sache übereignet oder ein Recht übertragen hat;
2. Gläubiger, denen ein Zurückbehaltungsrecht an einer Sache zusteht, weil sie etwas zum Nutzen der Sache verwendet haben, soweit ihre Forderung aus der Verwendung den noch vorhandenen Vorteil nicht übersteigt;
3. Gläubiger, denen nach dem Handelsgesetzbuch ein Zurückbehaltungsrecht zusteht;
4. Bund, Länder, Gemeinden und Gemeindeverbände, soweit ihnen zoll- und steuerpflichtige Sachen nach gesetzlichen Vorschriften als Sicherheit für öffentliche Abgaben dienen.

Übersicht

	Rn
I. Allgemeines	1
II. Sicherungsübertragungen, Nr 1	2
1. Sicherungsübereignung	3
a) Begründung des Sicherungseigentums	5
b) Nichtigkeit der Sicherungsübereignung nach § 138 Abs 1 BGB	9
aa) Übersicherung und Freigabeklausel	10
bb) Kollision der Sicherungsübereignung mit anderen Sicherungsrechten	12
c) Sicherungseigentum an Grundstücksbestandteilen und -zubehör	16
d) Verlängerte Sicherungsübereignung	17
2. Sonderformen der Sicherungsübereignung	18
a) Erweiterter Eigentumsvorbehalt	18
b) Verarbeitungsklausel	19
3. Sicherungszessionen	20
a) Formen	20
aa) Verlängerter Eigentumsvorbehalt mit Weiterveräußerungsermächtigung und Vorausabtretungsklausel	20
bb) Globalzession	21
cc) Mantelzession	23
b) Die Kollision mehrerer Sicherungszessionen	24
aa) Kollision zwischen Globalzession und verlängertem Eigentumsvorbehalt	25
bb) Kollision zwischen Factoring und verlängertem Eigentumsvorbehalt	26
cc) Kollision zwischen Factoring und Globalzession	27
dd) Zahlstellenklausel	28
c) Anfechtbarkeit der Globalzession	29
4. Sonderformen der Sicherungszessionen	30
III. Zurückbehaltungsrechte	33
1. Zurückbehaltungsrecht wegen nützlicher Verwendungen (§ 51 Nr 2)	33
a) Werterhöhungsfaktor	35
b) Durchführung der Befriedigung	36
2. Kaufmännische Zurückbehaltungsrechte (§ 51 Nr 3)	37
IV. Absonderungsrechte wegen öffentlicher Abgaben (§ 51 Nr 4)	38
V. Sonstige Absonderungsrechte	39
1. Versicherungsrechtliche Absonderungsrechte	40
a) Schadensversicherung für fremde Rechnung	40
b) Haftpflichtversicherung	41
aa) Absonderungsrecht	41
bb) Geltendmachung	42
2. Absonderungsrechte nach DepotG	43
3. Altes Absonderungsrecht der Pfandbrief- und Schuldverschreibungsgläubiger	44
4. Absonderungsrecht für Auseinandersetzungsansprüche (§ 84 Abs 1 S 2)	45
VI. Der Sicherheiten-Pool	46
1. Allgemeines	46
2. Begriff und Rechtsnatur des Sicherheiten-Pools	47
3. Zweck der Pool-Vereinbarung	50
4. Wirksamkeit von Pool-Vereinbarungen	51
a) Sittenwidrigkeit	51
b) Anfechtbarkeit poolvertraglicher Treuhandvereinbarungen	53
5. Beitritt zum Sicherheiten-Pool	57

	Rn
6. Der Sicherheiten-Pool vor und nach Insolvenzeröffnung	58
a) Sicherheiten-Pool in der Schuldnerkrise	58
b) Sicherheiten-Pool nach Insolvenzeröffnung	59
7. Gestaltungsformen	60
a) Der Lieferantenpool beim einfachen und verlängerten Eigentumsvorbehalt	60
b) Der Bankenpool	62
c) Bassin-Vertrag	63
d) Der Sicherheiten-Verwertungs-Pool	64
e) Sicherheiten-Abgrenzungsvertrag	66
8. Die Bestimmbarkeit der Anteile am Sicherungsgut	67
9. Der Insolvenzschuldner als Pool-Beteiligter	72
10. Sicherheiten-Pool unter Beteiligung des Insolvenzverwalters	73
11. Pool-Bildung und Ansprüche auf Insolvenzgeld	78
12. Sicherheiten-Pool und kollidierende Verarbeitungs- oder Vorausabtretungsklauseln	79
13. Übernahmehaftung des Pools	80
14. Strafrechtliche Aspekte des Sicherheiten-Pools	81

I. Allgemeines

1   Der Gesetzgeber hat in § 51 erstmals eine ausdrückliche Regelung hinsichtlich der besitzlosen Mobiliarsicherungsrechte getroffen. Nicht ausdrücklich erwähnt als Absonderungsrechte sind der **erweiterte** und der **verlängerte Eigentumsvorbehalt**. Jedoch ist auch insoweit entsprechend ständiger Rechtsprechung davon auszugehen, dass sie der Vorschrift des § 50 Nr 1 unterfallen. Vorbild der Regelung ist § 49 Abs 1 Nr 1, 3 und 4 KO. Von den Absonderungsrechten haben vor allem die **Sicherungsübereignung** und die **Sicherungszession** praktische Bedeutung erlangt. Diese besitzlosen Mobiliarsicherheiten sind nach der Abschaffung des besitzlosen Mobiliarpfandrechts spätestens durch die KO, die einem solchen Pfandrecht keine Absonderungskraft zusprach, von der Praxis entwickelt worden, um dem Bedürfnis der Kreditwirtschaft nach besitzlosen Mobiliarsicherheiten Rechnung zu tragen. Das **Reichsgericht** hat die Sicherungsübereignung schon 1881 anerkannt (RGZ 2, 168, 170). Der BGB Gesetzgeber hat diese Arten von Sicherungsrechten stillschweigend gebilligt. Die vollrechtsbasierten, publizitätslosen Sicherungsmittel sind seitdem immer wieder Gegenstand von Reformüberlegungen gewesen. So war die **Insolvenzfestigkeit** der besitzlosen Mobiliarsicherheiten auch im Zuge der Insolvenzrechtsreform Gegenstand heftiger Diskussionen. Vgl zB *H. Baum* KTS 1989, 553 ff; *Rümker*, in: *Kübler* Neuordnung RWS-Forum 3 S 135 ff; *Drobnig* ZGR 1986, 252 ff; *ders*, Empfehlen sich gesetzliche Maßnahmen zur Reform der Mobiliarsicherheiten?, Gutachten für den 51. DJT 1976, S F.78; *Landfermann* ZGR 1986, 281 ff; *Serick*, Deutsche Mobiliarsicherheiten, 1988, S 136 ff, 161 ff; *ders* ZIP 1989, 409 ff; *ders* Eigentumsvorbehalt und Sicherungsübertragung, Bd VI S 854 ff; *Seuffert* ZIP 1986, 1157 ff; Verlautbarung des Bundesjustizministers ZIP 1987, A 85; *Engelhardt* ZIP 1986, 1287; *K. Stern* FS *Helmrich* 1994, S 737 ff; *Obermüller* WM 1994, 1829; *Leipold/Gottwald* S 197 ff; *Drukarczyk* ZfB 1984, 283 ff; *ders* KTS 1983, 183 ff; *ders* ZIP 1987, 205 ff; *ders* ZIP 1989, 341 ff; *Marotzke* ZZP 109 (1996), 429 ff; *ders* JZ 1995, 803; *ders* Das neue Insolvenzrecht, dargestellt am Beispiel der Mobiliarsicherheiten, 1999; *A. Weber* WM 1992, 1133 ff; *W. Henckel*, Zur Dogmatik der besitzlosen Mobiliarsicherheiten, FS Zeuner 1994, S 193. Nach einer rechtssoziologischen Untersuchung von *v Gessner/G. Rhode/G. Strate/ K. A. Ziegert*, Die Praxis der Konkursabwicklung in der Bundesrepublik Deutschland, Köln 1978 S 45, erzielten **Kreditinstitute** in Konkursen aufgrund ihres Informationsvorsprungs und ihrer Sicherungsrechte die höchste Befriedigungsquote mit ca 79 Prozent. Nicht zu verkennen war für die KO, dass durch ein umfassendes Kautelarsystem besitzloser dinglicher Sicherheiten die Insolvenzmassen weitgehend ausgehöhlt wurden und der eigentliche Verteilungsschlüssel für das Insolvenzverfahren bereits im Vorfeld der Insolvenz festgelegt wurde. Auch heute noch wird in der Literatur Kritik daran geübt, dass die InsO die Absonderungsrechte nicht erheblich eingeschränkt hat (vgl zB *Häsemeyer* InsR Rn 8.07). *Häsemeyer*: „Das Zerrbild eines ‚Privilegierteninsolvenzverfahrens' zu Lasten der einfachen Insolvenzgläubiger ist insoweit geradezu kodifiziert worden." Letztlich enthält die Kodifikation des Absonderungsrechts besitzloser dinglicher Mobiliarsicherheiten nichts anderes als die Festschreibung einer jahrzehntelangen Rechtsprechung zum Konkurs- und Gesamtvollstreckungsrecht (vgl auch K/P/B/*Prütting* § 51 Rn 3). Kritik wird, wie bereits zu § 47 ausgeführt wurde (dort Rn 13), vor allem auch daran geübt, dass der Gesetzgeber den **einfachen Eigentumsvorbehalt** nicht als Absonderungsrecht qualifiziert hat (vgl *Häsemeyer* InsR Rn 18.30; *Serick* Bd I S 354 ff; *Smid* § 51 Rn 2).

II. Sicherungsübertragungen, Nr 1

2   Der Gesetzgeber hat in § 51 Nr 1 eine Konfliktlage geregelt, die ihre Ursache in den Besonderheiten des Sicherungseigentums und der Sicherungsabtretung hat. Da im Sachenrecht **Typenzwang** besteht, lässt das BGB eine „mindere" Art des Eigentums bzw der Inhaberschaft an einer Forderung nicht zu. Sicherungseigentum kann daher vermögensrechtlich nur Volleigentum sein. Bliebe man auch für das Insolvenzrecht hierbei stehen, wäre die Konsequenz, dass im Insolvenzverfahren dem Sicherungseigentü-

II. Sicherungsübertragungen, Nr 1 § 51

mer ein Aussonderungsrecht zustände. Das Sicherungseigentum dient jedoch ausschließlich der Sicherung der Gläubigerforderung. Die Parteien sind sich darüber einig, dass der Sicherungsnehmer das Eigentum nur zu Sicherungszwecken halten soll. Auch § 51 Nr 1 geht davon aus, dass das Sicherungseigentum Volleigentum ist; der Gesetzgeber weist aber dem Sicherungseigentümer und dem Sicherungszessionar für den Insolvenzfall lediglich ein Absonderungsrecht zu. Festzustellen ist insofern auch für das neue Recht, dass haftungsrechtlich das Sicherungseigentum wie ein nicht akzessorisches Pfandrecht behandelt wird (vgl BGHZ 72, 141, 144 ff; *Henckel* FS *Zeuner* S 193, 198 ff; *Heinsius* FS *Henckel* 1995 S 387 ff; *Häsemeyer* InsR Rn 18.28). Dass der Sicherungsnehmer im Insolvenzverfahren über das Vermögen des Sicherungsgebers nur ein Recht auf abgesonderte Befriedigung aus dem Sicherungsgut hat (§ 51 Nr 1), beruht somit darauf, dass haftungsrechtlich das Sicherungsgut dem Vermögen des Insolvenzschuldners, also der Insolvenzmasse (§ 35), zugeordnet wird (*Häsemeyer* InsR Rn 18.28).

1. Sicherungsübereignung. Die Zulässigkeit der Sicherungsübereignung ist nach ständiger Rechtsprechung des Reichsgerichts und des Bundesgerichtshofs anerkannt. Durch die Sicherungsübereignung wird der Sicherungsnehmer zum Eigentümer der Sache. Im Innenverhältnis ist freilich ausschließlicher Zweck der Vollrechtsübertragung die Sicherung der Forderung. Dennoch gewährt die hM dem Sicherungseigentümer im Rahmen der **Einzelzwangsvollstreckung** die **Drittwiderspruchsklage** nach § 771 ZPO, wenn sich eine Vollstreckung gegen den Sicherungsgeber auf das Sicherungsgut richtet. Er sei nicht auf die Klage aus § 805 ZPO verwiesen, da er sich weder Verwertungsart noch Zeitpunkt aufdrängen lassen müsse (vgl **BGH** v 4. 2. 1954, BGHZ 12, 232; **BGH** v 13. 5. 1981, ZIP 1981, 716; K/P/B/*Prütting* § 51 Rn 8). Wird über das **Vermögen des Sicherungsnehmers das Insolvenzverfahren** eröffnet, ist der Sicherungsgeber berechtigt, das Sicherungsgut gem § 47 auszusondern (s § 47 Rn 36). Die Aussonderung setzt allerdings voraus, dass die gesicherte Forderung erfüllt oder der Sicherungszweck in sonstiger Weise entfallen ist (K/P/B/*Prütting* § 51 Rn 9, N/R/*Andres* § 51 Rn 8; *Gottwald*/*Gottwald* InsRHdb § 40 Rn 46). Die Insolvenz des Sicherungsnehmers verschafft dem Sicherungsgeber kein Recht auf vorzeitige Tilgung. Im **Insolvenzverfahren über das Vermögen des Sicherungsgebers** steht im Vordergrund, dass das Sicherungsgut nur der Sicherung der Forderung dient (*Gottwald*/*Gottwald* InsRHdb § 43 Rn 50). Wird der Sicherungsgeber insolvent, wird daher gem § 51 Nr 1 dem Sicherungsnehmer lediglich ein Recht auf abgesonderte Befriedigung zugebilligt. Haftungsrechtlich wird das Sicherungseigentum im Insolvenzverfahren über das Vermögen des Sicherungsgebers insofern zurecht wie ein Pfandrecht behandelt (vgl RGZ 118, 209; RGZ 145, 193; BGHZ 72, 141, 144 ff; K/P/B/*Prütting* § 51 Rn 10; FK-*Joneleit*/*Imberger* § 51 Rn 5; N/R/*Andres* § 51 Rn 4; *Häsemeyer* InsR Rn 18.28; *Henckel* FS *Zeuner* 1994, 193, 196; *Funk*, Die Sicherungsübereignung in Einzelzwangsvollstreckung und Insolvenz, 1998, S 67 ff u S 130 ff; *Andersen*/*Freihalter*, Aus- und Absonderungsrechte Rn 424–427; *Niesert* InVo 1998, 141, 142; *Gottwald*/*Gottwald* InsRHdb § 43 Rn 50). Das Sicherungseigentum berechtigt daher auch mangels einer abweichenden Vereinbarung nur zur Verwertung des Sicherungsguts, verschafft jedoch dem Gläubiger grdsl kein Recht auf gezogene Nutzungen (**BGH** v 26. 9. 2006 – XI ZR 156/05, NJW 2007, 216 = ZIP 2006, 2307). Zur „**Verwandlung" des vorbehalten Eigentums in Sicherungseigentum** bei seiner Übertragung an einen Drittfinanzierer (**BGH** v 27. 3. 2008 – IX ZR 220/05, BGHZ 176, 86, im Einzelnen bei § 47 Rn 13)

Die Einordnung der Sicherungsübereignung im Insolvenzverfahren über das Vermögen des Sicherungsgebers als Absonderungsrecht hat **weit reichende Folgen:** Dem Insolvenzverwalter steht das Besitz- und Verwertungsrecht nach den §§ 166 ff zu, wobei der Verwalter dem Verwertungserlös vorweg die Kostenbeiträge nach § 171 entnehmen kann. Im **Insolvenzverfahren über das Vermögen eines Dritten** – etwa eines Werkunternehmers, dem das Sicherungsgut zur Reparatur übergeben wurde – haben sowohl der Sicherungsgeber als auch der Sicherungsnehmer ein Aussonderungsrecht nach § 47. Der Sicherungsnehmer ist berechtigt, den Gegenstand wie gewöhnliches Dritteigentum auszusondern (*Jauernig* § 73 II 1 a). Der Sicherungsgeber kann dagegen aufgrund seines obligatorischen Herausgabeanspruchs die Aussonderung verlangen (*Gottwald*/*Gottwald* InsRHdb § 43 Rn 52; N/R/*Andres* § 51 Rn 9; K/P/B/*Prütting* § 51 Rn 11).

a) Begründung des Sicherungseigentums. Das **Eigentum an Sicherungsgegenstand** wird durch dingliche Einigung und Besitzverschaffung nach §§ 929 ff BGB übertragen (vgl *Staudinger*/*Wiegand* Anhang zu §§ 929 ff BGB Rn 82 ff; *Seif*, Der Bestandsschutz besitzloser Mobiliarsicherheiten im deutschen und englischen Recht, 1997 S 71 ff; K/P/B/*Prütting* § 51 Rn 5). Ganz im Vordergrund steht hierbei die Ersetzung der Übergabe durch Vereinbarung eines Besitzmittlungsverhältnisses gem § 930 BGB. Hierdurch kann ein Sicherungsrecht begründet werden, bei dem der **Sicherungsgeber den unmittelbaren Besitz am Sicherungsgut** behält. Eine solche Gestaltung lassen die §§ 1204 ff BGB nicht zu, weshalb das Pfandrecht in der Praxis keine Rolle spielt. Das **Besitzmittlungsverhältnis iSv § 868** ergibt sich aus dem **Sicherungsvertrag**, kraft dessen der Sicherungsgeber für den Sicherungsnehmer besitzt und diesem ein Herausgabeanspruch im Verwertungsfall zusteht.

Die Existenz eines (künftigen) Herausgabeanspruchs wird als notwendige und hinreichende Voraussetzung für die Anerkennung eines Besitzmittlungsverhältnisses gesehen (vgl *Serick* Bd II § 28 I 4 a S 120 ff), so dass es nicht erforderlich ist, dass Sicherungsgeber und -nehmer zusätzlich einen „Leihvertrag" schließen. Der Sicherungsvertrag genügt als Grundlage des Besitzmittlungsverhältnisses (*Palandt/ Bassenge* § 930 BGB Rn 7). IdR reicht die Abrede „Übereignung zur Sicherheit" auch für das Besitzmittlungsverhältnis aus (**BGH** NJW 1979, 2308; **OLG** Stuttgart WM 1975, 1322; MüKoBGB-*Oechsler* Anh §§ 929–936 BGB Rn 15; Staudinger/*Wiegand* Anh zu § 929 BGB Rn 87; *Serick* BB 1974, 285). Soweit **Traditionspapiere**, wie zB Orderlagerschein, Konnossement oder Ladeschein, zur Empfangnahme des Gutes genügen, reicht ein Besitzkonstitut hinsichtlich der Dokumente aus (vgl *Nielsen*, Dokumentäre Sicherungsübereignung bei Im- und Exportfinanzierung, WM Sonderbeilage 9/1986; *Gottwald/Gottwald* InsRHdb § 43 Rn 44). Die Rechtsprechung betont immer wieder die Notwendigkeit eines **konkreten Besitzmittlungsverhältnisses**, es genüge nicht wenn das Besitzkonstitut lediglich abstrakt ist (**BGH** NJW 1958, 302). Es müsse sich daher auf individualisierte Sachen beziehen. Eine eingrenzende Funktion besitzt dieses Kriterium allerdings nicht, da sowohl Besitzmittlungsverhältnisse an Warenlagern oder Teilen davon, als auch antizipierte Besitzmittlungsverhältnisse für noch nicht dem Sicherungsgeber gehörende Gegenstände anerkannt werden. Das Erfordernis eines Besitzmittlungsverhältnisses im Rahmen der Übereignung nach §§ 929, 930 BGB ist damit weitgehend sinnentleert und bleibt „ohne praktische Relevanz" (Staudinger/*Wiegand* Anh zu §§ 929 BGB Rn 87; siehe auch schon *Heck*, Grundriss des Sachenrechts, § 56 Nr 7).

7   Auch Sachen, die noch **nicht im Eigentum des Schuldners** stehen oder noch **gar nicht existieren**, können demnach durch antizipierte Einigung und antizipiertes Besitzkonstitut zum Gegenstand einer Sicherungsübereignung gemacht werden. Dies ermöglicht unter anderem die Verwendung eines **Warenlager mit seinem wechselndem Bestand** als Kreditunterlage (BGHZ 73, 253, 254; **BGH** NJW 1991, 2144, 2146; FK-*Joneleit/Imberger* § 51 Rn 8; *Palandt/Bassenge* § 930 BGB Rn 4; *Smid* § 51 Rn 5; MüKo-*Ganter* § 51 Rn 69). Bei der Sicherungsübereignung eines Warenlagers mit wechselndem Bestand wird dem **sachenrechtlichen Spezialitätsgrundsatz** nach hM dadurch genügt, dass gegenwärtig oder künftig die gegenständliche Identifizierung der von der Sicherungsabrede erfassten Sachen ermöglicht wird. Insofern wird eine **Ausführungshandlung** verlangt, die in der Verbringung der Sachen in einen bestimmten Raum oder in der Anbringung einer Markierung oder in der Eintragung in ein Verzeichnis liegen kann (**BGH** 17. 7. 2008 – IX ZR 96/06, Bezugnahme auf Inventarverzeichnis, ZIP 2008, 1638 = NZI 2008, 588 = EWiR 2008, 693 *[Frind]*; **BGH** NJW 1986, 1985; RGZ 132, 185 ff; *Serick* Bd II § 21 S 148 ff; Bd V § 57 IV 6 S 98 ff; *Häsemeyer* InsR Rn 18.27; N/R/*Andres* § 51 Rn 6; FK-*Joneleit/Imberger* § 51 Rn 8; *Gottwald/Gottwald* InsRHdb § 43 Rn 45). Die Rechtsprechung ist aber hinsichtlich der Anforderungen an die Bestimmtheit bei Übereignung eines Warenlagers großzügig (vgl MüKoBGB-*Oechsler* Anh §§ 929–936 BGB Rn 7). Allerdings müsse gewährleistet sein, dass ein Dritter, der die Sicherungsabrede kennt, die übereigneten Sachen von anderen Sachen des Sicherungsgebers unterscheiden kann. Hieran fehle es, wenn die übereigneten Sachen ununterscheidbar mit anderen Sachen des Sicherungsgebers vermengt wurden (**OLG** Brandenburg v 16. 1. 2008 – 7 U 25/07 jurisPR-InsR 9/2008 Anm 5 *Levke*).

8   Die Sicherungsübereignung ist als abstraktes Verfügungsgeschäft unabhängig vom Vorliegen einer wirksamen *causa*. *Causa* der Sicherungsübereignung ist wiederum der Sicherungsvertrag. Dessen Nichtigkeit macht die Sicherungsübereignung also grundsätzlich nicht unwirksam, sondern führt lediglich zur Kondizierbarkeit des geleisteten Eigentums nach § 812 Abs 1 S 1 1. Alt BGB (**BGH** Beschl v 27. 11. 1997, NJW 1998, 671, 675; *Westermann/H. P. Westermann* § 44 III 2; *Serick* Bd I S 64 f; Staudinger/ *Wiegand* Anh § 929 BGB Rn 90; MüKoBGB-*Oechsler* Anh §§ 929–936 Rn 35).

9   **b) Nichtigkeit der Sicherungsübereignung nach § 138 Abs 1 BGB.** Die Rechtsprechung hat die Sittenwidrigkeit von Sicherungsübereignungen zunächst vor allem in den Fällen angenommen, in denen die Sicherungsvereinbarung die Bewegungsfreiheit des Schuldners bzw Schuldnerunternehmens in unangemessener Weise eingeengt hat und der Sicherungsgeber dadurch **geknebelt** wurde (BGHZ 44, 158, 161). In der Praxis haben heute zwei Nichtigkeitsgründe besondere Bedeutung erlangt: die Übersicherung und die Kollision mehrerer Sicherungsrechte.

10   **aa) Übersicherung und Freigabeklausel.** Die Übersicherung kann als **ursprüngliche** oder **nachträgliche Übersicherung** auftreten (vgl **OLG** Köln ZIP 1985, 1472; MüKoBGB-*Oechsler* Anh §§ 929–936 BGB Rn 30). Die Fälle sind deutlich von einander zu trennen, da nach heute hM allenfalls die anfängliche Übersicherung zur Nichtigkeit der Sicherungsübereignung nach § 138 Abs 1 BGB führt (**BGH** v 28. 4. 1994, NJW 1994, 1796, 1798; **BGH** v 12. 3. 1998, NJW 1998, 2047 = ZIP 1998, 684; BGHZ 125, 206, 209; MüKoBGB-*Oechsler* Anh §§ 929–936 BGB Rn 33; *Scholz/Lwowski*, Das Recht der Kreditsicherung Rn 148 d; FK-*Joneleit/Imberger* § 51 Rn 15). Diese liegt vor, wenn bereits bei Vertragsschluss feststeht, dass im künftigen Verwertungsfall zwischen dem realisierbaren Wert der Sicherheiten und der Höhe der gesicherten Forderungen ein auffälliges, krasses Missverhältnis bestehen wird (**BGH** v 15. 5. 2003 – IX ZR 218/02, NJW-RR 2003, 1490, 1492 = ZIP 2003, 1256; PWW/*Nobbe* Vor §§ 1204 ff BGB Rn 44). Allerdings lässt nach Auffassung des **BGH** die ursprüngliche Übersicherung das Geschäft nur dann als sittenwidrig erscheinen, wenn es zum Zeitpunkt des Abschlusses nach seinem – aus der Zusammenfassung von Inhalt, Beweggrund und Zweck zu entnehmenden – Gesamtcharakter mit den guten Sitten nicht vereinbar ist (**BGH** v 12. 3. 1998, NJW 1998, 2047 = ZIP 1998, 684; BGHZ 125, 206, 209).

11   Hinsichtlich der **nachträglichen Übersicherung** operiert die Rspr seit dem Beschluss des Großen Senats v 27. 11. 1997 (BGHZ 137, 212 ff = ZIP 1998, 235 = NJW 1998, 671) mit einem ermessensunab-

hängigen Freigabeanspruch des Sicherungsgebers, der sich (ggf in ergänzender Vertragsauslegung) aus dem Sicherungsvertrag ergebe. Eine Beschränkung des vertraglichen Freigabeanspruchs durch eine Regelung, die die Freigabe in das Ermessen des Sicherungsnehmers stelle, sei bei formularmäßigen Sicherungsabtretungen und Sicherungsübereignungen wegen Verstoßes gegen § 307 BGB unwirksam. Nach Auffassung des **BGH** führt die Unwirksamkeit einer ermessensabhängigen Freigaberegelung jedoch nicht zur Gesamtnichtigkeit der Sicherungsübertragungen. Vielmehr trete an die Stelle der unwirksamen Freigabeklausel auch bei revolvierenden Globalsicherheiten der ermessensunabhängige Freigabeanspruch des Sicherungsgebers. Enthält die formularmäßige Bestellung revolvierender Globalsicherungen keine ausdrückliche oder eine unangemessene **Deckungsgrenze**, so beträgt nach Feststellung des **BGH** diese Grenze, bezogen auf den realisierbaren Wert der Sicherungsgegenstände, **110% der gesicherten Forderungen**. Dabei hat der BGH die nach § 171 anfallenden Feststellungs- und Verwertungskosten durch einen pauschalen Aufschlag von 10% auf die Forderungssumme entsprechend der bisherigen Rechtsprechung berücksichtigt. Der realisierbare Wert der Sicherungsgegenstände beurteile sich nach ihrem Marktpreis, wobei in Anlehnung an § 237 BGB ein Sicherungswert nur in Höhe von ²/₃ anzunehmen sei. Nach dieser Rechtsprechung ergibt sich daher im Ergebnis ein Freigabeanspruch für den Sicherungsgeber, wenn der so ermittelte Wert die Summe der gesicherten Forderungen um 150% übersteigt. Zur Unangemessenheit des Versprechens angemessener Freigaben auch *Chr. Becker*, Maßvolle Kreditsicherung S 516 ff. Das Konzept der nachträglichen Übersicherung hat nach der Anerkennung der Wirksamkeit auch solcher Sicherungsabreden, die keine ausdrückliche Freigabeklausel enthalten, keine Bedeutung mehr für das Insolvenzverfahren. Der (ermessensunabhängige) Freigabeanspruch spielt somit allenfalls außerhalb des Insolvenzverfahrens eine Rolle. Denn in der Insolvenz steht dem Gläubiger ohnehin nur die abgesonderte Befriedigung bis zur Höhe der gesicherten Forderung zu. Zu betonen ist weiter, dass die Rechtsprechung zur nachträglichen Übersicherung bei revolvierenden Globalsicherheiten für die **anfängliche Übersicherung** revolvierender Globalsicherungen ohne Einfluss bleibt. In Fällen einer ursprünglichen Übersicherung können die Sicherungsverträge gem § 138 Abs 1 BGB nach wie vor unwirksam sein.

bb) **Kollision der Sicherungsübereignung mit anderen Sicherungsrechten.** Die Problematik kollidierender Sicherungsrechte beschränkt sich keineswegs auf die Sicherungsübereignung, sondern betrifft alle Sicherungsrechte (umfassend *Chr. Becker*, Maßvolle Kreditsicherung, 1999, S 527 ff). Grundsätzlich gilt auch bei der Kollision von Sicherungsrechten der **Grundsatz der Priorität** mit der Folge, dass die zuerst vereinbarte Sicherung wirksam ist. Das gilt sowohl im Verhältnis mehrerer Vorbehaltslieferanten untereinander wie auch im Verhältnis mehrerer Geldkreditgläubiger zueinander. Zur **Kollision zwischen Globalzession und verlängertem Eigentumsvorbehalt** siehe Rn 25. 12

Die **Sicherungsübereignung kollidiert** oftmals mit einem Eigentumsvorbehalt des Lieferanten oder mit gesetzlichen Pfandrechten des Vermieters oder Verpächters. Grundsätzlich geht der **Eigentumsvorbehalt der Sicherungsübereignung** vor (FK-*Joneleit/Imberger* § 51 Rn 16), da ein gutgläubiger Erwerb des Sicherungsnehmers solange ausgeschlossen ist, wie der Vorbehaltskäufer im Besitz der Sache bleibt (§§ 930, 933 BGB; *Gottwald/Gottwald* InsRHdb § 43 Rn 53). Im Insolvenzverfahren über das Vermögen des Vorbehaltskäufers kann also der Vorbehaltsverkäufer unbeschadet von einer Sicherungsübereignung sein Eigentum aussondern. Tilgt der Insolvenzverwalter den Restkaufpreis, wird der Kreditgeber Sicherungseigentümer (**BGH LM § 931 BGB Nr 2; BGHZ 20, 88, 94 ff = NJW 1956, 665; BGH WM 1959, 252**; *Gottwald/Gottwald* InsRHdb § 43 Rn 53; *Henckel*, Aktuelle Probleme der Warenlieferanten beim Kundenkonkurs S 94; MüKo-*Ganter* § 51 Rn 89). 13

Für die **Kollision der Sicherungsübereignung mit einem Vermieter- oder Verpächterpfandrecht** gilt folgendes: Wird die mit einem Vermieterpfandrecht belastete Sache nachträglich zur Sicherheit an einen Dritten übereignet, erwirbt der Sicherungsnehmer die Sache mit dem Vermieter- bzw Verpächterpfandrecht belastet (*Vortmann* ZIP 1988, 626, 627; FK-*Joneleit/Imberger* § 51 Rn 16). Der Sicherungsnehmer kann sich nicht auf den gutgläubigen Erwerb berufen, denn jeder, der Sachen von einem Mieter oder Pächter erwirbt, die bereits eingebracht waren, handelt grob fahrlässig, wenn er deren gesetzliches Pfandrecht nicht in seine Überlegungen mit einbezieht (*Vortmann* ZIP 1988, 626, 627) im Übrigen fehlt es regelmäßig an den Voraussetzungen des § 936 Abs 1 S 2 BGB, da sich die Sicherungsübereignung nach § 929, 930 BGB vollzieht, so dass der Erwerber keinen unmittelbaren Besitz am Sicherungsgut erlangt. Etwas anderes gilt jedoch, wenn der Gegenstand vom Miet- oder Pachtgrundstück entfernt wird, denn solchenfalls erlischt idR das gesetzliche Pfandrecht mit der Folge, dass die „nachrangige" Sicherungsübereignung zum Zuge kommt. Werden Gegenstände zur Sicherheit übereignet, bevor sie auf das Miet- oder Pachtgrundstück eingebracht werden, geht das Sicherungseigentum dem gesetzlichen Pfandrecht vor, da dieses sich nur auf Sachen des Mieters erstreckt (**OLG Hamm ZIP 1981, 165, 166**; FK-*Joneleit/Imberger* § 51 Rn 16). 14

Besonderheiten ergeben sich für die **Raumsicherungsübereignung** (siehe auch § 50 Rn 24). Hier können das gesetzliche Pfandrecht des Vermieters/Verpächters der Lagerräume und die Sicherungsübereignung zeitlich zusammentreffen. Dies ist etwa bei Vorbehaltsware der Fall, die in das Lager eingebracht wird und für die später der Kaufpreis gezahlt wird. Das Vermieterpfandrecht erfasst hier zwar bereits die Anwartschaft des Vorbehaltskäufers/Mieters, gleiches gilt jedoch auch hinsichtlich der Raumsiche- 15 rungsübereignung, so dass beide Rechte im Moment der Einbringung der Vorbehaltsware entstehen. Insofern stellt sich das Problem unabhängig davon, ob man bei Kaufpreiszahlung einen Durchgangserwerb des Vorbehaltskäufers annimmt. Der **BGH** (Urt v 12. 2. 1992 – XII ZR 7/91, BGHZ 117, 200, 207 = NJW 1992, 1156, dazu auch *Gerhardt* FS Fischer S 149, 152; für Nichtigkeit der Raumsicherungsübereignung ohne dingliche Freigabeklausel *Mitlehner*, Mobiliarsicherheiten Rn 933) hat sich aufgrund einer wertenden Betrachtung dafür entschieden, dem **Vermieterpfandrecht den Vorrang** zuzuweisen, so dass das Sicherungseigentum mit dem Vermieterpfandrecht belastet ist. Eine Aushöhlung des Vermieterpfandrechts wird so vermieden. Lösungen, die eine Verteilung des Erlöses nach dem Verhältnis der Forderungen befürworteten, hat der **BGH** damit eine Absage erteilt (zustimmend MüKoBGB-*Oechsler* Anh §§ 929–936 Rn 23).

16 c) **Sicherungseigentum an Grundstücksbestandteilen und -zubehör.** Werden bewegliche Sachen, die nicht Scheinbestandteil sind, mit einem Grundstück dergestalt verbunden, dass sie **wesentlicher Bestandteil** des Grundstücks werden, so erstreckt sich gem § 946 BGB das Eigentum am Grundstück auf diese Sachen. Einem Grundstück gleich steht ein Gebäude, das wesentlicher Bestandteil des Grundstücks ist (§ 94 Abs 2). Erlischt nach § 946 BGB das Eigentum an der Sache, so erlöschen auch die sonstigen an der Sache bestehenden Rechte (§ 949 S 1 BGB). Sicherungseigentum an Baustoffen erlischt also spätestens mit deren Einbau in ein Gebäude. Etwas anderes gilt für **Grundstückszubehör**, das nach § 1120 BGB für die Grundpfandrechte mit haftet. Hat der Grundstückseigentümer Zubehör vor Entstehung einer Hypothek zur Sicherheit an Dritte übereignet, so unterfällt das Zubehör nicht der Hypothekenhaftung, weil die Zubehörhaftung nur solche Gegenstände erfasst, die im Augenblick der Entstehung der Hypothek Eigentum des Grundstückseigentümers sind oder später in sein Eigentum gelangen (MüKoBGB-*Eickmann* § 1120 Rn 32). Erfolgt die Sicherungsübereignung von Zubehörstücken dagegen erst, nachdem diese Teil des Haftungsverbands eines Grundpfandrechts geworden sind, kann eine Enthaftung nur in den Grenzen von § 1121 Abs 1 BGB erfolgen, der die Entfernung der Sache vom Grundstück voraussetzt. Fehlt es hieran – wie stets bei Veräußerungen nach §§ 929, 930 BGB (MüKo-*Ganter* § 49 Rn 15) –, erwirbt der Sicherungseigentümer das Eigentum am Zubehörstück belastet mit der grundpfandrechtlichen Haftung. Zu beachten ist, dass auch die Eigentumsanwartschaft an Zubehörstücken bereits in den hypothekarischen Haftungsverband fällt, so dass eine spätere Sicherungsübereignung insoweit nachrangig ist (BGHZ 35, 85). Ob entsprechendes auch dann gilt, wenn der Schuldner nach Bestellung des Grundpfandrechts und nach antizipierter Sicherungsübereignung von Zubehörstücken neues Zubehör anschafft, ist höchstrichterlich noch nicht entschieden. In Anlehnung an die Entscheidung zum Konkurrenzverhältnis zwischen Sicherungsübereignung und Vermieterpfandrecht (siehe oben Rn 15, BGHZ 117, 200, 207 v 12. 2. 1992 – XII ZR 7/91, NJW 1992, 1156) ist auch hier dem Grundpfandrecht der Vorzug zu geben. Denn sonst würde die wirtschaftliche Einheit zwischen Grundstück und Zubehör, die §§ 1120 ff BGB schützen, auseinander gerissen. Im übrigen hat der Grundpfandgläubiger keine Möglichkeit, sich über bestehende Sicherungsübereignungen zu informieren, während sich der Sicherungseigentümer durch Grundbucheinsicht Gewissheit über den Bestand von Grundpfandrechten verschaffen kann. Der Sicherungseigentümer erwirbt somit zwar neue Zubehörstücke, allerdings belastet mit der hypothekarischen Haftung.

17 d) **Verlängerte Sicherungsübereignung.** Unter verlängerter Sicherungsübereignung versteht man eine Vereinbarung, wonach sich das Sicherungsrecht in Form einer Vorausabtretung auch auf die aus der Veräußerung des Sicherungsguts resultierenden Forderungen erstrecken soll. Derartige Klauseln sind grundsätzlich zulässig (*Gottwald/Gottwald* InsRHdb § 43 Rn 54). Gleiches gilt, wenn Sicherungseigentum für den Sicherungsnehmer verarbeitet wird. Die rechtliche Konstruktion entspricht derjenigen des verlängerten Eigentumsvorbehalts. Die durch Veräußerung oder Verarbeitung entstehenden künftigen Forderungen müssen zum Zeitpunkt der Vereinbarung bereits hinreichend bestimmt, wenigstens aber bestimmbar sein. Bei Insolvenz des Sicherungsgebers steht dem Sicherungsnehmer ein Anspruch auf abgesonderte Befriedigung zu. Dies gilt allerdings nicht uneingeschränkt in Bezug auf solche Forderungen, die aus Verträgen stammen, für die der Insolvenzverwalter die Erfüllung gewählt hat. Auch nach Aufgabe der Erlöschenstheorie ist davon auszugehen, dass Vorausabtretungen insoweit unwirksam sind, wie sie sich auf Forderungen beziehen, für die der Verwalter Erfüllung gewählt hat und die erst nach Verfahrenseröffnung mit Massemitteln erfüllt wurden. Die Sicherungsabtretung erfasst somit nur solche Forderungen, für die vor Verfahrenseröffnung die Gegenleistung vom Schuldner erbracht wurde (**BGH** v 25. 4. 2002 – IX ZR 313/99, BGHZ 150, 353 = NZI 2002, 375).

18 2. **Sonderformen der Sicherungsübereignung. a) Erweiterter Eigentumsvorbehalt.** Ein erweiterter Eigentumsvorbehalt liegt vor, wenn der Erwerber das Eigentum nicht schon mit der Erfüllung der Kaufpreisforderung, sondern erst nach Tilgung weiterer Verbindlichkeiten des Käufers erwerben soll. Nach Eintritt des Erweiterungsfalls, also nach Bezahlung der ursprünglichen Kaufpreisforderung, verschafft der Eigentumsvorbehalt dem Lieferanten nur noch ein **Absonderungsrecht** an der Sache. Damit wird der erweiterte Eigentumsvorbehalt wie eine Sicherungsübereignung behandelt. Nach dem Erweiterungsfall wird der Verkäufer also wie ein „normaler" Kreditgeber behandelt, der nur ein Interesse an der Sache als Haftungsobjekt hat und kein schützenswertes Interesse an der Sache selbst. Zu Einzelheiten hin-

sichtlich Voraussetzungen und Wirksamkeit des erweiterten Eigentumsvorbehalts siehe bei § 47 Rn 21 ff.

b) Verarbeitungsklausel. Wird dem Erwerber (Vorbehaltskäufer) gestattet, die Sache vor vollständiger Zahlung des Kaufpreises zu verarbeiten, sichert sich der Verkäufer idR durch eine sogen Verarbeitungsklausel (vgl BGHZ 20, 159, 163; *Andersen/Freihalter*, Aus- und Absonderungsrechte Rn 445; *Gottwald/Gottwald* InsRHdb § 43 Rn 55). Durch die Vereinbarung einer Verarbeitungsklausel wird der Lieferant nach hM zum „Hersteller" iSv § 950 BGB mit der Folge, dass er automatisch mit der Verarbeitung das Eigentum oder Teileigentum an dem neu hergestellten Produkt erwirbt (*Häsemeyer* InsR Rn 18.32). Obgleich der Lieferant aufgrund der Verarbeitungsklausel gem § 950 BGB originäres Eigentum an der neu hergestellten Sache erwirbt, billigt ihm die hM in der Insolvenz des Vorbehaltskäufers lediglich ein Absonderungsrecht zu, behandelt ihn also wie einen Sicherungseigentümer (Einzelheiten bei § 47 Rn 26). 19

3. Sicherungszessionen. a) Formen. aa) Verlängerter Eigentumsvorbehalt mit Weiterveräußerungsermächtigung und Vorausabtretungsklausel. Beim verlängerten Eigentumsvorbehalt gestattet es der Vorbehaltsverkäufer dem Vorbehaltskäufer bereits vor vollständiger Kaufpreiszahlung über die Kaufsache zu Gunsten eines Dritten im Rahmen des ordnungsgemäßen Geschäftsgang zu verfügen (§ 185 BGB). Als Ausgleich für den Verlust des Vorbehaltseigentums lässt sich der Vorbehaltsverkäufer im Wege der Vorausabtretung die Forderung aus dem Weiterverkauf abtreten. Im kaufmännischen Rechtsverkehr ist der verlängerte EV mit Vorausabtretungsklausel unbedenklich, auch soweit er in den AGB des Verkäufers vorgesehen ist (BGHZ 98, 303, 307 = NJW 1987, 487, 488; BGHZ 94, 105, 112 = NJW 1985, 1836; MüKoBGB-*Westermann* § 449 Rn 87; *Gottwald/Gottwald* InsRHdb § 43 Rn 61; N/R/*Andres* § 47 Rn 23; *Bork* FS *Gaul* S 71 ff). Eine nachträgliche Übersicherung des Vorbehaltsverkäufers führt auch bei Fehlen einer Freigabeklausel nicht zur Nichtigkeit der Vorausabtretung, da sich ein Freigabeanspruch aus ergänzender Vertragsauslegung ergibt (BGHZ 137, 212 = NJW 1998, 671 = ZIP 1998, 235; Näheres oben Rn 10). Zu den Anforderungen an die Bestimmtheit hinsichtlich der Vorausabtretung sowie zur Kollision mit einem Abtretungsverbot siehe § 47 Rn 28. Im **Insolvenzverfahren über das Vermögen des Käufers** kann der Verkäufer hinsichtlich der ihm im Voraus abgetretenen Forderung nur **Absonderung** beanspruchen (*Gottwald/Gottwald* InsRHdb § 43 Rn 26 u Rn 68; *ders* FS Fischer, S 183 ff). 20

bb) Globalzession. Festzustellen ist zunächst, dass die Globalzession dem Sicherungsgläubiger (Sicherungsnehmer) kein Aussonderungsrecht nach § 47 verschafft, sondern lediglich ein **Recht auf abgesonderte Befriedigung** aus den abgetretenen Forderungen nach § 51 Nr 1. Bei der Globalzession sichert sich der Gläubiger durch die Abtretung künftiger Forderungen. Die abgetretenen Forderungen gehen mit ihrer Entstehung auf den zu sichernden Gläubiger über (vgl *Fischer* WM 2007, 813, 814; *Nobbe* ZIP 1996, 657 ff; *Gottwald/Gottwald* InsRHdb § 43 Rn 70 ff; ausführlich *Furche* WM 2007, 1305). Die Wirksamkeit der Vorausabtretung bezüglich von **Forderungen aus gegenseitigen Verträgen**, die bei Verfahrenseröffnung noch nicht vollständig erfüllt sind und für die der Verwalter Erfüllung nach § 103 gewählt hat, wird von der hM abgelehnt (**BGH** v 9. 3. 2006 – IX ZR 55/04, ZIP 2006, 859, 860; MüKo-*Kreft* § 103 Rn 41 mwN; aA *Grau* Absonderungsrechte aus nichterfüllten Verträgen (2006) S 73 ff). Lässt sich der Gläubiger von Zeit zu Zeit Listen oder Rechnungskopien übersenden, so hat die Übergabe dieser Papiere bloß deklaratorische Bedeutung, denn die Abtretung ist schon im Globalvertrag vorgenommen worden und wird nicht erst mit der Übersendung der Listen oder Rechnungsdurchschriften vollzogen. Im Übrigen müssen die bis zur Eröffnung des Insolvenzverfahrens entstandenen Forderungen **bestimmbar** sein (BGHZ 71, 75 = NJW 1978, 1050; *Kilger/K. Schmidt* § 43 KO Anm 11 b; *Andersen/Freihalter*, Aus- und Absonderungsrechte Rn 101, 102). Zur Wirkung von vertraglich vereinbarten Abtretungsverboten iSv § 399 2. Alt. BGB siehe § 47 Rn 29. Bis zum Eintritt des Sicherungsfalls ist der Sicherungsgeber ermächtigt, die abgetretenen Forderungen im eigenen Namen einzuziehen. Diese Einziehungsermächtigung erlischt aufgrund eines Widerrufs des Sicherungsnehmers. Sie erlischt ebenfalls mit Eröffnung des Insolvenzverfahrens. Die bloße Stellung eines Insolvenzantrags oder die Anordnung der vorläufigen Insolvenzverwaltung führen jedoch für sich nicht zum Entfallen der Einziehungsermächtigung (**BGH** v 6. 4. 2000 – IX ZR 422/98, BGHZ 144, 192 = ZIP 2000, 895; OLG Frankfurt WM 2007, 1178; sa § 48 Rn 15). 21

Bei der Globalzession treten die gleichen Wirksamkeitsprobleme auf wie bei sonstigen Kreditsicherheiten. Auch hier gilt das **Verbot der Übersicherung** (vgl **BGH** v 14. 5. 1996, NJW 1996, 2092; **BGH** v 23. 1. 1996, NJW 1996, 1213 = ZIP 1996, 542; **BGH** v 12. 12. 1995, NJW 1996, 847; **BGH** v 10. 10. 1996, ZIP 1997, 234; **BGH** GS NJW 1998, 671 ff; *Nobbe* ZIP 1996, 657; *Chr. Becker*, Maßvolle Kreditsicherung S 377 ff, 453 f u S 479 ff; FK-*Joneleit/Imberger* § 51 Rn 15; N/R/*Andres* § 47 Rn 32; *Kilger/K. Schmidt* § 43 KO Anm 11 a; MüKo-*Ganter* § 51 Rn 173). Der Große Senat des **BGH** hat in seinem Urteil v 27. 11. 1997 (BGHZ 137, 212) entschieden, dass es im Fall von revolvierenden Sicherheiten bei Eintritt einer nachträglichen Übersicherung nicht auf die ausdrückliche Einräumung eines Freigabeanspruchs ankommt. Vielmehr hat der Sicherungsgeber bei revolvierenden Kreditsicherheiten im Fall nachträglicher Übersicherung einen **ermessensunabhängigen Freigabeanspruch**. Einzelheiten oben Rn 10. 22

23   **cc) Mantelzession.** Bei der Mantelzession verpflichtet sich der Schuldner gegenüber seinem Gläubiger, ihm laufend Kundenforderungen abzutreten, die Abtretungen auf der vereinbarten Höhe zu halten und die bei ihm auf die abgetretenen Forderungen eingehenden Zahlungen, Wechsel oder Schecks an den Gläubiger abzuführen (*Serick* Deutsche Mobiliarsicherheiten – Aufriss und Grundgedanken, 1988, S 87; *ders* Eigentumsvorbehalt und Sicherungsübertragung Bd II § 24 I 4 S 273 f). Bei der Mantelzession kommt es nicht wie bei der Globalzession zu einer Abtretung künftiger Forderungen. Der Mantelvertrag enthält vielmehr lediglich eine **Abtretungsverpflichtung.** Er begründet für den Sicherungsnehmer kein Gläubigerrecht, sondern nur eine mehr oder weniger bestimmte Erwerbsaussicht, deren Beeinträchtigung eine Schadensersatzpflicht des Sicherungsgebers auslösen kann. Solange der Schuldner seiner Abtretungsverpflichtung nicht nachkommt, stehen dem Gläubiger in der Insolvenz des Schuldners weder ein Aus- noch ein Absonderungsrecht zu. Die Abtretung wird also erst mit Vornahme der vereinbarten Handlung wirksam. Insofern hat hier die Übersendung von Forderungslisten oder Rechnungskopien konstitutive Wirkung (*MüKo*-Ganter § 51 Rn 175; *Andersen/Freihalter*, Aus- und Absonderungsrechte Rn 102). Erst durch die Übersendung der forderungsübertragenden Papiere wird das für die Übertragung der Forderungen notwendige Angebot durch den Zedenten abgegeben (*Andersen/Freihalter*, Aus- und Absonderungsrechte S 31 Fn 83). Der Zugang der Annahme durch den Zessionar ist gem § 151 BGB nicht erforderlich. Wird einem Kreditgläubiger nach Anordnung eines **allgemeinen Verfügungsverbots** nach § 21 Abs 2 Nr 2 die Zessionsliste übersandt, kann bei der Mantelzession der Kreditgeber die Forderungen nicht mehr erwerben. Da es sich um ein absolutes Verfügungsverbot handelt, ist auch ein gutgläubiger Erwerb ausgeschlossen. Geht der Bank die Zessionsliste in der Krise zu, erwirbt sie zwar zunächst die Forderung, muss aber mit einer Insolvenzanfechtung nach den §§ 129 ff rechnen. Kollidiert ein verlängerter Eigentumsvorbehalt des Lieferanten mit einer Mantelzession des Geldkreditgebers, so greift grundsätzlich das Prioritätsprinzip ein (**BGH WM 1970, 900, 901; BGH BB 1976, 382, 383**).

24   **b) Die Kollision mehrerer Sicherungszessionen.** Bei mehrfacher Vorausabtretung künftiger Forderungen greift grundsätzlich das Prioritätsprinzip ein. Keine Rolle spielt dabei, ob es sich um Abtretungen vor oder nach Entstehung der Forderung handelt (BGHZ 30, 149; BGHZ 46, 149; *Serick* Bd IV § 49 S 382 ff; *Lwowski* ZIP 1981, 453, 458; *Uhlenbruck* Gläubigerberatung S 315). Nach *W. Henckel* (RWS-Skript 125 S 68) braucht der Insolvenzverwalter in den Streit der Forderungsprätendenten nicht einzugreifen, wenn der Wert der abgetretenen Forderung niedriger ist als der Wert der Forderung, die bei jedem einzelnen Zessionar durch die Abtretung gesichert werden sollte. Der Wert der abgetretenen Forderung sei für die Masse ohnehin verloren. Dem kann nicht uneingeschränkt zugestimmt werden. Vielmehr ist bei kollidierenden Sicherheiten und Nichtigkeit einer Sicherheit weiter zu prüfen, ob die Sicherheit nunmehr der Insolvenzmasse (§ 35) zufällt oder ob die nächste Sicherheit eingreift. *Henckel* empfiehlt, der Verwalter solle sich von demjenigen Prätendenten, den er für den Berechtigten hält, die Forderung gegen den Drittschuldner insoweit abtreten lassen, als der berechtigte Gläubiger durch die abgetretene Forderung übersichert ist, bzw diesem Gläubiger im Streit mit dem Drittschuldner als Nebenintervenient beitreten. Dies ist jedoch nur sinnvoll, wenn keine anderen Sicherungsrechte eingreifen und eine eindeutige Übersicherung vorliegt. Einzelheiten bei *Serick* Bd IV § 50 IV S 463 ff.

25   **aa) Kollision zwischen Globalzession und verlängertem Eigentumsvorbehalt.** Wendete man das Prioritätsprinzip auch auf das Verhältnis einer Globalzession zu einer Abtretung im Rahmen eines verlängerten Eigentumsvorbehalts an, so setzte sich eine früher vereinbarte Globalzession ggü später vereinbarten Abtretungen aus einem verlängerten Eigentumsvorbehalt durch. Soweit der Darlehensnehmer faktisch nur Waren unter verlängertem Eigentumsvorbehalt beziehen kann, würde er daher nach hM durch die Bank zum Vertragsbruch ggü seinen Lieferanten verleitet, da er diesen die Abtretung der Forderung aus den Weiterverkäufen verspreche, wobei er freilich wusste, dass diese Abtretung an der älteren Globalzession scheitert. Nach der in ständiger Rechtsprechung vertretenen sog **Vertragsbruchtheorie** ist daher die zur Sicherung eines Bankkredits gewährte **Globalzession künftiger Kundenforderungen** an ein Kreditinstitut **insoweit** sittenwidrig und folglich nichtig nach § 138 Abs 1 BGB, wie sie nach dem Willen der Vertragsparteien auch solche Forderungen umfassen soll, die der Schuldner aufgrund der Einkaufsbedingungen seiner Lieferanten an diese abzutreten gezwungen ist (BGHZ 30, 149 = KTS 1959, 167 = NJW 1959, 1533; BGHZ 32, 361 = NJW 1960, 1716 = KTS 1960, 156; **BGH NJW 1960, 1003** = KTS 1960, 88; **BGH NJW 1968, 1518** m Anm *Werhahn*; **BGH NJW 1969, 318; BGH NJW 1971, 372; BGH** v 8. 12. 1998, ZIP 1999, 101, 102; *Gottwald/Gottwald* InsRHdb § 43 Rn 70). Eine umfassende Übersicht über die Problematik dieser sogen **Vertragsbruchtheorie** bietet *Serick*, Bd V §§ 48, 49, 50 S 346 ff u Bd V § 66 S 566 ff; vgl auch *Picker* JuS 1988, 377 ff). Die Sittenwidrigkeit kann zu verneinen sein, wenn es aufgrund besonderer Umstände in Ausnahmefällen an einer verwerflichen Gesinnung der beteiligten Bank fehlt. Ein solcher Fall kann gegeben sein, wenn das Kreditinstitut nach den Umständen des Einzelfalls, insbesondere wegen der Unüblichkeit des verlängerten Eigentumsvorbehalts in der betreffenden Wirtschaftsbranche, eine Kollision der Sicherungsrechte für ausgeschlossen halten durfte (BGHZ 30, 149, 151 ff; BGHZ 32, 361, 365; BGHZ 55, 34, 35; BGHZ 72, 308, 310; **BGH** v 18. 4. 1991, ZIP 1991, 807; **BGH** v 16. 3. 1995, ZIP 1995, 630; **BGH** v 8. 12. 1998, ZIP 1999, 101, 102). Die Praxis behilft sich zur Vermeidung der Nichtigkeit mit sogen **Teilverzichtsklauseln**, nach de-

nen der verlängerte EV Vorrang vor der Globalzession haben soll. Eine sogen **schuldrechtliche Teilverzichtsklausel** ist nach Auffassung des **BGH** nicht genügend, denn eine solche Klausel verschafft dem Vorbehaltskäufer in der Insolvenz des Käufers/Zessionars kein Absonderungsrecht (**BGH** KTS 1971, 194; *Gottwald/Gottwald* InsRHdb § 43 Rn 71). Nach Auffassung des **BGH** (v 8. 12. 1998, ZIP 1999, 101, 102) ist eine Globalzession künftiger Kundenforderungen an eine Bank ohne **dingliche Teilverzichtsklausel** idR sittenwidrig. Die Kreditinstitute haben inzwischen die schuldrechtliche Teilverzichtsklausel durch eine **dingliche Teilverzichtsklausel** ersetzt (vgl *Serick* Bd V § 71 I 3 S 869; Bd IV § 49 II 5 S 403 ff; *Lwowski* ZIP 1981, 453, 458; N/R/*Andres* § 47 Rn 32, 34; *Kilger/K. Schmidt* § 43 KO Anm 11 b). Es entspricht inzwischen ständiger Rechtsprechung, dass eine sogen dingliche Teilverzichtsklausel der Vertragsbruchtheorie Rechnung trägt und dem Kreditgeber ein wirksames **Absonderungsrecht** im Rahmen seines Teilverzichts verschafft (BGHZ 98, 303, 314 = NJW 1987, 487, 490 = ZIP 1986, 85, 90; BGHZ 109, 240, 245 = NJW 1990, 716, 718; **BGH** NJW 1991, 2144, 2147; **BGH** v 8. 12. 1998, ZIP 1999, 101, 102; *Kilger/K. Schmidt* § 43 KO Anm 11 b; *Gottwald/Gottwald* InsRHdb § 43 Rn 71; krit *Häsemeyer* InsR Rn 18.53). Zutreffend der Hinweis von *Gottwald* (*Gottwald/ Gottwald* InsRHdb § 43 Rn 72), dass es nicht erforderlich ist, die Vorausabtretung durch sogen Teilverzicht auf den nicht vom verlängerten EV erfassten Teil zu beschränken. Solchenfalls würde der Zessionar bei (vollständiger oder teilweiser) nachträglicher Tilgung des Kaufpreises diese Forderung nicht erwerben mit der Folge, dass der Schuldner über sie verfügen und Gläubiger darauf zugreifen könnten. Bei der sogen **Nachrangklausel** wird dem Vorbehaltsverkäufer „dinglich" der Vorrang vor dem Zessionar eingeräumt. Durch die Nachrangklausel wird die Forderung, soweit sie vom verlängerten EV erfasst wird, nur aufschiebend bedingt durch dessen Wegfall an den Globalzessionar abgetreten (vgl *Ernst* FS Serick S 87, 90 ff; *Gottwald/Gottwald* InsRHdb § 43 Rn 72). Nicht ganz einheitlich wird beurteilt, ob die Anwendung des § 138 Abs 1 BGB dazu führt, dass die Globalzession insgesamt, also auch in Bezug auf die nicht von einem verlängerten Eigentumsvorbehalt erfassten Forderungen, nichtig ist (so insbesondere **BGH** v 8. 12. 1998, NJW 1999, 940; **BGH** v 21. 4. 1999, NJW 1999, 2588). Die überwiegende Ansicht in der Literatur geht demgegenüber richtigerweise davon aus, dass die Globalzession nur *soweit* nichtig ist, wie sie sich auf Forderungen aus dem Verkauf von Vorbehaltsware erstreckt (*Erman/Westermann* § 398 BGB Rn 21; *Palandt/Grüneberg* § 398 BGB Rn 28; PWW/*Nobbe* vor §§ 1273 ff BGB Rn 21). Auch die Rechtsprechung hatte bis zu den zwei genannten Urteilen aus dem Jahr 1999 stets eine teilweise Nichtigkeit angenommen (**BGH** NJW 1987, 1878; **BGH** NJW 1977, 2261; BGHZ 72, 308 = NJW 1979, 365; BGHZ 72, 316 = NJW 1979, 371). Die Beschränkung der Nichtigkeit überzeugt, da die Vertragsbruchtheorie nur den Konflikt zwischen Waren- und Geldgläubiger lösen soll. Sie soll aber nicht zu einem ungerechtfertigten Vorteil der übrigen Insolvenzgläubiger oder anderer Sicherungszessionare führen. Für eine Teilnichtigkeit nach § 139 BGB spricht auch die Lösung der Rspr bei der nachträglichen Übersicherung, die im Ergebnis das Sicherungsrecht mit seinem nicht sittenwidrigen Teil aufrecht erhält. Der Insolvenzverwalter kann somit nicht die Nichtigkeit der Globalzession wegen des Fehlens einer dinglichen Teilverzichtsklausel zu Gunsten der Masse geltend machen (aA **BGH** v 8. 12. 1998, NJW 1999, 940).

bb) Kollision zwischen Factoring und verlängertem Eigentumsvorbehalt. Bei der Kollision von Factoring und verlängertem EV ist zu unterscheiden zwischen dem **echten** und dem **unechten Factoring**. Während die hM für die Forderungsabtretung im Wege des echten Factorings annimmt, dass sie von der dem Vorbehaltskäufer erteilten Einziehungsermächtigung gedeckt sei (BGHZ 72, 15, 19 ff; BGHZ 100, 353, 360 ff = NJW 1987, 1878; zu Reaktionsmöglichkeiten der Vorbehaltslieferanten *Beck* KTS 2008, 121 ff), soll eine Abtretung beim unechten Factoring wegen der Rückbelastungsmöglichkeit wie eine Sicherungszession zu behandeln sein. Die Vertragsbruchtheorie gilt danach auch für das unechte Factoring (**BGH** v 14. 10. 1981, BGHZ 82, 50, 64 = NJW 1982, 164; weitere Einzelheiten zum Factoring bei § 47 Rn 93 ff). 26

cc) Kollision zwischen Factoring und Globalzession. Bei einer **Kollision zwischen Factoring und kreditsichernder Globalzession** belässt es demgegenüber der **BGH** grdsl beim Prioritätsprinzip, so dass die zeitlich frühere Abtretung den Vorrang genießt (BGHZ 75, 391; aA *Häsemeyer* InsR Rn 18.54). Allerdings soll der Zedent insoweit zu nochmaliger Abtretung berechtigt sein, als er dafür den ungeschmälerten Gegenwert der Forderung, bezogen auf den Zeitpunkt der Abtretung, endgültig erhält (**BGH** 11. 11. 1981 – VIII ZR 269/80, NJW 1982, 571). In der Literatur wird gegen diese Rspr angeführt, dass das Sicherungsinteresse der Bank auch dann gewahrt sei, wenn als effektive „Belastung" nur die Factoring-Gebühren nebst Delkrederezuschlag verblieben. Eine solche Schmälerung habe die Bank hinzunehmen, da sie sich im Rahmen des Preisgestaltungsspielraums halte, der dem Anschlusskunden im Rahmen ordnungsgemäßen Geschäftsverkehrs ohnehin zusteht, und außerdem nicht den üblichen Sicherheitszuschlag der Bank überschreite. Werde die Factorierung durch die Bank ausdrücklich ausgeschlossen, so soll die Globalzession nach § 138 BGB sittenwidrig sein (KS-*Sinz* S 634 ff). Gegen eine Übertragung der schon im Verhältnis zum Warenlieferanten zweifelhaften Vertragsbruchtheorie auf das Factoring spricht allerdings, dass für den Zedenten nicht derselbe Zwang besteht, seine Forderungen zu factorieren wie Waren unter verlängertem Eigentumsvorbehalt zu beziehen. Da die Vertragsbruchtheorie auf die Zwangslage des Zedenten abstellt, die beim Factoring nicht gegeben ist, ist eine Übertragung abzulehnen (**aA Vorauflage**). 27

28 **dd) Zahlstellenklausel.** Nach einem Urteil des **BGH** v 19. 2. 1979 (BGHZ 72, 316 = NJW 1979, 1704 = WM 1979, 676) verstößt ein Kreditinstitut grundsätzlich nicht gegen die Verpflichtung des Geldkreditgebers zur Rücksichtnahme auf die Interessen des Vorbehaltsverkäufers, wenn es dem Kunden einen Wechseldiskontkredit gewährt und dessen Kundenwechsel diskontiert, obwohl dieser die Forderungen gegen seine Abnehmer durch verlängerten Eigentumsvorbehalt im Voraus an seinen Lieferanten abgetreten hatte (eingehend hierzu *Serick* Bd V § 71 V S 896 ff; vgl auch **LG** Berlin ZIP 1983, 1324). Der **BGH** hat in seiner Entscheidung zutreffend darauf abgestellt, dass der in dem entschiedenen Fall von der Insolvenzschuldnerin belieferte Bauunternehmer mit seiner Zahlung nicht die Kaufpreisforderung, sondern die Wechselforderung beglichen hat. Dass damit zugleich auch die Kaufpreisforderung erlosch (§§ 407, 364 Abs 2, 362 BGB), mache die Zahlung nicht zu einer solchen auf die Kaufpreisforderung, denn deren Erlöschen sei lediglich eine rechtliche Folge der Erfüllung der erfüllungshalber eingegangenen Wechselverbindlichkeit. Der **Unterschied zur Globalzession** besteht nach Auffassung des **BGH** darin, dass der Vorbehaltskäufer nicht gezwungen ist, die rechtlich und wirtschaftlich dem Vorbehaltsverkäufer zustehenden Gelder zweckfremd zugunsten der Bank zu verwenden. Ferner kann der Vorbehaltsverkäufer durch entsprechende Vertragsgestaltung mit seinem Abnehmer, wie zB durch Beschränkung der Einzugsermächtigung oder eine Erlösklausel, sein Interesse wahren, was ihm bei der uneingeschränkten Globalzession nicht möglich ist. Eine ganz andere Frage ist dabei, ob sich das Kreditinstitut im Einzelfall nicht dem Vorwurf einer sittenwidrigen Schädigung aussetzt, wenn es Wechsel diskontiert und dabei genau weiß, dass dies dem Kunden nicht erlaubt ist und dieser den Diskonterlös zweckfremd verwendet. Dies ist nach Meinung des **BGH** im Einzelfall nach § 826 BGB zu beurteilen. Eine allgemeine Rechtspflicht des Kreditinstituts, die Interessen der Vorbehaltsverkäufer durch entsprechende Vertragsgestaltung mit ihren Wechseldiskontnehmern zu wahren, besteht ebenso wenig wie eine Verpflichtung, die zweckentsprechende Verwendung des Erlöses zu überwachen (krit *Muscheler* NJW 1981, 657; vgl ferner **BGH** WM 1979, 11, 13; **OLG** Frankfurt WM 1984, 972 = ZIP 1984, 492; *Canaris* NJW 1981, 249, 255 f; *Lwowski* ZIP 1984, 458). Nach *Obermüller* (InsRBankpraxis Rn 6.258) kann der Verzicht auf die Offenlegung für die Bank Vorteile haben. Solange Drittschuldner von der Abtretung keine Kenntnis haben, zahlen sie an die Bank nicht als Leistungsempfängerin, sondern als Zahlstelle des Zedenten (**BGH** v 23. 11. 1966, WM 1966, 1327; **BGH** v 20. 5. 1969, BGHZ 53, 139; **OLG** Düsseldorf v 13. 12. 1991, WM 1992, 859). Folglich kann die Bank die eingehenden Beträge mit Gegenansprüchen verrechnen. Macht ein Vorbehaltslieferant geltend, dass die Forderung, der der Zahlung zugrunde liegt, wirksam an ihn abgetreten sei, hat er Ersatzansprüche gegen den Zedenten nach § 816 BGB, nicht dagegen gegen die Bank. Eine Berufung auf die Zahlstelleneigenschaft ist der Bank nur in den Fällen verwehrt, in denen sie mit dem Kunden einen Globalzessionsvertrag mit nur schuldrechtlicher Teilverzichtsklausel abgeschlossen und ihn im Sicherungsvertrag verpflichtet hat, Zahlungen nur auf sein Konto bei der Bank zu leisten, und wenn sie sich zusätzlich die freie Verfügung über die eingehenden Gelder vorbehalten hat (**BGH** v 9. 11. 1978, WM 1979, 13; **OLG** Frankfurt v 1. 4. 1981, ZIP 1981, 492 = WM 1981, 974; **LG** Berlin v 30. 3. 1983, ZIP 1983, 1324; *Herget* ZIP 1980, 594; *Obermüller* InsRBankpraxis Rn 6.258).

29 **c) Anfechtbarkeit der Globalzession.** Durch eine Reihe von oberlandesgerichtlichen Entscheidungen in der Folge eines Urteils des **OLG** Karlsruhe (NZI 2006, 103) ist die Verlässlichkeit der Globalzession als Sicherungsmittel in Zweifel gezogen worden. Das **OLG** Karlsruhe nahm an, dass eine Globalzession insoweit als inkongruente Sicherheit nach § 131 InsO anfechtbar sei, wie ein Absonderungsrecht für Forderungen geltend gemacht wird, die während der Krise des schuldnerischen Unternehmens entstanden sind. Die Globalzession sei als inkongruente Deckung anzusehen, weil der Sicherungsnehmer vor Entstehung der Forderung noch keinen hinreichend bestimmten, zur Kongruenz führenden Anspruch auf ihre Abtretung gehabt habe. Der **BGH** (29. 11. 2007 – IX ZR 30/07, BGHZ 174, 297 = NJW 2008, 430; Beschl v 17. 1. 2008 IX ZR 134/07, DZWIR 2008, 253; dazu *Kuder* ZIP 2008, 289; *Jacoby* ZIP 2008, 385) ist dem mit in erster Linie rechtspolitischen Argumenten entgegengetreten. Die Globalzession ist danach **allenfalls nach § 130 anfechtbar**. Für die Kongruenz einer Sicherheit genüge es, wenn die zukünftige Forderung in abstrakter Form bereits rechtlich bindend festgelegt werde. Zugleich dürfe es nicht im freien Belieben des Sicherungsgebers stehen, entsprechende Forderungen zu begründen (siehe im Einzelnen § 131 Rn 16).

30 **4. Sonderformen der Sicherungszession.** Auch in sonstigen Fällen, in denen der Insolvenzschuldner Forderungen zur Sicherheit abgetreten hat, berechtigt diese Art eigennütziger Treuhand lediglich zur **Absonderung** gem §§ 51 Nr 1, 52 (**BGH** KTS 1982, 467, 470; **BGH** NJW 1979, 365; *Serick* Bd III § 35 III 1; FK-*Joneleit/Imberger* § 47 Rn 25, 43 u § 51 Rn 5; *Gottwald/Gottwald* InsRHdb § 43 Rn 81).

31 Werden aus einer **kapitalbildenden Lebensversicherung** nur die Ansprüche auf den Todesfall zur Sicherheit abgetreten, gibt es für die Frage, ob damit zugleich der Anspruch auf den Rückkaufswert (nach Kündigung) abgetreten ist, keinen generellen Vorrang für seine Zuordnung zu den Ansprüchen auf den Todesfall. Ob die Abtretung auch den Anspruch auf den Rückkaufswert erfasst, ist vielmehr Auslegungsfrage (zum Umfang der Pfändung einer Lebensversicherung **OLG** Celle NZI 2009, 390). Im Hinblick auf die steuerliche Abzugsfähigkeit der Versicherungsprämien als Sonderausgaben und Steuerfrei-

III. Zurückbehaltungsrechte § 51

heit der Kapitalerträge aus der Lebensversicherung wird man allerdings für den Regelfall davon ausgehen können, dass der Anspruch auf den Rückkaufswert nicht mit übertragen ist (**BGH** v 13. 6. 2007 – IV ZR 330/05, NJW 2007, 2320 = ZIP 2007, 1375). Soll aber die Zedentin auch zur Kündigung und zur Einziehung des Rückkaufwerts befugt sein, so spricht dies für eine Erstreckung der Sicherungszession auf den Rückkaufswert (OLG Hamburg ZIP 2008, 33).

Das **Dokumenteninkasso** gem Nr 15 Abs 2 AGB-Banken (vgl auch Nr 21 Abs 1 AGB-Sparkassen) 32
begründet Sicherungseigentum, das die Bank zur Absonderung berechtigt. Wird der Bank ein Wertpapier eingereicht, das eine abstrakte Verpflichtung enthält, so verschafft Nr 15 Abs 2 AGB-Banken dieser zugleich die Kausalforderung. Sie tritt als weitere Sicherheit neben das Sicherungseigentum. Andere Einzugspapiere verbriefen oder dokumentieren lediglich eine Forderung, ohne eine eigene wertpapierrechtliche Verpflichtung des Schuldners zu begründen, wie zB die **Lastschrift**. In diesem Fall tritt der Einreicher die der Lastschrift oder dem anderen Einzugspapier zugrunde liegende Forderung ab (vgl *Gößmann/Wagner-Wieduwilt/Weber* AGB-Banken 1/448). Nr 15 Abs 1 und Abs 2 AGB-Banken verschaffen dem **Inkassoauftrag** die Qualität eines dinglichen Rechtsgeschäfts. Der **BGH** behandelt das Sicherungseigentum an Einzugspapieren und die Sicherungsabtretung der an diesem Papier zugrunde liegenden Forderungen gleich (BGHZ 95, 149 = WM 1985, 1057; *Gottwald/Gottwald* InsRHdb § 43 Rn 83; *Gößmann/Wagner-Wieduwilt/Weber* AGB-Banken 1/455). Die Bank hat folglich im Insolvenzverfahren des Einreichers einen Anspruch auf **abgesonderte Befriedigung** aus der abgetretenen Forderung. Da die Bank im Insolvenzverfahren des Einreichers den Besitz an den Papieren hat, steht ihr gem §§ 166 Abs 1, 173 Abs 1 das Recht zur Verwertung, also zur Einziehung zu (vgl auch *Gottwald/Gottwald* InsRHdb § 43 Rn 84). Beim **Dokumenteninkasso** entsteht der Anspruch des Auftraggebers auf Herausgabe des Inkassoerlöses erst in dem Zeitpunkt, in dem die Einreicherbank buchmäßige Deckung erhält. Nach Verfahrenseröffnung ist eine Verrechnung mit dem debitorischen Saldo nicht mehr möglich (§ 91). Gem Nr 15 Abs 1 AGB-Banken erwirbt die Bank auch Sicherungseigentum an **eingereichten Wechseln oder Schecks** (so auch Nr 25 Abs 1 AGB-Sparkassen; *Seif*, Der Bestandsschutz besitzloser Mobiliarsicherheiten im deutschen und englischen Recht, 1997, S 290 ff; *Gottwald/Gottwald* InsRHdb § 43 Rn 84; *Gößmann/Wagner-Wieduwilt/Weber* AGB-Banken 1/428 ff). Während die Bank das Sicherungseigentum an einem zum Einzug eingereichten Scheck gem Nr 15 Abs 1 S 1 AGB-Banken erwirbt, geschieht dies bei einem **Inhaberscheck** durch Einigung und Übergabe des Schecks (§ 929 BGB), beim **Orderscheck** zusätzlich durch Indossament (Art 14 ScheckG). Teilweise wird in der Literatur die Auffassung vertreten, die Bank erwerbe Eigentum nur am Scheck in Höhe des Sicherungsinteresses und habe darüber hinaus lediglich die Stellung eines Einzugsberechtigten (vgl *Klein* WM 1975, 374). Zutreffend geht aber die hM davon aus, dass eine solche Spaltung der Rechtsinhaberschaft sachenrechtlich ausgeschlossen ist, weil sie gegen den Bestimmtheitsgrundsatz verstößt. Für den **Orderscheck** ist ohnehin die Spaltung auch wertpapierrechtlich ausgeschlossen, weil es ein Teilindossament gem Art 15 Abs 2 ScheckG nicht gibt (*Gößmann/Wagner-Wieduwilt/Weber* AGB-Banken 1/435; *Baumbach/Hefermehl* Art 12 WechselG Rn 2). Für die **Insolvenzanfechtung** nach den §§ 129 ff ist entscheidend der Erwerb des Sicherungseigentums, nicht dagegen die Gutschrift. Die Sicherungszession nach Nr 15 Abs 2 AGB-Banken erstreckt sich nicht nur auf die dem Scheck oder Wechsel zugrunde liegende Forderung, sondern auch auf Hilfsrechte, wie zB Fälligkeitskündigung, Mängelgewährleistung, nicht aber ohne weiteres auch auf Rücktritt und Anfechtung (vgl BGHZ 95, 149, 152; BGHZ 96, 196; BGH WM 1985, 1108; *Baumbach/Hopt* AGB-Banken Nr 15 Rn 2). Der Kreis der „**kaufmännischen Handelspapiere**" ist vom BGH umschrieben worden (BGHZ 73, 207; BGH WM 1985, 905). Es handelt sich um Handelspapiere nach Maßgabe der „Einheitlichen Richtlinien für Inkassi", vor allem Rechnungen, Verladedokumente, Dispositionsdokumente, Anweisungen und Rechnungen.

III. Zurückbehaltungsrechte

1. Zurückbehaltungsrecht wegen nützlicher Verwendungen (§ 51 Nr 2). § 51 Nr 2 gewährt Inhabern von 33
Zurückbehaltungsrechten wegen nützlicher Verwendung auf die zurückbehaltene Sache ein **Absonderungsrecht**. Auf Verwendungen hinsichtlich unbeweglicher Sachen ist die Vorschrift nicht anwendbar, da § 49 insoweit abschließend ist (BGH v 23. 5. 2003 – V ZR 279/02, NZI 2003, 605; *Blaum*, Zurückbehaltungsrechte (2008) S 26; N/R/*Andres* § 51 Rn 13; *Jaeger/Henckel* § 51 Rn 56; *Gottwald/Gottwald* InsRHdb § 42 Rn 49; *Blaum*, Zurückbehaltungsrechte (2008) S 51 ff). Auch auf das **allgemeine Zurückbehaltungsrecht nach § 273 Abs 1 BGB** als persönliches Recht ist § 51 Nr 2 nicht anwendbar (RGZ 51, 83, 86 ff; *Kilger/K. Schmidt* § 49 KO Anm 3; K/P/B/*Prütting* § 51 Rn 18; s auch BGH ZInsO 2002, 487, 488). Zurückbehaltungsrechte nach bürgerlichem Recht verschaffen ein Absonderungsrecht nach § 51 Nr 2 nur, soweit sie wegen werterhöhender Verwendungen auf bewegliche Sachen entstanden sind. Abgesonderte Befriedigung kann nur bis zur Höhe des Betrages der Werterhöhung aus dem Erlös der Sache verlangt werden. Die wichtigsten Anwendungsfälle in der Praxis bilden die Absonderungsrechte nach § 1000 iVm § 994 BGB sowie die Verwendungsansprüche nach den §§ 102, 292 Abs 2, 304, 347 S 2, 459, 536a, 539, 591, 601, 670, 675, 683, 693, 850, 972, 1049, 1057, 1216 und § 2022 BGB iVm **§ 273 Abs 2 BGB**. Soweit Zurückbehaltungsrechte ein Absonderungsrecht begründen, hat der Absonderungsberechtigte ein **Selbstverwertungsrecht** nur, wenn er sich im Besitz der Sache befindet (§§ 166 Abs 1, 173 Abs 1).

34 Das Zurückbehaltungsrecht nach § 273 Abs 1 BGB begründet – wie vorstehend bereits festgestellt wurde – als persönliches Recht **weder ein Aus- noch ein Absonderungsrecht** (*Jaeger/Heckel* § 51 InsO Rn 52; HK-*Lohmann* § 51 Rn 46; FK-*Joneleit/Imberger* § 51 Rn 29; *Gottwald/Gottwald* InsRHdb § 42 Rn 51; MüKo-*Ganter* § 51 Rn 242). Gleiches gilt für ein **vertraglich vereinbartes Zurückbehaltungsrecht** (RG v 1. 12. 1911, RGZ 77, 436; *Gottwald/Gottwald* InsRHdb § 42 Rn 48; FK-*Joneleit/Imberger* § 51 Rn 29). Ein unwirksam bestelltes vertragliches Pfandrecht kann nicht etwa in ein Zurückbehaltungsrecht umgedeutet werden. Soweit das Zurückbehaltungsrecht kein Absonderungsrecht gewährt, ist der Insolvenzverwalter verpflichtet, den Gegenstand, an dem ein Zurückbehaltungsrecht besteht, sowie sämtliche Unterlagen, die ein Dritter in Besitz hat, zur Masse zu ziehen (**BGH** WM 1965, 408, 410 = KTS 1965, 155; *Gottwald/Gottwald* InsRHdb § 42 Rn 51; FK-*Joneleit/Imberger* § 51 Rn 29). Folglich hat ein **Rechtsanwalt** wegen Wegfalls des Zurückbehaltungsrechts in der Insolvenz des Klienten die Handakten herauszugeben (RG JW 1921, 636; AG München KTS 1969, 190; *Gottwald/Gottwald* InsRHdb § 42 Rn 51). Einem **Steuerberater** steht wegen seiner rückständigen Honoraransprüche in der Insolvenz des Klienten an den Buchhaltungsunterlagen oder Computerlisten, die er mittels EDV erstellt hat, **kein Zurückbehaltungsrecht** zu (OLG Düsseldorf ZIP 1982, 471; OLG Hamm v 4. 8. 1987, EWiR § 49 KO 1/87, 1181 [*Marotzke*]; LG Essen v 24. 5. 1996, ZIP 1996, 1878; OLG Stuttgart ZIP 1982, 80; *Gottwald/Gottwald* InsRHdb § 42 Rn 51). Anzumerken ist allerdings, dass der **BGH** die Entscheidung OLG Hamm v 4. 8. 1987 (ZIP 1987, 1330) durch Urt v 25. 10. 1988 (ZIP 1988, 1474) aufgehoben hat, weil es sich bei der Hauptabschlussübersicht einschließlich der dazugehörenden Umbuchungslisten nicht um Unterlagen gehandelt hat, die der Steuerberater aus der Geschäftsbesorgung iSv § 667 BGB „erlangt" hat. Nach Auffassung des **BGH** ist der vertragliche Herausgabeanspruch nach §§ 115, 116 erloschen mit der Folge, dass der Insolvenzverwalter bei der Verweigerung der Honorarzahlung die Unterlagen nicht herausverlangen kann (vgl *Maus* BB 1989, 672; *Marotzke*, Das Zurückbehaltungsrecht im Konkurs des Gegners, Juristische Arbeitsblätter 1988, S 117 ff). Nach Auffassung des LG Essen (Urt v 24. 5. 1996, ZIP 1996, 1878) hat der Insolvenzverwalter einen Anspruch auf **Herausgabe der DATEV-Konten**, ohne dass der Steuerberater Gegenrechte wegen seiner Honorarforderung geltend machen kann. Nach LG Essen steht die Entscheidung nicht im Widerspruch zu dem Urteil des **BGH** (ZIP 1988, 1474), weil in dem dort entschiedenen Fall die Erstellung einer Hauptabschlussliste zur Erstellung einer Bilanz und im Rahmen der steuerlichen Pflichten des Auftraggebers erfolgt war. Das LG Essen hat berücksichtigt, dass bei der Herausgabe der DATEV-Konten der Gebührenanspruch des Steuerberaters bereits in voller Höhe angefallen war. Die Erstellung einer Hauptabschlussliste sei dagegen in dem vom **BGH** entschiedenen Fall zur Erstellung einer Bilanz und im Rahmen der steuerlichen Pflichten des Auftraggebers erfolgt. Das LG Düsseldorf (Beschl v 18. 8. 1997, ZIP 1997, 1657) hat den **Steuerberater** eines Schuldners für verpflichtet angesehen, dem Insolvenzverwalter **Auskunft** über die von ihm geführte Buchhaltung zu erteilen. Ein Zurückbehaltungsrecht wegen Honoraransprüchen für spätere Aufträge, die nicht die begehrte Auskunft betreffen, besteht nach Auffassung des LG nicht. Die vom Insolvenzverwalter verlangten Auskünfte betrafen lediglich die Zuordnung von Buchungsvorgängen zu bestimmten Konten und damit Umstände, die dem Steuerberater schon vor der Tätigkeit bekannt waren, für die ihm noch Honoraransprüche zustanden. Im Insolvenzverfahren über das Vermögen des Klienten hat der Steuerberater einzuwilligen, dass dem Insolvenzverwalter die bei DATEV gespeicherten Stammdaten übertragen werden (LG Duisburg v 1. 4. 1982, ZIP 1982, 603; *Kilger/K. Schmidt* § 49 KO Anm 8; FK-*Joneleit/Imberger* § 51 Rn 29). Der Insolvenzverwalter muss erforderlichenfalls den Herausgabeanspruch per einstweiliger Verfügung durchsetzen (OLG Düsseldorf ZIP 1982, 471; OLG Hamm ZIP 1987, 1330 = EWiR 1987, 1121 [*Marotzke*]; LG Cottbus v 23. 5. 2001 ZInsO 2002, 635; FK-*Joneleit/Imberger* § 51 Rn 29).

35 **a) Werterhöhungsfaktor.** Abgesonderte Befriedigung kann nur insoweit verlangt werden, als sich der Wert der Sache infolge der Verwendungen erhöht hat. Maßgebend ist der Zeitpunkt der Geltendmachung des Absonderungsrechts, nicht derjenige der Insolvenzeröffnung (FK-*Joneleit/Imberger* § 51 Rn 30; *Kilger/K. Schmidt* § 49 KO Anm 6; MüKo-*Ganter* § 51 Rn 219). Ist der vorhandene Vorteil und die bis zur Geltendmachung des Absonderungsrechts vorhandene Werterhöhung verloren gegangen, so entfällt das Absonderungsrecht.

36 **b) Durchführung der Befriedigung.** Wie bereits oben dargestellt wurde, hat der Inhaber des Zurückbehaltungsrechts ein **Selbstverwertungsrecht**, wenn er sich im Besitz der zurückbehaltenen Sache befindet (§§ 166 Abs 1, 173 Abs 1). Für Inhaber des kaufmännischen Zurückbehaltungsrechts sieht § 371 HGB ein Befriedigungsrecht vor, s sogleich zu § 51 Nr 3. Das Pfandrecht an Inhaberpapieren berechtigt den Gläubiger zum freihändigen Verkauf (FK-*Wegener* § 173 Rn 2).

37 **2. Kaufmännische Zurückbehaltungsrechte (§ 51 Nr 3).** Der Gesetzgeber stellt in § 51 Nr 3 die kaufmännischen Zurückbehaltungsrechte nach den §§ 369–372 HGB den in § 50 genannten Pfandgläubigern gleich und gewährt diesen Gläubigern dadurch ebenfalls ein Absonderungsrecht. Außerhalb des Insolvenzverfahrens ist der Gläubiger kraft des Zurückbehaltungsrechts gem § 371 Abs 1 S 1 HGB berechtigt, sich aus dem zurückbehaltenen Gegenstand für seine Forderung zu befriedigen. Das kaufmännische Zurückbehaltungsrecht hat insofern Sicherungs- und Befriedigungsfunktion (*K. Schmidt*

IV. Absonderungsrechte wegen öffentlicher Abgaben § 51

Handelsrecht § 22 IV 2 a S 657). Gläubiger und Schuldner müssen Kaufleute iSv §§ 1 ff HGB sein. Der gesicherte Anspruch muss eine Forderung betreffen, die aus einem zwischen Gläubiger und Schuldner geschlossenen beiderseitigen Handelsgeschäft resultiert (*K. Schmidt* Handelsrecht § 22 IV 2 b S 659; MüKo-*Ganter* § 51 Rn 226). Ist das Handelsgeschäft wegen arglistiger Täuschung angefochten worden, wird das Zurückbehaltungsrecht hierdurch nicht berührt (**BGH** v 11. 6. 1956, KTS 1957, 10; *Smid* § 51 Rn 28; *Gottwald/Gottwald* InsRHdb § 42 Rn 52; FK-*Joneleit/Imberger* § 51 Rn 31). **Gegenstand des kaufmännischen Zurückbehaltungsrechts** können nur bewegliche Sachen sein, also Waren oder Wertpapiere. Deshalb fallen nicht unter das kaufmännische Zurückbehaltungsrecht Sparbücher, Hypothekenbriefe, Grundschuldbriefe, die nicht auf den Inhaber lauten, sowie Kraftfahrzeugbriefe, für die § 952 BGB entsprechend gilt (Einzelheiten bei *K. Schmidt* Handelsrecht § 22 IV 2 c). Dagegen können Wechsel als Orderpapiere Gegenstand des Zurückbehaltungsrechts sein. Die Sache oder das Wertpapier muss im **Eigentum des Schuldners** stehen. Miteigentum genügt (*Baumbach/Hopt* § 369 HGB Rn 8). Die Sachen oder Wertpapiere müssen aufgrund von Handelsgeschäften mit Willen des Schuldners in den **Besitz des Gläubigers** gelangt sein (*Baumbach/Hopt* § 369 HGB Rn 9). Es genügt, dass der Schuldner nachträglich zugestimmt hat. Ein **Zurückbehaltungsrecht an eigenen Sachen** des Gläubigers ist nach § 369 Abs 1 S 2 HGB möglich, wenn das Eigentum an den Schuldner zurückzuübertragen ist, nachdem es vom Schuldner oder einem Dritten für den Schuldner auf den Gläubiger übertragen worden ist (*K. Schmidt* Handelsrecht § 22 IV 2 e S 664; *Baumbach/Hopt* § 369 HGB Rn 10). Das kaufmännische Zurückbehaltungsrecht ist ausgeschlossen, wenn es vertraglich oder durch wirksame Allgemeine Geschäftsbedingungen abbedungen ist (*K. Schmidt* Handelsrecht § 22 IV 2 g S 666). Nach Verfahrenseröffnung kann ein kaufmännisches Zurückbehaltungsrecht wegen § 91 nicht mehr mit Absonderungskraft erworben werden. Für die Entstehung des Absonderungsrechts reicht es aber aus, wenn die tatsächlichen Vorgänge, die das Zurückbehaltungsrecht begründen, zum Zeitpunkt der Verfahrenseröffnung so weit abgeschlossen sind, dass das Zurückbehaltungsrecht mit Insolvenzeröffnung entsteht (*Smid* § 51 Rn 28; *Gottwald/Gottwald* InsRHdb § 42 Rn 52). Der Inhaber hat dann im eröffneten Verfahren ein eigenes Verwertungsrecht (§ 173). Der nach § 371 Abs 3 HGB erforderliche Titel muss gegen den Insolvenzverwalter lauten.

IV. Absonderungsrechte wegen öffentlicher Abgaben (§ 51 Nr 4)

Bund, Ländern, Gemeinden und Gemeindeverbänden steht gem § 51 Nr 4 wegen der auf Massegegenständen ruhenden **Zölle** und **Steuern** eine Absonderung zu, soweit sich die Gegenstände im Besitz der Behörde befinden oder bei ihr beschlagnahmt worden sind. Die Grundlage bildet die Sachhaftung verbrauchssteuer- und zollpflichtiger Sachen. Der Gesetzgeber hat das Absonderungsrecht von den früheren Voraussetzungen der Zurückbehaltung oder Beschlagnahme gelöst (*Frotscher*, Besteuerung, S 69). Das Absonderungsrecht entsteht automatisch, soweit die Sachhaftung reicht (§ 76 AO 1977). Als **Verbrauchssteuer** kommen in Betracht die Mineralölsteuer, die Tabaksteuer und die Steuer auf Alkohol sowie auf alkoholhaltige Getränke (K/P/B/*Prütting* § 51 Rn 22). Die Sachhaftung beginnt bereits mit der Herstellung der steuer- oder zollpflichtigen Ware oder mit der Einfuhr, dh mit Überschreiten der Zollgrenze (HK-*Lohmann* § 51 Rn 52; *Gottwald/Gottwald* InsRHdb § 42 Rn 59). Dem gewöhnlichen Fall des Überschreitens der Zollgrenze (§ 5 Abs 1 ZollG) stehen die anderen Fälle gleich, in denen Freigut zum Zollgut wird (§ 5 Abs 5 ZollG). Die **Sachhaftung nach § 76 AO** führt auch dann zu einem Absonderungsrecht iSv § 51 Nr 4, wenn es bis zur Verfahrenseröffnung noch nicht zu einer Beschlagnahme gekommen ist. Deshalb entsteht das Absonderungsrecht auch, wenn die Gegenstände, die der Sachhaftung nach § 76 Abs 2 AO unterliegen, erst im eröffneten Verfahren beschlagnahmt werden (FK-*Joneleit/Imberger* § 51 Rn 36; HK-*Lohmann* § 51 Rn 52; N/R/*Andres* § 51 Rn 15; **str aA** *Klein/Orlopp* § 76 AO Anm 3) Nach MüKo-*Ganter* § 51 Rn 255 soll dagegen die Beschlagnahme im laufenden Verfahren unzulässig sein, da sie das Verwertungsrecht des Verwalters beseitigen könne, ein Absonderungsrecht habe die Finanzbehörde unabhängig von der Beschlagnahme. Das Absonderungsrecht des Fiskus hat **Vorrang vor den übrigen Absonderungsrechten** mit Ausnahme der Schiffspfandgläubigerrechte nach § 761 S 2 HGB (*Jaeger/Henckel* § 51 Rn 60). Zur Rückschlagsperre (§ 88) und Beschlagnahme nach § 76 Abs 3 AO sowie zum Verfahrenskostenbeitrag des Fiskus als absonderungsberechtigter Gläubiger vgl *M Bähr/Smid* InVo 2000, 401 ff. Befriedigt ein Dritter den Fiskus wegen der Steuer- oder Abgabenforderung, so geht das Absonderungsrecht auf ihn über (**BGH** KTS 1964, 268; FK-*Joneleit/Imberger* § 51 Rn 36). Soweit eine **Hinterlegung nach den §§ 241, 242 AO** erfolgt, erwirbt die Körperschaft, deren Forderung durch Hinterlegung gesichert wird, ein Pfandrecht an der Forderung auf Rückerstattung an den hinterlegten Zahlungsmitteln (FK-*Joneleit/Imberger* § 51 Rn 36; vgl auch N/R/*Andres* § 51 Rn 15). Eine Besonderheit besteht bei **öffentlichen Grundstückslasten** (s a § 49 Rn 45). Die Entstehung solcher Lasten richtet sich nach öffentlichem Recht; sie ist im Gesetz nicht definiert. Die Eigenschaft als öffentliche Grundstückslast kann sich auch aus der rechtlichen Gestaltung der Abgabenverpflichtung in ihrer Beziehung zum Grundstück im Einzelfall ergeben (vgl **BGH** v 27. 11. 1970, KTS 1971, 192 = MDR 1971, 209; **BGH** v 30. 6. 1988, NJW 1988, 107; *Frotscher*, Besteuerung, S 68 f; *Zöller/Stöber* § 10 ZVG Rn 6.9, 6.10). Die Besonderheit besteht darin, dass sich das Absonderungsrecht erst auswirkt, wenn die Zwangsverwaltung oder Zwangsversteigerung eines zur Masse gehörigen

38

§ 51 *Sonstige Absonderungsberechtigte*

Grundstücks entweder durch den Insolvenzverwalter (§ 165) oder durch einen dinglich Berechtigten betrieben wird. **Außerhalb des Zwangsversteigerungsverfahrens** sind die öffentlichen Abgaben Insolvenzforderungen iSv § 38. § 51 geht grundsätzlich von einem **Gleichrang** der Absonderungsrechte aus. Eine den früheren § 49 Abs 2 KO entsprechende Vorschrift enthält das neue Recht nicht. Ein **Vorrang** einzelner Absonderungsrechte folgt jedoch – wie schon erwähnt – aus § 761 S 2 HGB sowie aus § 76 Abs 1 AO 1977 für Zoll- und Verbrauchssteuern.

V. Sonstige Absonderungsrechte

39   Die §§ 49, 50, 51 regeln nicht sämtliche Rechte, die den Gläubiger zur Absonderung im Insolvenzverfahren über das Vermögen des Schuldners berechtigen. Die wichtigsten sollen im Folgenden dargestellt werden.

40   **1. Versicherungsrechtliche Absonderungsrechte. a) Schadensversicherung für fremde Rechnung.** Bei der Versicherung für fremde Rechnung (§§ 43 ff VVG) hat der Versicherungsnehmer im Fall der Insolvenz des Versicherten ein Zurückbehaltungsrecht hinsichtlich des Versicherungsscheins, solange er wegen etwaiger ihm gegen den Versicherten zustehender, auf die versicherte Sache bezogener Ansprüche, wie zB Prämien, Auslagen, Provision, keine Befriedigung erlangt hat (§ 46 S 1 VVG). Die Entstehung des Zurückbehaltungsrechts beurteilt sich ausschließlich nach § 46 VVG. Daneben kann allerdings ein Zurückbehaltungsrecht nach §§ 273, 320 BGB, § 369 HGB begründet sein (*Prölss/Martin* § 77 VVG Rn 11). Der Versicherungsnehmer kann sich bei Insolvenz des Versicherten aus der Entschädigungsforderung des Versicherten gegen den Versicherer vorweg befriedigen (§ 46 S 2 VVG), denn das Zurückbehaltungsrecht nach § 46 S 1 VVG verschafft ihm ein Absonderungsrecht (*Häsemeyer* InsR Rn 18.22; N/R/*Andres* § 51 Rn 17; FK-*Joneleit/Imberger* § 51 Rn 33). Das Befriedigungsrecht besteht auch außerhalb des Insolvenzverfahrens. Ist die Entschädigungsforderung jedoch bereits vor Eröffnung des Insolvenzverfahrens an den Versicherten ausgezahlt worden, kann das Absonderungsrecht mangels Gegenstandes nicht mehr ausgeübt werden (*Gottwald/Gottwald* InsRHdb § 42 Rn 54; N/R/*Andres* § 51 Rn 17).

41   **b) Haftpflichtversicherung. aa) Absonderungsrecht.** Ist über das Vermögen des Versicherungsnehmers das Insolvenzverfahren eröffnet worden, so kann der Dritte wegen des ihm gegen den Versicherungsnehmer zustehenden Anspruchs abgesonderte Befriedigung aus der Entschädigungsforderung des Versicherungsnehmers verlangen (§ 110 VVG). Die Regelung in § 110 VVG (§ 157 VVG aF) hat in der Literatur Kritik erfahren (vgl *Häsemeyer* KTS 1982, 507, 535; *ders* InsR Rn 18.22). Eine analoge Anwendung der Norm auf andere Freistellungsansprüche wird abgelehnt (**BGH 22. 9. 1971 VIII ZR 38/70, BGHZ 57, 78; BGH 16. 9. 1993 IX ZR 255/92, ZIP 1993, 1656; BGH 7. Juni 2001, IX ZR 195/00, NZI 2001, 539; OLG Frankfurt ZInsO 2005, 1274**). Das Absonderungsrecht des Dritten entsteht mit Verfahrenseröffnung, auch wenn die Haftpflichtansprüche erst später festgestellt werden oder sogar der Versicherungsfall erst nach Verfahrenseröffnung eintritt. Der Versicherungsanspruch als solcher fällt zwar in die Insolvenzmasse (§ 35), jedoch mit dem Absonderungsrecht des Haftpflichtgläubigers belastet (*Gottwald/Gottwald* InsRHdb § 42 Rn 55; MüKo-*Ganter* § 51 Rn 237). Die erst während des Insolvenzverfahrens entstehende Entschädigungsforderung des Versicherungsnehmers gehört zur Insolvenzmasse, weil sie als bedingter Anspruch schon vor Verfahrenseröffnung bestand. Da dieser Anspruch nur das Schadensereignis der Masse zufällt, erfordert es die Billigkeit, ihn bei Eröffnung des Insolvenzverfahrens auch bereits mit dem Absonderungsrecht des Haftpflichtgläubigers als bedingt belastet anzusehen (*Jaeger/Henckel* Vor §§ 49–52 InsO Rn 23; *Kilger/K. Schmidt* § 49 KO Anm 5; krit *Häsemeyer* InsR Rn 18.22). Zwar überdauert das Absonderungsrecht des § 110 VVG auch ein **Insolvenzplanverfahren**, jedoch kann durch den gestaltenden Teil des Insolvenzplans (§ 221) in Absonderungsrechte eingegriffen werden (§ 223). Zutreffend der Hinweis bei *Gottwald/Gottwald* (InsRHdb § 42 Rn 55), dass der Insolvenzplan zwar die Haftpflichtforderung, analog § 254 Abs 2 nicht aber das Absonderungsrecht nach § 110 VVG betrifft (so auch *Bruck/Möller/Johannsen* § 157 VVG Anm B 107). Die Vorschrift des § 254 Abs 2 S 1 bezieht sich jedoch nur auf die allgemeinen Wirkungen des Plans. Nach § 223 Abs 2 können im gestaltenden Teil des Insolvenzplans durchaus Einschränkungen für jede Art von absonderungsberechtigten Gläubigern vorgesehen werden. Der Versicherungsnehmer kann das Absonderungsrecht nicht durch **Abtretung des Versicherungsanspruchs** vereiteln (*Gottwald/Gottwald* InsRHdb § 42 Rn 55). Denn als Befreiungsanspruch ist er nicht übertragbar, es sei denn an den Haftpflichtgläubiger selbst (vgl RGZ 12, 136). Wird der Entschädigungsanspruch beim Versicherungsnehmer gepfändet, geht das Absonderungsrecht dem Pfandrecht vor.

42   **bb) Geltendmachung.** Das Absonderungsrecht, über dessen Geltendmachung gesetzliche Bestimmungen nicht vorhanden sind, ist wie ein auf einem Pfandrecht beruhendes Absonderungsrecht zu behandeln. Entsprechend § 1292 BGB erwirbt der Dritte ein Einziehungsrecht unmittelbar gegen den Versicherer, sobald der Anspruch fällig geworden ist (RGZ 93, 212; RGZ 135, 297; **BGH VersR 1954, 578; BGH VersR 1987, 655; BGH NJW-RR 1993, 1306**; *Prölss/Martin* § 157 VVG Rn 3). Der geschädigte Dritte braucht seine Forderung nicht zur Tabelle anzumelden. Er ist berechtigt, unmittelbar gegen

den Insolvenzverwalter auf Zahlung zu klagen (**BGH** KTS 1989, 660, 661; FK-*Joneleit/Imberger* § 51 Rn 32). Allerdings kann abgesonderte Befriedigung nur verlangt werden, wenn der Haftpflichtversicherungsanspruch festgestellt und der Entschädigungsanspruch fällig geworden ist (§ 106 VVG; vgl auch **BGH** VersR 1991, 414; *Prölss/Martin* § 157 VVG Rn 3). Macht der Geschädigte ohne den Umweg über das insolvenzrechtliche Prüfungsverfahren den Anspruch durch Klage gegen den Insolvenzverwalter geltend, hat er die Klage auf **Leistung der Entschädigungsforderung** gegen den Versicherer zu beschränken (**BGH** KTS 1989, 660, 661 = VersR 1989, 730; **BGH** VersR 1981, 328; **BGH** VersR 1964, 966). Nach **Aufhebung des Verfahrens** ist der Geschädigte berechtigt, volle Befriedigung seines Schadenersatzanspruchs an der Entschädigungsforderung des Schuldners zu verlangen. Im Einzelfall kann jedoch der Anspruch durch Insolvenzplan beschränkt sein. Steht ihm ein **Rentenanspruch** (§ 843 BGB) zu, verwandelt sich im Insolvenzverfahren über das Vermögen des Versicherungsnehmers dieser Rentenanspruch in eine Kapitalforderung (RGZ 93, 209, 213; §§ 41, 45, 46). Die Kapitalisierungswirkung tritt auch gegenüber dem Haftpflichtversicherer ein, der deshalb dem nach § 110 VVG vorgehenden Gläubiger mit einem Kapitalbetrag, nicht mehr dagegen mit einer Rentenzahlung, haftet (*Prölss/Martin* § 157 VVG Rn 6). Der Versicherte hat im Insolvenzverfahren des Erstversicherers **kein Absonderungsrecht** am Anspruch gegen den **Rückversicherer**, denn die Rückversicherung ist keine Haftpflichtversicherung. Außerdem sind die Vorschriften des Versicherungsvertragsgesetzes auf die Rückversicherung nicht anwendbar (§ 209 VVG).

2. Absonderungsrechte nach DepotG. Weitere Absonderungsrechte regelt das DepotG in den §§ 32, 43 33 für den Hinterleger, Verpfänder oder Kommittenten von Wertpapieren, wenn der Verwahrer, Pfandgläubiger, Kommissionär oder Eigenhändler insolvent wird. Nach § 32 Abs 3 S 1 DepotG werden die nach den Abs 1 und 2 des § 32 DepotG vorrangigen Forderungen vor den Forderungen aller anderen Insolvenzgläubiger aus der Sondermasse beglichen, die aus den in der Masse vorhandenen Wertpapieren derselben Art und aus den Ansprüchen auf Lieferung solcher Wertpapiere gebildet wird. Voraussetzung ist allerdings, dass er wenigstens 90 Prozent seiner Leistung erbracht hat (vgl *Heinsius/Horn/Than* § 32 DepotG Rn 9 ff u 48 ff; *Gottwald/Gottwald* InsRHdb § 40 Rn 72; *Canaris*, BankvertragsR Rn 2074). Das Vorrecht aus § 32 DepotG entsteht erst im Zeitpunkt der Verfahrenseröffnung (*Heinsius/Horn/Than* § 32 DepotG Rn 40). Die Sondermasse nach § 32 Abs 3 S 1 DepotG besteht aus den in der Masse vorhandenen Wertpapieren derselben Art und aus Ansprüchen aus Lieferungen solcher Wertpapiere. Für jede Gattung ist eine Sondermasse zu bilden (*Heinsius/Horn/Than* § 32 DepotG Rn 48 ff). Nach § 32 Abs 4 S 1 DepotG haben die Gläubiger des § 32 Abs 1 und 2 DepotG den beanspruchten Vorrang bei der Anmeldung der Forderung nach § 174 anzugeben. Bei den „**Vorrangrechten**" an Sondermassen handelt es sich um pfandrechtsähnliche Rechte, die dem Absonderungsrecht näher stehen als die früheren allgemeinen Konkursvorrechte. Das Insolvenzgericht hat erforderlichenfalls den vorrangigen Gläubigern zur Wahrung der ihnen zustehenden Rechte einen **Pfleger** zu bestellen (§ 32 Abs 5 S 1 DepotG). Reicht die Sondermasse zur Befriedigung der Gläubiger nicht aus, müssen diese wegen des Restbetrages ihrer Forderungen als Insolvenzgläubiger nach den §§ 174 ff zur Tabelle beim Insolvenzverwalter anmelden (§ 52). Vgl auch *Hopt* BB 1975, 397; *ders* DB 1975, 1061; *Baumbach/Hopt* § 32 DepotG Rn 1).

3. Altes Absonderungsrecht der Pfandbrief- und Schuldverschreibungsgläubiger. In der Insolvenz 44 einer Hypothekenbank stand den Pfandbrief- und Schuldverschreibungsgläubigern gem §§ 35, 40, 41 HypothekenbankG idF v 9. 9. 1998 (BGBl I, 2675) und §§ 6, 9 des Gesetzes über Pfandbriefe öffentlich-rechtlicher Kreditanstalten idF v 9. 9. 1990 (BGBl I, 2773) ein Absonderungsrecht zu (vgl *Stürner* FS *Gaul* 1997, S 739;). Durch das PfandBG v 22. 5. 2005 wurde für die im Register eingetragenen Deckungswerte bestimmt, dass diese nicht in die Insolvenzmasse der Pfandbriefbank fallen, § 30 PfandBG. Insoweit können die Gläubiger also nunmehr ein Aussonderungsrecht geltend machen, vgl § 47 Rn 39 a (vgl *Gottwald/Gottwald* InsRHdb § 42 Rn 61).

4. Absonderungsrecht für Auseinandersetzungsansprüche (§ 84 Abs 1 S 2). Bei Auseinandersetzung 45 einer Gesellschaft oder Gemeinschaft gewährt § 84 Abs 1 S 2 hinsichtlich des ermittelten Anteils des Schuldners für Ansprüche aus dem Rechtsverhältnis ein Recht auf abgesonderte Befriedigung. Ein Mitgesellschafter oder Mitglied der Gemeinschaft kann demgemäß bei der außerhalb des Insolvenzverfahrens erfolgten Ermittlung des Anteils des Insolvenzschuldners am Gemeinschaftsverhältnis abgesonderte Befriedigung für Ansprüche aus diesem Verhältnis verlangen (Einzelheiten bei § 84).

VI. Der Sicherheiten-Pool

1. Allgemeines. Der Sicherheiten-Pool (Sicherungspool) ist heute in Literatur und Rechtsprechung als 46 Rechtsinstitut allgemein anerkannt (vgl **BGH** v 19. 3. 1998, NZG 1998, 427; **BGH** ZIP 1993, 271, 272; **BGH** ZIP 1988, 1534 = WM 1988, 1784, 1785; **BGH** ZIP 1982, 543; **BGH** ZIP 1984, 34 = NJW 1984, 803; **BGH** ZIP 1989, 1584; **BGH** NJW 1991, 2629; **BGH** ZIP 1993, 276 = KTS 1993, 240; **BGH** ZIP 1993, 271 = KTS 1993, 248; **OLG** Köln ZIP 1994, 1461; **OLG** Hamburg ZIP 1984, 1373;

OLG Hamburg ZIP 1985, 740; **OLG** Frankfurt ZIP 1986, 104; **OLG** Karlsruhe WM 1979, 343 u v 19. 4. 1978, NJW 1978, 2317; **OLG** Koblenz ZIP 1984, 1242; *Berner,* Sicherheitenpools der Lieferanten und Banken im Insolvenzverfahren 2006; *Burgermeister,* Der Sicherheitenpool im Insolvenzrecht 2. Aufl 1996; *Henckel,* Zivil-, konkurs- und verfahrensrechtliche Probleme des Sicherheitenpool-Vertrages, 1983; *Hess,* Miteigentum der Vorbehaltslieferanten, Zwangspool von Sicherungsgläubigern im Konkurs, ZIP 1980, 318; *Marx* NJW 1978, 246; *Obermüller* InsRBankpraxis Rn 6.122 ff; *ders* FS Lüer S 415; *Schröter/Graf von Westphalen,* Sicherheiten-Poolverträge der Banken und Warenlieferanten [WM-Skript] 1986; *Serick* ZIP 1982, 507; *Stürner* ZZP 94 [1981], 263, 274 ff; *Wenzel,* Der Sanierungs-Pool-Vertrag, WM 1996, 561; *Jaeger/Henckel* § 47 Rn 90 ff; *Uhlenbruck,* Gläubigerberatung in der Insolvenz S 130 ff). **Mit dem Inkrafttreten der InsO** fehlte es nicht an Stimmen, dass der Gläubigerpool im Hinblick auf § 119 tot sei (*Smid*). Dem kann auch nach der Entscheidung des **BGH** v 2. 6. 2005 (IX ZR 181/03 NJW-RR 2005, 1636 = ZIP 2005, 1651 = EWiR 2005, 899 [*Gundlach/Frenzel*], dazu Zeidler/Wendt ZBB 2006, 1912) nicht zugestimmt werden (*Obermüller* FS Lüer, S 415). Eine Erschwerung ist allenfalls dadurch eingetreten, dass durch die Neuregelung der Insolvenzanfechtung die Anfechtungsprozesse nicht mehr in gleichem Umfang an Beweisschwierigkeiten scheitern werden wie bisher (*Burgermeister* Sicherheitenpool S 315). Durch die Aufnahme des Begriffs „Ermöglichen" in § 130 Abs 1 und § 131 Abs 1 wird deutlich, dass auch **Veränderungen der Beweissituation anfechtbar** sind. Durch die Vorschriften der §§ 81, 82, 89 und 91 wird die Insolvenzmasse in gleicher Weise geschützt wie früher durch die §§ 7, 14, 15 KO. Aufgrund der Beschränkung der Verwertungsrechte der absonderungsberechtigten Gläubiger in den §§ 166 ff werden die Verwertungsrechte der Gläubiger zwar tangiert; jedoch kann es für die Gläubiger eine durchaus interessante Möglichkeit darstellen, über eine Poolbildung dem Insolvenzverwalter eine „andere Verwertungsmöglichkeit" iSv § 168 Abs 3 S 1 aufzuzeigen. Der Pool der absonderungsberechtigten Gläubiger bietet dem Insolvenzverwalter an, das Absonderungsgut selbst zu verwerten, ohne dass die Verwertungskosten der Masse angelastet werden. Hierauf muss der Verwalter idR eingehen, denn günstiger ist gem § 168 Abs 3 S 2 eine Verwertungsmöglichkeit auch dann, wenn Kosten eingespart werden.

47   **2. Begriff und Rechtsnatur des Sicherheiten-Pools.** Der Poolvertrag ist eine Vereinbarung mehrerer Sicherungsnehmer, durch die sich diese zu einer gemeinsamen Ausübung und Verwertung der ihnen zustehenden Sicherheiten zusammen schließen. Der Zusammenschluss kann so erfolgen, dass die Sicherungsnehmer ihre Sicherungsrechte in eine **Gesellschaft bürgerlichen Rechts** einbringen (vgl **BGH** v 3. 11. 1988, WM 1988, 1784; **BGH** NJW 1991, 2629; **BGH** ZIP 1992, 247 = NJW 1992, 1501; *Berner* Sicherheitenpool S 17; *Mitlehner* Mobiliarsicherheiten Rn 841; *N/R/Andres* § 47 Rn 9; *Obermüller* InsRBankpraxis Rn 6.127; *Scholz/Lwowski,* Kreditsicherung Rn 216; *K/P/B/Prütting* § 47 Rn 41; *Burgermeister,* Sicherheiten-Pool S 13; *Gottwald/Gottwald* InsRHdb § 44 Rn 2; *Weitnauer* FS Baur 1971 S 711 ff). Mit der Einbringung der Sicherheiten werden diese dann **Gesamthandsvermögen** der Gesellschaft (*Häsemeyer* InsR Rn 18.65; *Andersen/Freihalter* Aus- und Absonderungsrechte Rn 192). Rechtlich kann sich der Pool im Einzelfall aber auch als **uneigennützige Treuhand** darstellen, wenn zB ein Pool-Mitglied zum Treuhänder bestellt wird (Einzelheiten bei *Burgermeister,* Sicherheiten-Pool S 13 ff). Selbst wenn kein Gesamthandsvermögen gebildet, sondern einem der Gesellschafter treuhänderisch gebundenes Alleineigentum zugewiesen wird, steht dies der Annahme einer GbR nicht entgegen, denn die Bildung von Gesamthandseigentum ist keine zwingende Voraussetzung (vgl MüKoBGB-*Ulmer* § 705 Rn 182 u § 718 Rn 6; *Staudinger/Keßler* Vorbem zu § 705 BGB Rn 86; *Burgermeister,* Sicherheiten-Pool S 13 f). Im Einzelfall ist durch Auslegung der Poolvereinbarung zu ermitteln, welche Rechtsnatur der Zusammenschluss der Sicherungsgläubiger hat. Dabei ist zu berücksichtigen, dass auch dann, wenn die Miteigentümer eine Vereinbarung über die Verwaltung und Verwertung von Vorbehaltseigentum treffen, nicht automatisch eine GbR entsteht, denn solche vertraglichen Regelungen sind auch in den §§ 745 Abs 2, 750 Abs 2 BGB vorgesehen (vgl *Burgermeister,* Sicherheiten-Pool S 14; *Staudinger/Huber* § 741 Rn 126; MüKoBGB-*K. Schmidt* § 741 Rn 5).

48   Eine **schlichte Rechtsgemeinschaft** (§§ 741 ff BGB) entsteht, wenn die Gläubiger aufgrund verlängerten Eigentumsvorbehalts oder verlängerter Sicherungsübereignung Miteigentumsanteile an Gegenständen des Schuldnervermögens erlangt haben (vgl *Stürner* ZZP 94 [1991], 263, 275; *Häsemeyer* InsR Rn 18.65). Ob eine solche **Bruchteilsgemeinschaft** iSv § 741 BGB als Pool zu bezeichnen ist (so *Stürner* ZZP 94 [1981], 263, 275; *Hilger,* Miteigentum der Vorbehaltslieferanten an gleichartiger Ware – Zugleich ein Beitrag zur Theorie der Rechtsgemeinschaft, 1983, S 17) ist zweifelhaft, weil die Bruchteilsgemeinschaft eine Zwangsgemeinschaft ist, die nicht auf dem Entschluss ihrer Mitglieder, sondern auf einer gesetzlichen Anordnung beruht. Die Bruchteilsgemeinschaft ist nach §§ 749 ff BGB auseinanderzusetzen (*Mitlehner* Mobiliarsicherheiten Rn 847).

49   Begrifflich unterscheidet man den **Sicherheiten-Pool** oder **Sicherungspool,** den **Bankenpool,** den **Bassinvertrag** und den **Sicherheiten-Abgrenzungsvertrag** (eingehend hierzu *Berner,* Sicherheitenpools S 53; *Burgermeister,* Sicherheiten-Pool S 20 ff; *Wenzel* WM 1996, 561 ff; *Schröter/Graf von Westphalen,* Sicherheiten-Poolverträge der Banken und Lieferanten S 5 ff u S 49 ff; *May,* Bankenpool; *Bohlen,* Der Sicherheiten-Pool, 1984; *Andersen/Freihalter* Aus- und Absonderungsrechte Rn 190, 191). Je nach Zweck des Pools unterscheidet man zwischen **Sicherheiten-Pool** und **Verwertungspool.** Letzterer dient

VI. Der Sicherheiten-Pool

lediglich dem Zweck der gemeinschaftlichen Verwertung von Sicherungsgut. Neben dieser generellen Einteilung bestehen weitere Unterscheidungsmerkmale danach, wer im Einzelfall am Pool beteiligt ist, wie zB **Banken-, Warenlieferanten- oder gemischte Pools** (*Andersen/Freihalter* Aus- und Absonderungsrechte Rn 191). Von **gemischten Pools** spricht man, wenn zB Banken und Warenlieferanten sich zu einer Verwertungsgemeinschaft zusammenschließen und ihre Rechte aus (verlängerter) Sicherungsübereignung und verlängertem Eigentumsvorbehalt in den Pool einbringen. Vgl das Muster eines Pool-Vertrages zwischen Banken und Warenkreditgebern bei *Ehlers*, Zeitschrift für das gesamte Kreditwesen 1977, 912; *W. Obermüller* WuB 1980 Rn 4/74; *Wenzel* BuB 1995 Rn 4/297; *Schröter/v. Westphalen*, Sicherheiten-Poolverträge der Banken und Warenlieferanten, S 153. Zutreffend weist *Serick* (Insolvenzrechtsreform in Deutschland am Beispiel von Sicherheiten-Pools heute und in Zukunft, Tokyo 1987 S 1, 2 f) darauf hin, dass die Rechtsformen des Pools, seine Strukturen und seine im Einzelfall verfolgten Zwecke so unterschiedlich sind, dass eine allgemeine, alle Poolarten umfassende Definition schlicht unmöglich ist. Werde sie gleichwohl gegeben, sei sie irreführend oder jedenfalls nur mit dem Vorbehalt zu lesen, dass die Definition für einen konkret ins Auge gefassten Pool möglicherweise nicht zutrifft. Schließlich findet auch eine **zeitliche Differenzierung** statt, je nachdem ob die Poolbildung vor Insolvenzeröffnung oder nach Eröffnung des Insolvenzverfahrens erfolgt. Letzterenfalls stellt sich die Frage, ob eine **Beteiligung des Insolvenzverwalters** oder des Insolvenzschuldners an dem Pool möglich ist (vgl unten Rn 73 ff).

3. Zweck der Pool-Vereinbarung. Die Pool-Vereinbarung der Gläubiger kann unterschiedlichen Zwecken dienen. Bei außergewöhnlich großem Kreditbedarf eines Unternehmens, zB für Investitionszwecke, teilen oftmals Banken den Kredit und damit das Kreditrisiko im Wege einer **Konsortialfinanzierung**. Im Interesse der Vereinfachung der Verwaltung und Verwertung der Sicherheiten wird einer Bank, meist der Hausbank, die Verwaltung als **Pool-Führerin** übertragen (**BGH** WM 1988, 1784; *Obermüller* InsRBankpraxis Rn 6.123; *ders* FS Lüer S 415; *Wenzel* WM 1996, 561; *Gottwald/Gottwald* InsRHdb § 44 Rn 2). Generell ist festzustellen, dass der **reine Finanzierungspool** anlässlich von Konsortialkrediten kein Problem der Aus- und Absonderung im Insolvenzverfahren ist, da er lediglich den Zweck verfolgt, die Finanzierung umfangreicher und risikovoller Investitionen zu ermöglichen und das Verlustrisiko auf einzelne Banken zu verteilen. Der eigentliche Sicherungspool dient dagegen idR dem Zweck, „durch Vergemeinschaftung der Sicherungsrechte und ihre kollektive Geltendmachung die rechtlichen und tatsächlichen Schwierigkeiten auszuräumen, die bei individueller Durchsetzung der Rechte zu erwarten wären" (*Serick* Deutsche Mobiliarsicherheiten S 152). In der Krise des Kundenunternehmens wird oftmals zwecks Beseitigung tatsächlicher und rechtlicher Schwierigkeiten vor allem hinsichtlich der Abgrenzung der einzelnen Sicherheiten und der Bestimmtheit ein sogen **gemischter Pool** gebildet, um die Risiken auszuschließen, die sich aus einer Kollision mit Sicherungen anderer Gläubiger in einem eröffneten Insolvenzverfahren ergeben können (vgl *Schröter/v. Westphalen*, Sicherheiten-Poolverträge der Banken und Warenlieferanten, 1986, S 5; *Wenzel* WM 1996, 561 ff). Meist dient die Pool-Bildung in diesem Fall dazu, die Rechtsstellung der dem Pool beigetretenen Gläubiger hinsichtlich ihrer Aus- und Absonderungsrechte **beweismäßig zu verbessern** (*Häsemeyer* InsR Rn 18.64; *Andersen/Freihalter* Aus- und Absonderungsrechte Rn 187; *Uhlenbruck*, Gläubigerberatung S 330 ff). Auch der **Pool von EV-Lieferanten** dient meist der Ausräumung von Beweisschwierigkeiten hinsichtlich der Bestimmtheit, wenn das Schuldnerunternehmen Ware verschiedener Lieferanten verkauft oder verarbeitet. Einzelheiten hinsichtlich der Zwecke und Strukturen des Lieferantenpools bei § 47 Rn 59.

4. Wirksamkeit von Pool-Vereinbarungen. Der **BGH** hat die Zulässigkeit von Poolvereinbarungen prinzipiell anerkannt (**BGH** v 3. 11. 1988, WM 1988, 1784; **BGH** v 12. 11. 1992, WM 1993, 265 = ZIP 1993, 276; **BGH** NJW 1998, 2592, 2597). Auch in der Literatur werden inzwischen hinsichtlich der Wirksamkeit von Poolvereinbarungen keine grundsätzlichen Zweifel mehr geäußert (vgl *Mitlehner* Mobiliarsicherheiten Rn 835 ff; *Jaeger/Henckel* § 47 Rn 90 ff 72 ff; *Kreft* FS Horn (2006) 761 ff; *Berner* Sicherheitenpools (2006), *dies* KTS 2006, 359). Trotzdem ist im Einzelfall jeder Poolvertrag auf seine **Wirksamkeit** zu prüfen (vgl **BGH** v 10. 3. 1982, WM 1982, 482; **OLG** Karlsruhe v 19. 4. 1978, NJW 1978, 2317). Die Wirksamkeit oder Unwirksamkeit der Poolvereinbarung ist jeweils aufgrund der Umstände des Einzelfalles zu beurteilen. Generell ist festzustellen, dass die Poolvereinbarung dort an ihre rechtlichen Grenzen stößt, wo aufgrund besonderer Umstände die Poolbildung als sittenwidrig angesehen werden muss oder sie nach den **§§ 129 ff anfechtbar** ist.

a) Sittenwidrigkeit. Für die Annahme einer **Sittenwidrigkeit** (§ 138 BGB) müssen im Einzelfall schon **besondere Umstände** vorliegen, die die Poolbildung als sittenwidrig erscheinen lassen (*Bohlen*, Der Sicherheiten-Pool S 72 u 78 f; *Uhlenbruck* Gläubigerberatung S 131, 134). Poolvereinbarungen sind unwirksam, wenn sie nicht nur der Beseitigung von Beweisschwierigkeiten oder der gemeinsamen Geltendmachung von Absonderungsrechten dienen, sondern wenn die Poolbildung dazu dienen soll, eine für die einzelnen Mitglieder fehlende Bestimmtheit oder Bestimmbarkeit zu ersetzen (vgl BerlKo-*Breutigam* § 47 Rn 54; N/R/*Andres* § 47 Rn 10). Die bloße **Verbesserung der Beweissituation** führt dagegen weder zu Nichtigkeit des Sicherheiten-Pools nach § 138 BGB noch zur Anfechtbarkeit nach den

§§ 129 ff, soweit sie der internen Abgrenzung der Absonderungsrechte oder der Beweiserleichterung für aussonderungsberechtigte Miteigentümer dient. **Unwirksam nach § 91** ist der Poolvertrag zB, wenn er **nach Verfahrenseröffnung** zu dem Zweck gebildet wird, ungesicherte Forderungen nachträglich dinglichen Sicherheiten zu unterstellen (*Mitlehner* Mobiliarsicherheiten Rn 857). Unwirksamkeit liegt auch vor, wenn die Poolvereinbarung fremde Rechte und Gegenstände erfasst, weil sich die Gläubiger über fremde Rechte nicht hinwegsetzen können (vgl *Serick* Bd II § 21 IV 1 b, c S 176; *Burgermeister* Sicherheitenpool S 120). Setzen sich dagegen die Poolmitglieder nur über solche Rechte hinweg, die anderen Pool-Mitgliedern zustehen, ist kein Verstoß gegen § 138 BGB gegeben. Grundsätzlich führt die Übertragung der Sicherheiten auf einen Pool weder zu einer Kredittäuschung noch zu einer Gläubigergefährdung (*Burgermeister* Sicherheitenpool S 121). Zu Problemen der Sittenwidrigkeit beim Bankenpool vgl *May* Der Bankenpool S 88 ff (Knebelung), S 90 f (Kredittäuschung) und S 96 S (Gläubigergefährdung). Die Gefahr, dass sich die Poolmitglieder sämtliche oder nahezu alle Vermögenswerte übertragen lassen und darauf zugreifen, ohne dass es zu einer Verfahrenseröffnung kommen kann, weil es an einer entsprechenden kostendeckenden Masse fehlt, ist durch die Neuregelung in den §§ 166 ff weitgehend beseitigt. Denn durch die Poolvereinbarung kann das **Verwertungsrecht des Insolvenzverwalters** an zur Sicherheit übertragenen beweglichen Gegenständen nicht beseitigt werden.

53   b) **Anfechtbarkeit poolvertraglicher Treuhandvereinbarungen.** In den Mittelpunkt der Diskussion um die Wirksamkeit von Poolvereinbarungen ist deren Anfechtungsfestigkeit gerückt. Soweit die am Pool Beteiligten während der Krise lediglich ihre bereits vorhandenen Sicherheiten auf den Pool übertragen und so vergemeinschaften, verschafft die Poolbildung als solche den Mitgliedern keine Verbesserung ihrer Rechtsstellung im Insolvenzverfahren und führt auch nicht zu einer Gläubigerbenachteiligung (BGH v 12. 11. 1992, WM 1993, 265; BGH v 3. 11. 1988, WM 1988, 1784; BGH v 25. 1. 1982, WM 1982, 484; *Kreft* FS Horn (2006) 761, 774; *Uhlenbruck* Gläubigerberatung S 131, 134; *Weitnauer* FS Baur S 709; *Obermüller* InsRBankpraxis Rn 6.136). Ist der Schuldner an der Poolvereinbarung beteiligt, ist an eine Anfechtung nach § 133 zu denken, die vom BGH (Urt v 19. 3. 1998, NJW 1998, 2593, 2597) dann zugelassen wird, wenn der Poolvertrag eine Ausweitung des Sicherungsgegenstandes enthält, auch wenn der durch eine Konzernklausel festgelegte Sicherungszweck nicht verändert wird (eingehend *Burgermeister* Sicherheitenpool S 174 ff, siehe auch OLG Köln v 29. 4. 1994, ZIP 1994, 1461, 1463).

54   Ist dagegen der Schuldner an der Poolvereinbarung wie im Normalfall des Sicherheitenpools nicht beteiligt, kommt eine Anfechtung nach den §§ 130, 131 in Betracht. Für große Unruhe hat insoweit die Entscheidung des BGH v 2. 6. 2005 (IX ZR 181/03 NJW-RR 2005, 1636 = ZIP 2005, 1651 = EWiR 2005, 899 [*Gundlach/Frenzel*], dazu *Zeidler/Wendt* ZBB 2006, 191) gesorgt. Der BGH hielt hier eine Vereinbarung für anfechtbar nach § 130 I 1 Nr 2, die **nur eine schuldrechtliche Treuhandabrede** dahingehend enthielt, nach der die einbezogenen Sicherheiten jeweils auch für die anderen am Pool beteiligten Gläubiger gehalten werden sollten. Eine solche Abrede, mit der lediglich der Sicherungszweck nachträglich erweitert werde, räume den Poolmitgliedern keine dingliche Mitberechtigung ein und sei daher dem Verschieben von Sicherheiten gleichzustellen. Die Entscheidung hat erhebliche Zweifel an der verbreiteten Praxis geweckt, bei der Poolbildung die Sicherheiten nicht dinglich zu vergemeinschaften, sondern nur eine treuhänderische Mitberechtigung vorzusehen (*Berner* KTS 2006, 359). Der BGH (21. 2. 2008 – IX ZR 255/06, NJW-RR 2008, 780; dazu *P. Fischer*, ZInsO 2008, 477; *Griesbeck* ZIP 2008, 1813; *Steinwachs* NJW 2008, 2231) hat inzwischen allerdings klargestellt, dass es dem Senat nicht darum ging, das treuhänderische Halten von Sicherheiten per se für anfechtbar zu erachten. Entscheidend soll vielmehr sein, dass bei einer Globalzession durch eine Zahlung des Drittschuldners an den Schuldner der Sicherungsgegenstand (die Forderung) untergehe und nur eine (Ersatz-)Sicherheit an dem Auszahlungsanspruch gegen die das Empfängerkonto führende Bank in Frage komme. Steht die Ersatzsicherheit nicht dem die abgesonderte Befriedigung begehrenden Poolmitglied zu, sondern hat dieses insoweit lediglich einen schuldrechtlichen Anspruch, soll die Verrechnung des Auszahlungsanspruchs mit dem Sollsaldo anfechtbar sein. Insofern ist das Urteil vom 2. 5. 2005 nur auf die **Sondersituation bei der Sicherungs(-global-)zession** anwendbar, da nur hier das Sicherungsgut durch Zahlung des Drittschuldners untergeht und ein neue Ersatzsicherheit in den Händen eines Dritten entsteht.

55   Entsprechend hat der BGH (v 21. 2. 2008 – IX ZR 255/06, NJW-RR 2008, 780) bereits entschieden, dass eine Gestaltung, bei der außerhalb der Krise der **Sicherungszweck eines Grundpfandrechts** so erweitert wird, dass der Nichtvalutierungseinwand erst greift, wenn alle gesicherten Gläubiger befriedigt sind, nicht anfechtbar ist. Insofern ist es auch weiterhin grundsätzlich möglich, im Rahmen einer Poolvereinbarung das treuhänderische Halten von Sicherungsrechten vorzusehen. Nach § 131 anfechtbar ist allerdings die **nachträgliche Erweiterung des Sicherungszwecks**, indem etwa Forderungen Dritter während der Krise mit in die Deckung genommen werden.

56   Wird zwischen den Beteiligten in der Krise, vor allem in der Frist der §§ 130, 131, 133, ein **Novationsvertrag** abgeschlossen, so liegt idR ein anfechtbares Rechtsgeschäft vor. Zur Anfechtbarkeit der bei der Pool-Bildung vorgenommenen Rechtshandlungen vgl auch *Berner*, Sicherheitenpools S 76 ff; *Burgermeister* Sicherheitenpool S 196 ff.

VI. Der Sicherheiten-Pool § 51

5. Beitritt zum Sicherheiten-Pool. Die Pool-Bildung erfolgt auf freiwilliger Basis. Kein Gläubiger kann 57
gezwungen werden, dem Pool beizutreten (*Jauernig* ZIP 1980, 318; *Uhlenbruck* Gläubigerberatung
S 342). Die meisten Poolverträge enthalten **Öffnungsklauseln**, wonach jedem Gläubiger der Beitritt freisteht, der ähnliche, vermögensmäßig umsetzbare Rechte wie die Gründungsmitglieder hat (vgl **OLG
Hamburg** ZIP 1985, 740; **LG Darmstadt** ZIP 1983, 98; *Bohlen*, Der Sicherheiten-Pool S 135 ff; *Burgermeister* Sicherheitenpool S 16 ff). Die Öffnungsklausel begründet für den einzelnen Gläubiger keinen
Anspruch auf Aufnahme in den Pool (vgl **OLG Hamburg** ZIP 1985, 740; *Häsemeyer* InsR Rn 18.65;
Bohlen, Der Sicherheiten-Pool S 14; *Schröter/Graf von Westphalen* S 38; *Burgermeister* Sicherheitenpool
S 17). Letztlich entscheiden die Poolmitglieder, wenn sie als neuen Gesellschafter in den Pool aufnehmen.
Unbenommen ist es allerdings den Pool-Mitgliedern, die Öffnungsklausel so zu gestalten, dass sich das
Aufnahmeangebot an eine unbestimmte Zahl unbekannter Gläubiger richtet und diesen einen Anspruch
auf Beteiligung an dem Pool verschafft (*Burgermeister,* Sicherheitenpool S 17).

6. Der Sicherheiten-Pool vor und nach Insolvenzeröffnung. a) Sicherheiten-Pool in der Schuldner- 58
krise. Zu unterscheiden ist zwischen einer Poolbildung vor Verfahrenseröffnung und dem Gläubigerpool im eröffneten Insolvenzverfahren (vgl *Uhlenbruck* Gläubigerberatung S 130 ff u S 342 ff). Kommt
der **Sicherheiten-Pool in der Krise** des Schuldners oder Schuldnerunternehmens zustande, so greift bereits der Grundsatz der Gläubigergleichbehandlung ein und müssen die Poolmitglieder damit rechnen,
dass der Insolvenzverwalter im eröffneten Verfahren die Vereinbarung, einzelne Sicherheiten oder den
gesamten Poolvertrag nach den §§ 129 ff anficht, wenn den Pool-Mitgliedern durch den Poolvertrag
mehr Rechte zugebilligt werden, als ihnen in ihrer Eigenschaft als Einzelgläubiger zustehen würden (im
Einzelnen oben Rn 53 ff).

b) Sicherheiten-Pool nach Insolvenzeröffnung. Auch nach Eröffnung des Insolvenzverfahrens können 59
sich der Schuldner sowie auch der Insolvenzverwalter an einem Sicherungspool beteiligen. Durch die
Beteiligung des Insolvenzverwalters am Pool wird sein Verwertungsrecht hinsichtlich der Absonderungsrechte nach den §§ 166 ff nicht berührt. Weist allerdings der Pool eine günstigere Verwertungsmöglichkeit iSv § 168 Abs 3 S 2 nach, muss der Verwalter idR dem Pool die Verwertung überlassen. Er
erwirbt lediglich einen Auseinandersetzungsanspruch hinsichtlich des Verwertungserlöses. Überlässt der
Insolvenzverwalter gem § 170 Abs 2 dem Gläubigerpool ohne die Voraussetzungen des § 168 Abs 3 die
Verwertung, ist er berechtigt, **Verwertungsvereinbarungen** mit dem Pool zu treffen (vgl *Gottwald/
Gottwald* InsRHdb § 44 Rn 33). Zu den Grenzen der Verbesserung der Rechtsstellung der Sicherheitengläubiger bei der Beteiligung des Insolvenzverwalters an der Poolbildung vgl im Einzelnen unten Rn 73 ff.

7. Gestaltungsformen. a) Der Lieferantenpool beim einfachen und verlängerten Eigenumsvorbehalt. 60
Liefern mehrere Vorbehaltslieferanten gleichartige Ware unter verlängertem EV und kann keiner von
ihnen beweisen, dass bei der Veräußerung der Ware vor der Insolvenz gerade seine Vorbehaltsware verkauft worden ist, entstehen Beweisschwierigkeiten. Einerseits kann der einzelne Vorbehaltslieferant
nicht nachweisen, dass die Forderung aus dem konkreten Weiterverkauf an ihn abgetreten wurde; andererseits ist unstreitig, dass die betreffende Forderung aus dem Weiterverkauf der Ware (irgend-)einem
Lieferanten zusteht (vgl *Serick* Deutsche Mobiliarsicherheiten S 153). Ohne Poolbildung könnte keiner
der Lieferanten sein Absonderungsrecht im Insolvenzverfahren geltend machen. Denn auch der Umstand, dass der Schuldner es unterlassen hat, die Sicherungsabtretung durch entsprechende Aufzeichnungen zu schützen, führt nicht zur Umkehr der Beweislast (**BGH** NJW 1978, 1632; *Serick* Bd V § 71
IV 2 a S 893). Mangels Beweisbarkeit der individuellen Gläubigerstellung würde die Forderung gegen
den Drittschuldner in die Insolvenzmasse (§ 35) fallen, und zwar ohne ein Absonderungsrecht des
Gläubigers. Bringt dagegen der Gläubiger seine Forderung in den Pool ein, wird sie Gesamthandsvermögen der Pool-Gesellschaft. Der Pool ist nunmehr berechtigt, das Absonderungsrecht bezüglich der
zur Sicherheit abgetretenen Forderung aus dem verlängerten EV gegenüber dem Insolvenzverwalter geltend zu machen (*Serick* Deutsche Mobiliarsicherheiten S 154).

Bei **Vermischung** und **Vermengung** bzw **Verarbeitung** kann entsprechend den AGB der Lieferanten 61
Miteigentum verschiedener Lieferanten entstehen (§§ 947 Abs 1, 948 Abs 1, 950 Abs 1 BGB). Die Lieferanten-Gläubiger sind Miteigentümer, deren Rechte sich nach den §§ 741 ff u § 985 BGB, § 47 InsO
bestimmen. Die Rechte können entweder durch alle Miteigentümer gemeinsam (§§ 744 Abs 1, 747
Abs 2 BGB) oder durch einen Miteigentümer (§§ 1011, 432 BGB) geltend gemacht werden (Einzelheiten bei *Jaeger/Henckel* § 47 Rn 91 ff; *Stürner* ZZP 94 [1981], 263, 275. Bei **gemeinsamer Rechtsverfolgung** braucht der einzelne Eigentümer seinen ideellen Anteil nicht zu quantifizieren. Allerdings kann im
Einzelfall auch der Schuldner bzw das Schuldnerunternehmen selbst einen Miteigentumsanteil haben.
So zB, wenn die unter EV gelieferten Waren mit Sachen des Schuldners vermischt worden sind. Oder
wenn der Schuldner zuvor den Insolvenzverwalter einen Miteigentümer voll befriedigt hat (vgl hierzu
Reinicke/Tiedtke WM 1979, 186, 189; *Serick* Bd I § 10 I 2 c S 213). Solchenfalls können die übrigen
Miteigentümer vom Insolvenzverwalter lediglich gem § 749 BGB, § 84 InsO **Aufhebung der Gemeinschaft** und **Einräumung des Mitbesitzes** verlangen (*W. Henckel* Aktuelle Probleme S 33). Dem Insolvenzverwalter steht ein Alleinbesitzrecht nicht zu. Das Miteigentum gehört nicht zur Insolvenzmasse.

§ 742 BGB ist unanwendbar, wenn hinsichtlich der Höhe der Miteigentumsanteile Beweisschwierigkeiten bestehen. Sind die Poolmitglieder außerstande, auch nach entsprechender Auskunft des Insolvenzverwalters oder Einsichtnahme in die Unterlagen ihre Aussonderungsrechte zu beweisen, weil der Schuldner zB entweder Aufzeichnungen unterlassen oder diese vernichtet hat, so kommen die Regeln über die **Beweisvereitelung** nicht zur Anwendung (*Gottwald/Gottwald* InsRHdb § 44 Rn 21). Im Übrigen kann jeder einzelne Miteigentümer gem §§ 1011, 432 BGB **Herausgabe an alle Miteigentümer** verlangen. Entscheidend ist, dass der eigene Miteigentumsanteil wirksam besteht und der Beweis des Miteigentums der übrigen Miteigentümer geführt wird, wobei § 1006 BGB anwendbar ist (*Palandt/Bassenge* § 1011 BGB Rn 2; *Gottwald/Gottwald* InsRHdb § 44 Rn 17; MüKoBGB-*Schmidt* § 1011 Rn 6). Eines Nachweises der Einzelquoten bedarf es nicht, denn nach § 84 findet die Auseinandersetzung der Miteigentümergemeinschaft außerhalb des Insolvenzverfahrens statt.

62 **b) Der Bankenpool.** Sicherheiten-Poolverträge zwischen Banken werden idR – wie oben bereits ausgeführt wurde – zur Abdeckung eines außergewöhnlich großen Kreditbedarfs, zB für Investitionszwecke, abgeschlossen (*Berner* Sicherheitenpools (2006) 53 ff; *Obermüller* InsRBankpraxis Rn 6.123; *De Meo*, Bankenkonsortien 1994, S 17 ff; *Wenzel* WM 1996, 561 ff; *Mitlehner* Mobiliarsicherheiten Rn 837; *Gottwald/Gottwald* InsRHdb § 44 Rn 2). Ein Bankenpool wird oftmals auch gebildet, wenn sich eine Unternehmenskrise beim Bankkunden abzeichnet und Abgrenzungsschwierigkeiten hinsichtlich der verschiedenen Sicherheiten der Kreditinstitute bestehen. Der Bankenpool kann auch als **gemischter Pool** gebildet werden, wenn zB Sicherungsübereignungen, Eigentumsvorbehalte und sonstige Sicherheiten kollidieren bzw nicht abgrenzbar sind. Der Pool dient dann der Durchsetzung und Verwertung der Sicherheiten (Verwertungspool) mit der Maßgabe, dass die Gläubiger ihre Sicherungsrechte zum Zweck gemeinsamer Durchsetzung in den Pool einbringen. Zweck des Banken-Pools kann es auch sein, Konten- und Saldenausgleiche zu ermöglichen, damit die allen Banken gegebenen Sicherheiten voll ausgenützt werden (*Häsemeyer* InsR Rn 18.64; *Gottwald/Gottwald* InsRHdb § 44 Rn 2). Ein bestimmtes Kreditinstitut wird mit der treuhänderischen Verwaltung des Pools und erforderlichenfalls mit der Verwertung als Pool-Führer betraut (vgl **BGH** v 12. 11. 1992, WM 1993, 265; *Marx* NJW 1978, 247; *De Meo*, Bankenkonsortien S 17 ff; *Weitnauer* FS Baur S 709; *Stürner* ZZP 94 [1981], 274 ff; *Uhlenbruck* Gläubigerberatung S 130; *Obermüller* InsRBankpraxis Rn 6.124; *Gottwald/Gottwald* InsRHdb § 44 Rn 2). Durch die Poolbildung wird die Problematik einer Kollision mit Sicherheiten anderer Gläubiger weitgehend beseitigt, so dass für die Beteiligten eine optimale Verwertung möglich ist (*Schröter/Graf von Westphalen* S 5; *Wenzel* WiB 1995, 458; *Obermüller* InsRBankpraxis Rn 6.124). Kommt der Pool vor Eintritt der Krise des Kundenunternehmens zustande, bestehen insolvenzrechtliche Probleme hinsichtlich der Absonderung idR nicht. Die Auseinandersetzung der Gläubiger innerhalb des Banken-Pools ist für den Insolvenzverwalter und die Masse meist ohne Interesse. Der Bankenpool wird idR ebenso wie sonstige Sicherheiten-Poolverträge in der Rechtsform einer **Gesellschaft bürgerlichen Rechts** (§§ 705 ff BGB) gebildet. Beispiele bei *Schröter/Graf von Westphalen* S 153; *Obermüller* InsRBankpraxis Rn 6.128 S 730 ff; *Ehlers* Zeitschrift für das gesamte Kreditwesen 1977, 912. In der Literatur wird teilweise angenommen, Bankenpoolverträge könnten **nach Eröffnung eines Insolvenzverfahrens** über das Vermögen des Kunden nicht mehr abgeschlossen werden (*Schröter/Graf von Westphalen* S 2). Zutreffend weist *May* (Bankenpool S 22) aber darauf hin, dass es in der Praxis vorkommt, dass ein Poolvertrag unter Beteiligung eines Insolvenzverwalters geschlossen wird, wenn zB mehrere Banken dem Verwalter ein Massedarlehen zur Aufrechterhaltung der Produktion gewähren und sich als Sicherheit Eigentum an der Produktion verschaffen oder sich die Veräußerungserlöse abtreten lassen. Besonders nach neuem Insolvenzrecht ist im Hinblick auf die zeitweise Betriebsfortführungspflicht des Insolvenzverwalters die Möglichkeit einer nachträglichen Bildung des Banken-Pools zu bejahen. Das gilt auch für das Poolen von Sicherheiten der Banken aufgrund eines Insolvenzplans nach den §§ 217 ff.

63 **c) Bassin-Vertrag.** Auch der sogen Bassin-Vertrag ist ein Sicherheiten-Pool-Vertrag (vgl *Mitlehner* Mobiliarsicherheiten Rn 838; *Gottwald/Gottwald* InsRHdb § 44 Rn 3; *May* Bankenpool S 22; *Hagenmüller* Bankbetrieb II S 30). Im Einverständnis der am Bassin-Vertrag beteiligten Gläubiger und überträgt der Schuldner von vornherein das gesamte Sicherungsgut auf einen Treuhänder. Der **Unterschied zum gewöhnlichen Poolvertrag** liegt also darin, dass sich beim Poolvertrag die Gläubiger zunächst eigene Sicherheiten bestellen lassen und erst angesichts wirtschaftlicher Schwierigkeiten des Schuldners diese in den Pool einbringen. Beim Bassin-Vertrag besteht unter den Gläubigern dagegen von vornherein Einigkeit darüber, dass eine **gemeinschaftliche Sicherheit** entstehen soll, die durch einen Treuhänder verwaltet wird und deren Verwertungserlös nach einem Verteilungsschlüssel an die Gläubiger nach dem Verhältnis ihrer Forderungen auszukehren ist (vgl auch *Gottwald/Gottwald* InsRHdb § 44 Rn 3; *Eberding* BuB 4/338; *Serick* Bd II § 21 IV 3; *Stürner* ZZP 94 [1981], 263, 279; *Burgermeister* Sicherheitenpool S 20 f; *May* Bankenpool S 23; *Mitlehner* Mobiliarsicherheiten Rn 838). Bei einem Konsortialkredit, der zur Bildung eines reinen Banken-Pools führt, liegt häufig hinsichtlich der Sicherheiten ein Bassin-Vertrag vor (*Burgermeister* Sicherheitenpool S 21; *Serick* Bd II § 28 I 3 S 414). Der Bassin-Vertrag ist durch eine **doppelseitige Treuhand** sowohl zum Schuldner als auch zu den Gläubigern gekennzeichnet (vgl *Stürner* ZZP 94 [1981], 263, 279; *Gottwald/Gottwald* InsRHdb § 44 Rn 3; *Burgermeister* Sicherheitenpool S 20). Die Vorteile des Bassin-Vertrages liegen nicht nur in der optimalen Nutzung der Sicherheiten zur Kredit-

VI. Der Sicherheiten-Pool § 51

besicherung, sondern vor allem auch in einer Vermeidung von Abgrenzungsschwierigkeiten (vgl *Riggert* NZI 2000, 241, 243). Beim Bassin-Vertrag brauchen die einzelnen Sicherungsgüter nicht besonders gekennzeichnet zu sein.

d) Der Sicherheiten-Verwertungs-Pool. Wie bereits dargestellt wurde, steht die Eröffnung des Insolvenzverfahrens dem Zusammenschluss der Gläubiger zu einem Sicherheiten-Pool nicht entgegen. Beim Verwertungspool handelt es sich letztlich um einen Sicherheiten-Pool, der sich vom sogen Bankenpool dadurch unterscheidet, dass er als **gemischter Pool** von Eigentumsvorbehaltslieferanten, Sicherungseigentümern und Kreditversicherungen gebildet wird, um die Sicherheiten gemeinsam unter treuhänderischer Führung eines Pool-Führers zu verwerten. Der Sicherheiten-Verwertungs-Pool hat hinsichtlich der Absonderungsrechte durch die Regelung in den §§ 166 ff an praktischer Bedeutung verloren. Er ist jedoch keineswegs bedeutungslos geworden, weil zwar das Verwertungsrecht an beweglichen Sachen, an denen ein Absonderungsrecht besteht, gem § 166 Abs 1 auf den Insolvenzverwalter übergegangen ist; jedoch hat der Pool jederzeit die Möglichkeit, gem § 168 Abs 1 S 2 den Insolvenzverwalter auf eine andere, für die Gläubiger günstigere Möglichkeit der Verwertung hinzuweisen. Die **andere Verwertungsmöglichkeit** kann nach § 168 Abs 3 S 1 darin bestehen, dass der Pool die Gegenstände, an denen Absonderungsrechte bestehen, selbst übernimmt. Dabei ist eine Verwertungsmöglichkeit auch dann günstiger, wenn Kosten eingespart werden (§ 168 Abs 3 S 2). Beim Verwertungspool werden oftmals sämtliche Forderungen der Sicherungszessionare gegen die Schuldnerin in den Pool eingebracht. Der Fall des **LG Darmstadt** (ZIP 1983, 98) zeigt, dass damit eine Anmeldung der Ausfallforderungen zur früheren Konkurstabelle wegen Erlöschens der Forderung ausgeschlossen ist. **Nach neuem Recht** ist im Einzelfall zu prüfen, ob die persönliche Forderung ebenfalls in den Pool eingebracht worden ist, was bei akzessorischen Rechten zwingend sein dürfte. Da nach § 52 S 1 die absonderungsberechtigten Gläubiger, soweit ihnen der Schuldner auch persönlich haftet, Insolvenzgläubiger sind, ist der Pool berechtigt, diese Forderungen in voller Höhe zur Insolvenztabelle nach § 174 anzumelden. Da nach § 52 S 2 die absonderungsberechtigten Gläubiger jedoch nur zur anteilsmäßigen Befriedigung aus der Insolvenzmasse berechtigt sind, soweit sie auf eine abgesonderte Befriedigung verzichten oder bei ihr ausgefallen sind, muss dies auch für den Sicherheiten-Pool gelten. Die einzelnen Mitglieder des Sicherungspools haben bei mangelnder Durchsetzbarkeit ihrer Ansprüche wegen unüberwindlicher Beweisschwierigkeiten **keinen Auskunftsanspruch gegen den Insolvenzverwalter** (OLG Frankfurt ZIP 1986, 104 = EWiR § 42 KO 1/86, 281 [*Junker*]). Der Verwertungspool kann nur Rechte wahrnehmen, die den einzelnen Mitgliedern zugestanden haben (BGH ZIP 1998, 793, 799; *W. Henckel* Aktuelle Probleme S 74 f; *Häsemeyer* InsR Rn 18.66; *Gottwald/Gottwald* InsRHdb § 44 Rn 8; *Smid* § 51 Rn 21).

Auch für den **Pool als Verwertungsgemeinschaft** liegt die rechtliche Grenze in den „materiellen Anforderungen an die Bestimmtheit von Sicherungsrechten. Dies gilt insbesondere für konkurrierende Teil-Sicherungszessionen und Teil-Verarbeitungsklauseln mit ihren Verlängerungen und Erweiterungen" (*Graf von Westphalen* BB 1987, 1186; *Graf Lambsdorff* Handbuch des Eigentumsvorbehalts Rn 423). Der Verwertungspool ist regelmäßig zugleich ein **Großgläubiger- und Kreditversicherer-Pool.** Mehrere Großkreditgeber und der Kreditversicherer schließen sich zum einen zusammen, um die Warenbestände zu sichern, die Aus- und Absonderungsrechte zu prüfen sowie die Warenbestände zu verwerten (vgl LG Darmstadt ZIP 1983, 98). Eine Pool-Vereinbarung nach Verfahrenseröffnung ist unzulässig und nichtig (§ 91), wenn die Vereinbarung dazu dient, nicht nur dinglich gesicherten, sondern auch ungesicherten Gläubigern eine Deckung zu verschaffen. Eine Pool-Vereinbarung kann nicht etwa anderen, am Pool nicht beteiligten Gläubigern oder sonstigen Sicherungsnehmern Rechte entziehen (**BGH** v 19. 3. 1998, WM 1998, 968; *Jauernig* ZIP 1980, 318). Nach Auffassung von *Smid* führt die Zugehörigkeit der einem Absonderungsrecht unterliegenden Gegenstände zur Insolvenzmasse und der Verwertungskompetenz des Insolvenzverwalters dazu, dass „ihre Disponibilität durch die Sicherungseigentümer" ausgeschlossen ist (WM 1999, 1149). Die Einbeziehung des Absonderungsguts in die Masse führe nunmehr zu einer Anwendbarkeit des § 91 mit der Folge, dass ein Rechtserwerb von Massegegenständen ausgeschlossen ist. Richtig ist, dass die absonderungsberechtigten Gläubiger nicht mehr ohne **Mitwirkung des Insolvenzverwalters** außerhalb des Insolvenzverfahrens Verwertungspools bilden können. Dies heißt jedoch nicht, dass die Disponibilität dieser Gläubiger durch die Verfahrenseröffnung schlechthin ausgeschlossen ist. Vielmehr ist es den absonderungsberechtigten Gläubigern unbenommen, nicht das Absonderungsgut, wohl aber die Absonderungsrechte in den Sicherheiten-Pool als Verwertungspool einzubringen mit der Folge, dass entweder das Absonderungsrecht gegenüber dem Insolvenzverwalter durch einen Treuhänder geltend gemacht wird, oder dem Verwalter eine günstigere Verwertungsmöglichkeit nach § 168 Abs 3 angeboten wird. Letzterenfalls kann es der Sicherheiten-Pool erreichen, dass ihm die **Verwertungsbefugnis** zufällt. IdR genügt das Angebot an den Verwalter, **auf Kosten des Pools** die Verwertung des Sicherungsguts zu übernehmen und den Verfahrensbeitrag des § 171 an ihn abzuführen. Die generelle Zulässigkeit von Verwertungspools dürfte mittlerweile nicht mehr bestritten sein (*Jauernig* ZIP 1980, 318 ff; *Andersen/Freihalter*, Aus- und Absonderungsrechte Rn 218). Der Sicherheiten-Verwertungsvertrag ist nicht etwa wegen Umgehung insolvenzspezifischer Regelungen unwirksam (**BGH** v 3. 11. 1988, JZ 1989, 198).

66 **e) Sicherheiten-Abgrenzungsvertrag.** Vom Sicherheiten-Pool unterscheidet sich der Sicherheiten-Abgrenzungsvertrag dadurch, dass die Sicherungsgläubiger ihre Sicherheiten nur für den Fall der Insolvenz durch Vertrag untereinander voneinander abgrenzen und damit die Möglichkeit schaffen, diese Sicherheiten gegenüber dem Insolvenzverwalter geltend zu machen, weil die **Bestimmtheit** vertraglich geregelt ist (*Gottwald/Gottwald* InsRHdb § 44 Rn 11; *Obermüller* InsRBankpraxis Rn 6.149). In der Praxis kommen sogen **Sicherheiten-Abgrenzungsverträge** oftmals zwischen Kreditversicherern, den Banken und dem Schuldnerunternehmen zustande. Dabei handeln die Kreditversicherer im eigenen Namen und zugleich für die bei ihnen versicherten Warenlieferanten (*Schröter/Graf von Westphalen* S 110). Beim Sicherheiten-Abgrenzungsvertrag ist vor allem die Problematik der Kollision zwischen den einzelnen Sicherheiten, insbesondere zwischen Globalzession der Banken und verlängertem Eigentumsvorbehalt der Lieferanten, zu beachten (vgl **BGH** v 2. 2. 1960, WM 1960, 395; **BGH** v 9. 11. 1978, WM 1979, 11; *Scholz/Lwowski* Kreditsicherung Rn 701; *Obermüller* InsRBankpraxis Rn 6.149). Der Wert der Sicherheiten-Abgrenzungsverträge wird dadurch erheblich eingeschränkt, dass nach hM ein solcher Vertrag lediglich **Innenwirkung** hat, also nicht etwa eine fehlende Bestimmtheit oder Bestimmbarkeit von zur Absonderung berechtigenden Sicherheiten zu ersetzen vermag (*Schröter/Graf von Westphalen* S 110 ff; *Obermüller* InsRBankpraxis Rn 6.150; *Gottwald/Gottwald* InsRHdb § 44 Rn 11; *Mitlehner* Mobiliarsicherheiten Rn 840).

67 **8. Die Bestimmbarkeit der Anteile am Sicherungsgut.** Auch für das neue Recht ist die Frage der Bestimmtheit und der Bestimmbarkeit mehrerer gleichartiger Gegenstände ein Problem, selbst wenn sie von den Gläubigern in einem Pool zusammengefasst werden. Der Sicherheiten-Pool darf die Rechtsstellung der am Pool beteiligten Gläubiger im Insolvenzverfahren des Schuldners nicht verbessern (allgM; vgl *Häsemeyer* InsR Rn 18.66).

68 Es ist immer zu unterscheiden zwischen der **fehlenden Bestimmbarkeit** der Anteile am Sicherungsgut und der **mangelnden Beweisbarkeit** (*Stürner* (ZZP 94 [1981], 278). Die Bestimmbarkeit ist materielle Voraussetzung des Sicherungsrechts und darf daher nicht mit der Beweisbarkeit im Rahmen der Absonderung gleichgesetzt werden. Ist das vom Pool erfasste Sicherungsgut insgesamt bestimmbar und sind lediglich die einzelnen Anteile gegenüber dem Insolvenzverwalter nicht beweisbar, unterfällt der Sicherheitenpool der Sicherungsgläubiger weder der Insolvenzanfechtung nach § 133 noch der Nichtigkeitsvorschrift des § 138 Abs 1 BGB. Dagegen fehlt es an der notwendigen Bestimmbarkeit, wenn nicht **alle bekannten Sicherungszessionare** dem Sicherheiten-Pool beitreten: Hat das Schuldnerunternehmen gleichartige Waren von verschiedenen Verkäufern unter **verlängertem EV** gekauft, so kommt auch im Rahmen des Pools der verlängerte EV nicht zum Tragen, wenn der Treuhänder bzw Pool-Führer nicht nachweisen kann, dass einzelne Forderungen, aus denen abgesonderte Befriedigung begehrt wird, gerade durch Verkauf einer bestimmten Ware entstanden und damit in den Pool gefallen sind (*W. Henckel* Aktuelle Probleme S 84). Dies ergibt sich daraus, dass der Pool keine bessere Rechtsstellung erwerben kann, als es das einzelne Mitglied vor der Übertragung seines Rechts an den Pool hatte. *Stürner* (ZZP 94 [1981], 263, 278) hat die Möglichkeit aufgezeigt, gem § 1913 BGB für unbekannte Zessionare uU einen Pfleger zu bestellen. Er räumt aber selbst ein, dass dies ein umständliches Verfahren ist. Rechtlich ausgeschlossen scheint diese Lösung aber nicht. Gehören alle in Betracht kommenden Sicherungszessionare dem Pool an, kann demgemäß der Pool aus den abgetretenen Forderungen abgesonderte Befriedigung verlangen (*W. Henckel* Aktuelle Probleme S 85).

69 Von *Burgermeister* (Sicherheitenpool S 235 ff) und *Häsemeyer* (InsR Rn 18.66) wird entgegen der hM die Auffassung vertreten, die **Notwendigkeit zur gegenseitigen Abgrenzung** der Sicherheiten im Rahmen des Pools bleibe erhalten, weil keine Beweislastumkehr eintrete und die aufgrund der einzelnen Sicherungsabreden bestehende Verknüpfung von Sicherheit und gesicherter Forderung eine isolierte Betrachtung der Sicherheit nicht zulasse. Als zwingende Folge müsse für jede einzelne Sicherheit auch nach der Übertragung auf den Pool dargetan und bewiesen werden, für welche Forderungen sie haftet (*Häsemeyer* InsR Rn 18.66). Die bloße schuldrechtliche Verknüpfung mittels Sicherungsabrede schließe es aus, zugunsten des Pools lediglich die dingliche Zuordnung aller Sicherheiten zum Poolvermögen zu beweisen und die **dinglichen Zuordnungen zu den einzelnen Pool-Mitgliedern** der Auseinandersetzung im Innenverhältnis zu überlassen. Trotz Zusammenfassung im Poolvermögen müsse nach wie vor für jede einzelne Sicherheit bewiesen werden, für welchen Gläubiger und zur Sicherung welcher Forderung sie bestellt wurde und ob sie noch valutiert ist oder nicht (*Häsemeyer* InsR Rn 18.66).

70 Nach hM kann dagegen die Poolbildung dazu führen, im Einzelfall **Beweisschwierigkeiten** der in den Pool zusammengeschlossenen Gläubiger zu beseitigen (**BGH** KTS 1982, 467 = ZIP 1982, 543; *Stürner* ZZP 94 [1981], 263, 278; N/R/*Andres* § 47 Rn 9; *Gottwald/Gottwald* InsRHdb § 44 Rn 17; *Smid* § 51 Rn 22). *Burgermeister* (Sicherheitenpool S 231 ff) vertritt nachdrücklich die Auffassung, dass **Beweiserleichterungen** für den Pool selbst dann nicht eintreten können, wenn die Beweisschwierigkeiten bei der Durchsetzung der Sicherheiten deshalb entstanden sind, weil der Schuldner die Dokumentation der Sicherheitenbestellung unterlassen hat, obwohl er dazu verpflichtet war. Auch könne eine Beweiserleichterung durch die Poolbildung nicht daraus hergeleitet werden, dass aufgrund der Vereinigung aller Sicherheiten und aller möglicherweise Berechtigten im Pool die gegenseitige Abgrenzung der Sicherungsrechte nur noch für das Innenverhältnis zwischen den Pool-Mitgliedern Bedeutung hat, da

VI. Der Sicherheiten-Pool § 51

im Außenverhältnis feststehe, dass das Sicherungsgut keinem am Pool unbeteiligten Dritten zustehe (S 236). Wäre dies in dieser Allgemeinheit richtig, hätte der Sicherungspool so gut wie keine praktische Bedeutung mehr. Richtig ist zwar, dass die Bündelung der Sicherheiten in einem Pool den Sicherungszweck und die schuldrechtliche Verknüpfung mit den einzelnen Forderungen nicht etwa aufhebt (*Häsemeyer* InsR Rn 18.66). Es trifft auch zu, dass die Tilgung der gesicherten Forderungen beim Vorbehaltseigentum unmittelbar auf die dingliche Rechtslage durchschlägt mit der Wirkung, dass das Eigentum nunmehr in die Insolvenzmasse oder in das Eigentum eines Dritten fällt. Nicht gefolgt werden kann aber der Auffassung, dass in jedem Fall für jede einzelne Sicherheit bewiesen werden muss, für welchen Gläubiger und zur Sicherung welcher Forderung sie bestellt wurde und dass sie noch valutiert ist (Gegen *Häsemeyer* und *Burgermeister* auch *Berner*, Sicherheitenpools S 71 ff). Dies trifft sicherlich auf die Fälle zu, in denen Sicherungsgut, das zur Absonderung berechtigt, in einen Gläubigerpool eingebracht wird. Denn die Poolbildung dient hier nicht etwa der Ersetzung eines fehlenden Bestimmtheits- oder Bestimmbarkeitserfordernisses, sondern allein der **Durchsetzung** des Aus- und Absonderungsrechts mehrerer Gläubiger im Insolvenzverfahren des Schuldners.

Einigen sich die Sicherungsgläubiger im Poolvertrag über die **Abgrenzung und Bestimmbarkeit** der einzelnen Sicherheiten im **Innenverhältnis**, so kann, wenn im Außenverhältnis der Treuhänder (Pool-Führer) die Gesamtheit der Rechte geltend macht und die Bestimmtheit bzw Bestimmbarkeit der Einzelrechte nachweist, das Absonderungsrecht nicht versagt werden (vgl auch **BGH NJW 1998, 1534**; **OLG Karlsruhe WM 1979, 343, 345**; **OLG Frankfurt NJW-RR 1986, 721, 722**; *W. Henckel* Aktuelle Probleme (RWS-Skript 125) S 78 f; *Obermüller* InsRBankpraxis Rn 6.139; *Gottwald/Gottwald* InsRHdb § 44 Rn 17). Erhebliche Beweisschwierigkeiten bestehen dagegen, wenn sich nicht alle Sicherungsgläubiger am Pool beteiligen (vgl *Stürner* ZZP 94 [1981], 263, 268). Die Bestimmbarkeit der Miteigentumsanteile der einzelnen Pool-Gläubiger ist keineswegs Bedingung für die abgesonderte Befriedigung, sofern nur die gemeinsame Berechtigung bestimmbar und bewiesen ist (**BGH WM 1958, 899 = NJW 1958, 1534**; *Reinicke/Tiedtke* WM 1979, 186 ff; *Jaeger/Henckel* § 47 Rn 91; *Kilger/K. Schmidt* § 43 KO Anm 3 b bb). Nach *W. Henckel* ist die **Bestimmbarkeit des Anteils eines Miteigentümers** nur zu fordern, wenn einer allein vom Insolvenzverwalter Schadenersatz verlangen würde, weil dieser durch Veräußerung der vermischten Menge bzw des Verarbeitungsprodukts sein Miteigentumsrecht verletzt hat (vgl auch **BGH NJW 1958, 1534 = WM 1958, 899**; *Gottwald/Gottwald* InsRHdb § 44 Rn 17). Verlangen dagegen sämtliche Miteigentümer gemeinsam Schadenersatz oder einer von ihnen Schadenersatz an alle (§§ 1011, 432 BGB), kommt es auf die Bestimmbarkeit der einzelnen Anteile nicht an. Diese gewinnt erst Bedeutung für eine spätere Auseinandersetzung unter den Gläubigern (*W. Henckel* Aktuelle Probleme S 76).

9. Der Insolvenzschuldner als Pool-Beteiligter. Vor allem wenn der Pool vor Verfahrenseröffnung zustande gekommen ist, wird der Insolvenzschuldner durch Erfüllung einzelner Verträge oder durch die Verarbeitung von Sicherungsgut Miteigentümer des Sicherungsguts und damit Pool-Mitglied (*Gottwald/Gottwald* InsRHdb § 44 Rn 13; *Burgermeister* Sicherheitenpool S 196). Wird das Insolvenzverfahren eröffnet, tritt der Insolvenzverwalter gem § 80 in die Rechtsposition des Schuldners ein und ist nur er berechtigt, sich nach Maßgabe der insolvenzrechtlichen Vorschriften (§§ 103 ff, 129 ff) von der vertraglichen Bindung zu lösen (*Burgermeister* Sicherheitenpool S 196). Ist der Insolvenzschuldner bzw das Schuldnerunternehmen Mitglied des Sicherheiten-Pools geworden, so findet eine **Auseinandersetzung nach § 84** außerhalb des Insolvenzverfahrens gem §§ 749 ff BGB statt (*Jaeger/Henckel* § 47 Rn 91; *Gottwald/Gottwald* InsRHdb § 44 Rn 13). Der Pool kann wegen der Auseinandersetzungsansprüche abgesonderte Befriedigung nach § 84 verlangen (*Gottwald/Gottwald* InsRHdb § 44 Rn 13). Allerdings müssen die Anteile der Gläubiger bzw der Anteil des Insolvenzschuldners ausreichend bestimmt oder bestimmbar sein (*Stürner* ZZP 94 [1981], 263, 278). Nach zutreffender Feststellung von *W. Henckel* (*Jaeger/Henckel* § 47 Rn 91) sind die **Beweisschwierigkeiten hinsichtlich der Höhe der Anteile** entsprechend § 287 ZPO zu beheben. Einzelheiten zur **Poolbildung unter Beteiligung des späteren Insolvenzschuldners** bei *Burgermeister* Sicherheitenpool S 141 ff mit eingehender Darstellung der rechtlichen Schranken und der Anfechtungsmöglichkeiten nach den §§ 129 ff.

10. Sicherheiten-Pool unter Beteiligung des Insolvenzverwalters. Der Insolvenzverwalter ist kraft seines Amtes gem § 80 Abs 1 berechtigt, das zur Insolvenzmasse gehörige Vermögen des Schuldners in Besitz zu nehmen, zu verwalten und darüber zu verfügen. Zur Abwicklungstätigkeit gehört nicht nur die Verwertung des Sicherungsguts absonderungsberechtigter Gläubiger nach den §§ 166 ff, sondern auch die **Bereinigung der Ist-Masse zur Soll-Masse**. Grundsätzlich ist der Insolvenzverwalter berechtigt, auch einem Sicherheiten-Pool beizutreten (*Berner* Sicherheitenpools (2006), S 108; *Burgermeister* Sicherheitenpool S 252 ff). Beteiligt sich der Insolvenzverwalter an einem Sicherheiten-Pool, so handelt es sich idR um einen **Verwertungspool**. Vgl *H. Weitnauer*, FS Baur 1981 S 709 ff; *Jauernig* ZIP 1980, 318 ff; *Uhlenbruck* Gläubigerberatung S 346; *Hess*, Miteigentum der Vorbehaltslieferanten und Pool-Bildung, S 151 ff; *Bohlen*, Der Sicherheiten-Pool S 52 u 119. **Ausgeschlossen ist die Pool-Beteiligung** des Insolvenzverwalters, wenn es sich lediglich um einen Pool von aussonderungsberechtigten Gläubigern handelt. Dies gilt nicht für den sogen Lieferanten-Pool, denn wegen der vereinbarten Verlängerungs- und

Erweiterungsformen kommen hier nicht nur Aus-, sondern auch Absonderungsrechte in Betracht. Auch bei Beteiligung des Insolvenzverwalters am Sicherheiten-Pool gilt, dass die im Pool zusammengeschlossenen Gläubiger nicht mehr Rechte erwerben können, als ihnen als Einzelgläubiger gegenüber dem Insolvenzverwalter bzw der Masse zustehen. Im Einzelfall kann der Sicherheiten-Pool erhebliches Interesse daran haben, dass im Rahmen einer **Unternehmensfortführung** der Pool fortbesteht mit der Verpflichtung des Schuldnerunternehmens, Halbfertigprodukte fertig zu stellen. Oftmals befinden sich in den Pool-Verträgen Klauseln, die eine Pflicht zur Fertigstellung halbfertiger Produkte begründen und dies für den Fall der Betriebsfortführung ausdrücklich vorsehen (*Burgermeister* Sicherheitenpool S 263; Beispiel: *Bohlen*, Der Sicherheiten-Pool S 138, 139, 151). Tritt der Insolvenzverwalter dem Poolvertrag bei, gelten die Pool-Vereinbarungen grundsätzlich auch für ihn, soweit sie nicht wegen offensichtlicher Insolvenzzweckwidrigkeit nichtig sind. Nach zutreffender Feststellung von *Burgermeister* (Sicherheitenpool S 264) begegnet es keinen rechtlichen Bedenken, dass sich der Insolvenzverwalter durch Beitritt zum Poolvertrag zur Fertigstellung bestimmter Waren verpflichtet und dazu den Betrieb aufrechterhalten muss, wozu er ohnehin bis zur Entscheidung der Gläubigerversammlung (§ 157) verpflichtet ist. Im Rahmen der **Betriebsfortführung aufgrund eines Insolvenzplans** kann es sogar geboten sein, dass der Insolvenzverwalter dem Pool beitritt, um die Produktion aufrechtzuerhalten und zu gewährleisten, dass auch aussonderungsberechtigte Gläubiger das Aussonderungsgut im Betrieb belassen. Dabei ist es uU hinzunehmen, dass die durch die Betriebsfortführung ermöglichte Fertigstellung der Waren auch den Wert des Sicherungsguts der Pool-Gläubiger erhöht (vgl auch *Burgermeister* Sicherheitenpool S 264). Im Regelfall steht jedoch einer Erhöhung der Sicherheiten die Vorschrift des § 91 entgegen. § 91 greift auch ein, wenn die von der Gläubigerversammlung beschlossene zeitweise Betriebsfortführung ausschließlich dazu dient, durch die Fortführung der Produktion die Erhöhung des Wertes des Sicherungsguts zu erreichen und damit eine Steigerung des Wertes des Pool-Vermögens, ohne dass die übrigen Gläubiger von dieser Wertsteigerung profitieren (*Burgermeister* Sicherheitenpool S 265). Der Insolvenzverwalter hat die **Interessen aller Insolvenzgläubiger** wahrzunehmen, so dass ein Poolvertrag, der lediglich die Werterhöhung zugunsten der Sicherheiten zur Folge hätte, wegen evidenten **Verstoßes gegen den Insolvenzzweck** unwirksam wäre (*Burgermeister* Sicherheitenpool S 266).

74 *Schröter/Graf von Westphalen* (Sicherheiten-Poolverträge der Banken und Warenlieferanten S 143) haben nachgewiesen, dass eine **Beteiligung am Gesamthandsvermögen** des Pools zugunsten des Insolvenzverwalters entsteht, wenn dieser Erfüllung eines oder mehrerer Verträge nach § 103 wählt. Dies führe dazu, dass die Teilung gem §§ 749 BGB, 84 InsO verlangt werden könne (*Jaeger/Henckel* § 47 Rn 92; *Gottwald/Gottwald* InsRHdb § 44 Rn 13 u Rn 32). Dabei sei regelmäßig davon auszugehen, dass das Erfüllungsverlangen des Insolvenzverwalters nach § 103 nicht etwa gem § 242 BGB treuwidrig oder gar gem § 138 BGB sittenwidrig ist. Denn zu einer Sprengung kommt es nicht, da der Insolvenzverwalter durch die Erfüllungswahl automatisch Mitglied des Pools wird. Damit erübrigt sich die **Problematik der Beweislastumkehr** für den Fall, dass der Insolvenzverwalter vorsätzlich durch Bezahlung einer Teilrechnung oder Vermischung bzw Vermengung die Beweisbarkeit für die Pool-Gläubiger unmöglich macht (so für das frühere Recht Kuhn/Uhlenbruck, 11. Aufl § 4 KO Rn 18). Die Auseinandersetzung des Pools erfolgt gem § 749 ff BGB, § 84 InsO außerhalb des Insolvenzverfahrens, s o Rn 72. Nach anderer Auffassung (OLG Frankfurt WM 1986, 27 = NJW-RR 1986, 721, 723; *Gottwald/Gottwald* InsRHdb § 44 Rn 32; *Bülow* Recht der Kreditsicherheiten Rn 1080) hängt die Frage, ob der Insolvenzverwalter durch **Erfüllung einzelner Verträge** den Pool „sprengen", dh die eingebrachten Sicherheiten durch Beweisvereitelung ganz oder teilweise undurchsetzbar machen kann, von den Umständen des Einzelfalles ab.

75 Nach zutreffender Feststellung von *Mönning* muss der an der Verwertungsgemeinschaft beteiligte Insolvenzverwalter darauf achten, dass der **Anteil der Masse** an der durch Fertigstellung der halbfertigen Erzeugnisse entstehenden **Wertschöpfung erhalten** bleibt (*Mönning*, Betriebsfortführung Rn 983). Dazu sei es bei Einbringung von halbfertigen Erzeugnissen in die Verwertungsgemeinschaft zwingend, vorher eine Leistungsabgrenzung vorzunehmen und den Fertigungsgrad in jedem Einzelfall oder durch Pauschalregelung zu bestimmen. Richtig ist, dass der Verwalter sicherstellen muss, dass die im Pool zusammengefassten Gläubiger durch die frühzeitige Zuordnung von quotalen Anteilen an späteren Erlösen nicht besser gestellt werden als im Falle einer individuellen Verfolgung ihrer Rechte. Das heißt letztlich, dass der durch die Betriebsfortführung erzielte Mehrwert nicht den Pool-Gläubigern, sondern in erster Linie der Insolvenzmasse zugute kommen muss.

76 Der **Beitritt des Insolvenzverwalters zum Pool** kann aber auch der **Konfliktvermeidung** dienen, um Untersagungs- und Unterlassungsverfügungen der Gläubiger zu begegnen, da diese die Betriebsfortführung empfindlich stören, zumal sich der Konflikt auch nachteilig auf die Aufrechterhaltung der Lieferbeziehung auswirkt (*Mönning*, Betriebsfortführung Rn 986). Zu berücksichtigen ist schließlich auch der **drohende Abwicklungsaufwand** zu Lasten der Insolvenzmasse. Nach *Mönning* (Betriebsfortführung Rn 987) werden die Lieferanten schon in mittleren Insolvenzverfahren im Wesentlichen durch die Kreditversicherer repräsentiert, die durch „schnelle Präsenz der in den jeweiligen Abwicklungsabteilungen tätigen Mitarbeiter, ihre langjährige Erfahrung und ausreichenden Rechtskenntnisse dafür sorgen, dass die Interessen der Warenkreditgeber und der Lieferanten ebenso nachdrücklich vertreten werden wie die Sonderrechte der Kreditinstitute". Selbst wenn im Einzelfall die **Sprengung des Sicherheiten-Pools** zu insgesamt günsti-

VI. Der Sicherheiten-Pool § 51

geren Quoten für die Masse führt, ist immer zu berücksichtigen, dass durch die Abwehr von Individualansprüchen gleichzeitig höhere Prozess- und Abwicklungskosten entstehen können (*Mönning*, Betriebsfortführung Rn 988). Kostenträchtige Auseinandersetzungen hinsichtlich der einzelnen Sicherungsrechte des gesprengten Pools können jedenfalls die Masse mehr belasten als eine einvernehmliche Beteiligung des Insolvenzverwalters am Verwertungspool. Neben der eigentlichen Pool-Vereinbarung besteht oftmals ein **Sondervertrag mit dem Insolvenzverwalter.** Hierdurch erhält der Insolvenzverwalter die vertragliche Zusicherung der Pool-Mitglieder bzw des Pool-Führers, dass entweder ein bestimmter Betrag vom Pool zur Verfügung gestellt wird, um eine Verfahrenseröffnung zu ermöglichen; oder aber der Verwalter wird vertraglich ermächtigt, die Verwertung des Sicherungsguts, also auch der aussonderungsfähigen Güter, in eigener Regie durchzuführen und eine bestimmte Quote an den Pool abzuführen (vgl **LG Darmstadt** ZIP 1983, 98; *Hess*, Miteigentum der Vorbehaltslieferanten und Pool-Bildung, S 152 f; *Stürner* ZZP 94 [1981], 263, 280; *Mohrbutter/Vortmann* Hdb Rn VI.334). Der Insolvenzverwalter, der im Rahmen der Betriebsfortführung Eigentumsvorbehaltsware des Pools mitbenutzt, verarbeitet oder veräußert, haftet für die Erfüllung der Pool-Quote. In der Praxis wird auch teilweise vereinbart, dass der Insolvenzverwalter zusätzlich zur Quote die **Kosten der Poolverwaltung** zahlt.

Soweit die **Pool-Gläubiger** im Poolvertrag oder gegenüber dem Insolvenzverwalter auf den die **Pool-** 77 **Quote übersteigenden Forderungsbetrag verzichtet** haben, können sie wegen der persönlichen Forderung eine Insolvenzquote nicht mehr verlangen (LG Darmstadt ZIP 1983, 98; *Mohrbutter/Vortmann* Hdb Rn VI.334). Anders, wenn lediglich dingliche Sicherungsrechte in den Pool eingebracht worden sind. Wird die Pool-Quote erfüllt, so sind bei voller Einbringung der dinglichen und schuldrechtlichen Ansprüche in den Pool die Forderungen gegenüber dem Schuldner erloschen. Der Gläubiger erhält keinen Titel über die zur Insolvenztabelle festgestellten Forderungen. Gleiches gilt, wenn der Pool sich an einem **Insolvenzplan** beteiligt. Gem § 323 Abs 2 kann durch einen Insolvenzplan in Absonderungsrechte eingegriffen werden, nicht dagegen in Aussonderungsrechte. Dies schließt aber nicht aus, dass auch die in einen Pool eingebrachten **Aussonderungsrechte** über den Pool an einem Insolvenzplanverfahren teilnehmen. Dies ist zB zwingend, wenn das Unternehmen aufgrund des Insolvenzplans nur weitergeführt werden kann, wenn die aussonderungsberechtigten Gläubiger ihre dinglichen Sicherheiten im Unternehmen belassen. Solchenfalls muss allerdings im Insolvenzplan im Hinblick auf Art 14 GG ein entsprechender Wertausgleich bzw eine Nutzungsentschädigung vorgesehen werden. Die **Zulässigkeitsgrenze** für Insolvenzplan-Vereinbarungen mit einem Gläubigerpool ist § 226 Abs 3. Danach ist jedes Abkommen des Insolvenzverwalters, des Schuldners oder anderer Personen mit einzelnen Beteiligten, durch das diesen für ihr Verhalten bei Abstimmungen oder sonst im Zusammenhang mit dem Insolvenzverfahren ein nicht im Plan vorgesehener Vorteil gewährt wird, nichtig. Im Übrigen ist es den Verfahrensbeteiligten freigestellt, im gestaltenden Teil des Insolvenzplans Sicherheiten durch andere Sicherheiten zu ersetzen oder eine sonstige Vorzugsbehandlung vorzusehen (§ 223 Abs 2). Hierzu gehört auch der Verzicht auf den Verfahrensbeitrag bei der Verwertung von Absonderungsrechten (§ 171). Entscheidend ist im Einzelfall immer, dass insgesamt die Gläubiger nicht benachteiligt werden. Der Insolvenzplan kann im Übrigen auch einen bis dahin nicht bestehenden Pool vorsehen. So können die bisherigen Sicherheiten im Hinblick auf die Vorteile gemeinsamer Rechtsverfolgung in einen Pool eingebracht werden, an dem die Absonderungsberechtigten anteilig beteiligt werden (vgl *Schießler*, Insolvenzplan S 110 f; *Gottwald/Gottwald* InsRHdb § 44 Rn 35). Auch kann die Verwaltung des Pools im Plan geregelt und im Rahmen der Planüberwachung (§ 261) dem bisherigen Insolvenzverwalter übertragen werden (*Gottwald/Gottwald* InsRHdb § 44 Rn 35).

11. Pool-Bildung und Ansprüche auf Insolvenzgeld. In der Praxis kommt es vor, dass sich Lieferanten 78 und Kreditinstitute zu einem Pool zusammenschließen und diesen vor der Insolvenz bedrohten Schuldner bzw das Schuldnerunternehmen veranlassen, sämtliche Vermögenswerte, an denen Aus- und Absonderungsrechte bestehen, in den Pool einzubringen. Der Pool führt sodann die gesamte Produktion weiter und bedient sich hierbei der bisherigen Arbeitskräfte des Schuldnerunternehmens. Nach **Aufarbeitung der Halbfertigfabrikate** wird die Fertigware sodann von den Poolmitgliedern – Sicherungsgläubigern – beansprucht und zu ihren Gunsten verwertet. Ein Insolvenzverfahren kann oftmals später mangels einer die Verfahrenskosten deckenden Masse nicht eröffnet werden (§ 26 Abs 1). Solche Poolverträge, die vor Verfahrenseröffnung mit dem Schuldner bzw Schuldnerunternehmen **zwecks Verarbeitung von Rohmaterial und zwecks Fertigstellung von Halbfabrikaten** zugunsten der Pool-Mitglieder geschlossen werden, sind entweder wegen vorsätzlicher Gläubigerschädigung nach § 138 Abs 1 BGB nichtig oder jedenfalls nach den §§ 129 ff anfechtbar (vgl *Uhlenbruck* Gläubigerberatung S 131, 134; *Bohlen*, Der Sicherheiten-Pool S 117 f; *Gottwald/Gottwald* InsRHdb § 44 Rn 26 u Rn 28). Gem § 186 SGB III können Pool-Mitglieder nur dann Insolvenzgeld erhalten, wenn die Bundesanstalt für Arbeit zuvor der Vorfinanzierung zugestimmt hatte, weil durch die Fortsetzung der Produktion mit dem Erhalt eines erheblichen Teils der Arbeitsplätze gerechnet werden konnte. Dies ist angesichts des vorstehend geschilderten Fortführungszwecks schlechthin ausgeschlossen (vgl auch *Uhlenbruck* Gläubigerberatung S 137).

12. Sicherheiten-Pool und kollidierende Verarbeitungs- oder Vorausabtretungsklauseln. Der Pool und 79 das damit verbundene Aus- bzw Absonderungsrecht der Gläubiger wird nicht dadurch unwirksam, dass die Lieferungsbedingungen der einzelnen Lieferanten unterschiedliche oder gar widersprüchliche Verarbeitungsklauseln enthalten. Auch beim **Zusammentreffen mehrerer uneingeschränkter Verarbeitungsklauseln** entsteht Miteigentum der Stofflieferanten nach dem Verhältnis der Stoffwerte zueinander. Was aber die Stoffwerte sind, kann im Einzelfall streitig sein, insbesondere wenn auch Lohn- und Lohnnebenkosten für die Verarbeitung in den Gesamtwert der neuen Sache eingegangen sind. Bei der **uneingeschränkten Verarbeitungsklausel** beansprucht der Lieferant das volle Eigentum an der neuen Sache. Oftmals treffen auch **eingeschränkte Verarbeitungsklauseln** mit **uneingeschränkten Klauseln** zusammen. Vernünftigerweise nehmen Rechtsprechung und Schrifttum im Rahmen der nicht gepoolten Aussonderung bzw Absonderung an, dass beim Zusammentreffen uneingeschränkter Verarbeitungsklauseln **Miteigentum der Stofflieferanten** entsteht, § 47 Rn 61. Der wahre Wille der Lieferanten gehe letztlich darauf hinaus, im Zweifel größtmögliche Sicherheit zu erlangen. Der Eigentumserwerb scheitert deshalb nicht an den widersprechenden Klauseln. Vielmehr erlangen die Eigentumsvorbehaltsverkäufer das **Miteigentum an dem Fertigprodukt** entsprechend im Verhältnis des jeweiligen Wertes der eingebrachten Sachen zueinander (vgl **BGH NJW** 1964, 149; **BGH** 46, 117; **BGH** 79, 16, 23 = **ZIP** 1981, 153 = **NJW** 1981, 816; **OLG Karlsruhe WM** 1979, 343, 346). Ohne die Frage zu beantworten, ob § 950 BGB durch Parteivereinbarung abgeändert oder ausgeschlossen werden kann (vgl *Serick* BB 1975, 381, 384; *ders* Bd IV S 138 ff; *Palandt/Bassenge* § 950 BGB Rn 2; *Flume* NJW 1950, 841), ist festzustellen, dass die vorstehenden Auslegungsgrundsätze auch im Rahmen der Pool-Vereinbarung anzuwenden sind (*Burgermeister* Sicherheitenpool S 67 ff). Auf der Grundlage der hM zur Kollision von Verarbeitungsklauseln ergibt sich idR **Miteigentum der Lieferanten**. Umstritten sind allerdings die weiteren Rechtsfolgen für die Betroffenen. Geht man von der zwingenden Sonderregelung in den §§ 947, 948 BGB aus und lehnt man die Anwendung von § 742 BGB ab, so ist zur Bewältigung der Konfliktsituation auf die allgemeinen Grundsätze der Beweislastverteilung zurückzugreifen (vgl **BGH WM** 1958, 899 = **NJW** 1958, 1534; *Palandt/Bassenge* § 948 BGB Rn 3; *Jauernig/Stürner* § 742 BGB Rn 1). Dies führt im Ergebnis zu einer Bevorzugung des Besitzers, so dass allein durch die Pool-Bildung und die Übertragung aller Anteile auf den Pool die Beweisschwierigkeiten beseitigt (*Burgermeister* Sicherheitenpool S 73). Die entsprechende Anwendung des § 742 BGB führt dazu, dass den Eigentumsvorbehaltslieferanten im **Zweifel gleiche Anteile** zustehen (*Burgermeister* Sicherheitenpool S 73 mwLiteratur). Ähnliche Probleme treten im Bereich der Vorausabtretungen auf, nämlich zwischen Verlängerungsformen, die an Sachsicherheiten anknüpfen, wie zB verlängerter Eigentumsvorbehalt oder Sicherungsübereignung und Vorausabtretungen, die nicht eine Verlängerung von Sachsicherheiten darstellen, wie zB globale Forderungsabtretungen. Der Kollisionsfall tritt bei Verarbeitungsklauseln immer dann ein, wenn Stoffe mehrerer Lieferanten zu einer neuen Sache verarbeitet werden, wobei jeder Lieferant mehr Eigentumsanteile beansprucht, als an der neuen Sache vergeben werden können. Im Zweifel liegt **keine Nichtigkeit dieser Verarbeitungsklausel** vor, sondern ist diese auf den Willen und das Sicherungsbedürfnis der Lieferanten zurückzuschneiden. Sind sämtliche Gläubiger am Sicherheiten-Pool beteiligt, stellt sich das Problem nur im Rahmen der internen Auseinandersetzung. Auch hier gilt, dass auf jede Verarbeitungsklausel der Miteigentumsanteil zugeteilt werden muss, der sich nach dem Verhältnis der Stoffwerte bemisst. Die **uneingeschränkte Verarbeitungsklausel** kann niemals voll berücksichtigt werden, wenn sie mit einer eingeschränkten Klausel zusammentrifft. Vielmehr ist im Rahmen der internen Pool-Auseinandersetzung die uneingeschränkte Klausel voll oder teilweise zu kürzen, damit die eingeschränkte Klausel ebenfalls zum Zuge kommt (vgl *Serick* Bd IV S 234 ff; *Graf von Westphalen* BB 1987, 1186, 1190). Für die Vereinbarung eines Sicherheiten-Pools ergeben sich keinerlei Besonderheiten gegenüber den Fällen sonstigen Zusammentreffens uneingeschränkter Verarbeitungsklauseln. Der Wille der Pool-Mitglieder geht im Zweifel dahin, Miteigentum als Vereinbarung einer uneingeschränkten Verarbeitungsklausel in einem größtmöglichen Umfang zu erhalten. **Eingeschränkte Verarbeitungsklauseln** iSv § 950 BGB können wirksam vereinbart werden, wenn deren Wert ausschließlich an der jeweiligen Vorbehaltsware, nicht aber am Verarbeitungswert ausgerichtet ist. Auf die Frage, ob eine **Freigabeklausel** vereinbart worden ist, die eine unangemessene Übersicherung verhindert, kommt es nach der Rechtsprechung des **BGH** nicht mehr an.

80 **13. Übernahmehaftung des Pools.** Eine Pool-Vereinbarung führt nach Wegfall des § 419 BGB selbst dann nicht zur Übernahmehaftung der Mitglieder, wenn die Sicherheiten das gesamte Aktivvermögen des Schuldners ausmachen (BerlKo-*Breutigam* § 47 Rn 56). § 25 HGB greift nicht ein, weil die Poolmitglieder weder die Rechte zur Fortführung des Schuldnerunternehmens noch das Recht zur Benutzung der Betriebsmittel erlangen. Deshalb kommt auch eine Haftung nach § 613 a BGB nicht in Betracht (BerlKo-*Breutigam* § 47 Rn 56).

81 **14. Strafrechtliche Aspekte des Sicherheiten-Pools.** Die Pool-Bildung unter Beteiligung des Insolvenzschuldners vor Verfahrenseröffnung kann im Einzelfall den Tatbestand der **Gläubigerbegünstigung** (§ 283 c StGB) erfüllen (vgl *Tiedemann* ZIP 1982, 513, 517 f; *ders* Insolvenz-Strafrecht 2. Aufl § 283 c StGB Rn 6 u Rn 12). Die Tathandlung der Gläubigerbegünstigung iSv § 283 c Abs 1 StGB besteht in dem Gewähren einer Sicherheit oder in einer Befriedigung von Gläubigern, die im Zeitpunkt der Tat keinen fälligen Anspruch auf diese Leistung haben, also eine inkongruente Deckung erhalten. In allen Fällen ist eine Gläubigerbenachteiligung erforderlich. Ob im Einzelfall die Bildung eines Sicherheiten-

II. Voraussetzungen **§ 52**

Pools ein **Beiseiteschaffen** iSv § 283 Abs 1 Nr 1 StGB darstellt, weil auf diese Weise Schuldnervermögen beiseite geschafft oder verheimlicht wird, richtet sich nach den Umständen des Einzelfalls. Es entspricht jedoch auch im Strafrecht allgemeiner Meinung, dass die bloße **Verbesserung der Beweislage**, zB durch Zusammenfassung des Vorbehalts- und Sicherungseigentums in einem Gläubigerpool, zwar ebenfalls eine Sicherung darstellen kann, diese aber nicht den Tatbestand des § 283 c StGB erfüllt, wenn der Schuldner nicht an der Verbesserung der Beweislage mitgewirkt oder Leistungen an den Pool erbracht hat (*Tiedemann*, Insolvenz-Strafrecht § 283 c StGB Rn 14).

§ 52 Ausfall der Absonderungsberechtigten

¹ Gläubiger, die abgesonderte Befriedigung beanspruchen können, sind Insolvenzgläubiger, soweit ihnen der Schuldner auch persönlich haftet. ² Sie sind zur anteilsmäßigen Befriedigung aus der Insolvenzmasse jedoch nur berechtigt, soweit sie auf eine abgesonderte Befriedigung verzichten oder bei ihr ausgefallen sind.

I. Allgemeines

§ 52 entspricht den früheren Vorschriften der §§ 64 KO und 27 Abs 1 S 1 VglO. Neu ist allerdings, 1 dass nunmehr ein Absonderungsberechtigter, der zugleich persönlicher Gläubiger ist, mit seiner Forderung in voller Höhe Insolvenzgläubiger ist und diese als Insolvenzforderung zur Tabelle anmelden kann. Die Vorschrift erfasst nur die Fälle, in denen das Absonderungsrecht an einem Gegenstand des Schuldnervermögens (Insolvenzmasse) besteht und der Schuldner persönlich für die Forderung haftet. Für die Anwendung des § 52 müssen somit dingliche Haftung und persönliche Schuld in der Person des Insolvenzschuldners vereinigt sein. Wenn dagegen die persönliche Schuld und die Belastung verschiedene Haftungsvermögen betreffen, wird im Insolvenzverfahren des persönlichen Schuldners die Forderung in voller Höhe bis zur vollständigen Befriedigung des Gläubigers berücksichtigt (*Häsemeyer* InsR Rn 18.74 u Rn 18.81). Entsprechend ist bei **reiner Sachhaftung** eines zur Masse gehörigen Gegenstandes (zB der Insolvenzschuldner hat eine ihm gehörige Sache oder Forderung für eine fremde Schuld verpfändet) der Absonderungsberechtigte auf sein Absonderungsrecht beschränkt. Er kann den Ausfall nur gegen den persönlichen Schuldner geltend machen (*Jaeger/Henckel* § 52 Rn 7).

§ 52 gilt gem § 331 auch im Falle der **Simultaninsolvenz des Nachlasses und des Erben**. Nachlass- 1a gläubiger, denen der Erbe unbeschränkt haftet, können danach ihre Forderung in voller Höhe in der Insolvenz des Erben anmelden. Befriedigung im Verfahren über das Vermögen des Erben können sie allerdings nur dann verlangen, wenn sie auf die Verwertung des Nachlasses verzichten oder der Erlös nicht zu ihrer Befriedigung ausreicht (**BGH** v 11. 5. 2006 – IX ZR 42/05, ZIP 2006, 1258).

II. Voraussetzungen

1. Persönliche Schuld. Der Absonderungsberechtigte ist Insolvenzgläubiger, wenn ihm der Insolvenz- 2 schuldner zugleich auch persönlich haftet (§ 52 S 1). Für die Insolvenzforderung des absonderungsberechtigten Gläubigers gilt nichts anderes als für sonstige Insolvenzforderungen iSv § 38. Allerdings ist der Insolvenzantrag eines absonderungsberechtigten Gläubigers unzulässig, wenn er seine Insolvenzforderung zweifelsfrei vollständig durch sein Absonderungsrecht gedeckt ist (**BGH** v 29. 11. 2007 – IX ZB 12/07, NJW 2008, 1380 = JuS 2008, 844 m Anm *K. Schmidt*). Der Insolvenzgläubiger kann seine Forderung gem § 87 nur im Wege der Anmeldung (§§ 174 ff) im Verfahren geltend machen. Die gesicherte Forderung darf in voller Höhe angemeldet werden (MüKo-*Ganter* § 52 Rn 18). Sie wird in voller Höhe geprüft und (irreführender Weise, *Jaeger/Henckel* § 52 Rn 22) nach Beseitigung eines eventuellen Widerspruchs „als Ausfallforderung" oder „als Insolvenzforderung für den Ausfall" zur Tabelle festgestellt (vgl *Häsemeyer* InsR Rn 18.76; MüKo-*Ganter* § 52 Rn 19; *Gottwald/Gottwald* InsRHdb § 42 Rn 64). Der absonderungsberechtigte Insolvenzgläubiger braucht seine Forderung aber nicht unbedingt zur Tabelle anzumelden. Es ist ihm unbenommen, sich auf die abgesonderte Befriedigung aus dem haftenden Sicherungsgut zu beschränken (s MüKo-*Ganter* § 52 Rn 16). Er muss aber damit rechnen, dass er aus dem Verwertungserlös abzüglich der Kosten des Insolvenzverfahrensbeitrags (§ 171) keine volle Befriedigung erhält und deshalb zumindest teilweise ausfällt. Verzichtet er andererseits auf die abgesonderte Befriedigung, nimmt er lediglich als Insolvenzgläubiger am Verfahren teil und erhält nur die Quote (§ 52 S 2). Dann entfällt freilich der Kostenbeitrag nach den §§ 170, 171. Beide Alternativen sind jedoch die Ausnahme. IdR meldet der absonderungsberechtigte Gläubiger die Forderung in voller Höhe an. Diese wird geprüft, erörtert und zur Tabelle festgestellt (§§ 174, 176, 178). Erst im Rahmen des **Verteilungsverfahrens** wird der Tatsache Rechnung getragen, dass es sich um eine Ausfallforderung handelt, indem der Gläubiger gem § 52 S 2 nur insoweit anteilmäßige Befriedigung verlangen kann, als er mit seiner Forderung bei der abgesonderten Befriedigung ausgefallen ist (MüKo-*Ganter* § 52 Rn 20 ff).

2. Absonderungsgegenstand als Teil der Insolvenzmasse. Das Absonderungsrecht muss an einem Ge- 3 genstand bestehen, der zur Insolvenzmasse (§ 35) gehört. Ein dem Gläubiger zur Sicherheit übereigneter

Gegenstand gehört zur Insolvenzmasse des Insolvenzschuldners, da die Sicherungsübereignung kein Aus-, sondern lediglich ein Absonderungsrecht gewährt (§ 51 Nr 1). Im **Gesellschaftsinsolvenzverfahren** muss der Gegenstand zur Insolvenzmasse des Gesellschaftsvermögens, beim **Nachlassinsolvenzverfahren** zum Nachlass gehören. Nicht notwendig ist, dass das Absonderungsrecht gerade auf einem Rechtsgeschäft des Insolvenzschuldners mit dem Gläubiger beruht (*Kilger/K. Schmidt* § 64 KO Anm 1). Ist das Absonderungsrecht an Gegenständen begründet worden, die im Eigentum eines Dritten stehen, fehlt es an den Voraussetzungen des § 52 (vgl auch *Häsemeyer* InsR Rn 18.80). Maßgebend ist die objektive Zugehörigkeit des Absonderungsgegenstandes zur Insolvenzmasse und nicht die subjektive Meinung des Gläubigers. Es kommen deshalb weder die Vermutung des § 891 BGB noch die Vorschriften über den öffentlichen Glauben des Grundbuchs (§ 892 BGB) zum Tragen (*Jaeger/Henckel* § 52 Rn 8).

3a Sind **persönlicher Schuldner und Sicherungsgeber nicht identisch**, gilt nicht das Ausfallprinzip des § 52, sondern das **Kumulationsprinzip**, wonach der Gläubiger berechtigt ist, seine persönliche Forderung und zugleich auch das Recht auf Befriedigung aus der dinglichen Sicherheit bis zur vollständigen Befriedigung jeweils in voller Höhe geltend zu machen (§ 43; *Häsemeyer* InsR Rn 18.80). Es gilt der **Grundsatz der Doppelberücksichtigung**. Der Gläubiger erhält die Quote auf seine volle persönliche Forderung und ist berechtigt, durch Verwertung des Sicherungsguts volle Befriedigung seiner Forderung zu erlangen (*Gottwald/Gottwald* InsRHdb § 42 Rn 74). Es kommt nicht darauf an, ob nur einer oder ob der persönliche Schuldner und der dinglich Haftende insolvent sind. Gleiches gilt für die Bürgschaft eines Dritten. Auch hier kann der Gläubiger Befriedigung aus der Masse ohne Rücksicht auf die Bürgschaft verlangen (*Gottwald/Gottwald* InsRHdb § 42 Rn 74). Gegen den Bürgen kann der Gläubiger bis zur Höhe des Ausfalls vorgehen (**BGH** v 3. 11. 2005 – IX ZR 181/04, NZI 2006, 32). Ist der Sicherungsgeber nicht zugleich persönlicher Schuldner der gesicherten Forderung, beschränkt sich die Befriedigungsmöglichkeit des Gläubigers in der Insolvenz des Sicherungsgebers auf die abgesonderte Befriedigung, soweit nicht der persönliche Schuldner die Forderung begleicht. Hat zB der Insolvenzschuldner einem gutgläubigen Dritten widerrechtlich ein Pfandrecht an einer fremden Sache bestellt, so greift § 52 nicht ein, sondern § 43, falls der Dritte auch persönlicher Mitschuldner ist (RGZ 52, 170; RGZ 74, 234; RGZ 91, 12; RGZ 92, 192; *Gottwald/Gottwald* InsRHdb § 42 Rn 74; *Jaeger/Henckel* § 52 Rn 11). Ist der Insolvenzschuldner persönlicher Schuldner und steht der Sicherungsgegenstand im Eigentum eines Dritten – hat etwa jemand für eine Schuld des Insolvenzschuldners auf einem Grundstück eine Hypothek bestellt – so greift § 52 auch dann nicht ein, wenn auch der Dritte gleichzeitig persönlicher Schuldner, also Mitschuldner ist. Hat der Insolvenzschuldner einen Rückgriffsanspruch gegen den persönlichen Schuldner, gehört dieser zur Insolvenzmasse.

4 **3. Maßgebender Zeitpunkt.** Maßgeblicher Zeitpunkt für die Beurteilung, ob der Sicherungsgegenstand zur Insolvenzmasse gehört, ist grdsl die Eröffnung des Insolvenzverfahrens (*Kilger/K. Schmidt* § 64 KO Anm 1; N/R/*Andres* § 52 Rn 3; MüKo-*Ganter* § 52 Rn 9). Ist der Sicherungsgegenstand vor Verfahrenseröffnung vom Insolvenzschuldner veräußert worden oder untergegangen, ist § 52 nicht anwendbar. Die **Freigabe des Absonderungsgegenstandes** durch den Insolvenzverwalter ändert nichts an der Anwendbarkeit des § 52 (**BGH** v 2. 4. 2009 – IX ZR 23/08, ZIP 2009, 874). Der Zweck des § 52, einen Gläubiger, der sich vor den übrigen Gläubigern aus einem Vermögensgegenstand des Insolvenzschuldners befriedigen darf, nicht auch noch mit dem befriedigten Teil seiner Forderung am Insolvenzverfahren teilnehmen zu lassen, wird durch die Freigabe des Absonderungsgegenstandes keineswegs erfüllt, so dass § 52 weiter anwendbar bleibt (**OLG Kiel** JW 1935, 721; *Jaeger/Henckel* § 52 Rn 9; MüKo-*Ganter* § 52 Rn 10; *Kilger/K. Schmidt* § 64 KO Anm 1). Hat dagegen der Insolvenzverwalter während des eröffneten Insolvenzverfahrens den Sicherungsgegenstand erworben, so wurde hierdurch unter Geltung der KO das Recht des Gläubigers, die gesamte Forderung als Insolvenzforderung geltend zu machen, nicht verkürzt (RGZ 59, 368, 369; *Kilger/K. Schmidt* § 64 KO Anm 1). Auch wenn der Neuerwerb nach § 35 in die Insolvenzmasse fällt, ist diese zur KO unbestrittene Ansicht überzeugend (für Unanwendbarkeit des § 52 *Jaeger/Henckel* § 52 Rn 10; MüKo-*Ganter* § 52 Rn 9).

III. Die Ausfallhaftung

5 **1. Das Ausfallprinzip.** Das Ausfallprinzip des § 52 rechtfertigt sich nur unter dem Gesichtspunkt der Gläubigergleichbehandlung (vgl *Häsemeyer* KTS 1982, 507, 543 ff). Die dinglich gesicherten Gläubigerforderungen werden grundsätzlich den übrigen Insolvenzforderungen gleichgestellt. Die absonderungsberechtigten Insolvenzgläubiger werden nur bis zur Höhe des ihnen zufließenden Verwertungserlöses von der wechselseitigen Ausgleichshaftung der Insolvenzgläubiger freigestellt (*Häsemeyer* KTS 1982, 507, 525, 544 f; *ders* InsR Rn 18.75). Der absonderungsberechtigte Gläubiger ist verpflichtet, den **Überschuss an die Masse** zu erstatten, wenn er eine höhere Quote auf seine Forderung erhält, als er aufgrund der Verwertungsergebnisse zu beanspruchen hat (vgl RGZ 156, 271, 274, 277 f; *Häsemeyer* InsR Rn 18.75). Um eine solche Rückabwicklung zu vermeiden, wird der absonderungsberechtigte Gläubiger in § 190 Abs 1 S 1 verpflichtet, innerhalb der in § 189 Abs 1 vorgesehenen Ausschlussfrist gegenüber dem Insolvenzverwalter nachzuweisen, dass und für welchen Betrag er auf die abgesonderte Befriedigung verzichtet hat oder bei ihr ausgefallen ist. Erbringt er diesen Nachweis nicht, fließen die

III. Die Ausfallhaftung § 52

Beträge in die Schlussverteilungsmasse zurück (§ 190 Abs 2). § 52 bewirkt, dass der absonderungsberechtigte Gläubiger zwar grundsätzlich die Forderung in voller Höhe zur Tabelle anzumelden berechtigt ist, andererseits aber in seiner Eigenschaft als Insolvenzgläubiger nur in Höhe des Ausfalls quotenmäßige Befriedigung erhält. **Beim Verteilungsverfahren wird also nur die Ausfallforderung berücksichtigt.** Eine Vereinbarung, dass Sicherungsgut nur für den Ausfall nach Ausschüttung der Quote haften soll, ist schlechthin unwirksam (*Jaeger/Henckel* § 52 Rn 3; *Gottwald/Gottwald* InsRHdb § 42 Rn 65). Die Ausfallhaftung greift auch ein für die Inhaber **gegenständlich beschränkter Vorrechte**, wie zB, wenn die nach § 32 Abs 1 DepotG vorrangig zu befriedigenden Insolvenzgläubiger keine vollständige Befriedigung aus dem Depot zu erlangen vermögen (*Smid* § 52 Rn 1; *Gottwald/Gottwald* InsRHdb § 42 Rn 61 u die in § 51 Rn 43 dargestellten gegenständlich beschränkten Vorrechte). Gleiches gilt für Pfandbriefgläubiger gem § 30 PfandBG sowie für Versicherungsnehmer bei Lebens-, Kranken- und Unfallversicherungen in der Insolvenz der Versicherung (§§ 77 a, 79 VAG).

2. Vorteilsanrechnung. IdR braucht sich der Absonderungsberechtigte nicht den Vorteil anrechnen zu lassen, den er dadurch erlangt, dass er den Absonderungsgegenstand unter seinem Wert gem § 168 Abs 3 S 1 übernimmt (**BGH** v 3. 11. 2005 – IX ZR 181/04, NZI 2006, 32). Hiervon macht § 114a ZVG eine Ausnahme für den Fall der Zwangsversteigerung eines Grundstücks: Ist der Zuschlag einem auf Befriedigung aus dem Grundstück Berechtigten zu einem Gebot erteilt worden, das einschließlich des Kapitalwerts der nach den Versteigerungsbedingungen bestehen bleibenden Rechte hinter sieben Zehnteln des Grundstücks zurückbleibt, so gilt der Ersteher auch für den Unterschied mit dem Zuschlag als befriedigt (vgl **BGH** v 13. 11. 1986, BGHZ 99, 110; **BGH** DNotZ 1987, 504; **BGH** KTS 1987, 339; **BGH** NJW 1987, 503; *Stöber* § 114a ZVG Anm 2.3; MüKo-*Ganter* § 52 Rn 34).

3. Wirkung der Anmeldung. Wie bereits dargestellt wurde, sind die gesicherten Forderungen in voller Höhe anzumelden und werden in Höhe der Anmeldung zur Tabelle festgestellt, wenn ein eventueller Widerspruch beseitigt werden kann. Auch wenn die Forderung zur Tabelle nicht „als Ausfallforderung" oder „als Insolvenzforderung für den Ausfall" festgestellt worden ist, ist der absonderungsberechtigte Gläubiger zur **Rückzahlung an die Masse** verpflichtet, wenn er die Quote auf seine gesamte Forderung erhalten hat (*Häsemeyer* InsR Rn 18.76). Dies hindert nicht, dass die Feststellung der Forderung in voller Höhe gem § 178 Abs 3 wie ein rechtskräftiges Urteil gegenüber dem Insolvenzverwalter und allen Insolvenzgläubigern wirkt (*Gottwald/Gottwald* InsRHdb § 42 Rn 64; *Klasmeyer/Elsner* FS Merz 1992 S 303, 305; *Jaeger/Henckel* § 52 Rn 22). Ein Absonderungsrecht wird von der Rechtskraftwirkung selbst dann nicht erfasst, wenn es in die Tabelle aufgenommen wurde (**BGH** WM 1974, 1218; *Jaeger/Henckel* § 52 Rn 21; *Klasmeyer/Elsner* FS Merz 1992 S 303, 305). Irreführend, aber unschädlich, ist die Feststellung der Forderung „in Höhe des Ausfalls", da die Forderung in voller Höhe und nicht mehr als Ausfallforderung festgestellt wird. Nach alledem hat die Anmeldung der Forderung als Ausfallforderung oder die Feststellung „als Ausfallforderung" lediglich Erinnerungswert für das Verteilungsverfahren. Eine Einschränkung der Rechtskraftwirkung findet nicht statt, so dass das Ausfallprinzip erst für das Verteilungsverfahren Bedeutung erlangt (§§ 173, 190 Abs 3).

4. Befriedigung der Ausfallforderung. Wie schon bei § 50 Rn 48 dargelegt wurde, ist die **Befriedigungsfolge** bei der Verwertung des der Absonderung unterliegenden Gegenstandes durch den Insolvenzverwalter umstritten. Nach dem Wortlaut des § 50 Abs 1 hat die Befriedigung nach Maßgabe der §§ 166–173 für die Hauptforderung, Zinsen und Kosten zu erfolgen. Hieraus folgert die hM (vgl N/R/*Andres* § 50 Rn 28; *Häsemeyer* InsR Rn 18.78; *Smid* § 52 Rn 3; *Gottwald/Gottwald* InsRHdb § 42 Rn 67), dass die Befriedigung aus dem Absonderungsrecht **zunächst für die Hauptforderung**, dann für die Zinsen und zuletzt für die Kosten erfolgen muss. Demgegenüber vertritt *Prütting* (K/P/B/*Prütting* § 50 Rn 18) die Auffassung, dass für die Tilgungsreihenfolge nach wie vor die Regelung in § 367 Abs 1 BGB gilt, wonach die Tilgung zunächst auf die Kosten, dann auf die Zinsen und zuletzt auf die Hauptleistung angerechnet wird (ebenso *Jaeger/Henckel* § 52 Rn 23). Die Formulierung des Gesetzes beruhe lediglich darauf, dass der Gesetzgeber der Regelung in § 11 Abs 3 des Verbraucherkreditgesetzes (heute § 497 Abs 3 BGB) Rechnung tragen wollte, die eine abweichende Tilgungsreihenfolge, nämlich Kosten, Hauptforderung und Zinsen, vorsehe. Dieser Auffassung ist entgegenzuhalten, dass die zwingende Regelung in § 50 Abs 1 dafür Sorge trägt, dass durch eine andere Verrechnung der Absonderungsberechtigte nicht über das Absonderungsrecht die vorrangige Befriedigung von nach Verfahrenseröffnung entstehenden Zins- und Kostenforderungen erreicht, die der Gesetzgeber in § 39 Abs 1 Nr 1 und 2 mit einem Nachrang versehen hat. Deckt der Erlös aus der Absonderung nicht die gesamte Hauptforderung einschließlich der Nebenforderungen, so ist der Verwertungserlös allein von der Hauptforderung abzuziehen und mindert deren Ausfall (so *Grub* KTS 1982, 391f; *Häsemeyer* InsR Rn 18.78; jetzt auch MüKo-*Ganter* vor §§ 49–52 Rn 59 b). Der **BGH** lässt die Frage im Urteil vom 17. 7. 2008 (IX ZR 132/07, NJW 2008, 3064 m Anm *Dahl*) offen. Er bejaht hier lediglich (zutreffend) die Frage, ob nachrangige Forderungen überhaupt dem Absonderungsrecht unterfalle. Nunmehr vertritt auch *Ganter* (MüKo Vor §§ 49–52 Rn 59 b) die hier befürwortete Auffassung, dass die Befriedigungsreihenfolge des § 367 Abs 1 BGB (Kosten, Zinsen, Hauptforderung) bei der abgesonderten Befriedigung nicht gilt. *Ganter* weist zutreffend darauf hin, dass die Befriedigungsreihenfolge des § 367 Abs 1 BGB zunächst in § 57 Abs 1 S 2 RegE klargestellt werden sollte. Auf Empfehlung des Rechtsausschusses ist in der Tat diese Bestimmung gestrichen worden mit der Begründung, dass die in § 57 Abs 1 S 2 RegE vorgesehene Tilgungsreihenfolge der Regelung in § 367 Abs 1 BGB und § 11 Abs 3 Verbraucherkreditgesetz (nunmehr § 497 Abs 3 S 1 BGB) entspricht. Diese Vorschriften finden nach Auffassung des Rechtsausschusses Anwendung, ohne dass es einer ausdrücklichen Wiederholung der Tilgungsreihenfolge im Bereich des Insolvenzrechts bedürfe (so auch HK-*Eickmann* § 50 Rn 8). Dies widerspricht eindeutig dem Wortlaut des § 50 Abs 1, der eine andere Tilgungsreihenfolge als § 367 Abs 1 BGB vorsieht. § 57 Abs 1 S 2 RegE sah vor, dass der Erlös aus der Verwertung des Absonderungsrechts zunächst auf die Kosten, dann auf die Zinsen und zuletzt auf das Kapital angerechnet werden, soweit nicht § 11 Abs 3 des Verbraucherkreditgesetzes eine andere Reihenfolge der Tilgung vorschreibt. In § 57 Abs 1 S 1 RegE war eine Tilgungsreihenfolge überhaupt nicht vorgesehen. Wenn das Gesetz nunmehr in § 50 Abs 1 bestimmt, dass die absonderungsberechtigten Pfandgläubiger nach Maßgabe der §§ 166–173 für **Hauptforderung, Zinsen und Kosten** zur abgesonderten Befriedigung aus dem Pfandgegenstand berechtigt sind, so ist dies nicht ohne Grund geschehen. Durch die **von § 367 Abs 1 BGB abweichende Tilgungsfolge** sollte verhindert werden, dass über die übliche Anrechnungsreihenfolge vorrangig Forderungen getilgt werden, denen der Gesetzgeber in § 39 Abs 1 Nr 1, 2 Nachrang eingeräumt hat (ebenso *Dahl* NJW 2008, 3066). Der im Rahmen der abgesonderten Befriedigung erzielte Erlös muss also **zunächst für die bis zur Insolvenzeröffnung angefallenen Kosten, dann die bis dahin entstandenen Zinsen, drittens die Hauptforderung, viertens für die Zinsen nach Insolvenzeröffnung und schließlich fünftens für die Kosten der Teilnahme am Insolvenzverfahren** in Anspruch genommen werden. Soweit die letzten beiden Posten bei der abgesonderten Befriedigung nicht voll gedeckt sind, können sie im Rahmen der Ausfallhaftung nach § 52 nur als nachrangige Insolvenzforderungen geltend gemacht werden (sogleich Rn 10).

9   **5. Sonderregelungen.** Das Prinzip der Ausfallhaftung gilt grundsätzlich für sämtliche Insolvenzforderungen, hinsichtlich derer ein Recht auf abgesonderte Befriedigung an einem Gegenstand der Insolvenzmasse besteht. Es fragt sich allerdings, ob das Ausfallprinzip uneingeschränkt auch dann eingreift, wenn Sonderregelungen bestehen, wie zB in den §§ 39, 41 ff.

10 **a) Nachrangige Insolvenzforderungen.** Nachrangige Insolvenzforderungen iSv § 39 werden, da der Nachrang auch im Rahmen des § 52 zu beachten ist, erst nach den vollrangigen Insolvenzforderungen in der Rangordnung des § 39 Abs 1 Nr 1–5, Abs 2 berücksichtigt. In Abweichung von der früheren Rechtslage nach § 48 KO und § 367 BGB kann der aus der abgesonderten Befriedigung erzielte Erlös nicht mehr vorrangig auf die laufenden Zinsen und Kosten, die nunmehr nachrangige Forderungen iSv § 39 Abs 1 Nr 1, 2 sind, verrechnet werden (s o Rn 8). Solange die Nebenansprüche, wie Zins- und Kostenforderungen, nicht zum Zuge kommen, orientiert sich das Ausfallprinzip ausschließlich an der Hauptforderung (*Häsemeyer* InsR Rn 18.78; *Gottwald/Gottwald* InsRHdb § 42 Rn 67). Der hier vertretenen Auffassung stehen die Entscheidungen des **BGH** v 5. 12. 1996 (BGHZ 134, 195, 199 = NJW 1997, 522, 523 = ZIP 1997, 120, 121) und v 17. 7. 2008 (IX ZR 132/07 NJW 2008, 3064) nicht entgegen, wonach sich das Recht auf abgesonderte Befriedigung auch auf die Zinsansprüche erstreckt, die nach Verfahrenseröffnung bis zur Verwertung entstanden sind. Nach Auffassung des **BGH** ist diese Wirkung zugleich für die Berechnung der Ausfallforderung maßgebend. Im Rahmen der dinglichen Haftung ist nicht zwischen Insolvenzforderung und nachrangiger Forderung iSv § 38, 39 zu unterscheiden. § 52 besagt lediglich, dass der absonderungsberechtigte Gläubiger mit seiner vollen Forderung am Insolvenzverfahren teilnimmt. Die Regelung besagt aber nichts darüber, wie die Ausfallforderung zu berechnen ist. Die Zinsen und Verfahrensteilnahmekosten für die Zeit ab Eröffnung des Insolvenzverfahrens sind – wie bereits festgestellt wurde – bei der Verteilung des Absonderungserlöses abzüglich der Kostenbeiträge gem §§ 170, 171 zu berücksichtigen (**BGH** v 5. 12. 1996, ZIP 1997, 120, 121 = InVo 1997, 67; *Gottwald/Gottwald* InsRHdb § 42 Rn 63). Hinsichtlich der entsprechenden persönlichen Forderungen ist der absonderungsberechtigte dagegen nachrangiger Gläubiger iSv § 39 Abs 1 Nr 1, 2 mit der Folge, dass er im Rahmen der Verteilung erst berücksichtigt wird, wenn die Insolvenzgläubiger iSv § 38 volle Befriedigung erhalten haben.

11 **b) Betagte, bedingte und ungewisse Forderungen.** Für das frühere Recht wurde die Auffassung vertreten, dass eine vorzeitige Verwertung den Absonderungsberechtigten und/oder die Insolvenzgläubiger benachteiligen könne (vgl *Kuhn* MDR 1960, 490; *Serick* Bd III S 259 ff; vgl auch RGZ 86, 247; RGZ 93, 209). Für die Insolvenzordnung ist festzustellen, dass die Vorschriften für betagte, bedingte und ungewisse Forderungen (§§ 41 f, 45 f) auch für Forderungen gelten, für die ein Absonderungsrecht des Gläubigers besteht (*Häsemeyer* InsR Rn 18.79; so schon BGHZ 31, 337 ff). Zutreffend weist *Häsemeyer* darauf hin, dass das Bedenken, eine frühzeitige Verwertung könne zu einer Benachteiligung der Insolvenzgläubiger führen, angesichts der erweiterten Verwertungsbefugnis des Insolvenzverwalters nicht mehr ins Gewicht fällt. Deshalb ist auch ein absonderungsberechtigter Gläubiger mit seiner bedingten, betagten oder ungewissen Forderung zu berücksichtigen.

IV. Verzicht auf das Absonderungsrecht § 52

c) Kapitalersetzende Gesellschafterdarlehen. Bekanntlich hat das MoMiG (BGBl 2008 I 2026) das 12 Recht des Kapitalschutzes bei Kapitalgesellschaften grundlegend neu gestaltet. Insbesondere wurden die §§ 32 a, 32 b GmbHG aufgehoben. An ihre Stelle tritt die Anfechtbarkeit von Gesellschafterdarlehen nach § 135, die nicht auf den eigenkapitalersetzenden Charakter des Darlehens abstellt. Auch in § 39 Abs 1 Nr 5 wurde das Erfordernis des kapitalersetzenden Charakters beseitigt. Gesellschafterdarlehen sind somit nunmehr stets nachrangige Forderungen, für welche die Ausführungen in Rn 10 gelten. § 52 ist somit auch auf Gesellschafterdarlehen anwendbar (s auch oben § 44 a Rn 5). Dem Absonderungsrecht wird der Verwalter allerdings regelmäßig die Anfechtbarkeit nach § 135 einredeweise entgegenhalten können.

Für **Altfälle**, also für Verfahren, die vor dem 1. 11. 2008 eröffnet wurden, bleibt die alte Regelung 12a maßgeblich. Nach § 32 a GmbHG aF musste der Dritte, der der Gesellschaft ein eigenkapitalersetzendes Darlehen unter Hereinnahme einer Sicherheit durch einen Gesellschafter gewährt hatte, in der Insolvenz der Gesellschaft Befriedigung zunächst aus dem Sicherungsrecht suchen (**BGH GmbHR 1988, 58** = NJW 1988, 824; **BGH ZIP 1992, 108** = GmbHR 1992, 166; **BGH ZIP 1992, 177** = GmbHR 1992, 168; **OLG Köln ZIP 1989, 523**; *K. Schmidt* ZIP 1981, 693 f). Im Gesellschaftsinsolvenzverfahren konnte er nach § 32 a Abs 2 GmbHG aF nur mit dem Betrag teilnehmen, mit dem er bei der Befriedigung aus dem Gesellschaftervermögen ausgefallen ist (s oben § 44 a Rn 5). Der Sache nach gilt also auch hier das Ausfallprinzip, § 52 greift allerdings nicht unmittelbar, da es sich nicht um eine Absonderung handelt, weil die Gesellschaftersicherheit ein massefremdes Recht ist.

§ 32 a GmbHG aF bezieht sich **nur auf das Verteilungsverfahren**, nicht dagegen auf die Anmeldung, 13 Prüfung und Feststellung der Forderung nach den §§ 174 ff (*K. Schmidt* ZIP 1999, 1821, 1823). Dies bedeutet, dass sich der Dritte ungeachtet der Inanspruchnahme der Sicherheit mit seiner Forderung am Insolvenzverfahren beteiligen kann. Festzustellen ist, dass die Forderung des Kreditgebers (Dritten) materiell-rechtlich durch die Regelung in § 32 a Abs 2 GmbHG nicht berührt wird. Die Einschränkungen der §§ 39 Abs 1 Nr 5 aF, 174 Abs 3 betreffen nicht den kreditierenden Dritten, der durch § 32 a Abs 2 GmbHG aF lediglich gezwungen wird, zunächst auf die Gesellschaftersicherheit zuzugreifen. Der vom Gesellschafter abgesicherte Gläubiger kann nicht etwa gem § 43 für den vollen Forderungsbetrag verhältnismäßige Befriedigung beanspruchen (*Baumbach/Hueck* § 32 a GmbHG Rn 68; *Roth/Altmeppen* § 32 a GmbHG Rn 49; *Hachenburg/Ulmer*, §§ 32 a, 32 b GmbHG Rn 148).

Nach **anderer Meinung** kommt jedoch eine **analoge Anwendung von § 43** in Betracht (HK-*Eickmann* 14 § 43 Rn 6; N/R/*Andres* § 43 Rn 7). Nach Auffassung von *K. Schmidt* (ZIP 1999, 1821, 1826; *Scholz/K. Schmidt*, §§ 32 a, 32 b GmbHG Rn 155) bedarf es der von der neueren Meinung bemühten Rechtskonstruktion einer aufschiebend bedingten Forderung, die ohnehin sehr fraglich ist, nicht. Denn § 32 a Abs 2 GmbHG aF wirke sich erst im Verteilungsverfahren aus. Die Regelung sei „im Sinne einer mittelbaren Verweisung auf § 190 InsO auszufüllen, der, soweit nicht Unterschiede zum Absonderungsfall entgegenstehen, analog auf die Rechte des Gläubigers im Fall des § 32 a Abs 2 GmbHG anzuwenden ist" (*K. Schmidt* ZIP 1999, 1821, 1827). § 190 Abs 1, 2 ist nach dieser Auffassung auf den Fall des § 32 a Abs 2 GmbHG aF mit der Maßgabe analog anzuwenden, dass der gesicherte Gläubiger einen **Verzicht auf die Sicherheit** im Verteilungsverfahren nicht geltend machen kann (*Scholz/K. Schmidt*, §§ 32 a, 32 b GmbHG Rn 155). Die Folge sei, dass der Gläubiger die gesicherte Forderung – wie bereits festgestellt – **in voller Höhe zur Tabelle anmelden** darf und auch seine Quote auf die volle Forderung berechnet werde, allerdings erhalte er nur eine Auszahlung bis zur Höhe seines Ausfalls. Der gesicherte Dritte habe somit grundsätzlich ein Stimmrecht in voller Höhe seiner Forderung, das allenfalls nach § 77 Abs 2 Nr 2 auf den Ausfall beschränkt werden kann. Zur Teilnahme an **Abschlagsverteilungen** muss der Gläubiger analog § 190 Abs 2 S 1 nachweisen, dass die Verwertung des Absonderungsgegenstandes betrieben wird, und gleichzeitig muss er den mutmaßlichen **Ausfall** glaubhaft machen. In diesem Fall wird der auf die volle Forderung entfallende Teil bei der Verteilung zurückbehalten (§ 190 Abs 2 S 2). Für die **Schlussverteilung** ist der Ausfall analog § 190 Abs 1 fristgemäß nachzuweisen (*K. Schmidt* ZIP 1999, 1821, 1827; *Scholz/K. Schmidt*, §§ 32 a, 32 b GmbHG Rn 155). Dabei werde die Quote des Dritten wird auf die volle Insolvenzforderung des Dritten errechnet, aber nur bis zur Höhe seines Ausfalls an ihn ausgezahlt.

IV. Verzicht auf das Absonderungsrecht

Der Berechtigte kann auf sein Absonderungsrecht verzichten und sich darauf beschränken, im Insol- 15 venzverfahren lediglich seine persönliche Forderung geltend zu machen. Der Verzicht besteht in der **endgültigen und vorbehaltlosen Aufgabe** des den Absonderungsanspruch begründenden Rechts, so dass der Gegenstand der Absonderung, soweit der Verzicht reicht, für die Masse unbelastet frei wird (MüKo-*Ganter* § 52 Rn 38–42). Auch ein **Teilverzicht** (etwa durch betragsmäßige Beschränkung) ist möglich (FK-*Joneleit/Imberger* § 52 Rn 4; *Gottwald/Gottwald* InsRHdb § 42 Rn 68; *Jaeger/Henckel* § 52 Rn 25).

1. Die Verzichtserklärung. Der Verzicht muss gegenüber dem Insolvenzverwalter erklärt werden. Eine 16 Form für die Verzichtserklärung schreibt das Gesetz grundsätzlich nicht vor. Der Verzicht kann daher auch stillschweigend und durch schlüssiges Verhalten des Absonderungsberechtigten erklärt werden (K/P/B/*Prütting* § 52 Rn 6; MüKo-*Ganter* vor §§ 49–52 Rn 123; FK-*Joneleit/Imberger* § 52 Rn 4). Soweit ein rechtsgeschäftlicher Verzicht **gesetzlichen Formvorschriften** unterliegt, ist die **gesetzliche Form** einzuhalten (*Gottwald/Gottwald* InsRHdb § 42 Rn 65). So ist zB zum Verzicht auf ein Recht an einem Grundstück gem § 875 BGB die Erklärung gegenüber dem Begünstigten oder dem Grundbuchamt und die Eintragung im Grundbuch erforderlich. Entsprechende Regelungen finden sich für andere Grundbuchrechte in den §§ 1168, 1175, 1178 Abs 2, 1183 BGB. Bei Abgabe der Erklärung ist die **Form des § 29 GBO** einzuhalten (*Gottwald/Gottwald* InsRHdb § 42 Rn 65; MüKo-*Ganter* vor §§ 49–52 Rn 125 u § 52 Rn 38–42). Konkludenter Verzicht liegt auch vor beim Pfandrecht an beweglichen Sachen und Wertpapieren, wenn die Sache an den Insolvenzverwalter zurückgegeben wird mit einer – formfreien – Erklärung, dass man das Recht aufgeben will (§§ 1255, 1257, 1258, 1293 BGB). Weitere Einzelheiten bei *Jaeger/Henckel* § 52 Rn 27. Eine uneingeschränkte Teilnahme am Insolvenzverfahren mit der persönlichen Forderung ist nur möglich, wenn der Absonderungsberechtigte sein Absonderungsrecht endgültig und vorbehaltlos aufgibt (**OLG Hamm v 1. 6. 1994, ZIP 1994, 1373, 1375**; *Jaeger/Henckel* § 52 Rn 24). Die **Beteiligung an der Abstimmung** in einer Gläubigerversammlung mit der ganzen Forderung kann niemals als Verzicht auf das Absonderungsrecht angesehen werden. Gleiches gilt für die **vorbehaltlose Annahme der Insolvenzquote** (*Gottwald/Gottwald* InsRHdb § 42 Rn 69; FK-*Joneleit/Imberger* § 52 Rn 4) und erst recht für die vorbehaltlose Anmeldung der gesamten Forderung zur Insolvenztabelle (**OLG Nürnberg ZIP 2007, 642**). Zweifelhaft ist, ob ein Verzicht angenommen werden kann, wenn der Gläubiger vorbehaltlos an der Abstimmung teilnimmt, obgleich sein geltend gemachtes Absonderungsrecht bestritten wurde, oder wenn er sein Absonderungsrecht bewusst verschweigt (so *Kilger/K. Schmidt* § 64 KO Anm 5; BerlKo-*Breutigam* § 52 Rn 11). Die **vorbehaltlose Geltendmachung der ganzen Forderung** ist nach neuem Recht zulässig und kann nicht mehr ohne weiteres dazu führen, einen Verzicht zu unterstellen (vgl auch FK-*Joneleit/Imberger* § 52 Rn 4). IdR reicht die einseitige Aufgabe des Sicherungsrechts analog §§ 959, 1255 BGB für die Annahme eines Verzichts nicht aus, da zur Zurückübertragung von Sicherungseigentum und Sicherungsforderungen auf den Sicherungsgeber dessen Mitwirkung erforderlich ist (*Gottwald/Gottwald* InsRHdb § 42 Rn 69). Der Insolvenzverwalter ist gem § 80 berechtigt, eine Rückübereignungserklärung (§ 930 BGB) und eine Rückabtretung (§ 398 BGB) konkludent anzunehmen (*Gottwald/Gottwald* InsRHdb § 42 Rn 65).

17 **2. Der Verzichtswille.** Für den wirksamen Verzicht auf das Absonderungsrecht ist erforderlich, dass sich der Absonderungsberechtigte der Rechtswirkungen seines Verzichts bewusst ist. Allerdings braucht der Verzichtswille nicht iSv § 190 nachgewiesen zu werden. Kein Verzichtswille ist gegeben, wenn der Absonderungsberechtigte sich seines Absonderungsrechts nicht bewusst war (**RG Recht 1914 Nr 2009**). Der Verzicht ist im Übrigen **unwiderruflich** und gilt über die Beendigung des Verfahrens hinaus (*Kilger/K. Schmidt* § 64 KO Anm 5; MüKo-*Ganter* § 52 Rn 41 u vor §§ 49–52 Rn 121; FK-*Joneleit/Imberger* § 52 Rn 4; *Jaeger/Henckel* § 52 Rn 31).

V. Nachweis des Ausfalls bei Verteilungen

18 Verzichtet der Gläubiger nicht auf das Absonderungsrecht erhält der Absonderungsberechtigte auf seine Forderung im Rahmen der Verteilung nur dann eine Quotenzahlung, wenn er bis zum Ablauf einer Ausschlussfrist den **Ausfall nachweist** (§ 190 Abs 1). Eines Nachweises bedarf es aber nur, wenn der Gläubiger selbst zur Verwertung des ihm haftenden Gegenstands berechtigt ist (§ 190 Abs 3). Der Nachweis ist innerhalb der Frist des § 189 Abs 1 zu führen. Wird der Nachweis nicht rechtzeitig geführt, wird gem §§ 189 Abs 3, 190 Abs 2 S 3 der zurückbehaltene Anteil für die Schlussverteilung an die übrigen Gläubiger frei. Wird er rechtzeitig geführt, kommt es darauf an, ob es sich um eine **bestrittene Forderung** handelt oder ob die Forderung zur Tabelle festgestellt worden ist. Solange der Rechtsstreit um eine bestrittene Forderung nicht erledigt ist, wird der auf die geltend gemachte Forderung entfallende Anteil bei der Verteilung zurückbehalten (§ 189 Abs 2). Gleiches gilt, wenn der Ausfall bis zur Verteilung nicht zu ermitteln ist (FK-*Joneleit/Imberger* § 52 Rn 5). Steht dagegen das **Verwertungsrecht ausnahmsweise dem Gläubiger zu** (§ 173), so wird der Absonderungsberechtigte bei der Quotenausschüttung nur berücksichtigt, wenn er gegenüber dem Insolvenzverwalter den Nachweis erbringt, dass er die Verwertung des Sicherungsgegenstandes betreibt, und wenn er den Betrag des mutmaßlichen Ausfalls glaubhaft macht (§§ 190 Abs 2 S 1 InsO, 294 ZPO). Das gilt auch, wenn der Absonderungsberechtigte im Rahmen der Verwertung den Sicherungsgegenstand nach § 168 Abs 3 S 1 selbst erwirbt (K/P/B/*Prütting* § 52 Rn 9). Der **Nachweis des Ausfalls** kann idR nur durch die reale Verwertung oder durch einen erfolglosen Verwertungsversuch geführt werden (*Gottwald/Gottwald* InsRHdb § 42 Rn 72; *Kilger/K. Schmidt* § 64 KO Anm 4, 6). Scheitert die Verwertung, hat der Gläubiger die Gründe nachzuweisen, an denen die Verwertung gescheitert ist (K/P/B/*Prütting* § 52 Rn 9). Der bloße Nachweis des Verkehrswerts des Sicherungsgegenstandes reicht nicht aus, selbst wenn er durch ein Sachverständigengutachten geführt wird (vgl *Gottwald/Gottwald* InsRHdb § 42 Rn 72). Einem Ausfall kommt es jedoch gleich, wenn der mit dem Absonderungsrecht belastete Gegenstand untergegangen ist. Der Gläubiger muss sich den **Vorteil eines günstigen Selbsterwerbs** nicht anrechnen lassen (K/P/B/*Prütting* § 52

Rn 9; FK-*Joneleit/Imberger* § 52 Rn 3; *Gottwald/Gottwald* InsRHdb § 42 Rn 73; *Jaeger/Henckel* § 52 Rn 17; Ausnahme: § 114a ZVG). Vorstehende Grundsätze für die Verwertung des Sicherungsguts durch den absonderungsberechtigten Gläubiger gelten auch, wenn der Insolvenzverwalter auf sein Verwertungsrecht nach § 166 verzichtet. Solchenfalls hat er mit der Schlussverteilung so lange zu warten, dass dem Gläubiger die Möglichkeit zur Selbstverwertung in angemessener Frist gegeben wird und der Nachweis des Ausfalls innerhalb der Fristen der §§ 189 Abs 1, 190 Abs 2 S 3 geführt werden kann (HK-*Depré* § 190 Rn 6).

Für den Regelfall der **Verwertung des Absonderungsrechts durch den Verwalter** selbst (§ 166) ist der **Nachweis des Ausfalls** nicht erforderlich (§ 190 Abs 3 S 1). Steht das Verwertungsrecht dem Verwalter nach § 166 zu, hat er vor der Schlussverteilung (§ 196 Abs 1) für eine rechtzeitige Verwertung des Gegenstandes zu sorgen, damit der Ausfall des Absonderungsberechtigten feststeht und dieser mit der Restforderung in Höhe des Ausfalls an der Quotenzahlung teilnimmt (HK-*Depré* § 190 Rn 4). 18a

Auch bei einer **Abschlagsverteilung** kommt es darauf an, wer zur Verwertung berechtigt ist. Steht das Verwertungsrecht dem Insolvenzverwalter nach § 166 zu, hat er den voraussichtlichen Ausfall des Gläubigers zu schätzen und den auf die Forderung entfallenden Quotenbetrag zurückzuhalten (§ 190 Abs 3 S 2). 18b

VI. Verwirkung

Das Recht auf abgesonderte Befriedigung kann im Einzelfall durch den Gläubiger verwirkt werden (FK-*Joneleit/Imberger* § 52 Rn 7; K/P/B/*Prütting* § 52 Rn 10; MüKo-*Ganter* vor §§ 49–52 Rn 128). Anders als der Verzicht ist die Verwirkung vom Willen des Absonderungsberechtigten unabhängig (vgl auch OLG München v 26. 2. 1959, NJW 1959, 1542). 19

§ 53 Massegläubiger

Aus der Insolvenzmasse sind die Kosten des Insolvenzverfahrens und die sonstigen Masseverbindlichkeiten vorweg zu berichtigen.

I. Allgemeines

Gegenüber den zuvor geltenden §§ 58, 59 KO und 13 GesO werden die **Massekosten** (jetzt: Verfahrenskosten; siehe aber § 54 Rn 1) **und** sonstigen **Masseverbindlichkeiten** in den §§ 54, 55 **neu definiert.** Hinzu tritt für die Nachlassinsolvenz die Sonderregelung in § 324. Masseverbindlichkeiten eigener Art sind auch die Ansprüche aus einem Sozialplan (§ 123 Abs 2 S 1). Die vorgenannten Vorschriften regeln die Masseansprüche erschöpfend. Der Insolvenzverwalter darf Masseschulden nur begründen, wenn sie aus der Masse befriedigt werden können; andernfalls hat er ihre Begründung zu unterlassen (§ 61). Das gilt aber nur für „**gewillkürte**" Masseschulden, nicht dagegen für „**oktroyierte**" Masseschulden, die ohne Zutun des Insolvenzverwalters entstehen, wie zB Arbeitnehmeransprüche innerhalb der einzuhaltenden Kündigungsfristen. 1

Eine Schuld, die in der **Insolvenz der Gesellschaft** (GbR, OHG oder KG) als Masseschuld zu befriedigen ist, ist nicht ohne weiteres auch Masseschuld in der **Insolvenz der Gesellschafter**; denn Masseschulden entstehen nur durch Maßnahmen des Insolvenzverwalters, und dieser kann nur die von ihm verwaltete Insolvenzmasse verpflichten. Jede Masseschuld ist für jedes Insolvenzverfahren selbständig und unabhängig von einem anderen Verfahren zu bewerten und festzustellen (HaKo-*Jarchow* § 53 Rn 7; *Hess* § 53 Rn 4; N/R/*Andres* § 53 Rn 9; MüKo-*Hefermehl* § 53 Rn 44; **aA** zur KO: BAG 26. 8. 81 – 5 AZR 398/79, ZIP 1982, 209; **BAG** 24. 8. 93 – 9 AZR 498/91, ZIP 1993, 1558). Die **Eigenschaft als Masseschuld** ist mithin **nicht allein anspruchsbezogen, sondern auch verfahrensbezogen** (HK/*Eickmann* § 53 Rn 4). Das bedeutet beispielsweise für Arbeitnehmeransprüche, dass im Insolvenzverfahren der GmbH & Co KG geprüft werden muss, ob die KG oder die Komplementär-GmbH als Arbeitgeber anzusehen ist. Ergibt die Auslegung, dass die KG als Arbeitgeberin anzusehen ist, sind die Arbeitnehmerforderungen nur im Insolvenzverfahren über das *Vermögen der KG* Masseverbindlichkeiten und im Insolvenzverfahren über das *Vermögen der Komplementär-GmbH* nur einfache Insolvenzforderungen, da die Komplementärin lediglich als Haftende für die Verbindlichkeiten der KG einstehen muss (*Hess* § 53 Rn 4). Die strenge **Trennung der jeweils selbständigen Insolvenzverfahren** über das Vermögen der Gesellschaft und dasjenige des Gesellschafters **verbietet** es, den **Masseschuldcharakter** von Forderungen in der Insolvenz der Gesellschaft auf die Gesellschafterinsolvenz „**durchschlagen**" zu lassen (SG Bremen 18. 7. 80 – S 7 Kr 57/79, ZIP 1980, 630). Gleiches gilt für die Nachlassinsolvenz bei gleichzeitiger Erbeninsolvenz (K/U § 57 KO Rn 1 c). 2

II. Vorwegbefriedigung

Masseansprüche sind „**vorweg**", also vor den Insolvenzgläubigern (§ 38) zu berichtigen. **Nur die Aus- und die Absonderungsberechtigten** sowie die zur Aufrechnung befugten Gläubiger **gehen** ihnen 3 vor (*Hess* § 53 Rn 11; K/P/B/*Pape* § 53 Rn 11). Die Geltendmachung der Masseansprüche und ihre Berichtigung vollzieht sich außerhalb des Insolvenzverfahrens und unabhängig von dem Gang der Verteilung. Sie werden weder zur Insolvenztabelle angemeldet noch im gerichtlichen Prüfungsverfahren geprüft, sondern außerhalb des Insolvenzverfahrens reguliert (BGH 11. 7. 96 – IX ZR 304/95, NJW 1996, 3008 mwN). Der Massegläubiger macht seine Masseforderung, die nicht schon (wie die Verfahrenskosten) von Amts wegen berücksichtigt werden kann, formlos gegenüber dem Insolvenzverwalter geltend, der den Anspruch auf seine tatsächliche und rechtliche Berechtigung prüft. Während der Konkursverwalter nach § 133 Nr 2 KO vor der Anerkennung einer Masseschuld die Genehmigung des Gläubigerausschusses einholen musste, ist eine vergleichbare Regelung in § 160 nicht mehr enthalten. Ein schuldhafter Irrtum, auch Rechtsirrtum, macht den Insolvenzverwalter jedoch schadenersatzpflichtig (s u § 60 Rn 14).

4   Die Vorwegbefriedigung ist gem § 25 Abs 2 im Falle der Aufhebung von Sicherungsmaßnahmen auch von einen vorläufigen Insolvenzverwalter vorzunehmen, auf den die Verfügungsbefugnis übergegangen war (BGH 26. 10. 06 – IX ZB 163/05, NZI 2007, 99 Rn 13).

5   Masseforderungen und Insolvenzforderungen ändern ihre Rechtsnatur nicht, selbst wenn sie im Verfahren falsch behandelt werden. Hat der Insolvenzverwalter eine **Insolvenzforderung irrtümlich als Masseschuld** angesehen und vorweg **berichtigt**, so ist die Überzahlung als ungerechtfertigte Bereicherung zurück zu gewähren (BAG 31. 1. 79 – 5 AZR 749/77, NJW 1980, 141 sub II 6; OLG Brandenburg 6. 12. 01 – 12 U 59/01, NZI 2002, 107; K/P/B/*Pape* § 53 Rn 16; aA LG Stuttgart 25. 1. 85 – 9 O 286/84, ZIP 1985, 1518). Anderseits liegt in der **Anmeldung** einer Forderung **als Insolvenzforderung kein Verzicht auf die Rechte aus § 53**; ebenso wenig hat die Eintragung und Feststellung in der Insolvenztabelle den Verlust des Masseanspruchs zur Folge, und zwar auch dann nicht, wenn auf Bestreiten der angemeldeten Forderung ein entsprechendes Feststellungsurteil ergeht (BGH 13. 6. 06 – IX ZR 15/04, NZI 2006, 520 Rn 15, 17; BAG 25. 3. 03 – 9 AZR 174/02, NZI 2004, 102 sub A I; N/R/*Andres* § 53 Rn 2). Wird der Anspruch anschließend als Masseforderung klageweise geltend gemacht, so kann der Insolvenzverwalter trotz des rechtskräftigen Feststellungsurteils Grund und Höhe des Anspruchs bestreiten (BGH 13. 6. 06 aaO Rn 26). Der Insolvenzverwalter ist verpflichtet, den Gläubiger einer fälschlich als Insolvenzforderung angemeldeten Forderung darauf hinzuweisen, dass er nicht Insolvenzgläubiger, sondern Massegläubiger ist und demgemäß die Befriedigung gem § 53 vorweg außerhalb des Verfahrens zu suchen hat (OLG München 30. 4. 81 – 1 U 4248/80, ZIP 1981, 887).

6   Massegläubiger sind auch an **keine Aufrechnungsbeschränkungen der §§ 95, 96** gebunden, wie sich aus der systematischen Stellung des § 94 ff ergibt (s u § 94 Rn 71). Lediglich **nach Anzeige der Masseunzulänglichkeit** gem § 208 gelten die §§ 94–96 entsprechend mit der Maßgabe, dass an die Stelle des Zeitpunkts der Verfahrenseröffnung der der Anzeige des Verwalters tritt (s u § 94 Rn 72 f; BGH 19. 7. 01 – IX ZR 36/99, ZIP 2001, 1641, 1643).

III. Geltendmachung

7   Erfüllt der Insolvenzverwalter einen Masseanspruch nicht, so kann der Gläubiger seine Forderung außerhalb des Anwendungsbereichs der §§ 207–211 mit einer Leistungs- oder Feststellungsklage gegen die Masse geltend machen und unter Beachtung des zeitlich beschränkten Vollstreckungsverbots des § 90 Abs 1 auch in die Masse vollstrecken (K/P/B/*Pape* § 53 Rn 24). Ein zur Zeit der Verfahrenseröffnung anhängiger **Rechtsstreit** über eine Masseschuld **wird** durch die Insolvenzeröffnung **unterbrochen** (§ 240 S 1 ZPO). Die Unterbrechungswirkung tritt mit dem Übergang der Verwaltungs- und Verfügungsbefugnis auf den vorläufigen Insolvenzverwalter in Insolvenzeröffnungsverfahren ein (§ 240 S 2 ZPO), jedoch nicht, wenn nur ein allgemeiner Zustimmungsvorbehalt iSd § 21 Abs 2 Nr 2. Alt angeordnet wurde (BGH 21. 6. 99 – II ZR 70/98, NZI 1999, 363). Der eine Masseschuld betreffende Rechtsstreit **kann** gem § 86 Abs 1 Nr 3 **sowohl vom Insolvenzverwalter als auch vom Gegner aufgenommen** werden. Gleiches gilt im Eröffnungsverfahren (§ 24 Abs 2). War ursprünglich eine Insolvenzforderung eingeklagt, macht dann aber der Kläger geltend, dass es sich um eine Masseschuld handelt, so liegt darin wegen des gleichen zugrundliegenden Vertragsverhältnisses keine unzulässige Klageänderung, sondern nur eine Erweiterung des Klageantrags iSd § 264 Nr 2 ZPO (MüKo-*Hefermehl* § 53 Rn 54).

8   Die **Zwangsvollstreckung** aus einem bei zulänglicher Masse erwirkten Titel **wird unzulässig, sobald** der Insolvenzverwalter die **Masseunzulänglichkeit** iSd § 208 Abs 1 gegenüber dem Insolvenzgericht **angezeigt** hat (§ 210). Versucht ein Altgläubiger iSd § 209 Abs 1 Nr 3 entgegen § 210 seinen Anspruch im Wege der Zwangsvollstreckung durchzusetzen, kann der Verwalter der Vollstreckung mit der Vollstreckungsgegenklage nach § 767 ZPO bzw der Erzwingung der Eidesstattlichen Versicherung mit der Erinnerung nach § 766 ZPO entgegentreten. Da die Zwangsvollstreckung selbst schlechthin unzulässig geworden ist, entfällt im letztgenannten Fall zumindest das Rechtsschutzbedürfnis für den Antrag (K/P/B/*Pape* § 53 Rn 26). Damit bleibt praktisch nur die eidesstattliche Versicherung nach § 883 ZPO übrig, wenn es um die Vollstreckung eines Herausgabeanspruchs geht. Soweit der Insolvenzverwalter unter den Voraussetzungen der §§ 807, 883 ZPO verpflichtet ist, eine **eidesstattliche Versicherung** in Bezug auf die Gegenstände der Insolvenzmasse abzugeben (LG Bremen 24. 4. 84 – 3 T 79/84, ZIP

I. Allgemeines **§ 54**

1984, 1259), wird sein Name im Schuldnerverzeichnis nicht aufgenommen, sondern nur der Vermerk: „Der Insolvenzverwalter über das Vermögen der Insolvenzmasse XY" (HaKo-*Jarchow* § 53 Rn 19).

Die Gläubiger titulierter Ansprüche aus **oktroyierten Masseverbindlichkeiten**, die nach Insolvenzeröffnung aus fortbestehenden Dauerschuldverhältnissen entstehen (§ 108 Abs 1 und 2), können die Zwangsvollstreckung nur unter Beachtung der sechsmonatigen Vollstreckungssperre des § **90 Abs 1** betreiben. 9

IV. Haftungsschuldner

Schuldner der Massegläubiger ist der **Rechtsträger** der Insolvenzmasse, also der Insolvenzschuldner, da die Masse kein selbständiges Rechtssubjekt ist (**BGH** 30. 10. 67 – VIII ZR 176/65, NJW 1968, 300 sub II 1 a). Dies gilt auch für die durch Handlungen des Insolvenzverwalters begründeten Masseschulden (HaKo-*Jarchow* § 53 Rn 24, 27; K/P/B/*Pape* § 53 Rn 32; HK/*Eickmann* § 53 Rn 8). Hinsichtlich der Frage, inwieweit der Schuldner auch persönlich mit seinem freien Vermögen gegenüber den Massegläubigern haftet, ist zu differenzieren: Für Masseverbindlichkeiten, die erst **während des Verfahrens** vom Insolvenzverwalter neu begründet werden, haftet der Insolvenzschuldner nur beschränkt auf das insolvenzbefangene Vermögen. Denn der Insolvenzverwalter kann den Insolvenzschuldner nicht über die dem Insolvenzbeschlag unterliegende Insolvenzmasse hinaus verpflichten (MüKo-*Hefermehl* § 53 Rn 31). Soweit der Rechtsgrund für die spätere Masseschuld bereits vor Verfahrenseröffnung vom Schuldner selbst gesetzt worden war (§ 108 Abs 1 und 2), kommt zwar grundsätzlich ein Zugriff auf das insolvenzfreie Vermögen in Betracht (Umkehrschluss aus § 89 Abs 2 S 1). Aufgrund der weiten Regelung in § 35 Abs 1, die auch den Neuerwerb erfasst, ist faktisch kein freies pfändbares Vermögen vorhanden, es sei denn, der Verwalter gibt Gegenstände frei. 10

Davon zu unterscheiden ist der Fall, dass nicht sämtliche Masseforderungen während des Insolvenzverfahrens erfüllt werden können (§§ 207 Abs 1 S 1, 211 Abs 1). Im Rahmen der **Nachhaftung** nach Beendigung des Insolvenzverfahrens haftet der Schuldner zwar auch für solche Masseverbindlichkeiten, die während des Insolvenzverfahrens vom Verwalter begründet worden sind, allerdings **beschränkt auf die Restmasse**, die massezugehörig war und ihm nach Verfahrensbeendigung zur freien Verwaltung und Verfügung überlassen worden ist (MüKo-*Hefermehl* § 53 Rn 33 f; HK/*Eickmann* § 53 Rn 12). Die hiergegen von *Runkel/Schnurbusch* (NZI 2000, 56) erhobenen Bedenken greifen nicht durch, da die zurückgegebene Masse ohne weiteres identifizierbar und deshalb unterscheidbar ist. Eine unbeschränkte Haftung mit seinem gesamten Vermögen besteht – weiterhin – nur für Verbindlichkeiten, die schon vor Eröffnung vom Schuldner begründet worden waren, also aus gegenseitigen Verträgen, deren Erfüllung oder Ablehnung der Verwalter gem § 103 gewählt hat (**aA** Jaeger/*Henckel* § 53 Rn 17), sowie aus Dauerschuldverhältnissen bis zum erstmöglichen Beendigungstermin; für die Zeit nach dem ersten Kündigungstermin wandelt sich die uneingeschränkte Haftung für Verbindlichkeiten aus Dauerschuldverhältnissen in eine auf die zurückerlangte Masse um (MüKo-*Hefermehl* § 53 Rn 34; HaKo-*Jarchow* § 53 Rn 27; NR/*Andres* § 53 Rn 6). Die Haftungsbeschränkung kann der Schuldner im Wege der Drittwiderspruchsklage nach § 771 ZPO geltend machen. 11

Ein zur Zeit der Einstellung des Insolvenzverfahrens über eine Masseschuld vom Insolvenzverwalter geführter **Rechtsstreit wird wegen** der **Verfahrensbeendigung** in entsprechender Anwendung der Regelungen der §§ 239, 242 ZPO bis zu seiner Aufnahme durch den Schuldner oder den Prozessgegner **unterbrochen** (**LAG** Hamm 29. 8. 96 – 4 Sa 208/96, KTS 1997, 318). Die Beendigung des Insolvenzverfahrens führt zur Auswechslung der Prozesspartei. Der Kläger muss seine Klage auf die Schuldnerin als die nunmehr richtige Beklagte umstellen. Ist die Schuldnerin im Handelsregister gelöscht, ist es nicht Sache des Gerichts, von Amts wegen nachzuforschen, wer die vertretungsberechtigten Liquidatoren sind und unter welcher Anschrift Ladungen erfolgen können. Ist der Insolvenzverwalter, obwohl er sich auf Masseunzulänglichkeit berufen hat, vom Gericht zur Zahlung verurteilt worden und hat er vor Verfahrensbeendigung gegen das Urteil Berufung eingelegt, besteht für den Kläger eine Aufnahmepflicht mit der Folge, dass die Klage im Falle der Nichtaufnahme gegen die Schuldnerin und Fortführung des Rechtsstreits gegen den (vormaligen) Insolvenzverwalter unzulässig wird (**LAG** Hamm 29. 8. 96 – 4 Sa 208/96, aaO). 12

§ 54 Kosten des Insolvenzverfahrens

Kosten des Insolvenzverfahrens sind:
1. die Gerichtskosten für das Insolvenzverfahren;
2. die Vergütungen und die Auslagen des vorläufigen Insolvenzverwalters, des Insolvenzverwalters und der Mitglieder des Gläubigerausschusses.

I. Allgemeines

Von den in § 53 angesprochenen beiden Gruppen der Masseverbindlichkeiten regelt die Vorschrift die Kosten des Insolvenzverfahrens. Zwar ist der Gesetzesaufbau der Insolvenzordnung (Massegläubi- 1 ger – Kosten des Insolvenzverfahrens – sonstige Masseverbindlichkeiten) und der der Konkursordnung (Vorwegbefriedigung – Massekosten – Masseschulden) gleich, dennoch sind die **Kosten des Insolvenzverfahrens in § 54 mit den Massekosten des § 58 KO nicht gleichzusetzen** (K/P/B/*Pape* § 54 Rn 1). Die Vorschrift des § 54 entspricht in ihrer Nr 1 den Regelungen des § 58 Nr 1 KO. In ihrer Nr 2 erfasst sie jedoch nur noch einen kleinen Ausschnitt aus den früheren Massekosten, weil der ehemals große Bereich der „Ausgaben für die Verwaltung, Verwertung und Verteilung der Masse" (§ 58 Nr 2 KO) auf die Vergütung und die Auslagen des vorläufigen und endgültigen Insolvenzverwalters und der Mitglieder des Gläubigerausschusses reduziert worden ist. Die gesetzliche Neuregelung entspricht damit im Wesentlichen der Vorschrift des § 13 Abs 1 Nr 2 GesO. Die in § 54 erwähnten **Verfahrenskosten** sind **im Falle einer Masseunzulänglichkeit** mit **Vorrang** zu befriedigen (§ 209 Abs 1 Nr 1). Es wird bei den Kosten des Insolvenzverfahrens nicht zwischen Alt- und Neumasseverbindlichkeiten differenziert; diese sind vielmehr sämtlich vorab aus der Masse zu befriedigen, ohne dass die Betroffenen (Justizfiskus, Verwalter, Mitglieder des Gläubigerausschusses) Abstriche bei dem Ausgleich ihrer Ansprüche hinnehmen müssten. Die vormals von § 58 Nr 2 KO bzw § 13 Abs 1 Nr 1 GesO erfassten Ausgaben für die Verwaltung, Verwertung und Verteilung der Masse, zu denen namentlich auch die Steuerforderungen und die auf Massegrundstücken anfallenden Altlasten gezählt wurden, fallen heute unter § 55 Abs 1 Nr 1. Eine Regelung entsprechend § 58 Nr 3 KO zur Unterstützung des Schuldners und seiner Familie enthält die Insolvenzordnung nunmehr in § 100. Die „**Kosten des Insolvenzverfahrens**" reduzieren sich damit **auf den Kernbereich der** gerichtlichen und außergerichtlichen **Kosten**.

II. Gerichtskosten für das Insolvenzverfahren (Nr 1)

2 Unter Verfahrenskosten iSd § 54 Nr 1 sind **alle Gerichtsgebühren und Auslagen des Insolvenzverfahrens** zu verstehen, die gemäß §§ 35 bis 38, 11 GKG und dem GKG-Kostenverzeichnis vom Schuldner in seiner Eigenschaft als Träger der Insolvenzmasse zu tragen sind, nicht aber diejenigen Kosten, die den Schuldner oder andere Verfahrensbeteiligte persönlich treffen (HaKo-*Jarchow* § 54 Rn 10). Zu zahlen sind die Kosten ausschließlich aus der Insolvenzmasse und nicht vom Insolvenzverwalter persönlich, es sei denn, dieser hat pflichtwidrig die Gebührenansprüche der Gerichtskasse nicht erfüllt und haftet hierfür (K/P/B/*Pape* § 54 Rn 7).

3 **1. Kosten nach dem Kostenverzeichnis.** Die Kosten des Insolvenzverfahrens im Einzelnen sind in der Anlage 1 zum GKG, dem sog Kostenverzeichnis (KV), geregelt. Dieses erfasst folgende Gebührentatbestände:

4 a) **Gebühren für den Eröffnungsantrag.** Für den Antrag auf Eröffnung des Verfahrens wird eine halbe Gebühr erhoben, gleich ob der Eröffnungsantrag vom Schuldner (Nr 2310 KV) oder von einem Gläubiger (Nr 2311 KV) gestellt wird. Die Gebühren für den Eröffnungsantrag und die Durchführung des Insolvenzverfahrens werden gemäß § 58 Abs 1 GKG nach dem Wert der Insolvenzmasse zur Zeit der Verfahrensbeendigung berechnet, wobei Gegenstände, auf denen Absonderungsrechte lasten, nur insoweit berücksichtigt werden, als ein Erlös für die Insolvenzmasse verbleibt (K/P/B/*Pape* § 54 Rn 12). Die Gebühr für den Insolvenzantrag eines Gläubigers richtet sich gemäß § 58 Abs 2 GKG nach dem Nennbetrag der Forderung des Gläubigers, es sei denn, der Wert der Insolvenzmasse ist geringer.

5 Werden **mehrere Eröffnungsanträge** (von verschiedenen Gläubigern und/oder dem Schuldner) gestellt, so löst jeder Antrag für sich die Eröffnungsgebühr nach Nr 2310 bzw 2311 KV aus (BerlKo-*Goetsch* § 54 Rn 13; *Ernestus* in: Mohrbutter/Ringstmeier § 34 Rn 239), wobei die Wertberechnung gesondert für jeden Antrag gem § 58 Abs 2 GKG erfolgt. Im Falle der Eröffnung des Insolvenzverfahrens kann allein der antragstellende Gläubiger die von ihm bezahlte Eröffnungsgebühr als Masseforderung nach § 54 Nr 1 geltend machen, auf dessen Antrag hin die Verfahrenseröffnung erfolgte (MüKo-*Hefermehl* § 54 Rn 12; Jaeger/*Henckel* § 54 Rn 9; K/P/B/*Pape* § 54 Rn 9; N/R/*Andres* § 54 Rn 3). Mit weitergehenden Erstattungsansprüchen darf die Insolvenzmasse nicht belastet werden, da die Kosten des Insolvenzverfahrens nach Nr 2330 KV auf 3,0 Gebühren begrenzt sind. Die übrigen Gläubiger können ihren Rückgriffsanspruch wegen der Kostenbelastung aus der Antragstellung nur als Insolvenzforderung im eröffneten Verfahren geltend machen. Falls nach Verfahrenseröffnung die Eröffnungsgebühr nicht oder nur teilweise aus der Masse befriedigt wird (§ 207), haften die antragstellenden Gläubiger gegenüber der Gerichtskasse für den Ausfall als Zweitschuldner nach §§ 23 Abs 1 S 1, 31 Abs 2 GKG.

6 Wird der **Eröffnungsantrag eines Gläubigers** als unzulässig oder unbegründet **abgewiesen oder zurückgenommen**, so hat er nach § 23 Abs 1 S 2 GKG die Kosten gegenüber der Staatskasse zu tragen. Hierzu zählen auch die Auslagen des Gerichts für einen nach § 22 Abs 1 S 2 Nr 3 bestellten Gutachter oder Schlussrechnungsprüfer bezüglich der Buchhaltung des vorläufigen Insolvenzverwalters (MüKo-*Hefermehl* § 54 Rn 13), nicht jedoch die Vergütung eines nach § 21 Abs 2 Nr 1 vom Gericht eingesetzten vorläufigen Insolvenzverwalters (BGH 26. 1. 06 – IX ZB 231/04, NZI 2006, 239). Die Vergütung und Auslagen des vorläufigen Insolvenzverwalters wurden ausdrücklich nicht in das Kostenverzeichnis (Teil 9) aufgenommen mit der Folge, dass sie nicht zu den nach § 23 Abs 1 S 2 GKG erstattungsfähigen

II. Gerichtskosten für das Insolvenzverfahren (Nr 1) § 54

Auslagen zählen und deshalb der antragstellende Gläubiger gegenüber der Staatskasse hierfür auch nicht haftet, selbst wenn ihm die Kosten des Insolvenzverfahrens auferlegt worden sind. Für die Auslagen nach Nr 9018 KV (Kosten des vorläufigen Insolvenzverwalters in Stundungsverfahren) haftet gem § 23 Abs 1 S 3 GKG allein der Schuldner des Insolvenzverfahrens und nicht der Gläubiger. Soweit der Insolvenzantrag **mangels Masse abgewiesen** und die Kosten dem Schuldner auferlegt wurden (LG Koblenz 23. 10. 00 – 2 T 532/00, NZI 2001, 44; MüKo-*Hefermehl* § 54 Rn 15 a), richtet sich die Reihenfolge der Inanspruchnahme der Gesamtschuldner nach § 31 Abs 2 GKG: Der Entscheidungsschuldner nach § 29 Nr 1 GKG (Insolvenzschuldner) haftet vorrangig vor dem gesetzlichen Kostenschuldner nach § 23 Abs 1 GKG (Gläubiger).

Eine Zweitschuldnerhaftung des antragstellenden Gläubigers für gerichtliche Auslagen besteht hingegen nicht (auch nicht für die Kosten eines Gutachters), wenn bei einer **Erledigungserklärung** gem § 91a ZPO dem Schuldner die Kosten des Verfahrens auferlegt wurden. Denn § 23 Abs 1 S 2 GKG beschränkt die Auslagenerstattung ausdrücklich auf die beiden Fälle der Abweisung oder Rücknahme des Insolvenzeröffnungsantrags (**OLG** Koblenz 13. 2. 07 – 14 W 106/07, NZI 2007, 743; **OLG** Düsseldorf 29. 8. 06 – 10 W 57/06, NZI 2006, 708; **OLG** Köln 11. 10. 05 – 17 W 91/05, NZI 2005, 683). 7

Wird der **Eröffnungsantrag des Schuldners abgewiesen** oder **zurückgenommen**, so hat er als Antragsteller nach § 23 Abs 1 S 1 GKG die Eröffnungsgebühr der Nr 2310 KV zu tragen; sie kann gegenüber dem Schuldner persönlich festgesetzt werden. 8

b) Gebühren bei Durchführung des Verfahrens. Für die Durchführung des Insolvenzverfahrens auf **Antrag eines Gläubigers** werden drei Gebühren erhoben (Nr 2330 KV). Die vom Gläubiger für seinen Insolvenzantrag zu entrichtende halbe Gebühr, die mindestens 150,00 € beträgt, wird nicht auf die Gebühr für die Durchführung des Insolvenzverfahrens angerechnet. Die Gebühr für die Durchführung des Insolvenzverfahrens auf **Antrag des Schuldners** beträgt dagegen nur zweieinhalb Gebühren, auch wenn das Verfahren gleichzeitig mit einem Antrag eines Gläubigers eröffnet wurde (Nr 2320 KV). Das bedeutet im Ergebnis, dass die vom Schuldner bei Antragstellung einzuzahlende halbe Gebühr auf die Gebühren für die Durchführung des Verfahrens mittelbar angerechnet wird, weil die Durchführungsgebühr um eine halbe Gebühr niedriger ist als bei Durchführung des Verfahrens auf Antrag eines Gläubigers. Die Gebühr deckt die gesamte weitere Tätigkeit des Gerichts bis zur Beendigung des Verfahrens ab und wird mit Eröffnung des Verfahrens fällig (§ 6 Abs 1 Nr 2 GKG). Maßgebend für die Berechnung der Höhe ist der Wert der Insolvenzmasse zum Zeitpunkt der Beendigung des Verfahrens (§ 58 Abs 1 GKG), so dass vor Abschluss des Verfahrens hierüber endgültig abzurechnen ist. Kostenschuldner ist die Insolvenzmasse (§ 23 Abs 3 GKG). 9

Die Gebühr für die Durchführung des Verfahrens **entfällt**, wenn der Eröffnungsbeschluss auf Beschwerde hin aufgehoben wird (Nrn 2320, 2330 KV). Erfolgt vor Beendigung des Prüfungstermins eine Verfahrenseinstellung mangels Masse (§ 207), nach Anzeige der Masseunzulänglichkeit (§ 211), wegen Wegfall des Eröffnungsgrundes (§ 212) oder mit Zustimmung der Gläubiger (§ 213), so **ermäßigt sich** die Gebühr für die Durchführung des Verfahrens beim Schuldnerantrag auf eine halbe Gebühr (Nr 2321 KV) und beim Gläubigerantrag auf eine volle Gebühr (Nr 2331 KV). Erfolgt die Einstellung aus den vorgenannten Gründen dagegen erst nach Ende des Prüfungstermins, so ermäßigt sich die Gebühr beim Schuldnerantrag nur auf eineinhalb Gebühren (Nr 2322 KV) und beim Gläubigerantrag auf zwei Gebühren (Nr 2332 KV). 10

Nicht unter § 54 Nr 1 fallen die Kosten für einen **besonderen Prüfungstermin** und für ein schriftliches Prüfungsverfahren. Für die Prüfung von Forderungen werden je Gläubiger 15,00 € erhoben (Nr 2340 KV). Kostenschuldner dieser Gebühr ist aber nicht die Insolvenzmasse, sondern der einzelne Gläubiger (§ 177 Abs 2). Mit der Gebühr sind auch die Kosten der öffentlichen Bekanntmachung des Prüfungstermins (Nr 9004 KV) abgegolten. 11

Keine Gebühren entstehen für die Tätigkeit des Gerichts **im Verfahren über** einen **Insolvenzplan**, über einen Schuldenbereinigungsplan und im Verfahren über die **Restschuldbefreiung**. Die Tätigkeit des Gerichts in diesen Verfahren ist durch die Gebühren für das Insolvenzverfahren abgegolten. Eine Ausnahme besteht für die Kosten der Planüberwachung, die der Schuldner trägt (§ 269 S 1), sofern sie nicht in den Fällen des § 260 Abs 3 von der Übernahmegesellschaft zu tragen ist (§ 269 S 2). 12

Für die Entscheidung über den Antrag auf **Versagung oder Widerruf der Restschuldbefreiung** (§§ 296, 297, 300, 301) wird eine Festgebühr von 30,00 € erhoben (Nr 2350 KV). Kostenschuldner ist jedoch nicht die Insolvenzmasse, sondern der einzelne Insolvenzgläubiger, der die Versagung oder den Widerruf der Restschuldbefreiung beantragt hat (§ 23 Abs 2 GKG), selbst wenn der Antrag erfolgreich war. Der Gläubiger kann bei begründetem Antrag allenfalls vom Schuldner Ersatz verlangen (BT-Drucks 12/3803, S 73). 13

Kommt es zwischen dem Insolvenzverwalter und der Gerichtskasse über den Kostenansatz oder die Frage, ob die angeforderten Kosten überhaupt Verfahrenskosten sind, zum Streit, so ist dieser im Erinnerungsverfahren nach § 66 GKG auszutragen (LG Dortmund 13. 11. 62 – 9 T 409/62, Rpfleger 1963, 311). 14

c) Beschwerdegebühren. Im Verfahren über die sofortige **Beschwerde gegen** die Entscheidung über den Antrag auf **Verfahrenseröffnung** fällt eine volle Gebühr an (Nr 2360 KV), die mit Einlegung der 15

Beschwerde fällig wird (§ 6 GKG). Sie entsteht unabhängig davon, ob sie Erfolg hat oder nicht oder zurückgenommen wird. Ist die Beschwerde **des Schuldners** erfolglos, so hat er persönlich die Kosten des Beschwerdeverfahrens zu tragen. Die Masse darf hiermit nicht belastet werden; es handelt sich nicht um Kosten iSd § 54 Nr 1. Hat der Schuldner gegen die Zurückweisung eines Eigenantrags sofortige Beschwerde eingelegt und kommt es daraufhin zur Verfahrenseröffnung, so war die Beschwerde erfolgreich; die Gerichtskosten des Beschwerdeverfahrens gehören dann zu den Kosten des Insolvenzverfahrens nach § 54 Nr 1. Ebenso fällt die Beschwerdegebühr unter die Kosten des Verfahrens nach § 54 Nr 1, wenn auf Grund einer Beschwerde des antragstellenden **Gläubigers** gegen die Ablehnung des Eröffnungsantrags das Insolvenzverfahren eröffnet wird.

16   Für das Verfahren über **andere**, nicht aufgeführte **Beschwerden**, die nicht nach anderen Vorschriften gebührenfrei sind, wird – soweit die Beschwerde verworfen oder zurückgewiesen wird – eine Festgebühr iHv 50,00 Euro erhoben (Nr 2361 KV). Wird die Beschwerde nur *teilweise* verworfen oder zurückgewiesen, kann das Gericht die Gebühr nach billigem Ermessen auf die Hälfte ermäßigen oder bestimmen, dass eine Gebühr nicht zu erheben ist. Kostenschuldner ist der Beschwerdeführer (§ 29 Nr 1 GKG). Die Beschwerdegebühr gehört nur dann zu den Kosten des Insolvenzverfahrens nach § 54 Nr 1, wenn eine vom Insolvenzverwalter für die Masse eingelegte Beschwerde erfolglos war. Hatte der Insolvenzverwalter in eigener Sache (zB gegen einen Vergütungsbeschluss) Beschwerde einlegt, so muss er persönlich die Kosten des erfolglosen Rechtsmittels tragen. Ebenso hat der Schuldner im Falle des Unterliegens die Kosten des Beschwerdeverfahrens aus seinem insolvenzfreien Vermögen zu bezahlen. War die Beschwerde erfolgreich, fällt keine Gebühr an.

17   Im Verfahren über die Eröffnungsentscheidung richtet sich der **Beschwerdewert** nach § 58 GKG; ggf ist der Wert der Insolvenzmasse zu schätzen. In allen anderen Fällen (Nr 2361 KV) ist das Interesse des Beschwerdeführers maßgeblich.

18   **2. Erstattung eines Verfahrenskostenvorschusses.** Keinen Erstattungsanspruch gegen die Insolvenzmasse hat ein **Dritter**, der dem Schuldner einen Betrag vorschießt, mit dem dieser die Kosten seines Eröffnungsantrags bezahlt; wegen seines Rückzahlungsanspruchs gegen den Schuldner steht dem Dritten nur eine einfache Insolvenzforderung zu (K/P/B/*Pape* § 54 Rn 18). Anders verhält es sich, wenn der Dritte den Vorschuss direkt **an die Gerichtskasse gezahlt** hat (§ 26 Abs 1 S 2); in diesem Fall ist die Auskehrung eines etwaigen Überschusses an die Insolvenzmasse aufgrund der Zweckbindung unzulässig. Vielmehr hat die Gerichtskasse den Überschuss an den Leistenden zu erstatten.

19   Entsprechendes gilt, wenn der Vorschuss nach § 26 Abs 1 S 2 an den Insolvenzverwalter überwiesen wurde. Da der geleistete Vorschuss zweckgebunden und ausschließlich für die Deckung der Verfahrenskosten zu verwenden ist, bildet er keinen Bestandteil der Insolvenzmasse, sondern ist von dem Insolvenzverwalter treuhänderisch als **Sondermasse** zu führen (FK-*Schmerbach* § 26 Rn 26; *Hess* § 26 Rn 35; K/P/B/*Pape* § 54 Rn 22). Sobald die Masse ausreicht, um die Verfahrenskosten zu decken, hat der Vorschussgläubiger einen Anspruch auf Rückzahlung des Vorschusses (**OLG** Frankfurt/M 6. 2. 86 – 3 U 263/84, ZIP 1986, 931, 932). Der Rückzahlungsanspruch gehört zu den Kosten des Verfahrens iSv § 54 Nr 1 und ist nach § 209 Abs 1 Nr 1 mit Vorrang gegenüber den sonstigen Masseverbindlichkeiten zu erfüllen, gegenüber den übrigen Verfahrenskostengläubigern auf Grund seiner Zweckbestimmung aber nachrangig (MüKo-*Hefermehl* § 54 Rn 31; K/P/B/*Pape* § 54 Rn 22; Jaeger/*Schilken* § 26 Rn 61; aA [„vergleichbar einem Aussonderungsanspruch"] HaKo-*Jarchow* § 54 Rn 14).

III. Vergütungen und Auslagen (Nr 2)

20   **1. Insolvenzverwalter.** Der Insolvenzverwalter hat nach § 63 Anspruch auf Vergütung für seine Geschäftsführung und auf Erstattung angemessener Auslagen, die das Insolvenzgericht durch Beschluss festsetzt (§ 64 Abs 1). Ebenfalls unter § 54 Nr 2 fallen die Vergütung und Auslagen des **Sonderinsolvenzverwalters** (**BGH** 29. 5. 08 – IX ZB 303/05, NZI 2008, 485 Rn 11, 22 ff), **Sachwalters** bei Eigenverwaltung (§ 274 Abs 1) sowie **Treuhänders** (§ 313 Abs 1 S 3).

21   Ob und inwieweit der Insolvenzverwalter eine Sondervergütung für solche Tätigkeiten beanspruchen kann, die eine besondere Befähigung oder Sachkunde voraussetzen, regelt § 5 InsVV. Während solche Vergütungen vor Inkrafttreten der InsO dem Massekostenbegriff des § 58 Nr 2 KO bzw des § 13 Abs 1 Nr 1 GesO unterfielen (**BGH** 17. 12. 70 – VII ZR 39/69, NJW 1971, 381), handelt es sich iSv § 54 Nr 2 weder um einen Auslagenersatz noch um einen Vergütungsanspruch, der auf der unmittelbaren Insolvenzverwaltung beruht. Bei Beauftragung eines Anwalts, Steuerberaters oder Wirtschaftsprüfers, der nicht der Sozietät des Insolvenzverwalters angehört, ist der Vergütungsanspruch Masseverbindlichkeit nach § 55 Abs 1 Nr 1. Konsequenterweise sind daher auch **Sondervergütungsansprüche** des Insolvenzverwalters **nach § 5 InsVV** nicht als Verfahrenskosten iSd § 54 Nr 2, sondern als **Masseverbindlichkeiten** nach § 55 Abs 1 Nr 1 anzusehen (HK/*Eickmann* § 54 Rn 3; K/P/B/*Pape* § 54 Rn 43; aA *Hess* § 54 Rn 19; N/R/*Andres* § 54 Rn 14), was bei Masseinsuffizienz dazu führt, dass sie im Rahmen der Verteilung nach § 207 Abs 3 nicht zu berücksichtigen sind und bei einer Verteilung nach § 209 Abs 1 – je nach Entstehungszeitpunkt – nur im Rang der Nrn 2 oder 3 befriedigt werden.

Eine Ausnahme hat die Rechtsprechung für die Erstattungsfähigkeit von **Steuerberaterkosten** zugelassen und diese **in masselosen Insolvenzverfahren mit Kostenstundung** als Auslagen iSv § 54 Nr 2 anerkannt, sofern dessen Beauftragung erforderlich ist und zur Erfüllung hoheitlich auferlegter Pflichten erfolgt, die der Insolvenzverwalter nicht mit ihm zumutbaren Mitteln abwehren kann (**BGH** 22. 7. 04 – IX ZB 161/03, NZI 2004, 577 m Anm *Graeber* DZWiR 2004, 471; ebenso **AG** Dresden 6. 7. 06 – 551 IN 1042/05, ZIP 2006, 1686 für Lohnbuchhaltungskosten). Da der Verwalter nicht berechtigt sei, die Erledigung der Pflichten aus § 34 Abs 3 AO mit der Begründung zu verweigern, in der Masse seien die Mittel für die Beauftragung eines Steuerberaters nicht vorhanden (**BFH** 19. 11. 07 – VII B 104/07, **BFH/NV** 2008, 334 Rn 7; **BFH** 23. 8. 94 – VII R 143/92, ZIP 1994, 1969, 1971; **aA AG** Duisburg 27. 4. 03 – 62 IN 241/02, NZI 2003, 384; *Onusseit* ZIP 1995, 1798, 1804), könne es ihm nicht zugemutet werden, diese Pflichten auf eigene Kosten zu erfüllen. Der Verwalter müsse aber zuvor erfolglos versucht haben, bei der Finanzverwaltung zu erreichen, wegen der Masseunzulänglichkeit auf die Vorlage von Steuererklärungen und Bilanzen zu verzichten. 22

Diese Rechtsprechung lässt sich aber nicht ohne weiteres verallgemeinern. Denn für **masseunzulängliche Unternehmensinsolvenzen** wird überwiegend angenommen, dass die Steuerberaterkosten weiterhin lediglich Masseverbindlichkeiten iSv § 55 Abs 1 Nr 1 sind (**AG** Hamburg 30. 9. 04 – 67g IN 228/04, NZI 2004, 674; HK-*Landfermann* § 207 Rn 12; HaKo-*Jarchow* § 54 Rn 24; **aA** *Pape* ZInsO 2004, 1049, 1051), was zu einem **gespaltenen Auslagenbegriff** führt. Im Unterschied zur Privatinsolvenz werde sonst die Intention des Gesetzgebers, die Zahl der Verfahrenseröffnungen zu erhöhen (BT-Drucks 12/2441, S 126), unterlaufen. Daneben bestehen – meist im hoheitlichen Interesse – aber noch weitere Pflichten, die mit Kosten verbunden sind und deren Nichterfüllung bußgeld- oder gar strafbewehrt ist, nämlich die Veröffentlichungspflichten gem § 325 Abs 1 HBG (bußgeldbewährt nach § 335 Abs 1 HBG), die sozialrechtlichen Pflichten aus §§ 57, 58 SGB II, 312, 314 SGB III, 198 SGB V (bußgeldbewährt nach §§ 63 Abs 1 SGB II, 404 Abs 2 Nr 19 und 22 SGB III, 111 Abs 1 Nr 2 SGB IV) sowie die Aktenaufbewahrungspflichten gem § 147 AO, 157 Abs 2 HGB, 74 Abs 2 GmbHG (strafbewährt nach § 283 Abs 1 Nr 5, 6, 7b, 283b Abs 1 StGB). In Ermangelung einer höchstrichterlichen Klärung besteht hier dringender Handlungsbedarf seitens des Gesetzgebers. 23

2. Vorläufiger Insolvenzverwalter. Entsprechendes gilt für den vorläufigen Insolvenzverwalter, wie sich aus der Verweisung in § 21 Abs 2 Nr 1 ergibt. Die Vergütung des vorläufigen Insolvenzverwalters aus einem nicht zur Eröffnung gelangten Verfahren gehört jedoch weder zu den Verfahrenskosten eines auf einen späteren Antrag hin eröffneten zweiten Verfahrens (**BGH** 9. 10. 08 – IX ZR 168/07, NZI 2009, 53) noch besteht eine Ausfallhaftung der Staatskasse (**BGH** 22. 1. 04 – IX ZB 123/03, NZI 2004, 245) oder des Antragstellers (s o Rn 6; **BGH** 26. 1. 06 – IX ZB 231/04, NZI 2006, 239). Soweit der vorläufige Insolvenzverwalter gem § 22 Abs 1 Nr 3 zugleich als Sachverständiger beauftragt wird, ist das Insolvenzgericht bzw dessen Träger Kostenschuldner der Gutachtervergütung (§ 2 Abs 1 JVEG; zur Verfassungsmäßigkeit der Vergütungshöhe: **BVerfG** 29. 11. 05 – 1 BvR 2035/05, NZI 2006, 93), so dass die Vergütung als Auslagen des Insolvenzgerichts unter § 54 Nr 1 fällt. 24

3. Mitglieder des Gläubigerausschusses. Die Mitglieder des Gläubigerausschusses haben nach § 73 Abs 1 Anspruch auf Vergütung für ihre Tätigkeit und Erstattung angemessener Auslagen. Dabei ist dem Zeitaufwand und dem Umfang der Tätigkeit Rechnung zu tragen. Während die Vergütungsordnung für den vorläufigen und endgültigen Insolvenzverwalter sich bei der Bemessung der Vergütung an der Teilungsmasse orientiert, bestimmt sich die Vergütung der Mitglieder des Gläubigerausschusses nach ihrem Zeitaufwand (§ 17 InsVV). 25

§ 55 Sonstige Masseverbindlichkeiten

(1) Masseverbindlichkeiten sind weiter die Verbindlichkeiten:
1. die durch Handlungen des Insolvenzverwalters oder in anderer Weise durch die Verwaltung, Verwertung und Verteilung der Insolvenzmasse begründet werden, ohne zu den Kosten des Insolvenzverfahrens zu gehören;
2. aus gegenseitigen Verträgen, soweit deren Erfüllung zur Insolvenzmasse verlangt wird oder für die Zeit nach der Eröffnung des Insolvenzverfahrens erfolgen muß
3. aus einer ungerechtfertigten Bereicherung der Masse.

(2) ¹Verbindlichkeiten, die von einem vorläufigen Insolvenzverwalter begründet worden sind, auf den die Verfügungsbefugnis über das Vermögen des Schuldners übergegangen ist, gelten nach der Eröffnung des Verfahrens als Masseverbindlichkeiten. ²Gleiches gilt für Verbindlichkeiten aus einem Dauerschuldverhältnis, soweit der vorläufige Insolvenzverwalter für das von ihm verwaltete Vermögen die Gegenleistung in Anspruch genommen hat.

(3) ¹Gehen nach Absatz 2 begründete Ansprüche auf Arbeitsentgelt nach § 187 des Dritten Buches Sozialgesetzbuch auf die Bundesagentur für Arbeit über, so kann die Bundesagentur diese nur als Insolvenzgläubiger geltend machen. ²Satz 1 gilt entsprechend für die in § 208 Abs. 1 des Dritten Buches Sozialgesetzbuch bezeichneten Ansprüche, soweit diese gegenüber dem Schuldner bestehen bleiben.

Übersicht

	Rn
I. Allgemeines	1
II. Ansprüche aus Verwalterhandeln und Verwaltungsmaßnahmen (Abs 1 Nr 1)	6
1. „Durch Handlungen des Insolvenzverwalters" begründete Ansprüche (1. Alt)	7
a) Neugeschäfte des Insolvenzverwalters	8
aa) Neueinstellung von Arbeitnehmern	11
bb) Provisionsanspruch des selbständigen Handelsvertreters	12
cc) Aufwendungen zur Massesicherung	13
b) Prozesshandlungen	14
c) Rechtsverletzungen des Insolvenzverwalters	23
2. „In anderer Weise" begründete Masseverbindlichkeiten (2. Alt)	25
a) Steuern	26
b) Sonstige öffentliche Abgaben	28
c) Umweltlasten	29
d) Wohngelder	35
e) Unerlaubte Handlung	37
f) Geschäftsführung ohne Auftrag	39
g) Unterlassungen	40
3. Verbindlichkeiten im Zusammenhang mit Neuerwerb iSd § 35 Abs 2, Abs 3	41
III. Ansprüche aus gegenseitigen Verträgen (§ 55 Abs1 Nr 2)	46
1. Masseverbindlichkeiten aufgrund Erfüllungsverlangens (1. Alt)	47
2. Masseverbindlichkeiten aufgrund gesetzlichen Erfüllungszwangs (2. Alt)	51
a) Miet- und Pachtverträge	52
aa) Herausgabeanspruch	55
bb) Räumungsanspruch	56
cc) Kautionsrückgewähranspruch	60
b) Dienst- und Arbeitsverträge	61
aa) Entgeltansprüche	62
bb) Gratifikationen	67
cc) Urlaub	68
dd) Freistellung	70
ee) Altersteilzeit (Blockmodell)	75
ff) betriebliche Altersvorsorge	76
gg) Abfindung	77
hh) Nachteilsausgleich	80
ii) Betriebsratskosten und Kosten der Einigungsstelle	81
jj) Zeugnisanspruch	82
3. Geltendmachung	83
IV. Ansprüche aus ungerechtfertigter Bereicherung der Insolvenzmasse (§ 55 Abs 1 Nr 3)	85
1. maßgeblicher Zeitpunkt	85
2. Unmittelbarkeit der Massebereicherung	87
3. Bereicherung ohne rechtlichen Grund	89
4. Einzelfälle	90
5. Umfang, Beweislast	91
V. Ansprüche aus der Zeit der vorläufigen Insolvenzverwaltung (§ 55 Abs 2)	92
1. Handeln des vorläufigen Insolvenzverwalters	94
2. Ansprüche aus Inanspruchnahme der Gegenleistung im Eröffnungsverfahren	95
a) erfasste Dauerschuldverhältnisse	96
b) Inanspruchnahme der Gegenleistung	97
c) Nichtinanspruchnahme der Gegenleistung	100
VI. Ansprüche der Bundesagentur für Arbeit aus übergegangenem Recht (§ 55 Abs 3)	101

I. Allgemeines

1 § 55 enthält eine Legaldefinition der sog „sonstigen Masseverbindlichkeiten", die inhaltlich teilweise von den Regelungen der früheren § 59 KO und § 13 GesO abweicht.
Abs 1 ist in drei Fallgruppen unterteilt:
– Ansprüche aus Handlungen des endgültigen Insolvenzverwalters (§ 55 Abs 1 Nr 1),
– Ansprüche aus notwendiger Vertragserfüllung (§ 55 Abs 1 Nr 2),
– Ansprüche aus ungerechtfertigter Bereicherung der Insolvenzmasse (§ 55 Abs 1 Nr 3).
Abs 2 umfasst zwei Fallvarianten:
– Ansprüche aus Handlungen des vorläufigen starken Insolvenzverwalters (§ 55 Abs 2 S 1),
– Ansprüche aus Inanspruchnahme der Gegenleistung im Eröffnungsverfahren (§ 55 Abs 2 S 2).

2 Darüber hinaus sehen **Spezialvorschriften** vor, dass bestimmte Schulden als Masseverbindlichkeiten zu berichten sind. Hierzu zählen: Bereicherungsansprüche des Ersatzaussonderungs- (§ 48 S 2) bzw Ersatzabsonderungsberechtigten (§ 48 S 2 analog) und aus Verfügungen des Schuldners (§ 81 Abs 1 S 3), Unterhaltsansprüche der §§ 100, 101 Abs 1 S 3 (arg e § 209 Abs 1 Nr 3), Ersatzansprüche des gutgläubigen Beauftragten (§ 115 Abs 2 S 3) und Notgeschäftsführers (§§ 116 S 1, 118 S 1), Sozialplanansprüche der Arbeitnehmer (§ 123 Abs 2 S 1), Rückgewähransprüche des Anfechtungsgegners (§ 144 Abs 2 S 1), Kostenerstattungsanspruch nach erfolgreichem Antrag auf Untersagung der Betriebsveräußerung (§ 163 Abs 2); Zinsansprüche (§ 169 S 1) und Wertausgleichsanspruch des Absonderungsgläubigers (§ 172 Abs 1 S 1), Kostenerstattungsanspruch des Widersprechenden (§ 183 Abs 3), Verbindlichkeiten in der Nachlassinsolvenz (§ 324, 329, 330), Verbindlichkeiten bei fortgesetzter Gütergemeinschaft (§ 332 Abs 1), Zinsansprüche des Grundpfandrechtsgläubigers nach einstweiliger Einstellung der Zwangsversteigerung (§ 30e ZVG) und der Kostenerstattungsanspruch eines Anfechtungsgläubigers (§ 16 Abs 1 S 2 AnfG).

Andererseits werden durch § 55 **Abs 3** im Interesse der Gleichbehandlung der Gläubiger (BT-Drucks 12/ 2443, S 126) die nach § 187 SGB III auf die Bundesagentur für Arbeit übergegangenen Ansprüche und die nach § 208 Abs 1 SGB III bezeichneten Ansprüche ausdrücklich auf den Rang von Insolvenzforderungen zurückgestuft. Um eine größere Zahl von Insolvenzeröffnungen zu erreichen, hat der Gesetzgeber durch „Maßnahmen zur Entlastung der Insolvenzmasse von Masseverbindlichkeiten" (Begr RegE BT-Drucks 12/2443, S 84), insb die Abschaffung der systemwidrigen unechten Masseschulden, den Kreis der Masseverbindlichkeiten bewusst eng gefasst; die Insolvenzordnung bezweckt eine **Begrenzung der Masseschulden** (BGH 2. 2. 06 – IX ZR 46/05, NZI 2006, 293). Unter Berücksichtigung dieser Intentionen des Gesetzgebers ist daher streng darauf zu achten, dass keine Forderungen als Masseverbindlichkeiten eingestuft werden, die tatsächlich bloße Insolvenzforderungen sind. Dies gilt namentlich für Masseverbindlichkeiten in der Insolvenz einer GbR, OHG oder KG, die keine Masseverbindlichkeiten im Insolvenzverfahren der *Gesellschafter* begründen, da es sich um unterschiedliche Vermögensträger handelt und sich die persönliche Haftung der Gesellschafter für Verbindlichkeiten der Gesellschaft ohnehin auf die Insolvenzmasse beschränkt (s o § 53 Rn 2; aA zur KO BAG 26. 8. 81 – 5 AZR 398/79, ZIP 1982, 209; **BAG** 24. 8. 93 – 9 AZR 498/91, ZIP 1993, 1558). 3

Die gesetzliche Regelung der Masseverbindlichkeiten ist zum einen durch eine klare **Trennung zwischen Verfahrenskosten** (§ 54) **und sonstigen Masseschulden** (§ 55) gekennzeichnet. Die Ambivalenz, dass nach den Regelungen der §§ 58 Nr 2, 59 Abs 1 Nr 1 und 2 KO früher manche Ansprüche sowohl Massekosten als auch Masseschulden sein konnten, ist damit beseitigt. Die Insolvenzordnung unterscheidet allein zwischen Masseverbindlichkeiten (§§ 53–55) und Insolvenzforderungen (§§ 38–40) und kennt keine Vorrechte mehr, sondern nur noch eine Rangfolge im Falle der Masseunzulänglichkeit (§ 209). 4

Die Insolvenzmasse wird in der Anfangsphase durch das zeitlich beschränkte Vollstreckungsverbot des § 90 für sechs Monate in Bezug auf sog „**oktroyierte" Masseverbindlichkeiten** zwar mittelbar entlastet, jedoch sind diese Masseverbindlichkeiten letztendlich dennoch zu erfüllen. Auch die Regelung des § 113 Abs 1 S 2, wonach Arbeitnehmer bei Reduzierung ihrer einzelvertraglich vereinbarten oder gesetzlich bzw tariflich geltenden verlängerten Kündigungsfristen auf maximal drei Monate zum Monatsende für den „gekappten" Teil der längeren Kündigungsfrist nur Insolvenzgläubiger sind, entlastet die Masse nur begrenzt. Denn die Entgeltansprüche der **freigestellten** Arbeitnehmer bleiben – ggf im Rang des § 209 Abs 1 Nr 3 – für die Zeit nach Verfahrenseröffnung Masseverbindlichkeiten (§ 55 Abs 1 Nr 2), während sie für die Kündigungszeit vor Verfahrenseröffnung wegen der Freistellung, also der Nichtannahme der Gegenleistung (§ 55 Abs 2 S 2) nach § 108 Abs 2 als einfache Insolvenzforderungen zu qualifizieren sind (kritisch dazu [„Wertungswiderspruch"] *Berscheid* ZInsO 2001, 64, 65). 5

II. Ansprüche aus Verwalterhandeln und Verwaltungsmaßnahmen (Abs 1 Nr 1)

Masseverbindlichkeiten nach § 55 Abs 1 Nr 1 werden entweder durch „Handlungen" des endgültigen Insolvenzverwalters oder „in anderer Weise" durch Verwaltung, Verwertung oder Verteilung der Insolvenzmasse begründet. 6

1. „Durch Handlungen des Insolvenzverwalters" begründete Ansprüche (1. Alt). Der Handlungsbegriff iSv § 55 Abs 1 Nr 1 ist weit auszulegen; es sollen alle vom Insolvenzverwalter für die Insolvenzmasse selbst vorgenommenen Rechtsgeschäfte und Rechtshandlungen erfasst werden. Notwendig, aber auch genügend für die Anerkennung von Masseverbindlichkeiten ist, dass der Insolvenzverwalter sich **innerhalb seines Wirkungskreises** betätigt hat (HaKo-*Jarchow* § 55 Rn 5; Jaeger/*Henckel* § 55 Rn 10; Gottwald/*Klopp/Kluth* InsRHdb § 56 Rn 3), denn „insolvenzzweckwidrige" Handlungen des Insolvenzverwalters vermögen keine Masseverbindlichkeiten zu begründen (HaKo-*Jarchow* § 55 Rn 5; N/R/ *Andres* § 55 Rn 3). 7

a) Neugeschäfte des Insolvenzverwalters. Im Rahmen der (einstweiligen) Fortführung des Schuldnerunternehmens werden Masseverbindlichkeiten typischerweise durch An- und Verkäufe, durch Erteilung von Aufträgen, den Abschluss von Werk-, Dienst- und Geschäftsbesorgungsverträgen sowie durch Darlehensaufnahmen, Wechsel- oder Scheckbegebungen begründet (FK-*Schumacher* § 55 Rn 1; HaKo-*Jarchow* § 55 Rn 4). Auch die sich daraus ergebenden Gewährleistungsansprüche oder Schadenersatzansprüche wegen Nichterfüllung, positiver Forderungsverletzung oder Verschuldens bei Vertragsschluss gehören zu den Masseverbindlichkeiten, da Vertragsverletzungen des Insolvenzverwalters oder seiner 8

Erfüllungsgehilfen analog §§ 31, 278 BGB der Insolvenzmasse angelastet werden (**BGH** 29. 6. 06 – IX ZR 48/04, NZI 2006, 592; **OLG** Düsseldorf 16. 1. 04 – I-7 U 81/03, nv; **OLG** Celle 1. 10. 03 – 9 U 100/03, EWiR 2004, 117; **OLG** Dresden 25. 7. 02 – 13 U 833/02, ZInsO 2003, 472; FK-*Schumacher* § 55 Rn 6). Die gesetzliche Regelung des § 55 Abs 1 **Nr 1 betrifft** allerdings nur erstmals vom Insolvenzverwalter begründete Rechtsbeziehungen, sog Neugeschäfte, und **nicht** dessen Handeln bei der Abwicklung alter, vom Schuldner begründete Verbindlichkeiten, sog **Altgeschäfte**, die – soweit sie nicht vollständig erfüllt sind – gegebenenfalls zur Masseverbindlichkeit nach § 55 Abs 1 Nr 2 zählen können.

9 Genehmigt der Insolvenzverwalter eine Geschäftsführung ohne Auftrag, ist der Aufwendungserstattungsanspruch Masseschuld, wenn die Geschäftsführung nach der Verfahrenseröffnung zugunsten der Masse erfolgte; bei verweigerter Genehmigung genügt es, dass die Geschäftsführung gem § 683 BGB im Interesse der Masseverwaltung lagen (**BGH** 26. 5. 71 – VIII ZR 41/70, NJW 1971, 1564). Aufwendungen vor Verfahrenseröffnung begründen dagegen nur eine Insolvenzforderung.

10 Maßgeblich für die Entstehung der Verbindlichkeit ist deren **vollständige Begründung nach Verfahrenseröffnung**. Daher entsteht auch infolge nachträglicher Anerkennung eines vor diesem Zeitpunkt entstandenen Anspruchs durch den Insolvenzverwalter selbst dann keine Masseverbindlichkeit, wenn dieser ein Schuldversprechen oder ein Schuldanerkenntnis abgibt (RG JW 1890, 114; Jaeger/*Henckel* § 55 Rn 8; Gottwald/*Klopp/Kluth* InsRHdb § 56 Rn 4); dieses hat lediglich rechtsverstärkende Wirkung (vgl **BGH** 10. 3. 94 – IX ZR 98/93, ZIP 1994, 720 zur Parallelproblematik bei WEG-Beschlüssen). Aus den gleichen Gründen führt auch die Fortsetzung eines vom Schuldner vereinbarten Abrechnungsverfahrens durch den Verwalter nicht dazu, dass dadurch Insolvenzforderungen von am Abrechnungsverfahren beteiligten Gläubigern zu Masseschulden werden (**BGH** 28. 2. 85 – IX ZR 157/84, ZIP 1985, 553).

11 **aa) Neueinstellung von Arbeitnehmern.** Bedient sich der Verwalter zur Insolvenzabwicklung des im Schuldnerunternehmen vorhandenen Personals oder stellt er zu diesem Zweck Arbeitnehmer neu ein, so sind die Entgeltansprüche regelmäßig als Masseforderungen iSv § 55 Abs 1 Nr 1 zu befriedigen, wenn die Tätigkeit zur Wahrnehmung von Aufgaben im Unternehmen des Schuldners erfolgt (FK-*Schumacher* § 55 Rn 7). Dies gilt jedoch **nicht** für **eigenes Personal des Verwalters** oder für Lohn- und Gehaltsansprüche von Arbeitnehmern, die der Insolvenzverwalter als Hilfskräfte neu bei sich selbst anstellt, um seine Verwalteraufgaben erledigen zu können (MüKo-*Hefermehl* § 55 Rn 39), selbst wenn es sich um ehemalige Arbeitnehmer des Schuldners handelt oder diese Hilfskräfte anlässlich der Abwicklung eines bestimmten Insolvenzverfahrens eingestellt wurden. Die Löhne und Gehälter dieser Mitarbeiter gehören zu den durch die Verwaltervergütung abgegoltenen allgemeinen Geschäftskosten des Insolvenzverwalters, dürfen also nicht aus der Masse beglichen werden. Dies schließt aber nicht aus, dass der Verwalter „zur Erledigung besonderer Aufgaben im Rahmen der Verwaltung" Aufgaben an Externe delegiert (§ 4 Abs 1 S 3 InsVV) oder im Rahmen besonderer beruflicher Qualifikation selbst übernimmt (§ 5 InsVV) und die angemessene Vergütung nebst Auslagen hierfür als sonstige Masseverbindlichkeiten iSv § 55 Abs 1 Nr 1 abrechnet. Als Beispiele sind hier vor allem die handelsrechtliche und steuerrechtliche Buchführung, die Prozessführung durch einen Anwalt und die Hausverwaltung vermieteter Objekte zu erwähnen. Hinsichtlich der Einzelheiten sei auf die einschlägige Kommentierung zu den o. g. Vorschriften verwiesen (*Keller* Vergütung und Kosten im Insolvenzverfahren, Rn 358; *Haarmeyer/Wutzke/Förster* § 4 InsVV Rn 27 ff und § 5 Rn 14 ff).

12 **bb) Provisionsanspruch des selbständigen Handelsvertreters.** Nach § 87 Abs 1 bis 3 HGB entsteht der Provisionsanspruch des selbständigen Handelsvertreters aufschiebend bedingt bereits mit *Abschluss* des Vertrages zwischen dem Unternehmer und dem Dritten (**BGH** 21. 12. 89 – IX ZR 66/89, ZIP 1990, 318). In diesem Zeitpunkt ist die Provisionsforderung nach Grund und Berechnungsbasis – vorbehaltlich § 87b Abs 2 S 1 HGB – festgelegt. Eine anschließende Beendigung des Vertretervertrages beeinträchtigt die Forderung nicht. Der Handelsvertreter hat vielmehr eine gefestigte Rechtsposition erlangt, die übertragen und gepfändet werden kann (**BGH** 21. 12. 89 aaO), wenn auch der Provisionsanspruch des Handelsvertreters erst fällig wird, „sobald und soweit" der Unternehmer oder der Dritte das Geschäft ausgeführt hat (§ 87a Abs 1 S 1 und 3 HGB). Wurde der Vertrag mit dem Dritten vom Schuldner bereits vor Verfahrenseröffnung abgeschlossen, dann wird der Provisionsanspruch des Handelsvertreters nicht deshalb zu einer Masseverbindlichkeit nach § 55 Abs 1 Nr 1, weil der Insolvenzverwalter die Erfüllung wählt und das Geschäft erst von ihm ausgeführt wird (**BGH** 21. 12. 89 aaO; MüKo-*Hefermehl* § 55 Rn 16). Der Insolvenzmasse entsteht durch die Vermittlungstätigkeit des Handelsvertreters auch kein neuer Vorteil, den nicht auch schon der Insolvenzschuldner gehabt hätte; die Erfüllungswahl erhält ihr diesen nur. Nur wenn der Verwalter selbst mit dem Dritten den provisionspflichtigen Vertrag neu abschließt, handelt es sich um eine Masseverbindlichkeit, vorausgesetzt der Handelsvertretervertrag besteht zu diesem Zeitpunkt noch fort (**BGH** 10. 12. 02 – X ZR 193/99, ZIP 2003, 216 sub II 2 [erlischt gem §§ 115, 116]).

13 **cc) Aufwendungen zur Massesicherung.** Kosten im Zusammenhang mit der Sicherung der Insolvenzmasse nach den §§ 150, 151 Abs 2 S 2, 153 Abs 1 S 2, die Kosten der Schätzer, Makler und allgemeine Verwaltungskosten iSd §§ 149, 159, 165, 166 oder 173 gehören ebenso zu den Masseverbindlichkeiten

II. Ansprüche aus Verwalterhandeln und Verwaltungsmaßnahmen § 55

wie die Aufwendungen aus der Erfüllung der allgemeinen Verkehrssicherungspflicht. Dies gilt auch für Versicherungsprämien aufgrund staatlicher Zwangsversicherung (wie zB Kfz-Haftpflichtversicherung, Feuerversicherung für Gebäude), zumal selbst bestehende Pflichtversicherungsverträge unter § 103 fallen und entweder neu abzuschließen sind (Abs 1 Nr 1) oder ihre Erfüllung zu wählen ist (Abs 1 Nr 2).

b) Prozesshandlungen. Prozesshandlungen des Insolvenzverwalters lösen Masseverbindlichkeiten aus, 14 wenn der Streitgegenstand die Insolvenzmasse betrifft. Hat der Insolvenzverwalter den Prozess selbst angestrengt oder ist er **nach Verfahrenseröffnung verklagt** worden, so fallen im Unterliegensfalle die Kosten des gegnerischen Anwalts und die Gerichtskosten, zu deren Erstattung der Insolvenzverwalter verurteilt wird, ebenso wie die eigenen außergerichtlichen Kosten, die der vom Insolvenzverwalter beauftragte Anwalt berechnet, uneingeschränkt der Insolvenzmasse zur Last (MüKo-*Hefermehl* § 55 Rn 43 f; *Damerius* ZInsO 2007, 569).

Nimmt der Insolvenzverwalter einen **Aktivprozess nach § 85 Abs 1 auf,** so sind die Kosten des vor 15 Verfahrenseröffnung tätigen Rechtsanwalts dann Masseschulden, wenn er vom Insolvenzverwalter weiterhin beauftragt wird, allerdings nur für die laufende Instanz; die Gebührenansprüche aus der Tätigkeit in bereits abgeschlossenen Instanzen bleiben auch in diesem Fall Insolvenzforderungen, selbst wenn der Verfahrensbevollmächtigte personenidentisch ist. Entschließt sich der Insolvenzverwalter, einen anderen Rechtsanwalt als der bisher tätigen zu beauftragen, so sind die Gebührenforderungen des bisher tätigen nur Insolvenzforderungen und lediglich die Forderungen des vom Insolvenzverwalter neu beauftragten Anwalts Masseforderungen. Entsprechendes gilt, wenn zwischen den Instanzen ein Anwaltswechsel stattgefunden hat.

Nimmt dagegen der Prozessgegner einen bei Verfahrenseröffnung unterbrochenen **Passivprozess** nach 16 § 180 Abs 2 auf, so hat der Insolvenzverwalter – selbst nach „vorläufigem" Bestreiten – die Möglichkeit, durch ein **sofortiges Anerkenntnis** des Anspruchs gem § 86 Abs 2 die kostenrechtliche Inanspruchnahme der Insolvenzmasse zu vermeiden (ausführlich s u § 178 Rn 20; BGH 9. 2. 06 – IX ZB 160/04, NZI 2006, 295; OLG München 12. 7. 05 – 7 W 1447/05, ZIP 2005, 2227; KS-*Eckardt* S 743, 775 Rn 56), denn der Gegner kann seinen Erstattungsanspruch in einem solchen Fall nur als Insolvenzforderung geltend machen. Dies ist nicht unbillig, denn vor Aufnahme des Rechtsstreits hat sich der Gläubiger darüber zu vergewissern, ob der Insolvenzverwalter sein Bestreiten der angemeldeten Forderung aufrechterhält (**BGH 9. 2. 06** aaO). Der Umstand, dass sich der Schuldner vorinsolvenzlich substantiiert gegen die Gläubigerforderung zur Wehr gesetzt hat, ist unerheblich (**BGH 9. 2. 06** – IX ZB 160/04, NZI 2006, 295 Rn 13). Für die Frage, ob der Verwalter Veranlassung zur Klage iSv § 93 ZPO gegeben hat, ist allein das Verhalten des Walters maßgeblich, nämlich ob *er* gegenüber dem Gläubiger den Eindruck erweckt, er werde ohne einen Rechtsstreit seinen Widerspruch nicht aufgeben (ausführlich s u § 180 Rn 22; auch zur aA BGH 28. 9. 06 – IX ZB 312/04, NZI 2007, 104 Rn 9).

Wird der aufgenommene Rechtsstreit streitig durchgeführt, ist über die Kosten des Verfahrens eine 17 **einheitliche Kostenentscheidung** zu treffen (K/P/B/*Pape* § 180 Rn 7), was eine Aufteilung nach Zeitabschnitten vor und nach der Prozessaufnahme ausschließt. Obsiegt der Insolvenzverwalter, kann er den Kostenerstattungsanspruch, auch soweit die Verfahrenskosten vor der Unterbrechung entstanden sind, zur Masse ziehen. **Unterliegt der Insolvenzverwalter** dagegen im aufgenommenen Rechtsstreit, so ist umstritten, wie sich die Kostenentscheidung im Urteil auf das nachfolgende Kostenfestsetzungsverfahren auswirkt, wenn ihm die Kosten des Verfahrens ganz oder teilweise auferlegt worden sind. Nach Ansicht des **BGH** (BGH 29. 5. 08 – IX ZR 45/07, NZI 2008, 565 Rn 29; BGH 28. 9. 06 – IX ZB 312/04, NZI 2007, 104; BGH 9. 2. 06 – IX ZB 160/04, ZIP 2006, 576; ebenso OLG Koblenz 12. 6. 08 – 14 W 371/08, JurBüro 2008, 427; MüKo-*Hefermehl* § 55 Rn 47; weitere Nachweise s u § 180 Rn 43) sollen die **Kosten des gesamten Rechtsstreits**, also auch soweit sie vor der Aufnahme entstanden sind, eine **Masseverbindlichkeit** sein. Dies wird damit begründet, dass der Insolvenzverwalter mit der Fortführung des Prozesses zur Hauptsache das einheitliche Kostenrisiko des Schuldners auf die Masse übernehme. Hinzu komme, dass die Gerichts- und Anwaltsgebühren, soweit es sich um Verfahrensgebühren handele, nicht einzelne, sondern eine Gesamtheit gleichartiger Tätigkeiten und Prozesshandlungen abdecken. Der Kostenbeamte sei an die Kostengrundentscheidung gebunden; werden einer Partei die gesamten Prozesskosten unterschiedslos auferlegt, sei eine Differenzierung in der nachfolgenden Verfahrensstufe grundsätzlich nicht mehr zulässig.

Eine solche pauschale Behandlung als **einheitliche Masseverbindlichkeit ist** jedoch **systemwidrig** und 18 steht im Wertungswiderspruch zu den §§ 38, 86 Abs 2, 105 und 182, die sämtlich von dem Gedanken getragen werden, dass die Masse gerade nicht mit Ansprüchen belastet werden soll, die vor Eröffnung „begründet" waren. Insbesondere die Regelung in § 182 wird sonst völlig unterlaufen. Ein (anwaltlich beratener) Insolvenzgläubiger könnte sogar auf die Idee kommen, durch die gezielte Nichtvorlage von Belegen ganz bewusst ein Bestreiten seiner angemeldeten Forderung durch den Insolvenzverwalter zu provozieren, um sofort danach den Prozess gem § 180 Abs 2 aufnehmen zu können. Wäre dem Verwalter aufgrund der Verteidigung des Schuldners vor der Unterbrechung auch ein sofortiges Anerkenntnis verwehrt (so **BGH** 28. 9. 06 aaO Rn 9; dagegen *Sinz* s u § 180 Rn 22), so hätte sich die Insolvenzforderung auf wundersame Weise in eine Masseschuld verwandelt, was sich für den Gläubiger besonders „lohnt", wenn der Rechtsstreit schon mehrere Instanzen durchlaufen hat und erhebliche Kosten der Beweisaufnahme (insb durch Sachverständigengutachten) angefallen sind. Das Haftungsrisiko des Verwalters aus § 61 wird damit unüberschaubar, da er das gezielte Vorgehen des Gläubigers und damit den Einwand aus § 242 BGB meist nicht wird beweisen können. Eine solche Privilegierung des Kostengläubigers zu Lasten aller anderen Insolvenzgläubiger ist nicht gerechtfertigt. Auch der BGH hat in seiner Entscheidung vom 28. 9. 06 eingeräumt, dass „jedenfalls innerhalb der Instanz" keine Aufteilung der Kosten erfolge (BGH 28. 9. 06 aaO Rn 14), aber die Kritik an der undifferenzierten Behandlung eines Kostenerstattungsanspruchs als Masseverbindlichkeit dann berechtigt sein könne, wenn die Unterbrechung in einer höheren Instanz oder nach Zurückweisung der Sache an die Vorinstanz eintrete. Selbst in der ZPO gibt es jedoch – auch innerhalb einer Instanz – meist auf dem Verursacherprinzip beruhende zahlreiche Ausnahmen vom Grundsatz der Einheitlichkeit der Kostenentscheidung, so zB in Abhängigkeit von Parteiverhalten (§§ 93 b, 93 d, 94, 95, 96 ZPO) oder der Beteiligtenstellung (§§ 100 Abs 3, 101 Abs 1 ZPO), so dass eine undifferenzierte Kostenentscheidung noch nicht einmal prozessrechtlich geboten ist.

19   Die Masse soll nämlich nach dem Verursachungsprinzip nur mit solchen Kosten belastet werden, die kausal aus der Aufnahme des Rechtsstreits resultieren. Diese Aufteilung hat nichts mit dem Grundsatz der Einheitlichkeit der Kostenentscheidung zu tun, der gewahrt bleibt, da alle zu erstattenden Kosten erfasst werden; vielmehr geht es entsprechend dem Rechtsgedanken aus § 105 allein um die **insolvenzrechtliche Qualifikation** der Forderung als Masseschuld oder Insolvenzforderung (im Ergebnis ebenso: BFH 10. 7. 02 – I R 69/00, ZIP 2002, 2225; OLG Stuttgart 1. 9. 06 – 8 W 352/05, ZInsO 2007, ZInsO 2007, 43 Rn 22; OLG Rostock 5. 11. 01 – 3 U 168/99, ZIP 2001, 2145; s u *Uhlenbruck* § 85 Rn 88; weitere Nachweise s u § 180 Rn 44). Gem § 38 spielt es daher keine Rolle, ob eine Instanz zum Zeitpunkt der Unterbrechung bereits abgeschlossen war. Nach dem Rechtsgedanken des § 105 ist es allerdings geboten, nicht nur die *neu* entstehenden Gebühren als Masseschuld anzusehen (denn idR entstehen gar keine Gebühren neu), sondern alle diejenigen, die **wie bei einer Neuklage** angefallen wären, und zwar auf der Basis des aus der Anwendung des § 182 resultierenden Streitwerts. Bei dieser Lösung wird weder die Insolvenzmasse privilegiert noch der Kostengläubiger; sie führt zu gerechten Ergebnissen und vermag alle angefallenen Kosten einschließlich solcher aus einer Beweisaufnahme verursachungsgerecht zuzuordnen.

20   Zur **Aufteilung der Kosten** nach Masse- und Insolvenzforderungen **in der Kostengrundentscheidung** (so BGH 28. 9. 06 – IX ZB 312/04, NZI 2007, 104 Rn 11; BAG 19. 9. 07 – 3 AZB 35/05, ZIP 2007, 2141 Rn 16 ff) oder erst im Kostenfestsetzungsverfahren (so BFH 10. 7. 02 – I R 69/00, ZIP 2002, 2225) eingehend s u § 180 Rn 46 f mwN.

21   Zum Kostenerstattungsanspruch des Prozessgegners aus einem vor Insolvenzeröffnung **abgeschlossenen Prozess** (s o § 38 Rn 49), nach **Erledigung der Hauptsache** vor Verfahrenseröffnung (s o § 38 Rn 50), bei **Nichtaufnahme des Rechtsstreits** durch den Insolvenzverwalter (s o § 38 Rn 51) und im Falle der **Zwangsvollstreckung** aus einem **Vorbehaltsurteil** vor Insolvenzeröffnung (s o § 38 Rn 53) wird auf die Kommentierung zu § 38 verwiesen.

22   Bei **sonstigen Gerichtsgebühren**, etwa für Eintragungen ins Grundbuch oder Handelsregister, muss auf den Zeitpunkt des Antrages und nicht etwa auf den Zeitpunkt der tatsächlichen Eintragung abgestellt werden. Denn bereits der Antrag ist kostenauslösend.

23   c) **Rechtsverletzungen des Insolvenzverwalters.** Rechtsverletzungen begründen unter den Voraussetzungen, die außerhalb der Insolvenz einen Anspruch geben, Masseansprüche nach § 55 Abs 1 Nr 1, wenn der Insolvenzverwalter sie **innerhalb seines Wirkungskreises** begeht. Das gilt für die Verletzung von Urheber- und Patentrechten oder die Vereitelung eines Absonderungsrechts ebenso wie für die Veräußerung eines dem Aussonderungsrecht unterliegenden Gegenstandes, falls auch die Ersatzaussonderung vereitelt wird. Dem Vorbehaltsverkäufer steht im letztgenannten Fall nur ein Massebereicherungsanspruch nach §§ 816 Abs 1 BGB, 55 Abs 1 Nr 3 und bei Verschulden des Insolvenzverwalters ein Schadensersatzanspruch wegen Eigentumsverletzung nach § 55 Abs 1 Nr 1 iVm §§ 989, 990 BGB zu (BGH 21. 9. 89 – IX ZR 107/88, NJW-RR 1990, 411).

24   Soweit die Insolvenzmasse für schuldhafte Schädigungen des Insolvenzverwalters einzustehen hat, ist der Schadensersatzanspruch Masseschuld iSv § 55 Abs 1 Nr 1. Unerlaubte Handlungen des Insolvenzverwalters, die **ohne jeden Zusammenhang** mit der Insolvenzverwaltung begangen werden wie zB ein schuldhafter Verkehrsunfall im Rahmen einer Privatfahrt, ein Diebstahl oder eine Unterschlagung, die sich nicht auf die Insolvenzverwaltung beziehen, oder sonstige unerlaubte Handlungen ohne Bezug auf die Masse vermögen als „insolvenzzweckwidrige" Handlungen keine Masseverbindlichkeit zu begründen (H/W/W § 55 Rn 70; *K. Schmidt* KTS 1984, 345, 387 ff). Eine unerlaubte Handlung des Insolvenzverwalters führt nur dann zu einer Masseverbindlichkeit, wenn sie zugleich eine Verletzung seiner Pflichten gegenüber mindestens einem Verfahrensbeteiligten darstellt. Dies folgt aus dem Rechtsgedanken, der in den §§ 31, 831, 278 BGB seinen Ausdruck gefunden hat. Für schuldhafte Vertragsverletzungen des Insolvenzverwalters, die sich zugleich als unerlaubte Handlung darstellen, findet § 31 BGB Anwendung (MüKo-*Hefermehl* § 55 Rn 30; für eine entsprechende Anwendung HaKo-*Jarchow* § 55 Rn 70; zum Theorienstreit und dessen Auswirkungen auf die Frage der Haftungszuordnung Jaeger/Henckel § 55 Rn 13 f).

II. Ansprüche aus Verwalterhandeln und Verwaltungsmaßnahmen § 55

2. „In anderer Weise" begründete Masseverbindlichkeiten (2. Alt). Unter die zweite Alternative des 25
§ 55 Abs 1 Nr 1 fallen alle Verbindlichkeiten, die durch die Insolvenzverwaltung ausgelöst werden,
ohne bereits von § 54 InsO erfasst zu sein. Eine genaue Differenzierung zwischen der ersten und zweiten Alternative ist für die Praxis entbehrlich, da die nach beiden Alternativen ausgelösten Masseverbindlichkeiten im Falle der Masseunzulänglichkeit gleichen Rang haben.

a) Steuern. Während das Steuerrecht die Frage der Entstehung und Höhe der Forderung regelt, bestimmt das Insolvenzrecht deren Einordnung und Behandlung in der Insolvenz, wobei zwischen der Begründung, der Entstehung und der Fälligkeit der Steuerforderung zu unterscheiden ist (**BFH** 27. 8. 75 – II R 93/70, BStBl II 1976, 77 juris-Rn 14). **Maßgeblich für die Abgrenzung zu § 38** ist dabei der Zeitpunkt, in dem nach insolvenzrechtlichen Grundsätzen der Rechtsgrund für den Anspruch gelegt worden ist (**BFH** 21. 9. 93 – VII R 68/92, ZIP 1993, 1892). Eine Steuerforderung ist immer dann Insolvenzforderung iSv § 38, wenn der **Lebenssachverhalt**, der zur Entstehung der Steuerforderung führt, vom Schuldner bereits vor Verfahrenseröffnung verwirklicht worden ist (**BFH** 1. 4. 08 – X B 201/07, ZVI 2008, 441) oder die nach dem Gesetz maßgebenden Besteuerungsmerkmale erfüllt sind (**BFH** 29. 3. 84 – IV R 271/83, BStBl II 1984, 602). Auf die steuerrechtliche Entstehung der Forderung iSv § 38 AO, also die vollständige Verwirklichung des Tatbestandes, an den das Gesetz die Leistungspflicht knüpft, kommt es im Insolvenzverfahren ebenso wenig an (anders aber der V. Senat: **BFH** 29. 1. 09 – V R 64/07, DStR 2009, 851 Rn 14; **BFH** 13. 11. 86 – V R 59/79, ZIP 1987, 119; **BFH** 21. 12. 88 – V R 29/86, ZIP 1989, 384) wie auf deren Fälligkeit (*Tipke/Kruse* § 251 AO Rn 16). Ausführlich dazu s o § 38 Rn 67 ff.

Zur Einordnung der einzelnen Steuerarten als Masseschuld oder Insolvenzforderung s o § 38 Rn 71 ff. 27

b) Sonstige öffentliche Abgaben. Zu den Masseschulden des § 55 Abs 1 Nr 1 InsO gehören alle ab 28
Insolvenzeröffnung anfallenden, auf Massegrundstücken lastenden öffentlichen und gemeinen Abgaben wie zB Grundbesitzabgaben, Kanalisations- und Straßenanlieger-Beiträge, Leistungen zu Brücken- und Wegebauten, zu Kirchen- und Pfarreibauten, Deich-Lasten, Schulabgaben, Schornsteinfegergebühren etc (**VGH** München 25. 10. 07 – 23 ZB 07.1941, BayVBl 2008, 244; **OVG** Weimar 27. 9. 06 – 4 EO 1283/04, ZIP 2007, 880; **OVG** Münster 20. 12. 84 – 3 A 1137/83, Rpfleger 1986, 191; MüKo-*Hefermehl* § 55 Rn 74). Soweit der Insolvenzverwalter Gegenstände aus der Insolvenzmasse **freigibt**, wird er gleichzeitig auch von den öffentlich-rechtlichen Verpflichtungen hinsichtlich dieser Gegenstände frei (**BVerwG** 20. 1. 84 – 4 C 37/80, NJW 1984, 2427; **OVG** Berlin 21. 12. 05 – 9 B 23.05, KKZ 2009, 42; MüKo-*Hefermehl* § 55 Rn 75). Trotz Freigabe eines mit Grundpfandrechten belasteten Grundstücks trifft die Masse aber dennoch die Verpflichtung zur Abführung der Umsatzsteuer, wenn der Erlös aus einer Grundstücksveräußerung durch den Schuldner an die absonderungsberechtigten Gläubiger ausgekehrt und die Masse in dieser Höhe entlastet wird (**BFH** 16. 8. 01 – V R 59/99, NZI 2002, 572; [eingeschränkt] FG Dessau 24. 4. 08 – 1 K 1292/04, nv; MüKo-*Hefermehl* § 55 Rn 75). Denn der wirtschaftliche Wert des Gegenstands bleibt unter diesen Umständen der Insolvenzmasse erhalten, so dass der Insolvenzschuldner letztlich insolvenzbefangenes Vermögen verwertet.

c) Umweltlasten. Mit dem Übergang der Verwaltungs- und Verfügungsbefugnis (§ 80) und der Inbe- 29
sitznahme der Insolvenzmasse (§ 148 Abs 1) treffen den Insolvenzverwalter auch die ordnungsrechtlich statuierten Pflichten, insb für die Beseitigung von Altlasten auf einem zur Insolvenzmasse gehörenden Grundstück (KS-*Lüke* S 859 ff; *Pape* FS Kreft, S 445 ff; *Lwowski/Tetzlaff* NZI 2004, 225; *Schulz* NVwZ 1997, 530 ff; *v. Wilmowsky* ZHR 160 [1996], S 593 ff; *K. Schmidt* NJW 1993, 2833 ff). Für die Einordnung als Masseschuld oder Insolvenzforderung ist primär die Qualifizierung als Handlungs- oder Zustandsstörung maßgeblich und nur sekundär, ob die Gefahr bereits vor Eröffnung bestanden hat oder nicht.

Nach § 4 Abs 3 S 1 BBodSchG kann der Insolvenzverwalter als Inhaber der tatsächlichen Gewalt 30
(**Zustandsstörer**) auch für die Sanierung von massezugehörigen Grundstücken herangezogen werden. Eine solche Verpflichtung ist nach der Rechtsprechung des BVerwG **stets Masseverbindlichkeit** iSd § 55 Abs 1 Nr 1, **auch wenn** die Grundstücke **bereits vor der Eröffnung** des Insolvenzverfahrens **kontaminiert** waren (**BVerwG** 23. 9. 04 – 7 C 22/03, NZI 2005, 51; **BVerwG** 22. 7. 04 – 7 C 17/03, ZIP 2004, 1766; **BVerwG** 10. 2. 99 – 11 C 9/97, BVerwGE 108, 269; **BVerwG** 20. 1. 84 – 4 C 37/80, ZIP 1984, 722; **VGH** Mannheim 11. 12. 90 – 10 S 7/90, ZIP 1991, 393; ausführlich hierzu *Eckardt* AbfallR 2008, 197 ff). Dies hat zur Konsequenz, dass die Behörde ihre Verfügung auch im Wege der Ersatzvornahme vollstrecken kann (MüKo-*Hefermehl* § 55 Rn 97). Der BGH lehnt diese Rechtsprechung ab, weil allein die sicherstellende *Inbesitznahme* störender Sachen des Gemeinschuldners durch einen Insolvenzverwalter noch keine Haftung der Masse für die Kosten der Störungsbeseitigung begründe, sondern erst die *Nutzung* der fraglichen Sachen für die Masse oder ihre Verwertung (**BGH** 18. 4. 02 – IX ZR 161/01, ZIP 2002, 1043, 1045; **BGH** 5. 7. 01 – IX ZR 327/99, ZIP 2001, 1469; ebenso Jaeger/*Henckel* § 38 Rn 26). Nach Ansicht des BVerwG ist dagegen die Frage, ob die dem Übergang der Verwaltungs- und Verfügungsbefugnis folgende Inbesitznahme der Masse durch den Insolvenzverwalter nach § 148 Abs 1 eine Ordnungspflicht für von der Masse ausgehende Störungen begründet, ausschließlich nach den Tatbestandsmerkmalen des jeweils einschlägigen Ordnungsrechts zu beurteilen. Reicht danach die **tat-**

§ 55

sächliche Sachherrschaft aus – wie in § 4 Abs 3 S 1 BBodSchG oder in § 11 Abs 1 iVm § 3 Abs 6 KrW-/AbfG –, wird der Insolvenzverwalter bereits mit der Besitzergreifung ordnungspflichtig.

31 Der Insolvenzverwalter kann jedoch als bloßer Zustandsstörer die kontaminierten Grundstücke aus der Masse **freigeben** mit der Folge, dass er dann nicht mehr nach § 4 Abs 3 S 1 BBodSchG für deren Sanierung in Anspruch genommen werden kann. Einer solchen Freigabe steht nicht entgegen, dass sie dazu dient, sich den Gefahrenbeseitigungskosten zu entziehen und diese der Allgemeinheit aufzubürden. Es ist gerade der Sinn einer Freigabe, die Masse von nicht verwertbaren Gegenständen zu entlasten, so dass ein ausschließlich daran anknüpfendes Verdikt der Sittenwidrigkeit zwangsläufig das Institut der Freigabe als solches treffen würde. Ebenso wenig ist § 4 Abs 3 S 4 Halbs 2 BBodSchG entsprechend anwendbar; es fehlt an einer planwidrigen Gesetzeslücke, da nach der Freigabe wieder der Schuldner selbst haftet (**BVerwG** 22. 7. 04 – 7 C 17/03, ZIP 2004, 1766 m abl Anm *Pape*; **BVerwG** 23. 9. 04 – 7 C 22/03, NZI 2005, 51). Allerdings nützt die Freigabe der Masse nichts, wenn das Grundstück nicht wertausschöpfend belastet war, weil damit auch die Chance auf die Realisierung der freien Spitze verloren geht.

32 Knüpft die Pflicht demgegenüber – wie in § 5 und § 22 BImSchG – an die Stellung als Betreiber einer Anlage an (**Verhaltensstörer**), kann die Besitzergreifung allein nicht zur persönlichen Inanspruchnahme des Insolvenzverwalters führen; denn seine Sachherrschaft hat keinen Bezug zu den Voraussetzungen, die das Ordnungsrecht in diesen Fällen an die Störereigenschaft stellt (**BVerwG** 13. 12. 07 – 7 C 40/07, ZInsO 2008, 560 zu § 58 Abs 1 Nr 1 BBergG; **BVerwG** 31. 8. 06 – 7 C 3/06, NVwZ 2007, 86 Rn 14 zu § 36 Abs 2 KrW-/AbfG; **BVerwG** 5. 10. 05 – 7 B 65/05, ZInsO 2006, 495; **BVerwG** 23. 9. 04 – 7 C 22/03, NZI 2005, 51; **BVerwG** 22. 10. 98 – 7 C 38/97, NZI 1999, 37; **VG** Frankfurt/Oder 6. 3. 07 – 7 K 2193/02, nv zu §§ 17 Abs 1, 5 Abs 3 Nr 2 BImSchG). Soweit die Ordnungspflicht sich nicht aus der Verantwortlichkeit für den aktuellen Zustand von Massegegenständen ergibt, sondern an ein in der Vergangenheit liegendes Verhalten anknüpft, kommt es darauf an, ob das störende Verhalten dem Insolvenzverwalter (§ 55 Abs 1 Nr 1) oder dem Gemeinschuldner anzulasten ist (§ 38). Für das „Betreiben einer Anlage" reichen bloße Wartungsarbeiten, Funktionsprüfungen oder Probeläufe nicht aus (**OVG** Münster 1. 6. 06 – 8A 4495/04, nv). Soweit der Insolvenzverwalter als Verhaltensstörer in Anspruch genommen wird, ist eine **Freigabe nicht möglich** (**BVerwG** 23. 9. 04 aaO; **BVerwG** 22. 10. 98 aaO). Die Ordnungspflicht ist nicht vom Insolvenzverwalter persönlich zu erfüllen, sondern nur aus den Mitteln der Masse (**BVerwG** 10. 2. 99 – 11 C 9/97, ZIP 1999, 538).

33 Die Qualifizierung der Pflicht zur Beseitigung von Altlasten und der Kosten einer etwaigen Ersatzvornahme als Masseverbindlichkeit führt letztlich zu einer Privilegierung der öffentlichen Hand und räumt ihr damit „durch die Hintertür" ein Vorrecht ein (**AG** Essen 4. 4. 2001 – 160 IN 49/00, ZIP 2001, 756; FK-*Schumacher* § 55 Rn 18). Denn aus insolvenzrechtlicher Sicht soll eine Pflicht erfüllt werden, die auch schon vor Verfahrenseröffnung bestanden hat. Als Ausweg bleibt dem Verwalter meist nur die Anzeige der Masseunzulänglichkeit.

34 Der **Ausgleichsanspruch** mehrerer Ordnungspflichtiger iSd § 24 Abs 2 BBodSchG kann im Falle der Freigabe entsprechend § 426 BGB nach dem Verursacherprinzip nur als Insolvenzforderung geltend gemacht werden, wenn der Verwalter den kontaminierten Gegenstand lediglich in Besitz genommen hat (HaKo-*Jarchow* § 55 Rn 76; *Drasdo* ZfIR 2005, 31; einschränkend *Pape* ZIP 2004, 1768).

35 **d) Wohngelder.** Lediglich die für die Zeit **nach** Insolvenzeröffnung geschuldeten Wohngeldvorschüsse sind Masseschulden. Dagegen können die aus einem Wirtschaftsplan geschuldeten Wohngeldrückstände aus der Zeit **vor** Insolvenzeröffnung nur als einfache Insolvenzforderungen zur Tabelle angemeldet werden, selbst wenn nach Insolvenzeröffnung eine Jahresabrechnung beschlossen wird; diese hat lediglich rechtsverstärkende Wirkung. Nur der insoweit neu beschlossene, die geschuldeten Sollwohngelder übersteigende Saldo (sog **Abrechnungsspitze**) begründet dann eine Masseverbindlichkeit (**BGH** 10. 3. 94 – IX ZR 98/93, ZIP 1994, 720; **OLG** Köln 15. 11. 07 – 16 Wx 100/07, NZI 2008, 377 m Anm *Drasdo*; **OLG** Düsseldorf 28. 4. 06 – 3 Wx 299/05, NZI 2007, 50; **AG** Neukölln 23. 5. 05 – 70 II 222/04 WEG, ZMR 2005, 659; MüKo-*Hefermehl* § 55 Rn 76), da er seinen Schuldgrund nicht in dem Wirtschaftsplan findet, sondern allein in der Jahresabrechnung.

36 Wird nach Eröffnung des Insolvenzverfahrens über das Vermögen (bzw den Nachlass) eines Wohnungseigentümers die Erhebung einer **Sonderumlage zur Deckung eines Wohngeldausfalls** beschlossen, so ist in diese Sonderumlage auch derjenige Wohnungseigentümer anteilig einzubeziehen, den der Ausfall verursacht hat. Nur wenn feststeht, dass Teile einer zur Deckung von Wohngeldrückständen nötigen Sonderumlage von dem Insolvenzschuldner wiederum nicht aufgebracht werden können (zB im Fall des § 208), ist die Höhe der Sonderumlage idR von vornherein so zu bemessen, dass ein erneuter Ausfall aufgefangen wird. Der Anspruch aus dieser Sonderumlage fällt unter die Masseverbindlichkeiten der zweiten Alternative des § 55 Abs 1 Nr 1 (**OLG** Köln 15. 11. 07 – 16 Wx 100/07, NZI 2008, 377; **KG** Berlin 2. 12. 02 – 24 W 92/02, NJW-RR 2003, 443; zur KO: **BGH** 15. 6. 89 – V ZB 22/88, ZIP 1989, 930; **BGH** 12. 3. 86 – VIII ZR 64/85, NJW 1986, 3206). Dem lässt sich nicht entgegenhalten, dass der Rückstand aus der Zeit vor Insolvenzeröffnung den Rang einer einfachen Insolvenzforderung habe, sich nicht durch Umlagebeschluss in eine Masseverbindlichkeit umgewandelt werden könne (so aber **OLG** Stuttgart 21. 2. 78 – 8 W 405/77, OLGZ 1978, 183). Denn die Verpflichtung des

Insolvenzschuldners zur Zahlung des Rückstands bleibt unberührt; der Umlagebetrag ist vielmehr von allen Wohnungseigentümern zusätzlich neben dem planmäßigen Wohngeldanteil zu tragen. Der Umlagebeschluss begründet daher eine weitergehende neue Forderung gegen alle Wohnungseigentümer, so dass von einer „Umwandlung" einer Insolvenzforderung in eine Masseverbindlichkeit keine Rede sein kann. Insoweit liegen die Dinge hier auch anders als in den Fällen, dass der Insolvenzverwalter eine Insolvenzforderung durch ein abstraktes Schuldanerkenntnis bestärkt (s o Rn 10).

e) **Unerlaubte Handlungen.** Gesetzliche Haftungsansprüche fallen unter § 55 Abs 1 Nr 1, wenn der sie begründende Sachverhalt nach Insolvenzeröffnung liegt. Die Haftung der Masse hängt nicht notwendig von einem Verschulden des Verwalters ab; sie wird vielmehr auch bei Handlungen des Verwalters ausgelöst, die aufgrund gesetzlicher Gefährdungshaftung zum Schadensersatz verpflichten (zB §§ 1, 2 HaftpflG; § 7 StVG; §§ 701, 833, 836ff BGB). Ebenso wenig ist es für § 55 Abs 1 Nr 1 von Bedeutung, ob das Geschäft zweckmäßig war, besser anders abgeschlossen oder ganz unterblieben wäre. Hat der Verwalter mit einem zur Insolvenzmasse gehörigen Pkw auf einer Fahrt, die dem Interesse der Insolvenzmasse diente, einen Verkehrsunfall schuldhaft verursacht, so haftet er persönlich nach § 823 BGB, die Insolvenzmasse dagegen als Halter des Fahrzeuges nur im Umfang der Gefährdungshaftung nach §§ 7 ff StVG. 37

Folgt man der Organtheorie, wird das Verhalten des Verwalters der Masse unmittelbar gem § 31 BGB zugerechnet; nach der Amtstheorie folgt die Zurechnung indes aus **§ 31 BGB analog** (BGH 29. 6. 06 – IX ZR 48/04, NZI 2006, 592; HaKo-*Jarchow* § 55 Rn 70). Die entsprechende Anwendung des § 31 BGB ist in diesem Fall notwendig, da der Verwalter jedenfalls nicht als Verrichtungsgehilfe der Masse iSd § 831 BGB angesehen werden kann, so dass bei Ablehnung einer analogen Anwendung die Haftung der Masse für deliktische Handlungen des Verwalters vollends entfiele. Die unerlaubte Handlung des Verwalters muss aber in einem Zusammenhang mit der Verwaltung oder Verwertung der Masse stehen (MüKo-*Hefermehl* § 55 Rn 36). 38

f) **Geschäftsführung ohne Auftrag.** Der Anspruch aus einer **vor** Insolvenzeröffnung auftraglos ausgeführten Geschäftsbesorgung wird nicht schon durch eine Genehmigung des Insolvenzverwalters zur Masseverbindlichkeit, sondern nur dann, wenn die Geschäftsbesorgung im Interesse der Insolvenzmasse lag und **nach** Verfahrenseröffnung erfolgt ist (MüKo-*Hefermehl* § 55 Rn 66). Zwar fehlt es auch in diesem Fall an einer Rechtshandlung des Insolvenzverwalters; § 683 BGB stellt aber den Geschäftsführer bezüglich seiner Aufwendungen einem Beauftragten gleich, was eine analoge Anwendung des § 55 Abs 1 Nr 1 rechtfertigt (**BGH 26. 5. 71 – VIII ZR 41/70, NJW 1971, 1564**; MüKo-*Hefermehl* § 55 Rn 67). Darüber hinaus kann der Beauftragte unter den Voraussetzungen der **§§ 115 Abs 2, 116 S 1** mit seinen Ersatzansprüchen Massegläubiger sein. 39

g) **Unterlassungen.** Unterlassungen des Insolvenzverwalters lösen Masseschulden aus, wenn eine Pflicht zum Handeln bestand. Im Falle der Betriebsfortführung in der Insolvenz führen schuldhafte Urheber- oder Patentrechtsverletzungen durch den Insolvenzverwalter zu einer Masseschuld, sofern er im Rahmen der Verwaltung oder Verwertung gehandelt hat. Die Unterlassung des Insolvenzverwalters, für die aus der Masse gezahlten Löhne und Gehälter **Lohnsteuer** einzubehalten und an das Finanzamt abzuführen (§§ 38 Abs 3, 41a Abs 1 Nr 2 EStG), begründet einen Haftungsanspruch gegen ihn nach den §§ 34 Abs 3 AO, 42 Abs 1 Nr 1 EStG, der den Rang einer Masseschuld hat (s u § 60 Rn 66). 40

3. Verbindlichkeiten im Zusammenhang mit Neuerwerb iSd § 35 Abs 2, Abs 3. Die Erweiterung des § 35 um die Abs 2 und 3 durch das Gesetz zur Vereinfachung des Insolvenzverfahrens vom 13. 4. 2007 hat die Frage unbeantwortet gelassen, ob Verbindlichkeiten des Schuldners im Zusammenhang mit einer nach Verfahrenseröffnung ausgeführten selbständigen Tätigkeit als Masseverbindlichkeiten zu behandeln sind. Dies war schon vor der Gesetzesänderung höchst umstritten. Nach überwiegender Ansicht in Rechtsprechung und Literatur sollen Verbindlichkeiten im Zusammenhang mit dem Neuerwerb keine Masseverbindlichkeiten begründen, sondern nur den Schuldner persönlich verpflichten (**BFH 7. 4. 05 – V R 5/04, ZIP 2005, 1376**; **LG Erfurt 30. 10. 02 – 3 O 2992/01, NZI 2003, 40**; **FG Nürnberg 11. 12. 08 – 4 K 1394/2007, nv**; **FG München 29. 5. 08 – 14 K 3613/06, EFG 2008, 1483**; HK/*Eickmann* § 81 Rn 3; N/R/*Andres* § 55 Rn 55 Rn 30; *Pape* ZInsO 2002, 917; *Runkel* in FS Uhlenbruck, S 315, 323 **aA VGH München 28. 11. 05 – 9 ZB 04.3254, NVwZ-RR 2006, 550** für Pflichtbeiträge zur Ärzteversorgung; FK-*Schumacher* § 55 Rn 21; *Maus* ZIP 2004, 389; *Heinze* ZVI 2007, 349; *Pannen/Riedemann* NZI 2006, 193). Das Bundesarbeitsgericht (**BAG 10. 4. 08 – 6 AZR 368/07, NZI 2008, 762 Rn 19** noch zu § 35 aF; krit *Dahl* NJW-Spezial 2007, 485) differenziert hingegen dahingehend, dass eine **selbständige Tätigkeit mit freigegebenen oder gem §§ 811 Abs 1 Nr 5 ZPO, 36 InsO unpfändbaren Betriebsmitteln** (unechte, lediglich deklaratorische Freigabe) keine Haftung der Masse für neue, von dem Schuldner nach Verfahrenseröffnung eingegangene Arbeitsverhältnisse begründe, wenn zwischen dem Schuldner und dem Insolvenzverwalter eine den Erfordernissen des § 295 Abs 2 entsprechende Vereinbarung über abzuführende Beträge geschlossen wurde. Denn der Schuldner führe dann seinen Betrieb nicht ausschließlich zu Gunsten der Insolvenzmasse, sondern in der Hoffnung auf ihm verbleibende Gewinne primär auf eigene Rechnung. Wohl aber hafte die Masse für Verbindlichkei- 41 ten aus diesen Arbeitsverhältnissen, wenn der Insolvenzverwalter die Arbeitsverhältnisse für die Mehrung der Insolvenzmasse in Anspruch nimmt, insb wenn er verlangt, die die Pfändungsgrenzen des § 850 c ZPO übersteigenden betrieblichen **Gewinn** aus dieser Tätigkeit an die Insolvenzmasse **abzuführen** (**BAG** 10. 4. 08 aaO Rn 18: „in anderer Weise" begründet).

42 Auch die Begründung des Regierungsentwurfs (BT-Drucks 16/3227, S 17) und der Rechtsausschuss (BT-Drucks 16/4194 S 14) gingen davon aus, dass die durch den Neuerwerb in vielfältiger Form begründeten Verbindlichkeiten zunächst als Masseverbindlichkeiten anfallen, wenn der Insolvenzverwalter den Neuerwerb zur Masse zieht. Er könne die Begründung von Masseverbindlichkeiten aber dadurch verhindern, dass er die **Erklärung nach § 35 Abs 2** gegenüber dem Schuldner abgibt, wonach kein Vermögen aus der selbständigen Tätigkeit zur Insolvenzmasse gehört und die Ansprüche aus dieser Tätigkeit im Insolvenzverfahren nicht geltend gemacht werden können (zu Formulierungsbeispielen: *Kupka* InsbürO 2007, 386). Missverständlich ist allerdings die Begründung der BReg zum InsOÄndG 2007 unter Nummer 12, dass die Freigabe „*einschließlich der dazu gehörenden Vertragsverhältnisse*" erfolge. Denn zu Lasten der Masse **bestehende verpflichtende Verträge** (insb Arbeitsverhältnisse) **kann der Insolvenzverwalter nicht einseitig „freigeben"**; eine solche einseitige echte Freigabe kann sich nur auf Massegegenstände, nicht auf zweiseitig bindende Verträge beziehen (**BAG** 10. 4. 08 – 6 AZR 368/07, NZI 2008, 762 Rn 23; *Holzer* ZVI 2007, 289, 292; zum Fortbestand der Ansprüche der Zusatzversorgungskasse des Baugewerbes [ZVK] auf Sozialkassenbeiträge bis zur rechtlichen Beendigung der einzelnen Arbeitsverhältnisse **BAG** 5. 2. 09 – 6 AZR 110/08, ZIP 2009, 984). Die Enthaftung der Masse hinsichtlich eines auch zu ihren Lasten bestehenden Vertragsverhältnisses durch Fortführung allein mit dem Schuldner, dh. außerhalb des Insolvenzverfahrens, bedarf deshalb der Zustimmung des Vertragspartners (Braun/*Kroth* § 103 Rn 64; HK/*Marotzke* § 108 Rn 23). Etwas anderes gilt nur dann, wenn der Insolvenzverwalter dem Beschlag der Masse unterliegende Betriebsmittel freigibt, die sich als eine „Einheit" iSd zu § 613 a BGB ergangenen Rechtsprechung darstellen, und das Arbeitsverhältnis dieser „Einheit" zuzuordnen ist. In diesem Fall geht das Arbeitsverhältnis auf den Schuldner im Zuge der Freigabe über, wenn der Arbeitnehmer nicht rechtzeitig entsprechend **§ 613 a Abs 6 BGB** widerspricht (**BAG** 10. 4. 08 aaO Rn 23), wobei die Widerspruchsfrist erst mit ordnungsgemäßer Unterrichtung entsprechend § 613 a Abs 5 BGB beginnt (**BAG** 24. 5. 05 – 8 AZR 398/04, ZIP 2005, 1978).

43 Fällt der Neuerwerb nicht in die Insolvenzmasse, so können durch die entsprechenden Aufwendungen des Schuldners auch keine Masseverbindlichkeiten begründet werden (*Holzer* ZVI 2007, 289). Duldet der Insolvenzverwalter eine selbständige Tätigkeit des Schuldners, ohne eine Erklärung abzugeben, sind die Verbindlichkeiten aus dieser Tätigkeit nur dann Masseverbindlichkeiten, wenn er **Kenntnis** davon hat (*Holzer* ZVI 2007, 289; *Pape* NZI 2007, 481), da es einem Verwalter nicht zuzumuten ist, den Schuldner ständig zu überwachen und nachzuforschen. Ob im Rahmen des § 55 Abs 1 Nr 1 auch ein Unterlassen des Insolvenzverwalters zur Begründung von Masseverbindlichkeiten ausreicht, ist streitig (abl *Runkel* ZVI 2008, 45). Zwar können Masseverbindlichkeiten auch „in anderer Weise" (als durch Handlungen des Verwalters) durch die Verwaltung, Verwertung und Verteilung der Insolvenzmasse begründet werden. Andererseits besteht aber nur eine Pflicht zum Handeln, soweit die Vorschrift ihn zwingt, sich in der Frage der Freigabe zu erklären (*Pape* NZI 2007, 481). Ein Unterlassen des Verwalters kann folglich nur dann zur Begründung von sonstigen Masseverbindlichkeiten führen, wenn die Verantwortlichkeit der Insolvenzmasse infolge einer verweigerten Freigabe klar zu erkennen ist.

44 Die **Positiverklärung** des Insolvenzverwalters, also die Erklärung, dass der Neuerwerb in die Masse falle mit der Folge, dass die im Zusammenhang mit der selbständigen Tätigkeit des Schuldners begründeten Verbindlichkeiten als Masseverbindlichkeiten zu behandeln sind, hat rein deklaratorische Bedeutung (BT-Drucks 16/4194 S 14; K/P/B/*Holzer* § 35 Rn 113; aA FK-*Schumacher* § 55 Rn 21 a). Die **Negativerklärung** nach § 35 Abs 2 ist hingegen eine freigabeähnliche Erklärung eigener Art mit konstitutiver Wirkung (*Ahrens* NZI 2007, 622; *Dahl* NJW-Spezial 2007, 485; *Haarmeyer* ZInsO 2007, 696). Sie ist keine echte – in § 32 Abs 3 vorausgesetzte – Freigabe, da nur Vermögensgegenstände des Schuldners freigegeben werden können. Vertragsverhältnisse – dies zeigen die §§ 109 Abs 1 S 1, 113 S 1 – können nicht freigegeben werden, weil sie nach Maßgabe des § 80 Abs 1 nicht dem Insolvenzbeschlag unterliegen. Zur **Kfz-Steuer** s o § 38 Rn 92.

45 Unstreitig fällt die **Arbeitskraft des Schuldners** als solche nicht in die Insolvenzmasse, sodass bei abhängiger Beschäftigung die Begründung von Masseverbindlichkeiten ausgeschlossen ist (**FG** Neustadt 10. 11. 08 – 5 K 2040/08, nv).

III. Ansprüche aus gegenseitigen Verträgen (§ 55 Abs 1 Nr 2)

46 Bei den unerfüllten Gegenseitigkeitsschuldverhältnissen iSv § 55 Abs 1 Nr 2 handelt es sich um Verträge, deren Erfüllung zur Insolvenzmasse verlangt wird (Alt 1) oder für die Zeit nach Verfahrenseröffnung erfolgen muss (Alt 2). Die Regelung des § 55 Abs 1 Nr 2 entspricht – von einer redaktionellen Änderung abgesehen – der des § 59 Abs 1 Nr 2 KO. Der Gesetzeszweck für diese Bevorrechtigung liegt darin, dass derjenige, der vertragsgemäß seine Leistungen nach Verfahrenseröffnung weiter erbringt, auch sein Anrecht auf die volle Gegenleistung behalten soll (**BGH** 6. 11. 78 – VIII ZR 179/77, NJW 1979, 310).

III. Ansprüche aus gegenseitigen Verträgen (§ 55 Abs 1 Nr 2) **§ 55**

1. Masseverbindlichkeiten aufgrund Erfüllungsverlangens (1. Alt). Wie zu Zeiten der KO und GesO 47
ist auch nach der InsO zwischen gegenseitigen Verträgen, die auf einen einmaligen Leistungsaustausch
gerichtet sind (sog Austauschverträge) und Dauerschuldverhältnissen zu unterscheiden. **Austauschverträge**, die im Zeitpunkt der Verfahrenseröffnung noch nicht vollständig erfüllt waren, können nur dann
Masseverbindlichkeiten begründen, wenn sich der Insolvenzverwalter nach Verfahrenseröffnung gem
§ 103 Abs 1 für die Vertragserfüllung entscheidet. Lehnt der Verwalter die Erfüllung des Vertrages ab,
so bleibt der andere Teil mit seiner Schadenersatzforderung wegen Nichterfüllung Insolvenzgläubiger
(§ 103 Abs 2 S 1).

Verlangt der Insolvenzverwalter die Erfüllung gegenseitiger Verträge zur Insolvenzmasse, so werden 48
der Anspruch des Vertragspartners auf die Gegenleistung (Erfüllungsanspruch) und ein etwaiger Nacherfüllungsanspruch nach § 439 BGB (modifizierter Erfüllungsanspruch) originäre Masseforderungen
(**BGH 10. 8. 06 – IX ZR 28/05, NZI 2006, 575**), **nicht** jedoch **Sekundäransprüche**; dies gilt auch für
den vor Insolvenzeröffnung eingetretenen Verzugsschaden oder verwirkte Vertragsstrafen als reine Verzögerungsfolge (MüKo-*Hefermehl* § 55 Rn 111; HaKo-*Ahrendt* § 103 Rn 30; FK-*Wegener* § 103
Rn 70; K/P/B/*Tintelnot* § 103 Rn 76; MüKo-*Huber* § 103 Rn 165; aA HaKo-*Jarchow* § 55 Rn 11).
Grund hierfür ist das Äquivalenzprinzip, wonach für Leistungen, die der Verwalter aus der Insolvenzmasse erbringt, der Masse auch ein entsprechender Gegenwert zufließen muss. War hingegen noch kein
Verzug eingetreten oder die Vertragsstrafe noch nicht verwirkt, müssen die Fristen gegenüber dem Verwalter angemessen verlängert werden (N/R/*Balthasar* § 103 Rn 52; FK-*Wegener* § 103 Rn 70).

Veräußert der Insolvenzverwalter eine Sache, die vor der Verfahrenseröffnung im Rahmen eines 49
Lizenzvertrages vom Schuldner gebaut wurde, so ist diese Veräußerung lizenzgebührenpflichtig. Der
Lizenzgebührenanspruch des Lizenzgebers ist auch dann eine Masseverbindlichkeit, wenn die Veräußerung erst nach Beendigung des Lizenzvertrages erfolgt (**OLG Hamburg 26. 5. 88 – 3 U 7/88, ZIP 1988,
925**; MüKo-*Hefermehl* § 55 Rn 130).

Im Falle des **Rücktritts des Vertragspartners** entsteht ein gegenseitiges Rückabwicklungsverhältnis, 50
auf das § 103 Anwendung findet (Jaeger/*Henckel* § 55 Rn 45; HK-*Lohmann* § 55 Rn 16). Verlangt der
Verwalter Erfüllung, hat der Vertragspartner die empfangenen Leistungen an die Masse herauszugeben,
während diese die Rückgabe der Gegenleistung nach § 55 Abs 1 Nr 2 schuldet. Tritt jedoch der durch
eine Vormerkung gesicherte Käufer nach Zahlung des Kaufpreises wegen eines Rechtsmangels von dem
Grundstückskaufvertrag zurück und wird danach ein Insolvenzverfahren über das Vermögen des Verkäufers eröffnet, kann der Insolvenzverwalter von dem Käufer Bewilligung der **Löschung der Vormerkung** verlangen, ohne an ihn den Kaufpreis aus der Masse erstatten zu müssen (**BGH 22. 1. 09 – IX ZR
66/07, NZI 2009, 235**). Denn in der Geltendmachung des Grundbuchberichtigungsanspruchs liegt keine Erfüllungswahl, sondern zieht der Verwalter lediglich die Konsequenzen aus der gesetzlich festgelegten Rechtslage, dass infolge des vom Käufer erklärten Rücktritts sein Eigentumsübertragungsanspruch
und damit die Vormerkung als akzessorisches Sicherungsmittel entfallen sind. Im Übrigen müsste hinzutreten, dass der Verwalter als Folge der Umgestaltung des Vertragsverhältnisses eine an den Vertragspartner bewirkte Leistung zurückverlangt (Jaeger/*Henckel* § 55 Rn 45). Es fehlt aber an der erforderlichen synallagmatischen Verknüpfung, weil allein der Auflassungsanspruch und nicht die auf dessen
Sicherung beschränkte Vormerkung noch das Vermögen des Käufers vermehrt (**BGH 22. 1. 09 aaO Rn 11 ff**).
Ein Zurückbehaltungsrecht aus § 55 Abs 1 Nr 3 scheitert daran, dass die Bereicherung iHd gezahlten
Kaufpreises vor Insolvenzeröffnung eingetreten ist. Zur Rückabwicklung eines **Bauträgervertrages**,
wenn vor Eröffnung noch kein Rückabwicklungsschuldverhältnis zustande gekommen war, und zur
Spaltung des Vertrages gem § 106 Abs 1 S 2 in zwei Teile: **OLG Stuttgart 18. 8. 03 – 5 U 62/03, ZInsO
2004, 1087**.

2. Masseverbindlichkeiten aufgrund gesetzlichen Erfüllungszwangs (2. Alt). Für die Zeit nach Verfah- 51
renseröffnung muss die Erfüllung hinsichtlich derjenigen gegenseitigen Verträge erfolgen, die trotz Eröffnung des Insolvenzverfahrens fortbestehen (**BGH 17. 11. 05 – IX ZR 162/04, NJW 2006, 915**).
Dazu zählen insbesondere Miet- und Pachtverträge über unbewegliche Sachen sowie Dienst- und Arbeitsverträge (§§ 108, 113). Masseverbindlichkeiten sind hier die für die Zeit von der Verfahrenseröffnung bis zur Beendigung des Vertragsverhältnisses (Zeitablauf, Kündigung, Vertragsaufhebung, Anfechtung; Freigabe) oder bis zur Aufhebung des Insolvenzverfahrens geschuldeten Ansprüche. Entsprechend
dem Grundsatz, dass Masseverbindlichkeiten weitgehend nur begründet werden sollen, wenn der Insolvenzmasse tatsächlich eine nutzbare Gegenleistung zufließt, ist die Entstehung von Masseverbindlichkeiten in den vorgenannten Fällen tatsächlich erheblich eingeschränkt.

a) Miet- und Pachtverträge. Miet- und Pachtverträgen über **bewegliche** Sachen fallen unter § 103. 52
Daher ist auf sie auch § 105 anzuwenden mit der Folge, dass bis zur Verfahrenseröffnung begründete
Verbindlichkeiten bei Erfüllungswahl nicht zur Masseschuld erhoben werden können (**BGH 24. 1. 08 – IX ZR
201/06, NZI 2008, 295**; **KG Berlin 11. 12. 08 – 23 U 115/08, NZI 2009, 35**).

Auf Miet- und Pachtverträge über **unbewegliche** Gegenstände sind die Spezialvorschriften der 53
§§ 109 ff anzuwenden. Die nach Verfahrenseröffnung aus dem Miet- oder Pachtverhältnis resultierenden Ansprüche auf Miet- und Pachtzinszahlung sind Masseverbindlichkeiten, solange der Vertrag fort-

Sinz

§ 55

besteht. Sie entstehen nach § 163 BGB aufschiebend befristet erst zum Anfangstermin des jeweiligen Zeitraums der Nutzungsüberlassung (**BGH** 14. 12. 06 – IX ZR 102/03, NZI 2007, 158 Rn 12). **Kündigt der Insolvenzverwalter**, so sind die während der Kündigungsfrist noch anfallenden Miet- und Pachtzinsansprüche Masseverbindlichkeiten; sie unterliegen aber dem befristeten Vollstreckungsverbot des § 90 Abs 1. Die aufgrund der Kündigung bestehenden Schadensersatzansprüche bleiben gem § 109 Abs 1 S 2 Insolvenzforderungen. **Kündigt der Vermieter** oder Verpächter wegen schuldhafter Vertragsverletzung des Insolvenzverwalters das Miet- oder Pachtverhältnis fristlos aus wichtigem Grund, so sind die wegen vorzeitiger Vertragsbeendigung entstehenden Schadensersatzansprüche Masseschulden, allerdings nur für den Zeitraum, bis zu dem der Insolvenzverwalter das Miet- oder Pachtverhältnis nach § 109 Abs 1 hätte kündigen können. Der Entschädigungsanspruch des Vermieters aus § 546a BGB bzw des Verpächters aus § 584b BGB **wegen verspäteter Rückgabe** der Miet- oder Pachtsache nach deren Nutzung durch den Verwalter ist Masseverbindlichkeit (**BGH** 15. 2. 84 – VIII ZR 213/82, NJW 1984, 1527). Zur Höhe des Anspruchs beim **Finanzierungsleasing**: s u § 108 Rn 102 ff.

54 War das Mietverhältnis **bereits vor Insolvenzeröffnung beendet**, sind alle Abwicklungsansprüche schon vor Eröffnung entstanden und folglich grundsätzlich Insolvenzforderungen (**BGH** 21. 12. 06 – IX ZR 66/05, NZI 2007, 287 Rn 11). Eine Durchbrechung dieses Grundsatzes kommt nur in Betracht, wenn der Insolvenzverwalter die Miet- oder Pachtsache nach Verfahrenseröffnung (weiter) nutzt und den Vermieter oder Verpächter dabei gezielt vom Besitz ausschließt; in diesem Fall ist der Anspruch des Vermieters auf Nutzungsentschädigung eine Masseforderung (**BGH** 1. 3. 07 – IX ZR 81/05, NZI 2007, 33 Rn 21 [Mobilien]; **BGH** 21. 12. 06 aaO Rn 15 [Immobilien]).

55 aa) **Herausgabeanspruch**. Gemäß § 546 BGB bzw §§ 581 Abs 2, 546 BGB ist der Mieter bzw Pächter verpflichtet, nach der Beendigung des Miet- oder Pachtverhältnisses die gemietete oder gepachtete Sache zurückzugeben. Dieser vertragliche Herausgabeanspruch des Vermieters bzw Verpächters reicht weiter als der Herausgabeanspruch des Eigentümers: Nach § 985 BGB hat der Besitzer dem Eigentümer grundsätzlich nur den *unmittelbaren* Besitz an der Sache zu verschaffen, insb den Zugang zu ermöglichen und die Wegnahme zu dulden. Dagegen erstreckt sich die Herausgabepflicht des rechtsgrundlosen Besitzers nicht auf die Wegnahme von Einrichtungen oder die Beseitigung von Veränderungen. Mit diesem begrenzten Umfang begründet auch der **vertragliche** Herausgabeanspruch des Vermieters bzw Verpächters – soweit sich sein Inhalt mit § 985 BGB deckt – ein Aussonderungsrecht, dessen Erfüllung durch den Insolvenzverwalter zu Masseschulden führen kann, wenn er den Besitz (§ 854 Abs 1 BGB) innehält (**BGH** 5. 7. 01 – IX ZR 327/99, NZI 2001, 531). Der Schadensersatzanspruch des Vermieters oder Verpächters wegen eines vom Mieter bzw Pächter zu vertretenden **Untergangs der Miet- oder Pachtsache** ist nur dann Masseverbindlichkeit, wenn die Miet- oder Pachtsache nach Verfahrenseröffnung untergegangen ist.

56 bb **Räumungsanspruch**. Davon ist die miet- bzw pachtvertragliche Räumungspflicht zu unterscheiden. Sie hat grundsätzlich zum Inhalt, dass der Mieter bzw Pächter bei Vertragsende die Miet- bzw Pachtsache im vertragsgemäß geschuldeten Zustand zurückzugeben, ihn also notfalls herzustellen hat. Diese weitergehende Pflicht des Mieters bzw Pächters beruht allein auf dem vom ihm abgeschlossenen Vertrag. Sie kann nur unter den hierfür allgemein geltenden Regeln zur Masseverbindlichkeit werden. Dies gilt insbesondere für die Wegnahme von Einrichtungen des Mieters bzw Pächters sowie die Beseitigung der von ihm vorgenommenen Veränderungen, die zur Räumung iSv § 546 BGB bzw §§ 581 Abs 2, 546 BGB gehören. Anderenfalls würde die durch § 55 Abs 1 Nr 1 und 2 bezweckte Begrenzung von Masseschulden unterlaufen (**BGH** 6. 11. 78 – VIII ZR 179/77, BGHZ 72, 263, 267). Zwar ändert die Eröffnung des Insolvenzverfahrens nicht den Inhalt des Räumungsanspruchs selbst. Diese Folge besagt aber umgekehrt nichts darüber, in welchem Umfang die dafür entstehenden Kosten Masseschulden oder nur Insolvenzforderungen begründen. Insoweit sind die **Anspruchsfolgen** iSd §§ 105, 108 Abs 2 **teilbar** (**BGH** 10. 3. 94 – IX ZR 236/93, NJW 1994, 1858). An der Teilbarkeit ändert auch der Umstand nichts, dass der reine Herausgabeanspruch ein Aussonderungsrecht begründen kann, denn die Aussonderung beschränkt sich ihrem Umfang nach stets auf die Verschaffung des unmittelbaren Besitzes am Grundstück. Nur Kosten, die in *diesem* Umfang anfallen, können die Insolvenzmasse als solche belasten.

57 Dagegen begründen **Kosten zur Herstellung des ordnungsgemäßen Zustands** einer dem Schuldner überlassenen Mietsache keine Masseschuld, wenn der Mietvertrag **vor** der Insolvenzeröffnung beendet worden ist (**BGH** 17. 4. 08 – IX ZR 144/07, NJW-Spezial 2008, 407; **BGH** 5. 7. 01 – IX ZR 327/99, NZI 2001, 531). Alle Abwicklungsansprüche sind bereits vor Eröffnung entstanden und daher Insolvenzforderungen (**BGH** 21. 12. 06 – IX ZR 66/05, NZI 2007, 287 Rn 11). Wird der Mietvertrag erst **nach** der Insolvenzeröffnung durch Kündigung beendet, sind die Räumungskosten ebenfalls als bloße Insolvenzforderung zu qualifizieren, wenn die nachteiligen Veränderungen bereits vor der Verfahrenseröffnung durch den Schuldner verursacht wurden (**BGH** 17. 4. 08 aaO; **BGH** 18. 4. 02 – IX ZR 161/01, NZI 2002, 425).

58 Die gleichen Grundsätze gelten für **Schönheitsreparaturen**. Hier ist im Einzelfall darauf abzustellen, ob und inwieweit diese vor oder nach Verfahrenseröffnung angefallen sind (**KG Berlin** 26. 3. 81 – 8 U 2438/80, ZIP 1981, 753; **LG Hannover** 3. 6. 87 – 11 S 94/87, ZIP 1988, 116). Ist der Miet- oder

Pachtgegenstand bei Verfahrenseröffnung bereits derart abgenutzt, dass Schönheitsreparaturen notwendig sind, so ist der Anspruch des Vermieters bzw Verpächters auf Vornahme der Schönheitsreparatur bereits begründet und damit nur als einfache Insolvenzforderung anzusehen (OLG Celle 19. 2. 92 – 2 U 81/91, ZIP 1992, 714). Waren dagegen bei Insolvenzeröffnung noch keine Schönheitsreparaturen auszuführen und nutzt der Insolvenzverwalter den Miet- oder Pachtgegenstand bis zum Ablauf der Kündigungsfrist, so ist eine dann erforderliche Schönheitsreparatur Masseschuld (OLG Celle 21. 2. 96 – 2 U 5/95, EWiR 1996, 369). Eine verhältnismäßig kurze Nutzung der Mietsache durch den Insolvenzverwalter nach Verfahrenseröffnung begründet aber noch keine (anteilige) Verpflichtung auf Durchführung von Schönheitsreparaturen durch die Insolvenzmasse, wenn das Schwergewicht der Nutzung vor Verfahrenseröffnung lag.

An der früheren Rechtsprechung, dass der miet- bzw pachtvertragliche Rückgabeanspruch auch 59 insoweit vom Verwalter zu Lasten der Masse zu erfüllen sei, als er die **Entfernung zurückgelassener Sachen** umfasse (so BGH 5. 10. 94 – XII ZR 53/93, NJW 1994, 3232), hat der XII. Senat auf Anfrage des IX. Senats nicht mehr festgehalten (**BGH** 5. 7. 01 – IX ZR 327/99, NZI 2001, 531 sub II 1 b aE). Nur soweit die nachteiligen Veränderungen erst nach der Eröffnung des Insolvenzverfahrens eingetreten sind, ist der Wiederherstellungsanspruch (zB auf Beseitigung von Verunreinigungen eines Pachtgrundstücks) Masseschuld. Die Beweislast hierfür trifft den Vermieter (**BGH** 5. 7. 01 aaO sub II 2 a).

cc) Kautionsrückgewähranspruch. Der Kautionsrückgewähranspruch des Mieters im Insolvenzver- 60 fahren über das Vermögen des Vermieters berechtigt weder zur Aus- noch zur Absonderung, wenn der Vermieter die Kaution nicht von seinem Vermögen gem § 551 Abs 3 S 3 BGB getrennt angelegt hat; er ist dann nur Insolvenzgläubiger (**BGH** 20. 12. 07 – IX ZR 132/06, NJW 2008, 1152; **OLG** München 6. 7. 90 – 21 U 2752/90, ZMR 1990, 413).

b) Dienst- und Arbeitsverträge. Die zweite große Gruppe der nach § 55 Abs 1 Nr 2 privilegierten 61 Forderungen bilden die Vergütungsansprüche aus Arbeits- und Dienstverhältnissen; diese stellen trotz der in § 113 Abs 1 S 2 bestimmten Höchstfrist für Kündigungen von drei Monaten zum Monatsende eine erhebliche Belastung für die Masse dar. Auch in der Insolvenz des Arbeitgebers ist der Arbeitnehmer verpflichtet, seine vertraglich geschuldete Arbeitsleistung zu erbringen; er behält im Gegenzug dazu seinen Anspruch auf die vertraglich vereinbarte Vergütung. Der Insolvenzverwalter ist unverändert verpflichtet, den Arbeitnehmer vertragsgemäß zu beschäftigen und ihm das vereinbarte Arbeitsentgelt zu zahlen.

aa) Entgeltansprüche. Unter § 55 Abs 1 Nr 2 fallen alle Entgeltansprüche, die aus der Beschäftigung 62 von Arbeitnehmern **nach Verfahrenseröffnung** durch den Insolvenzverwalter erwachsen, und zwar taggenau ab dem Stichtag der Eröffnung (einschließlich). Dem steht nicht entgegen, dass der anspruchsbegründende Tatbestand (Abschluss des Arbeitsvertrages) vor Verfahrenseröffnung liegt, also das Schuldverhältnis schon vor Verfahrenseröffnung bestand. Bei Dauerschuldverhältnissen ist entscheidend, dass die Einzelansprüche von einer jeweils neu zu erbringenden Gegenleistung abhängen und daher für jeden Zeitabschnitt (§ 614 S 2 BGB) immer wieder neu begründet werden (zur Abgrenzung s o § 38 Rn 58; **BAG** 27. 9. 07 – 6 AZR 975/06, ZIP 2008, 374 Rn 18). Masseforderungen sind demnach alle Lohnansprüche, die sich aus dem jeweiligen Arbeits- oder Tarifvertrag ergeben, aber auch alle sonstigen Ansprüche aus dem fortbestehenden Arbeitsverhältnis wie zB Fahrtkosten, Spesen, Auslösungen, vermögenswirksame Leistungen etc. Selbst wenn der Insolvenzverwalter den Betrieb unmittelbar mit Verfahrenseröffnung stilllegt, die Arbeitnehmer freistellt und damit ihre Dienste nicht mehr in Anspruch nimmt, bleibt er gemäß § 615 BGB zur Vergütung der Arbeitnehmer verpflichtet (**BAG** 27. 9. 07 aaO; **LAG** Stuttgart 1. 9. 81 – 1 Sa 16/81, ZIP 1982, 103; **LAG** Hamm 2. 3. 77 – 2 Sa 1312/76, DB 1977, 1611; N/R/Anders § 55 Rn 102). Der Insolvenzverwalter hat auch die Ansprüche auf Feiertagsentlohnung, Entgeltfortzahlung im Krankheitsfalle und bei Kuren und Rehabilitationsmaßnahmen sowie tarifliche Freistellungsansprüche als Masseansprüche nach § 55 Abs 1 Nr 2 zu erfüllen, wenn diese Ereignisse in die Zeit nach Verfahrenseröffnung fallen. Gleiches gilt für alle sonstigen Ansprüche, die sich aus dem Fortbestand des Arbeitsverhältnisses ergeben wie zB die Ansprüche der **Zusatzversorgungskasse des Baugewerbes (ZVK)** auf Sozialkassenbeiträge bis zur rechtlichen Beendigung der einzelnen Arbeitsverhältnisse (**BAG** 5. 2. 09 – 6 AZR 110/08, ZIP 2009, 984).

Entgeltansprüche **für die Zeit vor der Eröffnung** des Insolvenzverfahrens kann der Arbeitnehmer da- 63 gegen nur zur Tabelle anmelden (§ 108 Abs 2). Hierzu gehören alle geldwerten Ansprüche aus dem Arbeitsverhältnis (Gehalts-, Lohn-, Entgeltfortzahlungs-, Feiertagslohn-, Urlaubs- und Abgeltungsansprüche, Provisionen, Gratifikationen, Tantiemen, Karenzentschädigung, Spesen, Auslösungen, sonstiger Auslagenersatz, vermögenswirksame Leistungen etc), soweit sie für die Zeit vor Insolvenzeröffnung rückständig sind (**LAG** Chemnitz 22. 11. 07 – 1 Sa 364/03, nv).

Bei der **Stundung von Lohn- oder Gehaltsforderungen** oder Provisionen hängt die Frage der insol- 64 venzrechtlichen Einordnung allein davon ab, auf welche Zeiträume die verrichteten Tätigkeiten entfallen (**BAG** 12. 1. 67 – 5 AZR 269/66, NJW 1967, 1055). Resultieren die Ansprüche aus der Zeit vor Verfahrenseröffnung, so bleiben sie selbst dann Insolvenzforderungen, wenn die Stundung nach Insolvenzeröffnung endet, weil § 108 Abs 2 auf den Zeitpunkt des Entstehens und damit auf die Fälligkeit abstellt. Ist der Insolvenzverwalter vorübergehend nicht zur Zahlung der fälligen Arbeitsentgelte in der Lage, berührt eine *mit ihm* getroffene Stundungsvereinbarung den Masseschuldcharakter der Entgeltansprüche nicht.

65 Zunehmend vereinbaren Betriebsräte mit ihren Arbeitgebern zur Beschäftigungssicherung für einen bestimmten Zeitraum einen vollständigen oder teilweisen **Verzicht auf die Zahlung von Urlaubs- und Weihnachtsgeld.** Ein solcher Verzicht auf tariflich geregelte Leistungen durch Betriebsvereinbarung ist gem § 77 Abs 3 BetrVG und § 4 Abs 3 und 4 TVG unzulässig, wenn die tarifliche Regelung keine Öffnungsklausel enthält. Dies gilt auch dann, wenn für den Fall des Ausscheidens des Arbeitnehmers während der Dauer der Beschäftigungssicherung der Anspruch in Höhe des Verzichts wieder „entsteht". Durch eine derartige unzulässige Betriebsvereinbarung lässt sich auch keine Änderung der Rangfolge der Forderungen im Insolvenzverfahren derart herbeiführen, dass die dann wieder „entstandene" Forderung eine Masseschuld darstellt (**LAG** Düsseldorf 29. 1. 98 – 2 (14) Sa 1417/97, NZA-RR 1998, 450). Sie bleibt vielmehr einfache Insolvenzforderung, weil sie vor Verfahrenseröffnung begründet wurde (§ 108 Abs 2). Allerdings wird die ursprüngliche Forderung in den meisten Fällen bereits nach den jeweiligen tariflichen Vorschriften verfallen sein, sodass sie zu bestreiten ist.

66 Zu den Masseschulden zählen bei Einfirmenvertretern auch Ansprüche auf **Karenzentschädigung**, wenn der Insolvenzverwalter nach § 103 die Erfüllung einer Wettbewerbsabrede nach § 90a HGB wählt.

67 **bb) Gratifikationen.** Zuwendungen **aus besonderem Anlass** wie zB Jubiläumsgratifikationen, Heirats- und Geburtsbeihilfen oder Arbeitgeberzuschüsse zum Mutterschaftsgeld und zum Krankengeld sind auch in der Insolvenz zu zahlen (**BAG** 18. 12. 64 – 5 AZR 262/64, NJW 1965, 1347), und zwar als Masseschulden, wenn sie zu einem nach Verfahrenseröffnung liegenden Zeitpunkt fällig werden (**BAG** 23. 5. 67 – 5 AZR 449/66, NJW 1967, 1926; HaKo-*Jarchow* § 55 Rn 51). Anders verhält es sich bei **Jahressondervergütungen** (wie zB Weihnachtsgeld, Gratifikation oder 13. Monatsgehalt), deren einziger Zweck die zusätzliche Vergütung für die im Bezugszeitraum geleistete Arbeit ist oder mit denen auch die Betriebstreue belohnt werden soll (Jahressondervergütung mit Mischcharakter); Indiz hierfür ist, dass die zugrundeliegende arbeitsrechtliche Regelung ausdrücklich ihre *anteilige* Zahlung im Falle der vorzeitigen Beendigung des Arbeitsverhältnisses vorsieht. Solche Ansprüche sind Arbeitsentgelt „für die Zeit", in der die mit der Sonderzuwendung vergüteten Dienste geleistet wurden, mit der Folge, dass sie auf den Zeitraum vor und nach Eröffnung aufzuteilen und entsprechend **anteilig** als Masseschuld oder Insolvenzforderung zu befriedigen sind (§ 108 Abs 3); auf die Fälligkeit kommt es nicht an (**BAG** 21. 5. 80 – 5 AZR 441/78, ZIP 1980, 784). Ist die Jahressondervergütung hingegen nicht der Arbeitsleistung bestimmter Entgeltzahlungszeiträume zuzuordnen (zB Zahlung bei Vorliegen eines ungekündigten Arbeitsverhältnisses an einem bestimmten Stichtag), wofür das *Fehlen* einer arbeitsvertraglichen Regelung über eine anteilige Zahlung im Falle der vorzeitigen Beendigung des Arbeitsverhältnisses spricht, so ist der Anspruch **in voller Höhe** als Masseschuld zu erfüllen, wenn der maßgebliche Stichtag nach Verfahrenseröffnung liegt.

68 **cc) Urlaub.** Urlaubsansprüche der Arbeitnehmer bleiben von der Eröffnung des Insolvenzverfahrens gem § 108 Abs 1 S 1 unberührt (**BAG** 25. 3. 03 – 9 AZR 174/02, ZIP 2003, 1802). Inwieweit diese nach § 108 Abs 3 nur als Insolvenzforderungen geltend gemacht werden können, hängt davon ab, ob es sich um solche „für" die Zeit vor Eröffnung handelt. Dies ist – nach Ansicht des 9. Senats des BAG – nicht der Fall. Urlaubsansprüche seien nicht von einer Arbeitsleistung im Kalenderjahr abhängig und würden daher auch nicht monatlich verdient. Soweit sie noch nicht zeitlich festgesetzt sind, könnten sie keinem bestimmten Zeitraum im Jahr zugeordnet werden (**BAG** 15. 5. 87 – 8 AZR 506/85, ZIP 1987, 1266). Deshalb verbiete sich auch eine rechnerische Zuordnung bestimmter Urlaubstage auf Zeitpunkte vor oder nach der Eröffnung der Insolvenz. Endet das Arbeitsverhältnis nach Eröffnung des Insolvenzverfahrens, sei der **Urlaubsabgeltungsanspruch** aus § 7 Abs 4 BUrlG – so der 9. Senat des BAG – in voller Höhe Masseverbindlichkeit iSv § 55 Abs 1 Nr 2 Alt 2, da Urlaubsabgeltungsansprüche erst mit Beendigung des Arbeitsverhältnisses entstehen. Deshalb sei es für die Einordnung als Masseverbindlichkeit auch unerheblich, ob die Zeit nach Eröffnung des Insolvenzverfahrens bis zur Beendigung des Arbeitsverhältnisses ausgereicht hätte, den Urlaubsanspruch durch Freistellung von der Arbeitspflicht zu erfüllen (die Entscheidungen **BSG** 27. 9. 94 – 10 RAr 6/93, ZIP 1994, 1873; **BAG** 21. 5. 80 – 5 AZR 441/78, NJW 1981, 79 zum Rückrechnungsprinzip des § 59 Abs 1 Nr 2 Alt 2 KO seien durch § 108 InsO obsolet geworden; zur Urlaubsabgeltung bei Arbeitsunfähigkeit **BAG** 24. 3. 09 – 9 AZR 983/07, DB 2009, 1018). Dies gelte auch für Urlaubsansprüche, die aus dem Vorjahr stammen und infolge rechtzeitiger Geltendmachung nach den tariflichen Vorschriften nicht mit Ablauf des 31. 3. des Folgejahres verfallen sind (**LAG** Hamm 27. 6. 02 – 4 Sa 468/02, NZI 2003, 47).

69 **Dem kann jedoch nicht gefolgt werden**, da es nicht darauf ankommt, wann ein Anspruch entsteht, sondern wann dieser „begründet" (§ 38), also die rechtliche Grundlage hierfür im Kern gelegt worden ist. Maßgeblich ist daher, wann der Urlaubsanspruch erworben wurde, so dass der Urlaubsanspruch aufzuteilen ist in die Urlaubstage vor und nach der Insolvenzeröffnung. Dem entsprechend ist das **Urlaubsentgelt** und **Urlaubsgeld** für die Urlaubstage unmittelbar vor Verfahrenseröffnung Insolvenzforderung nach § 38, die Urlaubsvergütung für die Urlaubstage ab dem Tag der Verfahrenseröffnung Masseschuld

III. Ansprüche aus gegenseitigen Verträgen (§ 55 Abs 1 Nr 2) **§ 55**

gem § 55 Abs 1 Nr 2. Gleiches gilt für den Anspruch auf **Urlaubsabgeltung**. Auch das Bundesarbeitsgericht nimmt die gleiche Abgrenzung im Rahmen des § 209 vor, wenn es um die Zuordnung der Ansprüche zu den Alt- oder Neumasseverbindlichkeiten geht: *„Urlaubsvergütung und -abgeltung und die entsprechenden Ersatzansprüche sind als Neumasseverbindlichkeit anteilig zu berichtigen, und zwar in dem Umfang, der rechnerisch auf den Zeitraum des aktiven Beschäftigungsverhältnisses nach Anzeige der Masseunzulänglichkeit im Verhältnis zum Urlaubsjahr entfällt"* (**BAG** 21.11.06 – 9 AZR 97/06, ZIP 2007, 834 Rn 22). Ein „Nachziehen" des gesamten Urlaubs durch die Weiterbeschäftigung hat das BAG ausdrücklich abgelehnt, weil dies der Systematik der Insolvenzordnung widerspreche. Wie sich schon aus der gleichen Wortwahl des Gesetzgebers ergibt (§ 209 Abs 1 Nr 2: „begründet"), erfolgt die Abgrenzung zwischen Alt- und Neumasseverbindlichkeiten nach den entsprechend heranzuziehenden Kriterien wie für die Abgrenzung zwischen Insolvenzforderungen und Masseschulden (MüKo-*Hefermehl* § 209 Rn 24; K/P/B/*Pape* § 209 Rn 10 b). Es entstünde daher ein **Wertungswiderspruch zu § 209**, wenn für die rechtliche Qualifikation der Ansprüche bei Eröffnung andere Kriterien herangezogen würden als bei Anzeige der Masseunzulänglichkeit, zumal das BAG unter Geltung der KO ebenfalls eine Aufteilung vorgenommen hat mit der zutreffenden Begründung: *„Die Rangordnung von Ansprüchen auf Arbeitsentgelt in einem Konkursverfahren baut darauf auf, daß diese Ansprüche jeweils einem bestimmten Zeitraum zugeordnet werden können"* (**BAG** 21.5.80 – 5 AZR 441/78, NJW 1981, 79 sub II 2 a). Die vom BAG vertretene Ansicht, der Urlaubsanspruch sei nicht teilbar (**BAG** 21.11.06 aaO Rn 13), widerspricht zudem der Regelung in den §§ 105 S 1, 108 Abs 3 InsO und 5 BUrlG und lässt sich auch nicht mit der gegenteiligen Praxis bei der Berechnung des Insolvenzgeldes vereinbaren.

dd) Freistellung. Ein Freistellungsanspruch aus der Umwandlung von Vergütung in Freizeit oder zum 70 Ausgleich von Überstunden aus der Zeit vor Insolvenzeröffnung (sog **Freizeitguthaben**) ist nach Insolvenzeröffnung als Insolvenzforderung zu behandeln (§ 45); Erfüllung durch Freistellung kann nicht mehr verlangt werden (**LAG** Frankfurt/M 10.9.08 – 8 Sa 1595/07, NZA-RR 2009, 92).

Soweit der Insolvenzverwalter nach Verfahrenseröffnung Arbeitnehmer von der Arbeit **unter Anrech- 71 nung von Urlaubs- und Freizeitausgleichsansprüchen freistellt,** werden die Urlaubsansprüche der Arbeitnehmer in solchen Fällen selbst dann erfüllt, wenn die Zahlung des Urlaubsentgelts nicht vor Urlaubsbeginn erfolgt und die Freistellung zugleich auch zur Arbeitsvermittlung durch die Agentur für Arbeit geschieht (**BAG** 18.12.86 – 8 AZR 481/84, ZIP 1987, 798; zum Urlaubskassenverfahren der Bauwirtschaft: **BAG** 19.9.00 – 9 AZR 504/99, DB 2001, 1256; *Schietinger* Die Insolvenzsicherung von Arbeitszeitguthaben, Diss. 2008; *Wiezer* Insolvenzsicherung von Arbeitszeitkonten, Diss. 2004). Die Ansprüche auf Zahlung von Urlaubsentgelt bzw die Vergütung für die abgefeierten Überstunden sind Masseverbindlichkeiten.

Geschieht die Freistellung von der Arbeit ohne Bezahlung oder reichen die Urlaubsansprüche nicht 72 bis zum Ablauf der ordentlichen Kündigungsfrist aus, dann muss die Agentur für Arbeit auf Antrag des Arbeitnehmers im Rahmen der sog **Gleichwohlgewährung** Arbeitslosengeld zahlen (§ 143 Abs 3 SGB III). In Höhe der Zahlung gehen die Entgeltansprüche der Arbeitnehmer einschließlich der von dieser abzuführenden Sozialversicherungsbeträge (§ 28 d SGB IV) auf die Agentur für Arbeit über, und zwar im Rang von Masseansprüchen nach § 55 Abs 1 Nr 2 (§§ 115 SGB X iVm §§ 412, 401 Abs 2 BGB). Hinsichtlich der Differenz behalten die Arbeitnehmer ihre Entgeltansprüche gegen die Insolvenzmasse; diese Restansprüche der Arbeitnehmer und die auf die Agentur für Arbeit übergegangenen Entgeltansprüche genießen den gleichen Rang, sodass bei Masseunzulänglichkeit kein Rangverhältnis besteht (**BAG** 16.10.85 – 5 AZR 203/84, ZIP 1986, 242; aA LAG Hamm 29.4.82 – 10 Sa 82/82, ZIP 1982, 979). Lohnsteuer fällt nur für Zahlungen auf den Differenzlohn an; etwaige spätere Erstattungen des Insolvenzverwalters an die Agentur für Arbeit sind lohnsteuerfrei (R 3.2 Abs. 1 S 2 LStR).

Die Arbeitnehmer müssen sich im Falle ihrer Freistellung einen evtl **Zwischenverdienst** gem § 615 S 2 73 BGB anrechnen lassen (**LAG** Kiel 20.2.97 – 4 Sa 567/96, NZA-RR 1997, 286; **teilw aA LAG** Berlin 17.3.98 – 2 Sa 670/97, NZA 1999, 269); bei geringerem Zwischenverdienst behält der Arbeitnehmer in Höhe der Differenz seine Entgeltansprüche gegen die Insolvenzmasse (**LAG** Frankfurt/Main 18.4.79 – 8/10 Sa 632/78, ZIP 1980, 103; **LAG** Stuttgart 1.9.81 – 1 Sa 16/81, ZIP 1982, 103). Für den Insolvenzverwalter ist eine solche Vorgehensweise, wenn die Arbeitnehmer mit der Freistellung einverstanden sind, dennoch vorteilhaft, weil er diese Masseansprüche nicht bereits bei Fälligkeit erfüllen muss, sondern mit dem „gestundeten" Geld zunächst weiter wirtschaften kann und Vollstreckungsschutz genießt (§§ 90 Abs 1, 210).

Bei Arbeitsverhältnissen, die erst **nach Verfahrenseröffnung begründet** worden sind, ist die Urlaubs- 74 vergütung (Urlaubsentgelt und evtl. Urlaubsgeld) sowie der Urlaubsabgeltungsanspruch stets Masseschuld.

ee) Altersteilzeit (Blockmodell). Ansprüche aus einem Altersteilzeitverhältnis sind gem § 108 Abs 2 75 Insolvenzforderung, wenn es sich um solche „für" die Zeit vor Eröffnung des Insolvenzverfahrens handelt. Die **Abgrenzung** erfolgt **danach, wann die Arbeitsleistung, die den Ansprüchen zugrunde liegt, erbracht wurde** (**BAG** 23.2.05 – 10 AZR 672/03, DB 2005, 1227); hingegen kommt es nicht darauf an, wann der Arbeitnehmer die Zahlungen verlangen kann. Denn ein Arbeitnehmer ist in der **Arbeitsphase** (Blockmodell) der Altersteilzeit mit seiner vollen Arbeitsleistung in Vorlage getreten. Auch soweit der

Sinz

Arbeitgeber die Vergütung erst später auszuzahlen gehabt hätte, ist diese in vollem Umfang bereits verdient (BAG 23. 2. 05 aaO). Die **Freistellung** von der Arbeit im bestehenden Arbeitsverhältnis und die zunächst unterbliebene Lohnzahlung stellen keine „Handlungen des Insolvenzverwalters" dar. Der Anspruch aus § 628 Abs 2 BGB ist deshalb keine Masseverbindlichkeit, sondern Insolvenzforderung (**BAG** 27. 9. 07 – 6 AZR 975/06, ZIP 2008, 374; **BAG** 19. 10. 04 – 9 AZR 645/03, ZIP 2005, 457; **BAG** 24. 9. 03 – 10 AZR 640/02, ZIP 2004, 124). Aus dem Umstand, dass eine dem § 59 Abs Nr 3 KO entsprechende Vorschrift im Insolvenzverfahren fehlt und des Weiteren die frühere Privilegierung der Bundesanstalt für Arbeit gem § 59 Abs 2 KO bzw § 13 Abs 2 GesO wegen der nach § 187 SGB III übergegangenen Ansprüche entfallen ist, ist zu schließen, dass Schadensersatzansprüche aus § 628 Abs 2 BGB wegen vor Insolvenzeröffnung beendeter Arbeitsverhältnisse nicht privilegiert sein sollen (BAG 22. 10. 98 – 8 AZR 73/98, ZInsO 1999, 301). Dies steht in Einklang mit der Regelung, dass auch die Schadensersatzansprüche des Arbeitnehmers wegen vorzeitiger Beendigung des Arbeitsverhältnisses, nämlich der „Verkürzung" der längeren einzelvertraglichen, gesetzlichen und tariflichen Kündigungsfristen, die über die Dauer von drei Monaten zum Monatsende hinausgehen, nur als Insolvenzforderungen geltend gemacht werden können (§ 113 Abs 1 S 3).

76 ff) **betriebliche Altersversorgung.** Konsequenterweise sind auch Ansprüche auf Überbrückungsgeld und betriebliche Altersversorgung mit dem vor Eröffnung des Insolvenzverfahrens über das Vermögen des Arbeitgebers erdienten Anteil Insolvenzforderung und mit dem während des eröffneten Verfahrens entstandenen Anteil Masseschuld (**BGH** 6. 12. 07 – IX ZR 284/03, NZI 2008, 185; **BAG** 15. 12. 87 – 3 AZR 420/87, ZIP 1988, 327 sub III 2 b; Jaeger/Henckel § 55 Rn 56).

77 gg) **Abfindung.** Der Anspruch auf Zahlung einer Abfindung, der auf einer Vereinbarung zwischen dem Schuldner und dem Arbeitnehmer beruht, ist grundsätzlich eine Insolvenzforderung, auch wenn er erst nach Insolvenzeröffnung entsteht (**BAG** 27. 9. 07 – 6 AZR 975/06, ZIP 2008, 374; **LAG** Düsseldorf 18. 1. 07 – 5 (8) Sa 1023/06, LAGE § 47 InsO Nr 2; **LAG** Hamm 10. 1. 07 – 2 Sa 1901/05, nv; Holzer EWiR 2008, 335). § 38 ist Ausfluss des in § 1 S 1 formulierten Ziels, die gemeinschaftliche Befriedigung der Gläubiger herbeizuführen und stellt den Regelfall dar; § 55 hat lediglich Ausnahmecharakter (**BAG** 27. 9. 07 aaO). Insbesondere § 55 Abs 1 Nr 2 2. Alt bringt mit dem Wort „für" zum Ausdruck, dass es bei den gemäß § 53 vorweg aus der Insolvenzmasse zu berichtigenden Verbindlichkeiten aus gegenseitigen Verträgen nicht allein auf die vereinbarte Leistungen, sondern auch auf die Zwecksetzung ankommt. Es genügt daher nicht, dass die Verbindlichkeiten „in der Zeit" nach der Eröffnung des Insolvenzverfahrens erfüllt werden müssen. Denn Abfindungen sind in der Regel kein Entgelt für nach Insolvenzeröffnung erbrachte Arbeitsleistungen, sondern stellen einen Ausgleich für die durch den Verlust des Arbeitsplatzes entstehenden Nachteile und/oder eine Honorierung der Zustimmung des Arbeitnehmers zur vorzeitigen Vertragsauflösung dar. Basiert der Abfindungsanspruch auf einem vor Verfahrenseröffnung abgeschlossenen **Sozialplan** oder (außer-)gerichtlichen **Vergleich**, so ist dieser auch dann Insolvenzforderung und nicht Masseschuld, wenn er erst nach Insolvenzeröffnung mit der Beendigung des Arbeitsverhältnisses entsteht (**BAG** 27. 10. 98 – 1 AZR 94/98, NZI 1999, 334; **BAG** 7. 2. 85 – 2 AZR 46/84, ZIP 1985, 1510, 1511; **BAG** 6. 12. 84 – 2 AZR 268/81, KTS 1985, 536; **BAG** 6. 12. 84 – 2 AZR 348/81, ZIP 1985, 490). Gleiches gilt für eine **einzelvertraglich** vor Verfahrenseröffnung vereinbarte Abfindungszahlung für den Fall der Beendigung des Arbeitsverhältnisses in der Insolvenz (**BAG** 25. 2. 81 – 5 AZR 922/78, ZIP 1991, 1021).

78 Auch der für den Fall der Kündigung vertraglich vereinbarte Abfindungsanspruch eines Geschäftsführers ist Insolvenzforderung (**OLG** Frankfurt/M 16. 9. 04 – 3 U 205/03, NZI 2004, 667).

79 Indes sind Abfindungen, die im Kündigungsschutzprozess über eine unwirksame **Kündigung des Insolvenzverwalters** vereinbart oder nach den §§ 9, 10 KSchG festgesetzt werden, Masseverbindlichkeit (**LAG** Hamm 23. 10. 73 – 3 Sa 541/73, KTS 1975, 47).

80 hh) **Nachteilsausgleich.** Zu den Masseschulden gehören ferner Ansprüche auf Nachteilsausgleich nach § 113 Abs 3 BetrVG, wenn der Insolvenzverwalter **nach** Verfahrenseröffnung eine Betriebsänderung durchführt, ohne darüber einen Interessenausgleich mit dem Betriebsrat versucht zu haben (**BAG** 13. 6. 89 – 1 AZR 819/87, ZIP 1989, 1205; **BAG** 23. 8. 88 – 1 AZR 276/87, NJW 1989, 1054; **BAG** 9. 7. 85 – 1 AZR 323/83, NJW 1986, 2454; **LAG** Hamm 26. 8. 04 – 4 Sa 129/04, nv; **LAG** Köln 22. 10. 01 – 2 (4) Sa 208/01, NZI 2002, 332). Dies gilt selbst dann, wenn der Arbeitnehmer nur kurze Zeit beschäftigt war und das Insolvenzverfahren masseunzulänglich ist (**LAG** Halle 24. 6. 97 – 2 Sa 689/96, NZA-RR 1998, 77). Der Interessenausgleichsversuch wird auch nicht dadurch entbehrlich, dass die hierzu erforderliche Zeitspanne den Arbeitnehmern nur weitere Nachteile gebracht hätte (**BAG** 18. 12. 84 – 1 AZR 176/82, ZIP 1985, 633). Soweit der spätere Schuldner hingegen **vor** Eröffnung des Insolvenzverfahrens mit der Durchführung einer Betriebsänderung ohne den Versuch eines Interessenausgleichs begonnen hat, ist der Anspruch auf Nachteilsausgleich auch dann lediglich eine einfache Insolvenzforderung (§ 38), wenn das Arbeitsverhältnis erst durch eine vom Insolvenzverwalter in Ausführung der begonnenen Betriebsänderung ausgesprochene Kündigung beendet wird (**BAG** 4. 12. 02 – 10 AZR 16/02, NZI 2003, 271; **BAG** 3. 4. 90 – 1 AZR 150/89, ZIP 1990, 873). Maßgeblich für die insolvenzrechtliche Beurteilung des Anspruchs ist der Zeitpunkt, zu dem die geplante Betriebsände-

rung durchgeführt und der Verhandlungsanspruch vereitelt wird (zum Beginn der Durchführung: **BAG 30. 5. 06 – 1 AZR 25/05, ZIP 2006, 1510, 1511 Rn 19 ff; BAG 22. 11. 05 – 1 AZR 407/04, ZIP 2006, 1312, 1315 Rn 34 f**).

ii) Betriebsratskosten und Kosten der Einigungsstelle. Zu den Masseschulden zählen auch die nach Verfahrenseröffnung dem Betriebsrat entstehenden Kosten sowie die Kosten einer Einigungsstelle, soweit diese nach der Verfahrenseröffnung tätig geworden ist (**BAG 27. 3. 79 – 6 ABR 39/76, DB 1979, 1562**). Honoraransprüche eines Beraters des Betriebsrates nach § 111 S 2 BetrVG sind hinsichtlich vor Insolvenzeröffnung erbrachter Tätigkeiten dagegen Insolvenzforderungen (**LAG München 10. 5. 07 – 2 TaBV 36/06, ZIP 2008, 35**). 81

jj) Zeugnisanspruch. Endete das Arbeitsverhältnis **vor** Insolvenzeröffnung, bleibt der Schuldner zur Erteilung des Zeugnisses verpflichtet (und nicht der Insolvenzverwalter). Ein etwaiges Verfahren über den Zeugnisanspruch wird auch nicht gem § 240 ZPO unterbrochen (**BAG 23. 6. 04 – 10 AZR 495/03, BB 2004, 2526**). Endet das Arbeitsverhältnis hingegen **nach** Eröffnung des Verfahrens, ist der Zeugnisanspruch aus § 109 GewO vom Insolvenzverwalter zu erfüllen, auch wenn er keine eigenen Kenntnisse über die Arbeitsleistungen des Arbeitnehmers hat. Um seine Pflicht erfüllen zu können, steht ihm ein Auskunftsanspruch nach § 97 Abs 1 gegenüber dem Schuldner zu (**BAG 23. 6. 04 aaO**). Das Gleiche gilt bei Bestellung eines vorläufigen Insolvenzverwalters mit Verwaltungs- und Verfügungsbefugnis. 82

c) Geltendmachung. Massegläubiger brauchen ihre Forderungen im Insolvenzverfahren nicht anzumelden. Deren Befriedigung vollzieht sich unabhängig vom Gang des Insolvenzverfahrens und außerhalb desselben (**LAG Hamm 23. 9. 99 – 4 Sa 1007/98, ZIP 2000, 246**). Die Ansprüche können klageweise selbständig geltend gemacht werden; im Vollstreckungswege kann allerdings nur teilweise Sicherung und Befriedigung erzwungen werden, denn Zwangsvollstreckungen wegen Masseverbindlichkeiten, die nicht durch eine Rechtshandlung des Insolvenzverwalters begründet worden sind, unterliegen für die Dauer von sechs Monaten seit der Eröffnung des Insolvenzverfahrens der **Vollstreckungssperre** des § 90 Abs 1. Dieser Regelung liegt die Unterscheidung zwischen „oktroyierten" und „gewillkürten" Masseverbindlichkeiten als tragender Gedanke zugrunde. Entsprechend der ratio der Norm werden von der Vollstreckungssperre aber nicht erfasst (§ 90 Abs 2): 83
– die Ansprüche aus § 55 Abs 1 Nr 2 Alt 1, also die Fälle, in denen der Insolvenzverwalter nach § 103 die Erfüllung gewählt hat,
– die Ansprüche aus Dauerschuldverhältnissen (§ 55 Abs 1 Nr 2 Alt 2) für die Zeit nach dem ersten Termin, zu dem der Insolvenzverwalter sie hätte kündigen können,
– die Ansprüche aus Dauerschuldverhältnissen, soweit der Insolvenzverwalter für die Insolvenzmasse die Gegenleistung in Anspruch nimmt.

Zu den Letzteren zählen die Lohn- und Gehaltsansprüche der gekündigten Arbeitnehmer, die während der Kündigungsfrist nicht freigestellt, sondern weiterbeschäftigt werden. Führt der Insolvenzverwalter den Geschäftsbetrieb des Schuldners fort, müssen Forderungen, die ein Arbeitnehmer als Massegläubiger zeitlich nach der Insolvenzeröffnung erwirbt, nach den **tariflichen Ausschlussfristen** fristgerecht geltend gemacht und gegebenenfalls eingeklagt werden (**BAG 18. 12. 84 – 1 AZR 588/82, ZIP 1985, 754 sub II 4; LAG Hamm 23. 1. 08 – 2 Sa 1333/07, ZInsO 2008, 1159** [Nichtzulassungsbeschwerde anhängig unter **BAG – 6 AZN 616/08**]). Gleiches gilt für Gegenansprüche des Insolvenzverwalters gegen den Arbeitnehmer (**BAG 14. 9. 94 – 5 AZR 407/93, NZA 1995, 897**). 84

IV. Ansprüche aus ungerechtfertigter Bereicherung der Insolvenzmasse
(§ 55 Abs 1 Nr 3)

1. maßgeblicher Zeitpunkt. Ein Bereicherungsanspruch nach § 55 Abs 1 Nr 3 setzt voraus, dass die Masse nach Insolvenzeröffnung etwas iSd §§ 812 ff BGB erlangt hat. Maßgeblicher Zeitpunkt ist die Insolvenzeröffnung. Eine schon vor Insolvenzeröffnung eingetretene Bereicherung des Schuldners begründet keine Masseschuld, sondern lediglich eine Insolvenzforderung (**BGH 22. 1. 09 – IX ZR 66/07, NZI 2009, 235 Rn 20**), selbst wenn die Zahlung auf einem während der vorläufigen Insolvenzverwaltung eingerichteten „Insolvenz-Anderkonto" eingegangen ist und der Insolvenzverwalter dieses Konto aufgrund eines entsprechenden Beschlusses der Gläubigerversammlung als Hinterlegungskonto iSd § 149 fortführt (**BGH 20. 9. 07 – IX ZR 91/06, NZI 2008, 39 Rn 10** [zu Haftungsrisiken s u § 60 Rn 25]; HaKo-*Jarchow* § 55 Rn 18; MüKo-*Hefermehl* § 55 Rn 200). Ist die Bereicherung bereits vor der Eröffnung zur Masse gelangt, greift § 55 Abs 1 Nr 3 auch dann nicht ein, wenn der Rechtsgrund erst mit oder nach der Eröffnung weggefallen ist (**BGH 7. 5. 09 – IX ZR 61/08, NZI 2009, 475** für Lastschriftwiderspruch durch vorläufigen schwachen Verwalter). Auch eine Vorverlagerung auf den Zeitpunkt der Bestellung eines **starken vorläufigen Insolvenzverwalters**, auf den die Verwaltungs- und Verfügungsbefugnis übergegangen ist, kommt nicht in Betracht (MüKo-*Hefermehl* § 55 Rn 200; HaKo-*Jarchow* § 55 Rn 19; K/P/B/*Pape* § 55 Rn 62; N/R/*Andres* § 55 Rn 123; HK/*Eickmann* § 55 Rn 24; aA Jaeger/*Henckel* § 55 Rn 92). Denn nach dem Wortlaut des § 55 Abs 2 sind nur solche Verbindlichkeiten aus der Zeit des Eröffnungsverfahrens Masseschuld, die von dem vorläufigen Insolvenzverwalter „be- 85 gründet" worden sind oder auf einem Dauerschuldverhältnis beruhen, im Rahmen dessen der vorläufige Verwalter eine Leistung in Anspruch genommen hat. Diese Regelung ist abschließend und stellt erkennbar auf die Nr 1 und 2 des § 55 Abs 1 ab. Der Bereicherungsanspruch nach Nr 3 wird gerade nicht erwähnt. Unter systematischen Gesichtspunkten könnte Abs 1 Nr 3 durchaus von der dahinter stehenden Regelung des Abs 2 erfasst sein, wenn man die Norm über den Wortlaut hinaus extensiv auslegt. Um den Zweck des Abs 2, Unternehmensfortführungen zu erleichtern, muss die Vorschrift aber eng ausgelegt werden. Zwar kann es auch im Rahmen der Unternehmensfortführung während der vorläufigen Insolvenzverwaltung zu einer ungerechtfertigen Bereicherung kommen; der gleichmäßige Schutz von Bereicherungs- und Vertragsgläubigern war aber nicht Intention des § 55 Abs 1 Nr 3.

86 Wer dem Schuldner die **Deckung für einen Zahlungsauftrag** überwiesen hatte, kann die Deckung nicht als Masseschuld, sondern nur als Insolvenzforderung zurückverlangen, wenn nach Gutschrift des Deckungsbetrages, aber vor Erledigung des Zahlungsauftrags die Insolvenz eröffnet wird (**OLG** Celle 4. 11. 81 – 3 U 18/81, ZIP 1982, 84; Jaeger/*Henckel* § 55 Rn 82). Ebenso wenig besteht eine Masseschuld, wenn jemand dem Schuldner ein **Darlehen** zur Verwendung für einen Dritten gegeben hat und vor der Verwendung die Insolvenz eintritt. Das Gleiche gilt, wenn Kommissionsgut vom Schuldner veräußert und der Erlös von ihm eingezogen wird (RGZ 94, 305). Geht nach Beendigung des Girovertrags zwischen der kontoführenden Bank und dem Schuldner eine **Gutschrift auf dem aufgelösten Konto** ein und leitet die Bank das Guthaben nach Abrechnung des Kontos an den Insolvenzverwalter weiter, so ist die Bank Leistungsempfängerin (**FG** Berlin 4. 6. 08 – 15 K 6215/05 B, nv [Revision beim **BFH** unter Az VII R 6/09 anhängig]).

87 2. **Unmittelbarkeit der Massebereicherung.** § 55 Abs 1 Nr 3 setzt eine unmittelbare Bereicherung der Insolvenzmasse voraus. Befriedigt ein Dritter einen Insolvenzgläubiger, so tritt zwar eine Massebereicherung ein. Diese besteht in der **Befreiung von** der erfüllten **Insolvenzforderung**, also in der Quote, die auf diese Forderung entfallen wäre. Aber gleichwohl wird man dem Zahlenden keinen Anspruch mit den Eigenschaften eines Masseanspruchs zubilligen können (**BGH** 25. 4. 62 – VIII ZR 43/61, NJW 1962, 1200). Die berichtigte Insolvenzforderung brauchte nicht angemeldet zu werden, könnte aber die Quote für diese Forderung als Masseschuld verlangt werden. Das würde eine hypothetische Berechnung der Insolvenzquote erfordern und zu einer Zahlung aus der Insolvenzmasse, letztlich auf eine Insolvenzforderung, führen, ohne dass die übrigen Insolvenzforderungen bereits festgestellt sind und eine Verteilung möglich wäre. Damit würde aufgrund der Zahlung des Dritten das Prinzip der gemeinschaftlichen, gleichmäßigen Befriedigung der Insolvenzgläubiger durchbrochen.

88 War ein Miet- oder Pachtvertrag bereits vor Insolvenzeröffnung beendet, die Mietsache aber noch nicht herausgegeben, steht dem Vermieter ein Anspruch auf Nutzungsentschädigung nur dann gegen die Masse zu, wenn und soweit der Insolvenzverwalter das **Mietobjekt** bewusst in Besitz genommen und es genutzt hat. Die Inbesitznahme der Masse gemäß § 148 genügt hierfür nicht. Nur wenn der Insolvenzverwalter das Mietobjekt für die Masse nutzt, haftet diese nach § 55 Abs 1 Nr 3; nutzt er nur Teile der Mieträume ist nur der Nutzungswert der belegenen Fläche zu ersetzen (**OLG** Hamburg 17. 12. 08 – 4 U 112/06, ZInsO 2009, 333; *Wolff/Eckert/Ball* Handbuch des gewerblichen Miet-, Pacht- und Leasingrechts Rn 1648).

89 3. **Bereicherung ohne rechtlichen Grund.** Der Masse muss etwas ohne rechtlichen Grund zugeflossen sein. Es genügt, dass der rechtliche Grund infolge der Insolvenzeröffnung weggefallen ist. Eine grundlose Bereicherung der Masse kann sich auch daraus ergeben, dass der Insolvenzverwalter nicht zur Masse gehörige Sachen mit gleichartigen Sachen der Masse untrennbar vermischt oder einen dem gleichstehenden Erwerb (etwa gem § 951 BGB) für die Masse erzielt.

90 4. **Einzelfälle:**
Eine Massebereicherung begründen
– der Anspruch auf Rückgewähr des an die Insolvenzmasse auf eine Nichtschuld Geleisteten;
– im Insolvenzverfahren über das Vermögen des Versicherers der Anspruch des Versicherungsnehmers auf Rückerstattung der an die Masse gezahlten Prämien, soweit sie auf die Zeit nach der Beendigung des Versicherungsverhältnisses entfallen;
– Anspruch des Berechtigten auf Auskehrung eines Erlöses, der zu Unrecht der Masse zugeteilt worden ist;
– Anspruch des durch eine Lebensversicherung Begünstigten auf Herauszahlung der zur Nachlassinsolvenzmasse eingezogenen Versicherungssumme;
– **girovertraglicher Berichtigungsanspruch**, wenn die Bank das durch Fehlüberweisung entstandene oder erhöhte Guthaben des Schuldners dem Insolvenzverwalter bereits zur Verfügung gestellt hatte;
– Anspruch des Abtretungsempfängers des Schuldners aus § 816 Abs 2 BGB auf Abführung der in Unkenntnis der Abtretung vom Drittschuldner mit befreiender Wirkung (§ 407 BGB) an die Masse geleisteten Zahlung;
– Anspruch des Anfechtungsschuldners auf Ersatz einer Werterhöhung des Anfechtungsgegenstandes oder auf die dem Schuldner gegebene Gegenleistung;

V. Ansprüche aus der Zeit der vorläufigen Insolvenzverwaltung § 55

- Anspruch des Absonderungsberechtigten wegen **unzulässiger Veräußerung von Grundstückszubehör** durch den Insolvenzverwalter;
- Anspruch des Vorbehaltsverkäufers (Sicherungseigentümers) auf den zur Masse gelangten, nicht mehr unterscheidbaren Erlös aus dem vom Insolvenzverwalter vorgenommenen Weiterverkauf der Vorbehaltssache (des Sicherungsgutes);
- Verpflichtung des Verwalters zur Rückgabe der Gegenleistung aus einem vom Schuldner nach Insolvenzeröffnung getätigten unwirksamen Rechtsgeschäft;
- Anspruch auf Ersatz der Prozesskosten eines Feststellungsprozesses, der nur gegen einzelne Gläubiger geführt worden ist, aber zugunsten der Masse geendet hat (§ 183 Abs 3), und der Anspruch der Insolvenzgläubiger auf die ihnen erwachsenen Prozesskosten, wenn der Insolvenzverwalter einen anhängigen Anfechtungsprozess übernommen und erfolgreich durchgeführt hat (§ 11 Abs 1 S 2 AnfG).

5. Umfang, Beweislast: Die Ansprüche aus § 55 Abs 1 Nr 3 sind echte Bereicherungsansprüche; ihr Umfang bestimmt sich nach den §§ 818–820 BGB. Der den Anspruch erhebende Gläubiger ist darlegungs- und beweispflichtig dafür, dass eine Massebereicherung vorliegt, zB der Insolvenzverwalter eine Forderung als Nichtberechtigter eingezogen hat. 91

V. Ansprüche aus der Zeit der vorläufigen Insolvenzverwaltung (§ 55 Abs 2)

§ 55 Abs 2 bezieht die von einem vorläufigen Verwalter **mit Verwaltungs- und Verfügungsbefugnis** (§ 22 Abs 1 iVm § 21 Abs 2 Nr 2 Alt 1) begründeten Verbindlichkeiten in den Kreis der Masseverbindlichkeiten ein. Diese Ausweitung der Masseverbindlichkeiten basiert auf der weitgehenden Gleichstellung der Rechtsstellung des vorläufigen Insolvenzverwalters mit Verwaltungs- und Verfügungsbefugnis mit der des endgültigen Insolvenzverwalters. Hierdurch sollen vor allem die Möglichkeiten einer Betriebsfortführung durch den vorläufigen Insolvenzverwalter erleichtert werden, ohne dass auf Treuhandlösungen zurückgegriffen werden muss, um den Gegenleistungsanspruch während des Eröffnungsverfahrens zu sichern. 92

Eine analoge Anwendung des § 55 Abs 2 auf die Fälle der Anordnung eines **Zustimmungsvorbehalts** (§ 22 Abs 2 S 1 iVm § 21 Abs 2 Nr 2 Alt 2) scheidet mangels Vorliegens einer planwidrigen Regelungslücke aus (**BGH** 24. 1. 08 – IX ZR 201/06, NZI 2008, 295; **BGH** 20. 9. 07 – IX ZR 91/06, NZI 2008, 39; **BGH** 13. 7. 06 – IX ZR 57/05, NZI 2006, 587; **BGH** 18. 7. 02 – IX ZR 195/01, NJW 2002, 3326; **BAG** 31. 7. 02 – 10 AZR 275/01, NJW 2003, 989; **KG** Berlin 11. 12. 08 – 23 U 115/08, NZI 2009, 35; **OLG** Köln 29. 6. 01 – 19 U 199/00, NZI 2001, 554; FK-*Schumacher* § 55 Rn 3; MüKo-*Hefermehl* § 55 Rn 210). Auch der Wortlaut und Zweck der Norm schließen eine analoge Anwendung aus, weil sie den „Übergang" der Verfügungsbefugnis über das Vermögen voraussetzen. **Einzelermächtigungen** des vorläufigen schwachen Insolvenzverwalters (§ 22 Abs 2) vermögen nur einzelne Masseverbindlichkeiten von begrenztem Umfang zu begründen (**BGH** 18. 7. 02 aaO sub IV 2 a aa); sie führen nicht zu einer analogen Anwendung von § 55 Abs 2 bezüglich der übrigen Verbindlichkeiten (**LAG** Frankfurt/Main 6. 2. 01 – 4 Sa 1583/00, ZInsO 2001, 562 sub 3 b; FK-*Schumacher* § 55 Rn 32; Jaeger/*Gerhardt* § 22 Rn 128; HaKo-*Jarchow* § 55 Rn 23; aA N/R/*Mönning* § 22 Rn 224). 93

1. Ansprüche aus dem Handeln des vorläufigen Insolvenzverwalters. Zu den in § 55 Abs 2 S 1 bezeichneten Verbindlichkeiten zählen alle Verbindlichkeiten, die auf Handlungen oder Rechtsgeschäften des vorläufigen Insolvenzverwalters mit Verwaltungs- und Verfügungsbefugnis oder auf dessen Verwaltungs-, Verwertungs- und Verteilungsmaßnahmen beruhen. Es muss sich um sog Neugeschäfte handeln. Ansprüche, die aus bereits bestehenden Verträgen resultieren, also sog Altgeschäfte, werden von der Regelung des § 55 Abs 2 S 1 schon deshalb nicht erfasst, weil nur der endgültig bestellte Insolvenzverwalter das Erfüllungswahlrecht des § 103 geltend machen kann (MüKo-*Hefermehl* § 55 Rn 215). 94

2. Ansprüche aus Inanspruchnahme der Gegenleistung im Eröffnungsverfahren. Ansprüche aus Dauerschuldverhältnissen werden nur in dem Umfang zu Masseverbindlichkeiten, in dem der vorläufige Insolvenzverwalter mit Verwaltungs- und Verfügungsbefugnis oder mit gerichtlicher Sonderermächtigung (MüKo-*Hefermehl* § 55 Rn 218) für die künftige Insolvenzmasse die Gegenleistung in Anspruch nimmt. **Sinn und Zweck dieser Regelung** ist es, dem vorläufigen Insolvenzverwalter die ihm durch § 22 Abs 1 Nr 2 auferlegte Unternehmensfortführung für die Dauer des Eröffnungsverfahrens zu ermöglichen (*Kirchhof* ZInsO 1999, 365). Gleichzeitig soll die Insolvenzmasse nur soweit erforderlich durch diese Verbindlichkeiten belastet werden, sodass Rückstände die Privilegierung nicht genießen. Dauerschuldverhältnisse unterscheiden sich gegenüber den auf einmalige Leistung gerichteten Austauschverhältnissen dadurch, dass aus ihnen während ihrer Laufzeit ständig neue Hauptleistungs-, Nebenleistungs- und Schutzpflichten entstehen, und setzen begrifflich voraus, dass ein dauerndes Verhalten oder wiederkehrende Leistungen geschuldet werden und dass der Gesamtumfang der Leistungen von der Dauer der Rechtsbeziehung abhängt. 95

a) erfasste Dauerschuldverhältnisse. § 55 Abs 2 S 2 erfasst nach seinem Wortlaut alle Dauerschuldverhältnisse. Neben den Arbeitsverhältnissen und sonstigen Dienstverhältnissen sind mit dem Begriff 96

„Dauerschuldverhältnisse" Miet- und Pachtverhältnisse sowie die in der Insolvenzordnung im Übrigen nicht besonders geregelten Wasser-, Gas-, Wärme- und Stromlieferungsverträge, Entsorgungsverträge, Telekommunikationsanschlüsse, Darlehen, Leasing, Factoring, Franchising und ähnliche Verträge gemeint (FK-*Schumacher* § 55 Rn 35; HaKo-*Jarchow* § 55 Rn 26). Durch diese Regelung wird der Umfang der Masseverbindlichkeiten gegenüber der Konkurs- und Gesamtvollstreckungsordnung deutlich erweitert, aber auch die Betriebsfortführung erleichtert, weil der sog starke vorläufige Insolvenzverwalter gegenüber dem Sequester im Konkurs- und Gesamtvollstreckungsverfahren bestehende, günstige Sukzessivlieferungsverträge fortführen kann. Das Erfüllungswahlrecht des endgültigen Verwalters nach § 103 garantiert nämlich nicht, dass solche Verträge nach Verfahrenseröffnung stets zu günstigeren Konditionen neu abgeschlossen werden können. Erscheinen dem vorläufigen Insolvenzverwalter mit Verwaltungs- und Verfügungsbefugnis die nach Antragstellung vorgefundenen Vertragsverhältnisse ungünstig zu sein, so braucht er die Gegenleistung nicht in Anspruch zu nehmen und kann versuchen, günstigere Verträge abzuschließen.

97   b) **Inanspruchnahme der Gegenleistung.** Unter Inanspruchnahme ist ein Verhalten des vorläufigen Insolvenzverwalters zu verstehen, mit dem er die geschuldete Gegenleistung nutzt, obwohl er dies pflichtgemäß hätte verhindern können. Eine positive Willensbekundung nach außen ist nicht erforderlich; es genügt ein passives Geschehenlassen (**BGH** 29. 4. 04 – IX ZR 141/03, ZInsO 2004, 674 sub II 2 d (1); **BGH** 3. 4. 03 – IX ZR 101/02, ZIP 2003, 914). Allerdings darf es sich **nicht** um eine „oktroyierte" **Nutzung** handeln, da es dann nicht seiner Entscheidung unterliegt, die weitere Nutzung zu verhindern; in diesem Fall fehlt es an einer Inanspruchnahme der Gegenleistung iSv § 55 Abs 2 S 2.

98   Der vorläufige Insolvenzverwalter mit Verfügungsbefugnis ist auch zur Erteilung eines **Zeugnisses** verpflichtet, wenn er entweder in vollem Umfang die Verfügungsbefugnis über die Arbeitsverhältnisse erhält oder das Arbeitsverhältnis erst nach der Insolvenzeröffnung beendet wird; diese Pflicht trifft ihn unabhängig davon, ob und wie lange er den Arbeitnehmer tatsächlich beschäftigt hat oder ob er überhaupt eigene Kenntnisse über dessen Arbeitsleistung gewinnen konnte. Ggf. hat der Insolvenzverwalter auf den gegenüber dem Schuldner bestehenden Auskunftsanspruch zurückzugreifen (**BAG** 23. 6. 04 – 10 AZR 495/03, ZIP 2004, 1974).

99   Soweit eine Inanspruchnahme der Gegenleistung vorliegt, geht § 55 Abs 2 S 2 als lex specialis der Regelung in § 108 Abs 3 vor (**BGH** 18. 7. 02 – IX ZR 195/01, ZIP 2002, 1625; Jaeger/*Henckel* § 55 Rn 89; MüKo-*Hefermehl* § 55 Rn 217; HK/*Eickmann* § 55 Rn 28; K/P/B/*Tintelnot* § 108 Rn 28 a).

100   c) **Nichtinanspruchnahme der Gegenleistung.** Das Recht des vorläufigen Insolvenzverwalters, die Gegenleistung aus Dauerschuldverhältnissen nicht in Anspruch zu nehmen, schließt die Befugnis zur **Freistellung der Arbeitnehmer** ein; dies folgt im Umkehrschluss aus den Regelungen der §§ 55 Abs 2 S 2, 209 Abs 2 Nr 3 (**LAG** Hamm 6. 9. 01 – 4 Sa 1276/01, ZInsO 2002, 45, **LAG** Hamm 27. 9. 00 – 2 Sa 1178/00, NZI 2001, 499, 500; *Bertram* NZI 2001, 625, 626). Denn in diesem Fall wird die Gegenleistung ebenfalls nicht von der Insolvenzmasse in Anspruch genommen mit der Folge, dass auch keine Masseansprüche entstehen (§ 108 Abs 3). Der vorläufige Insolvenzverwalter kann die freigestellten Arbeitnehmer auf das Arbeitslosengeld verweisen. Zahlt die Arbeitsagentur im Falle einer Freistellung im Rahmen der sog **Gleichwohlgewährung** (§ 143 Abs 3 SGB III) an die Arbeitnehmer Arbeitslosengeld, so sind die gem § 115 SGB X auf sie übergehenden Arbeitsentgeltansprüche wegen der Regelung des § 108 Abs 3 nur als einfache Insolvenzforderungen zu berichtigen (*Berscheid* ZInsO 2000, 134, 136).

103   Will der Verwalter bei einem **Mietverhältnis** die Inanspruchnahme der Nutzung verhindern, ist er gehalten, von sich aus alles zu unternehmen, um die weitere Inanspruchnahme der Gegenleistung zu verhindern. Soweit er durch eine noch laufende Kündigungsfrist gebunden ist, hat er den Vermieter „freizustellen", indem er ihm die weitere Nutzung der Mietsache anbietet. Ist das Angebot auf Rückgewähr des unmittelbaren Besitzes nicht möglich, weil eine fortdauernde Weiter- oder Untervermietung besteht, so ist die Übergabe des mittelbaren Besitzes anzubieten. Hierzu gehört das Recht, den Untermietzins einzuziehen (**BGH** 29. 4. 04 – IX ZR 141/03, ZInsO 2004, 674 sub II 2 d (1) zu § 209 Abs 2 Nr 3).

VI. Ansprüche der Bundesagentur für Arbeit aus übergegangenem Recht (§ 55 Abs 3)

101   Werden die Arbeitnehmer im Insolvenzeröffnungsverfahren nicht von der Arbeit freigestellt, nimmt der vorläufige Insolvenzverwalter, auf den die Verwaltungs- und Verfügungsbefugnis übergegangen ist, also ihre Arbeitskraft für die Insolvenzmasse in Anspruch, dann sind deren Entgeltansprüche Masseverbindlichkeiten nach § 55 Abs 2 S 2 (**LAG** Hamm 10. 1. 00 – 19 Sa 1638/99, NZI 2000, 189; **LAG** Köln 25. 2. 00 – 12 Sa 1512/99, NZI 2000, 288). Im Falle eines Forderungsübergangs auf einen Rechtsnachfolger bleibt die Rechtsqualität des Anspruchs an sich unverändert (§§ 412, 401 Abs 2 BGB).

102   Das InsOÄndG vom 26. 10. 2001 hat mit Wirkung zum 1. 12. 2001 § 55 um die Vorschrift des Abs 3 ergänzt und in dessen S 1 bestimmt, dass auf die Bundesagentur für Arbeit gem § 184 SGB III übergegangene **Ansprüche auf Arbeitsentgelt** – abweichend zu den §§ 412, 401 Abs 2 BGB – zu bloßen Insolvenzforderungen herabgestuft werden. Der Gesetzgeber ist insoweit der Rechtsprechung gefolgt (**BAG**

3. 4. 01 – 9 AZR 143/00, ZInsO 2001, 1174; **BAG** 3. 4. 01 – 9 AZR 301/00, NZI 2002, 118) und hat damit die Regelungen über Kurzarbeitergeld (Kug) und Insolvenzgeld (Insg) wieder gleichgezogen (*Berscheid* BAG Report 2002, 11, 12). Dadurch sollen die Chancen für eine Sanierung erhaltenswerter Unternehmen verbessert werden, ohne die Arbeitnehmer zu belasten (BT-Drucks 14/5680 S 17, 25). S 2 der Norm stellt klar, dass auch der von der Insolvenzgeldversicherung abgedeckte **Gesamtsozialversicherungsbeitrag** erfasst und ebenfalls als Insolvenzforderung qualifiziert wird. Diese Ergänzung war erforderlich, weil Sozialversicherungsbeiträge nach § 208 Abs 2 S 1 SGB III nicht auf die Bundesagentur übergehen, sondern die Einzugsstellen zur Einziehung weiter berechtigt bleiben.

Zur Anwendung auf **Altverfahren: BAG** 3. 4. 01 – 9 AZR 301/00, NZI 2002, 118). 103

Dritter Abschnitt Insolvenzverwalter. Organe der Gläubiger

§ 56 Bestellung des Insolvenzverwalters

(1) ¹Zum Insolvenzverwalter ist eine für den jeweiligen Einzelfall geeignete, insbesondere geschäftskundige und von den Gläubigern und dem Schuldner unabhängige natürliche Person zu bestellen, die aus dem Kreis aller zur Übernahme von Insolvenzverwaltungen bereiten Personen auszuwählen ist. ²Die Bereitschaft zur Übernahme von Insolvenzverwaltungen kann auf bestimmte Verfahren beschränkt werden.

(2) Der Verwalter erhält eine Urkunde über seine Bestellung. Bei Beendigung seines Amtes hat er die Urkunde dem Insolvenzgericht zurückzugeben.

Übersicht

	Rn
A. Allgemeines	1
B. Verwaltertätigkeit als Beruf	3
C. Auswahl des Insolvenzverwalters	5
I. Aufnahme in die Vorauswahlliste	6
1. Die Vorauswahlliste	6
2. Beschränkung der Vorauswahlliste	8
3. Das Aufnahmeverfahren (Listing)	9
a) Die Bewerbung	9
b) Keine Negativliste oder Gläubigermitwirkung	10
4. Kriterien für die Aufnahme in die Vorauswahlliste	11
a) Gesetzliche Kriterien	11
aa) Natürliche Person	11
bb) Generelle persönliche Eignung	12
cc) Geschäftskunde	15
dd) Höchstpersönliches Amt	19
ee) Generelle Unabhängigkeit	26
b) Sonstige Kriterien	28
c) Anmerkungen zu den einzelnen Kriterien	30
aa) Fachliche Qualifikation des Bewerbers	31
bb) Persönliche Fähigkeit und Eignung	32
cc) Negative Erfahrungen	33
dd) Garantie der persönlichen Wahrnehmung originärer Verwalteraufgaben	34
ee) Generelle Unabhängigkeit	35
ff) Funktionsfähige Büroorganisation	36
gg) Ortsnähe und Erreichbarkeit	37
hh) Softskills	39
ii) Qualität und Qualitätssicherung	40
II. Ablehnung der Aufnahme in die Vorauswahlliste	41
1. Der Ablehnungsbescheid	41
2. Rechtsmittel gegen die Ablehnung	42
III. Delisting	44
1. Die Streichung aus der Vorauswahlliste	44
a) Anhörung des Verwalters	45
b) Form der Entscheidung	46
c) Rechtsmittel	47
2. Faktisches Delisting	48
IV. Die Bestellung des Insolvenzverwalters im Einzelfall	49
1. Besondere Kriterien für die Bestellung im Einzelfall	50
a) Spezielle Unabhängigkeit	51
b) Vertrauen	53
2. Die Bestellungsentscheidung	54
a) Rechtsnatur des Ernennungsaktes	54
b) Keine Begründungspflicht	55
c) Funktionelle Zuständigkeit	56
d) Bestellungsurkunde	57

	Rn
e) Gläubigerbeteiligung	58
f) Öffentliche Bekanntmachung	60
g) Vermögensschadenhaftpflichtversicherung	61
3. Rechtsmittel	62
4. Die Umsetzung der Kommissionsempfehlungen in die Praxis	64
V. Mehrere Verwalter	65
VI. Einsetzung eines Sonderinsolvenzverwalters	66
1. Antrags- und Beschwerderecht	69
2. Rechtsstellung des Sonderverwalters	71
3. Die Vergütung des Sonderinsolvenzverwalters	72
VII. Staatshaftung bei Auswahlverschulden	75
VIII. Der Insolvenzverwalter als Ehrverletzer	76
IX. Beginn und Ende des Verwalteramtes	77
X. Keine Ablehnung des Insolvenzverwalters wegen Befangenheit oder Interessenkollision	79
XI. Die Auswirkungen der Europäischen Dienstleistungsrichtlinie auf die Auswahl und Bestellung von Verwaltern	80
XII. Die steuerrechtliche Stellung des Insolvenzverwalters	82
1. Allgemeines	82
2. Die umsatzsteuerliche Stellung des Insolvenzverwalters	83
3. Die persönliche steuerrechtliche Stelle des Insolvenzverwalters	84
a) Tätigkeit von Insolvenzverwalter	84
b) Einkommensteuerliche Einordnung der Vergütung	87
4. Die steuerliche Haftung des Insolvenzverwalters	89

A. Allgemeines

1   Nach § 56 Abs 1 ist zum Insolvenzverwalter eine für den jeweiligen Einzelfall geeignete, insbesondere geschäftskundige und von den Gläubigern und dem Schuldner unabhängige natürliche Person zu bestellen. Nach wie vor gilt der von *Ernst Jaeger* (6./7. Aufl 1939 § 78 KO Anm 7) geprägte Satz: "Die Auslese des Verwalters ist die Schicksalsfrage des Konkurses." Die Bestellung des Insolvenzverwalters gehört deshalb zu den schwierigsten Verfahrensentscheidungen des Gerichts (*Häsemeyer* InsR vor Rn 6.27; *Pape* ZIP 1993, 737 ff; *Uhlenbruck* KTS 1989, 229; *Römermann* NJW 2002, 3729; *ders* ZInsO 2004, 937; *C.-P. Kruth*, Die Auswahl und Bestellung des Insolvenzverwalters, 2006, S 8 ff; *Bork* ZIP 2006, 58 f; *Busch* DZWIR 2004, 353; *Frind* ZInsO 2005, 225; *ders* ZInsO 2005, 700; *ders* DRiZ 2006, 199; *Höfling* NJW 2005, 2341; *Graf-Schlicker* FS Greiner 2005 S 71; *Graeber* NZI 2002, 345; *ders* NJW 2004, 2715; *ders* NZI 2004, 546; *Hess* FS Uhlenbruck S 453; *Uhlenbruck* KTS 1989, 229 ff; *ders* NZI 2006, 489; *Wieland* ZIP 2004, 1449; *ders* ZIP 2005, 233; *ders* ZIP 2007, 462; *Lüke* ZIP 2000, 1574; *Holzer/Kleine-Cosack/Prütting*, Die Bestellung des Insolvenzverwalters, 2001). Der Insolvenzverwalter ist das letztlich wichtigste Organ des Insolvenzverfahrens, wenngleich die Gläubigerversammlung nach dem Gesetz alle wichtigen Entscheidungen zu treffen hat. Die Verwalterauswahl stellt sich für den Insolvenzrichter zugleich auch als **haftungsrechtliches Problem** dar. Die richtige Verwalterauswahl erfordert einen berufserfahrenen Insolvenzrichter, der nicht nur Kenntnisse im Rechnungswesen, sondern auch wirtschaftliches Verständnis aufbringt. Nach Möglichkeit sollte er auch **Fremdsprachenkenntnisse** haben. Zu Haftungsrisiken und zur Qualitätssicherung für Insolvenzrichter s auch *Uhlenbruck* FS Fischer 2008, S 509 ff; *ders* ZInsO 2008, 396; *Heyrath* ZInsO 2006, 1196, 1198; HaKo-*Frind* § 56 Rn 3; *ders* DRiZ 2006, 199; *Messner* DRiZ 2006, 329, 331. Die Zeiten, wo entweder junge und unerfahrene oder vor der Pensionierung stehende ältere Richter in Insolvenzabteilungen eingesetzt wurden, sind endgültig vorbei. Die **Amtsrichterkommission des Deutschen Richterbundes NRW** (ARK) hat auf der am 13. 11. 2007 durchgeführten „Arbeitstagung Qualitätssicherung in Insolvenzrecht" (Richter und Staatsanwalt in NRW, Heft 1/2008, S 16) festgestellt, dass für eine qualitativ hochwertige Bearbeitung von Insolvenzsachen durch die Justiz die persönliche und fachliche Qualifikation von Richtern und Rechtspflegern Grundvoraussetzung eines Einsatzes in der Insolvenzabteilung sein müssen sowie eine gewisse **Berufserfahrung** und ein **längerfristiger Einsatz in der Insolvenzabteilung**. Proberichter und Rechtspfleger seien für eine Tätigkeit in der Insolvenzabteilung grundsätzlich nicht zu verwenden. Nach Feststellung von *Haarmeyer* (InVo 1997, 57, 62) ist Grundvoraussetzung für eine erfolgreiche Arbeit als Insolvenzrichter, „neben der selbstverständlichen Kenntnis der insolvenzrechtlichen Normen und ihre Einbindung in das marktgestaltende Wirtschafts- und Normensystem" das Bewusstsein, „sich mit jeder Handlung im Rahmen eines Insolvenzverfahrens im Spannungsfeld er widerstreitenden wirtschaftlichen sozialen und ganz persönlichen Interessen der Beteiligten zu bewegen". Nach zutreffender Auffassung von *Gundlach* (NZI Heft 8/2004, S V) kann sich der Staat seiner öffentlichen Aufgabe im klassischen Bereich der hoheitlichen Tätigkeit nicht unter Berufung auf leere Kassen und Ressourcenknappheit entziehen. Die Justizgewährleistungspflicht zwingt die Länder dazu, ihre Rechtspflege so auszustatten, dass diese in der Lage ist, ihre aus der Gesamtrechtsordnung fließenden Aufgaben wirksam zu erfüllen (so auch *Stilz* DRiZ 2006, 320, 323; *Uhlenbruck* FS Fischer S 509, 531; *ders* ZInsO 2008, 396, 402; Paulus NZI 2008, 705 ff).

C. Auswahl des Insolvenzverwalters § 56

Während das Auswahlverfahren bis zum Jahr 2004 lediglich als **einstufiges Verfahren** ausgestaltet war, hat sich die Situation seit der Entscheidung des BVerfG v 3. 8. 2004 (NZI 2004, 574 = ZIP 2004, 1649 = ZInsO 2004, 913) völlig verändert. In dieser grundlegenden und in mehreren nachfolgenden Entscheidungen (BVerfG v 12. 7. 2006, ZIP 2006, 1956; BVerfG v 12. 7. 2006, ZIP 2006, 1954; BVerfG v 19. 7. 2006, ZIP 2006, 1541) hat das BVerfG deutlich gemacht, dass die Insolvenzgerichte zwischen der **Vorauswahl des Insolvenzverwalters** und seiner **späteren Bestellung im konkreten Einzelfall** zu unterscheiden haben. Dies hat völlig neue Fragen aufgeworfen, nämlich wie die Insolvenzgerichte die Vorauswahlliste zu führen haben, unter welchen Voraussetzungen ein Bewerber Aufnahme in die Liste findet und ob die Nichtaufnahme bzw Ablehnung ein anfechtbarer Justizverwaltungsakt ist. Es ist somit zu unterscheiden zwischen den **Voraussetzungen für eine Aufnahme in die Vorauswahlliste** und der **Bestellung im konkreten Einzelfall**. Dabei stellt sich im Hinblick auf die Gläubigerautonomie die zusätzliche Frage, in welchem Umfang die (künftigen) Gläubiger in den Entscheidungsprozess einzubeziehen sind (vgl *Seide/Brosa* ZInsO 2008, 769; *Paulus* NZI 2008, 705 ff). 2

B. Verwaltertätigkeit als Beruf

In den Entscheidungen v 3. 8. 2004 (– 1 BvR 135/00, 1 BvR 1086/01, ZIP 2004, 1649 = NZI 2004, 574 = ZInsO 2004, 913) hat das BVerfG zum Ausdruck gebracht, dass sich die Tätigkeit als Insolvenzverwalter **zum Beruf verfestigt** habe und die Insolvenzgerichte könnten deshalb im Rahmen von Art 3 Abs 1 GG, 12 Abs 1 GG iVm Art 19 Abs 4 GG nur eine hinsichtlich ihrer Maßstäbe und Kategorien nach transparente und ggf gem §§ 23 ff EGGVG auch justiziable Vorauswahl treffen. In der **Voraufl** und in der **Literatur** war dies anders gesehen worden (s auch *Schick* NJW 1991, 1328; *Frind* ZInsO 2001, 481; *Hess* FS Uhlenbruck S 455; *Vallender* DZWiR 1999, 265, 266; BerlKo-*Blersch* § 56 Rn 5). Inzwischen hat sich das **Berufsbild des Insolvenzverwalters** derart verfestigt, dass von einem eigenständigen durch Art 12 GG geschützten Beruf gesprochen werden kann (s auch FG Hamburg ZInsO 2009, 1407, 1409; *Hess* FS Uhlenbruck S 453 ff; *Lüke* ZIP 2000, 485 ff; *Holzer/Kleine-Cosack/Prütting*, Die Bestellung des Insolvenzverwalters, 2001; *Kessler* ZInsO 2002, 201; K/P/B/*Lüke* § 56 Rn 13; MüKo-*Graeber* § 56 Rn 58). 3

Nach wie vor spricht das Gesetz von einem „**Amt des Insolvenzverwalters**" (§§ 56 Abs 2 Satz 2, 57 Satz 2, 59 Satz 1). Hierdurch wird zum Ausdruck gebracht, dass der Insolvenzverwalter die Legitimation für seine Tätigkeit allein aus der Bestellung durch das Insolvenzgericht herleitet (*Jaeger/Gerhardt* § 56 Rn 10). Die vom BVerfG verlangte **Zweistufigkeit der Verwalterauswahl** macht deutlich, dass an den Zugang zum Beruf (Aufnahme in die Vorauswahlliste) nicht die gleichen Anforderungen gestellt werden müssen, wie an die **Ausübung des Berufs** (Bestellung im Einzelfall). Wer den Beruf des Insolvenzverwalters ergreift, erwirbt damit nicht automatisch auch den Anspruch auf Beschäftigung durch das Insolvenzgericht (vgl auch MüKo-*Graeber* § 56 Rn 59–61). Die Aufnahme in die Vorauswahlliste führt nicht zwingend zu einem Rechtsanspruch auf Beschäftigung (*Uhlenbruck* KTS 1998, 1, 28; MüKo-*Graeber* § 56 Rn 61). Nach Auffassung des BGH (BGHSt 49, 258 = ZIP 2005, 1076) übt der Wirtschaftsprüfer, der zugleich Insolvenzverwaltungen übernimmt, keinen unabhängigen „Zweitberuf" aus. Vielmehr ist die Insolvenzverwaltung eine „sonstige erlaubte Tätigkeit" iSv § 2 Abs 3 Nr 3 WPO (HaKo-*Frind* § 56 Rn 5; *Deckenbrock/Fleckner* ZIP 2005, 2290, 2296; dies NJW 2005, 1165, 1167 f). Die EU-Dienstleistungsrichtlinie RL 2006/123/EG v 12. 10. 2006, ABl EU Nr L 376, S 36 erfordert in ihrer Umsetzung eine **Berufsordnung für Insolvenzverwalter**, die z Zt vom VID erarbeitet wird. Ob und wann eine gesetzliche Berufsordnung allerdings eingeführt wird, lässt sich z Zeit noch nicht absehen. 4

C. Auswahl des Insolvenzverwalters

Seit den Entscheidungen des BVerfG v 3. 8. 2004 (NZI 2004, 574 = ZIP 2004, 1649 = ZInsO 2004, 913 = ZVI 2004, 470) und weiteren Entscheidungen wie zB v 23. 5. 2006 (NZI 2006, 453 = ZIP 2006, 1355 = ZInsO 2006, 765), v 19. 7. 2006 (ZIP 2006, 1541) und v 23. 5. 2006 (ZInsO 2006, 765) dürfte unzweifelhaft sein, dass die Auswahl des Insolvenzverwalters durch das Insolvenzgericht in **zwei Stufen** zu erfolgen hat: Einmal durch Aufnahme in eine Vorauswahlliste, zum anderen durch die Bestellung im konkreten Einzelfall. Die Streitfrage, ob bei den Insolvenzgerichten überhaupt Listen geführt werden dürfen, hat das BVerfG dahingehend entschieden, dass eine Liste geführt werden muss und dass die Aufnahme in eine solche Liste in einem eigenständigen Verfahren erfolgt. Durch ein **Vorauswahlverfahren** ist sichergestellt, dass die unter hohem Zeitdruck zu fällende Entscheidung über die Bestellung des Insolvenzverwalters durch eine gründliche Vorprüfung gesichert ist und eine sachgerechte Auswahlentscheidung gewährleistet (BVerfG v 3. 8. 2004, ZIP 2004, 1649, 1651 = ZVI 2004, 470). Gleichzeitig hat das BVerfG in einer Entscheidung v 23. 5. 2006 (– 1 BR 2530/04) erneut darauf hingewiesen, dass die Situation, in der der Richter über die Bestellung eines vorläufigen Verwalters und dessen Person zu entscheiden hat, sich durch eine nochmals gesteigerte Eilbedürftigkeit auszeichnet, wenn es gilt, Sicherungsmaßnahmen anzuordnen, um nachteilige Veränderungen der Vermögenslage des Schuldners zu verhindern (§ 21 Abs 1 Satz 1). Die für bipolare Rechtsverhältnisse entwickelten Regeln zur Berück- 5 sichtigung unterschiedlicher Interessen bedürften jedoch einer Anpassung an die Besonderheiten des Insolvenzverfahrens. Es könne nicht allein das Interesse der Bewerber an chancengleichem Zugang zum Insolvenzverwalteramt in den Blick genommen werden, sondern es sei auch – und in erster Linie – „das Interesse der Gläubiger und des Schuldners an einem reibungslosen und zügigen Fortgang des Insolvenzverfahrens und damit insbesondere an einer schleunigen Bestellung des Insolvenzverwalters zu berücksichtigen". Im Übrigen muss nach der Rspr des BVerfG (BVerfGE 116, 1 = NZI 2006, 453 = ZIP 2006, 1355 = ZInsO 2006, 763) das vorgelagerte allgemeine Vorauswahlverfahren die Erhebung, Verifizierung und Strukturierung der Daten gewährleisten, die nach der Einschätzung des jeweiligen Insolvenzrichters nicht nur für die Feststellung der Eignung eines Erwerbers im konkreten Fall maßgebend sind, sondern vor allem auch eine sachgerechte Ermessensausübung bei der Auswahl des Insolvenzverwalters aus dem Kreis der geeigneten Bewerber ermöglichen (so *Laws* NZI 2008, 279, 281).

I. Aufnahme in die Vorauswahlliste

6   1. **Die Vorauswahlliste.** Nach BVerfG v 23. 5. 2006 (NZI 2006, 453 = ZIP 2006, 1355 = ZInsO 2006, 765) hat jeder Insolvenzrichter **seine eigene Vorauswahlliste** zu führen und die Bewerber sind einzeln zu bescheiden (so auch HaKo-*Frind* § 56 Rn 7; MüKo-*Graeber* § 56 Rn 91 ff). **Funktionell zuständig** ist der Insolvenzrichter (BVerfG ZIP 2004, 1649, 1651 = ZVI 2004, 470). Der einzelne Richter ist nicht befugt, die Listenführung einem Kollegen oder Stellen der Gerichtsverwaltung zu überlassen, wenn nicht sichergestellt ist, dass die Liste entsprechend der von ihm selbst festgelegten Kriterien geführt wird (BVerfG v 3. 8. 2009 – 1 BvR 369/08, ZInsO 2009, 1641 ff = ZIP 2009, 1722). Er darf sich nicht etwa darauf beschränken, die Namen und Anschriften der interessierten Bewerber aufzunehmen und in einem Ordner abzuheften. Vielmehr muss er diejenigen **Daten des Bewerbers erheben, verifizieren und strukturieren**, die für die Feststellung der Eignung maßgeblich sind (*Graf-Schlicker* § 56 Rn 7). Als Entscheidungsträger ist der Insolvenzrichter verpflichtet, **sachgerechte Kriterien** für ein Vorauswahlverfahren zu bestimmen (**OLG** Düsseldorf v 15. 8. 2008, 1083, 1084). Die Vorauswahlliste ist so zu führen, dass in sie jeder Bewerber eingetragen werden muss, der die grundsätzlich zu stellenden Anforderungen an eine generelle, von der Typizität des einzelnen Insolvenzverfahrens gelöste Eignung für das erstrebte Amt im Rahmen eines Insolvenzverfahrens erfüllt (BVerfGE 116, 1, 17 f = NZI 2006, 453 = ZIP 2006, 1355; BVerfG NZI 2006, 636 = ZIP 2006, 1541; BVerfG v 3. 8. 2009 – 1 BvR 369/08, ZInsO 2009, 1641, 1643 m Anm *Frind* ZInsO 2009, 1638; **BGH** v 19. 12. 2007, NZI 2008, 161, 162). Jeder Bewerber, der als geeignet angesehen wird, zum Insolvenzverwalter bestellt zu werden, ist **in die Liste einzutragen**. Ein **weitergehendes Auswahlermessen** besteht nicht (**BGH** NZI 2008, 161, 162; *Laws* NZI 2008, 279, 280). Der Insolvenzrichter hat die Auswahlkriterien **transparent** zu machen (BVerfG v 3. 8. 2004, NZI 2004, 574).

7   Das BVerfG hat inzwischen entschieden, dass bei einem Insolvenzgericht mit **mehreren Insolvenzrichtern bzw -richterinnen** eine **Gemeinschafts-Vorauswahlliste** entwickelt werden darf, dass aber die Listenprüfung nicht einem anderen Insolvenzrichter oder der Gerichtsverwaltung überlassen werden darf, wenn nicht sichergestellt ist, dass die Liste nach den maßgeblichen Kriterien des einzelnen Richters geführt wird (BVerfG v 3. 8. 2009 – 1 BvR 369/08, ZInsO 2009, 1641 = ZIP 2009, 1722, 1724). Der Insolvenzrichter kann auch **verschiedene Vorauswahllisten** mit unterschiedlichen Anforderungen führen. Die vom **AG** Köln geübte Praxis, für jeden Bewerber eine Akte anzulegen, dürfte das gesetzliche Anforderungsprofil erfüllen (vgl *Vallender* NZI 2005, 473, 475; *Graf-Schlicker* § 56 Fn 12). Sog **geschlossene Listen** sind unzulässig (BVerfG NZI 2006, 453 = ZInsO 2006, 765; MüKo-*Graeber* § 56 Rn 103; *Graf-Schlicker* § 56 Rn 8; HaKo-*Frind* § 56 Rn 10). Durch das „Gesetz zur Vereinfachung des Insolvenzverfahrens v 13. 4. 2007 (BGBl I S 509) ist § 56 Abs 1 um folgende Wörter ergänzt worden: „die aus dem Kreis aller zur Übernahmen von Insolvenzverwaltungen bereiten Personen auszuwählen ist. Die Bereitschaft zur Übernahme von Insolvenzverwaltungen kann auf bestimmte Verfahren beschränkt werden". Die bedeutet eine klare Absage an sog „geschlossene Verwalterlisten" (so **OLG** München ZIP 2005, 670 = ZVI 2005, 318; *Frind* ZInsO 2006, 729, 730; *Graf-Schlicker* FS Greiner S 71, 74; *Vallender* NZI 2005, 473, 474; *Graf-Schlicker* § 56 Rn 8; str aA *Runkel/Wältermann* ZIP 2005, 1347, 1348; *Römermann* ZInsO 2004, 937; *Preuß* KTS 2005, 155, 170).

8   2. **Beschränkung der Vorauswahlliste.** Nach hM ist eine Begrenzung der Vorauswahlliste durch die Insolvenzgerichte wegen Überangebot oder mangelndem Bedarf nicht zulässig (*Graf-Schlicker* § 56 Rn 26; *Graeber* ZInsO 2006, 851, 855; *Preuß* KTS 2005, 155, 168; str aA HaKo-*Frind* § 56 Rn 23 a; BAKinso ZInsO 2007, 256, 257). Richtig ist, dass im Hinblick auf eine Vielzahl von Bewerbern mit ausreichender Qualifikation und zur Vermeidung von „faktischem Delisting" eine Begrenzung wünschenswert ist (vgl auch *Pape* NZI 2006, 665, 680; *Laws* ZInsO 2006, 1123, 1126; *Messner* DRiZ 2006, 329, 330; *Vallender* NZI 2005, 473, 476), jedoch ist eine **Kontingentierung der Liste** ohne Festlegung der grundlegenden Auswahlkriterien durch den Gesetzgeber nicht zulässig (BVerfG v 18. 6. 1986, BVerfGE 73, 280, 294; *Graf-Schlicker* § 56 Rn 26). Letztlich würde die Nichtaufnahme in die Liste mangels Bedarfs faktisch zu einer geschlossenen Liste führen, die den Bewerber in seinen Grundrechten aus Art 12 und Art 3 GG verletzt (*Graf-Schlicker* § 56 Rn 26). Nach W. *Höfling* (CJZ 2009,

339 ff) ist die Einführung einer kontingentierten Vorauswahlliste sowohl verfassungsmäßig als auch nach der EU-Dienstleistungsrichtlinie (§ 14 Nr 5) zulässig. Jedenfalls darf die Aufnahme in die Liste auch solchen Bewerbern verweigert werden, die nach den Kriterien der ständigen Ermessenspraxis des Gerichts keine Aussicht auf eine tatsächliche Berücksichtigung haben (BVerfG v 3. 8. 2009 – 1 BvR 369/08, ZInsO 2009, 1641 ff).

3. Das Aufnahmeverfahren (Listing). a) Die Bewerbung. Um die Aufnahme in die Vorauswahlliste muss man sich bewerben. Fast sämtliche größeren Insolvenzgerichte habe bereits **Antragsformulare** bzw **Fragebogen** zur Verwalterbestellung entwickelt, wie zB **AG** Münster (ZInsO 2007, 876) **OLG** Hamm, **AG** Dresden (ZIP 2004, 2299), **AG** Charlottenburg, **AG** Karlsruhe, **AG** Köln und das **AG** München (ZInsO 2009, 421). Vielfach wird sich nach Erhebung der notwendigen Daten mittels Fragebogen ein **Bewerbergespräch** anbieten, in dem die Validität der Angaben überprüft wird (vgl **OLG** Köln ZInsO 2007, 272; K/P/B/*Lüke* § 56 Rn 23; HaKo-*Frind* § 56 Rn 21). Nach *Lüke* (ZIP 2007, 701, 706; K/P/B/*Lüke* § 56 Rn 23) darf allerdings ein solches Gespräch nicht faktisch zur Ablegung eines weiteren Examens führen (**KG** ZIP 2006, 294; BerlKo-*Blersch* § 56 Rn 13). Es wird aber Aufgabe der Verwalter sein, dem Gericht die notwendigen Einblicke in ihre Organisationsstruktur zu verschaffen. Darüber hinaus wird der Insolvenzrichter „zumindest stichprobenartig die Angaben des Verwalters ggf im Rahmen eines kurzfristig angekündigten Besuchs in dessen Büro zu überprüfen haben (BerlKo-*Blersch* § 56 Rn 17). Nach HaKo-*Frind* (§ 56 Rn 21) sind **insolvenzrechtliche Kenntnisse** im Gespräch zu überprüfen, wie zB die Kenntnis der aktuellen insolvenzrechtlichen Rechtsprechung. Die falsche Beantwortung einzelner Fragen kann nicht allein Ablehnungsgrund sein (**KG** ZInsO 2006, 153; HaKo-*Frind* § 56 Rn 21 a). Zulässig dürfte es sein, den Bewerber vor der endgültigen Aufnahme in die Vorauswahlliste auf eine „**Probephase**" zu verweisen, in welcher er über einen längeren Zeitraum mit Verfahren unterschiedlicher Schwierigkeit betraut wird (HaKo-*Frind* § 56 Rn 22).

b) Keine Negativliste oder Gläubigermitwirkung. Unzulässig sind **Absprachen unter Richtern** einer Insolvenzabteilung dahingehend, dass kein Kollege entgegen der Liste Personen seiner Wahl mit Verwaltungen betraut. Die Aufnahme in die Vorauswahlliste ist keine zwingende Voraussetzung für eine Bestellung als Verwalter. Unzulässig ist auch eine **Negativliste**, die von Rechtspflegern aufgestellt wird, die angeblich negative Erfahrungen mit einem Insolvenzverwalter gemacht haben. Einer **Anhörung des zuständigen Rechtspflegers** vor der Aufnahme in die Vorauswahlliste ist nicht vorgesehen. Das gilt auch für eine **Anhörung der künftigen Großgläubiger**. Zwar wird in der Praxis häufig gefordert, institutionelle Gläubiger und Großgläubiger schon bei der Aufnahme in die Vorauswahlliste in den Entscheidungsprozess einzubinden; anders als beim Bestellungsverfahren handelt es sich jedoch um ein generelles Vorprüfungsverfahren, in dem keinem Gläubiger irgendwie geartete Mitwirkungsrechte zustehen.

4. Kriterien für die Aufnahme in die Vorauswahlliste. a) Gesetzliche Kriterien. aa) Natürliche Person. Zum Insolvenzverwalter ist eine natürliche Person zu bestellen (§ 56 Abs 1 Satz 1). Die ursprünglich im RegE (§ 65) zugelassene Möglichkeit, **juristische Personen** mit den Aufgabe eines Insolvenzverwalters zu betrauen, wurde vom Rechtsausschuss abgelehnt (vgl *Pape* ZIP 1993, 737; *Uhlenbruck* AnwBl 1993, 453; *Schick* NJW 1991, 1328; *Hess* AnwBl 1993, 448; *E. Braun* BB 1993, 2172; *Smid* § 56 Rn 3 ff; *Jaeger/Gerhardt* § 56 Rn 34). Die Gründe für den Ausschluss juristischer Personen werden weitgehend darin gesehen, dass die Überwachung der Insolvenzverwaltung durch das Gericht (§ 58) nicht nur schwierig ist, sondern durch die Möglichkeit des Wechsels der Person des Handelnden unmöglich gemacht werden kann. Im Übrigen ist das Verwalteramt **höchstpersönlich**, was Einfluss auf die haftungsrechtlichen Folgen hat (vgl *Uhlenbruck* AnwBl 1993, 453; *Pape* ZIP 1993, 737; *Jaeger/Gerhardt* § 56 Rn 34; MüKo-*Graeber* § 56 Rn 5, 15). Nur eine natürliche Person kann das **persönliche Vertrauen** des Gerichts genießen und lässt eine einigermaßen zuverlässige Prüfung der Qualitätskriterien im Einzelfall zu.

bb) Generelle persönliche Eignung. Auch wenn sich die in § 56 Abs 1 angeführten gesetzlichen Kriterien auf die Verwalterbestellung beziehen, haben diese Kriterien bereits bei der Aufnahme in die Vorauswahlliste Berücksichtigung zu finden (HaKo-*Frind* § 56 Rn 12; *Riggert* NZI 2002, 352; *Vallender* NJW 2004, 3614; *Köster*, Die Bestellung des Insolvenzverwalters: eine vergleichende Untersuchung des deutschen und englischen Rechts, 2005 [zit Bestellung] S 91 ff; *Neubert* ZInsO 2002, 369; *Braun* ZInsO 2004, 1345). Eignung iS von § 56 Abs 1 S 1 bezieht sich nicht nur auf Eigenschaften in der Person des Bewerbers, sondern auch darauf wie er das Amt für den Fall seiner Bestellung ausführen wird (BVerfG v 3. 8. 2009 – 1 BvR 369/08, ZInsO 2009, 1641, 1644). Der jeweilige Bewerber muss persönlich über die **notwendige Sachkunde** zur Bearbeitung von Unternehmens- und/oder Verbraucherinsolvenzen verfügen. Da nach § 56 Abs 1 Satz 2 die Bereitschaft zur Übernahme von Insolvenzverwaltungen auf bestimmte Verfahren beschränkt werden kann, müssen in diesen Fällen auch die **Anforderungen eingeschränkt** werden. Das wird allerdings von vielen Gerichten anders gesehen. Verlangt werden vom Bewerber neben den fachlichen Kenntnissen **Führungsqualitäten, Verhandlungsgeschick, Zeitmanagement, Teamfähigkeit** und **Konfliktmanagement** sowie die Bereitschaft zur Kooperation mit dem zuständigen Insolvenzgericht (so wörtlich *Graf-Schlicker* § 56 Rn 12 m entspr Hinweisen). Zur persönli-

§ 56 Bestellung des Insolvenzverwalters

chen Eignung gehören auch Kenntnisse im Gesellschafts-, Handels-, Arbeitsrecht und den entsprechenden Nebengebieten, wie zB Sozialrecht und Steuerrecht. Auch „praktische Erfahrung" in gewissem Umfang gehört zur persönlichen Eignung (BVerfG v 19. 7. 2006, ZInsO 2006, 869; BVerfG NZI 2009, 371 = ZInsO 2009, 1053).

13 Die **Bereitschaft zur Übernahme von Insolvenzverwaltungen für bestimmte Verfahren** ermöglicht es dem Bewerber, seinem eigenen Erfahrungsstand und Interessenschwerpunkt entsprechend eine Eingrenzung auf bestimmte Verfahren vorzunehmen (**OLG** Düsseldorf v 15. 8. 2008, NZI 2008, 614, 615; *Jaeger/Gerhardt* § 56 Rn 60). Darauf, ob der Antragsteller die Eignung für kleinere, insbesondere Privatinsolvenzverfahren (bereits) hat, kann es nicht ankommen (**OLG** Düsseldorf NZI 2008, 614, 615; str aA MüKo-*Graeber* § 56 Rn 97 f). Nach zutr Auffassung des **OLG** Düsseldorf „spricht einiges dafür, dass von einem Bewerber lediglich die Beteiligung an anderen Verfahren dergestalt erwartet werden kann, dass er mit den verschiedenen Tätigkeitsbereichen eines Verwalters und deren Problemen vertraut ist (*Lüke* ZIP 2007, 701, 706), also Erfahrung hat in einer eigenverantwortlichen Abwicklung von Insolvenzen". Die Eignung kann einem Bewerber grundsätzlich auch nicht wegen seines **Alters** abgesprochen werden, zB weil er 62 Jahre alt ist (**KG** NZI 2008, 187). Die Entscheidung, ob für Insolvenzverwalter generell eine **Altersgrenze** eingeführt werden soll, kann nur der Gesetzgeber treffen. **Überdurchschnittliche Examensnoten** in beiden juristischen Examen (Prädikatsexamen) sind als generelle Anforderungen für die Aufnahme in die Vorauswahlliste ungeeignet (**OLG** Hamburg NZI 2008, 744 = ZIP 2008, 2228). Zur Frage **sachgerechter Eignungsmerkmale** s auch **OLG** Hamm ZIP 2007, 1722 (Altersgrenze); **OLG** Hamm ZIP 2008, 1189 (Ortsnähe); **OLG** Nürnberg ZIP 2008, 1490 (Praktikabilitätsgründe).

14 Entscheidendes Eignungskriterium ist aber, dass der Bewerber in **geordneten wirtschaftlichen Verhältnissen** lebt und dass sich auch bei einer unbeschränkten Auskunft aus dem Bundeszentralregister keine Eintragungen ergeben (*Graf-Schlicker* § 56 Rn 13). Für eine Ablehnung der Aufnahme in die Vorauswahlliste können nur **konkret belegbare tatsächliche Umstände** als gerichtlich überprüfbarer Maßstab zugrunde gelegt werden. Das gilt auch für ein Fehlverhalten des Bewerbers in einem früheren Insolvenzverfahren (**OLG** Frankfurt ZIP 2008, 1835). Vgl auch **OLG** Stuttgart ZInsO 2008, 45; *Brenner* ZIP 2007, 1826; *Bruckhoff* NZI 2008, 25; *Frind* ZInsO 2008, 18. Eine **Vorstrafe wegen einer Insolvenzstraftat** steht der Bestellung eines Rechtsanwalts zum Insolvenzverwalter im Allgemeinen ohne Rücksicht darauf entgegen, ob die Tat im Zusammenhang mit der beruflichen Tätigkeit des Anwalts stand (so **BGH** v 31. 1. 2008, NZI 2008, 241 für die Bestellungsentscheidung). Zur Aufnahme eines **vorbestraften Rechtsanwalts in die Vorauswahlliste** s auch **OLG** Brandenburg ZIP 2009, 1870 [nrkr] m Anm *Frind* ZInsO 2009, 1843. Für das Vorauswahlverfahren steht die Ausfüllung des unbestimmten Rechtsbegriffs der **persönlichen und fachlichen Eignung** im Vordergrund. Für diese **generelle Eignung** ist ein bestimmtes **Anforderungsmerkmale** zu erstellen, nach dem sich die Qualifikation des jeweiligen Bewerbers richtet. Bei der Beurteilung, ob der Bewerber dem Anforderungsprofil genügt, ist nach Auffassung des **BGH** ein prognostisches Element immanent (**BGH** v 19. 12. 2007, ZInsO 2008, 207, 208). Dem **richterlichen Ermessen** kommt erst dann Bedeutung zu, wenn es um die Bestellung im konkreten Einzelfall geht (**OLG** Hamburg ZIP 2008, 2228, 2230).

15 cc) **Geschäftskunde.** Nach § 56 Abs 1 Satz 1 muss es sich bei dem Insolvenzverwalter um eine geschäftskundige Person handeln. Der Begriff bezieht sich auf diejenigen Kenntnisse, die ein Verwalter allgemein zur Führung eines Insolvenzverfahrens vorweisen muss (*Jaeger/Gerhardt* § 56 Rn 52; FK-*Kind* § 56 Rn 33 ff; *Graf-Schlicker* § 56 Rn 10, 11; MüKo-*Graeber* § 56 Rn 17). IdR bestimmt das Gericht Rechtsanwälte, Steuerberater, vereidigte Buchprüfer oder Wirtschaftsprüfer zu Insolvenzverwaltern (vgl auch *Uhlenbruck* KTS 1989, 229, 241; *Jaeger/Gerhardt* § 56 Rn 52). Nach den Empfehlungen der **Kommission zur Vorauswahl und Bestellung von InsolvenzverwalterInnen zur Transparenz, Aufsicht und Kontrolle im Insolvenzverfahren** (sog „Uhlenbruck-Kommission") ist erforderliche der Abschluss einer rechtswissenschaftlichen, wirtschaftswissenschaftlichen oder anderen **Hochschulausbildung** mit wirtschaftswissenschaftlicher Ausrichtung. Nach dem Thesenpapier des Workshops „Insolvenzrecht" des 19. Deutschen Richter- und Staatsanwaltstag 2007 sollten entgegen der Forderung einer akademischen Vorbildung als Voraussetzung für eine Aufnahme auf eine Vorauswahlliste insbesondere im Bereich der **Verbraucherinsolvenzverfahren** auch Nicht-Akademiker zugelassen werden. Auch die **Gläubigerschutzvereinigung Deutschland eV** (GSV) hat Auswahlkriterien für Unternehmensinsolvenzverwalter vorgestellt (ZInsO 2009, 1246).

16 Wenn auch eine bestimmte Vorbildung nicht verlangt werden kann, muss der Bewerber **besondere insolvenzrechtliche und betriebswirtschaftliche Kenntnisse** im materiellen Insolvenzrecht und Insolvenzverfahrensrecht vorweisen können. Hierzu gehören auch Kenntnisse im Arbeits- und Sozialrecht, Steuerrecht, Gesellschaftsrecht und wenigstens Kenntnis der Grundzüge des internationalen Insolvenzrechts. Kenntnis in der Buchführung, Bilanzierung und Bilanzanalyse sowie hinsichtlich der Rechnungslegung in der Insolvenz und zu Fragen des Insolvenzplans, de übertragenden Sanierung und der Liquidation sind unverzichtbar. Dabei ist die Bezeichnung „**Fachanwalt für Insolvenzrecht**" zwar hilfreich, ersetzt aber nicht die Nachweispflicht und Prüfungspflicht des Gerichts.

17 Soweit ein Bewerber die Bereitschaft zur Übernahme von **Kleininsolvenzen, Nachlass- und Verbraucherinsolvenzverfahren** erklärt und damit entspr § 56 Abs 1 Satz 2 eine Beschränkung auf diese Verfah-

C. Auswahl des Insolvenzverwalters
§ 56

ren begehrt, sind die Anforderungen an die Geschäftskunde entsprechend zu reduzieren. Das bedeutet zwar nicht, dass auf der Liste zwei Kategorien von Verwaltern aufgeführt werden müssen, jedoch ist die beschränkte Verfügbarkeit für bestimmte Verfahrensarten zu vermerken (vgl auch BVerfG v 3. 8. 2004, ZIP 2004, 1649, 1652; *Graf-Schlicker* § 56 Rn 11).

Auch **praktische Erfahrungen** hinsichtlich der Abwicklung von Insolvenzverfahren können verlangt 18 werden (BVerfG v 27. 11. 2008 – 1 BvR 2032/08, ZInsO 2009, 1053 = ZIP 2009, 975; BVerfG v 19. 7. 2006, ZIP 2006, 1541; BVerfG v 3. 8. 2004, ZIP 2004, 1649, 1653; LG Neuruppin DZWiR 2006, 258; *Graeber* DZWiR 2005, 177, 185; MüKo-*Graeber* § 56 Rn 19; *Graf-Schlicker* § 56 Rn 11). Ein selbstständig Tätiger kann im Wege der Kooperation mit anderen Insolvenzverwaltern die notwendige praktische Erfahrung sammeln (*Graf-Schlicker* § 56 Rn 11; *Jaeger/Gerhardt* § 56 Rn 53). Der Erwerb der Bezeichnung „**Fachanwalt für Insolvenzrecht**" oder eine **Zertifizierung** reichen nicht aus, um die notwendige Geschäftskunde nachzuweisen. Veröffentlichungen in Fachzeitschriften über insolvenzrechtliche Themen sind ebenso wenig ein Qualitätsmerkmal wie der Besuch einschlägiger Seminare oder Fortbildungsveranstaltungen.

dd) Höchstpersönliches Amt. Das Amt des Insolvenzverwalters ist höchstpersönlich. Daraus folgt, 19 dass der Verwalter das Amt höchstpersönlich auszuüben hat und nicht berechtigt ist, die Verfahrensabwicklung dritten Personen zu übertragen (*Eickmann* KTS 1986, 197; *Graeber* NZI 2003, 569; *ders* Insbüro 2004, 326; *Hess* § 56 Rn 188). Dies schließt vor allem in größeren Verfahren nicht aus, dass er bestimmte Abwicklungsaufgaben an eigene Mitarbeiter oder Dritte delegiert. So ist er zB berechtigt, die Versteigerung von Gegenständen der Insolvenzmasse durch einen berufsmäßigen Versteigerer durchführen zu lassen (s auch BGH ZIP 2007, 2323; *Bork* ZIP 2009, 1747). Bei der Erfüllungswahl nach § 103 oder bei der Forderungsprüfung nach § 176 handelt es sich dagegen um **höchstpersönliche Aufgaben**, die er nicht auf Dritte übertragen kann. In der Kommentarliteratur ist immer wieder von einer „originären Verwaltertätigkeit" die Rede. Eine Definition ist bislang aber noch nicht gelungen und Abgrenzungskriterien sind lediglich rudimentär bzw einzelfallbezogen entwickelt worden (vgl *Eickmann* KTS 1986, 187 ff; *Smid* DZWIR 2002, 265; *Graeber* NZI 2003, 569; KS-*Wellensiek* S 403 ff). Nach Meinung des BGH (Urt v 24. 1. 1991, ZIP 1991, 324, 325) steht bis auf einen verhältnismäßig kleinen Kernbereich von Geschäften nicht für alle Fälle fest, welche Aufgaben der Insolvenzverwalter delegieren darf. Die **Delegationsbefugnis** richtet sich jeweils nach den Umständen, insbesondere danach, welchen Umfang des einzelne Verfahren hat. Die Feststellung, in welchem Umfang ein Insolvenzverwalter Mitarbeiter zur Erfüllung seiner Aufgaben heranziehen darf und welche Aufgaben von ihm selbst wahrzunehmen sind, obliegt dem Insolvenzgericht. Die **Aufnahme in die Vorauswahlliste** kann verweigert werden, wenn der Verwalter nicht selbst substantiell bei der Verwaltung mitwirkt, sondern sich darauf beschränkt, im Außenverhältnis die Verantwortung zu übernehmen, die Abwicklung der Mitarbeiter zu delegieren (BVerfG v 3. 8. 2009, ZIP 2009, 1722, 1725 = ZInsO 2009, 1641, 1645). In Großverfahren mit überörtlichem Charakter wäre eine Erfüllung der Aufgaben durch den Verwalter ohne eine Mitarbeit von Hilfskräften überhaupt nicht denkbar. Es ist längst anerkannt, dass der Insolvenzverwalter sich bei seiner Tätigkeit von **Hilfskräften zuarbeiten** lassen kann und für Spezialaufgaben Spezialisten hinzuzieht (*Graeber* NZI 2003, 569, 570). In größeren Verwalterkanzleien ist die Insolvenzabwicklung längst Teamwork. Nach Auffassung von *Eickmann* (KTS 1986, 197, 198) ist die **Zulässigkeit der Substitution** bei den gerichtlich bestellten Vermögensverwaltern allgemein zu verneinen. Richtig ist, dass die weit gehende Bezugnahme auf die Regelung in § 664 Abs 1 BGB als Substitutionsverbot verstanden wird. Nach § 664 Abs 1 Satz 1 BGB darf der Beauftragte im Zweifel die Ausführung des Auftrages nicht einem Dritten übertragen. Das Gesetz geht aber in § 664 Abs 1 Satz 2 BGB davon aus, dass eine Vollübertragung der Auftragsbefugnisse im Einzelfall gestattet sein kann. Im allgemeinen bürgerlichen Recht gibt es Handlungen und Rechtsgeschäfte, die wegen ihres höchstpersönlichen Charakters einer Stellvertretung nicht zugänglich sind, wie z B Eheschließung oder Testamentserrichtung. Die Höchstpersönlichkeit des Verwalteramtes schließt jedoch eine **Delegation von Aufgaben** und den Einsatz von Hilfskräften nicht aus (vgl H/W/F, § 4 InsVV Rn 15 ff; *Voigt-Salus/Pape* in Mohrbutter/Ringstmeier Hdb § 21 Rn 91 ff). Es ist auch Sache des Insolvenzgerichts, festzustellen, welches Maß an Aufgabenübertragung im Rahmen der Grenzpunkte vollständiger Delegation und praktisch unverzichtbarer Mitunterstützung im konkreten Verfahren zulässig ist (BVerfG v 3. 8. 2009, ZInsO 2009, 1641, 1644). Vor allem in größeren Verfahren ist es einem Verwalter nicht möglich, die gesamte Verwaltung persönlich oder mit Kräften seines eigenen Büros durchzuführen. Hiervon geht auch der Gesetzgeber in § 60 Abs 2 aus, wonach § 278 BGB nicht eingreift, wenn der Verwalter gezwungen ist, Angestellte des Schuldners bzw Schuldnerunternehmens im Rahmen ihrer bisherigen Tätigkeit einzusetzen (anders noch LG München KTS 1965, 243, 245).

Die **originären Aufgaben (Kernaufgaben) eines Insolvenzverwalters** sind nach Feststellung von *Graeber* 20 (NZI 2003, 569, 570; ebenso *Hess* § 56 Rn 188) folgende: Die Pflicht zur Inbesitznahme und Verwaltung des schuldnerischen Vermögens nach § 148; die Entscheidung über eine Siegelung von Vermögensgegenständen nach § 150; die Pflicht zur Stellung der Verzeichnisse nach den §§ 151 ff; die Pflicht zur Führung von Forderungslisten und Tabellen nach §§ 28 Abs 1, 174 ff; die Pflicht zur Forderungsprüfung und zum Bestreiten unberechtigter Forderungen nach § 176 f; die Pflicht zur Ausübung des Wahl-

§ 56

Bestellung des Insolvenzverwalters

rechts nach § 103; die Pflicht zur Vornahme von Zustellungen für das Insolvenzgericht nach § 8; die Pflicht zur Beantwortung von Anfragen des Insolvenzgerichts nach § 58; die Berichtspflichten nach den §§ 79, 156 Abs 1, 197; die Pflicht zur Teilnahme an Terminen; die Pflicht zur Prüfung der Geltendmachung von Anfechtungsrechten nach §§ 129 ff; die Pflicht zur Entscheidung über die Vornahme von Kündigungen nach den §§ 109, 113, 120; die Pflicht zur Verwertung des schuldnerischen Vermögens und von Absonderungsgut nach § 159, die Pflicht zur Geltendmachung des Gesamtschadens nach § 92; die Pflicht zur Entscheidung über die Aufnahme anhängiger Prozesse nach §§ 85, 86; die Pflicht zur Feststellung und Mitwirkung an der Aussonderung; die Pflicht zur Anzeige der Masseunzulänglichkeit nach § 208; die Pflicht zur Verteilung des Verwertungserlöses; die Pflicht zur Erfüllung der kaufmännischen und insolvenzrechtlichen Rechnungslegungspflichten; die Pflicht der Erfüllung polizeipflichtiger Aufgaben; die Berechtigung zur Entscheidung über die ihm zustehenden Antragsrechte nach den §§ 75, 99, 122, 126, 173, 203, 207, 155; die Berechtigung zur Ausübung der ihm zustehenden Beschwerderechte nach den §§ 75, 78, 194, 204, 231; Anhörungsrechte nach §§ 99 Abs 3, 248, Auskunftsrechte nach § 97 und des Teilnahmerechts nach § 74; ggf auch die Pflicht zur Überwachung der Planerfüllung nach §§ 261, 262.

21 Nach Auffassung des **BGH** (BGH ZIP 1991, 324, 325) ist bis auf einen verhältnismäßig kleinen Kern von Geschäften offen, welche Aufgabe der Verwalter nicht delegieren darf. Dies ist nach **Art des Verfahrens** und den **Umständen des Einzelfalls** jeweils vom zuständigen Insolvenzgericht zu entscheiden (BVerfG v 3. 8. 2009 – 1 BvR 369/08, ZIP 2009, 1722, 1725). Die Vielzahl von Verfahren und eine Arbeitsüberlastung können jedenfalls keine Rechtfertigung sein, originäre Insolvenzverwalteraufgaben auf Hilfskräfte zu delegieren. Grundsätzlich gilt, dass **mechanisch-technische Arbeiten** im Rahmen der Insolvenzverwaltung an Hilfskräfte delegiert werden können. Etwas anderes gilt für **entscheidungsbezogene Aufgaben und Pflichten** des Insolvenzverwalters (*Graeber* NZI 2003, 569, 573 f). Die Entscheidungen hat der Insolvenzverwalter höchstpersönlich zu treffen. Die **Umsetzung und Ausführung** der Entscheidung kann er dagegen Hilfskräften übertragen. Dabei ist er jedoch verpflichtet, die Umsetzung der Entscheidung zu überwachen. Nach wie vor gilt aber, dass **insolvenztypische Verwalteraufgaben** vom Verwalter persönlich wahrzunehmen sind.

22 Als **delegationsfähige Verwalteraufgaben** sind ua anzusehen: Die Anmietung von Sachmitteln, die Verwertung von Insolvenzmasse oder von Sicherungsgut durch Dritte, also auch durch einen Sicherheitenpool, Maklertätigkeit bei der Verwertung von Immobilien, die Einschaltung eines Auktionators, die Erstellung von Bewertungsgutachten oder Fachgutachten, die Aufstellung eines Spezialplans, die Vorbereitung eines Insolvenzplans, Steuerberatung, Immobilienverwaltung, Archivierungsleistungen, wie zB die Aufbewahrung von Geschäftsunterlagen des Schuldnerunternehmens, der Einzug von Forderungen des Schuldnerunternehmens durch Inkassounternehmen, die Bearbeitung des Insolvenzgeldes, die Regie öffentlich geförderter Maßnahmen, wie zB Beschäftigungsgesellschaften (*Wutzke* ZInsO 1998, 6 ff), die Altlastenentsorgung, die Einschaltung einer Detektei sowie die Einrichtung einer EDV-Datei und Datensicherung.

23 Nach *Graeber* (InsbürO 2004, 326; ebenso *Hess* § 56 Rn 190) kommen als **delegierbare Aufgaben** weiterhin folgende in Betracht: alle mechanisch-technischen Aufgaben, wie zB Schreibarbeiten, Dateneingabe etc; Sammlung von Informationen zur Vorbereitung der vom Verwalter zu treffenden Entscheidungen; Erstellung von Entscheidungsvorschlägen zur Vorbereitung einer Entscheidung des Insolvenzverwalters; Umsetzung von Entscheidungen des Insolvenzverwalters; Kontrolle der Ergebnisse von Entscheidungsumsetzungen; Führung von Prozessen, Verwertung durch einen professionellen Verwerter; Anmietung von Räumlichkeiten; Kauf von Sachmitteln; Ausarbeitung eines Insolvenzplans; Archivierung von Unterlagen; Entwurf von Schreiben und Berichten des Insolvenzverwalters; Ausführung der vom Verwalter übertragenen Zustellungen; Vorprüfung von Forderungen für den Insolvenzverwalter; Fortführung des schuldnerischen Unternehmens sowie Inbesitznahme des schuldnerischen Vermögens.

24 Zulässig ist die **generelle Bevollmächtigung eines Rechtsanwalts**, den Insolvenzverwalter in einem bestimmten Insolvenzverfahren in allen anhängigen und anhängig werdenden Prozessen zu vertreten. Unzulässig ist dagegen eine **Generalvollmacht** dahingehend, dass ein Rechtsanwalt berechtigt sein soll, den Insolvenzverwalter „in allen anhängigen und noch anhängig werdenden Insolvenzverfahren zu vertreten" (MüKo-*Graeber* § 56 Rn 152; *Gottwald/Klopp/Kluth* InsRHdb § 22 Rn 12). Der Insolvenzverwalter ist auch nicht berechtigt, die gesamte Verfahrensabwicklung einschließlich der Überwachung einer Betriebsfortführung auf Dritte durch Erteilung einer Generalvollmacht zu delegieren (*Gottwald/Gottwald* InsRHdb § 23 Rn 10; *Mönning*, Betriebsfortführung, Rn 1191). Unzulässig ist es auch, dass der Insolvenzverwalter einen anderen ermächtigt, „**über alle Insolvenz-Anderkonten zu verfügen, Grundstücke aus der Masse freizugeben** und über Grundstücke, grundstücksgleiche Rechte und Rechte an Grundstücken in jeder Weise zu verfügen sowie solche auch für die Insolvenzmasse zu erwerben". Insoweit handelt es sich um **höchstpersönliche Pflichten des Insolvenzverwalters**, die weder speziell noch generell auf einen Dritten übertragen werden können (vgl auch **AG** Münster Rpfleger 1988, 501; **LAG** Schleswig-Holstein ZIP 1988, 251). Vor allem im Bereich der einstweiligen Betriebsfortführung ist der Insolvenzverwalter gezwungen, die anfallenden Rechtsgeschäfte des laufenden Geschäftsverkehrs von Mitarbeitern eigenverantwortlich vornehmen zu lassen. Die Leitung des Unternehmens obliegt allerdings ihm als Manageraufgabe. Das **AG** München (ZInsO 2009, 421, 430) verlangt noch zusätzlich

eine Versicherung, dass der Bewerber im Falle seiner Bestellung zum vorläufigen oder endgültigen Insolvenzverwalter oder Treuhänder die Kernaufgaben dieses Amtes und gerichtliche Termine **persönlich wahrnehmen** werde.

Nach der hM kann sich der Insolvenzverwalter **im Prüfungstermin nicht durch einen Bevollmächtigten vertreten** lassen (K/P/B/*Pape* § 176 Rn 8; FK-*Kießner* § 176 Rn 5; MüKo-*Nowak* § 176 Rn 7). Nach der hier in der **Voraufl** vertretenen **Gegenmeinung** und einer im Vordringen befindlichen Auffassung in der Literatur (BerlKo-*Breutigam* § 176 Rn 9; *Hess* § 56 Rn 193; HaKo-*Preß/Henningsmeier* § 176 Rn 5; *Leithaus* in *Andres/Leithaus* § 176 Rn 7; *Gottwald/Eickmann* InsRHdb § 60 Rn 46; *Bratvogel* KTS 177, 229, 231; *Voigt-Salus/Pape* in *Mohrbutter/Ringstmeier* Hdb § 21 Rn 195) sollte der **Zulässigkeit einer Vertretung** der Vorzug gegeben werden, zumal meist im Prüfungstermin eine Erörterung der Forderungen gar nicht erfolgt, so dass jede von dem Verwalter beauftragte Person in der Lage ist, die Erklärung abzugeben (K/P/B/*Kübler* § 74 Rn 9; *Voigt-Salus/Pape* in *Mohrbutter/Ringstmeier* Hdb § 21 Rn 195). Vor allem in größeren Verfahren bedient sich der Insolvenzverwalter zur Prüfung der Forderungen ohnehin der Mitarbeiter des Schuldnerunternehmens und eigener Mitarbeiter. In der Praxis werden etwaige im Termin auftretende Unstimmigkeiten meist im Nachhinein auf dem Korrespondenzweg oder in einem persönlichen Gespräch geklärt (BerlKo-*Breutigam* § 176 Rn 9). Es muss lediglich gewährleistet sein, dass die **persönliche Prüfung** der angemeldeten Forderungen **durch den Verwalter** stattfindet. Die Erklärungen im Prüfungstermin durch einen Mitarbeiter oder Bevollmächtigten werden in solchen Fällen als Bote abgegeben. Grundsätzlich gilt: Alle Rechtsgeschäfte und Erklärungen, die vom Schuldner bzw den organschaftlichen Vertretern des Schuldnerunternehmens ohne Insolvenzverfahren selbst vorgenommen bzw abgegeben werden könnten, sind im Wege der Delegation auf Mitarbeiter und sonstige Dritte übertragbar. Die „Vertretung" im Prüfungstermin sollte allerdings die **Ausnahme** bleiben und nur dann zulässig sein, wenn der **Verwalter aus wichtigen Gründen verhindert** ist, den Prüfungstermin persönlich wahrzunehmen. *Voigt-Salus/Pape* (in *Mohrbutter/Ringstmeier* Hdb § 21 Rn 197): „Sollte ein Verwalter auffallend oft in solchen wesentlichen Terminen nicht auftreten, sollte sich das Gericht allerdings überlegen, ob es die richtige Person bestellt. Diese Sanktionsmöglichkeit dürfte ausreichen, um eine Disziplinlosigkeit bei der Wahrnehmung der Termine zu verhindern." Auch die Vertretung setzt voraus, dass die **Prüfung durch den Verwalter persönlich** stattgefunden hat. Die **haftungsrechtliche Verantwortung** bleibt in allen Fällen beim Verwalter. *Hess* (§ 56 Rn 196) weist in seiner **Übersicht über die einzelnen Maßnahmen** darauf hin, dass letztlich dem Insolvenzverwalter eine Vielzahl organisatorischer Aufgaben und wenige juristische Aufgaben obliegen. Richtig ist, dass vor allem bei **Unternehmenssanierungen durch Insolvenzplan** dem Insolvenzverwalter vorwiegend **Managementaufgaben** obliegen.

ee) Generelle Unabhängigkeit. Der Bewerber für die Vorauswahlliste muss nicht nur speziell für das konkrete Verfahren, sondern generell unabhängig sein. Viele Gerichte lassen sich diese generelle Unabhängigkeit, wie zB eine Dauerberatungstätigkeit für eine bestimmte Bank, ausdrücklich bestätigen. Weiterhin verlangen sie eine Versicherung, dass die Vermögens- und Einkommensverhältnisse des Bewerbers geordnet sind, dass er nicht wegen eines Insolvenz- oder Konkursdelikts, einer gegen fremdes Eigentum oder Vermögen gerichteten Straftat oder wegen einer Straftat nach der Abgabenordnung rechtskräftig verurteilt worden ist sowie dass er eine Vermögensschadenhaftpflichtversicherung abgeschlossen hat, die für jeden Versicherungsfall aus der Tätigkeit als Gutachter oder Insolvenzverwalter bzw Treuhänder Schäden bis zu einem Betrag in bestimmter Höhe abdeckt.

Die Unabhängigkeit muss sich nicht nur auf den **Schuldner** beziehen, sondern auch auf die möglicherweise als Gläubiger in Betracht kommenden Personen und Institutionen, wie zB Banken. Soweit eine Insolvenzverwalterkanzlei zugleich auch mit der Sanierungsberatung befasst ist, ist dies anzugeben, um bei einer späteren Bestellung Interessenkonflikte auszuschließen.

b) Sonstige Kriterien. Das Gesetz schreibt die **Kriterien** für die Eignung eines Bewerbers **für die Aufnahme in die Vorauswahlliste** nicht vor. Das BVerfG hat in der Entscheidung vom 23. 5. 2006 (ZIP 2006, 1355) vielmehr ausgeführt, es sei **Aufgabe der Fachgerichte**, Kriterien für die Festlegung der Eignung eines Bewerbers sowie für eine sachgerechte Ausübung des Auswahlmessens zu entwickeln (s auch BVerfG v 3. 8. 2009 – 1 BvR 369/08, ZInsO 2009, 1641, 1643 = ZIP 2009, 1722, 1724). Die Bundesministerin der Justiz, Frau Zypries, hat in ihrer Ansprache auf dem 3. Deutschen Insolvenzrechtstag in Berlin am 30. 3. 2008 ua ausgeführt, dass nach ihrer Einschätzung „ein Anforderungsprofil, das von den Insolvenzverwaltern selbst erarbeitet wird, flexibler und besser geeignet wäre, den Bedürfnissen der Praxis gerecht zu werden, als staatliche Vorgaben". Der einzelne Richter hat somit die **konkreten Eignungskriterien**, die ein Bewerber aus seiner Sicht erfüllen muss, festzulegen. Hiervon haben einige der größeren Gerichte, wie zB Köln, Karlsruhe, Dresden und München, Gebrauch gemacht. Zur Praxis einiger Insolvenzgerichte s auch *Uhlenbruck* NZI 2006, 489, 492. Es liegt sowohl im Interesse der Bewerber als auch der Insolvenzgerichte, eine möglichst **einheitliche Handhabung** der Kriterien für die Aufnahme in eine Vorauswahlliste zu entwickeln. Da eine gesetzliche Regelung vorerst nicht beabsichtigt ist (vgl *Graf-Schlicker* § 56 Rn 9), haben die verschiedenen Berufsverbände **Kriterien für die Feststellung der Eignung eines Bewerbers** aufgestellt, die den Fachgerichten als Entscheidungshilfe dienen können. S die Richtlinien des Deutschen Anwaltsvereins und des Arbeitskreises der Insolvenzverwalter Deutschland e. V. (AnwBl 1992, 118 f = DRiZ 1993, 192 = Voraufl Rn 34 ff), die vom Verband Insolvenzverwalter Deutschlands e. V. (VID) am 4. 11. 2006 beschlossenen „**Berufsgrundsätze der Insolvenzverwalter**" (ZIP 2006, 2147), die für einen Muster-Fragebogen entwickelten Grundsätze einer beim **OLG Hamm** gegründeten Insolvenzrichter-Arbeitsgruppe, die Entschließung der BAKinso (ZInsO 2007, 1266) und die „**Empfehlungen der Kommission zur Vorauswahl und Bestellung von InsolvenzverwalterInnen sowie Transparenz, Aufsicht und Kontrolle in Insolvenzverfahren**" (sog „**Uhlenbruck-Kommission**", NZI 2007, 507 = ZInsO 2007, 760 = ZIP 2007, 1532). Vgl auch *Uhlenbruck/Mönning* ZIP 2008, 157 ff; HaKo-*Frind* § 56 Rn 19 mit Hinweisen auf weitere Abwicklungsrichtlinien verschiedener Gerichte. Zu den Auswahlkriterien für Unternehmensinsolvenzverwalter des GSV s ZInsO 2009, 1246 ff. Im zweiten Halbjahr 2008 haben sich Insolvenzrichter und Insolvenzrichterinnen der acht größten Amtsgerichte in Baden-Württemberg (Freiburg, Heidelberg, Heilbronn, Karlsruhe, Ludwigsburg, Mannheim, Stuttgart, Ulm) zu einer Arbeitsgruppe zusammengefunden und einen „**Heidelberger Musterfragebogen**" für das Vorauswahlverfahren für Insolvenzverwalter" entwickelt (NZI 2009, 97 ff). Festzustellen ist, dass die bislang entwickelten Richtlinien und Empfehlungen das Ziel hatten, **handhabbare Qualitätskriterien** zur Vorauswahl und Bestellung von Insolvenzverwaltern zu entwickeln, die zwar keinen Anspruch auf Allgemeingültigkeit oder Verbindlichkeit erheben, jedoch die Möglichkeit eröffnen, den Zugang zum Verwalteramt **einheitlich zu gestalten,** den Insolvenzrichtern und -richterinnen eine Arbeitshilfe an die Hand zu geben und Amtshaftungsprozesse wegen Nichtbestellung zu vermeiden. Die nachfolgend angeführten Kriterien erheben keinen Anspruch auf Vollständigkeit und sind teilweise umstritten. Zu den „**Heidelberger Leitlinien**" zur Qualitätssicherung s NZI 2009, 593 f; *Riedel* KSI 2009, 225; *Rauscher* ZInsO 2009, 184 ff.

29 Zusammenfassung der Empfehlungen der Kommission zur Vorauswahl und Bestellung von InsolvenzverwalterInnen sowie Transparenz, Aufsicht und Kontrolle im Insolvenzverfahren („Uhlenbruck-Kommission").

A. Zielsetzung der Kommissionsarbeit

Ziel der Kommission ist es, durch ihre Beschlüsse bei allen Beteiligten größtmögliche Akzeptanz und damit eine einheitliche Handhabung zu erreichen.

B. Vorauswahlliste

I. Allgemeine Grundsätze

1. Rechtliche Notwendigkeit der Vorauswahlliste: An der rechtlichen Notwendigkeit einer Vorauswahlliste besteht kein Zweifel. Das Führen von Scheinlisten, d. h. die Aufnahme von Insolvenzverwaltern auf eine Vorauswahlliste ohne Prüfung der Qualitätsanforderungen und/oder ohne die ernsthafte Absicht zur Bestellung im Einzelfall ist unzulässig. Die Liste ist aber nicht grundsätzlich verbindlich. In Ausnahmefällen kann das Gericht auch einen bei ihm nicht gelisteten Verwalter bestellen.

2. Vermeidung von Mehrfach-Bewerbungen: Eine bundeseinheitliche Vorauswahlliste ist nicht erforderlich, auch nicht für Verfahren mit überregionalem oder internationalem Bezug. Das Listen bei einem Insolvenzgericht begründet keinen Anspruch auf Listing bei einem anderen Gericht bzw anderen Richter.

3. Gliederung der Vorauswahlliste: Es sollte bei jedem Amtsgericht als Insolvenzgericht nur eine Vorauswahlliste geführt werden. Eine Differenzierung innerhalb dieser Liste nach Verfahrensarten ist möglich.

4. Beschränkung der Vorauswahlliste: Eine Beschränkbarkeit der Vorauswahlliste ist dringend geboten, wenn eine sorgfältige Abwägung der multipolaren Interessen aller Verfahrensbeteiligten ergibt, dass wegen der Vielzahl der Bewerber eine professionelle und optimale Verfahrensabwicklung mangels dauerhafter Befassung mit Insolvenzverfahren nicht mehr gewährleistet ist.
Die Kommission ist der Auffassung, dass eine Beschränkung der Zahl der zu listenden Bewerber nach der derzeitigen Rechtslage nur auf Grund der Anwendung von Qualitätskriterien möglich ist. Sie empfiehlt eine Gesetzesänderung, auf Grund derer es den Insolvenzgerichten zusätzlich erlaubt wird, die Zahl der zu berücksichtigenden Bewerber und gelisteten Verwalter nach Maßgabe des Geschäftsanfalls bei dem jeweiligen Insolvenzgericht zu beschränken.

5. Öffentlichkeit der Vorauswahlliste: Sowohl die Vorauswahlliste selbst als auch die Auswahlkriterien für eine Aufnahme in die Vorauswahlliste werden zur Einsichtnahme bei Gericht bereitgehalten und gegebenenfalls auf die Internetseite des jeweiligen Insolvenzgerichtes eingestellt.

II. Voraussetzungen für die Aufnahme in eine Vorauswahlliste

Vorbemerkung: Nach Feststellung des BVerfG (Beschl. v 19. 7. 2006 – 1 BvR 1351/06, ZIP 2006, 1541 = ZInsO 2006, 869) ist es „Aufgabe der Fachgerichte, Kriterien für die Feststellung der Eignung eines Bewerbers sowie für eine sachgerechte Ermessensausübung zu entwickeln". In Respekt vor der richterlichen Unabhängigkeit hat sich die Kommission eingehend mit den Kriterien befasst, die aus der Sicht aller Beteiligten notwendige Voraussetzung für die Aufnahme auf eine Vorauswahlliste sein sollten. Dies schließt selbstverständlich nicht aus, dass die Insolvenzgerichte eigene, qualitätsbezogene Kriterien zu Anwendung bringen, insbesondere um eine professionelle und qualitätssichernde Insolvenzverwaltung durch eine sachlich begründete Begrenzung der Vorauswahllisten zu gewährleisten. Die nachfolgenden Kriterien für die Vorauswahl und Auswahl im Einzelfall verstehen sich daher auch als eine konsentierte Empfehlung, ohne Anspruch auf Vollständigkeit und Verbindlichkeit zu erheben.

1. Ausbildung: Erforderlich ist der Abschluss einer rechtswissenschaftlichen, wirtschaftswissenschaftlichen oder anderen Hochschulausbildung mit wirtschaftswissenschaftlicher Ausrichtung. Haben sich bereits Bewerber bei dem In-

C. Auswahl des Insolvenzverwalters § 56

solvenzgericht, welches die Liste aufstellt, im Rahmen früherer Tätigkeiten als Insolvenzverwalter bewährt, kann dieses Gericht von vorstehenden Anforderungen im Einzelfall absehen.

2. **Nachweis besonderer theoretischer Kenntnisse:** Der Bewerber muss besondere insolvenzrechtliche und betriebswirtschaftliche Kenntnisse, zumindest in folgenden Bereichen nachweisen:

A. Materielles Insolvenzrecht

a) Insolvenzgründe und Wirkungen des Insolvenzantrags
b) Wirkungen der Verfahrenseröffnung
c) das Amt des vorläufigen Insolvenzverwalters und des Insolvenzverwalters
d) Sicherung und Verwaltung der Masse
e) Aussonderung, Absonderung und Aufrechnung im Insolvenzverfahren
f) Abwicklung der Vertragsverhältnisse
g) Insolvenzgläubiger
h) Insolvenzanfechtung
i) Arbeits- und Sozialrecht
j) Steuerrecht
k) Gesellschaftsrecht
l) Insolvenzstrafrecht
m) Grundzüge des internationalen Insolvenzrechts

B. Insolvenzverfahrensrecht

a) Insolvenzeröffnungsverfahren
b) Regelverfahren
c) Planverfahren
d) Verbraucherinsolvenz
e) Restschuldbefreiungsverfahren
f) Sonderinsolvenzen

C. Betriebswirtschaftliche Grundlagen

a) Buchführung, Bilanzierung und Bilanzanalyse
b) Rechnungslegung in der Insolvenz
c) Betriebswirtschaftliche Fragen des Insolvenzplans (Sanierung), der übertragenden Sanierung, der Liquidation

Die Berechtigung zur Bezeichnung „Fachanwalt für Insolvenzrecht" ersetzt grundsätzlich nicht die Nachweispflicht.

3. **Nachweis einer praktischen Tätigkeit:** Erforderlich ist der Nachweis einer mindestens dreijährigen praktischen umfassenden verwalterspezifischen Tätigkeit in einem Insolvenzverwalterbüro oder eine mindestens dreijährige Tätigkeit als Verwalter. Die Berechtigung zur Bezeichnung „Fachanwalt für Insolvenzrecht" entbindet nicht von der Nachweispflicht.

4. **Zuverlässigkeit und geordnete wirtschaftliche Verhältnisse:** Bereits bei Aufnahme in die Vorauswahlliste müssen geordnete wirtschaftliche Verhältnisse nachgewiesen werden.

5. **Unternehmerische Fähigkeiten:** Für Unternehmensinsolvenzen sollte der Bewerber darlegen, dass er über Erfahrungen in der Unternehmensfortführung (unternehmerische Fähigkeiten) verfügt.

6. **Büroausstattung:** Erforderlich sind eine dem Stand der Technik entsprechende insolvenzspezifische Büroausstattung einschließlich aktueller Software und eine hierauf abgestimmte Büroorganisation.

7. **Spezialisierter Mitarbeiterstab:** Erforderlich ist eine angemessene Zahl qualifizierter eigener Mitarbeiter, die regelmäßig aus- und fortgebildet werden.

8. **Ortsnähe/Erreichbarkeit:** Grundsätzlich ist Ortsnähe zu verlangen, d. h. die jederzeitige Erreichbarkeit für alle Verfahrensbeteiligten und Präsenz des Insolvenzverwalters im jeweiligen Gerichtsbezirk. Von diesem Erfordernis kann in Ausnahmefällen überregionalen und internationalen Bezugs abgewichen werden. Auch in den Fällen des Abweichens von dem Erfordernis der Ortsnähe muss gewährleistet sein, dass der Insolvenzverwalter sowie die für einzelne Verfahrensbereiche zuständigen Mitarbeiter erreichbar sind.

9. **Unabhängigkeit:** Der Bewerber für die Vorauswahlliste muss nicht nur speziell für das konkrete Verfahren, sondern generell unabhängig sein.

10. **Vermögensschaden-Haftpflichtversicherung:** Der Insolvenzverwalter hat dem Insolvenzgericht unverzüglich nach seiner erstmaligen Bestellung und danach einmal jährlich den Abschluss einer Vermögensschadenhaftpflichtversicherung nachzuweisen. Eine Grunddeckungssumme von 2 Mio. Euro erscheint jedoch zu hoch. Für Großverfahren muss jeweils mit Zustimmung des Gerichts und eines etwaigen Gläubigerausschusses eine besondere Haftpflichtversicherung zu Lasten der Masse abgeschlossen werden. Eine Verpflichtung zum Abschluss einer Vertrauensschadenshaftpflichtversicherung sollte nicht eingeführt werden.

III. Verfahren zur Entscheidung über die Aufnahme in die Vorauswahlliste

1. **Aufnahmeantrag:** Die Aufnahme in die Vorauswahlliste erfolgt auf Grund eines formalisierten Verfahrens. Hierbei sind folgende Schritte einzuhalten:
1.1 Schriftlicher Antrag des Bewerbers
1.2 Vergabe eines Aktenzeichens, Anlage einer Akte und
1.3 Entscheidung über die Aufnahme in die Vorauswahlliste durch schriftlichen Bescheid.

§ 56

2. Entscheidung bei Einheitsliste: Bei Führung nur einer Vorauswahlliste erfolgt die Entscheidung über die Aufnahme bzw. die Ablehnung durch die Insolvenzabteilung des jeweiligen Insolvenzgerichts im Wege eines von allen Insolvenzrichtern zu unterzeichnenden – und im Falle der Ablehnung – zu begründenden Bescheids.

3. Gläubigerbeteiligung: Institutionelle Gläubiger haben das Recht, zur Aufnahme des Einzelnen in die Vorauswahlliste Stellung zu nehmen. Dem Betroffenen ist rechtliches Gehör zu gewähren.

4. Bescheid und Rechtsmittel: Der Bescheid kann formlos übersandt werden. Er ist im Fall der Ablehnung im Verfahren nach §§ 23 ff. EGGVG angreifbar. Zuständig soll ein Fachsenat beim zuständigen **OLG** sein.

IV. Delisting

1. Gründe für ein Delisting

a) **Allgemeine Gründe:** Ein Insolvenzverwalter kann von der Vorauswahlliste gestrichen werden, wenn er die Auswahlkriterien für die Aufnahme in die Liste nicht erfüllt, weil sie zum Zeitpunkt der Aufnahme nicht vorgelegen haben oder nachträglich entfallen sind („Delisting").

b) **Personelle Gründe:** Ein Insolvenzverwalter kann insbesondere von der Vorauswahlliste gestrichen werden, wenn er
aa) strafrechtlich rechtskräftig verurteilt wurde, insbesondere wegen eines Vermögens- oder Wirtschaftsdelikts;
bb) in Vermögensverfall geraten ist. Ein Vermögensverfall wird vermutet, wenn ein Insolvenzverfahren über das Vermögen des Insolvenzverwalters eröffnet oder der Verwalter in das vom Insolvenzgericht oder vom Vollstreckungsgericht zu führende Verzeichnis (§ 26 Abs. 2 InsO, § 915 ZPO) eingetragen ist;
cc) aus gesundheitlichen Gründen nicht nur vorübergehend unfähig ist, seine Aufgabe eines Insolvenzverwalters zu erfüllen.

c) **Weitere Delistinggründe:** Ein Insolvenzverwalter kann außerdem wegen unzureichender Bearbeitung von Insolvenzverfahren nach „Abmahnung" im Wiederholungsfalle von der Vorauswahlliste gestrichen werden, wie zB:
aa) fehlerhafter Rechnungslegung
bb) verspäteter oder fehlerhafter Berichterstattung
cc) Häufung von Haftungsfällen (insbesondere §§ 60, 61 InsO)
dd) schuldhaften Verstößen gegen Anzeigepflichten (Interessenkollision, Beteiligung an Verwertungsgesellschaften oder anderen Sachverhalten, die ernsthafte Zweifel an der Unabhängigkeit des Insolvenzverwalters begründen).

d) **Fehlverhalten außerhalb des Zuständigkeitsbereichs:** Das Streichen eines Insolvenzverwalters von der Vorauswahlliste („Delisting") ist auch möglich bei einem Fehlverhalten des Insolvenzverwalters in einem Verfahren außerhalb der Zuständigkeit des Insolvenzgerichts. Die Kommission empfiehlt jedoch, Mitteilungspflichten über die Entlassung, das „Delisten" oder die Einleitung eines Ermittlungs- bzw Eröffnung eines Strafverfahrens nicht vorzusehen, um eine unberechtigte wirtschaftliche Vernichtung eines Insolvenzverwalters auszuschließen.

2. Faktisches Delisting

Die Nichtberücksichtigung eines gelisteten Insolvenzverwalters über einen längeren Zeitraum kann faktisches („kaltes") Delisting sein.

3. Das Delistingverfahren

a) **Rechtliches Gehör:** Der Insolvenzverwalter ist über die Absicht, ihn von der Liste zu streichen, zu unterrichten; ihm ist Gelegenheit zur Stellungnahme (rechtliches Gehör) einzuräumen.

b) **Beteiligung anderer Richter und der Rechtspfleger:** Beabsichtigt der Richter, einen Insolvenzverwalter wegen unzureichender Verfahrensbearbeitung von der Vorauswahlliste zu streichen, sollen dazu auch die anderen Richter und die Rechtspfleger des Insolvenzgerichts angehört werden. Andere Richter und die Rechtspfleger des Insolvenzgerichts können ein Delisting-Verfahren anregen. Die Anregung ist schriftlich zu begründen.

c) **Richterliche Entscheidung:** Der Richter entscheidet/ die Richter entscheiden durch einen schriftlichen und begründeten Bescheid. Der Bescheid ist zuzustellen. Er ist im Verfahren nach §§ 23 ff. EGGVG angreifbar. Zuständig soll ein Fachsenat beim zuständigen **OLG** sein.

C. Kriterien für die Bestellung im Einzelfall

Die nachfolgend erwähnten Kriterien für die Bestellung im Einzelfall sind nicht abschließend. Je nach Art des Insolvenzverfahrens können weitere Kriterien berücksichtigt werden.

I. Gläubigerbeteiligung im Einzelfall: Bei der Entscheidung über die Bestellung des (vorläufigen) Verwalters im Einzelfall sind Anregungen von Beteiligten zum Anforderungsprofil zu berücksichtigen. Die Bestellung eines (vorläufigen) Verwalters sollte nicht allein deshalb abgelehnt werden, weil er von einem Beteiligten vorgeschlagen wurde.

II. Spezielle Unabhängigkeit

(1) Der Insolvenzverwalter ist eine von den Gläubigern und dem Schuldner unabhängige Person. Er hat daher alles zu vermeiden, was berechtigte Zweifel an seiner Unabhängigkeit hervorrufen könnte.
(2) Die erforderliche Unabhängigkeit ist nicht gegeben, wenn
a) es sich bei dem Insolvenzverwalter um eine dem Schuldner nahe stehende Person im Sinne des § 138 InsO handelt;
b) der Insolvenzverwalter, eine ihm nahe stehende Person im Sinne des § 138 InsO oder eine mit ihm zur gemeinsamen Berufsausübung verbundene Person persönlich Gläubiger oder Drittschuldner des Schuldners ist;
c) der Insolvenzverwalter oder eine von ihm zur gemeinsamen Berufsausübung verbundene Person innerhalb von vier Jahren vor dem Antrag auf Eröffnung des Insolvenzverfahrens den Schuldner oder eine diesem nahe stehende Person (§ 138 InsO) mittelbar oder unmittelbar vertreten oder beraten hat;
d) ein verfahrensbeteiligter Großgläubiger, Kreditversicherer oder anderer institutioneller Gläubiger von dem Insolvenzverwalter oder einer mit ihm zur gemeinsamen Berufsausübung verbundenen Person ständig in Insolvenzrechtsangelegenheiten, zB auch durch die Übernahme von Poolverwaltungen, betreut wird. Der Verwalter ist mit der Annahme des Amtes verpflichtet, schriftlich anzuzeigen, dass nach seiner Prüfung kein Kollisionsfall vorliegt. Für den Fall der späteren Kenntnis eines Kollisionsfalls hat er dies dem Gericht unverzüglich schriftlich anzuzeigen.

Der Verwalter ist mit der Annahme des Amtes verpflichtet, schriftlich anzuzeigen, dass nach seiner Prüfung kein Kollisionsfall vorliegt. Für den Fall der späteren Kenntnis eines Kollisionsfalls hat er dies dem Gericht unverzüglich schriftlich anzuzeigen.

(3) Private Bankverbindungen zu einer Gläubigerbank stehen der Unabhängigkeit des Insolvenzverwalters in der Regel nicht entgegen.

III. Unternehmerische Fähigkeiten: Unternehmerische Fähigkeiten müssen bei der Bestellung in Unternehmensinsolvenzverfahren in Bezug auf die Bestellung und die Anforderungen im Einzelfall vorliegen.

IV. Spezielle Branchenkenntnisse: Spezielle Branchenkenntnisse können im Einzelfall erforderlich sein. Der bestellende Insolvenzrichter soll dieses Merkmal berücksichtigen.

V. Bisherige Verfahrensabwicklung: Die bisherige Art der Verfahrensabwicklung muss, gemessen an den Kriterien der Insolvenzordnung, erfolgreich gewesen sein. Von einer näheren Definition des Erfolgs (etwa Dauer, Führung von Haftungs- und Anfechtungsprozessen u. a.) wird abgesehen. Der bestellende Insolvenzrichter soll den bisherigen Verfahrenserfolg bei der Einzelfallbestellung berücksichtigen.

VI. Insolvenzplanerfahrung: Der Insolvenzverwalter soll Kenntnisse und Erfahrungen im Rahmen von Unternehmenssanierungen insbesondere mittels Insolvenzplänen haben.

VII. Auslastung des Verwalters: Die Abwicklung von Insolvenzverfahren erfordert – insbesondere in der Anlaufphase – einen hohen persönlichen Zeiteinsatz. Der Insolvenzverwalter lehnt deshalb die Übernahme neuer Verfahren ab, wenn er selbst oder seine Büroorganisation durch laufende Verfahren oder in anderer Weise so stark belastet ist, dass die ordnungsgemäße Bearbeitung neuer Verfahren durch ihn nicht mehr in dem erforderlichen Umfang gesichert ist.

Der Insolvenzrichter berücksichtigt bei der Bestellung eines Verwalters im Einzelfall dessen Auslastung durch laufende Verfahren. Dabei ist die Anzahl der laufenden Verfahren kein ausschließliches Kriterium.

VIII. Soziale Kompetenz: Bei der Bestellung im Einzelfall kann der Insolvenzrichter Sozialkompetenz und Kommunikationsfähigkeit des Bewerbers berücksichtigen.

IX. Ausreichende Büroausstattung: Erforderlich ist eine dem konkreten Verfahren angemessene Büroausstattung.

X. Internationales Insolvenzrecht: Bei grenzüberschreitenden oder internationalen Insolvenzverfahren sind Erfahrungen im internationalen Insolvenzrecht erforderlich.

XI. Fremdsprachenkenntnisse: Bei grenzüberschreitenden oder internationalen Insolvenzverfahren soll der Insolvenzverwalter über die im Einzelfall erforderlichen Fremdsprachenkenntnisse verfügen.

D. Erhöhung der Transparenz und Verbesserung der Aufsicht im Insolvenzverfahren

Vorbemerkung: Eine transparente Verfahrensführung ist für alle Beteiligten notwendige Voraussetzung für eine verbesserte Kommunikation und zur Erleichterung der Aufsicht im gerichtlichen Verfahren. Sie ermöglicht zugleich den Gläubigern eine laufende Verfolgung der Verfahrensentwicklung und sichert damit deren aktive Einbeziehung. Für die gerichtliche Aufsicht und Kontrolle müssen Instrumente und Voraussetzungen geschaffen werden, die auf Grund von Standardisierung eine objektive Vergleichbarkeit und damit auch eine verbesserte Kontrollmöglichkeit gewährleisten. Die Kommission hat die Vorschläge des Justizministeriums des Landes NRW in dem „Entwurf eines Gesetzes zur Vereinfachung der Aufsicht in Insolvenzverfahren" und die vom Verband der Insolvenzverwalter Deutschland e. V. erarbeiteten „Berufsgrundsätze der Insolvenzverwalter" als Arbeitsgrundlage berücksichtigt.

I. Risikomanagement/Zertifizierung des Verwalters; Einrichtung eines Überwachungssystems: Die Kommission hält ein Qualitätssicherungssystem für Verwalter, das sich auf die Bereiche Qualifikation, Infrastruktur, Organisation und Transparenz eines Verwalters bzw seiner Kanzlei beschränkt, vergleichbar mit dem Peer-Review der Wirtschaftsprüfer, für sinnvoll und notwendig. Für die Einrichtung eines Überwachungssystems könnte § 91 Abs. 2 AktG Vorbild sein.

II. Vermögens- und Vertrauensschadenshaftpflichtversicherung: Die Kommission empfiehlt, die Verpflichtung zum Abschluss einer Vermögensschaftpflichtversicherung gesetzlich vorzusehen, allerdings abweichend von § 60a Abs. 1 InsO (GAVI-Ergänzungsentwurf) nicht nur auf Verlangen des Gerichts oder der Gläubigerversammlung. Sie schlägt daher vor, § 60a Abs. 1 S 2 InsO (GAVI-Ergänzungsentwurf) wie folgt zu fassen: *„Das Bestehen dieser Versicherung hat der Insolvenzverwalter dem Gericht unverzüglich nach der erstmaligen Bestellung und danach einmal jährlich nachzuweisen."* Eine Verpflichtung zum Abschluss einer Vertrauensschadenshaftpflichtversicherung (§ 60 Abs. 1 Nr 2 InsO idF GAVI-E) ist nicht einzuführen.

Siehe auch oben B. II Ziff. 10.

III. Standardisierung der Verzeichnisse, Tabellen, Berichte und Schlussrechnungen sowie der insolvenzrechtlichen Gutachten: Die Kommission empfiehlt die Standardisierung und Strukturierung der Verzeichnisse, Tabellen, Berichte und Schlussrechnungen sowie der Insolvenzgutachten. Sie unterstützt – unter Einräumung von Übergangsfristen für die Verwalter – die entsprechenden Vorschläge der GAVI-Kommission zur Änderung bzw Ergänzung der §§ 66, 153 InsO, allerdings mit folgender Einschränkung:

die Schlussrechnung hat eine fortgeschriebene Vermögensübersicht zu enthalten,

die in § 66 Abs. 2 Nr 2 des Entwurfs gewählte Formulierung der Einnahmen-Ausgaben-Überschussrechnung wird durch den Begriff der insolvenzrechtlichen Rechnungslegung ersetzt,

§ 66 Abs. 2 Nr 3 und 4 des Entwurfs sollen dahingehend geändert bzw zusammengefasst werden, dass nicht die ordnungsgemäße Verwendung der Insolvenzmasse, sondern die ordnungsgemäße Verwaltung, Verwertung und Verteilung der Insolvenzmasse gefordert werden soll,

der Schlussbericht soll aus zwei Teilen bestehen: der erste Teil soll einen Bericht über den Verlauf des Insolvenzverfahrens enthalten, der sich an § 289 Abs. 1 HGB orientiert; im zweiten Teil sollen ausgehend von der Vermögensübersicht nach § 153 InsO die Geschäftsvorfälle erläutert werden.

IV. Fristen für die regelmäßige Berichterstattung über den Verfahrensstand und Zwangsgeldfestsetzung: Die in § 58 Abs. 2 InsO (GAVI-E) vorgesehene Frist von 6 Monaten für die regelmäßige Berichterstattung wird befürwortet.

Auch die vorgeschlagene Regelung des § 58 Abs. 3 S 3 InsO (GAVI-E) wird grundsätzlich unterstützt. Sie ist erforderlich, wenn die Festsetzung eines Zwangsgelds nicht ausreichend ist. Die Kommission empfiehlt jedoch zur Klarstellung, dass sich die Herausgabepflicht nicht auf solche Gegenstände beziehen soll, die keinen Bezug zu dem jeweiligen Verfahren haben, sich andererseits aber auch auf Daten erstrecken soll, die in elektronischer Form gehalten werden, Satz 3 wie folgt zu fassen: *„Ordnet das Gericht die Herausgabe von verfahrensbezogenen Gegenständen, Unterlagen oder Daten durch Beschluss an ..."*

V. Mindestanforderungen an den Inhalt der Zwischenberichte: Die Kommission befürwortet eine Regelung über den Inhalt der Zwischenberichte und empfiehlt, folgende Regelung als § 58 a InsO aufzunehmen: *„Die Berichte über den Sachstand und die Geschäftsführung nach § 58 InsO haben mindestens eine fortgeschriebene Vermögensübersicht entsprechend § 153 InsO und eine aktualisierte insolvenzrechtliche Rechnungslegung zu enthalten. Einzelne Positionen sind, soweit erforderlich, zu erläutern und auf Anforderung des Gerichts zu belegen. Kontenbestände sind in geeigneter Form nachzuweisen."*

VI. Einsichtsrecht der Gläubiger: Die Kommission empfiehlt, den Gläubigern auf deren Antrag Berichte nach deren Zuleitung an das Insolvenzgericht vorrangig über den Insolvenzverwalter elektronisch zur Verfügung zu stellen.

VII. Befreiung der kontoführenden Bank von dem Bankgeheimnis für die Verfahrenskonten: Die Kommission empfiehlt, dass der Insolvenzverwalter bei seiner Neubestellung eine Bescheinigung erteilt, mit der die Banken auch für künftig zu eröffnende Verfahrenskonten von dem Bankgeheimnis befreit werden. Der Gesetzgeber sollte prüfen, ob die Banken von Gesetzes wegen in einem Insolvenzfall von der Schweigepflicht entbunden werden könnten.

VIII. Online-Konteneinsicht: Eine Online-Konteneinsicht wird nicht befürwortet, weil die Insolvenzgerichte außerstande sind, die Konten fortlaufend zu überprüfen und auf diese Weise missbräuchlichen Umgang mit der Insolvenzmasse rechtzeitig aufzudecken. Es ist Aufgabe der Gläubiger, im Rahmen der Bestellung und Beauftragung eines Gläubigerausschusses eine besondere Überprüfung der Konten, zB durch Online-Einsicht, zu beschließen. Der Verwalter ist verpflichtet, die Online-Einsicht zu ermöglichen.

IX. § 29 Abs. 1 InsO (GAVI-E), Eröffnungsbeschluss, Terminsbestimmungen: Die Kommission lehnt die Aufsplittung des Eröffnungsbeschlusses ab.

30   **c) Anmerkungen zu den einzelnen Kriterien.** Die vorstehenden Kriterien werden in der Praxis weitgehend zur Ausfüllung des in § 56 Abs 1 Satz 1 genannten Begriffs des geschäftskundigen Bewerbers herangezogen (*Graf-Schlicker* § 56 Rn 9; vgl auch *Frind* ZInsO 2006, 841 ff). Sie entsprechen teilweise auch den bereits oben zu a) dargestellten gesetzlichen Kriterien, die jedoch eine Ausprägung durch die gerichtliche Praxis und teilweise eine Einschränkung durch die OLG-Rechtsprechung erhalten haben.

31   **aa) Fachliche Qualifikation des Bewerbers.** Wie bereits o zu a)cc) dargestellt wurde, muss der Bewerber über fundierte Kenntnisse nicht nur des Insolvenzrechts, sondern auch der Nebengebiete wie des Arbeitsrechts, des Handels- und Gesellschaftsrechts sowie des Vertrags- und Prozessrechts verfügen. Die Verwaltertätigkeit erfordert heute entweder einen **rechtskundigen Betriebswirt** oder einen **Rechtsanwalt mit Kenntnissen der Betriebswirtschaftslehre** einschließlich des Rechnungswesens und Controlling (*Graf-Schlicker* § 56 Rn 10; HaKo-*Frind* § 56 Rn 13).

32   **bb) Persönliche Fähigkeit und Eignung.** Über die o zu a) bb) dargestellten Kriterien der persönlichen Eignung werden von dem Bewerber **Führungsqualitäten, Verhandlungsgeschick** (*Stapper* NJW 1999, 3441, 3443), **Zeitmanagement, Teamfähigkeit und Konfliktmanagement** (*Degenhardt/Borchers* ZInsO 2001, 337; BerlKo-*Blersch* § 56 Rn 14) und vor allem auch die Fähigkeit und Bereitschaft zur **Kooperation mit dem Insolvenzgericht** (HaKo-*Frind* § 56 Rn 22) verlangt (so wörtlich *Graf-Schlicker* § 56 Rn 13). S auch BVerfG v 3. 8. 2009 – 1 BvR/369/08, ZInsO 2009, 1641, 1644. Die **Belastung eines häufig bestellten Verwalters** ist kein Kriterium für den Ausschluss von der Vorauswahlliste (OLG Brandenburg NZI 2009, 647). Zweifelhaft ist, ob das Kriterium „**Vertrauen**" schon bei der Aufnahme in die Vorauswahlliste maßgeblich sein kann (vgl HaKo-*Frind* § 56 Rn 22). Zutreffend der Hinweis von *Graf-Schlicker* (§ 56 Rn 14), dass das Vertrauen nur in der Rolle spielen kann, wenn es sich an objektive Kriterien, zB dem Fehlen von fachlichen oder persönlichen Fähigkeiten festmachen lässt. Jedenfalls muss eine Ablehnung des Listings verifizierbare Anhaltspunkte für mangelndes Vertrauen beinhalten (HaKo-*Frind* § 56 Rn 22). Von einem Insolvenzrichter kann nicht verlangt werden, Jemanden auf die Vorauswahlliste zu nehmen, der ihm nicht vertrauenswürdig erscheint und mit dem er dauerhaft nicht zusammenarbeiten will (zutr HaKo-*Frind* § 56 Rn 22). Vertrauen baut sich allerdings erst auf Grund längerer Zusammenarbeit auf. Letztlich ist das fehlende Vertrauen wegen **mangelnder persönlicher Eignung** schwierig zu begründen, vor allem wenn die Klagen über eine mangelhafte Verfahrensbearbeitung vom Rechtspfleger stammen und der Richter bittet, bestimmte Verwalter nicht mehr zu bestellen. Bei einem „**faktischen Delisting**" hat der Bewerber einen Anspruch auf Offenlegung der Gründe, warum er über einen längeren Zeitraum vom Gericht nicht beschäftigt worden ist.

33   **cc) Negative Erfahrungen** im Laufe eröffneter Verfahren, wie zB unzureichende Berichterstattung, fehlerhafte Insolvenzplanbearbeitung, umfassende Delegation oder kontraproduktive Betriebsfortführung können im Einzelfall zu einem Vertrauensverlust führen (vgl BVerfG v 3. 8. 2009 – 1 BvR 369/08,

C. Auswahl des Insolvenzverwalters § 56

ZIP 2009, 1722 = NZI 2009, 641; **AG** Göttingen ZIP 2003, 590; **AG** Bonn ZInsO 2002, 641; HaKo-*Frind* § 56 Rn 25). Zu einem Vertrauensverlust können auch Verhaltensweisen des Verwalters in anderen oder bereits abgeschlossenen Verfahren führen (vgl **OLG** Hamburg ZInsO 2005, 1170).

dd) **Garantie der persönlichen Wahrnehmung originärer Verwalteraufgaben.** Die Aufnahme in die 34 Vorauswahlliste erfordert, dass der Verwalter gewillt und imstande ist, die im Kernbereich der Insolvenzabwicklung anfallenden Tätigkeiten persönlich auszuführen. Zu den einzelnen Aufgaben im Rahmen der Verfahrensabwicklung s BerlKo-*Blersch* § 56 Rn 31; *Graf-Schlicker* § 56 Rn 16; *Graeber* NZI 2003, 569 ff. Trotz der schwierigen Differenzierung zwischen **delegationsfähigen** und **höchstpersönlichen Aufgaben** des Insolvenzverwalters muss gewährleistet sein, dass der Verwalter imstande ist, die **Kernaufgaben des Insolvenzverfahrens** persönlich wahrzunehmen. **Einzelheiten** oben zu Rn 19 ff. Wenn ein Verwalter jährlich in mehr als 20 größeren Verfahren bestellt wird, dürfte nicht mehr gewährleistet sein, dass die Kernbereich persönlich bearbeitet werden (vgl auch FK-*Kind* § 56 Rn 3; MüKo-*Graeber* § 56 Rn 76; *Graeber* NZI 2003, 569). Die teilweise volle Weitergabe von Aufgaben an Mitarbeiter, die die Insolvenzabwicklung alleinverantwortlich durchführen, wird als „**Grau-Verwaltung**" bezeichnet und ist gesetzlich unzulässig (vgl HaKo-*Frind* § 56 Rn 16 b; *Graeber* § 56 Rn 76). Sog „**Akquisitionsverwalter**", die nur dann in einem Verfahren aktiv werden, wenn es sich um einen spektakulären und pressewirksamen Moment handelt, die sich aber im Übrigen auf den Kontakt mit dem Insolvenzrichter und einflussreichen Personen der Wirtschaft und Politik beschränken, genügen den Anforderungen an die originäre Verwaltertätigkeit nicht (MüKo-*Graeber* § 56 Rn 77). Die Dunkelziffer unzulässiger Delegation von originären Verwalterpflichten ist kaum einzuschätzen und dürfte immer noch groß sein. Die flächendeckende Aufnahme eines Insolvenzverwalters auf die Vorauswahllisten sämtlicher Insolvenzgerichte (sog spreading) führt zwangsläufig zu einer **Überlastung** und macht den Bewerber nicht nur für die Bestellung im Einzelfall ungeeignet, sondern auch für die Aufnahme in die Vorauswahlliste eines Gerichts (vgl BVerfG v 3. 8. 2009 – 1 BvR 369/08, ZInsO 2009, 1641, 1644 = NZI 2009, 641, 643; wenn ein Bewerber keine Gewähr bietet, dem Gericht eine etwaige Überlastung mitzuteilen). Allerdings ist das Listing bei mehreren Gerichten kein Grund für die Ablehnung der Aufnahme in die Vorauswahlliste. Vielmehr müssen **Fälle unzulässiger Delegation** von originären Verwalteraufgaben die Schlussfolgerung zulassen, dass der betreffende Bewerber ungeeignet ist.

ee) **Generelle Unabhängigkeit.** Neben den bereits unter o. zu Ziff 4.a)cc) dargestellten Kriterien eines 35 Bewerbers ist im Einzelfall zu prüfen, ob der Bewerber **häufig für am Insolvenzverfahren Beteiligte**, zB Banken, Kreditversicherer oder Sozialversicherungsträger, tätig ist (vgl *Vallender* NZI 2005, 473, 476; *Graf-Schlicker* § 56 Rn 19; HaKo-*Frind* § 56 Rn 17; MüKo-*Graeber* § 56 Rn 25 ff; *Jaeger/Gerhardt* § 56 Rn 42 ff; N/R/*Delhaes* § 56 Rn 10; K/P/B/*Lüke* § 56 Rn 47 ff). Wie o unter Ziff 4.a)dd) festgestellt, ist Unabhängigkeit im insolvenzrechtlichen Sinne zunächst Unabhängigkeit von Gläubigern und dem Schuldner bzw Schuldnerunternehmen. Zu verlangen ist aber auch **wirtschaftliche Unabhängigkeit** von Gläubigern, vor allem Großgläubigern (vgl *Frind* ZInsO 2002, 745; HaKo-*Frind* § 56 Rn 17; *Graeber* NZI 2002, 345; *Prütting* ZIP 2002, 1965; *Lüke* ZIP 2003, 557). Gleiches gilt, wenn ein Mitglied der Sozietät des Verwalters regelmäßig Schuldner oder Hauptgläubiger des Schuldners vertritt bzw vertreten hat (*Graf-Schlicker* § 56 Rn 41). Ob die **häufige Tätigkeit eines Poolverwalters** die Unabhängigkeit eines Bewerbers ausschließt, hängt von dem Umständen des Einzelfalles ab (vgl *Lüke* ZIP 2003, 557, 564 [Gesamtvolumen 10 Prozent]; *Graf-Schlicker* § 56 Rn 41; *Braun* ZInsO 2002, 964; *Riggert* NZI 2002, 352). Jedenfalls hat der Bewerber im Rahmen der schriftlichen Bewerbung mögliche Interessenkollisionen **zu offenbaren** (für die Bestellung s **BGH** NJW 1991, 982; **AG** Potsdam NZI 2002, 391; *Hild* ZInsO 2005, 1294; HaKo-*Frind* § 56 Rn 17).

ff) **Funktionsfähige Büroorganisation.** Weitgehende Einigkeit herrscht darüber, dass der Bewerber 36 über eine Büroorganisation verfügen muss, die es ermöglicht, nicht nur einen Betrieb zeitweilig fortzuführen, sondern auch die zwangsläufig anfallenden Arbeiten, wie Erfassung der Daten hinsichtlich der Arbeitnehmer, Debitoren und Kreditoren sowie die Aufgaben nach dem Insolvenzausfallgeldgesetz und des Betriebsrentengesetzes, zu übernehmen. Ob hierzu ein **ständig fortgebildeter Mitarbeiterstab** notwendig ist (so *Graf-Schlicker* § 56 Rn 20), ist zumindest insoweit zweifelhaft, als die zulässige **Beschränkung auf Kleinverfahren und Verbraucherinsolvenzverfahren** einen solchen nicht erfordert (*Lüke* ZIP 2007, 701, 706; str aA HaKo-*Frind* § 56 Rn 15). Bei größeren Unternehmensinsolvenzen ist zwar ein **intaktes Management** und ein entsprechender **Unterbau von Mitarbeitern** unbedingte Voraussetzung für eine sachgerechte Abwicklung (MüKo-*Graeber* § 56 Rn 62), jedoch kann für die Aufnahme in die Vorauswahlliste eine angemessene Zahl qualifizierter eigener Mitarbeiter, die regelmäßig aus- und fortgebildet werden, nicht verlangt werden. Fälle wie Woolworth oder Arcandor erfordern den raschen Rückgriff auf zuverlässige und sachkundige Mitarbeiter außerhalb des Verwalterbüros. Richtig ist allerdings, dass die **erforderliche Büroausstattung** dem Stand moderner Technik einschließlich aktueller Software entsprechen muss (vgl auch *Neubert* ZInsO 2002, 309; HaKo-*Frind* § 56 Rn 15). Ist der Verwalter nach ISO 9001 zertifiziert, reicht dies idR als Qualitätsnachweis für die Ausstattung und Führung des Büros aus (*Runkel/Wältermann* ZIP 2005, 1347, 1350; *Frind/Schmidt* NZI 2004, 533, 534; *Förster* ZInsO 2004, 1244).

37 gg) **Ortsnähe und Erreichbarkeit.** Eins der umstrittensten Kriterien für die Aufnahmen in die Vorauswahlliste ist die Ortsnähe bzw Erreichbarkeit eines Insolvenzverwalters. Nach Auffassung des BAKinso und der Mehrzahl der Insolvenzrichter kann die Frage der Ortsnähe von der jederzeitigen Erreichbarkeit und Präsenz nicht getrennt werden. BAKinso (ZInsO 2007, 256, 257): „Notwendig erscheint in jedem Fall das Vorhandensein eines arbeitsfähigen und mit entsprechend qualifizierten Personal ausgestatteten Büros im Bezirk des jeweiligen Landgerichts, zumindest in erreichbarer Nähe, um auch für Gläubiger und Schuldner die jederzeitige Erreichbarkeit sicherzustellen". Nach OLG Bamberg (v 3. 12. 2007, NZI 2008, 309 = ZIP 2008, 82) stellt es eine sachgerechte Erwägung des Insolvenzgerichts dar, Bewerber für die Aufnahme in eine Vorauswahlliste zurückzuweisen, wenn die **Ortsnähe von max 100 Kilometer** nicht gegeben und die höchstpersönliche Bearbeitung der Insolvenzverwaltung nicht gesichert ist. Nach BVerfG (ZIP 2004, 1649, 1653; ebenso OLG Koblenz ZIP 2005, 1283) ist der **Regionalaspekt** kein sachwidriges Kriterium für die Aufnahme des Bewerbers in die Vorauswahlliste (so auch *Graf-Schlicker* § 56 Rn 22; *Frind* ZInsO 2006, 841, 842). Die Entscheidung des OLG Bamberg entspricht der bisherigen Rechtsprechung der Oberlandesgerichte, die den Insolvenzgerichten innerhalb der gesetzlichen Grenzen bei der Aufnahme von Bewerbern in die Vorauswahlliste einen **weitgehenden Ermessensspielraum** zubilligt (**OLG** Köln ZIP 2007, 342, 344; **OLG** Dresden ZIP 2007, 2182; **OLG** Hamburg ZIP 2005, 2165, 2166; **KG** ZIP 2006, 294; **OLG** Schleswig ZIP 2005, 1467; **OLG** Hamm ZIP 2007, 1722). Die „örtliche Erreichbarkeit" bzw „Ortsnähe" ist jedenfalls bei einer Fahrzeit von 20 bis 30 Minuten nicht zu verneinen (**OLG** Düsseldorf NZI 2009, 248). Kritisch zu den vorstehenden Kriterien der Fachgerichte zur Ortsnähe auch BVerfG v 3. 8. 2009 – 1 BvR 369/08, ZInsO 2009, 1641 ff m Anm *Frind* S 1638 = NZI 2009, 641, 642 [15].

38 *Uhlenbruck/Mönning* (ZIP 2008, 157, 164) haben angesichts der zunehmenden Internationalisierung der Großunternehmen die Frage gestellt, ob die Forderung nach der Ortsnähe noch zeitgemäß ist. Außerdem bergen auch die für das Kriterium der Ortsnähe vielfach angeführten Argumente die Gefahr einer gewissen Abhängigkeit von örtlichen Institutionen. Die Gerichte werden schon im Interesse des unbedingt notwendigen **persönlichen Kontakts** und des **Vertrauens** grundsätzlich auch künftig an dem Kriterium der Ortsnähe und Erreichbarkeit festhalten. Eine andere Frage ist, ob von dem Erfordernis der Ortsnähe nicht in **Ausnahmefällen überregionalen und internationalen Bezugs** abgewichen werden kann, was zu bejahen ist. Aber auch in diesen Fällen muss gewährleistet sein, dass der Insolvenzverwalter sowie die für die einzelnen Verfahrensbereiche zuständigen Mitarbeiter erreichbar sind. Zutreffend stellt das **OLG** Hamm (v 29. 5. 2008, NZI 2008, 493) darauf ab, dass maßgebend für eine ausreichende Ortsnähe **nicht eine in Kilometer zu bestimmende Entfernung** ist, sondern ob der Bewerber regelmäßig innerhalb eines überschaubaren Zeitraums **im Bedarfsfall vor Ort** sein kann. Dies sei jedenfalls bei einer **Fahrzeit von einer Stunde** zu bejahen. Hiervon strikt zu trennen ist nach Auffassung des OLG Hamm die Frage, ob im Einzelfall bei der Bestellung des Verwalters einem anderen Kandidaten ua auch wegen größerer Ortsnähe der Vorzug gegeben werden kann. Dies erscheine nicht ausgeschlossen, sondern obliege dem pflichtgemäßen Ermessen des jeweiligen Insolvenzrichters, der diesem Gesichtspunkt etwa besonderes Gewicht beizulegen vermag, wenn eine überdurchschnittliche Häufigkeit notwendige Anwesenheit vor Ort auf Grund der Umstände des konkreten Verfahrens zu erwarten ist. Der BAKinso hat in den Bielefelder Beschlüssen v 5./6. 3. 2007 vorgeschlagen, auf das Vorhandensein eines arbeitsfähigen und mit entsprechend qualifiziertem Personal ausgestatteten Büros im **Bereich des jeweiligen Landgerichts** abzustellen. Die Kommissionsempfehlung in Ziff. B. II.8. stellt auf die Präsenz des Verwalters im **jeweiligen Gerichtsbezirk** ab. Denkbar ist nach *Mönning* (ZIP 2008, 157, 165) auch, die Ortsnähe auf den jeweiligen **OLG-Bezirk** zu beschränken. Festzustellen ist, dass in Großverfahren, vor allem mit grenzüberschreitender Bedeutung, die Ortsnähe keine Rolle mehr spielen kann.

39 hh) **Softskills.** Unter Softskills versteht man Kriterien, die die fachliche Kompetenz ergänzen und in entscheidendem Maße die Berufsausübung prägen (vgl *Uhlenbruck/Mönning* ZIP 2008, 157, 165). Es handelt sich um die Bereitschaft zur Übernahme von Verantwortung, Durchsetzungsfähigkeit, die Fähigkeit zur Konfliktbewältigung sowie Mut, in Krisensituationen die Initiative zu ergreifen. Grundsätzlich werden Softskills in lernbare (zB Rhetorik, Umgangsformen) und nicht erlernbare (Biss- und Schlagfertigkeit, Disziplin und Stressresistenz, Einfühlungsvermögen) eingeteilt. Da es sich um Charaktereigenschaften und Persönlichkeitsmerkmale handelt, die sich unter bestimmten Bedingungen nicht nur als nützlich, sondern unverzichtbar erweisen, spielen Softskills bei der Aufnahme in die Vorauswahlliste so gut wie keine Rolle. Sie sind zudem nur schwer nachprüfbar.

40 ii) **Qualität und Qualitätssicherung.** Als Aufnahmekriterium in die Vorauswahlliste wird inzwischen auch die Qualität der Abwicklung diskutiert, die im Wege eines **Ratings** oder quantifiziertem **Qualitätsmanagements** gemessen wird (*Haarmeyer* ZInsO 2005, 337; *Haarmeyer/Schaprian* ZInsO 2006, 673; *Frind* ZInsO 2006, 841, 845; *ders* NZI 2008, 518 ff; *Jürges* ZInsO 2008, 888; *Köhler-Ma* DZWiR 2006, 28; *Förster* ZInsO 2005, 632 u ZInsO 2006, 865; *Graeber* ZInsO 2006, 851, 854). Zutreffend der Hinweis von *Graf-Schlicker* (§ 56 Rn 25), dass eine objektive Einschätzung der Qualität der Insolvenzverwaltungen nur mit validen Daten aus der gerichtlichen Tätigkeit erreicht werden kann, die auch eine systematische Auswertung der Tätigkeitsberichte der Insolvenzverwalter einschließlich der Schlussrechnung umfasst. Zu den ziel- und ergebnisorientierten Qualitätskriterien gehören ua **Sicherstellung**

der Verfahrenseröffnung, Verfahrensdauer, Vollabwicklung, Erfassung und Bewertung, bestmögliche Verwertung, Betriebsfortführung sowie ökonomisch Effizienz (vgl *Uhlenbruck/Mönning* ZIP 2008, 157, 161 f; s auch *Kück* ZInsO 2007, 637; *Frind* ZInsO 2007, 850 ff). Zum **Qualitätsmanagement** in der Insolvenzverwaltung s auch *Frind* NZI 2008, 518; *Germ* NZI 2009, 359 ff m Darstellung des **Qualitätsmanagementsystems ISO 9001**. Der Verband der Insolvenzverwalter Deutschlands eV hat 2008 den Grundsatzbeschluss gefasst, dass alle Verbandsmitglieder verpflichtet werden sollen, in ihren Kanzleien ein Qualitätsmanagementsystem einzuführen und dies durch eine **Zertifizierung** nach ISO 9001 nachzuweisen (s auch *Frind* NZI 2008, 518; *Andres* NZI 2008, 522). Eine Zertifizierung ist zwar wünschenswert, kann aber von den Gerichten nicht zum Gegenstand eines Anforderungsprofils gemacht werden. Wie bereits o festgestellt wurde, kann aber letztlich die **erzielte Quote** kein Maßstab für die Qualität der Verfahrensabwicklung sein, da sie von vielfältigen Faktoren abhängig ist.

II. Ablehnung der Aufnahme in die Vorauswahlliste

1. Der Ablehnungsbescheid. Bei der Führung nur einer Vorauswahlliste erfolgt die Entscheidung über 41 die Ablehnung durch die Insolvenzabteilung des jeweiligen Insolvenzgerichts im Wege eines von allen Insolvenzrichtern zu unterzeichnenden Bescheids. Der Bescheid ist **zu begründen** (*Köster* NZI 2004, 538, 540; *Graf-Schlicker* § 56 Rn 27). Bei Listenführung durch nur jeweils einen Richter ist der Bescheid von einem Richter zu erlassen und zu unterzeichnen. Der Bescheid ist mit Gründen dem Bewerber mitzuteilen. Die Entscheidung ist **keine Rechtsprechung**, sondern eine **Maßnahme der vollziehenden Gewalt** (Justizverwaltungsakt), die der Richter in richterlicher Unabhängigkeit zu treffen hat, *Graf-Schlicker* § 56 Rn 27; K/P/B/*Lüke* § 56 Rn 24; *Jaeger/Gerhardt* § 56 Rn 62; *Uhlenbruck* NZI 2006, 489, 491 f).

2. Rechtsmittel gegen die Ablehnung. Für die Überprüfung von Entscheidungen im Vorauswahlver- 42 fahren ist der Rechtsweg nach §§ 23 ff EGGVG eröffnet (BVerfG NZI 2004, 574; BGH ZIP 2007, 1379; OLG Hamm NZI 2008, 493; OLG Düsseldorf NZI 2008, 614; KG ZIP 2006, 294; OLG München ZIP 2005, 670; OLG Schleswig NZI 2005, 333; OLG Koblenz NZI 2005, 333; OLG Koblenz NZI 2005, 453; MüKo-*Graeber* § 56 Rn 104; *Jaeger/Gerhardt* § 56 Rn 62). Das Verfahren setzt einen **Antrag auf gerichtliche Entscheidung** voraus. Dieser Antrag ist **innerhalb eines Monats** nach Zustellung oder schriftlicher Bekanntgabe des Bescheids über die Ablehnung der Aufnahme in die Vorauswahlliste schriftlich oder zur Niederschrift der Geschäftsstelle des **OLG** oder eines **AG** zu stellen (§ 26 Abs 1 EGGVG). Der Antrag ist nur zulässig, wenn der ASt geltend macht, durch die Maßnahme in seinen **Rechten verletzt** worden zu sein (§ 24 Abs 1 EGGVG). Über den Antrag entscheidet der Zivilsenat des OLG, in dessen Bezirk das Insolvenzgericht seinen Sitz hat (§ 25 Abs 1 EGGVG).

Antragsgegner ist nicht etwa der Behördenleiter, sondern der oder die für die Entscheidung zuständi- 43 gen Insolvenzrichter (OLG Brandenburg ZIP 2009, 1870, 1871; OLG Düsseldorf NZI 2008, 614, 615; OLG Hamm NZI 2007, 659; NZI 2008, 493; OLG Köln NZI 2007, 105, 106). Den Richtern ist kein Rechtsanwalt im Wege der PKH beizuordnen (OLG Düsseldorf NZI 2009, 649). Nach **anderer Auffassung** ist der Präsident des AG (KG ZIP 2008, 284, OLG Düsseldorf NZI 2007, 48, aufgegeben in NZI 2008, 614) oder das Land zu verklagen (OLG Nürnberg ZIP 2008, 1490, OLG Frankfurt ZInsO 2009, 242, 244). S auch HaKo-*Frind* S 56 Rn 7.

III. Delisting

1. Die Streichung aus der Vorauswahlliste. Ein Insolvenzverwalter kann von der Vorauswahlliste ge- 44 strichen werden, wenn er die Kriterien für die Aufnahme in die Liste nicht oder nicht mehr erfüllt ("Delisting"). Hinsichtlich der einzelnen Gründe für ein Delisting kann auf die o wiedergegebenen Empfehlungen der Kommission zu A. IV.1. hingewiesen werden (vgl auch MüKo-*Graeber* § 56 Rn 109 ff; *Graf-Schlicker* § 56 Rn 29). Das Insolvenzgericht hat in regelmäßigen Abständen zu überprüfen, ob die gelisteten Verwalter noch dem Anforderungsprofil entsprechen (*Graf-Schlicker* § 56 Rn 29). Ein Delisten mit der Begründung, es stünden nunmehr bessere Verwalter zur Verfügung, ist unzulässig (*Graf-Schlicker* § 56 Rn 29; str aA HaKo-*Frind* § 56 Rn 25; vgl auch *Frind/Schmidt* NZI 2004, 533, 538). Rechtlich bedenklich ist es auch, das Anforderungsprofil im Hinblick auf die Zahl der Bewerbungen ständig zu erhöhen. Gründe für ein Delisting können auch in einem **Fehlverhalten des Verwalters** in einem Verfahren außerhalb der Zuständigkeit des Insolvenzgerichts sein. Die **Entlassung eines Verwalters aus dem Amt** (§ 59) hat idR automatisch ein Delisten zur Folge.

a) **Anhörung des Verwalters.** Bevor der Verwalter von der Liste gestrichen wird, ist ihm **Gelegenheit** 45 **zur Stellungnahme** einzuräumen (rechtliches Gehör). Gleichzeitig sollen auch die **anderen Richter** und die **Rechtspfleger** des Insolvenzgerichts angehört und in den Entscheidungsprozess einbezogen werden. Bei Einzellisten steht einem anderen Richter ebenso wenig das Recht auf Delisting zu, wie einem **Rechtspfleger**. Der Rechtspfleger kann jedoch ein Delisting-Verfahren anregen. Er hat die Anregung schriftlich zu begründen.

46 **b) Form der Entscheidung.** Die richterliche Entscheidung über ein Delisting ist als **Justizverwaltungsakt schriftlich** abzufassen und zu **begründen** (vgl *Messner* DRiZ 2006, 329, 330; *Vallender* NJW 2006, 2697, 2599; *Römermann* ZIP 2006, 1332, 1334; *Uhlenbruck* NZI 2006, 489, 494; *Preuß* KTS 2005, 155, 172; *Frind/Schmidt* NZI 2004, 533, 537). Er ist dem Verwalter **zuzustellen**.

47 **c) Rechtsmittel.** Gegen den Delisting-Bescheid ist der **Rechtsweg nach den §§ 23 ff EGGVG** eröffnet. Die Überprüfung der Delisting-Entscheidung erfolgt durch das zuständige **OLG**. Andere Insolvenzgerichte sind an die Entscheidung nicht gebunden, können jedoch die festgestellten Gründe zum Anlass einer eigenen Delisting-Entscheidung nehmen (MüKo-*Graeber* § 56 Rn 114). Nach Auffassung des BVerfG (v 12. 7. 2006, ZInsO 2006, 1102) ist das Delisting eines Insolvenzverwalters wegen einer Verhaltensweise im Verfahren außerhalb der Zuständigkeit des Insolvenzgerichts, bei dem er in der Vorauswahlliste geführt wird, nicht zu beanstanden, wenn sich der Verwalter so verhalten hat, dass die Gefahr einer Beeinträchtigung des Verfahrens durch seine eigenen wirtschaftlichen Interessen bestand und seine Unabhängigkeit in Frage gestellt war.

48 **2. Faktisches Delisting.** Die Nichtberücksichtigung eines gelisteten Insolvenzverwalters über einen längeren Zeitraum hinweg kann sich als faktisches („kaltes") Delisting darstellen (s *Laws* ZInsO 2006, 1123, 1125 f; HaKo-*Frind* § 56 Rn 8 b; *Graf-Schlicker* § 56 Rn 31; MüKo-*Graeber* § 56 Rn 108). Einem gelisteten, aber über einen längeren Zeitraum nicht bestellten Verwalter muss es möglich sein, in einem Verfahren nach den §§ 23 ff EGGVG überprüfen zu lassen, ob seine faktische Streichung von der Liste willkürlich und damit rechtswidrig ist (*Laws* ZInsO 2006, 1123, 1125; HaKo-*Frind* § 56 Rn 8 b). Nach *Graf-Schlicker* (§ 56 Rn 31) geht es bei dem **faktischen Delisting** letztlich nicht um die Vorauswahl und das Listen, sondern um die **Bestellung im Einzelfall**. Für eine Feststellungsklage mit dem Inhalt, die Nichtbestellung zum Verwalter ab einem bestimmten Zeitpunkt in der Vergangenheit sei rechtswidrig gewesen (so OLG Koblenz ZIP 2005, 1283), dürfte danach das RSchI fehlen. Gegen das faktische Delisting kann sich der Insolvenzverwalter hinreichend durch eine **Klage auf Feststellung der Rechtswidrigkeit einer konkreten Bestellentscheidung** stützen (*Graf-Schlicker* § 56 Rn 32). Das RSchI für eine Feststellungsklage wäre nur zu bejahen, wenn der Verwalter geltend macht, auf Grund der erfolgten Bestellung anderer gelisteter Verwalter in seinem Recht auf Chancengleichheit (Art 3 GG) verletzt worden zu sein. Keineswegs aber kann er mit der Feststellungsklage eine künftige Bestellung als Insolvenzverwalter erreichen, da sich ein Rechtsanspruch auf gleichmäßige Bestellung aus Art 3 GG nicht herleiten lässt (BVerfG v 12. 7. 2006, ZIP 2006, 1954; *Graf-Schlicker* § 56 Rn 32). Im Übrigen wäre der **Begriff des „längeren Zeitraums"** ebenso wenig justiziabel wie sachliche Gründe für die Nichtbestellung, wie zB eine Überzahl an gelisteten Bewerbern oder ein Rückgang der Verfahrenszahl. § 56 Abs 1 räumt dem Richter bei der Auswahl eines Insolvenzverwalters ein **Ermessen** ein. Dieses Ermessen soll eine Entscheidung unter angemessener Berücksichtigung der unterschiedlichen Interessen der Gläubiger und des Schuldners ermöglichen. Entscheidet der Richter nach dieser Maßgabe und unter Nutzung seines Einschätzungs- und Auswahlspielraums, so liegt nach Auffassung des BVerfG (v 23. 5. 2006, ZIP 2006, 1355, 1358) darin keine Verletzung des Gleichheitssatzes gegenüber dem Prätendenten. Ein etwaiger **Amtshaftungsanspruch** (vgl *Wieland* ZIP 2007, 462, 466) wegen entgangenen Gewinns dürfte idR an der Schadensdarlegung scheitern, vor allem, wenn die Gläubiger an dem vom Gericht bestellten Verwalter festhalten (HaKo-*Frind* § 56 Rn 8 b; *Smid* DZWiR 2006, 353, 355; str aA *Laws* ZInsO 2006, 1123, 1126).

IV. Die Bestellung des Insolvenzverwalters im Einzelfall

49 Grundsätzlich gelten für die Bestellung des (vorläufigen) Verwalters im konkreten Einzelfall die gleichen Auswahlkriterien wie sie für die Aufnahme auf die Vorauswahlliste entwickelt worden sind. Der Richter hat insoweit ein **weites Auswahlermessen**, das lediglich der **Bindung an den allgemeinen Gleichheitsgrundsatz** (Art 3 GG) unterliegt (BVerfG v 23. 5. 2006, NZI 2006, 453 = ZIP 2006, 1355, 1358 = ZInsO 2006, 765). Zwar hat jeder Bewerber um das Insolvenzverwalteramt ein subjektives Recht, eine faire Chance zu erhalten, entsprechend seiner in § 56 Abs 1 vorausgesetzten Eignung berücksichtigt zu werden (**BGH ZIP 2004, 1649**); jedoch ist das Insolvenzgericht nicht an das verfassungsrechtlich normierte **Gebot der Bestenauslese** (Art 33 Abs 2 GG) gebunden, denn der Insolvenzverwalter übt kein öffentliches Amt aus (BVerfG ZIP 2006, 1355, 1359). Schließlich ist der Insolvenzrichter nicht gehalten, die Bestellung im konkreten Fall auf Grund der Vorauswahlliste vorzunehmen (BVerfG v 3. 8. 2004, NZI 2004, 574). Auch braucht sich die Auswahl nicht rein formal und turnusmäßig an der **Reihenfolge der Anmeldungen** zur Auswahlliste zu orientieren (*Graf-Schlicker* § 56 Rn 34). Über das **generelle Anforderungsprofil** für die Aufnahme auf die Vorauswahlliste hinaus sind aber für die Bestellungsentscheidung **besondere Kriterien** zu berücksichtigen.

50 **1. Besondere Kriterien für die Bestellung im Einzelfall.** Bei der Bestellung im konkreten Verfahren hat der Insolvenzrichter (§ 18 Abs 1 Nr 1 RPflG) gem § 56 Abs 1 eine **geeignete**, insbesondere **geschäftskundige** und von den Gläubigern und dem Schuldner **unabhängige natürliche Person** zum (vorläufigen)

C. Auswahl des Insolvenzverwalters § 56

Insolvenzverwalter zu bestellen. Im Rahmen der Bestellung steht dem Richter ein **weites Auswahlermessen** zu, wobei den Besonderheiten des Verfahrens Rechnung zu tragen ist. Jedes Insolvenzverfahren weist spezifische Besonderheiten auf. Nicht jeder gelistete Bewerber ist für jedes Verfahren geeignet. In Klein- und Verbraucherinsolvenzverfahren spielen die besonderen Kriterien meist keine Rolle. Anders aber, wenn es sich um Verfahren handelt, die **spezielle Branchenkenntnisse** oder besondere **organisatorische oder fachliche Anforderungen** an die Durchführung des Verfahrens stellen. Hier kommen die sog **Softskills** ebenso zum Tragen wie die **persönliche Belastbarkeit** des Verwalters. Die Abwicklung **grenzüberschreitender Insolvenzverfahren** erfordert zwingend Sprachkenntnisse. Bankinsolvenzen, Konzern-Insolvenzverfahren oder die Insolvenz größerer Aktiengesellschaften verlangen spezifische Kenntnisse, die es im Einzelfall rechtfertigen, bestimmten Verwaltern mit einschlägiger Erfahrung den Vorzug zu geben. Zu achten ist dabei auf die **aktuelle Auslastung des Verwalters** durch andere Verfahren (HaKo-*Frind* § 56 Rn 57, *Graeber* NZI 2003, 569, 577; *Graf-Schlicker* § 56 Rn 35). Zu prüfen ist auch eine konkrete Inhabilität und Vorbefassung (*Neubert* ZInsO 2002, 309; krit *Förster* ZInsO 2002, 406; *Braun* NZI 2003, 588). Bei **Anträgen auf Eigenverwaltung** ist die Frage einer **Interessenkollision** zu prüfen (vgl auch **LG Bonn** ZInsO 2003, 806; *Bärenz* NZI 2003, 635; HaKo-*Frind* § 56 Rn 26; **AG Duisburg** ZInsO 2002, 1046 und **BGH** ZIP 2004, 425).

a) **Spezielle Unabhängigkeit.** Dem Kriterium der speziellen Unabhängigkeit kommt im Rahmen der 51 Bestellung besondere Bedeutung zu. Allerdings ist der Begriff der Unabhängigkeit umstritten (vgl *Braun* ZInsO 2002, 964; *Graeber* NZI 2002, 345; *Riggert* NZI 2002, 252; *Frind* ZInsO 2002, 755 u ZInsO 2002, 745; *Bork* ZIP 2006, 58; *Paulus* ZInsO 2006, 752). Die in C. II. der vorstehend wiedergegebenen Kommissions-Empfehlungen aufgeführten Kriterien fehlender Unabhängigkeit sind nur beispielhaft und keineswegs zwingend. *Graf-Schlicker* (§ 56 Rn 37): „Die Unabhängigkeit des Insolvenzverwalters fehlt, wenn objektive Gründe vorliegen, die vom Standpunkt des Schuldners oder eines Gläubigers bei vernünftiger Betrachtung die Befürchtung wecken können, der Insolvenzverwalter werde seine ihm nach der InsO zugewiesenen Aufgaben nicht in der Weise wahrnehmen, dass die gleichmäßige Gläubigerbefriedigung erreicht wird." Zweifelsfrei ist die Unabhängigkeit nicht gegeben, wenn der Insolvenzverwalter als **Gläubiger oder Schuldner** in nicht unerheblicher Weise am Verfahren beteiligt ist (HK-*Eickmann* § 56 Rn 3; *Prütting* ZIP 2002, 1965, 1971). Gleiches gilt für **enge verwandtschaftliche Beziehungen** zum Schuldner, Gesellschaftern oder organschaftlichen Vertretern des Schuldnerunternehmens.

Wer ein Schuldnerunternehmen bereits als **Abschlussprüfer** oder **langjähriger Berater** betreut hat, dürf- 52 te wegen fehlender Neutralität ungeeignet sein (*Bork* ZIP 2006, 58; *Lüke* ZIP 2003, 557, 561 f; *Graf-Schlicker* § 56 Rn 38; str aA *Riggert* NZI 2002, 352, 353). Zweifelhaft ist dies aber, wenn der vorgesehene Verwalter das Schuldnerunternehmen bereits bei einem **außergerichtlichen Sanierungsversuch** beraten hat. Wie in der Vorauflage (Rn 21) bereits festgestellt wurde, dürfte es zB unbedenklich sein, wenn ein Wirtschaftsprüfer oder Rechtsanwalt mit einem Insolvenzverfahren betraut wird, der das Schuldnerunternehmen zuvor hinsichtlich der Aussichten auf eine **außergerichtliche Sanierung** geprüft hat und zu dem Ergebnis gekommen ist, dass ein Insolvenzverfahren unvermeidlich ist. Anders allerdings, wenn er bereits aktiv **in die Sanierungsbemühungen** eingeschaltet hatte. Dies entspricht auch weitgehend den „Richtlinien für die Berufsausübung der Wirtschaftsprüfer und vereidigten Buchprüfer". In Ziff 6 der Berufsrichtlinien heißt es: *„Wird der Wirtschaftsprüfer bei drohenden oder eingetretenen Zahlungsschwierigkeiten zur Beratung eines Betriebes zugezogen, so ist es in der Regel unbedenklich, wenn er anschließend das Amt eines Vergleichsverwalters oder Insolvenzverwalters übernimmt. Ist der Wirtschaftsprüfer jedoch vor Eintritt der Zahlungsschwierigkeiten als Berater für das Unternehmen tätig gewesen, so hat er sorgfältig zu prüfen, ob er in einen Pflichtenwiderstreit gerät, wenn er das Amt eines Vergleichsverwalters oder Insolvenzverwalters übernimmt."* An der Unabhängigkeit fehlt es auch, wenn der Insolvenzverwalter bereits vorher für einen oder mehrere Gläubiger, zB als Poolverwalter, tätig geworden ist (*Lüke* ZIP 2003, 557, 564; *Graf-Schlicker* § 56 Rn 40, 41; HaKo-*Frind* § 56 Rn 26).

b) **Vertrauen.** Dem Auswahlkriterium „**Vertrauen**" kommt im Rahmen der Bestellungsentscheidung 53 besondere Bedeutung zu, auch wenn dies in der Literatur teilweise anders gesehen wird (wie hier **BGH** ZIP 2004, 1214, 1216; MüKo-*Graeber* § 56 Rn 119; *Uhlenbruck* KTS 1989, 229; *Neubert* ZInsO 2002, 309; *Frind/Schmidt* NZI 2004, 533; *Vallender* NZI 2005, 473, 476; HaKo-*Frind* § 56 Rn 22; **str aA** *Lüke* ZIP 2000, 485, 488; *Wieland* ZIP 2005, 233, 236; *Koenig/Hentschel* ZIP 2005, 1937, 1940; zweifelnd BerlKo-*Blersch* § 56 Rn 14). Schon im Hinblick auf die richterliche Verantwortung gegenüber den Gläubigern, die beschränkten Kontrollmöglichkeiten des Gerichts und die Gefahr einer Amtshaftung ist ein gewisses Vertrauen in die Integrität und die Fähigkeit des zu bestellenden Verwalters unverzichtbar. Ein Problem ist dabei, ob bei der Bestellungsentscheidung auch das **Vertrauen des Rechtspflegers** eine Rolle spielen darf, was letztlich zu verneinen ist. Bei fehlendem Vertrauen hat der Rechtspfleger nur die Möglichkeit, ein Delisting-Verfahren des betreffenden Verwalters anzuregen. Festzustellen ist, dass die Unabhängigkeit eines Insolvenzverwalters nicht schon dadurch in Frage gestellt werden kann, dass ein oder mehrere Gläubiger **ihn als Insolvenzverwalter vorschlagen**. Es gibt zwar kein Vorschlagsrecht der Gläubiger, jedoch sollten Anregungen hinsichtlich eines **bestimmten Verwalterprofils** nicht mehr zum Anlass genommen werden, die Unabhängigkeit des Vorgeschlagenen in Frage zu stellen.

54 **2. Die Bestellungsentscheidung. a) Rechtsnatur des Ernennungsaktes.** Die Bestellung des Insolvenzverwalters erfolgt im Eröffnungsbeschluss (§ 27 Abs 1, 2 Nr 2). Die ursprünglich streitige Frage nach der **Rechtsnatur des Ernennungsaktes** hat das BVerfG in seiner Entscheidung vom 23. 5. 2006 (NZI 2006, 453 = ZInsO 2006, 765 = ZIP 2006, 1355) geklärt. Danach gehört der Bestellungsakt nicht zur **Rechtsprechung** im materiellen Sinne und auch nicht zum traditionellen Kernbereich der Rechtsprechung (str aA *Laws* ZInsO 2006, 847, 848; HaKo-*Frind* § 56 Rn 31). Das BVerfG hat in der Entscheidung v 23. 5. 2006 (NZI 2006, 453) eine deutliche Trennung zwischen der Verfahrenseröffnung und der Verwalterbestellung vollzogen. Auch die Tatsache, dass die Ernennung im Eröffnungsbeschluss erfolgt, spricht danach nicht für eine rechtsprechende Tätigkeit des Richters.

55 **b) Keine Begründungspflicht.** Nach hM braucht die Bestellungsentscheidung und damit die Auswahl eines bestimmten Verwalters für ein konkretes Verfahren nicht begründet zu werden (**OLG Koblenz** NZI 2005, 453 = ZInsO 2005, 718; HaKo-*Frind* § 56 Rn 32; *Graeber* NZI 2006, 499, 500; *Graf-Schlicker* § 56 Rn 43; *Vallender* NJW 2006, 2597; str aA K/P/B/*Lüke* § 56 Rn 63; *Römermann* ZInsO 2004, 937, 939; *Wieland* ZIP 2005, 233, 236, 238). Nach K/P/B/*Lüke* (§ 56 Rn 63) sind in der Begründung die wesentlichen Aspekte aufzuführen, die das Gericht zu der Erenennung des Verwalters bewogen haben. Im Übrigen sei die Begründung Anlass für das Gericht, seine Gründe für die Ernennung nochmals zu überdenken. Allein die Möglichkeit einer Fortsetzungsfeststellungsklage oder eines Amtshaftungsanspruchs können letztlich aber nicht dazu führen, eine Begründungspflicht zu bejahen.

56 **c) Funktionelle Zuständigkeit.** Funktionell zuständig für die Verwalterbestellung ist gem § 18 Abs 1 RPflG der/die RichterIn. Dies gilt auch, soweit im Laufe des auf den Rechtspfleger übergegangenen Verfahrens ein Verwalter zu ersetzen ist (HaKo-*Frind* § 56 Rn 43). Ein Verstoß gegen die funktionelle Zuständigkeit führt gem § 8 Abs 4 RPflG zur Nichtigkeit der Bestellungsentscheidung (vgl **BGH** ZIP 1990, 1141; ZIP 1986, 319).

57 **d) Bestellungsurkunde.** Der Insolvenzverwalter erhält gem § 56 Abs 2 Satz 1 eine Urkunde über seine Bestellung (Bestellungsurkunde). Die Vorschrift des § 56 Abs 2 Satz 1 gilt **nicht für den vorläufigen Insolvenzverwalter**, selbst wenn ihm die Verwaltungs- und Verfügungsbefugnis über das Schuldnervermögen übertragen worden ist. Insoweit genügt eine **Bescheinigung** des Gerichts. Die Bestellungsurkunde ist Legitimationsnachweis, der die Bedeutung eines gerichtlichen Zeugnisses hat, aber **keinen Gutglaubensschutz** nach den §§ 170 ff BGB vermittelt (N/R/*Delhaes* § 56 Rn 14). Auf Antrag des Insolvenzverwalters hat ihm das Insolvenzgericht **weitere Ausfertigungen** der Bestellungsurkunde auszuhändigen, zB wenn er zur Durchführung eines ausländischen Exequaturverfahrens weitere Ausfertigungen benötigt.

58 **e) Gläubigerbeteiligung.** Während die von der „Uhlenbruck-Kommission" in Ziff B. III.3. (NZI 2007, 508) vorgesehene Beteiligung institutioneller Gläubiger an dem **Verfahren der Aufnahme in die Vorauswahlliste** abzulehnen ist, ist dem Vorschlag in C.I., bei der Entscheidung über die Bestellung des (vorläufigen) Verwalters im Einzelfall Anregungen von Beteiligten „zum Anforderungsprofil" zu berücksichtigen, zuzustimmen. Es wurde bereits darauf hingewiesen, dass die Bestellung eines (vorläufigen) Verwalters nicht allein deshalb abgelehnt werden darf, weil er von einem Beteiligten vorgeschlagen wurde. Richtig ist, dass im Interesse einer umfassenden Gläubigerautonomie und der Vermeidung einer späteren Abwahl des vom Gericht bestellten Verwalters ein Bedürfnis unverkennbar ist, vor allem im Großverfahren die **Gläubiger rechtzeitig in den Entscheidungsprozess einzubinden.** Das von dem Detmolder Insolvenzrichter Klaus-Peter Busch entwickelte sog **Detmolder Modell** (vgl *Busch* DZWiR 2004, 252) hat sich – obwohl wünschenswert – in der Praxis bislang nicht durchgesetzt (vgl *Uhlenbruck*/*Mönning* ZIP 2008, 157, 162 f; *Smid* DZWiR 2001, 485; ders DZWiR 2004, 359; *Rattunde* ZIP 2003, 2103; *Graf-Schlicker* ZIP 2003, 1170; *Paulus* NZI 2008, 705 ff). Zutreffend wird aber in der Literatur darauf hingewiesen, dass vor allem institutionelle Gläubiger bei einer frühzeitigen Einbeziehung versuchen werden, einen **gewissen Druck** auf den Insolvenzrichter auszuüben. Zudem besteht die Gefahr der **Ablehnung wegen Befangenheit** im Rahmen der Diskussion um die Bestellung eines bestimmten Verwalters. Schließlich sind Insolvenzverfahren **Eilverfahren**, so dass keine Zeit ist, bei einem Freitag nachmittags eingehenden Insolvenzantrag festzustellen, welche Großgläubiger für eine Anhörung in Betracht kommen und in angemessener Zeit eine Stellungnahme einzuholen (vgl HaKo-*Frind* § 56 Rn 37, 38; *Laws* ZInsO 2007, 366; MüKo-*Graeber* § 56 Rn 130–134; *Uhlenbruck*/*Mönning*, ZIP 2008, 157, 163).

59 Eine **Ausnahme** von den vorstehenden Grundsätzen gilt für den **Treuhänder.** Nach § 288 können der Schuldner und die Gläubiger dem Insolvenzgericht als Treuhänder eine für den jeweiligen Einzelfall **geeignete natürliche Person** vorschlagen. Das Vorschlagsrecht ist deshalb in die InsO aufgenommen worden, um dem Gericht die Kenntnis von Personen zu vermitteln, die das Amt des Treuhänders auch unentgeltlich wahrzunehmen bereit sind (vgl Beschl-Empf des RechtsA zu § 346 c, BT- Drucks 12/7302 S 187, bei *Uhlenbruck*, Das neue Insolvenzrecht S 679). Bei der Auswahl des Treuhänders hat das Insolvenzgericht darauf zu achten, dass bei der vorgeschlagenen Person kein Interessenkonflikt zwischen Gläubiger- und Schuldnerinteressen besteht. Trotzdem kann es im Einzelfall durchaus angebracht sein, eine vertrauenswürdige Person, auch wenn sie mit dem Schuldner verwandt oder befreundet ist, zum Treuhänder zu bestellen. Auch **karitativ oder gewerblich tätige Institutionen** können dem Gericht als

Treuhänder vorgeschlagen werden (K/P/B/B/*Wenzel* § 288 Rn 2). Bei Kleininsolvenzen (Verbraucherinsolvenzverfahren) sollte nur **eine Person** als Treuhänder für das Verbraucherinsolvenzverfahren und das Restschuldbefreiungsverfahren bestimmt werden (BT-Drucks 12/7302 S 193; *Vallender* DGVZ 1997, 53, 56; *Wittig* WM 1998, 57, 168; FK-*Grote* § 288 Rn 5). Zu beachten ist auch, dass die **Aufgaben des Insolvenzverwalters** in vereinfachten Insolvenzverfahren gem § 313 Abs 1 von dem Treuhänder wahrgenommen werden, der abweichend von § 291 Abs 2 bereits bei der Eröffnung des Insolvenzverfahrens bestimmt wird. Deshalb muss im Regelfall die vom Gericht eingesetzte Person **sowohl für die Treuhändertätigkeit als auch für die Insolvenzverwaltertätigkeit geeignet** sein, selbst wenn insoweit Vorschläge des Schuldners und der Gläubiger Berücksichtigung finden (FK-*Grote* § 288 Rn 5). Im Übrigen knüpft das Gesetz beim **Treuhänder** weder an eine bestimmte berufliche Qualifikation an noch an bestimmte Fähigkeiten (vgl *Vallender* VuR 1997, 155, 157; FK-*Grote* § 288 Rn 7). Entscheidend ist, dass die als Treuhänder eingesetzte Person geeignet ist, im konkreten Fall die gesetzliche Aufgabe zu erfüllen (*Haarmeyer* InVo 1997, 57; FK-*Grote* § 288 Rn 8). Einzelheiten hierzu in der Kommentierung zu § 288.

f) **Öffentliche Bekanntmachung.** Nach § 27 Abs 2 Ziff 2 ist der Name und die vollständige Anschrift 60 des Insolvenzverwalters in den Eröffnungsbeschluss aufzunehmen und gem § 30 Abs 1 Satz 1 öffentlich bekanntzumachen. Die Art der öffentlichen Bekanntmachung richtet sich nach § 9.

g) **Vermögensschadenhaftpflichtversicherung.** Entsprechend den Kommissions-Empfehlungen zu D. II 61 (NZI 2007, 510) hat der bestellte Verwalter unverzüglich nach der Bestellung und danach jährlich einmal gegenüber dem Insolvenzgericht das Bestehen einer ausreichenden Vermögensschadenshaftpflichtversicherung nachzuweisen. Eine Verpflichtung zum Abschluss einer **Vertrauensschadenshaftpflichtversicherung**, wie sie in § 60 Abs 1 Nr 2 idF des GAVI-Entwurfs vorgesehen ist, kann nicht verlangt werden.

3. Rechtsmittel. Die Bestellungsentscheidung des Insolvenzgerichts ist unanfechtbar. Der **Schuldner** 62 kann gegen die Bestellung allerdings **zusammen mit dem Eröffnungsbeschluss sofortige Beschwerde** gem § 34 Abs 2 einlegen. Eine Ablehnung des Verwalters durch den Schuldner wegen Befangenheit oder Interessenkollision ist nicht möglich (LG Frankfurt Rpfleger 1989, 474; MüKo-*Graeber* § 56 Rn 168). Dem **antragstellenden Gläubiger** steht weder gegen die Bestellung noch gegen den Eröffnungsbeschluss ein Rechtsmittel zu (§§ 6, 34 Abs 2; vgl auch BVerfG v 23. 5. 2006, NZI 2006, 453 = ZIP 2006, 1355 = ZInsO 2006, 765; MüKo-*Graeber* § 56 Rn 169; N/R/*Delhaes* § 56 Rn 16; *Graf-Schlicker* § 56 Rn 45; *Andres/Leithaus* § 56 Rn 8; *Runkel/Wältermann* ZIP 2005, 1347, 1356; *Preuß* KTS 2005, 155, 175; *Höfling* NJW 2005, 2351; s auch BGH ZIP 1986, 319, 322; OLG Hamm ZInsO 2005, 101; OLG Koblenz ZInsO 2005, 718; zur **Gegenmeinung** *Römermann* NZI 2003, 134; *Hess* FS Uhlenbruck S 453, 461; *Prütting* ZIP 2005, 1097; *Koenig/Hentschel* ZIP 2005, 1937). Das BVerfG hat in seiner Entscheidung v 23. 5. 2006 (NZI 2006, 453 ff) auch die **Zulässigkeit einer Konkurrentenklage** abgelehnt (Einzelheiten bei HaKo-*Frind* § 56 Rn 34; MüKo-*Graeber* § 56 Rn 174; BerlKo-*Blersch* § 56 Rn 26; *Kessler* ZInsO 2002, 201 ff). Bereits in der Entscheidung v 3. 8. 2004 (NZI 2004, 574 = ZIP 2004, 1649 = ZInsO 2004, 913) hat das BVerfG darauf hingewiesen, dass es nicht im Interesse der Gläubiger sein kann, wenn Konflikte um die Auswahl eines geeigneten Bewerbers das Verfahren verzögern und belasten würden. Dies ist mit der Eilbedürftigkeit des Eröffnungsverfahrens nicht vereinbar (zutr auch *Graf-Schlicker* § 56 Rn 47). Zur Klage gegen die **Bestellung eines vorläufigen Insolvenzverwalters** OLG Frankfurt ZInsO 2009, 242.

Dem **Prätendenten** steht jedoch das Recht zu, durch einen **Feststellungsantrag nach § 23 Abs 1, § 28** 63 **Abs 1 Satz 4 EGGVG** die Rechtswidrigkeit der Verwalterbestellung wegen **fehlerhafter Ausübung des Auswahlermessens** geltend zu machen (vgl *Frind* ZInsO 2006, 729, 730; HaKo-*Frind* § 56 Rn 8 b; *Vallender* NJW 2006, 2597, 2598; *Graeber* NZI 2006, 499, 500; *Römermann* ZIP 2006, 1332, 1337; *Graf-Schlicker* § 56 Rn 48; MüKo-*Graeber* § 56 Rn 174; *Braun/Kind* § 56 Rn 14). Der übergangene Mitbewerber ist nach BVerfG v 23. 5. 2006 (NZI 2006, 453) auf die **Fortsetzungsfeststellungsklage** oder einen **Amtshaftungsanspruch** verwiesen (s auch BVerfG v 23. 5. 2006, NZI 2006, 453 = ZInsO 2006, 765 = ZIP 2006, 1355; *Graf-Schlicker* § 56 Rn 48). Einzelheiten zur Fortsetzungsfeststellungsklage s HaKo-*Frind* § 56 Rn 8, 8 a/b. Bei einem Verstoß gegen Art 3 GG kann der übergangene Insolvenzverwalter Schadensersatz nach Art 34 GG, § 839 BGB verlangen. Allerdings besteht eine besondere Schwierigkeit darin, einen **konkreten Schaden** nachzuweisen, denn ein Schadensersatzanspruch setzt voraus, dass anstelle des ernannten Verwalters der übergangene Verwalter ins Amt gesetzt worden wäre (K/P/B/*Lüke* § 56 Rn 70). Darüber hinaus muss ein **Feststellungsinteresse** nachgewiesen werden (*Graf-Schlicker* § 56 Rn 48). Richtig ist, dass damit die Hürde für den Rechtsschutz sehr hoch ist (so *Römermann* ZIP 2006, 1332 ff), jedoch ist auf diese Weise gewährleistet, dass der Verfahrensablauf durch solche Klagen nicht gestört wird (s auch *Wieland* ZIP 2007, 462 ff).

4. Die Umsetzung der Kommissionsempfehlungen in die Praxis. Im Auftrag des Gravenbrucher Krei- 64 ses hat das Institut für Freie Berufe (IFB) an der Friedrich-Alexander-Universität Erlangen-Nürnberg eine Untersuchung über die gerichtliche Bestellpraxis von Unternehmensinsolvenzverwaltern erstellt

(Anlage zu ZIP Heft 27/2009 m Anm *Uhlenbruck*). Die Studie lässt erkennen, dass sich trotz der Empfehlungen der sog Uhlenbruck-Kommission bei **zwei Drittel** der befragten Gerichte die **Bestellpraxis in den letzten Jahren sich nicht wesentlich geändert** hat. Es ist zu vermuten, dass viele an Insolvenzgerichten tätige Richter und Richterinnen nicht ausreichend über die Auswirkungen der Entscheidungen des BVerfG und den Stand der Diskussion um die Bestellpraxis von Unternehmensinsolvenzverwaltern informiert sind. Jedenfalls dürfte das Ziel der Kommissions-Empfehlungen, möglichst eine einheitliche Handhabung der Aufnahme in die Vorauswahlliste und der Verwalterbestellung bei den deutschen Gerichten zu erreichen, bislang verfehlt worden sein.

V. Mehrere Verwalter

65 Nach § 79 KO konnte das Konkursgericht mehrere Konkursverwalter ernennen, wenn die Verwaltung verschiedene Geschäftszweige umfasste. Jeder von ihnen war in seiner Geschäftsführung selbständig. Der Gesetzgeber von 1877 hielt eine kollegiale Verwaltung für unzweckmäßig und verfahrenshemmend. Die Vorschrift des § 79 KO hat sich in der Vergangenheit nicht bewährt. Vielmehr hat die Gerichtspraxis im Hinblick auf mögliche **Kollisionsgefahren** auch in größeren Verfahren nur jeweils einen Verwalter bestellt, diesen jedoch ermächtigt, sich am Ort einer Zweigniederlassung der Hilfe qualifizierter und selbständig arbeitender Mitarbeiter zu bedienen, die jedoch nicht Amtsträger waren. Die InsO sieht die Bestellung mehrerer Verwalter für verschiedene Geschäftszweige oder Niederlassungen eines Schuldnerunternehmens nicht mehr vor. Auch für Großunternehmen mit zahlreichen unselbständigen, nicht insolvenzfähigen Niederlassungen im In- und Ausland ist nur **ein Insolvenzverwalter** zu bestellen (*Graf-Schlicker* § 56 Rn 54). Hierdurch werden die Schwierigkeiten vermieden, die Zuständigkeiten mehrerer Insolvenzverwalter gegeneinander abzugrenzen (vgl Begr zu § 65 RegE, BT-Drucks 12/2443, 127 = BR-Drucks 1/92 S 127, bei *Uhlenbruck*, Das neue Insolvenzrecht S 362; MüKo-*Graeber* § 56 Rn 158; *Smid* § 56 Rn 24). Bei Verhinderung des eigentlichen Verwalters oder bei Interessenkollision kann der Insolvenzverwalter beim Insolvenzgericht die Bestellung eines **Sonderverwalters** anregen (vgl unten zu VI.; *Smid* § 56 Rn 25). Die Bestellung nur eines Verwalters empfiehlt sich auch, wenn durch einen konsolidierten Insolvenzplan ein Konzernunternehmen saniert werden soll. Es wäre für das Zustandekommen des Insolvenzplans und seine Durchführung wenig förderlich, wenn die Verwalter der einzelnen Konzernunternehmen kontraproduktiv gegeneinander arbeiten würden.

VI. Einsetzung eines Sonderinsolvenzverwalters

66 Das Insolvenzgericht ist befugt und zuständig, in bestimmten Fällen einen Sonderinsolvenzverwalter zu bestimmen (**BGH** v 29. 5. 2008, 485 m Anm *Frege*; BGHZ 165, 96, 99 = NZI 2006, 94). Ist der Verwalter **aus rechtlichen oder tatsächlichen Gründen verhindert**, seine Aufgaben wahrzunehmen, so ist für den Verhinderungsfall ein **besonderer Verwalter** zur Wahrnehmung der Massebelange zu ernennen. Ebenso wie Leits 1.3.1.4 des Ersten Komm Ber (1995, S 130) sah § 77 RegE eine ausdrückliche Regelung der Rechtsstellung und Aufgaben des Sonderinsolvenzverwalters vor. § 77 RegE ist vom Rechtsausschuss gestrichen worden. Im Ausschussbericht wird dazu bemerkt (BT-Drs 12/7302, S 162): „*Die Vorschrift des Regierungsentwurfs über den Sonderinsolvenzverwalter ist als überflüssig gestrichen worden. Der Ausschuss geht davon aus, dass die Bestellung eines Sonderinsolvenzverwalters in den im Regierungsentwurf geregelten Fällen auch ohne eine ausdrückliche Regelung möglich ist. Dies entspricht der bisherigen Praxis zur Konkursordnung, die ebenfalls keine spezielle Regelung des Problems des Sonderinsolvenzverwalters enthält.*" Vgl auch *Henssler*, Berufsrechtliche Tätigkeitsverbote für den Konkursverwalter, in: *H. Prütting* (Hrsg) RWS-Forum 9, S 165, 181; HK-*Eickmann* § 56 Rn 47 ff; K/P/B/*Lüke* § 56 Rn 75 ff; N/R/*Delhaes* § 56 Rn 18 ff; BerlKo-*Blersch* § 56 Rn 24, 25; *Frege*, Sonderinsolvenzverwalter, 2008; *M. Schäfer*, Der Sonderinsolvenzverwalter, 2009; MüKo-*Graeber* § 56 Rn 153 ff. Die Anordnung der Sonderinsolvenzverwaltung ist ein wichtiges Instrument der gerichtlichen Aufsicht. In der Praxis kommen unterschiedliche Gründe für die Einsetzung eines Sonderinsolvenzverwalters in Betracht: So kann der Sonderinsolvenzverwalter zwecks Amtsermittlung mit Aufgaben betraut werden, die der Amtsermittlung iSv § 5 dienen (*Frege*, Sonderinsolvenzverwalter, Rn 21). Möglich ist auch die Bestellung **aus Gründen der gerichtlichen Aufsicht** (vgl LG Göttingen ZIP 2009, 1021 [n rkr] MüKo-*Graeber* § 56 Rn 156; *Frege* Rn 21; *Dahl* ZInsO 2004, 1014). Häufiger ist die Bestellung eines Sonderinsolvenzverwalters wegen **Interessenkollision** in der Person oder im Amt des Insolvenzverwalters (MüKo-*Graeber* § 56 Rn 155; K/P/B/*Lüke* § 56 Rn 32; *Lüke* ZIP 2004, 1693; *Smid* § 56 Rn 25). Ein Sonderinsolvenzverwalter kann auch bestellt werden **zur Wahrung von Gläubigerinteressen**. So zB, wenn die Prüfung erforderlich wird, ob gegen den Insolvenzverwalter **Schadensersatzansprüche** zugunsten der Masse geltend gemacht werden müssen (**OLG** München ZIP 1987, 656; **AG** Göttingen ZInsO 2006, 50; MüKo-*Graeber* § 56 Rn 156; *Hess* § 56 Rn 197 ff; *Braun/Kind* § 56 Rn 11; *Braun/Kind* § 56 Rn 11; *Frege*, Sonderinsolvenzverwalter, Rn 140 ff). Die Bestellung eines Sonderinsolvenzverwalters zur **Verwaltung von Sondermassen** dient vor allem dazu, die Partikularinteressen einzelner Gläubiger bzw Gläubigergruppen zu wahren (vgl *Frege*, Sonderinsolvenzverwalter, Rn 149 ff). Eine **Sondermasse** ist zB zu bilden, wenn eine Haftungsmasse lediglich zur Befriedigung einer bestimm-

C. Auswahl des Insolvenzverwalters § 56

ten Gläubigergruppen dient, wie zB nach § 32 Abs 3 DepotG (vgl *Frege*, Sonderinsolvenzverwalter, Rn 153). Die Einsetzung eines Sonderinsolvenzverwalters kommt auch in einem Sonderinsolvenzverfahren über ein abgegrenztes Sondervermögen in Betracht, zB wenn der einzige Kommanditist wegen Insolvenz über sein Vermögen aus einer GmbH & Co KG ausscheidet (*Frege*, Sonderinsolvenzverwalter, Rn 149; s aber auch BGH v 15. 3. 2004, ZIP 2004, 1047; **AG** Hamburg ZIP 2006, 390, 391).

Die häufigsten Fälle der Bestellung eines Sonderinsolvenzverwalters sind **Verhinderungen rechtlicher** 67 **oder tatsächlicher Art**. So kann zB Anlass für die Bestellung eine zeitweise Verhinderung infolge **Krankheit** sein. Bei Dauererkrankung kommt ein Wechsel des Verwalters nach § 59 in Betracht. Ausnahmsweise kommt auch die Sonderverwaltung als Maßnahme zur Regelung einer wichtigen Angelegenheit in Betracht, die der Verwalter (pflichtwidrig) nicht vornimmt (**OLG** München ZIP 1987, 656; MüKo-*Graeber* § 56 Rn 155; HK-*Eickmann* § 56 Rn 49; *Graeber/Pape* ZIP 2007, 991, 992). Verhinderungen rechtlicher Art sind in der Praxis selten. Es handelt sich meist um **Interessenkollisionen**, auf die die §§ 41 ff ZPO entsprechend anwendbar sind (**LG** Halle ZIP 1994, 572, 576; *Graf/Wunsch* DZWiR 2002, 177, 179; *Graeber/Pape* ZIP 2007, 991, 992). Problematisch ist die **Sonderinsolvenzverwaltung zur Terminsvertretung**. Die Wahrnehmung von Terminen ist originäre und nicht delegierbare Verwaltertätigkeit. Die InsO enthält keine Vorschrift, die eine Vertretung des Verwalters vorsieht. Die Bestellung eines Sonderinsolvenzverwalters mit der Aufgabe, für den verhinderten Verwalter den Berichtstermin gem § 156 oder einen Prüfungstermin wahrzunehmen, ist unzulässig (vgl *Frege*, Sonderinsolvenzverwalter, Rn 159 ff; s aber oben zu Rn 25). Die in der Praxis vorkommende Bestellung eines Sonderinsolvenzverwalters zur Terminsvertretung widerspricht nicht nur der gesetzlich vorgesehenen Funktion einer Sonderinsolvenzverwaltung, sondern unterläuft auch das Prinzip höchstpersönlicher Verwaltertätigkeit. Bei **kurzfristiger Verhinderung des Insolvenzverwalters** wegen Urlaub oder Krankheit bietet sich eine **Terminsverlegung** an oder die Zulassung einer Vertretung.

In der Praxis kommt der Bestellung eines Sonderinsolvenzverwalters vor allem Bedeutung zu bei **In-** 68 **solvenzverfahren von Firmengruppen** mit vernetzter Struktur oder **Konzernunternehmen**. Besonders bei Konzernunternehmen, die zwar in verschiedener Rechtsform mit eigener Insolvenzfähigkeit, jedoch unter einheitlicher Leitung der Muttergesellschaft geführt werden, bietet es sich an, nur **einen Insolvenzverwalter** einzusetzen. Auf diese Weise wird verhindert, dass der Verwalter eines jeden Unternehmens individuelle Interessen verfolgt und uU eine konsolidierte Konzernsanierung unmöglich ist (vgl auch HaKo-*Frind* § 56 Rn 41, 41 a). Soweit konzernmäßige Ansprüche der einzelnen Gesellschaften gegeneinander bestehen, wäre jeweils ein Sonderinsolvenzverwalter einzusetzen, um zB eine Interessenkollision durch Prüfung der eigenen Forderung oder einen Verstoß gegen § 118 BGB zu vermeiden (vgl auch *Dahl* ZInsO 2004, 1015; K/P/B/*Lüke* § 56 Rn 75; *Kögel/Loose* ZInsO 2006, 17; HaKo-*Frind* § 56 Rn 41; BerlKo-*Blersch* § 56 Rn 2).

1. Antrags- und Beschwerderecht. Grundsätzlich entscheidet das Insolvenzgericht darüber, ob und wer 69 zum Sonderinsolvenzverwalter bestellt wird. **Funktionell zuständig** ist der Insolvenzrichter (*Lüke* ZIP 2004, 1693, 1698; **str aA** *Graeber/Pape* ZIP 2007, 991, 996; *Frege*, Sonderinsolvenzverwalter, Rn 222; *Keller* InsR Rn 72). Vor allem wenn es um **Schadensersatzansprüche gegen den Verwalter** geht, haben die Insolvenzgläubiger ein erhebliches Interesse und der Feststellung und Durchsetzung von Schadensersatzansprüchen. Die Frage, ob und unter welchen Voraussetzungen einzelnen Verfahrensbeteiligten ein **Antrags- und Beschwerderecht** hinsichtlich der Bestellung eines Sonderverwalters zusteht, ist umstritten. Ein Beschwerderecht wird teilweise insbesondere dann bejaht, wenn es um die Geltendmachung eines Gesamtschadens iSv § 92 geht (**AG** Göttingen ZIP 2006, 629, 630; *Jaeger/Müller* § 92 Rn 45; HaKo-*Frind* § 56 Rn 42; K/P/B/*Lüke* § 56 Rn 79; *Lüke* ZIP 2004, 1693, 1697; *Graeber/Pape* ZIP 2007, 991, 998; **str aA LG** Lüneburg ZInsO 2008, 1158; *Frege*, Sonderinsolvenzverwalter, Rn 254; *ders* ZInsO 2008, 1130; *Braun/Kind* § 56 Rn 11). Der **BGH** lehnt ein **Antrags- und Beschwerderecht des einzelnen Gläubigers** hinsichtlich der Bestellung eines Sonderinsolvenzverwalters auch dann ab, wenn der Beschwerdeführer die Prüfung und Durchsetzung eines auf Ersatz eines Gesamtschadens gerichteten Anspruchs erreichen will (**BGH** v 5. 2. 2009, ZIP 2009, 529, 530 = NZI 2009, 238 = EWiR 2009, 389 [Herchen]; **BGH** NZI 2006, 474; **BGH** NZI 2007, 284; **BGH** NZI 2007, 237 f). Nach Auffassung des **BGH** folgt aus der Konzeption der InsO kein Antrags- oder Beschwerderecht des einzelnen Gläubigers in Bezug auf die nach § 92 erforderlichen Maßnahmen. Dem einzelnen Gläubiger stehe jedoch die **sofortige Beschwerde** offen, wenn das Insolvenzgericht den gewählten Verwalter nicht ernennt (§ 57 Satz 4) oder einem Antrag der Gläubigerversammlung auf Entlassung des Verwalters nicht nachkommt (§ 59 Abs 2 Satz 2). Die Entscheidung des Insolvenzgerichts, keinen Sonderinsolvenzverwalter zu bestellen, kann vom **Schuldner** nicht mit der sof Beschwerde angefochten werden (**BGH** v 18. 6. 2009 – IX ZR 13/09, NZI 2009, 517; **BGH** NZI 2009, 238; *Fölsing* NZI 2009, 297). Unabhängig von Anträgen oder Anregungen hat jedenfalls das Insolvenzgericht **von Amts wegen** zu prüfen, ob im Einzelfall ein Sonderverwalter einzusetzen ist (**AG** Göttingen ZIP 2006, 629; **AG** Bad Homburg ZInsO 2008, 1146). Der Bestellungsbeschluss hat § 27 Abs 2 zu beachten und ist entsprechend § 30 bekanntzumachen und zuzustellen. Der Sonderinsolvenzverwalter erhält eine Bestellungsurkunde entsprechend § 56 Abs 2.

Der **BGH** gesteht dem **Insolvenzverwalter** ein Beschwerderecht gem § 59 Abs 2 nur insoweit zu, als 70 die Bestellung eines Sonderverwalters einer **Entmachtung bzw Entlassung** gleichkommt (**BGH** ZIP

2007, 547). Ansonsten besteht kein Beschwerderecht (*Graeber/Pape* ZIP 2007, 991, 998; HaKo-*Frind* § 56 Rn 42; str aA *Lüke* ZIP 2004, 1693, 1698). Den Gläubigern bleibt nur die Möglichkeit des § 57. Bei **Ablehnung der Bestellung eines Sonderinsolvenzverwalters** ist dem Insolvenzverwalter analog § 59 Abs 2 Satz 2 ein Beschwerderecht zuzugestehen, wenn er die Sonderverwaltung selbst beantragt hat (*Graeber/Pape* ZIP 2007, 991, 998).

71   **2. Rechtsstellung des Sonderverwalters.** Der Sonderinsolvenzverwalter ist nicht Vertreter des Insolvenzverwalters (MüKo-*Graeber* § 56 Rn 157; *Jaeger/Gerhardt* § 56 Rn 79; *Uhlenbruck* KTS 1976, 35, 36; N/R/*Delhaes* § 56 Rn 20; *Frege*, Sonderinsolvenzverwalter, Rn 278 ff; *Schäfer*, Sonderinsolvenzverwalter, S 145 ff; *Dahl* ZInsO 2004, 1014). Vielmehr ist er selbständiger Insolvenzverwalter mit sämtlichen Befugnissen und Pflichten. Seine Verantwortlichkeit richtet sich nach §§ 60, 61. Einzelheiten zu **Haftung des Sonderinsolvenzverwalters** bei *Frege*, Sonderinsolvenzverwalter, Rn 446 ff; *Schäfer*, Sonderinsolvenzverwalter, S 150 ff. Eine entsprechende Regelung enthielt § 79 Abs 2 RegE. Der Sonderinsolvenzverwalter ist nicht etwa an Weisungen des Insolvenzverwalters gebunden. Dies gilt selbst dann, wenn er an anderer Gerichtsstelle für den Insolvenzverwalter einen Gerichtstermin wahrnimmt oder an einer Gesellschafterversammlung teilnimmt. Der Insolvenzverwalter ist zwar berechtigt, bestimmte Wünsche hinsichtlich der Verhaltensweise des Sonderverwalters zu äußern, gebunden ist dieser aber nicht daran. Im Übrigen hat der Sonderinsolvenzverwalter sein Amt selbstständig und eigenverantwortlich wahrzunehmen (**BGH** v 29. 5. 2008, NZI 2008, 485). Die Vorschriften über den Insolvenzverwalter finden grundsätzlich auch für den Sonderinsolvenzverwalter Anwendung (**BGH** NZI 2007, 284 Rn 21).

72   **3. Die Vergütung des Sonderinsolvenzverwalters.** Der Sonderinsolvenzverwalter hat für seine Tätigkeit einen Anspruch auf Vergütung (*Graeber/Pape* ZIP 2007, 991, 998; *Frege*, Sonderinsolvenzverwalter, Rn 421 ff; *Schäfer*, Sonderinsolvenzverwalter, S 161 ff). Die besonderen Kosten der Sonderinsolvenzverwaltung, dh die Vergütung des Sonderinsolvenzverwalters und dessen Auslagen, gehören grundsätzlich zu den Kosten des Verfahrens iSv § 54 Nr 2 (*Schäfer*, Sonderinsolvenzverwalter, S 170). Die Vergütung wird auf Antrag vom Insolvenzgericht durch Beschluss festgesetzt (vgl auch *Looff* DZWiR 2009, 14 ff). Eine **Ausnahme** gilt insoweit, als der Sonderverwalter keine verwaltertypischen Aufgaben wahrgenommen hat, wie zB die Wahrnehmung eines auswärtigen Gerichtstermins oder die Teilnahme an einer Gesellschafterversammlung. Insoweit handelt es sich nicht um originäre eigene Verwaltertätigkeit, sondern um eine **Stellvertretung,** die es rechtfertigt, die **Vergütung nach den jeweiligen Gebührenordnungen** festzusetzen. Soweit es sich um die Wahrnehmung eigentlicher Verwalteraufgaben handelt, war lange streitig, wie die **Vergütung des Sonderinsolvenzverwalters** festzusetzen ist. Der **BGH** hat in seiner grundlegenden Entscheidung v 29. 5. 2008 (IX ZB 303/05, NZI 2008, 485 = ZInsO 2008, 733 = ZIP 2008, 1294) entschieden, dass die Vergütung des Sonderinsolvenzverwalters in **entsprechender Anwendung** der Vorschriften über die **Vergütung des Insolvenzverwalters** festzusetzen ist. Einem im Verhältnis zum Insolvenzverwalter verminderten Umfang seiner Tätigkeit ist durch Festlegung einer angemessenen Quote der Regelvergütung und/oder durch einen Abschlag Rechnung zu tragen. Die vergütungsrechtlichen Regelungen der InsO und der InsVV geltend nach Auffassung des **BGH** für sämtliche vom Gesetzgeber geregelten Formen des Insolvenzverwalters (§§ 63–65) und des vorläufigen Insolvenzverwalters (§ 21 Abs 2 Satz 1 Nr 1 iVm §§ 63–65).

73   Hat der Sonderinsolvenzverwalter lediglich die Aufgabe, **einzelne Ansprüche zu prüfen, zur Insolvenztabelle anzumelden oder anderweitig gerichtlich durchzusetzen,** ist nach Auffassung des **BGH** seine Tätigkeit mit derjenigen eines Insolvenzverwalters kaum mehr zu vergleichen. In diesem Fall kann die Vergütung jedenfalls nicht höher festgesetzt werden, als sie nach § 5 InsVV beansprucht werden könnte, wenn der Sonderinsolvenzverwalter nach dieser Vorschrift für seine Tätigkeit als Rechtsanwalt, Steuerberater oder Wirtschaftsprüfer zu vergüten wäre. Liegen die Voraussetzungen des § 5 InsVV vor, bemisst sich die Vergütung des Sonderinsolvenzverwalters nach den Vorschriften des RVG. Unter den Voraussetzungen des § 5 InsVV ist auch der Sonderinsolvenzverwalter berechtigt, die nach dem RVG verdienten **Gebühren und Auslagen selbst der Insolvenzmasse zu entnehmen,** sofern er über diese verfügen kann. Das bedeutet allerdings nicht, dass der Sonderinsolvenzverwalter, der lediglich eine nach § 5 InsVV übertragbare Aufgaben zu erfüllen hatte, über seine Vergütung selbst abschließend zu entscheiden hätte. Grundsätzlich sind Vergütung und Auslagen **vom Insolvenzgericht festzusetzen.** Von diesem Grundsatz kann allerdings eine **Ausnahme** gemacht werden, wenn lediglich eine bereits nach § 19 BRAGO oder § 11 RVG festgesetzte Vergütung begehrt wird (**BGH** NZI 2008, 485, 487; krit *Looff* DZWiR 2009, 14, 18 f).

VII. Staatshaftung bei Auswahlverschulden

75   Für Auswahlverschulden (culpa in eligendo) des Insolvenzrichters bei der Bestellung eines Insolvenzverwalters hat der Staat nach § 839 BGB iVm Art 34 GG einzustehen (OLG München ZIP 1991, 1367, 1368 f; N/R/*Delhaes* § 56 Rn 17; FK-*Kind* § 56 Rn 44; KS-*Mönning* S 375, 380 Rn 20, 21; MüKo-*Graeber* § 56 Rn 136). So können **Schadenersatzansprüche** gegen das jeweilige Land begründet sein, wenn das Insolvenzgericht einen ungeeigneten Verwalter bestellt (FK-*Kind* § 56 Rn 44; *Andres/Leithaus*

§ 56 Rn 9; *Jaeger/Gerhardt* § 86 Rn 74; MüKo-*Graeber* § 56 Rn 177–179). Gleiches gilt, wenn Richter und Rechtspfleger gegeneinander arbeiten und hierdurch eine unwirksame Verwalterbestellung veranlasst wird. Wird z B ein **Rechtsanwalt** infolge schuldhafter Pflichtverletzung des Rechtspflegers **unwirksam zum Insolvenzverwalter bestellt**, so umfasst sein Schadensersatzanspruch neben einer Entschädigung für die im Verfahren erbrachten „Verwalter"-Tätigkeiten auch den Ersatz für entgangene Einkünfte infolge von Mandatsablehnungen wegen Interessenkollision (**BGH** v 30. 11. 1989, ZIP 1990, 1141 = EWiR § 249 BGB 2/91, 127 *[Eickmann]*; **BGH** KTS 1986, 298 = ZIP 1986, 319). Ein Ersatzanspruch des erst bestellten und später entlassenen Verwalters für einen immateriellen Schaden besteht nicht (MüKo-*Graeber* § 56). Zu den **richterlichen Amtspflichten** gehört es auch, vor Bestellung eines vorläufigen Insolvenzverwalters zu prüfen, ob dessen Kosten gedeckt sind (**BGH** NJW 1981, 1726 = ZIP 1981, 365 zur Bestellung eines vorläufigen Vergleichsverwalters). Bestehen Zweifel, ob die Kosten und Auslagen des vorläufigen Insolvenzverwalters gedeckt sind, hat das Gericht den vorgesehenen Verwalter zunächst als Gutachter zu bestellen, es sei denn, die Anordnung einer Verfügungsbeschränkung sei dringend geboten. Eine **Staatshaftung wegen Bestellung und schuldhafter Nichtabberufung eines ungeeigneten Insolvenzverwalters** tritt auch für Schäden ein, die der Insolvenzmasse aus einer nicht angezeigten Betriebsfortführung durch den Verwalter entstehen, wenn der zuständige Rechtspfleger von Insolvenzverwalter bestochen worden war und dies dem Konkursrichter nicht mitgeteilt hat (**OLG München** ZIP 1991, 1367 = EWiR § 78 KO 1/91, 1003 *[App]*). Im Hinblick darauf, dass die Qualifikation des Verwalters weitgehend das Schicksal des Verfahrens bestimmt, sind **an die Auswahl des Insolvenzverwalters hohe Anforderungen** zu stellen. *Leipold/Heinze* (S 31): „Dieser zentrale Lösungsansatz des geltenden Rechts hat ungeachtet einiger „Problemfälle" (Maxhütte) bislang ohne erkennbare Nachteile funktioniert, die Entscheidungspraxis der Gerichte ist insoweit äußerst gering geblieben." Siehe auch *Pluta*, Der Rechtsanwalt als Insolvenzverwalter, in: A. *Gleiss* (Hrsg), Facetten des Anwaltsberufs, Heidelberg 1989, S 93. Nach Feststellung von KS-*Mönning* (S 375, 380 Rn 22), sind „alle Regressfälle wegen falscher Auswahl eines gesetzter Verwalter, insbesondere die schlagzeilenträchtigen Verfahren in Nürnberg, Ulm, Gelsenkirchen und Aachen auf die Fälle beschränkt geblieben, in denen es um strafrechtlich relevante Sachverhalte ging, die als Beleg für den richterlichen Missgriff bei der Auswahl dienten." Dies beruht nicht zuletzt auf der **Subsidiarität der Staatshaftung** (§ 839 Abs 1 Satz 2 BGB). Wegen der Subsidiarität der Richter- und Rechtspflegerhaftung und der vorrangigen Haftung des Insolvenzverwalters sowie der Mitglieder des Gläubigerausschusses nach den §§ 60, 61, 71 sind Staatshaftungsprozesse wegen Auswahl- und Überwachungsverschulden des Insolvenzgerichts selten (*Mönning* aaO S 381 Rn 23). Das **Spruchrichterprivileg** des **§ 839 Abs 1 Satz 1 BGB** greift für den Insolvenzverwalter nicht ein, denn Beschlüsse in Insolvenzsachen sind grundsätzlich keine Urteile oder urteilsvertretende Erkenntnisse (vgl BVerfG NZI 2006, 453 = ZInsO 2006, 765; **BGH** NJW 1959, 1085; **BGH** NJW 1981, 1726; MüKo-*Papier* § 839 BGB Rn 313, 322; MüKo-*Graeber* § 56 Rn 177).

VIII. Der Insolvenzverwalter als Ehrverletzer

Nach Auffassung des **BGH** (Urt v 18. 10. 1994, ZIP 1994, 1963 = DStR 1995, 67) sind Äußerungen des Insolvenzverwalters in einem Erstbericht gegenüber der Gläubigerversammlung nicht nach den von der Rechtsprechung für Äußerungen in einem gerichtlichen Erkenntnisverfahren entwickelten Grundsätzen einer **Ehrenschutzklage** entzogen. Mit dieser Rechtsprechung läuft der Insolvenzverwalter Gefahr, wegen seiner Ausführungen in Gläubigerversammlungen vor allem hinsichtlich möglicher Anfechtungsklagen einer Widerrufs- oder Unterlassungsklage durch den Insolvenzschuldner ausgesetzt zu werden. Überzeugend hat G. *Pape* (ZIP 1995, 1660) nachgewiesen, dass der Verwalter es in der Hand hat, sich mit der Erhebung von Anfechtungsklagen nach den §§ 129 ff vor anhängigen Widerrufs- und Unterlassungsklagen zu schützen. Die Differenzierung zwischen rechtlich zulässigen Angriffen gegen ehrverletzende Äußerungen im Insolvenzverfahren und rechtlich unzulässigen Angriffen im Rahmen von allgemeinen Prozessen ist in der Tat mehr als fragwürdig. Sinnvoll erscheint es, Äußerungen des Verwalters im Rahmen eines Insolvenzverfahrens grundsätzlich nur an dem zu messen, was auch im Rahmen von allgemeinen Rechtsstreitigkeiten nicht mehr in den Bereich des Erlaubten fällt. Ein Klagerecht des Insolvenzschuldners oder eines Dritten gegen Äußerungen des Verwalters ist nur insoweit gegeben, als diese Äußerungen die Grenze zur **Schmähkritik** und **Formalbeleidigung** überschreiten und nur noch einen herabwürdigenden und verunglimpfenden Inhalt haben, ohne „in einem konkreten Sachbezug zu den Aufgaben des Insolvenzverwalters zu stehen" (*Pape*). Der Insolvenzverwalter muss ohne die Gefahr einer Ehrenschutzklage im Insolvenzverfahren Verhaltensweisen des Schuldners oder der organschaftlichen Vertreter eines Schuldnerunternehmens, die entweder anfechtbare Tatbestände oder sogar Straftatbestände darstellen. Dies lässt sich oftmals schon deswegen nicht vermeiden, weil die Realisierung von Schadenersatzansprüchen nach § 92 die Darlegung auch krimineller Verhaltensweisen erfordert, wenn es um Schadenersatzansprüche aus unerlaubter Handlung geht.

IX. Beginn und Ende des Verwalteramtes

Das Amt des Insolvenzverwalters, gleichgültig ob vorläufiger oder endgültiger, beginnt mit der **Annahme** (**OLG Düsseldorf** v 7. 11. 1972, KTS 1973, 270, 272; K/P/B/*Lüke* § 56 Rn 65; *Hess* § 56

Rn 217; MüKo-*Graeber* § 56 Rn 139). Das gilt auch für die Bestellung eines von der Gläubigerversammlung nach § 57 gewählten Verwalters. Zwar endet das Amt des bisherigen vom Gericht bestellten Insolvenzverwalters mit der Bestellung des gewählten Verwalters durch das Gericht (§ 57 Satz 2); auch wirkt die **Bestellung des neuen Verwalters ex nunc**. Jedoch bedarf es auch hier der **Annahme des Amtes** durch den neu gewählten Verwalter (vgl **OLG** Düsseldorf KTS 1973, 270, 272; *Häsemeyer* Rn 6.30). Um einen lückenlosen Übergang des Amtes zu gewährleisten, sollte der von der Gläubigerversammlung gewählte Verwalter vor seiner Bestellung erklären, dass er das Amt annehmen wird. Eine Pflicht zur Übernahme des Amtes besteht nicht. **Anhängige Prozesse des Amtsvorgängers** werden entsprechend § 241 Abs 1 ZPO unterbrochen. Die Unterbrechung dauert so lange, bis der gewählte Insolvenzverwalter dem Gegner Anzeige macht oder der Gegner seine Absicht, das Verfahren fortzusetzen, dem neuen Verwalter anzeigt. Eine vom bisherigen Verwalter erteilte **Prozessvollmacht** bleibt rechtswirksam. Vorstehendes gilt für sämtliche Fälle der vorzeitigen Beendigung des Verwalteramtes, also auch bei Entlassung des Insolvenzverwalters (§ 59). Der Insolvenzverwalter kann das einmal übernommene Amt **nicht ohne weiteres niederlegen** (*Jaeger/Gerhardt* § 56 Rn 31 u § 59 Rn 11; N/R/*Delhaes* § 56 Rn 15). Vielmehr ist in § 59 Abs 1 Satz 2 das **Entlassungsverfahren** vorrangig. Wohl aber kann der Verwalter beim Insolvenzgericht wegen Vorliegens wichtiger Gründe seine Entlassung nach § 59 Abs 1 S 2 beantragen (BerlKo-*Blersch* § 59 Rn 9). § 59 Abs 1 Satz 2 erlaubt es auch dem Gericht, bei Feststellung schwerer Pflichtverletzungen oder offensichtlicher Amtsunfähigkeit den Verwalter fristlos von Amts wegen zu entlassen.

78 Für die **Bestellung eines Sachwalters bei Eigenverwaltung** (§ 274 Abs 1) gelten die gleichen Grundsätze wie für die Bestellung des Insolvenzverwalters. Auch hier beginnt das Amt mit der Bestellung und Annahme durch den Sachwalter (vgl auch **OLG** Düsseldorf, KTS 1973, 270, 272). Gleiches gilt für den vom Gericht zu bestellenden **Treuhänder** (§ 287 Abs 2 Satz 1) **im Restschuldbefreiungsverfahren** (§§ 286 ff) sowie für den **Treuhänder im vereinfachten Insolvenzverfahren** (§ 313 Abs 1 Satz 2). Im Übrigen **endet das Amt des Insolvenzverwalters** grundsätzlich mit der **Aufhebung des Verfahrens** (§ 259 Abs 1 Satz 1). Eine Ausnahme gilt nur bei Anordnung der Nachtragsverteilung (§ 203) oder Überwachung des Insolvenzplans (§ 261 Abs 1 Satz 1). Das Verwalteramt endet ferner durch Tod, Verlust der Geschäftsfähigkeit sowie bei Entlassung aus dem Amt nach § 59. In allen Fällen, in denen die Person des Verwalters während des Insolvenzverfahrens wechselt, behalten die vom Vorgänger im Amt vorgenommenen Rechtshandlungen mit Ausnahme insolvenzzweckwidriger und damit nichtiger Maßnahmen ihre Wirksamkeit. Über die bisherige Tätigkeit ist **Rechnung zu legen** (§ 66 Abs 1). Wird der **vorläufige Insolvenzverwalter** mit Verwaltungs- und Verfügungsbefugnis entweder auf eigenen Antrag oder von Amts wegen vom Gericht abberufen, so ist er ebenso zur Rechnungslegung verpflichtet wie der Schuldner bzw organschaftliche Vertreter des Schuldnerunternehmens in Fällen der Eigenverwaltung (§ 281 Abs 3). Wird die Restschuldbefreiung nach den §§ 296, 297 oder 298 versagt, so **endet das Amt des Treuhänders** mit der Rechtskraft des Versagungsbeschlusses (§ 299). Auch in diesen Fällen hat der Treuhänder ebenso Rechnung zu legen wie im vereinfachten Verfahren (§§ 313 Abs 1 Satz 3, 66 Abs 1). Wird das Insolvenzverfahren wegen Masseunzulänglichkeit eingestellt (§ 211 Abs 1), hat der Verwalter auch für seine Tätigkeit nach Anzeige der Masseunzulänglichkeit Rechnung zu legen (§ 211 Abs 2). Bei **Tod des Insolvenzverwalters** obliegt die Rechnungslegungspflicht nicht den Erben, sondern dem vom Gericht bestellten neuen Insolvenzverwalter (so auch *Frege/Keller/Riedel* HRP Rn 1673). Erfordern Unzulänglichkeiten im Rechnungswesen des Verstorbenen erhöhten Arbeitsaufwand, kann dies im Rahmen der Vergütungsfestsetzung Berücksichtigung finden.

X. Keine Ablehnung des Insolvenzverwalters wegen Befangenheit oder Interessenkollision

79 Eine förmliche Ablehnung des Insolvenzverwalters durch den Insolvenzschuldner wegen Befangenheit oder Interessenkollision ist ausgeschlossen (**LG** Frankfurt Rpfleger 1989, 474; *Kilger/K. Schmidt* § 78 KO Anm 1). Zwischen dem Insolvenzschuldner und dem Verwalter entsteht mit der Verwalterbestellung durch das Gericht ein **gesetzliches Schuldverhältnis** entsprechend einer Geschäftsbesorgung (BGHZ 21, 291; 113, 262, 276). Es besteht auch **keine allgemeine Auskunftspflicht** des Verwalters gegenüber dem Schuldner oder Schuldnerunternehmen (*Gerhardt* ZIP 1980, 941). Die Tatsache, dass der Insolvenzverwalter unter der Aufsicht des Insolvenzgerichts steht (§ 51 Abs 1 Satz 1), sowie die in § 59 Abs 1 vorgesehene Möglichkeit der Entlassung aus wichtigem Grund machen eine Ablehnung wegen Befangenheit oder Interessenkollision überflüssig. Der Insolvenzverwalter hat aber von sich aus dem Insolvenzgericht rechtzeitig einen Sachverhalt unmissverständlich anzuzeigen, der ernstlich die Besorgnis rechtfertigt, dass er an der Amtsführung gehindert ist oder dass eine nicht unbedeutende Interessenkollision besteht (BGHZ 113, 262, 275; *Skrotzki* KTS 1955, 111 ff). Die **Pflicht zur Selbstanzeige möglicher Verhinderungsgründe** trifft nach Auffassung des **BGH** (BGHZ 113, 262, 276) den Verwalter nicht nur wegen seiner Amtsstellung, sondern auch auf Grund einer Geschäftsbesorgung (§ 675 BGB). Nach den Empfehlungen der Kommission zur Vorauswahl und Bestellung von InsolvenzverwalterInnen sowie Transparenz, Aufsicht und Kontrolle in Insolvenzverfahren („Uhlenbruck-Kommission") ist der Verwalter mit der Annahme des Amtes verpflichtet, **schriftlich anzuzeigen**, dass nach seiner Prüfung kein Kollisionsfall vorliegt. Für den Fall der späteren Kenntnis eines Kollisionsfalles hat er dies dem Gericht

unverzüglich schriftlich anzuzeigen. Einzelheiten zur speziellen Unabhängigkeit zu C. II. der Empfehlungen (NZI 2007, 507 = ZIP 2007, 1532 = ZInsO 2007, 760 ff). Verletzt der Insolvenzverwalter schuldhaft die Anzeigepflicht, greift seine Haftung gegenüber den Verfahrensbeteiligten nach § 60 ein. Auch **sonstige Verfahrensbeteiligte** sind nicht berechtigt, einen Insolvenzverwalter wegen Befangenheit oder aus sonstigen Gründen abzulehnen. Den Gläubigern bietet § 57 S 1 die Möglichkeit, in der ersten Gläubigerversammlung eine andere Person als Verwalter zu wählen. Im Übrigen geht das **Entlassungsrecht des § 59 Abs 1** dem Ablehnungsrecht wegen Befangenheit vor. Deshalb kann ein Gläubiger im Prüfungstermin den bestreitenden Verwalter nicht wegen Befangenheit ablehnen, weil dieser sich zB in einem Verwandtschaftsverhältnis zum Gläubiger befindet und die Verwandten untereinander zerstritten sind. Aufgrund seiner Amtsstellung ist der Insolvenzverwalter zu **Objektivität verpflichtet.** Fehlende Objektivität kann nur gerügt und im Wege der gerichtlichen Aufsicht nach § 58 oder durch Entlassung nach § 59 geahndet werden. Würde man ein Ablehnungsrecht zulassen, würden einzelne Gläubiger und Gläubigergruppen dieses Recht dazu benutzen, einen missliebigen Verwalter aus dem Verfahren mittels Ablehnungsgesuchs herauszuschießen.

XI. Die Auswirkungen der Europäischen Dienstleistungsrichtlinie auf die Auswahl und Bestellung von Verwaltern

Bis Ende 2009 muss der deutsche Gesetzgeber die Europäische Dienstleistungsrichtlinie (RL 2006/123/EG v 12. 12. 2006, ABl EU Nr L 376, S 36) in nationales Recht umsetzen. Danach ist eine **Kanzleioder Präsenzpflicht (Ortsnähe)** des Insolvenzverwalters gem Art 16 DL-RL unzulässig. Ob sie im Fall einer inländischen Niederlassung allerdings als generelles Zulassungskriterium gerechtfertigt werden könnte, ist zweifelhaft (so *Sabel/Wimmer* ZIP 2008, 2097, 2107; s auch *Slopek* ZInsO 2008, 1243 ff; *Höfling* JZ 2009, 339 ff). Es steht noch nicht fest, ob die Dienstleistungsrichtlinie überhaupt Auswirkungen auf die Auswahl und Bestellung des Insolvenzverwalters hat. Jedenfalls ist die Zertifizierung von Insolvenzverwaltern oder Verwalterkanzleien nach der Dienstleistungsrichtlinie kein Genehmigungs- oder Anforderungskriterium, sondern lediglich eine freiwillige Maßnahme der Qualitätssicherung (vgl *Sabel/Wimmer* ZIP 2008, 2097 ff). 80

Letztlich wird die Dienstleistungsrichtlinie Veranlassung geben, im Rahmen einer **Berufsordnung** für Insolvenzverwalter eine Regelung hinsichtlich der **Niederlassungsfreiheit** zu treffen und von dem Merkmal der **Ortsnähe** für Insolvenzverwalter abzurücken. 81

XII. Die steuerrechtliche Stellung des Insolvenzverwalters *(Maus)*

1. Allgemeines. Der Insolvenzverwalter ist Vermögensverwalter iSv § 34 Abs 3 AO, weil das Recht des Schuldners, das zur Insolvenzmasse gehörende Vermögen zu verwalten und über es zu verfügen, mit Insolvenzeröffnung auf ihn übergeht (§ 80 Abs 1). Als Vermögensverwalter hat er die steuerlichen Pflichten des Insolvenzschuldners in Bezug auf das von ihm verwaltete Vermögen (§ 34 Abs 1 AO) im vollen Umfang zu erfüllen, und zwar nicht nur für die Zeit ab Insolvenzeröffnung, sondern auch für die Zeit davor (BFHE 55, 522 = BStBl III 1951, 1212; *Hübschmann/Hepp/Spitaler/Beermann* § 251 AO Rn 31; *Schwarz* § 34 AO Anm 18; *Tipke/Kruse* § 34 AO Rn 12). Die steuerlichen Pflichten ergeben sich insbesondere aus den §§ 90, 93 ff, 137 ff, 140 ff, 149 ff AO. Sie umfassen die Steuererklärungspflicht, Buchführungs- und Aufzeichnungspflichten sowie Auskunfts-, Anzeige- und Nachweispflichten. Die Vermögensverwalter haben insbesondere dafür zu sorgen, dass die Steuern aus den Mitteln entrichtet werden, die sie verwalten (§ 34 Abs 3, Abs 1 S 2 AO) . Die Pflichten ergeben sich aber auch aus spezialgesetzlichen Anordnungen, wie zB §§ 18 a (zusammenfassende Meldungen) und 22 (umsatzsteuerliche Aufzeichnungspflichten) UStG. Erfüllt der Insolvenzverwalter seine ihm gemäß § 34 AO obliegenden steuerlichen Verpflichtungen nicht, können gegen ihn persönlich Zwangsmittel nach den §§ 328, 329, 332, 333 AO festgesetzt werden (*Hübschmann/Hepp/Spitaler* § 251 AO Rn 31). Sowohl Zwangsgeldandrohung als auch ein Festsetzungsbescheid können immer nur gegen den Verwalter persönlich ergehen und richten sich nicht gegen die Masse (vgl zu den steuerlichen Pflichten im Einzelnen § 80 zu D.). Hat das FA eine durch Steuerbescheid titulierte Forderung zur Insolvenztabelle angemeldet, die durch den Insolvenzverwalter bestritten wird, so steht dem Verwalter als Rechtsnachfolger des Insolvenzschuldners **Akteneinsicht** gem § 78 FGO zu (**BFH** v 15. 6. 2000, NZI 2000, 504). Der Insolvenzverwalter kann auch dann den gesamten Prozessstoff einsehen, wenn der Insolvenzschuldner mit seiner Ehefrau zusammen veranlagt wird. Das Steuergeheimnis der Ehefrau des Schuldners steht dem nicht entgegen (**BFH** NZI 2000, 504). 82

2. Die umsatzsteuerliche Stellung des Insolvenzverwalters. Der Insolvenzverwalter wird nicht anstelle des Insolvenzschuldners Unternehmer gem § 2 UStG. **Unternehmer bleibt vielmehr der Inhaber der Vermögensmasse,** für die der Insolvenzverwalter tätig wird (Abschn 16 Abs 5 UStR). Der Insolvenzverwalter wird auch nicht zeitweise Unternehmer iSv §§ 2, 13 Abs 2 UStG, wenn er vorübergehend die wirtschaftliche Tätigkeit des Insolvenzschuldners fortsetzt und Umsätze im eigenen Namen tätigt, zB im Rahmen der Unternehmensfortführung. Der Insolvenzschuldner bleibt auch **Steuerschuldner** nach 83

§ 13 Abs 2 UStG (*Rau/Dürrwächter/Flick/Geist* § 2 Abs 1 u 2 UStG Rn 605; *Maus*, S 48, 49; *Frotscher*, Besteuerung S 43). Der Insolvenzverwalter kann aber statt des Unternehmers Steuerschuldner werden, wenn er in Rechnungen gesondert Umsatzsteuer ausweist, ohne hierzu berechtigt zu sein (§ 14 Abs 3 UStG).

84 3. **Die persönliche steuerrechtliche Stellung des Insolvenzverwalters.** a) Die Tätigkeit von Insolvenzverwalter ist nach ständiger Rechtsprechung eine vermögensverwaltende Tätigkeit iS des § 18 Abs 1 Nr 3 des Einkommensteuergesetzes (EStG) und keine freiberufliche Tätigkeit iS des § 18 Abs 1 Nr 1 EStG (str aA *Siemon* ZInsO 2009, 305). Insoweit hat sich die Betätigung als Insolvenzverwalter zu einem eigenen Beruf entwickelt (BVerfG v 3. 8. 2004, ZIP 2004, 1649). Der Insolvenzverwalter erbringt mit seiner Amtstätigkeit eine sonstige Leistung (§§ 1 Abs 1 Nr 1, 3 Abs 9 UStG) an den Insolvenzschuldner, die umsatzsteuerpflichtig ist (**BFH** BStBl II 1986, 579; vgl auch *Schuhmann* NZI 1999, 177, 179). Rechnet er seine Leistung an den Insolvenzschuldner ab, so ist für den Vorsteuerabzugsanspruch der Masse eine Rechnung des Verwalters gem § 14 UStG erforderlich. Der Beschluss des Insolvenzgerichts über die Festsetzung der Vergütung reicht nicht aus (Abschn 192 Abs 3 UStR). Nach zutreffender Auffassung des FG Hessen (v 4. 1. 2007, EFG 2007, 548; ebenso OFD Karlsruhe, DStR 2008, 923 und OFG Frankfurt/M, UStK, § 2 S 1741; **str aA** *Dahms*, ZInsO 2008, 1174) ist ein **angestellter Rechtsanwalt** in seiner Eigenschaft als Insolvenzverwalter selbständig tätig. Nicht die Sozietät, sondern er erbringt die sonstige Leistung an den Insolvenzschuldner. Er allein hat ein Rechtsverhältnis zu dem Insolvenzgericht, das ihn (und nicht die Sozietät) bestellt. Für den Vorsteuerabzug aus der Verwaltervergütung ist deshalb eine Rechnung des zum Verwalter bestellten Rechtsanwaltes mit seiner persönlichen Steuernummer notwendig. Das Gleiche gilt für **Partner** einer Sozietät (FG Hessen v 4. 1. 2007, 6 V 1450/06).

85 Die **Vorsteuer aus der Rechnung des Insolvenzverwalters** ist von einer als Masseverbindlichkeit zu erfüllenden Umsatzsteuer abzusetzen; ein Vorsteuerüberhang ist von dem Finanzamt zur Insolvenzmasse zu erstatten. Resultiert der Vorsteuererstattungsanspruch des Schuldners aus einer Rechnung des vorläufigen Insolvenzverwalters, so kann das Finanzamt hiergegen grundsätzlich mit Insolvenzforderungen aufrechnen, denn der Erstattungsanspruch ist insolvenzrechtlich vor Verfahrenseröffnung begründet worden (**BFH** v 27. 2. 2009, ZInsO 2009, 1068 mwN). Allerdings ist das nach § 15 UStG gegebene Recht auf Vorsteuerabzug für die dem Unternehmer für jeden einzelnen Umsatz in Rechnung gestellte Umsatzsteuer kein selbständiger Anspruch und kann nicht unmittelbar gegenüber dem FA geltend gemacht werden (*Wagner* in Sölch/Ringleb, Umsatzsteuer, § 15 Rz 45 ff; *Forgách* in Reiß/Kraeusel/Langer, UStG § 15 Rz 472). Vielmehr sind nach § 16 Abs. 2 Satz 1, § 18 Abs. 1 UStG mit der Umsatzsteuer-Voranmeldung die nach § 15 UStG abziehbaren Vorsteuerbeträge von der nach § 16 Abs. 1 UStG berechneten Steuer abzusetzen. Dementsprechend hat der **BFH** bereits entschieden, dass einzelne Vorsteuerbeträge umsatzsteuerrechtlich lediglich unselbständige Besteuerungsgrundlagen darstellen, die bei der Berechnung der Umsatzsteuer mitberücksichtigt werden und in die Festsetzung der Umsatzsteuer eingehen (**BFH** v 24. 3. 1983, BFHE 138, 498, BStBl II 1983, 612), dass eine Aufrechnung die Höhe der sich aus dem Gesetz ergebenden festzusetzenden Umsatzsteuer nicht beeinflussen darf (**BFH** v 14. 5. 1998, BFHE 185, 552, BStBl II 1998, 634) und dass deshalb das aus § 16 Abs. 2 Satz 1 UStG folgende umsatzsteuerrechtliche Erfordernis, sämtliche in den Besteuerungszeitraum fallenden abziehbaren Vorsteuerbeträge mit der berechneten Umsatzsteuer zu saldieren, Vorrang hat gegenüber einer Aufrechnung des FA mit anderen Ansprüchen (BFH v 16. 11. 2004, BStBl II 2006, 193). Erst wenn sich aus der mit der Steueranmeldung gemäß § 16 Abs 2 Satz 1 UStG vorzunehmenden Saldierung ein Guthaben des Steuerpflichtigen ergibt, besteht ein erfüllbarer Anspruch, gegen den die Aufrechnung mit Steuerforderungen erklärt werden kann, sofern die übrigen Aufrechnungsvoraussetzungen vorliegen und – im Insolvenzverfahren – insolvenzrechtliche Hindernisse nicht entgegenstehen (**BFH** v 16. 1. 2007, ZIP 2007, 829).

86 Die Umsatzsteuer entsteht für Lieferungen und sonstige Leistungen bei der Berechnung der Steuer nach vereinbarten Entgelten mit Ablauf Höhe des Voranmeldungszeitraums, in dem die Leistungen ausgeführt worden sind (§ 13 Abs 1 a S 1). Dies gilt sowohl für **Dauerleistungen** als auch für **Teilleistungen** (§ 13 Abs 1 a S 2). Teilleistungen liegen vor, wenn für Teile einer wirtschaftlich teilbaren Leistung das Entgelt gesondert vereinbart wird (§ 13 Abs 1 a S 3) und der demnach statt der einheitlichen Gesamtleistung geschuldet werden. **Die Leistung des Insolvenzverwalters ist eine Dauerleistung**. Dies ergibt sich schon aus § 8 Abs 1 S 3 VergütVO. Danach soll der Vergütungsantrag (erst) gestellt werden, wenn die Schlussrechnung an das Gericht gesandt wird. Das Gericht will also die Gesamtleistung des Verwalters beurteilen können, um eine angemessene Vergütung festzusetzen. Die Dauerleistung beginnt mit der Aufnahme der Verwaltertätigkeit. Streitig ist, wann sie endet. Das Ende der Dauerleistung ist bspw bei einer Änderung des Steuersatzes während des Insolvenzverfahrens von Bedeutung. So ist der Steuersatz von 19% auf die Lieferungen, sonstigen Leistungen und die innergemeinschaftlichen Erwerbe anzuwenden, die nach dem 31. Dezember 2006 bewirkt werden. Nach Meinung des AG Potsdam (Beschl v 22. 11. 2006, NWB Eilnachrichten 2007, 1037) kommt es weder auf den Zeitpunkt der Einreichung des Schlussberichts oder der Festsetzung der Vergütung durch das Insolvenzgericht, sondern allein auf den Zeitpunkt an, an dem die Tätigkeit des Insolvenzverwalters nach Wirksamwerden des Aufhebungs-

C. Auswahl des Insolvenzverwalters § 56

beschlusses endet. Nach ähnlicher Meinung ist auf den Abschluss der Schlussverteilung abzustellen (*Schmid*, DZWiR 2007, 74; *Janca*, ZInsO 2006, 1191). Richtig ist sicherlich, dass der ganz wesentliche Teil der Verwalterleistung bis zur **Schlussrechnungslegung** erbracht wird. Der Verwalter hat diese Schlussrechnung „bei der Beendigung seines Amtes" zu legen (§ 66 Abs 1). Die bis dahin erbrachte Leistung wird vergütet (§ 8 Abs 1 S 3 VergütVO). Was liegt also näher, nicht nur das Amt des Verwalters im insolvenzrechtlichen Sinn, sondern auch die Leistung des Insolvenzverwalters im umsatzsteuerrechtlichen Sinn im Zeitpunkt der Einreichung der Schlussrechnung bei dem Insolvenzgericht enden zu lassen.

b) Einkommensteuerliche Einordnung der Vergütung. Die Vergütung des Insolvenzverwalters gehört 87 je nach den Umständen des Einzelfalls zu den Einkünften aus selbständiger Arbeit (§ 2 Abs 1 Nr 3 EStG) oder den Einkünften aus Gewerbebetrieb (§ 2 Abs 1 Nr 2 EStG). **Einkünfte aus selbständiger Arbeit** sind die Einkünfte aus freiberuflicher Tätigkeit (§ 18 Abs 1 Nr 1 EStG), die Einkünfte der Einnahmen einer stattlichen Lotterie (§ 18 Abs 1 Nr 2 EStG) und die Einkünfte aus sonstiger selbständiger Tätigkeit, zB aus Vermögensverwaltung (§ 18 Abs 1 Nr 3 EStG). Die **Freiberufler** sind in § 18 Abs 1 Nr 1 EStG enumerativ aufgeführt (sog **Katalogberufe**). Die Zugehörigkeit zu einer der in § 18 Abs 1 Nr 1 Satz 2 EStG genannten Berufsgruppen ist zwar Voraussetzung für die Annahme freiberuflicher Einkünfte. Sie reicht allein jedoch nicht aus. Vielmehr muss die tatsächlich ausgeübte Tätigkeit freiberuflicher Art sein. Sie muss für den genannten Katalogberuf berufstypisch, dh in besonderer Weise charakterisierend und dem Katalogberuf vorbehalten sein (vgl **BFH** BStBl II 1987, 147; **BFH** BStBl II 1987, 524; **BFH**, BFH/NV 1991, 126, zugleich Abgrenzung zu **BFH** BStBl II 1981, 193). Der **Beruf des Insolvenzverwalters** gehört nicht zu den Katalogberufen des § 18 Abs 1 Nr 1 EStG (*Schick* NJW 1999, 1331; *Korn* in: Prütting Insolvenzrecht 1996, 275). Die Tätigkeit eines Konkurs-, Zwangs- und Vergleichsverwalters ist nach ständiger Rechtsprechung des **BFH** eine vermögensverwaltende iSv § 18 Abs 1 Nr 3 EStG und keine freiberufliche Tätigkeit iSv § 18 Abs 1 Nr 1 EStG (vgl **BFH** BStBl III 1961, 306; **BFH** BStBl II 1973, 730; **BFH** BStBl II 1989, 729; vgl auch zB Hermann/Heuer/Raupach/*Brandt* EStG § 18 Rn 264; Kirchhof/Söhn/*Stuhrmann* EStG § 18 Rn B 228; *Schmidt*/*Wacker* EStG § 18 Rn 141).

Für die Insolvenzverwalter ist es steuerlich ohne große Bedeutung, ob sie Einkünfte aus freiberuflicher oder sonstiger selbständiger Tätigkeit haben. Entscheidend ist vielmehr die Zuordnung zu den 88 **Einkünften aus selbständiger Arbeit oder aus Gewerbebetrieb**. Entscheidend für diese Zuordnung ist in erster Linie die Art der ausgeübten Tätigkeit. Wesentlich ist die Frage nach der unmittelbaren, persönlichen und individuellen Arbeitsleistung des Berufsträgers (**FG Rheinland-Pfalz** v 21. 6. 2007, ZInsO 2007, 892). Die vermögensverwaltende Tätigkeit des Berufsträgers löst gewerbesteuerpflichtige Einkünfte aus, wenn sie nach der sog Vervielfältigungstheorie unter Berücksichtigung der Gesamtumstände ein Gewerbebetrieb iSv § 2 Abs 1 GewStG ist. Nach der vom **RFH** und **BFH** entwickelten **Vervielfältigungstheorie** gehört es zu den Wesensmerkmalen der selbständigen Tätigkeit, dass sie in ihrem Kernbereich auf der eigenen persönlichen Arbeitskraft des Berufsträgers beruht. Alle organisatorisch wichtigen und verfahrensleitenden Maßnahmen müssen den Stempel allein seiner Persönlichkeit tragen (**FG Rheinland-Pfalz** v 21. 6. 2007, ZInsO 2007, 892 m Anm *Schmittmann*, ZInsO 2007, 928). Nimmt die Tätigkeit einen Umfang an, der die ständige Beschäftigung mehrerer Angestellter oder die Einschaltung von Subunternehmern erfordert, und werden den genannten Personen nicht nur untergeordnete, insbesondere vorbereitende oder mechanische Arbeiten übertragen, so beruht sie nicht mehr im Wesentlichen auf der persönlichen Arbeitskraft des Berufsträgers und ist deshalb steuerrechtlich als eine gewerbliche zu qualifizieren. Nach Auffassung des **FG Köln** (nrkr v 28. 5. 2008, ZInsO 2008, 1216) beruhen die Einkünfte eines Insolvenzverwalters schon dann nicht mehr auf der eigenen Arbeitskraft, wenn er mehr als einen qualifizierten Mitarbeiter beschäftigt. Aber auch dann, wenn nur Hilfskräfte beschäftigt werden, die ausschließlich untergeordnete Arbeiten erledigen, kann der Umfang des Betriebs im Einzelfall den gewerblichen Charakter der Tätigkeit begründen. Wann diese Voraussetzungen vorliegen, ist **im Einzelfall nach dem Gesamtbild der Verhältnisse** zu entscheiden (**BFH** ZInsO 2001, 954, 956; vgl zB **BFH** BStBl II 1984, 823; **BFH** BStBl II 1994, 936). Gehört die Vergütung zu den Einkünften aus Gewerbebetrieb, so entsteht nicht nur Gewerbesteuer; der Insolvenzverwalter ist in diesem Falle in den Grenzen des § 141 AO auch **bilanzierungspflichtig**. Nur Freiberufler (§ 18 Abs 1 Nr 1 EStG) und sonstige selbständig Tätige (§ 18 Abs 1 Nr 3 EStG) haben ein umsatz-, vermögens- und ertragsunabhängiges Wahlrecht zwischen Einnahmenüberschussrechnung nach § 4 Abs 3 EStG. Ist die Insolvenzverwaltertätigkeit eines Mitgliedes einer Rechtsanwaltsgesellschaft als Gewerbe anzusehen, so kann die „**Abfärberegelung**" des § 15 Abs 3 EStG zur Folge haben, dass sämtliche Einkünfte einer in der Rechtsform der GbR geführten Kanzlei gewerbesteuerpflichtig sind.

4. Die steuerliche Haftung des Insolvenzverwalters. Der Insolvenzverwalter haftet nach § 69 AO, 89 wenn er gegen Verpflichtungen verstößt, die sich aus den Steuergesetzen ergeben. Verletzt der Insolvenzverwalter insolvenzspezifische Pflichten, so haftet er nach §§ 60, 61. Die insolvenzrechtlichen Haftungsvorschriften greifen beispielsweise auch dann ein, wenn dem Insolvenzverwalter vorgeworfen wird, Steuern begründet zu haben, obwohl er ihre Unerfüllbarkeit hätte vorhersehen müssen. Die Unterscheidung zwischen den beiden Haftungsnormen ist ua deshalb bedeutsam, weil § 69 AO den Haftungsmaßstab auf ein Verschulden durch **Vorsatz und grobe Fahrlässigkeit** begrenzt, während für ein Verschulden nach § 60 „**leichteste Fahrlässigkeit**" (FK-*Hössl* § 60 Rn 38) ausreicht. Die Anwendung der einen oder der anderen Haftungsnorm kann insoweit unterschiedliche finanzielle Konsequenzen für den Verwalter insoweit haben, als die Vermögenschadenhaftpflichtversicherungen idR den Ersatz von Schäden aus der Verletzung öffentlich-rechtlicher (zB steuerlicher) Pflichten ablehnen. Die beiden Haftungsgrundlagen schließen sich nicht zwingend gegeneinander aus. Bezüglich der Masseverbindlichkeiten bestehen sie vielmehr nebeneinander. Der Insolvenzverwalter haftet für deren Erfüllung sowohl nach Steuerrecht (§§ 34 Abs 3, 1, 69 AO) als auch nach Insolvenzrecht (§§ 60, 61). Ebenso haftet der Insolvenzverwalter wegen Verletzung der Buchführungs- und Rechnungslegungspflichten sowohl nach Steuerrecht als auch nach Insolvenzrecht, denn deren Erfüllung wird von beiden Rechtsnormen (§§ 34 AO, 155) von ihm gefordert. Dem Steuergläubiger steht es frei, sich für eine der beiden Haftungsgrundlagen zu entscheiden. Die steuerrechtliche Haftung des Insolvenzverwalters erstreckt sich auf alle im Zeitpunkt der Pflichtverletzung entstandenen Ansprüche aus dem Steuerschuldverhältnis iSv § 37 AO einschließlich der Nebenansprüche nach § 3 Abs 3 AO. Liegen die Voraussetzungen des § 69 AO vor, so hat die **Finanzbehörde einen Haftungsbescheid zu erlassen**. Vorher ist der **zuständigen Berufskammer** Gelegenheit zu geben, die Gesichtspunkte vorzubringen, die von ihrem Standpunkt aus für die Entscheidung von Bedeutung sind (§ 191 Abs 2 AO). Die **Stellungnahme der Standesvertretung** ist bei der Ermessensentscheidung angemessen zu berücksichtigen (vgl *Tipke/Kruse* AO § 191 Rn 5). Im Übrigen steht der **haftungsrechtliche Rückgriff** nach § 69 AO im **pflichtgemäßen Ermessen des Finanzamtes** (§§ 191, 268 AO). Ist das Verschulden des Insolvenzverwalters gering und der Steuerausfall zugleich auch durch Mitverschulden des Finanzamts verursacht, so wird es in der Regel ermessensfehlerhaft sein, den Verwalter in Anspruch zu nehmen (**BFH** StRK [Steuerrechtsprechung in Karteiform] AO § 109 R 14, einen Nachlasspfleger betreffend). Der Haftungsbescheid aus § 69 AO richtet sich gegen den Insolvenzverwalter, denn er ist ein Steuerbescheid iSv §§ 155 ff AO. Die Vorschrift des § 166 AO findet Anwendung. Soweit die Haftung nach §§ 60, 61 begründet ist, kann sie nicht durch Haftungsbescheid geltend gemacht werden, sondern nur durch Klage im Zivilrechtsweg. Es ist den Finanzbehörden unbenommen, sich haftungsrechtlich auch auf **außersteuerliche Haftungsbestände** zu stützen, wie zB aus §§ 25, 27, 128 HGB (zutreffend *Kramer*, Konkurs- und Steuerverfahren, S 155).

§ 57 Wahl eines anderen Insolvenzverwalters

¹In der ersten Gläubigerversammlung, die auf die Bestellung des Insolvenzverwalters folgt, können die Gläubiger an dessen Stelle eine andere Person wählen. ²Die andere Person ist gewählt, wenn neben der in § 76 Abs. 2 genannten Mehrheit auch die Mehrheit der abstimmenden Gläubiger für sie gestimmt hat. ³Das Gericht kann die Bestellung des Gewählten nur versagen, wenn dieser für die Übernahme des Amtes nicht geeignet ist. ⁴Gegen die Versagung steht jedem Insolvenzgläubiger die sofortige Beschwerde zu.

Übersicht

	Rn
I. Allgemeines	1
1. Gläubigerautonomie und Verwalterbestellung	1
2. Verwalterbestellung und Abwahl nach dem Reformgesetz 1994	2
3. Einführung eines doppelten Mehrheitserfordernisses durch das InsOÄndG 2001	3
II. Das Wahlrecht der Gläubigerversammlung	4
1. Die Neuwahl als Abwahl des vom Gericht bestellten Verwalters	4
a) Korrektur der richterlichen Verwalterbestellung durch die Gläubigerversammlung	5
b) Das Abwahlverfahren	9
2. Die ausschließliche Zuständigkeit der ersten Gläubigerversammlung	14
III. Die Bestellung des Gewählten durch das Insolvenzgericht	19
IV. Die Versagung der gerichtlichen Bestellung	20
1. Versagungsgründe	20
2. Der Versagungsbeschluss	28
3. Funktionelle Zuständigkeit	29
V. Der Beginn des Verwalteramtes	30
VI. Rechte und Pflichten des abgewählten Insolvenzverwalters	31
VII. Rechtsmittel	33
VIII. Die Aufhebungsbefugnis des Insolvenzgerichts	38

I. Allgemeines

1. Gläubigerautonomie und Verwalterbestellung. Kaum ein Thema war im Rahmen der Insolvenzrechtsreform so heftig umstritten wie die Frage, wer für die Auswahl und Bestellung des Insolvenzverwalters zuständig sein sollte (vgl *Gravenbrucher Kreis* BB 1986, Beilage 15, S 1 ff; *Uhlenbruck*, Mitwirkung und Verantwortlichkeit des Insolvenzrichters, in: Beiträge zur Reform des Insolvenzrechts, IDW-Insolvenz-Symposion Düsseldorf 1987, S 139 ff; *ders* KTS 1989, 229, 243; *Leipold/Heinze* S 31 ff). Die

I. Allgemeines § 57

Vertreter einer **umfassenden Gläubigerautonomie** sahen in der Verwalterbestellung durch das Gericht eine staatliche Bevormundung der Gläubigerschaft durch nicht gerechtfertigte Kompetenzzuweisung. Die Devise lautete: „Weniger Staat und mehr staatlich überwachte Selbstverwaltung." Die Befürworter einer **ausschließlich gerichtlichen Zuständigkeit** für die Verwalterbestellung beriefen sich darauf, dass der Insolvenzverwalter nicht nur Sachwalter der Gläubigerinteressen sei, sondern das Interesse sämtlicher Verfahrensbeteiligten wahrzunehmen habe. Der Verwalter müsse zudem das **Vertrauen des Insolvenzgerichts** besitzen. Immer wieder versuchten Gläubiger, insbesondere Großgläubiger, ihnen genehme Verwalter durchzusetzen (vgl **AG Wolfratshausen** v 21. 3. 1990, ZIP 1990, 597 = EWiR 1990, 597, *Pape*; *Uhlenbruck* KTS 1989, 229, 234; *Kübler* in: *Kübler* (Hrsg), Neuordnung des Insolvenzrechts, 1989, S 61 ff; *Holzer* Entscheidungsträger, Rn 507; *Haarmeyer* ZInsO 1999, 563; *Förster* ZInsO 1999, 625; INDat-Report 2/2000; *Uhlenbruck* KTS 1989, 229 ff; *E. Braun* FS *Uhlenbruck* 2000, S 463; *Graeber* ZIP 2000, 1465). Die Gläubiger sollen nicht den Insolvenzverwalter bekommen, den sie im eigenen Interesse haben wollen (so aber *Wild* KTS 1982, 63), sondern einen Verwalter, der die **Interessen aller Gläubiger** wahrnimmt. Versteht man den Insolvenzverwalter als „Verwalter eines privaten Amtes", so verträgt es sich mit der Amtsstellung nicht, dass er hinsichtlich seiner Bestellung von den Interessen eines Hauptgläubigers abhängig ist (zur überholten „Gläubigervertretungstheorie" vgl *Eckstein* ZZP 40 [1910], S 86 ff).

2. Verwalterbestellung und Abwahl nach dem Reformgesetz 1994. Das Reformgesetz hat in den §§ 27 Abs 1 S 1, 57 dem Prinzip der Gläubigerselbstverwaltung dadurch Rechnung getragen, dass es zwar die **Erstbenennung dem Gericht** überträgt, jedoch der Gläubigerversammlung das Recht einräumt, in der ersten Gläubigerversammlung eine andere Person als Verwalter zu wählen. Im Gesetzgebungsverfahren war umstritten, ob man der Gläubigerversammlung das Recht einräumen sollte, durch „Abwahl" des gerichtlich bestellten Verwalters ihren eigenen Kandidaten durchzusetzen. Die **Reformkommission** hatte keine „Abwahl" des vom Gericht ernannten Verwalters durch die Gläubiger vorgesehen. Wie die Bestellung, so sollte auch die Abberufung eines Insolvenzverwalters ausschließlich Sache des Gerichts sein (Erster Komm-Ber 1985 Leits. 1.3.1.1 Abs 3 S 2, S 125). Durch den **Ausschluss einer Abwahl** sollte die Unabhängigkeit des Verwalters gestärkt werden (vgl *W. Gerhardt* ZRP 1987, 163, 164 f). Demgegenüber hat der Gravenbrucher Kreis (BB 1986, Beilage 15, S 5) gefordert, dass es ungeachtet der Erstbenennung des Insolvenzverwalters durch das Gericht der Gläubigerversammlung überlassen bleiben müsse, statt des gerichtlich ernannten einen anderen Verwalter zu wählen. Dem hat der *Diskussionsentwurf eines Gesetzes zur Reform des Insolvenzrechts* (BAnz 1988, Nr 216 a) in § 62 Rechnung getragen (vgl *Leipold/Heinze* S 31, 33). Der **Nachteil einer solchen Regelung** besteht darin, dass sich der vom Gericht bestellte Verwalter bis zur ersten Gläubigerversammlung das Wohlwollen einzelner Großgläubiger oder Gläubigergruppen erhalten muss, um einer Abwahl zu entgehen (vgl *Uhlenbruck*, BB 1989, 433, 437). Vom *Gravenbrucher Kreis* (ZIP 1989, 468, 469 f) und einzelnen Autoren (*Kübler*, Die Stellung der Verfahrensorgane im Lichte der Gläubigerautonomie, in: *B. M. Kübler* [Hrsg], Neuordnung des Insolvenzrechts, 1989, S 61, 66) wurde im Übrigen beanstandet, dass die zulässige Wahl eines anderen Verwalters durch die Gläubigerversammlung viel zu spät erfolge (vgl auch KS-*Mönning* S 275, 277 Rn 10 ff). Entscheidungen und Versäumnisse des vom Gericht eingesetzten Verwalters seien damit nicht oder nur noch schwer zu korrigieren. Zudem verursache die Wahl eines neuen Verwalters **zusätzliche Kosten und Einarbeitungszeit** (**OLG** Naumburg v 26. 5. 2000, ZIP 2000, 1394 ff; *Graeber* ZIP 2000, 1465, 1472; *Muscheler/Bloch* ZIP 2000, 1474, 1479 f). Nach *M. Heinze* (bei *Leipold*, Insolvenzrecht im Umbruch, S 31, 35) erscheint die Regelung, dass die Gläubigerversammlung anstelle des vom Insolvenzgericht bestellten Insolvenzverwalters eine andere Person wählen kann, „sachlich nicht nur gerechtfertigt, sondern eröffnet vielmehr taktischen Erwägungen bis hin zu sachfremden Manipulationen Tür und Tor". Die Befürchtungen hinsichtlich der Abwahl eines genehmen Insolvenzverwalters haben sich in der Praxis des neuen Insolvenzrechts bestätigt. Vor allem sind in der Literatur Stimmen laut geworden, die die Befürchtung äußern, insbesondere **institutionelle Großgläubiger**, die zudem im Regelfall noch absonderungsberechtigt sind, würden § 57 dazu benutzen, einen ihnen genehmen Verwalter durchzusetzen (vgl hierzu *Graeber* ZIP 2000, 1465 ff; *Förster* ZInsO 1999, 625; *Pape* ZInsO 2000, 469 ff; *Muscheler/Bloch*, Abwahl des vom Gericht bestellten Insolvenzverwalters, ZIP 2000, 1474 ff; *Pape* ZInsO 1999, 311; *ders* ZInsO 2000, 469, 477; *Kesseler* ZIP 2000, 1565; H/W/F Hdb 3. Aufl 6/96–98). Eingehend hat sich zuletzt *Eberhard Braun* in einem Beitrag zum Thema „Die Abwahl des zunächst bestellten Insolvenzverwalters in der InsO" (FS *Uhlenbruck* S 463 ff) mit dem Problem des „**Missbrauchs der Bankenmacht**" auseinander gesetzt. Nach Auffassung von *Braun* wird durch die **Einführung einer Kopfmehrheit** das „Prinzip der Gleichheit der Haftungsverwirklichung und der Wahrung der Zivilrechtsordnung" nicht im Geringsten gefördert (vgl FS *Uhlenbruck* S 463, 489 f). In der Diskussion ist ua die Streitfrage aufgetaucht, ob der **Beschluss der Gläubigerversammlung**, durch den der neue Verwalter gewählt wird, vom Insolvenzgericht **gem § 78 Abs 1 aufgehoben** werden kann, weil der Wahlbeschluss wegen der durch einen Verwalterwechsel verursachten Mehrkosten dem gemeinsamen Interesse der Insolvenzgläubiger widerspricht (ablehnend **OLG** Naumburg v 26. 5. 2000, ZIP 2000, 1394 = EWiR 2000, 683, 684 [*Pape*]).

3   **3. Einführung eines doppelten Mehrheitserfordernisses durch das InsOÄndG 2001.** Der Gesetzgeber hat den in der Literatur vorgebrachten Bedenken Rechnung getragen und durch **Art 1 Nr 8 InsOÄndG v 26. 10. 2001** (BGBl I, 2710) in § 57 nach Satz 1 den weiteren Satz eingefügt, dass die andere Person gewählt ist, wenn neben der in § 76 Abs 2 genannten **Summenmehrheit** auch die **Mehrheit der abstimmenden Gläubiger** (Kopfmehrheit) für sie gestimmt hat. In der Begründung zu Art 1 Nr 8 InsOÄndG 2001 (NZI Beil Heft 1/2001 S 17 = ZInsO Beil Heft 1/2001 S 17) heißt es, ein wesentliches Ziel der InsO sei die Stärkung der Gläubigerautonomie. Die Einflussmöglichkeiten der Verfahrensbeteiligten sollten sich deshalb nach dem Wert ihrer in das Verfahren einbezogenen Rechte bestimmen. So überzeugend dieser Ausgangspunkt bei Entscheidungen im Hinblick auf das Verfahrensziel sei, so zweifelhaft sei die Berechtigung dieses Prinzips, wenn es um die **Wahl des Insolvenzverwalters** gehe. Die Wahl des Insolvenzverwalters, die oftmals als die Schicksalsfrage des Verfahrens bezeichnet wird, sollte deshalb so ausgestaltet werden, „dass von vornherein keine Besorgnis an seiner Unparteilichkeit aufkommt". Solche Zweifel seien jedoch laut geworden, wenn einzelne absonderungsberechtigte Gläubiger, die ohnehin vom Verfahrensergebnis weitaus weniger betroffen sind als ungesicherte Gläubiger, ihre Stimm-Macht ausnützen, um einen ihnen genehmen Verwalter an die Stelle des vom Gericht bestellten Verwalters zu setzen. Nach *E. Braun* (FS *Uhlenbruck* S 463, 489 f) ist die „Summenmehrheit die systemimmanent logische Entscheidungs- und Mitwirkungsregel". Ernsthafterweise könne niemand behaupten, „dass durch eine Kopfmehrheit, wie beispielsweise durch die hauptbetroffenen Gläubiger majorisierenden, wirtschaftlich nicht oder nur nebensächlich betroffenen Kleingläubigern das Prinzip der Gleichheit der Haftungsverwirklichung und der Wahrung der Zivilrechtsordnung auch nur im Geringsten gefördert würde".

II. Das Wahlrecht der Gläubigerversammlung

4   **1. Die Neuwahl als Abwahl des vom Gericht bestellten Verwalters.** Das Amt eines vom Gericht bestellten Insolvenzverwalters ist von Anfang an mit der Einschränkung verbunden, in der ersten Gläubigerversammlung abberufen zu werden (BVerfG v 9. 2. 2005 – 1 Bv 2719/04 ZInsO 2005, 368, 369). Die Abwahlmöglichkeit gehört zum Berufsbild des Insolvenzverwalters (s unten zu Rn 33). Scheidet vor der ersten Gläubigerversammlung der Verwalter durch gerichtliche Entlassung (§ 59) oder durch Tod aus, so ist das Insolvenzgericht berechtigt, einen neuen Verwalter zu bestellen, weil es keine verwalterlose Zeit geben darf (*Kesseler* KTS 2000, 491, 493). Die folgende Gläubigerversammlung entscheidet über seinen Verbleib im Amt.

5   **a) Korrektur der richterlichen Verwalterbestellung durch die Gläubigerversammlung.** Der Gesetzgeber der InsO hat letztlich in § 57 Satz 1 den bisherigen Grundsatz der §§ 80 S 1 KO, 15 Abs 3 S 1 GesO übernommen. Danach kann in der ersten Gläubigerversammlung, die auf die Bestellung des Insolvenzverwalters folgt, ein anderer Verwalter gewählt werden. In der Begr RegE (zu § 66 RegE BR-Drucks 1/92 S 127 bei *Uhlenbruck,* Das neue Insolvenzrecht S 364) heißt es, in einem Verfahren, dessen vorrangiges Ziel die Befriedigung der Gläubiger sei, müsse nur so entscheidende Frage wie die Auswahl des Verwalters der **Mitbestimmung der Gläubiger** unterliegen. Hierzu *M. Heinze* (bei Leipold; Insolvenzrecht im Umbruch, S 31): „Die einseitige Bevorzugung allein der Gläubigerversammlung hinsichtlich des Wahlrechts erscheint nicht gerechtfertigt." In der Tat geht es vor allem bei Sanierungsverfahren nicht nur um die Gläubigerinteressen, sondern zugleich auch um die Interessen des Schuldners bzw der Gesellschafter des Schuldnerunternehmens, also um multipolare Interessen. Ausdruck der Gläubigerautonomie sind auch die Regelungen in §§ 271 S 1, 274 Abs 1. Danach ist die erste Gläubigerversammlung nicht nur berechtigt, eine gerichtlich abgelehnte **Eigenverwaltung** zu beantragen; sie kann vielmehr auch den vom Gericht bestellten Sachwalter (§ 271 S 2) durch Wahl eines anderen Sachwalters praktisch abwählen. Gleiches gilt für den **Treuhänder im vereinfachten Insolvenzverfahren** gem § 313 Abs 1 S 3, der ebenfalls von der Gläubigerversammlung abgewählt werden kann. Die Abwahl bedarf keiner Begründung (LG Baden-Baden ZIP 1997, 1350 = EWiR § 80 KO 1/97, 945 [*Pape*]; N/R/*Delhaes* § 57 Rn 1). Die Wahl des neuen Verwalters, Treuhänders oder Sachwalters erfolgt durch mehrheitlichen Beschluss der stimmberechtigten Gläubiger, wobei neben der in § 76 Abs 2 genannten Mehrheit auch die **Mehrheit der abstimmenden Gläubiger** (Kopfmehrheit) erforderlich ist.

6   Eine Änderung gegenüber der früheren Rechtslage ergibt sich dadurch, dass auch die **absonderungsberechtigten Gläubiger** mit ihrer vollen Forderung, nicht nur mit der Ausfallforderung abstimmen dürfen (vgl *E. Braun* FS *Uhlenbruck* S 463, 472 ff). Durch die Einbeziehung der absonderungsberechtigten Gläubiger in die Abstimmung wird nach *E. Braun* die Verwertungsmöglichkeit des Insolvenzverwalters nach den §§ 165 ff kompensiert (FS *Uhlenbruck* S 474 f). Richtig ist, dass der absonderungsberechtigte Gläubiger auch bei der Realisierung seines Absonderungsrechts durch den Verwalter von dem Beschluss der Gläubigerversammlung nach § 157 abhängig ist.

7   Die **Wahl einer anderen Person** als Insolvenzverwalter bedeutet automatisch **Abwahl des vom Gericht eingesetzten Verwalters, Treuhänders oder Sachwalters.** Trotz einer verhältnismäßig geringen Quote „äußerster Schritte der Gläubigeraufsicht" dürften Manipulationen keineswegs selten sein. Vgl auch **KG** ZIP 2001, 2240; **OLG** Naumburg NZI 2000, 428; **OLG** Zweibrücken NZI 2001, 35 u NZI

II. Das Wahlrecht der Gläubigerversammlung § 57

2001, 204; **OLG** Karlsruhe WM 1998, 47; **OLG** Hamm ZIP 1987, 1333 = EWiR § 80 KO 1/87, 1125 [*Grub*]; **OLG** Dresden KuT 1928, 37 m Anm *Jaeger;* **OLG** Schleswig ZIP 1986, 930; WM 1986, 1199; **AG** Wolfratshausen ZIP 1990, 597. Die Regelung in § 57 ist als Kompromiss wenig glücklich, weil sie einerseits die grundsätzliche Zuständigkeit des Insolvenzgerichts für die Verwalterbestellung (§ 56 Abs 1) unterläuft, andererseits aber den Gläubigern nicht das uneingeschränkte Recht einräumt, den Verwalter zu „haben, den sie wollen" (*Wild* KTS 1982, 63, 64). Zudem ist es wenig folgerichtig, dass über die Ernennung der Richter entscheidet, über die **Versagung der Ernennung** des Gewählten (§ 57 Satz 2) dagegen der **Rechtspfleger**. Letztlich kann nicht ausgeschlossen werden, dass einzelne Gläubiger oder Gläubigergruppen das „**Abwahlrecht**" dazu **missbrauchen**, einen ihnen genehmen Insolvenzverwalter durchzusetzen (vgl *Haarmeyer* ZInsO 1999, 563; *E. Braun* FS *Uhlenbruck* S 463, 484). Die in der Kommentierung zu § 56 wiedergegebene Empfehlungen der Kommission zur Vorauswahl und Bestellung von InsolvenzverwalterInnen sowie Transparenz, Aufsicht und Kontrolle in Insolvenzverfahren („**Uhlenbruck-Kommission**"), sehen in C. I. vor, dass bei der Entscheidung über die Bestellung des (vorläufigen) Verwalters im Einzelfall **Anregungen von Beteiligten zum Anforderungsprofil** zu berücksichtigen sind. Die Bestellung eines (vorläufigen) Verwalters sollte nicht allein schon deshalb abgelehnt werden, weil er von einem Beteiligten vorgeschlagen wurde. Die von einigen Insolvenzgerichten praktizierte **Einbeziehung von institutionellen und Großgläubigern** in die Bestellungsentscheidung, vor allem das sog **Detmolder Modell** (vgl *Busch* DZWIR 2004, 353 ff) bieten weitgehende Gewähr dafür, dass es in der ersten Gläubigerversammlung nicht zu einer Abwahl kommt.

Rechtlich unzulässig ist die Methode, die Wahl eines anderen Verwalters über eine – unanfechtbare – **8 Stimmrechtsentscheidung** zu verhindern (instruktiv LG Düsseldorf ZIP 1985, 629 u 631). *Pape* (EWiR § 95 KO 1/90, 598) weist zutreffend darauf hin, dass hier Stimmrechts- und Ernennungsfragen miteinander vermischt werden. Versagungsgründe iS von § 57 S 2 können niemals dazu führen, einem Gläubiger, der die Wahl eines neuen Verwalters anstrebt, das Stimmrecht hinsichtlich seiner Forderung zu versagen. Die Regelung in § 57 S 1 erlaubt es der Gläubigerversammlung, auf Grund ihres autonomen Selbstbestimmungsrechts eine andere Person als den vom Gericht bestellten Verwalter durchzusetzen (H/W/F Hdb 6/80; *Hegmanns* EWiR 1987, 1223).

b) Das Abwahlverfahren. Statt für Mitbestimmung der Gläubiger bei der Bestellung des Verwalters 9 hat sich der Gesetzgeber für eine Korrekturmöglichkeit entschieden. Entsprechend der bisherigen Gerichtspraxis sollte der TOP für die Gläubigerversammlung lauten: „Zur Beschlussfassung über die Beibehaltung des ernannten oder die Wahl eines neuen Insolvenzverwalters, über die Bestellung eines Gläubigerausschusses und ggfls über die in den §§ 160, 162, 163 bezeichneten Gegenstände" (MüKo-*Graeber* § 57 Rn 11; N/R/*Delhaes* § 57 Rn 2). Die **Gläubigerversammlung** ist nicht an die gerichtliche **Vorauswahl**-Liste gebunden, sondern entscheidet auf Grund der Gläubigerautonomie nach freiem Ermessen über die Person des Verwalters.

Der **Wahlvorgang** ist im Gesetz nicht geregelt. Jeder der in der ersten Gläubigerversammlung anwe- 10 senden Gläubiger ist berechtigt, einen Vorschlag für die Wahl eines neuen Verwalters einzubringen. Es reicht nicht aus, den **Antrag auf Abwahl** des bisherigen Verwalters zu stellen. Der zu wählende Verwalter, der nicht auf der **Vorauswahl**-Liste des Gerichts zu stehen braucht, ist vielmehr zu benennen. Er sollte **im Termin** anwesend sein, um sich den Gläubigern vorzustellen (MüKo-*Graeber* § 57 Rn 13; HaKo-*Frind* § 57 Rn 4). Die Wahl erfolgt im Wege der **Beschlussfassung** nach § 76 Abs 2. Gewählt ist der Insolvenzverwalter, der **mehr als die Hälfte der Gesamtsumme der Forderungen** der anwesenden Gläubiger auf sich vereinigt (Summenmehrheit) und wenn **auch die Mehrheit der abstimmenden Gläubiger** (Kopfmehrheit) für ihn gestimmt hat. Bei der Bestimmung der Summen- und Kopfmehrheit werden nur die abstimmenden Gläubiger berücksichtigt. **Stimmenthaltungen** sind dagegen nicht zu berücksichtigen. Wer im Termin anwesend ist, sich nicht an der Abstimmung beteiligt, bleibt außer Betracht (*Graf-Schlicker* § 57 Rn 4; BerlKo-*Blersch* § 57 Rn 4; HK-*Eickmann* § 57 Rn 5).

Ob nur die Stimmen der in der Gläubigerversammlung anwesenden bzw vertretenen Gläubiger ge- 11 zählt werden oder ob auch eine **schriftliche Abstimmung** möglich ist, kann § 76 nicht entnommen werden. Ebenso wie zu § 244 wird auch zu § 76 in der Literatur angenommen, dass ein **persönliches Erscheinen im Termin** nicht erforderlich ist, so dass auch eine **schriftliche Abstimmung** möglich ist, was sich vor allem in Großverfahren als zweckmäßig erweisen dürfte (*Hess/Obermüller* Rn 115; H/W/W § 76 Rn 22; **str aA** HaKo-*Frind* § 57 Rn 2, jedoch für vorbereitete Stimmkarten in Großverfahren; *Graf-Schlicker* § 57 Rn 4). Nach hM sprechen zwar gute Gründe für die Zulässigkeit einer schriftlichen Abstimmung, jedoch wird sich meist in der Gläubigerversammlung selbst zeigen, ob die Anwesenheit der Gläubiger als Voraussetzung einer Abstimmung erforderlich ist oder nicht (K/P/B/*Kübler* § 76 Rn 21; *Graf-Schlicker* § 57 Rn 4; HaKo-*Frind* § 57 Rn 2). Eine Abstimmung im schriftlichen Verfahren ist daher unzulässig (vgl auch § 76 Rn 25). Die in der **Voraufl** vertretene Auffassung wird nicht aufrecht erhalten. Für die Berechnung der Kopfmehrheit zählt auch derjenige Gläubiger mit nur einer Stimme, der gegen den Schuldner mehrere Forderungen aus unterschiedlichen Rechtsgründen hat.

Korporationen haben als Gläubiger nur eine Stimme (*Graf-Schlicker* § 57 Rn 4). Das gilt auch für 12 den **PS V aG** für gem § 9 Abs 2 BetrAVG auf ihn übergegangene Forderungen. Forderungen, die durch ein Pfandrecht oder durch Nießbrauch belastet sind, gewähren nur eine Stimme (K/P/B/*Kübler* § 76

Rn 17). Die Bundesanstalt für Arbeit hat hinsichtlich der gem § 187 SGB III auf sie übergegangenen Forderungen nur eine Stimme. Soweit ein Recht **mehreren Gläubigern gemeinschaftlich zusteht**, werden sie analog § 244 Abs 2 S 1 bei der Abstimmung als **ein Gläubiger** gerechnet. Gemeinschaftlich Berechtigte sind ua Gesamtgläubiger (§ 428 BGB), Gesamthandsgläubiger (§ 432 BGB), GbR-Gesellschafter (§§ 718, 719 BGB), Miterben (§ 2032 BGB). Können sich mehrere Beteiligte, die nach materiellem Recht nur gemeinschaftlich handeln können, nicht auf eine einheitliche Stimmabgabe einigen, kommt eine wirksame Stimmabgabe nicht zustande. Kann nach materiellem Recht jeder Berechtigte für alle Mitberechtigten abstimmen (zB §§ 428, 432, 1011 BGB) und stimmen mehrere Mitberechtigte **gegensätzlich** ab, so gilt dies als Stimmenthaltung (HK-*Flessner* § 244 Rn 10). Bei absonderungsberechtigten Gläubigern, denen der Schuldner nicht persönlich haftet, tritt der Wert des Absonderungsrechts an die Stelle des Forderungsbetrages (§ 76 Abs 2 S 1 2. HS).

13 Werden **mehrere Personen** als neuer Verwalter vorgeschlagen, ist im Zweifel nach der Reihenfolge der Eingänge der einzelnen Vorschläge abzustimmen (K/P/B/*Lüke* § 57 Rn 3; MüKo-*Graeber* § 57 Rn 16). Hiervon kann jedoch mit Billigung der Mehrheit der Gläubigerversammlung abgewichen werden. Das Insolvenzgericht ist grundsätzlich an den Beschluss der Gläubigerversammlung gebunden, soweit nicht Versagungsgründe vorliegen. Die Vorschrift des § 78 findet keine Anwendung.

14 **2. Die ausschließliche Zuständigkeit der ersten Gläubigerversammlung.** Das Gesetz stellt in § 57 S 1 auf die erste Gläubigerversammlung ab, die auf die Bestellung des Insolvenzverwalters folgt. Eine Abwahl kann somit nicht nur im **Berichtstermin** (§§ 156, 157) erfolgen, sondern in jeder ersten Gläubigerversammlung, die auf die gerichtliche Bestellung folgt (K/P/B/*Lüke* § 57 Rn 4; N/R/*Delhaes* § 57 Rn 5; eingehend *Kesseler* KTS 2000, 491). Der Antrag eines Gläubigers auf Abstimmung über die Abwahl und Neubestellung eines Verwalters im Rahmen der Gläubigerversammlung ist unzulässig, wenn die Gläubigerversammlung bereits zuvor von einer Beschlussfassung ausdrücklich abgesehen hat oder wenn sie einen bestätigenden Beschluss gefasst hat (LG Neubrandenburg ZInsO 1999, 300; *Görg* DZWIR 2000, 364; HK-*Eickmann* § 57 Rn 4; *Graf-Schlicker* § 57 Rn 3). Hat das Insolvenzgericht nach dem **Tod oder der Entlassung** eines Insolvenzverwalters einen neuen bestellt, so steht den Gläubigern in der darauf folgenden nächsten Gläubigerversammlung das Recht zu, einen anderen Verwalter zu wählen (BerlKo-*Blersch* § 57 Rn 2; MüKo-*Graeber* § 57 Rn 17; *Graf-Schlicker* § 57 Rn 3). **Spätere Gläubigerversammlungen** können nur die Entlassung des Insolvenzverwalters beantragen (LG Freiburg v 4. 6. 1987, ZIP 1987, 1597; K/P/B/*Lüke* § 57 Rn 4; HK-*Eickmann* § 57 Rn 4). Eine ganz andere Frage ist, ob ein **erneuter Wahlgang** möglich ist, wenn die Bestellung des gewählten Verwalters vom Gericht nach § 57 S 2 versagt worden ist und nunmehr eine andere Person als Verwalter in der gleichen Versammlung vorgeschlagen wird (vgl LG Freiburg ZIP 1987, 1597; LG Neubrandenburg ZInsO 1999, 300; HaKo-*Frind* § 57 Rn 3; H/W/W § 57 Rn 3; *Kesseler* KTS 2000, 491, 499; *Graeber* ZIP 2000, 1465, 1466).

15 Das **Wahlrecht** steht der Gläubigerversammlung nur hinsichtlich **eines** neuen Verwalters zu. **Weitere Wahlgänge** mit dem Ziel, statt des oder der abgelehnten Personen immer wieder einen neuen Verwalter ins Spiel zu bringen, sind **unzulässig** (LG Freiburg ZIP 1987, 1597; *Hess/Obermüller*, Die Rechtsstellung der Verfahrensbeteiligten nach der Insolvenzordnung, 1996 Rn 784; HK-*Eickmann* § 57 Rn 4, wohl auch K/P/B/*Lüke* § 57 Rn 4; BerlKo-*Blersch* § 57 Rn 3; *Kesseler* KTS 2000, 491, 497).

16 Zweifelhaft ist es, ob das Wahlrecht der ersten Gläubigerversammlung auch dann noch besteht, wenn das **Gericht die erste Gläubigerversammlung (Berichtstermin) vertagt**, weil zB ein neuer Kandidat für das Verwalteramt gesucht werden soll. Da es sich bei der Vertagung der ersten Gläubigerversammlung immer noch um die „erste Gläubigerversammlung" handelt, wird man auch für den vertagten Termin noch die Wahl eines neuen Insolvenzverwalters für zulässig halten müssen (*Hegmanns* EWiR § 80 KO 2/87, 1223, 1224; **str** aA LG Freiburg v 4. 6. 1987, ZIP 1987, 1597; MüKo-*Graeber* § 57 Rn 19; HaKo-*Frind* § 57 Rn 3). Im Einzelfall ist jedoch auf den **Zweck der Vertagung** abzustellen (s auch *Kesseler* KTS 2000, 491, 496 f; K/P/B/*Lüke* § 57 Rn 4; *Graeber* ZIP 2000, 1465, 1466; BerlKo-*Blersch* § 5 Rn 2). Verzögert der Rechtspfleger durch **mehrfache Terminvertagungen** der ersten Gläubigerversammlung die Entscheidung über die Neuwahl eines anderen Verwalters derart, dass er das Stimmrecht einer Gläubigergruppe trotz geltend gemachter Bedenken gegen die Schlüssigkeit nicht festsetzt bzw versagt, so dass Abstimmungen über die Neuwahl des Verwalters nicht stattfinden können, so entfernt er sich so weit von dem nach Sinn und Zweck der ersten Gläubigerversammlung vorgegebenen Verfahrensweise, dass Zweifel an seiner Objektivität und Unvoreingenommenheit bestehen (LG Göttingen v 10. 3. 1999, ZInsO 1999, 300 [Ls]). Wird die erste auf die gerichtliche Bestellung folgende Gläubigerversammlung **aus sonstigen Gründen vertagt** und kein anderer Verwalter vorgeschlagen bzw gewählt, so erlischt das Wahlrecht der Gläubigerversammlung auch für den vertagten Termin.

17 **Versagt das Gericht die Bestellung** eines gewählten Verwalters erst **nach Schluss der ersten Gläubigerversammlung** und wird seine Entscheidung durch das Beschwerdegericht bestätigt, so ist umstritten, ob die Gläubiger in der nächsten auf die Rechtskraft der Entscheidung folgenden Gläubigerversammlung noch einmal das Recht zur Wahl eines anderen Verwalters haben. Angesichts des eindeutigen Gesetzeswortlauts in § 57 S 1 besteht das **Wahlrecht grundsätzlich nur einmal** (LG Freiburg v 4. 6. 1987, ZIP1987, 1597; LG Neubrandenburg ZInsO 1999, 300; HK-*Eickmann* § 57 Rn 4; K/P/B/*Lüke* § 57 Rn 4; HaKo-*Frind* § 57 Rn 3; BerlKo-*Blersch* § 57 Rn 7; **str** aA H/W/F Hdb 6/84; *Kesseler* KTS 2000,

III. Die Bestellung des Gewählten durch das Insolvenzgericht § 57

491, 497 ff; MüKo-*Graeber* § 58 Rn 18). Die Gegenmeinung verkennt, dass dem Reformanliegen einer Stärkung der Gläubigerautonomie das Interesse der Gläubiger an der Sicherstellung eines effektiven Verfahrens gegenübersteht (LG Freiburg v 4. 6. 1987, ZIP 1987, 1597). Letzteres gebietet die **Beschränkung auf eine Wahlmöglichkeit**, „um im Falle des Fehlschlagens diese Frage nicht weiter im Ungewissen zu lassen" (*Hess/Obermüller*, Die Rechtsstellung der Verfahrensbeteiligten nach der InsO Rn 784). Im Übrigen würde der Gläubigerversammlung sowohl im Termin als auch nach rechtskräftiger Bestätigung der Versagung durch das Beschwerdegericht die Möglichkeit gegeben, immer wieder neu den Versuch der Wahl eines ungeeigneten oder nicht im erforderlichen Maße unabhängigen Verwalters zu versuchen (s auch BerlKo-*Blersch* § 57 Rn 7). Im Rahmen des § 57 ist schon im Interesse einer **effektiven Verfahrensabwicklung** einer einschränkenden Auslegung der Vorzug zu geben (so auch OLG Naumburg NZI 2000, 428; LG Freiburg ZIP 1987, 1597; LG Neubrandenburg ZInsO 1999, 300; FK-*Kind* § 57 Rn 19; K/P/B/*Lüke* § 57 Rn 4; HK-*Eickmann* § 57 Rn 4; BerlKo-*Blersch* § 57 Rn 7). Eine andere Frage ist, ob das Wahlrecht nochmals besteht, wenn das Gericht den **Insolvenzverwalter zuvor gem § 59 entlassen** hatte, da in solchen Fällen erneut eine „Korrekturmöglichkeit" für die Gläubiger gegeben sein muss (vgl OLG Naumburg ZInsO 2000, 503; OLG Zweibrücken ZInsO 2000, 670; HaKo-*Frind* § 57 Rn 3; *Graeber* ZIP 2000, 1465, 1466). Die Orientierung am Gesetzeswortlaut hat zudem den Vorteil, dass die Gläubiger gezwungen werden, von Überraschungsentscheidungen abzusehen und sich rechtzeitig mit dem Gericht in Verbindung zu setzen (zutr BerlKo-*Blersch* § 57 Rn 4). Deshalb sollte das Insolvenzgericht Tatsachen, die die Ablehnung eines zur Wahl gestellten neuen Insolvenzverwalters rechtfertigen, bereits vor der Abstimmung der Gläubigerversammlung bekannt geben. Damit wird die erste Gläubigerversammlung in die Lage versetzt, einen neuen Kandidaten zum Insolvenzverwalter zu wählen (so auch *Hegmanns* EWiR § 80 KO 2/87, 1223, 1224; eingehend zur Problematik *Kesseler* KTS 2000, 491, 497 ff; *Graeber* ZIP 2000, 1465).

Versagt das Gericht gem § 57 S 2 **die Bestellung durch schriftlichen Beschluss** außerhalb der ersten 18 Gläubigerversammlung, so führt die von einem Insolvenzgläubiger eingelegte sofortige Beschwerde dazu, dass entweder der Beschluss aufgehoben oder bestätigt wird. **Wird der Beschluss aufgehoben**, ist die Wahl der Gläubigerversammlung wirksam. Auf die Gründe der Aufhebung kommt es nicht an. **Wird der Versagungsbeschluss dagegen bestätigt**, lebt das Amt des früheren Insolvenzverwalters wieder auf. Eine erneute „Korrekturmöglichkeit" durch die Gläubigerversammlung besteht nicht (s oben zu Rn 17; *Frege/Keller/Riedel* HRP Rn 1019; HaKo-*Frind* § 57 Rn 3; MüKo-*Graeber* § 57 Rn 19). Unzulässig ist es, den Prüfungstermin vor der ersten Gläubigerversammlung stattfinden zu lassen, um die Stimmrechte für die Wahl des neuen Verwalters festzulegen (LG Düsseldorf ZIP 1985, 628). Hält der Rechtspfleger, der weiß, dass ein Gläubiger in der Gläubigerversammlung die Abwahl des vom Gericht eingesetzten Verwalters beantragen wird, gesetzeswidrig und ohne Vorankündigung den **Prüfungstermin vor der ersten Gläubigerversammlung** ab, so ist der Befangenheitsantrag gegen den Rechtspfleger begründet (LG Düsseldorf ZIP 1985, 631). Wird in der Gläubigerversammlung von einer ausdrücklichen Beschlussfassung über die Beibehaltung des vom Gericht bestellten vorläufigen Insolvenzverwalters abgesehen oder ein bestätigender Beschluss gefasst, so kann entsprechend § 57 über den Antrag eines Gläubigers auf wiederholte Befassung nicht erneut abgestimmt werden. Mit der Entscheidung über die Beibehaltung bzw mit dem Verzicht auf eine Entscheidung hat die Gläubigerversammlung in ausreichendem Maße von der ihr zustehenden Entscheidungskompetenz Gebrauch gemacht (LG Neubrandenburg v 12. 2. 1999, ZInsO 1999, 300 [Ls]).

III. Die Bestellung des Gewählten durch das Insolvenzgericht

Wird ein neuer Insolvenzverwalter von der ersten Gläubigerversammlung ordnungsgemäß gewählt, 19 so hat das Insolvenzgericht den neuen Verwalter zu bestellen, wenn keine Versagungsgründe iSv § 57 S 2 vorliegen. Gleichzeitig ist der abgewählte Insolvenzverwalter abzuberufen. Umstritten ist, ob für die Bestellung und Abberufung nach § 18 Abs 1 Nr 1 RPflG **funktionell ausschließlich der Richter oder der Rechtspfleger zuständig** ist (*für Richterzuständigkeit*: LG Hechingen ZIP 2001, 1970; AG Göttingen ZIP 2003, 592 u ZInsO 2003, 289; K/P/B/*Lüke* § 97 Rn 9; *Häsemeyer* InsR Rn 6.27; *Muscheler/Bloch* ZIP 2000, 1474, 1477; *Frind* ZInsO 2001, 993, 995; HaKo-*Frind* § 57 Rn 7; *für Rechtspflegerzuständigkeit*: HK-*Eickmann* § 57 Rn 11; MüKo-*Graeber* § 57 Rn 23; FK-*Frind* § 57 Rn 14; *Braun/Kind* § 57 Rn 14; BerlKo-*Blersch* § 57 Rn 6; N/R/*Delhaes* § 57 Rn 6; AG Göttingen ZInsO 2004, 1323 für den Treuhänder; *Graf-Schlicker* § 56 Rn 9; vgl auch *Smid* § 57 Rn 8). Der Gesetzgeber hat die Bearbeitung des Insolvenzverfahrens gem § 18 Abs 1 Nr 1 RpflG nach Verfahrenseröffnung dem **Rechtspfleger** übertragen. Die Zuständigkeit des Richters ist, soweit er sich das Verfahren nicht vorbehält (§ 18 Abs 2 RpflG), in § 18 Abs 1 Nr 1–3 RpflG abschließend geregelt. Lediglich die **Ersternennung des Verwalters** gem § 56 gehört in die **Zuständigkeit des Richters**. Die Bestellung des gewählten neuen Verwalters ist keine Entscheidung, die der Gewährleistung richterlicher Unabhängigkeit oder richterlicher Entscheidung bedarf. In der Gläubigerversammlung beantragen die Gläubiger den **Rechtspfleger** den neu gewählten Verwalter zu bestellen. Er erhält eine **Bestellungsurkunde** (§ 56 Abs 2 S 1). Der bisherige Verwalter hat seine Bestellungsurkunde zurückzugeben (§ 56 Abs 2 S 2). Das Amt des gewählten neuen Verwalters beginnt in dem Augenblick, in dem er das **Amt annimmt**.

IV. Die Versagung der gerichtlichen Bestellung

20 **1. Versagungsgründe.** Das Insolvenzgericht hat bei seiner Entscheidung über die Bestellung eines von der Gläubigerversammlung gewählten Insolvenzverwalters von Amts wegen zu prüfen, ob die **Wahl wirksam** erfolgt ist (AG Duisburg NZI 2007, 728). Es kann nach § 57 S 2 die Ernennung des in der ersten Gläubigerversammlung (Berichtstermin) Gewählten nur versagen, wenn dieser für die Übernahme des Amtes **nicht geeignet** ist. Anders als in § 80 Satz 2 KO stellt der Gesetzgeber statt auf das Vorliegen eines triftigen Grundes nunmehr auf die **mangelnde Eignung** ab (OLG Naumburg v 26. 5. 2000, NZI 2000, 428, 429; *Röder-Persson* DZWIR 2000, 489 ff). Aus der Begründung RegE zu § 66 (§ 57 InsO) ergibt sich, dass die mangelnde Eignung nicht nur gegeben ist, wenn der Verwalter **nicht die erforderliche Sachkunde** besitzt, sondern auch dann, wenn er **von den Verfahrensbeteiligten irgendwie abhängig** ist oder wenn ihm die **erforderliche Zuverlässigkeit** und **Vertrauenswürdigkeit** fehlt. Die Merkmale, die den Verwalter für das Amt als ungeeignet erscheinen lassen, sind weitgehend die **Negativmerkmale für die Auswahlkriterien des § 56** (MüKo-*Graeber* § 57 Rn 26 ff; *Hess* § 57 Rn 11; HaKo-*Frind* § 56 Rn 9; *Jaeger/Gerhardt* § 56 Rn 14; K/P/B/*Lüke* § 56 Rn 5). Versagungsgründe sind zudem alle Gründe, die zu einer **Entlassung aus dem Amt** nach § 59 führen können (H/W/F Hdb 6/81). Instruktiv auch **AG** Duisburg NZI 2007, 728 ff.

21 In der Literatur wird fast einhellig die Auffassung vertreten, eine **Ablehnung des von der Gläubigerversammlung gewählten Verwalters** komme nur dann in Betracht, wenn er **nicht die Kriterien des § 56** erfüllt (*Braun/Kind* § 57 Rn 13; MüKo-*Graeber* § 57 Rn 26; *Jaeger/Gerhardt* § 57 Rn 14; *Graf-Schlicker* § 57 Rn 5; HaKo-*Frind* § 57 Rn 6; N/R/*Delhaes* § 57 Rn 8; offen lassend K/P/B/*Lüke* § 57 Rn 5). Trotz dieser Aussage werden Einschränkungen gemacht (*Jaeger/Gerhardt* § 57 Rn 14), wonach die Prüfung sich „vornehmlich an den Kriterien zu orientieren hat, die für die Bestellungsentscheidung nach § 56 maßgeblich waren". Nach HaKo-*Frind* (§ 57 Rn 11) sollte das Gericht „von einer Versagung der Ernennung **zurückhaltend Gebrauch machen** und genau prüfen, ob nicht der neu gewählte Verwalter genauso gut, wenn nicht sachgerecht besser, das Verfahren bewältigen kann". Richtig an der hM ist, dass sich die gerichtliche **Versagungsentscheidung** an den **Kriterien zu orientieren** hat, die nicht nur von der Kommission zur Vorauswahl und Bestellung von InsolvenzverwalterInnen sowie Transparenz, Aufsicht und Kontrolle im Insolvenzverfahren („Uhlenbruck-Kommission", NZI 2007, 507 = ZIP 2007, 1532 = ZInsO 2007, 706), der BAKinso der GSV, den Insolvenzgerichten sowie bei dem **OLG** Hamm entwickelt worden sind. Zu beachten ist aber, dass es sich insoweit lediglich um **Empfehlungen und Richtlinien** handelt, die für den einzelnen Richter keine Verbindlichkeit beanspruchen können. Vor allem die **Kriterien für die Aufnahme in eine Vorauswahlliste** gelten nicht zwingend auch als Entscheidungskriterien für die Versagung der gerichtlichen Bestellung des von der Gläubigerversammlung gewählten Verwalters.

22 Den Gläubigern steht hinsichtlich der Verwalterwahl ein **gewisser Ermessensspielraum** zu, der mit demjenigen der Auswahlentscheidung des Gerichts nach § 56 nicht unbedingt identisch ist. So können zB **Ausbildungsdefizite, unternehmerische Fähigkeiten** oder **fehlende Ortsnähe** nicht zwingend zu einer Bestellungsversagung führen. Die Gläubigerversammlung kann durchaus einen Verwalter wählen, der, gemessen an den Kriterien der InsO, bislang noch nicht erfolgreich gewesen ist oder keine speziellen Branchenkenntnisse hat. Insbesondere kann die Bestellung nicht deswegen versagt werden, weil das Gericht zu dem gewählten Verwalter **kein Vertrauen** hat. Insgesamt sind die von den Kommissionen und Gerichten entwickelten **Vorauswahl- und Bestellungskriterien** zwar auch hinsichtlich der gerichtlichen Versagung der Bestellung nach § 57 S 3 zu berücksichtigen, jedoch führt das Fehlen eines Kriteriums nicht zwingend zur Bestellungsversagung.

23 Die Gläubigerversammlung ist berechtigt, auch einen **nicht gelisteten Verwalter** zu wählen, der die Gewähr bietet, das Verfahren im Interesse aller Beteiligten optimal abzuwickeln. Das Gericht hat sich bei einer Abwahlentscheidung grundsätzlich **neutral zu verhalten** und darf die Abwahl nicht durch mehrfache Vertagungen verzögern (LG Göttingen NZI 1999, 238; LG Düsseldorf ZIP 1985, 631; HaKo-*Frind* § 57 Rn 11). Wird ein nicht gelisteter Verwalter von der Gläubigerversammlung gewählt, hat das Gericht **von Amts wegen** (§ 5) zu ermitteln und erforderlichenfalls den neuen Verwalter zu seiner Eignung zu befragen (vgl BGH ZInsO 2004, 614; *Förster* ZInsO 1999, 625; 627; K/P/B/*Lüke* § 57 Rn 12; HK-*Eickmann* § 57 Rn 7; HaKo-*Frind* § 57 Rn 8; KS-*Vallender* S 268 Rn 61). Bei der Bestellungs- bzw Versagungsentscheidung ist **keine Abwägung oder Wertung** zwischen dem bisherigen Insolvenzverwalter und dem Gewählten vorzunehmen. Vielmehr ist nur zu prüfen, ob in der Person des Gewählten **zwingende Versagungsgründe** vorliegen (zutr *Graeber* ZIP 2000, 1465, 1467). Maßstab für die Eignung des neu gewählten Verwalters ist insbesondere seine **Unabhängigkeit** (AG Göttingen ZInsO 2004, 1323; HaKo-*Frind* § 57 Rn 9). Die Tatsache, dass ein oder mehrere Großgläubiger seine Wahl entscheidend bestimmt haben, lässt nicht ohne weiteres den Schluss auf fehlende Unabhängigkeit zu (OLG Schleswig ZIP 1986, 930; OLG Karlsruhe ZIP 1997, 1970). Die **Abwahl durch Großgläubiger** gibt aber nach HaKo-*Frind* (§ 57 Rn 9) Veranlassung zur sorgfältigen Prüfung der Unabhängigkeit (KG ZIP 2001, 2240; *Marotzke* ZIP 2001, 173; *Graeber* ZIP 2000, 1645, 1673; *Haarmeyer* ZInsO 1999, 563; K/P/B/*Lüke* § 57 Rn 12). Die **Möglichkeit eines Interessenkonflikts** auf Grund objektiver Anhaltspunkte reicht aus (vgl auch BGH v 22. 4. 2004, NZI 2004, 448, 449). Der gewählte Verwalter darf we-

IV. Die Versagung der gerichtlichen Bestellung § 57

der eine dem Schuldner nahe stehende Person iSv § 41 ZPO noch ein wesentlich beteiligter Gläubiger oder dessen gesetzlicher Vertreter sein (*Graeber* ZIP 2000, 1465, 1469; *Muscheler/Bloch* ZIP 2000, 1474 ff; HaKo-*Frind* § 57 Rn 9).

Mangelnde **persönliche oder fachliche Eignung** ist im Einzelfall gegeben bei fehlender Unabhängigkeit, mangelnder Geschäftskunde, unzureichenden Rechtskenntnissen, unzulänglicher personeller oder technischer Kanzleiausstattung, Vorstrafen vermögensrechtlicher Art, fehlender Bereitschaft, sich auf die Arbeitsweise des Gerichts einzustellen, oder unzuverlässiger Abrechnungspraxis bei Vergütung und Auslagen (vgl **LG Köln** v 15. 3. 1988, KTS 1988, 801; **AG** Gifhorn ZInsO 2009, 1497; *Uhlenbruck* KTS 1989, 229, 241; *Schick* NJW 1991, 1328, 1330; K/P/B/*Lüke* § 57 Rn 5). Nach **LG** Hildesheim v 15. 3. 2001 (WM 2001, 1164) ist bei der Eignungsprüfung gem § 57 S 2 der Ausschluss des Gewählten von der Tätigkeit als Rechtsanwalt gem § 45 Abs 1 BRAO zu berücksichtigen (bestätigt d **OLG** Celle v 23. 7. 2001 ZIP 2001, 1596 = NZI 2001, 551). **Fachliche Unfähigkeit** oder **persönliche Unzuverlässigkeit** können Versagungsgrund sein (**OLG** Karlsruhe v 5. 8. 1997, WM 1989, 47); ein **bloßer Verdacht** des Gerichts oder Verdächtigungen sonstiger Verfahrensbeteiligter genügt aber nicht (s unten zu Rn 17). Die fachliche Eignung eines Bewerbers kann aber fehlen, wenn dieser keine **praktischen Erfahrungen** durch Tätigkeiten im Insolvenzverfahren nachzuweisen vermag (BVerfG v 27. 11. 2008 – 1 BvR 2032/08, ZIP 2009, 975 = ZInsO 2009, 1053). Nach **OLG** Hamm v 24. 2. 1987 (ZIP 1987, 1333) genügt es für die **Bejahung der Abhängigkeit**, wenn der Insolvenzverwalter mit wesentlichen Anteilen an der Komplementär-GmbH der Insolvenzschuldnerin beteiligt ist (ablehnend *Hegmanns* EWiR § 80 KO 2/87, 1223; *Hess* § 57 Rn 16; zustimmend K/P/B/*Lüke* § 57 Rn 5; *Uhlenbruck* KTS 1989, 229, 246). Das Gericht darf die Bestellung des von der Gläubigerversammlung gewählten Verwalters nicht mit der Begründung ablehnen, dieser sei nur durch einige und im Wesentlichen gut gesicherte Gläubiger gewählt worden (**OLG** Schleswig v 27. 5. 1986, WM 1986, 1199).

Die **Versagung der Ernennung** des Gewählten darf **nicht willkürlich** sein (**OLG** Karlsruhe WM 1998, 47). Das Gericht hat zwar keine Beweise hinsichtlich der Verdachtsmomente zu erheben; die Tatsachen, die die Besorgnis fehlender Objektivität oder Abhängigkeit begründen, müssen jedoch **zur Überzeugung des Gerichts** feststehen. Soweit erforderlich, sind Amtsermittlungen (§ 5) anzustellen, die jedoch wegen der Eilbedürftigkeit des Verfahrens nicht zu Verzögerungen führen dürfen. Es kommt auch nicht darauf an, ob der abgewählte Verwalter besser geeignet ist als der neue Verwalter (MüKo-*Graeber* § 57 Rn 32; *Hess* § 56 Rn 24). Einem gewählten Verwalter kann nach zutreffender Auffassung des **OLG** Karlsruhe die persönliche Eignung fehlen, wenn er von einer Gläubigergruppe abhängig ist und allein deren Interessen unter Vernachlässigung der Interessen der anderen Beteiligten vertritt. Die Tatsache, dass ein Insolvenzverwalter von den **Banken-Gläubigern**, die das Verfahren dominieren, gewählt worden ist, begründet solche Verdachtsmomente aber nicht (vgl auch E. *Braun* u *S Uhlenbruck* 2000; S 463, 482 ff. Nach *Hess* (§ 57 Rn 21) kann das Insolvenzgericht bei der Ablehnung der Ernennung des Gewählten nicht allein darauf abstellen, dass der Gewählte auf Vorschlag einer Gläubigerin gewählt worden ist, deren Geschäftsführer personengleich mit dem Komplementär-Geschäftsführer der Schuldnerin ist, „dass sich also faktisch die Schuldnerin selbst den Insolvenzverwalter ausgesucht habe" (**LG** Mainz v 27. 8. 1982 – 8 T 136/83 –). Letztlich kommt es auch nicht darauf an, welche **Erwartungen** die Gläubiger, die den bisherigen Verwalter abgewählt haben, an die Verhaltensweise des neuen Verwalters knüpfen (MüKo-*Graeber* § 57 Rn 32; *Graeber* ZIP 2000, 1465, 1470).

Entscheidend ist, ob **objektiv Anhaltspunkte** vorhanden sind, die **Zweifel an der Unparteilichkeit** des gewählten Verwalters rechtfertigen (*Hess* § 57 Rn 23). Nach *Pape* (WiB 1997, 1195) greift die Entscheidung LG Baden-Baden v 5. 6. 1997 (ZIP 1997, 1350) „zu kurz, wenn sie hinsichtlich des Merkmals der Eignung nur auf die Klärung der Frage abstellt, ob der neu ernannte Verwalter über die erforderliche Qualifikation, die notwendige Erfahrung, eine ausreichende Büroorganisation und die ebenfalls notwendige Erreichbarkeit verfügt". Im Kern stehe der **mögliche Interessenkonflikt** des neu gewählten Verwalters zwischen derjenigen als Vertreters der Interessen sämtlicher Gläubiger und der Verbundenheit gegenüber den Großgläubigern, die ihn ins Amt gehievt haben. Es entspricht den gesicherten Grundlagen der InsO und bedarf keiner Überprüfung im Rechtsbeschwerdeverfahren, dass ein von der Gläubigerversammlung nach § 57 S 1 neu gewählter Verwalter dann nicht zu ernennen ist, wenn schon vor seiner Ernennung feststeht, dass auf Grund seiner **Vorbefassung** mit Teilen des Insolvenzverfahrens und der **Tätigkeit in anderen Verfahren** mit wirtschaftlich gegenläufigen Interessen möglicherweise **Interessenkollisionen drohen**, die den neu gewählten Verwalter für das Amt des Insolvenzverwalters untauglich machen (**BGH** v 22. 4. 2004, NZI 2004, 448; **OLG** Celle v 23. 7. 2001 NZI 2001, 551 = ZInsO 2001, 755 = ZIP 2001, 1597). Das Insolvenzgericht ist nicht etwa gehalten, trotz möglicher Interessenkollisionen einen von Gläubigern gewählten Verwalter zu bestellen, weil im Einzelfall die Möglichkeit besteht, beim Auftreten von Interessenwidersprüchen einen **Sonderinsolvenzverwalter** zu bestellen (**OLG** Celle NZI 2001, 551 = ZInsO 2001, 755; HaKo-*Frind* § 57 Rn 9). Fehlende Eignung kann auch **fehlende Objektivität** sein. „Um dies zu prüfen reicht es nicht aus, den Verwalter nach seinen Erfahrungen in anderen Verfahren und seinen allgemeinen Qualifikationen zu fragen (*Pape*)". Zu weitgehend erscheint aber die Auffassung von *Pape* (WiB 1997, 1195, 1196), wonach das Gericht im Rahmen des Amtsermittlungsgrundsatzes (§ 5 Abs 1) dem Gewählten eine bindende Erklärung des Inhalts abzuverlangen hat, „dass er vor seiner Wahl nicht in **Kontakt zu den Großgläubigern** gestanden hat, diese ihn nicht in anderen Verfahren als Verwalter protegiert haben, er auch sonst keine geschäftlichen Beziehungen zu diesen Großgläubigern unterhält, er insbesondere nicht deren ‚Hausverwalter' ist". Eine solche Erklärung, für deren Richtigkeit der Gewählte gegebenenfalls haftungsrechtlich einzustehen hat (vgl **BGH** v 24. 1. 1991 = BGHZ 113, 262 = NJW 1991, 982 = ZIP 1991, 324), sollte nur verlangt werden, wenn entweder Verdachtsmomente bestehen oder von einzelnen Gläubigern vorgetragen wird, dass eine Interessenkollision besteht und es an der erforderlichen Objektivität fehlt. Ein verbleibendes „Restrisiko", dass sich der neu gewählte Verwalter Großgläubigern oder Gläubigergruppen gleichwohl verpflichtet fühlt, muss im Interesse der Gläubigerautonomie hingenommen werden. Das Gericht hat späterhin immer noch die Möglichkeit, von Amts wegen gem § 59 die Entlassung des Verwalters zu beschließen.

27 **Behauptete, aber unbewiesene Verdachtsmomente oder allgemeine Verdächtigungen** Verfahrensbeteiligter reichen für die Versagung nicht aus, wohl aber die Tatsache, dass sich der Verwalter mittelbar oder unmittelbar an Auffanggesellschaften beteiligt und Werte der Insolvenzmasse zu Schleuderpreisen aufkauft (vgl *Pape* DtZ 1995, 40; *Uhlenbruck*, KTS 1989, 229, 246; *Hegmanns*, Gläubigerausschuss, S 15). **Kein Versagungsgrund** ist die Tatsache, dass sich ein neu bestellter Verwalter erst **einarbeiten** muss und dass ein Verwalterwechsel mit **zusätzlichen Kosten** verbunden ist (Begr RegE zu § 66 [§ 57 InsO]; KG v 16. 10. 2001 ZIP 2001, 2240; LG Lübeck WM 1986, 532 = ZIP 1986, 520; *Braun/Kind* § 57 Rn 13; *Graf-Schlicker* § 56 Rn 5; MüKo-*Graeber* § 57 Rn 34). Die Ernennung des gewählten Verwalters kann nicht mit der Begründung versagt werden, die Wahl wäre mit den Stimmen nur einiger weniger (Groß-) Gläubiger erfolgt. Wohl aber ist die Versagung der Ernennung gerechtfertigt, wenn im konkreten Fall eine **besondere Erfahrung zum Amt** erforderlich ist, die bei dem Gewählten nicht festgestellt werden kann (vgl das Beispiel Max-Hütte; OLG Hamm ZIP 1987, 1333; *Grub*, EWiR 1987, 1125). Ungeeignet ist auch ein Verwalter, der als **Interessenvertreter einer bestimmten Gläubigergruppe** ins Amt gebracht werden soll (AG Wolfratshausen ZIP 1990, 597; *Pape* EWiR 1990, 597; *Mohrbutter/ Pape* II.40). Das Versagungsrecht ist **nicht von einem Antrag abhängig**. Es wird von Amts wegen ausgeübt (vgl *Berges* KTS 1959, 160).

28 **2. Der Versagungsbeschluss.** Die Versagung der Bestellung eines von der Gläubigerversammlung gewählten neuen Verwalters erfolgt durch gerichtlichen Beschluss, der mit Gründen zu versehen ist (*Hess* § 57 Rn 26; HK-*Eickmann* § 57 Rn 9; *Braun/Kind* § 57 Rn 15; MüKo-*Graeber* § 57 Rn 38; N/R/*Delhaes* § 57 Rn 8). Wird der Beschluss in der Gläubigerversammlung verkündet, braucht er nicht an die Gläubiger zugestellt zu werden. Erfolgt der Versagungsbeschluss nach Abschluss der Gläubigerversammlung, bedarf es der Zustellung an alle Gläubiger. Es empfiehlt sich in diesen Fällen eine **öffentliche Bekanntmachung**. Nach HaKo-*Frind* (§ 57 Rn 13) ist eine öffentliche Bekanntmachung untunlich, da die Gründe maßgebender Bestandteil der Entscheidung sind.

29 **3. Funktionelle Zuständigkeit.** Wie schon für die Bestellung, so ist auch für die **Versagung der Bestellung** umstritten, ob bei nicht vorbehaltenen Verfahren der **Richter** oder **Rechtspfleger** funktionell zuständig ist. Zweifel an der Rechtspflegerzuständigkeit werden vor allem deswegen geäußert, weil nach § 18 Abs 1 Nr 1 RpflG die Ernennung des Insolvenzverwalters in die Zuständigkeit des Insolvenzrichters fällt, dieser also schlechthin für alle Entscheidungen funktionell zuständig ist, die die Verwalterernennung betreffen (vgl **LG Hechingen** ZIP 2001, 1970; **AG Göttingen** ZIP 2003, 592 u ZInsO 2003, 289; K/P/B/*Lüke* § 57 Rn 9; *Häsemeyer* InsR Rn 6.27; HaKo-*Frind* § 57 Rn 7; *Frind* ZInsO 2001, 993, 995; N/R/*Delhaes* § 57 Rn 6). Trotz der in der Literatur geäußerten Bedenken ist an der Auffassung festzuhalten, dass die **Zuständigkeit des Richters**, soweit er sich das Verfahren nicht gem § 18 Abs 2 RpflG vorbehält, in § 18 Abs 1 Nr 1–3 RpflG abschließend geregelt ist. Hierzu gehört die **erste Ernennung des Verwalters**, nicht aber spätere Bestellungen bzw die **Versagung der Bestellung** (*Graf-Schlicker* § 57 Rn 9; FK-*Kind* § 57 Rn 14; *Braun/Kind* § 57 Rn 14; HK-*Eickmann* Rn 11; MüKo-*Graeber* § 57 Rn 23; BerlKo-*Blersch* § 57 Rn 6; *Keller* EWiR 2003, 925). Die Entscheidung nach § 57 ist wesentlich anders geartet als die **erstmalige Bestellung des Verwalters** nach § 56 (MüKo-*Graeber* § 57 Rn 23). Will der Insolvenzrichter die Entscheidung treffen, muss er das Verfahren formal an sich ziehen (MüKo-*Graeber* § 57 Rn 23; str aA *Muscheler/Bloch* ZIP 2000, 1474, 1476). Hätte der Gesetzgeber die Bestellung des von der Gläubigerversammlung gewählten Verwalters der richterlichen Zuständigkeit zuweisen wollen, so hätte er dies zum Ausdruck bringen müssen. Da im Übrigen die funktionelle richterliche Zuständigkeit mit der Verfahrenseröffnung bei nicht vorbehaltenem Verfahren endet, ist sowohl für die Bestellung des gewählten Verwalters als auch für die Versagung der Bestellung der **Rechtspfleger funktionell zuständig** (OLG Schleswig ZIP 1986, 930; WM 1986, 1199; OLG Karlsruhe, WM 1998, 47; **LG** Lübeck, ZIP 1986, 520; LG Freiburg, ZIP 1987, 1597; MüKo-*Graeber* § 57 Rn 23; BerlKo-*Blersch* § 57 Rn 6; *Graf-Schlicker* § 57 Rn 9; Bremer EWiR 2002, 635; *Jaeger/Gerhardt* § 57 Rn 13; **str aA** LG Hechingen v 8. 6. 2001 ZIP 2001, 1970; *Muscheler/Bloch* ZIP 2000, 1476; HaKo-*Frind* § 57 Rn 6; K/P/B/*Lüke* § 57 Rn 9; s auch *Fuchs* ZInsO 2001, 1033, 1035 zum Streitstand). Ein Fall des § 5 RpflG liegt nicht vor (HK-*Eickmann* § 57 Rn 11; **str aA** *Smid* § 58 Rn 8).

V. Der Beginn des Verwalteramtes

Das Amt des gewählten Verwalters beginnt nicht mit der gerichtlichen Bestellung, sondern erst mit der **Annahme** (OLG Karlsruhe v 5. 8. 1997, ZIP 1997, 1970; OLG Schleswig ZIP 1986, 930 f; *Prütting* in: *Bork*/Kübler Insolvenzrecht 2000, S 29, 46; BerlKo-*Blersch* § 57 Rn 4; HaKo-*Frind* § 57 Rn 12; str aA N/R/*Delhaes* § 57 Rn 5). Bestellt das Gericht den gewählten neuen Verwalter bereits in der Gläubigerversammlung, kann die **Annahme auch zu Protokoll des Urkundsbeamten** erklärt werden. Werden für die Wahl eines neuen Verwalters die nach § 76 Abs 2 erforderlichen Mehrheiten nicht erreicht oder versagt das Insolvenzgericht die Bestätigung des neu gewählten Verwalters, so bleibt der bisherige Verwalter im Amt, bei Versagung allerdings nur, wenn nicht der Versagungsbeschluss in der Beschwerdeinstanz aufgehoben wird. Bestätigt das Beschwerdegericht den Versagungsbeschluss des Insolvenzgerichts, bleibt der Insolvenzverwalter im Amt. Einer erneuten Ernennung oder der Bestätigung einer endgültigen Ernennung bedarf es nicht (OLG Karlsruhe v 5. 8. 1997, ZIP 1970, 1971; *Jaeger/Weber* § 80 KO Rn 1). Entgegen OLG Karlsruhe und *Jaeger/Gerhardt* (§ 57 Rn 16) endet das Amt des bisherigen Verwalters aber nicht mit der Ernennung des neuen Insolvenzverwalters, sondern erst, wenn dieser bestellt wird und das Amt annimmt (HaKo-*Frind* § 57 Rn 12). Da der neu gewählte Verwalter nicht die Wahl, sondern die **Bestellung durch das Gericht annimmt**, kommt eine Aufnahme der Abwicklungstätigkeit vor Entscheidung über die Bestellung oder deren Versagung nicht in Betracht (vgl auch HaKo-*Frind* § 57 Rn 15). **Nimmt der gewählte Verwalter das Amt an**, ist die Ernennung **öffentlich bekannt zu machen** (§§ 27 Abs 2 Nr 2, 30 Abs 1, 9 entspr; HK-*Eickmann* § 56 Rn 13). Die **Fortdauer der Amtszeit des ursprünglichen Verwalters**, bis der neu gewählte Verwalter auf Grund gerichtlicher Bestellung sein Amt angenommen hat, ist notwendig, damit nicht eine verwalterlose Zeit eintritt. Die Bestellung des neuen Verwalters wirkt ex nunc. **Anhängige Prozesse** des bisherigen Verwalters werden analog § 241 ZPO unterbrochen (MüKo-*Graeber* § 57 Rn 40). Eine vom bisherigen Verwalter erteilte Prozessvollmacht bleibt jedoch weiter wirksam. Soweit für und gegen den Insolvenzschuldner anhängige Aktiv- und Passivprozesse noch nicht nach den §§ 85, 86 aufgenommen worden waren, bleibt es bei der Prozessunterbrechung nach § 240 ZPO. **Bestehende Titel** für und gegen den bisherigen Insolvenzverwalter bedürfen zur Vollstreckung allerdings **keiner Umschreibung der Vollstreckungsklausel** (LG Essen NJW-RR 1992, 576; *Jaeger/Gerhardt* § 57 Rn 16; str aA LG Berlin MDR 1970, 244; N/R/*Delhaes* § 57 Rn 10).

VI. Rechte und Pflichten des abgewählten Insolvenzverwalters

Da es keine verwalterlose Zeit geben darf und eine kontinuierliche Abwicklung bzw Vertretung der Masse gewährleistet sein muss, endet das Amt des bisherigen Verwalters erst in dem Augenblick, in dem der gewählte Verwalter auf Grund gerichtlicher Bestellung sein Amt angenommen hat. Bis dahin bleibt der bisherige Verwalter zuständig für alle Abwicklungstätigkeiten und auch zur Prozessführung für die Insolvenzmasse berechtigt (anders wohl (H/W/F Hdb 6/85, die auf den Abwahltag abstellen wollen). Alle **bisherigen Rechtshandlungen** des abgewählten Verwalters **bleiben wirksam** (MüKo-*Graeber* § 57 Rn 40; N/R/*Delhaes* § 57 Rn 9). Der abgewählte Verwalter hat die **Bestellungsurkunde** an das Insolvenzgericht zurückzugeben. Diese Verpflichtung kann notfalls über § 58 zwangsweise durchgesetzt werden (MüKo-*Graeber* § 57 Rn 40). Weiterhin ist der Abgewählte verpflichtet, die in seinem Besitz befindlichen Massegegenstände an den neuen Verwalter herauszugeben. Weiterhin obliegt ihm die **Pflicht zur Rechnungslegung** gem § 66 (OLG Brandenburg v 11. 10. 2001 NZI 2002, 41).

Dem **abgewählten Insolvenzverwalter** steht für seine bis zur Wirksamkeit der Abberufung erbrachte Tätigkeit **Vergütung zu** (N/R/*Delhaes* § 57 Rn 9; MüKo-*Graeber* § 57 Rn 41; N/R/*Delhaes* § 57 Rn 9). Der Berechnung der Vergütung des von der Gläubigerversammlung abberufenen Insolvenzverwalters ist eine einheitliche „Teilungsmasse" zugrunde zu legen. Es ist nicht gerechtfertigt, zwei Teilungsmassen – nämlich zum einen die Summe der Einnahmen aus der bisherigen Verwaltung, zum anderen die prognostizierte endgültige Teilungsmasse – zu bilden (OLG Brandenburg v 11. 10. 2001 NZI 2002, 41). Wie bei der Entlassung des Verwalters ist Berechnungsgrundlage die Masse, die der Verwaltung unterlegen hat (H/W/F, § 1 InsVV Rn 36). Eine **Minderung des Regelsatzes** nach § 3 Abs 2 Ziff c InsVV ist jedoch angebracht, da mit der Beendigung des Amtes zugleich auch der Fall der vorzeitigen Beendigung gegeben ist (*Bamberg* ZInsO 2005, 477; N/R/*Delhaes* § 63 Rn 19; K/P/B/*Eickmann* InsO Vergütungsrecht vor § 1 InsVV Rn 58–61 u § 3 Rn 38; *Hess* § 2 InsVV Rn 27 u § 3 InsVV Rn 88; *Blersch* § 3 InsVV Rn 29 ff). Vielfach ist in der ersten Gläubigerversammlung die Insolvenzmasse noch nicht feststellbar. In diesen Fällen ist der **Wert der Insolvenzmasse** vom Gericht zu schätzen und die Tatsache zu berücksichtigen, dass noch keine wesentlichen Verwertungshandlungen stattgefunden haben. Andererseits aber kann eine Betriebsfortführung im Eröffnungsverfahren und im eröffneten Verfahren bis zum Berichtstermin dazu führen, den Abschlag gering zu halten (vgl auch (H/W/F § 1 InsVV Rn 9).

VII. Rechtsmittel

Der Beschluss über die Bestellung des neuen Verwalters ist unanfechtbar. Nach § 57 S 4 steht **gegen die Versagung der Bestellung** des gewählten Verwalters jedem Insolvenzgläubiger **die sofortige Be-**

schwerde gem § 6 zu. Gegen „Abwahlbeschlüsse" der Gläubigerversammlung steht dem **abgewählten Verwalter nicht das Recht der sofortigen Beschwerde zu** (OLG Zweibrücken Beschl v 19. 10. 2000, NZI 2001, 35 = ZIP 2000, 2173 = ZInsO 2000, 670 = InVo 2000, 54). Der abgelehnte Verwalter ist durch die Ablehnungsentscheidung nicht in seinen Rechten aus Art 12 oder 14 GG verletzt, weil er seinen Beruf nur innerhalb des gesetzlich fixierten Berufsbildes eines Insolvenzverwalters ausüben kann (BVerfG v 9. 2. 2005, ZInsO 2005, 368 = ZIP 2005, 537 = ZVI 2005, 132; zust *Berk-Grünenwald/ Hertzog* EWiR 2005, 507, abl *Lüke* ZIP 2005, 539). Der Verwalter muss damit rechnen, dass sein Amt von Anfang an mit der Einschränkung verbunden ist, in der ersten Gläubigerversammlung abberufen zu werden, er also sein Amt bis zur ersten Gläubigerversammlung nur vorläufig ausübt (vgl auch **OLG** Koblenz NZI 2005, 453, 455; MüKo-*Graeber* § 57 Rn 45; *Graf-Schlicker* § 57 Rn 10; HaKo-*Frind* § 57 Rn 14).

34   Nach dem eindeutigen Willen des Gesetzgebers in § 57 S 3 ist es jedoch **Sache der Insolvenzgläubiger**, im Wege der **sofortigen Beschwerde** die Versagung der Bestellung wegen fehlender Eignung zu rügen und überprüfen zu lassen, denn die Wahl des neuen Verwalters ist letztlich ihre Entscheidung. Während gem §§ 73 Abs 3 KO, 568 Abs 2 ZPO früher die sofortige Beschwerde sowohl dem Gemeinschuldner als auch jedem Gläubiger und nach OLG Karlsruhe (WM 1998, 47 = WuB VI B § 80 KO 1.98 [*Uhlenbruck*]) sogar dem „abgewählten" Insolvenzverwalter zustand (anders OLG Hamm ZIP 1990, 1145), hat der Gesetzgeber der InsO bewusst das **Beschwerderecht auf die Insolvenzgläubiger** beschränkt. Nach der Begr RegE zu § 57 (§ 66 RegE) braucht dem gewählten Verwalter kein Beschwerderecht eingeräumt zu werden, da es allein um die Durchsetzung einer Entscheidung der Gläubiger geht (OLG Zweibrücken NZI 2001, 204; **OLG** Naumburg ZIP 2000, 1994 m Anm *Pape* EWiR 2000, 683; BerlKo-*Blersch* § 57 Rn 5).

35   Der **abgewählte Insolvenzverwalter** hat auch **kein Recht zur sofortigen Beschwerde** gegen die Bestellung des von der Gläubigerversammlung neugewählten Verwalters durch das Insolvenzgericht (**OLG** Zweibrücken Beschl v 30. 1. 2001, NZI 2001, 204; *Kesseler* KTS 2000, 491, 515 f). Da es sich bei der Wahl des neuen Verwalters um eine Entscheidung der Gläubigerversammlung handelt, lässt sich ein **Beschwerderecht des Verwalters** auch nicht aus seiner Befugnis ableiten, einen Antrag auf gerichtliche Untersagung nach § 78 zu stellen (vgl OLG Hamm ZIP 1990, 1145, 1146; MüKo-*Graeber* § 57 Rn 45; HaKo-*Frind* § 57 Rn 14; *Graf-Schlicker* § 57 Rn 10; N/R/*Delhaes* § 57 Rn 11; str aA **OLG** Karlsruhe ZIP 1997, 1970 m Anm *Vallender* EWiR 1998, 73, 74; K/P/B/*Lüke* § 57 Rn 6, 7; s auch *Lüke* ZIP 2005, 539, 540; *Pape* EWiR 1990, 923). Soweit *Lüke* (K/P/B/*Lüke* § 57 Rn 8) meint, jedenfalls de lege ferenda sei auch hier an eine Beschwerde im Hinblick auf die eigenen Interessen des Verwalters zu denken, ist nicht einzusehen, was eine solche Beschwerde bringen soll, wenn sie auch im Fall der Begründetheit nicht zur Aufhebung der Ernennung des gewählten Verwalters führen kann.

36   Auch der **Gläubigerversammlung**, dem **Gläubigerausschuss** (**OLG** Schleswig ZIP 1986, 930) und dem **Insolvenzschuldner** steht kein Beschwerderecht gegen die Versagung der Ernennung des gewählten Verwalters zu (MüKo-*Graeber* § 57 Rn 43; str aA *Kesseler* KTS 2000, 491, 510 für die Gläubigerversammlung). Einzelne Mitglieder des Gläubigerausschusses haben in ihrer Eigenschaft als Ausschussmitglied ebenfalls kein eigenes Beschwerderecht (**OLG** Schleswig ZIP 1986, 930; MüKo-*Graeber* § 57 Rn 43). Im Zweifel ist aber das **Beschwerderecht eines Gläubigerausschussmitglieds** zu bejahen, wenn das Mitglied zumindest auch in seiner Eigenschaft als Gläubiger die Beschwerde einlegt (zutreffend *Hegmanns* EWiR 1986, 711).

37   Zweifelhaft ist, ob der Gläubiger als **Mitglied eines Lieferantenpools**, der in der Gläubigerversammlung vertreten war, ein eigenes Beschwerderecht hat. Der Vertreter eines Sicherheitenpools handelt in der Gläubigerversammlung mit Wirkung für und gegen alle Poolmitglieder. Hat er in der Gläubigerversammlung für den Pool den Wahl des neuen Verwalters zugestimmt, wird man ein Beschwerderecht der einzelnen Poolmitglieder verneinen müssen. Das Beschwerderecht steht dem Gläubiger nur zu, soweit er durch die Versagung der Bestellung des Gewählten **beschwert** ist. Nicht beschwert ist der Gläubiger, wenn er gegen den Vorschlag gestimmt oder sich der Stimme enthalten hat (MüKo-*Graeber* § 57 Rn 42; *Graeber* ZIP 2000, 1465, 1472; N/R/*Delhaes* § 57 Rn 12; str aA *Jaeger/Gerhardt* § 57 Rn 18; HaKo-*Frind* § 57 Rn 13). Beschwerdeberechtigt ist auch der **absonderungsberechtigte Gläubiger**, wenn ihm der Insolvenzschuldner zugleich auch persönlich haftet (*Jauernig/Berger* § 72 I 2).

VIII. Die Aufhebungsbefugnis des Insolvenzgerichts

38   Nach § 78 Abs 1 kann das Insolvenzgericht auf Antrag den Beschluss der Gläubigerversammlung aufheben, wenn dieser dem **gemeinsamen Interesse der Insolvenzgläubiger** widerspricht. Nach Auffassung von *Muscheler/Bloch* (ZIP 2000, 1474, 1477) lässt sich § 78 Abs 1 nicht etwa einschränkend dahin interpretieren, dass für die Aufhebung eines „Wahlbeschlusses" nur die Gründe herangezogen werden dürfen, die nach § 57 S 2 zur Versagung der Bestellung berechtigten (so auch K/P/B/*Kübler* § 78 Rn 2, 6; *Landfermann* BB 1995, 1649, 1653 Fn 35). Ob dem Insolvenzgericht eine Aufhebungsbefugnis nach § 78 zusteht, wenn die Mehrheit der Gläubiger einen ihr genehmen Verwalter wählt, ist durch das BVerfG (Beschl v 9. 2. 2005, ZInsO 2005, 368) und den **BGH** (Beschl v 7. 10. 2004, NZI 2005, 32; BGH NZI 2003, 607 = ZIP 2003, 1613) entschieden. Das BVerfG hat mehrfach entschieden, dass der

I. Aufsichtspflicht § 58

Gesetzgeber befugt ist, Berufsbilder rechtlich zu fixieren, soweit er dem Grundsatz der Verhältnismäßigkeit Rechnung trägt (BVerfG 7, 377, 397; 13, 97, 106). Wer eine solchen Beruf wählt, wählt ihn in der rechtlichen Ausgestaltung, die ihm der Gesetzgeber gegeben hat (BVerfGE 21, 173, 180). Das Gesetz unterwirft das Insolvenzverfahren in gewissem Umfang der **Gläubigerautonomie**. Dies führt ua dazu, dass die (erste) Entscheidung des Insolvenzgerichts über die Bestellung des Insolvenzverwalters (§ 56) lediglich als vorläufige Maßnahme anzusehen ist. Es ist Bestandteil des Berufsbildes, dass der Insolvenzverwalter eine gesicherte Position erst nach der ersten Gläubigerversammlung erlangen kann (BVerfG ZInsO 2005, 368, 369). Nach inzwischen **ständiger Rechtsprechung** des BGH (BGH v 7. 10. 2004, NZI 2005, 32; BGH NZI 2003, 607 = ZIP 2003, 1613) kann der Beschl der ersten Gläubigerversammlung zur Wahl eines anderen Insolvenzverwalters auch dann nicht im Verfahren **nach § 78 Abs 1 angefochten** werden, wenn der Insolvenzverwalter zuvor die **Masseunzulänglichkeit angezeigt** hat (BGH NZI 2005, 32; s auch KG ZIP 2001, 2240; OLG Zweibrücken ZInsO 2000, 670; OLG Naumburg ZInsO 2000, 503; LG Traunstein ZInsO 2002, 1045 m Anm *Graeber* DZWIR 2003, 259; MüKo-*Graeber* § 57 Rn 47; HaKo-*Frind* § 57 Rn 14). Die in der Voraufl (Rn 26, 27) vertretene gegenteilige Auffassung kann angesichts der **BGH**- Rspr nicht aufrecht erhalten werden (so aber noch MüKo-*Ehricke* § 78 Rn 14–16; *Pape* ZInsO 2000, 469, 477; *Kesseler* KTS 2000, 491; *Smid/Wehdeking* InVo 2001, 85). Auch ein **Beschwerderecht des abgewählten Verwalters** gegen die Abwahl ist nicht gegeben, weil er eine gesicherte Rechtsposition erst nach der ersten Gläubigerversammlung erlangen kann (BVerfG v 9. 2. 2005, ZInsO 2005, 368, 369; OLG Zweibrücken NZI 2001, 204; HaKo-*Frind* § 57 Rn 14; *Graf-Schlicker* § 57 Rn 10).

§ 58 Aufsicht des Insolvenzgerichts

(1) ¹Der Insolvenzverwalter steht unter der Aufsicht des Insolvenzgerichts. ²Das Gericht kann jederzeit einzelne Auskünfte oder einen Bericht über den Sachstand und die Geschäftsführung von ihm verlangen.

(2) ¹Erfüllt der Verwalter seine Pflichten nicht, so kann das Gericht nach vorheriger Androhung Zwangsgeld gegen ihn festsetzen. ²Das einzelne Zwangsgeld darf den Betrag von fünfundzwanzigtausend Euro nicht übersteigen. ³Gegen den Beschluß steht dem Verwalter die sofortige Beschwerde zu.

(3) Absatz 2 gilt entsprechend für die Durchsetzung der Herausgabepflichten eines entlassenen Verwalters.

Übersicht

	Rn
I. Aufsichtspflicht	1
II. Gerichtliche Aufsicht und Überwachungspflicht des Gläubigerausschusses	6
III. Art und Umfang gerichtlicher Aufsichtsmaßnahmen	8
1. Die gerichtliche Aufsichtspflicht	8
2. Aufsichtspflicht und Informationsrecht	9
3. Rückzahlungsanordnungen des Insolvenzgerichts	11
4. Die Aufsicht über den Treuhänder im Restschuldbefreiungsverfahren	13
5. Gerichtliche Aufsicht bei Eigenverwaltung	14
6. Gerichtliche Aufsicht und Ablehnung von Gerichtspersonen	15
IV. Keine Pflicht zur dauerhaften Rechnungsprüfung	17
V. Anträge, Anregungen und Informationen	18
VI. Grenzen gerichtlicher Aufsicht	21
VII. Spezielle Aufsichtspflichten im Insolvenzeröffnungsverfahren	25
VIII. Standesrechtliche Aufsicht	26
IX. Beginn und Ende der gerichtlichen Aufsicht	28
X. Zwangsmittel zur Durchsetzung der gerichtlichen Aufsicht	32
XI. Rechtsmittel	37
XII. Haftung wegen Verletzung der Aufsichtspflicht	38
XIII. Keine Anweisung zur Auskunftserteilung	40
XIV. Herausgabepflichten des ausgeschiedenen Insolvenzverwalters	42

I. Aufsichtspflicht

§ 58 Abs 1 S 1 ist Ausfluss des allgemeinen Grundsatzes, dass der Staat, wenn er fremdes Vermögen 1 durch eine von ihm bestellte Person verwalten lässt, diese auch zu überwachen hat. Amtspflichtverletzungen des Richters oder Rechtspflegers führen zur **Staatshaftung des Landesjustizfiskus**, weil die Vernachlässigung der Verwalterüberwachung in Wahrnehmung eines öffentlichen Amtes begangen wird (§ 839 BGB, Art 34 GG). KS-*Naumann* (S 431, 442 Rn 25): „Die dem Insolvenzgericht auferlegte Aufsicht ist eine Amtspflicht. Und die schuldhafte Verletzung dieser Amtspflicht, insbesondere auch durch Unterlassen, führt zur **Amtshaftung** nach § 839 BGB iVm Art 34 GG" (so auch K/P/B/*Lüke* § 58 Rn 15; *Jaeger/Gerhardt* § 58 Rn 30; MüKo-*Graeber* § 58 Rn 62; *H.-P. Rechel*, Die Aufsicht des Insolvenzgerichts über den Insolvenzverwalter 2009, S 401 ff; *ders* ZInsO 2009, 1665). Der Gesetzgeber der InsO hat die Aufgaben und Pflichten des Insolvenzverwalters konkretisiert und umfassend geregelt (Einzelheiten bei KS-*Naumann* S 438 ff Rn 17 ff; *Wellensiek* ebend S 403 ff). In einigen Fällen hat dem Gesetzgeber die Aufsicht als Kontrollmaßnahme nicht genügt, so dass die Handlung des Verwalters von einer **ausdrücklichen Zustimmung des Insolvenzgerichts** abhängig gemacht worden ist. So darf zB die Schlussverteilung nur mit Zustimmung des Insolvenzgerichts vollzogen werden (§ 196 Abs 2). Auf Antrag kann gem § 163 Abs 1 das Insolvenzgericht anordnen, dass eine geplante **Veräußerung des Unternehmens oder eines Betriebes unter Wert** nur mit Zustimmung der Gläubigerversammlung zulässig ist. Die **Stilllegung des Betriebes im Eröffnungsverfahren** ist nur mit Zustimmung des Insolvenzgerichts zulässig (§ 22 Abs 1 S 2 Nr 2). Die **Staatshaftung** tritt in allen Fällen ein, in denen durch schuldhafte Verletzung der Aufsichtspflicht nach § 58 ein Schaden eintritt (vgl RGZ 154, 291; zur Schadensabwendung durch Aufsichtsmaßnahmen *Uhlenbruck* ZIP 1982, 125, 135). Das sogen **Spruchrichterprivileg** des § 839 Abs 2 S 1 BGB greift für Insolvenzverfahren nicht ein, weil hier keine Urteile oder urteilsähnliche Entscheidungen erlassen werden (**BGH** NJW 1959, 1085; *Häsemeyer* Rn 6.08; MüKo-*Graeber* § 58 Rn 62). Eine Ausnahme gilt auch nicht für die Versagung oder den Widerruf der Restschuldbefreiung nach den §§ 290, 296, 303. Die **Überwachungspflicht** setzt nicht erst bei Anlass zu Misstrauen ein. **Misstrauen** oder **Verdachtsmomente** sind nur typische Fälle, in denen besondere Vorsicht und verstärkte Aufsicht geboten sind (**LG Göttingen** NZI 2009, 61, 62). Auch das **Fehlen eines Gläubigerausschusses** oder die **lange Dauer des Verfahrens** können verstärkte Überwachungsmaßnahmen angezeigt erscheinen lassen (**BGH** v 12. 7. 1965, WM 1965, 1158, 1159 = KTS 1966, 17). Bei der Abwägung, ob das Insolvenzgericht im Einzelfall einzuschreiten hat, fällt besonders ins Gewicht, dass die durch die entsprechende Handlungsweise des Verwalters betroffenen Insolvenzgläubiger keinen Grund zur Beanstandung gefunden haben (**LG Köln** v 20. 12. 2000, NZI 2001, 157 m zust Anm *Leithaus* NZI 2001, 124 ff). Das gilt vor allem, wenn der Gläubigerausschuss die Handlungsweise des Verwalters einstimmig billigt.

2   In den letzten Jahrzehnten sind die **Prüfungspflichten des Insolvenzgerichts** immer mehr erweitert und zunehmend auf den Bereich materieller Prüfung ausgedehnt worden (vgl *Uhlenbruck* ZIP 1982, 125, 132). Besonders im **Insolvenzeröffnungsverfahren** wird verlangt, dass das Gericht die **Transparenz der Geldflüsse**, die der vorläufige Verwalter steuert, sicherstellt, wie zB die genehmigte Anlegung von **Treuhandkonten** (s **AG Hamburg** ZInsO 2004, 517; **AG Hamburg** ZInsO 2005, 447; *Frind* ZInsO 2006, 182; *Pape* ZInsO 2003, 1061; *Mönning/Hage* ZInsO 2005, 1185; *Kögel/Loose* ZInsO 2006, 17, 22; *Bork* NZI 2005, 530; *Werres* ZInsO 2005, 1233; *ders* ZInsO 2006, 918; *Kießling* NZI 2006, 440, 443; HaKo-*Frind* § 58 Rn 4). Diese Entwicklung, die unter dem Gesichtspunkt der Schadenverhütung gerechtfertigt erscheint, ist angesichts der Gläubigerautonomie und der eindeutigen Zurückhaltung des Gesetzgebers hinsichtlich des Einflusses auf die Verfahrensabwicklung keineswegs unbedenklich (s *Römermann* ZInsO 2006, 284). Die InsO sieht das Insolvenzgericht „im Wesentlichen als Hüter der Rechtmäßigkeit des Verfahrens". Es besteht die Gefahr, dass das Insolvenzverfahren durch eine **übertriebene Gerichtsaufsicht** in zunehmendem Maße von einem Instrument der Gläubigerselbstverwaltung in ein administratives Verfahren umfunktioniert wird, was für die Gerichte mit erheblichem Arbeitsaufwand und besonderen Haftungsrisiken verbunden ist. So hatte zB das **LG Freiburg** (Beschl v 20. 3. 1980, ZIP 1980, 438) darüber zu befinden, ob das Konkursgericht berechtigt war, den Konkursverwalter unter Androhung eines Zwangsgeldes dazu anzuhalten, den für nicht gerechtfertigt befundenen Teil von Gebühren, die dieser an einen von ihm beauftragten Rechtsanwalt gezahlt hatte, der Masse wieder zuzuführen. Zutreffend hat das **LG Freiburg** diese Anweisung als nicht durch das Aufsichtsrecht des Gerichts gedeckt angesehen (vgl auch **OLG Karlsruhe** ZIP 1982, 193 m Anm *Egon Schneider*; ähnlich **LG Köln** NZI 2001, 157, 158; s auch **BGH** ZInsO 2006, 27; **BGH** ZInsO 2004, 1348; **OLG Hamburg** ZIP 2004, 2150; **OLG Köln** KTS 1977, 56; **LG Aachen** Rpfleger 1978, 380; *Leithaus* NZI 2001, 124 ff; s auch unten zu Rn 11, 12).

3   Die in jüngerer Zeit vermehrt berichteten **Pflichtenverstöße und Straftaten einiger Verwalter** wurden von einigen Insolvenzgerichten zum Anlass genommen, die **Überwachung und Kontrolle zu verschärfen** (vgl *Frind* ZInsO 2006, 182; HaKo-*Frind* § 58 Rn 3; *Heyrath* ZInsO 2005, 1092; *ders* ZInsO 2006, 1196). Die **BAKinso** fordert in umfangreichen und/oder massereichen Verfahren eine **Zwischenrechnungsprüfung** durch das Insolvenzgericht **alle sechs Monate** oder durch den Gläubigerausschuss. Der *„Entwurf eines Gesetzes zur Vereinfachung der Aufsicht in Insolvenzverfahren"* (GAVI, ZVI 2007, 577 = KTS 2007, 535), den der Bundesrat am 12. 10. 2007 verabschiedet hat, der aber nicht weiter verfolgt worden ist, sieht ebenfalls eine **Verschärfung der Kontrollpflichten des Insolvenzgerichts** vor. So sollte § 58 Abs 1 dahingehend ergänzt werden, dass, sofern das Gericht keine anderweitige Anordnung trifft, der Insolvenzverwalter nach Ablauf von jeweils **sechs Monaten**, beginnend mit dem Datum der ersten Gläubigerversammlung, dem Gericht einen Bericht über den Sachstand und die Geschäftsführung einzureichen hat. In einem § 58 a sollte der Inhalt der Zwischenberichte festgeschrieben werden. Zutreffend stellt *Pape* (ZVI 2008, 89 ff) die Frage, ob der Entwurf der eigenen Zielsetzung gerecht wird, die Aufsicht in Insolvenzverfahren zu vereinfachen und die Gläubigerrechte zu stärken. S auch die Stellungnahme der Bundesregierung zu dem BR-Entwurf ZVI 2008, 124 ff. *Frind* (HaKo-*Frind* § 58 Rn 3) hält sogar eine **Prüfung der tatsächlichen Insolvenzverwalter-Anderkonten** für sinnvoll, zB mittels Frei-

schaltung der Online-Konteneinsicht für das Insolvenzgericht und eine Vorlagepflicht der Verwalter für Saldenübersichten sämtlicher Anderkonten einschließlich Festgeldkonten. Vor einer Überbürokratisierung der Verfahren kann nur gewarnt werden (s auch *Pape* ZVI 2008, 89, 90).

Zur auch in der Voraufl vertretenen Auffassung, es müssten vor allem im Großverfahren **regelmäßige** 4 **Überprüfungen**, wie zB **Kassenprüfungen** stattfinden, merkt *Blersch* (BerlKo-*Blersch* § 58 Rn 6) zu Recht an, dass das Verlangen einer jährlichen Kassenprüfung „fern jeglicher Realität" ist. Eine Kasse im ursprünglichen Sinne werde heute kaum noch geführt. Eine „**Kassenprüfung**" als Zwischenrechnung über die bisherigen Einnahmen und Ausgaben wird im Allgemeinen nur bei besonderem Anlass geboten sein, zB bei Verdacht einer Unredlichkeit und in länger dauernden Verfahren sowie bei fehlendem Gläubigerausschuss (MüKo-*Graeber* § 58 Rn 21; *Jaeger/Gerhardt* § 58 Rn 8; *Uhlenbruck* ZIP 1982, 125 ff; *Hess* § 58 Rn 10; K/P/B/*Lüke* § 58 Rn 7 f; HK-*Eickmann* § 58 Rn 4). IdR reicht eine **jährliche Zwischenrechnungslegung mit Zwischenbericht** in länger andauernden Verfahren aus. Nach OLG Stuttgart (ZInsO 2008, 45) ist eine regelmäßige Kassenbestandskontrolle nicht notwendiger Bestandteil der gerichtlichen Aufsicht, vielmehr ist dies nur bei besonderen Anlässen erforderlich. Der **Umfang der gerichtlichen Überwachung** darf nicht abhängig gemacht werden von der personellen Kapazität der Gerichte (*Heyrath* ZInsO 2005, 1092, 1097; *Frind* ZInsO 2006, 182; HaKo-*Frind* § 58 Rn 3; *Klaas* AnwBl 2006, 404).

Auch in **Großverfahren** ist das Gericht grundsätzlich nicht berechtigt, zB eine **permanente Beaufsich-** 5 **tigung** als „begleitende" Überwachung des Insolvenzverwalters durch einen **Sachverständigen** anzuordnen. Eine verfahrensbegleitende Prüfung bzw Überwachung kann aber vor allem bei Großinsolvenzen entsprechend dem Grundverständnis von § 91a AktG nicht schlechthin ausgeschlossen werden. Prüfungsrechte der Gläubigerversammlung und des Gläubigerausschusses nach den §§ 66 Abs 3, 58 Abs 1 S 2, 69 S 2, 79 S 2 lassen die Prüfungspflicht des Insolvenzgerichts nicht entfallen. Eine sorgfältige und intensive **Überwachung des Verwalters durch den Gläubigerausschuss** nach § 69 kann aber dazu führen, dass die gerichtliche Aufsicht eingeschränkt ist (HK-*Eickmann* § 58 Rn 5). Verlangt die Gläubigerversammlung vom Verwalter nach § 66 Abs 3 Zwischenrechnungen, so sind diese gem § 66 Abs 3 S 2 durch das Insolvenzgericht zu prüfen. Zu beachten ist, dass sich die Aufsichtspflicht des Insolvenzgerichts nicht auf eine **Zweckmäßigkeitskontrolle** (K/P/B/*Lüke* § 58 Rn 11; BerlKo-*Blersch* § 58 Rn 4) bezieht. Das schließt nicht aus, dass Zweckmäßigkeitsgesichtspunkte zu berücksichtigen sind, wenn sie Rückschlüsse auf eine Pflichtwidrigkeit des Verwalterhandelns zulassen (**LG Wuppertal KTS 1958, 45**; MüKo-*Graeber* § 58 Rn 20; *Smid* § 58 Rn 8). Nach HaKo-*Frind* (§ 58 Rn 4) wird auch der Bereich der Zweckmäßigkeitskontrolle eröffnet, sofern das Gesetz eine **Mitwirkungs- und Anordnungsbefugnis des Gerichts** vorsieht, wie zB in §§ 149 Abs 1, 151 Abs 1, 158 Abs 1, 161, 163, 198, 314 (so auch HK-*Eickmann* § 58 Rn 3). Das Insolvenzgericht hat nur zu überwachen, ob der Insolvenzverwalter im Rahmen der Verfahrensabwicklung seinen handels- und steuerrechtlichen Rechnungslegungspflichten nachkommt. Eine **materiell-rechtliche Prüfung** zB von Steuerfragen fällt nicht in seinen Aufgabenbereich. Die Prüfung des handelsrechtlichen Jahresabschlusses obliegt dem Abschlussprüfer. Aus § 155 kann nicht etwa eine Verpflichtung des Insolvenzgerichts hergeleitet werden, im Rahmen seiner Aufsichtspflicht jährlich die Rechnungslegung des Verwalters prüfen zu lassen (s aber auch unten die Rn 6). Der Gesetzgeber ist davon ausgegangen, dass im Regelfall die Prüfung der Insolvenzrechnungslegung mit Abschluss des Verfahrens als Schlussrechnungsprüfung nach § 66 erfolgt, soweit die Gläubigerversammlung nach § 66 Abs 3 nichts anderes beschließt. Letztlich kann sich die Aufsichtspflicht des Insolvenzgerichts nur insoweit auf materiell-rechtliche Fragen beziehen, als es sich um Verhaltensweisen des Insolvenzverwalters handelt, die entweder **insolvenzzweckwidrig** und damit nichtig sind, oder wenn es sich um **strafbare Handlungen** oder **gläubigernachteilige Minderungen** der Haftungsmasse handelt, die später nicht mehr rückgängig zu machen sind. Zu Anlässen und **Grenzen der gerichtlichen Kontrolle** s *Jaeger/Gerhardt* § 58 Rn 12–14; *Frind* ZInsO 2006, 182; *Heyrath* ZInsO 2005, 1092. Nimmt der Verwalter zB irrtümlich Zahlungen vor, die erkennbar keine Masseschulden iSv § 55 sind, sondern Insolvenzforderungen iSv § 38, hat das Gericht einzuschreiten und gegebenenfalls die Auszahlung zu untersagen, wenn die spätere Rückzahlung nicht sichergestellt ist. Auch die **Prüfung der Rechnungslegung** des Verwalters gehört mit zu den gerichtlichen Aufsichtspflichten. Die Art und Weise der Rechnungslegung sollte transparent sein und künftig standardisiert werden (*Mäusezahl* ZInsO 2006, 580; HaKo-*Frind* § 58 Rn 5).

II. Gerichtliche Aufsicht und Überwachungspflicht des Gläubigerausschusses

Ist durch das Insolvenzgericht oder durch Beschluss der Gläubigerversammlung gem § 68 Abs 1 ein 6 Gläubigerausschuss bestellt worden, haben die Mitglieder des Gläubigerausschusses die Pflicht, den Insolvenzverwalter bei seiner Geschäftsführung nicht nur zu unterstützen, sondern auch zu **überwachen** (§ 69 S 1). Durch die Bestellung eines Gläubigerausschusses wird nach einer Literaturmeinung die Aufsichtspflicht des Insolvenzgerichts nicht berührt (*Häsemeyer* Rn 6.32; N/R/*Delhaes* § 58 Rn 2; HaKo-*Frind* § 58 Rn 6; *Jaeger/Gerhardt* § 58 Rn 6; *Eckert/Berner* ZInsO 2005, 1130). Diese Auffassung ist nur insoweit richtig, als die gerichtliche Aufsichtspflicht durch die Bestellung eines Gläubigerausschusses nicht beseitigt wird (*Jaeger/Gerhardt* § 58 Rn 6; K/P/B/*Lüke* § 58 Rn 7). Je nach Überwachungsintensität des Verwalters durch ein Organ der Gläubigerselbstverwaltung ist jedoch die **Aufsichtspflicht des Gerichts abgestuft** bzw eingeschränkt (LG Köln v 20. 12. 2000, NZI 2000, 157, 158 = ZInsO 2001, 673; HaKo-*Frind* § 58 Rn 6; str aA MüKo-*Graeber* § 58 Rn 16; K/P/B/*Lüke* § 58 Rn 7; N/R/*Delhaes* § 58 Rn 4; *Smid* § 58 Rn 5). Es bedarf **erhöhter Wachsamkeit des Gerichts**, wo ein **Gläubigerausschuss fehlt** (*Frind* ZInsO 2006, 182, 183 ff). Dabei ist der ordnungsgemäße Verwalterbericht und eine **Zwischenrechnungslegung** in erforderlichenfalls kurzen Abständen immer noch das letzte Mittel zur Durchsetzung gerichtlicher Aufsicht (BerlKo-*Blersch* § 58 Rn 8). Zum Inhalt von Zwischenberichten s auch § 58 a EGAVI und Stellungnahme der BReg BT-Drucks 16/7251, S 32, ZVI 2008, 124, 125. Die Aufsicht ist im eröffneten Verfahren wegen der Kontrollorgane der Gläubigerschaft „nicht so streng wie im Eröffnungsverfahren durchzuführen" (*Holzer* Entscheidungsträger Rn 514). Im **Eröffnungsverfahren** gibt es noch keine Kontrollorgane der Gläubiger, sodass hier die **volle Aufsicht beim Gericht liegt.** Einzelheiten unten zu VII.

7 Bei **ordnungsgemäßer Kassenprüfung** durch ein Mitglied des Gläubigerausschusses nach § 69 S 2 besteht im Regelfall keine Veranlassung, durch gerichtlich bestellten Sachverständigen zusätzlich den Geldverkehr und Kontenbestand beim Verwalter prüfen zu lassen. Zutreffend weisen K/P/B/*Lüke* (§ 58 Rn 7, 8) darauf hin, dass das Gericht mit Ausnahme von Verfahrensverstößen oder kriminellem Verhalten des Verwalters nicht einzuschreiten braucht, wenn der eingesetzte Gläubigerausschuss den Sachverhalt kennt und keinen Anlass zum Einschreiten sieht. Die Prüfung der Schlussrechnung darf nicht dazu dienen, eine zuvor versäumte gerichtliche Aufsicht nachzuholen (*Uhlenbruck* ZIP 1982, 125, 135; KS-*Naumann* 1. Aufl S 323, 326 Rn 21). Die **Überwachungspflicht des Gläubigerausschusses** (§ 69) beseitigt zwar nicht die Aufsichtspflicht des Insolvenzgerichts (K/P/B/*Lüke* § 58 Rn 7, 8); nehmen die Gläubiger über einen Gläubigerausschuss aber weitgehend die Kontrolle des Verwalters selbst in die Hand, darf sich das Insolvenzgericht darauf beschränken, im Wege der Aufsicht die **Rechtmäßigkeit der Verfahrensabwicklung** zu überwachen. Ist ein Gläubigerausschuss bestellt worden, so hat dieser primär die Amtsführung des Verwalters zu überwachen (HK-*Eickmann* § 58 Rn 6; str aA KS-*Naumann* S 444 Rn 33). Das Insolvenzgericht kann im Zweifel davon ausgehen, dass die Geschäfts- und Kassenführung des Verwalters vom Gläubigerausschuss sorgfältig überwacht wird. Sieht der Gläubigerausschuss keinen Anlass zum Einschreiten, darf auch das Gericht im Regelfall von einer ordnungsgemäßen Amtsführung des Verwalters ausgehen (K/P/B/*Lüke* § 58 Rn 7, 8; HK-*Eickmann* § 58 Rn 6; str aA *Smid* § 58 Rn 5; FK *Kind* § 58 Rn 2; N/R/*Delhaes* § 58 Rn 4). Vor allem in **Großinsolvenzen** muss sich das Insolvenzgericht auf die größere Sachkunde der Mitglieder des Gläubigerausschusses verlassen können (K/P/B/*Lüke* § 58 Rn 8). Wird eine Maßnahme oder Unterlassung des Insolvenzverwalters vom Gläubigerausschuss gebilligt, darf das Gericht regelmäßig unterstellen, dass es sich um keine insolvenzzweckwidrige Maßnahme handelt. Der Gläubigerausschuss ist ein Organ der insolvenzrechtlichen Selbstverwaltung (OLG Koblenz KTS 1971, 220; *Jaeger/Weber* § 87 KO Anm 1). Er ist eine Art „**Aufsichtsrat des Insolvenzverfahrens**" (*Jaeger/Weber* § 87 KO Anm 1; *Hegmanns* Der Gläubigerausschuss S 66). Im Rahmen ihrer Überwachung haben die Gläubigerausschussmitglieder einen Anspruch auf Unterbindung insolvenzzweckwidrigen Verhaltens des Insolvenzverwalters durch **gerichtliche Zwangsmaßnahmen**. Bei der Beurteilung, in welchem Umfang und mit welcher Intensität das Insolvenzgericht neben dem Gläubigerausschuss den Insolvenzverwalter zu überwachen und zu kontrollieren hat, sollte letztlich immer bedacht werden, dass der Gesetzgeber der InsO das Insolvenzgericht im Wesentlichen nur als „**Hüter der Rechtmäßigkeit des Verfahrens**" sieht. Kontrollieren die Gläubiger die Verfahrensabwicklung und damit den Insolvenzverwalter, reduziert sich entsprechend die Aufsichtspflicht des Insolvenzgerichts. Deregulierung bedeutet zugleich auch Zurücknahme staatlicher Aufsicht zugunsten einer umfassenden Beteiligtenautonomie. *Hegmanns* (Der Gläubigerausschuss S 30): „Jeder Schritt des Staates zu mehr Bestimmungsmacht bei der Konkursabwicklung bringt den Staat auch der Verantwortung und damit der Übernahme der Haftung für Fehlentscheidungen einen Schritt näher." Dieser Satz trifft auf das Insolvenzverfahren neuer Prägung in besonderem Maße zu.

III. Art und Umfang gerichtlicher Aufsichtsmaßnahmen

8 **1. Die gerichtliche Aufsichtspflicht.** Das Insolvenzgericht kann seiner Aufsichtspflicht in der Regel nur nachkommen, wenn es entweder **Routinekontrollen** vornimmt oder von Pflichtverletzungen des Insolvenzverwalters Kenntnis erlangt. Die Feststellung von Tatbeständen, die Aufsichtsmaßnahmen rechtfertigen, erfolgt entweder durch **Augenschein**, indem der Richter oder Rechtspfleger Einsicht in die Unterlagen des Verwalters nimmt, oder durch **Amtsermittlungen** nach § 5, indem das Insolvenzgericht einen Sachverständigen mit der Feststellung beauftragt. Nach § 58 Abs 1 S 2 kann das Gericht jederzeit **Auskünfte** oder einen **Bericht** über den Sachstand und die Geschäftsführung vom Insolvenzverwalter verlangen. Hieraus folgt aber nicht, dass das Gericht verpflichtet ist, eine **regelmäßige Rechnungsprüfung** beim Verwalter durchzuführen (*Hess* § 58 Rn 9). Zum Risikomanagement als Aufsichtsmittel s *Rechel* ZInsO 2009, 1665. KS-*Naumann* (S 444 Rn 32): „In Ausübung des pflichtgemäßen Ermessens besteht für das Insolvenzgericht weder eine permanente noch eine gar vorbeugende Aufsichtspflicht" (ebenso BerlKo-*Blersch* § 58 Rn 4, 5; K/P/B/*Lüke* § 58 Rn 4 ff; MüKo-*Graeber* § 58 Rn 15). Der Verdacht von Unregelmäßigkeiten kann aber dazu führen, dass der Insolvenzverwalter **Zwischenrechnung**

gegenüber dem Gericht zu legen hat (*Pink*, Insolvenzrechnungslegung S 84; *Heni*, Konkursabwicklungsprüfung, 1988 S 87). Auch ohne Vorliegen konkreter Verdachtsmomente ist eine **verstärkte Aufsicht** erforderlich, wenn es sich zB um die Bestellung eines unerprobten Verwalters handelt oder erkennbar wird, dass der Verwalter der ihm gestellten Aufgabe nicht gewachsen ist (MüKo-*Graeber* § 58 Rn 18; BerlKo-*Blersch* § 58 Rn 5; HaKo-*Frind* § 58 Rn 6). Die Aufsicht des Insolvenzgerichts ist grundsätzlich **Rechtsaufsicht**. Deshalb ist die Aufsicht primär auf eine Rechtmäßigkeitskontrolle beschränkt (BerlKo-*Blersch* § 58 Rn 4; KS-*Naumann* S 483 Rn 26). Das Gericht hat die Verfahrensbeteiligten vor einem rechtswidrigen und schadensstiftenden Verhalten des Verwalters zu schützen. Die Aufsicht bezweckt zwar nicht, **Straftatbestände festzustellen** und den staatlichen Strafanspruch zu verwirklichen (LG Flensburg KTS 1972, 200); jedoch kann die Feststellung eines Straftatbestandes beim Verwalter Anlass sein, Maßnahmen nach § 58 Abs 2 zu ergreifen oder den Verwalter gem § 59 Abs 1 S 1 aus wichtigem Grund aus dem Amt zu entlassen. **Art und Umfang der einzelnen Aufsichtsmaßnahmen** stehen im pflichtgemäßen Ermessen des Gerichts, können aber durch Besonderheiten, Dauer und Größe des Verfahrens im Einzelfall geboten sein, wie zB eine **jährliche Kassenprüfung** als Kontenüberprüfung (vgl BGH v 12. 7. 1965, KTS 1966, 17, 19). Soweit der Gläubigerausschuss nach § 69 S 2 den Geldverkehr und -bestand zu prüfen hat, kann sich das Insolvenzgericht darauf beschränken, sich die Prüfungsergebnisse vorlegen zu lassen. Diese werden nicht Bestandteil der Insolvenzakten. Die Aufsichtspflicht bezieht sich auch auf die vom Verwalter nach § 175 zu führende Tabelle.

2. Aufsichtspflicht und Informationsrecht. Der Aufsichtspflicht des Gerichts nach § 58 entspricht zugleich ein **Aufsichtsrecht**. Dieses Recht umfasst ua die Befugnis, **jederzeit einzelne Auskünfte** oder einen **Bericht über den Sachstand** und die Geschäftsführung vom Verwalter zu verlangen (§ 58 Abs 1 S 2). Die Auskunftspflicht besteht nur gegenüber dem **Insolvenzgericht**. Es ist nicht Sache des Gerichts, den Verwalter anzuhalten, Auskünfte an andere Verfahrensbeteiligte oder die Staatsanwaltschaft zu erteilen (*Jaeger/Gerhardt* § 58 Rn 12; MüKo-*Graeber* § 58 Rn 24). Unzulässig ist es, wenn zB Gläubiger über eine Anfrage an das Gericht Auskünfte vom Verwalter erreichen wollen (MüKo-*Graeber* § 58 Rn 23). Durch das **Auskunftsrecht nicht gedeckt** ist die Anweisung des Insolvenzgerichts, bei Vermeidung eines Zwangsgeldes einen für nicht gerechtfertigt befundenen Teil der Gebühren, die der Verwalter an einen von ihm beauftragten Rechtsanwalt gezahlt hat, wieder der Insolvenzmasse zuzuführen (**LG Freiburg** ZIP 1980, 438 = MDR 1980, 766). Im Rahmen der Aufsichtspflicht ist das Gericht berechtigt, Bücher und Belege beim Verwalter einzusehen und den Kassenstand zu prüfen; es steht aber im pflichtgemäßen Ermessen des Insolvenzrichters oder des Rechtspflegers, in welchem Umfang er im Einzelfall von diesen Befugnissen Gebrauch machen will (RGZ 154, 296; **BGH** WM 1965, 1958, 1959; MüKo-*Graeber* § 58 Rn 22). Besteht besonderer Anlass, ist das Gericht als berechtigt anzusehen, vom Verwalter eine **Zwischenrechnung** zu verlangen, selbst wenn die Gläubigerversammlung eine solche nach § 66 Abs 3 S 1 nicht dem Verwalter aufgegeben hat. In umfangreichen Verfahren und bei kompliziertem Rechnungswesen kann das Gericht einen **Sachverständigen** mit der Prüfung des Rechnungswesens oder der Zwischenrechnung beauftragen. Das Insolvenzgericht ist befugt, dem Verwalter im Fall seiner **Befangenheit** oder bei **Interessenkollision** einen Vertragsschluss zu untersagen (BGH NJW 1991, 982, 984; *Jaeger/Weber* § 83 KO Rn 1). Es sollte sich vor kleinlicher Überwachung hüten (vgl auch H/W/F Hdb 5/37). In **Zweckmäßigkeitsfragen** ist es dem Insolvenzgericht verwehrt, das Verwalterermessen durch justitielle Entscheidungen zu ersetzen oder zu beeinflussen, es sei denn, das Gesetz räumte dem Gericht ein Untersagungs- oder Anordnungsrecht ein, wie zB in den §§ 99, 130 Abs 2, 135 Abs 2, 160 (vgl auch **LG Halle** ZIP 1993, 1739; *Uhlenbruck* KTS 1989, 229; *Haberhauer/Meeh* DStR 1995, 205; *Grub* ZIP 1993, 393; differenzierend MüKo-*Graeber* § 58 Rn 20; unzutreffend **AG Halle** ZIP 1993, 1743).

Wie bereits oben festgestellt wurde, ist die gerichtliche Aufsicht **primär Rechtsaufsicht**. Das Insolvenzgericht ist keine dem Insolvenzverwalter übergeordnete Verwaltungsinstanz (KS-*Naumann* S 443 Rn 27). Vielmehr handelt der Verwalter im Rahmen der Verfahrensabwicklung eigenverantwortlich. Nicht selten bestehen **unterschiedliche Rechtsauffassungen** zwischen Insolvenzgericht und Verwalter über die Art der Verfahrensabwicklung. Ist die Rechtsauffassung des Verwalters vertretbar, kann das Gericht seine gegenteilige Rechtsansicht nicht im Aufsichtswege durchsetzen (vgl **OLG Neustadt** KTS 1960, 4; *Jaeger/Gerhardt* § 58 Rn 15). Der Verwalter ist gem §§ 60, 61 für sein Handeln persönlich verantwortlich. Soweit der Verwalter Ermessensentscheidungen trifft, ist es dem Gericht verwehrt, im Aufsichtswege sein Ermessen an die Stelle des Verwalterermessens zu setzen. Nach KS-*Naumann* (S 443 Rn 28) ist auch in dem **Ermessens-/Zweckmäßigkeitsbereich** eine Aufsichtsberechtigung des Insolvenzgerichts gegeben. So vor allem dann, wenn das Insolvenzgericht auf Grund seiner Aufsicht zu der Überzeugung gelangt, dass der Verwalter im Einzelfall seinen **Ermessensspielraum überschreitet** oder ein **Ermessensmissbrauch** vorliegt. Letztlich ist aber selbst in diesen Fällen dem Gericht ein Einschreiten im Aufsichtswege verwehrt, denn „Inhalt der Aufsichtspflicht des Insolvenzgerichts ist nicht, den Insolvenzverwalter davor zu bewahren, sich regresspflichtig zu machen" (KS-*Naumann* S 443 Rn 28). Ein **ständiger Ermessensmissbrauch** durch den Insolvenzverwalter kann aber Anlass sein, den Verwalter aus seinem Amt zu entlassen. Gegen **Pflichtwidrigkeiten des Insolvenzverwalters** haben Richter und Rechtspfleger unverzüglich einzuschreiten. Dies gilt vor allem für **insolvenzzweckwidrige Hand-**

lungen des Verwalters, wie zB die Weiterführung des Schuldnerunternehmens gegen eine anders lautende Entscheidung der Gläubigerversammlung (vgl **BGH** NJW 1980, 55; **LG** München I KTS 1965, 243, 245; **AG** Osnabrück KRS 1965, 182; *Mohrbutter* KTS 1963, 21; *Merz* WM 1983, 108). Der Aufsicht des Insolvenzgerichts unterliegt auch die beschleunigte Verfahrensabwicklung; ferner die Überwachung der Ausführung von Beschlüssen der Gläubigerversammlung (RGZ 154, 297; **BGH** KTS 1966, 17, 20).

11 **3. Rückzahlungsanordnungen des Insolvenzgerichts.** Zweifelhaft und umstritten ist die Frage, ob die Aufsichtspflicht auch die Berechtigung des Insolvenzgerichts umfasst, Rückzahlungsanordnungen zu treffen. Teilweise wird die Auffassung vertreten, dass das Gericht berechtigt ist, die Rückzahlung entnommener oder falsch ausgezahlter Beträge an die Masse anzuordnen (**OLG** Köln v 21. 4. 1976, KTS 1977, 56, 61; **LG** Aachen v 23. 11. 1977, Rpfleger 1978, 380; *Jaeger/Weber* § 83 KO Rn 36; *Hess* § 58 Rn 14; *Braun/Kind* jedoch differenzierend; *MüKo-Graeber* § 58 Rn 41; *K/P/B/Lüke* § 58 Rn 13; *HaKo-Frind* § 58 Rn 9; *H. Schmidt* KTS 1982, 591, 594). Eine andere Auffassung in Literatur und Rechtsprechung **verneint eine Rückzahlungsanordnung** des Gerichts bzw schränkt diese erheblich ein (**LG** Freiburg v 20. 3. 1980, ZIP 1980, 438; **LG** Göttingen v 16. 2. 1995, ZIP 1995, 858, 859; **LG** Köln v 20. 12. 2000 NZI 2001, 157, 158 = ZInsO 2001, 673; *Leithaus* NZI 2001, 124; *Braun/Kind* § 58 Rn 6; *Jaeger/Gerhardt* § 58 Rn 17; *Frege/Keller/Riedel* HRP Rn 810 b; *H. Schmidt* Rpfleger 1968, 251, 256; *Kilger/K. Schmidt* § 83 KO Anm 1; offen lassend **BGH** ZIP 2006, 36, 37; aber für die Analogie zu § 717 Abs 2 ZPO). Das Insolvenzgericht hat gem § 66 Abs 2 S 1 die **Schlussrechnung** des Verwalters zu prüfen und diese mit einem Vermerk über die Prüfung zur Einsicht der Beteiligten auszulegen (§ 66 Abs 2 S 2). Das Insolvenzgericht hat auch die Möglichkeit, bei festgestellten materiellen Unrichtigkeiten den Verwalter um Stellungnahme zu ersuchen und zu einer Berichtigung aufzufordern. Es kann ihn jedoch nicht im Aufsichtswege nach § 58 Abs 2 zwingen, zB **entnommene Gelder an die Masse zurückzuzahlen** oder gar **Schadenersatz** zu leisten (so auch *Jaeger/Gerhardt* § 58 Rn 17; *Braun/Kind* § 58 Rn 6; *Frege/Keller/Riedel* HRP Rn 810 b). Es steht allein in der Verantwortung der Gläubiger, nach Kenntnisnahme des gerichtlichen Prüfungsvermerks darüber zu entscheiden, ob und welche Maßnahmen gegen den Insolvenzverwalter zu ergreifen sind. Sie sind berechtigt, gem § 59 Abs 1 S 1 Antrag auf Entlassung des Verwalters zu stellen oder die Einsetzung eines **Sonderverwalters** zu beantragen, der den Insolvenzverwalter auf Rückzahlung oder Schadenersatz verklagt. Möglich ist auch, dass ein einzelner Gläubiger den Gemeinschaftsschaden in Prozessstandschaft für die übrigen Gläubiger geltend macht (*Kilger/ K. Schmidt* § 82 KO Anm 4, KS-*Naumann* S 450 Rn 55).

12 **Im Zweifel** geht die Aufsichtspflicht des § 58 nicht so weit, dass vom Insolvenzgericht Entscheidungen vorgegriffen werden kann, die von der ordentlichen Gerichtsbarkeit zu treffen sind (*H. Schmidt* KTS 1982, 591, 594; **LG** Göttingen ZIP 1995, 858, 859). Das **OLG** Köln (KTS 1977, 56, 61) hält das Gericht nicht nur für verpflichtet, die Berechtigung von Entnahmen zu prüfen, sondern, wenn es die Entnahme aus der Masse für pflichtwidrig hält, auch die Rückzahlung des entnommenen Betrages in die Masse anzuordnen. Diese Auffassung übersieht, dass auf diese Weise die Gefahr divergierender Entscheidungen geschaffen wird, weil die Frage der Berechtigung im ordentlichen Rechtswege zu klären ist (so auch *Frege/Keller/Riedel* HRP Rn 810 b). Eine **gerichtlich festgesetzte Vergütung** darf der Verwalter bereits vor Rechtskraft des Festsetzungsbeschlusses **entnehmen** (**BGH** v 17. 2. 2005, NZI 2006, 94). Ein Sonderverwalter, der mit der Aufgabe bestellt ist, Ansprüche der Masse gegen den amtierenden Insolvenzverwalter zu prüfen und geltend zu machen, hat ein Rechtsschutzinteresse an der klageweisen Durchsetzung des Anspruchs auf **Rückzahlung eines Vergütungsvorschusses** (**BGH** v 17. 11. 2005, NZI 2005, 94, 96). Hat der Verwalter **Auszahlungen an Dritte** vorgenommen, kann er ohnehin nicht angewiesen werden, diese Beträge zurückzuzahlen (*Leithaus* NZI 2001, 124 ff). Vielmehr käme allenfalls in Betracht, ihn im Aufsichtswege aufzufordern, die Beträge zurückzufordern. Nur in Ausnahmefällen, in denen Gefahr besteht, dass die entnommenen Beträge nicht mehr der Masse zugeführt werden können, oder die Gefahr besteht, dass sich der Verwalter ins Ausland absetzt, kommt eine **Rückzahlungsanweisung** ausnahmsweise in Betracht. In den übrigen Fällen, vor allem wenn die Entnahme streitig ist, wird man das Insolvenzgericht als berechtigt ansehen müssen, eine **Hinterlegung oder Sicherstellung** des streitigen Betrages vom Verwalter zu verlangen, um die Rückzahlung zu gewährleisten. Kommt der Verwalter dieser Aufforderung nicht nach, kann das Gericht, obgleich es an einer gesetzlichen Regelung fehlt, dem Verwalter auch eine Sicherheitsleistung aufgeben.

13 **4. Die Aufsicht über den Treuhänder im Restschuldbefreiungsverfahren.** Auch der Treuhänder im Restschuldbefreiungsverfahren steht gem § 292 Abs 3 S 2 unter der Aufsicht des Insolvenzgerichts. Da § 58 entsprechend gilt (§ 292 Abs 3 S 2), hat das Insolvenzgericht dafür zu sorgen, dass der Treuhänder die eingehenden Beträge und sonstigen Leistungen des Schuldners oder Dritter von seinem Vermögen getrennt hält und einmal jährlich die Ausschüttungen an die Insolvenzgläubiger vornimmt (§ 292 Abs 1 S 1). Hat die Gläubigerversammlung dem Treuhänder zusätzlich die Aufgabe übertragen, die Erfüllung der Obliegenheiten des Schuldners zu überwachen (§§ 292 Abs 2 S 1, 295), so beschränkt sich die gerichtliche Aufsicht darauf, dass der Treuhänder seiner Überwachungspflicht ordnungsgemäß nachkommt und die Gläubiger unverzüglich benachrichtigt, wenn er Verstöße des Schuldners gegen Obliegenheiten feststellt. § 58 greift auch für den Treuhänder im vereinfachten Insolvenzverfahren ein (§ 313 Abs 1 S 3).

III. Art und Umfang gerichtlicher Aufsichtsmaßnahmen **§ 58**

5. Gerichtliche Aufsicht bei Eigenverwaltung. Ist Eigenverwaltung (§§ 270, 271) angeordnet worden, 14
steht auch der **Sachwalter** unter der Aufsicht des Insolvenzgerichts (§ 274 Abs 1). Für den Sachwalter im
Rahmen der Eigenverwaltung gilt aber lediglich eine **eingeschränkte Aufsichtspflicht**, da der Sachwalter
selbst nur Aufsichtsfunktionen hat (§ 274 Abs 2). Auch hier besteht eine „gestaffelte Aufsichtspflicht".
Wie der Gläubigerausschuss ist zunächst der Sachwalter zur Überwachung der Geschäftsführung des Insolvenzschuldners bzw des organschaftlichen Vertreters verpflichtet. Er haftet bei schuldhafter **Verletzung der Überwachungspflichten** primär nach § 60. Die Besonderheit der Eigenverwaltung besteht darin,
dass der Sachwalter das Verwaltungs- und Verfügungsrecht selbst nicht ausübt, sondern lediglich überwacht. Deshalb kann der Sachwalter nicht zu weiter gehenden Auskünften und Berichterstattung verpflichtet sein, als ihm vom Gesetz zugewiesen werden. Dementsprechend beschränkt sich die insolvenzgerichtliche Aufsicht auf die Einhaltung der insolvenztypischen Pflichten des Sachwalters (FK-*Foltis* § 274
Rn 10; K/P/B/*Pape* § 274 Rn 5). Das sind neben den Grundpflichten des Abs 1 und den Unterrichtungspflichten des Abs 2 die spezifischen Pflichten nach §§ 277 Abs 1 S 1, Abs 2, 279 S 2, 275 Abs 1 S 1, 2,
Abs 2, 284, 285.

6. Gerichtliche Aufsicht und Ablehnung von Gerichtspersonen. Die Überwachung des Insolvenzverwalters 15
kann dieser nicht dadurch unterlaufen, dass er den zuständigen Insolvenzrichter oder Rechtspfleger bzw Richterin oder Rechtspflegerin wegen **Besorgnis der Befangenheit** ablehnt (s auch OLG
Zweibrücken NZI 2000, 222; HaKo-*Frind* § 59 Rn 10). Zwar gelten die Vorschriften der §§ 41–49
ZPO über §§ 5, 10 RPflG entsprechend auch im Insolvenzverfahren, vor allem § 42 Abs 2 ZPO. Wegen
der Eigenart des Insolvenzverfahrens als Vollstreckungsverfahren sind jedoch für die tatsächliche Würdigung von Ablehnungsgründen **andere Maßstäbe als im Zivilprozess** anzulegen. Würde man dem Insolvenzverwalter in den Fällen abweichender Ansichten über Art und Umfang der gerichtlichen Aufsichtsbefugnisse ein Ablehnungsrecht einräumen, könnte mit der Ablehnung jegliche gerichtliche
Überwachung unterlaufen werden, wie das Beispiel **LG** Wuppertal (KTS 1958, 45 u 78 m Anm *Berges*;
Uhlenbruck KTS 1998, 1, 18 f) zeigt. Die falsche Einschätzung des Umfangs der Überwachungspflicht
durch das Insolvenzgericht berechtigt den Verwalter nicht zur Ablehnung. Etwas anderes gilt nur, wenn
Anhaltspunkte festgestellt werden, dass die Rechtsmeinung auf einer **unsachlichen Einstellung des Richters oder Rechtspflegers** gegenüber dem Verwalter oder gar auf Willkür beruht. Deshalb trifft auch die
Auffassung des **LG** Wuppertal (KTS 1958, 45 u 78 m Anm *Berges*) nicht zu, wonach selbst die offensichtlich unbegründete Strafanzeige eines Konkursverwalters gegen den Konkursrichter ersteren zur Ablehnung berechtigt, wenn er behauptet, der Richter habe ihn wider besseres Wissen einer strafbaren
Handlung bezichtigt. Bedenklich deshalb auch **OLG** Köln (ZIP 1988, 110 = KTS 1987, 735), wonach
der Insolvenzverwalter als Bevollmächtigter des Schuldners anzusehen ist, weil er als Verwalter der
Masse im Insolvenzverfahren weder persönlich beteiligt ist noch mit eigenem Vermögen haftet. Es ist
schon rechtlich zweifelhaft, ob ein vom Gericht bestellter Insolvenzverwalter überhaupt ein **Ablehnungsrecht** hat. Ein solches kann allenfalls dem einzelnen Insolvenzgläubiger zustehen, wenn er von einer Maßnahme des Insolvenzgerichts unmittelbar betroffen wird (MüKo-*Feiber* § 42 ZPO Rn 3). Nach
der **Vertretertheorie** steht dem Insolvenzverwalter ohnehin kein eigenes Ablehnungsrecht zu (vgl OLG
Karlsruhe NJW-RR 1987, 126). Sieht man den Insolvenzverwalter mit der herrschenden **Amtstheorie**
als „**Partei kraft Amtes**" und dementsprechend als Beteiligten im Insolvenzverfahren an, so rechtfertigt
„der in seiner Person liegende Befangenheitsgrund ohne weiteres die Ablehnung aus eigenem Recht"
(zutreffend *Vollkommer* EWiR 1988, 619).

Nach **Auffassung des** BVerfG (ZIP 1988, 174) begegnet es keinen verfassungsrechtlichen Bedenken, 16
dass **Spannungen zwischen Insolvenzrichter und Insolvenzverwalter** nur dann die Besorgnis der Befangenheit begründen, wenn sie im Verfahren irgendwie konkret in Erscheinung treten (so auch **OLG** Köln
ZIP 1988, 110 = Rpfleger 1988, 37; kritisch *Zuck* DRiZ 1988, 172, 175 ff). Wenn schon die Rechtsprechung dem Insolvenzverwalter ein eigenes Ablehnungsrecht einräumt, was angesichts der Amtstheorie
höchst zweifelhaft ist, lässt sich dieses **eingeschränkte Ablehnungsrecht** nur aus den Besonderheiten des
Insolvenzverfahrens und der Stellung des Insolvenzverwalters begründen. Keinesfalls genügen für die
Ablehnung Differenzen zwischen Richter und Rechtsanwalt über die Korrektheit des Verhaltens eines
Insolvenzverwalters oder **Fragen richterlicher Aufsicht** (§ 58) und **sitzungspolizeilicher Befugnisse** (vgl
auch OLG Karlsruhe NJW-RR 1987, 127; OLG Köln NJW-RR 1988, 694; OLG Braunschweig NJW
1995, 2113). Gleiches gilt für die **Ablehnung von Rechtspflegern** (§ 3 Nr 2 e, 10, 18 RPflG, 4 InsO; s
OLG Zweibrücken NZI 2000, 222). So bestehen begründete Zweifel an der Unparteilichkeit eines
Rechtspflegers, der weiß, dass ein Gläubiger in der Gläubigerversammlung die Abwahl des vom Gericht
eingesetzten Verwalters beantragen wird und deshalb den Prüfungstermin vor die erste Gläubigerversammlung legt, um hierdurch Einfluss auf das Stimmrecht dieses Gläubigers zu nehmen (LG Düsseldorf
ZIP 1985, 631). Eine andere Betrachtungsweise greift auch nicht Platz, wenn im Insolvenzverfahren
über persönliche Ansprüche des Insolvenzverwalters zu entscheiden ist, wie etwa über die Höhe der
Vergütung oder die Höhe des Auslagenersatzes (differenzierend aber BVerfG ZIP 1988, 174 = EWiR
1988, 619, 620 [*Vollkommer*] = KTS 1988, 309; OLG Köln NJW-RR 1990, 383). Auch wenn es um
persönliche Ansprüche des Insolvenzverwalters geht, wie zB um die Festsetzung der Vergütung, ist der
Insolvenzverwalter nicht Partei (zu den Auswirkungen des differenzierenden Standpunktes des BVerfG s

Vollkommer EWiR 1988, 619, 620). Die Weitergabe einer Ablichtung der Beschwerdeschrift des Insolvenzschuldners gegen die Eröffnung des Insolvenzverfahrens an den Verwalter begründet nicht die Besorgnis der Befangenheit des Insolvenzrichters (**OLG Frankfurt** ZIP 1996, 600).

IV. Keine Pflicht zur dauerhaften Rechnungsprüfung

17   Eine **regelmäßige Rechnungsprüfung**, wie sie für Vormundschaftsrichter durch die §§ 1840, 1843 BGB angeordnet ist, obliegt dem Insolvenzgericht nicht (RGZ 154, 296; *Jaeger/Gerhardt* § 58 Rn 8). Das Insolvenzgericht kann sich mit einer **stichprobenweisen Prüfung** begnügen (*Frind* ZInsO 2006, 182, 185; *Jaeger/Gerhardt* § 58 Rn 8). Es ist insbesondere nicht verpflichtet, einen Sachverständigen mit der permanenten Prüfung zu beauftragen, ob der Insolvenzverwalter seine Aufgabe ordnungsgemäß erfüllt. Hätte der Gesetzgeber eine permanente Überwachung gewollt, hätte er dies wie beim Sachwalter in § 274 Abs 2 zum Ausdruck bringen müssen. Das Insolvenzgericht hat gerade nicht die Aufgabe, die laufende Geschäftsführung des Verwalters sachkundig zu überwachen. Weil es lediglich „Hüter der Rechtmäßigkeit des Verfahrens" ist, beschränkt sich die Aufsicht weitgehend auf die **Rechtmäßigkeit der Verfahrensabwicklung**. In Sachentscheidungen hat sich das Gericht nicht einzumischen, es sei denn, es handele sich um verfahrenszweckwidrige Maßnahmen. Zur Kontrolle der eingehenden Gelder ist der Richter bzw Rechtspfleger nur verpflichtet, wenn er durch Anträge der Beteiligten oder in anderer Weise von einem insolvenzzweckwidrigen Verhalten des Verwalters Kenntnis erlangt. Die zB von dem Krefelder Verwalter *Wilhelm Klaas* geforderte **Kontenbestandskontrolle durch Online-Konteneinsicht** überfordert sowohl die Gerichte als auch die meisten Verwalter. Die Aufsichtpflicht des Insolvenzgerichts nach § 58 Abs 1 S 1 darf eine ökonomisch sinnvolle Insolvenzabwicklung weder erschweren noch verzögern! Zur Aufsicht gehört auch die regelmäßige Prüfung, ob die Rechnungslegung des Insolvenzverwalters den gesetzlichen Anforderungen (§ 155) entspricht (vgl *Uhlenbruck* ZIP 1982, 125, 130). Zu unterscheiden ist hier zwischen der **internen Insolvenzrechnungslegung**, der **handelsrechtlichen Rechnungslegung** sowie der **steuerlichen Rechnungslegung** (*K. Schmidt* Liquidationsbilanzen und Konkursbilanzen, 1989; *Pink*, Insolvenzrechnungslegung S 77 ff; *Pelka/Niemann*, Praxis der Rechnungslegung in Insolvenzverfahren, 4. Aufl 1997). Zwar hat das Insolvenzgericht dafür Sorge zu tragen, dass der Verwalter die Vorschriften über die Rechnungslegung und Prüfung beachtet und die damit im Zusammenhang stehenden Arbeiten erledigt (§§ 66, 79, 151, 152, 153, 154, 155, 156, 157, 188, 197); im Rahmen der **handels- und steuerrechtlichen Rechnungslegung** bezieht sich die Aufsichtspflicht aber nicht auf einzelne Bilanzierungsfragen oder auf die materielle Berechtigung von Steuerforderungen. Im Rahmen der internen Insolvenzrechnungslegung dagegen kann es durchaus angebracht sein, zB die Prüfung der angezeigten Masseunzulänglichkeit (§ 208) vorzunehmen. Nach § 58 Abs 1 S 2 ist das Gericht berechtigt, jederzeit einzelne Auskünfte oder einen Bericht über den Sachstand und die Geschäftsführung vom Verwalter zu verlangen. Dieses Recht bedeutet aber **keineswegs eine permanente Rechnungsprüfung** (BerlKo-*Blersch* § 58 Rn 6). Einzelheiten bei *Uhlenbruck* ZIP 1992, 125 ff. Das Gericht hat sich von Zeit zu Zeit einen Überblick über die Führung der Tabelle durch den Verwalter (§ 175) zu verschaffen (H/W/F Hdb 5/38).

V. Anträge, Anregungen und Informationen

18   § 58 sieht **kein Antragsrecht der Verfahrensbeteiligten** vor, gegen Handlungen oder Unterlassungen des Insolvenzverwalters einzuschreiten. Dies bedeutet jedoch nicht, dass es zB Insolvenzgläubigern verwehrt ist, bei Gericht einen Antrag oder eine Anregung auf Einschreiten im Aufsichtswege zu stellen (K/P/B/*Lüke* § 58 Rn 12; N/R/*Delhaes* § 58 Rn 13). **Verfahrensbeteiligte** oder **Dritte** können Auskunftsrechte gegen den Insolvenzverwalter nicht über § 58 durchsetzen (MüKo-*Graeber* § 58 Rn 23; HaKo-*Frind* § 58 Rn 8). Gläubiger und andere Verfahrensbeteiligte sind lediglich berechtigt, ihre Informations- und Auskunftsrechte in der Gläubigerversammlung, im Gläubigerausschuss oder durch Einsichtnahme in bestimmten Unterlagen (§§ 66, 153, 175) bzw durch Akteneinsicht nach § 299 ZPO zu erlangen (**AG Köln** ZInsO 2002, 595; **ArbG Magdeburg** ZInsO 2001, 576; MüKo-*Graeber* § 58 Rn 23; HaKo-*Frind* § 58 Rn 8; K/P/B/*Lüke* § 58 Rn 14). Für **Aussonderungsrechte** (§ 47) ist nach wie vor davon auszugehen, dass das Insolvenzgericht nicht berechtigt ist, den Insolvenzverwalter zur Auskunftserteilung gegenüber dem Aussonderungsberechtigten anzuhalten, da der Anspruch auf Aussonderung sich nach den Gesetzen bestimmt, die außerhalb des Insolvenzverfahrens gelten (§ 47 S 2; so auch BerlKo-*Blersch* § 58 Rn 5).

19   Grundsätzlich anderes gilt für die **Absonderungsberechtigten**. Die Verwertung von Sicherungsgut ist nach den §§ 166 ff in das Verfahren einbezogen und dem Insolvenzverwalter zugewiesen worden, soweit er die Sache in seinem Besitz hat (§ 166 Abs 1). Auch sicherungshalber abgetretene Forderungen darf der Verwalter einziehen oder in anderer Weise verwerten (§ 166 Abs 2). Anders als das frühere Recht sieht § 167 Abs 1 nunmehr vor, dass der zur Verwertung berechtigte Insolvenzverwalter dem absonderungsberechtigten Gläubiger auf dessen Verlangen **Auskunft** über den Zustand der Sache zu erteilen hat. Anstelle der Auskunft kann er dem Gläubiger gestatten, die Sache zu besichtigen (§ 167 Abs 1 S 2). Hinsichtlich der sicherungshalber abgetretenen Forderungen hat der Verwalter nach § 167 Abs 2

S 1 dem absonderungsberechtigten Gläubiger auf dessen Verlangen **Auskunft über die Forderung** zu erteilen (s auch unten zu XIII Rn 40). Auch hier kann der Verwalter anstelle der Auskunft dem Gläubiger Einsicht in die Bücher und Geschäftspapiere des Schuldners gestatten. Neben der Auskunftspflicht besteht nach § 168 Abs 1 S 1 eine **besondere Mitteilungspflicht**, auf welche Weise der Gegenstand veräußert werden soll. Bei diesen Pflichten handelt es sich um **verfahrensrechtliche Pflichten des Verwalters**, zu deren Erfüllung er vom Insolvenzgericht im Aufsichtswege angehalten werden kann (KS-*Naumann* S 446 Rn 39; str aA MüKo-*Graeber* § 58 Rn 24, wonach dieses nicht Aufgabe des Insolvenzgerichts ist). Dem Insolvenzverwalter steht nach wie vor das Recht zu, die **Erteilung einer Auskunft an den Dritten zu verweigern**, wenn er das Bestehen des Absonderungsrechts und damit das Bestehen eines materiell-rechtlichen Anspruchs bestreitet. Auch kann er eine Auskunft zum vorgegebenen Zeitpunkt mit dem Hinweis **verweigern**, ihm seien die erforderlichen **Feststellungen** zurzeit weder möglich noch zumutbar (KS-*Naumann* S 446 Rn 41, der allerdings von einem Auskunftsanspruch auch der Aussonderungsberechtigten ausgeht). Das Gericht hat auf **Informationen**, selbst wenn sie von nicht am Verfahren beteiligten Personen kommen, soweit sie die Amtsführung des Insolvenzverwalters betreffen, durch Amtsermittlungen (§ 5 Abs 1) und – falls erforderlich – mit Aufsichtsmaßnahmen zu reagieren. Im Übrigen kann jeder Verfahrensbeteiligte beim Insolvenzgericht **Aufsichtsmaßnahmen** gegen den Insolvenzverwalter **anregen** (LG Berlin NJW 1957, 1563; N/R/*Delhaes* § 58 Rn 13; K/P/B/*Lüke* § 58 Rn 12). Ist ein Gläubigerausschuss bestellt worden, so sind auch die Mitglieder des Gläubigerausschusses berechtigt, beim Gericht Aufsichtsmaßnahmen anzuregen und gegebenenfalls die Entlassung des Verwalters nach § 70 S 2 zu beantragen.

Nach § 5 Abs 1 wird das Insolvenzverfahren vom Amtsbetrieb beherrscht, so dass gegenüber dem Gericht **kein Rechtsanspruch auf amtswegiges Einschreiten** besteht. Unsubstantiierte Verdächtigungen und haltlose Vorwürfe gegen einen Verwalter reichen für ein Tätigwerden des Insolvenzgerichts nicht aus, wie zB die Behauptung, der Insolvenzverwalter „reiße sich die Masse unter den Nagel" (so auch H/W/F Hdb 5/40). Ein „Ersuchen" oder Beteiligten um einen **Antrag auf Einschreiten des Insolvenzgerichts** ist ebenso wie eine „Beschwerde" über die Verhaltensweise des Insolvenzverwalters als Anregung zu verstehen, die das Insolvenzgericht zwar nicht förmlich zu bescheiden hat, der es jedoch nachzugehen hat, wenn es sich nicht um offensichtlich querulatorische Äußerungen handelt (vgl OLG Köln KTS 1977, 56, 61; LG Aachen KTS 1977, 187; N/R/*Delhaes* § 58 Rn 13). Grundsätzlich sind solche Anregungen **nicht förmlich zu bescheiden** (LG Düsseldorf v 11. 2. 1983, ZIP 1983, 972; OLG München v 18. 7. 1991 ZIP 1991, 1367; K/P/B/*Lüke* § 58 Rn 12; N/R/*Delhaes* § 58 Rn 13; differenzierend *Jaeger/Weber* § 83 KO Rn 4). Folglich steht den Beteiligten **kein Beschwerderecht** zu, wenn das Insolvenzgericht die „Anregung" ablehnt oder dem Antrag, gegen angebliche Pflichtwidrigkeiten des Insolvenzverwalters einzuschreiten, nicht nachkommt (OLG Schleswig v 11. 1. 1984, ZIP 1984, 473; LG Karlsruhe v 4. 11. 1980, ZIP 1980, 1072; LG Düsseldorf v 11. 2. 1983, ZIP 1983, 972; K/P/B/*Lüke* § 58 Rn 12). Gleiches gilt, wenn das Gericht irrtümlich die Anregung, Beschwerde oder den Antrag durch **förmlichen Beschluss** bescheidet, denn es liegt keine anfechtbare Entscheidung vor (OLG Karlsruhe v 16. 11. 1987, ZIP 1988, 382; K/P/B/*Lüke* § 58 Rn 12). Auch aus Art 14 GG lässt sich ein Beschwerderecht des Insolvenzschuldners gegen Maßnahmen des Insolvenzverwalters nicht herleiten (BVerfG v 28. 7. 1992, ZIP 1993, 686; str aA *Jaeger/Weber* § 83 KO Rn 4).

VI. Grenzen gerichtlicher Aufsicht

Eine effiziente Insolvenzabwicklung setzt weitgehend eigenverantwortliche Tätigkeit des Insolvenzverwalters voraus, die nicht durch eine kleinliche Überwachung beschnitten werden sollte. Auch der Insolvenzschuldner kann eine entsprechende Kontrolle des Gerichts nicht verlangen (vgl BVerfG v 28. 7. 1992, NJW 1993, 513; *Häsemeyer* Rn 6.32). Nicht ohne Grund wird in der Allgemeinen Begründung RegE (*Balz/Landfermann* S 15) darauf hingewiesen, dass das Insolvenzgericht „im Wesentlichen Hüter der Rechtmäßigkeit des Verfahrens" ist. Aus dieser Grundentscheidung der InsO beurteilen sich auch die Grenzen der gerichtlichen Aufsicht. Gegen **insolvenzzweckwidrige Handlungen** hat das Gericht von Amts wegen einzuschreiten (LG Göttingen NZI 2009, 61, 62). So zB, wenn der Verwalter Rechte von Verfahrensbeteiligten verletzt oder die gesetzlich vorgeschriebenen **Genehmigungen der Gläubigerversammlung** oder des Gläubigerausschusses (§§ 158, 160 ff) nicht einholt. Gleiches gilt, wenn eine **Interessenkollision** besteht, die mit dem Amt des Insolvenzverwalters unvereinbar ist (str aA KS-*Naumann* S 447 Rn 42). Nach der Gegenauffassung verstößt der Verwalter mit einem Handeln trotz bestehender Interessenkollision nicht gegen eine verfahrensspezifische Pflicht. Das Gericht könne ihn allenfalls aus wichtigem Grund aus seinem Amt entlassen. Weiterhin ist das Insolvenzgericht zum Einschreiten berechtigt, wenn die **Fortführung des Geschäftsbetriebs** eines Schuldners vornehmlich dazu dient, dem Schuldner Unterhalt zu gewähren, oder sonst rechtsmissbräuchlich ist (BGH KTS 1980, 122 = NJW 1980, 55 = ZIP 1980, 851; LG Wuppertal KTS 1958, 45; AG Osnabrück KTS 1965, 181, 182; *Jaeger/ Gerhardt* § 58 Rn 14; MüKo-*Graeber* § 58 Rn 41).

Im Übrigen sind die **Grenzen der insolvenzgerichtlichen Aufsichtspflicht** fließend. Sie können nur auf den Einzelfall bezogen werden. So kann zB der Verwalter nicht angehalten werden, einzelne steuerliche Pflichten gegenüber dem FA zu erfüllen. Insoweit besteht eine Verpflichtung gem § 34 Abs 3 AO grundsätzlich gegenüber den Finanzbehörden. **Meinungsverschiedenheiten zwischen Insolvenzgericht und Verwalter** über die Auslegung eines Beschlusses der Gläubigerversammlung können nicht im Aufsichtswege geklärt werden (**LG** Traunstein NZI 2009, 654; *Keller* NZI 2009, 633). Das Insolvenzgericht ist nicht berechtigt, im Aufsichtswege einzuschreiten, wenn der Verwalter mit nicht festgesetzten Ansprüchen auf Rückforderung der Vorsteuer gem § 17 Abs 1 Nr 1 UStG, die das FA für den Voranmeldungszeitraum der Verfahrenseröffnung oder einen früheren Voranmeldungszeitraum zum eröffneten Verfahren angemeldet hat, aufrechnet oder wenn er eine Steuerforderung nicht als Masseverbindlichkeit iSv § 53 anerkennt. Eine **Verletzung verfahrensrechtlicher Pflichten** liegt aber vor, wenn der Verwalter im Rahmen der Verwertung und Verteilung nach den §§ 187 ff die Forderung des FA grundlos nicht bedient. Die Verletzung einer insolvenzrechtlichen Verfahrensvorschrift liegt vor, wenn der Verwalter seinen **handels- und steuerrechtlichen Rechnungslegungspflichten nach § 158** nicht nachkommt. Dies folgt aus § 155 Abs 1 S 2, wonach der Verwalter in Bezug auf die Insolvenzmasse diese Pflichten zu erfüllen hat. Gem § 155 Abs 1 S 1 umfassen die Rechnungslegungsvorschriften auch die handels- und steuerrechtlichen Pflichten zur **Buchführung** (§§ 238, 239 HGB). Wie er im Einzelnen die Buchführung durchführt, obliegt seinem pflichtgemäßen Ermessen. Eine gerichtliche Aufsicht greift erst ein, wenn er die **Grundsätze ordnungsmäßiger Buchführung** verletzt. Im Einzelfall ist immer darauf abzustellen, ob entweder ein Straftatbestand iSv §§ 331 ff HGB verletzt wird oder ob durch das Verhalten des Insolvenzverwalters die **Insolvenzmasse verkürzt wird**. So kann der Verwalter zB grundsätzlich nicht zur rechtzeitigen Abgabe der Einkommensteuererklärung für den Schuldner im Aufsichtswege angehalten werden, wohl aber, wenn hierdurch Säumniszuschläge zu Lasten der Masse anfallen.

23 Ähnliches gilt für **Verwaltungshandeln des Insolvenzverwalters**. Führt zB die Nichtbeseitigung von umweltbelastenden Maßnahmen zu einer persönlichen Haftung des Verwalters, greift die gerichtliche Aufsicht nach § 58 nicht ein. Anders dagegen, wenn die Verwaltungssanktionen die Masse treffen, wie zB wenn die Ersatzvornahme durch die Verwaltungsbehörde zu einer Belastung der Masse mit Masseverbindlichkeiten führt. Ist im Einzelfall streitig, ob die ohne **Belastung der Insolvenzmasse** durch ein Verhalten des Insolvenzverwalters entstehen kann, ist von einer Aufsichtspflicht des Gerichts auszugehen, da rechtliche Zweifel sich nicht zu Lasten der Insolvenzgläubiger auswirken dürfen. Das Gericht ist auch berechtigt, gegen die **Erteilung von Generalvollmachten** durch den Insolvenzverwalter einzuschreiten (**AG** Münster Rpfleger 1988, 501). Die Aufsichtspflicht des Gerichts geht aber nicht so weit, **Straftatbestände festzustellen**, zivilrechtliche Rückgewähransprüche oder gar Schadenersatzansprüche durchzusetzen (**LG** Flensburg v 28. 10. 1971, KTS 1972, 200; *Kilger/K. Schmidt* § 83 KO Anm 1). S auch oben Rn 11, 12. Eine Verpflichtung des Insolvenzgerichts zu **vorbeugender Überwachung** besteht grundsätzlich nicht. Im Regelfall darf sich das Insolvenzgericht darauf verlassen, dass ein von ihm bestellter Verwalter zuverlässig und sachkundig ist. Eine Verpflichtung zu **besonderer Überwachung** kann sich allerdings ergeben, wenn es sich um einen noch unerprobten Insolvenzverwalter handelt (MüKo-*Graeber* § 58 Rn 18). Auch die Wahl eines Verwalters durch die erste Gläubigerversammlung kann eine verstärkte Überwachung erfordern, wenn der Gewählte nicht das Vertrauen des Gerichts genießt.

24 Ist ein **Gläubigerausschuss nicht bestellt**, so ist der Insolvenzverwalter verpflichtet, auf Anforderung des Insolvenzgerichts die **Gewinn-und-Verlust-Rechnung** einer Fortführungsgesellschaft vorzulegen, wenn die von ihm gehaltenen Geschäftsanteile an der Fortführungsgesellschaft zur Insolvenzmasse gehören (**LG** Koblenz ZIP 1989, 179). Dagegen übersteigt es die Kompetenzen des Insolvenzgerichts, die **Ordnungsmäßigkeit der Geschäftsführungs-Organisation** beim Insolvenzverwalter in dessen Büro zu überprüfen. Insoweit kann es sich auf eine **Zertifizierung** verlassen. Gleiches gilt für die Ordnungsmäßigkeit der Insolvenzabwicklung. Hier müssen schon konkrete Anhaltspunkte gegeben sein, die ein Einschreiten und eine **Sonderprüfung** des Insolvenzgerichts rechtfertigen. Verlagert ein Insolvenzverwalter zur Insolvenzmasse gehörige Gelder über einen längeren Zeitraum auf eigene persönliche Geschäftskonten, anstatt sie auf Insolvenzanderkonto zu nehmen, muss dies Anlass für aufsichtsrechtliche Maßnahmen sein (**AG** Karlsruhe ZIP 1983, 101; *Frind* ZInsO 2006, 182).

VII. Spezielle Aufsichtspflichten im Insolvenzeröffnungsverfahren

25 Besondere Aufsichtspflichten obliegen dem Gericht im Insolvenzeröffnungsverfahren, weil hier noch kein Gläubigerorgan vorhanden ist, wenn nicht das Gericht ausnahmsweise einen vorläufigen Gläubigerausschuss bestellt. Das gilt vor allem, wenn der Schuldnerbetrieb einstweilen fortgeführt wird. Das Gericht hat eine **rechtsmissbräuchliche Betriebsfortführung** zu unterbinden (**BGH** NJW 1980, 55; *Frind* ZInsO 2006, 182, 186). Vor allem die **Erteilung von Einzelermächtigungen** zur Begründung von Masseverbindlichkeiten erfordert eine genaue Prüfung der Finanzierbarkeit, die vorm vorläufigen Insolvenzverwalter darzustellen ist. Sofern ein Bedürfnis nachgewiesen wird, kommt als Ausnahmefall auch die Errichtung eines **Treuhandkontos** durch die Schuldnerin mit Zustimmung des vorläufigen Insolvenzverwalters in Betracht, um Weiterlieferungen dringend benötigter Rohstoffe zu gewährleisten (s **AG** Hamburg ZInsO 2005, 447; *Pape* ZInsO 2003, 1061, 1062; *ders* ZInsO 2004, 237, 243; HaKo-*Frind* § 58 Rn 4; *Kögel/Loose* ZInsO 2006, 17, 22; *Bork* NZI 2005, 530; *Werres* ZInsO 2006, 918; vgl auch „Hamburger Leitlinien" ZInsO 2004, 24 = NZI 2004, 133). Zur Einzelermächtigung iVm dem Erlass

eines besonderen Verfügungsverbots s BGHZ 151, 153 = NZI 2002, 543 = ZInsO 2002, 819; *Undritz* NZI 2003, 136; *Bork* ZIP 2003, 1421.

VIII. Standesrechtliche Aufsicht

Die standesrechtliche Aufsicht über einen Insolvenzverwalter als Rechtsanwalt, Wirtschaftsprüfer, 26 Steuerberater oder vereidigter Buchprüfer wird durch die gerichtliche Aufsicht nach § 58 keineswegs verdrängt. Soweit zB die im *Arbeitskreis für Insolvenzrecht im Deutschen Anwaltsverein* zusammengeschlossenen Anwälte 1992 **Verhaltensrichtlinien für als Insolvenzverwalter tätige Rechtsanwälte** beschlossen haben (AnwBl 1992, 118 f; NZI 2002, 23 f), gelten diese ebenso wie sonstige Standesrichtlinien oder eine künftige Berufsordnung unabhängig von den Anforderungen, die das Gericht an einen Rechtsanwalt als Insolvenzverwalter stellt (N/R/*Delhaes* § 58 Rn 3). Gleiches gilt für die vom Verband Insolvenzverwalter Deutschlands e. V. beschlossenen „**Berufsgrundsätze der Insolvenzverwalter**" (s auch *Jaeger/Gerhardt* § 58 Rn 19; **AG** Hamburg ZIP 2001, 2147; *Holzer* EWiR 2002, 71). Ein Rechtsanwalt, Wirtschaftsprüfer oder Steuerberater, der sich in seiner Eigenschaft als Insolvenzverwalter in vorwerfbarer Weise eines Verhaltens schuldig macht, das Veranlassung für das aufsichtsführende Gericht ist, Maßnahmen nach den §§ 58 Abs 2, 59 Abs 1 gegen ihn zu ergreifen, kann uU wegen Verstoßes gegen Standespflichten im Aufsichtswege und im Rahmen eines **ehrengerichtlichen Verfahrens** belangt werden. Oftmals deckt sich eine schuldhafte Verletzung von Insolvenzverwalterpflichten mit dem Verstoß gegen berufliche Standespflichten. Die Frage wird in der Praxis meist aktuell bei der **Nichtbeantwortung von anwaltlichen Anfragen** an den Insolvenzverwalter-Rechtsanwalt. Zwar ist ein Insolvenzverwalter auch in seiner Eigenschaft als Rechtsanwalt nicht verpflichtet, **Anfragen von Rechtsanwaltskollegen** hinsichtlich des Verfahrensstandes zu beantworten. Soweit eine allgemeine Auskunftspflicht im Insolvenzverfahren nicht besteht, wird diese auch bei Anfragen von Rechtsanwälten nicht erweitert. Doch kann der Rechtsanwalt als Insolvenzverwalter gegenüber Anwaltskollegen durchaus verpflichtet sein, Anfragen zumindest dahingehend zu beantworten, dass eine Auskunftspflicht nicht besteht und die notwendige Information durch Akteneinsicht erlangt werden kann. Der Vorstand der **Rechtsanwaltskammer Köln** hat aus gegebenem Anlass die grundsätzlichen Erwägungen zur Auskunftspflicht des Rechtsanwalts als Insolvenzverwalter in folgendem Leitsatz (Anlage zum Mitteilungsblatt Nr 66 v Mai 1978) zusammengefasst:

„*Die Ausübung des Amtes als Insolvenzverwalter ist anwaltliche Tätigkeit. Als Insolvenzverwalter* 27 *steht der Rechtsanwalt in erster Linie unter der Aufsicht des Gerichtes. Daneben haben die standesrechtlichen Bestimmungen für ihn Gültigkeit. Insoweit unterliegt er wie in allen anderen Fällen der Standesaufsicht. Allerdings sind bei der Prüfung des standesmäßigen Verhaltens die Besonderheiten der Tätigkeit eines Insolvenzverwalters zu berücksichtigen.*"

IX. Beginn und Ende der gerichtlichen Aufsicht

Die gerichtliche Aufsicht über den Insolvenzverwalter beginnt nicht mit der Bestellung, sondern mit 28 der **Annahme des Amtes** (MüKo-*Graeber* § 58 Rn 10; N/R/*Delhaes* § 58 Rn 4). Das gilt auch für den **vorläufigen Insolvenzverwalter**. Hinsichtlich der Beendigung des Amtes ist zu differenzieren: Grundsätzlich endet das Amt des Insolvenzverwalters mit der Aufhebung (§ 200) oder Einstellung des Verfahrens (§§ 207, 211). Ist die Verfügungsbefugnis über das Vermögen des Schuldners auf einen **vorläufigen Insolvenzverwalter** übergegangen, so hat dieser nach § 25 Abs 2 S 1 vor der Aufhebung seiner Bestellung aus dem von ihm verwalteten Vermögen die entstandenen Kosten zu berichtigen und die von ihm begründeten Verbindlichkeiten zu erfüllen. Gleiches gilt für Verbindlichkeiten aus Dauerschuldverhältnissen, soweit er für die Zeit nach der von ihm verwalteten Vermögen die Gegenleistung in Anspruch genommen hat (§ 25 Abs 2 S 2). Wie bereits zu § 25 Rn 14 dargestellt wurde, kommt es nicht auf die Aufhebung der Sicherungsmaßnahmen, sondern auf die **Aufhebung der Verwalterbestellung** an, die später erfolgen kann, sodass nicht schon mit der Aufhebung der Sicherungsmaßnahmen die Aufsichtspflicht des Gerichts endet. Der vorläufige Insolvenzverwalter mit Verwaltungs- und Verfügungsbefugnis soll berechtigt sein, rechtswirksam die vorhandene Masse entsprechend § 209 Abs 1 S 2, 3 zu verteilen und damit Haftungsansprüche aus § 61 zu vermeiden. Entsprechendes gilt, wenn zwar kein allgemeines Verfügungsverbot verhängt worden ist, jedoch das Gericht dem Verwalter die Kassenführung übertragen und die Begründung von Masseschulden gestattet hat (HK-*Kirchhof* § 25 Rn 9). Aus § 25 iVm §§ 21 Abs 2 Nr 1, 58 Abs 3 ergibt sich, dass insoweit auch die **Aufsicht des Insolvenzgerichts andauert**. Demgemäß ist das Gericht auch nach Aufhebung des allgemeinen Verfügungsverbots und der Bestellung eines Verwalters mit Verfügungsbefugnis berechtigt, die Herausgabe von Massegegenständen an den Schuldner oder die Rechnungslegung nach § 66 durch Zwangsgeldfestsetzung (§ 58 Abs 2) zu erzwingen.

Auch für den **endgültigen Verwalter** im eröffneten Verfahren gilt der Grundsatz der **nachwirkenden** 29 **Aufsicht des Insolvenzgerichts**. Rechtsgrundlage ist § 58 Abs 3. Die nachwirkenden Herausgabepflichten und damit eine nachwirkende Aufsichtspflicht nach §§ 21 Abs 2 Nr 1, 58 Abs 3 bestehen hinsichtlich des vorläufigen Insolvenzverwalters auch, wenn der Insolvenzantrag mangels Masse nach § 26 Abs 1 abgewiesen wird. Hebt das Gericht das eröffnete Verfahren auf und ordnet es nach § 203 **Nachtragsverteilung** an, so erstreckt sich die gerichtliche Aufsicht auch auf die Nachtragsverteilung und deren Vollzug. Auch im Rahmen des Insolvenzplanverfahrens erlischt das Amt des Insolvenzverwalters gem § 259 Abs 1 S 1. Erfolgt jedoch eine Überwachung der Planerfüllung (§ 60), so besteht das Amt des Insolvenzverwalters insoweit fort (§ 261 Abs 1 S 2). Die gerichtliche Aufsicht endet in diesem Fall erst mit der Aufhebung der Überwachung gem § 268. Eine **nachwirkende gerichtliche Aufsicht** greift auch in den Fällen ein, in denen das Verfahren nach Durchführung der Schlussverteilung aufgehoben wird (§ 200 Abs 1) oder eine **Verfahrenseinstellung** nach den §§ 207, 212, 213 erfolgt. Zwar hat der Verwalter vor Einstellung mangels Masse die Kosten des Verfahrens zu berichtigen, soweit Barmittel in der Masse vorhanden sind (§ 207 Abs 3 S 1); auch sieht § 211 Abs 1 bei Einstellung nach Anzeige der Masseunzulänglichkeit vor, dass die Einstellung erst erfolgt, wenn der Verwalter die Insolvenzmasse nach Maßgabe des § 209 verteilt hat. Schließlich hat der Verwalter bei Einstellung wegen Wegfalls des Eröffnungsgrundes (§ 212) oder bei Einstellung mit Zustimmung der Gläubiger (§ 213) nach § 214 Abs 3 die unstreitigen Masseansprüche zu berichtigen und für die streitigen Sicherheit zu leisten; die Verfahrenseinstellung scheitert jedoch nicht daran, dass der Verwalter sämtliche **verfahrensmäßigen Pflichten** erfüllt hat. Das **nachwirkende Aufsichtsrecht** des Insolvenzgerichts berechtigt diesen, zB auch nach Aufhebung oder Einstellung des Verfahrens die Rechnungslegungspflicht des Verwalters nach § 66 Abs 1 mit den Zwangsmitteln des § 58 Abs 2 durchzusetzen, denn die Vorschrift des § 58 Abs 3 gilt nicht nur für die Fälle der Entlassung, sondern für sämtliche Fälle, in denen das Verwalteramt endet.

30   Der **Sachwalter bei Eigenverwaltung** steht gem §§ 274, 58 entspr ebenfalls unter der Aufsicht des Insolvenzgerichts. Sein Amt endet mit der Aufhebung der Anordnung der Eigenverwaltung oder mit der Einstellung bzw Aufhebung des Verfahrens. Die vorstehend für den Insolvenzverwalter dargestellten Grundsätze gelten für den ausgeschiedenen Sachwalter entsprechend. Entsprechendes gilt auch für den **Treuhänder** im Rahmen des Restschuldbefreiungsverfahrens (§ 292 Abs 3 S 2). Wird die Restschuldbefreiung nach den §§ 296, 297 oder § 298 versagt, so endet das Amt des Treuhänders und zugleich damit auch die Aufsicht des Insolvenzgerichts. Für den **Treuhänder** im Rahmen des vereinfachten Insolvenzverfahrens (§§ 311 ff) gilt § 58 entsprechend (§ 313 Abs 1 S 3). Im Regelfall beginnt das Amt des Treuhänders mit der Annahme des Amtes durch den Treuhänder (§ 291 Abs 2), der im vereinfachten Verfahren gem § 313 Abs 1 S 2 bereits bei Eröffnung des Insolvenzverfahrens eingesetzt wird. Die gerichtliche Aufsicht über den Treuhänder endet mit der Beendigung des Verfahrens, einer Abwahl oder einer Entlassung. Dass die Aufsichtspflicht und entsprechend das Aufsichtsrecht des Insolvenzgerichts auch über die Verfahrensbeendigung hinaus bestehen kann, ergibt sich aus § 58 Abs 3. Danach kann das Insolvenzgericht Zwangsgeld für die Durchsetzung der Herausgabepflichten auch gegen einen entlassenen Verwalter festsetzen.

31   Ein **entlassener, abgewählter oder abberufener Insolvenzverwalter** unterliegt nur einer **beschränkten Aufsicht** durch das Insolvenzgericht, denn die gesetzliche Regelung sieht Zwangsmaßnahmen nur für die Durchsetzung der Herausgabepflichten vor. Trotz des Wortlauts des § 58 Abs 3 sind aber die nachwirkenden Pflichten eines abberufenen oder entlassenen Verwalters nicht auf die Herausgabe beschränkt und kann zB auch eine **Rechnungslegungspflicht** durchgesetzt werden (BGH v 14. 4. 2005, NZI 2005, 391 = ZInsO 2005, 483; str aA MüKo-*Graeber* § 58 Rn 57 f; BerlKo-*Blersch* § 58 Rn 18; MüKo-*Nowak* § 66 Rn 3). Zwar ist in § 58 Abs 3 nur von den nachwirkenden Pflichten eines **entlassenen Verwalters** die Rede; jedoch erfasst die Vorschrift sämtliche Fälle eines sonstigen Ausscheidens aus dem Amt (*Smid* § 58 Rn 16). Der entlassene oder abgewählte Verwalter hat die in Besitz genommene Masse (§ 148) an einen neuen Verwalter herauszugeben und nach § 66 Rechnung zu legen. Mit der Neuregelung ist dem Missstand des früheren Rechts Rechnung getragen worden, dass der neue Insolvenzverwalter den entlassenen oder abberufenen Verwalter auf Herausgabe verklagen musste. Allerdings verschafft die nachwirkende gerichtliche Aufsicht und das Recht zur Durchsetzung von Herausgabepflichten gegen den entlassenen Verwalter dem neu bestellten Verwalter **kein eigenes Recht**, die Herausgabe von Insolvenzmasse oder Unterlagen zu verlangen. Der neu bestellte Verwalter hat nur zwei Möglichkeiten: Entweder den Weg über die Herausgabeklage vor den Zivilgerichten oder den **Antrag an das Insolvenzgericht**, im Wege der nachwirkenden gerichtlichen Aufsicht die Herausgabe zu erzwingen. Bis zur Erfüllung der Herausgabe der Insolvenzmasse, aber auch aller sonstigen Herausgabepflichten einschließlich der Rechnungslegung unterliegt der abberufene oder ausgeschiedene Verwalter der Aufsicht des Insolvenzgerichts. Einzelheiten unten zu XIV. Nicht dagegen können die Aufsichtsbefugnisse des Gerichts auf die **Erben eines verstorbenen Insolvenzverwalters** erstreckt werden, denn die Erben sind nicht am Verfahren beteiligte Dritte. Weigern sich diese, die Insolvenzmasse oder Unterlagen herauszugeben, kann die Herausgabe nur im Wege der Klage vor dem ordentlichen Gericht durchgesetzt werden.

X. Zwangsmittel zur Durchsetzung der gerichtlichen Aufsicht

32   Nach § 58 Abs 1 S 2 kann das Gericht jederzeit einzelne Auskünfte oder einen Bericht über den Sachstand und die Geschäftsführung vom Insolvenzverwalter verlangen. Um die Aufsicht sachgerecht führen zu können, muss das Gericht sich stets über den Sachstand und über die Geschäftsführung des Insolvenzverwalters unterrichten können. Das Auskunftsrecht des Insolvenzgerichts ist umfassend und bezieht sich nicht nur auf die Rechtsaufsicht. Das Gesetz räumt in § 58 Abs 2 dem Insolvenzgericht die

X. Zwangsmittel zur Durchsetzung der gerichtlichen Aufsicht § 58

Befugnis ein, nach vorheriger Androhung gegen den Insolvenzverwalter, der seine Pflichten nicht erfüllt, ein **Zwangsgeld** bis zum Betrag von 25.000 Euro festzusetzen (§ 58 Abs 2 S 1, 2). Die Festsetzung von Zwangsgeld darf erst nach **Androhung mit Fristsetzung** erfolgen (§ 58 Abs 2 S 1). Bei wiederholter Zwangsgeldfestsetzung darf jeweils eine erneute Androhung zu erfolgen. Mehrere für dieselbe Pflichtverletzung verhängte Zwangsgelder können zusammengerechnet den Betrag von 25.000 Euro überschreiten (BGH NZI 2005, 391 = ZInsO 2005, 483). Die Höhe des Zwangsgeldes muss in einem angemessenen Verhältnis zur Schwere des Pflichtverstoßes stehen (BGH NZI 2005, 391 ZIP 2005, 865; LG Göttingen NZI 2005, 391 NZI 2006, 462). Ursprünglich hatte § 69 Abs 2 S 2 RegE (abgedr bei *Uhlenbruck*, Das neue Insolvenzrecht, S 366) vorgesehen, dass die §§ 883, 887, 888 ZPO anwendbar sein sollten, also auch Ersatzvornahme, Zwangsgeld und Zwangshaft. § 69 RegE wurde jedoch im Laufe des Gesetzgebungsverfahrens gestrichen (vgl BT-Drucks 12/7302, S 25). § 58 Abs 2 S 1 sieht nunmehr nur noch die **Festsetzung von Zwangsgeld** gegen den Verwalter vor. Die **Anordnung von Haft** gegen den Verwalter zur Erzwingung von Auskünften ist unzulässig. Eine analoge Anwendung der §§ 97, 98 kommt auch dann nicht in Betracht, wenn der Insolvenzverwalter Auskünfte gegenüber einem Sonderinsolvenzverwalter verweigert (LG Göttingen NZI 2008, 502 = ZInsO 2008, 1143). Wohl aber kann das Gericht im Rahmen der Aufsicht in einem Anhörungstermin mündliche Auskünfte fordern (LG Göttingen NZI 2009, 61, 62). Das Zwangsgeld wird durch gerichtlichen Beschluss festgesetzt. Da § 58 Abs 2 keine Zwangshaft vorsieht, kommt auch eine Ersatzzwangshaft (§ 888 Abs 1 S 2 ZPO) nicht in Betracht (HK-*Eickmann* § 58 Rn 10). Zwangsweise durchgesetzt werden können nicht nur die Auskunfts- und Berichtspflichten des § 58 Abs 1, sondern sämtliche Pflichten, die dem Insolvenzverwalter nach der InsO obliegen (HK-*Eickmann* § 58 Rn 8). Die Vorschrift bietet keine Rechtsgrundlage für Sanktionen einer bereits vom Verwalter begangenen Pflichtwidrigkeit, denn es handelt sich **nicht um eine Strafe** (OLG Köln v 31. 7. 1968, KTS 1969, 59, 60; LG Wuppertal v 29. 9. 1957, KTS 1958, 45, 46; K/P/B/*Lüke* § 58 Rn 17; MüKo-*Graeber* § 58 Rn 46). Hat der Insolvenzverwalter die verlangte Auskunft erteilt oder – wenn auch verspätet – berichtet bzw Rechnung gelegt, kann ein Zwangsgeld nachträglich weder festgesetzt noch beigetrieben werden (K/P/B/*Lüke* § 58 Rn 17).

Umstritten ist, ob eine Beitreibung dann unzulässig ist, wenn **nach rechtskräftiger Festsetzung** des 33 Zwangsgeldes der Verwalter die verlangte Handlung vornimmt. Richtig ist, dass nach Vornahme der Handlung ein Zwangsgeld nicht mehr festgesetzt werden kann, denn der mit dem Zwangsgeld verfolgte Zweck ist erreicht (*Kilger/K. Schmidt* § 84 KO Anm 1). Gefolgt werden kann auch der Auffassung, wonach im **Rechtsmittelverfahren** der Zwangsgeldbeschluss aufzuheben ist, wenn die verlangte Auskunft oder Maßnahme vom Verwalter inzwischen erteilt bzw durchgeführt worden ist. Zu widersprechen ist aber der Entscheidung des LG Oldenburg v 29. 4. 1982 (Rpfleger 1982, 351 m Anm *Uhlenbruck* = ZIP 1982, 1233), wonach der Insolvenzverwalter die **Aufhebung des rechtskräftigen Zwangsgeldbeschlusses** verlangen kann, wenn er noch vor der Vollstreckung die Handlung vornimmt, die durch die Festsetzung des Zwangsgeldes erzwungen werden soll (zutr MüKo-*Graeber* § 58 Rn 61; HaKo-*Frind* § 58 Rn 12; N/R/*Delhaes* § 58 Rn 21; wohl auch *Andres/Leithaus* § 58 Rn 14; **anders aber die hM**, wie zB BayObLGZ 1955, 124 = Rpfleger 1955, 239; HK-*Eickmann* § 58 Rn 12; *Jaeger/Gerhardt* § 58 Rn 28; *Frege/Keller/Riedel* HRP Rn 812; BerlKo-*Blersch* § 58 Rn 15; FK-*Kind* § 58 Rn 15). Folgt man der hM, dass eine **rechtskräftige Zwangsgeldfestsetzung** wegen Erfüllung der Verpflichtung zur Beitreibung des Zwangsgeldes aufzuheben ist, so wäre die Zwangsgeldfestsetzung nur noch eine Farce, weil der Insolvenzverwalter bis zur Beitreibung zuwarten kann, um sodann unter Nachweis der Erfüllung seiner Verpflichtung einen Aufhebungsantrag zu stellen, dem das Insolvenzgericht in jedem Fall zu entsprechen hätte. Die „Automatik" solcher gerichtlichen Aufhebungspraxis bei Zwangsgeldfestsetzungen würde die gesamte Zwangsgeldfestsetzung zur stumpfen Waffe machen, gleichgültig, ob man die Begründung der Aufhebungsbefugnis über die Vorschriften der FGG oder – wie das LG Oldenburg (v 29.4. 1982, 1233) – über § 888 ZPO sucht (*Uhlenbruck* Rpfleger 1982, 351; str aA FK-*Kind* § 58 Rn 15; BerlKo-*Blersch* § 58 Rn 15). Die Zweckerreichung kann – anders als im Rechtsmittelverfahren – kein Kriterium für die Aufhebung des rechtskräftigen Zwangsgeldbeschlusses ein. Richtig ist zwar, dass das Zwangsgeld keine Strafe, sondern **Beuge- und Zwangsmittel** ist, um den Insolvenzverwalter zu einer bestimmten Verhaltensweise zu veranlassen; jedoch dürfen auch im Bereich der Zwangsgeldfestsetzung die allgemeinen Grundsätze über die Rechtskraft von Beschlüssen nicht vernachlässigt werden. Nach FK-*Kind* (§ 58 Rn 15) kann der Insolvenzverwalter die Aufhebung des Zwangsgeldbeschlusses in einem Verfahren analog § 766 ZPO beim zuständigen Rechtspfleger beantragen (LG Oldenburg ZIP 1982, 1233). Nach MüKo-*Graeber* (58 Rn 61) ist das Insolvenzgericht als berechtigt anzusehen, wegen Erfüllung die **rechtskräftige Zwangsgeldfestsetzung aufzuheben**. Dem kann nicht gefolgt werden. Die Rechtskraft des Festsetzungsbeschlusses hindert das Gericht daran, den Beschluss aufzuheben, nur weil der Zweck des Beschlusses erfüllt ist (str aA BerlKo-*Blersch* § 58 Rn 15). Ein **Zwangsgeld kann auch wiederholt festgesetzt** werden (BGH v 14. 4. 2005, NZI 2005, 391; BerlKo-*Blersch* § 58 Rn 14). Das gilt auch, wenn der Verwalter die von ihm geforderten Handlungen nach Vollstreckung der vorher festgesetzten Zwangsgelder nur teilweise vornimmt (LG Göttingen ZVI 2006, 462 = ZIP 2006, 1913, 1914).

Ersatzvornahme. Ursprünglich sah § 69 Abs 2 S 2 RegE vor, dass die Vorschriften der §§ 887, 888, 34 890 ZPO auch im Rahmen der insolvenzgerichtlichen Aufsicht Anwendung finden. In der Begr RegE heißt es: „Weigert der Insolvenzverwalter die Vornahme einer vertretbaren Handlung, so kann die

Ersatzvornahme durch einen Dritten auf Kosten des Verwalters angeordnet werden (§ 887 ZPO)." Der Rechtsausschuss hat auf das im Regierungsentwurf vorgesehene Zwangsmittel eines vollstreckbaren Beschlusses im Interesse der Verfahrensvereinfachung verzichtet (vgl *Balz/Landfermann* S 272). Da der Rechtsausschuss gleichzeitig auch die ursprünglich vorgesehene Anwendung des § 887 ZPO gestrichen hat, ist davon auszugehen, dass eine **Ersatzvornahme** bei vertretbaren Handlungen (§ 887 ZPO) nicht zulässig ist (vgl auch HK-*Eickmann* § 58 Rn 7; N/R/*Delhaes* § 58 Rn 18, 19). Ist der Insolvenzverwalter außerstande, vertretbare Handlungen, wie zB die Rechnungslegung, vorzunehmen, so bleibt nur die Möglichkeit, ihn zu entlassen und einen geeigneten Insolvenzverwalter zu bestellen, der die Maßnahme vornimmt. Das Insolvenzgericht hat somit keine Möglichkeit, die **Aufstellung der Schlussrechnung** auf einen Dritten zu übertragen (vgl **LG** Bayreuth Rpfleger 1965, 306; N/R/*Delhaes* § 58 Rn 19).

35   Das Insolvenzgericht ist berechtigt, den Verwalter mit Zwangsgeld von **unbegründeten Freigaben** aus der Masse, unrechtmäßiger Verweigerung des Stimmrechts im Verfahren nach § 77 Abs 1 S 1 oder sonstigen **insolvenzzweckwidrigen Maßnahmen** abzuhalten. Auch die Realisierung einer offensichtlich aussichtsreichen **Insolvenzanfechtung** nach den §§ 129 ff oder die **Durchführung** von gebotenen Sicherungsmaßnahmen kann erzwungen werden. Gleiches gilt, wenn der Verwalter sich nicht an Beschlüsse der Organe der Gläubigerselbstverwaltung (§§ 157, 158, 160) oder des Insolvenzgerichts (§§ 161 ff) hält. Die Abgrenzung von Verhaltensweisen des Insolvenzverwalters, die im Wege gerichtlicher Aufsicht erzwungen werden können, und solchen, die im **Ermessen des Verwalters** stehen und damit der gerichtlichen Aufsicht entzogen sind, ist nicht immer einfach. Die **Grenzen sind fließend** (MüKo-*Graeber* § 58 Rn 40, 41). So ist das Gericht nicht berechtigt, den Verwalter durch Zwangsmittel anzuhalten, **Aus- oder Absonderungsrechte** von Gläubigern anzuerkennen. Auch die **Unterlassung von Anfechtungsprozessen** nach den §§ 129 ff steht grundsätzlich im Ermessen des Verwalters. Nur wenn sich das Unterlassen als **offensichtlich verfahrenszweckwidrige Maßnahme** darstellt, sind Zwangsmaßnahmen des Gerichts geboten. So zB, wenn ein Betrieb des Insolvenzschuldners fortgeführt wird, nur oder vornehmlich im Interesse des Schuldners zum Zweck der Unterhaltsgewährung und sonst rechtsmissbräuchlich ist (**BGH** NJW 1980, 55; **LG** Wuppertal KTS 1958, 45). Auch sind Zwangsmaßnahmen angebracht, wenn der Insolvenzverwalter Verträge abschließt, obwohl Befangenheit bzw Interessenkollision vorliegt (**BGH** NJW 1991, 982, 984; MüKo-*Graeber* § 58 Rn 41). Die Aufsichtspflicht bezieht sich auch auf ein Verhalten des Verwalters gegenüber **Massegläubigern** (str aA *Smid* § 58 Rn 13). Nach § 58 Abs 2 kann auch die **Rechnungslegung** durch den Insolvenzverwalter erzwungen werden (**LG** Essen v 13. 5. 1971, KTS 1971, 295 m Anm *Mohrbutter*; K/P/B/*Lüke* § 58 Rn 18; s auch **BGH** NZI 2005, 391 = ZInsO 2005, 483). Hat das Gericht irrtümlich den Umfang seiner Aufsichtspflicht verkannt, weil es sich um eine Zweckmäßigkeits- oder Ermessensentscheidung des Insolvenzverwalters handelt, so sind Androhung und Festsetzung von Zwangsgeld trotzdem wirksam. Dem Verwalter bleibt nur die Möglichkeit, gegen den Beschluss mit der **sofortigen Beschwerde** vorzugehen.

36   Die **Entscheidung von materiell-rechtlichen Fragen** ist grundsätzlich Sache des Insolvenzverwalters. Besteht zB Streit darüber, ob ein Aus- oder Absonderungsrecht gegeben ist, muss dieser Streit vor dem ordentlichen Gericht ausgetragen werden, denn im Aufsichtswege können keine materiell-rechtlichen Streitfragen entschieden werden (Einzelheiten BerlKo-*Blersch* § 58 Rn 10, 11). Verlagert aber ein Insolvenzverwalter zur Insolvenzmasse gehörige **Gelder** über einen längeren Zeitraum auf seine **persönlichen Geschäftskonten**, anstatt sie auf Insolvenzanderkonto zu nehmen, kann das Gericht gezwungen sein, aufsichtsrechtliche Zwangsmaßnahmen zu ergreifen (vgl **AG** Karlsruhe v 25. 11. 1982, ZIP 1983, 101, 102; *Kilger/K. Schmidt* § 83 KO Anm 2). Unzulässig ist die Festsetzung eines Zwangsgeldes, um die Anordnung des Insolvenzgerichts durchzusetzen, dass der Verwalter die von ihm **ausgezahlten Honorare** an einen für die Insolvenzmasse tätig gewesenen Rechtsanwalt **zurückfordert,** weil das Gericht das Honorar für unangemessen hält (**LG** Freiburg ZIP 1980, 438 = Rpfleger 1980, 354; *Kilger/K. Schmidt* § 83 KO Anm 1; *H. Schmidt* Rpfleger 1968, 251; *Schumann/Geissinger* BRAGO § 1 Rn 165; offen lassend *Hess* § 58 Rn 14; **str aA OLG** Köln v 21. 4. 1976, KTS 1977, 56, 62; **LG** Aachen v 23. 11. 1977, Rpfleger 1978, 380). Hat der vorläufige Insolvenzverwalter ohne Verwaltungs- und Verfügungsbefugnis und ohne entsprechende gerichtliche Ermächtigung Verbindlichkeiten im Eröffnungsverfahren begründet, die er später im eröffneten Verfahren als Masseverbindlichkeit nach § 55 Abs 2 berichtigt, so ist das Insolvenzgericht nicht berechtigt, ihn durch Zwangsmaßnahmen zur **Rückforderung der Zahlungen** anzuhalten. Dies gilt insbesondere, wenn der vorläufige Insolvenzverwalter im Wege der **Doppeltreuhand** über ein Sonderkonto Geschäfte im Vorverfahren abgewickelt hat, die einzelne Gläubiger für den Fall der Verfahrenseröffnung sicherstellen (vgl **BGH** ZIP 1989, 1466; *Kreft* FS Merz 1992, S 313 ff; *Feuerborn* KTS 1997, 171, 186 ff; *Gerhardt* JZ 1990, 243, 244; HaKo-*Frind* § 58 Rn 4 m w Literatur). Hier handelt es sich um die materiell-rechtliche Frage, ob der Verwalter die Auszahlung im Rang einer Masseverbindlichkeit vornehmen durfte oder nicht. Diese Frage ist ebenso wie diejenige nach der Wirksamkeit einer Doppeltreuhand vom Prozessgericht zu entscheiden und unterliegt deshalb nicht der Aufsicht des Insolvenzgerichts. Deshalb kann der Rückzahlungsanspruch oder eine Rückforderung nicht erzwungen werden.

XI. Rechtsmittel

37   Der Insolvenzverwalter hat gegen Anordnungen des Insolvenzgerichts, die im Wege der gerichtlichen Aufsicht ergehen, **kein Rechtsmittel** (§ 6 Abs 1; **OLG** Zweibrücken v 23. 11. 2000 InVo 2001, 57;

XII. Haftung wegen Verletzung der Aufsichtspflicht § 58

MüKo-*Graeber* § 58 Rn 62; *Braun/Kind* § 58 Rn 15; N/R/*Delhaes* § 58 Rn 20). Auch die Gläubiger, der Gläubigerausschuss oder die Gläubigerversammlung haben keine Möglichkeit, das Gericht zum Tätigwerden zu zwingen, denn es besteht kein Anspruch auf ein aufsichtsrechtliches Einschreiten (MüKo-*Graeber* § 58 Rn 59). **Lehnt das Gericht ein Tätigwerden** im Aufsichtswege **ab**, so kann hiergegen nicht auf dem Beschwerdewege vorgegangen werden (BGH NZI 2006, 593; LG Göttingen NZI 2000, 491; *Braun/Kind* § 58 Rn 15; *Hess* § 58 Rn 12; s auch OLG Schleswig ZIP 1984, 473). Das gilt selbst dann, wenn das Insolvenzgericht die Aufsichtsmaßnahme in einem förmlichen Beschluss abgelehnt hat. Die **fehlende Beschwerdebefugnis** wird durch die Haftung des Insolvenzverwalters nach den §§ 60, 61 und die Staatshaftung für die ordnungsgemäße Ausübung der gerichtlichen Aufsicht kompensiert (*Braun/Kind* § 58 Rn 15). Lediglich gegen den Beschluss, durch den das Gericht Zwangsgeld gegen den Verwalter festsetzt, steht diesem die **sofortige Beschwerde** zu (§ 6 Abs 1 iVm § 58 Abs 2 S 3). Nimmt der Verwalter im Laufe des Beschwerdeverfahrens die vom Gericht erzwungene Maßnahme vor, so ist der Zwangsgeldbeschluss vom Beschwerdegericht nur aufzuheben, wenn gleichzeitig ausreichende Gründe für die Säumnis dargelegt und erforderlichenfalls nachgewiesen werden. Ist der Zwangsgeldbeschluss wegen Ablaufs der Rechtsmittelfrist rechtskräftig geworden und nimmt nunmehr der Verwalter die gebotene Handlung vor, so ist das Rechtsmittel unzulässig. Der Verwalter hat in diesen Fällen nur die Möglichkeit, beim Insolvenzgericht einen **Antrag auf Aufhebung** des Zwangsgeldbeschlusses zu stellen (MüKo-*Graeber* § 58 Rn 61). Die Ablehnung des Antrags unterliegt gem § 6 Abs 1 keinem Rechtsmittel (BerlKo-*Blersch* § 58 Rn 17). Eine **Vollstreckungserinnerung** analog § 766 ZPO dürfte keine Aussicht auf Erfolg haben (vgl aber LG Oldenburg v 29. 4. 1982, ZIP 1982, 1233; BerlKo-*Blersch* § 58 Rn 17). Hat der **Rechtspfleger** das Zwangsgeld festgesetzt, findet gegen den Festsetzungsbeschluss gem § 11 Abs 1 RPflG ebenfalls die **sofortige Beschwerde** statt, über die das LG zu entscheiden hat. Sowohl der Rechtspfleger als auch der Richter können der Beschwerde abhelfen (§§ 11 Abs 2 S 1 RPflG, 572 Abs 1 ZPO). **Gläubigern** und **sonstigen Verfahrensbeteiligten** stehen gegen Maßnahmen gerichtlicher Aufsicht oder gegen die Unterlassung von Aufsichtsmaßnahmen **keine Rechtsmittel** zu, selbst wenn das Gericht eine entsprechende Anregung durch Beschluss zurückgewiesen hat (§ 6 Abs 1). Vgl BGH v 13. 6. 2006, NZI 2006, 593.

XII. Haftung wegen Verletzung der Aufsichtspflicht

Verletzt das Insolvenzgericht schuldhaft seine Aufsichtspflicht, kommen **Schadenersatzansprüche** des 38 Geschädigten nach § 839 BGB iVm Art 34 GG in Betracht (MüKo-*Graeber* § 58Rn 62; FK-*Kind* § 58 Rn 17; *Jaeger/Gerhardt* § 58 Rn 30, 31; K/P/B/*Lüke* § 58 Rn 15; N/R/*Delhaes* § 58 Rn 24). Die Haftung greift jedoch nur ein, wenn der Schaden nicht vom Geschädigten selbst durch Einlegung eines Rechtsmittels oder durch Anregung zum Einschreiten des Gerichts abgewendet werden konnte. Bei fahrlässigem Verhalten greift die Ersatzpflicht jedoch gem § 839 Abs 1 S 2 BGB nur ein, wenn der Geschädigte nicht auf andere Weise Ersatz zu erlangen vermag. Eine **andere Ersatzmöglichkeit** ist immer gegeben, wenn der Insolvenzverwalter nach §§ 60, 61 oder aus unerlaubter Handlung nach den §§ 823 ff BGB dem Geschädigten unmittelbar haftet, was in den meisten Fällen der Aufsicht zu bejahen sein dürfte. Bei noch **behebbaren Schäden** hat das Insolvenzgericht im Wege der Aufsicht die Beseitigung zu veranlassen (*Uhlenbruck* ZIP 1982, 125, 135). Eine schuldhafte Verletzung der Überwachungspflichten durch den Gläubigerausschuss beseitigt die Staatshaftung nicht. Die Staatshaftung beginnt mit der Annahme des Verwalteramtes und dem Ende des Amtes. Im Einzelfall kann sie über die Verfahrensbeendigung hinaus andauern, wenn den Verwalter im Rahmen einer Nachtragsverteilung oder der Überwachung eines Insolvenzplanverfahrens besondere Pflichten treffen. Lässt der Insolvenzverwalter typische Verwalteraufgaben, wie zB die Erstellung des Rechnungswesens im Schuldnerunternehmen oder die Verwertung der Insolvenzmasse, durch eine GmbH vornehmen, an der er selbst oder ein Angehöriger beteiligt ist, so haftet das Insolvenzgericht für eine **Verletzung erhöhter Sorgfaltspflichten** im Rahmen der Überwachung. Eine Haftung des Staates auf Ersatz des der Insolvenzmasse entstandenen Schadens ist auch zu bejahen, wenn ein **erkennbar ungeeigneter Insolvenzverwalter** vom Gericht nicht entlassen, sondern weiter beschäftigt wird (N/R/*Delhaes* § 58 Rn 24) oder wenn der vorläufige Insolvenzverwalter mit Verwaltungs- und Verfügungsbefugnis trotz verweigerter Zustimmung zur Betriebsstilllegung (§ 22 Abs 1 S 2 Nr 2) das **Schuldnerunternehmen trotzdem stilllegt**, ohne dass das Gericht einschreitet. Eine schuldhafte Verletzung der Aufsichtspflicht liegt auch vor, wenn dem Gericht wichtige Gründe iSv § 59 Abs 1 S 1 bekannt werden, und es nichts unternimmt, um den Verwalter von Amts wegen aus dem Amt zu entlassen. Auch bei tatsächlichen Anhaltspunkten für eine Unzuverlässigkeit eines Verwalters besteht **keine Informationsgewinnungspflicht** des Insolvenzgerichts (OLG Stuttgart ZInsO 2008, 45). Selbst die Verurteilung wegen einer Straftat nach § 283 StGB ist nach Auffassung des **OLG** kein absolutes Kriterium für die Ungeeignetheit oder Unzuverlässigkeit eines Insolvenzverwalters. Der Staat haftet wegen der Bestellung und Nichtabberufung eines ungeeigneten Insolvenzverwalters auch für Schäden, die der Insolvenzmasse aus einer nicht angezeigten Betriebsfortführung durch den Verwalter entstehen, wenn der zuständige Rechtspfleger vom Insolvenzverwalter bestochen worden war und dies dem Insolvenzrichter nicht mitgeteilt hat (OLG München v 18. 7. 1991, ZIP 1991, 1367). Das **OLG** München hat das **Fehlen eines Gläubigerausschusses** sowie die Fortführung des Geschäftsbetriebs als Anlass für eine **verstärkte Kontrolle** angesehen. Macht ein sonstiger Verfahrensbeteiligter das Insolvenzgericht auf gravierende Pflichtverletzungen oder strafbare Handlungen des Insolvenzverwalters aufmerksam, so hat das Gericht dem im Rahmen seiner Aufsichtspflicht nachzugehen. Nach *App* (EWiR § 78 KO 1/91, 1003, 1004) hat das Gericht den Verwalter **unverzüglich zu entlassen**, wenn es erkennt, dass er den Betrieb fortführt, obwohl ein erheblicher Teil der Masseverbindlichkeiten nicht gedeckt sind. Ist das Verfahren nach § 18 Abs 1 RPflG auf den Rechtspfleger übergegangen, so endet die Aufsichtspflicht des Richters. Sie setzt sich nicht etwa in der Form einer Aufsichtspflicht über den Rechtspfleger fort. Vielmehr hat der Staat unmittelbar für das Fehlverhalten des Rechtspflegers und dessen schuldhafte Verletzung der Aufsichtspflicht über den Insolvenzverwalter einzustehen.

39   Entgegen RGZ 154, 296 findet im Haftungsprozess eine **Beweislastumkehr** hinsichtlich der Kausalität nur bei **grober Pflichtverletzung** des Insolvenzgerichts statt. Im Übrigen greift der **Beweis des ersten Anscheins** hinsichtlich der Ursächlichkeit zwischen Verletzung der Aufsichtspflicht und dem eingetretenen Schaden ein, wenn eine schuldhafte Vernachlässigung der gerichtlichen Aufsichtspflicht feststeht (*Jaeger/Gerhardt* § 58 Rn 31). Ein Insolvenzverwalter, der Fremdgelder über einen längeren Zeitraum statt auf dem Anderkonto auf seinem allgemeinen Geschäftskonto belässt, handelt pflichtwidrig. Eine solche Pflichtwidrigkeit muss für das Insolvenzgericht zwingender Anlass sein, den Verwalter – auch im vorläufigen Insolvenzverfahren – aus dem Amt im Wege der Aufsicht gem §§ 21 Abs 2 Nr 1, 59 zu entlassen (AG Karlsruhe v 25. 11. 1982, ZIP 1983, 101; s auch *Jaeger/Gerhardt* § 58 Rn 31). Greift im Rahmen der Staatshaftung der **Beweis des ersten Anscheins** hinsichtlich der Kausalität ein, ist es Sache des Staates, besondere Umstände darzutun, aus denen sich ergibt, dass der Schaden auch bei ordnungsgemäßer Beaufsichtigung eingetreten wäre (RGZ 154, 297; *Jaeger/Gerhardt* § 58 Rn 31). Eine Staatshaftung tritt nur ein, wenn ein **Verschulden des Richters oder Rechtspflegers** bejaht wird. Vor allem bei vorsätzlich kriminellem Verhalten des Insolvenzverwalters wird es an einem Aufsichtsverschulden meist fehlen, weil das Gericht ohne besondere Anhaltspunkte keine Veranlassung hat, eine genaue Prüfung der Unterlagen des Verwalters vorzunehmen. Eine schuldhafte Verletzung der Aufsichtspflicht liegt aber vor, wenn das Gericht Unregelmäßigkeiten beim Verwalter feststellt, die ihn zur Führung des Amtes ungeeignet erscheinen lassen, und es trotz dieser Kenntnis nicht einschreitet.

XIII. Keine Anweisung zur Auskunftserteilung

40   Das Insolvenzgericht ist nicht berechtigt, den Insolvenzverwalter anzuhalten, einem Gläubiger oder einem sonstigen Verfahrensbeteiligten Auskünfte zu erteilen oder ihm Geschäftsbücher zur Einsicht vorzulegen (**AG Köln** NZI 2002, 390). Teilweise wird in der Literatur und Rechtsprechung differenziert, ob es sich im Einzelfall nicht nur um eine materiell-rechtliche, sondern um eine aus der Verwalterstellung und dem Verfahrensbetrieb als solchem resultierende Auskunftspflicht handelt (vgl **BGH** NJW 1968, 300 = BB 1967, 455; **OLG Celle** MDR 1965, 1001; **LG München I** KTS 1967, 182; *Mohrbutter* NJW 1968, 1267; *Senst/Eickmann/Mohn* Rn 44; *Häsemeyer* ZZP 1967, 273). Richtig ist, dass sich der Auskunftsanspruch eines Gläubigers stets gegen den Insolvenzverwalter richtet, wenn die Hauptforderung entweder Insolvenzforderung (§§ 38, 39) oder Masseverbindlichkeit (§ 55) ist (vgl *Jaeger/Henckel* § 3 KO Rn 25). Dies sagt jedoch nichts darüber aus, ob der Insolvenzverwalter vom Gericht zur Erteilung einer Auskunft gegenüber einem Gläubiger im Aufsichtswege angehalten werden kann. Grundsätzlich hat der Insolvenzverwalter entweder in der Gläubigerversammlung oder zu den von der Gläubigerversammlung beschlossenen Zeitpunkten zu berichten und Rechnung zu legen. Die Verfahrensbeteiligten sind auf die **gesetzlichen Berichtspflichten** und Berichtsfristen angewiesen. Sie können sich die benötigten Informationen über den Stand des Verfahrens im Wege der **Akteneinsicht** auf der Gerichtsstelle verschaffen. Soweit der Insolvenzverwalter nach den Vorschriften des bürgerlichen Rechts gegenüber einem Gläubiger auskunftspflichtig ist, ist er vor dem Prozessgericht auf **Auskunft zu verklagen** (**OLG Köln** NJW 1957, 1032). **Ausnahme:** Soweit die InsO gesetzliche **Auskunftspflichten** vorsieht, können diese auch im Wege der Aufsicht nach § 58 durchgesetzt werden, denn es handelt sich um verfahrensrechtliche Pflichten des Verwalters. Weigert sich zB der Insolvenzverwalter, einem **absonderungsberechtigten Gläubiger** gem § 167 Abs 1 S 1 Auskunft über den Zustand des Sicherungsguts oder Auskunft über die Forderung (§ 167 Abs 2 S) zu erteilen, so kann diese Auskunftspflicht mit den Mitteln des § 58 Abs 2 erzwungen werden (zutr KS-*Naumann* S 446 Rn 39; str aA N/R/*Delhaes* § 58 Rn 12, die jedoch von der alten Rechtslage ausgehen). Der Gläubiger ist nicht gehindert, den **Auskunftsanspruch im Prozesswege** durchzusetzen. Er muss sich nicht der Hilfe des Gerichts bedienen, darf es aber. Will der Insolvenzverwalter einen Gegenstand, zu dessen Verwertung er nach § 166 berechtigt ist, an einen Dritten veräußern, so hat er gem § 168 Abs 1 S 1 dem absonderungsberechtigten Gläubiger mitzuteilen, auf welche Weise der Gegenstand veräußert werden soll. Dieser Mitteilungspflicht entspricht ein **Auskunftsanspruch des Sicherungsgläubigers**, der im Aufsichtswege nach § 58 Abs 2 durchgesetzt werden kann.

41   Von der Auskunftspflicht des Insolvenzverwalters zu unterscheiden ist die **Berichtspflicht** (§§ 156 Abs 1 S 1, 261 Abs 2 S 1) oder die **Unterrichtungspflicht** des Insolvenzverwalters (§§ 168 Abs 1 S 2, 262 S 2), die, da Verfahrenspflicht, im Wege der Aufsicht immer durchgesetzt werden kann. Soweit eine verfahrensrechtliche Auskunftspflicht des Verwalters nicht besteht, haben die Gläubiger **kein Recht auf**

Einsicht in die Unterlagen des Verwalters (*W. Henckel*, Pflichten des Konkursverwalters gegenüber Aus- und Absonderungsberechtigten, RWS-Skript Nr 25 2. Aufl S 3). Es gelten für die prozessuale Durchsetzung des Auskunftsanspruchs eines Gläubigers im Übrigen die Grundsätze, die der **BGH** in dem Urteil v 7. 12. 1977 (BGHZ 70, 86, 91) aufgestellt hat. Danach bemisst sich der **Umfang der Auskunftspflicht** des Insolvenzverwalters jedenfalls dann, wenn sie als Nebenverpflichtung der Durchsetzung anderer Ansprüche dienen soll, „nach der **Zumutbarkeit** (§ 242 BGB) und damit nach einer sinnvollen Relation zwischen Arbeits- und Zeitaufwand auf Seiten des Auskunftspflichtigen und dem schutzwürdigen Sicherungsinteresse auf Seiten des Auskunftsberechtigten. Dabei ist zu berücksichtigen, dass der Insolvenzverwalter im Interesse aller am Verfahren Beteiligten auf eine zügige Verfahrensabwicklung bedacht sein muss (vgl **BGH** v 30. 10. 1967 = BGHZ 49, 11, 14 f; *Mohrbutter* NJW 1968, 1627, 1628).

XIV. Herausgabepflichten des ausgeschiedenen Insolvenzverwalters

Ein erheblicher Mangel der §§ 83, 84 KO war es, dass die gerichtliche Aufsichtspflicht sich nicht auf den abgewählten oder aus sonstigen Gründen aus dem Verfahren ausgeschiedenen Verwalter erstreckte. Dem trägt nunmehr § 58 Abs 3 dadurch Rechnung, als auch der entlassene oder aus sonstigen Gründen ausgeschiedene Insolvenzverwalter durch **Zwangsgeld** (§ 58 Abs 2) dazu angehalten werden kann, die Insolvenzakten und sonstigen in seinem Besitz befindlichen Unterlagen an das Gericht oder an einen neu bestellten Insolvenzverwalter herauszugeben (MüKo-*Graeber* § 58 Rn 55/56; BerlKo-*Blersch* § 58 Rn 18). Kommt der entlassene Verwalter der gerichtlichen Aufforderung, eine Teilschlussrechnung einzureichen, nicht nach, so können die gegen ihn **mehrfach festgesetzten Zwangsgelder** den Betrag von **25.000,00 Euro** überschreiten (BGH v 14. 4. 2005, NZI 2005, 391 = ZInsO 2005, 483 = ZIP 2005, 865). Ist allerdings die Verhängung von Zwangsgeld erfolglos, so kommt eine unmittelbare **Herausgabevollstreckung** nicht in Betracht, denn die §§ 883, 887, 888 ZPO finden auch auf den ausgeschiedenen Verwalter keine Anwendung. Die Vorschrift des § 148 Abs 2 ist nicht anwendbar, denn die Gegenstände befinden sich nicht im Gewahrsam des Schuldners, sondern des abberufenen oder abgewählten Insolvenzverwalters (HK-*Eickmann* § 58 Rn 15; FK-*Kind* § 58 Rn 19; MüKo-*Graeber* § 58 Rn 56; *Hess* § 58 Rn 28). Der entlassene Insolvenzverwalter kann gegenüber dem Herausgabeanspruch nicht einwenden, er habe Rechtsmittel gegen die Entlassung eingelegt. Die sofortige Beschwerde hat keine aufschiebende Wirkung (*Hess* § 58 Rn 30). Kommt der entlassene Insolvenzverwalter trotz Zwangsgeldfestsetzung der Verpflichtung zur Herausgabe der Unterlagen nicht nach, bleibt nur die **Herausgabeklage**, die der neu **bestellte Verwalter zu erheben** hat (HK-*Eickmann* § 58 Rn 15; MüKo-*Graeber* § 58 Rn 58; FK-*Frind* § 58 Rn 19). Da der entlassene oder aus sonstigen Gründen ausgeschiedene Insolvenzverwalter bis zur Erfüllung seiner Pflicht zur Herausgabe der Insolvenzmasse noch der Aufsicht des Insolvenzgerichts unterliegt, hat er auf Anordnung des Gerichts nicht nur die gem § 148 Abs 1 in Besitz genommene Masse (§ 35) herauszugeben, sondern auch **sämtliche Unterlagen**, die das Verfahren betreffen. Hierzu gehören auch die **Handakten** über von ihm geführte Rechtsstreitigkeiten (BerlKo-*Blersch* § 58 Rn 18). Nur eine **umfassende Herausgabeverpflichtung** setzt den neu bestellten Verwalter in die Lage, die Abwicklung effektiv weiter zu betreiben und Prozesse, die die Masse betreffen, weiter fortzuführen. Der entlassene Verwalter kann sich nicht auf ein Besitzrecht an der von ihm erstellten Dokumentation berufen, etwa um Schadenersatzansprüche des neuen Verwalters abzuwehren. Man wird ihn allerdings als berechtigt ansehen müssen, sich entsprechende Ablichtungen auf eigene Kosten zu fertigen (BerlKo-*Blersch* § 58 Rn 18). Nach § 58 Abs 3 kann auch die Verpflichtung erzwungen werden, dem neu bestellten Verwalter die **erforderlichen Auskünfte** zu erteilen und nach § 66 **Rechnung zu legen** (BGH NZI 2005, 391 = ZInsO 2005, 483 = ZIP 2005, 865; *Hess* § 58 Rn 28; FK-*Frind* § 58 Rn 18; K/P/B/*Lüke* § 58 Rn 18; str aA bezüglich nachwirkender reiner Auskunfts- und Aufklärungspflichten BerlKo-*Blersch* § 58 Rn 18). Die **Erfüllung von Schadenersatzansprüchen** gegen den entlassenen Verwalter kann vom Gericht nicht im Wege der Aufsicht nicht erzwungen werden. Auch dem entlassenen Verwalter steht gegen den Zwangsgeldbeschluss das Recht der **sofortigen Beschwerde** zu (§ 58 Abs 3, 2 S 3). **Die Erben eines verstorbenen Insolvenzverwalters** unterliegen nicht der insolvenzgerichtlichen Aufsicht. Sie sind zur Rechnungslegung nicht verpflichtet (str aA MüKo-*Nowak* § 66 Rn 35). Die Androhung und Festsetzung von Zwangsgeld ist insoweit unzulässig, da die Erben als Nichtverfahrensbeteiligte nicht der gerichtlichen Aufsicht und Zwangsgewalt unterstehen (HK-*Eickmann* § 58 Rn 16). Die Herausgabe von Unterlagen kann nur im Klagewege erzwungen werden.

§ 59 Entlassung des Insolvenzverwalters

(1) ¹Das Insolvenzgericht kann den Insolvenzverwalter aus wichtigem Grund aus dem Amt entlassen. ²Die Entlassung kann von Amts wegen oder auf Antrag des Verwalters, des Gläubigerausschusses oder der Gläubigerversammlung erfolgen. ³Vor der Entscheidung des Gerichts ist der Verwalter zu hören.

(2) ¹Gegen die Entlassung steht dem Verwalter die sofortige Beschwerde zu. ²Gegen die Ablehnung des Antrags steht dem Verwalter, dem Gläubigerausschuß oder, wenn die Gläubigerversammlung den Antrag gestellt hat, jedem Insolvenzgläubiger die sofortige Beschwerde zu.

§ 59

Übersicht

	Rn
I. Allgemeines	1
II. Erweiterter Anwendungsbereich des § 59	3
1. Entlassung des vorläufigen Insolvenzverwalters	3
2. Entlassung des Treuhänders	4
3. Entlassung des Sachwalters	5
4. Entlassung des Sonderinsolvenzverwalters	6
III. Entlassungsgründe	7
1. Pflichtwidriges Verhalten des Verwalters	8
2. Praktische Beispiele für Entlassungsgründe	10
3. Verdachtsmomente und Gläubigervorwürfe	11
4. Interessenkollision	12
5. Verhältnismäßigkeit	13
6. Gestörtes Vertrauensverhältnis	14
IV. Das Entlassungsverfahren	15
1. Entlassung von Amts wegen	16
2. Entlassung auf Antrag der Gläubigerversammlung oder des Gläubigerausschusses	17
3. Entlassung auf eigenen Antrag des Verwalters, Sachwalters oder Treuhänders	18
4. Die vorherige Anhörung	20
5. Der Entlassungsbeschluss	22
V. Rechtsmittel	24
VI. Rechtsfolgen der Entlassung	26
VII. Die Vergütung des entlassenen Verwalters	27

I. Allgemeines

1 Die Entlassung des Verwalters aus dem Amt ist das letzte Zwangsmittel, wenn die Zwangsmittel des § 58 nicht ausreichen. Bei **schweren Pflichtverstößen** des Verwalters muss der Schutz der Berufsausübungsfreiheit (Art 12 GG) gegenüber den Grundrechten der Gläubiger auf Wahrung ihrer Interessen (Art 14 Abs 1 S 1 GG) zurücktreten (**BGH** v 8. 12. 2005, ZIP 2006, 247, 248). Liegt **kein absoluter Entlassungsgrund** vor, sondern lediglich eine schwerwiegende Pflichtverletzung, so hat das Gericht zunächst die Maßnahmen im Wege der **gerichtlichen Aufsicht** (§ 58) auszuschöpfen. Die Entlassung eines Verwalters wegen Verletzung seiner Berichtspflichten ist zB nur dann gerechtfertigt, wenn die Zwangsgeldfestsetzung nach § 58 Abs 2 erfolglos geblieben ist und die ordnungsgemäße Verfahrensabwicklung und die Rechtmäßigkeit des Verfahrens eine Ablösung im Interesse aller Verfahrensbeteiligten erfordern (LG Göttingen NZI 2003, 499 = ZInsO 2003, 858; *Rechel*, Die Aufsicht des Insolvenzgerichts über den Insovenzverwalter, 2009, S 384 ff).

2 Nach § 59 Abs 1 S 2 kann die Entlassung auch **auf Antrag des Verwalters** erfolgen. Das Gesetz setzt jedoch voraus, dass der Verwalter auf eigenen Antrag vom Gericht nur entlassen werden kann, wenn ein **wichtiger Grund** vorliegt (*Frege/Keller/Riedel* HRP Rn 819). Gleichzeitig ergibt sich aus der Regelung, dass der Verwalter nicht berechtigt ist, sein Amt ohne Einschaltung des Gerichts niederzulegen (MüKo-*Graeber* § 59 Rn 3; *Jaeger/Gerhardt* § 59 Rn 12). Dies würde nach der Begr RegE zu § 70 „der Bedeutung des Amtes und der Bestellung des Verwalters durch das Gericht widersprechen" (BT-Drucks 12/2443, S 128, abgedr bei *Uhlenbruck*, Das neue Insolvenzrecht S 368). Nach *Jaeger/Gerhardt* (§ 59 Rn 12) kann der Verwalter durch Androhung und Festsetzung von **Zwangsgeld** zur Fortführung des Amtes angehalten werden. Die gesetzliche Regelung in § 59 Abs 1 S 2 stellt klar, dass der Verwalter auch selbst aus wichtigem Grund, zB wegen einer ernstlichen Erkrankung, seine Entlassung beantragen kann. Liegt ein wichtiger Grund in der Person des Verwalters vor, hat das Gericht dem Entlassungsantrag zu entsprechen. Nach *Häsemeyer* (Rn 6.33) hat das Gericht die Entlassung ohne Mitwirkung der Gläubigerschaft auszusprechen, sobald die Amtsübernahme durch einen neuen Verwalter gesichert ist. Bei der **Bestellung eines neuen Verwalters** sind die Gläubiger jedenfalls zu beteiligen. Erfolgt die Bestellung eines neuen Verwalters ohne Gläubigerbeteiligung, ist auf entsprechenden Antrag eine außerordentliche Gläubigerversammlung einzuberufen, auf der die Gläubiger gem § 57 S 1 an dessen Stelle eine andere Person wählen können. **Bis zum Wirksamwerden der Entpflichtung, die erst auszusprechen ist**, wenn ein neuer Verwalter zur Verfügung steht, muss der bisherige Verwalter sein Amt fortführen. Eine **Amtsniederlegung** oder „**Kündigung**" ist als Antrag des Verwalters auf gerichtliche Entlassung aufzufassen (*Jaeger/Gerhardt* § 59 Rn 12; N/R/*Delhaes* § 59 Rn 6). Eine erzwungene Fortführung der Geschäfte durch einen Insolvenzverwalter widerspricht in der Regel sowohl dem Verfahrensinteresse als auch demjenigen der Gläubigerschaft (so auch N/R/*Delhaes* § 59 Rn 3, 6). Das Recht zur Entlassung des Insolvenzverwalters ist **kein Disziplinierungs- oder Zwangsmittel des Gerichts** zur Durchsetzung eines bestimmten Verhaltens (zutreffend H/W/F Hdb 5/47). Vielmehr ist die Entlassung nur dann gerechtfertigt, wenn die Zwangsmittel des § 57 Abs 2 erfolglos geblieben sind und die ordnungsgemäße Verfahrensabwicklung sowie die Rechtmäßigkeit des Verfahrens eine Ablösung im Interesse aller Verfahrensbeteiligten erfordern. Da die Entlassung **ultima ratio** ist, die an schwere Pflichtverletzungen des Verwalters anknüpft, stehen die Zwangsmittel des § 58 Abs 2 nicht wahlweise neben der Möglichkeit einer Entlassung aus wichtigem Grund. Kommt der Insolvenzverwalter seinen verfahrensmäßigen Pflichten schuldhaft nicht nach und bleibt eine Zwangsgeldfestsetzung erfolglos, so kann nur ein **neuer Insolvenzverwalter** diese Pflichten im Klagewege gegen den säumigen Verwalter durchsetzen. In solchen Fällen ist die Entlassung Voraussetzung zB für die klageweise Erzwingung von Herausgabepflichten oder für die Durchsetzung von Schadenersatzansprüchen. Dies folgt auch aus § 92 S 2, wonach Ansprüche gegen den Verwalter nur von einem neu bestellten Verwalter geltend gemacht werden können.

II. Erweiterter Anwendungsbereich des § 59

1. Entlassung des vorläufigen Insolvenzverwalters. Die Vorschrift des § 59 gilt gem § 21 Abs 2 Nr 1 auch für die Entlassung des vorläufigen Insolvenzverwalters (MüKo-*Graeber* § 59 Rn 8; HaKo-*Frind* § 59 Rn 1). Auch hier muss ein wichtiger Grund für die Entlassung aus dem Amt gegeben sein. So zB, wenn sich der vorläufige Verwalter als ungeeignet erweist, schwere Pflichtverletzungen oder offensichtliche Amtsunfähigkeit festgestellt wird (**OLG** Zweibrücken NZS 2000, 535; MüKo-*Graeber* § 59 Rn 8; *Pape* DtZ 1995, 40 ff; *Hess/Pape* InsO und EGInsO Rn 49; KS-*Uhlenbruck* S 267 Rn 51). Instruktiv **AG** Halle-Saalkreis v 29. 6. 1993 (ZIP 1993, 1669 = EWiR § 8 GesO 1/93, 885, *Pape; Schmittmann* NZI 2004, 239, 241). Der Aufsicht und Entlassung des vorläufigen Verwalters im Eröffnungsverfahren kommt besondere Bedeutung zu, da die Gläubiger noch keine Mitwirkungsrechte haben. Ist der vorläufige Verwalter seiner Aufgabe nicht gewachsen oder stellen sich sonstige Entlassungsgründe heraus, hat das Gericht schnell zu reagieren. Für Amtsermittlungen (§ 5) ist oftmals keine Zeit. Zu weitgehend die in MüKo-*Graeber* (§ 59 Rn 9) vorgeschlagene Lösung einer **faktischen Entlassung** durch Aufhebung der vorläufigen Verwaltung und anschließender neuer Anordnung mit neuem vorläufigen Verwalter (krit auch HK-*Eickmann* § 59 Rn 2).

2. Entlassung des Treuhänders. Für den **Treuhänder im vereinfachten Insolvenzverfahren** (§ 313 Abs 1 S 3) und für den **Treuhänder im Restschuldbefreiungsverfahren** (§ 292 Abs 3 S 2) gilt § 59 entsprechend. Bei Letzterem gilt die Vorschrift jedoch mit der Maßgabe, dass die Entlassung von jedem Insolvenzgläubiger beantragt werden kann und dass die sofortige Beschwerde jedem Insolvenzgläubiger zusteht (§ 292 Abs 3 S 2). Auch der Treuhänder kann vom Gericht nur **aus wichtigem Grund** aus dem Amt entlassen werden (§§ 292 Abs 3 S 2, 59 Abs 1 S 1).

3. Entlassung des Sachwalters. Im Rahmen der **Eigenverwaltung** (§§ 270 ff) kommt eine Entlassung des eigenverwaltenden Schuldners oder Schuldnervertreters aus dem Verwalteramt nicht in Betracht. § 272, der die **Aufhebung der Anordnung** regelt, ist lex specialis gegenüber der Entlassung. Dagegen findet § 59 entsprechende Anwendung auf den **Sachwalter** (§ 274 Abs 1). Verletzt der Sachwalter im Rahmen der Eigenverwaltung schuldhaft die ihm nach § 274 Abs 2 obliegenden Prüfungs- und Überwachungspflichten, ist das Gericht berechtigt, ihn aus wichtigem Grund entweder von Amts wegen oder auf Antrag des Gläubigerausschusses bzw der Gläubigerversammlung aus dem Amt zu entlassen. Der Sachwalter ist auch selbst berechtigt, den Antrag auf Entlassung aus wichtigem Grund zu stellen (§§ 274 Abs 1 Nr 2, 59 Abs 1 S 2). Besteht im Rahmen der **Überwachung der Planerfüllung** (§ 260) das Amt des Insolvenzverwalters fort (§ 261 Abs 1 S 2), so besteht auch die Aufsicht des Insolvenzgerichts fort. Verletzt der überwachende Insolvenzverwalter schuldhaft seine Anzeigepflichten nach § 262 oder weigert er sich grundlos, seine Zustimmung nach § 263 zu notwendigen Rechtsgeschäften des Schuldners oder der Übernahmegesellschaft zu geben, kann ihn das Gericht entweder von Amts wegen oder auf Antrag des nach § 261 Abs 1 S 1 fortbestehenden Gläubigerausschusses entlassen.

4. Entlassung des Sonderinsolvenzverwalters. Der Sonderinsolvenzverwalter kann nach § 59 aus wichtigem Grund aus dem Amt entlassen werden. Die Entlassung erfolgt entweder von Amts wegen oder auf Antrag des Verwalters selbst, des Gläubigerausschusses oder der Gläubigerversammlung (s *Frege* Der Sonderinsolvenzverwalter Rn 409). Ein Antrag, den Sonderinsolvenzverwalter abzuberufen, kann aber als Anregung an das Amtsgericht verstanden werden, von Amts wegen zu prüfen, ob eine Abberufung des Sonderinsolvenzverwalters in Betracht kommt (vgl auch **BGH** v 1. 2. 2007, ZIP 2007, 547, 548). Dem Insolvenzverwalter, der die Entlassung eines gerichtlich bestellten Sonderinsolvenzverwalters wegen Befangenheit begehrt, steht gegen die ablehnende Entscheidung des Insolvenzgerichts **keine sofortige Beschwerde** zu (**BGH** v 25. 1. 2007, NZI 2007, 284 = ZIP 2007, 548). Nach Auffassung des **BGH** kann die Befangenheit eines Sonderinsolvenzverwalters nur nach Maßgabe der §§ 56–59 geltend gemacht werden. Die Verfahrensvorschriften der ZPO über die Ablehnung von Gerichtspersonen oder Gutachtern finden auf den Sonderinsolvenzverwalter keine Anwendung.

III. Entlassungsgründe

Nach § 59 Abs 1 S 1 kann der Insolvenzverwalter gegen seinen Willen nur aus dem Amt entlassen werden, wenn ein **wichtiger Grund** vorliegt. Die Tatsachen, die den Entlassungsgrund bilden, müssen zur vollen Überzeugung des Insolvenzgerichts feststehen (**BGH** v 8. 12. 2005, ZIP 2006, 247, 248). Die

Feststellung erfolgt **im Wege der Amtsermittlung** (§ 5 Abs 1). Ausnahmsweise kann bereits das **Vorliegen von konkreten Anhaltspunkten** für die Verletzung von wichtigen Verwalterpflichten für eine Entlassung genügen, wenn der Verdacht im Rahmen zumutbarer Amtsermittlung nicht ausgeräumt und nur durch die Entlassung die Gefahr größerer Schäden für die Masse noch abgewendet werden kann (**BGH** ZIP 2006, 247, 248; LG Halle ZIP 1993, 1739).

8   **1. Pflichtwidriges Verhalten des Verwalters.** Nicht jede Pflichtwidrigkeit rechtfertigt zugleich auch eine Entlassung wie zB die Veräußerung eines zur Insolvenzmasse gehörenden Grundstücks ohne die erforderliche Genehmigung der Gläubigerversammlung (**LG Mainz** v 9. 6. 1986, Rpfleger 1986, 490; N/R/*Delhaes* § 59 Rn 7; *Hess*, § 59 Rn 17; s auch **LG Göttingen** NZI 2003, 499 = ZInsO 2003, 858). Auch der Gesetzgeber der InsO stellt in § 59 pauschal auf einen **„wichtigen Grund"** ab, ohne im Einzelnen zu sagen, was dieser wichtige Grund ist oder sein kann. Die Ausfüllung dieses Begriffs bleibt der Rechtsprechung überlassen. Festzustellen ist, dass der frühere „triftige Grund" mit dem Begriff des „wichtigen Grundes" identisch ist. Deshalb kann die ältere Rechtsprechung zu den Entlassungsgründen auch für die InsO herangezogen werden (vgl auch K/P/B/*Lüke* § 59 Rn 4; N/R/*Delhaes* § 59 Rn 7; *Smid* § 59 Rn 11–25; HK-*Eickmann* § 59 Rn 3–6; *Schmittmann* NZI 2004, 239, 241 f; BerlKo-*Blersch* § 59 Rn 3). Eine Entlassung des Verwalters ist immer angezeigt, wenn sein weiteres Belassen im Amt die **Interessen der Gesamtgläubigerschaft** und die **Rechtmäßigkeit der Verfahrensabwicklung** objektiv nachhaltig beeinträchtigt (**BGH** v 8. 12. 2005, NZI 2006, 158 = ZIP 2006, 247, 248 = ZInsO 2006, 147). Ein wichtiger Grund zur Entlassung kann sich nicht nur aus einem pflichtwidrigen Handeln oder Unterlassen des Verwalters ergeben, sondern auch aus einer **unverschuldeten Unfähigkeit** zur Ausübung des Verwalteramtes (vgl auch *Uhlenbruck* KTS 1989, 229, 246; MüKo-*Graeber* § 59 Rn 17; N/R/*Delhaes* § 59 Rn 7). Amtsunfähigkeit ist ua zu bejahen, wenn der Verwalter geschäftsunfähig wird (§ 104 Nr 2 BGB) oder wenn wegen Geistesschwäche, Verschwendung oder Trunksucht für ihn ein Betreuer bestellt wird (§§ 1896 ff BGB). Entlassungsgrund ist auch, wenn der Verwalter in unredlicher Weise bestimmte Gläubiger oder Gläubigergruppen begünstigt (BerlKo-*Blersch* § 59 Rn 3). Die Entlassung ist ebenfalls geboten, wenn sich im Laufe des Verfahrens herausstellt, dass die Voraussetzungen für die Bestellung (§ 56 Abs 1) nicht vorgelegen haben oder entfallen sind. Stellt sich nach Eröffnung des Verfahrens heraus, dass der Verwalter gegenüber dem Gericht verschwiegen hat, an einer von ihm im Rahmen der Verfahrensabwicklung beschäftigten **Verwalter-GmbH** beteiligt zu sein, so rechtfertigt dies bereits eine Entlassung, auch wenn er an diese Gesellschaft keine Gegenstände zum Nachteil der Gläubiger unter Wert verschoben hat (so aber *Pape* DtZ 1995, 40; H/W/F Hdb 5/51).

9   Nicht nur wiederholte Pflichtverletzungen, sondern auch **eine einmalige schwerwiegende Verletzung der Verwalterpflichten**, wie zB die Begehung von **Straftaten** nicht nur im Rahmen der Verfahrensabwicklung reichen aus, eine Entlassung zu rechtfertigen. Dies gilt vor allem für die Tatbestände der Untreue, Unterschlagung, Betrug, Vorteilsgewährung oder Bestechung (BerlKo-*Blersch* § 59 Rn 4). Es genügt, dass der Verwalter Fremdgelder nicht ordnungsgemäß getrennt von seinem sonstigen Vermögen verwaltet (BerlKo-*Blersch* § 59 Rn 4; *Frege/Keller/Riedel* HRP Rn 819 a). Es genügt auch, dass der Verwalter die Straftaten in einem anderen Verfahren begeht oder außerhalb seiner Tätigkeit als Insolvenzverwalter bestraft wird. Es reicht aus, wenn die Beurteilung der Straftat dazu führt, dass das Gericht ihn zur Verwaltung fremden Vermögens als ungeeignet ansieht. Nicht erforderlich ist die **rechtskräftige Verurteilung** des Verwalters wegen einer Straftat. Von der **Rechtsprechung** (LG Halle ZIP 1993, 1739 = EWiR 1993, 1203, 1204 [*Pape*]; LG Magdeburg ZIP 1996, 2116, 2118; LG Magdeburg ZIP 1996, 2119; H/W/F, § 8 GesO Rn 103 ff; ähnlich BGH NZI 2006, 158 = ZInsO 2006, 147 = ZIP 2006, 247, 248) wird der **„böse Schein"** als nicht ausreichend für eine Entlassung angesehen (vgl auch N/R/*Delhaes* § 59 Rn 7; *Schmittmann* NZI 2004, 239, 241; *Rechel*, Die Aufsicht des Insolvenzgerichts S 393 f). Richtig ist das Argument von *Pohlmann* (Befugnisse, Rn 246), dass der „böse Schein" einer nicht ordnungsgemäßen Verwaltung für die Annahme eines wichtigen Grundes iSv § 59 Abs 1 nicht ausreicht, sondern konkrete Pflichtwidrigkeiten des Verwalters nachgewiesen werden müssen. Zutreffend ist auch, dass grundsätzlich eine Entlassung des Verwalters auf bloßer Verdachtsgrundlage nicht zuletzt im Hinblick auf die einschneidenden Folgen dieser Maßnahme für den Verwalter grundsätzlich unzulässig ist (s auch **BGH** v 8. 12. 2005 – IX ZB 308/04, ZIP 2006, 247, 248). In diesen Fällen ist aber zu differenzieren. Sind **Verstöße gegen Verfahrenspflichten** trotz Amtsermittlungen des Insolvenzgerichts (§ 5 Abs 1) nicht nachweisbar, ist eine Entlassung in der Regel nicht gerechtfertigt (vgl *Pape* EWiR 1993, 1203, 1204; H/W/F, § 8 GesO Rn 28). Handelt es sich dagegen um **schwerwiegende Verfehlungen** des Verwalters oder **strafbare Handlungen**, die sich nicht unmittelbar auf das Verfahren beziehen, die jedoch das Vertrauensverhältnis zum Gericht nachhaltig zu erschüttern vermögen, so braucht das Gericht zB die Rechtskraft einer strafgerichtlichen Entscheidung nicht erst abzuwarten (vgl auch **BGH** v 1. 3. 2007 – IX ZB 47/06, NZI 2007, 346; **BGH** ZIP 2006, 247, 248; *Uhlenbruck* KTS 1989, 229, 249). Schon wegen der außerhalb des Verfahrens bestehenden eingeschränkten Ermittlungsbefugnisse ist es dem Insolvenzgericht in diesen Fällen schon aus Gläubigerschutzgründen und Gründen der Haftungsvermeidung nicht zuzumuten, abzuwarten, bis sich der böse Schein zu einer konkreten beweisbaren Tatsache erhärtet hat. Letztlich ist es Sache des Insolvenzverwalters, alles zu unterlassen, was den Anschein erwecken könnte, dass ein wichtiger Grund vorliegt, der das Gericht zur Entlassung berechtigt oder verpflichtet.

III. Entlassungsgründe **§ 59**

2. Praktische Beispiele für Entlassungsgründe: Mangelnde Erreichbarkeit: Büro nicht regelmäßig besetzt, Telefonnummer nicht allgemein zugänglich (LG Göttingen NZI 2003, 441; AG Göttingen NZI 2003, 267, 268); **Vortäuschen der persönlichen Eignung** nach § 56, insbesondere durch strafbare Verwendung eines nicht zustehenden akademischen Grades (BGHZ 159, 122, 130 = NZI 2004, 440 = ZInsO 2004, 669); Verursachung von **Schadensersatzansprüchen** gegen die Insolvenzmasse in beträchtlicher Höhe (HaKo-*Frind* § 59 Rn 5); wiederholte **Nichtbeachtung von Zustimmungserfordernissen**, etwa nach § 22 Abs 1 Nr 2 (AG Göttingen NZI 2003, 268) oder nach § 160 (*Frege/Keller/Riedel* HRP Rn 819 a); Vornahme mehrerer **insolvenzzweckwidriger Handlungen**, wie etwa unentgeltliche Veräußerung von Vermögenswerten oder bevorzugte Befriedigung einzelner Insolvenzgläubiger (MüKo-*Graeber* § 59 Rn 32); mehrfacher Verstoß gegen das **Verbot des Selbstkontrahierens** nach § 181 BGB (MüKo-*Graeber* § 59 Rn 28; *Hess* § 59 Rn 18; K/P/B/*Lüke* § 59 Rn 4); Führung **evident nutzloser Prozesse**, insbesondere, um hierfür besondere Vergütungen über § 5 InsVV zu erhalten (HaKo-*Frind* § 59 Rn 6; MüKo-*Graeber* § 59 Rn 29). Gleiches gilt für die Erledigung steuerlicher Aufgaben und Erklärungen, wenn diese in keiner Weise sachlich gerechtfertigt sind und nur Kosten verursachen (BGHZ 139, 309 = NZI 1998, 77; BGH NZI 2005, 103; *Frege/Keller/Riedel* HRP Rn 819 a); **fehlende Unabhängigkeit**, wenn sich zB nachträglich herausstellt, dass der Verwalter ständig für eine Großgläubigerin tätig ist (vgl auch *Schmittmann* NZI 2004, 239, 240); **fehlende Haftungsbonität** (*Pohlmann* Befugnisse Rn 247); **beleidigendes Verhalten des Verwalters** (OLG Zweibrücken NZI 2000, 535 = ZInsO 2000, 611); **Bevorzugung einzelner oder mehrerer Gläubiger** (OLG Zweibrücken NZI 2000, 373; AG Bonn ZInsO 2002, 641; AG Hamburg ZInsO 2004, 102; HaKo-*Frind* § 59 Rn 5); **Vermischung von Massen** durch „Masse an Masse-Darlehen" (OLG Rostock ZInsO 2004, 814; HaKo-*Frind* § 59 Rn 5; *Hill* ZInsO 2005, 1289, 1293; *Förster* ZInsO 2005, 302). Die Entlassung des vorläufigen oder endgültigen Verwalters sollte immer die ultima ratio sein. Bei **Verletzung verfahrensrechtlicher Pflichten** sind die Maßnahmen der gerichtlichen Aufsicht nach § 58 automatisch vorgeschaltet (umfassend *Schmittmann* NZI 2004, 239 ff).

3. Verdachtsmomente und Gläubigervorwürfe. Denunziationen und „Beschwerden" der Gläubiger reichen grundsätzlich für eine Entlassung des Verwalters nicht aus, vor allem, wenn sie damit begründet werden, der Verwalter habe unzweckmäßige oder wirtschaftlich unvernünftige Entscheidungen getroffen. Begründet allerdings der Vorwurf die **Besorgnis der Parteilichkeit oder der Pflichtwidrigkeit**, kann Anlass für das Gericht bestehen, den „Beschwerden" im Wege der Amtsermittlung (§ 5) nachzugehen. Das gilt vor allem, wenn konkrete Verdachtsgründe für Verfehlungen schwerster Art geäußert werden, zB dass die Gefahr besteht, dass der Insolvenzverwalter größere Ausfälle der Gläubiger verursacht oder Masse veruntreut hat (vgl MüKo-*Graeber* § 59 Rn 14 ff; BerlKo-*Blersch* § 59 Rn 4; *Braun/Kind* § 59 Rn 8). Haltlose Beschuldigungen sind ebenso wenig Entlassungsgrund wie der unbewiesene Vorwurf, der Verwalter habe in unredlicher Weise bestimmte Gläubiger begünstigt. Leitet die Staatsanwaltschaft ein Ermittlungsverfahren gegen den Verwalter ein, hat das Insolvenzgericht die Pflicht, **den beschuldigten Verwalter anzuhören** und ihn zu den Vorwürfen zu vernehmen. Bestreitet der Verwalter den Vorwurf strafbaren Verhaltens mit überzeugenden Gründen, ist das Gericht berechtigt, von einer Entlassung abzusehen.

4. Interessenkollisionen. Eine nicht angezeigte Interessenkollision kann Entlassungsgrund sein (BGHZ 113, 262 = ZIP 1991, 324; OLG Zweibrücken NZI 2000, 373; LG Göttingen NZI 2003, 499; MüKo-*Graeber* § 59 Rn 34; *Schmittmann* NZI 2004, 239, 240). So zB, wenn der Insolvenzverwalter eine Unternehmensberatungs-GmbH gründet und als deren Geschäftsführer gegen Honorar das Schuldnerunternehmen berät. Oder wenn der Verwalter den privaten Erwerb von Grundstücken aus der Masse mit Krediten finanziert, die mit Grundpfandrechten besichert, die er an massezugehörigen Grundstücken bestellt (LG Halle v 28. 1. 1994, ZIP 1994, 572, 577 m Anm *Uhlenbruck* EWiR § 8 GesO 2/95, 1091; *Smid* § 59 Rn 9). Letzerenfalls ist der Erwerb schon nach § 450 Abs 2 BGB unwirksam. Entlassungsgrund ist auch, wenn der Insolvenzverwalter verschwiegen hat, dass er an einer von ihm beauftragten **Verwertungsgesellschaft** beteiligt ist, die zum Nachteil der Gläubiger Vermögensgegenstände unter Wert verschoben hat (*Carl* DZWiR 1994, 78, 81; MüKo-*Graeber* § 59 Rn 34). **Kein Entlassungsgrund** ist es, wenn der (vorläufiger) Insolvenzverwalter sich gegenüber einem Gläubiger oder Lieferanten des Schuldners für **Masseverbindlichkeiten verbürgt** (anders *Hill* ZInsO 2005, 1289, 1291 f). Die Entlassung kann aber sein, wenn die Kanzlei des Verwalters wesentliche Gläubigerinteressen vertritt oder das Unternehmen im Rahmen der Sanierungsversuche bzw Planerstellung beraten und der Verwalter dies dem Gericht nicht angezeigt hat. Eine Entlassung des Verwalters ist auch gerechtfertigt, wenn er über sein berechtigtes Honorarinteresse hinaus zur Masse gehörige Vermögensgegenstände im eigenen Interesse verwertet (*Pape* DtZ 1995, 40, 41; *Hess* § 59 Rn 18; K/P/B/*Lüke* § 59 Rn 4). Entlassungsgrund ist auch eine **dauernde schwere Erkrankung** des Verwalters (MüKo-*Graeber* § 59 Rn 17) oder eine familiäre Problemsituation, die eine ordnungsmäßige Verwaltertätigkeit in Frage stellt. In diesen Fällen ist allerdings zu prüfen, ob es sich nur um eine vorübergehende Verhinderung bzw Untauglichkeit handelt, die mit der Einsetzung eines **Sonderverwalters** überbrückt werden kann (HK-*Eickmann* § 59 Rn 3).

13   **5. Verhältnismäßigkeit.** Das Gericht hat im Rahmen der einzelfallbezogenen Entlassung immer den **Grundsatz der Verhältnismäßigkeit** zu beachten (BGH v 8. 12. 2005, NZI 2006, 158 = ZInsO 2006, 148 = ZIP 2006, 247, 248; LG Göttingen NZI 2003, 499, 500; *Rechel,* Die Aufsicht des Insolvenzgerichts S 392). In jedem Einzelfall bedarf es einer Güterabwägung. Geringe Verfehlungen des Verwalters, vor allem wenn sie im Aufsichtswege korrigiert werden können, rechtfertigen seine Entlassung nicht (vgl *Pohlmann,* Befugnisse Rn 246). Zweifelhaft ist, ob die **fehlende Haftungsbonität** des Insolvenzverwalters eine Entlassung zu rechtfertigen vermag (so *Pohlmann,* Befugnisse Rn 247; N/R/*Delhaes* § 59 Rn 7). Die Tatsache, dass der Rechtsausschuss die Möglichkeit einer Sicherheitsleistung, die ursprünglich in § 65 Abs 2 RegE vorgesehen war, für verzichtbar hielt, bedeutet nicht, dass damit schlechthin ausgeschlossen ist, dass das Insolvenzgericht aus besonderen Gründen dem Verwalter die **Leistung einer Sicherheit** auferlegt. Der „**Entwurf eines Gesetzes zur Verbesserung und Vereinfachung der Aufsicht in Insolvenzverfahren – GAVI**" (ZVI 2007, 577 = KTS 2007, 535) sah in § 60a Abs 1 vor, dass der Insolvenzverwalter verpflichtet ist, eine **allgemeine Berufshaftpflichtversicherung** zur Deckung der sich aus seiner Verwaltertätigkeit ergebenden Haftpflichtgefahren für Vermögensschäden für die Dauer des Insolvenzverfahrens zu unterhalten. Das Bestehen dieser Versicherung hat er dem Gericht jederzeit auf Verlangen und den Gläubigern auf Verlangen in der ersten Gläubigerversammlung nachzuweisen. Die „**Uhlenbruck-Kommission**" (NZI 2007, 507 = ZInsO 2007, 760) hat zu D 2. empfohlen, „die Verpflichtung zum Abschluss einer Vermögenshaftpflicht gesetzlich vorzusehen. Das Bestehen dieser Versicherung habe der Insolvenzverwalter dem Gericht unverzüglich nach der erstmaligen Bestellung und danach einmal jährlich nachzuweisen. Einer Verpflichtung zum Abschluss einer **Vertrauensschadenshaftpflichtversicherung**, wie das GAVI vorsieht, sei nicht einzuführen. Eine andere Frage ist, ob das Fehlen einer für die **Aufnahme in die Vorauswahlliste nach B II. 10.** nachzuweisende Abschluss einer **Vermögensschadenhaftpflichtversicherung** zu einem **Delisting** des Verwalters und damit zu seiner Entlassung führen können. Grundsätzlich ist festzustellen, dass ein Delisting des Verwalters ein ausreichender Grund für die Entlassung sein kann (so auch MüKo-*Graeber* § 59 Rn 17).

14   **6. Gestörtes Vertrauensverhältnis.** Ein gestörtes Vertrauensverhältnis zwischen Verwalter und Insolvenzgericht reicht im Regelfall für eine Entlassung nicht aus (LG Stendal v 20. 1. 1999, ZinsO 1999, 233; MüKo-*Graeber* § 58 Rn 35 u § 59 Rn 19). Zutreffend weist das LG Magdeburg (v 21. 10. 1996, ZIP 1996, 2116, 2117) darauf hin, dass zusätzlich ein **besonderer Entlassungsgrund** vorliegen muss, wie zB eine Pflichtverletzung oder die mangelnde Eignung für das konkrete Verfahren (so auch *Keller* NZI 2009, 633, 635; str aA HK-*Eickmann* § 59 Rn 3; N/R/*Delhaes* § 59 Rn 7, die eine nachhaltige Störung bzw Zerrüttung des Vertrauensverhältnisses ausreichen lassen wollen). Nach Feststellung des **BGH** (BGH v 8. 12. 2005, NZI 2006, 158 = ZIP 2006, 247, 248) stellt die **Zerstörung des Vertrauensverhältnisses** zwischen Gericht und Verwalter keinen Entlassungsgrund dar, wenn die Spannungen nur auf das persönliche Verhältnis zwischen Richter, Rechtspfleger und Verwalter, nicht jedoch auf **sachliche Gründe** zurückzuführen sind (so auch H/W/F Hdb *5/55*). Ein Vertrauensverhältnis zwischen Verwalter und den aufsichtsführenden Gerichtsorganen muss in sachlicher Hinsicht bestehen. **Persönliche Spannungen** zwischen Gericht und Verwalter interessieren insoweit nicht (so auch LG Stendal v 20. 1. 1999, ZInsO 1999, 233; *Hess* § 59 Rn 20). Die Entscheidungen des **AG Halle-Saalkreis** (ZIP 1993, 1669, ZIP 1993, 1667; ZIP 1993, 1743, ZIP 1993, 1912) sowie des **LG Halle** (ZIP 1993, 1739 = EWiR 1993, 1203 [*Pape*]; ZIP 1993, 1739, EWiR 1995, 1091 [*Uhlenbruck*]) zeigen mit aller Deutlichkeit, wie schwierig es im Einzelfall für das Insolvenzgericht ist, die eine Abberufung rechtfertigenden Umstände so zu ermitteln, dass sie einer Überprüfung durch das Beschwerdegericht standhalten. Hat die Störung ihren Grund in dem Verwalter vorgeworfenen **Pflichtverletzungen**, müssen diese **zur Überzeugung des Gerichts grundsätzlich feststehen** (BGH ZIP 2006, 247, 248). Ein bloßer Verdacht reicht nicht aus. Liegt eine Pflichtverletzung vor, die einen wichtigen Grund zur Entlassung des Verwalters darstellt, darf das Gericht von dieser zwar nicht lediglich deshalb absehen, weil die Gläubiger einen Schadensersatzanspruch nach den §§ 60, 61 haben (BGH ZIP 2006, 247, 248; MüKo-*Graeber* § 59 Rn 24). Andererseits ist nicht jede Pflichtverletzung, die einen Schadensersatzanspruch auslöst, zugleich ein wichtiger Grund zur Entlassung (BGH aaO). Grundsätzlich ist ein Insolvenzverwalter zu entlassen, wenn sein Verbleiben im Amt unter Berücksichtigung der schutzwürdigen Interessen des Verwalters die **Belange der Gesamtgläubigerschaft und die Rechtmäßigkeit der Verfahrensabwicklung** objektiv nachhaltig beeinträchtigen würde (BGH v 8. 12. 2005 – IX ZB 308/04, ZIP 2006, 247, 248). Der Insolvenzrichter muss unter Abwägung aller Umstände des Einzelfalles abwägen, ob die Pflichtverletzung des Verwalters so erheblich ist, dass ihre Auswirkungen auf den Verfahrensablauf und die berechtigten Belange der Beteiligten es sachlich nicht mehr gerechtfertigt erscheinen lassen, den Verwalter im Amt zu belassen. Soll das Recht zur Entlassung nicht zur stumpfen Waffe werden, ist dem Insolvenzgericht ein weitgehendes Ermessen einzuräumen. Auch nach Meinung des **BGH** (ZIP 2006, 247, 248) kann **ausnahmsweise bereits bei Vorliegen von konkreten Anhaltspunkten** für die Verletzung von wichtigen Vewalterpflichten eine Entlassung gerechtfertigt sein, wenn der Verdacht im Rahmen zumutbarer Amtsermittlung (§ 5 Abs 1) nicht ausgeräumt und nur durch Entlassung die **Gefahr größerer Schäden für die Masse** noch abgewendet werden kann. Solchenfalls geht das Interesse der Gläubigerschaft an einer gleichmäßigen und bestmöglichen Befriedigung ihrer Forderungen dem Schutz der Berufsausübungsfreiheit (Art 12 GG) vor.

IV. Das Entlassungsverfahren

Der vorläufige oder endgültige Insolvenzverwalter, Sachwalter oder Treuhänder ist nicht berechtigt, 15
sein **Amt niederzulegen oder zu kündigen** (*Jaeger/Gerhardt* § 59 Rn 11; *Häsemeyer* InsR Rn 6.33; MüKo-*Graeber* § 59 Rn 7; HK-*Eickmann* § 59 Rn 6). Eine Amtsniederlegung ohne Einschaltung des Gerichts würde nach Auffassung des Gesetzgebers „der Bedeutung des Amtes und der Bestellung des Verwalters durch das Gericht widersprechen" (Begr zu § 70 RegE = BR-Drucks 1/92 S 128, bei *Uhlenbruck*, Das neue Insolvenzrecht, S 368). Eine ganz andere Frage ist es, ob es sich empfiehlt, einen Verwalter an seinem Amt festzuhalten, wenn er – gleich aus welchen Gründen – dieses Amt nicht mehr fortführen will. Eine erzwungene Insolvenzabwicklung kann niemals im Interesse der Gläubigerschaft sein (HK-*Eickmann* § 59 Rn 6).

1. Entlassung von Amts wegen. Nach § 59 Abs 1 S 2 kann die Entlassung von Amts wegen erfolgen, 16
wenn das Gericht Tatbestände ermittelt, die einen „**wichtigen Grund**" iSv von § 59 Abs 1 darstellen. Liegt ein wichtiger Entlassungsgrund zur Überzeugung des Gerichts vor, hat das Gericht hinsichtlich der Entlassung **keinen Ermessensspielraum** mehr. Anlass zur amtswegigen Prüfung können auch Anregungen nicht antragsberechtigter Beteiligter sein, wie zB des Schuldners oder einzelner Gläubiger. Hierbei ist jedoch grundsätzlich Zurückhaltung geboten (HK-*Eickmann* § 59 Rn 7; MüKo-*Graeber* § 59 Rn 43). Zwischen Schuldner und Insolvenzverwalter besteht naturgemäß eine Interessenkollision, die sich nicht selten auf das persönliche Verhältnis auswirkt. Unqualifizierten Vorwürfen braucht das Gericht nicht nachzugehen. Es liegt in der Natur der Sache, dass der Verwalter regelmäßig auf Grund seiner Rechtsstellung der Kritik einzelner Verfahrensbeteiligter ausgesetzt ist. Werden jedoch schwerwiegende Pflichtverletzungen behauptet, hat das Gericht diesen nachzugehen und den Verwalter zu hören. Das gilt vor allem, wenn erhebliche weitere Schädigungen der Masse durch eine Entlassung vermieden werden können (**BGH KTS 1955, 121**). Auch nach der InsO ist davon auszugehen, dass vor allem bei streitigem Entlassungsgrund das Gericht berechtigt ist, den Verwalter mit sofortiger Wirkung **einstweilig aus wichtigem Grund aus dem Amt zu entlassen**, wenn **Gefahr im Verzug** ist (N/R/*Delhaes* § 59 Rn 4; ähnlich MüKo-*Graeber* § 59 Rn 40).

2. Entlassung auf Antrag der Gläubigerversammlung oder des Gläubigerausschusses. Sowohl die 17
Gläubigerversammlung als auch der Gläubigerausschuss ist berechtigt, den Entlassungsantrag zu stellen (§ 59 Abs 1 S 2). Die Abstimmung der Gläubigerversammlung über die Wahl eines anderen Verwalters (§ 57) stellt einen Antrag auf Entlassung des Verwalters nach § 59 dar (**BGH v 5. 4. 2006 – IX ZB 48/05, NZI 2006, 529**). Die Antragstellung setzt eine ordnungsgemäße Beschlussfassung nach den §§ 72, 76 Abs 2 voraus. Der Insolvenzschuldner oder ein organschaftlicher Vertreter des Schuldnerunternehmens ist zum Entlassungsantrag nicht berechtigt (**LG Frankfurt v 15. 6. 1989, Rpfleger 1989, 474**; *Hess* § 59 Rn 34). Außer dem Nachweis einer **ordnungsgemäßen Beschlussfassung** ist zu verlangen, dass das antragstellende Gläubigergremium seinen Antrag **begründet**. Die Begründung sollte **schriftlich** erfolgen, denn die nach § 59 Abs 1 S 3 notwendige Anhörung macht es erforderlich, dem Verwalter nicht nur den Antrag, sondern auch die Gründe für den Entlassungsantrag zur Kenntnis zu bringen, damit er Stellung nehmen kann (MüKo-*Graeber* § 59 Rn 52; *Jaeger/Gerhardt* § 59 Rn 9). Die Begründungspflicht ergibt sich daraus, dass jeder Entlassungsantrag auf einen wichtigen Grund gestützt werden muss. Auch bei der Entlassung auf Antrag des Gläubigerausschusses oder der Gläubigerversammlung ist das Gericht verpflichtet, Feststellungen zu treffen, ob ein „wichtiger Grund" iSv § 59 Abs 1 S 1 vorliegt. Die Amtsermittlungspflicht (§ 5) greift vor allem ein, wenn der Verwalter die ihm vorgeworfene Interessenkollision oder Pflichtwidrigkeit bestreitet. Bei **Gefahr im Verzug** ist das Gericht auch bei einem Entlassungsantrag der Gläubigerorgane berechtigt, den Verwalter bis zur gerichtlichen Entscheidung **vorläufig seines Amtes zu entheben**. Findet eine vorläufige Amtsenthebung nicht statt, hat der Verwalter nach Einreichung des Entlassungsgesuchs bis zu seiner endgültigen Entlassung sein Amt fortzuführen. Da einzelne Gläubiger kein Antragsrecht auf Entlassung des Verwalters haben, sind solche Anträge als unzulässig zurückzuweisen (BerlKo-*Blersch* § 59 Rn 9). Allerdings können solche Anträge zugleich eine Anregung für das Gericht sein, von Amts wegen das Vorliegen eines wichtigen Entlassungsgrundes zu prüfen und Ermittlungen anzustellen. Eine **Ausnahme** gilt für den **Treuhänder im Restschuldbefreiungsverfahren** nach § 292 Abs 2 S 2. Hier ist jeder einzelne Insolvenzgläubiger berechtigt, Entlassungsantrag zu stellen (HK-*Eickmann* § 59 Rn 8; HK-*Landfermann* § 292 Rn 13; BerlKo-*Goetsch* § 292 Rn 15, 16; K/P/B/*Wenzel* § 292 Rn 14). Für den **Treuhänder im vereinfachten Insolvenzverfahren** (§ 313 Abs 1 S 3) und für die Entlassung eines **Sachwalters** (§ 274 Abs 1) gilt die Vorschrift des § 59 entsprechend, so dass sich keine Abweichungen ergeben.

3. Entlassung auf eigenen Antrag des Verwalters, Sachwalters oder Treuhänders. Als dritte Möglich- 18
keit sieht § 59 Abs 1 S 2 vor, dass die Entlassung auf Antrag des Verwalters erfolgen kann (Einzelheiten MüKo-*Graeber* § 59 Rn 47 ff). Diese Vorschrift findet entsprechende Anwendung auf den Entlassungsantrag des **Treuhänders im Restschuldbefreiungsverfahren** (§ 292 Abs 3 S 2), auf den **Sachwalter** im Rahmen der Eigenverwaltung (§ 274 Abs 1) und auf den **Treuhänder im vereinfachten Insolvenzverfah-**

ren (§ 313 Abs 1 S 3). Es würde der Bedeutung des Amtes und den Interessen der Verfahrensbeteiligten widersprechen, wenn sich ein Insolvenzverwalter jederzeit und ohne Vorliegen eines wichtigen Grundes aus dem Verfahren ausklinken könnte. Deshalb hat der Gesetzgeber in § 59 Abs 1 S 2 auch die Entlassung auf eigenen Antrag des Verwalters, Treuhänders oder Sachwalters vom **Vorliegen eines wichtigen Grundes** abhängig gemacht (§ 59 Abs 1 S 1). Die Regelung stellt sicher, dass der Verwalter sein Amt nicht ohne gewichtige Gründe zur Unzeit niederlegt, und gewährleistet zugleich die Kontinuität der Verfahrensabwicklung. Die **wichtigen Gründe**, die den Insolvenzverwalter zu einem Antrag auf Entlassung berechtigen, sind weitgehend die gleichen wie für die Entlassung von Amts wegen oder auf Antrag eines Gläubigerorgans. Der entsprechenden Anwendung des § 671 Abs 2 BGB bedarf es nicht (K/P/B/*Lüke* § 59 Rn 9). Als wichtiger Grund ist darüber hinaus anzusehen, dass sich der Verwalter mit dem Verfahren **überfordert** fühlt oder bei der Annahme gerechtfertigt ist, dass er sein Amt nicht mehr unbefangen und objektiv gegenüber den Verfahrensbeteiligten ausüben kann (N/R/*Delhaes* § 59 Rn 6). Auch können **Alter**, der eigene **Gesundheitszustand** oder die **Krankheit naher Angehöriger** einen wichtigen Entlassungsgrund darstellen (*Frege/Keller/Riedel* HRP Rn 819). Der Verwalter kann sich aber auch darauf berufen, nach der Trennung von Partner seiner früheren Kanzlei sei er technisch und personell nicht mehr imstande, die anfallenden Abwicklungsarbeiten ordnungsgemäß zu erledigen. Zweifelhaft, aber letztlich zu bejahen, ist die Frage, ob anhaltende **Auseinandersetzungen mit der Gläubigerversammlung** oder dauernder Streit mit dem Gläubigerausschuss wichtige Gründe für einen Entlassungsantrag darstellen. Zutreffend weist *Smid* (§ 59 Rn 13) aber darauf hin, dass der Verwalter auf Grund der im Verfahren geltenden Gläubigerautonomie grundsätzlich an Beschlüsse der Gläubigerversammlung und des Gläubigerausschusses gebunden ist, solange sie nicht vom Insolvenzgericht gem § 78 aufgehoben werden. Würde man dem Verwalter in jedem Fall eines erfolglosen Vorgehens gegen den Beschluss der Gläubigerversammlung oder gegen eine Anweisung des Gläubigerausschusses bzw eine Maßnahme im Wege der Überwachung das Recht einräumen, die Entlassung zu beantragen, könnte er immer mit „Rücktrittsdrohungen" seine eigene Politik durchsetzen (s dazu auch MüKo-*Graeber* § 59 Rn 50). Gerade dies aber ist vom Gesetzgeber nicht gewollt. Etwas anderes gilt für den **vorläufigen Insolvenzverwalter** mit Verwaltungs- und Verfügungsbefugnis, wenn das Gericht einer **Betriebsstilllegung im Eröffnungsverfahren** (§ 22 Abs 1 S 2 Nr 2) nicht zustimmt und damit der vorläufige Verwalter erheblichen Haftungsrisiken nach §§ 60, 61 ausgesetzt wird. Die Tatsache allein, dass das Insolvenzgericht das Insolvenzverfahren eröffnet, obgleich lediglich die Kosten des Verfahrens gedeckt sind (§§ 26 Abs 1, 54), rechtfertigt dagegen einen Eigenantrag auf Entlassung nicht, weil die Begründung von Masseverbindlichkeiten (§ 55), vor allem wenn es sich um oktroyierte Masseverbindlichkeiten handelt, nicht auf Verschulden des Verwalters iSv § 61 beruht. Ist der Verwalter verpflichtet, bis zur Entscheidung der Gläubigerversammlung (§ 157) das Schuldnerunternehmen fortzuführen, so handelt er entsprechend dem gesetzlichen Auftrag, also nicht rechtswidrig oder gar schuldhaft.

19   Das Insolvenzgericht ist nicht verpflichtet, dem **Entlassungsantrag des Verwalters** stattzugeben (OLG Stuttgart OLGZ 23, 305; N/R/*Delhaes* § 59 Rn 6; MüKo-*Graeber* § 59 Rn 51). Richtig ist zwar, dass das Gericht nicht unbedingt an einem Verwalter festhalten sollte, der sein Amt nicht mehr fortführen will (MüKo-*Graeber* § 59 Rn 51; *Jaeger/Gerhardt* § 59 Rn 11; *Braun/Kind* § 59 Rn 10; HK-*Eickmann* § 59 Rn 6). Es trifft auch zu, dass eine erzwungene Fortführung der Geschäfte durch einen Insolvenzverwalter in der Regel sowohl dem Verfahrensinteresse als auch dem Interesse der Gläubigerschaft widerspricht (N/R/*Delhaes* § 59 Rn 6). Dies darf aber nicht dazu führen, dem vorläufigen oder endgültigen Insolvenzverwalter, Treuhänder oder Sachwalter ein **unbeschränktes Recht auf Entlassung** einzuräumen, das letztlich einem Recht auf Amtsniederlegung gleichkommt (s auch *Jaeger/Gerhardt* § 59 Rn 11). Es gilt auch im Rahmen der Entlassung: Wer ein Amt übernimmt, hat dieses grundsätzlich auch bis zum Verfahrensabschluss wahrzunehmen. Wollte man anders entscheiden, wäre schon die Ablehnung eines Vorschusses auf die Vergütung ein „wichtiger Grund", der zum Antrag auf Entlassung berechtigte.

20   **4. Die vorherige Anhörung.** Nach § 59 Abs 1 S 3 ist der Verwalter vor der Entscheidung des Gerichts zu hören. Diese Anhörung ist eine spezielle Ausprägung des allgemeinen Anspruchs auf rechtliches Gehör, der als **zentrales prozessuales Grundrecht** gilt (KS-*Prütting* S 228, 230 Rn 21, 28; BerlKo-*Blersch* § 59 Rn 10; MüKo-*Graeber* § 59 Rn 55; *Rechel*, Die Aufsicht des Insolvenzgerichts S 395 f). Während der Insolvenzverwalter vor der **Abwahl durch die Gläubigerversammlung** (§ 57 S 1) keinen Anspruch auf rechtliches Gehör hat, muss das Gericht ihn bei Entlassung aus wichtigem Grund **vorher anhören** (§ 59 Abs 1 S 3). Die Anhörung hält der Gesetzgeber deshalb für geboten, weil die Entlassung des Verwalters einen erheblichen Eingriff in dessen Rechte darstellt. Bei **Gefahr im Verzug** kann die Frist zur Stellungnahme **kurz bemessen** sein (AG Karlsruhe ZIP 1983, 101, 102; KS-*Vallender* S 268 Rn 62; N/R/*Delhaes* § 59 Rn 8). Droht der Masse auf Grund eines pflichtwidrigen Verhaltens des Insolvenzverwalters ein Schaden oder ist ein solcher Schaden bereits entstanden und droht Gefahr eines weiteren Schadens, so ist das Insolvenzgericht ausnahmsweise berechtigt, den Verwalter **ohne vorherige Anhörung** fristlos zu entlassen (KS-*Vallender* S 268 Rn 62). In diesen Fällen muss das rechtliche Gehör nachgeholt werden. Die Entlassung ohne vorherige Anhörung ist vor allem angezeigt, wenn der Insolvenzverwalter, Treuhänder oder Sachwalter Fremdgelder veruntreut hat und Anstalten macht, sich ins Ausland abzusetzen. Ein Hinauszögern der Entscheidung nur wegen der vorherigen Gewährung rechtli-

IV. Das Entlassungsverfahren **§ 59**

chen Gehörs kann uU zu haftungsrechtlichen Konsequenzen für das Insolvenzgericht führen (KS-*Vallender* S 268 Rn 62). Dem antragstellenden Gläubigerausschuss oder der Gläubigerversammlung ist dagegen kein rechtliches Gehör zu gewähren. Deren Rechtsposition ist durch die Befugnis, gegen die ablehnende Entscheidung sofortige Beschwerde einlegen zu können (§ 59 Abs 2 S 2), hinreichend gewahrt. Hat der Verwalter, Treuhänder oder Sachwalter selbst Antrag auf Entlassung gestellt, entfällt eine Anhörung. Eine **Anhörung erübrigt sich**, wenn der Verwalter flüchtig ist oder wenn er wegen der Art seiner Erkrankung außerstande ist, zu der geplanten Entlassung Stellung zu nehmen (*Jaeger/Gerhardt* § 59 Rn 13; MüKo-*Graeber* § 59 Rn 23). Jedoch ist nach Möglichkeit nachträglich rechtliches Gehör zu gewähren (*Jaeger/Gerhardt* § 59 Rn 13; MüKo-*Graeber* § 59 Rn 40; N/R/*Delhaes* § 59 Rn 8).

In welcher **Form** das rechtliche Gehör zu gewähren ist, ist in § 59 nicht gesagt. Im Zweifel hat das 21 Gericht den schriftlichen oder protokollierten Antrag dem Verwalter zur Stellungnahme mit Fristsetzung zu übersenden. Die Frist muss so bemessen sein, dass der Verwalter Gelegenheit hat, eventuelle Vorwürfe zu entkräften. Andererseits darf die Frist nicht so lang sein, dass eine weitere Schädigung der Insolvenzmasse droht (vgl **LG Göttingen** NZI 2003, 499, 500). In der Praxis empfiehlt es sich, den Verwalter kurzfristig zu laden und zu dem Entlassungsantrag **mündlich anzuhören**. Eine Entlassung von Amts wegen braucht das Gericht **nicht anzudrohen**. Dies gilt auch dann, wenn die Entlassung deswegen erfolgt, weil Zwangsmittel des § 58 Abs 2 nicht ausreichen, den Verwalter zu einer bestimmten Verhaltensweise, wie zB zur Rechnungslegung, anzuhalten. Droht aber das Gericht dem Verwalter unter Darstellung der Gründe die amtswegige Entlassung an, ist damit der Anhörungspflicht iSv § 59 Abs 1 S 3 Genüge getan. Bei schriftlicher Anhörung ist das Gericht erst nach **Ablauf einer gesetzten Erklärungsfrist** berechtigt, die Entlassungsentscheidung zu treffen (BVerfG NJW 1988, 1773, KS-*Vallender* S 212 Rn 8). Da Insolvenzverfahren stets Eilverfahren sind, darf das Gericht **kurze Fristen zur Stellungnahme** setzen (**OLG Köln** ZIP 1984, 1284; KS-*Vallender* S 253 Rn 8). Im Regelfall ist eine **Frist von einer Woche** ausreichend, um dem Verwalter Gelegenheit zur Stellungnahme zu geben. In besonderen Eilfällen reicht eine **Frist von drei Tagen** aus. Verletzt das Gericht seine Pflicht zur Anhörung des Verwalters, so stellt dies einen wesentlichen Verfahrensmangel dar, der im Rechtsmittelverfahren zur Aufhebung der Entlassungsentscheidung führt (KS-*Vallender* S 253, 255 Rn 9, 14). Allerdings kann sich der Verwalter nicht auf den Verstoß gegen den Grundsatz der Gewährung rechtlichen Gehörs berufen, wenn er die ihm eingeräumte Möglichkeit bewusst nicht ausgenutzt hat (*Uhlenbruck* FS *Baumgärtel* S 572 mwN; KS-*Vallender* S 253, 256 Rn 10, 16). Hat das Insolvenzgericht auf Grund der Stellungnahme des Verwalters, Treuhänders oder Sachwalters von Amts wegen **Ermittlungen** angestellt (§ 5), so ist das Ergebnis der Ermittlungen, soweit es für den Verwalter nachteilig ist, diesem mitzuteilen. Ein Gutachten ist ihm in Ausfertigung zu übermitteln. Da es sich insoweit um Amtsermittlungen handelt, ist hinsichtlich der weiteren Stellungnahme zum Ergebnis der Amtsermittlungen keine Frist zur Stellungnahme zu setzen. Vielmehr kann das Gericht sofort entscheiden. Der Verwalter hat in diesen Fällen Einwendungen gegen das Ergebnis der Amtsermittlungen im Beschwerdeverfahren vorzubringen.

5. Der Entlassungsbeschluss. Sowohl bei Entlassung von Amts wegen als auch bei Entlassung auf An- 22 trag des Verwalters, des Gläubigerausschusses oder der Gläubigerversammlung erfolgt die Entlassung des Verwalters durch **gerichtlichen Beschluss**. Ein Beschluss ist auch erforderlich, wenn ein Antrag auf Entlassung des Verwalters zurückgewiesen wird. Sowohl der Entlassungsbeschluss als auch der Zurückweisungsbeschluss ist mit **Gründen zu versehen** (BerlKo-*Blersch* § 59 Rn 11; HK-*Eickmann* § 59 Rn 11). Damit keine verwalterlose Zwischenzeit entsteht, hat das Gericht mit der Entlassung des alten Verwalters gleichzeitig einen **neuen Insolvenzverwalter zu bestellen** (N/R/*Delhaes* § 59 Rn 10; MüKo-*Graeber* § 59 Rn 61; *Rechel*, Die Aufsicht des Insolvenzrechts S 397; BerlKo-*Blersch* § 59 Rn 11; wohl auch K/P/B/*Lüke* § 59 Rn 12). Für die **Entlassungsentscheidung** ist **funktionell der Rechtspfleger** zuständig (**LG Stendal** ZInsO 1999, 233, 234; *Rechel*, Die Aufsicht des Insolvenzgerichts, S 386 f; FK-*Kind* § 59 Rn 14; MüKo-*Graeber* § 59 Rn 40; *Smid* § 59 Rn 2; HK-*Eickmann* § 59 Rn 13; *Jaeger/Gerhardt* § 59 Rn 14; offen lassend **LG Göttingen** ZIP 2003, 1760, 1761; N/R/*Delhaes* § 59 Rn 10). Für die **Ernennung eines neuen Verwalters** soll dagegen nach einer Literaturmeinung der **Richter** gem § 18 Abs 1 Ziff 1 RPflG funktionell zuständig sein (N/R/*Delhaes* § 59 Rn 10). Diese Auffassung vermag nicht zu überzeugen. Die Regelung in § 18 Abs 1 RPflG lässt erkennen, dass der Gesetzgeber das Eröffnungsverfahren einschließlich der **erstmaligen Ernennung** des Insolvenzverwalters dem Richter vorbehalten wollte. Auch für die Fälle der Entlassung und Bestellung eines neuen Insolvenzverwalters im eröffneten Verfahren ist, da der Gesetzgeber offenbar keine Veranlassung zu einer Änderung des § 18 RPflG oder zu einer Klarstellung gesehen hat, davon auszugehen, dass lediglich die **Ersternennung des Insolvenzverwalters** nach den §§ 27 Abs 1 S 1, 56 in die **richterliche Zuständigkeit** fällt. Da im Übrigen die funktionelle richterliche Zuständigkeit mit der Verfahrenseröffnung bei nicht vorbehaltenen Verfahren endet, ist der **Rechtspfleger** nicht nur für die Entlassung des Verwalters, sondern auch für die Bestellung eines neuen Verwalters funktionell zuständig (MüKo-*Graeber* § 59 Rn 40; FK-*Kind* § 59 Rn 14; *Jaeger/Gerhardt* § 59 Rn 14; *Braun/Kind* § 59 Rn 12; HK-*Eickmann* § 59 Rn 13).

Der begründete Beschluss ist dem Insolvenzverwalter und – wenn die Entlassung nicht von Amts 23 wegen erfolgt – dem Antragsteller **zuzustellen**. War der Antrag vom Gläubigerausschuss gestellt worden, hat die Zustellung an jedes Gläubigerausschussmitglied oder an den Bevollmächtigten zu erfolgen. Hatte die Gläubigerversammlung den Antrag auf Entlassung gestellt, ist nach § 59 Abs 2 S 2 an **alle Insolvenzgläubiger zuzustellen** (HK-*Eickmann* § 59 Rn 11). In diesem Fall empfiehlt sich die **öffentliche Bekanntmachung** des Beschlusstenors (HK-*Eickmann* § 59 Rn 11). Hatte nach § 292 Abs 3 S 2 ein **Insolvenzgläubiger die Entlassung des Treuhänders beantragt**, so erfolgt die Zustellung an diesen, wenn dem Antrag nicht stattgegeben wird. Im Übrigen ist der Beschluss, gleichgültig ob der Entlassung stattgegeben wird oder nicht, an den Insolvenzverwalter, Treuhänder oder Sachwalter zuzustellen.

V. Rechtsmittel

24 Gegen die Entlassung steht dem Verwalter die **sofortige Beschwerde** zu (§ 59 Abs 2 S 1). Das gilt auch, wenn der Rechtspfleger entschieden hat. Mangels Beschwer ist die sofortige Beschwerde allerdings unzulässig, wenn der Verwalter selbst den Eigenantrag auf Entlassung gestellt hat (K/P/B/*Lüke* § 59 Rn 11). Ausnahmsweise kann aber eine Beschwer auch bei Stattgeben des Verwaltersantrags gegeben sein, wenn er den Entlassungsantrag auf akute Erkrankung gestützt hatte, das Insolvenzgericht aber die Entlassung mit grober Pflichtverletzung begründet (*Smid* § 59 Rn 5; *Jaeger/Gerhardt* § 59 Rn 16). Bei einer nur **teilweisen Entpflichtung** und Übertragung von Aufgaben auf einen **Sonderinsolvenzverwalter** steht dem Verwalter insoweit ein Beschwerderecht zu, als ihm Rechte entzogen werden (LG Wuppertal ZIP 2005, 1747, 1748; MüKo-*Graeber* § 59 Rn 65). **Kein Beschwerderecht** steht ihm insoweit zu, als der Sonderverwalter berechtigt ist, Schadensersatzansprüche nach § 92 S 2 gegen ihn geltend zu machen (BGH v 25. 1. 2007, NZI 2007, 284 = ZIP 2007, 548; MüKo-*Graeber* § 59 Rn 65). Hat die Gläubigerversammlung die Entlassung beantragt und lehnt das Gericht ab, so ist nach § 59 Abs 2 S 2 **jeder Insolvenzgläubiger** iSv § 38 beschwerdeberechtigt, denn die Gläubigerversammlung als solche hat kein eigenes Beschwerderecht (K/P/B/*Lüke* § 59 Rn 11; N/R/*Delhaes* § 59 Rn 12; FK-*Kind* § 59 Rn 17; HK-*Eickmann* § 59 Rn 12). Unerheblich ist dabei, ob der Insolvenzgläubiger, der die Entlassung des Verwalters beantragt hat, an der Gläubigerversammlung teilgenommen hat (BerlKo-*Blersch* § 59 Rn 14). Das Beschwerdegericht hat nicht zu prüfen, ob der beschwerdeführende Gläubiger gegen den Entlassungsantrag gestimmt hat (HK-*Eickmann* § 59 Rn 12; FK-*Kind* § 59 Rn 17; str aA BerlKo-*Blersch* § 59 Rn 14; KS-*Heidland* S 730 f Rn 42). Bei **bestrittenen Forderungen** hat der beschwerdeführende Gläubiger aber seine Gläubigerstellung iSv von § 38 nachzuweisen, weil die sofortige Beschwerde nur zulässig ist, wenn er Gläubiger ist. Für den **Nachweis der Gläubigerstellung** genügt es aber, dass entweder der Gläubiger in der Gläubigerversammlung abstimmungsberechtigt war (§ 77 Abs 1) oder sich in der Gläubigerversammlung der Verwalter und die erschienenen stimmberechtigten Gläubiger über das Stimmrecht geeinigt haben (§ 77 Abs 2 S 1). Auch genügt eine **Entscheidung des Insolvenzgerichts** über das Stimmrecht nach § 77 Abs 2 S 2. Weil es sich um eine verfahrensrechtliche Frage handelt, die den materiell rechtlichen Bestand der Forderung nicht voraussetzt, kommt eine **Beweiserhebung** hinsichtlich des Bestandes der Forderung im Beschwerdeverfahren nicht in Betracht. Die Beschwerde hat **keine aufschiebende Wirkung** (K/P/B/*Lüke* § 59 Rn 12; MüKo-*Graeber* § 59 Rn 64; FK-*Kind* § 59 Rn 18). Bei Aufhebung der Entlassungsentscheidung tritt der frühere Verwalter automatisch in seine alte Rechtsposition ein (LG Halle ZIP 1993, 1739, 1742). Der neue Verwalter ist abzuberufen (FK-*Kind* § 59 Rn 18).

25 Da es im **Restschuldbefreiungsverfahren** (§§ 286 ff) keine Gläubigerversammlung und auch keinen Gläubigerausschuss gibt, weil das Insolvenzverfahren aufgehoben worden ist, steht gegen die Zurückweisung des Antrags auf Entlassung des Treuhänders **jedem Insolvenzgläubiger** die sofortige Beschwerde zu (§ 292 Abs 3 S 2). Die sofortige Beschwerde hat keine aufschiebende Wirkung (§ 570 ZPO). Hat ein **Schuldner** oder Schuldnervertreter die Entlassung des Verwalters beantragt, so ist der Antrag als unzulässig zurückzuweisen. Der Schuldner hat kein Beschwerderecht, da er nicht antragsberechtigt ist. Gegen den Beschluss, mit dem für die Wohlverhaltensperiode ein neuer **Treuhänder** bestellt wird und der zugleich schlüssig die Entlassung des zuvor für das vereinfachte Insolvenzverfahren bestellten Treuhänders enthält, steht dem **entlassenen Treuhänder** die sofortige Beschwerde zu (BGH NZI 2008, 114). **Absonderungsberechtigte** nehmen gem § 74 Abs 1 S 2 an der Gläubigerversammlung teil und stimmen gem § 77 Abs 3 Nr 2, Abs 2 als Gläubiger in Höhe des gewährten Stimmrechts ab, so dass auch sie beschwerdeberechtigt sind (zutreffend *Smid* § 59 Rn 16). Nach *Smid* (§ 59 Rn 16) handelt es sich in § 59 Abs 2 S 2 um ein Redaktionsversehen, da es für eine Ungleichbehandlung keine „strukturelle Rechtfertigung" gebe. **Kein Recht zur sofortigen Beschwerde** hat der mit der Abberufung neu eingesetzte Verwalter gegen die Wiedereinsetzung des abberufenen (OLG Naumburg ZIP 1994, 162 = KTS 1994, 283; kritisch *Pape* WiB 1994, 411; *ders* DtZ 1995, 40, 43). Ebenso wie der vom Gericht bestellte Insolvenzverwalter kein Beschwerderecht gegen die Abwahl in der ersten Gläubigerversammlung (§ 57 S 1) hat, steht ihm kein Beschwerderecht gegen die Entscheidung des LG zu, durch die der entlassene Verwalter wieder eingesetzt wird. Jeder Verwalter, der bei Entlassung des bisherigen Insolvenzverwalters, Sachwalters oder Treuhänders vom Gericht bestellt wird, muss bis zur Rechtskraft des Entlassungsbeschlusses damit rechnen, dass das Beschwerdegericht den Entlassungsbeschluss aufhebt, und zwar aus Gründen, die nicht in seiner Person liegen. Ein **Zuwarten mit der Bestellung eines neuen Verwalters** (so

HK-*Eickmann* § 59 Rn 11) bis zur Rechtskraft des Entlassungsbeschlusses empfiehlt sich nicht, denn es gibt **kein verwalterloses Verfahren** (*Braun/Kind* § 59 Rn 16; MüKo-*Graeber* § 59 Rn 64). **Nachrangige Gläubiger** (§ 39) sind gem § 77 Abs 1 S 2 nicht stimmberechtigt, so dass sie weder antrags- noch beschwerdeberechtigt sind (*Smid* § 59 Rn 16).

VI. Rechtsfolgen der Entlassung

Mit der Rechtskraft des Entlassungsbeschlusses scheidet der entlassene Insolvenzverwalter, Sachwalter oder Treuhänder aus dem Verfahren aus. Er ist verpflichtet, die Bestellungsurkunde dem Gericht zurückzugeben. Die bisherigen im Hinblick auf die Insolvenzmasse vorgenommenen **Rechtshandlungen bleiben jedoch wirksam** (*Jaeger/Gerhardt* § 59 Rn 20). Eine Ausnahme gilt nur für insolvenzzweckwidrige Maßnahmen, die von Anfang an unwirksam sind. Auch wenn das Gericht mit der Entlassung einen neuen Verwalter bestellt, der Entlassungsbeschluss aber in der Beschwerdeinstanz aufgehoben wird, bleiben die **Rechtshandlungen des neuen Verwalters wirksam** (K/P/B/*Lüke* § 59 Rn 12; *Jaeger/Gerhardt* § 59 Rn 20; MüKo-*Graeber* § 59 Rn 61). Der entlassene Verwalter steht hinsichtlich der **Herausgabepflichten** und deren Durchsetzung weiterhin unter der Aufsicht des Insolvenzgerichts (§ 58 Abs 3). Das Insolvenzgericht ist demgemäß berechtigt, gegen den entlassenen Verwalter nach vorheriger Androhung ein Zwangsgeld festzusetzen (§ 58 Abs 3, Abs 2). Der „Entwurf eines Gesetzes zur Verbesserung und Vereinfachung der Aufsicht in Insolvenzverfahren" (GAVI) sah im § 59 Abs 1 a–c eingehende Regelungen hinsichtlich der Herausgabepflichten des entlassenen Insolvenzverwalters vor. Diese Regelungen haben mit Recht Kritik erfahren (vgl *Zimmer* ZVI 2008, 277 ff).

VII. Die Vergütung des entlassenen Verwalters

Wird der Verwalter, Sachwalter oder Treuhänder durch gerichtlichen Beschluss aus dem Amt entlassen oder verstirbt der Verwalter vor Beendigung des Verfahrens, so ist ihm gleichwohl für die bisherige Tätigkeit vom Gericht eine Vergütung festzusetzen (BerlKo-*Blersch* § 59 Rn 13; *Blersch* § 3 InsVV Rn 29 ff; H/W/F Hdb 5/59; H/W/F, § 1 InsVV Rn 36; *Eickmann* vor § 1 InsVV Rn 10 u § 3 Rn 38). Der ausgeschiedene oder verstorbene Verwalter bzw Treuhänder hat schon durch die Erbringung seiner Leistung mit Beendigung der Tätigkeit einen **fälligen Vergütungsanspruch erworben.** Die Vergütung berechnet sich jeweils nach dem **Wert der der Verwaltung unterstellten Insolvenzmasse** (H/W/F, § 1 InsVV Rn 36). Maßgebend ist nicht das Gesamthonorar für das Verfahren und die Aufteilung zwischen der Abwicklungsleistung des alten und neuen Verwalters nach Quoten (so aber H/W/F Hdb 5/59; BerlKo-*Blersch* § 59 Rn 13). Zutreffend weisen H/W/F (§ 1 InsVV Rn 36) darauf hin, dass sich die sich im Rahmen der Schlussverteilung ergebende Insolvenzmasse erst viel später mit Verfahrensbeendigung feststellen lässt. Zudem braucht sich die Tätigkeit des Ausgeschiedenen nicht unbedingt auf die Masse bezogen zu haben, die als endgültige Teilungsmasse der Vergütungsfestsetzung zugrunde gelegt wird. Vielmehr hat der ausgeschiedene oder entlassene Insolvenzverwalter **Rechnung zu legen** sowie die **seiner Verwaltung unterliegende Masse** darzustellen sowie den **Abarbeitungsstand** nachzuweisen. Dieser Nachweis obliegt im Fall des Todes eines Verwalters oder bei schwerer Erkrankung dem nachfolgenden Verwalter oder einem Praxisverweser, der die Ansprüche des ausgeschiedenen Verwalters geltend zu machen berechtigt ist. Weitergehend OLG Brandenburg v 11. 10. 2001 (NZI 2002, 41 = ZInsO 2001, 1148 = ZIP 2002, 43). Die **Vergütungsfestsetzung** erfolgt nach §§ 1–3 InsVV. Maßgeblich ist der **Stichtag der Beendigung des Amtes.** Fließen nach dem Stichtag noch Werte der Masse zu und ist der Zufluss der Tätigkeit des Ausgeschiedenen zuzurechnen, so sind die Zuflusswerte mit einzurechnen (H/W/F § 1 InsVV Rn 37). Da die Insolvenzverwaltervergütung kein Erfolgshonorar ist, sondern eine Gebühr, fällt die Vergütung auch dann in voller Höhe an, wenn die **Geschäftsführung mangelhaft** war (*Eickmann* vor § 1 InsVV Rn 10; BerlKo-*Blersch* § 59 Rn 13). Der neu bestellte Insolvenzverwalter ist jedoch verpflichtet, eventuelle **Schadenersatzansprüche** gegen seinen Vorgänger geltend zu machen. Abzulehnen ist aber die Auffassung, er sei berechtigt, gegen die Vergütungsansprüche **aufzurechnen** (K/P/B/*Eickmann* vor § 1 InsVV Rn 15 ff; K/P/B/*Lüke* § 59 Rn 10; **str aA** BerlKo-*Blersch* § 59 Rn 12; N/R/*Delhaes* § 59 Rn 13). Nach zutreffender Feststellung des BGH (BGH v 5. 1. 1995, ZIP 1995, 290, 291) stehen einer Aufrechnung des neuen Insolvenzverwalters mit dem Vergütungsanspruch des alten mit einer streitigen Schadenersatzforderung die gleichen prozessualen Hindernisse entgegen wie einer Aufrechnung im Kostenfestsetzungsverfahren (so auch H/W/F § 8 InsVV Rn 28; K/P/B/*Eickmann* vor § 1 InsVV Rn 15; K/P/B/*Lüke* § 59 Rn 10). Nach **Auffassung des BGH** (v 15. 11. 1951, BGHZ 3, 381; BGH ZIP 1995, 290; K/P/B/*Eickmann* vor § 1 InsVV Rn 16) ist gegen die Vollstreckung des ehemaligen Verwalters aus einem Vergütungsfestsetzungsbeschluss aber die Vollstreckungsgegenklage nach § 767 ZPO auch dann zulässig, wenn Gegenforderungen geltend gemacht werden, die aus der Zeit vor der Festsetzung der Vergütung resultieren. Eine Präklusion nach § 767 Abs 2 ZPO tritt insoweit nicht ein, weil der materiell-rechtlich begründete Aufrechnungseinwand im Kostenfestsetzungsverfahren nicht vorgebracht werden kann (vgl *Pape* ZAP-Ost 1996, 749, 765).

§ 60 Haftung des Insolvenzverwalters

(1) ¹Der Insolvenzverwalter ist allen Beteiligten zum Schadenersatz verpflichtet, wenn er schuldhaft die Pflichten verletzt, die ihm nach diesem Gesetz obliegen. ²Er hat für die Sorgfalt eines ordentlichen und gewissenhaften Insolvenzverwalters einzustehen.

(2) Soweit er zur Erfüllung der ihm als Verwalter obliegenden Pflichten Angestellte des Schuldners im Rahmen ihrer bisherigen Tätigkeit einsetzen muß und diese Angestellten nicht offensichtlich ungeeignet sind, hat der Verwalter ein Verschulden dieser Personen nicht gemäß § 278 des Bürgerlichen Gesetzbuchs zu vertreten, sondern ist nur für deren Überwachung und für Entscheidungen von besonderer Bedeutung verantwortlich.

Übersicht

	Rn
I. Allgemeines	1
II. Normadressat	2
1. Insolvenzverwalter	2
2. Vorläufiger Insolvenzverwalter	3
3. Sachverständiger	4
4. Treuhänder im Verbraucherinsolvenzverfahren	6
5. Treuhänder im Restschuldbefreiungsverfahren	7
6. Sachwalter im Rahmen der Eigenverwaltung	8
7. Beteiligte	9
III. Verletzung insolvenzspezifischer Pflichten	12
1. Haftung gegenüber Insolvenzgläubigern	13
2. Haftung gegenüber Massegläubigern	26
3. Haftung gegenüber Aussonderungsberechtigten	29
4. Haftung gegenüber Absonderungsberechtigten	39
5. Haftung gegenüber dem Insolvenzschuldner	46
6. Haftung im Insolvenzplanverfahren	50
IV. Verletzung nichtinsolvenzspezifischer Pflichten	53
1. Zivilrechtliche Haftung	54
a) Vertragliche und vertragsähnliche Haftung	54
b) Deliktische Haftung	58
2. Steuerrechtliche Haftung	60
a) Haftung nach § 60 InsO	62
b) Haftung nach § 69 AO	66
c) Einzelfälle	73
3. Arbeits- und sozialversicherungsrechtliche Haftung	74
a) Sozialversicherungsrechtliche Haftung	75
b) Individualarbeitsrechtliche Haftung	79
c) Kollektivarbeitsrechtliche Haftung	83
4. Öffentlich-rechtliche Haftung	85
V. Kausalität	88
VI. Verschulden	90
1. Haftung für eigenes Verschulden	90
a) Objektiver Maßstab	91
b) Rechtsirrtum	95
2. Haftung für fremdes Verschulden	97
a) Haftung für eigenes Hilfspersonal	98
b) Haftung für Personal des Schuldners	100
3. Zustimmung der Gläubigerversammlung oder des Gläubigerausschusses	102
4. Mitverschulden	105
5. Einzelfälle	108
VII. Anspruchskonkurrenz, Verjährung	109
VIII. Geltendmachung des Schadens	112
1. Keine Primärhaftung der Insolvenzmasse	112
2. Innen- und Außenhaftung des Insolvenzverwalters	114
3. Gesamt- und Einzelschaden der Gläubiger	118
a) Gesamtschaden	119
b) Einzelschaden	112
4. Umfang des Schadensersatzanspruchs	125
a) Schadensberechnung	125
b) Freizeichnungsklauseln	128
5. Gesamtschuldnerische Haftung mehrerer Schädiger	129
6. Haftpflichtversicherung	132
7. Prozessuales	136
a) Zuständigkeit	136
b) Klageantrag	138
c) Parteiwechsel oder -erweiterung	140

I. Allgemeines

Die in § 82 KO nur rudimentär geregelte Haftung des Insolvenzverwalters hat mit den §§ 60–62 eine 1 differenzierte Regelung erfahren (Braun/*Kind* § 60 Rn 1; Jaeger/*Gerhardt* § 60 Rn 1). § 60 stellt einen speziellen Haftungstatbestand für jede Art von Vermögensschaden dar, die einem Beteiligten des Verfahrens durch eine schuldhafte Pflichtverletzung des Insolvenzverwalters entstanden ist (K/P/B/*Lüke* § 60 Rn 5). Der Streit um die **Rechtsnatur der Verwalterhaftung** hat durch die ausdrückliche Regelung der Verjährung in § 62 erheblich an Bedeutung verloren (Braun/*Kind* § 60 Rn 3). Uneinigkeit besteht in dogmatischer Hinsicht darüber, ob die Haftung nach den §§ 60, 61 auf einem **gesetzlichen Schuldverhältnis** zwischen dem Insolvenzverwalter und sämtlichen Verfahrensbeteiligten beruht (so die hM; **BGH** 17. 1. 85 – IX ZR 59/84, BGHZ 93, 278, 283; HaKo/*Weitzmann* § 60 Rn 1; Jaeger/*Gerhardt* § 60 Rn 13) oder lediglich deliktischer Natur ist (Braun/*Kind* § 60 Rn 3) oder ob es sich um Elemente deliktischer und vertragsrechtlicher Natur handelt (*Gerhardt* ZInsO 2000, 574; K/P/B/*Lüke* § 60 Rn 11). Relevant ist diese dogmatische Einordnung für die Frage, ob der besondere Gerichtsstand der unerlaubten Handlung Anwendung findet. Nach Ansicht des **BGH** (17. 1. 85 – IX ZR 59/84, ZIP 1985, 359) war schon die Vorgängernorm des § 82 KO deliktsähnlich mit der Folge, dass sowohl die Verjährungsvorschriften des Deliktsrechts als auch der besondere Gerichtsstand der unerlaubten Handlung (§ 32 ZPO) einschlägig waren (**OLG Celle** 24. 11. 87 – 16 U 99/87, WM 1988, 131; Baumbach/Lauterbach/*Hartmann* § 32 ZPO Rn 9; HaKo/*Weitzmann* § 60 Rn 52; Musielak/*Heinrich* § 32 ZPO Rn 8; Zöller/*Vollkommer* § 32 ZPO Rn 11 a).

II. Normadressat

1. Insolvenzverwalter. Die Vorschrift des § 60 spricht primär von der Haftung des Insolvenzverwalters. Hierunter ist aber nicht nur der Verwalter im eröffneten Verfahren zu verstehen, sondern auch ein etwaiger Sonderinsolvenzverwalter mit lediglich beschränktem Aufgabenkreis und der (nach Verfahrensaufhebung wieder eingesetzte) Insolvenzverwalter im Falle der Nachtragsverteilung. 2

2. Vorläufiger Insolvenzverwalter. Hinsichtlich der Haftung des vorläufigen Insolvenzverwalters verweist § 21 Abs 2 Nr 1 auf die Vorschriften der §§ 60–61. Deshalb gelten für die Haftung des vorläufigen Insolvenzverwalters die gleichen Grundsätze wie für den endgültigen Verwalter. Unterschiede hinsichtlich der Haftung ergeben sich allenfalls aus der begrenzten Rechtsmacht des vorläufigen Insolvenzverwalters ohne Verwaltungs- und Verfügungsbefugnis. Insoweit wird auf die **Kommentierung zu § 22 Rn 198 ff und 222 ff** verwiesen. 3

3. Sachverständiger. § 60 findet auch dann keine Anwendung, wenn der vorläufige Insolvenzverwalter im Rahmen des Eröffnungsverfahrens zugleich als Sachverständiger tätig wird (aA *Wilhelm* DZWiR 2007, 361). Denn die Haftung des Sachverständigen ist in **§ 839a BGB** abschließend geregelt (HaKo/*Weitzmann* § 60 Rn 48). Anders verhält es sich jedoch, wenn der Sachverständige – auch der Nur-Sachverständige – fahrlässig die Notwendigkeit von Sicherungsmaßnahmen nicht erkennt oder schuldhaft deren Anregung bei Gericht unterlässt. Insoweit handelt es sich nämlich nicht mehr um spezifische Sachverständigentätigkeit, sondern um einen **zusätzlichen Auftrag** des Insolvenzgerichts, der eine Nebenpflicht begründet und nur mittelbar mit der Sachverständigentätigkeit zusammenhängt. In diesem Fall ist eine Haftung analog § 60 gerechtfertigt (s o *Vallender* § 22 Rn 227; *Pape* ZInsO 2001, 830, 834). 4

War der Insolvenzverwalter im Rahmen eines Strafprozesses gegen den Schuldner oder organschaftlichen Vertreter des Schuldnerunternehmens als Sachverständiger tätig, richtet sich die Haftung ebenfalls allein nach § 839a BGB. 5

4. Treuhänder im Verbraucherinsolvenzverfahren. Für die Haftung des Treuhänders ist entscheidend, dass § 313 Abs 1 S 3 auf die Vorschriften der §§ 56–66 verweist, so dass der Treuhänder für die Erfüllung seiner insolvenzspezifischen Pflichten den Beteiligten ebenfalls nach § 60 haftet. An die Haftung des Treuhänders sind die gleichen Voraussetzungen geknüpft wie an die des Insolvenzverwalters (*Hergenröder* ZVI 2005, 522, 527; *Marotzke* ZVI 2003, 309). 6

5. Treuhänder im Restschuldbefreiungsverfahren. Bezüglich der Rechtsstellung des Treuhänders im Restschuldbefreiungsverfahren verweist **§ 292 Abs 3 S 2**, anders als § 313 Abs 1 S 2, nur auf die Vorschriften der §§ 58, 59, hingegen nicht auf die sonstigen Vorschriften wie zB §§ 60, 61. In der Literatur wird teilweise hierin eine Gesetzeslücke gesehen und die Anwendung des § 60 auf die Tätigkeit des Treuhänders in der Treuhandphase befürwortet (HK-*Landfermann* § 292 Rn 14; *Häsemeyer* InsR Rn 26.32; *Looff* ZVI 2009, 9 ff; *Maier/Krafft* BB 1997, 2173, 2178). In der Tat spricht für eine analoge Anwendung die vergleichbare Interessenlage von Insolvenzverwalter und Treuhänder. Trotzdem ist davon auszugehen, dass der Gesetzgeber bewusst nicht auf die §§ 60, 61 verwiesen hat, so dass der Treuhänder nur nach allgemeinen Grundsätzen haftet (**OLG Celle** 2. 10. 07 – 16 U 29/07, NZI 2008, 52; 7

§ 60   *Haftung des Insolvenzverwalters*

Hergenröder ZVI 2005, 521, 533). Zu Einzelheiten der Haftung des Treuhänders wird auf die **Kommentierung zu § 292 Rn 11 ff** verwiesen.

8   **6. Sachwalter im Rahmen der Eigenverwaltung.** Ähnlich wie für den Treuhänder nach § 313 ordnet das Gesetz in **§ 274 Abs 1** die entsprechende Anwendung der §§ 56–60, 62–65 für den Sachwalter im Verfahren der Eigenverwaltung nach den §§ 270 ff an. Den Sachwalter trifft somit die persönliche Haftung für die schuldhafte Verletzung insolvenzspezifischer Pflichten nach § 60. Im Rahmen der Haftung ist allerdings zu berücksichtigen, dass der Sachwalter lediglich **Aufsichts-, Überwachungs-** (§ 274 Abs 2, § 284 Abs 2) und **Anzeigepflichten** (§ 274 Abs 3) wahrzunehmen hat. Zur **Mitwirkung** und ggf **Prüfung** ist der Sachwalter nur in den Fällen der §§ 275, 277, 279, 281, 283 Abs 2 S 2, verpflichtet. Alle diese Pflichten sind insolvenzspezifisch, so dass der Sachwalter bei Verletzung einer dieser Pflichten entsprechend § 60 haftet.

9   **7. Beteiligte.** Ersatzberechtigt sind nach § 60 Abs 1 S 1 alle „Beteiligten". Im Gegensatz zu § 154 ZVG, der auf den Kreis der formell Beteiligten abstellt (§ 9 ZVG), wurde schon § 82 KO weit ausgelegt und ein **materiell-rechtlicher Beteiligtenbegriff** zu Grunde gelegt (BGH 4. 12. 86 – IX ZR 47/86, ZIP 1987, 115; HaKo/*Weitzmann* § 60 Rn 6; Jaeger/*Gerhardt* § 60 Rn 22; K/P/B/*Lüke* § 60 Rn 13; anders noch RGZ 74, 258, 262). Dh der Begriff des „Beteiligten" wird an den Pflichten des Insolvenzverwalters orientiert ausgelegt. Beteiligter ist daher jeder, dessen Interessen durch eine Verletzung der dem Verwalter gesetzlich auferlegten Pflichten berührt werden können (**BGH 9. 3. 06 – IX ZR 55/04** NZI 2006, 350; Jaeger/*Gerhardt* § 60 Rn 22; MüKo/*Brandes* §§ 60, 61 Rn 68).

10   Als „Beteiligte" iSv § 60 kommen demnach der **Insolvenzschuldner**, die **Insolvenzgläubiger** einschließlich nachrangiger Gläubiger, die **Massegläubiger** einschließlich der Neugläubiger sowie die **Aus- und Absonderungsberechtigten** in Betracht. Beteiligte sind ferner die als **Hinterlegungsstelle** bestimmte Bank (BGH 30. 1. 62 –VI ZR 18/61, MDR 1962, 39), der **Justizfiskus** (OLG Schleswig 6. 3. 84 – 3 U 150/82, ZIP 1984, 619), der **Staat** als Insolvenzgläubiger, die **Genossen** in der Genossenschaftsinsolvenz, soweit ihre Haftung betroffen wird (MüKo/*Brandes* §§ 60,61 Rn 68), die **Mitglieder einer Personenhandelsgesellschaft** (BGH 22. 1. 85 – VI ZR 131/83, ZIP 1985,423) sowie diejenigen, denen der Verwalter vertraglich verpflichtet ist oder zu denen er in Vertragsverhandlungen tritt. Beteiligter ist auch der Gläubiger eines Befriedigungsanspruchs nach § 106 (OLG Hamm 22. 6. 06 – 27 U 183/05, ZIP 2006, 1911; *Kesseler* NZI 2009, 218). Der **Nacherbe** ist Beteiligter, soweit der Insolvenzverwalter im Insolvenzverfahren über das Vermögen des Vorerben Nachlassgegenstände veräußert hat. Beteiligte sind ferner die Mitglieder eines **Gläubigerausschusses** sowie die Gläubiger kapitalersetzender **Leistungen** trotz des Nachranges nach § 39 Abs 1 Nr 5 (FK-*Kind* § 60 Rn 8).

11   **Kein Beteiligter** ist der **Bürge** im Insolvenzverfahren über das Vermögen des Hauptschuldners, da er selbst nicht teilnimmt, wenn der Gläubiger die verbürgte Forderung als Insolvenzforderung angemeldet hat und diese deshalb nicht nach § 774 Abs 1 BGB auf den Bürgen übergegangen ist (**BGH 11. 10. 84 – IX ZR 80/83**; MüKo/*Brandes* §§ 60, 61 Rn 70). Der Bürge erleidet erst durch den Ausfall eines Insolvenzgläubigers mit seiner Forderung Nachteile. Er ist nur dann Beteiligter, wenn die Forderung gem § 774 Abs 1 BGB *vor* Verfahrenseröffnung auf ihn übergegangen ist. **Organe juristischer Personen** sind keine Beteiligte; sie stehen eher einem Bürgen gleich (BGH 18. 12. 1995 – II ZR 277/94, ZIP 1996, 420; OLG Brandenburg 21. 3. 07 – 7 U 128/06, nv). Gegenüber diesen Organen treffen den Insolvenzverwalter keine insolvenzspezifischen Pflichten, auch nicht hinsichtlich der Auswahl der von ihm für die Masse verfolgten Ansprüche. Soweit Organe juristischer Personen, etwa der Geschäftsführer einer GmbH, durch Fehlentscheidungen des Insolvenzverwalters Entlastungsmöglichkeiten einbüßt, steht er nicht anders als ein Bürge, der durch unzureichende Massemehrung- und erhaltung gleichsam einer höheren Inanspruchnahme ausgesetzt ist. Das Organ ist daher beispielsweise nicht berechtigt, gegenüber dem Insolvenzverwalter einzuwenden, dieser habe die fristgerechte Geltendmachung von Insolvenzanfechtungstatbeständen versäumt (BGH 18. 12. 1995 aaO). **Kommanditisten** einer KG sind selbst dann keine Beteiligten iSv § 60, wenn die KG Insolvenzschuldnerin ist. Kein Beteiligter ist grundsätzlich auch ein **Neumassegläubiger**, der mit dem vorläufigen oder endgültigen Insolvenzverwalter in Vertragsverhandlungen tritt bzw Verträge abschließt. Insoweit handelt es sich nicht um insolvenzspezifische Pflichten, da der Insolvenzverwalter dem Vertragspartner wie jeder andere Vertreter fremder Interessen als Geschäftspartner gegenübertritt. Verletzt der Verwalter solche Pflichten, so haftet er u. U. aus dem Gesichtspunkt des Verschuldens bei Vertragsschluss (c. i. c.; § 311 Abs 3 BGB) oder aus unerlaubter Handlung (§§ 823 ff BGB).

III. Verletzung insolvenzspezifischer Pflichten

12   Die Haftung nach § 60 setzt die Verletzung insolvenzspezifischer Pflichten („nach diesem Gesetz") voraus (**BGH 25. 9. 08 – IX ZR 235/07**, NZI 2008, 735 Rn 3; **BGH 25. 1. 07 – IX ZR 216/05**, ZIP 2007, 539 Rn 7; OLG Düsseldorf 26. 3. 04 – 16 U 216/02, ZIP 2004, 1375). Soweit *nicht*insolvenzspezifische Pflichten verletzt werden, kommt lediglich eine Haftung nach den allgemeinen Vorschriften oder nach Maßgabe haftungsrechtlicher Spezialnormen in Betracht. Um eine Verletzung insolvenzspezi-

III. Verletzung insolvenzspezifischer Pflichten § 60

fischer Pflichten feststellen zu können, muss der dem § 60 zu Grunde gelegte Pflichtenkreis des Insolvenzverwalters bestimmt werden. Dieser wird im Wesentlichen durch die Verfahrensziele sowie die in der InsO kodifizierten Aufgaben, Pflichten und Verantwortungsbereiche des Verwalters determiniert, wobei sich die Pflichten des Insolvenzverwalters gegenüber den einzelnen Beteiligten teils überschneiden, teils aber auch divergieren.

1. Haftung gegenüber Insolvenzgläubigern. Soweit es sich um die Verletzung insolvenzspezifischer 13
Pflichten gegenüber den einzelnen Insolvenzgläubigern handelt, haftet der Insolvenzverwalter diesen persönlich. Schädigt er dagegen durch Handlungen die Gesamtgläubigerschaft, wie zB durch Verletzung der Pflicht zur sorgfältigen Masseverwertung oder zur rechtzeitigen Betriebsstilllegung, so handelt es sich um einen Gesamtschaden (s o Rn 119).

Bereits im Eröffnungsverfahren hat der vorläufige Insolvenzverwalter mit Verwaltungs- und Verfü- 14
gungsbefugnis die Pflicht gegenüber den Insolvenzgläubigern, die vorhandene **Haftungsmasse** nach Möglichkeit zu **erhalten** und vermeidbare Masseminderungen zu unterbinden; die Erhaltung und sorgfältige Verwertung der Insolvenzmasse ist eine insolvenzspezifische Pflicht (**BGH** 12. 11. 87 – IX ZR 259/86, ZIP 1987, 1586, 1588; *Vallender* ZIP 1997, 345, 347). Hinsichtlich der Entscheidung über einen **Anfechtungsverzicht** ist dem Verwalter ein Beurteilungsermessen zuzugestehen (HaKo/*Weitzmann* § 60 Rn 13). Sieht der Verwalter in Fällen sog Druckzahlungen aus wirtschaftlichen Gründen von einer Anfechtung ab, so ist er gehalten, den Sachverhalt ausreichend zu dokumentieren (**BGH** 15. 12. 05 – IX ZR 156/04, ZIP 2006, 431). Eine Masseverkürzung liegt auch in der Führung oder Aufnahme **aussichtsloser Prozesse**. Es besteht jedoch keine generelle Verpflichtung für den Verwalter, die Führung eines aussichtsreichen Prozesses wegen Masseunzulänglichkeit zu unterlassen (s u § 61 Rn 10). Insbesondere begründet § 60 keine persönliche Haftung des Insolvenzverwalters für Kostenerstattungsansprüche des Prozessgegners (**BGH** 2. 12. 04 – IX ZR 142/03, NZI 2005, 155; **OLG** Köln 21. 11. 07 – 2 U 110/07, ZIP 2008, 1131). In der **Freigabe** von Massegegenständen kann eine haftungsrelevante Masseverkürzung liegen, wenn eine Verwertung für die Masse noch einen Überschuss erbracht hätte. Macht der Insolvenzverwalter schuldhaft **werthaltige Forderungen** nicht geltend oder lässt er sie gar verjähren, haftet er gegenüber den Insolvenzgläubigern und dem Schuldner (**BGH** 14. 5. 09 – IX ZR 93/08, nv Rn 12). Rückerstattungsansprüche gegen das Finanzamt sind zu prüfen und ggf geltend zu machen (**OLG Koblenz** 9. 4. 92 – 5 U 471/91, ZIP 1993, 52, 53). Zu Unrecht anerkannte **Aus- und Absonderungsrechte**, die Bedienung einer Insolvenzforderung im Rang einer **Masseverbindlichkeit**, das Übersehen von **Anfechtungslagen** nach den §§ 129 ff oder zu Unrecht anerkannte **Aufrechnungen** können ebenso wie die schuldhafte Nichtbeachtung **arbeitsrechtlicher Vorschriften**, welche die InsO selbst statuiert (zB §§ 120 ff), bei der Kündigung von Arbeitnehmern zu Schadensersatzansprüchen führen.

Haftungsrisiken bestehen sowohl bei **Betriebsfortführung** als auch bei **vorzeitiger Betriebsstilllegung** 15
mit Zustimmung des Gerichts (§ 22 Abs 1 S 2 Nr 2). Denn gleich wie sich der vorläufige Insolvenzverwalter entscheidet, kann die Gläubigerversammlung eine andere Entscheidung treffen (*Kirchhof* ZInsO 1999, 365 ff). Der Verwalter ist zum Schadenersatz verpflichtet, wenn er schuldhaft die Anregung an das Insolvenzgericht unterlässt, den **Schuldnerbetrieb stillzulegen**, und hierdurch die Haftungsmasse in erheblichem Umfang geschmälert wird. Der Insolvenzverwalter haftet ferner, wenn er es entgegen § 158 Abs 1 unterlässt, die Zustimmung des Gläubigerausschusses einzuholen, soweit die Notwendigkeit einer Stilllegung des Schuldnerunternehmens vor dem Berichtstermin offensichtlich wird. Andererseits kann sich aber auch eine Haftung ergeben, wenn er die Betriebsstilllegung zur Vermeidung weiterer Verluste bei Gericht anregt oder empfiehlt und sich später herausstellt, dass durch die Stilllegung eine erkennbar vorhandene **Sanierungschance** mit günstigeren Befriedigungsaussichten für die Gläubiger vertan worden ist (K/P/B/*Lüke* § 60 Rn 23 a). Grundsätzlich ist der Verwalter verpflichtet, mit der Verwertung des Schuldnervermögens erst nach dem ersten Berichtstermin zu beginnen, da die Entscheidung über Fortführung oder Liquidation der Gläubigergesamtheit vorbehalten ist. Der Verwalter darf nicht durch die verfrühte Verwertung oder eine anderweitige Weichenstellung (zB Kündigung von Personal) „Fakten schaffen". Demgemäß sind Verwertungen vor dem ersten Berichtstermin nur zulässig, wenn sie die Gläubigerautonomie nicht beeinträchtigen und mit dem Grundsatz einer masseeffizienten Verwaltung vereinbar sind, wie dies auch außerhalb eines Insolvenzverfahrens bei der Verwertung von Vermögenswerten im gewöhnlichen Geschäftsgang und von Betriebsvermögen, das für die Fortführung nicht zwingend erforderlich ist, der Fall wäre. Notverkäufe sind stets zulässig.

Der Verwalter ist zur **optimalen Verfahrensabwicklung** verpflichtet. Auch eine **überstürzte Verfah-** 16
rensabwicklung zu Liquidationswerten oder eine **übereilte Unternehmensveräußerung** kann daher den Haftungstatbestand des § 60 erfüllen (**BGH** 22. 1. 85 – VI ZR 131/83, ZIP 1985, 423). Allerdings vermag übertriebene Eile oder eine besonders niedrige Preisgestaltung allein die Haftung des Verwalters noch nicht zu begründen. Denn die Veräußerung des Unternehmens muss oftmals rasch und nach kurzer Einarbeitungszeit erfolgen, da sonst der Verlust der (meist nur wenigen) potentiellen Erwerber droht. Je länger das Verfahren andauert, umso schwieriger wird es, ein Unternehmen zu veräußern, zumal vorhandene Aufträge häufig wegbrechen und qualifizierte Mitarbeiter das Insolvenzunternehmen bei nächster Gelegenheit schnell verlassen. Vermeintlich höhere Verwertungserlöse werden daher oft durch weiter laufende Masseverbindlichkeiten überkompensiert und stellen sich daher – bei wirtschaft-

licher Betrachtung – aufgrund des negativen Deckungsbeitrages als das schlechtere Ergebnis dar. Ein Verschulden des Verwalters setzt in diesem Fall nicht nur eine **unternehmerische Fehlentscheidung** voraus, sondern auch eine „gewisse Leichtfertigkeit".

17   Im eröffneten Verfahren hat der Insolvenzverwalter gem §§ 148, 159, 166, 170, 187 die Insolvenzmasse in Besitz zu nehmen, zu bereinigen, zu verwerten und den Erlös an die Gläubiger zu verteilen. Wie § 60 Abs 1 S 2 zeigt, hat der Verwalter die Liquidation oder Geschäftsfortführung mit der **Sorgfalt eines ordentlichen und gewissenhaften Geschäftsleiters** durchzuführen (BGH 4. 12. 86 – IX ZR 47/86, ZIP 1987, 115). Haftungsgefahren bestehen hier, wenn der Insolvenzverwalter die **wirtschaftliche Situation des Schuldnerunternehmens** und ihre Ursachen im Berichtstermin gem § 156 Abs 1 S 1 **falsch darstellt**, so dass die Gläubigerversammlung eine den Gläubigern (und damit auch dem Schuldnerunternehmen) nachteilige Entscheidung trifft. Dies gilt auch, wenn die Gläubigerversammlung auf Betreiben des Verwalters einen wirtschaftlich günstigen **Insolvenzplan** des Schuldners (§ 218 Abs 1) ablehnt und hierdurch eine aussichtsreiche Sanierung scheitert (MüKo/*Brandes* §§ 60, 61 Rn 65). Eine Haftung des Verwalters scheidet allerdings aus, wenn die Ablehnung auf der Grundlage richtiger Feststellungen zu Risiken und Chancen einer Sanierung basiert und im Rahmen einer ex ante Betrachtung vertretbar war. Ein **Mitverschulden** kommt in Betracht, wenn die Gläubiger von der Möglichkeit des § 163, Verwertungsmaßnahmen des Insolvenzverwalters zu verhindern, keinen Gebrauch machen.

18   Der Verwalter haftet für die Verletzung seiner **Buchführungs- und Rechnungslegungspflichten** (§ 155 Abs 1 S 2). Auch die steuerlichen Belange des Schuldners ohne Schuldnerunternehmens hat der Verwalter wahrzunehmen und gegen zu hoch geschätzte Steuerforderungen durch das Finanzamt vorzugehen (BGH 29. 5. 79 – VI ZR 104/78, BGHZ 74, 316, 320). Im Rahmen des ihm Zumutbaren muss er sich auch um die Vervollständigung einer bei Verfahrenseröffnung mangelhaften Buchführung bemühen, wenn diese im Hinblick auf die steuerlichen Anforderungen noch in Ordnung gebracht werden kann (BGH 29. 5. 79 aaO). Eingehende **Steuerbescheide** sind auf Ihre Richtigkeit zu kontrollieren und ggf im Wege des Einspruchs anzufechten (**OLG Köln** 20. 12. 79 – 12 U 170/78, ZIP 1980, 94). Keine Pflichtverletzung des Insolvenzverwalters einer GmbH wegen unterlassener Geltendmachung von **Steuererstattungsansprüchen** und folglich auch keine Haftung nach § 60 besteht bei aufrechenbaren Gegenansprüchen des Finanzamts (**OLG Koblenz** 9. 4. 92 – 5 U 471/91, ZIP 1993, 52). Anders verhält es sich bei einer natürlichen Person oder bei einer werbenden juristischen Person, weil hier eine Steuererstattung die Steuerschuld mindert (**OLG Koblenz** 9. 4. 92 aaO).

19   Zu den Pflichten gehört auch, dafür Sorge zu tragen, dass die **Forderungen** ordnungsgemäß zur Tabelle angemeldet, **geprüft** und **festgestellt** werden können. Ob und in welchem Umfang dem Insolvenzverwalter eine Pflicht obliegt, den Gläubiger auf Mängel seiner Anmeldung hinzuweisen, ist in Literatur und Rechtsprechung umstritten. Nach zutreffender Ansicht kommt eine **Hinweispflicht** des Insolvenzverwalters allenfalls bei offensichtlichen Mängel der Anmeldung in Betracht (s u § 174 Rn 44 f; **OLG Stuttgart** 29. 4. 08 – 10 W 21/08, ZIP 2008, 1781; **aA KG** Berlin 2. 6. 87 – 7 U 107/87, ZIP 1987, 1199; K/P/B/*Lüke* § 60 Rn 23). Der Insolvenzverwalter ist vor Einlegung des Widerspruchs nicht verpflichtet, den Gläubiger zuvor auf Schlüssigkeitsmängel hinzuweisen. Das Risiko einer unzulänglichen Forderungsanmeldung trägt allein der Gläubiger. Dieser ist gehalten, den Insolvenzverwalter vor Klageerhebung fristgebunden zur Mitteilung aufzufordern, welche Umstände einer Feststellung der Forderung zur Insolvenztabelle entgegenstehen. Unterlässt der Gläubiger eine Nachfrage, so trägt er im anschließenden Feststellungsverfahren das Kostenrisiko hinsichtlich eines sofortigen Anerkenntnisses, wenn der Verwalter die Forderung nunmehr erstmalig auf Basis eines schlüssigen Klagevortrags prüfen kann. Der Verwalter braucht die Unterlagen des Schuldners auch nicht nach etwaigen Gläubigern zu durchsuchen. Dies zeigt schon die Bekanntmachungsfiktion des § 9 Abs 3. Ebenso wenig muss sich der Insolvenzverwalter die erforderlichen Nachweise und Unterlagen selbst beschaffen (**BGH** 22. 1. 09 – IX ZR 3/08, ZIP 2009, 483 Rn 31).

20   **Erkennt** der Verwalter eine **Forderung nachträglich an**, die er im Prüfungstermin ohne Prüfung der Berechtigung zunächst bestritten hatte, haftet er für den durch das Bestreiten entstandenen Schaden (**LG Osnabrück** 23. 11. 83 – 1 S 344/83, ZIP 1984, 91). Eine Pflichtverletzung kann es darstellen, wenn er die Feststellung der angemeldeten Forderungen dadurch verzögert, dass er zunächst einmal die Forderungen **vorläufig bestreitet**, obwohl er sowohl zeitlich als auch aufgrund der zur Verfügung stehenden Unterlagen zu einer abschließenden Prüfung in der Lage war (zur Erstattungsfähigkeit der Kosten: s u § 178 Rn 18).

21   Versäumt es der Verwalter schuldhaft, die Forderung eines Gläubigers in das **Schlussverzeichnis** aufzunehmen, haftet er gegenüber dem Gläubiger auf Schadenersatz (**BGH** 9. 6. 94 – IX ZR 191/93, NJW 1994, 2286). Den geschädigten Gläubiger trifft in diesem Fall ein Mitverschulden, wenn er keine Einwendungen gegen das Schlussverzeichnis erhoben hat (**BGH** 9. 6. 94 aaO; **OLG Hamm** 29. 11. 82 – 5 U 232/81, ZIP 1983, 341).

22   Die Pflicht zur **Verteilung gem §§ 187 ff** an die Insolvenzgläubiger obliegt dem Verwalter gegenüber den einzelnen Gläubigern als insolvenzspezifische Pflicht (*Vallender* ZIP 1997, 345, 348). Während für Abschlagsverteilungen dem Verwalter ein Ermessensspielraum zuzugestehen ist (s u § 187 Rn 8), kann eine verzögerte Einreichung der Schlussrechnung Verzugsforderungen begründen und darüber hinaus Schadenersatzansprüche nach § 60 (**BGH** 1. 12. 88 – IX ZR 61/88, ZIP 1989, 50 für Steuerforderungen

III. Verletzung insolvenzspezifischer Pflichten **§ 60**

als Insolvenzforderungen; anders bei Steueransprüchen als Masseschuld, für die allein § 69 AO gilt). Ein Insolvenzverwalter, der nicht zur Tabelle angemeldete Insolvenzforderungen erfüllt (**BGH 5. 10. 89 – IX ZR 233/87, ZIP 1989, 1407, 1409**), handelt ebenso pflichtwidrig wie ein Verwalter, der die Gläubiger zu unterschiedlichen Bruchteilen befriedigt und damit gegen den verfahrensrechtlichen Grundsatz der gleichmäßigen Gläubigerbefriedigung verstößt (HaKo/*Weitzmann* § 60 Rn 11). Die in § 39 statuierte Rangfolge ist zwingend zu beachten. Der Insolvenzverwalter hat bei der **Schlussverteilung** sämtliche im Gläubigerverzeichnis aufgeführten Forderungen zu beachten und die Quoten entsprechend auszuschütten (**BGH 9. 6. 94 – IX ZR 191/93, ZIP 1994, 1118, 1119**; *Vallender* ZIP 1997, 345, 348), zumal fehlerhafte Verteilungen nicht mehr über § 812 BGB korrigiert werden können (**BGH 17. 5. 84 – VII ZR 333/83, ZIP 1984, 980**). Umstritten ist, ob es eine Pflichtverletzung darstellt, wenn der Treuhänder die Schlussverteilung nach § 196 nicht unmittelbar nach Beendigung der Verwertung vornimmt, etwa weil die Aussicht auf Mehrung der Masse durch eine Erbschaft besteht (bejahend *Hergenröder* ZVI 2005, 521, 527; aA [ein zu erwartender nennenswerter Neuerwerb hindere Schlussverteilung] MüKo/ *Füchsl/Weißhäupl* § 196 Rn 2; s u *Vallender* § 196 Rn 3). Wie sich aus § 196 ergibt, soll die Schlussverteilung zeitnah nach Abschluss der Masseverwertung erfolgen. Allenfalls konkrete und unmittelbar bevorstehende Massezuwächse können ein Hinauszögern der Verteilung rechtfertigen, nicht aber nur vage Aussichten, zumal diese der Nachtragsverteilung vorbehalten bleiben können. Bei Erberwartungen kommt hinzu, dass es dem Schuldner unbenommen ist, die Erbschaft auszuschlagen (§ 83 Abs 1; **AG Göttingen 17. 1. 03 – 74 IK 191/01, NZI 2003, 217**; K/P/B/*Lüke* § 83 Rn 2), ohne die Restschuldbefreiung zu gefährden (**LG Mainz 23. 4. 03 – 8 T 79/03, ZVI 2003, 362**).

Im Rahmen der **Verletzung öffentlich-rechtlicher Pflichten** ist eine differenzierende Betrachtungsweise angezeigt. Nach dem Wortlaut des § 60 Abs 1 S 1 („nach diesem Gesetz") greift § 60 nicht ein, wenn Pflichten nach anderen Gesetzen (zB Umweltgesetzen, Steuergesetzen) verletzt werden. So führt der Verstoß gegen **steuerrechtliche Pflichten nach der AO** zu einer Haftung nach § 69 AO, während die Haftung nach § 60 eingreift, wenn der Steuergläubiger wie jeder andere Gläubiger am Insolvenzverfahren teilnimmt wie zB bei der Verteilung der Insolvenzmasse (zur Abgrenzung: **BGH 1. 12. 88 – IX ZR 61/88, ZIP 1989, 50**; K/P/B/*Lüke* § 60 Rn 52; zu Einzelheiten s u Rn 60 ff). 23

Eine Haftung kommt auch in Betracht, wenn der Insolvenzverwalter es unterlässt, für einen ausreichenden **Versicherungsschutz** vor Schäden durch Diebstahl, Feuer, Wasser oder Sturm zu sorgen. Schuldhaft handelt der Verwalter hierbei allerdings nur, wenn eine ausreichende Masse zur Zahlung der Versicherungsprämien vorhanden ist und der Versicherungsschutz die Nutzung bzw Verwertung der Massegegenstände im Rahmen des Insolvenzzwecks gesichert hätte (**BGH 29. 9. 88 – IX ZR 39/88, NJW 1989, 1034, 1035**). Dagegen sind **Verkehrssicherungspflichten** allgemeine und daher keine insolvenzspezifische Pflichten, für die der Verwalter nur nach den allgemeinen Vorschriften der §§ 823, 831 BGB haftet (**BGH 17. 9. 87 – IX ZR 156/86, ZIP 1987, 1398, 1399**). 24

Einzelfälle: 25
– Der vorläufige Insolvenzverwalter ist jedenfalls in der Insolvenz **juristischer Personen** verpflichtet, noch nicht genehmigten **Lastschriften** zu **widersprechen**; dies gilt auch im Hinblick auf die Genehmigungsfiktion der Nr 7 Abs 3 AGB-Banken (**BGH 21. 9. 06 – IX ZR 173/02, NZI 2006, 697**; G. *Fischer* WM 2009, 629; *Ries* ZInsO 2009, 889).
– Der vorläufige Insolvenzverwalter mit Zustimmungsvorbehalt kann der Kontobelastung auch dann widersprechen, wenn die Vertragsparteien für den **Lastschrifteinzug** zwar das **Abbuchungsauftragsverfahren** vereinbart haben, der Forderungseinzug aber abweichend im Einzugsermächtigungsverfahren erfolgt (**LG Düsseldorf 10. 11. 06 – 39 O 12/06, EWiR 2007, 55**).
– Nach Ansicht des AG Hamburg (**28. 6. 07 – 68 g IK 272/07, NZI 2007, 598**; zust *Frind* ZInsO 2008, 1357, 1358; *Homann* ZVI 2008, 156.160) ist der **Treuhänder** verpflichtet, sämtlichen **Lastschriften** des Schuldners inkl. etwaiger Mietzinszahlungen zu widersprechen, ohne dass es hierfür eines besonderen Anlasses bedürfte (str, **aA** [für Geschäfte der **Grundversorgung** des Schuldners] *Grote* ZInsO 2009, 9 ff; *Hofmann* NZI 2008, 537; *Dawe* ZVI 2007, 549; vgl auch **LG Hamburg 7. 7. 08 – 326 T 16/08, NZI 2008, 570**).
– Ein vorläufiger Insolvenzverwalter mit Zustimmungsvorbehalt ist insolvenzrechtlich nicht verpflichtet, der **Weiterleitung von Mietzahlungen**, die der Schuldner als Zwischenvermieter erhält, an den Hauptvermieter zuzustimmen (**BGH 24. 1. 08 – IX ZR 201/06, NZI 2008, 295 Rn 13**).
– In einem nach § 93 geführten Rechtsstreit ist der Insolvenzverwalter zum **Abschluss eines Vergleichs** mit dem persönlich haftenden Gesellschafter selbst dann berechtigt, wenn dies mit dem teilweisen Erlass der Forderung verbunden ist (**LAG Berlin-Brandenburg 29. 3. 07 – 17 Sa 1952/06, EWiR 2007, 725**).
– Anfechtbare Rechtshandlungen sind zu ermitteln und der **Anfechtungsanspruch** bei Erfolgsaussicht gerichtlich durchzusetzen (**BGH 22. 4. 03 – IX ZR 128/03, NZI 2004, 496**; *Huber* NZI 2004, 497).
– Grundsätzlich besteht keine Verpflichtung des Insolvenzverwalters, Arbeitnehmern Hinweise und Auskünfte zum **Insolvenzgeld** zu erteilen (**BSG 4. 3. 99 – B 11/10 AL 3/98 R, DBlR 4524, AFG/§ 141 e**; vgl auch **BAG 29. 9. 05 – 8 AZR 571/04, DB 2005, 2751**) oder ihnen zugeleitete Insolvenzgeldanträge an die Bundesagentur für Arbeit weiterzuleiten (**OLG Hamm 12. 2. 08 – 27 U 122/07, ZInsO 2008, 673**; *Laws* ZInsO 2009, 57 ff). Haben er oder seine Mitarbeiter jedoch gleichwohl Hinweise und Auskünfte erteilt,

kann er sich nicht auf die rechtlich eigentlich nicht gegebene Verpflichtung berufen. Vielmehr müssen die Angaben richtig und vollständig sein, sonst haftet er (**BAG** 13. 11. 84 – 3 AZR 255/84, BAGE 47, 169). Den Arbeitnehmer trifft jedoch ein Mitverschulden, wenn er es versäumt, die Wiedereröffnung der Frist nach § 324 Abs 3 S 2 SGB III zu beantragen [**LSG** Essen 1. 3. 05 – L 1 AL 68/04, LNR 2005, 11.182; aA [keine Zurechnung des Verwalterverschuldens] **LSG** Chemnitz 17. 4. 07 – L 1 AL 282/04, LNR 2007, 16.052; vgl auch **BSG** 29. 12. 92 – 10 RAr 14/91, ZIP 1993, 372).

– Die **Freigabe eines Privatkontos** des Schuldners durch den Insolvenzverwalter/Treuhänder hinsichtlich eines noch verbliebenen Guthabens und künftig eingehender Beträge erfasst nicht Rückbuchungen, die darauf beziehen, dass der Insolvenzverwalter bzw Treuhänder die Genehmigung der vor Insolvenzeröffnung erfolgten Lastschriften verweigert; diese Freigabe führt folglich nicht zu einer Haftung (**AG** Düsseldorf 21. 9. 06 – 20 C 9576/06, NZI 2007, 117).

– Kommt es vor Insolvenzeröffnung zu einer **Überzahlung** auf einem vom vorläufigen schwachen Insolvenzverwalter eingerichteten **Anderkonto**, so ist der Bereicherungsanspruch keine Insolvenzforderung, da das Guthaben nach Ansicht des **BGH** im Treuhandvermögen des Insolvenzverwalters persönlich verbleibe und nicht Teil der Masse werde (**BGH** 20. 9. 07 – IX ZR 91/06, NZI 2008, 39). Ist der Verwalter aufgrund einer Weiterführung des Kontos für die Masse (§ 149) nicht mehr in der Lage, den zuviel vereinnahmten Betrag an den Drittschuldner herauszugeben, so wäre er einer persönlichen Haftung gem § 60 ausgesetzt. Dem **kann** jedoch **nicht gefolgt werden**. Denn der vorläufige Insolvenzverwalter eröffnet das Konto in dieser Funktion und führt das Konto für das von ihm zu sichernde Schuldnervermögen. Der Schuldner ist damit von Anfang an Treugeber; Zahlungseingänge auf dem Anderkonto sind wirtschaftlich dem Schuldnervermögen zuzuordnen (**BGH** 5. 3. 98 – IX ZR 265/97, ZIP 1998, 655) mit der Folge, dass der Bereicherungsanspruch nur als Insolvenzforderung geltend gemacht werden kann und der Verwalter auch keine insolvenzspezifischen Pflichten gem § 60 verletzt (so auch *Mitlehner* EWiR 2008, 213, 214; *Pape* WuB VI A § 140 InsO 1.08; vgl auch LG Bonn 14. 10. 03 – 15 O 272/03, nv).

26 **2. Haftung gegenüber Massegläubigern.** Nach § 53 sind aus der Insolvenzmasse die Kosten des Insolvenzverfahrens (§ 54) und die sonstigen Masseverbindlichkeiten (§ 55) vorweg zu berichtigen, so dass dem Verwalter auch den Massegläubigern gegenüber grundsätzlich insolvenzspezifische Pflichten obliegen, deren Verletzung eine Schadenersatzpflicht nach § 60 begründen kann (**BGH** 5. 10. 82 – VI ZR 261/80, WM 1982, 1352; **OLG** Hamm 14. 10. 86 – 27 U 389/85, ZIP 1987, 528; **OLG** München 30. 4. 81 – 1 U 4248/80, ZIP 1981, 887; K/P/B/*Lüke* § 60 Rn 22; HK-*Eickmann* § 60 Rn 8; MüKo/ *Brandes* § 60, 61 Rn 33 ff). Eine haftungsbegründende pflichtwidrige Verkürzung der Masse kann sowohl durch eine **aktive Minderung der Masse** als auch durch **Erhöhung von Forderungen gegen die Masse** erfolgen (**BGH** 6. 5. 04 – IX ZR 48/03, NZI 2004, 435).

27 Insolvenzspezifische Pflichten gegenüber den Massegläubigern ergeben sich vor allem bei **Masseunzulänglichkeit iSv § 208**, speziell im Hinblick auf den Verteilungsschlüssel des § 209. Die Anzeige der Masseunzulänglichkeit obliegt dem Verwalter gem § 208 Abs 1 S 1 zwar gegenüber dem Insolvenzgericht, ist aber zugleich auch eine insolvenzspezifische Pflicht gegenüber den Massegläubigern. Für die **Abgrenzung zu § 61** ist der Zeitpunkt der Pflichtwidrigkeit maßgeblich: § 61 regelt ausschließlich die Haftung des Insolvenzverwalters für die pflichtwidrige *Begründung* von Masseverbindlichkeiten. Aus der Vorschrift lässt sich daher kein Anspruch auf Ersatz eines Schadens herleiten, der auf erst später eingetretenen Gründen beruht (**BGH** 6. 5. 04 – IX ZR 48/03, BGHZ 159, 104; HK-*Eickmann* § 61 Rn 3, 6; K/P/B/*Lüke* § 61 Rn 1; *Häsemeyer* InsR Rn 6.40; *Gerhardt* ZInsO 2000, 574, 582). Pflichten zum Schutz der Massegläubiger für die Zeit *nach Begründung* der Masseverbindlichkeiten ergeben sich dagegen aus § 60. So hat der Verwalter vor der Befriedigung einzelner Massegläubiger zu prüfen, ob (§ 53), in welchem Umfang und in welcher Reihenfolge (§ 209) Masseverbindlichkeiten zu befriedigen sind und ob die Masse überhaupt ausreicht, um alle Masseforderungen zu bedienen (**BAG** 25. 1. 07 – 6 AZR 559/06, DB 2007, S 1537; **BGH** 18. 1. 90 – IX ZR 71/89, WM 1990, 329, 332), und noch nicht fällige vor- oder gleichrangige Verbindlichkeiten bestehen (**BGH** 6. 5. 04 aaO). Zur Haftung bei unberechtigter Anzeige: *Adam* DZWiR 2009, 181, 184 f.

28 **Einzelfälle:**
– Die **unterlassene Freistellung** eines Arbeitnehmers verletzt keine insolvenzspezifischen Pflichten (**LAG** Hamm 27. 5. 09 – 2 Sa 331/09, ZInsO 2009, 1457). Auch eine Haftung des Insolvenzverwalters wegen verspäteter Anzeige der Masseunzulänglichkeit scheidet aus, wenn dieser zur Abarbeitung bestehender Aufträge aufgrund eines hinreichend fundierten Finanzplans die Fortführung des Betriebes bis zum Ablauf der Kündigungsfrist entschieden hat.

– Versäumt es ein Insolvenzverwalter, vor Eintritt der Masseunzulänglichkeit auf das Arbeitsamt übergegangene Vergütungsansprüche (§ 115 SGB X) an dieses abzuführen, haftet er dem Arbeitnehmer nicht gemäß § 60 persönlich für den hierauf beruhenden Schaden aus der **Verkürzung der Dauer des Anspruchs auf Arbeitslosenversicherung** (**LAG** Frankfurt a. M. 20. 3. 08 – 8 Sa 761/07, ZInsO 2008, 1159).

– Ist der Insolvenzverwalter nicht in der Lage, alle fälligen sonstigen Masseverbindlichkeiten vorweg vollständig zu berichtigen (§ 53), verletzt er die Pflicht aus § 53 nicht schuldhaft und haftet den benachteilig-

III. Verletzung insolvenzspezifischer Pflichten **§ 60**

ten Arbeitnehmern auch nicht auf Schadensersatz, wenn er die fälligen **Verzugslohnansprüche freigestellter Arbeitnehmer** als gleichrangige Masseverbindlichkeit nicht erfüllt, sondern im Interesse der Fortführung des Betriebs nur die Lieferantenforderungen und die Entgeltforderungen der tatsächlich beschäftigten Arbeitnehmer befriedigt (**LAG** Halle 14. 3. 07 – 3 Sa 477/04, ZInsO 2007, 1007).
– Fehler bei der Abrechnung und Erfüllung fälliger Vergütungsforderungen, insb bei der Berechnung des **Nettodifferenzlohns** stellen keine insolvenzspezifische Pflicht dar; soweit hierin eine Verletzung der allgemeinen Arbeitgeberpflichten liegt, haftet nur die Masse (**BAG** 1. 6. 06 – 6 AZR 59/06, ZIP 2006, 1830).
– Der Insolvenzverwalter verletzt keine ihn aus den Vorschriften der InsO treffende Pflicht gegenüber dem Vermieter, wenn er erst nach wirksamer Hinterlegung der Bürgschaftssumme seine Zustimmung zur Auszahlung erteilt. Eine persönliche Haftung des Insolvenzverwalters (hier: für die Kosten eines Zustimmungsprozesses des Vermieters gegen ihn) kommt dann nicht in Betracht. Der **Vermieter** hat die für die Insolvenzschuldnerin **bürgende Bank** unmittelbar auf Auszahlung der Bürgschaftssumme in Anspruch zu nehmen; die selbstschuldnerische Bürgschaft ist nicht Bestandteil der Insolvenzmasse (**LG** Hamburg 16. 8. 05 – 309 S 182/04, ZInsO 2005, 1053).
– Nach Anzeige der Masseunzulänglichkeit ist eine persönliche Haftung des Insolvenzverwalters für Forderungen des **Vermieters** der Wohnung des Schuldners allenfalls dann denkbar, wenn der Vermieter darlegt, dass er im Falle der Kündigung einen anderen Mieter für die Wohnung gefunden hätte (**LG** Osnabrück 16. 12. 04 – 1 O 2998/04, ZInsO 2005, 156).
– Im Zusammenhang mit der **Führung eines Prozesses** besteht grundsätzlich keine Verpflichtung des Insolvenzverwalters, vor der Erhebung einer Klage oder während des Verfahrens die Interessen des Prozessgegners an einer Erstattung seiner Kosten zu berücksichtigen (**BGH** 2. 12. 04 – IX ZR 142/03, NZI 2005, 155). Nur ausnahmsweise kommt eine Haftung aus § 826 BGB in Betracht, wenn er den Prozess ohne jede Prüfung des Anspruchs führt und weiß, dass ein Kostenerstattungsanspruch des Prozessgegners mangels ausreichender Masse ungedeckt sein wird (**BGH** 26. 6. 01 – IX ZR 209/98, BGHZ 148, 175; zu weit gehend **AG** Hannover 29. 6. 04 – 558 C 867/04, NdsRpfl 2005, 35).
– Für die **Kosten der Löschung eines Insolvenzvermerks** haftet der Insolvenzverwalter gegenüber dem Käufer eines Grundstücks nicht persönlich. Er ist auch nicht verpflichtet, das Grundbuchamt um Löschung zu ersuchen. In der InsO ist in § 32 Abs 3 ausdrücklich nur der Fall der Freigabe und der Veräußerung von Grundstücken durch den Verwalter geregelt; eine Verpflichtung, das Grundbuchamt um Löschung eines Insolvenzvermerks zu ersuchen, ergibt sich daraus nicht (**AG** Celle 25. 10. 04 – 14 C 1254/04, ZInsO 2005, 50).

3. Haftung gegenüber Aussonderungsberechtigten. Auch wenn der Aussonderungsberechtigte kein **29** Verfahrensbeteiligter ist, so treffen den Verwalter dennoch auch ihm gegenüber Pflichten, deren Verletzung zu einem Schadensersatzanspruch nach § 60 führen kann (**BGH** 9. 3. 06 – IX ZR 55/04, NZI 2006, 350). Da das Aussonderungsgut zur sog Ist-Masse gehört, das der Verwaltung und teilweise auch der Nutzung des Insolvenzverwalters unterliegt (§ 107 Abs 2), sind die Pflichten des Verwalters im Zusammenhang mit dem Aussonderungsgut insolvenzspezifische.

Der Verwalter hat das Aussonderungsgut in **Besitz** und **Verwahrung** zu nehmen (**OLG** Thüringen **30** 27. 10. 04 – 2 U 414/04, ZInsO 2005, 44; **OLG** Köln 2. 4. 87 – 12 U 169/86, ZIP 1987, 653; K/P/B/*Lüke* § 60 Rn 15; N/R/*Abeltshauser* § 60 Rn 38; *Gundlach/Frenzel/Schmidt* NZI 2001, 350, 352; str aA *Gerhardt* ZInsO 2000, 574, 581; differenzierend HaKo-*Weitzmann* § 60 Rn 19). Denn nach § 80 geht die Verwaltungs- und Verfügungsbefugnis mit Verfahrenseröffnung von dem Schuldner auf den Insolvenzverwalter über; dieser rückt in die Stellung des Schuldners ein. Insoweit treffen den Verwalter die gleichen Pflichten wie den Schuldner, so dass folgerichtig auch der Verwalter zur Verwahrung verpflichtet ist. Die Pflicht zur Inbesitznahme des Aussonderungsgutes bestimmt schon § 148, jedenfalls solange, bis die Rechte Dritter abschließend geprüft wurden (**BGH** 14. 12. 00 – IX ZB 105/00, NZI 2001, 191). Gegenstände, an denen ein Aussonderungsrecht Dritter besteht, darf der Verwalter nur dann **freigeben**, soweit die Berechtigten davon in Kenntnis gesetzt werden (**OLG** Hamburg 14. 12. 95 – 10 U 103/94, ZIP 1996, 387; *Gerhardt* ZInsO 2000, 574, 581 für Absonderungsrechte; *Gundlach/Frenzel/Schmidt* NZI 2000, 350, 352).

Zu seinen Pflichten gehört es auch, soweit entsprechende Mittel in der Masse vorhanden sind und **31** eine konkrete Gefährdung nahe liegt, die Gegenstände **gegen Diebstahl, Schäden** und **unbefugte Benutzung zu schützen** (**BGH** 9. 3. 06 – IX ZR 55/04, NZI 2006, 350; **OLG** Bremen 23. 1. 04 – 4 U 36/03, JurBüro 2004, 338; **OLG** Köln 14. 5. 82 – 6 U 221/81, ZIP 1982, 977; **LG** Kleve 9. 2. 05 – 2 O 152/03, nv; HaKo-*Weitzmann* § 60 Rn 19; N/R/*Abeltshauser* § 60 Rn 38; F/K/*Hössl* § 60 Rn 41; *Gundlach/Frenzel/Schmidt* ZInsO 2001, 350, 352). Insbesondere hat der Verwalter alles zu vermeiden, was den Herausgabeanspruch nach § 47 vereiteln könnte. Hierzu zählen insbesondere die Veräußerung oder Umgestaltung des Aussonderungsgutes (**OLG** Bremen 4. 5. 06 – 2 U 108/05, OLGR Bremen 2006, 728). Erforderlichenfalls hat er den Gegenstand auch zu **versichern** und im versicherungsfähigen Zustand zu erhalten, insb wenn die Möglichkeit des Schadenseintritts nahe liegt und der erforderliche Aufwand in einem angemessenen und vertretbaren Verhältnis zum Wert der Gegenstände und dem Schadensrisiko steht (**BGH** 29. 9. 88 – IX ZR 39/88, BGHZ 105, 230; **OLG** Köln 14. 5. 82 – 6 U

§ 60

221/81, ZIP 1982, 977 zur Versicherungspflicht bei branchenüblichem Haftungsausschluss; *Gundlach/Frenzel/Schmidt* ZInsO 2001, 350, 352). Keine Verpflichtung besteht nach einer qualifizierten Mahnung gem § 39 VVG zur Zahlung rückständiger Versicherungsprämien. Bei Massezulänglichkeit kann aber vom Verwalter verlangt werden, ggf eine neue Versicherung abzuschließen (**BGH** 29. 9. 88 aaO; *Lüke* ZIP 1989, 4; *Gundlach/Frenzel/Schmidt* ZInsO 2001, 350, 353).

32 Der Insolvenzverwalter ist zur Mitwirkung an der **Feststellung** des Aussonderungsrechts und **Herausgabe** des Aussonderungsgegenstandes verpflichtet (**OLG** Düsseldorf 14. 1. 03 – 4 U 105/02, ZInsO 2003, 997; **OLG** Köln 2. 4. 87 – 12 U 169/86, ZIP 1987, 653). Verzögert er die Herausgabe, ist der Schadenersatzanspruch Masseverbindlichkeit iSv § 55 Abs 1 Nr 1 (*Häsemeyer* InsR Rn 11.27). Die für die Feststellung entstehenden Kosten sind grundsätzlich aus der Masse zu tragen (**BGH** 26. 5. 88 – IX ZR 276/87, BGHZ 104, 304). Dem Verwalter ist es aber unbenommen, mit dem Aussonderungsberechtigten eine **Aufwandsentschädigung** zu vereinbaren. Er darf die vorzeitige Herausgabe des Aussonderungsguts ohne Vereinbarung aber nicht von der Zahlung eines Geldbetrages abhängig machen (§ 138 Abs 1 BGB); trotz Abführung des Betrages an die Masse bleibt er dem Berechtigten zur Rückzahlung persönlich haftbar (**LG** Braunschweig 12. 10. 00 – 10 O 1019/00, DZWiR 2001, 303). Der Verwalter ist grundsätzlich verpflichtet, die Sachlage in angemessenem Maße aufzuklären, die Rechtslage zutreffend zu beurteilen und einer gefestigten Rechtslage zu folgen (**OLG** Hamm 18. 4. 00 – 27 U 125/99, NZI 2000, 477; **OLG** Köln 27. 10. 95 – 19 U 140/95, WM 1996, 214; MüKo/*Brandes* §§ 60, 61 Rn 54). Der Insolvenzverwalter erfüllt seine Pflichten rechtzeitig, wenn er bis zum Ablauf einer angemessenen, nach den Umständen des Einzelfalls zu bemessenden Prüfungspflicht geltend gemachte, begründete Ansprüche befriedigt (**OLG** Hamm 22. 6. 06 – 27 U 183/05, ZIP 2006, 1911). Für einen Verzögerungsschaden haftet der Verwalter nur, wenn er vorher zur Leistung aufgefordert wurde; dies entspricht dem Rechtsgedanken des § 280 Abs 2 BGB (**OLG** Hamm 22. 6. 06 aaO).

33 Der Pflichtenkreis des Verwalters gegenüber Aussonderungsberechtigten wird durch das Kriterium der Zumutbarkeit eingeschränkt. **Zeitraubende und aufwendige Nachforschungen** zur Ermittlung von Aussonderungsrechten muss er **nicht** anstellen (**OLG** Jena 27. 10. 04 – 2 U 414/04, ZInsO 2005, 44; **OLG** Köln 14. 7. 82 – 2 U 20/82, ZIP 1982, 1107; **OLG** Düsseldorf 2. 6. 87 – 23 U 150/86, ZIP 1988, 450; K/P/B/*Lüke* § 60 Rn 15). Es kann dem Verwalter auch keine uneingeschränkte Sachverhaltsaufklärungspflicht auferlegt werden, denn dies würde angesichts der häufig in Insolvenzfällen anzutreffenden desolaten Buchführung und der oft lückenhaften Erfassung der Geschäftsvorgänge durch den Insolvenzschuldner „schlicht unzumutbar" sein (*Gundlach/Frenzel/Schmidt* NZI 2001, 350, 353). **Bestehen keine konkreten Anhaltspunkte** dafür, dass bestimmte Gegenstände mit Aussonderungsrechten belegt sind, obliegt dem Verwalter auch keine besondere Prüfungspflicht (**BGH** 9. 5. 96 – IX ZR 244/95, NJW 1996, 2233; **OLG** Jena 27. 10. 04 – 2 U 414/04, ZInsO 2005, 44; **OLG** Karlsruhe 18. 9. 98 – 10 U 49/98, NZI 1999, 231; K/P/B/*Lüke* § 60 Rn 15; N/R/*Abeltshauser* § 60 Rn 38; *Gundlach/Frenzel/Schmidt* NZI 2001, 350, 354). Dass die Vereinbarung von Eigentumsvorbehalten gängige Praxis des Geschäftsverkehrs ist, führt nicht dazu, dass bei dem Vorliegen einer entsprechenden Geschäftstätigkeit des Schuldners bereits von einem konkreten Anhaltspunkt auszugehen ist (**OLG** Düsseldorf 2. 6. 87 – 23 U 150/86, ZIP 1988, 452, es sei denn Gegenstände wurden in den Monaten vor Verfahrenseröffnung erworben; ebenso **OLG** Düsseldorf 6. 8. 86 – 4 U 12/86). Denn die Kenntnis dieser Praxis lässt lediglich *abstrakt* vermuten, dass Aussonderungsrechte Dritter wahrscheinlich sind, erfüllt aber nicht das Merkmal „konkret". Erst wenn **deutliche Hinweise** das Vorliegen eines Eigentumsvorbehalts indizieren, ist der Verwalter verpflichtet, den Sachverhalt aufzuklären (**OLG** Jena 27. 10. 04 – 2 U 414/04, ZInsO 2005, 44; **OLG** Köln 10. 5. 91 – 19 U 265/89, NJW 1991, 2570, 2571; **OLG** Hamm 22. 1. 85 – 27 U 156/84, NJW 1985, 865, 867). Hat der Aussonderungsberechtigte ausdrücklich und in sachgerechter Weise auf sein Recht hingewiesen, treffen den Verwalter gesteigerte Prüfungspflichten (**OLG** Bremen 4. 5. 06 – 2 U 108/05, OLGR Bremen 2006, 728; **OLG** Hamm 18. 4. 00 – 27 U 125/99, ZInsO 2001, 178). Zum **Irrtum über das Bestehen eines Aussonderungsrechts** s u Rn 95 f, 108.

34 Den Aussonderungsberechtigten trifft dann ein **Mitverschulden**, wenn ungenaue oder unvollständige Angaben die Identifikation des Aussonderungsgutes erschweren oder gar vereiteln (**OLG** Jena 27. 10. 04 aaO). Jedenfalls ist eine haftungsrechtliche Verantwortung des Insolvenzverwalters nicht gegeben, wenn der **Untergang** des angeblichen Eigentumsvorbehalts auch bei pflichtgemäßem Verhalten des Verwalters eingetreten wäre (**OLG** Karlsruhe 18. 9. 98 – 10 U 49/98, NZI 1999, 231).

35 Der Verwalter ist verpflichtet, sämtliche **Zahlungseingänge** darauf zu überprüfen, ob der Insolvenzschuldner auf die Zahlung tatsächlich einen Anspruch hat, in welcher Höhe er besteht und in welcher Höhe er durch Zahlungseingang gedeckt ist (**BGH** 20. 9. 07 – IX ZR 91/06, ZInsO 2007, 1228 f; **OLG** Celle 6. 8. 81 – 16 U 203/80, ZIP 1981, 1004; MüKo/*Brandes* §§ 60, 61 Rn 57; aA *Gundlach/Frenzel/Schmidt* NZI 2001, 350, 354; *Haug* ZIP 1984, 774). Die Einziehung einer Forderung, an der ein Aussonderungsrecht besteht, ist eine Veräußerung iSd § 48 (**BGH** 21. 9. 89 – IX ZR 107/88, WM 1989, 1815). Unberechtigt eingezogene Forderungen sind als Fremdgelder zu behandeln, dh von der sonstigen Insolvenzmasse getrennt zu halten. Geht die Aussonderungsfähigkeit durch Vermischung verloren, so haftet der Verwalter neben der Masse persönlich (**BGH** 21. 9. 89 aaO).

36 Die **Beweislast** für das Vorhandensein entsprechender Anhaltspunkte trägt nicht der Insolvenzverwalter, sondern der Aussonderungsberechtigte (**OLG** Düsseldorf 2. 6. 87 – 23 U 150/86, ZIP 1988,

III. Verletzung insolvenzspezifischer Pflichten § 60

452; *Gundlach/Frenzel/Schmidt* NZI 2001, 350, 354). Denn der Verwalter kann sich auf die gesetzliche Vermutung des § 1006 BGB berufen (**BGH** 9. 5. 96 – IX ZR 244/95, NJW 1996, 2233). Im Übrigen ist der Aussonderungsberechtigte gehalten, dem Verwalter **binnen einer angemessenen Frist** sein Aussonderungsrecht glaubhaft nachzuweisen (**OLG** Karlsruhe 18. 9. 98 – 10 U 49/98, NZI 1999, 231). Versäumt der Aussonderungsberechtigte diese Frist, kann er den Verwalter, der den aussonderungsfähigen Gegenstand verwertet, nicht persönlich in die Haftung nehmen (*Gundlach/Frenzel/Schmidt* NZI 2001, 350, 354), es sei denn, dem Insolvenzverwalter war das Aussonderungsrecht anderweitig bekannt (**BGH** 3. 6. 58 – VIII ZR 326/56, NJW 1958, 1534; K/P/B/*Lüke* § 60 Rn 16; MüKo/*Brandes* §§ 60, 61 Rn 54).

Die **Höhe des Schadenersatzes** bestimmt sich nach dem Wert, der für den Gegenstand unter marktüblichen Bedingungen zu erzielen gewesen wäre. Bei verspäteter Erfüllung eines Anspruchs nach § 106 umfasst der Schadensersatzanspruch nach § 60 auch die Prozesskosten, die der Gläubiger zur Durchsetzung seines Anspruchs aufwenden musste und die er wegen Masseunzulänglichkeit auf absehbare Zeit aus der Masse nicht erlangen kann (**BGH** 1. 12. 05 – IX ZR 115/01, NZI 2006, 169; **LG** Hamm 22. 6. 06 – 27 U 183/05, ZIP 2006, 1911). 37

Einzelfälle: 38
– Die Vereinbarung eines **verlängerten Eigentumsvorbehalts** berechtigt nur zur Weiterveräußerung „im Rahmen des gewöhnlichen Geschäftsverkehrs"; die Veräußerung durch den (vorläufigen) Insolvenzverwalter zählt nicht hierzu, so dass der Verwalter ggf haftet (**OLG** Celle 1. 10. 03 – 9 U 100/03, EWiR 2004, 117).
– Gibt der Insolvenzverwalter das Aussonderungsgut nicht an den Aussonderungsberechtigten heraus, nachdem dieser den Herausgabeanspruch bereits im Klagewege geltend machen musste, und erfolgt auch keine Herausgabe innerhalb der nach § 281 BGB (§ 283 BGB a. F.) gesetzten Nachfrist, sind sowohl die Erfüllung des nach § 281 entstandenen Schadens als auch des weiteren Schadens in Form der dem Gläubiger entstandenen **Prozesskosten** insolvenzspezifische Pflichten, für deren Verletzung der Verwalter haftet (**BGH** 1. 12. 05 – IX ZR 115/01, NZI 2006, 169).
– Gegenüber dem Vermieter haftet der Verwalter wegen **verzögerter Rückgabe der Mietsache** (**BGH** 25. 1. 07 – IX ZR 216/05, NZI 2007, 286; **OLG** Düsseldorf 14. 11. 05 – I-1 U 71/05, nv). Gefährdet der Insolvenzverwalter durch **Untervermietung** einer vom Schuldner gemieteten Immobilie den Rückgabeanspruch des aussonderungsberechtigten Vermieters, so haftet er persönlich (**BGH** 25. 1. 07 – IX ZR 216/05, NZI 2007, 286).
– Findet der Verwalter in der Post des Insolvenzschuldners den **Scheck eines Dritten**, so hat er zu prüfen, ob er zur Gutschrift zu Gunsten des Insolvenzschuldners bestimmt ist. Ergeben sich Anhaltspunkte dafür, dass der Scheck an eine andere Person gerichtet ist, darf der Verwalter ihn nicht für die Masse einlösen. Denn das Eigentum steht noch dem ursprünglichen Eigentümer zu, der den Scheck aussondern könnte (*Gundlach/Frenzel/Schmidt* NZI 2001, 350, 354). Bei Vorliegen von Anhaltspunkten hat sich der Verwalter davon zu überzeugen, ob die vorhandenen Daten mit der Schecksumme übereinstimmen (**OLG** Hamm 13. 7. 93 – 27 U 85/93, MDR 1993, 1075).
– **Verlangen mehrere** Gläubiger die **Herausgabe**, ist der Verwalter berechtigt, bis zur Prüfung der Rechtslage die Herausgabe zu verweigern (**OLG** Stuttgart 29. 12. 89 – 9 U 224/89, ZIP 1990, 1091; K/P/B/*Lüke* § 60 Rn 16).

4. Haftung gegenüber Absonderungsberechtigten. Grundsätzlich obliegen dem Verwalter auch gegenüber Absonderungsberechtigten insolvenzspezifische Pflichten, insbesondere die Pflicht, das Absonderungsrecht nicht durch Verwertungshandlungen zu vereiteln (**BGH** 9. 3. 06 – IX ZR 55/04, NZI 2006, 350; *Gerhardt* ZInsO 2000, 574, 581 f; *Gundlach/Frenzel/Schmidt* NZI 2001, 350, 353 f). Die Haftungsproblematik ist allerdings durch das **Verwertungsrecht** des Verwalters in den §§ 166 ff entschärft. Soweit der Absonderungsberechtigte im Besitz des Sicherungsguts ist, stellt sich die Problematik nur im Rahmen der Mitteilungspflichten (§§ 167 f) und bei der Erlösverwendung. Der Verwalter wird durch die Verfahrenseröffnung nicht „automatisch" unmittelbarer Besitzer der Insolvenzmasse (**OLG** Hamburg 14. 12. 95 – 10 U 103/94, ZIP 1996, 386). Er muss durch Übernahme der Insolvenzmasse (§ 148) zumindest mittelbaren Besitz erlangen. Ist allerdings der Absonderungsberechtigte unmittelbarer Besitzer, berechtigt der mittelbare Besitz des Verwalters nicht zur Verwertung. 39

Pflichtverletzungen des Insolvenzverwalters können in der **unsachgemäßen Verwertung** des Absonderungsgegenstandes oder im Verstoß gegen das Gebot zur **unverzüglichen Befriedigung** des absonderungsberechtigten Gläubigers nach § 170 Abs 1 liegen (**LG** Stendal 7. 3. 02 – 22 S 208/01, ZIP 2002, 765 zu Abrechnung erst 7 Monate nach Einzug der Forderung; K/P/B/*Lüke* § 60 Rn 18). 40

Hat der Verwalter durch eigene Handlungen nachträglich eine **Vermischung** oder **Vermengung** bewirkt und damit ein Ersatzabsonderungsrecht vereitelt, kommt ebenfalls eine persönliche Haftung nach § 60 in Betracht. Soweit **Verarbeitungsklauseln** mit der Verfahrenseröffnung erlöschen, handelt der Verwalter schuldhaft, wenn er ohne Eintritt in den Vertrag (§ 103) oder ohne Zustimmung des Sicherungsgläubigers das Sicherungsgut verarbeitet. Der Insolvenzverwalter ist nicht gehalten, die Erlaubnis des Sicherungsnehmers zur Verarbeitung einzuholen, wenn er sichergestellt, dass sich das Absonderungsrecht an dem neu hergestellten Gegenstand fortsetzt. Unterlässt er dies, löst sein Handeln einen Masseschuldanspruch nach § 55 Abs 1 Nr 1 zugunsten des Sicherungsnehmers aus. Soweit der Erlös aus der 41

§ 60   Haftung des Insolvenzverwalters

Verarbeitung anteilig unter Abzug des Kostenbeitrags (§ 171) an den Sicherungsgläubiger abgeführt wird, entfällt der Schadenersatzanspruch.

42 Die **schuldhafte Entfernung massezugehörigen Grundstückszubehörs** unter Missachtung der Regeln einer ordnungsmäßigen Wirtschaft verletzt zwar keine insolvenzspezifischen Pflichten, stellt aber grundsätzlich die Verletzung eines sonstigen Rechts iSv § 823 Abs 1 BGB und eines Schutzgesetzes iS der §§ 823 Abs 2, 1134, 1135 BGB dar, für die die Masse (§ 55 Abs 1 Nr 1) und der Verwalter nebeneinander haften.

43 Die Gestattung der **Einsicht** in die **Bücher** und **Geschäftspapiere** ist eine insolvenzspezifische Pflicht. Insolvenzspezifisch ist ebenfalls die Pflicht des Verwalters, dem Absonderungsberechtigten die Veräußerungsabsicht nach § 168 Abs 1 mitzuteilen und ihm Gelegenheit zu geben, binnen einer Woche auf eine günstigere Verwertungsmöglichkeit hinzuweisen. Das gilt auch, wenn der Insolvenzverwalter durch Unterlassung der Mitteilung dem Absonderungsberechtigten die Chance nimmt, den Gegenstand selbst zu übernehmen (§ 168 Abs 3 S 1). Auch die Verpflichtung zu **Ausgleichszahlungen wegen Wertverlusts**, der durch die Nutzung des Absonderungsgegenstandes entsteht (§ 172 Abs 1 S 2), ist eine insolvenzspezifische Verwalterpflicht. Dagegen führt die bloße Nutzung des Absonderungsgegenstandes bis zur Verwertung für sich allein noch nicht zum Schadenersatz. Eine Verletzung insolvenzspezifischer Pflichten kann auch darin liegen, dass der Insolvenzverwalter sich unberechtigt weigert, dem absonderungsberechtigten Gläubiger auf dessen Verlangen **Auskunft über den Zustand der Sache** zu erteilen, oder wenn er ihm verwehrt, die Sache anstelle der Auskunft zu besichtigen (§ 167 Abs 1). Gleiches gilt, wenn der Verwalter ohne ersichtlichen Grund weder Auskunft über die **Forderung** gegenüber dem absonderungsberechtigten Gläubiger erteilt (§ 167 Abs 2 S 1) noch Einsicht in die Bücher und Geschäftspapiere gestattet (**BGH** 11. 5. 00 – IX ZR 262/98, ZIP 2000, 1061). Beabsichtigt der (vorläufige) Insolvenzverwalter eine En-bloc-Verwertung im Wege einer **übertragenden Sanierung** des schuldnerischen Unternehmens, erfüllt er die ihm obliegenden Mitteilungspflichten gegenüber den absonderungsberechtigten Gläubigern bereits durch die Angabe der Verwertungsform und des zu erwartenden Verwertungserlöses (**LG Düsseldorf** 9. 5. 03 – 14 d O 34/02, DZWiR 2003, 389).

44 Mit der **Freigabe** des Sicherungsguts aus der Masse enden zugleich auch die insolvenzspezifischen Pflichten gegenüber dem Absonderungsberechtigten (**OLG Koblenz** 13. 6. 91 – 5 U 1206/90, ZIP 1992, 420; K/P/B/*Lüke* § 60 Rn 19).

45 Einzelfälle:
– Erhält der Insolvenzverwalter nach einem Hinweis des absonderungsberechtigten Gläubigers auf eine günstigere Verwertung eine noch bessere Verwertungsmöglichkeit, bedarf es grundsätzlich keiner erneuten Mitteilung an den Gläubiger (**OLG Karlsruhe** 9. 10. 08 – 9 U 147/08, NZI 2008, 747).
– Bilden die Sicherungsgläubiger nach Verfahrenseröffnung einen **Sicherheitenpool** und erteilt der Verwalter die nach § 91 erforderliche Zustimmung, können sich Schadenersatzansprüche nach § 60 ergeben, wenn durch die verzögerte Abwicklung des Pools den Insolvenzgläubigern Nachteile entstehen. Kommt es zwischen dem Sicherheitenpool und dem Insolvenzverwalter zu einer **Vereinbarung über die Verwertung des Sicherungsguts**, so haftet der Verwalter jedenfalls nicht unter dem Aspekt der Verletzung insolvenzspezifischer Pflichten (einschränkend K/P/B/*Lüke* § 60 Rn 21), sondern allenfalls nach den Grundsätzen der Inanspruchnahme persönlichen Vertrauens (**BGH** 12. 10. 89 – IX ZR 245/88, ZIP 1989, 1584; *Vallender* ZIP 1997, 249, 353).
– Auch wenn der Vermieter in der Insolvenz des Mieters die ihm aufgrund seines **Vermieterpfandrechts** zustehenden Absonderungsrechte nur durch einfache mündliche Erklärung geltend macht, hat der Insolvenzverwalter diese zu beachten (**OLG Düsseldorf** 19. 12. 97 – 22 U 133/97, NJW-RR 1998, 559). Verkauft der (vorläufige) Insolvenzverwalter aber im Rahmen der Fortführung des ordnungsgemäßen Geschäftsbetriebes des Schuldners Waren, führt dies zum Erlöschen des Vermieterpfandrechts, da die Unternehmensfortführung den gewöhnlichen Lebensverhältnissen entspricht (§ 22 Abs 1 S 2 Nr 2) und daher der Widerspruch des Vermieters gem § 562a S 2 BGB unbeachtlich ist (**LG Mannheim** 30. 10. 03 – 10 S 38/03, ZIP 2003, 2374).
– Setzt der Insolvenzverwalter einen vom Insolvenzschuldner zugunsten seines früheren Arbeitnehmers geschlossenen **Lebensversicherungsvertrag** (Direktversicherung als betriebliche Altersversorgung), an dem noch kein Aussonderungsrecht besteht, nicht fort, sondern zieht er den Rückkaufswert unter Erklärung des Nichteintritts (§ 103) zur Masse, nachdem der Arbeitnehmer von seinem Eintrittsrecht nach § 170 Abs 1 VVG keinen Gebrauch gemacht hat, so ist er dem Arbeitnehmer über die Auskehrung des eingezogenen Rückkaufswerts hinaus nicht schadenersatzpflichtig (**OLG Düsseldorf** 17. 4. 98 – 22 U 197/97, NJW 1998, 3572).
– Unterlässt es der Verwalter, vor der übertragenden Sanierung die **Zustimmung des Gläubigerausschusses** einzuholen, ist der daraus entstehende Schaden kein Einzelschaden eines absonderungsberechtigten Gläubigers, sondern ein Gesamtschaden (s u Rn 119: **LG Düsseldorf** 9. 5. 03 – 14 d O 34/02, DZWiR 2003, 389).

46 **5. Haftung gegenüber dem Insolvenzschuldner.** Die Pflichten des Insolvenzverwalters gegenüber dem Schuldner oder Schuldnerunternehmen orientieren sich weitgehend an dem von *K. Schmidt* geprägten Begriff der **internen Verantwortlichkeit** (Kilger/*K. Schmidt* § 82 KO Anm 1 a).

III. Verletzung insolvenzspezifischer Pflichten § 60

Gegenüber dem Schuldner oder Schuldnerunternehmen ist der Verwalter zunächst generell nicht nur zu 47 einer ordnungsgemäßen, sondern darüber hinaus auch zur **optimalen Verfahrensabwicklung** verpflichtet. Die Pflichten des Insolvenzverwalters gegenüber den Insolvenzgläubigern entsprechen ganz überwiegend auch denjenigen gegenüber dem Schuldner. Denn nicht nur die Gläubiger, sondern auch der Schuldner hat vor allem bei persönlicher Haftung ein Interesse daran, dass seine Verbindlichkeiten im Rahmen des Insolvenzverfahrens so weit wie möglich abgebaut werden. Folgerichtig haftet der Verwalter, wenn er eine sich bietende Gelegenheit zur Erzielung eines höheren Kaufpreises nicht nutzt, obwohl dieser dem Gemeinschuldner einen Vermögensüberschuss erbracht hätte, oder wenn er das Insolvenzverfahren in großer übertriebener Eile durchführt (**BGH** 22. 1. 85 – VI ZR 131/83, ZIP 1985, 423; MüKo/*Brandes* §§ 60, 61 Rn 65). Ein Schaden des Insolvenzschuldners ist schon dann eingetreten, wenn der Insolvenzschuldner durch die nicht erfolgte Befriedigung der Insolvenzgläubiger nur in geringerer Höhe von seinen Schulden frei geworden ist (**OLG** Hamm 5. 4. 01 – 27 U 168/00, NZI 2001, 373). Jede Masseverkürzung ist daher potenziell geeignet, auch den Schuldner zu schädigen. Neben der Inbesitznahme, Verwaltung, Erhaltung und optimalen Verwertung der Insolvenzmasse gehört zu den insolvenzspezifischen Pflichten gegenüber dem Schuldner auch die **Durchsetzung von Ansprüchen gegen Dritte**, die zur Masse gehören, wenn die Erfolgsaussichten günstig sind und die Prozessführung wirtschaftlich vertretbar erscheint (**BGH** 28. 10. 93 – IX ZR 21/93, NJW 1994, 323, 324; *Vallender* ZIP 1997, 347).

Zu den **steuerlichen Pflichten** s u Rn 63. 48

Einzelfälle: 49
- Es gehört **nicht** zu den insolvenzspezifischen Pflichten des Verwalters, dem Schuldner, dem Schuldnerunternehmen oder seinen Gesellschaftern Steuervorteile zu verschaffen, wie zB durch eine **einheitliche und gesonderte Gewinnfeststellung** (**BFH** 23. 8. 94 – VII R 143/92, ZIP 1994, 1969; **BFH** 12. 12. 85 – IV R 330/84, BFHE 145, 495; **BFH** 21. 6. 79 – IV R 131/74, BFHE 128, 322; **BFH** 13. 7. 67 – IV 191/63, BFHE 90, 87; *Onusseit* ZIP 1995, 1798, 1799). Denn die Durchführung der einheitlichen Gewinnfeststellung gehört zu den insolvenzfreien Angelegenheiten der Gesellschaft, weil die Folgen der Gewinnfeststellung nicht den im Rahmen der Insolvenzabwicklung zu berücksichtigenden Vermögensbereich der Personengesellschaft berühren; sondern betroffen sind allein die Gesellschafter persönlich.
- Bei der Entscheidung über die **Nichtaufnahme eines Rechtsstreits** hat der Insolvenzverwalter mit der Sorgfalt eines ordentlichen und gewissenhaften Insolvenzverwalters die Erfolgsaussichten gegen die Risiken, insbesondere das Risiko eines Kostenerstattungsanspruches des Gegners im Unterliegensfall, abzuwägen (**OLG** Celle 18. 3. 05 – 16 W 13/05, ZInsO 2005, 441).
- Besteht eine als **unerlaubte Handlung** angemeldete Forderung unstreitig auch aus einem anderen Schuldgrund, so gehört es nicht zum Pflichtenkreis des Verwalters, dem angemeldeten Schuldgrund der unerlaubten Handlung zu widersprechen (**LG** Trier 31. 1. 06 – 1 S 207/05, NZI 2006, 243); der Widerspruch obliegt allein dem Schuldner selbst.
- Beim **Einzug unpfändbarer Bezüge** im Restschuldbefreiungsverfahren, die der Schuldner teilweise für sich beansprucht, weil das an ihn ausgezahlte Einkommen aus anderen Einkommensquellen unterhalb der Pfändungsgrenze liegt, muss der Verwalter oder Treuhänder dafür Sorge tragen, dass dem Schuldner jedenfalls ein Beitrag in Höhe der Pfändungsgrenze verbleibt (**BGH** 10. 7. 08 – IX ZR 118/07, ZIP 2008, 1685). Verfügt der Verwalter über das insolvenzfreie Vermögen (§ 36), haftet er ebenso, wie wenn er eine Einstellung des Verfahrens im Wege des § 213 schuldhaft verhindert (MüKo/*Brandes* §§ 60, 61 Rn 65).
- Der Verwalter/Treuhänder im Restschuldbefreiungsverfahren haftet nicht, wenn er es unterlassen hat, gegen eine insolvenzrechtlich unzulässige **Verrechnung** eines Sozialversicherungsträgers (§ 52 Abs 1 SGB I), die sich auf das **massefreie Vermögen** bezieht, vorzugehen (**BGH** 10. 7. 08 – IX ZR 118/07, ZIP 2008, 1685).

6. Haftung im Insolvenzplanverfahren. Der Insolvenzverwalter ist grundsätzlich berechtigt, aber 50 **nicht verpflichtet**, einen Insolvenzplan **aufzustellen** (§ 218 Abs 1 S 1). Eine solche Pflicht besteht erst dann, wenn ihn die Gläubigerversammlung hierzu beauftragt und ihm hierbei das Ziel des Plans vorgibt (§ 157 S 2). Nach teilweise vertretener Auffassung soll der Verwalter auch dann zur Vorlage eines Insolvenzplanes verpflichtet sein, wenn die Verfahrensziele dies erfordern (K/P/B/*Lüke* § 60 Rn 67; Jaeger/*Gerhardt* § 60 Rn 90). Dies geht jedoch zu weit, da die InsO an keiner Stelle eine entsprechende Pflicht normiert. Eine Haftung des Verwalters dürfte insoweit ohnehin schwer zu begründen sein. Dem Verwalter ist jedenfalls ein großzügiger Beurteilungs- und Ermessensspielraum zuzubilligen, zumal er selbst bei Beauftragung zur Erstellung eines Insolvenzplanes nach Maßgabe der Gläubigerversammlung oder bei Vorlage eines Planes durch den Schuldner befugt bleibt, einen von eigenen Vorstellungen geprägten „Gegenplan" parallel auszuarbeiten (Braun/*Braun/Frank* § 218 Rn 12; K/P/B/*Lüke* § 60 Rn 67; Uhlenbruck/*Lüer* § 218 Rn 7 mit zutreffender Begründung; aA FK-*Jaffé* § 218 Rn 76; MüKo/*Eidenmüller* § 218 Rn 28). Solange der Verwalter bei der Erarbeitung „seines" Insolvenzplanes keine Mittel der Masse nutzt, fehlt es ohnehin an der Pflichtwidrigkeit (K/P/B/*Lüke* § 60 Rn 67).

Erstellt der Insolvenzverwalter als vorläufiger oder endgültiger Verwalter aus eigener Initiative einen 51 Insolvenzplan, so kommt eine Haftung nur in Betracht, wenn dieser aus tatsächlichen oder rechtlichen

Gründen **nicht durchführbar** ist (K/P/B/*Lüke* § 60 Rn 67; Jaeger/*Gerhardt* § 60 Rn 90). Denn auch ein ohne Auftrag der Gläubigerversammlung erstellter Insolvenzplan muss ein zutreffendes Bild von der wirtschaftlichen Situation des Unternehmens vermitteln und darf die Gläubiger nicht zu einer verfehlten Beschlussfassung veranlassen. Allein die Tatsache, dass er die erforderliche **Mehrheit nicht erreicht** hat, genügt jedoch nicht, weil die Gründe der Ablehnung unterschiedliche Motive haben können, die sich nicht mit einem „richtigen" oder „falschen" Plan erklären lassen (Jaeger/*Gerhardt* § 60 Rn 89; *Warrikoff* KTS 1996, 489, 502). Dies schließt auch eine Haftung für Sachverständigenkosten, die die Planinitiative ausgelöst hat, aus (H/W/W § 60 Rn 70; aA KS-*Smid* S 465 ff).

52 Besondere Haftungsrisiken bestehen im Hinblick auf den **Planinhalt.** Der Verwalter ist verpflichtet, die Gläubiger durch umfassende Informationen in die Lage zu versetzen, eine kompetente und richtige Entscheidung über den Plan zu treffen. Lassen die Gläubiger den Insolvenzplan von einem Dritten (zB WP-Gesellschaft) erarbeiten, so ist der Verwalter lediglich zur Prüfung des Plans und ggf zu Hinweisen auf besondere Risiken in der Planverwirklichung verpflichtet. Der Verwalter haftet auch für die schuldhafte Verletzung der Überwachungspflicht (§ 261 Abs 1 S 1), insb wenn er seiner Anzeigepflicht nach § 262 nicht nachkommt, obgleich Ansprüche, deren Erfüllung er zu überwachen hat, nicht erfüllt werden oder werden können (K/P/B/*Lüke* § 60 Rn 69; HK-*Eickmann* § 60 Rn 3).

IV. Verletzung nichtinsolvenzspezifischer Pflichten

53 § 60 erfasst nur die Verletzung insolvenzspezifischer Vorschriften. Daneben haftet der Verwalter nach den allgemeinen Vorschriften oder sonstigen spezialgesetzlichen Normen (**BGH** 14. 4. 87 – IX ZR 260/86, BGHZ 100, 346; LAG Hamm 4. 12. 03 – 4 Sa 1116/03, ZInsO 2004, 694). Daher ist im Einzelfall – nicht nur bei Verneinung einer Verletzung insolvenzspezifischer Pflichten – stets zu prüfen, ob der Verwalter nach Maßgabe anderer Haftungsvorschriften in Anspruch genommen werden kann. Zu berücksichtigen ist hierbei aber, dass nicht jede unzweckmäßige Handlung oder Unterlassung des Verwalters bereits auch eine Pflichtverletzung darstellt.

54 **1. Zivilrechtliche Haftung. a) Vertragliche und vertragsähnliche Haftung.** Wer mit einem Insolvenzverwalter in vertragliche Beziehungen tritt oder mit ihm Rechtsgeschäfte tätigt, welche die Insolvenzmasse betreffen, steht ihm nicht anders gegenüber als dem Schuldner selbst (**BGH** 14. 4. 87 – IX ZR 260/86, BGHZ 100, 346), zumal den Verwalter als Vertragspartner die gleichen Pflichten wie jede andere Person treffen. Der Schadenersatzanspruch richtet sich gegen ihn persönlich, wenn die Masse außerstande ist, den Anspruch als Masseforderung zu bedienen. Ansonsten steht der Masse gegen den Verwalter der Schadenersatzanspruch als Rückgriffsanspruch zu. Soweit dem Verwalter eine Pflichtverletzung bei *Begründung* der Masseverbindlichkeit vorzuwerfen ist, verdrängt § 61 als **lex specialis** die allgemeinen Normen (Braun/*Kind* § 61 Rn 2).

55 Eine darüber hinausgehende persönliche Haftung aus **Verschulden bei Vertragsschluss** (§ 311 Abs 3 BGB) kommt nur bei Hinzutreten besonderer Umstände in Betracht (**BGH** 24. 5. 05 – IX ZR 114/01, NZI 2005, 500), wenn der Insolvenzverwalter zusätzliche eigene Pflichten gegenüber einem Vertragspartner übernimmt, die nicht zu seinen eigentlichen insolvenzspezifischen Abwicklungspflichten gehören (**BGH** 28. 10. 93 – IX ZR 21/93, BGHZ 124, 27), und er damit einen **besonderen Vertrauenstatbestand** schafft (**BGH** 12. 10. 89 – IX ZR 245/88, ZIP 1989, 1584; **BGH** 25. 2. 88 – IX ZR 139/87, BGHZ 103, 310, 313; **BGH** 14. 4. 87 – IX ZR 260/86, BGHZ 100, 346; OLG Düsseldorf 26. 3. 04 – 16 U 216/02, ZIP 2004, 1375; **OLG** Schleswig 31. 10. 03 – 1 U 42/03, NZI 2004, 92; K/P/B/*Lüke* § 60 Rn 50; *Vallender* ZIP 1997, 349, 352). Zu weit geht jedoch die Auffassung, in der Erklärung eines Verwalters, er komme persönlich für die Bezahlung erbrachter Leistungen auf, könne ein Schuldbeitritt (OLG Celle 26. 5. 04 – 3 U 287/03, ZInsO 2004, 865) oder eine Garantieerklärung des Verwalters liegen (**OLG** Celle 21. 10. 03 – 16 U 95/03, NZI 2004, 89). Die Erklärung des (vorläufigen) Insolvenzverwalters, **er garantiere für die Bezahlung** der von ihm bestellten Waren, verpflichtet nur die Masse und nicht ihn persönlich, wenn später Masseunzulänglichkeit eintritt; wohl aber kann seine Erklärung eine Haftung wegen Verschuldens bei Vertragsschluss begründen, ohne dass er sich mit dem Einwand entlasten kann, er habe nicht erkennen können, dass die Masse voraussichtlich zur Erfüllung nicht ausreichen werde (**OLG** Rostock 4. 10. 04 – 3 U 158/03, ZIP 2005, 220).

56 Grundsätzlich ist der Verwalter zwecks Vermeidung seiner Haftung nicht verpflichtet, einen Vertragspartner auf die besonderen Risiken eines Geschäfts mit dem Insolvenzverwalter hinzuweisen (**BGH** 14. 4. 87 – IX ZR 260/86, BGHZ 100, 346; LG Hamburg 28. 6. 96 – 328 O 411/95, WM 1996, 2213). Allein die Tatsache, dass ein Vertrag für eine Insolvenzmasse abgeschlossen wird, schafft noch kein besonderes Vertrauensverhältnis (*Vallender* ZIP 1997, 352 f). Deshalb kommt eine Haftung für eine **Kontoüberziehung** anlässlich einer Betriebsfortführung in der Insolvenz nur dann in Frage, wenn die Parteien bei Kontoeröffnung ausdrücklich besprochen und vereinbart haben, dass aus dem Konto nur der Verwalter persönlich berechtigt und verpflichtet werden sollte (**BGH** 19. 5. 88 – III ZR 38/87, ZIP 1988, 725; **BGH** 12. 11. 87 – IX ZR 259/86, ZIP 1987, 1586, 1587). Gehört der Insolvenzverwalter nicht den Berufsgruppen an, die ein Anderkonto begründen können (wie Rechtsanwälte, Wirtschaftsprüfer, Steuerberater), so liegt es für die Beteiligten nahe, von einem Sonderkonto auszugehen (**BGH** 19. 5. 88 – III ZR 38/87, ZIP 1988, 1136).

IV. Verletzung nichtinsolvenzspezifischer Pflichten **§ 60**

Verkauft der Verwalter eine Eigentumswohnung, ist er nicht verpflichtet, den Käufer auf mögliche **Wohngeldrückstände des Schuldners** als bisherigen Eigentümer hinzuweisen (**AG Leipzig** 16. 5. 07 – 104 C 10.628/06, InVo 2007, 333). 57

b) Deliktische Haftung. Bei der deliktischen Haftung des Verwalters handelt es sich *nicht* um die schuldhafte Verletzung insolvenzspezifischer Pflichten des Verwalters, sondern um eine Haftung aus unerlaubter Handlung nach den §§ 823 ff BGB. Hierunter fällt auch die Verletzung der allgemeinen **Verkehrssicherungspflicht** (**BGH** 17. 9. 87 – IX ZR 156/86, ZIP 1987, 1398; MüKo/*Brandes* §§ 60, 61 Rn 76; K/P/B/*Lüke* § 60 Rn 50). Einer deliktischen Haftung des Insolvenzverwalters nach den §§ 823 ff BGB steht nicht entgegen, dass im Einzelfall die Insolvenzmasse unmittelbar über § 31 BGB nach § 55 Abs 1 Nr 1 haftet (**BGH** 29. 6. 06 – IX ZR 48/04, NZI 2006, 592; **BGH** 17. 9. 87 – IX ZR 156/86, ZIP 1987, 1398; *Vallender* ZIP 1997, 345, 352; aA Jaeger/*Gerhardt* § 60 Rn 152). Des weiteren kommt eine Haftung nach § 823 Abs 2 BGB iVm einem Schutzgesetz ebenso in Betracht wie negatorische Ansprüche wegen ehrverletzender Äußerungen des Insolvenzverwalters (K/P/B/*Lüke* § 60 Rn 50). Die Haftung nach § 60 und die persönliche Verwalterhaftung nach Deliktsrecht schließen sich nicht aus, sondern können nebeneinander bestehen (**BGH** 1. 12. 88 – IX ZR 61/88, WM 1989, 114; **BGH** 5. 6. 75 – X ZR 37/72, NJW 1975, 1969; grundlegend *Eckardt* KTS 1997, 411 ff). Allerdings ist im Einzelfall immer zu prüfen, **welche Haftungsnorm Vorrang** genießt. 58

Im Rahmen der Betriebsfortführung hat der Verwalter auch die **wettbewerbsrechtlichen Normen** zu beachten. Die Verletzung eines Patents im Rahmen einer Betriebsfortführung im Insolvenzverfahren stellt einen gesetzlich geregelten Fall der deliktischen Haftung dar, so dass den Insolvenzverwalter die Haftung gem **§ 139 Abs 2 PatG** als Verletzer persönlich trifft (**BGH** 5. 6. 75 – X ZR 37/72, NJW 1975, 1969; Jaeger/*Gerhardt* § 60 Rn 154 Fn 374; MüKo/*Brandes* §§ 60, 61 Rn 80) nebst ihren verfahrensrechtlichen Besonderheiten (§§ 139 Abs 2 S 2, 143 ff PatG). § 139 Abs 2 PatG verdrängt als spezialgesetzliche Norm zugleich die allgemeine Delikthaftung nach § 823 BGB (*Benkrad* § 139 PatG Rn 14). Entsprechendes gilt für die Verletzung sonstiger Vorschriften des gewerblichen Rechtsschutzes (**§ 24 Abs 2 GebrMG, § 14 Abs 6 und 7 MarkenG, § 9 UWG**), die ebenfalls keine insolvenzspezifischen Pflichten iSv § 60 zum Gegenstand haben, sondern selbständige Anspruchsgrundlagen darstellen. 59

2. Steuerrechtliche Haftung. Der Insolvenzverwalter ist **Vermögensverwalter iSv § 34 Abs 3 AO** (*Maus* ZInsO 2003, 965) und hat, soweit seine Verwaltung (§ 80) reicht, gem § 155 die handels- und steuerlichen Pflichten des Schuldners zu erfüllen (**BFH** 12. 11. 92 – IV B 83/91, ZIP 1993, 374; **BFH** 23. 8. 94 – VII R 143/92, ZIP 1994, 1969; **BFH** 19. 12. 95 – VII R 53/95, ZIP 1996, 430; *Onusseit/Kunz*, Steuern in der Insolvenz S 23; ausführlich zu den steuerlichen Pflichten: *Krüger* ZInsO 2008, 1295 ff). Er wird dadurch nicht Steuerschuldner (§ 43 AO), wohl aber Haftungsschuldner iSv § 69 AO (*Maus* Steuern im Insolvenzverfahren, 2004, Rn 195). Zu den Steuerlichen Pflichten des Verwalters gehören vor allem die **Steuererklärungspflicht** gem § 149 Abs 1 AO und Bilanzierungspflicht während des Insolvenzverfahrens, und zwar **auch für Besteuerungszeiträume**, die **vor Insolvenzeröffnung** liegen (s u *Uhlenbruck* § 80 Rn 47; **BFH** 19. 11. 07 – VII B 104/07, BFH/NV 2008, 334; Jaeger/*Gerhardt* § 60 Rn 177; Tipke/Kruse/*Loose*, § 251 AO Rn 37 f; *Farr* Die Besteuerung in der Insolvenz, 2005, Rn 63 f; *Bartone* Insolvenz des Abgabenschuldners, 2000, S 21; noch zur KO **BFH** 23. 8. 94 – VII R 143/92, BStBl II 1995, 194; abl *Onusseit* ZIP 1995, 1798, 1804 f) einschließlich der Pflicht zur Berichtigung fehlerhafter Erklärungen des Insolvenzschuldners gem § 153 AO (*Onusseit* ZInsO, 363, 366; *Maus* ZInsO 1999, 683, 686). Daneben trifft den Verwalter die **Steuerentrichtungspflicht**, also die Steuern rechtzeitig und vollständig an das Finanzamt abzuführen. 60

Hinsichtlich der Haftung ist danach zu differenzieren, ob es sich bei der Nichtbeachtung der Steuervorschriften um eine Verletzung **insolvenzspezifischer Pflichten** (§ 60: „nach diesem Gesetz") handelt oder um eine Verletzung der allgemeinen steuerlichen Pflichten aus dem Steuerrechtsverhältnis (nach der AO oder Einzelsteuergesetzen). Die Erfüllung einer steuerrechtlichen *Insolvenzforderung* erfolgt nach Maßgabe des § 87 ausschließlich nach insolvenzrechtlichen Vorschriften, mithin aufgrund insolvenzspezifischer Pflichten. Soweit die Haftung gegenüber dem Fiskus nach §§ 60, 61 begründet ist, kann sie nicht durch Haftungsbescheid geltend gemacht werden, sondern nur durch Klage im Zivilrechtsweg (**BGH** 1. 12. 88 – IX ZR 61/88, BGHZ 106, 134; MüKo/*Brandes* §§ 60, 61 Rn 81; K/P/B/*Lüke* § 60 Rn 51). Die **steuerrechtliche Haftung** des Verwalters nach **§ 69 AO** ist nicht immer leicht von der Haftung nach § 60 abzugrenzen, zumal § 155 die handels- und steuerlichen Pflichten zu solchen nach der InsO transformiert. Hinsichtlich der Haftung wegen Nichterfüllung von *Masseverbindlichkeiten* verdängt § 61 in seinem Anwendungsbereich, dh soweit sie vom Insolvenzverwalter „begründet" worden sind, § 69 AO (aA *Farr* Die Besteuerung in der Insolvenz, 2005, Rn 76). Für alle anderen Fälle, warum eine Steuer als Masseschuld nicht oder nicht rechtzeitig gezahlt wird, bleibt § 69 AO anwendbar, insb bei einem Verstoß gegen die Mittelvorsorgepflicht nach Begründung der Steuer (dazu **BFH** 28. 11. 02 – VII R 41/01, NZI 2003, 276). § 69 AO ist seinerseits gegenüber § 60 die Spezialnorm für den Fall der Nichterfüllung steuerrechtlicher Pflichten durch den Insolvenzverwalter (MüKo/*Brandes* §§ 60, 61 Rn 81; K/P/B/*Lüke* § 60 Rn 52; *Frotscher* Besteuerung bei Insolvenz, S 41). Gegen den Haftungsbescheid nach § 69 AO ist der Finanzgerichtsweg zu beschreiten. 61

62 **a) Haftung nach § 60 InsO.** Eine insolvenzspezifische Pflicht ist verletzt, wenn der Insolvenzverwalter steuerliche Rechnungslegungspflichten außer Acht lässt und hierdurch ein **Masseverkürzungsschaden** eintritt (**BGH** 23. 8. 94 – VII R 143/92, ZIP 1994, 1969; **OLG** Hamm 2. 7. 87 – 27 U 25/86, ZIP 1987, 1402; K/P/B/*Lüke* § 60 Rn 53); durch die steuerliche Mehrbelastung der Masse werden nämlich die Insolvenzgläubiger geschädigt (MüKo/*Brandes* §§ 60, 61 Rn 81). Grundsätzlich ist festzustellen, dass § 69 AO die Sanktionen bei Verletzung speziell steuerrechtlicher Pflichten zum Zwecke der Sicherung einer ordnungsmäßigen Besteuerung regelt, während § 60 InsO „für nur alle denkbaren Pflichten des Insolvenzverwalters gilt und einen geordneten, den gesetzlichen Bestimmungen entsprechenden Ablauf des Insolvenzverfahrens zum Ziel hat" (so *Frotscher* Besteuerung bei Insolvenz, S 41).

63 Darüber hinaus ist der Insolvenzverwalter auch dem Schuldner gegenüber gem § 60 verpflichtet, während des Insolvenzverfahrens für die **ordnungsmäßige Erfüllung der steuerlichen Buchführungspflicht** zu sorgen (**BGH** 29. 5. 79 – VI ZR 104/78, BGHZ 74, 316). Im Rahmen des ihm Zumutbaren muss er sich auch um die Vervollständigung einer bei Verfahrenseröffnung mangelhaften Buchführung bemühen, wenn diese im Hinblick auf die steuerlichen Anforderungen noch in Ordnung gebracht werden kann. Die Finanzverwaltung ist berechtigt, die Einhaltung der Buchführungspflichten ebenso wie die Pflicht zur Bilanzerstellung durch Festsetzung eines Zwangsgeldes gem §§ 328 ff AO zu erzwingen (*Klasmeyer/Kübler* BB 1978, 369, 373; zu §§ 370, 378 AO *Birk* ZInsO 2007, 743).

64 Für die **Steuerentrichtungspflicht** in der Unternehmenskrise hat der **BFH** den **Grundsatz der anteiligen Tilgung** entwickelt, wonach eine zur Haftung führende unzulässige Benachteiligung des Fiskus nur dann gegeben ist, wenn bei Zahlungsschwierigkeiten bevorzugt steuerrechtliche Verbindlichkeiten erfüllt werden, um eine Fortführung sicherzustellen, gleichzeitig aber Verbindlichkeiten gegenüber den Finanzbehörden offen bleiben (**BFH** 26. 4. 84 – V R 128/79, GmbHR 1985, 30; **BFH** 4. 3. 86 – VII S 33/85, GmbHR 1986, 288; **BFH** 29. 9. 87 – VII R 54/84, DB 1988, 377). Diese Rechtsprechungsgrundsätze finden jedoch auf die Haftung des Insolvenzverwalters **bei Masseunzulänglichkeit keine Anwendung**, da die Berichtigung der Masseverbindlichkeiten nach dem zwingenden Verteilungsschlüssel des § 209 zu erfolgen hat (**BFH** 21. 6. 94 – VII R 34/92, ZIP 1995, 229; aA *Mösbauer* DStZ 2000, 443, 445). Verstöße gegen die Verteilung nach § 209 führen zur Haftung nach § 60.

65 **Verzögert** der Insolvenzverwalter die **Abführung von Steuern**, wie zB der Umsatzsteuer bei Verwertung von Sicherungseigentum, kann er vom Finanzamt nach § 69 AO in Anspruch genommen werden (**BGH** 1. 12. 88 – IX ZR 61/88, ZIP 1989, 50). Soweit dagegen die Finanzbehörde als Steuergläubiger keine andere Rechtsstellung im Insolvenzverfahren hat als jeder andere Gläubiger, greift § 69 AO nicht ein, sondern die Haftung nach Maßgabe der §§ 60, 61 (Jaeger/*Gerhardt* § 60 Rn 182; MüKo/*Brandes* §§ 60, 61 Rn 81). **Verzögert sich** also die **Quotenzahlung** einer von der Finanzbehörde angemeldeten Insolvenzforderung zB infolge schuldhaft verspäteter Abgabe einer ordnungsgemäßen Schlussrechnung, richtet sich die Erfüllung und damit auch die Schadenersatzpflicht ausschließlich nach § 60; insoweit handelt es sich um eine verfahrensrechtliche Pflicht des Insolvenzverwalters und eine insolvenzspezifische Pflicht gegenüber dem Finanzamt (**BGH** 1. 12. 88 – IX ZR 61/88, BGHZ 106, 134). Das Gleiche gilt, wenn eine Insolvenzforderung des Steuergläubigers versehentlich nicht in das Schlussverzeichnis (§ 188) aufgenommen wurde (Jaeger/*Gerhardt* § 60 Rn 182).

66 **b) Haftung nach § 69 AO.** Die Anwendung der unterschiedlichen Haftungsgrundlagen unterscheidet sich nicht nur in den Haftungsvoraussetzungen (Verschulden, Gehilfenhaftung), sondern auch in den Rechtsfolgen: Nach § 69 AO haftet der Insolvenzverwalter dafür, dass infolge vorsätzlicher oder grob fahrlässiger Verletzung der ihm auferlegten steuerrechtlichen Pflichten Ansprüche des Fiskus gegen den Insolvenzschuldner aus dem Steuerschuldverhältnis nicht oder nicht rechtzeitig festgesetzt oder erfüllt werden. Zu den **Pflichten** zählen alle Mitwirkungs- und Leistungspflichten im Festsetzungs- und Erhebungsverfahren, alle Aufzeichnungs-, Buchführungs-, Steuererklärungs-, Anzeige-, Aufbewahrungs-, Auskunfts- und Vorlage-, Einbehaltungs- und Abführungspflichten (HaKo/*Weitzmann* § 60 Rn 27; *Farr* Die Besteuerung in der Insolvenz, 2005, Rn 52 ff; *Maus* Steuern im Insolvenzverfahren, 2004, Rn 207). Die Pflicht nach §§ 34 Abs 3, 35 AO beschränkt sich nicht darauf, die Steuern bei Fälligkeit aus dem verwalteten Vermögen zu entrichten, sondern der Verwalter ist bereits vor Fälligkeit verpflichtet, die Masse so zu verwalten, dass er zur pünktlichen Tilgung auch erst in der Zukunft fällig werdender Steuerverbindlichkeiten in der Lage ist (**BFH** 28. 11. 02 – VII R 41/01, NZI 2003, 276). Die Haftung nach § 69 AO kann durch **Haftungsbescheid** des Finanzamts nach § 191 AO geltend gemacht werden, während für die Haftung nach § 60 indes der Zivilrechtsweg zu beschreiten ist (Jaeger/*Gerhardt* § 60 Rn 182; *Maus* ZInsO 2003, 965). § 191 AO greift allerdings nur ein, wenn der Insolvenzverwalter für Steuerschulden eintreten muss, die die Masse bzw den Insolvenzschuldner betreffen (Haftung für fremde Schuld), nicht dagegen, wenn er selbst der Verpflichtete ist (dann ergeht ein Steuerbescheid, § 155 Abs 1 AO). Verletzt der Insolvenzverwalter hingegen **Steuerpflichten, die ihm selbst obliegen**, wie zB die Steuerabführungspflicht, haftet er unmittelbar nach § 69 AO bzw sonstigen steuerrechtlichen Vorschriften; insoweit kommt ebenfalls ein Haftungsbescheid nach § 191 AO in Betracht. Dies gilt vor allem im Rahmen der Betriebsfortführung im eröffneten Insolvenzverfahren, zB bei Nichtabführung der **Lohnsteuer** der im Schuldnerunternehmen beschäftigten Arbeitnehmer (§ 42 EStG; ausführlich *Maus* Steuern im Insolvenzverfahren, 2004, Rn 228 ff), ferner für die Nichtentrichtung von entstandener Ein-

IV. Verletzung nichtinsolvenzspezifischer Pflichten § 60

kommen-, Körperschaft- oder Umsatzsteuer anlässlich der Unternehmensfortführung sowie bei Nichtabführung der **Umsatzsteuer** aus der Verwertung der Insolvenzmasse (*Birk* ZInsO 2007, 743; ausführlich zu Pflichtverletzungen im Bereich der Umsatzsteuer: *Maus* Steuern im Insolvenzverfahren, 2004, Rn 208 ff). Folgerichtig ist eine Klage des Fiskus auf Schadenersatz nach § 60 wegen Nichtabführung von Lohn- und Umsatzsteuer mangels Rechtsschutzinteresses unzulässig, weil die Ansprüche auf einfachere Weise durch Haftungsbescheid nach § 191 AO hätten geltend gemacht werden können (**OLG Frankfurt** 5. 11. 86 – 13 U 186/85, ZIP 1987, 456). Die Inanspruchnahme des Insolvenzverwalters als Haftungsschuldner iSv § 191 AO für die als Masseverbindlichkeit iSv § 55 Abs 1 Nr 1 entstandenen Umsatzsteueransprüche setzt nicht voraus, dass der Umsatzsteueranspruch gegen die Masse als „Erstschuldner" wirksam festgesetzt wurde (**BFH** 7. 11. 95 – VII R 26/95, NJW-RR 1997, 28 m Anm *Pape* WiB 1996, 1107).

Die Haftung nach § 69 AO hat **Schadenersatzcharakter** (**BFH** 5. 3. 91 – VII R 93/88, ZIP 1991, 67 1008; **BFH** 19. 12. 95 – VII R 53/95, ZIP1996, 429). Ziel des § 69 AO ist es, Steuerausfälle auszugleichen, die durch schuldhafte Pflichtverletzungen der in §§ 34, 35 AO bezeichneten Personen verursacht worden sind. Auch für die Haftung nach § 69 AO muss deshalb ein **Kausalzusammenhang** zwischen dem Verhalten des Insolvenzverwalters und dem Steuerausfall bestehen. Tritt der Steuerausfall als Schaden mangels Masse unabhängig davon ein, ob die Steueranmeldung fristgerecht eingereicht worden ist, so ist die Verletzung der Steuererklärungspflicht des Insolvenzverwalters für den eingetretenen Schaden nicht ursächlich und ein Haftungsanspruch nicht gegeben (**BFH** 19. 12. 95 – VII R 53/95, ZIP 1996, 429; **BFH** 5. 3. 91 – VII R 93/88, ZIP 1991, 1008). Aus der Umsatzsteuerpflicht ergibt sich zwar grundsätzlich auch die Pflicht zur Abführung der Umsatzsteuer. Diese besteht aber im Fall der Insolvenz des Sicherungsgebers nur nach Maßgabe der insolvenzrechtlichen Vorschriften. Kann die Umsatzsteuer wegen **Masseunzulänglichkeit** als Masseverbindlichkeit iSv § 55 Abs 1 Nr 1 nicht gezahlt werden, entfällt die Verwalterhaftung nach § 69 AO (**BFH** 19. 12. 95 aaO). Diese Grundsätze erfahren jedoch im Hinblick auf den Verfahrenskostenbeitrag (§§ 170, 171) eine Einschränkung: Soweit der Umsatzsteuerbetrag gem §§ 170 Abs 1 S 1, 171 Abs 2 S 2 einbehalten wird, kann sich der Verwalter nicht mehr auf die Masseunzulänglichkeit berufen. Hat der Verwalter den Gegenstand zur Verwertung dem Sicherungsgläubiger überlassen, muss unter den Umsatzsteuerbetrag vorweg an die Masse abführen (§ 170 Abs 2). Unterlässt es der Insolvenzverwalter schuldhaft, diesen Betrag an die FA weiterzuleiten, haftet er nach § 69 AO.

Bei der Haftung nach § 69 AO gilt im Übrigen ein **herabgesetzter Haftungsmaßstab**: Der Insolvenz- 68 verwalter haftet lediglich für Vorsatz und *grobe* Fahrlässigkeit. **Verschulden von Hilfspersonen** muss er sich nicht gem § 278 BGB zurechnen lassen (**RFH** KuT 1931, 6; *Mösbauer* DStR 1982, 123, 124); er haftet nur für eigenes Verschulden bei der Auswahl und Überwachung des Gehilfen, jedoch nicht bei Übertragung an einen Angehörigen der steuerberatenden Berufe (Jaeger/*Gerhardt* § 60 Rn 180; *Maus* Steuern im Insolvenzverfahren, 2004, Rn 215 unter Berufung auf die Ausführungen zum entschuldbaren Rechtsirrtum in **BFH** 21. 6. 94 – VII R 34/92, ZIP 1995, 229 aE; **aA** *Mösbauer* DStZ 2000, 443, 446).

Streitig ist, ob und wie ein etwaiges **Mitverschulden der Finanzbehörden** im Rahmen des § 69 AO 69 Berücksichtigung findet. Nach der Rechtsprechung (**BFH** 2. 7. 2001– VII B 345/00, **BFH**/NV 2002, 4 mwN) kommt eine entsprechende Anwendung des § 254 BGB im Steuerrecht auf Tatbestandsebene nicht in Betracht. Ein mitwirkendes Verschulden der Finanzbehörde sei erst im Rahmen der Ermessensentscheidung bezüglich der Frage, ob der Haftende im Wege eines Haftungsbescheides in Anspruch genommen werde, zu berücksichtigen. Teile der Literatur (Pahlke/Koenig/*Intemann* AO, § 69 Rn 130; Tipke/Kruse/*Loose* AO, FGO, § 69 Rn 28; *Kanzler* DStR 1985, 340) wollen indes § 254 BGB unter Hinweis darauf, dass es sich bei dieser Vorschrift um einen allgemeinen Rechtsgedanken handele, auch bei öffentlich rechtlichen Haftungsansprüchen – wie etwa § 69 AO – anwenden, so dass ein Verschulden der Finanzbehörde den Haftungsanspruch nach § 69 AO mindert. Zu weiteren Einzelheiten und Einzelfällen wird auf Tipke/Kruse/*Loose* § 69 Rn 28 verwiesen.

Der **Haftungsumfang** des Insolvenzverwalters erstreckt sich auf alle im Zeitpunkt der Pflichtverlet- 70 zung entstandenen Ansprüche aus dem Steuerrechtsverhältnis iSv § 37 AO einschließlich der Nebenansprüche nach § 3 Abs 3 AO, insbesondere der Verspätungs- und Säumniszuschläge (HaKo/*Weitzmann* § 60 Rn 27; *Onusseit* ZInsO 2006, 1084). Vor Erlass eines Haftungsbescheides ist der zuständigen Berufskammer gem **§ 191 Abs 2 AO** Gelegenheit zu geben, die Gesichtspunkte vorzutragen, die von ihrem Standpunkt für die Entscheidung von Bedeutung sind, wenn es sich bei dem Insolvenzverwalter um einen Rechtsanwalt, Patentanwalt, Notar, Steuerberater, vereidigten Buchprüfer oder Wirtschaftsprüfer handelt. Allerdings ist zweifelhaft, ob es sich bei der Verwaltertätigkeit um eine Tätigkeit handelt, die er „in Ausübung seines Berufes" vorgenommen hat (vgl **BFH** 14. 7. 08 – VIII B 179/07, **BFH**/NV 2008, 1874; **BFH** 12. 12. 01 – XI R 56/00, NZI 2002, 224 zur Gewerbesteuerpflicht). Der haftungsrechtliche Durchgriff nach § 69 AO steht im **pflichtgemäßen Ermessen** des Finanzamts (§§ 191, 268 AO). Ist das Verschulden des Insolvenzverwalters gering und der Steuerausfall zugleich auch durch ein Mitverschulden des Finanzamtes verursacht, wird es idR ermessensfehlerhaft sein, den Verwalter in Anspruch zu nehmen (**BFH** 26. 1. 61, HFR 1961, 109, einen Nachlasspfleger betreffend). Der Haftungsbescheid ist ein Steuerbescheid iSv § 155 ff AO, so dass auch § 166 AO Anwendung findet.

§ 60 Haftung des Insolvenzverwalters

71   **Dem Grunde nach** ist die Verwalterhaftung auf die Ansprüche aus dem Steuerschuldverhältnis beschränkt. Das sind die Ansprüche gem § 37 AO. Nach *Mösbauer* (DStZ 2000, 443, 447) ist der haftungsrechtliche Geltungsbereich in § 69 S 2 AO für steuerliche Nebenleistungen auf Säumniszuschläge beschränkt; für die übrigen Ansprüche auf steuerliche Nebenleistungen soll der Verwalter nicht haften. Auch **der Höhe nach** ist die Haftung des Insolvenzverwalters beschränkt, nämlich auf den Betrag, der infolge schuldhafter Pflichtverletzung des Verwalters nicht oder nicht rechtzeitig festgesetzt oder erfüllt oder ohne Rechtsgrund rückvergütet bzw zurückerstattet worden ist (*Mösbauer* DStZ 2000, 443, 447), wobei auch eine anteilige Haftung möglich ist (für Umsatzsteuer **BFH** 13. 9. 88 – VII R 35/85, ZIP 1989, 657).

72   Für die **Verjährung** gilt die Frist von vier Jahren gem § 191 Abs 3 AO, beginnend mit Ablauf des Kalenderjahres, in dem der Tatbestand verwirklicht worden ist (*Maus* Steuern im Insolvenzverfahren, 2004, Rn 216).

73   c) **Einzelfälle:**
   – Im Insolvenzverfahren der Personengesellschaft hat der Insolvenzverwalter die **Erklärungspflichten** gem § 149 Abs 1 AO und Bilanzierungspflichten **auch dann** zu erfüllen, **wenn** die betroffenen Steuerabschnitte vor der Eröffnung des Insolvenzverfahrens liegen und wenn das **Honorar eines Steuerberaters** für die Erstellung dieser Erklärungen durch die Masse **nicht gedeckt** sein sollte (**BFH** 23. 8. 94 – VII R 143/92, ZIP 1994, 1969; Braun/*Dithmar* § 155 Rn 14). Denn der Gesichtspunkt der Entstehung weiterer Kosten entbindet den Insolvenzverwalter – ebenso wie den Steuerpflichtigen selbst – nicht von der Wahrnehmung seiner öffentlich-rechtlichen Pflichten, die ihm durch die Steuergesetze auferlegt worden sind. Die Steuererklärungspflicht dient der ordnungsgemäßen Abwicklung des Besteuerungsverfahrens und nicht nur dem fiskalischen Interesse der Finanzverwaltung als Insolvenzgläubiger (**BFH** 19. 11. 07 – VII B 104/07, BFH/NV 2008, 334; noch zur KO **BFH** 23. 8. 94 – VII R 143/92, BStBl II 1995, 194; zur Festsetzung der Steuerberaterkosten als Auslagen in Fällen der **Kostenstundung**, wenn der Verwalter zuvor erfolglos versucht hat, bei der Finanzverwaltung zu erreichen, wegen der Masseunzulänglichkeit auf die Vorlage von Steuererklärungen und Bilanzen zu verzichten: **BGH** 28. 9. 06 – IX ZB 4/04, nv; **BGH** 22. 7. 04 – IX ZB 161/03, NZI 2004, 577; aber nicht bei Einsatz eigenen Personals **BGH** 13. 7. 06 – IX ZB 198/05, NZI 2006, 586).
   – In Insolvenzverfahren über das Vermögen **juristischer Personen**, in denen eine Kostenstundung nicht möglich ist, entfällt die Pflicht des Insolvenzverwalters zur Erstellung einer Steuererklärung, wenn ein bereits beauftragter Steuerberater im Hinblick auf die angezeigte Masseunzulänglichkeit die Erstellung einer Steuererklärung ablehnt und für den Insolvenzverwalter selbst zu aufwendig wäre (**BFH** 23. 8. 94 – VII R 143/92, ZIP 1994, 1969; vgl **AG** Hamburg 2. 2. 00 – 67 c IN 157/99, NZI 2000,140). Komplexere Körperschaft- und Umsatzsteuererklärungen sind idR nicht zumutbar (Braun/*Dithmar* § 155 Rn 15). Mit der fehlenden Möglichkeit zur Delegation der Steuererklärungspflichten entfällt auch eine Haftung des Insolvenzverwalters, da die Erstellung der Steuererklärung neue Masseverbindlichkeiten begründen würde und daher dem nach Anzeige der Masseunzulänglichkeit geänderten Verfahrenszweck widerspricht (**AG** Duisburg 27. 4. 03 – 62 IN 241/02, ZInsO 2003, 863; *Maus* Steuern im Insolvenzverfahren Rn 177; HaKo/*Weitzmann* § 155 Rn 30; *Onusseit* ZIP 1995, 1798, 180 ff). Gleichwohl von der Finanzbehörde ergriffene Zwangsmaßnahmen sind ermessensfehlerhaft und damit rechtswidrig.
   – Die **Versagung einer** an eine ordnungsmäßige Buchführung geknüpften **Steuervergünstigung** kann im Fall der Überlassung von Buchführungsunterlagen an einen Insolvenzverwalter eine sachliche Unbilligkeit iSv § 130 Abs 1 AO darstellen (**BFH** 2. 2. 82 – VIII B 5/80, nv). Verhindert der Insolvenzverwalter durch eine nicht ordnungsgemäße Buchführung, dass der **Insolvenzschuldner** steuerliche Vorteile in Anspruch nehmen kann, kommen Schadenersatzansprüche nach § 60 in Betracht.
   – Keine Pflichtverletzung des Verwalters über das Vermögen einer GmbH wegen **unterlassener Geltendmachung von Steuererstattungsansprüchen** und damit keine Haftung nach § 60 liegt vor, wenn aufrechenbare Gegenansprüche des Finanzamts bestehen (**OLG** Koblenz 9. 4. 92 – 5 U 471/91, ZIP 1993, 52).
   – Ein Insolvenzverwalter verletzt die von ihm nach § 34 Abs 3 iVm Abs 1 AO zu erfüllenden steuerlichen Pflichten schon dadurch, dass er in Kenntnis des Fehlens vorhandener Mittel in dem von ihm verwalteten Vermögen einem anderen eine **Rechnung mit offen ausgewiesener Umsatzsteuer erteilt**, ohne dazu berechtigt zu sein (§§ 14 Abs 3 S 2 UStG, 69 AO; **BFH** 21. 6. 94 – VII R 34/92, ZIP 1995, 229).
   – Der Insolvenzverwalter begeht keine Pflichtverletzung, wenn er in der Insolvenz einer GmbH auf die Steuerbefreiung für einen Grundstücksumsatz nach § 9 Abs 1 UStG verzichtet (**zur Umsatzsteuer optiert**); eine Pflichtverletzung liegt aber darin, dass er, obwohl ihm dies möglich gewesen wäre, nicht durch eine Nettokaufpreisvereinbarung dafür Sorge trägt, dass die GmbH über den der Umsatzsteuer entsprechenden Anteil des vom Erwerber im Hinblick auf die Option gezahlten Kaufpreises verfügen kann (**BFH** 16. 12. 03 – VII R 42/01, HFR 2004, 955; **BFH** 28. 11. 02 – VII R 41/01, NZI 2003, 276; anders noch **BFH** 9. 1. 97 – VII R 51/96, BFH/NV 1997, 324). Für Grundstücksgeschäfte, die nach dem 31. 3. 2004 abgeschlossen wurden, ist das Urteil obsolet, da nunmehr der *Käufer* gem **§ 13 b Abs 1 Nr 3 UStG** Steuerschuldner ist.

IV. Verletzung nichtinsolvenzspezifischer Pflichten § 60

– Wird das **Insolvenzverfahren beendet**, so enden zugleich auch die steuerlichen Pflichten des Insolvenzverwalters. Diese fallen an den Insolvenzschuldner, soweit dieser als juristische Person noch existent ist, zurück (**BFH 8. 8. 95 – VII R 25/94, ZIP 1996, 430, 431**). Das FA kann mit der Beendigung des Insolvenzverfahrens vom Insolvenzverwalter die Abgabe von Steuererklärungen für den Insolvenzschuldner nicht mehr verlangen (wohl aber noch Mitwirkung gem §§ 90 ff, 97 AO; *Farr* Die Besteuerung in der Insolvenz, 2005, Rn 65 f). Soweit ein Finanzrechtsstreit durch die Verfahrensbeendigung seine Erledigung erfährt, können dem Insolvenzverwalter nach Auffassung des *BFH* (8. 8. 95 – VII R 25/94, ZIP 1996, 430, 431) gleichwohl die **Kosten des Rechtsstreits** auferlegt werden. Dem steht nach Auffassung des BFH weder die Säumnis noch der Einwand der Massearmut entgegen, da diese die Erfüllung steuerlicher Pflichten nicht beseitigt.

3. Arbeits- und sozialversicherungsrechtliche Haftung. Der Insolvenzverwalter rückt mit der Verfahrenseröffnung gem § 80 in die Arbeitgeberposition des Insolvenzschuldners ein (**BAG 25. 1. 07 – 6 AZR 559/06, NZI 2007, 535, 537**; MüKo/*Brandes* §§ 60, 61 Rn 86) und hat daher auch sämtliche Pflichten eines Arbeitgebers zu erfüllen. Kommt er dem während seiner Amtstätigkeit nur unzureichend, nicht rechtzeitig oder gar nicht nach, so stellen die sich daraus ergebenden Schadensersatzansprüche Masseverbindlichkeiten dar. Eine persönliche Haftung wird nur in den Fällen angenommen, in denen der Insolvenzverwalter in besonderem Maße ein persönliches Vertrauen in Anspruch genommen hat (**LAG Hannover 24. 4. 08 – 7 Sa 864/07, nv; LAG Frankfurt aM 20. 3. 08 – 8 Sa 761/07, nv; LAG Nürnberg 9. 1. 07 – 7 Sa 135/05, NZA-RR 2007, 433**). Dies ist folgerichtig, weil die arbeits- und sozialrechtlichen Pflichten nicht insolvenzspezifisch sind. 74

a) Sozialversicherungsrechtliche Haftung. Zu den wesentlichen Pflichten des Verwalters gehört es, die nach Insolvenzeröffnung anfallenden gesetzlichen **Sozialversicherungsbeiträge** zur Kranken- (§ 253 SGB V), Renten- (§ 174 SBG VI), Pflege- (§ 60 SGB XI) und Arbeitslosenversicherung (§§ 346, 348 Abs 2 SGB III) an die Krankenkasse als Einzugsstelle abzuführen (§ 28 h Abs 1 SGB IV). Hierbei handelt es sich nicht um insolvenzspezifische Pflichten (Jaeger/*Gerhardt* § 60 Rn 159), sondern im Falle einer Pflichtverletzung ergibt sich die Haftung aus § 28 e Abs 3 SGB IV. Die Abführungspflicht besteht auch dann, wenn er die Arbeitnehmer **freistellt**, da die Sozialversicherungspflicht gem § 28 d SGB IV an den Arbeitsentgelt*anspruch* aus einer versicherungspflichtigen Beschäftigung anknüpft, unabhängig davon, ob der Lohn gezahlt wird oder nicht (**BSG 26. 11. 85 – 12 RK 51/83, ZIP 1986, 237**). 75

Nur die Beiträge zur gesetzlichen **Unfallversicherung** (§ 150 SGB VII) fallen bei einer Freistellung nicht an (**BSG 30. 7. 81 – 8/8 a RU 48/80, ZIP 1981, 1106**). Entgegen einer Entscheidung des LG Hamburg (10. 7. 07 – 303 O 263/06, UV-Recht Aktuell 2007, 1078) haftet der Verwalter für diese aber auch im Falle einer **Weiterbeschäftigung** nicht nach § 61, da die Beitragsrückstände im Rahmen des lediglich zu ersetzenden negativen Interesses kein ersatzfähiger Schaden sind (s u § 61 Rn 7). Der Verwalter ist auch nicht ohne weiteres aus § 60 verpflichtet, Arbeitnehmer freizustellen, damit die Insolvenzmasse nicht durch Beiträge zur Unfallversicherung verkürzt wird. Vielmehr setzt eine Pflicht zur Freistellung voraus, dass der Verwalter die Arbeitsleistung der Arbeitnehmer, die ohnehin nicht oder nur fristgebunden kündbar sind, nicht mehr wertschöpfend für die Masse einsetzen kann. Denn andernfalls übersteigt die mit der Arbeitsleistung zu erzielende Wertschöpfung regelmäßig die Beiträge zur Unfallversicherung. Ein Verzicht auf diese mögliche Wertschöpfung würde aber einen Verstoß des Insolvenzverwalters gegen seine Pflicht zur optimalen Verwertung der Insolvenzmasse darstellen. Die Pflichtenkollision zwischen der Vermeidung einer Masseverkürzung und der optimalen Verwertung der Insolvenzmasse ist dahingehend aufzulösen, dass der Verwalter verpflichtet ist, so zu handeln, wie es für die Masse und damit die Gläubigergesamtheit am vorteilhaftesten ist, wobei ihm ein Beurteilungs- und Ermessensspielraum zusteht. 76

Ferner hat der Verwalter gem § 320 Abs 2 S 1 SGB III das **Insolvenzgeld** zu errechnen und auszuzahlen, wenn die Agentur für Arbeit die Mittel für die Auszahlung des Insolvenzgeldes bereitstellt; andernfalls haftet er nach § 321 Nr 4 SGB III (**BSG 25. 3. 82 – 10 RAr 7/81, ZIP 1982, 1336**). Nach § 314 Abs 1 SGB III hat der Insolvenzverwalter auf Verlangen der Agentur für Arbeit für jeden Arbeitnehmer, für den ein Anspruch auf Insolvenzgeld in Betracht kommt, die Höhe des Arbeitsentgeltes für die letzten der Eröffnung des Insolvenzverfahrens vorausgehenden drei Monate des Arbeitsverhältnisses (einschließlich etwaiger Gehaltsumwandlungen, Abs 2) sowie die Höhe der gesetzlichen Abzüge und der zur Erfüllung der Ansprüche auf Arbeitsentgelt erbrachten Leistungen zu bescheinigen (Insolvenzgeldbescheinigung). Im Falle der Abweisung des Antrages auf Eröffnung des Insolvenzverfahrens oder dessen Einstellung (§ 207) sind die vorgenannten Pflichten vom Arbeitgeber zu erfüllen (§ 314 Abs 3 SGB III). Zur Beratung der Arbeitnehmer oder gar selbsttätigen Antragstellung für diese ist der Verwalter nicht verpflichtet (Jaeger/*Gerhardt* § 60 Rn 160). 77

§ 321 SGB III enthält noch weitere zahlreiche Haftungstatbestände, die auch den Insolvenzverwalter als Arbeitgeber treffen können, wenn er Arbeits- oder Insolvenzgeldbescheinigungen nicht, nicht richtig oder nicht vollständig ausfüllt, seiner Auskunftspflicht nicht nachkommt oder bestimmten Mitwirkungspflichten verletzt. Daneben kommt § 823 Abs 2 BGB iVm den jeweiligen sozialversicherungsrechtlichen Vorschriften als Haftungsgrundlage in Betracht; vor allem **§ 266 a StGB** ist als Schutzgesetz zu beachten 78

(BGH 15. 9. 1997 – II ZR 170/96, NJW 1998, 227). Als Anspruchsberechtigte kommen sowohl die Agentur für Arbeit (gem § 321 SGB III) als auch der Arbeitnehmer (gem § 823 Abs 2 BGB iVm der verletzten Vorschrift des SGB III als Schutzgesetz, Jaeger/*Gerhardt* § 60 Rn 164) in Betracht. Auch die Agentur für Arbeit ist auf den Rechtsweg verwiesen und hat ggf Leistungsklage vor den Sozialgerichten zu erheben; eine Inanspruchnahme des Verwalters durch Verwaltungsakt scheidet aus, da es bei einem Schadensersatzanspruch wegen unzutreffender Insolvenzgeldbescheinigung an einem Über-Unterordnungsverhältnis fehlt (**BSG** 12. 2. 80 – 7 RAr 106/78, ZIP 1980, 348 zur damaligen „Arbeitsbescheinigung"). Die Verjährung dieser nicht insolvenzspezifischen Schadensersatzansprüche richtet sich nach den Vorschriften des BGB.

79   b) **Individualarbeitsrechtliche Haftung.** Eine Haftung des Insolvenzverwalters aus § 60 wegen Verletzung der nach § 208 bestehenden Pflicht zur **rechtzeitigen Anzeige der Masseunzulänglichkeit** kommt nicht in Betracht, wenn Umstände vorliegen, die eine Fortführung des Betriebs der Insolvenzschuldnerin realistisch erscheinen lassen (**LG** Hamburg 11. 11. 05 – 306 O 362/04, ZInsO 2005, 1279). Der durch eine verspätete Anzeige der Masseunzulänglichkeit verursachte Schaden eines Arbeitnehmers kann allenfalls in dem entgangenen Arbeitslosengeld bestehen, wobei dem Arbeitnehmer ein erhebliches Mitverschulden anzurechnen ist, wenn er kein Arbeitslosengeld im Wege der Gleichwohlgewährung beantragt, obwohl er weiß, dass die Fortführung des Geschäftsbetriebs der Insolvenzschuldnerin mit der Folge der Masseunzulänglichkeit scheitern kann (**LG** Hamburg 11. 11. 05 aaO).

80   Bei Ausspruch einer **Kündigung des Arbeitsverhältnisses** hat der Insolvenzverwalter alle Kündigungsschutzvorschriften zu beachten (zur Massenentlassungsanzeige nach § 17 KSchG **BAG** 20. 9. 06 – 6 AZR 249/05, ZIP 2007, 595 Rn 60ff), insb auch zur Sozialauswahl; es gelten insoweit die Grundsätze zur **gespaltenen Darlegungslast** (**BAG** 17. 11. 05 – 6 AZR 107/05, ZIP 2006, 774; **BAG** 21. 2. 02 – 2 AZR 581/00, BAG-Report 2003, 16). Ist eine **Teilbetriebsstilllegung** beabsichtigt, bedarf es einer Zustimmung des Gläubigerausschusses nur, wenn ein wesentlicher Betriebsteil iSd § 111 S 3 Nr 2 BetrVG geschlossen werden soll (**BAG** 26. 4. 07 – 8 AZR 695/05, ZIP 2007, 2136). Soweit ein Betriebsratsmitglied in der stillgelegten Abteilung betroffen ist, muss der Arbeitgeber dieses grundsätzlich in eine andere Betriebsabteilung übernehmen und, falls alle vergleichbaren Arbeitsplätze besetzt sind, versuchen, einen Arbeitsplatz durch Umsetzung, notfalls durch Kündigung für den durch § 15 Abs 5 KSchG geschützten Arbeitnehmer freizumachen (**BAG** 13. 6. 02 – 2 AZR 391/01, BAGE 101, 328). Nur wenn eine Weiterbeschäftigung des Betriebsratsmitgliedes in einer anderen Betriebsabteilung nicht möglich ist, kann der Arbeitgeber das Arbeitsverhältnis ordentlich kündigen, aber frühestens zum Zeitpunkt der Stilllegung der Betriebsabteilung (**BAG** 17. 11. 05 – 6 AZR 118/05, ZIP 2006, 918 Rn 17, 19 und 20).

81   Erklärt der Insolvenzverwalter bezüglich eines einzelkaufmännisch geführten Betriebes des Schuldners die **Freigabe nach § 35 Abs 2**, findet nach Ansicht des BAG auch § 613a BGB entsprechende Anwendung, dh. das Arbeitsverhältnis geht auf den Schuldner im Zuge der Freigabe nicht über, wenn der Arbeitnehmer rechtzeitig gem § 613a Abs 6 BGB widerspricht (**BAG** 10. 4. 08 – 6 AZR 368/07, ZIP 2008, 1346, Rn 23). Der Insolvenzverwalter muss daher die Arbeitnehmer entsprechend belehren, um eine Haftung zu vermeiden; denn die Widerspruchsfrist beginnt erst mit einer ordnungsgemäßen Unterrichtung zu laufen (§ 613a Abs 5 BGB).

82   Im Falle der Fortführung des Betriebes treffen den Verwalter die dem Arbeitgeber durch das **BetrAVG** auferlegten Pflichten. Insbesondere hat er gegenüber den in § 14 BetrAVG genannten Trägern der Insolvenzsicherung Auskünfte zu erteilen und ist überdies zur Mitwirkung verpflichtet (§ 11 BetrAVG). Ein Verstoß gegen diese Pflichten ist bußgeldbewährt (§ 12 Abs 2 BetrAVG). Lebensversicherungsansprüche zur betrieblichen Altersversorgung, für die ein unwiderrufliches **Bezugsrecht mit einschränkendem Vorbehalt** besteht, darf der Insolvenzverwalter nicht zur Masse ziehen. Denn das berechtigte Anliegen des Arbeitgebers zu verhindern, dass der Arbeitnehmer unter Mitnahme der erworbenen Versicherungsansprüche aus seinen Diensten ausscheidet, erfordert nach Ansicht des BGH nur die Einbeziehung solcher Beendigungsgründe, die neben der freiwilligen Aufgabe des Arbeitsplatzes auch sonst auf die Person und das betriebliche Verhalten des Arbeitnehmers zurückzuführen sind. Insolvenzbedingte Betriebseinstellungen oder insolvenzbedingte Veräußerungen von Betriebsteilen gehören nicht dazu (**BGH** 3. 5. 06 – IV ZR 134/05, ZIP 2006, 1309; **BGH** 22. 9. 05 – IX ZR 85/04, ZIP 2005, 1836; aA [Vorlage an den Gemeinsamen Senat der Obersten Gerichtshöfe des Bundes] **BAG** 22. 5. 07 – 3 AZR 334/06, ZIP 2007, 1869; ebenso **LAG** Stuttgart 24. 4. 07 – 8 Sa 32/06; instruktiv *Heyn* InsbürO 2007, 374ff; *Löser* ZInsO 2008, 649, 652ff).

83   c) **Kollektivarbeitsrechtliche Haftung.** Die vielfältigen kollektivarbeitsrechtlichen Pflichten des Arbeitgebers sind auch vom Insolvenzverwalter zu erfüllen. Insbesondere bei der **Fortführung** des schuldnerischen Betriebes drohen haftungsrechtliche Konsequenzen. Der Verwalter hat die Mitwirkungsrechte des Betriebsrates zu beachten sowie den durch das BetrVG statuierten Informations- und Unterrichtungsrechten (zB § 111 BetrVG) des Betriebsrates Rechnung zu tragen. Soweit einschlägig, verdrängen die Sonderregelungen der § 123ff die kollektivarbeitsrechtlichen Bestimmungen. Insoweit ist die Haftung des Verwalters auch insolvenzspezifisch; die Pflichten beruhen auf Bestimmungen der InsO.

84   Neben der Fortführung des Betriebes birgt auch dessen **Stilllegung** oder eine andere, für die Arbeitnehmer nachteilige Betriebsänderung Haftungsrisiken. Der Insolvenzverwalter ist, wie der Arbeitgeber, zur Durch-

VI. Verschulden § 60

führung eines Nachteilsausgleichs (§ 113 BetrVG) verpflichtet, wenn er ohne zwingenden Grund von einem Sozialplan (§ 112 BetrVG) abweicht oder mit der Umsetzung der Betriebsänderung bereits beginnt, ohne bis dahin einen Interessenausgleich mit dem Betriebsrat versucht zu haben (**BAG** 30. 5. 06 – 1 AZR 25/05, ZIP 2006, 1510; **BAG** 22. 11. 05 – 1 AZR 407/04, ZIP 2006, 1312, 1315). Die Forderungen der Arbeitnehmer aus dem Nachteilsausgleich sind Masseverbindlichkeiten (**BAG** 10. 9. 74 – 1 AZR 16/74, BAGE 26, 257; Jaeger/*Gerhardt* § 60 Rn 166 ff) und nicht insolvenzspezifisch, während der idR zugleich hieraus resultierende Masseverkürzungsschaden unter § 60 fällt. Der Schadensnachweis ist indes schwierig zu führen. Denn zur Feststellung der Masseverkürzung ist die Summe der für die Masseschulden aufgewendeten Zahlungen ins Verhältnis zu der Situation zu setzen, die bei Erfüllung der Sozialplanpflichten durch den Verwalter bestanden hätte (Jaeger/*Gerhardt* § 60 Rn 171). Lediglich die Differenz zwischen dem tatsächlich aufgewendeten Betrag und dem Betrag, der nach Maßgabe der Höchstgrenzen des § 123 für die Forderungen der Sozialplangläubiger aufzuwenden gewesen wäre, kann als Schaden sicher nachgewiesen werden.

4. Öffentlich-rechtliche Haftung. Nach Ansicht des BVerwG kann der Insolvenzverwalter als Inhaber 85 der tatsächlichen Gewalt (**Zustandsstörer**) auch für die Sanierung von massezugehörigen Grundstücken herangezogen werden, da eine solche Verpflichtung (zB aus § 4 Abs 3 S 1 BBodSchG) stets **Masseverbindlichkeit** im Sinne des § 55 Abs 1 Nr 1 sei, **auch wenn** die Altlasten aus der Zeit *vor* der Eröffnung des Insolvenzverfahrens stammen (**BVerwG** 22. 7. 04 – 7 C 17/03, ZIP 2004, 1766; **BVerwG** 23. 9. 04 – 7 C 22/03, NZI 2005, 51; **aA** [nur bei *Nutzung* der fraglichen Sachen für die Masse] **BGH** 5. 7. 01 – IX ZR 327/99, ZIP 2001, 1469; **BGH** 18. 4. 02 – IX ZR 161/01, ZIP 2002, 1043, 1045). Allerdings kann der Verwalter das belastete Grundstück aus der Masse **freigeben** und damit die Inanspruchnahme der Masse für die Kosten der Gefahrenbeseitigung abwenden.

Knüpft die Pflicht dagegen an ein Verhalten an (**Verhaltensstörer**), kommt es darauf an, ob das stö- 86 rende Verhalten dem Insolvenzverwalter (dann **Masseschuld** gem § 55 Abs 1 Nr 1) oder dem Gemeinschuldner anzulasten ist (dann bloße **Insolvenzforderung** gem § 38; **BVerwG** 23. 9. 04 – 7 C 22/03, NZI 2005, 51). Soweit die Störung auf einem Verhalten des Verwalters beruht, **scheidet** eine **Freigabe aus**; im Falle des § 38 bedarf es keiner Freigabe.

Zu Einzelheiten s o § 55 Rn 28. 87

V. Kausalität

Der entstandene Schaden muss adäquat kausal auf der Verletzung insolvenzspezifischer Pflichten in 88 Form eines Tun oder Unterlassens des Verwalters beruhen (N/R/*Abeltshauser* § 60 Rn 57; HK-*Eickmann* § 60 Rn 10) und ihm billigerweise zuzurechnen sein (K/P/B/*Lüke* § 60 Rn 35). Es gelten die allgemeinen Grundsätze zur **haftungsbegründenden** Kausalität (K/P/B/*Lüke* § 60 Rn 35; MüKo-*Brandes* §§ 60, 61 Rn 105 ff; N/R/*Abeltshauser* § 60 Rn 57). Eine haftungsrechtliche Verantwortung des Verwalters ist nicht gegeben, wenn die gleiche Schadensfolge, wie zB der Untergang des angeblichen Eigentumsvorbehalts, auch bei pflichtgemäßem Verhalten des Verwalters eingetreten wäre (**OLG** Karlsruhe 18. 9. 98 – 10 U 49/98, NZI 1999, 231). Verletzt der Gläubigerausschuss gleichzeitig Aufsichtspflichten, wird der Kausalzusammenhang zwischen der Pflichtverletzung des Verwalters und dem eingetretenen Schaden hierdurch nicht unterbrochen (**BGH** 27. 4. 78 – VII ZR 31/76, NJW 1978, 1527 [unterlassene Kassenprüfungen]; **BGH** 11. 12. 67 – VII ZR 139/65, BGHZ 49, 121; K/P/B/*Lüke* § 60 Rn 35). Die Mitglieder des Gläubigerausschusses (§ 71) und der Insolvenzverwalter haften ggf als Gesamtschuldner. Im Falle der Geschäftsfortführung ist ein Ursachenzusammenhang zwischen der schädigenden Handlung oder dem Unterlassen und dem eingetretenen Schaden bereits dann zu bejahen, wenn der Verwalter eine lediglich unübersichtliche und unvollständige Buchführung duldet und hierdurch verkannt wird, dass die Geschäftsfortführung zu erheblichen Masseverlusten führt (**BGH** 21. 3. 61 – VI ZR 149/60, KTS 1961, 94; *Vallender* ZIP 1997, 345, 350).

Hinsichtlich der **haftungsausfüllenden** Kausalität ist zu prüfen, welchen Verlauf die Dinge bei pflicht- 89 gemäßem Verhalten des Verwalters genommen und welche Auswirkungen dieses pflichtgemäße Verhalten auf die Vermögenslage des Geschädigten entfaltet hätte (**BGH** 1. 3. 07 – IX ZR 261/03, NJW 2007, 2485; *Zugehör* ZInsO 2006, 857, 859). Hängt dies davon ab, wie ein Gericht aller Voraussicht nach entschieden hätte, so ist darauf abzustellen, welche Entscheidung das erkennende Gericht nach Ansicht des über den Schadenersatzanspruch entscheidenden Gerichts richtigerweise hätte treffen müssen; nicht entscheidend ist dagegen, wie es tatsächlich entschieden haben würde (**BGH** 26. 3. 85 – VI ZR 245/83, ZIP 1985, 693, 694; *Vallender* ZIP 1997, 345, 351). Die Haftung nach § 60 erstreckt sich auf sämtliche Schäden, die in den Schutzbereich der Norm fallen (**BGH** 29. 9. 88 – IX ZR 39/88, BGHZ 105, 230 ff). Der Geschädigte trägt die Beweislast auch bei grober Pflichtverletzung (**BGH** 7. 12. 99 – XI ZR 67/99, NJW 2000, 1108). Allerdings mildern § 287 ZPO und die Regeln über den Beweis des ersten Anscheins die Beweislast zu Gunsten des Geschädigten.

VI. Verschulden

1. Haftung für eigenes Verschulden. Die Haftung des Insolvenzverwalters nach § 60 setzt ferner Ver- 90 schulden iSv § 276 BGB voraus. Der Verwalter hat bei der Verletzung insolvenzspezifischer Pflichten

§ 60 *Haftung des Insolvenzverwalters*

Vorsatz und jeden Grad von Fahrlässigkeit zu vertreten. Die speziellen Haftungsmaßstäbe anderer Haftungsnormen sind jedoch einschlägig, soweit der Verwalter nach dieser Vorschrift haftet (zB § 69 AO).

91 **a) Objektiver Maßstab.** Der Insolvenzverwalter hat für die **Sorgfalt eines ordentlichen und gewissenhaften Insolvenzverwalters** einzustehen (§ 60 Abs 1 S 2), wobei aufgrund der Anlehnung der Formulierung an die §§ 347 Abs 1 HGB (Sorgfalt eines ordentlichen Kaufmanns), 93 Abs 1 S 1 AktG, 34 Abs 1 S 1 GenG sowie 43 Abs 1 GmbHG (Sorgfalt eines ordentlichen Geschäftsführers) ein **objektiver Maßstab** zu Grunde zu legen ist. Die Verschuldensbeurteilung hat den Besonderheiten des Insolvenzverfahrens und den Schwierigkeiten der Insolvenzabwicklung Rechnung zu tragen (K/P/B/*Lüke* § 60 Rn 37; HK-*Eickmann* § 60 Rn 11). Durch das Abstellen auf die Sorgfalt eines ordentlichen und gewissenhaften Insolvenzverwalters legt das Gesetz einen **Mindestsorgfaltsmaßstab** fest, der sich einmal an den Anforderungen orientiert, die an eine ordnungsgemäße Insolvenzabwicklung zu stellen sind, zum andern aber den tatsächlichen Schwierigkeiten der Abwicklung in ausreichendem Maße Rechnung trägt. So ist zB zu berücksichtigen, dass der Insolvenzverwalter neu in den Betrieb hereinkommt und eine gewisse Einarbeitungszeit in den ihm nicht vertrauten Geschäftsbereich benötigt. Er arbeitet somit unter ungünstigeren Bedingungen als die bisherige Geschäftsleitung. Dies ist bei einem Vergleich der Anforderungen an den „ordentlichen Kaufmann" oder einen „ordentlichen und gewissenhaften Geschäftsleiter" zu berücksichtigen. Übernimmt jemand das Amt eines Insolvenzverwalters, ohne die Kenntnisse zu besitzen, die für die Durchführung des Verfahrens im rechtlichen und betriebswirtschaftlichen Bereich erforderlich sind, hat er für sämtliche hieraus resultierenden Schäden bei der Verfahrensabwicklung einzustehen. Schuldhaft handelt jedenfalls der Insolvenzverwalter, der das Amt übernimmt, ohne ausreichende Kenntnis hinsichtlich einer Unternehmensfortführung oder der Durchführung eines Insolvenzplanverfahrens zu haben. Zur **strafrechtlichen Verantwortung des Insolvenzverwalters:** *Richter* NZI 2002, 121 ff.

92 Die Frage, ob der Verwalter eine Pflicht schuldhaft verletzt und damit den eingetretenen Schaden zu verantworten hat, sollte an Hand einer am jeweiligen Verfahrensstand orientierten **Pflichtenstaffelung** erfolgen. In den ersten Tagen der Insolvenzverwaltung ist der Verwalter meist außerstande, sämtliche Produktions- und buchhalterischen Vorgänge des Unternehmens zu überschauen und zu kontrollieren. In dieser Zeit der Amtsübernahme sind mindere Anforderungen an den Verwalter zu stellen als in Fällen länger andauernder Unternehmensfortführung oder eines Insolvenzplanverfahrens mit anschließender Überwachung.

93 Schuldhaft handelt der Insolvenzverwalter als **Sachwalter** (§ 274), wenn er es unterlässt, die wirtschaftliche Lage des Schuldners zu prüfen und die Geschäftsführung sowie die Ausgaben für die Lebensführung zu überwachen (§ 274 Abs 2). Das Gleiche gilt für einen Sachwalter, der nicht unverzüglich den Gläubigerausschuss oder das Insolvenzgericht informiert, wenn absehbar ist, dass die Fortsetzung der Eigenverwaltung zu Nachteilen für die Gläubiger führen wird (§ 274 Abs 3 S 1). Eine schuldhafte Verletzung der Mitwirkungspflichten iSv § 275 liegt vor, wenn der Sachwalter grundlos die Zustimmung zu außergewöhnlichen Geschäften verweigert oder diese erheblich verzögert. Die Überwachungspflicht wird schuldhaft verletzt, wenn der Sachwalter von seinem Widerspruchsrecht nach § 275 Abs 1 S 2 keinen Gebrauch macht, obgleich die Voraussetzungen vorliegen.

94 § 313 reduziert das Haftungsrisiko des **Treuhänders** nach §§ 313, 292 erheblich, indem die Vorschrift zentrale Aufgaben des Insolvenzverwalters den einzelnen Insolvenzgläubigern zuweist. Die schuldhafte Verletzung von Vorschriften im Rahmen der Verwertung von Absonderungsrechten durch Gläubiger ist ihm nicht zuzurechnen.

95 **b) Rechtsirrtum.** Von einem Insolvenzverwalter wird erwartet, dass er seine Pflichten gegenüber den Beteiligten kennt. Deshalb ist ein Rechtsirrtum **grundsätzlich unbeachtlich** (**OLG** Köln 27. 10. 95 – 19 U 140/95, VersR 1996, 1508; K/P/B/*Lüke* § 60 Rn 38; MüKo/*Brandes* §§ 60, 61 Rn 92), und zwar unabhängig davon, ob sich der Insolvenzverwalter über seinen Pflichtenkreis im Irrtum befindet oder über das Vorhandensein gesetzlicher Vorschriften. Die Bewertung eines Rechtsirrtums des Verwalters unterliegt allerdings nicht den strengen Maßstäben, die von der Rechtsprechung im Rahmen des § 286 Abs 4 BGB (§ 285 BGB aF) an das Verhalten des nicht leistenden Schuldners angelegt werden (**OLG** Köln 10. 5. 91 – 19 U 265/89, ZIP 1991, 1606).

96 Nicht entschuldbar ist es, wenn der Verwalter eine Rechtsauffassung vertritt, die im Gegensatz zur **gefestigten Rechtsprechung** und Literaturmeinung steht (BGH 9. 6. 94 – IX ZR 191/93, NJW 1994, 2286; **OLG** Köln 10. 5. 91 – 19 U 265/89, NJW 1991, 2571; **OLG** Hamm 22. 1. 85 – 27 U 156/84, NJW 1985, 867). Etwas anderes gilt nur dann, wenn es *konkrete* Hinweise auf eine absehbare Änderung der bisherigen Rechtsprechung gibt (BGH 30. 9. 93 – IX ZR 211/92, NJW 1993, 3323) oder es um höchstrichterlich **noch nicht geklärte Streitfragen** geht (*Gundlach/Frenzel/Schmidt* NZI 2001, 350, 355; *Gerhardt* ZInsO 2000, 574, 579 f; *Vallender* ZIP 1997, 345, 350; offen gelassen von **BGH** 9. 6. 94 – IX ZR 191/93, NJW 1994, 2286). Fehlende Rechtskenntnisse entschuldigen jedoch nicht; sie verpflichten zur Einholung eines entsprechenden Rates bei einem Rechtskundigen (Rechtsanwalt). Bei besonders schwierigen, noch ungeklärten Rechtsfragen darf sich der Verwalter nicht mit dem Rat irgend eines Anwalts begnügen, sondern ist uU gehalten, das Gutachten eines Spezialisten (Hochschullehrers) einzuholen. Allerdings kann Masseunzulänglichkeit die Nichteinholung eines Gutachtens rechtfertigen.

VI. Verschulden § 60

Ein Rechtsgutachten, das die Auffassung des Verwalters stützt, ist idR geeignet, das Verschulden entfallen zu lassen. Geht es um eine in Rechtsprechung und Literatur noch nicht behandelte Frage, so genügt der Insolvenzverwalter seiner Sorgfaltspflicht, wenn er seinen Standpunkt aufgrund sorgfältiger Prüfung der Sach- und Rechtslage vertritt und sich gute Gründe für seine Meinung anführen lassen (OLG Nürnberg 15. 1. 86 – 4 U 1334/85, ZIP 1986, 244; K/P/B/*Lüke* § 60 Rn 38).

2. Haftung für fremdes Verschulden. Bedient sich der Insolvenzverwalter bei der Erfüllung insolvenzspezifischer Pflichten der Mithilfe Dritter, so ist zu unterscheiden, ob es sich um eigenes oder Personal des Schuldners handelt. 97

a) **Haftung für eigenes Hilfspersonal.** Bedient sich der Insolvenzverwalter bei der Erfüllung insolvenzspezifischer Verwalterpflichten eigener **Angestellter**, hat er für deren Verschulden grundsätzlich nach § 278 BGB einzustehen (BGH 19. 7. 01 – IX ZR 62/00, NZI 2001, 544; Braun/*Kind* § 60 Rn 30; MüKo/*Brandes* §§ 60, 61 Rn 93). Fälscht oder verfälscht der Angestellte eines Insolvenzverwalters einen Überweisungsauftrag, so dass der überwiesene Betrag nicht einem Massegläubiger, sondern ihm selbst zufließt, muss sich der Insolvenzverwalter auch dieses Verhalten gem § 278 BGB jedenfalls dann zurechnen lassen, wenn er den Angestellten beauftragt hatte, die Entscheidung über die Erfüllung von Masseverbindlichkeiten vorzubereiten sowie die Überweisungsformulare entsprechend auszufüllen, dem Insolvenzverwalter zur Unterschrift vorzulegen und nach Unterzeichnung in den Geschäftsgang zu geben. Durch die Ausführung des betrügerisch ge- oder verfälschten Überweisungsauftrags kann die Masse, ungeachtet eines üblicherweise gegen das kontoführende Kreditinstitut zustehenden Anspruchs auf Berichtigung des fehlerhaft ausgewiesenen Kontostands, geschädigt sein. Der Insolvenzverwalter schuldet der Masse dann vollen Schadenersatz; jedoch steht ihm in analoger Anwendung des § 255 BGB ein Anspruch auf Abtretung des der Masse zustehenden Anspruchs auf das entsprechende Kontoguthaben zu (BGH 19. 7. 01 – IX ZR 62/00, NZI 2001, 544). 98

Beauftragt der Verwalter hingegen **Selbständige** wie zB einen Steuerberater, Wirtschaftsprüfer oder Rechtsanwalt, so beschränkt sich seine Haftung auf ein Auswahlverschulden (BGH 29. 5. 79 – VI ZR 104/78, BGHZ 74, 316, 320; MüKo/*Brandes* §§ 60, 61 Rn 94). Dies gilt nicht, wenn der Insolvenzverwalter bei der Beauftragung des Selbständigen erkennen konnte und musste, dass dieser nachlässig arbeiten würde (BGH 29. 5. 79 aaO; Braun/*Kind* § 60 Rn 30; MüKo/*Brandes* §§ 60, 61 Rn 94). Die gleichen Maßstäbe finden Anwendung, wenn ein Auktionator den Versteigerungserlös veruntreut; eine Haftung des Verwalters hierfür scheidet regelmäßig aus (OLG Hamm 5. 2. 09 – I-27 U 90/08, DZWiR 2009, 391). Neben der Auswahl obliegt dem Verwalter die Leitung und Überwachung der von ihm ausgewählten Auftragnehmer (HaKo/*Weitzmann* § 60 Rn 42). Erkennt der Verwalter, dass fehlerhaft gearbeitet wird, muss er handeln (BGH 29. 5. 79 aaO; Braun/*Kind* § 60 Rn 30). 99

b) **Haftung für Personal des Schuldners.** Soweit der Verwalter zur Erfüllung der ihm obliegenden Pflichten Angestellte des Schuldners im Rahmen ihrer bisherigen Tätigkeit einsetzen muss und diese Angestellten nicht offensichtlich ungeeignet sind, schließt § 60 Abs 2 eine Zurechnung fremden Verschuldens nach § 278 BGB aus (Braun/*Kind* § 60 Rn 31). Insoweit hat der Verwalter **nur** für eine schuldhafte Verletzung der **Überwachungspflicht** (OLG Bremen 23. 1. 04 – 4 U 36/03, JurBüro 2004, 338) **und** für **Entscheidungen von besonderer Bedeutung** einzustehen (OLG Hamm 20. 6. 06 – 27 U 22/06, ZInsO 2007, 216; Braun/*Kind* § 60 Rn 31; K/P/B/*Lüke* § 60 Rn 40; MüKo/*Brandes* §§ 60, 61 Rn 93). Hat der Verwalter bis zum Berichtstermin oder nach dem Berichtstermin aufgrund der Entscheidung der Gläubigerversammlung das Schuldnerunternehmen fortzuführen, so ist die gesamte Betriebsfortführung eine dem Verwalter obliegende Pflicht. Die Haftungsbeschränkung auf Auswahl- und Überwachungsverschulden betrifft somit das gesamte Personal im Rahmen einer Betriebsfortführung, wobei immer zu prüfen ist, ob ein Mitarbeiter nicht offensichtlich ungeeignet ist. Unterlaufen dem Insolvenzverwalter hinsichtlich der Prüfung der Zuverlässigkeit und Kompetenz oder im Rahmen der Überwachung Fehler, so liegt eigenes Verschulden vor (OLG Bremen 23. 1. 04 – 4 U 36/03, JurBüro 2004, 338; K/P/B/*Lüke* § 60 Rn 40). **Offensichtlich ungeeignet** sind Personen, die für den Eintritt der Insolvenz verantwortlich oder jedenfalls mit verantwortlich sind; dies betrifft insbesondere Vertreter einer juristischen Person. Gleichwohl ist der Verwalter nicht stets gehalten, die „erste Garnitur" von Mitarbeitern auszuwechseln, vor allem wenn bereits in der Unternehmenskrise einer juristischen Person neue Geschäftsführer oder Vorstände bestellt worden sind. 100

Nicht geregelt ist, wann und unter welchen Voraussetzungen der Insolvenzverwalter Mitarbeiter des Schuldners bzw des Schuldnerunternehmens im Rahmen ihrer bisherigen Tätigkeit einsetzen „muss". Nach Auffassung des Rechtsausschusses (BT-Drucks 12/7302 S 161, 162) können die besonderen Kenntnisse des Angestellten, aber auch finanzielle Gründe ausschlaggebend für die Weiterbeschäftigung sein. Entscheidend ist, dass der Verwalter nach den Umständen des Einzelfalls keine andere Möglichkeit als den Einsatz der Angestellten des Schuldners hat. Dagegen reicht es nicht aus, wenn die Beschäftigung dieser Personen lediglich zweckmäßig erscheint oder aus sozialen Gründen angebracht ist (MüKo/*Brandes* §§ 60, 61 Rn 93; HaKo/*Weitzmann* § 60 Rn 43; **aA** HK-*Eickmann* § 60 Rn 18; Braun/*Kind* § 60 Rn 33). Maßgeblich ist letztlich, dass der Insolvenzverwalter nach pflichtgemäßer Abwägung objektiv vernünftige und zwingende Gründe dafür hat, mit dem bisherigen Personal ganz 101 oder teilweise weiterzuarbeiten, und sei es auch nur zur Vermeidung höherer Masseschulden. Er sollte die Notwendigkeit der Weiterbeschäftigung auf jeden Fall dokumentieren. Voraussetzung jeglicher Haftung auch im Rahmen der Gehilfenhaftung ist, dass der Verwalter fremde Personen in seinem eigenen Pflichtenkreis einsetzt. Die Grenzen der Gehilfenhaftung sind deshalb mittels einer Pflichtenanalyse zu bestimmen (*Häsemeyer* InsR Rn 6.41).

102 3. **Zustimmung der Gläubigerversammlung oder des Gläubigerausschusses.** Die Zustimmung der Gläubigerversammlung oder des Gläubigerausschusses **lässt ein Verschulden** des Insolvenzverwalters **nicht** automatisch **entfallen** (BGH 22. 1. 85 – VI ZR 131/83, ZIP 1985, 423; Jaeger/*Gerhardt* § 60 Rn 143, 144; K/P/B/*Lüke* § 60 Rn 43 ff; MüKo/*Brandes* §§ 60, 61 Rn 98). Die Zustimmung kann im Einzelfall jedoch ein Indiz dafür sein, dass der Insolvenzverwalter seine Sorgfaltspflichten erfüllt hat (K/P/B/*Lüke* § 60 Rn 43 ff). Auch wenn der Insolvenzverwalter den Zustimmungserfordernissen nach den §§ 162 Abs 1, 157 S 1, 100 Abs 1, 163 Abs 1 entspricht oder die Zustimmung des Gläubigerausschusses nach § 160 einholt, entbindet ihn dies nicht von der Verpflichtung, die gebilligte Maßnahme daraufhin zu überprüfen, ob sie dem Verfahrenszweck entspricht (Jaeger/*Gerhardt* § 60 Rn 143, 144). Er muss sich immer bewusst sein, dass, wie sich aus § 78 ergibt, auch ein Beschluss der Gläubigerversammlung dem gemeinsamen Interesse der Insolvenzgläubiger widersprechen kann. So liegt Verschulden vor, wenn die Entschließung des Gläubigerausschusses **offensichtlich verfahrenszweckwidrig** ist oder eine beschlossene Geschäftsfortführung durch die Gläubigerversammlung vom Verwalter unkritisch hingenommen wird, ohne fortwährend zu prüfen, ob die Voraussetzungen noch gegeben sind (BGH 4. 12. 86 – IX ZR 47/86, BGHZ 99, 151, 153; OLG Nürnberg 15. 1. 86 – 4 U 1334/85, ZIP 1986, 244, 245; Jaeger/*Gerhardt* § 60 Rn 143, 144; K/P/B/*Lüke* § 60 Rn 46).

103 Die Zustimmung der Gläubigerorgane ist im Rahmen des Verschuldens zu berücksichtigen (K/P/B/ *Lüke* § 60 Rn 47). Es gibt Fälle, in denen der Insolvenzverwalter über die zwingenden Vorschriften der §§ 158, 160, 162, 163 hinaus wegen der Bedeutung der Angelegenheit oder der besonderen Sachkunde der Mitglieder des Gläubigerausschusses ohne gesetzlichen Zwang, dh „**freiwillig**" eine **Zustimmung** einholt, insbesondere bei einer **Betriebsveräußerung**, um einem späteren Vorwurf des Verschuldens zu begegnen. In diesen Fällen geht es meist darum, die Chancen und Risiken abzuwägen und sich für die voraussichtlich günstigere Alternative zu entscheiden. Unter der Voraussetzung, dass der Verwalter die Gläubigerversammlung bzw den Gläubigerausschuss richtig und vollständig informiert hat, kommt einer solchen Zustimmung grundsätzlich entlastende Wirkung zu, da er für das Prognoserisiko nicht einzustehen hat. Nur bei Hinzutreten besonderer Umstände (zB Abweichung von Vorgaben bei der Umsetzung; unterlassene Hinweise auf neue Umstände, die das ursprüngliche Ziel gefährden) kommt eine Haftung in Betracht. Dagegen vermag das Unterlassen einer Maßnahme, zu der die Gläubigerversammlung die Zustimmung erteilt hat, noch keine Haftung des Verwalters auszulösen (aA Jaeger/*Gerhardt* § 60 Rn 143, 144), da der Zustimmungsbeschluss nur eine Erlaubnis begründet, nicht aber ein striktes Gebot, nach Maßgabe des Beschlusses zu verfahren. Eine Änderung der Tatsachengrundlage oder neue Erkenntnisse können sogar die Vornahme der von der Gläubigerversammlung bevorzugten Handlung pflichtwidrig werden lassen (so auch Jaeger/*Gerhardt* § 60 Rn 144).

104 Keine eigene Entscheidung des Verwalters und damit auch kein Verschulden liegt vor, wenn der Gläubigerversammlung eine **eigenständige Entscheidungskompetenz** zukommt (HK-*Eickmann* § 60 Rn 14). Beauftragt zB die Gläubigerversammlung nach § 157 S 2 den Insolvenzverwalter mit der Ausarbeitung eines Insolvenzplans, so hat der Verwalter die Amtspflicht, diesen Beschluss auszuführen. Stellt sich später heraus, dass hierdurch überflüssige Kosten verursacht wurden, kommt ein Verschulden des Verwalters nicht in Betracht. Allerdings ist der Verwalter verpflichtet, auf die Zweck- und Sinnlosigkeit einer Entscheidung hinzuweisen; denn dies ist Teil seiner Berichtspflicht nach § 156 Abs 1 S 1. Verweigert die Gläubigerversammlung oder der Gläubigerausschuss die Zustimmung zu einer besonders bedeutsamen Rechtshandlung iSv § 160 oder beschließt die Gläubigerversammlung die Geschäftsschließung, obgleich die Fortführung möglich wäre, scheidet ein Verschulden des Verwalters von vorneherein aus. Etwas anderes kann sich nur dann ergeben, wenn der Verwalter die Beschlussfassung durch **fehlerhafte Berichterstattung** veranlasst hat (HK-*Eickmann* § 60 Rn 14).

105 4. **Mitverschulden.** Ein Mitverschulden des Geschädigten ist nach Maßgabe des **§ 254 BGB** zu berücksichtigen (BGH 3. 6. 58 – VIII ZR 326/56, NJW 1958, 1534; **OLG** Hamm 29. 11. 82 – 5 U 232/81, ZIP 1983, 341; LG Bielefeld 15. 7. 03 – 20 S 59/03, NZI 2004, 321; K/P/B/*Lüke* § 60 Rn 42; MüKo/*Brandes* §§ 60, 61 Rn 95). Jeden Beteiligten trifft eine eigene Schadensvermeidungs- und Schadensminderungspflicht.

106 Die **Prüfung der Schlussrechnung** des Verwalters **durch den Gläubigerausschuss** (§ 66 Abs 2 S 2) führt nicht ohne weiteres zu einer Haftungsbeschränkung wegen mitwirkenden Verschuldens (amtl. Begr. zu § 76 RegE [= § 66 InsO], 3. Abs; *Häsemeyer* InsR Rn 6.44). Vielmehr ist im Einzelfall zu entscheiden, ob und wieweit die persönliche Haftung des Verwalters durch eigenes Verschulden des Geschädigten, vor allem wenn dieser Mitglied des Gläubigerausschusses war, gemindert oder ausgeschlossen ist. Ein Mitverschulden von Mitgliedern des Gläubigerausschusses kann im Übrigen allenfalls zu einer gesamtschuldnerischen Mithaftung iSv § 426 BGB führen. Hat der Kostenbeamte des Insolvenz-

VII. Anspruchskonkurrenz, Verjährung   § 60

gerichts die Gerichtskostenrechnung trotz Aufforderung schuldhaft nicht rechtzeitig erstellt und sie dem Verwalter vor Auskehrung des Überschusses nicht übersandt, so muss sich der **Justizfiskus** in einem Schadenersatzprozess nach § 60 eigenes Verschulden bei der Entstehung des Schadens zurechnen lassen (**OLG** Schleswig 6. 3. 84 – 3 U 150/82, ZIP 1984, 619). Demgegenüber braucht sich ein Insolvenzgläubiger ohne besondere Anhaltspunkte nicht darauf einzurichten, dass der Insolvenzverwalter die Verteilung rechtsfehlerhaft vornimmt (**BGH** 9. 6. 94 – IX ZR 191/93, ZIP 1994, 1118, 1120).

Die **Beweislast** für ein Mitverschulden des Geschädigten trägt der Insolvenzverwalter (MüKo/ *Brandes* §§ 60, 61 Rn 96). 107

5. Einzelfälle: 108
– Ein Auswahl-, Organisations- und Überwachungsverschulden des Insolvenzverwalters ist gegeben, wenn er **als Bevollmächtigten zur Veräußerung** eines Warenlagers den **Prokuristen** des Unternehmens einsetzt, das den zu einem bestimmten Stichtag noch vorhandenen restlichen Warenbestand zu einem Pauschalpreis erworben hat, ohne streng zu überwachen, dass dieser die Vorgaben des Verwalters umsetzt und die mit besonderen Aufgaben betrauten Mitarbeiter bei deren Erledigung nicht behindert (**OLG** Hamm 20. 6. 06 – 27 U 22/06, ZInsO 2007, 216).
– Soweit nach § 4 Abs 1 die Möglichkeit besteht, zur Erledigung besonderer Aufgaben **Hilfskräfte** für Rechnung der Masse einzustellen, kommt es entscheidend darauf an, ob der sog Normalverwalter die in Frage stehende Tätigkeit hätte ausüben können und müssen. Ist das zu bejahen, dann war die Delegation pflichtwidrig mit der Folge, dass der Verwalter haftet (**OLG** Köln 1. 12. 05 – 2 U 76/05, InVo 2007, 16).
– Befindet sich der Verwalter **über das Aussonderungsrecht im Irrtum**, so hängt die Haftung davon ab, ob dieser Irrtum vorwerfbar ist (**OLG** Köln 27. 10. 95 – 19 U 140/95, VersR 1996, 1508), was bei schwierigen Rechtsfragen oder bei schwierig zu bewertenden Sachverhalten idR nicht der Fall ist. Beurteilt der Insolvenzverwalter im Rahmen der Veräußerung einer Sache die Eigentumsrechte falsch, so indiziert dies allein noch nicht die Fahrlässigkeit (**OLG** Köln 10. 5. 91 – 19 U 265/89, ZIP 1991, 1606).
– Unterlässt ein **Aussonderungsberechtigter** die Erhebung der Freigabeklage, um die Verwertung seines Eigentums zu verhindern, trifft ihn ein Mitverschulden (**BGH** 24. 9. 92 – IX ZR 217/91, NJW 1993, 522).
– Wird ein **Gesamtschaden iSv** § 92 geltend gemacht, braucht sich die Insolvenzmasse das Verschulden des schadensverursachenden Insolvenzverwalters nicht entgegenhalten zu lassen. Den Darlehensgeber, der in seiner Eigenschaft als Gläubigerausschussmitglied weitere Finanzierungshilfe gibt, obwohl erkennbar war, dass die Geschäftsfortführung im eröffneten Insolvenzverfahren sich ungünstig gestalten würde, trifft ein Mitverschulden (**BGH** 4. 5. 61 – VII ZR 43/60, BB 1961, 801).
– Mitwirkendes Verschulden eines **Massegläubigers** liegt auch vor, wenn dieser seine unrichtig als Insolvenzforderung (§ 38) angemeldete Forderung über einen größeren Zeitraum hinweg nicht mehr verfolgt, so dass Verjährung eintritt (**OLG** München 30. 4. 81 – 1 U 4248/80, ZIP 1981, 887, 889).
– Hat ein Insolvenzverwalter eine angemeldete und zur Tabelle festgestellte Forderung nicht vollständig in das Schlussverzeichnis aufgenommen, so ist ein Mitverschulden des **Insolvenzgläubigers**, der die Prüfung des Schlussverzeichnisses unterlassen und wegen teilweiser Nichtberücksichtigung einen Schaden erlitten hat, zu bejahen (**OLG** Hamm 29. 11. 82 – 5 U 232/81, ZIP 1983, 341). Gleiches gilt für das Nichterheben von **Einwendungen gegen das Schlussverzeichnis** im Schlusstermin (**BGH** 26. 3. 85 – VI ZR 245/83, ZIP 1985, 693, 695). Mitverschulden des Geschädigten liegt auch vor, wenn er vom Insolvenzverwalter wegen schuldhaft verspäteter Zahlung von zur Tabelle festgestellten Insolvenzforderungen Schadenersatz verlangt, sich aber nicht mit dem gebotenen Nachdruck um Abschlags- oder Vorauszahlungen bemüht hat (**BGH** 1. 12. 88 – IX ZR 112/88, BGHZ 106, 127).

VII. Anspruchskonkurrenz, Verjährung

Die Haftung des Insolvenzverwalters nach § 60 schließt **Ansprüche** der Beteiligten **nach sonstigen** 109 **Haftungsvorschriften nicht aus** (HaKo/*Weitzmann* § 60 Rn 44; HK-*Eickmann* § 60 Rn 21), insbesondere wenn diese in den Rechtsfolgen weiter gehen. So kann neben der insolvenzspezifischen Haftung zugleich auch eine persönliche Haftung des Verwalters nach Deliktsrecht (§§ 823 ff BGB; § 1 UWG; §§ 14, 15 MarkenG), aus eigener vertraglicher Verpflichtung oder Verschulden bei Vertragsschluss eingreifen (**BGH** 18. 1. 90 – IX ZR 71/89, NJW-RR 1990, 411; **BGH** 12. 10. 89 – IX ZR 245/88, NJW-RR 1990, 94; **BGH** 12. 11. 87 – IX ZR 259/86, NJW 1988, 209; **BGH** 17. 9. 87 – IX ZR 156/86, NJW-RR 1988, 89 Verletzung der Verkehrssicherungspflicht; **BGH** 5. 6. 75 – X ZR 37/72, NJW 1975, 1969 Verletzung eines Patents gem § 139 Abs 2 PatG; **OLG** Koblenz 13. 6. 91 – 5 U 1206/90, ZIP 1992, 420; HK-*Eickmann* § 60 Rn 21; K/P/B/*Lüke* § 60 Rn 48 ff). Anspruchskonkurrenz kann sogar zwischen mehreren Haftungen nach § 60 bestehen, so zB wenn der Insolvenzverwalter für eine bestimmte Rechtshandlung, an dessen Vornahme er selbst verhindert ist, dem Gericht einen Sozius als Sonderverwalter vorschlägt, der völlig ungeeignet ist und die Masse schädigt (§ 60 Abs 2).

Kein Problem der Anspruchskonkurrenz ist die Frage, ob im Einzelfall der Verwalter nur persönlich 110 haftet oder ob er die Haftung intern der Masse weiter belasten kann. Ist das Verfahren beendet, geht es

§ 60

letztlich nur noch um die persönliche Haftung des Verwalters, da eine Abwälzung auf die Insolvenzmasse nicht mehr möglich ist. Sehen **Spezialgesetze**, wie zB § 69 AO, eine Haftungserweiterung oder Haftungseinschränkung vor, so kommt es darauf an, ob es sich zugleich auch um die Verletzung insolvenzspezifischer Pflichten gegenüber einem Beteiligten handelt (**BGH** 1. 12. 88 – IX ZR 61/88, ZIP 1989, 50).

111   Die **Verjährung** richtet sich nach § 62 iVm §§ 195, 199 BGB sowie den jeweiligen spezialgesetzlichen Verjährungsvorschriften (s u § 62 Rn 13; *Maus* Steuern im Insolvenzverfahren, 2004, Rn 238).

VII. Geltendmachung des Schadens

112   **1. Keine Primärhaftung der Insolvenzmasse.** Teilweise wird die Auffassung vertreten (Uhlenbruck/*Uhlenbruck* 12 Aufl § 60 Rn 2; HaKo/*Weitzmann* § 60 Rn 3; K/P/B/*Lüke* § 60 Rn 7; *Eckardt* KTS 1997, 411, 430), es bestehe eine Primärhaftung der Insolvenzmasse gegenüber der persönlichen Verwalterhaftung, die nur subsidiär eingreife. Unabhängig von der Frage, ob man den Insolvenzverwalter als Organ der Insolvenzmasse ansehe oder der Amtstheorie folge, genieße die Insolvenzmasse die Vorteile der Verwaltung, so dass diese **in analoger Anwendung von § 31 BGB** auch etwaige Schäden zu tragen habe (Uhlenbruck/*Uhlenbruck* 12. Aufl § 60 Rn 2). Die Rechte und Pflichten des Verwalters resultierten aus der Insolvenzmasse selbst mit der Folge, dass diese vorrangig für Schäden hafte. Der Verwalter sei dagegen nur Repräsentant der Masse, so dass die Haftungsfolgen sich gegen das repräsentierte Vermögen richteten (K/P/B/*Lüke* § 60 Rn 7).

113   Dem sind der **BGH** (1. 12. 05 – IX ZR 115/01, ZIP 2006, 194) und das **BAG** (25. 1. 07 – 6 AZR 559/06, ZIP 2007, 1169) **nicht gefolgt**. Denn das Gesetz sieht eine Primärhaftung der Masse, welche die persönliche Inanspruchnahme des Verwalters zunächst ausschließt, nicht vor (**BAG** 25. 1. 07 aaO; MüKo/*Brandes* §§ 60, 61 Rn 112). Weder eine Deliktshaftung der Masse noch ein gegen sie gerichteter Erfüllungsanspruch stehen der unmittelbaren Inanspruchnahme des Verwalters entgegen. Der Geschädigte kann nach den allgemeinen Grundsätzen des Schadensrechts **frei wählen, wen er zuerst in Anspruch nimmt** (**BGH** 1. 12. 05 aaO; *Lüke* Die persönliche Haftung des Konkursverwalters, S 192 ff). Er ist nicht gehalten, etwa im Wege eines Rangverhältnisses zunächst den einen und sodann den anderen Haftenden in Anspruch zu nehmen oder dies zumindest zu versuchen. Dieser Annahme stehen schon die schadensrechtlichen Regelungen des BGB entgegen. Zum einen setzt § 255 BGB voraus, dass der Geschädigte auch dann vollen Schadensersatz verlangen kann, wenn ihm zugleich ein Anspruch gegen einen Dritten zusteht. Zum anderen bestimmt § 421 BGB ausdrücklich, dass der Gläubiger Gesamtschuldner nach seinem Belieben in Anspruch nehmen kann; der in Anspruch Genommene kann nicht auf die Haftung des jeweils anderen verweisen. Dies gilt insbesondere auch dann, wenn die Ersatzansprüche nicht allesamt auf einer deliktsrechtlichen Vorschrift beruhen, sondern unterschiedlicher, bspw. einerseits vertraglicher und andererseits deliktischer Natur sind. Angesichts der Tatsache, dass die InsO eine Gesamtschuldnerschaft der am Insolvenzverfahren Beteiligten nicht abweichend zum BGB regelt, sind die Schadensgrundsätze des BGB heranzuziehen. § 31 BGB würde selbst bei entsprechender Anwendung zu keinem Rangverhältnis führen. Neben dem Insolvenzverwalter und der Insolvenzmasse haftet auch ein **Betriebserwerber** gleichrangig (**BAG** aaO).

114   **2. Innen- und Außenhaftung des Insolvenzverwalters.** Im Hinblick auf die Befugnis zur Geltendmachung des eingetretenen Schadens ist zwischen der Haftung gegenüber „Beteiligten" (Außenhaftung) und der internen Verantwortlichkeit des Verwalters gegenüber dem Schuldner oder Schuldnerunternehmen zu differenzieren (Innenhaftung).

115   Die **Innenhaftung** beruht auf der Sonderrechtsbeziehung zwischen Insolvenzverwalter und Schuldner. Der Insolvenzverwalter haftet für schuldhafte Pflichtverletzungen im Zusammenhang mit der Inbesitznahme, Verwaltung, Erhaltung und Verwertung der Insolvenzmasse (HaKo/*Weitzmann* § 60 Rn 5; N/R/*Abeltshauser* § 60 Rn 21 ff) und den daraus resultierenden Masseverkürzungsschaden. IdR führt die Innenhaftung zu einem Gesamtschaden der Gläubiger, der gem § 92 S 2 nur von einem neu bestellten oder Sonderinsolvenzverwalter geltend gemacht werden kann (s u Rn 120).

116   Die **Außenhaftung** gegenüber Dritten folgt aus den allgemeinen Schutzpflichten. Während es sich bei der Innenhaftung stets um die Verletzung insolvenzspezifischer Pflichten handelt, ist bei der Außenhaftung im Einzelfall zu unterscheiden: Für die Verletzung **insolvenzspezifischer Pflichten** haftet der Insolvenzverwalter gegenüber Dritten nach § 60, für die schuldhafte Verletzung ***nicht*insolvenzspezifischer Pflichten** dagegen nach den allgemeinen Regeln. In Betracht kommen hier vor allem die deliktsrechtlichen Vorschriften der §§ 823 ff BGB, Verschulden bei Vertragsschluss (c.i.c.; § 311 Abs 3 BGB) sowie eine Verletzung von Verkehrssicherungspflichten (K/P/B/*Lüke* § 60 Rn 50).

117   Soweit **spezialgesetzliche Haftungstatbestände** verwirklicht werden, wie zB § 69 S 1 AO oder § 321 SGB III, hat grundsätzlich die spezialgesetzliche Haftung **Vorrang** vor der insolvenzspezifischen Haftung nach § 60. Entscheidend ist, ob der Verwalter insolvenzspezifische Pflichten verletzt oder solche, die von Spezialgesetzen angeordnet werden, mithin wo der Schwerpunkt der Pflichtverletzung liegt (**BGH** 1. 12. 88 – IX ZR 61/88, ZIP 1989, 50; *Bork*, ZInsO 2007, 743, 748; *Maus* ZInsO 2003, 965, 971). Kommen Steuergesetze als Spezialtatbestand in Betracht, hängen die Haftungsvoraussetzungen

VII. Geltendmachung des Schadens   § 60

davon ab, ob ein Verstoß gegen **steuerliche Pflichten** im Vordergrund steht; nur in diesem Fall verdrängt die Haftung nach § 69 AO die Verwalterhaftung nach § 60. Die Anmeldung, Prüfung, Feststellung und Erfüllung steuerrechtlicher *Insolvenzforderungen* richtet sich gem § 87 ausschließlich nach den insolvenzrechtlichen Vorschriften mit der Folge, dass bei Pflichtverletzungen gegenüber dem Steuergläubiger § 60 eingreift. Handelt es sich dagegen bei den Steuerforderungen um *Masseverbindlichkeiten* iSv § 55 Abs 1 Nr 1, ist § 87 nicht einschlägig, so dass eine Haftung nur nach den steuerrechtlichen Vorschriften in Betracht kommt (BGH 1. 12. 88 – IX ZR 61/88, ZIP 1989, 50; K/P/B/*Lüke* § 60 Rn 52). Dem Bereich der Außenhaftung sind ferner die **öffentlich-rechtlichen Pflichten**, wie zB die Zustandsverantwortlichkeit und die Haftung für Umweltschäden (s o Rn 85), und die **Haftung gegenüber Aus- und Absonderungsberechtigten** zuzuordnen (s o Rn 29 ff und 39 ff; BGH 2. 12. 93 – IX ZR 241/92, NJW 1994, 511; BGH 9. 5. 96 – IX ZR 244/95, NJW 1996, 2233; K/P/B/*Lüke* § 60 Rn 14 – 21; N/R/*Abeltshauser* § 60 Rn 38, 39; HK-*Eickmann* § 60 Rn 9).

3. Gesamt- und Einzelschaden. Die Abgrenzung, ob ein Einzel- oder Gesamtschaden vorliegt, hat zum einen Bedeutung für die Frage, **wer zur Geltendmachung des Schadens berechtigt ist,** und zum anderen, **wie der Schaden zu berechnen ist.** Gesamtschäden können im eröffneten Insolvenzverfahren gem § 92 S 1 nur vom Insolvenzverwalter geltend gemacht werden und beschränken sich auf die Verringerung der Quote (Quotenschaden), während es sich bei Einzelschäden um Individualschäden handelt, die von jedem Geschädigten ohne die Beschränkung durch § 92 auch schon vor Beendigung des Insolvenzverfahrens durchgesetzt werden können und das negative Interesse umfassen (zur Abgrenzung s u *Hirte* § 92 Rn 9). 118

a) Gesamtschaden. Gesamtschäden sind in § 92 Abs 1 legaldefiniert als Schäden, die den Gläubigern gemeinschaftlich entstehen. Charakteristisch für den Gesamtschaden ist, dass er zu einer Kürzung der Befriedigungsmasse führt. Daher wird er auch zutreffend als **Masseverkürzungsschaden** bezeichnet (Jaeger/*Gerhardt* § 60 Rn 130), der durch Minderung der Aktivmasse oder Erhöhung der Forderungen gegen die Masse eintreten kann. Gesamtschäden **können** während des Insolvenzverfahrens gem **§ 92 S 1 nur vom Insolvenzverwalter**, nicht aber von jedem Geschädigten einzeln **geltend gemacht werden** (OLG Köln 28. 12. 07 – 2 U 110/07, ZIP 2008, 1131; KG Berlin 30. 9. 05 – 7 W 61/05, ZIP 2006, 43; Braun/*Kind* § 60 Rn 34). Denn dies stünde zu dem Grundsatz der gemeinschaftlichen und gleichmäßigen Gläubigerbefriedigung im Widerspruch. Hinzu tritt, dass der Gesamtschaden dogmatisch als Anspruch der Masse, nicht der einzelnen Gläubiger zu qualifizieren ist. Der **Quotenschaden** des mittelbar geschädigten einzelnen Insolvenzgläubigers stellt sich als Teil eines Gesamtschadens dar (BGH 14. 5. 09 – IX ZR 93/08, nv Rn 6 f, 12; BGH 22. 4. 04 – IX ZR 128/03, NZI 2004, 496; LG Düsseldorf 9. 5. 03 – 14 d O 34/02, DZWiR 2003, 389). Insoweit wird nicht § 92 auf die Einzelschäden analog angewandt, sondern der Quotenschaden zutreffenderweise als Gesamtschaden definiert (aA *Meyer-Löwy* ZInsO 2005, 691, 694). 119

Soweit sich der Anspruch **gegen den Insolvenzverwalter selbst** richtet, kann er gem § 92 S 2 nur von einem neu bestellten Insolvenz- oder parallel bestellten Sonderinsolvenzverwalter geltend gemacht werden (**BGH** 14. 5. 09 – IX ZR 93/08, nv Rn 10; BGH 22. 4. 04 – IX ZR 128/03, NZI 2004, 496; Braun/*Kind* § 60 Rn 34), nach Beendigung des Insolvenzverfahrens nur im Rahmen einer Nachtragsverteilung (BGH 14. 5. 09 aaO Rn 14). Die Bestellung eines weiteren Verwalters ist bereits dann angezeigt, wenn Ansprüche der Masse gegen den bisherigen Insolvenzverwalter zu prüfen sind (OLG München 20. 1. 87 – 25 W 3137/86, ZIP 1987, 656). Zulässig ist die Beauftragung eines Insolvenzgläubigers mit der Geltendmachung eines Gesamtschadens im Wege der Prozessstandschaft durch den Sonderverwalter (BGH 5. 10. 89 – IX ZR 233/87, NJW-RR 1990, 45). 120

Nach Aufhebung des Verfahrens kann auch der auf einem Gesamtschaden basierende Schadenersatzanspruch, soweit er nicht einer Nachtragsverteilung (§ 203) unterliegt, als Quotenschaden von den Geschädigten in Höhe ihres nachzuweisenden Ausfalls wieder einzeln geltend gemacht werden (**BGH 5. 10. 89 aaO**; BGH 3. 2. 87 – VI ZR 268/85, BGHZ 100, 19; BGH 8. 2. 93 – II ZR 58/92, NJW 1993, 1198; MüKo/*Brandes* §§ 60, 61 Rn 117). 121

b) Einzelschaden. Ein Einzelschaden liegt demgegenüber in einer individuellen Vermögenseinbuße bei einem einzelnen Gläubiger (BGH 8. 5. 03 – IX ZR 334/01, NZI 2003, 434; N/R/*Abelthauser* § 60 Rn 67). Diesen Schaden kann der Geschädigte schon während des laufenden Insolvenzverfahrens von dem Verwalter ersetzt verlangen; § 92 ist bei einem Einzelschaden **nicht analog anwendbar** (OLG Köln 1. 6. 06 – 2 U 50/06, ZInsO 2007, 218). Auch das Bestehen mehrerer oder sogar vieler Einzelschäden führt nicht zu einem Gesamtschaden (OLG Köln aaO). Dies gilt insbesondere für Schäden, die auf einer **Insolvenzverschleppung** beruhen. Ein Individualschaden liegt auch bei der Vereitelung oder Beeinträchtigung eines **Aussonderungsrechts** vor; denn negativ betroffen ist allein der jeweilige Rechtsinhaber. Im Falle der Verletzung eines **Absonderungsrechts** hingegen besteht neben dem Einzelschaden idR auch ein Gesamtschaden der Masse, wenn die Verwertung uU zu einem Übererlös zu Gunsten der Masse geführt hätte. Während derjenige, dem gegenüber eine **harte Patronatserklärung** abgegeben wurde, bei der Entwertung dieser Erklärung einen Individualschaden erleidet, entsteht im Falle der Entwertung einer Patronatserklärung, die gegenüber dem Schuldner als Adressat abgegeben wurde, ein Gesamtschaden 122

§ 60 Haftung des Insolvenzverwalters

der Masse (**OLG** München 22. 7. 04 – 19 U 1867/04, ZInsO 2004, 1040; HaKo/*Pohlmann* § 92 Rn 19).

123 Ein **Schaden der Massegläubiger** aufgrund einer pflichtwidrigen Masseverkürzung des Insolvenzverwalters *vor* **Anzeige der Masseunzulänglichkeit** ist, obwohl die Pflichtverletzung gerade in einer alle Gläubiger tangierenden Masseverkürzung besteht, dennoch grundsätzlich ein Einzelschaden, der von den Gläubigern schon *während* des Insolvenzverfahrens geltend gemacht werden kann (**BAG** 25. 1. 07 – 6 AZR 559/06, NZI 2007, 535 Rn 16; **BGH** 6. 5. 04 – IX ZR 48/03, NZI 2004, 435). Dies ist folgerichtig, da der Wortlaut des § 92 nur „Insolvenzgläubiger" erfasst. Dagegen entsteht bei einer Schmälerung der Insolvenzmasse *nach* Anzeige der Masseunzulänglichkeit ein Gesamtschaden (**BGH** 6. 5. 04 – IX ZR 48/03, NZI 2004, 435). Denn in diesem Fall sind die Massegläubiger, ähnlich wie Insolvenzgläubiger, von vorneherein auf eine lediglich quotale Befriedigung ihres Anspruchs verwiesen. Wegen der vergleichbaren Interessenlage, des Fehlens einer ausdrücklichen gesetzlichen Regelung und im Hinblick auf die gleichmäßige Befriedigung der Massegläubiger als Sinn und Zweck des § 92 ist die Norm im Falle der Schmälerung der Insolvenzmasse *nach* Anzeige der Masseunzulänglichkeit dahingehend entsprechend anzuwenden, dass der hieraus entstehende Gesamtschaden nicht von jedem einzelnen Massegläubiger, sondern nur durch einen weiteren Insolvenz- bzw Sonderinsolvenzverwalter geltend gemacht werden kann (K/P/B/*Lüke* § 92 Rn 51).

124 Ein von dem Schuldner gegen den Treuhänder wegen der **Ausschüttung unpfändbaren Vermögens** erwirkter Schadensersatzanspruch fällt als Folge der Einziehung infolge der die übrigen Gläubiger rechtswidrig begünstigenden Maßnahme nicht in die Insolvenzmasse und unterliegt daher auch keiner Nachtragsverteilung (**BGH** 10. 7. 08 – IX ZB 172/07, NZI 2008, 560). Grundsätzlich kann ein Einzelschaden immer dann angenommen werden, wenn der Verwalter/Treuhänder über das Vermögen des Schuldners verfügt, welches nicht der Zwangsvollstreckung und damit auch nicht dem Insolvenzbeschlag unterliegt (**BGH** 10. 7. 08 – IX ZR 118/07, ZIP 2008, 1685 Rn 11; MüKo/*Brandes* §§ 60, 61 Rn 65).

125 **4. Umfang des Schadenersatzanspruchs. a) Schadensberechnung.** Der Umfang des Schadensersatzanspruchs berechnet sich nach den Vorschriften der §§ 249 ff BGB (N/R/*Abeltshauser* § 60 Rn 64; MüKo/*Brandes* §§ 60, 61 Rn 105). Der Insolvenzverwalter hat den Geschädigten so zu stellen, wie er ohne die Pflichtverletzung stünde (**BAG** 16. 5. 84 – 7 AZR 365/81, ZIP 1984, 1248), dh er schuldet **Ersatz des negativen Interesses** (**BGH** 25. 1. 07 – IX ZR 216/05, NZI 2007, 286). Bei der pflichtwidrigen vertraglichen Begründung von Neumasseschulden gehören zum Schaden **auch Aufwendungen** des Geschädigten, die dieser im Zusammenhang mit dem Vertrag erbracht hat (§§ 251, 284 BGB), und der **entgangene Gewinn** (§ 252 BGB; N/R/*Abeltshauser* § 60 Rn 66), jedoch nicht die Umsatzsteuer (**BGH** 3. 11. 05 – IX ZR 140/04, NZI 2006, 99), da Schadensersatzzahlungen kein Entgelt iSd Umsatzsteuerrechts sind. Bei der Bemessung des Schadensumfangs sind allerdings auch die Grundsätze der **Vorteilsausgleichung** zu berücksichtigen (MüKo/*Brandes* §§ 60, 61 Rn 111).

126 Es ist von einem wirtschaftlichen Vermögensbegriff auszugehen, so dass ein Schaden schon dann eingetreten ist, wenn der **Massegläubiger** in absehbarer Zeit nicht die volle, sondern nur anteilige Befriedigung erhält. Dem steht nicht entgegen, dass die Masse möglicherweise noch Ansprüche in einer die Klageforderung übersteigenden Höhe hat. Die Massegläubiger müssen sich nicht auf den Ausgang eines möglicherweise langwierigen Rechtsstreits über ungewisse Ansprüche vertrösten lassen (**BGH** 6. 5. 04 – IX ZR 48/03, NZI 2004, 435 zu § 61). **Insolvenzgläubiger** können dagegen nur einen *Quotenschaden* geltend machen (**BGH** 22. 4. 04 – IX ZR 128/03, NZI 2004, 496).

127 **Leistungen eines Bürgen** an den Geschädigten sind nicht anzurechnen. Dessen Zahlungen können dem Verwalter schon deswegen nicht zugute kommen, weil der Geschädigte dem Bürgen gegenüber zur Abtretung des Schadenersatzanspruchs und zur Abführung eines erlangten Ersatzes verpflichtet ist (**BGH** 2. 12. 93 – IX ZR 241/92, NJW 1994, 511).

128 **b) Freizeichnungsklauseln.** Umstritten ist, ob der Insolvenzverwalter im Rechtsverkehr durch Freizeichnungsklauseln seine Haftung ausschließen kann (ablehnend HaKo/*Weitzmann* § 60 Rn 49; *Laws* MDR 2004, 1153; *Meyer-Löwy/Poertzgen* ZInsO 2004, 363, 368; *Wallner/Neuenahr* NZI 2004, 63, 67). Das Argument von Weitzmann, wer sich freizeichnen will, habe nicht den nötigen Überblick über die wirtschaftlichen Verhältnisse, überzeugt nicht. Denn oft handelt es sich um Prognoseentscheidungen, bei denen erst im Nachhinein die tatsächliche Entwicklung feststeht. Verläuft diese erwartungsgemäß, kommt das Ergebnis den Gläubigern zugute; weicht das Ist-Ergebnis von der Prognose ab, sind dafür oft eine Vielzahl von Einflussfaktoren verantwortlich. Vor diesem Hintergrund besteht durchaus ein Bedürfnis für eine Freizeichnung, weil diese letztlich nur den Grad der Risikobereitschaft und die Beweislastverteilung festlegt.

129 **5. Gesamtschuldnerische Haftung mehrerer Schädiger.** Da das Gesetz eine Primärhaftung der Insolvenzmasse nicht vorsieht (s o Rn 113), haften **Insolvenzverwalter und Insolvenzmasse** nebeneinander als Gesamtschuldner (**BAG** 25. 1. 07 – 6 AZR 559/06, ZIP 2007, 1169; **BGH** 1. 12. 05 – IX ZR 115/01, ZIP 2006.194; **OLG** Celle 1. 10. 03 – 9 U 100/03, EWiR 2004, 117; Braun/*Kind* § 60 Rn 28; HK/*Eickmann* § 60 Rn 22; MüKo/*Brandes* §§ 60, 61 Rn 112; N/R/Abeltshauser § 60 Rn 52). Der Verwal-

ter kann sich gegenüber den Insolvenzgläubigern nicht dadurch von einer Haftung befreien, dass er sie auf einen etwaigen Aufrechnungsanspruch gegen die Masse verweist (MüKo/*Brandes* §§ 60, 61 Rn 114). § 770 Abs 2 BGB und § 129 HGB finden weder direkt noch analog Anwendung. Die genannten Vorschriften betreffen Fälle, in denen ein Dritter für die Verbindlichkeiten eines anderen garantieähnlich haftet. Zwischen der Haftung des Insolvenzverwalters und jener der Insolvenzmasse besteht aber kein solches Rangverhältnis. Der Gesamtschuldnerausgleich erfolgt nach Maßgabe des § 426 BGB unter Berücksichtigung des jeweiligen Mitverschuldens (§ 254 BGB). In dem Verhältnis von Insolvenzverwalter zur Insolvenzmasse hat der Verwalter jeden schuldhaft herbeigeführten Schaden allein zu tragen (MüKo/*Brandes* §§ 60, 61 Rn 112).

Zwischen der Haftung des **Insolvenzverwalters** nach § 60 und jener der **Mitglieder des Gläubigerausschusses** nach § 71 besteht wegen der Verschiedenartigkeit des Rechtsgrundes der Haftung ein unechtes Gesamtschuldverhältnis (BGH 4. 5. 61 – VII ZR 43/60, BB 1961, 801; OLG Koblenz 16. 2. 56 – 5 U 600/56, KTS 1956, 159, 160; K/P/B/*Lüke* § 60 Rn 48; HaKo/*Weitzmann* § 60 Rn 40; HK-*Eickmann* § 60 Rn 22; *Bork* ZIP 2005, 1120, 1122). Ist ein Mitglied des Gläubigerausschusses zugleich Geschädigter, so entfällt ein Ausgleichsanspruch nach § 426 BGB gegenüber dem Insolvenzverwalter, da die Haftung auf unterschiedlichen Rechtsgründen beruht. Im Rahmen der Innenhaftung kann der Insolvenzverwalter der Masse ein Mitverschulden anderer Insolvenzorgane nicht entgegenhalten. Wohl aber wirkt sich das Mitverschulden dahingehend aus, dass sich das Mitglied des Gläubigerausschusses dieses im Außenverhältnis nach § 254 BGB anrechnen lassen muss (zu Einzelheiten *K. Schmidt* KTS 1976, 191, 206). **130**

Ein unechtes Gesamtschuldverhältnis besteht auch zwischen der Haftung des **Insolvenzverwalters** und der des **Insolvenzgerichts** (HaKo/*Weitzmann* § 60 Rn 40). **131**

6. Haftpflichtversicherung des Insolvenzverwalters. Die Verantwortlichkeit des Verwalters im Insolvenzverfahren – gleichgültig ob vorläufiger, endgültiger Insolvenzverwalter, Treuhänder oder Sachwalter – ist eine Haftpflicht iSv § 113 Abs 1 VVG (N/R/*Abeltshauser* § 60 Rn 74; *Vallender* ZIP 1997, 345, 353). Angesichts der vielfältigen Haftungsrisiken sollte jeder Insolvenzverwalter eine Haftpflichtversicherung mit ausreichender Deckungssumme abschließen. Soweit er als Rechtsanwalt bereits pflichtversichert ist, reicht der Versicherungsschutz idR nicht aus. Eine Ergänzung ist dringend angezeigt, da nach Maßgabe der Allgemeinen Versicherungsbedingungen für Rechtsanwälte, Steuerberater, Wirtschaftsprüfer (**AVB-RSW**) diverse Risiken der Tätigkeit als Insolvenzverwalter **nicht abgedeckt** werden (*Haarmeyer/Wutzke/Förster* InsVV § 4 Rn 78; *Zimmermann* NZI 2006, 386; aA *van Bühren* NZI 2003, 465, 470). Zu nennen sind hier insbesondere Risiken durch **Fehlbeträge bei der Kassenführung** (§ 4 Ziff 4 AVB), im Zusammenhang mit der **kaufmännischen Tätigkeit** des Insolvenzverwalters (s u Rn 134) sowie die **Verpflichtungen gegenüber den Steuerbehörden** (§ 4 Ziff 8 AVB; im Einzelnen *Zimmermann* NZI 2006, 386, 387). Die Fortführung eines Schuldnerunternehmens stellt auch keine Leitung privater Unternehmungen dar, so dass diese von der Ausschlussklausel in § 4 Ziff 7 AVB nicht erfasst wird (BGH 30. 1. 80 – IV ZR 86/78, ZIP 1980, 851). **132**

Hinzu kommt, dass die Pflichtversicherungssumme für Rechtsanwälte und Steuerberater iHv 250.000 € (§ 51 Abs 4 BRAO, § 52 Abs 1 DVStB) meist schon bei kleineren Unternehmensinsolvenzen nicht ausreicht (*Zimmermann* NZI 2006, 386, 387; vgl auch § 1 ZwVwV: 500.000 €). Soweit nicht lediglich Verbraucherinsolvenzen und Kleinverfahren Tätigkeitsgegenstand sein sollen, verlangen die Insolvenzgerichte im Rahmen der Prüfung der Geeignetheit nach § 56 Abs 1 S 1 von einem „Bewerber", der in die Vorauswahlliste aufgenommen werden will, eine Vermögensschadenhaftpflichtversicherung mit einer **Deckungssumme** iHv mindestens 1,5 Mio € (HK-*Irschlinger* InsO Anh VI § 4 InsVV Rn 10; *Haarmeyer/Wutzke/Förster* InsVV § 4 Rn 78). Denn die Bestellung eines unzureichend versicherten Verwalters kann im Schadensfall zu einer Haftung des Staates nach § 839 Abs 1 BGB iVm Art 34 GG iHd nicht gedeckten Differenzschadens führen (Braun/*Kind* § 60 Rn 38). Übersteigen die Haftungsrisiken (zB bei einer Betriebsfortführung) das übliche Risiko, so kann der Insolvenzverwalter eine **Zusatzversicherung** abschließen. Die Erstattungsfähigkeit als Auslagen (nicht als Masseschulden, § 4 Abs 3 S 2 InsVV) setzt zwar nicht eine vorherige Zustimmung des Insolvenzgerichts voraus (Jaeger/*Gerhardt* § 60 Rn 189); wohl aber bedarf es zur Entnahme der Versicherungsprämien aus der Masse einer Festsetzung als Vorschuss gem § 9 InsVV oder der Festsetzung im Rahmen der Verwaltervergütung nach § 8 Abs 1 InsVV, und zwar zusätzlich zur allgemeinen Pauschale gem § 8 Abs 3 InsVV (*Haarmeyer/Wutzke/Förster* § 4 InsVV Rn 79; HK-*Irschlinger* InsO Anh VI § 4 InsVV Rn 11; Braun/*Kind* § 60 Rn 39). **133**

Problematisch ist, dass selbst die **Besonderen Versicherungsbedingungen für Insolvenzverwalter** mancher Versicherer für Haftpflichtansprüche aus einer kaufmännischen Kalkulations-, Investitions-, Spekulations- oder Organisationstätigkeit **Risikoausschlussklauseln** enthalten (Braun/*Kind* § 60 Rn 40; zum Vergleich der Versicherungsbedingungen *Heyrath* ZInsO 2002, 1023, 1024). Solche Klauseln sind grundsätzlich zulässig; sie dürfen aber nicht weiter ausgedehnt werden, als es ihr Sinn unter Beachtung ihres wirtschaftlichen Zweckes und der gewählten Ausdrucksweise erfordert (BGH 16. 10. 85 – IV a ZR 49/84, NJW-RR 1986, 104; OLG Karlsruhe 4. 2. 05 – 12 U 227/04, VersR 2005, 1681). Risikoausschlussklauseln sind aber jedenfalls dann unwirksam, wenn Versicherungsschutz auch für den Fall versprochen wird, dass der Insolvenzverwalter sich bei **Fortführung** des Betriebes durch Begründung ver- **134** meidbarer Masseschulden haftpflichtig macht; die individualvertragliche Abrede hat insoweit Vorrang (**BGH** 13. 1. 82 – IV a ZR 162/80, ZIP 1982, 326; Jaeger/*Gerhardt* § 60 Rn 190).

135 Der Insolvenzverwalter verliert seinen Versicherungsschutz nach Maßgabe sämtlicher AVB, wenn der Haftpflichtanspruch auf einem wissentlichen Abweichen von gesetzlichen Vorschriften oder auf einer sonstigen wissentlichen Pflichtverletzung beruht. Es genügt subjektiv das Bewußtsein des Verwalters, pflichtwidrig zu handeln (**LG Duisburg** 11. 1. 07 – 12 O 55/04, nv). Der schädigende Erfolg muss nicht als möglich vorausgesehen und gebilligt werden; Darlegungs- und beweispflichtig für die Voraussetzungen des Risikoausschlusses ist der Versicherer (**OLG Köln** 27. 4. 89 – 5 U 216/88, VersR 1990, 193). Eine **wissentliche Pflichtverletzung** ist bereits dann gegeben, wenn dem Insolvenzverwalter ein bestimmtes Verhalten vorgeschrieben ist, er seine Pflicht gekannt hat, und der Pflichtverstoß für den Schadenseintritt ursächlich war (**OLG Karlsruhe** 4. 2. 05 – 12 U 227/04, VersR 2005, 1681; **OLG Düsseldorf** 22. 12. 04 – I-4 W 66/04, nv; **OLG Nürnberg** 8. 12. 94 – 8 U 1673/94, nv). Der Versicherungsschutz entfällt selbst dann, wenn der Insolvenzverwalter davon überzeugt war oder hoffte, durch sein Handeln werde kein Schaden entstehen. Bei Fortführung des Betriebes der Insolvenzschuldnerin stellt die Erstellung eines Liquiditätsplans vor Begründung neuer Verbindlichkeiten eine fundamentale Grundregel der beruflichen Tätigkeit des Insolvenzverwalters dar (**OLG Karlsruhe** 4. 2. 05 aaO). Daher ist beim **Unterlassen einer ordnungsgemäßen Liquiditätsplanung** von einer wissentlichen Pflichtverletzung auszugehen (**OLG Karlsruhe** 4. 2. 05 aaO). Ein vorsätzlicher Pflichtverstoß liegt ferner in der Veräußerung von Grundstücken aus der Insolvenzmasse, wenn die Veräußerung ohne sachlichen Grund zur Unzeit und weit unter Verkehrswert erfolgt (**OLG Nürnberg** 8. 12. 94 aaO).

136 **7. Prozessuales. a) Zuständigkeit.** Für die Geltendmachung von Haftungsansprüchen sind die **ordentlichen Gerichte** (nicht das Insolvenzgericht) zuständig, wobei sich die Abgrenzung zu den Arbeitsgerichten nach den allgemeinen Grundsätzen richtet (**BGH** 16. 11. 06 – IX ZB 57/06, ZInsO 2007,33 [Haftung „an Stelle des Arbeitgebers"]; **BAG** 9. 7. 03 – 5 AZB 34/03, ZIP 2003, 1617, allerdings mit dogmatisch anderem Ansatz [Rechtsnachfolge iSv § 3 ArbGG]). Denn selbst wenn ausschließlich über die Verletzung insolvenzspezifischer Pflichten gestritten wird, bestehen regelmäßig enge Verbindungen zu dem Rechtsgebiet, dem das Rechtsverhältnis zuzuordnen ist. Entscheidend kommt es darauf an, ob die persönliche Haftung des Insolvenzverwalters auf Umständen beruht, die in dem Vertragsverhältnis mit dem Geschädigten begründet sind oder nicht. Auch das **Finanzamt** kann eine Haftung nach § 60 nicht durch Haftungsbescheid, sondern nur durch Klage vor den ordentlichen Gerichten geltend machen (**BGH** 1. 12. 88 – IX ZR 61/88, ZIP 1989, 50; HaKo/*Weitzmann* § 60 Rn 53). Lediglich bei der Verletzung **steuerrechtlicher Pflichten** *nach* Insolvenzeröffnung aufgrund der AO oder Einzelsteuergesetze haftet der Insolvenzverwalter als Vermögensverwalter iSv § 34 Abs AO gem § 69 AO, was auch mittels Haftungsbescheid durchgesetzt werden kann (s o Rn 66; **BGH** 1. 12. 88 aaO; HaKo/*Weitzmann* § 155 Rn 33).

137 Für die **örtliche Zuständigkeit** eines Schadenersatzprozesses gegen den Insolvenzverwalter gilt nicht § 19 a ZPO; vielmehr ist der Verwalter an seinem allgemeinen Gerichtsstand oder im besonderen Gerichtsstand der unerlaubten Handlung (§ 32 ZPO) zu verklagen (HaKo/*Weitzmann* § 60 Rn 52). Nur für Schadensersatzansprüche gegen die Masse ist § 19 a ZPO einschlägig. Sollen der Insolvenzverwalter als Partei kraft Amtes (§ 55 Abs 1 Nr 1) und dieser zugleich persönlich (§§ 60, 61) verklagt werden, so ist ggf eine Gerichtsstandsbestimmung (§ 36 Abs 1 Nr 3 ZPO) erforderlich. Außerdem ist bereits im Klagerubrum zum Ausdruck zu bringen, dass es sich um zwei Beklagte handelt (**BGH** 16. 11. 06 – IX ZB 57/06, ZInsO 2007, 33), was je nach Verurteilung auch für die Vollstreckung relevant ist.

138 **b) Klageantrag.** Die Ansprüche aus § 60 und § 61 sind in ein **Rangverhältnis** zu bringen, weil es sich um alternative Klagebegehren mit unterschiedlichem Streitgegenstand handelt, die nicht auf dasselbe Rechtsschutzziel gerichtet und deshalb ohne Klärung ihres Verhältnisses **als Haupt- und Hilfsantrag** mangels Bestimmtheit unzulässig sind (§ 253 Abs 2 Nr 2 ZPO; **BGH** 6. 5. 04 – IX ZR 48/03, NZI 2004, 435; **BGH** 23. 10. 03 – IX ZR 324/01, NJW-RR 2004, 275, 277 f; **BGH** 28. 9. 89 – IX ZR 180/88, WM 1989, 1873, 1874 f). Zwar steht dem Geschädigten nach beiden Vorschriften nur das negative Interesse zu. Dieses kann aber unterschiedlich hoch sein. So wird ein Anspruch nach § 61 regelmäßig hinter dem positiven Interesse zurückbleiben, während ein Anspruch nach § 60 wegen schuldhafter Masseverkürzung nicht selten mit dem positiven Interesse übereinstimmen wird (**BGH** 6. 5. 04 aaO).

139 Macht der Gläubiger in einem Prozess den Schadenersatzanspruch aus § 60 gegen den Verwalter persönlich und zugleich aus § 55 Abs 1 Nr 1 auf Zahlung aus der Masse geltend und wird die Klage in 1. Instanz insgesamt abgewiesen, so ist die Berufung unzulässig, soweit sie sich gegen den Verwalter persönlich richtet, wenn die Berufungsbegründung kein Wort zur Abweisung des Anspruchs aus § 60 gegen den Verwalter persönlich enthält (**BGH** 4. 10. 90 – IX ZR 270/89, NJW 1991, 427).

140 **c) Parteiwechsel oder -erweiterung.** Wechselt der Kläger in der Berufungsinstanz auf der Beklagtenseite die Partei aus (zB indem er den bisher als Partei kraft Amtes verklagten Insolvenzverwalter nunmehr persönlich in Anspruch nimmt) oder erweitert er die Klage entsprechend auf ihn in seiner anderen Eigenschaft, so ist die Zustimmung des Verwalters zu diesem Wechsel bzw der Erweiterung entbehrlich,

I. Allgemeines **§ 61**

weil ihre Verweigerung missbräuchlich wäre (**BGH** 6. 4. 00 – IX ZR 422/98, NZI 2000, 306; MüKo/ *Brandes* §§ 60, 61 Rn 115). Das ist insbesondere dann der Fall, wenn derselbe Beklagte in anderer Eigenschaft von Anfang an am Rechtsstreit beteiligt war und den Prozessstoff deshalb gekannt und beeinflusst hat. Die Rechtsverteidigung kann dadurch, dass er nicht bereits im ersten Rechtszug persönlich in Anspruch genommen worden ist, nicht beeinträchtigt werden.

§ 61 Nichterfüllung von Masseverbindlichkeiten

¹Kann eine Masseverbindlichkeit, die durch eine Rechtshandlung des Insolvenzverwalters begründet worden ist, aus der Insolvenzmasse nicht voll erfüllt werden, so ist der Verwalter dem Massegläubiger zum Schadenersatz verpflichtet. ²Dies gilt nicht, wenn der Verwalter bei der Begründung der Verbindlichkeit nicht erkennen konnte, daß die Masse voraussichtlich zur Erfüllung nicht ausreichen würde.

Übersicht

	Rn
I. Allgemeines	1
II. Haftungsvoraussetzungen	5
1. „Begründung" von Masseverbindlichkeiten	5
2. Eintritt des Schadens	13
3. Umfang des Schadenersatzes	15
4. Verschulden des Insolvenzverwalters	19
5. Entlastung des Verwalters	25
III. Haftung des vorläufigen Insolvenzverwalters	31
1. Starker vorläufiger Insolvenzverwalter	32
2. Schwacher vorläufiger Insolvenzverwalter	35
IV. Haftung des Sachwalters bei Eigenverwaltung	36
V. Haftung des Treuhänders im Verbraucherinsolvenzverfahren	37
VI. Rechtsweg	38

I. Allgemeines

Im Gegensatz zur persönlichen Haftung des Konkursverwalters (**BGH** 4. 12. 86 – IX ZR 47/86, 1 BGHZ 99, 151, 156; v *Olshausen* ZIP 2002, 237) ist die Haftung des Insolvenzverwalters in § 61 nunmehr ausdrücklich kodifiziert und letztlich verschärft worden (HaKo-*Weitzmann* § 61 Rn 1; zu den Zielen des § 61: *Lüke* ZIP 2005, 1113, 1115). Dadurch soll die Bereitschaft der Gläubiger erhöht werden, dem Schuldner Kredit zu gewähren, um so eine Fortführung und Sanierung des Unternehmens zu ermöglichen (Jaeger/*Gerhardt* § 61 Rn 15). § 61 enthält aber keine Garantiehaftung, sondern **Verschuldenshaftung**, wobei allerdings zu Gunsten der Massegläubiger das Verschulden vermutet wird; dem Verwalter verbleibt nur die Möglichkeit, sich nach S 2 zu entlasten (HaKo-*Weitzmann* § 61 Rn 1; Jaeger/*Gerhardt* § 61 Rn 6).

Der Anspruch aus § 61 ist von dem Geschädigten als **Individualanspruch** selbst geltend zu machen; er 2 kann folglich nicht gem § 92 von einem neu bestellten Verwalter gegenüber seinem Amtsvorgänger durchgesetzt werden (**BGH** 9. 8. 06 – IX ZB 200/05, NZI 2006, 580, 1684; Braun/*Kind* § 61 Rn 2). Die Aktivlegitimation steht dem Massegläubiger somit **auch** dann zu, **wenn das Insolvenzverfahren noch nicht abgeschlossen** ist (OLG Brandenburg 3. 7. 03 – 8 U 58/02, NZI 2003, 552).

Neben der Haftung aus § 61 kann eine **Haftung nach allgemeinen Vorschriften** in Betracht kommen, 3 insbesondere aus Schuldbeitritt, wenn der (vorläufige) Verwalter sich persönlich für die Bezahlung erbrachter Leistungen stark sagt, oder aus Verschulden bei Vertragsschluss, wenn er bei der Bestellung von Waren erklärt, die Bezahlung werde aus der Masse übernommen (OLG Frankfurt 8. 3. 07 – 26 U 43/06, ZInsO 2007, 548; OLG Rostock 4. 10. 04 – 3 U 158/03, ZIP 2005, 220; OLG Schleswig 31. 10. 03 – 1 U 42/03, NZI 2004, 92); teilweise wird in diesen Fällen auch der Abschluss eines Garantievertrages gesehen (OLG Celle 21. 10. 03 – 16 U 95/03, NZI 2004, 89; zur Kritik an dieser Rechtsprechung vor allem im Hinblick auf die bestehende Fortführungspflicht: *Undritz* NZI 2007, 65, 70; *Hinkel/Flitsch* ZInsO 2007, 1018; *Fischer* WM 2004, 2185; zur Pflichtkollision s u Rn 22). Hat der Verwalter bei Vertragsschluss die Zulänglichkeit der Masse wider besseres Wissen vorgespiegelt, haftet er nach § 826 BGB oder gem § 823 Abs 2 BGB iVm § 263 StGB (**BGH** 14. 4. 87 – IX ZR 260/86, BGHZ 100, 346).

Für die **Abgrenzung zu § 60** ist der Zeitpunkt der Pflichtwidrigkeit maßgeblich: § 61 regelt aus- 4 schließlich die Haftung des Insolvenzverwalters für die pflichtwidrige *Begründung* von Masseverbindlichkeiten. Nur insoweit ist § 61 gegenüber § 60 **lex specialis** (N/R/*Abeltshauser* § 61 Rn 2; HK-*Eickmann* § 61 Rn 3). Aus der Vorschrift lässt sich daher kein Anspruch auf Ersatz eines Schadens herleiten, der auf erst später eingetretenen Gründen beruht (**BGH** 6. 5. 04 – IX ZR 48/03, BGHZ 159, 104; HK-*Eickmann* § 61 Rn 3, 6; K/P/B/*Lüke* § 61 Rn 1; *Häsemeyer* InsR Rn 6.40; *Gerhardt* ZInsO 2000, 574, 582). Pflichten zum Schutz der Massegläubiger für die Zeit *nach Begründung* der Masseverbindlichkeiten ergeben sich dagegen aus § 60. So hat der Verwalter vor der Befriedigung einzelner Massegläubiger zu prüfen, ob (§ 53), in welchem Umfang und in welcher Reihenfolge (§ 209) Masseverbindlichkeiten zu befriedigen sind und ob die Masse überhaupt ausreicht, um alle Masseforderungen zu bedienen (**BAG** 25. 1. 07 – 6 AZR 559/06, DB 2007, S 1537; **BGH** 18. 1. 90 – IX ZR 71/89, WM 1990, 329, 332), und noch nicht fällige vor- oder gleichrangige Verbindlichkeiten bestehen (**BGH** 6. 5. 04 aaO).

II. Haftungsvoraussetzungen

5   1. „**Begründung**" **von Masseverbindlichkeiten**. Entsprechend dem Zweck der Vorschrift, die Bereitschaft zur Kreditgewährung an die Masse zu fördern, ist der Begriff der „Rechtshandlung" in § 61 nicht identisch mit dem in § 129, sondern dahingehend auszulegen, dass eine Begründung von Masseverbindlichkeiten durch **Vertragsschluss** und daneben auch durch **Erfüllungswahl** oder die unterlassene Kündigung eines Dauerschuldverhältnisses gemeint ist (**BGH** 2. 12. 04 – IX ZR 200/03, NZI 2005, 157 unter Hinweis auf Begr RegE BT-Drucks 12/2443). § 61 will die Interessen von Massegläubigern schützen, die vor allem aufgrund einer Unternehmensfortführung mit der Masse in Kontakt gekommen sind und eine **Gegenleistung zur Masse erbringen** (Jaeger/*Gerhardt* § 61 Rn 15; *Laws* ZInsO 2009, 996, 998 f; aA *Webel* ZInsO 2009, 363). Obwohl dies auch auf einen auf Antrag des Insolvenzverwalters bestellten **Zwangsverwalter** zutrifft, gehört er **nicht** zu dem geschützten Personenkreis, da er über § 155 Abs 1 ZVG hinausgehenden gesetzlichen Schutz genießt (**LG** Neuruppin 21. 10. 08 – 4 S 44/08, ZIP 2009, 431, n rkr). Wie sich aus dem Wortlaut „begründet" ableitet, muss der Verwalter Kenntnis von der Begründung eines Rechtsverhältnisses haben muss. Fehlt es hieran, so „begründet" er keine Verbindlichkeit. Demgemäß kann die **unterlassene Kündigung** eines bestehenden Rechtsverhältnisses, von dem der Verwalter keine Kenntnis hat, weder als konkludente Entgegennahme der Leistung noch als Verlängerung eines Vertragsverhältnisses ausgelegt werden (HaKo-*Weitzmann* § 61 Rn 2).

6   Davon zu unterscheiden sind Masseverbindlichkeiten, die ohne Beteiligung des Insolvenzverwalters entstanden sind, auf deren Grund und Höhe er also keinen Einfluss hat (*Uhlenbruck* KTS 1976, 212 ff), insb weil sie gem §§ 108 ff, 55 Abs 1 Nr 2 Alt 2 nach Verfahrenseröffnung zu erfüllen sind. Solche **oktroyierten Masseverbindlichkeiten** sind ebenfalls nicht vom Verwalter „begründet"; er „erbt" sie von dem Schuldner (Jaeger/*Gerhardt* § 61 Rn 11). Bis zum Zeitpunkt der frühestmöglichen Kündigung kann der Verwalter die Leistung des Massegläubigers nicht verhindern, ohne selbst vertragsbrüchig zu werden. Lässt der Verwalter allerdings die erstmögliche **Kündigungsmöglichkeit** bewusst und schuldhaft verstreichen, wobei ihm eine angemessene Einarbeitungszeit zuzugestehen ist, so wird dazu zunächst oktroyierte Masseverbindlichkeit zu einer rechtsgeschäftlichen und damit haftungsrelevant (**BAG** 31. 3. 04 – 10 AZR 254/03, ZInsO 2005, 50; **BAG** 1. 6. 06 – 6 AZR 59/06, NZI 2007, 124; **BGH** 16. 11. 06 – IX ZR 57/06, NZI 2008, 63; Braun/*Kind* § 61 Rn 4).

7   **Nicht** gefolgt werden kann jedoch einer Entscheidung des **LG** Hamburg (10. 7. 07 – 303 O 263/06, UV-Recht Aktuell 2007, 1078), wonach der Sozialversicherungsträger gegen den Insolvenzverwalter einen Anspruch auf Ersatz von **Unfallversicherungsbeiträgen** aus § 61 habe, wenn dieser die Arbeitnehmer des Insolvenzschuldners gegen den Ablauf der erstmöglichen Kündigungsfrist weiterbeschäftigt statt sie freizustellen. Zwar trifft es zu, dass im Falle einer Freistellung Unfallversicherungsbeiträge – anders als Beiträge zur Arbeitslosen-, Kranken- und Rentenversicherung – nicht angefallen wären (**BSG** 30. 7. 81 – 8/8 a RU 48/80, ZIP 1981, 1106) und diese somit hätten vermieden werden können; die Entscheidung des Verwalters zur Weiterbeschäftigung ist somit kausal für die Beitragsrückstände. Diese sind aber im Rahmen der Haftung auf das negative Interesse (s u Rn 16) kein ersatzfähiger Schaden. Entgegen der Ansicht des **LG** Hamburg ist nämlich nicht darauf abzustellen, dass der Verwalter bei pflichtgemäßem Verhalten die in gesetzlich geregelter Höhe anfallenden Unfallversicherungsbeiträge hätte sicherstellen müssen; denn dies wäre das positive Interesse. Im übrigen fehlt es bei Masseunzulänglichkeit gerade an den dazu erforderlichen Mitteln und damit an einer entsprechenden Pflicht. Vielmehr könnte dem Verwalter allenfalls vorgeworfen werden (selbst dies ist zu verneinen, s o § 60 Rn 76), dass er die ihm mögliche **Freistellung unterlassen** hat. In diesem Fall hätte der Sozialversicherungsträger aber gerade keinen Anspruch auf Unfallversicherungsbeiträge gehabt. Ein im Rahmen des negativen Interesses zu ersetzender Schaden kann sich nur verwirklichen, wenn und soweit ein Versicherungsfall eingetreten ist.

8   Zu den oktroyierten Verbindlichkeiten zählen auch **Wohngeldansprüche** aus Wohnungseigentum. Diese sind aufgrund der Mitgliedschaft in der Gemeinschaft zu erbringen und und können nicht mit einem Dauerschuldverhältnis gleichgesetzt werden. Denn zur Abwendung der nach Insolvenzeröffnung fortlaufenden Masseverbindlichkeiten ist weder eine Kündigung noch ein Verzicht auf den Miteigentumsanteil nebst Sondereigentum möglich (**BGH** 14. 6. 07 – V ZB 18/07, NJW 2007, 2547), sondern nur die Freigabe des Wohnungseigentums aus der Insolvenzmasse. Ob er diese erklärt, steht jedoch im Ermessen des Verwalters, insbesondere wenn es abzuwägen gilt, inwieweit damit der Masse evtl eine freie Vermögensspitze entgeht. Eine haftungsbewehrte Pflicht zur Freigabe besteht folglich nicht, da Dritte hierauf keinen Anspruch haben. Die **unterlassene Freigabe** kann nicht mit der unterlassenen Kündigung eines Mietverhältnisses verglichen werden und daher auch nicht zu einer Haftung nach § 61

II. Haftungsvoraussetzungen § 61

führen; zumindest fehlt es auch an einem Schaden, da im Falle einer Freigabe die Wohngeldansprüche gegen den insolventen Eigentümer ebenfalls nicht realisierbar wären (**LG** Stuttgart 23. 4. 08 – 10 S 5/07, NZI 2008, 442; *Pape* ZfIR 2007, 817; **aA OLG** Düsseldorf 28. 4. 06 – 3 Wx 299/05, NZI 2007, 50).

Wenn der Insolvenzverwalter bereits zur Räumung eines Grundstücks rechtskräftig verurteilt worden 9 ist, kann er durch die Freigabe des Grundstücks nicht mehr bewirken, dass diese Masseverbindlichkeit erlischt (**BGH** 2. 2. 06 – IX ZR 46/05, NZI 2006, 293 für Räumungsanspruch). Die Kosten, die durch eine **unterlassene Räumung** entstehen, sind dann durch eine Rechtshandlung des Verwalters „begründet" iSv § 61, wenn dieser ihre Entstehung durch eine rechtzeitige Besitzaufgabe und/oder Entfernung von Gegenständen hätte abwenden können. Nur wenn noch keine rechtskräftig titulierte Pflicht besteht (zB Ordnungsverfügung zur Beseitigung von **Altlasten**); kann der Verwalter durch Aufgabe der tatsächlichen Sachherrschaft das Entstehen einer Masseverbindlichkeit noch abwenden (**BVerwG** 23. 9. 04 – 7 C 22/03, NZI 2005, 51 zu § 4 Abs 3 BBodSchG; **BVerwG** 22. 7. 04 – 7 C 17/03, NZI 2005, 55 zu §§ 5, 11 KrW-/AbfG; s o auch § 55 Rn 31).

Der Verwalter braucht bei Prozessaufnahme nicht zu prüfen, ob die vorhandene Masse im Unterliegensfalle zur Deckung der gegnerischen **Prozesskosten** ausreicht (**BGH** 1. 12. 05 – IX ZR 115/01, NZI 10 2006, 169; **OLG** Köln 21. 11. 07 – 2 U 110/07, ZIP 2008, 1131; MüKo-*Brandes* §§ 60, 61 Rn 34; *Lüke* ZIP 2005, 1113, 1117). § 61 dient dem Schutz von Massegläubigern, die Leistungen oder sonstige Vermögensvorteile an die Masse erbringen und so eine Unternehmensfortführung ermöglichen. Dies trifft auf den Prozessgegner nicht zu, so dass es schon an einer „Begründung" der Masseverbindlichkeit iSd § 61 fehlt. Eine Pflichtverletzung zu Lasten des Prozessgegners kommt nur in Betracht, wenn der Verwalter während des Prozesses andere Altmasseverbindlichkeiten berichtigt, ohne eine wenigstens gleichrangige Kostenforderung des Prozessgegners zu berücksichtigen (**BGH** 26. 6. 01 – IX ZR 209/98, NZI 2001, 533; MüKo-*Brandes* §§ 60, 61 Rn 39). Die in § 209 festgelegte Rangordnung darf aber vom Verwalter nicht durch die Bildung von Rückstellungen umgangen werden (MüKo-*Brandes* §§ 60, 61 Rn 39; K/P/B/*Lüke* § 60 Rn 28). In seltenen Fällen kann sich auch eine Haftung aus § 826 BGB ergeben (**BGH** 2. 12. 04 – IX ZR 142/03 NZI 2005, 155; *Pape* ZInsO 2005, 138).

Die Vereinbarung einer **Beschränkung von Masseverbindlichkeiten** stellt ihrerseits keine Begründung 11 einer Masseverbindlichkeit dar. Denn soweit der Verwalter bei wirtschaftlicher Betrachtungsweise die Höhe eintretender Masseverbindlichkeiten verringert, ändert sich lediglich der Rechtsgrund bereits bestehender Verbindlichkeiten (HaKo-*Weitzmann* § 61 Rn 2).

Nicht erfasst werden **Verfahrenskosten** iSd § 54, da diese nicht durch eine „Rechtshandlung" des 12 Verwalters begründet werden (**BGH** 2. 12. 04 – IX ZR 142/03, NZI 2005, 155; HK-*Eickmann* § 61 Rn 13; Braun/*Kind* § 61 Rn 4).

2. Eintritt des Schadens. Ein Schaden ist jedenfalls dann eingetreten, wenn der Insolvenzverwalter die 13 Masseunzulänglichkeit angezeigt hat und nicht zu erwarten steht, dass die bis zu diesem Zeitpunkt begründeten Masseverbindlichkeiten in absehbarer Zeit erfüllt werden (**BGH** 6. 5. 04 – IX ZR 48/03, NZI 2004, 435; HaKo-*Weitzmann* § 61 Rn 8). **Bloßer Verzug reicht** für einen Schadenseintritt hingegen noch **nicht aus** (so aber **OLG** Hamm 28. 11. 02 – 27 U 87/02, NZI 2003, 150), wenn der Insolvenzverwalter die Masseforderung zwar nicht im Zeitpunkt ihrer Fälligkeit unverzüglich begleichen kann, aber eine Befriedigung aus unschwer zu realisierenden Außenständen später möglich ist (**BGH** 10. 5. 77 – VI ZR 48/76, WM 1977, 847; HaKo-*Weitzmann* § 61 Rn 8; MüKo-*Brandes* §§ 60, 61 Rn 34). Denn § 61 soll die mit der Masse kontrahierenden Gläubiger lediglich vor einem *besonderen* Ausfallsrisiko schützen. Der in § 286 BGB normierte Zahlungsverzug ist aber kein solches besonderes Risiko, sondern als allgemeines Gläubigerrisiko zu bewerten. Eine Privilegierung der Massegläubiger dahingehend, dass ihnen schon bei Zahlungsverzug oder kurzzeitiger liquider Unterdeckung eine zusätzliche Haftungsmasse zur Verfügung steht, ist nicht sachgerecht (HaKo-*Weitzmann* § 61 Rn 8; BerlKo-*Blersch* § 61 Rn 3).

Dagegen ist mit **Anzeige der Masseunzulänglichkeit** regelmäßig ein Schaden eingetreten, da der Masse- 14 gläubiger seinen Anspruch nicht mehr selbst realisieren kann (§ 210) und ihm ein Abwarten des weiteren Verlaufs des Verfahrens nicht zumutbar ist (**BGH** 17. 12. 04 – IX ZR 185/03, NZI 2005, 222).

3. Umfang des Schadenersatzes. Der Insolvenzverwalter haftet dem **Grunde** nach für jeden Schaden, 15 der sich auf die Verletzung der ihm obliegenden Pflichten adäquat kausal zurückführen läßt (haftungsbegründende Kausalität). Für die **Höhe** des Schadensersatzanspruchs ist maßgeblich, wie sich die Vermögenslage des Geschädigten bei pflichtgemäßem Verhalten wirtschaftlich dargestellt hätte (haftungsausfüllende Kausalität); ggf hängt dies davon ab, wie ein über den Schadensersatzanspruch erkennendes Gericht richtigerweise hätte entscheiden müssen (**BGH** 11. 11. 93 – IX ZR 35/93, ZIP 1994, 46; HaKo-*Weitzmann* § 61 Rn 9). Die Haftung des Insolvenzverwalters nach § 61 soll das gegenüber einem normalen Geschäftsabschluss erhöhte Risiko ausgleichen, das der Vertragsabschluss durch einen insolventen Partner mit sich bringt (**BGH** 6. 5. 04 – IX ZR 48/03, NZI 2004, 435). Die besondere Pflicht des Verwalters, sich zu vergewissern, ob er bei normalem Geschäftsablauf zur Erfüllung der von ihm begründeten Forderungen mit Mitteln der Masse in der Lage sein wird, bezieht sich folglich **nur** auf die primären Erfüllungsansprüche und nicht auf Sekundäransprüche (**BGH** 25. 9. 08 – IX ZR 235/07, ZIP 2008, 2126; zust *Eckert* EWiR 2009, 115). Soweit sich Risiken verwirklichen, die auch bei einem Vertragsschluss mit einem wirtschaftlich gesunden Partner bestehen, haftet der Verwalter nicht.

16   Die Haftung ist **auf das negative Interesse begrenzt** (**BGH** 17. 12. 04 – IX ZR 185/03, ZInsO 2005, 205; **BGH** 6. 5. 04 – IX ZR 48/03, NZI 2004, 435; **BAG** 25. 1. 07 – 6 AZR 559/06, NZI 2007, 535 Rn 35 f; Jaeger/*Gerhardt* § 61 Rn 25 f; Braun/*Kind* § 61 Rn 6; HaKo-*Weitzmann* § 61 Rn 10; HK-*Eickmann* § 61 Rn 14; MüKo-*Brandes* §§ 60, 61 Rn 38). Der Massegläubiger ist so zu stellen, wie er stünde, wenn der Verwalter keine Pflichtverletzung begangen hätte. Bei **Dauerschuldverhältnissen** beschränkt sich der Schaden auf denjenigen Teil der nicht erfüllten Verbindlichkeiten, der nach Ablauf der vom Verwalter unterlassenen erstmöglichen Kündigung eingetreten ist. Wird ausgefallener Mietzins für Gewerberäume geltend gemacht, muss der Vermieter dargelegen und ggf beweisen, dass eine anderweitige Vermietungsmöglichkeit bestanden hätte (**OLG** Celle 13. 7. 04 – 16 U 11/04, ZInsO 2004, 1030). Ebenso muss ein Arbeitnehmer, der über den Kündigungszeitpunkt hinaus beschäftigt wurde, nachweisen, dass er seine Arbeitskraft ansonsten anderweitig gegen Entgelt hätte einsetzen können (**BAG** 25. 1. 07 aaO; MüKo-*Brandes* §§ 60, 61 Rn 40; zum Differenzlohn: LAG Halle 14. 3. 07 – 3 Sa 477/04, ZInsO 2007, 1007). **§ 311a Abs 2 BGB findet keine Anwendung**, da der Verwalter nur Leistung „aus der Masse" verspricht (**BAG** 19. 1. 06 – 6 AZR 600/04, NZI 2006, 719). Würde man nach Maßgabe dieser Vorschrift das positive Interesse für ersatzfähig halten, sähe sich der Verwalter bei Vertragsschluss unkalkulierbaren Risiken ausgesetzt, die das Verfahrensziel der Unternehmensfortführung unerreichbar werden ließen (*v. Olshausen* ZIP 2002, 237).

17   Die **Umsatzsteuer** ist nicht ersatzfähig, da der Anspruch aus § 61 einen echten Schadensersatzanspruch und keine umsatzsteuerbare Leistung iSv § 1 Abs 1 UStG darstellt (**BGH** 3. 11. 05 – IX ZR 140/04, ZInsO 2005, 1269; Braun/*Kind* § 61 Rn 1; MüKo-*Brandes* §§ 60, 61 Rn 38).

18   Die bei Verteilung der unzulänglichen Masse zu erwartende Quote (§ 209 Abs 1) wird nicht angerechnet; der Insolvenzverwalter hat aber einen Anspruch auf **Abtretung der Quote** aus § 255 BGB (**BGH** 6. 5. 04 – IX ZR 48/03, NZI 2004, 435; HaKo-*Weitzmann* § 61 Rn 11; MüKo-*Brandes* §§ 60, 61 Rn 38). Der Gläubiger sollte daher eine Verurteilung zur Leistung Zug um Zug beantragen. Die Vorteile, die der Massegläubiger aus der Fortführung des schuldnerischen Betriebes zieht, muss er sich im Wege der Vorteilsausgleichung anrechnen lassen (HaKo-*Weitzmann* § 61 Rn 11). Ebenso finden die §§ 249 ff BGB Anwendung, so dass ein **Mitverschulden** des Geschädigten nach § 254 BGB zu berücksichtigen ist (MüKo-*Brandes* §§ 60, 61 Rn 34).

19   **4. Verschulden des Insolvenzverwalters.** Ebenso wie bei § 60 setzt die Haftung des Insolvenzverwalters nach § 61 S 1 Verschulden iSv **§ 276 BGB** voraus. Der Verwalter hat Vorsatz und jeden Grad von Fahrlässigkeit zu vertreten, was grundsätzlich **vermutet** wird (zur Beweislastumkehr s u Rn 25 ff). Eine Ausnahme besteht im Anwendungsbereich des **§ 69 AO**, der mindestens grobe Fahrlässigkeit voraussetzt (zum Konkurrenzverhältnis s o § 60 Rn 61 f, 66, 90, 117).

20   Maßgeblicher Zeitpunkt für die Feststellung des Verschuldens ist, ob der Verwalter „bei der Begründung" der Masseverbindlichkeit nicht erkennen konnte, dass die Masse voraussichtlich zur Erfüllung nicht ausreichen würde (**BGH** 6. 5. 04 – IX ZR 48/03, NZI 2004, 435; **BAG** 25. 1. 07 – 6 AZR 559/06, NZI 2207, 5335; unzutreffend OLG Hamm 28. 11. 02 – 27 U 87/02, NZI 2003, 150, 151). § 61 legt keine insolvenzspezifischen Pflichten für die Zeit *nach* der Begründung einer Verbindlichkeit fest, so dass er für Schäden, die auf erst später eintretenden Gründen beruhen, nicht einzustehen hat. Ein Verschulden ist zu bejahen, wenn der Verwalter entweder eine **Finanzplanung und Prognose** unterlassen hat **oder** aufgrund einer solchen **erkennen konnte und musste**, dass die Nichterfüllung der Masseverbindlichkeit bei regulärer Unternehmensfortführung wahrscheinlicher sein würde als die Erfüllung (**BGH** 17. 12. 04 – IX ZR 185/03, NZI 2005, 222; **LAG** Hamm 27. 5. 09 – 2 Sa 331/09, ZInsO 2009, 1457; Jaeger/*Gerhardt* § 61 Rn 18; Braun/*Kind* § 61 Rn 7; HaKo-*Weitzmann* § 61 Rn 15). Solange sich keine anderen Anhaltspunkte aufdrängen, darf der Verwalter aber davon ausgehen, dass sich Außenstände des Schuldners realisieren lassen (**LG** Dresden 5. 3. 04 – 10 O 3672/03, ZIP 2004, 2016; *Runkel* EWiR 2005, 229). Im Regelfall ist ihm daher eine **Fehleinschätzung**, dh prognosewidrige Entwicklung der Masse, weil Vollstreckungsmaßnahmen notwendig werden oder die Forderung sogar unerwartet ausfällt, nicht anzulasten (s u Rn 29). Er muss jedoch hinreichende organisatorische Vorkehrungen getroffen haben, um eine vollständige und rechtzeitige Erfassung aller Masseverbindlichkeiten sicherzustellen (**BGH** 6. 5. 04 – IX ZR 48/03, NZI 2004, 435; **LG** Köln 30. 4. 02 – 11 S 296/01, NZI 2002, 607 für Hinzuziehung eines Wirtschaftsprüfers).

21   Das Verschulden entfällt nicht automatisch durch die **Zustimmung der Gläubigerversammlung** oder des **Gläubigerausschusses** (**BGH** 22. 1. 85 – VI ZR 131/83, ZIP 1985, 423, 427; MüKo-*Brandes* §§ 60, 61 Rn 98). Die Zustimmung kann jedoch Indiz dafür sein, dass der Verwalter seinen Sorgfaltspflichten nachgekommen ist (s o § 60 Rn 102; FK-*Kind* § 60 Rn 20). Voraussetzung für fehlendes Verschulden ist, dass der Verwalter die Gläubigerversammlung oder den Gläubigerausschuss über die Masseunzulänglichkeit ausreichend informiert hat.

22   Problematisch sind die Fälle, in denen eine **Pflichtenkollision mit einer Betriebsfortführungspflicht** besteht, sei es für den vorläufigen starken Insolvenzverwalter gem § 22 Abs 1 Nr 2 (der aber dennoch

über § 21 Abs 2 Nr 1 nach § 61 haftet), sei es für den endgültigen Insolvenzverwalter aufgrund § 158 oder eines entsprechenden Beschlusses der Gläubigerversammlung. Trotz drohender Masseunzulänglichkleit ist der Verwalter häufig gezwungen, Masseverbindlichkeiten zur Sicherung der Insolvenzmasse, zur Aufrechterhaltung des Schuldnerbetriebes oder zur Erfüllung seiner Ordnungs- oder Verkehrssicherungspflicht zu begründen. Zum Teil wird hierin ein die Haftung nach § 61 generell ausschließender Rechtfertigungsgrund gesehen (*Haarmeyer/Wutzke/Förster* Hdb InsO, Kap 3 Rn 432; *Wiester* ZInsO 1998, 99, 102; *Kirchhof* ZInsO 1999, 365, 366); nach aA soll es sich um einen „gesetzlichen Fall des Verschuldensausschlusses" handeln (so *Uhlenbruck* 12. Aufl Rn 16). Dem ist jedoch entgegenzuhalten, dass die bloße Fortführungspflicht es nicht rechtfertigt, sehenden Auges unerfüllbare Masseverbindlichkeiten einzugehen. Denn sonst ginge diese Pflicht allein zu Lasten der Massegläubiger (**LG Cottbus 8. 5. 02 – 3 O 277/00, NZI 2002, 441,442**; Jaeger/*Gerhardt* § 61 Rn 20; HK-*Eickmann* § 61 Rn 10; K/P/B/*Lüke* § 61 Rn 8a und 15), obwohl § 61 gerade ihre Interessen schützen soll. Das Ziel, Dritte vor der Kontrahierung mit dem Insolvenzverwalter bei Masseunzulänglichkeit zu schützen, überwiegt gegenüber dem Gebot der Unternehmensfortführung. Die mit der Fortführung durch den (vorläufigen) Insolvenzverwalter regelmäßig verbundene Eingehung von Masseverbindlichkeiten ist nur gerechtfertigt, wenn er bei gewissenhafter Prüfung die Erwartung haben darf, die Verbindlichkeiten aus der Masse befriedigen zu können (**OLG Brandenburg 3. 7. 03 – 8 U 58/02, NZI 2003, 552**). Ansonsten muss er rechtzeitig die **Zustimmung zur Betriebsstilllegung einholen** (§§ 22 Abs 1 Nr 2, 158 Abs 1) oder die Aufhebung des Fortführungsbeschlusses nach § 78 Abs 1 bzw die Einberufung einer neuen Gläubigerversammlung beantragen (§ 75 Abs 1 Nr 1). Dies gilt insb, wenn durch die Fortführung nur Verluste erwirtschaftet werden und keine Aussicht besteht, diese anderweitig, zB durch einen besseren Verwertungserlös für den Geschäftsbetrieb insgesamt und die Vermeidung von oktroyierten Masseverbindlichkeiten, auszugleichen (HK-*Eickmann* § 61 Rn 10; Jäger/*Gerhardt* § 61 Rn 20; N/R/*Abeltshauser* § 61 Rn 15). Wird von diesen Organen die **Zustimmung** zur Betriebsstilllegung **verweigert**, entfällt die Haftung des Verwalters (HK-*Eickmann* § 61 Rn 10; K/P/B/*Lüke* § 61 Rn 815), da es an einem rechtmäßigen Alternativverhalten fehlt, dessen Verletzung dem Verwalter vorgeworfen werden könnte.

Ebenso entfällt eine Haftung, wenn der Massegläubiger vom Verwalter (wenn auch ohne Obligo, **BGH 14. 4. 87 – IX ZR 260/86, ZIP 1987, 650**) **über die Risiken aufgeklärt** wurde, da er in diesem Fall nicht schutzwürdig ist. Ob man dies dogmatisch über eine teleologische Reduktion (so Jaeger/*Gerhardt* § 61 Rn 21) oder über § 254 BGB begründet (**OLG Düsseldorf 26. 3. 04 – 16 U 216/02, ZIP 2004, 1375**), ist dabei zweitrangig.

Bei dem **Verkauf von Gegenständen** haftet der Verwalter über das Vermögen eines Unternehmers gegenüber dem Käufer nach den Vorschriften des BGB, was bei Verkäufen an Verbraucher dazu führt, dass gem § 475 Abs 1 BGB ein Ausschluss der **Gewährleistung** nicht mehr möglich ist (anders beim Treuhänder im Verbraucherinsolvenzverfahren, *Steffen* ZVI 2002, 181, 182). Im Falle der Masseunzulänglichkeit wird eine Haftung des Verwalters jedoch regelmäßig ausscheiden, wenn er bei Abschluss des Kaufvertrages („bei der Begründung") keinerlei Anhaltspunkte für etwaige Mängel hatte. Denn § 61 schützt nicht vor Risiken, die auch bei einem Vertragsschluss mit einem wirtschaftlich gesunden Partner bestehen (**BGH 25. 9. 08 – IX ZR 235/07, ZIP 2008, 2126**). Für die Haftung nach § 61 ist daher auch unerheblich, ob eine Verpflichtung bestand, den Gegenstand vor Verwertung von einem Fachmann untersuchen zu lassen oder eine Rückstellung zu bilden.

5. Entlastung des Insolvenzverwalters. § 61 S 2 enthält eine **Beweislastumkehr** zulasten des Verwalters (**BGH 6. 5. 04 – IX ZR 48/03, NZI 2004, 435**). Er kann sich aber **entweder** durch den Nachweis entlasten, dass die vorhandene und künftige Masse nach objektiven Kriterien zur Erfüllung der Masseverbindlichkeit voraussichtlich ausgereicht hätte, **oder** indem er beweist, dass er die Masseunzulänglichkeit im maßgeblichen Handlungszeitpunkt nicht erkennen konnte (**BGH 17. 12. 04 – IX ZR 185/03, NZI 2005, 222**; **BAG 1. 6. 06 – 6 59/06, NZI 2007, 124**; Braun/*Kind* § 61 Rn 7; HaKo-*Weitzmann* § 61 Rn 12). Dabei ist nach der Begr RegE zu § 61 das Wort „voraussichtlich" wie in § 18 Abs 2 so auszulegen, dass die Massezulänglichkeit aus Sicht eines sorgfältigen Verwalters wahrscheinlicher sein muss als die drohende Unmöglichkeit zur Erfüllung (Begr RegE, BT-Drucks 12/2443, S 129; HaKo-*Weitzmann* § 61 Rn 12; Jaeger/*Gerhardt* § 61 Rn 18; strenger K/P/B/*Lüke* § 61 Rn 4).

Um den Entlastungsbeweis führen zu können, hat der Insolvenzverwalter eine **plausible Liquiditätsrechnung** oder einen sorgfältig durchdachten Insolvenzplan zu erstellen und bis zum Zeitpunkt der Begründung der jeweiligen Masseverbindlichkeit ständig zu überprüfen und zu aktualisieren (**BGH 17. 12. 04 – IX ZR 185/03, NZI 2005, 222**; Braun/*Kind* § 61 Rn 9; HaKo-*Weitzmann* § 61 Rn 13; MüKo-*Brandes* §§ 60, 61 Rn 37; *Pape* EWiR 2005, 679). Denn der Verwalter kann sich nur dann entlasten, wenn er zum **Zeitpunkt der Begründung der Masseverbindlichkeit** einen – aus damaliger Sicht – auf zutreffenden Anknüpfungstatsachen beruhenden und sorgfältig erwogenen Liquiditätsplan erstellt hat, der eine Erfüllung der fälligen Masseverbindlichkeit erwarten ließ. Grundlage ist eine Prognose aufgrund der aktuellen Liquiditätslage der Masse, der realistischen Einschätzung noch ausstehender offener Forderungen und der künftigen Geschäftsentwicklung für die Dauer der Fortführung (K/P/B/*Lüke* § 61 Rn 7). Forderungen, bei denen ernsthafte, durch konkrete Umstände belegte Zweifel bestehen, dass sie in angemessener Zeit realisiert werden können, dürfen nicht berücksichtigt werden (**BGH 6. 5.**

04 – IX ZR 48/03, NZI 2004, 435; MüKo-*Brandes* §§ 60, 61 Rn 37). Stellt der Verwalter keine präzisen Berechnungen an, über welche Einnahmen er verfügt und welche Ausgaben er zu tätigen hat, kann er sich nicht entlasten (**BGH 17. 12. 04 aaO; OLG Karlsruhe 21. 11. 02** – 12 U 112/02, ZIP 2003, 267; **OLG Celle 18. 11. 03** – 16 U 88/03, NZI 2004, 319; **OLG Celle 25. 2. 03** – 16 U 204/02, ZIP 2003, 587; *Pape* FS Kirchhof, S 391, 398 f; *Deimel* ZInsO 2004, 783 ff). Ansatz und Bewertung der Vermögensgegenstände sowie deren Liquidierbarkeit unterliegen dem Beurteilungsermessen des Insolvenzverwalters, wobei die Ausübung dieser Ermessensspielräume sich an den Anforderungen an einen ordentlichen und gewissenhaften Insolvenzverwalter zu orientieren hat (§ 60 Abs 1 S 2).

27 In welchem Umfang die einmal erstellte Prognose im Rahmen eines **regelmäßigen Soll-Ist-Vergleichs** überprüft werden muss, ist eine Frage des Einzelfalls. Es ist sachgerecht, sich hinsichtlich des Beurteilungsspielraums des Insolvenzverwalters **an § 239 Abs 2 HGB zu orientieren**. Die Pflicht des Insolvenzverwalters zur permanenten Selbstkontrolle entspricht der eines ordentlichen Kaufmanns. Führt der Verwalter ein Unternehmen fort, ist er wie ein Kaufmann zu behandeln, weil er in den gleichen Aufgaben- und Pflichtenkreis eintritt (HaKo-*Weitzmann* § 61 Rn 13). Hieraus folgt, dass der Insolvenzverwalter nicht jede drohende Masseunzulänglichkeit rechtzeitig vorhersehen kann. Denn Finanzanalyse und betriebswirtschaftliche Auswertungen liefern lediglich vergangenheitsbezogene Informationen. Kommt der Verwalter zu dem Ergebnis, dass Masseunzulänglichkeit droht, so hat er binnen 21 Tagen geeignete Maßnahmen zu ergreifen, ohne während dieser Zeit schon einer Haftung ausgesetzt zu sein. Für Masseverbindlichkeiten, die er während dieser Überlegungsfrist begründet, haftet er mangels Erkennbarkeit nicht (HaKo-*Weitzmann* § 61 Rn 14 nennt diese Zeit „diagnostisches Fenster"). Es ist sachgerecht, dem Insolvenzverwalter den gleichen Handlungszeitraum wie dem Geschäftsführer einer GmbH (§ 64 Abs 2 S 1 GmbHG) oder dem Vorstand einer Aktiengesellschaft (§ 92 Abs 2 S 1 AktG) einzuräumen. Die Frist beginnt mit Kenntnis der Tatsachen, dh im Wesentlichen der Ergebnisse der Buchführung, die auf eine drohende Masseunzulänglichkeit schließen lassen (**BGH 17. 12. 04** – IX ZR 185/03, NZI 2005, 222). Innerhalb dieses Zeitraumes hat der Insolvenzverwalter seine Planungen zu modifizieren und ggf Masseunzulänglichkeit anzuzeigen. **Nach Anzeige der Masseunzulänglichkeit** hat der Verwalter zu prüfen, ob die danach begründeten Neumasseverbindlichkeiten an der Rangstelle des § 209 Abs 1 Nr 2 befriedigt werden können. Ist dies der Fall, scheidet eine Haftung nach § 61 aus (**BGH 17. 12. 04 aaO**; N/R/*Abeltshauser* § 61 Rn 12).

28 Auf das ihm von leitenden **Mitarbeitern des Schuldners** vorgelegte Zahlenmaterial kann der Verwalter grundsätzlich vertrauen (§ 60 Abs 2 S 1), es sei denn, dass die vorgelegten Zahlen unvollständig oder offensichtlich fehlerhaft sind (Braun/*Kind* § 61 Rn 9). Vom Insolvenzverwalter kann (nur) erwartet werden, dass er das Zahlenmaterial auf Plausibilität der Prämissen und die Planrechnung auf ihre Erstellung lege artis sorgfältig prüft.

29 Der Verwalter haftet nicht dafür, dass sich die **Prognose** nachträglich als **unzutreffend** erweist (**BGH 17. 12. 04** – IX ZR 185/03, NZI 2005, 222; Braun/*Kind* § 61 Rn 9; *Pape* EWiR 2005, 679) War diese bei Begründung der Verbindlichkeit richtig oder zumindest nicht vorwerfbar unrichtig, dann trifft den Verwalter **keine Beweislast für die Ursachen** einer von der Prognose abweichenden Entwicklung, so dass auch dann eine Haftung ausscheidet, wenn sich die Ursachen für die Abweichung nicht aufklären lassen (**BGH 17. 12. 04 aaO**; Braun/*Kind* § 61 Rn 9; MüKo-*Brandes* §§ 60, 61 Rn 37). Er kann sich darauf beschränken darzulegen, dass er eine bestimmte Entwicklung ex ante nicht voraussehen konnte oder bedenken musste. Der Verwalter ist bei seiner Prognose nicht gehalten, bloß die bisherigen Zahlen fortzuschreiben, sondern er darf auch, sofern die Planungsgrundlagen sorgfältig ermittelt wurden, risikobehaftete Turnaround-Maßnahmen planen und durchführen (HaKo-*Weitzmann* § 61 Rn 14). Selbst eine defizitäre Unternehmensfortführung ist solange sinnvoll, wie sich dadurch positive Deckungsbeiträge erwirtschaften lassen.

30 Auch ein Rechtsirrtum kann unverschuldet sein, wenn es um echte, im Schrifttum unterschiedlich erörterte und höchstrichterlich noch nicht beantwortete Zweifelsfragen geht, der Verwalter sich seine Meinung nach sorgfältiger Prüfung der Sach- und Rechtslage gebildet hat und sich für seinen Standpunkt gute Gründe anführen lassen (LG Stuttgart 23. 4. 08 – 10 S 5/07, NZI 2008, 442 Rn 22; MüKo-*Brandes* §§ 60, 61 Rn 92).

III. Haftung des vorläufigen Insolvenzverwalters

31 Ein erheblicher Nachteil der früheren Sequestration (§ 106 KO) war es, dass die vom Sequester begründeten Verbindlichkeiten im später eröffneten Konkurs lediglich einfache Konkursforderungen waren (**BGH 10. 7. 97** – IX ZR 234/96, ZIP 1997, 1551; **BFH 21. 12. 88** – V R 29/86, ZIP 1989, 384). Demgegenüber verpflichtet § 22 Abs 1 S 2 Nr 2 den vorläufigen Insolvenzverwalter *mit* Verwaltungs- und Verfügungsbefugnis, das Schuldnerunternehmen bis zur Entscheidung über die Eröffnung des Insolvenzverfahrens fortzuführen, soweit nicht das Insolvenzgericht einer Stilllegung zustimmt, und erhebt die während dieser Zeit begründeten Verbindlichkeiten zu Masseverbindlichkeiten (§ 55 Abs 2). Der vorläufige Insolvenzverwalter ist dadurch einem kaum lösbaren Konflikt zwischen den beiden Grundpflichten der vorläufigen Insolvenzverwaltung ausgesetzt (*Undritz* NZI 2007, 65; *Kirchhof* ZInsO 1999, 365, 366), nämlich einerseits das noch vorhandene Vermögen des Schuldners zu sichern (§ 22 Abs 1 S 1 Nr 1)

IV. Haftung des Sachwalters bei Eigenverwaltung § 61

und andererseits die Sanierungschancen durch Fortführung des Unternehmens im Eröffnungsverfahren zu erhalten (§ 22 Abs 1 S 2 Nr 2). Die Sicherung des Schuldnervermögens gelingt regelmäßig am effizientesten durch Einstellung des Unternehmens und späterer Verwertung der vorhandenen Vermögensgegenstände. Das Ziel der Sanierung im eröffneten Verfahren ist dann aber nicht mehr erreichbar.

1. Starker vorläufiger Insolvenzverwalter. Die Haftungsverantwortlichkeit des vorläufigen Insolvenzverwalters orientiert sich an seinen Befugnissen. Der sog starke vorläufige Insolvenzverwalter mit Verfügungsbefugnis (§ 22 Abs 1 S 1) haftet kraft der Verweisung in § 21 Abs 2 Nr 1 entsprechend § 61, da die von ihm begründeten Verbindlichkeiten gemäß § 55 Abs 2 S 1 Masseverbindlichkeiten sind (ausführlich so *Vallender* § 22 Rn 224 f; OLG Brandenburg 3. 7. 03 – 8 U 58/02, NZI 2003, 552; *Vallender* NZI 2003, 554). Er haftet aber auch dann analog § 61, wenn das Verfahren mangels einer die Verfahrenskosten deckenden Masse **nicht eröffnet** werden kann, aber die von ihm begründeten Verbindlichkeiten im Falle der Eröffnung Masseverbindlichkeiten geworden wären (Braun/*Kind* § 61 Rn 13; Jaeger/*Gerhardt* § 61 Rn 28; MüKo-*Haarmeyer* § 22 Rn 211; **aA** *Kirchhof* ZInsO 1999, 366). 32

Die **Pflicht zur Unternehmensfortführung** (§ 22 Abs 1 S 2 Nr 2) ist regelmäßig von einem erheblichen Zeitdruck begleitet. Der vorläufige Insolvenzverwalter findet bei Übernahme der Verwaltung meist höchst unübersichtliche Unternehmensverhältnisse und einen wenig kooperativen Schuldner vor. Soweit überhaupt ein tagesaktuelles, geordnetes Rechnungswesen vorhanden ist, muss er sich zunächst einen Überblick über die Qualität dieser Buchhaltung verschaffen, zumal Auftragslage, Ressourcen, Termine etc. in den ersten Wochen einem permanenten Wandel unterliegen. Diese Umstände machen ihm eine zuverlässige Liquiditätsplanung geradezu unmöglich, um schon bei der für den Betrieb des Schuldners häufig überlebensnotwendigen Eingehung von Masseverbindlichkeiten deren Erfüllbarkeit mit hinreichender Sicherheit beurteilen zu können (HaKo-*Weitzmann* § 61 Rn 4; K/P/B/*Lüke* § 61 Rn 15; MüKo-*Brandes* §§ 60, 61 Rn 36). Dem vorläufigen Insolvenzverwalter ist daher zumindest eine so **ausreichende Prüfungszeit** zuzugestehen, dass er die tatsächlichen und rechtlichen Verhältnisse des schuldnerischen Unternehmens und die erforderlichen Planrechnungen zuverlässig erstellen kann (Braun/*Kind* § 61 Rn 12; HaKo-*Weitzmann* § 61 Rn 4). Häufig müsste die Stilllegung bereits im Eröffnungsverfahren vorweggenommen werden, obschon diese Entscheidung grundsätzlich dem eröffneten Verfahren vorbehalten ist (*Undritz* NZI 2007, 65, 70). 33

Dennoch rechtfertigt die bloße Fortführungspflicht es nicht, trotz erkannter Masseunzulänglichkeit Verträge zur Fortführung des Unternehmens abzuschließen (zur Pflichtenkollision s o Rn 22). Denn sonst ginge diese Pflicht allein zu Lasten der Massegläubiger (LG Cottbus 8. 5. 02 – 3 O 277/00, NZI 2002, 441, 442; Jaeger/*Gerhardt* § 61 Rn 20; HK-*Eickmann* § 61 Rn 10; K/P/B/*Lüke* § 61 Rn 8 a und 15), obwohl § 61 gerade ihren Interessen schützen soll. Die mit der Fortführung durch den vorläufigen Insolvenzverwalter regelmäßig verbundene Eingehung von Masseverbindlichkeiten ist nur gerechtfertigt, wenn er bei gewissenhafter Prüfung die Erwartung haben darf, die Verbindlichkeiten aus der Masse befriedigen zu können (**OLG Brandenburg** 3. 7. 03 – 8 U 58/02, NZI 2003, 552). Ansonsten muss er rechtzeitig die **Zustimmung des Gerichts zur Betriebsstilllegung** einholen. Unterlässt er dies, obwohl erkennbar war, dass durch die Fortführung nur Verluste erwirtschaftet werden und keine Aussicht besteht, diese anderweitig (zB durch einen besseren Verwertungserlös für den Geschäftsbetrieb insgesamt oder die Vermeidung von oktroyierten Masseverbindlichkeiten) auszugleichen, setzt er sich einer Haftung nach § 61 aus (s o *Vallender* § 22 Rn 225; Jäger/*Gerhardt* § 61 Rn 20; N/R/*Abeltshauser* § 61 Rn 15). **Verweigert das Gericht die Zustimmung** zur Betriebsstilllegung, entfällt die Haftung des Verwalters (HK-*Eickmann* § 61 Rn 10; K/P/B/*Lüke* § 61 Rn 15), da es an einem rechtmäßigen Alternativverhalten fehlt, dessen Unterlassen dem Verwalter vorgeworfen werden könnte. Denkbar ist dann allenfalls eine Haftung des Landes nach § 839 BGB iVm Art 34 GG. 34

2. Schwacher vorläufiger Insolvenzverwalter. Der sog **Ermächtigungsverwalter**, der erst durch das Gericht zur Eingehung von bestimmten Masseverbindlichkeiten befugt ist, haftet in diesem Teilbereich ebenfalls nach § 61 (HaKo-*Weitzmann* § 61 Rn 4) im Gegensatz zum sog **schwachen** vorläufigen Insolvenzverwalter, der allein analog § 60 haftet. 35

IV. Haftung des Sachwalters bei Eigenverwaltung

Der Sachwalter **haftet nicht** nach § 61, da § 274 Abs 1 die Vorschrift des § 61 nicht für entsprechend anwendbar erklärt. Das gilt auch für die Eingehung von Verbindlichkeiten durch den Schuldner, die gem § 275 Abs 1 der Zustimmung des Sachwalters bedürfen. Kommt es zu einer **Übertragung des Zahlungsverkehrs** auf den Sachwalter, hat dieser die spezifische Aufgabe, die Erfüllbarkeit von Neuverbindlichkeiten aus dem vorhandenen Kassenbestand zu überprüfen (K/P/B/*Pape* § 275 Rn 5). Die Übernahme der Kassenführung rechtfertigt aber nicht die entsprechende Anwendung des § 61, da der Schuldner bzw bzw das Schuldnerunternehmen die Neuverbindlichkeiten eingeht, also selbst Vertragspartner des Neugläubigers ist. 36

V. Haftung des Treuhänders im Verbraucherinsolvenzverfahren

37 Der Treuhänder im vereinfachten Insolvenzverfahren haftet kraft Verweisung in § 313 Abs 1 S 3 wie ein Insolvenzverwalter nach § 61. Allerdings können nur von ihm selbst begründete Verbindlichkeiten seine Haftung nach § 61 auslösen, nicht solche, die der Schuldner begründet hat, aber dennoch ausnahmsweise als Masseverbindlichkeit zu befriedigen sind (HaKo-*Weitzmann* § 61 Rn 6).

VI. Rechtsweg

38 Es gelten die allgemeinen prozessualen Regeln und damit ggf auch die Zuständigkeiten von Fachgerichten (**BGH** 16. 11. 06 – IX ZB 57/06, NZI 2008, 63 zu § 3 ArbGG; **BAG** 9. 7. 03 – 5 AZB 34/03, ZIP 2003, 1617; **OLG** Düsseldorf 28. 4. 06 – Wx 299/05, NZI 2007, 50 Rn 54 zu § 43 Abs 1 Nr 1 WEG). Zum Akteneinsichtsrecht eines Massegläubigers: **OLG** Köln 23. 7. 07 – 7 VA 1/07, OLGR 2008, 191: nur gem § 299 Abs 2 ZPO.

§ 62 Verjährung

¹Die Verjährung des Anspruchs auf Ersatz des Schadens, der aus einer Pflichtverletzung des Insolvenzverwalters entstanden ist, richtet sich nach den Regelungen über die regelmäßige Verjährung nach dem Bürgerlichen Gesetzbuch. ²Der Anspruch verjährt spätestens in drei Jahren von der Aufhebung oder der Rechtskraft der Einstellung des Insolvenzverfahrens an. ³Für Pflichtverletzungen, die im Rahmen einer Nachtragsverteilung (§ 203) oder einer Überwachung der Planerfüllung (§ 260) begangen worden sind, gilt Satz 2 mit der Maßgabe, daß an die Stelle der Aufhebung des Insolvenzverfahrens der Vollzug der Nachtragsverteilung oder die Beendigung der Überwachung tritt.

I. Allgemeines

1 § 62 regelt die Verjährung **einheitlich für alle Ersatzansprüche**, die auf einer Pflichtwidrigkeit des Verwalters beruhen. Die zum alten Recht vom **BGH** befürwortete analoge Anwendung des § 852 BGB aF (**BGH** 17. 1. 85 – IX ZR 59/84, BGHZ 93, 278) und die mit ihr verbundenen Zweifelsfragen (*Lüke* NJW 1985, 1164, 1165) haben sich damit erledigt. Der Gesetzgeber wollte den Insolvenzverwalter davor bewahren, sich noch nach vielen Jahren mit Ersatzansprüchen Dritter auseinander setzen zu müssen (Begr RegE, BR-Drucks 1/92, S 130). Das Bedürfnis für die Neuregelung und eine verhältnismäßig kurzfristige Verjährung folgt aus der Tatsache, dass die Anerkennung der Schlussrechnung des Verwalters im Schlusstermin (§ 66) im Gegensatz zu § 86 S 4 KO keine entlastende Wirkung mehr entfaltet (zur Historie Jaeger/*Gerhardt* § 62 Rn 1–3).

2 Die seit dem 15. 12. 2004 geltende Neufassung des S 1 findet nach der **Überleitungsvorschrift** in Art 229 § 12 Abs 1 Nr 4 iVm § 6 Abs 1 EGBGB auch auf alle an diesem Tag bestehenden und noch nicht verjährten Ansprüche Anwendung. Soweit nach § 62 aF die Verjährung im konkreten Fall zu einem früheren Zeitpunkt eingetreten wäre, bleibt es jedoch gem Art 229 § 6 Abs 4 S 2 EGBGB bei der kürzeren (früheren) Verjährungsfrist. Art 229 § 12 Abs 2 EGBGB findet keine Anwendung, da die insolvenzrechtliche Verjährung des § 62 aF sich gerade nicht nach den Regelungen über die „regelmäßige Verjährung nach dem Bürgerlichen Gesetzbuch bestimmt" hat (Jaeger/*Gerhardt* § 62 Rn 13). Ansprüche, die nach § 62 aF am 15. 12. 04 bereits verjährt waren, bleiben verjährt.

II. Dauer der Verjährung

3 Die Verjährungsfrist beträgt für alle Ersatzansprüche gegen den Insolvenzverwalter einheitlich 3 Jahre (§ 195 BGB). Der Fristbeginn knüpft zunächst **individuell** an die Kenntnis des Geschädigten „von den den Anspruch begründenden Umständen und der Person des Schuldners" an (§ 199 Abs 1 Nr 2 BGB). Die Verjährung könnte daher unter Umständen erst lange nach Verfahrensabschluss eintreten. Unabhängig von der subjektiven Kenntnis des Geschädigten bestimmt daher § 62 S 2 **generell** den Zeitpunkt der Aufhebung oder Rechtskraft der Einstellung des Verfahrens als spätesten Anknüpfungspunkt für den Beginn der 3-Jahres-Frist.

4 **1. Individueller Fristbeginn.** Während § 62 S 1 aF als Fristbeginn den Zeitpunkt vorsah, in dem der Geschädigte vom Schaden und den Umständen, die die Ersatzpflicht begründen, Kenntnis erlangt hatte, verweist die Neufassung nun auf die Regelungen über die regelmäßige Verjährung nach dem BGB (§§ 195, 199 Abs 1 Nr 2 BGB). Maßgeblich ist somit der **Schluss des Jahres**, in dem der Anspruch entstanden ist und Geschädigte von den anspruchsbegründenden Umständen sowie der Person des Schuldners Kenntnis erlangt hat oder ohne grobe Fahrlässigkeit erlangen musste. Darin liegt im Vergleich zur Vorgängervorschrift zum einen eine Verlängerung der Verjährungsfrist um den Zeitraum bis zum Jahresende und zum anderen – zumindest dem Wortlaut nach – eine Vorverlegung des Verjährungsbeginns vom Zeitpunkt der positiven Kenntnis auf den der grob fahrlässigen Unkenntnis (schon nach **BGH** 5. 2. 85 – VI ZR 61/82, NJW 1985, 2022 ließ das Verschließen der Augen vor einer sich aufdrängenden Kenntnis die Verjährung beginnen).

Bei einem **Einzelschaden**, der einem einzelnen Beteiligten unmittelbar durch eine pflichtwidrige Maßnahme des Insolvenzverwalters zugefügt wird, ist nicht erforderlich, dass der Geschädigte den Schadenshergang in allen Einzelheiten kennt. Es genügt eine Kenntnis, die es ihm ermöglicht, eine hinreichend aussichtsreiche – wenn auch nicht risikolose – und ihm daher zumutbare Feststellungsklage zu erheben (**BGH** 20. 9. 94 – VI ZR 336/93, NJW 1994, 3092). Erforderlich ist, dass der Geschädigte aufgrund seines Kenntnisstandes in der Lage ist, eine Klage schlüssig zu begründen. Auf eine zutreffende rechtliche Würdigung der bekannten Tatsachen kommt es nicht an (**BGH** 24. 5. 05 – IX ZR 114/01, NZI 2005, 500). Die Verjährungsfrist läuft auch dann, wenn der Geschädigte die den Lauf der Frist auslösende Kenntnis zwar tatsächlich noch nicht besessen hat, sie sich aber in zumutbarer Weise ohne nennenswerte Mühe hätte verschaffen können (MüKo-*Brandes* § 62 Rn 2). Nach dem Grundsatz der Schadenseinheit werden von der Verjährung auch Folgeschäden erfasst wie Zinsen und Kosten (**BGH** 24. 5. 05 aaO). 5

Liegt dagegen ein **Gesamtschaden** vor, weil der Verwalter die Insolvenzmasse verkürzt hat und deshalb der Schaden die Insolvenzgläubiger als Gesamtheit trifft, so kommt es auf die **Kenntnis des neu bestellten Verwalters** an (**BGH** 8. 5. 08 – IX ZR 54/07, NZI 2008, 491 Rn 13; Jaeger/*Gerhardt* § 62 Rn 8; MüKo-*Brandes* § 62 Rn 3; N/R/*Abeltshauser* § 62 Rn 6; HaKo-*Weitzmann* § 62 Rn 2; FK-*Kind* § 62 Rn 4; Graf-Schlicker/*Mäusezahl*, § 62 Rn 5; Braun/*Kind* § 62 Rn 4; K/P/B/*Lüke* § 62 Rn 2; KS-*Smid* S 479 Rn 75; grundlegend *K. Schmidt* KTS 1976, 191 ff). Denn bei der Geltendmachung von Gesamtschäden nach § 92 S 2 besteht die Besonderheit, dass nur ein neu bestellter (Sonder-)Insolvenzverwalter berechtigt ist, die Schadenersatzansprüche gegen den bisherigen Verwalter geltend zu machen. Der bisherige Verwalter soll keinen verjährungsrechtlichen Vorteil daraus ziehen können, dass die Gläubiger zwar von der Masseschädigung – und damit vom Gesamtschaden und ihrem quotalen Schaden – Kenntnis haben, ihnen aber die Geltendmachung des Anspruchs mangels eines neuen (Sonder-)Verwalters noch nicht möglich ist. Obwohl der Sonderverwalter regelmäßig wegen der Haftpflicht des Verwalters bestellt werden wird, muss er die Kenntnis nicht schon mit der Übernahme des Amtes haben. Denn es kann ihm zunächst die Prüfung obliegen, ob der Verwalter sich überhaupt schadensersatzpflichtig gemacht hat. Der Lauf der Verjährungsfrist beginnt deshalb nicht schon mit der Bestellung des neuen Verwalters, sondern erst mit dessen Kenntnis (so schon *Lüke* NJW 1985, 1164; aA nur HK-*Eickmann* § 62 Rn 4: „Kenntnis aller Geschädigten erforderlich"). 6

Wird der Gesamtschaden – aus welchen Gründen auch immer – nicht während des eröffneten Insolvenzverfahrens geltend gemacht, so fällt die Legitimation zur Geltendmachung der diversen Einzelschäden mit der Verfahrensbeendigung an die einzelnen Gläubiger zurück. Auf ihre möglicherweise früher erlangte Kenntnis des Schadens und der ihn begründenden Umstände kommt es nicht an; denn sie waren gehindert, schon während des Verfahrens ihre Ansprüche geltend zu machen. Vielmehr beginnt in diesem Fall die Verjährung erst mit der Verfahrensaufhebung bzw der Rechtskraft des Einstellungsbeschlusses (MüKo-*Brandes* § 62 Rn 4). 7

2. Generelle Höchstgrenze. Alle Ersatzansprüche wegen Einzel- oder Gesamtschäden verjähren, ohne dass es auf Kenntnis ankommt, spätestens in drei Jahren von der Aufhebung oder der Rechtskraft der Einstellung des Insolvenzverfahrens an. Da diese Regelung in § 62 S 2 nicht der Verweisungsvorschrift in S 1 unterliegt, ist für den Fristbeginn **nicht der Jahresschluss maßgeblich**, sondern der Aufhebungs- oder Einstellungsbeschluss selbst (Jaeger/*Gerhardt* § 62 Rn 9). Die **Verfahrensaufhebung** (§§ 200 Abs 1, 258 Abs 1) gilt gem § 9 Abs 1 S 3 nach Ablauf von zwei Tagen seit der Veröffentlichung im Internet (www.insolvenzbekanntmachungen.de) als bewirkt, wobei der Tag der Veröffentlichung nicht eingerechnet wird (§ 187 Abs 1 BGB), und ist unanfechtbar. Bei einer **Verfahrenseinstellung** gem §§ 207, 212 oder 213 endet die Verjährungsfrist, da nach § 216 ein Rechtsmittel gegeben ist, drei Jahre nach der Rechtskraft des Einstellungsbeschlusses (HK-*Eickmann* § 62 Rn 6). Hat der Rechtspfleger das Verfahren nach § 211 eingestellt, gilt ebenfalls der Zeitpunkt der Rechtskraft des Beschlusses (§ 11 Abs 1 RPflG); falls ausnahmsweise der Richter entschieden hat, ist der Zeitpunkt des § 9 Abs 1 S 3 maßgeblich (HK-*Eickmann* § 62 Rn 6). 8

3. Hemmung, Neubeginn. Für Hemmung und Neubeginn der Verjährung gelten die allgemeinen Vorschriften der §§ 203 ff und 212 BGB (HK-*Eickmann* § 62 Rn 9; Jaeger/*Gerhardt* § 62 Rn 10; N/R/*Abeltshauser* § 62 Rn 6). 9

III. Verjährung bei Nachtragsverteilung und Planüberwachung

Bei Pflichtverletzungen im Rahmen einer Nachtragsverteilung (§ 203) beginnt die Verjährung mit dem **Vollzug der Nachtragsverteilung**. Das ist der Zeitpunkt der letzten Überweisung des Insolvenzverwalters nach § 205 S 1 (HK-*Eickmann* § 62 Rn 7, der jedoch im Interesse eines einheitlichen Verjährungsbeginns und dessen beweismäßiger Feststellung den Zeitpunkt der Rechnungslegung nach § 205 S 2 präferiert). 10

11 Verjährungsbeginn bei Pflichtverletzungen im Rahmen **Überwachung der Insolvenzplanerfüllung** ist die „Beendigung der Überwachung", also der Ablauf des zweiten Tages nach der Veröffentlichung des Aufhebungsbeschlusses im Internet (§§ 268 Abs 2 S 1, 9 Abs 1 S 3).

12 Nur wenn die Pflichtverletzung erst im Rahmen der Nachtragsverteilung oder einer Planüberwachung begangen worden ist, beginnt die Frist mit dem Vollzug der Nachtragsverteilung oder der Beendigung der Überwachung. Für alle anderen Verfehlungen bleibt es bei den allgemeinen Regeln der S 1 und 2; dies ist insbesondere der Fall, wenn gerade wegen eines Ersatzanspruchs gegen den Verwalter nach § 203 Abs 1 Nr 3 die Nachtragsverteilung angeordnet und zur Durchsetzung des Anspruchs ein Sonderinsolvenzverwalter bestellt wird (Jaeger/*Gerhardt* § 62 Rn 9; MüKo-*Brandes* § 62 Rn 4).

IV. Analoge Anwendung

13 Nach der Rechtsprechung des BGH war § 852 BGB aF analog auf Ansprüche anzuwenden, die ihrem Wesen und Inhalt nach dem deliktischen Schadensersatzanspruch vergleichbar sind und für die Sondervorschriften über die Verjährung nicht gelten. Damit sind Tatbestände gemeint, die an einen gegenständlichen, rechtswidrigen Eingriff in den Rechtskreis einer Person eine außerrechtsgeschäftliche Schadensersatzpflicht knüpfen (**BGH** 17. 1. 85 – IX ZR 59/84, BGHZ 93, 278). Grundsätzlich ist es daher gerechtfertigt, auf andere deliktsähnliche Ansprüche gegen den Insolvenzverwalter – außerhalb der §§ 60, 61 – ebenfalls § 62 analog anzuwenden.

14 Für die **Haftung des Insolvenzverwalters nach § 69 AO**, die ebenfalls Schadenersatzcharakter hat (BFH 19. 12. 95 – VII R 53/95, ZIP1996, 429; BFH 5. 3. 91 – VII R 93/88, ZIP 1991, 1008), hat der Gesetzgeber aber in § 191 Abs 3 AO eine Sonderegelung getroffen, wonach die Verjährung vier Jahre beträgt, beginnend mit Ablauf des Kalenderjahres, in dem der Tatbestand verwirklicht worden ist. Diese Vorschrift ist gegenüber § 62 vorrangig (*Maus* Steuern im Insolvenzverfahren, 2004, Rn 216).

15 § 62 gilt gem § 71 S 2 für die Verjährung der Haftung der **Mitglieder des Gläubigerausschusses** entsprechend (BGH 8. 5. 08 – IX ZR 54/07, NZI 2008, 491 Rn 15 ff: Verjährungsbeginn erst ab der möglichen Kenntniserlangung durch einen Sonderverwalter; aA *Kirchhof* ZInsO 2007, 1122).

§ 63 Vergütung des Insolvenzverwalters

(1) ¹Der Insolvenzverwalter hat Anspruch auf Vergütung für seine Geschäftsführung und auf Erstattung angemessener Auslagen. ²Der Regelsatz der Vergütung wird nach dem Wert der Insolvenzmasse zur Zeit der Beendigung des Insolvenzverfahrens berechnet. ³Dem Umfang und der Schwierigkeit der Geschäftsführung des Verwalters wird durch Abweichungen vom Regelsatz Rechnung getragen.

(2) Sind die Kosten des Verfahrens nach § 4a gestundet, steht dem Insolvenzverwalter für seine Vergütung und seine Auslagen ein Anspruch gegen die Staatskasse zu, soweit die Insolvenzmasse dafür nicht ausreicht.

Übersicht

	Rn
I. Allgemeines	1
1. Verfassungsmäßigkeit der Vergütungsregelung	3
2. Unzulässigkeit von Vergütungsvereinbarungen	6
3. Anwendungsbereich	10
a) Vorläufiger Insolvenzverwalter	11
b) Sonderinsolvenzverwalter	12
c) Sachwalter	14
d) Treuhänder im vereinfachten Insolvenzverfahren	15
e) Treuhänder im Restschuldbefreiungsverfahren	17
f) Nachlassinsolvenzverwalter	19
g) Mehrere Verwalter	20
II. Höhe der Vergütung	21
1. Vergütung originärer Verwaltertätigkeit	21
2. Berechnungsgrundlage	22
3. Staffelvergütung	25
4. Gesonderte Vergütungstatbestände	29
a) Einsatz besonderer Sachkunde (§ 5 InsVV)	29
b) Nachtragsverteilung (§ 6 Abs 1 InsVV)	37
c) Überwachung der Erfüllung eines Insolvenzplanes (§ 6 Abs 2 InsVV)	38
5. Minderung bei vorzeitiger Beendigung des Verfahrens oder des Verwalteramtes	39
6. Vergütungsanspruch und mangelhafte Geschäftsführung	42
III. Durchsetzung des Vergütungsanspruchs	45
1. Entstehung, Fälligkeit und Verjährung des Vergütungsanspruchs	45
2. Vorschuss auf Vergütung und Auslagen	47
3. Verzinsung des Vergütungsanspruchs	51

I. Allgemeines § 63

	Rn
4. Rang des Vergütungsanspruchs	52
5. Entnahmerecht, Aufrechnung und Zurückbehaltungsrecht	55
6. Gerichtliche Rückzahlungsanordnung	58
IV. Erstattung angemessener Auslagen	60
1. Allgemeine Geschäftskosten (§ 4 Abs 1 InsVV)	61
2. Besondere Geschäftsunkosten (§ 4 Abs 2 InsVV)	64
3. Abschluss von Dienst- und Werkverträgen (§ 4 Abs 1 S 3 InsVV)	67
4. Pauschalisierung von Auslagen	73
5. Kosten einer zusätzlichen Haftpflichtversicherung	74
V. Umsatzsteuer	76
VI. Anspruch gegen die Staatskasse bei Stundung der Kosten (Abs 2)	77

I. Allgemeines

Die Vorschrift regelt die Grundzüge der Vergütung des Insolvenzverwalters und der Erstattung seiner **1** Auslagen (zum Anwendungsbereich vgl Rn 10 ff). Die gesetzliche Regelung in § 63 bildet die eigentliche Rechtsgrundlage für die Vergütung und den Auslagenersatz des Insolvenzverwalters. Die insolvenzrechtliche Vergütungsverordnung (InsVV) v 19. 8. 1998 zuletzt geändert durch Art 1 Zweite ÄndVO vom 21. 12. 2006 (BGBl I S 3389) stellt sich lediglich als konkrete Ausgestaltung des durch § 63 vorgegebenen Rahmens dar (H/W/F vor § 1 InsVV Rn 5). In § 63 S 1 ist hinsichtlich der Angemessenheit nur auf die Auslagen abgestellt, jedoch ergibt sich aus § 63 S 3, dass die Gerichte dem Umfang und der Schwierigkeit der Verwaltertätigkeit durch entsprechende Abweichungen vom Regelsatz Rechnung zu tragen haben. Dies bedeutet letztlich nichts anderes, als dass der Insolvenzverwalter einen **Rechtsanspruch auf Festsetzung einer angemessenen Vergütung** hat. Hieraus folgt weiterhin das Verbot der Festsetzung einer unangemessenen Vergütung. Bemessungsgröße ist nach § 63 S 2 der Wert der Insolvenzmasse zur Zeit der Beendigung des Verfahrens. Die Festlegung eines materiellen Rahmens hinsichtlich der Vergütungshöhe in § 63 S 3 hat zur Folge, dass der Insolvenzverwalter einmal im Regelfall die gesetzlich festgelegte Vergütung (den sogen Regelsatz) erhält, zum andern, dass außergewöhnlicher Umfang und sonstige Schwierigkeiten der Geschäftsführung eine Abweichung von diesem Regelsatz rechtfertigen. Umfang und Schwierigkeit der Geschäftsführung können im Einzelfall nicht nur zu einer Heraufsetzung, sondern auch zu einer Herabsetzung der Vergütung führen (K/P/B-*Lüke* § 63 Rn 1).

Nach früherem Recht bestand eine uneinheitliche, regional völlig unterschiedliche Vergütungspraxis **2** der Gerichte, die in der Literatur teilweise als „Glücksspiel" oder sogar als „gerichtliche Willkür" bezeichnet wurde (vgl *Eickmann*, Insolvenzrecht 1996, S 257 ff; *Haarmeyer* ZInsO 1998, 225, 376 ff). Die Ergebnisse der von H/W/F 1997 durchgeführten Praxisbefragung haben in erschreckender Weise deutlich gemacht, dass sich die gerichtliche Praxis von den Normen der Vergütungs-VO weit entfernt und *„ein Maß an Zersplitterung erreicht hat, das in einem Rechtsstaat kaum noch hinnehmbar erscheint"*. Durch die Einführung der Rechtsbeschwerde nach § 7 iVm § 574 ZPO dürfte die Einheitlichkeit der Rechtsprechung in Vergütungsfragen gewährleistet sein.

1. Verfassungsmäßigkeit der Vergütungsregelung. Der Vergütungsanspruch ist ein aus Art 12 Abs 1 **3** GG iVm Art 3 Abs 1 GG folgender **verfassungsrechtlich geschützter Anspruch** als Folge des Eingriffs der Vergütungsregelung in die Berufsfreiheit und des Erfordernisses der Gleichbehandlung gleich gelagerter Fälle (**BGH** 5. 12. 1991 ZIP 1992, 120, 122; BVerfG 9. 2. 1989 ZIP 1989, 382; H/W/F vor § 1 InsVV Rn 23). Die Tätigkeit des Insolvenzverwalters ist angesichts der Entwicklungen der letzten Jahre nicht mehr als eine bloße Nebentätigkeit von Rechtsanwälten oder Kaufleuten anzusehen, es handelt sich vielmehr einen eigenständigen Beruf (BVerfG 3. 8. 2004 NZI 2004, 574, 576 = ZInsO 2004, 913 = ZIP 2004, 1649). Jede vom Gericht festgesetzte Verwaltervergütung muss sich daher die Prüfung gefallen lassen, ob sie dem Umfang und der Schwierigkeit der Geschäftsführung des Verwalters Rechnung trägt (§ 63 S 3) und ob die festgesetzten Auslagen angemessen sind (§ 63 S 1). Jede Vergütungsfestsetzung unterliegt daher dem **Verbot der Unangemessenheit** mit der Folge, dass bei jeder nach der InsVV festgesetzten Vergütung zuzüglich der Auslagen zu prüfen ist, ob die Höhe auch angemessen ist. Das bedeutet, dass dem Gericht die Möglichkeit eröffnet wird, von dem System der Gebühr abzugehen und auf die Besonderheiten des Einzelfalles abzustellen. Allerdings hat der Gesetzgeber davon abgesehen, die Möglichkeit eines **Erfolgshonorars** für Insolvenzverwalter vorzusehen (Rn 22). Mangelhafte Leistungen stellen sich als ein haftungsrechtliches Problem dar, das die Höhe der Tätigkeitsvergütung grundsätzlich nicht beeinflusst (Rn 42 ff).

Hinsichtlich der Frage, ob im Einzelfall die Voraussetzungen für eine Erhöhung oder ein Zurückbleiben hinter dem Regelsatz vorliegen, hat das Gericht keinen Ermessensspielraum (**BGH** 16. 6. 2005 **4** NZI 2005, 627, 628 = ZInsO 2005, 804 = ZIP 2005, 1372; BVerfG v § 1 InsVV Rn 35). Die InsVV hat in § 3 die Voraussetzungen für **Zu- und Abschläge** weitgehend objektiviert. Es handelt sich – anders als nach früherem Recht – nicht mehr um unbestimmte Rechtsbegriffe, sondern um Tatbestände, deren Bejahung das Insolvenzgericht in die Lage versetzt, jeweils eine angemessene Vergütung festzusetzen (H/W/F vor § 1 InsVV Rn 32 ff). Ein **begrenzter, rechtlich überprüfbarer Ermessensspielraum** ist lediglich bei der Bemessung der Höhe des Zuschlags gegeben (**BGH** 16. 6. 2005, NZI 2005, 627, 628 = ZInsO 2005, 804 = ZIP 2005, 1372; H/W/F vor § 1 InsVV Rn 36 ff u § 3 InsVV Rn 1).

5   In der Literatur werden teilweise Faustregeltabellen angeboten, die die vergütungserhöhenden oder vergütungsmindernden Faktoren des § 3 InsVV aufzeigen (vgl etwa K/P/B-*Eickmann/Prasser* InsO VergütR § 3 Rn 43 u 54; MüKo-*Nowak* § 3 InsVV Rn 23; differenzierter aber H/W/F, § 3 InsVV Rn 78). Richtig ist zwar, dass die Bezeichnung als „Faustregel" deutlich macht, dass auf die Besonderheiten des Einzelfalles abzustellen ist (K/P/B-*Eickmann/Prasser* InsO VergütR § 3 Rn 43). Richtig ist aber auch, dass Faustregeltabellen dazu verleiten, die dort aufgestellten Kriterien schematisch nachzuverfolgen, ohne den Besonderheiten des Einzelfalles Rechnung zu tragen. Die Faustregeltabellen können allenfalls Hilfsmittel sein, die einzelnen, über die in § 3 InsVV aufgeführten hinausgehenden Kriterien zu prüfen. Dies hindert die Gerichte nicht, dem konkreten Einzelverfahren einen Typ des Normalverfahrens wertend gegenüberzustellen, an dem dann der jeweilige konkrete Einzelfall seine Abgrenzung und Bestimmung erfahren kann (H/W/F vor § 1 InsVV Rn 46 ff).

6   **2. Unzulässigkeit von Vergütungsvereinbarungen.** Die Reformkommission hatte bereits in ihrem Zweiten Bericht 1986 (S 123) in Leits 3.4.6 folgende Regelung vorgesehen: „*Sonstige Gebühren, Vergütungen, Provisionen oder ähnliche Entgelte darf der Insolvenzverwalter für Tätigkeiten innerhalb seines Pflichtenkreises nicht annehmen.*" Dieser Leitsatz wurde als Ergänzung des Grundsatzes in LS 3.4.1 Abs 2 verstanden, wonach durch die Vergütung grundsätzlich die gesamte Tätigkeit des Insolvenzverwalters abgegolten wird. Eine Teilung von Gebühren, Vergütungen oder Provisionen für Tätigkeiten, die Dritte, wie zB Versteigerer, im Auftrag des Insolvenzverwalters für die Insolvenzmasse verrichten, sollte unzulässig sein. Der Insolvenzverwalter sollte seine Vergütung nicht in der Weise „aufbessern" dürfen, dass er Geld von Dritten entgegennimmt. Vergütungsvereinbarungen des Insolvenzverwalters sind wegen Verstoßes gegen ein gesetzliches Verbot nach § 134 BGB als nichtig anzusehen (**BGH** 20. 12. 1976 WM 1977, 256 = DB 1977, 1047; **BGH** 14. 10. 1981 NJW 1982, 185 = ZIP 1981, 1350; *Blersch* InsVV Vorbem Rn 46; H/W/F-*Hess* § 2 InsVV Rn 19 ff; K/P/B-*Eickmann/Prasser* InsO VergütR, vor § 1 InsVV Rn 60 f; K/P/B-*Lüke* § 63 Rn 17; H/W/F, vor § 1 InsVV Rn 49; MüKo-*Nowak* § 63 Rn 14; Jaeger-*Schilken* § 63 Rn 18 f). Dies folgt zugleich auch aus § 64, wonach die Festsetzung der Vergütung ausschließlich dem Insolvenzgericht zugewiesen ist, um die Unabhängigkeit des Verwalters von einzelnen Verfahrensbeteiligten zu sichern (vgl **RG** 15. 4. 1935 RGZ 147, 366; **BGH** 20. 12. 1976 WM 1977, 256 = DB 1977, 1047; **BGH** 14. 10. 1981 NJW 1982, 185 = ZIP 1981, 1350; instruktiv auch **LG** Oldenburg 8. 10. 1998 ZInsO 1998, 339). Das **Verbot der gesonderten Vergütungsvereinbarung** ist im Insolvenzverfahren streng zu handhaben. Dies gilt auch für Vereinbarungen mit dem Insolvenzgericht. So ist es zB dem Verwalter verwehrt, die Übernahme der Verwaltertätigkeit von der Zusage einer bestimmten Vergütung oder gar des mehrfachen Regelsatzes abhängig zu machen (Jaeger-*Schilken* § 63 Rn 19).

7   Die Unzulässigkeit von Vergütungsvereinbarungen gilt für die gesamte Dauer des Verfahrens. Eine Ausnahme besteht nur in eingeschränktem Maße im **Insolvenzplanverfahren**. Die Gläubiger können die Vergütung des Verwalters im Insolvenzplan selbst bestimmen und dabei auch die Regelvergütung überschreiten (H/W/F Vor § 1 InsVV Rn 49).

8   Unzulässig sind Honorarvereinbarungen aber nur hinsichtlich der **insolvenzspezifischen Tätigkeiten des Insolvenzverwalters**. Dies gilt etwa bei der sog kalten Zwangsverwaltung eines Miethauses als Massegegenstand (**BGH** 14. 10. 1981 NJW 1982, 185 = ZIP 1981, 1350). Auch ist eine Vereinbarung zwischen Insolvenzverwalter und Insolvenzschuldner grundsätzlich zulässig, wonach sich der Schuldner bzw das Schuldnerunternehmen zur Zahlung eines **zusätzlichen Honorars** aus dem insolvenzfreien Vermögen verpflichtet, wenn sich die Tätigkeit des Verwalters auf einen Gegenstand der Masse bezieht, der bereits freigegeben wurde (Jaeger-*Schilken* § 63 Rn 19; weiter gehender H/W/F § 5 InsVV Rn 25 f). Allerdings kann sich die Unzulässigkeit der Vereinbarung dann aber immer noch aus den entsprechenden berufsrechtlichen Vorschriften ergeben (§ 3 BORA, § 6 BOStB, § 49 WPO).

9   Die Unzulässigkeit von Vergütungsvereinbarungen berührt nicht den vorzeitigen **Verzicht auf ein Rechtsmittel nach § 64 Abs 3** gegen die gerichtliche Festsetzung der Vergütung (**LG** Hildesheim 30. 11. 1982 ZIP 1983, 346; Jaeger-*Schilken* § 63 Rn 19).

10 **3. Anwendungsbereich.** Die Vorschrift des § 63 gilt zunächst für den Insolvenzverwalter. Die Regelung des § 63 Abs 2 ist weiterhin aufgrund von § 73 Abs 2 auch auf die Mitglieder des Gläubigerausschusses anwendbar.

11 a) **Vorläufiger Insolvenzverwalter.** Die Vergütung des vorläufigen Insolvenzverwalters richtet sich ebenfalls nach § 63 (MüKo-*Nowak* § 63 Rn 2), wobei der vorläufige Insolvenzverwalter eine **umfassende Regelung in § 11 InsVV** erfahren hat (vgl dazu die Kommentierungen von K/P/B-*Eickmann/ Prasser* InsO VergütR § 11 InsVV Rn 1 ff; H/W/F § 11 InsVV Rn 1 ff). Als Bemessungsgrundlage ist dabei grundsätzlich der Wert des insgesamt verwalteten materiellen und immateriellen Vermögens anzusetzen, soweit dies der Tätigkeit des vorläufigen Insolvenzverwalters zugrunde lag. Diese auch von der Rechtsprechung ursprünglich geteilte Auffassung (**BGH** 14. 12. 2000 BGHZ 146, 165 = NZI 2001, 191 = ZInsO 2001, 165) wurde allerdings später jedenfalls hinsichtlich der mit Aus- und Absonde-

I. Allgemeines § 63

rungsrechten belasteten Vermögensgegenständen durch die Rechtsprechung aufgegeben (**BGH** 14. 12. 2005 BGHZ 165, 266 = NZI 2006, 284 = ZIP 2006, 621; **BGH** 13. 7. 2006 BGHZ 168, 321 = NZI 2006, 515 = ZInsO 2006, 811; dazu ausf K/P/B-*Eickmann/Prasser* InsO VergütR § 11 InsVV Rn 7 ff). Diese Kehrtwende hat den Verordnungsgeber dazu veranlasst, diese Problematik einer eindeutigen Regelung in § 11 Abs 1 S 4 InsVV zuzuführen, wonach eine Berücksichtigung jedenfalls dann zu erfolgen hat, wenn sich der vorläufige Insolvenzverwalter mit diesen Vermögensgegenständen in erheblichem Umfang befasst hat.

b) Sonderinsolvenzverwalter. Ist in einem Insolvenzverfahren der vom Gericht bestellte Verwalter aus **12** rechtlichen oder tatsächlichen Gründen oder wegen einer Interessenkollision im Einzelfall zeitweise gehindert, sein Amt auszuüben, hat das Gericht einen Sonderinsolvenzverwalter zu bestellen, wobei Grund und Umfang der Bestellung vielseitig sein können (vgl § 56 Rn 66). Der Sonderinsolvenzverwalter hat für seine Tätigkeit einen Anspruch auf Vergütung (**BGH** 29. 5. 2008 NZI 2008, 485, 485 f = ZInsO 2008, 733; H/W/F § 1 InsVV Rn 102; MüKo-*Nowak* § 63 Rn 13). Er ist weder Vertreter des Insolvenzverwalters noch dessen Gehilfe, sondern handelt eigenverantwortlich als selbstständiger Verwalter mit sämtlichen Befugnissen und Pflichten eines Insolvenzverwalters (**BGH** 25. 1. 2007 NZI 2007, 284 = ZInsO 2007, 326; vgl auch § 56 Rn 71). Die sich daraus ergebende Folgefrage nach der **Anwendbarkeit der InsVV** wurde zwischenzeitlich höchstrichterlich geklärt (**BGH** 29. 5. 2008 NZI 2008, 485, 485 f = ZInsO 2008, 733 = ZIP 2008, 1294), so dass weder die Regelungen über den Ergänzungspfleger der §§ 1915, 1835, 1836 BGB (so **LG Gießen** 10. 9. 1980 ZIP 1980, 1073; **LG Frankfurt/O** 9. 12. 1998 ZInsO 1999, 45; **AG Göttingen** 7. 12. 1999 NZI 2000, 188; K/P/B-*Lüke* § 56 Rn 80) noch die des RVG bzw der BRAGO (so Jaeger-*Schilken* § 63 Rn 70) zur Anwendung kommen (differenzierend H/W/F § 1 InsVV Rn 105; MüKo-*Nowak* § 63 Rn 13). Dies ergibt sich zum einen aus der Gesamtsystematik des Vergütungsrechts und zum anderen aus dem Umstand, dass auch im Übrigen die Regelungen über den Insolvenzverwalter auf den Sonderinsolvenzverwalter entsprechend angewandt werden (**BGH** 29. 5. 2008 NZI 2008, 485 = ZInsO 2008, 733).

Der Sonderinsolvenzverwalter ist daher ebenso zu vergüten wie ein Insolvenzverwalter, der vorläufige **13** Insolvenzverwalter, der Treuhänder oder Sachwalter. Dabei ist aber den etwaigen **Charakteristika des Sonderinsolvenzverwalters** Rechnung zu tragen (**BGH** 29. 5. 2008 NZI 2008, 485, 485 f = ZInsO 2008, 733). Aufgrund der gegenüber dem Insolvenzverwalter bzw vorläufigen Insolvenzverwalter nur beschränkten Tätigkeit des Sonderinsolvenzverwalters muss zunächst ein angemessener Bruchteil der Regelvergütung als Ausgangspunkt genommen werden, wobei diese Festsetzung dem Tatrichter nach den Umständen des Einzelfalls obliegt (**BGH** 29. 5. 2008 NZI 2008, 485, 485 f = ZInsO 2008, 733). Die Mindestvergütung von § 2 Abs 2 InsVV findet dabei keine Anwendung, da der Aufgabenkreis des Sonderinsolvenzverwalters zu beschränkt sein kann, dass auch diese Vergütung unangemessen wäre. Weiterhin können entsprechend § 3 InsVV auch Zu- und Abschläge festgesetzt werden. Soweit sich die Aufgabe des Sonderinsolvenzverwalters auf die Prüfung und Anmeldung einzelner Ansprüche beschränkt, bildet § 5 InsVV die Obergrenze für die Vergütung. Auch wenn die Vergütung damit im Grundsatz zunächst festgesetzt und dann mit der entsprechenden Vergütung nach § 5 InsVV verglichen werden muss, wird sich die Vergütung in der Regel nach § 5 InsVV bestimmen.

c) Sachwalter. Wird im Rahmen eines Eigenverwaltungsverfahrens nach §§ 270 ff ein Sachwalter bestellt, so richtet sich dessen Vergütung gem § 274 Abs 1 entsprechend den Vorschriften der §§ 63–65. **14** Ebenso sind die Ausführungsbestimmungen der §§ 1–9 InsVV gem § 10 InsVV auf den Sachwalter entsprechend anzuwenden (Einzelheiten bei H/W/F § 12 InsVV Rn 6 ff; K/P/B-*Eickmann* InsO VergütR § 12 InsVV Rn 1 ff; MüKo-*Nowak* § 63 Rn 2 ff). Der Sachwalter erhält idR gem § 12 Abs 1 InsVV **sechzig Prozent** der für den Insolvenzverwalter bestimmten Vergütung. Die Vorschriften der §§ 1–9 InsVV sind anwendbar, soweit sich nicht aus § 12 Abs 2 InsVV etwas anderes ergibt. Den besonderen Schwierigkeiten der Tätigkeit, dem Umfang des Verfahrens und Erleichterungen in der Verfahrensabwicklung ist durch Zu- und/oder Abschläge im Einzelfall Rechnung zu tragen. Der Sachwalter kann zudem als Auslagenpauschalsatz pro Monat nur höchstens 125 Euro ansetzen (§ 12 Abs 3 InsVV).

d) Treuhänder im vereinfachten Insolvenzverfahren. Nach § 313 Abs 1 S 3 finden ua die Vorschriften **15** der §§ 63–65 entsprechende Anwendung. Eine ausdrückliche Regelung der Vergütung des Treuhänders im vereinfachten Verfahren findet sich in § 13 InsVV. Nach § 13 Abs 1 S 1 InsVV erhält der Treuhänder normalerweise **fünfzehn Prozent** der Insolvenzmasse. Die Vergütung soll in der Regel mindestens 600 Euro betragen (§ 13 Abs 1 S 3 InsVV), die sich entsprechend abhängig von der Gläubigerzahl um 150 Euro bzw 100 Euro erhöht (§ 13 Abs 1 S 4 und 5 InsVV). Auch wenn nach § 13 Abs 2 InsVV insbesondere die Zu- und Abschläge nicht nach § 3 InsVV vorgenommen werden können, schließt dies nicht aus, dass entsprechende Abweichung in beiden Richtungen bei atypischen Sachverhaltskonstellationen vorgenommen werden können (**BGH** 12. 10. 2006 NZI 2007, 55 = ZInsO 2006, 1159, 1160; **BGH** 24. 5. 2005 NZI 2005, 567 = ZInsO 2005, 760, 761; **OLG Schleswig** 31. 1. 2001 NZI 2001, 251 = ZInsO 2001, 181; **LG Bonn** 6. 6. 2001 ZInsO 2001, 612; **LG Hanau** 17. 6. 2003 ZInsO 2003, 652; **LG Koblenz** 6. 11. 2000 NZI 2001, 99 = KTS 2001, 270; **LG Mönchengladbach** 22. 9. 2004 ZInsO 2004, 1197 = ZVI 2005, 156; vgl ausf H/W/F § 13 InsVV Rn 11; Jaeger-*Schilken* § 63 Rn 78).

16 Nicht geregelt hat der Gesetzgeber die **Vergütung des vorläufigen Treuhänders** im Verbraucherinsolvenzantragsverfahren. Die Tätigkeit eines solchen vorläufigen Treuhänders ist entsprechend § 11 Abs 1 S 2 InsVV besonders zu vergüten (**AG** Köln 21. 1. 2000 NZI 2000, 143 = ZInsO 2000, 118; **AG** Rosenheim 13. 2. 2001 ZInsO 2001, 218; H/W/F § 13 InsVV Rn 11; aA aber **AG** Halle 11. 10. 2002 DZWiR 2002, 527 mit einer Beschränkung auf die Mindestvergütung).

17 e) **Treuhänder im Restschuldbefreiungsverfahren.** Abweichend von der sonstigen vergütungsrechtlichen Systematik der InsO für Insolvenzverwalter, Sachwalter und Treuhänder enthält § 293 eine **eigenständige materielle Vergütungsnorm** (MüKo-*Ehricke* § 293 Rn 1 ff). § 293 Abs 2 erklärt lediglich die §§ 63 Abs 2, 64 und 65 für entsprechend anwendbar. Die durch die Ermächtigungsnorm des § 65 InsO gedeckte Vorschrift des § 14 InsVV regelt die Vergütung des Treuhänders nach § 293 InsO näher. Nach § 14 Abs 1 InsVV wird die Vergütung des Treuhänders nach der Summe der Beträge berechnet, die aufgrund der Abtretungserklärung des Schuldners (§ 287 Abs 2) oder auf andere Weise zur Befriedigung der Gläubiger des Schuldners beim Treuhänder eingehen. Von der zur Befriedigung der Gläubiger zur Verfügung stehenden Masse erhält der Treuhänder gem § 14 Abs 2 InsVV von den ersten 25.000 Euro fünf vom Hundert, von dem Mehrbetrag bis 50.000 Euro drei vom Hundert und von dem darüber hinausgehenden Betrag eins vom Hundert. Die Mindestvergütung beträgt 100 Euro für jedes Jahr der Tätigkeit des Treuhänders, die sich bei entsprechender Anzahl von Gläubigern für je 5 Gläubiger um 50 Euro erhöht. Auch wenn nach dem Gesetzeswortlaut auch bei besonderen Erschwernissen eine Erhöhung der Vergütung nicht vorgesehen ist, kommt eine bei einem wesentlichem Abweichen der Tätigkeit in Betracht, was insbesondere bei dem Erfordernis einer umfangreichen gerichtlichen Geltendmachung der abgetretenen Bezüge der Fall sein kann (H/W/F § 14 InsVV Rn 7; aA K/P/B-*Eickmann* InsO VergütR § 14 InsVV Rn 7).

18 Der Treuhänder hat die Festsetzung seiner Vergütung und die Erstattung seiner Auslagen bei Gericht zu beantragen ((§ 16 Abs 1 S 1 InsVV). Auslagen sind einzeln aufzuführen und zu belegen ((§ 16 Abs 1 S 3 InsVV). Im Rahmen eines Restschuldbefreiungsverfahrens kann der Treuhänder eine **zusätzliche Vergütung** gem § 15 Abs 1 S 1 InsVV beanspruchen, wenn ihm nach § 292 Abs 2 zusätzliche Aufgaben übertragen werden, wie zB die Aufgabe, die Erfüllung der Obliegenheiten des Schuldners zu überwachen (§ 292 Abs 2 S 1). Als Vergütung erhält er hierfür 35 Euro pro Stunde (§ 15 Abs 1 S 2 InsVV), sofern ein entsprechender Mehraufwand erforderlich ist (H/W/F § 15 InsVV Rn 14). Der Treuhänder ist berechtigt, gem § 16 Abs 2 S 1 InsVV Vorschüsse auf seine Vergütung aus den eingehenden Beträgen zu entnehmen. Diese dürfen allerdings den von ihm bereits verdienten Teil der Vergütung und die Mindestvergütung seiner Tätigkeit nicht überschreiten (§ 16 Abs 2 S 2 InsVV).

19 f) **Nachlassinsolvenzverwalter.** Hinsichtlich der **Vergütung eines Nachlassinsolvenzverwalters** bestehen gegenüber dem Regelinsolvenzverfahren grundsätzlich keine Besonderheiten. Ein Unterschreiten des Regelvergütungssatzes kommt jedoch über die in § 3 InsVV enumerativ genannten Fälle hinaus dann in Betracht, wenn der qualitative und quantitative Zuschnitt des Verfahrens ganz erheblich hinter den Kriterien eines Regelverfahrens normalen Umfangs zurückbleibt (**OLG** Zweibrücken 16. 1. 2001 NZI 2001, 209 = ZInsO 2001, 258).

20 g) **Mehrere Verwalter.** Sofern mehrere Verwalter bestellt wurden, hat jeder einen Anspruch auf angemessene Vergütung, wobei im Regelfall die Abschläge nach den § 3 Abs 2a und b InsVV zu berücksichtigen sind (MüKo-*Nowak* § 63 Rn 13). Bei zeitlich nacheinander folgenden Verwaltern ist als Bemessungsgrundlage dabei aber immer die **Teilungsmasse zum Zeitpunkt des Ausscheidens des jeweiligen Verwalters** zugrunde zu legen, wobei bei späteren Verwaltern entsprechend der bereits durch den vorherigen Insolvenzverwalter generierte Masse abgezogen werden muss. Soweit eine danach eintretende Massevergrößerung aber auf den vorherigen Insolvenzverwalter zurückzuführen ist, muss diese auch bei seiner Bemessungsgrundlage berücksichtigt werden (**BGH** 10. 11. 2005 NZI 2006, 165 = ZInsO 2006, 29 = ZIP 2006, 93; MüKo-*Nowak* § 63 Rn 13; Jaeger-*Schilken* § 63 Rn 69). Wenn mehrere Verwalter gleichzeitig bestellt werden, muss unterschieden werden, ob eine dann insoweit für die Gesamtvergütung zugrunde zu legende Gesamtmasse oder aber **nach Geschäftszweigen getrennte Massen** gebildet werden können (H/W/F § 1 InsVV Rn 99). Die Bestellung einer Sonderverwalters (siehe Rn 12 f) berührt schließlich weder die Vergütungsansprüche des Insolvenzverwalters noch des **Sonderverwalters** selbst. Für beide ist nach den allgemeinen Regeln eine angemessene Vergütung zu bestimmen, wobei die Bemessungsgrundlage durch den Umfang der Tätigkeit des jeweils anderen reduziert wird.

II. Höhe der Vergütung

21 1. **Vergütung originärer Verwaltertätigkeit.** Sowohl § 63 InsO als auch die InsVV gehen davon aus, dass der Verwalter die Insolvenzabwicklung selbst durchführt. Das bedeutet zwar nicht, dass er sämtliche Tätigkeiten auch persönlich durchzuführen hat. Er darf sich einzelner Hilfskräfte bedienen, muss jedoch die Verantwortung für die Erfüllung der Aufgabe selbst tragen. Die Abgrenzung, was im Einzelfall **originäre Verwaltertätigkeit** und was delegierbare Tätigkeiten sind, ist nur schwer vorzunehmen. Der Gesetzgeber ging ursprünglich davon aus, dass die gesamte Abwicklungstätigkeit originäre Verwaltertätigkeit ist.

II. Höhe der Vergütung **§ 63**

Zahlreiche Großinsolvenzen haben jedoch gezeigt, dass die persönliche Abwicklung nicht möglich ist, zumal einzelne Insolvenzverwalter gleichzeitig mehrere Verfahren zu bearbeiten haben. **Originäre Verwaltertätigkeiten**, dh solche Tätigkeiten, die der Verwalter unbedingt persönlich vorzunehmen hat, sind nur auf wenige Bereiche beschränkt, wie zB die Berichtspflicht nach § 156 Abs 1, die Unterzeichnung der vorzulegenden oder einzureichenden Unterlagen handels- und steuerlicher Rechnungslegung oder die Erfüllung der Anzeigepflicht nach § 208 Abs 1 bei Masseunzulänglichkeit (H/W/F § 4 InsVV Rn 19 ff). Außerhalb dieser originären Verwaltertätigkeit ist es dem Verwalter grundsätzlich unbenommen, mit Dritten entsprechende Dienst- oder Werkverträge für die Masse abzuschließen (Rn 67 ff).

2. Berechnungsgrundlage. Nach § 63 Abs 1 S 2 ist für die Berechnung des Regelsatzes der Wert der Insolvenzmasse zur Zeit der Beendigung des Insolvenzverfahrens maßgeblich. Es handelt sich damit nicht um ein Erfolgshonorar (**LG Potsdam** 1. 8. 2005 ZIP 2005, 1698; K/P/B-*Eickmann/Prasser* InsO VergütR Vor § 1 InsVV Rn 10). An diese gesetzliche Vorgabe war der Verordnungsgeber der InsVV gebunden, wobei allerdings § 1 InsVV richtigerweise nicht auf den Aufhebungszeitpunkt abstellt, da dann keine Masse mehr vorhanden ist, sondern auf die nach § 66 ausgewiesene **Teilungsmasse** (Jaeger-*Schilken* § 63 Rn 31). 22

Ausgangspunkt für die Ermittlung des Wertes der Teilungsmasse ist die Schlussrechnung. Mit **Absonderungsrechten** belastete Massegegenstände werden gemäß § 1 Abs 2 Nr 1 S 1 InsVV nur dann berücksichtigt, wenn sie durch den Verwalter auch verwertet wurden. Soweit eine Abfindung aus Aus- oder Absonderungsrechten erfolgt, muss diese Abfindung vom jeweiligen Wert abgezogen werden (§ 1 Abs 2 Nr 2 InsVV). In **Aufrechnungskonstellationen** darf lediglich der Überschuss berücksichtigt werden, der sich bei der Aufrechnung ergibt (§ 1 Abs 2 Nr 3 InsVV). Keine Berücksichtigung finden nach § 1 Abs 2 Nr 4 InsVV die **Kosten des Insolvenzverfahrens** (§ 54) und die **sonstigen Masseverbindlichkeiten** (§ 55), soweit es sich nicht um Beträge handelt, die der Verwalter nach § 5 InsVV als Vergütung erhält (§ 1 Abs 2 Nr 4 lit a) InsVV). Im Fall der **Unternehmensfortführung** ist lediglich der Überschuss aus der Fortführung zu berücksichtigen (§ 1 Abs 2 Nr 4 lit b) InsVV). Schließlich muss der **Vorschuss**, der von anderen Personen als dem Schuldner geleistet wurde, unberücksichtigt bleiben (§ 1 Abs 2 Nr 5 InsVV). Für eine Übersicht zu den Einzelfällen der vergütungsrechtlichen Berechnungsmasse siehe H/W/F § 1 InsVV Rn 50 ff. 23

Bei der **vorzeitigen Beendigung des Insolvenzverfahrens** muss die der Berechnung zugrunde zu legende Masse nach § 1 Abs 1 S 2 InsVV geschätzt werden. Maßgeblich ist somit der Schätzwert der Masse zum Zeitpunkt der Beendigung der Tätigkeit und nicht die im Verfahren zu schätzende Teilungsmasse (**BGH** 10. 11. 2005 NZI 2006, 165 = ZInsO 2006, 29 = ZIP 2006, 93; H/W/F § 1 InsVV Rn 46; Jaeger-*Schilken* § 63 Rn 38). Als Grundlage für die Schätzung können statt der Schlussrechnung auch ein Vermögensverzeichnis, bereits vorgelegte Berichte, Forderungszusammenstellungen oder Ermittlungsergebnisse dienen (**BGH** 9. 6. 2005 NZI 2005, 558, 559 = ZInsO 2005, 757 = ZIP 2005, 1281; **LG Bamberg** 9. 2. 2005 ZInsO 2005, 477 = ZIP 2005, 671; **LG Traunstein** 18. 8. 2000 ZInsO 2000, 510; H/W/F § 1 InsVV Rn 46). Im Übrigen gelten die Grundsätze von § 287 ZPO iVm § 4 (**BGH** 9. 6. 2005 NZI 2005, 558, 559 = ZInsO 2005, 757 = ZIP 2005, 1281). 24

3. Staffelvergütung. Die InsVV geht in § 2 von einer wertabhängigen Staffelung der Verwaltervergütung aus, um extrem hohe Vergütungsfestsetzungen zu vermeiden. Die Staffelung in § 2 Abs 1 InsVV ist degressiv gestaltet, so dass sich die Prozentsätze mit steigendem Berechnungswert von 40 Prozent bis 0,5 Prozent vermindern. Darüber hinaus enthält § 2 Abs 2 InsVV Vorgaben für die Mindestvergütung, die von der Anzahl der Gläubiger abhängig ist. Die Staffelvergütung regelt **den einfachen Staffelsatz** (Regelsatz) als Normalfall (**BGH** 14. 12. 2000 = BGHZ 146, 165, 171 = NZI 2001, 191 = ZInsO 2001, 165). Im Übrigen ist auch nach der InsVV die Verwaltervergütung wie folgt zu ermitteln:
1. Ermittlung der vergütungsrechtlich relevanten Teilungsmasse (§ 1 InsVV);
2. Feststellung des Staffelsatzes als Regelvergütung (§ 2 InsVV);
3. Bestimmung der Zu- und Abschläge aufgrund der Besonderheiten des Einzelfalles (§ 3 InsVV);
4. Berechnung der endgültigen Vergütung aufgrund der Zu- und Abschläge sowie der Sondervergütung für Verwertung von Gegenständen, an denen Sicherungsrechte der Gläubiger bestehen. 25

§ 2 InsVV enthält die **Regelvergütung** für die Abwicklung eines durchschnittlichen Insolvenzverfahrens. Kriterien dafür, wann ein Normalverfahren vorliegt, hat der Verordnungsgeber ebenso wenig vorgegeben wie in § 63 (vgl hierzu H/W/F § 2 InsVV Rn 11 ff). Aufgrund von § 3 InsVV bzw dessen Zusammenspiel mit § 2 InsVV ist davon auszugehen, dass Abweichungen vom Normalverfahren lediglich eine Erhöhung nach den Kriterien des § 3 InsVV ermöglichen (Jaeger-*Schilken* § 63 Rn 46 ff). Dies kann im Einzelfall dazu führen, dass ein Mehrfaches der Regelvergütung iSv § 2 InsVV festgesetzt wird. Die Regelvergütungsbeträge sind: 26

Regelsätze (§ 2 InsVV) 27

(1) Der Insolvenzverwalter erhält in der Regel
1. von den ersten 25.000 Euro der Insolvenzmasse   40 vom Hundert,
2. von dem Mehrbetrag bis zu 50.000 Euro   25 vom Hundert,
3. von dem Mehrbetrag bis zu 250.000 Euro   7 vom Hundert,

§ 63

4. von dem Mehrbetrag bis zu 500.000 Euro   3 vom Hundert,
5. von dem Mehrbetrag bis zu 25.000.000 Euro   2 vom Hundert,
6. von dem Mehrbetrag bis zu 50.000.000 Euro   1 vom Hundert,
7. von dem darüber hinausgehenden Betrag   0,5 vom Hundert.

(2) ¹Haben in dem Verfahren nicht mehr als 10 Gläubiger ihre Forderungen angemeldet, so soll die Vergütung in der Regel mindestens 1 000 Euro betragen. ²Von 11 bis zu 30 Gläubigern erhöht sich die Vergütung für je angefangene 5 Gläubiger um 150 Euro. ³Ab 31 Gläubiger erhöht sich die Vergütung je angefangene 5 Gläubiger um 100 Euro.

Wert Insolvenzmasse	Vergütung Ohne MWSt	Wert Insolvenzmasse	Vergütung Ohne MWSt
10.000,00	4.000,oo	2.000.000,00	67.750,00
20.000,00	8.000,00	3.000.000,00	87.750,00
30.000,00	11.250,00	4.000.000,00	107.750,00
40.000,00	13.750,00	5.000.000,00	127.750,00
50.000,00	16.250,00	6.000.000,00	147.750,00
60.000,00	16.950,00	7.000.000,00	167.750,00
70.000,00	17.650,00	8.000.000,00	187.750,00
80.000,00	18.350,00	9.000.000,00	207.750,00
90.000,00	19.050,00	10.000.000,00	227.750,00
100.000,00	19.750,00	20.000.000,00	427.750,00
200.000,00	26.750,00	30.000.000,00	577.750,00
300.000,00	31.750,00	40.000.000,00	677.750,00
400.000,00	34.750,00	50.000.000,00	777.750,00
500.000,00	37.750,00	60.000.000,00	827.750,00
600.000,00	39.750,00	70.000.000,00	877.750,00
700.000,00	41.750,00	80.000.000,00	927.750,00
800.000,00	43.750,00	90.000.000,00	977.750,00
900.000,00	45.750,00	100.000.000,00	1.027.750,00
1.000.000,00	47.750,00		

28   Zur **Festsetzung von Zu- und Abschlägen** nach § 3 InsVV siehe die gesonderten Kommentierungen von *Blersch* InsVV § 3 Rn 1 ff; H/W/F § 3 InsVV Rn 1 ff; H/W/W-*Hess* § 3 InsVV Rn 1 ff; *Keller* Vergütung und Kosten im Insolvenzverfahren, Rn 194 ff; K/P/B-*Eickmann/Prasser* InsO VergütR § 3 InsVV Rn 1 ff; MüKo-*Nowak* § 3 InsVV Rn 1 ff.

29   **4. Gesonderte Vergütungstatbestände. a) Einsatz besonderer Sachkunde (§ 5 InsVV).** § 63 stellt hinsichtlich der Vergütung des Insolvenzverwalters auf typische Abwicklungstätigkeiten ab, wobei die Qualifikation eines durchschnittlichen Verwalters maßgeblich ist (H/W/F § 5 InsVV Rn 11). Die Frage, ob der Insolvenzverwalter, der für bestimmte Tätigkeiten eine besondere Qualifikation aufzuweisen hat, für die Tätigkeit aufgrund dieser Qualifikation oder Spezialisierung eine zusätzliche oder außerhalb des Insolvenzverfahrens anfallende Vergütung verlangen kann, ist in § 63 nicht geregelt. Eine Regelung enthält aber § 5 Abs 1 InsVV, wonach der Insolvenzverwalter, der als **Rechtsanwalt** zugelassen ist, für Tätigkeiten, die ein nicht als Rechtsanwalt zugelassener Verwalter angemessenerweise einem Rechtsanwalt übertragen hätte, nach Maßgabe des Rechtsanwaltsvergütungsgesetzes Gebühren und Auslagen gesondert aus der Insolvenzmasse entnehmen kann.

30   Nach § 5 Abs 2 InsVV gilt § 5 Abs 1 InsVV entsprechend, wenn der Verwalter Wirtschaftsprüfer oder Steuerberater ist oder eine andere besondere Qualifikation besitzt. Der Grund für diese Regelung liegt darin, dass **spezielle Tätigkeiten, die eine besondere Qualifikation erfordern**, auch besonders vergütet werden sollen, da sie nicht zum Kernbereich der Verwaltertätigkeit gehören. Würde ein Insolvenzverwalter als Rechtsanwalt für die Masse ein obsiegendes Urteil erstreiten und könnte er seine nach der RVG anfallenden Gebühren nicht in Rechnung stellen, wäre der Gegner in unangemessener Weise bevorteilt. Würden die Gebühren dagegen nicht in die Masse fallen, wären die Gläubiger bevorteilt, da der Gebührenanspruch grundsätzlich nicht in die Insolvenzmasse fällt. Deshalb ist es gerechtfertigt, die Vergütungsregelung des § 63 nur auf solche Tätigkeiten des Verwalters zu beschränken, die zum gesetzlichen Aufgaben- und Pflichtenkreis eines Insolvenzverwalters gehören (Rn 67 ff).

II. Höhe der Vergütung § 63

§ 5 InsVV ist gem § 10 InsVV entsprechend anwendbar auf den **vorläufigen Insolvenzverwalter**, den 31 **Sachwalter** im Rahmen der Eigenverwaltung sowie auf den **Treuhänder** im vereinfachten Insolvenzverfahren nach den §§ 311 ff. Keine Anwendung findet § 5 dagegen auf den **Treuhänder**, der im Rahmen des Restschuldbefreiungsverfahrens tätig wird, da §§ 14 ff InsVV eine entsprechende Sonderregelung enthält. Das gilt ebenso für **Gläubigerausschussmitglieder** (§ 17 f InsVV).

Die **Grenze zwischen der reinen Insolvenzverwaltertätigkeit**, dem sogen Kernbereich, und einer dar- 32 über hinausgehenden zusätzlichen Leistung ist dort zu sehen, wo ein Insolvenzverwalter, der nicht die besondere Qualifikation erfüllt, entweder selbst gar nicht tätig werden kann (zB in Fällen des Anwaltszwangs oder bei notariellen Akten) oder etwa selbst handeln könnte, aber in eigenen Angelegenheiten vernünftigerweise einen Rechtsanwalt, Notar oder Steuerberater heranziehen würde (für einen insgesamt strengen Maßstab Jaeger-*Schilken* § 63 Rn 21). Unzulässig dürfte dagegen die Praxis sein, sämtliche Vertragsverhandlungen hinsichtlich der Verwertung der Masse noch zusätzlich über RVG abzurechnen, sofern diese sich nicht durch eine besondere Schwierigkeit auszeichnen (BGH 11. 11. 2004 NZI 2005, 103 = ZInsO 2004, 1348 = ZIP 2005, 36; Jaeger-*Schilken* § 63 Rn 22).

In der Praxis sind verschiedene **Fallgestaltungen** entwickelt worden, in denen eine gesonderte Vergü- 33 tung anfällt (H/W/F § 5 InsVV Rn 14 ff; K/P/B-*Eickmann* InsO VergütR § 5 InsVV Rn 6 ff). So rechtfertigen unter anderem folgende Tätigkeiten den Ansatz einer zusätzlichen Vergütung bzw Gebühr: Die Führung von Massenprozessen durch einen Rechtsanwalts-Insolvenzverwalter, wenn Anwaltszwang besteht, auch wenn der Insolvenzverwalter diesen Prozess selbst wahrnehmen könnte (H/W/F § 5 InsVV Rn 14; H/W/W-*Hess* § 5 InsVV Rn 6; K/P/B-*Eickmann* InsO VergütR § 5 InsVV Rn 4; Jaeger-*Schilken* § 63 Rn 23). Unterliegt eine Prozessführung **nicht dem Anwaltszwang**, so fallen gesonderte Gebühren nur an, wenn ein qualifizierter Insolvenzverwalter, der nicht Rechtsanwalt ist, aber die für das Amt notwendige Sachkunde besitzt, einen Rechtsanwalt mit der Führung eines solchen Prozesses beauftragt hätte und der Prozess aus einer *Ex-ante*-Sicht Aussicht auf Erfolg hat (BGH 23. 3. 2006 NZI 2006, 341 = ZInsO 2006, 427 = ZIP 2006, 825; BGH 11. 11. 2004 NZI 2005, 103 = ZInsO 2004, 1348 = ZIP 2005, 36; BGH 23. 3. 2006 NZI 2006, 341 = ZInsO 2006, 427 = ZIP 2006, 825; BGH 26. 6. 2001 BGHZ 148, 175, 177 f = NZI 2001, 533 = ZInsO 2001, 703; H/W/F § 5 InsVV Rn 15; Jaeger-*Schilken* § 63 Rn 23). Der Umstand, dass der Rechtsanwalt gegen den Prozessgegner vielleicht keinen Erstattungsanspruch hat, ist ohne Bedeutung (Jaeger-*Schilken* § 63 Rn 23). Dem Insolvenzverwalter als Rechtsanwalt steht idR **keine Verkehrsanwalts- oder Korrespondenzgebühr nach Nr 3400 VV** zu, da diese Personenverschiedenheit voraussetzt (OLG München 5. 2. 2004 NZI 2004, 279 = ZIP 2004, 1287; OLG Frankfurt 16. 1. 1976 KTS 1976, 245; OLG Frankfurt 30. 9. 1985 KTS 1986, 64; OLG Stuttgart 18. 8. 1983 ZIP 1983, 1229; aA wohl H/W/F § 5 InsVV Rn 17, Jaeger-*Schilken* § 63 Rn 23).

Ist der **Insolvenzverwalter gleichzeitig Notar**, so ist er gem §§ 3, 6, 7 BeurkG ausgeschlossen, denn er 34 ist Partei kraft Amtes (H/W/F § 5 InsVV Rn 19; Jaeger-*Schilken* § 63 Rn 24). Erstattungsfähig sind jedoch die Gebühren, wenn der Insolvenzverwalter die notarielle Beurkundung durch Fertigung von Entwürfen vorbereitet. Gleiches gilt für die Vorbereitung nicht notariell zu beurkundender komplizierter Verträge (K/P/B-*Eickmann* InsO VergütR § 5 InsVV Rn 15; H/W/F § 5 InsVV Rn 19). Ist ein Insolvenzverwalter Rechtsanwalt, so ist er in Ausnahmefällen auch bei **außergerichtlichen Tätigkeiten** berechtigt, Anwaltsgebühren abzurechnen, wenn es sich um eine besonders schwierige Tätigkeit handelt, die spezielle Rechtskenntnisse verlangt und die ein durchschnittlicher Verwalter nicht ohne einen Anwalt durchführen würde (OLG Köln 21. 4. 1976 KTS 1977, 56, 57; LG Aachen 23. 11. 1977 Rpfleger 1978, 380; K/P/B-*Eickmann* InsO VergütR § 5 InsVV Rn 5). Allerdings ist hier streng darauf zu achten, dass es sich nicht um eine Tätigkeit handelt, die zum sogen Kernbereich der Verwaltertätigkeit gehört und von einem qualifizierten Verwalter ohne Einschaltung eines Rechtsanwalts erledigt werden könnte. Bei der Veranlassung und Durchführung von **Zwangsvollstreckungsmaßnahmen** ist eine besondere Vergütung in der Regel nicht gerechtfertigt (K/P/B-*Eickmann* InsO VergütR § 5 InsVV Rn 19; aA H/W/F § 5 InsVV Rn 31). Etwas anderes kann aber insbesondere dann gelten, wenn insofern besondere Rechtskenntnisse benötigt werden (LG Mönchengladbach 18. 1. 2006 ZInsO 2007, 389). Dies ist etwa bei der Pfändung von Gesellschaftsanteilen oder Zwangsvollstreckungen im Ausland der Fall (Jaeger-*Schilken* § 63 Rn 24). Im **arbeitsrechtlichen Bereich** lässt der **Abschluss eines Interessenausgleichs und Sozialplans** gesonderte Gebühren anfallen, da diese Tätigkeiten besonderes arbeitsrechtliches Spezialwissen voraussetzen (*Blersch* InsVV § 5 Rn 16).

Von einem **Steuerberater-Verwalter** muss verlangt werden, dass er grundsätzlich seine spezifischen 35 Fähigkeiten in den Dienst des Insolvenzverfahrens stellt und die notwendigen Steuerunterlagen erstellt, sowie Steuererklärungen abgibt (H/W/F § 5 InsVV Rn 20; Jaeger-*Schilken* § 63 Rn 24). Dies gilt vor allem für Umsatzsteuererklärungen. Von einem qualifizierten Insolvenzverwalter wird man verlangen müssen, dass er die insolvenzrechtliche Buchführung auch unter steuerlichen Aspekten selber führt und die aus der Verwertung von Sicherungsgut und Massegegenständen anfallende Umsatzsteuerschuld eigenständig prüft und abführt, ohne einen Steuerberater hinzuzuziehen (vgl BGH 11. 11. 2004 NZI 2005, 103 = ZInsO 2004, 1348 = ZIP 2005, 36; LG Memmingen 4. 2. 2004 ZInsO 2004, 497; OLG Köln 21. 4. 1976 KTS 1977, 56; AG Bochum 17. 8. 2001 ZInsO 2001, 900; BFH 22. 6. 1965 NJW 1965, 2271 = BB 1965, 874; H/W/F § 5 InsVV Rn 20). Allerdings fällt eine besondere Vergütung an, wenn der Steuerberater-Verwalter **spezielle Kenntnisse im Steuerrecht** in den Dienst der Masse stellt oder Steuerprozesse führt. Von einem Steuerberater-Verwalter kann nicht verlangt werden, dass er zB die steuerlichen Jahresabschlüsse einschließlich der Bilanzen erstellt, ohne dafür seine Gebühren abrechnen zu können. Jedenfalls gilt dies in den Fällen, in denen ein Nicht-Steuerberater-Verwalter einen Steuerberater hinzugezogen hätte.

36 Keine gesonderte Vergütung fällt an für die **Ausarbeitung eines Insolvenzplans** durch einen Rechtsanwalt als Insolvenzverwalter. Diese Tätigkeit rechtfertigt allenfalls eine Erhöhung der Verwaltervergütung nach § 3 Abs 1 lit e) InsVV. Dagegen wird die **Überwachung der Erfüllung des Insolvenzplans** durch den Verwalter gem § 6 Abs 2 InsVV gesondert vergütet. Die Frage, in welchen Fällen eine **zusätzliche Vergütung** oder Gebühr neben der Verwaltervergütung anfällt, ist nicht immer einfach zu beantworten. Als Grundsatz gilt nach wie vor, dass die Masse und die Gläubiger nicht ohne Gegenleistung davon profitieren sollen, dass der Insolvenzverwalter über besondere Spezialkenntnisse verfügt. Dies gilt selbst dann, wenn das Gericht den Verwalter gerade wegen seiner Spezialkenntnisse bestellt hat. Anhand des Einzelfalles ist zu prüfen, ob die betreffende außergerichtliche Tätigkeit zum Kernbereich der Insolvenzverwaltung gehört und ob ein normal qualifizierter Insolvenzverwalter ohne die Spezialkenntnisse oder die berufsspezifischen Eigenschaften, einen Rechtsanwalt, Steuerberater oder Wirtschaftsprüfer hinzuzuziehen berechtigt war. Dabei ist ein strenger Maßstab anzulegen.

37 **b) Nachtragsverteilung (§ 6 Abs 1 InsVV).** Im Falle der Anordnung einer Nachtragsverteilung kann der Insolvenzverwalter nach § 6 Abs 1 S 1 InsVV einen gesonderten Vergütungsanspruch geltend machen, soweit die Nachtragsverteilung voraussehbar war und schon bei der Festsetzung der Vergütung berücksichtigt wurde (§ 6 Abs 1 S 2 InsVV). Die Beurteilung der Voraussehbarkeit muss im Schlusstermin möglich gewesen sein (Jaeger-*Schilken* § 63 Rn 62). Die **Höhe der Vergütung** richtet sich nach dem Wert der nachträglich zu verteilenden Masse (BGH 12. 10. 2006 NZI 2007, 43 = ZInsO 2006, 1205 = ZIP 2006, 2131; H/W/F § 6 InsVV Rn 6), wobei auch in diesem Zusammenhang je nach Arbeitsumfang oder Schwierigkeit Zu- und Abschläge möglich sind (Jaeger-*Schilken* § 63 Rn 62). Im Regelfall ist die Vergütung mit einem Regelsatz von 25% der Staffelsätze von § 2 Abs 1 InsVV anzusetzen (LG Offenburg 5. 1. 2005 NZI 2005, 172 = ZInsO 2005, 481; K/P/B-*Eickmann* InsO VergütR § 6 InsVV Rn 6). Die **Erstattung von Auslagen** ist in § 6 Abs 1 InsVV nicht gesondert geregelt und erfolgt nach den allgemeinen Regeln von § 4 InsVV (Jaeger-*Schilken* § 63 Rn 62).

38 **c) Überwachung der Erfüllung eines Insolvenzplanes (§ 6 Abs 2 InsVV).** Für die Ausarbeitung eines Insolvenzplans steht dem Insolvenzverwalter keine gesonderte Vergütung zu, allerdings kann diese einen Zuschlag rechtfertigen (§ 3 Abs 1 lit e InsVV). Für die Überwachung der **Erfüllung des Insolvenzplans** sieht § 6 Abs 2 InsVV allerdings einen gesonderten Vergütungstatbestand vor. Die Höhe der Vergütung bestimmt sich dabei nach dem Umfang der Tätigkeit und ist nach billigem Ermessen festzusetzen. Entscheidende Kriterien können dabei die Abhängigkeit bestimmter Geschäfte von der Zustimmung des Verwalters (§ 263 InsO) oder das Bestehen eines Kreditrahmens (§ 264 InsO) sein. Da die Vergütung erst nach der Überwachung erfolgen kann, besteht für den Insolvenzverwalter ein nicht unerhebliches Risiko, den Vergütungsanspruch nicht gegen den Schuldner oder die Übernahmegesellschaft geltend machen zu können. Insofern ist die Festsetzung von Teilvergütungen zulässig (K/P/B-*Eickmann* InsO VergütR § 6 InsVV Rn 14; MüKo-*Nowak* § 6 InsVV Rn 6; Jaeger-*Schilken* § 63 Rn 63). Eine Vorschussgewährung nach § 9 InsVV scheidet aber aus (aA H/W/W-*Hess* § 5 InsVV Rn 9).

39 **5. Minderung bei vorzeitiger Beendigung des Verfahrens oder des Verwalteramtes.** Wird das Insolvenzverfahren vorzeitig beendet oder endet das Amt des Verwalters vorzeitig, so ist nach § 3 Abs 2 c) InsVV ein Zurückbleiben hinter dem Regelsatz möglich. Eine **Anrechnung der Vergütung als vorläufiger Insolvenzverwalter** kommt aber nur dann in Betracht, wenn dem Insolvenzverwalter durch die Tätigkeit als vorläufiger Verwalter ein erheblicher Teil seiner Arbeit erspart wird (K/P/B-*Eickmann* InsO VergütR § 5 InsVV Rn 49; H/W/W § 3 InsVV Rn 81). Dies ist aber schon dann der Fall, wenn der vorläufige Insolvenzverwalter umfangreiche Bestandsaufnahmen erstellt hat, auch wenn dies in nahezu jedem Verfahren der Fall ist (BGH 11. 5. 2006 NZI 2006, 464 = ZInsO 2006, 642 = ZIP 2006, 1204 aA K/P/B-*Eickmann* InsO VergütR § 3 InsVV Rn 49 a). Die Gewährung eines Zuschlags zur Regelvergütung des vorläufigen Insolvenzverwalters stellt dabei kein zwingendes Indiz dar (BGH 11. 5. 2006 NZI 2006, 464 = ZInsO 2006, 642 = ZIP 2006, 1204; großzügiger aber BGH 2. 2. 2006 NZI 2006, 232 = ZInsO 2006, 254 = ZIP 2006, 483).

40 Die Festsetzung der **Vergütung eines vorläufigen Treuhänders** erfolgt (AG Rosenheim 13. 2. 2001 ZInsO 2001, 218; AG Köln 21. 1. 2000 NZI 2000, 143 = ZInsO 2000, 118; H/W/W § 14 InsVV Rn 17) analog § 11 InsVV, wobei nicht ein angemessener Bruchteil der Vergütung eines Treuhänders (§ 13 InsVV), sondern der eines Insolvenzverwalters (§ 2 InsVV) festzusetzen ist.

41 Die vorzeitige Beendigung des Verwalteramtes kann durch Entlassung, Krankheit oder Tod begründet sein. Eine vorzeitige Verfahrensbeendigung kommt vor allem in Betracht, wenn zB der Eröffnungsbeschluss im Beschwerdeverfahren aufgehoben oder wenn das eröffnete Verfahren durch Einstellung nach §§ 207ff vorzeitig beendet wird. Für die Bestellung eines Nachfolgeverwalters enthält die InsVV keine besondere Regelung. Da **mehrere Insolvenzverwalter** nacheinander oftmals doppelte Arbeiten leisten müssen, vor allem wenn der erste Verwalter wegen schuldhafter Pflichtverletzung entlassen worden ist,

III. Durchsetzung des Vergütungsanspruchs § 63

kann die Vergütung in Sonderfällen für beide Verwalter zusammengerechnet höher ausfallen als die Vergütung, die ein Insolvenzverwalter zu beanspruchen hat (H/W/W § 1 InsVV Rn 99). Berechnungswert ist die jeweils der Verwaltung unterlegene Insolvenzmasse (**BGH** 10. 11. 2005 NZI 2006, 165 = ZInsO 2006, 29 f; **OLG** Brandenburg 10. 11. 2001 NZI 2002, 41, 42 = ZInsO 2001, 1148; H/W/W § 1 InsVV Rn 100). Auf die im Rahmen der Schlussverteilung vorhandene Teilungsmasse kann es nicht ankommen, da diese erst viel später festgestellt wird und sich die Tätigkeit des Ausgeschiedenen nicht auf diese Schlussteilungsmasse bezieht. Die Vergütungsfestsetzung für den ausgeschiedenen Verwalter erfolgt nach den allgemeinen Regeln der §§ 1–3 InsVV. **Stichtag für die Vergütungsfestsetzung** ist der Zeitpunkt der Beendigung des Amtes. Fließen nach dem Stichtag noch Mittel in die Insolvenzmasse, deren Zufluss dem Handeln des ausgeschiedenen oder abberufenen Insolvenzverwalters zuzurechnen ist, sind diese beim Berechnungswert zu berücksichtigen (**BGH** 10. 11. 2005 NZI 2006, 165 = ZInsO 2006, 29 f; H/W/W § 1 InsVV Rn 101). Sonstige Veränderungen der Insolvenzmasse nach dem Ausscheiden des ersten Verwalters begründen weder ein Nachforderungsrecht noch ein Rückforderungsrecht (H/W/F § 1 InsVV Rn 101). Ein **Rückforderungsanspruch** gegenüber dem ausgeschiedenen Verwalter besteht selbst dann nicht, wenn das Gericht bei Festsetzung der Vergütung des Ausgeschiedenen einen solchen Rückforderungsvorbehalt ausgesprochen hat (K/P/B-*Eickmann/Prasser* InsO VergütR Vor § 1 InsVV Rn 72; str aA H/W/F § 1 InsVV Rn 101).

6. Vergütungsanspruch und mangelhafte Geschäftsführung. Wie bereits ausgeführt wurde, ist die Insolvenzverwaltervergütung kein Erfolgshonorar, sondern reine Tätigkeitsvergütung (Rn 22). Der Einwand mangelhafter Leistungen oder fehlenden Erfolges kann die Höhe der Vergütung grundsätzlich nicht beeinflussen (**BGH** 24. 7. 2003 NZI 2003, 603 = ZInsO 2003, 790 = ZIP 2003, 1757; **LG** Berlin 15. 5. 2001 ZInsO 2001, 608). Ein eventueller Schadenersatzanspruch ist von einem neuen Insolvenzverwalter oder einem Sonderverwalter geltend zu machen (H/W/F § 3 InsVV Rn 84). 42

Eine andere Frage ist die **Aufrechnung mit Schadenersatzansprüchen**. Soweit es sich um Individualansprüche einzelner Gläubiger handelt, ist mangels Gegenseitigkeit die Aufrechnung ausgeschlossen, denn der Vergütungsanspruch richtet sich gegen die Masse (K/P/B-*Eickmann/Prasser* InsO VergütR vor § 1 InsVV Rn 18 ff). Bei einem **Gemeinschaftsschaden** iSv § 92 gilt grundsätzlich das Gleiche. Allerdings ist zwischen dem ordentlichen Streitverfahren und einem Kostenfestsetzungsverfahren zu unterscheiden (**BGH** 5. 1. 1995 KTS 1995, 327 = ZIP 1995, 290). Weder der Insolvenzrichter noch der Rechtspfleger sind berechtigt, über den Bestand und die Höhe der Gegenforderung zu entscheiden (K/P/B-*Eickmann/Prasser* InsO VergütR vor § 1 InsVV Rn 21). Allerdings kann im Rahmen eines streitigen Klageverfahrens oder mittels der Vollstreckungsgegenklage (§ 767 ZPO) die Aufrechnung gegen den festgesetzten Vergütungsanspruch geltend gemacht werden (vgl **BGH** 15. 11. 1951 – IV ZR 72/51, BGHZ 3, 381, 383; K/P/B-*Eickmann/Prasser* InsO VergütR vor § 1 InsVV Rn 22). In der Praxis wird mit dem Insolvenzverwalter oftmals vereinbart, dass er sich mit der Verrechnung von Schadenersatzansprüchen gegen die festgesetzte Vergütung einverstanden erklärt. Der neu ernannte Verwalter ist aufgrund einer solchen Vereinbarung berechtigt, den festgesetzten Vergütungsbetrag in der Masse zurückzubehalten und auszuschütten. 43

Schließlich kann der Vergütungsanspruch des Insolvenzverwalters auch der **Verwirkung** unterliegen (**BGH** 6. 5. 2004 BGHZ 159, 122, 131 ff = NZI 2004, 440 = ZInsO 2004, 669; **AG** Hamburg 23. 4. 2003 ZInsO 2003, 937; **AG** Hamburg 24. 10. 2000 ZInsO 2001, 69; **OLG** Karlsruhe 6. 4. 2000 ZInsO 2000, 617 = ZIP 2000, 2035; **LG** Konstanz 15. 9. 1999 ZInsO 1999, 589; **LG** München 29. 7. 2003 ZInsO 2003, 910; Jaeger-*Schilken* § 63 Rn 28). Dabei kann nicht jede Nachlässigkeit oder Pflichtverletzung des Insolvenzverwalters zu einer Verwirkung des Anspruchs führen (K/P/B-*Eickmann/Prasser* InsO VergütR vor § 1 InsVV Rn 23). Voraussetzung ist, dass schwere Verfehlungen des Insolvenzverwalters vorliegen, was insbesondere bei Straftaten mit einem Verfahrensbezug in der Regel der Fall ist. Hinsichtlich der Straftaten kommt eine Verwirkung aber nur dann in Betracht, wenn diese – soweit nicht bereits rechtskräftig festgestellt – eindeutig und zweifelsfrei vorliegen (aA K/P/B-*Eickmann/Prasser* InsO VergütR vor § 1 InsVV Rn 23). 44

III. Durchsetzung des Vergütungsanspruchs

1. Entstehung, Fälligkeit und Verjährung des Vergütungsanspruchs. Der Anspruch des Insolvenzverwalters auf Festsetzung einer Vergütung entsteht mit der Arbeitsleistung bzw mit dem Anfallen der Auslagen (**BGH** 5. 12. 1991 BGHZ 116, 233 = NJW 1992, 692 = ZIP 1992, 120, 123; **LG** Göttingen 1. 2. 2001 NZI 2001, 219 = ZInsO 2001, 317; K/P/B-*Eickmann/Prasser* InsO VergütR vor § 1 InsVV Rn 4; MüKo-*Nowak* § 63 Rn 6; *Pape* ZIP 1996, 756, 761; Jaeger-*Schilken* § 63 Rn 8). 45

Der Anspruch wird **fällig** mit der Erledigung der vergütungspflichtigen Tätigkeit (**BGH** 10. 11. 2005 NZI 2006, 165 = ZInsO 2006, 29 = ZIP 2006, 93; *Blersch* InsVV Vorbem Rn 48; H/W/F § 1 InsVV Rn 50; MüKo-*Nowak* § 63 Rn 7; Jaeger-*Schilken* § 63 Rn 10). Die Festsetzung führt lediglich zur Konkretisierung des Anspruchs (**KG** 3. 4. 2001 NZI 2001, 307 = ZInsO 2001, 409; **LG** Göttingen 1. 2. 2001 NZI 2001, 219 = ZInsO 2001, 317). Sie berechtigt den Verwalter, die festgesetzte Vergütung aus der von ihm verwalteten Insolvenzmasse zu entnehmen (H/W/F Vor § 1 InsVV Rn 50). Der Antrag auf Vergütungsfestsetzung an das Insolvenzgericht kann bereits gestellt werden, wenn die Schlussrechnung an das Gericht gesandt wird (§ 8 Abs 1 S 3 InsVV). Der Verwalter muss die Berechnungsgrundlage nachvollziehbar darlegen, was in der Regel durch eine Bezugnahme auf die Rechnungslegung nach § 66 erfolgt, ohne dass deren Fehlen aber die Fälligkeit beeinträchtig (H/W/F Vor § 1 InsVV Rn 50). Der vorläufige Insolvenzverwalter kann sich dabei aber auch anderer Formen einer nachvollziehbaren Berechnung bedienen (**LG Berlin 15. 5. 2001 ZInsO 2001, 608; LG Göttingen 1. 2. 2001 NZI 2001, 219 = ZInsO 2001, 317**). Weiterhin tritt die Fälligkeit mit der Entlassung des Verwalters (**BGH 10. 11. 2005 NZI 2006, 165 = ZInsO 2006, 29**), mit seinem Tode oder nach Abschluss eines gesondert zu vergütenden Teilabschnitts, wie zB Eröffnungsverfahren ein (§ 11 InsVV). Eine **Teilfälligkeit** der Verwaltervergütung kennt das Gesetz nicht. Vielmehr hat der Verwalter lediglich mit Eintritt der Fälligkeit die Möglichkeit, bei Gericht einen **Vorschuss** nach § 9 InsVV zu beantragen (H/W/F Vor § 1 InsVV Rn 50).

46   Hinsichtlich der **Verjährung von Vergütungs- und Auslagenansprüchen** ist zu unterscheiden: Rechtskräftig vom Insolvenzgericht festgesetzte Vergütungsansprüche unterliegen der **dreißigjährigen** Titelverjährung (§ 197 Abs 1 Nr 3 BGB), wobei sich der Beginn der Verjährungsfrist nach § 201 S 1 BGB richtet. Für **nicht festgesetzte Ansprüche** kommt hingegen § 195 BGB zur Anwendung, so dass die regelmäßige Verjährungsfrist **drei Jahre** beträgt (**BGH 29. 3. 2007 NZI 2007, 397 = ZInsO 2007, 539 = ZIP 2007, 1070**). Die regelmäßige Verjährungsfrist beginnt gem § 199 Abs 1 Nr 1 BGB mit dem Schluss des Jahres, in dem der Vergütungsanspruch des Insolvenzverwalters entstanden ist und der Verwalter von den den Anspruch begründenden Umständen und der Person des Schuldners Kenntnis erlangt hat oder ohne grobe Fahrlässigkeit hätte Kenntnis erlangen müssen. Die fristgerechte Einreichung des Vergütungsfestsetzungsantrags hemmt die Verjährung nach § 201 Abs 1 Nr 1 BGB analog (**LG Stade 11. 3. 2005 ZInsO 2005, 367**, Jaeger-*Schilken* § 63 Rn 26). Die für die Berücksichtigung der Verjährung notwendige Erhebung der Einrede können der Schuldner selbst und darüber hinaus auch die Insolvenzgläubiger erheben. Eine Berücksichtigung von Amts wegen durch das Insolvenzgericht scheidet somit ebenso aus wie eine Erhebung der Einrede durch den Gläubigerausschuss (MüKo-*Nowak* § 63 Rn 10; Jaeger-*Schilken* § 63 Rn 27).

47   **2. Vorschuss auf Vergütung und Auslagen.** Der Insolvenzverwalter kann aus der Insolvenzmasse einen Vorschuss auf die Vergütung und die Auslagen entnehmen, wenn das Insolvenzgericht zustimmt (§ 9 S 1 InsVV). Die Zustimmung soll nach § 9 S 2 InsVV erteilt werden, wenn das Insolvenzverfahren **länger als sechs Monate** dauert oder wenn **besonders hohe Auslagen** erforderlich sind. Auch wenn die Entnahme eines Vorschusses nach § 9 InsVV nicht nur der Sicherung der Vergütung des Insolvenzverwalters dient, sondern vor allem auch dem Gedanken Rechnung trägt, dass der Insolvenzverwalter mit seiner Tätigkeit in Vorleistung tritt und erhebliche Vorhaltekosten für die Ausübung seiner Tätigkeit trägt, kann daraus nicht gefolgert werden, dass jeweils alle sechs Monate ein weiterer Vorschuss zu bewilligen ist (**LG Stuttgart 15. 8. 2000 NZI 2000, 547, 548 = ZInsO 2000, 621**).

48   Neben diesen Kriterien ist ebenfalls relevant, ob der Insolvenzverwalter nur ein **Großverfahren** betreut und somit für seine Tätigkeit weitgehend einseitig auf die Vergütung aus diesem Verfahren angewiesen ist (K/P/B-*Eickmann/Prasser* InsO VergütR § 9 InsVV Rn 7). Ein weiteres entscheidendes Kriterium ist eine zu befürchtende Massearmut. Der Insolvenzverwalter muss durch die Geltendmachung von regelmäßigen Vorschüssen bemüht sein, dem **Risiko der fehlenden Durchsetzung seiner Ansprüche bei Masseunzulänglichkeit** entgegenzuwirken (**BGH 5. 12. 1991 BGHZ 116, 233 = ZIP 1992, 210**; ebenso **BVerfG 24. 6. 1993 NJW 1993, 3129 = ZIP 1993, 1246; LG Magdeburg 27. 7. 1995 KTS 1996, 118 = ZIP 1995, 1372**; K/P/B-*Eickmann/Prasser* InsO VergütR § 9 InsVV Rn 7 ff; Jaeger-*Schilken* § 63 Rn 13). Insofern muss der Insolvenzverwalter bei einer Einstellung mangels Masse den Vorschuss auch nicht zurückgewähren, da ihm dieser gerade der Risikoabsicherung dienen soll (K/P/B-*Eickmann/Prasser* InsO VergütR § 9 InsVV Rn 13 b; Jaeger-*Schilken* § 63 Rn 17).

49   Der Zustimmungsvorbehalt nach § 9 S 2 InsVV muss durch das Gericht nach **pflichtgemäßem Ermessen** ausgeübt werden (**BGH 4. 12. 2003 ZInsO 2004, 268; BGH 1. 10. 2002 NZI 2003, 31 = ZInsO 2002, 1133 = ZIP 2002, 2223**), so dass im Einzelfall eine Ermessensreduzierung auf Null vorliegen kann. Die Verweigerung oder Verzögerung des Vorschusses kann in diesen Fällen dann zu einer Amtshaftung führen (*Haarmeyer* ZInsO 2001, 938, 940 ff). Wird die **Zustimmung** zur Entnahme eines Vorschusses auf die Insolvenzverwaltervergütung versagt, ist gegen diese Entscheidung nur die befristete Erinnerung nach § 11 Abs 2 RpflG nicht aber die sofortige Beschwerde nach § 6 statthaft (**BGH 1. 10. 2002 NZI 2003, 31 = ZInsO 2002, 1133 = ZIP 2002, 2223**; aA noch **OLG Zweibrücken 16. 10. 2001 NZI 2002, 43 = ZInsO 2002, 67; LG Stuttgart 15. 8. 2000 NZI 2000, 548 = ZInsO 2000, 621**). Dies gilt auch für den Fall, dass der Richter entschieden hat (**BGH 1. 10. 2002 NZI 2003, 31 = ZInsO 2002, 1133 = ZIP 2002, 2223**).

50   Für die **Bestimmung der Vorschusshöhe** muss als Ausgangspunkt auf die zum jeweiligen Bewilligungszeitpunkt feststellbare Teilungsmasse zurückgegriffen werden (K/P/B-*Eickmann/Prasser* InsO VergütR § 9 InsVV Rn 11 ff). Zusätzlich müssen dann die bereits angefallenen Zu- und Abschläge berücksichtigt werden (**AG Chemnitz 28. 3. 2006 ZIP 2006, 820**). Nach **Entlassung aus dem Amt** kommt ein Vorschuss nicht mehr in Betracht (**OLG Zweibrücken 16. 10. 2001 NZI 2002, 43**). Die Geltendmachung des Vergütungsanspruchs kann dann nur noch durch die Einreichung der Schlussrechnung gel-

III. Durchsetzung des Vergütungsanspruchs § 63

tend gemacht werden. Die Zahlung des Vorschusses hat **Erfüllungswirkung** iSd § 362 BGB (Jaeger-*Schilken* § 63 Rn 17), so dass eine Rückzahlungsverpflichtung nach § 812 BGB nur dann in Betracht kommt, wenn die Vergütung später endgültig geringer festgesetzt wird.

3. Verzinsung des Vergütungsanspruchs. Der Vergütungsanspruch des Verwalters unterliegt grundsätzlich keiner Verzinsung (**BGH** 4. 12. 2003 NZI 2004, 249 = ZIP 2004, 574; **OLG** Zweibrücken 9. 4. 2002 NZI 2002, 434; Jaeger-*Schilken* § 63 Rn 10). Dies gilt auch für den vorläufigen Insolvenzverwalter (**BGH** 4. 12. 2003 ZInsO 2004, 268). Etwas anderes ergibt sich auch nicht aus einem Vergleich mit dem anwaltlichen Vergütungsanspruch, da dieser auf vertraglicher Basis geschuldet wird. Auch **Verzugszinsen** kommen nicht in Betracht, da es sich beim Vergütungsanspruch um einen Anspruch gegen den Schuldner handelt, bei dem eine schuldhafte Nichtleistung bis zur Festsetzung der Vergütungshöhe durch das Insolvenzgericht aber nicht vorliegen kann. Ein Zinsanspruch kann sich aber in Form der Herausgabe gezogener Nutzungen aus §§ 812 Abs 1 S 1 Alt 2, 818 Abs 1 BGB ergeben (*von Holdt* ZInsO 2002, 1122, 1124), wobei sich dieser Anspruch aber auf dasjenige beschränkt, was der Masse bis zur Zahlung der Vergütung zugeflossen ist, so dass sich der Anspruch auf die regelmäßig auf Anderkonten gewährte Verzinsung beschränkt (aA H/W/F § 8 InsVV Rn 26, die von der Anwendbarkeit von § 288 BGB ausgehen). In Betracht kommen zudem auch Amtshaftungsansprüche (H/W/F § 8 InsVV Rn 26), bei denen ein Mitverschulden des Insolvenzverwalters dahingehend zu berücksichtigen ist, dass für ihn die Möglichkeit der Geltendmachung eines Vorschusses und damit der Schadensminderung besteht (siehe Rn 47).

4. Rang des Vergütungsanspruchs. Die Vergütungen und die Auslagen des vorläufigen sowie endgültigen Insolvenzverwalters sind nach §§ 53, 54 Nr 2 **Masseverbindlichkeit**. Der Insolvenzverwalter hat somit hinsichtlich seiner Vergütung und Auslagen gem § 53 einen Anspruch auf Vorwegbefriedigung aus der Insolvenzmasse. Im Fall der Masseunzulänglichkeit gilt der Verteilungsschlüssel von § 209 Abs 1 Nr 1, so dass der Vergütungsanspruch erstrangig zu befriedigen ist, dabei aber mit den Gerichtskosten des Insolvenzverfahrens (§ 54 Nr 2) gleichrangig ist. Dies widerspricht auch nicht der Rechtsprechung des BVerfG (**BVerfG** 24. 6. 1993 NJW 1993, 3129 = ZIP 1993, 1246; **BVerfG** 30. 3. 1993 BVerfGE 88, 145 = NJW 1993, 2861 = ZIP 1993, 838), die noch einen absoluten Vorrang zu § 60 KO postuliert hatte, da die Wahrscheinlichkeit eines Totalausfalls des Verwalters durch die Neuordnung der Rangfolgen in der InsO geringer geworden ist und der Verwalter ohnehin von der Möglichkeit eines Vorschusses nach § 9 InsVV Gebrauch machen kann (Jaeger-*Schilken* § 63 Rn 29). Schließlich kann der Verwalter auch bereits die „drohende" Masseunzulänglichkeit (§ 208 Abs 1 S 2) anzeigen und damit die Entstehung weiterer Vergütungsansprüche verhindern.

Vergütungsansprüche des Verwalters, die für das Tätigwerden außerhalb des gesetzlichen Aufgaben- und Pflichtenkreises anfallen, sind lediglich sonstige Masseverbindlichkeiten (§ 55 Abs 1 Nr 1). Auch **Zusatzgebühren**, die für den Einsatz besonderer Sachkenntnisse zusätzlich nach § 5 InsVV anfallen (zur Abgrenzung vgl **BGH** 11. 11. 2004 NZI 2005, 103 = ZInsO 2004, 1348 = ZIP 2005, 36), werden unter den Begriff der Masseverbindlichkeit iSv § 55 Abs 1 gefasst (K/P/B-*Eickmann/Prasser* InsO VergütR vor § 1 InsVV Rn 34, Jaeger-*Schilken* § 63 Rn 30). Soweit die Insolvenzverwaltervergütung sonstige Masseverbindlichkeit ist, greift bei Masseunzulänglichkeit (§ 208) der Verteilungsschlüssel des § 209 Abs 1 Nr 2 ein.

Für die **Vergütung des vorläufigen Insolvenzverwalters** stellt sich das Problem des insolvenzmäßigen Ranges zunächst nicht bei einer Eröffnung des Verfahrens, da dann insofern § 54 Nr 2 zur Anwendung kommt. Soweit das Insolvenzverfahren nicht eröffnet wird, kann sich der vorläufige Insolvenzverwalter die Vergütung und die Auslagen dem verwalteten Vermögen gem § 25 Abs 2 S 1 entnehmen, da Schuldner dieser Ansprüche der Insolvenzschuldner ist (**BGH** 13. 12. 2007 BGHZ 175, 48, 51 = NZI 2008, 170 = ZInsO 2008, 151). Eine Einstandspflicht des antragstellenden Gläubigers kommt dabei nicht in Betracht, auch wenn man diesem grundsätzlich die Kosten und Auslagen des Verfahrens nach bei Abweisung mangels Masse auferlegen kann (**BGH** 13. 12. 2007 BGHZ 175, 48, 51 f = NZI 2008, 170 = ZInsO 2008, 151; K/P/B-*Eickmann* InsO VergütR § 11 InsVV Rn 97). Auch der Schuldner hat bei Leistung an den vorläufigen Insolvenzverwalter keinen Kostenerstattungsanspruch, wobei allerdings ein Schadenersatzanspruch wegen ungerechtfertigter Insolvenzantragstellung in Betracht kommt. Soweit der Schuldner die Ansprüche des vorläufigen Insolvenzverwalters nicht erfüllt und über sein Vermögen später dennoch das Insolvenzverfahren eröffnet wird, kann der vorläufige Insolvenzverwalter aufgrund des Erstantrags seine Ansprüche diese aber lediglich als Insolvenzforderungen geltend machen. Dies gilt auch bei einem einheitlichen und fortdauerndem Insolvenzgeschehen, da der Vergütungsanspruch nicht „aktenübergreifend" zum Bestandteil der Gesamtkosten des später eröffneten Folgeverfahrens und damit keine Masseverbindlichkeit nach § 54 Nr 2 wird (**BGH** 9. 10. 2008 NZI 2009, 53 = ZInsO 2008, 1201; aA **AG** Neubrandenburg 1. 8. 2006 ZInsO 2006, 931; H/W/F § 1 InsVV Rn 82 ff). Etwas kann nur dann gelten, wenn zwischen dem Erstantrag und dem Folgeantrag ein unerheblicher Zeitraum vergangen ist, der Schuldner in dieser Zeit kaum am Geschäftsverkehr teilgenommen hat und sich damit der Bestand an Gläubigern nicht verändert hat (insgesamt *Ries* ZInsO 2007, 1102 ff).

Mock

§ 63

55 **5. Entnahmerecht, Aufrechnung und Zurückbehaltungsrecht.** Grundsätzlich ist der Verwalter berechtigt, seine Vergütung schon vor Eintritt der Rechtskraft des Vergütungsfestsetzungsbeschlusses aus der Insolvenzmasse zu entnehmen (**BGH** 17. 11. 2005 BGHZ 165, 96, 101 = NZI 2006, 94 = ZInsO 2006, 27; K/P/B-*Eickmann/Prasser* InsO VergütR § 8 InsVV Rn 29). Wird allerdings der Festsetzungsbeschluss aufgrund eines Rechtsmittels vom Beschwerdegericht ganz oder teilweise aufgehoben, hat der Verwalter den entnommenen Betrag zurückzuzahlen (Rn 58). Zur Festsetzung der Vergütung siehe im Übrigen § 64 Rn 8 ff.

56 Vermag der Verwalter hinsichtlich seiner Vergütungs- und Auslagenansprüche aus der Masse keine Befriedigung zu erlangen, haftet der Insolvenzschuldner grundsätzlich mit seinem insolvenzfreien, nicht nur mit dem insolvenzbefangenen Vermögen. Der Vergütungsbeschluss ist **Vollstreckungstitel** nach § 794 Abs 1 Nr 3 ZPO (**BGH** 17. 11. 2005 BGHZ 165, 96, 102 f = NZI 2006, 94 = ZInsO 2006, 27; H/W/F § 8 InsVV Rn 29).

57 Befinden sich nach Verfahrensbeendigung noch Massegegenstände im Besitz des Verwalters, so steht ihm an den Gegenständen hinsichtlich seiner Vergütung und Auslagen ein **Zurückbehaltungsrecht** nach § 273 BGB zu (H/W/F § 8 InsVV Rn 43). Eine **Aufrechnung** mit Schadenersatzansprüchen wegen Schlechtleistung des Verwalters oder wegen der Verursachung von Gemeinschaftsschäden ist im Vergütungs- und Kostenfestsetzungsverfahren unzulässig (**BGH** 17. 11. 2005 BGHZ 165, 96, 106 = NZI 2006, 94 = ZInsO 2006, 27; H/W/F § 8 InsVV Rn 29; **BGH** 5. 1. 1995 ZIP 1995, 290; K/P/B-*Eickmann/Prasser* InsO VergütR vor § 1 InsVV Rn 19 ff; H/W/F § 8 InsVV Rn 44; MüKo-*Nowak* § 64 Rn 18). Allerdings können solche Ansprüche im Wege der Klage oder nach erfolgter Festsetzung gem § 767 ZPO geltend gemacht werden.

58 **6. Gerichtliche Rückzahlungsanordnung.** Bei der Festsetzung bzw Entnahme der Vergütung kann es dazu kommen, dass der Verwalter einen zu großen Betrag entnimmt, womit sich das Problem stellt, inwieweit eine Rückforderungsmöglichkeit besteht und wie diese durchzusetzen ist. Die **Rückforderungsmöglichkeit** ergibt sich dabei aus § 717 Abs 2 ZPO analog (**BGH** 17. 11. 2005 BGHZ 165, 96, 104 f = NZI 2006, 94 = ZInsO 2006, 26). Diese analoge Anwendung ergibt sich aus dem Umstand, dass der Vergütungsfeststellungsbeschluss wie ein vorläufig vollstreckbares Urteil durchsetzbar ist, auch wenn es eine Vollstreckung tatsächlich nicht erfolgt, da weder der Schuldner noch die Gläubiger den Zugriff des Verwalters auf die Masse verhindern können, der Verwalter somit sogar noch einfacher als bei einer vollstreckbarem Titel auf die Masse zugreifen kann. Da es sich bei § 717 Abs 2 ZPO um einen Schadenersatzanspruch handelt, schuldet der Verwalter nicht nur Rückgewähr, sondern Ersatz des Schadens, der der Masse durch die Entnahme entstanden ist. Der Verwalter kann dabei auch nicht mit den noch nicht festgesetzten Vergütungsansprüchen aufrechnen, soweit damit die durch die Entnahme beigetriebenen Vergütungsansprüche betroffen sind (**BGH** 17. 11. 2005 BGHZ 165, 96, 106 = NZI 2006, 94 = ZInsO 2006, 26 mit Verweis auf **BGH** 3. 7. 1997 BGHZ 136, 199, 202 f = NJW 1997, 2601 = ZIP 1997, 1558).

59 Eine andere Frage ist allerdings, in welcher Form der Schadenersatzanspruch der Masse gegenüber dem Verwalter durchgesetzt werden kann. Eine gerichtliche Anordnung der Rückzahlung ist dabei nicht möglich (H/W/F § 5 InsVV Rn 32 ff). Allerdings kann das Insolvenzgericht zur Geltendmachung des Anspruchs einen **Sonderinsolvenzverwalter** bestellen (**BGH** 17. 11. 2005 BGHZ 165, 96, 99 f = NZI 2006, 94 = ZInsO 2006, 26). Darüber hinaus kann das Insolvenzgericht bei der noch festzusetzenden Vergütung entsprechende Abzüge vornehmen (H/W/F § 5 InsVV Rn 34). In eklatanten Verletzungsfällen kann das Insolvenzgericht auch die Hinterlegung oder Sicherstellung des Betrages anordnen (§ 58 Abs 2).

IV. Erstattung angemessener Auslagen

60 Nach § 63 S 1 hat der Insolvenzverwalter Anspruch auf die Erstattung angemessener Auslagen. Was unter den Begriff der Auslagen fällt, regelt § 4 InsVV. Die Auslagenfestsetzung nach § 4 InsVV hat sich am Gesetzeswortlaut des § 63 S 1 InsO zu orientieren. Der Anspruch des Verwalters auf Erstattung angemessener Auslagen beinhaltet zugleich das **Verbot der Festsetzung eines unangemessenen Auslagenersatzes**. Die Prüfung des Gerichts ist allein auf die Frage der Angemessenheit der gezahlten Vergütung reduziert, so dass eine Prüfung der Zweckmäßigkeit nur durch den Verwalter zu beurteilen ist (H/W/F § 4 InsVV Rn 13).

61 **1. Allgemeine Geschäftskosten (§ 4 Abs 1 InsVV).** Allgemeine Geschäftskosten sind nach § 4 Abs 1 S 1 InsVV mit der Vergütung abgegolten. Es handelt sich idR um Ausgaben für Porto, Telefon-, Telefaxkosten, Kosten für Ablichtungen, Reisekosten, Schreibpapier etc. Bei der Vergütungsfestsetzung hat das Gericht zu beachten, dass die „**Gemeinkosten**" im anwaltlichen Bereich zwischen 65 und 75 Prozent liegen (H/W/F Vor § 1 InsVV Rn 12; § 4 InsVV Rn 9). Die Verwaltervergütung muss letztlich so hoch sein, dass dem Verwalter nach Abzug aller ihm für das Verfahren entstandenen, aber nicht als Auslagen geltend gemachten Kosten ein seiner Tätigkeit und seiner Verantwortung entsprechendes Entgelt verbleibt (**BGH** 23. 7. 2004 NZI 2004, 590, 591 = ZInsO 2004, 964 = ZIP 2004, 1716; *Uhlenbruck*

IV. Erstattung angemessener Auslagen **§ 63**

KTS 1976, 67; H/W/F § 4 InsVV Rn 3). Zu den nicht gesondert feststellbaren Auslagen gehören auch Büromiete (einschließlich der laufenden Nebenkosten) wie zB Heizung, Strom, Gas, Wasser), Kosten des Personals, Leasingkosten für Einrichtungs- oder technische Ausstattungsgegenstände, PKW-Leasing, Ausgaben für Zeitschriften, Bücher, Kommentare und allgemeine Fachliteratur sowie der Kapitaldienst für Betriebsmittelkredite der Kanzlei und E-Mail- oder Telefonanschlüsse (H/W/F § 4 InsVV Rn 5; MüKo-*Nowak* § 4 InsVV Rn 2).

Zu den allgemeinen Geschäftskosten gehören auch die **Gehälter seiner Angestellten**, selbst wenn diese 62 anlässlich des Insolvenzverfahrens eingestellt worden sind (§ 4 Abs 1 S 2 InsVV). Dabei sind die Gehälter der Angestellten des Insolvenzverwalters streng von der Vergütung Externer im Rahmen von Dienst- oder Werkverträgen zu unterscheiden, die der Insolvenzverwalter nach § 4 Abs 1 S 3 InsVV grundsätzlich abschließen kann (siehe Rn 67 ff). Ein Auslagenersatz von diesen Kosten nach § 4 Abs 2 InsVV ist nur dann möglich, wenn tatsächlich Dienst- oder Werkverträge für die Masse abgeschlossen worden sind. Dies gilt selbst dann, wenn die Leistungen durch eigene Angestellte des Insolvenzverwalters erbracht wurden, obwohl diese auch von Externen hätten erbracht werden können (**BGH** 13. 7. 2006 NZI 2006, 586 = ZInsO 2006, 817 = ZIP 2006, 1501). Aufgrund dieser Trennung kann der Insolvenzverwalter die Kosten für seine eigenen Angestellten auch nicht laufend aus der Masse entnehmen (aA aber H/W/F § 4 InsVV Rn 21).

Bei der Berechnung der Verwaltervergütung muss der **Grundsatz der Angemessenheit** insbesondere bei 63 der Berücksichtigung der allgemeinen Verfahrenskosten beachtet werden, da diese bereits mit der Vergütung abgegolten sind (§ 4 Abs 1 S 1 InsVV). Daher muss dem Insolvenzverwalter nach Abzug aller ihm durch das Insolvenzverfahren entstandenen – aber nicht als Auslagen zu erstattenden – Kosten ein seiner Tätigkeit, Qualifikation und Verantwortung entsprechendes persönliches Entgelt verbleiben (**BGH** 23. 7. 2004 NZI 2004, 589 = ZInsO 2004, 964 = ZIP 2004, 1715; **BGH** 15. 1. 2004 BGHZ 157, 282, 288 f = NZI 2004, 196 = ZInsO 2004, 257; H/W/F § 4 InsVV Rn 4).

2. Besondere Geschäftsunkosten (§ 4 Abs 2 InsVV). Soweit Kosten, die nach § 4 Abs 1 S 1 InsVV zu 64 den Allgemeinkosten gehören, **nachweisbar für das betreffende Verfahren angefallen** sind, also dem Verfahren direkt zugeordnet werden können, sind diese auf Antrag vom Gericht festzusetzen und zu erstatten (**BGH** 22. 4. 2007 BGHZ 160, 176, 180 f = NZI 2004, 577 = ZInsO 2004, 970; K/P/B-*Eickmann/Prasser* § 4 InsVV Rn 6; H/W/F § 4 InsVV Rn 6; MüKo-*Nowak* § 4 InsVV Rn 3). Die allgemeinen Geschäftsunkosten lassen sich daher von den **besonderen Geschäftskosten** nur insoweit abgrenzen, als letztere nachweisbar auf ein bestimmtes konkretes Verfahren bezogen werden können. Für die Begründung von erstattungsfähiger Auslagen muss der Insolvenzverwalter nach seinem verständigen Ermessen aufgrund sorgfältiger Prüfung über die Notwendigkeit entscheiden (MüKo-*Nowak* § 4 InsVV Rn 4). Dabei muss die Höhe der Aufwendungen zu dem angestrebten – aber nicht notwendigerweise auch eintretenden – Erfolg in einem angemessenen Verhältnis stehen. Die Beweislast für die Angemessenheit trägt dabei der Insolvenzverwalter (MüKo-*Nowak* § 4 InsVV Rn 4).

Zu den besonderer Geschäftsunkosten gehören die **Zustellungskosten**, soweit die Zustellung nach § 8 65 Abs 3 dem Insolvenzverwalter übertragen wurde (**BGH** 21. 12. 2006 NZI 2007, 166 = ZInsO 2007, 86 = ZIP 2007, 188; **LG** Mainz 21. 3. 2006 ZInsO 2006, 425; **LG** Bamberg 21. 2. 2004 ZInsO 2004, 1196), wobei dabei nur die sächlichen Kosten und nicht die Personalkosten als Auslagen geltend gemacht werden können (**BGH** 21. 12. 2006 NZI 2007, 166 = ZInsO 2007, 86 = ZIP 2007, 188; aA H/W/F § 4 InsVV Rn 8). Die Möglichkeit eines Zuschlags nach § 3 InsVV bleibt davon allerdings unberührt (MüKo-*Nowak* § 4 InsVV Rn 18 a). Auch Aufwendungen für ein **elektronisches Gläubigerinformationssystem** sind erstattungsfähige Auslagen (**AG** Dresden 30. 1. 2003 ZInsO 2003, 628 = ZIP 2003, 414 = ZVI 2003, 142). Die **Miete für das Verwalterbüro** ist nicht abgrenzbar, wohl dagegen die Miete, wenn der Verwalter im eigenen Namen und auf eigene Rechnung Lagerräume anmietet, um wegen Aufgabe der Betriebsstätte vorübergehend Geschäftsunterlagen des Schuldnerunternehmens einzulagern (H/W/F § 4 InsVV Rn 28). Nicht als Auslagen erstattungsfähig sind Aufwendungen zur Anschaffung einer **speziellen Insolvenzverwaltersoftware**, da diese Büroaufwand iSv § 4 Abs 1 S 1 darstellen, der mit der Vergütung abgegolten ist (*Blersch* § 4 InsVV Rn 8).

Zu den besonderen Kosten zählen auch die **Reisekosten** des Insolvenzverwalters, die in Ausübung des 66 Verwalteramtes angefallen sind. Die Notwendigkeit der Reisen bestimmt sich nach der für das jeweilige Unternehmen üblichen Handhabung und ist insofern einer insolvenzrechtlichen gerichtlichen Überprüfung weit gehend entzogen (MüKo-*Nowak* § 4 InsVV Rn 16). Erstattungsfähig sind die tatsächlich aufgewendeten Aufwendungen für die Reisen, so dass es insofern insbesondere nicht auf § 46 RVG ankommt. Auch die bestehenden steuerrechtlichen anerkannten Regelsätze stellen keinen Maßstab dar (MüKo-*Nowak* § 4 InsVV Rn 17).

3. Abschluss von Dienst- und Werkverträgen (§ 4 Abs 1 S 3 InsVV). Der Insolvenzverwalter kann 67 schließlich zur Erledigung besonderer Aufgaben Dienst- und Werkverträge für Rechnung der Masse abschließen (§ 4 Abs 1 S 3 InsVV). Dabei gibt es nur einen sehr kleinen Bereich von **Geschäften, zu deren Wahrnehmung der Insolvenzverwalter selbst verpflichtet** ist und die entsprechend nicht auf Dritte übertragen werden können (Rn 21). Insofern muss der Insolvenzverwalter auch nicht alle Geschäfte selbst erledigen, sondern darf sich dazu Dritter bedienen, die aus der Masse zu befriedigen sind (**BGH** 13. 7. 2006 NZI 2006, 586 = ZInsO 2006, 817 = ZIP 2006, 1501; **BGH** 22. 7. 2004 BGHZ 160, 176, 183 = NZI 2004, 577 = ZInsO 2004, 970; **BGH** 11. 11. 2004 NZI 2005, 103 = ZInsO 2004, 1348 = ZIP 2005, 36; LG Braunschweig 29. 1. 2001 Rpfleger 2001, 315 = ZInsO 2001, 552; Jaeger-*Schilken* § 63 Rn 56). Dies ergibt sich bereits aus dem Umstand, dass es einem Insolvenzverwalter nicht zumutbar ist, einen entsprechenden hohen Personalbestand vorzuhalten.

68 Der Insolvenzverwalter muss aus Gründen der Transparenz seiner Vergütung zunächst entsprechende Dienst- oder Werkverträge auch tatsächlich abschließen und kann sich daher bei der Hinzuziehung eigenen Personals nicht darauf berufen, dass deren Tätigkeit auch von Dritten hätte übernommen werden können (**BGH** 13. 7. 2006 NZI 2006, 586 = ZInsO 2006, 817 = ZIP 2006, 1501). Soweit der Insolvenzverwalter Verträge abschließt, die zu einer abhängigen Beschäftigung führen, kann das Nachweisgesetz zur Anwendung kommen, womit dann auch klarzustellen ist, ob der Vertrag mit dem Insolvenzverwalter in seiner Person oder mit der Insolvenzmasse abgeschlossen wird. Sofern der Insolvenzverwalter der **Nachweispflicht nach § 3 NachwG** nicht nachkommt, kann ihm die Beweislast dafür obliegen, dass die Mitarbeiter „nur" von der Insolvenzmasse angestellt wurden (**LAG** Köln 25. 7. 1997 DStR 1998, 693 = BB 1998, 590).

69 Der Abschluss von Dienst- oder Werkverträgen ist auch mit einer juristischen Person zulässig, an der der Insolvenzverwalter selbst beteiligt ist (**BGH** 24. 1. 1991 BGHZ 113, 262, 270 = NJW 1991, 982 = ZIP 1991, 324). Der Insolvenzverwalter muss dies dem Insolvenzgericht allerdings anzeigen, um auf einen möglichen **Interessenkonflikt** hinzuweisen, den das Insolvenzgericht dann zu prüfen hat. Neben dieser Anzeigepflicht können auch andere berufsrechtliche Pflichten bestehen, die der Insolvenzverwalter beachten muss (§ 3 BORA, § 6 BOStB, § 49 WPO). Der Insolvenzverwalter kann auch mit eigenen Mitarbeitern Dienst- oder Werkverträge abschließen, wobei dann die Arbeitsbereiche objektiv zu trennen sind (MüKo-*Nowak* § 4 InsVV Rn 6).

70 Für die **Bestimmung delegationsfähiger Arbeiten und deren Vergütung** haben sich in der Praxis verschiedene Fallgruppen herausgebildet (H/W/F § 4 InsVV Rn 27 ff (mit Hinweisen zur dann jeweils üblichen Vergütung; MüKo-*Nowak* § 4 InsVV Rn 10 ff). Die maßgebliche Grundlinie ist dabei, ob der Insolvenzverwalter die entsprechenden Tätigkeiten ohne weiteres auch selbst erledigen kann oder ob derartige Tätigkeiten allgemein von externen Fachleuten wahrgenommen werden. Für die **Buchhaltung und Bilanzierung** kann der Insolvenzverwalter grundsätzlich entsprechende Dienst- oder Werkverträge mit Dritten abschließen, soweit dies nicht ohne weiteres durch ihn selbst oder durch das beim Schuldner vorhandene Personal vorgenommen werden kann, sofern bei Letzteren kein Zweifel an der ordnungsgemäßen Durchführung bestehen (MüKo-*Nowak* § 4 InsVV Rn 10; restriktiver H/W/F § 4 InsVV Rn 37). Das gleiche gilt grundsätzlich auch für **steuerrechtliche Fragen** (OLG Köln 21. 4. 1976 KTS 1977, 56). Eine **erforderliche Immobilienverwaltung** kann der Verwalter auf Dritte übertragen, soweit er nicht selbst über qualifiziertes Personal verfügt. Auch die Einschaltung eines **Inkassobüros** ist zulässig, soweit eine nicht nur geringe Zahl von Schuldnern des Schuldners vorliegt. Die **Verwertung** gehört hingegen zur originären Verwaltertätigkeit (**BGH** 11. 11. 2004 – NZI 2005, 103 = ZInsO 2004, 1348 = ZIP 2005, 36), die bei Vorliegen sehr spezieller Märkte aber auch auf Dritte übertragen werden kann (H/W/F § 4 InsVV Rn 29). Sofern hiefür ein Auktionator erforderlich ist, kann der Insolvenzverwalter einen entsprechenden Vertrag abschließen (H/W/F § 4 InsVV Rn 33). Auch ist die **Erstellung von Gutachten** übertragbar, sofern es sich nicht um Gutachten handelt, die im originären Tätigkeitsbereich des Insolvenzverwalters liegen. Immer Sonderaufgabe und damit übertragbar sind schließlich die Tätigkeiten, bei denen der Insolvenzverwalter zur Einschaltung eines Dritten – wie etwa bei der Abschlussprüfung nach §§ 316 ff HGB – verpflichtet ist.

71 Der Insolvenzverwalter kann die zur Erfüllung der abgeschlossenen Dienst- oder Werkverträge erforderlichen Mittel direkt aus der Masse entnehmen (§ 4 Abs 1 S 3 InsVV), da es sich bei den Vergütungsansprüchen um **Masseverbindlichkeiten nach § 55 Nr 1** handelt. Dies gilt auch für Vergütungen, die unangemessen hoch sind. In diesem Fall besteht gegebenenfalls eine Ersatzpflicht des Insolvenzverwalters (§ 60).

72 Der Insolvenzverwalter muss nach § 8 Abs 2 InsVV im Antrag auf Festsetzung der Vergütung und der Auslagen darlegen, welche Dienst- und Werkverträge für besondere Aufgaben im Rahmen der Insolvenzverwaltung abgeschlossen worden sind, so dass insofern eine **gerichtliche Überprüfung** besteht. Das Insolvenzgericht kann dann bei einer entsprechenden fehlenden Erforderlichkeit der Hinziehung von Externen die festzusetzende Vergütung um den zu Unrecht aus der Masse entnommenen Betrag kürzen (**BGH** 11. 11. 2004 NZI 2005, 103, 104 = ZInsO 2004, 1348 = ZIP 2005, 36; H/W/F § 4 InsVV Rn 21). Setzt der Verwalter unter Freistellung von anderen Büroarbeiten eine Mitarbeiterin ausschließlich für die Bearbeitung eines Insolvenzverfahrens ein und stellt er für deren Ausfall eine neue Mitarbeiterin ein, so kann er die besonderen Personalkosten der für das Verfahren eingesetzten Mitarbeiterin als Auslagen erstattet verlangen und im Wege des Vorschusses geltend machen (LG Frankfurt 27. 4. 2001 ZInsO 2001, 613).

73 **4. Pauschalisierung von Auslagen.** § 8 Abs 3 InsVV räumt zusätzlich dem Verwalter die Möglichkeit ein, anstelle der tatsächlich entstandenen Auslagen einen **Pauschsatz** zu fordern, der im ersten Jahr

fünfzehn Prozent, danach zehn Prozent der gesetzlichen Vergütung, höchstens jedoch **250 Euro** je angefangenen Monat der Dauer der Tätigkeit des Verwalters beträgt. Dabei kann der Verwalter für die sich dem ersten Jahr anschließenden Folgejahre jeweils zehn Prozent geltend machen (**BGH** 23. 7. 2004 NZI 2004, 589, 590 = ZInsO 2004, 964 = ZIP 2004, 1715; **LG** Hannover 15. 8. 2002 ZInsO 2002, 816; **LG** Mönchengladbach 14. 10. 2003 NZI 2003, 656; **LG** Düsseldorf 10. 6. 2003 ZIP 2003, 1856 = ZVI 2003, 562; H/W/F Vor § 8 Rn 11; *Haarmeyer* ZInsO 2003, 1095; aA **LG** Stralsund 4. 9. 2003 ZInsO 2003, 1095; *Breutigam/Blersch/Goetsch*, InsolvenzR, § 8 InsVV Rn 39 f; *Keller*, EWiR 2001, 175). Der Auslagenersatz kann dabei aber nur bis zu dem Zeitpunkt gewährt werden, zu dem bei ordnungsgemäßer Durchführung des Verfahrens die insolvenzrechtlich erforderliche Tätigkeit abgeschlossen worden wäre, so dass eine verspätete Vorlage des Abschlussberichts und Beschwerden des Insolvenzverwalters gegen die Festsetzung der Vergütung keine weitergehenden Ansprüche begründen (**BGH** 23. 7. 2004 NZI 2004, 590, 591 = ZInsO 2004, 964 = ZIP 2004, 1716). Die Pauschalisierungsregelung von § 8 Abs 3 InsVV hat dabei ausschließlich den Zweck, den Insolvenzverwalter von einem Einzelnachweis zu befreien, nicht jedoch seine Vergütung zu erhöhen (**BGH** 23. 7. 2004 NZI 2004, 590, 591 = ZInsO 2004, 964 = ZIP 2004, 1716). Daher ist bei der Prüfung der Angemessenheit der Vergütung der Auslagenersatz nach § 8 Abs 3 InsVV nicht zu berücksichtigen (H/W/F Vor § 8 Rn 3).

5. Kosten einer zusätzlichen Haftpflichtversicherung. Nach § 4 Abs 3 S 1 InsVV sind mit der Vergütung auch die Kosten einer Haftpflichtversicherung abgegolten. Jedoch können nach § 4 Abs 3 S 2 InsVV die Kosten einer **angemessenen zusätzlichen Vermögens-Haftpflichtversicherung** als Auslagen erstattet werden, wenn die Verwaltung mit einem besonderen Haftungsrisiko verbunden ist. Nicht erstattungsfähig sind somit die Kosten einer allgemeinen Berufshaftpflichtversicherung oder der allgemeinen Insolvenzverwalter-Haftpflichtversicherung, die jeder Verwalter im Rahmen der allgemeinen Versicherungspflicht abzuschließen hat (Einzelheiten bei H/W/F § 4 InsVV Rn 78 ff; *Blersch* § 4 InsVV Rn 30 ff; K/P/B-*Eickmann* InsO VergütR § 4 InsVV Rn 13 f).

Handelt es sich um ein **Verfahren mit besonderen Haftungsrisiken**, die über die normalen Haftungsrisiken hinausgehen, was besonders im Rahmen der Unternehmensfortführung der Fall sein dürfte, so sind diese Kosten einer speziellen, verfahrensbezogenen Zusatzversicherung als besondere Auslagen nach § 4 Abs 3 S 2 InsVV erstattungsfähig (**BGH** 6. 5. 2004 BGHZ 159, 104 = NZI 2004, 435 = ZInsO 2004, 609; **BGH** 13. 1. 1982 ZIP 1982, 326; *Merz* KTS 1989, 277, 281; H/W/F § 4 InsVV Rn 79; K/P/B-*Eickmann* InsO VergütR § 4 InsVV Rn 13; *Gottwald/Last* InsRHdb § 127 Rn 34; MüKo-*Nowak* § 4 InsVV Rn 18). Die Prämien sind als besondere Auslagen vom Insolvenzgericht festzusetzen und können daher nicht unmittelbar aus der Masse entnommen werden (H/W/F § 4 InsVV Rn 80; *Uhlenbruck* KTS 1967, 201, 205; *ders* VersR 1973, 499; *ders* KTS 1973, 1974; *ders* FS *Schmidt* 1981 S 217, 232; *Uhlenbruck/Delhaes* HRP Rn 560). Zu beachten ist, dass der Versicherungsschutz grundsätzlich nicht das **unternehmerische Risiko** abdeckt. In Großverfahren sollte der Verwalter einen **Vorschuss** zur Abdeckung der Versicherungsprämien nach § 9 InsVV beantragen.

V. Umsatzsteuer

Nach § 7 InsVV erhält der Verwalter zusätzlich zur Vergütung und zur Erstattung der Auslagen noch die zu zahlende Umsatzsteuer. Die Umsatzsteuer ist entgegen der früheren Regelung in voller Höhe von **neunzehn Prozent** festzusetzen (H/W/F § 7 InsVV Rn 4; HK-*Eickmann* § 63 Rn 13; K/P/B-*Eickmann* InsO VergütR § 7 InsVV Rn 1). Gleiches gilt für die nach § 4 InsVV festzusetzenden **Auslagen**, soweit es sich bei diesen nicht um Durchlaufposten iSv § 10 Abs 1 S 6 UStG handelt. Auch die Auslagenpauschale nach § 8 Abs 3 InsVV ist mit der Umsatzsteuer zu erstatten. Die Umsatzsteuer ist im Vergütungsbeschluss gesondert auszuweisen. Der Verwalter hat im Antrag die Umsatzsteuer gesondert anzugeben. Zur Behandlung von Altfällen siehe die Kommentierung der Vorauflage (Rn 30).

VI. Anspruch gegen die Staatskasse bei Stundung der Kosten (Abs 2)

Durch Art 1 Nr 9 InsOÄndG 2001 ist im Hinblick auf das Stundungsmodell in den §§ 4 a ff dem Verwalter bzw Treuhänder in § 63 Abs 2 ein Sekundäranspruch gegen die Staatskasse eingeräumt worden. Durch eine Änderung der Anlage 1 zum GKG wird zugleich ein neuer Auslagentatbestand in Nr 9018 KostVerz geschaffen, der ua auch die Vergütung und Auslagen des vorläufigen sowie des endgültigen Insolvenzverwalters erfasst, wodurch diese erstmals einen Vergütungsanspruch gegen die Staatskasse erhalten. Diese Kosten können nach Ablauf der Stundungsfrist beim Schuldner geltend gemacht werden (Begr RegE InsOÄndG 2001, BT-Drucks 14/5680, S 12). Mit der Einführung des § 63 Abs 2 hat der Gesetzgeber entsprechend einem in der Literatur immer wieder vorgebrachten Desiderat dafür Sorge getragen, dass die im Insolvenzverfahren tätigen Personen, also insbesondere der vorläufige Insolvenzverwalter, der endgültige Verwalter und der Treuhänder einen **werthaltigen Anspruch** auf ihre Vergütung erhalten. Reicht das Schuldnervermögen bzw die Insolvenzmasse nicht aus, um die Vergütungsansprüche abzudecken, und eröffnet das Gericht trotz der Regelung in § 26 Abs 1 das Insolvenzverfahren wegen Stundung der Gerichtskosten, so steht dem Insolvenzverwalter bzw Treuhänder ein Sekundäranspruch gegen die Staatskasse hinsichtlich seiner Vergütung zu.

78 Mit der Einführung des neuen Auslagentatbestands in Nr 9018 KostVerz hat der Gesetzgeber aber keineswegs die allgemeine gesetzliche Unzulänglichkeit beseitigt, die darin besteht, dass in den Fällen der Masselosigkeit die Staatskasse für die Vergütung und Auslagen des vorläufigen Insolvenzverwalters nicht aufzukommen hat. Die dringend notwendige Regelung in der Anlage 1 zum GKG dürfte wohl aus Kostengründen unterblieben sein. Beantragt der Schuldner als natürliche Person keine Stundung oder wird diese versagt oder handelt es sich um eine juristische Person, liegt das volle Kostenerstattungsrisiko auch nach der gesetzlichen Neuregelung in Nr 9018 KostVerz nach wie vor beim vorläufigen Insolvenzverwalter (**BGH** 22. 1. 2004 BGHZ 157, 370, 376 ff = NZI 2004, 245 = ZInsO 2004, 336; LG Fulda 18. 5. 2001 NZI 2002, 61), so dass den Gerichten in diesen Fällen nur empfohlen werden kann, den vorläufigen Verwalter zugleich als Gutachter einzusetzen.

§ 64 Festsetzung durch das Gericht

(1) Das Insolvenzgericht setzt die Vergütung und die zu erstattenden Auslagen des Insolvenzverwalters durch Beschluß fest.

(2) ¹Der Beschluß ist öffentlich bekanntzumachen und dem Verwalter, dem Schuldner und, wenn ein Gläubigerausschuß bestellt ist, den Mitgliedern des Ausschusses besonders zuzustellen. ²Die festgesetzten Beträge sind nicht zu veröffentlichen; in der öffentlichen Bekanntmachung ist darauf hinzuweisen, daß der vollständige Beschluß in der Geschäftsstelle eingesehen werden kann.

(3) ¹Gegen den Beschluß steht dem Verwalter, dem Schuldner und jedem Insolvenzgläubiger die sofortige Beschwerde zu. ²§ 567 Abs. 2 der Zivilprozeßordnung gilt entsprechend.

I. Allgemeines

1 Während § 63 die materiell-rechtlichen Rahmenbedingungen für die Vergütungsfestsetzung festlegt, regelt § 64 das formelle Verfahren der Vergütungsfestsetzung. Die nähere Ausgestaltung des Festsetzungsverfahrens enthält § 8 InsVV. Soweit weder § 64 InsO noch § 8 InsVV Einzelfragen regeln, sind die für die Festsetzungsverfahren der ZPO entwickelten Grundsätze entsprechend anwendbar (K/P/B-*Eickmann* InsO VergütR § 8 InsVV Rn 1). Auf Vergütungen, die gesondert anfallen, weil sie außerhalb des spezifischen Pflichtenkreises des Verwalters liegen, ist weder § 64 InsO noch § 8 InsVV anwendbar (K/P/B-*Eickmann* InsO VergütR vor § 1 InsVV Rn 27 ff). § 8 InsVV konkretisiert teilweise die Vorschrift des § 64. So sieht § 8 Abs 1 S 2 InsVV vor, dass die Festsetzung für Vergütung und Auslagen gesondert erfolgt. Nach § 8 Abs 1 S 3 InsVV soll der Antrag gestellt werden, wenn die Schlussrechnung an das Gericht gesandt wird. Darüber hinaus regelt § 8 Abs 2 InsVV den unverzichtbaren Inhalt der Antragsbegründung. Schließlich sieht § 8 Abs 3 InsVV die Möglichkeit einer Pauschalierung der Auslagenerstattung vor, die in § 64 nicht vorgesehen ist.

II. Festsetzungsantrag

2 **1. Antragserfordernis.** Nach § 64 Abs 1 setzt das Gericht die Vergütung und die Auslagen des Insolvenzverwalters durch Beschluss fest. Das Antragserfordernis hat der Verordnungsgeber in § 8 Abs 1 S 1 InsVV festgelegt mit der Folge, dass die Vergütung nicht von Amts wegen ermittelt und festgesetzt wird, sondern nur auf schriftlichen Antrag, der vom Vergütungsberechtigten beim Insolvenzgericht einzureichen ist. Hierdurch soll sichergestellt werden, dass das Insolvenzgericht den Vergütungsantrag überprüfen kann.

3 Für den Festsetzungsantrag des **vorläufigen Insolvenzverwalters** gilt wegen der Bezugnahme in § 21 Abs 2 Nr 1 die Vorschrift des § 64 entsprechend und über die Verweisung in § 10 InsVV ebenfalls die Vorschrift des § 8 InsVV. Danach ist die Festsetzung der Vergütung eines vorläufigen Insolvenzverwalters nur auf Antrag möglich. Nach § 11 Abs 1 S 1 InsVV wird die Tätigkeit des vorläufigen Insolvenzverwalters besonders vergütet. Hat das Insolvenzgericht den vorläufigen Insolvenzverwalter zugleich als Sachverständigen beauftragt mit der Prüfung, ob ein Insolvenzgrund vorliegt und welche Aussichten für eine Fortführung des Schuldnerunternehmens bestehen, so wird noch zusätzlich eine Vergütung nach dem Justizvergütungs- und Entschädigungsgesetz festgesetzt (§ 11 Abs 4 InsVV). Für Einzelheiten siehe die Kommentierung zu § 22.

4 **2. Form und Inhalt des Vergütungsantrags.** Der Vergütungsantrag muss schriftlich gestellt werden und muss hinsichtlich der Vergütung und der Auslagen einen konkreten Betrag bezeichnen (H/W/F § 8 InsVV Rn 7; Jaeger-*Schilken* § 64 Rn 6 f). Darüber hinaus muss der Antragsteller den Antrag begründen und mit einem konkreten Tatsachenvortrag belegen (**BGH** 16. 6. 2005 NZI 2005, 559, 560 = ZInsO 2005, 806 = ZIP 2005, 1371; **BGH** 18. 12. 2003 NZI 2004, 251 = ZInsO 2004, 265 = ZIP 2004, 518; **BGH** 24. 7. 2003 – NZI 2003, 603 = ZInsO 2003, 790 = ZIP 2003, 1757; **OLG** Celle 29. 9. 2001 ZInsO 2001, 1003, KG 3. 4. 2001 NZI 2001, 307 = ZInsO 2001, 409; **OLG** Stuttgart 14. 1. 2000 NZI 2000, 166 = ZInsO 2000, 160 = ZIP 2000, 587). Insofern sind pauschale Verweise, ständige Wiederholungen

IV. Gerichtliche Vergütungsfestsetzung **§ 64**

ohne eine entsprechende Begründung oder der bloße Verweis auf die Schwere des Verfahrens nicht ausreichend (H/W/F § 8 InsVV Rn 7). Dies bedeutet allerdings nicht, dass eine lückenlose Darstellung durch den Verwalter erfolgen muss. Dieser muss das Insolvenzgericht aber in die Lage versetzen, die für die einzelnen Vergütungstatbestände notwendigen Voraussetzungen ohne weiteres nachzuvollziehen (**BGH** 14. 12. 2005 NZI 2006, 167 = ZInsO 2006, 143 = ZIP 2006, 625). Daher ist auch ein Antrag auf Festsetzung einer angemessenen Vergütung unzulässig, da er nicht hinreichend konkret ist (H/W/F § 8 InsVV Rn 8).

Schwieriger ist es, den **Wert der Insolvenzmasse zur Zeit der Beendigung des Verfahrens** (§ 63 S 2) 5 anzugeben. Nach § 8 Abs 1 S 3 InsVV soll der Antrag gestellt werden, wenn die Schlussrechnung an das Gericht gesandt wird. Zu diesem Zeitpunkt steht aber noch nicht fest, in welcher Höhe das Gericht die Vergütung festsetzt. Deshalb ist in die Schlussrechnung die vom Verwalter errechnete Vergütung einzustellen.

3. Zeitpunkt der Antragstellung. Der Vergütungsanspruch des Insolvenzverwalters entsteht mit der 6 Leistungserbringung und wird mit der tatsächlichen Beendigung der Tätigkeit fällig (§ 63 Rn 45). Vor Beendigung des Verfahrens hat der Verwalter allenfalls einen Anspruch auf Festsetzung eines **Vorschusses** auf Vergütung und Auslagen (§ 9 InsVV). Im Übrigen soll nach § 8 Abs 1 S 3 InsVV der Antrag gestellt werden, wenn die Schlussrechnung an das Gericht gesandt wird, da dem Gericht durch die Schlussrechnung die Möglichkeit gegeben werden soll, die Berechnungen des Insolvenzverwalters nachzuvollziehen. Insofern muss ein vor der Schlussrechnung gestellter Vergütungsantrag als unzulässig zurückgewiesen werden. Dies gilt allerdings nicht für den vorläufigen Insolvenzverwalter, bei dem eine schlüssige Darlegung der Berechnungsgrundlage ausreicht (**KG** 3. 4. 2001 NZI 2001, 307 = ZInsO 2001, 409; H/W/F § 8 InsVV Rn 9).

III. Rechtliches Gehör

Das Gericht braucht den Verfahrensbeteiligten vor Festsetzung der Vergütung **kein rechtliches Gehör** 7 zu gewähren, da schon wegen der besonderen Verfahrensart und der Vielzahl der an diesem Verfahren Beteiligten eine vorherige Anhörung nicht möglich ist (K/P/B-*Eickmann/Prasser* InsO VergütR § 8 InsVV Rn 7; H/W/F § 8 InsVV Rn 18; str aA **LG** Düsseldorf 6. 1. 1977 DB 1977, 1260; MüKo-*Nowak* § 64 Rn 5; Jaeger/*Schilken* § 64 Rn 9 ff; wohl auch K/P/B-*Lüke* § 64 Rn 6). Richtig ist zwar, dass Art 103 Abs 1 GG auch für die Vergütungsfestsetzung eingreift. Jedoch tritt der Anspruch auf rechtliches Gehör hinter dem Gebot der Verfahrensbeschleunigung zurück, wenn sich aus der Besonderheit der Verfahrensart eine system- und sachgerechte zwingende Einschränkung ergibt (K/P/B-*Eickmann/Prasser* InsO VergütR § 8 InsVV Rn 7). Letztlich sind die Rechte der Verfahrensbeteiligten durch die **öffentliche Bekanntmachung** des Beschlusses nach § 64 Abs 2 S 1 hinreichend gewahrt (vgl auch H/W/F § 8 InsVV Rn 18; K/P/B-*Eickmann/Prasser* InsO VergütR § 8 InsVV Rn 7). Auch dem Schuldner ist kein rechtliches Gehör zu gewähren, da die Vergütung gesetzlich geregelt ist und der Verwalter einen gesetzlichen Anspruch auf Festsetzung der Vergütung hat. Der **Gläubigerausschuss** braucht vor der Vergütungsfestsetzung nicht gehört zu werden (H/W/F § 8 InsVV Rn 18), wenngleich dies sinnvoll erscheint (K/P/B-*Lüke* § 64 Rn 7).

IV. Gerichtliche Vergütungsfestsetzung

1. Zuständigkeit. Zuständig für die Festsetzung der Vergütung ist das Insolvenzgericht. Die funktio- 8 nelle Zuständigkeit bestimmt sich dabei danach, wer im Zeitpunkt der Festsetzung der Vergütung das Verfahren in eigener Zuständigkeit führt. Aufgrund von § 18 Abs 2 RPflG ist dies der Rechtspfleger (**OLG** Zweibrücken 23. 5. 2000 NZI 2000, 314 = ZInsO 2000, 398 = ZIP 2000, 1306; **OLG** Köln 18. 8. 2000 NZI 2000, 585 = ZInsO 2000, 597 = ZIP 2000, 1993; **OLG** Naumburg 31. 3. 2000 ZInsO 2000, 349 = ZIP 2000, 1587; **LG** Frankfurt 1. 7. 1999 ZInsO 1999, 542; H/W/F § 8 InsVV Rn 19), soweit der Richter nicht einen entsprechenden Vorbehalt erklärt hat.

2. Inhalt des Beschlusses. Die Entscheidung des Insolvenzgerichts über die Festsetzung der Vergütung 9 ergeht nach § 64 Abs 1 InsO iVm § 8 InsVV durch Beschluss, der einer Begründung bedarf (**BGH** 11. 5. 2006 NZI 2006, 464 = ZInsO 2006, 642 = ZIP 2006, 1204; **BGH** 18. 12. 2003 NZI 2004, 251 = ZInsO 2004, 265 = ZIP 2004, 518; **BGH** 24. 7. 2003 NZI 2003, 603 = ZInsO 2003, 790 = ZIP 2003, 1757; K/P/B-*Eickmann* InsO VergütR § 8 InsVV Rn 11 ff; H/W/F § 8 InsVV Rn 27 ff; K/P/B-*Lüke* § 64 Rn 10 ff; MüKo-*Nowak* § 64 Rn 8; aA HK-*Eickmann* § 64 Rn 5). Es reicht nicht aus, dass der Richter oder Rechtspfleger in einem **Aktenvermerk** uU nach Einlegung der Beschwerde die Erwägungen niederlegt, die zur Vergütungsfestsetzung geführt haben (**LG** Köln 23. 9. 1987 ZIP 1987, 1470; **LG** München II 13. 1. 1981 ZIP 1981, 260 = Rpfleger 1981, 155 m Anm *Uhlenbruck*; K/P/B-*Lüke* § 64 Rn 10).

Der Beschluss muss jeweils gesondert die festgesetzte Vergütung, die Auslagen und die auf Vergütung 10 und Auslagen zu erstattende Umsatzsteuer ausweisen. Nicht nur Vergütung und Auslagen sind getrennt

§ 64   *Festsetzung durch das Gericht*

auszuweisen (§ 8 Abs 1 S 2 InsVV), sondern auch die Umsatzsteuer (K/P/B-*Eickmann* InsO VergütR § 8 InsVV Rn 8). Im Fall des § 6 Abs 2 InsVV (Vergütung für die **Überwachung eines Insolvenzplans**) ist, da die Vergütung nicht einer verwalteten Masse entnommen wird, sondern von einem Zahlungspflichtigen (§ 269) zu entrichten ist, der Festsetzungsbeschluss als Vollstreckungstitel zu fassen (K/P/B-*Eickmann* InsO VergütR § 8 InsVV Rn 9).

11   **3. Zeitpunkt der Festsetzung.** Der Antrag muss unverzüglich beschieden werden, wobei in der Regel ein Zeitraum von höchstens **sechs Wochen** angemessen ist (**OLG Stuttgart** 16. 6. 1971 Rpfleger 1971, 308; **OLG München** 23. 10. 1980 Rpfleger 1981, 157; **OLG** Düsseldorf 3. 3. 1981 Rpfleger 1981, 408; H/W/F § 8 InsVV Rn 25). Bei Überschreitung der Frist kann uU eine Amtspflichtverletzung vorliegen (**BGH** 4. 12. 2003 ZInsO 2004, 268, 269; H/W/F § 8 InsVV Rn 25; K/P/B-*Lüke* § 64 Rn 14), wobei bei einem darauf basierenden Staatshaftungsanspruch allerdings ein Mitverschulden des Insolvenzverwalters dahingehend zu berücksichtigen ist, dass für ihn die Möglichkeit der Geltendmachung eines Vorschusses und damit der Schadensminderung besteht (siehe § 63 Rn 47 ff). Zur Verzinsung des Vergütungsanspruchs siehe § 63 Rn 51.

12   **4. Zustellung und Bekanntmachung.** Nach § 64 Abs 2 ist der Vergütungs- und Auslagenfestsetzungsbeschluss öffentlich bekannt zu machen. Auf die Veröffentlichung der Gründe kann gem § 9 Abs 1 S 1 verzichtet werden. Gem § 64 Abs 2 S 2 sind die festgesetzten Beträge nicht zu veröffentlichen. Jedoch ist in der öffentlichen Bekanntmachung darauf hinzuweisen, dass der vollständige Beschluss auf der Geschäftsstelle des Insolvenzgerichts eingesehen werden kann. Darüber hinaus ist der Vergütungsbeschluss gem § 64 Abs 2 S 1 dem Verwalter, dem Insolvenzschuldner sowie einem evtl bestellten Gläubigerausschuss bzw den Mitgliedern besonders zuzustellen. Eine Verkündung im Schlusstermin ist nicht ausreichend. Die Zustellungen können durch Aufgabe zur Post bewirkt werden. Im Übrigen genügt die öffentliche Bekanntmachung gem § 9 Abs 3 zum Nachweis der Zustellung an alle Beteiligten.

V. Rechtskraft

13   Der Beschluss, durch den das Insolvenzgericht die Vergütung und die Auslagen sowie die Umsatzsteuer festsetzt, ist der formellen und materiellen Rechtskraft fähig (K/P/B-*Eickmann/Prasser* InsO VergütR § 8 InsVV Rn 27 ff; H/W/F § 8 InsVV Rn 31; MüKo-*Nowak* § 64 Rn 16). Die Rechtskraftwirkung bezieht sich lediglich auf die **Einzelpositionen** und **Einzelkriterien**, die der Vergütungsfestsetzung zugrunde liegen, nicht dagegen auf die **Gesamtvergütung** (**BGH** 16. 1. 2006 NZI 2006, 237 = ZInsO 2006, 203 = ZIP 2006, 486; **BGH** 17. 11. 2005 BGHZ 165, 96 NZI 2006, 94 = ZInsO 2006, 29; H/W/F § 8 InsVV Rn 31). Deshalb ist der Verwalter berechtigt, nach Eintritt der formalen Rechtskraft aufgrund neuer Faktoren, die nicht bereits Gegenstand der gerichtlichen Prüfung gewesen sind, eine Erhöhung seiner Vergütung zu beantragen (**BGH** 17. 11. 2005 BGHZ 165, 96 = NZI 2006, 94 = ZInsO 2006, 29; **BGH** 16. 1. 2006 NZI 2006, 237 = ZInsO 2006, 203 = ZIP 2006, 486; H/W/F § 8 InsVV Rn 31; K/P/B-*Eickmann/Prasser* InsO VergütR § 8 InsVV Rn 27). Zur Durchsetzung des Vergütungsanspruchs siehe § 63 Rn 56.

VI. Rechtsmittel

14   Gegen den Vergütungsfestsetzungsbeschluss steht dem Verwalter, dem Schuldner und jedem Insolvenzgläubiger das Rechtsmittel der **sofortigen Beschwerde** zu (§ 64 Abs 3 S 1). Die Beschwerdefrist beginnt nach § 9 Abs 1 S 3 mit dem dritten Tag nach der Veröffentlichung. Bei Vergütungsfestsetzungsbeschlüssen kann die Rechtsmittelfrist allein durch die öffentliche Bekanntmachung gegenüber allen Verfahrensbeteiligten in Lauf gesetzt werden, selbst wenn eine daneben gesetzlich vorgeschriebene Einzelzustellung unterbleibt (**BGH** 4. 12. 2003 NZI 2004, 277 = ZInsO 2004, 199 = ZIP 2004, 332; BayObLG 17. 12. 2001 NZI 2002, 155 = ZInsO 2002, 129).

15   **Beschwerdeberechtigt** sind nach § 64 Abs 3 der Verwalter, der Schuldner und jeder Insolvenzgläubiger, wobei zusätzlich eine erforderlich ist, dass derjenige durch den Vergütungsbeschluss auch beschwert ist (K/P/B-*Lüke* § 64 Rn 16). Trotz fehlender Nennung ist auch der vorläufige Insolvenzverwalter beschwerdeberechtigt (**OLG Celle** 17. 9. 2001 NZI 2001, 653 = ZInsO 2001, 948). Für die Beschwerdeberechtigung des Insolvenzgläubigers ist es grundsätzlich erforderlich, dass dieser eine Forderung zur Tabelle angemeldet hat, ohne dass es dabei darauf ankommt, dass diese auch tatsächlich existiert (**BGH** 7. 12. 2006 NZI 2007, 241 = ZInsO 2007, 259 = ZIP 2007, 647). Insofern ist ein Insolvenzgläubiger, der nicht am Verfahren teilgenommen hat, auch nicht beschwert, da er ohnehin auf seine Forderung keine Quote erhält. Die Beschwer des Insolvenzgläubigers ist zudem abzulehnen, wenn er mit seiner Forderungen mit Sicherheit befriedigt wird oder sicher nicht befriedigt werden kann (**BGH** 2. 2. 2006 NZI 2006, 250, 251 = ZInsO 2006, 256). Keine Beschwerdeberechtigung besteht zudem für die Gläubigerversammlung oder den Gläubigerausschuss (Jaeger-*Schilken* § 64 Rn 20). Bei Massearmut ist die Beschwer zu verneinen, es sei denn, sie ist durch die festgesetzte Vergütung erst herbeigeführt worden (**LG Frankfurt** 14. 10. 1991 ZIP 1991, 1442; K/P/B-*Lüke* § 64 Rn 16; HK-*Eickmann* § 64 Rn 11). Dies gilt auch für die Staatskasse (**LG Wuppertal** 15. 4. 2002 ZInsO 2002, 486 = ZVI 2002,

296; **AG** Dresden 30. 1. 2003 ZInsO 2003, 628 = ZIP 2003, 414; **AG** Nürnberg 6. 2. 2004 ZVI 2004, 314). Eine Ausnahme gilt insofern für die Treuhändervergütung in masselosen Verfahren (**BGH** 2. 2. 2006 NZI 2006, 250 = ZInsO 2006, 256).

Wegen des Verweises auf § 567 Abs 2 ZPO in § 64 Abs 3 S 2 muss der **Beschwerdegegenstand den Wert von 200 Euro übersteigen,** der dann vorliegt, wenn eine entsprechende Abweichung zwischen dem mit der Beschwerde verlangtem und dem ursprünglich festgelegten Betrag vorliegt. Bei Insolvenzgläubiger ist allerdings der jeweilige Quotenbetrag maßgeblich. Nach § 11 RPflG ist das **Rechtsmittel der sofortigen Beschwerde** auch gegeben, wenn der Rechtspfleger entschieden hat (MüKo-*Nowak* § 64 Rn 13). Der Richter kann gem § 572 Abs 1 S 1 ZPO der Beschwerde abhelfen. Das Abhilferecht des Rechtspflegers ergibt sich aus § 11 Abs 2 S 2 RPflG. 16

Nach § 569 Abs 1 ZPO ist die Beschwerde binnen einer **Notfrist von zwei Wochen** einzulegen. Da § 64 Abs 2 S 1 sowohl die öffentliche Bekanntmachung als auch die Einzelzustellung vorsieht, ist im Einzelfall zu prüfen, welches für den Fristbeginn maßgebliche Ereignis zuerst eingetreten ist (OLG Köln 3. 1. 2000 NZI 2000, 169 = ZInsO 2000, 221 = ZIP 2000, 195; BayObLG 17. 12. 2001 NZI 2002, 155 = ZInsO 2002, 129). Aufgrund von § 184 Abs 2 S 1 ZPO, wonach bei Zustellung durch Aufgabe zur Post das Schriftstück zwei Wochen nach Aufgabe zur Post als zugestellt gilt, wird der Fristenlauf regelmäßig mit der Einzelzustellung beginnen. 17

Gegen die Beschwerdeentscheidung ist gem § 7 die **Rechtsbeschwerde zum Bundesgerichtshof** gegeben (§ 574 Abs 1 Nr 1 ZPO). Insoweit handelt es sich nicht um eine sogen **Zulassungsbeschwerde** nach § 574 Abs 1 Nr 2 ZPO. Obgleich die Rechtsbeschwerde gem § 7 generell statthaft ist, ist sie nach § 574 Abs 2 ZPO nur zulässig, wenn die **Rechtssache grundsätzliche Bedeutung** hat oder **die Fortbildung des Rechts** oder die **Sicherung einer einheitlichen Rechtsprechung** eine Entscheidung des Rechtsbeschwerdegerichts erfordert. Zuständig für die Entscheidung über die Rechtsbeschwerde ist der Bundesgerichtshof (§ 133 GVG). Die Rechtsbeschwerde ist binnen einer **Notfrist von einem Monat** nach Zustellung des Beschlusses oder durch Einreichung einer Beschwerdeschrift bei dem Rechtsbeschwerdegericht einzulegen (§ 575 Abs 1 S 1 ZPO). Die Rechtsbeschwerdeschrift muss enthalten die Bezeichnung der Entscheidung, durch die die Rechtsbeschwerde gerichtet wird und die Erklärung, dass gegen die Entscheidung Rechtsbeschwerde eingelegt werde (§ 575 Abs 1 S 2 ZPO). Die Rechtsbeschwerde ist, sofern die Beschwerdeschrift keine Begründung enthält, binnen einer **Frist von einem Monat zu begründen** (§ 575 Abs 2 S 1 ZPO). Gem § 575 Abs 2 S 2 ZPO beginnt die Frist mit der Zustellung der angefochtenen Entscheidung. Einzelheiten hinsichtlich der Begründung der Rechtsbeschwerde ergeben sich aus § 575 Abs 3 ZPO. Die Begründungsfrist kann entspr § 551 Abs 2 S 5 und 6 ZPO verlängert werden. Im Rahmen der Rechtsbeschwerde findet nur noch eine Überprüfung statt, ob die Entscheidung auf der Verletzung des Bundesrechts oder einer Vorschrift beruht, deren Geltungsbereich sich über den Bezirk eines Oberlandesgerichts hinaus erstreckt (§ 576 Abs 1 ZPO). Nicht geprüft werden kann, ob das Gericht des ersten Rechtszugs seine Zuständigkeit zu Unrecht angenommen oder verneint hat (§ 576 Abs 2 ZPO). Im Übrigen unterliegt der **Prüfung des Rechtsbeschwerdegerichts (BGH)** nur der vom Beschwerdeführer gestellte Antrag. Das Rechtsbeschwerdegericht ist an die geltend gemachten Rechtsbeschwerdegründe nicht gebunden (§ 577 Abs 2 S 1, 2 ZPO). Fehlt es in der Beschwerdeentscheidung an einer **ausreichenden Sachverhaltsdarstellung,** aus der sich ergibt, von welchen tatsächlichen Feststellungen der Tatrichter ausgegangen ist und worauf sie sich gründen, so zwingt dieser Verfahrensmangel zur Aufhebung und Rückverweisung an das Beschwerdegericht. Siehe im Übrigen auch die Kommentierung zu § 7. 18

§ 65 Verordnungsermächtigung

Das Bundesministerium der Justiz wird ermächtigt, die Vergütung und die Erstattung der Auslagen des Insolvenzverwalters durch Rechtsverordnung näher zu regeln.

§ 65 ermächtigt das Bundesministerium der Justiz, in Ergänzung zu den §§ 63, 64 die Vergütung und die Auslagenerstattung des Insolvenzverwalters im Wege einer Rechtsverordnung näher zu regeln. Dies ist durch die mit der InsO in Kraft getretene **insolvenzrechtliche Vergütungsverordnung (InsVV)** v 19. August 1998 (BGBl I, 2205) geschehen, die zuletzt durch VO v 21. 12. 2006 (BGBl I S 3389) geändert worden ist (vgl ZInsO 2007, 27). Die InsVV hat zahlreiche zur früheren VergütungsVO bestehenden Streitfragen geklärt und eine zeitgemäße Anpassung der Vergütungssätze vorgenommen. Allerdings sind eine Fülle von Auslegungs- und Zweifelsfragen offen geblieben (vgl *Keller* ZVI 2004, 569, 571; *ders* NZI 2005, 23, 29; *Graeber* ZInsO 2007, 133, 139; *Haarmeyer* ZInsO 2007, 73, 76; HaKo-*Büttner* § 65 Rn 3–5; *Küpper/Heinze* ZInsO 2007, 231, 232; MüKo-*Nowak* § 65 Rn 2–3 u Anh zu § 65). 1

§ 66 Rechnungslegung

(1) Der Insolvenzverwalter hat bei der Beendigung seines Amtes einer Gläubigerversammlung Rechnung zu legen.

(2) ¹Vor der Gläubigerversammlung prüft das Insolvenzgericht die Schlußrechnung des Verwalters. ²Es legt die Schlußrechnung mit den Belegen, mit einem Vermerk über die Prüfung und, wenn ein Gläubigerausschuß bestellt ist, mit dessen Bemerkungen zur Einsicht der Beteiligten

§ 66

aus; es kann dem Gläubigerausschuß für dessen Stellungnahme eine Frist setzen. ³Der Zeitraum zwischen der Auslegung der Unterlagen und dem Termin der Gläubigerversammlung soll mindestens eine Woche betragen.

(3) ¹Die Gläubigerversammlung kann dem Verwalter aufgeben, zu bestimmten Zeitpunkten während des Verfahrens Zwischenrechnung zu legen. ²Die Absätze 1 und 2 gelten entsprechend.

Übersicht

	Rn
I. Allgemeines	1
1. Interne und externe Rechnungslegungspflichten des Insolvenzverwalters	1
2. Duale Rechnungslegungspflichten des Insolvenzverwalters	2
3. Geplante gesetzliche Regelung durch das GAVI	4
II. Arten der internen Rechnungslegung	7
III. Adressaten der Rechnungslegung	8
IV. Die Rechnungslegung als höchstpersönliche Verwalterpflicht	9
V. Ziele der Schlussrechnung	10
1. Information der Verfahrensbeteiligten	11
2. Dokumentation des Verfahrensablaufs	12
3. Tätigkeits- oder Rechenschaftsbericht?	13
VI. Die Rechnungslegungspflicht bei Beendigung des Verwalteramtes	15
1. Die Rechnungslegungspflicht des vorläufigen Insolvenzverwalters	16
a) Art und Umfang der Rechnungslegung des vorläufigen Verwalters	17
b) Das Gericht als Adressat der Rechnungslegung des vorläufigen Verwalters	21
c) Kosten der Rechnungslegung des vorläufigen Insolvenzverwalters	22
2. Die Rechnungslegungspflicht des endgültigen Insolvenzverwalters und bei Verwalterwechsel	23
3. Rechnungslegung in Sonderfällen der Insolvenzverwaltung	26
VII. Die Rechnungslegungspflicht in masselosen und massearmen Verfahren	30
VIII. Die insolvenzrechtliche (interne) Zwischenrechnungslegung (Abs 3)	33
IX. Notwendige Bestandteile der Schlussrechnung	36
1. Der Begriff der Schlussrechnung	37
2. Überschuss-Rechnung (Einnahmen-Ausgaben-Rechnung)	38
3. Insolvenzschlussbilanz	39
4. Schlussbericht	41
5. Schlussverzeichnis	44
X. Zur Harmonisierung der internen und externen Rechnungslegung	46
XI. Die Frist für die Rechnungslegung und Säumnis des Verwalters	47
XII. Die Prüfung der Schlussrechnung	49
1. Prüfung durch das Insolvenzgericht	49
a) Art und Umfang der Prüfung	50
b) Funktionelle Prüfungszuständigkeit	56
c) Prüfung durch Sachverständige	57
d) Stichproben	60
e) Beanstandungen	61
f) Zwischenrechnungslegung und gerichtliche Zwischenprüfungen	62
g) Prüfungsvermerk	63
2. Prüfung durch den Gläubigerausschuss	64
a) Prüfung	64
b) Bemerkungen	65
c) Fristsetzung	66
XIII. Auslegung der Schlussrechnung mit Prüfungsvermerken	67
XIV. Einwendungen gegen die Schlussrechnung	70

I. Allgemeines

1 **1. Interne und externe Rechnungslegungspflichten des Insolvenzverwalters.** Die insolvenzrechtliche Rechnungslegung gehört mit zu den schwierigsten Problemen des Insolvenzrechts. *K. Schmidt* (Liquidationsbilanzen und Konkursbilanzen, 1989) hat erstmalig darauf hingewiesen, dass Gesetzgebung und Literatur bislang zu wenig zwischen der **Rechnungslegung des Unternehmens** und der **Rechnungslegung des Verwalters** gegenüber den Verfahrensbeteiligten unterschieden hat (s auch *Frege/Riedel*, Schlussbericht und Schlussrechnung 2005 Rn 1–6; MüKo-*Nowak* § 66 Rn 3; *Weitzmann* ZInsO 2007, 449; *Mäusezahl* ZInsO 2006, 580; *Heyrath* ZInsO 2005, 1092 u ZInsO 2006, 1196; *Reck* ZInsO 2008, 495). Zu unterscheiden ist zwischen der Rechnungslegungspflicht des Insolvenzverwalters gegenüber dem Insolvenzgericht, den Gläubigern und dem Insolvenzschuldner (**interne Rechnungslegungspflicht**) und der Rechnungslegungspflicht der insolventen, aufgelösten Gesellschaft gegenüber der Öffentlichkeit oder sonstigen externen Beteiligten (**externe Rechnungslegungspflicht**), zu der vor allem die handelsrechtliche Rechnungslegungspflicht gehört (*Frege/Riedel*, Schussbericht und Schlussrechnung, Rn 3; *Hein* Wpg 1990, 93 ff; *Dreyer/Wedeking* KSI 2007, 214, 215; *Bähner* KTS 1991, 348). Zu den **IDW-Rechnungsle-**

I. Allgemeines **§ 66**

gungshinweisen über die insolvenzspezifische Rechnungslegung im Insolvenzverfahren (IDW RH HFA 1.011) s ZInsO 2009, 74 u ZInsO 2009, 130 ff. Die vorgenannten Rechnungslegungspflichten sind wiederum abzugrenzen von der **steuerrechtlichen Rechnungslegung**, die ausschließlich dazu dient, Grundlage für die Besteuerung der Gesellschaft und der an ihr beteiligten Gesellschafter zu sein (Einzelheiten bei *Pink*, Rechnungslegung, S 171 ff; *ders* ZIP 1997, 177 ff, 181; *Frotscher*, Besteuerung S 30 ff; *Pelka/Niemann*, Praxis der Rechnungslegung in Insolvenzverfahren, 5. Aufl 2002 Rn 222 ff). Fehlerhafte Rechnungslegung kann Anlass für ein **Delisting** des Verwalters sein.

2. Duale Rechnungslegungspflichten des Insolvenzverwalters. Die InsO hat die **Trennung der externen** 2 **und internen Rechnungslegung** in den §§ 66, 151, 152, 153 einerseits und § 155 andererseits nunmehr festgeschrieben. Dies schließt jedoch nicht aus, dass die Rechnungslegungen im Einzelfall harmonisiert werden, um Doppelarbeit und Kosten zu vermeiden (s *Pink* ZIP 1997, 177, 185; *ders* bei *Kraemer/Vallender/Vogelsang*, Hdb Insolvenz Fach 5 Kap 3 Rn 231 ff; *K. Schmidt* Liquidationsbilanzen, S 95 f; *Pelka/Niemann*, Praxis der Rechnungslegung im Insolvenzverfahren, S 13 ff). **Weitere Rechnungslegungspflichten** können sich für den Verwalter gegenüber einem Gesellschafter des Schuldnerunternehmens ergeben, wenn sich der Gesellschafter über den Umfang seiner Haftung gem § 128 S 1 HGB informieren will (**OLG** Karlsruhe MDR 1996, 487; *Frege/Riedel*, Schlussbericht und Schlussrechnung, Rn 6).

§ 66 regelt nur die **interne Rechnungslegungspflicht des Insolvenzverwalters**. Die Vorschrift gilt über 3 § 21 Abs 2 Nr 1 auch für den **vorläufigen Insolvenzverwalter**, also auch für einen „schwachen" (s auch unten zu Rn 16 ff). Ziele der internen insolvenzrechtlichen Rechnungslegung sind ua die **Dokumentation** von Masseverwaltung und Masseverwertung sowie der Vermögensverhältnisse des Schuldners, die Schaffung der Voraussetzungen für eine ordnungsgemäße **Kontrolle** der Tätigkeit des Insolvenzverwalters durch das Insolvenzgericht, den Schuldner, die Gläubiger, die Gläubigerversammlung oder den Gläubigerausschuss, die Schaffung einer Basis für die Entscheidung über das Verfahrensziel (§ 157), die Information über den Massebestand und die zu erwartende Insolvenzquote sowie die Gewährleistung einer ordnungsgemäßen Verteilung (*Pink* ZIP 1997, 177, 178; *ders* in *Kraemer/Vallender/Vogelsang*, Hdb Insolvenz Fach 5 Kap 3 Rn 9; *K/P/B/Pape* § 66 Rn 3). Durch die getrennte Regelung der internen Rechnungspflicht in § 66 und der externen Rechnungslegungspflicht in § 155 hat der Gesetzgeber die **duale Rechnungslegungspflicht** des Insolvenzverwalters festgeschrieben. Da Einzelheiten hinsichtlich der insolvenzrechtlichen Rechnungslegung nicht vorgegeben sind, steht einer **Harmonisierung der internen und externen Rechnungslegung** auch nach der InsO nichts entgegen (*K/P/B/Pape* § 66 Rn 4; *Pink* ZIP 1997, 177, 185; *König* ZIP 1988, 1003, 1006 ff; *Bähner* KTS 1991, 347, 348; für eine Trennung *Scherrer/Heni*, Liquidationsrechnungslegung S 4 ff; *Pelka/Niemann*, Rechnungslegung Rn 1 ff; *Kunz/Mundt* DStR 1997, 620 ff). *K. Schmidt* (Liquidationsbilanzen S 90 ff): „Getrennte Rechnungspflichten, aber konsolidierte Rechnungslegungspraxis!" Die weiteren Rechnungslegungspflichten in den §§ 151–153, 229 (Aufzeichnung der Massegegenstände, Aufstellung von Gläubigerverzeichnis und Vermögensübersicht), § 156 (Berichtspflicht im Berichtstermin), § 188 (Aufstellung des Verteilungsverzeichnisses) sowie in § 205 Abs 2 (Rechnungslegung nach Vollzug der Nachtragsverteilung) sollen bei den entsprechenden Vorschriften kommentiert werden. Insoweit wird auf diese Kommentierungen verwiesen. Umfassend die vom FA Recht u HFA verabschiedeten Rechnungslegungshinweise des IDW (ZInsO 2009, 130 ff). Ein instruktives **Beispiel einer Schlussrechnung** des Insolvenzverwalters findet sich bei *Frege/Keller/Riedel* HRP Rn 1681. Zu **Form und Inhalt von Schlussrechnungen** s *Möhlmann*, Berichterstattung S 330 ff.

3. Geplante gesetzliche Regelungen durch das GAVI. Der Entwurf des Bundesrats eines *„Gesetzes zur* 4 *Verbesserung und Vereinfachung der Aufsicht in Insolvenzverfahren (GAVI)"* (BR-Drucks 566/07) sah tiefgreifende Änderungen des § 66 vor. So sollten dem Abs 1 folgende Sätze angefügt werden:
„Die Rechnungslegung besteht mindestens aus dem Schlussbericht, der Schlussrechnung und der auf den Zeitpunkt der Rechnungslegung zu erstellenden Vermögensübersicht einschließlich des fortbeschriebenen Verzeichnisses der Massegegenstände. Wird das schuldnerische Unternehmen fortgeführt, so ist anstelle der Vermögensübersicht und des Verzeichnisses das Ergebnis der Betriebsfortführung mitzuteilen."
Abs 2 wird wie folgt geändert: 5
„Es hat insbesondere
1. die Vollständigkeit der eingereichten Unterlagen,
2. die ordnungsgemäße Buchführung,
3. die Verwaltung, Verwertung und Verwendung der Insolvenzmasse
zu prüfen.
Die ordnungsgemäße Buchführung wird in der Regel nachgewiesen durch Vorlage einer Einnahmen-Ausgaben-Überschussrechnung. Das Insolvenzgericht kann einen anderen Nachweis zulassen. Die Prüfung kann sich auf angemessene Strichproben beschränken. Eine Prüfung der wirtschaftlichen Zweckmäßigkeit des Verwalterhandelns ist nicht Gegenstand der gerichtlichen Prüfung."
Die Bundesregierung hat bislang dem Entwurf grundsätzlich die Zustimmung nicht verweigert. An- 6 zumerken ist, dass nach der geplanten Neuregelung des § 58a durch das GAVI die Berichte über den

Sachstand und die Geschäftsführung nach § 58 mindestens eine **fortgeschriebene Vermögensübersicht** sowie das fortgeschriebene Verzeichnis der Massegegenstände entsprechend den §§ 151, 153 und eine Übersicht über die Einnahmen und Ausgaben im Berichtszeitraum zu enthalten haben. Wird das schuldnerische Unternehmen fortgeführt, so ist anstelle der Übersicht und des Verzeichnisses das vorläufige Ergebnis der Betriebsfortführung mitzuteilen. Die Kontenbestände sind in geeigneter Form nachzuweisen. Neben einer Berichtspflicht nach Ablauf von jeweils sechs Monaten, beginnend mit dem Datum der ersten Gläubigerversammlung, in § 58 a soll damit auch der **Inhalt der Zwischenberichte** abweichend vom Umfang des § 66 Abs 3 entgegen den Empfehlungen der sog Uhlenbruck-Kommission (NZI 2007, 507 = ZIP 2007, 1432, 1532 = ZInsO 2007, 760 = ZVI 2007, 388) bestimmt werden. S auch K/P/B/*Onusseit* § 66 Rn 2 a, 2 b; *Pape* ZVI 2008, 89 ff; zur fortschreibenden Rechnungslegung s auch *Fischer/Hempler* ZInsO 2007, 587 ff; vgl auch *Rick* ZInsO 2008, 495 ff; *Dreyer/Wedeking* KS I 2007, 214 ff; *Frind* ZInsO 2006, 1035, 1038.

II. Arten der internen Rechnungslegung

7   Die InsO kennt verschiedene Arten der Rechnungslegung, die am jeweiligen Verfahrensstand orientiert sind. So hat der Verwalter nach Verfahrenseröffnung gem § 151 Abs 1 ein Verzeichnis der Massegegenstände, nach § 152 ein Gläubigerverzeichnis und nach § 153 einen Vermögensstatus aufzustellen. § 66 Abs 1 stellt dagegen auf die **Beendigung des Verwalteramtes** ab (s auch die vom IDW-FAR/HFA verabschiedeten Rechnungslegungshinweise ZInsO 2009, 130, 134 ff). Die Vorschrift findet jedoch gleichermaßen Anwendung auf eine **Zwischenrechnungslegung** des Insolvenzverwalters, die ihm gem § 66 Abs 3 S 1 von der Gläubigerversammlung aufgegeben werden kann. Zur Rechnungslegung iwS gehört auch die **Berichtspflicht** gegenüber dem Gericht (§ 58 Abs 1 S 2), die **Unterrichtungspflicht** gegenüber dem Gläubigerausschuss (§ 69 S 2) und der Gläubigerversammlung (§ 79 S 1) sowie die Auskunfts- und Berichtspflicht während der Überwachung des Insolvenzplans (§ 261 Abs 2). Über Art und Umfang der **Zwischenberichte** ist im Gesetz nichts gesagt. Jedoch ist anzunehmen, dass die Berichtspflicht anders als die Auskunftspflicht auch die Verpflichtung umfasst, im Einzelfall Zwischenrechnungen zu legen (K/P/B/*Onusseit* § 66 Rn 33, 34). **Einzelheiten unten zur Zwischenrechnung.** Letztlich ist bei der Schlussrechnung den **verschiedenen Verfahrenszielen** Rechnung zu tragen. Für die Schlussbilanz ist mit *Möhlmann* (Berichterstattung S 332) daran fest zuhalten, „dass in den Verwertungsformen der unverzüglichen und der gestreckten Liquidation sowie der Reorganisation die Aktiva nach dem Grad der Liquidierbarkeit anzuordnen sind". Bei der **übertragenden Sanierung** wird man teilbetriebsorientiert gliedern müssen. Für eine – zeitweise – **Unternehmensfortführung** in der Insolvenz reicht die Einnahmen-/Ausgaben-Rechnung nicht aus. Insoweit finden gem § 155 Abs 1 die §§ 238 HGB über die handelsrechtliche Buchführung Anwendung.

III. Adressaten der Rechnungslegung

8   Adressat der Rechnungslegung des Verwalters ist grundsätzlich die **Gläubigerversammlung** (§ 66 Abs 1). Anders als früher in § 86 KO hat der Gesetzgeber nunmehr dem Insolvenzgericht in § 66 Abs 2 S 1 ein **Vorprüfungsrecht** bzw eine **Vorprüfungspflicht** eingeräumt. Auch wenn die Gläubigerversammlung dem Verwalter aufgegeben hat, zu bestimmten Zeitpunkten während des Verfahrens Zwischenrechnung zu legen (§ 66 Abs 3 S 1), steht dem Insolvenzgericht ein Vor prüfungsrecht zu (§ 66 Abs 3 S 2, Abs 2 S 1). Adressat der Schlussrechnungslegung im Rahmen der **Eigenverwaltung** ist gem § 281 Abs 3 S 2 der Sachwalter, der die Schlussrechnung des Schuldners bzw Schuldnerunternehmens zu prüfen und zu erklären hat, ob nach dem Ergebnis seiner Prüfung Einwendungen zu erheben sind (§ 281 Abs 3 S 3, Abs 1 S 2). Obwohl das Gesetz eine Rechnungslegung durch den Sachwalter bei Eigenverwaltung nicht vorsieht, wird zutreffend in der Literatur angenommen, dass zumindest insoweit eine Rechenschaftspflicht iSv § 259 BGB nach allgemeinen Rechtsgrundsätzen besteht, als dem Sachwalter die **Kassenführung** gem § 275 Abs 2 übertragen wird (K/P/B/*Onusseit* § 66 Rn 9; *Bähner/Berger/Braun* ZIP 1993, 1283, 1289 für den Vergleichsverwalter). Im Rahmen des **Restschuldbefreiungsverfahrens** erfolgt die Rechnungslegung gegenüber dem Insolvenzgericht (§ 292 Abs 3 S 1).

IV. Die Rechnungslegung als höchstpersönliche Verwalterpflicht

9   Nach wohl allgemeiner Meinung gehört die insolvenzrechtliche Rechnungslegung zu den ureigenen (originären) Verwalterpflichten, die dieser persönlich zu erfüllen hat (*Frege/Riedel*, Schlussbericht und Schlussrechnung, Rn 27 ff). Deshalb kann die Rechnungslegung mit den Mitteln des § 58 Abs 2 vom Insolvenzgericht erzwungen werden. Obgleich der Insolvenzverwalter grundsätzlich verpflichtet ist, die Rechnungslegung persönlich durchzuführen, herrscht Einigkeit darüber, dass er sich zur Erstellung der Zwischen- und Schlussrechnungen der **Hilfe Dritter** bedienen kann (N/R/*Delhaes* § 66 Rn 6). Vor allem im Bereich der **externen Rechnungslegung** (Handelsbilanz, Steuerbilanz) wird es heute allgemein als zulässig angesehen, dass der Verwalter diese Arbeiten auf Hilfskräfte oder sonstige Dritte, wie zB Steuerberatungs- oder Wirtschaftsprüfungsgesellschaften, überträgt (vgl *Eickmann*, VergVO 2. Aufl § 5

Rn 27 ff). Die Buchhaltung gerade bei kleinen und mittleren Unternehmen wird vielfach außer Haus gegeben und durch Datenverarbeitung mittels besonderer Programme über Rechenzentren, wie zB DATEV, abgewickelt. Wenn auch die **interne Rechnungslegung** vom Verwalter höchstpersönlich vorgenommen werden muss, ist dieser nicht gehindert, sich der Hilfe von Mitarbeitern und EDV-Programmen zu bedienen, die sich an einem insolvenzspezifischen Kontenrahmen orientieren. So soll zB das PC-Programm „Winsolvenz" eine Möglichkeit bieten, die komplette Insolvenzrechnungslegung unter Vermeidung doppelter Buchungen durchzuführen (vgl *Pink* Rechnungslegung, S 64; *König* ZIP 1988, 1003; *Frege/Riedel*, Schlussbericht und Schlussrechnung, Rn 29; *Pelka/Niemann*, Rechnungslegung, Rn 68 ff). Angesichts der modernen EDV-Buchführungssysteme kann von einem Insolvenzverwalter nicht mehr verlangt werden, dass er die **Schlussrechnung höchstpersönlich erstellt**. Jedoch ist er verpflichtet, sich **mit dem Inhalt vertraut zu machen**, die Schlussrechnung zu unterschreiben und für die Richtigkeit des Inhalts verantwortlich zu zeichnen. Weil es sich bei der Rechnungslegung um eine höchstpersönliche Pflicht handelt, ist das Insolvenzgericht auch nicht berechtigt, die Rechnungslegung bei Verzug des Verwalters im Wege der **Ersatzvornahme** auf einen Dritten zu übertragen (LG Bayreuth Rpfleger 1965, 306; N/R/*Delhaes* § 66 Rn 6; K/P/*Onusseit* § 66 Rn 10). Da auch die Erfüllung originärer Verwalterpflichten letztlich nicht ausschließt, dass dieser Hilfskräfte einschaltet, macht eine Abgrenzung von höchstpersönlichen Pflichten und delegierbaren Verwalterpflichten nur noch insoweit Sinn, als die höchstpersönlichen Pflichten nicht auf Dritte übertragen werden dürfen. Oder anders: Das Rechenwerk darf der Verwalter durch Hilfskräfte maschinell oder Dritte erstellen lassen; Rechnung zu legen hat er selbst. Nach wie vor wird auch der **Schlussbericht** vom Verwalter persönlich erstellt werden müssen.

V. Ziele der Schlussrechnung

Die Schlussrechnung des Verwalters als Instrument der internen Rechnungslegung hat im Wesentlichen drei Ziele: **10**

1. Information der Verfahrensbeteiligten. Anders als bei der externen Rechnungslegung dient die interne Rechnungslegungspflicht primär der Erfüllung des Informationsbedürfnisses der Verfahrensbeteiligten (*Lièvre/Stahl/Ems* KTS 1999, 1, 2; *Pink*, Rechnungslegung S 10; *Frege/Riedel*, Schlussbericht und Schlussrechnung, Rn 18). Anders als bei der laufenden Berichterstattung des Verwalters, in der die Rechnungen an verfahrensartspezifischen Gegebenheiten ausgerichtet werden, handelt es sich nicht mehr um Entscheidungs-, sondern um **Dokumentationsrechnungen** (*Möhlmann*, Berichterstattung S 327). Die Schlussrechnung hat den Verfahrensbeteiligten ein vollständiges Bild von der Tätigkeit des Insolvenzverwalters im Verfahren zu vermitteln und für die Verfahrensbeteiligten sämtliche notwendigen Informationen bereitzustellen, die sie für die Beurteilung und zur Prüfung der Ordnungsmäßigkeit der Verwaltertätigkeit benötigen (vgl *Braun/Uhlenbruck*, Unternehmensinsolvenz, S 531 ff; K/P/B/*Onusseit* § 66 Rn 3). Gleichzeitig dient die interne Rechnungslegungspflicht auch der gerichtlichen Aufsicht über den Insolvenzverwalter (§ 58 Abs 1 S 1) sowie einer ordnungsgemäßen Überwachung durch den Gläubigerausschuss (§ 69 S 1). **11**

2. Dokumentation des Verfahrensablaufs. Die Schlussrechnung dient ebenso wie eine Zwischenrechnung des Verwalters der Dokumentation der Verfahrensabwicklung sowie dem Nachweis der Einhaltung der gesetzlichen Pflichten (*Lièvre/Stahl/Ems* KTS 1999, 1, 2). Durch eine sorgfältige Dokumentation wird nicht nur die Prüfung einer ordnungsgemäßen Amtsführung des Verwalters durch die Gläubigerversammlung, den Gläubigerausschuss und das Insolvenzgericht ermöglicht, sondern zugleich auch eine Durchsetzung möglicher Regressansprüche gegen den Verwalter (K/P/B/*Onusseit* § 66 Rn 3). Die Dokumentation des Verfahrensablaufs dient aber auch dem Schutz des Verwalters: Die Schlussrechnung ist oftmals ebenso wie der Schlussbericht ein prozessuales Beweismittel, wenn Ansprüche gegen den Verwalter geltend gemacht werden. Schlussrechnungen haben ein **umfassendes Bild über die Verwaltertätigkeit** zu vermitteln (*Uhlenbruck* ZIP 1982, 125, 127; *Frege/Keller/Riedel* HRP Rn 1674; *Bähner* ZIP 1991, 347, 349; *Bähner/Berger/Braun* ZIP 1993, 1283; *Möhlmann*, Berichterstattung S 328). Die Schlussrechnung gibt Auskunft über den vollzogenen Geldwerdungs- sowie Geldverwendungsprozess. Sie ist Basis für die Beurteilung der Verantwortung des Verwalters (*Möhlmann*, Berichterstattung S 328). Letztlich ist die Schlussrechnung das letzte Glied einer fortlaufenden Rechnungslegung und Berichterstattung, die sich über das gesamte Verfahren erstreckt. Die Schlussrechnung ist der Schlussstein einer verfahrensorientierten Rechnungslegung (*Pink* in *Kraemer/Vallender/Vogelsang* Hdb Fach 5 Kap 3 Rn 9). **12**

3. Tätigkeits- oder Rechenschaftsbericht? Umstritten ist, ob die Schlussrechnung des Insolvenzverwalters ein Tätigkeitsbericht oder ein Rechenschaftsbericht ist. Nach überwiegender Meinung in Rechtsprechung (OLG Nürnberg KTS 1966, 62; LG Aschaffenburg KTS 1959, 58) und Literatur *Uhlenbruck* KTS 1990, 25; *Kilger* FS Einhundert Jahre KO, 1977, S 195) war die Rechnungslegung des Konkursverwalters lediglich ein **Tätigkeitsbericht** und **kein Rechenschaftsbericht**. *Plate* (Konkursbilanz, S 7 ff; ebenso *K. Schmidt*, Liquidationsbilanzen, S 76) spricht von „verfahrensorientierter Rechnungslegung" **13**

(vgl auch *Bähner/Berger/Braun* ZIP 1993, 1283, 1284). Nach dem Inkrafttreten der InsO ist die alte Streitfrage wieder aufgelebt. Im Hinblick auf die Tatsache, dass die InsO in den §§ 58, 69, 79 die Kontroll- und Berichtspflichten des Verwalters erheblich verstärkt hat, ist für die InsO davon auszugehen, dass die Schlussrechnung nicht nur Tätigkeitsbericht, sondern zugleich auch **Rechenschaftsbericht** des Verwalters ist (*Frege/Riedel*, Schlussbericht und Schlussrechnung, Rn 19; FAR/HFA IDW Ziff 6.1 ZInsO 2009, 130, 134; *Heyrath* ZInsO 2005, 1092, 1093; *Lièvre/Stahl/Ems* KTS 1999, 1, 2; *Weitzmann* ZInsO 2007, 449, 450; str aA MüKo-*Nowak* § 66 Rn 12; N/R/*Delhaes* § 66 Rn 11; *Smid* § 66 Rn 6; *Andres/Leithaus* § 66 Rn 4 f; *Gottwald/Klopp/Kluth* InsRHdb § 22 Rn 73; einschränkend K/P/B/*Onusseit* § 66 Rn 12 („vor allem Tätigkeitsbericht"); offen lassend *Jaeger/Eckardt* § 66 Rn 23). Auch die Bejahung der Rechenschaftspflicht sagt noch nichts über die **Prüfungstiefe** des Verfahrens aus. Vgl auch *Kraemer/Pink* Fach 2 Kap 16 Rn 61; *Hess/Weis* InVo 1996, 281 ff; *Veit* Konkursrechnungen in chronologischer Sicht, WiSt 1982, 370, 374; *Bähner/Berger/Braun* ZIP 1993, 1283, 1285 ff. Die Streitfrage ist im Hinblick auf Art und Umfang der Rechnungslegungsprüfung bedeutsam: Ist die Schlussrechnung zugleich auch Rechenschaftsbericht, darf sich das Insolvenzgericht nicht auf eine lediglich formelle Überprüfung beschränken. Zudem sind strengere Anforderungen an den Inhalt des Verwalterberichts zu stellen. Vgl auch *Möhlmann*, Berichterstattung S 327 ff. Zum Lagebericht iSv § 289 HGB wird inzwischen allgemein die Auffassung vertreten, dass Funktion und Zweck nicht nur in der Information der Gesellschafter, Gläubiger, Arbeitnehmer und sonstiger Interessierter besteht, sondern auch in einer Rechenschaftslegung (vgl *Ellrott* in *Beck* Bil-Komm § 289 HGB Rn 4; *Adler/Düring/Schmalz* § 289 HGB Rn 19 ff).

14 Die Regelung in Art 1 Nr 10 des Entwurfs eines Gesetzes zur Verbesserung und Vereinfachung der Aufsicht in Insolvenzverfahren (GAVI) sah nicht nur eine Festlegung des Mindestinhalts einer Schlussrechnung vor, sondern in § 66 Abs 2 **Mindestprüfungsaufgaben des Insolvenzgerichts**. Nach § 66 Abs 2 Satz 1 nF sollte das Insolvenzgericht insbesondere die Vollständigkeit der eingereichten Unterlagen, die ordnungsgemäße Buchführung sowie die Verwaltung, Verwertung und Verteilung der Insolvenzmasse prüfen. Eine **Prüfung der wirtschaftlichen Zweckmäßigkeit** des Verwalterhandelns sollte dagegen nicht Gegenstand der gerichtlichen Prüfung sein. Die Prüfung der wirtschaftlichen Zweckmäßigkeit des Verwalterhandelns hat durch die Gläubiger zu erfolgen (*Pape* ZVI 2008, 89, 95).

VI. Die Rechnungslegungspflicht bei Beendigung des Verwalteramtes

15 § 66 regelt grundsätzlich nur die Rechnungslegungspflicht des Insolvenzverwalters bei der Beendigung seines Amtes. Die Regelung in § 66 Abs 3 zeigt aber, dass durchaus auch eine **periodische Rechnungslegung** von der Gläubigerversammlung als Zwischenrechnung beschlossen werden kann. Letztlich kann eine Rechnungslegungspflicht des Verwalters auch eingreifen, wenn bestimmte Verfahrensabschnitte abgeschlossen sind. Umstritten ist, ob der vorläufige Verwalter, der im eröffneten Verfahren zum endgültigen Verwalter bestellt worden ist, gem § 66 verpflichtet ist, **gegenüber einer Gläubigerversammlung**, also im Berichtstermin, Rechnung zu legen (so zB K/P/B/*Onusseit* § 66 Rn 7; str aA *Jaeger/Gerhardt* § 22 Rn 221; MüKo-*Haarmeyer* § 22 Rn 204; *Uhlenbruck* NZI 1999, 289, 292; *Schmerbach* ZInsO 2000, 637). Richtig ist, dass der Verwalter bei Nichteröffnung des Verfahrens gegenüber dem Insolvenzgericht Rechnung zu legen hat (HK-*Kirchhof* § 22 Rn 77; *Vallender* DZWIR 1999, 275; N/R/*Mönning* § 22 Rn 242 ff; HaKo-*Schröder* § 22 Rn 9; str aA FK-*Schmerbach* § 21 Rn 67 d, 67 e). Zutreffend ist auch, dass bei **Identität des vorläufigen und des endgültigen Verwalters** auf eine Rechnungslegung für das Eröffnungsverfahren entspr § 66 nicht verzichtet werden kann, auch wenn es sich um ein kurzes Eröffnungsverfahren handelt (K/P/B/*Onusseit* § 66 Rn 7 a). In solchen Fällen ist es aber zulässig, dass das Insolvenzgericht dem Verwalter gestattet, die Rechnungslegung durch eine erweiterte Eröffnungsbilanz zu ersetzen oder mit der Rechnungslegung bei Beendigung seines Amtes zu verbinden (*Uhlenbruck* KS-InsO S 367 Rn 45; HK-*Kirchhof* § 22 Rn 77; str aA K/P/B/*Onusseit* § 66 Rn 7 a). Allerdings dürfte wegen des großen zeitlichen Abstands zwischen Eröffnung und Aufhebung des Verfahrens eine Verbindung der beiden Rechnungslegungen zumindest unzweckmäßig sein (K/P/B/*Onusseit* § 66 Rn 7 a). Unerheblich ist dabei, ob es sich um einen sog „starken" oder „schwachen" vorläufigen Insolvenzverwalter handelt (*Frege/Riedel*, Schlussbericht und Schlussrechnung, Rn 39; *Uhlenbruck* NZI 1999, 289, 290).

16 **1. Die Rechnungslegungspflicht des vorläufigen Insolvenzverwalters.** Nach § 21 Abs 2 Nr 1 findet die Vorschrift des § 66 entsprechende Anwendung auch für den vorläufigen Insolvenzverwalter mit der Folge, dass dieser bei Beendigung seines Amtes Rechnung zu legen hat. Rechnung zu legen ist also auch, wenn es zu einer kurzfristigen Verfahrenseröffnung kommt und der vorläufige Verwalter als endgültiger Verwalter bestellt wird (*Uhlenbruck* NZI 1999, 289, 290; FK-*Schmerbach* § 21 Rn 65; *Pohlmann*, Befugnisse, 1998, Rn 248 ff; *Frege/Riedel*, Schlussbericht und Schlussrechnung Rn 39; *Pink* in *Kraemer/Vallender/Vogelsang* Fach 5 Kap 3 Rn 22–25). Zur Rechnungslegung des vorläufigen Insolvenzverwalters s auch LG Berlin ZInsO 2000, 595 m Anm *Förster* ZInsO 2000, 639. Kommt es nach kurzer Eröffnungsphase zu einer Verfahrenseröffnung, kann es im Einzelfall gerechtfertigt sein, auf eine gesonderte Rechnungslegung für das Eröffnungsverfahren ganz zu verzichten (*Uhlenbruck* KS-InsO S 325,

367 Rn 45; *ders* NZI 1999, 289, 290 f; N/R/*Delhaes* § 66 Rn 15; *Vallender* DZWIR 1999, 265, 276; *Frege/Riedel*, Schlussbericht und Schlussrechnung, Rn 42).

a) Art und Umfang der Rechnungslegung des vorläufigen Verwalters. Art und Umfang der Rechnungslegung des vorläufigen Insolvenzverwalters sind ebenso wenig im Gesetz geregelt wie für das eröffnete Verfahren. Die Rechnungslegung orientiert sich daher an den Grundsätzen, die die Praxis der Insolvenzgerichte und die insolvenzrechtliche Literatur zur Prüfung der Schlussrechnung im Konkurs entwickelt haben (vgl *Lièvre/Stahl/Ems* KTS 1999, 1 ff; *Uhlenbruck* ZIP 1982, 125 ff; *Bähner* KTS 1991, 347 ff; *Heni* WPg 1990, 97 ff; *Pink* ZIP 1997, 177 ff; *Bähner/Berger/Braun* ZIO 1993, 1283 ff; *Vallender* DZWIR 1999, 265, 275 f). Grundsätzlich genügt eine **geordnete Zusammenstellung der Einnahmen und Ausgaben** nebst Belegen (§ 259 BGB). Einzelheiten bei *Schmerbach* ZInsO 2000, 637 ff; *Pelka/Niemann* Rechnungslegung Rn 563 ff; *Uhlenbruck* NZJ 1999, 289 ff. Während die Rechnungslegung im eröffneten Verfahren **dreiteilig** gestaltet ist, reicht für das Eröffnungsverfahren idR die Vorlage einer Abrechnung in Form einer **Überschussrechnung** aus (*Uhlenbruck* NZI 1999, 289, 290; N/R/*Delhaes* § 66 Rn 15). Die Überschussrechnung ist zu verbinden mit einem **Verwalterbericht** über den bisherigen Verfahrensablauf und die Aussichten einer Betriebsfortführung bzw Sanierung des Schuldnerunternehmens (vgl *Mönning* Betriebsfortführung Rn 1471 ff; N/R/*Mönning* § 22 Rn 218 f; BerlKo-*Blersch* § 66 Rn 17). Kommt nach Auffassung des vorläufigen Verwalters eine Sanierung in Betracht, so hat er seiner Überschussrechnung zugleich eine **Finanzplanrechnung** beizufügen, die sich als Prognose der finanziellen Entwicklung des Schuldnerunternehmens darstellt. Letztlich orientieren sich Art und Umfang der Rechnungslegung des vorläufigen Verwalters an seiner **Rechtsstellung im Eröffnungsverfahren**. Je weniger Befugnisse er hat, umso geringere Anforderungen sind an seine Rechnungslegungspflichten zu stellen. Überträgt das Insolvenzgericht dem vorläufigen Verwalter die **Verwaltungs- und Verfügungsbefugnis** (§ 21 Abs 2 Nr 2 iVm § 22), so greifen für den vorläufigen Verwalter sowohl die **externen** als auch die **internen Rechnungslegungspflichten** in vollem Umfang ein (vgl *Uhlenbruck* KSInsO S 367, 268 Rn 45; *ders* KTS 1994, 169, 181; *Pohlmann*, Befugnisse Rn 249; K/P/B/*Pape* § 22 Rn 11 u *Onusseit* ebend § 66 Rn 6; *Jaeger/Eckardt* § 66 Rn 11; *Frege/Riedel*, Schlussbericht und Schlussrechnung, Rn 41).

Hinsichtlich der **externen Rechnungslegungspflicht** gilt, dass die Pflicht zur handels- und steuerrechtlichen Rechnungslegung dem vorläufigen Insolvenzverwalter nur so weit obliegt, als diese zur ordnungsgemäßen Erfüllung seiner Buchführungs- und zur Erfüllung seiner steuerlichen Erklärungspflichten als Vermögensverwalter nach § 34 Abs 3 AO erforderlich ist. Die Vorschrift des § 155 greift im Eröffnungsverfahren nicht ein und findet auch keine entsprechende Anwendung (*Pohlmann*, Befugnis und Funktion des vorläufigen Insolvenzverwalters, Rn 248; *Uhlenbruck* NZI 1999, 289, 291). Der **vorläufige Insolvenzverwalter ohne Verfügungs- oder Zustimmungsbefugnisse** ist generell nicht von einer Rechnungslegungspflicht befreit. Vielmehr richten sich Art und Umfang der Rechnungslegungspflicht nach den Befugnissen und Pflichten, die das Insolvenzgericht nach § 22 Abs 2 S 1 im Bestellungsbeschluss festgelegt hat (*Uhlenbruck* NZI 1999, 289, 291 f; s auch LG Berlin ZInsO 2000, 595 m Anm *Förster* ZInsO 2000, 639). Hat das Gericht zB dem vorläufigen Verwalter die **Kassenführung** übertragen oder angeordnet, dass er berechtigt ist, einzelne, bestimmte Masseverbindlichkeiten einzugehen, so ist eine eingehende und sorgfältige Rechnungslegung ebenso unverzichtbar wie bei notwendiger Verwertung verderblichen Sicherungsguts im Eröffnungsverfahren (*Pelka/Niemann* Rechnungslegung Rn 571; H/W/F HdbInsO Rn 3.462; *Schmerbach* ZInsO 2000, 637, 638). Hat er dagegen **kein Vermögen verwaltet**, ist eine **Rechnungslegung verzichtbar** (vgl *Braun* ZIP 1997, 1014, 1015; *Pink* ZIP 1997, 185; *Lièvre/Stahl/Ems* KTS 1999, 1, 5; *Uhlenbruck* NZI 1999, 289, 292; *Vallender* DZWIR 1999, 265, 276). Nicht aber entfällt die **Pflicht der Berichterstattung** (*Frege/Riedel*, Schlussbericht und Schlussrechnung, Rn 41). Zulässig ist es auch, in solchen Fällen dem Verwalter zu gestatten, die Rechnungslegung für das Eröffnungsverfahren mit der Rechnungslegung bei Beendigung des Amtes (§ 66 Abs 1) zu verbinden (*Uhlenbruck* KSInsO S 367 Rn 45).

Die Rechnungslegungspflicht trifft auch den **vorläufigen Insolvenzverwalter mit Zustimmungsbefugnis** (*Pohlmann*, Befugnisse Rn 251; *Uhlenbruck* NZI 1999, 289, 291). Ist dem vorläufigen Verwalter die **Kassenführung** nicht übertragen worden, so beschränkt sich bei fehlender Verfügungsbefugnis die Rechnungslegungspflicht im Eröffnungsverfahren auf einen **Tätigkeitsbericht** (K/P/B/*Onusseit* § 66 Rn 6; *Bähner* KTS 1991, 347, 358; N/R/*Delhaes* § 66 Rn 15).

Art und Umfang der Rechnungslegung des vorläufigen Insolvenzverwalters bestimmen sich letztlich aber nicht nur nach dem Umfang der vom Gericht übertragenen Befugnisse, sondern auch nach dem jeweiligen **Verfahrensstand**. Die gesetzlichen Regelungen hinsichtlich der Rechnungslegung und Rechnungsprüfung in den §§ 66, 79, 151–157, 188, 197 lassen die Wirkung der Verfahrensabwicklungsart und des Verfahrensstandes auf die Gestaltung der Rechnungslegung unberücksichtigt, so dass Differenzierungen nicht nur zulässig, sondern notwendig sind (vgl *Pink* ZIP 1997, 185 ff; *Uhlenbruck* NZI 1999, 289, 290 f). Da Art und Umfang der Rechnungslegung im Insolvenzeröffnungsverfahren nicht gesetzlich geregelt sind, ist zu empfehlen, eine **Zustimmung des Gerichts zur eingeschränkten Rechnungslegung** einzuholen oder auf einen **Verzicht auf Rechnungslegung** hinzuwirken. So ist vor allem in den Fällen einer Abweisung mangels Masse (§ 26 Abs 1 S 1) schon im Hinblick auf die fehlende Kostendeckung und Kostenerstattung geboten, von einer Rechnungslegung des vorläufigen Verwalters entweder ganz abzusehen oder die Rechnungslegungs- und Berichtspflicht auf ein Minimum zu reduzieren.

§ 66 *Rechnungslegung*

Bei Antragsrücknahme oder Erledigung des Insolvenzantrags in der Hauptsache haben der Antragsteller und der Schuldner ohnehin jederzeit die Möglichkeit, die Rechnungslegung nach § 259 BGB zu erzwingen. Das Insolvenzgericht hat allerdings hinsichtlich eines Verzichts oder einer Beschränkung der Rechnungslegungspflichten **keinen unbeschränkten Ermessensspielraum**. Vor allem wenn der vorläufige Verwalter den Schuldnerbetrieb einstweilen fortgeführt oder gar Verwertungshandlungen vorgenommen hat, muss die Rechnungslegung ein vollständiges Bild der bisherigen Geschäftsführung vermitteln. Da die Vorschrift des § 240 S 2 ZPO eingreift, ist auch darzulegen, in welchem Umfang **unterbrochene Prozesse aufgenommen** und fortgeführt worden sind. Etwas anderes gilt für die mit gerichtlicher Genehmigung erfolgte **Betriebsstilllegung**. In diesen Fällen hat der Verwalter zumindest zu berichten, aus welchen Gründen die vorzeitige Betriebsstilllegung zur Vermeidung einer erheblichen Verminderung des Haftungsvermögens und damit einer Schädigung der Gläubiger unbedingt notwendig war. Es genügt aber insoweit die Bezugnahme auf die Begründung des Antrags an das Gericht, der Betriebsstilllegung zuzustimmen.

21 **b) Das Gericht als Adressat der Rechnungslegung des vorläufigen Verwalters.** Kommt es nicht zu einer Verfahrenseröffnung, weil entweder der Antrag abgewiesen oder vom Gläubiger zurückgenommen bzw Erledigung der Hauptsache eingetreten ist, hat der vorläufige Verwalter nach wohl heute allgemeiner Meinung **gegenüber dem Insolvenzgericht** Rechnung zu legen (*Uhlenbruck* KSInsO S 367 Rn 45; *ders* NZI 1999, 289, 292; *Jaeger/Eckardt* § 66 Rn 23; *K/P/B/Pape* § 22 Rn 11; u. *Onusseit* ebend § 66 Rn 8; *Vallender* DZWIR 1999, 265, 275 f; *Schmerbach* ZInsO 2000, 637; BerlKo-*Blersch* § 66 Rn 17; FK-*Schmerbach* § 21 Rn 65). Hatte das Gericht im Eröffnungsverfahren einen **vorläufigen Gläubigerausschuss** bestellt, der zwar im Gesetz nicht vorgesehen ist, jedoch für zulässig gehalten wird, so ist zweifelhaft, ob § 66 Abs 2 S 2 entsprechende Anwendung findet. Der vom Insolvenzgericht eingesetzte vorläufige Gläubigerausschuss ist niemals repräsentatives Organ der Gläubigerversammlung und aus der Regelung in § 66 Abs 2 folgt, dass der Gesetzgeber ohnehin dem Insolvenzgericht eine vorrangige Prüfungspflicht einräumen wollte. Deshalb ist in allen Fällen, in denen das Eröffnungsverfahren nicht durch eine Verfahrenseröffnung beendet wird, das **Insolvenzgericht Adressat** der Rechnungslegung (*Uhlenbruck* KTS 1994, 169, 181; N/R/*Mönning* § 22 Rn 217; FK-*Schmerbach* § 21 Rn 66; K/P/B/*Pape* § 22 Rn 51; HK-*Kirchhof* § 22 Rn 77; *Uhlenbruck* NZI 1999, 289, 292). Zweifelhaft ist dies nur in den Fällen, in denen es zur **Eröffnung des Verfahrens** kommt. Bei Verfahrenseröffnung hat der vorläufige Verwalter einer **Gläubigerversammlung** Rechnung zu legen (K/P/B/*Onusseit* § 66 Rn 7). S die Kommentierung zu § 22 Rn 216 ff; FK-*Schmerbach* § 21 Rn 66a; K/P/B/*Pape* § 22 Rn 51; N/R/*Mönning* § 22 Rn 237; *Pohlmann*, Befugnisse, Rn 249; *Uhlenbruck* NZI 1999, 289, 292; *ders* KTS 1994, 169, 181; *Jaeger/Eckardt* § 66 Rn 10–12; HK-*Kirchhof* § 22 Rn 77; BerlKo-*Blersch* § 66 Rn 17.

22 **c) Kosten der Rechnungslegung des vorläufigen Insolvenzverwalters.** Grundsätzlich hat die Prüfung der Rechnungslegung eines vorläufigen Insolvenzverwalters durch das Insolvenzgericht zu erfolgen. Funktionell zuständig ist ebenso wie für die Festsetzung der Vergütung des vorläufigen Verwalters der **Insolvenzrichter** (s auch *Frege/Keller/Riedel* HRP Rn 204 m umfangr Rspr zur Vergütungsfestsetzung). Die Übertragung der Rechnungslegungsprüfung auf einen **Sachverständigen** muss schon wegen der Kosten die absolute Ausnahme bleiben. Soweit sich das Insolvenzgericht im Rahmen der Prüfung der Rechnungslegung des vorläufigen Verwalters eines Sachverständigen bedient, werden dessen Gebühren nach JVEG festgesetzt und sind Gerichtskosten iSv § 54 Nr 1, die im Fall der Eröffnung von der Masse getragen werden. Wird der Insolvenzantrag abgewiesen, für erledigt erklärt oder zurückgenommen, so ist gem § 23 Abs 1 S 3 GKG der Antragsteller nicht Schuldner der Kosten einer Rechnungsprüfung (FK-*Schmerbach* § 21 Rn 69 d). Die **Kosten**, die durch die **Erfüllung der Rechnungslegungspflicht** dem vorläufigen Verwalter erwachsen, werden mit der Vergütung, die nach § 21 Abs 2 Nr 1 iVm §§ 63, 64, § 11 InsVV vom Gericht festgesetzt wird, abgegolten. Kommt es nicht zu einer Verfahrenseröffnung, so trifft das Gericht mit der das Eröffnungsverfahren abschließenden Entscheidung zugleich auch die Entscheidung darüber, wer die Kosten des Verfahrens zu tragen hat (H/W/F § 11 InsVV Rn 55). S *Uhlenbruck* KS InsO S 325, 367 Rn 45, 50; *ders* NZI 1999, 289, 294; HK-*Kirchhof* § 14 Rn 57 u § 22 Rn 88; *Vallender* InVo 1997, 4, 6.

23 **2. Die Rechnungslegungspflicht des endgültigen Insolvenzverwalters und bei Verwalterwechsel.** Der mit Verfahrenseröffnung vom Gericht bestellte und nicht von der Gläubigerversammlung abgewählte Insolvenzverwalter hat gem § 66 Abs 1 bei Beendigung seines Amtes einer Gläubigerversammlung Rechnung zu legen. Adressat der Rechnungslegung ist somit die **Gläubigerversammlung** und nicht das Insolvenzgericht, das lediglich zu einer Vorprüfung verpflichtet ist (§ 66 Abs 2 S 1). Die Rechnungslegungspflicht besteht nicht nur bei Aufhebung (§ 200) oder Einstellung des Verfahrens (§§ 207, 211–213), sondern bei jeglicher Art der Verfahrensbeendigung (K/P/B/*Onusseit* § 66 Rn 5; K/U § 86 KO Rn 3; MüKo-*Nowak* § 66 Rn 3). Wird der vom Gericht eingesetzte Verwalter (§ 27 Abs 1) in der ersten Gläubigerversammlung gem § 57 S 1 abgewählt, so ist der **abgewählte Insolvenzverwalter** zur internen Rechnungslegung verpflichtet. Auch hier können sich je nach Art, Dauer und Umfang der Verwaltung Einschränkungen bis hin zu einem Verzicht ergeben (vgl K/P/B/*Onusseit* § 66 Rn 5).

24 Bei einem **Verwalterwechsel** ist grundsätzlich durch den Ausgeschiedenen eine **Teilschlussrechnung zu legen** (BGH ZInsO 2005, 483). Nach früherem Recht war umstritten, inwieweit die Pflicht zur Rech-

VI. Die Rechnungslegungspflicht bei Beendigung des Verwalteramtes § 66

nungslegung beim **Tod des Insolvenzverwalters** auf dessen Erben überging. Überwiegend wurde angenommen, dass die Erben zur Rechnungslegung verpflichtet sind (*Jaeger/Weber* § 86 KO Rn 2; K/U § 86 KO Rn 2). Die Erben waren mit dieser Aufgabe überfordert. Deshalb sah Ls 3. 3. 10 des Zweiten Berichts der Kommission für Insolvenzrecht (S 111) vor, dass die Erben des Insolvenzverwalters zur Rechnungslegung nicht verpflichtet sind. Hiervon unberührt bleiben sollte jedoch die Pflicht der Erben, Geschäftsbücher und -unterlagen sowie die im Insolvenzverfahren angefallenen Unterlagen des Rechnungswesens einschließlich Belegen einem neu bestellten Insolvenzverwalter herauszugeben. Im Übrigen sind die Erben, soweit sie hierzu im Stande sind, verpflichtet, im Rahmen des Zumutbaren sachdienliche Auskünfte zu erteilen. Die gleiche Situation besteht mit Eintritt der **Geschäftsunfähigkeit** des Verwalters. Wird Betreuung angeordnet, so bezieht sich das Vertretungsrecht des Betreuers (§ 1902 BGB) nicht auf die Schlussrechnungslegung. Entsprechend dem Vorschlag der Reformkommission ist für die InsO davon auszugehen, dass weder dem Erben noch einem Betreuer zuzumuten ist, eine **Überschussrechnung** zu erstellen (so aber K/P/B/*Onusseit* § 66 Rn 5; HK-*Eickmann* § 66 Rn 16; s auch MüKo-*Nowak* § 66 Rn 35). Vielmehr muss es genügen, dass sie im Bereich des Zumutbaren eine mit Belegen versehene **Abrechnung** über die Einnahmen und Ausgaben vorlegen (OLG Nürnberg KTS 1966, 62; MüKo-*Nowak* § 66 Rn 35; *Jaeger/Eckardt* § 66 Rn 13; HaKo-*Weitzmann* § 66 Rn 19; *Eickmann* Rpfleger 1970, 318, 320; N/R/*Delhaes* § 66 Rn 13; *Hess* § 66 Rn 13). Zwangsmittel (§ 58) können gegen Erben oder Betreuer des verstorbenen Verwalters nicht angeordnet werden (HK-*Eickmann* § 66 Rn 16).

Die vorgenannten Einschränkungen gelten nicht für den **abgewählten** (§ 57) oder entlassenen Insol- 25
venzverwalter (§ 59). Der abgewählte Verwalter ist ebenso zur Rechnungslegung verpflichtet wie der nach § 59 entlassene Verwalter. Gem § 58 Abs 3 kann die Rechnungslegungspflicht vom Insolvenzgericht mit **Zwangsgeld** erzwungen werden (BGH v 14. 4. 2005 – IX ZB 76/04, NZI 2005, 391; OLG Zweibrücken NZI 2002, 43; OLG Nürnberg KTS 1966, 62 ff; anders MüKo-*Nowak* § 66 Rn 35). Die **Teilschlussrechnung** bei Verwalterwechsel hat nicht nur eine Einnahmen-Ausgaben-Rechnung zu enthalten, sondern zugleich auch einen Tätigkeitsbericht (K/P/B/*Onusseit* § 66 Rn 5; *Bähner* KTS 1991, 347, 358). Auch nach Abschluss einer **Nachtragsverteilung** (§ 203) ist der Verwalter zur Rechnungslegung verpflichtet. Da es keine Gläubigerversammlung mehr gibt, hat der Verwalter dem Insolvenzgericht Rechnung zu legen (§ 205 S 2).

3. Rechnungslegung in Sonderfällen der Insolvenzverwaltung. Wird bei Verhinderung des bestellten 26
Verwalters ein **Sonderinsolvenzverwalter** bestellt, so ist auch dieser grundsätzlich zur Rechnungslegung verpflichtet (*Frege*, Der Sonderinsolvenzverwalter 2008, Rn 323; *Smid* § 66 Rn 6; HaKo-*Weitzmann* § 66 Rn 19; MüKo-*Eckardt* § 66 Rn 14; K/P/B/*Onusseit* § 66 Rn 9). Im Einzelfall kommt es aber auf Art und Umfang der Aufgaben des Sonderverwalters an. Handelt es sich lediglich um einzelne Maßnahmen, wie zB die Führung eines Prozesses oder die Vertretung der Insolvenzmasse in der Hauptversammlung einer AG, so entfällt die Rechnungslegungspflicht. Anders aber bei Bildung von Sondermassen zugunsten bestimmter Gläubiger (vgl *Frege*, Der Sonderinsolvenzverwalter, Rn 323).

Da im **Verfahren der Eigenverwaltung** (§§ 270 ff) die Rechnungslegungspflichten dem Schuldner bzw 27
Schuldnerunternehmen obliegen (§ 281 Abs 3), ist der **Sachwalter** grundsätzlich nicht zur Rechnungslegung verpflichtet (*Pelka/Niemann* Rechnungslegung Rn 574; K/P/B/*Onusseit* § 66 Rn 9; K/P/B/*Pape* § 281 Rn 12). Eine Ausnahme besteht nur insoweit, als ihm nach § 275 Abs 2 die **Kassenführung** übertragen ist (K/P/B/*Onusseit* § 66 Rn 9; MüKo-*Nowak* § 66 Rn 3; *Jaeger/Gerhardt* § 66 Rn 15). Da für den Sachwalter in § 274 Abs 1 die Vorschrift des § 66 nicht für entsprechend anwendbar erklärt worden ist, bestimmt sich die **Rechnungslegungspflicht des Sachwalters** in diesen Fällen nach dem allgemeinen Rechtsgrundsatz, dass jeder, der fremde Angelegenheiten besorgt, im Rahmen des § 259 BGB zur Rechenschaft verpflichtet ist (K/P/B/*Onusseit* § 66 Rn 9; *Bähner/Berger/Braun* ZIP 1993, 1283, 1289 betr Vergleichsverwalter). Fehlt eine gesetzliche Regelung in der InsO, so gilt bei treuhänderischer Verwaltung allgemein der Grundsatz: **Wer entgeltlich oder unentgeltlich fremde Geschäfte besorgt, hat Rechenschaft abzulegen** (vgl auch §§ 666, 1698 Abs 1, 1890, 1915, 2218 iVm § 666 BGB, § 154 ZVG). Aus § 259 BGB folgt, dass derjenige, der verpflichtet ist, über eine mit Einnahmen und Ausgaben verbundene Verwaltung Rechenschaft abzulegen, zugleich auch verpflichtet ist, dem Berechtigten eine geordnete Zusammenstellung der Einnahmen und Ausgaben zu erteilen und, soweit Belege vorhanden sind, diese Belege vorzulegen (*Bähner* KTS 1991, 347, 357).

Der **Treuhänder im Restschuldbefreiungsverfahren** hat weder externe Buchführungs- oder Bilanzie- 28
rungspflichten noch steuerrechtliche Pflichten des Schuldners zu erfüllen. Er ist aber, weil er fremdes Vermögen verwaltet und Ausschüttungen vornimmt, zur internen Rechnungslegung gegenüber dem Insolvenzgericht verpflichtet (§ 292 Abs 3 S 1). Vgl auch K/P/B/*Onusseit* § 66 Rn 9; *Jaeger/Eckardt* § 66 Rn 15. Die Vorlage einer **Einnahmen-Ausgaben-Rechnung** mit einem Tätigkeitsbericht genügt (*Pelka/Niemannn* Rechnungslegung Rn 582). Mangels Verweisung in § 292 Abs 3 findet § 66 keine entsprechende Anwendung (K/P/B/*Onusseit* § 66 Rn 9). Das Insolvenzgericht hat im Aufsichtswege sicherzustellen, dass der Treuhänder diese Pflicht erfüllt (HK-*Landfermann* § 292 Rn 24). Der Treuhänder hat nach dem Wortlaut des § 292 Abs 3 S 1 nur bei **Beendigung seines Amtes** dem Insolvenzgericht Rechnung zu legen. Dies heißt jedoch nicht, dass es dem Gericht im Rahmen seiner Aufsichtspflicht (§ 58) verwehrt ist, **Zwischenrechnungen** zu verlangen. Einzelheiten zu § 292 Rn 67–70.

29 Soweit der Insolvenzverwalter im **Insolvenzplanverfahren** Vergleichsrechnungen aufzustellen hat, handelt es sich ebenso wenig wie bei Planbilanzen oder Plangewinn- bzw Planverlustrechnungen um Schlussrechnungen (*Pelka/Niemann* Rechnungslegung Rn 536 ff). Entgegen der Vorauflage trifft den Insolvenzverwalter im Insolvenzplanverfahren nach Planbestätigung und Aufhebung des Verfahrens **keine Rechnungslegungspflicht** (K/P/B/*Onusseit* § 66 Rn 9; *Jaeger/Eckardt* § 66 Rn 16 str aA FAR/HFA IDW ZInsO 2009, 130, 136 [70]). Mit der rechtskräftigen Bestätigung des Insolvenzplans ist das Insolvenzverfahren beendet (§ 258). Rechnungslegungspflicht kommt demgemäß nur für diesen Zeitpunkt in Betracht, nicht dagegen für die Zeit der Überwachung der Planerfüllung, die keine weitere Rechnungslegung verlangt (K/P/B/*Onusseit* § 66 Rn 9; *Jaeger/Eckardt* § 66 Rn 15). Das Insolvenzverfahren ist allerdings nach Rechtskraft der Planbestätigung gem § 258 Abs 1 erst aufzuheben, wenn der Verwalter Schlussrechnung gelegt hat (K/P/B/*Onusseit* § 66 Rn 9; *Heyrath* ZInsO 2005, 1092, 1093; s auch die Kommentierung zu § 58 Rn 9).

VII. Die Rechnungslegungspflicht in masselosen und massearmen Verfahren

30 Wird das Verfahren nach § 207 eingestellt, weil eine die Verfahrenskosten deckende Masse nicht vorhanden ist und auch nicht vorgeschossen wird, so ist gem § 207 Abs 3 S 2 der Insolvenzverwalter zwar nicht mehr verpflichtet, Massegegenstände zu verwerten; er hat jedoch gegenüber der **Gläubigerversammlung** Rechnung zu legen. Da nach § 207 Abs 2 vor der Einstellung die Gläubigerversammlung zu hören ist, genügt es, wenn das Insolvenzgericht auf die bei Gericht zur Einsicht der Beteiligten ausgelegte Schlussrechnung im Rahmen der Anhörung hinweist. Vor allem in Großverfahren empfiehlt sich nicht die Auslegung der Schlussrechnung auf der Geschäftsstelle des Amtsgerichts, weil oftmals die räumlichen und personellen Voraussetzungen nicht gegeben sind. Das Gesetz lässt ein Auslegen der Schlussrechnung deshalb auch an einem **anderen Ort** nach Wahl des Gerichtes unter Berücksichtigung der besonderen Umstände des jeweiligen Falles zu. Der Einberufung einer neuen Gläubigerversammlung bedarf es nicht (vgl auch N/R/*Delhaes* § 66 Rn 14; *Bähner* KTS 1991, 347, 359). Hinsichtlich der **externen Rechnungslegungspflicht** nach Handels- und Steuerrecht entspricht es heute wohl allgemeiner Meinung, dass der Verwalter nicht mehr verpflichtet ist, Steuererklärungen anzufertigen und Handelsbilanzen aufzustellen, wenn die Kosten durch die vorhandene Masse nicht gedeckt sind (Einzelheiten bei *Pink* in *Kraemer/Vallender/Vogelsang* Hdb Fach 5 Kap 3 Rn 212, 219–222; *Pink* ZIP 1997, 177, 183, 184). Dies kann in **massearmen Verfahren** uU anders sein (**BFH** BStBl II 1995, 194 = ZIP 1994, 1969; **BFH** ZIP 1996, 430). Jedenfalls besteht in Fällen der Masselosigkeit (§ 207) ebenso wie bei drohender Verfahrenseinstellung wegen Masseunzulänglichkeit (§ 208) für den Verwalter keine Pflicht zur Beauftragung eines Steuerberaters, wenn die Gefahr besteht, dass dieser mit seinem Honorar ausfallen wird. In solchen Fällen fallen die Steuererklärungspflichten mit Wirkung ex nunc fort (vgl **BFH** ZIP 1996, 430 = EWiR 1996, 511, *Fahnster; Pink* ZIP 1997, 177, 185; str aA BFH v 23. 8. 1994, BStBl II 1995, 198).

31 Für die **interne Rechnungslegungspflicht** des Verwalters, also für die Insolvenzrechnungslegung, stellt sich die Situation teilweise anders dar. Bei Einstellung eines eröffneten Verfahrens nach § 207 kann das Verfahren uU längere Zeit vom Verwalter durchgeführt worden sein. Gläubiger und sonstige Verfahrensbeteiligte haben ein schutzwürdiges Interesse daran zu erfahren, wie der Insolvenzverwalter gewirtschaftet hat (N/R/*Delhaes* § 66 Rn 14; *Bähner* KTS 1991, 347, 359). Eine Schlussrechnung ist unverzichtbar, wenn ein nicht unerheblicher Erlös aus der Verwertung von Massegegenständen zur Verteilung gelangt ist oder über längere Zeit hinweg der Schuldnerbetrieb fortgeführt worden ist. Die **Pflicht zur Erstellung einer Schlussrechnung** ergibt sich unmittelbar aus § 66 Abs 1, denn mit der Verfahrenseinstellung endet das Amt des Verwalters. Auf das Verzeichnis kann deshalb nicht verzichtet werden, weil das Gericht zu prüfen hat, in welchem Umfang und nach welcher Maßgabe im Eröffnungsverfahren Masseverbindlichkeiten begründet und berichtet worden sind, sowie welche vorhandenen Barmittel auf die Verfahrenskosten entfallen (s auch *Pelka/Niemann* Rechnungslegung Rn 77). Die **Beauftragung eines Sachverständigen** mit der Prüfung der Schlussrechnung ist in diesen Fällen allerdings aus Kostengründen untunlich. Sie sollte vom Rechtspfleger bzw der Rechtspflegerin vorgenommen werden.

32 Für das **Einstellungsverfahren bei Masseunzulänglichkeit** (§§ 208 ff) gilt Vorstehendes entsprechend. Dies folgt schon aus der Regelung in § 211 Abs 2, wonach der Verwalter für seine Tätigkeit nach der Anzeige der Masseunzulänglichkeit **gesondert Rechnung zu legen** hat. Die Pflicht des Verwalters zur Verwaltung und Verwertung der Masse besteht auch nach Anzeige der Masseunzulänglichkeit fort (§ 208 Abs 3). Deswegen hat der Verwalter bis zur Anzeige der Masseunzulänglichkeit Schlussrechnung zu legen, an die sich eine gesonderte Rechnungslegung anschließt, die sich weitgehend auf die Verwertung der noch vorhandenen Masse nach Anzeige der Masseunzulänglichkeit und Verteilung nach § 209 bezieht. Findet nach Verfahrenseinstellung eine **Nachtragsverteilung** (§ 211 Abs 3) statt, hat der Verwalter nach Durchführung der Nachtragsverteilung ebenfalls eine gesonderte Schlussrechnung zu legen. Wird das Insolvenzverfahren eingestellt, ohne dass der Verwalter eine noch keine Schlussrechnung gelegt hat, so kann diese analog § 58 Abs 3 vom Insolvenzgericht nach Maßgabe des § 58 Abs 2 erzwungen werden. Nach N/R/*Delhaes* (§ 66 Rn 14) kann die Rechnungslegung nur noch vom Schuldner verlangt werden, der damit allerdings hoffnungslos überfordert sein dürfte.

VIII. Die insolvenzrechtliche (interne) Zwischenrechnungslegung (Abs 3)

Im Gegensatz zur externen Rechnungslegungspflicht des Insolvenzverwalters, wonach Handels- und 33 Steuerbilanzen jährlich aufzustellen sind, stellt § 66 Abs 1 grundsätzlich auf die **Beendigung des Verwalteramtes** ab. Eine Ausnahme, die in der Praxis aber längst zur Regel geworden ist, sieht § 66 Abs 3 vor, wonach die Gläubigerversammlung dem Verwalter aufgeben kann, zu bestimmten Zeitpunkten während des Verfahrens **Zwischenrechnung zu legen**. Ein entsprechender Beschluss wird von der Gläubigerversammlung vor allem in Großverfahren regelmäßig in der ersten Gläubigerversammlung gefasst. Eine weitere Ausnahme besteht auf Grund der **besonderen Berichtspflichten** des Insolvenzverwalters gegenüber der Insolvenzgericht (§ 58 Abs 1 S 2), dem Gläubigerausschuss (§ 69 S 2) und gegenüber dem Gläubigerversammlung (§ 79 S 1). Besteht besonderer Anlass, wie zB bei Verdacht einer Veruntreuung von Geldern, ist das Gericht nicht nur berechtigt, sondern uU verpflichtet, neben einem Bericht über den Sachstand zugleich auch eine Zwischenrechnungslegung vom Verwalter zu verlangen. Das Recht, Zwischenrechnungen zu verlangen, steht jeder Gläubigerversammlung zu, nicht nur der ersten (K/P/B/*Onusseit* § 66 Rn 33). **Die Pflicht zur Erstellung von Zwischenrechnungen** ist nicht gebunden an die handelsrechtlichen oder steuerrechtlichen Bilanzierungspflichten. Wird jährliche Rechnungslegung verlangt, beginnt die Frist ab Beschlussfassung durch die Gläubigerversammlung. Bei länger andauernden masshaltigen Verfahren empfiehlt sich eine halbjährliche Frist (*Frind* ZInsO 2006, 182, 186; *Jaeger/Eckardt* § 66 Rn 54; *Pink* in *Kraemer/Vallender/Vogelsang* Hdb Fach 5 Kap 3 Rn 91).

Nach dem **Referentenentwurf eines Gesetzes zur Vereinfachung der Aufsicht der Insolvenzverfahren** 34 **(GAVI)** v 14. 5. 2007 (ZVI 2007, 577 ff = KTS 2007, 535 ff) sollte in § 58 nach Abs 1 folgender Absatz 1 a eingefügt werden: „*Sofern das Gericht keine anderweitige Anordnung trifft, hat der Insolvenzverwalter nach Ablauf von jeweils sechs Monaten, beginnend mit dem Datum der ersten Gläubigerversammlung, dem Gericht einen Bericht über den Sachstand und die Geschäftsführung einzureichen.*" Der ebenfalls neu einzufügende § 58 a bestimmt hierzu: *„(1) Die Berichte über den Sachstand und die Geschäftsführung nach § 58 InsO haben mindestens eine fortgeschriebene Vermögensübersicht sowie das fortgeschriebene Verzeichnis der Massegegenstände entsprechend §§ 151, 153 InsO und eine Übersicht über die Einnahmen und Ausgaben im Berichtszeitraum zu enthalten. Wird das schuldnerische Unternehmen fortgeführt, so ist anstelle der Übersicht und des Verzeichnisses das vorläufige Ergebnis der Betriebsfortführung mitzuteilen. Die Kontenbestände sind in geeigneter Form nachzuweisen. (2) Einzelne Positionen sind nur zu erläutern, soweit dies neben der Vorlage der in Abs 1 genannten Unterlagen erforderlich scheint. Auf Anforderung des Gerichts sind die Einnahmen und Ausgaben zu belegen.*" S auch Ziff D V. der Empfehlungen der „Uhlenbruck-Kommission" zu § 56 Rn 29. Nach *Jaeger/Gerhardt* (§ 66 Rn 57) wird eine Zwischenabrechnung danach auch in Zukunft nicht gefordert. Jedoch ist eine Übersicht über die Einnahmen und Ausgaben – zunächst ohne Belege – vorzulegen. Nach *Pape* (ZVI 2008, 89, 93) müsste besonders in Kleinverfahren die Möglichkeit bestehen, anderweitige Anordnungen zu treffen, wenn eine sechsmonatige Berichterstattung nicht erforderlich erscheint. Im Übrigen werde durch eine uneingeschränkte Zulassung einer anderweitigen Anordnung des Insolvenzgerichts der Gesetzesvorschlag entwertet. Zutr ist der Hinweis der Bundesregierung, dass die gesetzliche Neuregelung Angaben verlangt, die weit über die Funktion eines Zwischenberichts hinausgehen und die Insolvenzgerichte hinsichtlich der Kontrolle der Berichte überfordert (BT-Drucks 16/7251, S 32 = ZVI 2008, 124, 125).

Der **Inhalt der Zwischenrechnung** ist im Gesetz nicht geregelt, entspricht aber weitgehend der der 35 Schlussrechnung mit der Besonderheit, dass kein Verteilungsverzeichnis zu erstellen ist (K/P/B/*Onusseit* § 66 Rn 33; *Jaeger/Eckardt* § 66 Rn 54; IDW FAR/HFA v 13. 6. 2008 Ziff 5, ZInsO 2009, 130, 133 f). Die Zwischenrechnung besteht aus einer an der Eröffnungsbilanz (§ 153 Abs 1) orientierten **Einnahmen-und Ausgaben-Rechnung**, einer **Zwischenbilanz** sowie einem **Zwischenbericht**, der den bisherigen Verfahrensverlauf und dessen Ergebnisse darstellt (K/P/B/*Onusseit* § 66 Rn 34; *Pink* ZIP 1997, 177, 178 f; *Jaeger/Eckardt* § 66 Rn 55). Zwar sagt das Gesetz nicht, in welcher Form die Zwischenrechnungen aufzustellen sind, jedoch entspricht es wohl überwiegender Meinung, dass auch **Insolvenzzwischenbilanzen** gefordert werden können (vgl *Plate*, Die Konkursbilanz, S 62; *Veit*, Konkursrechnungslegung, S 169 ff; *Arians*, Sonderbilanzen 1984, S 104; *Jaeger/Eckardt* § 66 Rn 55; K/P/B/*Onusseit* § 66 Rn 34). Nach HaKo-*Weitzmann* (§ 66 Rn 11) würde es zur Erhöhung der Kontrolldichte des Verwalterhandelns beitragen, wenn die Insolvenzgerichte zusammen mit den Zwischenberichten die Vorlage der **Kontoauszüge im Original** verlangen würden. Die in § 66 geregelte Rechnungslegungspflicht des Verwalters schließt **weitergehende Auskünfte und Berichte** an die Gläubigerversammlung gem § 79 nicht aus. Auch kann das Insolvenzgericht nach § 58 Abs 1 Satz 2 nicht nur einen **Zwischenbericht im Eröffnungsverfahren** verlangen, sondern auch eine **Zwischenrechnungslegung** (K/P/B/*Onusseit* § 66 Rn 35). Zur fortschreibenden Rechnungslegung s *Fischer/Hempler* ZInsO 2007, 587 ff. Nach § 261 Abs 2 S 2 kann zwar nicht die Gläubigerversammlung, wohl aber der Gläubigerausschuss und das Gericht im Rahmen der **Überwachung der Planerfüllung** jederzeit einzelne Auskünfte oder einen **Zwischenbericht** verlangen. Da der Verwalter lediglich Überwachungsfunktionen hat, darf von ihm aber keine Zwischenbilanz oder Zwischenrechnung gefordert werden. Die Zwischenrechnung ist gem § 66 Abs 3 S 2 durch das Insolvenzgericht zu prüfen (s unten zu Rn 62).

IX. Notwendige Bestandteile der Schlussrechnung

36 Ebenso wenig wie früher § 86 KO enthält das Gesetz in § 66 Aussagen über die Art und Weise der Rechnungslegung (vgl *Uhlenbruck* ZIP 1982, 125; *Bähner* KTS 1991, 347; *Wellensiek* KSInsO S 427 Rn 85 ff). Als überwunden gilt inzwischen aber das sogen **Einheitskonzept** (vgl *Kilger/Nitze* ZIP 1988, 957). Die InsO geht zwar in den §§ 66, 155 grundsätzlich vom **Trennungsprinzip** aus, schließt jedoch die von *K. Schmidt* (Liquidationsbilanzen und Konkursbilanzen, 1989) überzeugend begründete Notwendigkeit der **Koordinierung und Harmonisierung der Rechnungslegungen** des Insolvenzverwalters keineswegs aus (vgl auch *Pink* ZIP 1997, 177, 185 f). Nach dem Konzept der InsO ist es heute unstreitig, dass § 66 nur die **Rechnungslegung des Insolvenzverwalters** (interne Rechnungslegung) regelt, während § 155 die **handels- und steuerrechtliche Rechnungslegung** (externe Rechnungslegung) betrifft. Ergänzt wird die interne Rechnungslegungspflicht des Insolvenzverwalters durch zahlreiche Vorschriften der InsO, wie zB die §§ 79, 151, 152, 153, 154, 155, 156, 157, 188 und 197 (vgl *Pink*; Insolvenzrechnungslegung, S 77 ff; ders bei *Kraemer/Vallender/Vogelsang*, Hdb Fach 5 Kap 3 Rn 94 ff; H/W/F, HdbInsO 5/88 ff). Nach zutreffender Feststellung von *K. Schmidt* heißt das Ziel der insolvenzrechtlichen Bilanzpraxis: „*Getrennte Rechnungslegungspflichten, aber konsolidierte Rechnungslegungspraxis!*" (vgl *K. Schmidt*, Liquidationsbilanzen und Konkursbilanzen S 96; *G König*, Gesonderte oder harmonisierte Rechnungslegung des Konkursverwalters im Unternehmens-Konkurs?, ZIP 1988, 1003 ff; *Bähner/Berger/Braun* ZIP 1993, 1283 ff; *Pink* ZIP 1997, 177, 185). Zu den Anlässen und Bestandteilen der Schlussrechnung s auch Ziff 6 der IDW-Rechnungslegungshinweise ZInsO 2009, 130, 134 f; *Frystatzki* NZI 2009, 581, 583; *Kloos* NZI 2009, 586.

37 **1. Der Begriff der Schlussrechnung.** Der Begriff der Schlussrechnung ist in der InsO nicht definiert. Deshalb ist auf die Kriterien zurückzugreifen, die in Literatur und Rechtsprechung zum bisherigen Insolvenzrecht zum Inhalt und Umfang der Schlussrechnung entwickelt worden sind (vgl auch K/P/B/ *Onusseit* § 66 Rn 12–17; *Wellensiek*, KSInsO S 427 Rn 87; N/R/*Delhaes* § 66 Rn 7 ff; H/W/F, HdbInsO 5/128 ff; *Pink* ZIP 1997, 177, 178 f; MüKo-*Nowak* § 66 Rn 10–13; *Pelka/Niemann* Rechnungslegung Rn 533 ff u Rn 554; *Hess* § 66 Rn 11–28). Als Schlussrechnung bezeichnet man das gesamte Rechnungswesen, das der Insolvenzverwalter bei Abschluss des Verfahrens bzw bei Ende seines Amtes zu erstellen hat (*Frege/Riedel*, Schlussbericht und Schlussrechnung, Rn 14; *Uhlenbruck* NZI 1999, 289, 290). Die Schlussrechnung muss ein **rechnerisch vollständiges Bild der gesamten Geschäftsführung** des Verwalters vermitteln. Sie muss bis auf die Ausnahmefälle, wie zB § 313 Abs 3 S 1, erkennen lassen, welche Aus- und Absonderungsrechte beansprucht, festgestellt und bedient worden sind, welche Gegenstände aus der Masse freigegeben wurden, mit welchem Erfolg der Verwalter schwebende Rechtsgeschäfte und Prozesse abgewickelt hat und was durch Insolvenzanfechtung (§§ 129 ff) für die Masse zurückgewonnen werden konnte. Diskutiert wird vor allem im Rahmen des GAVI, wie die **Transparenz des Verwalterhandelns** erhöht werden kann, damit die gerichtliche Aufsicht erleichtert und verbessert werden kann (vgl *Haarmeyer/Schaprian* ZInsO 2006, 673, 678). *Mäusezahl* (ZInsO 2006, 580 ff) sieht die Schlussrechnungslegung und -prüfung als wichtigen Anknüpfungspunkt der Qualitätssicherung. Mit der Neuregelung des § 66 durch das GAVI sollte eine weitgehende **Standardisierung der Schlussrechnung** eingeführt werden. Die **Bestandteile der Schlussrechnung** sind weitgehend an die handelsrechtlichen Vorschriften angelehnt. Entsprechend der G+V-Rechnung hat der Verwalter eine **Einnahmen- und Ausgabenrechnung** zu erstellen. Weiterhin besteht die Schlussrechnung aus einer **Schlussbilanz** und einem **Schlussbericht** sowie dem **Schlussverzeichnis**. Der Schlussbericht entspricht weitgehend dem Lagebericht iSv § 289 HGB (vgl hierzu *Adler/Düring/Schmaltz*, Rechnungslegung und Prüfung der Unternehmen, 5. Aufl § 289 HGB Rn 19 ff). S unten zu Rn 41 ff. **Beispiele einer Schlussrechnung** bei *Hess/Weis* NZI 1999, 260, 261 ff; *Hess/Binz*, Formulare u Muster zum Insolvenzrecht, 1999, S 257 ff; *Breuer*, Insolvenzrechtsformularbuch, 2. Aufl S 451 ff; H/W/F, HdbInsO 8/49 ff; *Frege/Keller/Riedel* HRP Rn 1681.

38 **2. Überschuss-Rechnung (Einnahmen-Ausgaben-Rechnung).** Die Einnahmen-Ausgaben-Rechnung ist aus der für das Insolvenzverfahren eingerichteten laufenden Buchführung abzuleiten. Es wird dabei eine laufende und zeitnahe Erfassung der Geschäftsvorfälle in der Insolvenzbuchführung vorausgesetzt, so dass eine jederzeitige Erstellung der Überschussrechnung entweder zum Zwecke der Berichterstattung gegenüber dem Gericht oder dem Gläubigerausschuss oder als Zwischenberichterstattung möglich ist (*Bähner/Berger/Braun* ZIP 1993, 1283, 1285; vgl auch *Runkel* Hdb § 6 Rn 319 ff; *Smid* § 66 Rn 12; *Andres/Leithaus* § 66 Rn 6; N/R/*Delhaes* § 66 Rn 5). Unerheblich ist dabei, ob die Insolvenzbuchführung mit der vollkaufmännischen handelsrechtlichen Buchführung zusammengefasst bzw aus dieser abgeleitet wird (sogen harmonisierte Rechnungslegung) oder in Form einer **doppelten Buchführung** für den reinen Geldverkehrsbereich im Insolvenzverfahren organisiert (vgl. Die Buchführung kann auch in einer rein pagatorischen Journal-Buchführung bestehen, die als **Mindestbestandteil jeder insolvenzrechtlichen Rechnungslegung** zu fordern ist (*Bähner/Berger/Braun* ZIP 1993, 1283, 1285; K/P/B/ *Onusseit* § 66 Rn 14). Die Überschussrechnung kann auch durch ein **EDV-System** erstellt werden (*Pink* in *Kraemer/Vallender/Vogelsang*, Hdb Fach 5 Kap 3 Rn 100). Die Einnahmen-Ausgaben-Rechnung ist

IX. Notwendige Bestandteile der Schlussrechnung § 66

nicht erst mit Verfahrensende bzw Ende des Verwalteramtes zu erstellen. Vielmehr setzt die ordnungsgemäße Überschussrechnung eine intakte laufende Insolvenzbuchführung voraus (N/R/*Delhaes* § 66 Rn 5). Zutreffend der Hinweis von *Pink (*in *Kraemer/Vallender/Vogelsang*, Hdb Fach 5 Kap 3 Rn 101), dass der Insolvenzverwalter mit einem für diese Zwecke **speziell entwickelten EDV-Programm**, das sich an einem eigens hierfür entwickelten Kontenrahmen orientiert, jederzeit einen Status des insolventen Unternehmens erstellen und dadurch ohne größeren Aufwand den Gläubigern oder dem Insolvenzgericht Rechenschaft zu legen vermag. Am Verfahrensende könne sodann die Schlussrechnung bzw Schlussbilanz direkt aus der EDV-Insolvenzbuchführung gewonnen werden. Neuerdings wird in der Literatur (*Lièvre/Stahl/Ems* KTS 1999, 1, 4; FAR/HFA IDW Ziff 6.3, ZInsO 2009, 130, 135) die Überschussrechnung bzw Einnahmen-Ausgaben-Rechnung als **Zahlungsrechnung** oder **Insolvenzrechnung** bezeichnet, weil die Überschussrechnung aus betriebswirtschaftlicher Sicht eine nach sachlichen Gesichtspunkten geordnete Zahlungsrechnung ist. Inhaltlich ändert sich hierdurch nichts. Bei Liquidation des Schuldnerunternehmens sind auf der Ertragsseite die Aktivamehrungen und Passivminderungen und auf der Aufwandseite die Aktivaminderungen und Passivmehrungen aufzuführen (*Hess/Weis* NZI 1999, 260, 261; *Lièvre/Stahl/Ems* KTS 1999, 1, 6 ff). Wird das **Unternehmen** zeitweise oder unbeschränkt **fort geführt**, sind „fortführungsbedingte Erfolgsgrößen" ebenfalls zu berücksichtigen (*Hess/Weis* NZI 1999, 260, 261; *Möhlmann*, Berichterstattung S 336 ff, der allerdings von Ergebnisschlussrechnungen spricht). Vgl auch das Beispiel einer Ergebnisschlussrechnung bei *Möhlmann*, Berichterstattung S 339. Bei **Unternehmensfortführung** reicht die Einnahmen-/Ausgaben-Rechnung nicht aus, weil die Veränderungen auf der Aktiv- und Passivseite nicht erfasst werden. Insoweit ist die Fortführung der handelsrechtlichen Buchführung (§§ 238 ff HGB) unverzichtbar.

3. Insolvenzschlussbilanz. Die Insolvenzschlussbilanz ist das letzte Glied in der Kette sich aneinander reihender Insolvenzbilanzen (*Fluch*, Der Status der Unternehmung, S 104; *Veit*, Die Konkursrechnungslegung, S 196; *ders* WiSt 1982, 370, 374; *Möhlmann*, Berichterstattung S 331 ff; *Arians*, Sonderbilanzen, 2. Aufl S 108 ff; *Frege/Keller/Riedel* HRP Rn 1675). Die Schlussbilanz ist die **abschließende Vermögensübersicht**, die in einer Gegenüberstellung des zahlenmäßigen Ergebnisses der gesamten Verwertungs- und Abwicklungstätigkeit des Insolvenzverwalters besteht (N/R/*Delhaes* § 66 Rn 10; MüKo-*Nowak* § 66 Rn 11). Die Schlussbilanz enthält sowohl statische als auch dynamische Elemente, indem sie die zahlenmäßige Entwicklung von der Eröffnungsbilanz bis zum Verfahrensabschluss darstellt (*Pink* in *Kraemer/Vallender/Vogelsang*, Hdb Fach 5 Kap 3 Rn 102–107; K/P/B/*Onusseit* § 66 Rn 17). Die Aufstellung einer Schlussbilanz als **reine Bestandsrechnung** ist nur sinnvoll, soweit noch zu verwertendes Vermögen vorhanden ist. Der Insolvenzverwalter kann eine Schlussbilanz aufstellen, die auf der Aktivseite nur noch den Bestand des Insolvenzanderkontos und die noch nicht verwerteten Vermögenswerte ausweist, auf der Passivseite die zur Insolvenztabelle festgestellten Gläubigerforderungen zuzüglich der in diesem Zeitpunkt noch nicht bezahlten Masseverbindlichkeiten (*Bähner* KTS 1991, 347, 349). Die Schlussbilanz soll die Verfahrensbeteiligten in die Lage versetzen, das Ergebnis der Insolvenzabwicklung zu beurteilen. *Hess* (§ 66 Rn 22): „*Die Insolvenzschlussbilanz stellt damit einen statusmäßigen Überblick über das Ergebnis der Abwicklung des Unternehmens und die zur Ausschüttung gelangende Quote dar*" (vgl auch **OLG** Nürnberg KTS 1966, 62 ff; *Kraemer/Pink* Fach 2 Kap 16 Rn 68). Die Aufstellung einer Insolvenzschlussbilanz ist keineswegs zwingend. Sie kann auch durch eine **erweiterte Einnahmen-Ausgaben-Rechnung** oder durch entsprechende **zahlenmäßige Angaben im Schlussbericht** ersetzt werden, wenn diese eine zahlenmäßig nachvollziehbare Gegenüberstellung der Planansätze der Insolvenz-Eröffnungsbilanz zu den tatsächlichen Verwertungsergebnissen bei Abschluss des Verfahrens ausweisen (*Bähner/Berger/Braun* ZIP 1993, 1283, 1287; *Kraemer/Pink* Fach 2 Kap 16 Rn 67). Dabei müssen ua nach *Bähner/Berger/Braun* (ZIP 1993, 1287) folgende Posten gegenübergestellt und bei Abweichungen ausführlich begründet werden:
– das verwertete Aktivvermögen sowie nicht verwertbare Vermögensteile;
– die berichtigten Sonderrechte;
– zur Masse gezogenes Vermögen (durch Prozesse, Anfechtungen ua);
– Posten der Einzahlungen des Verfahrens aus zum Zeitpunkt der Verfahrenseröffnung bestehenden oder im Laufe des Verfahrens abgeschlossenen Rechtsgeschäften (zB aus Miet- oder Leasingverträgen, Zinseinzahlungen aus Geld- und Kapitalanlagen) sowie Einzahlungen aus sonstigen rechtlichen und gesetzlichen Ansprüchen der Gesellschaft;
– Auszahlungen auf Masseverbindlichkeiten (§ 55) und Verfahrenskosten (§ 54);
– Auszahlungen auf die in der Insolvenztabelle festgestellten Insolvenzforderungen.

Vorstehende Aufgaben kann eine Überschussrechnung als pagatorische Rechnung in der Regel nicht erfüllen, da sie keine vermögensbezogene Bestandsrechnung ist (*Pink* in *Kraemer/Vallender/Vogelsang*, Hdb Fach 5 Kap 3 Rn 107; vgl auch *Lièvre/Stahl/Ems* KTS 1999, 1, 4 ff, die die Ein- und Auszahlungen in einer Zahlungsrechnung zusammenfassen). Zutreffend hat *E Braun* (ZIP 1997, 1013, 1015) gegenüber der von *Pink* geforderten „dynamischen Schlussbilanz" darauf hingewiesen, dass es bei der Schlussbilanz nicht darauf ankommt, wie das Vermögen abgewickelt worden ist. Derjenige, der fremdes Vermögen verwaltet, habe deutlich zu machen, welche Vermögensgegenstände er übernommen und – bei Aufwendung nur verfahrenbezogener Kosten – verwertet hat. *E Braun*: „*Wirtschaftlichkeit und Ef-*

fizienz der Verwaltung lassen sich deswegen durch den Vergleich von vom Verwalter selbst vorgenommenen Bewertungen nicht messen." In den letzten Jahren sind Systeme entwickelt worden, den **Erfolg der Insolvenzverwaltertätigkeit** zu messen (vgl *Kück* ZInsO 2007, 637; *Frind* ZInsO 2008, 126; *ders* ZInsO, 518; *Haarmeyer* NZI 2007, 535; *ders* ZInsO 2007, 172; *Jürges* ZInsO 2008, 888; *Andres* NZI 2008, 522).

41 **4. Schlussbericht.** Der Schlussbericht hat den allgemeinen Anforderungen an eine vollständige und verständliche Berichterstattung unter besonderer Berücksichtigung der Funktion einer Schlussrechnung zu entsprechen (**OLG Brandenburg NZI 2002, 41, 42;** *Jaeger/Eckardt* § 66 Rn 32; *Bähner/Berger/Braun* ZIP 1993, 1283, 1288; N/R/*Delhaes* § 66 Rn 11; K/P/B/*Onusseit* § 66 Rn 15; *Möhlmann*, Berichterstattung S 346 ff). Oben wurde schon darauf hingewiesen, dass der Schlussbericht von der Funktion her weitgehend dem **Anhang (§ 284 HGB)** entspricht. Nach den Empfehlungen der „Uhlenbruck-Kommission" zur Vorauswahl und Bestellung von Insolvenzverwalter/Innen sowie Transparenz, Aufsicht und Kontrolle im Insolvenzverfahren (ZIP 2007, 1432, 1435) soll der Schlussbericht aus zwei Teilen bestehen: Der erste Teil soll einen Bericht über den Verlauf des Insolvenzverfahrens enthalten, der sich an § 289 Abs 1 HGB orientiert; im zweiten teil sollen ausgehend von der Vermögensübersicht nach § 153 die Geschäftsvorfälle erläutert werden. Der Schlussbericht dient der **Informationsvermittlung** an die Verfahrensbeteiligten. Er ist **zwingender Bestandteil der Schlussrechnung.** Anders als § 86 S 4 KO sieht § 66 keine Präklusionswirkung der anerkannten Schlussrechnung vor. Trotzdem ist nicht zu verkennen, dass der Schlussrechnung des Insolvenzverwalters letztlich auch eine gewisse **Entlastungsfunktion** zukommt, wobei der Schlussbericht **Erläuterungsfunktionen** hat. Nicht nur wegen der verstärkten Kontrollrechte der Organe des Insolvenzverfahrens in den §§ 58, 69, 79, sondern auch wegen der Entlastungsfunktion erscheint es gerechtfertigt, die Schlussrechnung nicht mehr ausschließlich nur als **Tätigkeitsbericht**, sondern auch als **Rechenschaftsbericht** anzusehen (so *Lièvre/Stahl/Ems* KTS 1999, 1, 3; str aA N/R/*Delhaes* § 66 Rn 11; *Hess/Weis* InVo 1997, 281, 282; *Hess* § 66 Rn 11; *Smid* § 66 Rn 6; *Andres/Leithaus* § 66 Rn 4 f; *Gottwald/Klopp/Kluth* InsRHdb § 22 Rn 73; einschränkend K/P/B/*Onusseit* § 66 Rn 12 („vor allem Tätigkeitsbericht"); offen lassend *Jaeger/Eckardt* § 66 Rn 23; MüKo-*Nowak* § 66 Rn 12). Der Schlussbericht ist **erläuterndes Bindeglied** zu den verschiedenen zahlenmäßigen Darstellungen der Schlussrechnung (*Bähner/Berger/Braun* ZIP 1997, 1283, 1288; N/R/*Delhaes* § 66 Rn 11). Gegenüber der Gläubigerversammlung hat der Insolvenzverwalter erstmalig in der ersten Gläubigerversammlung (Berichtstermin) zu berichten (§ 156 Abs 1 S 1). Während des Verfahrens haben einzelne Gläubiger, wenn sie nicht dem Gläubigerausschuss angehören (vgl § 69), keinen Anspruch darauf, dass der Verwalter ihnen berichtet oder Auskünfte über den Verfahrensstand gibt. Nach § 79 S 1 ist jedoch die **Gläubigerversammlung berechtigt,** auch während des Verfahrens und unabhängig von Zwischenberichten vom Insolvenzverwalter **einzelne Auskünfte und einen Bericht** über den Sachstand und die Geschäftsführung zu verlangen. Der **Schlussbericht des Insolvenzverwalters** schließt sich an vorhergegangene schriftliche oder mündliche Berichte an. **Zwischenberichte und frühere Berichte** entbinden den Verwalter aber nicht, im Schlussbericht die gesamte Abwicklungstätigkeit in einer für die Adressaten der Schlussrechnung verständlichen und nachvollziehbaren Form darzustellen. Allerdings ist eine Bezugnahme auf zu den Akten gereichte Zwischenberichte, Sachstandsmitteilungen und zu den Gerichtsakten eingereichte Unterlagen zulässig (*Bähner/Berger/Braun* ZIP 1993, 1283, 1288). Der Bericht hat den Grundsätzen einer gewissenhaften und getreuen Rechenschaftslegung zu entsprechen. Er muss das Gericht oder den von diesem beauftragten Sachverständigen in die Lage versetzen, die Schlussrechnung nicht nur rechnerisch, sondern auch materiell zu prüfen (Einzelheiten bei *Möhlmann*, Berichterstattung im neuen Insolvenzverfahren, S 346 f; K/P/B/*Onusseit* § 66 Rn 15).

42 Der Schlussbericht hat zunächst eine **Darstellung des Verfahrensverlaufs** zu enthalten (s MüKo-*Nowak* § 66 Rn 12; *Jaeger/Eckardt* § 66 Rn 34; K/P/B/*Onusseit* § 66 Rn 15; *Lièvre/Stahl/Ems* KTS 1999, 1, 3 ff; N/R/*Delhaes* § 66 Rn 11; *Uhlenbruck* ZIP 1982, 125, 130; *ders* ZIP 1993, 241, 242). Zu inhaltlichen und materiell-rechtlichen Schwerpunkten des Schlussberichts s *Frege/Keller/Riedel*, Schlussbericht und Schlussrechnung, Rn 151–179. Diese beginnt mit der Schilderung der Situation bei Eröffnung des Verfahrens. Es folgt eine **Darstellung der Abwicklungsmaßnahmen** nach Eröffnung des Verfahrens, wobei der Ausübung des Wahlrechts bei nicht erfüllten gegenseitigen Verträgen nach § 103 und der Insolvenzanfechtung nach den §§ 129 ff besondere Bedeutung zukommt. Weiterhin hat der Verwalter darzustellen, welche Maßnahmen er zur Sicherung der Insolvenzmasse nach Verfahrenseröffnung ergriffen hat und den sonstigen Rechnungslegungspflichten, wie zB nach §§ 151–154, nachgekommen ist. Der **Verlauf des Prüfungstermins** (§ 176) ist ebenso darzustellen wie das Ergebnis und anhängige Prozesse zur Feststellung von Forderungsrechten zur Tabelle. Der Schlussbericht hat schließlich auch darzustellen, was die Gläubigerversammlung im Berichtstermin beschlossen hat (§§ 156, 157) und auf welche Weise und mit welchem Erfolg der Verwalter die Beschlüsse in die Praxis umgesetzt hat (*Lièvre/Stahl/Ems* KTS 1999, 1, 11). Letztlich hat der Schlussbericht sich darüber auszulassen, in welchem Umfang eine **Befriedigung der Gläubiger** stattgefunden hat und ob sich uU eine Überwachung des Insolvenzplanverfahrens empfiehlt. Über Gegenstände, die zu hinterlegen sind (§ 198) ist ebenso zu berichten wie hinsichtlich der Überschüsse bei der Schlussverteilung (§ 199). Einzelheiten bei *Lièvre/Stahl/Ems* KTS 1999, 1, 9 ff. S **Muster** eines Schlussberichts in Anlage D FAR/HFA IDW ZInsO 2009, 130, 139 f.

Zweifelhaft ist, ob und in welchem Umfang der Insolvenzverwalter zu berichten hat, dass er seiner 43
externen Buchführungs- und Rechnungslegungspflicht nachgekommen ist. Es stellt einen Systembruch dar, wenn *Lièvre/Stahl/Ems* (KTS 1999, 1, 13 f) die Berichtspflichten des Verwalters auch auf handelsrechtliche und steuerrechtliche Buchführungspflichten bzw Rechnungslegung erstrecken, denn § 66 bezieht sich nur auf die **interne Rechnungslegung**. Eine Erstreckung der Berichtspflicht auf die externe Buchführungs- und Rechnungslegungspflicht lässt sich letztlich nur mit der Aufsichtspflicht des Gerichts nach § 58 rechtfertigen. Grundsätzlich muss es genügen, dass der Verwalter im Bericht versichert, dass er seinen handels- und steuerrechtlichen Rechnungslegungspflichten nachgekommen ist. Fordert das Gericht einen Bericht über die Erfüllung dieser Pflichten oder der arbeitsrechtlichen Maßnahmen zusätzlich ein, so handelt es sich nicht mehr um einen notwendigen Bestandteil des Verwalterschlussberichts, sondern um die selbstständige Erfüllung einer Berichtspflicht nach § 58 Abs 1 Nr 2 (anders *Lièvre/Stahl/Ems* KTS 1999, 1, 13 ff).

5. Schlussverzeichnis. Das Schlussverzeichnis ist eine Liste der bei der Schlussverteilung zu berück- 44
sichtigenden Forderungen (§ 188). Das Schlussverzeichnis ist nicht zwingender Bestandteil jeder Schlussrechnung, sondern eine Ergänzung für den Fall einer Verteilung. Im Schluss- bzw Verteilungsverzeichnis sind alle zu berücksichtigenden Gläubiger und deren Forderungen aufzuführen (*Frege/Keller/Riedel* HRP Rn 1678; N/R/*Delhaes* § 66 Rn 12; K/P/B/*Onusseit* § 66 Rn 16). Das Schlussverzeichnis enthält nicht nur die **zur Tabelle festgestellten Forderungen,** sondern auch die streitig gebliebenen Forderungen, sofern der Anmelder bei einer nicht titulierten Forderung nachweist, dass er innerhalb der Ausschlussfrist von zwei Wochen Feststellungsklage erhoben hat oder den Prozess aufgenommen hat (§ 189 Abs 1). Für das Schlussverzeichnis gelten grundsätzlich die Vorschriften der §§ 188, 189, 190, 191. Das Schlussverzeichnis ist mit einem **Verteilungsvorschlag** zu verbinden, der die verfahrensabschließende Verteilung ermöglichen soll (*Hess/Weis* NZI 1999, 260, 261; N/R/*Delhaes* § 66 Rn 12; *Möhlmann,* Berichterstattung S 340 mit Muster auf S 343; *Bähner/Berger/Braun* ZIP 1993, 1283, 1288). Soweit **Abschlagszahlungen** erfolgt sind (§ 195 Abs 1 S 1), ist die Höhe der Abschlagszahlung bei den einzelnen Forderungen zu vermerken. Bei **absonderungsberechtigten Gläubigern** (§ 190) sind die Forderungen in voller Höhe auszuweisen, wenn innerhalb der Ausschlussfrist des § 189 Abs 1 entweder auf das Absonderungsrecht verzichtet worden ist oder wenn der eingetretene Ausfall nachgewiesen wird (vgl auch N/R/*Delhaes* § 66 Rn 12). Aufschiebend bedingte Forderungen sind gem § 191 Abs 1 S 1 bei einer Abschlagsverteilung mit ihrem vollen Betrag zu berücksichtigen. Der auf die Forderung entfallende und bei der Verteilung zurückzubehaltende Anteil ist im Verteilungsverzeichnis auszuweisen. Für aufschiebend bedingte Forderungen, bei denen die Möglichkeit des Eintritts der Bedingung so fern liegt, dass die Forderung zurzeit der Verteilung keinen Vermögenswert hat, entfällt der Ausweis im Schlussverzeichnis. Selbst getilgte Forderungen, soweit zur Tabelle festgestellt, gehören in das Schlussverzeichnis. Auch **nachrangige Insolvenzgläubiger** (§ 39 Abs 1 Nr 1–5) sind in das Schlussverzeichnis aufzunehmen, soweit das Gericht die nachrangigen Gläubiger zur Anmeldung gem § 174 Abs 3 S 1 aufgefordert hat (*Frege/Keller/Riedel* HRP Rn 1679).

Das **Schlussverzeichnis ist auch zu erstellen,** wenn auf die Forderungen der Insolvenzgläubiger **keine** 45
Quote ausgeschüttet wird (N/R/*Delhaes* § 66 Rn 7; *Jaeger/Eckardt* § 66 Rn 35; K/P/B/*Onusseit* § 66 Rn 16). Deshalb ist es zumindest zweifelhaft, ob nachrangige Forderungen nur dann im Schlussverzeichnis Aufnahme finden, wenn die Gläubiger zur Anmeldung aufgefordert worden sind und eine Quote auf die nachrangige Forderung gezahlt wird (so aber N/R/*Delhaes* § 66 Rn 12; K/P/B/*Onusseit* § 66 Rn 16; MüKo-*Nowak* § 66 Rn 13). Zweifelhaft ist auch, ob das **Verteilungsverzeichnis** iSv § 188 identisch ist mit dem **Schlussverzeichnis.** Hinweise und Beanstandungen des Gerichts können entsprechend § 193 ebenso zur Änderung des Verteilungsverzeichnisses führen wie Entscheidungen über Einwendungen gegen das Vermögensverzeichnis. Jedenfalls gelten die formalen Vorschriften über das Verteilungsverzeichnis in den §§ 188 ff nicht uneingeschränkt für das Schlussverzeichnis, das der Information des Gerichts dient. Für den Zeitraum einer **Unternehmensfortführung** ist in Abgrenzung zum Liquidationsbereich eine getrennte Darstellung der Einnahmen- und Ausgaben-Rechnung mit einer gesonderten Ergebnisermittlung vorzunehmen. Hierzu bedarf es einer Trennung der Bereiche „Fortführung" und „Liquidation". Zutreffend der Hinweis von *Bähner/Berge/Braun* (ZIP 1993, 1283, 1288), dass das Schlussverzeichnis ieS nicht direkter Bestandteil der Schlussrechnungen ist, sondern eine „notwendige Ergänzung der Schlussrechnung für den Fall eines Verteilungsverfahrens" (*Andres/Leithaus* § 66 Rn 4; *Hess* § 66 Rn 27; **str aA** *Jaeger/Eckardt* § 66 Rn 35). Basis des Schlussverzeichnisses bildet eine Zahlungsrechnung, die an die unterschiedlichen kassenwirksamen Zwischenrechnungen im Laufe des Verfahrens anknüpft. Da bei zeitweiser Fortführung Einzahlungen nicht nur auf der Verwertung der Masse, sondern auch auf Umsätzen im Rahmen der einstweiligen Fortführung beruhen können, erscheint eine „quellenorientierte Aufgliederung der Einzahlungen erforderlich" (*Möhlmann,* Berichterstattung S 340).

X. Zur Harmonisierung der internen und externen Rechnungslegung

Es würde Doppelarbeit und Kosten vermeiden, wenn es gelänge, ein Konzept zu entwickeln, die in- 46
solvenzrechtlichen, handels- und steuerrechtlichen Rechnungslegungspflichten des Insolvenzverwalters

derart zu koordinieren und zu harmonisieren, dass ein **einheitliches Rechenwerk** aus einem Guss entsteht, aus dem sämtliche Informationen für die Adressaten entnommen werden können (vgl *Kilger/ Nitze* ZIP 1988, 957; *König* ZIP 1988, 1003; K/P/B/*Onusseit* § 66 Rn 4; *Bähner/Berger/Braun* ZIP 1993, 1283, 1285; eingehend *K. Schmidt*, Liquidationsbilanzen und Konkursbilanzen, 1989). Die Harmonisierung der Rechenwerke wirft aber Probleme auf (umfassend *Pink* in *Kraemer/Vallender/Vogelsang*, Hdb Fach 5 Kap 3 Rn 231 ff; *Pink* ZIP 1997, 177, 185 ff). Eine als Bewegungsrechnung erstellte dynamische Insolvenzbilanz könnte die handelsrechtliche Schlussbilanz ersetzen. Zweifelhaft ist aber, ob ein **Anhang** und ein **Lagebericht** für Kapitalgesellschaften den Schlussbericht des Verwalters zu ersetzen vermögen. Zutreffend die Kritik von *Pink* (Rechnungslegung S 86), dass die InsO die Wirkung der Verfahrensabwicklungsart auf die Gestaltung der Rechnungslegung des Verwalters weitgehend unberücksichtigt lässt. Ob das insolvente Unternehmen nach Verfahrenseröffnung zunächst fortgeführt oder sofort zerschlagen wird, hat in der Tat wesentlichen Einfluss sowohl auf die Gestaltung der externen handels- und steuerrechtlichen Rechnungslegung als auch auf die Schlussrechnung. Festzustellen ist hier nur, dass die von *K. Schmidt* geforderte **Harmonisierung der internen und der externen Rechnungslegung** des Insolvenzverwalters nur in begrenztem Umfang möglich ist. Es wird kaum jemals möglich sein, eine Schlussrechnung zu erstellen, die gleichzeitig die handels- und steuerrechtlichen Zwecke erfüllt und sämtliche Informationen über die Verfahrensabwicklung enthält. Ob entsprechende EDV-Systeme für die Praxis entwickelt und von den Gericht anerkannt werden, bleibt abzuwarten. Verkürzte interne Rechnungslegungspflichten des Verwalters sind jedenfalls nicht geeignet, eine Harmonisierung der Rechnungslegungen zu erleichtern. Zur **Standardisierung** insolvenzrechtlicher Rechnungslegung, *Kloos* NZI 2009, 586 ff.

XI. Die Frist für die Rechnungslegung und Säumnis des Verwalters

47 § 66 bestimmt nur, dass der Insolvenzverwalter bzw Treuhänder **bei Beendigung des Amtes** Rechnung zu legen hat. Fristen für die Rechnungslegung sieht das Gesetz in § 66 ebenso wenig vor wie für die Rechnungslegung des Schuldners bzw Schuldnerunternehmens nach § 281 Abs 3 S 1. Soweit die Gläubigerversammlung periodische Rechnungslegung verlangt (§ 66 Abs 3 S 1), ist die Frist festgelegt. In den übrigen Fällen bedeutet die Formulierung „bei Beendigung seines Amtes" keineswegs, dass der Verwalter erst nach der Aufhebung des Verfahrens Rechnung zu legen hat, obgleich sein Amt erst mit der Aufhebung endet (§ 259 Abs 1 S 1). Der **abgewählte** oder **entlassene Insolvenzverwalter** sowie ein **Sonderinsolvenzverwalter** haben **unverzüglich nach Beendigung ihres Amtes** Rechnung zu legen (K/P/B/*Onusseit* § 66 Rn 10; *Jaeger/Eckardt* § 66 Rn 19; *Smid* § 66 Rn 4; MüKo-*Nowak* § 66 Rn 5). In den übrigen Fällen hat der Verwalter **bei Aufhebung des Insolvenzverfahrens** (§§ 200, 258) entgegen dem Wortlaut des § 66 Abs 1 nicht erst mit Beendigung seines Amtes, sondern bereits vorher Rechnung zu legen, denn das Gericht wird seine Zustimmung zur Schlussverteilung (§ 197 Abs 1 S 1) nicht ohne Vorlage der Schlussrechnung erteilen. Zudem ist die Schlussrechnung des Insolvenzverwalters gem § 197 Abs 1 S 2 Nr 1 im Schlusstermin zu erörtern. Die Gläubiger können Einwendungen gegen das Schlussverzeichnis erheben (§ 197 Abs 1 S 2 Nr 2). Bei Berücksichtigung der Tatsache, dass zwischen der öffentlichen Bekanntmachung des Termins und dem Schlusstermin eine Frist von mindestens drei Wochen liegen soll (§ 197 Abs 2), zeigt sich, dass die Schlussrechnung regelmäßig **mehrere Wochen vor der Verfahrensaufhebung** und der eigentlichen Beendigung des Verwalteramtes vorgelegt werden muss, da vor der Aufhebung noch die Schlussverteilung vollzogen sein muss (§ 200 Abs 1). Dementsprechend ist es grundsätzlich Sache des Insolvenzverwalters, die Schlussrechnung bei Gericht einzureichen, wenn die Verwertung der Insolvenzmasse abgeschlossen ist (so auch K/P/B/*Onusseit* § 66 Rn 10). Das Insolvenzgericht ist kaum jemals in der Lage zu prüfen, ob ein Verfahren abschlussreif ist. Bei schuldhafter Verzögerung des Verfahrensabschlusses hat es zunächst gem § 58 Abs 1 S 2 einen Bericht über den Sachstand vom Verwalter einzufordern. Erfüllt der Verwalter diese Pflicht nicht, greifen die Zwangsmittel des § 58 Abs 2 ein. Stellt das Gericht fest, dass das Verfahren zum Abschluss gebracht werden kann, hat es den Verwalter aufzufordern, Schlussrechnung zu legen und den Antrag auf Zustimmung zur Schlussverteilung (§ 196 Abs 2) zu stellen.

48 Die **Vorlage der Schlussrechnung** und der Antrag auf Zustimmung hat in **angemessener Zeit** nach Beendigung der Verwertung der Insolvenzmasse zu erfolgen (K/P/B/*Onusseit* § 66 Rn 10; *Jaeger/ Eckardt* § 66 Rn 20). Es reicht nicht aus, dass sie so rechtzeitig eingereicht wird, dass dem Gericht vor dem Schlusstermin eine angemessene Prüfungszeit verbleibt (so auch K/P/B/*Holzer* § 296 Rn 9). In der Praxis ist es üblich, dass der Insolvenzverwalter die Schlussrechnung bereits mit dem Antrag auf Genehmigung der Schlussverteilung einreicht, weil das Insolvenzgericht im Allgemeinen nur anhand der Schlussrechnung beurteilen kann, ob die Voraussetzungen für die Genehmigung der Schlussverteilung gegeben sind (*Veit*, Konkursrechnungslegung, S 195; K/U § 86 KO Rn 4). Benötigen das Gericht und ein Gläubigerausschuss, dem eine Frist gesetzt werden kann, längere Zeit für die Prüfung der Schlussrechnung zB durch die Einschaltung eines Sachverständigen, hat der Verwalter für die Zeit nach Einreichung der Schlussrechnung bis zur Beendigung seines Amtes **gesondert Rechnung zu legen**, damit eine lückenlose Kontrolle gewährleistet ist (*Bähner* KTS 1991, 347, 350). Kommt der Verwalter seiner Pflicht, in **angemessener Frist** nach Beendigung des Verfahrens Schlussrechnung zu legen, schuldhaft

nicht nach, ist das Gericht berechtigt, gegen ihn ein **Zwangsgeld** gem § 58 Abs 2 festzusetzen (K/P/B/ Onusseit § 66 Rn 10; MüKo-*Nowak* § 66 Rn 8). **Ersatzvornahme** ist ausgeschlossen, weil die Rechnungslegung zu den höchstpersönlichen Pflichten des Verwalters zählt (**LG** Bayreuth, Pfleger 1965, 306; K/P/B/*Onusseit* § 66 Rn 10).

XII. Die Prüfung der Schlussrechnung

1. Prüfung durch das Insolvenzgericht. Obgleich der Insolvenzverwalter gem § 66 Abs 1 einer Gläubigerversammlung Rechnung zu legen hat, sieht das Gesetz in § 66 Abs 2 S 1 nunmehr eine **Vorprüfung** durch das Insolvenzgericht vor. Die Vorprüfung dient nicht nur dazu, den einzelnen Gläubigern sachkundige Hilfe zu leisten, sondern auch in den Fällen eine sachkundige und umfassende Prüfung zu ermöglichen, in denen die Gläubiger aus Desinteresse oder sonstigen Gründen die Schlussrechnung nicht prüfen. Die Prüfung der Schlussrechnung durch das Gericht wird vom Gesetzgeber als „Ausfluss der Aufsichtspflicht des Gerichts" gesehen, was zur Folge hat, dass Beanstandungen und deren Behebungen nach § 58 im Aufsichtswege durchgesetzt werden können (N/R/*Delhaes* § 66 Rn 16; *Rechel*, Die Aufsicht des Insolvenzgerichts, 2009, S 223; MüKo-*Nowak* § 66 Rn 3; K/P/B/*Onusseit* § 66 Rn 18). **Funktionell zuständig** für die Prüfung ist im Regelfall der Rechtspfleger (§ 3 Nr 2 e, § 18 Abs 1 RPflG), sofern kein Richtervorbehalt nach § 18 Abs 2 RPflG erfolgt ist. S unten zu Rn 56. 49

a) Art und Umfang der Prüfung. Aufgrund seiner Aufsichtspflicht hat das Insolvenzgericht das Recht 50 und die Pflicht, die Schlussrechnung des Verwalters mit ihren Anlagen zu prüfen. Der gerichtlichen Prüfung kommt besondere Bedeutung zu, wenn ein Gläubigerausschuss nicht bestellt ist. Die Prüfung hat sich nicht nur auf die **Gesetz- und Ordnungsmäßigkeit der Insolvenzabwicklung** zu beziehen, sondern auch darauf zu erstrecken, ob die **Voraussetzungen für eine Schlussverteilung vorliegen**, ob die Verwertung der Masse beendet ist und ob noch Vermögen zur Masse gezogen werden kann (s *Pink* in Kraemer/Vallender/Vogelsang, Hdb Fach 5 Kap 3 Rn 114–118). Versteht man mit dem Gesetzgeber die gerichtliche Prüfungspflicht zugleich als Teil und Ausfluss der allgemeinen Aufsichtspflicht und die Schlussrechnung auch als **Rechenschaftsbericht**, so erstreckt sich die Prüfung nicht nur auf die eigentliche Rechnungslegung, sondern zugleich auch die **materielle Prüfung**, dh auf die Rechtmäßigkeit der Schlussrechnung (MüKo-*Nowak* § 66 Rn 14; K/P/B/*Onusseit* § 66 Rn 20; *Jaeger/Eckardt* § 66 Rn 40; N/R/*Delhaes* § 66 Rn 17). Die Grenze der Prüfung liegt bei Fragen der **Zweckmäßigkeit** und der **Wirtschaftlichkeit** (H/W/F HdbInsO 8/53; BerlKo-*Blersch* § 66 Rn 8; N/R/*Delhaes* § 66 Rn 19; FK-*Kind* § 66 Rn 17; MüKo-*Nowak* § 66 Rn 17). Deshalb hat das Gericht nicht festzustellen, ob Verwertungsmaßnahmen sinnvoll waren oder ob auf andere Weise mehr Erlös hätte erzielt werden können (HK-*Eickmann* § 66 Rn 10; H/W/F, HdbInsO 8/93; K/P/B/*Onusseit* § 66 Rn 20; *Weitzmann* ZInsO 2007, 449, 451; *Braun/Kind* § 66 Rn 17).

Zu unterscheiden ist zwischen **formeller und materieller Schlussrechnungsprüfung** (vgl *Uhlenbruck* ZIP 51 1982, 125, 132 f; *Bähner/Berger/Braun* ZIP 1993, 1283, 1290; *Pink* in Kraemer/Vallender/Vogelsang, Hdb Fach 5 Kap 3 Rn 116, 117; *Reck* ZInsO 2008, 495, 497; K/P/B/*Onusseit* § 66 Rn 21, 22 u *Holzer* ebend § 196 Rn 15–17; *Hess* § 66 Rn 36; MüKo-*Nowak* § 66 Rn 14, 15, 20; BerlKo-*Blersch* § 66 Rn 9). Die **formelle Schlussrechnungsprüfung** besteht regelmäßig in einer **rechnerischen Prüfung** und einer **Belegprüfung** (H/W/F, HdbInsO 8/57; *Pink* in Kraemer/Vallender/Vogelsang, Hdb Fach 5 Kap 3 Rn 116; K/P/B/*Holzer* § 196 Rn 16; *Smid* § 66 Rn 12). Zu prüfen ist, ob Inventar und Schlussbilanz einander entsprechen und ob sie mit dem Verwalterbericht übereinstimmen. Die formelle Schlussrechnungsprüfung betrifft die **äußere Ordnungsmäßigkeit der Schlussrechnung** einschließlich der rechnerischen Richtigkeit (*Bähner/Berger/Braun* ZIP 1993, Rn 1283, 1290; MüKo-*Nowak* § 66 Rn 15; K/P/B/*Onusseit* § 66 Rn 21). Dabei wird die äußere Ordnungsmäßigkeit im Wesentlichen von folgenden Merkmalen bestimmt, die *Bähner/Berger/Braun* (ZIP 1993, 1290; *Smid* § 66 Rn 12) herausgearbeitet haben: Ordnungsgemäße Erfassung sämtlicher Geschäftsvorfälle, also aller Belege in der Insolvenzbuchführung, richtige Verarbeitung des Zahlenmaterials in der Insolvenzbuchführung bis hin zur Schlussrechnung und Beachtung der formalen Ordnungsprinzipien der Buchführung einschließlich der handelsrechtlichen und steuerrechtlichen Buchführung. Die formelle Prüfung ist im Wesentlichen eine Abstimmungs- und Übertragungsprüfung sowie ein rechnerische Prüfung mit Belegprüfung. Vgl *Uhlenbruck* ZIP 1982, 125, 131 ff; N/R/*Delhaes* § 66 Rn 18; K/P/B/*Onusseit* § 66 Rn 21 u *Holzer* ebend § 196 Rn 16; *Heni*, Konkursabwicklungsprüfung, 1988 S 82; H/W/F HdbInsO 8/53 ff; BerlKo-*Blersch* § 66 Rn 9; *Bähner* KTS 1991, 347, 351.

Art und Umfang der materiellen Prüfung sind im Einzelnen umstritten. *Bernsen* (KSInsO S 1255 Rn 15) 52 bestreitet generell eine materielle Prüfungspflicht des Insolvenzgerichts mit der Begründung, die Prüfung der materiellen Richtigkeit der Schlussrechnung falle ausschließlich in die Zuständigkeit der Gläubigerversammlung. Diese Auffassung ist schon deswegen nicht richtig, weil solchenfalls zu unterscheiden wäre zwischen den Fällen, in denen nur dem Insolvenzgericht Rechnung zu legen ist und solchen, in denen der Gläubigerversammlung Rechnung zu legen ist. Die vorgesehene Änderung des § 66 Abs 2 durch das **GAVI** (ZVI 2008, 124, 126 f) lässt die Frage offen, ob eine **materielle Prüfung der Schlussrechnung** vorzunehmen ist und welche Kriterien das Insolvenzgericht bei der Auswahl der zu prüfenden Schlussrechnung zu beachten hat. Auch soweit eine **materielle Prüfungspflicht abgelehnt** wird (vgl **AG** Duisburg ZIP 2005, 2335;

Frege/Riedel, Schlussbericht und Schlussrechnung, Rn 275; *Frege/Keller/Riedel* HRP Rn 1682; *Weitzmann* ZInsO 2007, 449, 453) soll dem Insolvenzgericht ein materielles Prüfungsrecht zustehen, wenn Gläubigerversammlung und Gläubigerausschuss ein ihnen zustehendes Beurteilungsermessen insolvenzzweckwidrig missbrauchen (*Weitzmann* ZInsO 2007, 449, 453).

53   Letztlich handelt es sich nur um eine begriffliche Unklarheit, nämlich um die **Tiefe der Rechnungslegungsprüfung**. Die Prüfung, ob sich aus der Schlussrechnung **Hinweise auf Pflichtverletzungen des Verwalters** ergeben, ist grundsätzlich Gegenstand der gerichtlichen Aufsicht (§ 58). Jedoch ist erkennbaren Unregelmäßigkeiten des Verwalters, die sich aus der Rechnungslegung ergeben, nachzugehen. Bei der materiellen Prüfung hat das Gericht zu prüfen, ob die einzelnen Vermögens- und Schuldposten nach Art, Menge und Wert vollständig und richtig erfasst worden sind (*Uhlenbruck* ZIP 1982, 125, 133; K/P/B/*Onusseit* § 66 Rn 22; N/R/*Delhaes* § 66 Rn 19). **Materielle Prüfung** ist **Prüfung der inhaltlichen Richtigkeit der Schlussrechnung** (so K/P/B/*Holzer* § 196 Rn 17). Zu prüfen ist, ob die Schlussrechnung ein vollständiges Bild der gesamten Geschäftsführung des Verwalters wiedergibt und ob die ordnungsgemäße Verwertung des schuldnerischen Vermögens nachvollzogen werden kann (K/P/B/*Onusseit* § 66 Rn 22; *Kraemer/Pink* Fach 2 Kap 16 Rn 79, *Uhlenbruck* ZIP 1982, 125, 131).

54   Die **materielle Schlussrechnungsprüfung** ist eine **Prüfung der Rechtmäßigkeit** der Verfahrensabwicklung, nicht aber der **Zweckmäßigkeit des Verwalterhandelns** (K/P/B/*Onusseit* § 66 Rn 20; *Weitzmann* ZInsO 2007, 449, 451; HK-*Eickmann* § 66 Rn 10; MüKo-*Nowak* § 66 Rn 17). So hat das Insolvenzgericht zB zu prüfen, ob der Verwalter davon Mitteilung gemacht hat, dass er Aufgaben wie zB die Erstellung der Steuerunterlagen an Gesellschaften vergeben hat, an denen er selbst oder ein Angehöriger beteiligt ist (*Smid* § 66 Rn 12), oder ob Werte richtig in Ansatz gebracht worden sind (*Hess* § 66 Rn 41; K/P/B/*Onusseit* § 66 Rn 22; *Frind* ZInsO 2006, 182, 185). Grundsätzlich ist der **Verwalter in seiner Amtsführung frei** und nicht gerichtlichen Weisungen unterworfen. Durch ein übertriebenes materielles Prüfungsrecht würde ein solches Weisungsrecht jedoch eingeführt werden (*Frind* ZInsO 2006, 182 f; *Weitzmann* ZInsO 2007, 449, 452). Das Gericht ist „Hüter der Rechtmäßigkeit des Verfahrens". Eine kleinliche Überwachung würde nicht nur die Gerichtsaufsicht (§ 58) strapazieren, sondern auch mit einem zusätzlichen staatlichen **Haftungsrisiko** verbunden sein (vgl MüKo-*Graeber* § 58 Rn 39; *Weitzmann* ZInsO 2007, 449, 452; *Mohrbutter/Ringstmeier/Voigt-Salus/Pape* Hdb § 21 Rn 44). Schließlich wäre auch der zusätzliche Arbeitsaufwand von den Gerichten nicht zu leisten. Der BR-Entwurf eines Gesetzes zur Verbesserung und Vereinfachung der Aufsicht in Insolvenzverfahren (GAVI) sah in Art 1 Nr 10 eine Änderung des § 66 Abs 2 dahingehend vor, dass sich das Insolvenzgericht bei der Prüfung auf **angemessene Stichproben** beschränken kann. Im Übrigen lässt der Entwurf die Frage offen, ob auch eine materielle Prüfung der Schlussrechnung vorzunehmen ist und welche Kriterien das Insolvenzgericht bei der Auswahl der zu prüfenden Schlussrechnung zu beachten hat.

55   Wird das **Unternehmen ganz oder zeitweise im eröffneten Verfahren** durch den Insolvenzverwalter fortgeführt, so unterliegt dieser einer **erweiterten materiellen Prüfung** durch das Insolvenzgericht (zutreffend *Heni*, Konkursabwicklungsprüfung S 232 ff; str aA *Jaeger/Eckardt* § 66 Rn 42). Bei Betriebsfortführung im eröffneten Verfahren hat das Insolvenzgericht zu prüfen, ob die **Betriebsfortführung im Interesse der Gläubiger** lag, also die Haftungsmasse vermehrt oder zumindest nicht vermindert wurde (*Pink* in *Kraemer/Vallender/Vogelsang*, Hdb Fach 5 Kap 3 Rn 119; N/R/*Delhaes* § 66 Rn 19). Der erweiterte Prüfungsumfang ist in diesen Fällen die Konsequenz besonderer Abwicklungsrisiken (vgl *Riering*, Betriebsfortführung S 55 ff). Zu prüfen ist ua, ob der Fortführung gegen den Insolvenzzweck, nämlich Haftungsverwirklichung, verstoßen worden ist. Insolvenzzweckfremde Motive liegen zB vor, wenn Sicherungsgläubiger ihre Sicherungsrechte im Vorratsvermögen mittels befristeter Betriebsfortführung verbessert zu realisieren versuchen, die öffentliche Hand den Erhalt von Arbeitsplätzen in strukturschwachen Regionen bezweckt oder der Insolvenzverwalter mit der Betriebsfortführung Eigeninteressen verfolgt (vgl auch *Mönning*, Betriebsfortführung, Rn 183 ff). Im Fall der Betriebsfortführung nach Verfahrenseröffnung stellt die Position „Überschuss aus Betriebsfortführung" einen Aktivposten der Insolvenzeröffnungsbilanz dar. Der in der Eröffnungsbilanz eingestellte Bilanzposten wird unterlegt durch das Ergebnis einer Plan-Ertrags-Rechnung (*Mönning*, Betriebsfortführung, Rn 1481). **Verläuft die Betriebsfortführung** im eröffneten Verfahren **verlustreich**, so hat das Gericht zu prüfen, in welchem Umfang vorhandenes Vermögen zur Abdeckung des Fehlbetrages eingesetzt wurde. Der Fortführungsaufwand spielt hierbei eine nicht unerhebliche Rolle. Letztlich ist entscheidend, dass das Gericht auf Grund der Schlussrechnung zu überprüfen vermag, welche Ergebnisse die Betriebsfortführung gebracht hat (*Pink* in *Kraemer/Vallender/Vogelsang*, Hdb Fach 5 Kap 3 Rn 119; K/P/B/*Onusseit* § 66 Rn 22; N/R/*Delhaes* § 66 Rn 19). Nach Auffassung von *Bähner* (KTS 1991, 347, 360) muss im Fall der Unternehmensfortführung auch geprüft werden, ob die Weiterführung des Unternehmens **zweckmäßig** war. Dies ist zu weitgehend. Richtig ist vielmehr, dass ein schuldhaftes Verhalten (Unterlassen) des Verwalters darin gesehen werden kann, dass er die rechtzeitige Stilllegung des Betriebes nicht bewirkt hat und hierdurch den Gläubigern erheblicher Schaden entstanden ist.

56   **b) Funktionelle Prüfungszuständigkeit.** Die gerichtliche Prüfung nach § 66 Abs 2 Satz 1 ist lediglich eine **Vorprüfung** (N/R/*Delhaes* § 66 Rn 16; *Weitzmann* ZInsO 2007, 449, 453). Funktionell zuständig für die Prüfung der Schlussrechnung ist gem §§ 3 Nr 2 e, 18 Abs 1 RPflG der Rechtspfleger bzw die

XII. Die Prüfung der Schlussrechnung § 66

Rechtspflegerin, soweit kein Richtervorbehalt nach § 18 Abs 2 RpflG erfolgt ist. Für die Prüfung der Schlussrechnung im **Eröffnungsverfahren** ist die **ausschließliche funktionelle Zuständigkeit des Richters** gegeben (Einzelheiten zu § 22 Rn 219; *Uhlenbruck* NZI 1999, 289, 292).

c) Prüfung durch Sachverständige. In umfangreichen Verfahren kann das Gericht einen **Sachverständigen** mit der Prüfung der Schlussrechnung betrauen (*Uhlenbruck* ZIP 1982, 125, 133; K/P/B/*Onusseit* § 66 Rn 23). Vor allem in Großverfahren ist meist die Prüfung durch einen Sachverständigen geboten. In letzter Zeit wird vor allem von institutionellen Gläubigern darüber geklagt, dass die Gerichte zunehmend dazu übergehen, aus Gründen der Arbeitserleichterung oder mangels spezieller Kenntnisse die Schlussrechnungen durch externe Gutachter überprüfen zu lassen (vgl *Heyrath* ZInsO 2005, 1092, 1094 ff; *Kraemer* in *Kraemer/Vallender/Vogelsang* Hdb Fach 5 Kap 4 Rn 70 ff; *Weitzmann* ZInsO 2007, 449, 453). Eine standardisierte Bestellung von Sachverständigen mit der Schlussrechnungsprüfung verstößt gegen § 66 Abs 2 Satz 1, wonach eine **originäre Prüfungspflicht des Gerichts** besteht. Eine mangelhafte personelle und sachliche Ausstattung der Gerichte rechtfertigt nicht die Privatisierung gerichtlicher Aufgaben durch das Gericht (*Weitzmann* ZInsO 2007, 449, 453; vgl auch BAKinsO ZInsO 2007, 489). Letztlich kann die Bestellung eines Sachverständigen nur bei **fehlender Sachkunde des Gerichts** (§ 4 iVm § 402 ZPO) oder aus **besonderem Anlass** erfolgen (vgl BGH NJW 1993, 2382; BGH NJW 2004, 1163; *Weitzmann* ZInsO 2007, 449, 454). Nach zutr Feststellung von *Weitzmann* (aaO S 454) folgt aus dem Justizgewährungsanspruch (Art 19 Abs 4 GG), dass die mangelnde personelle oder sachliche Ausstattung der Insolvenzgerichte nicht auf Kosten der Insolvenzmasse auf diese abgewälzt werden kann. Die Prüfung der Schlussrechnung ist grundsätzlich originäre gerichtliche Aufgabe (s auch *Franke/Goth/Firmenich* ZInsO 2009, 123 ff; *Vierhems* ZInsO 2008, 521; *Frystatzki* NZI 2009, 589; *Haertlein* NZI 2009, 577 ff; str aA *Kloos* NZI 2009, 586 ff; LG Heilbronn NZI 2009, 606 [nrkr]).

Zu den grundlegenden Anforderungen an die Person eines Prüfers gehört die **fachliche Qualifikation** und **persönliche Integrität**. Die InsO enthält keine Regelungen zu den **Anforderungen an die fachliche Qualifikation** des Prüfers, jedoch ist anerkannt, dass der Prüfer **unabhängig** von den Verfahrensbeteiligten sein muss, also keine finanziellen, geschäftlichen, wirtschaftlichen, rechtlichen, arbeitsvertraglichen oder sonstigen Beziehungen bestehen dürfen, die Zweifel an der Objektivität und Unparteiigkeit nahelegen (Einzelheiten bei *Frege/Riedel*, Schlussbericht und Schlussrechnung, Rn 279 ff, 297).

Umstritten ist, ob der Sachverständige nur mit der **rein rechnerischen Kontrolle** (formellen Prüfung) beauftragt werden kann oder ob ihm auch der **materielle Prüfung** obliegt. Nach Auffassung von *Eickmann* (HK-*Eickmann* § 66 Rn 11; ders EWiR 1986, 399; ebenso FK-*Kind* §§ 66 Rn 18) kann dem Sachverständigen nur die rechnerische Prüfung übertragen werden. Demgegenüber weist *K. Schmidt* (*Kilger/K. Schmidt* § 86 KO Anm 5 d) zutreffend darauf hin, dass die Prüfungspflicht des Sachverständigen identisch ist mit dem Prüfungsauftrag des Gerichts (so auch *Bähner* KTS 1991, 347, 354 f; MüKo-*Nowak* § 66 Rn 20). Allerdings ist das Gericht nicht gehindert, den Prüfungsauftrag an den Sachverständigen auf einzelne Sachverhalte oder Bereiche zu beschränken (K/P/B/*Onusseit* § 66 Rn 23). Als **Prüfer der Schlussrechnung** kommen nur entsprechend sachkundige, ausreichend erfahrene und unabhängige Personen in Betracht, bei denen Ablehnungsgründe nicht vorliegen. Die Beauftragung eines Sachverständigen mit der Prüfung der Schlussrechnung ist keine selbstständige Entscheidung und daher **nicht selbstständig anfechtbar** (MüKo-*Nowak* § 66 Rn 19; HaKo-*Weitzmann* § 66 Rn 13; K/P/B/*Onusseit* § 66 Rn 23). Dies schließt nicht aus, dass der Insolvenzverwalter den mit der Schlussrechnungsprüfung beauftragten Sachverständigen gem § 406 ZPO wegen **Besorgnis der Befangenheit** abzulehnen berechtigt ist (OLG Köln ZIP 1990, 58, 60; *Frege/Riedel*, Schlussbericht und Schlussrechnung, Rn 348; *Hess* § 66 Rn 35; K/P/B/*Onusseit* § 66 Rn 23; MüKo-*Nowak* § 66 Rn 21; N/R/*Delhaes* § 66 Rn 16).

d) Stichproben. Ebenso wenig wie es eine interne permanente Rechnungslegungspflicht des Insolvenzverwalters gibt, besteht eine Pflicht zur **permanenten Prüfung der Rechnungslegung**. In der Praxis sind Fälle bekannt geworden, in denen das Gericht eine WP-Gesellschaft mit der permanenten Überprüfung des Verwalters und mit der besonderen Prüfung der Jahresabschlüsse betraut hat. Die permanente Überprüfung der Buchführung stellt sich nicht als Prüfung der Schlussrechnung dar, sondern ist eine keineswegs unbedenkliche Aufsichtsmaßnahme des Insolvenzgerichts, die nur durch besondere Umstände gerechtfertigt sein kann. Angesichts des Wortlauts des § 66 Abs 1 kann auch eine von der Gläubigerversammlung geforderte periodische Rechnungslegung oder ein vom Gericht nach § 58 Abs 1 geforderter Jahresbericht die Schlussrechnung ersetzen. Nach wohl allgemeiner Meinung und ständiger Gerichtspraxis genügt eine **auf angemessene Stichproben** beschränkte Prüfung der Schlussrechnung, die sich aber über alle Verfahrensabschnitte erstrecken muss (LG München I KTS 1965, 243; BerlKo-*Blersch* § 66 Rn 10; *Bähner/Berger/Braun* ZIP 1993, 1289, 1291; *Smid* § 66 Rn 13). Jedenfalls ist eine **ausreichende Kontrolldichte** einzuhalten (HaKo-*Weitzmann* § 66 Rn 11; *Weitzmann* ZInsO 2007, 449, 453; *Frege/Riedel*, Schlussbericht und Schlussrechnung, Rn 317 m Checkliste Rn 318). Eine **lückenlose Prüfung** ist nur dann erforderlich, wenn die Schlussrechnung des Insolvenzverwalters nicht aussagefähig ist oder wenn sich Anhaltspunkte dafür ergeben, dass Unregelmäßigkeiten vorliegen.

e) Beanstandungen. Stellt das Insolvenzgericht Lücken in der Schlussrechnung fest oder bedürfen Sachverhalte näherer Aufklärung, so hat der Insolvenzverwalter einer entsprechenden Beanstandung

§ 66   *Rechnungslegung*

Rechnung zu tragen. Gleiches gilt, wenn der Sachverständige eine Vervollständigung der Schlussrechnung einfordert. Werden Unregelmäßigkeiten entdeckt, sind weitere Prüfungsmaßnahmen erforderlich (BGH KTS 1966, 17 ff). Die Komplettierung der Schlussrechnung kann mit den aufsichtsrechtlichen Zwangsmitteln des § 58 Abs 2 eingefordert werden (MüKo-*Nowak* § 66 Rn 22; FK-*Kind* § 66 Rn 20; *Uhlenbruck* ZIP 1982, 125, 135).

62 **f) Zwischenrechnungslegung und gerichtliche Zwischenprüfungen.** In der Literatur wird heute allgemein das Recht des Insolvenzgerichts bejaht, Zwischenprüfungen anzuordnen (*Kilger/K. Schmidt* § 124 KO Anm 3; *Veit*, Konkursrechnungslegung, S 169; *Heni*, Konkursabwicklungsprüfung S 87). Auch für das neue Recht ist anzunehmen, dass das Gericht auch **ohne Vorliegen konkreter Verdachtsmomente** Zwischenprüfungen vorzunehmen berechtigt ist, vor allem, wenn ein Gläubigerausschuss nicht bestellt ist (*Pelka/Niemann* Rechnungslegung Rn 28; FK-*Kind* § 66 Rn 27). Bei ständiger Überwachung durch einen Gläubigerausschuss müssen für eine gesonderte gerichtliche Prüfung besondere Umstände vorliegen, zu denen nicht nur Verdachtsmomente für eine verfahrenszweckwidrige Abwicklung des Insolvenzverwalters zählen, sondern uU auch die lange Dauer des Verfahrens. Es ist zu unterscheiden zwischen einer **Zwischenprüfung** und einer **Zwischenrechnungslegungsprüfung**. Erstere setzt eine Zwischenrechnungslegung nicht voraus. Verlangt der Gläubigerversammlung vom Verwalter nach § 66 Abs 3 Zwischenrechnungen, sind diese vom Insolvenzgericht zu überprüfen (*Pelka/Niemann* Rechnungslegung Rn 28 u Rn 520 ff). Verlangt das Gericht vom Verwalter im Wege der Aufsicht (§ 58) **Zwischenrechnungen** in bestimmten Zeitabständen, so ist zwar die Zwischenrechnung vom Rechtspfleger zu prüfen; dies entbindet das Gericht aber nicht von der Verpflichtung, die **Gesamtschlussrechnung** als Abrechnung über das gesamte Verfahren noch einmal vollständig zu prüfen. Dies gilt selbst dann, wenn die Zwischenrechnung des Verwalters als „Teilschlussrechnung" bezeichnet und geprüft worden ist. Sogen „Teilschlussrechnungsprüfungen" erleichtern lediglich die Schlussrechnungsprüfung.

63 **g) Prüfungsvermerk.** Nach § 66 Abs 2 S 2 hat das Gericht die Schlussrechnung mit Belegen und mit einem Vermerk über die Prüfung zur Einsicht der Beteiligten auszulegen. Der **Prüfvermerk ist kein Bestätigungsvermerk** iSv § 322 HGB (*Pink* ZIP 1997, 177, 179; K/P/B/*Onusseit* § 66 Rn 24 Fn 61; *Smid* § 66 Rn 14). Wie der Vermerk auszusehen hat, ist im Gesetz nicht geregelt. Der Prüfvermerk hat aber zu dokumentieren, auf welche Art und Weise die Prüfung stattgefunden hat und ob Beanstandungen erhoben und beseitigt worden sind (K/P/B/*Onusseit* § 66 Rn 24; MüKo-*Nowak* § 66 Rn 24; *Jaeger/Eckardt* § 66 Rn 44; HaKo-*Weitzmann* § 66 Rn 6). Der Prüfungsvermerk ist **schriftlich** entweder auf der Schlussrechnung anzubringen oder als Anhang dieser beizufügen. Er kann auch in der Form eines (nicht anfechtbaren) Beschlusses erfolgen (*Jaeger/Eckardt* § 66 Rn 44; MüKo-*Nowak* § 66 Rn 24). Hat das Gericht einen **Sachverständigen** mit der Prüfung der Schlussrechnung beauftragt, ersetzt das Gutachten den Prüfungsvermerk. Es ist der Schlussrechnung beizufügen. Beizufügen sind der Schlussrechnung schließlich auch Beanstandungen und Stellungnahmen des Insolvenzverwalters zu den einzelnen Beanstandungen sowie über die Prüfung, ob den Beanstandungen Rechnung getragen worden ist.

64 **2. Prüfung durch den Gläubigerausschuss. a) Prüfung.** Wie bereits § 86 S 2 KO sieht auch § 66 Abs 2 S 2 vor, dass, wenn ein Gläubigerausschuss bestellt ist, die Schlussrechnung mit dessen Bemerkungen zur Einsicht der Beteiligten auszulegen ist. Es bedurfte keiner besonderen Regelung der **Prüfungspflicht des Gläubigerausschusses**, da sich diese aus § 69 ergibt (K/P/B/*Onusseit* § 66 Rn 25; MüKo-*Nowak* § 66 Rn 30; *Jaeger/Eckardt* § 66 Rn 45). Danach haben die Mitglieder des Gläubigerausschusses den Insolvenzverwalter bei seiner Geschäftsführung nicht nur zu unterstützen, sondern auch zu überwachen. Sie haben sich über den Gang der Geschäfte zu unterrichten und können nicht nur den Geldverkehr und Geldbestand, sondern auch die Schlussrechnung überprüfen lassen. Aus der Regelung in § 69 folgt, dass die **materielle Prüfungspflicht** des Gläubigerausschusses weiter geht als die des Insolvenzgerichts. Anders als bei der gerichtlichen Prüfung erstreckt sie sich auch auf die **Zweckmäßigkeit und Wirtschaftlichkeit des Verwalterhandelns** (zutreffend K/P/B/*Onusseit* § 66 Rn 25; anders wohl N/R/*Delhaes* § 66 Rn 22). Aus der Formulierung in § 69 S 2 „prüfen zu lassen" folgt, dass auch der Gläubigerausschuss berechtigt ist, die Prüfung durch einen **Sachverständigen** vornehmen zu lassen (N/R/*Delhaes* § 66 Rn 22; K/P/B/*Onusseit* § 66 Rn 25; BerlKo-*Blersch* § 66 Rn 14). Hierdurch entstehende Kosten sind Masseverbindlichkeiten iSv § 55 Abs 1 Nr 1 (K/P/B/*Onusseit* § 66 Rn 25; MüKo-*Nowak* § 66 Rn 32).

65 **b) Bemerkungen.** Da die „Bemerkungen" des Gläubigerausschusses zur Einsicht der Beteiligten auszulegen sind, bedürfen sie der **Schriftform** (K/P/B/*Onusseit* § 66 Rn 26; MüKo-*Nowak* § 66 Rn 33; *Jaeger/Eckardt* § 66 Rn 46). Der Inhalt der Bemerkungen entspricht weitgehend dem Prüfvermerk des Insolvenzgerichts. Hat der Gläubigerausschuss einen Sachverständigen mit der Prüfung beauftragt, kann der Vermerk Bezug nehmen auf das Gutachten. Die erweiterte Prüfung durch den Gläubigerausschuss und der entsprechend erweiterte Vermerk kann für das Insolvenzgericht zwar Anlass sein, sich Beanstandungen des Gläubigerausschusses zu Eigen zu machen und die Behebung im Aufsichtswege nach § 58 durchzusetzen. Keinesfalls aber können die Bemerkungen des Gläubigerausschusses Anlass sein, versäumte Maßnahmen gerichtlicher Aufsicht (§ 58) nachzuholen. So kann zB der Verwalter nicht

zur Rückzahlung von entnommenen Geldern oder zur Leistung von Schadenersatz gezwungen werden. Der **Prüfbericht eines Sachverständigen** ist mit der Schlussrechnung **auszulegen**.

c) **Fristsetzung.** Weil sich der Gläubigerausschuss vor allem in Großverfahren mit der Prüfung der Schlussrechnung und seinen Bemerkungen oftmals viel Zeit nimmt, hat der Gesetzgeber in § 66 Abs 2 S 2 nunmehr vorgesehen, dass das Gericht für die Stellungnahme (Bemerkungen) eine Frist setzen kann. Da das Gericht gegenüber dem Gläubigerausschuss keinerlei Aufsichtsbefugnisse hat, kann es diesen nicht zwingen, seine Stellungnahme abzugeben. Nach fruchtlosem Ablauf der Frist ist es aber berechtigt, die Schlussrechnung **ohne die Bemerkungen des Gläubigerausschusses** auszulegen (FK-*Kind* § 66 Rn 22; *Jaeger/Eckardt* § 66 Rn 47; K/P/B/*Onusseit* § 66 Rn 27; BerlKo-*Blersch* § 66 Rn 13). Nach H/W/F (HdbInsO (8/46) empfiehlt es sich für den Verwalter regelmäßig, die erforderliche Stellungnahme des Gläubigerausschusses nach § 187 Abs 3 bereits vor der Übersendung an das Gericht einzuholen. Vgl auch BerlKo-*Blersch* § 66 Rn 14. 66

XIII. Auslegung der Schlussrechnung mit Prüfungsvermerken

Zur Vorbereitung des Schlusstermins (§ 197) legt das Gericht die Schlussrechnung mit dem eigenen Prüfvermerk und den Bemerkungen des Gläubigerausschusses zur Einsicht der Beteiligten aus **Ort seiner Wahl** unter Berücksichtigung der besonderen Umstände des Falles aus (K/P/B/*Onusseit* § 66 Rn 29; MüKo-*Nowak* § 66 Rn 27; N/R/*Delhaes* § 66 Rn 23; *Jaeger/Eckardt* § 66 Rn 49). Die Auslegung soll gewährleisten, dass die Verfahrensbeteiligten Gelegenheit haben, die Schlussrechnung ebenfalls zu prüfen und später im Schlusstermin Einwendungen zu erheben. K/P/B/*Onusseit* (§ 66 Rn 28) weisen darauf hin, dass § 188 S 2 diese Erleichterung für das zur Schlussrechnung gehörende Verteilungsverzeichnis (Schlussverzeichnis) nicht vorsieht. Hier dürfte es sich um ein Versehen des Gesetzgebers handeln. Es wäre vor allem in Großverfahren völlig unökonomisch, wollte man das Schlussverzeichnis auf der Geschäftsstelle des Insolvenzgerichts, die übrige Schlussrechnung dagegen an einem anderen Ort zur Einsicht der Beteiligten auslegen. Entgegen dem Wortlaut des § 188 S 2 ist deshalb davon auszugehen, dass die Schlussrechnung als gesamtes Rechenwerk **auch an einer anderen Stelle als der Geschäftsstelle** des Gerichts zur Einsicht der Beteiligten ausgelegt werden kann (so auch *Jaeger/Eckardt* § 66 Rn 49; str aA K/P/B/*Onusseit* § 66 Rn 28). 67

Im Übrigen erfolgt die **Auslegung zur Einsicht der Beteiligten** (§ 66 Abs 2 S 2). Verfahrensbeteiligte sind außer dem Schuldner der Insolvenzverwalter sowie alle Insolvenzgläubiger, also auch die nachrangigen Gläubiger, selbst wenn diese mit ihren Forderungen ausfallen. Umstritten ist, ob Massegläubiger iSv § 55 zur Einsicht berechtigt sind. In der Literatur wird unter Berufung auf § 74 Abs 1 S 2 das Recht zur Einsichtnahme verneint, da Massegläubiger nicht an der Gläubigerversammlung, also auch nicht am Schlusstermin teilnehmen (K/P/B/*Onusseit* § 66 Rn 29). Zutreffend weist jedoch *Blersch* (BerlKo-*Blersch* § 66 Rn 16) darauf hin, dass zu dem **Begriff der „Beteiligten"** sämtliche Verfahrensbeteiligten gehören. Es ist kein Grund ersichtlich, warum zB Gläubiger von Sozialplanforderungen (§ 123 Abs 2 S 1) kein Recht haben sollen, auf Grund der Schlussrechnung zu prüfen, ob die absolute und relative Obergrenze für den Gesamtbetrag aller Sozialplanforderungen eingehalten worden ist (s auch *Jaeger/Eckardt* § 66 Rn 50). Zudem ist es möglich, dass auf Grund der Erörterung der Schlussrechnung im Schlusstermin oder auf Grund der **Erhebung von Einwendungen** gegen das Schlussverzeichnis vom Verwalter als Masseverbindlichkeiten eingestufte Forderungen nachträglich im Wege der Berichtigung des Verteilungsverzeichnisses als Insolvenzforderungen iSv 38 eingestuft werden. Wer im Eröffnungsverfahren dem vorläufigen Insolvenzverwalter Kredit gewährt hat, hat ein Recht darauf, durch Einsichtnahme in die Schlussrechnung Auskünfte darüber zu erhalten, warum diese Masseverbindlichkeiten iSv § 55 Abs 2 S 1 vom Verwalter nicht oder nicht in vollem Umfang befriedigt worden sind. Eine **weite Auslegung des Beteiligtenbegriffs** ist nicht zuletzt auch deswegen gerechtfertigt, weil ansonsten die entsprechenden Informationen über die Akteneinsicht ohnehin eingeholt werden könnten. 68

Der **Zeitraum** zwischen der **Auslegung der Unterlagen** und dem **Termin der Gläubigerversammlung** soll nach § 66 Abs 2 S 3 **mindestens eine Woche** betragen. In Großverfahren mit vielen Gläubigern empfiehlt sich eine längere Frist (FK-*Kind* § 66 Rn 25). Der Prüfvermerk des Gerichts, dass die Schlussrechnung in Ordnung ist, ist nicht identisch mit der Zustimmung zur Schlussverteilung. Mit der Einreichung der Schlussrechnung beantragt der Verwalter meist die **Zustimmung des Insolvenzgerichts zur Schlussverteilung** (§ 196 Abs 2). Diese wird vom Gericht oftmals gleichzeitig mit dem positiven Prüfvermerk erteilt. Gem § 197 Abs 1 hat das Insolvenzgericht den Schlusstermin zu bestimmen. In der Literatur wird teilweise an genommen, mit der Zustimmung habe das Insolvenzgericht **gleichzeitig** den Termin für die Gläubigerversammlung (Schlusstermin) zu bestimmen (BerlKo-*Blersch* § 66 Rn 16; K/P/B/*Onusseit* § 66 Rn 30). Die Formulierung des § 197 Abs 1 S 1 lässt durchaus zu, dass der Verwalter zunächst die **öffentliche Bekanntmachung** nach § 188 S 3 bewirkt und das Belegblatt bei Gericht einreicht (H/W/F, HdbInsO 8/62). Mit dem Nachweis der Veröffentlichung durch den Verwalter setzt das Gericht gem § 197 den Schlusstermin fest, wobei zwischen der öffentlichen Bekanntmachung des Termins und dem Termin selbst eine Frist von **mindestens einem Monat und höchstens zwei Monaten** liegen soll (§ 197 Abs 2). In der Literatur wird darauf hingewiesen, dass hinsichtlich der Ausschlussfris- 69 ten der §§ 189 Abs 1, 190 Abs 1 und der Änderungsfrist des § 193 terminliche Schwierigkeiten hinsichtlich der Prüfung der Schlussrechnung durch den Gläubigerausschuss auftreten können (K/P/B/*Onusseit* § 66 Rn 30; H/W/F, HdbInsO 8/61, 62). Deshalb empfiehlt es sich vor allem in größeren Verfahren, die Zustimmung zur Schlussverteilung (§ 196 Abs 2) erst nach der Genehmigung der Schlussrechnung durch den Gläubigerausschuss zu er teilen.

XIV. Einwendungen gegen die Schlussrechnung

70 Im Schlusstermin als letzter Gläubigerversammlung wird gem § 197 Abs 1 Nr 1 die Schlussrechnung des Insolvenzverwalters **erörtert**. Der Schlusstermin dient zugleich auch der **Abnahme der Schlussrechnung** (*Hess* § 197 Rn 8; HK-*Irschlinger* § 197 Rn 2). Ebenso wie nach früherem Recht (§ 86 S 3 KO) sind der Insolvenzschuldner, jeder Insolvenzgläubiger und auch ein nachfolgender Verwalter berechtigt, **Einwendungen** gegen die Schlussrechnung zu erheben (K/P/B/*Holzer* § 197 Rn 6; N/R/*Delhaes* § 66 Rn 24; HK-*Depré* § 197 Rn 2; *Gottwald/Eickmann* InsRHdb § 65 Rn 44, 45; *Wellensiek*, KSInsO S 319 Rn 88; *Hess* § 66 Rn 78; unzutreffend K/P/B/*Onusseit* § 66 Rn 31). Einwendungen sind von den Beteiligten im Termin **mündlich** vorzutragen (s *Frege/Keller/Riedel* HRP Rn 1705). Unsubstantiierte Einwendungen oder solche unter dem Vorbehalt einer späteren Prüfung sind als bedingte Prozesserklärungen zurückzuweisen (K/P/B/*Holzer* § 197 Rn 6). Zu den erhobenen Einwendungen ist im Termin **sofort zu verhandeln**. Die Neuerung der InsO besteht darin, dass über den Zeitpunkt der Rechnungslegung und des Schlusstermins hinaus Einwendungen gegen die Schlussrechnung weiterhin geltend gemacht werden können (Begr RegE § 76 bei *Uhlenbruck*, Das neue Insolvenzrecht S 376; *Wellensiek*, KSInsO 1. Aufl S 319 Rn 88). Auch wenn die Erörterungen erfolglos sind oder im Schlusstermin keine Einwendungen erhoben werden, ist es den Verfahrensbeteiligten unbenommen, bis zum Ablauf der Verjährungsfrist von Schadenersatzansprüchen gegen den Verwalter (§ 62) Ansprüche gegenüber dem Insolvenzverwalter geltend zu machen. Nach dem Schlusstermin und Aufhebung des Verfahrens entscheidet über die Einwendungen das **Prozessgericht**, nicht das Insolvenzgericht (vgl auch *Wellensiek* KSInsO S 319 Rn 88; K/P/B/*Holzer* § 197 Rn 8). Für die InsO ist die **Präklusionswirkung der anerkannten Schlussrechnung** weggefallen. Das Fehlen oder die Erledigung von Einwendungen gilt **nicht als Anerkennung der Schlussrechnung** (K/P/B/*Onusseit* § 66 Rn 32; MüKo-*Nowak* § 66 Rn 34; *Andres/Leithaus* § 66 Rn 1; *Smid* § 66 Rn 22; HaKo-*Weitzmann* § 66 Rn 13). Eine **Entlastung des Verwalters** ist damit nicht verbunden (BerlKo-*Blersch* § 66 Rn 3; MüKo-*Nowak* § 66 Rn 34; K/P/B/*Onusseit* § 66 Rn 32). Auch wenn keine Einwendungen gegen die Schlussrechnung erhoben worden sind, können die Insolvenzgläubiger gegen den Schlusstermin die Einwendungen noch geltend machen und bis zum Ablauf der dreijährigen Verjährungsfrist Schadenersatzansprüche gegenüber dem Insolvenzverwalter geltend machen (N/R/*Delhaes* § 66 Rn 24; MüKo-*Nowak* § 66 Rn 34).

71 Nach H/W/F (HdbInsO 8/80) muss der **Abschluss des Verfahrens** bis zur Klärung von Einwendungen gegen die Schlussrechnung **ausgesetzt** werden. Wäre dies richtig, könnte durch solche Einwendungen der **Abschluss des Insolvenzverfahrens** erheblich verzögert werden, weil der Ausgang der Zivilprozesse abzuwarten wäre (vgl K/P/B/*Onusseit* § 66 Rn 31). Deshalb ist **zu differenzieren**: Können Einwendungen gegen die Schlussrechnung, Schlussbilanz oder den Schlussbericht im Erörterungstermin nicht geklärt werden, so bleibt es den Verfahrensbeteiligten überlassen, im **Prozesswege** klären zu lassen, ob die Einwendung berechtigt ist oder nicht. Der Abschluss des Verfahrens braucht **nicht ausgesetzt** zu werden (LG Duisburg ZIP 2005, 2335; AG Duisburg NZI 2006, 112, 113; *Jaeger/Eckardt* § 66 Rn 53; MüKo-*Nowak* § 66 Rn 34; HaKo-*Weitzmann* § 66 Rn 18; *Frege/Keller/Riedel* HRP Rn 1703; str aA *Frind* ZInsO 2006, 182, 186; HK-*Depré* § 197 Rn 10). Etwas anderes gilt für **Einwendungen gegen das Schlussverzeichnis**. Gegenstand der Einwendungen kann nur die Nichtbeachtung der Vorschriften der §§ 188–190 sein. Materiell-rechtliche Einwendungen hinsichtlich des Bestandes der Forderungen sind nicht zu erörtern. Über **Einwendungen gegen das Schlussverzeichnis** ist im Schlusstermin durch verkündeten Beschluss des Insolvenzgerichts zu entscheiden (**AG Krefeld NZI 2000, 45**; *Frege/Keller/Riedel* HRP Rn 1705; K/P/B/*Holzer* § 197 Rn 10; H/W/F, HdbInsO 8/72). Der Beschluss weist entweder die Einwendungen zurück oder ordnet eine Änderung bzw Ergänzung des Schlussverzeichnisses an (*Frege/Keller/Riedel* HRP Rn 1705). Der Beschluss ist entweder zu protokollieren oder schriftlich zu begründen. Da es sich um **insolvenzrechtliche Verfahrensentscheidungen** handelt, die sich zudem auf die Verteilung auswirken, darf das Verfahren nicht aufgehoben werden, bevor nicht das Insolvenzgericht über die Einwendungen rechtskräftig entschieden hat (MüKo-*Nowak* § 66 Rn 34).

72 Da über § 197 Abs 3 die Vorschrift des § 194 Abs 2 S 2 entsprechend Anwendung findet, steht dem Gläubiger gegen den gerichtlichen Beschluss die **sofortige Beschwerde** zu. Das Insolvenzgericht hat die Rechtskraft der Beschwerdeentscheidung abzuwarten, bevor es das Verfahren aufhebt. Wird eine Änderung des Schlussverzeichnisses angeordnet, ist dieses wie bei einer Abschlagsverteilung auf der Geschäftsstelle des Gerichts niederzulegen (K/P/B/*Holzer* § 197 Rn 11 u § 188 Rn 15). Das Insolvenzgericht beschließt die Aufhebung des Verfahrens, sobald die Schlussverteilung vollzogen ist. Die Vollziehung der Schlussverteilung erfolgt aber grundsätzlich nach **Erledigung der Einwendungen** gegen das Schlussverzeichnis und eventuellen Berichtigungen entsprechend § 193. Deshalb hat das Insolvenzgericht die Erledigung der Einwendungen bis zur **Rechtskraft der Beschwerdeentscheidungen** abzuwar-

I. Allgemeines   § 67

ten, bevor es das Verfahren aufhebt (so auch K/P/B/*Holzer* § 197 Rn 12; HaKo-*Weitzmann* § 66 Rn 18; MüKo-*Nowak* § 66 Rn 34; K/P/B/*Onusseit* § 66 Rn 31). Wollte man anders entscheiden, ergäbe sich das unbefriedigende Ergebnis, dass das gegen den Zurückweisungsbeschluss gerichtete Rechtsmittel des Gläubigers mit Eintritt der Rechtskraft des Aufhebungsbeschlusses gegenstandslos wird (**OLG** Frankfurt ZIP 1991, 1365 = Rpfleger 1992, 35) und ein Zivilprozess nur noch auf Schadenersatz gegen das betreffende Land wegen Amtspflichtverletzung angestrengt werden könnte. Hat der Gläubiger den Schlusstermin oder die Erhebung von Einwendungen **versäumt**, so ist eine **Wiedereinsetzung in den vorigen Stand** ausgeschlossen.

Jeder Einwendungsberechtigte kann unter den Voraussetzungen des § 259 Abs 2 BGB auch nach dem   73
Schlusstermin vom **Verwalter** verlangen, dass er zu Protokoll des Insolvenzgerichts (§ 261 Abs 1 BGB) **an Eides statt** versichert, dass er nach bestem Wissen die Einnahmen und Ausgaben so vollständig angegeben hat, als er hierzu imstande ist (MüKo-*Nowak* § 66 Rn 37; HK-*Eickmann* § 66 Rn 18; N/R/*Delhaes* § 66 Rn 25; K/P/B/*Onusseit* § 66 Rn 32). Die eidesstattliche Versicherung kann über §§ 888, 889 ZPO erzwungen werden (**OLG** Nürnberg KTS 1966, 62; HK-*Eickmann* § 66 Rn 18; MüKo-*Nowak* § 66 Rn 37).

§ 67 Einsetzung des Gläubigerausschusses

(1) Vor der ersten Gläubigerversammlung kann das Insolvenzgericht einen Gläubigerausschuß einsetzen.

(2) ¹Im Gläubigerausschuß sollen die absonderungsberechtigten Gläubiger, die Insolvenzgläubiger mit den höchsten Forderungen und die Kleingläubiger vertreten sein. ²Dem Ausschuß soll ein Vertreter der Arbeitnehmer angehören, wenn diese als Insolvenzgläubiger mit nicht unerheblichen Forderungen beteiligt sind.

(3) Zu Mitgliedern des Gläubigerausschusses können auch Personen bestellt werden, die keine Gläubiger sind.

Übersicht

	Rn
I. Allgemeines	1
II. Gläubigerausschuss und Gläubigerbeirat	3
III. Vor-Vorläufiger Gläubigerausschuss im Eröffnungsverfahren	4
IV. Vorläufiger Gläubigerausschuss im eröffneten Verfahren	7
1. Voraussetzungen für die gerichtliche Einsetzung	8
2. Zusammensetzung des Ausschusses	9
a) Sollmitglieder	9
b) Juristische Personen	10
c) Öffentlich-rechtliche Amtsträger und Behörden	15
3. Ausschluss der Bestellbarkeit	16
4. Vorschlagsrecht	18
5. Externe Gläubigerausschussmitglieder	19
6. Zahl der Ausschussmitglieder	20
7. Beginn und Ende des Amtes	21
V. Rechtsmittel	24
VI. Rechte, Pflichten und Verantwortlichkeit der Mitglieder eines vorläufigen Gläubigerausschusses	25
VII. Unabhängigkeit des vorläufigen Gläubigerausschusses	26
VIII. Bestellung von Ersatzmitgliedern und Stellvertretung	27
IX. Geschäftsordnung	28
X. Teilnahme an Sitzungen des vorläufigen Gläubigerausschusses	29
XI. Abstimmung und Stimmrechte	30

I. Allgemeines

Die weitgehende Entscheidung über die Art und Weise der Masseverwertung und auch die Entschei-   1
dungen über die Gestaltung des Verfahrens, insbesondere über Stilllegung oder Fortführung des schuldnerischen Unternehmens und die Verfahrensdauer, sind in die Hände der **Gläubigerversammlung** gelegt. Es war ein wesentliches Anliegen des Gesetzgebers der InsO, die Rechte der Gläubiger im Insolvenzverfahren weiter zu stärken und die Verfahrensgestaltung weitgehend der eigenverantwortlichen Entscheidung der Gläubiger zu überlassen (vgl allgem. Begr. z. InsO, abgedr. bei *Uhlenbruck*, Das neue Insolvenzrecht, 1994, S 221 ff, 235 f = BT-Drucks 12/2443; *Pape* WM 2003, 313, 314 ff; *ders*, Gläubigerbeteiligung im Insolvenzverfahren, 2000, Rn 171; K/P/B/*Kübler* § 74 Rn 4; *Ehricke* NZI 2000, 57; *Uhlenbruck* KTS 1989, 229, 235 f). Der **Gläubigerausschuss** ist neben der Gläubigerversammlung das zentrale Organ der Gläubigerautonomie (zu den Vorteilen der Mitgliedschaft im Gläubigerausschuss s *Uhlenbruck* WPrax Heft 12/1994, S 6 ff). Der Gläubigerausschuss ist keineswegs eine „verkürzte Gläubigerversammlung", denn nach § 67 Abs 3 können auch Personen bestellt werden, die keine Gläu-

biger sind. Seine Funktionen sind eher mit denen eines **Aufsichts- oder Beirats im Gesellschaftsrecht** zu vergleichen (vgl *Hegmanns*, Gläubigerausschuss S 52; *Uhlenbruck* ZIP 2002, 1373 ff; *Vallender* WM 2002, 2040 ff; *Kind* FS *Braun* S 31 ff; *Pape/Uhlenbruck* InsR Rn 262; *Jaeger/Gerhardt* § 67 Rn 4). Der Gläubigerausschuss ist das Organ, durch das der ständige Einfluss der beteiligten Gläubiger auf den Ablauf des Insolvenzverfahrens sichergestellt werden soll. Die Gläubigerversammlung ist berechtigt, ihr Selbstverwaltungsrecht an den Gläubigerausschuss zu delegieren. Eine Berechtigung des Gläubigerausschusses, Beschlüsse der Gläubigerversammlung zu ersetzen, besteht da gegen nicht (*Hegmanns*, Gläubigerausschuss S 152). Ob ein Gläubigerausschuss im Einzelfall bestellt werden kann, liegt weitgehend im Ermessen des Gerichts oder der Gläubigerversammlung. Das Insolvenzgericht kann der Gläubigerversammlung nicht etwa verbieten, einen Gläubigerausschuss zu wählen. Hat das Gericht im Eröffnungsverfahren oder im eröffneten Verfahren vor der ersten Gläubigerversammlung (§ 67 Abs 1) einen **vorläufigen Gläubigerausschuss** bestellt, so ist die Gläubigerversammlung nicht gehindert zu beschließen, dass kein Gläubigerausschuss eingesetzt wird (§ 68 Abs 1 S 2). Sie ist berechtigt, vom Insolvenzgericht bestellte Mitglieder ab zu wählen und andere oder zusätzliche Mitglieder des Gläubigerausschusses zu wählen (§ 68 Abs 2).

2   Umstritten ist, ob der Gläubigerausschuss als **untergeordnetes Repräsentativorgan der Gläubigerversammlung** (so *Braun/Uhlenbruck*, Unternehmensinsolvenz S 173; H/W/F, HdbInsO 6/1) oder als **eigenständiges Selbstverwaltungsorgan** (**OLG** Koblenz KTS 1971, 220; *Jaeger/Weber* § 87 KO Rn 1; *Oelrichs*, Gläubigermitwirkung S 34 f) anzusehen ist. Nach K/P/B/*Kübler* (§ 69 Rn 4) ist der Gläubigerausschuss ein **Organ der Insolvenzverwaltung** und nicht etwa der verlängerte Arm der Gläubigerversammlung. Der **BGH** (Beschl v 24. 1. 2008 – IX ZB 222/05, ZIP 2008, 652, 654) geht zwar offensichtlich auch davon aus, dass der Ausschuss ein **selbständiges Organ der Insolvenzverwaltung** ist, jedoch betont er, dass der Gläubigerausschuss als Sachwalter der Gläubigerinteressen „**das Gesamtinteresse der Gläubigergemeinschaft** wahrzunehmen" hat. Die Mitglieder, die keinen Weisungen der Gläubigerversammlung und lediglich einer Rechtskontrolle durch das Insolvenzgericht unterliegen, seien zu einer „unabhängigen, allein an den Zielen des Verfahrens orientierten Amtsführung verpflichtet". Die **Aufgabe des Gläubigerausschusses** wird durch § 69 S 1 dahingehend bestimmt, dass die Mitglieder den Insolvenzverwalter bei seiner Geschäftsführung zu unterstützen und zu überwachen haben. Zwar unterliegt der Gläubigerausschuss **keinen Weisungen der Gläubigerversammlung**, jedoch ist eine gewisse Abhängigkeit dadurch gegeben, dass die Gläubigerversammlung gem § 68 die Möglichkeit hat, einen vom Gericht eingesetzten (vorläufigen) Gläubigerausschuss durch einen anderen zu ersetzen oder auch einzelne Mitglieder des gerichtlich bestellten Ausschusses abzuwählen und andere oder zusätzliche Mitglieder zu wählen (*Pape*, Gläubigerbeteiligung Rn 176). Unabhängig von der Frage, ob der Gläubigerausschuss als ein **eigenständiges Organ** mit eigenen gesetzlich bestimmten Rechten und Pflichten oder ein **Organ der Insolvenzverwaltung** angesehen wird, ist festzustellen, dass sich die **Rechte und Pflichten der Mitglieder allein an den Zielen des Verfahrens** orientieren (*Uhlenbruck*, ZIP 2002, 373 ff; *Jaeger/Gerhardt* § 67 Rn 5; *Vallender* WM 2002, 2044; *Pape/Uhlenbruck* InsR Rn 262). Die Tätigkeit eines Gläubigers bzw Gläubigervertreters im Gläubigerausschuss ist immer einer Gratwanderung, vor allem bei der **Weitergabe von Informationen** (vgl **BGH** v 24. 1. 2008 – IX ZB 222/05, ZIP 2008, 652 = ZInsO 2008, 323; *Gundlach/Frenzel/Schmidt* ZInsO 2006, 69 ff; *Bruckhoff* NZI 2008, 229). ZB ist ein Rechtsanwalt gegenüber seinem Mandanten nicht schlechthin zum Stillschweigen über die in dem Gläubigerausschuss geführten Verhandlungen verpflichtet (**BGH** v 22. 4. 1981 VIII ZR 34/80, ZIP 1981, 1001; **BGH** ZIP 2008, 652, 653). Allerdings darf er im Interesse der **vorrangig zu wahrenden Belange der Gläubigergesamtheit** zB als Rechtsanwalt erlangte Informationen nicht im Zusammenwirken mit einem Mandanten zum Nachteil der übrigen Gläubiger verwerten (**BGH** ZIP 2008, 652, 653; *Uhlenbruck* ZIP 2002, 1373, 1380; HaKo-*Frind* § 70 Rn 3). Ein durch die Gläubigerversammlung gewähltes Gläubigerausschussmitglied kann durch die Gläubigerversammlung nicht wieder abgewählt werden (**BGH** v 1. 3. 2007 IX ZB 47/06, ZIP 2007, 781 = ZInsO 2007, 444).

II. Gläubigerausschuss und Gläubigerbeirat

3   Die Reformkommission hat in ihrem Ersten Bericht 1985 (LS 1.3.1.5, S 131 ff) die Möglichkeit der **Bestellung eines Gläubigerbeirats** vorgesehen, und zwar als Beratungs- und Koordinierungsorgan bei Reorganisationsplänen. Der Gesetzgeber hat den Gläubigerbeirat nicht geregelt (vgl *Oelrechs*, Gläubigermitwirkung 1999, S 46 ff). Trotzdem ist es den Gläubigern nicht verwehrt, einen solchen als **Beratungs- und Koordinierungsgremium** einzusetzen (*Jaeger/Gerhardt* § 67 Rn 36; *Pape*, Gläubigerbeteiligung Rn 74; *Braun/Kind* § 67 Rn 16; str aA *Heidland* KS S 549, 545; K/P/B/*Kübler* § 68 Rn 20; *Pape* ZInsO 1999, 675, 676; *Frege* NZI 1999, 478, 484). Richtig ist allerdings, dass ein solches Gremium **kein insolvenzrechtliches Organ** darstellt und deshalb keine verfahrensmäßigen Rechte und Pflichten wahrnehmen kann (*Uhlenbruck* ZIP 2002, 1373, 1374; K/P/B/*Kübler* § 68 Rn 8). Die Haftungsvorschrift des § 71 findet auf den Gläubigerbeirat keine Anwendung. Die beratende Tätigkeit in einem solchen Gremium ist **unentgeltlich** (*Jaeger/Gerhardt* § 67 Rn 38). Mangels Organstellung hat ein Beirat in der Praxis so gut wie keine Bedeutung (Einzelheiten in der Vorauf Rn 3, 4).

III. Vor-Vorläufiger Gläubigerausschuss im Eröffnungsverfahren

Die systematische Stellung der Vorschriften über den Gläubigerausschuss im Gesetz spricht ebenso wie die Begr RegE dafür, dass der Gesetzgeber eine **Mitwirkung der Gläubiger erst für das eröffnete Verfahren** wollte. Dies nicht zuletzt deswegen, weil man allgemein im Gesetzgebungsverfahren davon ausging, dass die Eröffnungsphase kurz bemessen sein würde. Schon für das alte Recht war umstritten, ob das Insolvenzgericht berechtigt war, mit Anordnung der Sequestration (§ 106 KO) zugleich einen vorläufigen Gläubigerausschuss zu bestellen, dem die gleichen Befugnisse zustehen sollten wie einem für das eröffnete Konkursverfahren bestellten Gläubigerausschuss (so zB AG Düsseldorf v 11. 5. 1979 – 66 N 135/79 –; *Koch*, Die Sequestration im Konkurseröffnungsverfahren S 29 ff; str aA K/U § 106 KO Rn 23; *Mohrbutter/Pape* Rn V.7; *Uhlenbruck* KTS 1982, 201, 211; *ders* in: Kölner Schrift InsO 1997 Rn 51; *ders* KTS 1982, 201, 211). Die Frage, ob das Insolvenzgericht berechtigt ist, bereits im Eröffnungsverfahren einen „**vor-vorläufigen Gläubigerausschuss**" einzusetzen, ist auch für die InsO umstritten. Festzustellen ist, dass **rechtspolitisch** ein Bedürfnis für die Einsetzung eines vorläufigen Gläubigerausschusses im Insolvenzeröffnungsverfahren besteht. Dies gilt insbesondere in Fällen der vorläufigen Betriebsfortführung oder der Betriebsstilllegung sowie hinsichtlich einer Prüfung der Fortführungschancen des Schuldnerunternehmens (K/P/B/*Kübler* § 67 Rn 11; *Runkel* Hdb § 5 Rn 223; *Holzer* in Beck/Depré § 2 Rn 146; HaKo-*Frind* § 67 Rn 2; *Kind* FS Braun S 31, 33 f; MüKo-*Schmid-Burgk* § 67 Rn 2; *Hess* § 67 Rn 13 ff). Unzweifelhaft besteht auch ein Bedürfnis, die Gläubigerrechte bereits im Eröffnungsverfahren zu wahren.

Der Gesetzgeber ist davon ausgegangen, dass die **Gläubigerautonomie** erst mit Verfahrenseröffnung eingreift. Im Eröffnungsverfahren werden die Gläubigerrechte ausschließlich vom Insolvenzgericht und einem vorläufigen Insolvenzverwalter wahrgenommen (*Uhlenbruck* ZIP 2002, 1373, 1374 f; *Vallender* WM 2002, 2040, 2042; *Pohlmann*, Befugnisse und Funktionen des vorläufigen Insolvenzverwalters, S 145). Der Gesetzgeber hat bewusst die Vorstellung der Reformkommission über die Bestellung eines vorläufigen Gläubigerausschusses nicht aufgegriffen (vgl Erster Bericht 1985, S 106), sondern der Tatsache Rechnung getragen, dass im Eröffnungsverfahren **kein repräsentatives Gläubigerorgan** besteht. Zweifelhaft ist zudem, ob die Beschlüsse eines solchen vorläufigen Gremiums für die spätere Gläubigerversammlung bindend sind (s *Münzel* ZInsO 2006, 1238, 1242). Das Eröffnungsverfahren hat weitgehend vorbereitende Funktion. In diesem Verfahrensabschnitt findet grundsätzlich keine Abwicklung oder Verwertung statt, sondern die **Vermögenssicherung und -erhaltung** stehen im Vordergrund (*Kirchof* ZInsO 1999, 436 ff; *Vallender* WM 2002, 2040, 2042; *ders* in Henckel/Kreft (Hrsg), Insolvenzrecht 1998 RWS-Forum 14 S 71, 84; BerlKo-*Blersch* § 67 Rn 4; *Pape* ZInsO 1999, 675, 676; *Jaeger/Gerhardt* § 22 Rn 173). Nach wohl allgemeiner Meinung dem vor-vorläufigen Gläubigerausschuss **keinerlei Entscheidungs- und Kontrollbefugnisse** zustehen, fragt es sich, welchen Sinn ein solches Gremium überhaupt hat (zutr *Jaeger/Gerhardt* § 22 Rn 174). Trotz einer im Vordringen begriffenen **gegenteiligen Auffassung** (AG Köln ZInsO 2000, 406; AG Duisburg ZInsO 2003, 940 (Ls); HaKo-*Eickmann* § 67 Rn 1; K/P/B/*Kübler* § 67 Rn 11; MüKo-*Schmid-Burgk* § 67 Rn 2; *Kind* FS Braun S 31 ff; *Runkel* Hdb § 5 Rn 323; N/R/*Delhaes* § 67 Rn 4; *Henckel* KSInsO S 169, 177) wird daran festgehalten, dass der Gesetzgeber für das Eröffnungsverfahren einen **vor-vorläufigen Gläubigerausschuss** nicht vorgesehen hat. Erst mit Verfahrenseröffnung entsteht eine Insolvenzmasse als Sondermasse und greift der Grundsatz der Gläubigerautonomie ein. Eine Vorverlegung der zeitlichen Grenze für die Gläubigerautonomie ist unzulässig, zumal auch § 160 nicht anwendbar ist (*Frege* FS Pelzer 2001 S 109, 118; HaKo-*Frind* § 67 Rn 2; *Vallender* WM 2002, 2040, 2042; *Uhlenbruck* ZIP 2002, 1373, 1374 f; *Jaeger/Gerhardt* § 22 Rn 172–174; *Pape* WM 2003, 361, 364; *ders* ZInsO 1999, 675, 676; *Pohlmann* in: Runkel Hdb § 5 Rn 300, 308; *Marotzke*, Das Unternehmen in der Insolvenz, 2000 Rn 105; *Pape* ZInsO 1999, 675, 676; FK-*Schmerbach* § 21 Rn 70; *Smid/Thiemann* § 21 Rn 49). Das **praktische Bedürfnis** für eine Einbindung der Gläubiger in den Entscheidungsprozess auch im Insolvenzeröffnungsverfahren soll hier nicht geleugnet werden. Zweifelhaft ist aber, ob § 21 als dogmatische Grundlage für die Einsetzung eines vor-vorläufigen Gläubigerausschusses im Eröffnungsverfahren geeignet ist (so aber *Kind* FS Braun S 31, 46 ff). Wenig überzeugend ist auch die Argumentation des **AG Köln** (ZIP 2000, 1350 = NZI 2000, 443 = ZInsO 2000, 406; EWiR 2000, 1115 (Undritz)) sowie die Feststellung, bei zwingendem Erfordernis dürfe sich das Insolvenzgericht der Einsetzung dieses Gremiums nicht verschließen (*Vallender* WM 2002, 2040, 2043; *Hess* § 67 Rn 23). Besteht das Bedürfnis, bereits im Insolvenzeröffnungsverfahren die Gläubiger in den Entscheidungsprozess einzubinden, so reicht die **Einsetzung eines Gläubigerbeirats** aus.

Gesetzesvorhaben. In der **Anhörung des Rechtsausschusses des Deutschen Bundestages** v 9. 4. 2008 hat der Sachverständige Prof. Dr. H. Haarmeyer den Vorschlag eines „*Gesetzes zur Effizienzsteigerung und Verbesserung der Verwalterauswahl im Insolvenzverfahren*" gemacht (ZInsO 2008, 367 ff). Danach soll gem § 67 Abs 1 bereits vor Eröffnung des Insolvenzverfahrens das Insolvenzgericht aus sachdienlichen Gründen einen **vorläufigen Gläubigerausschuss** bestellen können. „Dieser soll insbesondere vor der Eröffnung des Verfahrens vom Insolvenzgericht zu Maßnahmen gem § 160 sowie zur Bestellung des Insolvenzverwalters gehört werden." Der Vorschlag geht in der Begründung davon aus, dass die Einsetzung eines „**vor-vorläufigen Gläubigerausschusses**" nur in „Verfahren mit einiger wirtschaftlicher Bedeutung" angezeigt ist. Sinnvoll und notwendig sei er zur Unterstützung des vorläufigen Verwalters bei Fragen der Betriebsfortführung, der Kontrolle, bei der Begründung von Masseverbindlichkeiten und der „vorgezogenen" Verwertung entgegen § 159 in dringenden Fällen. Es bleibt abzuwarten, ob der Gesetzgeber sich den Vorschlag zu Eigen macht und die von der InsO vorgeschriebene systematische Trennung zwischen Eröffnungsverfahren und eröffnetem Verfahren zugunsten einer von der Praxis gewünschten **Kompetenzverschiebung** aufgibt (kritisch auch *Pohlmann*, Befugnisse und Funktionen des vorläufigen Insolvenzverwalters, 1998 Rn 303; *Uhlenbruck* KS S 239, 267 ff Rn 51; *Braun/Uhlenbruck*, Unternehmensinsolvenz S 259; *Frege* FS Peltzer, 2001, S 109 ff). Würde man mit der Gegenmeinung einen vor-vorläufigen Gläubigerausschuss schon im Eröffnungsverfahren für zulässig halten, dürfte ein solcher Ausschuss letztlich nur dann zu bestellen sein, wenn eine **vorläufige Insolvenzverwaltung** mit der gleichzeitigen Anordnung eines **allgemeinen Veräußerungsverbots** kombiniert wird (so *Pape*, Gläubigerbeteiligung Rn 300). Letztlich sollte nicht übersehen werden, dass die **Haftungsgefahren** für die Mitglieder eines vor-vorläufigen Gläubigerausschusses im Eröffnungsverfahren kaum kalkulierbar sind (vgl *Uhlenbruck* ZIP 2002, 1373, 1375). Die Ausschussmitglieder müssen immer damit rechnen, dass der vorläufige Gläubigerausschuss nach Verfahrenseröffnung in anderer Besetzung oder die Gläubigerversammlung im Berichtstermin völlig andere Entscheidungen trifft. Auch könnte der Fall eintreten, dass die Gläubigerversammlung einen anderen Gläubigerausschuss bestellt (§ 68 Abs 2), der zB eine Genehmigung zur übertragenden Sanierung widerruft (vgl *Frege* FS Peltzer S 109, 127; *Frege/Keller/Riedel* HRP Rn 1206; *Uhlenbruck* ZIP 2002, 373, 375; anders *Kind* FS Braun S 31, 51). Unklar ist schließlich die **Rechtsgrundlage für eine Vergütungsfestsetzung**. Nach Auffassung von Pape (WM 2003, 361, 364) sollten all diese Gesichtspunkte Gläubigervertreter, vor allem Bankenvertreter, im Hinblick auf die Haftungsgefahren davon abhalten, die Bestellung anzunehmen, falls es zur Errichtung eines vor-vorläufigen Gläubigerausschusses kommt.

IV. Vorläufiger Gläubigerausschuss im eröffneten Verfahren

7   Im eröffneten Verfahren räumt § 67 Abs 1 dem Insolvenzgericht die Möglichkeit ein, nach pflichtgemäßem Ermessen bis zur ersten Gläubigerversammlung (Berichtstermin; vgl § 68) bereits einen **vorläufigen Gläubigerausschuss** einzusetzen. **Funktionell zuständig** ist der **Richter** gem § 18 Abs 1 Nr 1 RpflG, wenn die Einsetzung des Gläubigerausschusses mit der Entscheidung über die Verfahrenseröffnung erfolgt (MüKo-*Schmid-Burgk* § 67 Rn 2; K/P/B/*Kübler* § 67 Rn 13). Erfolgt die Einsetzung später, und hat sich der Richter das Verfahren weder ganz noch teilweise vorbehalten, ist der **Rechtspfleger funktionell zuständig**, wenn die Notwendigkeit eines vorläufigen Gläubigerausschusses vor der ersten Gläubigerversammlung besteht. Die Einsetzungsbefugnis des Insolvenzgerichts beginnt mit der Verfahrenseröffnung und endet mit der ersten Gläubigerversammlung, die gem § 68 über die Wahl eines endgültigen Gläubigerausschusses entscheidet (K/P/B/*Kübler* § 67 Rn 14). Der vorläufige Ausschuss ist **unabhängiges gesetzliches Organ**, das die gleichen Aufgaben hat wie der endgültige Gläubigerausschuss (vgl *Jaeger/Gerhardt* § 67 Rn 5; MüKo-*Schmid-Burgk* § 67 Rn 8). Die Mitglieder sind **unabhängig**, jedoch verpflichtet, die **Interessen aller beteiligten Gläubiger** zu berücksichtigen (MüKo-*Schmid-Burgk* § 67 Rn 10; HaKo-*Frind* § 67 Rn 1; *Frege* NZG 1999, 478 ff).

8   **1. Voraussetzungen für die gerichtliche Einsetzung.** Wie bereits oben festgestellt wurde, erfolgt die Einsetzung eines vorläufigen Gläubigerausschusses durch das Gericht nach **pflichtgemäßem Ermessen** (*Heidland* KS S 711 Rn 9; K/P/B/*Kübler* § 67 Rn 18; *Vallender* WM 2002, 2040, 2041; *Jaeger/Gerhardt* § 67 Rn 17). Entscheidend sind letztlich Zweckmäßigkeitsgesichtspunkte. Maßgebliche **Kriterien für die Einsetzung** sind zB Art und Umfang des Schuldnerunternehmens, die Branchenzugehörigkeit, die organisatorische Struktur, die Anzahl der Arbeitnehmer, die Zusammensetzung der Gläubiger, die Höhe der Verbindlichkeiten sowie sonstige betriebsspezifische Merkmale (BerlKo-*Blersch* § 67 Rn 2; *Jaeger/Gerhardt* § 67 Rn 17; *Vallender* WM 2002, 2040, 2041). Vor allem in Fällen der **Betriebsfortführung** bietet sich wegen der in § 158 vorgesehenen Zustimmungsbefugnis des Gläubigerausschusses zur Betriebsstilllegung die Einsetzung eines vorläufigen Ausschusses an (*Pape*, Gläubigerbeteiligung Rn 298; *Vallender* WM 2002, 2040, 2041). Stehen dagegen nur Abwicklungsmaßnahmen an, die gem § 159 grundsätzlich erst nach dem Berichtstermin einzuleiten sind, erscheint die Einsetzung entbehrlich (*Pape*, Gläubigerbeteiligung Rn 298). In der Praxis wird bei **Kleininsolvenzen** von der Einsetzung eines Ausschusses abgesehen, während bei **Großinsolvenzen** die Einsetzung die Regel ist. Hat der Schuldner bzw das Schuldnerunternehmen den **Antrag auf Eigenverwaltung** (§§ 270 ff) gestellt, so kann die Einsetzung eines vorläufigen Ausschusses hilfreich für die gerichtliche Entscheidung sein, so dass spätere Korrekturen nach den §§ 271, 272 vermieden werden.

9   **2. Zusammensetzung des Ausschusses. a) Sollmitglieder.** Nach § 67 Abs 2 sollen im Gläubigerausschuss die absonderungsberechtigten Gläubiger, die Insolvenzgläubiger mit den höchsten Forderungen und die Kleingläubiger vertreten sein. Weiterhin soll gem § 67 Abs 2 S 2 dem Ausschuss ein Vertreter der Arbeitnehmer angehören, wenn diese als Insolvenzgläubiger mit nicht unerheblichen Forderungen beteiligt sind. § 67 Abs 2 ist eine **Soll-Vorschrift**. Die Streitfrage, ob die Vorschrift auch für den **endgültigen Gläubigerausschuss** gilt (vgl *Heidland* KS S 716 Rn 12), ist insoweit bedeutungslos, als letztlich

IV. Vorläufiger Gläubigerausschuss im eröffneten Verfahren § 67

Gericht und Gläubigerversammlung in der Entscheidung frei sind, **wie viele Ausschussmitglieder** sie tatsächlich bestellen und welche Gläubigergruppen im Ausschuss repräsentiert werden (*Heidland* KS S 716 ff Rn 12 ff; *Pape*, Gläubigerbeteiligung Rn 306; K/P/B/*Kübler* § 67 Rn 15 ff; *Jaeger/Gerhardt* § 67 Rn 21; krit *Frege* NZI 1999, 478, 480). Ein Gläubiger hat **keinen Rechtsanspruch auf Bestellung**. Letztlich hängt die Zusammensetzung des vorläufigen – und auch des endgültigen – Gläubigerausschusses von der **jeweiligen Struktur des Verfahrens** ab. Banken und Warenlieferanten sind ebenso regelmäßig in den Ausschüssen vertreten wie Kreditversicherer und institutionelle Gläubiger, wie zB das Finanzamt. Nicht fehlen sollte ein **Arbeitnehmervertreter**, wie zB die Bestellung des Vorsitzenden oder eines **Mitglieds des Betriebsrats** (Berscheid ZInsO 1999, 27, 28; K/P/B/*Kübler* § 67 Rn 18; MüKo-*Schmid-Burgk* § 67 Rn 16). Zulässig ist gem § 67 Abs 3 auch die Mitgliedschaft eines **Gewerkschaftsvertreters**. Bei Großinsolvenzen mit umfangreichen Ruhegeldverpflichtungen empfiehlt sich eine Berufung des **Pensions-Sicherungs-Vereins aG** als Träger der Insolvenzsicherung (*Jaeger/Gerhardt* § 67 Rn 23). Gleiches gilt für die **Bundesagentur für Arbeit**, da mit der Antragstellung auf Zahlung von Insolvenzgeld die Ansprüche auf Arbeitsentgelt gem § 187 S 1 SGB III auf diese übergehen. Dem Gesetzgeber kam es auf die **Ausgewogenheit der Besetzung** des Gläubigerausschusses an. Das Gericht kann die Zusammensetzung eines vorläufigen Gläubigerausschusses nachträglich ändern (**AG Kaiserslautern** NZI 2004, 676; *Graf-Schlicker/Pöhlmann* § 67 Rn 5; HaKo-*Frind* § 67 Rn 4).

b) Juristische Personen. Ob juristische Personen Mitglied eines Gläubigerausschusses sein können, 10 wurde für das frühere Recht allgemein bejaht (BGHZ 124, 86, 89 = ZIP 1994, 46 = EWiR 1994, 281 (*Lüke*); **OLG Köln** ZIP 1988, 992; *Jaeger/Weber* § 87 KO Rn 5; K/U § 87 KO Rn 2; **anders** nur *Hegmanns*, Gläubigerausschuss S 110 ff). Auch für die InsO wird überwiegend angenommen, dass auch juristische Personen Mitglied eines vorläufigen oder endgültigen Gläubigerausschusses sein können (**LG Duisburg** NZI 2004, 95; *Jaeger/Gerhardt* § 67 Rn 26; MüKo-*Schmid-Burgk* § 67 Rn 17; K/P/B/*Kübler* § 67 Rn 21; *Pape*, Gläubigerbeteiligung Rn 309; *Braun/Kind* § 67 Rn 8, 9).

Gegen die Rechtsprechung des **BGH** und die **hM** führen neuerdings *Gundlach/Frenzel/Schmidt* (ZInsO 11 2007, 531 ff) an, dass der Hinweis des **BGH** in seiner Entscheidung vom 11. 11. 1993 (BGHZ 124, 86 ff) auf die Gläubigereigenschaft von juristischen Personen nicht tragfähig sei, denn juristische Personen könnten ohnehin nicht selbst im Gläubigerausschuss agieren, sondern müssten immer vertreten werden. Das Amt eines Ausschussmitgliedes müsse höchstpersönlich wahrgenommen werden. Damit sei aber nicht in Einklang zu bringen, dass es der juristischen Person als Gläubigermitglied freistehen soll, wen sie mit ihrer Vertretung beauftragt, sie sogar zu jeder neuen Gläubigerausschusssitzung eine andere Person entsenden dürfe. Richtig an dieser Argumentation ist, dass eine in den Gläubigerausschuss gewählte juristische Person zwar grundsätzlich durch ihre Organe handelt, sie anderseits aber nicht gehindert ist, auch andere Personen als ihre organschaftlichen Vertreter in den Gläubigerausschuss zu entsenden. Sie ist sogar berechtigt, auch **außenstehende Dritte** mit der Vertretung zu betrauen (anders aber **OLG Köln** ZIP 1988, 992; *Vallender* WM 2002, 2040). Da bei häufig wechselnden Organen der juristischen Person eine kontinuierliche Ausschussarbeit nicht gewährleistet ist, erscheint es nach Auffassung von *Vallender* (WM 2002, 2040, 2041) „sachgerecht, statt der juristischen Person als solcher entweder ein **Organmitglied** oder einen **sonstigen Mitarbeiter der juristischen Person** persönlich in den Gläubigerausschuss zu berufen". Mitglied sei dann allein die betreffende natürliche Person (so auch K/P/B/*Kübler* § 67 Rn 23).

Nicht verkannt werden soll, dass die Berufung einer juristischen Person in den Gläubigerausschuss zu 12 den von *Gundlach/Frenzel/Schmidt* (ZInsO 2007, 531 ff) aufgezeigten Problemen führen kann (vgl auch MüKo-*Schmid-Burgk* § 67 Rn 17; *Braun/Kind* § 67 Rn 9). Hätte aber der Gesetzgeber die Mitgliedschaft einer juristischen Person im Gläubigerausschuss ausschließen wollen, so hätte er dies ebenso wie in § 56 Abs 1 zum Ausdruck bringen müssen (zutr auch K/P/B/*Kübler* § 67 Rn 22; *Pape*, Gläubigerbeteiligung Rn 309; BerlKo-*Blersch* § 67 Rn 10). Im Übrigen sind **Mitarbeiter juristischer Personen**, die als natürliche Person in den Gläubigerausschuss entsandt werden, auf Grund arbeits- oder dienstvertraglicher Regelungen verpflichtet, die Vergütung (§ 73) ganz oder teilweise an den Arbeitgeber abzuführen. **Haftungsrechtlich** bleibt dieser als Gläubigerausschussmitglied in der Verantwortung, zumal oftmals nicht einmal eine interne Freistellung erfolgt (s auch *Braun/Kind* § 67 Rn 9; BR-Drucks 1/92 SR 131, abgedr bei *Uhlenbruck*, Das neue Insolvenzrecht, 1994, S 379).

Der **Nachteil wechselnder Präsenz** verschiedener Vertreter juristischer Personen im Gläubigerausschuss und die damit verbundene Behinderung effektiver Arbeit kann dadurch vermieden werden, dass 13 das Gericht die juristische Person auffordert, einen **bestimmten Vertreter** für die Tätigkeit im Gläubigerausschuss zu benennen. Dies hat nichts mit der – zu verneinenden – Frage zu tun, ob grundsätzlich **Vertretung im Gläubigerausschuss** zulässig ist. Das **Amt ist höchstpersönlich**. Deshalb ist ein verhindertes Mitglied nicht berechtigt, einen **Stellvertreter** mit entsprechender Vollmacht zu den Ausschusssitzungen schicken (*Uhlenbruck* ZIP 2002, 1373, 1379 f; *Vallender* WM 2002, 240 f; *Pape* ZInsO 1999, 675, 678; **str aA** MüKo-*Schmid-Burgk* § 67 Rn 26). Die Unzulässigkeit einer Vertretung schließt nicht aus, dass der Ausschuss oder einzelne Mitglieder berechtigt sind, bestimmte Tätigkeiten und Aufgaben an Dritte zu delegieren (*Vallender* WM 2002, 2040).

Die **Zulässigkeit einer Vertretung für juristische Personen** ist kein Wertungswiderspruch, sondern beruht auf der Tatsache, dass eine juristische Person nur durch einen Vertreter handeln kann. Dies braucht 14 nicht zwingend ein **organschaftlicher Vertreter** zu sein, sondern kann auch ein Dritter, wie zB ein Rechtsanwalt oder Wirtschaftsprüfer sein. Der von *Schmid-Burgk* (MüKo § 67 Rn 26) befürchtete Wertungswiderspruch zwischen Mitgliedschaft einer juristischen Person und einer natürlichen Person lässt sich dadurch vermeiden, dass es einer juristischen Person untersagt ist, ständig wechselnde organschaftliche Vertreter oder Mitarbeiter in den Ausschuss zu entsenden (*Uhlenbruck* ZIP 2002, 1373, 1380). Zulässig ist die **Bestellung von Ersatzmitgliedern**, die zwar im Gesetz nicht vorgesehen sind, aber gewährleisten, dass die Beschlussfähigkeit des Ausschusses gewährleistet ist. Ist ein Gläubigerausschussmitglied für längere Zeit oder dauernd verhindert, tritt das Ersatzmitglied an seine Stelle (*Pape/Uhlenbruck* InsR Rn 313; *Frege/Keller/Riedel* HRP Rn 1186; N/R/*Delhaes* § 79 Rn 7).

15   c) **Öffentlich-rechtliche Amtsträger und Behörden.** Auch **jurische Personen des öffentlichen Rechts** können in den Gläubigerausschuss berufen werden, wie zB die **Bundesagentur für Arbeit** (K/P/B/*Kübler* § 67 Rn 23; *Runkel* HdB § 5 Rn 228; MüKo-*Schmid-Burgk* § 67 Rn 20; *Jaeger/Gerhardt* § 67 Rn 27). Gleiches gilt für **Anstalten oder Körperschaften des öffentlichen Rechts**, wie zB Sparkassen oder Landesbanken (*Hess* § 67 Rn 37). Dagegen kann eine **nicht rechtsfähige Behörde** wegen fehlender Rechtspersönlichkeit nicht als solches Mitglied bestellt werden (BGHZ 124, 86, 89 = ZIP 1994, 46, 47 = NJW 1994, 453; BerlKo-*Blersch* § 67 Rn 11; *Jaeger/Gerhardt* § 67 Rn 27; *Braun/Kind* § 67 Rn 10). Allerdings ist die Bestellung oder Wahl **einzelner Mitarbeiter einer Behörde** in einen Gläubigerausschuss zulässig, wenn auch genehmigungspflichtige Nebentätigkeit gem § 65 BBG, § 42 BRRG (AG Elmshorn ZIP 1982, 981; *Ohr* KTS 1992, 343, 344; K/P/B/*Kübler* § 68 Rn 17; *Jaeger/Gerhardt* § 67 Rn 27; *Pape* ZInsO 1999, 677). Die **Genehmigung des Dienstherrn** gilt als erteilt, wenn dieser keinen Widerspruch erhebt (so auch *Jaeger/Gerhardt* § 67 Rn 27). Ist eine Person des öffentlichen Rechts zum Ausschussmitglied bestellt worden und wird sie durch einen ihrer **Beamten** im Ausschuss vertreten, so handelt es sich nicht um einen genehmigungspflichtige Nebentätigkeit (§ 64 BBG).

16   3. **Ausschluss der Bestellbarkeit.** Der Gläubigerausschuss wird ausschließlich im Gesamtinteresse aller Verfahrensbeteiligten tätig (**BGH** ZIP 1994, 46, 47; *Uhlenbruck* ZIP 2002, 1373, 1377). Deshalb ist zu unterscheiden, ob bestimmte Ausschussmitglieder wegen Befangenheit von der **Teilnahme an den Ausschusssitzungen** oder **Abstimmungen** ausgeschlossen ist oder ob jemand wegen seiner besonderen Position im Verfahren **schlechthin von der Mitgliedschaft ausgeschlossen** ist. Zwar gelten die Vorschriften über die Ablehnung von Gerichtspersonen (§§ 41 ff ZPO) nicht für vom Gericht bestellte Mitglieder eines vorläufigen Gläubigerausschusses; jedoch scheiden bestimmte Personen wegen ihrer verfahrensrechtlichen Position als Gläubigerausschussmitglieder aus. Hierzu zählen vor allem der **Insolvenzschuldner**, der Insolvenzverwalter, die **Mitglieder des Vertretungsorgans** (Geschäftsführung, Vorstand) eines Schuldnerunternehmens oder die **Erben** in der Nachlassinsolvenz (K/P/B/*Kübler* § 67 Rn 24; *Braun/Kind* § 67 Rn 11; *Jaeger/Gerhardt* § 67 Rn 29). Auch **Mitglieder des Aufsichtsrats oder Beirats** eines Schuldnerunternehmens sind von der Mitgliedschaft ausgeschlossen (HK-*Eickmann* § 67 Rn 5; K/P/B/*Kübler* § 67 Rn 24; *Jaeger/Gerhardt* § 67 Rn 29; str aA LG Hamburg ZIP 1987, 731; *Hess* § 67 Rn 40; *Hegmanns* EWiR 1987, 275). Der **Aufsichtsrat** hat auf Grund seiner gesellschaftsrechtlichen Stellung umfassende Leitungsbefugnisse, so dass er schon kraft seiner Rechtsstellung außerstande ist, die Gesamtinteressen der Gläubigerschaft zu vertreten (so auch *Braun/Kind* § 67 Rn 11). Der **Gesellschafter einer juristischen Person** kann dagegen Mitglied des Gläubigerausschusses seiner insolventen Gesellschaft sein (*Jaeger/Gerhardt* § 67 Rn 29). Etwas anderes gilt allerdings für die **Gesellschafter von Personengesellschaften** wegen ihrer gesamtschuldnerischen persönlichen Haftung (*Jaeger/Gerhardt* § 67 Rn 29; MüKo-*Schmid-Burgk* § 67 Rn 23). Auch **Kommanditisten** einer KG sind ausgeschlossen (K/P/B/*Kübler* § 67 Rn 25; *Jaeger/Gerhardt* § 67 Rn 29; str aA K/P/B/*Kübler* § 67 Rn 25; N/R/*Delhaes* § 67 Rn 6; BerlKo-*Blersch* § 67 Rn 11). Schließlich gilt der Ausschluss auch für **Richter** und **Rechtspfleger** der Insolvenzabteilung, selbst wenn sie nicht unmittelbar mit dem Verfahren befasst sind. Die Zuständigkeit kann sich auf Grund von Vertretungsregelungen immer ändern.

17   Bei der – unzulässigen – **Überkreuzbesetzung** werden Insolvenzverwalter zu Gläubigerausschussmitgliedern in Verfahren berufen oder gewählt, die sie selbst nicht verwalten. Der erste Insolvenzverwalter wird also Gläubigerausschussmitglied in einem Insolvenzverfahren des Verwalters, der im Gläubigerausschuss des Insolvenzverfahrens des ersten Verwalters Mitglied ist (vgl *Hegmanns*, Gläubigerausschuss S 115 ff; *Uhlenbruck* ZIP 2002, 1373, 1381; N/R/*Delhaes* § 67 Rn 8; *Jaeger/Gerhardt* § 67 Rn 30). Die **Überkreuzbesetzung** bedeutet, dass jeder der beiden Insolvenzverwalter gegenüber dem anderen einmal als **Kontrolleur** auftritt, nämlich in seiner Rolle als Gläubigerausschussmitglied, zum anderen als **Kontrollierter**, nämlich in seiner Rolle als Insolvenzverwalter. Ähnlich wie im Aktienrecht für die Überkreuzbesetzung der Aufsichtsräte (§ 100 Abs 2 Nr 3 AktG) ist die Überkreuzbesetzung wegen der Interessenverquickung auch im Insolvenzverfahren unzulässig (für eine Zulässigkeit dagegen *Braun/Kind* § 68 Rn 10). Grundsätzlich zulässig ist es dagegen, auch **Poolvertreter** in den Ausschuss zu wählen, die bereits einem Sicherheitenpool bestimmter Gläubiger angehören. Allerdings müssen die Mitglieder ihr Stimmverhalten ausschließlich an den Gläubigerinteressen ausrichten (*Pape*, Gläubigerbeteiligung Rn 310).

IV. Vorläufiger Gläubigerausschuss im eröffneten Verfahren § 67

4. Vorschlagsrecht. Grundsätzlich steht die Zusammensetzung des vorläufigen Gläubigerausschusses 18
im **pflichtgemäßen Ermessen** des Insolvenzgerichts (*Heidland* KS 711, 715 Rn 9; *Braun/Kind* § 67
Rn 6; *Jaeger/Gerhardt* § 67 Rn 21; *Hess* § 67 Rn 13). Das gerichtliche Ermessen wird allerdings durch
die Regelung in § 67 Abs 2 insoweit eingeschränkt, als **bestimmte Gläubigergruppen** im Ausschuss vertreten sein sollen (*Heidland* KS S 711 Rn 12; *Jaeger/Gerhardt* § 67 Rn 21). Die Regelung in § 67 Abs 2
ist zwar lediglich eine **Soll-Vorschrift**, jedoch stellt dies keinen Freibrief für „willkürliche Abweichungen" von der gesetzlichen Vorgabe dar (K/P/B/*Kübler* § 67 Rn 16; MüKo-*Schmid-Burgk* § 67 Rn 10).
Nach § 67 Abs 2 Satz 1 sollen im (vorläufigen) Gläubigerausschuss vor allem **Großgläubiger, absonderungsberechtigte Gläubiger,** die gem § 52 Satz 1 Insolvenzgläubiger sind, sowie ein **Vertreter der Arbeitnehmer,** wie zB der **Vorsitzende des Betriebsrats,** vertreten sein. Das Gericht hat aber zum Zeitpunkt
der Eröffnung oftmals keinen Überblick darüber, wer in einem bestimmten Verfahren Großgläubiger,
Kleingläubiger oder absonderungsberechtigter Gläubiger ist. Anders als beim Insolvenzverwalter ist es
deshalb auf **Anregungen** sowohl seitens der Gläubiger als auch des Insolvenzverwalters angewiesen.
Der Insolvenzverwalter wird schon im eigenen Interesse bemüht sein, die wichtigsten Gläubiger in den
Gläubigerausschuss zu bekommen. Primär kommen in Betracht die Vertreter von Kreditinstituten, Lieferanten, Kreditversicherer, der Pension-Sicherungs-Verein aG, der Steuerfiskus und der Vorsitzende des
Betriebsrats. Der einzelne Gläubiger hat **keinen Rechtsanspruch** auf Berufung in den vorläufigen Gläubigerausschuss. Er ist allenfalls berechtigt, sein Interesse an einer Mitgliedschaft gegenüber dem Insolvenzgericht zu bekunden. Das Insolvenzgericht ist auch nicht an einen **Vorschlag des Insolvenzverwalters** gebunden. Trotzdem sollte das Gericht seine Entscheidung über die Einsetzung eines vorläufigen
Gläubigerausschusses nicht autonom treffen, sondern sich zuvor mit dem vorläufigen Insolvenzverwalter beraten. Dieser kennt die voraussichtliche Gläubigerstruktur und die jeweiligen Besonderheiten im
Verfahren besser als das Insolvenzgericht (*Vallender* WM 2002, 2040, 2041). Das Insolvenzgericht
braucht die Entscheidung über die Einsetzung und Besetzung des vorläufigen Gläubigerausschusses
nicht einmal zu begründen. In der Praxis hat es sich aber immer bewährt, wenn die Großgläubiger und
die Arbeitnehmerschaft im Gläubigerausschuss repräsentiert waren. Vor allem, wenn bereits ein „prepackaged plan" vorgelegt wurde und Vorschläge hinsichtlich der Einteilung der Abstimmungsgruppen
(§ 222) gemacht worden sind, empfiehlt es sich, jeweils aus den Gläubigergruppen einen Gläubiger
oder Vertreter eines Gläubigers in den vorläufigen Ausschuss zu nehmen.

5. Externe Gläubigerausschussmitglieder. Nach § 67 Abs 3 können zu Mitgliedern des Gläubigerausschusses auch Personen bestellt werden, die keine Gläubiger sind. Die Vorschrift des § 67 Abs 3 gilt 19
nicht nur für den vorläufigen Gläubigerausschuss, sondern auch für den von der Gläubigerversammlung gewählten Ausschuss (§ 68). Durch die Regelung in Abs 3 wird sicher gestellt, dass anstelle einer
juristischen Person auch deren Vertreter **persönlich Mitglied** des Ausschusses werden kann. Damit ist
die frühere Streitfrage zu § 87 Abs 1 KO, ob auch **gewillkürte Vertreter von Gläubigern** zu Mitgliedern
des vorläufigen oder endgültigen Gläubigerausschusses bestellt werden können, geklärt (zum alten
Recht vgl *Uhlenbruck* BB 1976, 1198, 1200; K/U § 87 KO Rn 2). Durch die gesetzliche Neuregelung ist
gewährleistet, dass auch hoch **qualifizierte** und **sachverständige Nichtgläubiger** dem Gläubigerausschuss angehören können (K/P/B/*Kübler* § 67 Rn 27; *Braun/Kind* § 67 Rn 7; *Jaeger/Gerhardt* § 67
Rn 25; *Bork,* Einführung Rn 77; *Heidland* in: KS InsO S 711, 719 Rn 15; MüKo-*Schmid-Burgk* § 67
Rn 21; BerlKo-*Blersch* § 67 Rn 9). Als geeignete außerhalb stehende Mitglieder kommen nicht nur Wirtschaftsprüfer, Rechtsanwälte, vereidigte Buchprüfer, Steuerberater und Kaufleute in Betracht, sondern
je nach Unternehmensart auch hoch qualifizierte Techniker sowie Universitätsprofessoren. Zweifelhaft
ist, ob am Verfahren unbeteiligte **Richter oder Rechtspfleger** als Mitglieder des Gläubigerausschusses
geeignet sind (so K/P/B/*Kübler* § 67 Rn 27). Auch wenn diese nicht hauptberuflich im Bezirk des Insolvenzgerichts tätig sind, in dem das Insolvenzverfahren stattfindet, bestehen insoweit erhebliche Bedenken. Zudem werden in der Regel Gerichtspersonen die erforderliche Genehmigung für die Nebentätigkeit nicht erhalten.

6. Zahl der Ausschussmitglieder. Das Gesetz schreibt die Zahl der Mitglieder des Gläubigerausschusses nicht vor. Aus dem Gesetzeswortlaut des § 67 Abs 2 ergibt sich jedoch, dass es **mindestens drei oder** 20
vier Personen sein sollen (*Heidland* KS, 711, 716 Rn 12). Ein „Einer-Ausschuss" ist unzulässig (LG
Neuruppin ZIP 1997, 2130; AG Augsburg NZI 2003, 509). Die Wahl von nur **zwei Mitgliedern** ist
aber zulässig (**BGH** v 11. 11. 1993, BGHZ 124, 86, 91; **BGH** ZIP 1994, 46, 47; OLG Düsseldorf LZ
1913, 570; **AG** Augsburg ZVI 2003, 29; *Jaeger/Gerhardt* § 67 Rn 11; N/R/*Delhaes* § 67 Rn 5;
K/P/B/*Kübler* § 67 Rn 20; *Oelrichs,* Gläubigermitwirkung S 39; MüKo-*Schmid-Burgk* § 67 Rn 11). In
kleineren oder mittleren Verfahren erweist sich **regelmäßig** als zweckmäßig eine Mitgliederzahl von **drei**
oder **fünf Personen.** Um die Abstimmung nicht zu erschweren, sollte der Ausschuss eine **ungerade Mitgliederzahl** enthalten. Das er aus mindestens drei Mitglieder bestehen muss, wie zB der Aufsichtsrat
einer AG (§ 95 Abs 1 AktG) oder der Aufsichtsrat eines Versicherungsvereins aG (§ 35 Abs 1 VAG)
sieht die InsO nicht vor (BGHZ 124, 86, 91; *Heidland* KS S 711 Rn 12; K/P/B/*Kübler* § 67 Rn 20; *Jaeger/Gerhardt* § 67 Rn 11). Fällt ein Gläubigerausschussmitglied weg oder lehnt es das Amt ab, so erlischt nicht etwa die Mitgliedschaft der Übrigen, selbst wenn die Zahl auf eins herabsinkt (*Jaeger/*

Gerhardt § 67 Rn 11). Das Gericht hat jedoch für **Vervollständigung des Ausschusses** zu sorgen. Das Einzelmitglied kann unaufschiebbare Maßnahmen treffen (K/P/B/*Kübler* § 70 Rn 15; *Jaeger/Gerhardt* § 67 Rn 11; **str aA** *Oelrichs*, Gläubigermitwirkung S 40). Oftmals ist eine Höchstgrenzen von **fünf Ausschussmitgliedern** zweckmäßig (Vallender WM 2002, 2040, 2041). Eine höhere Zahl birgt die Gefahr in sich, dass der Entscheidungsprozess innerhalb des Ausschusses erschwert wird. Das Insolvenzgericht ist jederzeit berechtigt, den **vorläufigen Gläubigerausschuss zu ergänzen.** Entfällt die Gläubigerstellung eines bestellten Mitglieds, so hat dies keine Auswirkungen mehr auf dessen Status (*Jaeger/Gerhardt* § 67 Rn 32). Ist dagegen die **Bestellung unwirksam**, weil ein Ausschlussgrund vorliegt, so bedarf es keiner Entlassung durch das Insolvenzgericht (*Jaeger/Gerhardt* § 67 Rn 31).

21   **7. Beginn und Ende des Amtes.** Die Einsetzung eines Gläubigerausschusses durch das Insolvenzgericht nach § 67 Abs 1 ist lediglich eine **vorläufige.** Die endgültige Entscheidung über die Einsetzung eines Gläubigerausschusses trifft die Gläubigerversammlung (§ 68 Abs 1). Das Amt des Gläubigerausschussmitglieds beginnt mit der **Annahme des Amtes** (MüKo-*Schmidt-Burgk* § 67 Rn 27). Das Gericht kann für die Annahmeerklärung eine **Frist** setzen (**LG** Duisburg NZI 2004, 95; **AG** Duisburg NZI 2004, 325). Die Annahmefrist wird bei juristischen Personen nur durch die persönliche Annahme des Mitglieds selbst gewahrt (HaKo-*Frind* § 67 Rn 8). Weder als Gläubiger noch als außenstehender Dritter ist eine Person verpflichtet, das Amt anzunehmen. Niemand kann gezwungen werden, Mitglied eines Gläubigerausschusses zu werden. Für die **Beendigung des Amtes** greifen neben dem Todesfall drei Möglichkeiten ein: Entweder beschließt die Gläubigerversammlung nach § 68 Abs 1 S 2, dass der vom Gericht eingesetzte Gläubigerausschuss nicht beibehalten werden soll; oder die Gläubigerversammlung wählt ein oder mehrere vom Insolvenzgericht bestellte Mitglieder nach § 68 Abs 2 ab und wählt andere oder zusätzliche Mitglieder des Gläubigerausschusses. Schließlich besteht die Möglichkeit, dass das Insolvenzgericht gem § 70 S 1 ein Mitglied des Gläubigerausschusses **aus wichtigem Grund aus dem Amt entlässt.** Der vorläufige Gläubigerausschuss verliert seine Position automatisch mit der Wahl eines anderen Ausschusses oder wenn die Gläubiger sich gegen die Einsetzung eines Gläubigerausschusses entscheiden (K/P/B/*Kübler* § 67 Rn 29; *Heidland* in: Kölner Schrift InsO S 711, 720 Rn 18; *Hess* § 68 Rn 44; HK-*Eickmann* § 68 Rn 3; *Gottwald/Klopp/Kluth* InsRHdb § 21 Rn 10–12).

22   Nicht gefolgt werden kann der Auffassung, dass die Amtstätigkeit des vorläufigen Ausschusses schon mit dem Schluss der ersten Gläubigerversammlung endet (so aber *Jaeger/Weber* § 87 KO Rn 4). Zutreffend der Hinweis bei K/P/B/*Kübler* (§ 67 Rn 29), dass die Gegenansicht das „Risiko einer Vakanz im Falle einer erst zu einem späteren Zeitpunkt erfolgenden Ausschusswahl durch die Gläubigerversammlung" birgt. Zwar wird die Entscheidung über die Einsetzung bzw Beibehaltung eines Gläubigerausschusses regelmäßig in der ersten Gläubigerversammlung getroffen, jedoch ist sie nicht auf diese beschränkt (**LG** Köln ZIP 1997, 2053; *Heidland* in: Kölner Schrift InsO S 711, 720 Rn 18; HK-*Eickmann* § 68 Rn 3). Schon deshalb ist anzunehmen, dass das **Amt eines vom Gericht bestellten vorläufigen Gläubigerausschusses** so lange **andauert, bis die Gläubigerversammlung entschieden hat** (vgl auch **LG** Neuruppin ZIP 1997, 2130; **LG** Köln ZIP 1997, 2053; *Smid* § 67 Rn 3; *Pape* ZInsO 1999, 675, 677). Im Übrigen endet das Amt mit der **Aufhebung des Verfahrens** nach vollzogener Schlussverteilung (§ 200 Abs 1), rechtskräftiger **Bestätigung eines Insolvenzplans** (§§ 258 Abs 1, 259 Abs 1 S 1) sowie in den Fällen **der Verfahrenseinstellung** nach §§ 207, 211, 212, 213. Etwas anderes gilt im **überwachten Insolvenzplanverfahren**, wo die Ämter der Gläubigerausschussmitglieder zum Zwecke der Überwachung fortbestehen (§ 261 Abs 1 S 2).

23   Die Möglichkeit der **Entlassung aus wichtigem Grund** (§ 70) besteht ebenso wie die Entlassung auf eigenen Antrag auch für den vorläufigen Gläubigerausschuss. Die Befugnis des Insolvenzgerichts, einen vorläufigen Gläubigerausschuss einzusetzen, besteht nur **bis zur ersten Gläubigerversammlung** (K/P/B/*Kübler* § 67 Rn 29). Eine **Kündigung der Mitgliedschaft** durch ein Ausschussmitglied ist unzulässig. Zulässig ist nur ein **Antrag auf Entlassung** (*Heidland* in: Kölner Schrift InsO S 711, 721 Rn 20). Das Amt eines vorläufigen Gläubigerausschussmitglieds endet auch, wenn der Vertreter einer juristischen Person aus dem Beschäftigungsverhältnis ausscheidet. Er ist in solchen Fällen nicht länger Gläubigervertreter. Er hat einen Antrag auf Amtsenthebung (Entlassung) zu stellen und die juristische Person kann einen anderen Vertreter in den Gläubigerausschuss entsenden. Auch bei Entlassung eines Mitglieds des vorläufigen Gläubigerausschusses muss ein wichtiger Grund vorliegen (§ 70 S 1).

V. Rechtsmittel

24   Soweit die Einsetzung des vorläufigen Gläubigerausschusses durch **richterlichen Beschluss** erfolgt, ist die **Entscheidung unanfechtbar** (§ 6). Die Entscheidung des Rechtspflegers unterliegt der **befristeten Erinnerung** nach § 11 Abs 2 Satz 1 RpflG. Gerügt werden kann im Einzelfall die pauschale Belastung der Masse mit zusätzlichen Kosten oder eine offenbar sachfremde Entscheidung (HK-*Eickmann* § 67 Rn 3). Lehnt das Gericht die Einsetzung eines vorläufigen Ausschusses ab, ist die Entscheidung unanfechtbar (HK-*Eickmann* § 67 Rn 3). Gegen die Bestellung zum vorläufigen Gläubigerausschussmitglied durch den Richter sieht das Gesetz **kein Rechtsmittel** vor. Ein Verstoß gegen § 67 Abs 2 kann von keinem der Verfahrensbeteiligten geltend gemacht werden. Gleiches gilt für eine **außerordentliche Beschwerde** wegen „greifbarer Gesetzwidrigkeit" (BGHZ 150, 153 = ZIP 2002, 959; **OLG** Celle ZInsO 2002, 933; *Kirchhof* ZInsO 2002, 610; *Jaeger/Gerhardt* § 6 Rn 27). Eine trotzdem eingelegte Beschwerde kann aber als **fristgebundene Gegenvorstellung** oder als **Anregung** verstanden werden (*Jaeger/Gerhardt* § 67 Rn 34). Hat der **Rechtspfleger** entschieden, so ist gegen seinen Beschluss die **befristete Erinnerung** nach § 11 Abs 2 S 1 RpflG gegeben. eist fehlt es aber an der notwendigen Beschwer. Diese liegt nicht etwa in der Belastung der Masse mit den Kosten (HK-*Eickmann* § 67 Rn 3; Braun/Kind § 68 Rn 19). In der Literatur wird teilweise die Auffassung vertreten, offenbar sachfremde Erwägungen des Gerichts bei der Besetzung des vorläufigen Gläubigerausschusses könnten ein **Rügerecht** begründen (HK-*Eickmann* § 67 Rn 2; MüKo-*Schmidt-Burgk* § 67 Rn 10; K/P/B/*Kübler* § 67 Rn 16). Dieser Auffassung kann nicht gefolgt werden, da die Gläubigerversammlung die Möglichkeit hat, im Berichtstermin eine Fehlbesetzung zu korrigieren. Der Gewählte hat die Möglichkeit, die Annahme des Amtes zu verweigern. Auch gegen die **Nichtberücksichtigung** durch das Insolvenzgericht findet keine sofortige Beschwerde statt. Anders dagegen bei Entlassung aus wichtigem Grund. Nach § 70 S 3 steht dem entlassenen Gläubigerausschussmitglied die sofortige Beschwerde zu.

VI. Rechte, Pflichten und Verantwortlichkeit der Mitglieder eines vorläufigen Gläubigerausschusses

Die Aufgaben des vorläufigen Gläubigerausschusses decken sich weitgehend mit denjenigen des endgültigen Ausschusses, wie sie in § 69 generell geregelt sind. Danach haben die Mitglieder den Insolvenzverwalter bei seiner Geschäftsführung zu **unterstützen** und zu **überwachen** (§ 69 S 1). Sie haben sich über den Gang der Geschäfte zu unterrichten sowie die Bücher und Geschäftspapiere einzusehen und den Geldverkehr und Geldbestand prüfen zu lassen (§ 69 S 2). Die **speziellen Aufgaben** und **Einzelbefugnisse** der Mitglieder sind allerdings eingeschränkt. Will der Insolvenzverwalter vor der ersten Gläubigerversammlung (Berichtstermin) das Schuldnerunternehmen stilllegen, so hat er gem § 158 Abs 1 die Zustimmung des Gläubigerausschusses einzuholen, wenn ein solcher bestellt ist. Der Gläubigerausschuss hat das Recht, einen **Antrag auf Entlassung des Verwalters** zu stellen (§ 59 Abs 1 S 2). Gegen die Ablehnung des Antrags steht ihm das Recht der sofortigen Beschwerde zu (§ 59 Abs 2 S 2). Bis zur Entscheidung der Gläubigerversammlung kann der Insolvenzverwalter mit Zustimmung des Gläubigerausschusses dem Schuldner den **notwendigen Unterhalt** gewähren (§ 100 Abs 2 S 1). Ein Mitglied des Gläubigerausschusses hat die **Quittung mit zu unterzeichnen**, wenn der Insolvenzverwalter Geld, Wertpapiere oder Kostbarkeiten von der Stelle, bei der hinterlegt worden ist, in Empfang nehmen will (§ 149 Abs 2 S 1). Weiterhin hat der vorläufige Gläubigerausschuss die Zustimmung zu erteilen, wenn der Verwalter den Antrag stellt, dass die Aufstellung des Verzeichnisses der Massegegenstände unterbleibt (§ 151 Abs 3 S 2). Gem § 156 Abs 2 S 1 ist dem Gläubigerausschuss im Berichtstermin Gelegenheit zu geben, zum **Verwalterbericht Stellung zu nehmen**. Auch zu **besonders bedeutsamen Rechtshandlungen** hat der Insolvenzverwalter gem § 160 die Zustimmung des vorläufigen Gläubigerausschusses einzuholen. Zwar betrifft die Regelung in § 160 vorwiegend Rechtshandlungen, die im Zusammenhang mit der Verwertung der Masse nach der ersten Gläubigerversammlung (Berichtstermin) im Zusammenhang stehen; jedoch ist der Fall keineswegs selten, dass bereits vor dem Berichtstermin Maßnahmen durchzuführen sind, die der Regelung des § 160 unterfallen. Dies gilt vor allem, wenn das **Unternehmen** oder ein **Betrieb**, das Warenlager im Ganzen, ein **unbeweglicher Gegenstand** aus freier Hand oder eine Beteiligung des Schuldners an einem anderen Unternehmen **veräußert werden** soll (§ 160 Abs 2 Nr 1). Bei Unternehmensfortführung ist es oft unumgänglich, dass ein **Darlehen aufgenommen** werden muss, das die Insolvenzmasse erheblich belastet (§ 160 Abs 2 Nr 2). Stellt der Verwalter bereits vor der ersten Gläubigerversammlung einen **Insolvenzplan** auf, was auf Grund der Eilbedürftigkeit von Sanierungsmaßnahmen nicht selten vorkommen dürfte, so wirkt der Gläubigerausschuss **beratend** mit (§ 218 Abs 3). Da gem § 276 S 2 die Vorschriften des § 160 Abs 1 S 2, Abs 2 auch im Rahmen der **Eigenverwaltung** entsprechend gelten, ist der vorläufige Gläubigerausschuss letztlich auch zur Zustimmung zu besonders bedeutsamen Rechtshandlungen des Insolvenzschuldners berechtigt.

VII. Unabhängigkeit des vorläufigen Gläubigerausschusses

Ebenso wie der endgültige Gläubigerausschuss ist auch der vorläufige Gläubigerausschuss unabhängig und nicht etwa Weisungen des Insolvenzgerichts unterworfen (**BGH** v 12. 7. 1965 – III ZR 41/64, WM 1965, 1158, 1159; **BGH** v 1. 3. 2007 – IX ZB 47/06, ZIP 2007, 781, 783 = ZVI 2007, 476, 478 = ZInsO 2007, 444, 445; K/P/B/*Kübler* § 69 Rn 9; *Frege* NZG 1999, 478, 480). Dem Insolvenzgericht steht **keine Aufsicht** über den Gläubigerausschuss zu. Die Unabhängigkeit besteht auch gegenüber dem **Insolvenzverwalter** und der **Gläubigerversammlung** (BGH ZIP 2007, 781, 783 = ZInsO 2007, 444, 445). Der Ausschuss ist nicht verpflichtet, dem Insolvenzgericht zu berichten (*Frege* NZG 1999, 478, 480). Das Gericht ist nicht berechtigt, analog § 78 **Beschlüsse des Gläubigerausschusses** auf Antrag eines Beteiligten **zu beanstanden** oder **aufzuheben** (AG Neubrandenburg ZInsO 2000, 111 m Anm *Förster*; K/P/B/*Kübler* § 69 Rn 9; MüKo-*Schmid-Burgk* § 69 Rn 12; *Frege* NZG 1999, 478, 480; str aA H/W/F, HdbInsO 6/4; HK-*Eickmann* § 72 Rn 6). Zutreffend weist *Pape* (ZInsO 1999, 678, 681) darauf hin, dass eine derartige Korrekturmöglichkeit nicht besteht, weil der Ausschuss nicht der Aufsicht des Insolvenzgerichts unterliegt und fehlerhafte Entscheidungen nur inzident im Rahmen späterer Haftungsprozesse überprüft werden können (so auch *Frege* NZG 1999, 480; K/P/B/*Kübler* § 69 Rn 9). Streitig ist auch die Frage, ob und in welchem Umfang die **Gläubigerversammlung** befugt ist, Entscheidungen des Gläubigerausschusses abzuändern oder zu korrigieren (bejahend *Hegmanns* Gläubigerausschuss S 51 ff; HK-*Eickmann* § 73 Rn 7; verneinend K/P/B/*Kübler* § 69 Rn 7 f; *Frege* NZG 1999, 478, 482 f). Sieht man den Gläubigerausschuss als ein unabhängiges und selbstständiges Organ der Insolvenzverwaltung, so ist eine **Ersetzungskompetenz der Gläubigerversammlung zu verneinen** (s die Kommentierung zu § 69 Rn 3, 6; *Marotzke* ZInsO 2003, 726; *Pape,* Gläubigerbeteiligung Rn 176). Zwischen dem **endgültigen** und **vorläufigen Gläubigerausschuss** ist aber insoweit zu differenzieren. Der vorläufige Gläubigerausschuss leitet seine Rechtsstellung und Befugnisse aus einer Entscheidung des Insolvenzgerichts her. Das eröffnete Verfahren wird dagegen vom **Grundsatz der Gläubigerautonomie** beherrscht. Deshalb muss es der Gläubigerversammlung möglich sein, **Entscheidungen des vor-vorläufigen** oder **vorläufigen Gläubigerausschusses** zu korrigieren. Anders wird man dagegen entscheiden müssen, wenn der **endgültigen Gläubigerausschuss** seine Legitimation aus einer Entscheidung der Gläubigerversammlung herleitet (§ 68 Abs 1). Ist der Gläubigerausschuss von der Gläubigerversammlung gewählt, so kommt ihm eine unabhängige und selbstände Stellung im Verfahren zu. Seine Entscheidungen können nicht von der Gläubigerversammlung korrigiert werden (s § 69 Rn 3, 6; K/P/B/*Kübler* § 69 Rn 7; HK-*Eickmann* § 69 Rn 6; *Hess* § 69 Rn 10; *Vallender* WM 2002, 2040, 2047; *Frege* FS Peltzer 2001, S 109, 110; MüKo-*Schmid-Burgk* § 69 Rn 10).

VIII. Bestellung von Ersatzmitgliedern und Stellvertretung

27 Zulässig, aber in der Praxis kaum üblich, ist die Bestellung eines oder mehrerer **Ersatzmitglieder** des vorläufigen Gläubigerausschusses durch das Gericht (vgl MüKo-*Schmidt-Burgk* § 67 Rn 25; K/U § 87 KO Rn 5). **Entgegen der Vorauflage** ist anzunehmen, dass das Insolvenzgericht nicht berechtigt ist, dem vorläufigen Gläubigerausschuss eine **Ersetzungskompetenz** einzuräumen mit der Folge, dass sich der Gläubigerausschuss selbst ergänzen kann, wenn ein Mitglied ausfällt oder das Amt ausschlägt. Der Gesetzgeber geht in § 67 Abs 1 von einer Alleinzuständigkeit des Gerichts aus. Nur dieses ist befugt, andere oder weitere Mitglieder in den vorläufigen Gläubigerausschuss zu berufen. Etwas anderes gilt für den endgültigen Gläubigerausschuss.

IX. Geschäftsordnung

28 Der vorläufige Gläubigerausschuss ist nicht nur berechtigt, sondern uU verpflichtet, sich eine **Geschäftsordnung** zu geben (Muster bei *Frege/Keller/Riedel* HRP Rn 1191; *Mohrbutter/Ringstmeier* § 21 Rn 336 ff). Dies gilt vor allem für Großinsolvenzen. Die Geschäftsordnung sollte ua folgende Punkte regeln: Die Wahl eines Vorsitzenden und seines Stellvertreters, die **Einladungen** zu den Sitzungen sowie die **Form der Beschlussfassung**. Zur konstituierenden Sitzung lädt der Verwalter ein (*Gundlach/Frenzel/Schmidt* NZI 2005, 304). Weiterhin sollte klargestellt werden, ob über die Sitzungen des Gläubigerausschusses **Protokoll** geführt wird und ob die Protokolle zu den Gerichtsakten gereicht werden sollen. Die Geschäftsordnung wird im Regelfall vorsehen, dass Gläubigerausschusssitzungen jeweils nach Absprache mit dem Verwalter vom Ausschussvorsitzenden und im Verhinderungsfall von seinem Stellvertreter einberufen werden. Im Übrigen sollte den einzelnen Ausschussmitgliedern ebenso wie dem Insolvenzverwalter das Recht eingeräumt werden, die **Einberufung einer Gläubigerausschusssitzung** beim Vorsitzenden oder seinem Stellvertreter **zu beantragen** (*Uhlenbruck* Gläubigerberatung S 393; *Happ/Huntemann* Der Gläubiger in der Gesamtvollstreckung, 1996 § 11 Rn 44; *Huntemann/Graf Brockdorff* Kap 11 Rn 70). Fehlen solche Bestimmungen, ist der **Verwalter** ohne weiteres zur Einberufung des Gläubigerausschusses berechtigt, wenn hierzu einen Notwendigkeit besteht. Daneben besteht das Recht, sich „formlos" zusammenzufinden. Zweifelhaft ist, ob in die Geschäftsordnung eine Regelung aufgenommen werden kann, dass der **Verwalter zu den Sitzungen** einlädt (so aber *Frege/Keller/Riedel* HRP Rn 1191; str aA *Uhlenbruck* ZIP 2002, 1379, 1375; *Gundlach/Frenzel/Schmidt* NZI 2005, 304, 306). Die **Tagesordnungspunkte** (§§ 158, 160) sind in der Einladung anzugeben. Ob dem **einzelnen Ausschussmitglied** das Recht zusteht, erforderlichenfalls die **Gläubigerversammlung einzuberufen**, ist zumindest zweifelhaft (so aber *Huntemann/Graf Brockdorff* Kap 11 Rn 72). Stellt zB das mit der Kassenprüfung beauftragte Ausschussmitglied Unregelmäßigkeiten beim Insolvenzverwalter fest, hat es im Zweifel den Vorsitzenden zu bitten, eine Ausschusssitzung anzuberaumen. In der Geschäftsordnung sollte festgelegt werden, dass die Einberufung des Gläubigerausschusses so **rechtzeitig erfolgt**, dass die Ausschussmitglieder sich nicht nur auf den Termin einrichten können, sondern auch Zeit zur Einsicht in die erforderlichen Unterlagen haben. Eine sachgerechte Vorbereitung erfordert eine **Mindestfrist von einer Woche**, soweit es sich nicht um eilbedürftige Entscheidungen handelt (*Huntemann/Graf Brockdorff* Kap 11 Rn 74: Mindestfrist zwei Wochen). Die Einberufung ist an keine Form gebunden, sollte aber im Zweifel schriftlich erfolgen.

X. Teilnahme an Sitzungen des vorläufigen Gläubigerausschusses

Das **Anwesenheitsrecht** steht jedem Ausschussmitglied zu, bei juristischen Personen deren benanntem 29
Vertreter (zu den **Ausschlussgründen** s die **Kommentierung** zu § 72 Rn 10). Der Insolvenzverwalter hat
kein Recht, an den Sitzungen des Gläubigerausschusses teilzunehmen, jedoch empfiehlt es sich in der
Praxis, vor allem wenn es um zustimmungspflichtige Rechtsgeschäft iSv §§ 160 ff geht, den Verwalter
zu den Sitzungen einzuladen. **Richter** bzw der **Rechtspfleger** haben dagegen ein Recht, an den Gläubigerausschusssitzungen **als Gäste beobachtend teilzunehmen** (K/P/B/*Kübler* § 69 Rn 9; *Pape* Gläubigerbeteiligung Rn 179; MüKo-*Schmid-Burgk* § 69 Rn 12; str aA *Gottwald/Klopp/Kluth* InsRHdb § 21
Rn 17). Es hat sich vor allem im Großverfahren als sinnvoll erwiesen, wenn der zuständige Richter
oder Rechtspfleger an den Ausschusssitzungen teilnimmt, zumal wenn es um Entscheidungen geht, deren Ausführung durch den Verwalter uU ein Einschreiten des Insolvenzgerichts im Aufsichtswege (§ 58)
befürchten lässt. Die Anwesenheit des **Schuldners** oder **Schuldnervertreters** ist nur dann erforderlich,
wenn der Gläubigerausschuss von ihm Auskünfte nach § 97 Abs 1 S 1 verlangt. Ein Recht zur Teilnahme hat ein Schuldner oder Schuldnervertreter nicht. **Einzelheiten zur Geschäftsordnung** des Gläubigerausschusses in der **Kommentierung zu § 72 Rn 2**.

XI. Abstimmung und Stimmrechte

Die InsO enthält keine Regelungen über das Zustandekommen von Beschlüssen des Gläubigerausschusses. Dies war nicht zuletzt deshalb gerechtfertigt, weil der Ausschuss ua die Abstimmungsmodalitäten in der von ihm zu beschließenden Geschäftsordnung regeln kann. So kann zB die Geschäftsordnung vorsehen, dass in geeigneten Fällen die Abstimmungen schriftlich erfolgen können (*Jaeger/Weber*
§ 90 KI Rn 1, 2; K/U § 90 KO Rn 1; *Hess/Weis* InVo 1997, 1, 3; K/P/B/*Kübler* § 72 Rn 3). S zu Einzelheiten der Abstimmung im Gläubigerausschuss die **Kommentierung zu § 72 Rn 3–6**; *Uhlenbruck* ZIP
2002, 1373, 1376 f.

§ 68 Wahl anderer Mitglieder

(1) ¹Die Gläubigerversammlung beschließt, ob ein Gläubigerausschuß eingesetzt werden soll.
²Hat das Insolvenzgericht bereits einen Gläubigerausschuß eingesetzt, so beschließt sie, ob dieser beibehalten werden soll.

(2) Sie kann vom Insolvenzgericht bestellte Mitglieder abwählen und andere oder zusätzliche Mitglieder des Gläubigerausschusses wählen.

I. Allgemeines

§ 68 regelt die eigentliche und endgültige Entscheidung, ob ein Gläubigerausschuss eingesetzt werden 1
soll und welche Mitglieder ihm angehören sollen. Der Gesetzgeber hat in § 68 dem **Grundsatz der
Gläubigerautonomie** Rechnung getragen und die Entscheidung über die Einsetzung eines Gläubigerausschusses und dessen personelle Zusammensetzung letztlich der Gläubigerversammlung überlassen. § 68
sieht ein besonderes Ablehnungsrecht des Insolvenzgerichts nicht mehr vor. Vielmehr hält der Gesetzgeber die allgemeine Vorschrift über die Entlassung der Mitglieder des Gläubigerausschusses (§ 70) für
ein ausreichendes Mittel zur Abberufung von Gläubigerausschussmitgliedern, zumal das Gericht im
Rahmen des § 70 auch von Amts wegen tätig werden kann. Im Übrigen gelten die Grundsätze des § 67
Abs 2 und 3 nicht nur für den vorläufigen, sondern auch für den endgültigen Gläubigerausschuss. Dies
bedeutet letztlich, dass auch dem endgültigen Gläubigerausschuss die in § 67 Abs 2 genannten Personen
angehören sollen und entsprechend § 67 Abs 3 zu Mitgliedern auch Personen bestellt werden können,
die **keine Gläubiger** sind. Umfassende Gläubigerautonomie bedeutet letztlich auch, dass dem Insolvenzgericht weder eine **Aufhebungskompetenz** zusteht noch das Recht, fehlerhafte Beschlüsse des Gläubigerausschusses zu korrigieren (vgl *Frege* NZG 1999, 478, 480; *Pape* ZInsO 1999, 675, 681; WM 2003,
313, 314 ff; Gläubigerbeteiligung Rn 293 ff; *Vallender* WM 2002, 2040 ff; KS-*Heidland* S 711, 721
Rn 20; K/P/B/*Kübler* § 68 Rn 1, 2).

II. Einsetzung des endgültigen Gläubigerausschusses

1. Grundsatzentscheidung der Gläubigerversammlung (§ 68 Abs 1). Die Gläubigerversammlung, die 2
nicht die erste zu sein braucht, hat entweder zu beschließen, ob ein Gläubigerausschuss eingesetzt werden soll oder ob ein solcher, falls vorhanden, beibehalten werden soll.

a) **Beschluss über die Einsetzung eines Gläubigerausschusses (Abs 1 S 1).** Hat das Insolvenzgericht 3
von der Möglichkeit, einen vorläufigen Gläubigerausschuss einzusetzen, keinen Gebrauch gemacht, so
beschließt die – meist erste – Gläubigerversammlung, ob überhaupt ein Gläubigerausschuss berufen
werden soll (§ 68 Abs 1 S 1). Die Gläubigerversammlung kann aber auch auf die Einsetzung eines
Gläubigerausschusses verzichten. Die Entscheidung steht im **Ermessen der Gläubigerversammlung** (vgl

Vallender WM 2002, 2040, 2043; BerlKo-*Blersch* § 68 Rn 2; K/P/B/*Kübler* 68 Rn 4). Hat das Gericht keinen vorläufigen Gläubigerausschuss bestellt, muss die Gläubigerversammlung darüber entscheiden, ob sie ihre vom Gesetz eingeräumten Kompetenzen zumindest teilweise auf einen Gläubigerausschuss übertragen will. Die Entscheidung erfolgt durch **Beschluss**, der mit der absoluten Mehrheit der Summe der Forderungsbeträge der abstimmenden Gläubiger gefasst wird (§ 76 Abs 2). Es handelt sich um einen **zweistufigen Entscheidungsprozess**. Erst wenn die Gläubigerversammlung die Einsetzung oder Beibehaltung eines Gläubigerausschusses beschlossen hat, sind die einzelnen Mitglieder zu wählen. Ein Beschluss ist also auch dann erforderlich, wenn das Gericht keinen vorläufigen Gläubigerausschuss bestellt hat und die Gläubigerversammlung keinen endgültigen Ausschuss einsetzen will (MüKo-*Schmid-Burgk* § 68 Rn 5; *Vallender* WM 2002, 2040, 2043). Die Gläubigerversammlung muss die Entscheidung über die Einsetzung eines Ausschusses **nicht zwingend im Berichtstermin** treffen (MüKo-*Schmid-Burgk* § 68 Rn 6; *Frege* NZG 1999, 478, 481). Ist in der ersten Gläubigerversammlung lediglich ein stimmberechtigter Gläubiger erschienen, so ist dennoch über die wirksame Beschlussfassung über die von ihm beantragte Bestellung eines Gläubigerausschusses förmlich abzustimmen. Die fehlende Abstimmung kann nicht etwa durch eine Beschwerdeentscheidung ersetzt werden (LG Köln v 13. 5. 1997, ZIP 1997, 2053, 2054). Die Gläubigerversammlung ist grundsätzlich nicht berechtigt, einen von ihr einmal getroffenen Beschluss über Einsetzung, Beibehaltung oder Zusammensetzung eines Gläubigerbeschlusses durch **späteren Beschluss zu ändern** (N/R/*Delhaes* § 68 Rn 3). Sind Mitglieder des Gläubigerausschusses wirksam von der Gläubigerversammlung gewählt und haben sie das Amt angenommen, so kommt nur noch die Entlassung nach § 70 in Betracht. Eine **Abwahl** durch die Gläubigerversammlung ist ausgeschlossen. Hinsichtlich der **Einsetzung** oder **Beibehaltung** eines Gläubigerausschusses ist jedoch eine **Ausnahme** zu machen: Hat die Gläubigerversammlung zunächst die Einsetzung bzw Beibehaltung eines endgültigen Gläubigerausschusses abgelehnt, so kann sich im Laufe des Verfahrens durchaus das Bedürfnis nach der Einsetzung eines Gläubigerausschusses ergeben. Gleiches gilt, wenn sich im Laufe des Verfahrens zeigt, dass ein endgültiger Gläubigerausschuss nicht benötigt wird. Hier verlangt es der Grundsatz der Gläubigerautonomie, dass die Gläubigerversammlung über die Notwendigkeit oder Entbehrlichkeit eines endgültigen Gläubigerausschusses **erneut entscheidet** (BerlKo-*Blersch* § 68 Rn 2; *Jaeger/Gerhardt* § 68 Rn 9 aE). Allerdings weisen *Jaeger/Gerhardt* (§ 69 Rn 10) zutreffend darauf hin, dass von dieser Möglichkeit die Gläubigerversammlung **nicht rechtsmissbräuchlich** Gebrauch machen darf. Andernfalls könnte die Gläubigerversammlung missliebige Mitglieder oder gar den ganzen Ausschuss einfach durch Beschluss „entlassen". Dies würde eine Umgehung des § 70 darstellen (ebenso HK-*Eickmann* § 68 Rn 5; *Oelrichs*, Gläubigermitwirkung S 41). Unzulässig ist auch die **Wahl mehrerer Gläubigerausschüsse** in einem Verfahren (K/P/B/*Kübler* § 68 Rn 8).

4   Ob die Gläubigerversammlung berechtigt ist, anstelle eines Gläubigerausschusses einen **Gläubigerbeirat** zu wählen, ist umstritten (für das alte Rechte bejahend *Uhlenbruck* BB 1976, 1198, 1202; *Obermüller* FS *Möhring* S 101, 108; *Hegmanns* Gläubigerausschuss S 64 f; *Jaeger/Weber* § 87 KO Rn 7; K/U § 87 KO Rn 9; **ablehnend** für das alte Recht *Mohrbutter/Pape* V.7; *Kilger/K. Schmidt* § 87 KO Anm 4; ablehnend für das neue Recht K/P/B/*Kübler* § 68 Rn 8; N/R/*Delhaes* § 67 Rn 12; KS-*Heidland* S 711, 716 Rn 11; **bejahend** für das neue Recht *Oelrichs*, Gläubigermitwirkung S 46 ff; *Pape*, Gläubigerbeteiligung Rn 301, 302; *Jaeger/Gerhardt* § 907 KO Rn 36). Auch wenn es in der Allgemeinen Begründung RegE (BT-Drucks 12/2443 S 99) heißt, ein fakultativer Beirat sei zulässig und könne als Diskussionsforum gute Dienste leisten, ist für das neue Recht festzustellen, dass die Zulässigkeit eines Beirats für das Insolvenzplanverfahren in § 218 Abs 3 ausdrücklich vorgesehen ist. Grundsätzlich bestehen keine Bedenken, dass die Gläubigerversammlung sich anstelle oder neben dem im Gesetz vorgesehenen Gläubigerausschuss eines **Gläubigerbeirats als beratendem Gremium** bedient (*Jaeger/Gerhardt* § 67 Rn 36; *Pape*, Gläubigerbeteiligung Rn 301, 302; *Oelrichs*, Gläubigermitwirkung S 46 ff). Gegen die Einsetzung bestehen aber praktische Bedenken, denn der Gläubigerbeirat hat **keine Aufsichts- und Kontrollbefugnisse** (K/P/B/*Kübler* § 68 Rn 8; *Pape*, Gläubigerbeteiligung Rn 301). Da die Mitglieder weder eine Verpflichtung zur objektiven Amtsführung haben, noch für ihre Tätigkeit haften, besteht für einen zusätzlichen Beirat idR kein Bedürfnis.

5   **b) Beschluss über die Beibehaltung des gerichtlich eingesetzten Gläubigerausschusses.** Hat das Insolvenzgericht bereits einen Gläubigerausschuss nach § 67 Abs 1 bestellt, so beschließt die Gläubigerversammlung gem § 68 Abs 1 S 2, ob dieser beibehalten werden soll. Es entspricht dem Prinzip der Gläubigerautonomie, dass die Gläubigerversammlung nicht an die Entscheidung des Gerichts, einen vorläufigen Gläubigerausschuss zu bestellen, gebunden ist. Zulässig ist es, den Gläubigerausschuss „in cumolo" zur Wahl zu stellen (*Jaeger/Gerhardt* § 68 Rn 6; K/P/B/*Kübler* § 68 Rn 9). Der Beschluss der Gläubigerversammlung wird sofort wirksam (FK-*Kind* § 68 Rn 7–9). **Der Verzicht auf einen Gläubigerausschuss** bedeutet zugleich die Abwahl sämtlicher vom Gericht bestimmten Ausschussmitglieder. Eines besonderen Beschlusses über die Abwahl jeden einzelnen Ausschussmitgliedes bedarf es nicht, weil es sich um eine Grundsatzentscheidung handelt, deren Folge ist, dass der Gläubigerausschuss entfällt. Dem Gläubigerausschuss oder seinen Mitgliedern steht ein **Beschwerderecht nicht zu**, da die vorläufige Einsetzung durch das Insolvenzgericht ihnen noch keine gesicherte Rechtsstellung verschafft hat. Zweifelhaft ist aber, ob es der Gläubigerversammlung freisteht, **bestimmte Gläubigergruppen aus dem**

Gläubigerausschuss auszuschließen (so *Hess* § 68 Rn 8). Nach wohl richtiger Meinung gilt die Sollvorschrift des § 67 Abs 2 als generelle gesetzliche Empfehlung auch für die Entscheidung der Gläubigerversammlung (HK-*Eickmann* § 68 Rn 4; *Graf-Schlicker/Pöhlmann* § 68 Rn 4; HaKo-*Frind* § 68 Rn 2; **str aA** MüKo-*Schmid-Burgk* § 68 Rn 7; *Jaeger/Gerhardt* § 68 Rn 8; *Frege* NZG 1999, 478, 489; BerlKo-*Blersch* § 68 Rn 5). S auch unten zu Rn 15.

2. Wahl anderer oder zusätzlicher Mitglieder (Abs 2). Nach § 68 Abs 2 kann die Gläubigerversammlung vom Insolvenzgericht bestellte Mitglieder abwählen und andere oder zusätzliche Mitglieder in den Gläubigerausschuss hinein wählen. Ähnlich wie beim Insolvenzverwalter in § 57 ist die Gläubigerversammlung auch bei Entscheidungen nach § 68 Abs 2 frei und nicht etwa an die gerichtliche Entscheidung gebunden. Da die Abstimmungen in der Gläubigerversammlung mit der Mehrheit nach §§ 76 Abs 2, 77, also mit der (**absoluten**) **Summenmehrheit** in der Gläubigerversammlung anwesenden Gläubiger erfolgen, wobei auch die absonderungsberechtigten Gläubiger Stimmrecht haben, ist die Gefahr nicht auszuschließen, dass die Entscheidungen von einzelnen Großgläubigern oder Gläubigergruppen dominiert werden (H/W/F, HdbInsO 6/11; MüKo-*Schmid-Burgk* § 68 Rn 2; *Jaeger/Gerhardt* § 68 Rn 6). **Die Feststellung** der Stimmrechte sowie die Stimmberechtigung richten sich nach den allgemeinen Vorschriften. Bestrittene und nachrangige Forderungen haben mit Ausnahme des § 77 Abs 2 kein Stimmrecht (EE 76 Abs 2, 77 Abs. 1). Instruktiv *Braun/Kind* § 68 Rn 5, 6. **Missbräuchen** kann – wie unten unter III. noch aufzuzeigen sein wird – nur durch Entlassung (§ 70) oder durch gerichtliche Aufhebung des Beschlusses (§ 78) begegnet werden.

6

3. Keine Abwahl gewählter Ausschussmitglieder. Ausschussmitglieder, die die Gläubigerversammlung gewählt hat, können von dieser **nicht mehr abgewählt werden** (*Frege* NZG 1999, 478, 482; *Pape* ZInsO 1999, 675, 677; HK-*Eickmann* § 68 Rn 5; N/R/*Delhaes* § 68 Rn 3; K/P/B/*Kübler* § 68 Rn 14; FK-*Kind* § 68 Rn 3; *Vallender* WM 2002, 2040, 2043 Fn 50; *Pape*, Gläubigerbeteiligung Rn 311; **str aA** KS-*Heidland* S 711, 721 Rn 20). Die Tatsache, dass **ungeeignete oder dauerhaft verhinderte Ausschussmitglieder** jederzeit ausgetauscht oder der Ausschuss jederzeit durch die Gläubigerversammlung erweitert werden kann, steht dem nicht entgegen. Vielmehr wird durch die fehlende Abwahlbefugnis die Unabhängigkeit des Gläubigerausschussmitglieds gestärkt. Im Übrigen wäre die Regelung in § 70 Abs 1 Satz 2 überflüssig (*Jaeger/Gerhardt* § 68 Rn 10; K/P/B/*Kübler* § 68 Rn 14).

7

4. Wahl von Ersatzmitgliedern und Ergänzungskompetenz. Hat die Gläubigerversammlung die Zahl der Mitglieder des Gläubigerausschusses verbindlich festgelegt, so ist sie berechtigt, entweder im Vorhinein oder bei Wegfall gewählter Mitglieder durch Nachwahl **Ersatzmitglieder** zu wählen. Das Gericht hat kein Recht zur Ergänzung eines endgültigen Ausschusses. In der Praxis empfiehlt sich die **vorsorgliche Wahl von Ersatzmitgliedern** für den Fall des Ausscheidens oder der Verhinderung der gewählten Mitglieder (vgl *Obermüller* FS *Möhring* S 101, 102; K/P/B/*Kübler* § 68 Rn 14a; N/R/*Delhaes* § 68 Rn 6). Die Gläubigerversammlung kann dem Gläubigerausschuss aber auch das Recht übertragen, sich bei Wegfall oder Verhinderung gewählter Mitglieder **selbst zu ergänzen** (*Obermüller* FS *Möhring* S 101, 102; MüKo-*Schmid-Burgk* § 68 Rn 10; *Kilger/K. Schmidt* § 87 KO Anm 2; K/P/B/*Kübler* § 68 Rn 14a; *Jaeger/Gerhardt* § 68 Rn 19; *Hess* § 68 Rn 18; MüKo-*Schmid-Burgk* § 68 Rn 10). Ohne eine solche ausdrückliche Ermächtigung steht dem Gläubigerausschuss ein **Recht zur Selbstergänzung** nicht zu (K/P/B/*Kübler* § 68 Rn 14). Die unbefugte Selbstergänzung ist unwirksam (*Jaeger/Gerhardt* § 68 Rn 19). Die **Wahl von Ersatzpersonen** oder die **Ergänzungsbefugnis** (Kooptationsrecht) empfiehlt sich nicht zuletzt auch deswegen, weil die jeweilige Neueinberufung einer Gläubigerversammlung Zeit und Kosten erfordert (N/R/*Delhaes* § 68 Rn 6). Hat die Gläubigerversammlung die Ersatzmitglieder bestellt, so rückt je nach Reihenfolge der Wahl das neue Mitglied **automatisch in die Position** des ausgeschiedenen Mitgliedes ein. Ist dagegen dem Gläubigerausschuss das Recht zur Selbstergänzung eingeräumt worden, muss die Ergänzung durch Zuwahl neuer Mitglieder anstelle der ausgeschiedenen nicht zwangsläufig erfolgen. Entscheidend ist, dass der Ausschuss auch ohne Ergänzung beschlussfähig bleibt, also wenigstens zwei Mitglieder hat (vgl **BGH** v 11. 11. 1993 – IX ZR 35/93 –, ZIP 1994, 46, 47; K/P/B/*Kübler* § 68 Rn 14 a).

8

III. Aufhebungskompetenz des Insolvenzgerichts

Beschlüsse der Gläubigerversammlung zur Einsetzung eines Gläubigerausschusses bedürfen **keiner gerichtlichen Bestätigung** oder eines weiteren Gerichtsbeschlusses. Allerdings hat das Insolvenzgericht ein Mitglied des Gläubigerausschusses aus dem Amt zu entlassen, wenn ein wichtiger Grund vorliegt (§ 70 Satz 1) oder gem § 78 den Beschluss der Gläubigerversammlung über die Einsetzung, Absetzung oder personelle Besetzung auf Antrag aufzuheben, wenn der Beschluss dem **gemeinsamen Interesse der Insolvenzgläubiger** widerspricht (BerlKo-*Blersch* § 68 Rn 4, 8; KS-*Heidland* S 711 Rn 18; *Hess* § 68 Rn 6; *Jaeger/Gerhardt* § 68 Rn 12; K/P/B/*Kübler* § 68 Rn 6; MüKo-*Schmid-Burgk* § 68 Rn 9). Streitig ist, ob § 78 nur für Beschlüsse der Gläubigerversammlung gilt oder auch für **Wahlentscheidungen** (für einschränkende Anwendung **AG** Köln ZInsO 2003, 957, 958; MüKo-*Schmid-Burgk* § 68 Rn 9;

9

N/R/*Delhaes* § 68 Rn 1; *Braun/Kind* § 68 Rn 4; für eine umfassende Anwendung des § 78 *Jaeger/ Gerhardt* § 68 Rn 12; *Vallender* WM 2002, 2040, 2043; K/P/B/*Kübler* § 68 Rn 6, 7; KS-*Heidland* S 711, 720 Rn 18; HK-*Eickmann* § 68 Rn 4; BerlKo-*Blersch* § 68 Rn 4; *Hess* § 68 Rn 10). Zutreffend der Hinweis bei *Jaeger/Gerhardt* (§ 68 Rn 12), dass das richterliche Untersagungsrecht des § 78 gerade für solche Entschließungen der Gläubiger bedeutsam wird, nicht ohnehin schon richterlicher Bestätigung bedürfen. Die Vorschrift des § 78, die auf das **gemeinsame Interesse der Insolvenzgläubiger** abstellt, gilt für **sämtliche Beschlüsse** der Gläubigerversammlung. Deshalb bezieht sich das **Aufhebungsrecht** sowohl auf den Beschluss, einen Gläubigerausschuss erst einmal einzusetzen, als auch auf die **Absetzung des vorläufigen Ausschusses** und die **Wahl bzw Abwahl einzelner Ausschussmitglieder**. Hinsichtlich der Aufhebungskompetenz des Insolvenzgerichts ist sachverhaltsmäßig zu unterscheiden zwischen dem grundsätzlichen Beschluss nach § 68 Abs 1 und der Bestellung oder Abwahl einzelner Mitglieder nach § 68 Abs 2.

10   **1. Aufhebungskompetenz bei Entscheidungen nach § 68 Abs 1.** Nach der hier vertretenen Auffassung kann das Gericht auch einen Beschluss über die Einsetzung oder Beibehaltung eines Gläubigerausschusses auf Antrag eines absonderungsberechtigten Gläubigers, eines nicht nachrangigen Gläubigers oder des Insolvenzverwalters aufheben, wenn der Beschluss dem **gemeinsamen Interesse der Insolvenzgläubiger** widerspricht. Der Antrag auf Aufhebung ist in der Gläubigerversammlung zu stellen. Das Antragsrecht hängt nicht davon ab, ob eine **Stimmberechtigung** besteht. Auch Gläubiger einer streitigen Forderung, denen das Gericht das Stimmrecht versagt hat, können den Antrag nach § 78 Abs 1 stellen (vgl OLG Köln v 18. 12. 1935, JW 1936, 1143; OLG Breslau v 5. 3. 1932, LZ 1932, 626; OLG Tübingen v 5. 10. 1983, ZIP 1983, 1357; K/P/B/*Kübler* § 68 Rn 7; *Jaeger/Gerhardt* § 68 Rn 14; BerlKo-*Blersch* § 68 Rn 4; *Graf-Schlicker/Pöhlmann* § 68 Rn 8; *Kilger/K. Schmidt* § 87 KO Anm 2; K/U § 87 KO Rn 7; *Obermüller* FS Möhring S 101, 102; *Berges* KTS 1956, 14 f; str aA OLG Oldenburg v 17. 6. 1903, DJZ 1903, 372). Die Grundsatzentscheidung nach § 68 Abs 1 widerspricht nur dann dem **gemeinsamen Interesse der Insolvenzgläubiger**, wenn die Entscheidung **offensichtlich verfahrenszweckwidrig** ist oder eine Minderheit der Gläubiger durch den Beschluss gegenüber anderen Gläubigern unangemessen benachteiligt wird (vgl Begr zu § 89 RegE = BR-Drucks 1/92 S 134/135, abgedr bei *Uhlenbruck*, Das neue Insolvenzrecht S 390 f). Nach der Beschlussempfehlung des Rechtsausschusses zu § 89 (BT-Drucks 12/ 7302 S 164) ist als das gemeinsame Interesse der Insolvenzgläubiger das **Interesse an der bestmöglichen Gläubigerbefriedigung** anzusehen. Dieses Interesse sei maßgeblich, obwohl auch die absonderungsberechtigten Gläubiger Stimmrecht in der Gläubigerversammlung haben. Es soll vermieden werden, dass die absonderungsberechtigten Gläubiger ihre Sonderinteressen in der Gläubigerversammlung durch Mehrheitsentscheidung durchsetzen können. Der Beschluss der Gläubigerversammlung über die Einsetzung eines Gläubigerausschusses kann dem gemeinsamen Gläubigerinteresse widersprechen, wenn Art und Umfang des Verfahrens einen Gläubigerausschuss offensichtlich nicht erfordern und **Großgläubiger die Bestellung des Ausschusses** durchsetzen, um im Rahmen dieses Gremiums **eigene Interessen auf Kosten der Masse zu verfolgen**. Es widerspricht auch dem gemeinsamen Gläubigerinteresse, wenn der Gläubigerausschuss wegen des Vergütungs- und Auslagenerstattungsanspruchs der Mitglieder eingesetzt wird, was eine ohnehin dürftige Masse weiter schmälert (zutr K/P/B/*Kübler* § 68 Rn 6). Es kommt entgegen der Auffassung von *Hegmanns* (Gläubigerausschuss S 90 ff) nicht auf die Verletzung geschützter Rechtspositionen überstimmter Gläubigerminderheiten an, sondern lediglich auf das gemeinsame Interesse der Gläubiger an einer optimalen Befriedigung ihrer Forderungen (K/P/B/ *Kübler* § 68 Rn 7). *Kübler* (bei K/P § 68 Rn 7): „Dem Aufhebungsrecht des Insolvenzgerichts (§ 78) kommt insoweit die Funktion einer ‚Notbremse' gegenüber einer schrankenlosen Gläubigerautonomie zu."

11   **2. Aufhebungskompetenz bei Abwahl und Neuwahl einzelner Mitglieder (§ 68 Abs 2).** Wählt die Gläubigerversammlung eine bestimmte Person zum Gläubigerausschussmitglied, so ist das Insolvenzgericht ebenfalls berechtigt, auf entspr Antrag gem § 78 den Beschluss aufzuheben, wenn die Wahl dieser Person dem **gemeinsamen Interesse der Insolvenzgläubiger** widerspricht (vgl OLG Köln JW 1936, 1143 m zust Anm *Kiesow*; OLG Breslau LZ 1932, 626 f; LG Düsseldorf KTS 1957, 191; LG Augsburg KTS 1971, 119, 120; LG Tübingen ZIP 1983, 1357; MüKo-*Schmid-Burgk* § 68 Rn 9; *Jaeger/Gerhardt* § 68 Rn 15; K/P/B/*Kübler* § 68 Rn 11; KS-*Heidland* S 711, 720 Rn 5; *Obermüller* FS Möhring S 101, 102; K/U § 87 KO Rn 7; *Jaeger/Weber* § 87 KO Rn 5; *Kilger/K. Schmidt* § 87 KO Anm 2; str aA OLG Nürnberg v 21. 5. 1968, KTS 1968, 252 m abl Anm *Mohrbutter*; OLG Neustadt KTS 1956, 14 m abl Anm *Berges*). Da § 78 für **alle Beschlüsse** der Gläubigerversammlung gilt, kann das Gericht auch Beschlüsse über die Wahl einzelner Mitglieder des Gläubigerausschusses aufheben (K/P/B/*Kübler* § 68 Rn 12). Dies gilt auch für die **Wahl von Ersatzpersonen**. Widerspricht die Wahl eines **bestimmtes Mitglieds** in den Gläubigerausschuss dem gemeinsamen Interesse der Insolvenzgläubiger, so ist nur **dieser Beschluss** aufzuheben. An den substantiierten Antrag sind ebenso **strenge Anforderungen** zu stellen wie an die Prüfungspflicht des Gerichts (*Jaeger/Gerhardt* § 68 Rn 15). Die Wirksamkeit der Wahl sonstiger Mitglieder wird durch die Aufhebung nicht berührt, es sei denn, es handele sich um einen Zwei-Mann-Ausschuss. Der Aufhebungsbeschluss hat bei der **Wahl einzelner Mitglieder** des Gläubigerausschusses

besondere Bedeutung. Die Aufhebung kommt vor allem in Betracht, wenn die Gläubigerversammlung eine **nicht wählbare Person** in den Gläubigerausschuss wählt oder das gewählte Mitglied kraft Gesetzes wegen seiner engen Beziehung zum Schuldner oder zum Insolvenzverwalter von der Mitgliedschaft ausgeschlossen ist. Dem gemeinsamen Gläubigerinteresse widerspricht auch, wenn es an der **erforderlichen Ausgewogenheit** der im Ausschuss vertretenen Interessen fehlt. Es genügt im Einzelfall ein **krasser Verstoß gegen die Sollvorschrift des § 67 Abs 2**. Eine entsprechend § 100 Abs 2 S 1 Nr 3 AktG unzulässige **Überkreuzbesetzung** ist entsprechend § 250 Abs 1 Nr 4 AktG **nichtig**, so dass sich der Gerichtsbeschluss darauf beschränken kann, die Nichtigkeit festzustellen (MüKo-*Schmid-Burgk* § 68 Rn 17; einschr FK-*Kind* § 68 Rn 11; *Braun/Kind* § 68 Rn 10; *Jaeger/Gerhardt* § 68 Rn 17). Bei Konzerninsolvenzen kann eine Überkreuzbesetzung allerdings sinnvoll sein. Einzelheiten zur Überkreuzbesetzung bei *Hegmanns* Gläubigerausschuss S 117; Kommentierung zu § 67 Rn 17; *Uhlenbruck* ZIP 2002, 1279, 1281; HaKo-*Frind* § 68 Rn 4; *Uhlenbruck/Delhaes* HRP Rn 567; H/W/F, HdbInsO 6/13. Die **Gefahr einer Interessenkollision** ist ebenso Aufhebungsgrund wie die Inhaberschaft einer bestrittenen Forderung oder die Gefahr einer eigennützigen Verwertung von Insiderkenntnissen (LG Tübingen ZIP 1983, 1357; *Jaeger/Gerhardt* § 68 Rn 16) und mangelhafte Objektivität bzw Majorisierungen der Gläubigerversammlung (*Vallender* WM 2002, 2040, 2043).

Wegen der umfassenden Gläubigerautonomie muss die **Verletzung der gemeinsamen Interessen** eindeutig und erheblich sein, so dass ihr mit den zur Verfügung stehenden verfahrensrechtlichen Mitteln nicht begegnet werden kann, wie zB durch Stimmrechtsausschluss. Zu eng ist die Auffassung von H/W/F (HdbInsO 6/10), wonach mit dem Wegfall des Ablehnungsrechts nach § 79 RegE nur noch die Möglichkeit der Entlassung nach § 70 bleibt. Aufzuheben ist der Beschluss der Gläubigerversammlung, durch den ein Mitglied in den Gläubigerausschuss gewählt wird, das **offensichtlich ungeeignet** für die Ausübung des Amtes ist oder bei dem eine **Unvereinbarkeit des Amtes** mit anderen Funktionen besteht (Inkompatibilität). Nicht ausreichend für eine Beschlussaufhebung ist dagegen die Kollision zwischen gebundenem Einzelinteresse eines Gläubigers und den Interessen der Gesamtgläubigerschaft oder die Gefahr der Verletzung bei Verschwiegenheitspflichten (so aber H/W/F, HdbInsO 6/10; vgl auch *Hegmanns* Gläubigerausschuss S 110 ff). Fast jedes Gläubigerausschussmitglied befindet sich im Hinblick auf seine zu vertretenden Einzelinteressen in einem Interessenkonflikt. Es ist Sache des Ausschussvorsitzenden und uU des Gerichts, die Gläubigerausschussmitglieder entsprechend zu unterrichten, dass sie ausschließlich das **Gesamtinteresse der Gläubigerschaft** wahrzunehmen haben. Einer **akuten Interessenkollision** kann im Einzelfall dadurch begegnet werden, dass das Ausschussmitglied bei der Beschlussfassung ihn betreffender Beschlussgegenstände ausgeschlossen wird oder sich für befangen erklärt. Die **Stimmenthaltung in eigenen Angelegenheiten** entspricht heute ständiger Praxis (vgl *Wassertrüdinger*, Gruchots Beitr Bd 69 (1928), 464 ff; *Jaeger* KuT 1934, 1 ff; *Hegmanns* Gläubigerausschuss S 118; *Uhlenbruck* BB 1976, 1198, 1201). Zweifelhaft aber letztlich zu verneinen ist die Frage, ob das Insolvenzgericht berechtigt ist, nach § 78 einen Beschluss der Gläubigerversammlung aufzuheben, durch den **ein vom Gericht bestelltes Gläubigerausschussmitglied abgewählt** worden ist. Es ist Ausfluss einer umfassenden Gläubigerautonomie, dass der Gläubigerversammlung das Recht zusteht, gem § 68 Abs 2 die vom Gericht bestellten Mitglieder abzuwählen.

IV. Zusammensetzung des endgültigen Gläubigerausschusses

Für die Zusammensetzung des endgültigen Gläubigerausschusses gelten die gleichen Grundsätze wie für die Einsetzung des vorläufigen Ausschusses nach § 67. Wie oben zu Rn 4 ausgeführt, ist die Bindung an die Kriterien des § 67 Abs 2 allerdings umstritten. Ebenso wie das Insolvenzgericht ist die Gläubigerversammlung in der Entscheidung frei, wie viele Ausschussmitglieder sie tatsächlich bestellen und welche Gläubigergruppen im Ausschuss letztlich repräsentiert werden (*Pape* ZInsO 1999, 675, 677; KS-*Heidland* S 711, 716 ff Rn 12 f; K/P/B/*Kübler* § 67 Rn 15; N/R/*Delhaes* § 67 Rn 5 f; *Oelrichs*, Gläubigermitwirkung S 57 ff; MüKo-*Schmid-Burgk* § 68 Rn 8; *Jaeger/Gerhardt* § 68 Rn 3).

1. Mitgliederzahl. Es steht im Ermessen der Gläubigerversammlung, die Zahl der Mitglieder des endgültigen Gläubigerausschusses zu bestimmen. Das Gesetz schreibt eine Mindest- oder Höchstzahl nicht vor. Unzulässig ist nur die **Bestellung einer einzigen Person** als „Gläubigerausschuss" (LG Neuruppin v 13. 10. 1997, ZIP 1997, 2130; *Pape* ZInsO 1999, 675, 677; N/R/*Delhaes* § 68 Rn 4; K/P/B/*Kübler* § 68 Rn 15). Die Bestellung eines **zweiköpfigen Ausschusses** ist zwar zulässig, aber nicht empfehlenswert, weil es solchenfalls häufig zu Pattsituationen kommen wird (vgl BGH ZIP 1994, 46, 47; MüKo-*Schmidt Burgk* § 68 Rn 8; *Pape* ZInsO 1999, 675, 677; *Frege* NZG 1999, 478, 482; BerlKo-*Blersch* § 67 Rn 7; K/P/B/*Kübler* § 68 Rn 14; *Oelrichs*, Gläubigermitwirkung S 39). In der Praxis empfiehlt sich zur Gewährleistung eindeutiger Entscheidungen idR einen **dreiköpfigen Gläubigerausschuss** einzusetzen (LG Neuruppin ZIP 1997, 2130; *Stern* LZ 1912, 215, 216; K/P/B/*Kübler* § 68 Rn 15). Auch hier gilt wie beim vorläufigen Gläubigerausschuss: „Je größer ein Gläubigerausschuss ist, umso schwerfälliger ist er und umso schwieriger fällt es, zu brauchbaren Ergebnissen zu gelangen" (KS-*Heidland* S 711, 716 f Rn 12; MüKo-*Schmid-Burgk* § 68 Rn 8). Die Zahl der endgültigen Mitglieder lässt sich nicht abstrakt festlegen. Sie richtet sich vor allem nach Art und Umfang des Verfahrens. In **Großinsolvenzen** soll-

§ 68

te darauf hingewirkt werden, dass möglichst alle Gläubigergruppen im Ausschuss vertreten sind (vgl auch N/R/*Delhaes* § 68 Rn 4; H/W/F, HdbInsO 6/7; *Kraemer/Kraemer* Fach 2 Kap 9 Rn 3; *Jaeger/ Weber* § 87 KO Rn 2; K/U § 87 KO Rn 4).

15 **2. Das gesetzliche Leitbild des § 67 Abs 2.** Trotz fehlender Bezugnahme auf § 67 Abs 2 und 3 in § 68 ergibt sich schon aus der Gesetzessystematik, dass vor allem die Grundsätze in § 67 Abs 2 auch für den von der Gläubigerversammlung zu wählenden endgültigen Gläubigerausschuss als gesetzliche Empfehlung gelten (HK-*Eickmann* § 68 Rn 4; HaKo-*Frind* § 68 Rn 2; *Graf-Schlicker/Pöhlmann* § 68 Rn 4; *Andres/Leithaus* § 68 Rn 6; str aA KS-*Heidland* S 711, 720 Rn 18; *Frege* NZG 1999, 478, 481; *Jaeger/Gerhardt* § 68 Rn 8; K/P/B/*Kübler* § 68 Rn 5). Richtig ist zwar, dass die Gläubigerversammlung **nach freiem Ermessen** über die Zusammensetzung des endgültigen Gläubigerausschusses entscheiden kann. Wegen der Gefahr einer Aufhebung des Beschlusses durch das Gericht ist sie jedoch gehalten, für eine **Ausgewogenheit der Zusammensetzung des Gläubigerausschusses** entsprechend dem Leitbild des § 67 Abs 2 Rechnung zu tragen. Da es sich in § 67 Abs 2 lediglich um eine „Soll-Vorschrift" handelt, ist die Frage müßig, ob die Vorschrift sowohl für den vorläufigen als auch endgültigen Gläubigerausschuss gilt (*Pape*, Gläubigerbeteiligung Rn 306).

16 **3. Wählbare Personen.** Für die Zusammensetzung des Gläubigerausschusses gelten die gleichen Grundsätze wie für die Mitglieder des vorläufigen Gläubigerausschusses. Entsprechend § 67 Abs 2 sollen die **absonderungsberechtigten Gläubiger**, die **Insolvenzgläubiger mit den höchsten Forderungen** und die **Kleingläubiger** vertreten sein. Ferner soll dem Ausschuss ein **Vertreter der Arbeitnehmer** angehören, wenn diese als Insolvenzgläubiger mit nicht unerheblichen Forderungen beteiligt sind (§ 67 Abs 2 S 2). Da § 67 Abs 3 auch für den endgültigen Gläubigerausschuss gilt, können zu Mitgliedern des Gläubigerausschusses ebenfalls Personen bestellt werden, die **keine Gläubiger** sind, wie zB ein Mitglied der Gewerkschaft. Auch **Nichtgläubiger** können in den Ausschuss gewählt werden, wie sich aus der Regelung in § 67 Abs 3 ergibt (*Smid* § 67 Rn 4; *Pape*, Gläubigerbeteiligung Rn 308). **Juristische Personen** werden in den Ausschusssitzungen durch ihre Organe vertreten (Einzelheiten zu § 67 Rn 10). Nach zutr Auffassung von *Pape* (Gläubigerbeteiligung Rn 309) können die Rechte der Ausschussmitglieder nur **höchstpersönlich** wahrgenommen werden. Da bei juristischen Personen nur die Teilnahme des Vertretungsorgans oder eines benannten Vertreters in Betracht kommt, die sich wiederum nicht vertreten lassen können, ist es wesentlich einfacher, „von vornherein den Geschäftsführer oder ein bestimmtes Vorstandsmitglied in den Ausschuss zu wählen". **Öffentlich-rechtliche Gebietskörperschaften** und **Behörden** können nicht in den Ausschuss gewählt werden. Eine trotzdem erfolgende Wahl ist nichtig, was allerdings nicht zur Gesamtnichtigkeit der Ausschussbestellung führt. Nicht ausgeschlossen ist dagegen die **Wahl bestimmter Mitarbeiter von Behörden** (BGHZ 124, 86 = NJW 1994, 453; LG Lübeck RPfleger 1994, 474; Ohr KTS 1992, 343). Die Zahl der wirksam gewählten Mitglieder wird durch die Nichtigkeit einer Wahl regelmäßig reduziert (BGHZ 124, 86 ff; *Pape* WM 2003, 361, 364). Zur Wählbarkeit s auch die Kommentierung zu § 67 Rn 16. Um eine gedeihliche Zusammenarbeit des Insolvenzverwalters mit der Belegschaft des Schuldnerunternehmens zu sichern, empfiehlt es sich idR, ein **Mitglied** oder den **Vorsitzenden des Betriebsrats** zum Gläubigerausschussmitglied zu bestellen (K/U § 87 KO Rn 2). Vor allem bei Großinsolvenzen sollte zudem ein **Mitglied des Pensions-Sicherungs-Vereins aG** dem Gläubigerausschuss angehören, wenn der Arbeitgeber Ruhegeldzusagen an die Arbeitnehmer gemacht hat. Gem § 9 Abs 2 BetrAVG sind die Ansprüche und Anwartschaften auf Leistungen aus der betrieblichen Altersversorgung mit der Verfahrenseröffnung auf den PSV aG übergegangen (vgl BAG NZA 1999, 475; BAG NZA 1990, 685; BAG NJW 1991, 1111 = ZIP 1991, 235 m Anm *Grub* ZIP 1992, 159), so dass der PSV zugleich auch meist Großgläubiger ist.

17 **4. Vorschlagsrecht, Rechtsbehelfe.** Im Rahmen der Gläubigerversammlung sind einzelne Gläubiger nicht gehindert, sich selbst oder Vertreter (Verfahrensbevollmächtigte) als Gläubigerausschussmitglieder vorzuschlagen und zur Wahl zu stellen. Ein **klagbarer Anspruch** auf eine bestimmte Zusammensetzung des Ausschusses besteht ebenso wenig wie ein Anspruch einzelner Mitglieder bestimmter Gläubigergruppen, in den Ausschuss gewählt zu werden (KS-*Heidland* S 717 Rn 12; *Pape*, Gläubigerbeteiligung Rn 307). Einem abgewählten Ausschussmitglied steht kein Beschwerderecht zu (N/R/*Delhaes* § 68 Rn 9). Auch die Nichtberücksichtigung begründet **kein Beschwerderecht**, da Entscheidungen der Gläubigerversammlung grundsätzlich keinem Rechtsmittel unter liegen. Eine **Ausnahme** gilt nur, wenn der Beschluss über die Zusammensetzung des Gläubigerausschusses in **gröblicher Weise** gegen den Grundsatz der Ausgewogenheit verstößt. Hier kann der nicht berücksichtigte Gläubiger, nicht dagegen ein vorgeschlagener Nichtgläubiger, den Antrag auf Aufhebung des Beschlusses gem § 78 Abs 1 stellen (s auch *Pape*, Gläubigerbeteiligung Rn 312). Solchenfalls ist aber nicht etwa die Nichtberücksichtigung als solche Grund für eine Aufhebung des Beschlusses, sondern die **Unausgewogenheit** der Zusammensetzung, wenn hierdurch einzelne Gläubigergruppen oder Gläubiger in unangemessener Weise auf Kosten anderer Gläubiger bevorzugt werden.

18 **5. Nicht wählbare Personen.** Ebenso wie für den vorläufigen Gläubigerausschuss (§ 67 Abs 1) sind auch bestimmte Personen vom Amt ausgeschlossen. Die **persönliche oder fachliche Ungeeignetheit** führt

Aufgaben des Gläubigerausschusses § 69

allein nicht zur Unwählbarkeit. Nicht in den Gläubigerausschuss gewählt werden kann der **Schuldner** oder ein **Angehöriger des Schuldners** (K/P/B/*Kübler* § 67 Rn 24; *Hegmanns* Gläubigerausschuss S 110 ff). Gleiches gilt für **Organmitglieder** und sonstige Vertreter des Schuldnerunternehmens (K/P/B/*Kübler* § 67 Rn 24). Deshalb sind auch **Mitglieder des Aufsichtsrats** einer insolventen AG oder GmbH ebenso wie **Geschäftsführer** und Vorstandsmitglieder von der Mitgliedschaft im Gläubigerausschuss ausgeschlossen (K/P/B/*Kübler* § 67 Rn 24; K/U § 87 KO Rn 2; *Jaeger/Gerhardt* § 67 Rn 29; N/R/*Delhaes* § 68 Rn 5; *Obermüller* FS *Möhring* S 101, 103; MüKo-*Schmid-Burgk* § 67 Rn 22; str aA LG Hamburg ZIP 1987, 731; *Hegmanns* EWiR 1987, 275; *Hess* § 67 Rn 40). Dagegen bestehen keine Bedenken, **Gesellschafter einer insolventen juristischen Person** (Aktionäre, GmbH-Gesellschafter) in den Ausschuss zu wählen (*Hegmann*, Gläubigerausschuss S 110; K/P/B/*Kübler* § 67 Rn 25). Etwas anderes gilt aber für die **Gesellschafter einer Personengesellschaft** (HK-*Eickmann* § 67 Rn 6; K/P/B/*Kübler* § 67 Rn 25). Ausgeschlossen sind auch der Verwalter, Mitarbeiter des Verwalters oder Gerichtspersonen (*Uhlenbruck* ZIP 2002, 1373, 1376; HaKo-*Frind* § 67 Rn 7). S auch die Kommentierung zu § 67 Rn 16.

V. Beginn des Amtes

Das Amt eines Gläubigerausschussmitgliedes beginnt nicht mit der Wahl, sondern erst mit der **Annahme der Wahl** (K/P/B/*Kübler* § 68 Rn 24; MüKo-*Schmid-Burgk* § 68 Rn 12). Das gewählte Mitglied ist nicht verpflichtet, die Wahl anzunehmen. Einer **gerichtlichen Bestellung** bedarf es nicht. Die Annahme kann mündlich, zu Protokoll oder schriftlich erklärt werden. Auch die konkludente Annahme ist möglich (*Hess* § 68 Rn 9; K/P/B/*Kübler* § 67 Rn 28). Hat es die Wahl einmal angenommen, ist ein **Rechtsmittel** nicht mehr gegeben (§ 6 Abs 1). Ist zweifelhaft, ob ein Gläubiger oder sonstiger Dritter Mitglied des Gläubigerausschusses geworden ist, so hat über die Frage der Zugehörigkeit oder Nichtzugehörigkeit das **Insolvenzgericht** zu entscheiden (LG Stuttgart v 1. 6. 1959 MDR 1960, 321; AG Hildesheim KTS 1985, 130; K/P/B/*Kübler* § 68 Rn 24; MüKo-*Schmid-Burgk* § 68 Rn 14; str aA LG Stade v 25. 4. 1972, MDR 1972, 790; *Kilger/ K. Schmidt* § 87 KO Anm 2 unter Berufung auf BGHZ 124, 86). Zutreffend der Hinweis bei K/P/B/*Kübler* (§ 68 Rn 24), dass die bisher in der Literatur geäußerten Bedenken hinsichtlich der Entscheidungszuständigkeit des Insolvenzgerichts durch die Regelung in § 70 weitgehend entfallen sind. Zudem würde „eine Entscheidung im streitigen Prozess das Insolvenzverfahren unnötig verzögern" (*Kübler*). Nach alledem ist die Zuständigkeit des Insolvenzgerichts gegeben, wenn streitig ist, ob eine Person wirksam zum Mitglied des endgültigen Gläubigerausschusses gewählt worden ist.

19

VI. Beendigung des Amtes

Das Amt eines endgültigen Gläubigerausschussmitgliedes endet durch **Tod, Verfahrensbeendigung** oder bei **Entlassung** nach § 70 (*Vallender* WM 2002, 2040, 2043; **weitergehend** HaKo-*Frind* bzgl Niederlegung). Wird im Insolvenzplanverfahren die **Überwachung der Planerfüllung** beschlossen, so bestehen die Ämter der Mitglieder des Gläubigerausschusses weiter fort (§ 261 Abs 1 S 2). Das Amt endet in diesen Fällen mit der Aufhebung der Überwachung nach § 268. Kollektiv endet das Amt der Gläubigerausschussmitglieder ansonsten mit der Aufhebung des Verfahrens (§ 259 Abs 1 Satz 1).

20

§ 69 Aufgaben des Gläubigerausschusses

¹Die Mitglieder des Gläubigerausschusses haben den Insolvenzverwalter bei seiner Geschäftsführung zu unterstützen und zu überwachen. ²Sie haben sich über den Gang der Geschäfte zu unterrichten sowie die Bücher und Geschäftspapiere einsehen und den Geldverkehr und -bestand prüfen zu lassen.

Übersicht

	Rn
I. Allgemeines	1
II. Rechtsstellung der Mitglieder des Gläubigerausschusses	2
1. Gläubigerausschuss und Insolvenzgericht	6
a) Keine gerichtliche Aufsicht	6
b) Keine Aufhebungskompetenz des Gerichts	8
c) Keine Strafkompetenz	9
2. Gläubigerausschuss und Insolvenzverwalter	10
3. Gläubigerausschuss und Insolvenzschuldner	11
4. Gläubigerausschuss und Gläubigerversammlung	14
5. Gläubigerausschussmitglieder als Mandatsträger	15
III. Selbstorganisation und Abstimmungsverfahren	18
IV. Rechte und Pflichten des Gläubigerausschusses und seiner Mitglieder	20
1. Unterstützung des Insolvenzverwalters	21
2. Überwachung des Insolvenzverwalters	22
a) Einschaltung Dritter	23
b) Erhöhte Überwachungspflicht	24

	Rn
3. Unterrichtung über den Gang der Geschäfte	25
4. Einsicht in Bücher und Geschäftsunterlagen	27
5. Prüfung von Geldverkehr und Geldbestand (Kassenprüfung)	29
6. Geheimhaltungspflichten der Ausschussmitglieder	33
7. Antragsrechte des Gläubigerausschusses	36
8. Zustimmungsbefugnisse des Gläubigerausschusses	37
9. Aktive Mitwirkungsbefugnisse und -pflichten des Gläubigerausschusses	40
10. Stellungnahme- und Anhörungsrecht des Gläubigerausschusses	43
11. Spezielle Unterrichtungs- und Informationsrechte	44
a) Auskunfts- und Überwachungspflichten bei der Erfüllung des Insolvenzplans	45
b) Vorabinformation über die Verfahrensaufhebung bei Bestätigung eines Insolvenzplans	46
c) Auskunftspflicht des Schuldners und seiner organschaftlichen Vertreter	47
d) Anhörung bei Vergütungsfestsetzung	48

I. Allgemeines

1   Wenn auch dem Insolvenzverwalter die Abwicklung des Verfahrens obliegt, erfordert der Grundsatz der Gläubigerautonomie eine Überwachung des Verwalters und die Mitwirkung der Gläubigerorgane bei maßgeblichen Entscheidungen bzw Maßnahmen. Der Gesetzgeber hat sich für eine **Kombination aus staatlicher Überwachung und Gläubigerüberwachung** entschieden, wobei die Kompetenzverteilung unterschiedlich geregelt ist. Vor allem die Regelung in § 160 zeigt, dass dem Gesetzgeber an einer deutlichen **Stärkung der Beteiligtenautonomie** gelegen war (RegE, BT-Drucks 12/2443, abgedr bei *Balz/Landfermann*, Die neuen Insolvenzgesetze, 1999, S 14). Obwohl die Gläubigerversammlung Basisorgan der Gläubigerschaft ist, haben spektakuläre Großinsolvenzen der letzten Jahrzehnte gezeigt, dass dem Gläubigerausschuss nicht nur als Kontrollorgan, sondern vor allem auch als **Unterstützungsorgan** des Insolvenzverwalters immer größere Bedeutung zukommt. Nicht nur der Aufgabenkreis, sondern auch die haftungsrechtliche Verantwortung der Gläubigerausschussmitglieder hat sich gegenüber der KO wesentlich erweitert (MüKo-*Schmidt-Burgk* § 69 Rn 1; *Jaeger/Gerhardt* § 69 Rn 2). Die Mitglieder des Gläubigerausschusses haben nicht nur einen **besseren Einblick in das Verfahren** und **größere Einflussmöglichkeiten auf den Verfahrensablauf**, sondern sie besitzen stets einen **erheblichen Informationsvorsprung** gegenüber anderen Gläubigern, den sie allerdings nicht im eigenen Interesse nutzen dürfen. Anders als die gerichtliche Kontrolle des Verwalterhandelns (§ 58) erstreckt sich die Überwachung und Entscheidungsbefugnis des Gläubigerausschusses nicht nur auf die Rechtmäßigkeit der Verfahrensabwicklung, sondern auch – soweit im Gesetz vorgesehen – auf die **Zweckmäßigkeit von Abwicklungsmaßnahmen** des Verwalters (K/P/B/*Kübler* § 69 Rn 2). Auch wenn die Gläubigerausschussmitglieder ihr Mandat von der Gläubigerversammlung herleiten, folgt ihre Rechtsstellung als **unabhängiges Organ der Insolvenzverwaltung** aus dem Gesetz (RGZ 31, 119, 122; *Frege* NZG 1999, 478, 479). Der Gläubigerausschuss hat **keinerlei eigene Sanktionsbefugnisse**. Festgestellte Verfehlungen des Insolvenzverwalters hat er dem Insolvenzgericht zur Kenntnis zu bringen, um dessen Einschreiten im Wege der Aufsicht herbeizuführen. Der Gläubigerausschuss hat nicht einmal nach § 70 S 2 das Recht, den **Antrag auf Entlassung** eines Ausschussmitglieds zu stellen. Schließlich hat der Gläubigerausschuss über die gesetzlich geregelten Fälle hinaus **keinen Einfluss auf die allgemeine Geschäftsführung des Insolvenzverwalters**. Im unternehmerischen Bereich wäre es völlig verfehlt, den Handlungsspielraum des Insolvenzverwalters allzu sehr einzuschränken (vgl auch Erster Bericht der Kommission für Insolvenzrecht 1985, S 133).

II. Rechtsstellung des Gläubigerausschusses

2   Der Gläubigerausschuss ist ein **unabhängiges und eigenständiges Organ der Insolvenzverwaltung** (BGH v 24. 1. 2008 – IX ZB 222/05, ZIP 2008, 652, 654 = ZInsO 2008, 323, 325; BGH v 24. 1. 2008 – IX ZB 223/05, BeckRS 2008, 04.407 = ZIP 2008, 655; BGH v 1. 3. 2007 – IX ZB 43/06, ZVI 2007, 476, 478; *Bruckhoff* NZI 2008, 229, 230). Die **Aufgaben des Gläubigerausschusses** ergeben sich ausschließlich aus dem Gesetz (BGH v 1. 3. 2007 – IX ZB 47/06, ZVI 2007, 476, 478; K/P/B/*Kübler* § 69 Rn 5 mw Rechtsprechung). Die Rechte und Pflichten des Gläubigerausschusses beziehen sich nur auf das **Innenverhältnis** zu den Verfahrensbeteiligten (RG v 14. 11. 1995 – VI 169/95, RGZ 36, 367, 368; OLG Koblenz KTS 1971, 220; K/P/B/*Kübler* § 69 Rn 6). Im **Außenverhältnis** ist der Ausschuss und sind seine Mitglieder nicht berechtigt, verbindliche Erklärungen abzugeben oder Masseverbindlichkeiten zu begründen (BGH v 22. 4. 1981 – VIII ZR 34/80, ZIP 1981, 1001, 1002). Dem Gläubigerausschuss als unabhängiges Organ der Gläubigerselbstverwaltung sind in seiner Eigenschaft als Organ bestimmte gesetzliche Aufgaben zugewiesen, die er entweder als Gremium oder durch die einzelnen Mitglieder zu erfüllen hat. Soweit es sich um **Individualpflichten** der einzelnen Ausschussmitglieder handelt, sind diese von ihnen **höchstpersönlich** wahrzunehmen (AG Gelsenkirchen KTS 1967, 192; BerlKo-*Blersch* § 69 Rn 1; K/P/B/*Kübler* § 69 Rn 12, 17; MüKo-*Schmid-Burgk* § 69 Rn 4; *Jaeger/Gerhardt* § 69 Rn 3). Deshalb ist die in der Vorauflage vorgenommene **Differenzierung** zwischen den Einzelaufgaben der Mitglieder und denen des Ausschusses als Kollegialorgan entfallen (so auch K/P/B/*Kübler* § 69 Rn 15, 16).

II. Rechtsstellung des Gläubigerausschusses § 69

Die normierten Aufgaben eines Gläubigerausschusses sind somit identisch mit den Aufgaben der einzelnen Mitglieder. Da die Ausschussmitglieder sämtliche Pflichten grundsätzlich **höchstpersönlich** zu erfüllen haben, ist es ausgeschlossen, einzelne Aufgaben auf einen **Vertreter** zu übertragen (**AG Gelsenkirchen** v 3. 4. 1967, KTS 1967, 192; *Jaeger/Gerhardt* § 69 Rn 3; *Hess* § 69 Rn 4; *Pape* ZInsO 1999, 675, 678; N/R/*Delhaes* § 69 Rn 7, 9; *Vallender* WM 2002, 2040, 2042; FK-*Kind* § 69 Rn 12; K/P/B/*Kübler* § 69 Rn 17; *Obermüller* FS *Möhring* S 101, 105). Sind juristische Personen in den Ausschuss gewählt worden, werden diese durch ihre Organe vertreten. Eine Stellvertretung ist auch hier nicht zulässig (*Pape*, Gläubigerbeteiligung Rn 313).

Trotz Individualisierung der Rechte und Pflichten stehen gewisse Befugnisse dem **Gläubigerausschuss** 3 **nur als Kollegialorgan** zu, wie zB die Entscheidung über den Antrag auf Entlassung des Verwalters oder über die Einberufung einer Gläubigerversammlung (*Jaeger/Gerhardt* § 69 Rn 4; *Heidland* KS-InsO S 711 Rn 22; N/R/*Delhaes* § 69 Rn 5; MüKo-*Schmid-Burgk* § 69 Rn 6; K/P/B/*Kübler* § 69 Rn 16). Soweit das Gesetz von „Gläubigerausschuss" spricht, hat der Ausschuss als Kollegium tätig zu werden, dh es muss ein Beschluss gefasst werden. Die **interne Aufgabenverteilung** erlaubt es, dass im Einzelfall einzelne Tätigkeiten auf ein bestimmtes Mitglied des Ausschusses übertragen werden, wie zB die Kassenprüfung (MüKo-*Schmid-Burgk* § 69 Rn 8; *Jaeger/Gerhardt* § 69 Rn 4; N/R/*Delhaes* § 69 Rn 5; *Smid* § 69 Rn 3; FK-*Kind* § 69 Rn 12).

Die **Unzulässigkeit einer Vertretung** schließt keineswegs aus, dass der Gläubigerausschuss oder einzelne Mitglieder berechtigt sind, bestimmte Tätigkeiten und Aufgaben **an Dritte zu delegieren** (N/R/*Delhaes* § 69 Rn 7; *Jaeger/Gerhardt* § 69 Rn 18; BerlKo-*Blersch* § 69 Rn 5; FK-*Kind* § 69 Rn 11; *Frege* NZG 1999, 478, 483; *Pape* ZInsO 1999, 675, 681; *Hess* § 69 Rn 14; K/P/B/*Kübler* § 69 Rn 26; MüKo-*Schmid-Burgk* § 69 Rn 18; *Smid* § 69 Rn 6; *Uhlenbruck* ZIP 2002, 1373, 1379). Einzelheiten u zu Rn 16. Wird ein Ausschussmitglied mit der **Kassenprüfung** betraut, so ist es unbedenklich, wenn dieses einen Steuerberater oder Wirtschaftsprüfer einschaltet, weil es selbst mangels fachspezifischer Kenntnisse außerstande ist, die Kassenprüfung ordnungsgemäß durchzuführen (*Jaeger/Gerhardt* § 69 Rn 18; *Heidland* in KSInsO S 711, 724 Rn 24; *Hess* § 69 Rn 14; *Smid* § 69 Rn 7; MüKo-*Schmid-Burgk* § 69 Rn 18; *Pape* ZInsO 1999, 675, 681; K/P/B/*Kübler* § 69 Rn 26). Auch wenn ein Mitglied an der Wahrnehmung seiner Aufgaben verhindert ist, ist es nicht berechtigt, einen Vertreter in den Ausschuss zu entsenden. Bei **dauernder Verhinderung** hat das Ausschussmitglied gem § 70 Abs 2 beim Insolvenzgericht seine Entlassung aus dem Amt zu beantragen (K/P/B/*Kübler* § 69 Rn 17).

Die einzelnen Mitglieder des Gläubigerausschusses sind **Amtsträger**, jedoch keine Beamten im staats- 5 rechtlichen oder strafrechtlichen Sinne (*Jaeger/Gerhardt* § 69 Rn 5; K/P/B/*Kübler* § 69 Rn 11). Auch greift für schuldhafte Pflichtverletzungen nicht die Ersatzpflicht des Staates nach § 839 BGB, Art 34 GG ein. Da es sich um ein privates Amt handelt, haften die Ausschussmitglieder gem § 71 den Gläubigern für schuldhafte Pflichtverletzungen persönlich.

1. Gläubigerausschuss und Insolvenzgericht. a) Keine gerichtliche Aufsicht. Anders als der Insolvenz- 6 verwalter (§ 58 Abs 1 S 1) untersteht der Gläubigerausschuss **nicht der Aufsicht des Insolvenzgerichts** (BGH WM 1965, 1158, 1159; BGH v 1. 3. 2007 – IX ZB 47/06, ZIP 2007, 781 = ZInsO 2007, 444 = ZVI 2007, 476; K/P/B/*Kübler* § 69 Rn 9; *Hegmanns* Gläubigerausschuss S 90; *Smid* § 69 Rn 3; K/U § 88 KO Rn 3; N/R/*Delhaes* § 69 Rn 10; MüKo-*Schmid-Burgk* § 69 Rn 12). In seiner Entscheidung ist der Gläubigerausschuss frei (*Uhlenbruck*, Gläubigerberatung S 396). Das Insolvenzgericht ist nicht berechtigt, dem Ausschuss oder einzelnen Mitgliedern **Weisungen** zu erteilen (K/P/B/*Kübler* § 69 Rn 9; MüKo-*Schmidt-Burgk* § 69 Rn 12; *Frege* NZG 1999, 478, 480). Das Gericht kann weder einzelne Maßnahmen des Ausschusses beanstanden oder aufheben noch sonst unmittelbaren Einfluss auf Entscheidungen des Ausschusses nehmen (so wörtlich *Pape*, Gläubigerbeteiligung Rn 178). Die **wirtschaftlichen Entscheidungen der Gläubiger** haben grundsätzlich Vorrang vor den Auffassungen und Entscheidungen des Gerichts (vgl *Ehricke* NZI 2000, 57, 60 ff; *Pape* Rpfleger 1993, 430, 432; *ders* Gläubigerbeteiligung Rn 178; MüKo-*Schmid-Burgk* § 69 Rn 12). Das Gericht ist nicht befugt, entspr § 78 Beschlüsse des Gläubigerausschusses aufzuheben (MüKo-*Schmid-Burgk* § 69 Rn 12; *Pape*, Gläubigerbeteiligung Rn 178; str aA *Uelrichs*, Gläubigermitwirkung S 121). Das Insolvenzgericht hat auch kein Recht, etwa **Berichterstattung** über das Ergebnis einer Gläubigerausschusssitzung von den Mitgliedern zu verlangen.

Will sich das **Gericht über Entscheidungen** des Gläubigerausschusses **informieren**, kann es entweder 7 das **Ausschussprotokoll erbitten**, falls dieses nicht ohnehin zu den Insolvenzakten genommen wird, oder der Richter, die Richterin bzw Rechtspfleger in/ nehmen **als Gast beobachtend** an der Gläubigerausschusssitzung teil (vgl H/W/F, HdbInsO 6/4; *Frege* NZG 1999, 478, 480; MüKo-*Schmid-Burgk* § 69 Rn 12 aE; K/P/B/*Kübler* § 69 Rn 9; hiergegen *Gottwald/Klopp/Kluth* InsRHdb § 21 Rn 17; *Vallender* WM 2002, 2040, 2047). Vor allem bei Großinsolvenzen hat es sich als sinnvoll erwiesen, wenn der zuständige Richter oder Rechtspfleger an der Ausschusssitzung teilnimmt, um die **Rechtmäßigkeit des Verfahrens** zu gewährleisten. Darüber hinaus können – wie es in der Allgem Begr RegE heißt – „Richter und Rechtspfleger kraft ihrer fachlichen Autorität in den Verhandlungen der Beteiligten vermittelnd und schlichtend wirken und so eine Einigung fördern." Der Gläubigerausschuss hat im Zweifel das zuständige Mitglied des Insolvenzgerichts zu den Ausschusssitzungen rechtzeitig einzuladen (K/P/B/*Kübler* § 69 Rn 9; MüKo-*Schmid-Burgk* § 69 Rn 12). Weder dem Insolvenzrichter noch dem Rechtspfleger steht in den Ausschusssitzungen eine Leitungsbefugnis zu. Auch an **Abstimmungen** sind Gerichtspersonen nicht zu beteiligen.

8 **b) Keine Aufhebungskompetenz des Gerichts.** Da § 78 weder direkt noch entsprechend anwendbar ist, ist das Insolvenzgericht nicht berechtigt, **Beschlüsse des Gläubigerausschusses aufzuheben oder zu korrigieren** (bejahend H/W/F, HdbInsO 6.4; *Oelrichs*, Gläubigermitwirkung S 121; HK-*Eickmann* § 72 Rn 6; verneinend AG Neubrandenburg ZInsO 2000, 111 m Anm *Förster*; *Frege* NZG 1999, 478, 480; *Pape* ZInsO 1999, 305; *ders* ZInsO 1999, 675, 681; K/P/B/*Kübler* § 69 Rn 9; MüKo-*Schmid-Burgk* § 69 Rn 12). Es würde sowohl dem Grundsatz der Gläubigerautonomie als auch dem Wortlaut des § 78 widersprechen, wollte man dem Gericht auf Antrag eines Gläubigers die **Aufhebungskompetenz** auch für Ausschussbeschlüsse zubilligen. Das jeweils überstimmte Mitglied könnte über § 78 analog eine gerichtliche Überprüfung sämtlicher Beschlüsse herbeiführen und damit eine Verfahrensverzögerung bewirken (vgl *Frege* NZG 1999, 478, 480). Hätte der Gesetzgeber die Aufhebungskompetenz auch auf Beschlüsse des Gläubigerausschusses ausdehnen wollen, hätte er dies im Gesetz zum Ausdruck bringen müssen. Zutreffend der Hinweis bei HK-*Eickmann* (§ 72 Rn 5), dass das Gesetz **keine Regelungen über die Unwirksamkeit von Beschlüssen und deren Geltendmachung** enthält. Hieraus kann aber nicht geschlossen werden, dass die Fehlerhaftigkeit oder Nichtigkeit von Beschlüssen des Gläubigerausschusses beim Insolvenzgericht geltend gemacht und dort überprüft werden (*Frege* NZG 1999, 478, 480; K/P/B/*Kübler* § 72 Rn 14; MüKo-*Schmid-Burgk* § 72 Rn 22; vgl auch die Kommentierung zu § 72 Rn 10). Die **Rechtmäßigkeitskontrolle** des Gerichts findet an der fast unbeschränkten Unabhängigkeit des Gläubigerausschusses seine Grenzen. **Verfahrens- und insolvenzwidrige Beschlüsse des Gläubigerausschusses** sind auf haftungsrechtlicher Ebene geltend zu machen oder mittels Feststellungsklage (MüKo-*Schmid-Burgk* § 72 Rn 22; K/P/B/*Kübler* § 72 Rn 14; *Pape*, Gläubigerbeteiligung Rn 178). Außerhalb des **Entlassungsrechts nach § 70** und der Möglichkeit, einen Beschluss der Gläubigerversammlung über die Einsetzung oder Beibehaltung eines Gläubigerausschusses nach § 78 aufzuheben, wenn er dem gemeinsamen Gläubigerinteresse widerspricht, hat das Gericht keine Möglichkeit auf Entscheidungen oder die Zusammensetzung des Gläubigerausschusses korrigierend Einfluss zu nehmen. Die weitgehende Unabhängigkeit des Gläubigerausschusses schließt aber nicht aus, dass in **Streitfällen** die Mitglieder das Insolvenzgericht bitten, schlichtend einzugreifen oder eine Entscheidung zu treffen. So kann zB in der Geschäftsordnung festgelegt werden, dass streitige Verfahrensfragen vom Gericht zu entscheiden sind.

9 **c) Keine Strafkompetenz.** Das Insolvenzgericht ist nicht berechtigt, **Ordnungsstrafen** gegen Mitglieder des Ausschusses zu verhängen oder in Pattsituationen selbst zu entscheiden (K/P/B/*Kübler* § 69 Rn 9). Andererseits hat der Gläubigerausschuss auch **kein Beschwerderecht** gegen Entscheidungen des Insolvenzgerichts (RG JW 1895, 329 (NR 29); OLG Nürnberg v 8. 4. 1971, KTS 1971, 292; K/P/B/*Kübler* § 69 Rn 9). Auch steht weder dem Ausschuss noch dem einzelnen Mitglied ein **Ablehnungsrecht** hinsichtlich des Insolvenzrichters oder Insolvenzrechtspflegers wegen Befangenheit zu (OLG Koblenz v 12. 10. 1970, KTS 1971, 220; K/P/B/*Kübler* § 69 Rn 10). Das OLG Koblenz hat zwar das Ablehnungsrecht des Gläubigerausschusses als zweifelhaft angesehen, jedoch dem einzelnen Gläubigerausschussmitglied das Recht zur Ablehnung des Insolvenzrichters abgesprochen.

10 **2. Gläubigerausschuss und Insolvenzverwalter.** Schon aus der Aufgabenzuweisung in § 69 ergibt sich, dass der Gläubigerausschuss und seine Mitglieder vom Insolvenzverwalter unabhängig sind, weil sie ihn zu unterstützen, aber auch zu überwachen haben. Nach Auffassung von *Frege* (NZG 1999, 478, 483) „sollen Gläubigerausschuss und Insolvenzverwalter als gleichberechtigte Organe zusammenarbeiten". Dieses wünschenswerte Ziel ist allenfalls im Rahmen der **Unterstützung bei der Geschäftsführung**, nicht aber im Rahmen der Kontrolle zu verwirklichen. Der Gläubigerausschuss ist **kein Hilfsorgan des Insolvenzverwalters** (*Hegmanns* Gläubigerausschuss S 66; *Frege* NZG 1999, 478, 483). Andererseits steht dem Gläubigerausschuss aber gegenüber dem Insolvenzverwalter **kein Weisungsrecht** zu (*Hegmanns* Gläubigerausschuss S 67; *Frege* NZG 478, 483; K/P/B/*Kübler* § 69 Rn 9; MüKo-*Schmid-Burgk* § 69 Rn 11). Die Entscheidungen über die Art und Weise der Masseverwertung trifft der Verwalter eigenverantwortlich. Nur soweit das Gesetz Zustimmungsbefugnisse vorschreibt, wie zB in § 160, ist der Verwalter gehalten, die Zustimmung zu erwirken. Unbenommen ist es dem Insolvenzverwalter, auch bei im Gesetz nicht genannten **bedeutsamen Rechtshandlungen** aus Gründen der Enthaftung die Zustimmung iS einer Einwilligung des Gläubigerausschusses einzuholen. Auf keinen Fall hat der Gläubigerausschuss dagegen die Befugnis, dem Verwalter bestimmte Verwaltungshandlungen zu gebieten oder etwa Details bei der Führung eines Masseprozesses vorzuschreiben (*Jaeger*/*Weber* § 88 KO Rn 1). Aus den gesetzlichen Kontrollbefugnissen lässt sich eine **generelle Bindung** des Insolvenzverwalters an Gläubigerausschussbeschlüsse nicht herleiten (*Hegmanns* Gläubigerausschuss S 71).

11 **3. Gläubigerausschuss und Insolvenzschuldner.** Im Regelinsolvenzverfahren treten die Mitglieder des Gläubigerausschusses zum Insolvenzschuldner in ein „gesetzliches Rechtsverhältnis" (*Frege* NZG 1999, 478, 484). Der Gläubigerausschuss hat als selbstständiges und unabhängiges gesetzliches Organ die Abwicklung durch den Insolvenzverwalter zu überwachen und sich über den Gang der Geschäfte zu

unterrichten. Die Unabhängigkeit besteht nach zutr Feststellung des BGH auch **gegenüber der Gläubigerversammlung** (BGH v 1. 3. 2007 – IX ZB 47/06, ZIP 2007, 781, 783 = ZInsO 2007, 444 = ZVI 2007, 476, 478). Sind die Mitglieder, die **keinen Weisungen der Gläubigerversammlung** und lediglich eine Rechtskontrolle durch das Insolvenzgericht unterliegen, zu einer unabhängigen, allein an den Zielen des Verfahrens orientierten Amtsführung verpflichtet (so auch MüKo-*Schmid-Burgk* § 69 Rn 10). Ein Beschluss des Gläubigerausschusses kann deshalb von der Gläubigerversammlung nicht aufgehoben oder korrigiert werden (K/P/B/*Kübler* § 69 Rn 7; *Frege* NZG 1999, 478, 482; *Marotzke* ZInsO 2003, 726; *Vallender* WM 2002, 2040, 2047; MüKo-*Schmid-Burgk* § 69 Rn 10). Nach § 97 Abs 1 S 1 ist der Schuldner bzw der organschaftliche Vertreter eines Schuldnerunternehmens verpflichtet, dem Gläubigerausschuss über alle das Verfahren betreffenden Verhältnisse **Auskunft zu erteilen**. Die Mitglieder des Gläubigerausschusses haben nach § 73 Abs 1 S 1 einen Anspruch auf **Vergütung** für ihre Tätigkeit und auf Erstattung angemessener Auslagen. Die Vergütung und die Auslagen sind der Insolvenzmasse (§ 35) zu entnehmen, also dem Schuldnervermögen (§ 17 InsVV, § 54 Nr 2 InsO).

Im Rahmen der **Überwachung der Erfüllung eines Insolvenzplans** (§ 260) werden die Befugnisse und Aufgaben des Gläubigerausschusses, dessen Amt gem § 261 Abs 1 S 2 fortbesteht, nicht etwa erweitert. Vielmehr bleibt die Überwachung der Planerfüllung ausschließlich Sache des Insolvenzverwalters. 12

Besondere Bedeutung kommt aber der **Mitwirkung des Gläubigerausschusses im Rahmen der Eigenverwaltung** (§ 276) zu. Die InsO hat keine ausdrückliche Regelung getroffen, welche Funktionen der Gläubigerausschuss im Rahmen der Eigenverwaltung hat. In § 276 sind lediglich die **Zustimmungserfordernisse** für besonders bedeutsame Rechtshandlungen geregelt, nicht aber die Frage, ob auch die Vorschrift des § 69 Anwendung findet. Richtig ist der Hinweis bei K/P/B/*Pape* (§ 276 Rn 2), dass die ausschließliche Unterstützung und Überwachung des Sachwalters, wie sie sich aus § 69 ergibt, für das Verfahren mit Eigenverwaltung wenig Sinn macht, da die Verfahrensabwicklung weitgehend beim Schuldner bzw Schuldnerunternehmen liegt. Da aber der Schuldner bzw die organschaftlichen Vertreter des Schuldnerunternehmens im Rahmen der Eigenverwaltung weit gehend die Aufgaben eines Insolvenzverwalters übernehmen, ist § 276 dahingehend zu verstehen, dass, wenn die Vorschrift auch nicht erwähnt wird, trotzdem § 69 entsprechende Anwendung findet. Würde der Ausschuss lediglich den Sachwalter unterstützen und überwachen, würde damit ein **doppeltes Kontrollorgan** „mit größtenteils überflüssigen Pflichten geschaffen" (K/P/B/*Pape* § 276 Rn 2). Dies ist nicht nur ineffektiv, sondern auch mit Sinn und Zweck des Gesetzes nicht vereinbar. Vielmehr führt die entsprechende Anwendung des § 69 auf die Eigenverwaltung dazu, dass der Gläubigerausschuss sowohl den **Sachwalter** als auch den **Schuldner bzw das Schuldnerunternehmen unterstützend berät und kontrolliert** (so zutr K/P/B/*Pape* § 276 Rn 2; wohl auch *Frege* NZG 1999, 478, 484). 13

4. Gläubigerausschuss und Gläubigerversammlung. Das Verhältnis des Gläubigerausschusses zur Gläubigerversammlung ist in seinen rechtlichen Auswirkungen umstritten. So ist zB streitig, ob und inwieweit die Gläubigerversammlung befugt ist, Entscheidungen des Gläubigerausschusses, die ihr zweckwidrig erscheinen, aufzuheben oder abzuändern. Sieht man den Gläubigerausschuss lediglich als **Exekutivorgan der Gläubigerversammlung** an, so ist deren Kompetenz kaum anzuzweifeln, Beschlüsse des Gläubigerausschusses jederzeit aufzuheben oder abzuändern (so zB H/W/F, HdbInsO 6/3; *Hegmanns* Gläubigerausschuss S 51 ff, 61 f; HK-*Eickmann* § 72 Rn 7). Diese Auffassung wird jedoch der **Unabhängigkeit des Gläubigerausschusses** gegenüber sämtlichen Verfahrensorganen nicht gerecht. „Unabhängig" ist die Stellung der Mitglieder des Gläubigerausschusses nicht nur gegenüber dem Gericht und dem Insolvenzverwalter, dessen Tätigkeit sie zu überwachen haben, sondern auch gegenüber der Gläubigerversammlung (BGH v 24. 1. 2008 – IX ZB 222/05, ZInsO 2008, 323, 325; **BGH** Beschl v 24. 1. 2008 – IX ZB 223/05, ZIP 2008, 655; **BGH** v 1. 3. 2007 – IX ZB 47/06, ZIP 2007, 781, 784 = ZInsO 2007, 444 = ZVI 2007, 476; *Vallender* WM 2002, 2040, 2045; MüKo-*Schmid-Burgk* § 70 Rn 5, § 69 Rn 10). Die Gläubigerversammlung ist nicht befugt, den Aufgaben- und Haftungsbereich des Gläubigerausschusses durch Beschluss über den gesetzlichen Aufgabenbereich auszuweiten (*Gundlach/Jahn* DZWIR 2008, 441 ff). Sieht man mit der hM den Gläubigerausschuss als ein unabhängiges und selbstständiges Organ der Insolvenzabwicklung an, so muss zwangsläufig eine **Ersetzungsbefugnis der Gläubigerversammlung** verneint werden (K/P/B/*Kübler* § 69 Rn 7; MüKo-*Schmid-Burgk* § 69 Rn 10; *Frege* NZG 1999, 478, 482; *Pape* ZInsO 1999, 675, 681). Zutreffend weist *Frege* (NZG 1999, 478, 482) darauf hin, dass die InsO dem Gläubigerausschuss wichtige Kompetenzen zuweist, die bei Fehlen des Gläubigerausschusses nicht etwa auf die Gläubigerversammlung übergehen, wie etwa in den §§ 64 Abs 2, 75 Abs 1, 149 Abs 1, 2, 156 Abs 2, 158 Abs 1, 214 Abs 2, 218 Abs 3, 231 Abs 2, 232 Abs 1, 248 Abs 2, 258 Abs 3 und § 261 Abs 2. Bei wesentlichen Entscheidungen, die die Verwertung der Masse betreffen, tritt der Gläubigerausschuss sogar an die Stelle der Gläubigerversammlung (vgl §§ 160, 276). Lediglich die Entlassung des Insolvenzverwalters (§ 59 Abs 1) und die Zustimmung zur Fortsetzung der Verwertung nach § 233 können sowohl von dem Gläubigerausschuss als auch von der Gläubigerversammlung veranlasst werden (vgl auch *Frege* NZG 1999, 478, 483). Eine andere Frage ist die der **Ersetzungskompetenz des Gläubigerausschusses in Bezug auf Beschlüsse der Gläubigerversammlung**. Die Streitfrage, ob der Gläubigerausschuss berechtigt ist, einen von der Gläubigerversammlung gefassten Beschluss abzuändern oder gar aufzuheben, ist zu verneinen (*Hegmanns* Gläubigeraus- 14

§ 69

schuss S 63 ff; *Frege* NZG 1999, 478, 483). Eine Ersetzungskompetenz ist insoweit schon wegen der absoluten Unabhängigkeit und Eigenständigkeit der Gläubigerversammlung abzulehnen. Die Gläubigerversammlung und der Gläubigerausschuss sind zwei voneinander unabhängige eigenständige Gläubigerorgane, die ihre Entscheidungen eigenverantwortlich und mit den im Gesetz vorgesehenen oder in der Geschäftsordnung festgelegten Mehrheiten zu treffen haben (**BGH** v 1. 3. 2007 – IX 47/06, ZIP 2007, 781, 783 = ZInsO 2007, 444 = ZVI 2007, 476, 478; *Vallender* WM 2002, 2040, 2045; K/P/B/*Kübler* § 69 Rn 8; *Hegmanns* Gläubigerausschuss S 63 f; K/U § 87 KO Rn 1). Der Gläubigerausschuss steht zur Gläubigerschaft auch nicht in einem Auftragsverhältnis (BGHZ 124, 86, 93 = ZIP 1994, 46, 48; BGH ZIP 2007, 781, 783).

15 **5. Gläubigerausschussmitglieder als Mandatsträger.** Gläubigerausschussmitglieder sind nicht selten Mandatsträger in zweierlei Hinsicht: Einmal auf Grund der Wahl durch die Gläubigerversammlung, zum andern durch ein **Mandat einzelner Gläubiger.** Wird zB ein Rechtsanwalt als Vertreter eines Großgläubigers, ein organschaftlicher Vertreter oder Angestellter als Vertreter einer Behörde bzw juristischen Person oder ein Betriebsratsvorsitzender als Arbeitnehmervertreter in den Gläubigerausschuss gewählt, so beruht die Mandatsstellung zunächst einmal auf der Bevollmächtigung, Entsendung oder der Rechtsstellung innerhalb des Schuldnerunternehmens. Dies führt zwangsläufig zur **Interessenkollision** bei Entscheidungen, die das Gesamtinteresse der Gläubiger zu wahren haben. Hieran schließt sich die Frage an, ob der Gläubigerausschuss **ausschließlich die Interessen der Insolvenzgläubiger** zu vertreten hat oder auch die **Interessen sonstiger Verfahrensbeteiligter** einschließlich des Schuldners oder Schuldnerunternehmens (vgl K/P/B/*Kübler* § 69 Rn 4; *Hegmanns* Gläubigerausschuss S 85 ff; *Frege* NZG 1999, 478, 684). Aus der Rechtsstellung des Gläubigerausschusses als selbstständiges und unabhängiges Organ folgt, dass der Gläubigerausschuss **sämtlichen Verfahrensbeteiligten gegenüber verpflichtet** ist, auf eine optimale Verfahrensabwicklung hinzuwirken. Ist der Gläubigerausschuss einmal gewählt, führt er ein Eigenleben. Seine Rechte und Pflichten ergeben sich unmittelbar aus dem Gesetz (**BGH** v 1. 3. 2007 – IX ZB 47/06, ZIP 2007, 781, 783 = ZInsO 2007, 444 = ZVI 2007, 476; RGZ 20, 108, 109; OLG Schleswig ZIP 1986, 930; K/P/B/*Kübler* § 69 Rn 5; MüKo-*Schmid-Burgk* § 69 Rn 10; N/R/*Delhaes* § 69 Rn 10). Das Gesetz erwartet von den Ausschussmitgliedern, „dass sie ihre unzweifelhaft vorhandenen, durchaus gegenläufigen persönlichen Interessen zurückstellen, soweit das Ziel der bestmöglichen Befriedigung der Insolvenzgläubiger (§ 1 Satz 1) und die ordnungsgemäße Abwicklung des Verfahrens dies erfordert" (**BGH** v 1. 3. 2007 – IX ZB 47/06, ZIP 2007, 781, 784 = ZInsO 2007, 444, 246 = ZVI 2007, 476, 478; **BGH** v 24. 1. 2008 – IX ZB 223/05, ZIP 2008, 655; *Uhlenbruck* ZIP 2002, 1373, 1380).

16 Gleichgültig, ob Gläubigerausschussmitglieder selbst Gläubiger sind oder ob sie als Vertreter eines Gläubigers in den Ausschuss gewählt werden, haben sie ihre Tätigkeit **frei von Weisungen und der Verfolgung von Sonderinteressen** auszuüben (*Pape* ZInsO 1999, 675, 678; *Frege* NZG 1999, 484; K/P/B/*Kübler* § 69 Rn 5). Der Ausschuss hat bei seiner Tätigkeit in erster Linie die **Belange der Insolvenzgläubiger** zu wahren und eigene Interessen zurückzustellen (**BGH** v 1. 3. 2007 – IX ZB 47/06, ZIP 2007, 781, 784 = ZInsO 2007, 444, 445; BGH ZIP 1994, 46, 49). Die **Verfolgung von Partikularinteressen** stellt eine Pflichtverletzung dar (**BGH** ZIP 2007, 781, 784 = ZInsO 2007, 444, 445; BGH ZIP 2003, 1259; **BGH** v 2. 2. 2006 – IX ZB 73/05; *Pape* WM 2006, 19, 20 f; *Vallender* WM 2002, 2040, 2044). Auch die **Begünstigung eines einzelnen Insolvenzgläubigers** durch ein Gläubigerausschussmitglied ist eine schwerwiegende Pflichtverletzung (**BGH** v 24. 1. 2008 – IX ZB 222/05, ZIP 2008, 323, 324 = ZInsO 2008, 323; **BGH** v 24. 1. 2008 – IX ZB 223/05, ZIP 2008, 655; **BGH** v 15. 5. 2003 – IX ZB 448/02, ZInsO 2003, 560). S auch *Vallender* FS *Kirchhof* S 507 ff.

17 Ein besonderes Problem ist dabei die **Ausnutzung eines Informationsvorsprungs** der Gläubigerausschussmitglieder. Da sich der Gläubigerausschuss jederzeit über den Gang der Geschäfte zu unterrichten hat sowie die Bücher und Geschäftspapiere einsehen muss, hat er automatisch einen Informationsvorsprung vor den übrigen Gläubigern. Diesen Informationsvorsprung darf er nicht zur bevorzugten Durchsetzung eigener Interessen oder Interessen eines Mandanten ausnützen. Die **unzulässige Ausnutzung eines Informationsvorsprungs** verpflichtet bei Verschulden zum Schadenersatz, wenn andere Gläubiger hierdurch geschädigt werden (K/U § 88 KO Rn 5; *Frege* NZG 1999, 478, 484). So kann es als schuldhafte Pflichtverletzung angesehen werden, wenn der Insolvenzverwalter dem Gläubigerausschuss über vorhandenes Auslandsvermögen des Schuldners vertraulich berichtet und nunmehr ein Ausschussmitglied außerhalb des Insolvenzverfahrens Zwangsvollstreckungsmaßnahmen im Ausland einleitet (vgl *Uhlenbruck* BB 1976, 1198, 1200; *ders* Gläubigerberatung S 399; *ders* ZIP 2002, 1373, 1376; K/U § 88 KO Rn 5; *Jaeger/Weber* § 88 KO Rn 2; *Hegmanns* Gläubigerausschuss S 99 ff; *Wassertrüdinger* Gruchots Beitr Bd [1928], 464, 465).

III. Selbstorganisation und Abstimmungsverfahren

18 Über die Organisation und das Verfahren des Gläubigerausschusses finden sich in der InsO außer der gesetzlichen Regelung des § 72 keine Bestimmungen. § 72 bestimmt lediglich, dass der Ausschuss beschlussfähig ist, wenn mehr als die Hälfte seiner Mitglieder an den Beratungen teilgenommen haben

IV. Rechte und Pflichten des Gläubigerausschusses und seiner Mitglieder **§ 69**

und dass Beschlüsse dann gefasst sind, wenn die Mehrheit der anwesenden Gläubiger für die Beschlussfassung gestimmt hat (*Vallender*, WM 2002, 2040, 2044; *Pape*, Gläubigerbeteiligung, Rn 328; *Runkel*, AnwHdb, § 5 Rn 236–238). In der Praxis hat es sich vor allem in Großverfahren als sinnvoll erwiesen, dass sich der Gläubigerausschuss eine **Geschäftsordnung (Satzung)** gibt (Beispiele bei *Uhlenbruck*, Gläubigerberatung, S 392; *Frege/Keller/Riedel*, HRP Rn 1191). Die Geschäftsordnung sollte vor allem folgende Punkte regeln: Wahl des Vorsitzenden, seines Stellvertreters, die Einladungen zu den Sitzungen sowie die Form der Beschlussfassung. Je mehr in der Geschäftsordnung geregelt ist, umso weniger Probleme gibt es später im Rahmen der Verfahrensabwicklung (*Uhlenbruck* ZIP 2002, 1373, 1375). Eine **bestimmte Geschäftsordnung** ist für den Ausschuss nicht vorgeschrieben. Dieser bestimmt vielmehr im Rahmen der Selbstorganisation, wann er zusammentritt, wer zu den **Sitzungen einlädt**, und wie die Beschlussfassungen zu erfolgen haben. So sind zB Beschlussfassungen auch im **Umlaufverfahren** oder per E-Mail zulässig, wenn die Geschäftsordnung dies vorsieht (vgl *Gundlach/Frenzel/Schmidt* NZI 2005, 304, 305; K/P/B/*Kübler* § 72 Rn 2). Obgleich der **Ablauf von Gläubigerausschusssitzungen** im Gesetz nicht geregelt ist, sind auch im Rahmen der Selbstorganisation bestimmte **zwingende Grundsätze** zu beachten. Hierzu gehört ua die **erforderliche rechtzeitige Ladung** sämtlicher Ausschussmitglieder zu den Beratungen unter Angabe einer **Tagesordnung** (*Uelrichs*, Gläubigermitwirkung, S 46; *Pape*, Gläubigerbeteiligung, Rn 328; Gundlach/Frenzel/Schmidt NZI 2005, 304, 307; MüKo-*Schmid-Burgk* § 72 Rn 9; einschränkend K/P/B/*Kübler*, § 72 Rn 2).

Nicht unbedenklich ist oftmals die in der Literatur empfohlene **Einberufung** der Gläubigerausschusssitzungen **durch den Insolvenzverwalter** (so zB *Frege/Keller/Riedel*, HRP Rn 1191; *Huntemann/Graf Brockdorff*, Der Gläubiger im Insolvenzverfahren, 1999, Kap 11 Rn 71). Gleiches gilt für die **Protokollführung durch den Verwalter** (so aber *Runkel*, AnwHdb § 5 Rn 237). Die Sitzungs- und Beschlussprotokolle können dem Insolvenzgericht zugeleitet werden mit der Maßgabe, sie von der **allgemeinen Akteneinsicht** auszuschließen. Die **Information über die Rechte und Pflichten** der Ausschussmitglieder obliegt nicht dem Insolvenzgericht, wenngleich auch hier oftmals **Merkblätter für die Mitglieder des Gläubigerausschusses** bereitgehalten werden (Beispiel bei *Frege/Keller/Riedel*, HRP, Rn 1182). Grundsätzlich ist es aber **Sache des Vorsitzenden**, die einzelnen Mitglieder über ihre Rechte und Pflichten zu informieren. 19

IV. Rechte und Pflichten des Gläubigerausschusses und seiner Mitglieder

§ 69 enthält nur eine allgemeine Aufgabenzuweisung an den Gläubigerausschuss. Daneben regelt die InsO in verschiedenen weiteren Vorschriften **zahlreiche weitere Befugnisse** des Ausschusses wie zB in den §§ 59 Abs 1 Satz 2; 66 Abs 2 Satz 2; 75 Abs 1 Nr 2, Abs 3; 97 Abs 1; 100 Abs 2; 149 Abs 1 Satz 1, 149 Abs 2; 151 Abs 3 Satz 2; 156 Abs 2 Satz 1; 158 Abs 1; 160 Abs 1 Satz 1, Abs 2; 187 Abs 3 Satz 2; 195 Abs 1 Satz 1; 214 Abs 2 Satz 1; 215 Abs 1 Satz 2; 218 Abs 3; 232 Abs 1 Nr 1; 233 Satz 2; 248 Abs 2; 258 Abs 3 Satz 2; 261 Abs 2; 262 Satz 1; 274 Abs 3 Satz 1; 276 (vgl K/P/B/*Kübler* § 69 Rn 13; MüKo-*Schmid-Burgk* § 69 Rn 13 ff; *Jaeger/Gerhardt* § 69 Rn 8 ff). Bei der **Unterstützung und Überwachung des Insolvenzverwalters** handelt es sich um **aktive Mitwirkungspflichten**. Zu weitgehend ist die Auffassung, dass die Ausschussmitglieder die wesentlichen Entscheidungen zusammen mit dem Verwalter treffen sollen (so aber *Frege*, NZG 1999, 478. 483; *Vallender*, WM 2002, 2040, 2046 f; MüKo-*Schmid-Burgk* § 69 Rn 13; *Jaeger/Gerhardt* § 69 Rn 8). Als Unterstützungs- und Überwachungsorgan sollten jedoch wesentliche Entscheidungen und Maßnahmen des Verwalters in Abstimmung mit dem Gläubigerausschuss erfolgen. Im Übrigen bleibt ein Verstoß des Insolvenzverwalters gegen die Zustimmungserfordernisse des Ausschusses regelmäßig wirksam und folgenlos (§ 164). Die in § 69 normierten Aufgaben sind solche des **Gläubigerausschusses als Ganzem** und gleichzeitig jeden einzelnen Mitgliedes (K/P/B/*Kübler* § 69 Rn 16). Dies schließt nicht aus, dass die Wahrnehmung einzelner Aufgaben durch ein **einzelnes Mitglied** erfolgt (K/P/B/*Kübler* § 69 Rn 25 f).

Die Kernaufgaben des Gläubigerausschusses bestehen in Folgendem: 20

1. Unterstützung des Insolvenzverwalters. Nach § 69 S 1 haben die Mitglieder des Gläubigerausschusses den Insolvenzverwalter ua bei seiner Geschäftsführung zu unterstützen (vgl *Braun/Uhlenbruck*, Unternehmensinsolvenz, S 209 f; K/P/B/*Kübler* § 69 Rn 18; N/R/*Delhaes* § 69 Rn 12 ff). Dies gilt insbesondere, wenn der Verwalter, der das Schuldnerunternehmen zeitweilig fortführt, branchenunkundig ist (**OLG Koblenz v 16. 2. 1956**, KTS 1956, 159; *Eicke* ZInsO 2006, 798; *Smid* § 69 Rn 2; *Jaeger/Gerhardt* § 69 Rn 9; H/W/F, HdbInsO 6/28). Nach zutreffender Auffassung des **OLG Koblenz** sind die Mitglieder verpflichtet, uU Unterlagen über die Produktionsplanung und die Kalkulation auf ihre Richtigkeit hin nachzuprüfen, vor allem wenn besondere Veranlassung für eine solche Prüfung besteht. Darüber hinaus sind die Gläubigerausschussmitglieder zur eingehenden Prüfung verpflichtet, ehe sie die Weiterführung des Betriebes befürworten (**OLG Koblenz KTS 1956, 159**). Die **Unterstützungspflicht** gewinnt besondere Bedeutung, wenn das Schuldnerunternehmen nicht nur bis zum Berichtstermin, sondern darüber hinaus vom Insolvenzverwalter fortgeführt wird. **Art und Umfang der Unterstützungspflicht** orientieren sich an den jeweiligen Notwendigkeiten und am Verfahrensziel. Wie die Unterstützung im Einzelnen aussehen soll, hat der Gesetzgeber offen gelassen. Festzustellen ist lediglich, dass 21 die Pflicht eine **aktive Unterstützung** verlangt. Die Unterstützungspflicht ist letztlich **Hilfspflicht**. Sie ist nicht etwa identisch mit den Mitwirkungspflichten nach den §§ 149 Abs 2, 218 Abs 3, 100 Abs 2, 158 Abs 1, 160, 231, 233 S 2 und § 276 (str aA N/R/*Delhaes* § 69 Rn 13). Zur Unterstützungspflicht gehört auch die Pflicht, auf den Insolvenzverwalter einzuwirken, übereilte oder erkennbar falsche Maßnahmen zu unterlassen (*Jaeger/Gerhardt* § 69 Rn 9). Ob sich der Verwalter im Einzelfall an die Warnungen und Ratschläge hält, ist seine Sache, die er haftungsrechtlich zu verantworten hat. Nicht selten erbittet der Verwalter eine **Unterstützung des Gläubigerausschusses gegenüber dem Gericht**. Inwieweit der Ausschuss und seine Mitglieder einem solchen Unterstützungsersuchen nachkommen, ist in sein pflichtgemäßes Ermessen gestellt (*Jaeger/Gerhardt* § 69 Rn 9). Die id Voraufl gebilligte **Genehmigung von Sonderkonten** zwecks Begründung von Masseverbindlichkeiten im Eröffnungsverfahren lässt sich angesichts der Entscheidung des **BGH** v 18. 7. 2002 (– IX ZR 195/01, ZInsO 2002, 819) nicht aufrechterhalten (HaKo-*Frind* § 69 Rn 3). Die Unterstützungspflicht in der Prozessführung des Insolvenzverwalters geht nicht so weit, dass ein Mitglied des Gläubigerausschusses oder dieser in seiner Gesamtheit dem Verwalter als **Nebenintervenient** beizutreten befugt wäre (RGZ 36, 367, 368; *Jaeger/Gerhardt* § 69 Rn 9).

22   **2. Überwachung des Insolvenzverwalters.** Nach § 69 S 1 haben die Mitglieder des Gläubigerausschusses den Insolvenzverwalter bei seiner Geschäftsführung nicht nur zu unterstützen, sondern auch zu überwachen. **Art und Umfang der Überwachungstätigkeit** richtet sich jeweils nach den Besonderheiten des Schuldnerunternehmens sowie nach der bisherigen Geschäftsführung des Verwalters, über die sich die Mitglieder des Ausschusses zu informieren haben (RG v 2. 4. 1906, RGZ 63, 133, 137; **BGH** v 27. 4. 1978, NJW 1978, 1527; K/P/B/*Kübler* § 69 Rn 18; N/R/*Delhaes* § 69 Rn 18 ff; H/W/F, HdbInsO 6/38). Überwachung bedeutet sowohl **nachträgliche** als auch **begleitende** und **vorausschauende Kontrolle** (N/R/*Delhaes* § 69 Rn 18). Anders als bei der gerichtlichen Aufsicht nach § 58 erstreckt sich die Überwachungspflicht nicht nur auf die **Rechtmäßigkeit der gesamten Geschäftsführung** des Insolvenzverwalters, sondern auch auf deren **Zweckmäßigkeit** und **Wirtschaftlichkeit** (N/R/*Delhaes* § 69 Rn 19). Hierzu gehört auch die Prüfung, ob die Weiterführung des Schuldnerunternehmens sinnvoll erscheint oder die Voraussetzungen für eine sofortige Stilllegung gegeben sind. Wird das Unternehmen zeitweilig vom Insolvenzverwalter fortgeführt, haben sich die Ausschussmitglieder auch um die Abwicklung einzelner Geschäfte des Verwalters zu kümmern (RG v 18. 9. 1933, KuT 1933, 166, 167; **OLG Koblenz** v 16. 2. 1956, KTS 1956, 159; K/P/B/*Kübler* § 69 Rn 18). Die Mitglieder des Ausschusses sind verpflichtet, sich über den Massebestand und die geplante Art der Verwertung zu informieren (*Jaeger/Gerhardt* § 69 Rn 12; K/P/B/*Kübler* § 69 Rn 18). **Nicht zu den Aufgaben des Ausschusses** gehört es, Vertragsverhandlungen für die Insolvenzmasse zu führen oder durch Geschäftsabschlüsse Masseverbindlichkeiten zu begründen (**BGH** v 22. 4. 1981, VersR 1981, 847; *Merz* WM 1983, 106). Überwachung bedeutet nicht etwa, dass den Ausschussmitgliedern **Weisungsbefugnisse** gegenüber dem Insolvenzverwalter zustehen (RGZ 36, 368; K/P/B/*Kübler* § 69 Rn 21; s auch oben zu Rn 6). Die **Grenzen der Überwachungspflicht** liegen dort, wo durch die Aufsicht die Insolvenzabwicklung durch den Verwalter behindert wird. Die Mitglieder des Gläubigerausschusses sind nicht verpflichtet, aber auch nicht berechtigt, sich um jede einzelne Maßnahme des Tagesgeschäfts zu kümmern (N/R/*Delhaes* § 69 Rn 20). Die **Art und Weise der Überwachung** ist vom Gesetz nicht vorgeschrieben. Die Gläubigerausschussmitglieder haben sich zumindest durch **Stichproben** anhand von Akten und Geschäftsunterlagen zu informieren, wie die Abwicklungstätigkeit durchgeführt wird. Eine **besondere Überwachungssorgfalt** wird ihnen abverlangt, wenn die Unternehmensfortführung durch einen branchenunkundigen Insolvenzverwalter erfolgt (vgl RGZ 63, 133; N/R/*Delhaes* § 69 Rn 20). Delegiert der Gläubigerausschuss einzelne Aufgaben, wie zB die Kassenprüfung, auf einzelne Mitglieder oder Dritte, so ist er verpflichtet, sich davon zu überzeugen, dass die Aufgaben von dem Mitglied oder Dritten ordnungsgemäß erledigt werden (**BGH** v 27. 4. 1978, BGHZ 71, 253, 256 f; K/U § 88 KO Rn 2 a).

23   **a) Einschaltung Dritter.** Zulässig ist auch die Einschaltung Dritter (K/P/B/*Kübler* § 69 Rn 19; MüKo-*Schmid-Burgk* § 69 Rn 18; *Braun/Kind* § 69 Rn 11). Wegen der Entwicklung des modernen Rechnungswesens vor allem bei Großunternehmen, die sich inzwischen fast ausschließlich der elektronischen Datenverarbeitung bedienen, können die Grundsätze, die die frühere höchstrichterliche Rechtsprechung hinsichtlich der Überwachung aufgestellt hat (vgl zB BGHZ 71, 253, 246; **OLG Koblenz** KTS 1956, 159), nicht mehr uneingeschränkte Geltung beanspruchen. Angesichts der Entwicklung der EDV-Technik und den Möglichkeiten der Datenspeicherung ist heute eine ordnungsgemäße Überwachung im hergebrachten Sinne nicht mehr möglich, wenn nicht ein oder mehrere Mitglieder des Gläubigerausschusses dauernd abgestellt werden sollen, um die notwendigen Kontrollen durchzuführen. Deshalb ist es zulässig und uU sogar im Einzelfall zwingend, auf Kosten der Insolvenzmasse einen **Wirtschaftsprüfer** oder eine **Wirtschaftsprüfungsgesellschaft** mit einzelnen Prüfungs- und Überwachungstätigkeiten zu beauftragen. Die Zulässigkeit der Delegation solcher mit höchstpersönlichen Aufgaben ergibt sich schon aus dem Wortlaut des § 69 S 2 „prüfen zu lassen" (vgl auch K/P/B/*Kübler* § 69 Rn 19; H/W/F, HdbInsO 6/26; *Heidland* KS InsO S 711, 724 Rn 24; MüKo-*Schmid-Burgk* § 69 Rn 18; *Braun/Kind* § 69 Rn 11; vgl auch Begr zu § 80 RegE, BR-Drucks 1/92, S 132, abgedr bei *Uhlenbruck*, Das neue In-

IV. Rechte und Pflichten des Gläubigerausschusses und seiner Mitglieder § 69

solvenzrecht S 381). Die entstehenden **Kosten** sind gem § 55 Abs 1 Nr 1 **Masseverbindlichkeiten** (*Braun/Kind* § 69 Rn 11; MüKo-*Schmid-Burgk* § 69 Rn 18). Die Übertragung einzelner Aufgaben des Gläubigerausschusses auf Dritte entbindet allerdings nicht von der persönlichen Verantwortung des einzelnen (*Jaeger/Weber* § 88 KO Rn 4; N/R/*Delhaes* § 69 Rn 23). Schuldhaftes Handeln des mit Einzelnen Überwachungspflichten Beauftragten ist haftungsrechtlich den beauftragenden Mitgliedern des Gläubigerausschusses gem § 278 BGB zuzurechnen (N/R/*Delhaes* § 69 Rn 23).

b) **Erhöhte Überwachungspflicht.** Bei besonders bedeutsamen und haftungsträchtigen Einzelgeschäften des Insolvenzverwalters sind die Mitglieder des Gläubigerausschusses verpflichtet, sich persönlich um die ordnungsgemäße Abwicklung zu kümmern. Geht zB der Insolvenzverwalter, wie im sogen „Schlafsack-Fall" (BGH v 13. 1. 1982, ZIP 1982, 326), Verbindlichkeiten in Höhe von 3 Mio US$ ein, um eine längerfristige Beschäftigung der Arbeitnehmer des Insolvenzbetriebes zu sichern, so hat sich der Gläubigerausschuss eingehend darüber zu informieren, ob die Finanzierung dieses Auftrages auch gesichert ist. Eine **Sonderprüfung** ist vor allem in den Fällen angebracht, in denen der Insolvenzverwalter es unterlässt, die nach § 160 erforderliche Zustimmung des Gläubigerausschusses zu bedeutsamen Rechtshandlungen einzuholen (K/P/B/*Kübler* § 69 Rn 19). Ein Gläubigerausschussmitglied, dem frühere Veruntreuungen des Insolvenzverwalters gegen die von ihm verwalteten Vermögen bekannt sind, ist verpflichtet, die übrigen Gläubigerausschussmitglieder hiervon zu unterrichten und eine entsprechende verschärfte Überwachung anzuregen (RG v 1. 7. 1937, EzInsR § 71 InsO Nr 1; K/P/B/*Kübler* § 69 Rn 19). Liegen **Verdachtsmomente hinsichtlich Unredlichkeit des Verwalters** vor, so ist der Gläubigerausschuss verpflichtet, entweder einen Beschluss gem § 59 Abs 1 S 2 über die Stellung eines Antrags auf Entlassung des Verwalters aus dem Amt zu fassen oder zumindest das Insolvenzgericht zu informieren (RG HRR 1935 Nr 809; ferner BGH NJW 1978, 1527, 1528; K/P/B/*Kübler* § 69 Rn 19).

3. **Unterrichtung über den Gang der Geschäfte.** Nach § 69 S 2 haben sich die Mitglieder des Gläubigerausschusses über den Gang der Geschäfte zu unterrichten. Die gesetzliche Neuregelung stellt insoweit eine **Verschärfung der Pflichten** der Ausschussmitglieder gegenüber der früheren Regelung in § 88 Abs 1 S 2 KO dar, als das frühere Recht nunmehr zur Pflicht wird. Mit dieser Erweiterung der Pflichten wollte der Rechtsausschuss die Aufsicht über die wirtschaftliche Tätigkeit des Insolvenzverwalters verstärken. Gleichzeitig soll den Gläubigern eine schnellere Einflussnahme auf die Handlungen des Verwalters ermöglicht werden (vgl Beschl Empfehlung des RechtsA zu § 80 RegE, BT-Drucks 12/7302 S 163, abgedr bei *Uhlenbruck*, Das neue Insolvenzrecht S 382). Die Unterrichtungspflicht beinhaltet nach wie vor das Recht und uU die Pflicht der Mitglieder des Gläubigerausschusses, vom Verwalter einzelne **Auskünfte** oder einen **Bericht** über den Sachstand und die Geschäftsführung zu verlangen (K/P/B/*Kübler* § 69 Rn 24; KS-*Heidland* S 711, 738 ff Rn 76 ff; *Jaeger/Gerhardt* § 69 Rn 15; *Braun/Kind* § 69 Rn 8). Das Auskunftsrecht darf allerdings nicht dazu führen, dass die Abwicklungsarbeiten des Verwalters erheblich verzögert oder behindert werden. Kommt der Verwalter seiner Auskunfts- und Berichtspflicht gegenüber dem Gläubigerausschuss nicht nach, ist das Insolvenzgericht berechtigt, gem § 58 die Auskunft oder den Zwischenbericht zu erzwingen.

Aus besonderem Anlass kann sogar das Recht des Gläubigerausschusses auf Berichterstattung zu einem **Recht auf Vorlage eines Zwischenkassenabschlusses** erstarken (LG Frankfurt v 17. 2. 1977, KTS 1977, 193 f; *Jaeger/Gerhardt* § 69 Rn 15; *Pape*, Gläubigerbeteiligung Rn 352; K/P/B/*Kübler* § 69 Rn 24). Die Gründe für einen solchen Zwischenbericht oder Zwischenkassenabschluss können in der außergewöhnlich langen Dauer der Verfahrensabwicklung, aber auch darin liegen, dass zwischen dem Ausschuss und dem Verwalter bestehende Differenzen auf ungenügender Unterrichtung des Gläubigerausschusses beruhen (K/P/B/*Kübler* § 69 Rn 24). Die Unterrichtungspflicht bezieht sich auch auf den **Stand von Masseprozessen**, die Fortführung des Unternehmens sowie einzelner Geschäfte, Einnahmen und Ausgaben sowie auf die Möglichkeit einer Abschlagsverteilung (N/R/*Delhaes* § 69 Rn 21). Ohne eine umfassende Unterrichtung ist eine wirksame Überwachung des Insolvenzverwalters nicht möglich. Die Pflicht und das Recht zur Unterrichtung über den Geschäftsgang hat jedoch **Grenzen**. Ist für den Verwalter erkennbar, dass das Gläubigerausschussmitglied die durch die Unterrichtung gewonnenen Informationen und Kenntnisse zur Verfolgung eigennütziger Interessen und Vorteilen verwendet, hat er die **Information zu verweigern** (vgl *Uhlenbruck* BB 1976, 1198 ff; N/R/*Delhaes* § 69 Rn 25; *Jaeger/Gerhardt* § 69 Rn 15, 31). Besteht die Gefahr, dass ein Gläubigerausschussmitglied die Auskünfte begehrt, um sich auf diese Weise Sondervorteile zu verschaffen, hat der Verwalter den Gläubigerausschuss zu informieren und seine Entscheidung über die Auskunfts- und Unterrichtungspflicht herbeizuführen. Im Übrigen kann einem Gläubigerausschussmitglied die Einsichtnahme in bestimmte Unterlagen und Akten sowie die Erteilung bestimmter Auskünfte nicht mit der generellen Begründung verweigert werden, es bestehe die Gefahr der Verfolgung eigener Interessen (vgl auch *Hegmanns* Gläubigerausschuss S 101 ff; *Uhlenbruck* BB 1976, 1198, 1201; H/W/F, HdbInsO 6/14 ff). Zur Unterrichtung bei Eigenverwaltung s MüKoInO-Schmid-*Burgk* § 69 Rn 25.

4. **Einsicht in Bücher und Geschäftsunterlagen.** Nach § 69 S 2 haben die Mitglieder des Gläubigerausschusses die Bücher und Geschäftspapiere des Schuldners bzw Schuldnerunternehmens einzusehen.

§ 69

Ohne eine Einsichtnahme in das Rechnungswesen ist eine wirksame Unterstützung und Überwachung des Verwalters nicht möglich (K/P/B/*Kübler* § 69 Rn 25). Deshalb unterliegen der Einsicht der Gläubigerausschussmitglieder sämtliche Unterlagen, die vom Verwalter geschaffen und erarbeitet werden (BerlKo-*Blersch* § 69 Rn 5; *Graf-Schlicker/Pöhlmann* § 69 Rn 9). Auch **wissenschaftliche Gutachten**, die der Insolvenzverwalter zur Vorbereitung und Durchführung bestimmter Maßnahmen einholt, unterliegen dem Einsichtsrecht der Ausschussmitglieder (K/P/B/*Kübler* § 69 Rn 25). Eine **Ausnahme** ist nur in den Fällen anzuerkennen, in denen entweder das Gutachten sich auf eine streitige Rechtsfrage gegenüber dem einsichtsbegehrenden Gläubigerausschussmitglied bezieht oder der Verwalter das Gutachten aus privaten Mitteln selbst bezahlt hat (*Uhlenbruck*, Gläubigerberatung S 396 f; *ders* ZIP 2002, 1373, 1378; *Jaeger/Gerhardt* § 69 n 31; *Braun/Kind* § 69 Rn 8; K/P/B/*Kübler* § 69 Rn 25). Dient zB ein rechtswissenschaftliches Gutachten der Vorbereitung eines Anfechtungsprozesses gegen ein bestimmtes Gläubigerausschussmitglied, kann es das Verfahrensinteresse im Einzelfall gebieten, sämtlichen oder einzelnen Gläubigerausschussmitgliedern bestimmte Informationen durch **Verweigerung der Einsichtnahme** in das Gutachten vorzuenthalten (*Uhlenbruck* BB 1976, 1198, 1200; K/P/B/*Kübler* § 69 Rn 25; N/R/*Delhaes* § 69 Rn 27). Im Streit- oder Zweifelsfall sollte das Anschlussmitglied eine **Entscheidung des Gerichts** herbeiführen (*Uhlenbruck* ZIP 2002, 1373, 1378). Ein Rechtsmittel ist gegen die richterliche Entscheidung nicht gegeben. Hat der Rechtspfleger entschieden, ist die **Erinnerung** nach § 11 Abs 2 RpflG möglich (*Uhlenbruck* ZIP 2002, 1373, 1379; N/R/*Delhaes* § 58 Rn 20).

28 Zweifelhaft, aber letztlich zu bejahen ist die Frage, ob der Insolvenzverwalter im Interesse einer ordnungsgemäßen Verwaltung berechtigt ist, bestimmte **Teile der Bücher und Geschäftspapiere**, deren Geheimhaltung zwingend im Verfahrensinteresse liegt, **von der Einsichtnahme auszuschließen** (vgl *Uhlenbruck* BB 1976, 1198, 1200; *ders* ZIP 2002, 1373, 1378; K/U § 88 KO Rn 4 a; K/P/B/*Kübler* § 69 Rn 25; FK-*Kind* § 69 Rn 8; *Jaeger/Gerhardt* § 69 Rn 31; MüKo-*Schmid-Burgk* § 69 Rn 7; *Graf-Schlicker/Pöhlmann* § 69 Rn 9; str aA *Hegmanns* Gläubigerausschuss S 106). Gehört zB ein Mitglied des Gläubigerausschusses der Konkurrenz des Schuldnerunternehmens an oder geht es um Geheimrezepte oder im verwertbares firmeninternes Know-how, so kann es im Einzelfall durchaus geboten sein, die Einsichtnahme in die entsprechenden Unterlagen zumindest zeitweise auszuschließen. Der Verwalter sollte sich aber insoweit der **Zustimmung des Insolvenzgerichts** versichern. Zwar besteht kein gesetzliches Zustimmungserfordernis des Insolvenzgerichts. Jedoch korrespondiert die Einsichtnahme in bestimmte Bücher und Geschäftsunterlagen mit dem Akten einsichtsrecht bei Gericht, so dass es gerechtfertigt erscheint, insoweit entweder einen Beschluss des Gläubigerausschusses herbeizuführen oder die Zustimmung des Gerichts einzuholen.

29 **5. Prüfung von Geldverkehr und Geldbestand (Kassenprüfung).** Nach § 88 Abs 2 S 1 KO war der Gläubigerausschuss verpflichtet, die Untersuchung der Kasse des Verwalters wenigstens einmal im Monat durch ein Mitglied vornehmen zu lassen. Die Pflicht zur Kassenprüfung des Verwalters hat die InsO in § 69 S 2 flexibler gestaltet: Die Prüfung braucht nicht einmal im Monat oder – wie die Begr RegE vorsah, einmal in jedem Vierteljahr vorgenommen zu werden. Sie braucht auch nicht durch ein Mitglied des Gläubigerausschusses persönlich zu erfolgen, sondern kann für einzelne Prüfbereiche einem **sachverständigen Dritten übertragen** werden (vgl Begr RegE zu § 80, BR-Drucks 1/92, abgedr bei *Uhlenbruck*, Das neue Insolvenzrecht S 389; MüKo-*Schmid-Burgk* § 69 Rn 6, 18; *Uhlenbruck* ZIP 2002, 1373, 1379; BerlKo-*Blersch* § 69 Rn 5; *Jaeger-Gerhardt* § 69 Rn 18; HaKo-*Frind* § 69 Rn 4). Die Einschaltung eines **sachverständigen Dritten** kann im Einzelfall zu einer eingeschränkten Haftung (Auswahlverschulden) führen (**str aA BGH NJW 1978, 1527, 1528**; MüKo-*Schmid-Burgk* § 69 Rn 18). Wird ein Mitglied oder ein Dritter mit der Kassenprüfung betraut, haben die (übrigen) Mitglieder die ordnungsgemäße Durchführung zu überprüfen (BGHZ 71, 253, 256; RGZ 150, 287; *Jaeger/Gerhardt* § 69 Rn 19).

30 Der Gesetzgeber hat bewusst davon Abstand genommen, bestimmte Zeiträume zu benennen, in denen die Prüfungen durchgeführt werden müssen, um eine dem Einzelfall gerecht werdende Handhabung zu ermöglichen (HK-*Eickmann* § 69 Rn 2). Der Gläubigerausschuss hat selbst die **Zeitpunkte festzulegen**, zu denen die Prüfung des Geldverkehrs und -bestandes zu erfolgen hat. Sind die Zeitabstände zu lang bemessen, drohen Schadenersatzansprüche der Gläubiger nach § 71.

31 Bewusst spricht die InsO nicht mehr von „Kassenprüfung", sondern von der „Prüfung des Geldverkehrs und -bestandes". Damit wird zum Ausdruck gebracht, dass sich die Kassenprüfung nicht nur auf die Barbestände beschränkt, sondern auf **sämtliche Konten und Belege** des Schuldners bzw Schuldnerunternehmens (**BGH v 11. 12. 1967 BGHZ 49, 121 = NJW 1968, 710; BGH v 27. 4. 1978 – VII ZR 31/76; NJW 1978, 1527, 1528; OLG Koblenz ZIP 1995, 285; OLG Hamm v 5. 11. 1954 – 6 W 185/54; BB 1954, 296, 297;** *Heidland* in: KS InsO S 711, 724 Rn 24 Fn 61; K/P/B/*Kübler* § 69 Rn 26). Die Prüfungspflicht erstreckt sich zugleich auch auf die nach § 149 bei der **Hinterlegungsstelle** hinterlegten Wertpapiere und Kostbarkeiten sowie auf **angelegtes Geld** und **Anderkonten**. So hat der Gläubigerausschuss darauf zu achten, dass der Verwalter die Vorschrift des § 149 Abs 2 beachtet, wonach er hinterlegte Gelder, Wertpapiere und Kostbarkeiten nur dann von der Hinterlegungsstelle in Empfang nehmen darf, wenn ein Mitglied des Gläubigerausschusses die Quittung mit unterzeichnet. Gleiches gilt für Anweisungen des Verwalters an diese Stelle, die ebenfalls nur gültig sind, wenn ein Gläubigeraus-

IV. Rechte und Pflichten des Gläubigerausschusses und seiner Mitglieder § 69

schussmitglied mit unterzeichnet hat (§ 148 Abs 2 S 2; RGZ 149, 182, 186; RGZ 20, 108, 110; **OLG Königsberg** v 13. 3. 1934, HRR 1934 Nr 1730; MüKo-*Schmid-Burgk* § 69 Rn 16; K/P/B/*Kübler* § 69 Rn 26; *Hess* § 69 Rn 16).

Wird ein **Dritter** mit der Prüfung des Geldverkehrs und Geldbestandes beauftragt, sind die hierdurch 32 entstehenden **Kosten** Kosten der Insolvenzverwaltung und dürfen daher aus der Masse entnommen werden. Da jedoch die Beauftragung von Dritten mit der sogen Kassenprüfung die Ausnahme sein soll, sollte entweder eine entsprechende Beschlussfassung der Gläubigerversammlung im Berichtstermin oder ein spätere Genehmigung durch die Gläubigerversammlung erfolgen. Zwingend ist die Zustimmung der Gläubigerversammlung allerdings nicht.

6. Geheimhaltungspflichten der Ausschussmitglieder. Die Mitglieder des Gläubigerausschusses erlan- 33 gen im Rahmen ihrer Unterrichtungs-, Überwachungs- und Mitwirkungspflicht Kenntnis von Vorgängen, die uU für das Verfahren und die Verfahrensabwicklung von erheblicher Bedeutung sind, die jedoch der **Geheimhaltung** und **Schweigepflicht** unterliegen. Hierzu gehören vor allem Bezugsquellen, Geschäftsbeziehungen, Patente, Verfahren zur Fertigung bestimmter Produkte oder in der Entwicklung begriffene Neuheiten, die einen Marktwert haben (*Jaeger/Gerhardt* § 69 Rn 10, 30–32). Auch Software als Teil der Insolvenzmasse oder Erfindungen, die sich noch in der Erprobung befinden, unterliegen ebenso der Geheimhaltung wie Urheberrechte, Geschmacksmuster oder sonstiges Know-how. Insoweit trifft die Mitglieder des Gläubigerausschusses vor allem bei Fortführung des Schuldnerunternehmens im Interesse der Insolvenzmasse und der Gläubigergesamtheit eine **besondere Geheimhaltungspflicht** (*Robrecht* KTS 1971, 129, 141; *Uhlenbruck* BB 1976, 1198, 1199; *ders* ZIP 2002, 1373, 1378; K/P/B/*Kübler* § 69 Rn 20; *Jaeger/Gerhardt* § 69 Rn 30, 31).

Der Grat zwischen **Geheimhaltungspflicht und Wahrnehmung individueller Gläubigerpflichten** ist ein 34 schmaler. So fragt es sich zB, ob die Schweigepflicht des Ausschussmitgliedes schuldhaft verletzt ist, wenn er als Vertreter eines Großgläubigers und Konkurrenten des Schuldnerunternehmens empfiehlt, das Unternehmen zu kaufen, weil die der Schweigepflicht unterliegenden Tatsachen einen erheblichen Profit versprechen. Bei einem **Arbeitnehmer** als Gläubigerausschussmitglied ist streng zwischen seinen Pflichten aus seinem Arbeitsverhältnis und seiner Stellung als Ausschussmitglied zu unterscheiden. Nicht gefolgt werden kann der Auffassung des VIII. Zivilsenats des **BGH** (Urt v 22. 4. 1981 VersR 1981, 847, 848 = ZIP 1981, 1001 = KTS 1982, 111), wonach der Arbeitnehmer verpflichtet sein soll, seinem Arbeitgeber Informationen zukommen zu lassen, die speziell für diesen von Interesse sind. Es stellt **keine Verletzung von arbeitsvertraglichen Pflichten** dar, wenn der in dem Gläubigerausschuss gewählte Arbeitnehmer es ablehnt, dem **Auskunftsverlangen seines Arbeitgebers** über Interna des Ausschusses nachzukommen (Voraufl Rn 9; *Vallender* WM 2002, 2040, 2045; *Jaeger/Gerhardt* § 69 Rn 10).

Die Pflicht zur Verschwiegenheit gilt auch zwischen dem **Rechtsanwalt und seinem Mandanten** (*Uh-* 35 *lenbruck* BB1976, 1198, 1200; *ders* ZIP 2002, 1373, 1380; MüKo-*Schmid-Burgk* § 69 Rn 7). Allerdings macht der **BGH** hier **Einschränkungen:** Der Rechtsanwalt müsse gegenüber seinem Mandanten nicht zwingend über die Vorgänge im Gläubigerausschuss schweigen; eine **Verwendung der im Gläubigerausschuss erlangten Informationen** durch Zusammenwirken mit dem Mandanten zu dessen Vor- und zum Nachteil der anderen Gläubiger scheide wegen des Vorrangs der Gesamtinteressen aus (**BGH** v 24. 1. 2008 – IX ZB 222/05, ZIP 2008, 652 = ZInsO 2008, 323; vgl auch **BGH** v 24. 1. 2008 – IX ZB 223/05, ZIP 2008, 655). Allerdings seien die Belange der Gläubigergesamtheit nicht betroffen, wenn die Unterrichtung des Mandanten diesem lediglich die Möglichkeit einräumen soll, nachteilige Tatsachenbehauptungen auszuräumen, nicht aber den Zweck hat, einen Informationsvorsprung zum eigenen Vorteil zu nutzen (vgl *Bruckhoff* NZI 2008, 229 f). Eine **unzulässige Begünstigung** ist anzunehmen, wenn ein Rechtsanwalt in seiner Eigenschaft als Mitglied des Gläubigerausschusses die gewonnen Informationen zum einseitigen Vorteil seines zu den Gläubigern gehörenden Mandanten ausnutzt (**BGH** v 24. 1. 2008 – IX ZB 222/05, ZIP 2008, 652 = ZInsO 2008, 323; *Uhlenbruck* ZIP 2002, 1373, 1380; HaKo-*Frind* § 70 Rn 3). Teilt ein Rechtsanwalt seinem Mandanten geheimhaltungsbedürftige Tatsachen aus dem Gläubigerausschuss mit, ist er gehalten, diesen auf die Folgen eines eigenen pflichtwidrigen Handelns nach § 71 und eine Strafbarkeit nach § 266 StGB wegen Gläubigerbenachteiligung hinzuweisen.

7. Antragsrechte des Gläubigerausschusses. Die InsO räumt dem Gläubigerausschuss im Rahmen der 36 Verfahrensabwicklung gewisse Antragsbefugnisse ein. So hat der Gläubigerausschuss zB nach § 59 Abs 1 S 2 das Recht, die Entlassung des Insolvenzverwalters zu beantragen, wenn ein wichtiger Grund für die Entfernung aus dem Amt vorliegt (*Heidland* in: KS InsO S 711, 729 f Rn 42; K/P/B/*Kübler* § 69 Rn 13; *Frege* NZG 1999, 478, 481). Weiterhin hat der Ausschuss das Recht, beim Insolvenzgericht die **Einberufung einer Gläubigerversammlung** zu beantragen (§ 75 Abs 1 Nr 2). Wird der Antrag abgelehnt, steht dem Ausschuss das Recht der sofortigen Beschwerde zu (§ 75 Abs 3). Einzelheiten bei *Heidland* in: KS InsO S 711, 727, 729 Rn 37–42).

8. Zustimmungsbefugnisse des Gläubigerausschusses. Zahlreiche Maßnahmen und Entscheidungen 37 hängen von der Genehmigung bzw Zustimmung des Gläubigerausschusses ab. So hat der Ausschuss die

Zustimmung zu den besonders **bedeutsamen Rechtshandlungen** nach § 160 zu erteilen, der nach der Neufassung des Gesetzes nur eine beispielhafte Aufzählung enthält und sich letztlich auf alle bedeutsamen Rechtshandlungen im Rahmen der Insolvenzabwicklung bezieht (*Pape* ZInsO 1999, 678, 681; *ders* Gläubigerbeteiligung Rn 337). Dem Ausschuss steht das Recht auf Zustimmung zur **Unterhaltsgewährung** an den Schuldner und dessen Angehörige zu (§ 100 Abs 2), zum Antrag des Insolvenzverwalters auf Gestattung, von der Aufstellung eines Verzeichnisses der Massegegenstände Abstand zu nehmen (§ 161 Abs 3 S 2), sowie **zur Stilllegung des Schuldnerunternehmens** durch den Insolvenzverwalter vor dem Berichtstermin (§ 158 Abs 1). Vgl auch K/P/B/*Kübler* § 69 Rn 13; *Pape* ZInsO 1999, 678, 681; *Heidland* in: KS InsO S 711 ff Rn 43–60; *Hess/Weis* InsVO 1997, 1, 2 ff; BerlKo-*Blersch* § 69 Rn 7; MüKo-*Schmid-Burgk* § 69 Rn 20 ff; HaKo-*Frind* § 69 Rn 5; *Pape*, Gläubigerbeteiligung Rn 337 ff; *Jaeger/Gerhardt* § 69 Rn 23, 28 f. Zutreffend der Hinweis von *Heidland* (in: KS InsO S 711, 730 f Rn 49), dass durch die nur **beispielhafte Aufzählung** von genehmigungspflichtigen Geschäften in § 160 zwar eine erhebliche Flexibilität geschaffen wird, andererseits aber auch **Grund zur Unsicherheit**, denn es müsse vorab immer entschieden werden, ob das konkrete Geschäft wirtschaftlich weniger bedeutsam ist oder dem Zustimmungserfordernis unterfällt. Offen gelassen hat der Gesetzgeber auch die Frage, ob der Gläubigerausschuss die Zustimmung nach § 158 Abs 1 zu erteilen hat, wenn nur **Teile des Betriebes** stillgelegt werden sollen (vgl *Heidland* in: KS InsO S 711, 731 f Rd 53).

38 Ein weiteres Zustimmungserfordernis sieht § 231 Abs 2 vor, wonach der Insolvenzverwalter, wenn er die **Zurückweisung eines neuen Insolvenzplans** des Schuldners beantragen will, die Zustimmung des Gläubigerausschusses einzuholen hat (*Heidland* in: KS InsO S 711, 733 Rn 57). Stimmt der Gläubigerausschuss zu, so hat das Insolvenzgericht dem Antrag zu entsprechen und den neuen Plan des Schuldners zurückzuweisen. Nach § 233 kann das Insolvenzgericht auf Antrag des Schuldners oder des Insolvenzverwalters die **Fortsetzung der Verwertung und Verteilung der Insolvenzmasse aussetzen**, soweit dadurch die Durchführung eines vorgelegten Insolvenzplans gefährdet würde. Das Gericht hat jedoch von der Aussetzung abzusehen oder diese wieder aufzuheben, wenn der Insolvenzverwalter mit Zustimmung des Gläubigerausschusses oder der Gläubigerversammlung die Fortsetzung der Verwertung und Verteilung beantragt.

39 Die **Genehmigung des Gläubigerausschusses** ist nicht nachträgliche Billigung, sondern **vorherige Einwilligung**. Sie hat gem § 164 nur **interne Bedeutung** und lässt die Wirksamkeit der Handlung des Verwalters im Außenverhältnis unberührt (*Pape*, Gläubigerbeteiligung Rn 340). Bei sorgfältiger Eigenprüfung des Verwalters und Genehmigung des Gläubigerausschusses scheidet idR eine Haftung der Ausschussmitglieder nach § 71 aus (s auch BGH ZIP 1985, 423; **BGH** ZIP 1995, 290; LG Mainz KTS 1975, 245).

40 **9. Aktive Mitwirkungsbefugnisse und -pflichten des Gläubigerausschusses.** Neben den in § 69 normierten allgemeinen Pflichten der Gläubigerausschussmitglieder hat die InsO in verschiedenen Vorschriften weitere Mitwirkungsbefugnisse und -pflichten geregelt. So hat ua der Gläubigerausschuss bei folgenden Handlungen bzw Entscheidungen mitzuwirken: **Hinterlegung oder Anlegung von Geld, Wertpapieren und Kostbarkeiten** (§ 149 Abs 1 S 1) und **Mitunterzeichnung einer Anweisung oder einer Quittung**, wenn der Insolvenzverwalter bei der Hinterlegungsstelle Geld, Wertpapiere oder Kostbarkeiten in Empfang nimmt (§ 149 Abs 2). Der Gläubigerausschuss hat ferner mitzuwirken bei der **Erlösverteilung** (§ 187 Abs 3 S 2). Für eine Abschlagsverteilung bestimmt er auf Vorschlag des Verwalters den zu zahlenden Bruchteil (§ 195 Abs 1 S 1). Die Nichtbeachtung der Mitzeichnungspflicht des Verwalters kann zur Haftung des Verwalters und der Hinterlegungs- oder Anlegestelle führen (K/P/B/*Holzer* § 149 Rn 16; *Pape*, Gläubigerbeteiligung Rn 348; vgl auch RGZ 80, 37; **BGH** KTS 1962, 106). Weiterhin hat er mitzuwirken bei der **Verfahrenseinstellung oder -aufhebung**. Vor der Einstellung des Insolvenzverfahrens hat das Insolvenzgericht gem § 214 Abs 2 S 1 den Gläubigerausschuss anzuhören. Ferner sind die Ausschussmitglieder über den Zeitpunkt des Wirksamwerdens der Einstellung und der Aufhebung des Verfahrens vorab vom Gericht zu unterrichten (§§ 215 Abs 1 S 2, 258 Abs 3 S 2).

41 Die **Mitwirkung bei der Erstellung des Insolvenzplans** durch den Insolvenzverwalter ist geregelt in § 218 Abs 3. Danach wirkt der Gläubigerausschuss bei der Planaufstellung neben dem Betriebsrat, dem Sprecherausschuss der leitenden Angestellten und dem Schuldner **beratend** mit, wenn der Plan vom Verwalter aufgestellt wird (§ 218 Abs 3). Ein vom Schuldner vorgelegter Insolvenzplan wird dem Gläubigerausschuss vom Insolvenzgericht zur Stellungnahme zugesandt (§ 232 Abs 1 Nr 1). Vor der Entscheidung über die Bestätigung des Plans hat das Gericht den Gläubigerausschuss anzuhören (§ 248 Abs 2). Stellt der Insolvenzverwalter fest, dass Ansprüche, deren Erfüllung im Insolvenzplanverfahren überwacht wird, nicht erfüllt werden oder nicht erfüllt werden können, so hat er dies unverzüglich dem Gläubigerausschuss und dem Insolvenzgericht anzuzeigen (§ 262 S 1). Der Gläubigerausschuss nimmt zum Bericht des Verwalters (§ 156 Abs 2) und zur Schlussrechnung (§ 66 Abs 2) Stellung.

42 Schließlich wirkt der Gläubigerausschuss im Rahmen der **Eigenverwaltung** mit: Der Sachwalter hat dem Ausschuss unverzüglich Umstände mitzuteilen, die erwarten lassen, dass die Fortsetzung der Eigenverwaltung zu Nachteilen für die Gläubiger führen wird (§ 274 Abs 3 S 1). Einzelheiten bei K/P/B/*Kübler* § 69 Rn 13; *Heidland* in: KS InsO S 711, 734 f Rn 61 ff; *Frege* NZG 1999, 478, 484; *Pape* ZInsO 1999, 675, 682; *Braun/Uhlenbruck*, Unternehmensinsolvenz S 210; *Hegmanns* Gläubiger-

IV. Rechte und Pflichten des Gläubigerausschusses und seiner Mitglieder **§ 69**

ausschuss S 12 ff; *Hess* § 69 Rn 13. Ob ein **Verstoß gegen das Mitwirkungsrecht des Gläubigerausschusses** zur Unwirksamkeit der Maßnahme führt oder ob zB der Plan bei Verstoß gegen das Mitwirkungsrecht nach § 218 Abs 3 gem § 231 im Rahmen der Vorprüfung vom Insolvenzgericht zurückgewiesen werden muss, ist streitig (für eine Zurückweisung N/R/*Braun* § 218 Rn 61; H/W/F, HdbInsO 5/ 263; dagegen *Smid/Rattunde* § 231 Rn 6; K/P/B/*Otte* § 218 Rn 60). Im Übrigen führt der Verstoß gegen Mitwirkungspflichten nicht zur Unwirksamkeit der betreffenden Maßnahme. Ebenso wie fehlende Zustimmungen nach § 160 hat die fehlende Mitwirkung des Gläubigerausschusses allenfalls interne Bedeutung, was die Wirksamkeit der Rechtshandlung nicht berührt, sondern allenfalls zu Schadenersatzansprüchen führen kann (K/P/B/*Pape* § 276 Rn 5).

10. Stellungnahme- und Anhörungsrecht des Gläubigerausschusses. Der Gläubigerausschuss hat im 43 Berichtstermin gem § 156 Abs 2 S 1 Gelegenheit zu erhalten, zu dem Bericht des Verwalters über die wirtschaftliche Lage, ihre Ursachen und über die Möglichkeit, einen Insolvenzplan aufzustellen, Stellung zu nehmen, und zwar bevor die Gläubigerversammlung gem § 157 über den Fortgang des Verfahrens entscheidet (*Heidland* in: KS InsO S 711, 735 Rn 70; *Pape* ZInsO 1999, 675, 682). Der Ausschuss hat darüber hinaus nach § 232 Abs 1 Nr 2 eine Stellungnahme zu einem vom Insolvenzgericht nicht zurückgewiesenen Insolvenzplan abzugeben. Eine Pflicht zur Stellungnahme besteht hinsichtlich der Schlussrechnung des Verwalters nach § 66 Abs 2 (vgl K/P/B/*Kübler* § 66 Rn 25 ff; N/R/*Delhaes* § 66 Rn 22 f). Weitere **Anhörungsrechte** des Ausschusses bestehen im Zusammenhang mit der Verfahrenseinstellung auf Antrag des Schuldners nach §§ 212, 213 (§ 214 Abs 2 S 1) und vor der gerichtlichen Bestätigung eines angenommenen Insolvenzplans (§ 248 Abs 2).

11. Spezielle Unterrichtungs- und Informationsrechte. Neben den in § 69 Abs 2 geregelten Rechten 44 der Gläubigerausschussmitglieder, sich über den Gang der Geschäfte zu unterrichten sowie die Bücher und Geschäftspapiere des Schuldners oder Schuldnerunternehmens einzusehen, hat das Gesetz in einzelnen Vorschriften spezielle Auskunfts- und Überwachungspflichten vorgesehen.

a) Auskunfts- und Überwachungspflichten bei der Erfüllung des Insolvenzplans. Ist ein Gläubiger- 45 ausschuss bestellt, so bestehen nach § 261 Abs 1 S 2 die Ämter der Mitglieder des Gläubigerausschusses insoweit fort, als es die Überwachung erfordert (K/P/B/*Otte* § 261 Rn 13 ff; N/R/*Braun* § 261 Rn 2). Während der Zeit der Überwachung des Schuldners bzw Schuldnerunternehmens ist der Insolvenzverwalter, dessen Amt ebenfalls fortdauert (§ 261 Abs 1 S 2), verpflichtet, dem Gläubigerausschuss und dem Gericht nach § 261 Abs 2 **einmal jährlich** über den Stand und die weiteren Aussichten der Planerfüllung **zu berichten** (vgl *Smid/Rattunde* § 261 Rn 4; *Pape*, Gläubigerbeteiligung Rn 352). Daneben haben Ausschuss und Gericht gem § 261 Abs 1 S 2 das Recht, **jederzeit einzelne Auskünfte** oder einen **Zwischenbericht** zu verlangen. Stellt der Insolvenzverwalter während der Überwachung der Planerfüllung fest, dass Ansprüche, deren Erfüllung überwacht wird, nicht erfüllt werden oder nicht erfüllt werden können, so hat er dies unverzüglich dem Insolvenzgericht und dem Gläubigerausschuss anzuzeigen. Die Gläubiger sollen durch die Anzeige an den Gläubigerausschuss die Möglichkeit erhalten, rechtzeitig die Eröffnung eines neuen Insolvenzverfahrens zu beantragen.

b) Vorabinformation über die Verfahrensaufhebung bei Bestätigung eines Insolvenzplans. Wird von 46 einer Anordnung der Überwachung der Planerfüllung nach § 260 abgesehen, so sind die Mitglieder des Gläubigerausschusses – ebenso wie der Insolvenzverwalter und der Schuldner – gem § 258 Abs 3 S 2 nach rechtskräftiger Bestätigung des Insolvenzplans vorab über den Zeitpunkt des Wirksamwerdens der Aufhebung (§ 9 Abs 1 S 3) zu unterrichten, damit sie sich rechtzeitig mit der Situation vertraut machen können, dass der Schuldner mit der Aufhebung das Verwaltungs- und Verfügungsrecht automatisch zurückerlangt (K/P/B/*Otte* § 258 Rn 8; MüKo-*Schmid-Burgk* § 69 Rn 24; *Smid/Rattunde* § 258 Rn 7; *Pape* ZInsO 1999, 675, 683; *Heidland* in: KS InsO S 711, 739, 740 Rn 82, 83). *Heidland* (in: KS InsO S 711, 740 Rn 83) weist zutreffend darauf hin, dass das Wort „vorab" wenig glücklich gewählt ist, denn in aller Regel wird das Gericht bei Abfassung des Aufhebungsbeschlusses das genaue Datum der Veröffentlichung im Bundesanzeiger nicht kennen. In der Tat wäre es zweckmäßiger gewesen, das Insolvenzgericht zu verpflichten, den Gläubigerausschuss unverzüglich zu unterrichten, wenn der Aufhebungsbeschluss wirksam geworden ist. Eine ähnliche Anzeigepflicht trifft den **Sachwalter im Rahmen der Eigenverwaltung** nach § 274 Abs 3 S 1, wenn Umstände eintreten, die erwarten lassen, dass die Fortsetzung der Eigenverwaltung zum Nachteil für die Gläubiger führt (K/P/B/*Pape* § 274 Rn 13 f; *Pape* ZInsO 1999, 675, 683).

c) Auskunftpflicht des Schuldners und seiner organschaftlichen Vertreter. Neben dem Insolvenzver- 47 walter und der Gläubigerversammlung ist der Schuldner bzw der organschaftliche Vertreter eines Schuldnerunternehmens auf Anordnung des Gerichts auch dem Gläubigerausschuss gegenüber auskunftspflichtig (§ 97 Abs 1 S 1). Dagegen hat der Schuldner einzelnen Mitgliedern des Gläubigerausschusses nur dann Auskünfte zu erteilen, wenn diese ausdrücklich vom Ausschuss ermächtigt worden sind (MüKo-*Schmid-Burgk* § 69 Rn 27; K/P/B/*Lüke* § 97 Rn 9; *Pape* ZInsO 1999, 675, 683).

48 **d) Anhörung bei Vergütungsfestsetzung.** Der Beschluss, der die Vergütung und die Auslagen des Insolvenzverwalters festsetzt, ist dem Verwalter, dem Schuldner und, wenn ein Gläubigerausschuss bestellt ist, den Mitgliedern des Gläubigerausschusses **besonders zuzustellen** (§ 64 Abs 2 S 1). Anders als im Rahmen der öffentlichen Bekanntmachung ist der **vollständige Vergütungsbeschluss** zuzustellen. Allerdings steht dem Gläubigerausschuss und seinen Mitgliedern kein Rechtsmittel gegen den Festsetzungsbeschluss zu (§ 64 Abs 3). Sinnvoller erscheint eine Anhörung des Gläubigerausschusses vor dem Erlass des Vergütungsbeschlusses, die auch nach neuem Recht für zulässig gehalten wird, ohne dass ein Anhörungsrecht des Gläubigerausschusses zwingend vorgeschrieben wäre (K/P/B/*Lüke* § 64 Rn 5; *Pape* ZInsO 1999, 675, 683). Nach *Heidland* (KS InsO S 711, 739 Rn 81) hat die Zustellung nach § 64 Abs 2 S 1 an den Gläubigerausschuss „reinen Informationscharakter" ohne jede weitere Bedeutung (so auch *Jaeger/Schilken* § 64 Rn 17; K/P/B/*Lüke* § 64 Rn 13).

§ 70 Entlassung

¹ Das Insolvenzgericht kann ein Mitglied des Gläubigerausschusses aus wichtigem Grund aus dem Amt entlassen. ² Die Entlassung kann von Amts wegen, auf Antrag des Mitglieds des Gläubigerausschusses oder auf Antrag der Gläubigerversammlung erfolgen. ³ Vor der Entscheidung des Gerichts ist das Mitglied des Gläubigerausschusses zu hören; gegen die Entscheidung steht ihm die sofortige Beschwerde zu.

I. Allgemeines

1 Die Aufgaben eines Gläubigerausschussmitglieds ergeben sich ausschließlich aus der InsO. Das Gesetz erwartet von den Ausschussmitgliedern, dass sie ihre „unzweifelhaft vorhandenen, durchaus gegenläufigen persönlichen Interessen zurückstellen, soweit das Ziel der bestmöglichen Befriedigung der Insolvenzgläubiger (§ 1 Satz 1) und die ordnungsgemäße Abwicklung des Verfahrens dies erfordern" (**BGH** v 1. 3. 2007 – IX ZB 47/06, ZIP 2007, 781, 784 = ZVI 2007, 476, 478 = NZI 2007, 346 = ZInsO 2007, 444; s auch § 69 Rn 7). Die Entlassung eines Gläubigerausschussmitglieds ist immer die Sanktion für eine **Pflichtverletzung**, die sich als **wichtiger Grund** darstellt. Ähnlich wie den § 84, 103 AktG, § 38 Abs 2 Satz 2 GmbHG, liegt auch dem § 70 der Gedanke zugrunde, dass die Pflichtverletzung letztlich zu einer Unzumutbarkeit weiterer vertrauensvoller Zusammenarbeit führt, weil das Verhalten des Mitglieds die Erfüllung der Aufgaben des Ausschusses nachhaltig erschwert oder unmöglich macht und daher die Erreichung des Verfahrensziels objektiv gefährdet wird (MüKo-*Schmid-Burgk* § 70 Rn 6). § 70 gilt sowohl für Mitglieder des **vorläufigen** und **endgültigen Gläubigerausschusses**, als auch für Mitglieder eines „**vor-vorläufigen Gläubigerausschusses**". Die Gläubigerautonomie und die Unabhängigkeit der Mitglieder des Gläubigerausschusses ist ein hohes Gut. So ist zB die **Gläubigerversammlung** nicht befugt, einzelne Mitglieder des von ihr gewählten endgültigen Gläubigerausschusses durch Beschluss abzuwählen (**BGH ZIP 2007, 781**; *Jaeger/Gerhardt* § 70 Rn 4). Die Entlassung von Ausschussmitgliedern ist nur dann gerechtfertigt, wenn **schwerwiegende Pflichtverletzungen** vorliegen. Das Ausschussmitglied muss in solchem Maße gegen die Gläubigerinteressen und das Verfahrensziel verstoßen und damit seine insolvenzspezifischen Pflichten so schwer verletzt haben, dass es für die weitere Verfahrensabwicklung schlechthin untragbar erscheint (*Pape* ZInsO 2002, 1017, 1020; *Vallender* FS Kirchhof, S 507, 510; *Jaeger/Gerhardt* § 70 Rn 7). Angesichts der Sanktion des § 70 ist immer zu prüfen, ob nicht im Einzelfall **Alternativen** zur Entlassung aus wichtigem Grund eingreifen, wie zB ein **Abstimmungs- und Teilnahmeverbot**, wenn Interessenkollision besteht und damit eine Befangenheit vorliegt (*Vallender* FS Kirchhof S 507, 511 f; *Gundlach/Frenzel/Schmidt* ZInsO 2005, 974 ff). Über das Teilnahme- oder Stimmverbot eines einzelnen Mitglieds hat der Gläubigerausschuss als Gremium zu entscheiden. Bei einmaligem Pflichtenverstoß kann seine **Abmahnung** als milderes Mittel zu erfolgen (MüKo-*Schmid-Burgk* § 70 Rn 18; K/P/B/*Kübler* § 70 Rn 5; Vallender FS Kirchhof S 507, 512 f). So ist eine **Abmahnung** gerechtfertigt, wenn das Ausschussmitglied nach Hinweis auf den Pflichtverstoß Besserung gelobt und sich den Verfahrenszielen verpflichtet sieht. Eine Pflicht zur Abmahnung oder zu einem Güteversuch besteht allerdings nicht und birgt immer die Gefahr einer Schadensersatzpflicht nach Art 34 GG iVm § 839 BGB.

II. Vorläufige Amtsenthebung (Suspendierung)

2 Bei schwerwiegenden Verstößen gegen Verfahrenspflichten oder bei strafbaren Handlungen des Ausschussmitglieds muss es dem Gericht möglich sein, den Verwalter **bei Gefahr in Verzug** von Amts wegen oder auf Antrag von seinem Amt **einstweilen zu suspendieren** (VorAufl § 70 Rn 1; N/R/*Delhaes* § 70 Rn 3; str aA LG Nürnberg-Fürth Rpfleger 1971, 435; *Kilger/K. Schmidt* § 92 Anm 4). Eine Suspendierung ist vor allem geboten, wenn der dringende Verdacht besteht, dass sich das Ausschussmitglied strafbarer Handlungen im Vermögensbereich schuldig gemacht hat und die Gefahr einer weiteren Schädigung der Insolvenzmasse besteht. Soweit trifft das Gericht eine **besondere Amtsermittlungspflicht** (§ 5) nicht nur im Hinblick auf die Gefahr einer Masseschädigung, sondern auch auf einen Entlassungsgrund.

V. Wichtiger Entlassungsgrund § 70

III. Entlassung von Amts wegen

§ 70 S 1, 2 räumt dem Insolvenzgericht die Befugnis ein, aus wichtigem Grund von Amts wegen ein 3
Gläubigerausschussmitglied aus dem Amt zu entlassen. Die Entlassungsbefugnis erstreckt sich sowohl auf die Mitglieder des vorläufigen als auch des endgültigen Gläubigerausschusses. Der Gläubigerausschuss untersteht als Organ der Insolvenzverwaltung zwar **nicht der Aufsicht des Insolvenzgerichts**; jedoch folgt aus der Leitungsbefugnis und der Pflicht zur Kontrolle der Rechtmäßigkeit des Verfahrens das Recht des Gerichts, von Amts wegen die Entlassung eines Gläubigerausschussmitglieds zu beschließen. Durch die Möglichkeit, ein Ausschussmitglied in jedem Verfahrensabschnitt von Amts wegen entlassen zu können, wird das Insolvenzgericht in die Lage versetzt, von Amts wegen auch tätig zu werden, wenn seitens der übrigen Mitglieder des Ausschusses die Anregung kommt, von Amts wegen tätig zu werden (KS-*Heidland* S 711, 721 Rn 21). Die **Anregung zur Entlassung** braucht nicht unbedingt von Verfahrensbeteiligten auszugehen, sondern kann durch außenstehende Dritte erfolgen. Vorwürfen und Beschuldigungen, die einen wichtigen Grund zur Entlassung iSv § 70 darstellen, hat das Gericht im Wege der Amtsermittlung (§ 5) sorgfältig nachzugehen.

IV. Entlassung auf Antrag

§ 70 S 2 gewährt alternativ nur der **Gläubigerversammlung** ein Antragsrecht auf Entlassung eines 4
Gläubigerausschussmitglieds. Nicht antragsberechtigt sind sonstige Mitglieder des Gläubigerausschusses sowie andere Verfahrensbeteiligte. Nicht antragsberechtigte Personen haben aber die Möglichkeit, die **Entlassung des Ausschussmitglieds beim Insolvenzgericht anzuregen** (BerlKo-Blersch § 70 Rn 3). Ernstzunehmenden Anregungen hat das Gericht gem § 5 Abs 1 von Amts wegen durch sorgfältige Ermittlungen nachzugehen. Gleiches gilt, wenn das Gericht Kenntnis von Umständen erhält, die sich als wichtiger Grund für eine Amtsentlassung darstellen. Da der Insolvenzverwalter kein Antragsrecht hat, kann er die Entlassung lediglich anregen (**BGH** v 17. 7. 2003 – IX ZB 448/02; ZInsO 2003, 751; BerlKo-*Blersch* § 70 Rn 3; *Jaeger/Gerhardt* § 70 Rn 10). Auch die Ausschussmitglieder haben kein Recht, die Entlassung eines Ausschussmitglieds zu beantragen (HaKo-*Frind* § 70 Rn 2; N/R/*Delhaes* § 70 Rn 6).

1. Entlassungsantrag der Gläubigerversammlung. Die Entlassung eines Ausschussmitglieds kann je- 5
derzeit von der Gläubigerversammlung beantragt werden (§ 70 S 2). Nach § 76 Abs 2 ist die **absolute Mehrheit der Forderungsbeträge** erforderlich. Stimmrechtsausschlüsse sind dabei zu beachten (MüKo-*Schmid-Burgk* § 70 Rn 14; HK-*Eickmann* § 76 Rn 6; *Jaeger/Gerhardt* § 70 Rn 9). Wird ein solcher Antrag gestellt, hat das Gericht von Amts wegen zu prüfen, ob der Beschluss, den Entlassungsantrag zu stellen, ordnungsgemäß zustande gekommen ist (§ 76 Abs 2) und ob ein **wichtiger Grund** vorliegt, der die Entlassung rechtfertigt. Der Antrag der Gläubigerversammlung ist für das Insolvenzgericht ebenso wenig bindend, wie die Behauptung eines wichtigen Grundes. Vielmehr hat das Gericht in eigener Verantwortung zu prüfen, ob ein wichtiger Grund für eine Entlassung vorliegt und sodann in eigener Verantwortung nach Anhörung des Betroffenen zu entscheiden.

2. Eigenantrag des Ausschussmitglieds auf Entlassung. Nach § 70 S 2 kann die Entlassung durch das 6
Insolvenzgericht auch auf Eigenantrag des zu entlassenden Mitglieds des Gläubigerausschusses erfolgen. Die nach der KO streitige Frage, ob ein Ausschussmitglied sein **Amt freiwillig niederlegen kann**, oder ein **Kündigungsrecht** analog §§ 626, 627, 671 BGB hat, ist durch die Regelung in § 70 S 2 dahingehend entschieden, dass nur noch das Gericht über die Entlassung entscheiden kann. Allerdings darf die unzulässige Amtsniederlegung oder Kündigung uU vom Gericht in einen Antrag auf Entlassung umgedeutet werden (*Jaeger/Gerhardt* § 70 Rn 90). Auch für die Entlassung auf Eigenantrag muss ein **wichtiger Grund** vorliegen (AG Duisburg ZInsO 2003, 861, 862; *Fuchs* in *Kraemer/Vallender/Vogelsang* Fach 2 Kap 10 Rn 472; K/P/B/*Kübler* § 70 Rn 9; N/R/*Delhaes* § 70 Rn 5). Hinsichtlich des wichtigen Grundes sind jedoch geringere Anforderungen zu stellen (MüKo-*Schmid-Burgk* § 70 Rn 16). Der Wechsel des Arbeitgebers reicht für ein Ausschussmitglied nicht aus, seine Entlassung zu beantragen (*Vallender* WM 2002, 2040, 2043; MüKo-*Schmid-Burgk* § 70 Rn 16; *Gundlach/Frenzel/Schmidt* InVo 2003, 49, 50). Der **mangelnde Wille** des Mitglieds zur Fortführung seines Amtes stellt keinen wichtigen Grund zur Entlassung dar (K/P/B/*Kübler* § 70 Rn 9). Entscheidend ist, ob es sich bei dem Eigenantrag auf Entlassung um **sachliche** und **nachvollziehbare Gründe** handelt (*Gundlach/Schirrmeister* NZI 2003, 660; K/P/B/*Kübler* § 70 Rn 9).

V. Wichtiger Entlassungsgrund

Zwingende Voraussetzung der Entlassung eines Gläubigerausschussmitglieds ist das Vorliegen eines 7
wichtigen Entlassungsgrundes (vgl **BGH** ZIP 2007, 781; *Pape* ZInsO 2002, 1017 ff; *Vallender* FS Kirchhof S 507 ff; *ders* WM 2002, 2040, 2042 ff). Durch den wichtigen Grund hat der Gesetzgeber die Unabhängigkeit der Ausschussmitglieder sichern wollen, so dass das Merkmal grundsätzlich **restriktiv**

§ 70 *Entlassung*

zu interpretieren ist (K/P/B/*Kübler* § 70 Rn 5; *Frege* NZG 1999, 478, 480; *Jaeger/Gerhardt* § 70 Rn 6). Deshalb ist eine Entlassung nur gerechtfertigt, wenn **keine milderen Mittel oder Alternativen** zur Entlassung zur Verfügung stehen, wie zB **Stimmverbot** oder **Abmahnung** (K/P/B/*Kübler* § 70 Rn 5; *Jaeger/Gerhardt* § 70 Rn 6; *Vallender* FS Kirchhof S 507, 511 f). Der wichtige Grund setzt **Verschulden** nicht voraus (MüKo-*Schmidt-Burgk* § 70 Rn 7; HK-*Eickmann* § 70 Rn 4; *Gottwald/Klopp/Kluth* InsRHdb § 21 Rn 9). Entscheidend ist, dass eine **schwerwiegende Pflichtverletzung** vorliegt, die ein Verbleiben in dem Gläubigerausschuss für die übrigen Verfahrensbeteiligten unter Abwägung aller Umstände **unzumutbar** macht (**BGH** v 15. 5. 2003 – IX ZB 448/02, ZIP 2003, 1259, 1260 = ZInsO 2003, 560 = NZI 2003, 436; vgl auch **LG Kassel** ZInsO 2002, 839).

8 **Kein wichtiger Grund** ist das Vorbringen, die Tätigkeit im Gläubigerausschuss mache Arbeit und man habe zu spät erkannt, dass eine erhebliche haftungsrechtliche Verantwortung besteht. Tatsachen, über die sich ein Gläubigerausschussmitglied vor der Annahme des Amtes hätte informieren können, sind grundsätzlich nicht geeignet, einen wichtigen Grund für die Entlassung auf Eigenantrag darzustellen. Auch darf der Entlassungsgrund **nicht nur vorübergehender Natur** sein. Eine einmalige Verfehlung oder Straftat genügt, wenn sie die dauernde Ungeeignetheit des Mitglieds für die Ausübung des Amtes erkennen lässt. Bei **strafbarem Verhalten** ist eine gerichtliche Verurteilung als Nachweis nicht erforderlich (K/P/B/*Kübler* § 70 Rn 6). Eine **andauernde Krankheit** oder eine **längere Abwesenheit** können einen wichtigen Grund darstellen, wie zB ein längerer Krankenhausaufenthalt, schwere gesundheitliche Beeinträchtigungen oder ein längerer Auslandsaufenthalt. Gleiches gilt, wenn ein Mitglied gem § 1896 BGB unter Betreuung gestellt wird (K/P/B/*Kübler* § 70 Rn 7 a). Auch die **eindeutige und offensichtliche Unfähigkeit** zur ordnungsgemäßen Wahrnehmung des Amtes stellt einen wichtigen Grund dar (K/P/B/*Kübler* § 70 Rn 7). Gleiches gilt für **wiederholte schuldhafte Pflichtverletzungen** eines Ausschussmitglieds, vor allem wenn diese in einer **Begünstigung eines Insolvenzgläubigers zum Nachteil der Übrigen** besteht (**BGH** v 15. 5. 2003 – IV ZB 448/02, ZIP 2003, 1259 = NZI 2003, 436 = ZInsO 2003, 560). Die Weitergabe **vertraulicher Informationen an die Presse** kann Ausschlussgrund sein (*Uhlenbruck* BB 1976, 1189). Nutzt ein Rechtsanwalt als Mitglied des Ausschusses gewonnene Informationen zum einseitigen Vorteil eines zu den Gläubigern gehörenden Mandanten aus, ist eine Entlassung aus wichtigem Grund gerechtfertigt. Dient dagegen die Unterrichtung des Mandanten ausschließlich dem Zweck, eine Klärung oder Richtigstellung von im Gläubigerausschuss geäußerten nachteiligen Tatsachenbehauptungen zu ermöglichen, sind die Belange der Gläubigergesamtheit, die eine Entlassung des Rechtsanwalts als Ausschussmitglied rechtfertigen, in der Regel nicht berührt (**BGH** v 24. 1. 2008 – IX ZB 222/06, ZIP 2008, 652).

9 Ein **Rechtsanwalt** ist gegenüber seinem Mandanten nicht schlechthin zum **Stillschweigen** über die im Gläubigerausschuss geführten Verhandlungen verpflichtet (**BGH** v 22. 4. 1981 – VIII ZR 34/80, ZIP 1981, 1001; **BGH** v 24. 1. 2008 – IX ZB 222/05, ZIP 2008, 652, 653). Ihm ist lediglich verboten, in seiner Eigenschaft als Gläubigerausschussmitglied erlangte Informationen im Zusammenwirken mit einem Mandanten zum Nachteil der übrigen Gläubiger zu verwerten (**BGH** ZIP 2008, 652, 653; *Bruckhoff* NZI 2008, 229, 230; *Uhlenbruck* ZIP 2003, 1373, 1380; HaKo-*Frind* § 70 Rn 3). Eine **Störung des Vertrauensverhältnisses** zu anderen Verfahrensbeteiligten, die keine Grundlage in einem objektiv pflichtwidrigen Verhalten des Gläubigerausschussmitglieds findet, rechtfertigt noch nicht dessen Entlassung (**BGH** ZIP 2007, 781, 782 = NZI 2007, 476 = ZInsO 2007, 444). Die Entlassung aus wichtigem Grund setzt immer eine Situation voraus, in der die weitere Mitarbeit des zu entlassenen Mitglieds die Erfüllung der Aufgaben des Gläubigerausschusses nachhaltig erschwert oder unmöglich macht und die Erreichung der Verfahrensziele objektiv nachhaltig gefährdet (**BGH** ZIP 2007, 781 = ZInsO 2007, 444; **BGH** ZIP 2008, 655). Das Gesetz erwartet von den Ausschussmitgliedern, dass sie ihre **persönlichen Interessen zurückstellen**, soweit das Ziel der bestmöglichen Befriedigung der Insolvenzgläubiger und die ordnungsgemäße Abwicklung des Verfahrens dies erfordern (**BGH** v 1. 3. 2007 – IX ZB 47/06, ZIP 2007, 781 = ZInsO 2007, 444 = NZI 2007, 346, 347). Eine Entlassung des Gläubigerausschussmitglieds kann auch gerechtfertigt sein, wenn dieser den **Insolvenzverwalter in gröblicher Weise in einer Weise beleidigt**, die geeignet ist, dessen Ansehen in der Öffentlichkeit herabzusetzen (**AG Wolfratshausen** ZInsO 2003, 96, 97; K/P/B/*Kübler* § 70 Rn 7). Spannungen zwischen einem Ausschussmitglied und dem Insolvenzverwalter reichen als Entlassungsgrund ebenso wenig aus wie eine tiefgreifende **Zerrüttung des Vertrauensverhältnisses** zwischen dem Ausschussmitglied und der Gläubigerversammlung (**LG Magdeburg** ZInsO 2002, 88, 89; **AG Duisburg** ZInsO 2003, 861, 862; K/P/B/*Kübler* § 70 Rn 7; *Vallender* WM 2002, 2040, 2044). Zur Entlassung eines in den Gläubigerausschüssen **zweier Konzernunternehmen** eingesetzten Mitglieds wegen Verfehlungen in einem der Ausschüsse s **BGH** v 24. 1. 2008 – IX ZB 223/05, ZIP 2008, 655. Nicht ausreichend als Entlassungsgrund sind Querelen unter den Mitgliedern des Gläubigerausschusses. Diese können allerdings im Einzelfall so belastend für das Mitglied sein, dass seine Entlassung auf Eigenantrag gerechtfertigt ist.

VI. Anhörung des zu entlassenden Ausschussmitgliedes

10 Vor der Entscheidung über die Entlassung hat das Insolvenzgericht gem § 70 Satz 3 HS 1 das Gläubigerausschussmitglied zu hören. Die Anhörung muss in **geeigneter Form** erfolgen, kann also auch schriftlich geschehen (*Jaeger/Gerhardt* § 70 Rn 12). Die **Frist zur Stellungnahme** sollte angemessen sein, also mindestens **zwei Wochen** (MüKo-*Schmid-Burgk* § 70 Rn 17). Eine kürzere Frist ist gerechtfertigt,

um von der Masse Schaden fernzuhalten (N/R/*Delhaes* § 70 Rn 6). Die Anhörung hat **vor der Entscheidung des Gerichts** zu erfolgen (BerlKo-*Blersch* § 70 Rn 5; *Jaeger/Gerhardt* § 70 Rn 12). Eine Gefährdung der Masse kann dadurch ausgeschlossen werden, dass der Gläubigerausschuss das Mitglied von den Beratungen ausschließt und ihm ein Einsichtsrecht in die Protokolle verwehrt.

VII. Gerichtlicher Entlassungsbeschluss

Sowohl die Entlassung von Amts wegen als auch auf Antrag erfolgt durch gerichtlichen Beschluss. **11** Zuständig ist mit Ausnahme von § 18 Abs 2 RPflG der Rechtspfleger (§ 18 RPflG). Liegt ein wichtiger Grund vor, hat das Gericht **keinen Ermessensspielraum** (AG Wolfratshausen ZInsO 2003, 96, 97; K/P/B/*Kübler* § 70 Rn 12; *Jaeger/Gerhardt* § 70 Rn 13). Der Beschluss ist auch bei einer Zurückweisung des Antrags zu begründen (*Vallender* FS Kirchhof S 507, 517; HaKo-*Frind* § 70 Rn 4). Die Entlassung wird mit der Rechtskraft des Entlassungsbeschlusses wirksam.

VIII. Rechtsmittel

Gegen die Entlassungsentscheidung steht nur dem entlassenen Gläubigerausschussmitglied das **Rechts-** **12** **mittel der sofortigen Beschwerde** zu (§§ 70 Satz 3 Hs 2, 6). Ist der **Rechtspfleger zuständig**, haben die nicht beschwerdeberechtigten anderen Verfahrensbeteiligten gem § 11 Abs 2 Satz 1 RPflG das **Recht der befristeten Erinnerung** (HaKo-*Frind* § 70 Rn 5). Bei **Zuständigkeit des Richters** hat das entlassene Mitglied das Rechtsmittel der **sofortigen Beschwerde**. Der Gläubigerversammlung steht gegen die gerichtliche Entscheidung ein Beschwerderecht nicht zu. Deshalb bedarf es **keiner Zustellung** des Beschlusses an die einzelnen Mitglieder des Gläubigerausschusses. Es genügt eine **formlose Mitteilung des Beschlusses** (*Vallender* FS Kirchhof S 507, 518). Die sofortige Beschwerde steht dem **Ausschussmitglied** auch dann zu, wenn **es selbst seine Entlassung beantragt hat**, diese jedoch vom Gericht abgelehnt worden ist (KS-*Heidland* S 711, 722; K/P/B/*Kübler* § 70 Rn 13; BerlKo-*Blersch* § 70 Rn 7; N/R/*Delhaes* § 70 Rn 11; HK-*Eickmann* § 70 Rn 6; *Jaeger/Gerhardt* § 70 Rn 16). Wird ein **Antrag der Gläubigerversammlung** auf Entlassung des Verwalters abgelehnt, ist die Entscheidung unanfechtbar (N/R/*Delhaes* § 70 Rn 11; *Jaeger/Gerhardt* § 70 Rn 17). Die **Beschwerdefrist beträgt zwei Wochen** (§ 4 InsO, § 569 Abs 1 ZPO). Sie beginnt gem § 6 Abs 2 Satz 1 mit der Verkündung des Beschlusses, ansonsten mit der **Zustellung der Entscheidung** an das Ausschussmitglied. Die Entlassung wird mit der Rechtskraft des Beschlusses wirksam (§ 6 Abs 3 Satz 1).

IX. Ergänzung des Gläubigerausschusses

Bei einem **vorläufigen** oder „**vor-vorläufigen**" Gläubigerausschuss liegt die Befugnis, Ersatzmitglieder **13** einzusetzen, bei dem Insolvenzgericht. Beim **endgültigen Gläubigerausschuss** ist umstritten, wer nach dem Ausscheiden bzw der Entlassung eines Ausschussmitgliedes berechtigt ist, ein neues Ausschussmitglied zu ernennen. Nicht gefolgt werden kann der Ansicht, ein neues Gläubigerausschussmitglied könne von Amts wegen durch das **Insolvenzgericht** ernannt werden (so aber N/R/*Delhaes* § 70 Rn 10; **AG Duisburg** ZInsO 2003, 861, 862; wie hier MüKo-*Schmid-Burgk* § 71 Rn 19; *Vallender* WM 2002, 2040, 2041; *Rendels* EWiR 2003, 983 f). Die Praxis begegnet der drohenden Vakanz damit, dass die Gläubigerversammlung gem § 68 **Ersatzmitglieder** wählt, die an die Stelle des entlassenen Mitglieds treten (AG Göttingen ZInsO 2007, 47). Die Gläubigerversammlung ist berechtigt, jederzeit ein neues Mitglied zu wählen (*Vallender* FS Kirchhof S 507, 518). Die Gläubigerversammlung kann aber auch dem Gläubigerausschuss die **Ermächtigung zur Selbstergänzung** erteilen. Eine Ergänzung von Amts wegen kommt nicht in Betracht. Vgl auch die Kommentierung zu § 68 Rn 7.

X. Vergütung des entlassenen Ausschussmitglieds

Auch nach der Entlassung aus dem Amt hat das Ausschussmitglied einen Anspruch auf Festsetzung **14** der Vergütung für seine bisherige Tätigkeit nach § 73 InsO iVm § 17 InsVV (*Vallender* FS Kirchhof S 507, 519). Die Festsetzung der Vergütung erfolgt durch das Insolvenzgericht (§ 64 InsO). Schwere Pflichtverletzungen eines Ausschussmitglieds, die zu einem Schaden der Masse geführt haben, können im Einzelfall zu einer **Verwirkung des Vergütungsanspruchs** führen (BGHZ 159, 122, 131 f). Zulässig ist auch die **Aufrechnung** mit Schadensersatzansprüchen gegen das Ausschussmitglied (*Ganter* FS Fischer S 121, 132).

§ 71 Haftung der Mitglieder des Gläubigerausschusses

¹ Die Mitglieder des Gläubigerausschusses sind den absonderungsberechtigten Gläubigern und den Insolvenzgläubigern zum Schadenersatz verpflichtet, wenn sie schuldhaft die Pflichten verletzen, die ihnen nach diesem Gesetz obliegen. ² § 62 gilt entsprechend.

Die Vorschrift entspricht § 82 RegE, wobei Satz 2 inhaltlich angepasst worden ist.

§ 71 Haftung der Mitglieder des Gläubigerausschusses

I. Die ersatzberechtigten Beteiligten

1 Die Vorschrift des § 71 ist eng an die frühere Vorschrift des § 89 KO angelehnt, enthält jedoch nicht nur Klarstellungen, wie zB hinsichtlich der Haftung für Erfüllungsgehilfen (§ 278 BGB), sondern auch eine Begrenzung der Anspruchsberechtigten. Bei mangelhafter und schuldhafter Verletzung der Pflichten der Ausschussmitglieder (§ 69) tritt zwar vielfach eine nicht unerhebliche Schädigung von „Beteiligten" ein, jedoch hat der Gesetzgeber nur den **absonderungsberechtigten Gläubigern** und den **Insolvenzgläubigern** solchenfalls einen Schadenersatzanspruch zugebilligt. Der Grund für die Einschränkung der zum Schadenersatz Berechtigten liegt darin, dass der Gläubigerausschuss ebenso wie die Gläubigerversammlung vorwiegend die Interessen der beteiligten Gläubiger im Insolvenzverfahren zur Geltung bringen soll. Nach Auffassung des Gesetzgebers sind die Interessen der übrigen Beteiligten – namentlich des **Schuldners** und der **Massegläubiger** – durch den umfassenden Pflichtenkreis des Insolvenzverwalters und durch die Aufsicht des Gerichts hinreichend geschützt (so Begr zu § 82 RegE = BT-Drucks 12/2443 = BR-Drucks 1/92 S 132, abgedr bei *Uhlenbruck*, Das neue Insolvenzrecht, S 383; zust *Uhlenbruck* ZIP 2002, 1373, 1377; N/R/*Delhaes* § 70 Rn 2; s auch *Ganter* FS *Fischer* 2008, S 121, 122; *Jaeger/Gerhardt* § 71 Rn 3; MüKo-*Schmid-Burgk* § 71 Rn 2; krit *Vortmann* ZInsO 2006, 310 f; *Hess* § 71 Rn 3). Nach ständiger Rechtsprechung des **BGH** haften die Ausschussmitglieder gegenüber dem Masseschuldgläubiger persönlich, wenn sie **eigene Pflichten ausdrücklich übernommen** oder insoweit einen Vertrauenstatbestand geschaffen haben, an dem sie sich festhalten lassen müssen (zust *Ganter* FS *Fischer* S 121, 123). Gleiches gilt, wenn das Verhalten der Ausschussmitglieder eine **unerlaubte Handlung** iSv § 823 BGB darstellt (vgl **BGH** v 22. 4. 1981, ZIP 1981, 1001, 1002 f; OLG Frankfurt v 12. 12. 1989, ZIP 1990, 722, 724 = NJW 1990, 583). **Drittsicherungsgeber** (§ 44 InsO) wie zB der **Bürge**, wenn der Gläubiger an der Insolvenz des Hauptschuldners teilnimmt und nicht durch Zahlungen des Bürgen die angemeldete Forderung nach § 774 Abs 2 BGB auf ihn übergegangen ist, fallen nicht in den Schutzbereich des § 71 (**BGH** v 11. 10. 1984 – IX ZR 80/83, ZIP 1984, 1506, 1507 = KTS 1985, 307; *Jaeger/Gerhardt* § 71 Rn 3; *Ganter* FS *Fischer* S 121, 122; HaKo-*Frind* § 71 Rn 1). Eine **übertriebene Haftung** der Gläubigerausschussmitglieder würde dazu führen, dass angesichts der niedrigen Vergütung niemand mehr bereit wäre, ein solches Amt zu übernehmen. Nach Feststellung von *Ganter* (FS *Fischer* S 121, 122) „wird deshalb nach Wegen gesucht, die **unzumutbaren Härten** für die Mitglieder des Gläubigerausschusses zu vermeiden. Die Ausschussmitglieder sollen insbesondere nicht zu „Ausfallbürgen" für ungetreue Insolvenzverwalter gemacht werden. Ist eine **juristische Person** in den Ausschuss gewählt, haftet die juristische Person und nicht der in den Ausschuss entsandte Vertreter. Anders nur, wenn ein Ausschussmitglied persönlich gewählt wird und nicht die dahinterstehende Institution (**BGH** ZIP 1989, 403, 404; *Ganter* FS *Fischer* S 121, 123).

II. Haftung gegenüber Absonderungsberechtigten und Insolvenzgläubigern

2 Anders als nach früherem Recht sind nach § 71 die Mitglieder des Gläubigerausschusses nur noch den **absonderungsberechtigten Gläubigern** (§§ 49 ff) und den **Insolvenzgläubigern** (§ 38) zum Schadenersatz verpflichtet, wenn sie schuldhaft die Pflichten verletzen, die ihnen nach der InsO obliegen. Erleiden **absonderungsberechtigte Gläubiger** durch schuldhaftes Verhalten des Gläubigerausschusses oder eines seiner Mitglieder einen individuellen Schaden, so ist durch § 71 die **Geltendmachung dieses Schadens schon während des laufenden Verfahrens** keineswegs ausgeschlossen (K/P/B/*Kübler* § 71 Rn 7; *Jaeger/Gerhardt* § 71 Rn 5; *Pape* ZInsO 1999, 675, 679). Der Insolvenzverwalter ist als Anspruchsberechtigter in § 71 zwar nicht erwähnt, kann jedoch auch Ansprüche gegen den Ausschuss und seine Mitglieder geltend machen. Hier ist zu unterscheiden zwischen Außen- und Innenverhältnis. § 71 regelt die Haftung im **Außenverhältnis**. Für die **Haftung im Innenverhältnis** gilt die gesetzliche Beschränkung des § 71 nicht. Wird durch schuldhaftes Verhalten des Gläubigerausschusses oder einzelner Mitglieder die Insolvenzmasse als solche geschädigt und dadurch die Befriedigung der Gläubiger beeinträchtigt, so haftet der Gläubigerausschuss bzw haften seine Mitglieder wegen schuldhafter Masseverkürzung. Die **Geltendmachung eines Gesamtschadens** der Gläubiger wegen schuldhafter Masseschädigung ist auch nach der InsO nicht ausgeschlossen (KS-*Heidland* in KS InsO S 711, 727 Rn 32; K/P/B/*Kübler* § 71 Rn 6; MüKo-*Schmid-Burgk* § 71 Rn 13). Umstritten ist die Frage, ob die Beschränkung des Anspruchsberechtigten in § 71 auch für die Zeit nach **Aufhebung des Verfahrens** gilt (bejahend *Heidland* in KS InsO S 711, 727 Rn 32; verneinend *Hess* § 71 Rn 16; *Pape* Gläubigerbeteiligung Rn 320; K/P/B/*Kübler* § 71 Rn 6). Richtig ist, dass die ausdrückliche Begrenzung des Kreises der Ersatzberechtigten auf die Absonderungs- und Insolvenzgläubiger den Schuldner bzw das Schuldnerunternehmen als Anspruchsberechtigten ausschließt. Soweit allerdings auch während des Verfahrens Schadenersatzansprüche Dritter nach allgemeinen Vorschriften als **Individualschaden** geltend gemacht werden können, ist die Geltendmachung auch nach Aufhebung des Verfahrens zulässig. Mit der Aufhebung des Verfahrens kann im Übrigen der **Individualschaden** eines Gläubigers oder eines Absonderungsberechtigten als Teil eines Gesamtschadens von diesem geltend gemacht werden (K/P/B/*Kübler* § 71 Rn 6; str aA *Jaeger/Gerhardt* § 71 Rn 6).

III. Haftungsvoraussetzungen

Die Haftungsvoraussetzungen richten sich nach den allgemeinen Grundsätzen für eine Schadenersatzpflicht, also Pflichtverletzung, Schaden, Verschulden und Kausalzusammenhang zwischen schuldhafter Pflichtverletzung und Schaden. Die Haftung der Ausschussmitglieder ist grundsätzlich eine **Individualhaftung**, auch wenn alle Mitglieder die gleichen Pflichten treffen (*Ganter* FS *Fischer* S 121, 123) und sich der Schaden als Gemeinschaftsschaden der Gläubiger darstellt. Eine **individuelle Geltendmachung** von Gesamtschäden ist für Insolvenzgläubiger regelmäßig erst nach Aufhebung des Verfahrens möglich (**OLG Hamm** BB 1955, 296; *Hess* § 71 Rn 15; *Jaeger/Gerhardt* § 71 Rn 6; MüKo-*Schmid-Burgk* § 71 Rn 13). 3

1. Pflichtverletzung. a) Kollegial- und Individualpflichten. Mit der Annahme der Wahl übernehmen die Gläubigerausschussmitglieder sämtliche Pflichten, die das Gesetz nicht nur in § 69, sondern auch in anderen Vorschriften vorsieht und für deren Erfüllung sie nach § 71 verantwortlich sind (N/R/*Delhaes* § 71 Rn 6; K/P/B/*Kübler* § 71 Rn 10; *Braun/Uhlenbruck* Unternehmensinsolvenz S 209 ff). Die Ausschussmitglieder sind verpflichtet, sich bei der Aufnahme ihres Amtes über die ihnen **obliegenden Pflichten zu informieren**. Ein Unterlassen der Informationspflicht kann eine schuldhafte Pflichtverletzung sein (**BGH** WM 1978, 634, 635; **OLG Rostock** ZInsO 2004, 814, 815; K/P/B/*Kübler* § 71 Rn 13; HaKo-*Frind* § 71 Rn 3). Die Gläubigerversammlung ist nicht berechtigt, den gesetzlichen Pflichtenkreis des Gläubigerausschusses einzuschränken oder einzelne Mitglieder von gewissen Pflichten zu befreien, denn die Pflichten des Gläubigerausschusses stehen nicht zur Disposition der Gläubigerversammlung (**RG** v 17. 2. 1936, RGZ 150, 286, 287 f; BGHZ 49, 121, 123; K/P/B/*Kübler* § 71 Rn 11; *Jaeger/Gerhardt* § 71 Rn 7; MüKo-*Schmid-Burgk* § 71 Rn 6). Die Pflichtverletzung kann sowohl in der Verletzung einer dem einzelnen Gläubigerausschussmitglied nach § 69 obliegenden Individualpflicht als auch in der Verletzung einer den Gläubigerausschuss als Kollegium treffenden Pflicht bestehen. Grundsätzlich geht das Gesetz davon aus, dass auch in den Fällen, in denen das Gesetz von Pflichten der „Mitglieder des Gläubigerausschusses" spricht, diese **jedes einzelne Mitglied** treffen (HK-*Eickmann* § 69 Rn 3). Vor allem die Unterstützungs- und Überwachungspflicht sowie die Verschwiegenheitspflicht sind höchstpersönliche Individualpflichten, die jedes einzelne Mitglied wahrzunehmen hat. Soweit eine **Arbeitsaufteilung** stattfindet oder **Aufgaben auf Dritte** übertragen werden, haftet jedes einzelne Ausschussmitglied als Gesamtschuldner (MüKo-*Schmid-Burgk* § 71 Rn 16; HK-*Eickmann* § 71 Rn 1; FK-*Kind* § 71 Rn 5). Das **Verschulden eines Ausschussmitglieds** wird dem Ausschuss als solchem zugerechnet, wenn die Aufgabe dem Gläubigerausschuss als Gremium oblag. So zB bei Verletzung der Verpflichtung, sich um die Durchführung und das Ergebnis der sogen **Kassenprüfung** zu kümmern (RGZ 150, 286, 288; BGHZ 49, 121, 124; BGHZ 71, 253, 256; **BGH** ZIP 1985, 423; **BGH** ZIP 1984, 1506; **BGH** ZIP 1994, 46, 49; **OLG Frankfurt** NJW 1990, 583; **OLG Köln** ZIP 1988, 992; **OLG Saarbrücken** NZI 1999, 44; **OLG Hamm** BB 1955, 296, 297; *Obermüller* FS *Möhring* S 101, 106; K/P/B/*Kübler* § 71 Rn 10 ff; *Hess/Weis* InVo 1997, 1, 4; K/U § 89 KO Rn 1 a). Ein Problem ist die **Kontrolldichte bei der Kassenprüfung**. Nach der Rechtsprechung sind die Konten und Belege zu überprüfen (BGHZ 49, 121, 122; **BGH** 71, 253, 256). Offen geblieben ist aber, ob damit eine **lückenlose Prüfung** aller Kontenbewegungen mit den dahinterstehenden Geschäftsvorfällen gemeint ist. In Großverfahren mit zunehmend beleglosem Datenträgeraustausch und Sammelüberweisungen genügt es, wenn die Ausschussmitglieder die bedeutendsten Positionen „zumindest grob rechnerisch" prüfen (vgl auch *Ganter* FS *Fischer* S 121, 126). Etwas anderes gilt, wenn der Verdacht besteht, dass der Insolvenzverwalter verwalter Pflichten gegenüber den Gläubigern verletzt hat. Hier sind **außerordentliche Prüfungshandlungen** angebracht (N/R/*Delhaes* § 69 Rn 20; *Ganter* FS *Fischer* S 121, 126). Bei der **Prüfung von Geschäftsvorfällen** werden sich die Ausschussmitglieder auf **Stichproben** beschränken dürfen. Einzelheiten zu den Pflichten der Gläubigerausschussmitglieder in der Kommentierung zu § 69. Eine Pflichtverletzung kann darin liegen, dass die Mitglieder des Gläubigerausschusses zB einer in übertriebener Eile erfolgten Unternehmensveräußerung durch den Verwalter zustimmen (vgl **BGH** v 22. 1. 1985, ZIP 1985, 423, 427). Auch eine die Masse schädigende Stimmabgabe ist geeignet, eine Schadenersatzpflicht zu begründen. Soweit der Insolvenzverwalter die Zustimmung des Gläubigerausschusses nach § 160 Abs 1 Satz 1 einzuholen hat, sind die Ausschussmitglieder verpflichtet zu prüfen, ob die geplante Maßnahme unbedenklich ist. Soll zB ein Darlehen aufgenommen werden, das die Masse erheblich belasten würde (§ 160 Abs 1 Nr 2), hat sich die Prüfungspflicht insbesondere darauf zu erstrecken, ob die dadurch entstehende **Masseverbindlichkeit** voraussichtlich erfüllt werden kann (**BGH** v 8. 5. 2008 – IX ZR 54/07, ZIP 2008, 1243 ff; *Ganter* FS *Fischer* S 121, 123; *Pape/Schmidt* ZInsO 2004, 955, 958). 4

b) Insolvenzspezifische Pflichten. Bei der Pflichtverletzung muss es sich immer um die **Verletzung einer insolvenzspezifischen Pflicht** handeln, dh einer Pflicht, die dem Gläubigerausschuss oder seinen Mitgliedern speziell nach der InsO obliegt (s MüKo *Schmid-Burgk* § 71 Rn 9). Das sind hauptsächlich Pflichten nach § 69. Nicht zu den insolvenzspezifischen Aufgaben des Gläubigerausschusses gehört es, nach außen hin für die Masse tätig zu werden oder gar Masseverbindlichkeiten zu begründen (**BGH** v 22. 4. 1981, ZIP 1981, 1001, 1002; K/P/B/*Kübler* § 69 Rn 6; K/U § 89 KO Rn 1 a). Dies gilt selbst dann, wenn das Ausschussmitglied bei den Vertragsabschlüssen eigene wirtschaftliche Interessen ver- 5 folgt. Eine **Individualhaftung** des einzelnen Gläubigerausschussmitglieds kommt in Betracht, wenn ein Ausschussmitglied seine **Pflicht zur Verschwiegenheit** schuldhaft verletzt oder aber im Gläubigerausschuss gewonnene Informationen zu eigenen Vorteilen ausnutzt (N/R/*Delhaes* § 71 Rn 6; *Uhlenbruck* ZIP 2002, 1373, 1376 ff). So liegt zB eine Pflichtverletzung darin, vertrauliche Berichte des Insolvenzverwalters dazu zu benutzen, außerhalb des Insolvenzverfahrens im Ausland Einzelzwangsvollstreckungen in Schuldnervermögen durchzuführen (N/R/*Delhaes* § 71 Rn 6; *Jaeger/Weber* § 88 KO Rn 2; *Hegmanns* Gläubigerausschuss S 99 ff; *Uhlenbruck* BB 1976, 1198, 1200; *Robrecht* KTS 1971, 139). Unterlässt der Gläubigerausschuss es schlechthin, die Geschäftsführung des Insolvenzverwalters zu überwachen, so verletzt er seine **insolvenzspezifischen Pflichten** (OLG Koblenz v 2. 3. 1995, ZIP 1995, 1101, 1102). Gibt ein Gläubigerausschussmitglied Informationen aus dem Ausschuss an seinen Arbeitgeber weiter und nutzt sie der Arbeitgeber zu Maßnahmen, die die Insolvenzmasse schädigen, so haftet ausschließlich das Gläubigerausschussmitglied im Rahmen des § 71, nicht aber der Arbeitgeber (**BGH** v 9. 2. 1989, ZIP 1989, 403 m Anm *Hegmanns* EWiR 1/89, 409).

6 **2. Verschulden.** Im Rahmen des Verschuldens ist zu unterscheiden, ob es sich um ein **eigenes Verschulden** des Gläubigerausschusses oder seiner Mitglieder handelt oder um ein **Fremdverschulden**, das über §§ 62 InsO, 278 BGB den Ausschussmitgliedern zuzurechnen ist. Hierbei ist zunächst festzustellen, dass jede Individualpflicht eines Gläubigerausschussmitgliedes zugleich auch Verpflichtung des Gläubigerausschusses als Ganzes ist (vgl K/U § 89 KO Rn 1 a u Rn 4 a; KS-*Heidland* S 711, 724 Rn 25; N/R/*Delhaes* § 71 Rn 11). Die in § 69 festgelegten Pflichten der einzelnen Mitglieder treffen grundsätzlich auch den Ausschuss als solchen. Soweit ein Ausschussmitglied mit der Wahrnehmung der dem Ausschuss obliegenden Pflichten betraut wird, haftet der Gläubigerausschuss für dessen Verschulden wie für eigenes Verschulden (**OLG Rostock** ZInsO 2004, 814, 815; K/P/B/*Kübler* § 71 Rn 13; N/R/*Delhaes* § 71 Rn 11; str aA *Heidland* in KS InsO S 711, 724 Rn 25). Ein Ausschussmitglied kann sich nicht darauf berufen, es habe sich auf die sachgemäße Arbeit des Insolvenzverwalters oder eines erfahrenen Ausschussmitglieds verlassen (RGZ 152, 125, 128; **BGH** ZIP 1995, 1101, 1102; *Jaeger/Gerhardt* § 71 Rn 9; *Ganter* FS *Fischer* S 121, 129).

7 **a) Eigenes Verschulden der Ausschussmitglieder.** Jedes Ausschussmitglied haftet für eigenes Verschulden, dh für Vorsatz und jeden Grad von Fahrlässigkeit individuell (vgl *Stein* KTS 1957, 109, 110; *Ganter* FS *Fischer* S 121, 128; K/P/B/*Kübler* § 71 Rn 12; N/R/*Delhaes* § 71 Rn 10). Nicht gefolgt werden kann der Auffassung, bei **leichter Fahrlässigkeit** hafte ein Gläubigerausschussmitglied nicht, wenn sein **Anteil an der Schadensverursachung** deutlich weniger als 20% beträgt (so zB **OLG Frankfurt** ZIP 1990, 722, 725; **OLG Rostock** ZInsO 2004, 814, 816; MüKo-*Schmid-Burgk* § 71 Rn 7).

8 **aa) Verschuldensmaßstab.** Grundsätzlich orientiert sich der Verschuldensmaßstab an der **Sorgfalt eines ordentlichen und gewissenhaften Gläubigerausschussmitgliedes** (§ 276 BGB; **BGH** ZIP 1994, 1507; BGHZ 71, 253; **BGH** ZIP 1989, 403, 404; H/W/F, HdbInsO 6/18). Insoweit gelten die gleichen Grundsätze wie für den Insolvenzverwalter nach § 60 Abs 1 S 2. Eine **Selbstüberschätzung** in Bezug auf die eigenen Fähigkeiten und Kenntnisse stellt keinen Entschuldigungsgrund dar (*Pape* ZInsO 1999, 675, 679; K/P/B/*Kübler* § 71 Rn 12 ff). Entgegen der Vorauff sind die **persönlichen Fähigkeiten, Kenntnisse und Erfahrungen** maßgeblich. Für ein branchenkundiges und kaufmännisch versiertes Mitglied oder einen Spezialisten gilt ein **anderer Verschuldensmaßstab** als für jemanden mit Durchschnittskenntnissen (*Ganter* FS *Fischer* S 121, 128; MüKo-*Schmid-Burgk* § 71 Rn 7; N/R/*Delhaes* § 71 Rn 10). Deshalb gilt für einen Rechtsanwalt als Mitglied des Ausschusses ein anderer Maßstab als zB für einen Arbeitnehmervertreter (*Ganter* FS *Fischer* S 121, 128; N/R/*Delhaes* § 71 Rn 10). Ein Gläubigerausschussmitglied kann sich nicht damit entschuldigen, es habe sich über die Pflichten geirrt oder über die im Allgemeinen erforderlichen Kenntnisse und Fähigkeiten nicht verfügt (*Vortmann* ZInsO 2006, 310, 313 f; K/P/B/*Kübler* § 71 Rn 13; MüKo-*Schmid-Burgk* § 71 Rn 7). Wer sich für das Amt eines Gläubigerausschussmitglieds zur Verfügung stellt und die Wahl annimmt, hat sich zu vergewissern, dass er die zur Ausübung des Amtes notwendigen Kenntnisse besitzt. Andernfalls stellt es schon ein Verschulden dar, die Wahl anzunehmen (vgl RGZ 150, 286, 288; BGHZ 49, 121, 124; BGHZ 71, 253; 256; *Hess/Weis* InVo 1997, 1, 4; *Obermüller* FS *Möhring* S 101, 106; K/P/B/*Kübler* § 71 Rn 13; K/U § 89 KO Rn 1 b). Wer die Aufgaben eines Gläubigerausschussmitglieds nur wahrnimmt, um später in den Genuss einer Vergütung zu gelangen oder einen Teil seines Schadens durch die Vergütungsfestsetzung auszugleichen, muss mit einer Haftung bei schuldhafter Verletzung seiner Pflicht rechnen, wenn es ihm nicht gelingt, sich die nötigen Kenntnisse zur Überwachung und Unterstützung des Insolvenzverwalters zu verschaffen (*Uhlenbruck* WPrax 12/94, 6, 8; *Pape/Schmidt* ZInsO 2004, 955, 957; *Vallender* WM 2002, 2040, 2048; N/R/*Delhaes* § 71 Rn 10). Schuldhaft handelt ein Ausschussmitglied auch, wenn es die vom Gericht zur Verfügung gestellten **Merkblätter** nicht zur Kenntnis nimmt und sich danach richtet. Das Insolvenzgericht ist nicht verpflichtet die Mitglieder des Gläubigerausschusses über ihre Pflichten zu informieren. Wer sich als Kaufmann in den Gläubigerausschuss eines Verfahrens wählen lässt, das fast ausschließlich schwierige Rechtsfragen zum Gegenstand hat, handelt schuldhaft, wenn er später den Aufgaben nicht gewachsen ist und sich nicht abberufen lässt (K/P/B/*Kübler* § 71 Rn 13; *Obermüller* FS *Möhring* S 101, 106; *Hess* § 71 Rn 6; *Braun/Kind* § 71 Rn 3; N/R/*Delhaes* § 71 Rn 10).

III. Haftungsvoraussetzungen **§ 71**

bb) Gründe, die das Verschulden ausschließen. In besonders gelagerten Einzelfällen kann als Ent- 9
schuldigung angeführt werden, die Mitglieder des Gläubigerausschusses hätten aus der **Unentgeltlichkeit ihrer Tätigkeit** geschlossen, sie hätten nicht die gesetzlichen Pflichten eines Gläubigerausschussmitglieds, sondern seinen lediglich zur Beratung des Insolvenzverwalters verpflichtet (so **RG HRR** 1936 Nr 1247 = **JW** 1936, 2927; K/U § 89 Rn 10; *Jaeger/Gerhardt* § 71 Rn 9). Das gilt in engen Grenzen auch für einen **entschuldbaren Rechtsirrtum** (*Jaeger/Gerhardt* § 71 Rn 9). Die Gläubigerversammlung ist nicht berechtigt, den gesetzlichen Haftungsmaßstab durch Beschluss einzuschränken oder ein Ausschussmitglied völlig von der Haftung befreien. Dies gilt selbst dann, wenn das Ausschussmitglied **unentgeltlich** tätig wird (K/U § 89 KO Rn 9; *Stein* KTS 157, 109, 110; *Ganter* FS *Fischer* S 121, 128; K/P/B/Kübler § 71 Rn 11). Durch **Krankheit**, zeitweise **Untersuchungshaft** oder **Wohnsitzverlegung** bzw **berufliche Abhaltungen** wird ein Verschulden grundsätzlich nicht ausgeschlossen (vgl **RG** v 1. 7. 1937, **JW** 1937, 2776, 2777 m Anm *Bley*; *Obermüller* FS *Möhring* S 101, 106; K/P/B/*Kübler* § 71 Rn 14; *Jaeger/Gerhardt* § 71 Rn 9; einschränkend für den Fall der **Krankheit** *Jaeger/Weber* § 89 KO Rn 2). Erkrankt ein Gläubigerausschussmitglied und ist es für längere Zeit außerstande, seinen Pflichten zu genügen, so stellt es ein Verschulden dar, wenn es den Gläubigerausschuss über die Verhinderung nicht informiert und dafür sorgt, dass ein anderes Mitglied diese Pflichten übernimmt. **Arglistige Täuschung eines Ausschussmitgliedes** durch den übrigen Gläubigerausschuss kann im Einzelfall das Verschulden eines Mitglieds entfallen lassen (*Jaeger/Gerhardt* § 71 Rn 9; K/P/B/*Kübler* § 71 Rn 14). Schwieriger ist die Situation, wenn es um **Entscheidungen des Gläubigerausschusses** geht oder um eine Handlung, wie zB eine Zustimmung, die durch den Gläubigerausschuss zu erfolgen hat. Nach überwiegender Auffassung in der Literatur ist ein Mitglied in diesen Fällen entschuldigt, wenn es nachzuweisen vermag, dass es zB **gegen einen pflichtwidrigen Beschluss des Gläubigerausschusses** gestimmt hat (*Skrotzki* KTS 1967, 142, 148; K/P/B/*Kübler* § 71 Rn 14; *Jaeger/Gerhardt* § 71 Rn 10; *MüKo-Schmid-Burgk* § 71 Rn 10). Dies ist aber keineswegs unzweifelhaft, wenn sich zB das Ausschussmitglied der **Stimme enthalten** hat. Jedenfalls kann in dem Verbleiben eines überstimmten Mitglieds im Ausschuss noch keine stillschweigende Billigung des pflichtwidrigen Beschlusses gesehen werden (*Jaeger/Weber* § 89 KO Rn 2; K/P/B/*Kübler* § 71 Rn 14; *Jaeger/Gerhardt* § 71 Rn 10). Eine **schuldhafte Pflichtverletzung** ist in der Regel anzunehmen, wenn die Mitglieder des Gläubigerausschusses die Berichte des Insolvenzverwalters über seine Geschäftsführung ungeprüft oder unkritisch entgegennehmen. Unterlässt es der Gläubigerausschuss, die Geschäftsführung des Insolvenzverwalters zu überwachen, so verletzt er seine insolvenzspezifischen Pflichten nach § 69 und haftet demgemäß (**OLG Koblenz** v 2. 3. 1995, **ZIP** 1995, 1101, 1102). In allen Fällen, in denen das Gesetz die Mitwirkung des „**Gläubigerausschusses**" als Gesamtheit vorsieht, kommt es nicht darauf an, in welchem Umfang und zu welchem Prozentsatz das einzelne Mitglied ein Verschulden trifft.

b) Zurechenbares Verschulden von Hilfspersonen. Eine Haftung der Gläubigerausschussmitglieder oder 10
des Ausschusses kommt auch in Betracht, wenn sich der Ausschuss oder ein Mitglied eines Dritten bedient, um seine höchstpersönlichen Aufgaben zu erfüllen (**BGH NJW** 1978, 1257; *Uhlenbruck* WPrax 12/94, 6, 7; *Vallender* WM 2002, 2040, 2048; *Pape* ZInsO 1999, 675, 679). Die Haftung entfällt nicht etwa dadurch, dass auch der Insolvenzverwalter haftet *(Braun/Kind* § 71 Rn 5; HK-*Eickmann* § 71 Rn 2). Die Zulässigkeit einer Delegation von Aufgaben ergibt sich aus § 69 S 2. Überträgt ein Gläubigerausschussmitglied oder der Gläubigerausschuss als Gremium Aufgaben, die **höchstpersönlicher Natur** sind, so ist zu unterscheiden: Ist wegen der höchstpersönlichen Natur die **Übertragbarkeit unzulässig** und als Verstoß gegen das Gesetz anzusehen, so haften die Ausschussmitglieder unmittelbar nach § 71. Handelt es sich um Tätigkeiten höchstpersönlicher Natur, die zwar vom Gesetz nicht ausdrücklich als übertragbar oder delegierbar angesehen werden, bei denen aber die Praxis eine Delegation zulässt, haften die Gläubigerausschussmitglieder für Verschulden der Hilfskräfte nach § 278 BGB ohne Entlastungsmöglichkeit (RGZ 152, 125, 128; K/P/B/*Kübler* § 71 Rn 15; K/U § 88 KO Rn 1 a).

Wird in den vom Gesetz in § 69 S 2 vorgesehenen Fällen der Unterrichtung über den Gang der Ge- 11
schäfte, der Einsicht in die Bücher und Geschäftspapiere sowie bei der Prüfung des Geldverkehrs und Geldbestandes ein **Dritter mit der Aufgabe betraut**, wie zB ein Wirtschaftsprüfer, Steuerberater, vereidigter Buchprüfer oder eine Wirtschaftsprüfungsgesellschaft, so ist streitig, ob auch insoweit § 278 BGB eingreift oder sich die Haftung lediglich auf **Auswahl- bzw Überwachungsverschulden** beschränkt (für Letzteres zB KS-*Heidland* S 711, 727 Rn 34; Vallender WM 2002, 2040, 2048; HaKo-Frind § 71 Rn 1). Aus dem Wortlaut des § 69 S 2 ist lediglich zu entnehmen, dass die **Delegation von Aufgaben** vom Gesetzgeber für **zulässig** angesehen wird. Hieraus lässt sich aber nicht zwingend schließen, dass der Gesetzgeber zugleich auch die Haftung des Ausschusses einschränken wollte. Nach **hM** gilt auch in den Fällen, in denen in gesetzlich zulässiger Weise Dritte als Hilfspersonen eingeschaltet werden, dass der Gläubigerausschuss für deren Verschulden nach **§ 278 BGB** einzustehen hat (**BGH NJW** 1978, 1257; *Ganter* FS *Fischer* S 121, 133 f; *Pape*, Gläubigerbeteiligung Rn 323; BerlKo-*Blersch* § 71 Rn 11; *Vortmann* ZInsO 2006, 310, 312; HK-*Eickmann* § 71 Rn 6; K/P/B/*Kübler* § 71 Rn 15; MüKo-*Schmid-Burgk* § 71 Rn 17; N/R/*Delhaes* § 71 Rn 11). Grundsätzlich können sich zwar die Gläubigerausschussmitglieder im Haftungsfall nicht durch den Nachweis der sorgfältigen Auswahl der Hilfsperson entlasten (K/P/B/*Kübler* § 71 Rn 16; *Ganter* FS *Fischer* S 121, 133, 134). Bedient sich ein Mitglied im Rah-

men der Beschlussfassung oder hinsichtlich einer höchstpersönlichen Tätigkeit eines Vertreters oder einer sonstigen Hilfsperson, so hat er in jedem Fall nach § 278 BGB für deren Verschulden wie eigenes Verschulden einzustehen, ohne dass ihm eine Entlastungsmöglichkeit offen steht (RGZ 152, 125, 128; K/P/B/*Kübler* § 71 Rn 16). Eine **Einschränkung** wird man aber in den Fällen machen müssen, in denen der Gläubigerausschuss gesetzlich ermächtigt ist, die Prüfung Dritten, wie zB einer Wirtschaftsprüfungsgesellschaft, zu übertragen (zutr KS-*Heidland* S 711, 728 Rn 34). In diesen Fällen beschränkt sich die Haftung auf Auswahl- und Überwachungsverschulden (*Vallender* WM 2002, 2040, 2048; HaKo-*Frind* § 71 Rn 4.

12   **3. Schaden.** Hat das Gläubigerausschussmitglied oder der Gläubigerausschuss einen Gläubigerschaden oder einen Schaden von absonderungsberechtigten Gläubigern schuldhaft verursacht, so haben sie für den **gesamten Schaden** einzustehen (*Jaeger/Gerhardt* § 71 Rn 13; MüKo-*Schmid-Burgk* § 71 Rn 9; *Ganter* FS *Fischer* S 121, 132; K/P/B/*Kübler* § 71 Rn 17; N/R/*Delhaes* § 71 Rn 13). Zu ersetzen ist jedoch lediglich der Schaden, der vom **Schutzzweck des § 71** erfasst wird (*Jaeger/Gerhardt* § 71 Rn 13; K/P/B/*Kübler* § 71 Rn 17). Kann ein Beteiligter das gegen die Insolvenzmasse erwirkte Urteil nicht durchsetzen, weil sich dort kein Vermögen mehr befindet, kommt nach Auffassung des **BGH** (Urt v 11. 11. 1993, ZIP 1994, 46, 49) ein Schadenersatzanspruch gegen die Mitglieder des Gläubigerausschusses nur in Betracht, wenn der Titel materiell-rechtlich zu Recht ergangen ist. Eine **Rechtspflicht zum Schadenersatz** tritt nur ein, wenn der Schaden bei Einhaltung der Pflicht hätte verhindert werden können. Eine lediglich äußerliche Verbindung des entstandenen Nachteils fällt nicht in den Schutzbereich des § 71 (so auch K/P/B/*Kübler* § 71 Rn 17). Die Gläubigerausschussmitglieder können den auf Schadenersatz klagenden Gläubiger nicht darauf verweisen, er sei imstande, sich durch Aufrechnung gegenüber einem Anspruch der Masse zu befriedigen (**BGH** v 11. 11. 1993, ZIP 1994, 46, 50). Die Vorschriften der §§ 770 Abs 2 BGB, 129 Abs 3 HGB sind auf das Verhältnis zwischen Ausschussmitglied und Insolvenzmasse nicht entsprechend anwendbar. Anders verhält es sich nach K/P/B/*Kübler* (§ 71 Rn 17) mit den Grundsätzen der **Vorteilsausgleichung**, auf die sich die Gläubigerausschussmitglieder im Fall einer Inanspruchnahme berufen können. Durch Veruntreuungen des Insolvenzverwalters geschädigte Gläubiger werden sich oftmals darauf berufen, bei ordnungsgemäßer Überwachung des Verwalters hätte dessen **Vergütungsanspruch** zum Ausgleich des Schadens dienen können. Nach Feststellung von *Ganter* (FS *Fischer* S 121, 132) ist „dieser Weg nicht aussichtslos, aber „dornenreich". Der Verwalter kann wegen seiner Straftaten seinen **Vergütungsanspruch verwirkt** haben (BGHZ 159, 122, 131 f). Oftmals ist aber der Vergütungsanspruch durch Vorschüsse aufgezehrt. *Ganter* (FS *Fischer* S 132): „Erfolgversprechender ist es, wenn die Geschädigten Folgendes vortragen können: Wäre der Insolvenzverwalter sorgfältiger überwacht worden, wären dessen Machenschaften so frühzeitig entdeckt worden, dass es zur Festsetzung und Auszahlung eines Vorschusses gar nicht erst gekommen wäre."

13   **4. Kausalität zwischen schuldhafter Pflichtverletzung und eingetretenem Schaden.** Zwischen dem schuldhaften Verhalten des Gläubigerausschusses oder eines Ausschussmitglieds und dem eingetretenen Schaden muss ein **ursächlicher Zusammenhang** bestehen (**BGH** v 11. 11. 1993 – IX ZR 35/93 = NJW 1994, 453, 455 = ZIP 1994, 46, 49; **OLG** Koblenz v 2. 3. 1995, ZIP 1995, 1101, 1102; K/P/B/*Kübler* § 71 Rn 18; MüKo-*Schmid-Burgk* § 71 Rn 11; *Jaeger/Gerhardt* § 71 Rn 11; *Ganter* FS Fischer S 121, 129 ff; N/R/*Delhaes* § 71 Rn 13). Die Kausalität ist ebenso wie die übrigen Voraussetzungen für die Haftung nach § 71 vom klagenden Insolvenzverwalter, Insolvenzgläubiger oder Absonderungsberechtigten zu beweisen (K/P/B/*Kübler* § 71 Rn 18). Allerdings kann bei Verletzung der Kontroll- und Aufsichtspflichten der **Anscheinsbeweis** für die Kausalität der Pflichtverletzung eingreifen, so dass das in Anspruch genommene Ausschussmitglied bzw der Gläubigerausschuss Umstände für einen atypischen Kausalverlauf darlegen müssen, um den Anscheinsbeweis auszuräumen (vgl **BGH** v 11. 11. 1993, BGHZ 124, 86, 95; BGHZ 49, 121, 123; *Pape* ZInsO 1999.675, 679; K/P/B/*Kübler* § 71 Rn 18).

14   Begeht der Insolvenzverwalter erhebliche **Unterschlagungen von Geldbeträgen**, so spricht kein **Anscheinsbeweis** dafür, dass die Schädigung der Masse auf **mangelhafter Überwachung** seitens des Gläubigerausschusses beruht (*Ganter* FS *Fischer* S 121, 130; **anders** die Vorauf.; K/P/B/*Kübler* § 71 Rn 18; vgl auch BGHZ 49, 121, 123 f; BGHZ **124, 86, 94** = ZIP 1994, 46, 48 f; N/R/*Delhaes* § 71 Rn 13; zu weitgehend RGZ 154, 291, 297 f, wo eine Beweislastumkehr angenommen wird). Oftmals ist festzustellen, dass **Veruntreuungen des Verwalters** durch ausreichende Überwachung **nicht verhindert**, sondern nur aufgedeckt werden können. Wird der Täter von seinen Ämtern abgelöst, so ist der neu bestellte Verwalter verpflichtet gem §§ 55 Abs 1 InsO, 31 BGB die Rückzahlung an die Masse zu verlangen (**BGH** NZI 2006, 592, *Ganter* FS *Fischer* S 121, 131).

15   Bei der Kausalität zwischen Schaden und **masseschädigendem Abstimmungsverhalten** eines oder mehrerer Mitglieder des Ausschusses ist nachzuweisen, dass die Gläubigerausschussmitglieder bei der Stimmabgabe zB bei genehmigungsbedürftigen Geschäften iSv § 160 ihre Sorgfaltspflichten verletzt haben und hierdurch ein Schaden eingetreten ist. Dabei kann sich zB das einzelne Ausschussmitglied mit dem **Nachweis exkulpieren**, dass es bei dem **pflichtwidrigen Beschluss nicht mitgewirkt hat** oder dagegen gestimmt hat (MüKo-*Schmid-Burgk* § 71 Rn 10, *Ganter* FS *Fischer* S 121, 129). Das verklagte Mitglied kann für den Beweis seines Abstimmungsvorhaltens die anderen Gläubigerausschussmitglieder

VI. Einwand des Mitverschuldens § 71

als Zeugen benennen. Diese haben **kein Zeugnisverweigerungsrecht** (Ganter FS Fischer S 121, 130). Das **Verschulden eines Mitglieds** kann aber dem Gläubigerausschuss als solchem zugerechnet werden, wenn die Aufgabe dem Gläubigerausschuss als Gesamtheit oblag (K/U § 89 KO Rn 1 a). So zB die Verpflichtung, sich um die Durchführung und das Ergebnis der Drittprüfung zu kümmern (RGZ 150, 287; BGHZ 71, 253; BGH NJW 1978, 1527; OLG Koblenz v 2. 3. 1995 ZIP 1995, 1101, 1102). Die Kausalität ist auch zu bejahen, wenn **geheimzuhaltende Informationen** aus Ausschusssitzungen an den Arbeitgeber weitergegeben werden, der diese Informationen für die Schädigung der Insolvenzmasse benutzt (vgl BGH v 9. 2. 1989, ZIP 1989, 403; *Eicke* ZInsO 2006, 798, 803; *Gundlach/Frenzel/Schmidt* ZInsO 2006, 69, 72; HaKo-*Frind* § 71 Rn 2).

Bei **kriminellem Verhalten** des Insolvenzverwalters greift aber im Regelfall der **Beweis des ersten Anscheins** nicht ein, weil hier nicht ohne weiteres davon ausgegangen werden kann, dass bei ordnungsgemäßer Überwachung der Schaden ausgeblieben wäre. Gegen vorsätzlich strafbare Handlungen ist eine auch noch so umfassende Überwachung niemals ein sicherer Schutz. Den Ausschussmitglieder sind **weitere kriminelle Taten des Insolvenzverwalters**, die nur bei größerer Kontrolldichte zu verhindern gewesen wären, nicht schon deswegen zuzurechnen, weil der Verwalter durch eine erste – wegen mangelhafter Überwachung gelungene – Veruntreuung „ermutigt" wurde (*Ganter* FS *Fischer* S 121, 131). 16

IV. Gesamtschuldnerische Haftung der Ausschussmitglieder

Im Zweifel haften auch bei Einzelverschulden eines Ausschussmitglieds sämtliche Mitglieder des Gläubigerausschusses als **Gesamtschuldner gem § 421 BGB** (RG LZ 1910, 159; OLG Frankfurt NJW 1990, 583; *Jaeger/Gerhardt* § 71 Rn 14; HK-*Eickmann* § 71 Rn 2; K/P/B/*Kübler* § 71 Rn 9; FK-*Kind* § 71 Rn 5; N/R/*Delhaes* § 71 Rn 14). Ist der Gläubigerausschuss als solcher für den Schaden verantwortlich, so ist **jedes Mitglied zum Ersatz des vollen Schadens** verpflichtet (N/R/*Delhaes* § 71 Rn 14; MüKo-*Schmidt-Burgk* § 71 Rn 15, 16). Im Einzelfall ist immer zu prüfen, ob es sich um die **individuelle Haftung** eines Mitglieds des Gläubigerausschusses handelt oder ob die Haftung jedes Mitglieds als Gesamtschuldner trifft. Im Zweifelsfall genügt es, ein Mitglied des Gläubigerausschusses zu verklagen, weil bei gesamtschuldnerischer Haftung jedes Mitglied zum Ersatz des vollen Schadens verpflichtet ist (§ 421 BGB). Die gesamtschuldnerische Haftung **des Gläubigerausschusses** wird nicht etwa dadurch ausgeschlossen, dass intern zwischen den einzelnen Ausschussmitgliedern eine Aufgaben- und Arbeitsteilung vereinbart wird (*Kilger/K. Schmidt* § 89 KO Anm 1). 17

V. Geltendmachung eines Individual- oder Gesamtschadens

Sind die Mitglieder des Gläubigerausschusses nach § 71 S 1 den Insolvenzgläubigern zum Schadenersatz verpflichtet und handelt es sich nicht um einen Individualschaden, sondern um einen **Gesamtschaden** (Gemeinschaftsschaden), so greift die Vorschrift des § 92 ein mit der Folge, dass dieser Gesamtschaden während des Verfahrens **nur vom Insolvenzverwalter geltend gemacht** werden kann (vgl auch K/P/B/*Kübler* § 71 Rn 6; KS-*Heidland* S 711, 727 Rn 32). Nicht gefolgt werden kann K/P/B/*Lüke* (§ 92 Rn 21) und N/R/*Delhaes* (§ 71 Rn 4), wonach auch ein Gesamtschaden vorliegt, wenn ein Gläubiger die Beschädigung oder Zerstörung eines mit einem **Absonderungsrecht** belasteten Gegenstandes geltend macht (wie hier *Jaeger/Gerhardt* § 71 Rn 5; K/P/B/*Kübler* § 71 Rn 7; BerlKo-*Blersch* § 92 Rn 4). Zwar ist wegen der Kostenbeteiligung nach §§ 170, 171 die Masse betroffen; jedoch ist geschädigt der einzelne Gläubiger, dessen Absonderungsrecht betroffen ist. Die hier vertretene Auffassung hat den Vorteil, dass der absonderungsberechtigte Gläubiger seinen Individualanspruch, der sich idR gleichzeitig auch gegen den Verwalter richtet, unmittelbar nach der Schädigung geltend machen kann und nicht abzuwarten braucht, bis der Insolvenzverwalter den Gesamtschaden gegen den Gläubigerausschuss durchsetzt, den er selbst oft mit verursacht hat (*Jaeger/Gerhardt* § 71 Rn 5; *Pape* ZInsO 1999, 675, 679; K/P/B/*Kübler* § 71 Rn 7; N/R/*Delhaes* § 71 Rn 4). Nach **Beendigung des Insolvenzverfahrens** sind die Gläubiger berechtigt, in Höhe ihrer Ausfallforderung die Ausschussmitglieder trotz Vorliegens eines Gesamtschadens haftungsrechtlich unmittelbar in Anspruch zu nehmen (*Hess* § 71 Rn 15; K/P/B/*Kübler* § 71 Rn 6; *Jaeger/Gerhardt* § 71 Rn 6). Die **gesetzliche Anspruchsbegrenzung** nach § 71 auf Insolvenzgläubiger und absonderungsberechtigte Gläubiger gilt nicht für die Zeit nach Abschluss des Verfahrens (str aA *Jaeger/Gerhardt* § 71 Rn 6). 18

VI. Einwand des Mitverschuldens

Auch im Rahmen der Haftung nach § 71 findet die Vorschrift des § 254 BGB Anwendung (*Jaeger/Weber* § 89 KO Rn 2; N/R/*Delhaes* § 71 Rn 12; K/P/B/*Kübler* § 71 Rn 17; *Braun/Kind* § 71 Rn 3). Die Bejahung des Mitverschuldens des Gläubigers oder des Absonderungsberechtigten gem § 254 Abs 1 BGB kann im Einzelfall zum völligen Haftungsausschluss führen. Zur unterlassenen Schadensminderung bei Inanspruchnahme durch den Insolvenzverwalter, der sich wegen der Ansprüche gegen die Hinterlegungsstelle teilweise verglichen hat s RG v 21. 2. 1935 – VI 386/34; KTS 1935, 69, 70; K/P/B/*Kübler* § 71 Rn 24; *Jaeger/Gerhardt* § 71 Rn 20 und die Kommentierung unten zu Rn 18. 19

VII. Verjährung von Schadenersatzansprüchen

20 Nach § 71 S 2 gilt die Verjährungsvorschrift des § 62 entsprechend. Der Ersatzanspruch der Mitglieder des Gläubigerausschusses verjährt nach § 62 in **drei Jahren** von dem Zeitpunkt an, in dem der Geschädigte von dem Schaden und den die Ersatzpflicht des Mitgliedes begründenden Umständen Kenntnis erlangt hat oder ohne grobe Fahrlässigkeit hätte erlangen müssen (§ 199 Abs 1 Nr 2 BGB), spätestens aber in drei Jahren von der Aufhebung oder der Rechtskraft der Einstellung des Insolvenzverfahrens an (BGHZ 159, 25, 28; BGH v 8. 5. 2008, ZIP 2008, 1243, 1244; *Ganter* FS *Fischer* S 121, 134; *Jaeger/Gerhardt* § 71 Rn 16; MüKo-*Schmid-Burgk* § 71 Rn 19; *Heidland* in: KS InsO S 711, 727 Rn 33; K/P/B/*Kübler* § 71 Rn 19; N/R/*Delhaes* § 71 Rn 15; *Hess* § 71 Rn 15). Fraglich ist, auf wessen **Kenntnis** oder **schuldhafte Mitkenntnis** im Einzelfall abzustellen ist. Nach **OLG** Rostock (ZIP 2007, 736 = ZInsO 2007, 1052; kritisch *Kirchhof* ZInsO 2007, 1122 ff) kommt es auf die Kenntnis des ursprünglichen Verwalters an, den die Ausschussmitglieder nicht gehörig überwacht haben. Der **BGH** stellt zur Verjährung von Schadensersatzansprüchen wegen Aufsichtsverschulden für den Beginn der Verjährungsfrist auf die mögliche Kenntnisnahme eines neuen Verwalters oder Sonderverwalters von dem Schaden und der Person des Ersatzpflichtigen ab.

VIII. Zusammentreffen mit sonstigen Haftungstatbeständen

21 Die Haftung des Gläubigerausschusses und seiner Mitglieder kann mit anderen **Anspruchsgrundlagen** und **Ansprüchen gegen Dritte** zusammentreffen. Um eine Anspruchsgrundlagenkonkurrenz handelt es sich, wenn ein Gläubigerausschussmitglied neben der Haftung aus § 71 noch darüber hinaus aus unerlaubter Handlung nach den §§ 823 Abs 2 BGB iVm § 266 StGB oder nach § 826 BGB haftet (vgl **RG** LZ 1910, 159, 161; **OLG** Nürnberg KTS 1966, 107, 109; K/U § 89 KO Rn 8; *Stein* KTS 1957, 109, 110; K/P/B/*Kübler* § 71 Rn 21; N/R/*Delhaes* § 71 Rn 16). Ob als gläubigerschützende Tatbestände neben § 71 noch die **Straftatbestände** der §§ 203, 204 und § 263 StGB eingreifen, ist streitig, aber letztlich zu bejahen (so auch H/W/F § 15 GesO Rn 33 e; offen lassend K/P/B/*Kübler* § 71 Rn 21; ablehnend *Hegmanns* Gläubigerausschuss S 132 ff). Letztlich geht es nicht um die Feststellung einer Strafbarkeitslücke, sondern darum, ob im Einzelfall der Straftatbestand ein Schutzgesetz iSv § 823 Abs 2 BGB darstellt. Richtig ist lediglich, dass auch § 71 ebenso wenig wie früher § 89 KO ein Schutzgesetz iSv § 823 BGB darstellt (**OLG** Nürnberg KTS 1966, 109; K/U § 89 KO Rn 8; *Kilger/K. Schmidt* § 89 KO Anm 4; N/R/*Delhaes* § 71 Rn 16).

22 Eine Anspruchskonkurrenz kann im Einzelfall **mit sonstigen haftenden Dritten** bestehen, wie zB mit der Haftung des Insolvenzverwalters nach § 60. Haften zB die Gläubigerausschussmitglieder wegen schuldhaft unzulänglicher Überwachung des Insolvenzverwalters nach § 71, so besteht mit der **Verwalterhaftung** nach § 60 ein **Gesamtschuldverhältnis** iSv § 421 BGB mit interner Ausgleichspflicht gem § 426 BGB (K/P/B/*Kübler* § 71 Rn 22; *Kilger/K. Schmidt* § 89 KO Anm 2; *Jaeger/Gerhardt* § 71 Rn 14; *Hess* § 71 Rn 12; BerlKo-*Blersch* § 71 Rn 10; HK-*Eickmann* § 71 Rn 2). Die gesamtschuldnerische Haftung von Gläubigerausschuss und Insolvenzverwalter tritt nur ein, wenn die Mitglieder und der Insolvenzverwalter schuldhaft **insolvenzspezifische Pflichten** verletzt haben, also Pflichten, die ihnen nach der InsO obliegen. Im Übrigen können die Mitglieder des Gläubigerausschusses nicht für mehr in Anspruch genommen werden als der Insolvenzverwalter, den sie zu überwachen haben (**OLG** Frankfurt NJW 1990, 583, 584; K/U § 89 KO Rn 5; MüKo-*Schmid-Burgk* § 71 Rn 5).

23 Die Haftung des Gläubigerausschusses kann auch zusammentreffen mit **Schadenersatzpflichten der Hinterlegungsstelle** (K/P/B/*Kübler* § 71 Rn 23; *Jaeger/Gerhardt* § 71 R 19, 20). Zahlt zB die Hinterlegungsstelle die bei ihr nach § 149 Abs 1 hinterlegten Gelder ohne die Mitunterzeichnung (§ 149 Abs 2) eines Gläubigerausschussmitgliedes an den Verwalter aus, so wird sie durch die Auszahlung nicht von ihrer Verpflichtung befreit. Der **fortbestehende Auszahlungsanspruch** der Masse lässt die Haftung der Ausschussmitglieder nicht entfallen (K/P/B/*Kübler* § 71 Rn 23). Handelt es sich um einen Gesamtschaden, ist der Verwalter befugt, bis zur **erneuten Leistung der Hinterlegungsstelle** an die Masse nach seinem Ermessen entweder den Zahlungsanspruch gegen die Hinterlegungsstelle oder den Schadensersatzanspruch nach § 71 gegen den Gläubigerausschuss geltend zu machen (RGZ 149, 182, 186; **RG** HRR 1935, 809; K/P/B/*Kübler* § 71 Rn 23). Allerdings können die in Anspruch genommenen Gläubigerausschussmitglieder dem Verwalter den **Mitverschuldenseinwand** nach § 254 Abs 2 BGB entgegenhalten, wenn dieser zB auf den Anspruch gegen die Hinterlegungsstelle ohne sachliche Gründe im Vergleichswege teilweise verzichtet hat (**RG** v 21. 2. 1935, KuT 1935, 69; K/P/B/*Kübler* § 71 Rn 24; s auch oben zu Rn 15). Die in Anspruch genommenen Mitglieder des Gläubigerausschusses sind zum Schadenersatz an die Masse in entsprechender Anwendung des § 255 BGB nur **gegen Abtretung des Erfüllungsanspruchs gegen die Hinterlegungsstelle** verpflichtet (RG HRR 1935 Nr 809; RGZ 149, 186; K/P/B/*Kübler* § 71 Rn 24; *Jaeger/Gerhardt* § 71 Rn 20). Zahlt die Hinterlegungsstelle ein zweites Mal, geht der Schadenersatzanspruch aus § 71 gegen die Ausschussmitglieder nicht auf sie über (vgl RGZ 149, 182, 185; BGH v 30. 1. 1962, KTS 1962, 106, 108; K/P/B/*Kübler* § 71 Rn 24).

IX. Haftungsausschluss und Haftpflichtversicherung

24 Die Haftung der Gläubigerausschussmitglieder kann nicht etwa durch eine Einschränkung der Pflichten oder durch einen Haftungsverzicht der Gläubigerversammlung ausgeschlossen werden. Auch kann das

II. Geschäftsordnung (Satzung) des Gläubigerausschusses § 72

einzelne Gläubigerausschussmitglied seine Mitwirkung im Ausschuss nicht davon abhängig machen, dass es von einer **Haftung freigestellt** wird. Vor allem in größeren und risikoreichen Verfahren mit erheblichen Haftungsrisiken ist der Abschluss einer **gesonderten Haftpflichtversicherung** unverzichtbar, weil die normale Berufshaftpflichtversicherung etwaige Schäden nicht abdeckt. Schließen die Gläubigerausschussmitglieder mit Zustimmung des Insolvenzgerichts eine **gesonderte Vermögensschaden-Haftpflichtversicherung** ab, so können sie diese später als **Auslagen** vom Gericht festsetzen lassen und gegenüber der Masse geltend machen. Zwar sind nach § 4 Abs 3 S 1 InsVV mit der Vergütung auch die **Kosten einer Haftpflichtversicherung** abgegolten; jedoch schließt die Regelung in § 18 Abs 1 InsVV die **Erstattung von Haftpflichtversicherungsprämien** nicht aus (H/W/F § 18 InsVV Rn 4; *Vallender* WM 2002, 2040, 2049; *Braun/Kind* § 71 Rn 11–13; K/P/B/*Kübler* § 71 Rn 26). In besonders haftungsträchtigen Fällen wird man den Verwalter als berechtigt ansehen müssen, die **Prämienzahlung aus der verfügbaren Masse** vorzunehmen und nachträglich die erforderlichen Zustimmung der Gläubigerversammlung bzw des Insolvenzgerichts (H/W/F § 18 InsVV Rn 5; *Blersch* VergütVO § 18 Rn 7; *Vallender* WM 2002, 2040, 2049).

§ 72 Beschlüsse des Gläubigerausschusses

Ein Beschluß des Gläubigerausschusses ist gültig, wenn die Mehrheit der Mitglieder an der Beschlußfassung teilgenommen hat und der Beschluß mit der Mehrheit der abgegebenen Stimmen gefaßt worden ist.

I. Allgemeines

Anders als bei Entscheidungen der Gläubigerversammlung hat der Gesetzgeber vorzunehmen sich bei Beschlüssen 1 des Gläubigerausschusses für die **Kopfmehrheit** entschieden, nicht dagegen für die Summenmehrheit. Damit soll einer Majorisierung der Kleingläubiger und der Arbeitnehmervertreter (§ 67 Abs 2) durch Großgläubiger begegnet und die Teilnahme von Nichtgläubigern an der Abstimmung gewährleistet werden (*Jaeger/Gerhardt* § 72 KO Rn 10; K/P/B/*Kübler* § 72 Rn 1; MüKo-*Schmid-Burgk* § 72 Rn 3). § 72 regelt nur, wie der Gläubigerausschuss seine Beschlüsse zu fassen hat. Im Übrigen ist es seine Sache, wie er die Geschäftsführung regelt und ob er sich eine Geschäftsordnung geben will. Dem Selbstorganisationsrecht des Gläubigerausschusses sind allerdings **Grenzen** gesetzt. So sind Beschlüsse des Ausschusses unwirksam, wenn sie unter **Verletzung der Formalien** einer ordnungsgemäße Willensbildung zustande kommen (HK-*Eickmann* § 72 Rn 5; *Pape*, Gläubigerbeteiligung Rn 328). Unzulässig ist auch eine Regelung, die für den Fall der Stimmengleichheit festlegt, dass eine bestimmte Stimme, wie zB des Vorsitzenden, den Ausschlag gibt (K/P/B/*Kübler* § 72 Rn 6; *Pape* ZInsO 1999, 675, 680; MüKo-*Schmid-Burgk* § 72 Rn 6). Unzulässig ist auch eine Geschäftsordnung, in der **qualifizierte Mehrheiten** für Abstimmungen vorgesehen sind (*Pape*, Gläubigerbeteiligung Rn 329).

II. Geschäftsordnung (Satzung) des Gläubigerausschusses

Es liegt im Ermessen der Ausschussmitglieder, ob sie eine **Geschäftsordnung** beschließen. Obgleich der 2 Ablauf von Gläubigerausschusssitzungen im Gegensatz zu den Gläubigerversammlungen gesetzlich nicht geregelt ist, sind im Rahmen der Selbstorganisation des Ausschusses bestimmte **zwingende Grundsätze** zu beachten, die auch durch eine Geschäftsordnung nicht abgeändert oder eingeschränkt werden können. **Beispiel einer Geschäftsordnung** bei *Uhlenbruck*, Gläubigerberatung S 392 f; *Frege/Keller/Riedel* HRP Rn 1191; *Voigt-Salus/Pape* in *Mohrbutter/Ringstmeier* Hdb § 21 Rn 336. Eingehend auch *Huntemann/Graf Brockdorff* Kap 11 Rn 68 ff. Die Geschäftsordnung sollte eine Regelung enthalten, dass ein **Vorsitzender** gewählt wird, der zugleich die Funktion des **Sprechers des Gläubigerausschusses** ausübt, sowie die Wahl seines **Vertreters**. Außerdem empfiehlt es sich, zwei Mitglieder des Ausschusses zu **ständigen Kassenprüfern** zu bestellen. Weiterhin ist zu regeln, dass einzelne Mitglieder des Gläubigerausschusses mit der Wahrnehmung besonderer Geschäfte beauftragt werden können, zB mit der Prüfung des Geldverkehrs und Geldbestandes. Schließlich sollte bestimmt werden, dass die **Sitzungen** des Gläubigerausschusses vom **Vorsitzenden** und im Verhinderungsfall von seinem **Stellvertreter einberufen werden** (vgl *Uhlenbruck* ZIP 2002, 1373, 1375 f; K/P/B/*Kübler* § 72 Rn 2; MüKo-*Schmid-Burgk* § 72 Rn 6; *Jaeger/Gerhardt* § 72 Rn 3; *Gundlach/Frenzel/Schmidt* NZI 2005, 304 ff).

Zur **konstituierenden Sitzung** des Gläubigerausschusses kann der **Insolvenzverwalter** einladen (*Gundlach/Frenzel/Schmidt* NZI 2005, 304, 305). Zu Einladungen zu einer „normalen" Gläubigerausschusssitzung ist der Verwalter nur dann berechtigt, wenn er eine bestimmte Mitwirkung oder Zustimmung des Ausschusses benötigt (*Uhlenbruck* ZIP 2002, 1373, 1375; *Gundlach/Frenzel/Schmidt* NZI 2005, 304, 306 f). Einzelne Ausschussmitglieder sollten berechtigt sein, die Einberufung einer Gläubigerausschusssitzung beim Vorsitzenden oder seinem Stellvertreter zu beantragen.

Die Einladung muss die **Tagesordnungspunkte** der zu verhandelnden Probleme enthalten (s auch 4 BGH v 20. 3. 2008 – IX ZB 104/07; LG Saarbrücken ZIP 2008, 1031; MüKo-*Schmid-Burgk* § 72 Rn 5. Zwischen dem Zugang der Einladung mit Tagesordnung, die in dringenden Fällen auch telefonisch erfolgen kann, soll mindestens eine **Vorbereitungszeit** von drei Arbeitstagen liegen. Die Geschäfts-

§ 72

ordnung kann auch regeln, dass Beschlüsse des Gläubigerausschusses **schriftlich, fernschriftlich, telefonisch,** per **E-Mail** oder **Fax** herbeigeführt werden können (*Gundlach/Frenzel/Schmidt* NZI 2005, 304, 307). Empfohlen wird auch eine Regelung der Vorgaben für ein **Teilnahme- und Stimmrechtsverbot** (*Gundlach/Frenzel/Schmidt* ZInsO 2005 §§ 74, 97 f).

5   In der Geschäftsordnung ist niederzulegen, dass über jede Sitzung des Gläubigerausschusses ein **Protokoll** zu fertigen ist, das den einzelnen Mitgliedern sowie dem Insolvenzverwalter und dem Insolvenzgericht zuzuleiten ist (s MüKo-*Schmidt-Burgk* § 72 Rn 7). Auf Wunsch des Gläubigerausschusses hat das Insolvenzgericht die Protokolle in einen Sonderband zu nehmen, der von der allgemeinen **Akteneinsicht ausgeschlossen** ist. Zugleich empfiehlt sich auch eine Regelung hinsichtlich der Erstattung von **Reisekosten** und sonstigen Auslagen, die jedoch grundsätzlich nach der InsVV erstattet werden. Mangels einer Regelung in der Geschäftsordnung ist der Gläubigerausschuss vom Vorsitzenden entweder auf Grund eigener Initiative oder auf Antrag oder Anregung eines Mitglieds einzuberufen (*Uhlenbruck* ZIP 2002, 1373). Wenn in der Geschäftsordnung eine bestimmte **Form für Beschlüsse** nicht festgelegt worden ist, kann die Abstimmung grundsätzlich auch im schriftlichen, telefonischen oder im Umlaufverfahren erfolgen (K/P/B/*Kübler* § 72 Rn 3; *Jaeger/Weber* § 90 KO Rn 1, 2; FK-*Kind* § 72 Rn 9; *Hess/Weis* InVo 1997, 1, 3). Ob ein **Verstoß gegen die Geschäftsordnung** zur Nichtigkeit von Beschlüssen des Gläubigerausschusses führt, beurteilt sich nach **entgegen der Vorauflage** und der hM (*Jaeger/Gerhardt* § 72 Rn 4; MüKo-*Schmid-Burgk* § 72 Rn 10; K/P/B/*Kübler* § 72 Rn 3) nach der Schwere des Verstoßes. Einberufungsmängel, die für das Abstimmungsergebnis kausal sind, führen analog § 241 Abs 1 Ziff 1 AktG zur Nichtigkeit (*Braun/Kind* § 72 Rn 15; HK-*Eickmann* § 72 Rn 5).

6   Der **Insolvenzverwalter** hat **kein Recht auf Anwesenheit** bei Sitzungen des Gläubigerausschusses. Das Gleiche gilt für den zuständigen **Richter** oder **Rechtspfleger** (*Vallender* WM 2002, 2040, 2077; *Gottwald/Klopp/Kluth* InsRHdb § 21 Rn 17; str aA K/P/B/*Kübler* § 69 Rn 9; MüKo-*Schmid-Burgk* § 69 Rn 12; H/W/F Hdb Kap 6 Rn 5; *Pape*, Gläubigerbeteiligung Rn 179). Eine **verfahrensmäßige Rechtmäßigkeitskontrolle** ist mit der Unabhängigkeit des Gläubigerausschusses ebenso wenig zu vereinbaren wie ein „Gastrecht" des Insolvenzgerichts. Der Gläubigerausschuss kann aber dem Insolvenzverwalter, dem Richter oder dem Rechtspfleger gestatten, an den **Ausschusssitzungen teilzunehmen**. Ein förmliches Teilnahmerecht würde ein Aufsichtsrecht voraussetzen (so aber HK-*Eickmann* § 72 Rn 6). Andererseits erweist es sich vor allem in Großinsolvenzen als hilfreich, wenn die einzelnen Entscheidungen des Gläubigerausschusses mit dem **Richter** oder dem **Rechtspfleger abgestimmt** werden. Dadurch erspart sich der Ausschuss eine Unterrichtung des Insolvenzgerichts, vor allem wenn er die Ausschussprotokolle nicht zu den Insolvenzakten reicht. Geht es um Fragen der **Unterrichtung über den Gang der Geschäfte**, ist der Verwalter verpflichtet, auf Aufforderung vor dem Gläubigerausschuss zu erscheinen.

III. Beschlussfähigkeit des Gläubigerausschusses

7   Beschlussfähig ist der Gläubigerausschuss nach dem Wortlaut des § 72 nur, wenn die **Mehrheit der Ausschussmitglieder** an der Beschlussfassung mitwirkt, also anwesend ist oder schriftlich teilgenommen hat. Zweifelhaft ist, ob hiermit gemeint ist, dass die Mehrheit der überhaupt im Gläubigerausschuss vorhandenen Mitglieder anwesend sein muss oder ob die Mehrheit der in der Ausschusssitzung anwesenden Mitglieder ausreicht. Der Literaturmeinung, wonach zur Beschlussfähigkeit nicht die Mehrheit der ursprünglich in den Ausschuss gewählten, sondern die Mehrheit der im Zeitpunkt der Beschlussfassung vorhandenen Mitglieder zu verstehen ist, kann nicht gefolgt werden (so aber K/P/B/*Kübler* § 72 Rn 4; *Stern* LZ 1912, 215 f; HaKo-*Frind* § 72 Rn 3).Dem eindeutigen Wortlaut des § 72 ist zu entnehmen, dass **Beschlussfähigkeit des Ausschusses** nur gegeben ist, wenn die **Mehrheit der gewählten Mitglieder** an der Beschlussfassung teilgenommen hat (so auch N/R/*Delhaes* § 72 Rn 2; FK-*Kind* § 72 Rn 6; *Fuchs* in *Kraemer/Vallender/Vogelsang* Hdb Fach 2 Kap 10 Rn 434; HK-*Eickmann* § 72 Rn 4; *Jaeger/Gerhardt* § 72 Rn 7; *Hess* § 72 Rn 3; BerlKo-*Blersch* § 72 Rn 4; *Braun/Uhlenbruck* Unternehmensinsolvenz S 211; MüKo-*Schmid-Burgk* § 72 Rn 17). Für die Feststellung der Beschlussfähigkeit kommt es nicht nur auf die Anwesenheit der Mehrheit der Ausschussmitglieder an, sondern darauf, dass diese auch an der Beschlussfassung teilnehmen können und nicht durch Stimmrechtsverbote ausgeschlossen sind (BerlKo-*Blersch* § 72 Rn 4). Fehlt es an der Beschlussfähigkeit, kann ein gültiger Beschluss nicht gefasst werden. Bei **dauernder Beschlussunfähigkeit** des Ausschusses ist von der Gläubigerversammlung ein neuer Ausschuss zu bestellen oder von diese die anstehenden Entscheidungen selbst zu treffen (HaKo-*Frind* § 72 Rn 2). Bei einem **dreiköpfigen Gläubigerausschuss** ist die Beschlussfähigkeit gegeben, wenn mindestens zwei stimmberechtigte Mitglieder an der Abstimmung teilnehmen (OLG Koblenz KTS 1962, 123, 124; LG Augsburg KTS 1971, 119, 121; BerlKo-*Blersch* § 72 Rn 4; *Jaeger/Gerhardt* § 72 Rn 8; N/R/*Delhaes* § 72 Rn 2). Besteht der Ausschuss aus **zwei Personen,** oder nehmen nur zwei Personen an der Abstimmung teil, so ist **Einstimmigkeit** erforderlich (K/P/B/*Kübler* § 72 Rn 5; *Jaeger/Gerhardt* § 72 Rn 8).

IV. Die Abstimmung im Gläubigerausschuss

8   **1. Die erforderliche Mehrheit.** Für die wirksame Beschlussfassung im Gläubigerausschuss ist einmal erforderlich, dass die **Mehrheit der Mitglieder** an der Beschlussfassung teilnimmt (Beschlussfähigkeit),

IV. Die Abstimmung im Gläubigerausschuss § 72

zum anderen, dass der Beschluss mit **Kopfmehrheit**, dh mit der **Mehrheit der anwesenden Mitglieder** gefasst wird (*Pape* Gläubigerbeteiligung Rn 329; *Jaeger/Gerhardt* § 72 Rn 7; MüKo-*Schmid-Burgk* § 72 Rn 17; *Braun/Kind* § 72 Rn 10). Jedes Mitglied verfügt über **eine Stimme**. Die Abstimmung erfolgt nach Köpfen und nicht nach der Höhe der Forderungen, also nicht nach Summenmehrheit. Unzulässig ist es, für den Fall der Stimmengleichheit festzulegen, dass eine bestimmte Stimme, wie etwa die des Vorsitzenden, den Ausschlag gibt (K/P/B/*Kübler* § 72 Rn 1, 4f; N/R/*Delhaes* § 72 Rn 7; *Pape* ZInsO 1999, 675, 699). Ein mitstimmendes, aber nicht stimmberechtigtes Mitglied wird hinsichtlich der Mehrheit nicht mitgezählt (HK-*Eickmann* § 72 Rn 4). Gleiches gilt für ein Gläubigerausschussmitglied, das sich der **Stimme enthält** (*Jaeger/Gerhardt* § 72 Rn 11). Ist ein Gläubigerausschussmitglied vom Stimmrecht ausgeschlossen (Stimmverbot), so wird seine Stimme bei der Berechnung der Zahl der erforderlichen Stimmen nicht mitgezählt (*Pape* ZInsO 1999, 675, 680). Bei **Stimmengleichheit** gilt ein Antrag als abgelehnt (HK-*Eickmann* § 72 Rn 4; *Pape* ZInsO 1999, 675, 680; *Braun/Kind* § 72 Rn 10; N/R/*Delhaes* § 72 Rn 3; *Huntemann/Graf Brockdorff* Kap 11 Rn 83). Besteht bei einer Abstimmung die Wahlmöglichkeit zwischen **mehreren Alternativen**, so ist eine relative Mehrheit nicht ausreichend (*Jaeger/Gerhardt* § 72 Rn 8; K/P/B/*Kübler* § 72 Rn 5; str aA N/R/*Delhaes* § 72 Rn 3; MüKo-*Schmid-Burgk* § 72 Rn 1). Besteht der Gläubigerausschuss nur aus zwei Mitgliedern, bedarf es immer der Einstimmigkeit (K/U § 90 KO Rn 1; N/R/*Delhaes* § 72 Rn 3; KS-*Heidland* S 711, 754 Rn 22).

Unzulässig ist es, fehlende Zustimmungen im Rahmen der mündlichen Abstimmung der anwesenden 9 Mitglieder durch **telefonische oder fernschriftliche Zustimmungen** zu ersetzen, da die Abstimmung durch die anwesenden Mitglieder zu erfolgen hat. Etwas anderes gilt aber, wenn die Ausschusssitzung im Wege einer **audio-visuellen** bzw **telefonischen Konferenzschaltung** oder über **Internet** erfolgt (*Uhlenbruck* ZIP 2002, 1373, 1376; str aA *Braun/Kind* § 72 Rn 8). Erfolgt die Beschlussfassung im **schriftlichen Umlaufverfahren**, so sind sämtliche Ausschussmitglieder als anwesend anzusehen (HaKo-*Frind* § 72 Rn 2; K/P/B/*Kübler* § 72 Rn 3; *Hess* § 72 Rn 3; s auch die Kommentierung oben zu Rn 2). Unzulässig ist es, in der Geschäftsordnung **qualifizierte Mehrheiten** oder etwa **Einstimmigkeit** vorauszusehen (*Pape* Gläubigerbeteiligung Rn 329). Auch kann nicht eine Summenmehrheit vorgesehen werden. Im Rahmen der Beschlussfassung ist der Gläubigerausschuss nicht an **Weisungen der Gläubigerversammlung** gebunden. Die Gläubigerversammlung ist nicht berechtigt, Ausschussbeschlüsse abzuändern oder aufzuheben (*Jaeger/Gerhardt* § 72 Rn 14). Im Gesetz fehlt eine ausdrückliche Regelung darüber, welche Maßnahmen des Gläubigerausschusses im **Beschlusswege** getroffen werden müssen. Grundsätzlich gilt, dass alle Maßnahmen des Insolvenzverwalters, für die das Gesetz die Zustimmung des Gläubigerausschusses vorsieht, von dem **Gläubigerausschuss als Gremium** getroffen werden müssen, also im Beschlusswege.

2. Ausschluss von Teilnahme und der Abstimmung (Stimmverbote). a) Teilnahmeausschluss. § 72 re- 10 gelt nicht, wann und unter welchen Voraussetzungen ein Ausschussmitglied wegen Befangenheit oder Interessenkollision von der Teilnahme an Ausschusssitzungen oder der Abstimmung ausgeschlossen ist. Gleiches gilt für den **Ausschluss der Teilnahme** an Gläubigerausschusssitzungen. Es ist zweifelhaft, ob bei gravierender Interessenkollision das ohnehin von der Abstimmung ausgeschlossene Mitglied auch von der **Teilnahme an den Beratungen ausgeschlossen** werden kann und ob ihm die Ausschussprotokolle in solchen Fällen vorenthalten werden dürfen (bejahend *Uhlenbruck* BB 1976, 1198, 1200; *Jaeger/Weber* § 90 KO Rn 4; *Schumann* KuT 1934, 142; K/P/B/*Kübler* § 72 Rn 10; *Frege/Keller/Riedel* HRP Rn 1191 zu § 6 der Mustergeschäftsordnung; *Vallender* WM 2002, 2040, 2046). Entgegen der Voraufl (Rn 8) wird nicht mehr daran festgehalten, dass auch ein befangenes Mitglied einen **Anspruch auf Teilnahme an den Sitzungen und Beratungen des Gläubigerausschusses** hat (so aber MüKo-*Schmid-Burgk* § 72 Rn 20; HaKo-*Frind* § 72 Rn 4). Nach Auffassung von *Kübler* (K/P/B/*Kübler* § 72 Rn 10) darf der Anwalt an den Beratungen des Ausschusses über die Anhängigmachung oder Aufnahme eines Rechtsstreits gegen seinen Mandanten nicht teilnehmen. Zutreffend auch der Hinweis von *Gundlach/Frenzel/Schmidt* (ZInsO 2005, 974, 975), dass oftmals der Stimmrechtsausschluss nicht das richtige Mittel ist, um eine objektive, im Verfahrensinteresse liegende Entscheidung des Gläubigerausschusses zu gewährleisten. Das befangene Gläubigerausschussmitglied, das schon durch seine Anwesenheit andere Ausschussmitglieder im negativen Sinne in ihren Entscheidungen zu beeinflussen vermag, ist durch Beschluss nicht nur vom Stimmrecht, sondern auch von der **Teilnahme an den Sitzungen und Beratungen** auszuschließen (im Ergebnis ebenso *Pape* ZInsO 1999, 678; *Uhlenbruck* BB 1976, 1198, 1201; *Gundlach/Frenzel/Schmidt* ZInsO 2005, 974, 975). Der Ausschluss gilt allerdings nur für die das befangene Ausschussmitglied betreffenden Tagesordnungspunkte. Es empfiehlt sich, bereits in der Geschäftsordnung festzulegen, wann ein Stimm- und/oder Teilnahmeverbot eingreifen soll (*Uhlenbruck* ZIP 2002, 1373, 1377; H/W/F HdbInsO S 731 Rn 19; *Gundlach/Frenzel/Schmidt* ZInsO 2005, 974, 976). Greift im Einzelfall ein Teilnahme- und Stimmrechtsausschluss ein, sind sowohl der Gläubigerausschuss als auch der Insolvenzverwalter berechtigt, die **Einsicht in die Ausschussprotokolle** ebenso zu verweigern wie **Informationen** über die Ergebnisse der Ausschusssitzung.

b) Stimmrechtsausschluss. Die zum Konkursrecht entwickelten Grundsätze zum Stimmrechtsaus- 11 schluss finden auch für das neue Recht Anwendung (K/P/B/*Kübler* § 72 Rn 7; N/R/*Delhaes* § 72 Rn 4;

Gottwald/Klopp/Kluth InsRHdb § 21 Rn 15; MüKo-*Schmid-Burgk* § 72 Rn 14 ff; *Pape* Gläubigerbeteiligung Rn 314–316; *Huntemann/Graf Brockdorff* Kap 11 Rn 84; *Jaeger/Gerhardt* § 72 Rn 15 ff; *Uhlenbruck* ZIP 2002, 1373, 1376). Fast jeder Beschluss des Gläubigerausschusses berührt in irgendeiner Weise die Interessen eines Ausschussmitgliedes. Diese lediglich **Interessenberührung** führt nicht zum Stimmrechtsausschluss (vgl **RG** v 18. 9. 1933, KuD 1933, 166, 167; *Hegmanns* Gläubigerausschuss S 118 ff; K/P/B/*Kübler* § 72 Rn 7). Das Gesetz erwartet von den Ausschlussmitgliedern, „ dass sie ihre unzweifelhaft vorhandenen, durchaus gegenläufigen persönlichen Interessen zurückstellen, soweit das Ziel der bestmöglichen Befriedigung der Insolvenzgläubiger (§ 1 Satz 1 InsO) und die ordnungsgemäße Abwicklung des Verfahrens dies erfordert (**BGH** v 1. 3. 2007 – IX ZB 47/06, ZIP 2007, 781, 784 = ZVI 2007, 476, 478 = NZI 2007, 346, 348). Der Stimmrechtsausschluss ist nicht identisch mit der **Inkompatibilität**, dh der Unfähigkeit, überhaupt Mitglied des Gläubigerausschusses zu sein, wie zB der zuständige Insolvenzrichter oder Rechtspfleger. Beim Stimmverbot geht es lediglich um die Frage, ob bei einer **einzelnen Entscheidung** das Ausschussmitglied aus bestimmten Gründen, die die Gefahr mangelnder Objektivität bei der Abstimmung begründen, automatisch von der Abstimmung ausgeschlossen ist. Der Betriebsratsvorsitzende ist bei der Abstimmung über die Frage, ob der Gläubigerausschuss einer Stilllegung des Schuldnerunternehmens vor dem Berichtstermin zustimmt (§ 158 Abs 1), stimmberechtigt (*Mohrbutter* KTS 1955, 57 f; *Gaul* KTS 1955, 180, 184; K/P/B/*Kübler* § 72 Rn 7). Dagegen besteht ein **Stimmverbot** für das Ausschussmitglied, wenn darüber entschieden werden soll, ob die Zustimmung zu einem vom Verwalter zu führenden **Anfechtungsprozess** nach § 160 Abs 2 Nr 3 gegen dieses oder seinen Mandanten erteilt oder abgelehnt werden soll oder ob zur Beilegung oder Vermeidung eines solchen Rechtsstreits ein **Vergleich** oder ein **Schiedsvertrag** geschlossen werden soll (*Uhlenbruck* ZIP 2002, 1373, 1376; *Vallender* WM 2002, 2040, 2045; *Jaeger/Gerhardt* § 72 Rn 16, 17; *Gundlach/Frenzel/Schmidt* ZInsO 2005, 974, 975 f; MüKo-*Schmid-Burgk* § 72 Rn 14, 15). Die **persönliche Betroffenheit** oder die Betroffenheit des durch das Ausschussmitglied Vertretenen führt regelmäßig zum Stimmrechtsausschluss. K/P/B/*Kübler* (§ 72 Rn 7): „Der Ausschluss von der Abstimmung erfordert mithin eine über das normale Gläubiger- oder Arbeitnehmerinteresse hinausgehende persönliche Beteiligung an dem Ergebnis des zur Abstimmung gestellten Beschlusses" (so auch *Hegmanns* Gläubigerausschuss S 118; *Oelrichs* Gläubigermitwirkung und Stimmverbot im neuen Insolvenzverfahren, 1999; *Uhlenbruck* ZIP 2002, 1373, 1376).

12   Eine **indirekte Betroffenheit** führt nicht zum Stimmrechtsausschluss (*Vallender* WM 2002, 2040, 2045; *Uhlenbruck* ZIP 2002, 1373, 1376). Wann im Einzelfall eine Interessenkollision vorliegt, ist nach den konkreten Umständen zu beurteilen (*Gundlach/Frenzel/Schmidt* ZInsO 2005, 974, 975). Unzutreffend stellt *Hegmanns* (Gläubigerausschuss S 118 ff) auf die **Besorgnis der Befangenheit** ab. Die Vorschrift des § 42 ZPO findet keine entsprechende Anwendung; vielmehr richtet sich das **Stimmverbot der einzelnen Mitglieder** nach den persönlichen Interessen, die das Ausschussmitglied an dem Ergebnis der Entscheidungen hat. Entscheidend ist immer das **objektive Vorliegen eines Interessenkonflikts**, nicht dagegen der Verdacht eines möglichen Interessenkonflikts. Stimmverbot ist immer anzunehmen, wenn es zB um die Zustimmung zu einer besonders bedeutsamen Rechtshandlung iSv § 160 geht, die das Ausschussmitglied oder einen diesem nahe stehenden Gläubiger unmittelbar betrifft (**BGH** ZIP 1985, 423, 425; **LG** Augsburg v 25. 11. 1970, KTS 1970, 119; *Hegmanns* Gläubigerausschuss S 118 ff; K/P/B/*Kübler* § 72 Rn 7 ff; auch *Oelrichs* Gläubigermitwirkung § 7 I S 93 ff). Die Ausschlussgründe gelten auch, wenn ein Ausschussmitglied gesetzlicher Vertreter eines durch den Beschluss Betroffenen ist (**BGH** ZIP 1985, 423, 425; K/P/B/*Kübler* § 72 Rn 8). Ist der **gesamte Gläubigerausschuss befangen**, sollte in jedem Fall eine Entscheidung der Gläubigerversammlung herbeigeführt werden (K/P/B/*Kübler* § 72 Rn 9).

13   **Gesetzlicher Stimmrechtsausschluss.** Auch für die Abstimmungen des Gläubigerausschusses gilt die Vorschrift des § 41 ZPO entsprechend. Danach ist das Ausschussmitglied in allen Sachen von der Abstimmung kraft Gesetzes ausgeschlossen, in denen er selbst **Partei** ist oder bei denen er zu einer Partei im Verhältnis eines Mitberechtigten, Mitverpflichteten oder Regresspflichtigen steht, in Sachen seines **Ehegatten**, auch wenn die Ehe nicht mehr besteht; Gleiches gilt für die Lebenspartnerschaft sowie in Sachen einer Person, mit der er in gerader Linie verwandt oder verschwägert, in der Seitenlinie bis zum dritten Grad verwandt oder bis zum zweiten Grad verschwägert ist oder war, oder in Sachen, in denen er als Prozessbevollmächtigter oder Beistand einer Partei bestellt oder als gesetzlicher Vertreter einer Partei aufzutreten berechtigt ist oder gewesen ist. Ferner kommt für den Stimmrechtsausschluss der in den §§ 34 BGB, 136 Abs 1 AktG, 47 Abs 4 GmbHG, 43 Abs 6 GenG und § 25 Abs 5 WEG zum Ausdruck gebrachte **allgemeine Rechtsgedanke** zum Tragen (vgl **BGH** v 22. 1. 1985, ZIP 1985, 423, 425 = KTS 1985, 520; *Jaeger/Gerhardt* § 72 Rn 17; MüKo-*Schmid-Burgk* § 72 Rn 14, 15; N/R/*Delhaes* § 72 Rn 4; K/P/B/*Kübler* § 72 Rn 7–10).

14   c) **Entscheidungskompetenz.** Die Frage, ob im Einzelfall eine Interessenkollision bzw Befangenheit des Ausschussmitglieds gegeben ist, unterliegt **ausschließlich der Entscheidung des Gläubigerausschusses** (*Uhlenbruck* ZIP 2002, 1373, 1377; *Gundlach/Frenzel/Schmidt* ZInsO 2005, 974, 976). Dieser entscheidet auch, ob das befangene Ausschussmitglied während der Sitzung, der Beratung oder nur der Abstimmung ausgeschlossen ist. Gleichzeitig hat der Gläubigerausschuss über den **Ausschluss von der Einsichtnahme** in Protokolle oder sonstige Unterlagen sowie über eine entsprechende Informations-

pflicht des Insolvenzverwalters zu entscheiden (*Gundlach/Frenzel/Schmidt* ZInsO 2005, 974, 976; im Ergebnis auch *Uhlenbruck* ZIP 2002, 1373, 1377). Nach Auffassung von *Jaeger/Gerhardt* (§ 72 Rn 19) trifft die Entscheidung über die Einsicht in Informationsmaterial der **Insolvenzverwalter** (vgl auch *Hegmanns*, Gläubigerausschuss S 122). Liegen Gründe für einen Stimmrechtsausschluss vor, ist das Ausschussmitglied bei Vermeidung seiner persönlichen Haftung verpflichtet, von sich aus auf Interessenkollisionen oder Selbstbetroffenheit hinzuweisen (*Jaeger/Gerhardt* § 72 Rn 19; *Hegmanns*, Gläubigerausschuss S 127). Das befangene Ausschussmitglied ist **automatisch von der Abstimmung ausgeschlossen**. Stimmt es trotzdem mit ab, zählt seine Stimme nicht. Die bloße Mitwirkung und die unwirksame Stimmabgabe macht den Beschluss des Ausschusses nicht unwirksam (*Jaeger/Gerhardt* § 72 Rn 20). Etwas anderes gilt aber, wenn sich die unwirksame Stimmabgabe auf das Abstimmungsergebnis ausgewirkt hätte (*Jaeger/Gerhardt* § 72 Rn 20). Bestehen **Zweifel hinsichtlich der Befangenheit** eines Gläubigerausschussmitglieds ist dem betreffenden Ausschussmitglied schon im Hinblick auf die haftungs- und strafrechtlichen Sanktionen der §§ 71 InsO, 266, 203 StGB zu gestatten, eine **Entscheidung des Insolvenzgerichts** über das Vorliegen eines Ausschlussgrundes herbeizuführen (AG Hildesheim KTS 1985, 130; *Vallender* WM 2002, 2040, 2046; *Pape*, Gläubigerbeteiligung Rn 317).

3. **Gläubigerausschussprotokolle.** Der Gläubigerausschuss ist nicht verpflichtet, Sitzungs- und Beschlussprotokolle anzufertigen. Vor allem in größeren Insolvenzverfahren ist es jedoch üblich, entweder ein Mitglied oder einen Dritten zum **Protokollführer** zu bestimmen, der die wichtigsten Punkte der Beratungen und die Beschlüsse in einem Protokoll festhält (K/P/B/*Kübler* § 72 Rn 11; N/R/*Delhaes* § 72 Rn 8; MüKo-*Schmid-Burgk* § 72 Rn 7; *Jaeger/Gerhardt* § 72 Rn 5; *Huntemann/Graf Brockdorff* Kap 11 Rn 87). Ein außenstehender Dritter als Protokollführer sollte zur **Verschwiegenheit** verpflichtet werden. Über den Inhalt und die wesentlichen Bestandteile des Protokolls ist im Gesetz nichts gesagt. Es sind die wesentlichen Ergebnisse und förmlichen Beschlüsse sowie streitige Diskussionspunkte mit den wichtigen Argumenten im Protokoll festzuhalten. Ein Gläubigerausschussmitglied kann verlangen, dass seine – abweichende – Meinung zu einem bestimmten Diskussions- oder Tagesordnungspunkt im Protokoll festgehalten wird (K/P/B/*Kübler* § 72 Rn 11). Mit Beginn der Gläubigerausschusssitzung, die vom Vorsitzenden geleitet wird, ist zunächst festzustellen, ob die **Ladung** der Ausschussmitglieder **ordnungsgemäß erfolgt** ist und **Einwendungen gegen das Protokoll** der vorangegangenen Sitzung erhoben werden. Sodann sind die einzelnen Tagesordnungspunkte abzuhandeln. Beginn und Ende der Sitzung sind zu vermerken. Die Protokolle sind **vom Vorsitzenden zu unterzeichnen** und den Mitgliedern des Gläubigerausschusses in Ablichtung zuzuleiten. Diese haben das Protokoll zu genehmigen (HaKo-*Frind* § 72 Rn 7; K/P/B/*Kübler* § 72 Rn 12).

Ob dem **Gericht auf Verlangen** eine **Abschrift** bzw **Ablichtung zu übermitteln** ist, muss unter Aufgabe der in der Vorauflage vertretenen Meinung im Hinblick auf die Unabhängigkeit des Gläubigerausschusses verneint werden (*Vallender* WM 2002, 2040, 247; K/P/B/*Kübler* § 72 Rn 12; *Jaeger/Gerhardt* § 72 Rn 5; str aA *Pape*, Gläubigerbeteiligung Rn 330; H/W/F HdbInsO Rn 6.26). Sowohl Ablichtungen als auch das Originalprotokoll, falls zu den Insolvenzakten gereicht, sind vom Insolvenzgericht in einen **Sonderband** zu nehmen, der von der allgemeinen Akteneinsicht ausgeschlossen ist. Allerdings ist umstritten, ob dies auf Antrag oder von Amts wegen zu erfolgen hat (für amtswegige Aufbewahrung K/U § 90 KO Rn 4; *Kilger/K. Schmidt* § 90 KO Anm 2; K/P/B/*Kübler* § 72 Rn 13; *Jaeger/Gerhardt* § 72 Rn 5; für eine getrennte Aufbewahrung auf Hinweis oder Antrag BGH NJW 1961, 2016; LG Darmstadt v 27. 9. 1990, ZIP 1990, 1424, 1425 = EWiR § 72 KO 1/90 S 1111 m Anm *Hegmanns*; N/R/ *Delhaes* § 72 Rn 8). Soweit Sonderverwahrung besteht, sind die Ausschussprotokolle nicht Bestandteil der Gerichtsakten und daher von der **allgemeinen Akteneinsicht** (§ 299 ZPO, § 4 InsO) **ausgeschlossen** (MüKo-*Schmid-Burgk* § 72 Rn 8; *Jaeger/Gerhardt* § 72 Rn 5; K/P/B/*Kübler* § 72 Rn 13; N/R/*Delhaes* § 72 Rn 8; *Vallender* WM 2002, 2040, 2047; *Braun/Kind* § 72 Rn 12).

V. Fehlerhafte Beschlüsse und gerichtliche Beschlussersetzung

Die Beschlüsse des Gläubigerausschusses sind ebenso wenig anfechtbar wie die auf Grund der Beschlüsse erfolgenden Zustimmungen oder Weigerungen. Wie bereits zu § 69 ausgeführt wurde, unterliegt der Gläubigerausschuss nicht der Aufsicht des Insolvenzgerichts (BGH WM 1965, 1158, 1159; K/P/B/ *Kübler* § 69 Rn 9; *Pape* ZInsO 1999, 675, 681; MüKo-*Schmid-Burgk* § 72 Rn 22). Weder der Insolvenzrichter noch der Rechtspfleger ist berechtigt, **fehlerhafte Beschlüsse** des Ausschusses zu prüfen, aufzuheben oder zu korrigieren (*Braun/Kind* § 72 Rn 18; K/P/B/*Kübler* § 72 Rn 14; *Frege* NZG 1999, 478, 480; str aA HK-*Eickmann* § 73 Rn 6; MüKo-*Schmid-Burgk* § 72 Rn 22, § 69 Rn 12). Letztere Meinung leitet die Prüfungspflicht des Gerichts aus der Rechtmäßigkeitskontrolle her (so auch HaKo-*Frind* § 72 Rn 5). Fehlerhafte Entscheidungen des Gläubigerausschusses können nur inzident im Rahmen späterer Haftungsprozesse überprüft werden (MüKo-*Schmid-Burgk* § 72 Rn 22; *Pape* ZInsO 1999, 675, 681; *Frege* NZG 1999, 478, 480; *Pape*, Gläubigerbeteiligung Rn 331; *Hess* § 72 Rn 9; BerlKo-*Blersch* § 72 Rn 9; H/W/F, HdbInsO 6/22; K/P/B/*Kübler* § 72 Rn 14). Richtig ist zwar, dass zwischen der **Nichtigkeit** und der **Anfechtbarkeit** von Beschlüssen des Gläubigerausschusses zu unterscheiden ist (HK-*Eickmann* § 72 Rn 5). Abzulehnen ist aber die Auffassung, dass in solchen Fällen das Gericht „im Wege des deklaratorischen Feststellungsbeschlusses eine solche Entscheidung kassieren" kann (HaKo-*Frind* § 72 Rn 5; HK-*Eickmann* § 72 Rn 6). Hinsichtlich der **Anfechtbarkeit von Beschlüssen** wird bei Verletzung der Geschäftsordnung eine Analogie zu § 243 AktG befürwortet (*Braun/Kind* § 72 Rn 17). In solchen Fällen wäre die Rechtswirksamkeit des Beschlusses allenfalls durch eine **Feststellungsklage** zu klären (*Kilger/K. Schmidt* § 90 KO Anm 2; BerlKo-*Blersch* § 72 Rn 8).

§ 73 Vergütung der Mitglieder des Gläubigerausschusses

(1) ¹Die Mitglieder des Gläubigerausschusses haben Anspruch auf Vergütung für ihre Tätigkeit und auf Erstattung angemessener Auslagen. ²Dabei ist dem Zeitaufwand und dem Umfang der Tätigkeit Rechnung zu tragen.

(2) § 63 Abs. 2 sowie die §§ 64 und 65 gelten entsprechend.

Übersicht

	Rn
I. Allgemeines	1
II. Entstehung, Fälligkeit und Verjährung des Vergütungsanspruchs	4
III. Höhe der Vergütung	5
1. Bemessungsgrundlage	5
2. Verbot der Doppelvergütung	7
a) Vergütung institutioneller Gläubiger als Ausschussmitglieder	8
b) Vergütung beamteter Ausschussmitglieder	9
c) Vergütung von Mandatsträgern und Vertretern	11
3. Abweichende Vergütungsfestsetzung	13
IV. Rang des Vergütungsanspruchs	18
V. Dokumentationspflichten bei Zeitvergütung	19
VI. Auslagenerstattung	20
VII. Erstattung von Prämien für eine besondere Haftpflichtversicherung	21
VIII. Vorschüsse auf Vergütung und Auslagen	23
IX. Umsatzsteuer	27
X. Das gerichtliche Festsetzungsverfahren	28
XI. Erstattungsanspruch gegen die Staatskasse	31
XII. Rechtsmittel	32

I. Allgemeines

1   Nach der ursprünglichen Formulierung in § 84 Abs 1 S 2 RegE sollten für die Höhe der Vergütung der Mitglieder des Gläubigerausschusses in erster Linie der **Umfang der Tätigkeit** und der **Zeitaufwand** maßgeblich sein (*Keller*, Vergütung Rn 253 ff; BerlKo-*Blersch* § 73 Rn 3). Der Rechtsausschuss hat eine Umformulierung dahingehend vorgenommen, dass für die Vergütung des Gläubigerausschusses in erster Linie der für ihre Tätigkeit angefallene Zeitaufwand maßgebend ist und erst in zweiter Linie der Umfang der Tätigkeit Berücksichtigung finden soll (vgl BT-Drucks 12/7302, S 163, abgedr bei *Uhlenbruck*, Das neue Insolvenzrecht S 384). Ähnlich wie früher in § 91 KO stellt der Gesetzgeber in § 73 Abs 1 S 1 lediglich hinsichtlich der Auslagen auf die Angemessenheit ab, nicht dagegen bei der Vergütung. Hieraus lässt sich jedoch nicht der Schluss herleiten, der Verordnungsgeber oder das Gericht seien berechtigt, im Einzelfall eine unangemessene Vergütung festzusetzen. Nach wie vor gilt auch für das neue Recht das **Verbot der Festsetzung einer unangemessenen Vergütung** (MüKo-*Nowak* § 73 Rn 1). Trotz der Bezeichnung „Vergütung" wird durch die Regelung in § 17 InsVV klargestellt, dass es sich nicht um eine Tätigkeitsvergütung handelt, sondern um eine **Entschädigungsregelung für entstandene Zeitversäumnis** (BerlKo-*Blersch* § 73 Rn 3; *Graeber*, Vergütung Rn 225 S 142; *Haarmeyer/Wutzke/Förster* § 17 InsVV Rn 2). Die **Entgeltlichkeit** ist kein zwingendes Erfordernis für die Mitgliedschaft und Tätigkeit im Gläubigerausschuss (*RG* v 11. 6. 1936, JW 1936, 2927; *Jaeger/Gerhardt* § 73 Rn 3; N/R/*Delhaes* § 73 Rn 1; *Blersch* InsVV § 17 Rn 2). Die Unentgeltlichkeit kann aber nicht durch Beschluss der Gläubigerversammlung erzwungen werden (Blersch InsVV § 17 Rn 2). Vor allem in massearmen Verfahren ist die Unentgeltlichkeit der Tätigkeit eines Gläubigerausschusses keineswegs selten (H/W/F § 17 InsVV Rn 2). **Unentgeltliche Tätigkeit** bedeutet jedoch keine Einschränkung der haftungsrechtlichen Verantwortung der Ausschussmitglieder nach § 71 (*Blersch* § 17 InsVV Rn 3).

2   Durch § 65 wird das Bundesministerium der Justiz ermächtigt, die Vergütung und die Erstattung der Auslagen des Insolvenzverwalters durch **Rechtsverordnung** näher zu regeln. Gem § 73 Abs 2 finden die §§ 64 und 65 entsprechende Anwendung. Das BMJ hat von dieser Möglichkeit Gebrauch gemacht und in den §§ 17, 18 der Insolvenzrechtlichen Vergütungsverordnung (InsVV) v 19. August 1998 (BGBl I S 2205) die Vergütung und die Auslagen der Gläubigerausschussmitglieder sowie die Erstattung der Umsatzsteuer geregelt. Durch Art 1 Nr 10 InsOÄndG 2001 (BGBl I, 2710) ist § 72 Abs 2 dahingehend ergänzt worden, dass nunmehr auch § 63 Abs 2 entsprechend anwendbar ist. Durch die Ergänzung der Verweisung wird erreicht, dass in den Fällen der Kostenstundung die Mitglieder hinsichtlich ihrer Vergütung ebenfalls einen Sekundäranspruch gegen die Staatskasse haben (BerlKo-*Blersch* § 73 Rn 11;

Jaeger/Gerhardt § 73 Rn 2; MüKo-*Nowak* § 73 Rn 22). Obgleich sowohl § 73 InsO als auch § 17 InsVV davon ausgehen, dass das Gläubigerausschussmitglied idR zumindest auch im eigenen Interesse tätig wird, darf nicht übersehen werden, dass es gerade wegen der Regelung in § 67 Abs 3 InsO oftmals notwendig ist, besonders qualifizierte und sachkundige Gläubigerausschussmitglieder zu gewinnen, um deren spezielle Kenntnisse und Fähigkeiten für eine optimale Verfahrensabwicklung zu nutzen.

Soweit die Einsetzung eines „**vor-vorläufigen Gläubigerausschusses**" für zulässig gehalten wird (AG Köln ZInsO 2000, 406; AG Duisburg ZInsO 2003, 940 (LS); HK-*Eickmann* § 67 Rn 1; HaKo-*Frind* § 67 Rn 1) gelten für die Vergütung der Ausschlussmitglieder die §§ 73 InsO, 17, 18 InsVV, entsprechend (AG Duisburg NZI 2003, 502 = ZIP 2003, 1460 = ZInsO 2003, 940 m Anm *Haarmeyer*; AG Duisburg NZI 2004, 325, 326; *Graeber*, Vergütung § 144 Rn 227).   3

II. Entstehung, Fälligkeit und Verjährung des Vergütungsanspruchs

Für die Entstehung des Anspruchs auf Vergütung gilt für den Gläubigerausschuss Gleiches wie für die Vergütung des Insolvenzverwalters. Der **Anspruch** entsteht mit Erbringung der Arbeitsleistung bzw mit den Aufwendungen, die sich als erstattungsfähige Auslagen darstellen (K/P/B/B/*Lüke* § 73 Rn 5; *Eickmann* vor § 17 InsVV Rn 4; N/R/*Delhaes* § 73 Rn 2; MüKo-*Nowak* § 73 Rn 3). Wer nicht wirksam zum Ausschussmitglied bestellt worden ist, hat keinen Vergütungsanspruch (**LG** Duisburg NZI 2004, 95; AG Duisburg NZI 2004, 325, 326; HaKo-*Frind* § 73 Rn 2). **Fällig** wird der Anspruch erst mit der Erledigung der zu vergütenden Tätigkeit, also mit Verfahrensbeendigung, Entlassung gem § 70 sowie mit dem Tode des Ausschussmitglieds (K/P/B/B/*Eickmann* vor § 17 InsVV Rn 4; H/W/F § 17 InsVV Rn 16). Hierbei ist nicht auf die letzte Sitzung des Gläubigerausschusses abzustellen, sondern auf den **Schlusstermin** (LG Göttingen NZI 2005, 340; MüKo-*Nowak* § 73 Rn 4; K/P/B/*Lüke* § 73 Rn 5; H/W/F § 17 InsVV Rn 16). Trotz fehlender gesetzlicher Regelung empfiehlt es sich, der Gläubigerversammlung im Schlusstermin Gelegenheit zur Stellungnahme zu geben. Erst im Schlusstermin lässt sich zudem der Aufwand der Gläubigerausschussmitglieder endgültig bestimmen (K/P/B/*Lüke* § 73 Rn 5). Die Auszahlung der rechtskräftig festgesetzten Vergütung erfolgt aus der Insolvenzmasse durch den Verwalter. Die rechtskräftig festgesetzten Ansprüche der Gläubigerausschussmitglieder **verjähren** gem § 197 Abs 1 Nr 3 BGB nach **dreißig Jahren**. Für nicht gerichtlich festgesetzte Vergütungen beginnt die Regelverjährung nach § 195 BGB. Verjährungsbeginn: § 199 BGB (K/P/B/*Eickmann* vor § 17 InsVV Rn 5).   4

III. Höhe der Vergütung

1. Bemessungsgrundlage. Der Gesetzgeber hat entsprechend der Korrektur durch den Rechtsausschuss die Bemessungsgrundlage gestaffelt: Vorrangige Bemessungsgrundlage ist der **Zeitaufwand** und erst dann ist dem **Umfang der Tätigkeit** Rechnung zu tragen. Nach § 17 S 1 InsVV beträgt die Vergütung der Mitglieder des Gläubigerausschusses regelmäßig **zwischen € 35 und € 95 je Stunde** für die seit dem 1. 1. 2004 eröffneten Verfahren (vorher € 25 – € 50). Die Erhöhung der Regelsätze, wie sie § 17 S 1 InsVV vorsieht, ist nach Auffassung des Verordnungsgebers „vor allem mit dem erweiterten Aufgabenkreis der Mitglieder des Gläubigerausschusses im Insolvenzverfahren und mit der allgemeinen Preisentwicklung zu begründen". Abweichungen vom Regelsatz seien möglich, weil damit „im Einzelfall eine Vergütung festgesetzt werden kann, die dem Umfang der Tätigkeit Rechnung trägt" (Begr zu § 17 InsVV, ZIP 1998, 1460, 1468). Die Vorschrift des § 73 Abs 1 S 2 InsO lässt ebenso wie diejenige in § 17 InsVV genügend Spielraum für die Festsetzung einer **angemessenen Vergütung** im Einzelfall. Schon in der Vergangenheit haben die Insolvenzgerichte von der Möglichkeit einer **abweichenden Vergütungsfestsetzung** Gebrauch gemacht (vgl AG Elmshorn v 25. 6. 1982, ZIP 1982, 981; AG Gummersbach v 24. 3. 1986, ZIP 1986, 659; AG Mannheim v 6. 2. 1985, ZIP 1985, 301; AG Stuttgart v 19. 12. 1985, ZIP 1986, 659; AG Karlsruhe v 16. 12. 1986, ZIP 1987, 124; AG Köln ZIP 1992, 1492; *Hess* § 17 InsVV Rn 7; K/P/B/*Lüke* § 73 Rn 8; H/W/F § 17 InsVV Rn 21; MüKo-*Nowak* § 17 InsVV Rn 3, 4 u § 73 Rn 7). S auch LG Göttingen ZInsO 2005, 143 = ZInsO 2005, 143, das einen Anspruch auf Vergütung auch für die Zeit bejaht, die ein Ausschussmitglied mit der Prüfung verbracht hat, ob der Prozessführung des Verwalters zugestimmt werden kann. Es ist ferner zweifelhaft, ob entsprechend der Auffassung des LG Aachen (Beschl v 20. 7. 1992, ZIP 1993, 137) aus § 3 ZSEG ein Richtwert für die Vergütungsfestsetzung zu entnehmen ist.   5

Nicht zutreffend dürfte jedenfalls die Auffassung sein, wonach auch bei einer **Pauschalfestsetzung** in jedem Fall von den aufgewendeten Stunden auszugehen ist (so aber H/W/F § 17 InsVV Rn 23). Vielmehr weisen K/P/B/*Lüke* (§ 73 Rn 9) mit Recht darauf hin, dass es entsprechend der Begründung zu § 17 InsVV (ZIP 1998, 1460, 1468) auch für die InsO zulässig ist, in besonderen Situationen **völlig vom Zeitaufwand abzugehen** und die Vergütung nach den Kriterien festzusetzen, die das Gesetz in den §§ 73 Abs 1 S 2 InsO, 17 S 2 InsVV festgelegt hat, nämlich vom **Umfang der Tätigkeit** (AG Duisburg ZIP 2003, 1460 = ZInsO 2003, 940; MüKo-*Nowak* § 73 Rn 7; BerlKo-*Blersch* § 73 Rn 6; HK-*Eickmann* § 73 Rn 2; *Braun/Kind* § 73 Rn 8; N/R/*Delhaes* § 73 Rn 8). Mit dem **Umfang der Tätigkeit** ist nicht nur der zeitmäßige Umfang gemeint, sondern finden Berücksichtigung vor allem auch die **rechtlichen** und **tatsächlichen Schwierigkeiten** des Einzelfalles, die Intensität der Mitwirkung des einzelnen Mit-   6 glieds, seine spezielle Sachkunde, die berufliche Qualifikation sowie das besondere Haftungsrisiko (vgl **AG Karlsruhe** v 16. 12. 1986, ZIP 1987, 124; K/U § 91 KO Rn 1; *Jaeger/Gerhardt* § 73 Rn 9; N/R/*Delhaes* § 73 Rn 6; K/P/B/*Lüke* § 73 Rn 8, 9). Das bedeutet, dass der Umfang der Tätigkeit als weiteres Bemessungskriterium nicht unbedingt immer eine Erhöhung des Zeitstundensatzes zur Folge haben muss, sondern eine **eigenständige Bemessungsgrundlage** sein kann. Zu den **objektiven und subjektiven Bemessungs- und Erhöhungskriterien** s MüKo-*Nowak* § 17 InsVV Rn 5, 6.

7 **2. Verbot der Doppelvergütung.** Auch für den Gläubigerausschuss gilt das Verbot der Doppelvergütung, dh kein Ausschussmitglied darf an der Tätigkeit im Ausschuss „verdienen" (H/W/F § 17 InsVV Rn 26). Dies schließt allerdings nicht aus, dass er einen Anspruch auf Festsetzung der ihm entstandenen **Auslagen** hat (H/W/F § 17 InsVV Rn 26). In keinem Fall soll das Ausschussmitglied eine Kompensation für seinen Forderungsausfall über die Ausschussvergütung erreichen können. Das **Verbot der Doppelvergütung** bezieht sich vor allem auf Mitglieder des Gläubigerausschusses, die für ihre Tätigkeit ohnehin entweder von einem Dienstherrn, Arbeitgeber oder von einem Mandanten als Auftraggeber für die Tätigkeit bezahlt werden. Ein Gläubigerausschussmitglied, das für seine Tätigkeit bereits von seinem Arbeitgeber, seiner Anstellungskörperschaft oder seinem Mandanten vergütet wird, hat grundsätzlich **keinen Anspruch auf Vergütung** (AG Ansbach ZIP 1990, 249; **AG** Chemnitz ZIP 1999, 669; AG Gummersbach ZIP 1986, 659; AG Karlsruhe ZIP 1986, 124; H/W/F § 17 InsVV Rn 26; *Vallender* WM 2002, 2040, 2049; *Pape*, Gläubigerbeteiligung Rn 326; BerlKo-*Blersch* § 17 Rn 7; *Blersch* InsVV § 17 Rn 10; *Braun/Kind* § 73 Rn 22; K/P/B/*Eickmann* vor § 17 InsVV Rn 6 ff). **Entgegen der Vorauflage** ist für das Abgrenzungskriterium der Doppelvergütung nicht mehr ausschließlich darauf abzustellen, ob das betreffende Mitglied des Gläubigerausschusses für die konkrete Tätigkeit im Gläubigerausschuss bereits vollumfänglich vergütet wird, ohne darüber hinaus Freizeit oder Urlaubszeit einzusetzen. Vielmehr ist vor allem auch dem **Haftungsgesichtspunkt** Rechnung zu tragen und der Tatsache, dass auch institutionelle Gläubigerausschussmitglieder der Gesamtheit des Gläubiger verpflichtet sind (zutr MüKo-*Nowak* § 17 InsVO Rn 9; K/P/B/*Lüke* § 73 Rn 12–14; *Braun/Kind* § 73 Rn 23; *Blersch* InsVV § 17 Rn 11; K/P/B/*Eickmann* vor § 17 InsVV Rn 10–12; H/W/F § 17 InsVV Rn 28).

8 **a) Vergütung institutioneller Gläubiger als Ausschussmitglieder.** Institutionelle Gläubiger sind solche, die typischerweise Verfahrensbeteiligte sind, wie zB der **Pensions-Sicherungs-Verein (PS V) aG**, der **DGB**, **Gewerkschaften, Betriebsräte, Banken** sowie **Kreditversicherer** (vgl AG Karlsruhe v 16. 12. 1986, ZIP 1987, 124; K/P/B/*Lüke* § 73 Rn 13; K/P/B/*Eickmann* § 17 InsVV Rn 10; *Jaeger/Gerhardt* § 73 Rn 13; K/U § 91 KO Rn 2). **Institutionelle Gläubiger** können – anders als Behörden – als solche in den Gläubigerausschuss berufen werden (AG Köln ZIP 1992, 1492, 1495; H/W/F § 17 InsVV Rn 28). **Anders als in der Vorauflage** ist nunmehr anzunehmen, dass auch einem institutionellen Gläubiger, wie zB dem **Pensions-Sicherungs-Verein aG** für die Mitwirkung im Gläubigerausschuss eine Vergütung zusteht wie jedem anderen Mitglied (K/P/B/*Eickmann* vor § 17 InsVV Rn 11; *Jaeger/Gerhardt* § 73 Rn 13, K/P/B/*Lüke* § 73 Rn 13; MüKo-*Nowak* § 73 Rn 8 ff; *Braun/Kind* § 73 Rn 23; H/W/F § 17 InsVV Rn 28; *Blersch* § 17 Rn 11; str aA *Hess* § 17 InsVV Rn 30). Im Einzelfall ist zu unterscheiden: Wird ein Angestellter oder Vorstand des institutionellen Gläubigers **persönlich** in den vorläufigen oder endgültigen Gläubigerausschuss berufen, so steht ihm schon im Hinblick auf die **persönliche Haftung** ein Vergütungsanspruch zu. Unerheblich ist dabei, ob er im Innenverhältnis verpflichtet ist, die Vergütung an den Arbeitgeber abzuführen. Entscheidend ist vielmehr, dass er im Interesse sämtlicher Gläubiger tätig wird und für eine schuldhafte Pflichtverletzung nach § 71 persönlich haftet (K/P/B/*Lüke* § 73 Rn 13; K/P/B/*Eickmann* vor § 17 InsVV Rn 12; *Jaeger/Gerhardt* § 73 Rn 13; *Braun/Kind* § 73 Rn 23; MüKo-*Nowak* § 73 Rn 8). **Zeitfreistellungen, Haftungsfreistellungen** oder **Abführungsverpflichtungen** betreffen ausschließlich das Innenverhältnis zwischen dem Arbeitgeber und dem Ausschussmitglied (AG Elmshorn ZIP 1982, 981; K/P/B/*Lüke* § 73 Rn 12; *Braun/Kind* § 73 Rn 23). Regelmäßig wird aber der **institutionelle Gläubiger selbst** Mitglied des Gläubigerausschusses. Für institutionelle Gläubiger gilt das „**Behördenverbot**" (BGH ZIP 1994, 40) nicht. Soweit ein **institutioneller Insolvenzgläubiger** in den vorläufigen oder endgültigen Gläubigerausschuss berufen oder gewählt wird, hat er ebenfalls die Interessen sämtlicher Insolvenzgläubiger zu vertreten. Seine Haftung richtet sich nach allgemeinen Grundsätzen, selbst wenn er im Ausschuss durch einen Mitarbeiter vertreten wird (MüKo-*Nowak* § 73 Rn 10; K/P/B/ *Eickmann* vor § 17 InsVV Rn 11). Auch wenn der **PSV aG** als Träger der Insolvenzsicherung ureigene Aufgaben wahrnimmt, kann dies weder zu einem Wegfall noch zu einer Minderung der Vergütung führen (K/P/B/*Lüke* § 73 Rn 13; *Blersch* InsVV § 17 Rn 11). Institutionelle Gläubiger sind nicht gezwungen, im Gesamtgläubigerinteresse unentgeltlich tätig zu werden. Sie haben die gleichen Rechte und Pflichten wie jedes andere Gläubigerausschussmitglied. Ihre Tätigkeit kommt sämtlichen Gläubigern zugute und vor allem die mögliche Haftung nach § 71 verbietet es, diese Gläubiger von der gesetzlich angeordneten Honorierung ihrer Tätigkeit auszuschließen (*Blersch* InsVV § 17 Rn 11; H/W/F § 17 InsVV Rn 28; K/P/B/*Eickmann* vor § 17 InsVV Rn 12).

9 **b) Vergütung beamteter Ausschussmitglieder.** Da Behörden als solche nicht Mitglieder des Gläubigerausschusses sein können (BGH v 11. 11. 1993, ZIP 1994, 46, 47; **OLG** Köln v 1. 6. 1988, ZIP 1988, 992), stellt sich bei Beamten und Angestellten im öffentlichen Dienst nicht nur die Frage, ob es sich um

III. Höhe der Vergütung **§ 73**

melde- oder genehmigungspflichtige Nebentätigkeit handelt, sondern ob überhaupt für den Beamten oder Mitarbeiter eine Vergütungsfestsetzung für seine Tätigkeit im Gläubigerausschuss in Betracht kommt. **Entgegen der Vorauflage** kann es für die Vergütungsfestsetzung nicht darauf ankommen, ob der Beamte oder der Angestellte des öffentlichen Dienstes das Amt eines Gläubigerausschussmitglieds **als Mitarbeiter einer Behörde oder persönlich** ausübt. Schon im Hinblick auf das **Haftungsrisiko** ist ein **Vergütungsausschluss** unzulässig, auch wenn die Tätigkeit zugleich „Erfüllung einer Dienstpflicht" ist und diese Dienstpflicht im Rahmen der Dienstzeit erfüllt wird (MüKo-*Nowak* § 17 InsVV Rn 9; § 73 Rn 8; str aA die ganz hM wie zB K/P/B/*Eickmann* vor § 17 InsVV Rn 7; K/P/B/*Lüke* § 73 Rn 12; H/W/F § 17 InsVV Rn 28). **Zeitliche Freistellungen** und **Abführungsverpflichtungen** betreffen allein das Innenverhältnis zwischen der Behörde und dem Ausschussmitglied (AG Elmshorn ZIP 1982, 981; *Keller*, Vergütung Rn 250; MüKo-*Nowak* § 73 Rn 8). Nach *Jaeger/Gerhardt* (§ 73 Rn 12) haben Beamte und Angestellte des öffentlichen Dienstes keinen Vergütungsanspruch, wenn sie bloß als **Vertreter eines Gläubigers oder einer Behörde** auftreten. Richtig ist, dass in den Fällen, in denen eine natürliche Person als **Vertreter** im Gläubigerausschuss tätig wird, der Anspruch auf Vergütung – wenn überhaupt – dem **Vertretenen** zusteht (MüKo-*Nowak* § 73 Rn 10; K/P/B/*Eickmann* vor § 17 InsVV Rn 9; K/P/B/*Lüke* § 73 Rn 14; *Blersch* § 17 InsVV Rn 10).

Wer lediglich als **Vertreter einer Behörde** im Gläubigerausschuss auftritt, hat selbst **keinen Anspruch auf Vergütung**, denn er ist nicht Mitglied des Gläubigerausschusses. Da die Behörde selbst nicht Mitglied sein kann, steht ihr ebenfalls keine Vergütung zu, was als gerechtfertigt erscheint, weil sie durch ihr Tätigwerden ihr obliegende öffentliche Aufgaben erfüllt (K/P/B/*Eickmann* vor § 17 InsVV Rn 7). Zu beachten ist, dass sich **natürliche Personen** nicht vertreten lassen können (AG Gelsenkirchen KTS 1967, 192; *Jaeger/Gerhardt* § 67 Rn 13; *Uhlenbruck* ZIP 2002, 1373, 1379; einschr K/P/B/*Kübler* § 67 Rn 28). Zweifelhaft ist aber, ob eine **Behörde**, die nicht selbst Mitglied sein kann, sich durch Beamte oder Angestellte im Gläubigerausschuss vertreten lassen kann. Wird ein **Mitarbeiter des örtlichen Arbeitsamtes** von der Gläubigerversammlung in den Gläubigerausschuss gewählt, so ist er nach Auffassung des OLG Köln (ZIP 1988, 992) **grundsätzlich persönlich Mitglied des Gläubigerausschusses** und nicht die Bundesanstalt für Arbeit. **Behördenvertreter** sollten vor Annahme des Amtes klarstellen, ob sie das Amt **persönlich** oder als **Vertreter ihrer Behörde** übernehmen. Wird der Beamte oder Angestellte einer Behörde persönlich bestellt oder gewählt, erwirbt er einen Anspruch auf Vergütung nach § 73. Die Frage, ob es sich bei der Tätigkeit eines Beamten um **melde- oder genehmigungspflichtige Nebentätigkeiten** handelt, richtet sich nach den entsprechenden öffentlich-rechtlichen Dienstvorschriften (K/P/B/*Lüke* § 73 Rn 12; *Jaeger/Gerhardt* § 73 Rn 12). In der widerspruchslosen Duldung durch den Dienstherren kann eine konkludente Genehmigung der Tätigkeit liegen, die auch die Entgegennahme der Vergütung umfasst (AG Elmshorn ZIP 1982, 981; *Jaeger/Gerhardt* § 73 Rn 12; K/P/B/*Eickmann* vor § 17 InsVV Rn 7). **10**

c) **Vergütung von Mandatsträgern und Vertretern.** Wird ein **Rechtsanwalt** oder sonstiger Vertreter eines freien Berufes für einen Gläubiger tätig und in den Gläubigerausschuss gewählt, so richtet sich seine Vergütung im Verhältnis zum Gläubiger nach den für den Berufsstand geltenden Gebührenordnungen. Das **Verbot der Doppelvergütung** steht einer Vergütungsfestsetzung nach § 73 nicht entgegen, denn die Masse wird nicht doppelt belastet. Bei **Behördenvertretern, Beamten** und **institutionellen Gläubigern** ist jedoch zu unterscheiden: Wird eine **Behörde**, die selbst nicht Gläubigerausschussmitglied sein kann, im Gläubigerausschuss durch einen Beamten oder Angestellten vertreten, so wird dieser Gläubiger Ausschussmitglied und haftet allein der Vertreter nach § 71 und steht ihm allein der Vergütungsanspruch zu (OLG Köln ZIP 1988, 1992, 1993; AG Elmshorn ZIP 1982, 981; *Ohr* KTS 1992, 343, 346; *Jaeger/ Gerhardt* § 73 Rn 12; *Mohrbutter/Ringstmeier/Voigt-Salus/Pape* § 21 Rn 327). Bei **Beamten** im Gläubigerausschuss lässt sich eine Versagung oder Einschränkung der Vergütung nicht aus der Verbot der Doppelvergütung begründen (*Gundlach/Schirrmeister* ZInsO 2008, 896 ff). Lässt sich ein **institutioneller Gläubiger**, wie zB PSV oder eine Bank, im Gläubigerausschuss durch einen **Mitarbeiter vertreten**, so wird der institutionelle Gläubiger Mitglied im Ausschuss und ihm steht bei voller Haftung für schuldhaftes Verhalten des Vertreters der Vergütungsanspruch zu. Auch wenn der Vertreter über seine Dienst- und Arbeitszeiten hinaus Zeit und Kosten aufwendet, um seine Aufgabe als Gläubigerausschussmitglied zu erfüllen, steht ihm ein eigener Ersatzanspruch nicht zu. Es ist Sache der **internen Regelung** mit dem Arbeitgeber, für einen **Ausgleich der zusätzlichen Belastungen** zu sorgen. Wegen des originären Vergütungsanspruchs eines **Behördenvertreters** ist ein interner **Abführungsanspruch** an die Behörde nicht gegeben (AG Elmshorn ZIP 1982, 981; *Jaeger/Gerhardt* § 73 Rn 12; MüKo-*Nowak* § 17 InsVV Rn 9). Nicht gefolgt werden kann der Auffassung von K/P/B/*Lüke* (§ 73 Rn 12), wonach der Angehörige einer öffentlich-rechtlichen juristischen Person keine Vergütung verlangen kann, weil er diese Tätigkeit für seinen Dienstherren ausübt. Der öffentlich-rechtliche Dienstherr sei dem öffentlichen Interesse verpflichtet und könne seinerseits ebenfalls keine Vergütung verlangen (so auch K/P/B/*Eickmann* vor § 17 InsVV Rn 7; *Keller*, Vergütung Rn 250). Der generelle Wegfall eines Vergütungsanspruchs ist schon wegen der persönlichen Haftung des Vertreters nicht gerechtfertigt. Die Frage, ob bei einem **internen Rückgriff** des institutionellen Gläubigers in Fällen der Haftung die Grundsätze über die Haftungseinschränkung wegen gefahrgeneigter Arbeit eingreifen, spielt im Rahmen der Vergütungsfestsetzung keine Rolle. **11**

§ 73   *Vergütung der Mitglieder des Gläubigerausschusses*

12   Für **Mandatsträger**, wie zB **Rechtsanwälte**, sind **Besonderheiten zu beachten**. Beauftragt ein institutioneller Insolvenzgläubiger einen **freiberuflichen Rechtsanwalt**, ihre Interessen als Mitglied eines Gläubigerausschusses wahrzunehmen, so ist zu unterscheiden: Entweder wird der institutionelle Gläubiger, wie zB eine **Bank**, selbst Mitglied. Solchenfalls haftet sie und steht ihr der Vergütungsanspruch in vollem Umfang zu. Der Rechtsanwalt wird nach der BRAGO honoriert. Oder der Rechtsanwalt wird, weil das Kreditinstitut die Mitwirkung durch eigene Mitarbeiter ebenso wie die eigene Mitgliedschaft im Gläubigerausschuss vermeiden will, zwar auf Grund seines Mandats, nicht aber als Vertreter des Kreditinstituts zum Gläubigerausschussmitglied bestellt und gewählt. In den Fällen, in denen der Mandatsträger wegen seiner speziellen Kenntnisse und Fähigkeiten lediglich von einem Gläubiger **benannt und gewählt wird**, handelt es sich nicht um **eine Vertretung**, sondern um die Benennung eines Nichtgläubigers, der bei vollem Haftungsrisiko einen **eigenständigen Vergütungsanspruch** erwirbt (K/P/B/*Lüke* § 73 Rn 14; str aA MüKo-*Nowak* § 17 InsVV Rn 11; N/R/*Delhaes* § 73 Rn 4). In Fällen der **lediglichen Benennung** durch einen Gläubiger erwirbt der Anwalt **keinen Anspruch nach BRAGO**, weil es an einem Mandatsverhältnis fehlt.

13   3. **Abweichende Vergütungsfestsetzung.** In besonders gelagerten Einzelfällen kann das Gericht auch eine Vergütung festsetzen, die nicht auf den Zeitaufwand bezogen ist. In § 73 Abs 1 S 2 ist als weiteres Bemessungskriterium der **Umfang der Tätigkeit** genannt. Dieses nachrangige Kriterium kann aber, wenn die Zeitvergütung zu keiner angemessenen Honorierung führt, in **Ausnahmefällen** als alleinige Bemessungsgrundlage in Betracht kommen, was auch schon früherer ständiger Gerichtspraxis entsprach (vgl **BGH** DB 1977, 1047f; **LG Göttingen** ZInsO 2005, 143 = NZI 2005, 339; **AG Stuttgart** ZIP 1986, 689; **AG Duisburg** ZIP 2003, 1460 = ZInsO 2003, 940; **AG Duisburg** NZI 2003, 503; **AG Karlsruhe** v 16. 12. 1986, ZIP 1987, 124; **AG Stuttgart** v 19. 12. 1985, ZIP 1986, 659; **AG Elmshorn** v 25. 6. 1982, ZIP 1982, 981; **AG Gummersbach** v 24. 3. 1986, ZIP 1986, 659; **AG Mannheim** v 6. 2. 1985, ZIP 1985, 301; **AG Ansbach** v 12. 12. 1989, ZIP 1990, 249; MüKo-*Nowak* § 73 Rn 7; § 17 InsVV Rn 5, 6; HK-*Eickmann* § 73 Rn 3; *Braun/Kind* § 73 Rn 7; BerlKo-*Blersch* § 73 Rn 5; *Blersch* InsVV § 17 Rn 6ff; *Jaeger/Gerhardt* § 73 Rn 9; *Hess* § 17 InsVV Rn 4 u Rn 7; K/P/B/*Lüke* § 73 Rn 9; N/R/*Delhaes* § 73 Rn 8; *Kilger/K. Schmidt* § 91 KO Anm 1; *Saage* DB 1960, 836). Kann vor allem bei Großinsolvenzen die Berechnung nach Zeitaufwand zu keiner angemessenen Vergütung für die Tätigkeit und Verantwortlichkeit der Ausschussmitglieder führen, ist angesichts des Wortlauts des § 73 eine **Pauschalierung der Vergütung** nicht ausgeschlossen, auch wenn der Wortlaut des § 17 InsVV dagegen spricht (**AG Chemnitz** ZInsO 1999, 301; H/W/F § 17 InsVV Rn 23; *Blersch* § 17 InsVV Rn 17; *Hess* § 17 InsVV Rn 7; H/W/F § 17 InsVV Rn 23; BerlKo-*Blersch* § 73 Rn 6). Richtig ist, dass eine solche **Pauschalierung der absolute Ausnahmefall** bleiben muss. Grundsätzlich ist dem Umfang der Tätigkeit durch **Erhöhung der Stundensätze** Rechnung zu tragen. Soweit ein Mitglied des Ausschusses als **Spezialist** mit Sonderaufgaben betraut wird, kann das Gericht einen Stundensatz von € 200 festsetzen (**AG Braunschweig** ZInsO 2005, 870). **Nicht unbedenklich** ist die Praxis, in mehreren **zusammenhängenden Insolvenzverfahren** bei gleicher Zusammensetzung der Gläubigerausschüsse die Vergütung des jeweiligen Ausschussmitglieds zunächst einheitlich zu errechnen und sodann nach dem wirtschaftlichen Gewicht der Verfahren **auf die einzelnen Insolvenzmassen umzulegen** (so aber **AG Duisburg** NZI 2003, 502 = ZInsO 2003, 940; **krit** *Haarmeyer* ZInsO 2003, 940; HaKo-*Frind* § 73 Rn 5).

14   Soweit **Nichtgläubiger**, bei denen es sich meist um qualifizierte Personen aus der Wirtschaft mit Spezialkenntnissen handelt, in einem Gläubigerausschuss tätig werden, sind diese nicht nach Maßgabe des § 17 InsVV, sondern **marktüblich** zu vergüten, weil ihre Tätigkeit meist zu ihrer Berufsausübung gehört (*Vallender* WM 2002, 2040, 2049; BerlKo-*Blersch* § 73 Rn 5; *Blersch* InsVV § 17 Rn 3; *Braun/Kind* § 73 Rn 7). Während das LG Köln in seinem unveröffentlichten Beschluss v 15. 2. 2002 (– 19 T 3/02 –) ebenso wie das **AG Köln** (zit bei *Vallender* WM 2002, 2040, 2049) bei einem **Rechtsanwalt** mit Zeithonorar von DM 130 (heute € 65) pro Stunde für angemessen hält, werden in der Praxis für sachverständige Rechtsanwälte, Diplom-Kaufleute oder Wirtschaftsprüfer **Stundensätze bis zu € 300** als angemessen angesehen (vgl **AG Köln** ZIP 1992, 1492; **AG Braunschweig** ZInsO 2005, 870; BerlKo-*Blersch* § 73 Rn 5).

15   **Abschläge auf die Vergütung** sind gerechtfertigt bei fortgeschrittener Masseverwertung, vorzeitiger Verfahrensbeendigung oder Unterschreitung der Anforderungen eines Normalverfahrens von mehr als 20% (MüKo-*Nowak* § 17 InsVV Rn 7). **Überflüssige und unnötige Tätigkeiten**, die als solche auch erkennbar sind, sind dem Gläubigerausschussmitglied nicht zu vergüten (**LG Göttingen** NZI 2005, 339). Die Spanne in § 17 S 1 InsVV von € 35 bis € 95 je Stunde ist nur ein **Regelsatz**, der durchaus im Einzelfall unter Berücksichtigung der besonderen Sachkunde des Gläubigerausschussmitglieds und seines Einsatzes für das Verfahren, nicht dagegen des Erfolges seiner Mitwirkung, überschritten werden darf (*Jaeger/Gerhardt* § 73 Rn 9; *Hess* § 17 InsVV Rn 6; K/P/B/*Lüke* § 73 Rn 8; N/R/*Delhaes* § 73 Rn 8; MüKo-*Nowak* § 17 InsVV Rn 2). Entscheidet sich das Insolvenzgericht dafür, im Einzelfall wegen der Besonderheiten der Verfahrensabwicklung die Vergütung der Ausschussmitglieder **pauschal festzusetzen**, so hat es nach Auffassung von H/W/F (§ 17 InsVV Rn 23) gleichwohl wie bei einem bestimmten Stundensatz einen „umfassenden Abwägungsprozess" vorzunehmen, ob im Einzelfall nicht die Pauschalvergütung zu einem unangemessenen Stundensatz führt. Eine Vergütungspauschalierung, die letztlich zu ei-

VI. Auslagenerstattung § 73

nem Stundensatz von 2500 € für die Ausschussmitglieder führen würde, wird den Anforderungen des § 17 InsVV nicht gerecht (H/W/F § 17 InsVV Rn 23). Der Stundensatz kann deshalb als „Kontrollmaßstab" für die Angemessenheit der Pauschalvergütung benutzt werden.

Unzulässig ist es, einen **Bruchteil der Verwaltervergütung** für die Gläubigerausschussmitglieder festzusetzen (AG Duisburg ZIP 2003, 1460 = ZInsO 2003, 940; HaKo-*Frind* § 73 Rn 4; *Graeber*, Vergütung S 143 Rn 225; str aA AG Chemnitz ZIP 1999, 669; AG Stuttgart ZIP 1986, 659; H/W/F § 17 InsVV Rn 24; *Hess* § 73 Rn 3; *Hess* InsVV § 17 Rn 7; *Braun/Kind* § 73 Rn 8; MüKo-*Nowak* § 17 InsVV Rn 2; K/P/B/*Eickmann* VergR § 17 Rn 11; K/P/B/*Lüke* § 73 Rn 9; *Blersch* § 17 InsVV Rn 16). Die auf einen angemessenen Bruchteil des **Verwalterhonorars** abstellende Festsetzungspraxis der Gerichte ist mit dem geltenden Recht nicht zu vereinbaren. Eine solche Regelung ist gerade aus den früheren Richtlinien in die Vergütungsverordnung von 1960 nicht übernommen worden (*Böhle-Stamschräder* KTS 1960, 108, 114; K/U § 91 KO Rn 1 a). **Vereinbarungen mit dem Insolvenzverwalter** über die Höhe der Vergütung sind unwirksam (AG Duisburg NZI 2004, 325). Eine Orientierung der Vergütung der Ausschussmitglieder an der **Vergütung der Aufsichtsratsmitglieder** einer AG kann im Einzelfall gerechtfertigt sein, wenn der Aufgabenkreis des „verfahrensübergreifenden" Gläubigerausschusses demjenigen des Aufsichtsrats vor Eintritt der Insolvenz entspricht (AG Duisburg NZI 2003, 502, 504; HaKo-*Frind* § 73 Rn 5).

Vorstehende Grundsätze geltend auch für die **Vergütung der Mitglieder eines vorläufigen Gläubigerausschusses** (LG Duisburg NZI 2005, 116; AG Duisburg NZI 2003, 502). Die **Fälligkeit** der Vergütungsansprüche tritt mit der Verfahrenseröffnung ein.

IV. Rang des Vergütungsanspruchs

Der Anspruch des Gläubigerausschussmitglieds auf Vergütung und Auslagenersatz zählt zu den Kosten des Verfahrens iSv § 54 Nr 2 (K/P/B/*Pape* § 54 Rn 48; K/P/B/*Eickmann* vor § 17 InsVV Rn 13; MüKo-*Nowak* § 73 Rn 20). Gem § 53 werden diese Kosten als Masseverbindlichkeiten vorweg berichtigt (*Jaeger/Gerhardt* § 73 Rn 4). Das Gläubigerausschussmitglied kann wegen des rechtskräftig festgesetzten Anspruchs in die Insolvenzmasse vollstrecken. Im Falle der Masseunzulänglichkeit rangieren die Ansprüche gem § 209 Abs 1 Nr 1 an erster Rangstelle. Die Vollstreckung wegen dieser Ansprüche ist nicht durch § 210 ausgeschlossen.

V. Dokumentationspflichten bei Zeitvergütung

Da grundsätzlich gem §§ 73 InsO, 17 InsVV nach Zeitaufwand vergütet wird, hat das Ausschussmitglied, wenn es den Antrag auf Vergütungsfestsetzung stellt, idR die aufgewendeten Stunden darzulegen und gegebenenfalls zu beweisen (LG Aachen v 20. 7. 1992, ZIP 1993, 137 = EWiR 1993, 69 [*Uhlenbruck*]; AG Köln v 9. 9. 1992, ZIP 1992, 1492; H/W/F § 17 InsVV Rn 14; K/P/B/*Lüke* § 73 Rn 11; K/U § 91 KO Rn 1 b). Die Mitglieder des Gläubigerausschusses haben über den mit der Ausübung ihres Amtes verbundenen Zeitaufwand **Aufzeichnungen** zu machen. Für den Fall schuldhaften Unterlassens müssen sie damit rechnen, dass der Zeitaufwand vom Insolvenzgericht nach Anhörung des Verwalters **geschätzt** wird (LG Duisburg NZI 2005, 116; *Blersch* InsVV § 17 Rn 9; MüKo-*Nowak* § 17 InsVV Rn 8, 13; *Braun/Kind* § 73 Rn 14; *Jaeger/Gerhardt* § 73 Rn 5). Auch bei Schätzung durch das Gericht ist die Vergütung keineswegs für alle Mitglieder in gleicher Höhe festzusetzen. Bei Schätzung müssen die Mitglieder des Ausschusses mit einer geringeren Vergütung rechnen, als ihnen möglicherweise tatsächlich zugestanden hätte (N/R/*Delhaes* § 73 Rn 7). Jedenfalls kann durch eine Unterlassung notwendiger Dokumentation das Gericht nicht gezwungen werden, von einer Zeitvergütung auf eine pauschalierte Vergütung überzugehen (vgl AG Stuttgart ZIP 1986, 659; AG Mannheim ZIP 1985, 301; AG Gummersbach ZIP 1986, 659). Bei fehlender Dokumentation schätzt das Gericht im Zweifel die aufgewendete Zeit und setzt dem Umfang der Tätigkeit entsprechende Vergütungen fest (AG Duisburg NZI 2004, 325, 326).

VI. Auslagenerstattung

Nach § 73 Abs 1 S 1 haben die Mitglieder des Gläubigerausschusses Anspruch auf Erstattung angemessener Auslagen. Nach § 18 Abs 1 InsVV sind die Auslagen einzeln anzuführen und vom Ausschussmitglied zu belegen. Eine **Auslagenpauschale**, wie sie für den Insolvenzverwalter vor gesehen ist, eignet sich nach der Begründung zu § 18 InsVV (ZIP 1998, 1460, 1468) für die Mitglieder des Gläubigerausschusses wegen ihrer ganz unterschiedlichen Beanspruchung nicht (H/W/F § 18 InsVV Rn 2; K/P/B/*Lüke* § 73 Rn 16; *Braun/Kind* § 73 Rn 12; BerlKo-*Blersch* § 73 Rn 8; *Blersch* InsVV § 18 Rn 4). Dies schließt allerdings nicht aus, dass **einzelne Posten der Auslagenrechnung** auf schätzungsweisen Angaben beruhen können, wie zB die Portokosten eines Gläubigerausschussmitglieds oder Telefongebühren. Im Übrigen können nur solche Auslagen festgesetzt und erstattet werden, die das Ausschussmitglied im Rahmen seiner Tätigkeit für erforderlich halten durfte (H/W/F § 18 InsVV Rn 2; *Blersch* § 18 InsVV Rn 4; N/R/*Delhaes* § 73 Rn 9). Hierzu gehören **Fahrtkosten, Telefongebühren, Fernschreib- und Telefaxgebühren** sowie der **Aufwand für Schreibmaterial oder Ablichtungen** (vgl LG Aachen v 20. 7. 1992,

ZIP 1993, 137; N/R/*Delhaes* § 73 Rn 9; K/P/B/*Lüke* § 73 Rn 16; MüKo-*Nowak* § 73 Rn 11). Erstattungsfähig sind auch Kosten, die zB für eine Recherche in bestimmten Fragen erforderlich waren, die Einholung von Auskünften und die Beschaffung von Informationsmaterial sowie die Kosten für Abstimmungsgespräche außerhalb der regulären Sitzungen (H/W/F § 18 InsVV Rn 3). Die Auslagenerstattung erfordert nicht nur eine **detaillierte Aufstellung**, sondern auch entsprechende **Nachweise** (*Blersch* InsVV § 18 Rn 4; MüKo-*Nowak* § 17 InsVV Rn 13; *Jaeger/Gerhardt* § 73 Rn 14). **Allgemeine Geschäftsunkosten** sind nicht erstattungsfähig (*Eickmann* § 18 InsVV Rn 2; MüKo-*Nowak* § 73 Rn 11). Die Höhe der festzusetzenden Auslagen hat sich an dem nachgewiesenen oder glaubhaft versicherten Aufwand und an dem **Merkmal der Angemessenheit** zu orientieren. Nicht spezifizierte und nicht zu belegende Auslagen brauchen nicht ersetzt zu werden. In Ausnahmefällen ist eine Schätzung **einzelner Posten**, nicht dagegen eine generelle Pauschalierung zulässig.

VII. Erstattung von Prämien für eine besondere Haftpflichtversicherung

21 Die mit der Tätigkeit im Gläubigerausschuss verbundenen Haftungsrisiken sind nicht gering einzuschätzen (vgl **BGH** ZIP 1994, 46 ff; *Blersch* InsVV § 18 Rn 7; BerlKo-*Blersch* § 71 Rn 1, 2). Grundsätzlich sind Aufwendungen für Haftpflichtversicherungen mit der Vergütung der Gläubigerausschussmitglieder abgegolten. Da aber nicht alle Berufshaftpflichtversicherungen das Haftungsrisiko einer Tätigkeit im Gläubigerausschuss abdecken und manche Gläubigerausschussmitglieder überhaupt keine Vermögenshaftpflichtversicherung abgeschlossen haben, ist schon für das alte Recht die Auffassung vertreten worden, dass die **Prämien für eine Vermögensschaden-Haftpflichtversicherung** der Masse als Auslagen unter den gleichen Bedingungen belastet werden können wie beim Verwalter (vgl *Uhlenbruck* VersR 1973, 499; K/U § 91 KO Rn 5; *Skrotzki* KTS 1967, 142, 148; *Stein* KTS 1957, 109, 111; *Eickmann* § 13 VergVO Rn 11; **str aA** *Jaeger/Weber* § 91 KO Rn 3). Auch für die InsO ist anzunehmen, dass die Prämien der Gläubigerausschussmitglieder für eine **Vermögensschaden-Haftpflichtversicherung** gem § 10 InsVV iVm § 4 Abs 3 S 2 InsVV **als Auslagen erstattungsfähig** sind (K/P/B/*Lüke* § 73 Rn 17; *Hess* § 17 InsVV Rn 10; N/R/*Delhaes* § 73 Rn 9; H/W/F § 18 InsVV Rn 4; MüKo-*Nowak* § 18 InsVV Rn 6; *Frege/Keller/Riedel* HRP Rn 2551; *Jaeger/Gerhardt* § 73 Rn 16; *Blersch* InsVV § 18 Rn 7). Ähnlich wie für den Insolvenzverwalter gilt auch für die Mitglieder des Gläubigerausschusses, dass nur dann die **Prämien für die Haftpflichtversicherung** als Auslagen erstattungsfähig sind, wenn das Gläubigerausschussmitglied zur Abwendung besonderer Haftungsrisiken für das konkrete Verfahren eine **besondere Haftpflichtversicherung** abschließt, was besonders in Großverfahren mit Unternehmensfortführung und besonderen Haftungsrisiken und vor allem bei Auslandsbezug zu empfehlen ist (H/W/F § 18 InsVV Rn 4; BerlKo-*Blersch* § 73 Rn 8; für jede das Verfahren betreffende Haftpflichtversicherung K/P/B/*Lüke* § 73 Rn 17). In kleineren und mittleren Verfahren ohne besonderes Haftungsrisiko kann der Abschluss einer besonderen Haftpflichtversicherung die Begründung **unangemessener Auslagen** darstellen, die vom Gericht nicht festgesetzt werden. Deshalb empfiehlt es sich in der Praxis, vor Abschluss der besonderen Haftpflichtversicherung die **Zustimmung des Insolvenzgerichts** einzuholen und auf diese Weise die Erstattungsfähigkeit der Prämienaufwendungen zu sichern (K/U § 91 KO Rn 5; K/P/B/*Lüke* § 73 Rn 17; *Uhlenbruck* KTS 1967, 203; *ders* KTS 1973, 174; *ders* VersR 1973, 499; *Jaeger/Gerhardt* § 73 Rn 16).

22 Die **Prämien einer besonderen Vermögensschaden-Haftpflichtversicherung** sind idR so hoch, dass sie von der normalen Zeitvergütung nicht abgedeckt werden. Keinem Gläubigerausschussmitglied ist es im Hinblick auf die Haftungsrisiken zuzumuten, die sich aus § 71 ergeben, die Prämien aus eigenen Mitteln zu zahlen (vgl *Uhlenbruck* VersR 1973, 499; H/W/F § 18 InsVV Rn 5). Mit dem Antrag an das Gericht, die Genehmigung für den Abschluss einer besonderen Haftpflichtversicherung zu erteilen, ist der **Antrag** zu verbinden, zu genehmigen, dass **der Masse** die jeweils fälligen Prämien ohne gesonderte Vorschussanforderung **entnommen werden** dürfen. Die Genehmigung ist gleichzeitig eine **Gewährung von Vorschuss auf die Auslagen**, da die Prämien der Aktivmasse entnommen werden (H/W/F § 18 InsVV Rn 5; *Frege/Keller/Riedel* HRP Rn 2551; für Masseverbindlichkeit iSv § 55 Abs 1 Nr 1 *Blersch* InsVV Rn 7). Einer **Anhörung der Gläubigerversammlung** bedarf es nicht (*Jaeger/Gerhardt* § 73 Rn 17; N/R/*Delhaes* § 73 Rn 11 unter Berufung auf **LG** Altona KuT 1935, 190; **LG** Glogau KuT 1930, 167; **str aA** K/P/B/*Lüke* § 73 Rn 15; s auch unten zu Rn 15). Auch bei solcher Entnahme sind die gezahlten Prämien bei Beendigung der Tätigkeit als Auslagen geltend zu machen und vom Insolvenzgericht festzusetzen.

VIII. Vorschüsse auf Vergütung und Auslagen

23 Der Vorschuss auf die Vergütung und Auslagen der Gläubigerausschussmitglieder ist nach wie vor weder in der InsO noch in der InsVV geregelt (anders § 18 EInsVV). Trotzdem entspricht es auch nach neuem Recht wohl allgemeiner Meinung, dass den Gläubigerausschussmitgliedern ein **Anspruch auf Vorschussgewährung** zusteht, wenn sich das Verfahren über einen längeren Zeitraum erstreckt und die Ausschussmitglieder Aufwendungen hatten, deren Bevorschussung ihnen auf Dauer nicht zuzumuten ist (vgl **LG** Aachen v 20. 7. 1992, ZIP 1993, 137 = EWiR 1993, 69 [*Uhlenbruck*]; **AG** Stuttgart ZIP 1986, 659; **AG** Elmshorn ZIP 1982, 981; **AG** Mannheim ZIP 1985, 301; K/P/B/*Lüke* § 73 Rn 15; *Blersch*

InsVV § 18 Rn 9; BerlKo-*Blersch* § 73 Rn 9; *Jaeger/Gerhardt* § 73 Rn 17; N/R/*Delhaes* § 73 Rn 11; H/W/F § 18 InsVV Rn 7; *Eickmann* § 13 VergVO Rn 16; MüKo-*Nowak* § 73 Rn 12). Der **Anspruch auf Vorschussgewährung** ist nicht schon begründet, bevor Leistungen erbracht und erstattungsfähige Auslagen entstanden sind. Zunächst sind die Ausschussmitglieder hinsichtlich ihrer Vergütung und des Auslagenersatzes vorleistungspflichtig. Jedoch ergibt sich aus dem in den §§ 9 InsVV, 27, 675, 669, 713, 1691, 1835, 1915 BGB, 14 ZSEG zum Ausdruck gekommenen allgemeinen Rechtsgedanken, dass grundsätzlich niemand für Handlungen im Interesse anderer geldlich in Vorlage zu treten braucht (K/U § 91 KO Rn 3). Läuft das Verfahren bereits **länger als ein Jahr**, haben die Ausschussmitglieder einen **Anspruch auf Vorschuss** (H/W/F § 18 InsVV Rn 8).

Entgegen K/P/B/*Lüke* (§ 73 Rn 15), die sich insoweit auf die angeblich missverständliche Kommentierung bei K/U (§ 91 KO Rn 3) berufen, kann ähnlich wie beim Insolvenzverwalter die Beantragung eines Vorschusses schon **frühzeitig**, also nicht erst nach einem Jahr, gerechtfertigt sein, wenn die Gefahr besteht, dass es zu einer **Einstellung mangels Masse** (§ 207) oder zu einer **Einstellung nach Anzeige der Masseunzulänglichkeit** (§ 211) kommt. Es gelten insoweit die Grundsätze, die der **BGH** in seiner Entscheidung vom 5. 12. 1991 (BGHZ 116, 233 = ZIP 1992, 210) und das BVerfG (ZIP 1993, 1246) für die Bedeutung des Vorschusses für die Vergütung des Insolvenzverwalters entwickelt haben. Es ist keinem Gläubigerausschussmitglied zuzumuten, letztlich wegen Masseinsuffizienz nicht nur den Vergütungsanspruch zu verlieren, auch wenn er vorrangig nach § 209 Abs 1 Nr 1 zu bedienen ist, sondern auch auf den uU erheblichen Auslagen sitzen zu bleiben. Der zu bewilligende Vorschuss umfasst nicht nur die Vergütung, sondern auch die **Auslagen**. 24

Streitig ist die Frage, ob vor der Festsetzung des Vorschusses eine **Anhörung der Gläubigerversammlung** erforderlich ist (**verneinend** für das **alte Recht** LG Altona KuT 1935, 190; LG Glogau KuT 1930, 167; AG Stuttgart ZIP 1986, 659; K/U § 91 KO Rn 3; für das **neue Recht** N/R/*Delhaes* § 73 Rn 11; H/W/F § 18 InsVV Rn 8; *Jaeger/Gerhardt* § 73 Rn 17; **bejahend** K/P/B/*Lüke* § 73 Rn 15). Schon aus Gründen der Verfahrensökonomie ist eine **Anhörung der Gläubigerversammlung abzulehnen**, wenn ein Vorschuss von den Gläubigerausschussmitgliedern beantragt wird. Anders als in § 91 Abs 1 S 2 KO hat der Gesetzgeber der InsO in § 73 die Anhörung der Gläubigerversammlung nicht mehr vorgeschrieben (*Blersch* InsVV § 18 Rn 9; BerlKo-*Blersch* § 73 Rn 9; *Jaeger/Gerhardt* § 73 Rn 17; N/R/*Delhaes* § 73 Rn 11; H/W/F § 18 InsVV Rn 8; **str aA** K/P/B/*Lüke* § 73 Rn 15; MüKo-*Nowak* § 73 Rn 12). 25

Der Gefahr einer **überhöhten Vorschussgewährung** wird dadurch Rechnung getragen, dass nach wohl allgemeiner Meinung der **Vorschuss nicht höher** bemessen sein darf **als die endgültige Vergütung** und die endgültige Auslagenfestsetzung (LG Aachen ZIP 1993, 137; K/U § 91 KO Rn 3; H/W/F § 18 InsVV Rn 8). Durch die Gewährung eines Vorschusses hat das Gericht sich nicht etwa der Möglichkeit begeben, bei der endgültigen Vergütungsfestsetzung von der Zeitvergütung auf eine andere Art der Vergütung überzugehen (LG Aachen ZIP 1993, 137; *Jaeger/Gerhardt* § 73 Rn 17; K/P/B/*Lüke* § 73 Rn 15; N/R/*Delhaes* § 73 Rn 11). Das gilt auch, wenn das Gericht bei der Berechnung der Höhe des Vorschusses von den bereits angefallenen Stunden ausgeht. Zweckmäßiger dürfte es jedoch sein, den Vorschuss zunächst **pauschal zu bemessen**, wobei die bisher angefallenen Stunden lediglich Anhaltspunkte für die Obergrenze darstellen. 26

IX. Umsatzsteuer

Soweit die Mitglieder des Gläubigerausschusses umsatzsteuerpflichtig sind, können sie gem §§ 18 Abs 2, 7 InsVV Erstattung auch der Umsatzsteuer verlangen (vgl K/P/B/*Lüke* § 73 Rn 18; N/R/*Delhaes* § 73 Rn 10; K/U § 91 KO Rn 6; *Jaeger/Gerhardt* § 73 Rn 15; MüKo-*Nowak* § 18 InsVV Rn 11; Berl-Ko-*Blersch* § 73 Rn 10). Behauptet das Gläubigerausschussmitglied als Antragsteller, umsatzsteuerpflichtig zu sein, so hat das Gericht die tatsächlichen Voraussetzungen nicht zu prüfen, sondern es kann sich auf die Angaben verlassen (s auch *Blersch* InsVV § 18 Rn 8; K/P/B/*Eickmann* § 18 InsVV Rn 3; H/W/F § 18 InsVV Rn 6; für Nachweispflicht MüKo-*Nowak* § 18 InsVV Rn 11). Eine **Nachweispflicht** besteht nur bei Zweifeln an der Umsatzsteuerpflicht (*Blersch* InsVV § 18 Rn 8). 27

X. Das gerichtliche Festsetzungsverfahren

Das gerichtliche Festsetzungsverfahren beginnt mit der **Fälligkeit** der Vergütung und Auslagen sowie einem **Antrag des Ausschussmitgliedes**. Für das gerichtliche Festsetzungsverfahren gelten gem § 73 Abs 2 die Vorschriften der §§ 64 und 65 entsprechend. Nach § 64 Abs 1 setzt das Insolvenzgericht die Vergütung und die zu erstattenden Auslagen der Ausschussmitglieder durch **Beschluss** fest. Die Entscheidung des Insolvenzgerichts setzt jedoch einen **schriftlichen Antrag** der einzelnen Ausschussmitglieder voraus (MüKo-*Nowak* § 17 InsVV Rn 13; H/W/F InsVV § 17 Rn 11; *Frege/Keller/Riedel* HRP Rn 2553). Das Antragsrecht steht jedem einzelnen Mitglied, **entgegen der Voraufl** nicht aber dem Gläubigerausschuss als Ganzem zu (MüKo-*Nowak* § 17 InsVV Rn 13; H/W/F § 17 InsVV Rn 11). Der **Insolvenzverwalter** ist nicht berechtigt, für den Gläubigerausschuss die Vergütungsanträge zu stellen (MüKo-*Nowak* § 17 InsVV Anm 13; *Graeber*, Vergütung § 143 Rn 226). Der Antrag ist **schriftlich** bei Gericht einzureichen. Die Gläubigerausschussmitglieder haben ihrem Antrag **Aufzeichnungen über den** 28

Zeitaufwand beizufügen (LG Aachen ZIP 1993, 137; AG Köln ZIP 1992, 1492; vgl auch *Uhlenbruck* EWiR 1993, 69; H/W/F § 17 InsVV Rn 14; MüKo-*Nowak* § 73 Rn 13). Werden die Aufzeichnungen trotz Fristsetzung nicht eingereicht oder sind solche unterlassen worden, ist das Gericht berechtigt, den Aufwand insgesamt auf Grund seiner Erfahrung und den vorhandenen Sitzungsprotokollen sowie unter Berücksichtigung des Zeitaufwands und der Auslagen der übrigen Mitglieder des Gläubigerausschusses den **Betrag zu schätzen** (LG Duisburg NZI 2005, 116; LG Aachen ZIP 1993, 137; H/W/F § 17 InsVV Rn 14; MüKo-*Nowak* § 17 InsVV Rn 8; BerlKo-*Blersch* § 73 Rn 12). Unzulässig wäre es, den Antrag wegen fehlender Nachweise als unzulässig zurückzuweisen.

29 Zweifelhaft ist, ob der Antrag sich auf die Festsetzung eines **konkreten Betrages** beziehen muss oder allgemein lauten kann, eine „angemessene Vergütung" festzusetzen (für ersteres die ganz hM wie zB MüKo-*Nowak* § 17 InsVV Rn 13; *Jaeger/Gerhardt* § 73 Rn 5; *Graeber*, Vergütung § 144 Rn 226; H/W/F § 17 InsVV Rn 12; K/P/B/*Lüke* § 73 Rn 19). Richtig ist zwar, dass der Antrag sämtliche Tatsachen zu enthalten hat, die dem Gericht die Festsetzung der Vergütung ermöglichen (*Braun/Kind* § 73 Rn 14; N/R/*Delhaes* § 73 Rn 7). Es dürfte aber im Einzelfall genügen, wenn der Antragsteller die aufgewandte Stundenzahl dem Gericht mitteilt und auf die besonderen Schwierigkeiten und Haftungsrisiken des Verfahrens hinweist (vgl auch H/W/F § 17 InsVV Rn 12). Würde man entspr der hM in der Literatur als zwingende Voraussetzung einen **Antrag mit Angabe der Höhe der Vergütung** verlangen, wäre das Gericht uU gezwungen, wegen Teilbeträgen den Antrag zurückzuweisen. Zudem wäre ein mit dem komplizierten insolvenzrechtlichen Vergütungssystem nicht vertrautes Ausschussmitglied kaum jemals ohne fachkundige Hilfe imstande, die ihm zustehende Vergütung zu errechnen. Hinzu kommt, dass die Festsetzungspraxis bei den einzelnen Insolvenzgerichten teilweise unterschiedlich ist. Deshalb muss es genügen, die **allgemeinen Voraussetzungen für eine angemessene Vergütungsfestsetzung** darzulegen und dem Gericht die Entscheidung zu überlassen. Allerdings ist ein unbestimmter Antrag auf Festsetzung einer angemessenen oder in das gerichtliche Ermessen gestellte Vergütung unzulässig. Ungenauigkeiten oder Unklarheiten kann das Gericht mit der Hinweispflicht nach §§ 4 InsO, 139 ZPO begegnen (H/W/F § 17 InsVV Rn 12). Bei dem **Antrag auf Erstattung von Auslagen** (§ 18 InsVV) sind dagegen die erstattungsfähigen Auslagen spezifiziert anzugeben und zu belegen.

30 Ebenfalls zweifelhaft und streitig ist, ob und in welchem Umfang vor der Vergütungs- und Auslagenfestsetzung **rechtliches Gehör** zu gewähren ist. Teilweise wird angenommen, vor der Festsetzung der Vergütung sei die **Gläubigerversammlung** anzuhören (LG Göttingen ZIP 2005, 590; *Braun/Kind* § 73 Rn 21; *Keller*, Vergütung Rn 262; H/W/F § 17 InsVV Rn 10; K/P/B/*Eickmann* § 17 Rn 15). Nach anderer Meinung ist den **Insolvenzgläubigern und dem Schuldner** rechtliches Gehör zu gewähren (K/P/B/*Lüke* § 73 Rn 20). Schließlich wird die Auffassung vertreten, vor der Festsetzungsantrags eines Gläubigerausschussmitglieds seien grundsätzlich **die Beschwerdeberechtigten** zu hören, dh der Insolvenzverwalter, die Insolvenzgläubiger und der Schuldner (MüKo-*Nowak* § 17 InsVV Rn 14). Nach *Frege/Keller/Riedel* (HRP Rn 2553) soll die Gläubigerversammlung gehört werden. Die vorstehenden Meinungen übersehen, dass der Gesetzgeber der InsO die frühere Regelung in § 91 Abs 1 Satz 2 KO, wonach die Festsetzung der Auslagen und der Vergütung „nach Anhörung der Gläubigerversammlung" erfolgte, nicht in § 73 übernommen hat (zutr *Blersch* InsVV § 18 Rn 12 S 252). Der **Vergütungsbeschluss** ist vom Insolvenzgericht **zu begründen** und **öffentlich bekannt zu machen** sowie dem Verwalter, dem Schuldner und dem Antragsteller **zuzustellen** (§ 64 Abs 2 S 2). Die festgesetzten Beträge sind **nicht zu veröffentlichen** (§ 64 Abs 2 S 2 Halbs 1). In der öffentlichen Bekanntmachung ist lediglich darauf hinzuweisen, dass Verfahrensbeteiligte den vollständigen Beschluss auf der Geschäftsstelle des Insolvenzgerichts einsehen können (§§ 73 Abs 2, 64 Abs 2; MüKo-*Nowak* § 17 InsVV Rn 17).

XI. Erstattungsanspruch gegen die Staatskasse

31 Sind dem Schuldner die **Kosten des Verfahrens** gem § 4a gestundet worden, so wäre die Stundung der Gerichtskosten allein nicht ausreichend, um in Fällen der Massearmut ein Insolvenzverfahren durchführen zu können. § 73 Abs 2 verschafft den **Mitgliedern des Gläubigerausschusses** einen Sekundäranspruch gegen die Staatskasse, sofern dem Schuldner Stundung nach § 4a gewährt worden ist und die Insolvenzmasse nicht ausreicht, um die Vergütungsansprüche abzudecken (MüKo-*Nowak* § 73 Rn 22; BerlKo-*Blersch* § 73 Rn 10a; K/P/B/*Lüke* § 73 Rn 2; *Pape* ZInsO 2001, 587, 594).

XII. Rechtsmittel

32 Hinsichtlich der Rechtsmittel gegen den Vergütungsbeschluss gilt gem § 73 Abs 2 die Vorschrift des § 64 Abs 3 entsprechend. Gegen die Ablehnung der Festsetzung der Vergütung oder eines Vorschusses steht dem betreffenden Ausschussmitglied, dem Verwalter, dem Schuldner und jedem Insolvenzgläubiger das Rechtsmittel der **sofortigen Beschwerde** zu (*Jaeger/Gerhardt* § 73 Rn 19; N/R/*Delhaes* § 73 Rn 13; H/W/F § 18 InsVV Rn 19; *Braun/Kind* § 73 Rn 19; anders für den Verwalter BerlKo-*Blersch* § 73 Rn 17). Auch gegen **Entscheidungen des Rechtspflegers** ist das Rechtsmittel gegeben, das nach den allgemeinen verfahrensrechtlichen Vorschriften zulässig ist (§ 11 Abs 1 RPflG). Das heißt, dass bei Nichtabhilfe das Landgericht über die sofortige Erinnerung zu entscheiden hat. Die sofortige Be-

III. Teilnahmeberechtigte **§ 74**

schwerde ist gem §§ 73 Abs 2, 64 Abs 3 S 2 InsO, 567 Abs 2 ZPO unzulässig, wenn der **Wert des Beschwerdegegenstandes € 200** nicht übersteigt. Das Rechtsmittel der weiteren Beschwerde nach § 7 ist ebenfalls gegeben, da es sich bei der Vergütung der Mitglieder des Gläubigerausschusses nicht um Prozesskosten handelt, sondern der spezifische Rechtsweg der InsO gegeben ist (H/W/F § 8 InsVV Rn 22 ff; § 18 Rn 10).

§ 74 Einberufung der Gläubigerversammlung

(1) ¹Die Gläubigerversammlung wird vom Insolvenzgericht einberufen. ²Zur Teilnahme an der Versammlung sind alle absonderungsberechtigten Gläubiger, alle Insolvenzgläubiger, der Insolvenzverwalter, die Mitglieder des Gläubigerausschusses und der Schuldner berechtigt.

(2) ¹Die Zeit, der Ort und die Tagesordnung der Gläubigerversammlung sind öffentlich bekanntzumachen. ²Die öffentliche Bekanntmachung kann unterbleiben, wenn in einer Gläubigerversammlung die Verhandlung vertagt wird.

I. Allgemeines

Die Gläubigerversammlung ist das wichtigste Organ des Insolvenzverfahrens. Es entspricht der kodifikatorischen Idee der InsO, das Insolvenzrecht so anzulegen, dass die Gesetze des Marktes die eigentliche Insolvenzabwicklung steuern (vgl Allgem Begr RegE, abgedr bei *Uhlenbruck*, Das neue Insolvenzrecht, S 230; *Balz/Landfermann* S 10). Marktkonformität erfordert nach den Vorstellungen des Gesetzgebers ein Höchstmaß an Spielraum für kollektives Handeln der Beteiligten, die sich im weitest möglichen Umfang durch Verhandlungen koordinieren sollen. Die InsO wird in besonderem Maße von dem **Prinzip der Gläubigerautonomie** beherrscht (vgl auch MüKo-*Ehricke* § 74 Rn 3; *Pape* Gläubigerbeteiligung im Insolvenzverfahren, 2000 S 59 ff Rn 17 i ff; *Paulus* NZI 2008, 705, 708 f). Die Gläubiger als die primär von der Insolvenz des Schuldners bzw des Schuldnerunternehmens Betroffenen sollen die für das Insolvenzverfahren maßgeblichen Entscheidungen, wie zB über Form und Art der Masseverwertung oder über die Gestaltung des Verfahrens (Bestimmung des Verfahrensziels) entscheiden. Nach der Allgem Begr RegE (abgedr bei *Balz/Landfermann* S 147) ist das **Insolvenzgericht** „im Wesentlichen **Hüter der Rechtmäßigkeit des Verfahrens**. Darüber hinaus können Richter und Rechtspfleger kraft ihrer fachlichen Autorität in den Verhandlungen der Beteiligten vermittelnd und schlichtend wirken und so eine Einigung fördern." Dass die Gerichte einer **schrankenlosen Gläubigerautonomie** im Einzelfall Einhalt gebieten können, wenn Beschlüsse der Gläubigerversammlung den gemeinsamen Interessen der Insolvenzgläubiger widersprechen, zeigt die Regelung in § 78 Abs 1, wonach das Gericht in diesen Fällen berechtigt ist, einen solchen Beschluss der Gläubigerversammlung auf Antrag aufzuheben. Es ist aber nicht Aufgabe des Insolvenzgerichts, die Teilnahmslosigkeit der Gläubiger am Verfahren durch gerichtliche Entscheidungen auszugleichen (*Pape* Gläubigerbeteiligung Rn 180; *ders* RPfleger 1993, 430 ff; *Ehricke* NZI 2000, 57, 60 ff).

1–4

II. Rechtsnatur der Gläubigerversammlung

Die Gläubigerversammlung ist ein Organ der insolvenzrechtlichen Selbstverwaltung (*Pape* ZIP 1990, 1251 ff; K/P/B/*Kübler* § 74 Rn 3). Sie ist kein Rechtspflegeorgan, dessen Entscheidung selbst bei Fehlen von Wirksamkeitsvoraussetzungen zunächst als gültig zu behandeln wäre (*Jaeger/Gerhardt* § 74 Rn 2; K/P/B/*Kübler* § 74 Rn 4; K/U § 93 KO Rn 1; *Baur/Stürner* II Rn 11.28). In der Literatur wird die Gläubigerversammlung teilweise als „Vollversammlung der mitwirkungsberechtigten Gläubiger" oder als „Generalversammlung der Gläubiger" bezeichnet (vgl *Baur/Stürner* II Rn 11.28; *Oelrichs*, Gläubigermitwirkung S 26). Die Gläubigerversammlung ist eine **Zwangsgemeinschaft der Gläubiger**, die nicht an eine bestimmte Rechtsform gebunden ist. Grundsätzlich kann im Rahmen der Abstimmung jeder Gläubiger seine Einzelinteressen durchzusetzen versuchen. Anders als die Mitglieder des Gläubigerausschusses hat der einzelne Gläubiger nicht etwa das Gesamtinteresse der Gläubigerschaft wahrzunehmen (MüKo-*Ehricke* § 74 Rn 9). Die Gläubigerversammlung ist ein Organ mit lediglich **verfahrensinternen Befugnissen**, denn sie entfaltet keine Außenwirkungen (MüKo-*Ehricke* § 74 Rn 2 ff; *Braun/Herzig* § 74 Rn 1). Sie ist nicht berechtigt, Rechtsgeschäfte der Verwaltung im Namen der Gläubigerschaft abzuschließen oder Prozesse zu führen (*Jaeger/Gerhardt* § 74 Rn 2; BerlKo-*Blersch* § 74 Rn 1; K/P/B/*Kübler* § 74 Rn 4).

5

III. Teilnahmeberechtigte

Teilnahmeberechtigt an der Gläubigerversammlung sind neben dem Insolvenzverwalter, dem Schuldner oder seinen organschaftlichen Vertretern und den Gläubigerausschussmitgliedern die **Insolvenzgläubiger** (§§ 38 ff) und die **absonderungsberechtigten Gläubiger** (§§ 49 ff). S auch die Kommentierung zu § 76 Rn 14. Auch **Beistände** von Insolvenzgläubigern, dh Personen, die zur Unterstützung eines Beteiligten neben diesem in der Versammlung auftreten, sind zuzulassen (*Huntemann/Graf Brockdorff/*

6

§ 74 *Einberufung der Gläubigerversammlung*

Buck Kap 10 Rn 57). **Nachrangige Gläubiger** (§ 39) sind ebenfalls teilnahmeberechtigt, allerdings ohne Stimmrecht (§ 77 Abs 1 S 2). Das Teilnahmerecht von **Gläubigern bestrittener Forderungen** richtet sich nach der Feststellung des Stimmrechts (§ 77 Abs 2). Die Rechte von **juristischen Personen** werden in der Gläubigerversammlung durch die **organschaftlichen Vertreter** wahrgenommen. Wegen der mittelbaren Auswirkungen auf ihre Vermögensrechte sind auch **Gesellschafter** zur Teilnahme berechtigt (BerlKo-*Blersch* § 74 Rn 8; für ausdrückl Zulassung HaKo-*Preß* § 74 Rn 11). Jeder der in der Gläubigerversammlung Erschienenen und Teilnahmeberechtigten ist berechtigt, einen **Beistand** mitzubringen (§§ 4 InsO, 90 ZPO; *Jaeger/Gerhardt* § 74 Rn 18).

7   Eine **Teilnahmepflicht** besteht sowohl für den **Schuldner** als auch für den **Insolvenzverwalter**. Grundsätzlich kann sich der Insolvenzverwalter in einer Gläubigerversammlung, also auch im Prüfungstermin, nicht vertreten lassen (*Pape* ZInsO 1999, 305, 315; *Graeber* NZI 2003, 569, 575; str aA K/P/B/ *Kübler* § 74 Rn 9 b). Die geringe Bedeutung des Prüfungstermins ist kein zwingendes Argument für die Vertretungsbefugnis. Jedoch wird man es für den **Prüfungstermin** zulassen müssen, dass ein Vertreter des Verwalterbüros als Bote das Ergebnis der Forderungsprüfung im Termin präsentiert. Bedürfen allerdings streitige Forderungen der weiteren Erörterung, dürfen sie nicht festgestellt werden. Teilnahmeberechtigt sind im Übrigen der **Sachwalter** im Rahmen der Eigenverwaltung sowie der **Treuhänder** im vereinfachten Insolvenzverfahren nach den §§ 311 ff. Der Gläubiger einer bislang **nicht angemeldeten Insolvenzforderung** muss seine Forderung im Termin gegenüber dem Gericht glaubhaft darstellen (AG Aurich ZIP 2006, 2004; *Frege/Keller/Riedel* HRP Rn 1257). Zur **Teilnahme von Schuldverschreibungsgläubigern** s MüKo-*Ehricke* § 74 Rn 32; BerlKo-*Blersch* § 74 Rn 5; *Delhaes* FS Metzeler 2003 S 39 ff. S auch unten zu Rn 20.

8   **Sonstige Teilnahmeberechtigte.** Auch andere Personen, die an der Gläubigerversammlung ein besonderes Interesse haben, kann das Insolvenzgericht im Einzelfall zulassen (§ 175 Abs 2 GVG). So zB die Studenten, Auszubildende, Rechtsreferendare, Rechtspflegeranwärter, Sachverständige, Vertreter von Standesorganisationen sowie Organe von Gläubigerschutzvereinigungen. Bei der Zulassung sind keine allzu strengen Maßstäbe anzulegen, da die Interessenten unschwer die Möglichkeit haben, sich auf anderem Weg über den Inhalt der Gläubigerversammlung zu informieren (*Frege/Keller/Riedel* HRP Rn 1283). Die **Zulassung der Presse** zur Gläubigerversammlung ist nur in Großverfahren möglich, wenn es die überregionale Bedeutung des Verfahrens und das Informationsbedürfnis der gesamten deutschen Wirtschaft erfordert (LG Frankfurt ZIP 1983, 344; *Frege/Keller/Riedel* HRP Rn 1283, 76, 77; MüKo-*Ganter* § 4 Rn 7; K/P/B/*Kübler* § 76 Rn 13; *Kilger/K. Schmidt* § 97 KO Anm 1; K/U § 94 KO Rn 1). Das gilt eingeschränkt auch für **Fernsehsendungen** trotz der Regelung in § 169 S 2 GVG. Die Gläubigerversammlung ist **nichtöffentlich**, da hier der Richter bzw Rechtspfleger nicht als erkennbarer Richter iSv § 169 GVG tätig wird (*Kilger/K. Schmidt* § 72 KO Anm 3; H/W/F, HdbInsO 6/58). Vgl auch die Kommentierung zu § 76 Rn 16. Für nicht zur Teilnahme berechtigte Personen ist eine **ausdrückliche Gestattung der Teilnahme** durch den Richter oder Rechtspfleger, der die Gläubigerversammlung leitet, erforderlich. Der die Versammlung leitende Richter oder Rechtspfleger hat die **Vollmachten der Vertreter** zu prüfen, soweit nicht Anwälte auftreten. In Großverfahren mit mehreren tausend Gläubigern ist dies allerdings nicht durchführbar. Hier genügt es, wenn die **Abstimmungskarte** vorgelegt wird, deren Ausgabe allerdings die Vorlage einer Vollmacht erfordert. Die hinsichtlich der Teilnahmeberechtigung gefassten Beschlüsse sind vom Urkundsbeamten zu Protokoll zu nehmen. Die §§ 159 ff ZPO finden entsprechende Anwendung (*Jaeger/Weber* § 72 KO Rn 3). Wer den Nachweis der Teilnahme nicht zu erbringen vermag, wird nach *Happ/Huntemann* (Der Gläubiger in der Gesamtvollstreckung § 8 Rn 19) durch gerichtlichen Beschluss von der Gläubigerversammlung ausgeschlossen. Ein solcher Beschluss ist aber nicht notwendig, weil nur die Zulassung zur Teilnahme vom Gericht beschieden wird. Jeder Nichtbefugte ist automatisch von der Teilnahme an der Gläubigerversammlung ausgeschlossen und kann durch Ordnungsmaßnahmen des Gerichts aus dem Sitzungssaal entfernt werden. **Prokuristen** und sonstige **Vertretungsorgane** einer Gesellschaft sollten neben ihren Ausweispapieren einen aktuellen beglaubigten Auszug aus dem Handelsregister vorlegen können. **Rechtsanwälte** sollten eine **schriftliche Vollmacht** zur Hand haben, da auf Antrag eines Gläubigers eine gerichtliche Überprüfung erfolgen muss (§ 4 InsO iVm § 88 Abs 2 ZPO). Für den Fall des Bestreitens der Vertretungsbefugnis kann allerdings die Vollmacht nachgereicht werden. Im Einzelnen sind folgende Gläubiger zur Teilnahme an der Gläubigerversammlung berechtigt:

9   **1. Gläubiger festgestellter Forderungen. a) Insolvenzgläubiger.** Ist die Forderung eines Insolvenzgläubigers festgestellt worden, so ist zu unterscheiden, ob die Forderung nachrangig iSv § 39 ist oder nicht nachrangig iSv § 38. Die Insolvenzgläubiger iSv § 38 sind nicht nur teilnahmeberechtigt, sondern auch in vollem Umfang mitwirkungsberechtigt. Neben dem Stimmrecht (§ 77) stehen ihnen Anhörungsrechte (§§ 76 S 1, 197 Abs 1 S 2 Nr 2, 207 Abs 2, 289 Abs 1), Informations- und Prüfungsrechte (§§ 66 Abs 2, 3, 97 Abs 1, 154, 155 S 2, 176 S 1, 177 Abs 1 S 2, 234, 274 Abs 3, 281 Abs 3, 283 Abs 1) sowie Antragsrechte zu (§§ 75 Abs 1 Nr 4, 77 Abs 2, 78 Abs 1, 153 Abs 2, 237 Abs 1, 251 Abs 1, 272 Abs 1 Nr 2, 290 Abs 1). Schließlich haben Insolvenzgläubiger ein **Beschwerderecht** (vgl §§ 57 S 3, 59 Abs 2 S 2, 64 Abs 3, 73 Abs 2, 75 Abs 3, 78 Abs 2 S 3, 197 Abs 3 iVm § 194 Abs 2, 272 Abs 2 S 3, 274 Abs 1, 289 Abs 2). **Nachrangige Insolvenzgläubiger** iSv § 39 haben grundsätzlich die gleichen Teilnahme- und

Mitwirkungsbefugnisse wie nichtnachrangige Insolvenzgläubiger iSv § 38. Jedoch gelten **Einschränkungen** gem §§ 77 Abs 1 S 2, 78 Abs 1, Abs 2 S 2 und 237 Abs 1. Nach § 246 gilt die Zustimmung bestimmter Gruppen nachrangiger Gläubiger als erteilt, wenn bestimmte Voraussetzungen vorliegen. Teilnahmeberechtigt sind auch die **Mitglieder des vorläufigen Gläubigerausschusses**, soweit sie keine Gläubiger sind (§ 67 Abs 3; K/P/B/*Kübler* § 74 Rn 9). Allerdings sind diese Gläubigerausschussmitglieder von den Verfahrensrechten ausgeschlossen, soweit sie nicht selbst betroffen sind.

b) **Absonderungsberechtigte Gläubiger.** Da der Gesetzgeber in § 52 S 1 die absonderungsberechtigten Gläubiger, soweit ihnen der Schuldner auch persönlich haftet, in das Verfahren einbezogen hat, sind auch diese zur Teilnahme an der Gläubigerversammlung berechtigt. Auch Absonderungsberechtigte ohne persönliche Forderung nehmen an der Gläubigerversammlung teil und haben ein auf den etwaigen Ausfall beschränktes Stimmrecht (vgl §§ 74 Abs 1, 76 Abs 2, 2. Halbs; *Mohrbutter/Ringstmaier/ Voigt-Salus/Pape* Hdb § 21 Rn 183 f; MüKo-*Ehricke* § 74 Rn 30). Zum Ausgleich für die Beschränkung ihrer Verwertungsbefugnisse räumt die InsO den absonderungsberechtigten Gläubigern ein **volles Stimmrecht** ein (§ 77 Abs 2, 3 Nr 2; vgl auch §§ 222 Abs 1 S 2 Nr 1, 223). Grundsätzlich haben die absonderungsberechtigten Gläubiger die gleichen verfahrensrechtlichen Befugnisse wie Insolvenzgläubiger (vgl §§ 66 Abs 2, 3, 77 Abs 2 S 1, 97 Abs 1, 176 S 2, 197 Abs 1 S 2 Nr 2, 207 Abs 2, 274 Abs 3, 281 Abs 3; Einzelheiten bei *Oelrichs* Gläubigermitwirkung S 28). Soweit einige Vorschriften einen **Ausschluss der absonderungsberechtigten Gläubiger** von verfahrensrechtlichen Befugnissen vorsehen, wie zB in den §§ 57 S 3, 59 Abs 2 S 2, 64 Abs 3, 177 Abs 1 S 2, 178 Abs 1 S 1, 283 Abs 1 S 1, dürfte es sich um Redaktionsversehen handeln. Insoweit bleibt es der Rechtsprechung überlassen, die betreffenden Vorschriften auf die absonderungsberechtigten Gläubiger analog anzuwenden (zutr *Oelrichs* Gläubigermitwirkung S 28).

10

c) **Aussonderungsberechtigte und Massegläubiger.** Nach Auffassung von *Smid* (§ 74 Rn 5) haben auch Massegläubiger (§ 53) „zumindest ein verfahrensrechtliches Recht auf Gestattung der Teilnahme an der Gläubigerversammlung". *Smid* beruft sich insoweit zu Unrecht auf *Jaeger/Weber* (§ 94 KO Rn 2), die lediglich die Zulassung von Massegläubigern zur Gläubigerversammlung befürworten. Massegläubiger sind auch nach neuem Recht **nicht zur Teilnahme an der Gläubigerversammlung berechtigt**, da ihre Forderungen gem § 53 vorweg aus der Insolvenzmasse zu bereinigen sind (MüKo-*Ehricke* § 74 Rn 30; BerlKo-*Blersch* § 74 Rn 10). Unbenommen ist es dem Insolvenzgericht, im Einzelfall Massegläubigern die Teilnahme an der Gläubigerversammlung zu gestatten. Einer Anhörung der Gläubigerversammlung bedarf es nicht. Nicht zur Teilnahme an der Gläubigerversammlung berechtigt sind auch die **aussonderungsberechtigten Gläubiger** (*Andres/Leithaus* §§ 74, 75 Rn 8; MüKo-*Ehricke* § 74 Rn 30; vgl aber auch *Smid* § 74 Rn 5).

11

2. **Gläubiger nicht festgestellter Forderungen.** Gläubiger, deren Forderungen bestritten werden und hinsichtlich deren Stimmrecht sich der Verwalter und die erschienenen stimmberechtigten Gläubiger in der Gläubigerversammlung nicht einigen können, haben, wenn das Insolvenzgericht nicht gem § 77 Abs 2 S 2 über das Stimmrecht entscheidet, ein **Anwesenheitsrecht**, aber **kein Stimmrecht**. Für die **Teilnahme an der Gläubigerversammlung** ist aber eine **Glaubhaftmachung der Forderung** nicht erforderlich (so aber AG Aurich ZInsO 2006, 782); vielmehr reicht es aus, wenn der Gläubiger bei der Darlegung seiner Forderung den Anforderungen an eine Forderungsanmeldung genügt (*Hanken* ZInsO 2006, 793 f; *Jaeger/Gerhardt* § 74 Rn 16). Das Fehlen der Forderungsfeststellung soll sich jedoch auf **andere Mitwirkungsbefugnisse** nicht auswirken (vgl *Oelrichs* Gläubigermitwirkung S 28). Gläubiger nicht festgestellter Forderungen sollen nach der Begr RegE zu §§ 88, 89 EGInsO (abgedr bei *Uhlenbruck*, Das neue Insolvenzrecht, S 389 f) sämtliche Antrags- und Beschwerderechte nach den §§ 78, 216, 251, 253 ausüben können. Hat der Rechtspfleger entschieden, kann der Richter auf Antrag das Stimmrecht neu festsetzen und Wiederholung der Abstimmung anordnen (§ 18 Abs 3 RPflG).

12

IV. Aufgaben der Gläubigerversammlung

Die Aufgaben der Gläubigerversammlung sind gesetzlich festgelegt (vgl K/P/B/*Kübler* § 74 Rn 5; BerlKo-*Blersch* § 74 Rn 2; MüKo-*Ehricke* § 74 Rn 12–14; *Jaeger/Gerhardt* § 74 Rn 3–11). Wichtigste Aufgaben sind die **Wahl eines Insolvenzverwalters**, wenn statt des gerichtlich bestellten Verwalters ein anderer bestellt werden soll (§ 57 S 1), die Entscheidung, ob ein **Gläubigerausschuss** eingesetzt oder ein vom Gericht eingesetzter Gläubigerausschuss (§ 67 Abs 1) beibehalten werden soll, die Ab- und Neuwahl von Mitgliedern (§ 68), die **Entscheidung über den Fortgang des Verfahrens** nach § 157, die **Kontrolle des Verwalters** durch Verlangen von Auskünften sowie von Berichten über Sachstand und Geschäftsführung (§ 79), sowie von Zwischenrechnungen (§ 66 Abs 3) und durch Entgegennahme und Erörterung der Schlussrechnung (§§ 66 Abs 1, 197 Abs 1 Nr 1); die Gläubigerversammlung kann ferner Auskünfte vom Schuldner nach § 97 Abs 1 S 1 verlangen und Unterhalt an den Schuldner und seine Familie gewähren (§ 100 Abs 1). Sie erteilt die **Zustimmung (Einwilligung) zu besonders bedeutsamen Rechtshandlungen** des Verwalters, wenn ein Gläubigerausschuss nicht besteht (§ 160 Abs 1). Auch die Unternehmens- oder Betriebsveräußerung an sogen Insider (§ 138) oder Großgläubiger ist von der Zu-

13

stimmung der Gläubigerversammlung abhängig (§ 162). Gleiches gilt für eine Unternehmens- oder Betriebsveräußerung unter Wert, wenn das Gericht die Zustimmungsbedürftigkeit der Gläubigerversammlung gem § 163 anordnet. Die Mitwirkung bei sonstiger Verwertung der Insolvenzmasse (§ 159) oder bei einem **Insolvenzplan** (§§ 157, 233 S 2, 235, 244–246) obliegt der Gläubigerversammlung ebenso wie die Mitwirkung im Rahmen der **Eigenverwaltung** gem §§ 271 S 1, 272 Abs 2 Nr 1, 277 Abs 1, 281 Abs 2, 284 Abs 1, 292 Abs 2 (Einzelheiten bei K/P/B/*Kübler* § 74 Rn 5; BerlKo-*Blersch* § 74 Rn 2; *Jaeger/Gerhardt* § 74 Rn 7, 9; MüKo-*Ehricke* § 74 Rn 13). Über die **gesetzliche Aufgabenzuweisung** hinaus ist die Gläubigerversammlung berechtigt, hinsichtlich einzelner Fragen der Insolvenzabwicklung Willensäußerungen abzugeben (vgl *Pape* NZI 2006, 65 ff, der von „ungeschriebenen Kompetenzen der Gläubigerversammlung" spricht; vgl auch MüKo-*Ehricke* § 74 Rn 14; K/P/B/*Kübler* § 74 Rn 6). Es gibt zwar keine ungeschriebene Kompetenz der Gläubigerversammlung, dem Insolvenzverwalter bestimmte Maßnahmen vorzuschreiben; wohl aber hat die Gläubigerversammlung ein Recht, sich umfassend zu allen Abwicklungsfragen zu äußern und dem Verwalter Vorschläge zu machen, die dieser nach pflichtgemäßem Ermessen zu prüfen hat (*Pape* NZI 2006, 65, 70). Entscheidet sich der Verwalter gegen die Durchführung der von den Gläubigern beschlossenen Maßnahmen, geht er ein erhöhtes Haftungsrisiko ein, wenn sich herausstellt, dass seine Entscheidung verfehlt war (so *Pape* NZI 2006, 65, 72; vgl auch MüKo-*Ehricke* § 74 Rn 14; *Oelrichs* Gläubigermitwirkung S 66 ff). Die Nichtbeachtung von Vorschlägen als solche kann allerdings keine Schadensersatzansprüche auslösen.

V. Arten der Gläubigerversammlung

14 Das Gesetz unterscheidet zwischen **zwingenden Gläubigerversammlungen** und fakultativen Gläubigerversammlungen. Zwingend vorgeschrieben ist der Berichtstermin (§§ 156, 157), der Prüfungstermin (§§ 176 ff), der Erörterungs- und Abstimmungstermin zur Annahme und Bestätigung eines Insolvenzplans (§ 235) sowie der Schlusstermin (§ 197). Einzelheiten zu dem Inhalt und zur Gestaltung der einzelnen Termine bei *Oelrichs* Gläubigermitwirkung S 31 ff; *Bork* Einf Rn 75; BerlKo-*Blersch* § 74 Rn 3. Verschiedene Termine, wie zB der Berichtstermin und der Prüfungstermin, können verbunden werden (§ 29 Abs 2). Der Prüfungstermin kann gem § 236 mit dem Erörterungs- und Abstimmungstermin zur Annahme und Bestätigung des Insolvenzplans verbunden werden (vgl BerlKo-*Blersch* § 74 Rn 3). **Fakultative Gläubigerversammlungen** sind einzuberufen, wenn sie entweder das Insolvenzgericht für erforderlich hält oder der Insolvenzverwalter, der Gläubigerausschuss oder mindestens fünf Gläubiger oder Absonderungsberechtigte mit mindestens einem Fünftel der Insolvenzforderungen und Absonderungsrechte oder Einzelne mit zumindest zwei Fünftel dieser Werte die Einberufung beantragen (§ 75). Erforderlich ist auch bei fakultativer Einberufung einer Gläubigerversammlung ein **Einberufungsgrund**, dh ein Tagesordnungspunkt, über den die Gläubigerversammlung Beschluss zu fassen hat (vgl LG Wiesbaden MDR 1970, 598; *Oelrichs* Gläubigermitwirkung S 30). Die **Einberufung** durch das Insolvenzgericht **ohne Antrag** steht im pflichtgemäßen Ermessen des Gerichts (LG Stuttgart ZIP 1989, 1595; K/U § 93 KO Rn 2; *Kilger/K. Schmidt* § 93 KO Anm 2; *Jaeger/Gerhardt* § 74 Rn 15; K/P/B/*Kübler* § 74 Rn 8; *Pape* ZIP 1991, 837, 840). Kommen die Gläubiger ohne Einberufung durch das Gericht zusammen, so handelt es sich nicht um eine Gläubigerversammlung iSd InsO. Die Vorschriften über Stimmrechte und Abstimmungen gelten insoweit nicht.

VI. Einberufung der Gläubigerversammlung

15 Nach § 74 Abs 1 S 1 ist die Gläubigerversammlung vom Insolvenzgericht einzuberufen. Eine nicht vom Gericht einberufene Versammlung ist keine Gläubigerversammlung iSd InsO (K/U § 93 KO Rn 2; *Oelrichs* Gläubigermitwirkung S 29; *Jaeger/Gerhardt* § 74 Rn 12; *Smid* § 74 Rn 3; K/P/B/*Kübler* § 74 Rn 7; MüKo-*Ehricke* § 74 Rn 20). Jede vom Gericht einberufene und von ihm geleitete Zusammenkunft der Gläubiger, also auch der **Prüfungstermin**, ist eine Gläubigerversammlung (AG Rastatt v 12. 5. 1980, ZIP 1980, 754; K/P/B/*Kübler* § 74 Rn 7; *Kilger/K. Schmidt* § 93 KO Anm 1, 2). In den gesetzlich vorgeschriebenen Fällen (§§ 29 Abs 1 Nr 1, 2, 156 ff, 176 ff, 66, 197 [66], 235, 241) sowie **auf Antrag** gem § 75 **muss das Insolvenzgericht** eine Gläubigerversammlung anberaumen (OLG Celle NJW-RR 2002, 989, 990, *Rechel*, Die Aufsicht des Insolvenzgerichts S 310 f). **Fakultativ** besteht die Möglichkeit, **von Amts wegen** eine solche einzuberufen, wenn das Gericht dies für zweckdienlich hält (*Smid* § 74 Rn 2; MüKo-*Ehricke* § 74 Rn 22; *Jaeger/Gerhardt* § 74 Rn 15; HaKo-*Preß* § 74 Rn 3; K/P/B/*Kübler* § 74 Rn 8). Eine **amtswegige Einberufung** kann zB erforderlich sein, bei möglichem Interessenwiderstreit des Insolvenzverwalters (vgl LG Stuttgart ZIP 1989, 1595, 1597) oder wenn es um die Ablösung des Insolvenzverwalters geht (LG Stuttgart ZIP 1989, 1595, 1597; LG Frankfurt RPfleger 1993, 474; *Jaeger/Gerhardt* § 74 Rn 15). Ein **Rechtsmittel gegen die Einberufung oder eine Vertagung** steht den Beteiligten nicht zu (OLG Köln ZInsO 2001, 1112; LG Göttingen ZInsO 2000, 628; K/P/B/*Kübler* § 74 Rn 8). Hat jedoch der **Rechtspfleger** eine Gläubigerversammlung einberufen, so besteht die Möglichkeit einer **sofortigen Erinnerung** (§ 11 Abs 2 RPflG). Auch gegen eine **Vertagung der Gläubigerversammlung** ist eine Beschwerde nicht gegeben (MüKo-*Ehricke* § 74 Rn 24).

VII. Öffentliche Bekanntmachung und Vertagung des Termins § 74

VII. Öffentliche Bekanntmachung und Vertagung des Termins

Nach § 74 Abs 2 S 1 sind die Zeit, der Ort und die Tagesordnung der Gläubigerversammlung öffentlich bekannt zu machen. Hinsichtlich der öffentlichen Bekanntmachung gilt § 9. Die öffentliche Bekanntmachung erfolgt gem § 9 nur noch im **Internetportal aller Bundesländer unter www.insolvenzbekanntmachungen.de** und nicht mehr durch Veröffentlichung im jeweiligen Amtsblatt des Bundeslandes sowie auszugsweise im Bundesanzeiger (vgl die Kommentierung zu § 9). Die Ladungsfrist beträgt **mindestens drei Tage.** Die §§ 222 ZPO, 186 ff BGB finden über § 4 InsO entsprechende Anwendung. Wird die Ladungsfrist nicht eingehalten, sind die Gläubiger berechtigt, eine **Terminverlegung** zu verlangen (K/U § 93 KO Rn 3; K/P/B/*Kübler* § 74 Rn 10; *Jaeger/Gerhardt* § 74 Rn 20). Wird die Gläubigerversammlung vertagt, ist eine erneute öffentliche Bekanntmachung des Vertagungsbeschlusses verzichtbar. Es genügt die Verkündung in der Gläubigerversammlung. Allerdings sind mit der Verkündung die Tagesordnungspunkte für die neue Gläubigerversammlung mit zu verkünden (K/P/B/*Kübler* § 74 Rn 12). Umstritten ist, ob in der öffentlichen Bekanntmachung **sämtliche Tagesordnungspunkte** so bestimmt angegeben werden müssen, dass eine ausreichende Information der Beteiligten möglich ist (vgl **BGH v 20. 3. 2008 – IX ZB 104/07, NZI 2008, 430 = ZIP 2008, 1030 = ZInsO 2008, 504;** LG Freiburg v 13. 7. 1983, ZIP 1983, 1098, 1099 m abl Anm *Kübler; Uhlenbruck* Rpfleger 1983, 494; MüKo-*Ehricke* § 74 Rn 36; K/P/B/*Kübler* § 74 Rn 11; *Andres/Leithaus* §§ 74, 75 Rn 7). Richtig ist, dass gem § 9 Abs 1 S 1 der **wesentliche Inhalt der Gegenstände** angegeben werden muss, über die die Gläubigerversammlung beschließen soll. Die öffentlich bekannt zu machende Tagesordnung der Gläubigerversammlung muss die **Beschlussgegenstände zumindest schlagwortartig bezeichnen** (**BGH v 20. 3. 2008 – IX ZB 104/07, NZI 2008, 430 = ZIP 2008, 1030 = ZInsO 2008, 504;** LG Saarbrücken ZIP 2008, 1031). Die Aufzählung von Gesetzesvorschriften (Paragraphenkette) genügt diesen Anforderungen nicht. Einer nochmaligen förmlichen Beanstandung durch den Gläubiger analog § 78 bedarf es nicht, wenn dieser wegen des geltend gemachten Einberufungsmangels den Beschluss **für nichtig gehalten,** vor der Abstimmung auf diesen Mangel ausdrücklich hingewiesen und auch erfolglos um eine gerichtliche Entscheidung dieser Verfahrensfrage nachgesucht hat (**BGH NZI 2008, 430 = LG Saarbrücken ZIP 2008, 1031**). Im Einzelfall kommt es für den Inhalt und Umfang der öffentlichen Bekanntmachung darauf an, ob die **Tagesordnungspunkte vom Gesetz vorgeschrieben** sind oder nicht. Es ist selbstverständlich, dass der Prüfungstermin die Prüfung von Gläubigerforderungen erfasst. Hierzu zählt auch die Festsetzung des Stimmrechts bei bestrittenen Forderungen.

Nach § 74 Abs 2 S 2 kann die **öffentliche Bekanntmachung unterbleiben,** wenn in einer Gläubigerversammlung der Termin durch Gerichtsbeschluss vertagt wird. Zutreffend hält *Blersch* (BerlKo-*Blersch* § 74 Rn 15) diese Regelung für „nicht unproblematisch", da gerade durch die Bekanntmachung auch der Tagesordnung den Gläubigern die Möglichkeit einer vorherigen Entscheidung über ihre Teilnahme gegeben werden solle. Werde in einer zuvor öffentlich bekannt gemachten Gläubigerversammlung eine **Vertagung mit neuer Tagesordnung** für den nächsten Termin beschlossen, werde den nicht anwesenden Gläubigern eine Entscheidungsmöglichkeit über ihre Mitwirkung am Verfahrensablauf genommen (s auch MüKo-*Ehricke* § 74 Rn 39). Es ist *Blersch* darin zuzustimmen, dass der Gesetzgeber mit der Regelung in § 74 Abs 2 diesen Nachteil in Kauf genommen hat. Ein Gläubiger, der an der Gläubigerversammlung nicht teilnimmt, läuft Gefahr, dass nicht nur eine Vertagung stattfindet, sondern die Vertagung zugleich auch mit einer **erheblichen Erweiterung der Tagesordnung** verbunden ist, ohne dass eine zusätzliche Veröffentlichung erfolgt. Dies ist zumindest zweifelhaft, wenn in der Gläubigerversammlung die **nicht ordnungsgemäße Bekanntmachung der Tagesordnung** gerügt wird und nunmehr das Gericht die Vertagung unter Einbeziehung dieses Tagesordnungspunktes beschließt (vgl *Jaeger/ Gerhardt* § 74 Rn 19; BerlKo-*Blersch* § 74 Rn 15; *Hess* § 74 Rn 6). Nach der **Gegenauffassung** ist eine **Erweiterung der Tagesordnung** in Fällen der Vertagung **unzulässig** (MüKo-*Ehricke* § 74 Rn 39; HK-*Eickmann* § 74 Rn 8; FK-*Schmerbach* § 74 Rn 12; K/P/B/*Kübler* § 74 Rn 12). Angesichts des klaren Gesetzeswortlauts trägt der Gläubiger das **Risiko auch einer Vertagung mit geänderter Tagesordnung** (*Jaeger/Gerhardt* § 74 Rn 19). Richtig ist zwar, dass durch die Möglichkeit der Vertagung „eine höhere Flexibilität und Reaktionsschnelligkeit der Gläubigerversammlung bezüglich solcher Umstände erreicht wird, die sich ggfls erst in der Gläubigerversammlung ergeben" (BerlKo-*Blersch* § 74 Rn 15); bedacht werden muss aber, dass gerichtliche Versäumnisse bei öffentlicher Bekanntmachung der Tagesordnung nicht durch Vertagungsbeschluss ohne weiteres geheilt werden können. Nach *Ehricke* (MüKo § 74 Rn 39) würde dies auch „ein erhebliches **Missbrauchspotential** eröffnen". Im Übrigen bleibt es dem Ermessen des Gerichts überlassen, auch in Fällen der Vertagung Zeit, Ort sowie Tagesordnung der nächsten Gläubigerversammlung öffentlich bekannt zu machen (BerlKo-*Blersch* § 74 Rn 15).

Handelt es sich um **eine besondere Gläubigerversammlung**, die zB zur Erteilung der Zustimmung zu besonders bedeutsamen Rechtshandlungen des Verwalters (§ 160), zur Betriebsveräußerung an besonders Interessierte (§ 162) oder zur Betriebsveräußerung unter Wert (§ 163) führen soll, so ist der Tagesordnungspunkt und Gegenstand der Beschlussfassung exakt zu bezeichnen und öffentlich bekannt zu machen. Handelt es sich um die **Anberaumung eines Prüfungstermins** (§ 29 Abs 1 Nr 2), so genügt der Hinweis, dass in diesem Termin die angemeldeten Forderungen geprüft werden. Auf mögliche Entscheidungen hinsichtlich streitiger Forderungen braucht nicht hingewiesen zu werden. Liegt dagegen ein Antrag auf **Anordnung oder Aufhebung der Eigenverwaltung** (§§ 270, 271, 272) vor, so ist die Entscheidung der Gläubigerversammlung als Tagesordnungspunkt in die öffentliche Bekanntmachung aufzunehmen. Der Berichtstermin kann nicht etwa vertagt werden mit der Begründung, im nächsten Termin solle gem § 235 ein Insolvenzplan erörtert oder gar über ihn abgestimmt werden. Unzulässig ist auch die **Vertagung eines Prüfungstermins** zu späteren **besonderen Prüfungsterminen** iSv § 177. Zwar kann ein Prüfungstermin vertagt werden. Wird jedoch ein **besonderer Prüfungstermin** zwecks Prüfung nachträglicher Anmeldungen anberaumt, ist dieser gem § 177 Abs 3 S 1 öffentlich bekannt zu machen. S auch **OLG** Celle NJW-RR 2002, 989.

VIII. Öffentliche Bekanntmachung des Versammlungsortes

19 Grundsätzlich findet die Gläubigerversammlung an der Gerichtsstelle des Insolvenzgerichts statt (§§ 4 InsO, 219 Abs 1 ZPO). Steht jedoch an der Gerichtsstelle infolge der Zahl der zu erwartenden Teilnehmer an der Gläubigerversammlung kein geeigneter Raum zur Verfügung, kann ausnahmsweise die Gläubigerversammlung an einem anderen Ort als der Gerichtsstelle stattfinden (BerlKo-*Blersch* § 74 Rn 17; N/R/*Delhaes* § 74 Rn 6; *Jaeger/Gerhardt* § 74 Rn 21; *Buck* in *Huntemann/Brockdorff* Kap 10 Rn 47). Das Gericht hat bei der öffentlichen Bekanntmachung jedoch dafür Sorge zu tragen, dass der abweichende Versammlungsort genau beschrieben wird, so dass auch einem ortsunkundigen Gläubiger die Teilnahme ermöglicht wird (BerlKo-*Blersch* § 74 Rn 17). Die Kosten für die Anmietung, Beheizung oder Beleuchtung fremder Räume zählen zu den Masseverbindlichkeiten iSv § 54.

IX. Besondere Versammlung der Schuldverschreibungsgläubiger

20 Im inländischen Insolvenzverfahren über das Vermögen eines Ausstellers von Schuldverschreibungen unterliegen Beschlüsse der Gläubiger den Bestimmungen der InsO, soweit nichts anderes in § 19 Abs 2 bis 5 des Schuldverschreibungsgesetzes (SchVG) vom 31.7. 2009 (BGBl I S 2512) bestimmt ist (§ 19 Abs 1 S 1 SchVG). Die Gläubiger können mehrheitlich beschließen, dass ihre Rechte im Insolvenzverfahren von einem **gemeinsamen Vertreter** wahrgenommen werden (§ 19 Abs 2 S 1 SchVG). Ist ein gemeinsamer Vertreter für alle Gläubiger noch nicht bestellt worden, hat das Insolvenzgericht zu diesem Zweck eine Versammlung der Schuldverschreibungsgläubiger einzuberufen (§ 19 Abs 2 S 2 SchVG). Die Einberufung erfolgt nach den §§ 9–13 SchVG (§ 19 Abs. 2 S 2 SchVG). Das Insolvenzgericht hat zu veranlassen, dass die **Bekanntmachungen** nach dem SchVG **zusätzlich im Internet** unter der durch § 9 InsO vorgeschriebenen Adresse veröffentlicht werden (§ 19 Abs. 5 SchVG). Ein gemeinsamer Vertreter für alle Gläubiger ist allein berechtigt und verpflichtet, die Rechte der Schuldverschreibungsgläubiger im Insolvenzverfahren über das Vermögen des Ausstellers geltend zu machen. Die **Schuldurkunde** braucht er nicht vorzulegen (§ 19 Abs 3 SchVG). In einem **Insolvenzplanverfahren** sind den Gläubigern gleiche Rechte anzubieten (§ 19 Abs 4 SchVG). Im Übrigen bleibt gem § 19 Abs 1 S 2 SchVG die Vorschrift des § 320 InsO unberührt.

X. Rechtsbehelfe

21 Gegen Entscheidungen des Insolvenzrichters über die Einberufung oder Vertagung einer Gläubigerversammlung ist gem. § 6 **kein Rechtsmittel** zulässig. Die sofortige Beschwerde steht gem § 75 Abs 3 dem Antragsteller nur zu, wenn sein Antrag auf Einberufung einer Gläubigerversammlung abgelehnt wird. Im Übrigen ergibt sich eine Beschwerdemöglichkeit auch nicht über die nach § 4 anwendbaren Vorschriften der ZPO, da § 227 Abs 2 ZPO keine Anfechtbarkeit der gerichtlichen Entscheidung über eine Vertagung vorsieht (LG Göttingen ZIP 200, 1946; *Braun/Herzig* § 74 Rn 15). Auch die **Ablehnung eines Vertagungsantrags** ist nicht anfechtbar (**BGH** ZIP 2006, 1065 f). Gegen die **Entscheidung des Rechtspflegers** ist dagegen die **befristete Erinnerung** nach § 11 Abs 2 RPflG gegeben.

§ 75 Antrag auf Einberufung

(1) Die Gläubigerversammlung ist einzuberufen, wenn dies beantragt wird:
1. vom Insolvenzverwalter;
2. vom Gläubigerausschuß;
3. von mindestens fünf absonderungsberechtigten Gläubigern oder nicht nachrangigen Insolvenzgläubigern, deren Absonderungsrechte und Forderungen nach der Schätzung des Insolvenzgerichts zusammen ein Fünftel der Summe erreichen, die sich aus dem Wert aller Absonderungsrechte und den Forderungsbeträgen aller nicht nachrangigen Insolvenzgläubiger ergibt;
4. von einem oder mehreren absonderungsberechtigten Gläubigern oder nicht nachrangigen Insolvenzgläubigern, deren Absonderungsrechte und Forderungen nach der Schätzung des Gerichts zwei Fünftel der in Nummer 3 bezeichneten Summe erreichen.

(2) Der Zeitraum zwischen dem Eingang des Antrags und dem Termin der Gläubigerversammlung soll höchstens drei Wochen betragen.

(3) Wird die Einberufung abgelehnt, so steht dem Antragsteller die sofortige Beschwerde zu.

II. Einberufung der Gläubigerversammlung auf Antrag § 75

I. Allgemeines

Die Vorschrift regelt das Initiativrecht hinsichtlich der Einberufung einer Gläubigerversammlung. 1
§ 75 stellt sich als Ergänzung zu § 74 Abs 1 S 1 dar, wonach die Entscheidung über die Einberufung einer Gläubigerversammlung entweder nach den zwingenden gesetzlichen Vorschriften oder nach dem pflichtgemäßen Ermessen des Gerichts erfolgt. § 75 räumt dem Insolvenzverwalter, dem Gläubigerausschuss und einer Minderheit von Gläubigern ein Antragsrecht auf Einberufung einer Gläubigerversammlung ein, was dem Grundsatz der Gläubigerautonomie entspricht. Dem Gesetzgeber ging es darum, durch das weitgehende Initiativrecht den Einfluss der Gläubiger auf den Gang des Verfahrens und die Art und Weise der Gläubigerbefriedigung zu stärken (vgl BeschlEmpf d RechtsA zu § 86 Abs 1 RegE, BT-Drucks 12/7302 S 164, abgedr bei *Uhlenbruck*, Das neue Insolvenzrecht, S 386 = K/P/B RWS-Dok 18 2. Aufl S 250).

II. Einberufung der Gläubigerversammlung auf Antrag

Neben der amtswegigen Einberufung der Gläubigerversammlung durch das Insolvenzgericht sieht 2
§ 75 vor, dass die Gläubigerversammlung vom Gericht (§ 74 Abs 1 S 1) einzuberufen ist, wenn dies von einem Antragsberechtigten durch ordnungsgemäßen und zulässigen Antrag beantragt wird.

1. Antragsberechtigte. Das Recht zur Antragstellung steht den in § 75 Abs 1 Nr 1–4 angeführten Ver- 3
fahrensbeteiligten zu. Antragsberechtigt sind nicht nur der **Insolvenzverwalter** und der **Gläubigerausschuss**, sondern auch **Gläubigergruppen, die aus mindestens fünf absonderungsberechtigten Gläubigern** oder nicht nachrangigen Insolvenzgläubigern bestehen, deren Absonderungsrechte und Forderungen nach Schätzungen des Insolvenzgerichts zusammen ein **Fünftel der Summe** erreichen, die sich aus dem Wert aller Absonderungsrechte und den Forderungsbeträgen aller nicht nachrangigen Gläubiger ergibt. Entgegen der Vorauflage ist das Quorum von 20 Prozent nicht getrennt nach absonderungsberechtigten und nicht nachrangigen Gläubigern zu errechnen, sondern es bezieht sich auf **die gesamten ordnungsgemäß angemeldeten Forderungsbeträge** (*Jaeger/Gerhardt* § 75 Rn 8; *Braun/Herzig* § 75 Rn 3; HaKo-*Preß* § 85 Rn 6; BerlKo-*Blersch* § 75 Rn 5–8; MüKo-*Ehricke* § 75 Rn 8). Das Antragsrecht steht auch Insolvenzgläubigern mit angemeldeten, jedoch **ungeprüften oder bestrittenen** Forderungen zu, selbst dann, wenn die Forderung erst nach Ablauf der Anmeldefrist angemeldet wurde (BGH ZIP 2004, 2339; *Graf-Schlicker/Mäusezahl* § 75 Rn 5; *Andres/Leithaus* §§ 74, 75 Rn 6; MüKo-*Ehricke* § 75 Rn 7). Die Antragstellung kann sowohl über **Einzelanträge, Gesamtantrag** oder über **einen Mischantrag** erfolgen (MüKo-*Ehricke* § 75 Rn 7; HaKo-*Preß* § 75 Rn 7). Nach § 75 Abs 1 Nr 1 ist auch der **Sonderinsolvenzverwalter** zur Antragstellung berechtigt (BerlKo-*Blersch* § 75 Rn 3). **Nicht antragsberechtigt** sind einzelne Gläubigerausschussmitglieder, es sei denn, sie seien von den übrigen Mitgliedern des Gläubigerausschusses zur Stellung eines Antrags auf Einberufung einer Gläubigerversammlung ausdrücklich bevollmächtigt worden (BerlKo-*Blersch* § 75 Rn 4). Ist ein solcher Beschluss des Gläubigerausschusses nach Auffassung des Gerichts unwirksam (§ 72), so liegt ein wirksamer Antrag nicht vor und hat das Gericht als solchen den Antrag zurückzuweisen (HK-*Eickmann* § 75 Rn 3). Im Rahmen seiner Entscheidung über die Zurückweisung des Antrags ist vom Insolvenzgericht die Unwirksamkeit des Beschlusses inzidenter festzustellen (HK-*Eickmann* § 75 Rn 3). Der **Insolvenzschuldner** ist nicht antragsberechtigt (*Jaeger/Gerhardt* § 75 Rn 10; HaKo-*Wendler* § 100 Rn 9; zweifelnd K/P/B/*Kübler* § 75 Rn 3; bejahend LG Schwerin ZInsO 2002, 1096 f).

Für den Antrag von **absonderungsberechtigten** bzw **nicht nachrangigen Insolvenzgläubigern** (§ 75 4
Abs 1 Nr 3) ist erforderlich, dass **mindestens fünf Gläubiger** den Antrag stellen. Unerheblich ist dabei, ob es sich um fünf Einzelanträge oder einen Gesamtantrag handelt (BerlKo-*Blersch* § 75 Rn 5). Bei den Antragstellern muss es sich jedoch entweder um **absonderungsberechtigte Gläubiger** iSv §§ 49–51 handeln oder um **nicht nachrangige Insolvenzgläubiger** (§ 38), deren Absonderungsrechte und Forderungen nach der Schätzung des Gerichts insgesamt ein Fünftel der Summe erreichen, die den Wert aller Absonderungsrechte und nicht nachrangigen Forderungen ausmacht. Nach §§ 178 ff festgestellte Forderungen sind mit dem festgestellten Betrag anzusetzen. Bei den übrigen Forderungen erfolgt eine Schätzung entspr §§ 4 InsO, 287 ZPO (MüKo-*Ehricke* § 75 Rn 10; *Jaeger/Gerhardt* § 74 Rn 8; *Smid* § 75 Rn 4; vgl aber auch BGH NZI 2005, 31 f = ZIP 2004, 2339 = ZInsO 2004, 1312 f).

Die **Schätzung des Gerichts** nach den zu § 287 ZPO entwickelten Grundsätzen hat nicht etwa „über 5
den Daumen" zu erfolgen, sondern ist auf sorgfältige Ermittlungen zu stützen, wie zB auf das vorhandene **Gläubigerverzeichnis** (§ 152), etwaige Stellungnahmen des Verwalters, sonstige Unterlagen oder bereits vorgenommene **Forderungsanmeldungen** (vgl **BGH** v 16. 7. 1009 – IX ZB 213/07, NZI 2009, 604; ZInsO 2009, 1532; BerlKo-*Blersch* § 75 Rn 6; str aA K/P/B/*Kübler* § 75 Rn 5 und MüKo-*Ehricke* § 75 Rn 10, wonach generell die Schätzung gem § 287 Abs 2 ZPO vorgenommen werden kann). Das Gericht sollte die Ermittlungsgrundlagen **dokumentieren**, was schon wegen der Überprüfungsmöglichkeit im Rechtsmittelverfahren nach § 75 Abs 3 zwingend erscheint (BerlKo-*Blersch* § 75 Rn 6). Schwierigkeiten bereitet vor allem die Feststellung der **Antragsberechtigung mehrerer Absonderungsberechtigter.** Zweifelhaft ist, ob auf den voraussichtlichen Verwertungserlös des Sicherungsguts abzu-

§ 75   *Antrag auf Einberufung*

stellen ist oder auf den „bloßen Wert des reinen Absonderungsrechts" (vgl BerlKo-*Blersch* § 75 Rn 7). Auf den Wert des Absonderungsrechts kann nur abgestellt werden, wenn der Schuldner nicht gleichzeitig wegen der zugrunde liegenden schuldrechtlichen Forderung auch persönlich haftet. Solchenfalls wird man auf eine Schätzung entspr §§ 4 InsO, 287 ZPO nicht verzichten können (MüKo-*Ehricke* § 75 Rn 10; *Braun/Herzig* § 75 Rn 5; vgl auch **BGH** ZIP 2004, 2339, 2340). Solchenfalls muss wegen § 76 Abs 2 auf die schuldrechtlichen Forderungen abgestellt werden (BerlKo-*Blersch* § 75 Rn 7). Nach § 52 ist der Absonderungsberechtigte dann mit seiner Forderung zugleich Insolvenzgläubiger, so dass gleichzeitig § 75 Abs 1 Nr 3 eingreift. Ist der Wert des Absonderungsrechts ermittelt, hat das Gericht weiterhin die **Höhe der insgesamt am Verfahren beteiligten Absonderungsrechte und Insolvenzforderungen** festzustellen, da diese zwingende Bezugsgrößen für die Verhältnisrechnung sind (BerlKo-*Blersch* § 75 Rn 8 mit Berechnungsbeispielen). Das Insolvenzgericht hat somit auf Grund der vorhandenen Unterlagen des Insolvenzverwalters die Gesamthöhe der Forderungen aller nicht nachrangigen verfahrensbeteiligten Insolvenzgläubiger zu ermitteln oder zu schätzen (instruktiv die Beispiele in BerlKo-*Blersch* § 75 Rn 8).

6   Die Regelung in § 75 Abs 1 Nr 4 ermöglicht einem **einzelnen Großgläubiger**, dessen Forderung nach Schätzung des Gerichts zwei Fünftel der in § 75 Abs 1 Nr 3 bezeichneten Summe erreicht, den Antrag auf Einberufung einer Gläubigerversammlung zu stellen (*Jaeger/Gerhardt* § 75 Rn 9). *Blersch* (BerlKo-*Blersch* § 75 Rn 9): „Beträgt nach diesen Berechnungsvorgängen der Anspruchswert des Antragstellers 40% oder mehr der für die Berechnung zugrunde zu legenden Gesamtbelastungen des Schuldners, so ist auch diesem Antrag auf Einberufung einer Gläubigerversammlung stattzugeben." **Nicht antragsberechtigt** sind **Massegläubiger** oder der **Insolvenzschuldner,** so dass diese keine Gläubigerversammlung erzwingen können. Sie haben lediglich die Möglichkeit, unter Darlegung maßgeblicher Gründe bei Gericht die Einberufung einer Gläubigerversammlung von Amts wegen nach § 74 Abs 1 anzuregen (BerlKo-*Blersch* § 75 Rn 12). Nach Auffassung von *Buck* (in: *Huntemann/Brockdorff* Kap 10 Rn 31) setzt sich das Gericht „dem Risiko der Amtshaftung aus", wenn es sorgfältige Ermittlungen etwa durch Rücksprache mit dem Verwalter unterlässt. Antragsberechtigt sind auch der **Gläubiger bestrittener Forderungen** (**BGH** v 14. 10. 2004 – IX ZB 114/04, NZI 2005, 31, 32 = ZIP 2004, 2339 = ZInsO 2004, 1312 m Anm *Smid* in DZWIR 2005, 89, 97 u Anm *Gundlach/Schirrmeister* EWiR 2005, § 75 InsO 1/05, 359 f; zweifelnd *Braun/Herzig* § 75 Rn 7; K/P/B/*Kübler* § 75 Rn 5; *Jaeger/Gerhardt* § 75 Rn 8). Nach Auffassung von *Eickmann* (HK-*Eickmann* § 75 Rn 5) kann im Hinblick auf § 77 Abs 2 S 1 nicht zwischen bestrittenen und unbestrittenen Forderungen unterschieden werden. Vielmehr müsse es für das Antragsrecht ausreichen, dass eine Forderung ordnungsgemäß zur Tabelle angemeldet worden ist. Nach Auffassung des **BGH** reicht die **abstrakte Missbrauchsmöglichkeit** nicht aus, um ein Antragsrecht für nicht festgestellte Forderungen generell auszuschließen.

7   **2. Form und Inhalt des Antrags.** Der Antrag auf Einberufung einer Gläubigerversammlung kann schriftlich oder mündlich zu Protokoll der Geschäftsstelle des Insolvenzgerichts gestellt werden. Im Antrag sind, soweit es sich nicht um den Insolvenzverwalter oder den Gläubigerausschuss handelt, die Voraussetzungen für das Antragsrecht nach § 75 Abs 1 Nr 3 und 4 sowie der Versammlungszweck darzulegen und nachzuweisen (BerlKo-*Blersch* § 75 Rn 2; K/P/B/*Kübler* § 75 Rn 6; *Jaeger/Gerhardt* § 75 Rn 4). Der Antrag hat auch die erforderlichen **Angaben zur Tagesordnung** (§ 74 Abs 2 S 1) zu enthalten (HK-*Eickmann* § 75 Rn 8; MüKo-*Ehricke* § 75 Rn 3; FK-*Kind* § 75 Rn 9; *Braun/Herzig* § 75 Rn 9; *Buck* in: *Huntemann/Brockdorff* Kap 10 Rn 31). Die bei Verfahrensanträgen sonst übliche Prüfung des Antrags findet ebenso wenig statt wie die Prüfung eines Rechtsschutzinteresses. Der oder die Tagesordnungspunkte der beantragten Beschlussfassung sind **öffentlich bekannt zu machen** (§ 74 Abs 2 S 1).Wird die Mindestzahl der Antragstellung oder die Mindestforderungshöhe nicht erreicht, so ist der „Antrag", wenn auf entsprechende gerichtliche Hinweise keine Ergänzung erfolgt, als bloße **Anregung der Gläubiger** auszulegen, über die das Insolvenzgericht nach pflichtgemäßem Ermessen entscheidet, wenn Gründe vorgetragen werden, die eine Einberufung von Amts wegen erfordern (*Hess* § 75 Rn 4). Einer **formellen Zurückweisung der Anregung** durch Beschluss bedarf es nicht, wohl aber, wenn der **unzulässige Antrag** zurückgewiesen wird. Wird keine Tagesordnung im Antrag mitgeteilt oder ist das, was der oder die Antragsteller mitteilen, unbestimmt oder nicht geeignet zur Beschlussfassung der Gläubigerversammlung, so ist, wenn keine Rücknahme oder Ergänzung erfolgt, der **Antrag durch Beschluss abzulehnen** (HK-*Eickmann* § 75 Rn 8). Zuständig für die Einberufung oder Ablehnung ist der jeweils zuständige Richter oder Rechtspfleger des Insolvenzgerichts. Eine **Begründung des Antrags** ist nicht vorgeschrieben, aber zweckmäßig, um dem Gericht die Möglichkeit zur Prüfung zu geben, ob der Antrag willkürlich gestellt ist oder aus sonstigen Gründen unzulässig ist (vgl MüKo-*Ehricke* § 75 Rn 4; HaKo-*Preß* § 75 Rn 4; FK-*Kind* § 75 Rn 9). Der Antrag darf nicht abgelehnt werden, weil das Gericht ihn für unzweckmäßig oder interessenwidrig hält (HK-*Eickmann* § 75 Rn 9; anders MüKo-*Ehricke* § 75 Rn 4 in Missbrauchsfällen). Das Gericht ist nicht berechtigt, den Antrag zurückzuweisen, wenn nach seiner Ansicht keine Notwendigkeit einer Einberufung der Gläubigerversammlung vorliegt. Auch die Voraussetzungen des § 78, die eine Aufhebung eines Beschlusses der Gläubigerversammlung rechtfertigen, sind kein geeigneter Grund für eine Zurückweisung, da die Aufhebung gem § 78 Abs 1 nur auf Antrag erfolgt.

3. Einberufungsfrist (§ 75 Abs 2). Der Zeitraum zwischen dem Eingang des Antrags und dem Termin 8
der Gläubigerversammlung soll gem § 75 Abs 2 **höchstens drei Wochen** betragen. Dabei hat das Gericht die **Ladungsfrist** von drei Tagen entsprechend § 217 ZPO zu beachten (§ 4 InsO). Unter Berücksichtigung der Bekanntmachungsfiktion des § 9 Abs 1 S 3 muss die öffentliche Bekanntmachung spätestens sechs Tage vor dem Versammlungstermin stattfinden (BerlKo-*Blersch* § 75 Rn 12; *Buck* in: *Huntemann/Brockdorff* InsO Kap 10 Rn 33; H/W/F, HdbInsO 6/52). Eine **Überschreitung der Frist** führt nicht zur Unwirksamkeit der Terminsbestimmung, kann aber im Einzelfall zu einer Haftung des Richters oder Rechtspflegers führen (K/P/B/*Kübler* § 75 Rn 8; BerlKo-*Blersch* § 75 Rn 12; *Jaeger/Gerhardt* § 75 Rn 11). Es handelt sich in § 75 Abs 2 um eine **Sollvorschrift**. In der Literatur wird die kurze Frist als unproblematisch angesehen, da die Veröffentlichung nicht im Bundesanzeiger, sondern nur in dem für amtliche Bekanntmachungen des Gerichts vorgesehenen Blatt zu erfolgen hat, wie zB im Regierungsamtsblatt (K/P/B/*Kübler* § 75 Rn 8, *Buck* in: *Huntemann/Brockdorff* InsO Kap 10 Rn 33; BerlKo-*Blersch* § 75 Rn 12; zweifelnd N/R/*Delhaes* § 75 Rn 3; *Bernsen* in: Kölner Schrift InsO S 1843, 1852 f). Einmal kann eine Bekanntmachung im Bundesanzeiger innerhalb einer Woche nach Aufgabe des Textes erfolgen; zum anderen erlaubt die Neuregelung in § 9 Abs 2 eine **kurzfristige Veröffentlichungsmöglichkeit im Internet.**

III. Einberufung durch gerichtlichen Beschluss

Die Entscheidung über die Einberufung oder Ablehnung des Antrags erfolgt durch das Insolvenzgericht 9
im Beschlusswege. Wird der Antrag zurückgewiesen, so ist der Beschluss zu begründen. Bei stattgebendem Beschluss ist anzugeben, auf wessen Antrag die Gläubigerversammlung einberufen wird.

IV. Rechtsmittel (§ 75 Abs 3)

Gegen die Einberufung einer Gläubigerversammlung ist ein Rechtsmittel nicht gegeben, selbst wenn 10
dem Gericht ein Berechnungsfehler unterlaufen ist oder eine Fristüberschreitung vorliegt (OLG Köln v 30. 7. 2000 ZInsO 2001, 1112; **LG** Göttingen ZIP 2000, 1945; BerlKo-*Blersch* § 75 Rn 15; str aA K/P/B/*Kübler* § 75 Rn 11; MüKo-*Ehricke* § 75 Rn 14; FK-*Kind* § 75 Rn 14; *Hess* § 75 Rn 8). Wird die **Einberufung einer Gläubigerversammlung vom Insolvenzgericht abgelehnt**, so steht gem § 75 Abs 3 dem Antragsteller oder den Antragstellern, dh jedem von ihnen, das Rechtsmittel der **sofortigen Beschwerde** zu. Das Beschwerderecht folgt spiegelbildlich aus der Antragsbefugnis (FK-*Kind* § 75 Rn 13; MüKo-*Ehricke* § 75 Rn 13). Deshalb müssen in den Fällen, in denen nur mehrere Antragsteller zusammen das Quorum in 75 Abs 1 Nr 3 oder Nr 4 erreichen, diese auch **gemeinsam** anfechten, da der gemeinsame Antragswille auch im Rechtsbehelfsverfahren noch andauern muss (so auch N/R/*Delhaes* § 75 Rn 4; HK-*Eickmann* § 75 Rn 11; MüKo-*Ehricke* § 75 Rn 14). Die Streitfrage, ob eine **sofortige Beschwerde** gegen die **Ablehnung der Einberufung** mit der Begründung möglich ist, das Gericht sei bei Schätzung der Werte von falschen Voraussetzungen ausgegangen, hat **der BGH entschieden.** Danach steht einem Gläubiger die sofortige Beschwerde gegen die Ablehnung seines Antrags auf Einberufung einer Gläubigerversammlung auch dann zu, wenn die **Ablehnung darauf gestützt wird, nach Schätzung des Gerichts sei das Quorum verfehlt** (BGH v 21. 12. 2006 – IX ZB 138/06, ZIP 2007, 551 f = ZInsO 2007, 271 f; so auch *Jaeger/Gerhardt* § 75 Rn 13; HK-*Eickmann* § 75 Rn 13; K/P/B/*Kübler* § 75 Rn 10 f; HaKo-*Preß* § 75 Rn 14; str aA MüKo-*Ehricke* § 75 Rn 15). Gegen die **Rechtspflegerentscheidung** ist die befristete Erinnerung nach § 11 Abs 2 RPflG gegeben (N/R/*Delhaes* § 75 Rn 4; K/P/B/*Kübler* § 75 Rn 10, 11). Auch hier ist streitig, ob gegen eine **stattgebende Entscheidung des Rechtspflegers** die Erinnerung nach § 11 Abs 2 RPflG möglich ist (bejahend K/P/B/*Kübler* § 75 Rn 11; FK-*Kind* § 75 Rn 15; MüKo-*Ehricke* § 75 Rn 14). Im Hinblick auf die Rechtsprechung des BGH (BGH ZIP 2007, 551 f) muss **entgegen der Vorauflage** angenommen werden, dass die **Erinnerung** bei Ablehnung des Rechtspflegers auch auf ein verfehltes Quorum gestützt werden kann (K/P/B/*Kübler* § 75 Rn 11; *Jaeger/Gerhardt* § 75 Rn 13; HK-*Eickmann* § 75 Rn 13). Die **Frist für die Einlegung der sofortigen Beschwerde** beträgt **zwei Wochen** (§ 4 InsO iVm § 569 Abs 1 ZPO). Der Lauf der Beschwerdefrist beginnt mit der Verkündung der Ablehnungsentscheidung oder mit der Zustimmung an den oder die Antragsteller (§ 6 Abs 2 S 1).

§ 76 Beschlüsse der Gläubigerversammlung

(1) Die Gläubigerversammlung wird vom Insolvenzgericht geleitet.

(2) Ein Beschluß der Gläubigerversammlung kommt zustande, wenn die Summe der Forderungsbeträge der zustimmenden Gläubiger mehr als die Hälfte der Summe der Forderungsbeträge der abstimmenden Gläubiger beträgt; bei absonderungsberechtigten Gläubigern, denen der Schuldner nicht persönlich haftet, tritt der Wert des Absonderungsrechts an die Stelle des Forderungsbetrags.

Übersicht

	Rn
I. Allgemeines	1
II. Leitung der Gläubigerversammlung	4
1. Funktionelle Leitungszuständigkeit	4
2. Ordnungsbefugnisse des Insolvenzgerichts	10
3. Nichtöffentlichkeit der Gläubigerversammlung	14
4. Zulassung der Medien zur Gläubigerversammlung	16
5. Teilnahme ausländischer Gläubiger	17
6. Protokollierung	18
III. Beschlussfähigkeit der Gläubigerversammlung	20
1. Allgemeine Voraussetzungen	20
2. Gläubigerversammlung ohne Gläubiger	21
3. Übertragung von Gläubigerbefugnissen auf das Gericht	23
IV. Abstimmungsberechtigung	24
1. Stimmrecht der Gläubiger	24
2. Stimmrecht absonderungsberechtigter Gläubiger	28
3. Stimmverbote	30
V. Mehrheiten	33
VI. Rechtswirkungen der Beschlüsse	34
VII. Rechtsmittel	35

I. Allgemeines

1   Die Vorschrift des § 76 entspricht inhaltlich den früheren §§ 94, 97 KO sowie § 15 Abs 4 GesO. Die InsO begnügt sich in § 76 Abs 2 S 1 im Regelfall mit der **einfachen Summenmehrheit**. Kopf- und Summenmehrheit wird nur noch bei besonderen Abstimmungen verlangt, wie zB bei der Wahl eines anderen Insolvenzverwalters (§ 57 S 2) oder bei der Abstimmung über einen Insolvenzplan (§ 244 Abs 1). DZWIR 1999, 133, 134 und *W. Marotzke* (ZInsO 2003, 726 u ZIP 2001, 173) haben sich kritisch mit der „vereinfachenden" Regelung in § 76 auseinander gesetzt. Wirtschaftlich begünstigt seien durch die Neuregelung vor allem die **Kreditinstitute**, die in der Regel die größten Einzelgläubiger seien und darüber hinaus auch Kreditsicherheiten besäßen (vgl auch *Uhlenbruck* NZI 1998, 1, 4). Nach K/P/B/*Kübler* (§ 46 Rn 6) hat die Orientierung „allein an den Interessen der Groß- und Sicherungsgläubiger außerdem zur Folge, dass diese sich im Berichtstermin einen ihnen genehmen Verwalter wählen können (§ 57 S 1)". Hierdurch werde dem Gericht, das einer völlig einseitigen Ausrichtung nur gem § 78 entgegenwirken könne, eine Verantwortung aufgebürdet, die es vielfach überfordere (s auch *Marotzke* ZIP 2001, 173, 174).

2   Ein Insolvenzrecht, das das Insolvenzverfahren als **staatlich überwachte Selbstverwaltung** versteht, hat die **absolute Entscheidungskompetenz der Gläubigerversammlung** zu respektieren (vgl F. Neumann, Gläubigerautonomie S 11; *Uhlenbruck* Beiträge zur Reform des Insolvenzrechts, IDW-Insolvenz-Symposion am 11./12. 6. 1987, Düsseldorf 1987, S 139, 141; *Kübler*, Die Stellung der Verfahrensorgane im Lichte der Gläubigerautonomie, in: *Kübler*, Neuordnung S 61, 62). Dem Gericht bleiben nur zwei Aufgaben: Einmal der **Minderheitenschutz**, zum andern die Aufgabe eines „**Hüters der Rechtmäßigkeit des Verfahrens**". Im Übrigen entscheiden die Gläubiger mehrheitlich auf Grund ihrer Beteiligtenautonomie über den Ablauf des Verfahrens und die Art der Masseverwertung. Dem Minderheitenschutz kann das Gericht dadurch Rechnung tragen, dass es zB gem § 78 Abs 1 auf Antrag einen Beschluss der Gläubigerversammlung aufhebt oder gegen eine einseitige Bevorzugung bestimmter Gläubigergruppen durch einen Insolvenzverwalter im Wege der Aufsicht (§ 58) einschreitet.

3   Die **Grenzen gerichtlicher Aufsicht** sind aber eng gesteckt. Selbst wirtschaftlich falsche Entscheidungen dürfen nicht etwa im Wege der Aufsicht korrigiert werden. Der Gesetzgeber war sich bewusst, dass in wirtschaftlichen Angelegenheiten die Mehrheit prinzipiell nicht mehr Recht hat als die Minderheit. In der Tat garantieren Mehrheitsentscheidungen nicht immer das wirtschaftliche Optimum (so die Allgem Begr RegE, abgedr bei *Balz/Landfermann*, Die neuen Insolvenzgesetze S 45). Ob die viel kritisierte Beschränkung auf eine Summenmehrheit in § 76 Abs 2 und der damit verbundene Einfluss von Großgläubigern auf das Verfahren unbedingt nachteilig ist, muss in Zweifel gezogen werden (vgl aber *Grub* DZWIR 1999, 133 ff). Festzustellen ist, dass die InsO eine erhebliche Kompetenzerweiterung der Gläubigerversammlung gebracht hat (*Ehricke* NZI 2000, 57; *Pape* ZIP 1990, 1251, 1253).

II. Leitung der Gläubigerversammlung

4   **1. Funktionelle Leitungszuständigkeit.** Funktionell zuständig zur Leitung der Gläubigerversammlung ist entweder der Rechtspfleger (Rechtspflegerin) oder der Richter (Richterin), je nachdem, ob sich der Richter das Verfahren nach § 18 Abs 2 S 1 RPflG vorbehalten hat oder nicht. Grundsätzlich fällt die Leitung der Gläubigerversammlung in die **Rechtspflegerzuständigkeit**. Der Versammlungsleiter hat für einen **ordnungsmäßigen Gang der Verhandlung** Sorge zu tragen (§§ 4 InsO, 136 ZPO). Er erteilt das Wort und kann es demjenigen, der seinen Anordnungen nicht Folge leistet, entziehen (§§ 4 InsO, 136

II. Leitung der Gläubigerversammlung § 76

Abs 2 ZPO). Der Rechtspfleger (Richter) hat weiterhin dafür Sorge zu tragen, dass eine erschöpfende Erörterung aller erheblichen Fragen erfolgt (§§ 4 InsO 136 Abs 2 ZPO). Auch der **Erörterungstermin** nach § 235 Abs 1 S 1 ist eine Gläubigerversammlung, für die die gleichen Regeln gelten. Besonders hier hat der Rechtspfleger (Richter) den Beteiligten nach einer kurzen Zusammenfassung der wesentlichen Inhalte des Plans Gelegenheit zur Diskussion zu geben (vgl auch K/P/B/*Otte* § 235 Rn 6). Dem Versammlungsleiter (Rechtspfleger) obliegen zugleich auch die **richterlichen Hinweispflichten** nach § 139 ZPO. Dementsprechend hat der Rechtspfleger die tatsächlichen und rechtlichen Punkte mit Verfahrensbeteiligten, vor allem wenn sie mit Fragen des Insolvenzverfahrensrechts nicht vertraut sind, zu erörtern (§§ 4 InsO, 139 Abs 1 S 2 ZPO). Er hat vor allem darauf hinzuwirken, dass sich die Beteiligten über alle erheblichen Tatsachen erklären, sachdienliche Anträge stellen, ungenügende Angaben zu den geltend gemachten Tatsachen ergänzen und die Beweismittel richtig bezeichnen (*Frege/Keller/Riedel* HRP Rn 74). Der Rechtspfleger ist jedoch nicht verpflichtet, **unrichtige Anmeldungen** zur Tabelle von Amts wegen zu berichtigen (*Frege/Keller/Riedel* HRP Rn 74).

Die **Aufgaben des Rechtspflegers (Richters)** gehen aber noch weiter, denn in der Allgem RegE (vgl 5 *Balz/Landfermann*, Die neuen Insolvenzgesetze, S 147) heißt es, Richter und Rechtspfleger könnten „kraft ihrer fachlichen Autorität in den Verhandlungen der Beteiligten vermittelnd und schlichtend wirken und so eine Einigung fördern." Dies bedeutet letztlich nichts anderes, als dass dem Leiter der Gläubigerversammlung zugleich auch in gewissem Umfang eine **Mediationspflicht** obliegt. Die materielle Prozessleitung stellt an die Sachkenntnis, Aufgeschlossenheit und Geduld des Rechtspflegers (Richters) hohe Anforderungen nicht zuletzt deswegen, weil es dem Gericht verwehrt ist, bestimmte Verfahrensziele zu favorisieren oder bestimmten Gläubigergruppen ein Abstimmungsverhalten zu empfehlen (vgl auch K/P/B/*Kübler* § 76 Rn 11; MüKo-*Ehricke* § 76 Rn 10). Das Gericht ist jedoch berechtigt, im Hinblick auf die Aufhebungsbefugnis nach § 78 in der Gläubigerversammlung **Bedenken gegen Beschlüsse** zu äußern, die nach seiner vorläufigen Einschätzung dem **gemeinsamen Interesse** der Insolvenzgläubiger widersprechen (K/P/B/*Kübler* § 76 Rn 11). Allerdings läuft der Richter oder Rechtspfleger bei allen dezidierten Äußerungen materieller Art Gefahr, wegen Befangenheit abgelehnt zu werden (so MüKo-*Ehricke* § 76 Rn 10). Zurückhaltung ist deshalb angebracht. Ist die erschöpfende Behandlung eines Beratungs- oder Abstimmungsgegenstandes in einer Gläubigerversammlung nicht möglich, hat der Rechtspfleger (Richter) die Gläubigerversammlung zu einem bestimmten Zeitpunkt zu unterbrechen und einen **Termin zur Fortsetzung der Versammlung** zu bestimmen (§§ 4 InsO, 136 ZPO).

Besondere Bedeutung kommt der Leitungsmacht des Gerichts im Rahmen des **Insolvenzplanverfahrens** 6 zu, vor allem im Rahmen des § 245. Hier hat das Gericht bei Obstruktion einer Gläubigergruppe sorgfältig zu prüfen, ob den widersprechenden Gläubigern im Rahmen des Plans wenigstens die Liquidationswerte zukommen. So hat der Rechtspfleger (Richter) vor allem darauf zu achten, ob durch geschickte Gruppenbildung eine Gläubigerminderheit in die Lage versetzt wird, eine Gläubigermehrheit zu majorisieren (vgl *Smid* FS *Pawlowski* S 387, 399, 400). Die Überprüfung des Insolvenzplans durch das Gericht dahingehend, ob die Vorschriften des Verfahrens eingehalten worden sind (§ 250 Nr 1), hat auch schon im Erörterungs- und Abstimmungstermin stattzufinden. Auch wenn die Annahme des Plan unlauter, insbesondere durch Begünstigung eines Gläubigers, herbeigeführt werden soll, hat das Gericht dies nicht erst im Bestätigungsverfahren nach § 250 Nr 2 zu beachten, sondern bereits in der Gläubigerversammlung. Dies ergibt sich schon aus § 231 (vgl auch *Smid* InVo 2000, 1, 3). Das Insolvenzgericht hat dafür zu sorgen, dass ein **Termin zur Erörterung von Änderungen des Insolvenzplans** (Nachbesserung) den Mitgliedern des Gläubigerausschusses hinreichend bekannt gemacht worden sind (vgl LG Traunstein v 27. 8. 1999, ZInsO 1999, 577 = NZI 1999, 461 = DZWIR 1999, 464). Nach **LG Traunstein** ist das Insolvenzgericht nicht verpflichtet, einen Sachverständigen zur Vorbereitung seiner Entscheidung nach § 245 heranzuziehen (krit *Smid* InVo 2000, 1, 4 f).

Zu den Leitungsaufgaben des Insolvenzgerichts gehört vor allem auch die **Diskussionsleitung**. Das 7 Gericht bestimmt im Zweifel die Diskussionsbeiträge nach der Reihenfolge der Wortmeldungen (Berl-Ko-*Blersch* § 76 Rn 4). Es sorgt für eine **ordnungsgemäße Durchführung der Abstimmungen** der Gläubiger. Die Stimmrechte der einzelnen Gläubiger sind gem § 77 festzustellen und das Abstimmungsergebnis nach Auszählung der Stimmen fest zustellen und zu protokollieren.

Ob im Einzelfall eine **Ausweis- und Einlasskontrolle** stattzufinden hat, wie es in der Literatur teilweise 8 gefordert wird (vgl *Smid* § 76 Rn 7), bleibt der Entscheidung des Rechtspflegers oder Richters überlassen. In der Praxis hat sich gezeigt, dass die Ausweiskontrollen viel Zeit in Anspruch nehmen, so dass sich in Großverfahren empfiehlt, statt dessen Stimmkarten auszugeben, die gleichzeitig zum Einlass berechtigen (*Jaeger/Gerhardt* § 76 Rn 2; K/P/B/*Kübler* § 76 Rn 8). Ein Missbrauch kann niemals mit Sicherheit ausgeschlossen werden.

Ein zu erwartender **Massenandrang von Gläubigern in Großinsolvenzverfahren** zwingt das Gericht 9 zur **Beschaffung eines Sitzungssaals** von ausreichender Größe. Das Insolvenzgericht darf sich in Großinsolvenzverfahren nicht mit der Feststellung begnügen, es sei im Gericht eben kein größerer Raum vorhanden. Erforderlichenfalls ist ein Saal, eine Sporthalle oder gar eine Arena anzumieten, bis die Gläubigerversammlung stattfindet, wie zB im Verfahren der Kölner Herstatt-Bank (MüKo-*Ehricke* § 74 Rn 34 u § 76 Rn 22). Mangelnde Vorsorge des Gerichts kann eine **Amtspflichtverletzung** darstellen. Erscheinen überraschend mehr Gläubiger als erwartet und kann der vorgesehene Raum dem Andrang nicht genügen, so gehört es zur Amtspflicht des Insolvenzgerichts, unverzüglich bekannt zu geben, dass die Gläubigerversammlung in einen größeren Raum verlegt wird oder dass der Termin vertagt wird (*Jaeger/Gerhardt* § 76 Rn 8; *Frege/Keller/Riedel* HRP Rn 1279; K/P/B/*Kübler* § 76 Rn 22). Die für die Anmietung eines auswärtigen Sitzungssaals entstehenden Kosten sind Masseverbindlichkeiten nach § 54 Nr 1 oder § 55 Abs 1 Nr 1 (MüKo-*Ehricke* § 76 Rn 22; K/P/B/*Kübler* § 76 Rn 22). Hält das Gericht trotz unzulänglicher Räumlichkeiten die Gläubigerversammlung ab und können nicht sämtliche erschienenen und teilnahmewilligen Gläubiger an der Versammlung teilnehmen, sind die trotzdem gefassten Beschlüsse unwirksam (MüKo-*Ehricke* § 76 Rn 22; K/P/B/*Kübler* § 76 Rn 22; *Nadelmann* KuT 1932, 37; *Jaeger/Weber* § 94 KO Rn 5; str aA *Höver* KuT 1932, 5 f).

10   **2. Ordnungsbefugnisse des Insolvenzgerichts.** Dem Gericht stehen ordnungspolizeiliche Befugnisse (§ 176 GVG) zur Aufrechterhaltung der Ordnung (§ 177 GVG) gegenüber allen Anwesenden zu (MüKo-*Ehricke* § 76 Rn 6; *Jaeger/Gerhardt* § 76 Rn 2). Dem Rechtspfleger bzw Richter als Leiter der Gläubigerversammlung obliegt es, die Gläubigerversammlung zu eröffnen und zu schließen sowie für die **Protokollierung** der Verhandlungsergebnisse Sorge zu tragen (*Frege/Keller/Riedel* HRP 74 u Rn 1284; *Oelrichs*, Gläubigermitwirkung S 33). Von der Zuziehung eines Urkundsbeamten kann in geeigneten Fällen abgesehen werden (vgl § 159 ZPO). Der die Sitzung leitende Rechtspfleger bzw Richter ist befugt, dem Gläubiger oder seinem Vertreter das **Wort zu erteilen** und **wieder zu entziehen** (§§ 4 InsO, 136 Abs 2, 157 Abs 2 ZPO). Eine wesentliche Aufgabe des Versammlungsleiters besteht auch darin, dafür zu sorgen, dass den Teilnehmern **rechtliches Gehör in der Gläubigerversammlung** gewährt wird (vgl *Vallender* in: Kölner Schrift InsO S 249, 269 f Rn 64 ff). Der Richter oder Rechtspfleger hat vor allem auch dafür zu sorgen, dass die dem Insolvenzverwalter gem § 79 S 1 abverlangten Auskünfte, Sachstandsberichte und sonstigen Angaben verfahrensbezogen erfolgen. Das gilt auch für das **Auskunftsbegehren** gegenüber dem Schuldner bzw seinen organschaftlichen Vertretern nach §§ 97, 101 Abs 1.

11   Nicht geregelt hat das Gesetz die Frage, ob der zur Teilnahme an der Gläubigerversammlung berechtigte Schuldner oder dessen organschaftliche Vertreter (§ 74 Abs 1 S 2) **Anspruch auf rechtliches Gehör** in Form von **Auskunftsbegehren** und **Äußerungen** zum Verfahren gegenüber den Beteiligten hat. Nach Auffassung von *Vallender* (in: Kölner Schrift InsO S 270 Rn 67) entspricht es den Grundsätzen eines fairen rechtsstaatlichen Verfahrens, dass sich der Schuldner vor den Gläubigern äußern und sich über den Stand der Verhandlung informieren darf (str aA *Baur/Stürner* Rn 5.32). Mit Ausnahme des Rechts zur Stellungnahme in § 156 Abs 2 besteht aber **kein allgemeiner Anspruch des Schuldners auf Auskunft und Gelegenheit zur Stellungnahme** in der Gläubigerversammlung (MüKo-*Ehricke* § 76 Rn 11). Die Grenzen eines aus rechtsstaatlichen Gründen ausnahmsweise zu gewährenden Informations- und Äußerungsrechts des Schuldners sind eng zu setzen (MüKo-*Ehricke* § 76 Rn 11).

12   Das Insolvenzgericht hat die **Vollmacht eines Vertreters**, der für einen Gläubiger in der Gläubigerversammlung auftritt, zu prüfen, wenn es sich nicht um einen Rechtsanwalt handelt (§§ 4 InsO, 80, 88 Abs 2 ZPO). Ein **vollmachtloser Vertreter** kann gem §§ 4 InsO, 89 ZPO einstweilen zur Teilnahme an der Gläubigerversammlung zugelassen werden, nicht dagegen zu Abstimmungen. Der Rechtspfleger (Richter) ist berechtigt, Bevollmächtigte wegen mangelnder persönlicher oder fachlicher Eignung zurückzuweisen. Der die Versammlung leitende Richter oder Rechtspfleger kann Anwesende verwarnen, störende Verrichtungen untersagen, **Lichtbildaufnahmen** oder **Zeichnungen** verbieten sowie **Rundfunk- und Fernsehübertragungen** bereits vor Verhandlungsbeginn ausschließen. Zulässig ist ferner eine **Wortentziehung**, Anweisung von Plätzen, Anordnung über das Betreten und Verlassen des Sitzungssaals während der Verhandlung zur Vermeidung von Störungen sowie sämtliche vorbeugenden Maßnahmen, die verhindern, dass Unbefugte an der Gläubigerversammlung teilnehmen oder diese stören.

13   Der Rechtspfleger bzw Richter, dem die Leitung der Gläubigerversammlung obliegt, ist auf Grund seiner Ordnungsgewalt berechtigt, gegen Beteiligte, aber auch gegen sonstige zugelassene Personen, die sich in der Sitzung einer Ungebühr schuldig machen, **Ordnungsmittel** festzusetzen (§ 178 GVG). Die Vollstreckung erfolgt sofort. Ordnungsmittel sind **Ordnungsgeld** bis zu 1.000 Euro und **Ordnungshaft** bis zu einer Woche. Bei wiederholter Ungebühr kann die Ordnungsstrafe im Höchstmaß in der gleichen Sitzung wiederholt verhängt werden (*Zöller/Gummer* § 178 GVG Rn 4). Zu beachten ist, dass der **Rechtspfleger** nur Geld-, **nicht auch Haftstrafe** verhängen kann (§ 4 Abs 2 Nr 2 RPflG, Art 104 Abs 2 GG; MüKo-*Ehricke* § 76 Rn 6; *Frege/Keller/Riedel* HRP Rn 75; HaKo-*Preß* § 76 Rn 4; *Braun/Herzig* § 76 Rn 5).

14   **3. Nichtöffentlichkeit der Gläubigerversammlung.** Gläubigerversammlungen sind grundsätzlich nichtöffentlich, da das Insolvenzgericht nicht erkennendes Gericht iSv § 169 Abs 1 GVG ist (*Jaeger/Gerhardt* § 76 Rn 3; N/R/*Becker* § 4 Rn 21; *Frege/Keller/Riedel* HRP Rn 76; MüKo-*Ganter* § 4 Rn 7, 10; K/P/B/*Kübler* § 76 Rn 12; MüKo-*Ehricke* § 76 Rn 5). Die **Teilnahmeberechtigung** hat die InsO in § 74 Abs 1 S 2 geregelt: Zur Teilnahme an der Versammlung sind alle absonderungsberechtigten Gläubiger, alle Insolvenzgläubiger, der Insolvenzverwalter und der Schuldner berechtigt. Zutreffend wird bei K/P/B/*Kübler* (§ 76 Rn 12) zwischen dem **Teilnahmerecht** und dem **Zutrittsrecht** unterschieden. Bei letzterem handelt es sich um das Recht einer der nicht in § 74 Abs 1 S 2 aufgeführten Personen, in der Gläubigerversammlung anwesend zu sein, ohne zu den Verfahrensbeteiligten zu gehö-

II. Leitung der Gläubigerversammlung § 76

ren. Das Insolvenzgericht ist berechtigt, gem § 175 Abs 2 GVG bestimmten Personen den Zutritt zur Gläubigerversammlung zu gestatten. Das Gericht trifft seine Entscheidung nach pflichtgemäßem Ermessen. So kann das Insolvenzgericht zB Referendaren oder Rechtspflegeranwärtern die Anwesenheit gestatten (*Frege/Keller/Riedel* HRP Rn 76). Einzelheiten zu § 74 Rn 6 ff. Einer vorherigen **Anhörung der Gläubigerversammlung** bedarf es nicht. Nach Auffassung von *Kübler* (K/P/B/*Kübler* § 76 Rn 13) sollte im Allgemeinen die Gestattung des Zutrittsrechts großzügig gehandhabt werden, da an der Präsenz interessierte Personen erfahrungsgemäß in der Lage seien, sich notfalls durch **Aufkauf von Forderungen** als Gläubiger Zutritt zu verschaffen. Solchen Missbräuchen hat das Insolvenzgericht zu begegnen. Kauft zB ein Konkurrent des Schuldnerunternehmens eine Forderung auf, um sich in der Gläubigerversammlung Informationen über ansonsten geheim zu haltende Tatsachen oder nach § 97 Abs 1 zu offenbarende Straftaten zu verschaffen, kann er trotz seiner Verfahrensstellung von der Verfahrensteilnahme ausgeschlossen und ihm der Zutritt versagt werden. Sofern in der Gläubigerversammlung **Geschäftsgeheimnisse** des Schuldners behandelt werden, wird man den Verwalter als berechtigt ansehen müssen, wegen höherrangiger Interessen der Gesamtgläubigerschaft gegenüber dem Informationsbedürfnis einzelner Gläubiger Auskünfte zu verweigern (K/P/B/*Kübler* § 76 Rn 14).

Entsprechend § 175 Abs 3 GVG steht die Ausschließung der Öffentlichkeit der **Anwesenheit der die** **15** **Dienstaufsicht führenden Beamten der Justizverwaltung** bei den Gläubigerversammlungen nicht entgegen. So kann sich zB der Präsident oder Direktor eines Insolvenzgerichts durch Anwesenheit in der Gläubigerversammlung davon überzeugen, ob der Richter oder Rechtspfleger imstande ist, der anspruchsvollen Aufgabe einer Leitung der Gläubigerversammlung nachzukommen. Die Vorschrift findet auch Anwendung, wenn der richterliche Leiter der Insolvenzabteilung in der vom Rechtspfleger geleiteten Gläubigerversammlung erscheint, um festzustellen, ob uU die Notwendigkeit besteht, das Verfahren nach § 18 Abs 2 S 3 RPflG wieder an sich zu ziehen (str aA *Frege/Keller/Riedel* HRP Rn 77).

4. Zulassung der Medien zur Gläubigerversammlung. Wie bereits vorstehend dargestellt, sind wegen **16** der Nichtöffentlichkeit der Gläubigerversammlung grundsätzlich Lichtbildaufnahmen, Zeichnungen sowie Rundfunk- und Fernsehübertragungen nicht möglich. Das Gericht kann jedoch ausnahmsweise **Pressevertretern** ein Zutrittsrecht zur Gläubigerversammlung gewähren, wenn es sich um ein **Großverfahren mit überörtlicher Bedeutung** handelt und eine Berichterstattung im Interesse einer **umfassenden Information der Öffentlichkeit** wünschenswert ist (LG Frankfurt v 8. 3. 1983, ZIP 1983, 344; MüKo-*Ganter* § 4 Rn 8; *Jaeger/Gerhardt* § 76 Rn 3; *Frege/Keller/Riedel* HRP Rn 77; N/R/*Delhaes* § 76 Rn 1; K/P/B/*Kübler* § 76 Rn 12; krit. MüKo-*Ehricke* § 76 Rdn. 5). Vor allem bei Insolvenzverfahren von weitreichender Bedeutung für die gesamte deutsche Wirtschaft ist ein besonderes Interesse der Öffentlichkeit an einer Darstellung in den Medien gegeben. In solchen Fällen kann das Insolvenzgericht einzelnen Presseberichterstattern gem § 175 Abs 2 S 1 GVG **ohne vorherige Anhörung der Gläubigerversammlung** die unmittelbare Teilnahme an der Gläubigerversammlung gestatten (Zweifel an der Anwendung von § 175 GVG bei MüKo-*Ehricke* § 76 Rn 5). Dies nicht zuletzt auch deswegen, weil in **Großverfahren mit Bedeutung für die gesamte deutsche Wirtschaft** die Auskünfte der Justizpressestelle zur Befriedigung des berechtigten Informationsbedürfnisses einer breiten Öffentlichkeit regelmäßig nicht ausreichen (*Frege/Keller/Riedel* HRP Rn 77). Für solche Großverfahren mit überörtlicher Bedeutung ist der Auffassung von *Kübler* (K/P/B/*Kübler* § 76 Rn 13) zuzustimmen, dass „die Gestattung des Zutrittsrechts großzügig gehandhabt werden" sollte, da an der Präsenz interessierte Personen erfahrungsgemäß in der Lage sind, sich notfalls durch Aufkauf von Kleinforderungen als Gläubiger Zutritt zur Gläubigerversammlung zu verschaffen. Diese Unsitte kann zwar vom Insolvenzgericht nicht gänzlich verhindert werden, darf jedoch nicht dazu führen, schlechthin hinsichtlich des Zutritts der Presse zu Gläubigerversammlungen großzügig zu verfahren. Es mag sein, dass die Presse bei Verweigerung des Zutritts Informationen „aus dritter Hand" verschafft. Diese Gefahr kann jedoch für sämtliche nichtöffentlichen Gerichtsverhandlungen nicht ausgeschlossen werden. Jedenfalls kann das örtliche Informationsinteresse eines Presseorgans nicht dazu führen, die Vorschrift des § 169 GVG auszuhebeln (s auch MüKo-*Ehricke* § 76 Rn 5). Die **Entscheidung über die Zulassung der Medien** ist kein Justizverwaltungsakt. Daher bedarf es keiner Genehmigung des Gerichtsvorstandes. Dieser ist auch nicht berechtigt, die Zulassung von Presse oder Fernsehen anzuordnen oder zu unterbinden (*Frege/Keller/Riedel* HRP Rn 77).

5. Teilnahme ausländischer Gläubiger. Nach § 184 GVG ist die Gerichtssprache deutsch. Der auslän- **17** dische Teilnehmer an einer Gläubigerversammlung hat keinen Anspruch darauf, dass das Gericht für die Übersetzung seiner Erklärungen zB im Prüfungs- oder Erörterungstermin Sorge trägt. Es ist ihm allerdings unbenommen, sich selbst eines **Dolmetschers** zu bedienen, dem vom Gericht Zutritt zur Gläubigerversammlung zu gewähren ist. Zur Ausnahme für die Heimatgebiete der Sorben s *Frege/Keller/Riedel* HRP Rn 72. Etwas anderes gilt für den **Schuldner**. Ist der Insolvenzschuldner der deutschen Sprache nicht mächtig und hat er zB gem § 97 Auskünfte zu erteilen, ist entspr § 185 Abs 1 S 1 GVG vom Gericht ein Dolmetscher zuzuziehen (MüKo-*Ehricke* § 76 Rn 11). Für den Dolmetscher gilt § 189 GVG entsprechend. Nach § 190 GVG kann auch der Urkundsbeamte der Geschäftsstelle (Service-Einheit) die Aufgaben eines Dolmetschers wahrnehmen. Zu beachten ist, dass auf den Dolmet-

§ 76 scher die Vorschriften über die Ausschließung und Ablehnung des Sachverständigen (§§ 406, 41, 42 ZPO) Anwendung finden (§ 191 S 1 GVG).

18 6. **Protokollierung.** Der Verlauf der Gläubigerversammlung, die gefassten Beschlüsse sowie die Namen der Anwesenden sind zu protokollieren, wobei es zulässig ist, auf die Stimmliste als Anlage zum Protokoll Bezug zu nehmen (*Smid* § 76 Rn 6; vgl auch *Frege/Keller/Riedel* HRP Rn 78; K/P/B/*Kübler* § 76 Rn 9; BerlKo-*Blersch* § 76 Rn 4; MüKo-*Ehricke* § 76 Rn 12). Die Vorschriften der §§ 159–165 ZPO finden für sämtliche Gläubigerversammlungen über § 4 entsprechende Anwendung. Analog § 160a Abs 1 ZPO kann der Inhalt des Protokolls auch auf einem **Ton- oder Datenträger** vorläufig aufgezeichnet werden. Jedoch ist das Protokoll solchenfalls unverzüglich nach der Sitzung herzustellen (§ 160a Abs 2 S 1 ZPO). Die vorläufigen Aufzeichnungen sind zu den Insolvenzakten zu nehmen oder, wenn sie sich hierzu nicht eignen, auf der Geschäftsstelle (Service-Einheit) mit den Insolvenzakten aufzubewahren. Aufzeichnungen auf Ton- oder Datenträgern können gelöscht werden, soweit das Protokoll nach der Sitzung hergestellt oder es um die vorläufig aufgezeichneten Feststellungen ergänzt worden ist oder nach rechtskräftigem Abschluss des Verfahrens (§ 160a Abs 3 ZPO). Zum **Einsatz neuer Kommunikationstechniken** wie zB Konferenzschaltung über Fernsprecher oder im Internet s MüKo-*Ehricke* § 76 Rn 13. Auch wenn man eine **Konferenzschaltung** über Fernsprecher oder im **Internet** zulässt, wofür z Zt noch eine gesetzliche Grundlage fehlt, muss jedenfalls gewährleistet sein, dass den Erfordernissen des § 76 genügt wird und sämtliche Beteiligten die – technische – Möglichkeit haben, an einer solchen **virtuellen Gläubigerversammlung** teilzunehmen (MüKo-*Ehricke* § 76 Rn 13). Das Protokoll ist vom Rechtspfleger (Richter) und vom Urkundsbeamten der Geschäftsstelle zu unterschreiben (§§ 4 InsO, 163 Abs 1 S 1 ZPO). Ist der Inhalt des Protokolls ganz oder teilweise mit einem Tonaufnahmegerät vorläufig aufgezeichnet worden, hat der Urkundsbeamte der Geschäftsstelle die Richtigkeit der Übertragung zu prüfen und durch seine Unterschrift zu bestätigen (§§ 4 InsO, 163 Abs 1 S 2 ZPO).

19 Sowohl die für Rechtsgeschäfte vorgeschriebene Form der **gerichtlichen oder notariellen Beurkundung** wie auch die **gesetzlich geforderte Schriftform** werden durch die Protokollierung gewahrt (**RG** v 8. 11. 1940, RGZ 165, 162; *Frege/Keller/Riedel* HRP Rn 78; *Keller* InsR Rn 1678 ff u Rn 1775 ff). Das ist allerdings bei Aufnahme auf Tonträger nicht unzweifelhaft. In der Literatur wird teilweise die Auffassung vertreten, das Protokoll über die Gläubigerversammlung müsse nach seiner Fertigung an den Verwalter, den Schuldner sowie an die teilnehmenden Gläubiger **übersandt** werden, um die Beweiskraft des Protokolls nach § 165 ZPO herbeizuführen (so H/W/F, HdbInsO 6/59; BerlKo-*Blersch* § 76 Rn 4; MüKo-*Ehricke* § 76 Rn 12). Dieser Auffassung kann nicht gefolgt werden. Die **Beweiskraft des Protokolls** nach § 165 ZPO (§ 4) hängt nicht von der Zustellung des Protokolls an sämtliche teilnehmenden Gläubiger ab (so aber MüKo-*Ehricke* § 76 Rn 12). Eine Abschrift des Protokolls erhalten der Insolvenzverwalter und der Schuldner. Die Gläubiger können auf Antrag gegen Kostenerstattung eine Abschrift erhalten (*Frege/Keller/Riedel* HRP Rn 1284). Die Übermittlung per E-Mail ist zulässig.

III. Beschlussfähigkeit der Gläubigerversammlung

20 1. **Allgemeine Voraussetzungen.** Die InsO enthält keine ausdrückliche Regelung über die Beschlussfähigkeit der Gläubigerversammlung. Es entspricht allgemeiner Meinung, dass eine Mindestzahl von anwesenden Gläubigern oder ein Mindestbetrag der von diesen vertretenen Forderungen keine Voraussetzung für die Beschlussfähigkeit ist (**LG Köln** ZIP 1997, 2053; **LG Neuruppin** v 13. 10. 1997, ZIP 1997, 2130; *Huntemann/Graf Brockdorff/Buck*, Kap 10 Rn 62; H/W/F, HdbInsO 6/60; N/R/*Delhaes* § 76 Rn 3; K/P/B/*Kübler* § 76 Rn 22). Beschlussfähig ist somit auch eine Gläubigerversammlung, in der nur **ein einziger stimmberechtigter Gläubiger** erscheint (**LG Neuruppin** v 13. 10. 1997, ZIP 1997, 2130; K/P/B/*Kübler* § 76 Rn 22; *Ehricke* NZI 2000, 57, 58; MüKo-*Ehricke* § 76 Rn 15; *Jaeger/Gerhardt* § 76 Rn 8; *Braun/Herzig* § 76 Rn 7; N/R/*Delhaes* § 76 Rn 3). Das Gericht hat zu Beginn der Gläubigerversammlung die Beschlussfähigkeit zu Protokoll festzustellen. Ist nur ein Gläubiger erschienen, ist die Beschlussfähigkeit nur gegeben, wenn dieser Gläubiger **stimmberechtigt** ist und teilnehmen will (**LG Berlin** v 29. 9. 1928, KuT 1929, 47; **LG Köln** ZIP 1997, 2053; N/R/*Delhaes* § 76 Rn 3; *Jaeger/Gerhardt* § 76 Rn 6; *Pape* Rpfleger 1993, 430; *Ehricke* NZI 2000, 57, 58; MüKo-*Ehricke* § 76 Rn 16; HK-*Eickmann* § 76 Rn 6; *Hess* § 76 Rn 34). Erscheint ein Gläubiger und ist dieser vom Stimmrecht ausgeschlossen, fehlt es an der Beschlussfähigkeit (**LG Frankenthal** v 10. 2. 1993, ZIP 1993, 378). **Gläubiger bestrittener Forderungen** sind stimmberechtigt, wenn entweder eine Einigung über das Stimmrecht erzielt wird oder das Insolvenzgericht das Stimmrecht durch Beschluss festgesetzt hat (§ 77 Abs 2). Auch **absonderungsberechtigte Gläubiger** haben Stimmrecht (§ 77 Abs 3; s unten zu Rn 28), nicht dagegen **Gläubiger nachrangiger Insolvenzforderungen** (§ 77 Abs 1 S 2 iVm § 39). Kommt keine Einigung hinsichtlich des Stimmrechts einer bestrittenen Forderung zustande und ergeht keine positive Entscheidung des Insolvenzgerichts (§ 77 Abs 2), so ist der Gläubiger nicht stimmberechtigt. Nach Auffassung von *Ehricke* (NZI 2000, 57, 58) muss der anwesende Gläubiger, wenn er der Einzige ist, nicht nur ein Stimmrecht haben, sondern auch einen **Teilnahmewillen** (so auch MüKo-*Ehricke* § 76 Rn 16; *Jaeger/Gerhardt* § 76 Rn 6). Dies ist selbstverständlich, da er ansonsten keinen Abstimmungswillen hat. Der **einzige erschienene Gläubiger** kann somit die erforderlichen Beschlüsse fassen, wenn nicht das Gesetz ausdrücklich

III. Beschlussfähigkeit der Gläubigerversammlung § 76

Mehrheiten verlangt, wie zB die Kopf- und Summenmehrheit nach §§ 57 S 2, 244. Dass dies im Hinblick auf die Durchsetzung verfahrensfremder Ziele Probleme schaffen kann (s MüKo-*Ehricke* § 75 Rn 15), muss hingenommen werden, da es den übrigen Gläubigern frei steht zu erscheinen.

2. Gläubigerversammlung ohne Gläubiger. Unter dem Stichwort „**Die gläubigerfreie Gläubigerversammlung**" (*Heukamp* ZInsO 2007, 57 ff; *Pape* Rpfleger 1993, 430 ff) wird die Frage diskutiert, wie zu verfahren ist, wenn **niemand in der Gläubigerversammlung erscheint** (vgl *Ehricke* NZI 2000, 57, 60 ff; MüKo-*Ehricke* § 76 Rn 17–20; *Jaeger/Gerhardt* § 76 Rn 6; K/P/B/*Kübler* § 76 Rn 23; BerlKo-*Blersch* § 76 Rn 7; *Pape* Rpfleger 1993, 430 ff). Teilweise wird angenommen, die Gläubiger hätten durch ihr Nichterscheinen kundgetan, dass sie die Entscheidung dem pflichtgemäßen Ermessen des Rechtspflegers oder Richters überlassen mit der Folge, dass das Insolvenzgericht selbst die Entscheidungen hinsichtlich des Fortgangs des Verfahrens trifft (so zB LG Frankenthal v 10. 2. 1993, ZIP 1993, 378; H/W/F, HdbInsO 6/60 m unzutr Berufung auf *Jaeger/Weber* § 94 KO Rn 4). Die hM geht dagegen davon aus, dass bei Nichterscheinen die Gläubiger auf die ihnen in der Gläubigerversammlung zustehenden Verfahrensrechte verzichten (*Hess* § 76 Rn 39; *Smid* § 76 Rn 9; MüKo-*Ehricke* § 76 Rn 18; *Braun/Herzig* § 76 Rn 8; *Jaeger/Gerhardt* § 76 Rn 6; N/R/*Delhaes* § 76 Rn 3). Aus einem solchen **Verfahrensteilnahmeverzicht** kann aber nicht das Recht des zuständigen Rechtspflegers oder Richters hergeleitet werden, nach pflichtgemäßem Ermessen nunmehr selbst **anstelle der Gläubigerversammlung die Entscheidungen zu treffen** (vgl OLG Koblenz v 20. 2. 1989, ZIP 1989, 660; K/P/B/*Kübler* § 76 Rn 23; *Pape* Rpfleger 1993, 430 ff; *ders* Gläubigerbeteiligung Rn 213;; *Hess* § 76 Rn 40; *Frege/Keller/Riedel* HRP Rn 1286; HaKo-*Preß* § 76 Rn 8; *Jaeger/Gerhardt* § 76 Rn 6; N/R/*Delhaes* § 76 Rn 3).

Erscheint niemand in der Gläubigerversammlung, verzichten die Gläubiger auf die vom Gesetz eingeräumten Rechte, wie zB die Wahl eines anderen Insolvenzverwalters (§ 57), oder auf die Beschlussfassung über die Einsetzung eines Gläubigerausschusses und die Wahl der Mitglieder (§ 68). Einzelheiten bei K/P/B/*Kübler* § 76 Rn 23; *Ehricke* NZI 2000, 57, 60; *Heukamp* ZInsO 2007, 57 ff; MüKo-*Ehricke* § 76 Rn 19; vgl auch LG Göttingen, ZIP 1997, 1039 m Anm *Tappmeier* EWiR 1997, 803. Eine völlige Passivität der Gläubigerversammlung kann unter keinem Gesichtspunkt dahingehend ausgelegt werden, dass die Gläubiger auf ihre Gläubigerautonomie verzichten **und dem Gericht die Entscheidungskompetenz** überlassen wollen (*Pape* Rpfleger 1993, 430 ff; *Jaeger/Gerhardt* § 76 Rn 6; K/U § 94 KO Rn 2; K/P/B/*Kübler* § 76 Rn 23; *Ehricke* NZI 2000, 57, 60 f). Dies gilt auch für **Zustimmungsbefugnisse der Gläubigerversammlung** zu besonders bedeutsamen Rechtshandlungen des Insolvenzverwalters iSv §§ 160 ff. Verzichten die Gläubiger durch Nichterscheinen auf ihr Recht auf Zustimmungserteilung, so greift **nach § 160 Abs 1 S 3 die gesetzliche Zustimmungsfiktion** ein (*Schmerbach/Wegener* ZInsO 2006, 400, 408; *Heukamp* ZInsO 2007, 57, 61 f). Das Nichterscheinen von Gläubigern lässt im Übrigen den Schluss zu, dass die Gläubiger dem Verwalter vertrauen, sodass er auch im Innenverhältnis so handeln darf, als hätte er die Zustimmung der Gläubigerversammlung erhalten (MüKo-*Ehricke* § 76 Rn 20). Keinesfalls führt die Beschlussunfähigkeit der Gläubigerversammlung zu einer **Ersetzungsbefugnis des Insolvenzgerichts** (*Jaeger/Gerhardt* § 76 Rn 6; MüKo-*Ehricke* § 76 Rn 20; N/R/*Delhaes* § 76 Rn 3; K/P/B/*Holzer* § 76 Rn 23; *Braun/Herzig* § 76 Rn 8; HaKo-*Preß* § 76 Rn 8). Das Gericht ist auch nicht verpflichtet, die Gläubigerversammlung zu vertagen oder gem §§ 74, 75 eine neue Gläubigerversammlung einzuberufen (so aber BerlKo-*Blersch* § 76 Rn 7).

3. Übertragung von Gläubigerbefugnissen auf das Gericht. Eine andere Frage ist, ob es der Gläubigerversammlung erlaubt ist, durch **Beschluss dem Insolvenzgericht die Befugnis zu übertragen (Ermächtigung)**, künftig an ihrer Stelle bestimmte Entscheidungen zu treffen, insbesondere die Genehmigungen nach den §§ 160 ff zu erteilen. *Ehricke* (NZI 2000, 57, 62; MüKo-*Ehricke* § 76 Rn 19–21) bejaht die **Zulässigkeit solcher Delegation**, allerdings beschränkt auf diejenigen Bereiche, in denen die Gläubigerversammlung die Entscheidungsbefugnis genau und ausdrücklich auf das Gericht übertragen hat (vgl auch OLG Celle Rpfleger 1994, 124; MüKo-*Ehricke* § 76 Rn 21; *Jaeger/Gerhardt* § 76 Rn 7; **str aA** K/P/B/*Kübler* § 76 Rn 23, HK-*Eickmann* § 76 Rn 5). Für die Zustimmung nach § 160 hat sich das Problem durch die Regelung in § 160 Abs 1 S 3 weitgehend erledigt. **Unzulässig** wäre es, wenn die Gläubigerversammlung durch Beschluss **sämtliche Verfahrensrechte** auf das Insolvenzgericht übertragen würde. Dagegen kann im Einzelfall zB die **Genehmigung der Verwertung von Grundbesitz** und des Vorratsvermögens von der Zustimmung des Insolvenzgerichts abhängig gemacht werden (vgl auch OLG Celle Rpfleger 1994, 124; *Ehricke* NZI 2000, 57, 62). Keine Beeinträchtigung der Gläubigerautonomie liegt auch vor, wenn die Gläubigerversammlung durch Beschluss **das Gericht ermächtigt**, die Gläubigerinteressen nach billigem Ermessen wahrzunehmen (OLG Celle Rpfleger 1994, 124; *Jaeger/Gerhardt* § 76 Rn 7; *Ehricke* NZI 2000, 57, 62; MüKo-*Ehricke* § 76 Rn 21). Unzulässig dagegen wäre es, wenn der Rechtspfleger bei Ausbleiben der Gläubiger in der Gläubigerversammlung hierin deren Willen sieht, er möge nach billigem Ermessen entscheiden (vgl OLG Koblenz v 20. 2. 1989, ZIP 1989, 660). Erscheint niemand, hat das Gericht die **Beschlussunfähigkeit festzustellen**. Es ist nicht verpflichtet, die Gläubigerversammlung zu vertagen. Das Verfahren nimmt seinen Fortgang. Der Insolvenzverwalter handelt bei zustimmungsbedürftigen Rechtsgeschäften nach pflichtgemäßem Ermessen (vgl *Oelrichs*, Gläubigermitwirkung, S 76). Können wegen Raummangels nicht sämtliche erschienenen

Gläubiger an der Versammlung teilnehmen (**Rumpfversammlung**), sind trotzdem gefasste **Beschlüsse unwirksam** (MüKo-*Ehricke* § 76 Rn 22 [nichtig]; *Jaeger/Gerhardt* § 76 Rn 8). Der Rechtspfleger muss von Amts wegen oder auf Antrag den Termin verlegen.

IV. Abstimmungsberechtigung

24   **1. Stimmrecht der Gläubiger.** Abstimmungsbefugt ist nur der Gläubiger, der in der Gläubigerversammlung persönlich erscheint oder sich durch einen Bevollmächtigten vertreten lässt (K/P/B/*Kübler* § 76 Rn 21; *Braun/Herzig* § 76 Rn 9; MüKo-*Ehricke* § 76 Rn 23–26). Die Vertretungsmacht eines Bevollmächtigten ist nachzuweisen, wenn es sich nicht um einen Rechtsanwalt handelt (§§ 80, 88 ZPO iVm § 4). Das **Stimmrecht** eines Gläubigers beurteilt sich nach § 77. Stimmberechtigt ist jeder Gläubiger, der seine Forderung zur Tabelle angemeldet hat und dessen Forderung weder vom Insolvenzverwalter noch von einem stimmberechtigten Gläubiger bestritten worden ist (§ 77 Abs 1 S 1). **Nachrangige Gläubiger** sind nicht stimmberechtigt (§ 77 Abs 1 S 2). **Gläubiger bestrittener Forderungen** sind stimmberechtigt, wenn entweder eine Einigung über das Stimmrecht erzielt worden ist oder das Insolvenzgericht über das Stimmrecht entschieden hat (§ 77 Abs 2). Auch die **absonderungsberechtigten Gläubiger** sind stimmberechtigt (§ 77 Abs 3). Soweit der Schuldner einem absonderungsberechtigten Gläubiger nicht persönlich haftet, wie zB bei einem Hypothekengläubiger, dessen persönliche Forderung sich gegen die Ehefrau des Schuldners richtet, tritt gem § 76 Abs 2 2. Halbs der Wert des Absonderungsrechts an die Stelle des Forderungsbetrags (*Jaeger/Gerhardt* § 76 Rn 13; *Smid* § 76 Rn 8). Einzelheiten unten zu 3.

25   Der Gesetzgeber hat **eine schriftliche Stimmrechtsausübung** – abgesehen von der Sonderregelung zu den §§ 242, 312 Abs 2 – nicht vorgesehen (K/P/B/*Kübler* § 76 Rn 21; N/R/*Delhaes* § 76 Rn 4; *Pape* Gläubigerbeteiligung Rn 214; *Huntemann/Graf Brockdorff/Buck* § 262 Rn 69; FK-*Herzig* § 76 Rn 10; MüKo-*Ehricke* § 76 Rn 26; str aA BerlKo-*Blersch* § 76 Rn 9; *Hess* § 76 Rn 50). Hätte er eine schriftliche Abstimmung zulassen wollen, hätte er dies im Gesetz regeln müssen, wie zB in § 242. In § 242 Abs 1 ist ausdrücklich für den gesonderten Abstimmungstermin über einen Insolvenzplan vorgesehen, dass das Stimmrecht auch schriftlich ausgeübt werden kann. Gleiches gilt für das **schriftliche Verfahren** nach § 312 Abs 2 S 1. Ansonsten geht das Gesetz davon aus, dass sowohl im Erörterungstermin als auch in sonstigen Gläubigerversammlungen der Gläubiger oder sein Vertreter **persönlich anwesend** sind (*Frege/Keller/Riedel* HRP Rn 1291; *Jaeger/Gerhardt* § 76 Rn 14). Aus der Regelung in § 242 lässt sich der Schluss herleiten, dass es sich hierbei um eine **Ausnahmeregelung** handelt, die sich nicht generell auf andere Gläubigerversammlungen übertragen lässt. Deshalb ist auch in Großverfahren die **persönliche Anwesenheit** der abstimmungsberechtigten Gläubiger erforderlich. Dies schließt nicht aus, dass sich Gläubiger oder Gläubigergruppen zusammentun und einen **gemeinsamen Vertreter** bevollmächtigen, die Stimmrechte für sie auszuüben. Das gilt in der **Insolvenz eines Anleiheschuldners** auch für deren gemeinsamen Vertreter (§ 19 Abs 3 SchVG). Zutr der Hinweis von *Ehricke* MüKo-*Ehricke* § 76 Rn 26 Fn 115), dass die Abhaltung von **Internet-Hauptversammlungen** ernsthaft erwogen wird, was künftig auch die Zulässigkeit einer **Internet- Gläubigerversammlung** nahelegt, wofür es aber derzeit an einer gesetzlichen Grundalge fehlt.

26   Angemeldete, aber noch nicht geprüfte **Forderungen** sind vorläufig zum vollen Betrag stimmberechtigt, sofern nicht der Verwalter oder ein Gläubiger der Forderung widerspricht (vgl auch **AG Hamburg** v 13. 1. 2000, NZI 2000, 138, 139; *Jaeger/Gerhardt* § 77 Rn 6; MüKo-*Ehricke* § 77 Rn 5). Findet die erste Gläubigerversammlung schon vor Ablauf der Anmeldefrist statt, ist die ordnungsgemäße Anmeldung keine Voraussetzung für die Teilnahme an der Abstimmung (H/W/F, HdbInsO 6/64). Wird in solchen Fällen Widerspruch erhoben, entscheidet das Gericht speziell für diese Gläubigerversammlung über das Stimmrecht. Die Entscheidung ist für spätere Gläubigerversammlungen nicht bindend. Einzelheiten s Kommentierung zu § 77 Rn 10.

27   Zweifelhaft ist, wie die Mehrheit zu ermitteln ist, wenn eine Forderung **mehreren Gläubigern gemeinschaftlich** zusteht oder die Forderung mit einem **Pfandrecht** oder **Nießbrauch** belastet ist. Die Vorschrift des § 44 findet insoweit keine Anwendung. Bei gesamthänderischer Berechtigung iSv § 428 BGB gewährt die Forderung nur ein **einheitliches Stimmrecht** (K/P/B/*Kübler* § 76 Rn 16, 17; *Jaeger/Gerhardt* § 76 Rn 15). Gesamtgläubiger und Gesamthänder haben zusammen nur eine Stimme. Wer das Stimmrecht ausüben darf, hängt von der Gestaltung des Gesamthandverhältnisse ab (vgl §§ 1422, 150 BGB und §§ 2038, 2040 BGB; *Jaeger/Gerhardt* § 76 Rn 15). Gleiches gilt für Nießbraucher und Gläubiger sowie Pfandgläubiger und Verpfänder einer Forderung (§§ 1074, 1077, 1276, 1281, 1282 BGB). S auch *Jaeger/Gerhardt* § 76 Rn 17; K/P/B/*Kübler* § 76 Rn 17. Bei einer Forderung, die mit einem Nießbrauch belastet ist, haben Gläubiger und Nießbraucher das Abstimmungsrecht gemeinsam und im gleichen Sinne auszuüben (K/P/B/*Kübler* § 76 Rn 17). Bei Forderungsabtretung oder gesetzlichem Forderungsübergang steht das Stimmrecht allein dem Zessionar zu. Der gesetzliche Zessionar, wie zB der **PS V aG** gem § 9 Abs 2 BetrAVG gilt bei Abstimmungen, bei denen die **Kopfmehrheit** eine Rolle spielt (§§ 244 Abs 1 Nr 1, 57 S 2), als **ein Gläubiger** mit **einer Stimme** (*Gerhardt* ZIP 1988, 490, 492; *Jaeger/Gerhardt* § 76 Rn 16).

28   **2. Stimmrecht absonderungsberechtigter Gläubiger.** Bei absonderungsberechtigten Gläubigern ist zu unterscheiden, ob sie zugleich auch eine persönliche Forderung gegen den Schuldner haben oder nicht.

IV. Abstimmungsberechtigung § 76

Soweit der Schuldner dem Absonderungsberechtigten voll auch persönlich haftet, nimmt er mit der gesamten Forderung an der Abstimmung teil (K/P/B/*Kübler* § 76 Rn 19; MüKo-*Ehricke* § 76 Rn 25; BerlKo-*Blersch* § 76 Rn 10; N/R/*Delhaes* § 76 Rn 5; *Jaeger/Gerhardt* § 76 Rn 13; K/P/B/*Kübler* § 76 Rn 19). Eine Ausnahme gilt nur insoweit, als der Schuldner nicht auch persönlich haftet, wie in dem oben angeführten Fall eines Hypothekengläubigers, dessen persönliche Forderung sich gegen die Ehefrau des Schuldners richtet. Insoweit ist der Gläubiger nur stimmberechtigt in Höhe des **Wertes des Absonderungsrechtes** (MüKo-*Ehricke* § 76 Rn 25; K/P/B/*Kübler* § 76 Rn 19). Bei **akzessorischen Sicherungsrechten** ist das Absonderungsrecht der Höhe nach auf den Betrag der gesicherten Forderung beschränkt (MüKo-*Ehricke* § 75 Rn 25). Dieser Wert errechnet sich aus dem Erlös, der aus einer Verwertung des Sicherungsgegenstandes voraussichtlich erzielt wird (BerlKo-*Blersch* § 76 Rn 10; *Smid* § 76 Rn 8; N/R/*Delhaes* § 76 Rn 5). Der Wert des Absonderungsrechts ist nach Maßgabe des § 75 Abs 1 Nr 3 und 4 vom Insolvenzgericht im Rahmen der Stimmrechtsfestsetzung (§ 77) zu schätzen (*Hess* § 76 Rn 49).

Eine **Ausnahme** von diesem Grundsatz sieht lediglich § 237 Abs 1 für die **Abstimmung über einen Insolvenzplan** vor. Nach § 237 Abs 1 S 2 sind absonderungsberechtigte Gläubiger nur insoweit zur Abstimmung als Insolvenzgläubiger berechtigt, als ihnen der Schuldner auch persönlich haftet und sie auf die abgesonderte Befriedigung verzichten oder bei ihr ausfallen. Solange der Ausfall nicht feststeht, sind sie mit dem mutmaßlichen Ausfall zu berücksichtigen. Zutreffend weist *Marotzke* (ZIP 2001, 173, 174; ZInsO 2003, 726, 732) darauf hin, dass die Fassung des § 76 Abs 2 es einem einzelnen Großgläubiger, dessen Forderung zu hundert Prozent durch Absonderungsrecht gedeckt oder dessen zu einhundert Prozent gesicherte Forderung überhaupt nicht gegen den insolventen Schuldner, sondern gegen einen „in schönsten Vermögensverhältnissen lebenden Dritten gerichtet ist, das Insolvenzverfahren in völlig unangemessener Weise beeinflussen" kann. 29

3. Stimmverbote. Die InsO regelt keine Stimmverbote. Hieraus ist jedoch nicht der Schluss zu ziehen, dass es bei Abstimmungen in der Gläubigerversammlung keine Stimmverbote gibt (vgl *Oelrichs*, Gläubigermitwirkung S 94 ff; *Grell* NZI 2006, 77, 79 f; für den Gläubigerausschuss s BGH ZIP 1985, 423, 425 = KTS 1985, 520). Die Stimmverbotsregelungen des Gesellschafts- und Wohnungseigentumsrechts führen die einzelnen Befangenheitssituationen keineswegs abschließend auf. Sie enthalten jedoch einen **allgemeinen Rechtsgedanken**, nach dem der Stimmrechtsträger nicht berechtigt ist mitzustimmen, wenn für ihn bei der Teilnahme an der Beschlussfassung der Fall eines Insichgeschäftes vorliegen würde oder er in eigener Sache richten würde (s **AG Kaiserslautern** v 17. 10. 2005, NZI 2006, 46 f; MüKo-*Ehricke* § 77 Rdn 36, 37). Deshalb unterliegt auch ein Mitglied des Gläubigerausschusses einem Stimmverbot, wenn über ein zwischen der Insolvenzmasse und ihm bzw einem von ihm gesetzlich vertretenen Unternehmen zu schließendes Rechtsgeschäft oder einen zu führenden bzw zu erledigenden Rechtsstreit abzustimmen ist. Dies ist zwar nicht ausdrücklich in der InsO bestimmt, entspricht jedoch einem allgemeinen Rechtsgedanken, der ua in den §§ 34 BGB, 47 Abs 4 S 2 GmbHG zum Ausdruck gekommen ist (so wörtlich **BGH** ZIP 1985, 423, 425 = KTS 1985, 520; s auch die Kommentierung zu § 72 Rn 13). Gläubiger, bei denen für den Fall der Teilnahme an der Beschlussfassung ein **Insichgeschäft** vorläge oder sie **in eigener Sache entscheiden** würden, unterliegen deshalb einem **Stimmverbot** (vgl MüKo-*Ehricke* § 77 Rn 35 ff; *Jaeger/Gerhardt* § 77 Rn 15; str aA *Grell* NZI 2006, 77, 79 ff). Einzelheiten zu § 77 IV Rn 4. 30

Zählt der Leiter der Gläubigerversammlung die **nichtige Stimme eines Abstimmungsteilnehmers trotzdem mit**, so hat dies keinen Einfluss auf die Wirksamkeit des festgestellten Abstimmungsergebnisses (vgl *Oelrichs*, Gläubigermitwirkung S 119; MüKo-*Ehricke* § 77 Rn 35). Die Feststellung von Beschlüssen der Gläubigerversammlung hat keine konstitutive Wirkung. Der Mangel kann aber jederzeit gerügt werden. So kann zB ein Absonderungsberechtigter, ein nicht nachrangiger Insolvenzgläubiger oder der Insolvenzverwalter den **Antrag an das Insolvenzgericht** stellen, den **Beschluss gem § 78 aufzuheben**. Hat der Sitzungsleiter die nichtige Stimme eines Abstimmungsteilnehmers mitgezählt, deshalb die Ablehnung des Beschlussantrages verkündet, so kann der Antrag auf Aufhebung des ablehnenden Beschlusses mit einem Antrag auf positive Beschlussfeststellung durch das Insolvenzgericht verbunden werden (*Oelrichs*, Gläubigermitwirkung S 120). Das Insolvenzgericht stellt mit der Aufhebung des Beschlusses die Annahme des Beschlussantrags fest. Wird der Antrag auf Aufhebung des Beschlusses nach § 78 nicht rechtzeitig gestellt, so ist nur noch eine Klärung im Zivilprozess möglich. Zur **Wirkungslosigkeit** bzw **Nichtigkeit** von Beschlüssen der Gläubigerversammlung s auch OLG Naumburg ZIP 2000, 1394; MüKo-*Ehricke* § 76 Rn 34, 35; *Frege/Keller/Riedel* HRP Rn 1303; *Jaeger/Gerhardt* § 76 Rn 20; K/P/B/*Kübler* § 76 Rn 24; N/R/*Delhaes* § 76 Rn 7. 31

Anzumerken ist, dass es bei **Abstimmungen über einen Insolvenzplan keine Stimmverbote** gibt, weil von einem Insolvenzplan notwendigerweise sämtliche Gläubiger betroffen sind, weil in ihre Forderungen eingegriffen wird (*Oelrichs*, Gläubigermitwirkung S 110). Wird ein Gläubiger zu Unrecht von der Abstimmung ausgeschlossen, weil irrtümlich ein Stimmverbot angenommen wurde, so ist, wenn er an der Abstimmung teilgenommen hat, seine Stimme nachträglich einzubeziehen, wenn seine Stimme nicht mitgezählt worden ist, jedoch festgestellt werden kann, wie er abgestimmt hat. Ist dagegen der Stimmberechtigte nicht zur Abstimmung zugelassen worden, und konnte er deshalb nicht zustimmen, so 32 kommt eine nachträgliche Einbeziehung nicht in Betracht. Der **unberechtigte Ausschluss** von der Teilnahme an der Abstimmung führt grundsätzlich zur Nichtigkeit des Beschlusses der Gläubigerversammlung. Es bedarf nicht der Aufhebung nach § 78 Abs 1. Ausnahmsweise ist der Beschluss jedoch wirksam, wenn festgestellt werden kann, dass die Stimme des zu Unrecht Ausgeschlossenen keine Auswirkung auf das Beschlussergebnis gehabt hätte.

V. Mehrheiten

33 Nach § 76 Abs 2 kommt ein Beschluss der Gläubigerversammlung zustande, wenn die Summe der Forderungsbeträge der zustimmenden Gläubiger **mehr als die Hälfte der Summe der Forderungsbeträge** der abstimmenden Gläubiger ausmacht. Erforderlich ist somit die **absolute Mehrheit** der abstimmenden Forderungsbeträge (K/P/B/*Kübler* § 76 Rn 15; *Hess* § 76 Rn 44; *Smid* § 76 Rn 8; *Jaeger/Gerhardt* § 76 Rn 9; MüKo-*Ehricke* § 76 Rn 29; wohl auch N/R/*Delhaes* § 76 Rn 4). Das Abstimmungsergebnis ergibt sich aus einer Gegenüberstellung der **abstimmungsbeteiligten Summen** (Vergleichswert) zu den **zustimmenden Summen** (Zustimmungswert). Bei der Ermittlung des Vergleichswerts sind nicht nur die erschienenen oder ordnungsgemäß vertretenen stimmberechtigten Gläubiger zu berücksichtigen, sondern auch die schriftlich Zustimmenden, soweit das Gesetz eine schriftliche Zustimmung zulässt (§§ 242, 312 Abs 2). Eine **Stimmenthaltung** zählt nicht (HK-*Eickmann* § 76 Rn 8; *Pape* Gläubigerbeteiligung Rn 214; App BuW 2004, 463). Ein Beschluss kommt zustande, wenn der Zustimmungswert die Hälfte des Vergleichswertes übersteigt (MüKo-*Ehricke* § 76 Rn 29; N/R/*Delhaes* § 76 Rn 4; HK-*Eickmann* § 76 Rn 10). Anders als früher in § 94 Abs 3 S 2 KO ist nunmehr der Fall der **Stimmengleichheit** nicht geregelt. Deshalb gilt der allgemeine Grundsatz, dass bei **summenmäßiger Stimmengleichheit** der zur Abstimmung gestellte Antrag oder Vorschlag als abgelehnt gilt (MüKo-*Ehricke* § 76 Rn 30; *Hess* § 76 Rn 45; N/R *Delhaes* § 76 Rn 4; *Jaeger/Gerhardt* § 76 Rn 9). Bestehen bei einer Abstimmung **mehrere Meinungen**, von denen keine die absolute Mehrheit erlangt, wird solange abgestimmt, bis eine die erforderliche absolute Mehrheit erreicht (vgl *Jaeger/Gerhardt* § 76 Rn 11). **Die Kopfmehrheit** hat bei Abstimmungen nur noch Bedeutung als über die Annahme eines Insolvenzplans abgestimmt wird (§ 244) und insoweit, als für die Wahl eines neuen Insolvenzverwalters nunmehr neben der Summenmehrheit zusätzlich noch die Kopfmehrheit erforderlich ist (vgl auch *Marotzke* ZIP 2001, 173 f).

VI. Rechtswirkungen der Beschlüsse

34 Der Rechtspfleger (Richter) hat das Ergebnis einer Beschlussfassung festzustellen und dieses Ergebnis protokollieren zu lassen. Einer **gerichtlichen Bestätigung** von Beschlüssen der Gläubigerversammlung bedarf es nur bei Annahme eines Insolvenzplans (§ 248) und für die Bestellung des von der Gläubigerversammlung gewählten Verwalters (§ 57). Das Ergebnis der Stimmenauszählung ist nur eine Feststellung, **nicht** dagegen eine **mit der Beschwerde anfechtbare** Entscheidung (LG Düsseldorf KTS 1970, 56; *Frege/Keller/Riedel* HRP Rn 1299). Der Verwalter ist grundsätzlich an Entscheidungen der Gläubigerversammlung im Rahmen des **gesetzlich normierten Aufgabenkreises** gebunden (*Frege/Keller/Riedel* HRP Rn 1300; unzutr OLG Frankfurt ZInsO 2000, 614). Die nicht erschienenen und nicht vertretenen Gläubiger sind an die Beschlüsse der Gläubigerversammlung gebunden. Allerdings ist eine spätere Gläubigerversammlung berechtigt, den Beschluss abzuändern oder aufzuheben (*Jaeger/Weber* § 97 KO Rn 1; K/U zu § 98 KO). Auf Antrag des Insolvenzverwalters, eines absonderungsberechtigten oder nicht nachrangigen Insolvenzgläubigers können Beschlüsse der Gläubigerversammlung vom Insolvenzgericht aufgehoben werden, wenn sie dem gemeinsamen Interesse der Insolvenzgläubiger widersprechen (§ 78).

VII. Rechtsmittel

35 Beschlüsse der Gläubigerversammlung sind grundsätzlich nicht anfechtbar (**OLG** Zweibrücken v 19. 10. 2000, NZI 2001, 35; OLG Saarbrücken v 14. 12. 1999, NZI 2000, 179; LG Göttingen v 29. 6. 2000, NZI 2000, 490; LG Düsseldorf v 26. 3. 1969, KTS 1970, 56; *Pape* ZIP 1990, 1251; ders ZIP 1991, 837, 841; *Hess* § 76 Rn 54; K/P/B/*Kübler* § 76 Rn 24; MüKo-*Ehricke* § 76 Rn 33; N/R/*Delhaes* § 76 Rn 7). Die **Unanfechtbarkeit** von Gläubigerversammlungsbeschlüssen schließt jedoch nicht aus, dass sich Gläubiger und sonstige Dritte im Einzelfall auf die **Unwirksamkeit** eines solchen Beschlusses berufen können (K/P/B/*Kübler* § 76 Rn 24; MüKo-*Ehricke* § 76 Rn 34; *Jaeger/ Gerhardt* § 76 Rn 20; *Hess* § 76 Rn 54). Zulässig ist eine Feststellungsklage hinsichtlich der Unwirksamkeit nach § 256 ZPO (*Hess* § 94 KO Rn 9; K/P/B/*Kübler* § 76 Rn 24; *Kilger/K. Schmidt* § 94 KO Anm 4, der Anfechtungsklage für zulässig hält). Die **Unwirksamkeit eines Beschlusses** der Gläubigerversammlung, zB wegen Nichteinhaltung der formellen Erfordernisse bei der Einberufung oder Abstimmung, kann ohne Frist und Form jederzeit geltend gemacht und in einem Zivilrechtsstreit überprüft werden (vgl H/W/F, HdbInsO 6/66; *Jaeger/Gerhardt* § 76 Rn 20; MüKo-*Ehricke* § 76 Rn 35; BerlKo-*Blersch* § 76 Rn 13).

§ 77 Feststellung des Stimmrechts

(1) ¹Ein Stimmrecht gewähren die Forderungen, die angemeldet und weder vom Insolvenzverwalter noch von einem stimmberechtigten Gläubiger bestritten worden sind. ²Nachrangige Gläubiger sind nicht stimmberechtigt.

(2) ¹Die Gläubiger, deren Forderungen bestritten werden, sind stimmberechtigt, soweit sich in der Gläubigerversammlung der Verwalter und die erschienenen stimmberechtigten Gläubiger über das Stimmrecht geeinigt haben. ²Kommt es nicht zu einer Einigung, so entscheidet das Insolvenzgericht. ³Es kann seine Entscheidung auf den Antrag des Verwalters oder eines in der Gläubigerversammlung erschienenen Gläubigers ändern.

(3) Absatz 2 gilt entsprechend
1. für die Gläubiger aufschiebend bedingter Forderungen;
2. für die absonderungsberechtigten Gläubiger.

Übersicht

	Rn
I. Allgemeines	1
II. Stimmberechtigte Gläubiger	2
III. Angemeldete Forderungen	3
IV. Stimmverbote und Stimmrechtsausschluss	4
1. Dogmatische Grundlagen	5
2. Verbot des Richtens in eigener Sache	6
3. Mittelbare Betroffenheit	7
4. Abstimmung über einen Insolvenzplan	8
5. Genereller (absoluter) Stimmrechtsausschluss	9
6. Spezieller Stimmrechtsausschluss	10
7. Folgen des Stimmrechtsausschluss	11
V. Stimmrecht nicht bestrittener Forderungen (§ 77 Abs 1)	12
1. Stimmrecht angemeldeter, geprüfter und zur Tabelle festgestellter Forderungen	12
2. Stimmrecht ungeprüfter Forderungen	13
3. Wirkung des Stimmrechts	14
VI. Stimmrecht bestrittener Forderungen	15
1. Angemeldete und geprüfte Forderungen	15
2. Zur Tabelle angemeldete, aber noch nicht geprüfte streitige Forderungen	16
3. Nicht angemeldete bestrittene Forderungen	17
4. Vorläufig bestrittene Forderungen	18
VII. Einigung über das Stimmrecht	19
VIII. Gerichtliche Stimmrechtsentscheidung	20
1. Kriterien für die Stimmrechtsfestsetzung	21
2. Rechtsmittel	23
3. Abänderung der Stimmrechtsfestsetzung	24
4. Rechtswirkungen der Stimmrechtsfeststellung	27
IX. Aufschiebend bedingte Forderungen und absonderungsberechtigte Gläubiger	28
1. Aufschiebend bedingte Forderungen	28
2. Absonderungsberechtigte Gläubiger	29

I. Allgemeines

Die Vorschrift entspricht weitgehend den Regelungen in §§ 95, 96 Abs 1 KO, § 71 VglO. § 77 füllt die Vorschrift des § 76 Abs 2 insoweit aus, als dort nicht geregelt ist, welche Forderungen überhaupt an der Abstimmung teilnehmen und in welcher Höhe den abstimmenden Gläubigern ein Stimmrecht zukommt (vgl K/P/B/*Kübler* § 77 Rn 2). Die Norm ist im **Insolvenzplanverfahren** nach Maßgabe der §§ 237, 238 entsprechend anwendbar (HK-*Eickmann* § 77 Rn 1; BerlKo-*Blersch* § 77 Rn 1). Die Feststellung des Stimmrechts ist Teil der gerichtlichen Leitungsbefugnisse in der Gläubigerversammlung. Zuständig ist grundsätzlich der Rechtspfleger, der die Gläubigerversammlung leitet, wenn sich der Richter nicht ausnahmsweise das Verfahren nach § 18 Abs 1 Nr 1, Abs 2 RPflG vorbehalten hat. 1

II. Stimmberechtigte Gläubiger

In der Gläubigerversammlung sind nur die nicht nachrangigen Insolvenzgläubiger (§ 38) und die absonderungsberechtigten Gläubiger (§§ 49 ff) stimmberechtigt. Nichtgläubiger kommen allenfalls – anders als im Gläubigerausschuss – als Vertreter eines stimmberechtigten Gläubigers in Betracht. Gläubiger angemeldeter und bestrittener Insolvenzforderungen nehmen an der Abstimmung insoweit teil, als deren Stimmrecht nach Maßgabe des § 77 Abs 2 festgestellt wird. Gläubiger mit Forderungen unter aufschiebender Bedingung haben ebenso wie absonderungsberechtigte Gläubiger gem § 77 Abs 3 ein Stimmrecht, soweit dieses gem § 77 Abs 2, 3 vom Gericht festgestellt wird. Ein Stimmrecht haben nur **anwesende Gläubiger** oder solche, die durch einen **Bevollmächtigten** vertreten werden (K/P/B/*Kübler* 2

§ 77 Rn 21; *Oelrichs*, Gläubigermitwirkung S 72). Zum Stimmrecht fehlerhaft vertretener Gläubiger s *Smid* InVo 2007, 1 ff. In einer Gläubigerversammlung, die vor dem Prüfungstermin stattfindet, ist der anwesende Gläubiger mit seiner Forderung nach § 77 Abs 1 stimmberechtigt, wenn der Insolvenzverwalter oder ein stimmberechtigter Gläubiger hiergegen keine Einwände erhebt. Auf die förmliche Anmeldung und Prüfung kommt es zu diesem Zeitpunkt nicht an (**AG** Hamburg v 13. 1. 2000, NZI 2000, 138; s unten zu Rn 3). Eine **schriftliche Stimmrechtsausübung** sieht das Gesetz außer in § 242 nicht vor (anders *Hess/Obermüller*, Die Rechtsstellung der Verfahrensbeteiligten Rn 1151; BerlKo-*Blersch* § 76 Rn 9; *Hess* § 76 Rn 50; zweifelnd K/P/B/*Kübler* § 76 Rn 21). Hätte der Gesetzgeber eine schriftliche Abstimmung zulassen wollen, so hätte er dies, wie in § 242 Abs 1, zum Ausdruck bringen müssen. Nicht stimmberechtigt sind auch die **nachrangigen Insolvenzgläubiger** (§ 77 Abs 1 S 2). **Nicht fällige und auflösend bedingte Forderungen** haben volles Stimmrecht, was sich aus §§ 41, 42 ergibt (MüKo-*Ehricke* § 77 Rn 4; *Frege/Keller/Riedel* HRP Rn 1287; *Jaeger/Gerhardt* § 77 Rn 4). **Aufschiebend bedingte Forderungen** haben gem § 77 Abs 3 Nr 1 kein volles Stimmrecht (vgl unten zu Rn 23). Eine Ausnahme gilt nur hinsichtlich der Stimmrechtsfestsetzung bei aufschiebend bedingten Forderungen und absonderungsberechtigten Gläubigern ohne persönliche Forderung. Hier kommt es auf die Wahrscheinlichkeit des Bedingungseintritts bzw den geschätzten Wert des Sicherungsgutes an (§ 77 Abs 3 iVm § 77 Abs 2). Einzelheiten unten zu IX. **Kein Stimmrecht** haben **Massegläubiger** isV §§ 53, 54, 55 und die nachrangigen Insolvenzgläubiger iSd § 39 (K/P/B/*Kübler* § 77 Rn 6; *Hess* § 77 Rn 6; HaKo-*Preß* § 77 Rn 2). **Aussonderungsberechtigte Gläubiger**, die nicht gleichzeitig Insolvenzgläubiger sind, haben allenfalls ein Stimmrecht in Höhe des mutmaßlichen Ausfalls (**OLG** Celle NZI 2001, 317 f = ZIP 2001, 658 f; *Pape* ZIP 1991, 837, 838; K/P/B/*Kübler* § 77 Rn 6; HK-*Eickmann* § 77 Rn 2).

III. Angemeldete Forderungen

3   Nach § 77 Abs 1 S 1 gewähren nur Forderungen ein Stimmrecht, die **angemeldet** und weder vom Verwalter noch von einem stimmberechtigten Gläubiger bestritten worden sind (**LG** Göttingen v 29. 6. 2000, NZI 2000, 490). Das Erfordernis der Forderungsanmeldung soll dokumentieren, dass der Gläubiger den Willen hat, am Verfahren teilzunehmen. *Ehricke* (NZI 2000, 57, 58): „Der Teilnahmewille des Gläubigers muss dem versammlungsleitenden Insolvenzgericht wenigstens konkludent deutlich werden. Er wird in der Regel bereits durch physische Präsenz am Versammlungsort indiziert." Der Gesetzgeber verlangt aber in § 77 Abs 1 nicht nur Präsenz in der Gläubigerversammlung, sondern zugleich auch eine **Anmeldung**, wobei streitig ist, ob es sich um eine formelle **Anmeldung** zur Insolvenztabelle nach § 174 handeln muss. Die für das frühere Recht geltenden Überlegungen sind für das neue Recht nicht mehr zutreffend. Nach Feststellung von *Kübler* (K/P/B/*Kübler* § 77 Rn 28) kommt es bei Großverfahren häufiger vor, dass die Frist zur Anmeldung der Forderungen nach der ersten Gläubigerversammlung (Berichtstermin) liegt. Der Gläubiger, der die Mitteilung der Anmeldefrist erhalte, werde sich keine Gedanken darüber machen, ob er durch die Vorverlegung des Berichtstermins gezwungen sei, die Forderung früher anzumelden. In der Tat erscheint es nicht als sachgerecht, Gläubiger, die ihre Forderungen noch nicht förmlich angemeldet haben, weil die **Anmeldefrist noch läuft**, von der Abstimmung auszuschließen (zutr **AG** Hamburg NZI 2000, 138; MüKo-*Ehricke* § 77 Rn 6; K/P/B/*Kübler* § 77 Rn 29; *Pape* Gläubigerbeteiligung Rn 220; FK-*Kind* § 77 Rn 4; *Andres/Leithaus* §§ 76, 77 Rn 5; *Jaeger/Gerhardt* § 77 Rn 5; *Braun/Herzig* § 77 Rn 3; N/R/*Delhaes* § 77 Rn 3; *Braun/Herzig* § 77 Rn 3; für die Notwendigkeit einer Einigung bzw Gerichtsentscheidung *Frege/Keller/Riedel* HRP Rn 1287; str aA *Graf-Schlicker/Mäusezahl* § 77 Rn 2; HaKo-*Preß* § 77 Rn 4). Die Vorschrift ist nach richtiger Meinung so zu lesen, dass es nicht auf die formelle Anmeldung, sondern auf die **tatsächliche Geltendmachung** ankommt, was auch noch im Berichtstermin mündlich erfolgen kann, denn der in der Gläubigerversammlung erschienene Gläubiger erklärt schon konkludent durch sein Erscheinen, dass er gewillt ist, aktiv an der Gläubigerversammlung, also auch an der Abstimmung, teilzunehmen (so im Ergebnis auch *Ehricke* NZI 2000, 57, 58). Nach K/P/B/*Kübler* (§ 77 Rn 29) sind iSv § 77 Abs 1 für die Zwecke der Stimmrechtsfestsetzung auch solche Forderungen als „angemeldet" zu sehen, deren sich der Gläubiger in der Versammlung berühmt. Diese weitere Interpretation werde auch dem gesetzgeberischen Willen gerecht, einen Gleichklang mit dem bisherigen Recht zu erreichen, das eine Ad-hoc-Anmeldung in der Gläubigerversammlung ohne weiteres zuließ (vgl *Jaeger/Weber* § 95 KO Rn 4; K/U § 95 KO Rn 3). Sinn und Zweck der Vorschrift ergeben, dass mit der Forderungsanmeldung nicht die **formelle Anmeldung** beim Insolvenzverwalter gemeint ist, sondern die **Geltendmachung** der Forderung als Ausdruck des Teilnahmewillens eines Gläubigers. Schließlich kann eine Forderung jederzeit auch ohne förmliche Anmeldung bestritten werden mit der Folge, dass eine Stimmrechtsfestsetzung nach § 77 Abs 2 erfolgen muss (*Pape* Gläubigerbeteiligung Rn 220; *Frege/Keller/Riedel* HRP Rn 1287).

IV. Stimmverbote und Stimmrechtsausschluss

4   Die InsO regelt keine Stimmverbote. Der Frage, ob und in welchen Fällen für Gläubiger ein Stimmverbot eingreift oder ein Gläubiger durch Gerichtsbeschluss von der Abstimmung ausgeschlossen werden kann, kommt erhebliche praktische Bedeutung zu, so zB wenn nach § 160 Abs 2 Nr 3 darüber ent-

IV. Stimmverbote und Stimmrechtsausschluss § 77

schieden wird, ob ein Rechtsstreit mit erheblichem Streitwert anhängig oder aufgenommen, die Aufnahme eines solchen Rechtsstreits abgelehnt oder zur Beilegung oder zur Vermeidung eines solchen Rechtsstreits ein Vergleich oder ein Schiedsvertrag geschlossen werden soll. Hier könnte ein Großgläubiger mit seiner Stimme verhindern, dass gegen ihn zB ein Anfechtungsprozess nach den §§ 129 ff anhängig gemacht wird. In zahlreichen Vorschriften (vgl zB §§ 294 Abs 1, 2, 295 Abs 1 Nr 4) kommt ebenso wie in den Gesetzesmaterialien immer wieder zum Ausdruck, dass der einzelne Gläubiger nicht seinen Einfluss ausnutzen darf, um Sonderinteressen im Insolvenzverfahren durchzusetzen. Vielmehr dient das Verfahren schon im Hinblick auf den Grundsatz der Gläubigergleichbehandlung („par condicio creditorum") dem gemeinsamen Interesse der Insolvenzgläubiger. *Oelrichs* (Gläubigermitwirkung S 93): „Das Gläubigerstimmrecht ist daher, wie auch die §§ 78, 226, 245 Nr 2, 251 Abs 1 InsO deutlich machen, ein **pflichtgebundenes Recht**. Die Ausübung des Stimmrechts findet ihre Schranken nicht nur im allgemeinen Schikaneverbot (§ 226 BGB), sondern auch im Verfahrenszweck, d h. im Ziel einer gerechten und bestmöglichen Gläubigerbefriedigung."

1. Dogmatische Grundlagen. Aus der Tatsache, dass die InsO keine Stimmverbote in der Gläubigerversammlung regelt, lässt sich nicht der Schluss ziehen, dass es solche im Insolvenzverfahren nicht gibt. Ebenso wie für das Verbandsrecht ist auch für das Insolvenzrecht anzuerkennen, dass ein Bedürfnis besteht, Gläubiger und Gläubigervertreter in bestimmten Situationen von der Willensbildung in der Gläubigerversammlung und im Gläubigerausschuss auszuschließen (vgl **LG Göttingen** NZI 1999, 120; **AG Kaiserslautern** NZI 2006, 51; *MüKo-Ehricke* § 77 Rn 35; *Keller/Riedel* HRP Rn 1288; N/R/*Delhaes* § 77 Rn 9; HaKo-*Preß* § 77 Rn 11; *Jaeger/Gerhardt* § 77 Rn 15; str aA *Braun/Herzig* § 77 Rn 18; *Grell* NZI 2006, 77, 79 ff; *Goebel* KTS 2002, 614, 620 ff; *Oelrichs*, Gläubigermitwirkung S 98). Die Stimmverbotsregelungen des Gesellschafts- und Wohnungseigentumsrechts führen zwar einzelne Befangenheitssituationen, die zu einem Stimmrechtsausschluss führen, beispielhaft, jedoch nicht abschließend auf. Aus den Vorschriften der §§ 47 Abs 4 GmbHG, 34 BGB, 43 Abs 6 GenG, 142 Abs 1 S 2, 285 Abs 1 AktG, 737 S 2 BGB, 112, 113 Abs 1 HGB, 25 Abs 5 WEG lässt sich der allgemeine Rechtsgrundsatz herleiten, dass auch im Insolvenzverfahren Gläubiger insoweit **von der Ausübung des Stimmrechts ausgeschlossen** sind, als für sie entweder ein **Insichgeschäft** vorliegt oder ein **Richten in eigener Sache**. Nicht ausgeschlossen ist ein Gläubiger vom Stimmrecht, wenn es um die Wahl der Mitglieder des Gläubigerausschusses geht (§ 68). Der Gläubiger kann sich selbst in den Gläubigerausschuss wählen (*Jaeger/Gerhardt* § 77 Rn 15; N/R/*Delhaes* § 77 Rn 8). Nach LG Göttingen (Beschl v 20. 11. 1998, ZInsO 1999, 120 = ZIP 1999, 120 = EWiR § 95 KO 1/99, 661 [*Berg-Grünenwald*]) gilt für die Abstimmung in der Gläubigerversammlung der allgemeine Grundsatz des Gesellschafts- und Genossenschaftsrechts, dass eine **Abstimmung in eigener Sache verboten** ist (so auch *Pape* Gläubigerbeteiligung Rn 228–230; MüKo-*Ehricke* § 77 Rn 35; K/P/B/*Kübler* § 77 Rn 21). Ein Insolvenzgläubiger ist trotzdem generell auch dann stimmberechtigt, wenn er sich auf Grund personeller und wirtschaftlicher Verflechtung mit der Gemeinschuldnerin in einem Interessenkonflikt befindet (K/P/B/*Kübler* § 77 Rn 21; *Jaeger/Gerhardt* § 77 Rn 15; str aA *Wolfratshausen* ZIP 1990, 597; vgl auch *Pape* ZInsO 2000, 469, 472; ZIP 1991, 837; 845 f). Das Gericht kann ihn jedoch von der **Teilnahme an der Abstimmung ausschließen**, wenn die wirtschaftliche und rechtliche Beteiligung am Gegenstand der Abstimmung mit der Ausübung des Stimmrechts unvereinbar wäre (K/P/B/*Kübler* § 77 Rn 21; *Jaeger/Gerhardt* § 77 Rn 15; MüKo-*Ehricke* § 77 Rn 37). Ansonsten gilt der Grundsatz, dass wohl jeder Gläubiger bei der Abstimmung eigene wirtschaftliche Interessen wahrnimmt und wahrnehmen darf (*Braun/Herzig* § 77 Rn 18). Ein Stimmrechtsausschluss greift deshalb ein, wenn der abstimmende Gläubiger von einem bedeutsamen Rechtsgeschäft oder einer bedeutsamen Rechtshandlung iSv § 160 selbst betroffen ist. So zB, wenn er selbst an der Betriebsveräußerung besonders interessiert ist (§ 162) oder wenn die Betriebsveräußerung an ihn unter Wert erfolgen soll (§ 163). Gleiches gilt, wenn über einen **Rechtsstreit mit erheblichem Streitwert** nach § 160 Abs 2 Nr 3 entschieden wird, an dem der Gläubiger direkt oder indirekt betrifft (MüKo-*Ehricke* § 77 Rn 36; K/P/B/*Kübler* § 77 Rn 21). Auch wenn der Betrieb oder Betriebsteile an ihn veräußert werden sollen (§ 160 Abs 2 Nr 1), ist der Gläubiger von der Entscheidung über die Zustimmung nach § 160 Abs 1 ausgeschlossen (Einzelheiten bei *Oelrichs*, Gläubigermitwirkung S 105 ff; MüKo-*Ehricke* § 77 Rn 35–38; *Pape* Gläubigerbeteiligung Rn 229; *Huntemann/Graf Brockdorff/Buck* Kap 10 Rn 93).

2. Verbot des Richtens in eigener Sache. Beschließt zB die Gläubigerversammlung darüber, ob sie den Antrag auf **Entlassung eines Mitglieds des Gläubigerausschusses** nach § 70 S 2 stellt, so ist das betroffene Gläubigerausschussmitglied von der Abstimmung ausgeschlossen (MüKo-*Ehricke* § 77 Rn 37; *Oelrichs*, Gläubigermitwirkung S 108). Gleiches gilt, wenn die Beschlussfassung ein Insichgeschäft des Gläubigers mit der Insolvenzmasse oder die Geltendmachung von Schadensersatzansprüchen gegen ihn betrifft (**AG Kaiserslautern** NZI 2006, 46, 47 = ZIP 2006, 531, 532). Will die Gläubigerversammlung über die Verwertung eines Gegenstandes, an dem ein Absonderungsrecht des Gläubigers besteht, abweichend von den §§ 165 ff beschließen (§ 159), kann der betroffene absonderungsberechtigte Gläubiger nicht mitstimmen, da er sonst über die Art und Weise seiner Befriedigung aus dem Absonderungsrecht mit entscheiden könnte (*Oelrichs*, Gläubigermitwirkung S 109). Ist nicht der Vertretene, sondern der

Vertreter befangen, so greift ebenfalls ein Stimmverbot ein (MüKo-*Ehricke* § 77 Rn 38; s auch **BGH** ZIP 1985, 423, 425). Soll ein in § 160 genanntes Geschäft mit dem Vertreter eines Gläubigers abgeschlossen werden, darf er an der Beschlussfassung nicht mitwirken. Ein **Verbot** des Richtens in eigener Sache greift ua ein, wenn im Rahmen eines vereinfachten Insolvenzverfahrens nach den §§ 311 ff die Gläubigerversammlung darüber beschließt, ob sie einen Gläubiger mit der Anfechtung beauftragt (§ 313 Abs 2 S 3).

7   **3. Mittelbare Betroffenheit.** Auch eine mittelbare Betroffenheit des Gläubigers von dem Gegenstand der Beschlussfassung führt zum Stimmrechtsausschluss. So gilt gem § 162 Abs 1 eine Person als Insider, wenn sie am Kapital eines Großgläubigers zu einem Fünftel beteiligt ist. Hier führt aber das Bestehen einer persönlichen, rechtlichen oder wirtschaftlichen Nähebeziehung nicht automatisch zu einem Stimmverbot (*Oelrichs*, Gläubigermitwirkung S 113). Vielmehr besteht ein Stimmverbot nur dann, wenn – wie im Gesellschafts- und Wohnungseigentumsrecht – eine „qualifizierte" Nähebeziehung gegeben ist. Eine solche liegt vor, wenn eine **gemeinschaftliche Berechtigung zur Stimmabgabe** besteht, wie zB bei der Stimmrechtsausübung einer Erben-, Güter- oder Bruchteilsgemeinschaft, und ein befangener Teilhaber die Stimmgabe maßgeblich beeinflussen kann. Dem Träger eines konzernmäßig beherrschten Unternehmens wird die Befangenheit des Trägers des herrschenden Unternehmens zugerechnet (*Scholz/K. Schmidt* § 47 GmbHG Rn 165–168). Eine besondere Interessenidentität, die zum Stimmrechtsausschluss führt, kann auch zwischen Rechtsvorgänger und Rechtsnachfolger bestehen (*Oelrichs*, Gläubigermitwirkung S 114). Nicht dagegen führt das bloße Bestehen einer verwandtschaftlichen oder persönlichen Nähebeziehung zu einem Stimmverbot.

8   **4. Abstimmung über einen Insolvenzplan.** Stimmrechtsverbote greifen nicht ein bei der Abstimmung über einen Insolvenzplan (*Oelrichs*, Gläubigermitwirkung S 110, 117). Durch den Insolvenzplan wird grundsätzlich in die Rechte aller Gläubiger eingegriffen, so dass Stimmverbote selbst dann nicht bestehen, wenn die persönlichen Auswirkungen des Insolvenzplans für den einzelnen Gläubiger unterschiedlich sind. Gläubiger, deren Forderungen durch den Plan nicht beeinträchtigt werden, haben ohnehin nach zwingender Vorschrift des § 237 Abs 2 kein Stimmrecht.

9   **5. Genereller (absoluter) Stimmrechtsausschluss.** Obgleich § 41 ZPO nicht entsprechend anwendbar ist, gibt es Fallgestaltungen, bei denen ein Gläubiger absolut von der Abstimmung ausgeschlossen ist. Das generelle Stimmverbot bewirkt den **Ausschluss** des Stimmrechts bei der **konkreten Abstimmung,** nicht dagegen den Verlust sonstiger Verfahrensrechte. Der Ausschluss ist durch Beschluss des Gerichts festzustellen und zu begründen. Er ist analog (§ 18 Abs 3 S 2 RpflG) anfechtbar (MüKo-*Ehricke* § 77 Rn 35; *Mohrbutter/Ringstmeier/Voigt-Salus/Pape* Hdb § 21 Rn 223). S auch **AG Kaiserslautern** NZI 2006, 46, 47. Wird in der Gläubigerversammlung zusätzlich noch über andere Tagesordnungspunkte entschieden, kann der von der Einzelentscheidung ausgeschlossene Gläubiger wieder mitstimmen. Der vom Stimmverbot betroffene Gläubiger kann im Übrigen sämtliche Verfahrensrechte wahrnehmen, wie zB Anträge stellen und Informationen verlangen. Er ist auch berechtigt, nach § 78 Abs 1 die Aufhebung eines Beschlusses zu beantragen, bei dem er von der Mitwirkung ausgeschlossen war.

10   **6. Spezieller Stimmrechtsausschluss.** Der Rechtspfleger (Richter) kann einen Gläubiger im Einzelfall von der Abstimmung ausschließen, wenn er zB als Großgläubiger gegen das Gesamtinteresse der übrigen Gläubiger das Verfahren dominiert oder wenn ein Großgläubiger das für die Betriebsfortführung notwendige Massedarlehen gewähren soll (str aA *Grell* NZI 2006, 77, 81). Gleiches gilt, wenn ein Gläubiger nur eigennützige Ziele verfolgt und damit die Gefahr einer unsachlichen Beschlussfassung gegeben ist (*Frege/Keller/Riedel* HRP Rn 1228). Der spezielle Stimmrechtsausschluss wird von dem die Gläubigerversammlung leitenden Rechtspfleger oder Richter zu Protokoll festgestellt. Der Ausschluss von der Abstimmung erfolgt **durch Beschluss** (*Jaeger/Gerhardt* § 77 Rn 16). Der Beschluss ist zu begründen, weil eine unzutreffende Entscheidung des Richters zwar **nicht anfechtbar** ist, wohl aber zu einer **Nichtigkeit** des Beschlusses der Gläubigerversammlung führen kann (*Pape* Gläubigerbeteiligung Rn 230). Die Feststellung der Teilnahmeberechtigung an einer Abstimmung gehört als Vorfrage zur gerichtlichen Stimmrechtsentscheidung, über die das Insolvenzgericht abschließend zu entscheiden hat (**BGH** v 23. 10. 2008 – IX ZB 235/06, ZIP 2008, 2428 = ZInsO 2009, 34). Der Ausschluss von Nichtberechtigten ist Teil der Sitzungsleitung und nicht anfechtbar (*Jaeger/Gerhardt* § 77 Rn 16; K/P/B/ *Kübler* § 77 Rn 21; HK-*Eickmann* § 77 Rn 13; str aA MüKo-*Ehricke* § 77 Rn 35; *Mohrbutter/Ringstmeier/Voigt-Salus/Pape* § 21 Rn 223, die § 77 analog anwenden wollen; für Anfechtbarkeit der Rechtspflegerentscheidung nach § 11 Abs 2 RpflG *Frege/Keller/Riedel* HRP Rn 1290). Zur Abänderungsmöglichkeit der Rechtspflegerentscheidung nach § 77 Abs 2 S 3 unten zu Rn 24 sowie **BGH** ZIP 2008, 2428, 2429.

11   **7. Folgen des Stimmrechtsausschlusses.** Die wegen Stimmverbots ausgeschlossenen Forderungen bleiben bei der Rechnung der erforderlichen Mehrheiten außer Betracht. Stellt der Versammlungsleiter erst nach Feststellung des Abstimmungsergebnisses fest, dass für einen Gläubiger ein Stimmverbot bestanden

hat, so muss die Stimme bzw Summe nachträglich abgezogen werden, weil die Stimmabgabe nichtig war. Zählt der Rechtspfleger oder Richter dagegen die nichtige Stimme irrtümlich mit, hat dies keinen Einfluss auf das Abstimmungsergebnis, denn die **Feststellung von Beschlüssen** der Gläubigerversammlung hat **keine konstitutive Wirkung** (*Oelrichs*, Gläubigermitwirkung S 119; str aA *Wassertrüdinger*, Gruchots Beiträge Bd 69 [1928], 464, 471). **Fehlerhaft festgestellte Beschlüsse** der Gläubigerversammlung können zwar nicht angefochten werden; der Gläubiger hat aber die Möglichkeit, nach § 78 die Aufhebung des Beschlusses zu beantragen. Wird der Abstimmungsfehler noch in der Gläubigerversammlung offenbar, so ist der Rechtspfleger bzw Richter als Versammlungsleiter berechtigt, das **Ergebnis zu korrigieren** und nunmehr festzustellen, dass entweder ein ablehnender oder zustimmender Beschluss der Gläubigerversammlung zustande gekommen ist. **Nach Beendigung der Gläubigerversammlung** ist eine solche Feststellung nur im Wege der zivilgerichtlichen Klage möglich. Abstimmungen der Gläubigerversammlung sind auch dann bestandskräftig, wenn sich später herausstellt, dass die Stimmrechtsfestsetzung fehlerhaft war (*Pape*, Gläubigerbeteiligung Rn 223; K/P/B/*Kübler* § 77 Rn 27; *Pape* ZIP 1991, 837, 840; *Mohrbutter/Ringstmeier/Voigt-Salus/Pape* § 21 Rn 227). Ist der Stimmberechtigte gegen seinen Willen von der Abstimmung ausgeschlossen worden und hat er nicht mitgestimmt, so führt ein **unberechtigter Ausschluss** von der Teilnahme nicht automatisch zur Unwirksamkeit des Beschlusses (vgl *Oelrichs*, Gläubigermitwirkung, S 120, 121). Vielmehr hat das Gericht festzustellen, ob sich der unberechtigte Stimmausschluss auf das **Ergebnis der Abstimmung** ausgewirkt hat. Wenn ja, fragt es sich, ob der Beschluss **unwirksam** ist oder vom Gericht das **Ergebnis des Beschlusses korrigiert** werden darf. Entsprechend der zum früheren Konkursrecht vertretenen Auffassung ist davon auszugehen, dass Beschlüsse, die unter Verletzung der Bestimmungen über Berufung, Leitung und Abstimmung in der Gläubigerversammlung zustande gekommen sind, **unwirksam** sind (*Oelrichs*, Gläubigermitwirkung, S 120). Eine nachträgliche „Korrektur" ist unzulässig. Der Fall ist nicht identisch mit demjenigen, bei dem sich der Rechtspfleger oder Richter im Rahmen der Stimmenauszählung verzählt oder verrechnet hat. Insoweit greift über § 4 die Vorschrift des § 319 ZPO ein.

V. Stimmrecht nicht bestrittener Forderungen (§ 77 Abs 1)

1. Stimmrecht angemeldeter, geprüfter und zur Tabelle festgestellter Forderungen. Nach § 77 Abs 1 S 1 wird das Stimmrecht davon abhängig gemacht, dass der Gläubiger eine unbestrittene Forderung hat, also eine zur Tabelle festgestellte Forderung iSv § 178 Abs 1 S 1. Entscheidend ist grundsätzlich also, dass ein Prüfungstermin stattgefunden hat (§ 176) und dort oder in einem schriftlichen Verfahren (§ 177 Abs 1 S 2) kein Widerspruch erhoben oder ein erhobener Widerspruch beseitigt wurde (§ 178 Abs 1 S 1). Ein **Widerspruch des Schuldners** steht dem § 178 Abs 1 S 2 der Feststellung der Forderung nicht entgegen (vgl K/P/B/*Kübler* § 77 Rn 8; *Jaeger/Gerhardt* § 77 Rn 8; BerlKo-*Blersch* § 77 Rn 2; MüKo-*Ehricke* § 77 Rn 3; N/R/*Delhaes* § 77 Rn 2). Unklar sind die **Auswirkungen des Bestreitens des Schuldners bei Eigenverwaltung** (*Pape* Gläubigerbeteiligung Rn 225). Hier hat gem § 283 Abs 1 S 2 das Bestreiten ausnahmsweise feststellungshindernde Wirkung. Zutreffend aber der Hinweis von *Pape* (Gläubigerbeteiligung Rn 225), dass in § 77 Abs 1 das Bestreiten des Schuldners als Einschränkung für eine Stimmrechtsgewährung nicht erwähnt ist. Da auch der Sachwalter mit feststellungshindernder Wirkung bestreiten könne, soll nach *Pape* deshalb das Bestreiten des Schuldners auch hier **unbeachtlich sein für die Stimmrechtsgewährung**, „um dieses ohnehin sehr fragwürdige Instrument nicht noch stärker aufzuwerten". Zu folgen ist der Argumentation, wenn nicht einmal der Sachwalter zum Bestreiten der Forderung bewegt werden kann, sollte dem Schuldner auch nicht die Möglichkeit eingeräumt werden, die Gläubigerversammlung oder das Gericht zu einer Stimmrechtsfestsetzung zu zwingen, da er weder stimmberechtigt ist noch an die Stelle des Insolvenzverwalters tritt (so auch MüKo-*Ehricke* § 77 Rn 7).

2. Stimmrecht ungeprüfter Forderungen. Vielfach ist die Anmeldefrist noch nicht abgelaufen, wenn 13 die erste Gläubigerversammlung stattfindet. Auch ist es keineswegs unüblich, dass die Prüfungstermine nach der oder den ersten Gläubigerversammlungen stattfinden. Wie bereits oben unter III. dargestellt wurde, stellt die InsO nunmehr nur noch auf die **Forderungsanmeldung** ab. Die Formulierung in § 77 Abs 1 S 1, wonach die angemeldeten Forderungen weder vom Insolvenzverwalter noch von einem stimmberechtigten Gläubiger „bestritten worden sind", bedeutet nicht, dass nur solche Gläubiger zur Abstimmung zugelassen werden, deren Forderungen in einem Prüfungstermin geprüft worden sind (s BGH ZIP 2004, 2339; MüKo-*Ehricke* § 77 Rn 5; K/P/B/*Kübler* § 77 Rn 9 ff; *Pape* ZIP 1991, 837, 840; *Jaeger/Gerhardt* § 77 Rn 6; str aA BerlKo-*Blersch* § 77 Rn 2; N/R/*Delhaes* § 77 Rn 2). Der Gesetzgeber wollte durch die Formulierung in § 77 Abs 1 lediglich die **geprüften und die ungeprüften Forderungen** begrifflich zusammenfassen und einheitlich regeln. Keineswegs aber wollte er die nicht nach § 174 beim Verwalter angemeldeten Forderungen oder gar die nicht nach § 178 Abs 1 festgestellten Forderungen der Insolvenzgläubiger von der Abstimmung in der Gläubigerversammlung ausschließen. Das Bestreiten in § 77 Abs 1 ist nicht gleich bedeutend mit dem Bestreiten zur Insolvenztabelle nach § 176 S 2. Bei der Geltendmachung von Forderungen nach § 77 geht es lediglich um die Teilnahme an Abstimmungen, also um Verfahrensrechte eines Gläubigers (vgl auch LG Göttingen v 29. 6. 2000 NZJ 2000, 490; AG

Hamburg v 13. 1. 2000 NZJ 2000, 138). In der Gläubigerversammlung geht es deshalb auch nur um die Feststellung des Stimmrechts, nicht dagegen um die Feststellung zur Tabelle. Deshalb sind auch **angemeldete, aber noch nicht geprüfte** Forderungen zum vollen Betrag stimmberechtigt, wenn nicht der Verwalter oder ein anderer Gläubiger bestreitet (zutreffend auch MüKo-*Ehricke* § 77 Rn 5, 6; K/P/B/ *Kübler* § 77 Rn 10, 11; FK-*Kind* § 77 Rn 4; *Pape* Gläubigerbeteiligung Rn 220; H/W/F, HdbInsO 6/64; HaKo-*Preß* § 77 Rn 5; *Braun/Herzig* § 77 Rn 3; *Jaeger/Gerhard* § 77 Rn 6). Werden die Forderungen **wechselseitig bestritten**, so ist eine Blockade dadurch zu vermeiden, dass beide Forderungen Abs 2 zugeordnet werden (HK-*Eickmann* § 77 Rn 4; *Jaeger/Gerhardt* § 77 Rn 8).

14 3. **Wirkung des Stimmrechts.** Soweit Forderungen der Gläubiger zur Tabelle angemeldet und festgestellt sind (§ 178 Abs 1), gilt die Stimmberechtigung für sämtliche Gläubigerversammlungen. Angemeldete oder in der Gläubigerversammlung geltend gemachte, aber noch nicht geprüfte Forderungen sind zwar bei fehlendem Widerspruch in voller Höhe stimmberechtigt. Das Stimmrecht gilt jedoch **nur für die betreffende Gläubigerversammlung**. Wird später in einem Prüfungstermin die Forderung bestritten (§ 176 S 2), kann das Stimmrecht für andere Gläubigerversammlungen vom Gericht anders festgesetzt werden (vgl **LG** Düsseldorf ZIP 1995, 628, 630 f; *Pape* ZIP 1991, 837, 840; *Jaeger/Gerhardt* § 77 Rn 13, 14; *Braun/Herzig* § 77 Rn 15; HK-*Eickmann* § 77 Rn 11, 12; K/P/B/*Kübler* § 77 Rn 13). Ist die ungeprüfte Forderung auch in weiteren Gläubigerversammlungen immer noch ungeprüft, so ist der Gläubiger im Zweifel auch dort in voller Höhe stimmberechtigt, soweit kein Widerspruch erhoben wird (*Jaeger/Gerhardt* § 77 KO Rn 13; K/P/B/*Kübler* § 77 Rn 13).

VI. Stimmrecht bestrittener Forderungen

15 1. **Angemeldete und geprüfte Forderungen.** Das Stimmrecht der Gläubiger bestrittener Forderungen ist in § 77 Abs 2 geregelt. Hier ist zu unterscheiden zwischen Forderungen, die nach § 174 Abs 1 S 1 zur Tabelle beim Insolvenzverwalter angemeldet und in einem Prüfungstermin (§ 176) weder vom Insolvenzverwalter noch vom Schuldner oder von einem Insolvenzgläubiger bestritten und demgemäß nach § 178 Abs 1 S 1 zur Tabelle festgestellt und solchen Forderungen, die vom Verwalter oder von einem Gläubiger mit oder ohne förmliche Anmeldung und Prüfungstermin bestritten worden sind. Erstere Forderungen haben Stimmrecht in Höhe des festgestellten Betrages. Sie sind in der Praxis unproblematisch. Ein Widerspruch des Schuldners steht gem § 178 Abs 1 S 2 weder der Feststellung der Forderung noch dem Stimmrecht entgegen (K/P/B/*Kübler* § 77 Rn 14). Ist die angemeldete Forderung geprüft und vom Verwalter oder einem stimmberechtigten Gläubiger bestritten worden und ein etwaiger Feststellungsprozess noch nicht abgeschlossen, hat die Stimmrechtsfestsetzung nach § 77 Abs 2 zu erfolgen (*Pape* Gläubigerbeteiligung Rn 219). Gleiches gilt, wenn die noch nicht förmlich nach § 174 angemeldete Forderung in der Gläubigerversammlung mit dem Ziel geltend gemacht wird, an den Abstimmungen teilnehmen zu dürfen (**str aA** BerlKo-*Blersch* § 77 Rn 3, der formelle Anmeldung verlangt).

16 2. **Zur Tabelle angemeldete, aber noch nicht geprüfte streitige Forderungen.** § 77 Abs 2 regelt die Stimmrechte von Gläubigern, deren Forderungen **in der betreffenden Gläubigerversammlung** bestritten werden oder im **Prüfungstermin** gem § 176 S 2 vom Insolvenzverwalter oder von einem Insolvenzgläubiger bestritten werden. Das Gesetz stellt somit nicht auf die formelle Prüfung in einem Prüfungstermin ab, sondern regelt generell das Stimmrecht bestrittener Forderungen, und zwar unabhängig davon, ob diese in der Gläubigerversammlung von anwesenden Gläubigern oder dem Verwalter bestritten werden oder im Rahmen eines formellen Prüfungstermins (K/P/B/*Kübler* § 77 Rn 15; MüKo-*Ehricke* § 77 Rn 7; HaKo-*Preß* § 77 Rn 7). Insoweit sind zwei Möglichkeiten eröffnet: Entweder es kommt zu einer Einigung oder das Insolvenzgericht entscheidet. Letzterenfalls kann das Stimmrecht bis zum vollen Betrag der Forderung festgesetzt werden (*Huntemann/Graf Brockdorff/Buck* Kap 10 Rn 91). Einzelheiten unten zu Rn 16 und 17.

17 3. **Nicht angemeldete bestrittene Forderungen.** Wird die bisher nicht angemeldete, aber geltend gemachte Forderung in der Gläubigerversammlung vom Insolvenzverwalter oder einem stimmberechtigten Gläubiger bestritten, so greift die Vorschrift des § 77 Abs 2 ein (**AG** Hamburg NZI 2000, 138; MüKo-*Ehricke* § 77 Rn 5; *Jaeger/Gerhardt* § 77 Rn 6; *Frege/Keller/Riedel* HRP Rn 1287). Gleiches gilt, wenn die Forderung noch nicht angemeldet worden ist, jedoch die Voraussetzungen des § 177 Abs 1 vorliegen. Auch hier reicht es aus, dass der Gläubiger in der Gläubigerversammlung zunächst einmal seine Forderung geltend macht bzw anmeldet. Die Tatsache, dass der Prüfungstermin bereits stattgefunden hat, schließt ihn nicht von der Abstimmung aus. Das gilt auch für **nachträgliche Änderungen** der Anmeldung (§ 177 Abs 1 S 2).

18 4. **Vorläufig bestrittene Forderungen.** Entweder im Prüfungstermin, aber auch schon wenn die Gläubigerversammlung vor dem Prüfungstermin stattfindet, ist der Insolvenzverwalter berechtigt, die Forderung **vorläufig zu bestreiten**, wenn er aus Zeitgründen zur endgültigen Prüfung außerstande war (**OLG** Hamm KTS 1974, 178; **OLG** Köln KTS 1979, 119; **LG** Göttingen KTS 1990, 135; **LG** Göttingen ZIP

1989, 1471 u ZIP 1995, 1103; MüKo-*Ehricke* § 77 Rn 17; K/P/B/*Kübler* § 77 Rn 19; *Godau-Schüttke* ZIP 1985, 1042 ff). Gegen die Zulässigkeit des vorläufigen Bestreitens bestehen rechtlich keine Bedenken. Jedoch dürfen dem Gläubiger aus dem vorläufigen Bestreiten keine Abstimmungsnachteile erwachsen. Das vorläufige Bestreiten ungeprüfter Forderungen führt grundsätzlich nicht zur Anwendung des § 77 Abs 2. Vielmehr hat der Gläubiger einer vorläufig bestrittenen Forderung **volles Stimmrecht** (MüKo-*Ehricke* § 77 Rn 17; K/P/B/*Kübler* § 77 Rn 19; *Pape* ZIP 1991, 837, 843). Das gilt auch, wenn bereits ein Prüfungstermin stattgefunden hat und der Insolvenzverwalter lediglich vorläufig bestreitet, weil er den Bestand der Forderung noch nicht endgültig geprüft hat. Der Gläubiger nimmt in voller Höhe seiner Forderung an der Abstimmung teil.

VII. Einigung über das Stimmrecht

Ist eine geprüfte Forderung im Prüfungstermin oder eine noch nicht geprüfte Forderung außerhalb des Prüfungstermins von einem stimmberechtigten Gläubiger oder dem Insolvenzverwalter bestritten, hat das Gericht zunächst einmal **auf eine Einigung hinzuwirken**. Kommt eine Einigung in der Gläubigerversammlung zwischen Verwalter und den erschienenen stimmberechtigten Gläubigern zustande, ist dem Anmelder das Stimmrecht in Höhe der Forderung zu gewähren, auf die sich die Beteiligten geeinigt haben. Eine Mitwirkung des Schuldners ist gem § 178 Abs 1 S 2 ebenso wenig erforderlich wie die Mitwirkung nachrangiger Gläubiger (§ 77 Abs 1 S 2). Umstritten ist im Einzelnen, wer an der **Verhandlung über streitig gebliebene Forderungen** zu beteiligen ist. In § 95 Abs 1 S 1 KO war noch von „den Parteien" die Rede. Hieraus wurde gefolgert, dass auch der Anmelder an der Einigungsverhandlung über das Stimmrecht zu beteiligen war (vgl K/U § 95 KO Rn 2). § 77 Abs 2 S 1 regelt nunmehr, dass das Stimmrecht für streitige Forderungen „in erster Linie durch eine Einigung zwischen dem Insolvenzverwalter und den in der Gläubigerversammlung erschienenen stimmberechtigten Gläubigern festgelegt" wird (vgl Begr RegE zu § 88, BR-Drucks 1/92, S 133/134, abgedr bei *Uhlenbruck*, Das neue Insolvenzrecht, S 389 = *Balz/Landfermann* S 293; zweifelnd MüKo-*Ehricke* § 77 Rn 10). Die Formulierung „in erster Linie" weist darauf hin, dass der **Anmelder der bestrittenen Forderung** ebenso wenig ausgeschlossen sein sollte wie sonstige stimmberechtigte Gläubiger, die ihre Forderung aber noch nicht zur Tabelle angemeldet haben (**AG Hamburg** ZIP 2005, 1929 = ZInsO 2005, 1002; *Jaeger/Gerhardt* § 77 Rn 10; HaKo-*Preß* § 77 Rn 7; *Braun/Herzig* § 77 Rn 8; FK-*Kind* § 77 Rn 9; *Smid* § 77 Rn 5; s auch MüKo-*Ehricke* § 77 Rn 10; str aA K/P/B/*Kübler* § 77 Rn 16; N/R/*Delhaes* § 77 Rn 4; HK-*Eickmann* § 77 Rn 4). Eine bloße Mehrheitsentscheidung der stimmberechtigten Gläubiger reicht nicht aus, um das Tatbestandsmerkmal der Einigung über das Stimmrecht zu erfüllen (BerlKo-*Blersch* § 77 Rn 4). Kommt eine Einigung über das Stimmrecht zustande, ist das Ergebnis der Einigung zu protokollieren. Eine Einigung über das Stimmrecht wirkt nicht nur für die Gläubigerversammlung, in der die Einigung erfolgt, sondern auch für folgende Termine, es sei denn, die Forderung würde in voller Höhe inzwischen zur Tabelle festgestellt (§ 178 Abs 1 S 1).

VIII. Gerichtliche Stimmrechtsentscheidung

Kommen in der Gläubigerversammlung der Verwalter und die erschienenen stimmberechtigten Gläubiger hinsichtlich der Gewährung des streitigen Stimmrechts wegen einer streitigen Forderung zu keiner Einigung, so hat das Insolvenzgericht (Rechtspfleger oder Richter) gem § 77 Abs 2 über das Stimmrecht nach pflichtgemäßem Ermessen zu entscheiden. Zunächst hat der Sitzungsleiter auf eine Einigung hinzuwirken. Die Entscheidung ergeht erst, wenn eine Einigung über das Stimmrecht nicht zustande kommt, also die Verhandlung hierüber gescheitert ist, was protokolliert werden muss (vgl **BGH** ZIP 2004, 2239, 2241; **AG Duisburg** NZI 2003, 447; *Jaeger/Gerhardt* § 77 Rn 11). Wird die Forderung des Gläubigers **nur zum Teil** bestritten, so ergeht eine gerichtliche Entscheidung nur hinsichtlich dieses Teils. Das gilt auch, wenn über das Stimmrecht nur eine **teilweise Einigung** erzielt wird (*Jaeger/Gerhardt* § 77 Rn 11). Hiervon zu unterscheiden ist das **unzulässige Bestreiten**. Wird zB die Forderung von einem Nichtgläubiger bestritten oder von einem Gläubiger, der von der Abstimmung ausgeschlossen ist (Stimmverbot), so weist das Gericht dieses Bestreiten als unzulässig zurück. Der entsprechende Beschluss ist unanfechtbar.

1. Kriterien für die Stimmrechtsfestsetzung. Die durch zu verkündenden Beschluss ergehende Stimmrechtsentscheidung des Insolvenzgerichts ist eine Ermessensentscheidung. Ermessen bedeutet nicht etwa völlig freies Ermessen (*Pape* Gläubigerbeteiligung Rn 224; MüKo-*Ehricke* § 77 Rn 17, 18; str aA N/R/ *Delhaes* § 77 Rn 4). So ist zB bei der Stimmrechtsversagung von vorläufig bestrittenen Forderungen Zurückhaltung angebracht (*Pape* ZIP 1991, 844; MüKo-*Ehricke* § 77 Rn 17). Die gerichtliche Stimmrechtsentscheidung soll einerseits gewährleisten, dass ein Gläubiger mit bestrittener Forderung nicht völlig von der Verfahrensteilnahme ausgeschlossen wird, wenn die Forderung nicht unzweifelhaft ist. Andererseits soll verhindert werden, dass nicht abstimmungsberechtigte Gläubiger die Entscheidungen der Gläubigerversammlung dominieren oder entscheidend beeinflussen (vgl auch K/P/B/*Kübler* § 77 Rn 18). Die gerichtliche Stimmentscheidung hat keinerlei Einfluss auf den materiellen Bestand der For-

§ 77   Feststellung des Stimmrechts

derung (BerlKo-*Blersch* § 77 Rn 5). Auch die Verfahrensrechte des Gläubigers, wie zB seine Antrags- und Beschwerderechte nach den §§ 78, 216, 251, 253, 289, werden durch die Stimmrechtsfestsetzung nicht tangiert. Das Gesetz gibt dem Versammlungsleiter keinerlei Kriterien an die Hand, nach denen die Stimmrechtsfestsetzung zu erfolgen hat. Unzulässig ist eine „Fifty-fifty-Festsetzung" ohne wenigstens **kursorische materielle Prüfung** der Forderung. Auch ist es unzulässig, dem Fiskus oder anderen juristischen Personen des öffentlichen Rechts für ihre Forderungen im Zweifel in voller Höhe das Stimmrecht zu gewähren (*Pape* ZIP 1991, 837, 844; K/P/B/*Kübler* § 77 Rn 21; *Smid* KTS 1993, 1, 22).

22   *Pape* (ZIP 1991, 837, 842 ff) und *Preß* (HaKo-*Preß* § 77 Rn 8 a) haben bestimmte **Kriterien für die Stimmrechtsfestsetzung** entwickelt, die hilfreich sein können, jedoch keine Verbindlichkeit beanspruchen (vgl auch zu den Kriterien K/P/B/*Kübler* § 77 Rn 18 ff; *Wenzel* ZInsO 2007, 751 ff). Zunächst hat der Rechtspfleger (Richter) zu prüfen, ob die geltend gemachte Forderung **plausibel erscheint** und welche **Beweisstücke** der Gläubiger in der Versammlung vorzulegen vermag. Kann der Gläubiger durch Urkunden iSv 174 Abs 1 S 2 seine Forderung beweisen, ist ihm im Zweifel volles Stimmrecht zu gewähren (*Pape* ZIP 1991, 837, 842 f; K/P/B/*Kübler* § 77 Rn 19). Ist eine **Forderung tituliert**, so ist sie im Zweifel in voller Höhe festzusetzen, da die Vermutung für das Bestehen spricht (*Pape* ZIP 1991, 837, 844; K/P/B/*Kübler* § 77 Rn 19). Der Gläubiger ist nicht verpflichtet, die Forderung mit präsenten Beweismitteln glaubhaft zu machen (zutr K/P/B/*Kübler* § 77 Rn 20 gegen BezG Leipzig, Beschl v 22. 5. 1992, ZIP 1992, 1507; MüKo-*Ehricke* § 77 Rn 16: Umkehr der Beweislast). *Kübler* (K/P/B/*Kübler* § 77 Rn 20): „Man kann demnach durchaus die Regel formulieren: in dubio pro creditore." S auch **AG Dresden** ZInsO 2006, 888; HK-*Eickmann* § 77 Rn 8; *Braun/Herzig* § 77 Rn 11.

23   **2. Rechtsmittel.** Die Stimmrechtsentscheidung des Gerichts ist grundsätzlich **unanfechtbar** (§ 6 Abs 1). Unanfechtbar ist auch die **Stimmrechtsentscheidung eines Rechtspflegers** (§ 11 Abs 3 S 2 RPflG; *Eickmann* § 77 Rn 13; *Frege/Keller/Riedel* HRP Rn 1318; str aA *Hess* § 77 Rn 19). Zu beachten ist aber die durch Art 14 EGInsO eingeführte Vorschrift des § 18 Abs 3 S 2 RPflG. S auch AG Hamburg ZIP 2005, 1929 = ZInsO 2005, 1002. Nach § 18 Abs 3 S 1 RPflG hat die Entscheidung des Rechtspflegers über die Entscheidung des Stimmrechts nach den §§ 77, 237 und 238 nicht die in § 256 bezeichneten Rechtsfolgen. Hat sich die Stimmrechtsentscheidung des Rechtspflegers **auf das Ergebnis einer Abstimmung ausgewirkt**, so kann der Richter auf Antrag eines Gläubigers oder des Insolvenzverwalters das **Stimmrecht neu festsetzen** und die **Wiederholung der Abstimmung** anordnen (AG Mönchengladbach NZI 2001, 48 = ZInsO 2001, 141; *Frege/Keller/Riedel* HRP Rn 1318; HK-*Eickmann* § 77 Rn 12; N/R/*Delhaes* § 77 Rn 11; *Braun/Herzig* § 77 Rn 20, 21). Der Antrag kann nur bis zum Schluss des Termins gestellt werden, in dem die Abstimmung stattgefunden hat (§ 18 Abs 3 S 2 RPflG; s auch OLG Celle NZI 2001, 317 = ZIP 2001, 658). Die Entscheidung über den Antrag muss nicht unmittelbar im Termin getroffen werden (*Frege/Keller/Riedel* HRP Rn 1318; *Jaeger/Gerhardt* § 77 Rn 20; HaKo-*Preß* § 77 Rn 19). Der Rechtspfleger hat, wenn ein Antrag auf Neufestsetzung des Stimmrechts erfolgt, zunächst zu prüfen, ob er von seiner **Abänderungsbefugnis** (§ 77 Abs 2 S 3; § 1 8 Abs 3 S 2 RPflG) Gebrauch macht. Aus der Begr RegE zu Art 14 EGInsO (BT-Drucks 12/3803, S 64–66, abgedr bei *Uhlenbruck*, Das neue Insolvenzrecht, S 884) ergibt sich, dass der Gesetzgeber von der Möglichkeit ausging, dass der Rechtspfleger seine Entscheidung auch nach der Abstimmung noch revidieren kann (so wohl auch *Bernsen* in: KSInsO S 1843, 1853 Fn 38). Wie unten noch darzustellen sein wird, bestehen rechtliche Bedenken, ob die Abänderung auch noch in Betracht kommt, wenn die Abstimmung abgeschlossen ist. Die Regelung in § 18 Abs 3 S 2 RPflG stellt eine Art „Ersatzrechtsmittel" dar (s auch *Jaeger/Gerhardt* § 77 Rn 19). Gravierende Fehler bei der Stimmrechtsfestsetzung durch den Rechtspfleger, die sich auf das Abstimmungsergebnis auswirken, können durch entsprechenden Antrag des Gläubigers oder des Insolvenzverwalters zu einer **Neufestsetzung des Stimmrechts** führen und zur **Wiederholung der Abstimmung**. Ist die Abänderung durch den Richter erfolgt, so ist ein erneuter Antrag auf Änderung desselben Stimmrechts kein Antrag iSv § 18 Abs 3 RPflG, denn es liegt nunmehr eine richterliche Entscheidung vor, die unanfechtbar ist (*Kreft/Eickmann* § 77 Rn 12; K/P/B/*Kübler* § 77 Rn 24; **str aA** MüKo-*Ehricke* § 77 Rn 24).

24   **3. Abänderung der Stimmrechtsfestsetzung.** Nach § 77 Abs 2 S 3 ist das Insolvenzgericht berechtigt, seine Entscheidung auf Antrag des Verwalters oder eines in der Gläubigerversammlung erschienenen Gläubigers zu ändern. Der Antrag muss bis zum **Ende der Gläubigerversammlung** gestellt werden (OLG Celle NZI 2000, 317 = ZIP 2001, 658). Insoweit hat der Gesetzgeber eine gewisse Korrektur der Unanfechtbarkeit von Stimmrechtsentscheidungen vorgenommen. Die Stimmrechtsänderung setzt jedoch einen **Antrag** des Verwalters oder eines anwesenden Gläubigers voraus (BGH v 23. 10. 2008 – IX ZB 235/06, ZIP 2008, 2428). Ein Antrag auf Neufestsetzung des Stimmrechts ist nur dann zulässig, wenn der ASt durch die Stimmrechtsentscheidung des Rechtspflegers beschwert ist, weil zB die angemeldete Forderung bei der Stimmrechtsentscheidung nicht in voller Höhe anerkannt worden ist (AG Mönchengladbach v 31. 10. 2000, NZI 2001, 48 = ZInsO 2001, 141). Auch Gläubiger **bestrittener Forderungen** sind bei Stimmrechtsversagung antragsberechtigt (*Pape* ZIP 1991, 837, 847 ff; *Smid* KTS 1993, 1, 8 ff; FK-*Kind* § 77 Rn 25; *Braun/Herzig* § 77 Rn 22; MüKo-*Ehricke* § 77 Rn 21). Eine **Abänderung** kommt in Betracht, wenn sich entweder die der Entscheidung zugrunde liegenden Umstände geändert haben (K/P/B/*Kübler* § 77 Rn 24) oder aber, wenn dem Richter oder Rechtspfleger Umstände verborgen ge-

IX. Aufschiebend bedingte Forderungen und absonderungsberechtigte Gläubiger § 77

blieben sind, die bei späterer Aufklärung dazu führen, dass er bei Kenntnis dieser Umstände eine andere Entscheidung getroffen hätte. Das gilt auch, wenn rechtliche Gesichtspunkte bei der ursprünglichen Stimmrechtsentscheidung außer Betracht geblieben sind. Nach Korrektur kann der Richter die **Wiederholung der Abstimmung** anordnen (*Jaeger/Gerhardt* § 77 Rn 18 f). Gegen die Abänderungsentscheidung des Insolvenzgerichts ist ein **Rechtsmittel** nicht gegeben (§§ 6 Abs 1 InsO, 11 Abs 3 S 2 RPflG). S auch BGH ZIP 2008, 2428, 2429; BGH ZIP 2007, 723, 724.

Zweifelhaft ist, ob der Richter oder Rechtspfleger berechtigt ist, seine Stimmrechtsentscheidung auch 25 noch **nach Feststellung des Abstimmungsergebnisses zu korrigieren**. Eine Abänderungsbefugnis in diesen Fällen erscheint im Hinblick auf die Unanfechtbarkeit der Entscheidung sachgerecht (s auch *Jaeger/Gerhardt* § 77 Rn 18). Diese Sachgerechtigkeit ist aber für **Stimmrechtsentscheidungen des Rechtspflegers** nicht ohne weiteres zu bejahen. Hier hat der Gesetzgeber in § 18 Abs 3 S 2 RPflG die Möglichkeit einer Korrektur durch den Richter bzw die Richterin auf Antrag eines Gläubigers oder des Insolvenzverwalters vorgesehen. Es konkurrieren somit **zwei gesetzliche Abänderungsmöglichkeiten**: die durch den Rechtspfleger nach § 77 Abs 2 S 3 und die des Insolvenzrichters nach § 18 Abs 3 S 2 RPflG. Die **Lösung des Problems lautet wie folgt**: Welchen Weg er gehen will, ist dem Verwalter oder dem Gläubiger überlassen. Wird im Termin an den Rechtspfleger der **Antrag auf Abänderung seiner Entscheidung** gestellt, kommt es nicht darauf an, ob sich das Stimmrecht auf das Ergebnis der Abstimmung ausgewirkt hat (*Pape* Gläubigerbeteiligung Rn 235; MüKo-*Ehricke* § 77 Rn 21, 22). Der Rechtspfleger kann seine bzw ihre Entscheidung abändern. Ändert der Rechtspfleger seine Stimmrechtsentscheidung, steht der Weg nach § 18 Abs 3 RpflG wieder offen (*Frege/Keller/Riedel* HRP Rn 1320). Wahlweise kann, wenn sich die Entscheidung des Rechtspflegers auf das **Ergebnis der Abstimmung ausgewirkt** hat, der **Antrag an den Richter** bzw die **Richterin** gestellt werden, das **Stimmrecht neu festzusetzen** und die Wiederholung der Abstimmung anzuordnen (AG Mönchengladbach v 31. 10. 2000, NZI 2001, 48; MüKo-*Ehricke* § 77 Rn 25; *Pape* Gläubigerbeteiligung Rn 237, 238; N/R/*Delhaes* § 77 Rn 11; K/P/B/*Kübler* § 77 Rn 25; *Pape* KTS 1993, 31, 32 f; FK-*Kind* § 77 Rn 24). Nach Auffassung des AG Mönchengladbach ist auch im Fall einer Neufestsetzung eines oder mehrerer Stimmrechte durch den Richter eine **Wiederholung der Abstimmung** nicht anzuordnen, wenn bei Zugrundelegung der abgeänderten Stimmrechte die bei den Abstimmungen erzielten Mehrheiten – wenn auch in verändertem Umfang – bestehen bleiben. Dies ist aber nicht unzweifelhaft, denn bei Wiederholung der Abstimmung können sich völlig neue Konstellationen ergeben. Wird ein solcher Antrag gestellt, kommt eine Abänderung nach § 77 Abs 2 S 3 nicht mehr in Betracht (vgl auch zur Problematik K/P/B/*Kübler* § 77 Rn 24, 25; HK-*Eickmann* § 77 Rn 11–13; H/W/F, HdbInsO 6/65).

Nach *Bernsen* (KSInsO S 1843, 1853 Rn 23) ist eine in der Praxis handhabbare Anwendung der Vor- 26 schrift des § 18 Abs 3 S 2 RPflG nur gewährleistet, wenn zum Zeitpunkt der Gläubigerversammlung der **zuständige Abteilungsrichter ständig zur Verfügung steht**, um kurzfristig die Entscheidungen des Rechtspflegers nach § 18 Abs 3 S 2 RPflG zu überprüfen und gegebenenfalls abändern zu können. Ist der zuständige Abteilungsrichter nicht erreichbar oder entscheidet er nicht sofort, so ist die Gläubigerversammlung zu vertagen (§ 74 Abs 2 S 2). Hat die erste Gläubigerversammlung (Berichtstermin) unter Leitung des Insolvenzrichters, dagegen ein späterer Termin unter Leitung des Rechtspflegers stattgefunden, so fragt es sich, ob der Rechtspfleger an eine Stimmrechtsentscheidung des Richters im Berichtstermin gebunden ist. Grundsätzlich gelten zwar Stimmrechtsentscheidungen bis zur endgültigen Feststellung oder Nichtfeststellung der Forderung auch für folgende Gläubigerversammlungen. Jedoch ist es dem Rechtspfleger unbenommen, wegen veränderter Sach- und Rechtslage das richterlich festgesetzte Stimmrecht anders festzusetzen, wobei allerdings wiederum § 18 Abs 3 S 2 RPflG eingreift.

4. Rechtswirkungen der Stimmrechtsfeststellung. Ein festgestelltes Stimmrecht, gleichgültig ob kraft 27 Gesetzes, durch Vereinbarung oder durch Stimmrechtsentscheidung, hat lediglich verfahrensrechtliche Wirkungen. Stimmrechtsfeststellungen wirken, wenn nicht eine abändernde Stimmrechtsentscheidung erfolgt, im Zweifel auch für weitere Gläubigerversammlungen fort (**AG Göttingen ZInsO 2000, 50**; *Jaeger/Gerhardt* § 77 Rn 13; K/P/B/*Kübler* § 77 Rn 26). Die Stimmrechtsentscheidung des Gerichts hat keinen Einfluss auf den materiell-rechtlichen Bestand der Forderung (*Frege/Keller/Riedel* HRP Rn 1317). Wird nach den §§ 179 ff später die Forderung zur Tabelle festgestellt oder rechtskräftig entschieden, dass die geltend gemachte Forderung nicht besteht, so findet hinsichtlich der Abstimmungsergebnisse keine Korrektur statt (*Pape* ZIP 1991, 837, 840; K/P/B/*Kübler* § 77 Rn 27). Wird das Stimmrecht eines Gläubigers auf Null festgesetzt, hat dies keinerlei Einfluss auf die sonstige verfahrensrechtliche Stellung des Gläubigers (K/P/B/*Kübler* § 77 Rn 27). Der Gläubiger mit „Null-Stimmrecht" hat die gleichen Verfahrensrechte wie jeder andere Gläubiger.

IX. Aufschiebend bedingte Forderungen und absonderungsberechtigte Gläubiger

1. Aufschiebend bedingte Forderungen. Für das Stimmrecht aufschiebend bedingter Forderungen 28 (§ 191) gilt § 77 Abs 2 entsprechend. Das Gericht hat im Rahmen seiner Ermessensentscheidung die Wahrscheinlichkeit des Bedingungseintritts einzuschätzen. Aufschiebend bedingte Insolvenzforderungen verleihen ein vorläufiges Stimmrecht für den vollen angemeldeten Betrag (*Jaeger/Gerhardt* § 77 Rn 22).

Liegt die Möglichkeit des Eintritts der Bedingung so fern, dass die Forderung keinen Vermögenswert hat, ist in entsprechender Anwendung des § 191 Abs 2 S 1 das Stimmrecht zu versagen (*Pape* ZIP 1991, 837, 840; K/P/B/*Kübler* § 77 Rn 30; MüKo-*Ehricke* § 77 Rn 40; HK-*Eickmann* § 77 Rn 14; FK-*Kind* § 77 Rn 15). Für **auflösend bedingte Forderungen** kommt die Vorschrift nicht zur Anwendung, da diese gem § 42 wie unbedingte Forderungen volles Stimmrecht haben, soweit sie nicht bestritten werden (*Hess* § 77 Rn 18; HK-*Eickmann* § 77 Rn 14). Das Gesetz behandelt **aufschiebend bedingte Forderungen** wie bestrittene Forderungen (§ 77 Abs 3 Nr 1). Die Gewährung des Stimmrechts auf aufschiebend bedingte Forderungen hat keinen Einfluss auf die Forderungsfeststellung nach § 178. Für die Verteilung greift § 191 ein. Tritt nach einer Einigung oder Stimmrechtsfestsetzung die Bedingung ein, ist der Gläubiger in der nächsten Gläubigerversammlung in voller Höhe stimmberechtigt. In der Insolvenztabelle wird die Forderung nicht in Höhe des gewährten Stimmrechts, sondern „als aufschiebend bedingte Forderung unbestritten" eingetragen.

29   **2. Absonderungsberechtigte Gläubiger.** Nach § 77 Abs 3 Nr 2 gilt § 77 Abs 2 auch für die absonderungsberechtigten Gläubiger. Die absonderungsberechtigten Gläubiger nehmen, soweit ihnen der Schuldner auch persönlich haftet, mit ihrer Forderung in voller Höhe am Verfahren teil. Anders als nach früherem Recht wird nicht mehr das Stimmrecht auf die Ausfallforderung gewährt (zum alten Recht vgl § 96 KO). Das Absonderungsrecht entbindet den Gläubiger nicht von der Verpflichtung, die Forderung gem § 77 Abs 1 S 1 „anzumelden", dh geltend zu machen und ihren Bestand nachzuweisen. *Kreft/Eickmann* (§ 78 Rn 15) lassen eine schlüssige Darlegung genügen. Ist das Recht im Grundbuch eingetragen, greift zugunsten des Gläubigers die Vermutung des § 891 Abs 1 BGB ein. Da der Gesetzgeber nicht mehr auf den **mutmaßlichen Ausfall** (§ 96 KO) abstellt, hat sich die Stimmrechtsfestsetzung nicht etwa an der Höhe des mutmaßlichen Ausfalls bei der abgesonderten Befriedigung zu orientieren (K/P/B/*Kübler* § 77 Rn 31; *Jaeger/Gerhardt* § 77 Rn 24; HK-*Eickmann* § 77 Rn 16; *Hess* § 77 Rn 16). Vielmehr hat das Insolvenzgericht das Absonderungsrecht bei der Stimmrechtsfestsetzung völlig außer Betracht zu lassen und lediglich die Entscheidung am **Bestand der persönlichen Forderung** zu orientieren. Hält es die Forderung für begründet, ist volles Stimmrecht zu gewähren (K/P/B/*Kübler* § 77 Rn 31; MüKo-*Ehricke* § 77 Rn 41, 42; *Pape* Gläubigerbeteiligung Rn 226, 227; *Hess* § 77 Rn 16; N/R/*Delhaes* § 77 Rn 6; HK-*Eickmann* § 77 Rn 15–17). Ist die Forderung dagegen streitig, greift – wie bei jeder anderen streitigen Forderung – § 77 Abs 2 ein. **Etwas anderes gilt**, wenn der absonderungsberechtigte Gläubiger nicht zugleich auch eine persönliche Forderung gegen den Schuldner oder das Schuldnerunternehmen hat (K/P/B/*Kübler* § 77 Rn 91; *Jaeger/Gerhardt* § 77 Rn 25; BerlKo-*Blersch* § 77 Rn 7). Ist hier das Absonderungsrecht streitig oder steht die Höhe des Ausfalls nicht fest, greift über § 77 Abs 3 Nr 2 die Vorschrift des § 77 Abs 2 ein mit der Folge, dass, wenn es nicht zu einer Einigung kommt, das Insolvenzgericht entscheidet. Zutreffend weist *Blersch* (BerlKo-*Blersch* § 77 Rn 7) darauf hin, dass der Hauptanwendungsbereich des § 77 Abs 3 Nr 2 bei den absonderungsberechtigten Gläubigern liegt, denen der Schuldner **nicht persönlich haftet**. Für diese Gläubiger greift § 77 Abs 1 nicht ein, so dass hier nur die entsprechende Anwendung von § 77 Abs 2 in Betracht kommt mit der Folge, dass zunächst die Einigung versucht wird und hilfsweise eine gerichtliche Stimmrechtsentscheidung ergeht. In diesem Fall spielt der voraussichtliche Verwertungserlös bei der Stimmrechtsfestsetzung in der Tat eine Rolle.

§ 78 Aufhebung eines Beschlusses der Gläubigerversammlung

(1) Widerspricht ein Beschluß der Gläubigerversammlung dem gemeinsamen Interesse der Insolvenzgläubiger, so hat das Insolvenzgericht den Beschluß aufzuheben, wenn ein absonderungsberechtigter Gläubiger, ein nicht nachrangiger Insolvenzgläubiger oder der Insolvenzverwalter dies in der Gläubigerversammlung beantragt.

(2) ¹Die Aufhebung des Beschlusses ist öffentlich bekanntzumachen. ²Gegen die Aufhebung steht jedem absonderungsberechtigten Gläubiger und jedem nicht nachrangigen Insolvenzgläubiger die sofortige Beschwerde zu. ³Gegen die Ablehnung des Antrags auf Aufhebung steht dem Antragsteller die sofortige Beschwerde zu.

I. Allgemeines

1   § 78 ist die zentrale Norm der Rechtsaufsicht des Insolvenzgerichts gegenüber der Gläubigerversammlung (vgl *Gundlach/Frenzel/Strandmann* NZI 2008, 461 ff). Die Vorschrift knüpft an § 99 KO an, der allerdings im früheren Recht kaum praktische Bedeutung erlangt hat. Dies ist mit dem Inkrafttreten der InsO anders geworden. Sah noch § 89 Abs 1 RegE vor, dass das Insolvenzgericht den Beschluss der Gläubigerversammlung aufzuheben hatte, wenn durch einen Beschluss ein Teil der Gläubiger unangemessen benachteiligt wurde (vgl *Uhlenbruck*, Das neue Insolvenzrecht, S 389 ff), hat der Rechtsausschuss entsprechend § 99 KO wieder auf das „gemeinsame Interesse" der Insolvenzgläubiger abgestellt (vgl BeschlEmpf des RechtsA zu § 89 RegE, BT-Drucks 12/7302 S 164, abgedr bei *Uhlenbruck*, Das neue Insolvenzrecht, S 391). Festzustellen ist, dass die Vorschrift dazu dient, dem **Missbrauch einer Mehrheit** in der Gläubigerversammlung entgegenzuwirken. § 78 stellt insoweit einen erheblichen Ein-

griff in die Gläubigerautonomie dar, als sie dem Gericht eine Missbrauchskontrolle zuweist (vgl auch *Pape* ZInsO 2000, 469 ff; *ders* Gläubigerbeteiligung Rn 285; MüKo-*Ehricke* § 78 Rn 1, 2; K/P/B/*Kübler* § 78 Rn 2; *Smid* § 78 Rn 1; krit *Neumann*, Gläubigerautonomie S 303 ff). Die Aufhebungsbefugnis des Insolvenzgerichts ist nicht zuletzt auch deswegen erforderlich, weil der Gesetzgeber in § 76 Abs 2 S 1 die Beschlüsse der Gläubigerversammlung grundsätzlich nur noch von der **einfachen Summenmehrheit** abhängig gemacht hat (vgl *Görg*, DZWIR 2000, 364 ff). Der ursprünglich in § 89 RegE vorgesehene weitgehende Minderheitenschutz sollte nach Auffassung des Rechtsausschusses nicht übernommen werden (vgl *Uhlenbruck*, Das neue Insolvenzrecht, S 391; *Huntemann/Graf Brockdorff/Buck*, Kap 10 Rn 102).

Anders als nach früherem Recht sind deshalb die **Missbrauchsgefahren** größer und kommt der Vorschrift **besondere praktische Bedeutung** zu, wie sich vor allem bei der Abwahl des Insolvenzverwalters durch die Bankengläubiger zeigt (vgl OLG Naumburg v 26. 5. 2000, ZIP 2000, 1394; AG Neubrandenburg v 18. 1. 2000 ZInsO 2000, 111; *Pape* ZInsO 2000, 469 ff; *Graeber* ZIP 2000, 1465; *Muscheler/Bloch* ZIP 2000, 1474 ff; *Prütting* in: *Bork/Kübler* RWS-Forum 2000, 29 ff; vgl auch die Kommentierung zu § 57). Zutreffend weist *Pape* (ZInsO 2000, 469, 471; *ders* Gläubigerbeteiligung Rn 292) darauf hin, dass durch die Einbeziehung der absonderungsberechtigten Gläubiger auch die **Interessengegensätze in der Gläubigerversammlung** verstärkt worden sind (s auch KG NZI 2001, 310, 311; MüKo-*Ehricke* § 78 Rn 2; K/P/B/*Kübler* § 78 Rn 3; BerlKo-*Blersch* § 78 Rn 1; *Kübler* FS Keft S 369, 373). 2

Den Unzulänglichkeiten, die bei der **Abwahl des Insolvenzverwalters** bereits eingetreten sind, hat der Gesetzgeber durch das InsOÄndG 2001 Rechnung getragen, indem neben der in § 76 S 2 genannten **Summenmehrheit** zusätzlich noch das **Mehrheit der abstimmenden Gläubiger** (Kopfmehrheit) verlangt wird. Großgläubiger könnten ohne Anwendung des § 78 gem § 271 in der Gläubigerversammlung die **Eigenverwaltung** beschließen, ohne dass eine gerichtliche Überprüfung erfolgt. Gleiches gilt gem § 272 Abs 1 S 1, wonach sie ohne gerichtliche Überprüfungsmöglichkeit die Aufhebung der Eigenverwaltung beantragen können (vgl *Pape* in: Kölner Schrift InsO S 895, 903 ff Rn 10 ff). Bei **Abstimmung über den Insolvenzplan** sieht § 244 nicht ohne Grund eine **Summen- und Kopfmehrheit** vor. Die Tatsache, dass Großgläubiger, vor allem dinglich gesicherte Gläubiger, die Gläubigerversammlungen beherrschen, stellt **erhöhte Anforderungen an die Aufsichtsbefugnisse** des Insolvenzgerichts hinsichtlich der Entscheidungen der Gläubigerversammlung (*Pape* ZInsO 2000, 469, 472; K/P/B/*Kübler* § 78 Rn 2; MüKo-*Ehricke* § 78 Rn 2; HK-*Eickmann* § 78 Rn 1). Instruktiv auch *Smid* § 78 Rn 2, 3. 3

II. Voraussetzungen der Aufhebung

1. Aufhebungsantrag. Das Gericht ist nicht berechtigt, von Amts wegen einen Beschluss der Gläubigerversammlung aufzuheben, wenn der Beschluss dem gemeinsamen Interesse der Insolvenzgläubiger widerspricht. Vielmehr bedarf es des Antrags eines anderen am Verfahren Beteiligten. **a) Antragsberechtigung.** Antragsberechtigt sind die nicht nachrangigen Insolvenzgläubiger, die absonderungsberechtigten Gläubiger sowie der Insolvenzverwalter (§ 78 Abs 1 S 1). **Nicht antragsberechtigt** sind die nachrangigen Insolvenzgläubiger (§ 39), der Gläubigerausschuss und einzelne Gläubigerausschussmitglieder, der Schuldner sowie Massegläubiger (BerlKo-*Blersch* § 78 Rn 5; N/R/*Delhaes* § 78 Rn 8; H/W/W § 78 Rn 5; MüKo-*Ehricke* § 78 Rn 5). **Absonderungsberechtigte Gläubiger**, denen keine persönliche Forderung gegen den Schuldner oder das Schuldnerunternehmen zusteht und die deshalb nicht Insolvenzgläubiger sind, sind dagegen antragsberechtigt. Den übrigen absonderungsberechtigten Gläubigern steht schon im Hinblick auf ihre Stellung als Insolvenzgläubiger ein Antragsrecht zu. Nicht entscheidend für die Antragsberechtigung ist, ob der einzelne Gläubiger ein **Stimmrecht** iSv § 77 hat. Seinem Wortlaut nach ist die Antragsberechtigung nicht von dem Bestehen eines Stimmrechts abhängig (*Pape* ZInsO 2000, 469, 475; K/P/B/*Kübler* § 78 Rn 9). Das Antragsrecht steht deshalb auch Gläubigern zu, denen das Insolvenzgericht gem § 77 Abs 2 S 2 das Stimmrecht versagt hat (K/P/B/*Kübler* § 78 Rn 9). Der Gesetzgeber hat das Antragsrecht bewusst nicht von einem Stimmrecht abhängig gemacht, um damit einen gewissen Ausgleich dafür zu schaffen, dass die Stimmrechtsfestsetzung als solche nicht anfechtbar ist (vgl Begr RegE, abgedr bei *Uhlenbruck*, Das neue Insolvenzrecht, S 391). Die Frage, ob für die Antragsberechtigung ein **besonderes Rechtsschutzbedürfnis des Antragstellers** erforderlich ist, ist zu verneinen (str aA BerlKo-*Blersch* § 78 Rn 5). Nicht nur der überstimmte Gläubiger, sondern auch der Gläubiger, dem das Stimmrecht versagt worden ist, kann den Antrag stellen. Gleiches gilt, wenn er in der Gläubigerversammlung durch Zustimmung an dem Beschluss mitgewirkt hat, denn auch solchenfalls kann der Beschluss dem Gesamtinteresse der Insolvenzgläubiger widersprechen. 4

Ein **Antrag auf Aufhebung des Beschlusses** der Gläubigerversammlung nach § 78 Abs 1 ist nach der Rechtsprechung (BGH ZIP 2003, 1613; BGH ZInsO 2004, 1314; BGH NJW-RR 2005, 200; OLG Naumburg ZIP 2000, 1394) und teilweise in der Literatur vertretener Auffassung (K/P/B/*Lüke* § 57 Rn 7; *Andres/Leithaus* § 78, Rn 2) **unzulässig**, wenn er sich gegen die **Wahl eines anderen Insolvenzverwalters** gem § 57 S 1 richtet. Die Vorschrift über die Versagung der Ernennung des neu gewählten Verwalters nach § 57 S 3 stellt in diesem Fall keine abschließende Spezialregelung dar, denn dort wird nur auf die persönliche Geeignetheit und nicht auf das Gesamtinteresse der Gläubiger abgestellt (HK-*Eickmann* § 78 Rn 9; *Pape* ZInsO 2000, 469, 477; *Smid/Wehdeking* InVo 2001, 81, 82; MüKo-*Ehricke* § 78 Rn 14; *Smid* § 78 Rn 11). S unten zu Rn 17. 5

6 a) **Pflicht des Insolvenzverwalters zur Stellung des Antrags.** Das Antragsrecht stellt sich für den Insolvenzverwalter zugleich auch als **Antragspflicht** dar, wenn er feststellt, dass Beschlüsse der Gläubigerversammlung dem gemeinsamen Interesse der Insolvenzgläubiger widersprechen (*Pape* ZInsO 2000, 469, 475; K/P/B/*Kübler* § 78 Rn 10; *Jaeger/Gerhardt* § 78 Rn 6; str aA MüKo-*Ehricke* § 77 Rn 4). Nach zutreffender Feststellung von *Pape* (ZInsO 2000, 469, 475) hat der Verwalter die Aufgabe, „die gesetzeskonforme Abwicklung des Insolvenzverfahrens zu gewährleisten". In der Allgem Begr RegE heißt es, seine Aufgabe sei es, „die Interessen der Beteiligten, insbesondere der Gläubiger, zu wahren. In wichtigen Fragen ist er zwar an die Entscheidung der Gläubigerversammlung gebunden, jedoch hat er **Missbräuchen der Gläubigerautonomie** entgegenzuwirken, vor allem, wenn sie einer gesetzeskonformen Abwicklung des Verfahrens entgegenstehen" (**LG Göttingen** ZIP 2000, 1501 f; *Andres/Leithaus* § 78 Rn 3; *Braun/Herzig* § 78 Rn 7; K/P/B/*Kübler* § 78 Rn 10; *Pape* Gläubigerbeteiligung Rn 290; *Jaeger/ Weber* § 99 KO Rn 4). Zum Antragsrecht eines abgewählten Insolvenzverwalters s unten zu Rn 17, 18.

7 b) **Form und Zeitpunkt der Antragstellung.** Der Antrag auf Aufhebung eines Beschlusses der Gläubigerversammlung muss gem § 78 Abs 1 **in der Gläubigerversammlung** gestellt werden (**OLG** Celle v 21. 2. 2001, NZI 2001, 217, 218; **KG** v 23. 3. 2001, NZI 2001, 310, 312). Ein Abänderungsantrag nach § 78 Abs 1 ist nach dem eindeutigen Wortlaut der Vorschrift **noch in der Gläubigerversammlung zu stellen** und kann nach Ende der Versammlung nicht mehr nachgeholt werden (**OLG** Celle v 21. 2. 2001, NZI 2001, 317, 318; *Pape*, Gläubigerbeteiligung S 116 ff Rn 286 ff; *ders* ZInsO 2000, 469 ff; K/P/B/*Kübler* § 78 Rn 10; HK-*Eickmann* § 78 Rn 6; MüKo-*Ehricke* § 78 Rn 9). Eine Form sieht das Gesetz nicht vor. Der Antrag kann **schriftlich** oder mündlich **zu Protokoll** erklärt werden. Das Gericht ist auf Grund seiner Leitungsbefugnis nach § 76 Abs 1 verpflichtet, den Antrag zu protokollieren (BerlKo-*Blersch* § 78 Rn 6). Eine **schriftliche Begründung** kann zu einem in der Gläubigerversammlung zu Protokoll erklärten ordnungsgemäßen Antrag nachgereicht werden, um dem Gericht eine Überprüfung der Begründetheit des Antrags zu ermöglichen (BerlKo-*Blersch* § 78 Rn 6). Ein Zwang zur Begründung besteht nicht. Eine Begründung ist aber zweckmäßig, um eine sachgerechte Entscheidung des Insolvenzgerichts zu ermöglichen (MüKo-*Ehricke* § 78 Rn 9). Das Gericht ist nicht verpflichtet, den Antrag in der Gläubigerversammlung, in der der Antrag gestellt wird, zu bescheiden. In einfach gelagerten Fällen kann allerdings der Beschluss in der Gläubigerversammlung verkündet werden (BerlKo-*Blersch* § 78 Rn 7). Die Verkündung des Beschlusses entbindet das Gericht nicht von der Notwendigkeit der öffentlichen Bekanntmachung nach § 78 Abs 2 S 1. Voraussetzung für einen wirksamen Aufhebungsantrag nach § 78 Abs 1 ist die **Teilnahme an der Gläubigerversammlung** (vgl **LG Göttingen** ZIP 2000, 1501; *Pape* ZInsO 2000, 469, 475).

8 **2. Wirksamkeit des Beschlusses der Gläubigerversammlung.** Voraussetzung für einen Antrag nach § 78 Abs 1 ist, dass es sich um einen wirksamen Beschluss der Gläubigerversammlung handelt (*Jaeger/ Gerhardt* § 78 Rn 3; K/P/B/*Kübler* § 78 Rn 5, 14; *Kübler* FS Keft S 369, 376; *Görg* DZWIR 2000, 364, 365). Ist der Beschluss der Gläubigerversammlung ohnehin unwirksam, weil zB die Gläubigerversammlung ohne öffentliche Bekanntmachung nach § 74 Abs 2 stattgefunden hat, oder der Tagesordnungspunkt, über den abgestimmt wurde, nicht öffentlich bekannt gemacht worden ist, oder ist bei der Beschlussfassung gegen zwingende Abstimmungsvorschriften verstoßen worden, so ist der **Beschluss der Gläubigerversammlung nichtig** mit der Folge, dass es eines Antrags auf Aufhebung nicht bedarf. Ein **unwirksamer Beschluss** ist rechtlich unbeachtlich und die Unwirksamkeit kann von jedem Gläubiger ohne Aufhebungsbeschluss des Insolvenzgerichts geltend gemacht werden (K/P/B/*Kübler* § 77 Rn 14; MüKo-*Ehricke* § 78 Rn 10; *Görg* DZWIR 2000, 364, 365; *Pape* ZInsO 2000, 469, 474). Macht ein Gläubiger die **Nichtigkeit eines Beschlusses der Gläubigerversammlung** geltend, so findet § 78 keine unmittelbare Anwendung. Einer nochmaligen förmlichen Beanstandung des für nichtig gehaltenen Beschlusses bedarf es jedenfalls dann nicht, wenn der Gläubiger vor der Abstimmung auf den Mangel ausdrücklich hingewiesen und um eine rechtsmittelfähige Entscheidung über diese Verfahrensfrage erfolglos nachgesucht hatte (**BGH** v 20. 3. 2008 – IX ZB 104/07, ZIP 2008, 1030; **LG Saarbrücken** ZIP 2008, 1031). Ist die Gläubigerversammlung im Einzelfall nicht ordnungsgemäß einberufen worden, so sind die Beschlüsse grundsätzlich unwirksam (*Görg* DZWIR 2000, 364 f). Gleiches gilt, wenn die Abstimmung unter **wesentlichen Mängeln** leidet, wie zB bei falscher Auszählung der Stimmen (*Görg* DZWIR 2000, 364, 365). Zu den auf Gesetzesverstoß beruhenden Beschlüssen gehören nach Auffassung von *Görg* (DZWIR 2000, 364, 365) auch jene Beschlüsse, die auf einer Verletzung des Verbots beruhen, in eigener Sache abzustimmen. Hier ist jedoch **zu differenzieren** je nachdem, ob die Ausübung des Stimmrechts maßgeblich zur Entscheidung beigetragen hat, oder ob die Abstimmung auch ohne das Stimmrecht des in eigener Sache abstimmenden Gläubigers ebenso ausgefallen wäre (vgl auch **AG Wolfratshausen** v 21. 3. 1990, ZIP 1990, 597). Häufig ist aber nicht eindeutig klar, ob der Mangel des Beschlusses zur Unwirksamkeit geführt hat. Im Zweifel sollte der Gläubiger, der sich gegen einen Beschluss der Gläubigerversammlung wehren will, zur eigenen Sicherheit noch im Beschlusstermin die Aufhebung nach § 78 Abs 1 beantragen (so auch *Oelrichs*, Gläubigermitwirkung S 57). Stellt das Gericht fest, dass eine **Aufhebung nicht erforderlich** ist, weil der Beschluss der Gläubigerversammlung nichtig ist, ist es berechtigt, den Aufhebungsantrag in einen **Feststellungsantrag** umzudeuten und die

II. Voraussetzungen der Aufhebung § 78

Nichtigkeit des Beschlusses festzustellen (*Oelrichs,* Gläubigermitwirkung S 58; K/P/B/*Kübler* § 78 Rn 14; *Kübler* FS Keft S 369, 375, 377; *Görg* DZWIR 2000, 364, 365). So zB, wenn ein Gläubiger geltend macht, dass er zu Unrecht von der Abstimmung ausgeschlossen worden ist und bei Zuerkennung des Stimmrechts die Abstimmung anders ausgefallen wäre. Wird ein **nichtiger Beschluss** der Gläubigerversammlung vom Insolvenzgericht aufgehoben, so ist gegen den Aufhebungsbeschluss die sofortige Beschwerde nach § 78 Abs 2 S 2 gegeben. Das Beschwerdegericht kann der Beschwerde mit der Maßgabe stattgeben, dass es nunmehr die **Nichtigkeit des Beschlusses** feststellt.

3. **Ausführende und nicht ausführende Beschlüsse.** Nach § 78 Abs 1 hat das Insolvenzgericht keine 9 Differenzierung vorzunehmen, ob es sich im Einzelfall um Beschlüsse der Gläubigerversammlung handelt, die der Ausführung bedürfen oder nicht ausgeführt werden müssen (vgl K/P/B/*Kübler* § 78 Rn 4, 12; *Pape,* Gläubigerbeteiligung Rn 288; MüKo-*Ehricke* § 78 Rn 12; HK-*Eickmann* § 78 Rn 8; *Braun/Herzig* § 78 Rn 16; BerlKo-*Blersch* § 78 Rn 3; s auch oben zu Rn 4). Die entsprechende Diskussion zum früheren § 97 KO dürfte überholt sein. Eine Beschränkung der Aufhebungsbefugnis auf bestimmte Beschlüsse der Gläubigerversammlung sieht die InsO nicht mehr vor (*Pape* ZInsO 2000, 469, 475). In § 78 Abs 1 spricht das Gesetz von „Beschluss". Unter den Begriff des „Beschlusses" fällt auch eine „Wahl" iSv § 57 (*Prütting* in: Bork/Kübler Insolvenzrecht 2000, S 29, 42). In beiden Fällen liegt eine Abstimmung in einer Gläubigerversammlung vor. Die besondere Terminologie des § 57 („Wahl") bezieht sich nach *Prütting* (Insolvenzrecht 2000, S 42) „lediglich auf den speziellen Beschlussgegenstand, nämlich die Personalentscheidung". Die Wahl nach § 57 ist ein Unterfall des Beschlusses nach § 78 (*Prütting* aaO S 42; MüKo-*Ehricke* § 78 Rn 13; K/P/B/*Kübler* § 78 Rn 4, 12; *Andres/Leithaus* § 78 Rn 8; *Braun/Herzig* § 78 Rn 15; *Muscheler/Bloch* ZIP 2000, 1474, 1476).

4. **Widerspruch zum gemeinsamen Interesse der Insolvenzgläubiger.** Die Aufhebung eines Beschlusses 10 der Gläubigerversammlung nach § 78 Abs 1 kommt nur in Betracht, wenn der Beschluss dem gemeinsamen Interesse der Insolvenzgläubiger widerspricht. Was aber im Einzelfall das **gemeinsame Interesse der Insolvenzgläubiger** ist, ist angesichts der unterschiedlichen Interessen der einzelnen Gläubiger und Gläubigergruppen schwierig zu beantworten. Nach *Pape* (Gläubigerbeteiligung Rn 287) ist § 78 trotz „Verengung des Anwendungsbereichs durch die Fassung des Rechtsausschusses auch weiter dazu bestimmt, **Entscheidungen der absonderungsberechtigten Gläubiger zu korrigieren,** die den maßgeblichen Interessen der Insolvenzgläubiger widersprechen" (vgl auch AG Neubrandenburg ZInsO 2000, 111 m Anm *Förster*). Abzuwägen ist im Einzelfall das Recht der Gläubiger, auf Grund der Gläubigerautonomie ihre Angelegenheiten selbst zu regeln, und das Verbot, das Gesamtinteresse der Insolvenzgläubiger aus den Augen zu verlieren. § 78 Abs 1 bietet „keinen allgemeinen Rettungsanker bei Fehlentscheidungen", sondern dient als Korrektiv der Wahrung der Autonomie einzelner Gläubiger (KG v 23. 3. 2001, NZI 2001, 310, 312; *Röder/Persson* DZWIR 2000, 489, 491). Zutreffend weist der **BGH** (Beschl v 12. 6. 2008 – IX ZB 220/07, NZI 2008, 490 = ZInsO 2008, 735, ZIP 2008, 1384) darauf hin, dass das **gemeinsame Interesse der Gläubiger** iS des § 78 Abs 1 auf die **bestmögliche und gleichmäßige Befriedigung aller Gläubiger,** also nicht nur der Mehrheit, gerichtet ist (so auch MüKo-*Ehricke* § 78 Rn 17; *Jaeger/Gerhardt* § 78 Rn 13, *Pape* ZInsO 2000, 469, 475). Ermächtige die Gläubigerversammlung einen Insolvenzverwalter zur Erfüllung eines Anspruchs, habe die Instanzgerichte auf Antrag eines anderen Gläubigers diesen Beschluss aufzuheben, wenn triftige Gründe für die Anfechtbarkeit dieses Anspruchs vorliegen (s auch *Gundlach/Schmidt* ZInsO 2008, 852 f; *Braun/Herzig* § 78 Rn 11–13; *Jaeger/Gerhardt* § 78 Rn 12; FK-*Hössl* § 78 Rn 3; *Hänel,* Gläubigerautonomie und das Insolvenzplanverfahren, 2000, S 50 ff, 63 ff, 100). Die am Verfahrenszweck einer optimalen Gläubigerbefriedigung orientierte gerichtliche Kontrolle muss der **Entscheidungssituation der Gläubigerversammlung** Rechnung tragen und daher auch deren Informations- und Kenntnisstand zugrunde legen (*Andres/Leithaus* § 78 Rn 2; *Hess* § 78 Rn 15). Das folgt letztlich auch daraus, dass der Aufhebungsantrag noch in der Gläubigerversammlung gestellt werden muss. Auch nachträglich sichtbar gewordene Benachteiligungen können eine Beschlussaufhebung rechtfertigen (s *Pape* ZInsO 2001, 691; unzutr KG v 23. 3. 2001, NZI 2001, 310, 312).

Offen gelassen hat der Gesetzgeber, ob eine **rechtliche Schlechterstellung** der Gläubiger zu verlangen 11 ist, oder ob eine **wirtschaftliche Verschlechterung** der Situation der Insolvenzgläubiger ausreicht, um eine Verletzung des gemeinsamen Interesses zu bejahen. Keinesfalls reicht eine bloße Unzweckmäßigkeit von Entscheidungen der Gläubigerversammlung zur Aufhebung aus (*Pape* ZInsO 2000, 469, 476). Nicht ausreichend soll es sein, wenn ein **Gläubiger,** der **Schuldner,** ein **Massegläubiger** oder ein **Absonderungsberechtigter** benachteiligt wird (MüKo-*Ehricke* § 78 Rn 19; K/P/B/*Kübler* § 78 Rn 8; *Braun/ Herzig* § 78 Rn 5; N/R/*Delhaes* § 78 Rn 5). Das ist bezügl eines absonderungsberechtigten Gläubigers, der eine **persönliche Forderung** gegen den Schuldner hat, jedoch zweifelhaft, denn § 78 schützt zwar nicht das Recht auf abgesonderte Befriedigung, wohl aber das Recht auf anteilsmäßige Befriedigung der persönlichen Forderung aus der Insolvenzmasse (*Braun/Herzig* § 78 Rn 4; K/P/B/*Kübler* § 78 Rn 8; MüKo-*Ehricke* § 78 Rn 18). Nach K/P/B/*Kübler* (§ 78 Rn 7) liegt ein **Widerspruch zum gemeinsamen Gläubigerinteresse** vor, wenn „der Beschluss einseitig dem Sonderinteresse eines Gläubigers oder einer Gläubigergruppe auf Kosten des Gesamtinteresses aller Insolvenzgläubiger Rechnung trägt". Ein Widerspruch zum gemeinsamen Gläubigerinteresse ist zu bejahen, wenn mit den Stimmen der absonderungsberechtigten Gläubiger die Versammlung die Stilllegung des Schuldnerunternehmens beschließt, obwohl eine mögliche erfolgreiche Unternehmensfortführung zu einer wesentlich höheren Befriedigungsquote für die ungesicherten Gläubiger führen würde (K/P/B/*Kübler* § 78 Rn 7; *Kübler* FS Keft S 369, 375). Zur Verletzung der gemeinsamen Interessen bei **Veräußerung des Schuldnerunternehmens** durch den Verwalter s **LG** Berlin v 9. 8. 2000 ZInsO 2000, 519. Eine nur **geringe Schlechterstellung** reicht zur Aufhebung nicht aus. So zB widerspricht die Stilllegung des Schuldnerunternehmens nicht dem gemeinsamen Interesse der Insolvenzgläubiger, wenn auf Grund einer durch das Insolvenzgericht zu treffenden wirtschaftlichen Prognose nur eine geringe Quotenerwartung für die übrigen Insolvenzgläubiger besteht (**str aA AG** Neubrandenburg Beschl v 18. 1. 2000, ZInsO 2000, 111 m Anm *Förster*). Eine nicht durch Sachverständigengutachten unterlegte Prognose geringer Quotenverbesserung reicht zur Bejahung eines Widerspruch zum gemeinsamen Gläubigerinteresse nicht aus.

12   **Aufzuheben sind Beschlüsse**, die einseitig dem Schuldner oder einem sonstigen Dritten einen Vorteil gewähren, ohne dass die Masse entsprechend angereichert wird (*Pape* ZInsO 2000, 469, 476). Aufgehoben werden kann auf Antrag die Wahl einer **ungeeigneten Person in den Gläubigerausschuss**, wobei es hinsichtlich der Ungeeignetheit nicht nur auf mangelnde Fähigkeiten ankommt, sondern auch auf fehlende Zuverlässigkeit und mögliche Interessenkollision (vgl K/P/B/*Kübler* § 78 Rn 4 u 12; *Hess* § 78 Rn 17; N/R/*Delhaes* § 78 Rn 4; *Görg* DZWIR 2000, 364, 367). Allerdings reicht hier die Ungeeignetheit allein nicht aus. Vielmehr muss die Wahl der ungeeigneten Person im Widerspruch zum gemeinsamen Interesse der Insolvenzgläubiger stehen (s MüKo-*Ehricke* § 78 Rn 13; K/P/B/*Kübler* § 78 Rn 4; FK-*Kind* § 78 Rn 15; *Andres/Leithaus* § 78 Rn 2, **str aA AG** Köln NZI 2003, 657 f).

13   Auch **Unterlassungsbeschlüsse** der Gläubigerversammlung können vom Insolvenzgericht auf Antrag aufgehoben werden. So zB ein Beschluss, durch den nicht nur die Zustimmung nach § 160 Abs 2 Nr 3 zur Anhängigmachung eines Anfechtungsprozesses verweigert wird, sondern die Führung eines solchen Prozesses dem Verwalter ausdrücklich untersagt wird, obgleich die Aussichten des Prozesses vom Insolvenzgericht positiv bewertet werden (*Pape* ZInsO 2000, 469, 476). Gleiches gilt für einen Beschluss der Gläubigerversammlung, der ein bestimmtes Rechtsgeschäft, das zu einer wesentlichen Anreicherung der Masse führen würde oder zumindest zu einer namhaften Kostenentlastung, untersagt (vgl **LG** Göttingen ZIP 2000, 1501; *Pape* ZInsO 2000, 469, 476; *Huntemann/Brockdorff/Buck* Kap 10 Rn 108).

14   **§ 78 Abs 1 ist eng auszulegen.** An einen Eingriff in die Gläubigerautonomie sind strenge Anforderungen zu stellen (*Jaeger/Gerhardt* § 78 Rn 14; HaKo-*Preß* § 78 Rn 11). Für eine Aufhebung müssen im Einzelfall „**eindeutige und erhebliche Verstöße**" vorliegen (KG DZWIR 2002, 34 ff m zust Anm *Smid*; LG Berlin DZWIR 2000, 478; MüKo-*Ehricke* § 78 Rn 20; *Jaeger/Gerhardt* § 78 Rn 14). Ist **zweifelhaft**, ob ein Beschluss dem gemeinsamen Interesse der Insolvenzgläubiger widerspricht, hat das Gericht gem § 5 **Amtsermittlungen** anzustellen (*Jaeger/Gerhardt* § 78 Rn 12). Eine Stellungnahme des Insolvenzverwalters zu dem Antrag erscheint zumindest in Zweifelsfällen unverzichtbar (*Huntemann/Brockdorff/Buck* Kap 10 Rn 104; *Smid* § 78 Rn 3).

15   Streitig ist, ob § 78 in allen Fällen eingreift, in denen die **Gläubiger auf Grund unrichtiger Informationen** falsch entschieden haben (**verneinend** KG v 23. 3. 2001, NZI 2001, 310, 311 = ZInsO 2001, 411 ff m krit Anm *Pape* ZInsO 2001, 691 ff; *Braun/Herzig* § 78 Rn 13; **bejahend** *Oelrichs*, Gläubigermitwirkung S 56). Dies wirft generell die Frage auf, ob und in welchem Umfang **neue Tatsachen** oder ein „neuer Vortrag" bei der Entscheidung über die Aufhebung von Beschlüssen der Gläubigerversammlung im Rahmen des § 78 zu berücksichtigen sind. Die Frage wird von *Pape* (ZInsO 2001, 691, 693) bejaht, da anderenfalls die Problematik auf die Ebene der Verwalter- oder Amtshaftung verlagert wird. Unterrichtet der Insolvenzverwalter die Gläubiger vor der Beschlussfassung fehlerhaft über die Möglichkeiten der Unternehmensfortführung (§ 156 Abs 1 S 2), haben die Gläubiger jederzeit die Möglichkeit, durch neuen Beschluss den ursprünglichen Beschluss aufzuheben bzw zu korrigieren.

16   Bei der **Entscheidung über eine Unternehmensfortführung nach § 157** kommt es nicht selten zum Konflikt zwischen dem Interesse der absonderungsberechtigten Gläubiger an einer schnellen Realisierung ihrer Sicherungsrechte und der nicht nachrangigen Insolvenzgläubiger, deren einzige Chance für eine Teilbefriedigung oftmals in der zumindest zeitweisen Fortführung des Schuldnerbetriebes liegt. *Görg* (DZWIR 2000, 364, 366): „Wo also die vorläufige Fortführung nicht willkürlich zum Nachteil der Absonderungsgläubiger gereicht, können die nicht absonderungsberechtigten (und die nicht nachrangigen) Insolvenzgläubiger mit Hilfe des Insolvenzgerichts ihrer Minderheitsmeinung zur Geltung verhelfen. Ein Beschluss der Gläubigerversammlung, der nur den Interessen der absonderungsberechtigten Gläubiger dient, wie etwa die sofortige Betriebsstilllegung trotz Fortführungswürdigkeit des Unternehmens, ist aufzuheben" (*Pape*, Gläubigerbeteiligung Rn 287; K/P/B/*Kübler* § 78 Rn 7; MüKo-*Ehricke* § 78 Rn 18). Bei der **Abstimmung über einen Insolvenzplan** greift § 78 nicht ein, weil § 245 als lex specialis die Zustimmungsersetzung vorsieht (*Görg* DZWIR 2000, 364, 366).

17   **5. Die Abwahl des Insolvenzverwalters.** Von besonderer praktischer Bedeutung waren mit dem Inkrafttreten der InsO die Fälle, in denen er gerichtlich bestellte Insolvenzverwalter von der Gläubigerversammlung abgewählt wird und gem § 78 Abs 1 der Antrag gestellt wird, den Beschluss der Gläubigerversammlung, durch den ein neuer Verwalter gewählt wird (§ 57 S 1), aufzuheben. Dabei ist schon

streitig, ob dem **abgewählten Verwalter** überhaupt ein Antragsrecht zusteht (vgl *Smid/Wehdeking* InVo 2001, 81, 84; *Görg* DZWIR 2000, 364, 366 f; MüKo-*Ehricke* § 78 Rn 15; *Muscheler/Bloch* ZIP 2000, 1474, 1479 f; *Graeber* ZIP 2000, 1665, 1673). Das ist bei Einstimmigkeit des Beschlusses aller stimmberechtigten Gläubiger zu verneinen, nicht aber, wenn er mit dem Aufhebungsantrag die Interessen aller, also auch der nicht anwesenden Gläubiger wahren will (so zB **AG** Holzminden DZWIR 2001, 82; *Andres/Leithaus* § 78 Rn 3; MüKo-*Ehricke* § 78 Rn 15; *Pape* ZInsO 2000, 469, 477; HK-*Eickmann* § 78 Rn 9; *Muscheler/Bloch* ZIP 2000, 1474, 1479; *Smid/Wehdeking* InVo 2001, 81, 83; *Röder-Parsson* DZWIR 2000, 489). Die **Gegenmeinung** sieht in § 57 S 3 eine Spezialnorm, die eine Überprüfung der Verwalterauswahl unter dem Gesichtspunkt des Gesamtinteresses der Gläubiger ausschließt (**BGH** ZIP 2003, 1613; **BGH** ZInsO 2004, 1314; **BGH** NJW-RR 2005, 200, OLG Naumburg ZIP 2000, 1394; KG ZIP 2000, 1394; LG Traunstein ZInsO 2002, 1045, 1046; *Graeber* DZWIR 2003, 257, 259; K/P/B/*Kübler* § 78 Rn 5, 5 b m umfangr Literatur und Rechtsprechung; *Jaeger/Gerhardt* § 78 Rn 15; *Graf-Schlicker/Mäusezahl* § 78 Rn 3; *Braun/Herzig* § 78 Rn 14; HaKo-*Preß* § 78 Rn 3). S auch **BGH** DZWIR 2005, 124. Nicht selten versuchen Großgläubiger, vor allem Kreditinstitute, den vom Gericht eingesetzten Verwalter abzuwählen und einen ihnen genehmen Verwalter gem § 57 zu wählen (vgl auch *Uhlenbruck* KTS 1989, 229 ff).

Der **Auffassung des Bundesgerichtshofs** und der **Gegenmeinung**, die sowohl für die Abwahl als auch die Neuwahl eines anderen Verwalters § 57 S 3 u 4 als abschließende Regelung ansehen, die nicht durch § 78 konterkariert werden könne, **kann nicht gefolgt werden**. Mit Recht weist *Görg* (DZWIR 2000, 364, 366) darauf hin, dass § 57 S 2 die Vorschrift des § 78 schon deshalb nicht verdrängt, weil es bei § 57 S 2 darum geht, ob ein wirksam zustande gekommener Beschluss vom Gericht durch Bestellung des gewählten Verwalters vollzogen werden muss, wohingegen § 78 dem Verwalter und unterlegenen Gläubigern die Möglichkeit gibt, den Beschluss als solchen anzugreifen. § 57 S 2 u 3 stellt keine abschließende Spezialregelung dar, die die Vorschrift des § 78 Abs 1 verdrängt. Vielmehr sind beide Normen parallel nebeneinander anzuwenden (**AG** Holzminden DZWIR 2001, 82 m abl Anm *Tetzlaff*; *Smid/Wehdeking* InVo 2001, 81, 83 ff; MüKo-*Ehricke* § 78 Rn 14; *Görg* DZWIR 2000, 364, 366, HK-*Eickmann* § 78 Rn 9; MüKo-*Ehricke* § 78 Rn 15). Die Vorschriften der §§ 57 S 3 und 78 haben völlig unterschiedliche Zielrichtungen. § 57 S 3 u 4 stellt auf die **persönliche Ungeeignetheit des Verwalters** ab, während es in § 78 um das **gemeinsame Interesse der Insolvenzgläubiger** geht (so auch MüKo-*Ehricke* § 78 Rn 14). Bei dem einen handelt es sich um eine gerichtliche Personalentscheidung, bei dem anderen um eine Entscheidung, die sich ausschließlich am Interesse der Insolvenzgläubiger orientiert. Die Problematik hat sich durch das InsOÄndG 2001 insoweit entschärft, als nach § 57 S 2 nF nunmehr für die Abwahl des Insolvenzverwalters nicht nur die Summen-, sondern auch die Kopfmehrheit erforderlich ist. Das allein ist aber kein Grund, die Korrekturmöglichkeit des § 78 auszuschließen. Es wird immer Fälle geben, in denen ein gläubigerschädliches Ergebnis nur durch Anwendung des § 78 Abs 1 verhindert werden kann (zutr HK-*Eickmann* § 78 Rn 9).

6. Aufhebung der Bestellung eines Gläubigerausschusses. Wie schon früher zu § 99 KO gilt für die InsO, dass nach § 78 eine Aufhebungskompetenz des Insolvenzgerichts besteht (zum alten Recht s die Entscheidungen id Vorauflage und bei K/P/B/*Kübler* § 78 Rn 12 Fn 54). Die Aufhebungskompetenz umfasst aber nicht die Befugnis des Gerichts, anstelle der Gläubigerversammlung zu entscheiden (K/P/B/*Kübler* § 78 Rn 12; *Braun/Herzig* § 78 Rn 17). Gegen eine Aufhebungsentscheidung **AG** Köln NZI 2003, 657 f. Die Differenzierung zwischen auszuführenden und konstitutiven Beschlüssen spielt nach dem Inkrafttreten der InsO keine Rolle mehr (*Pape*, Gläubigerbeteiligung Rn 288; MüKo-*Ehricke* § 78 Rn 12; *Görg* DZWIR 2000, 364, 367; *Hess* § 78 Rn 17; K/P/B/*Kübler* § 78 Rn 4, 12). Maßgeblich ist auch hier, ob im Einzelfall der Beschluss dem gemeinsamen Interesse der Gläubiger derart widerspricht, dass er vom Insolvenzgericht aufzuheben ist (vgl HK-*Eickmann* § 78 Rn 8; *Pape*, Gläubigerbeteiligung Rn 288; *Smid* § 78 Rn 2 ff; MüKo-*Ehricke* § 78 Rn 13). Die Aufhebung kommt nach *Pape* (Gläubigerbeteiligung Rn 288) nicht schon dann in Betracht, wenn das Gericht eine andere Lösung für sinnvoller hält. Vielmehr muss es die Insolvenzwidrigkeit der getroffenen Entscheidung, die eine sachlich nicht gerechtfertigte Benachteiligung der Gesamtheit der Insolvenzgläubiger darstellen, feststellen (*Pape*, Gläubigerbeteiligung Rn 288).

III. Begründung und öffentliche Bekanntmachung

Der Aufhebungsbeschluss ist wenigstens kursorisch zu begründen (MüKo-*Ehricke* § 78 Rn 31; *Jaeger/Gerhardt* § 78 Rn 16). Nach § 78 Abs 2 S 1 ist die Aufhebung des Beschlusses öffentlich bekannt zu machen. Das gilt auch für verkündete Beschlüsse (BerlKo-*Blersch* § 78 Rn 8). Die öffentliche Bekanntmachung erfolgt nach § 9. Wird der Antrag abgelehnt, ist der zu begründende Beschluss entweder zu verkünden oder dem Antragsteller zuzustellen (HK-*Eickmann* § 78 Rn 14).

IV. Rechtsmittel

Nach § 78 Abs 2 S 2 steht gegen die Aufhebung jedem absonderungsberechtigten Gläubiger und jedem nicht nachrangigen Gläubiger die **sofortige Beschwerde** zu, wenn die Entscheidung vom **Richter** getroffen wurde. Hat der **Rechtspfleger** entschieden, steht dem nach § 78 Abs 2 S 2 von der Beschwerde ausgeschlossenen Personen nicht etwa die Erinnerung nach § 11 Abs 2 RpflG offen, da ansonsten die vom Gesetzgeber gewollte Rechtsmittelbeschränkung unterlaufen würde (MüKo-*Ehricke* § 78 Rn 93; *Braun/Herzig* § 78 Rn 23). Gegen die **Ablehnung des Antrags auf Aufhebung** steht dagegen dem **Antragsteller** die sofortige Beschwerde zu (§ 78 Abs 2 S 3). Dem Insolvenzverwalter hat der Gesetzgeber gegen die Aufhebung des Beschlusses ein Rechtsmittel ebenso wenig eingeräumt wie Massegläubigern, dem Schuldner oder dem Gläubigerausschuss oder nachrangigen Gläubigern iSv § 39 (*Jaeger/Gerhardt* § 78 Rn 19; *Hess* § 78 Rn 19; BerlKo-*Blersch* § 78 Rn 9). Bezüglich eines Beschwerderechts des Insolvenzverwalters hat der Gesetzgeber im Hinblick auf das Beschwerderecht der Gläubiger unabhängig von ihrer Teilnahme an der Gläubigerversammlung die Gläubigerinteressen als ausreichend gewahrt gesehen (vgl Begr RegE zu § 78 InsO, abgedr bei *Uhlenbruck*, Das neue Insolvenzrecht, S 391; *Pape* ZInsO 2000, 469, 478; BerlKo-*Blersch* § 78 Rn 9; N/R/*Delhaes* § 78 Rn 7; K/P/B/*Kübler* § 78 Rn 16). **Kein Beschwerderecht** gegen den Aufhebungsbeschluss haben Gläubiger, die gegen den aufgehobenen Beschluss gestimmt haben. Das gilt insbesondere für den Antragsteller (N/R/*Delhaes* § 78 Rn 7). Wird der Antrag des Insolvenzverwalters auf Aufhebung des Beschlusses abgelehnt, steht auch ihm gem § 78 Abs 2 S 3 die sofortige Beschwerde (§ 6, § 577 ZPO) zu (MüKo-*Ehricke* § 78 Rn 33; BerlKo-*Blersch* § 78 Rn 9; N/R/*Delhaes* § 78 Rn 8; *Hess* § 78 Rn 20).

§ 79 Unterrichtung der Gläubigerversammlung

¹ **Die Gläubigerversammlung ist berechtigt, vom Insolvenzverwalter einzelne Auskünfte und einen Bericht über den Sachstand und die Geschäftsführung zu verlangen.** ² **Ist ein Gläubigerausschuß nicht bestellt, so kann die Gläubigerversammlung den Geldverkehr und -bestand des Verwalters prüfen lassen.**

I. Allgemeines

1   Der Gesetzgeber hat der Gläubigerversammlung erheblich mehr Mitwirkungsrechte bei der Verfahrensabwicklung eingeräumt als nach früherem Recht. Dieser Kompetenzerweiterung hat er durch eine Erweiterung des Informationsrechts der Gläubigerversammlung Rechnung getragen. Neben dem Insolvenzgericht (§§ 20, 58 Abs 1 S 2) und dem Insolvenzverwalter (§§ 22 Abs 3 S 3, 97, 98, 101 Abs 1 S 1, 2, Abs 2) räumt das Gesetz der Gläubigerversammlung nunmehr ein **umfassendes Informationsrecht** ein, das sich nicht auf die gesetzlichen Berichts- und Rechnungslegungspflichten beschränkt (s auch *Bruder* ZVI 2004, 332; K/P/B/*Kübler* § 79 Rn 2). Die Gläubigerversammlung hat vielmehr das Recht, vom Insolvenzverwalter sowohl über Einzelheiten als auch über den allgemeinen Verfahrensstand Auskünfte zu verlangen. Dem umfassenden Informationsrecht der Gläubigerversammlung entspricht eine **umfassende Berichterstattungspflicht** des Insolvenzverwalters im eröffneten Insolvenzverfahren. Besondere Bedeutung hat dabei die Berichterstattung im Rahmen der Verfahrensentscheidung (§§ 156, 157). Nur auf der Grundlage eines vom Verwalter vorgelegten Berichtes wird den Verfahrensbeteiligten gem § 156 Abs 2 gestattet, Stellungnahmen abzugeben. Die Beschlussfassung über das Verfahrensziel (§ 157) erfolgt auf der Grundlage der Informationen des Verwalters und seiner Stellungnahme, ob das Unternehmen einstweilen fortgeführt werden soll oder unverzüglich zu liquidieren ist (vgl *Möhlmann*, Berichterstattung S 166 ff). Aufgabe des Verwalters ist es, die Interessen der Beteiligten, insbesondere der Gläubiger, zu wahren (so die Allgem Begr RegE, abgedr bei *Balz/Landfermann* S 147). Seine Aufgabe erschöpft sich darin, den Gläubigern die verschiedenen Verwertungsmöglichkeiten darzustellen. Erlaubt ist daher der Hinweis, welche Verwertungsform das höchste Befriedigungspotential verspricht. Generell ist festzustellen, dass § 79 die Gläubigerversammlung berechtigt, über die gesetzlichen Berichtspflichten hinaus **zusätzliche Berichte und Auskünfte** über den Sachstand und die Geschäftsführung zu verlangen. Sie haben zB bei Liquidation des Schuldnerunternehmens das Recht, vom Insolvenzverwalter **Zwischenrechnungen** zu fordern, die den Fortgang der Verwertung und Geldverwendung aufzeigen. Handelt es sich um ein **überwachtes Insolvenzplanverfahren**, empfiehlt sich zur zeitnahen Dokumentation des Abwicklungsfortgangs und der Gläubigerbefriedigung eine häufigere als die im Gesetz vorgesehene jährliche Zwischenberichterstattung (*Möhlmann*, Berichterstattung S 356).

II. Das Informationsrecht der Gläubigerversammlung

2   **1. Berichts- und Informationsrechte.** Zu unterscheiden ist zwischen Berichtspflichten und Informationsrechten. **Berichtspflichten des Verwalters** können sich entweder aus dem Gesetz ergeben, wie zB aus §§ 153, 154, 156, 188, 66, oder aus dem im Einzelfall vorliegenden Informationsbedürfnis der Gläubigerversammlung. Über die gesetzliche Berichtspflicht hinaus kann die Gläubigerversammlung **Einzelinformationen** und **Erklärungen** verlangen. Vor allem in den Fällen, in denen der Insolvenzverwalter den Bericht über Laptop auf eine Leinwand projiziert, sind die Gläubiger berechtigt, nicht nur eine Erläuterung der Bilder zu fordern, sondern auch Einzelauskünfte. Je sorgfältiger die Berichterstattung, umso weniger Informationsbedürfnis besteht seitens der Gläubiger. So kann zB die Gläubigerver-

II. Das Informationsrecht der Gläubigerversammlung § 79

sammlung zur Vermögensübersicht (§ 153 Abs 1) vom Insolvenzverwalter gem § 79 **nähere Erläuterungen** verlangen. Dies gilt auch für die handels- und steuerrechtliche Rechnungslegung nach § 155. Im Rahmen der **Rechnungslegung nach § 66** ist die Gläubigerversammlung berechtigt, vom Verwalter Ergänzungen und Erläuterungen zu verlangen. Den Umfang der Berichtpflicht im Berichtstermin (§ 156 Abs 1) bestimmt die Gläubigerversammlung. Das Informationsrecht geht so weit, dass die Gläubigerversammlung auch berechtigt ist, die **Vorlage von Belegen** oder **Verträgen** zu verlangen. Es steht somit nicht im Ermessen des Verwalters, was er im Berichtstermin zu der wirtschaftlichen Lage des Schuldners bzw Schuldnerunternehmens und die Ursachen zur Insolvenz sagt. Vielmehr werden Art und Umfang der Berichterstattung von der Gläubigerversammlung bestimmt.

Spezielle Bedeutung gewinnt das Informationsrecht der Gläubigerversammlung bei **besonders bedeutsamen Rechtshandlungen** des Verwalters, denen sie nach den §§ 160, 162, 163 zustimmen muss. Grundsätzlich hat der Verwalter vor sich aus die einzelnen Auskünfte und Berichte ausführlich und sorgfältig zu erteilen bzw zu erstatten. Bei **Haftung wegen unzulänglicher Berichterstattung** und kausaler fehlerhafter Entscheidung der Gläubigerversammlung kann sich der Verwalter nicht etwa darauf berufen, die Gläubigerversammlung hätte gem § 79 S 1 fragen müssen (vgl MüKo-*Ehricke* § 79 Rn 7, 8). Das Informationsrecht beschränkt sich aber nicht auf die Berichtspflichten des Verwalters, sondern erstreckt sich auch auf **Einzelauskünfte** und **Zwischenberichte** des Verwalters. Festzustellen ist, dass die Berichts- und Auskunftspflichten des Insolvenzverwalters dem Informationsrecht der Gläubigerversammlung entsprechen. Die **Grenze des Informationsrechts** ist dort zu sehen, wo in Auskunftsbegehren willkürlich ist und den Verwalter wegen Art und Umfang der notwendigen Ermittlungen in seiner Abwicklungsarbeit erheblich beeinträchtigen würde, so dass die Erteilung der Auskunft in keinem vernünftigen Verhältnis zu dem Aufwand steht (*Smid* § 79 Rn 3; *Andres/Leithaus* § 79 Rn 3). 3

2. Das Recht auf Einzelauskünfte. Grundsätzlich steht das Recht auf Erteilung eines Berichts über den Sachstand und die Geschäftsführung der Gläubigerversammlung als solcher zu. Gleiches gilt für das Recht auf **Erteilung einer Einzelauskunft** (MüKo-*Ehricke* § 79 Rn 9; *Jaeger/Gerhardt* § 79 Rn 5; N/R/*Delhaes* § 79 Rn 2). Die Gläubigerversammlung ist berechtigt, Auskünfte über bestimmte Maßnahmen des Verwalters, wie zB riskante Geschäfte, zu verlangen. Einzelauskunft und Berichtspflicht stehen selbständig und unabhängig nebeneinander. Das Recht auf Einzelauskunft bedeutet nicht, dass dem einzelnen Gläubiger das Auskunftsrecht zusteht (MüKo-*Ehricke* § 79 Rn 10). Das Auskunftsrecht bezieht sich vielmehr auf **bestimmte Einzelmaßnahmen** des Verwalters und auf die **besondere Verfahrenssituation** (*Jaeger/Gerhardt* § 79 Rn 5; K/P/B/*Kübler* § 79 Rn 3; *Hess* § 79 Rn 3). Grundsätzlich kann nur die Gläubigerversammlung Einzelauskünfte verlangen (BerlKo-*Blersch* § 79 Rn 3; K/P/B/*Kübler* § 79 Rn 5). Auch wenn dem einzelnen Insolvenzgläubiger ein Auskunftsrecht zusteht, ist es zulässig, dass einzelne Gläubiger im Rahmen einer Gläubigerversammlung Fragen an den Verwalter stellen (N/R/*Delhaes* § 79 Rn 2; MüKo-*Ehricke* § 79 Rn 9). Allerdings muss die Gläubigerversammlung „hinter der Frage" stehen. Querulatorische Einzelfragen, die vom Willen der Gläubigerversammlung nicht getragen werden, sind vom Insolvenzgericht zurückzuweisen. Ob der „fragende, überstimmte Gläubiger" sich nach § 78 Abs 1 zur Wehr setzen kann, wenn die Gläubigerversammlung sich seine Fragestellung nicht zu Eigen macht (so N/R/*Delhaes* § 79 Rn 2; MüKo-*Ehricke* § 79 Rn 9), ist zumindest zweifelhaft, letztlich aber abzulehnen, weil das Gericht selbst über § 58 Abs 1 S 2 die Möglichkeit hat, die seiner Ansicht nach gebotene Auskunft zu verlangen. 4

Außerhalb der Gläubigerversammlung ist der Insolvenzverwalter grundsätzlich nicht verpflichtet, Anfragen einzelner oder mehrerer Gläubiger zu beantworten (BGHZ 62, 1 = NJW 1974, 238; *Frege/Keller/Riedel* HRP Rn 1048; N/R/*Delhaes* § 79 Rn 2). Allerdings wird es für sinnvoll gehalten, einzelnen Gläubigern auf Anforderung gegen Kostenerstattung schriftliche Berichte des Verwalters zuzusenden oder in größeren Verfahren die Berichte mit Zugangscode für den Berechtigten ins Internet einzustellen (*Frege/Keller/Riedel* HRP Rn 1048; *Braun/Herzig* § 79 Rn 7). Eine **Ausnahme** besteht nur gegenüber Aus- und Absonderungsberechtigten (vgl § 167 Abs 1; *Häsemeyer* IZZP 80 [1967], 263, 268). 5

Aussonderungsberechtigte haben einen Auskunftsanspruch gegenüber dem Verwalter, soweit die Auskunft zur Durchsetzung ihrer Ansprüche (§ 47) im Verfahren erforderlich ist (vgl BGHZ 49, 11 = KTS 1968, 100; BGHZ 70, 86, 91; *Jaeger/Henckel* § 6 KO Rn 25; *Häsemeyer* ZZP Bd 80 [1967], 262 ff). Auskunfts- und Rechnungslegungspflichten des Insolvenzverwalters können sich auch auf **gesellschaftsrechtlicher Grundlage** ergeben, wenn es sich zB um die Liquidation oder Auseinandersetzung einer durch die Insolvenz eines Gesellschafters aufgelösten Gesellschaft handelt (vgl *Jaeger/Henckel* § 3 KO Rn 25; *K. Schmidt* KTS 1977, 1, 21; *Gerhardt* ZIP 1980, 946). Der persönlich haftende Gesellschafter einer Personengesellschaft hat zB einen Anspruch auf Auskunft und eventuellen Rechnungslegung gegen den Verwalter, wenn er sich unabhängig vom Gang des Verfahrens über das Bestehen von Gesellschaftsverbindlichkeiten unterrichten muss, für die er persönlich haftet (OLG Karlsruhe v 25. 10. 1995, NJW-RR 1996, 1058). Eine Auskunftspflicht gegenüber GmbH-Gesellschaftern hinsichtlich von Vorgängen nach Verfahrenseröffnung besteht jedoch nicht (BayObLG ZIP 2005, 1087 ff). 6

3. Das Recht auf Berichterstattung. Nach § 79 S 1 ist die Gläubigerversammlung berechtigt, vom Insolvenzverwalter nicht nur einzelne Auskünfte, sondern auch einen **Bericht über den Sachstand und die** 7

Geschäftsführung zu verlangen. Von der Einzelauskunft unterscheidet sich der Bericht lediglich dadurch, dass er je nach Sachlage eine umfangreiche Darstellung durch den Verwalter erfordert, wobei entsprechende Unterlagen und Belege vorzulegen sind. Zu unterscheiden ist die **gesetzliche Berichtspflicht** des Verwalters, die durch die Gläubigerversammlung festgelegte **regelmäßige Berichtspflicht** und die **Berichtspflicht aus besonderem Anlass**. Zur gesetzlichen Berichtspflicht gehört ua die Berichterstattung zum Berichtstermin (§ 156 Abs 1 S 1), die Berichterstattung zu einem vom Schuldner vorgelegten Insolvenzplan (§ 232 Abs 1 Nr 3) sowie die Berichterstattung im Rahmen der Verfahrensbeendigung (Schlussbericht gem § 66 Abs 1. S auch MüKo-*Ehricke* § 79 Rn 8; *Jaeger/Gerhardt* § 79 Rn 6; N/R/*Delhaes* § 79 Rn 3). Eine gesetzliche Berichtspflicht besteht gem § 262 auch im Rahmen der Planüberwachung und der Eigenverwaltung (§ 274 Abs 3 S 2).

8   a) **Festlegung von Berichtspflichten.** Über die gesetzlichen Berichtspflichten hinaus kann die Gläubigerversammlung dem Verwalter gem § 66 Abs 3 S 1 aufgeben, zu bestimmten Zeitpunkten während des Insolvenzverfahrens **Zwischenrechnung** zu legen. Für die Verpflichtung zur Zwischenrechnungslegung gilt nicht § 79 S 1, sondern § 66 Abs 3 (MüKo-*Ehricke* § 79 Rn 8). Allerdings kann die Gläubigerversammlung vom Verwalter gem § 79 S 1 einen **Geschäftsführungsbericht als Rechenschaftsbericht** verlangen (s unten zu Rn 11). Die Festlegung von Berichtspflichten in Form von Zwischenrechnungen besteht unabhängig von den gesetzlichen Berichtspflichten des Verwalters und solchen gegenüber dem Gläubigerausschuss. So kann zB die Gläubigerversammlung beschließen, dass der Verwalter über die Berichtspflicht nach § 261 Abs 2 S 1 hinaus ihr gegenüber **halbjährlich** über den jeweiligen Stand und die weiteren Aussichten der Erfüllung des Insolvenzplans Bericht erstattet. Sie kann vom Verwalter auch verlangen, dass dieser den gegenüber dem Gläubigerausschuss zu erstellenden Jahresbericht (§ 261 Abs 2 S 1) an der Gerichtsstelle zur Einsicht der Gläubiger offen legt. In der Praxis hat es sich als sinnvoll erwiesen, in der ersten Gläubigerversammlung (Berichtstermin) gem § 66 Abs 3 S 1 den Verwalter zu verpflichten, gegenüber der Gläubigerversammlung **jeweils halbjährlich** zum Abwicklungsstand zu berichten und Rechnung zu legen.

9   b) **Erzwingung von Berichterstattung.** Das Insolvenzgericht kann die von der Gläubigerversammlung beschlossene Berichterstattung und Rechnungslegung durch **Zwangsgelder** (§ 58 Abs 2) erzwingen, wenn der Verwalter dem Beschluss nicht ordnungsgemäß Folge leistet (*Braun/Herzig* § 79 Rn 11; MüKo-*Ehricke* § 79 Rn 13; *Jaeger/Gerhardt* § 79 Rn 11; *Smid* § 79 Rn 4; *Hess* § 79 Rn 6; *Andres/Leithaus* § 79 Rn 6; str aA K/P/B/*Kübler* § 79 Rn 7). § 58 Abs 2 S 1 stellt darauf ab, dass der Verwalter seine Pflichten nicht erfüllt. Das Gesetz differenziert nicht danach, ob es sich um Pflichten gegenüber dem Insolvenzgericht (§ 58 Abs 1 S 2), dem Gläubigerausschuss (§ 69 S 2) oder gegenüber der Gläubigerversammlung (§ 79 S 1) handelt. Die Festlegung von Berichtspflichten durch die Gläubigerversammlung darf nicht willkürlich erfolgen und muss für den Verwalter zumutbar sein (*Smid* § 79 Rn 3).

10 c) **Berichterstattung aus besonderem Anlass.** Nicht selten besteht im Insolvenzverfahren besonderer Anlass, dass die Gläubigerversammlung vom Verwalter einen Bericht über den Sachstand und seine Geschäftsführung verlangt. Dies gilt vor allem, wenn Zweifel hinsichtlich der **Rechtmäßigkeit der Verfahrensabwicklung** auftreten. Verstößt zB der Insolvenzverwalter im Rahmen der Verfahrensabwicklung fortlaufend gegen seine Verpflichtung, zu besonders bedeutsamen Rechtshandlungen die Zustimmung der Gläubigerversammlung einzuholen, kann er zu einem Bericht über die bisher getroffenen Maßnahmen aufgefordert werden. Das Verfahren ist allerdings recht umständlich, denn zur Beschlussfassung müsste eine besondere Gläubigerversammlung einberufen werden. Die Berichterstattung gegenüber der Gläubigerversammlung aus besonderem Anlass hat daher außer in den Fällen der §§ 160, 162, 163 kaum praktische Bedeutung. Besteht Anlass, an der Ordnungsmäßigkeit der Verfahrensabwicklung zu zweifeln, werden die Gläubiger Auskünfte und einen Bericht an das Insolvenzgericht gem § 58 Abs 1 S 2 anregen, weil das Gericht ohnehin zur Aufsicht über den Insolvenzverwalter und Verfahrensabwicklung verpflichtet ist (§ 58 Abs 1 S 1).

III. Form der Auskunft und Berichte

11 Da das Gesetz für die vom Verwalter zu erteilenden Auskünfte und zu erstattenden Berichte keine Form vorsieht, kann von der Gläubigerversammlung im Einzelfall festgelegt werden, ob der Verwalter den Bericht **schriftlich** oder nur **mündlich** zu erstatten hat. Soweit das **Internet** die Möglichkeit bietet, Sachstandsberichte des Insolvenzverwalters unter einem speziellen Zugangscode den Gläubigern zur Kenntnis zu bringen, kann die Unterrichtung künftig auch auf diesem Wege erfolgen. Jedenfalls ist der Verwalter verpflichtet, auch einen schriftlichen Bericht oder eine Rechnungslegung gegenüber der Gläubigerversammlung **mündlich zu erläutern** und **Einzelauskünfte** zu erteilen (BerlKo-*Blersch* § 79 Rn 5). Das setzt grundsätzlich eine **persönliche Anwesenheit** voraus (vgl *M Heese*, Gläubigerinformation in der Insolvenz, 2008 S 284f; HK-*Eickmann* § 79 Rn 2; für eine Vertretungsbefugnis MüKo-*Ehricke* § 79 Rn 4; N/R/*Delhaes* § 79 Rn 4; BerlKo-*Blersch* § 79 Rn 4; HaKo-*Preß* § 79 Rn 2). Jedenfalls im Berichtstermin (§ 156) und im Schlusstermin (§ 197) sowie bei einem entspr Beschluss der Gläubigerversammlung kann sich der Verwalter nicht durch einen **sachkundigen Mitarbeiter vertreten**

lassen (*Heese* Gläubigerinformation S 285; **str aA** K/P/B/Kübler § 79 Rn 9 b; MüKo-*Ehricke* § 79 Rn 4). Ist der Insolvenzverwalter verpflichtet, gegenüber dem Insolvenzgericht regelmäßig Bericht zu erstatten, kann die Gläubigerversammlung beschließen, dass er zugleich auch verpflichtet ist, ihr gegenüber mündlich den jeweiligen Bericht zu erläutern. Dies ist allerdings unpraktikabel. Es steht den einzelnen Gläubigern frei, die auf der Geschäftsstelle des Insolvenzgerichts niedergelegten schriftlichen Zwischenberichte einzusehen und erforderlichenfalls auf ihre Kosten kopieren zu lassen (BerlKo-*Blersch* § 79 Rn 5).

IV. Auskunftsverweigerungsrecht des Insolvenzverwalters?

Zweifelhaft ist, ob der Insolvenzverwalter Auskünfte und Berichterstattung bezüglich solcher Maßnahmen zumindest zeitweise verweigern kann, die im Interesse einer optimalen Masseverwertung der **Geheimhaltung** bedürfen. Nach Auffassung von *Blersch* (BerlKo § 79 Rn 6) kann der Verwalter sich auch „bei sensiblen Verfahrensvorgängen grundsätzlich nicht darauf berufen, dass bei einer uneingeschränkten Auskunftserteilung in der Gläubigerversammlung der Verwertungserfolg gefährdet wäre" (so auch MüKo-*Ehricke* § 79 Rn 10). Vielmehr sei er verpflichtet, rückhaltlos sämtliche Einzelheiten und Hintergründe der beabsichtigten Verwertungsmaßnahme zu offenbaren. Würden durch Indiskretionen einzelner Teilnehmer der Gläubigerversammlung Nachteile eintreten oder würden auf diese Weise erlangte Insider-Informationen im Sonderinteresse verwertet, entstünden möglicherweise Ansprüche auf Ersatz eines Gesamtschadens. Dieses Risiko berechtige den Verwalter jedoch nicht, zu Einzelheiten die Auskunft zu verweigern oder zurückzustellen, da er nicht die Stellung eines Organs einer Kapitalgesellschaft habe. Zudem hätten die übrigen Gläubiger und der Verwalter bei **Missbrauch des Informationsrechts** die Möglichkeit, nach § 78 die gerichtliche Aufhebung eines entsprechenden Beschlusses zu beantragen (BerlKo-*Blersch* § 79 Rn 7; MüKo-*Ehricke* § 79 Rn 10). Dieser sehr **weitgehenden Ansicht** kann im Hinblick auf die erforderlichen Mehrheiten in der Gläubigerversammlung (§ 76 Abs 2) **nicht uneingeschränkt gefolgt** werden (wie hier auch K/P/B/*Kübler* § 79 Rn 14; N/R/*Delhaes* § 79 Rn 4; FK-*Kind* § 79 Rn 10). Vor allem in Fällen der **Unternehmensveräußerung** oder im Rahmen der **Vorbereitung eines Anfechtungsprozesses** gegen einzelne Gläubiger kann es ausnahmsweise gerechtfertigt sein, dass der Insolvenzverwalter im Rahmen seiner Auskünfte seine „Karten nicht vollständig auf den Tisch legt". Letzterenfalls bejahen auch *Blersch* (BerlKo-*Blersch* § 79 Rn 6) und *Ehricke* (MüKo § 79 Rn 10) eine **eingeschränkte Auskunftspflicht**. Gleiches gilt für den Fall des **Missbrauchs der Informationsrechte** durch einen Großgläubiger oder eine Gläubigergruppe, wenn die Auskunft erkennbar dazu dienen soll, berechtigten Maßnahmen des Insolvenzverwalters durch Gegenmaßnahmen zu begegnen. Die von *Blersch* (BerlKo § 79 Rn 7) empfohlene Antragstellung nach § 78 Abs 1 ist kaum jemals geeignet, den Schaden von den übrigen Gläubigern abzuwenden. Die Auskunft kann vom Verwalter dagegen nicht mit der Begründung verweigert werden, er würde sich mit der Beantwortung der Frage der Gefahr strafgerichtlicher Verfolgung oder einem Regress der Gläubiger aussetzen.

V. Der Sachstandsbericht

Der Sachstandsbericht enthält lediglich den Bericht über den Abwicklungs- und Verfahrensstand. Er ist letztlich nichts anderes als ein Bericht über die bisherige Abwicklung, ohne dass hiermit eine Rechnungslegung verbunden sein muss.

VI. Der Geschäftsführungsbericht

Der Geschäftsführungsbericht ist **Rechenschaftsbericht**. Er soll einen Überblick über die bisherige Geschäftsführung des Verwalters geben und ist idR mit einer Zwischenrechnung zu verbinden. Der Geschäftsführungsbericht stellt weniger auf den Verfahrensstand ab als vielmehr auf die Abwicklungstätigkeit des Insolvenzverwalters. Der Geschäftsführungsbericht gewinnt vor allem Bedeutung in Fällen der Unternehmensfortführung im Insolvenzverfahren und bei Überwachung des Insolvenzplans. Die Berichtspflicht kann im Einzelfall so weit gehen, dass sie letztlich zu einer **Zwischenrechnungslegung** wird. Die Form und den Zeitpunkt zur Zwischenrechnungslegungsfrist bestimmt, wie bereits ausgeführt wurde, die Gläubigerversammlung (*Pink*, Insolvenzrechnungslegung S 83). Zum Bericht über die Geschäftsführung gehört es auch, dass der Verwalter berichtet, ob und in welchem Umfang er seinen handels- und steuerrechtlichen Pflichten zur Rechnungslegung (§ 155) nachgekommen ist. Der Geschäftsführungsbericht entspricht in etwa dem Lagebericht des § 289 HGB. Der Verwalter hat den Abwicklungsverlauf und bei Fortführung des Unternehmens die Situation der Gesellschaft bzw des Schuldnerunternehmens so darzustellen, dass der Gläubigerversammlung ein vollständiges und zutreffendes Bild vermittelt wird. Die Gläubiger müssen gegebenenfalls in die Lage versetzt werden, auf Grund des Geschäftsführungsberichtes ihre ursprüngliche Entscheidung über das Verfahrensziel gem § 157 S 3 zu korrigieren. Wird ein **umfassender Geschäftsführungsbericht** verlangt, muss die Berichterstattung den Erfordernissen einer gewissenhaften und getreuen Rechenschaftslegung entsprechen. Der Verwalter hat im Geschäftsführungsbericht nicht nur über den Stand der Abwicklung zu berichten, sondern auch über die im Einzelfall erzielten Ergebnisse und die voraussichtliche Quote für die Insolvenzgläubiger.

15 Bei der **Überwachung der Planerfüllung** (§ 261 Abs 1 S 1) ist der Bericht weitgehend ein **Überwachungsbericht** (MüKo-*Ehricke* § 79 Rn 11). Aber auch der Überwachungsbericht hat, wenn schon keine Rechnungslegung im Einzelnen, so doch eine Darstellung der Entwicklung des Unternehmens zu enthalten. So ist zB über gesamtwirtschaftliche und branchentypische Rahmenbedingungen, die Situation im Beschaffungsbereich und über den Stand sowie die Entwicklung im Produktionsbereich ebenso zu berichten wie über den Grad der Auslastung, den Finanzbereich, den Absatzbereich, den Auftragsbestand und die Personalsituation. Die **jährliche Berichtspflicht** des Verwalters nach § 261 Abs 2 S 1 bleibt von dieser zusätzlichen Berichtspflicht ebenso unberührt wie das Recht des Gläubigerausschusses oder des Gerichts, Zwischenberichte zu verlangen (§ 261 Abs 2 S 2).

16 Auch vom **Sachwalter im Rahmen der Eigenverwaltung** kann die Gläubigerversammlung Berichte und Auskünfte verlangen. Allerdings beschränkt sich die Berichtspflicht im Rahmen der Eigenverwaltung weitgehend auf die Durchführung der Überwachungstätigkeit und deren Ergebnis. Darzustellen ist vor allem der bisherige Abwicklungsverlauf bzw Geschäftsverlauf und die derzeitige Lage des Schuldnerunternehmens. Bei der Berichterstattung aus besonderem Anlass beschränkt sich der Sachstands- oder Geschäftsführungsbericht auf die von der Gläubigerversammlung geforderten Angaben bzw den Bericht zu einzelnen Vorgängen. Der **Schuldner bzw Schuldnervertreter** ist gem § 281 Abs 2 S 1 verpflichtet, **Bericht zu erstatten** (MüKo-*Ehricke* § 79 Rn 11; FK-*Foltis* § 281 Rn 23–25). Auch im Falle der nachträglichen Anordnung der Eigenverwaltung (§ 271) entfallen die in § 281 festgelegten Schuldnerpflichten nicht schlechthin (FK-*Foltis* § 281 Rn 23–25). Im Berichtstermin hat der Schuldner bzw Schuldnervertreter gem § 281 Abs 2 S 1 Bericht zu erstatten, dh er hat über die wirtschaftliche Situation des Unternehmens und die Ursachen der Insolvenz zu berichten sowie darüber, ob Aussichten bestehen, das Schuldnerunternehmen als Ganzes oder zumindest in Teilen zu erhalten. Weiterhin hat er zu berichten, welche Möglichkeiten für einen Insolvenzplan bestehen. Das Auskunftsrecht der Gläubigerversammlung nach § 79 S 1 richtet sich immer gegen den Schuldner (HK-*Landfermann* § 281 Rn 3). Der Sachwalter hat zu den Bericht Stellung zu nehmen (§ 281 Abs 2 S 1). Die Berichtspflicht richtet sich bei Gesellschaften und sonstigen juristischen Personen danach, wer das jeweilige Organ verwaltungs- und verfügungsbefugt ist. Auf die Vertretungsberechtigung kommt es nicht an (zur Information bei der Eigenverwaltung s auch MüKo-*Ehricke* § 79 Rn 11). Während der Insolvenzverwalter zur Berichterstattung mit den Zwangsmitteln des § 58 angehalten werden kann, ist eine Erzwingung der Auskunftspflicht gegenüber dem eigenverwaltenden Schuldner oder dem organschaftlichen Vertreter eines Schuldnerunternehmens nicht möglich. Verweigert jedoch der Schuldner die verlangten Informationen und eine Berichterstattung, so wird die Eigenverwaltung auf Antrag gem § 272 aufgehoben.

VII. Das Recht zur Prüfung des Geldverkehrs

17 Die Prüfung des Geldverkehrs und Geldbestandes obliegt idR gem § 69 S 2 dem Gläubigerausschuss. Ist ein Gläubigerausschuss nicht bestellt, kann nach § 79 S 2 die Gläubigerversammlung den Geldverkehr und -bestand des Verwalters prüfen lassen. Das **Recht zur Kassenprüfung** besteht also nur in den Fällen, in denen ein Gläubigerausschuss nicht bestellt ist (MüKo-*Ehricke* § 79 Rn 14; *Braun/Herzig* § 79 Rn 13). Das Recht der Gläubigerversammlung bedeutet aber nicht, dass jeder einzelne Gläubiger zur Kassenprüfung berechtigt ist. Vielmehr folgt aus der Formulierung des Gesetzes, dass die Gläubigerversammlung einen **Dritten**, also einen Wirtschaftsprüfer, Steuerberater oder Rechtsanwalt damit beauftragen kann, periodisch die Kassenprüfungen durch Einsicht in Bücher und Geschäftspapiere des Verwalters vorzunehmen (*Smid* § 79 Rn 5; *Jaeger/Gerhardt* § 79 Rn 9; MüKo-*Ehricke* § 79 Rn 14; N/R/*Delhaes* § 79 Rn 5; BerlKo-*Blersch* § 79 Rn 8). Auch einzelne **Mitglieder der Gläubigerversammlung** können mit der Prüfung betraut werden (MüKo-*Ehricke* § 79 Rn 14; BerlKo-*Blersch* § 79 Rn 8; FK-*Kind* § 79 Rn 13). Im Einzelnen gelten für die Prüfung die gleichen Grundsätze wie für die Kassenprüfung des Gläubigerausschusses nach § 69. Die **Kosten der Kassenprüfung** durch einen Sachverständigen sind Masseverbindlichkeiten iSv § 55 Abs 1 Nr 1 und aus der Masse zu entnehmen (*Jaeger/Gerhardt* § 79 Rn 9; *Smid* § 79 Rn 5).

DRITTER TEIL. WIRKUNGEN DER ERÖFFNUNG DES INSOLVENZVERFAHRENS

Erster Abschnitt. Allgemeine Wirkungen

§ 80 Übergang des Verwaltungs- und Verfügungsrechts

(1) Durch die Eröffnung des Insolvenzverfahrens geht das Recht des Schuldners, das zur Insolvenzmasse gehörende Vermögen zu verwalten und über es zu verfügen, auf den Insolvenzverwalter über.

(2) ¹Ein gegen den Schuldner bestehendes Veräußerungsverbot, das nur den Schutz bestimmter Personen bezweckt (§§ 135, 136 des Bürgerlichen Gesetzbuchs), hat im Verfahren keine Wirkung. ²Die Vorschriften über die Wirkungen einer Pfändung oder einer Beschlagnahme im Wege der Zwangsvollstreckung bleiben unberührt.

Übersicht

	Rn
A. Allgemeines *(Uhlenbruck)*	1
B. Die Rechtsstellung des Insolvenzschuldners *(Uhlenbruck)*	2
I. Der Verlust der Verwaltungs- und Verfügungsbefugnis	2
II. Die Rechtsstellung des Schuldners bei Anordnung der Eigenverwaltung	3
III. Umfang der Verfügungsbeschränkungen	4
IV. Rechtswirkungen des Verwaltungs- und Verfügungsverlustes für den Schuldner	6
1. Eigentümerstellung	6
2. Geschäftsfähigkeit	7
3. Scheck- und Wechselfähigkeit	8
4. Partei- und Prozessfähigkeit	9
5. Nebenintervention	10
6. Kaufmannseigenschaft	11
7. Arbeitgebereigenschaft	12
8. Zeugenvernehmung und Zeugnisverweigerungsrechte	13
V. Bindung des Schuldners an Verwalterhandlungen	14
VI. Restbefugnisse des Schuldners im insolvenzfreien Bereich	15
VII. Persönliche Beschränkungen	18
1. Verfahrensrechtliche Beschränkungen	19
2. Berufliche Einschränkungen	20
3. Beschränkungen familienrechtlicher Vermögenssorge	25
C. Die steuerrechtlichen Wirkungen der Insolvenzeröffnung *(Maus)*	26
I. Allgemeines	26
II. Die Zulässigkeit von Steuerbescheiden	28
III. Die Bekanntgabe schriftlicher Verwaltungsakte	29
IV. Aufrechnung von Steuerforderungen	30
V. Die steuerrechtliche Organschaft	31
VI. Neuerwerb	35
VII. Die Besteuerung des Sanierungsgewinns	39
VIII. Auswirkungen der Insolvenzeröffnung auf die einzelnen Steuerarten	43
1. Einkommensteuer	43
a) Allgemeines	43
b) Zusammenveranlagung von Ehegatten	45
c) Aufteilung der Jahressteuerschuld	47
2. Körperschaftsteuer	48
3. Lohnsteuer	50
a) Allgemeines	50
b) Lohnsteuer als Masseverbindlichkeit	51
c) Bei Insolvenzeröffnung rückständige Löhne	52
d) Bei Insolvenzeröffnung rückständige Lohnsteuer	53
e) Pauschalierung der Lohnsteuer	54
4. Besteuerung von Arbeitslosengeld und Insolvenzgeld	55
5. Gewerbesteuer	56
a) Allgemeines	56
b) Erlöschen der Gewerbesteuerpflicht	57
c) Aufteilung der Jahressteuerschuld	58
d) Gewerbesteuer als Masse- oder Insolvenzforderung	59
e) Anpassung von Vorauszahlungen	60
6. Umsatzsteuer	61
7. Grunderwerbssteuer	63

	Rn
8. Grundsteuern	64
9. Kraftfahrzeugsteuer	65
D. Die steuerrechtlichen Pflichten des Insolvenzverwalters *(Maus)*	69
I. Steuererklärungspflichten	69
II. Berichtigung von Steuererklärungen nach § 153 AO	70
III. Besonderheiten bezüglich der Lohnsteuer	71
IV. Steuererklärungspflichten bei Masseamut	72
V. Steuerabführungspflicht	73
VI. Pflicht zur Rechnungsausstellung	74
VII. Haftung	75
E. Das Rechtsverhältnis zwischen Schuldner und Insolvenzverwalter *(Uhlenbruck)*	76
F. Die Rechtsstellung des Insolvenzverwalters *(Uhlenbruck)*	78
I. Theorien zur Rechtsstellung des Insolvenzverwalters	78
II. Einzelne Rechtsfolgen des Übergangs der Verwaltungs- und Verfügungsbefugnis	81
1. Eigentum und Besitz	82
2. Rechtsgeschäftliche Erklärungen	83
a) Willensmängel	85
b) Kenntnis, Kennenmüssen	86
3. Selbstkontrahieren	87
4. Einstandspflicht der Masse für Verschulden des Verwalters	88
5. Zustellungen	89
6. Eintritt in die Rechte und Pflichten des Schuldners	90
III. Der Insolvenzverwalter als Arbeitgeber	92
1. Pflichten bei Beantragung von Insolvenzgeld	97
2. Beantragung von Kurzarbeitergeld (Kug)	99
3. Pflichten bei Arbeitslosengeld	100
4. Pflichten des Insolvenzverwalters nach dem Gesetz zur Verbesserung der betrieblichen Altersversorgung (BetrAVG)	101
5. Sozialversicherungsrechtliche Pflichten	102
IV. Die Rechtsstellung des Insolvenzverwalters im Prozess	103
1. Der Insolvenzverwalter als Partei kraft Amtes	104
2. Der Verwalter als Rechtsnachfolger des Schuldners	107
3. Prozessunterbrechung durch Aufhebung des Insolvenzverfahrens	108
4. Ermächtigung des Schuldners zur Prozessführung	111
5. Rechtskraftwirkungen	114
6. Schiedsabreden und Schiedsverfahren	115
7. Prozesskostenhilfe für den Insolvenzverwalter	116
a) Allgemeines	116
b) Kosten und Masseamut	117
c) Wirtschaftlich Beteiligte	120
d) Zumutbarkeit	122
e) Darlegungs- und Beweislast	128
f) Insolvenz juristischer Person	129
g) Erfolgsaussicht und fehlender Mutwillen	130
h) Beiordnung eines Rechtsanwalts	131
8. Gerichtsstand	132
9. Freigabe des streitbefangenen Gegenstandes	133
a) Prozessuale Folgen der echten Freigabe	134
b) „Modifizierte Freigabe" als gewillkürte Prozessstandschaft	137
10. Verwalterwechsel	138
11. Drittwiderspruchsklage	139
12. Die Berechtigung des Insolvenzverwalters zur Entbindung .eines zur Geheimhaltung Verpflichteten von der Schweigepflicht	140
a) Strafverfahren	142
b) Zivilprozess	144
c) Der Insolvenzverwalter als Strafverteidiger des Schuldners	145
13. Vollstreckungsschutzanträge und Offenbarungsversicherung des Insolvenzverwalters	146
V. Das Strafantragsrecht des Insolvenzverwalters	148
G. Rechte und Pflichten des Insolvenzverwalters *(Uhlenbruck)*	149
I. Allgemeines	149
II. Rechts- und insolvenzzweckwidrige Handlungen des Verwalters	150
1. Kondizierbarkeit des insolvenzzweckwidrig Erlangten	153
2. Beispiele	154
III. Wahrnehmung von Gläubigerinteressen	155
IV. Inbesitznahme und Abwehr unberechtigter Angriffe	158
V. Bindung des Verwalters an die vorgefundene Rechtslage	160
1. Schuldrechtliche Verpflichtungen	161
2. Das Anfechtungsrecht	162
3. Einreden und Einwendungen	163
VI. Verwertung der Insolvenzmasse	164

	Rn
VII. Öffentlich-rechtliche Pflichten des Insolvenzverwalters	165
1. Steuern und sonstige öffentliche Abgaben	167
2. Anfechtung des festgestellten Jahresabschlusses	169
VIII. Ordnungspflichten und Zustandshaftung des Insolvenzverwalters	170
1. Typische Fallkonstellationen in der Praxis	171
2. Diskussionsstand	172
H. Pflichten des Verwalters gegenüber anderen Beteiligten *(Uhlenbruck)*	178
I. Pflichten gegenüber Aus- und Absonderungsberechtigten	178
II. Pflichten gegenüber Massegläubigern	182
III. Pflichten gegenüber Prozessgerichten	183
I. Gesellschaftsrechtliche Pflichten des Insolvenzverwalters *(Uhlenbruck)*	184
J. Pflichten im Rahmen der Betriebsfortführung *(Uhlenbruck)*	186
K. Auskunftspflichten und Auskunftsrechte des Insolvenzverwalters *(Uhlenbruck)*	189
I. Art und Umfang der Auskunftspflicht	189
II. Die Auskunftspflicht des Insolvenzverwalters gegenüber dem Schuldner	192
III. Auskunftspflichten des Verwalters gegenüber Insolvenzgläubigern	195
IV. Auskunftspflichten des Insolvenzverwalters gegenüber Aus- und Absonderungsberechtigten	196
V. Vollstreckung von Auskunftsurteilen, die gegen den Schuldner ergangen sind	197
VI. Auskunftspflichten des Insolvenzverwalters gegenüber dem Betriebsrat	198
VII. Auskunftspflichten des Insolvenzverwalters nach Verfahrensbeendigung	199
VIII. Auskunftsrechte des Insolvenzverwalters	200
IX. Auskunft des Verwalters an die Presse	201
L. Unwirksamkeit von Veräußerungsverboten (Abs 2) *(Uhlenbruck)*	202
I. Allgemeines	202
II. Die einzelnen Veräußerungsverbote	203
1. Gesetzliche relative Veräußerungsverbote (§ 135 BGB)	203
2. Rechtsgeschäftliche Veräußerungsverbote	204
3. Gerichtliche oder behördliche Veräußerungsverbote	205
4. Veräußerungsverbote durch Zwangsvollstreckungsmaßnahmen	206
5. Die Vorpfändung	207

A. Allgemeines

§ 80 entspricht weitgehend den früheren Vorschriften der §§ 6, 13 KO und § 5 S 2 Nr 1, 2 GesO. **1** Soweit dies nicht schon durch die Anordnung eines allgemeinen Verfügungsverbots nach § 21 Abs 2 Nr 2 im Eröffnungsverfahren geschehen ist, verliert der Schuldner bzw das Schuldnerunternehmen mit der Eröffnung des Insolvenzverfahrens die Befugnis, das zur Insolvenzmasse (§ 35) gehörende Vermögen zu verwalten und über dieses zu verfügen. Eine Ausnahme gilt lediglich für den Fall der **Eigenverwaltung**, wenn das Insolvenzgericht in dem Beschluss über die Verfahrenseröffnung die Eigenverwaltung gem § 270 Abs 1 S 1 anordnet, denn die Befugnisse des Schuldners zu Verfügungen über das zur Insolvenzmasse gehörende Vermögen bleiben bestehen. Eine Einschränkung ergibt sich nur insoweit, als auf Antrag der Gläubigerversammlung das Insolvenzgericht anordnen kann, dass bestimmte Rechtsgeschäfte des Schuldners nur wirksam sind, wenn der **Sachwalter** ihnen zustimmt (§ 277 Abs 1 S 1). Im Verbraucherinsolvenzverfahren kann sogar die Eigenverwaltung ohne Aufsicht eines Sachwalters angeordnet werden (K/P/B/*Lüke* § 80 Rn 2). Im Übrigen hat sich der Gesetzgeber grundsätzlich für die **Fremdverwaltung** entschieden mit der Folge, dass die Verwertung der Insolvenzmasse durch einen vom Gericht bestellten Insolvenzverwalter erfolgt. Soweit der Schuldner eine natürliche Person ist, wird er nicht nur in seinen Vermögensrechten, sondern zugleich auch in seinen **Personenrechten** von der Verfahrenseröffnung betroffen. Die Förderung der Verfahrensabwicklung erfordert zwingend auch familienrechtliche, staatsbürgerrechtliche und berufsrechtliche Einschränkungen, die der Gesetzgeber der InsO allerdings auf ein Mindestmaß beschränkt hat. Sämtliche personellen Einschränkungen sind an das eröffnete Insolvenzverfahren gebunden, so dass mit der Aufhebung oder Einstellung des Verfahrens zugleich der Schuldner seine volle Verwaltungs- und Verfügungsbefugnis wiedererlangt.

B. Die Rechtsstellung des Insolvenzschuldners

I. Der Verlust der Verwaltungs- und Verfügungsbefugnis

Mit der Eröffnung des Insolvenzverfahrens verliert der Schuldner die Befugnis, sein zur Insolvenz- **2** masse (§ 35) gehöriges Vermögen zu verwalten und darüber zu verfügen. Damit ist gesagt: Der Schuldner bleibt Eigentümer des zur Insolvenzmasse gehörenden Vermögens. Er verliert lediglich die Befugnis, über diese Teile seines Vermögens zu verfügen und sie zu verwalten. Der Insolvenzverwalter ist **nicht der gesetzliche Vertreter** bezüglich insolvenzfreien Vermögens (BGH v 26. 1. 2006 – IX ZR 282/03; ZInsO 2006, 260). Verfügungen des Schuldners über Gegenstände der Insolvenzmasse sind **absolut un-**

wirksam (K/P/B/*Lüke* § 80 Rn 5). Eine Ausnahme gilt lediglich für die **Eigenverwaltung** (§§ 270 ff). Der Verlust der Verwaltungs- und Verfügungsbefugnis erfolgt auch bei Organen von juristischen Personen, nicht rechtsfähigen Vereinen oder einer Gesellschaft ohne Rechtspersönlichkeit. Die **Wirkungen der Verfahrenseröffnung** (Insolvenzbeschlag) treten mit der Beschlussunterzeichnung durch den Insolvenzrichter bzw die Richterin ein, nicht dagegen erst mit Zustellung oder Bekanntmachung bzw Rechtskraft des Eröffnungsbeschlusses (*Jaeger/Henckel* 6 KO Rn 2). Soweit der Insolvenzverwalter die dem Insolvenzbeschlag unterfallenden Gegenstände in Besitz nimmt (§ 854 BGB), ist er unmittelbarer Besitzer, der Schuldner mittelbarer Besitzer. Nach hM ist der Schuldner Eigenbesitzer und der Verwalter Fremdbesitzer (*Jaeger/Henckel* § 6 KO Rn 47/48; K/P/B/*Lüke* § 80 Rn 6; *Kilger/K. Schmidt* § 6 KO Anm 6 c). Dem Schuldner stehen die **Besitzschutzansprüche** nach den §§ 861, 862, 869 BGB bei unmittelbarem Besitz des Verwalters nicht zu. Vielmehr hat der Insolvenzverwalter diese Ansprüche geltend zu machen. Der Verlust der Verwaltungs- und Verfügungsbefugnis dient dem Insolvenzzweck. Durch Ausschaltung aller Einwirkungsmöglichkeiten des Schuldners auf das vom Insolvenzbeschlag erfasste Vermögen soll die gemeinschaftliche Befriedigung aller persönlichen Gläubiger ungestört erreicht werden. § 80 Abs 1 ist eine den Inhalt und die Schranken des Eigentums bestimmende Regelung iSv Art 14 Abs 1 S 2 GG. Sie ist durch Gründe des öffentlichen Interesses gerechtfertigt und entspricht dem verfassungsrechtlichen Grundsatz der Verhältnismäßigkeit (krit *Jaeger/Windel* § 80 Rn 8). Die Regelung steht auch mit den übrigen Verfassungsnormen im Einklang (BVerfGE 21, 150, 155; BVerfGE 25, 112, 117; BVerfGE 42, 263, 295, 305; BVerfGE 51, 405, 408). Der Schuldner verliert die Verwaltungs- und Verfügungsbefugnis nicht durch den gerichtlichen Beschluss, sondern kraft Gesetzes. Einer besonderen Anordnung des Insolvenzgerichts bedarf es daher nicht.

II. Die Rechtsstellung des Schuldners bei Anordnung der Eigenverwaltung

3   Die Rechtswirkungen des § 80 Abs 1 greifen bei der Eigenverwaltung nicht ein. Der Schuldner bzw das Schuldnerunternehmen bleibt weiterhin trotz Verfahrenseröffnung verwaltungs- und verfügungsbefugt. Dem Schuldner stehen grundsätzlich die Befugnisse eines Insolvenzverwalters zu (*Häsemeyer* InsR Rn 8.15; HK-*Kayser* § 80 Rn 7; K/P/B/*Lüke* § 80 Rn 6 a). Wird die Eigenverwaltung mit der Verfahrenseröffnung angeordnet und war vorher kein vorläufiger Insolvenzverwalter mit Verwaltungs- und Verfügungsbefugnis (§ 22) eingesetzt worden, so greift § 80 nicht ein und bleibt der Schuldner bzw das Schuldnerunternehmen verwaltungs- und verfügungsbefugt, solange die Eigenverwaltung dauert. Die Befugnisse werden lediglich der Aufsicht eines Sachwalters unterstellt (**BGH** v 11. 1. 2007, ZIP 2007, 394, 395). War bereits im Eröffnungsverfahren vom Insolvenzgericht ein **allgemeines Verfügungsverbot** nach § 21 Abs 2 Nr 2 erlassen und ein sogen „starker" vorläufiger Insolvenzverwalter eingesetzt worden oder wird die Eigenverwaltung gem § 271 S 1 nachträglich angeordnet, so hatte der Schuldner bereits seine Verwaltungs- und Verfügungsbefugnis verloren. Im ersteren Fall fällt diese mit Eröffnung des Insolvenzverfahrens und Anordnung der Eigenverwaltung automatisch an den Schuldner bzw das Schuldnerunternehmen zurück. Wird dagegen die **Eigenverwaltung nachträglich angeordnet** (§ 271 S 1), so hatte der Schuldner die Verwaltungs- und Verfügungsbefugnis zunächst verloren und setzt der die Eigenverwaltung anordnende Beschluss des Insolvenzgerichts die Regelwirkung des § 80 Abs 1 außer Kraft, hat somit **konstitutive Wirkung** für die Rechtsmacht des Schuldners (zutr *Schlegel*, Eigenverwaltung, S 121). Nach Auffassung von *Schlegel* (Eigenverwaltung S 125) wird das Verwaltungs- und Verfügungsrecht des Schuldners auch bei Anordnung der Eigenverwaltung „insolvenzrechtlich determiniert und modifiziert". Richtig ist, dass auch bei Anordnung der Eigenverwaltung der Verfahrenszweck des § 1 maßgeblich bleibt. Die Unanwendbarkeit des § 80 Abs 1 ändert nichts daran, dass auch ein Insolvenzverfahren als Eigenverwaltung Mittel der Haftungsverwirklichung ist. Der Schuldner bleibt an das von der Gläubigerversammlung gem § 157 vorgegebene Verfahrensziel gebunden. Die Eigenverwaltung verschafft ihm lediglich die Rechtsmacht, statt eines Insolvenzverwalters selbst die Insolvenzmasse dem Verfahrenszweck zuzuführen.

III. Umfang der Verfügungsbeschränkungen

4   Der Übergang der Verwaltungs- und Verfügungsbefugnisse auf den Verwalter und entsprechend der Verlust beim Schuldner bzw Schuldnerunternehmen ist beschränkt auf das „zur Insolvenzmasse gehörende Vermögen" des Schuldners. Gem § 35 erfasst das Insolvenzverfahren das gesamte Vermögen, das dem Schuldner zur Zeit der Verfahrenseröffnung gehört und das er während des Verfahrens erlangt, also die Sollmasse. Soweit es sich um **insolvenzfreies Vermögen** handelt (vgl zB § 36), bleibt der Schuldner verwaltungs- und verfügungsbefugt (*Jaeger/Windel* § 80 Rn 10). Er kann sich sowohl rechtswirksam verpflichten als auch Zahlungen aus dem insolvenzfreien Vermögen leisten (*Jaeger/Henckel* § 6 KO Rn 3). Ist im Einzelfall streitig, ob ein Gegenstand zur Insolvenzmasse gehört und damit der Verwaltungs- und Verfügungsmacht des Verwalters unterliegt, ist dieser Streit vor den ordentlichen Gerichten auszutragen. Soweit der Schuldner auf den Pfändungsschutz der §§ 811 ff ZPO u §§ 850 ff ZPO verzichtet, fallen die Gegenstände oder Ansprüche ebenfalls in die Insolvenzmasse (vgl *Smid* § 80 Rn 6). Verfügt der Schuldner über Gegenstände, die Bestandteile der Insolvenzmasse sind, so ist diese Verfügung gem § 81

B. Die Rechtsstellung des Insolvenzschuldners § 80

Abs 1 S 1 absolut unwirksam (vgl aber auch § 81 Abs 1 S 2, Abs 2). Der rechtsgeschäftlichen Verfügung des Schuldners steht eine Verfügung gleich, die im Wege der Zwangsvollstreckung oder der Arrestvollziehung gegen ihn erfolgt. Eine vom Schuldner oder organschaftlichen Vertreter des Schuldnerunternehmens während des Insolvenzverfahrens vorgenommene Verfügung wird wirksam, wenn der Gegenstand, auf die sie sich bezieht, entweder vom Insolvenzverwalter freigegeben wird oder nach Aufhebung des Verfahrens noch nicht vorhanden ist und in die freie Verfügung des Schuldners zurückfällt.

Auch bei **juristischen Personen** und sonstigen **Gesellschaften des Handelsrechts** gibt es im eröffneten Insolvenzverfahren noch einen **insolvenzfreien Bereich**, in dem die Verwalterzuständigkeit nicht gegeben ist (vgl **BGH** v 21. 4. 2005, BGHZ 163, 32, 34; BGHZ 148, 252, 258 f; **BVerwG** ZIP 2004, 2145, 2147; **BGH** KTS 1981, 234, 236; BayObLG Rpfleger 1979, 212, 213 f; *K. Schmidt* Wege S 117 f; *Friedr. Weber* KTS 1973, 73 ff; *Jaeger/Weber* §§ 207, 208 KO Rn 28; *Braun/Uhlenbruck* Unternehmensinsolvenz S 72 f; HK-*Kayser* § 80 Rn 9 u 59; N/R/*Wittkowski* § 80 Rn 102; str aA *K. Schmidt* ZIP 2000, 1916 f; *Jaeger/Müller* § 35 Rn 148). Die Kompetenzen der Gesellschafter bzw organschaftlichen Vertreter einer Gesellschaft oder eines Vereins oder einer Genossenschaft beschränken sich auf den insolvenzfreien Bereich. Einzelheiten unten zu Rn 14. Da auch das **Auslandsvermögen des Schuldners** zur Insolvenzmasse gehört, geht gem § 80 Abs 1 auch das Recht, Auslandsvermögen zu verwalten und darüber zu verfügen, auf den inländischen Insolvenzverwalter über (vgl auch *Lüer*, Art 102 Abs 2 EGInsO – eine verpasste Chance, FS *Uhlenbruck* S 843, 853 ff; *Smid* § 80 Rn 7). Allerdings ist zu beachten, ob aufgrund internationaler Abkommen oder Verträge nicht im Einzelfall ein ausländischer Insolvenzverwalter zur Inbesitznahme und Verwertung ausländischen Vermögens des inländischen Schuldners berechtigt ist.

IV. Rechtswirkungen des Verwaltungs- und Verfügungsverlustes für den Schuldner

1. Eigentümerstellung. Die Eigentumsrechte an den zur Insolvenzmasse (§ 35) gehörenden Gegenständen werden vom Verlust der Verwaltungs- und Verfügungsbefugnis nicht berührt. Der **Schuldner** bzw das Schuldnerunternehmen **bleibt Eigentümer** der insolvenzbefangenen Sachen und Inhaber der in die Masse fallenden Rechte und Forderungen (RGZ 52, 333; RGZ 53, 9; RGZ 53, 253; RGZ 59, 369; RGZ 105, 314; BVerwG NJW 1962, 979; MüKo-*Ott/Vuia* § 80 Rn 11). Deshalb kann eine insolvenzbefangene Sache nicht von ihm selbst unterschlagen werden. Eignet sich ein Dritter eine solche Sache rechtswidrig an, so ist der Schuldner der Verletzte (**RGSt** 39, 414; K/U § 6 KO Rn 8). Der Schuldner bzw das Schuldnerunternehmen wird auch Eigentümer der Vermögenswerte, die der Verwalter infolge seiner Verwaltungstätigkeit zur Masse hinzuerwirbt. Rechte, die der Verwalter für die Masse erwirbt, kommen dem Schuldner zugute (RGZ 53, 352; RGZ 59, 369). Bezahlt der Verwalter eine vom Schuldner unter EV gelieferte Sache, erwirbt der Schuldner Eigentum daran (RGZ 53, 352). Eine vom Verwalter erworbene Hypothek wird auf den Namen des Schuldners eingetragen. Gleiches gilt für ein vom Verwalter für die Masse erworbenes Grundstück. Erwirbt der Verwalter an einem zur Masse gehörenden Grundstück eine Eigentümergrundschuld, so steht diese ebenfalls dem Schuldner als Grundstückseigentümer zu (BayObLG v 7. 8. 1980, ZIP 1981, 41). Deshalb ist auch der Schuldner und nicht etwa der Insolvenzverwalter als **Rechtsinhaber einer Eigentümergrundschuld** in das Grundbuch einzutragen. Dass Neuerwerb durch den Insolvenzverwalter Eigentum des Schuldners wird, ist weitgehend unbestritten (vgl **RG** v 20. 3. 1912, WarnRspr 1912, Nr 261; K/P/B/*Lüke* § 80 Rn 8; *Kilger/ K. Schmidt* § 6 KO Anm 3 a). Umstritten ist lediglich die Begründung nach den einzelnen Verwaltertheorien (vgl *Jaeger/ Henckel* § 6 KO Rn 35–38; zu den Verwaltertheorien s § 56 VII; *Jaeger/Henckel* § 6 KO Rn 4–9; *Jaeger/ Windel* § 80 Rn 11–20; HK-*Kayser* § 80 Rn 12–16; K/P/B/*Lüke* § 80 Rn 34–38). Bei der **Beschlagnahme** einer beweglichen Sache nach § 111 c StPO handelt es sich um ein relatives Veräußerungsverbot zugunsten des Staates (§ 136 BGB), das nach § 80 Abs 2 S 1 im Insolvenzverfahren keine Wirkung hat (LG Düsseldorf v 22. 5. 2001, NZ 2001, 488).

2. Geschäftsfähigkeit. Der Verlust der Verfügungsbefugnis hat nicht den Verlust der Verfügungs- und Geschäftsfähigkeit des Schuldners zur Folge. Der Schuldner bleibt deshalb, sofern er nicht aus anderen Gründen die Geschäftsfähigkeit verliert, während des Verfahrens weiterhin fähig, wirksam Rechtsgeschäfte aller Art vorzunehmen (*Jaeger/Windel* § 80 Rn 261). Eine organschaftliche Position oder Vertretungsbefugnis bleibt unberührt. § 80 berührt vor allem nicht seine Fähigkeit, sich gegenüber Dritten weiter zu verpflichten. Allerdings können sich Gläubiger aus vom Schuldner neu eingegangenen Verbindlichkeiten nur an dessen insolvenzfreies Vermögen, nicht dagegen an die Insolvenzmasse oder den Verwalter halten, denn der **Insolvenzschuldner kann die Masse nicht verpflichten**. Eine **Ausnahme** gilt aber bei selbstständiger Tätigkeit des Schuldners für die Masse (§ 35 Abs 2 S 1). Die vom Schuldner über insolvenzfreies und insolvenzfremdes Vermögen getroffenen Verfügungen sind voll wirksam. § 81 greift nur bei Verfügungen über Gegenstände der Insolvenzmasse ein (vgl auch K/P/B/*Lüke* § 80 Rn 11; N/R/*Wittkowski* § 80 Rn 19).

3. Scheck- und Wechselfähigkeit. Der Schuldner bleibt trotz Eröffnung des Insolvenzverfahrens weiterhin wechselfähig (*Jaeger/Windel* § 80 Rn 262; K/P/B/*Lüke* § 80 Rn 12; N/R/*Wittkowski* § 80

§ 80   *Übergang des Verwaltungs- und Verfügungsrechts*

Rn 19). Gleiches gilt für die **Scheckfähigkeit** des Schuldners. Wechselverpflichtungen, die der Insolvenzschuldner nach Verfahrenseröffnung eingeht, berühren die Insolvenzmasse nicht. Die Forderung aus einem solchen Wechsel ist, da erst **nach Insolvenzeröffnung entstanden**, keine Insolvenzforderung iSv § 38, aber auch keine Masseverbindlichkeit, da diese nur vom Insolvenzverwalter begründet werden kann (MüKo-*Ott/Vuia* § 80 Rn 11; *Jaeger/Windel* § 80 Rn 262; N/R/*Wittkowski* § 80 Rn 19; *Jaeger/Henckel* § 6 KO Rn 163). Ist über das **Vermögen des Bezogenen das Insolvenzverfahren eröffnet** worden und verweigert die Schuldnerin die Annahme des Wechsels oder hat er den Wechsel vor Verfahrenseröffnung bereits akzeptiert, so ist der Wechselinhaber gem Art 43 Abs 2 Nr 2 WG berechtigt, schon vor Verfall Rückgriff zu nehmen. Es bedarf **keiner Protesterhebung** gem Art 44 Abs 5 WG. Es genügt vielmehr zur Ausübung des Rückgriffsrechts die Vorlage des Insolvenzeröffnungsbeschlusses oder des Nachweises der amtlichen Bekanntmachung (vgl Art 44 Abs 6 WG; *Jaeger/Windel* § 80 Rn 262; K/P/B/*Lüke* § 80 Rn 12). Hat der Schuldner als Bezogener seine Zahlungen eingestellt, so kann ihm der Wechsel bereits vor Verfall zur Zahlung vorgelegt und mangels Zahlung gegen die anderen Wechselverpflichteten Rückgriff genommen werden (Art 43 Abs 2 WG). In diesem Fall ist allerdings **Protest zu erheben** (Art 44 Abs 5 WG). **Vorlegung** und **Protesterhebung** haben gegenüber dem Schuldner in dessen Geschäfts- oder Wohnräumen zu erfolgen (*Kalter* KTS 1956, 145, 146; *Jaeger/Windel* § 80 Rn 262). Die Rückgriffserleichterung nach Art 43 Abs 2 Nr 2 WG bezieht sich zwar nur auf den Rückgriff vor Verfall; sie gilt jedoch auch für den Rücktritt nach Verfall (*Jaeger/Windel* § 80 Rn 262). Zur Weiterbegebung der bei Verfahrenseröffnung dem Schuldner gehörenden Wechsel sowie zur Ausfüllung eines Wechselsblanketts ist nur noch der Insolvenzverwalter berechtigt, der auch zulasten der Insolvenzmasse neue Wechselverbindlichkeiten eingehen kann (*Jaeger/Windel* § 80 Rn 263).

9 **4. Partei- und Prozessfähigkeit.** Die Eröffnung des Insolvenzverfahrens über sein Vermögen berührt grundsätzlich die Prozessfähigkeit des Schuldners ebenso wenig wie seine Parteifähigkeit (HK-*Eickmann* § 80 Rn 6). Er verliert die Prozessführungsbefugnis lediglich in Bezug auf das insolvenzbefangene Vermögen. Das Prozessführungsrecht geht insoweit auf den Insolvenzverwalter über (RGZ 26, 68; RGZ 29, 37; RGZ 47, 374). Zum **Gerichtsstand** (§ 1 a ZPO) bei Klagen wegen Aus- oder Absonderungsschulden s BayObLG ZInsO 2013, 521. **Laufende Prozesse**, die die Insolvenzmasse betreffen, werden gem § 240 ZPO unterbrochen und können vom Verwalter nach den §§ 85, 86 aufgenommen und fortgeführt werden. Hinsichtlich des insolvenzfreien Vermögens bleibt der Schuldner prozessfähig. Gleiches gilt, wenn der Streitgegenstand aus der Masse vom Verwalter **freigegeben** wird. Zur Freigabe s unten zu Rn 134 ff. Wird eine **in Unkenntnis** von der Eröffnung des Insolvenzverfahrens **erhobene Klage gegen den Schuldner** auf Veranlassung des Gerichts nicht diesem, sondern dem Insolvenzverwalter zugestellt, so wird zunächst weder der eine noch der andere zur beklagten Partei (BGH v 5. 10. 1994, BGHZ 127, 156, 160 ff; HaKo-*Kuleisa* § 80 Rn 26; N/R/*Wittkowski* § 80 Rn 50). Der Insolvenzverwalter erlangt die Parteistellung nicht vor der Erklärung, dass sich die Klage gegen ihn richtet. Rechtsstreitigkeiten in Bezug auf **persönliche Angelegenheiten des Schuldners**, wie zB Erbschafts-, Personenstands-, Scheidungs- oder Strafverfahren, unterfallen nicht der Verwaltungskompetenz des Verwalters, so dass der Schuldner weiterhin prozessführungsbefugt ist (*Smid* § 80 Rn 10). Soweit sich dagegen die Rechtsstreitigkeiten auf pfändbares Schuldnervermögen beziehen, findet zunächst ein **Parteiwechsel** statt (§§ 265, 325, 327 ZPO). Der Schuldner scheidet aus dem Prozess als Partei aus mit der Folge, dass er nunmehr als **Zeuge** vernommen werden kann (BFH NJW-RR 1998, 63 = ZIP 1997, 797; *Hess* § 80 Rn 132; *Zöller/Greger* § 373 ZPO Rn 5; *Smid* § 80 Rn 10). Der Schuldner ist nicht etwa Partei in Masseprozessen des Insolvenzverwalters. Vielmehr führt der Insolvenzverwalter die Prozesse als **Partei kraft Amtes** (vgl unten zu 4. a). Nach § 19 a ZPO wird der **allgemeine Gerichtsstand eines Insolvenzverwalters** für Klagen, die sich auf die Insolvenzmasse beziehen, durch den **Sitz des Insolvenzgerichts** bestimmt. Klagen jeglicher Art, die sich auf die Insolvenzmasse beziehen und gegen den Insolvenzverwalter gerichtet sind, sind somit bei dem Gericht zu erheben, das für den Bezirk des Insolvenzgerichts (§ 2 Abs 1) zuständig ist. Durch die Verfahrenseröffnung verliert hinsichtlich der auf die Masse bezogenen Rechtsstreitigkeiten der Schuldner automatisch seine Parteistellung. Der Insolvenzverwalter wird Prozesspartei des gem § 240 ZPO unterbrochenen Rechtsstreits (BGH ZIP 1997, 473; *Kilger/K. Schmidt* § 6 KO Anm 7 a). Der Insolvenzverwalter kann seine gesetzliche Prozessführungsbefugnis nicht durch eine dem Insolvenzzweck widersprechende Vereinbarung mit den Beteiligten einschränken (BGH v 4. 6. 1996, ZIP 1996, 1307).

10 **5. Nebenintervention.** Umstritten ist, ob der Schuldner, der einer angemeldeten Forderung widersprochen hat, dem Insolvenzverwalter oder einem der Forderungsanmeldung widersprechenden Gläubiger als **Nebenintervenient** beitreten kann (vgl *Jaeger/Windel* § 80 Rn 201). Hat der Schuldner es unterlassen, einer angemeldeten Insolvenzforderung nach § 178 zu widersprechen, so kann er die Rechtsfolgen nicht dadurch abwenden, dass er dem Insolvenzverwalter als Nebenintervenient beitritt (*Jaeger/Henckel* § 6 KO Rn 102). Zweifelhaft ist dies aber, wenn der Schuldner der angemeldeten Forderung widersprochen hat (für eine Nebenintervention *Jaeger/Henckel* § 6 KO Rn 103; K/U § 6 KO Rn 11; *Stein/Jonas/Bork* § 66 ZPO Rn 13; **str aA RG** JW 1937, 3042). Nach N/R/*Wittkowski* (§ 80 Rn 31; *Jaeger/Windel* § 80 Rn 201) muss sich das Interventionsinteresse allein aus dem freien Vermögen begründen. Der Bei-

tritt in einem Feststellungsprozess ist danach ausgeschlossen. Richtig ist, dass der Schuldner am Obsiegen des Verwalters im Feststellungsprozess ein eigenes **rechtliches Interesse** haben muss (*Jaeger/Henckel* § 6 KO Rn 101 ff; N/R/*Wittkowski* § 80 Rn 29–31; MüKo-*Ott/Vuia* § 80 Rn 82). In **Aktivprozessen** des Verwalters wird teilweise für die Interventionsberechtigung des Schuldners darauf abgestellt, ob am Ende des Verfahrens ein Überschuss verbleibt (*Jaeger/Henckel* § 6 KO Rn 101; N/R/*Wittkowski* § 80 Rn 30; aA *Jaeger/Windel* § 80 Rn 201). Zutreffend weist *Henckel* (*Jaeger/Henckel* § 6 KO Rn 103) darauf hin, dass der Schuldner mit seinem freien Vermögen neben der Insolvenzmasse haftet. Das Verhältnis der Haftung des freien Vermögens nach Verfahrensbeendigung zur Haftung der Masse sei ähnlich dem zwischen mehreren Gesamtschuldnern, Hauptschuldner und Bürge oder persönlichem Schuldner und Eigentümer einer für die Schuld verpfändeten Sache. In allen diesen Fällen werde die **Zulässigkeit der Nebenintervention** bejaht. Auch die Einbeziehung des Neuerwerbs in die Insolvenzmasse rechtfertigt keine andere Auffassung (dagegen in guten Argumenten *Jaeger/Windel* § 80 Rn 201). Im **Prozess über eine Masseverbindlichkeit** iSv § 55 ist der Schuldner zur Intervention berechtigt, da er für die Masseverbindlichkeiten nach Aufhebung des Verfahrens haftet (vgl *Jaeger/Henckel* § 6 KO Rn 104; str aA *Jaeger/Windel* § 80 Rn 201). Gleiches gilt für die Nebenintervention in Bezug auf eine bestrittene Insolvenzforderung, denn auch wegen dieser Forderung will der Schuldner nicht nach § 201 nachhaften. In allen Fällen der Interventionsberechtigung ist der Schuldner lediglich **einfacher Nebenintervenient** mit der Folge, dass § 69 ZPO keine Anwendung findet (*Jaeger/Henckel* § 6 KO Rn 105). Unzulässig wäre es, die Nebenintervention dazu zu benutzen, über den Weg der Prozesskostenhilfe den Verwalterprozess über den Nebenintervenienten zu finanzieren. Der **Insolvenzverwalter** ist berechtigt, in einem anhängigen Forderungsfeststellungsstreit als **streitgenössischer Nebenintervenient** zu intervenieren (*Jaeger/Windel* § 80 Rn 200).

6. Kaufmannseigenschaft. Der Schuldner behält seine Kaufmannseigenschaft, bis der Insolvenzverwalter das Handelsunternehmen aufgibt oder es als Ganzes veräußert (*Jaeger/Henckel* § 6 KO Rn 52; N/R/*Wittkowski* § 80 Rn 33; K/P/B/*Lüke* § 80 Rn 13; HK-*Kayser* § 80 Rn 18; *K. Schmidt* Handelsrecht § 5 I 1 d aa). Der Verwalter wird durch die Verwaltungs- und Verfügungsbefugnis nicht etwa zum Kaufmann, selbst wenn er das Schuldnerunternehmen zeitweise fortführt (*Jaeger/Windel* § 80 Rn 67; *Jaeger/Henckel* § 6 KO Rn 52; K/P/B/*Lüke* § 80 Rn 13; N/R/*Wittkowski* § 80 Rn 33; MüKo-*Ott/Vuia* § 80 Rn 100). Mit einer im Vordringen befindlichen Auffassung ist für die InsO davon auszugehen, dass vor allem bei Unternehmensfortführung im Insolvenzverfahren der **Insolvenzverwalter berechtigt ist, Prokura zu erteilen** (vgl auch *K. Schmidt* Wege S 123 ff; ders BB 1989, 229 ff; *Baumbach/Hopt* § 48 HGB Rn 1; *Koller/Roth/Morck* § 48 HGB Rn 3; *Staub/Joost* § 48 HGB Rn 17; MüKo-*Ott/Vuia* § 80 Rn 103 ff; BerlKo-*Blersch/v. Olshausen* § 80 Rn 10; *Canaris* HandelsR § 14 Rn 3; str aA *Jaeger/Windel* § 80 Rn 68; K/P/B/*Lüke* § 80 Rn 13; *Smid* § 80 Rn 51; N/R/*Wittkowski* § 80 Rn 33; zur KO ablehnend auch BGH WM 1958, 430, 431; OLG Düsseldorf BB 1957, 412). Die neuere Auffassung lässt sich durchaus mit der Verneinung der Kaufmannseigenschaft beim Insolvenzverwalter vereinbaren, denn auch für Testamentsvollstrecker, Nachlassverwalter und Nachlasspfleger, die das Handelsgeschäft fortführen, wird die Zulässigkeit der Prokuraerteilung bejaht, ohne dass diese damit zum Kaufmann werden. Gleiches gilt für die Befugnis zur Erteilung einer **Generalhandlungsvollmacht** (str aA *Jaeger/Windel* § 80 Rn 68). Erhält der kaufmännisch handelnde Insolvenzverwalter ein **Bestätigungsschreiben** über eine rechtsgeschäftliche Vereinbarung mit einem Vertragspartner, so treffen ihn die gleichen Obliegenheiten und Pflichten wie einen Kaufmann. Er muss durch geeignete Organisation sicherstellen, dass er rechtzeitig Kenntnis von eingehenden Schriftstücken erlangt (BGH NJW 1987, 1940 m Anm *K. Schmidt* NJW 1987, 1905 ff = ZIP 1987, 584). Auch wenn man die Kaufmannseigenschaft des Insolvenzverwalters verneint, bleibt es dabei, dass nach ständiger Rechtsprechung des BGH der Insolvenzverwalter gegenüber den beteiligten Vertragspartnern bei Unternehmensfortführung in kaufmännischer Weise am Geschäftsverkehr teilnimmt und diese nicht nur damit rechnen können, sondern auch darauf vertrauen dürfen, dass sich der andere Teil ebenfalls in kaufmännischer Weise verhält (BGHZ 11, 1, 3; BGHZ 40, 42, 44; BGH WM 1976, 564; BGH NJW 1987, 1940; *K. Schmidt* Handelsrecht § 5 I 1 d aa; *Jaeger/Windel* § 80 Rn 67).

7. Arbeitgebereigenschaft. Grundsätzlich bleibt der Schuldner bzw das Schuldnerunternehmen auch nach Verfahrenseröffnung Arbeitgeber. Er verliert aber gem § 80 Abs 1 die **Arbeitgeberfunktionen** (*Jaeger/Windel* § 80 Rn 108; MüKo-*Ott/Vuia* § 80 Rn 120–130). In der Literatur ist zwar umstritten, ob der Insolvenzverwalter mit Verfahrenseröffnung in die Arbeitgeberstellung einrückt oder lediglich die Arbeitgeberfunktionen für den Schuldner ausübt (vgl MüKo-*Ott/Vuia* § 80 Rn 121). Im Ergebnis besteht jedoch Einigkeit darüber, dass der **Insolvenzverwalter nicht Rechtsnachfolger des Schuldners** wird, sondern lediglich aufgrund seiner Verwaltungs- und Verfügungsbefugnis die Rechte und Pflichten eines Arbeitgebers während der Dauer des Verfahrens wahrnimmt (vgl auch HaKo-*Kuleisa* § 80 Rn 28). Der Schuldner bzw das Schuldnerunternehmen bleibt **Vertragspartner** des Arbeitsvertrages. Hieraus können sich auch nach Verfahrenseröffnung noch einzelnen Pflichten ergeben. So hat zB, wenn das Arbeitsverhältnis vor Verfahrenseröffnung beendet wurde, der Schuldner **das Arbeitszeugnis** zu erteilen (*Jaeger/Windel* § 80 Rn 110). Darüber hinaus obliegen dem Schuldner arbeitsrechtliche **Informations- und**

Auskunftspflichten (HaKo-*Kuleisa* § 80 Rn 28). Auch im Rahmen der Unternehmensfortführung bleibt der Insolvenzverwalter Arbeitgeber bzw übt er die Funktionen eines Arbeitgebers aus (*Uhlenbruck* KTS 1973, 81, 88; *Jaeger/Henckel* § 6 KO Rn 53). Eine Ausnahme besteht bei der **Eigenverwaltung** nach den §§ 270ff. Wird die Eigenverwaltung angeordnet, bleibt der Schuldner bzw das Schuldnerunternehmen in der Arbeitgeberposition mit allen Rechten und Pflichten eines Arbeitgebers. Zur arbeitsrechtlichen Stellung des Insolvenzverwalters s unten zu Rn 93ff.

13 **8. Zeugenvernehmung und Zeugnisverweigerungsrechte.** Der Schuldner bzw der organschaftliche Vertreter eines Schuldnerunternehmens kann in Prozessen, die die Insolvenzmasse betreffen, wie zB einem Anfechtungsprozess, Zeuge sein, da der Insolvenzverwalter Partei ist (RGZ 29, 29ff; **BFH** ZIP 1997, 797; BerlKo-*Blersch/v. Olshausen* § 80 Rn 11; MüKo-*Ott/Vuia* § 80 Rn 79; *Jaeger/Windel* § 80 Rn 165; HaKo-*Kuleisa* § 80 Rn 43; N/R/*Wittkowski* § 80 Rn 32). Zutreffend der Hinweis von *Henckel* (*Jaeger/Henckel* § 6 KO Rn 71), dass der Schuldner bzw organschaftliche Vertreter des Schuldnerunternehmens als Zeuge in eigener Angelegenheit aussagt. Deshalb steht ihm entsprechend § 383 Abs 1 Nr 1–3 ZPO ein **Zeugnisverweigerungsrecht** zu (*Jaeger/Henckel* § 6 KO Rn 71; N/R/*Wittkowski* § 80 Rn 32). Auch den Angehörigen des Schuldners oder Schuldnervertreters steht entsprechend § 383 ZPO ein Zeugnisverweigerungsrecht zu (N/R/*Wittkowski* § 80 Rn 32). Anzumerken ist, dass ein Zeugnisverweigerungsrecht des Schuldners und seiner organschaftlichen Vertreter nicht besteht, soweit sie gem §§ 101 Abs 1 S 1, 97 Abs 1 S 2 verpflichtet sind, im Insolvenzverfahren auch Tatsachen zu offenbaren, die geeignet sind, eine Verfolgung wegen einer Straftat oder einer Ordnungswidrigkeit herbeizuführen. Das Zeugnisverweigerungsrecht bezieht sich lediglich auf einen die Masse betreffenden Prozess, nicht dagegen auf verfahrensrechtliche Pflichten zur Auskunft. Das hat zur Folge, dass der Schuldner bzw der organschaftliche Vertreter gegenüber dem prozessführenden Insolvenzverwalter aufgrund seiner **verfahrensrechtlichen Auskunftspflichten** nach § 97 Abs 1 zur unbeschränkten Auskunft verpflichtet ist. Damit ist das prozessuale Zeugnisverweigerungsrecht im Rahmen eines Masseprozesses praktisch nur noch wenig wert. Auf diesen Wertungswiderspruch weisen *Jaeger/Henckel* (§ 80 Rn 166) zu Recht hin und wollen allenfalls dem Schuldner die **sachlichen Aussageverweigerungsrechte** des § 384 Nr 1, 2 ZPO gewähren (so auch *Häsemeyer* InsR Rn 13.24).

V. Bindung des Schuldners an Verwalterhandlungen

14 Sämtliche Rechtshandlungen, die der Insolvenzverwalter innerhalb seines gesetzlichen Aufgabenkreises vornimmt, wirken für und gegen den Schuldner. Daran ändert auch nichts die Tatsache, dass zunächst nicht der Schuldner persönlich, sondern die Masse verpflichtet wird. Der Schuldner ist auch über der Verfahrensbeendigung hinaus an die vom Verwalter eingegangenen Verpflichtungen gebunden, insbesondere an Miet- oder Pachtverträge (vgl *Baur* FS *Friedr. Weber* 1975, S 43/44). Er hat die Rechtsfolgen eines Verzuges, einer Patentverletzung, der Anfechtung eines vom Verwalter durch Täuschung zustande gebrachten Rechtsgeschäfts, der Kündigung eines Arbeits-, Miet-, Pacht- oder sonstigen Vertrages, der Ablehnung der Erfüllung eines zweiseitigen Vertrages, überhaupt alle zum Schadenersatz verpflichtenden Handlungen zu tragen (**RG** JW 1889, 208; **RG** JW 1907, 58; *Hess* § 80 Rn 103; *Baur* FS *Weber* S 46ff). Einzelheiten unten zu Rn 83, 88. Nach hM sind lediglich solche **Handlungen des Verwalters** unbeachtlich, die dem Insolvenzzweck offensichtlich zuwiderlaufen (**BGH** NJW 1971, 701; K/P/B/*Lüke* § 80 Rn 28; HaKo-*Kuleisa* § 80 Rn 21; s auch die Kommentierung unten zu Rn 150, 151. Die Bindung des Schuldners an Verpflichtungsgeschäfte des Insolvenzverwalters setzt zwangsläufig voraus, dass neben der Verfügungsbefugnis die **Verpflichtungsbefugnis als eigenständige Rechtsmacht** anerkannt wird (*Jaeger/Windel* § 80 Rn 45 m Auswirkungen der einzelnen Verwaltertheorien; K/P/B/*Lüke* § 80 Rn 39). Zu **gesetzlichen Schuldverhältnissen** s *Jaeger/Windel* § 80 Rn 46; K/P/B/*Lüke* § 80 Rn 40, 41). Umstritten ist, ob der Schuldner für vom Verwalter begründete Verbindlichkeiten **unbeschränkt** oder **gegenständlich auf die Masse beschränkt** haftet. Vgl hierzu die Ausführungen unten zu Rn 84. Wird im Rahmen eines Masseprozesses der Insolvenzverwalter verurteilt, eine Masseverbindlichkeit zu erfüllen, so wird der Schuldner weder hinsichtlich seines insolvenzfreien Vermögens durch die Rechtskraft des Urteils gebunden, noch kann der Gläubiger nach Verfahrensbeendigung in das übrige Vermögen des Schuldners vollstrecken. Wegen der **begrenzten Rechtskrafterstreckung** ist in solchen Fällen aber nicht anzunehmen, dass der Schuldner lediglich mit dem Vermögen haftet, das als frühere Insolvenzmasse an ihn zurückgelangt ist (str **aA** die hM; s unten zu F II.2. Rn 114; *Jaeger/Henckel* § 6 KO Rn 89). Zur Beschränkung der Schadenersatzansprüche eines Gläubigers gegen den Insolvenzverwalter nach §§ 60, 61 auf die Insolvenzmasse s *Jaeger/Henckel* § 6 KO Rn 46.

VI. Restbefugnisse des Schuldners im insolvenzfreien Bereich

15 Die Verwaltungs- und Verfügungsbefugnis des Insolvenzverwalters reicht nur so weit, als es das zur Insolvenzmasse (§ 35) gehörende Vermögen des Schuldners oder Schuldnerunternehmens betrifft. In die Insolvenzmasse fällt nur Vermögen, das der Zwangsvollstreckung unterliegt (§ 36 Abs 1). Soweit es sich um unpfändbares Vermögen (§ 811 ZPO) oder um unpfändbares Arbeitseinkommen handelt (§§ 850ff

ZPO), bleibt der Schuldner verwaltungs- und verfügungsbefugt. Allgemein anerkannt ist, dass der Verwalter Gegenstände, die zur Insolvenzmasse (§ 35) gehören, kraft der ihm nach § 80 Abs 1 zustehenden Verfügungsmacht freigeben kann. So zB unverwertbare Sicherungsgegenstände, überlastete Grundstücke, uneinbringliche Forderungen oder streitbefangene Gegenstände aussichtsloser Prozesse (s *Häsemeyer* InsR Rn 13.14; *Jaeger/Windel* § 80 Rn 28). Der Insolvenzverwalter ist nicht nur berechtigt, sondern auch **von Amts wegen verpflichtet**, einen Gegenstand aus der Masse freizugeben, der diese ohne Nutzen für die Gläubiger nur belastet. Mit der Freigabe scheidet der Gegenstand aus der Insolvenzmasse aus und endet der Insolvenzbeschlag. Die **Restbefugnisse** des Schuldners oder der Gesellschafter eines Schuldnerunternehmens und seiner organschaftlichen Vertreter gewinnen vor allem in der **Insolvenz einer Gesellschaft** Bedeutung. Dabei ist umstritten, ob eine juristische Person überhaupt insolvenzfreies Vermögen haben kann. Einzelheiten hierzu in der Kommentierung zu § 35 Rn 305. Die **organschaftliche Position** der Organe juristischer Personen wird durch das Insolvenzverfahren nicht berührt, und zwar unabhängig von einer Kündigung nach § 113. Neben den verbleibenden Restbefugnissen obliegt den vertretungsberechtigten Organen vor allem die **Wahrnehmung der verfahrensrechtlichen Befugnisse und Pflichten** (Einzelheiten bei *Jaeger/Windel* § 80 Rn 79). Die organschaftlichen Vertreter sind berechtigt, Gesellschafterversammlungen einzuberufen, wobei lediglich die Kostentragungspflicht der Insolvenzmasse umstritten ist. Obgleich die Bestellung von Organen zum nicht verdrängten Schuldnerbereich zählt, kann der Verwalter insoweit beteiligt, sein, als hierdurch die Masse beschwert wird (*Jaeger/Windel* § 80 Rn 89, 232). Die Beschlussfassung über eine **Fortsetzung der Gesellschaft** zum Zweck der Sanierung gehört in den Zuständigkeitsbereich der Gesellschafter. **Satzungsänderungen** sind zulässig, soweit sie mit dem Verfahrenszweck in Einklang stehen. Die Restkompetenzen bestehen jedoch nur insoweit, als sie die Masse nicht beeinträchtigen, also nicht dem Verfahrensweck widerstreiten. So erfolgen zB **Umwandlungsmaßnahmen** nach Gesellschafts- und Umwandlungsrecht (*Hirte* ZInsO 2004, 353 ff, 419 ff; *Jaeger/Windel* § 80 Rn 102 f). Allerdings setzt die Umwandlung eines aufgelösten Rechtsträgers die Beseitigung des Insolvenzgrundes voraus (*Jaeger/Windel* § 80 Rn 103). Die **Umfirmierung** bedarf ebenso wie die **Bildung einer Ersatzfirma** der Zustimmung des Verwalters, sofern die Firma Bestandteil der Masse ist (OLG Karlsruhe NJW 1993, 1931; *K. Schmidt* HandelsR § 12 I3 d; *Jaeger/Windel* § 80 Rn 73). Zu den Restbefugnissen bzw Pflichten gehört auch die Anmeldung von Satzungsänderungen oder Kapitalerhöhungen (§§ 55, 57 GmbHG) zum Handelsregister oder bei der GmbH die jährliche Einreichung der Gesellschafterliste (§§ 40, 78 GmbHG). Selbst wenn man mit *K. Schmidt* (bei *K. Schmidt/Uhlenbruck* Rn 758; *Kilger/K. Schmidt* § 1 KO Anm 3 D a; *Scholz/K. Schmidt* § 63 GmbHG Rn 54) die Auffassung vertritt, dass es in der Gesellschaftsinsolvenz kein massefreies Vermögen gibt, ändert dies nichts daran, dass den Gesellschaftern und Gesellschaftsorganen **gewisse Restbefugnisse** gesellschaftsrechtlicher Art zustehen (s *Henssler* ZInsO 1999, 121 ff; *ders* in KS-Inso S 1283, 1305 Rn 53–57; *Uhlenbruck* GmbHR 1999, 313 ff u S 390 ff; *Jaeger/Windel* § 80 Rn 79 ff). Dies gilt auch für **Personengesellschaften**.

In den **Zuständigkeitsbereich der Gesellschafter** gehören auch **Kapitalerhöhungen** (ausf s oben § 11 **16** Rn 193). Maßnahmen der Kapitalbeschaffung und Kapitalherabsetzung. Anmeldungen zum Handelsregister sowie die Fassung eines **Fortsetzungsbeschlusses** fallen grundsätzlich in den Zuständigkeitsbereich der Gesellschaftsorgane (*Ott/Brauckmann* ZIP 2004, 2117, 2120). Nach hM gehört bei der **Kapitalerhöhung gegen Einlagen** (§§ 182 ff AktG; 55 ff GmbHG) das Kapital zur Masse iSv § 35, wenn die Kapitalerhöhung vor Verfahrenseröffnung beschlossen und durch Eintragung im Handelsregister wirksam geworden war. War die Kapitalerhöhung vor Verfahrenseröffnung beschlossen, wird es den Gesellschaftern, durch Anmeldung zum Handelsregister die Wirksamkeit herbeizuführen (vgl auch *Jaeger/Windel* § 80 Rn 95). Nach *Gundlach/Frenzel/Schmidt* (NZI 2007, 692, 694) und *H. F. Müller* (ZGR 2004, 842, 847) ist der Insolvenzverwalter zur Anmeldung einer **vor Verfahrenseröffnung beschlossenen Kapitalerhöhung** berechtigt, da die Einlageforderung zur Insolvenzmasse iSv § 34 gehöre und damit nach § 80 in die Verfügungs- und Verwaltungsmacht des Verwalters fällt. Nach Auffassung von *K. Schmidt* (AG 2006, 597, 604) ist der Meinungsstreit darüber, ob die aus einer Kapitalerhöhung resultierenden Einlageforderungen und Einlagen Bestandteile der Insolvenzmasse sind und ob es darauf ankommt, ob der Kapitalerhöhungsbeschluss und die Zeichnungsverträge aus der Zeit vor oder nach Verfahrenseröffnung stammen, „ziemlich überflüssig". Nach wie vor ist daran festzuhalten, dass die Insolvenzeröffnung einen wichtigen Grund für die Gesellschafter darstellen kann, die Kapitalerhöhung nicht fortzusetzen bzw durchzuführen (*Jaeger/Windel* § 80 Rn 95). Auch **freiwillige Nachschüsse** der Gesellschafter müssen im Insolvenzverfahren der Gesellschaft dem **insolvenzfreien Bereich** zugeordnet werden, denn sie dienen nicht nur der Befriedigung der Insolvenzgläubiger, sondern der Sanierung der Gesellschaft (**str aA** K/P/B/*Noack* InsO GesellschaftsR Rn 279). *K. Schmidt* (AG 2006, 597, 604) stellt die Frage, „ob durch die Verbindung der Kapitalerhöhung mit einem bedingten Insolvenzplan (§ 249) unter Zustimmung der Gläubiger gleichsam eine Sanierungs-Sondermasse geschaffen werden kann. Auch *Hüffer* (§ 182 AktG Rn 32 b) weist darauf hin, wenn Kapitalerhöhungen noch als Sanierungsinstrument greifen sollen, müssten eingeworbene Mittel als Liquidität zur Verfügung stehen. *Lüer* (§ 249 Rn 5) bietet als Lösung an, generell die Wirkungen des Insolvenzplans nach § 254 Abs 1 unter die auflösende Bedingung zu stellen, für den Fall, dass die im Gesamtplan der sanierenden Fortführung in Aussicht genommenen gesellschaftsrechtlichen Maßnahmen nicht getroffen werden. Zutreffend sein Hinweis, dass der für einen Fortführungsplan erforderliche Fortsetzungsbeschluss der Gesellschafter gesellschaftsrechtlich zwingend erst nach Beseitigung des Auflösungsgrundes und damit nach Aufhebung des Verfahrens gefasst werden kann (so auch *Uhlenbruck* FS Lüer S 461, 467). Nach neuerer Auffassung im Schrifttum (*H.-F. Müller*, Der Verband in der Insolvenz, S 394; *Eidenmüller* ZGR 201, 680, 693; *Patzschke*, Reorganisation der Kapitalgesellschaften im Insolvenzverfahren, 2000, S 116; *Maesch*, Corporate Governance in der insolventen Aktiengesellschaft, 2005, S 270) kann zwar der Beschluss über die Fortsetzung der Gesellschaft – soweit zulässig – während des Insolvenzverfahrens gefasst werden; er ist jedoch **schwebend unwirksam**. Die Wirksamkeit tritt mit der Aufhebung des Verfahrens ein. Dieser Auffassung ist zuzustimmen. S auch unten zu Rn 76, 166 sowie Rn 184.

17 Insgesamt ist festzustellen, dass neben den **verfahrensmäßigen Rechten und Pflichten** dem Vorstand und der Geschäftsführung einer juristischen Person in der Insolvenz der Gesellschaft **Restbefugnisse** verbleiben, wie zB die Geschäftsleitungsbefugnis, die Befugnis, Gesellschafterversammlungen (Hauptversammlungen) einzuberufen, Handelsregisteranmeldungen vorzunehmen oder interne Organstreitigkeiten im Wege der Anfechtungs- oder Nichtigkeitsklage durchzusetzen. Soweit es nicht die Insolvenzmasse betrifft, sind auch die **Gesellschafter bzw Mitglieder einer juristischen Person** berechtigt, im sog nicht verdrängten Bereich alle gesellschaftsrechtlichen Maßnahmen zu beschließen und durchzuführen, wie zB die Berufung und Abberufung von Organen, die Fassung von Fortsetzungsbeschlüssen oder Kapitalerhöhungen bzw Kapitalherabsetzungen (zu Letzterem *Jaeger/Windel* § 80 Rn 99; *H.-F. Müller*, Der Verband in der Insolvenz, S 358 f; *Maesch*, Corporate Governance in der insolventen Aktiengesellschaft, S 101 u S 134 ff). Letztlich tut sich die Praxis an den Schnittstellen zwischen Insolvenzrecht, Gesellschaftsrecht und Kapitalmarkrecht besonders schwer (*Ott/Brauckmann* ZIP 2004, 2117 ff; *Grub/Streit* BB 2004, 1397; *Noack* ZIP 2002, 1873; *Hirte* in: Gesellschaftsrecht in der Diskussion 2006, S 147 ff; *Uhlenbruck* FS K. Schmidt 2009 S 1603 ff.

VII. Persönliche Beschränkungen

18 Anders als zur Zeit des Inkrafttretens der Konkursordnung wird der „wirtschaftliche Tod" eines Schuldners nicht mehr dem „gesellschaftlichen Tod" gleichgestellt. Spätestens nach der Weltwirtschaftskrise 1929/31 und den beiden Weltkriegen hat sich die Erkenntnis durchgesetzt, dass wirtschaftliches Scheitern nicht immer identisch ist mit persönlicher Schuld. Deshalb war es ein besonderes Anliegen der Insolvenzrechtsreform, die teilweise schuldnerdiskriminierenden Regelungen der Konkursfolgen zu beseitigen und vom „**Makel des Konkurses**" (*Gerhardt* FS *Michaelis* 1973, S 100 ff) zu einem Grad **persönlicher Beschränkungen** zu gelangen, die im Hinblick auf den Vermögensverfall eines Schuldners unverzichtbar sind (s auch *Uhlenbruck* FS *Gerhardt* (2004) S 979 ff). So muss der Schuldner als natürliche Person nicht nur verfahrensspezifische Einschränkungen hinnehmen, sondern auch Beschränkungen hinsichtlich der familienrechtlichen Vermögenssorge und den Verlust bzw die Einschränkung staatsbürgerlicher und beruflicher Rechte.

19 **1. Verfahrensrechtliche Beschränkungen.** Der Insolvenzschuldner hat gem § 97 Abs 2 die allgemeine Pflicht, den Verwalter bei der Erfüllung seiner Aufgabe zu **unterstützen**. Weiterhin ist der Insolvenzschuldner zur Auskunft verpflichtet gegenüber dem Insolvenzgericht, dem Verwalter, dem Gläubigerausschuss und der Gläubigerversammlung (§§ 97, 20). Gem § 97 Abs 1 S 2 ist er sogar verpflichtet, auch Tatsachen zu offenbaren, die geeignet sind, eine Verfolgung wegen einer Straftat oder einer Ordnungswidrigkeit herbeizuführen. Das Gesetz schützt ihn im Strafprozess lediglich durch ein Verwertungsverbot (§ 97 Abs 1 S 3; vgl auch BVerfGE 56, 41 ff). Auch die Freizügigkeit ist durch § 97 Abs 3 S 1 in erheblichem Maße eingeschränkt, denn er hat sich auf Anordnung des Gerichts jederzeit im Rahmen der Verfahrensabwicklung **zur Verfügung zu stellen**, um seine Auskunfts- und Mitwirkungspflichten zu erfüllen (vgl *Jauernig/Berger* § 40 III). Eingeschränkt werden kann auch das Briefgeheimnis, wenn das Gericht eine Postsperre nach §§ 99, 101 Abs 1 S 1, 21 Abs 1 Nr 4 anordnet. Die verfahrensrechtlichen Beschränkungen sind zur Sicherung der insolvenzrechtlichen Haftungsverwirklichung im Interesse der Gläubiger geboten und verfassungskonform (*Häsemeyer* InsR Rn 24.01).

20 **2. Berufliche Einschränkungen.** Neben den verfahrensrechtlichen Beschränkungen können den Insolvenzschuldner oder den organschaftlichen Vertreter eines Schuldnerunternehmens erhebliche staatsbürgerliche und berufliche Einschränkungen treffen. Wer als Geschäftsführer einer GmbH wegen einer oder mehrerer vorsätzlich begangenen Straftaten a) Insolvenzverschleppung, b) nach den §§ 283–283 d StGB, c) der falschen Angabe nach § 82 GmbHG oder § 399 AktG, der unrichtigen Darstellung nach § 400 AktG, § 331 HGB, § 313 UmwG oder § 17 des Publizitätsgesetzes oder e) nach den §§ 263–264 oder den §§ 265 b–266 a StGB zu einer **Freiheitsstrafe von mindestens einem Jahr** verurteilt worden ist, kann kein Geschäftsführer sein (§ 6 Abs 2 S 3 Ziff 1–3 GmbHG nF). Der Ausschluss gilt für die **Dauer von fünf Jahren** seit der Rechtskraft des Urteils, wobei die Zeit nicht eingerechnet wird, in welcher der Täter auf behördliche Anordnung in einer Anstalt verwahrt worden ist (§ 6 Abs 2 Satz 3 GmbHG nF). Seit dem Inkrafttreten des **MoMiG** gilt § 6 Abs 2 Satz 2 Nr 3 entsprechend auch bei einer Verurteilung im Ausland wegen einer Tat, die mit den in § 6 Abs 2 Satz 2 Nr 3 genannten Taten vergleichbar ist. Gleiches gilt für **Vorstandsmitglieder** einer AG (§ 76 Abs 3 Satz 3 AktG). Vgl auch

Braun/Uhlenbruck Unternehmensinsolvenz S 201. Der Schuldner **soll** nicht als **Schöffe** oder **Handelsrichter** tätig sein (§ 33 Nr 5, § 109 Abs 3 GVG). Weiterhin soll er nicht zum **Arbeitsrichter** (§§ 21 Abs 2 S 2, 37 Abs 2, 43 Abs 3 ArbGG), **Verwaltungsrichter** (§ 21 Abs 2, 34 VwGO), **Finanzrichter** (§ 18 Abs 2, 21 Abs 1 Nr 1, 23 Abs 2 FGO), **Sozialrichter** (§§ 17 Abs 1 Nr 3, 35 Abs 1 S 2, 47 Abs 2 SGG), zum Beisitzer in Landwirtschaftssachen (§§ 4 Abs 3, 7 LwVG iVm § 32 Nr 3 GVG), zum **ehrenamtlichen Verwaltungsrichter** (§ 21 Nr 3 VwGO) oder zum **ehrenamtlichen Richter** in Steuerberatungs- und Wirtschaftsprüfersachen (§ 45a DRiG, §§ 100 Abs 1, 101 Abs 1 Nr 2, 2 StBerG, §§ 76 Abs 1, 77 Abs 1 Nr 1, 2 WPO) oder zum Finanzrichter (§ 18 Nr 3 FGO) bestellt werden (vgl K/P/B/*Lüke* § 80 Rn 15; *Jauernig/Berger* § 40 III 8.; *Häsemeyer* InsR Rn 24.04; *App* DStZ 1987, 464; *Braun/Uhlenbruck* Unternehmensinsolvenz S 201; MüKo-*Ott/Vuia* § 80 Rn 13). Die Vorschriften sind weitgehend als **sogen Sollvorschriften** ausgestaltet worden, die einmal einen Ermessensspielraum vor allem bei Insolvenzplanverfahren ermöglichen, zum andern aber auch Besetzungsrügen verhindern, wenn der Schuldner als ehrenamtlicher Richter die Insolvenz nicht angezeigt hat. Ist der Schuldner als **Laienrichter** in der Rechtspflege bestellt worden, so kann er seines Amtes enthoben werden, wenn er nachträglich insolvent wird (§§ 33 Nr 5, 52 Abs 1 Nr 2, 109 Abs 3, 113 Abs 1 GVG, §§ 21 Abs 2 S 2, 37 Abs 2, 43 Abs 3 ArbGG, §§ 21 Abs 2, 34 VwGO, §§ 18 Abs 2, 21 Abs 1 Nr 1, 23 Abs 2 FGO, §§ 17 Abs 1 S 2, 35 Abs 1, 47 SGG).

Wer in **Vermögensverfall** geraten ist, was bei Eröffnung eines Insolvenzverfahrens vermutet wird, kann weder als **Rechtsanwalt** zugelassen werden (§§ 7 Nr 9, 14 Abs 2 Nr 7 BRAO) noch als **Patentanwalt** (§§ 14 Abs 1 Nr 10, 22 Nr 1 Pat AnwO). Nach § 12 Abs 1 des am 1. 7. 2008 in Kraft getretenen **Rechtsdienstleistungsgesetzes (RDG)** fehlt die persönliche Eignung und Zuverlässigkeit für den Dienstleister, wenn die Vermögensverhältnisse ungeordnet sind oder wenn in den letzten drei Jahren vor Antragstellung einer Registrierung nach § 14 oder eine Zulassung zur Rechtsanwaltschaft nach § 14 Abs 2 Nr 1–3 und 7–9 BRAO zurückgenommen oder nach § 7 BRAO versagt worden oder ein Ausschuss aus der Rechtsanwaltschaft erfolgt ist. Nach § 12 Abs 2 Satz 1 RDG sind die **Vermögensverhältnisse** einer Person in der Regel **ungeordnet**, wenn über ihr Vermögen das **Insolvenzverfahren eröffnet** worden oder sie in das vom Insolvenzgericht oder vom Vollstreckungsgericht zu führende Verzeichnis (§ 26 Abs 2 InsO, § 915 ZPO) eingetragen ist (zu Ausnahmen s **BGH** v 18. 10. 2004 – AnwZ (B) 43/03, NJW 2005, 511; **BGH** v 25. 6. 2007 – AnwZ (B) 101/05, ZIP 2007, 1617 [Ls]). **Ungeordnete Vermögensverhältnisse** liegen dagegen nicht vor, wenn die Gläubigerversammlung einer Fortführung des Unternehmens auf der Grundlage eines Insolvenzplans zugestimmt und das Gericht den Plan bestätigt hat, oder wenn die Vermögensinteressen der Rechtsuchenden aus anderen Gründen nicht konkret gefährdet sind. Nach § 14 Nr 1 RDG **widerruft** die zuständige Behörde die **Registrierung**, wenn begründete Tatsachen die Annahme rechtfertigen, dass die registrierte Person oder eine qualifizierte Person die erforderliche persönliche Eignung oder Zuverlässigkeit nicht mehr besitzt; dies ist idR der Fall, wenn die **Vermögensverhältnisse ungeordnet** sind (§ 12 Abs 1 Nr 1 b RDG). Soweit der Schuldner das **Amt eines Notars** ausübt, ist er gem § 50 Abs 1 Nr 5 BNotO seines Amtes zu entheben (**BGH NJW 2004, 2018**). Handelt es sich um eine Partnerschaftsgesellschaft oder eine Gesellschaft bürgerlichen Rechts, an der mehrere Notare beteiligt sind, wird man ebenso wie bei Rechtsanwälten die Rücknahme der Zulassung für zwingend halten müssen. Anders, wenn die Anwaltspraxis oder das Notariat in der Rechtsform einer GmbH betrieben wird. Hier tritt die Berufsbeschränkung nicht automatisch mit der Insolvenz der GmbH ein. Im Übrigen wirkt die Eröffnung eines Insolvenzverfahrens heute weder für Rechtsanwälte noch für Notare **automatisch berufsbeschränkend** (*Jauernig/Berger* § 40 III. 7.). Ein Widerruf der Bestellung bei Vermögensverfall kann ausnahmsweise nicht in Betracht kommen, wenn durch den Vermögensverfall die Interessen der Kunden nicht gefährdet sind (MüKo-*Ott/Vuia* § 80 Rn 14; HK-*Kayser* § 80 Rn 24). Auch ohne Rücknahme der Zulassung darf der Rechtsanwaltsschuldner nicht in den Vorstand der Rechtsanwaltskammer gewählt werden, wenn über sein Vermögen das Insolvenzverfahren eröffnet ist (§§ 66 Nr 1, 69 Abs 2 Nr 1 BRAO).

Bei anderen Berufsgruppen, wie zB **Steuerberater, Wirtschaftsprüfer, vereidigter Buchprüfer,** wird die Zulassung, Bestellung und deren Widerruf an das **Vorliegen geordneter wirtschaftlicher Verhältnisse** bzw die Gefährdung der Mandanteninteressen geknüpft (Einzelheiten MüKo-*Ott/Vuia* § 80 Rn 60; BFH/NV 2008, 116; BFH/NV 2007, 2150; BFH/NV 2007, 983; **BFH** ZInsO 2004, 203; *Mutschler* KSI 2007, 115 ff). Die **Zulassung als Wirtschaftsprüfer** kann versagt werden, wenn der Bewerber sich nicht in geordneten wirtschaftlichen Verhältnissen befindet (§ 10 Abs 1 Nr 4 WPO). Eine Bestellung zum Wirtschaftsprüfer kann widerrufen werden (§§ 11 S 1, 10 Abs 1 Nr 4, 20 Abs 1, 2 Nr 5; 16 Abs 1 Nr 1). Aus gleichem Grund kann die **Bestellung zum Steuerberater** zurückgenommen werden (§ 46 Abs 2 Nr 4 StBerG). Einzelheiten in MüKo-*Ott/Vuia* § 80 Rn 16).

Der **Vermögensverfall** und somit auch die Insolvenz spielt bei **Angehörigen der Heilberufe** für die Frage der Berufszulassung und des Entzugs bzw des Widerrufs der Approbation im Wesentlichen nur unter den Aspekten der **Zuverlässigkeit** und der **Würdigkeit** eine Rolle (*Schick* NJW 1990, 2359; *Laufs/Uhlenbruck* Hdb d Arztrechts § 8 Rn 4ff; HK-*Kayser* § 80 Rn 25). Fest zustellen ist, dass die berufsrechtliche Qualifikation oder Zulassung nicht etwa automatisch mit der Verfahrenseröffnung über das Vermögen des Freiberuflers erlischt. Vielmehr ist ein besonderes Verfahren erforderlich, das von den zuständigen Kammern eingeleitet und durchgeführt wird. Eine **Approbation** ist gem § 3 Abs 1 Satz 1

§ 80	*Übergang des Verwaltungs- und Verfügungsrechts*

Nr 2 BÄ bei Unwürdigkeit oder Unzuverlässigkeit zur Ausübung des ärztlichen Berufes zu versagen. Ein erteilte Approbation ist solchenfalls gem § 5 Abs 1 Satz 2 bzw Abs 2 iVm § 3 Abs 1 Satz 1 Nr 2 BÄ zurückzunehmen bzw zu widerrufen (Einzelheiten MüKo-*Ott/Vuia* § 80 Rn 18). Bei **Ärzten** führt die Eröffnung eines Insolvenzverfahrens in aller Regel nicht einmal zu einem berufsrechtlichen Verfahren. In der Insolvenz ist nicht zuletzt auch wegen der Möglichkeit, eine freiberufliche Praxis fortzuführen und Restschuldbefreiung zu erlangen, der Widerruf die Ausnahme (HK-*Kayser* § 80 Rn 25; **BGH** ZIP 2006, 1254 ff zur Abtretung von Honoraransprüchen gegen die KV). Ein Vertragsarzt verliert nicht die Befugnis, seinen Vertragsarztsitz zu verlegen und die Genehmigung dafür zu beantragen (**BSG** v 10. 5. 2000, NJW 2001, 2823).

24   Das **Gewerberecht** knüpft an die **Zuverlässigkeit bzw Unzuverlässigkeit** des Gewerbetreibenden an. Die Gewerbeaufsicht kann bei Unzuverlässigkeit des Gewerbetreibenden die Ausübung des Gewerbes untersagen (§§ 35 Abs 1, 59, 70 a GewO) oder eine erteilte Erlaubnis zurücknehmen bzw widerrufen (§§ 30 ff, § 57 GewO iVm § 48 f VwVfG). Die Gewerbeuntersagung wegen **ungeordneter Vermögensverhältnisse** ist ebenso wie die Rücknahme oder der Widerruf einer erteilten Erlaubnis **für die Dauer des Insolvenzverfahrens** gem § 12 GewO **ausgeschlossen**, um die Möglichkeit einer sanierenden Fortführung nicht zu gefährden (MüKo-*Ott/Vuia* § 80 Rn 17; HK-*Kayser* § 80 Rn 26; *Antoni* NZI 2003, 246; s auch **VGH** Kassel ZVI 2003, 128; **VG** Gießen ZInsO 2003, 427; *Leibner* ZInsO 2002, 61). Die Eröffnung des Insolvenzverfahrens über das Vermögen einer Person führt nicht zum Verlust des **aktiven oder passiven Wahlrechts**. Der Insolvenzschuldner kann demgemäß auch während des Verfahrens ein Mandat als Landtags- oder Bundestagsabgeordneter wahrnehmen (MüKo-*Ott/Vuia* § 80 Rn 13).

25   **3. Beschränkungen familienrechtlicher Vermögenssorge.** Die Eröffnung eines Insolvenzverfahrens über das Vermögen einer natürlichen Person führt nicht automatisch zu familienrechtlichen Beschränkungen; doch können im Einzelfall solche Beschränkungen eintreten, wenn eine **Gefährdung des verwalteten Vermögens** zu besorgen ist. Die Eröffnung des Insolvenzverfahrens bringt automatisch die Gefahr mit sich, dass der Schuldner fremde Gelder veruntreut oder fremde Vermögensinteressen nicht mehr mit der erforderlichen Sorgfalt wahrnimmt. Soweit dem Schuldner Verwaltungsbefugnisse kraft Vertrages (Geschäftsbesorgungsvertrag) übertragen worden sind, führt die Eröffnung des Insolvenzverfahrens entweder zum automatischen Erlöschen (§§ 115, 116, 117) oder zum Kündigungs- bzw Wahlrecht des Insolvenzverwalters (§ 103). In soweit bedarf es keines besonderen Schutzes des verwalteten Vermögens. Anders, wenn dem Schuldner die **Sorge für Kindesvermögen** zusteht. Diese endet nicht automatisch mit der Eröffnung des Insolvenzverfahrens. Doch musste der Gesetzgeber dafür Sorge tragen, dass einer Gefährdung des Kindesvermögens durch geeignete Maßnahmen bis zur Entziehung der Vermögenssorge vorgebeugt wird (vgl §§ 1667, 1680 BGB). Zwar hat die Eröffnung eines Insolvenzverfahrens nicht mehr automatisch **familienrechtliche Beschränkungen** zur Folge, doch kann die Vermögenssituation im Einzelfall berücksichtigt werden mit der Folge, dass der Schuldner nicht zum Vormund, Betreuer, Pfleger oder Nachlassverwalter zu bestellen ist oder er aus entsprechenden Ämtern zu entlassen ist (vgl §§ 1776, 1778 Abs 1 Nr 4, 1779 Abs 2 S 1, 1897 Abs 1, 1908 b Abs 1, 1915 Abs 1 BGB). Entgegen der früheren Regelung in § 1781 Nr 3 BGB aF lässt die Eröffnung eines Insolvenzverfahrens eine Person nicht mehr automatisch als Vormund ungeeignet sein (*Palandt/Diederichsen* § 1779 BGB Rn 3). Vgl auch *Uhlenbruck*, Familienrechtliche Aspekte der Insolvenzordnung, KTS 1999, 413 ff; MüKo-*Ott/Vuia* § 80 Rn 12; HK-*Kayser* § 80 Rn 23.

C. Die steuerrechtlichen Wirkungen der Insolvenzeröffnung

I. Allgemeines

26   Das **Verhältnis des Insolvenzrechts zum Steuerrecht** ist nach wie vor nur unvollkommen geregelt. Weder im Insolvenzrecht noch im allgemeinen oder besonderen Steuerrecht sind ausführliche Regelungen darüber enthalten, wie die Eröffnung des Insolvenzverfahrens über das Vermögen eines Steuerpflichtigen auf die materielle Besteuerung und das Besteuerungsverfahren einwirkt (*Frotscher*, Besteuerung S 17). § 251 Abs 2 AO bestimmt für die Vollstreckung von Verwaltungsakten, dass die Vorschriften der Insolvenzordnung unberührt bleiben. Deshalb gilt für die **Durchsetzung von Steuerforderungen** in der Insolvenz der Grundsatz: „Insolvenzrecht geht vor Steuerrecht". Die **Entstehung und die Höhe der Steuerforderung** richten sich hingegen allein nach Steuerrecht. Die Schnittstelle ist § 87, wonach die Gläubiger, zu denen auch die Finanzverwaltung gehört, ihre Forderungen nur nach den Vorschriften der Insolvenzordnung verfolgen können (*Hagen*, NWB 2006, 3872). § 251 Abs 2 AO hat weiterhin zur Folge, dass die Rückschlagsperre des § 88 und das Verbot der Einzelzwangsvollstreckung des § 89 auch für den Steuergläubiger gelten, soweit er Insolvenzgläubiger iSv § 38 ist. Steueransprüche, die Insolvenzforderungen sind, müssen, wenn der Steuergläubiger am Insolvenzverfahren teilnehmen will, nach §§ 174 ff angemeldet werden. Ein **Steueranspruch ist dann eine Insolvenzforderung** iS von § 38 InsO, wenn er vor der Eröffnung des Insolvenzverfahrens in der Weise begründet worden ist, dass der zu Grunde liegende zivilrechtliche Sachverhalt, der zur Entstehung der Steuerforderung führt, bereits vor

C. Die steuerrechtlichen Wirkungen der Insolvenzeröffnung   § 80

Eröffnung des Insolvenzverfahrens verwirklicht worden ist. Auf die Entstehung des Steueranspruchs iS von § 38 AO kommt es nicht an (**BFH** v 1. 4. 2008, ZIP 2008, 1780). Dies gilt auch für Ansprüche, auf die steuerliche Verfahrensvorschriften entsprechend anzuwenden sind, zB Rückforderung von Investitionszulage (**BMF** BStBl I 1998, 1500 = KTS 199, 323, 324). Abgabenansprüche, die, ohne entstanden zu sein, lediglich begründet sind, gelten im Zeitpunkt der Verfahrenseröffnung als fällig (§ 41). Der Steuererklärungszeitraum wird durch die Insolvenzeröffnung nicht unterbrochen (**BMF** KTS 1999, 323 ff). Unbeschadet der Vorschriften über den Gewinnermittlungszeitraum gem § 155 Abs 2 iVm § 4a EStG ist weiterhin von den in den Steuergesetzen bestimmten Besteuerungszeiträumen auszugehen (zB § 25 EStG, § 49 KStG). Die §§ 347 ff AO enthalten keine Regelungen über die Unterbrechung des außergerichtlichen Rechtsbehelfsverfahrens durch Insolvenzeröffnung. Sie sind insoweit lückenhaft. Die bestehende Gesetzeslücke ist nach allgemein vertretener Auffassung in entsprechender Anwendung des § 240 ZPO zu schließen (vgl **BFH** BStBl II 1970, 665; **BFH** BStBl II 1976, 506; *Tipke/Kruse* AO § 363 Rn 1; *von Wede*, in: *Beermann*, Steuerliches Verfahrensrecht, AO § 363 aF, Rn 10, 17; *Klein/Orlopp* AO § 363 Anm 1; *Koch/Scholtz* AO § 363 Rn 11).

Das **Steuerfestsetzungsverfahren**, das **Rechtsbehelfsverfahren** und der **Lauf der Rechtsbehelfsfristen** 27 werden nach dieser Auffassung, soweit die Insolvenzmasse betroffen ist, **analog § 240 ZPO unterbrochen**. Dies gilt auch schon für das **Insolvenzeröffnungsverfahren** bei Bestellung eines sog „starken" vorläufigen Verwalters nach § 21 Abs 2 Nr 2 Alt 1 (*Jäger*, DStR 2008, 1272). Ordnet das Insolvenzgericht lediglich Maßnahmen zur Sicherung der künftigen Insolvenzmasse nach §§ 21 Abs 2 Nr 3, 88 InsO an, so unterbricht das Insolvenzeröffnungsverfahren nicht das finanzgerichtliche Verfahren (**BFH** v 8. 4. 2008, BFH/NV 2008, 1190). Eine gerichtliche Entscheidung, die nach dem Eintritt der Unterbrechung und vor der erneuten Aufnahme des Verfahrens ergeht, ist unwirksam (**BFH** v 17. 7. 2008, NV; Juris). Das durch die Bestellung eines „starken" vorläufigen Verwalters unterbrochene Rechtsbehelfsverfahren kann weder von dem vorläufigen Verwalter noch von dem Finanzamt aufgenommen werden. Der Erlass einer Einspruchsentscheidung ist in der Zeit bis zur Insolvenzeröffnung unzulässig (**OFD** Hannover v 26. 2. 2008, DStR 2008, 923). Im Übrigen richtet sich das Recht zur Aufnahme des unterbrochenen Verfahrens nach § 87 iVm § 180 Abs 2. Bei **Aktivprozessen** kann der Verwalter den Rechtsstreit aufnehmen (§ 85 Abs 1). Bei **Passivprozessen** ist die streitige Forderung zur Insolvenztabelle anzumelden. Ist die Forderung noch nicht bestandskräftig und wurde weder von dem Schuldner noch von dem starken vorläufigen Verwalter Einspruch gegen den Steuerbescheid eingelegt, so kann das Finanzamt den unterbrochenen Rechtsstreit aufnehmen (§ 179 Abs 1). Nimmt das Finanzamt den Rechtsstreit auf, so wird eine neue Rechtsbehelfsfrist in Gang gesetzt, innerhalb derer der Verwalter Einspruch einlegen kann. Das ursprüngliche Anfechtungsverfahren wandelt sich in ein Insolvenzfeststellungsverfahren, mit dem gegenüber dem Insolvenzverwalter die Feststellung der Forderung zur Insolvenztabelle begehrt werden kann (**BFH** v 13. 11. 2007, BFH/NV 2008, 1566). Wird kein Einspruch eingelegt, gilt die Forderung mit Ablauf der Rechtsbehelfsfrist als festgestellt. War vor Insolvenzeröffnung Einspruch eingelegt, so ist das Einspruchsverfahren durch den Insolvenzverwalter aufzunehmen und fortzuführen (§ 85). Das Gleiche gilt, wenn der Insolvenzverwalter die angemeldete Forderung bestreitet und den Widerspruch trotz Aufforderung durch das Finanzamt nicht innerhalb einer angemessenen Frist zurücknimmt und den Rechtsstreit von sich aus nicht aufnimmt (**OFD** Hannover v 26. 2. 2008, DStR 2008, 923). Wird einer Forderung aus vorsätzlich begangener unerlaubter Handlung (§ 174 Abs 2) vom Schuldner widersprochen, so kann das Finanzamt die Forderung durch Feststellungsbescheid gem § 251 Abs 3 AO feststellen. Wird der Bescheid rechtskräftig, ist die Tabelle vom Rechtspfleger zu berichtigen und die Steuerforderung wird von einer Restschuldbefreiung nicht erfasst (**AG Hamburg** v 12. 9. 2006, ZIP 2006, 1915).

II. Die Zulässigkeit von Steuerbescheiden

Steuerbescheide wegen einer vorinsolvenzlichen Steuerschuld des Insolvenzschuldners dürfen in der 28 Zeit zwischen Eröffnung des Insolvenzverfahrens und dem Prüfungstermin nicht gegen den Insolvenzverwalter erlassen werden, und zwar auch nicht insoweit, wie der Bescheid nur die Steuerforderung nach Grund und Betrag festsetzt, ohne gleichzeitig deren Zahlung aus der Insolvenzmasse zu verlangen (**RFH** RStBl 1926, 337; *Tipke/Kruse* AO § 251 Rn 12; *Hübschmann/Hepp/Spitaler/Beermann* AO § 251 Anm 139). Nach Eröffnung des Insolvenzverfahrens und vor Abschluss der Prüfungen gemäß §§ 176, 177 dürfen grundsätzlich auch keine Bescheide mehr erlassen werden, in denen Besteuerungsgrundlagen festgestellt oder festgesetzt werden, die die Höhe der zur Insolvenztabelle anzumeldenden Steuerforderungen **beeinflussen** können (**BFH** v 18. 12. 2002, DStR 2003, 829). Zu diesen unzulässigen Grundlagenbescheiden gehören auch Körperschaftsteuerbescheide, weil sie präjudiziell für die Körperschaftsteuerfestsetzung sein können und somit Auswirkungen auf im Insolvenzverfahren anzumeldende Steuerforderungen haben können (**FG Köln** v 30. 1. 2001, DStRE 2001, 759). Feststellungen von Besteuerungsgrundlagen, die sich auf Insolvenzforderungen auswirken, können allerdings für den Insolvenzschuldner auch vorteilhaft sein, zB wenn sie zu einem Verlustrücktrag führen oder zusammen mit einer Steuerfestsetzung Grundlagen für die Erstattung von Vorauszahlungen sind. In derartigen Fällen kann ausnahmsweise die Feststellungen oder Festsetzungen von Besteuerungsgrundlagen und Steuern zulässig sein, wenn der Insolvenzverwalter dies ausdrücklich beantragt (**BFH** v 18. 12. 2002, DStR 2003, 829). **Unzulässig** sind Änderungsbescheide nach § 164 Abs 2 und §§ 172 ff AO zuungunsten des Insolvenzschuldners (*Bringewat/Waza*, Insolvenzen und Steuern, Rn 37). Ein unzulässiger Steuerbescheid ist unwirksam und kann keine materiell-rechtliche Wirkung haben. Jedoch kann ein solcher Bescheid, wenn er von der zuständigen Steuerbehörde in gehöriger Form und mit der zutreffenden Rechtsmittelbelehrung erlassen und ordnungsgemäß zugestellt wurde, formell rechtskräftig sein. Er kann deshalb nicht „schlechthin als nicht vorhanden anzusehen" (**RFH** aaO, 339) sein. Der Verwalter muss ihn vielmehr mit dem Rechtsmittel des Einspruchs angreifen (**FG Hamburg** KTS 1983, 150). Legt der Verwalter Einspruch ein, so ist der Bescheid aus Gründen der Rechtsklarheit ersatzlos aufzuheben, ohne dass über die materiell-rechtliche Steuerfestsetzung zu entscheiden ist (*Geist*, Insolvenzen und Steuern, Rn 9; *Tipke/Kruse* AO § 251 Rn 12 e). **Zulässig** sind Feststellungsbescheide, auf deren Grundlage nicht unmittelbar Steueransprüche gegen die Insolvenzmasse festzusetzen sind, zB Bescheide zur einheitlichen und gesonderten Feststellung des Gewinns von Personengesellschaften (BMF-Schr ZInsO 1999, 92). Der Erlass eines sog. **Null-Bescheides** über Körperschaftsteuer nach neuem Körperschaftsteuerrecht ist im anhängigen Insolvenzverfahren für insolvenzbefangene Zeiträume **unzulässig**; das FA ist auf die Vornahme bloßer Steuerberechnungen ohne Regelungscharakter beschränkt (Sächsisches **FG** v 23. 4. 2007, nrkr, Juris). **Zulässig** sind Steuerbescheide zum Zweck der Aufteilung der Steuerforderungen in Insolvenzforderungen und Masseverbindlichkeiten (**BFH** ZIP 1994, 1286, 1287 wegen Einkommensteuer; **BFH** ZIP 1987, 1194 wegen Umsatzsteuer). Gegen den **Ehegatten des Insolvenzschuldners** kann auch während des anhängigen Insolvenzverfahrens ein Einkommensteuerbescheid erlassen werden, wenn die Zusammenveranlagung gewählt wurde. Macht der Ehegatte von der Möglichkeit Gebrauch, eine Aufteilung der Gesamtschuld gemäß §§ 268–280 AO zu beantragen, so ist die Steuerschuld durch (zulässigen) Bescheid (§ 279 Abs 2 AO) aufzuteilen in die Steuerschuld des Ehegatten (Festsetzung durch Steuer bescheid) und die Steuerschuld des Insolvenzschuldners (Anmeldung zur Tabelle).

III. Die Bekanntgabe schriftlicher Verwaltungsakte

29   Nach Insolvenzeröffnung können Verwaltungsakte, die die Insolvenzmasse betreffen, nicht mehr durch Bekanntgabe an den Insolvenzschuldner wirksam werden. Von dem Insolvenzschuldner erteilte Vollmachten, auch Zustellungsvollmachten, enden mit Insolvenzeröffnung (§ 115 Abs 1). Der Insolvenzverwalter ist Adressat von Verwaltungsakten nach § 251 Abs 3 AO (Feststellung einer Insolvenzforderung nach Widerspruch des Verwalters im Prüfungstermin), Verwaltungsakten nach § 218 Abs 2 AO (Abrechnungsbescheiden), Aufteilungsbescheiden nach § 279 Abs 2 AO, Steuerbescheiden wegen Steueransprüchen, die Masseschulden iSv § 55 sind, und Prüfungsbescheiden. Der Insolvenzverwalter ist nicht Adressat für die Bekanntgabe von Feststellungsbescheiden nach §§ 179 ff AO, wenn über das Vermögen der Gesellschaft, nicht aber ihrer Gesellschafter das Insolvenzverfahren eröffnet worden ist, sowie Verwaltungsakten, die das insolvenzfreie Vermögen des Insolvenzschuldners betreffen (vgl **BFH** BStBl I 1991, 398 (Bekanntgabeerlass)). Ein Steuerbescheid, der sich „an den Insolvenzschuldner ... zu Händen Herrn ..." ohne Bezeichnung des Insolvenzverwalters richtet, ist dem Insolvenzverwalter nicht wirksam bekannt gegeben worden (**BFH** ZIP 1994, 1371).

IV. Aufrechnung von Steuerforderungen

30   War ein Gläubiger zum Zeitpunkt der Eröffnung des Insolvenzverfahrens zur Aufrechnung berechtigt, so kann die Aufrechnung auch noch im Verfahren erklärt werden (§ 94). Die **maschinelle Umbuchungsmitteilung** ist eine wirksame Aufrechnungserklärung (**BFH** v 26. 7. 2005, BFH/NV 2006, 7). Tritt die Aufrechnungslage erst während des Insolvenzverfahrens ein, ist die Aufrechnung nicht grundsätzlich ausgeschlossen, es gelten jedoch einige Besonderheiten, die in den §§ 95, 96 geregelt sind. Nach § 95 Abs 1 S 1 kann die Aufrechnung erfolgen, wenn z Zt der Insolvenzeröffnung die aufzurechnenden Forderungen oder eine von ihnen noch aufschiebend bedingt oder nicht fällig sind, sobald die Voraussetzungen des § 387 BGB vorliegen, also die Gegenforderung wirksam und fällig und die Hauptforderung erfüllbar ist. Die **Fälligkeitsfiktion** des § 41 ist in Aufrechnungsfällen nicht anzuwenden (§ 95 Abs 1 S 2). Nach § 95 Abs 1 S 3 ist die Aufrechnung ausgeschlossen, wenn die Forderung, gegen die auf gerechnet werden soll, unbedingt und fällig wird, bevor die Aufrechnung erfolgen kann. Bei der Aufrechnung mit Vorsteuerrückforderungsansprüchen des Finanzamtes aus unerfüllbaren Lieferantenverbindlichkeiten des Insolvenzschuldners hängt die Rechtslage entscheidend vom Zeitpunkt des Eintritts der Unerfüllbarkeit ab. Dieser Zeitpunkt ist nach Feststellung des **BFH** (v 19. 7. 2007, ZInsO 2007, 879, 880) bisher ungeklärt. Die Unerfüllbarkeit (bzw Uneinbringlichkeit) kann mit Eintritt der Zahlungsunfähigkeit, Stellung des Insolvenzantrags, Bestellung eines vorläufigen Verwalters oder letztlich mit Insolvenzeröffnung eintreten. Im entschiedenen Fall (**BFH** v 19. 7. 2007, ZInsO 2007, 879, 880) ist der BFH mangels anderer Erkenntnis von einer Unerfüllbarkeit mit Insolvenzeröffnung ausgegangen. Tritt die zur Entstehung des Vorsteuerrückforderungsanspruchs führende Unerfüllbarkeit der Lieferantenforderungen erst mit Insolvenzeröffnung ein, so scheidet eine Aufrechnung gem § 94 aus. Der

Rechtsgrund der Forderung wird erst mit Insolvenzeröffnung gelegt. Nach § 96 Ziff 1 ist die Aufrechnung auch ausgeschlossen, wenn die Forderung des Steuergläubigers vor Insolvenzeröffnung erworben wurde und der Steuergläubiger nach Insolvenzeröffnung etwas zur Insolvenzmasse schuldig geworden ist. Beispiel (**BMF** KTS 1999, 323, 329): Eine vor der Verfahrenseröffnung fällige Umsatzsteuerforderung kann nicht gegen einen Lohnsteuererstattungsanspruch des Schuldners aufgerechnet werden, den dieser aufgrund seiner neuen Erwerbstätigkeit als Arbeitnehmer erlangt hat. Der Erstattungsanspruch, den der Schuldner während des Insolvenzverfahrens erlangt, gehört zur Insolvenzmasse (§ 35 InsO). Für die Frage, zu welcher Vermögensmasse Forderung und Gegenforderung insolvenzrechtlich gehören, ist nicht der Zeitpunkt des Entstehens der Forderung, sondern nur der Zeitpunkt des Begründetseins von Forderung und Gegenforderung maßgebend. So ist beispielsweise ein Umsatzsteuererstattungsanspruch der Masse, der daraus resultiert, dass Forderungen des Schuldners aus vor Eröffnung des Insolvenzverfahrens erbrachten Lieferungen und sonstigen Leistungen nach Verfahrenseröffnung uneinbringlich geworden sind, zwar erst nach Eröffnung des Insolvenzverfahrens entstanden, insolvenzrechtlich aber bereits im Zeitpunkt der Ausführung der Leistung, und damit vor Eröffnung des Insolvenzverfahrens, begründet. Die Finanzbehörde kann daher gegen diesen Steuererstattungsanspruch mit Insolvenzforderungen aufrechnen (**BFH** UR 1988, 51). Aufrechnungsbefugt sind Bund und Länder mit den auf sie entfallenden Anteilen an der Umsatzsteuer (Art 106 Abs 3 S 1 GG). Die Verwaltungshoheit der Länder (§ 226 Abs 4 AO) lässt die Aufrechnungsbefugnis des Bundes aus seiner Ertragshoheit (Art 106 Abs 3 S 1, 107 Abs 1 S 4 GG) unberührt (**BFH** v 19. 7. 2007, ZInsO 2007, 879, 880). Die Finanzbehörde kann auch gegen den **Vorsteuererstattungsanspruch der Masse aus der Vergütungsrechnung des vorläufigen Insolvenzverwalters** aufrechnen (OFD Hannover Vgg v 7. 2. 2001, KTS 2001, 429; entsprechend **BFH** ZIP 1994, 50, für den Sequester und **BFH** DStR 1999, 670, für den vorl Vergleichsverwalter; aA *Frotscher* Besteuerung S 75). Der Vorsteuererstattungsanspruch der Masse aus der Vergütungsrechnung des vorläufigen Insolvenzverwalters (ebenso wie aus anderen nachinsolvenzlichen Rechnungen für vorinsolvenzliche Lieferungen und Leistungen) entsteht vor Insolvenzeröffnung. Seine Geltendmachung richtet sich nach Insolvenzrecht (**BFH** BStBl II 1978, 378). Im Übrigen hat der Unternehmer ein **Wahlrecht**, zu welchem Zeitpunkt er die in den Veranlagungszeitraum fallenden Vorsteuerbeträge abzieht, verrechnet oder deren Erstattung verlangt (§ 16 Abs 2 Satz 1 UStG). Wird der Vorsteuererstattungsanspruch erst nach Insolvenzeröffnung durch Rechnungslegung geltend gemacht, so ist er zunächst mit der Umsatzsteuerzahllast des Voranmeldungszeitraums zu verrechnen. Erst der sich danach ergebende Überschuss (§ 8 Abs 3 Satz 1 UStG) kann Gegenstand der Aufrechnung sein. Der Verwalter kann also durch den Zeitpunkt der Rechnungslegung beeinflussen, ob die Vorsteuer aus den vorinsolvenzlichen Lieferungen und sonstigen Leistungen für die Masse „gerettet" wird oder das Finanzamt aufrechnen kann (*Schallen*, ZIP 1998, 1993, 1995; vgl auch **BFH** ZIP 1998, 2012; **BFH** ZIP 1999, 714 = EWiR 2000, 37 (*Gerhardt*). Ob Forderung und Gegenforderung vor oder nach Eröffnung des Insolvenzverfahrens begründet sind, richtet sich allein nach insolvenzrechtlichen Grundsätzen (*Grönwoldt*, DStR 2008, 18; *Frotscher*, Besteuerung S 73). § 96 Ziff 4 verbietet die Aufrechnung, wenn die Forderung des Steuergläubigers nach Insolvenzeröffnung gegen den Schuldner erworben wurde und sich gegen das insolvenzfreie Vermögen richtet, während die Gegenforderung, gegen die der Steuergläubiger aufrechnen möchte, zur Insolvenzmasse gehört; dabei ist es gleichgültig, ob der Anspruch der Insolvenzmasse gegen den Steuergläubiger vor oder nach der Eröffnung des Insolvenzverfahrens entstanden ist. Bei **Masseunzulänglichkeit** kann das Finanzamt mit Altforderungen gegen die Masse weiterhin gegen solche Ansprüche der Masse wirksam aufrechnen, die vor Anzeige der Masseunzulänglichkeit entstanden sind; dagegen ist die Aufrechnung von Altforderungen gegen Neuansprüche der Masse, die erst nach dieser Anzeige begründet worden sind, unzulässig. Ebenso können Neuforderungen, die erst nach Feststellung der Masseunzulänglichkeit begründet worden sind, nicht zur Aufrechnung gestellt werden (**BFH** v 4. 3. 2008, BStBl II 2008, 506). Denn die Möglichkeit einer solchen Aufrechnung würde ebenso wie Einzelzwangsvollstreckungsmaßnahmen die von der InsO vorgegebene Verteilung der verbleibenden Masse, insbesondere den **verfassungsrechtlich gebotenen Vorrang der Verwaltervergütung im massearmen Verfahren** (vgl BVerfG v 30. 3. 1993, BVerfGE 88, 145, NJW 1993, 2861, u v 24. Juni 1993, NJW 1993, 3129) unterlaufen. Auch eine Aufrechnung gegen einen **Vorsteuervergütungsanspruch,** der sich aus anteiliger Verwaltervergütung für den Zeitraum bis zur Feststellung der Masseunzulänglichkeit ergibt, ist nicht zulässig, wenn eine entsprechende Teilvergütung vom Insolvenzgericht nicht festgesetzt worden ist (**BFH** v 4. 3. 2008, BStBl II 2008, 506; **BFH** v 1. 8. 2000 BStBl II 2002, 323).

V. Die steuerrechtliche Organschaft

Unternehmer ist, wer eine gewerbliche oder berufliche Tätigkeit selbständig ausübt (§ 2 Abs 1 Satz 1 UStG). Die gewerbliche oder berufliche Tätigkeit wird nicht selbständig ausgeübt, wenn eine juristische Person nach dem Gesamtbild der tatsächlichen Verhältnisse finanziell, wirtschaftlich und organisatorisch in ein Unternehmen eingegliedert ist (§ 2 Abs 2 Nr 2 UStG). Es ist nicht erforderlich, dass alle drei Eingliederungsmerkmale gleichermaßen ausgeprägt sind. Organschaft kann deshalb auch gegeben sein, wenn die Eingliederung auf einem dieser drei Gebiete nicht vollständig, dafür aber auf den anderen Gebieten umso eindeutiger ist, sodass sich die Eingliederung aus dem **Gesamtbild der tatsächlichen Ver-**

§ 80

hältnisse ergibt (Abschn 21 Abs. 1 UStR 2005). Eine Gesellschaft kann bereits zu einem Zeitpunkt in das Unternehmen des Organträgers eingegliedert sein, zu dem sie selbst noch keine Umsätze ausführt. Dies gilt beispielsweise für eine Auffanggesellschaft im Rahmen des Konzepts einer „übertragenden Sanierung". In diesem Fall steht der Auffanggesellschaft kein Vorsteuerabzug aus der Übertragung von Gegenständen des Betriebsvermögens des Organträgers auf sie zu (**BFH** v 17. 1. 2002, BStBl. 2002 II, 373). Die Organgesellschaft haftet nach § 73 S 1 AO für solche Steuern des Organträgers, für welche die Organgesellschaft zwischen ihnen steuerlich von Bedeutung ist. Hierdurch sollen die steuerlichen Risiken ausgeglichen werden, die mit der Verlagerung der steuerlichen Rechtszuständigkeit auf den Organträger verbunden sind (vgl **BGH** BB 1993, 22 [23]; **BFH**, ZIP 1991, 1081 [1082]; **BFH**, BB 2004, 2673 [2674 f]). Die Organschaft beginnt zwingend, wenn und soweit die Eingliederungsmerkmale verwirklicht sind; Vereinbarungen zwischen den Parteien über den Beginn und das Ende einer Organschaft sind unbeachtlich. Die Organschaft endet, wenn mindestens ein Eingliederungsmerkmal vollständig entfällt.

32   Die Organschaft endet regelmäßig spätestens mit der **Eröffnung des Insolvenzverfahrens über das Vermögen der Organgesellschaft,** weil der Organträger den wesentlichen Einfluss auf die Organgesellschaft an den Insolvenzverwalter verliert (**BFH** BStBl II 1997, 580; *Schiffer* DStR 1998). Etwas anderes gilt grds nur in den Fällen, in denen das Insolvenzgericht in dem Beschluss über die Eröffnung des Insolvenzverfahrens gemäß §§ 270 ff InsO die **Eigenverwaltung** der Insolvenzmasse durch den Schuldner unter Aufsicht eines Sachwalters anordnet. Hier besteht die Organschaft regelmäßig nach Eröffnung des Insolvenzverfahrens fort, weil die Verwaltungs- und Verwertungsbefugnis über das Vermögen der Organschaft im Wesentlichen beim Schuldner und damit beim Organträger verbleibt (§ 270 Abs. 1). Die Organschaft endet jedoch auch in den Fällen der Eigenverwaltung mit der Eröffnung des Insolvenzverfahrens, wenn dem Sachwalter derart weitreichende Verwaltungs- und Verfügungsbefugnisse eingeräumt werden, dass **eine vom Willen des Organträgers abweichende Willensbildung möglich** ist. Die Frage, unter welchen Voraussetzungen eine Organschaft endet, wenn für die Organgesellschaft **ein vorläufiger Insolvenzverwalter** bestellt wird, ist durch das Urteil des **BFH** v 1. 4. 2004, BStBl II 2004, 905) geklärt (vgl **BFH** v 15. 11. 2006, BFH/NV 2007, 787; v 13. 6. 2007, BFH/NV 2007, 1936). Danach bleibt die Organschaft regelmäßig bis zur Eröffnung des Insolvenzverfahrens erhalten, wenn der Organgesellschaft nach Beantragung des Insolvenzverfahrens kein **allgemeines** Verfügungsverbot gemäß § 21 Abs. 2 Satz 1 Nr 2 1. Alternative auferlegt wird, also nur ein sogenannter „schwacher" vorläufiger Insolvenzverwalter (§ 22 Abs 2 S 1) bestellt wird (**BFH** v 27. 6. 2008, NV; **BFH** v 1. 4. 2004 V R 24/03, BStBl II 2004, 905; vom 18. 5. 1995 V R 46/94, BFH/NV 1996, 84; 3. 3. 2006 BFH/NV 2006, 1366; zustimmend *Birkenfeld*, USt Handbuch, § 37 Rz. 88; *Bringewat/Waza*, Insolvenz und Steuern, Rn 883; *Jacob*, UStG, Rn 154; *Frotscher*, Besteuerung S 226; *Klenk* in Sölch/Ringleb, UStG, § 2 Tz. 136; *Meyer* in Offerhaus/Söhn/Lange, § 2 Tz. 97; a. A. *Onusseit*, ZInsO 2004, 1182; *Hölzle*, DStR 2006, 1210). Nach Auffassung des BFH ergibt sich kein Klärungsbedarf ergibt daraus, dass nach dem BFH-Urteil in BFHE 204, 520, BStBl II 2004, 905 die Möglichkeit einer anderen Beurteilung in atypischen Fällen offengelassen wurde und eine Tendenz der Insolvenzgerichte festzustellen ist, „schwache" vorläufige Insolvenzverwalter zu bestellen und durch zusätzliche Anordnungen derart zu stärken, dass sie eine vergleichbare Rechtsstellung wie ein „starker" Insolvenzverwalter erlangen. Das Abstellen auf die tatsächliche Verwaltungs- und Verfügungsbefugnis, wie § 2 Abs. 2 Nr 2 UStG dies vorsieht, ist nach BFH-Auffassung grundsätzlich auch in diesen Fällen kein geeignetes Kriterium zur Beurteilung der Frage, ob eine organisatorische Eingliederung im Rahmen einer Organschaft noch besteht. Die Organschaft dauert also auch dann fort, wenn das Insolvenzgericht nur einen Zustimmungsvorbehalt gem. § 21 Abs 2 Nr 2 Alt 2 anordnet. Die Finanzrechtsprechung sieht den vorläufigen Verwalter selbst in diesem Fall nur als Berater des Schuldners an (**BFH** v 1. 4. 2004, BStBl II 2004, 905). Schuldner der Umsatzsteuer bleibt für die Dauer der Organschaft der Organträger. Dies gilt auch für **Vorsteuerrückforderungsansprüche** des Finanzamtes aus Lieferantenrechnungen, die von der (insolventen) Organgesellschaft nicht mehr bezahlt wurden (**BFH** v 30. 10. 2003, BFH NV 2004, 236; FG Sachsen-Anhalt v 30. 5. 2008, Juris). Der Vorsteuerrückforderungsanspruch richtet sich gegen den Organträger, wenn die Tatbestandsvoraussetzungen für die Berichtigung des Vorsteuerabzugs (Uneinbringlichkeit der Lieferantenforderungen) noch vor Beendigung des Organschaftsverhältnisses eingetreten sind; auf die Fälligkeit des Vorsteuerberichtigungsanspruchs kommt es nicht an (**FG Köln** v 20. 2. 2008, DStR 2008, 1011, 1015).

33   Die Rechtsfolgen der **Insolvenz des Organträgers** sind in der Literatur noch weitgehend umstritten. Während teilweise (*Heidner*, in: Bunjes/Geist, UStG, § 2 Rn 32; *Keller*, BB 1983, Beil. 4 zu Heft 10, S 9; *Mößlang/Klenk*, in: Sölch/Ringleb/List, UStG, § 2 Rn 98) von einer automatischen Beendigung des Organschaftsverhältnisses ausgegangen wird, halten andere mit der Begründung, es sei lediglich die persönliche Zuständigkeit für die Willensbildung beim Organträger auf den Konkursverwalter übergegangen, einen Fortbestand der Organschaft für möglich (*Flückinger*, in: Plückebaum/Malitzky, UStG, § 2 Abs. 2 Rn 378; *Onusseit*, Umsatzsteuer im Konkurs, S 27 f; *Stadie*, in: Rau/Dürrwächter, UStG, § 2 Rn 719). Nach Auffassung der Finanzverwaltung (OFD Hannover, Vfg v 11. 10. 2004, DStR 2005, 157) führt bereits die Liquidation des Organträgers regelmäßig zur Beendigung der Organschaft, weil mit der Einstellung der aktiven unternehmerischen Tätigkeit des Organträgers die wirtschaftliche Eingliederung der Organgesellschaft entfällt (FG Hessen v 21. 8. 1975, EFG 1976, 34; FG Saarland v 3. 3.

1998, EFG 1998, 971). Liquidation im Sinne der einschlägigen gesetzlichen Vorschriften (§§ 149 HGB, 268 AktG, 70 GmbHG) bedeutet aber nicht immer die sofortige Beendigung der laufenden Geschäfte. Vielmehr kann eine geordnete Liquidation es notwendig machen, die Geschäfte für eine begrenzte Zeit (die Zeit der „Ausproduktion") fortzuführen, so dass sich Organträger und Organgesellschaft für diese Zeit noch gegenseitig fördern und ergänzen, die wirtschaftliche Eingliederung also erhalten bleibt. Nimmt der Insolvenzverwalter des Organträgers Einfluss auf die Geschäftsführung der Organgesellschaft, so steht der Annahme eines Fortbestandes der Organschaft auch im Abwicklungsfall – jedenfalls für einen begrenzten Zeitraum – nichts im Wege. Die Organschaft endet in dem Zeitpunkt, ab dem Organträger und Organgesellschaft erkennbar getrennte Wege gehen. Auch die **Beantragung und die Eröffnung eines Insolvenzverfahrens** über das Vermögen des Organträgers führen regelmäßig nicht zur Beendigung der Organschaft. Diese Maßnahmen ändern nichts an der Abhängigkeit der Organgesellschaft, sondern beeinflussen lediglich die personelle Willensbildung beim Organträger, die für die Ausübung der Beherrschung maßgebend ist. Das gilt zumindest solange, wie das Unternehmen des Organträgers trotz des vorläufigen Insolvenzverfahrens oder des Insolvenzverfahrens noch über einen nennenswerten Zeitraum fortgeführt werden soll. Die Organschaft endet regelmäßig erst, wenn der Organträger seine aktive unternehmerische Tätigkeit einstellt und in die Liquidation eintritt (**OFD** Hannover, Vfg v 11. 10. 2004 – S 7105 – 49 – StO 171, DStR 2005, 157). Die Organschaft endet mit Insolvenzeröffnung über das Vermögen des Organträgers auch nicht deshalb zwingend, weil das Verwaltungs- und Verfügungsrecht auf den Insolvenzverwalter übergeht (§ 80 InsO) und die (personenidentische) Geschäftsführung des insolventen Organträgers keinen Einfluss mehr auf die Geschäfte der Organgesellschaft nehmen kann. Die Personenidentität ist für die organisatorische Eingliederung nicht zwingend. Bei Organschaften, bei denen der Organträger Geschäftsführer der Organgesellschaft ist, kann die Organschaft nach Meinung des **BFH** (DStR 1999, 497) ausnahmsweise mit der **Insolvenz des Organträgers** enden, wenn sich die Insolvenz nicht auf die Organgesellschaft erstreckt und der Insolvenzverwalter keinen Einfluss auf die laufenden Geschäfte der Organgesellschaft nimmt.

Wird sowohl über das Vermögen des **Organträgers als auch der Organgesellschaft** das Insolvenzverfahren eröffnet, hängt der Bestand der Organschaft nach einer starken Literaturmeinung (*Bringewat/Waza/Grawe*, Insolvenzen und Steuern, Rn. 886; *Hess/Mitlehner*, Steuerrecht/Rechnungslegung/Insolvenz, Rn 1222; *Mitlehner*, ZIP 2002, 1816, 1818; *Schiffer*, DStR 1998, 1989, 1991; *Rondorf*, NWB 2001, Fach 7, S 5391 ff.) davon ab, ob für Organträger und Organgesellschaft derselbe Insolvenzverwalter bestellt wird. Erhalten die beiden Gesellschaften nicht denselben Verwalter, so ist der Organträger wegen des Verfügungs- und Verwaltungsrechts des Insolvenzverwalters innerhalb der Organgesellschaft nicht mehr in der Lage, seinen Willen in der Organgesellschaft durchzusetzen. Die Organschaft ist damit beendet. Erhalten Organträger und Organgesellschaft denselben Insolvenzverwalter, ist dieser in der Lage, seinen Willen sowohl in der Organgesellschaft als auch im Organträger durchzusetzen. Die organisatorische Eingliederung soll weiter bestehen und damit auch die umsatzsteuerliche Organschaft (**OFD** Hannover, Vfg. v 11. 10. 2004 – S 7105 – 49 – StO 171, DStR 2005, 157; *Birkenfeld*, HdU, § 37 Rn 90; *Schiffer*, DStR 1998, 1989; *Bringewat/Waza/Grawe*, Insolvenzen und Steuern, Rn 886). Gegen die Annahme einer Fortdauer der Organschaft bei Bestellung nur eines Insolvenzverwalters für Organträger und Organgesellschaft(en) wird eingewendet (*Onusseit*, ZIP 2003, 743, 752), dass der Insolvenzverwalter nur den Beteiligten des jeweiligen Verfahrens verpflichtet sein kann. Es könne nicht die Aufgabe des Verwalters des einen Organmitgliedes sein, das andere zu fördern und zu ergänzen. Die wirtschaftliche Eingliederung entfalle dadurch zwangsläufig und damit ende auch die Organschaft. Diese Auffassung wird durch die Überlegungen der im Jahre 1978 berufenen „**Kommission für Insolvenzrecht**" gestützt. In Leitsatz 2.4.9.13 (Erster Bericht der Kommission für Insolvenzrecht, Köln 1985, S 290) hat die Reformkommission es ausdrücklich abgelehnt, eine verfahrens- und verwaltungsmäßige Konzentration der Insolvenzverfahren verschiedener Konzernunternehmen vorzusehen. Als Begründung wurde angeführt, der **Grundsatz der Haftungstrennung** mache es erforderlich, dass die Vermögen sämtlicher von der Insolvenz betroffener Konzernunternehmen allein im Interesse der jeweiligen Verfahrensbeteiligten, insbesondere der jeweiligen Gläubiger, verwaltet würden. Eine einheitliche Insolvenzverwaltung würde dem Verwalter schwerwiegende Interessenkonflikte zumuten. Die Insolvenzordnung ist insoweit den Vorstellungen der Reformkommission gefolgt (vgl *Uhlenbruck*, NZI 1999, 41 ff). Es gibt auch nach neuem Recht **kein einheitliches Konzerninsolvenzverfahren**. Die Vermögensmassen insolvenzfähiger Gesellschaften und Personen sind trotz konzernmäßigen Verbundes getrennt abzuwickeln. Das schließt allerdings nach Auffassung von *Uhlenbruck* (NZI 1999, 41, 44) vor allem in Sanierungsfällen nicht, in einem Insolvenzplan eine einheitliche Insolvenzbewältigung für den gesamten Konzern vorzusehen (ebenso *Graeber*, NZI 2007, 265). *Braun/Uhlenbruck* (Unternehmensinsolvenz, 1997, S 522) kommen zu dem Ergebnis, dass die Praxis der Abwicklung insolvent werdender Konzerne zeigt, dass für den Fall einer planmäßigen Sanierung **Interessengleichlauf**, für den Fall einer Liquidationsentscheidung aber unter Umständen **Interessengegensatz** zu konstatieren ist. Das Schicksal der Organschaft bei **gleichzeitiger Insolvenz von Organträger und Organgesellschaft(en)** und Bestellung eines einzigen Verwalters für alle Organmitglieder ist durch diese Überlegungen vorgegeben: Zunächst spricht nichts gegen den Fortbestand der Organschaft. Dies gilt vor allem in Bezug auf die organisatorische und die finanzielle Eingliederung. Aber auch die wirtschaftliche Eingliederung kann

34

erhalten bleiben, wenn die wirtschaftlichen Interessen der Organmitglieder gleich gerichtet sind. Dies ist insbesondere bei einem **Plan, alle Organmitglieder zu sanieren**, anzunehmen. Erst wenn das Interesse der Organmitglieder auseinander fällt, kann die wirtschaftliche Eingliederung in einem entscheidenden Umfang wegbrechen. Dann ist aber auch regelmäßig ein **Interessenkonflikt bei dem Insolvenzverwalter** anzunehmen, so dass weitere Verwalter zu bestellen sind und damit auch die organisatorische Eingliederung entfällt. Abzustellen ist also auf das Gesamtbild der Verhältnisse des konkreten Falls.

VI. Neuerwerb

35 § 1 KO definierte die Konkursmasse als das einer Zwangsvollstreckung unterliegende Vermögen des Gemeinschuldners, welches ihm zur Zeit der Eröffnung des Verfahrens gehört. Einzelzwangsvollstreckungen einzelner Konkursgläubiger waren weder in die Konkursmasse noch in das sonstige Vermögen des Gemeinschuldners zulässig (§ 14 Abs. 1 KO). Die Konkursfreiheit des Neuerwerbs und das Verbot der Einzelzwangsvollstreckung in den Neuerwerb dienten dem Ziel, dem Schuldner schon während des Verfahrens den Aufbau einer neuen Existenz zu ermöglichen (Begr zu § 42 RegE InsO (BR-Drucks 1/92), in: *Uhlenbruck*, Das neue Insolvenzrecht, S 344). Die Insolvenzordnung folgte diesen Überlegungen (zunächst) nicht. Nach § 35 erfasst die Insolvenzmasse auch das Vermögen, das der Schuldner während des Verfahrens erlangt (Neuerwerb). Tragfähige Grundlage für einen wirtschaftlichen Neubeginn des Schuldners sollte die Restschuldbefreiung (§§ 286–303) sein. Die Insolvenzordnung verfolgte deshalb prinzipiell die Tendenz, eine Unternehmenstätigkeit des Schuldners außerhalb der Masse zu unterbinden (*Karsten Schmidt*, in: FS für Heinrich Wilhelm Kruse zum 70. Geburtstag, S 671, 679). Dass sie dies faktisch nicht kann, zeigen die bisherigen Erfahrungen. Selbst wenn die Geschäftstätigkeit des Schuldners außerhalb der Masse wegen der Vermögenszugehörigkeit des Neuerwerbs zur Masse Betrug iSd § 263 StGB wäre, kann die Unternehmenstätigkeit allenfalls verboten, nicht aber tatsächlich ausgeschlossen werden (*Karsten Schmidt*, aaO). Das am 1. Juli 2007 in Kraft getretene Gesetz zur Vereinfachung des Insolvenzverfahrens vom 13. April 2007 (BGBl I, S 509) gibt nun wieder Impulse für eine wirtschaftliche Betätigung trotz Eintritt des Insolvenzfalls. Die Reform fördert unternehmerische Eigeninitiative im Insolvenzverfahren. Der Schuldner soll motiviert werden, während des Insolvenzverfahrens eine selbstständige Erwerbstätigkeit aufzunehmen oder weiter auszuüben. Die Einkünfte aus seiner selbstständigen Tätigkeit kommen, falls der Insolvenzverwalter ihre rechtlichen Beziehungen zur Insolvenzmasse löst, dem Schuldner und nicht der Insolvenzmasse zu Gute.

36 Aus der Zugehörigkeit des Neuerwerbs zur Insolvenzmasse entstand bisher das Problem, dass die durch den Neuerwerb begründeten Steuern Verbindlichkeiten der Masse (§ 55) sein konnten, denn Masseverbindlichkeiten werden nicht nur durch „Handlungen des Verwalters" (§ 55 Abs 1 Nr 1 Alt 1), sondern auch „in anderer Weise", nämlich durch die Verwaltung, Verwertung und Verteilung der Insolvenzmasse begründet (§ 55 Abs. 1 Nr 1). Zur „Verwaltung" der Masse ist allein der Insolvenzverwalter befugt (§ 80 Abs. 1). Die Verwalter suchten dieses Problem ua dadurch zu lösen, dass sie das der selbstständigen Tätigkeit des Schuldners dienende Vermögen aus der Insolvenzmasse freigaben. Die Rechtsfolgen dieser Freigabe waren streitig (**BFH** v 7. 4. 2005, BStBl II 2005, 848; Thüringer **FG** v 10. 4. 2008, EFG 2008, 1485; **FG** München v 29. 5. 2008 EFG 2008, 1483) und in der praktischen Handhabung problematisch (*Rattunde*, jurisPR-InsR 15/2005 Anm 5). § 35 Abs. 2 schafft nun insoweit Klarheit, als der Insolvenzverwalter gegenüber dem Schuldner erklären kann, ob Vermögen aus der selbstständigen Tätigkeit zur Insolvenzmasse gehört und ob Ansprüche aus dieser Tätigkeit im Insolvenzverfahren geltend gemacht werden können. Eine vergleichbare Erklärung findet sich bereits für Mietverhältnisse über Wohnraum des Schuldners in § 109 Abs. 1 Satz 2. Um den Geschäftsverkehr insofern zu warnen, ist die öffentliche Bekanntmachung der Freigabeerklärung vorgesehen (§ 35 Abs 3). Der Verwalter gibt dadurch zu erkennen, dass er hinsichtlich des Vermögens aus der selbstständigen Tätigkeit endgültig und unbedingt auf seine Verwaltungs- und Verfügungsbefugnis verzichtet hat und dass die Masse nicht für die Verbindlichkeiten aus der selbstständigen Tätigkeit des Schuldners haftet. Macht der Insolvenzverwalter von dieser Art Freigabe keinen Gebrauch und duldet er die selbstständige Tätigkeit des Schuldners, so liegt insofern ein Verwaltungshandeln des Insolvenzverwalters vor, dass diese Verbindlichkeiten zur Masseverbindlichkeiten aufwertet. Der Verwalter hat somit im Rahmen seines pflichtgemäßen Ermessens abzuwägen, ob die Einbeziehung des Neuerwerbs in die Masse vorteilhafter ist als eine Freigabe (*Wimmer*, jurisPR-InsR 14/2006 Anm 5).

37 Die steuerlichen Folgen einer Freigabe nach § 35 Abs. 2 sind (noch) streitig. Bezüglich der **Umsatzsteuer** gilt folgendes: Der **BFH** hatte bereits mit Urteil vom 7. 4. 2005 (BFH v 7. 4. 2005, BStBl II 2005, 848 unter Hinweis auf BFH v 24. 6. 1992, BFH/NV 1993, 201; v 7. 11. 1995, BFH/NV 1996, 379, und v 16. 8. 2001, BStBl II 2003, 208) entschieden, unter welchen Voraussetzungen die Umsatzsteuer aus einer neuen Erwerbstätigkeit des Schuldners während eines laufenden Insolvenzverfahrens als Masseverbindlichkeit anzusehen ist. Danach ist im Wesentlichen darauf abzustellen, ob der Schuldner die Umsätze mit Hilfe von Gegenständen ausführt, die zur Insolvenzmasse gehören. Als Verwertung der Masse wird auch die ertragbringende Nutzung der zur Insolvenzmasse gehörenden Vermögensgegenstände angesehen (so bereits zur Konkursmasse BFH v 15. 3. 1995, DB 1995, 1642). Bei der Verwendung von nicht massezugehörigen Gegenständen sei der Umsatz der insolvenzfreien Tätigkeit des

Schuldners zuzuordnen, aus der keine Steuerverbindlichkeiten zu Lasten der Masse begründet werden können. Entscheidend sei daher, ob der Schuldner in seinem neuen Betrieb Gegenstände einsetzt, die zur Insolvenzmasse gehören. Das **FG München** hat sich mit (nrkr) Urt v 29. 5. 2008 (EFG 2008, 1483) dem **BFH** angeschlossen und darauf verwiesen, dass sich an der Auffassung des BFH durch das Gesetz zur Vereinfachung des Insolvenzverfahrens vom 13. 4. 2002 (BGBl I 2007, 509) nichts geändert habe. Dem neu eingefügten § 35 Absatz 2 komme lediglich eine klarstellende Funktion zu.

Für die **Einkommensteuer** kann nichts anderes gelten als für die Umsatzsteuer: Einkünfte des Insolvenzschuldners aus einem Gewerbebetrieb, den der Insolvenzverwalter gem. § 35 Abs 2 aus der Masse freigegeben hat, können keine Masseverbindlichkeit begründen, wenn die Einkünfte nicht zur Masse fließen. Gibt der Insolvenzverwalter bspw einen Gewerbebetrieb (das der selbständigen Tätigkeit dienende Vermögen = Betriebsvermögen im einkommensteuerrechtlich Sinn) mit der Einschränkung aus der Masse frei, dass Gewinne, die über ein vergleichbares unpfändbares Einkommen eines Arbeitnehmers hinausgehen, nach Maßgabe des § 850c ZPO an die Insolvenzmasse abzuführen, dann löst dieser Gewinnzufluss zur Masse Einkommensteuer als Masseverbindlichkeit aus. Dieses Ergebnis entspricht auch dem Urt des **BFH** v 29. 3. 1984 (BStBl II 1984, 602). 38

VII. Die Besteuerung des Sanierungsgewinns

Nach dem bis zum 31. 12. 1997 geltenden § 3 Nr 66 EStG waren „Erhöhungen des Betriebsvermögens, die dadurch entstehen, dass Schulden zum Zweck der Sanierung ganz oder teilweise erlassen werden", steuerfrei. Das Gesetz zur Fortsetzung der Unternehmenssteuerreform vom 29. 10. 1997 (BGBl I 1997, 2590) beendete die Steuerfreiheit des Sanierungsgewinns mit Wirkung für Wirtschaftsjahre, die nach dem 31. 12. 1997 enden, durch die ersatzlose Streichung des § 3 Nr 66 EStG. Ausweislich der Gesetzesbegründung (BT-Drs 13/7480, 192) sollte mit der Abschaffung des § 3 Nr 66 EStG eine nicht ungerechtfertigte Doppelbegünstigung (Steuerfreiheit des Sanierungsgewinns und Beibehaltung der verrechenbaren Verluste) beseitigt werden. Persönlichen und sachlichen Härtefällen sollte auf dem Stundungs- oder Erlassweg begegnet werden (BT-Drs 13/7480, 192). **Härtefälle** können zB in der Form entstehen, dass Insolvenzpläne zurückgewiesen werden, weil die Körperschaftsteuer auf den Sanierungsgewinn zur Masseunzulänglichkeit führt (LG Dresden v 15. 7. 2005, ZInsO 2005, 83). Das **BMF** versucht mit seinem sog Sanierungserlass (Schreiben vom 27. 3. 2003, ZInsO 2003, 363), dem Hinweis des Gesetzgebers auf Hilfestellung in Härtefällen Rechnung zu tragen. Das BMF konstatiert, dass die Besteuerung der Sanierungsgewinne mit den Zielen der Insolvenzordnung in einem Konflikt steht. Die Erhebung der Steuer auf einen nach Ausschöpfen der ertragsteuerrechtlichen Verlustverrechnungsmöglichkeiten verbleibenden Sanierungsgewinn stelle für den Steuerpflichtigen aus sachlichen Billigkeitsgründen stets eine erhebliche Härte dar. Die entsprechenden Steuer soll deshalb auf Antrag nach § 163 AO abweichend festgesetzt und nach § 222 AO mit dem Ziel des späteren Erlasses (§ 227 AO) zunächst unter Widerrufsvorbehalt ab Fälligkeit (AEAO zu § 240 Nr 6 a AO) gestundet werden. Nach abschließender Prüfung und nach Feststellung der endgültigen auf den verbleibenden zu versteuernden Sanierungsgewinn entfallenden Steuer ist die Steuer nach § 227 AO zu erlassen. Nach ständiger BFH-Rechtsprechung handelt es sich bei § 227 AO um eine einheitliche Ermessensvorschrift, bei der der Begriff der Billigkeit Inhalt und Grenzen der pflichtgemäßen Ermessensausübung bestimmt (vgl Gemeinsamer Senat der Obersten Gerichtshöfe des Bundes vom 19. 10. 1971, BStBl. II 1972, 603). Das BMF-Schreiben reduziert das Ermessen der Verwaltung auf Null; **Steuern auf begünstigte Sanierungsgewinne sind zwingend zu erlassen.** Ggf. erhobene Stundungszinsen sind ebenfalls nach § 227 AO zu erlassen, soweit sie auf gestundete Steuerbeträge entfallen, die erlassen worden sind. Das **FG Münster** (ZInsO 2004, 1322) bestätigt das BMF-Schreiben und räumt dem Steuerpflichtigen darüber hinaus einen **Rechtsanspruch auf Steuererlass** ein, wenn nach Ausschöpfung der ertragsteuerrechtlichen Verlustverrechnungsmöglichkeiten ein Sanierungsgewinn verbleibt und die Voraussetzungen eines steuerfreien Sanierungsgewinn nach der aufgehobenen Regelung des § 3 Nr 66 EStG aF vorliegen (**Schuldenerlass, Sanierungsbedürftigkeit, Sanierungsabsicht und Sanierungseignung**). Im Gegensatz zum Sanierungserlass des BMF fordert das **FG Münster** Steuererlass sogar für den Fall, dass Schulden erlassen werden, um dem Steuerpflichtigen einen schuldenfreien Übergang in das Privatleben zu ermöglichen (so auch schon RFH RStBl 1937, 436; RFH RStBl 1939, 86; BFH BStBl II 1990, 810). Allerdings hat das **FG München** mit (nrkr, **BFH VIII R 2/08**) Urt v 12. 12. 2007 entschieden, dass Billigkeitsentscheidungen der Verwaltung auf der Grundlage des BMF-Schreibens gegen den Grundsatz der Gesetzmäßigkeit der Verwaltung verstoßen. Der Sanierungserlass des BMF setze mit Ausnahme einer modifizierten Verrechnung vorhandener Verluste und negativer Einkünfte die faktische Rechtsfolge des früheren § Nr 66 EStG im Wege der Billigkeit wieder in Kraft. Nicht das Steuerrecht, sondern das Insolvenzrecht sei berufen, die Situation des Steuerpflichtigen bei Zahlungsunfähigkeit oder Überschuldung zu regeln. Das Urteil des FG München wird zu Recht überwiegend kritisiert (*Gondert/Büttner*, DStR 2008, 1676; *Thouet* ZInsO 2008, 664; *Khan/Adam* ZInsO 2008, 899). Unzutreffend ist ua die Behauptung, der Sanierungserlass des BMF stelle die alte Rechtslage des § 3 Nr 66 EStG wieder her. Das **FG München** übersieht, dass der Sanierungserlass die **totale Verlustverrechnung** (*Janssen*, DStR 2003, 1055, 1057) als zusätzliche Voraussetzung für die steuerliche Begünstigung eines Sanierungsgewinns 39 fordert. Der Sanierungsgewinn soll zunächst mit Verlusten aller Art sowie mit Verlustvorträgen und Verlustrückträgen des Steuerpflichtigen, unabhängig von bestehenden Ausgleichs- und Verrechnungsbeschränkungen (insbesondere nach § 2 Abs 3, § 2 a, § 2 b, § 10 d. § 15 Abs 4, § 15 a, § 23 Abs 3 EStG), verrechnet werden. Bis zur vollständigen Verlustverrechnung wird die Steuer auf den Sanierungsgewinn gestundet. Nur der danach verbleibende Spitzenbetrag soll ein begünstigter Sanierungsgewinn sein, nur die darauf entfallende Steuer soll erlassen werden. Im Gegensatz dazu blieben nach der Regelung in § 3 Nr 66 aF die Verlustvorträge vollständig erhalten. Diese Doppelbegünstigung ist durch den Sanierungserlass beseitigt worden. Das FG München übersieht möglicherweise auch die wirtschaftlichen Folgen einer Nichtanwendung des Sanierungserlasses bzw einer Besteuerung von Sanierungsgewinnen: Der Gewinn durch Gläubigerverzicht ist ein Buchgewinn; die – im Zweifelsfall ohnehin angespannte – Liquidität des Schuldners bleibt unverändert. Mittel für die Finanzierung der Steuerzahlung auf den Sanierungsgewinn werden kaum zu beschaffen sein. Die Gläubiger werden kein Verständnis dafür haben dass einer von ihnen – das Finanzamt – von ihrem Forderungsverzicht profitiert und ggf die Erreichung des mit dem Forderungsverzicht angestrebten Ziels gefährdet. Schließlich ist auch das Argument nicht stichhaltig, dass bei der Bewältigung wirtschaftlicher Schieflagen des Steuerpflichtigen dem Insolvenzrecht der Vorrang vor dem Steuerrecht gegeben werden müsse. Das Insolvenzrecht greift erst bei Überschuldung und Zahlungsunfähigkeit. Sanierungsmaßnahmen können aber schon weitaus früher eingeleitet und ggf ohne gerichtliches Verfahren zu einem erfolgreichen Abschluss geführt werden.

40 Schon vor dem Urteil des FG München v 12. 12. 2007 ist die Frage diskutiert worden (vgl ua *Crezelius*, NZI 2007, 91), ob der Steuergesetzgeber nicht besser beraten wäre, wenn er die materielle Steuerfreiheit von Sanierungsgewinnen wieder einführen würde, denn auch der Sanierungserlass des BMF bringt eine Fülle rechtlicher Unsicherheiten mit sich (so auch das IDW in IDW/FN 2008, 507). Die „klassischen" Voraussetzungen" für die Begünstigung des Sanierungsgewinns (**Sanierungsbedürftigkeit und Sanierungsfähigkeit des Unternehmens, die Sanierungseignung des Schulderlasses und die Sanierungsabsicht der Gläubiger**) werden in den Fällen nicht oder nicht vollständig vorliegen, in denen ausdrücklich auf die Einstellung des Unternehmens als begünstigte Variante abgestellt wird. Ein Ausscheiden der Voraussetzung der Sanierungsabsicht der Gläubiger ist explizit unterstellt, wenn Schulden erlassen werden, um einen Sozialplan zu Gunsten der Arbeitnehmer zu ermöglichen. Die Begriffe werden deshalb „umzudeuten" sein. **Im Fall der geplanten Abwicklung** muss an die Stelle des Begriffs der „Sanierungsfähigkeit" der Begriff der „Liquidationsnotwendigkeit" und an die Stelle des Begriffs der „Sanierungsabsicht" der Begriff der „Liquidationsabsicht der Gläubiger" treten (*Strüber/von Donath*, BB 2003, 2036, 2038). Es ist aber keine Frage, dass solche „Umdeutungen" zu Unsicherheiten in der Anwendung des BMF-Schreibens führen, die seinen Wert für erfolgreiche Unternehmensabwicklungen (Fortführungen und Stilllegungen) in Frage stellen.

41 Sanierungsgewinn ist nach der Definition des BMF-Schreibens die „Erhöhung des Betriebsvermögens, die dadurch eintritt, dass Schulden zum Zweck der Sanierung ganz oder teilweise erlassen werden". Begünstigt sind also nur solche Einkünfte, die durch den **Betriebsvermögensvergleich** ermittelt werden können (§ 4 Abs. 1 EStG). Die Regelung gilt also nur für **bilanzierende Unternehmer**. Ermittelt der Steuerpflichtige seinen Gewinn durch Einnahmenüberschussrechnung (§ 4 Abs. 3 EStG), dann tritt durch den Schulderlass keine „Erhöhung des Betriebsvermögens" ein. Infolge des Erlasses mindern sich jedoch die künftigen Betriebsausgaben, wodurch sich der Gewinn erhöht und der darin anteilig enthaltene Sanierungsgewinn versteuert wird. Um in den Genuss des begünstigten Sanierungsgewinns zu kommen ist zu empfehlen, vor einem Schuldenerlass zur Gewinnermittlung durch Bestandsvergleich überzugehen.

42 Die **Steuer auf den Sanierungsgewinn** ist, falls sie nicht erlassen wird, von dem Verwalter als Masseverbindlichkeit zu erfüllen. Der Verwalter haftet bei Nichterfüllung sowohl nach Steuerrecht als Vermögensverwalter (§ 34 Abs 3 AO) bei Vorsatz und grober Fahrlässigkeit nach § 69 AO als auch nach Insolvenzrecht (§ 61 InsO). Bei Aufhebung des Insolvenzplanverfahrens hat er (§ 258 Abs 2 InsO) die unstreitigen Masseansprüche zu berichtigen und für die streitigen Sicherheit zu leisten (§ 258 Abs 2 InsO). Praktisch kann sich folgendes Problem einstellen: Der Insolvenzplan wird im Januar des Jahres 01 bestätigt. Der Sanierungsgewinn entsteht also im Januar 01. Die Einkommen- (Körperschaft-)Steuer auf den Sanierungsgewinn ist eine Masseverbindlichkeit, die zu berichtigen oder sicher zu stellen ist. Der Verwalter kennt aber im Januar des Jahres 01 die Höhe der Steuer noch nicht. Er wird zu dieser Zeit noch nicht einmal das – möglicherweise negative – Einkommen des Vorjahres kennen. Das Einkommen des Jahres 01 kennt er frühestens nach Erstellung der Steuererklärung für das Jahr 01, also etwa Mitte des Jahres 02. Mit dem Körperschaft- oder Einkommensteuerbescheid für das Jahr 01 wird kaum vor September/Oktober des Jahres 02 zu rechnen sein. Aber auch ein solcher Steuerbescheid setzt nur die gesamte Steuer auf das Einkommen fest, wenn überhaupt ein positives Einkommen erwirtschaftet wurde. Aus dem Steuerbescheid ergibt sich nicht die als Masseverbindlichkeit zu erfüllende Steuer auf den Sanierungsgewinn, sondern nur die Steuerschuld insgesamt. Die obersten Finanzbehörden des Bundes und der Länder haben mittlerweile erörtert, wie die anteilig auf den Sanierungsgewinn entfallende Einkommensteuer zu berechnen ist (Bayerisches Landesamt für Steuern, DStR 2006, 2176; **OFD** Chemnitz, DB 2006, 2374; vgl auch **OFD** Hannover Vfg v 19. 3. 2008, DStR 2008, 1240). Dabei geht es zum einen um die Frage der Ermittlung der Bemessungsgrundlage und weiterhin darum, ob der auf dem verblei-

benden zu versteuernden Sanierungsgewinn entfallende Anteil aus der Einkommensteuer nach einer Verhältnisrechnung oder im Wege einer „Schattenveranlagung" zu berechnen ist. Nach Auffassung der Verwaltung erfolgt die Ermittlung der Besteuerungsgrundlagen durch vorrangige Verrechnung aller zur Verfügung stehender Verluste und negativer Einkünfte mit dem jeweiligen Sanierungsgewinn. Die dann auf den Sanierungsgewinn noch entfallende Steuer ist nicht durch eine Verhältnisrechnung, sondern durch Gegenüberstellung des unter Einbeziehung des Sanierungsgewinns festgesetzten Steuerbetrags und des Steuerbetrags zu ermitteln, der sich in der „Schattenveranlagung" ohne Einbeziehung des nach Verrechnung mit Verlusten und negativen Einkünften verbleibenden Sanierungsgewinns ergibt. **Die Kompliziertheit der vorgeschlagenen Aufteilungsverfahren ist nicht zu übersehen und wird ausreichender Anlass für lang anhaltende geben.** Gewissheit über die Höhe der Steuer auf den Sanierungsgewinn kann sich also möglicherweise erst lange Zeit nach Verfahrensaufhebung einstellen. Erst wenn die Steuer auf den Sanierungsgewinn feststeht, kann ihr Erlass beantragt werden. Das Finanzamt entscheidet über den Erlassantrag „nach abschließender Prüfung und nach Feststellung der endgültigen auf den verbleibenden zu versteuernden Sanierungsgewinn entfallenden Steuer" (BMF-Schreiben vom 27. 3. 2003, BStBl 2003 I, 240). Selbst wenn die Steuer auf den Sanierungsgewinn beim Vorliegen aller Voraussetzungen zwingend zu erlassen Ist (Ermessensreduzierung auf Null), so steht doch der Erlass bei Aufhebung des Insolvenzplanverfahrens keineswegs fest, denn es ist nicht auszuschließen, dass die Finanzverwaltung allein die „klassischen" Voraussetzungen für die Annahme eines begünstigten Sanierungsgewinns anders beurteilt als der Steuerpflichtige bzw der Insolvenzverwalter. Ein nicht zu unterschätzendes Risiko ist auch der Umstand, dass der Steuererlass gem BMF-Schreiben den Charakter einer staatlichen Beihilfe iSv Art 87 Abs. 1 des EG-Vertrages darstellt (*Herrmann*, ZInsO 2003, 1069 ff; *Strüber/von Donath*, BB 2003, 2036, 2040 ff). Das BMF hat selbst hierauf selbst hingewiesen (Schreiben des BMF ZIP 2002, 1916). Sollte die Europäische Kommission die Beihilfequalität des Steuererlasses gem. BMF-Schreiben bejahen, seine Vereinbarkeit mit dem Gemeinsamen Markt jedoch verneinen, besteht das Risiko der Anordnung der Rückforderung sämtlicher auf der Grundlage des BMF-Schreibens erlassenen Steuern durch die Kommission (*Herrmann*, ZInsO 2003, 1069, 1078). Um das Risiko einer solchen Rückforderung einzugrenzen ist es ratsam, den Sanierungsplan anhand der in den Rettungs- und Umstrukturierungsrichtlinien der Europäischen Kommission genannten Kriterien (Mitteilung der Kommission über die Anwendung der Vorschriften über staatliche Beihilfen auf Maßnahmen im Bereich der direkten Unternehmensteuerung, ABl C 384 v 10. 12. 1998, 3 ff) zu erstellen. Nach alledem kann im Zeitpunkt der Aufhebung des Insolvenzplanverfahrens nicht sicher ein späterer Erlass der Steuer unterstellt werden. Die Steuer auf den Sanierungsgewinn ist vielmehr als „streitig" iSv § 258 Abs 2 InsO anzusehen, so dass für sie eine Sicherheit zu leisten ist. Die Sicherheitsleistung ist allein im Interesse des Insolvenzverwalters erforderlich, der sich bei Rückforderung der erlassenen Steuern durch die Bundesregierung nach Aufforderung durch die Europäische Kommission einer verschärften Haftung nach § 61 InsO ausgesetzt sieht, weil er die Billigkeitsmaßnahme beantragt hat (*Herrmann*, ZInsO 2003, 1069, 1078). Kann die Sicherheit nicht geleistet werden, so ist der Plan wegen offensichtlicher Unerfüllbarkeit von dem Insolvenzgericht zurückzuweisen (§ 231 Abs. 1 Nr 3 InsO). Zwar ist das Finanzamt als Massegläubiger nicht Beteiligter iSv § 231 Abs. 1 Nr 3 InsO, die „pole position" (§ 53 InsO) des Finanzamtes bei der Verteilung kann aber dazu führen, dass die im Plan versprochenen Zahlungen an nachrangige Gläubiger nicht oder nicht vollständig geleistet werden können.

VIII. Auswirkungen der Insolvenzeröffnung auf die einzelnen Steuerarten

1. Einkommensteuer. a) Allgemeines. Für die Einkommensteuer gilt nichts anderes als für alle anderen Steuerarten: Im Zeitpunkt der Insolvenzeröffnung bereits begründete Steueransprüche sind zur Insolvenztabelle anzumelden. Nach Verfahrenseröffnung begründete Steueransprüche, die als Masseschulden zu qualifizieren sind, sind gegen den Insolvenzverwalter festzusetzen und von diesem vorweg aus der Insolvenzmasse zu befriedigen. Alle sonstigen Steueransprüche sind insolvenzfrei (BFH v 14. 2. 1978, BStBl II 1978, 356). Die aus der Verwertung der Insolvenzmasse sich ergebende Einkommensteuerschuld ist in einem auf den Zeitraum nach Insolvenzeröffnung beschränkten Einkommensteuerbescheid gegenüber dem Insolvenzverwalter festzusetzen. **Die einheitliche Einkommensteuerschuld** ist gegebenenfalls in eine Insolvenzforderung, Masseforderung und insolvenzfreie Forderung aufzuteilen. Insolvenzforderungen sind zur Tabelle anzumelden; Steuern, die auf Einkünften der Insolvenzmasse beruhen und zu Masseverbindlichkeiten führen, sind durch Steuerbescheid festzusetzen (vgl **BFH v 11. 11. 1993, BFH/NV 1994, 477, und v 25. 7. 1995, BFH/NV 1996, 117, mwN;** *Loose* in Tipke/Kruse, Abgabenordnung, Finanzgerichtsordnung, § 251 AO Rz 40, 71; *Benne*, BB 2001, 1977, 1982; OFD Hannover, AO-Kartei ND Anhang D Karte 1, Nr 8). Der gegen die Masse gerichtete Bescheid ist ein gegenständlich beschränkter Steuerbescheid, mit dem die Einkommensteuer festgesetzt wird; er ist Teil des Festsetzungsverfahrens.

Die Pflicht des Insolvenzverwalters, Einkommensteuern als Masseverbindlichkeiten vorweg aus der Masse zu zahlen, steht der **unveränderten materiellen steuerrechtlichen Stellung des Insolvenzschuldners** nicht entgegen (BFH BStBl III 1964, 70; ständige Rechtsprechung). Die zur Insolvenzmasse gehörenden Vermögensgegenstände und Verbindlichkeiten sind ihm ungeachtet der Insolvenzeröffnung nicht nur zivilrechtlich, sondern ebenso auch steuerrechtlich weiterhin zuzurechnen. Die von dem Insolvenzverwalter kraft seiner Verwaltungs- und Verfügungsbefugnisse geschaffenen Steuerrechtstatbestände treffen materiell-rechtlich den Insolvenzschuldner als Steuerpflichtigen und Steuerschuldner. Maßgebend für die Einkommensteuer ist die Rechtszuständigkeit für die der Besteuerung zugrunde liegenden Besteuerungsgrundlagen, nicht die Verwaltungs- und Verfügungsbefugnis über dieselben. **Steuerpflichtig** ist deshalb allein der **Inhaber der Einkunftsquelle**, nämlich der Insolvenzschuldner als Rechtszuständiger. Das gilt für alle von ihm im Veranlagungszeitraum bezogenen positiven und negativen Einkünfte, gleichviel, wer die Einkunftsquellen verwaltet oder darüber verfügt. Die Insolvenzmasse wird durch die Insolvenzeröffnung nicht Steuersubjekt. Steuersubjekt ist nach geltendem Recht (§ 1 EStG) allein der Insolvenzschuldner. Der **RFH** hat seine **Separationsthese** (RFHE 23, 70; 27, 335), nach der die Konkursmasse neben dem Gemeinschuldner quasi selbständiges Steuersubjekt sein sollte, mit Urt v 22. 6. 1938 (RStBl 1938, 669) wieder aufgegeben. Eine **Mitunternehmerschaft** (zB OHG) ist nicht Steuersubjekt, sondern lediglich „Gewinnerzielungssubjekt" (**BFH** v 5. 3. 2008, DStR 2008, 1478). Zwar stehen die von der Mitunternehmerschaft erwirtschafteten Gewinn den Gesellschaftsgläubigern zur Verfügung; steuerlich werden sie aber den Gesellschaftern zugerechnet und sind von diesen zu versteuern. Der **BFH** begründet diese „Unabgestimmtheit zwischen Steuerrecht und Insolvenzrecht" damit, dass die von der insolventen OHG erzielten Gewinne dem Gesellschafter haftungsmindernd zugute kommen. Dies rechtfertige es, dass der Gesellschafter die auf seinen Gewinnanteil entfallende Einkommensteuer selbst zu zahlen hat (**BFH** v 5. 3. 2008, DStR 2008, 1478). Eröffnung des Insolvenzverfahrens lässt das auf der Grundlage der sieben Einkunftsarten gebildeten Einkommensbegriff unberührt. Auch im Insolvenzverfahren des Steuerpflichtigen ist sein Einkommen gemäß § 2 Abs 2 EStG die Summe der ihm im Kalenderjahr zu geflossenen Einkünfte aus den sieben Einkunftsarten nach Verlustausgleich und Abzug der Sonderausgaben. Dementsprechend ist dieses einheitliche Einkommen auch unabhängig vom Insolvenzverfahren für das Kalenderjahr zu ermitteln und der Steuerberechnung zugrunde zu legen. Auch im Insolvenzverfahren über das Vermögen des Steuerpflichtigen bleibt der Ermittlungs-, Bemessungs- und Veranlagungszeitraum das Kalenderjahr (*Frotscher*, Besteuerung S 82/83; FK-*Boochs* § 155 Rn 274 ff).

45   b) **Zusammenveranlagung von Ehegatten.** Ehegatten, die beide unbeschränkt einkommensteuerpflichtig im Sinne des § 1 Abs 1 oder 2 oder des § 1a sind und nicht dauernd getrennt leben und bei denen diese Voraussetzungen zu Beginn des Veranlagungszeitraums vorgelegen haben oder im Laufe des Veranlagungszeitraums eingetreten sind, können zwischen getrennter Veranlagung (§ 26 a EStG) und Zusammenveranlagung (§ 26 b EStG) wählen (§ 26 Abs 2 EStG). Das **Wahlrecht der Ehegatten** nach § 26 Abs 2 EStG) ist kein höchstpersönliches, sondern ein vermögensmäßiges Recht, ein **Verwaltungsrecht** (**BGH** v 24. 5. 2007, DStR 2007, 1411; **BFH** III 1963, S 597; *Bringewat/Waza*, Insolvenzen und Steuern, Rn 264; *Frotscher*, Besteuerung S 97; *Hess/Boochs/Weis*, Steuerrecht in der Insolvenz, Rn 567). In der Insolvenz wird das Wahlrecht durch den Insolvenzverwalter und im vereinfachten Insolvenzverfahren durch den Treuhänder wahrgenommen (BGH v 24. 5. 2007, DStR 2007, 1411). Widerspricht der Insolvenzverwalter der Zusammenveranlagung, so werden die Ehegatten getrennt veranlagt. Der widersprechende Insolvenzverwalter sollte allerdings berücksichtigen, dass sich aus dem Wesen der Ehe für beide Ehegatten die – aus § 1353 Abs. 1 Satz 2 BGB abzuleitende – Verpflichtung ergibt, die finanziellen Lasten des anderen Teils nach Möglichkeit zu vermindern, soweit dies ohne eine Verletzung eigener Interessen möglich ist. Ein Ehegatte ist daher dem anderen gegenüber verpflichtet, in eine von diesem gewünschte Zusammenveranlagung zur Einkommensteuer einzuwilligen, wenn dadurch die Steuerschuld des anderen verringert, der auf Zustimmung in Anspruch genommene Ehegatte aber keiner zusätzlichen steuerlichen Belastung ausgesetzt wird (vgl **BGH** v 13. 10. 1976, FamRZ 1977, 38, 40; v 4. 11. 1987, NJW 1988, 2032; v 12. 6. 2002, DStRE 2002, 1121, FamRZ 2002, 1024, 1025 m Anm *Bergschneider*, FamRZ 2002, 1181; v 25. 6. 2003, DStR 2003, 1805; v 3. 11. 2004, NJW 2005, 1196). Der Insolvenzverwalter wird aber die getrennte Veranlagung bevorzugen, wenn durch **getrennte Veranlagung** zwar eine insgesamt höhere Einkommensteuer entsteht als bei Zusammenveranlagung, auf den Insolvenzschuldner aber eine Erstattung entfällt, die der Verwalter zur Masse ziehen kann (*Farr*, BB 2006, 1302; s auch **LG** Dortmund v 20. 12. 2006, ZInsO 2007, 110).

46   Im Fall der Zusammenveranlagung haften die Ehegatten für die Einkommensteuerschuld gesamtschuldnerisch (§ 44 Abs 1 AO). Bei Insolvenzeröffnung begründete Einkommensteuerverbindlichkeiten können deshalb von dem Steuergläubiger gegen jeden Ehegatten, also auch gegen den Insolvenzschuldner, als Insolvenzforderungen geltend gemacht werden. Werden Zwangsvollstreckungsmaßnahmen gegen einen Ehegatten durchgeführt, so kann jeder Ehegatte die **Aufteilung der Steuern**, für die sie gesamtschuldnerisch haften, nach Maßgabe der §§ 269 bis 278 AO beantragen (§ 268 AO). Haben Ehegatten eine von der gesetzlichen Regel abweichende interne Aufteilung der Einkommensteuerschulden aus Zusammenveranlagung vereinbart, so sind Ausgleichsansprüche aus einer solchen Vereinbarung Insolvenzforderungen (**BGH** v 24. 5. 2007, DStR 2007, 1411).

47   c) **Aufteilung der Jahressteuerschuld.** Wird das Insolvenzverfahren im Laufe des Veranlagungszeitraums (Kalenderjahr, § 2 Abs 7 Satz 2 EStG) eröffnet, so entsteht das Problem der Aufteilung der Einkommensteuer als Jahressteuer (§ 2 Abs 7 Satz 1 EStG) auf die drei Forderungskategorien Masseverbindlichkeiten, Insolvenzforderungen und Forderungen an den Insolvenzschuldner aus insolvenzfreien

C. Die steuerrechtlichen Wirkungen der Insolvenzeröffnung § 80

Einkünften. Bezüglich der **Einkommensteuer als Masseverbindlichkeit** hat der **BFH** in ständiger Rechtsprechung (BFH BStBl II 1978, 356; BFH BStBl II 1984, 602; BFH ZIP 1994, 1286; BFH ZIP 1995, 661) entschieden, „dass Einkommensteuerforderungen aus nach Konkurseröffnung erzielten Gewinnen jedenfalls dann als Massekosten oder Masseschulden anzusehen sind, wenn die den Gewinnen entsprechenden Vermögensmehrungen zur Konkursmasse gelangt sind. Erzielt der Konkursverwalter für den Gemeinschuldner Gewinne aus der Veräußerung von Wirtschaftsgütern der Konkursmasse und fließt der Erlös der Masse zu, so sind die daraus resultierenden und gegen den Gemeinschuldner festgesetzten Einkommensteuern (einschließlich der Einkommensteuervorauszahlungen) Massekosten iSd § 58 Nr 2 KO" (BFH 1994 ZIP 1995, 661, 662). Soweit die Einkommensteuer im Zusammenhang mit **stillen Reserven** steht, wird in der Literatur (*Frotscher*, Besteuerung S 120 ff; *Onusseit/Kunz*, Steuern S 173 Rn 523; *Bringewat/Waza*, Insolvenzen und Steuern, S 101 Rn 270; im Prinzip auch *Hess/Boochs/Weis*, Steuerrecht in der Insolvenz, S 110 Rn 566) überwiegend die Meinung vertreten, dass entgegen der BFH-Rechtsprechung nicht der Zeitpunkt der Gewinnrealisierung durch die Auflösung der stillen Reserven, sondern der Zeitpunkt ihrer Entstehung maßgebend für die Einordnung der Einkommensteuer als Insolvenzforderung oder Masseverbindlichkeit ist. Nur soweit die stillen Reserven nach Insolvenzeröffnung entstanden sind, können die auf ihre Realisierung entfallenden Steuern Masseverbindlichkeiten sein. In der Praxis ist aber die durch die Aufdeckung stiller Reserven entstehende Einkommensteuer dem nachinsolvenzlichen Ermittlungszeitraum zuzuordnen, da die Rechtsprechung des **BFH** als gefestigt anzusehen ist (*Bringewat/Waza*, Insolvenzen und Steuern, S 101 Rn 270). Die Einkommensteuer entsteht nach ständiger Rechtsprechung des **BFH** allerdings nur dann mit dem Rang von Masseverbindlichkeiten, wenn die **Verwertung durch den Verwalter** erfolgte (Masseverbindlichkeit gem § 55 Abs 1 Ziff 1 Alt 1, Abs 2). Masseverwertungen „in anderer Weise" (§ 55 Abs 1 Ziff 1 Alt 2) können hiernach also keine Einkommensteuer als Masseverbindlichkeit entstehen lassen. Anders hat der **BFH** (BStBl II 1978, 684; zuletzt ZIP 1991, 1080) wegen der **Umsatzsteuer als Masseverbindlichkeit** entschieden. Danach ist die Umsatzsteuer auch dann zu den Massekosten zu rechnen, wenn die Insolvenzmasse ohne Mitwirken des Verwalters (bspw durch Zwangsversteigerung auf Antrag eines Gläubigers) verwertet wird. Gesetzliche Grundlagen für die Aufteilung der Einkommensteuer als Jahressteuer in Masseverbindlichkeiten, Insolvenzforderungen und Forderungen an den Insolvenzschuldner aus insolvenzfreien Einkünften gibt es nicht. Der **RFH** hatte in seinem „Wende-Urteil" vom 22. 6. 1938 (RStBl 1938, 669) dem Finanzamt empfohlen, dem Konkursverwalter einen „die nicht von dem Steuerpflichtigen (Gemeinschuldner) erzielten Einkünfte" betreffenden Haftungsbescheid zuzustellen. Es blieb aber schon für *Enno Becker* „im Dunkeln" wie die Aufteilung der Jahressteuer durchgeführt werden sollte. „Wenn eine Masseschuld infrage komme, aber auch sonst, ziehe der Steuergläubiger auf Kosten der Gläubiger unter dem völlig unhaltbaren Stichwort eines großen Gewinns den Raub davon" (*Becker*, StuW 1939, 1051/1052). An der Dunkelheit, die alle Aufteilungsversuche bedeckt, hat sich bis heute nichts geändert. In keiner seiner Entscheidungen verliert der **BFH** ein Wort zu den **Grundsätzen einer Aufteilung der Jahressteuerschuld** in Insolvenzforderungen, Masseverbindlichkeiten und Steuerforderungen an den Schuldner aus insolvenzfreien Einkünften. In seinem Urt v 11. 11. 1993 (ZIP 1994, 1286, 1287) stellt er lediglich fest, dass die vom Finanzamt gewählte Methode der Aufteilung der Jahressteuerschuld nach Maßgabe der **Verhältnisse der jeweiligen Teileinkünfte** nicht zu beanstanden sei. Nach Auffassung der Finanzverwaltung (BMF-Schr KTS 1999, 323, 326) ist bei der Einkommensteuer und der Körperschaftsteuer eine Zuordnung des steuerpflichtigen Gewinns auf einzelne Geschäftsvorfälle grundsätzlich nicht möglich. Die Abgabeschuld sei deshalb für die Zeiträume vor und nach Insolvenzeröffnung „nach Maßgabe der in den einzelnen Abschnitten zu berücksichtigenden Besteuerungsmerkmale" prozentual aufzuteilen; zu den **in der Literatur vor geschlagenen Aufteilungsmethoden** (vgl *Fricke*, DStR 1966, 22; *Rosenau*, KTS 1972, 130, 139; *Hess* § 55 Rn 422; Hübschmann/Hepp/Spitaler/*Beermann* AO § 251 Rn 152; *Tipke/Kruse* § 251 AO Rn 72; *Bringewat/Waza*, Insolvenzen und Steuern Rn 273; *Frotscher*, Besteuerung S 110). Das Finanzamt sei zum Zweck der Abgrenzung der Steuerforderungen nicht gehindert, gegen den Insolvenzverwalter einen Einkommensteuerbescheid zu erlassen, der auf den Zeitraum nach Insolvenzeröffnung beschränkt ist (BFH ZIP 1994, 1286, 1287). Zu den Masseverbindlichkeiten gehört auch die **Zinsabschlagsteuer** (§ 43 Abs 1 Nr 7 EStG), soweit sie auf Kapitalerträgen beruht, die durch den Verwalter erwirtschaftet wurden (BFH ZIP 1995, 661). Entgegen dem gesetzlichen Auszahlungsrecht des Verwalters (§ 53) überlässt § 44 Abs 1 EStG die Auszahlung der Zinsabschlagsteuer der „auszahlenden Stelle", idR der Bank. Die Gesetzeskonkurrenz wird bei Masseunzulänglichkeit (§§ 208, 209) deutlich. Der Verteilungsschlüssel des § 209 gilt nur für den Verwalter, nicht für die „auszahlende Stelle" (Kritik bei *Maus* S 115 ff). Wird von Zinserträgen einer in Konkurs befindlichen Kommanditgesellschaft im Wege des Zinsabschlags Kapitalertragsteuer abgeführt und ergeben sich daraus Steuererstattungsansprüche der Gesellschafter, sind diese verpflichtet, die erhaltenen Steuererstattungen an die Insolvenzmasse auszukehren (BFH ZIP 1999, 2063).

2. Körperschaftsteuer. Die Körperschaftsteuer bemisst sich nach dem zu versteuernden Einkommen (§ 7 Abs 1 KStG). Was als Einkommen gilt und wie das Einkommen zu ermitteln ist, bestimmt sich im Wesentlichen nach den Vorschriften des Einkommensteuergesetzes (§ 8 Abs 1 KStG). Für die Körperschaftsteuer ergeben sich deshalb gegenüber der Einkommensteuer durch die Eröffnung des Insolvenz- 48 verfahrens keine gravierenden Unterschiede. Die Insolvenzeröffnung hat die Auflösung der Kapitalgesellschaft zur Folge (§§ 60 Abs 1 Ziff 4 GmbHG, 262 Abs 1 Ziff 3 AktG). Eine Abwicklung iSv §§ 70 GmbHG, 268 Abs 1 AktG findet bei Auflösung der Gesellschaften durch Insolvenzeröffnung nicht statt (§§ 66 Abs 1 GmbHG, 264 Abs 1 AktG). Die insolvente Gesellschaft kann also ihre werbende Tätigkeit nach Insolvenzeröffnung fortsetzen. Die **Abwicklung** beginnt erst mit **Einstellung der werbenden Tätigkeit**. Nach § 11 Abs 1 KStG ist der im Zeitraum der Abwicklung erzielte Gewinn der Besteuerung zugrunde zu legen. Der Besteuerungszeitraum soll drei Jahre nicht übersteigen. Zur **Ermittlung des Abwicklungsgewinns** ist das **Abwicklungs-Endvermögen** dem **Abwicklungs-Anfangsvermögen** gegenüberzustellen. Abwicklungs-Endvermögen ist das zur Verteilung kommende Vermögen, vermindert um die steuerfreien Vermögensmehrungen, die dem Steuerpflichtigen in dem Abwicklungszeitraum zugeflossen sind. Abwicklungs-Anfangsvermögen ist nach den Vorschriften des Körperschaftsteuergesetzes (§ 11 Abs 4 Satz 1 KStG) das Betriebsvermögen, das am Schluss des der Auflösung vorangegangenen Wirtschaftsjahrs der Veranlagung zur Körperschaftsteuer zugrunde gelegt worden ist. Entgegen der Regelung in § 11 Abs 4 Satz 1 KStG wird aber das Abwicklungs-Anfangsvermögen regelmäßig dem Betriebsvermögen entsprechen, das sich aus der gem § 155 Abs 2 auf den Zeitpunkt der Insolvenzeröffnung aufzustellenden Bilanz ergibt. Durch § 155 Abs 2 entsteht für den Zeitraum bis zur Insolvenzeröffnung ein **Rumpfwirtschaftsjahr**. Das Ergebnis dieses Rumpfwirtschaftsjahres wird nicht in die Insolvenzbesteuerung einbezogen (**BFH BStBl II 1974, 692**).

49 **Körperschaftsteuerguthaben** sind nach SEStEG v 7. 12. 2006 (BGBl I 2006, 2782) ausschüttungsabhängig in zehn gleichen Jahresraten zwischen dem 30. 9. 2008 und dem 30. 9. 2017 an die Gesellschaft auszuzahlen (§ 37 Abs 5 KStG). Der Zehn-Jahreszeitraum stört die Verwalter, die solche Körperschaftsteuerguthaben antreffen, denn viele Insolvenzverfahren können in einer kürzeren Zeit abgeschlossen werden. § 37 Abs 5 S 9 bietet eine Lösung an: Der Auszahlungsanspruch kann ohne die Beschränkungen des § 46 Abs 4 AO abgetreten werden. Dadurch ergibt sich die Möglichkeit der Verwertung des Vermögensgegenstandes durch Verkauf des Anspruchs auch an solche Unternehmen, die den Forderungserwerb geschäftsmäßig betreiben. Der Forderungskäufer (Abtretungsempfänger) kann den Auszahlungsanspruch erfolgreich geltend machen, wenn (1) der Anspruch wirksam abgetreten wurde und (2) das Finanzamt nicht mit Gegenansprüchen aufrechnen kann (*Grashoff/Kleinmanns*, ZInsO 2008, 609; *Ladiges*, DStR 2008, 2041). Zur Wirksamkeit ist die Anzeige der Abtretung auf amtlich vorgeschriebenen Vordruck erforderlich (§ 46 Abs 2, 3 AO). Eine Aufrechnung ist nach § 406 BGB grundsätzlich möglich. Allerdings muss die Steuerforderung, mit der das Finanzamt aufrechnen will, vor der Abtretung des Auszahlungsanspruches entstanden sein (§ 406 BGB). Forderungen, die nach der Abtretung entstanden sind, sind notwendigerweise Masseforderungen; eine Aufrechnung mit solchen Forderungen scheidet also aus. Für die Aufrechnung von Forderungen, die vor der Abtretung entstanden sind, gilt folgendes: Hat das Finanzamt schon vor der Abtretung und vor Insolvenzeröffnung wirksam die Aufrechnung erklärt, erlischt der Auszahlungsanspruch und die Abtretung geht in's Leere. Rechnet das Finanzamt im Insolvenzverfahren mit Insolvenzforderungen gegen den Auszahlungsanspruch des Zessionars auf, so ist die Aufrechnung zulässig, wenn das Insolvenzverfahren nach dem 31. 12. 2006 eröffnet wurde, denn das Körperschaftsteuerguthaben wird durch die Fiktion des § 37 Abs 5 KStG erst zum 31. 12. 2006 begründet (**OFD Koblenz v 7. 12. 2007, ZInsO 2008, 503**).

50 **3. Lohnsteuer. a) Allgemeines.** Nach § 38 EStG ist die Lohnsteuer nur eine **besondere Erhebungsform der Einkommensteuer**. Die Einkommensteuer wird als „Lohnsteuer" bezeichnet, soweit sie bei Einkünften aus nichtselbständiger Arbeit durch Abzug vom Arbeitslohn erhoben wird (§ 38 Abs 1 EStG). Der Arbeitnehmer ist im Verhältnis zum Finanzamt **Steuerschuldner** (§ 38 Abs 2 EStG) und im Verhältnis zum Arbeitgeber **Steuergläubiger**. Der Arbeitnehmer ist auch hinsichtlich des Lohnbestandteils „Lohnsteuer" alleiniger Gläubiger des Arbeitgebers. Die Lohnsteuer ist idR (dh bei den üblichen Bruttolohnvereinbarungen) Teil der vertraglichen Bruttolohnforderung des Arbeitnehmers an den Arbeitgeber. Etwas anderes gilt für **Nettolohnvereinbarungen** (Abschn 122 LStR); bei Nettolohnvereinbarungen ist der Arbeitgeber Schuldner der Lohnsteuer. Der Arbeitgeber hat bei Bruttolohnvereinbarungen eine **Mitwirkungspflicht:** Er muss die Lohnsteuer für Rechnung des Arbeitnehmers bei jeder Lohnzahlung einbehalten (§ 38 Abs 3 EStG), sie bei dem Finanzamt anmelden (§ 41a Abs 1 Satz 1 Nr 1 EStG) und sie an das Finanzamt abführen (§ 41a Abs 1 Satz 1 Nr 2 EStG). Mit der Auszahlung des Nettolohns, der Lohnsteuer an das FA und der Sozialversicherungsbeiträge an den Sozialversicherungsträger erfüllt der Arbeitgeber seine Bruttolohnzahlungspflichten gegenüber dem Arbeitnehmer. Die Abführung der einbehaltenen Lohnsteuer ist eine **öffentlich-rechtliche Verpflichtung gegenüber dem Finanzamt** und eine **arbeitsrechtliche Verpflichtung gegenüber dem Arbeitnehmer**. Das ändert aber nichts daran, dass der materielle Zahlungsanspruch des Finanzamtes gegen den Arbeitnehmer besteht. Erfüllt der Arbeitgeber seine Verpflichtung zur Einbehaltung und Abführung der Lohnsteuer nicht, entsteht ein **Haftungsanspruch** nach § 42d EStG des Finanzamts gegen ihn, der kumulativ neben den primären Zahlungsanspruch des Finanzamtes gegen den Arbeitnehmer tritt. **Der Arbeitgeber ist also nicht selbst Steuerschuldner; er kann allenfalls Haftungsschuldner** (§ 42d EStG) sein. Das Finanzamt hat so lange keinen eigenen Zahlungsanspruch an den Arbeitgeber, wie dieser nicht seine steuerrechtlichen Mitwirkungs-(Dienstleistungs-)pflichten verletzt. Der Arbeitgeber wird erst Schuldner – und das Finanzamt

C. Die steuerrechtlichen Wirkungen der Insolvenzeröffnung § 80

entsprechend Gläubiger –, wenn er seine Pflichten verletzt und deshalb haftet (§ 42 d EStG). Erst durch den Haftungsanspruch erhält das Finanzamt einen unmittelbaren **Zahlungsanspruch an den Arbeitgeber**.

b) Lohnsteuer als Masseverbindlichkeit. In der Insolvenz (des Arbeitgebers) treffen die **Arbeitgeberpflichten** den Insolvenzverwalter (*Fichtelmann* StLex 4, EStG 0, 287). Dies gilt auch für den **vorläufigen Insolvenzverwalter**, auf den die Verwaltungs- und Verfügungsbefugnis gem § 22 Abs 1 übergegangen ist. Vorläufiger Insolvenzverwalter und Insolvenzverwalter haben bei Lohnzahlungen die Lohnsteuer einzubehalten und sie als Masseverbindlichkeit gem § 55 Abs 2 oder Abs 1 Ziff 1, 2 für den Arbeitnehmer an das Finanzamt abzuführen. Massegläubiger ist allerdings nicht das Finanzamt, sondern der Arbeitnehmer. Das Finanzamt wird erst und nur dann Massegläubiger, wenn der Insolvenzverwalter seine Dienstleistungsverpflichtung (Einbehaltung und Abführung der Lohnsteuer) nicht erfüllt. Das Finanzamt hat in diesem Fall neben der Lohnsteuerforderung an den Arbeitnehmer mit dem Haftungsanspruch nach § 42 d EStG an den Verwalter eine **Masseforderung** gem § 55 Abs 2 bzw Abs 1 Ziff 1. 51

c) Bei Insolvenzeröffnung rückständige Löhne. Bei Insolvenzeröffnung rückständige Löhne sind entweder **Masseforderungen** gem § 55 Abs 2 oder **Insolvenzforderungen** (§ 38). Diese Forderungen sind jeweils gerichtet auf Auszahlung des Bruttoarbeitslohnes bzw eines Teiles des Bruttoarbeitslohnes, und zwar in der Form der Auszahlung des Nettolohnes an die Arbeitnehmer und der darauf entfallenden Lohnsteuer an das Finanzamt; das Finanzamt selbst hat gegen den Insolvenzverwalter nur einen Anspruch auf Erfüllung der Dienstleistungspflicht, keinen Geldzahlungsanspruch. Verletzt der Insolvenzverwalter diese Dienstleistungspflicht, indem er Nettolöhne als Insolvenzforderungen auszahlt, ohne die Lohnsteuer hiervon einzubehalten und an das Finanzamt abzuführen, so kann das Finanzamt einen Haftungsanspruch an den Verwalter als Masseverbindlichkeit gem § 55 Abs 1 Ziff 1 geltend machen. Der Haftungsanspruch ist insoweit einem Schadensersatzanspruch aufgrund eines pflichtwidrigen Handelns des Insolvenzverwalters vergleichbar. Es tritt also das zunächst seltsam anmutende Ergebnis ein, dass die Lohnsteuer als Insolvenzforderung abgeführt wird, wenn der Insolvenzverwalter die steuerliche Dienstleistungspflicht erfüllt, aber als Masseverbindlichkeit einzuordnen ist, wenn er diese Pflicht verletzt (*Frotscher*, Besteuerung S 162). 52

d) Bei Insolvenzeröffnung rückständige Lohnsteuer. Hat der Schuldner als Arbeitgeber vor Eröffnung des Insolvenzverfahrens den Nettolohn ausgezahlt, ohne die Lohnsteuer an das Finanzamt abzuführen, so hat er damit den Haftungstatbestand des § 42 d EStG erfüllt. Da das eine Haftung begründende Verhalten des Arbeitgebers vor der Verfahrenseröffnung liegt, ist die Haftungsschuld bereits vor Eröffnung des Insolvenzverfahrens begründet. Der Lohnsteuerhaftungsanspruch stellt damit eine Insolvenzforderung gem § 38 dar (*Frotscher*, Besteuerung S 159; *Hess* § 55 Rn 469; *Breutigam/Blersch/Goetsch* Insolvenzrecht InsO § 55 Rn 50; *Bringewat/Waza*, Insolvenzen und Steuern Rn 286). Die **Haftungsschuld** ist aber bei Insolvenzeröffnung nicht nur begründet, sondern auch entstanden. Bei der Lohnsteuerhaftung besteht der haftungsbegründende Tatbestand in der Nichteinbehaltung und Nichtabführung der Lohnsteuer durch den Arbeitgeber bei Auszahlung des Lohnes. In diesem Zeitpunkt, dh regelmäßig mit der Auszahlung des Arbeitslohnes an den Arbeitnehmer ohne Einbehaltung bzw darauf folgende fristgemäße Abführung der Lohnsteuer, ist die Haftungsschuld entstanden (§§ 38 AO, 42 d Abs 1 Ziff 1 EStG). Ist der vor Eröffnung des Insolvenzverfahrens entstandene Haftungsanspruch noch nicht durch **Haftungsbescheid** festgesetzt worden, so gilt die Haftungsforderung als betagte Forderung iSv § 41 als fällig und ist mit dem abgezinsten Betrag zur Insolvenztabelle anzumelden. Da ein Haftungsbescheid nach der Eröffnung des Insolvenzverfahrens nicht mehr gegen den Schuldner ergehen kann, ist der Abzinsungsbetrag zu schätzen, wobei zu berücksichtigen ist, zu welchem Zeitpunkt die Haftungsschuld ohne Eröffnung des Insolvenzverfahrens bei einem normalen Lauf des Verfahrens fällig gewesen wäre (*Hess* InsO § 55 Rn 469). 53

e) Pauschalierung der Lohnsteuer. Bei Pauschalierung der Lohnsteuer gem §§ 40, 40 a, 40 b EStG ist der **Arbeitgeber Schuldner der Lohnsteuer** (§§ 40 Abs 3, 40 a Abs 4, 40 b Abs 4 EStG). Für die pauschalierte Lohnsteuer gilt deshalb grundsätzlich nichts anderes als für alle anderen Steuerforderungen, die von dem Insolvenzschuldner geschuldet werden. Die pauschalierte Lohnsteuer ist eine **Insolvenzforderung**, wenn und soweit die Arbeitsleistung vor Eröffnung des Insolvenzverfahrens erbracht worden ist. Dies gilt auch dann, wenn der Lohn erst nach Verfahrenseröffnung durch den Insolvenzverwalter ausgezahlt wird, denn die Lohnsteuerforderung wird bereits mit der Erbringung der Arbeitsleitung begründet. Der Umstand, dass die pauschalierte Lohnsteuer erst mit der Auszahlung des (Netto-)Lohns an den Arbeitnehmer entsteht, hat auf den Zeitpunkt ihrer Begründung keinen Einfluss. 54

4. Besteuerung von Arbeitslosengeld und Insolvenzgeld. Erhält der Arbeitnehmer im Insolvenzverfahren seines Arbeitgebers **Arbeitslosengeld** oder **Teilarbeitslosengeld** nach dem Dritten Buch Sozialgesetzbuch (SGB III) oder **Insolvenzgeld** (§ 183 SGB III), so gehen die Nettolohnansprüche gem § 115 Abs 1, §§ 117, 187 SGB III auf die Bundesanstalt für Arbeit (BA) über. Arbeitslosengeld und Insolvenzgeld sind ebenso wie andere Leistungen nach dem Dritten Buch Sozialgesetzbuch oder dem Arbeitsförderungsgesetz **steuerfrei** (§ 3 Nr 2 EStG, Abschn 4 Abs 1, 2 LStR). Etwaige **spätere Zahlungen des Arbeit-** 55 gebers bzw des Insolvenzverwalters an das Arbeitsamt aufgrund des gesetzlichen Forderungsübergangs sind ebenfalls **steuerfrei** (Abschn 4 Abs 1 LStR 1999). Die Lohnsteuer ist deshalb bei späterer Zahlung der Differenz zwischen Nettolohn und Arbeitslosengeld an den Arbeitnehmer **nur von dieser Differenz** einzubehalten und an das Finanzamt als Masseverbindlichkeit abzuführen.

56   **5. Gewerbesteuer. a) Allgemeines.** Der Gewerbesteuer unterliegt jeder stehende Gewerbebetrieb, soweit er im Inland betrieben wird (§ 2 Abs 1 Satz 1 GewStG). **Besteuerungsgrundlage** für die Gewerbesteuer ist (nur noch) der **Gewerbeertrag** (§ 6 GewStG), nicht mehr das Gewerbekapital. Steuerschuldner ist der Unternehmer (§ 5 Abs 1 Satz 1 GewStG). Die Gewerbesteuerpflicht wird durch die Eröffnung des Insolvenzverfahrens über das Vermögen des Unternehmers nicht berührt (§ 4 Abs 2 GewStDV). Ein Gewerbebetrieb, der aufgegeben oder aufgelöst wird, bleibt Steuergegenstand bis zur Beendigung der Aufgabe oder Abwicklung (§ 4 Abs 1 GewStDV). Der Gewerbeertrag, der im Zeitraum der Abwicklung (der Insolvenz) entstanden ist, ist auf die Jahre des Abwicklungszeitraums (der Insolvenz) zu verteilen (§ 16 GewStDV).

57   **b) Erlöschen der Gewerbesteuerpflicht.** Bei Einzelgewerbetreibenden und Personengesellschaften erlischt die **Gewerbesteuerpflicht** mit der tatsächlichen **Einstellung des Betriebes**. Die tatsächliche Einstellung des Betriebs ist anzunehmen mit der völligen Aufgabe jeder werbenden Tätigkeit. Die Versilberung der vorhandenen Betriebsgegenstände und die Einziehung einzelner rückständiger Forderungen aus der Zeit vor der Betriebseinstellung können nicht als Fortsetzung einer aufgegebenen Betriebstätigkeit angesehen werden (**RFH RStBl 1938, 910, RStBl 1938, 911, RStBl 1939, 5**). Die **Aufgabe eines Handelsbetriebs** liegt erst in der tatsächlichen Einstellung jedes Verkaufs. Ein in Form eines Ladengeschäfts ausgeübter Gewerbebetrieb wird nicht bereits dann eingestellt, wenn kein Zukauf mehr erfolgt, sondern erst dann, wenn das vorhandene Warenlager „im Ladengeschäft" veräußert ist (**BFH BStBl III 1961, 517**). Bei den **Kapitalgesellschaften** und den anderen Unternehmen im Sinne des § 2 Abs 2 GewStG erlischt die Gewerbesteuerpflicht – anders als bei Einzelkaufleuten und Personengesellschaften – nicht schon mit dem Aufhören der gewerblichen Betätigung, sondern mit dem **Aufhören jeglicher Tätigkeit** überhaupt. Das ist grundsätzlich der Zeitpunkt, in dem das Vermögen an die Gesellschafter verteilt worden ist (Abschn 19 Abs 3 GewStR); bei ihnen gehört zum steuerpflichtigen Gewerbeertrag auch der Gewinn aus der Betriebsveräußerung (**RFH 48, 170**).

58   **c) Aufteilung der Jahressteuerschuld.** Gewerbeertrag, der bei einem in der Abwicklung befindlichen Gewerbebetrieb im Sinne des § 2 Abs 2 GewStG im **Zeitraum der Abwicklung** entstanden ist, ist auf die Jahre des Abwicklungszeitraums zu verteilen (§ 16 Abs 1 GewStG). Dies gilt gem § 16 Abs 2 GewStG entsprechend für Gewerbebetriebe, wenn über das Vermögen des Unternehmens ein Insolvenzverfahren eröffnet worden ist. Die Verteilung erfolgt auf die einzelnen Jahre des Insolvenzverfahrens nach dem Verhältnis, in dem die Zahl der Kalendermonate, in denen im einzelnen Jahr die Steuerpflicht bestanden hat, zu der Gesamtzahl der Kalendermonate steht (FK-*Boochs* § 155 Rn 337). Der **Steuermessbetrag** wird für den Erhebungszeitraum nach dessen Ablauf festgesetzt. **Erhebungszeitraum** ist das Kalenderjahr (§ 14 GewStG). Die Gewerbesteuer entsteht, soweit es sich nicht um Vorauszahlungen (§ 21 GewStG) handelt, mit Ablauf des Erhebungszeitraums, für den die Festsetzung vorgenommen wird (§ 18 GewStG). Wird das Insolvenzverfahren im Laufe eines Kalenderjahrs eröffnet, so ist die Gewerbesteuer wegen § 18 GewStG bei Insolvenzeröffnung noch nicht entstanden; sie ist aber bezüglich desjenigen Teils des Gewerbeertrags, der auf die Zeit vor Insolvenzeröffnung entfällt, begründet iSv § 38. Der Steuermessbetrag für den Erhebungszeitraum (das Kalenderjahr) ist also aufzuteilen. **Aufteilungsmaßstab** kann das Verhältnis des vor Insolvenzeröffnung erzielten Gewerbeertrags zu dem nach Insolvenzeröffnung erzielten Gewerbeertrag sein (*Frotscher*, Besteuerung S 172). Der vor Insolvenzeröffnung begründete Teil der **Jahresabschlusszahlung** ist Insolvenzforderung; der nach Insolvenzeröffnung begründete Teilbetrag ist Masseverbindlichkeit. Weil der auf die Zeit vor Insolvenzeröffnung entfallende Teil der Gewerbesteuerforderung (Insolvenzforderung) bei Insolvenzeröffnung noch nicht entstanden war, ist er eine aufschiebend bedingte Forderung, die gem § 191 nur zur Sicherung berechtigt.

59   **d) Gewerbesteuer als Masse- oder Insolvenzforderung.** Betrifft die Gewerbesteuerabschlusszahlung einen Veranlagungszeitraum, der vor der Eröffnung des Insolvenzverfahrens liegt, so ist die Gewerbesteuerforderung, soweit sie im Zeitpunkt der Eröffnung des Insolvenzverfahrens noch nicht fällig war, eine betagte Forderung iSv § 41, die mit dem abgezinsten Betrag zur Insolvenztabelle anzumelden ist (*Hess* InsO § 55 Rn 491). Die Gewerbesteuervorauszahlungen entstehen mit Beginn des Kalendervierteljahrs, für das sie zu leisten sind (§ 21 GewStG). Sie werden jeweils zum 15. 2., 15. 5., 15. 8. und 15. 11. eines Jahres fällig. Die Vorauszahlungsbeträge für das jeweilige Kalendervierteljahr sind damit Insolvenzforderungen, wenn das Insolvenzverfahren am ersten Tag des jeweiligen Kalendervierteljahres oder nach diesem Tag eröffnet wird. Gewerbesteuervorauszahlungen, die danach noch nicht fällig, aber bereits entstanden sind, gelten gem § 41 als betagte Forderungen als fällig.

60   **e) Anpassung von Vorauszahlungen.** Vorauszahlungen, die erst nach der Eröffnung des Insolvenzverfahrens entstehen, können nach § 19 GewStG herabgesetzt werden. Die Gemeinde kann die Vorauszahlungen der Steuer anpassen, die sich für den Erhebungszeitraum voraussichtlich ergeben wird

C. Die steuerrechtlichen Wirkungen der Insolvenzeröffnung § 80

(Abschn 98 Abs 1 GewStR). Das Finanzamt kann bis zum Ende des fünfzehnten auf den Erhebungszeitraum folgenden Kalendermonats für Zwecke der Gewerbesteuervorauszahlungen den Steuermessbetrag festsetzen, der sich voraussichtlich ergeben wird (Abschn 98 Abs 3 GewStR). An diese Festsetzung ist die Gemeinde bei der Anpassung der Vorauszahlungen gebunden (§ 19 Abs 3 GewStG).

6. Umsatzsteuer. Die Verwaltungs- und Verfügungsbefugnis (§§ 22, 80) geht auch in umsatzsteuerlicher Hinsicht mit Anordnung durch das Gericht bzw Insolvenzeröffnung auf den Verwalter über. Nur der Verwalter kann umsatzsteuerlich relevante Erklärungen (zB Verzicht auf Steuerbefreiung iSv § 9 UStG) abgeben (§ 34 Abs 1, 3 AO). Diese Feststellung ist für die Zwangsverwertung von Massegegenständen wichtig: Nicht der die Zwangsversteigerung eines zur Insolvenzmasse gehörenden Grundstücks betreibende Grundpfandgläubiger, sondern nur der Insolvenzverwalter kann erklären, ob auf die Umsatzsteuerbefreiung verzichtet oder zur Regelbesteuerung optiert werden soll. Durch die Eröffnung des Insolvenzverfahrens entfällt nicht die **Unternehmereigenschaft des Insolvenzschuldners**. Der Insolvenzschuldner bleibt vielmehr Unternehmer iSv § 2 UStG (Abschn 16 Abs 5 UStR). Die steuerbaren Leistungen durch die Fortführung des bisherigen Unternehmens durch den Verwalter und die steuerbaren Leistungen des Schuldners im Rahmen einer neuen beruflichen oder gewerblichen Betätigung bilden ein **einheitliches Unternehmen** im Sinne des § 2 Abs 1 Satz 2 UStG (*Onusseit/Kunz*, Steuern S 2; *Hess* § 55 Rn 507). Der Insolvenzschuldner bleibt auch Schuldner der Umsatzsteuer iSv § 13 UStG. Der Insolvenzverwalter kann allenfalls bei unberechtigtem Steuerausweis iSv § 14 Abs 3 UStG persönlich Steuerschuldner werden. Die Insolvenzeröffnung führt nicht zu einer Unterbrechung des **Voranmeldungszeitraums** (BFH BStBl II 1987, 691; *Schuhmann*, in: Rau/Dürrwächter UStG § 18 Rn 1186; *Frotscher*, in: Schwarz AO § 251 Rn 64; *Tipke/Kruse* AO § 251 Rn 29). Die Insolvenzeröffnung ist lediglich Zäsur für die insolvenzrechtliche Qualifikation der Umsatzsteuerforderungen (Masseverbindlichkeit oder Insolvenzforderung). Die **Umsatzsteuer ist Insolvenzforderung**, wenn und soweit sie im Zeitpunkt der Verfahrenseröffnung begründet ist (§ 38). Auf ihre Entstehung (§ 13 UStG) oder Fälligkeit (§ 18 UStG) kommt es nicht an. Eine Steuerforderung ist begründet, wenn der zugrunde liegende zivilrechtliche Sachverhalt, der zur Entstehung der Steueransprüche führt, vor Insolvenzeröffnung verwirklicht worden ist (BFH ZIP 1993, 1892). So entsteht beispielsweise der **Vorsteuerrückforderungsanspruch** nach § 17 Abs 1 Ziff 2 iVm § 17 Abs 2 Ziff 1 UStG erst mit Ablauf des Voranmeldungszeitraums; er ist aber zur Zeit der Eröffnung des Insolvenzverfahrens bereits begründet, weil die Uneinbringlichkeit spätestens zu diesem Zeitpunkt vorlag (BFH BStBl II 1987, 691; BMF BStBl 1988, 15). Abgabenansprüche, die lediglich begründet sind, gelten im Zeitpunkt der Verfahrenseröffnung als fällig (§ 41). Die **Umsatzsteuer ist Masseverbindlichkeit**, wenn sie durch Handlungen des „starken" vorläufigen (§ 55 Abs 2) oder des endgültigen Insolvenzverwalters (§ 55 Abs 1 Ziff 1 Alt 1) oder „in anderer Weise durch die Verwaltung, Verwertung und Verteilung der Insolvenzmasse" (§ 55 Abs 1 Ziff 1 Alt 2) begründet wird. Zu den die Umsatzsteuer als Masseverbindlichkeit (gem § 55 Abs 1 Ziff 1 Alt 1) begründenden Handlungen des Insolvenzverwalters gehört auch sein **Erfüllungsverlangen gem § 103**. Wählt der Insolvenzverwalter die Resterfüllung eines vorinsolvenzlich durch den Schuldner bereits teilerfüllten Vertrages, so ist zu unterscheiden, ob eine **Teilleistungsvereinbarung** iSv § 13 Abs 1 Nr 1 Sätze 2 u 3 UStG getroffen wurde oder nicht. Wurde eine solche Vereinbarung getroffen, so ist die Umsatzsteuer für vorinsolvenzlich erbrachte Teilleistungen Insolvenzforderung (§§ 38, 174). Die Umsatzsteuer für die Resterfüllung ist Masseverbindlichkeit (§ 55 Abs 1 Nr 1 Alt 1). Wurde keine Teilleistungsvereinbarung getroffen, so gehört die Umsatzsteuer für die gesamte Leistung zu den Masseverbindlichkeiten gem § 55 Abs 1 Nr 1 Alt 1 InsO). Entsteht durch die Veräußerung eines Massegrundstücks ein **Vorsteuerrückforderungsanspruch gem § 15 a UStG**, so gehört dieser zu den Masseverbindlichkeiten des § 55 Abs 1 Ziff 1 Alt 1 oder 2 (BFH II 1987, 527; BFH ZIP 1991, 1080). Dies gilt auch dann, wenn dem Treuhänder nach § 313 Abs. 3 Satz 2 die Verwertung absonderungsbelasteten Vermögens entzogen worden ist, denn Verbindlichkeiten iS des § 55 Abs 1 Nr 1 können nicht nur durch Handlungen des Insolvenzverwalters, sondern auch „in anderer Weise" begründet werden (BFH v 15. 2. 2008, BFH/NV 2008, 819 m Anm *Schmid*, jurisPR-InsR 17/2008 Anm 2; **BFH** v 7. 4. 2005, BStBl II 2005, 848, unter II.2.a der Gründe). Als eine „Verwertung in anderer Weise" hat der **BFH** auch Verwertungshandlungen des Absonderungsberechtigten angesehen (vgl Urteile v 24. 6. 1992 V R 130/89, BFH/NV 1993, 201; v 16. 8. 2001, BFHE 196, 341, BStBl II 2003, 208).

Wird das Insolvenzverfahren über das Vermögen des Steuerschuldners im Laufe eines Voranmeldungszeitraums eröffnet, so werden idR zwei Voranmeldungen abzugeben sein, die eine für die Zeit bis zur Insolvenzeröffnung, die andere für die Zeit danach (*Hess* § 55 InsO Rn 259). Ist in dem durch die Insolvenzeröffnung unterbrochenen Voranmeldungszeitraum bereits durch den vorläufigen Insolvenzverwalter Umsatzsteuer als Masseverbindlichkeit begründet worden, so können diese Umsätze mit den Umsätzen nach Insolvenzeröffnung in einer Voranmeldung zusammengefasst werden.

7. Grunderwerbsteuer. Die Grunderwerbsteuer ist iSv § 38 begründet, wenn die in § 1 GrErwStG 1997 genannten Erwerbsvorgänge vor Insolvenzeröffnung verwirklicht worden sind. In diesem Fall ist die Grunderwerbsteuer auch nach § 38 AO vor Insolvenzeröffnung entstanden. Die Grunderwerbsteuer wird einen Monat nach der Bekanntgabe des Steuerbescheids fällig (§ 15 GrErwStG). War die

Grunderwerbsteuer bei Insolvenzeröffnung noch nicht fällig, so ist sie nach § 41 als fällige Forderung mit dem abgezinsten Betrag zur Insolvenztabelle anzumelden (*Bringewat/Waza*, Insolvenzen und Steuern Rn 497; *Frotscher*, Besteuerung S 234). Die Grunderwerbsteuer zählt auch dann zu den Insolvenzforderungen, wenn der Insolvenzverwalter die Erfüllung eines in den letzten Jahr vor Insolvenzeröffnung geschlossenen Vertrags nach § 103 verlangt oder der Gläubiger die Erfüllung nach § 106 durchsetzen kann, denn in beiden Fällen war die Steuer schon mit der Vereinbarung des Erwerbsgeschäftes begründet. Lehnt der Insolvenzverwalter die Erfüllung nach § 103 ab, entfällt die Steuerpflicht, und die bereits an das Finanzamt entrichtete Grunderwerbsteuer muss an die Masse erstattet werden (*Frotscher*, Besteuerung S 233/234; *Hess* § 55 InsO Rn 626; *Boruttau/Egly/ Sigloch* GrErw StG, Vorbem vor § 1 Anm 936, § 17 Anm 298; BFH NJW 1980, 87).

64   **8. Grundsteuern.** Die Grundsteuer wird nach den Verhältnissen zu Beginn des Kalenderjahrs für das Kalenderjahr festgesetzt (§§ 9 Abs 1 GrStG, 27 Abs 1 GrStG). Der für die Grunderwerbsteuer maßgebliche Rechtsvorgang ist der vor Eröffnung des Gesamtvollstreckungsverfahrens zustande gekommene Kaufvertrag und nicht das Erfüllungsverlangen des Verwalters (**FG Brandenburg v 11. 4. 2000, EFG 2000, 1198**). Sie entsteht mit Beginn des Kalenderjahrs, für das die Steuer festzusetzen ist (§ 9 Abs 2 GrStG). Mithin ist nach dem im Grundsteuerrecht geltenden **Stichtagsprinzip** die volle für ein Jahr anfallende Grundsteuer bereits zu Beginn des Jahres entstanden. Der die Grundsteuerforderung begründende Tatbestand wird also bereits mit Jahresbeginn vollständig verwirklicht, so dass die gesamte **für das Jahr der Insolvenzeröffnung** festzusetzende Grundsteuer nicht zu den Masseverbindlichkeiten rechnet, sondern **Insolvenzforderung** gem § 38 ist (*Hess/Boochs/Weis*, Steuerrecht in der Insolvenz, Rn 788; *Bringewat/Waza*, Insolvenzen und Steuern, Rn 502; *Maus* S 137; VG Schleswig KTS 1985, 752; aA *Frotscher*, Besteuerung S 235). Für den Insolvenzverwalter besteht aber kein Anlass zur Freude, denn die Grundsteuer ruht auf dem Steuergegenstand als öffentliche Last (§ 12 GrStG), so dass der Steuergläubiger insoweit das Recht auf abgesonderte Befriedigung hat. Das Absonderungsrecht kann trotz des § 89 Abs 1 durch Erlass eines Duldungsbescheides gegen den Insolvenzverwalter durchgesetzt werden (**OVG Sachsen-Anhalt v 14. 3. 2006, WM 2007, 1622**). Wird neben dem Insolvenzverfahren auch die Zwangsversteigerung und die Zwangsverwaltung angeordnet, so kann für die Grundsteuer nicht die Insolvenzmasse in Anspruch genommen werden (VG Düsseldorf EWiR 1986, 389). Dies gilt auch für den Fall, dass das Grundstück in der Insolvenzmasse bleibt, weil der Insolvenzverwalter es nicht gemäß § 114 ZVG aus der Insolvenzmasse freigegeben hat und es allein durch die Anordnung der Zwangsverwaltung und die Beschlagnahme zugunsten des absonderungsberechtigten Gläubigers nicht aus der Konkursmasse ausscheidet. Dem Insolvenzverwalter ist gemäß § 148 Abs 2 ZVG durch die Beschlagnahme die Nutzung und Verwaltung des Grundstücks entzogen. Ist der Verwalter jedoch nicht mehr zur Verwaltung des Massegrundstücks befugt, so kann auch die Grundsteuerforderung nicht der Insolvenzmasse zur Last gelegt werden. Die Grundsteuer gehört insoweit nicht zu den Masseverbindlichkeiten (*Hess/Boochs/Weis*, Steuerrecht in der Insolvenz, Rn 789).

65   **9. Kraftfahrzeugsteuer.** Gegenstand der Kraftfahrzeugsteuer ist im Wesentlichen das Halten von inländischen Fahrzeugen zum Verkehr auf öffentlichen Straßen (§ 1 Nr 1 KraftStG). Schuldner der Steuer ist derjenige, für den das Fahrzeug zum Verkehr zugelassen ist (§ 7 Nr 1 KraftStG). Die Kraftfahrzeugsteuer entsteht mit Beginn der Steuerpflicht, bei fortlaufenden Entrichtungszeiträumen mit Beginn des jeweiligen Entrichtungszeitraums (§ 6 KraftStG). Die Steuerschuld entsteht jedoch – anders als bei der Grundsteuer, s dort – nicht im Voraus für den gesamten Entrichtungszeitraum, sondern nur tage- bzw monatsweise, solange das Fahrzeug gehalten wird bzw die Zulassung andauert. Denn die Kfz-Steuerpflicht erfasst jeweils nur das gegenwärtige Halten des Fahrzeugs. Die Steuerpflicht dauert bei einem inländischen Fahrzeug an, solange das Fahrzeug zum Verkehr zugelassen ist (§ 5 Abs 1 Nr 1 KraftStG). Sie endet für den Veräußerer in dem Zeitpunkt, in dem die verkehrsrechtlich vorgeschriebene Veräußerungsanzeige bei der Zulassungsstelle eingeht, spätestens mit der Aushändigung des neuen Fahrzeugscheins an den Erwerber (§ 5 Abs 5 KraftStG).

66   Die im Kraftfahrzeugsteuergesetz verwendeten Begriffe des Verkehrsrechts richten sich, wenn nichts anderes bestimmt ist, nach den jeweils geltenden verkehrsrechtlichen Vorschriften (§ 2 Abs 2 KraftStG). Halter des Fahrzeuges ist danach derjenige, auf den das Fahrzeug zugelassen ist (§ 1 StVG). Diese Haltereigenschaft desjenigen, auf den das Fahrzeug zugelassen ist, ist unwiderlegbar. Die Zulassung allein reicht auch für die Begründung der Haltereigenschaft aus. Der Einwand, das Fahrzeug sei nicht auffindbar, werde von einem anderen genutzt oder sei Eigentum eines anderen, ist rechtlich ohne Bedeutung (*Sterzinger* DStR 2008, 1672 ff mwN). Die formelle Haltereigenschaft wird von der Finanzrechtssprechung als ausreichend für die Erhebung der Kraftfahrzeugsteuer gesehen. Ist also ein Fahrzeug auf den (späteren) Insolvenzschuldner zugelassen, so gehört es zur Insolvenzmasse (§ 35) mit der Folge, dass die auf das Fahrzeug entfallende Kraftfahrzeugsteuer ab Insolvenzeröffnung eine **Masseverbindlichkeit** iSv § 55 Abs 1 Nr 1 ist (**BFH v 18. 9. 2007, ZIP 2008, 283**). Die nach Insolvenzeröffnung entstandene Kraftfahrzeugsteuer ist unbeschadet einer vom Insolvenzverwalter ausgesprochenen **Freigabe des Fahrzeugs** Masseverbindlichkeit iSv § 55 Abs. 1 Nr 1 InsO, solange die Steuerpflicht wegen der verkehrsrechtlichen Zulassung des Fahrzeugs auf den Schuldner noch andauert (**BFH v 16. 10. 2007,**

BFH/NV 2008, 250, Ergänzung zu **BFH** v 29. 8. 2007, ZIP 2008, 283). *Cranshaw* (jurisPR-InsR 5/2008 Anm 4) beklagt zu Recht die „Rigidität" der im Ergebnis gleichen BFH-Urteile, die sich auf § 7 Nr 1, § 5 Abs. 1 Nr 1, Abs. 4, 5 KraftStG stützen. Sie hätte durch Zulassung des Beweises, das fragliche Fahrzeug habe sich von Anfang an nicht in der Ist- oder Sollmasse befunden, in den Fällen, in denen der Verwalter von dem Fahrzeug nichts wusste, gemildert werden können. Tatsächlich ist die Problematik für den Insolvenzverwalter kaum noch steuerbar. Dies gilt insbesondere für die Insolvenzfälle mit hohem Kfz-Bestand, also bspw von Speditions- oder Vermietungsunternehmen. Die sofortige Einholung von Auskünften der Zulassungsstellen wird in diesen Fällen dringend geboten sein.

Die Kraftfahrzeugsteuer des Erhebungszeitraums, in das die Insolvenzeröffnung fällt, ist aufzuteilen in Insolvenzforderung für den Zeitraum vor Insolvenzeröffnung und Masseverbindlichkeit für den Zeitraum nach Insolvenzeröffnung (**BFH** v 8. 6. 1997 DStR 1998, 643; **BFH** v 16. 11. 2004, BStBl II 2005, 309; FG Köln v 7. 6. 2005, BeckRS 2005, 26.022 466; *Bringewat/Waza* Insolvenzen und Steuern Rn 1088; *Sterzinger* DStR 2008, 1673; *Frotscher*, Besteuerung S 235). Die Masseforderung ist durch an den Insolvenzverwalter gerichteten Steuerbescheid geltend zu machen; die Beschränkung auf die Zeit nach Insolvenzeröffnung stellt keine (unzulässige) Besteuerung für einen im Gesetz nicht vorgesehenen abgekürzten Besteuerungszeitraum dar, sondern drückt zulässigerweise aus, dass der Bescheid auf Masseansprüche gerichtet ist (**BFH** BStBl II 1988, 140 – Umsatzsteuer –, **BFH** BFH/NV 1996, 117 – Einkommensteuer –). Der Bescheid ist auch bei Masseunzulänglichkeit zulässig (**BFH** v 29. 8. 2007, ZIP 2007, 2083). § 251 Abs 2 AO schränkt nur das Recht der Finanzverwaltung ein, einen Verwaltungsakt zu vollstrecken, nicht aber ihn zu erlassen. Hat der Insolvenzschuldner die Kraftfahrzeugsteuer gem § 11 Abs 1 KraftStG für ein Jahr im Voraus entrichtet und meldet der Insolvenzverwalter das Fahrzeug während des Entrichtungszeitraums ab, so hat das Finanzamt die Steuer neu festzusetzen (§ 12 Abs 2 Nr 3 KraftStG) und den „nicht verbrauchten" Teil der Jahressteuer zu erstatten. Der Erstattungsanspruch fällt, weil er schon vor Insolvenzeröffnung begründet ist, nicht unter Aufrechnungsverbot des § 96.

Will der Insolvenzverwalter die **Kraftfahrzeugsteuerpflicht beenden**, so kann er dies durch Abgabe einer verkehrsrechtlich vorgeschriebenen **Veräußerungsanzeige** bei der Zulassungsstelle erreichen. Will der Verwalter das Fahrzeug **stilllegen**, so hat er die Zulassungsbescheinigung und das Kennzeichen zur Entstempelung vorzulegen (§ 14 Abs 1 FZV); ist er nicht im Besitz dieser Dokumente und können diese nicht beschafft werden, kann er ihren Verlust eidesstattlich versichern (*Sterzinger* DStR 2008, 1674). Auch eine **Freigabe** befreit den Verwalter nicht von der Pflicht, Kraftfahrzeugsteuer als Masseverbindlichkeit zu zahlen (**BFH** 16. 10. 2007 BeckRS 2007, 25.012 592).

D. Die steuerrechtlichen Pflichten des Insolvenzverwalters

I. Steuererklärungspflicht

§ 155 regelt die Pflichten des Insolvenzverwalters bezüglich der handels- und **steuerrechtlichen Buchführung und Rechnungslegung**. Die **Steuererklärungspflichten** des Insolvenzschuldners bzw des Insolvenzverwalters werden von § 155 nicht erfasst (so auch *Kübler*, in: K/P InsO § 155 Rn 83; FK-*Boochs* Rn 435; *Hess* § 155 Rn 186 ff; vgl auch Begr. zu § 174 RegE, BR-Drucks 1/92 S 172/173; str aA N/R/*Andres* InsO § 155 Rn 31, 34 und K/P/*Onusseit* § 66 Rn 4). Die Steuergesetze bestimmen, wer zur Abgabe einer Steuererklärung verpflichtet ist (§ 149 Abs 1 Satz 1 AO). Die **Steuererklärungspflichten** (§§ 149 ff AO) des Insolvenzverwalters ergeben sich nach wie vor allein aus seiner **Rechtsstellung als Vermögensverwalter** iSv § 34 Abs 3 AO. Ebenso wenig, wie sich der Insolvenzschuldner, wäre über sein Vermögen kein Insolvenzverfahren eröffnet worden, der Pflicht zur Buchführung und Bilanzierung mit der Begründung entziehen kann, ein anderer habe den Besitz an den Buchungsunterlagen, kann sich der Insolvenzverwalter seiner Verpflichtung dadurch entledigen, dass er die Buchungsunterlagen an den Insolvenzschuldner herausgibt. Nicht der „Buchungsunterlagenbesitzer", sondern der Vermögensverwalter wird durch § 34 AO verpflichtet. Der eindeutige Wortlaut des § 34 Abs 3 AO lässt die Abgabe von Steuererklärungen durch andere Personen als die Vermögensverwalter selbst in den Fällen nicht zu, in denen die anderen Personen, also bspw der Insolvenzschuldner, zur Abgabe willens wären (*Maus* S 40). Zu den Steuererklärungspflichten des Insolvenzverwalters gehört nach **BFH** (ZIP 1994, 1969, 1971 f) auch die **Abgabe der Vermögensaufstellung der Personenhandelsgesellschaft** (Hübschmann/Hepp/Spitaler/*Boeker*, AO § 34 Rn 76; *Tipke/Kruse*, AO § 34 Rn 14). Der Verwalter ist deshalb erklärungspflichtig, weil ihm das Betriebsvermögen nach § 28 Abs 1 BewG zuzurechnen ist. Der Insolvenzverwalter über das Vermögen einer **KG** ist dagegen nicht zur Abgabe der Erklärung zur gesonderten Feststellung der Einkünfte verpflichtet (für den Konkurs: **BFH** ZIP 1980, 53; **BFH** ZIP 1994, 1969). Die Durchführung der einheitlichen Gewinnfeststellung gehört zu den insolvenzfreien Angelegenheiten der **KG** (BGH DStR 1998, 947). Deshalb hat auch der Gesellschafter einer insolventen Personengesellschaft keinen Rechtsanspruch darauf, dass das Finanzamt den Insolvenzverwalter mit Zwangsmitteln dazu anhält, eine Erklärung zur einheitlichen und gesonderten Feststellung der Gewinne der Gesellschaft abzugeben (**BFH** BStBl 1993, 265).

II. Berichtigung von Steuererklärungen nach § 153 AO

70 Erkennt der Insolvenzverwalter während des Verfahrens, dass der Insolvenzschuldner für die Zeit vor Eröffnung des Insolvenzverfahrens eine unrichtige oder unvollständige Steuererklärung abgegeben hat, so ist er neben dem Schuldner verpflichtet, die unrichtige oder unvollständige Steuererklärung zu berichtigen bzw zu vervollständigen (*Frotscher* Besteuerung S 28). Notwendig ist die positive Kenntnis des Berichtigungsbedarfs. Kennenkönnen oder Kennenmüssen reicht nicht aus. Der Verwalter ist auch nicht verpflichtet, berichtigungsnotwendige Vorgänge zu suchen (*Tipke/Kruse* AO § 153 Rn 12). Setzt sich der Insolvenzschuldner mit einer Berichtigung der unrichtigen oder unvollständigen Erklärung der Gefahr strafgerichtlicher Verfolgung aus, so braucht er die Steuererklärungen nach § 153 AO nicht zu berichtigen (*Frotscher* Besteuerung S 28).

III. Besonderheiten bezüglich der Lohnsteuer

71 Kraft seiner Rechtsstellung als Vermögensverwalter (§ 34 Abs 3 AO) übernimmt der Insolvenzverwalter bei Bruttolohnvereinbarungen die Mitwirkungspflicht des Arbeitgebers: Er muss die Lohnsteuer für Rechnung des Arbeitnehmers bei jeder Lohnzahlung einbehalten (§ 38 Abs 3 EStG), sie bei dem Finanzamt anmelden (§ 41a Abs 1 Satz 1 Nr 1 EStG) und an das Finanzamt abführen (§ 41a Abs 1 Satz 1 Nr 2 EStG). Der Insolvenzverwalter wird nicht Schuldner der Lohnsteuer; er kann allenfalls **Haftungsschuldner** (§§ 34 Abs 1, 3, 42d EStG) sein.

IV. Steuererklärungspflichten bei Massearmut

72 Die insolvenzrechtliche Verpflichtung des Verwalters zur **Buchführung und Rechnungslegung nach Steuerrecht** (§ 155) besteht nach Anzeige der Masseunzulänglichkeit fort (§ 208 Abs 3). Der Insolvenzverwalter kann nach ständiger Rechtsprechung des BFH seine Verpflichtung zur Buchführung und Erstellung von Steuererklärungen auch nach den steuerrechtlichen Vorschriften grundsätzlich nicht mit der Begründung ablehnen, die Kosten für die Erstellung der Steuererklärung durch einen Steuerberater könnten aus der Insolvenzmasse nicht beglichen werden. Das Kostenargument entbindet den Verwalter – ebenso wenig wie den Steuerpflichtigen selbst – nicht von der Wahrnehmung seiner öffentlich-rechtlichen Pflichten, die ihm durch die Steuergesetze iVm § 34 Abs 3 AO auferlegt sind. Nach Auffassung des **BFH** (ZIP 1994, 1969) werden idR ausreichend qualifizierte Personen zu Insolvenzverwaltern bestellt, denen die Erstellung von Steuererklärungen zugemutet werden kann, wenn die Insolvenzmasse zur Beauftragung eines Steuerberaters nicht ausreicht. Kommt der Verwalter seiner Pflicht zur Abgabe von Steuererklärungen nicht nach, so können auch bei Massearmut Zwangsmaßnahmen gegen ihn verhängt werden (BFH ZIP 1996, 430). Der **BFH** hat zuletzt mit Urt v 19. 11. 2007 (VII B 104/07, BFH/NV 2008, 334) entschieden, dass die Erklärungs- und Bilanzierungspflichten den Insolvenzverwalter auch dann treffen, wenn das Honorar eines Steuerberaters für die Erstellung dieser Erklärungen durch die Insolvenzmasse nicht gedeckt sein sollte, denn der Gesichtspunkt der Entstehung weiterer Kosten entbände den Verwalter – ebenso wie den Steuerpflichtigen selbst – nicht von der Wahrnehmung seiner **öffentlich-rechtlichen Pflichten**, die ihm durch die Steuergesetze iVm § 34 Abs 3 AO auferlegt worden seien. Die Steuererklärungspflicht diene der ordnungsgemäßen Abwicklung des Besteuerungsverfahrens und nicht nur dem fiskalischen Interesse der Finanzverwaltung als Insolvenzgläubiger. Es könne deshalb nicht darauf abgestellt werden, ob ihre Erfüllung dem generellen Zweck des Insolvenzverfahrens, der gemeinschaftlichen Befriedigung der Insolvenzgläubiger aus der Insolvenzmasse, diene oder ob die Konkursmasse mit Kosten belastet werde, denen keine vermögensmäßigen Vorteile gegenüberstünden. Nach der Meinung des BFH (ZIP 1994, 1969) ist nur in Ausnahmefällen eine andere Beurteilung denkbar. Hiernach kann die Erfüllung der Steuererklärungspflicht vom Insolvenzverwalter möglicherweise nicht mehr verlangt bzw nicht mehr mit Zwangsmitteln durchgesetzt werden, wenn der Insolvenzverwalter wegen umfangreicher Buchführungs- und Abschlussarbeiten selbst nicht in der Lage ist, der ihm obliegenden Steuererklärungspflicht mit den damit verbundenen Vorarbeiten (Buchführung, Gewinnermittlung) nachzukommen (vgl hierzu BGH ZIP 1980, 25 ff, mit Anmerkung von *Kilger*), und ein vom Insolvenzverwalter beauftragter Steuerberater im Hinblick auf die bekannt gegebene Masseunzulänglichkeit es ablehnt, für die Insolvenzmasse tätig zu werden. Für den Insolvenzverwalter ergibt sich also im Fall der Massearmut das Dilemma, selbst nach Anzeige der Massearmut sowohl nach Insolvenzrecht (§§ 208 Abs 3, 155) als auch nach Steuerrecht (BFH ZIP 1994, 1969) die steuerlichen Pflichten weiterhin erfüllen zu müssen, andererseits aber wegen der (vom Gesetzgeber verlangten) Veröffentlichung der Masseunzulänglichkeit (§ 208 Abs 2 InsO) keinen Steuerberater zur Erledigung dieser Aufgaben zu finden, weil er dessen Vergütung nicht sicherstellen kann. *Wienberg/Voigt* (ZIP 1999, 1662, 1665) sehen darin einen Ausweg aus dem Dilemma, dass der Verwalter den Steuerberater auf eigene Rechnung beauftragt und die Erstattung der Gebühren des Steuerberaters als Auslagenersatz (§§ 63 InsO, 4 InsVV) beantragt. Reicht die Masse zur Zahlung der Gebühren als Auslagen aus, kann der Vorschlag von *Wienberg/Voigt* zur Lösung des Problems beitragen. Im Übrigen muss die „strenge" Einstellung des **BFH** zu den Buchhaltungs- und Steuererklärungspflichten des Insolvenzverwalters dort ihre Grenze haben, wo es „nur" um die Feststellung einer Steuerforderung zum

Zweck der Anmeldung zur Insolvenztabelle geht. *Weiß* (Insolvenz und Steuern, S 66) fordert zu Recht eine „konstruktive Mitwirkung des Finanzamtes, wie sie ihm (Anm des Verf: dem Insolvenzverwalter) als gerichtlich bestelltem Vertreter fremden Vermögens bei Bewältigung seiner Aufgaben aufgrund des § 89 AO 1977 zukommt". Nach *Weiß* (aaO) genügt der Insolvenzverwalter insoweit seinen steuerlichen Pflichten, wenn er zunächst die Lücken und Mängel im Erklärungsbereich im Benehmen mit dem Finanzamt auflistet und dem Finanzamt im Rahmen seiner Mitwirkungspflichten an die Hand geht, damit dieses die Anmeldung zur Tabelle unter Einschluss der notwendigen Steuerberechnungen vornehmen kann.

V. Steuerabführungspflicht

Gem § 34 Abs 3 AO hat der Insolvenzverwalter als Vermögensverwalter die Verpflichtung zur Zahlung der anfallenden Steuern, soweit seine Verwaltung reicht. Durch die Bezugnahme auf den Verwaltungsumfang („... soweit ihre Verwaltung reicht ...") wird klargestellt, dass der Insolvenzverwalter Steuern nur aus den Mitteln abführen muss, die tatsächlich vorhanden sind. Eine Pflicht, weitere Mittel zu beschaffen, zB Kredite aufzunehmen, besteht nicht.

VI. Pflicht zur Rechnungsausstellung

Der Verwalter hat die Pflicht zur Rechnungsausstellung nach § 14 Abs 1 UStG (*Maus* S 60). Der Verwalter ist auch dann zur Rechnungserteilung verpflichtet, wenn bei Lieferungen, die vor der Insolvenzeröffnung vom Insolvenzschuldner ausgeführt wurden, dieser noch keine Rechnung erteilt hatte (**BGH** ZIP 1981, 746; Abschn 186 Abs 4 UStR). Der Anspruch auf Erteilung einer Rechnung mit gesondert ausgewiesener Mehrwertsteuer verjährt in 30 Jahren (**BGH** ZIP 1993, 198). Allerdings ist es bei jeder zweifelhaften Steuerrechtslage dem Leistenden regelmäßig nicht zuzumuten, eine Rechnung nach § 14 Abs 1 UStG auszustellen, die uU ohne die Beurteilung des zuständigen Finanzamtes unberechtigt ist und ihn der Steuer nur aufgrund der Sanktion des § 14 Abs 3 UStG unterwirft. Die Erteilung einer Rechnung mit gesondert ausgewiesener Steuer kann nur verlangt werden, wenn die zuständige Finanzbehörde den Vorgang bestandskräftig der Umsatzsteuer unterworfen hat (**BGH** ZIP 1989, 41, mit krit Anm von *Lindner* in DStR 1991, 233).

VII. Haftung

Der Insolvenzverwalter haftet nach § 69 AO, wenn er gegen Verpflichtungen verstößt, die sich aus den Steuergesetzen ergeben. Verletzt der Insolvenzverwalter insolvenzspezifische Pflichten, so haftet er nach §§ 60, 61. Die insolvenzrechtlichen Haftungsvorschriften greifen beispielsweise auch dann ein, wenn dem Insolvenzverwalter vorgeworfen wird, Steuern begründet zu haben, obwohl er ihre Unerfüllbarkeit hätte vorsehen müssen. Die Unterscheidung zwischen den beiden Haftungsnormen ist ua deshalb bedeutsam, weil § 69 AO den Haftungsmaßstab auf Verschulden durch **Vorsatz und grobe Fahrlässigkeit** begrenzt, ein Verschulden nach § 60 „**leichteste Fahrlässigkeit**" (FK-*Hössl* § 60 Rn 38) ausreicht. Die Anwendung der einen oder der anderen Haftungsnorm kann insoweit unterschiedliche finanzielle Konsequenzen für den Verwalter insoweit haben, als die Vermögensschadenhaftpflichtversicherungen idR den Ersatz von Schäden aus der Verletzung öffentlich-rechtlicher (zB steuerlicher) Pflichten ablehnen. Die beiden Haftungsgrundlagen schließen sich nicht zwingend gegeneinander aus. Bezüglich der Masseverbindlichkeiten bestehen sie vielmehr nebeneinander. Der Insolvenzverwalter haftet für deren Erfüllung sowohl nach Steuerrecht (§§ 34 Abs 3, 1, 69 AO) als auch nach Insolvenzrecht (§§ 60, 61). Ebenso haftet der Insolvenzverwalter wegen Verletzung der Buchführungs- und Rechnungslegungspflichten sowohl nach Steuerrecht als auch nach Insolvenzrecht, denn deren Erfüllung wird von beiden Rechtsnormen (§§ 34 AO, 155) von ihm gefordert. Dem Steuergläubiger steht es frei, sich für eine der beiden Haftungsgrundlagen zu entscheiden. Die steuerrechtliche Haftung des Insolvenzverwalters erstreckt sich auf alle im Zeitpunkt der Pflichtverletzung entstandenen Ansprüche aus dem Steuerschuldverhältnis iSv § 37 AO einschließlich der Nebenansprüche nach § 3 Abs 3 AO. Liegen die Voraussetzungen des § 69 AO vor, so hat die **Finanzbehörde einen Haftungsbescheid zu erlassen**. Vorher ist der **zuständigen Berufskammer** Gelegenheit zu geben, die Gesichtspunkte vorzubringen, die von ihrem Standpunkt aus für die Entscheidung von Bedeutung sind (§ 191 Abs 2 AO). Die **Stellungnahme der Standesvertretung** ist bei der Ermessensentscheidung angemessen zu berücksichtigen (vgl *Tipke/Kruse* AO § 191 Rn 5). Im Übrigen steht der **haftungsrechtliche Rückgriff** nach § 69 AO im **pflichtgemäßen Ermessen des Finanzamtes** (§§ 191, 268 AO). Ist das Verschulden des Insolvenzverwalters gering und der Steuerausfall zugleich auch durch Mitverschulden des Finanzamts verursacht, so wird es in der Regel ermessensfehlerhaft sein, den Verwalter in Anspruch zu nehmen (**BFH** StRK [Steuerrechtsprechung in Karteiform] AO § 109 R 14, einen Nachlasspfleger betreffend). Der Haftungsbescheid aus § 69 AO richtet sich gegen den Insolvenzverwalter. Er ist ein Steuerbescheid iSv §§ 155 ff AO. Die Vorschrift des § 166 AO findet Anwendung. Soweit die Haftung nach §§ 60, 61 begründet ist, kann sie nicht durch Haftungsbescheid geltend gemacht werden, sondern nur durch Klage im Zivilrechtsweg. Es ist den Finanzbehörden unbenommen, sich haftungsrechtlich auch auf **außersteuerliche**

Haftungsbestände zu stützen, wie zB aus §§ 25, 27, 128 HGB (zutreffend *Kramer*, Konkurs- und Steuerverfahren, S 155).

E. Das Rechtsverhältnis zwischen Schuldner und Insolvenzverwalter

76 Zwischen Insolvenzschuldner und Verwalter entsteht mit der Verfahrenseröffnung ein gesetzliches Schuldverhältnis, das in etwa einer Geschäftsbesorgung entspricht, aber kein Arbeitsverhältnis ist (vgl BGHZ 21, 291; BGHZ 113, 262, 276; HK-*Kayser* § 80 Rn 28). Das gesetzliche Geschäftsbesorgungsverhältnis verpflichtet den Insolvenzverwalter, seiner von der Gläubigerversammlung (§ 157) vorgegebenen Aufgabe nachzukommen, also idR das Schuldnervermögen in Besitz zu nehmen, zu verwerten und den Erlös an die Gläubiger auszukehren. Dem Schuldner bzw den organschaftlichen Vertretern des Schuldnerunternehmens stehen sämtliche verfahrensmäßigen Rechte zu, die die InsO vorsieht, vor allem das Beschwerderecht. Im Übrigen entfällt jegliches **Weisungsrecht des Schuldners** oder der Aufsichtsgremien des Schuldnerunternehmens gegenüber dem Insolvenzverwalter. Der Verwalter tritt zwar in die Rechtsposition des organschaftlichen Vertreters ein; soweit es vermögensrechtliche Angelegenheiten betrifft, ist aber weder die Gesellschafterversammlung noch ein Aufsichts- oder Verwaltungsrat berechtigt, ihm Weisungen hinsichtlich der Art und Weise der Abwicklung zu erteilen (HK-*Kayser* § 80 Rn 29). Dies gilt auch, soweit der Verwalter das Schuldnerunternehmen einstweilen fortführt. Er handelt eigenverantwortlich und ist nach § 56 Abs 1 weder von den Gläubigern noch vom Schuldner abhängig. Vor allem Großinsolvenzen und Insolvenzplanverfahren der letzten Jahre haben gezeigt, dass den Insolvenzverwalter gegenüber dem Schuldnerunternehmen oftmals eine **gesellschaftsrechtliche Kooperationspflicht** (Compliancepflicht) trifft, und zwar in Form einer internen Mitwirkungs- und Unterstützungspflicht im Insolvenzverfahren. Ähnlich wie die organschaftlichen Vertreter gem §§ 97 Abs 2, 101 Abs 1 S 1, 20 Abs 1, den Insolvenzverwalter bei der Erfüllung seiner Aufgaben zu unterstützen haben, kann es umgekehrt im Interesse der Erreichung des Verfahrensziels nicht nur das Recht, sondern sogar die **Pflicht des Verwalters** sein, bei Maßnahmen **im gesellschaftsrechtlichen** (nicht verdrängten) **Bereich mitzuwirken** (vgl *Uhlenbruck* FS Karsten Schmidt 2009 S 1603, 1611 ff). Vor allem in der **Insolvenz einer börsennotierten Aktiengesellschaft** werden dem Insolvenzverwalter in zunehmendem Maße Kompetenzen zugewiesen, die keinen unmittelbaren Massebezug haben, wie zB **kapitalmarktrechtliche Pflichten** nach dem WpHG oder Anmeldungen zum Handelsregister, wenn die Gesellschaft führungslos ist (s *Hirte*, Insolvenzrecht und Gesellschaftsrecht – Zuständigkeitsabgrenzung, Kapitalmarktrecht, Insolvenzantragspflicht in: Gesellschaftsrecht in der Diskussion 2006, S 147 ff; *ders* ZInsO 2006, 1289 ff; *Jaeger/Windel* § 80 Rn 127 f; *Uhlenbruck* FS Karsten Schmidt S 1603, 1611 ff). Der Gesetzgeber hat in § 11 WpHG nicht nur den endgültigen, sondern auch den vorläufigen starken Insolvenzverwalter verpflichtet, „den Schuldner bei der Erfüllung der Pflichten nach diesem Gesetz zu unterstützen, insbesondere indem er aus der Insolvenzmasse bzw aus dem von ihm verwalteten Vermögen die hierfür erforderlichen Mittel bereitstellt bzw zur Verfügung stellt." S auch unten zu Rn 166. Nach Feststellung von *Rattunde* (Praxisprobleme bei der Sanierung einer börsennotierten AG, in: Gesellschaftsrecht in der Diskussion 2006, S 193, 202) kostet die **Durchführung einer Hauptversammlung für eine börsennotierte Aktiengesellschaft** „mindestens EUR 500.000, die der Vorstand nicht hat, weil die Verfügungsbefugnis über das Vermögen der Gesellschaft auf den Insolvenzverwalter übergegangen ist (§ 80 InsO)". Eine neuere Meinung (zB *H.-F. Müller*, Der Verband in der Insolvenz, 2002, S 117 f; *Uhlenbruck* NZI 2007, 313 ff; *Maesch* aaO S 94) hält bei aussichtsreichen Sanierungschancen eines Insolvenzunternehmens durch Insolvenzplan den Verwalter generell für berechtigt, die notwendigen gesellschaftsrechtlichen **Maßnahmen zu finanzieren**. Liegt die Sanierungsmaßnahme zugleich auch im Interesse der Insolvenzgläubiger, wird dieses Recht des Verwalters zu einer Verfahrenspflicht.

77 Dem Schuldner und seinen organschaftlichen Vertretern steht ein **Ablehnungsrecht** hinsichtlich des Insolvenzverwalters nicht zu (**LG** Frankfurt Rpfleger 1989, 474). Eine Befangenheit oder einen Ausschlussgrund des Insolvenzverwalters wegen Interessenkollision kann der Schuldner somit lediglich über die Aufsichtspflicht des Gerichts nach § 58 geltend machen (vgl auch **BGH** v 24. 1. 1991, BGHZ 113, 262 ff). Die Gründe, die von der Rechtsprechung zur **Ablehnung und Ausschließung von Gerichtspersonen** entwickelt worden sind (vgl **BVerfG** ZIP 1988, 174 = KTS 1988, 309 = EWiR 1988, 619 [*Vollkommer*], **OLG** Köln NJW-RR 1988, 694 = ZIP 1988, 110 = KTS 1987, 735; **OLG** Koblenz KTS 1971, 220; **LG** Düsseldorf ZIP 1985, 631), können auf das Verhältnis zwischen Schuldner und Insolvenzverwalter nicht übertragen werden (HK-*Kayser* § 80 Rn 30). Das gilt auch für einen **Sonderinsolvenzverwalter** (**BGH** v 25. 1. 2007, ZIP 2007, 548 f). Würde man dem Schuldner oder Schuldnerunternehmen ein Ablehnungsrecht hinsichtlich des Insolvenzverwalters zubilligen, hätte es der Schuldner in der Hand, die Verfahrensabwicklung durch dauernde Ablehnungsgesuche zu unterlaufen und die Verwertung zu blockieren. Selbst erhebliche Spannungen zwischen Schuldner und Schuldnervertretern und Insolvenzverwalter vermögen ein Ablehnungsrecht nicht zu begründen. Stellt der Schuldner Unregelmäßigkeiten des Verwalters bei der Verfahrensabwicklung fest, hat er jederzeit die Möglichkeit, Maßnahmen des Insolvenzgerichts über § 58 Abs 2 oder die Entlassung nach § 59 durch das Insolvenzgericht zu veranlassen.

F. Die Rechtsstellung des Insolvenzverwalters

I. Theorien zur Rechtsstellung des Insolvenzverwalters

Der Insolvenzverwalter übt kein öffentliches Amt aus, insbesondere keine staatliche Zwangsgewalt. Das Verwalteramt ist **kein öffentliches Amt**. Der Insolvenzverwalter gehört jedoch zum Personenkreis des § 203 Abs 1 Nr 3 StGB. § 80 Abs 1 weist den Insolvenzverwalter mit der Verfahrenseröffnung in die vermögensrechtlichen Rechtspositionen des Schuldners bzw Schuldnerunternehmens ein, ohne ihm allerdings die materielle Rechtsinhaberschaft zu übertragen. Mit Eröffnung des Insolvenzverfahrens kommt es somit hinsichtlich derjenigen Gegenstände, die unter den Begriff der Insolvenzmasse (§ 35) fallen, zu einer Trennung von Rechtsinhaberschaft und Verwaltung- bzw Verfügungsbefugnis. Dementsprechend bleibt der Schuldner bzw das Schuldnerunternehmen Rechtsinhaber, verliert aber die Befugnis, über die zur Insolvenzmasse gehörenden Gegenstände zu verfügen und diese zu verwalten. Die **Rechtsstellung des Insolvenzverwalters** ist von jeher **umstritten** gewesen. In der Literatur haben sich **verschiedene Theorien** herausgebildet, von denen jede von sich in Anspruch nimmt, zu angemessenen praktischen Ergebnissen zu führen. W. Henckel (*Jaeger/Henckel* § 6 KO Rn 4) weist zutreffend darauf hin, dass heutigem methodischen Verständnis zweifelhaft erscheinen muss, ob eine Konstruktionsfrage so hohen Rang für sich in Anspruch nehmen darf (vgl auch *Häsemeyer* InsR Rn 15.02; *Kluth* NZI 2000, 351 ff). Hinsichtlich der einzelnen Theorien wird auf die Kommentierung zu § 56 VII. 1.–5. verwiesen; ferner auf die umfassende Darstellung bei *Jaeger/Henckel* § 6 KO Rn 10–16, Rn 54–59, Rn 83–84 und die abschließende Stellungnahme zum Theorienstreit in Rn 165–168; *K. Schmidt* KTS 1984, 345 ff; *ders* KTS 1991, 211 ff; *ders* NJW 1995, 911 ff u JZ 1992, 298 f; *Jauernig/Berger* § 43 VIII; *Baur/Stürner* II Rn 10.9–10.12; *Häsemeyer* InsR Rn 15.01–15.09; *Stürner* ZZP 94 (1981), 263, 286 ff; *MüKo-Ott/Vuia* § 80 Rn 26 ff; *HK-Kayser* § 80 Rn 12 ff; *Jaeger/Windel* § 80 Rn 13 ff; *K/P/B/Lüke* § 80 Rn 32 ff; *Bork* Einf Rn 133 ff; *N/R/Wittkowski* § 80 Rn 38–40.

78

Ohne zu den einzelnen Theorien Stellung zu nehmen ist hier festzustellen, dass schon das Reichsgericht und später der **Bundesgerichtshof** in ständiger Rechtsprechung die sogen **Amtstheorie** vertreten haben, wonach der Verwalter kraft des ihm übertragenen Amtes die Verwaltungs- und Verfügungsbefugnis über die Insolvenzmasse im eigenen Namen ausübt (RGZ 29, 29; 35, 31; 47, 373; 52, 333; 53, 352; 55, 266; 63, 71; 65, 288; 76, 125; 80, 417; 81, 292; 97, 109; 120, 192; BGHZ 24, 393, 396; 32, 118; 35, 180; 38, 284; 44, 4; 49, 11, 16; 51, 125, 128; 88, 331, 334; 100, 346, 351; 127, 156; **BGH ZInsO 2006, 260 ff; BGH ZIP 1996, 1307; BFH ZIP 1997, 797**). Auch die **überwiegende Literaturmeinung** sieht den Insolvenzverwalter als **Amtswalter und Partei kraft Amtes** an (vgl *Jaeger/Lent* Vorbem IV 3 vor §§ 6–9 KO; *Jaeger/Henckel* § 6 KO Rn 165–168; *Henckel*/ZIP 1991, 133; *Häsemeyer* InsR Rn 15.07; *Fr. Weber* KTS 1955, 102 ff; *K/P/B/Lüke* § 80 Rn 37, 38; *Hess* § 80 Rn 111–139; *N/R/Wittkowski* § 80 Rn 38, 40; *HK-Kayser* § 80 Rn 13; *Jaeger/Windel* § 80 Rn 15; *BerlKo-Blersch* § 56 Rn 19; *Bork*, Einführung Rn 68; *Pohlmann*, Befugnisse Rn 546 ff; *Stein/Jonas/Bork*, vor § 50 ZPO Rn 31 ff; *Zöller/Vollkomer* § 51 ZPO Rn 7). S auch die Kommentierung zu § 56 m Darstellung der einzelnen Theorien.

79

Nach der hM handelt der Insolvenzverwalter für die Insolvenzmasse im eigenen Namen als Inhaber eines privaten Amtes. Die **Amtstheorie** hat zur Folge, dass der Verwalter Prozesse für die Insolvenzmasse als „**Partei kraft Amtes**" in gesetzlicher Prozessstandschaft führt (vgl auch die Kommentierung zu § 56 VII. 5.; *Bork*, Einführung Rn 68). Nach der Amtstheorie ist der Insolvenzverwalter, nicht dagegen der Schuldner oder das Schuldnerunternehmen **Prozesspartei**. Nach der Amtstheorie erlischt die **öffentlich-rechtliche Zustandsstörerhaftung** des Schuldners, die durch die Zustandsstörerhaftung des Insolvenzverwalters ersetzt wird (**BVerfG v 22. 10. 1998, NZI 1999, 37; OVG** Lüneburg v 7. 5. 1991, NJW 1992, 1252; v 7. 1. 1993, ZIP 1993, 1174 = NJW 1993, 1671; **OVG** Sachsen v 21. 4. 1994, ZIP 1995, 856; v 16. 8. 1994, ZIP 1995, 852; **OVG** Greifswald v 16. 1. 1997, NJW 1998, 175). Der folgenden Kommentierung wird die Amtstheorie zugrunde gelegt, da sie einmal an die ständige Rechtsprechung der Gerichte anknüpft, zum andern aber ihrer Aufgabe gerecht wird, praktikable und wirtschaftlich sinnvolle Lösungen zu ermöglichen, ohne das System des Insolvenzrechts infrage zu stellen. Zutreffend weist *Henckel* (*Jaeger/Henckel* § 6 KO Rn 168) darauf hin, dass die Amtstheorie gleichzeitig offen bleibt „für die Einordnung der Lösung neu auftretender Rechtsprobleme". Für den Bereich der Eigenverwaltung (§§ 270 ff) und für das Verbraucherinsolvenzverfahren (§§ 304 ff) hat der Theorienstreit ohnehin keine Bedeutung, da das Verwaltungs- und Verfügungsrecht bei Eigenverwaltung dem Schuldner verbleibt und im Verbraucherverfahren der Treuhänder den Insolvenzverwalter ersetzt.

80

II. Einzelne Rechtsfolgen des Übergangs der Verwaltungs- und Verfügungsbefugnis

Nach dem Wortlaut des § 80 Abs 1 geht die Verwaltungs- und Verfügungsbefugnis mit Verfahrenseröffnung auf den Insolvenzverwalter über, ohne dass es auf die Rechtskraft des Beschlusses ankäme. Dies ist aber nur bedingt richtig, denn der Übergang findet erst in dem Augenblick statt, in dem der Verwalter das **Amt annimmt**. Allerdings treten die Rechtsfolgen rückwirkend mit dem Zeitpunkt der Verfahrenseröffnung ein. Die Verwaltungs- und Verfügungsbefugnis dauert nur so lange an, wie das

81

Verfahren eröffnet ist. Mit Einstellung oder Aufhebung des Verfahrens fallen die Befugnisse wieder an den Schuldner bzw das Schuldnerunternehmen zurück, wenn nicht im Einzelfall nach § 203 bestimmte Gegenstände einer Nachtragsverteilung vorbehalten werden. Der Beschluss über die Eröffnung des Insolvenzverfahrens ermöglicht dem Insolvenzverwalter die Zwangsvollstreckung gegen den Insolvenzschuldner. Gegen erwachsene Familienangehörige, die in einem zur Insolvenzmasse gehörenden Haus wohnen, muss der Verwalter aber einen eigenen Räumungstitel erwirken (**LG** Trier ZInsO 2005, 780).

82   **1. Eigentum und Besitz.** Durch die Verfahrenseröffnung wird die materiell-rechtliche Situation nicht verändert. Der Schuldner bleibt Eigentümer sämtlicher Gegenstände, die in die Insolvenzmasse fallen und die der Verwaltungs- und Verfügungsbefugnis des Insolvenzverwalters unterliegen. Gem § 148 Abs 1 hat der Verwalter nach Eröffnung des Verfahrens das gesamte zur Insolvenzmasse gehörende Vermögen des Schuldners sofort in **Besitz und Verwaltung** zu nehmen. Hinsichtlich solcher Sachen, die der Insolvenzverwalter in seine tatsächliche Gewalt genommen hat (§ 854 BGB), ist er nach **hM unmittelbarer Besitzer** (*Jaeger/Henckel* § 6 KO Rn 47; N/R/*Wittkowski* § 80 Rn 43; K/P/B/*Lüke* § 80 Rn 6; *Jaeger/Windel* § 80 Rn 60; *Häsemeyer* InsR Rn 13.02). Der Schuldner bzw das Schuldnerunternehmen ist mittelbarer Besitzer. Nach **hM** ist der Schuldner Eigenbesitzer, der Verwalter dagegen Fremdbesitzer (*Jaeger/Henckel* § 6 KO Rn 48; N/R/*Wittkowski* § 80 Rn 43; MüKo-*Ott/Vuia* § 80 Rn 40; HaKo-*Kuleisa* § 80 Rn 23). Dem Insolvenzverwalter, nicht dagegen dem Schuldner, stehen die Besitzschutzansprüche nach den §§ 861, 862, 869 BGB zu K/P/B/*Lüke* § 80 Rn 6; eingehend hierzu *Eckardt* KTS 1997, 411, 428 ff; *Jaeger/Windel* § 80 Rn 61, 62). Der **Eigenbesitz des Schuldners** spielt vor allem bei einem Rechtserwerb nach den §§ 900, 927, 937 ff, 955, 958 BGB eine Rolle, so dass zB ein Schuldner noch während des Insolvenzverfahrens Eigentum durch Ersitzung zu erlangen vermag (vgl *Jaeger/ Windel* § 80 Rn 62). Allerdings ist der Erwerb nach den §§ 937 ff, 955 BGB ausgeschlossen, wenn zwar der Insolvenzverwalter gutgläubig ist, aber der Schuldner nach Verfahrenseröffnung erfährt, dass ihm die Sache nicht gehört bzw ein anderer berechtigt ist, die Früchte zu ziehen (*Jaeger/Henckel* § 6 KO Rn 48). Gutgläubiger Erwerb Dritter von Gegenständen durch den Insolvenzverwalter, die nicht zur Insolvenzmasse gehören, sondern im Dritteigentum stehen, beurteilt sich nach den §§ 932 ff BGB (*Kilger/ K. Schmidt* § 6 KO Anm 6 d).

83   **2. Rechtsgeschäftliche Erklärungen.** Rechtsgeschäftliche Erklärungen des Insolvenzverwalters binden den Schuldner unmittelbar. Der Verwalter tritt zwar in seiner Eigenschaft als Insolvenzverwalter auf und gibt die Willenserklärung im eigenen Namen ab, verpflichtet wird jedoch unmittelbar die Insolvenzmasse bzw der Insolvenzschuldner. Die **Masse haftet** auch dann, wenn die Pflichtverletzung des Insolvenzverwalters sich als Vertragsverletzung und unerlaubte Handlung darstellt (*Jaeger/Henckel* § 6 KO Rn 41). Der Schuldner ist auch über die Verfahrensbeendigung hinaus an die vom Verwalter eingegangenen Verpflichtungen, insbesondere an **Miet- oder Pachtverträge** gebunden, soweit sie als Masseverbindlichkeiten (§ 55 Abs 1 Nr 2) fortbestehen (vgl *Baur* FS Fr. *Weber* 1975 S 43/44). Dazu gehören auch **Ansprüche aus Sozialplänen** (*Häsemeyer* InsR Rn 25.29). Der Schuldner bzw das Schuldnerunternehmen hat die Folgen eines Verzugs, einer Patentverletzung, der Anfechtung eines vom Verwalter durch Täuschung zustande gebrachten Rechtsgeschäfts, Kündigung eines Miet-, Pacht- oder Dienstvertrages, der Ablehnung der Erfüllung eines zweiseitigen Vertrages, überhaupt aller zum Schadenersatz verpflichtenden Handlungen zu tragen (*Baur* FS *Weber* S 46 ff). Der Schuldner haftet auch für eine arglistige Täuschung, die der Insolvenzverwalter bei einem Verkauf von Massegegenständen begeht.

84   **Streitig** ist lediglich, ob der Schuldner für **Masseverbindlichkeiten unbeschränkt haftet**, wenn das Verfahren aufgehoben oder eingestellt wird (vgl *Baur* FS *Weber* S 41 ff). Nach **Auffassung des BGH** und überwiegender **Literaturmeinung** haftet der Schuldner bzw das Schuldnerunternehmen auch nach Verfahrensbeendigung für die Masseverbindlichkeiten, jedoch **gegenständlich beschränkt auf die bisherige Insolvenzmasse**, also nur mit den massezugehörigen Gegenständen, die ihm nach Beendigung des Verfahrens ausgehändigt worden sind (BGH NJW 1955, 339; **BGH** WM 1964, 1125; MüKo-*Ott/Vuia* § 80 Rn 8, 9; *Sieveking*, Die Haftung des Gemeinschuldners für Masseansprüche, 1937; HaKo-*Kuleisa* § 80 Rn 24; N/R/*Wittkowski* § 80 Rn 13; K/P/B/*Lüke* § 80 Rn 39; BerlKo-*Blersch/v. Olshausen* § 80 Rn 8; *Braun/Kroth* § 80 Rn 17; FK-*App* § 80 Rn 6; *M. Schmidt*, Der Gemeinschuldner als Schuldner der Masseverbindlichkeiten, 1972 S 120; *Bötticher* ZZP 77 [1964], 55; *Hanisch*, Rechtszuständigkeit der Konkursmasse, 1973 S 148 ff; *Müller* KTS 1984, 19 ff; *K. Schmidt* KTS 1984, 345, 396). Die hM vermag nicht zu überzeugen. Zutreffend weist *Häsemeyer* (InsR Rn 25.30) darauf hin, dass auch für die InsO die Haftungsbeschränkung nicht überzeugt. Wie jede Vollstreckung verursache auch die Gesamtvollstreckung Kosten, die der Schuldner tragen müsse, weil er Anlass zur Vollstreckung gegeben hat. Überzeugend auch *Jaeger/Windel* (§ 80 Rn 44), der vier Gründe für eine **gegenständlich unbegrenzte Haftung** des Schuldners anführt. Die **Unhaltbarkeit** der **hM** zeigt sich insbesondere bei Masseschulden aus ungerechtfertigter Bereicherung (§ 55 Abs 1 Nr 3). *Häsemeyer* (InsR Rn 25.31): „Durch sie ist der Schuldner mit seinem Gesamtvermögen, mit der Masse wie mit seinem insolvenzfreien Vermögen, bereichert, wenn und weil er von der Nachhaftung befreit wird." Für die InsO ist davon auszugehen, dass für Masseverbindlichkeiten der Schuldner bzw ein Schuldnerunternehmen auch nach Verfahrensbeendigung **unbeschränkt haftet**. Dies ist nicht zuletzt auch des wegen gerechtfertigt, weil im Rahmen eines

F. Die Rechtsstellung des Insolvenzverwalters § 80

Insolvenzplanverfahrens, vor allem bei übertragender Sanierung, nicht zwischen ursprünglicher Insolvenzmasse und Neuvermögen unterschieden werden kann. Zudem verträgt sich eine beschränkte Nachhaftung nicht mit dem Rechtsinstitut der Eigenverwaltung (§§ 270 ff; s auch *Jaeger/Windel* § 80 Rn 44).

a) Willensmängel. In Ansehung von Willensmängeln, die die Wirksamkeit einer Willenserklärung beeinträchtigen können, kommt es nur auf die Person des Verwalters an (K/P/B/*Lüke* § 80 Rn 24; *Jaeger/ Henckel* § 6 KO Rn 51; MüKo-*Ott/Vuia* § 80 Rn 36). Verkauft der Insolvenzverwalter ein Grundstück, über das der Schuldner vor Verfahrensbeginn gegenüber dem späteren Käufer falsche Angaben gemacht hat, so kann der Kauf wegen arglistiger Täuschung (§ 123 BGB) nur angefochten werden, wenn der Insolvenzverwalter die arglistige Täuschung kannte oder hätte kennen müssen (MüKo-*Ott/Vuia* § 80 Rn 36 f; K/P/B/*Lüke* § 80 Rn 24 f; *Jaeger/Windel* § 80 Rn 64). Im Rahmen der Anfechtung nach § 123 BGB ist der täuschende Schuldner als Dritter iSv § 123 Abs 2 S 1 BGB anzusehen (RG v 8. 7. 1914, WarnRspr 1914, Nr 271; *Jaeger/Henckel* § 6 KO Rn 51; *Jaeger/Windel* § 80 Rn 64; N/R/*Wittkowski* § 80 Rn 44). Maßgeblich ist somit allein die Kenntnis oder fahrlässige Unkenntnis des Verwalters von der Täuschungshandlung des Schuldners (K/P/B/*Lüke* § 80 Rn 24; *Jaeger/Windel* § 80 Rn 64).

b) Kenntnis, Kennenmüssen. Kommt es im Einzelfall für den gutgläubigen Erwerb auf Kenntnis oder das Kennenmüssen an (§§ 932, 892, 1138 BGB), ist nur auf die Person des Verwalters abzustellen (*Jaeger/ Windel* § 80 Rn 64; K/P/B/*Lüke* § 80 Rn 25). Deshalb wird ein Gegenstand auch dann Massebestandteil, wenn der Schuldner oder der organschaftliche Vertreter des Schuldnerunternehmens Kenntnis von dem Mangel im Recht des Veräußerers hatten (*Jaeger/Windel* § 80 Rn 64; K/P/B/*Lüke* § 80 Rn 25; *Hess* § 80 Rn 163; MüKo-*Ott/Vuia* § 80 Rn 163).

3. Selbstkontrahieren. Auf Rechtsgeschäfte, die der Insolvenzverwalter mit sich selbst vornimmt, ist die Vorschrift des § 181 BGB nicht unmittelbar anwendbar, da er nicht Vertreter des Schuldners ist. Die Vorschrift enthält aber einen **allgemeinen Rechtsgedanken** (vgl §§ 34, 456–458, 1629 Abs 2, 1795 BGB, 136 Abs 1 AktG; § 47 Abs 4 GmbHG; § 43 Abs 3 GenG), der, wie bei einem Testamentsvollstrecker (vgl BGH v 29. 4. 1959, BGHZ 30, 67, 69; BGH v 9. 12. 1968, BGHZ 51, 209, 213), auch **auf den Insolvenzverwalter anwendbar** ist (vgl RG v 15. 11. 1912, RGZ 80, 416; K/P/B/*Lüke* § 80 Rn 26; *Hess* § 80 Rn 164; *Kilger/K. Schmidt* § 6 KO Anm 6 a bb; MüKo-*Ott/Vuia* § 80 Rn 38; vgl auch OLG Frankfurt v 2. 3. 1976, BB 1976, 570). Der BGH hat vorstehende Auffassung, dass § 181 BGB einen allgemeinen Rechtsgedanken enthalte, **abgelehnt** (BGH v 24. 1. 2991, BGHZ 113, 262, 270; ebenso HK-*Kayser*§ 80 Rn 33). Nach **Auffassung des BGH** regelt § 181 BGB nicht den materiellen Interessenkonflikt, sondern lediglich die unzulässige formale Beteiligung derselben Person auf beiden Seiten bei einem Vertragsschluss. Daran fehle es bei Geschäften wie im entschiedenen Fall. Wegen § 80 Abs 1 kann der Schuldner Geschäfte des Insolvenzverwalters mit sich selbst nicht genehmigen; hierzu sind auch weder das Insolvenzgericht noch der Gläubigerausschuss imstande, das Gericht seiner Aufgabenstellung wegen nicht und der Gläubigerausschuss deshalb nicht, weil er hierzu einer besonderen gesetzlichen Ermächtigung bedürfte (MüKo-*Ott/Vuia* § 80 Rn 39; HaKo-*Kuleisa* § 80 Rn 25). Mit Recht weist W. *Henckel* (*Jaeger/Henckel* § 6 KO Rn 149) darauf hin, dass die Aufsicht des Insolvenzgerichts keineswegs ausreicht, um die Gefahren eines Interessenkonflikts zu bannen. Deshalb ist nach wie vor daran festzuhalten, dass **Geschäfte des Insolvenzverwalters mit sich selbst** grundsätzlich **unwirksam** sind. Die Genehmigung des Selbstkontrahierens kann nur über die Bestellung eines **Sonderverwalters** erreicht werden (OLG Frankfurt v 2. 3. 1976, BB 1976, 570 = Rpfleger 1967, 214; *Jaeger/Weber* § 126 KO Rn 3; *Kögel/Loose* ZInsO 2006, 17 ff; MüKo-*Ott/Vuia* § 80 Rn 39). § 181 BGB ist aber insoweit entsprechend anwendbar, als solche Geschäfte des Insolvenzverwalters mit sich selbst wirksam sind, die ausschließlich in der Erfüllung einer verbindlichen Verbindlichkeit bestehen (*Jaeger/Henckel* § 6 KO Rn 149; vgl auch K/P/B/*Lüke* § 80 Rn 26). Unbedenklich ist es dagegen, wenn ein Dritter unter Befreiung von der Beschränkung des § 181 BGB durch den Verwalter zugleich als Vertreter und in eigener Sache auftritt (vgl LG Ulm v 20. 7. 1988, BWNotZ 1989, 60; *Kilger/K. Schmidt* § 6 KO Anm 6 a bb; K/P/B/*Lüke* § 80 Rn 26). Zur **Einschaltung der eigenen Sozietät** durch den Verwalter s BGH ZIP 2005, 36; *Jacoby* ZIP 2005, 1060 ff.

4. Einstandspflicht der Masse für Verschulden des Verwalters. Für rechtswidriges Handeln des Insolvenzverwalters hat grundsätzlich die Insolvenzmasse einzustehen. Allerdings tut sich nach zutreffender Feststellung von *K. Schmidt* (*Kilger/K. Schmidt* § 6 KO Anm 6 d) die Amtstheorie mit der Begründung der entsprechenden Anwendbarkeit der §§ 31, 278, 831 BGB schwer (vgl auch *Jaeger/Henckel* § 6 KO Rn 41 ff). Ohne auf die dogmatischen Schwierigkeiten einer Begründung nach den einzelnen Verwaltertheorien einzugehen, ist auch für die **Amtstheorie** festzustellen, dass die **Insolvenzmasse** grundsätzlich **für schuldhafte Pflichtverletzungen des Verwalters einzustehen** hat, gleichgültig ob es sich um Vertragsverletzungen und zugleich unerlaubte Handlungen iSv §§ 823 ff BGB handelt (MüKo-*Ott/Vuia* § 80 Rn 41). Eine Differenzierung danach, ob im Einzelfall **nur ein deliktisches Handeln** des Insolvenzverwalters gegeben ist, für das die Masse nicht einzustehen hat, ist unter keinem Gesichtspunkt gerechtfertigt. Eine andere Frage ist nur die, ob und in welchem Umfang der Masse, repräsentiert durch einen

85

86

87

88

Sonderverwalter, Schadenersatzansprüche gegen den Insolvenzverwalter zustehen. Zutreffend weist *Henckel* (*Jaeger/Henckel* § 6 KO Rn 46) darauf hin, dass es nicht gerechtfertigt ist, im Insolvenzverfahren den durch amtliches Handeln des Insolvenzverwalters Geschädigten dem Risiko auszusetzen, dass das eigene Vermögen des Verwalters, das nach §§ 60, 61 haftet, zur Deckung des Schadens nicht ausreicht. Nach **hM** findet § 278 BGB als Zurechnungsnorm auch bei schuldhaftem Verhalten des Insolvenzverwalters Anwendung (vgl **RG** v 9. 6. 1934, RGZ 144, 399; **BGH** v 3. 6. 1958, LM Nr 1 zu § 82 KO; **BGH** NJW 1975, 1969, 1970). Eine **andere Auffassung** sieht dagegen den Grundgedanken des § 31 BGB als tragend an (*Kilger/K. Schmidt* § 6 KO Anm 6 d; *Jaeger/Henckel* § 6 KO Rn 42 ff; MüKo-Ot/*Vuia* § 80 Rn 41; K/P/B/*Lüke* § 80 Rn 27). Sie bejaht auch bei nicht rechtsfähigem Sondervermögen die **Anwendbarkeit von § 31 BGB** auf Vertragsverletzungen mit der Folge, dass die Anwendung von § 278 BGB ausgeschlossen ist (*Jaeger/Henckel* § 6 KO Rn 45; K/P/B/*Lüke* § 80 Rn 27). Der Vorschrift des § 31 BGB liege „der allgemeine Gedanke zugrunde, dass die Vermögensmasse, die die Vorteile der Verwaltung genießt, auch den durch diese Verwaltung angerichteten Schaden tragen muss" (K/P/B/*Lüke* § 80 Rn 27). Richtig ist der Hinweis bei *Jaeger/Henckel* (§ 6 KO Rn 46), dass die Anwendung des § 278 BGB vielfach zu einem falschen Ergebnis führen würde, weil sie die primäre Haftung des Schuldners als Geschäftsherrn begründet, die „dann wieder durch fragwürdige Konstruktionen ausgeschlossen werden müsste" (*Henckel*). Nur mit der Anwendung des § 31 BGB wird erreicht, dass grundsätzlich die Haftung der Insolvenzmasse begründet wird. Deshalb ist auch nach der Amtstheorie **§ 31 BGB entsprechend** der neueren Literaturauffassung **anwendbar**, und zwar sowohl für **vertragliche Pflichtverletzungen** des Insolvenzverwalters als auch für eine **deliktisches Haftung**, soweit sie in Ausführung und nicht nur bei Gelegenheit der Verwaltung begangen wird (so auch *Häsemeyer* InsR Rn 14.10; *Hess* § 80 Rn 87; *Eckardt* KTS 1997, 411, 433 ff). Die §§ 831, 278 BGB finden entsprechend der neueren Auffassung weder auf die vertragliche noch auf die deistische Einstandspflicht des Schuldners für Fehlverhalten des Insolvenzverwalters entsprechende Anwendung.

89   **5. Zustellungen.** Zustellungen, die die Insolvenzmasse betreffen, sind an den Insolvenzverwalter zu richten. Dass empfangsbedürftige Erklärungen gegenüber dem Schuldner nicht wirksam zugehen bzw zugestellt werden können, also der Masse gegenüber nicht wirksam sind, beruht darauf, dass der Schuldner wegen Wegfalls der Verwaltungs- und Verfügungsbefugnis für massebezogene Erklärungen nicht der richtige Adressat ist (*Jaeger/Henckel* § 7 KO Rn 3). Das gilt auch für **Zustellungen im Verwaltungs- und Verwaltungsrechtsweg** sowie für **Zustellungen in Steuersachen**. Alle die Insolvenzmasse betreffenden Steuerbescheide und Rechtsmittelbescheide sind nur wirksam, wenn sie dem Insolvenzverwalter zugestellt werden (HaKo-*Kuleisa* § 80 Rn 26). Eine Zustellung ist auch nicht ordnungsgemäß bewirkt, wenn diese zwar an den Schuldner gerichtet ist, jedoch dem Insolvenzverwalter über die Postsperre (§ 99) zugänglich gemacht wird (N/R/*Wittkowski* § 80 Rn 50). Hat ein Insolvenzgläubiger vor Eröffnung des Verfahrens den Schuldner verklagt, so kann die Zustellung weder an den Schuldner noch an den Verwalter erfolgen. Dies folgt aus den §§ 38, 87, 174 ff (HaKo-*Kuleisa* § 80 Rn 26). Wird trotzdem die Klage dem Insolvenzverwalter zugestellt, begründet dies **kein Prozessrechtsverhältnis** zu ihm oder zur Masse (BGHZ 127, 156 = ZIP 1994, 1700). Ein Urteil, das gegen den Schuldner ergangen ist, muss dem Insolvenzverwalter zugestellt werden, auch wenn das Insolvenzverfahren nach Verkündung des Urteils eröffnet worden ist. Wird nach Einreichung einer Klage bei Gericht, aber noch vor Zustellung an den Beklagten das Insolvenzverfahren über dessen Vermögen eröffnet, findet eine Unterbrechung des Rechtsstreits nicht statt (**BGH** v 11. 12. 2008 – IX ZB 232/08).

90   **6. Eintritt in die Rechte und Pflichten des Schuldners.** Mit Ausnahme der Eigenverwaltung (§§ 270 ff) tritt mit der Eröffnung des Insolvenzverfahrens der Insolvenzverwalter in **sämtliche vermögensrechtliche Positionen des Schuldners** ein mit der Folge, dass ihm **die gleichen Rechte** zustehen und die **gleichen Pflichten** obliegen wie dem Schuldner selbst. Zu vertraglichen Geheimhaltungspflichten des Schuldners s *Wenner/Schuster* ZIP 2005, 2191 ff. Grundsätzlich kann der Verwalter für die Masse nicht mehr Rechte beanspruchen, als dem Schuldner bzw Schuldner unter nehmen selbst zugestanden werden. Steuerlich hat der Übergang des Verwaltungs- und Verfügungsrechts zur Folge, dass mit der Eröffnung des Insolvenzverfahrens den Verwalter auch die steuerlichen Pflichten des Schuldners treffen. **Steuerliche Rechte** kann er geltend machen, soweit sie seinem Verwaltungsbereich unterfallen. Im Übrigen hat er gem § 34 Abs 3 AO diejenigen Pflichten zu erfüllen, die ohne die Eröffnung des Insolvenzverfahrens dem steuerpflichtigen Schuldner obliegen würden. Wird das Insolvenzverfahren über das Vermögen einer Organgesellschaft eröffnet, so endet die körperschaft-, gewerbe- und umsatzsteuerliche Organschaft automatisch (*Frotscher* Besteuerung S 30). Eine Fortdauer der organisatorischen Eingliederung in den Organverband wäre mit dem Verwaltungs- und Verfügungsrecht des Insolvenzverwalters nicht zu vereinbaren. Wird über das Vermögen eines Organträgers das Insolvenz verfahren eröffnet, kann zwar die organisatorische Eingliederung erhalten bleiben, jedoch ist eine Fortführung der Organschaft nur möglich, wenn der werbende Zweck des Organträgers nicht endet (vgl *Frotscher* Besteuerung S 30). Einzelheiten zu den **steuerlichen Wirkungen der Insolvenzeröffnung** oben zu Ziff III (*Maus*).

91   Festzustellen ist, dass grundsätzlich der Insolvenzverwalter gem § 80 Abs 1 nur in die **vermögensrechtliche Position** des Schuldners bzw Schuldnerunternehmens einrückt. Dh, dass bezüglich der insol-

venzfreien Gegenstände (§ 36) und im **Bereich rein gesellschaftsrechtlicher Maßnahmen** der Schuldner bzw das Schuldnerunternehmen berechtigt bleibt, das Vermögen zu verwalten, darüber zu verfügen und Beschlüsse zu fassen. Die Abgrenzung der vermögensrechtlichen Bezüge von den privaten oder vom Insolvenzbeschlag ausgenommenen Gegenstände ist nicht immer einfach (vgl KS-*Uhlenbruck* S 1157, 1172 ff Rn 24; *Braun/Uhlenbruck* Unternehmensinsolvenz S 88 ff; K/P/B/*Noack* InsO GesellschaftsR Rn 278, 279 bezüglich der Kapitalerhöhung einer GmbH). S auch oben zu Rn 16. Dies wird besonders deutlich bei der Frage, ob der Verwalter Dritte **von der Verschwiegenheitspflicht** wirksam entbinden kann. Nach zutr Ansicht sind die maßgeblichen Abgrenzungskriterien der Massebezug einerseits und der persönliche Bezug andererseits. **Einzelheiten unten zu Rn 140 ff.** Schließlich tritt der Insolvenzverwalter auch in die **ordnungsrechtlichen Pflichten** des Schuldners oder Schuldnerunternehmens ein (K/P/B/*Lüke* § 80 Rn 52; *Kilger* FS Merz 1992, S 253 ff; *Stürner* ebend S 563 ff; *Pape* ZIP 1991, 1544 ff; *ders* KTS 1993, 551 ff; *Petersen* NJW 1992, 1202; *K. Schmidt* NJW 1993, 2833 ff; *v Wilmowsky* ZHR 160 [1996], 593 ff; *Häsemeyer* FS Uhlenbruck S 97 ff).

III. Der Insolvenzverwalter als Arbeitgeber

Mit der Eröffnung des Insolvenzverfahrens ist der Schuldner als Arbeitgeber nicht mehr berechtigt, die Rechte und Pflichten aus dem Arbeitsverhältnis auszuüben. Sämtliche Befugnisse arbeitsrechtlicher Art fallen dem Insolvenzverwalter nach § 80 Abs 1 zu. Umstritten war schon für das alte Recht, ob der Insolvenzverwalter im Rahmen seiner Amtsstellung unmittelbar in die **Arbeitgeberposition** einrückt oder lediglich die **Arbeitgeberfunktionen** ausübt (vgl *Uhlenbruck* KTS 1973, 81, 88; *Plute* SGb 1985, 499, 500; *Kania* DStR 1996, 832; MüKo-*Ott* § 80 Rn 121; *Berscheid*, Arbeitsverhältnisse in der Insolvenz Rn 29; *ders* in: KS S 1395 Rn 1; *Heinze* NJW 1980, 145, 146; *ders* Arb u R 1976, 33 ff; *Gottwald/Heinze* InsRHdb § 102 Rn 23, 24; **BAG** NJW 1991, 1971; BAGE 26, 257, 261 = NJW 1975, 182 = KTS 1975, 122 = MDR 1975, 259; **BAG** ZIP 1986, 45; **LAG** Düsseldorf ZIP 1984, 1032; **LAG** Düsseldorf ZIP 1996, 191). Auch für die InsO ist die Streitfrage nicht endgültig geklärt (s MüKo-*Ott/Vuia* § 80 Rn 121; *Jaeger/Windel* § 80 Rn 108; BerlKo-*Blersch/v. Olshausen* § 80 Rn 19; *Braun/Kroth* § 80 Rn 33; N/R/*Wittkowski* § 80 Rn 14; *Gottwald/Heinze/Bertram* InsRHdb § 103 Rn 22). Gleichgültig, ob der Insolvenzverwalter in die **Arbeitgeberstellung** iSd materiellen Arbeitsrechts einrückt oder ob ihm kraft Gesetzes lediglich die Ausübung der nach wie vor beim Schuldner originär verbleibenden Arbeitgeberfunktionen mit allen damit zusammenhängenden Rechten und Pflichten zugewiesen wird, besteht weitgehend Einigkeit darüber, dass der Insolvenzverwalter **nicht Rechtsnachfolger** des Schuldners bzw des Schuldnerunternehmens ist und dass die Arbeitgeberfunktionen mit Verfahrensbeendigung an den Schuldner bzw an das Schuldnerunternehmen zurückfallen (*Berscheid* in: KS S 1396 Rn 1; *Gottwald/Heinze/Bertram* InsRHdb § 103 Rn 22; *Heinze* Arb u R 1976, 33, 36; *Uhlenbruck* KTS 1973, 81, 88; *Jaeger/Henckel* § 6 KO Rn 53). Der Theorienstreit hat so gut wie keine praktische Bedeutung, denn in jedem Fall rückt der Insolvenzverwalter funktionell in die **Arbeitgeberposition** ein mit der Folge, dass er sämtliche Rechte und Pflichten hat, die sich aus der Arbeitgeberstellung des Insolvenzschuldners ergeben. So ist der Insolvenzverwalter an die zum Zeitpunkt der Verfahrenseröffnung bestehende arbeitsrechtliche Rechtslage gebunden (vgl BGHZ 24, 15, 18 = NJW 1957, 791; BGHZ 44, 1, 4 = NJW 1965, 1585; **BAG** NJW 1991, 1971; BAGE 26, 257, 261 = NJW 1975, 182; BAGE 29, 104, 121 = NJW 1977, 2182). Durch die Eröffnung des Insolvenzverfahrens wird die arbeitsrechtliche Situation der Arbeitnehmer nicht berührt. Vor allem ist die Verfahrenseröffnung als solche **kein Kündigungsgrund.** Zum Personalabbau zwecks übertragender Sanierung und den Kündigungsmöglichkeiten mit und ohne Sanierungskonzept vgl *Hanau/Berscheid* in: KS S 1541, 1550 ff Rn 18 ff.

An die einzelarbeitsvertraglichen Pflichten ist der Verwalter ebenso gebunden wie an **Betriebsvereinbarungen** und **Tarifverträge** (*Gottwald/Heinze/Bertram* InsRHdb § 103 Rn 24; *Berkowski* NZI 1999, 129; MüKo-*Ott/Vuia* § 80 Rn 121 ff). Dem Insolvenzverwalter steht aber das **Recht zur Ausübung des Weisungsrechts des bisherigen Arbeitgebers** (Direktionsrecht) gegenüber den einzelnen Arbeitnehmern zu (*Schaub* ArbR Hdb § 17 Rn 5; MüKo-*Ott/Vuia* § 80 Rn 122; *Gottwald/Heinze/Bertram* InsRHdb § 103 Rn 24; s auch *Jaeger/Windel* § 80 Rn 109). Zutreffend der Hinweis von *Heinze* (bei *Gottwald/Heinze* InsRHdb 2. Aufl § 102 Rn 27), dass im Einzelfall allerdings das **Direktionsrecht** durch den Verfahrenszweck inhaltlich verändert bzw konkretisiert werden kann. So kann der Insolvenzverwalter im Einzelfall im Hinblick auf das Liquidationsziel vorübergehend Arbeiten auf Arbeitnehmer übertragen, die nicht dem eigentlichen, ursprünglich vertraglich vorgesehenen Tätigkeitsbereich unterfallen. Das heißt nicht, dass die Arbeitnehmer Insolvenzabwicklungsaufgaben zu übernehmen haben. Sie haben jedoch alle Arbeiten auszuführen, die zB dem optimalen Liquidationszweck entsprechen, wie etwa die Fertigproduktion von Halbfertigerzeugnissen. Im Einzelfall kann die **Direktionsbefugnis** dahin gehen, dem Arbeitnehmer eine Tätigkeit zuzuweisen, die seiner vertraglichen Arbeitspflicht nicht entspricht. Hier gilt – wenn auch in Grenzen – der Grundsatz, dass außergewöhnliche Situationen außergewöhnliche Maßnahmen erfordern.

Dem **Arbeitnehmer** steht gegenüber dem Insolvenzverwalter ein **Zeugnisanspruch** zu, wenn das Arbeitsverhältnis nach Insolvenzeröffnung zum Insolvenzverwalter fortbesteht, sei es auch nur für kurze Zeit (**BAG** v 30. 1. 1991, ZIP 1991, 744 = AP Nr 18 zu § 630 BGB; **BAG** ZIP 2004, 1974; **LAG** Köln v

30. 7. 2001, ZIP 2002, 181; **LAG** Nürnberg, ZInsO 2004, 194; K/P/B/*Moll* § 113 Rn 14; MüKo-*Ott/Vuia* § 80 Rn 122; *Gottwald/Heinze/Bertram* InsRHdb § 103 Rn 67). Das gilt auch für einen sog **starken vorläufigen Insolvenzverwalter** mit Verwaltungs- und Verfügungsbefugnis, selbst wenn das Arbeitsverhältnis noch vor Verfahrenseröffnung beendet wurde (*Rieger/Philipp* NZI 2004, 190, 192 f; *Jaeger/Windel* § 80 Rn 110, die grundsätzlich auf den Massebezug abstellen). Zur Erfüllung seiner Zeugnispflicht kann sich der Verwalter des Auskunftsanspruchs nach § 97 bedienen (**BAG** ZIP 2004, 1974; **BAG** NZA 1991, 599). Ein bereits vor Insolvenzeröffnung anhängiger **Rechtsstreit auf Zeugniserteilung** wird durch die Verfahrenseröffnung nicht gem § 240 ZPO unterbrochen und ist gegen den Schuldner fortzuführen (**LAG** Nürnberg NZA-RR 2003, 463; *Gottwald/Heinze/Bertram* InsRHdb § 103 Rn 67). Weiterhin obliegen dem Insolvenzverwalter gegenüber den Arbeitnehmern **Informationspflichten**. So ist der Verwalter verpflichtet, nicht nur den Betriebsrat, sondern auch die Arbeitnehmer über das Verfahrensziel (Betriebsstilllegung, Betriebsteilstilllegung, übertragende Sanierung oder Unternehmensfortführung) zu informieren (*Gottwald/Heinze/Bertram* InsRHdb § 103 Rn 30). Soweit die **Informationspflichten** nach den §§ 106, 111 BetrVG eingreifen, ist der Verwalter ohnehin verpflichtet, den Wirtschaftsausschuss und den Betriebsrat zu informieren und mit ihm zu beraten (*Gottwald/Heinze/Bertram* InsRHdb § 103 Rn 126, 130; N/R/*Wittkowski* § 80 Rn 110–112).

95 Da auch im eröffneten Insolvenzverfahren ein **Restmandat des Betriebsrats** fortbesteht (**BAG** AP Nr 11 zu § 102 BetrVG; **BAG** AP Nr 6 zu § 59 KO; **LAG** Hamm BB 1979, 1804; **LAG** Düsseldorf DB 1976, 2072; N/R/*Wittkowski* § 80 Rn 112; *Gottwald/Heinze/Bertram* InsRHdb § 103 Rn 126), ist der Betriebsrat in sämtlichen mitbestimmungspflichtigen Fragen hinzuziehen (MüKo-*Ott/Vuia* § 80 Rn 126; N/R/*Wittkowski* § 80 Rn 109; *Berscheid* FS *Hanau* (1999) S 701, 706 f; K/P/B/*Lüke* § 80 Rn 46). Wie jedem anderen Arbeitgeber obliegt es dem Insolvenzverwalter, vor einer Betriebsstilllegung mit dem Betriebs rat einen **Interessenausgleich** zu vereinbaren, wobei die Vorschrift des § 125 zu beachten ist. Nach § 125 Abs 2 ersetzt der Interessenausgleich nach § 125 Abs 1 die Stellungnahme des Betriebsrats nach § 17 Abs 3 S 2 KSchG. Zu beachten hat der Verwalter vor allem § 126. Nur wenn er den **Betriebsrat rechtzeitig und umfassend unterrichtet hat**, ist der Verwalter berechtigt, beim Arbeitsgericht die Feststellung zu beantragen, dass die Kündigung der Arbeitsverhältnisse bestimmter, im Antrag bezeichneter Arbeitnehmer durch dringende betriebliche Erfordernisse bedingt und sozial gerechtfertigt ist. Der Insolvenzverwalter ist berechtigt, bestimmte **Betriebsvereinbarungen** gem § 120 zu kündigen. Deshalb hat er sich unverzüglich nach Verfahrenseröffnung einen Überblick über den Bestand gültiger Betriebsvereinbarungen im Unternehmen zu verschaffen und etwaige Kündigungsmöglichkeiten nach § 120 wahrzunehmen. Der Verwalter hat auch im eröffneten Verfahren sämtliche **Rechte des Betriebsrats in personellen und wirtschaftlichen Angelegenheiten** zu beachten (BAGE 23, 62, 72; *Gottwald/Heinze/Bertram* InsRHdb § 103 Rn 32; MüKo-*Ott* § 80 Rn 126). So vor allem die Vorschriften zum **Interessenausgleich, Sozialplan und Nachteilsausgleich** bei Betriebsänderungen (§§ 111–113 BetrVG). Zu den insolvenzspezifischen Pflichten im Rahmen der Kündigung von Arbeitnehmern nach §§ 113 ff wird auf die dortige Kommentierung verwiesen. Zu erwähnen sind jedoch im Nachfolgenden einige **typische insolvenzspezifische Pflichten** des Insolvenzverwalters, die sich aus dem Verfahrenszweck ergeben und nicht in der InsO geregelt sind.

96 **Tarifliche Bindungen** wirken auch gegenüber dem Insolvenzverwalter (**BAG** ZIP 1987, 727; **LAG** Baden-Württemberg ZInsO 1999, 423 [Ls]; K/P/B/*Lüke* § 80 Rn 43; N/R/*Wittkowski* § 80 Rn 111; MüKo-*Ott/Vuia* § 80 Rn 124; *Jaeger/Windel* § 80 Rn 113). Die Tarifgebundenheit entfällt nicht schon mit Verfahrenseröffnung oder Austritt aus dem Verband, sondern mit Ende des Tarifvertrags (§§ 3 Abs 3, 4 Abs 5 TVG; *Adam* DZWIR 2005, 236, 239; *Jaeger/Windel* § 80 Rn 113). Von einem **Firmentarifvertrag**, der nicht § 103 unterfällt, kann sich der Insolvenzverwalter nur durch ordentliche Kündigung oder durch Abschluss eines neues Firmentarifvertrages lösen, der den alten Firmentarifvertrag ersetzt (*Jaeger/Windel* § 80 Rn 113; *Gottwald/Heinze/Bertram* § 103 Rn 68–70).

97 **1. Pflichten bei Beantragung von Insolvenzgeld.** Der Insolvenzverwalter ist verpflichtet, dem Arbeitsamt auf Verlangen alle Auskünfte zu erteilen, die für die Erbringung von Insolvenzgeld erforderlich sind (§§ 316, 314 Abs 1 SGB III). So hat der Verwalter auf Verlangen des Arbeitsamtes für jeden Arbeitnehmer, für den ein Anspruch auf Insolvenzgeld in Betracht kommt, die Höhe des Arbeitsentgelts für die letzten der Eröffnung des Insolvenzverfahrens vorausgegangenen drei Monate des Arbeitsverhältnisses sowie die Höhe der gesetzlichen Abzüge und der zur Erfüllung der Ansprüche auf Arbeitsentgelt erbrachten Leistungen zu bescheinigen (§ 314 Abs 1 S 2 SGB III). Neben der **Auskunftspflicht nach § 316 SGB III** trifft den Verwalter gem § 320 Abs 2 SGB III die Verpflichtung, auf Verlangen des Arbeitsamtes das Insolvenzgeld zu errechnen und auszuzahlen, wenn ihm dafür geeignete Arbeitnehmer des Betriebes zur Verfügung stehen und das Arbeitsamt die Mittel für die Auszahlung des Insolvenzgeldes bereitstellt. Einzelheiten bei *Hess*, Insolvenzgeld, Kommentar der §§ 183 ff SGB III; *Mohrbutter/Ringstmeier/Voigt-Salus* Hdb § 32 Rn 150; *Plössner* ebend § 29 Rn 254; *Runkel/Irschlinger* Hdb § 12 Rn 501 ff; *Gottwald/Heinze/Bertram* InsRHdb § 109 Rn 3 ff; N/R/*Wittkowski* § 80 Rn 117 f; vgl auch *Heinze*, Europarechtliche Vorgaben für die Neuregelung des Insolvenzgeldes, KTS 1998, 513 ff. Voraussichtlich wird es auch künftig im Anwendungsbereich des SGB III bei dem derzeitigen Recht bleiben, obgleich damit die Richtlinie 80/987/EWG nach der Rechtsprechung des **EuGH** nicht in ausreichendem Maße umgesetzt

F. Die Rechtsstellung des Insolvenzverwalters
§ 80

wird (*Heinze* KTS 1998, 513, 524; *Krause* ZIP 1998, 56, 59 f). Nach **Auffassung des EuGH** ist für den insolvenzgeldgeschützten Zeitraum und seine Berechnung auf den Zeitpunkt der Anhängigkeit des Verfahrens abzustellen, nicht dagegen auf die Eröffnung des Insolvenzverfahrens (**EuGH** v 10. 7. 1997, Slg. 1997, I-3969 [4017]; **EuGH** v 10. 7. 1997, Slg. 1997, I- 4051 [4078]). Es bleibt abzuwarten, ob den betroffenen Arbeitnehmern, die mit ihren Ansprüchen auf Insolvenzgeldzahlung hinter den Vorgaben des europäischen Rechts zurückbleiben, ein Schadenersatzanspruch gegen die Bundesrepublik wegen Nichtumsetzung der Richtlinie zusteht (vgl *Heinze* KTS 1998, 513, 521; *Wimmer* ZIP 1997, 1635, 1637; *Peters-Lange* EWiR 1998, 241, 242; dies ZIP 2003, 1877, 1879; *Berscheid* ZInsO 2003, 498, 502). Zu den europarechtlichen Aspekten der **Vorfinanzierung von Arbeitsentgelt** vgl auch *Hase* WM 2000, 2231, 2233.

Die **Vorfinanzierung des Insolvenzgeldes** kann nach § 188 Abs 4 S 1 SGB III nur mit Zustimmung **98** des zuständigen Arbeitsamtes erfolgen, wobei vor allem den vorläufigen Insolvenzverwalter vielfältige Pflichten treffen. So hat er ua Tatsachen vorzutragen, die die Annahme rechtfertigen, dass durch die Vorfinanzierung des Arbeitsentgelts ein erheblicher Teil der Arbeitsplätze erhalten werden kann (vgl FK-*Mues* Anh zu § 113 Rn 49 ff; *Mohrbutter/Ringstmeier/Plössner* Hdb § 29 Rn 261; *Runkel/Irschlinger* Hdb § 12 Rn 558 ff; *Gottwald/Heinze/Bertram* InsRHdb § 109 Rn 28 ff; *Hess*, Insolvenzgeld § 188 SGB III Rn 39 ff; *Kind* InVo 1998, 57). Die Voraussetzungen des § 188 SGB III und die, welche die BA in der Insolvenzgeld-DA zu § 188 SGB III in Ziff 4.2 Abs 8 aufgestellt hat, müssen vom vorläufigen oder endgültigen Insolvenzverwalter nachgewiesen werden. So hat der vorläufige Insolvenzverwalter glaubhaft zu machen, dass ein **erheblicher Teil der Arbeitsplätze** zumindest für das Eröffnungsverfahren **erhalten bleibt**. Es reicht allerdings aus, dass er darlegt, dass den Arbeitnehmern zu einem wesentlichen Teil nicht gekündigt worden ist (vgl auch *Gagel/Peters-Lange* § 188 SGB III Rn 19 ff; HK-*Linck* § 188 SGB III Rn 10; *Hase* WM 2000, 2231 ff; *Berscheid* DZWIR 2000, 133, 135). Nach **LSG NRW** (Urt von 12. 4. 2000, ZIP 2000, 1119) ist die **vorläufige Zahlung von Insolvenzgeld** gem § 328 Abs 1 S 1 Nr 3, S 3 SGB III vor Eröffnung des Insolvenzverfahrens unzulässig. Zur Beantragung von **Vorschusszahlung** nach § 186 S 1 SGB III ist der Insolvenzverwalter berechtigt. Die Höhe eines eventuellen Vorschusses bestimmt die Agentur für Arbeit nach pflichtgemäßem Ermessen. Die Ermessensausübung richtet sich nach § 39 Abs 1 SGB I (*Gottwald/Heinze* InsRHdb § 108 Rn 55).

2. Beantragung von Kurzarbeitergeld (Kug). An sich ist das Kurzarbeitergeld dazu gedacht, eine Insolvenz des Arbeitgebers bzw Unternehmens zu vermeiden. Ist eine Unternehmensfortführung vor allem **99** durch Insolvenzplan beabsichtigt, muss man auch den Insolvenzverwalter als berechtigt ansehen müssen, den schriftlichen Antrag unter Beifügung einer Stellungnahme des Betriebsrats bei dem zuständigen Arbeitsamt zu stellen (§ 327 Abs 3 SGB III). Einzelheiten bei *Gottwald/Heinze/Bertram* InsRHdb § 109 Rn 34–45; *Schaub/Linck* ArbRHdb § 48 Rn 1 ff. Zum **strukturellen Kug/Transferkurzarbeitergeld** s *Gottwald/Heinze/Bertram* InsRHdb § 109 Rn 46 ff.

3. Pflichten bei Arbeitslosengeld. Gem § 2 SGB III ist der Insolvenzverwalter zur Zusammenarbeit **100** mit den Agenturen für Arbeit verpflichtet. Gem § 2 Abs 2 Nr 3 SGB III ist er gehalten, Arbeitnehmer vor der Beendigung des Arbeitsverhältnisses frühzeitig über die Notwendigkeit eigener Aktivitäten bei der Suche nach einer anderen Beschäftigung sowie über die Verpflichtung, sich unverzüglich bei der Agentur für Arbeit zu melden, zu informieren (*Gottwald/Heinze/Bertram* InsRHdb § 109 Rn 58). Er ist weiterhin verpflichtet, die betroffenen Arbeitnehmer hierfür **freizustellen** und ihnen die Teilnahme an den erforderlichen Qualifizierungsmaßnahmen zu ermöglichen. Verletzt der Verwalter seine Informationspflichten und verletzt der Arbeitnehmer hierdurch seine Meldepflicht nach § 37 b SGB III mit der Folge einer Minderung seines Arbeitslosengeldes, so kann der Verwalter nicht wegen der Verletzung seiner Informationspflicht gem § 2 Abs 2 Satz 2 Nr 3 SGB III auf Schadensersatz in Anspruch genommen werden (vgl **BAG** v 29. 9. 2005, DB 2005, 677; **LAG** Düsseldorf DB 2004, 2645; zweifelnd *Gottwald/Heinze/Bertram* InsRHdb § 109 Rn 58).

4. Pflichten des Insolvenzverwalters nach dem Gesetz zur Verbesserung der betrieblichen Altersversorgung (BetrAVG). Nach § 7 Abs 2 S 1 BetrAVG haben Versorgungsempfänger, deren Ansprüche aus **101** einer unmittelbaren Versorgungszusage des Arbeitgebers nicht erfüllt werden, weil über das Vermögen des Arbeitgebers oder über seinen Nachlass das Insolvenzverfahren eröffnet worden ist, und ihre Hinterbliebenen einen gegen den Träger der Insolvenzsicherung (PS V) gerichteten Anspruch in Höhe der Leistung, die der Arbeitgeber aufgrund der Versorgungszusage zu erbringen hätte, wenn das Verfahren nicht eröffnet worden wäre. Der Verwalter ist nicht verpflichtet, einen gekündigten Arbeitnehmer auf die Verfahrenseröffnung hinzuweisen (**LAG** Düsseldorf ZIP 1996, 191). Im Übrigen hat der Insolvenzverwalter gem § 11 Abs 3 S 1 BetrAVG dem **Träger der Insolvenzsicherung (PSVaG)** die Eröffnung des Insolvenzverfahrens, Namen und Anschriften der Versorgungsempfänger und die Höhe ihrer Versorgung nach § 7 BetrAVG **unverzüglich mitzuteilen**. Gleichzeitig hat er Namen und Anschriften der Personen, die bei Eröffnung des Insolvenzverfahrens eine nach § 1 BetrAVG **unverfallbare Versorgungsanwartschaft** haben, sowie die Höhe ihrer Anwartschaft nach § 7 BetrAVG mitzuteilen (§ 11 Abs 3 S 2 Betr AVG). Dabei hat er gem § 11 Abs 7 BetrAVG die vom PSVaG vorgesehenen Vordrucke zu verwenden (vgl *Gottwald/Heinze/Bertram* InsRHdb § 108 Rn 83–86; *Berenz* in *Kemper/Kisters-Kolkes/ Berenz/Bodel/Pühler* 3. Aufl § 11 BetrAVG Rn 55; *Mohrbutter/Ringstmeier/Neufeld* Hdb § 30 Rn 147 ff; *Höfer* § 11 BetrAVG Rn 3301; N/R/*Wittkowski* § 80 Rn 129).

102 **5. Sozialversicherungsrechtliche Pflichten.** Soweit der Insolvenzverwalter die Arbeitgeberfunktionen beibehält, hat er auch die dem Arbeitgeber obliegenden Sozialversicherungspflichten zu erfüllen, soweit Arbeitsverhältnisse im Insolvenzverfahren fortbestehen oder von ihm neu begründet werden (MüKo-*Ott/Vuia* § 80 Rn 129; *Plössner* in *Mohrbutter/Ringstmeier* Hdb § 29 Rn 194 ff). Unerheblich ist dabei, ob er die Arbeitnehmer weiterbeschäftigt oder einzelne Arbeitnehmer freistellt (*Braun/Wierzioch* ZIP 2003, 2001, 2004). Der Insolvenzverwalter ist verpflichtet, die **Arbeitgeberanteile** für die gesetzliche Krankenversicherung (§ 249 Abs 1 SGB V), die soziale Pflegeversicherung (§§ 54, 60 SGB XI iVm § 249 Abs 1 SGB V), die gesetzliche Rentenversicherung (§ 168 SGB VI) und die Arbeitslosenversicherung (§ 346 Abs 1 SGB III) zu entrichten (MüKo-*Ott/Vuia* § 80 Rn 129). Der Verwalter ist darüber hinaus verpflichtet, den **Gesamtsozialversicherungsbeitrag** nach § 28 d Satz 1 SGB IV, ds die Beiträge für die Kranken-, Pflege-, Renten- und Arbeitslosenversicherung, abzuführen. Ab Eröffnung des Verfahrens ist der **Gesamtsozialversicherungsbeitrag** eine Masseforderung iSv § 55 Abs 1 Nr 2. Dabei kommt es nicht darauf an, ob der Insolvenzverwalter die Arbeitsleistung in Anspruch genommen hat oder nicht (BSG ZIP 1986, 237, 238; MüKo-*Ott/Vuia* § 80 Rn 129; *Plössner* in *Mohrbutter/Ringstmeier* Hdb § 29 Rn 196). Stellt nach Verfahrenseröffnung der Verwalter den Arbeitnehmer für die Zeit bis zum Ablauf der Kündigungsfrist frei und zahlt er das Arbeitsentgelt nicht aus, so steht dem Arbeitnehmer ein Anspruch gegen die Bundesagentur für Arbeit auf **Zahlung von Arbeitslosengeld** nach § 143 Abs 3 SGB III zu (sog **Gleichwohlgewährung**). Der Anspruch auf Arbeitsentgelt geht während der Dauer des Leistungsbezugs auf die Bundesagentur für Arbeit über, die die übergegangenen Ansprüche nach § 55 Abs 1 Nr 2 geltend machen kann (Einzelheiten bei MüKo-*Ott/Vuia* § 80 Rn 129; *Hess* § 55 Rn 189; *Häsemeyer* InsR Rn 23.35; *Plössner* in *Mohrbutter/Ringstmeier* Hdb § 29 Rn 197). Werden **Arbeitnehmer tatsächlich weiterbeschäftigt,** schuldet der Insolvenzverwalter die **Beiträge zur Berufsgenossenschaft** nach §§ 150 ff SGB VII. Die Beitragspflicht erstreckt sich allerdings nicht auf die von den Berufsgenossenschaften gem §§ 358 f SGB III eingezogene Insolvenzgeld-Umlage, denn das im Insolvenzverfahren fortgeführte Unternehmen ist nicht umlagepflichtig (BSG SozR 4100 § 186 c Nr 2 = DB 1979, 411; *Plössner* in *Mohrbutter/Ringstmeier* Hdb § 29 Rn 200). Hat der Insolvenzverwalter den Arbeitnehmern die Differenzbeträge zwischen Bruttolohn und Arbeitslosengeld nachgezahlt, so ist er lediglich verpflichtet, aus diesen Differenzbeträgen die Sozialversicherungsbeiträge zu entrichten (LSG Baden-Württemberg ZIP 1984, 196). Die **Verletzung von Mitwirkungspflichten** des Verwalters, vor allem schuldhafte Verstöße gegen die Pflichten nach den §§ 306, 312–315 SGB III sind nach § 404 SGB III mit Geldbuße bedroht. Die schuldhafte Verletzung von Mitwirkungspflichten kann zudem eine **Schadensersatzforderung** der Bundesagentur für Arbeit zur Folge habe (§ 321 SGB III).

IV. Die Rechtsstellung des Insolvenzverwalters im Prozess

103 Die prozessuale Rechtsstellung des Insolvenzverwalters ist weitgehend geprägt von den verschiedenen Verwaltertheorien, auf die im Folgenden nicht näher eingegangen werden soll. Insoweit wird verwiesen auf *Jaeger/Henckel* § 6 KO Rn 54 ff; MüKo-*Ott/Vuia* § 80 Rn 73–98; *Jaeger/Windel* § 80 Rn 145–192.

104 **1. Der Insolvenzverwalter als Partei kraft Amtes.** In Masseprozessen tritt der Insolvenzverwalter als Partei kraft Amtes auf (BGH ZInsO 2006, 260; BGHZ 100, 346 = ZIP 1987, 650; BGHZ 88, 331, 334; *Jaeger/Henckel* § 6 KO Rn 54). Er führt die **Masseprozesse im eigenen Namen** für fremdes Vermögen, nicht dagegen in Vertretung des Schuldners oder für die Insolvenzgläubiger. Neue Prozesse, die die Insolvenzmasse betreffen und erst nach Eröffnung des Verfahrens anhängig werden, sind vom Verwalter als Kläger oder Beklagter zu führen. Den Verwalter treffen bei der Einleitung und Führung von Aktivprozessen grundsätzlich keine insolvenzspezifischen Pflichten gegenüber dem Prozessgegner zur Prüfung hinreichender Erfolgsaussichten einer Klage oder eines Rechtsmittels (BGH v 26. 6. 2001, ZIP 2001, 1376; BGH v 2. 12. 2004, ZIP 2005, 131; str aA (Abwägung) OLG Celle v 18. 3. 2005, ZInsO 2005, 441; zur sittenwidrigen Schädigung insoweit BGH v 25. 3. 2003, ZIP 2003, 962). Der Insolvenzverwalter hat die Parteistellung im Prozess nicht etwa als Person, sondern als Träger der Prozessführungsgewalt hinsichtlich der Insolvenzmasse (*Friedr. Weber* KTS 1955, 102, 106; N/R/*Wittkowski* § 80 Rn 22; *Jauernig/Berger* § 43 V. 1.). Der Schuldner verliert durch die Verfahrenseröffnung nicht etwa seine **Prozessfähigkeit,** sondern lediglich entzieht ihm das Gesetz die **Prozessführungsbefugnis** hinsichtlich der streitbefangenen Gegenstände, die zur Insolvenzmasse gehören (*Kilger/K. Schmidt* § 6 KO Anm 3 c; BerlKo-*Blersch/v. Olshausen* § 80 Rn 11). Keineswegs unbedenklich ist die Auffassung des BVerwG (ZIP 2006, 530), wonach ein Verwaltungsgerichtsverfahren über die Rechtmäßigkeit einer Gewerbeuntersagung durch die Eröffnung des Insolvenzverfahrens nicht unterbrochen wird und der Insolvenzverwalter den Insolvenzschuldner im Gerichtsverfahren nicht schon aufgrund seiner Befugnisse nach § 80 vertritt (krit auch *Gundlach/Schmidt/Frenzel* EWiR 2006, 277 f). Führt der Verwalter Prozesse für die Insolvenzmasse, so sind die damit verbundenen **Kosten Masseverbindlichkeiten** iSv § 55

F. Die Rechtsstellung des Insolvenzverwalters § 80

Abs 1 Nr 1 (*Häsemeyer* InsR Rn 14.11). Für die Kosten eines Masseprozesses **haftet allein die Insolvenzmasse**. Das gilt auch für die Kosten eines Prozesses, den der Verwalter für die Insolvenzmasse nach den §§ 85, 86 aufnimmt (vgl *Häsemeyer* InsR Rn 10.47; 13.30). Die **Rechtskraft** eines im Masseprozess ergehenden Urteils trifft nicht den Insolvenzverwalter persönlich, denn er ist Partei kraft Amtes und Verwalter fremden Vermögens. Vielmehr **betrifft die Rechtskraft den Schuldner** bzw das Schuldnerunternehmen, obgleich diese nicht selbst Partei des Prozesses sind (vgl *Weber* KTS 1955, 102, 109; *Jaeger/Henckel* § 6 KO Rn 63). Gegen die historische Interpretation des § 325 Abs 1 ZPO und die hM *Jaeger/Windel* § 80 Rn 186 ff. Vgl auch unten zu Ziff 5 Rn 114.

Die **Zwangsvollstreckung aus Urteilen**, die vor Verfahrenseröffnung **gegen den Schuldner** ergangen **105** sind, ist nur zulässig, soweit § 89 Abs 1 nicht entgegensteht und eine **Titelumschreibung** gegen den Verwalter erfolgt. Titel gegen den Schuldner werden im Übrigen grundsätzlich durch den Auszug aus der Insolvenztabelle ersetzt. **Titel gegen den Verwalter** bedürfen zur Vollstreckung gegen den Schuldner nach Verfahrensbeendigung der **Umschreibung nach den §§ 727 ff ZPO** (vgl unten zu Ziff 2). Titel, die der Schuldner vor Verfahrenseröffnung erlangt hat, bedürfen zu ihrer Vollstreckung durch den Verwalter der Umschreibung (*Jaeger/Henckel* § 6 KO Rn 98; *Jaeger/Windel* § 80 Rn 196).

Die **Zwangsvollstreckung aus einem gegen den Insolvenzverwalter ergangenen Urteil** richtet sich **106** nicht gegen den Insolvenzverwalter persönlich, sondern gegen die Insolvenzmasse, die er verwaltet. Jedoch bedarf es eines gegen den Insolvenzverwalter gerichteten Titels, wenn ein dinglicher Gläubiger die Zwangsversteigerung eines Grundstücks zur Geltendmachung seines Absonderungsrechts betreibt (**OLG Hamm** Rpfleger 1966, 24). Der Schuldner ist nicht berechtigt, einen Vollstreckungsschutzantrag nach § 765 a ZPO zu stellen. Entscheidet sich der Insolvenzverwalter zur Aufnahme eines gem § 240 ZPO unterbrochenen Prozesses, so tritt ein **Parteiwechsel** ein (K/P/B/*Lüke* § 80 Rn 14).

2. Der Verwalter als Rechtsnachfolger des Schuldners. Durch die Eröffnung des Insolvenzverfahrens **107** unterbrochene Prozesse (§ 240 ZPO) können gem §§ 85, 86 vom oder gegen den Insolvenzverwalter aufgenommen werden. Verfahrensrechtlich ist der Insolvenzverwalter nicht erst mit der Aufnahme des Rechtsstreits als **Rechtsnachfolger des Schuldners** Partei (RGZ 53, 9, 10; BGH v 16. 1. 1997, ZIP 1997, 473; *Kilger/K. Schmidt* § 6 KO Anm 3 a). Der Verwalter muss den Fortbestand seiner Berechtigung als Rechtsnachfolger iSv § 727 Abs 1 ZPO durch öffentliche oder öffentlich beglaubigte Urkunden nachweisen (**BGH** v 5. 7. 2005, ZIP 2005, 1474). Ist während der Verfahrensunterbrechung nach § 240 ZPO durch Insolvenzeröffnung über eine Klage des Schuldners mündlich verhandelt und diese durch Urteil abgewiesen worden, so ist der Insolvenzverwalter berechtigt, auch dann hiergegen Berufung einzulegen, wenn er sich die Aufnahme des Rechtsstreits vorbehält (BGH v 16. 1. 1997, ZIP 1997, 473). Die **Einlegung des Rechtsmittels** setzt die Beendigung der Unterbrechung durch Aufnahme des Verfahrens nicht voraus, denn der unterbrochene Rechtsstreit wird sachlich nicht weiterbetrieben. Das gilt allerdings nicht für § 265 ZPO, da diese Bestimmung durch die Regelung in § 240 ZPO ausgeschlossen wird, wohl aber für die §§ 325, 385 Nr 4, 727 ZPO, da der Insolvenzverwalter anstelle des Schuldners Träger der Prozessführungsgewalt hinsichtlich der Insolvenzmasse wird (vgl LG Bremen v 14. 9. 1976, KTS 1977, 124). Demzufolge kann ein vor Insolvenzbeginn für oder gegen den Schuldner ergangenes Urteil nur dann für und gegen die Insolvenzmasse vollstreckt werden, wenn der **Titel auf den Insolvenzverwalter umgeschrieben** wird (RGZ 53, 10; **OLG** Stuttgart NJW 1958, 1353; **OLG** Kiel OLGZ 16, 322; KG OLGZ 24, 219; LG Lübeck DGVZ 1980, 140; *Jaeger/Windel* § 80 Rn 193). Der Insolvenzverwalter ist nicht Rechtsnachfolger für die in einer vollstreckbaren Urkunde über die Bestellung einer Grundschuld enthaltenen persönlichen Ansprüche, auch nicht für die Forderung aus einem abstrakten Schuldversprechen (**LG Köln** MittRhNotK 1989, 28; *Zöller/Stöber* § 727 ZPO Rn 18). Gleiches gilt hinsichtlich einer vom Schuldner vorzunehmenden **unvertretbaren Handlung**, wie zB einen Auskunftsanspruch (**OLG Düsseldorf** OLGZ 1980, 484). Im Hinblick auf §§ 87, 89 wird die Zwangsvollstreckung vollstreckbarer Urteile gegen den Insolvenzverwalter idR aber nur für **Aus- und Absonderungsberechtigte** sowie für **Massegläubiger** und aufrechnungsberechtigte Gläubiger praktisch. Eine zwischen Gläubiger und Schuldner vor dessen Insolvenz getroffene **Gerichtsstandsvereinbarung** ist in einem Rechtsstreit des Gläubigers mit dem Insolvenzverwalter über Absonderungsrechte nicht bindend (**LG Kleve** v 13. 12. 2000, MDR 2001, 291). Für den **Feststellungsstreit** über eine titulierte Forderung (§ 179 Abs 2) bedarf es nicht der Umschreibung der Vollstreckungsklausel. Nach der sogen „Vertretertheorie" bedarf es ohnehin keiner Titelumschreibung. Einzelheiten bei *K. Schmidt* KTS 1984, 345, 397 f.

3. Prozessunterbrechung durch Aufhebung des Insolvenzverfahrens. Die Frage, ob durch die Auf- **108** hebung des Insolvenzverfahrens eine **Unterbrechung des Verfahrens** nach den §§ 239–242 ZPO eintritt, ist umstritten. Nach der Amtstheorie findet ein Parteiwechsel statt, da die Prozessführungsbefugnis vom Verwalter auf den Schuldner übergeht (*Jaeger/Henckel* § 6 KO Rn 112; N/R/*Wittkowski* § 80 Rn 51; MüKo-Ott/*Vuia* § 80 Rn 97). Nach der Vertretertheorie und der früheren Rechtsprechung war der Prozess **ohne Unterbrechung** fortzuführen. Als Begründung wurde angeführt, die Interessenlage, die § 239 ZPO rechtfertige, fehle bei Insolvenzbeendigung. Weder der Prozessgegner noch der Schuldner brauchten eine Überlegungs-, Prüfungs- und Entscheidungsfrist (ebenso RGZ 47, 372; RGZ 52, 330, 334;

RGZ 58, 369, 371; RGZ 73, 312, 314; RGZ 79, 27, 29). Nach OLG Hamburg (Urt v 7. 5. 1986, KTS 1986, 506, 507) tritt der Schuldner ohne weiteres an die Stelle des prozessierenden Verwalters. Beide Parteien dürfen den Prozess ohne eine Aufnahme fortsetzen. Nach LAG Hamm (Urt v 29. 8. 1996, KTS 1997, 318, 320) sind die Regelungen der §§ 239, 242 ZPO auf die Fälle der Konkursbeendigung analog anzuwenden (vgl auch OLG Köln ZIP 1987, 1004; LG Aachen MDR 1964, 330; *Kilger/ K. Schmidt* § 6 KO Anm 7 g). Danach endet die Unterbrechung analog §§ 239, 242 ZPO mit der Aufnahme des Verfahrens (*Stein/Jonas/Roth* § 239 ZPO Rn 25). Der BGH hat die Streitfrage in seinem Urteil vom 10. 2. 1982 (BGHZ 83, 102, 105 = ZIP 1982, 467) ausdrücklich offen gelassen. Auch für die InsO kann der Auffassung nicht gefolgt werden, dass weder Prozessgegner noch Schuldner Überlegungs-, Prüfungs- und Entscheidungsfrist benötigen. Die Frage, ob für jeden Fall eines Parteiwechsels § 239 ZPO entsprechende Anwendung findet, kann für das neue Recht offen bleiben. Nach zutreffender Feststellung von *Henckel* (*Jaeger/Henckel* § 6 KO Rn 112) ergibt sich die Unterbrechung für die Amtstheorie daraus, dass mit Verfahrensbeendigung die Verwaltungs- und Verfügungsbefugnis auf den Schuldner bzw das Schuldnerunternehmen übergeht (vgl auch *Weber* KTS 1955, 110 f). Nach *Grunsky* (EWiR 1987, 829, 830) soll durch die Unterbrechung die neue Partei die Möglichkeit haben, „sich mit dem für sie bisher fremden Verfahren vertraut zu machen und sich darüber klar zu werden, ob und wie der Rechtsstreit fortgeführt werden soll". War der Insolvenzverwalter durch einen Prozessbevollmächtigten vertreten, so tritt anstelle der Unterbrechung die Möglichkeit, nach § 246 ZPO die Aussetzung des Verfahrens zu beantragen (OLG Köln ZIP 1987, 1004; LAG Hamm v 29. 8. 1996, KTS 1997, 318, 320; *Jaeger/Henckel* § 6 KO Rn 114). Die Beendigung des Insolvenzverfahrens führt zur Auswechselung der Prozesspartei (LAG Hamm v 29. 8. 1996, KTS 1997, 318, 321), auch wenn die erteilte Prozessvollmacht fortbesteht.

109 Auch für die InsO ist festzustellen, dass ein „Wechsel des Interessevermögens" (*Jaeger/Henckel* § 6 KO Rn 112) nach den §§ 239, 240, 242, 243 ZPO stets zum Parteiwechsel und damit zur Unterbrechung des Verfahrens führt. Für Insolvenzanfechtungsprozesse nach den §§ 129 ff scheidet dagegen eine entsprechende Anwendung vorstehender Vorschriften aus, weil es sich insoweit mit Ausnahme des § 313 Abs 2 S 1 um ureigenste Rechte des Insolvenzverwalters handelt, die nicht auf den Schuldner oder einen Gläubiger übergehen können. Mit Beendigung des Insolvenzverfahrens fällt das Anfechtungsrecht des Verwalters nach §§ 129 ff ersatzlos weg, wenn nicht der Anfechtungsgegenstand ausdrücklich einer Nachtragsverteilung vorbehalten worden ist (vgl BGH v 10. 2. 1982, BGHZ 83, 102, 105 = ZIP 1982, 467, 468 f; BGHZ 49, 11, 16). Das AnfG verschafft einzelnen Gläubigern nicht die Möglichkeit, einen vom Insolvenzverwalter begonnenen Anfechtungsprozess fortzusetzen. Das gilt auch, wenn gem § 313 Abs 2 S 1 Insolvenzgläubiger die Insolvenzanfechtung nach den §§ 129–147 betrieben haben. Mit Verfahrensbeendigung ist für eine Insolvenzanfechtung nach den §§ 129 ff kein Raum mehr. Die Gläubiger sind aber berechtigt, einen unterbrochenen Anfechtungsrechtsstreit nach dem AnfG fortzusetzen.

110 Ein rechtskräftiges Urteil, das erst nach Verfahrensbeginn gegen den früheren Insolvenzverwalter ergangen ist, kann gem § 727 ZPO gegen den früheren Insolvenzschuldner umgeschrieben werden, sofern der Gegenstand der Verurteilung die Masse betrifft. Es kommt nicht darauf an, ob bei Zahlungsurteilen Masse an den früheren Insolvenzschuldner zurückgelangt ist (so aber OLG Celle NJW-RR 1988, 447). Aus Urteilen, die der Insolvenzverwalter erstritten hat, kann der Schuldner nur vollstrecken, wenn Titel und Klausel gem § 727 ZPO auf ihn umgeschrieben worden sind (OLG Kiel OLGZ 16, 322; KG OLGZ 25, 219; LG Hannover KTS 1955, 123; LG Lübeck DGVZ 1980, 140; *Jaeger/Henckel* § 6 KO Rn 97). Zur Vollstreckung aus einem für den vormaligen Insolvenzverwalter als Treuhänder erlangten Titel vgl BGH NJW 1992, 2159 = MDR 1992, 1084. Auch hier ist die Klausel umzuschreiben (*Zöller/ Stöber* § 727 ZPO Rn 18). Vgl auch OLG Celle NJW-RR 1988, 447. Auch eine Forderungsabtretung an Dritte ist Rechtsnachfolge (§§ 265, 727 ZPO). Mit Verfahrensbeendigung geht die Prozessführungsbefugnis auf den Abtretungsempfänger über (BGH NJW 1992, 2894; *Kilger/K. Schmidt* § 6 KO Anm 7 i) bb).

111 **4. Ermächtigung des Schuldners zur Prozessführung.** Der Insolvenzverwalter kann den Schuldner bzw den organschaftlichen Vertreter eines Schuldnerunternehmens ermächtigen, ein zur Insolvenzmasse gehöriges Recht im eigenen Namen geltend zu machen (BGHZ 35, 180, 182; BGHZ 38, 283; BGHZ 90, 151 = NJW 1986, 850; BGH v 24. 10. 1985, BGHZ 96, 151; BGH NJW 1987, 2018 = ZIP 1987, 793; *Kuhn* WM 1969, 226). Eine Freigabe des Massegegenstandes ist mit einer solchen Ermächtigung nicht verbunden. Nach *Jaeger/Windel* (§ 80 Rn 276 f) verstößt die Zulassung einer gewillkürten Prozessstandschaft gegen zwingende Vorschriften des Insolvenzrechts. Jedenfalls solange der Verwalter das Prozessergebnis weiterhin für die Masse beansprucht, scheidet der Streitgegenstand nicht endgültig aus der Masse aus und wird nicht freigegeben. Eine gewillkürte Prozessstandschaft des Schuldners wird von der Rechtsprechung nur zugelassen, wenn der Kläger ein eigenes, schutzwürdiges Interesse daran hat, einen fremden Anspruch im eigenen Namen geltend zu machen (BGHZ 35, 180, 182; BGHZ 38, 236; *Kuhn* WM 1964, 998 f; ders WM 1969, 226; *Jaeger/Henckel* § 6 KO Rn 122; *Kilger/K. Schmidt* § 6 KO Anm 7 a). Ein Eigeninteresse liegt immer vor für eine Prozessstandschaft, wenn der Schuldner nach Verfahrensbeendigung dem freien Nachforderungsrecht der Gläubiger ausgesetzt ist (vgl BGHZ

100, 217 = NJW 1987, 2018 = ZIP 1987, 793; MüKo-*Ott/Vuia* § 80 Rn 81; N/R/*Wittkowski* § 80 Rn 28; krit *Jaeger/Windel* § 80 Rn 220). Im Einzelfall kann die Prozessstandschaft des Schuldners auch am fehlenden Rechtsschutzinteresse scheitern (BGHZ 35, 180). So zB bei einer überschuldeten vermögenslosen GmbH, die keine Aussicht hat, ihre Geschäfte fortzuführen (BGH v 24. 10. 1985, BGHZ 96, 151, 155 = NJW 1986, 850 = ZIP 1986, 25; *Crezelius* EWiR 1986, 203). Im Hinblick auf die Kostenrisiken des Prozessgegners wird ein **begründetes Eigeninteresse des Schuldners** für einen solchen Prozess, der irreführend auch als „modifizierte Freigabe" bezeichnet wird, verlangt werden müssen (vgl auch *Jaeger/Henckel* § 6 KO Rn 123; vgl N/R/*Wittkowski* § 80 Rn 26; MüKo-*Ott* § 80 Rn 81).

Die **Zulässigkeit einer gewillkürten Prozessstandschaft** des Insolvenzschuldners ist in allen Fällen zu verneinen, in denen der Insolvenzschuldner **kein eigenes Interesse** an der Prozessführung hat. So zB, wenn die Prozessstandschaft nur dazu dient, das Prozesskostenrisiko auf den Gegner zu verlagern (**BGH v 24. 10. 1985, BGHZ 96, 151, 156**). Zwar hat niemand Anspruch darauf, nur von einem zahlungsfähigen Kläger verklagt zu werden. Jedoch liegt ein **Missbrauch der gewillkürten Prozessstandschaft** vor, wenn der Verwalter den Schuldner nur deshalb zur Prozessführung ermächtigt, um das Kostenrisiko zulasten der Insolvenzmasse auszuschalten. Weil der Schuldner nur die in seinem freien Vermögen begründeten Interessen wahrnehmen darf, ist nach Auffassung von *Jaeger/Henckel* (§ 6 KO Rn 126) eine gewillkürte Prozessstandschaft für Aktivprozesse regelmäßig unzulässig. Das mittelbare Interesse des Schuldners, durch Massevergrößerung seine persönliche Haftung zu reduzieren, reiche ebenso wenig aus wie für die Nebenintervention (**str aA** *Kuhn* WM 1964, 999; vgl auch **BGH NJW 1995, 2186** = ZIP 1995, 1773 m Anm *Paulus* EWiR 1995, 1239). Nach Auffassung von *Henckel* (*Jaeger/Henckel* § 6 KO Rn 126) soll eine gewillkürte Prozessstandschaft ausnahmsweise dann zuzulassen sein, wenn abzusehen ist, dass nach insolvenzmäßiger Befriedigung der Gläubiger für den Schuldner ein Masseüberschuss verbleibt. Dies ist vom BGH großzügiger gesehen worden (vgl BGHZ 100, 217 = NJW 1987, 2018). Der **BGH** lässt sogar eine **Prozessstandschaft zu,** wenn zweifelhaft ist, ob die Klageforderung zur Masse oder zum freien Vermögen des Schuldners gehört (**BGH KTS 1965, 236, 237;** *Kuhn* WM 1969, 226; **str aA** *Jaeger/Henckel* § 6 KO Rn 127). Streitig ist auch, ob die Voraussetzungen für eine gewillkürte Prozessstandschaft des Schuldners damit begründet werden können, der Schuldner müsse in der Lage sein zu verhindern, dass der Insolvenzverwalter die Führung aussichtsreicher Prozesse verweigert (**bejahend** *Diederichsen* KTS 1963, 98; **verneinend** *Jaeger/Windel* § 80 Rn 222; *Häsemeyer* InsR Rn 10.44; *Jaeger/Henckel* § 6 KO Rn 128).

Ein **schutzwürdiges Eigeninteresse des Schuldners** muss vor allem bejaht werden, wenn **zweifelhaft ist,** ob ein **Gegenstand zum freien Vermögen gehört** (BGH KTS 1965, 236, 237; str aA *Jaeger/Windel* § 80 Rn 219; N/R/*Wittkowski* § 80 Rn 28; *Jaeger/Henckel* § 6 KO Rn 127). Nach HK-*Kayser* (§ 80 Rn 40) wird ein eigenes schutzwürdiges Interesse von der Rechtsprechung regelmäßig dann bejaht, wenn die Entscheidung Einfluss auf die eigene Rechtslage des Prozessführungsberechtigten hat. Auch ein **schutzwürdiges wirtschaftliches Interesse** könne genügen. Folgt der Insolvenzverwalter der Ansicht des Schuldners, dass der Prozess geführt werden müsse, will er ihn aber nicht selbst führen, so muss er nach Auffassung von *Henckel* freigeben. Entschließe er sich weder, den aussichtslosen Prozess zu führen, noch das Recht freizugeben, mache er sich nach § 60 schadenersatzpflichtig. Es ist zumindest zweifelhaft, ob die Interessen des Schuldners durch die Haftungsvorschrift des § 60 in ausreichendem Maße gewahrt sind. Ist der **Schuldner eine natürliche Person,** so ist idR ein schutzwürdiges Eigeninteresse gegeben (N/R/*Wittkowski* § 80 Rn 28). Dies nicht zuletzt auch deswegen, weil der Schuldner ein schutzwürdiges Interesse daran hat, durch klageweise Durchsetzung seiner Forderungen nach Möglichkeit so viel Masse zu erlangen, dass seine Verbindlichkeiten getilgt oder zumindest gemindert werden (vgl auch BGHZ 38, 280, 288 = NJW 1963, 297; BGHZ 100, 217 = NJW 1987, 2018; N/R/*Wittkowski* § 80 Rn 28). Das Eigeninteresse wird auch nicht dadurch ausgeschlossen, dass der Schuldner eine Restschuldbefreiung anstrebt (MüKo-*Ott/Vuia* § 80 Rn 81; HK-*Kayser* § 80 Rn 41).

5. Rechtskraftwirkungen. Die gegen einen Insolvenzverwalter ergehenden rechtskräftigen Urteile binden unmittelbar den Schuldner bzw das Schuldnerunternehmen. Die subjektiven Rechtskraftgrenzen der vom Verwalter in Masseprozessen erstrittenen Urteile sind identisch mit den Grenzen seiner Verwaltungs- und Verfügungsbefugnis nach § 80 Abs 1 (*Jaeger/Henckel* § 6 KO Rn 83ff, 91ff; *Häsemeyer* InsR Rn 13.29). Die materielle Rechtskraft solcher Urteile wirkt unmittelbar gegenüber dem Schuldner, **beschränkt sich jedoch auf die Insolvenzmasse** (§ 35). Dass die Verfügungsbefugnis als Kriterium der Rechtskrafterstreckung unentbehrlich ist, zeigt sich nach zutreffender Feststellung von *Henckel* (*Jaeger/Henckel* § 6 KO Rn 89) vor allem bei den Passivprozessen des Verwalters. Verliert dieser den **Prozess über eine Masseverbindlichkeit,** so soll das Urteil den Schuldner nur hinsichtlich der Masse binden, weil der Insolvenzverwalter nur über diese verfügen kann (HK-*Kayser* § 80 Rn 43; *Häsemeyer* InsR Rn 13.29). Dies ist im Hinblick auf die hier vertretene Auffassung, dass der Schuldner nach Aufhebung des Verfahrens für Masseverbindlichkeiten nicht nur mit dem bisherigen Massevermögen, sondern **unbeschränkt haftet,** zweifelhaft geworden. Vor allem im Hinblick auf die Unternehmensfortführung in Insolvenzplanverfahren und die Einbeziehung von Neuvermögen lässt sich eine **Beschränkung der Rechtskraftwirkung auf die vorhandene Masse** für die InsO kaum noch aufrechterhalten (s auch *Häsemeyer* InsR Rn 25.31 Rn 72; *Berger*, Die subjektiven Grenzen der Rechtskraft bei der Prozessland-

§ 80 *Übergang des Verwaltungs- und Verfügungsrechts*

schaft (1990) S 190 ff). Wird der Klage des Insolvenzverwalters gegen einen Dritten stattgegeben, so steht zugleich auch zugunsten des Schuldners fest, dass das geltend gemachte Recht ihm zusteht. Damit steht aber nicht auch zugleich fest, dass der Gegenstand zur Insolvenzmasse gehört. Vielmehr kann durchaus der Fall eintreten, dass der Insolvenzverwalter einen Prozess über einen seiner Ansicht nach zur Masse gehörigen Gegenstand führt, diesen gewinnt und ihn aufgrund eines zweiten Prozesses wegen Insolvenzfreiheit an den Schuldner wieder herausgeben muss (vgl auch *Jaeger/Henckel* § 6 KO Rn 94). An rechtskräftige Urteile, die vor Verfahrenseröffnung für oder gegen den Schuldner ergangen sind, ist der Insolvenzverwalter gebunden (*Jaeger/Henckel* § 6 KO Rn 95). Es ist dem Verwalter aber unbenommen, den Streitgegenstand im Wege der Anfechtung nach den §§ 129 ff zur Masse zu ziehen (**LG Düsseldorf KTS 1960, 143**).

115   **6. Schiedsabreden und Schiedsverfahren.** Anhängige Schiedsverfahren werden entsprechend § 240 ZPO, wenn sie die Insolvenzmasse betreffen, durch die Eröffnung des Insolvenzverfahrens unterbrochen (vgl **BGH KTS 1966, 246, 247**; MüKo-*Feiber* vor § 239 ZPO Rn 11; *Stein/Jonas/Roth* vor § 239 ZPO Rn 2; *Flöther*, Auswirkungen des inländischen Insolvenzverfahrens auf Schiedsverfahren und Schiedsabrede, 2001, S 52 ff; *Thomas/Putzo* vor § 239 ZPO Rn 1). Der Gesetzgeber geht grundsätzlich von der Schiedsfähigkeit insolvenzrechtlicher Streitigkeiten aus, wofür nicht zuletzt auch der Wortlaut des § 160 Abs 2 Nr 3 spricht (*Flöther*, Auswirkungen S 60 ff). Sowohl nach der Amts- als auch Organtheorie findet im anhängigen Schiedsverfahren mit der Eröffnung des Insolvenzverfahrens über das Vermögen einer am Schiedsverfahren beteiligten Partei ein **Parteiwechsel** statt. Der Insolvenzverwalter ist neue Partei des Schiedsverfahrens, wobei ihm eine angemessene Einarbeitungszeit zuzubilligen ist. Einer ausdrücklichen Aufnahmeerklärung wie beim unterbrochenen Prozess bedarf es nicht. Der Verwalter bleibt grundsätzlich an vor Verfahrenseröffnung vom Schuldner getroffene Schiedsvereinbarungen gebunden (**BGH v 20. 11. 2003, ZInsO 2004, 88; BGHZ 24, 15, 18**; *Jestaedt*, Schiedsverfahren und Konkurs, 1985, S 65 ff; *Kilger/K. Schmidt* § 6 KO Anm 7 b; str aA *Häsemeyer* InsR Rn 13.28). Zur Auslegung eines auf Leistung gerichteten **Schiedsspruchs nach Verfahreneröffnung, BGH** v 29. 1. 2009 – III ZB 88/07, ZIP 2009, 627; *Berger* ZInsO 2009, 1033, 1035. Eine Ausnahme gilt allerdings für den Insolvenzanfechtungsrechtsstreit nach den §§ 129 ff, soweit der Verwalter zur Anfechtung berechtigt ist (**BGH NJW 1956, 1920 = KTS 1956, 190**). Auch scheidet wegen § 119 die Möglichkeit aus, sich über das Wahlrecht bei gegenseitigen Verträgen (§ 103) oder über eine Anfechtung der Schiedsklausel gem §§ 129 ff von vertraglichen Bindungen zu lösen. Zweifelhaft ist, ob die Vorschrift des § 87 einer Schiedsabrede entgegensteht, die sich auf eine Forderung bezieht, die der Gläubiger nach den §§ 174 ff zur Tabelle anzumelden hat. Wird die Forderung im Prüfungstermin bestritten, so kommt nur ein **Feststellungsschiedsspruch** in Abweichung von § 180 in Betracht (Einzelheiten bei *Flöther*, Auswirkungen S 106 ff). Der Schiedsspruch ist Titel iSv § 179 Abs 2 ZPO. Dem Verwalter ist es unbenommen, von sich aus im eröffneten Verfahren Schiedsabreden zu treffen und Insolvenzverträge abzuschließen. Dies bietet sich vor allem in den Fällen an, in denen der rasche Verfahrensabschluss einen langwierigen Instanzenweg nicht verträgt. Nicht von der Hand zu weisen ist allerdings das Argument von *Häsemeyer* (InsR Rn 13.28), dass der Verwalter nicht Rechtsnachfolger des Schuldners ist. Nicht von der Hand zu weisen ist auch das Argument, dass mit der **Bejahung der Bindungswirkung von Schiedsverträgen**, die der Schuldner vor Verfahrenseröffnung abgeschlossen hat, zumindest teilweise der von der InsO vorgesehene Instanzenzug für Feststellungsprozesse unterlaufen werden kann. Andererseits ist festzustellen, dass der Schuldnerverzicht auf staatlichen Rechtsschutz auch bei der Abwicklung von Insolvenzverfahren durchaus positive Auswirkungen haben kann. Schließlich greift der Schuldner durch die Schiedsabrede nicht materielle vermögensrechtliche Positionen an, sondern schafft lediglich Bindungswirkungen verfahrensrechtlicher Art. Grundsätzlich gelten die Vorschriften der §§ 87, 174 ff auch im Schiedsverfahren. Der Gläubiger, mit dem die Schiedsabrede getroffen ist, ist demgemäß gezwungen, seine Forderung zunächst zur Tabelle anzumelden. Nur für den Fall des Bestreitens ist der Feststellungsrechtsstreit vor dem Schiedsgericht auszutragen. War bei Eröffnung des Insolvenzverfahrens bereits ein Schiedsverfahren über die Forderung anhängig, kann dieses nach Unterbrechung (§ 240 ZPO) für den Fall, dass die zur Tabelle angemeldete Forderung im Prüfungstermin bestritten wird, im schiedsgerichtlichen Verfahren weiterverfolgt werden. Allerdings ist der Antrag auf einen Feststellungsantrag zur Tabelle umzustellen.

116   **7. Prozesskostenhilfe für den Insolvenzverwalter. a) Allgemeines.** Der Insolvenzverwalter erhält auf Antrag Prozesskostenhilfe für einen zu führenden Masseprozess, wenn die zur Führung des Prozesses erforderlichen Mittel aus der verwalteten Vermögensmasse nicht aufgebracht werden können und den am Gegenstand des Rechtsstreits wirtschaftlich Beteiligten nicht zuzumuten ist, die Kosten aufzubringen, § 116 S 1 Nr 1 ZPO (zur speziellen Problematik insgesamt *Gelpcke/Hellstab/Wache/Weigelt*, Der Prozesskostenhilfeanspruch des Insolvenzverwalters, Köln 2007; *Mitlehner* NZI 2001, 617 ff; *Baumbach/Lauterbach/Hartmann* § 116 ZPO Rn 1 ff; *Zöller/Philippi* § 116 ZPO Rn 1 ff; ; s. aber auch *Rollmann*, Prozesskostenfinanzierung für Insolvenzverwalter, zumutbare und sinnvolle Alternative zur PKH, InVo 2006, 305). Nach dem ursprünglichen Willen des Gesetzgebers sollten im Rahmen der Neuregelung der Prozesskostenhilfe 1980 dem Insolvenzverwalter **Erleichterungen bei der Führung von Masseprozessen**

zuteil werden. Das sollte auch für **Kündigungsschutzprozesse** gelten (**BAG** ZInsO 2003, 722; **BAG** ZIP 2003, 1947). Angesichts der notorischen Massearmut der Verfahren ist die Gewährung von Prozesskostenhilfe vielfach für den Insolvenzverwalter die einzige Chance, Anfechtungsprozesse nach §§ 129 ff InsO durchzuführen und Außenstände bei Vertragspartnern des Schuldners zu realisieren, die versuchen, die Insolvenzlage für sich auszunutzen. Kann der Insolvenzverwalter wegen Massearmut keinen Rechtsstreit führen, wirken die anfechtbaren Handlungen über die Insolvenzeröffnung hinaus: Die Weggabe von Vermögensbestandteilen in anfechtbarer Weise vor Insolvenzeröffnung führt dazu, dass gerechtfertigte Anfechtungsklagen nicht mehr möglich sind. Mit dieser Tatsache spekulieren nicht wenige Schuldner (**BGH** v 27. 9. 1990, NJW 1991, 40, 41; *Zöller/Philippi* § 116 ZPO Rn 1). Dementsprechend sah der ursprüngliche **Gesetzesentwurf der Bundesregierung** in § 114c ZPO (BT-Drucks 8/3068, S 25 ff) ein Regel-Ausnahme-Verhältnis zugunsten der Gewährung von Prozesskostenhilfe an den Insolvenzverwalter als Partei kraft Amtes vor. Die entsprechende Formulierung findet sich in der Fassung des § 116 ZPO indessen nicht wieder; sie fiel einer redaktionellen Änderung zum Opfer (BT-Drucks 8/3694). Dementsprechend lässt sich die Aussage, nach der amtlichen Begründung zur Neuordnung der Prozesskostenhilfe solle die **Gewährung an den Insolvenzverwalter die Regel** sein (*Andres/Leithaus* § 4 Rn 21; *N/R-Wittkowski* § 80 Rn 58; *Pape* KTS 1991, 33, 43) im Hinblick auf § 116 ZPO **nicht halten** (*Deppe-Hilgenberg* EWiR § 116 ZPO 7/90, S 1137 f, *Jaeger*, Festschrift für Egon Lorenz S 331, 335, *ders* VersR 1997, 1060, 1062). Diese Ansicht vertritt auch der **BGH** (Beschl v 24. 3. 1998, ZIP 1998, 789). Der Insolvenzverwalter hat grundsätzlich im Vorfeld eines Masseprozesses die Voraussetzungen des § 116 S 1 Nr 1 ZPO zu erfüllen: Er muss die **Massearmut feststellen** und darlegen, die **wirtschaftlich Beteiligten feststellen** und schließlich – unter Beurteilung von fremden Vermögen und Verhältnissen – darstellen und glaubhaft machen, dass hinsichtlich der wirtschaftlich Beteiligten **Unzumutbarkeit einer Inanspruchnahme** vorliegt. Hinsichtlich aller Bewilligungsvoraussetzungen liegt die **Darlegungslast beim Insolvenzverwalter** (**BGH** LM § 114 Nr 8; NJW 1977, 2317; **OLG** Jena OLG-Report 2004, 434; *Pape* ZIP 1988, 1293, 1307; *Stein/Jonas/Bork* § 116 ZPO Rn 16; *Zöller/Philippi* § 116 ZPO Rn 7 b). S auch die Kommentierung zu Rn 128.

b) Kosten und Massearmut. Kosten iSd § 116 Satz 1 Nr 1 ZPO sind die Gesamtkosten der jeweiligen Instanz (§ 119 Abs 1 ZPO): Gerichtskosten gem § 1 GKG und die außergerichtlichen Kosten (*Baumbach/Lauterbach/Hartmann* § 114 ZPO Rn 77). Die gegnerischen Kosten kommen dabei nicht in Betracht; wegen § 123 ZPO werden sie von der Bewilligung nicht umfasst. Soweit die Kosten nicht exakt berechnet werden können, genügt insoweit eine überschlägige Schätzung (*Stein/Jonas/Bork* § 114 ZPO Rn 16). Eine Tabelle zur Höhe der Kosten findet sich bei *Hartmann*, Kostengesetze. Die Frage, ob die für die Prozessführung benötigten Mittel aus der Insolvenzmasse aufgebracht werden können, richtet sich primär nach dem **vorhandenen Barbestand** (**OLG** Köln ZIP 1990, 936; MüKoZPO-*Motzer* § 116 Rn 13), aber auch nach den in Kürze zu erwartenden Bareingängen. Auf die Einkommens- und Vermögensverhältnisse des Verwalters kommt es nicht an (**OLG** Frankfurt/M. DB 1988, 1062; *Stein/Jonas-Bork* § 116 Rn6). Vollständige Massellosigkeit kann nicht verlangt werden. Es muss vielmehr eine Situation vorliegen, die es dem Insolvenzverwalter nicht erlaubt, den in Aussicht genommenen Rechtsstreit ohne Gefährdung des konkreten Verfahrensziels durchzuführen. PKH kann für die Durchführung eines Anfechtungsanspruchs nicht gewährt werden, wenn dadurch die Massearmut nicht behoben wird (**BGH** v 16. 7. 2009 – IX ZB 221/08, NZI 2009, 602, 603). Das Aufbringen der Kosten aus der Masse ist auch dann unmöglich, wenn sie noch ausreicht, die bestehenden Masseverbindlichkeiten zu begleichen, freie Mittel zur Führung des Rechtsstreits aber nicht mehr vorhanden sind (*Pape* ZIP 1988, 1293, 1297). Darüber hinaus darf dem Verwalter nicht so viel **Bargeld zur Finanzierung des Rechtsstreits** entzogen werden, dass er seine Tätigkeit nicht mehr ausüben kann (**OLG** Schleswig ZIP 1995, 759 mwN); seine wirtschaftliche Handlungsfähigkeit darf nicht verloren gehen (*Baumbach/Lauterbach/Hartmann* § 116 ZPO Rn 8; FK-*Schmerbach* § 26 Rn 34; *Zöller/Philippi* § 116 ZPO Rn 4). Dies ist nur dann möglich, wenn bei der Feststellung des vorhandenen Barbestands bestimmte voraussehbare Kosten berücksichtigt werden; dies betrifft insbesondere die Masseverbindlichkeiten und Massekosten. Nur der Bestand der Masse, der sich nach deren Abzug ergibt, kann für die Prozesskosten herangezogen werden (**OLG** Stuttgart ZInsO 2004, 556; **OLG** München ZIP 1998, 1197; **OLG** Köln ZIP 1994, 724 m Anm *Hess* EWiR § 116 ZPO 5/94, S 829; FK-*Schmerbach* § 26 Rn 34; *Musielak* § 116 ZPO Rn5; *Pape* ZIP 1988, 1293, 1297, 1298;). Erhebt der Insolvenzverwalter nach Anzeige der Masseunzulänglichkeit Klage, ist die Frage nach der Bedürftigkeit der Masse unter Einbeziehung der Altmasseverbindlichkeiten zu beantworten (**BGH** v 27. 9. 2007, ZIP 2007, 2187). Ist Masseunzulänglichkeit angezeigt, ist davon auszugehen, dass die Kosten iSd § 116 S 1 Nr 1 ZPO nicht aus der Insolvenzmasse aufgebracht werden können (**BGH** v 12. 3. 2008 – XII ZB 4/08, ZIP 2008, 1035). Die für die einstweilige Unternehmensfortführung erforderlichen Mittel brauchen für einen geplanten Rechtsstreit des Verwalters nicht eingesetzt zu werden, es sei denn, sie seien durch bestimmt zu erwartende Zahlungseingänge gesichert.

Ob **sicher zu erwartende** Zahlungen generell dem Barbestand hinzuzurechnen sind, hat sich sowohl nach dem Grad ihrer Wahrscheinlichkeit als auch danach zu beurteilen, ob mit dem beabsichtigten Rechtsstreit bis zu ihrer Realisierung zugewartet werden kann (**OLG** Köln OLG-Report 2003, 14; HaKo-*Kuleisa* § 80 Rn 50). Sind **realisierbare Forderungen** in ausreichender Höhe fällig, kommt die

Gewährung von Prozesskostenhilfe nicht in Betracht. Übersteigen die bereits entstandenen Verfahrenskosten die in der Masse vorhandenen Barmittel, ist jedenfalls von Massearmut auszugehen (**OLG Hamm** MDR 1998, 1498). Gleiches gilt, wenn die freien Mittel zur ordnungsgemäßen Abwicklung des Verfahrens anderweitig benötigt werden (**OLG Dresden** OLG-Report 1998, 1758; **OLG Köln** ZIP 1990, 936). Ansprüche aus Insolvenzanfechtung sind nicht zu berücksichtigen, solange sie nicht tituliert sind. Den vollen Forderungswert darf man wegen des hohen Prozess- und Vollstreckungsrisikos ohnehin nicht ansetzen (**OLG Köln** v 8. 2. 2007, ZIP 2007, 1030). Zum Zufluss von Geld aus dem Erfolg in der ersten Instanz vgl **OLG Dresden** v 27. 10. 2003, ZIP 2004, 187.

119   Zur **Verwertung kurzfristig liquidierbarer Gegenstände** ist der Verwalter ebenso verpflichtet wie zum Einzug von Forderungen (*Baumbach/Lauterbach/Hartmann* § 116 ZPO Rn 8; *Zöller/Philippi* § 116 ZPO Rn 4). Dabei kann allerdings nicht verlangt werden, dass Vermögensteile in unwirtschaftlicher Weise verwertet werden (MüKoZPO-*Motzer* § 116 ZPO Rn 13; *Musielak* § 116 ZPO Rn 4). Schonvermögen, das nach §§ 115 Abs 2 ZPO, 90 SGB XII vom Einsatz ausgenommen wird, gibt es für den Verwalter aber nicht (FK-*Schmerbach* § 26 Rn 32; *Zöller/Philippi* § 116 ZPO Rn 4). Bei alledem ist jedoch stets zu berücksichtigen, ob die erreichten Erlöse rechtzeitig zum Prozessbeginn zur Verfügung stehen können (*Jaeger/Windel* § 80 Rn170). Die Verweisung auf die **Aufnahme eines Darlehens** wird nur in den Ausnahmefällen in Betracht kommen, in denen Gewährung und Rückzahlung sicher sind (FK-*Schmerbach* § 26 Rn 33 *Jaeger/Windel* § 80 Rn 170; *Zöller/Philippi* § 116 ZPO Rn 4). Unter Umständen kann ein Darlehen unter Einsatz von Massegegenständen zur Besicherung in Betracht kommen. Die Forderung, zu deren Durchsetzung Prozesskostenhilfe begehrt wird, hat bei der Feststellung der Leistungsfähigkeit der Masse außer Betracht zu bleiben (*Baumbach/Lauterbach/Hartmann* § 115 ZPO Rn 55; *Zöller/ Philippi* § 115 ZPO Rn 58; str aA *Thomas/Reicholdt* § 115 ZPO Rn 18). Auf eine kostenmindernde Teilklage muss der Verwalter sich nicht verweisen lassen (**OLG München** ZIP 1996, 512, 513; str aA **OLG Hamm** ZInsO 2005, 993). Die Darlegung, dass die Insolvenzmasse zur Prozessfinanzierung nicht ausreicht, erfolgt formlos (§ 1 Abs 2 PKHVordruckVO v 17. 10. 1994, BGBl I, 3001); der Vordruck gemäß § 117 Abs 2 ZPO ist nicht zu verwenden (**OLG Saarbrücken** OLGReport 2009, 150). Ein Automatismus zwischen der Eröffnung des Insolvenzverfahrens und der Bewilligung von Prozesskostenhilfe besteht nicht (*Pape* EWiR § 116 ZPO 1/94, 97). Allerdings spricht angesichts der statistisch belegten Masseармut vieler Insolvenzverfahren in dieser Hinsicht für den Verwalter eine gewisse Vermutung (*Pape* ZIP 1990, 1529, 1530; *ders* KTS 1991, 33, 38). Ganz allgemein gilt, dass sich das **Prozessgericht auf die Angaben des Insolvenzverwalters**, der sein Amt im öffentlichen Interesse ausübt, **verlassen darf** (**OLG Stuttgart** ZInsO 2004, 556; ; *Zöller/Philippi* § 116 ZPO Rn 7 b).

120   c) **Wirtschaftlich Beteiligte.** Prozesskostenhilfe kann dem Insolvenzverwalter nur gewährt werden, wenn die wirtschaftlich Beteiligten die Kosten für den Masseprozess nicht aufbringen können. Im Grundsatz sind diejenigen wirtschaftlich beteiligt, die bei einem erfolgreichen Abschluss des Rechtsstreits wenigstens mit einer teilweisen Befriedigung ihrer Ansprüche aus der Insolvenzmasse rechnen können (**BGH** v 27. 9. 1990, NJW 1991, 40, 41). Dabei kommt es lediglich auf den konkret beabsichtigten Prozess an; eine Gesamtschau über alle dem Verwalter möglichen prozessualen Maßnahmen verbietet sich (**BGH** v 8. 10. 1992 = BGHZ 119, 372; *Pape* EWiR § 116 ZPO 3/92, S 621 zu **OLG** Karlsruhe). Im Falle einer **Teilklage** sind diejenigen wirtschaftlich beteiligt, die vom Ergebnis der Teilklage profitieren, die im übrigen nicht mutwillig ist (**OLG Hamburg** ZInsO 2009, 1125; **OLG Celle** v 21. 2. 2008 – 4 W 226/07, ZIP 2008, 433; **OLG Hamm** v 17. 5. 2005, ZInsO 2005, 993; aA **OLG Celle** v 23. 8. 2006, ZInsO 2007, 331 u v 30. 11. 2006, OLG-Report 2007, 202). Als wirtschaftlich Beteiligte kommen sowohl **Insolvenz-** als auch **Massekostengläubiger** und sonstige **Massegläubiger** in Betracht (**KG** v 27. 6. 2005 ZInsO 2005, 992; **BFH** ZInsO 2005, 1216; **OLG Jena** OLG-Report 2005, 429; **OLG Köln** NZI 2000, 540; **OLG Köln** NZI 1999, 80; *Mitlehner* NZI 2001, 617, 619; str aA für Massegläubiger **LAG Düsseldorf** v 30. 1. 2003 InVo 2003, 438; **OLG Jena** ZIP 2001, 579; *Pape* ZIP 1990, 1529, 1531; FK-*Schmerbach* § 26 Rn 36). Letztere sind von einer Vorschusspflicht nicht generell auszunehmen, weil im Rahmen des § 116 ZPO allein ein wirtschaftlicher Maßstab zugrunde gelegt wird (**OLG Rostock** ZIP 1997, 1710; **OLG Celle** v 17. 1. 2001, OLG-Report 2001, 215; HaKo-*Kuleisa* § 80 Rn 52; *Stein/Jonas-Bork* § 116 ZPO Rn 10; *Zöller/Philippi* § 116 ZPO Rn 6); außerdem sind sie die Ersten, die von einem Prozesserfolg des Insolvenzverwalters profitieren (zu einer Ausnahme **OLG Celle** ZIP 2009, 933). Unter Geltung der Konkursordnung ließ sich der Kreis der wirtschaftlich Beteiligten wegen der in § 61 KO festgelegten Rangklassen relativ einfach bestimmen. Durch die in § 61 KO festgelegte Rangordnung der Ansprüche ließ sich durch eine überschlägige Berechnung feststellen, welche Gläubiger vom Prozesserfolg des Verwalters überhaupt profitierten; nur diese kamen für eine Vorschusspflicht in Betracht. Wegen des **Wegfalls der Rangklassen in der InsO** betrifft ein **etwaiger Prozesserfolg des Verwalters** zunächst **alle Insolvenzgläubiger gleichermaßen**, so dass die Grundsätze der wirtschaftlichen Beteiligung nur noch im Verhältnis zwischen Massegläubigern und Insolvenzgläubigern einerseits (*Jaeger/Windel* § 80 Rn 172 f) und Insolvenzgläubigern und nachrangigen Insolvenzgläubigern andererseits anwendbar sind, sowie dann, wenn Gläubiger von Sanierungskrediten nach einem Scheitern des Insolvenzplanverfahrens den übrigen Gläubigern gem §§ 264, 265 InsO vorgehen. Die **Gläubiger bestrittener Forderungen** sind von der Vorschusspflicht generell auszunehmen (**OLG Naum-**

F. Die Rechtsstellung des Insolvenzverwalters **§ 80**

burg ZIP 1994, 383; *differenzierend* **OLG Schleswig** v 26. 3. 2007 – 5 W 8/07, ZIP 2008, 384 [Ls]; **OLG Dresden** ZInsO 2004, 275; *Jaeger/Windel* § 80 Rn 175; Ha*Ko-Kuleisa* § 80 Rn 53; *Uhlenbruck* ZIP 1982, 288, 290; *Pape* ZIP 1988, 1293, 1299; für Unzumutbarkeit *Stein/Jonas/Bork* § 116 ZPO Rn 10; *Zöller/Philippi* § 116 ZPO Rn 7 a). Hingegen ist der Schuldner des Insolvenzverfahrens iSd § 116 ZPO wirtschaftlich beteiligt (**BGH NJW** 1991, 40, 41; *Baumbach/Lauterbach/Hartmann* § 116 Rn 10; *Stein/Jonas/Bork* § 116 Rn 10).

Der **Insolvenzverwalter** selbst ist wegen seines **Auslagen- und Vergütungsanspruchs Massegläubiger** 121 gem § 54 Nr 1 InsO. Vor allem dann, wenn der angestrebte Prozess auch oder ausschließlich dazu dienen soll, seinen eigenen Auslagen- und Vergütungsanspruch zu realisieren, stellt sich die Frage nach *seiner* Vorschusspflicht. Nach einer Entscheidung des **BGH** v 15. 1. 1998 (WM 1998, 360) ist der **Verwalter nicht wirtschaftlich beteiligt**. Die dortige Argumentation bezieht sich indessen weniger auf die wirtschaftliche Beteiligung als auf die **Zumutbarkeit** der Inanspruchnahme; diese ist mit Recht abzulehnen (vgl **OLG Köln** OLG-Report 1998, 222; **OLG Celle** v 23. 8. 2006, ZInsO 2007, 331; Ha*Ko-Kuleisa* § 80 Rn 51; zur gesamten Problematik *Zöller/Philippi* § 116 ZPO Rn 10a; *Wrobel-Sachs* WuB VII A. § 116 ZPO 1/98). Obgleich der **BGH** in dem Beschl v 15. 1. 1998 (NJW 1998, 1229) die Auffassung vertreten hat, dass der Konkursverwalter an Prozessen, die er im Interesse der Konkursmasse führt, nicht „wirtschaftlich Beteiligter" ist, da er die Vergütung für die Wahrnehmung einer im öffentlichen Interesse liegenden Tätigkeit erhalte und die Verwaltertätigkeit nicht eigennützig sei, hat das **OLG Köln** (Beschl v 8. 8. 2000, NZI 2000, 540, 541) an seiner Auffassung fest gehalten, dass der Konkursverwalter als „wirtschaftlich Beteiligter" iSv § 116 Abs 1 Nr 1 ZPO anzusehen ist. Trotzdem ist es nach Auffassung des OLG dem Verwalter **nicht zuzumuten, selbst einen Prozesskostenvorschuss zu erbringen** und den Prozess auf eigenes Risiko zu führen (so auch **OLG Frankfurt** OLGReport 2003, 35; **OLG Rostock** ZIP 1997, 1710). Vgl auch unten zu Rn 127. Nach zutreffender Auffassung des **OLG Jena** (Beschl v 26. 2. 2001, ZIP 2001, 579, 580) ist dem Insolvenzverwalter bei Masseamut **Prozesskostenhilfe für eine erfolgversprechende Zahlungsklage** zu gewähren, auch wenn der Erfolg der Klage der Mittelzufluss zur Masse primär zur Deckung des Verwalterhonorars dienen würde (**OLG Frankfurt/M** OLGReport 2003, 35). Zutreffend stellt das **OLG** unter Bezugnahme auf die Rechtsprechung des **BGH** (**BGH** ZIP 1998, 297 m Anm *Uhlenbruck* EWiR 1998, 239) fest, dass der Insolvenzverwalter eine im öffentlichen Interesse liegende Aufgabe wahrnimmt, so dass sein Vergütungsanspruch außer Betracht zu bleiben habe. Hinsichtlich der **wirtschaftlichen Beteiligung der öffentlichen Hand** gelten keine Besonderheiten (**BGH NJW** 1991, 40, 41; **BGH** v 2. 9. 1999, NZI 1999, 450; *Andres/Leithaus* § 4 Rn 21; *Zöller/Philippi* § 116 ZPO Rn 9, 10; s. auch die Übersicht bei FK-*Schmerbach* § 26 Rn 41ff). Insbesondere ergibt sich eine Freistellung von der Kostenvorschusspflicht nicht schon aus § 2 Abs 1 GKG (*Jaeger/Windel* § 80 Rn176); diese Vorschrift gilt nur für Prozesse, die von Bund und Ländern selbst geführt werden (**BGH** v 24. 3. 1998, ZIP 1998, 789; **BGH** v 5. 5. 1977, NJW 1977, 2317). Der PKH beantragende Insolvenzverwalter hat eine **vollständige Übersicht über das gegenwärtige Vermögen sowie eine genaue Aufstellung der angemeldeten und anerkannten Forderungen beizubringen**, die das Gericht in die Lage versetzen, die Zumutbarkeit von Kostenvorschussleistungen der wirtschaftlich Beteiligten beurteilen zu können (**OLG Naumburg** v 15. 2. 2001, DZWIR 2001, 257).

d) **Zumutbarkeit.** Die Zumutbarkeit der Inanspruchnahme der wirtschaftlich Beteiligten setzt zu- 122 nächst deren **Leistungsfähigkeit** voraus (MüKoZPO-*Motzer* § 116 ZPO Rn 17; *Stein/Jonas/Bork* § 116 ZPO Rn 13). Nach der Rechtsprechung des **BGH** sind Vorschüsse nur solchen Beteiligten zuzumuten, welche die erforderlichen Mittel **unschwer aufbringen** können (**BGH** v 27. 9. 1990, NJW 1991, 40; **OLG Rostock** ZIP 2003, 1721). Das bedeutet insbesondere, dass abhängig arbeitende Personen grundsätzlich nicht zu berücksichtigen sind. Die vorstehend zitierte Entscheidung des **BGH** befasst sich zwar mit der **Vorschusspflicht von Arbeitnehmern** im Konkurs ihres Arbeitgebers; die dort entwickelten Grundsätze sind jedoch auf Arbeitnehmer insgesamt anzuwenden, da sie „wirtschaftlich im Allgemeinen nicht besonders leistungsstark sind" (**BGH aaO**; *Mitlehner* NZI 2001, 617, 619). Bei Selbständigen und Unternehmen kommt es ebenfalls darauf an, ob sie den Vorschuss *unschwer* aufbringen können; eine andere Frage ist, wie der Insolvenzverwalter sich die erforderlichen Informationen verschaffen soll. Er kann die Betreffenden zur Abgabe entsprechender Erklärungen auffordern, aber verpflichten ebenso wenig wie das Prozessgericht (zutr **OLG Jena** OLGReport 2003, 429). Die **Leistungsfähigkeit der öffentlichen Hand** kann grundsätzlich vorausgesetzt werden (**BGH NJW** 1977, 2317; **OLG Köln** BB 1994, 240; NJW 1976, 1982; *Pape* ZIP 1988, 1293, 1300). Auch hier ist zwischen **wirtschaftlicher Beteiligung** und **Zumutbarkeit** der Inanspruchnahme streng zu unterscheiden. Dies betrifft insbesondere das Argument, die öffentliche Hand sei mangels entsprechender Haushaltsansätze nicht in der Lage, für die Prozesskosten in Vorleistung zu treten. Dem ist nicht zu folgen, denn dieser Gesichtspunkt betrifft lediglich die *Leistungsbereitschaft* der öffentlichen Hand, die im Rahmen des Prozesskostenhilfeverfahrens ebenso unbeachtlich ist wie die der anderen Gläubiger auch. Nach zutreffender Ansicht *von Stürner* (Anm zu **OLG Stuttgart** NJW 1974, 867) haben öffentlich-rechtliche Körperschaften Mittel zur Führung von Masseprozessen bereitzustellen. Dem ist schon deshalb zuzustimmen, weil sie Insolvenzanträge stellen (*Pape* ZIP 1988, 1293, 1300), es somit um planbare Vorgänge handelt (vgl auch MüKo-*Ott/Vuia* § 80 Rn 93). Auch im Verhältnis zu anderen Gläubigern lässt sich eine generelle

Freistellung nicht rechtfertigen (**OLG** Köln v 19. 5. 2000, InVo 2000, 346). Eine ganz andere Frage ist es, ob es bestimmten Gruppen öffentlicher Gläubiger aus anderen Gründen nicht *zumutbar* ist, Haushaltsmittel für Masseprozesse des Insolvenzverwalters bereitzustellen. **Zuzumuten sind Prozesskostenvorschüsse** darüber hinaus nur solchen leistungsfähigen Beteiligten, deren zu erwartender Nutzen bei vernünftiger, auch das Eigeninteresse der Parteien berücksichtigender Betrachtungsweise bei einem Erfolg der Rechtsverfolgung voraussichtlich deutlich größer sein wird (**BGH** v 28. 2. 2007, DZWIR 2007, 299; v 27. 9. 1990, NJW 1991, 40, 41). Dies ist aus der Sicht eines unbeteiligten, vernünftigen Dritten (also des Gerichts) zu beurteilen (**OLG** Rostock OLGReport 2003, 254; **OLG** Hamm v 2. 12. 2005 ZInsO 2006, 164; *Baumbach/Lauterbach/Hartmann* § 116 ZPO Rn 11; HaKo-*Kuleisa* § 80 Rn 55).

123 Nach **Auffassung des BGH** kommt es auf die **Gesamtumstände des Einzelfalls** an. Zu berücksichtigen sind die zu erwartende Insolvenzquote, das Prozess- und Vollstreckungsrisiko, das Interesse des Verwalters an der Rechtsverfolgung sowie die Gläubigerstruktur (**BGH** v 6. 3. 2006 ZIP 2006, 682 = EWiR 2006, 415 [*Beutler/Voss*]). Für die Zumutbarkeit spielt das **Kosten/Nutzen-Verhältnis** eine entscheidende Rolle (FK-*Schmerbach* § 26 Rn 38 ff; *Thomas/Reicholdt* § 116 ZPO Rn 1). Eine *nennenswerte* Verbesserung der Befriedigungschancen muss zu erwarten sein sowie ein deutlicher Unterschied zwischen den einzusetzenden Kosten und der letztlich zu erwartenden Deckungsquote bestehen (*Pape* KTS 1991, 33, 38; ZIP 1990, 1529, 1532); und zwar nur für das konkret beabsichtigte Verfahren (**OLG** Karlsruhe v 25. 6. 2007, ZInsO 2007, 822). Dabei ist dem Eigeninteresse der wirtschaftlichen Beteiligten insoweit Rechnung zu tragen, als die wirtschaftlichen Erwägungen auch einen selbst geführten Prozess zulassen müssen (*Pape* ZIP 1988, 1293, 1304). Der Hinweis auf eine prozentuale Deckungsquote ist wenig hilfreich, da sie in der Regel über den tatsächlichen Profit nichts aussagt (vgl das eindrucksvolle Rechenbeispiel bei *Pape*, EWiR § 116 ZPO 4/92, 927 zu einer Entscheidung des **OLG** Düsseldorf). Die Quote allein ist nicht entscheidend, sondern der Prozesskostenvorschuss und der zu erwartende Vorteil sind gegenüber zu stellen (**OLG** Hamm v 28. 11. 2006, ZIP 2007, 147; ähnlich **BVerwG** ZIP 2006, 1542 = EWiR 2006, 671 [*Undritz/Meyer-Sommer*]). Eine lediglich **geringe Quotenverbesserung** reicht für die Bejahung der Zumutbarkeit im Rahmen des § 116 Satz 1 Nr 1 nicht (**OLG** Hamm v 9. 6. 2005, NZI 2006, 42; **OLG** Celle v 13. 12. 2006 OLGReport 2007, 122; **OLG** Celle v 18. 1. 2001, OLG-Report 2001, 141; *Uhlenbruck* ZIP 1982, 288, 290; *Zöller/Philippi* § 116 ZPO Rn 7 a).

124 Die Aussicht auf **erhebliche Quotenverbesserung bis hin zur vollen Befriedigung** hat hingegen die Vorschusspflicht zur Folge (**BGH** v 23. 10. 2008 – II ZR 211/08, NJW-Spezial 2009, 21; **BGH** NJW 1997, 3318; **OLG** Hamm v 31. 7. 2007, ZInsO 2007, 1050; **OLG** Dresden ZInsO 2004, 275; **OLG** Naumburg OLGReport 2004, 434; **OLG** Köln v 28. 5. 1999, MDR 2000, 19; **OLG** Koblenz v 21. 8. 2000, NZI 2000, 529), wobei es auf die rein theoretische Möglichkeit, dass weitere Forderungen angemeldet werden oder bestrittene Forderungen nachträglich festgestellt werden können, nicht ankommt (**OLG** Köln v 14. 2. 2006, OLGReport 2006, 481). Die zwischen diesen Eckpunkten liegenden Konstellationen werden von der Rechtsprechung höchst unterschiedlich beurteilt. Dabei wird zum Teil auch auf die Erhöhung der freien Insolvenzmasse abgestellt (**OLG Hamm** v 31. 7. 2007 ZInsO 2007, 1050; NZI 2006, 42; **OLG** Naumburg InVo 2003, 189;) oder darauf, ob dem Vorschusspflichtigen ein hinreichender Teil der eingeklagten Forderung zugute kommt (**OLG** Schleswig ZInsO 1998, 234; **OLG** Köln MDR 1994, 407). Letzteres betrifft insbesondere die Frage, ob es im Einzelfall **zumutbar ist, einen Rechtsstreit zu finanzieren, dessen Ergebnis in erster Linie anderen, nicht vorschusspflichtigen Gläubigern zugute kommt.** Das wird von einem erheblichen Teil der Rechtsprechung abgelehnt (**BGH** v 6. 3. 2006, ZIP 2006, 682 = ZInsO 2006, 369; v 20. 9. 1994, NJW 1994, 3170, 3171; **OLG** Köln BB 1994, 240; **OLG** Naumburg ZIP 1994, 383, 384; **OLG** München ZIP 1996, 513). Diese Auffassung übersieht, dass die wirtschaftlich Beteiligten eine Risikogemeinschaft bilden, innerhalb derer unabhängig von der Zahl der leistungsfähigen oder -bereiten Beteiligten der gesamte Vorschuss aufgebracht werden muss (*Pape* ZIP 1988, 1293, 1301; so im Ergebnis auch **BGH** v 7. 7. 1997, NJW 1997, 3318, 3319; **KG** v 30. 10. 2003, ZInsO 2004, 90; **OLG** Köln OLGReport 2003, 14; **OLG** Jena OLGReport 2003, 429). Dementsprechend berührt die Vorschusspflicht, Leistungsbereitschaft oder Leistungsfähigkeit des einen Gläubigers die anderen grundsätzlich nicht. FK-*Schmerbach* § 26 Rn 40; *Stein/Jonas-Bork* § 116 ZPO Rn 16). Es können zur anteiligen Aufbringung der Verfahrenskosten durchaus mehrere Gläubiger jeweils im Verhältnis der zu erwartenden Quoten herangezogen werden (**KG** v 30. 10. 2003, ZInsO 2004, 90). Bei anderer Ansicht könnte ein Beteiligte einen zumutbaren Kostenvorschuss nur deshalb ablehnen, weil andere Gläubiger (zB Arbeitnehmer, Gläubiger von Minimalforderungen, Arbeits- und Sozialverwaltung) nach der höchstrichterlichen Rechtsprechung nicht vorschusspflichtig sind, obwohl ihnen das Prozessergebnis zugute kommen kann; das ist mit § 116 Satz 1 Nr 1 ZPO nicht zu vereinbaren.

125 Gerade die neuere Entscheidung des **BGH** (v 6. 3. 2006, ZIP 2006, 682) erleichtert zwar die Amtsführung des Verwalters, geht aber an der Zielsetzung des § 116 S 1 Nr 1 ZPO – Übernahme der Prozesskosten zunächst durch die wirtschaftlich Beteiligten – vorbei. Gerade den vom **BGH** angesprochenen „Koordinierungsaufwand" hält das **OLG** Celle (v 13. 12. 2006, OLGReport 2007, 122; s auch **OLG** Schleswig NZI 2009, 522) nicht für das entscheidende Problem, wenn es sich bei den Gläubigern um öffentlich-rechtliche Körperschaften und größeren Unternehmen handelt, die zudem bei erfolgreicher Prozessführung des Verwalters mit voller Befriedigung rechnen können. Dass es gerade ausländischen

Gläubigern nicht zuzumuten sein soll, sich an den Prozesskosten zu beteiligen, ist kaum vertretbar (**OLG** Schleswig v 26. 3. 2007 – 5 W 8/07, ZIP 2008, 384 [Ls]). Zur Zumutbarkeit, wenn der Verwalter eine Vielzahl von Kleinforderungen geltend machen will, vgl **OLG** Nürnberg v 9. 7. 2007, NZI 2007, 591. Insgesamt bleibt festzuhalten, dass bei allzu ins Einzelne gehenden Berechnungen des Ertrags der Prozessführung die **Praktikabilität** auf der Strecke bleibt. Was hier zT bewertet, berechnet, abgezogen, einbezogen und geschätzt wird, ist kaum nachzuvollziehen (ein eindrucksvolles Beispiel dazu: KG v 28. 7. 2008 – 2 U 50/08, NZI 2008, 749).

Nach der Rechtsprechung des **BGH** fallen bestimmte Gruppen von wirtschaftlich Beteiligten ohne **126** weiteren Nachweis aus dem Kreis der Vorschusspflichtigen heraus. Unzumutbar ist zB. die Inanspruchnahme der **Bundesanstalt für Arbeit** (BGH v 27. 9. 1990, NJW 1991, 40) sowie der **Träger der Sozialverwaltung** (AOK und Berufsgenossenschaft) und der **Landesarbeitsämter** (BGH v 8. 10. 1992 = BGHZ 119, 372; **aA** für die Sozialversicherungsträger insgesamt KG v 25. 2. 2000, NZI 2000, 221). Diese Stellen verwalten im gesetzlichen Auftrag und im Interesse der sozial schwächeren Gläubiger ohne eigenes Gewinnstreben zweckgebundene öffentliche Mittel. Auch von den **Arbeitnehmern** des Insolvenzschuldners kann ein Vorschuss nicht verlangt werden (BGH v 27. 9. 1990, NJW 1991, 40, 41; BGH v 8. 10. 1992 = BGHZ 119, 378); dies wird für Arbeitnehmer insgesamt zu gelten haben. Kleingläubiger, die lediglich Minimalbeträge geltend machen, sind nicht zu berücksichtigen (**BGH** v 5. 2. 2004, ZInsO 2004, 501; NJW 1991, 40, 41; OLG Schleswig NZI 2009, 522; OLG Nürnberg ZInsO 2005, 102). Inwieweit sich die Ausführungen zur Unzumutbarkeit für Arbeits- und Sozialversicherungsträger auch auf andere **Träger** öffentlicher Verwaltung übertragen lassen, ist streitig. Hinsichtlich der Industrie- und Handelskammern spricht § 1 Abs 5 IHKG, der bestimmt, dass arbeitsrechtliche und sozialpolitische Interessen durch die IHK nicht wahrgenommen werden, dagegen (**str; aA** OLG Frankfurt/M ZIP 1993, 1250). Auch die Nichtberücksichtigung der Kreishandwerkerschaft oder einer Innung (**OLG** Frankfurt/M ZIP 1995, 1536) stimmt mit der höchstrichterlichen Rechtsprechung nicht überein (s dazu die Übersicht bei FK-*Schmerbach* § 26 Rn 41 ff.). Besonders problematisch war bis zu den Entscheidungen des **BGH** vom 16. 3. 1998 (NJW 1998, 1715) und 24. 3. 1998 (NJW 1998, 1868), ob der **Finanzverwaltung** zuzumuten ist, sich an den Prozesskosten zu beteiligen. Nunmehr ist mit dem BGH (aaO und ZInsO 2004, 501) davon auszugehen, dass es **eine generelle Freistellung des Steuerfiskus von der Prozesskostenvorschusspflicht nicht gibt** (so auch BGH v 5. 11. 2007 – II ZR 188/07, DStR 2007, 2338; BGH v 8. 2. 1999 NJW 1999, 1404; BVerwG v 8. 2. 2006, ZIP 2006, 1542; OLG Celle ZIP 2009, 933; OLG Nürnberg InVo 2005, 59 = ZInsO 2005, 102; OLG Koblenz NZI 2000, 81; OLG Hamm OLG-Report 2001, 374; *Jaeger* VersR 1997, 1060, 1062); jedenfalls dann nicht, wenn nicht in erster Linie Quotenerhöhungen Dritter finanziert werden (so **BGH** v 30. 9. 1994, NJW 1994, 3170, 3171 und BGH v 16. 3. 1998, NJW 1998, 1715).

Der Insolvenzverwalter selbst ist nach der Auffassung des BGH (v 15. 1. 1998, ZIP 1998, 297 = **127** EWiR § 116 ZPO 1/98, 239 *[Uhlenbruck]*; ähnlich OLG Frankfurt/M.; OLGReport 2003, 35) **nicht wirtschaftlich beteiligt**, und zwar auch dann, wenn der beabsichtigte Rechtsstreit allein dazu dient, seinen Auslagen- und Gebührenanspruch zu realisieren. Richtiger ist es, auch hier von Unzumutbarkeit der Inanspruchnahme auszugehen (so OLG Celle v 23. 8. 2006, ZInsO 2007, 331; OLG Köln OLGReport 1998, 222; OLG Rostock ZIP 1997, 1710). Vom Insolvenzverwalter, der sein Amt im öffentlichen Interesse (**BGH** v 27. 9. 1990, NJW 1991, 40) ausübt, kann nicht verlangt werden, für Masseprozesse einen Vorschuss zu leisten (**OLG** Köln v 8. 8. 2000 ZIP 2000, 1779). Er würde dadurch in vielen Fällen vor die Wahl gestellt, entweder den Vorschuss zu leisten oder auf seine Vergütung zu verzichten, wobei eine Haftung der Staatskasse für diesen Fall nicht vorgesehen ist. Das ist mit Art 12 GG und seinem Amt nicht zu vereinbaren (zur Vergütung des Verwalters grundsätzlich **BVerfG** NJW 1993, 2861; **BGH** NJW 1992, 692; Stein-Jonas-*Bork* § 116 ZPO Rn 13). Dass durch den Prozess vor allem die Verwaltervergütung und die Verfahrenskosten hereingebracht werden sollen, steht der Gewährung von PKH also nicht entgegen (**BGH** v 18. 9. 2003, ZIP 2003, 2036 = ZInsO 2003, 941).

e) **Darlegungs- und Beweislast.** Bei der Prüfung der Vermögensverhältnisse der Insolvenzmasse und **128** der Gläubiger ist großzügig zu verfahren (*Zöller-Philippi* § 116 Rn 7 b). Nach Auffassung des BVerwG (v 8. 2. 2006 ZIP 2006, 1542) und des **BGH** (v 12. 3. 2008 – XII ZB 4/08, ZIP 2008, 1035) ist von Bedürftigkeit iSd PKH jedenfalls dann auszugehen, wenn der Verwalter die Masseunzulänglichkeit angezeigt hat. Die Initiative zur Kostenaufbringung hat vom Verwalter auszugehen (*Jaeger/Windel* § 80 Rn 179; **str aA OLG** Dresden ZInsO 2002, 286; OLG Naumburg ZInsO 2002, 586). Gläubiger, die nicht vorschusspflichtig sind, brauchen nicht aufgefordert zu werden; im PKH-Verfahren hat der Verwalter dann aber darzulegen, warum Unzumutbarkeit vorliegt (BGH v 7. 7. 1997, NJW 1997, 3318, 3319; *Musielak-Fischer* § 116 ZPO Rn 9). Dem Insolvenzverwalter ist zuzumuten, dem Prozessgericht unaufgefordert nicht nur eine Vermögensaufstellung vorzulegen, sondern auch zumindest in groben Umrissen darzulegen, dass die zur Prozessführung erforderlichen Mittel nicht von den wirtschaftlich Beteiligten aufgebracht werden können (**BGH** LM § 114 ZPO Nr 8; **OLG** Jena OLGReport 2003, 429) bzw warum dies nicht zuzumuten ist, vor allem dann, wenn es sich um Großgläubiger handelt (**KG** v 22. 7. 2008 – 7 W 42/08, OLGReport 2008, 841). Es ist hier aber zu berücksichtigen, dass der Verwalter über fremde Einkommen, Vermögen und Verhältnisse Auskunft zu erteilen hat. Wenn das Ziel,

Prozesskostenhilfe zur Führung von Masseprozessen zu gewähren, nicht gänzlich scheitern soll, müssen hier die **Anforderungen an die Darlegungspflicht** gering gehalten werden. Es muss ausreichen, dass der Verwalter seine diesbezüglichen Bemühungen darlegt und glaubhaft macht (*Zöller/Philippi* § 116 ZPO Rn 5 a). Freilich könnte man hier einwenden, dass sich die wirtschaftlich Beteiligten in erster Linie selbst schädigen, wenn sie die Mitwirkung verweigern. Wichtiger ist in diesem Zusammenhang aber die Ordnungsfunktion des Insolvenzverfahrens, die dem öffentlichen Interesse entspricht (**BGH** v 8. 10. 1992 = BGHZ 119, 372, 377; **OLG** Frankfurt/M. OLGReport 2003, 35 u 254; **OLG** Jena v 26. 2. 2001 ZIP 2001, 579; *Uhlenbruck* KTS 1988, 435, 441; für die Prozessführung des Insolvenzverwalters ausdrücklich bejaht von **BGH NJW** 1991, 40, 41).

129 **f) Insolvenz juristischer Person.** In der Insolvenz einer juristischen Person ist die Gewährung von Prozesskostenhilfe nicht davon abhängig zu machen, dass neben den Voraussetzungen des § 116 Satz 1 Nr 1 ZPO auch Nr 2 dieser Vorschrift erfüllt sein muss (**BGH** v 15. 2. 2007, ZIP 2007, 887 = InVo 2007, 281; **BGH** v 27. 9. 1990 NJW 1991, 40, 41; **KG** NJW 1990, 459; **OLG** Hamm ZIP 1995, 758; Stein/Jonas-*Bork* § 116 ZPO Rn 17; MüKo-*Ott/Vuia* § 80 Rn 87). Die Unterlassung der Rechtsverfolgung muss also nicht – zusätzlich – den allgemeinen Interessen zuwiderlaufen.

130 **g) Erfolgsaussicht und fehlender Mutwillen.** Die beabsichtigte Rechtsverfolgung durch den Verwalter muss hinreichende Aussicht auf Erfolg bieten und darf nicht mutwillig sein (**OLG** Bremen v 6. 8. 2001 ZIP 2002, 679). Die Erfolgsaussicht kann nicht verneint werden, wenn es im Prozess auf eine Rechtsfrage ankommt, die höchstrichterlich noch nicht geklärt ist (**BVerfG** v 14. 6. 2006 ZIP 2006, 1550; ständige Rspr.). Fehlender Mutwillen und Erfolgsaussicht sind wie bei allen anderen Antragstellern zu beurteilen, erfahren im Insolvenzverfahren aber besondere Ausprägungen. So darf der Insolvenzverwalter die Stammeinlage nicht in zwei getrennten Prozessen vom Gesellschafter und dessen Rechtsnachfolger einfordern (**OLG** Hamm OLGReport 2005, 41). An die Erfolgsaussicht gerade in Kapitalaufbringungs- und Erhaltungsfällen dürfen aber nur geringe Anforderungen gestellt werden (**OLG** Schleswig OLGReport 2005, 41). Zum Mutwillen bei einer Teilklage vgl Rn 120. Mutwillen liegt nicht allein deshalb vor, weil **Masseunzulänglichkeit** angezeigt ist (**BGH** v 28. 2. 2008 – IX ZB 147/07, ZInsO 2008, 378; s aber auch **BGH** v 16. 7. 2009 – IX ZB 221/08, NZI 2009, 602, 603 = ZIP 2009, 1591 für Anfechtungsklage bei Masselosigkeit). Die Rechtsverteidigung gegen eine Zahlungsklage ist bei Masseunzulänglichkeit nicht mutwillig (**LAG** Brandenburg ZInsO 2003, 964). Kommt eine Titulierung im Mahnverfahren in Betracht, muss der Verwalter diesen kostengünstigen Weg wählen (**OLG** Düsseldorf v 21. 4. 2008 – I-17 W 15/08, OLGReport 2008, 504). Prozesskostenhilfe kann einem Verwalter nicht mit der Begründung versagt werden, die Rechtsverfolgung sei mutwillig, weil der Erfolg einer Zwangsvollstreckung aus dem erstrebten Titel ungewiss oder eine Beitreibung zurzeit sogar unmöglich sei (**OLG** Schleswig v 28. 2. 2006 OLGReport 2006, 302; **OLG** Hamm v 7. 1. 1997, ZIP 1997, 248). Hätte der Verwalter den Prozess durch sorgfältige Insolvenzverwaltung vermeiden können, kann er nach der Auffassung des **OLG** Rostock (v 1. 3. 2007 ZIP 2007, 1288, und v 26. 2. 2007 – 3 W 5/07, ZIP 2007, 2377) keine PKH erhalten. Das geht sehr weit. Eine Rechtsverfolgung ist mutwillig, wenn eine verständige, nicht hilfebedürftige Partei ihre Rechte nicht in gleicher Weise verfolgen würde (s zB **OLG** Düsseldorf v 21. 4. 2008 – I-17 W 15/08, OLGReport 2008, 504)).Dass durch ein bestimmtes Verhalten ein Streit bzw ein Rechtsstreit vermieden werden soll, verlangt man auch im Rahmen der §§ 114, 115 ZPO nicht generell. Ein Wertungswiderspruch ergibt sich, wenn einerseits die Zumutbarkeit der Kostenaufbringung für die beteiligten Gläubiger wegen der unsicheren Vollstreckungsaussichten verneint wird, andererseits die Rechtsverfolgung durch den Verwalter nicht mutwillig sein soll. Ein aussichtsloser Prozess, dessen Finanzierung man den wirtschaftlich Beteiligten nicht zumutet, sollte auch nicht auf Kosten des Steuerzahlers geführt werden (aA **OLG** Celle v 19. 8. 2008 – 9 W 68/08, ZInsO 2008, 1083). Wegen der zahlreichen Einzelheiten zu hinreichender Erfolgsaussicht und Mutwilligkeit der Rechtsverfolgung sei auf *Kalthoener/Büttner/Wrobel-Sachs*, Prozesskostenhilfe und Beratungshilfe, 5. Aufl 2009, verwiesen.

131 **h) Beiordnung eines Rechtsanwalts.** Dem Insolvenzverwalter ist bei Vorliegen der Voraussetzungen des § 121 ZPO ein Rechtsanwalt beizuordnen.

Im Parteiprozess ist dem Insolvenzverwalter, der selbst Rechtsanwalt ist, ein zur Vertretung bereiter Rechtsanwalt beizuordnen, wenn der Gegner anwaltlich vertreten ist (**BGH** v 6. 4. 2006 ZIP 2006, 968 = ZInsO 2006, 546; **BGH** v 23. 3. 2006 ZInsO 2006, 491; **LAG** Brandenburg ZInsO 2003, 964). Erst recht gilt das, wenn der Insolvenzverwalter kein Volljurist ist (**BGH** v 23. 3. 2006 ZInsO 2006, 427). Bedarf allerdings ein juristisch nicht Vorgebildeter für die Zwangsvollstreckung bzw Vollstreckung in Rechte nicht der Beiordnung eines Rechtsanwalts, dann soll nach **LG** Mönchengladbach (ZInsO 2006, 276) eine Beiordnung für einen Verwalter, der selbst Rechtsanwalt ist, nicht in Betracht kommen. Die vor dem Verfahren dem Schuldner bewilligte Prozesskostenhilfe wirkt nach Eröffnung des Insolvenzverfahrens nicht für den Verwalter fort. Dies gilt auch für den zuvor dem Schuldner beigeordneten Rechtsanwalt (**OLG** Rostock v 1. 3. 2007 ZIP 2007, 1288). Umgekehrt erledigt sich mit der Aufhebung des Insolvenzverfahrens ein vom Verwalter zuvor gestellter PKH-Antrag. Der (vormalige) Schuldner muss jetzt einen Antrag für sich selbst stellen (**OVG** Lüneburg v 17. 1. 2007 – 8 PA 178/06, NJW 13/2007, XII).

F. Die Rechtsstellung des Insolvenzverwalters § 80

8. Gerichtsstand. Durch Art 18 EGInsO ist die Regelung in § 19a ZPO neu eingeführt worden. Danach bestimmt sich der **allgemeine Gerichtsstand eines Insolvenzverwalters** für Klagen, die sich auf die Insolvenzmasse beziehen, nach dem Sitz des Insolvenzgerichts. Durch § 19a ZPO wird ein **besonderer Gerichtsstand der Insolvenzmasse** begründet. Die Vorschrift dient der Prozesswirtschaftlichkeit (*Baumbach/Lauterbach/Albers/Hartmann* § 19a ZPO Rn 1). Allerdings wird nicht jede auf die Insolvenzmasse bezogene Klage von § 19a ZPO erfasst. Vielmehr betrifft die Vorschrift nur solche Klagen, die in den persönlichen Geltungsbereich fallen, also nur Aktiv- und Passivprozesse des Insolvenzverwalters. Hierzu gehört das Mahnverfahren ebenso wie die Klage im Urkundenprozess. Die Klage muss sich jedoch auch auf den sachlichen Geltungsbereich beziehen, dh die Insolvenzmasse (§ 35) betreffen. Dies ist zB der Fall, wenn der Rechtsstreit um die Zugehörigkeit oder Nichtzugehörigkeit eines Gegenstandes zur Insolvenzmasse geführt wird.

132

9. Freigabe des streitbefangenen Gegenstandes. Die Zulässigkeit der Freigabe eines prozessbefangenen Gegenstandes aus der Insolvenzmasse hängt für Gesellschaften des Handelsrechts einmal von der Frage ab, ob es überhaupt insolvenzfreies Vermögen der Gesellschaft gibt (**verneinend** *K. Schmidt* GesellschaftsR § 11 VI 4a aa S 336; *ders* Wege S 73f; *ders* Gedächtnisschrift *W. Martens* 1987 S 697 ff; *ders* NJW 1993, 2833ff und **bejahendenfalls BGH** v 21. 4. 2005; BGHZ 163, 32ff = ZIP 2005, 1034f), ob und unter welchen Voraussetzungen der Verwalter mittels Freigabe das Prozessrisiko auf das insolvenzfreie Vermögen abzuwälzen berechtigt ist. Weiterhin ist zu differenzieren, ob es sich um eine **echte Freigabe** des Prozessgegenstandes handelt oder nur um eine sogen **modifizierte Freigabe**, dh eine Freigabe mit der Abrede, dass der Schuldner für den Fall des Obsiegens den Streitgegenstand an die Masse ganz oder teilweise abzuführen hat. Vgl hierzu die Kommentierung z § 35 Rn 75ff, 305.

133

a) Prozessuale Folgen der echten Freigabe. Gibt der Insolvenzverwalter einen prozessbefangenen Gegenstand aus der Insolvenzmasse frei, so verliert er mit der Verwaltungs- und Verfügungsbefugnis zugleich auch die Prozessführungsbefugnis (**BGH** v 21. 4. 2005; BGHZ 163, 32ff = ZIP 2005, 1034, 1035; **BGH** v 5. 10. 1994, BGHZ 127, 156, 163 = NJW 1994, 3232, 3233 = ZZP 108 [1995], 382 m krit Anm *Gerhardt*; **OLG** Nürnberg v 2. 2. 1993, ZIP 1994, 144, 147; *Bork*, Einführung Rn 124; *Jauernig/Berger* § 43 V 1., 2.; *Jaeger/Windel* § 80 Rn 30). Eine nach echter Freigabe vom und gegen den Verwalter erhobene Klage ist unzulässig (*Häsemeyer* InsR Rn 10.43). Umstritten sind die **prozessualen Auswirkungen** der Änderung der materiellen Rechtslage auf einen bereits **anhängigen Rechtsstreit**. Nach *Häsemeyer* (InsR Rn 10.43) kann in einem bereits anhängigen Prozess mit dem Verwalter dieser das Prozessrisiko nicht mittels Freigabe auf das insolvenzfreie Vermögen abwälzen. Deshalb seien die für die Veräußerung eines streitbefangenen Rechts geltenden Vorschriften (§ 265 Abs 2 ZPO) anzuwenden, wonach der Insolvenzverwalter „nunmehr kraft besonderer gesetzlicher Fortführungsbefugnis für den Schuldner den Prozess fortführen muss" (so auch *Jaeger/Henckel* § 6 KO Rn 116ff). Das Reichsgericht (RGZ 79, 27, 29f) und der Bundesgerichtshof (BGHZ 46, 249; BGHZ 123, 132, 136) bejahen in diesem Fall einen **Parteiwechsel** und lassen eine **Prozessunterbrechung** eintreten (für einen Wegfall der Unterbrechungswirkung und Fortführung des Rechtsstreits BGHZ 163, 32ff = ZIP 2005, 1034, 1035). Nach *Häsemeyer* (InsR Rn 10.43) wird das „Interesse des Gegners, den Prozess mit Insolvenzverwalter und der Insolvenzmasse als der ursprünglichen Partei zu Ende zu führen, missachtet", wenn man einen solchen Parteiwechsel „nebst Unterbrechung des Prozesses anerkennt und dem Schuldner die Aufnahme entsprechend §§ 239, 250 ZPO gestattet". Nach wohl hM wird analog §§ 239, 242, 246 ZPO der Prozess auch bei echter Freigabe durch den Insolvenzverwalter unterbrochen bzw ist auf Antrag auszusetzen (*Jaeger/Henckel* § 6 KO Rn 116).

134

Nach **neuerer Auffassung** findet ein **Parteiwechsel** statt mit der Folge, dass die Vorschrift des § 265 Abs 2 ZPO Anwendung findet (**OLG** Nürnberg v 2. 2. 1993, ZIP 1994, 144, 147; **OLG** Nürnberg ZInsO 2005, 102; *MüKo-Ott/Vuia* § 80 Rn 80; *HaKo-Kuleisa* § 80 Rn 44; *Jaeger/Windel* § 80 Rn 211; *Jaeger/Henckel* § 6 KO Rn 116ff; **str aA** *MüKo-Lüke* § 265 ZPO Rn 62). Das Argument des **BGH** (BGHZ 46, 249ff), dass § 265 ZPO auf einen Wechsel in der Prozessführungsbefugnis nicht anwendbar ist, hat *Henckel* (*Jaeger/Henckel* § 6 KO Rn 117) überzeugend widerlegt. § 265 ZPO wolle gerade verhindern, „dass die ursprüngliche Partei sich aus dem Prozess zurückzieht und eine andere Partei vorschiebt". Würde man der Auffassung des **BGH** folgen, könnte ein Insolvenzverwalter durch mehrere Instanzen ohne Kostenrisiko für die Masse einen Prozess führen und schließlich in der Revision den Streitgegenstand wegen Aussichtslosigkeit der Revision freigeben (*Jaeger/Henckel* § 6 KO Rn 117). Die **Rechtsprechung des BGH** lässt das Interesse des Prozessgegners, den Insolvenzverwalter als Kostenschuldner zu behalten, unberücksichtigt (*Häsemeyer* InsR Rn 10.43; vgl auch *Grunsky* JZ 1967, 366ff; *Friedr Weber* ZZP 80, 471; *Kuhn* WM 1969, 288; *Jaeger/Henckel* § 6 KO Rn 116, 117; *Bötticher* JZ 1963, 582, 585). Es ist letztlich der Auffassung zu folgen, die für die Veräußerung eines streitbefangenen Rechts die Vorschrift des § 265 Abs 2 ZPO anwendet mit der Folge, dass der Insolvenzverwalter kraft besonderer gesetzlicher Prozessführungsbefugnis für den Schuldner (Prozessstandschaft) den Prozess fortführen muss (**OLG** Nürnberg v 2. 2. 1993, ZIP 1994, 144, 147; *Jaeger/Henckel* § 6 KO Rn 116ff; *MüKo-Ott/Vuia* § 80 Rn 80; *Häsemeyer* InsR Rn 10.43). Das Gesetz hat dem Insolvenzverwalter in den §§ 85, 86 die prozessuale Möglichkeit eingeräumt, die Aufnahme von Rechtsstreitigkeiten

135

§ 80 Übergang des Verwaltungs- und Verfügungsrechts

abzulehnen, die bei Verfahrensbeginn über das zur Insolvenzmasse gehörende Vermögen für und gegen den Schuldner bzw das Schuldnervermögen anhängig sind. Wenn es aber einer ausdrücklichen Anordnung bedürfte, um den Insolvenzverwalter zu berechtigen, die Insolvenzmasse aus Teilungsmasse-Streitigkeiten herauszuhalten, die bei Eröffnung des Insolvenzverfahrens anhängig sind, so kann er ohne eine entsprechende gesetzliche Anordnung nicht gut berechtigt sein, aus Prozessen, die er selbst aufgenommen oder selbst anhängig gemacht hat, einseitig durch Freigabeerklärung auszuscheiden und seinem Prozessgegner den Schuldner als – meist vermögenslose – Partei aufzudrängen (vgl *Jaeger/Henckel* § 6 KO Rn 117; MüKo-*Ott* § 80 Rn 80; HaKo-*Kuleisa* § 80 Rn 44; *Jaeger/Windel* § 80 Rn 211).

136   Bei der **echten Freigabe des Streitgegenstandes** eines vom Verwalter aufgenommenen oder anhängig gemachten Rechtsstreits liegt es nicht wesentlich anders, als wenn der Streitgegenstand veräußert wird. Daher ist § 265 ZPO anzuwenden. Die gegenteilige Auffassung (BGHZ 46, 249, 251 = NJW 1967, 781; **OLG** Stuttgart NJW 1973, 1756; MüKo-*Lüke* § 265 ZPO Rn 62) verkennt, dass die Freigabe eine materiell-rechtliche Verfügung über den Streitgegenstand ist und es der Aufgabe des § 265 ZPO entspricht zu verhindern, dass eine materiell-rechtliche Verfügung zu einem Parteiwechsel ohne Zustimmung der anderen Partei führt. § 265 ZPO will, worauf *Henckel* (*Jaeger/Henckel* § 6 KO Rn 117) zu Recht hinweist, verhindern, dass sich die ursprüngliche Partei aus dem Prozess zurückzieht und eine andere Partei, die möglicherweise vermögenslos ist, vorschiebt (so auch *Jaeger/Windel* § 80 Rn 211). Aus dem Normzweck lässt sich entnehmen, dass § 265 ZPO **alle Fälle des Wechsels der Prozessführungsbefugnis** erfasst, soweit nicht wegen Übergangs des gesamten Interessevermögens ein Parteiwechsel stattfindet (*Jaeger/Henckel* § 6 KO Rn 117ff; **str aA** BGHZ 46, 249; MüKo-*Lüke* § 265 ZPO Rn 62). Will der Insolvenzverwalter den Prozess nicht fortführen, kann er den streitbefangenen Gegenstand freigeben und den Schuldner den Prozess als Nebenintervenient allein fortführen lassen (§ 265 Abs 2 S 3 ZPO).

137   b) „**Modifizierte Freigabe**" **und gewillkürte Prozessstandschaft.** Wie oben bereits dargestellt wurde, ist der Insolvenzverwalter berechtigt, den Schuldner bzw das Schuldnerunternehmen zu ermächtigen, den Prozess über das Recht selbst zu führen (BGHZ 35, 180, 182ff; **BGH** KTS 1965, 236ff; BGHZ 38, 291; BGHZ 96, 151; BGHZ 100, 218; *Kuhn* WM 1964, 998f; *ders* WM 1969, 226; N/R/*Wittkowski* § 80 Rn 25–28; *Jauernig/Berger* § 43 Rn 27; HaKo-*Kuleisa* § 80 Rn 46); **str aA** *Jaeger/Henckel* § 6 KO Rn 122ff; *Häsemeyer* InsR Rn 10.44). Nach *Jaeger/Windel* (§ 80 Rn 216, 217) verstößt die Zulassung einer gewillkürten Prozessstandschaft gegen zwingende Vorschriften des Insolvenzrechts. Die gewillkürte Prozessstandschaft des Schuldners ist nicht identisch mit der sogen „**modifizierten Freigabe**". Bei der **gewillkürten Prozessstandschaft** überträgt der Verwalter die Prozessführungsbefugnis auf den Rechtsinhaber (Schuldner), ohne den Prozessgegenstand aus der Masse freizugeben. Bei der sogen „**modifizierten Freigabe**" handelt es sich aber um eine **verdeckte unechte Freigabe**, die nur dazu dient, das Prozessrisiko des Gegners auf einen vermögenslosen Schuldner zu verlagern. Eine solche „modifizierte" oder „unechte" Freigabe ist gem § 138 BGB nichtig, wenn sie sittenwidrigen Zwecken dient, etwa dazu, in dem beabsichtigten Prozess eine vermögenslose Person einzuschalten und das Prozessrisiko dem Gegner aufzubürden (vgl BGHZ 96, 151; *Jaeger/Windel* § 80 Rn 33; *Smid* § 80 Rn 38; K/P/B/*Lüke* § 80 Rn 67; N/R/*Wittkowski* § 80 Rn 100; *Jaeger/Henckel* § 6 KO Rn 20). Nach **Auffassung des BGH** (BGHZ 100, 217, 220; BGHZ 96, 151, 15f; HK-*Kayser* § 80 Rn 41) fehlt bei einer juristischen Person sowie einer überschuldeten und vermögenslosen Personengesellschaft das **Rechtsschutzinteresse** für den Prozess, weil sie wegen fehlender Aussicht auf Fortführung des Geschäftsbetriebs nichts vom Prozessgewinn haben (vgl auch *Jauernig/Berger* § 43 V. 1. Rn 27). Das kann aber in Fällen der Betriebsfortführung durchaus anders sein. Gibt die Insolvenzmasse nichts her, um den Prozess zu führen, wie im Fall BGHZ 100, 217, 221, kann eine Rückermächtigung nach *Jauernig/Berger* (§ 43 V. 1.) „ausnahmsweise zulässig sein zB zwecks Unterbrechung drohender Verjährung, sofern Leistung zur Masse verlangt wird" (vgl auch *Bötticher* JZ 1963, 582ff; *Grunsky*, Grundlagen des Verfahrensrechts § 28 I 4). Dem hält *Häsemeyer* (InsR Rn 10.44) entgegen, dass eine Prozessführung des Schuldners über eigene Rechte derjenigen über fremde Rechte nicht vergleichbar ist. Es gelte missbräuchlichen Verschiebungen der Parteistellung vorzubeugen. Die haftungsrechtliche Trennung der Masse vom insolvenzfreien Vermögen solle auch sicherstellen, „dass die Masse aus eigenen Mitteln erfasst und verwertet werden kann". Dem widerspreche „jede Abschiebung des Prozesskosten- und Prozesshaftungsrisikos auf das insolvenzfreie Vermögen" (s auch *Jaeger/Windel* § 80 Rn 33; *Jaeger/Henckel* § 6 KO Rn 20). Im Einzelfall ist auf das zu fordernde **Rechtsschutzinteresse** abzustellen (so auch HaKo-*Kuleisa* § 80 Rn 45).

138   **10. Verwalterwechsel.** Tritt während des Rechtsstreits ein Verwalterwechsel ein, so findet ein Parteiwechsel statt. Da der Nachfolger einer Partei kraft Amtes nicht deren Rechtsnachfolger ist, liegt die Anwendung der §§ 241, 246 ZPO näher als die des § 239 ZPO (vgl auch *Jaeger/Windel* § 80 Rn 209; *Jaeger/Henckel* § 6 KO Rn 115). Der Wechsel vollzieht sich letztlich nicht als Partei- sondern als **Amtswechsel** (LG Essen NJW-RR 1992, 576; MüKo-*Ott/Vuia* § 80 Rn 96; Zöller/*Stöber* § 727 ZPO Rn 18; anders aber Rn 38; *K. Schmidt* JR 1991, 309, 314). Ein **Masseprozess** wird durch den Verwalterwechsel **unterbrochen** oder ist im Fall des § 246 ZPO auszusetzen, falls der Insolvenzverwalter während des

F. Die Rechtsstellung des Insolvenzverwalters § 80

Rechtsstreits stirbt, prozessunfähig wird oder nach § 59 entlassen wird. Dagegen ist § 246 ZPO unanwendbar, wenn der Rechtsstreit durch den Gegner des Verwalters in eine höhere Instanz gebracht worden und dort der bisherige Prozessbevollmächtigte des Verwalters nicht zugelassen ist. Hatte sich der ausgeschiedene Verwalter als Anwalt selbst vertreten, findet § 246 ZPO keine Anwendung (*Jaeger/Henckel* § 6 KO Rn 115; *Jaeger/Windel* § 80 Rn 209).

11. Drittwiderspruchsklage. Der Insolvenzverwalter kann gegen eine vor Verfahrensbeendigung gegen den Schuldner ausgebrachte Pfändung nicht die Drittwiderspruchsklage mit der Behauptung erheben, der gepfändete Gegenstand sei vor der Pfändung an einen Dritten übereignet worden. Besteht zwischen dem Insolvenzverwalter und einem Gläubiger des Schuldners Streit darüber, ob ein Vermögensstück zur Insolvenzmasse iSv § 35 gehört, so ist der Insolvenzverwalter als Dritter iSv § 771 ZPO anzusehen (RGZ 42, 343). Denn die Frage, ob ein Vermögensgegenstand zur Insolvenzmasse gehört oder nicht, entsteht erst durch die Eröffnung des Insolvenzverfahrens und unterliegt nicht der Prozessführungsgewalt des Schuldners. Die Frage ist streitigenfalls sowohl mittels **Widerspruchsklage** (RGZ 114, 83) wie auch mittels **Feststellungsklage** (RG JW 1915, 1033) auszutragen. Nicht Dritter iSv § 262 AO ist da gegen der Verwalter in den Fällen, in denen sich die Vollstreckung gegen ihn als Duldungspflichtigen richtet. Gleiches gilt für Titel gegen den Schuldner auf Vornahme einer unvertretbaren Handlung (OLG Düsseldorf, OLGZ 1980, 484; N/R/*Wittkowski* § 80 Rn 48).

12. Die Berechtigung des Insolvenzverwalters zur Entbindung eines zur Geheimhaltung Verpflichteten von der Schweigepflicht. Der Insolvenzverwalter ist zur Entbindung eines **Zeugen** von seiner Verschwiegenheitspflicht berechtigt, wenn die Schweigepflicht Vermögensverhältnisse betrifft, die zum Begriff der Insolvenzmasse iwS gehören. Das Recht steht dagegen dem Schuldner zu, falls die Schweigepflicht Tatsachen oder Rechtsverhältnisse **rein persönlicher Natur** betrifft. Einzelheiten sind allerdings umstritten (s *Jaeger/Windel* § 80 Rn 164; MüKo-*Ott/Vuia* § 80 Rn 44). Nach hM steht im **Zivilprozess** das Recht zur Entbindung von der Verschwiegenheitspflicht dem **Insolvenzverwalter** zu, wenn die Aufklärung der Tatsachen, über die ein Zeuge vernommen werden soll, für die Insolvenzmasse von Bedeutung ist und die Ausübung des Verwaltungs- und Verfügungsrechts des Verwalters berührt (BGHZ 109, 260; RGZ 59, 85, 87; OLG Düsseldorf ZIP 1993, 1807; OLG Oldenburg NJW 2004, 2176; OLG Nürnberg OLGZ 1977, 300 = MDR 1977, 144; LG Krefeld ZIP 1982, 861; LG Lübeck ZIP 1983, 711 m Anm W. *Henckel*; *Jaeger/Henckel* § 1 KO Rn 43; *Jaeger/Windel* § 80 Rn 44 u 164; MüKo-*Ott/Vuia* § 80 Rn 44). Allerdings steht dem Insolvenzverwalter nur dann die Befugnis zur Befreiung von der Verschwiegenheitspflicht zu, wenn das **Ergebnis des Prozesses sich auch zugunsten der Insolvenzmasse auswirken kann** (LG Lübeck v 22. 3. 1983, ZIP 1983, 711, 712 m Anm *Henckel*). Unerheblich ist dabei, ob der Insolvenzverwalter den Prozess selbst führt oder nicht. Entscheidend ist immer, ob der zwischen anderen Parteien geführte Prozess unmittelbar oder mittelbar die Insolvenzmasse (§ 35) betrifft. Nach *Jaeger/Windel* (§ 80 Rn 164) steht dem Insolvenzverwalter das **Recht zur Entbindung von der Schweigepflicht** (§ 385 Abs 2 ZPO) zu, wenn das Verfahren **Massebezug** ausweist. Bei Gesellschaften und sonstigen juristischen Personen sei dagegen die Entbindung von der Verschwiegenheitspflicht von den **Organen des Verbandes** zu erteilen, soweit diese nicht der Auskunftspflicht nach den §§ 101 Abs 1, 97 unterliegen (vgl auch BGHZ 109, 260, 270; BGH ZIP 1994, 1103; *Kiethe* NZI 2006, 267 m Überblick über den Meinungsstand; krit *Uhlenbruck* FS Runkel 2009). Maßgebliches Abgrenzungskriterium ist letztlich nicht nur das **Vertrauensverhältnis** zu dem Organ als natürlicher Person, sondern vor allem der **Massebezug** (BGHZ 109, 260, 272). **Beratungs- und Vertrauensverhältnisse** zu organschaftlichen Vertretern führen nur dann zu einem Entbindungsrecht, „wenn ein abgrenzbarer Inhalt zum Vertrauensverhältnis zum Verband gegeben ist" (*Jaeger/Windel* § 80 Rn 88). Im Regelfall ist Vertragspartner und Auftraggeber die juristische Person, die damit Herrin des Geheimnisses ist und den Schutz des § 203 StGB genießt, nicht dagegen der organschaftliche Vertreter.

Grundsätzlich ist festzustellen, dass das Interesse an einer ordnungsmäßigen Insolvenzabwicklung dem **Geheimhaltungsinteresse des Schuldners vorgeht** (*Henckel* ZIP 1983, 712, 714; *Jaeger/Windel* § 80 Rn 164). Dies gilt auch für Organe juristischer Personen, wie die Regelung in § 101 Abs 1 zeigt. Schon die ihnen nach §§ 101 Abs 1 S 1, 97 Abs 2 obliegende **Mitwirkungspflicht** im Insolvenzverfahren und die **unbeschränkte Auskunftspflicht** nach §§ 101 Abs 1, 97 Abs 1 verpflichtet sie, ihre persönlichen privaten Interessen hinter der Interessen einer optimalen Insolvenzabwicklung zurückzustellen. Auch die Befugnis, einen **Rechtsanwalt oder Notar**, der für den Schuldner tätig geworden ist, von der Schweigepflicht zu entbinden, wird ausschließlich vom Insolvenzverwalter ausgeübt, wenn die Tätigkeiten, auf die sich die Schweigepflicht bezieht, die Insolvenzmasse berühren (*Jaeger/Henckel* § 1 KO Rn 43). Nach zutreffender Feststellung von *Nassall* (KTS 1988, 633 ff) steht die **Schweigepflicht des Rechtsanwalts** im Hinblick auf die insolvenzbefangenen Angelegenheiten des Schuldners zur Disposition des Insolvenzverwalters jedenfalls insoweit, als er selbst vom Rechtsanwalt des Schuldners Auskunft, Rechenschaftslegung und Aktenherausgabe verlangen kann. Nach LG Krefeld (v 14. 5. 1982, ZIP 1982, 861) ist der Insolvenzverwalter kraft Amtes befugt, den von ihm in einem gegen die Gesellschafter-Geschäftsführer der schuldnerischen GmbH geführten Masseprozess als Zeugen benannten ehemaligen **Steuerberater** der Schuldnerin von seiner Verpflichtung zur Verschwiegenheit zu entbinden (*Hess*

139

140

141

§ 80 Rn 122). Allerdings ist nach zutreffender Auffassung des **OLG** Schleswig (v 2. 6. 1983, ZIP 1983, 968) daran festzuhalten, dass ein solches Recht zur Befreiung von der Verschwiegenheitspflicht nur dann besteht, wenn das **Ergebnis des Prozesses** sich in irgendeiner Weise **zugunsten der Insolvenzmasse auswirkt oder auswirken kann** (vgl auch OLG Nürnberg v 19. 7. 1976, NJW 1977, 303; OLG Düsseldorf v 6. 10. 1993, ZIP 1993, 1807; LG Lübeck v 22. 3. 1983, ZIP 1983, 711 m Anm *Henckel*). Ähnlich hat der **BGH** in einem Urteil v 30. 11. 1989 (ZIP 1990, 48, 50 f) entschieden, wonach zu den nach § 667 BGB herauszugebenden Unterlagen auch die **Handakten des Rechtsanwalts** gehören. Nach zutreffender Feststellung des **BGH** geht mit der Insolvenz des Auftraggebers die Dispositionsbefugnis des „Geheimnisherrn", soweit das Mandat des Anwalts Angelegenheiten der Insolvenzmasse betrifft, auf den Insolvenzverwalter über (§ 80 Abs 1). Soll dieser die ihm kraft Gesetzes erteilten Aufgaben erfüllen können, müssten die unter Ausschluss des Schuldners solchen diejenigen Befugnisse beigelegt werden, ohne die diese Aufgaben nicht gelöst werden können (RGZ 59, 84, 85 f; *Nassall* KTS 1988, 633, 642 ff). Gleiches gilt auch für die **Befreiung vom Steuergeheimnis (§ 30 AO)**. Die Finanzämter sind durch das in § 30 AO geschützte Steuergeheimnis zur absoluten Verschwiegenheit über die ihnen in Erfüllung der Steuerpflicht mitgeteilten Tatsachen verpflichtet. Eine Offenbarung ist nur zulässig, wenn der Betroffene ihr zustimmt (§ 30 Abs 4 Nr 3 AO). „Betroffen" iSv § 30 AO ist mit der Eröffnung des Insolvenzverfahrens der Insolvenzverwalter (vgl *Weyand/Diversy*, Insolvenzdelikte, 7. Aufl Rn 147). Der Insolvenzverwalter ist gem § 80 Abs 1 berechtigt, in einem Steuerprozess Finanzbeamte von ihrer Verschwiegenheitspflicht zu entbinden. Im Übrigen ist **je nach Prozessart zu unterscheiden:**

142 a) **Strafverfahren.** Die Frage, ob der Insolvenzverwalter oder der organschaftliche Vertreter in der Insolvenz der Gesellschaft den Berufsgeheimnisträger von seiner Verschwiegenheitspflicht entbinden kann, ist für den **strafverfahrensrechtlichen Bereich** nach wie vor umstritten (s *Kiethe* NZI 2006, 267 ff; *Häcker* in: *Müller-Gugenberger/Bieneck*, Wirtschaftsstrafrecht, 4 Aufl 2006 § 93 Rn 9; *Bittmann*, Insolvenzstrafrecht 2004 § 1 Rn 184 ff; *Pelz*, Strafrecht in Krise und Insolvenz 2004 S 260; *Weyand/Diversy*, Insolvenzdelikte, Rn 145 ff). Nach *Jaeger/Windel* (§ 80 Rn 88) besteht „kein einleuchtender Grund, die Entbindung von der Schweigepflicht im Strafverfahren anders zu regeln, als in anderen Prozessen". Der Bereich, der sich nach Eröffnung des Insolvenzverfahrens als Verdrängungsbereich darstellt, umfasse ja gerade keine persönlichen Vertrauensverhältnisse. Derjenige, der als Organträger ein Beratungsverhältnis zu einem Verband begründet habe, könne deshalb nicht auf persönliche Vorteile hoffen. Die **ältere Rechtsprechung der OLG** tendierte dazu, die Entbindungserklärung des Insolvenzverwalters nicht ausreichen zu lassen; vielmehr sollte das **Recht zur Entbindung von der Verschwiegenheitspflicht** nicht nur zur Disposition der Gesellschaft stehen, sondern auch denjenigen Personen, die hinsichtlich der anvertrauten Sachen Betroffene des Vertrauensverhältnisses zwischen Berufsgeheimnisträger und seinem Vertragspartner sind. Ihnen stehe das Recht zur Entbindung von der Verschwiegenheitspflicht zu (**OLG** Schleswig ZIP 1980, 527, 528; **OLG** Düsseldorf ZIP 1993, 240; **OLG** Köln NStZ 1991, 452; **OLG** Celle wistra 1986, 83; **OLG** Koblenz NStZ 1985, 426, 427; **LG** Saarbrücken wistra 1995, 239; **LG** Bonn wistra 2000, 437; *Baier* wistra 2000, 165). **Nach zutr Auffassung des OLG Oldenburg** (ZIP 2004, 1968 = ZIP 1980, 527, 528) ist in der Verbandsinsolvenz der **Insolvenzverwalter berechtigt**, einen **Geheimnisträger von der Verschwiegenheitspflicht** zu entbinden. Diese Auffassung entspricht dem Schutzzweck des § 53 Abs 1 Nr 3 StPO und berücksichtigt die Interessen der Gesellschaft, die im Regelfall Alleinträgerin des Geheimhaltungsinteresses ist (so auch *Uhlenbruck* FS Runkel 2009; *Kiethe* NZI 2006, 267, 271).

143 Festzustellen ist, dass im Einzelfall der **Insolvenzverwalter** berechtigt ist, einen **Zeugen von der Verschwiegenheitspflicht im Strafprozess zu entbinden**, wenn es um Fragen geht, die unmittelbaren Bezug zur Insolvenzmasse haben. So kann zB eine Strafbarkeit des GmbH-Geschäftsführers wegen Nichtanzeige eines Verlustes in Höhe der Hälfte des Stammkapitals oder die **Strafbarkeit wegen Insolvenzverschleppung** (§ 15a Abs 4, 5 GmbHG) dadurch Bezug zur Masse gewinnen, dass die Schadenersatzpflichten des Geschäftsführers nach § 64 GmbHG, §§ 823 ff BGB über § 92 zu einer Anreicherung der Masse führen. Gleiches gilt für Schadenersatzansprüche, die dem Vorschlussleistenden nach § 26 Abs 3 S 1 zugewiesen werden, auch wenn nur ein mittelbarer Bezug zur Insolvenzmasse besteht. Ist kein vermögensrechtlicher Bezug gegeben, ist es Sache der organschaftlichen Vertreter bzw des Schuldners, über die Entbindung von der Schweigepflicht zu entscheiden. Soweit diese nicht unter die verfahrensrechtlichen Auskunfts- und Mitwirkungspflichten des § 97 fällt, kann die Entbindung von der Schweigepflicht nicht erzwungen werden. Allerdings sind **Ausnahmefälle** anzuerkennen. In **Angelegenheiten, die nicht das Verfahren der Gesellschaft** betreffen und daher auch nicht der Auskunftspflicht nach den §§ 101 Abs 1, 97 unterfallen, ist die **Aussagegenehmigung von den Organen** des Verbandes zu erteilen (*Jaeger/Windel* § 80 Rn 88; im Ergebnis ebenso BGHZ 109, 260, 270; **BGH** ZIP 1994, 1103; **OLG** Oldenburg IP 2004, 1968; **LG** Lübeck NJW 1978, 1014; *Bittmann*; Insolvenzstrafrecht § 1 Rn 193; str aA *Meyer-Goßner* § 53 StPO Rn 46; **OLG** Koblenz NStZ 1985, 426, 427; **OLG** Celle wistra 1986, 83). Wie **OLG** Oldenburg (NJW 2004, 2176, 2177 auch MüKo-*Ott/Vuia* § 80 Rn 44). Für eine Schweigepflichtentbindung sowohl durch den **Insolvenzverwalter** als auch durch den **organschaftlichen Vertreter** auch *Pelz*, Strafrecht in Krise und Insolvenz, Rn 606. Primär ist vor allem bei juristischen Personen der **Insolvenzverwalter** zur Entbindung von der Verschwiegenheitspflicht auch in Strafverfahren berechtigt.

F. Die Rechtsstellung des Insolvenzverwalters § 80

Hat das Strafverfahren dagegen keinen Massebezug, geht die hM davon aus, dass zumindest auch die **Zustimmung des Vorstands** bzw **des Geschäftsführers** zur Schweigepflichtentbindung erforderlich ist (**OLG** Celle wistra 1986, 83; **OLG** Koblenz NStZ 1985, 426 f; **OLG** Köln NStZ 1991, 452; **LG** Saarbrücken wistra 1995, 239; **LG** Bonn wistra 2000, 437). Eine Entschließung der Staatsanwaltschaft, dem Insolvenzverwalter als einem am Ermittlungsverfahren unbeteiligten Dritten Akteneinsicht zu gewähren, ist im Verfahren nach den §§ 23 ff EGGVG überprüfbar, wenn sie in keinem Zusammenhang mit der Ermittlungstätigkeit der StA steht (**OLG** Frankfurt v 1. 2. 1996, NJW 1996, 1484).

b) Zivilprozess. Handelt es sich um eine Massestreitigkeit, die im Zivilprozess ausgetragen wird, ist **144** **allein der Insolvenzverwalter** berechtigt, den Steuerberater, Rechtsanwalt, Wirtschaftsprüfer oder vereidigten Buchprüfer von der Verschwiegenheitspflicht zu entbinden (BGHZ 109, 260; **OLG** Oldenburg NJW 2004, 2176; **OLG** Düsseldorf ZIP 1993, 1807; *Jaeger/Windel* § 80 Rn 88; MüKo-*Ott/Vuia* § 80 Rn 44; N/R/*Wittkowski* § 80 Rn 56; *Uhlenbruck* FS Runkel 2009; s auch den Überblick bei *Kiethe* NZI 2006, 267 ff). Träger der Entbindungsbefugnis ist nicht etwa das Verbandsorgan persönlich, sondern der Verband als solcher (*Jaeger/Windel* § 80 Rn 88; *H.-F. Müller*, Der Verband in der Insolvenz (2002) S 93). Eine Ausnahme gilt im Zivilprozess nur, wenn sich das Ergebnis des Prozesses zugunsten der Insolvenzmasse auswirken kann (**OLG** Schleswig Beschl v 2. 6. 1983, ZIP 1983, 968, 969; Vorinstanz **LG** Lübeck ZIP 1983, 711). Der Insolvenzverwalter ist nur insoweit zur Befreiung von einer beruflichen Verschwiegenheitspflicht berechtigt und uU verpflichtet, als dies zur Erfüllung seiner spezifischen Verwalteraufgaben erforderlich ist. Darüber hinaus geht der Geheimnisschutz vor. Ist dies im Einzelfall zweifelhaft, ist zu prüfen, ob die **unbeschränkte Auskunfts- und Mitwirkungspflicht** nach §§ 20, 97, die über § 101 Abs 1 auch für organschaftliche Vertreter gilt, nicht eine Verpflichtung begründet, schweigepflichtige Personen von ihrer Verschwiegenheitspflicht zu befreien. Die Frage, ob der Schuldner oder der organschaftliche Vertreter eines Schuldnerunternehmens im Rahmen seiner **Mitwirkungspflichten** gem §§ 20, 97 Abs 2 (§ 101 Abs 1) verpflichtet ist, einen **Rechtsanwalt, Wirtschaftsprüfer, Steuerberater** oder **vereidigten Buchprüfer** sowie **Bankmitarbeiter** von seiner Verschwiegenheitspflicht zu befreien, ist letztlich jedenfalls insoweit zu bejahen, als der Prozess die Insolvenzmasse iwS berührt. Nach § 101 Abs 1 Satz 2 nF gilt die Mitwirkungspflicht auch für Personen, die an einer **führungslosen Gesellschaft** beteiligt sind.

c) Der Insolvenzverwalter als Strafverteidiger des Schuldners. Der Rechtsanwalt-Insolvenzverwalter **145** ist grundsätzlich nicht nach § 138 a StPO nach Aufhebung des Verfahrens gehindert, die Verteidigung eines Insolvenzschuldners oder organschaftlichen Vertreters einer Insolvenzschuldnerin zu übernehmen. Während des Verfahrens besteht eine Interessenkollision. aber auch nach Aufhebung des Verfahrens ist dringend davon abzuraten, die Verteidigung eines Insolvenzschuldners zu übernehmen, denn auch wenn der Insolvenzverwalter als unabhängiger Sachwalter der Gläubiger nicht als tauglicher Täter des § 356 StGB in Betracht kommt (BGHSt 13, 231; 45, 153; *Schönke/Schröder/Cramer/Heine* § 356 StGB Rn 6) drohen ihm standesrechtliche Konsequenzen (s auch *Hess* § 80 Rn 209). Es ist mit der nachwirkenden Unabhängigkeit des Verwalters (§ 56) nicht vereinbar, wenn er im eröffneten Verfahren die Interessen der Gläubiger vertritt, uU Anfechtungsprozesse gegen den Schuldner führt und anschließend dessen Strafverteidigung übernimmt. Letztlich ist zu beachten, dass der Insolvenzverwalter im Strafprozess gegen den Insolvenzschuldner **kein Zeugnisverweigerungsrecht** (§ 53 StPO) hat, wenn es sich nicht dem Verwertungsverbot des § 97 Abs 1 unterfällt (vgl auch *Häcker* in: *Müller-Gugenberger/Bieneck*, Wirtschaftsstrafrecht, 4 Aufl § 93 Rn 4–6). Nach geltendem Recht (§§ 138 ff StPO) bleibt die Verteidigung des Schuldners durch einen Rechtsanwalt-Insolvenzverwalter prozessual zulässig (*H. Schäfer* wistra 1985, 212), selbst wenn der Verwalter dabei Standespflichten verletzt. Nicht zu verkennen ist aber die Gefahr einer Interessenkollision, einer Verletzung von Standespflichten oder einer Strafbarkeit wegen Parteiverrats nach § 356 StGB (vgl **BGH** KTS 1959, 188; *Schäfer* wistra 1985, 213).

13. Vollstreckungsschutzanträge und Offenbarungsversicherung des Insolvenzverwalters. Der Insol- **146** venzverwalter ist als Rechtsnachfolger des Schuldners iSv § 727 ZPO anzusehen (**LG** Bremen KTS 1977, 124). Im Zwangsversteigerungsverfahren über ein dem Schuldner bzw Schuldnerunternehmen gehörendes Grundstück ist der Insolvenzverwalter nicht nur berechtigt, sondern, wenn es die Betriebsfortführung erfordert, verpflichtet, die einstweilige Einstellung der Zwangsversteigerung gem § 30 d ZVG zu beantragen. Ist der Verwalter bereits im **Eröffnungsverfahren** als vorläufiger Verwalter bestellt worden, so ist gem § 30 d Abs 4 ZVG auf seinen Antrag die Zwangsversteigerung einstweilen einzustellen, wenn er glaubhaft macht, dass die einstweilige Einstellung zur Verhütung nachteiliger Veränderungen in der Vermögenslage des Schuldners erforderlich ist. Da das Verfahrensziel gem § 157 erst im Berichtstermin von der Gläubigerversammlung festgelegt wird, ist dem Einstellungsantrag im Zweifel stattzugeben. Im **eröffneten Insolvenzverfahren** ist gem § 30 d Abs 1 ZVG auf Antrag des Insolvenzverwalters die Zwangsversteigerung einstweilen einzustellen, wenn die Voraussetzungen des § 30 d Abs 1 Nr 1–4 ZVG vorliegen. Der Antrag ist aber abzulehnen, wenn die einstweilige Einstellung dem Gläubiger unter Berücksichtigung seiner wirtschaftlichen Verhältnisse nicht zuzumuten ist. Auch im Insolvenzplanverfahren kommt gem § 30 d Abs 2 ZVG unter den Voraussetzungen des Abs 1 die einstweilige Einstellung der Zwangsversteigerung in Betracht. Dies gilt vor allem, wenn es sich um das Betriebs-

§ 80 *Übergang des Verwaltungs- und Verfügungsrechts*

grundstück des Schuldnerunternehmens handelt und der Betrieb fortgeführt werden soll. Ist über das Vermögen des Schuldners das Insolvenzverfahren eröffnet worden, so ist auf Antrag des Insolvenzverwalters gem § 153 b Abs 1 ZVG die vollständige oder teilweise **Einstellung der Zwangsverwaltung** anzuordnen, wenn der Verwalter glaubhaft macht, dass durch die Fortsetzung der Zwangsverwaltung eine wirtschaftlich sinnvolle Nutzung der Insolvenzmasse wesentlich erschwert wird. Allerdings ist die Einstellung mit der Auflage anzuordnen, dass die Nachteile, die dem betreibenden Gläubiger aus der Einstellung erwachsen, durch laufende Zahlungen aus der Insolvenzmasse ausgeglichen werden (§ 153 b Abs 2 ZVG). Zum **Beschwerderecht des Schuldners**, wenn der Verwalter es unterlässt, einer drohenden Verschleuderung des Vermögens durch Schutzanträge nach § 765 a ZPO entgegenzutreten, **bejahend** OLG Celle vom 30. 7. 1981, ZIP 1981, 1005, 1006; vgl BVerfGE 51, 405 = NJW 1979, 2510; *J. Berkemann* JuS 1980, 871 ff.

147 Grundsätzlich ist auch der **Insolvenzverwalter verpflichtet**, im Fall der Masseunzulänglichkeit die **eidesstattliche Versicherung** unter den Voraussetzungen der §§ 807, 883 ZPO für die Insolvenzmasse abzugeben (**OLG Dresden LZ 1917, 421;** *Kilger/K. Schmidt* § 57 KO Anm 4; *Zöller/Stöber* § 807 ZPO Rn 11). Eine Verpflichtung zur Abgabe der EV kommt nur in seltenen **Ausnahmefällen** in Betracht, da die Vorschriften der InsO gegenüber den Rechten der Massegläubiger Vorrang genießen. Für Insolvenzgläubiger iSv § 38 steht einem solchen Antrag ohnehin die Vorschrift des § 89 entgegen. Für Massegläubiger greifen idR die Vorschriften der §§ 207 ff ein, wenn Masselosigkeit (§ 207) vorliegt oder wenn der Verwalter die Masseunzulänglichkeit anzeigt (§ 208). Für letzteren Fall ergibt sich die Unzulässigkeit der EV aus § 210. Nach der InsO dürfte es kaum noch Fälle geben, in denen das **Rechtsschutzinteresse für eine Offenbarungsversicherung** für einen Massegläubiger vorhanden ist. Es bleiben allenfalls die Fälle, in denen der Gläubiger konkrete Anhaltspunkte dafür darlegen kann, dass die Feststellung der Masselosigkeit oder der Masseunzulänglichkeit unzutreffend war (MüKo-*Eickmann* § 807 ZPO Rn 28). Ansonsten dient der Schutz des § 210 auch dem Insolvenzverwalter, der die Masseunzulänglichkeit angezeigt hat. Hat der Insolvenzverwalter ausnahmsweise die Eidesstattliche Versicherung für die Insolvenzmasse abgegeben, so wird sein **Name im Schuldnerverzeichnis nicht aufgenommen**, sondern nur der Vermerk „Der Verwalter über das Vermögen der Insolvenzmasse X". In der Praxis kommt es meist vorher zu einer Verfahrenseinstellung nach § 207.

V. Das Strafantragsrecht des Insolvenzverwalters

148 Bei Schädigung der Insolvenzmasse steht dem Insolvenzverwalter das Strafantragsrecht nach §§ 247, 248a, 248b, 257, 303c, 77 StGB, wegen Patentverletzung (§ 49 Abs 2 PatG) oder wegen unlauteren Wettbewerbs (§ 22 UWG) sowie nach § 109 UrhRG zu (*Jaeger/Henckel* § 6 KO Rn 146). Umstritten ist aber, ob der Verwalter allein antragsberechtigt ist oder ob auch der Schuldner bzw organschaftliche Vertreter des Schuldnerunternehmens das Recht zur Stellung eines Strafantrags hat (vgl K/U § 6 KO Rn 32). Soweit es sich zB bei § 247 StGB um Vermögen handelt, das nicht dem Insolvenzbeschlag unterliegt, steht das Antragsrecht dem Schuldner zu. Der Insolvenzverwalter kann dagegen nicht die Strafantragsrechte der Insolvenzgläubiger ausüben (*Jaeger/Henckel* § 6 KO Rn 146). Beim Straftatbestand der Vereitelung der Zwangsvollstreckung (§ 288 Abs 1 StGB) steht das Antragsrecht des § 288 Abs 2 StGB nur den betroffenen Gläubigern zu (**RGSt 33, 433; RGSt 35, 149;** RGZ 59, 86; *Jaeger/Henckel* § 6 KO Rn 146; *Schönke/Eser/Heine* § 288 StGB Rn 28). Dies folgt aus § 77 Abs 1 StGB, wonach nur der Verletzte den Antrag stellen kann, wenn die Tat nur auf Antrag verfolgbar ist. Wird allerdings über das Vermögen des Gläubigers ein Insolvenzverfahren eröffnet, so besteht sein Antragsrecht neben demjenigen des Insolvenzverwalters fort (**RGSt 23, 222; RGSt 33, 435; RGSt 35, 149**). Im **Klageerzwingungsverfahren** nach § 172 StPO ist der Insolvenzverwalter über das Vermögen einer natürlichen Person nicht zur Stellung des Antrags befugt, weil er persönlich nicht der Verletzte ist. Wohl aber kann der Insolvenzverwalter einer juristischen Person einen Antrag auf gerichtliche Entscheidung nach § 172 Abs 3 S 1 StPO stellen, soweit diese von dem Delikt betroffen ist und es sich nicht um eine Straftat handelt, die im Wege der Privatklage zu verfolgen ist.

G. Rechte und Pflichten des Insolvenzverwalters

I. Allgemeines

149 Der Insolvenzverwalter ist zu allen Maßnahmen berechtigt und verpflichtet, die ihm nicht nur nach der InsO, sondern auch nach dem HGB und sonstigen Gesetzen obliegen. Seine Aufgabe besteht darin, die sogen Ist-Masse zur sogen Soll-Masse zu berichtigen, dh, er hat die Insolvenzmasse (§ 35) in Besitz und Verwahrung zu nehmen, die Aussonderungsrechte der Gläubiger zu bedienen, Gegenstände, die der Absonderung unterliegen, soweit zulässig, zu verwerten und Vermögensstücke, die der Masse in anfechtbarer Weise (§§ 129 ff) entzogen worden sind, im Wege der Anfechtungsklage der Masse wieder zuzuführen. Er hat uU anhängige Aktiv- oder Passivprozesse aufzunehmen oder die Aufnahme abzulehnen (§§ 85, 86) und neue Prozesse einzuleiten, soweit diese die Masse betreffen. Schließlich hat der

Verwalter die Aufgabe, die vorhandene Insolvenzmasse zu verwerten und nach Prüfung der Forderungen die Gläubiger entsprechend der Feststellung zur Insolvenztabelle entsprechend dem Verteilungsverzeichnis (§ 188) zu befriedigen.

II. Rechts- und insolvenzzweckwidrige Handlungen des Verwalters

Der Insolvenzverwalter hat nicht nur das Verwaltungs- und Verfügungsrecht über die Insolvenzmasse nach § 80 Abs 1, sondern zugleich auch die Aufgabe, gem § 159 nach dem Berichtstermin unverzüglich das zur Insolvenzmasse gehörende Schuldnervermögen zu verwerten. Dabei unterliegt er jedoch **gewissen Schranken.** Rechts- und insolvenzzweckwidrige Handlungen des Insolvenzverwalters waren nach früher hM (endgültig) unwirksam, also nichtig, denn der Verwalter darf nur solche Handlungen vornehmen, die dem Verfahrensrecht nicht widerstreiten (vgl die Übersicht über Literatur und Rechtsprechung bei *Jaeger/Windel* § 80 Rn 252 Fn 1759, 1760; K/P/B/*Lüke* § 80 Rn 28 ff). Handlungen, die unrechtmäßig sind oder **dem Insolvenzzweck offenbar zuwiderlaufen,** bei denen also der Verstoß unter allen in Betracht kommenden Gesichtspunkten für jeden verständigen Menschen offensichtlich ist, **waren schlechthin unwirksam** (RGZ 23, 54, 62; RGZ 29, 80 ff; RGZ 53, 190, 192 f; RGZ 57, 195, 199; RGZ 63, 203, 213; RGZ 76, 244, 250; BGH v 22. 2. 2001 – IX ZR 191/98, BGHZ 147, 28; BGH 135, 25; BGHZ 129, 336; BGH v 20. 3. 2008, NZI 2008, 365 = ZIP 2008, 884; BGH LM § 6 KO Nr 3; BGH NJW 1971, 701 = KTS 1971, 206; *Jaeger/Henckel* § 6 KO Rn 150; *Jauernig* FS Friedr. Weber S 307 ff; K/P/B/*Lüke* § 80 Rn 28; *Kilger/K. Schmidt* § 6 KO Anm 6 aa; N/R/*Wittkowski* § 80 Rn 132; MüKo-*Ott/Vuia* § 80 Rn 61, 62; HK-*Kayser* § 80 Rn 34; *Preuß* NZI 2003, 625; *Spickhoff* KTS 2000, 15 ff). Nach *K. Schmidt* (*Kilger/K. Schmidt* § 6 KO Anm 6 aa) geht es der Sache nach um die Anwendung der Grundsätze über den Missbrauch der Vertretungsmacht (vgl auch *K. Schmidt* KTS 1984, 389 ff), was sich aus der Vertretertheorie ergibt.

Nach **neuerer Auffassung** finden die Grundsätze über den **Missbrauch der Vertretungsmacht** entsprechende Anwendung (so zB BGH v 25. 4. 2002 – *Spickhoff* KTS 2000, 15 ff; *Jaeger/Windel* § 80 Rn 252; *Preuß* NZI 2003, 625 ff; *Mohrbutter/Mohrbutter* DZWIR 2003, 1, 6; BerlKo-*Blersch/v. Olshausen* § 80 Rn 25). Nach *Spickhoff* (KTS 2000, 15 ff) müssen **zwei Voraussetzungen** erfüllt sein, um die Grundsätze des Missbrauchs der Vertretungsmacht zu bejahen: Einmal eine **insolvenzzweckwidrige Rechtshandlung des Verwalters,** zum anderen mindestens **grobe Fahrlässigkeit des Geschäftsgegners** in Bezug auf die entsprechende Pflichtverletzung des Verwalters. Auf die Evidenz der Pflichtwidrigkeit des Verwalters soll es nicht ankommen (vgl auch *Jaeger/Windel* § 80 Rn 252; MüKo-*Ott/Vuia* § 80 Rn 61).

Die **Rechtsprechung des BGH** hält daran fest, dass Verfügungen des Insolvenzverwalters unwirksam sind, die dem Insolvenzzweck der gleichmäßigen Gläubigerbefriedigung (§ 1 S 1) offenbar zuwiderlaufen, bei denen der Verstoß also für einen verständigen Beobachter ohne Weiteres ersichtlich ist (BGH v 20. 3. 2008, NZI 2008, 365 m Anm *Rein*; OLG Celle ZIP 2006, 1364). Wirksam sind dagegen Verfügungen des Insolvenzverwalters, die nur unzweckmäßig oder sogar unrichtig sind (BGH NZI 2008, 365; BGHZ 150, 353, 360; BGH ZIP 1983, 589; BGH ZIP 1993, 1886, 1891). Richtig ist, dass die sog **Evidenztheorie** (vgl BGHZ 113, 315, 320) keine eindeutige Grenzziehung zulässt (HK-*Kayser* § 80 Rn 35; K/P/B/*Lüke* § 80 Rn 30; *Jaeger/Windel* § 80 Rn 252). Die Entscheidung des BGH v 20. 3. 2008 (- IX ZR 68/06, NZI 2008, 365) lässt ebenso wie frühere Entscheidungen (BGHZ 150, 353, 361 = NZI 2002, 375; BGH NZI 2008, 27) erkennen, dass der BGH nicht mehr allein auf den **evidenten Widerspruch zum Insolvenzzweck** abstellt, sondern auch auf **subjektive Elemente.** Dem Geschäftspartner müssen sich aufgrund der Umstände des Einzelfalles ohne Weiteres begründete Zweifel an der Vereinbarkeit der Handlungen mit dem Zweck des Insolvenzverfahrens aufdrängen, es ist ihm also „der Sache nach" zumindest **grobe Fahrlässigkeit** vorzuwerfen (vgl auch BGH NJW 1983, 2018; BGHZ 124, 27; MüKo-*Ott/Vuia* § 80 Rn 62; N/R/*Wittkowski* § 80 Rn 132 f; K/P/B/*Lüke* § 80 Rn 28; krit *Jaeger/Windel* § 80 Rn 252). Unabhängig ob man nach der **Lehre vom Missbrauch der Vertretungsmacht** für eine Differenzierung nach Verkehrskreisen des Vertragspartners (so *Spickhoff* KTS 2000, 15, 31–35) oder für die **Stellung des Geschäftsgegners in Bezug auf das Insolvenzverfahren** (so *Preuß* NZI 2003, 625, 630 f) plädiert, droht man nach zutr Feststellung von *Windel* (*Jaeger/Windel* § 80 Rn 252) „endgültig von der Fragestellung abzukommen, was der Insolvenzverwalter in Bezug auf einzelne Verwaltungsmaßnahmen kann und darf". Überzeugender wäre es, den Begriff der Insolvenzzweckwidrigkeit von subjektiven Elementen zu befreien und objektiv auf den Verfahrenszweck, dh das **Interesse aller beteiligten Gläubiger,** abzustellen (so auch K/P/B/*Lüke* § 80 Rn 30). An die Stelle des unbestimmten Kriteriums der **offensichtlichen Insolvenzzweckwidrigkeit** sollte das Kriterium eines **objektiv schwerwiegenden Verstoßes gegen Verwalterpflichten** treten. Die Entscheidung des BGH v 20. 3. 2008 (NZI 2008, 365 m Anm *Rein*) hat Kritik erfahren. *Frege/Keller* (NZI 2009, 11 ff) weisen darauf hin, dass der BGH mit der Entscheidung eine weitere, neue Kategorie der Insolvenzzweckwidrigkeit geschaffen hat, nämlich die wirtschaftlich nicht gebotene Abgeltung eines formal bestehenden Rechts. Zur Vermeidung der Haftung (§ 60) werde er sich daher die freihändige Verwertung auch unter Hinnahme von Zahlungen an nachrangige Grundpfandrechtsgläubiger vom Gläubigerausschuss oder der Gläubigerversammlung genehmigen lassen (§ 160 Abs 1, 2 Nr 1).

153 **1. Kondizierbarkeit des insolvenzzweckwidrig Erlangten.** Umstritten ist die Rechtsgrundlage für die Herausgabe des durch insolvenzzweckwidrige Handlungen des Verwalters Erlangten. Der Empfänger gesetzwidriger Leistungen des Insolvenzverwalters ist grundsätzlich aus dem Gesichtspunkt ungerechtfertigter Bereicherung (§ 812 Abs 1 S 1 BGB) zur Rückzahlung des vollen Betrages verpflichtet (**BGH** WM 1974, 1218, 1219; OLG Düsseldorf v 8. 3. 1995, ZIP 1995, 1100, 1101; N/R/*Wittkowski* § 80 Rn 137; *Hess* § 80 Rn 339; *Jaeger/Henckel* § 6 KO Rn 154). Für die Fälle insolvenzzweckwidriger Handlungen nimmt die **hM dingliche Unwirksamkeit** an. Danach hat der Empfänger die Leistung herauszugeben, ohne sich auf den Wegfall der Bereicherung berufen zu können (MüKo-*Ott/Vuia* § 80 Rn 63). Die einmal eingetretene Unwirksamkeit dauert über das Insolvenzverfahren hinaus (vgl **BGH** LM Nr 3 zu § 6 KO = JZ 1955, 337 = ZZP 68, 35). *Jaeger/Henckel* (§ 6 KO Rn 154 ff) und auch der **BGH** (v 20. 3. 2008, NZI 2008, 365 m Anm *Rein*) sprechen sich dagegen für die **bereicherungsrechtliche Lösung** aus, wenngleich der **BGH** auch zur anfechtungsrechtlichen Lösung tendiert (HK-*Kayser* § 80 Rn 35; vgl auch BGHZ 154, 194; 165, 289). Richtig ist, dass derjenige, der versehentlich vom Insolvenzverwalter eine höhere Quote als die ihm zustehende erhält, nach Bereicherungsgrundsätzen haftet, denn der Verwalter hat insoweit ohne Rechtsgrund geleistet (*W. Henckel* FS Weber 1975 S 237, 244). § 812 BGB findet auch Anwendung, wenn der Verwalter eine in Wahrheit nicht oder nicht in dieser Höhe bestehende Forderung, ein nicht bestehendes Aus- oder Absonderungsrecht irrtümlich durch Vertrag anerkennt oder ein Zurückbehaltungsrecht vertraglich einräumt in der Meinung, hierzu verpflichtet zu sein (*Jaeger/Henckel* § 6 KO Rn 154; *Spickhoff* KTS 2000, 15, 20 f). *Henckel* spricht insoweit von einer Verdinglichung der bereicherungsrechtlichen Abwicklung. Die Annahme einer **dinglichen Unwirksamkeit** hat den Vorteil, dass sich der Empfänger der Leistung nicht auf den Wegfall der Bereicherung berufen kann, auch wenn er die Zweckwidrigkeit des Verwalterhandelns nicht gekannt hat.

154 **2. Beispiele:** Offensichtlich insolvenzzweckwidrig und daher unwirksam sind objektive schwerwiegende Verstöße, wie zB **Schenkungen** aus der Masse (**RG** v 14. 5. 1911, RGZ 76, 191), die **Anerkennung nicht bestehender Aus- und Absonderungsrechte** (vgl RGZ 23, 54, 63; RGZ 41, 1, 2; BGHZ 118, 374, 379 f; **BGH** NJW 1958, 670; **BGH** NJW 1994, 326; **BVerwG** NJW 1984, 2427; *Jauernig* FS Weber S 307 ff) sowie die grundlose Anerkennung von Aufrechnungsbefugnissen (RGZ 40, 121, 125; OLG München KTS 1957, 47, 48; K/P/B/*Lüke* § 80 Rn 31; HK-*Kayser* § 80 Rn 35). Umstritten ist, ob gewagte Geschäfte, wie zB **Börsenspekulationsgeschäfte** mit Massemitteln, dem Insolvenzzweck offensichtlich widersprechen (**bejahend** RGZ 29, 80, 84; K/P/B/*Lüke* § 80 Rn 31; **verneinend** K/U § 6 KO Rn 39). Bei **Börsenspekulationsgeschäften** des Insolvenzverwalters mit Massemitteln, wie auch für die Masse, bejaht die hM zutreffend die Insolvenzzweckwidrigkeit (vgl RGZ 29, 80, 84; RGZ 57, 199; RGZ 76, 249 f; OLG Schleswig SchlHA 1956, 239; LG Aachen MDR 1952, 368; K/P/B/*Lüke* § 80 Rn 31; *Kilger/K. Schmidt* § 6 KO Anm 6 aa); *Kiesow* JW 1937, 1375). Die **Abtretung einer zur Insolvenzmasse** (§ 35) **gehörigen Forderung** ist unwirksam, wenn der Verstoß gegen den Insolvenzzweck unter allen in Betracht kommenden Umständen für einen verständigen Menschen offensichtlich ist (**BGH** v 13. 1. 1983, NJW 1983, 2018 = KTS 1983, 291 = ZIP 1983, 589). Ist die **Rechtslage zweifelhaft**, ist ein Vergleich des Insolvenzverwalters nicht insolvenzzweckwidrig. Anders aber, wenn der Vergleich ein offensichtlich nicht bestehendes Aus- oder Absonderungsrecht zum Gegenstand hat (vgl **OLG Düsseldorf** v 20. 10. 1994, ZIP 1995, 55). Soweit der Verwalter einen **Vergleich** abschließt, um eine unklare Rechtslage zu bereinigen, erfolgt seine Leistung nicht ohne Rechtsgrund (**OLG Düsseldorf** ZIP 1995, 55 ff; *Jaeger/Windel* § 80 Rn 259; *Jaeger/Henckel* § 6 KO Rn 158). Einer Schenkung gleich kommt es aber, wenn der Insolvenzverwalter bewusst einen Gegenstand der Insolvenzmasse weit unter Wert verkauft, um dem Geschäftspartner einen diesem nicht zukommenden Vorteil zu verschaffen und der Empfänger die Umstände kennt oder einem verständigen Dritten diese ohne weiteres erkennbar sein mussten (*Jaeger/Henckel* § 6 KO Rn 158). Unwirksam kann wegen Insolvenzzweckwidrigkeit auch die **Ablösung einer Sicherungshypothek** sein (**OLG Düsseldorf** v 8. 3. 1995, ZIP 1995, 1100). Zur Zulässigkeit der **Zahlung von Erfolgshonoraren** an Steuerberater durch den Insolvenzverwalter *Biegelsack* NZI 2008, 153 ff. Insolvenzzweckwidrig ist auch, wenn der Verwalter eine **nicht bestehende Masseverbindlichkeit** anerkennt oder eine Masseverbindlichkeit, die erkennbar Insolvenzforderung iSv § 38 ist (vgl *Kilger/K. Schmidt* § 6 KO Anm 6 a aa; K/P/B/*Lüke* § 80 Rn 31). Keine Nichtigkeit ist aber gegeben, wenn der Verwalter irrtümlich annimmt, dem Gläubiger stehe eine Masseforderung iSv § 55 zu (**str aA** N/R/*Wittkowski* § 80 Rn 134). Unter keinem Gesichtspunkt insolvenzzweckwidrig ist die **Betriebsfortführung** im Rahmen eines Insolvenzverfahrens (vgl **BGH** v 10. 4. 1979, ZIP 1980, 851; K/P/B/*Lüke* § 80 Rn 31). Offensichtlich insolvenzzweckwidrig kann aber die **unterlassene Betriebsstillegung** im Eröffnungsverfahren sein, wenn für alle Beteiligten erkennbar ist, dass die Fortführung des Unternehmens nicht nur wirtschaftlich sinnlos ist, sondern auch zu einer erheblichen Verminderung der Haftungsmasse führt. Die im Rahmen einer gesetzwidrigen Betriebsfortführung erfolgenden Leistungen des Verwalters können aber nicht zurückgefordert werden. Vielmehr kommt nur eine Haftung nach § 60 in Betracht. Zu insolvenzzweckwidrigen Maßnahmen juristischer Personen in der **Eigenverwaltung** s *Chr. Huhn*, Die Eigenverwaltung im Insolvenzverfahren 2003 Rn 609 ff.

III. Wahrnehmung von Gläubigerinteressen

Der Insolvenzverwalter hat grundsätzlich keine Einzelinteressen, sondern das **Gesamtinteresse der In-** 155
solvenzgläubiger wahrzunehmen. Zum Kreis seiner Obliegenheiten gehört darum nicht die Verfolgung
von Ansprüchen, die einzelnen Insolvenzgläubigern gegen Dritte zustehen; zu ihrer Geltendmachung ist
er nicht befugt (RGZ 73, 241; RGZ 154, 284; K/U § 6 KO Rn 40). Gem § 92 ist er dagegen verpflichtet, Ansprüche der Insolvenzgläubiger auf Ersatz eines Schadens, den diese Gläubiger gemeinschaftlich
durch eine Verminderung des zur Insolvenzmasse gehörenden Vermögens vor oder nach Verfahrenseröffnung erlitten haben (Gesamtschaden), gegen den Dritten geltend zu machen. Gleiches gilt für die
persönliche Haftung der Gesellschafter nach § 93. Insoweit nimmt er die berechtigten Interessen der
Insolvenzgläubiger in ihrer Gesamtheit wahr. Dabei ist es gleichgültig, ob dem Schuldner ohne Verfahrenseröffnung ein solcher Schadenersatzanspruch zugestanden hätte (**BGH** WM 1973, 1354, 1355).
Geltend zu machen hat der Insolvenzverwalter Ansprüche der Gesellschaft gegen die Gesellschafter auf
rückständige Einlagen, auf Nachschüsse oder auf Erstattung verbotener Einlagenrückgewähr nach § 31
Abs 1 GmbHG. Auch Schadenersatzansprüche gegen die Geschäftsführer einer GmbH nach den §§ 43,
24 Abs 2 GmbHG oder gegen sonstige Organmitglieder sind von ihm für die Masse geltend zu machen
und durchzusetzen (vgl *Uhlenbruck*, Haftungstatbestände bei Konkursverursachung und -verschlep-
pung, DStR 1991, 351 ff; *K. Schmidt* ZIP 1988, 1497 ff).

Besondere Pflichten können dem Insolvenzverwalter gegenüber sogen **Neugläubigern** erwachsen. 156
Dies gilt vor allem in den Fällen der Masselosigkeit und der Massearmut. Ist der Eintritt der Massezulänglichkeit wahrscheinlicher als der Nichteintritt, so trifft den Vertragspartner des Verwalters ein erhöhtes Risiko, das über die allgemeinen Gefahren eines Vertragsabschlusses mit einem Insolvenzverwalter weit hinausgeht und das den Verwalter daher nach allgemeinen schuldrechtlichen Grundsätzen zu
einer **Warnung des Vertragspartners** bzw zur besonderen Information verpflichtet (s aber auch **LG
Dresden** ZIP 2004, 2016; *K. Schmidt/Uhlenbruck*, Die GmbH in Krise, Rn 7.134. Der Begründung einer neuen Verbindlichkeit durch den Insolvenzverwalter steht es gleich, wenn dieser die Erfüllung eines
gegenseitigen Vertrages (§ 103 Abs 1) wählt oder von der möglichen Kündigung eines Dauerschuldverhältnisses absieht. Den Insolvenzverwalter trifft zwar keine insolvenzspezifische Pflicht, Neumassegläubiger bei Vertragsschluss über das allgemeine Befriedigungsrisiko von Betriebsfortführungen in der Insolvenz aufzuklären oder zum Schutz von Neumassegläubigern eine gebotene Betriebsfortführung zu
unterlassen (**BGH** v 25. 2. 1988, BGHZ 103, 110, 114; BGHZ 100, 346 ff; BGHZ 99, 151 ff); etwas
anderes gilt aber, wenn aufgrund besonderer Umstände im Einzelfall gegenüber dem Vertragspartner
eine **besondere Pflichtenbindung** eingetreten ist. Eine solche **Pflichtenbindung** des Insolvenzverwalters
ist zu bejahen, wenn das Unternehmen längere Zeit von ihm fortgeführt wird und ein Insolvenzgläubiger das Insolvenzunternehmen weiter beliefert, weil er auf die Massezulänglichkeit vertraut (vgl **BGH**
v 10. 4. 1979, NJW 1980, 55).

Die Frage der **Aufklärungs- und Informationspflicht** ist nicht zu verwechseln mit der Frage nach der 157
Haftung gem § 61. Unabhängig von der Haftung nach § 61 greift eine **vertragliche Haftung** des Insolvenzverwalters nach § 311 Abs 1, 2 BGB, wenn er gegenüber Neugläubigern Aufklärungs- und Informationspflichten verletzt (vgl auch **BGH** v 27. 2. 1973, NJW 1973, 1043 = VersR 1973, 521; **BGH**
WM 1975, 517). Zur Haftung aus **Garantieerklärung** s **BAG** v 25. 6. 2009 – 6 AZR 210/08, ZInsO
2009, 1648; **ArbG Essen** ZInsO 2009, 54 ff. Zu den Grenzen und Pflichten eines Insolvenzverwalters,
bei Vertragsverhandlungen, die den Vertragspartner aufzuklären und zu
beraten, vgl auch **BGH** v 5. 10. 1982, ZIP 1982, 1458, 1460 f. Nimmt der Insolvenzverwalter im Rahmen der Anbahnung von Vertragsverhandlungen oder im Verlauf längerfristiger Verträge **besonderes
Vertrauen** in Anspruch oder garantiert er persönlich die Vertragserfüllung, so haftet er gegenüber dem
Vertragspartner nicht nur nach cic, sondern nach § 60. Zur Haftung des vorl Verwalters s **OLG** Rostock ZIP 2005, 220; **OLG Celle** NZI 2004, 89; **OLG Celle** ZInsO 2004, 865. Im Rahmen der **Eigenverwaltung** nach den §§ 270 ff treffen den Schuldner die allgemeinen vertraglichen Pflichten und eine
Haftung tritt nach allgemeinen Grundsätzen ein. § 60 findet auf den eigenverwaltenden Schuldner keine entsprechende Anwendung.

IV. Inbesitznahme und Abwehr unberechtigter Angriffe

Soweit es sich um Sachen handelt (§ 90 BGB), hat sich der Insolvenzverwalter den Besitz an den Sa- 158
chen zu verschaffen (§ 854 BGB). Da er unmittelbarer Besitzer ist, stehen ihm die **Selbsthilferechte** und
Besitzschutzansprüche nach §§ 859, 861 f BGB zu (*Häsemeyer* InsR Rn 13.02; s aber auch *Jaeger/
Windel* § 80 Rn 60 ff). Der Insolvenzverwalter hat generell die Masse (§ 35) vor unberechtigten Angriffen und Eingriffen zu schützen. Hierzu gehört auch uU die **Anfechtung von Gesellschafterbeschlüssen** oder die Geltendmachung der Nichtigkeit einer Bilanz. Ist die Rechtslage zweifelhaft, hat der Verwalter auch massefremde Sachen in Besitz zu nehmen. Befinden sich offen sichtlich massefremde
Sachen in seinem Besitz, trifft ihn eine insolvenzspezifische Sicherungspflicht wie auch bei sonstigen
Massegegenständen (vgl **OLG Hamburg** ZIP 1996, 386; *Häsemeyer* InsR Rn 13.02). Auch **Rechtsbe-
einträchtigungen** hat der Verwalter zu begegnen und vorzusorgen, dass solche nicht eintreten. Deshalb

§ 80

hat er **Urkunden**, die über Rechte ausgestellt worden sind, ebenfalls in Besitz zu nehmen (*Häsemeyer* InsR Rn 13.03). So hat er ins besondere Sparbücher und Grundpfandbriefe in seinen Besitz zu bringen sowie Geschäftsbücher des Schuldners, die gem § 36 Abs 2 Nr 1 zur Insolvenzmasse gehören. Geschäftspartner, mit denen der Schuldner in laufender Geschäftsverbindung gestanden hat, sind über die Verfahrenseröffnung grundsätzlich durch die Veröffentlichung des Beschlusses informiert.

159 Daneben besteht jedoch eine **besondere Unterrichtungspflicht** des Verwalters, wenn **Schäden für die Masse drohen**. So hat zB der Verwalter die Banken, bei denen der Schuldner Konten unterhält, zu informieren, damit Verrechnungen mit Eingängen auf debitorischen Konten nicht mehr erfolgen. Schließlich gehört es zu den Verwalterpflichten, **Vollstreckungen einzelner Insolvenzgläubiger** abzuwehren (§§ 89, 90) sowie Sicherungs- und Eigentumsvorbehaltsgläubiger daran zu hindern, das Sicherungsgut bzw das Eigentum vorzeitig herauszuholen und zu verwerten. Vor allem im Insolvenzeröffnungsverfahren kann es geboten sein, einen **Beschluss des Insolvenzgerichts** nach § 21 Abs 2 herbeizuführen, um massemindernde Maßnahmen der Gläubiger zu verhindern. Zu den Pflichten des Verwalters gehört es auch, sein **Besitzrecht gegenüber dem Schuldner** durchzusetzen. Gibt der Schuldner massezugehörige Sachen nicht freiwillig heraus, räumt er Wohn- oder Geschäftsräume nicht, bleibt dem Verwalter nichts anderes übrig, als den Besitz zwangsweise nach den §§ 883, 885 ZPO durchzusetzen. **Vollstreckungstitel** ist die vollstreckbare Ausfertigung des Eröffnungsbeschlusses (§ 148 Abs 2 S 1). Einzelheiten zur Durchsetzung des Herausgabeanspruchs gegen den Schuldner in der Kommentierung zu § 159. Bevor er zur Verwertung nach § 159 berechtigt ist, hat der Verwalter zunächst auch die **Masse zu sichern**. So ist er insbesondere verpflichtet, für einen **ausreichenden Versicherungsschutz** Sorge zu tragen, wie zB für eine Versicherung gegen Diebstahl-, Feuer-, Sturm- und Wasserschäden. Die Obhuts- und Sorgfaltspflichten treffen ihn auch in Bezug auf Gegenstände des Schuldnervermögens, die mit Absonderungsrechten belastet sind. Die Verpflichtung, für einen ausreichenden Versicherungsschutz zu sorgen, besteht unabhängig davon, ob die Verwertung der belastenden Gegenstände einen Überschuss für die Masse erbringen wird oder ob die Verwaltung ansonsten vorteilhaft für die Masse ist (vgl **BGH** MDR 1953, 164; **BGH** v 29. 9. 1988, BGHZ 103, 230 ff betr Sequester; **OLG** Köln ZIP 1982, 977; *Häsemeyer* InsR Rn 13.08).

V. Bindung des Verwalters an die vorgefundene Rechtslage

160 Wie bereits eingangs ausgeführt wurde, erlangt der Insolvenzverwalter durch den Übergang der Verwaltungs- und Verfügungsbefugnis nach § 80 Abs 1 keine weitergehenden Rechte als der Schuldner. Er ist vielmehr an die Rechtslage gebunden, die bei Eröffnung des Verfahrens besteht (**BGH** v 28. 2. 1957, BGHZ 24, 15, 18; **BGH** v 7. 5. 1965, BGHZ 44, 14; BGHZ 56, 228; **BGH** ZIP 1995, 225, 226; K/P/B/ *Lüke* § 80 Rn 42; MüKo-*Ott* § 80 Rn 43). Unabhängig von den besonderen insolvenzrechtlichen Regeln zur Beendigung schwebender Geschäfte ist der Verwalter berechtigt, die dem Schuldner zustehenden Gestaltungsrechte, wie zB Kündigung (§ 488 Abs 3 Satz 1 BGB), Rücktritt (§ 349 BGB iVm § 323 Abs 1 BGB), Widerruf in kostspieligen Verbrauchergeschäften (§ 355 BGB) auszuüben (vgl *Chr. Becker*, Insolvenzrecht, 2. Aufl Rn 899). Vom Schuldner begründete vertragliche Pflichten sind vom Insolvenzverwalter zu erfüllen, soweit nicht die InsO, wie zB in § 87, eine Sonderregelung vorsieht. Insolvenzgläubiger können gem §§ 87, 103 ff ihre Forderungen nur nach den Vorschriften über das Insolvenzverfahren verfolgen. Da der Verwalter grundsätzlich nicht nur in die Rechte des Schuldners bzw Schuldnerunternehmens, sondern auch in dessen Pflichten eintritt, hat er **geschützte Rechte Dritter** (dingliche und sonstige Schutzrechte, wie Patent-, Gebrauchsmuster-, Warenzeichenrechte) ebenso zu beachten wie der Schuldner (**BGH** NJW 1975, 1969). Verletzt er schuldhaft solche Rechte Dritter, löst er Masseverbindlichkeiten nach § 55 Abs 1 Nr 1 aus sowie bei Verschulden seine persönliche Haftung nach § 60. Auch sonstige Beschränkungen, die das von ihm verwaltete Schuldnervermögen betreffen, hat er zu beachten, wie etwa ein vereinbartes **Wettbewerbsverbot** (BGHZ 56, 228, 231; Einzelheiten MüKo-*Ott/Vuia* § 80 Rn 116–119). Die §§ 103 ff, 129 ff, 166, 173 InsO, 171 Abs 2 HGB, 62 Abs 2, 93 Abs 5 S 4 AktG sind gesetzliche Ausnahmeregelungen (vgl BGHZ 19, 338, 340). Zu den Rechten und Pflichten des Insolvenzverwalters in der Insolvenz eines **Wohnungseigentümers** s **AG** Neukölln ZMR 2005, 659 ff; **AG** Kassel ZMR 2005, 743 f; *Vallender* NZI 2004, 401, 404 ff; *Ben P. Elsner* in *Mohrbutter/Ringstmeier* Hdb § 24 Rn 7–10. Von der Bindungswirkung gibt es jedoch **Ausnahmen:**

161 **1. Schuldrechtliche Verpflichtungen.** Vom Schuldner vor Verfahrenseröffnung getroffene Vereinbarungen, die das Wahlrecht des Verwalters nach den §§ 103–118 ausschließen oder beschränken, sind unwirksam (§ 119). ZB können Auftrags- oder Geschäftsbesorgungsverhältnisse sowie Vollmachten nicht entgegen den Regelungen in den §§ 115–117 für den Fall der Insolvenz unwiderruflich erteilt werden (**RG** v 27. 11. 1909, **RG** LZ 1910, 216; **RG** v 6. 11. 1934, RGZ 145, 253, 254; K/P/B/*Tintelnot* § 119 Rn 7). Vgl auch *Schwörer*, Lösungsklauseln für den Insolvenzfall, Köln 2000; *Tintelnot*, Vereinbarung für den Konkursfall, 1991; ferner die Kommentierung zu § 119. Zu **Geheimhaltungsvereinbarungen** des Schuldners s *Wenner/Schuster* ZIP 2005, 2191 ff. Ist eine Forderung, die selbst nur gem §§ 174 ff zur Tabelle angemeldet werden kann, durch eine Vormerkung (§ 106) gesichert, so bewahrt die Vormerkung auch im Insolvenzverfahren ihre dingliche Wirkung gegenüber dem Insolvenzverwalter (*Jaeger/Henckel* § 6 KO Rn 148).

G. Rechte und Pflichten des Insolvenzverwalters § 80

2. Das Anfechtungsrecht. Das Anfechtungsrecht beruht nicht auf § 80 Abs 1. Es steht dem Insolvenzverwalter auch nicht als Recht des Schuldners, sondern kraft gesetzlicher Übertragung nach den §§ 129 ff zu (vgl BGHZ 24, 393, 396; BGHZ 49, 11, 16; BGHZ 83, 102, 105 = ZIP 1982, 467; *Baur/Stürner* II Rn 20.1; str aA *Weber* KTS 1961, 49, 56; *Jaeger/Henckel* § 6 KO Rn 39, die auf die pfandrechtsähnliche Zuweisung der Masse als Sondervermögen abstellen). Das Insolvenzanfechtungsrecht gehört nicht zu den Rechten, hinsichtlich derer der Schuldner die Verwaltungs- und Verfügungsbefugnis verliert und der Insolvenzverwalter diese Befugnis erlangt. Vielmehr handelt es sich um ein **eigens für das Insolvenzverfahren geschaffenes Recht** (BGH v 10. 2. 1982, BGHZ 83, 102 = NJW 1982, 1765 = ZIP 1982, 467). Während nach dem AnfG außerhalb des Insolvenzverfahrens das Anfechtungsrecht dem einzelnen Gläubiger zusteht, ist im eröffneten Verfahren zur Geltendmachung der Insolvenzanfechtung ausschließlich der Insolvenzverwalter nach den §§ 129 ff berechtigt. Dem steht § 313 Abs 2 S 1 nicht entgegen, denn auch diese Vorschrift verschafft dem Gläubiger kein eigenes Recht. Nach § 16 Abs 1 S 1 AnfG ist der Insolvenzverwalter berechtigt, die von den Insolvenzgläubigern erhobenen Anfechtungsansprüche weiter zu verfolgen, wenn über das Vermögen des Schuldners das Insolvenzverfahren eröffnet wird. Ein anhängiger Anfechtungsprozess wird gem § 17 Abs 1 S 1 AnfG unterbrochen. Mit Beendigung des Insolvenzverfahrens können die Anfechtungsansprüche, die der Insolvenzverwalter geltend machen konnte, von den einzelnen Gläubigern nach dem AnfG verfolgt werden, soweit nicht dem Anspruch entgegenstehende Einreden gegen den Insolvenzverwalter erlangt sind (§ 18 Abs 1 AnfG), jedoch nicht durch Aufnahme des Prozesses.

162

3. Einreden und Einwendungen. Einreden und Einwendungen, die gegen einen Anspruch des Schuldners erhoben werden können, sind auch gegenüber dem Insolvenzverwalter zulässig (**BGH ZIP 1995, 225, 226**). Dem Verwalter kann jedoch nicht die **Arglisteinrede** entgegengehalten werden, wenn er bei der Sammlung und Verwertung der Masse hinderliche schuldrechtliche Verpflichtungen des Schuldners nicht berücksichtigt (*Jaeger/Lent* 8. Aufl § 6 KO Rn 22). Auch der **Einwand aus § 817 S 2 BGB** kann dem Verwalter entgegengehalten werden. Wenn der spätere Insolvenzschuldner eine gegen § 817 S 2 BGB verstoßende Leistung bewirkt hat, hat der Insolvenzverwalter keinen durchsetzbaren Anspruch (*Jaeger/Henckel* § 1 KO Rn 56; *Kuhn* WM 1957, 150; *ders* WM 1962, 946 f; *ders* KTS 1963, 71; *Weber* BB 1962, 1207). Hierfür ist es gleichgültig, ob § 817 S 2 BGB die Rückforderung des verbots- oder sittenwidrig Geleisteten strafweise ausschließt oder ob die Vorschrift den Bereicherungsanspruch als solchen zwar nicht verneint, aber ihm den Rechtsschutz versagt (vgl **BGH** v 28. 1. 1953, BGHZ 8, 348, 371; **BGH** v 7. 5. 1953, BGHZ 9, 333, 336). Das **Reichsgericht** (RGZ 99, 168, RG JW 1931, 2093 m Anm *Heymann*) und früher auch der **Bundesgerichtshof** (BGHZ 19, 338; BGH NJW 1962, 483) waren der Meinung, dass sich der Empfänger einer gesetz- oder sittenwidrigen Leistung dem Insolvenzverwalter gegenüber nicht auf § 817 S 2 BGB berufen kann. Auf der Grundlage der früheren Rechtsprechung würde sich ergeben, dass der Empfänger die ihm unter Sittenverstoß erbrachte Leistung zunächst behalten könnte, sie ab Eröffnung des Insolvenzverfahrens auf Klage aber herausgeben müsste, sie im Falle der Einstellung des Insolvenzverfahrens bei noch nicht beendetem und vom Schuldner fortgeführten Herausgabeprozess aber wieder behalten dürfte. Es ist deshalb zu begrüßen, dass der **BGH** seine frühere Rechtsprechung durch die Entscheidung vom 7. 12. 1988 (NJW 1989, 580 = ZIP 1989, 107) aufgegeben hat. Die Aufgabe der früheren Rechtsprechung (vgl BGHZ 19, 338; **BGH NJW 1962, 483**) entspricht nicht nur der überwiegenden Literaturmeinung, sondern überzeugt auch vom Ergebnis her (vgl auch *Jaeger/ Henckel* § 1 KO Rn 56).

163

VI. Verwertung der Insolvenzmasse

Der Insolvenzverwalter hat die Masse möglichst günstig zu verwerten, soweit die Beschlüsse der Gläubigerversammlung nicht entgegenstehen (§ 159; **BFH KTS 1971, 111, 113 f**). Im Insolvenzverfahren gilt der **Grundsatz der beschleunigten Liquidation** (**BGH NJW 1980, 55**). Der Gesetzgeber selbst setzt aber zeitliche Grenzen. Nach § 159 hat die Verwertung grundsätzlich erst **nach dem Berichtstermin** (§ 156) zu erfolgen. Hieraus ergibt sich, dass eine vor dem Berichtstermin erfolgende Verwertung nur in ganz besonderen Ausnahmefällen zulässig ist. Dem Verwalter ist es unbenommen, **zusätzliche Pflichten** zu übernehmen, wie zB die allgemeine Verkehrssicherungspflicht bezüglich eines Grundstücks (**BGH** v 17. 9. 1987, ZIP 1987, 1398; **BGH** v 4. 12. 1986, BGHZ 99, 151). Der Verwalter kann auch in der Insolvenz einer GmbH & Co KG die für die **gesonderte Gewinnfeststellung** erforderlichen steuerlichen Grundlagen erarbeiten, die allerdings von den Gesellschaftern bezahlt werden müssen. **S auch unten Rn 168**. Ist der Verwalter an einer **Verwertungsgesellschaft** unmittelbar beteiligt, so hat er dies dem Insolvenzgericht rechtzeitig anzuzeigen (**BGH ZIP 1991, 324**; *Ringstmeier* in *Mohrbutter/Ringstmeier* Hdb § 23 Rn 56). Einzelheiten zur Masseverwertung s die Kommentierung zu § 159.

164

VII. Öffentlich-rechtliche Pflichten des Insolvenzverwalters

Neben den in § 159 festgelegten Pflichten treffen den Insolvenzverwalter in zunehmendem Maße **öffentlich-rechtliche Pflichten gegenüber dem Staat**, deren schuldhafte Nichterfüllung zur Verantwort-

165

lichkeit nach § 60 führt. Kontaminationen des Grund und Bodens schuldnerischer Betriebe durch umweltgefährdende Gifte und Schadstoffe sind heute nicht nur ein bedrückendes Erbe jahrzehntelangen leichtfertigen Umgangs mit der Natur. Vielmehr hat die Umweltschutzproblematik inzwischen über den haftungsrechtlichen Aspekt hinaus auch **bilanzrechtliche und steuerrechtliche Dimensionen** angenommen, die erhebliche Auswirkungen nicht nur auf die Erträge und den Bestand von Unternehmen haben, sondern auch auf die **Überschuldungsprüfung** (vgl *Kloepfer*, Umweltrecht 1989; *Hoppe/Beckmann*, Umweltrecht 1989; *Bender/Sparwasser*, Umweltrecht, 2. Aufl 1990; *Kohte*, Altlasten in der Insolvenz 1999; *Eichhorn*, Altlasten im Konkurs, 1996; *Lwowski/Tetzlaff* WM 1998, 1509; *Franz* NZI 2000, 10; *K. Schmidt* ZIP 2000, 1913; *Herzig*, Konkurrenz von Rückstellungsbildung und Teilwertabschreibung bei Altlastenfällen, WPg 1991, 610; *Crezelius*, Zur Bildung von Rückstellungen für Umweltschutzmaßnahmen, DB 1992, 1353; *Pape* KTS 1993, 551 ff). Grundlegend zu Problematik auch *Häsemeyer*, Die Altlasten – Ein Prüfstein für wechselseitige Abstimmungen zwischen dem Insolvenzrecht und Verwaltungsrecht, FS *Uhlenbruck* S 97 ff. Als öffentlich-rechtliche Pflicht treffen den Insolvenzverwalter auch sämtliche **Pflichten nach dem Treibhausgas-Emissionshandelsgesetz** (TEHG) mit der Folge, dass er zur Abgabe von Emissionsberechtigungen nach § 6 Abs 1 TEHG verpflichtet ist (*Köhn* ZIP 2006, 2015 ff). Da die Verpflichtung den Verwalter unmittelbar als Verantwortlichen trifft, kommt es nicht darauf an, ob der Anspruch als Insolvenzforderung oder Masseverbindlichkeit einzuordnen ist (str aA AG Essen ZIP 2001, 756, 757; MüKo-*Ott/Vuia* § 80 Rn 140; K/P/B/*Pape* § 55 Rn 38). Einzelheiten unten zu VIII. Rn 124 ff. Festzustellen ist, dass der Insolvenzverwalter alle die Insolvenzmasse betreffenden öffentlich-rechtlichen Pflichten des Schuldners bzw Schuldnerunternehmens zu erfüllen hat. Hierunter fallen sowohl **Steuerpflichten**, handels- und steuerrechtliche Buchführungs- und Bilanzierungspflichten sowie **Ordnungspflichten**, vor allem im Bereich des Umweltrechts.

166 Zu den öffentlichen Pflichten des Verwalters hinzu kommen noch **Pflichten aus öffentlichen Sonderrechtsverhältnissen**, die wegen ihres Massebezugs in die Zuständigkeit des Insolvenzverwalters fallen (*Jaeger/Windel* § 80 Rn 126 ff; *Ott/Brauckmann* ZIP 2004, 2117 ff). Nach der von *Friedr. Weber* begründeten Verdrängungstheorie bestimmt § 80 Abs 1, in welchem Umfang eine Alleinzuständigkeit des Insolvenzverwalters besteht. Allerdings gibt es zunehmende Schnittstellen zwischen Insolvenzrecht, Gesellschaftsrecht und vor allem Kapitalmarktrecht, an denen sich nicht nur die Praxis, sondern auch die Rechtswissenschaft schwertut (*Ott/Brauckmann* ZIP 2004, 2117; *Karsten Schmidt* AG 2006, 597 ff; *Oechsler* AG 2006, 606; *Grub/Streit* BB 2004, 1397 ff; *Hirte* ZInsO 2006, 1289 ff; *Siebel* NZI 2007, 498 ff; *Uhlenbruck* FS *Karsten Schmidt* S 1603 ff; *Jungmann* ebend S 831, NZI 2009, 80 ff). Zuständigkeitsfragen tauchen vor allem bei den **Pflichten einer börsennotierten Aktiengesellschaft** nach dem WpHG auf (s *Westphal/Janjuah*, Beilage zu ZIP Heft 3/2008 S 25). Zu **Finanzierungspflichten** des Insolvenzverwalters s § 11 WpHG sowie oben zu Rn 76, 185. Teilweise wird zB die Alleinzuständigkeit des Insolvenzverwalters nach § 38 Abs 4 BörsG bejaht (*Grub/Streit* BB 2004, 1397, 1406; *Wellensiek/Flitsch* in FS Fischer 2008 S 579 ff), obgleich sich ein Recht des Verwalters, den **Delistingantrag für eine börsennotierte AG** zu stellen, nicht aus § 80 herleiten lässt. Nach Auffassung von *B. Scott Maesch* (Corporate Governance in der insolventen Aktiengesellschaft, 2005, S 79) ist die **Abgrenzung zwischen den Kompetenzen der Organe und denen des Insolvenzverwalters** bei einer AG „nur durch die Herstellung eines rechtssystematischen Zusammenhangs zwischen Insolvenz- und Aktienrecht zu bewältigen, den erst mit einer funktionellen Betrachtung des Verfahrens eine Zuordnung der Kompetenzen ermöglicht". Die **interne Kooperationspflicht des Insolvenzverwalters** ist angesprochen, wenn in der insolvenzrechtlichen Literatur (s *Rattunde*, Praxisprobleme bei der Sanierung einer börsennotierten AG, in: Gesellschaftsrecht in der Diskussion 2006 S 193. 207) für die Sanierung einer börsennotierten AG festgestellt wird, dass die Befugnis zur Entgegennahme des Kapitals, die Abgabe der eidesstattlichen Versicherung und die Handelsregisteranmeldung dem Organ und dem Insolvenzverwalter gemeinschaftlich obliegen. Noch weitergehender *Maesch* (aaO S 113), wonach der Insolvenzverwalter über das Vermögen einer insolventen herrschenden Konzerngesellschaft grundsätzlich berechtigt ist, die **Konzernleitungsmacht** auszuüben. Umstritten ist allerdings auch die Frage, ob die Komplettierung von Kapitalmaßnahmen aufgrund der Funktionsteilung den Insolvenzverwalter berechtigt, die konstitutive Eintragung einer nach Verfahrenseröffnung beschlossenen Kapitalerhöhung zu beantragen (*Gundlach/Frenzel/Schmidt* NZI 2007, 692, 694; *H.-F. Müller* ZGR 2004, 842, 847). Ob und inwieweit der Insolvenzverwalter unter Einsatz von Massemitteln die **Publikationspflichten nach §§ 15, 21 ff WpHG** zu erfüllen hat, ist ebenfalls umstritten, müsste letztlich aber von dem konkreten Ablauf des Verfahrens abhängig gemacht werden (*Jaeger/Windel* § 80 Rn 128; *Ott* ZIP 2005, 1150, 1151; s auch die Kommentierung zu § 11 Rn 204). Die sich aus der Börsenzulassung einer AG ergebenden Probleme sind für den Insolvenzfall noch keineswegs geklärt (s auch *Jaeger/Windel* § 80 Rn 127, 128; *Uhlenbruck* FS Karsten Schmidt S 1603 ff; *Ott/Brauckmann* ZIP 2004, 2117 ff).

167 **1. Steuern und sonstige öffentliche Abgaben.** Wie bereits oben zu D Rn 52 ff dargestellt wurde, bleibt der Schuldner auch während des Insolvenzverfahrens Steuersubjekt und damit auch Steuerschuldner iSv § 43 AO und somit Steuerpflichtiger nach § 33 AO (K/P/B/*Lüke* § 80 Rn 48; *Frotscher* Besteuerung S 23). Ist der Organträger Geschäftsführer einer von der Insolvenz bedrohten Organgesellschaft und wird diesem nach Beantragung des Insolvenzverfahrens kein allgemeines Verfügungsverbot auferlegt, bleibt die Organschaft regelmäßig bis zur Eröffnung des Insolvenzverfahrens erhalten. Dies gilt auch

G. Rechte und Pflichten des Insolvenzverwalters **§ 80**

dann, wenn das Insolvenzgericht gem § 21 Abs 2 2. Alternative InsO anordnet, dass Verfügungen des Schuldners nur mit Zustimmung des vorläufigen Insolvenzverwalters wirksam sind (BFH ZInsO 2004, 618 = ZIP 2004, 1269). Die vom Insolvenzverwalter erfüllten Steuerrechtstatbestände treffen materiellrechtlich den Schuldner bzw das Schuldnerunternehmen als Steuerpflichtigen und Steuerschuldner. Vgl hierzu die Kommentierung oben zu III. Den **Insolvenzverwalter** treffen gem § 34 Abs 3 AO sämtliche **steuerlichen Pflichten,** die ohne Verfahrenseröffnung dem steuerpflichtigen Schuldner obliegen würden, insbesondere die sich aus den §§ 90, 93 ff, 137 ff, 140 ff, 149 ff AO ergebenden Pflichten sowie die Pflicht nach § 22 UStG (vgl *Jaeger/Windel* § 80 Rn 134 ff; MüKo-*Ott/Vuia* § 80 Rn 131 ff sowie oben die **Kommentierung zu D Rn 69 ff**). Die in § 155 Abs 1 geregelten handels- und steuerrechtlichen Buchführungs- und Aufzeichnungspflichten treten neben die allgemeinen steuerrechtlichen Buchführungs- und Bilanzierungspflichten. Steuerrechtlich hat der Insolvenzverwalter gem § 34 Abs 3 AO, insolvenzrechtlich gem § 155 Abs 1 InsO auf das Ende des jeweiligen Wirtschaftsjahres eine Steuerbilanz aufzustellen, die den steuerlichen Ansatz- und Bewertungsvorschriften der §§ 5 ff EStG entspricht (*Frotscher* Besteuerung S 36). Der Insolvenzverwalter über das **Vermögen einer GmbH** hat während der Dauer des Insolvenzverfahrens die steuerlichen Pflichten des Schuldnerunternehmens zu erfüllen. Das FA ist daher berechtigt, zwecks fehlender Beibringung der Steuererklärungen Anordnungsverfügungen und Zwangsgeldandrohungen gegen den Verwalter auszubringen (BFH v 8. 8. 1995, ZIP 1996, 430; s aber auch **FG Brandenburg** ZIP 2004, 41). Das Registergericht ist nicht berechtigt, den Verwalter unter Androhung von Zwangsmitteln zur Abgabe von steuerlichen Erklärungen des Schuldners anzuhalten (LG Mönchengladbach ZInsO 2005, 949).

Der Insolvenzverwalter über das Vermögen einer **Kommanditgesellschaft** ist nicht zur Abgabe der **168 Erklärung zur gesonderten Feststellung der Einkünfte** verpflichtet. Vor allem hat das FA keinen Anspruch gegen den Verwalter, eine Erklärung zur **einheitlichen und gesonderten Gewinnfeststellung** abzugeben (BFHE 175, 309; **BFH** v 23. 8. 1994, DStR 1995, 18 = ZIP 1984, 1969; BGH v 2. 4. 1998, NJW-RR 1998, 1125 = DStR 1998, 947; *Onusseit* ZIP 1995, 1798, 1799; MüKo-*Ott/Vuia* § 80 Rn 132; *Jaeger/Windel* § 80 Rn 143; N/R/*Wittkowski* § 80 Rn 151). Die Durchführung der einheitlichen Gewinnfeststellung gehört zu den insolvenzfreien Angelegenheiten der Gesellschaft, also nicht zu den Aufgaben eines Insolvenzverwalters (**BGH** v 2. 4. 1998, NJW-RR 1998, 1125). Die Folgen der Gewinnfeststellung berühren nicht den nach Insolvenzrecht abzuwickelnden Vermögensbereich der Gesellschaft, sondern die Gesellschafter persönlich (vgl **BFH** v 23. 8. 1994, ZIP 1994, 1969; BFHE 90, 87 = BStBl III 1967, 790; BFHE 128, 322 = BStBl II 1979, 780; BFHE 145, 495 = BStBl II 1986, 408; **BFH/ NV** 1989, 441 [LS 9]). Die Durchführung der **einheitlichen Gewinnfeststellung** gehört deswegen zu den insolvenzfreien Angelegenheiten der Gesellschaft, weil sie die Gesellschafter persönlich betrifft, nicht dagegen die Insolvenzmasse (*Frotscher* Besteuerung S 38; str aA *Lohkemper* BB 1998, 2030; s auch oben zu Rn 164).

2. Anfechtung des festgestellten Jahresabschlusses. Der Insolvenzverwalter ist verpflichtet, etwaige **169** Mängel des Jahresabschlusses geltend zu machen, wenn hierdurch Ansprüche zugunsten der Masse entstehen. So zB einen erheblichen Verstoß gegen die Bewertungsvorschriften in der letzten Bilanz (§ 256 Abs 5 AktG), der zur Nichtigkeit der Bilanz führt. Der Jahresabschluss einer GmbH ist in entsprechender Anwendung des § 256 Abs 5 AktG dann nichtig, wenn eine Überbewertung den Grundsätzen ordnungsgemäßer Bilanzierung widerspricht und in ihrem Umfang nicht bedeutungslos ist (RGZ 131, 143; BGHZ 83, 341 = NJW 1983, 42 = ZIP 1982, 1077; *Scholz/K. Schmidt* § 46 GmbHG Rn 37; *Hüffer* § 256 AktG Rn 6 ff). Auch wenn die sonstigen Nichtigkeitsgründe des § 156 Abs 1 AktG vorliegen, ist der Verwalter verpflichtet, die Nichtigkeit geltend zu machen, wenn sich Überschüsse für die Masse ergeben. § 256 gilt entspr auch für die **fehlerhafte Feststellung des Jahresabschlusses bei der GmbH** (Einzelheiten bei *Scholz/ K. Schmidt* § 46 GmbHG Rn 35 ff; *Rowedder/Koppensteiner* § 47 GmbHG Rn 109; *Gessler* FS *Goerdeler* S 139 ff; *Bayer* in *Lutter/Hommelhoff* Anh § 47 GmbHG Rn 24). Die in der Praxis zwecks Kaschierung einer Überschuldung oftmals erfolgende Überbewertung der Aktiva führt nicht selten zu Steuerrückzahlungsansprüchen an die Insolvenzmasse.

VIII. Ordnungspflichten und Zustandshaftung des Insolvenzverwalters

Eines der drängendsten Probleme des neuen Insolvenzrechts ist die Verantwortlichkeit des Insolvenz- **170** verwalters und der Masse für umweltbelastende Zustände der Insolvenzmasse (vgl *L. Häsemeyer,* Die Altlasten – Ein Prüfstein für wechselseitige Abstimmungen zwischen dem Insolvenzrecht und dem Verwaltungsrecht, FS *Uhlenbruck* S 97 ff; *Karsten Schmidt* in *K. Schmidt/Uhlenbruck,* Die GmbH in der Krise, Rn 7.21 ff S 664 ff). Grundsätzlich wird **Ordnungsrecht durch Insolvenzrecht nicht verdrängt** (BGHZ 148, 252; BGHZ 150, 305, 311; **BVerwG** ZInsO 2004, 1206; **BVerwGE** 107, 299). Umstritten ist vor allem aber die Frage, ob die Kosten für die Beseitigung von Umweltlasten, die auf einem Schuldnergrundstück ruhen, in der Insolvenz vom Schuldner bzw der Schuldnergesellschaft zu tragen sind und ob der Insolvenzverwalter über § 80 Abs 1 ordnungsrechtlich verpflichtet werden kann, für die Beseitigung des Störerzustandes mit Massemitteln einzutreten (vgl *K. Schmidt/W. Schulz,* ZIP 1982, 1015; *K. Schmidt* ZIP 1997, 1441; *ders* ZIP 2000, 1913; *Weitemeyer,* Ordnungsrechtliche Maßnahmen im

Konkursverfahren, 1995, *Wiester,* Altlastensanierung; *Eichhorn,* Altlasten im Konkurs, 1996; *Kohte,* Altlasten in der Insolvenz, 1999; KS-*Lüke* S 859 ff; *Franz* NZI 2000, 10; *Lwowski/Tetzlaff* WM 1998, 1509; *Pape* KTS 1993, 551; *Stoll,* Aufgabenerfüllung; *Westphahl,* Umweltschutz; *Häsemeyer,* Die Altlasten – Ein Prüfstein für wechselseitige Abstimmungen zwischen dem Insolvenzrecht und dem Verwaltungsrecht, FS *Uhlenbruck* S 97 ff; *Lwowski/Tetzlaff* Umweltrisiken und Altlasten in der Insolvenz 2002; *Kraemer/Schatte* Hdb Fach 7 Kap 4 Rn 39 ff). Die einschlägige Literatur ist kaum noch überschaubar und die **Problematik verwirrend.** Nicht zu Unrecht stellt *K. Schmidt* (ZIP 2000, 1913) die Frage, ob es sich um eine „unendliche Geschichte oder ausgeschriebenes Drama" handelt. Die Schwierigkeit der Problematik liegt nicht nur darin, dass Ordnungs- und Umweltrecht mit Vorschriften des Insolvenzrechts in Einklang zu bringen sind, sondern dass gleichzeitig auch die vor allem gesellschaftsrechtlich relevante Frage zu beantworten ist, ob der Insolvenzverwalter sich durch **Freigabe des umweltbelasteten Gegenstandes bzw Grundstücks** seiner Verantwortung entziehen kann (zu Letzterem vgl RGZ 127, 200; BVerwG v 23. 9. 2004, NZI 2005, 51 m Anm *Segner* = ZInsO 2004, 1206 = ZIP 2004, 2145; BVerwG v 5. 10. 2005, ZInsO 2006, 495, 496; BVerwG v 20. 1. 1984 ZIP 1984, 722 = NJW 1984, 2427; BGH NJW 1966, 51; BGH KTS 1969, 97; K/U § 1 KO Rn 4 ff; *Braun/Uhlenbruck* Unternehmensinsolvenz S 72; *Jaeger/Henckel* § 6 KO Rn 17 ff; *Baur/Stürner* II Rn 12.2; MüKo-*Ott/Vuia* § 80 Rn 143; *Kilger/ K. Schmidt* § 6 KO Anm 4 aa; *Mohrbutter/Ringstmeier/Elsner* Hdb § 24 Rn 70; *K. Schmidt,* Wege S 73 ff; *ders* KTS 1994, 309 ff; *Schulte-Kaubrügger,* Die Erfüllung der Polizeipflicht nach Eröffnung des Konkursverfahrens, Diss Berlin 1995 S 67 ff; K/P/B/*Lüke* § 80 Rn 57 ff; *Häsemeyer* FS *Uhlenbruck* S 97, 112; *Stoll* ZIP 1992, 1437, 1444 ff; *v Wilmowsky* ZIP 1997, 389, 393 ff; *Weitemeyer* NVwZ 1997, 537 f; *Schwartmann* NZI 2001, 69; *Kebekus* NZI 2001, 63; *W. Lüke,* Umweltrecht und Insolvenz in: KS S 859 ff; *Lwowski/Tetzlaff* NZI 2001, 57; *Kohte,* Altlasten S 123 ff Rn 390 ff; MüKo-*Ott/Vuia* § 80 Rn 136 ff; *Lwowski/Tetzlaff* WM 2005, 921 ff; dies NZI 2004, 225 ff; *Stefan Blum,* Ordnungsrechtliche Verantwortlichkeit in der Insolvenz, 2001; *Weers/Hönig* ZInsO 2005, 244; HaKo-*Kuleisa* § 80 Rn 37 ff; *Jaeger/Windel* § 80 Rn 119 ff; *Pöhlmann* NZI 2003, 486; *Seidel/Pflitsch* DZWIR 2005, 278 ff; *Uhlenbruck* KTS 2004, 275 ff; *Vierhaus* ZInsO 2005, 127 ff; *Kügel* NJW 2004, 1570 ff).

171 **1. Typische Fallkonstellationen in der Praxis.** *K. Schmidt* (ZIP 2000, 1913, 1914) hat die entscheidenden Grundfälle und Konfliktlagen treffend dargestellt:
Fall 1: Der Insolvenzverwalter findet ein kontaminiertes Grundstück vor. Soll er, um die Masse zu schonen, den Betrieb sofort einstellen? Müssen Insolvenzgericht (§ 22 InsO) und Gläubigerausschuss (§ 158 InsO) ihn im Interesse der Masseerhaltung hierbei unterstützen?
Fall 2: Erst nachträglich wird die Kontaminierung festgestellt. Kann oder soll der Insolvenzverwalter das Grundstück aus der Masse freigeben, um die Masse und damit die Gläubiger zu schonen?
Fall 3: Dem Insolvenzverwalter geht eine Beseitigungsanordnung zu, in der auch Ersatzvornahme angedroht wird. Soll er der Anordnung Folge leisten? Empfiehlt es sich, die Anordnung durch Widerspruch und Klage anzufechten? Kommt es darauf an, ob der Verwalter den Betrieb bereits fortgeführt hat, ihn vielleicht nach §§ 22, 158 InsO sogar einstweilen hat fortführen müssen?
Fall 4: Der Insolvenzverwalter hat die Beseitigungsanordnung nicht befolgt. Es findet eine in der behördlichen Verfügung angedrohte Ersatzvornahme statt. Sind die Ersatzvornahmekosten voll aus der Masse zu begleichen, oder wird der Fiskus nur als Insolvenzgläubiger bedient?
Fall 5: Auf dem kontaminierten Grundstück lastet eine Grundschuld. Gläubigerin ist die B-Bank. Für ihre Befriedigungschancen wird es einen großen Unterschied machen, ob die Kontamination den Grundstückswert schmälert."

172 **2. Diskussionsstand.** Führt ein Insolvenzverwalter ein immissionsschutzrechtlich genehmigungsbedürftige Anlagen des Schuldners fort, muss er nach Auffassung des **Bundesverwaltungsgerichts** (NJW 1999, 1416 = ZIP 1998, 2167 = WM 1999, 339 = WuB VI B. § 6 KO 1.99 m Anm *Lwowski/Tetzlaff*) als Betreiber der Anlage Reststoffe auch dann nach Maßgabe des § 5 Abs 1 Nr 3 BImSchG aF als Abfälle beseitigen, wenn diese bereits vor Verfahrenseröffnung im Betrieb angefallen waren. Soweit den Insolvenzverwalter die Beseitigungspflicht als eigene Verpflichtung trifft und er für ihre Erfüllung in Anspruch genommen werden kann, sind nach Auffassung des **BVerwG** auch die **Kosten der Ersatzvornahme als Masseschuld** zu befriedigen (der Fall betraf das alte Recht, so dass § 59 Abs 1 Nr 1 KO einschlägig war). Ebenso in einem weiteren Urteil des BVerwG v 10. 2. 1999 (NZI 1999, 246 = ZIP 1999, 538 = WM 1999, 818 = WuB VI. B. § 6 KO 2.99 m Anm *Lwowski/Tetzlaff*; vgl auch Vorinstanz OVG Greifswald ZIP 1997, 1460): Hier hatte sich der Gesamtvollstreckungsverwalter geweigert, die von der Behörde angeordnete Beseitigung von Grundwasser gefährdenden Verunreinigungen des Betriebsgeländes auf Kosten der Masse vorzunehmen. Hinsichtlich der Kosten einer Ersatzvornahme verwies er die Verwaltungsbehörde auf die Anmeldung zur Tabelle. Auch hier hat das BVerwG eine unmittelbare Verantwortlichkeit der Masse bejaht und festgestellt, dass die an den Verwalter gerichtete Anordnung zur Beseitigung einer Störung, die von Massegegenständen ausgeht, unabhängig vom Entstehungszeitpunkt der Störung keine Gesamtvollstreckungsforderung ist, sondern Masseverbindlichkeit. Nach einer weiteren Entscheidung des BVerwG v 23. 9. 2004 (ZIP 2004, 2145 = ZInsO 2004, 1206) kann der Insolvenzverwalter nach § 4 Abs 3 Satz 1 BBodSchG als Inhaber der tatsächlichen Gewalt für die Sanierung

G. Rechte und Pflichten des Insolvenzverwalters § 80

von massezugehörigen Grundstücken herangezogen werden, die bereits vor Eröffnung des Insolvenzverfahrens kontaminiert waren. Eine solche **Verpflichtung sei Masseverbindlichkeit** iSv § 55 Abs 1 Nr 1 (Bestätigung von **BVerwGE** 108, 269 = ZIP 1999, 538). Hat dagegen der Insolvenzverwalter die kontaminierten Grundstücke **aus der Masse freigegeben**, darf er nach Auffassung des BVerwG nicht mehr nach § 4 Abs 3 Satz 1 BBodSchG für deren Sanierung in Anspruch genommen werden. § 4 Abs 3 Satz 4 HS 2 BBodSchG ist insoweit nicht entsprechend anwendbar. Nach dem **Verkauf einer nicht genehmigungsbedürftigen Anlage** iSv BImSchG obliegen dem Insolvenzverwalter für die vor Insolvenzeröffnung entstandenen Abfälle weder Beseitigungs- noch Sicherungspflichten (**BVerwG** v 22. 7. 2004, ZIP 2004, 1766 m Anm *Pape* = ZInsO 2004, 917 m Anm *Vierhaus*; s auch *Uhlenbruck* EWiR 2004, 1025).

Mit *K. Schmidt* (in *K. Schmidt/Uhlenbruck*, Die GmbH in der Krise, 4 Aufl 2009 Rn 7.25 ff S 666 ff; **173** ZIP 2000, 913, 915) ist zwischen „massefreundlichen" und „masseschädlichen" Auffassungen zu unterscheiden. Nach der „**massefreundlichen**" Lösung ist der Insolvenzverwalter nicht verantwortlich für eine Handlungsstörung, die aus der Zeit vor Verfahrenseröffnung resultiert (**BGH** 5. 7. 2001 ZInsO 2001, 751; **BGH** v 18. 4. 2002 ZInsO 2002, 524 betr Räumung bzw Beseitigung; s auch *Pape* ZInsO 2002, 453, 455; K/P/B/*Lüke* § 80 Rn 68). Er ist darüber hinaus berechtigt, kontaminierte Grundstücke oder sonstige belastete Gegenstände aus der Masse freizugeben (vgl **BGH** v 21. 4. 2005 – IX ZR 281/03, NZI 2005, 387 = ZIP 2005, 1035 = ZInsO 2005, 594; **BVerwG** v 5. 10. 2005, ZInsO 2006, 495, 496; **BVerwG** NZI 2005, 51; **BVerwG** 1984, 2427 m Anm *Schulz* = ZIP 1984, 722; **VGH** München ZInsO 2006, 496 u KTS 1983, 462, 464 m Anm *Kölsch*; **VGH** Mannheim NJW 1992, 64, 65 = ZIP 1991, 393, 394; **OVG** Bautzen ZIP 1995, 856; *Eichhorn*, Altlasten im Konkurs S 49; *Weitemeyer*, Ordnungsrechtliche Maßnahmen, S 71; *Kilger* FS Merz 1992, S 273; KS-*Lüke* S 867; *Stoll* ZIP 1992, 1437; *Uhlenbruck* GuG 1992, 310; *Häsemeyer* FS Uhlenbruck S 97, 112, 113 f; K/U § 1 KO Rn 5, 5 h u § 6 KO Rn 35). Schließlich geht die massefreundliche Lösung davon aus, dass die **Ersatzvornahmekosten** Insolvenzforderungen iSv § 38 sind (**OVG** Schleswig NJW 1993, 2004 = ZIP 1993, 283, 285; v *Wilmowsky* ZIP 1997, 1445; *Petersen* NJW 1993, 1205; *Lwowski/Tetzlaff* NZI 2001, 57; FK-*Schumacher* § 55 Rn 18; N/R/*Wittkowski* § 80 Rn 141). *K. Schmidt* (ZIP 2000, 1915): „Die ‚massefeindliche' Lösung geht dahin, dass jede Ordnungspflicht ‚der Gesellschaft' wie ‚des Verwalters' mit Mitteln der Masse zu erfüllen ist und dass auch Ersatzvornahmekosten als Masseschulden befriedigt werden müssen, sofern sie nach der Verfahrenseröffnung angefallen sind" (vgl **BVerwG** v 22. 10. 1998 NJW 1999, 1416; **BVerwG** v 10. 2. 1999 ZIP 1999, 538; *K. Schmidt* ZIP 2000, 1913, 1915; *ders* Wege S 73; *ders* NJW 1993, 2833; *ders* ZIP 1997, 1441). Nach Auffassung von *K. Schmidt* kann sich der Verwalter nicht durch Freigabe aus der Insolvenzmasse seiner Zustandspflichtigkeit entziehen (s *K. Schmidt/Uhlenbruck* Die GmbH in Krise Rn 7.27). Einer Beseitigungsanordnung der Behörde hat er auf Kosten der Masse Folge zu leisten. Die Kos ten einer Ersatzvornahme durch den Staat sind Masseverbindlichkeiten iSv § 55 (**BVerwG** v 22. 10. 1998, NZI 1999, 37 = NJW 1999, 1416; **BVerwG** v 10. 2. 1999, BVerwGE 107/299 = NJW 1999, 1416 = NZI 1999, 37; **BVerwG** NJW 1984, 2427; **OVG** Bautzen ZIP 1995, 852; **OVG** Lüneburg ZIP 1991, 1607; **OVG** Lüneburg NJW 1993, 1671; **OVG** Lüneburg NJW 1998, 398; **OVG** Greifswald NJW 1998, 175; s auch *Pape* ZInsO 2002, 453). Einzelheiten bei *Karsten Schmidt* in: *K. Schmidt/Uhlenbruck*, Die GmbH in der Krise, Rn 7.27 ff S 667 ff.

Die **verwaltungsgerichtliche Rechtsprechung**, gleichgültig, ob sie auf die **Verhaltensverantwortlichkeit** **174** oder auf die **Zustandsverantwortlichkeit** des Insolvenzschuldners abstellt, kommt letztlich zum Ergebnis, dass die Beseitigungskosten die rangmäßige **Qualität von Masseverbindlichkeiten** (§§ 53, 55 Abs 1 Nr 1) haben, wenn die Beseitigungsverfügung nach Verfahrenseröffnung ergeht oder eine früher erlassene Beseitigungsverfügung ersetzt. Dies steht im Widerspruch zur insolvenzrechtlichen Haftungsordnung, weil sie nach zutr Auffassung von *Häsemeyer* (InsR Rn 13.13 a) „die Möglichkeit eröffnet, allein durch die Wahl des Zeitpunkts einer (ersten oder wiederholenden) **Ordnungsverfügung** die Insolvenzmasse mit Masseverbindlichkeiten zu belasten" (s auch *Häsemeyer* FS Uhlenbruck (2000) S 97 ff; *Jaeger/Windel* § 80 Rn 123–125; *Braun/Kroth* § 80 Rn 27–30; *Lwowski/Tetzlaff* NZI 2004, 225, 226; MüKo-*Ott/Vuia* § 80 Rn 139, 140). Ebenso wie bei der insolvenzrechtlichen Zuordnung zivilrechtlicher Ansprüche ist auch für die **insolvenzrechtliche Einordnung von ordnungsrechtlichen Pflichten** festzustellen, dass Haftungstatbestände, die vor Verfahrenseröffnung erfüllt worden sind, lediglich zu **Insolvenzforderungen** (§ 38) führen können. **Masseverbindlichkeiten** werden dagegen nur insoweit begründet, als es sich um Verwalterpflichten wegen Gefahrentatbeständen handelt, die erst nach Insolvenzeröffnung vollendet wurden (BGHZ 148, 255, 260; BGHZ 150, 305, 311; MüKo-*Ott/Vuia* § 80 Rn 140; K/P/B/*Lüke* § 80 Rn 53; *Braun/Kroth* § 80 Rn 29). **Handlungspflichten** und **Kostentragungspflichten** können nicht anhand eines einheitlichen Maßstabes bestimmt werden (*Häsemeyer* FS Uhlenbruck S 97, 98 ff; *Jaeger/Windel* § 80 Rn 125; MüKo-*Ot/Vuia* § 80 Rn 139 f). Pflichten zur Beseitigung, Sicherung, Rekultivierung, Duldung oder Unterlassung treffen den Insolvenzverwalter nach allgemeinen Grundsätzen auch dann, wenn die Kostentragungspflicht nur den Rang einer Insolvenzforderung hat (Einzelheiten bei *Häsemeyer* FS Uhlenbruck S 97, 107 f). Die Ordnungspflicht des Verwalters ist dann **Masseverbindlichkeit** (§ 55 Abs 1 Nr 1), wenn dieser die Gefahr nach Verfahrenseröffnung hervorgerufen oder die Störung verursacht hat (**BGH** v 5. 7. 2001, BGHZ 148, 241, 257 f = NZI 2001, 531 ff; **BGH** NZI 2002, 425 ff). Ist die Störung vom Insolvenzschuldner bereits **vor Verfahrenseröffnung** ausgegangen und hat die Behörde gegen ihn noch vor Eröffnung eine Ordnungsverfügung erlassen, so ist der Anspruch auf Durchführung der Ersatzvornahme Insolvenzforderung (§ 38). Auch wenn die Gefahr **vor Verfahrenseröffnung** bestanden hat, aber die Grundverfügung der Behörde erst nach Verfahrenseröffnung gegen den Verwalter ergeht, kann insoweit **keine Masseverbindlichkeit zu Lasten der Masse entstehen,** denn die gesetzliche Verpflichtung in § 148 Abs 1, nach Eröffnung des Verfahrens das gesamte zur Insolvenzmasse gehörende Vermögen des Schuldners sofort in Besitz und Verwaltung zu nehmen, kann keine insolvenzrechtliche Verantwortung für den Zustand der in Besitz genommenen Sachen begründen. HK-*Kayser* (§ 80 Rn 58): „Allein kraft Besitzes hat er aber nicht Pflichtverletzungen aus der Zeit vor der Insolvenzeröffnung für die von ihm verwaltete Masse auszugleichen. Dies setzt zumindest voraus, dass er die Sache als Ergebnis seiner Prüfung für die Masse nutzt oder verwertet" (so auch **BGH** v 18. 4. 2002, BGHZ 150, 305, 311 betr ein Mietverhältnis; **Braun/Kroth** § 80 Rn 29; HaKo-*Kuleisa* § 80 Rn 38).

175 Seiner ordnungsrechtlichen Handlungs- und Zustandsverantwortlichkeit kann der Verwalter in vielen Fällen durch **Freigabe des Gegenstandes** aus der Masse begegnen. Nach der Rechtsprechung des BGH ist der Verwalter sowohl im Insolvenzverfahren über das Vermögen einer natürlichen als auch einer juristischen Person berechtigt, einen **Massegegenstand** freizugeben (**BGH** v 21. 4. 2005 – IX ZR 281/03, BGHZ 163, 32, 34; **BGH** ZInsO 2006, 260, 261; **BGH** ZIP 2006, 583, 584; **BGH** ZIP 2007, 194, 196; MüKo-*Ott/Vuia* § 80 Rn 142f; *Henckel* FS Kreft S 300ff; HaKo-*Kuleisa* § 80 Rn 39; HK-*Kayser* § 80 Rn 59; krit K/P/B/*Lüke* § 80 Rn 68). Vor allem bei Grundstücken bietet sich die Freigabe an, wenn es sich um ein umweltbelastetes Grundstück handelt. Die Freigabe ist in solchen Fällen nicht sittenwidrig iSv § 138 Abs 1 BGB (**BVerwG** v 23. 9. 2004, ZIP 2004, 2145, 2147; HK-*Kayser* § 80 Rn 59; HaKo-*Kuleisa* § 80 Rn 39; MüKo-*Ott/Vuia* § 80 Rn 143; *Braun/Kroth* § 80 Rn 28; *Uhlenbruck* KTS 2004, 275ff). Nicht übersehen werden darf, dass vor allem von *Karsten Schmidt* die **Freigabe im Insolvenzverfahren über das Vermögen juristischer Personen** für unzulässig gehalten wird (vgl *K. Schmidt/Uhlenbruck*, Die GmbH in Krise, Sanierung und Insolvenz, 4 Aufl 2009 Rn 7.21 ff; *K. Schmidt*, Gedächtnisschrift für W. Martens, 1987, S 699ff; ders NJW 1993, 2833ff; ZIP 1997, 1441ff; ZIP 2000, 1913ff; *Westphal*, Umweltschutz und Insolvenz, S 27ff, 146, 151ff; eingehend auch zur Frage der Freigabe von Sondermüll und Altlasten die Voraufl § 80 Rn 123). Schließlich darf nicht übersehen werden, dass **umweltrechtliche Sonderregelungen,** wie zB §§ 3 Abs 1, 4 AbfG, einer Freigabe entgegenstehen können. Soweit es sich um eine **Zustandsstörung** handelt, kann im Einzelfall trotz Freigabe eine **Weiterhaftung der Masse** bestehen, denn gleichgültig, ob massezugehörig oder Bestandteile insolvenzfreien Schuldnervermögens, bleiben mit Altlasten behaftete Grundstücke stets demselben Rechtssubjekt, nämlich dem Insolvenzschuldner, zu geordnet (*Häsemeyer* FS Uhlenbruck S 97, 112; *ders* InsR Rn 13.20; *Uhlenbruck* KTS 2004, 275, 280ff; *Fortmann* KTS 2004, 51ff).

176 Inzwischen hat auch das **BVerwG** (v 23. 9. 2004, NZI 2005, 51 ff) entschieden, das der Insolvenzverwalter **kontaminierte Grundstücke aus der Masse freigeben kann** und dass er nicht mehr nach der Freigabe gem § 4 Abs 3 Satz 1 BBodSchG für deren Sanierung in Anspruch genommen werden darf. Auch sei § 4 Abs 3 Satz 4 HS 2 BBodSchG nicht entsprechend anwendbar. Gleichzeitig aber hat der 7. Senat des BVerwG daran festgehalten, dass, wenn der Insolvenzverwalter als Inhaber der tatsächlichen Gewalt für die Sanierung von massezugehörigen Grundstücken herangezogen wird, eine solche Verbindlichkeit Masseverbindlichkeit iSv § 55 Abs 1 Nr 1 ist. Ob die tatsächliche Sachherrschaft des Insolvenzverwalters seine Sanierungsverantwortlichkeit schon dann begründet, wie – in §§ 5 und 22 BImSchG – die ordnungsrechtliche Pflicht an die **Stellung als Betreiber der Anlage** anknüpft, hat das BVerwG mangels Entscheidungserheblichkeit offen gelassen (*Segner* NZI 2005, 54). Ist **nach Verfahrenseröffnung** durch ein Verhalten des Insolvenzverwalters eine Sanierungspflicht begründet worden, ist die Beseitigungspflicht grundsätzlich **Masseverbindlichkeit,** gleichgültig, ob eine ordnungsbehördliche Verfügung ergangen ist oder nicht. Die Beseitigungspflicht ist mit den Mitteln der Insolvenzmasse zu erfüllen. Der Insolvenzverwalter kann sich nicht etwa durch Freigabe von dieser Masseverbindlichkeit befreien. Nach Feststellung von *Häsemeyer* (FS Uhlenbruck, S 97, 113) haftet die Masse fort, wenn „vor der Freigabe mittels Verhaltensstörung in Vollzug der Masseverwaltung Masseverbindlichkeiten begründet worden sind". Mit der Freigabe eines kontaminierten Grundstücks endet zwar die Zustandsverantwortlichkeit des Insolvenzverwalters, jedoch bleibt seine **Verhaltensverantwortlichkeit** bestehen, wenn er die schädliche Bodenveränderung oder Altlast **vor der Freigabe durch sein Verhalten verursacht** hat (*Pape* ZIP 1991, 1544, 1548; *Weitemeyer* NVwZ 1997, 533, 537; *Franz* NZI 2000, 10, 14). War die **Zustands- oder Verhaltensverantwortlichkeit** bereits vor Eröffnung des Insolvenzverfahrens zu Lasten des Schuldners oder Schuldnerunternehmens eingetreten, entfällt mit der Freigabe die Ordnungspflicht des Insolvenzverwalters und die Belastung der Masse mit Masseverbindlichkeiten iSv § 55 Abs 1 Nr 1 (**BVerwG** v 23. 9. 2004, NZI 2005, 51 m Anm *Segner*). Nicht gefolgt werden kann aber der Auffassung des Bayerischen VGH (Urt v 4. 5. 2005, ZInsO 2006, 496), wonach die Freigabeerklärung des Insolvenzverwalters eine unbeachtliche protestatio facto contraria darstellt, wenn der Insolvenzschuldner auf die Freigabeerklärung in keiner Weise reagiert und keine Maßnahmen zur Wiederinbesitznahme der Abfälle trifft. Dies wäre nur dann richtig, wenn zB eine juristische Person kein insolvenzfreies Vermögen haben könnte, was aber vom BGH abgelehnt wird. Im Übrigen stellt es eine Verkennung insolvenzrechtlicher Grundsätze dar, wenn der BayVGH meint, die Freigabeerklärung gehe ordnungsrechtlich ins Leere, wenn der Besitz des Insolvenzverwalters am Betriebsgrundstück gleichwohl fortbesteht und die tatsächliche Gewalt für die darauf befindlichen Gegenstände vermittelt. Insol-

venzrechtlich hat die echte Freigabe zur Folge, dass der Gegenstand aus der Masse (§ 35) ausscheidet und damit der Insolvenzbeschlag entfällt.

Die Frage der **insolvenzrechtlichen Qualifikation von Ersatzvornahmekosten** für die Beseitigung von Umweltlasten ist nicht zuletzt auch bedeutsam im Hinblick auf die **strafrechtlichen Risiken für den Insolvenzverwalter**. Weigert sich der Verwalter zB, Altschäden mit Massemitteln zu beseitigen, drohen ihm strafrechtliche Sanktionen (vgl *Sonnen/Tetzlaff*, wistra 1999, 1 ff; *Lwowski/Tetzlaff* NZI 2001, 97, 99). Ist der Verwalter verpflichtet, mit Massemitteln die Umweltlasten zu beseitigen, so droht ihm bei schuldhaftem Unterlassen ein strafrechtliches Ermittlungsverfahren wegen unerlaubten Umgangs mit gefährlichen Abfällen (§ 326 StGB). Lagern auf dem Insolvenzgrundstück Fässer mit giftigen Substanzen und rosten die Fässer langsam durch, kommt eine **Strafbarkeit wegen Gewässerverunreinigung** nach § 324 StGB und wegen Bodenverunreinigung nach § 324a StGB in Betracht (*Lwowski/Tetzlaff* NZI 2001, 57, 59; vgl auch AG Hildesheim NZI 2001, 51; ferner OLG Celle NJW 1987, 1281; OVG Bautzen ZIP 1995, 852, 855; *Iburg* NJW 1988, 2338, 2341; *Sonnen/Tetzlaff* wistra 1999, 1 ff).

H. Pflichten des Verwalters gegenüber anderen Beteiligten

I. Pflichten gegenüber Aus- und Absonderungsberechtigten

177

178

Der Insolvenzverwalter hat Aus- und Absonderungsrechte im Insolvenzverfahren grundsätzlich zu beachten und die Rechtspositionen zu achten (**BGH ZIP 2006, 194, 195; BGH ZIP 1998, 655, 658**). Es ist ihm bei Vermeidung einer Haftung nach § 60 verwehrt, in dinglich gesicherte Rechtspositionen der Gläubiger einzugreifen (**OLG Hamm v 18. 4. 2000, ZInsO 2001, 178**). Bei Aussonderungsrechten ist er aktiv zur Mitwirkung an der Herausgabe verpflichtet (**BGH ZIP 1987, 1587; BGH ZIP 2006, 194, 195; BGH v 5. 3. 1998, ZIP 1998, 655 = NZG 1998, 473, 475;** KS-*Wellensiek* S 403 Rn 37; K/P/B/*Lüke* § 60 Rn 15). Sowohl hinsichtlich des Aussonderungsguts als auch hinsichtlich der Gegenstände, an denen Absonderungsrechte der Gläubiger bestehen, treffen ihn **Sicherungs- und Verwahrungspflichten** (**OLG Düsseldorf v 13. 7. 1976, KTS 1977, 119;** K/P/B/*Lüke* § 60 Rn 15). Sind die Insolvenzverwalter Aus- oder Absonderungsrechte, die an Massegegenständen bestehen, bekannt oder unterlässt er es, solche Rechte trotz Vorliegens konkreter Anhaltspunkte zu prüfen, führt dies bei Verschulden zu einer **Schadenersatzverpflichtung** gegenüber dem Berechtigten nach § 60 (**OLG Düsseldorf ZInsO 2003, 997; OLG Köln NJW 1991, 2570, 2571;** zum Verkauf von EV-Ware **OLG Celle OLG-Report 2004, 341**). Dies heißt aber nicht, dass den Verwalter generell eine **besondere Nachforschungspflicht** hinsichtlich des Bestehens solcher Rechte trifft. Vielmehr hat er nur dann weitere Feststellungen zu treffen, wenn entweder konkrete Umstände im Einzelfall dafür sprechen, dass Rechte Dritter an Gegenständen der Masse bestehen, oder wenn aufgrund allgemeiner kaufmännischer Usancen Gegenstände nur unter EV geliefert werden (vgl auch **OLG Köln ZIP 1982, 1107; OLG Düsseldorf ZIP 1988, 450; OLG Hamburg ZIP 1984, 348;** *Mohrbutter* in *Mohrbutter/Ringstmeier* Hdb § 33 Rn 92 ff; HaKo-*Kuleisa* § 80 Rn 11; MüKo-*Brandes* § 60, 61 Rn 54, 55). Im Übrigen besteht **keine generelle Nachforschungspflicht** des Verwalters hinsichtlich der vor allem in den letzten Monaten vor Verfahrenseröffnung vom Schuldner erworbenen Gegenstände zwecks Feststellung von Aus- und Absonderungsrechten (vgl **OLG Köln v 14. 7. 1982, ZIP 1982, 1107; OLG Düsseldorf v 2. 6. 1987, ZIP 1988, 450 m Anm** *Haug* EWiR 1988, 391; *Jaeger/Gerhardt* § 60 Rn 45; K/P/B/*Lüke* § 60 Rn 15; HK-*Lohmann* § 60 Rn 9; vgl auch N/R/*Abeltshauser* § 60 Rn 38, 39). Nicht gefolgt werden kann jedenfalls der Auffassung des **OLG Düsseldorf (ZIP 1988, 450, 452)**, wonach eine Nachforschungspflicht des Verwalters hinsichtlich aller Gegenstände besteht, die in den letzten Monaten vor Verfahrenseröffnung vom Schuldner bzw Schuldnerunternehmen erworben wurden (wie hier N/R/*Abeltshauser* § 60 Rn 39). Es ist grundsätzlich **Sache der Eigentumsvorbehaltslieferanten**, ihr Aussonderungsrecht gegenüber dem Insolvenzverwalter geltend zu machen (**OLG Köln ZIP 1992, 1107; OLG Jena ZInsO 2005, 44;** *Jaeger/Gerhardt* § 60 Rn 45; K/P/B/*Lüke* § 60 Rn 16; MüKo-*Brandes* § 60, 61 Rn 54). Der die Aussonderung Verlangende hat die gesetzliche Vermutung zu widerlegen (**OLG Hamburg v 12. 10. 1983, ZIP 1984, 348;** K/P/B/*Lüke* § 60 Rn 16). Hat der Verwalter Kenntnis von einem Aussonderungsrecht, so haftet er, wenn er in schuldhafter Missachtung dieses Rechts den Gegenstand trotzdem verwertet (vgl **BGH NJW 1993, 522 = ZIP 1992, 1646 =** *Lüke* EWiR 1993, 191; **BGH ZIP 2006, 194, 196**). Wird ein Aussonderungsrecht von mehreren beansprucht, hat der Verwalter zunächst die Sache bis zur Klärung der Rechtslage zurückzuhalten oder zu hinterlegen. Der Verwalter darf die Herausgabe eines gemieteten Gegenstandes nicht durch Verzögerung der Herausgabe oder durch deren Vereitelung behindern bzw verhindern (**BGH ZIP 2007, 539 f;** HK-*Lohmann* § 60 Rn 22). Zu den Pflichten gegenüber Aussonderungsberechtigten s auch die Kommentierung zu § 60 Rn 29.

Für Gegenstände, die mit einem **Absonderungsrecht belastet** sind, sieht dagegen § 172 Abs 1 eine andere Regelung vor. Danach darf der Insolvenzverwalter eine bewegliche Sache, zu deren Verwertung er nach § 166 berechtigt ist, **für die Insolvenzmasse benutzen**, wenn er den dadurch entstehenden **Wertverlust** von der Eröffnung des Verfahrens an durch laufende Zahlung an die Gläubiger ausgleicht. Eine

179

Zahlung für die Benutzung der Gegenstände sieht das Gesetz nicht vor. Dem Insolvenzverwalter obliegen gegenüber den Absonderungsberechtigten **insolvenzspezifische Pflichten** (BGHZ 105, 230, 233 f; BGHZ 144, 192, 196). So hat er nach Auffassung des BGH zB dafür zur sorgen, dass der mit dem Absonderungsrecht belastete Gegenstand nicht einen Wertverlust durch einen vermeidbaren Rechtsmangel erleidet (**BGH ZIP 2006,** 859 betr die unterlassene Kündigung eines Mietverhältnisses über ein verkauftes Grundstück). Umfassend zur Problematik *Mönning,* Verwertung und Nutzung von Gegenständen mit Absonderungsrechten, FS *Uhlenbruck* S 239 ff. Die **einzelnen Pflichten des Verwalters gegenüber Absonderungsberechtigten** sind in den §§ 167 ff geregelt. S auch MüKo-*Brandes* §§ 60, 61 Rn 54; *Jaeger/ Gerhardt* § 60 Rn 53 ff; *M. Kirchhof,* Die Haftung des Insolvenzverwalters nach § 60 InsO gegenüber den Absonderungsberechtigten, RWS-Verlag 2004.

180 Der Insolvenzverwalter darf die **Herausgabe von Gegenständen,** die nicht zur Insolvenzmasse (§ 35) gehören, sich jedoch noch in der sogen Ist-Masse befinden, nicht deswegen verweigern, weil die Gegenstände gem § 1121 BGB absonderungsberechtigten Hypothekengläubigern haften (RGZ 99, 210). Auf Gegenstände, die zur Zeit der Verfahrenseröffnung aus dem Schuldner vermögen bereits unanfechtbar ausgeschieden sind, erstreckt sich das Recht und die Pflicht des Insolvenzverwalters zur Verwaltung und Besitzergreifung nicht. Es fehlt an einer Bestimmung, die den Insolvenzverwalter berechtigt, das dem Hypothekengläubiger noch zustehende Recht an einem **nicht zur Insolvenzmasse gehörigen Zubehörstück** auszuüben (RGZ 99, 210; *Jaeger/Henckel* § 4 KO Rn 12; *Gerhardt* Grundpfandrechte 6. Aufl S 26). Schwierigkeiten ergeben sich in der Praxis dadurch, dass einerseits der Insolvenzverwalter kein Zurückbehaltungsrecht gegenüber dem Erwerber hat, andererseits aber der Grundpfandgläubiger gem §§ 1134, 1135 BGB gegen die Entfernung der Sache vom Grundstück gegen den Insolvenzverwalter gerichtlich vorgehen kann, indem er zB im Wege der einstweiligen Verfügung ein gerichtliches Unterlassungsgebot erwirkt (*Gerhardt* aaO S 26). Ein Ausweg bietet sich nur durch die Herbeiführung der Beschlagnahmewirkung durch den Grundpfandgläubiger an, die auch durch das Vollstreckungsverbot des § 89 nicht gehindert ist (*Gerhardt* aaO S 26). Anders als früher nach § 127 Abs 2 KO räumt das Gesetz dem Insolvenzverwalter hinsichtlich der einer **Absonderung unterliegenden Gegenstände** ein Verwertungsrecht nach den §§ 165 ff ein.

181 Für die **Inventarisierung und Sicherung von Gegenständen,** die der Aus- und Absonderung unterliegen, hat der Insolvenzverwalter ebenso wenig einen individuellen oder pauschalierten **Aufwendungsersatzanspruch** wie für die Feststellung von Sicherungsrechten bzw für die Lagerung und Herausgabe des Sicherungsguts (**BGH ZIP** 1988, 853 = WuB VO B. § 43 KO 1.87 [*Uhlenbruck*]; **OLG** Stuttgart ZIP 1980, 528; LG Bayreuth KTS 1972, 269; **AG** Hamburg KTS 1974, 244; *Borchers* KTS 1972, 237 ff).

II. Pflichten gegenüber Massegläubigern

182 Gegenüber Massegläubigern obliegt dem Insolvenzverwalter die insolvenzspezifische Pflicht, keine Verbindlichkeiten zu Lasten der Masse zu begründen, die aus der Masse nicht berichtigt werden können. § 61 enthält eine entsprechende Haftungsvorschrift. Daneben obliegen dem Insolvenzverwalter gegenüber einem Massegläubiger, vor allem einem Neugläubiger, die **allgemeinen Vertragspflichten** wie gegenüber jedem anderen Vertragspartner. So hat er zB zur Vermeidung einer c. i. c.-Haftung gem § 311 Abs 2 BGB den Vertragspartner entsprechend **aufzuklären,** wenn die Masse zum Zeitpunkt des Vertragsabschlusses voraussichtlich nicht ausreicht, um die eingegangene Verbindlichkeit zu erfüllen. Im Rahmen vertraglicher Verwalterhaftung greift die kurze Verjährungsfrist des § 62 ebenso wenig ein wie eine Umkehr der Beweislast zugunsten des Geschädigten. Eine besondere Aufklärungspflicht des Verwalters entfällt, wenn er gem § 208 die Masseunzulänglichkeit dem Insolvenzgericht angezeigt und dieses die Masseunzulänglichkeit öffentlich bekannt gemacht hat (§ 208 Abs 2). Begründet der Verwalter jedoch nach öffentlicher Bekanntmachung der Masseunzulänglichkeit weitere Masseverbindlichkeiten, wird man ihn für verpflichtet halten müssen, den Vertragspartner auf die eingetretene Masseunzulänglichkeit hinzuweisen.

III. Pflichten gegenüber Prozessgerichten

183 Nach § 142 Abs 1 Satz 1 kann das Prozessgericht anordnen, dass eine Partei oder ein Dritter die in ihrem Besitz oder seinem Besitz befindlichen Urkunden und sonstigen Unterlagen, auf die sich eine Partei bezogen hat, vorlegt. In einem Rechtsstreit hat das LG Ingolstadt (NZI 2002, 390) dem Insolvenzverwalter über das Vermögen einer GmbH aufgegeben, einen bestimmten, bei Sicherstellung der Insolvenzmasse in Verwahrung genommenen Leitz-Ordner mit der Rückenaufschrift „Bürogebäude" bis zu einem bestimmten Zeitpunkt zu den Gerichtsakten zu reichen. Gleichzeitig erging die Anordnung, dass der Leitz-Ordner bis zum Abschluss der ersten Instanz des Verfahrens auf der Geschäftsstelle des **LG** Ingolstadt verbleibt. Die Entscheidung begegnet erheblichen rechtlichen Bedenken, nicht zuletzt im Hinblick auf das Besitzrecht des Insolvenzverwalters nach § 148 Abs 1 (vgl *Uhlenbruck* NZI 2002, 589 ff; *Lüpke/Müller* NZI 2002, 588 f). Eine letztlich zu bejahende Frage ist die, ob der Insolvenzverwalter berechtigt und uU verpflichtet ist, einer Partei Einsicht in den in seinem Besitz befindlichen Aktenordner zu gewähren und zu gestatten, sich hierauf die notwendigen Ablichtungen zu fertigen.

I. Gesellschaftsrechtliche Pflichten des Insolvenzverwalters

Da grundsätzlich die gesellschaftsrechtlichen Befugnisse durch die Eröffnung des Insolvenzverfahrens 184 über das Vermögen einer Kapitalgesellschaft nicht berührt werden, ist der Insolvenzverwalter trotz Übergangs der Verwaltungs- und Verfügungsbefugnis nicht berechtigt, in innergesellschaftliche Vorgänge einzugreifen, soweit nicht die vermögensrechtliche Situation tangiert wird (vgl BayObLG v 10. 3. 1988, ZIP 1988, 1119). S auch oben zu Rn 15–17, 76 u 166. Die Kompetenzabgrenzung zwischen den Organen einer Gesellschaft und dem Insolvenzverwalter ist zwar im Grundsatz geklärt, wirft jedoch vor allem im Bereich der insolventen AG teilweise noch erhebliche Probleme auf (vgl *Ott/Brauckmann* ZIP 2004, 2117 ff; *Hirte* ZInsO 2006, 1289 ff; *ders*, Insolvenzrecht und Gesellschaftsrecht – Zuständigkeitsabgrenzung, Kapitalmarktrecht, Insolvenzantragspflicht, in: Gesellschaftsrecht in der Diskussion 2006 S 147 ff; *Karsten Schmidt* AG 2006, 597 ff; *Westphal/Janjuah* Beilage zu ZIP Heft 3/2008, sowie ausf oben bei § 11). Dem Insolvenzverwalter sind vor allem in der Insolvenz einer **börsennotierten Kapitalgesellschaft** nicht nur durch die Pflicht zur – zeitweiligen – Unternehmensfortführung, sondern vor allem auch bei aussichtsreichen Sanierungen durch Insolvenzplan Aufgaben und Pflichten zugewachsen, die ausschließlich als – wenn auch am Verfahrensziel orientierte – gesellschaftsrechtliche Pflichten zu qualifizieren sind. Öffentlich-rechtliche Pflichten einer Aktiengesellschaft, zB im Umweltrecht und im Kapitalmarktrecht sind nach *K. Schmidt* (AG 2006, 597, 605) vom Insolvenzverwalter wie von einem Liquidator zu erfüllen. Nach Auffassung von *Westphal/Janjuah* (Beilage zu ZIP 3/2008 S 25) würde es in bestimmten Konstellationen „eine verfahrensmäßige Erleichterung darstellen, wenn dem Insolvenzverwalter, der auch die Sanierung insgesamt verantwortet, das Recht zustünde, die mit einer Kapitalmaßnahme verbundenen Schritte auszulösen und zu forcieren". Nach *Gundlach/Frenzel/Schmidt* (NZI 2007, 692, 694) und *H.-F. Müller* (ZGR 2004, 842, 847) ist der Insolvenzverwalter zur **Anmeldung einer vor Verfahrenseröffnung beschlossenen Kapitalerhöhung** berechtigt, da die Einlageforderung zur Insolvenzmasse iSv § 35 gehört und damit nach § 80 in die Verfügungs- und Verwaltungsmacht des Insolvenzverwalters. Vgl auch die Kommentierung zu § 11 Rn 57. Der Gesetzgeber hat bislang davon abgesehen, dem Insolvenzverwalter gesellschaftsrechtliche Pflichten aufzuerlegen. So ist nach § 11 WpHG der endgültige und auch der vorläufige Verwalter verpflichtet, „den Schuldner bei der Erfüllung der Pflichten nach diesem Gesetz zu unterstützen, insbesondere, indem er aus der Insolvenzmasse bzw aus dem von ihm verwalteten Vermögen die hierfür erforderlichen Mittel bereitstellt bzw zur Verfügung stellt". Das ist eine Compliance-Pflicht bzw Kooperationspflicht, nicht dagegen eine gesellschaftsrechtliche Pflicht des Verwalters. An einer Kapitalerhöhung, der Bestellung von Geschäftsführern oder Vorstandsmitgliedern oder deren Abberufung ist der Verwalter nicht beteiligt (vgl auch *Hess* § 80 Rn 158 ff). Anders aber, wenn ein **Gesellschaftsanteil in die Insolvenzmasse fällt**. Besitzt somit ein Schuldner als natürliche Person oder eine Gesellschaft Anteile an anderen Gesellschaften, so wird die vermögensrechtliche Situation betroffen. Der Verwalter ist befugt und verpflichtet, bestimmte Rechte, wie zB die Auseinandersetzung der Gesellschaft zu verlangen, für den Schuldner auszuüben. So hat zB der Insolvenzverwalter über das Vermögen einer AG, die sämtliche Geschäftsanteile einer GmbH hält, das Recht, das Stimmrecht der AG dahingehend auszuüben, dass die Geschäftsführer der GmbH abberufen werden oder die Gesellschaft liquidiert wird (*Hess* § 80 Rn 275 ff; Einzelheiten zu den Verwaltungsbefugnissen des Insolvenzverwalters über einen zur Insolvenzmasse gehörenden GmbH-Geschäftsanteil bei *Bergmann* ZInsO 2004, 225 ff; FS *Kirchhof* S 15 ff). Im Übrigen ist der Insolvenzverwalter berechtigt, die **notwendigen Anmeldungen zum Registergericht** vorzunehmen (vgl auch BGH v 14. 12. 1989, WM 1990, 829; BGH WM 1981, 174; OLG Karlsruhe v 8. 1. 1993, ZIP 1993, 133; LG Baden-Baden ZIP 1996, 1352; *Hess* § 80 Rn 282–289). Scheidet ein Kommanditist aus der KG vor der Verfahrenseröffnung aus, so ist der Verwalter nicht verpflichtet, das Ausscheiden beim Handelsregister anzumelden (vgl LG Stuttgart v 21. 4. 1990, ZIP 1990, 595). Nach OLG Hamm (ZInsO 2002, 77) hat der Insolvenzverwalter nach Eröffnung des Insolvenzverfahrens über das Vermögen einer GmbH in dem Informationserzwingungsverfahren den **Informationsanspruch des Gesellschafters** zu erfüllen. Der Anspruch setzt allerdings die Darlegung und Glaubhaftmachung eines konkreten Informationsbedürfnisses des Gesellschafters voraus.

Besonders bei der **Insolvenz einer Aktiengesellschaft** oder einer **GmbH & Co KG** ist die Kompetenz- 185 verteilung nicht immer einfach und teilweise hoch umstritten (vgl *Ott/Brauckmann* ZIP 2004, 2117 ff); s auch oben zu Rn 15–17, 166). Nach Auffassung von *Karsten Schmidt* (GmbHR 2002, 1209 ff) ist die Regelung in § 131 Abs 3 Nr 2 HGB, wonach der Komplementär mit der Eröffnung des Insolvenzverfahrens über sein Vermögen ausscheidet, auf die **Simultaninsolvenz der GmbH & Co KG** nicht anzuwenden. Danach bleiben die Geschäftsführer für die Wahrnehmung der Schuldnerbelange im Insolvenzverfahren sowohl hinsichtlich der Komplementär-GmbH als auch hinsichtlich der Kommanditgesellschaft zuständig. Nicht abschließend geklärt ist auch die Frage, welche Befugnisse des Insolvenzverwalter über das Vermögen einer Komplementär-GmbH zustehen, wenn die KG über ein Insolvenzplanverfahren saniert werden soll. Offen ist auch die Frage der **Leitungsbefugnis** des Insolvenzverwalters im Rahmen einer **Konzerninsolvenz**. Festzustellen ist letztlich, dass den Insolvenzverwalter bei grenzüberschreitenden Insolvenzverfahren nicht nach Art 31 EuInsVO **Kooperations- und Unterrichtungspflichten** treffen, sondern im Rahmen der Insolvenzabwicklung einer börsennotierten AG auch **Finanzierungspflichten**. Wird über das Vermögen eines nach dem Wertpapierhandelsgesetz zu einer Handlung Verpflichteten ein Insolvenzverfahren eröffnet, hat der Insolvenzverwalter den Schuldner nach § 11 Abs 1 des Wertpapierhandelsgesetzes idF des Transparenzrichtlinien-Umsetzungsgesetzes (TUG) v 5.1.2007 (BGBl I S 10, 12) bei der Erfüllung der Pflichten nach dem WpHG zu unterstützen, insbesondere „indem er aus der Insolvenzmasse **die hierfür erforderlichen Mittel bereitstellt**". Gleiches gilt nach § 11 Abs 2 WpHG für den „starken" vorläufigen Insolvenzverwalter (s *Uhlenbruck* NZI 2007, 313 ff; *Grub/Streit* BB 2004, 1397 ff; *Streit* NZI 2005, 486 ff). S hierzu auch die **Kommentierung zu § 11 und oben zu Rn 76**. Zur Kompetenzverteilung in der Insolvenz einer Aktiengesellschaft s auch *Ehricke/Rotstegge*, Die Aktiengesellschaft in Liquidation und Insolvenz, in: Aktienrecht im Wandel, Band II (Hrsg. Bayer u Habersack), S 1096, 1172 Rn 96; MüKo-*Ott/Vuia* § 80 Rn 111ff; *Uhlenbruck* GmbHR 2005, 817, 818; *Scott Maesch*, Corporate Governance in der insolventen Aktiengesellschaft, 2005, S 79 ff; *H.-F. Müller*, Der Verband in der Insolvenz, 2002, S 105 ff; *L. Gutsche*, Die Organkompetenzen im Insolvenzverfahren, 2003, S 27 ff.

J. Pflichten im Rahmen der Betriebsfortführung

186 Wird der Geschäftsbetrieb des Schuldners zum Zeitpunkt der Verfahrenseröffnung fortgeführt, kann der Insolvenzverwalter eine Stilllegung nur noch unter den Voraussetzungen des § 158, also mit Zustimmung des Gläubigerausschusses oder nach Anhörung des Schuldners, vornehmen (umfassend hierzu *Mönning*, Betriebsfortführung; *ders* in: KS S 375, 384 ff Rn 35 ff; *Wellensiek*, Probleme der Betriebsfortführung in der Insolvenz, FS *Uhlenbruck* S 199 ff; umfassend zur Betriebsfortführung in der Insolvenz *Voigt-Salus* in *Mohrbutter/Ringstmeier* Hdb § 22; *Riering*, Die Betriebsfortführung durch den Konkursverwalter, 1987). Ohne auf Einzelheiten einzugehen ist festzustellen, dass der Insolvenzverwalter gem § 80 Abs 1 im Rahmen der **obligatorischen Betriebsfortführung zu allen Maßnahmen berechtigt und verpflichtet** ist, die der Fortführung des Schuldnerbetriebes dienen und eine vorzeitige Stilllegung verhindern. Oftmals laufen im Rahmen der Betriebsfortführung im eröffneten Verfahren weitere Verluste auf, die den Verwalter verpflichten, den Betrieb stillzulegen bzw einen entsprechenden Beschluss der Gläubigerversammlung herbeizuführen (vgl BGHZ 99, 151, 156; *Wellensiek* Probleme der Betriebsfortführung in der Insolvenz, FS *Uhlenbruck* S 199, 211). Deshalb ist der Verwalter gehalten, fortlaufend zu prüfen, ob die Fortführung des Unternehmens nicht zu angemesser Beeinträchtigung der Insolvenzmasse führt (*Wellensiek/Schluck-Amend* in *K. Schmidt/Uhlenbruck*, Die GmbH in Krise, Rn 7.67; *Ernestus* in *Mohrbutter/Ringstmeier* Hdb § 4 Rn 130). Zu diesem Zweck hat er **Finanz-** und **Liquiditätspläne, Plan-, Gewinn-** und **Verlustrechnungen zu erstellen** und fortlaufend den tatsächlichen Entwicklungen im Unternehmen anzupassen (vgl *Mönning*, Betriebsfortführung Rn 777 ff, 785 f; *Voigt-Salus* in *Mohrbutter/Ringstmeier* Hdb § 22 Rn 130 ff; *Wellensiek* FS *Uhlenbruck* S 199, 211). Der Verwalter ist im Übrigen verpflichtet, sich durch **ständige Kontrolle**, dh Zwischenbilanzen und ggf monatliche Erfolgsrechnungen, von der Rentabilität des von ihm fortgeführten Unternehmens zu überzeugen (**OLG Koblenz KTS 1956**, 60; *Voigt-Salus* in *Mohrbutter/Ringstmeier* Hdb § 22 Rn 167 S 1311). Neben der Persönlichkeit des Verwalters und seinen kaufmännischen Fähigkeiten muss außerdem die **Kapazität des Verwalterbüros** ausreichen, um die Analysen und Konzepte kurzfristig zu erstellen sowie die Kontrolle über die wirtschaftliche Entwicklung des Insolvenzunternehmens auszuüben (*Voigt-Salus* in *Mohrbutter/Ringstmeier* Hdb § 22 Rn 19). Werden die Ausgaben nicht mehr durch die laufenden Einnahmen gedeckt, ist eine Betriebsfortführung nur dann noch wirtschaftlich gerechtfertigt, wenn der Verwalter davon ausgehen kann, dass das Unternehmen später zu einem Preis veräußert wird, der abzüglich der aufgelaufenen Verluste den Zerschlagungswert des Unternehmens übersteigt (*Wellensiek* FS *Uhlenbruck* S 199, 212; *Mönning*, Betriebsfortführung Rn 170 ff). Der Verwalter hat vor allem zu prüfen, dass die **finanziellen Voraussetzungen einer Betriebsfortführung** gegeben sind oder geschaffen werden können. Dazu gehört zunächst einmal die Sicherung oder Herstellung von ausreichender Liquidität, die Abstimmung mit den Banken, vor allem der Hausbank, sowie die Aufnahme von Massekrediten (Einzelheiten bei *Voigt-Salus* in *Mohrbutter/Ringstmeier* Hdb § 22 Rn 136 ff). Die Beziehungen des Unternehmens zu Lieferanten und Kunden müssen einer unverzüglichen und eingehenden Analyse unterzogen werden. Es gilt, das Vertrauen der Lieferanten zurückzugewinnen und sicherzustellen, dass notwendige Lieferungen weiterhin erfolgen oder eingestellte Lieferungen wieder aufgenommen werden (vgl *Wellensiek* FS *Uhlenbruck* S 213; *Voigt-Salus* in *Mohrbutter/Ringstmeier* Hdb § 22 Rn 153). Das Ergebnis einer Betriebsfortführung ist immer mit dem Ergebnis der sofortigen Zerschlagung, also der Veräußerung der einzelnen Massegegenstände, zu vergleichen (s auch *Riering*, Die Betriebsfortführung durch den Konkursverwalter, S 51 ff; v *Leoprechting/Ziechmann*, Entscheidungsprozesse im Insolvenzverfahren, 1999, S 218 f; *Ph. Grub*, Tätigkeiten und Haftungsrisiken des Insolvenzverwalters bei Unternehmensfortführung, Diss Regensburg 1996 S 14 ff).

187 Weiterhin hat der Verwalter eine **Marktanalyse** vorzunehmen, dh die Prüfung, ob das Unternehmen trotz Sanierung auf Dauer am Markt überlebensfähig ist (vgl auch *Uhlenbruck* KTS 1981, 513 ff). Schließlich obliegt ihm der Prüfung, ob die **Rückforderung unrechtmäßig gezahlter Beihilfen** nicht zum Wegfall der Sanierungsfähigkeit führt (vgl EuGH v 2.10.2000, ZIP 2000, 1938; ferner die Kommissionsentscheidungen v 11.4.2000, ZIP 2000, 1682 m Anm *Ehricke* ZIP 2000, 1656 u v 21.6.2000, ZIP 2000, 1953). Vgl auch *Smid*, Rückführung staatlicher Beihilfen und Insolvenz, FS *Uhlenbruck* S 405 ff; *Schluck-*

Amend, Die Rückforderung gemeinschaftsrechtswidriger Beihilfen in ihren Auswirkungen auf das nationale Gesellschafts- und Insolvenzrecht, 2004, 145 ff, die zutr eine Verpflichtung des Verwalters ablehnt, den Rückabwicklungsvorrang des Gemeinschaftsrechts gegenüber den aus nationalem Recht resultierenden Einwendungen sicherzustellen; *Vallender* in: *K. Schmidt/Uhlenbruck*, Die GmbH in Krise, 4. Aufl 2009 Rn 2.313 ff S 294 ff. Hatte das Gericht im Eröffnungsverfahren dem sog „starken" vorläufigen Verwalter die **Zustimmung zur Betriebsstilllegung verweigert**, ist auch der endgültige Verwalter bis zum Berichtstermin verpflichtet, den Geschäftsbetrieb des Schuldners gegen seinen Willen und uU gegen seine Überzeugung fortzuführen. Bei erzwungener Fortführung haftet er nicht für Verbindlichkeiten, die er zur Aufrechterhaltung des Betriebes eingehen muss, wenn diese später aus einer unzulänglichen Insolvenzmasse nicht oder nicht voll erfüllt werden können. Führt er den Betrieb gegen seine Überzeugung fort, ist er verpflichtet, bei Vertragsabschlüssen den Vertragspartner auf die Wahrscheinlichkeit einer Betriebsstilllegung zu informieren (s auch die Kommentierung zu § 22 Rn 23 ff). Verschweigt der Verwalter seine Bedenken hinsichtlich der Erfüllung von Neuverbindlichkeiten, kommt eine Haftung nach § 311 Abs 2 BGB in Betracht. Entscheidet die Gläubigerversammlung gem § 157 für eine Fortführung des Schuldnerbetriebes, treffen den Insolvenzverwalter – außer in den Fällen der Eigenverwaltung nach den §§ 270 ff – sämtliche Pflichten, die dem Unternehmer eines „gesunden" Betriebes obliegen. Jedoch ist der Verwalter im Rahmen seiner Berichtspflicht gehalten, eine erneute Entscheidung der Gläubigerversammlung herbeizuführen, wenn nach seiner Auffassung die Voraussetzungen für eine erfolgreiche Betriebsfortführung weggefallen sind (vgl auch *Mönning*, Betriebsfortführung Rn 829 ff). Die **Fortführung einer freiberuflichen Tätigkeit nach Eröffnung eines Insolvenzverfahrens** wirft besondere Probleme auf (vgl *Schick* NJW 1990, 2359, 2360 f; *Uhlenbruck*, Die Verwertung einer freiberuflichen Praxis durch den Insolvenzverwalter, FS *Henckel* 1995 S 877 ff). Einzelheiten hierzu in der Kommentierung zu § 35 VIII. 3; *van Zwoll/Mai/Eckardt/ Rehborn*, Die Arztpraxis in Krise und Insolvenz, 2007; *D. Maier*, Die Insolvenz des Rechtsanwalts, 2008.

K. Auskunftspflichten und Auskunftsrechte des Insolvenzverwalters

I. Art und Umfang der Auskunftspflicht

Eine allgemeine Auskunftspflicht des Insolvenzverwalters ist in der InsO nicht geregelt. Der Insolvenzverwalter erfüllt seine **Auskunftspflicht gegenüber den Gläubigern** des Insolvenzverfahrens durch Berichterstattung in den Gläubigerversammlungen. Zu weiterer Berichterstattung ist er grundsätzlich nicht verpflichtet, es sei denn, die Gläubigerversammlung habe kürzere Berichtstermine festgelegt (**KG** NZI 2008, 440). Spezielle Auskunftspflichten für den Insolvenzverwalter können sich jedoch aus spezialgesetzlicher Anordnung (zB §§ 58, 69, 156, 167 InsO; §§ 260, 402, 403 BGB; §§ 34, 93 AO; § 316 SGB III) sowie aus Treu und Glauben (§ 242 BGB) ergeben. Im Rahmen der gerichtlichen Aufsicht ist der Verwalter verpflichtet, dem Gericht gem § 58 Abs 1 Auskünfte zu erteilen. Eine Auskunftspflicht in Form der Berichtspflicht besteht in der ersten Gläubigerversammlung nach § 156 Abs 1. Hinsichtlich beweglicher Sachen hat der Verwalter dem **absonderungsberechtigten Gläubiger** auf dessen Verlangen Auskunft über den Zustand der Sache zu erteilen (§ 167 Abs 1 S 1). Ist der Verwalter nach § 166 Abs 2 zur Einziehung einer Forderung berechtigt, hat er dem absonderungsberechtigten Gläubiger auf dessen Verlangen **Auskunft über die Forderung** zu erteilen (§ 167 Abs 2 S 1). Eine Auskunftspflicht des Verwalters besteht auch gegenüber dem Gläubigerausschuss (§ 69), obgleich dies nicht unmittelbar im Gesetz zum Ausdruck gebracht worden ist. Im Übrigen richtet sich die Auskunftspflicht des Insolvenzverwalters **nach den allgemeinen Vorschriften** der §§ 242, 260, 402, 403 BGB (Einzelheiten bei *Häsemeyer* ZZP 80, 263 ff; *Jaeger/Henckel* § 3 KO Rn 25; *Kilger/K. Schmidt* § 6 KO Anm 4 b u § 57 KO Anm 4; N/R/*Wittkowski* § 80 Rn 167 ff; BerlKo-*Blersch/v. Olshausen* § 80 Rn 16; MüKo-*Ott/Vuia* § 80 Rn 47; *Jaeger/Windel* § 80 Rn 59) Im Anschluss an die grundlegenden Ausführungen von *Häsemeyer* (ZZP 80, 263 ff) hält der **BGH** den Insolvenzverwalter nur insoweit für auskunftspflichtig, als die **Auskunft die Insolvenzmasse** betrifft (BGHZ 49, 11, 13 ff; BGHZ 70, 86, 91; BGH ZIP 2000, 1061, 1064; BGH DZWIR 2004, 238; **OLG** Karlsruhe ZIP 1990, 187). Ist der Hauptanspruch Insolvenzforderung oder Masseforderung iSv § 55, so richtet sich der Auskunftsanspruch immer gegen den Insolvenzverwalter (*Häsemeyer* ZZP 80, 263, 285; *Gärtner* KTS 1958, 181; *Jaeger/Henckel* § 3 KO Rn 25).

Neben den allgemeinen Auskunftspflichten obliegen dem Verwalter **öffentlich-rechtliche Auskunftspflichten**, zB gegenüber den Trägern der Sozialversicherung (vgl §§ 28 a, 102 ff SGB IV, 661, 751, 1400 RVO, 316, 337 SGB III), gegenüber den Finanzbehörden (vgl **BFH** v 16. 6. 1961, HFR 1961, S 277; *Frotscher* Besteuerung S 33), nach § 9 des Betriebsrentengesetzes oder § 316 Abs 1 SGB III. Der Insolvenzverwalter kann sich nicht darauf berufen, er könne die Auskünfte nicht geben, da er keinen eigenen Kenntnisse von den Vorfällen habe. Er ist berechtigt, sich die notwendigen Kenntnisse vom Schuldner über §§ 101 Abs 1, 97 Abs 1 sowie von Angestellten des Schuldnerunternehmens gem § 101 Abs 2 zu verschaffen (*Jaeger/Henckel* § 3 KO Rn 25).

Generell ist festzustellen, dass ein **Auskunftsanspruch gegenüber dem Verwalter** immer dann besteht, wenn es Rechtsbeziehungen mit sich bringen, dass der Anspruchsberechtigte in entschuldbarer Weise über das Bestehen oder den Umfang seines Rechts im Ungewissen, der Verpflichtete dagegen unschwer in der Lage ist, die zur Beseitigung dieser Ungewissheit erforderliche Auskunft zu erteilen. Eine Auskunftspflicht in Bezug auf **Vorgänge, die vor Verfahrenseröffnung liegen**, kommt uU dann in Betracht, wenn sie dazu dient, die Verfolgung eines auf Handlungen des Schuldners oder seiner Angestellten beruhenden Anspruchs vorzubereiten und wenn sich der Hauptanspruch auf die Insolvenzmasse bezieht (**OLG Köln** v 14. 7. 1982, NJW-RR 1988, 1145 = ZIP 1982, 1107). Der Insolvenzverwalter, der auf Auskunft über Vorgänge im Schuldnerbetrieb in Anspruch genommen wird, an denen er selbst nicht beteiligt war, kann ausnahmsweise den Auskunftsberechtigten darauf verweisen, sich die verlangten Informationen durch **Einsichtnahme in die Geschäftsunterlagen** selbst zu beschaffen, wenn die Auskunftserteilung mit einem für ihn unzumutbaren Zeit- und Arbeitsaufwand verbunden wäre (BGHZ 126, 109, 113; **BGH** v 11. 5. 2000, NZI 2000, 422). Ein Insolvenzverwalter ist grundsätzlich nicht verpflichtet, den Gesellschaftern einer GmbH **Auskünfte über Angelegenheiten der Gesellschaft** (§ 51a GmbHG) zu erteilen, wenn sie Zeiträume vor Verfahrenseröffnung betreffen. Der Auskunftsanspruch der Gesellschafter nach § 51a Abs 1 GmbHG wird insoweit von den Informationsrechten der Insolvenzgläubiger verdrängt (BayObLG ZIP 2005, 1087 ff). Ein Arbeitnehmer, dessen Beschäftigungsverhältnis bei der Schuldnerin bereits vor Stellung des Insolvenzantrags beendet worden ist, kann vom Insolvenzverwalter zur Klärung eines gegen den Geschäftsführer oder sonstige Dritte gerichteten Anspruchs grundsätzlich keine Auskunft über den Zeitpunkt der Insolvenzreife der Schuldnerin verlangen (**BGH** v 2. 6. 2005, ZIP 2005, 1325, 1326). Zutreffend weist der **BGH** darauf hin, dass insbesondere in **Großverfahren** der für die Auskunftserteilung erforderliche Aufwand Ausmaße annehmen könnte, die dem Verwalter für seine eigentliche Aufgabe der Sicherung und Verwertung der Masse nur noch wenig Zeit ließen. Es entspreche zudem nicht dem Sinn des Insolvenzverfahrens, die Masse in einem nicht unerheblichen Umfang mit Kosten zu belasten, die mit der Sicherung der Rechte der Aus- und Absonderungsberechtigten verbunden sind (vgl *Jaeger/Henckel* § 3 KO Rn 25; *Mohrbutter* KTS 1968, 103, 104). Grundsätzlich bestimmen sich **Art und Umfang der Auskunftspflicht** des Insolvenzverwalters immer aufgrund einer **Abwägung der Interessenlagen** und des **Umfangs des Verfahrens**. Ist es dem Gläubiger zuzumuten, seine Forderung in der Anmeldung zu beziffern, so ist die Auskunftsklage gegen den Verwalter so lange unzulässig, als die angemeldete Forderung nicht bestritten wird (*Jaeger/Henckel* § 1 KO Rn 25). In den meisten Fällen wird der Insolvenzverwalter das Auskunftsverlangen eines Verfahrensbeteiligten mit dem Hinweis auf die Vorschrift des § 97 abwehren können. Danach ist der Schuldner verpflichtet, dem Insolvenzgericht, dem Insolvenzverwalter, dem Gläubigerausschuss und auf Anordnung des Gerichts der Gläubigerversammlung über alle das Verfahren betreffende Verhältnisse Auskunft zu geben (§ 97 Abs 1 S 1). Die Vorschrift gilt über § 101 Abs 1 auch für organschaftliche Vertreter von beschränkt haftenden Gesellschaften des Handelsrechts und persönlich haftende vertretungsberechtigte Gesellschafter.

II. Die Auskunftspflicht des Insolvenzverwalters gegenüber dem Schuldner

192 Die Auskunftspflicht des Insolvenzverwalters ist grundsätzlich nach insolvenzrechtlichen Kriterien zu beurteilen (vgl *Häsemeyer* ZZP 80 [1967] 263 ff; W. *Gerhardt* ZIP 1980, 941 ff). Hinsichtlich des Schuldners sieht die InsO keine Regelungen vor, da der Schuldner bzw der organschaftliche Vertreter eines Schuldnerunternehmens weitgehend von der Verfahrensabwicklung ausgeschlossen ist (vgl N/R/*Wittkowski* § 80 Rn 174). Allerdings sieht das Gesetz **Unterrichtspflichten** des Verwalters vor, wie zB in § 158 Abs 2 S 1, wonach vor der Stilllegung des Unternehmens der Verwalter den Schuldner zu unterrichten hat. Nach § 161 S 1 hat in den Fällen des § 160 der Insolvenzverwalter vor der Beschlussfassung des Gläubigerausschusses oder der Gläubigerversammlung den Schuldner ebenfalls zu unterrichten, wenn dies ohne nachteilige Verzögerung möglich ist. Eine Auskunftspflicht des Verwalters wird man auch in den Fällen bejahen müssen, in denen dem Schuldner ein Antragsrecht nach § 163 Abs 1 S 1 zusteht. Ohne entsprechende Informationen und Auskünfte ist es dem Schuldner als Antragsteller nicht möglich, glaubhaft zu machen, dass eine Unternehmensveräußerung an einen anderen Erwerber für die Insolvenzmasse günstiger wäre.

193 Einen **insolvenzrechtlichen Auskunftsanspruch des Schuldners** bzw der Organe des Schuldnerunternehmens wird man auch für die Fälle bejahen müssen, in denen der Schuldner oder Gesellschafter des Schuldnerunternehmens in den **Insolvenzplan** einbezogen werden. Der Schuldner wird die Erklärung, dass er zur Fortführung des Unternehmens auf der Grundlage des Plans bereit ist (§ 230 Abs 1 S 1), nicht abgeben, wenn er nicht die notwendigen Auskünfte vom Insolvenzverwalter erhält, um die Entscheidung zu treffen. Ein Auskunftsrecht des Schuldners besteht auch, wenn der Insolvenzverwalter den Insolvenzplan vorgelegt hat und dem Schuldner der Plan zur Stellungnahme zugeleitet wird. Sowohl bei der **Erörterung von Forderungen im Prüfungstermin** (§ 176 S 2) als auch bei der **Erörterung des Insolvenzplans** (§ 235) wird man ein Auskunftsrecht des Schuldners gegenüber dem Insolvenzverwalter bejahen müssen. Nicht zu verwechseln ist die Auskunftspflicht des Verwalters mit der Rechnungslegungspflicht nach § 66. Eine solche kommt nach allgemeinen Grundsätzen nur **nach Beendigung des Verfahrens** nach den §§ 259–261 BGB in Betracht. Auch das BGB kennt **keine allgemeine Auskunftspflicht** (vgl BGHZ 74, 380; BGH NJW 1981, 1733; *Palandt/Heinrichs* § 261 BGB Rn 3). Auch aus § 666 BGB lässt sich ein Auskunftsanspruch des Schuldners nicht herleiten (*Gerhardt* ZIP 1980, 941,

945). Ein Auskunftsrecht des Schuldners wird man aber bejahen müssen, wenn er im Rahmen eines **Restschuldbefreiungsverfahrens** (§§ 286 ff) vom **Treuhänder** Auskunft darüber begehrt, wie sich der Stand der Verbindlichkeiten darstellt und welche Beträge ihm nach § 292 Abs 1 S 3 zustehen. Dagegen hat die **Rechnungslegung** des Treuhänders nur gegenüber dem Gericht zu erfolgen (§ 292 Abs 3 S 1).

Handelt es sich um ein **Gesellschaftsinsolvenzverfahren**, so können die organschaftlichen Vertreter grundsätzlich ebenso wenig wie die Gesellschafter einen Auskunftsanspruch gegen den Verwalter aus den gesellschaftsrechtlichen Vorschriften herleiten, wie zB nach §§ 131 AktG, 51 a GmbHG, 716 Abs 1 BGB, 118 HGB (vgl *Gerhardt* ZIP 1980, 941, 945). Der Grundsatz, dass sich geschäftsführende Gesellschafter jeder Einwirkung auf die Insolvenzverwaltung zu enthalten haben, führt letztlich dazu, dass auch gesellschaftsrechtliche Auskunftsansprüche von nicht geschäftsführungsberechtigten Gesellschaftern gegenüber dem Insolvenzverwalter nicht bestehen. **Ausnahmsweise besteht ein Auskunftsanspruch** des Schuldners oder des Gesellschafters eines Schuldnerunternehmens in den Fällen, in denen eine Maßnahme des Insolvenzverwalters zu nachteiligen Rechtsfolgen für den Schuldner, Schuldnerorgane oder Gesellschafter führt. Gleiches gilt, wenn der Gesellschafter im Einzelfall ein **besonderes Informationsbedürfnis** darlegt und glaubhaft macht, das sich sachlich auf Angelegenheiten beschränkt, die seine persönliche vermögensrechtliche Stellung als Mitglied der Gesellschaft betreffen (**OLG** Hamm v 25. 10. 2001 NZG 2002, 178 = NZI 2002, 103 = ZInsO 2002, 77). So zB besteht ein Auskunftsanspruch insoweit, als der Verwalter nicht verpflichtet ist, eine **einheitliche und gesonderte Gewinnfeststellung** aus Steuergründen durchzuführen. Um die Steuervorteile geltend zu machen, sind die Gesellschafter zB einer KG auf Auskünfte des Verwalters angewiesen. In diesen Fällen ergibt sich der Auskunftsanspruch aus § 242 BGB. Es sind insoweit strenge Maßstäbe anzulegen. Nach Auffassung des OLG Karlsruhe v 25. 10. 1995 (NJW-RR 1996, 1058 = MDR 1996, 487) hat der persönlich haftende Gesellschafter einer Personengesellschaft einen Anspruch auf Auskunft und Rechnungslegung gegen den Insolvenzverwalter der Gesellschaft, wenn er sich unabhängig vom Gang des Insolvenzverfahrens über das Bestehen von Gesellschaftsverbindlichkeiten unterrichten muss, für die er persönlich haftet (krit *Pape* WiB 1996, 635). Das ist hinsichtlich der Rechnungslegung jedoch abzulehnen. Nach **LG** Wuppertal (NJW-RR 2003, 332) kommt der Insolvenzverwalter dem Informationsrecht des Gesellschafters aus § 51 a GmbHG durch **Gewährung von Einsicht** nach. Eine weitergehende Aufarbeitung der Unterlagen sei ihm nicht zuzumuten (s auch **BGH** NZI 2005, 631; **BGH** ZIP 2006, 2047 f; BayObLG ZIP 2005, 1087; **OLG** Zweibrücken ZInsO 2006, 1171 f und 1285; **LG** Berlin DZWiR 1005, 479). Die **hM** bejaht neben der insolvenzspezifischen Auskunfts- und Rechnungslegungspflicht des Insolvenzverwalters eine **allgemeine Auskunftspflicht auf gesellschaftsrechtlicher Grundlage**, die sich im Rahmen der Liquidation oder Auseinandersetzung einer durch die Insolvenzfall eines Gesellschafters aufgelösten Gesellschaft ergibt (vgl *Jaeger/Henckel* § 3 KO Rn 25; *K. Schmidt* KTS 1977, 1, 21; *Gerhardt* ZIP 1980, 946). Bei der **stillen Gesellschaft** ergibt sich die Massebezogenheit und damit die Auskunfts- und Rechenschaftspflicht des Insolvenzverwalters keineswegs aus der Tatsache, dass der stille Gesellschafter nach § 236 Abs 1 HGB Insolvenzgläubiger iSv § 38 ist. Vielmehr wird ein solcher Anspruch durch die insolvenzspezifische Auskunfts- und Rechnungslegungspflicht des Insolvenzverwalters verdrängt (**str aA** *K. Schmidt* KTS 1977, 1, 21).

III. Auskunftspflichten des Verwalters gegenüber Insolvenzgläubigern

Schwierigkeiten ergeben sich in der Praxis oftmals hinsichtlich der Auskünfte bezüglich des **Verfahrensstandes**. Grundsätzlich ist der Insolvenzverwalter nicht verpflichtet, **Routineanfragen der Gläubiger** nach dem Stand der Abwicklung zu beantworten. Der Verwalter erfüllt seine Auskunftspflicht gegenüber den Gläubigern durch Berichterstattung in den Gläubigerversammlungen. Zur **weiteren Berichterstattung** ist er grundsätzlich nicht verpflichtet, es sei denn, die Gläubigerversammlung habe kürzere Berichtstermine festgelegt (**KG** NZI 2008, 440, 441). Es ist Sache der Gläubiger, in der ersten Gläubigerversammlung die **Berichtspflichten des Verwalters** festzulegen. Im Übrigen können sie sich durch Akteneinsicht über den Stand des Verfahrens und der Abwicklung informieren. Nimmt der Gläubiger sein Recht zur Einsicht in die Gerichtsakten nicht wahr oder verzichtet er auf die Teilnahme an Gläubigerversammlungen, so kann er vom Verwalter nicht verlangen, dass dieser ihm die entsprechenden Informationen erteilt. Die **Vorlage von Urkunden** durch den Insolvenzverwalter als Drittem, die der Substantiierung des Klägervortrags in einem Feststellungsprozess hinsichtlich einer Forderung aus vorsätzlicher unerlaubter Handlung dienen sollen, ist nach § 142 Abs 2 ZPO unzumutbar, wenn die Auswertung der begehrten Unterlagen auch gegen den Verwalter wegen möglicher eigener Pflichtverletzungen verwandt werden kann (**OLG** Saarbrücken NZI 2008, 40). Der **BGH** hat in seiner Entscheidung vom 30. 10. 1967 (BGHZ 49, 11, 16) ausgeführt, der Auffassung, dass zu den Aufgaben des Insolvenzverwalters auch die Erteilung von Auskünften über solche Handlungen des Gemeinschuldners gehöre, die den Bestand der Insolvenzmasse berühren, sei der Vorzug zu geben (vgl auch *Häsemeyer* ZZP 80, 263, 285; *Gärtner* KTS 1958, 181; *Jaeger/Henckel* § 3 KO Rn 25); allerdings bezogen sich die Fälle meist auf Auskünfte, die verlangt wurden, um ein Aus- oder Absonderungsrecht gegenüber dem Verwalter durchzusetzen (vgl auch *Kuhn* WM 1969, 226). Nach Auffassung des **BGH** (v 2. 6. 2005 – IX ZR 221/03, NZI 2005, 628 = ZIP 2005, 429 = ZInsO 2005, 770) kann ein **Arbeitnehmer**, dessen Beschäftigungsverhältnis bei der Insolvenzschuldnerin bereits vor Stellung des Insolvenzantrags beendet worden ist, von dem Insolvenzverwalter zur Klärung eines gegen den Geschäftsführer oder sonstige Dritte gerichteten Anspruchs grundsätzlich keine Auskunft über den Zeitpunkt der Insolvenzreife der Schuldnerin (GmbH) verlangen (s auch BAG NJW 2005, 460). Vor allem für sog Neugläubiger, die ihre Schadensersatzansprüche wegen Insolvenzverschleppung persönlich geltend machen müssen (vgl BGHZ 138, 211), ist diese Einschränkung der Auskunftsrechte nicht unbedenklich (*J.-S. Schröder* EWiR 2006, 147 f). Eine ganz andere Frage ist die, ob der Insolvenzverwalter gegenüber dem **Insolvenzgericht** eine Auskunftspflicht hat, was nach § 58 Abs 1 S 2 zu bejahen ist. Danach kann das Gericht jederzeit einzelne Auskünfte über den Sachstand und über die Geschäftsführung von ihm verlangen. Zur Auskunft gegenüber Neugläubigern AG Köln NZI 2002, 390.

IV. Auskunftspflichten des Insolvenzverwalters gegenüber Aus- und Absonderungsberechtigten

196 Es ist grundsätzlich Sache des Sicherungsgläubigers, die ab- oder auszusondernden Gegenstände näher zu bezeichnen. Von dem Insolvenzverwalter kann nicht erwartet werden, in der Hektik der Verfahrensabwicklung **zeitraubende und umfangreiche Nachforschungen** in Büchern und im Warenlager des Schuldnerunternehmens zu betreiben. Ein Auskunftsanspruch gegenüber dem Insolvenzverwalter wird jedoch insoweit bejaht, als konkrete Umstände vorgetragen werden, die die Annahme rechtfertigen, dass sich der unter EV gelieferte Gegenstand oder das Sicherungsgut noch in der Masse befindet, und wenn die Auskunftserteilung oder Berücksichtigung der Umstände **für den Verwalter zumutbar** ist (*Häsemeyer* ZZP 80 [1967], 263, 268; *W. Henckel* RWS-Skript 125, 15 f; *Eickmann* RWS-Skript 88, 24; MüKo-*Brandes* § 60, 61 Rn 54 f; *Mohrbutter* NJW 1968, 1627; N/R/*Wittkowski* § 80 Rn 171; krit *Kuhn* WM 1969, 226 ff; *Kilger* KTS 1975, 149 f). Die Auskunftsansprüche von Aus- oder Absonderungsberechtigten setzen zunächst voraus, dass sie imstande sind, **ihre Rechte zu konkretisieren** (BGHZ 50, 86 = NJW 1978, 538). Sodann muss das **Auskunftsbegehren** für den Verwalter **zumutbar** sein. Hat zB der Schuldner oder der Insolvenzverwalter vom Gläubiger gelieferte Baumaterialien weiter veräußert und die daraus entstandenen Forderungen eingezogen, so ist der Lieferantengläubiger berechtigt, vom Verwalter Auskunft zu verlangen, soweit der Gläubiger über diese Umstände in entschuldbarer Weise im Ungewissen ist und sich die notwendigen Kenntnisse nicht in zumutbarer Weise selbst beschaffen kann (**BGH** v 11. 5. 2000, NZI 2000, 422, 425). Allerdings darf die Erfüllung der Auskunftspflicht den Verwalter **nicht unbillig belasten**, muss also für ihn zumutbar sein (**BGH** v 11. 5. 2000, NZI 2000, 422, 425; BGHZ 126, 109, 113 = NJW 1995, 386). **Einzelheiten in der Kommentierung zu § 167.**

V. Vollstreckung von Auskunftsurteilen, die gegen den Schuldner ergangen sind

197 Nach zutreffender Feststellung des **OLG** Stuttgart (Beschl v 2. 1. 1995, ZIP 1995, 45) ist die Zwangsvollstreckung nach § 888 ZPO gegen den Schuldner aufgrund eines Titels, der aufgrund eines akzessorischen Auskunftsanspruchs gegen diesen ergangen ist, nach Verfahrenseröffnung gem § 14 Abs 1 KO (§ 89 InsO) unzulässig, wenn der Hauptanspruch, dessen Durchsetzung der Auskunftsanspruch dient, Insolvenzforderung ist (vgl auch *Häsemeyer* ZZP 80 [1967], 263, 267; *Jaeger/Henckel* § 14 KO Rn 6 u § 3 KO Rn 25). Zutreffend weist das **OLG** Stuttgart darauf hin, dass die **beantragte Festsetzung von Zwangsmitteln zur Auskunftserteilung** nach § 888 ZPO eine Maßnahme der Zwangsvollstreckung ist, die lediglich der Verfolgung des Hauptanspruchs auf Zahlung von Schadenersatz dient. Der Schadenersatzanspruch sei aber Insolvenzforderung. Als **Hilfsanspruch** des vermögensrechtlichen Schadenersatzanspruchs sei auch der Auskunftsanspruch ein Vermögensanspruch und deshalb Insolvenzforderung (so auch *Häsemeyer* ZZP 167, 263, 286; *Jaeger/Henckel* § 3 KO Rn 25). Nicht gefolgt werden kann aber der Auffassung des **OLG** Stuttgart, dass die Auskunftspflicht vom Schuldner auf den Insolvenzverwalter übergehen kann (krit auch *Muth* EWiR § 14 KO 1/95, 275 f).

VI. Auskunftspflichten des Insolvenzverwalters gegenüber dem Betriebsrat

198 Gem § 80 Abs 2 S 2 BetrVG hat der Arbeitgeber dem Betriebsrat auf Verlangen jederzeit die zur Durchführung seiner Aufgaben erforderlichen Unterlagen zur Verfügung zu stellen. Gem § 111 Abs 1 BetrVG muss der Unternehmer im Fall einer geplanten Betriebsänderung den **Betriebsrat rechtzeitig und umfassend unterrichten und die geplanten Betriebsänderungen mit ihm beraten**. Da die Unterrichtung umfassend erfolgen muss, sind dem Betriebsrat sämtliche für die Unternehmerentscheidung maßgeblichen Informationen mitzuteilen (K/P/B/*Moll* § 122 Rn 13 ff; FK-*Eisenbeis* § 122 Rn 8 ff; N/R/*Hamacher* vor § 121 Rn 27, § 122 Rn 13; *Hess* §§ 121, 122 Rn 59). Der Insolvenzverwalter ist verpflichtet, dem Betriebsrat sämtliche Auskünfte zu erteilen, die für eine angemessene Mitwirkung im Rahmen einer Betriebsstilllegung erforderlich sind. Der Verwalter hat dem Betriebsrat nicht nur die wirtschaftlichen Eckdaten zu benennen, sondern muss auch Einblick in die Gewinn- und Verlustrechnung sowie in den Insolvenzstatus zu gewähren (*Smid/Müller* § 122 Rn 10; *Hess* §§ 121, 122 Rn 59). Der Betriebsrat ist zudem berechtigt, Einsicht in Unterlagen zu verlangen, die den finanziellen Spielraum eines Sozialplans beeinflussen können (**ArbG** Bad-Hersfeld ZIP 1981, 775). Der Insolvenzverwalter ist nur dann zur Vor-

VII. Auskunftspflichten des Insolvenzverwalters nach Verfahrensbeendigung

Grundsätzlich ist der Verwalter nach Verfahrensbeendigung nicht verpflichtet, einem früheren Verfahrensbeteiligten oder sonstigen Dritten Auskünfte über Vorgänge zu erteilen, die das beendete Insolvenzverfahren betreffen. Die Schlussrechnung, die der Insolvenzverwalter bei Beendigung seines Amtes der Gläubigerversammlung zu legen hat (§ 66 Abs 1), liegt zur Einsicht der Beteiligten aus und diese können entsprechende Auskünfte vom Verwalter verlangen. Die Auskunftspflicht geht aber nicht über das Verfahrensende hinaus. Nach OLG Köln (Urt v 14. 7. 1982, ZIP 1982, 1107) kann jedoch ein **Auskunftsanspruch gegen den ehemaligen Insolvenzverwalter** insoweit in Betracht kommen, als dieser die Auskunft ohne weiteren Zeitaufwand aus der Erinnerung heraus zu erteilen vermag. Nachforschungen anhand noch vorhandener Unterlagen können ihm allenfalls dann zuzumuten sein, wenn er die Erfüllung des Auskunftsbegehrens bis zur Verfahrenseinstellung hinausgezögert hatte. Auch das **OLG Köln** geht davon aus, dass mit der Einstellung des Verfahrens grundsätzlich die Amtspflichten des Verwalters enden. Richtig ist, dass ein ehemaliger Insolvenzverwalter die Erfüllung eines bereits während des Verfahrens gestellten Auskunftsbegehrens auch nach Verfahrensbeendigung zu erfüllen hat, wenn er schuldhaft die Auskunft bis zur Einstellung des Verfahrens hinauszögert. Nicht gefolgt werden kann aber dem **OLG Köln** darin, dass ein Auskunftsanspruch gegen einen ehemaligen Verwalter dann noch in Betracht kommt, wenn er die erforderliche Auskunft ohne weiteren Zeitaufwand aus der Erinnerung heraus zu erteilen vermag. Eine andere Frage ist, ob nach Verfahrensaufhebung eine **allgemeine Auskunftspflicht** des Insolvenzverwalters aus § 260 BGB hergeleitet werden kann, weil der Insolvenzverwalter ein Sondervermögen verwaltet hat. Eine allgemeine Auskunftspflicht wird man in engen Grenzen bejahen können. Weiterhin kann sich im Einzelfall eine **nachträgliche Auskunftspflicht** des Verwalters aus Treu und Glauben (§ 242 BGB) ergeben, vor allem wenn der Verwalter das Schuldnerunternehmen zeitweise fortgeführt hat. Aber auch hier gilt, dass der Auskunftsberechtigte in entschuldbarer Weise über das Bestehen oder den Umfang seines Rechts im Ungewissen sein muss und sich die erforderlichen Informationen nicht selbst auf zumutbare Weise beschaffen kann.

VIII. Auskunftsrechte des Insolvenzverwalters gegenüber Dritten

Grundsätzlich richtet sich auch der Auskunftsanspruch des Insolvenzverwalters nach § 260 BGB, soweit keine vertragliche Auskunftspflicht besteht. Nach Auffassung des **BGH** (v 6. 6. 1979, NJW 1979, 1832) steht dem Insolvenzverwalter gem § 143 iVm § 242 BGB **kein einklagbarer Anspruch auf Auskunft** gegen Personen zu, gegen die nur ein begründeter Verdacht besteht, sie könnten vom Schuldner in anfechtbarer Weise etwas erworben haben. Der Schuldner bzw Schuldnervertreter unterliegt den verfahrensrechtlichen Auskunftspflichten nach den §§ 20 Abs 1, 22 Abs 3 Satz 3, 97, 98, 101 Abs 1 Satz 1, Abs 2. Soweit dem Schuldner Auskunfts- und Vorlageansprüche zustanden, wie zB nach § 101a UrhG, stehen diese Ansprüche dem Verwalter zu. Der Auskunftsanspruch des Verwalters richtet sich auch gegen den vom Schuldner beauftragten Rechtsanwalt (Hess § 80 Rn 225). Die **Auskunfts- und Rechenschaftspflicht der Banken** folgt aus dem Übergang der Verwaltungs- und Verfügungsbefugnis auf den Verwalter (MüKo/*Ganter* § 5 Rn 30; *Vallender* FS Uhlenbruck, 2000 S 133 ff; *Gottwald/Obermüller* InsRHdb § 99 Rn 26–28). Für das Eröffnungsverfahren lässt (vgl auch *Uhlenbruck* FS Runkel 2009) der BGH die Darlegungs- und Beweislastregeln zugunsten des Insolvenzverwalters eingreifen, wenn der Insolvenzschuldner sich weigert, die Bank vom Bankgeheimnis zu entbinden (**BGH** ZIP 2002, 1408). Zu den Grenzen und Durchbrechung des Bankgeheimnisses auch *P. Wech*, Das Bankgeheimnis 2008, S 372 ff.). Für den **Auskunftsanspruch des Insolvenzverwalters gegen die Finanzbehörde** fehlt eine tragfähige Rechtsgrundlage (**BGH** v 13. 8. 2009 – IX ZR 58/06, ZIP 2009, 1823; *Jaeger/Windel* § 80 Rn 144; *R. Beck* ZIP 2006, 2009 ff). Die Finanzbehörden können sich gegenüber einem Auskunft begehrenden Insolvenzverwalter, mit dem für das Steuerverfahren relevante Informationen abgefragt werden, nicht unter Hinweis auf das Steuergeheimnis entziehen (*Beck* ZIP 2006, 2009, 2014). Das FA hat alle benötigten Auskünfte und Informationen zu erteilen. Andererseits besteht **kein genereller zivilrechtlicher Auskunftsanspruch** des Verwalters gegenüber den Finanzbehörden (*Beck* ZIP 2006, 2009, 2015; *Jaeger/Windel* § 80 Rn 144). Der BFH lässt bei einer Zusammenveranlagung von Ehegatten das Steuergeheimnis des anderen Ehegatten hinter das **Akteneinsichtsrecht des Insolvenzverwalters** zurücktreten (**BGH** ZIP 2000, 1262). Nach OVG Münster (v 28. 7. 2008, NZI 2008, 699) schließt das Insolvenzrecht einen Informationszugangsanspruch nach dem **Informationsfreiheitsgesetz (IFG)** auch dann nicht aus, wenn der Anspruch von einem Insolvenzverwalter geltend gemacht wird. Durch die Zuerkennung eines Informationszugangsanspruchs werde das Auskunftsrecht des Insolvenzverwalters nicht über die Regelungen der InsO hinaus erweitert. So kann der Verwalter nach dem IFG kein Auskunftsanspruch gegen einen **Träger der Sozialversicherung** geltend machen (VG Stuttgart v 18. 8. 2009, ZInsO 2009, 1858).

IX. Auskunft des Verwalters an die Presse

201 Der Umgang mit der Presse durch den vorläufigen oder endgültigen Insolvenzverwalter wird von den Gerichten unterschiedlich beurteilt. Für Auskünfte an die Presse über den Verfahrensstand ist grundsätzlich die **Pressestelle des Insolvenzgerichts** zuständig. Diese kann vor allem in Großverfahren die Informationen an die Presse an den zuständigen Richter oder Rechtspfleger delegieren. Inwieweit der Insolvenzverwalter berechtigt ist, die Presse über den jeweiligen Verfahrensstand oder Aussichten einer Sanierung zu informieren, ist umstritten, hängt letztlich aber auch von den Umständen des Einzelfalles ab. So kann zB eine Presseerklärung, die allerdings mit dem zuständigen Richter abgestimmt werden sollte, das Vertrauen der Lieferanten und Mitarbeiter herstellen und die Weiterproduktion ermöglichen. Die standesrechtlichen Richtlinien der Insolvenzverwalter gebieten hinsichtlich der Öffentlichkeitsarbeit des Verwalters nicht nur Zurückhaltung, sondern vor allem auch Objektivität. Nach Auffassung von *Huff* (NZI 2005, 661 ff) gehört es zu den Aufgaben des Insolvenzverwalters, über die Art und den Umfang seiner Tätigkeit zu informieren. Im Rahmen dieser Tätigkeit stehe ihm auch das Recht auf freie Meinungsäußerung nach Art 5 GG zu. Unzulässig wäre es, wenn der Verwalter die Presse über das Ergebnis der nicht öffentlichen Gläubigerversammlung informieren würde. Er sollte sich vor allem hüten, strafrechtlich relevante Sachverhalte zu offenbaren und Vorverurteilungen vorzunehmen. In jedem Fall sollte der Insolvenzverwalter – auch der vorläufige – seine Pressearbeit mit dem Insolvenzgericht abstimmen (vgl *Frind* NZI 2005, 654 ff; HaKo-*Kuleisa* § 80 Rn 65–67).

L. Unwirksamkeit von Veräußerungsverboten (Abs 2)

I. Allgemeines

202 § 80 Abs 2 betrifft insbesondere den Fall, dass dem Schuldner vor Verfahrenseröffnung durch einstweilige Verfügung untersagt worden ist, eine Sache zu veräußern, die ein Gläubiger für sich beansprucht. Ein solches Verbot soll den Insolvenzverwalter nicht binden, was dem Grundsatz der Gleichbehandlung der Gläubiger entspricht (vgl BGHZ 56, 228, 231). Mit diesem Prinzip sind die in den §§ 135, 136 BGB bezeichneten Veräußerungsverbote unvereinbar, weil sie lediglich dem Schutz bestimmter Personen dienen. § 80 Abs 2 erklärt sie daher der Insolvenzmasse gegenüber für unwirksam. Das hat zur Folge, dass der Insolvenzverwalter die von derartigen Verboten betroffenen Gegenstände frei zugunsten der Masse verwerten kann. Die Vorschrift gilt dagegen nicht für ein **vereinbartes Abtretungsverbot nach § 399 BGB**, wobei unerheblich ist, ob § 354a BGB zur Anwendung kommt (vgl **RG** v 14. 6. 1932, RGZ 136, 395, 399; **BGH** v 14. 10. 1963, BGHZ 40, 156, 160; BGHZ 56, 228, 231 f = NJW 1971, 1750 = KTS 1972, 46; *Jaeger/Henckel* § 13 KO Rn 7; *Jaeger/Windel* § 80 Rn 283; K/P/B/*Lüke* § 80 Rn 75). § 80 Abs 2 S 2 stellt weiterhin klar, dass die Regelung weder die Pfändung von beweglichen Sachen oder Rechten noch die Beschlagnahme von unbeweglichem Vermögen im Wege der Zwangsvollstreckung infrage stellt.

II. Die einzelnen Veräußerungsverbote

203 **1. Gesetzliche relative Veräußerungsverbote (§ 135 BGB).** Gesetzliche relative Veräußerungsverbote kommen wohl nur nach den §§ 97–99 VVG in Betracht (vgl RGZ 95, 208; *Kilger/K. Schmidt* § 13 KO Anm 1 e). S aber auch *Jaeger/Windel* § 80 Rn 277 mw Beispielen. Nach zutreffender Feststellung von HK-*Kayser* (§ 80 Rn 61) muss das in § 156 VVG geregelte Verbot bezüglich der Haftpflichtversicherungsansprüche wirksam bleiben, weil der geschädigte Dritte nach § 157 VVG bei Insolvenz des Versicherungsnehmers absonderungsberechtigt ist und somit die Ratio von Abs 2 nicht eingreift (vgl auch *Jaeger/Henckel* § 13 KO Rn 4, 17). **Absolute Veräußerungsverbote** sind ohnehin im Insolvenzverfahren wirksam (*Jaeger/Henckel* § 13 KO Rn 3; *Hess* § 80 Rn 411). § 80 Abs 2 findet ebenfalls **keine Anwendung** auf dingliche Verfügungsbeschränkungen (*Jaeger/Henckel* § 13 KO Rn 8). § 80 Abs 2 findet auch keine Anwendung auf **Verfügungsbeschränkungen der Ehegatten nach den §§ 1365, 1369, 1423 ff, 1415 BGB** sowie §§ 1643 ff, 1812 ff, 2211 BGB, bei denen es sich um absolute Veräußerungsverbote handelt (**BGH** v 13. 11. 1963, BGHZ 40, 219; K/P/B/*Lüke* § 80 Rn 70; N/R/*Wittkowski* § 80 Rn 177). Obgleich diese Verfügungsbeschränkungen nicht unter § 135 BGB fallen, gelten sie im Insolvenzverfahren nicht (*Jaeger/Henckel* § 2 KO Rn 5, 13; § 13 KO Rn 3; MüKo-Ott/*Vuia* § 80 Rn 154; N/R/*Wittkowski* § 80 Rn 177; K/P/B/*Lüke* § 80 Rn 70). § 719 BGB enthält kein relatives gesetzliches Veräußerungsverbot; die Abtretung eines Gesellschaftsanteils ohne die erforderliche Genehmigung der übrigen Gesellschafter ist entgegen RGZ 92, 399 nicht relativ, sondern **schwebend unwirksam** (BGHZ 166, 74, 80; BGHZ 13, 179 ff; *Jaeger/Henckel* § 13 KO Rn 3). Gleiches gilt für die §§ 2113, 2211 BGB (N/R/*Wittkowski* § 80 Rn 177). Selbst wer § 719 BGB als relatives Veräußerungsverbot begreift, kann nicht zur Anwendung des § 80 Abs 2 gelangen, da durch die Insolvenz eines Gesellschafters die Auflösung der Gesellschaft und die Auseinandersetzung unter Beteiligung des Insolvenzverwalters herbeigeführt wird (§ 728 BGB iVm § 84 InsO). Die gesetzlichen Veräußerungsverbote haben für § 80 Abs 2

L. Unwirksamkeit von Veräußerungsverboten (Abs 2) **§ 80**

deswegen nur geringe praktische Bedeutung, da sie regelmäßig schon die Massezugehörigkeit des Gegenstandes, auf den sie sich beziehen, ausschließen.

2. Rechtsgeschäftliche Veräußerungsverbote. Rechtsgeschäftliche Veräußerungsverbote haben keine 204
dingliche Wirkung. Sie begründen lediglich eine schuldrechtliche Verpflichtung des Insolvenzschuldners mit der Folge, dass § 80 Abs 2 nicht eingreift (K/P/B/*Lüke* § 80 Rn 74; MüKo-*Ott/Vuia* § 80 Rn 155; HaKo-*Kuleisa* § 80 Rn 63). Ein **vertragliches Abtretungsverbot** (§ 399 BGB) wirkt wie ein absolutes Veräußerungsverbot und unterfällt nicht der Regelung in § 80 Abs 2 (BGHZ 112, 387 = NJW 1991, 559; K/P/B/*Lüke* § 80 Rn 75; *Graf-Schlicker/Scherer* § 80 Rn 34; HaKo-*Kuleisa* § 80 Rn 63). Grundsätzlich binden persönliche Verpflichtungen des Schuldners, Verfügungen über sein Vermögen zu unterlassen, den späteren Insolvenzverwalter nicht, so dass die Nichtbeachtung keine Massebindlichkeit begründet (MüKo-*Ott/Vuia* § 80 Rn 155; BerlKo-*Blersch/v. Olshausen* § 80 Rn 28; N/R/*Wittkowski* § 80 Rn 177). **Beschränkungen des Wohnungseigentümers** (§§ 12, 5 Abs 4, 8 Abs 2 WEG), wonach der Wohnungseigentümer über sein Sondervermögen nur mit Zustimmung der Eigentümer verfügen darf, schränken § 137 BGB ein und sind vom Insolvenzverwalter zu beachten (K/P/B/*Lüke* § 80 Rn 75; MüKo-*Ott/Vuia* § 80 Rn 156). Auf die §§ 5–8 ErbbauVO findet § 80 Abs 2 Satz 1 ebenfalls keine Anwendung (MüKo-*Ott/Vuia* § 80 Rn 156; HK-*Kayser* § 80 Rn 62; HaKo-*Kuleisa* § 80 Rn 63).

3. Gerichtliche oder behördliche Veräußerungsverbote. Richterliche oder behördliche Veräußerungs- 205
verbote fallen idR unter § 80 Abs 2, soweit sie nicht den Schutz des allgemeinen Rechtsverkehrs bezwecken. Ebenso wie § 135 BGB bezieht sich § 136 BGB nur auf Veräußerungsverbote, die den Schutz bestimmter Personen bezwecken. Deshalb gehört auch die **Beschlagnahme nach den §§ 94 ff, 290 ff StPO** nicht hierher (vgl *Jaeger/Windel* § 80 Rn 279; *Jaeger/Henckel* § 13 KO Rn 4; N/R/*Wittkowski* § 80 Rn 179). Etwas anderes gilt bei nicht rechtskräftiger Anordnung des Verfalls (§ 73e Abs 2 StGB), der Einziehung (§ 74e Abs 3 StGB) und bei der Beschlagnahme gem § 111b, c StPO, die lediglich der Sicherung des Fiskus dienen (K/P/B/*Lüke* § 80 Rn 73; HK-*Kayser* § 80 Rn 63). Um **gerichtliche relative Veräußerungsverbote** handelt es sich dagegen bei der Zwangsvollstreckung in Sachen, Forderungen und Rechte (BGH NJW 1972, 428; HK-*Kayser* § 80 Rn 66), bei Veräußerungsverboten aufgrund einstweiliger Verfügung (§§ 935, 938 ZPO), bei Zahlungssperre nach § 1019 ZPO im Aufgebotsverfahren sowie bei nicht rechtskräftiger Anordnung des Verfalls im Strafverfahren nach § 73e Abs 2 StGB und der Einziehung von Gegenständen nach § 74e Abs 3 StGB sowie bei der Beschlagnahme gem §§ 111b, c StPO (BGH v 24. 5. 2007 – IX ZR 41/05, NZI 2007, 450f = ZIP 207, 1338; HK-*Kayser* § 80 Rn 63; *Jaeger/Henckel* § 13 KO Rn 4; *Jaeger/Windel* § 80 Rn 280; FK-*App* § 80 Rn 27).

4. Veräußerungsverbote durch Zwangsvollstreckungsmaßnahmen. Veräußerungsverbote, die durch 206
Zwangsvollstreckungsmaßnahmen bewirkt werden, bleiben gem § 80 Abs 2 S 2 unberührt, weil durch die Vollstreckung idR ein Absonderungsrecht begründet wird. Zu beachten ist aber die Rückschlagsperre nach § 88 sowie die Anfechtungsmöglichkeiten nach den §§ 129ff. Voraussetzung ist im Übrigen, dass die Pfändung bzw Beschlagnahme nach den vollstreckungsrechtlichen Vorschriften wirksam war und nicht gegen § 21 Abs 2 Nr 3 verstieß (HK-*Kayser* § 80 Rn 66). § 80 Abs 2 S 2 greift auch bei der **Beschlagnahme von Grundstücken zum Zwecke der Zwangsversteigerung** (§§ 20ff, 146, 162, 171 a ZVG) sowie im Fall der Versteigerung eines Luftfahrzeuges gem § 99 LuftfzRG ein (vgl K/P/B/*Lüke* § 80 Rn 77). Voraussetzung für die Anwendung des § 80 Abs 2 S 2 ist immer, dass die Vollstreckung wirksam ist und ein Absonderungsrecht an dem betreffenden Gegenstand bereits entstanden ist (Einzelheiten bei K/P/B/*Lüke* § 80 Rn 78; *Eickmann* ZIP 1986, 1517; *Jaeger/Henckel* § 13 KO Rn 14; MüKo-*Ott/Vuia* § 80 Rn 158). Einzelheiten sind dabei umstritten, wie zB ob die Beschlagnahme des Grundstücks wirksam wird, wenn das Ersuchen um Eintragung des Beschlagnahmevermerks dem Grundbuchamt vor Verfahrenseröffnung zugegangen, der Beschlagnahmevermerk aber bis zur Eröffnung des Insolvenzverfahrens nicht eingetragen worden ist (vgl zum Meinungsstand *Jaeger/Henckel* § 13 KO Rn 15). Wird das Verfahren vor Zustellung des Beschlagnahmebeschlusses oder zwischen dem Zugang des Ersuchens an das Grundbuchamt und der Eintragung des Versteigerungsvermerks eröffnet, so ist **nach hM die Beschlagnahme den Insolvenzgläubigern gegenüber unwirksam** (vgl MüKo-*Ott/Vuia* § 80 Rn 158; HK-*Kayser* § 80 Rn 67; *Jaeger/Windel* § 80 Rn 291; HaKo-*Kuleisa* § 80 Rn 64; *Eickmann* KTS 1974, 213; *ders* ZIP 1986, 1517, 1518 Fn 4). *Henckel* (§ 13 KO Rn 15) hat überzeugend nachgewiesen, dass die **hM** zu unangemessenen Ergebnissen führt. Die Beschlagnahme des Grundstücks wird nach wohl richtiger Meinung mit der Zustellung des anordnenden Beschlusses an den Schuldner wirksam oder im Zeitpunkt des Ersuchens an das Grundbuchamt um Eintragung des Versteigerungsvermerks gem § 22 ZVG (K/P/B/*Lüke* § 80 Rn 78; *Jaeger/Henckel* § 13 KO Rn 15; *Hess* § 80 Rn 425). Zutreffend weist *W. Henckel* (*Jaeger/Henckel* § 13 KO Rn 15) darauf hin, dass, wenn der Gesetzgeber den persönlichen Vollstreckungsgläubiger durch § 22 Abs 1 S 2 ZVG entsprechend § 878 BGB schützen wollte, er nicht schlechter gestellt werden darf als derjenige, der das Absonderungsrecht rechtsgeschäftlich erwirbt. Erwirbt aber gem § 22 Abs 1 S 2 ZVG der persönliche Vollstreckungsgläubiger schon mit **Eingang des Ersuchens** um Eintragung des Vollstreckungsvermerks beim Grundbuchamt das Absonderungsrecht, wenn die Eintragung demnächst, wenn auch nach Verfahrenseröffnung, erfolgt, so muss

§ 81   Verfügungen des Schuldners

dies entgegen der hM generell gelten, wenn die Beschlagnahme erfolgt, der Beschlagnahmevermerk aber bis zur Verfahrenseröffnung noch nicht eingetragen ist.

207   **5. Die Vorpfändung.** Die Vorpfändung (Pfändungsankündigung gem § 845 ZPO) fällt nicht unter § 80 Abs 2. Wird die Pfändung der Forderung nicht noch vor Verfahrenseröffnung vorgenommen, so ist die Vorpfändung ohne Wirkung. Wird die Forderung noch vor Verfahrensbeginn gepfändet, so wirkt die Vorpfändung wie ein vollzogener Arrest (§§ 845 Abs 2, 930 ZPO) und fällt darum nicht unter § 80 Abs 2 (BGHZ 167, 11, 16 f = ZIP 2006, 917). Die Vorpfändung nach § 845 ZPO ist im Insolvenzverfahren nur wirksam, wenn auch das Erfordernis des § 845 Abs 2 ZPO bereits vor Verfahrenseröffnung erfüllt ist (RGZ 151, 269; *Jaeger/Henckel* § 13 KO Rn 16; *Kilger/K. Schmidt* § 13 KO Anm 1 b).

§ 81 Verfügungen des Schuldners

(1) ¹Hat der Schuldner nach der Eröffnung des Insolvenzverfahrens über einen Gegenstand der Insolvenzmasse verfügt, so ist diese Verfügung unwirksam. ²Unberührt bleiben die §§ 892, 893 des Bürgerlichen Gesetzbuchs, §§ 16, 17 des Gesetzes über Rechte an eingetragenen Schiffen und Schiffsbauwerken und §§ 16, 17 des Gesetzes über Rechte an Luftfahrzeugen. ³Dem anderen Teil ist die Gegenleistung aus der Insolvenzmasse zurückzugewähren, soweit die Masse durch sie bereichert ist.

(2) ¹Für eine Verfügung über künftige Forderungen auf Bezüge aus einem Dienstverhältnis des Schuldners oder an deren Stelle tretende laufende Bezüge gilt Absatz 1 auch insoweit, als die Bezüge für die Zeit nach der Beendigung des Insolvenzverfahrens betroffen sind. ²Das Recht des Schuldners zur Abtretung dieser Bezüge an einen Treuhänder mit dem Ziel der gemeinschaftlichen Befriedigung der Insolvenzgläubiger bleibt unberührt.

(3) ¹Hat der Schuldner am Tag der Eröffnung des Verfahrens verfügt, so wird vermutet, daß er nach der Eröffnung verfügt hat. ²Eine Verfügung des Schuldners über Finanzsicherheiten im Sinne des § 1 Abs. 17 des Kreditwesengesetzes nach der Eröffnung ist, unbeschadet der §§ 129 bis 147, wirksam, wenn sie am Tag der Eröffnung erfolgt und der andere Teil nachweist, dass er die Eröffnung des Verfahrens weder kannte noch kennen musste.

I. Allgemeines

1   Mit der Verfahrenseröffnung tritt ein **absolutes Verfügungsverbot** ein. Die Vorschrift enthält kein ausdrückliches **Verpflichtungsverbot** für den Schuldner. Dass Verpflichtungen, die der Schuldner nach Eröffnung des Insolvenzverfahrens eingegangen ist, im Verfahren nicht geltend gemacht werden können, ergibt sich aus §§ 87, 38. **Sonstige Rechtshandlungen** unterfallen § 91 und entfalten ebenfalls keine Rechtswirkungen für die Insolvenzmasse. Im Unterschied zu § 7 KO sieht das Gesetz nunmehr eine **absolute Unwirksamkeit** statt Nichtigkeit der Verfügung vor. Damit wird die Möglichkeit eröffnet, eine Unwirksamkeit durch nachträgliche Genehmigung einer an sich unwirksamen Verfügung gem § 185 Abs 2 BGB analog zu heilen. Schon das frühere Recht wurde in diesem Sinne ausgelegt (vgl Begr RegE zu § 81, abgedr bei *Balz/Landfermann*, Die neuen Insolvenzgesetze, S 298; KS-*Gerhardt* S 193, 212; *Jaeger/Henckel* § 7 KO Rn 17, 26). Das Verfügungsverbot kann nicht weiter gehen, als es der Masseschutz erfordert (KS-*Gerhardt* S 212 Rn 38; *ders* Grundbegriffe Rn 250; *Jaeger/Henckel* § 7 KO Rn 4 ff).

II. Unwirksame Verfügungen

2   **1. Verfügungen.** Der Wortlaut des § 81 Abs. 1 verlangt im Gegensatz zur KO („Rechtshandlung") eine Verfügung des Schuldners. In der Literatur herrscht inzwischen Übereinstimmung darüber, dass der Systemzusammenhang zwischen § 81 und § 91 InsO ebenso unverändert zu sehen ist wie früher zwischen § 7 KO und § 15 KO (vgl KS-*Gerhardt* S 193, 218 Rn 51; K/P/B/*Lüke* § 81 Rn 4 ff u § 91 Rn 2; BerlKo-*Blersch/v. Olshausen* § 81 Rn 3 ff; *Bork*, Einführung Rn 147; *Häsemeyer* InsR Rn 10.29–10.31; MüKo-Ott/*Vuia* § 81 Rn 4 ff; *Jaeger/Windel* § 81 Rn 4 ff; *Eickmann* FS Uhlenbruck S 149; weitergehend *Jaeger/Windel* § 81 Rn 3). Überzeugend hat allerdings *Eickmann* (FS Uhlenbruck S 149 ff) nachgewiesen, dass der Begriffswechsel durchaus von erheblicher Bedeutung sein kann, was sich vor allem im Eröffnungsverfahren zeigt. Schon zum alten Recht hat sich die Literatur teilweise damit beholfen, mit dem Begriff der „**rechtsgeschäftsähnlichen Handlung**" Fristsetzungen, Aufforderungen nach §§ 108 Abs 2, 177 Abs 2 BGB, Androhungen (§ 384 Abs 1, § 1220 Abs 1 S 1 BGB), Weigerungen, Mitteilungen und Anzeigen unter den Begriff der Rechtshandlung zu subsumieren (vgl *Palandt/Ellenberger* vor § 104 BGB Rn 6; K/P/B/*Lüke* § 81 Rn 5; FK-*App* § 81 Rn 5). Gleichermaßen wird man sich auch für die InsO mit dem Begriff des „**verfügungsähnlichen Geschäfts**" bei der Anwendung des § 81 helfen müssen (BerlKo-*Blersch/v. Olshausen* § 81 Rn 4; *Jaeger/Windel* § 81 Rn 4; HaKo-*Kuleisa* § 81 Rn 5; MüKo-Ott/*Vuia* § 81 Rn 5; HK-*Kayser* § 81 Rn 8). Dies mag für einzelne Betätigungen, die man wegen ihrer verfügungsähnlichen oder gestaltenden Einwirkungen auf bestehende Forderung des Erklärenden den Verfügungen zurechnen kann,

II. Unwirksame Verfügungen   § 81

zutreffen. Zweifelhaft ist aber der „geweitete Verfügungsbegriff" (*v. Olshausen* ZIP 1998, 1097) oder die Analogie zu Verfügungen bei solchen Rechtshandlungen des Schuldners, die auf keinen Fall verfügungsgleich oder verfügungsähnlich sind, wie zB die Vereinbarung eines **Erlasses der Forderung** zwischen Insolvenzschuldner und Gläubiger einer Insolvenzforderung. Beim Erlassvertrag verfügt nur der Gläubiger über seine Forderung, nicht dagegen der Schuldner. Zudem handelt es sich nicht um einen Gegenstand der Insolvenzmasse (vgl *v Olshausen* ZIP 1998, 1093, 1097). **Verpflichtungsgeschäfte** bleiben von § 81 unberührt (MüKo-*Ott/Vuia* § 81 Rn 5; BerlKo-*Blersch/v. Olshausen* § 81 Rn 4; HaKo-*Kuleisa* § 81 Rn 5; HK-*Kayser* § 81 Rn 6).

Zweifelhaft ist, welche **Zeitschranke** für eine verfügungsähnliche Verpflichtung gelten soll, wenn zB 3 eine Forderung gegen den Insolvenzschuldner kraft eines von ihm vor Verfahrenseröffnung gesetzten Rechtsscheins erst durch gutgläubigen Erwerb eines Zessionars nach Verfahrenseröffnung entstanden ist, wie zB im Fall des § 405 BGB oder bei Wertpapieren des öffentlichen Glaubens, also Inhaberschuldverschreibungen, Wechseln etc (*v. Olshausen* ZIP 1998, 1093, 1096; K/P/B/*Lüke* § 81 Rn 6). Zum „klassischen" Fall einer **mehraktigen Verfügung** und zur Verfügungsbeschränkung bei **getrennten Rechtsvorgängen** vgl die instruktiven Fälle von *Eickmann* in FS *Uhlenbruck*, S 149, 151 ff. Bei einem **mehraktigen, zeitlich gestreckten Verfügungstatbestand** muss die Verfügungsbefugnis des Schuldners bis zum Zeitpunkt der Erfüllung des Verfügungstatbestandes gegeben sein. Hierzu gehört bei der Vorausabtretung künftiger Forderungen auch das Entstehen der Forderung (MüKo-*Ott/Vuia* § 81 Rn 8; str aA BGH v 11. 5. 2006, BGHZ 167, 363 ff; BGHZ 135, 140, 144; s auch HK-*Kayser* § 81 Rn 18). Tritt der Schuldner vor Verfahrenseröffnung eine künftige Forderung an den Zessionar ab und ist § 91. Gleiches gilt für **Globalzessionen**. Gleichgültig, ob man auf den früheren Begriff der „Rechtshandlung" zurückgreift oder auch „**verfügungsgleiche**" oder „**verfügungsähnliche**" Rechtshandlungen unter den Begriff der Verfügung iSv § 81 subsumiert, lässt sich feststellen, dass vom Gesetzgeber keine wesentliche Änderung der Rechtslage gegenüber der KO beabsichtigt war. Deshalb wird man mit K/P/B/*Lüke* (§ 81 Rn 7) jegliche Rechtshandlungen, die unter § 7 KO fielen, nach § 81 analog als unwirksam ansehen müssen, soweit nicht § 38 eingreift (so auch *Jaeger/Windel* § 81 Rn 5; MüKo-*Ott/Vuia* § 81 Rn 5; HK-*Kayser* § 81 Rn 5). Unter den **Begriff der Verfügung** fallen deshalb nicht nur **Zahlungen**, die der Schuldner nach Verfahrenseröffnung aus der Masse leistet, und **Überweisungsaufträge**, die er vor Verfahrenseröffnung erteilt, soweit sie ein in die Masse fallendes Konto betreffen und nach Verfahrenseröffnung ausgeführt werden, sondern auch die **Einlösung einer Lastschrift** nach Verfahrenseröffnung (vgl BHG ZIP 2006, 138, 140; OLG Hamm NJW 1985, 865; *Serick* ZIP 1982, 509, 516; *Jauernig/Berger* § 40 IV 2; N/R/*Wittkowski* § 81 Rn 4). Auch nach Verfahrenseröffnung getroffene Verfügungen des Schuldners über einen **Scheck** sind gem § 81 unwirksam. Ein gutgläubiger Erwerb ist ausgeschlossen (*Jaeger/Henckel* § 7 KO Rn 67; *Canaris* BankvertragsR Rn 819).

Unter § 81 Abs 1 fallen sämtliche **rechtsgeschäftsähnliche Handlungen** mit verfügendem, dh unmit- 4 telbar rechtsgestaltendem Charakter (*Jauernig/Berger* § 40 IV 2). Auch **Prozesshandlungen des Schuldners** (Anerkenntnis, Verzicht, Vergleich, Geständnis, Klage- und Rechtsmittelrücknahme) fallen unter § 81, sofern dadurch die Masse berührt wird; das gilt sogar für die Einlegung einer Verfassungsbeschwerde (BVerfGE 51, 405); ferner für die Bewirkung von Zustellungen oder deren Empfangnahme (vgl RFH JW 1935, 469; HK-*Kayser* § 81 Rn 7; MüKo-*Ott/Vuia* § 81 Rn 7; *Jaeger/Windel* § 81 Rn 5; *Kilger/K. Schmidt* § 7 KO Anm 1). **Realakte**, wie zB Vermischung, Verarbeitung etc, gehören nicht zu den Verfügungen (*Jauernig/Berger* § 40 IV 2; BerlKo-*Blersch/v. Olshausen* § 81 Rn 4). Für die **Entgegennahme empfangsbedürftiger Willenserklärungen** gilt § 81 (*Kilger/K. Schmidt* § 7 KO Anm 1; str aA *Jaeger/Windel* § 81 Rn 6). Zweifelhaft ist dies jedoch bei **Mahnungen, Fristsetzungen, Aufforderungen** (zB nach §§ 179 Abs 1, 177 Abs 2 BGB), **Mitteilungen** und **Anzeigen** (zB nach §§ 149, 171, 409 Abs 1, 415 Abs 1 S 2, 416 Abs 1, 469 BGB), **Weigerungen** (zB nach § 295 S 1 BGB), die ernsthafte und endgültige **Erfüllungsverweigerung**, das Anerkenntnis nach § 208 BGB sowie Rechtshandlungen, die für die Insolvenzmasse günstig sind (vgl v *Olshausen* ZIP 1998, 1093, 1097; K/P/B/*Lüke* § 81 Rn 5). Die **hM** bejaht die Anwendung von § 81 (MüKo-*Ott/Vuia* § 81 Rn 5; HaKo-*Kuleisa* § 81 Rn 6; BerlKo-*Blersch/v. Olshausen* § 81 Rn 4). Unter den Begriff der Verfügung fällt dagegen unzweifelhaft die Zustimmung des Anteilsberechtigten zur **Einziehung seines GmbH-Geschäftsanteils**. **Grundpfandrechte** können nach Verfahrenseröffnung nicht mehr zulasten der Insolvenzmasse durch Neuschulden des Schuldnerunternehmens valutiert werden. Problematisch sind Rechtshandlungen des Schuldners, die seinen privaten Lebensbereich betreffen, sich jedoch mittelbar vermögensrechtlich auf die Insolvenzmasse (§ 35) auswirken. S die Beispiele bei *Jaeger/Henckel* (§ 7 KO Rn 7). Der Schutz des § 81 bezieht sich nicht auf die **Eigenverwaltung** nach den §§ 270 ff (vgl *Gundlach* DZWIR 1999, 363 ff). Gegen masseverkürzende Verfügungen des Schuldners im Rahmen der Eigenverwaltung sind die Gläubiger nicht durch § 81 geschützt.

2. Handlungsobjekt. Die Verfügung des Schuldners muss die Insolvenzmasse, gleichgültig ob Aktiv- 5 oder Passivmasse, betreffen oder Ansprüche der Insolvenzgläubiger (§ 38) berühren. Deshalb sind Verfügungen des Schuldners über sein insolvenzfreies Vermögen (§§ 36, 37) ebenso wirksam wie Verbindlichkeiten, die er hinsichtlich seines Vermögens eingeht (*Jaeger/Henckel* § 7 KO Rn 4; HK-*Kayser* § 81

Rn 10; N/R/*Wittkowski* § 81 Rn 7; **str aA** MüKo-*Kramer* § 153 BGB Rn 3; *Soergel/Lange* § 153 BGB Anm 3). Auch **Auslandsvermögen** des Schuldners wird durch § 81 erfasst (**LG Köln** v 15. 5. 1997, ZIP 1997, 1165; *Kilger/K. Schmidt* § 7 KO Anm 1b; HK-*Kayser* § 81 Rn 10). Der Schuldner ist berechtigt, aus seinem insolvenzfreien Vermögen Insolvenzgläubiger freiwillig zu befriedigen. Neuverbindlichkeiten sind keine Insolvenzforderungen (§ 38), fallen also nicht unter § 81 (*Jaeger/Henckel* § 7 KO Rn 5; HK-*Kayser* § 81 Rn 10).

6 **3. Der Verfügende.** Nur Rechtshandlungen des Schuldners fallen unter § 81. Ihnen stehen Rechtshandlungen eines gesetzlichen Vertreters oder eines Bevollmächtigten gleich, auch wenn der Geschäftsbesorgungsvertrag oder die Vollmacht nach §§ 116, 117 iVm § 168 BGB erlischt (vgl **LG Düsseldorf** v 21. 4. 1970, KTS 1971, 293; **LG Hamburg** v 3. 11. 1965, MDR 1966, 338; *Jaeger/Windel* § 81 Rn 12; K/P/B/*Lüke* § 81 Rn 9). Nicht unter § 81 fallen dagegen **Verfügungen eines Treuhänders**, soweit dieser im eigenen Namen handelt (*Jaeger/Henckel* § 7 KO Rn 11; *Hess* § 81 Rn 22; MüKo-*Ott/Vuia* § 81 Rn 12; HK-*Kayser* § 81 Rn 20; K/P/B/*Lüke* § 81 Rn 9). Insoweit gelten die allgemeinen Vorschriften über den Erwerb von Nichtberechtigten. Rechtshandlungen, die ohne Zutun des Schuldners von Dritten nach Verfahrenseröffnung vor genommen werden und auf einen Rechtserwerb an Gegenständen der Insolvenzmasse gerichtet sind, fallen nicht unter § 81, sind aber gem § 91 unwirksam. Wird eine vom Schuldner vor Verfahrenseröffnung in Auftrag gegebene **Banküberweisung** erst nach Eröffnung des Insolvenzverfahrens ausgeführt, so fällt die Verfügung über das Bankguthaben unter § 81, da die Bank auf Grund einer Ermächtigung des Anweisenden handelt und darum die mit vorher vorgenommene Umbuchung als eine Verfügung des Schuldners anzusehen ist (BGHZ 147, 193, 196ff; **BGH** ZIP 2007, 435, 436; **LG Hamburg** v 3. 11. 1965, MDR 1966, 338; **LG Düsseldorf** v 21. 4. 1970, KTS 1971, 293; **LG Offenburg** ZInsO 2004, 559, 561; HK-*Kayser* § 81 Rn 23; **str aA** MüKo-*Ott/Vuia* § 81 Rn 12 a). Nach **OLG Hamm** v 8. 6. 1977 – 11 U 28/77 – (zit bei *Kilger/K. Schmidt* § 7 KO Anm 6) ist eine nach Eröffnung des Insolvenzverfahrens erfolgende Belastung des Kontos jedoch wirksam, wenn diese vor Verfahrenseröffnung in die Buchungsmaschine eingegeben worden ist. Zahlungsaufträge, die in das Zahlungsverkehrssystem von einem Teilnehmer nach der Eröffnung eines Insolvenzverfahrens über sein Vermögen eingebracht werden, dürfen nicht mehr bearbeitet werden (*Obermüller* FS *Uhlenbruck* S 365, 378). Aus § 96 Abs 2, der Verrechnungen noch am Tag der Eröffnung des Insolvenzverfahrens zulässt, kann nichts Gegenteiliges geschlossen werden. Die Vorschrift enthält nämlich nach zutreffender Feststellung von *Obermüller* (FS *Uhlenbruck* S 378) „keine eigene Grundlage für die Wirksamkeit der Erteilung und den Fortbestand von Zahlungsaufträgen, sondern regelt lediglich die Verrechnungsbefugnis für den Fall, dass – was sich aus anderen Vorschriften ergeben muss – ein Aufwendungsersatzanspruch besteht".

7 **4. Zeitpunkt der Verfügung.** Von der Regelung in § 81 Abs 1 S 1 werden nur Verfügungen des Schuldners betroffen, die dieser **nach Verfahrenseröffnung** vorgenommen hat. Früher vorgenommene Rechtshandlungen können nach den §§ 129ff der Anfechtung unterliegen. Entscheidend ist die **Stunde der Eröffnung** (§ 27 Abs 2 Nr 3). Maßgeblich ist die im Eröffnungsbeschluss angegebene Uhrzeit (FK-*App* § 81 Rn 17–21; K/P/B/*Lüke* § 81 Rn 10; MüKo-*Ott/Vuia* § 81 Rn 8, 9). Die Verfügung muss am Eröffnungstag wirksam geworden sein (K/P/B/*Lüke* § 81 Rn 11). Die **Beweislast** trifft insoweit den Verwalter (HK-*Kayser* § 81 Rn 32). Bei Verfügungen am Eröffnungstag, bei denen die genaue Uhrzeit nicht mehr feststellbar ist, greift nicht die Vermutung des § 27 Abs 3 ein, sondern es gilt gem § 81 Abs 3 die Vermutung, dass der Schuldner **nach der Eröffnung** verfügt hat. In diesen Fällen reicht es aus, wenn der Verwalter beweist, dass der Schuldner am Tag der Eröffnung verfügt hat. Durch die gesetzliche Regelung soll der schwierige Nachweis verhindert werden, ob eine Verfügung vor oder nach Verfahrenseröffnung stattgefunden hat (vgl *Jaeger/Henckel* § 7 KO Rn 14; K/P/B/*Lüke* § 81 Rn 13; K/U § 7 KO Rn 24). Auf die Zustellung, Bekanntmachung oder Rechtskraft des Eröffnungsbeschlusses kommt es nicht an (*Jaeger/Henckel* § 7 KO Rn 31; *Baur/Stürner* II Rn 8.7; s auch unten Rn 20).

8 Schwierigkeiten macht in einzelnen Fällen die **Feststellung, ob die Verfügung nach Insolvenzeröffnung** vorgenommen worden ist. So wird zB eine **empfangsbedürftige Willenserklärung** unter Abwesenden wirksam, ist also vorgenommen iSv § 81 Abs 1 S 1, wenn sie dem Empfänger zugeht (§ 130 Abs 1 BGB). Deshalb ist eine **Kündigung**, ein **Rücktritt** oder eine **Aufrechnungserklärung** als einseitige empfangsbedürftige Willenserklärung unwirksam, wenn sie zwar vor Verfahrenseröffnung abgegeben wurde, aber erst nach Eröffnung des Verfahrens zugeht (BGHZ 27, 360, 366; *Jaeger/Henckel* § 7 KO Rn 32; MüKo-*Ott/Vuia* § 81 Rn 11; HK-*Kayser* § 81 Rn 15; K/P/B/*Lüke* § 81 Rn 11; N/R/*Wittkowski* § 81 Rn 9; anders *Jaeger/Windel* § 81 Rn 6). Ein **Vertragsangebot** wird bei Insolvenz des Antragsempfängers unwirksam, wenn die Insolvenz vor der Annahme eingetreten ist, denn vor der Annahme gehört die Antragsgebundenheit als Vermögensbestandteil zur Masse, wenn der Vertragsschluss auch für den Fall der Insolvenz mit dem Insolvenzverwalter gewollt ist (*Kilger/ K. Schmidt* § 7 KO Anm 2; *Jaeger/ Henckel* § 7 KO Rn 34ff; N/R/*Wittkowski* § 81 Rn 9). Der in der Literatur teilweise befürworteten analogen Anwendung des § 153 BGB bedarf es nicht (vgl HK-*Kayser* § 81 Rn 32; K/P/B/*Lüke* § 81 Rn 11). Eine vom Schuldner vor Verfahrenseröffnung abgegebene, dem anderen Teil aber erst nach Verfahrenseröffnung zugegangenen **Aufrechnungserklärung** fällt unter § 81 (*Jaeger/Henckel* § 7 KO Rn 32,

II. Unwirksame Verfügungen § 81

41; K/P/B/*Lüke* § 81 Rn 11). Maßgeblich für den Zeitpunkt der Vornahme ist immer, dass die Erklärung erst nach Eröffnung des Insolvenzverfahrens **wirksam** wird (vgl BGHZ 27, 360, 366; *Jaeger/ Henckel* § 7 KO Rn 32; *Braun/Kroth* § 81 Rn 6; K/P/B/*Lüke* § 81 Rn 11; N/R/*Wittkowski* § 81 Rn 9). Ist der Bindungswille eines Vertragsangebots nur auf den Schuldner, nicht aber auf einen Insolvenzverwalter bezogen, so ist der Antrag hinfällig (§ 145 BGB). Einzelheiten bei *Jaeger/Henckel* § 7 KO Rn 35 ff; K/P/B/*Lüke* § 81 Rn 11.

Bei **mehraktigen gestreckten Verfügungsgeschäften** muss der Verfügungstatbestand in vollem Umfang 9 zum Zeitpunkt der Verfahrenseröffnung wirksam geworden sein. Allerdings gibt es hiervon Ausnahmen, wie die Regelung in § 878 BGB zeigt. Mehraktige Rechtshandlungen wird man als in dem Zeitpunkt vorgenommen ansehen müssen, in dem das **letzte Wirksamkeitserfordernis** eingetreten ist (*Jaeger/ Henckel* § 7 KO Rn 42; K/P/B/*Lüke* § 81 Rn 11; *Häsemeyer* InsR Rn 10.12; BerlKo-*Blersch/v. Olshausen* § 81 Rn 7; HK-*Kayser* § 81 Rn 17; MüKo-*Ott/Vuia* § 81 Rn 8). Bei **Grundstücksgeschäften** ist „Verfügung" nach Auffassung von *Eickmann* (FS *Uhlenbruck* S 149, 151) nicht nur die Einigung des § 873 Abs 1 BGB, sondern der gesamte, aus Einigung und Eintragung zusammengesetzte Vorgang. **Entgegen der Vorauflage** tritt die Unwirksamkeit nach § 81 Abs 1 S 1 auch dann nicht ein, wenn der Schuldner vor Verfahrenseröffnung ein Grundstück an einen Käufer aufgelassen und dieser ebenfalls vor Verfahrenseröffnung den Antrag auf Eintragung der Rechtsänderung im Grundbuch gestellt hat, die Eintragung aber erst nach Verfahrenseröffnung erfolgt. Solchenfalls ergibt sich die Wirksamkeit der Verfügung des Schuldners aus § 878 BGB iVm § 91 Abs 2 InsO (s KS-*Landfermann* § 159, 164 Rn 12; HK-*Kayser* § 81 Rn 18; HaKo-*Kuleisa* § 81 Rn 8; MüKo-*Ott/Vuia* § 81 Rn 10; BerlKo-*Blersch/v. Olshausen* § 81 Rn 7 Fußn 10; *Bork* Einf Rn 137 m Beispiel Rn 137a sowie Rn 146 ff). Liegen sämtliche Verfügungshandlungen vor Verfahrenseröffnung, tritt aber die materielle Rechtsänderung erst nach Verfahrenseröffnung ein, so findet § 81 keine Anwendung, sondern lediglich § 91 (vgl auch *Bork* Einf Rn 147, 148, der von „gestrecktem Erwerb" spricht; ebenso MüKo-*Ott* § 81 Rn 10; ferner BerlKo-*Blersch* § 81 Rn 7).

Verfügungen, die der Schuldner vor Eröffnung eines Insolvenzverfahrens unter einer **aufschiebenden** 10 **Bedingung** getroffen hat, werden in ihrer Wirksamkeit durch die Verfahrenseröffnung gem § 161 Abs 1 S 2 BGB nicht berührt (BGHZ 155, 92; **BGH** NZI 2006, 229, 230 m Anm *Höpfner*; HK-*Kayser* § 81 Rn 18). Hat der Schuldner also vor Verfahrenseröffnung eine bewegliche Sache an einen Dritten übereignet und werden vor Verfahrenseröffnung sowohl die aufschiebend bedingte Einigung erklärt als auch die Sache übergeben, so wird die Übereignung trotz § 81 Abs 1 S 1 wirksam, wenn die Bedingung nach der Verfahrenseröffnung eintritt (KS-*Landfermann* S 159, 164 Rn 11; *Häsemeyer* InsR Rn 10.23; *Bork*, Einführung Rn 149; *Jaeger/Henckel* § 15 KO Rn 60; N/R/*Wittkowski* § 81 Rn 11). Wird vor Verfahrenseröffnung ein **Anwartschaftsrecht** vom Vorbehaltskäufer übertragen, so wird der Eigentumserwerb durch die Eröffnung des Insolvenzverfahrens über sein Vermögen nicht gehindert (BGHZ 20, 88 = NJW 1956, 665; BGHZ 27, 360, 367 = NJW 1958, 1286; BerlKo-*Blersch/v. Olshausen*, N/R/*Wittkowski* § 81 Rn 11).

5. Rechtsfolgen. a) Absolute Unwirksamkeit. Ein Verstoß gegen § 81 Abs 1 hat die absolute Unwirk- 11 samkeit der Rechtshandlung zur Folge (BGHZ 166, 74, 77; HK-*Kayser* § 81 Rn 24). Die Rechtsfolge absoluter Unwirksamkeit (nicht Nichtigkeit!) tritt unmittelbar als Rechtsfolge ein, ohne dass es eines besonderen rechtsgeschäftlichen Gestaltungsaktes bedürfte (K/P/B/*Lüke* § 81 Rn 14; HaKo-*Kuleisa* § 81 Rn 14; *Jaeger/Windel* § 81 Rn 17; MüKo-*Ott/Vuia* § 81 Rn 13). Es bedarf also nicht etwa einer Anfechtungshandlung oder einer die Nichtigkeit herbeiführenden Klage. Die Unwirksamkeit besteht von Anfang an. Sie ist eine **absolute** (vgl v *Olshausen* ZIP 1998, 1093 ff; *Bork*, Einführung Rn 136; N/R/*Wittkowski* § 81 Rn 12; K/P/B/*Lüke* § 81 Rn 14; *Jauernig* § 40 IV. 2.; *Smid* § 81 Rn 7). Allerdings ist die in § 81 Abs 1 S 1 angeordnete Unwirksamkeit **inhaltlich begrenzt** durch den Normzweck (KS-*Landfermann* S 159, 163; *Jaeger/Henckel* § 7 KO Rn 14; K/P/B/*Lüke* § 81 Rn 15; *Kilger/K. Schmidt* § 7 KO Anm 3; *Zunft* NJW 1956, 735; **str aA** HK-*Kayser* § 81 Rn 29; MüKo-*Ott/Vuia* § 81 Rn 16; HaKo-*Kuleisa* § 81 Rn 15). Sie ist zudem **zeitlich begrenzt** für die Dauer und die Zwecke des Insolvenzverfahrens (HK-*Kayser* § 81 Rn 26; s auch BGHZ 166, 74, 80; MüKo-*Ott/Vuia* § 81 Rn 18).

b) Heilung durch Genehmigung. Die in § 81 Abs 1 S 1 angeordnete Unwirksamkeit erlaubt es, in ana- 12 loger Anwendung des § 185 Abs 2 BGB Verfügungen eines Nichtberechtigten über einen Gegenstand durch Genehmigung des Insolvenzverwalters wirksam werden zu lassen (*Jauernig/Berger* § 40 IV. 2.; KS-*Landfermann* S 163 Rn 7; HK-*Kayser* § 81 Rn 27; FK-*App* § 81 Rn 12 f; K/P/B/*Lüke* § 81 Rn 15; HaKo-*Kuleisa* § 81 Rn 16; MüKo-*Ott/Vuia* § 81 Rn 17; N/R/*Wittkowski* § 81 Rn 14). Nach *Gottwald/ Eickmann* (InsRHdb § 31 Rn 9) wirkt die Heilung im Gegensatz zu der durch Genehmigung bewirkten nur ex nunc (so auch N/R/*Wittkowski* § 81 Rn 15; *Häsemeyer* InsR Rn 10.11; HK-*Kayser* § 81 Rn 27). Letztere Auffassung gewinnt allenfalls Bedeutung für zwischenzeitlich angefallene Früchte, die im Eigentum des Schuldners verbleiben (RGZ 138, 71, 72; *Gottwald/Eickmann* InsRHdb § 31 Rn 9). Verfügungen, die die Aktivmasse betreffen, werden ansonsten durch **Genehmigung des Insolvenzverwalters** mit **rückwirkender Kraft** wirksam (*Jaeger/Henckel* § 7 KO Rn 26; *Kilger/K. Schmidt* § 7 KO Anm 4). Allerdings findet § 185 Abs 2 BGB keine entsprechende Anwendung auf **einseitige Rechtsgeschäfte**, für die

§ 81 analog Anwendung findet, wie zB für eine Kündigung oder Anfechtung (K/P/B/*Lüke* § 81 Rn 19; *Jaeger/Henckel* § 7 KO Rn 28). **Unwirksame Prozesshandlungen** können durch Genehmigung geheilt werden (*Jaeger/Henckel* § 7 KO Rn 28; HK-*Kayser* § 81 Rn 28; K/P/B/*Lüke* § 81 Rn 18). Ob der Insolvenzverwalter im Einzelfall die Genehmigung erteilt, ist ausschließlich am Insolvenzzweck und dem Interesse der Gläubiger zu orientieren. Durch **Genehmigung eines gegenseitigen Vertrages** wird idR nur der aus der Masse veräußerte Gegenstand und nicht die Gegenleistung freigegeben (N/R/*Wittkowski* § 81 Rn 15). Denn der Umstand, dass die Gegenleistung in die Insolvenzmasse gelangt ist, wird im Allgemeinen den Beweggrund der Genehmigung des Verwalters bilden (s auch *Braun/Kroth* § 81 Rn 8). Die Genehmigung von Rechtshandlungen des Schuldners, die die **Passivmasse** betreffen, verstößt idR gegen den Insolvenzzweck und ist deshalb nichtig.

III. Gutglaubensschutz

13 **1. Verkehrsschutz bei Grundstücksgeschäften.** Der öffentliche Glaube des Grundbuchs, des Schiffs-, Luftfahrzeug- und Schiffbauregisters ist durch die Regelung in § 81 Abs 1 S 2 nach Maßgabe der §§ 892, 893, 1138, 1155 BGB ebenso geschützt wie nach Maßgabe der §§ 16, 17 SchiffsRG und §§ 16, 17 LuftfzRG. Die gesetzliche Ausnahme dient dem Verkehrsschutz und ist gegenüber der Masse vertretbar, weil eine Benachteiligung der Insolvenzgläubiger im Hinblick auf die vorgeschriebene Eintragung des allgemeinen Verfügungsverbots und der Insolvenzeröffnung (§§ 31, 32, 33) nur selten zu besorgen ist. Da es um einen Erwerb aus der Hand des nicht mehr verfügungsberechtigten Eigentümers geht, kann die Verweisung auf § 892 BGB in § 81 Abs 1 S 2 nur bedeuten, dass der **gute Glaube an die Verfügungsbefugnis** geschützt wird. Daher sind nicht die §§ 892 Abs 1 S 1, 16 Abs 1 S 1 SchiffsRG, 16 LuftfzRG, sondern die §§ 892 Abs 1 S 2 BGB, 16 Abs 1 S 2 SchiffsRG maßgebend. Danach ist, wenn der Berechtigte in der Verfügung über ein im Grundbuch, Schiffs- oder Schiffsbauregister eingetragenes Recht zugunsten einer bestimmten Person beschränkt ist, die Beschränkung dem Erwerber gegenüber nur wirksam, wenn sie aus dem Grundbuch, Schiffs- oder Schiffsbauregister ersichtlich oder dem Erwerber bekannt ist. Selbst **grob fahrlässige Unkenntnis** schadet nicht (MüKo-*Ott/Vuia* § 81 Rn 22; HK-*Kayser* § 81 Rn 39). Der Erwerb eines eingetragenen oder einzutragenden Rechts durch ein Rechtsgeschäft mit dem Insolvenzschuldner nach Verfahrenseröffnung ist darum entgegen der Regel des § 81 Abs 1 S 1 wirksam, falls die Verfahrenseröffnung oder ein nach § 21 erlassenes Verfügungsverbot weder eingetragen noch dem Erwerber bekannt ist.

14 Der **für die Kenntnis maßgebende Zeitpunkt** ist die Vollendung des Erwerbs. Ist zum Erwerb die Eintragung erforderlich (§ 873 Abs 1 BGB), ist der Zeitpunkt der Antragstellung auf Eintragung im Grundbuch oder, wenn die nach § 873 BGB notwendige Einigung erst später erfolgt, der Zeitpunkt der Einigung maßgebend (*Jaeger/Henckel* § 7 KO Rn 53; HK-*Kayser* § 81 Rn 39). Der Gutglaubensschutz ist nicht mehr auf rechtsgeschäftlichen Erwerb beschränkt. War die Insolvenzeröffnung oder das Verfügungsverbot zum Zeitpunkt des Erwerbs noch nicht eingetragen, so trägt der Insolvenzverwalter die **Beweislast** selbst dann, wenn die Eröffnung des Insolvenzverfahrens bekannt gemacht worden ist (vgl *Jaeger/Henckel* § 7 KO Rn 56; *Jaeger/Windel* § 81 Rn 65). Obgleich **Luftfahrzeuge** als bewegliche Sachen behandelt werden, gelten die vorstehenden Grundsätze entsprechend den §§ 892 BGB, 16 LuftfzRG sinngemäß, wenn an denjenigen, für den im Register ein Registerpfandrecht eingetragen ist, auf Grund dieses Rechts eine Leistung bewirkt wird (Einzelheiten bei *Jaeger/Henckel* § 7 KO Rn 63; K/P/B/*Lüke* § 81 Rn 21–23; *Jaeger/Windel* § 81 Rn 70; MüKo-*Ott/Vuia* § 81 Rn 21). In allen Fällen ist für die Kenntnis auf den **Zeitpunkt der Vollendung des Erwerbs** abzustellen (RG v 9. 7. 1927, RGZ 116, 356, 361; **RG** v 26. 4. 1930, RGZ 128, 276, 278; **RG** v 18. 2. 1933, RGZ 140, 35; **RG** v 12. 4. 1935, RGZ 147, 298). Zum **Verkehrsschutz nach dem** SchiffsRG s *Jaeger/Windel* § 81 Rn 69 und nach dem TEHG § 71. Zutreffend wird bei K/P/B/*Lüke* (§ 81 Rn 22) darauf hingewiesen, dass dieser maßgebliche Zeitpunkt bei zuvor erfolgter dinglicher Einigung gem §§ 892 Abs 2 BGB, 16 Abs 2 SchiffsRG, 16 Abs 2 LuftfzRG auf den Zeitpunkt der Stellung des Eintragungsantrags vorverlegt wird. Zum Schutz des guten Glaubens bei Leistungen auf Grund eines eingetragenen Rechts an den Schuldner vgl K/P/B/*Lüke* § 81 Rn 23. Verfügungen des Schuldners, die gem §§ 892, 893, 1138, 1155, 1192, 1199 BGB, §§ 16, 17 SchiffsRG sowie gem §§ 16, 17 LuftfzRG nicht von der Vorschrift des § 81 Abs 1 S 1 erfasst werden, können jedoch nach Maßgabe der §§ 129 ff der **Insolvenzanfechtung unterliegen**, wenn die Voraussetzungen gegeben sind. So verschafft der nach Insolvenzeröffnung, aber vor Eintragung des Insolvenzvermerks im Grundbuch vollzogene Rechtserwerb dem Erwerber zwar sein Recht; der Rechtserwerb ist aber der Gefahr der Anfechtung durch den Verwalter ausgesetzt (BerlKo-*Blersch/v. Olshausen* § 81 Rn 11).

15 Hinsichtlich der **Eintragungsanträge beim Grundbuchamt** gilt Folgendes: Erst die Eintragung des Eröffnungsvermerks, nicht dagegen schon die Kenntnis des Grundbuchamts von der Verfahrenseröffnung bewirkt die Grundbuchsperre (*Jauernig/Berger* § 40 V. 1. Rn 26; Einzelheiten s Kommentierung § 32 Rn 19–21.) Nach einer überholten Auffassung **darf der Grundbuchrechtspfleger eine Eintragung**, von der er weiß, dass sie von einem Nichtverfügungsberechtigten beantragt ist, **nicht vollziehen**. Deshalb müssten Eintragungsanträge, die der Schuldner erst nach Verfahrenseröffnung stellt, zurückzuweisen sein (RGZ 71, 38, 41; **KG** DNotZ 1973, 301; **OLG** Karlsruhe (zu § 104 BGB) NJW-RR 1998, 446;

III. Gutglaubensschutz **§ 81**

Demharter § 13 GBO Rn 12; *Jaeger/Weber* § 113 KO Rn 9; *Jaeger/Henckel* § 7 KO Rn 19). Auch in der **neueren Literatur** wird teilweise noch die Auffassung vertreten, dass die Verfahrenseröffnung zu einer **absoluten Grundbuchsperre** führt, die abweichend von der in § 17 GBO vorgesehenen Reihenfolge vorzuziehen und sofort einzutragen ist (vgl **BayObLGZ** 1994, 66, 71; N/R/*Wittkowski* § 81 Rn 18; *Palandt/ Bassenge* § 892 BGB Rn 1; BayObLG NJW 1954, 1120; **OLG** Frankfurt Rpfleger 1991, 361, 362; **KG** NJW 1973, 56, 58). Ist nach **Verfahrenseröffnung** ein **Eintragungsantrag** an das Grundbuchamt **gestellt** worden, und zwar mit Vorrang eines späteren Ersuchens, wie zB dem Antrag auf Eintragung des Eröffnungsvermerks, so **muss das Grundbuchamt eintragen,** auch wenn es amtlich Kenntnis von der Eröffnung des Insolvenzverfahrens erlangt hat (*Jauernig/Berger* § 40 V. 1.; *Braun/Kroth* § 81 Rn 9; HK-*Kayser* § 81 Rn 40; HaKo-*Kuleisa* § 81 Rn 20; MüKo-*Ott/Vuia* § 81 Rn 23; BerlKo-*Blersch/v. Olshausen* § 81 Rn 11; *Jaeger/Windel* § 81 Rn 19; *Wacke* ZZP 82 [1969], S 377 ff; MüKo-*Wacke* § 892 BGB Rn 69, 70; *Habscheid* ZZP 77, 199; *Böhringer* BWNotZ 1985, 102; *Gerhardt* ZIP 1988, 749; *Eickmann* RWS-Skript Nr 88 S 29 ff; *Gottwald/Eickmann* InsRHdb § 31 Rn 87; *Staudinger/Gursky* § 892 BGB Rn 203; *Eickmann* Grundbuchverfahrensrecht 3. Aufl Rn 155 ff; *Oepen/Rittmann* KTS 1995, 609, 623 f; *Bork*, Einführung Rn 142; *Schmitz* JuS 1995, 245, 247). Die **inzwischen hM** entspricht dem Schutzzweck der §§ 81 Abs 1 S 1, 91 InsO, 878, 892 BGB. Nicht die Insolvenzgläubiger sollen durch die Gutglaubensvorschriften geschützt werden, sondern der redliche Erwerber. Das Grundbuchamt muss idR **auch bei Kenntnis von der Eröffnung des Insolvenzverfahrens das Recht des Antragstellers eintragen.** Liegen bereits Anträge vor, die auf Bestellung von dinglichen Rechten gerichtet sind, müssen sie nach dem Reihenfolgeprinzip des § 17 GBO vor der Eintragung des Insolvenzvermerks vollzogen werden (*Jauernig/Berger* § 40 V. 1.; *Staudinger/Gurski* § 892 BGB; MüKo BGB-*Wacke* § 892 BGB Rn 70; MüKo-*Ott/Vuia* § 81 Rn 23; s auch die Kommentierung zu § 32 Rn 20, 21).

2. Gutgläubiger Fahrniserwerb. Ein gutgläubiger Erwerb beweglicher Sachen, des Pfandrechts, des **16** Nießbrauchs (vgl §§ 932 ff, 1207 ff, 1244, 1032 BGB, 366, 367 HGB) und von Orderpapieren (Art 16 Abs 2 WG, Art 21 ScheckG, § 365 HGB) findet, soweit es sich um einen Erwerb aus dem Vermögen des Insolvenzschuldners handelt, nicht statt, da insoweit der gute Glaube in § 81 Abs 1 S 2 nicht geschützt wird (KS-*Gerhardt* S 193 Rn 40; HK-*Kayser* § 81 Rn 41; N/R/*Wittkowski* § 81 Rn 22; K/P/B/ *Lüke* § 81 Rn 24). Veräußert der Schuldner eine ihm nicht gehörige Sache oder belastet er sie mit einem Pfandrecht oder Nießbrauch, so ist der gutgläubige Erwerb möglich, da fremde Sachen nicht zur Insolvenzmasse (§ 35) zählen und deshalb § 81 Abs 1 nicht eingreift (vgl *Jaeger/Henckel* § 7 KO Rn 67 ff; *Kilger/K. Schmidt* § 7 KO Anm 5; *Hess* § 81 Rn 29; K/P/B/*Lüke* § 81 Rn 24; FK-*App* § 81 Rn 37). Um **kein insolvenzrechtliches Problem,** sondern um ein solches des bürgerlichen Rechts handelt es sich, wenn jemand aus der Hand des Insolvenzschuldners eine diesem nicht gehörige Sache in der Annahme erwirbt, der Veräußerer sei Eigentümer, aber weiß, dass der Veräußerer sich im Insolvenzverfahren befindet. Solchenfalls ist § 932 BGB nicht erfüllt. Zum gutgläubigen Erwerb kann der gute Glaube an das Eigentum des Veräußerers nicht genügen; der Erwerber muss außerdem annehmen, wirksam Eigentum erwerben zu können. Nimmt er an, dass seinem Erwerb der Verlust der Verfügungsbefugnis nach § 80 Abs 1 entgegensteht, so ist er nicht schutzwürdig. In einem solchen Fall ist es nicht gerechtfertigt, den Erwerber Eigentümer werden und den Berechtigten Eigentum verlieren zu lassen (*Jaeger/Henckel* § 7 KO Rn 70). Der **gutgläubige Erwerb einer dem Schuldner nicht gehörenden,** von ihm aber nach § 930 BGB **veräußerten Sache** kann sich nach Verfahrenseröffnung noch dadurch vollenden, dass der Insolvenzverwalter die Sache an den Erwerber herausgibt, und sei es auch nur in Erfüllung eines vermeintlichen Aussonderungsanspruchs (**BGH** v 29. 9. 1959, KTS 1959, 188; *Jaeger/Windel* § 81 Rn 78; K/P/B/*Lüke* § 81 Rn 24). Da aber die Gutgläubigkeit solchenfalls in dem Augenblick gegeben sein muss, in dem der Erwerber die Sache vom Veräußerer übergeben erhält (§ 933 BGB), fehlt es an der Gutgläubigkeit, wenn der Erwerber zu diesem Zeitpunkt weiß, dass sich der Veräußerer in einem Insolvenzverfahren befindet, denn nach der Vorstellung des Erwerbers steht dem § 81 Abs 1 S 1 seinem Erwerb entgegen und in diesem Fall ist er nicht schutzwürdig. *Jaeger/Henckel* (§ 7 KO Rn 71) wollen auch den gutgläubigen Erwerb zulassen, wenn der Erwerber weiß, dass sich der Veräußerer in einem Insolvenzverfahren befindet, denn das dem Schutz der Gläubiger dienende Verfügungsverbot diene nicht dem Schutz des Eigentümers massefremder Sachen (so auch **BGH** v 18. 11. 1968, WM 1969, 175 f; K/P/B/ *Lüke* § 81 Rn 24; HK-*Kayser* § 81 Rn 42). § 81 Abs 1 betrifft auch nicht den Fall, dass ein **Dritter** über eine in Wirklichkeit zur Masse gehörende Sache, die ihm vom Schuldner vor Verfahrenseröffnung zB als Leihgabe, in Verwahrung, Mietobjekt oder im Rahmen eines Auftrags oder Werkvertrages anvertraut worden war, **wie ein Eigentümer verfügt** (FK-*App* § 81 Rn 38; HK-*Kayser* § 81 Rn 43; MüKo-*Ott/Vuia* § 81 Rn 2; *Jaeger/Windel* § 81 Rn 76, 77; N/R/*Wittkowski* § 81 Rn 22). § 935 BGB kommt nur zur Anwendung, wenn der Insolvenzverwalter den Besitz erlangt und unfreiwillig verloren hat (*Baur/Stürner* II Rn 8.6; N/R/*Wittkowski* § 81 Rn 22; FK-*App* § 81 Rn 38). Anwendbar sind jedoch die §§ 816 Abs 1 S 2, 822 BGB, wenn der **Dritterwerb unentgeltlich** ist (vgl *Jaeger/Henckel* § 7 KO Rn 69 f; N/R/*Wittkowski* § 81 Rn 23). Kein Fall des § 81 liegt auch vor, wenn der andere Teil, zu dessen Gunsten der Schuldner gem § 81 Abs 1 S 1 unwirksam verfügt hat, seinerseits die Sache an einen gutgläubigen Dritten weiterveräußert. Zwar liegt hier die Verfügung eines Nichtberechtigten vor, jedoch erwirbt der Dritte auf Grund guten Glaubens das Recht nach den §§ 932 ff, 1032, 1207 f, 1244 BGB, §§ 366 f HGB (FK-*App*

§ 81 Rn 39). Da § 81 Abs 1 S 2 den **guten Glauben hinsichtlich der Verfügungsbefugnis** des Schuldners schützt, kann der Erwerber, der wegen des noch nicht gelöschten Insolvenzvermerks irrtümlich von der Fortdauer des Verfahrens ausgeht, nicht gutgläubig vom Insolvenzverwalter erwerben, dessen Amt durch die Verfahrensbeendigung ebenfalls beendet ist (zutr K/P/B/*Lüke* § 81 Rn 25; *Jaeger/Windel* § 81 Rn 61). Der gute Glaube an die Fortdauer der Insolvenzverwaltung auf Grund eines nicht gelöschten Insolvenzvermerks wird nicht geschützt.

IV. Einzelfälle

17 Erfolgt bei **Abtretung von Grundpfandrechten** die Einigung nach Verfahrenseröffnung, so greift § 81 Abs 1 S 1 ein und kann der Zessionar nur noch über § 81 Abs 1 S 2 InsO iVm § 892 BGB das Recht erwerben. Ist dagegen die Einigung vor Verfahrenseröffnung erfolgt, jedoch die Eintragung im Grundbuch nach Eröffnung des Verfahrens, greift § 91 ein. Der Erwerb des Zessionars ist grundsätzlich unwirksam, wenn nicht die §§ 878, 892 BGB zur Anwendung kommen (*Gottwald/Eickmann* InsRHdb § 31 Rn 18). Wird bei **Briefrechten**, die gem § 1154 Abs 1, 2 BGB abgetreten werden, der Brief erst nach Verfahrenseröffnung übergeben, ist § 81 einschlägig. Der Zessionar kann das Briefrecht nur unter den Voraussetzungen des § 892 BGB erwerben (*Gottwald/Eickmann* InsRHdb § 31 Rn 19). Wird bei formlosem Abtretungsvertrag und Grundbucheintragung der Brief erst nach Eröffnung des Verfahrens übergeben, ist § 81 anwendbar. Gleiches gilt, wenn ein Dritter über ein dem Schuldner gehörendes Recht verfügt und der Schuldner diese Verfügung nach Verfahrenseröffnung genehmigt. Eine **Grundpfandrechtsbestellung** erfolgt durch Einigung und Eintragung (§ 873 Abs 1 BGB). Erfolgen beide nach Verfahrenseröffnung, greift § 81 ein. Allerdings kann auch hier der Gläubiger über § 892 BGB das Grundpfandrecht erwerben (vgl *Gottwald/Eickmann* InsRHdb § 31 Rn 80–87). Erfolgt die Einigung vor Verfahrenseröffnung, wird das Recht jedoch erst nach Eröffnung des Insolvenzverfahrens eingetragen, greift § 91 ein. Das Recht kann nur noch über §§ 878, 892 BGB erworben werden. Handelt es sich um ein **Briefrecht**, ist für die Gutgläubigkeit der Zeitpunkt der Briefübergabe entscheidend. Analog § 81 Abs 1 S 2 erwirbt der Gläubiger das Recht über § 892 BGB nur, wenn er bei Briefübergabe gutgläubig war. Unerheblich ist dabei, ob der Brief vom Schuldner selbst ausgehändigt wird oder durch das Grundbuchamt gem § 60 GBO (Einzelheiten bei *Eickmann* Rpfleger 1982, 77 ff; *Gottwald/Eickmann* InsRHdb § 31 Rn 36). Liegt bei **Übereignung beweglicher Sachen** die Einigung nach § 929 S 1 BGB nach Verfahrenseröffnung, ist die Willenserklärung des Schuldners gem § 81 Abs 1 S 1 unwirksam. § 932 BGB findet keine entsprechende Anwendung. Das gilt auch, wenn zwar die Einigung iSv § 929 S 1 BGB vor Verfahrenseröffnung liegt, die Übergabe jedoch nach Verfahrenseröffnung erfolgt oder die Übergabe durch Vereinbarungen iSv §§ 930, 931 BGB ersetzt wird. Der Gläubiger erwirbt kein wirksames **Grundpfandrecht**, wenn zB bei einer Hypothek die Forderung durch Auszahlung der Valuta an den Schuldner oder durch ein anderes Rechtsgeschäft mit ihm nach Eröffnung entsteht (*Jaeger/Henckel* § 15 KO Rn 33; *Gottwald/Eickmann* InsRHdb § 31 Rn 51). Das gilt auch, wenn auch nach umstrittener Meinung, für eine **Sicherungsgrundschuld** (vgl *Jaeger/Henckel* § 15 KO Rn 33; *Gottwald/Eickmann* InsRHdb § 31 Rn 52). Nicht gehindert ist dagegen der **Eigentumserwerb durch Verarbeitung, Verbindung** oder **Vermischung** (§§ 946, 947 Abs 2, 950 BGB). Insoweit steht § 81 Abs 1 S 1 nicht entgegen (*Jaeger/Henckel* § 15 KO Rn 81; *Gottwald/Eickmann* InsRHdb § 31 Rn 54).

V. Rückgewähr der Gegenleistung (§ 81 Abs 1 S 3)

18 Hat der Insolvenzschuldner auf einen gegenseitigen Vertrag, der vor Verfahrenseröffnung zustande gekommen ist, nach Verfahrenseröffnung eine Leistung erbracht, so ist diese Verfügung gem § 81 Abs 1 S 1 unwirksam. Der Vertragspartner muss den geleisteten Gegenstand an die Masse zurückgewähren. Hat er gleichzeitig auch seinerseits die Gegenleistung gegenüber dem Insolvenzschuldner erbracht und ist diese **Leistung in die Insolvenzmasse** (§ 35) gelangt, so wäre es grob unbillig, wenn die Masse bereichert würde, ohne dass der Vertragspartner das vertragsgemäße Äquivalent aus der Masse erhält (instruktiv das Beispiel bei *Jauernig/Berger* § 40 V. 2. Rn 29). Deshalb bestimmt § 81 Abs 1 S 3, dass die Gegenleistung aus der Masse nach **Bereicherungsgrundsätzen** zurückzugewähren ist, soweit diese auf Kosten des Leistenden bereichert ist (MüKo-*Ott/Vuia* § 81 Rn 25; HK-*Kayser* § 81 Rn 44). Nach zutreffender Feststellung von *Jauernig/Berger* (§ 40 V. 2. Rn 20) wird „das Geschäft nach beiden Seiten hin liquidiert und der Zustand vor Vertragsschluss hergestellt". Die §§ 812 ff BGB finden entsprechende Anwendung (K/P/B/*Lüke* § 81 Rn 26). Soweit die Masse nicht bereichert ist, also zB die Gegenleistung an den Schuldner persönlich gelangt ist, greift § 81 Abs 1 S 3 nicht ein. Der Vertragspartner muss sich mit seinen Erfüllungs- und Schadenersatzansprüchen an das insolvenzfreie Vermögen des Schuldners halten. Der **Bereicherungsanspruch ist Masseverbindlichkeit** iSv § 55 Abs 1 Nr 3 (K/P/B/*Lüke* § 81 Rn 26; *Hess* § 81 Rn 39; *Jauernig/Berger* § 40 V. 2. Rn 30; *Braun/Kroth* § 81 Rn 11; K/U § 7 KO Rn 23; MüKo-*Ott* § 81 Rn 25). Nach Insolvenzeröffnung vom Schuldner geschlossene und beiderseits erfüllte gegenseitige Verträge sind vollständig rückabzuwickeln. Der Inhalt und der Umfang des Rückgewähranspruchs richtet sich nach den §§ 818, 819 BGB (K/P/B/*Lüke* § 81 Rn 26; *Hess* § 81 Rn 37; N/ R/*Wittkowski* § 81 Rn 24; HK-*Kayser* § 81 Rn 44). Bestand die Gegenleistung in einer **Forderung mit einem akzessorischen Sicherungsrecht**, so

bleibt die ursprüngliche Forderung bestehen, da sonst die Sicherheit entfallen würde (so auch MüKo-*Ott/Vuia* § 81 Rn 26; *Smid* § 81 Rn 10; *Jaeger/Henckel* § 7 KO Rn 47; FK-*App* § 81 Rn 25; N/R/*Wittkowski* § 81 Rn 24; HK-*Kayser* § 81 Rn 45).

VI. Verfügung über künftige Forderungen (Abs 2)

Nach § 81 Abs 2 S 1 ist auch eine Verfügung über künftige Forderungen auf Bezüge aus einem 19 Dienstverhältnis des Schuldners oder an deren Stelle tretende laufende Bezüge gem § 81 Abs 1 S 1 unwirksam (s HaKo-*Kuleisa* § 81 Rn 23). Verfügungen hierüber vor Verfahrenseröffnung unterfallen der Regelung des § 114. Eine Verfügung während der Dauer des Verfahrens ist bereits nach § 81 Abs 1 S 1 unwirksam (HK-*Kayser* § 81 Rn 46). § 81 Abs 2 verbietet dem Schuldner, nach Verfahrenseröffnung über sein künftiges Arbeitseinkommen oder andere vergleichbare Bezüge zu verfügen. Es geht letztlich nur um Verfügungen über Bezüge für **die Zeit nach Beendigung des Verfahrens**. Diese Bezüge sollen zur Verteilung an die Insolvenzgläubiger im Rahmen der gesetzlichen Vorschriften über die Restschuldbefreiung (§§ 286–303) oder auf der Grundlage eines Insolvenzplans (§§ 217–269) zur Verfügung stehen (s MüKo-*Ott/Vuia* § 81 Rn 28; HK-*Kayser* § 81 Rn 47; *Jaeger/Windel* § 81 Rn 79). Insofern steht die Vorschrift im Zusammenhang mit § 89 Abs 2 und 114. Unberührt bleibt gem § 81 Abs 2 S 2 das Recht des Schuldners zur **Abtretung dieser Bezüge an einen Treuhänder** mit dem Ziel der gemeinschaftlichen Befriedigung der Insolvenzgläubiger. Diese Abtretung an einen Treuhänder, die Voraussetzung der gesetzlichen Restschuldbefreiung ist (§ 287 Abs 2) und die auch für die Schuldenbereinigung auf der Grundlage eines Insolvenzplans oder eines Schuldenbereinigungsplans (§§ 304, 305) nutzbar gemacht werden kann, soll dem Schuldner weiterhin möglich bleiben (*Uhlenbruck* Das neue Insolvenzrecht S 395; KS-*Landfermann* S 162 Rn 6; BerlKo-*Blersch/v. Olshausen* § 81 Rn 13). Nach den Vorstellungen des Gesetzgebers erfasst die Vorschrift nicht nur jede Art von Arbeitseinkommen iSv § 850 ZPO, sondern „insbesondere auch Renten und die sonstigen laufenden Geldleistungen der Träger der Sozialversicherung und der Bundesanstalt für Arbeit im Falle des Ruhestands, der Erwerbsunfähigkeit oder der Arbeitslosigkeit" (Begr RegE zu § 81; krit K/P/B/*Lüke* § 81 Rn 28). Alle sonstigen Verfügungen über künftige Bezüge sind damit absolut unwirksam.

VII. Beweislast (§ 81 Abs 3)

Bei Verfügungen, die **am Tage der Verfahrenseröffnung** erfolgen, wird gem § 81 Abs 3 gesetzlich 20 vermutet, dass sie nach Verfahrenseröffnung vorgenommen worden sind. Für die Einführung dieser Bestimmung, die dem früheren § 7 Abs 3 KO entspricht, war maßgebend, dass erfahrungsgemäß noch in letzter Stunde massebenachteiligende Geschäfte geschlossen werden und sich später nur schwer beweisen lässt, ob die Rechtshandlung vor der in den Lauf eines Tages oder kraft der Fiktion des § 27 Abs 3 auf die Mittagsstunde fallenden Verfahrenseröffnung vorgenommen worden ist. Wer also Rechte aus Verfügungen des Schuldners am Eröffnungstag herleiten will, hat den **vollen Beweis** zu führen, dass die Verfügung vor dem Zeitpunkt der Verfahrenseröffnung erfolgt ist (*Braun/Kroth* § 81 Rn 13; HK-*Kayser* § 81 Rn 32). Ihm geschieht damit kein Unrecht, da ihm jederzeit der Gegenbeweis offen steht, denn die Bestimmung enthält eine **widerlegbare gesetzliche Vermutung** (*Hess* § 81 Rn 46; *Häsemeyer* InsR Rn 10.12; N/R/*Wittkowski* § 81 Rn 28; MüKo-*Ott* § 81 Rn 14). Da der Gesetzgeber nicht die Absicht hatte, mit der Umstellung auf den Begriff „Verfügung" in § 81 wesentliche Änderungen gegenüber dem früheren § 7 KO einzuführen, gilt die Beweislastumkehr auch für sonstige Rechtshandlungen des Schuldners, die sich als Verfügung iwS darstellen oder verfügungsähnliche Rechtshandlungen sind (vgl v *Olshausen* ZIP 1998, 1093, 1098; N/R/*Wittkowski* § 81 Rn 27; BerlKo-*Blersch/v. Olshausen* § 81 Rn 14). Im Übrigen ist auch „Verfügung" iSv § 81 Abs 3 der vollständige Verwirklichung des Verfügungstatbestandes mit sämtlichen rechtsrelevanten Faktoren (*Häsemeyer* InsR Rn 10.12).

Durch das „Gesetz zur Umsetzung der Richtlinie 2002/47/EG vom 6. Juni 2002 über Finanzsicher- 21 heiten und zur Änderung des Hypothekenbankgesetzes und anderer Gesetze" v 5. 4. 2004 (BGBl I S 502) ist § 81 Abs 3 um Satz 2 ergänzt worden. Danach gilt die Vermutung des § 81 Abs 3 S 1 nicht für **Finanzsicherheiten** iSv § 17 KWG (*Wimmer* ZIP 2003, 1563 ff; *Ehricke* ZIP 2003, 1065 ff; *Sabel* ZIP 2003, 781 ff; *Hölzle* ZIP 2003, 2144 ff). Nach § 81 Abs 3 S 2 sind Verfügungen des Schuldners über Finanzsicherheiten iSv § 17 KWG nach Verfahrenseröffnung entgegen dem Grundsatz des § 81 Abs 1 S 1 nicht unwirksam, sondern **nur anfechtbar**. § 81 Abs 3 S 2 ist nur auf Verfahren anwendbar, die ab dem 9. 4. 2004 eröffnet worden sind (Art 103 b EG InsO). Einzelheiten in MüKo-*Ott/Vuia* § 81 Rn 29 ff; *Kieper* ZInsO 2003, 1109 ff; *Jaeger/Windel* § 81 Rn 44 ff.

§ 82 Leistungen an den Schuldner

¹Ist nach der Eröffnung des Insolvenzverfahrens zur Erfüllung einer Verbindlichkeit an den Schuldner geleistet worden, obwohl die Verbindlichkeit zur Insolvenzmasse zu erfüllen war, so wird der Leistende befreit, wenn er zur Zeit der Leistung die Eröffnung des Verfahrens nicht

kannte. ²Hat er vor der öffentlichen Bekanntmachung der Eröffnung geleistet, so wird vermutet, daß er die Eröffnung nicht kannte.

Übersicht

	Rn
I. Allgemeines	1
II. Leistungen an den Schuldner oder Dritte	2
1. Leistungen an den Schuldner	2
a) Leistung zur Erfüllung einer Verbindlichkeit an den Schuldner	2
b) Vermögensrechtlicher Anspruch als Teil der Insolvenzmasse	3
c) Art der Leistung	4
d) Einziehungspflicht des Verwalters	5
e) Bereicherungsanspruch des Leistenden	6
2. Leistungen auf eingetragene Rechte	9
3. Leistung an Vertreter des Schuldners	10
III. Schutz des gutgläubig Leistenden	11
1. Gutglaubensschutz vor der öffentlichen Bekanntmachung	12
2. Gutglaubensschutz nach der öffentlichen Bekanntmachung	13
IV. Einzelne Anwendungsfälle	17
1. Befreiung des Schuldverschreibungsschuldners	17
2. Die Anweisung nach BGB	18
3. Banküberweisungen	19
a) Banküberweisungen bei Insolvenz des Überweisenden	20
b) Überweisungsaufträge vor Verfahrenseröffnung	26
c) Überweisungen bei Insolvenz des Überweisungsempfängers	29
4. Lastschriftverfahren	31
a) Insolvenz des Lastschriftschuldners	33
b) Insolvenz des Lastschriftgläubigers (Zahlungsempfängers)	36
5. Scheckverkehr in der Insolvenz	38
a) Insolvenz des Scheckausstellers	38
b) Insolvenz des Scheckinhabers	43
6. Wechselgeschäfte in der Insolvenz	44
a) Insolvenz des Bezogenen	44
b) Insolvenz des Wechselausstellers	45
7. Ausländische Schuldner	47
8. Auftragsverhältnisse nach VOB/B	48

I. Allgemeines

1 Auch die Entgegennahme einer Leistung durch den Schuldner, die von dessen Schuldner zum Zweck der Erfüllung erbracht wird, stellt eine Verfügung iSv § 81 dar, die demgemäß nach § 81 Abs 1 S 1 absolut unwirksam wäre. Die Folge wäre, dass der Drittschuldner noch einmal leisten müsste, und zwar nunmehr an den Insolvenzverwalter. Die Leistung an den Schuldner kann er nur aus dessen insolvenzfreiem Vermögen zurückverlangen (*Bork*, Einf Rn 143; BerlKo-*Blersch/v. Olshausen* § 82 Rn 9; s dazu auch Rn 6). Gleichgültig, ob man für die Tilgung einer Schuld einen besonderen Erfüllungsvertrag verlangt, muss der Gläubiger jedenfalls die Leistung als die geschuldete annehmen, wenn die Schuld erlöschen soll. Die **Annahme der Leistung** durch den Schuldner **ist eine Verfügung** über eine zur Masse gehörige Forderung (*Bork*, Einf Rn 143; *Häsemeyer* InsR Rn 10.14; vgl auch *Jaeger/Henckel* § 8 KO Rn 1). Die an den Schuldner bewirkte Leistung bringt grundsätzlich das Schuldverhältnis gegenüber den Insolvenzgläubigern nicht zum Erlöschen. Das gilt gleichviel, ob zum Erlöschenstatbestand eine Rechtshandlung des Schuldners (Empfangnahme, Einziehung) gehört oder es, wie im Fall des § 447 BGB (Versendung der Kaufsache nach einem anderen Ort als dem Erfüllungsort), dessen nicht bedarf. Insoweit geht § 82 über die Anforderungen des § 81 Abs 1 hinaus. Auch die von beiden Vorschriften gezogene Rechtsfolge deckt sich nicht: Während die Anwendung des § 81 zur **absoluten verfahrensmäßig begrenzten Unwirksamkeit** der Rechtshandlung des Schuldners führt, erkennt § 82 der Leistung an den Schuldner **schuldbefreiende Wirkung zu**, wenn der Leistende gutgläubig ist. Die Sonderregelung des Schuldnerschutzes nach § 82 schränkt somit den Grundsatz des § 81 Abs 1 S 1 ein, dass Rechtshandlungen des Schuldners nach Verfahrenseröffnung absolut unwirksam sind. Muss der Gläubiger eine Leistung als die geschuldete annehmen, damit die Schuld erlischt, so ist diese Mitwirkung zugleich Verfügung iSv § 81 Abs 1 (*Jaeger/Henckel* § 8 KO Rn 1; *Bork*, Einf Rn 143). Durch zwei Neuerungen unterscheidet sich § 82 von § 8 KO: Einmal durch die **Einbeziehung des Neuerwerbs** in die Insolvenzmasse (§ 35), zum andern dadurch, dass § 82 im Rahmen der **Eigenverwaltung** nicht anwendbar ist, da insoweit die Verwaltungs- und Verfügungsbefugnis über das insolvenzbefangene Vermögen beim Schuldner verbleibt (Ausnahme: § 277 Abs 1 S 2). Im **Insolvenzplanverfahren** findet § 82 über § 263 S 2 Anwendung. § 82 regelt letztlich die Frage, in welchen Fällen und unter welchen Voraussetzungen der Schuldner bei Leistungen auf Forderungen des Insolvenzschuldners frei wird bzw noch einmal leisten muss.

II. Leistungen an den Schuldner oder Dritte

1. Leistungen an den Schuldner. a) Leistung zur Erfüllung einer Verbindlichkeit an den Schuldner. 2
Die Leistung muss der Drittschuldner zwecks Erfüllung einer schuldrechtlichen Verbindlichkeit gegenüber dem Insolvenzschuldner erbracht haben. Grundsätzlich ist eine zur Erfüllung einer massezugehörigen Forderung an den Insolvenzschuldner selbst erbrachte Leistung nicht geeignet, den leistenden Schuldner von seiner Verbindlichkeit zu befreien. Eine Leistung zwecks Erfüllung liegt nur vor, wenn ihr Inhalt dem zugrunde liegenden Schuldverhältnis zwischen Drittschuldner und Insolvenzschuldner entspricht, wobei „die allgemeinen Leistungsgrundsätze der §§ 262 ff BGB, insbesondere § 267 BGB (Leistung durch Dritte), § 269 BGB (Leistungsort) und § 271 BGB (Leistungszeit), zur Anwendung kommen" (BerlKo-*Blersch*/v. *Olshausen* § 82 Rn 2). Der Drittschuldner muss also den Willen haben, mit seiner Leistung eine persönliche Schuld gegenüber dem Insolvenzschuldner zu erfüllen.

b) Vermögensrechtlicher Anspruch als Teil der Insolvenzmasse. Der der Leistung zugrunde liegende 3
vermögensrechtliche Anspruch des Schuldners muss zur Insolvenzmasse iSv § 35 gehören. Hierzu zählen auch Ansprüche, die der Schuldner während des Verfahrens erwirbt, wie zB Lohn- und Gehaltsansprüche, soweit diese pfändbar sind (BerlKo-*Blersch*/v. *Olshausen* § 82 Rn 3). Dagegen sind Leistungen auf Forderungen, die nicht dem Insolvenzbeschlag unterliegen, wirksam. § 82 knüpft an die **Empfangszuständigkeit des Insolvenzverwalters** an, sodass Ansprüche, die kraft Gesetzes nicht übertragbar sind (§ 851 Abs 1 ZPO, § 399 Fall 1 BGB) nicht hierunter fallen (BGHZ 154, 64, 68 f; MüKo-*Ott*/*Vuia* § 82 Rn 4). Nicht zur Insolvenzmasse zu erfüllen sind auch **Ansprüche höchstpersönlicher Art**, wie zB Unterhaltsansprüche (§ 850 b Abs 2 ZPO) und Ansprüche auf Dienstleistungen persönlicher Art, wie zB Pflege und Betreuung. **Ansprüche auf Sozialleistungen** fallen nicht in die Insolvenzmasse (HK-*Eickmann* § 36 Rn 23). **Honoraransprüche** von Rechtsanwälten, Ärzten und sonstigen Angehörigen freier Berufe sind als Geldforderungen nach Verfahrenseröffnung zur Insolvenzmasse zu erfüllen, auch wenn die Abtretung im Einzelfall nichtig oder nur eingeschränkt zulässig ist (MüKo-*Ott*/*Vuia* § 82 Rn 5; HK-*Kayser* § 82 Rn 10 unter Hinweis auf BGHZ 167, 366 f; BGHZ 171, 252 = ZIP 2007, 684).

c) Art der Leistung. Unter § 82 fällt jede Art von Leistung, wie zB die Leistung von Sachen. Die Leistung 4
kann im Einzelfall auch der Erfüllung eines dinglichen Anspruchs dienen (*Jaeger*/*Henckel* § 8 KO Rn 49). Die **Annahme einer Leistung an Erfüllungs statt** gem § 364 BGB fällt dagegen nicht unter § 82 (FK-*App* § 82 Rn 3; N/R/*Wittkowski* § 82 Rn 3; *Braun*/*Kroth* § 82 Rn 7; HK-*Kayser* § 82 Rn 6). Nach Eröffnung des Insolvenzverfahrens über das Vermögen des Auftragnehmers kann der Auftraggeber keine schuldbefreienden Zahlungen mehr gem § 16 Nr 6 VOB/B an den Gläubiger des Auftragnehmers leisten (**BGH ZIP 1986, 720**). Die **Annahme von Teilleistungen** durch den Schuldner bedarf einer besonderen Genehmigung des Insolvenzverwalters. Die Leistungen müssen immer zur Insolvenzmasse zu erfüllende Verbindlichkeiten betreffen. Eine wegen Verspätung für die Masse wertlos gewordene Leistung befreit den Drittschuldner nicht (*Jaeger*/*Henckel* § 8 KO Rn 52). Entscheidend ist immer, dass für die Insolvenzmasse noch der **Erfüllungswert** iSd §§ 362 ff BGB bejaht werden kann. Vgl auch **BGH NJW 1974, 1336**; **LG Düsseldorf KTS 1963, 59**. Die Leistung an den Schuldner kann gem §§ 362 Abs 2, 185 Abs 2 BGB rückwirkend durch **Genehmigung** des Verwalters wirksam werden, nicht dagegen durch Freigabe oder Beendigung des Verfahrens (MüKo-*Ott*/*Vuia* § 82 Rn 6; HK-*Kayser* § 82 Rn 11; str aA N/R/*Wittkowski* § 82 Rn 3, die für Freigabe und Beendigung Rückwirkung bejahen). Zur Empfangszuständigkeit bei Fortführung einer Arztpraxis durch den Schuldner s Vallender NZI 2003, 530, 5.2.

d) Einziehungspflicht des Verwalters. Ist die an den Schuldner bewirkte Leistung für den Insolvenz- 5
verwalter in der Art erreichbar, dass er sie zur Masse ziehen kann, so ist er hierzu verpflichtet. Unterlässt er dies und verweigert er die Genehmigung der Leistung für die Insolvenzmasse, so kann ihm derjenige, der die Leistung an den Insolvenzschuldner erbracht hat, gegenüber der nochmaligen Leistungsforderung die Arglisteinrede (§ 242 BGB) entgegenhalten (*Jaeger*/*Henckel* § 8 KO Rn 48; *Braun*/*Kroth* § 82 Rn 4; HK-*Kayser* § 82 Rn 56; *Smid* § 82 Rn 6; FK-*App* § 82 Rn 3; *Häsemeyer* InsR Rn 10.14; str aA MüKo-*Ott*/*Vuia* § 82 Rn 10, wonach der Verwalter nicht verpflichtet ist, zunächst den Schuldner in Anspruch zu nehmen). Gelangen Leistungen an den Insolvenzschuldner, muss dieser sie an den Insolvenzverwalter herausgeben. Genehmigungen des Insolvenzverwalters (§ 185 Abs 2 BGB) führen zur dinglichen Surrogation (*Häsemeyer* InsR Rn 10.15; *Jaeger*/*Henckel* § 8 KO Rn 48, 56). Der Insolvenzverwalter ist berechtigt, die Herausgabe kraft dinglichen Rechts zu verlangen (*Jaeger*/*Henckel* § 8 KO Rn 48, 56).

e) Bereicherungsanspruch des Leistenden. IdR ist der Gegenstand der Anweisungsleistung für den In- 6
solvenzverwalter über das Vermögen des Anweisenden nicht zu erlangen. Deshalb kann er vom Angewiesenen weiterhin die Leistung zur Masse verlangen, dh, dieser muss nochmals leisten. Der Leistende, der doppelt leisten muss, hat gegen den Insolvenzschuldner einen **Bereicherungsanspruch**, weil der Zweck der Leistung, die Schuldbefreiung herbeizuführen, nicht erreicht worden ist (§ 812 Abs 1 S 2 Halbs 2 BGB). Da der Bereicherungsanspruch erst nach Verfahrenseröffnung entsteht, kann er weder als Insolvenzforderung (§ 38) noch als Masseschuldanspruch (§ 55) geltend gemacht werden (*Jaeger*/

Windel § 82 Rn 38; HK-*Kayser* § 82 Rn 57; HaKo-*Kuleisa* § 82 Rn 32). Der Anspruch richtet sich vielmehr gegen das **insolvenzfreie Vermögen des Schuldners** und kann, soweit zulässig, nur in dieses Vermögen vollstreckt werden (N/R/*Wittkowski* § 82 Rn 6). **Leistet der Drittschuldner an einen Dritten,** der seinerseits den Anspruch an den Schuldner abgetreten hatte, so greift § 407 BGB ein mit der Folge, dass dem Insolvenzverwalter ein Anspruch nach § 816 Abs 2 BGB gegen den Dritten zusteht (N/R/ *Wittkowski* § 82 Rn 6; *Braun/Kroth* § 82 Rn 5; MüKo-*Ott/Vuia* § 82 Rn 11; *Obermüller* InsR Bankpraxis Rn 3.32). Dem Bereicherungsanspruch stehen die §§ 814, 815 BGB nicht entgegen (HK-*Kayser* § 82 Rn 57; *Jaeger/Windel* § 82 Rn. 38; K/P/B/*Lüke* § 82 Rn 8; MüKo-*Ott/Vuia* § 82 Rn 11). § 815 BGB findet keine Anwendung, weil der mit der Leistung verfolgte Zweck der Schuldtilgung von Anfang an unmöglich war (*Hess* § 82 Rn 11; *Jaeger/Windel* § 82 Rn 38; MüKo-*Ott/Vuia* § 82 Rn 11; vgl auch *Jaeger/Henckel* § 8 KO Rn 47). Das Rückforderungsrecht nach § 814 BGB ist ausgeschlossen in den Fällen, in denen der mit der Leistung bezweckte Erfolg nicht eintritt (**BGH** v 9. 12. 1971, WM 1972, 283; *Hess* § 82 Rn 12).

7   Eine Bank, die einen auf ihren Kunden gezogenen, von diesem angenommenen und **bei ihr zahlbar gestellten Wechsel einlöst**, nachdem über das Vermögen des Kunden, wie der Empfänger der Zahlung weiß, das Insolvenzverfahren eröffnet worden ist, hat gegen diesen einen unmittelbaren Bereicherungsanspruch nach § 812 BGB (**BGH NJW 1976, 1845** m Anm *Schubert* JZ 1977, 200; *Canaris*, BankvertragsR Rn 503). Die Frage, ob in den Fällen, in denen die **Bank keine Verrechnungsmöglichkeiten gegenüber der Masse hat**, ein Bereicherungsanspruch der Bank gegen den Zahlungsempfänger besteht, ist in der Literatur umstritten. *Jaeger/Henckel* (§ 8 KO Rn 33) lehnen einen Bereicherungsanspruch gegen den Empfänger schlechthin ab, weil dieser voraussetze, dass es nicht nur an einem wirksamen Deckungsverhältnis fehlt, sondern darüber hinaus auch der Überweisungsauftrag unwirksam ist (vgl auch *J. Hassold*, Zur Leistung im Dreipersonenverhältnis, München 1981, S 145). *Schlegelberger/Hefermehl* (Anh zu § 365 HGB Rn 119) gewähren im Fall der **Scheckzahlung** der Bank einen Bereicherungsanspruch gegen den Schuldner unter Beschränkung der Haftung auf das insolvenzfreie Vermögen.

8   Die Lösung ist in einer **Durchgriffskondiktion der Bank** gegen den Zahlungsempfänger zu suchen (vgl auch *Canaris*, BankvertragsR Rn 503; *Kübler* BB 1976, 801, 805; *Obermüller* InsRBankpraxis Rn 3.210 ff). Eine vom Schuldner getroffene Anweisung und entsprechende Tilgungsbestimmung wirkt sich auf ein bestimmtes Konto aus, das zur Masse gehört. Es fehlt mit der Verfahrenseröffnung an einer der Insolvenzmasse zurechenbar zweckgerichteten Vermögenszuwendung, insbesondere an einer wirksamen Tilgungsbestimmung, da diese nach Verfahrenseröffnung gem § 80 nur noch vom Insolvenzverwalter erfolgen kann. Die Funktion der Durchgriffskondiktion liegt gerade darin, einen Bereicherungsanspruch zu schaffen, wo das von den Parteien beabsichtigte Leistungsaustauschverhältnis zusammengebrochen ist (so *Canaris* FS „Einhundert Jahre Konkursordnung" 1977, S 99 gegen *Jaeger/Henckel* § 8 KO Rn 33). Ist der **Bank die Insolvenzeröffnung bekannt**, so ist nach § 814 BGB zu entscheiden, ob sie einen Bereicherungsanspruch gegen den Überweisungsempfänger hat. Bei Gutgläubigkeit des Empfängers ist § 818 Abs 3 BGB anzuwenden, so dass auch der herausgabepflichtige Zahlungsempfänger die Rückzahlung insoweit verweigern kann, als er nicht mehr bereichert ist (vgl *Canaris* FS *Larenz* 1973 S 824; *Kübler* BB 1976, 801, 805; *Canaris*, BankvertragsR Rn 503). Abzulehnen ist eine **Leistungskondiktion der Insolvenzmasse** gegen den Überweisungsempfänger anstelle der Durchgriffskondiktion des Kreditinstituts, denn dieses weiß im Regelfall von der Eröffnung des Insolvenzverfahrens nichts und will keine Leistung zur Masse, sondern nur eine solche auf die Anweisung erbringen (so auch *Canaris*, BankvertragsR Rn 503; für Leistungskondiktion MüKo-*Ott/Vuia* § 82 Rn 11). Anders dagegen, wenn das Kreditinstitut wegen Unkenntnis von der Verfahrenseröffnung oder wegen Eingreifens der Vermutung nach § 82 S 2 geschützt ist. In solchen Fällen erwirbt die Insolvenzmasse gegen den Überweisungsempfänger einen Bereicherungsanspruch entsprechend § 816 Abs 2 BGB (vgl auch **OLG Hamm WM 1977, 1238, 1239**; **LG Hamburg MDR 1966, 338**; **LG Düsseldorf KTS 1971, 291** m Anm *Runge*; *Jaeger/Henckel* § 8 KO Rn 31; MüKo-*Lieb* § 812 BGB Rn 82; *Schlegelberger/Hefermehl* § 812 BGB Rn 119; *Canaris*, BankvertragsR Rn 504). Einzelheiten unten zu Rn 19 ff.

9   **2. Leistungen auf eingetragene Rechte.** Werden Zins- oder Tilgungsleistungen an den als Inhaber eines Grundstücksrechts eingetragenen Schuldner nach Eröffnung des Insolvenzverfahrens geleistet, so ist zu unterscheiden: Bei Verschiedenheit von Eigentümer und persönlichem Schuldner fällt die Leistung des Eigentümers unter § 893 BGB, dagegen die Leistung des persönlichen Schuldners unter die Regelung des § 82 InsO (*Gottwald/Eickmann* InsRHdb § 31 Rn 95). Nicht unter § 82 fallen Zins- und Tilgungsleistungen auf eine Grundschuld. Bei einer Briefhypothek oder Briefgrundschuld findet § 893 BGB nur Anwendung, wenn der Schuldner im Besitz des Briefes ist (Einzelheiten MüKo-*Eickmann* § 1191 BGB Rn 62 ff; *Gottwald/Eickmann* InsRHdb § 31 Rn 95; RGZ 56, 415; RGZ 150, 348, 356; MüKo-*Wacke* § 893 BGB Rn 2).

10 **3. Leistung an Vertreter des Schuldners.** § 82 greift auch ein, wenn der Drittschuldner an den gesetzlichen oder einen gewillkürten Vertreter des Schuldners leistet. Deshalb sind **unwirksam** Leistungen, die der Vormund oder Pfleger eines geschäftsunfähigen Insolvenzschuldners oder ein vom Schuldner widerruflich oder unwiderruflich bestellter Bevollmächtigter entgegennimmt (MüKo-*Ott/Vuia* § 82 Rn 3 b;

III. Schutz des gutgläubig Leistenden **§ 82**

BerlKo-*Blersch/v. Olshausen* § 82 Rn 4; HaKo-*Kuleisa* § 82 Rn 5; HK-*Kayser* § 82 Rn 12; *Gottwald/ Eickmann* InsRHdb § 31 Rn 104). Ist gem §§ 185, 372 Abs 2 BGB die Leistung an einen Dritten erfolgt, ist die Leistung gem § 82 S 1 unwirksam. Hat der Schuldner nach Verfahrenseröffnung eine ihm zustehende und in die Masse fallende Forderung abgetreten, so ist die Abtretung gem § 81 Abs 1 S 1 unwirksam. Der Leistende ist, wenn er an den nicht berechtigten Zessionar zahlt, nur durch § 409 BGB geschützt, so dass ihm die Leistung an die falsche Person nicht zum Nachteil gereicht. Im Übrigen greift insoweit auch § 82 ein (*Jaeger/Henckel* § 7 KO Rn 20; HaKo-*Kuleisa* § 82 Rn 5; HK-*Kayser* § 82 Rn 13; *Gottwald/Eickmann* InsRHdb § 31 Rn 104).

III. Schutz des gutgläubig Leistenden

Außer den Fällen, in denen die Gegenleistung in die Masse gelangt ist, sieht § 82 einen weiteren Befreiungstatbestand vor, wenn der Leistende zurzeit der Leistung die Eröffnung des Verfahrens nicht kannte (§ 82 S 2). Der **Gutglaubensschutz** des § 82 S 1 tritt aber nur ein, wenn dem Leistenden zurzeit der Leistung – das ist der Zeitpunkt der Vollendung der Erfüllung – die Verfahrenseröffnung unbekannt war. Maßgeblich für die Kenntnis ist demgemäß der Zeitpunkt, bis zu dem der Schuldner den Leistungserfolg noch verhindern kann (**BGH** v 16. 7. 2009 – IX ZR 118/08, ZIP 2009, 1726, 1727; *Jaeger/Henckel* § 8 KO Rn 59). Die Befreiungswirkung tritt auch ein, soweit der Drittschuldner die Leistung an den Erfüllungsempfänger des Schuldners bewirkt. Im Nachlassinsolvenzverfahren steht die Leistung an den Erben einer solchen an den Schuldner gleich (HaKo-*Kuleisa* § 82 Rn 3). Nur **positive Kenntnis** von der Verfahrenseröffnung bzw der Insolvenzbefangenheit des Leistungsgegenstandes schadet. Grob fahrlässige Unkenntnis von der Eröffnung des Insolvenzverfahrens oder positive Kenntnis von dem Vorliegen einer Krise oder einem gestellten Insolvenzantrag reichen nicht aus (*Jaeger/Henckel* § 8 KO Rn 59; K/P/B/*Lüke* § 82 Rn 8; *Gottwald/Eickmann* InsRHdb § 31 Rn 99; BerlKo-*Blersch/ v. Olshausen* § 82 Rn 6; *Kilger/K. Schmidt* § 8 KO Anm 2; MüKo-*Ott/Vuia* § 82 Rn 13). Leistet ein Vertreter des Leistungspflichtigen, so kommt es auf dessen Kenntnis bzw Unkenntnis an (§ 166 BGB). § 82 regelt die **Beweislast hinsichtlich der Gutgläubigkeit** unterschiedlich, je nachdem, ob die Leistung vor oder nach der öffentlichen Bekanntmachung der Verfahrenseröffnung erfolgt ist. 11

1. Gutglaubensschutz vor der öffentlichen Bekanntmachung. War die Leistung vor der öffentlichen Bekanntmachung gem § 9 auf der gemeinsamen **Internetplattform** der Länder erfolgt, so greift zugunsten des Leistenden die gesetzliche Vermutung des § 82 S 2 ein. Die Unkenntnis des Leistenden wird vermutet. Ergänzende Veröffentlichungen außerhalb des Internets, wie zB in Printmedien, begründen die Vermutung nicht (HK-*Kayser* § 82 Rn 20; auch **BGH** v 15. 12. 2005, ZIP 2006, 138, 141; *Jaeger/ Gerhardt* § 9 Rn 9). Der Insolvenzverwalter hat zu beweisen, dass der Leistende die Verfahrenseröffnung gekannt hat. Keineswegs genügt es, dass er Umstände nachweist, aus denen sich eine solche Kenntnis ergibt (K/P/B/*Lüke* § 82 Rn 8). Auch die Zustellung nach § 30 Abs 2 steht der Kenntniserlangung nicht unbedingt gleich. Wurde zB an eine Ersatzperson ausgehändigt oder niedergelegt, so hat der Insolvenzverwalter zu beweisen, dass sie dem Leistenden auch ausgehändigt wurde. Dieser Zeitpunkt ist sodann maßgebend. Eine weitere positive Ausnahme gilt für solche Leistungen, die an den Schuldner im Vertrauen darauf bewirkt werden, dass die Insolvenzeröffnung im Grundbuch noch nicht eingetragen ist. Insoweit greift § 81 Abs 1 S 1 iVm § 893 BGB ein (*Jaeger/Henckel* § 8 KO Rn 65; *Gottwald/ Eickmann* InsRHdb § 31 Rn 95). 12

2. Gutglaubensschutz nach der öffentlichen Bekanntmachung. Ist die Leistung nach der öffentlichen Bekanntmachung der Verfahrenseröffnung bewirkt worden, so hat der Leistende zu beweisen, dass ihm die Eröffnung des Verfahrens unbekannt war (**BGH** v 16. 7. 2009 – IX ZR 118/08, ZIP 2009, 1726, 1727; **BGH** ZIP 2006, 138, 140). Ist bestritten, ob die Leistung vor der Bekanntmachung der Verfahrenseröffnung bewirkt worden ist oder später, so hat der Drittschuldner, der sich auf die Vermutung des § 82 S 2 beruft, zu beweisen, dass er noch vor dem Wirksamkeitszeitpunkt der öffentlichen Bekanntmachung die Leistung erbracht hat (*Jaeger/Henckel* § 8 KO Rn 63). Die **öffentliche Bekanntmachung** erfolgt gem § 9 Abs 1 S 1 auf der Internetplattform unter www.insolvenzbekanntmachungen.de (s die Kommentierung zu § 9). Die öffentliche Bekanntmachung gilt gem § 9 Abs 1 S 3 als bewirkt nach Ablauf von zwei Tagen als erstmaliger Einstellung ins Internet. Hinsichtlich Sonn- und Feiertagen findet die Vorschrift des § 222 Abs 2 ZPO entsprechende Anwendung. Die Beweislastregelung des § 82 findet auch Anwendung, wenn der Leistende ein Träger der öffentlichen Verwaltung ist (**LSG** NRW v 29. 6. 1992, ZIP 1992, 1159; N/R/*Wittkowski* § 82 Rn 19; K/P/B/*Lüke* § 82 Rn 8). Die Kenntnis des Leistenden nach den §§ 893 ff BGB hat der Insolvenzverwalter zu beweisen. Auch in gutem Glauben erfolgte Leistungen gem §§ 16, 17 SchiffsRegG sowie gem §§ 16, 17 LuftfzRG an den Inhaber des Rechts befreien den Leistenden. Den Insolvenzverwalter trifft in diesen Fällen die Beweislast für die Kenntnis des Leistenden, wenn die Leistung zwar nach öffentlicher Bekanntmachung des Eröffnungsbeschlusses, aber vor Eintragung des Insolvenzvermerks im Grundbuch erfolgt ist (*Jaeger/Henckel* § 8 KO Rn 61). 13

Zurechnung der Kenntnis von Wissensvertretern und Organmitgliedern. Der Leistende muss sich die Kenntnis von Personen zurechnen lassen, derer er sich zur Erbringung der Leistung bedient (**BGH** v 14

16. 7. 2009 – IX ZR 118/08, ZIP 2009, 1726, 1728; BGHZ 140, 54; BGHZ 83, 293, 296; BGHZ 117, 104, 106; MüKo-*Ott/Vuia* § 82 Rn 14; HaKo-*Kuleisa* § 82 Rn 28). **Wissensvertreter** ist jede Person, die nach der Organisation des Unternehmens oder der Behörde dazu berufen ist, im Rechtsverkehr als deren Repräsentant Aufgaben eigenverantwortlich wahrzunehmen. Rechtsgeschäftliche Vertretungsmacht ist nicht notwendig (BGHZ 117, 104, 106; MüKo-*Ott/Vuia* § 82 Rn 14; HaKo-*Kuleisa* § 82 Rn 20; HK-*Kayser* § 82 Rn 17). Bei **Behörden und größeren Unternehmen**, vor allem bei Banken, wird das Wissen eines vertretungsberechtigten Organmitglieds oder eines leitenden Mitarbeiters der juristischen Person oder der Behörde zugerechnet, denn diese hat organisationsmäßig sicherzustellen, dass ihr ordnungsgemäß zugehende rechtserhebliche Informationen von den Entscheidungsträgern zur Kenntnis genommen werden (**BGH NZI 2006, 175 m Anm** *Hippel/Schneider*; BGHZ 135, 202 ff; BGHZ 140, 54, 62; MüKo-*Ott/Vuia* § 82 Rn 14; HK-*Kayser* § 82 Rn 18). So hat zB ein Kreditinstitut für die Notwendigkeit eines **internen Informationsaustauschs** Sorge zu tragen. Informationen sind vor allem rechtzeitig von der Führungsebene an die Mitarbeiter weiterzugeben, die in direktem Kontakt mit den Kunden stehen (HK-*Kayser* § 82 Rn 18). Fehlt es an **organisatorischen Maßnahmen**, hat sich das Unternehmen oder die Bank das Wissen einzelner Mitarbeiter zurechnen zu lassen. Das gilt auch für das **Insolvenzeröffnungsverfahren** (BGH v 15. 12. 2005, NZI 2006, 175 m Anm *Hippel/Schneider* = ZIP 2006, 138). Die Beweislastregel des § 82 gilt auch für **Träger der öffentlichen Verwaltung** (LSG NRW ZIP 1992, 1159; *Hess* § 82 Rn 23). Zur Wissenszurechnung von **Mitarbeitern einer Bank** s auch *Obermüller* InsR Bankpraxis Rn 13.133; BGH ZIP 1984, 809; BGH WM 1989, 1364 u 1368; OLG München WM 1992, 1166; OLG München ZIP 2004, 2451.

15 Das LG Dortmund (v 10. 10. 1996, ZIP 1997, 206) hat entschieden, dass eine **Versicherungsgesellschaft**, die den Rückkaufswert einer Unfallversicherung nach Verfahrenseröffnung an den Schuldner ausgezahlt hat, den Nachweis der Unkenntnis von der Verfahrenseröffnung nach öffentlicher Bekanntmachung nicht erbracht hat, wenn sie lediglich darlegt und beweist, dass die beteiligten Sachbearbeiter die Eröffnung des Insolvenzverfahrens nicht kannten. Nach der Beweislastregel des § 82 ist von dem Drittschuldner, der die Leistung durch Mitarbeiter oder sonstige Dritte erbringt, zu verlangen, dass er nachweist, dass alle Personen, deren Wissen ihm zugerechnet wird, keine Kenntnis von der Verfahrenseröffnung hatten (zutr *Hess* § 82 Rn 25).

16 Eine dem § 82 entsprechende Regelung enthält das **Deutsch-Österreichische Insolvenzrechtsabkommen** v 25. 5. 1979. Nach Art 6 des Abkommens wird ein deutscher Drittschuldner frei, wenn er an den ausländischen Schuldner leistet und wenn die Eröffnung des Insolvenzverfahrens in Deutschland noch nicht bekannt gemacht worden war und der Leistende die Eröffnung auch nicht kannte und nicht kennen musste (LG München I v 2. 12. 1986, WM 1987, 222; *Hess* § 82 Rn 26).

IV. Einzelne Anwendungsfälle

17 **1. Befreiung des Schuldverschreibungsschuldners.** § 82 ist auch auf eine Leistung anwendbar, die an den Insolvenzschuldner zur Erfüllung des Anspruchs aus einer Schuldverschreibung auf den Inhaber bewirkt worden ist (*Jaeger/Windel* § 82 Rn 34; MüKoBGB-*Hüffer* § 793 BGB Rn 23 f). Nach § 793 Abs 1 S 2 BGB wird allerdings der Aussteller einer Inhaberschuldverschreibung auch durch Leistung an einen nicht verfügungsberechtigten Inhaber befreit. Er kann die Leistung verweigern und muss das auch tun, wenn ihm bekannt ist, dass über das Vermögen des Inhabers das Insolvenzverfahren eröffnet worden ist. Ansonsten handelt er gegen Treu und Glauben (*Jaeger/Henckel* § 8 KO Rn 66; *Palandt/Sprau* § 793 BGB Rn 12). Die Legitimation des Inhabers dient nur dem Interesse des redlichen Verkehrs und ist nicht dazu da, den Aussteller auch in den Fällen zu schützen, in denen er wissentlich an einen unberechtigten Dritten leistet (vgl *Jaeger/Henckel* § 8 KO Rn 66; für entspr Anwendung von § 40 Abs 3 WG *Jaeger/Windel* § 82 Rn 34). S auch das am 5. 8. 2009 in Kraft getretene **Gesetz über Schuldverschreibungen** aus Gesamtemissionen (SchVG; BGBl I 2512).

18 **2. Die Anweisung nach BGB.** Hinsichtlich der Deckung des Angewiesenen ist zu unterscheiden zwischen Anweisung „auf Schuld" und der Anweisung „auf Kredit" (Einzelheiten bei *B. Heile*, Anweisung, Göttingen 1976 S 5 ff). Die Schuldanweisung ist in § 787 BGB gesetzlich geregelt. Durch die Annahme der Anweisung erhält der Angewiesene zwei Gläubiger. Ist die **Annahme vor Insolvenzeröffnung** erfolgt oder nach Insolvenzeröffnung in Unkenntnis der Eröffnung, so wird der Angewiesene durch die Zahlung frei (BGH v 29. 4. 1974, NJW 1974, 1336 = WM 1974, 570, 571; *Jaeger/Henckel* § 8 KO Rn 11; *Kilger/K. Schmidt* § 8 KO Anm 1 c; *Jaeger/Windel* § 82 Rn 13, 18; *Smid* § 82 Rn 7). Erfolgt die Anweisung des Insolvenzschuldners, an einen Dritten zu zahlen, **nach Verfahrenseröffnung**, so ist die Anweisung gem § 81 Abs 1 S 1 unwirksam. Trotzdem findet insoweit § 82 entsprechende Anwendung (*Jaeger/ Henckel* § 8 KO Rn 18). Bei Annahme der Anweisung vor Insolvenzeröffnung erlangt der Anweisungsempfänger bereits einen Anspruch gegen den Angewiesenen. Die **Zahlung nach Verfahrenseröffnung** ist lediglich die Erfüllung dieses Anspruchs. Die Masse wird durch die Zahlung nicht verkürzt. Nimmt der Angewiesene nach Insolvenzeröffnung gutgläubig die Anweisung an und zahlt er auf die Schuld, so wird er gegenüber der Masse ebenfalls frei (§ 82 S 2; str aA *Jaeger/Windel* § 82 Rn 18). Der Anweisungsempfänger hat jedoch die gutgläubig erbrachte Leistung analog § 816 Abs 2 BGB herauszugeben,

IV. Einzelne Anwendungsfälle § 82

denn er wird durch § 82 nicht geschützt. War der Angewiesene bösgläubig, ist er nicht frei geworden, sondern muss nochmals an die Masse zahlen. Einzelheiten zu den Rechtsbeziehungen des Angewiesenen zum Anweisungsempfänger bei *Jaeger/Henckel* § 8 KO Rn 18 ff.

3. Banküberweisungen. § 82 gilt sowohl für die Insolvenz des Überweisenden als auch bei Insolvenz 19 des Überweisungsempfängers. Bei **Insolvenz des Überweisungsempfängers** wird der Überweisende gem § 82 von seiner Leistungspflicht frei, wenn die Gutschrift, was die Regel ist, in die Insolvenzmasse des Empfängers gelangt. Problematisch ist nach zutreffender Feststellung von *Lüke* (K/P/B/*Lüke* § 82 Rn 26) nur, inwieweit die Bank des Überweisungsempfängers die Gutschrift dazu verwenden darf, ein debitorisches Konto des insolventen Kunden auszugleichen. Teilweise wird angenommen, die Bank sei auch noch nach Beendigung des Kontokorrentverhältnisses berechtigt, Überweisungen entgegenzunehmen und den Gegenwert auszuzahlen (vgl BGH v 21. 3. 1995, ZIP 1995, 659; K/P/B/*Lüke* § 82 Rn 26). Nach *Obermüller* (InsRBankpraxis Rn 3.70) nehmen die Kreditinstitute die Zahlungseingänge weiter entgegen und lassen sie dem Insolvenzverwalter zukommen. Diese Vorgehensweise entspreche dem Interesse an einer geordneten Insolvenzabwicklung und habe bislang nicht zu nennenswerten Problemen geführt (vgl auch *Reinhardt* JuS 1981, 529).

a) **Banküberweisungen bei Insolvenz des Überweisenden.** Mit Eröffnung des Insolvenzverfahrens erlöschen 20 grundsätzlich sämtliche dem Kunden erteilten Aufträge ebenso wie Geschäftsbesorgungsverträge und Vollmachten (§§ 115, 116, 117). Auch der **Girovertrag erlischt mit der Insolvenzeröffnung** über das Vermögen des Bankkunden als Anweisendem (**BGH** v 9. 10. 1974, WM 1974, 1128; **BGH** v 4. 6. 1975, WM 1976, 90; **BGH** v 7. 12. 1977, WM 1978, 137; **BGH** v 29. 1. 1979, WM 1979, 417, 418; **BGH** v 4. 7. 1985, ZIP 1985, 1315; **BGH** v 8. 11. 2005, WM 2006, 179; *Canaris* WM 1980, 357; *Jaeger/Henckel* § 8 KO Rn 27; *Obermüller* InsRBankpraxis Rn 3.20; K/P/B/*Lüke* § 82 Rn 11; *Hess* § 82 Rn 29). Der Streit um die sogen „**Erlöschenstheorie**" und die sogen „**Fortbestandstheorie**" (vgl Vorauf Rn 18; *Jaeger/Windel* § 82 Rn 13 ff; K/P/B/*Lüke* § 82 Rn 11, 12) hat angesichts der Regelung in § 116 S 3 kaum noch praktische Bedeutung. Seit dem Inkrafttreten des **Überweisungsgesetzes** v 21. 7. 1999 (BGBl I S 1642) ist der Vollzug jeglicher auf einem selbständigen Überweisungsvertrag beruhenden Transaktion wegen § 116 S 3 wirksam, wenn der Überweisungsvertrag nicht nach § 676 a Abs 3 BGB durch die Bank oder gem § 676 a Abs 4 BGB durch den Insolvenzverwalter rechtzeitig gekündigt wird (vgl *Obermüller* ZInsO 1999, 690, 695). Nach der Regelung in den §§ 676 ff BGB ist zwischen dem Giroverhältnis auf der einen und dem Überweisungsvertrag auf der anderen Seite zu unterscheiden. Der **Girovertrag** endet gem § 676 f BGB mit der Eröffnung des Insolvenzverfahrens über das Vermögen des Überweisenden, nicht dagegen der vor Verfahrenseröffnung abgeschlossene **Überweisungsvertrag** (vgl *Hippel/Schneider* NZI 2006, 177 f; *Jaeger/Windel* § 82 Rn 23; *Obermüller* InsR Bankpraxis Rn 3.155 ff).

Vor Eröffnung des Insolvenzverfahrens abgeschlossene Überweisungsaufträge bleiben auch mit Wir- 21 kung für die Insolvenzmasse bestehen (HK-*Kayser* § 82 Rn 23). Weist das Konto des Überweisenden ein **Guthaben** auf oder ist eine Kreditlinie noch nicht ausgeschöpft, hat die Bank die Überweisung durchzuführen. Sie wird in Höhe ihrer Zahlung von der Guthabenschuld befreit (s *Obermüller* InsR Bankpraxis Rn 3.158 ff; MüHo-*Ott/Vuia* § 81 Rn 12 a, § 82 Rn 21; *Obermüller* ZInsO 1999, 691 f; HK-*Kayser* § 82 Rn 23; HaKo-*Kuleisa* § 82 Rn 7). Die Bank hat die Möglichkeit, den Überweisungsvertrag nach § 676 a Abs 3 S 1 BGB zu kündigen. Im Übrigen erbringt sie ihre geschuldete Leistung an den Überweisenden mit der Durchführung der Überweisung und wird somit von ihrer Leistungspflicht frei (HK-*Kayser* § 82 Rn 23). Hat die Bank einen nach Verfahrenseröffnung geschlossenen Überweisungsvertrag gutgläubig auf Kredit ausgeführt, steht ihr ein Aufwendungsersatzanspruch im Rang einer Insolvenzforderung gem §§ 116 S 1, 115 Abs 3 S 2 zu (*Bork* Zahlungsverkehr Rn 179; *Jaeger/Windel* § 82 Rn 24). Bei **debitorischem Konto** erwirbt die Bank durch eine ohne Überweisungsvertrag durchgeführte Überweisung keinen **Aufwendungsersatzanspruch** gegen die Masse, sondern lediglich einen Bereicherungsanspruch gegen den Zahlungsempfänger (MüKo-*Ott/Vuia* § 82 Rn 21; str aA *Bork* Zahlungsverkehr Rn 179).

Dem Abschluss **neuer Überweisungsverträge** nach Verfahrenseröffnung steht § 81 Abs 1 S 1 entgegen 22 (MüKo-*Ott/Vuia* § 82 Rn 21). Führt die Bank in Unkenntnis von der Verfahrenseröffnung die Überweisung durch, so wird sie im Fall eines **kreditorisch geführten Kontos** des Insolvenzschuldners von ihrer Verpflichtung zur Auszahlung des Guthabens gem § 82 S 1 befreit (OLG Brandenburg ZInsO 2004, 806; *Schimansky* Bankrecht Hdb § 50 Rn 19, 21; *Bork* Zahlungsverkehr Rn 169; MüKo-*Ott/Vuia* § 82 Rn 21). Maßgeblich für die Kenntnis ist der Zeitpunkt, zu dem der Leistende den Eintritt des Leistungserfolgs nicht mehr verhindern kann (MüKo-*Ott/Vuia* § 82 Rn 21; HK-*Kayser* § 82 Rn 24). Hat die Bank den **Überweisungsvertrag auf Kredit** ausgeführt, gilt der Auftrag bei fehlendem Verschulden als fortbestehend (§ 116 S 1, § 115 Abs 3 S 1). Die Bank erlangt einen Aufwendungsersatzanspruch im Rang einer Insolvenzgläubigerin (§ 38) gem § 115 Abs 3 S 2 (HK-*Kayser* § 82 Rn 24). Ansonsten ist sie Neugläubigerin, weil sie ohne Rechtsgrund geleistet hat (*Jaeger/Windel* § 82 Rn 24; MüKo-*Ott/Vuia* § 82 Rn 21, 22).

Bei **debitorischem Schuldnerkonto** wird die Bank bei Ausführung von Aufträgen mit Verfügungs- 23 charakter nach Eröffnung des Insolvenzverfahrens über das Vermögen des Bankkunden insoweit ge-

§ 82

schützt, als ihr ein **Aufwendungsersatzanspruch** nach den §§ 116, 115 Abs 3 zusteht, den sie als Insolvenzforderung geltend machen kann (*Obermüller* InsR Bankpraxis Rn 3.161; *Nobbe* KTS 2007, 397, 403). Die Schutzwirkung des § 115 Abs 3 S 1 tritt aber nur ein, wenn der Bank die Insolvenzeröffnung ohne Verschulden nicht bekannt gewesen ist (§ 674 BGB). Beruhte die Unkenntnis der Bank auf Fahrlässigkeit, hat sie keinen Aufwendungsersatzanspruch, da das Fortbestehen des Auftrages in § 115 Abs 3 nur fingiert wird, wenn dem Beauftragten das Erlöschen des Auftrags weder bekannt war noch bekannt sein musste (*Canaris* BankvertragsR Rn 502; *Obermüller* InsRBankpraxis Rn 3.31; *Nobbe*, RWS-Forum 9, 1996 S 125; *ders* KTS 2007, 397, 403). Haften der Bank andere Werte des Kunden, an denen sie für ihre Forderung ein **Absonderungsrecht** erhält, ist sie nicht auf die Forderungsanmeldung und Zahlung der Insolvenzquote angewiesen (*Obermüller* InsRBankpraxis Rn 3.28; *Jaeger/Henckel* § 27 KO Rn 9). Die Bank kann solchenfalls aus ihrem Pfandrecht nach Nr 14 AGB-Banken bzw -Kreditgenossenschaften (Nr 21 Abs 1 AGB-Sparkassen) Befriedigung erlangen. Weder § 81 noch § 91 stehen dem Erwerb des Pfandrechts entgegen (*Obermüller* InsRBankpraxis Rn 3.29). Allerdings sind die erlangten Absonderungsrechte uU der Insolvenzanfechtung nach den §§ 129 ff ausgesetzt (so auch *Bork* Zahlungsverkehr Rn 178).

24 Bei **Kenntnis von der Eröffnung des Insolvenzverfahrens** über das Vermögen des Kunden ist zu unterscheiden: Führt die Bank einen neuen Überweisungsvertrag in Kenntnis der Verfahrenseröffnung aus, so erwirbt sie **keinen Aufwendungsersatzanspruch** gegen ihren Kunden. Sie muss sich gem § 812 Abs 1 S 1 2. Alt BGB an den Überweisungsempfänger halten (*Nobbe* KTS 2007, 397, 403). Im Übrigen wird die Bank, wenn sie einen Überweisungsauftrag in Kenntnis der Insolvenzeröffnung ausführt, nicht frei. Sie erwirbt gegen ihren Kunden **keinen Aufwendungsersatzanspruch**, den sie etwa mit einer Guthabenschuld verrechnen oder im Fall eines debitorischen Saldos als Insolvenzforderung anmelden könnte (*Obermüller* InsR Bankpraxis § 82 Rn 3.30; HaKo-*Kuleisa* § 82 Rn 9). Bei kreditorischem Konto darf die Bank nicht verrechnen, weil § 82 nicht anwendbar ist. Die Bank muss den überwiesenen Betrag an die Masse leisten (so zutr *Bork* Zahlungsverkehr Rn 182; HaKo-*Kuleisa* § 82 Rn 9). Da das Geld regelmäßig dem Zugriff des Insolvenzverwalters entzogen ist, kann dieser vom Kreditinstitut volle Auskehrung des schuldnerischen Guthabens verlangen (*Kübler* BB 1976, 801, 805). Das Kreditinstitut hat lediglich einen **Bereicherungsanspruch gegen den Empfänger der Zahlung** (BGHZ 167, 167, 171 = ZIP 2006, 1041 Lastschrift; *Canaris* BankvertragsR Rn 503; *Obermüller* InsRBankpraxis Rn 3.31; *Bork* Zahlungsverkehr Rn 183; str aA *Jaeger/Henckel* § 8 KO Rn 33). Unerheblich ist dabei, ob der Überweisungsbegünstigte die Verfahrenseröffnung kannte (BGHZ 167, 171 für Durchgriffskondiktion bei Lastschriftabbuchung; **OLG** Hamburg WM 2006, 2078; **LG** Offenburg ZInsO 2004, 55; HaKo-*Kuleisa* § 82 Rn 9; *Canaris* WM 1980, 358; *Bankpraxis* InsR Rn 3.31). Es handelt sich um einen Fall der **Durchgriffskondiktion**, nicht um eine Leistungskondiktion. § 818 Abs 3 BGB findet Anwendung (HaKo-*Kuleisa* § 82 Rn 9). Der Durchgriff scheitert nicht an § 814 BGB (*Canaris* BankvertragsR Rn 503; str aA für besondere Fälle *Obermüller* InsRBankpraxis Rn 3.32). Zur Durchgriffskondiktion der Bank gegen den Zahlungsempfänger vgl auch BGH NJW 1976, 1845; *U. Meyer*, Der Bereicherungsausgleich in Dreiecksverhältnissen, 1979 S 130 ff. Bei der Ausführung der Überweisung aus einem **Guthaben** trifft die Beweislast für die fehlende Kenntnis der Bank von der Insolvenzeröffnung den **Insolvenzverwalter** (§ 82 S 2), wenn die Zahlung vor der öffentlichen Bekanntmachung erfolgt. Bei Ausführung der Überweisung nach der öffentlichen Bekanntmachung (§ 9) trifft die Bank die Beweislast (§ 82 S 1). Die fahrlässige Unkenntnis steht der Kenntnis nicht gleich (s oben zu Rn 11). Zur Kenntnisnahme der Bank nach **Weiterleitung an eine zwischengeschaltete Bank oder nach Eingabe in eigenes Zahlungsverkehrssystem** s *Obermüller* InsR Bankpraxis Rn 3.35 u 3.36 ff. Danach kann es auf die Kenntnis der Bank immer nur auf den Zeitpunkt ankommen, zu dem die Bank die Folgen der Überweisung ohne jeden Eingriff in den Zahlungsverkehr mit Dritten noch rückgängig machen kann (*Obermüller* InsR Bankpraxis Rn 3.37).

25 Ist der **Bank die Insolvenzeröffnung bekannt**, so ist nach § 814 BGB zu entscheiden, ob sie einen Bereicherungsanspruch gegen den Überweisungsempfänger hat. Bei Gutgläubigkeit des Empfängers findet § 818 Abs 3 BGB Anwendung, so dass auch der herausgabepflichtige Zahlungsempfänger die Rückzahlung in soweit verweigern kann, als er nicht mehr bereichert ist (vgl *Canaris* FS *Larenz* 1973, S 824 ff; *Kübler* BB 1976, 801, 805; *Bork* Zahlungsverkehr Rn 183; *Obermüller* InsRBankpraxis Rn 3.32). Abzulehnen ist eine **Leistungskondiktion der Insolvenzmasse** gegen den Überweisungsempfänger anstelle der Durchgriffskondiktion des Kreditinstituts, denn dieses weiß im Regelfall von der Insolvenzeröffnung nichts und will keine Leistung zur Masse, sondern nur eine solche an den Anweisenden erbringen (zutr *Canaris* BankvertragsR Rn 503 gegen *Putzo* Erfüllung mit Buchgeld und die Haftung der Beteiligten wegen ungerechtfertigter Bereicherung, 1977, S 232 ff). Anders dagegen, wenn das Kreditinstitut nach § 82 geschützt ist. In solchen Fällen erwirbt die Insolvenzmasse gegen den Überweisungsempfänger einen Bereicherungsanspruch entsprechend § 816 Abs 2 BGB (**LG** Düsseldorf v 21. 4. 1970, KTS 1971, 293; **LG** Hamburg v 3. 11. 1965, MDR 1966, 338; *Jaeger/Henckel* § 8 KO Rn 31; MüKo-*Lieb* § 812 BGB Rn 82; *Canaris* BankvertragsR Rn 504; *Obermüller* InsRBankpraxis Rn 3.32; K/P/B/*Lüke* § 82 Rn 20).

26 b) **Überweisungsaufträge vor Verfahrenseröffnung.** Dem Vollzug von Überweisungsverträgen des Schuldners vor Eröffnung des Insolvenzverfahrens kommt grundsätzlich schuldtilgende Wirkung zu. Auch nach Eintritt der Zahlungsunfähigkeit und nach Stellung eines Insolvenzantrags bleibt der Kunde

IV. Einzelne Anwendungsfälle § 82

berechtigt, Überweisungsaufträge zu erteilen, sofern nicht nach §§ 21, 24 ein allgemeines Verfügungsverbot erlassen worden ist. Letzterenfalls findet gem § 24 Abs 1 die Vorschrift des § 82 entsprechende Anwendung (**BGH** v 15. 12. 2005, NZI 2006, 175, 176 m Anm *Hippel/Schneider*). Ein **allgemeines Verfügungsverbot** und die Bestellung eines vorläufigen Insolvenzverwalters nach § 21 Abs 2 berühren den **Bestand des Girovertrages** nicht, denn die Vorschriften der §§ 115, 116 gelten nicht für das Eröffnungsverfahren. Bis zum Inkrafttreten des **Überweisungsgesetzes** war es unzweifelhaft, dass die Bank nach Anordnung eines allgemeinen Verfügungsverbots eine Überweisung für den Kunden grundsätzlich nicht ausführen durfte. Nunmehr ist zu differenzieren: Mit der Anordnung des **allgemeinen Verfügungsverbots** nach § 21 Abs 2 Nr 2 verliert der Schuldner das Recht, über sein Girokonto zu verfügen und neue Überweisungsverträge abzuschließen. Die Bank darf und sollte den Antrag des Schuldners auf Abschluss eines **neuen Überweisungsvertrages** ablehnen (*Nobbe* KTS 2007, 397, 400). Dem Neuabschluss stünden die §§ 24, 81 entgegen. Solange die Bank das Angebot des Kunden zum Abschluss eines Überweisungsvertrages noch nicht angenommen hat, kann sie jederzeit den Abschluss verweigern. Sie muss den Kunden benachrichtigen, dass sie die Überweisung nicht durchführen wird. Gründe braucht sie nicht zu nennen (§ 676a Abs 3 BGB). Ein **bereits abgeschlossener Überweisungsauftrag** wird durch die Anordnung eines allgemeinen Verfügungsverbots keineswegs unwirksam (*Nobbe* KTS 2007, 397, 401). Für die Bank ergeben sich jedoch Alternativen. Ist ein **Guthaben vorhanden,** so muss die Bank den wirksamen Überweisungsvertrag ausführen (*Obermüller* InsR Bankpraxis Rn 3.13a; *Nobbe* KTS 2007, 397, 401). Nach § 676 Abs 3 BGB hat das Kreditinstitut einen Überweisungsauftrag grundsätzlich auszuführen, wenn **ausreichendes Guthaben oder ein ausreichender Kredit** eingeräumt ist. Ihren **Aufwendungsersatzanspruch** kann die Bank gegen die Guthabenforderung des Kunden verrechnen. § 96 Abs 1 Nr 3 greift nicht ein (*Obermüller* ZInsO 1999, 690, 693, *ders* InsR Bankpraxis Rn 3.13 f).

Weist das Kundenkonto einen **debitorischen Saldo** auf oder würde es durch die Überweisung debitorisch werden, so kann die Bank sich selbst bei offener Kreditlinie gem § 676a Abs 3 S 1 BGB von dem Überweisungsvertrag lösen, indem sie **fristlos kündigt** (*Nobbe* KTS 2007, 397, 401; *Obermüller* InsR Bankpraxis Rn 3.14). Führt sie den Vertrag aus, so erwirbt sie eine einfache Insolvenzforderung. Führt die Bank den Überweisungsantrag in **Unkenntnis des allgemeinen Verfügungsverbots** aus, so greift der Schutz des § 82 über § 24 Abs 1 ein. Sie wird durch die Zahlung an den Empfänger von ihrer Schuld gegenüber dem Kontoinhaber befreit (**BGH** v 15. 12. 2005, ZInsO 2006, 92 = ZIP 2006, 138; **OLG Brandenburg** ZInsO 2004, 806; *Obermüller* InsR Bankpraxis Rn 3.15 a). Bei debitorischem Konto des Schuldners ist der **Aufwendungsersatzanspruch** einfache Insolvenzforderung, wenn sie nicht unter die Deckung bestellter Sicherheiten fällt. § 116 S 3, wonach der Aufwendungsersatzanspruch im eröffneten Insolvenzverfahren zu einer Masseverbindlichkeit führt, findet auf das Eröffnungsverfahren keine Anwendung *Obermüller* InsR Bankpraxis Rn 3.15a; *Nobbe* KTS 2007, 397, 401). 27

Bei **unwiderruflichen und bestätigten Überweisungsaufträgen** erlangt der Begünstigte einen eigenen Anspruch gegen die Bank (**OLG Celle** v 20. 3. 1970, DB 1970, 1017; **OLG Düsseldorf** v 14. 11. 1977, WM 1978, 124; K/P/B/*Lüke* § 82 Rn 25; N/R/*Wittkowski* § 82 Rn 11). Mit der Bestätigung des Überweisungsauftrags und Ausführung nach Verfahrenseröffnung greift zugunsten der Bank § 82 ein, soweit das Schuldnerkonto kreditorisch ist (K/P/B/*Lüke* § 82 Rn 25; N/R/*Wittkowski* § 82 Rn 11). Bei einem Debetsaldo steht der Bank lediglich ein Aufwendungsersatzanspruch als Insolvenzforderung zu (**AG Hannover** ZIP 1986, 1409; *Obermüller* InsRBankpraxis Rn 3.27). Die Bestätigung des Überweisungsauftrags ist als **Leistung** iSv § 82 anzusehen (K/P/B/*Lüke* § 82 Rn 85). Für die Gutgläubigkeit ist deshalb auf die Bestätigung, nicht dagegen auf die Durchführung der Überweisung abzustellen (*Canaris* BankvertragsR Rn 502). 28

c) **Überweisungen bei Insolvenz des Überweisungsempfängers.** Wird über das Vermögen des Überweisungsbegünstigten das Insolvenzverfahren eröffnet, so ist zu unterscheiden, ob die Zahlung ihm vor Verfahrenseröffnung oder zu einem späteren Zeitpunkt gutgeschrieben worden ist. Der Anspruch des Begünstigten entsteht in dem Zeitpunkt, in dem seine Bank eine **buchmäßige Deckung** erhalten hat (**BGH** v 15. 3. 2005, ZIP 2005, 894; BGHZ InsO 2002, 721; **BGH** WM 1996, 2250; *Obermüller* InsR Bankpraxis Rn 3.82). Die Rechtsfolgen eines **nach Eröffnung des Insolvenzverfahrens** über das Vermögen des Überweisungsempfängers erteilten Überweisungsauftrags für das Valutaverhältnis bestimmen sich ebenfalls nach § 82 (*Canaris* BankvertragsR Rn 509, 510; *Obermüller* InsRBankpraxis Rn 3.44ff; MüKo-*Ott/Vuia* § 82 Rn 18ff; HaKo-*Kuleisa* § 82 Rn 11). Wird das Insolvenzverfahren über das Vermögen des Überweisungsbegünstigten eröffnet, nachdem das Kreditinstitut buchmäßige Deckung erhalten hat, so ist es verpflichtet, den Betrag dem Konto des Schuldners gutzuschreiben (**BGH** v 28. 11. 1977, WM 1978, 58; *Canaris* BankvertragsR Rn 399; *Obermüller* InsRBankpraxis Rn 3.82). Der Anspruch des Überweisungsbegünstigten entsteht in dem Zeitpunkt, in dem die Bank die **buchmäßige Deckung** erhalten hat (**BGH** v 20. 6. 2002, ZInsO 2002, 721; **BGH** v 15. 3. 2005, ZIP 2005, 894; **BGH** v 24. 10. 1996, WM 1996, 2250; *Obermüller* InsRBankpraxis Rn 3.82; *ders* Kreditwirtschaft Rn 457; *Hess* § 82 Rn 43). Hat die Bank **vor Insolvenzeröffnung** über das Vermögen des Überweisungsempfängers die Überweisung durchgeführt und ihm vor Verfahrenseröffnung den Überweisungsbetrag gutgebracht, so ist der Zahlungsvorgang abgeschlossen und ist der Drittschuldner gem § 362 Abs 1 BGB von seiner Leistungspflicht frei geworden (MüKo-*Ott/Vuia* § 82 Rn 18; HK-*Kayser* § 82 Rn 26). Allerdings kann im Einzelfall eine 29

§ 82 *Leistungen an den Schuldner*

Warnpflicht der Empfängerbank gegenüber dem Überweisungsauftraggeber bestehen (**BGH** ZIP 1986, 1537; N/R/*Wittkowski* § 82 Rn 12; *Bork* Zahlungsverkehr Rn 187; einschränkend *Obermüller* InsR Bankpraxis Rn 3.73; MüKo-*Ott/Vuia* § 82 Rn 19). Geht die Deckung **am Tage der Insolvenzeröffnung** ein, greift die Vermutung des § 81 Abs 3 nicht ein, da sich diese Vermutung nur auf Rechtshandlungen des Schuldners, nicht dagegen auf Maßnahmen Dritter bezieht (**BGH** v 21.12.1977, WM 1978, 134; *Obermüller* InsRBankpraxis Rn 3.83; str aA *Hess* § 82 Rn 44). Wird das Insolvenzverfahren über das Vermögen des Überweisungsbegünstigten **vor Eingang der Deckung** eröffnet, so erlöschen sowohl der Girovertrag als auch die Verpflichtung zur Gutschrift. Allerdings kann in Einzelfällen eine **Verpflichtung zur Gutschrift** trotz Erlöschens des Girovertrages bestehen, wenn mit dem Aufschub Gefahr verbunden ist (§§ 116, 115 Abs 2). Vgl *Obermüller* InsRBankpraxis Rn 3.85. Wird das Insolvenzverfahren über das Vermögen des Überweisungsempfängers eröffnet, **bevor die buchmäßige Deckung erfolgt ist**, so ist uU die Bank zur Gutschrift zwar berechtigt, nicht aber verpflichtet (*Obermüller* Kreditwirtschaft Rn 459; *ders* InsRBankpraxis Rn 3.84; *Hess* § 82 Rn 44). Der Kunde hat keine Schadenersatzansprüche gegen die Bank, wenn diese den Überweisungsbetrag nicht auf dem Konto gutschreibt und das Geld an den Absender zurückschickt (*Obermüller* InsRBankpraxis Rn 3.84 unter Berufung auf **OLG** Hamm v 8.12.1980 – 2 U 205/80 –; *Hess* § 82 Rn 44). Der Drittschuldner wird nach § 82 Abs 1 frei, selbst wenn der Überweisungsvertrag in Unkenntnis der Verfahrenseröffnung abgeschlossen und die Zahlung dem Schuldner gutgebracht wird oder in die Masse fließt (*MüKo-Ott/Vuia* § 82 Rn 18; HK-*Kayser* § 82 Rn 26).

30 Sonstige **nachvertragliche Pflichten** der Bank führen nicht dazu, dass ein Gutschriftsanspruch des Insolvenzverwalters begründet wird (*Obermüller* InsRBankpraxis Rn 3.84). Sie ist aber uU berechtigt, trotz Beendigung des Girovertrages den Betrag gutzuschreiben (LG Nürnberg-Fürth v 21.1.1977, WM 1977, 852; vgl auch *Reinhardt* JuS 1981, 529). Die **Nachwirkung des beendeten Girovertrages** für die Bank besteht darin, dass sie weiterhin berechtigt ist, den Überweisungsbetrag für den Schuldner entgegenzunehmen und den Gegenwert an den Kunden auszuzahlen (**BGH** WM 2006, 28; *Obermüller* InsR Bankpraxis Rn 3.70). Die Bank ist aber berechtigt, den Überweisungsbetrag für den Schuldner entgegenzunehmen und ihn – was gängige Praxis ist – an den Insolvenzverwalter weiterzuleiten (**BGH** ZIP 2006, 1004, 1005; **BGH** ZIP 1995, 659; HK-*Kayser* § 82 Rn 27; für Verpflichtung zur Weiterleitung HaKo-*Kuleisa* § 82 Rn 11). Nach Feststellung von *Obermüller* (InsRBankpraxis Rn 3.85) pflegen idR die Banken auch nach Insolvenzeröffnung alle Überweisungsbeträge dem Schuldnerkonto gutzuschreiben, da auf diese Weise den Interessen aller Beteiligten am besten Rechnung getragen wird. Solange die Beträge letztlich dem Insolvenzverwalter zukommen, entspricht diese Vorgehensweise durchaus dem Interesse an einer geordneten Insolvenzabwicklung. Nach Verfahrenseröffnung über das Vermögen des Überweisungsbegünstigten entfällt eine **Pflicht der Bank zur Rückfrage beim Überweisungsauftraggeber**, denn die Insolvenzeröffnung wird öffentlich bekannt gemacht (so *Pohl*, Der Zahlungsverkehr der Bank mit dem Kunden während der Krise und nach Vergleichseröffnung, Diss Bielefeld 1982 S 45; *Obermüller* InsRBankpraxis Rn 3.73 ff; str aA *Canaris* BankvertragsR Rn 105; *Schlegelberger/Hefermehl* Anh zu § 365 HGB Rn 22; wohl auch **BGH** v 21.3.1961, WM 1961, 511).

31 **4. Lastschriftverfahren.** Für das Lastschriftverfahren ist zu unterscheiden zwischen dem Insolvenzverfahren über das Vermögen des Zahlungspflichtigen und dem des Zahlungsempfängers. Das Lastschriftverfahren wird über Konten abgewickelt, die Zahlungsempfänger und Zahlungspflichtiger bei demselben oder einem anderen Kreditinstitut unterhalten und über welche die einzuziehenden Beträge verbucht werden (*Obermüller* InsRBankpraxis Rn 3.431; *Schwintowski/Schäfer* BankR Rn 186; *Kümpel* Bank- und Kapitalmarktrecht 2. Aufl R 4.336; *Bork* Zahlungsverkehr Rn 233 ff; K/P/B/*Lüke* § 82 Rn 34, 35). Rechtliche Grundlage ist der Girovertrag, der eine besondere Ergänzung durch die Vereinbarung über den Einzug von Forderungen mittels Lastschriften über das Konto erfährt (vgl *Canaris* BankvertragsR Rn 656; *Fallscheer/Schlegel*, Das Lastschriftverfahren, 1977; *Obermüller* InsRBankpraxis Rn 3.431 ff; *Heublein* ZIP 2000, 161 ff; *Engel*, Rechtsprobleme um das Lastschriftverfahren, 1966). Im Einzelfall ist immer zu unterscheiden zwischen dem **Abbuchungsverfahren** und dem **Einzugsermächtigungsverfahren** (vgl zur Abgrenzung **BGH** ZIP 2003, 488, 489; **OLG** Rostock v 15.2.1996, NJW-RR 1996, 882; *Fallscheer/Schlegel*, Das Lastschriftverfahren, S 30 ff; *Hadding*, Zivilrechtliche Beurteilung des Lastschriftverfahrens, FS *Bärmann* 1975 S 375; *Stathopoulos*, Die Einzugsermächtigung 1968; *Nobbe* KTS 2007, 397, 404 f; *Obermüller* InsRBankpraxis Rn 3.432, 3.433). Grundsätzlich ergeben sich bei den **Lastschriften mit Einzugsermächtigung** keine wesentlichen Unterschiede zur Überweisung, so dass auf die vorstehenden Ausführungen Bezug genommen werden kann.

32 Soweit **Besonderheiten hinsichtlich des Einzugsermächtigungsverfahrens** bestehen, wird verwiesen auf **BGH** v 7.5.2009 – IX ZR 61/08 = BechRS 2009, 13311; *Obermüller* InsR Bankpraxis Rn 3.433 ff; HK-*Kayser* § 82 Rn 31 ff; *Jaeger/Windel* § 82 Rn 27. Für die Frage, ob eine **Lastschrift im Abbuchungsauftragsverfahren** oder aber im **Einzugsermächtigungsverfahren** vorliegt, kommt es darauf an, ob der Zahlungsempfänger die Lastschrift als Einzugsermächtigungslastschrift gekennzeichnet hat oder nicht (**BGH** ZIP 2003, 488, 490; *Nobbe* KTS 2007, 397, 405). Nach Feststellung von *Nobbe* (KTS 2007, 397, 405) laufen beide Verfahren technisch so ab, dass der von seiner Bank zum Lastschriftverfahren zugelassene Gläubiger dieser einen Auftrag zum Lastschriftinkasso eines bestimmten Betrages erteilt, diese dem Gläubiger den Betrag sofort unter dem Vorbehalt der Einlösung der Last-

IV. Einzelne Anwendungsfälle § 82

schrift gutschreibt (Nr 9 Abs 1 AGB- Banken, Nr 9 Abs 1 AGB- Sparkassen), den Auftrag an die Bank des Schuldners weiterleitet und diese das Konto des Schuldners belastet, wenn dieses ein entsprechendes Guthaben oder eine ausreichende offene Kreditlinie aufweist.

a) **Insolvenz des Lastschriftschuldners.** Mit der Eröffnung des Insolvenzverfahrens erlöschen grundsätzlich sämtliche vom Bankkunden erteilte Aufträge und Geschäftsbesorgungsverträge sowie Vollmachten (§§ 115, 116, 117). Auch der *Girovertrag* endet. Gleiches gilt für den **Abbuchungsauftrag** und die **Einzugsermächtigung** (*Canaris* BankvertragsR Rn 659; *Fallscheer/Schlegel*, Das Lastschriftverfahren, S 36; HK-*Kayser* § 82 Rn 28 ff; HaKo-*Kuleisa* § 82 Rn 16 ff; *Obermüller* InsRBankpraxis Rn 3.468; MüKo-*Ott/Vuia* § 82 Rn 25). Löst die Bank **ohne Kenntnis von der Insolvenzeröffnung** über das Vermögen des Zahlungspflichtigen eine Lastschrift ein, so wird sie nach §§ 82, 116, 115 von ihrer Schuld befreit, wenn das Kundenkonto kreditorisch war. Ansonsten erwirbt sie einen Aufwendungsersatzanspruch gegen die Masse, der zur Tabelle gem § 174 anzumelden ist (*Fallscheer/Schlegel*, Das Lastschriftverfahren, S 41; *Hadding/Häuser*, Rechtsfragen des Lastschriftverfahrens, 1981 S 114; *Reyher/Terpitz*, Der Lastschriftverkehr 1982 S 91; *Obermüller* InsRBankpraxis Rn 3.474). Maßgeblicher **Zeitpunkt für die Gutgläubigkeit** ist der Zeitpunkt, in dem die Zahlstelle die Lastschrift einlöst (Einzelheiten bei K/P/B/*Lüke* § 82 Rn 34; N/R/*Wittkowski* § 82 Rn 14, 15; *Gottwald/Obermüller* InsRHdb § 98 Rn 44 ff). Das **Widerspruchsrecht** kann gem § 80 **nur noch vom Insolvenzverwalter ausgeübt** werden (N/R/*Wittkowski* § 82 Rn 14). Erfolgt der Widerruf durch den Verwalter, ist die Zahlstelle verpflichtet, den Lastschriftbetrag dem Konto wieder gutzuschreiben. Nach hM ist die geschuldete Leistung durch den Schuldner erst dann bewirkt, wenn der Schuldner die Einziehung im Einzugsermächtigungsverfahren **ausdrücklich oder konkludent genehmigt** hat (sogen Genehmigungstheorie; vgl BGHZ 144, 349, 353; BGHZ 95, 103, 106; BGHZ 74, 309, 312; BGHZ 161, 49; MüKo-*Ott/Vuia* § 82 Rn 23 a; HaKo-*Kuleisa* § 82 Rn 20). Solange eine Genehmigung durch den Schuldner weder ausdrücklich noch konkludent erklärt wird, kann er die Lastschrift durch seinen **Widerspruch** gegenüber der Zahlstelle gem Nr 7 Abs 3 AGB-Banken innerhalb von **sechs Wochen** nach Zugang der Abrechnungsmitteilung rückgängig machen (BGHZ 144, 349, 354; BGHZ 161, 49; BGHZ 162, 294, BGHZ 107, 171; BGHZ 174, 84). Die Ausübung des Widerspruchs, die nach Eröffnung des Insolvenzverfahrens gem § 80 Abs 1 auf den Insolvenzverwalter übergeht, stellt zugleich eine Verweigerung der Genehmigung dar.

Nach **Auffassung IX. Zivilsenats des BGH** ist sowohl der endgültige als auch der vorläufige „starke" oder mit Zustimmungsvorbehalt ausgestattete Insolvenzverwalter berechtigt, die Genehmigung von Belastungsbuchungen im Einzugsermächtigungsverfahren zu verweigern, ohne dass es darauf ankäme, ob dem Schuldner eine sachliche Einwendung gegen den Anspruch zusteht oder dieser die Genehmigung verweigern will (BGH v 25. 10. 2007 – IX ZR 217/06, NZI 2008, 27 ff; BGHZ 167, 171; BGH v 21. 9. 2006, ZVI 2006, 697; BGHZ 161, 49 = NZI 2005, 99; BGH NZI 2005, 99 = ZInsO 2005, 40; OLG Hamburg ZInsO 2009, 1763; s auch die Kommentierung zu § 22 Rn 208 b; HaKo-*Kuleisa* § 82 Rn 20; HK-*Kayser* § 82 Rn 35). Nach **Meinung des XI. Zivilsenats des BGH** muss er einer Belastung auf dem Schuldnerkonto innerhalb der Frist der Nr 7 Abs 3 AGB-Banken widersprechen, um die Genehmigungsfiktion zu verhindern (BGH v 10. 6. 2008 – XI ZR 283/07, NZI 2008, 675 m Anm Ries). Eine Anrufung des Großen Senats für Zwecksachen (§ 132 IV GVG) ist nicht erfolgt. Für die Frage der Bardeckung iSv § 142 ist im Falle der Genehmigungsfiktion nach Nr 7 Abs 3 AGB-Banken der Zeitpunkt des Lastschrifteinzugs maßgebend (**BGH** NZI 2008, 675, 679 f). Auch ein **Schuldner,** der nach Eintritt der Zahlungsunfähigkeit **während des Insolvenzeröffnungsverfahrens** eine im Lastschriftverfahren erfolgte Kontobelastung nicht genehmigt, handelt nach Auffassung des **BGH** idR weder rechts- noch sittenwidrig (BGH v 25. 10. 2007, NZI 2008, 27 ff). Die Rechtsprechung des IX. Zivilsenats des BGH hat in der Literatur Kritik erfahren (vgl hierzu *Nobbe/Ellenberger* WM 2006, 1885 ff; *Obermüller* InsR Bankpraxis Rn 3.452 a ff; zustimmend dagegen *Spliedt* NZI 2007, 72 ff; HK-*Kayser* § 82 Rn 37). Zu den Grenzen der Widerspruchsmöglichkeit s auch *Kuder*, Die Zahlstelle in der Insolvenz des Lastschriftschuldners im Einzugsermächtigungsverfahren, 2006, S 101 ff.

Letztlich ist der **Verwalter verpflichtet,** von der ihm rechtlich zustehenden Möglichkeit des Widerspruchs Gebrauch zu machen, wenn dies für die Masse von Vorteil ist (MüKo-*Ott/Vuia* § 82 Rn 25 a). Bei Widerspruch des Insolvenzverwalters gegen die Kontobelastung ist die Lastschriftgläubigerin verpflichtet, den empfangenen Betrag nach den §§ 812 ff BGB herauszugeben (MüKo-*Ott/Vuia* § 82 Rn 25 b). Im Einzelfall kann es für den Verwalter günstiger sein, die Lastschrift zu genehmigen und später die Genehmigung gegenüber dem Lastschriftgläubiger nach den §§ 130 Abs 1 Nr 2, 140 Abs 1 anzufechten (*Bork* ZIP 2004, 2446, 2448; *Dahl* NZI 2005, 102; MüKo-*Ott/Vuia* § 82 Rn 25 b).

b) **Insolvenz des Lastschriftgläubigers (Zahlungsempfängers).** Mit der Insolvenzeröffnung erlischt der Girovertrag mit der Empfängerbank einschließlich der Inkassovereinbarung nach den §§ 116 S 1, 115 Abs 1. Die auf Grund der Lastschriftabrede von dem Drittschuldner erteilte Lastschriftermächtigung wird davon nicht berührt (MüKo-*Ott/Vuia* § 82 Rn 24; HK-*Kayser* § 82 Rn 29). Der Verwalter ist berechtigt, über das Insolvenzkonto **Lastschriften zum Einzug** hereinzugeben (*Obermüller* InsR Bankpraxis Rn 3.491). Die Bank kann den Verwalter zum Lastschriftverfahren zulassen (*Obermüller* aaO Rn 3.492). Der Anspruch gegen die Empfängerbank fällt in die Insolvenzmasse. Die Bank ist als **Nachwirkung des beendeten Girovertrages** verpflichtet, die Einlösung der bereits erfolgten Gutschrift entge-

§ 82   *Leistungen an den Schuldner*

genzunehmen (**BGH** v 5. 12. 2006, BGHZ 170, 121, 125 = ZIP 2007, 320). Allerdings steht dem Insolvenzverwalter ein Anspruch auf Herausgabe zu (MüKo-*Ott/Vuia* § 82 Rn 24; HK-*Kayser* § 82 Rn 29; str aA Voraufl Rn 25; K/P/B/*Lüke* § 82 Rn 35; HaKo-*Kuleisa* § 82 Rn 26). War die Empfängerbank bei Entstehung des Anspruchs auf Gutschrift oder bei Auskehrung des Betrages gutgläubig, ist die Verrechnung des Geldeingangs mit dem Anspruch auf Rückführung des Kredits nach § 82 wirksam (HK-*Kayser* § 82 Rn 29; HaKo-*Kuleisa* § 82 Rn 26). Allerdings kann sich die Unzulässigkeit der Verrechnung aus § 96 ergeben.

37 Wird dem Einreicher der Lastschriftbetrag sofort, wenn auch **unter Vorbehalt des Eingangs gutgeschrieben**, so entfällt im Abbuchungsverfahren der Vorbehalt in dem Augenblick, in dem die erste Inkassostelle für die Lastschrift Deckung durch die Zahlstelle oder eine zwischengeschaltete Bank erhält (vgl **BGH** v 10. 4. 1978, WM 1978, 819; *Fallscheer/Schlegel*, Das Lastschriftverfahren, S 30; *Engel*, Rechtsprobleme um das Lastschriftverfahren, S 31; *Obermüller* InsRBankpraxis Rn 3.502). Im **Einzugsermächtigungsverfahren** steht nach zutreffender Feststellung von *Obermüller* (InsRBankpraxis Rn 3.502) die „Gutschrift weiterhin unter dem Vorbehalt des Widerspruchs des Zahlungspflichtigen, so dass sie erst dann endgültig wird, wenn der Zahlungspflichtige sein Widerspruchsrecht verliert" (vgl auch **BGH** v 25. 6. 1979, WM 1979, 995). Bei dem Vorbehalt des Eingangs handelt es sich um eine aufschiebende Bedingung, beim Ausfall des möglichen Widerspruchs im Einzugsermächtigungsverfahren um eine auflösende Bedingung (vgl **OLG** Düsseldorf v 20. 12. 1990, ZIP 1991, 330; *Obermüller* InsRBankpraxis Rn 3.502; *Hadding/Häuser* Rechtsfragen des Lastschriftverfahrens, S 73; **str aA** *Merz* WM 1983, 106, wonach es sich in beiden Fällen um auflösende Bedingungen handelt). Zur **Verrechnung der Zahlungseingänge** im Rahmen des Lastschriftverfahrens und zur Insolvenzanfechtung von Verrechnungen und Sicherheiten vgl *Obermüller* InsRBankpraxis Rn 3.504 ff.

38 **5. Scheckverkehr in der Insolvenz. a) Insolvenz des Scheckausstellers.** Mit der Verfahrenseröffnung erlöschen gem § 116 grundsätzlich alle dem Kunden erteilten Aufträge und Geschäftsbesorgungsverträge. Das gilt auch für den **Scheckvertrag** (*Baumbach/Hefermehl*, Wechsel- und Scheckgesetz Art 3 ScheckG Rn 10; *Canaris* BankvertragsR Rn 818; *Jaeger/Henckel* § 8 KO Rn 42; K/P/B/*Lüke* § 82 Rn 27; *Obermüller* InsRBankpraxis Rn 3.206; MüKo-*Ott/Vuia* § 82 Rn 30). Anders als beim Überweisungsauftrag (Erlöschenstheorie) bleibt der vom Schuldner **vor Insolvenzeröffnung ausgestellte Scheck** wegen seiner Unabhängigkeit von dem zugrunde liegenden Rechtsverhältnis wirksam (*Obermüller* InsRBankpraxis Rn 3.206; *Jaeger/Windel* § 82 Rn 35; *Jaeger/Henckel* § 8 KO Rn 42; *Heile*, Anweisung, S 136; *Breit* ZHR 64 [1909], 511; *Baumbach/Hefermehl* Art 3 ScheckG Rn 10; *Schlegelberger/Hefermehl* Anh zu § 365 HGB Rn 113; K/P/B/*Lüke* § 82 Rn 27; N/R/*Wittkowski* § 82 Rn 13; MüKo-*Ott/Vuia* Rn 30; str aA *Canaris* BankvertragsR Rn 818). Zur Ausstellung und Einlösung von Schecks vor und nach Erlass von **gerichtlichen Sicherungsmaßnahmen im Insolvenzeröffnungsverfahren** s die Darstellung bei *Bork* Zahlungsverkehr Rn 415 ff u Rn 439 ff. Wird der Scheck vom Insolvenzschuldner erst **nach Verfahrenseröffnung** über sein Vermögen ausgestellt, so wird hierdurch nur sein insolvenzfreies Vermögen verpflichtet (*Obermüller* InsR Bankpraxis Rn 3.207). Löst die Bank einen von ihrem Kunden ausgestellten Scheck nach Eröffnung des Insolvenzverfahrens über dessen Vermögen ein, so kommt es gem § 82 darauf an, ob sie von der Insolvenzeröffnung **Kenntnis** hatte oder nicht und ob das **schuldnerische Konto kreditorisch oder debitorisch** war. Löst die Bank trotz Kenntnis der Verfahrenseröffnung einen Scheck ein, so hat sie gegen ihren Kunden **keinen Aufwendungsersatzanspruch**, mit dem sie verrechnen oder den sie zur Tabelle anmelden kann (*Jaeger/Henckel* § 8 KO Rn 42; *Heile*, Anweisung S 137; *Obermüller* InsRBankpraxis Rn 3.209; K/P/B/*Lüke* § 82 Rn 27; N/R/*Wittkowski* § 82 Rn 13). Der Bank steht allenfalls ein **Bereicherungsanspruch** gegen den Empfänger der Zahlung zu (*Obermüller* InsR Bankpraxis Rn 3.210; *Hess* § 82 Rn 78; *Canaris* BankvertragsR Rn 503, 818; vgl auch **BGH** v 1. 7. 1976, NJW 1976, 1845). Hat die Bank **keine Kenntnis von der Insolvenzeröffnung** über das Vermögen des Kunden und löst sie einen Scheck ein, so wird sie trotz Erlöschens des Auftrags grundsätzlich gem § 82 frei. Allerdings ist zu unterscheiden, ob die Unkenntnis der Bank nicht im Einzelfall auf **Fahrlässigkeit** beruht.

39 Weist das Konto des Kunden ein **Guthaben** auf und löst die Bank in Unkenntnis von der Insolvenzeröffnung den Scheck ein, so wird sie durch die Zahlung an den Empfänger von ihrer Schuld gegenüber dem Kontoinhaber gem § 82 frei (*Jaeger/Windel* § 82 Rn 35; HK-*Kayser* § 82 Rn 52; *Jaeger/Henckel* § 8 KO Rn 42; *Canaris* BankvertragsR Rn 818; *Heile*, Anweisung S 136; K/P/B/*Lüke* § 82 Rn 27; *Bork* Zahlungsverkehr Rn 440; *Obermüller* InsRBankpraxis Rn 3.212). Allerdings hat die Bank, wenn die Scheckeinlösung **nach der öffentlichen Bekanntmachung** erfolgt, die Beweislast hinsichtlich der Unkenntnis (§ 82 S 1). Fahrlässige Unkenntnis reicht für die Beweislastumkehr nicht aus (**LG** München v 2. 12. 1986, WM 1987, 222; *Obermüller* InsRBankpraxis Rn 3.212). Auch die Kenntnis von Umständen, die zwingend auf die Insolvenzeröffnung schließen lassen, schadet nicht (*Obermüller* InsRBankpraxis Rn 3.213).

40 Weist das Kundenkonto einen **Debetsaldo** aus, so kann die Bank lediglich einen **Aufwendungsersatzanspruch als Insolvenzforderung** (§ 38) geltend machen (§§ 116, 115 Abs 3). Ein solcher Anspruch setzt aber voraus, dass die **Unkenntnis der Bank nicht auf Fahrlässigkeit** beruht. Das Fortbestehen des Einlösungsauftrags wird nur fingiert, wenn dem Beauftragten das Erlöschen des Auftrags weder bekannt war

IV. Einzelne Anwendungsfälle **§ 82**

noch bekannt sein musste (*Canaris* BankvertragsR Rn 502; HaKo-*Kuleisa* § 82 Rn 12; K/P/B/*Lüke* § 82 Rn 27; *Obermüller* InsRBankpraxis Rn 3.215; *Bork* Zahlungsverkehr Rn 442; str aA *Häsemeyer* InsR Rn 20.81; *Smid* Grundbegriffe § 17 Rn 45; MüKo-*Lieb* § 812 Rn 80). In der Regel haften allerdings noch andere Werte des Kunden für die Forderung des Kunden der Bank, die zur ab gesonderten Befriedigung berechtigen (vgl *Canaris* BankvertragsR Rn 502; *Baumbach/Hefermehl* Art 3 ScheckG Rn 10; *Obermüller* InsRBankpraxis Rn 3.216).

Eine **weitere Ausnahme** besteht bei **Einlösung des Schecks wegen Gefahr im Verzug**. Nach §§ 116, 41 115 Abs 2 wird das Fortbestehen des Geschäftsbesorgungsvertrages einschließlich des Scheckvertrages trotz Insolvenzeröffnung als fortbestehend fingiert, wenn mit dem Aufschub der Ausführung Gefahr verbunden ist. In diesem Fall erwirbt die Bank bei Einlösung des Schecks einen Aufwendungsersatzanspruch, der sich als Masseverbindlichkeit iSv § 55 darstellt (§ 115 Abs 2 S 3; *Obermüller* InsR-Bankpraxis Rn 3.217; *Baumbach/Hefermehl* Art 3 ScheckG Rn 10; *Damrau* BB 1969, 206). Die Einlösung wegen Gefahr im Verzug dürfte kaum praktisch werden, ist auch wohl kaum jemals zu beweisen.

Einlösung von kartengarantierten eurocheques. Löst die Bank kartengarantierte eurocheques in Un- 42 kenntnis der Insolvenzeröffnung über das Vermögen des Ausstellers ein, so gelten die gleichen Grundsätze wie bei der Einlösung von Inhaber-, Order- oder Rektaschecks 12 (*Obermüller* InsR Bankpraxis Rn 3.219 a). Durch die Einlösung eines vor Eröffnung ausgestellten und gegebenen Euroschecks wird die Bank von ihrer Schuld aus einem etwaigen Guthaben des Kunden selbst dann frei, wenn die Einlösung nach Verfahrenseröffnung geschieht. Löst die Bank **in Kenntnis der Verfahrenseröffnung** einen Euroscheck ein, so wird sie nicht nach § 82 befreit. Anders allerdings, wenn ein Euroscheck vor Insolvenzeröffnung unter **Verwendung einer Euroscheck-Karte** gegeben wird (*Obermüller* InsR Bankpraxis Rn 3.222). Ist durch Bestätigung bereits eine selbständige Verpflichtung gegenüber dem Dritten eingetreten, muss die Bank auch nach Insolvenzeröffnung an den Scheckbegünstigten zahlen, selbst wenn sie die Verfahrenseröffnung kennt. Auch kann der Insolvenzverwalter die Verpflichtung der Bank aus dem Garantievertrag nicht mehr durch Widerruf des Schecks zu Fall bringen. Weist das Konto des Scheckausstellers ein **Guthaben** aus, so greift § 82 ein. Die Bank wird in Höhe der Zahlung von ihrer Guthabenschuld befreit. Bei einem **Debetsaldo** des Kunden erwirbt die Bank gegen ihn einen Aufwendungsersatzanspruch nach den §§ 116, 115 Abs 3 auf Grund des Euroscheck-Vertrages, der trotz Insolvenzeröffnung fortbesteht (*Obermüller* InsR Bankpraxis Rn 3.225). Den Aufwendungsersatzanspruch kann sie als Insolvenzforderung zur Tabelle anmelden. Weist das Kundenkonto **ein Guthaben** aus, kann die Bank wegen § 96 nicht aufrechnen, sich wohl aber aus dem Pfandrecht gem Nr 14 Abs 1 AGB Banken bzw Kreditgenossenschaften oder Nr 21 Abs 1 AGB Sparkassen aus dem Guthaben abgesondert befriedigen (*Canaris* BankvertragsR Rn 856; *Obermüller* InsR Bankpraxis Rn 3.228). Bezahlt der Insolvenzschuldner nach Verfahrenseröffnung mit einer zuvor aufgeladenen **Geldkarte**, liegt nach Ansicht von *Jaeger/Windel* (§ 82 Rn 36) darin eine Leistung der Bank mit der Folge, dass § 82 Anwendung findet (Einzelheiten bei *Jaeger/Windel* § 94 Rn 220 f).

b) Insolvenz des Scheckinhabers. Im Insolvenzverfahren über das Vermögen des Scheckinhabers gehört 43 der Scheck zur Insolvenzmasse (§ 35). Nur der Insolvenzverwalter ist berechtigt, Schecks zum Inkasso einzureichen (HK-*Kayser* § 82 Rn 53; MüKo-*Ott/Vuia* § 82 Rn 32; HaKo-Kuleisa § 82 Rn 12). War die Kausalforderung schon vor Verfahrenseröffnung entstanden und hat die Bank nach Verfahrenseröffnung auf den Scheck geleistet, richtet sich die Erfüllung nach § 82 (MüKo-*Ott/Vuia* § 82 Rn 32; HK-*Kayser* § 82 Rn 53; *Canaris* BankvertragsR Rn 821; K/P/B/*Lüke* § 82 Rn 31). Wegen Erlöschens des Vertragsverhältnisses nach den §§ 116, 115 Abs 1 ist die **Bank zum Inkasso nicht verpflichtet** (MüKo-*Ott/Vuia* § 82 Rn 32). Der Kunde ist nicht gehindert, auch nach Verfahrenseröffnung der Bank Schecks zum Einzug zu übertragen bzw über den Inkassoerlös zu verfügen (*Obermüller* InsR Bankpraxis Rn 3.245). Ist der Bank die Verfahrenseröffnung nicht bekannt und zieht sie Schecks ein, die der Kunde dem Verwalter vorenthalten hat, wird sie durch Auszahlung des Scheckbetrags an den Schuldner gem § 82 befreit (*Obermüller* InsR Bankpraxis Rn 3.245). Da der Besitz eines Inhaberschecks den Inhaber legitimiert, ist die Bank nicht verpflichtet, die Berechtigung des Veräußerers zu prüfen. Die Bank ist **zu Nachforschungen** nur verpflichtet, wenn besondere Umstände den Verdacht nahelegen, dass der Scheckinhaber nicht der Berechtigte ist (*Obermüller* InsR Bankpraxis Rn 3.248). Im **Insolvenzplanverfahren** ist der Insolvenzschuldner nur dann berechtigt, **neue Einzugsaufträge** zu erteilen, wenn der Plan bestätigt worden und das Verfahren aufgehoben ist (*Obermüller* InsR Bankpraxis Rn 3.251).

6. Wechselgeschäfte in der Insolvenz. a) Insolvenz des Bezogenen. Für den Wechselverkehr in der In- 44 solvenz gelten weitgehend die gleichen Grundsätze wie für den Scheckverkehr. Wird über das Vermögen des Bezogenen das Insolvenzverfahren eröffnet, so erlischt auch hier gem § 116 das Auftragsverhältnis zwischen Bank und Akzeptant. Es finden jedoch die Vorschriften der §§ 116, 115 Abs 3 Anwendung (K/P/B/*Lüke* § 82 Rn 32; MüKo-*Ott/Vuia* § 82 Rn 28). Der vom Schuldner **vor Insolvenzeröffnung** ausgestellte Wechsel bleibt aber wegen seiner Unabhängigkeit vom ihm zugrunde liegenden Rechtsverhältnis wirksam (K/P/B/*Lüke* § 82 Rn 32; *Obermüller* InsRBankpraxis Rn 3.337; MüKo-*Ott/Vuia* § 82 Rn 28). Der Anspruch des Wechselinhabers ist einfach Insolvenzforderung. Wird der Wechsel erst **nach**

§ 82 Leistungen an den Schuldner

Verfahrenseröffnung akzeptiert, so kann die Masse nicht hieraus in Anspruch genommen werden (*Obermüller* InsR Bankpraxis Rn 3.338). War der Wechsel **vor Verfahrenseröffnung akzeptiert** worden, so ist die Bank im Verhältnis zur Insolvenzmasse nicht mehr berechtigt. Löst sie trotz Verfahrenseröffnung den Wechsel ein, so kommt es darauf an, ob sie hiervon Kenntnis hatte oder nicht. Bei Einlösung trotz Kenntnis erwirbt die Bank **keinen Aufwendungsersatzanspruch**, den sie etwa verrechnen oder im Fall eines debitorischen Saldos als Insolvenzforderung anmelden kann (*Jaeger/Henckel* § 8 KO Rn 42; *Obermüller* InsR Bankpraxis Rn 3.340). Da das Auftragsverhältnis zwischen Bank und Akzeptant gem § 116 mit der Verfahrenseröffnung erloschen ist, beurteilt sich eine **Einlösung des Wechsels nach Insolvenzeröffnung** nach den §§ 116, 115 Abs 3 (K/P/B/*Lüke* § 82 Rn 32). War das Konto des Kunden **kreditorisch**, so greift § 82 ein und wird die Bank bei Gutgläubigkeit von ihrer Schuld gegenüber dem Akzeptanten frei (*Obermüller* InsR Bankpraxis Rn 3.342; HK-*Kayser* § 82 Rn 54). Die Beweislast für die fehlende Kenntnis der Bank von der Insolvenzeröffnung trifft, wenn die Einlösung vor der öffentlichen Bekanntmachung erfolgt, den Insolvenzverwalter (§ 82 S 2), bei Einlösung nach der öffentlichen Bekanntmachung die Bank (§ 82 S 1). Bei **debitorischem Kundenkonto** ist die Bank berechtigt, ihren Aufwendungsersatzanspruch als Insolvenzforderung (§ 38) zur Tabelle anzumelden (§§ 116, 115 Abs 3). **Ausnahme**: Die Unkenntnis der Bank beruht auf Fahrlässigkeit (*Canaris* BankvertragsR Rn 502; *Obermüller* InsRBankpraxis Rn 3.345). Etwas anderes gilt auch hier wieder bei **Einlösung wegen Gefahr im Verzug** (vgl *Obermüller* InsRBankpraxis Rn 3.347). Solchenfalls steht der Bank wegen der Einlösung des Wechsels ein Aufwendungsersatzanspruch zu, der eine Masseverbindlichkeit iSv § 55 darstellt (§ 115 Abs 2 S 3).

45 b) **Insolvenz des Wechselausstellers.** Die Insolvenz des Wechselausstellers hat hinsichtlich der Wechselverpflichtung des Akzeptanten keinen Einfluss. Mit dem Akzept hat der Inhaber einen unentziehbaren Anspruch erworben, der auch in der Insolvenz des Wechselausstellers Gültigkeit behält (BFH v 29. 4. 1974, WM 1974, 570; *Obermüller* InsRBankpraxis Rn 3.348; K/P/B/*Lüke* § 82 Rn 33; MüKo-*Ott/Vuia* § 82 Rn 27; *Kulke* in Knops/Bamberger/Maier-Reimer, Recht der Sanierungsfinanzierung [2005] § 15 Rn 12). Die Kenntnis oder Unkenntnis von der Verfahrenseröffnung ist unerheblich. Allerdings ist die Bank nicht mehr zur Zahlung an den Aussteller, sondern nur noch an den **Insolvenzverwalter** berechtigt. Das Geschäftsbesorgungsverhältnis zwischen Bank und Kunden ist nach den §§ 116 S 1, 115 Abs 1 erloschen. Löst die Bank **ohne Kenntnis der Verfahrenseröffnung** den Wechsel ein, so wird sie trotz Erlöschens des Geschäftsbesorgungsvertrages von ihrer Schuld frei oder erwirbt zumindest einen Aufwendungsersatzanspruch gegen ihren Kunden, je nachdem, ob das **Konto kreditorisch oder debitorisch** geführt wird. Weist das Kundenkonto ein **Guthaben** auf, wird die Bank, die in Unkenntnis von der Insolvenzeröffnung einen Wechsel einlöst, durch die Zahlung an den Inhaber gegenüber dem Akzeptanten **nach § 82 befreit** (*Obermüller* InsR Bankpraxis Rn 3.342; *Smid* Grundzüge des Insolvenzrechts, 4. Aufl § 17 Rn 46; vgl auch HaKo-*Kuleisa* § 82 Rn 15; *Obermüller* InsR Bankpraxis Rn 3.342; MüKo-*Ott/Vuia* § 82 Rn 27). Hat der Aussteller den Wechsel **weiterindossiert**, so ändert sich an den Beziehungen zwischen Akzeptant, Domizilbank und Indossatar nichts. Die Bank ist zur Einlösung des Wechsel verpflichtet (*Obermüller* InsRBankpraxis Rn 3.350).

46 Wird der **Wechsel erst nach Verfahrenseröffnung akzeptiert**, so greift analog § 82 der Gutglaubensschutz ein (K/P/B/*Lüke* § 82 Rn 33). Hat also der Bezogene in Unkenntnis der Insolvenzeröffnung über das Vermögen des Ausstellers den Wechsel akzeptiert, so wird er frei (*Baumbach/Hefermehl* Art 9 WG Rn 6; *Canaris* BankvertragsR Rn 1576; *Obermüller* InsRBankpraxis Rn 3.341; K/P/B/*Lüke* § 82 Rn 33). Für die **Kenntnis von der Verfahrenseröffnung** kommt es nicht auf die Kenntnis der Domizilbank an. Die Kenntnis der Bank schadet dem Akzeptanten nicht (*Obermüller* InsRBankpraxis Rn 3.349; K/P/B/*Lüke* § 82 Rn 33). Die Vorschrift des § 166 BGB findet keine Anwendung. Soweit wegen Kenntnis der Verfahrenseröffnung der Bezogene nicht frei geworden ist, hat er einen **Bereicherungsanspruch gegen den Empfänger**, soweit nicht § 814 BGB entgegensteht (N/R/*Wittkowski* § 82 Rn 13; K/P/B/*Lüke* § 82 Rn 33; vgl auch *Obermüller* FS *Fuchs* 1996 S 157ff). Der **BGH** (v 1. 7. 1976, BGHZ 67, 75) bejaht einen unmittelbaren Bereicherungsanspruch gegen den Empfänger nur in den Fällen, in denen dieser ebenfalls die Verfahrenseröffnung kannte (s auch *Jaeger/Windel* § 82 Rn 33). Wird der Bezogene gem § 82 frei, haftet der Empfänger gegenüber dem Insolvenzverwalter nach §§ 812 Abs 1, 816 Abs 2 BGB (OLG Köln NJW-RR 1999, 700; HaKo-*Kuleisa* § 82 Rn 15; K/P/B/*Lüke* § 82 Rn 33; N/R/*Wittkowski* § 82 Rn 13; str aA MüKo-*Ott/Vuia* § 82 Rn 27). Zum Bereicherungsanspruch des Insolvenzverwalters gegen den Indossatar hinsichtlich eines nicht akzeptierten Wechsels vgl *Jaeger/Henckel* § 8 KO Rn 38. Ein bereits akzeptierter Wechsel oder ein solcher, der von einer anderen Person als dem Insolvenzschuldner ausgestellt ist, kann nach Eröffnung des Insolvenzverfahrens nicht mehr indossiert werden. Eine trotzdem erfolgende Übertragung ist nach § 81 Abs 1 unwirksam. Zahlt der Wechselschuldner in Unkenntnis der Verfahrenseröffnung gegen Aushändigung des Wechsels die Wechselsumme an den Schuldner, so greift der Vertrauensschutz des § 82 ein. Jedoch hat der Insolvenzverwalter gegen den Remittenden einen Anspruch gem § 816 Abs 2 BGB analog (*Jaeger/Henckel* § 8 KO Rn 39; K/P/B/*Lüke* § 82 Rn 33).

47 7. **Ausländische Schuldner.** Die Vorschrift des § 82 findet auch auf Zahlungen ausländischer Schuldner Anwendung, soweit die Leistung innerhalb der Grenzen Deutschlands im Bereich der inländischen

I. Allgemeines **§ 83**

Zwangsvollstreckungsgewalt zur Ausführung gelangt. Unerheblich ist dabei, ob der Erfüllungsort im Inland oder im Ausland belegen ist und ob die Forderung des inländischen Insolvenzschuldners zu seinem inländischen oder ausländischen Vermögen gehört (vgl auch § 6 des Deutsch-Österreichischen Insolvenzabkommens v 25. 5. 1979), wonach ein deutscher Schuldner mit befreiender Wirkung an den ausländischen Schuldner leisten kann, wenn die Eröffnung des Insolvenzverfahrens in Deutschland noch nicht bekannt gemacht war und er die Eröffnung nicht kannte oder kennen musste (**LG München I** v 2. 12. 1986, WM 1987, 222).

8. Auftragsverhältnisse nach VOB/B. Nach Eröffnung eines Insolvenzverfahrens über das Vermögen des Auftragnehmers kann der Auftraggeber keine Zahlungen mehr gem § 16 Nr 6 VOB/B mit schuldbefreiender Wirkung an Gläubiger des Auftragnehmers leisten (**BGH** v 24. 4. 1986, ZIP 1986, 720; HK-*Kayser* § 82 Rn 6; HaKo-*Kuleisa* § 82 Rn 4). Mit Eröffnung des Insolvenzverfahrens verliert der Bauherr sein Wahlrecht, alternativ an Insolvenzschuldner bzw die Masse oder an einen Dritten leisten zu dürfen (*Smid* § 82 Rn 12). Der Auftraggeber wird aber gem § 82 befreit, wenn er im Leistungszeitpunkt hinsichtlich der Insolvenzeröffnung über das Vermögen des Auftragnehmers **gutgläubig** war (*Heidland* Bauvertrag Rn 965; *Schmitz* Die Bauinsolvenz 3. Aufl Rn 461). Maßgeblich ist der Zeitpunkt, bis zu dem der Leistende den Leistungserfolg verhindern, zB eine Banküberweisung noch widerrufen konnte. Im Übrigen richtet sich der Zeitpunkt der Leistung nach den §§ 269, 270, 375, 378 BGB (*Heidland* Bauvertrag Rn 965). Ist die Leistung vor der öffentlichen Bekanntmachung erfolgt, wird vermutet, dass der Leistende die Eröffnung nicht kannte (§ 82 S 2). Ist nach der Bekanntmachung des Eröffnungsbeschlusses, also nach dem Wirksamkeitszeitpunkt des § 9 Abs 1 S 3 geleistet worden, so wird vermutet, dass der Auftraggeber die Eröffnung kannte. Er muss seine Unkenntnis beweisen (*Heidland* Bauvertrag Rn 965, *Schmitz* Die Bauinsolvenz 3. Aufl Rn 461). Anders, wenn der Auftraggeber nicht unmittelbar an den Auftragnehmer, sondern **an einen Dritten leistet** und dadurch eine Masseverbindlichkeit getilgt wird. In diesem Fall kommt die Zahlung des Auftraggebers wirtschaftlich der Masse zugute (**BGH** NJW 1986, 3206; *Heidland* Bauvertrag Rn 966). Gem § 16 Nr 6 VOB/B kann der Auftraggeber zur Erfüllung seiner Verpflichtungen gegenüber dem Auftragnehmer Zahlungen an dessen Gläubiger vornehmen, falls diese an der Ausführung der vertraglichen Leistung auf Grund vertraglicher Vereinbarungen beteiligt sind und der Auftragnehmer diesen gegenüber in Zahlungsverzug gekommen ist, wie zB gegenüber Nachunternehmern oder Arbeitnehmern (**OLG Celle** ZIP 1983, 467; *Heidland* Bauvertrag Rn 967). Der **Erlass eines allgemeinen Verfügungsverbots** nach § 21 Abs 2 Nr 2 im Eröffnungsverfahren steht der Verfahrenseröffnung gleich. Durch das Verfügungsverbot verliert die Ermächtigung zur Direktzahlung ihre Wirkung (*Heidland* Bauvertrag Rn 969; vgl auch **BGH** ZIP 1999, 1269). Hat der Auftraggeber das Veräußerungsverbot nicht gekannt, greift § 82 analog ein. Zahlungen sind nur unwirksam, wenn der Auftraggeber Kenntnis von dem Verfügungsverbot hatte (*Heidland* Bauvertrag Rn 969). Bei **unberechtigten Zahlungen des Auftraggebers an den Dritten** hat der Insolvenzverwalter keine Möglichkeit, Zahlung von dem Dritten zur Insolvenzmasse zu fordern (vgl **BGH** ZIP 1999, 1269, 1271; *Heidland* Bauvertrag Rn 969 a).

§ 83 Erbschaft. Fortgesetzte Gütergemeinschaft

(1) ¹Ist dem Schuldner vor der Eröffnung des Insolvenzverfahrens eine Erbschaft oder ein Vermächtnis angefallen oder geschieht dies während des Verfahrens, so steht die Annahme oder Ausschlagung nur dem Schuldner zu. ²Gleiches gilt von der Ablehnung der fortgesetzten Gütergemeinschaft.

(2) Ist der Schuldner Vorerbe, so darf der Insolvenzverwalter über die Gegenstände der Erbschaft nicht verfügen, wenn die Verfügung im Falle des Eintritts der Nacherbfolge nach § 2115 des Bürgerlichen Gesetzbuchs dem Nacherben gegenüber unwirksam ist.

I. Allgemeines

An sich ist das **Recht zur Ausschlagung einer Erbschaft oder eines Vermächtnisses ein Vermögensrecht**, das in die Insolvenzmasse fällt und vom Insolvenzverwalter ausgeübt werden müsste. Wegen des höchst persönlichen Charakters des Ausschlagungsrechts hat aber das Gesetz ähnlich wie früher in § 9 KO in § 83 Abs 1 eine **Sonderregelung** getroffen: Das Recht zur Annahme oder Ausschlagung der Erbschaft oder eines Vermächtnisses geht nicht auf den Insolvenzverwalter über. Dabei kommt es nicht darauf an, ob die Erbschaft oder das Vermächtnis vor oder während des Insolvenzverfahrens angefallen ist. Die Ausweitung gegenüber der bisherigen Regelung in § 9 KO war notwendig durch die Einbeziehung des Neuerwerbs in den Begriff der Insolvenzmasse (§ 35). Zutreffend stellt *Gerhardt* (KS 193, 214 Rn 43) fest, dass es sich hierbei um ein heute rechtspolitisch durchaus kritisch „hinterfragbares" Recht handelt (s auch *Marotzke* ZVI 2003, 309 ff; *Windel* KTS 1995, 367, 378 ff, 405 ff). Die gesetzliche Regelung wird in der Literatur damit gerechtfertigt, dass der Anfall einer Erbschaft (§§ 1922, 1942 BGB) oder eines Vermächtnisses dem Schuldner das Vermögen haftungsrechtlich noch nicht endgültig zuweist (vgl **RG** v 17. 4. 1903, RGZ 54, 289, 292) und im Übrigen die Ausschlagung als **höchst persönliches**,

48

1

§ 83 Erbschaft. Fortgesetzte Gütergemeinschaft

von den Beziehungen zwischen Erblasser und Erben bestimmtes Recht nicht vom Insolvenzbeschlag erfasst werden kann (vgl RGZ 84, 342, 347; MüKo-*Schumann* § 83 Rn 4; HaKo-*Kuleisa* § 83 Rn 2).

II. Anfall der Erbschaft

2   § 83 findet unabhängig davon Anwendung, ob die Erbschaft dem Erben vor oder erst nach Verfahrenseröffnung angefallen ist. Anfall der Erbschaft bedeutet, dass sich der Rechtserwerb ohne Zutun, Wissen oder Willen des Erben kraft Gesetzes vollzieht. Bis zur Entscheidung über die Annahme oder Ausschlagung der Erbschaft unterfällt das ererbte Vermögen nicht dem § 80. Auch **aufschiebend bedingte Vermächtnisse** fallen in die Insolvenzmasse, wenn sie während des eröffneten Verfahrens anfallen (*Jaeger/Henckel* § 9 KO Rn 8; K/P/B/*Lüke* § 83 Rn 4; BerlKo-*Blersch/v. Olshausen* § 83 Rn 7). Festzustellen ist, dass mit dem Anfall der Erbschaft der Insolvenzbeschlag des § 80 nicht eintritt, also die Erbschaft noch nicht zum Haftungsvermögen des Schuldners zählt. Nur die Tatsache, dass der Anfall noch keinen vollgültigen Rechtserwerb bewirkt, rechtfertigt es, die Annahme oder Ausschlagung in das freie Ermessen des Schuldners zu stellen.

III. Annahme oder Ausschlagung durch den Insolvenzschuldner

3   **1. Annahme der Erbschaft oder des Vermächtnisses. a) Rechtsfolgen der Annahme.** Die Annahme der Erbschaft bewirkt, dass der Insolvenzschuldner endgültig Erbe wird und das Recht verliert, die Erbschaft auszuschlagen (§ 1943 BGB). Die Annahme beendet des Schwebezustand des § 1942 BGB und wandelt den vorläufigen Erwerb der Erbschaft oder des Vermächtnisses in einen endgültigen Erwerb um mit der Folge, dass nunmehr § 80 eingreift. Nimmt der Schuldner die Erbschaft oder das Vermächtnis an, so fallen der Nachlass oder die Vermächtnisforderung in die Insolvenzmasse (§ 35), und zwar mit allen ihnen anhaftenden Verbindlichkeiten und Auflagen. Ist die Erbschaft dem Schuldner **vor Verfahrenseröffnung** angefallen und nimmt er sie während des Verfahrens an, so fällt die Erbschaft jedenfalls in die Masse, weil – anders als nach früherem Recht – auch das Neuvermögen in die Insolvenzmasse fällt (**BGH v 11. 5. 2006 – ZR 42/05, NJW 2006, 2698 = NZI 2006, 461, 462 m Anm** *Nowak*). Es kommt also nicht mehr darauf an, ob der Erwerbstatbestand der §§ 1922, 1942 Abs 1 BGB vor oder nach Verfahrenseröffnung liegt. Eine vom Schuldner angenommene Erbschaft kann vom Insolvenzverwalter nicht ausgeschlagen oder freigegeben werden (RGZ 84, 347; *Jaeger/Henckel* § 9 KO Rn 3, 9 ff; HK-*Kayser* § 83 Rn 6; *Braun/Kroth* § 83 Rn 4; K/P/B/*Lüke* § 83 Rn 5; N/R/*Wittkowski* § 83 Rn 6; K/P/B/*Lüke* § 83 Rn 5). Die Annahme ist nicht von einer besonderen Form abhängig. Sie kann ausdrücklich oder auch stillschweigend erfolgen oder durch den Ablauf der Ausschlagungsfrist eintreten (§ 1943 BGB). Der Insolvenzverwalter ist nicht befugt, auf die Annahme- oder Ablehnungsentscheidung des Schuldners Einfluss zu nehmen. Das Gesetz stellt die **Annahme oder Ausschlagung der Erbschaft** in das **freie Belieben des Schuldners** (RGZ 54, 295; *Jaeger/Windel* § 83 Rn 3; *Andres/Leithaus* § 83 Rn 4; *Kilger/K. Schmidt* § 9 KO Anm 1). Gleiches gilt für **Vermächtnisse** (*Jaeger/Windel* § 83 Rn 3). Nachteilige Rechtsfolgen können dem Schuldner allenfalls im Rahmen eines **Restschuldbefreiungsverfahrens** erwachsen, weil er gem § 295 Abs 1 Nr 2 Vermögen, das er von Todes wegen oder mit Rücksicht auf ein künftiges Erbrecht erwirbt, zur Hälfte des Wertes an den Treuhänder herauszugeben hat. Zudem betrifft § 295 Abs 1 Nr 2 lediglich die Wohlverhaltensperiode, während für das zuvor abzuwickelnde Insolvenzverfahren eine solche Regelung nicht greift (zutr die Kritik v *Windel* KTS 1995, 367, 406).

4   Der **Insolvenzverwalter** kann weder die **Annahme** noch die **Nichtausschlagung** eines überschuldeten Nachlasses verhindern (*Jaeger/Henckel* § 9 KO Rn 9 ff; *Hess* § 83 Rn 12; K/P/B/*Lüke* § 83 Rn 5). Er ist auch nicht berechtigt, vom Schuldner ausgeschlagene Erbschaft für die Masse anzunehmen (*Jaeger/Windel* § 83 Rn 3; HK-*Kayser* § 83 Rn 6). Ist vor der Annahme der Erbschaft das **Nachlassinsolvenzverfahren** (§ 316 Abs 1) eröffnet worden, entfällt nicht etwa das Recht des Erben, die Erbschaft anzunehmen oder auszuschlagen (MüKo-*Schumann* § 83 Rn 10; *Jaeger/Windel* § 83 Rn 3, HK-*Kayser* § 83 Rn 7). **Insolvenzschuldner** ist, wer schließlich Erbe bleibt (§§ 1953, 1942 Abs 2 BGB). S auch HK-*Kayser* § 83 Rn 7; *Jaeger/Windel* § 83 Rn 3; MüKo-*Schumann* § 83 Rn 10. Eine Verpflichtung des Schuldners, im Interesse der Insolvenzmasse und seiner Gläubiger einen **überschuldeten Nachlass** auszuschlagen, besteht nicht (*Kilger/K. Schmidt* § 9 KO Anm 1; *Hess* § 83 Rn 12). In solchen Fällen bleibt dem Verwalter nichts anderes übrig, als **Nachlassverwaltung** (§ 1975 ff BGB) oder die Eröffnung eines **Nachlassinsolvenzverfahrens** (§§ 315 ff) zu beantragen. Ist der Nachlass überschuldet, kann sich die Verpflichtung zur Insolvenzantragstellung sogar aus § 1980 BGB ergeben (vgl auch *Jaeger/Henckel* § 9 KO Rn 6; K/P/B/*Lüke* § 83 Rn 6). Zweifelhaft, aber letztlich zu bejahen ist auch die Frage, ob der Verwalter darüber hinaus berechtigt ist, die dem Insolvenzschuldner zustehenden **Einreden der Unzulänglichkeit** (§§ 1990 ff BGB) und der **Ausschließung von Nachlassgläubigern** (§§ 1973 f BGB) zu erheben (so K/P/B/*Lüke* § 83 Rn 6). Die **Annahme eines Vermächtnisses** ist gegenüber dem Beschwerten zu erklären (§ 2180 Abs 2 S 1 BGB). Teilannahme ist zulässig (K/P/B/*Lüke* § 83 Rn 8). Das Gesetz sieht für die Annahme keine besondere Form vor. Mit der Annahme des Vermächtnisses entsteht ein Anspruch gegen den Erben, der in die Insolvenzmasse (§ 35) fällt.

III. Annahme oder Ausschlagung durch den Insolvenzschuldner § 83

b) Keine Anfechtung der Annahme. Die Annahme einer Erbschaft, auch die einer überschuldeten, unterliegt ebenso wenig der Anfechtung wie die Annahme eines Vermächtnisses (vgl **RG** v 27. 3. 1914, RGZ 84, 347; *Jaeger/Henckel* § 9 KO Rn 9; *Kilger/K. Schmidt* § 9 KO Anm 1; K/P/B/*Lüke* § 83 Rn 10; HK-*Kayser* § 83 Rn 6; N/R/*Wittkowski* § 83 Rn 6, 8). Hat der Insolvenzschuldner irrtümlich die Überschuldung des Nachlasses verneint, bleibt seine andere Möglichkeit, als **Nachlassverwaltung** (§§ 1975 ff BGB) oder **Nachlassinsolvenzverfahren** (§§ 315 ff) zu beantragen, um eine Benachteiligung der persönlichen Gläubiger des Erben, aber auch der Insolvenzgläubiger zu vermeiden. Dieses Recht haben auch die Nachlassgläubiger, wenn die Gefahr besteht, dass sie durch die Einbeziehung des Nachlasses in die Insolvenzmasse (§ 35) und durch die Konkurrenz der persönlichen Gläubiger des Insolvenzschuldners in ihren Ansprüchen verkürzt werden (§ 1981 Abs 2 BGB, § 317 Abs 1 InsO). Dagegen ist der Schuldner nicht berechtigt, Antrag auf Nachlassverwaltung oder Eröffnung des Nachlassinsolvenzverfahrens zu stellen, selbst wenn er aus persönlichen Gründen eine solche Anordnung für nötig hält, denn insoweit steht § 80 entgegen (*Jaeger/Henckel* § 9 KO Rn 6; str aA LG Aachen NJW 1960, 48). 5

c) Trennung der Vermögensmassen. Ist der Nachlass überschuldet, hat der Insolvenzverwalter zwei Haftungsmassen zu bilden. Auf diese Weise wird eine Benachteiligung der persönlichen Gläubiger des Schuldners verhindert (MüKo-*Schumann* § 83 Rn 6; K/P/B/*Lüke* § 83 Rn 6; *Hess* § 83 Rn 12; HK-*Kayser* § 83 Rn 9). Nach der Erbschaftsannahme sind nicht nur allein die persönlichen Gläubiger des Schuldners, sondern auch die **Nachlassgläubiger Insolvenzgläubiger**. Sowohl aus dem Schuldnervermögen als auch aus dem Nachlass sind sämtliche Gläubiger zu befriedigen. Die Nachlassgläubiger können durchaus ein Interesse daran haben, die Eigengläubiger vom Zugriff auf den Nachlass fernzuhalten (LG Aachen NJW 1960, 46, 48). Die **Trennung der Vermögensmassen** kann daher sowohl vom Insolvenzverwalter als auch von jedem Nachlassgläubiger herbeigeführt werden, nicht dagegen vom Schuldner (MüKo-*Schumann* § 83 Rn 5; *Messner* ZVI 2004, 433, 434; HK-*Kayser* § 83 Rn 9; str aA LG Aachen NJW 1960, 46, 48 f; vgl auch *Vallender* NZI 2005, 316 ff). Werden die Vermögensmassen getrennt, hat dies zur Folge, dass die Nachlassgläubiger ausschließlich aus dem Nachlass, die Erbengläubiger ausschließlich aus dessen Eigenvermögen Befriedigung erlangen können (**BGH** v 11. 5. 2006, NZI 2006, 461, 462 = ZIP 2006, 1258 = ZInsO 2006, 705). 6

d) Testamentsvollstreckung. Ein der Testamentsvollstreckung unterliegender Nachlass fällt mit Eröffnung des Insolvenzverfahrens über das Vermögen des Erben mit dem Erbfall vorläufig, mit der Annahme der Erbschaft endgültig in die Insolvenzmasse (**BGH** v 11. 5. 2006 NZI 2006, 461, 462 m Anm *Nowak* = ZIP 2006, 1258, 1259). **Entgegen der Vorauflage** besteht die Testamentsvollstreckung auch während des Insolvenzverfahrens fort mit der Folge, dass die Verfügungsbeschränkung des Erben nach § 2211 BGB auch für den Insolvenzverwalter gilt. Die Gläubiger des Erben können keine Befriedigung aus der in der Testamentsvollstreckung unterliegenden Gegenständen verlangen (§ 2214 BGB). Der Testamentsvollstrecker ist berechtigt, im Rahmen seiner Befugnisse den Nachlass zu verwalten und über Nachlassgegenstände zu verfügen (**BGH** NZI 2006, 461, 462 = ZIP 2006, 1258, 1259; MüKo-*Schumann* § 83 Rn 8; HaKo-*Kuleisa* § 83 Rn 5). Bis zur Beendigung der Testamentsvollstreckung kann der Insolvenzverwalter den Nachlass nicht verwerten (**BGH** NZI 2006, 461, 462 = ZIP 2006, 1258, 1259; **OLG** Köln ZIP 2005, 452, 453; K/P/B/*Lüke* § 83 Rn 7). Der Insolvenzverwalter ist verpflichtet, „den Nettowert des Nachlasses zur Insolvenzmasse zu sichern und sich zu diesem Zweck so schnell wie möglich einen Überblick über den Nachlass zu verschaffen (**BGH** NZI 2006, 461, 462 = ZIP 2006, 1258, 1259). Ist der **Nachlass überschuldet**, hat der Verwalter die Eröffnung eines **Nachlassinsolvenzverfahrens** zu beantragen, um die Masse vor dem Zugriff von Massegläubigern zu schützen (**BGH** aaO S 1259; MüKo-*Schumann* § 83 Rn 6; *Marotzke* FS Otte, 2005, S 223, 228 ff). Der unter Testamentsvollstreckung stehende Nachlass, der in die Insolvenzmasse fällt, bildet bis zur Beendigung der Testamentsvollstreckung eine **Sondermasse**, auf die die Nachlassgläubiger, nicht aber die Erbengläubiger Zugriff nehmen können (**BGH** NZI 2006, 461, 462 = ZIP 2006, 1258, 1260 = ZInsO 2006, 705; BGHZ 25, 275, 279; **BGH** NJW 1967, 2399; s auch *Messner* ZVI 2004, 433, 437 f). Mit **Wegfall der Testamentsvollstreckung** wird das Sondervermögen des Nachlasses Insolvenzmasse. **Pflichtteils- und Pflichtteilsergänzungsansprüche** sind gegen den Insolvenzverwalter geltend zu machen (§ 2213 Abs 1 S 3 BGB; HaKo-*Kuleisa* § 83 Rn 5). Die allgemeinen Verfügungsbeschränkungen des § 2211 BGB gelten auch für den Insolvenzverwalter. Es bleibt auch bei der Regelung in § 2214 BGB, wonach Gläubiger des Erben, die nicht zu den Nachlassgläubigern gehören, sich nicht an die der Verwaltung des Testamentsvollstreckers unterliegenden Nachlassgegenstände halten können (**BGH** v 11. 5. 2006 NZI 2006, 461, 462 = ZIP 2006, 1258, 1260 = ZInsO 2006, 705; LG Aachen NJW 1960, 46, 48; *Haegele* KTS 1969, 150, 160; HaKo-*Kuleisa* § 83 Rn 5; *Braun/Kroth* § 83 Rn 4; MüKo-*Brandner* § 2211 BGB Rn 3; N/R/*Wittkowski* § 83 Rn 7). Richtig ist die Feststellung von *Lüke* (K/P/B/*Lüke* § 83 Rn 7), dass das **Nebeneinander von Testamentsvollstreckung und Insolvenzverwaltung** zu „durchaus schwierigen Situationen führen" kann. Diese Schwierigkeiten sind aber keine Rechtfertigung dafür, den Nachlass nicht als Teil der Insolvenzmasse anzusehen. Der Testamentsvollstrecker ist berechtigt, im Rahmen der ihm eingeräumten Befugnisse (§ 2208 BGB) den Nachlass trotz Insolvenzverfahren über das Vermögen des Erben zu verwalten und über die einzelnen Gegenstände zu verfügen. Die vom **Testamentsvollstrecker** gem §§ 2206, 2209 Abs 2 BGB eingegangenen Verbindlichkeiten nach den §§ 1967 Abs 2, 2206 7

§ 83 *Erbschaft. Fortgesetzte Gütergemeinschaft*

Abs 2 BGB sind **Nachlassverbindlichkeiten** und deshalb wie vor dem Erbfall entstandene Verbindlichkeiten zu behandeln (zweifelnd K/P/B/*Lüke* § 83 Rn 7). Eine Vorwegbefriedigung solcher Gläubiger sieht das Gesetz allerdings nicht vor. Der Hinweis von *Lüke* (K/P/B/*Lüke* § 83 Rn 7) auf die für die Nachlassinsolvenz geltende Vorschrift des § 324 Abs 1 Nr 5 überzeugt deshalb nicht, weil diese Vorschrift nur für die Nachlassinsolvenz gilt. Im Übrigen ist der in die Insolvenzmasse fallende Nachlass als Sondervermögen wie zB eine GmbH zu behandeln, die in den Nachlass des Alleingesellschafters fällt. Die Nachlassgläubiger laufen immer, also unabhängig von Testamentsvollstreckung und Erbeninsolvenzverfahren, Gefahr, nicht voll befriedigt zu werden, wenn ein an sich ausreichender Nachlass an einen **stark verschuldeten Erben** fällt. Das Gesetz schützt zwar den Erben vor der unbeschränkten Haftung für die Nachlassverbindlichkeiten, aber außer im Fall des § 2214 BGB die Nachlassgläubiger nicht davor, dass sich auch die eigenen Gläubiger des Erben an den Nachlass halten. Deshalb empfiehlt es sich für den Insolvenzverwalter, auf den gem § 317 Abs 1 iVm § 80 Abs 1 das Antragsrecht übergegangen ist, rechtzeitig Antrag auf Eröffnung des Nachlassinsolvenzverfahrens zu stellen (vgl *Jaeger/Henckel* § 9 KO Rn 6; *Braun/Kroth* § 83 Rn 4: „verpflichtet"; *Vallender* NZI 2005, 318).

8 e) **Sonderregelung im Restschuldbefreiungsverfahren.** Die Regelung in den §§ 295 Abs 1 Nr 2, 296 ist nicht mit § 83 Abs 1 abgestimmt (vgl *Leipold/Dieckmann* Insolvenzrecht im Umbruch (1991) S 127, 132 f; *Windel* KTS 1995, 367, 405 ff; *Häsemeyer* InsR Rn 9.24). Die fehlende Abstimmung der Vorschriften hat zur Folge, dass bis zur Aufhebung des Verfahrens der Schuldner ohne nachteilige Rechtsfolgen berechtigt ist, eine anfallende Erbschaft auszuschlagen. Durch die Beschränkung der Obliegenheit auf **Herausgabe des hälftigen Wertes der Erbschaft** soll erreicht werden, dass der Schuldner trotz der Höchstpersönlichkeit des Ausschlagungsrechts von der Ausschlagung absieht. Letztlich zwingt § 295 Abs 1 Nr 2 den Schuldner, die – nicht überschuldete – Erbschaft anzunehmen, weil er ansonsten seiner hälftigen Abführungspflicht gegenüber dem Treuhänder nicht nachzukommen vermag. Nach dem Wortlaut des § 295 Abs 1 Nr 2 ist auch der **Vorerbe** zur Herausgabe verpflichtet, da auch er Vermögen von Todes wegen erwirbt. Dies ist jedoch rechtlich keineswegs unbedenklich, wenn der Schuldner nicht befreiter Vorerbe iSv § 2136 BGB ist (vgl *Döbereiner*, Restschuldbefreiung S 162 ff). Nach Auffassung von *Döbereiner* (Restschuldbefreiung S 167) kann, da die Ausschlagung in das freie Belieben des Erben gestellt ist, die Ausschlagung **nicht als Verletzung der Obliegenheitspflicht** angesehen werden (MüKo-*Schumann* § 83 Rn 4; HaKo-*Kuleisa* § 83 Rn 3). Der Entscheidungsfreiheit des Schuldners sei in jedem Fall Vorrang vor der Gläubigerbefriedigung einzuräumen. Das müsse auch bei einem Erbvertrag oder einem Pflichtteilsverzicht nach §§ 2346, 2352 BGB gelten (krit *Windel* KTS 1995, 367, 405 ff; *Häsemeyer* InsR Rn 9.24). Von § 295 Abs 1 Nr 2 werden auch Herausgabeobliegenheiten auf Grund von **Vermächtnisansprüchen** (§ 2174 BGB) erfasst, obgleich es sich um schuldrechtliche Ansprüche handelt. Auch der Vermächtnisanspruch fällt unter § 295 Abs 1 Nr 2 (*Döbereiner*, Restschuldbefreiung S 166).

9 2. **Ausschlagung der Erbschaft oder eines Vermächtnisses.** Nach § 83 Abs 1 S 1 steht die Ausschlagung der Erbschaft im Belieben des Schuldners. Schlägt der Erbe die Erbschaft aus, so fällt sie rückwirkend dem nächstberufenen Erben an (§ 1953 Abs 2 BGB). Hatte der Insolvenzverwalter während der Ausschlagungsfrist über Gegenstände des Nachlasses verfügt bzw diese zur Masse gezogen, steht dem nächstberufenen Erben ein **Aussonderungsrecht** zu (MüKo-*Schumann* § 83 Rn 9; FK-*App* § 83 Rn 8; HK-*Kayser* § 83 Rn 10; HaKo-*Kuleisa* § 83 Rn 6; K/P/B/*Lüke* § 83 Rn 9). Haftet der Schuldner dem nächstberufenen Erben nach den Grundsätzen über die Geschäftsführung oder Auftrag nach § 1959 Abs 1 BGB, so kann dieser die Masse nur dann in Anspruch nehmen, wenn der Anspruch schon vor Verfahrenseröffnung begründet war (K/P/B/*Lüke* § 83 Rn 9; MüKo-*Schumann* § 83 Rn 9; HK-*Kayser* § 83 Rn 10). Trotz der eindeutigen Regelung in § 83 ist die Kritik an dieser Vorschrift keineswegs unberechtigt (vgl *Leipold/Dieckmann* Insolvenzrecht im Umbruch S 127, 132; *Windel* KTS 1995, 367, 405; *Häsemeyer* InsR Rn 9.24).

10 a) **Rechtsfolgen der Ausschlagung.** Schlägt der Insolvenzschuldner die Erbschaft oder das Vermächtnis aus, so gilt der Anfall der Erbschaft oder des Vermächtnisses als nicht erfolgt (§§ 1942 ff, 2180 BGB). Erbschaft und Vermächtnis fallen bei demjenigen an, der berufen gewesen wäre, wenn der Insolvenzschuldner zum Zeitpunkt des Erbfalls nicht gelebt hätte (§§ 1953 Abs 1, 2, 2180 Abs 3 BGB). Hatte der Insolvenzverwalter bereits Gegenstände des Nachlasses zur Masse gezogen, so hat der Ersatzerbe eine **Aussonderungsrecht** (MüKo-*Schumann* § 83 Rn 4; HK-*Kayser* § 83 Rn 10, HaKo-*Kuleisa* § 83 Rn 6; K/P/B/*Lüke* § 83 Rn 9). Hatte der Insolvenzschuldner bereits vor der Ausschlagung erbschaftliche Angelegenheiten wahrgenommen, so greifen die Grundsätze der Geschäftsführung ohne Auftrag (§ 1959 Abs 1 iVm §§ 657 ff BGB) ein, soweit die Handlungen **vor Verfahrenseröffnung** liegen (*Jaeger/Henckel* § 9 KO Rn 7; K/P/B/*Lüke* § 83 Rn 9). Ein Rechtsgeschäft, das gegenüber dem Insolvenzschuldner als Erben vorgenommen werden muss, wie zB ein Wechselprotest, eine Mahnung oder eine Kündigung, bleibt trotz Eröffnung des Insolvenzverfahrens und trotz der Ausschlagung der Erbschaft gem § 1959 Abs 3 BGB wirksam, da der Nachlass vor der Annahme nicht zur Insolvenzmasse gehört (*Jaeger/Henckel* § 9 KO Rn 7; *Palandt/Edenhofer* § 1959 BGB Rn 4).

b) Keine Anfechtung der Ausschlagung.

Die Ausschlagung einer Erbschaft oder eines Vermächtnisses durch den Insolvenzschuldner kann ebenso wenig wie ein Erbverzicht (§ 2346 BGB) vom Insolvenzverwalter nach den §§ 129 ff angefochten werden, weil aus dem Vermögen des Schuldners nichts veräußert, weggegeben oder aufgegeben worden ist, sondern nur ein angetragener Erwerb abgelehnt wird (**RG** v 17. 4. 1903, RGZ 54, 289; **RG** v 19. 3. 1908, RGZ 67, 431; **RG** v 27. 3. 1914, RGZ 84, 347; *Jaeger/Henckel* § 9 KO Rn 9; *Braun/Kroth* § 83 Rn 4; *HK-Kayser* § 83 Rn 6; *N/R/Wittkowski* § 83 Rn 6, 8; *Graf-Schlicker/Scherer* § 83 Rn 3; *K/P/B/Lüke* § 83 Rn 10; RGZ 84, 342, 347; *Hess* § 83 Rn 16; *Kilger/K. Schmidt* § 9 KO Anm 1; *Baur/Stürner* II Rn 8.8; *H/W/W-Hess* § 83 Rn 15). Wollte man die Anfechtung der Ausschlagung oder eines Erbverzichts zulassen, würde eine solche Anfechtung dem Zweck der Regelung in § 83 krass zuwiderlaufen. Beim **Erbverzicht** gibt der Verzichtende im Übrigen nicht einmal einen vorläufigen Erwerb auf, sondern allenfalls die Aussicht auf eine künftige Beerbung. Die Ausschlagung ist auch nicht nach dem AnfG anfechtbar (**BGH ZIP** 1997, 1302; RGZ 54, 289; RGZ 84, 347 f; *Jaeger/Henckel* § 9 KO Rn 9).

IV. Keine entsprechende Anwendung des § 83 auf rechtsähnliche Tatbestände

§ 83 ist eine Sondervorschrift. Deshalb scheidet eine analoge Anwendung auf sonstige Tatbestände grundsätzlich aus. So ist zB § 83 nicht anwendbar auf ein **Schenkungsangebot**, denn insoweit greift § 517 BGB ein. Hier stellt sich allerdings die Frage, ob bei Bestehen einer **Anwartschaft** der Insolvenzverwalter gem § 80 Abs 1 berechtigt ist, auf das angefallene, aber noch nicht endgültig erworbene Recht zu verzichten. Nach zutreffender M kann der Verzicht auf beschlagsfähige Anwartschaften gem § 80 Abs 1 nur vom Insolvenzverwalter erklärt werden. Gleiches gilt für **Verträge zugunsten Dritter**, wenn der Schuldner als Begünstigter vor Verfahrenseröffnung bereits ein beschlagsfähiges Recht gem §§ 328 Abs 1, 333 BGB erworben hat (*Jaeger/Henckel* § 9 KO Rn 23; *Kilger/K. Schmidt* § 9 KO Anm 6).

V. Pflichtteilsansprüche

§ 83 Abs 1 findet auf Pflichtteilsansprüche keine Anwendung, weil diese nicht ausgeschlagen werden können (vgl §§ 2317 BGB, 852 ZPO). Der Pflichtteilsanspruch entsteht mit dem Erbfall (§ 2317 Abs 1 BGB). Er ist vererblich und übertragbar (§ 2317 Abs 2 BGB). Jedoch ist er der Pfändung nur unterworfen und unterliegt dementsprechend dem Insolvenzbeschlag, wenn er durch Vertrag anerkannt oder rechtshängig geworden ist (§ 852 Abs 1 ZPO. Vgl auch BGHZ 123, 183, 188 ff; **BGH NJW** 1997, 2384 f; MüKo-*Schumann* § 83 Rn 13; *Braun/Kroth* § 83 Rn 6; *HK-Kayser* § 83 Rn 3; HaKo-*Kuleisa* § 83 Rn 6). Der Pflichtteilsanspruch gehört wegen § 36 erst in dem Augenblick **zur Insolvenzmasse**, in dem die Voraussetzungen des § 852 Abs 1 ZPO eingetreten sind (*K/P/B/Lüke* § 83 Rn 12; MüKo-*Schumann* § 83 Rn 13). Der noch nicht anerkannte oder rechtshängig gemachte Pflichtteilsanspruch wird mit dem Erbfall letztlich **Massebestandteil**, jedoch ist eine Verwertung ohne Mitwirkung des Schuldners nicht möglich (§ 852 Abs 1 ZPO. Vgl MüKo-*Schumann* § 83 Rn 13; *HK-Kayser* § 83 Rn 3; *Braun/Kroth* § 83 Rn 6).

VI. Nachlassinsolvenzverfahren

§ 83 findet entsprechende Anwendung auf das Nachlassinsolvenzverfahren nach den §§ 315 ff (*K/P/B/Lüke* § 83 Rn 12; *Jaeger/Henckel* § 9 KO Rn 4; *Braun/Kroth* § 83 Rn 7; HaKo-*Kuleisa* § 83 Rn 9; MüKo-*Schumann* § 83 Rn 10; *Hess* § 83 Rn 23; *Kilger/K. Schmidt* § 9 KO Anm 3).

VII. Fortgesetzte Gütergemeinschaft (§ 83 Abs 1 S 2)

Haben die Ehegatten vereinbart, dass eine Gütergemeinschaft nach dem Tod eines der Ehegatten mit den gemeinschaftlichen Abkömmlingen fortgesetzt wird, so ist der überlebende Ehegatte gem § 1484 Abs 1 BGB berechtigt, die Fortsetzung abzulehnen. Gem § 1484 Abs 2 S 1 finden auf die Ablehnung die für die Ausschlagung einer Erbschaft geltenden Vorschriften der §§ 1943–1947, 1950, 1952, 1954–1957, 1959 BGB entsprechende Anwendung. Wegen des höchst persönlichen Charakters der Ausschlagung räumt das Gesetz in § 83 Abs 1 S 2 dem überlebenden Ehegatten, über dessen Vermögen das Insolvenzverfahren eröffnet wird, die freie Entscheidung über Fortsetzung oder Ablehnung der Fortsetzung der Gütergemeinschaft ein. Wird noch während des Bestehens der Gemeinschaft das Insolvenzverfahren über das Vermögen des verwaltenden Ehegatten eröffnet, greift § 37 Abs 1 S 1 ein mit der Folge, dass das Gesamtgut zur Insolvenzmasse gehört, wenn über das Vermögen des verwaltenden Ehegatten das Verfahren eröffnet wird.

1. Fortgesetzte Gütergemeinschaft. Lehnt der überlebende Ehegatte die Fortsetzung der Gütergemeinschaft nicht binnen der gesetzlichen Frist (§ 1944 BGB) ab, so fällt gem § 37 Abs 3 das Gesamtgut in seine Insolvenzmasse (*N/R/Wittkowski* § 83 Rn 10; *Hess* § 83 Rn 29; *Jaeger/Henckel* § 9 KO Rn 14).

Unterlässt es der Überlebende, die Fortsetzung der Gütergemeinschaft rechtzeitig nach § 83 Abs 1 S 2 abzulehnen, so fällt gem § 37 Abs 1 S 1, Abs 3 das Gesamtgut in die Insolvenzmasse (HK-*Kayser* § 83 Rn 13).

17 **2. Ablehnung der Fortsetzung.** Lehnt der überlebende Ehegatte die Fortsetzung der Gütergemeinschaft gem § 83 Abs 1 S 2 ab, so fällt bloß der Anteil des Insolvenzschuldners in die Insolvenzmasse (§§ 1484 Abs 3, 1482 BGB). Es handelt sich dabei um den **Reinanteil**, dh die Hälfte des nach Berichtigung der Gesamtgutsverbindlichkeiten verbleibenden Überschusses (§§ 35, 84 InsO, § 1474 BGB). Die Gemeinschaft wird nach § 84 auseinander gesetzt (*Jaeger/Henckel* § 9 KO Rn 13; HK-*Kayser* § 83 Rn 12; MüKo-*Schumann* § 83 Rn 16; HaKo-*Kuleisa* § 83 Rn 12; K/P/B/*Lüke* § 83 Rn 14; N/R/*Wittkowski* § 83 Rn 10; *Hess* § 83 Rn 28). Ist der Schuldner **Erbe des verstorbenen Ehegatten**, so steht ihm wiederum das Ausschlagungsrecht nach § 83 Abs 1 S 1 zu (BerlKo-*Blersch/v. Olshausen* § 83 Rn 12; N/R/*Wittkowski* § 93 Rn 10; *Jaeger/Henckel* § 9 KO Rn 13; K/P/B/*Lüke* § 83 Rn 14). Fällt also der Anteil des verstorbenen Ehegatten auf Grund Erbfolge an dessen Erben und ist der überlebende Ehegatte Miterbe, so steht es ihm frei, die Erbschaft anzunehmen oder auszuschlagen (*Jaeger/Henckel* § 9 KO Rn 13; K/P/B/*Lüke* § 83 Rn 14; *Braun/Kroth* § 83 Rn 8; FK-*App* § 83 Rn 15; MüKo-*Schumann* § 83 Rn 16).

VIII. Der Schuldner als Vorerbe (§ 83 Abs 2)

18 Die Vorschrift regelt nicht etwa die Insolvenz des Nachlasses (§§ 315 ff), sondern das Regelinsolvenzverfahren über das Vermögen des Vorerben (MüKo-*Schumann* § 83 Rn 18; *Braun/Kroth* § 83 Rn 9; BerlKo-*Blersch/v. Olshausen* § 83 Rn 15; K/P/B/*Lüke* § 83 Rn 15; N/R/*Wittkowski* § 83 Rn 12; *Kilger/K. Schmidt* § 128 KO Anm 1). § 83 Abs 2 ist eine Parallelvorschrift zu den §§ 2115 BGB, 773 ZPO. Die Vorschrift findet nur Anwendung bei **Insolvenz des Schuldners als Vorerbe**. Gleichgültig ist dabei, ob der Schuldner die Vorerbenstellung vor oder nach Verfahrenseröffnung erlangt hat. Entscheidend ist vielmehr, dass er die Erbschaft angenommen hat (BerlKo-*Blersch/v. Olshausen* § 83 Rn 15).

19 **1. Insolvenzmasse.** Die zur Erbschaft gehörigen Gegenstände fallen zwar in die Insolvenzmasse (§ 35) des Vorerben, können aber nur insoweit für die Masse verwertet werden, als es sich um Nutzungen handelt, die bis zum Eintritt der Nacherbfolge anfallen. Die Verfügungsbeschränkung des Insolvenzverwalters nach § 2115 BGB geht nicht über die des nicht im Insolvenzverfahren befindlichen Vorerben (§§ 2112–2114 BGB) hinaus (*Kilger/K. Schmidt* § 128 KO Anm 1).

20 **2. Verwertungsverbot.** Die Veräußerung des Stammvermögens der Vorerbschaft ist dem Insolvenzverwalter insoweit untersagt, als sie das Recht des Nacherben vereiteln oder beeinträchtigen würde (§ 2115 S 1 BGB; vgl auch § 773 ZPO). Damit stellt § 83 Abs 2 eine Verfügungsbeschränkung iSv § 135 BGB dar (K/P/B/*Lüke* § 83 Rn 15; *Jaeger/Weber* § 128 KO Rn 2, 9; *Kilger/K. Schmidt* § 128 KO Anm 2; MüKo-*Schumann* § 83 Rn 22). Die Veräußerung ist also im Fall des Eintritts der Nacherbfolge **insoweit unwirksam**, als sie das Recht des Nacherben vereiteln oder beeinträchtigen würde. Sie wird wirksam, wenn sie der Nacherbe nach Annahme der Erbschaft genehmigt (§ 185 Abs 2 S 1 BGB; **RG** v 19. 1. 1925, RGZ 110, 94, 95; K/P/B/*Lüke* § 83 Rn 15; N/R/*Wittkowski* § 83 Rn 13). Gleiches gilt, wenn der Nacherbe die Nacherbschaft ausschlägt oder diese aus anderen Gründen hinfällig wird. Sie ist ferner wirksam, wenn der **Erwerber gutgläubig** ist (§ 135 Abs 2 BGB), also ihm die Vorerbeneigenschaft des Insolvenzschuldners weder bekannt noch infolge grober Fahrlässigkeit unbekannt war (K/P/B/*Lüke* § 83 Rn 16; BerlKo-*Blersch/v. Olshausen* § 83 Rn 16; *Kilger/K. Schmidt* § 128 KO Anm 2; *Jaeger/ Weber* § 128 KO Rn 9; N/R/*Wittkowski* § 83 Rn 13; str aA MüKo-*Schumann* § 83 Rn 24; HK-*Kayser* § 83 Rn 19; *Jaeger/Windel* § 83 Rn 27; vgl auch *Staudinger/Avenarius* § 2115 BGB Rn 24). Weil § 2113 Abs 3 BGB in § 2115 nicht aufgenommen ist, ist gutgläubiger Erwerb gem § 2113 Abs 3 BGB auch bei Veräußerung durch den Insolvenzverwalter möglich (K/P/B/*Lüke* § 83 Rn 16; MüKo-*Grunsky* § 2115 BGB Rn 11; *Soergel/Harder/Wegmann* § 2115 BGB Rn 9; *Kilger/K. Schmidt* § 128 KO Anm 2; *Jaeger/Weber* § 128 KO Rn 9; BerlKo-*Blersch/v. Olshausen* § 83 Rn 16; N/R/*Wittkowski* § 83 Rn 13; str aA MüKo-*Schumann* § 83 Rn 24; HK-*Kayser* § 83 Rn 19). Auch nach der **Gegenmeinung** gelten die allgemeinen Regeln über den gutgläubigen Erwerb, wenn der Erwerber den rechtsgeschäftlicher Veräußerung den Insolvenzverwalter für den Eigentümer hält (MüKo-*Schumann* § 83 Rn 24; *Jaeger/ Windel* § 83 Rn 27). Ist eine Verfügung des Insolvenzverwalters wegen gutgläubigen Erwerbs wirksam, so hat der Nacherbe einen Masseschuldanspruch nach § 55 Abs 1 Nr 1 und bei schuldhafter Verletzung insolvenzspezifischer Pflichten durch den Verwalter einen Schadenersatzanspruch nach § 60 (MüKo-*Schumann* § 83 Rn 24; HaKo-*Kuleisa* § 83 Rn 16; K/P/B/*Lüke* § 83 Rn 16).

21 Wirksam sind Verfügungen des Insolvenzverwalters, die ausschließlich der **Befriedigung von Nachlassgläubigern** dienen (**OLG Jena** v 4. 1. 1933, HRR 1933, Sp 830; eingehend *Jaeger/Windel* § 83 Rn 22–24; K/P/B/*Lüke* § 83 Rn 17; MüKo-*Grunsky* § 2115 BGB Rn 4). Unerheblich ist dabei, ob die Nachlassverbindlichkeit bereits vom Erblasser oder später im Rahmen ordnungsgemäßer Verwaltung des Nachlasses vom Vorerben begründet wurde (*Jaeger/Weber* § 128 KO Rn 5; K/P/B/*Lüke* § 83

Rn 17). Der Insolvenzverwalter ist dagegen nicht berechtigt, **Insolvenzgläubiger** mit Mitteln des Nachlasses zu befriedigen, vom Vorerben eingegangene Verbindlichkeiten zu erfüllen oder bestimmte Nachlassgegenstände zu veräußern oder Verfügungen vorzunehmen, die den §§ 2113, 2114 BGB widersprechen (s hierzu *Jaeger/Windel* § 83 Rn 23). Verbindlichkeiten des Vorerben aus ordnungsgemäßer Verwaltung sind Nachlassverbindlichkeiten (N/R/*Wittkowski* § 83 Rn 13). **Aussonderungsrechte**, die dem Nacherben gegenüber wirksam sind, können bereits in der Vorerbeninsolvenz vom Berechtigten geltend gemacht werden (*Jaeger/Weber* § 128 KO Rn 6; BerlKo-*Blersch/v. Olshausen* § 83 Rn 16). Der Verwalter ist nicht berechtigt, gem § 103 InsO in den Vertrag des Insolvenzschuldners über den Verkauf von Erbschaftsgegenständen durch **Erfüllungswahl** einzutreten, wenn der Vertrag vor Verfahrenseröffnung abgeschlossen wurde (*Jaeger/Weber* § 128 KO Rn 7; N/R/*Wittkowski* § 83 Rn 12; *Kilger/ K. Schmidt* § 128 KO Anm 1). Der Verwalter darf lediglich über den **Ertrag der Erbschaftsgegenstände** verfügen, also im Rahmen der Selbstverwaltung die Früchte ziehen, verpachten, die Zwangsverwaltung betreiben etc (*Kilger/K. Schmidt* § 128 KO Anm 1; K/P/B/*Lüke* § 83 Rn 15; FK-*App* § 83 Rn 17; MüKo-*Schumann* § 83 Rn 17; BerlKo-*Blersch/v. Olshausen* § 83 Rn 15; HaKo-*Kuleisa* § 83 Rn 14; weitere Beschränkungen möglich gem § 2338 BGB iVm § 863 Abs 1 ZPO). Dabei hat er jedoch zu beachten, dass die Vorerbenrechte möglicherweise schon der Beschränkung des § 850 Abs 1 Nr 3 ZPO unterliegen (bejahend **OLG Frankfurt** ZEV 2001, 156; N/R/*Wittkowski* § 83 Rn 12; verneinend *Jaeger/ Windel* § 83 Rn 21; MüKo-*Schumann* § 83 Rn 20).

3. Veräußerung im Wege der Zwangsvollstreckung. Betreibt der Insolvenzverwalter die Veräußerung 22 des zur Vorerbschaft gehörenden Gegenstandes im Wege der Zwangsvollstreckung, so findet § 773 ZPO Anwendung. Der Nacherbe hat das **Widerspruchsrecht** aus § 771 ZPO. Der Vorerbe kann mit der Einwendung aus § 766 ZPO der Veräußerung entgegentreten (str aA *Jaeger/Windel* § 83 Rn 28). Solange der Fall der Nacherbfolge noch nicht eingetreten ist, hat der Nacherbe kein Aussonderungsrecht. Ihm steht dieses Recht aber zu, wenn die Nacherbfolge während des Insolvenzverfahrens eintritt (§§ 2130, 2139 BGB; *Jaeger/Weber* § 128 KO Rn 8; *Jaeger/Windel* § 83 Rn 28). Stellt sich während des Insolvenzverfahrens heraus, dass es nicht zur Nacherbfolge kommt (zB weil der Nacherbe ausschlägt), so wird § 83 Abs 2 unanwendbar. Der Nachlass gehört nunmehr auch dem Stamme nach zur Insolvenzmasse, weil die in die Insolvenzmasse gefallene Vorerbschaft wie ein Anwartschaftsrecht zum Vollrecht erstarkt. Tritt die Nacherbfolge während des Insolvenzverfahrens nicht ein, so ist nach dessen Beendigung das der Nacherbfolge unterliegende Stammvermögen dem Vorerben wieder auszuhändigen.

4. Der befreite Vorerbe. § 83 Abs 2 gilt auch, wenn der Insolvenzschuldner befreiter Vorerbe iSv 23 § 2136 BGB ist, denn in § 2136 BGB wird nicht auf § 2115 BGB verwiesen. Aus der Befreiung des Vorerben sollen seine Gläubiger keinen Vorteil ziehen können (**RG** v 3. 7. 1912, RGZ 80, 30, 32; *Jaeger/ Windel* § 83 Rn 25; HK-*Kayser* § 83 Rn 15; MüKo-*Schumann* § 83 Rn 19; K/P/B/*Lüke* § 83 Rn 18; BerlKo-*Blersch/v. Olshausen* § 83 Rn 16; MüKo-*Grunsky* § 2115 BGB Rn 8).

§ 84 Auseinandersetzung einer Gesellschaft oder Gemeinschaft

(1) ¹Besteht zwischen dem Schuldner und Dritten eine Gemeinschaft nach Bruchteilen, eine andere Gemeinschaft oder eine Gesellschaft ohne Rechtspersönlichkeit, so erfolgt die Teilung oder sonstige Auseinandersetzung außerhalb des Insolvenzverfahrens. ²Aus dem dabei ermittelten Anteil des Schuldners kann für Ansprüche aus dem Rechtsverhältnis abgesonderte Befriedigung verlangt werden.

(2) ¹Eine Vereinbarung, durch die bei einer Gemeinschaft nach Bruchteilen das Recht, die Aufhebung der Gemeinschaft zu verlangen, für immer oder auf Zeit ausgeschlossen oder eine Kündigungsfrist bestimmt worden ist, hat im Verfahren keine Wirkung. ²Gleiches gilt für eine Anordnung dieses Inhalts, die ein Erblasser für die Gemeinschaft seiner Erben getroffen hat, und für eine entsprechende Vereinbarung der Miterben.

Früherer § 16 KO mit geringfügigen Änderungen; Abs 1 Satz 2 entspricht früherem § 51 KO. § 95 RegE ohne Änderungen im Rechtsausschuss.

Übersicht

	Rn
I. Grundsatz (Abs 1 Satz 1)	1
II. Anwendungsbereich	3
1. Bruchteilsgemeinschaft	3
2. Gemeinschaftskonten	4
3. Gesellschaften und Körperschaften	5
4. Erbengemeinschaft und Gütergemeinschaft	10
5. Gemeinschaftsinsolvenzverfahren bei Insolvenz mehrerer?	12
III. Teilung oder sonstige Auseinandersetzng (Abs 1 Satz 1)	14

	Rn
IV. Abgesonderte Befriedigung für Ansprüche aus dem Rechtsverhältnis (Abs 1 Satz 2)	18
1. Voraussetzungen	20
2. Gegenstand der Absonderung	25
V. Vertragliche Beschränkungen der Auseinandersetzng (Abs 2)	27
1. Keine Wirkung zu Lasten der Insolvenzmasse	27
2. Gesetzliche Beschränkungen der Auseinandersetzung	31

I. Grundsatz (Abs 1 Satz 1)

1   Die **Insolvenzmasse** (§ 35) ergreift nur das dem Verfahrensschuldner zur Zeit der Verfahrenseröffnung gehörende oder später von ihm erlangte Vermögen. Daher erfasst die Insolvenz nur die Beteiligung an einer Gemeinschaft oder an einer Gesellschaft ohne Rechtspersönlichkeit, nicht aber den in Gemeinschaftseigentum stehenden Gegenstand insgesamt oder die Gesellschaft selbst. Die Teilung oder sonstige Auseinandersetzung ist daher außerhalb des Insolvenzverfahrens vorzunehmen (Abs 1 Satz 1). Wegen der zumindest für unternehmenstragende Gesamthandsgemeinschaften angenommenen rechtlichen Verselbstständigung hat § 84 mehr klarstellende als materiell konstitutive Wirkung; das zeigt sich besonders an der Nicht-Einbeziehung der juristischen Personen, bei denen wegen ihrer rechtlichen Verselbstständigung selbstverständlich ist, dass das Ausscheiden eines insolventen Mitglieds außerhalb des Insolvenzverfahrens erfolgt. Konstitutiv wirkt § 84 nur für diejenigen Gemeinschaftsvermögen, denen die rechtliche Verselbstständigung fehlt. Das Eingreifen von Abs 1 Satz 1 bedeutet vor allem, dass die Forderung auf ein Auseinandersetzungsguthaben nicht nach §§ 174 ff zur Tabelle anzumelden ist; die Auseinandersetzung ist vielmehr unmittelbar mit dem Insolvenzverwalter über das Vermögen des insolventen Gesellschafters oder Gemeinschafters durchzuführen. § 84 ergänzt insoweit den das Aussonderungsrecht regelnden § 47.

2   Für das Eingreifen von § 84 ist es unerheblich, ob das Gemeinschaftsverhältnis kraft Gesetzes, durch Vertrag, Kündigung oder Auflösungsklage beendet wurde. Da nach neuem Insolvenzrecht (§ 35) auch Neuerwerb in die Masse fällt, kann auch die Teilung einer erst während des Verfahrens eingegangenen Gemeinschaft unter § 84 fallen (KPB-*Lüke* § 84 Rn 24). Unerheblich ist auch, ob die Beendigung vor Eröffnung des Insolvenzverfahrens oder – wie bei den Gesellschaften ohne Rechtspersönlichkeit je nach vertraglicher Gestaltung (dazu unten Rn 5) – durch die Eröffnung des Insolvenzverfahrens aufgelöst wurde. § 84 greift selbst bei einer erst während des laufenden Insolvenzverfahrens erfolgenden Auflösung der Gemeinschaft oder Gesellschaft. Entscheidend ist nur, dass während der Laufzeit des Insolvenzverfahrens (noch) ungeteiltes Gemeinschaftsgut vorhanden ist bzw. die Gemeinschaft noch besteht.

II. Anwendungsbereich

3   **1. Bruchteilsgemeinschaft.** Daher gehört zunächst, falls ein Gegenstand nur im Miteigentum des Schuldners nach Bruchteilen (§§ 741 ff BGB) steht, nur der **Miteigentumsanteil** zur Insolvenzmasse. Wegen § 84 ist der Insolvenzverwalter nicht befugt, im Miteigentum stehende Gegenstände, die der Schuldner in Besitz hat, ohne Zustimmung des anderen Miteigentümers zu veräußern; er bildet insoweit die insolvenzrechtliche Ergänzung von § 747 Satz 2 BGB. Für die Anwendung von § 84 ist unerheblich, ob die Bruchteilsgemeinschaft kraft Gesetzes entstanden ist (§§ 947 Abs 1, 963, 984 BGB) oder durch Vertrag (Jaeger/*Eckardt* § 84 Rn 10; KPB-*Lüke* § 84 Rn 18). Das Miteigentum kann auch in der Weise gesplittet sein, dass der eine Miteigentumsanteil zum insolvenzbefangenen, der andere zum – heute nur noch sehr beschränkt möglichen – insolvenzfreien Vermögen des Verfahrensschuldners gehört (LG Bayreuth 7. 3. 1977 KTS 1977, 188 [Erwerb eines weiteren, nicht der Zwangsverwaltung unterliegenden Miteigentumsanteils hindert Fortsetzung der Teilungsversteigerung nicht, auch wenn dadurch Alleineigentum entsteht]).

4   **2. Gemeinschaftskonten.** Unterhalten mehrere Personen ein Gemeinschaftskonto, über dessen Guthaben jeder Inhaber allein verfügen kann („Oder-Konto"), berührt die Eröffnung des Insolvenzverfahrens über das Vermögen einer seiner Inhaber nicht den Fortbestand des Giro- und Kontokorrentverhältnisses zwischen dem anderen und der Bank; diese kann daher nach Eröffnung des Insolvenzverfahrens auf das Konto eingezahlte Beträge wirksam mit einem Schuldsaldo verrechnen. Vielmehr haben sich die Kontoinhaber untereinander nach § 84 Abs 1 auseinanderzusetzen. Der Insolvenzverwalter kann dann nur den dem Verfahrensschuldner zustehenden Anteil von dem anderen Kontoinhaber fordern (**BGH** 8. 7. 1985 Z 95, 185, 187 f = NJW 1985, 2698 = ZIP 1985, 1047, 1048 = EWiR AGB-Sparkassen 1/85, 629 [*Rümker*] = WuB VI B. § 16 KO 1.85 [*Obermüller*]). Auch bei nur gemeinschaftlicher Verfügungsberechtigung über ein Konto („Und-Konto") greift § 84 ein (KPB-*Lüke* § 84 Rn 21); ausführlich *Obermüller*, WuB VI B. § 16 KO 1.85; *Hess* § 84 Rn 15 ff).

5   **3. Gesellschaften und Körperschaften.** Gleiches gilt bei Beteiligung des Verfahrensschuldners an einer **Gesellschaft ohne Rechtspersönlichkeit** (BGB-Gesellschaft, OHG, KG, EWIV, Partnerschaftsgesell-

II. Anwendungsbereich **§ 84**

schaft). Hier ist lediglich der Anteil pfändbar, und es gehört nur dieser zur Insolvenzmasse (§ 36 Abs 1 InsO iVm § 859 Abs 1 ZPO, § 725 BGB, §§ 135, 161 Abs 2 HGB, § 9 Abs 1 PartGG, Art. 28 Abs 1 Satz 2 EWIV-VO, § 8 EWIV-AG). Ist der Verfahrensschuldner Teilhaber an einem Gemeinschaftsvermögen, so fällt nur sein Anteil daran in die Insolvenzmasse, und zwar bis zur Auseinandersetzung der ideelle, danach der Reinanteil, vorausgesetzt, dass dieser der Zwangsvollstreckung unterliegt (RG 5. 4. 1883 Z 8, 102, 103 f; RG 5. 7. 1890 Z 26, 110, 113 f; RG 29. 11. 1898 Z 42, 103, 106; RG 27. 6. 1899 Gruchot 45, 621, 622). Das gilt auch für eine Innengesellschaft, sofern dort Gesamthandsvermögen gebildet wurde (KPB-*Lüke* § 84 Rn 13 aE). Bei der sodann außerhalb des Insolvenzverfahrens durchzuführenden Auseinandersetzung handelt für den insolventen Gesellschafter dessen Insolvenzverwalter; dessen Bewilligung ist daher (auch) erforderlich, wenn in bezug auf ein der Gesellschaft gehörendes Grundstück eine Vormerkung eingetragen werden soll (**OLG** Zweibrücken 30. 5. 2001 NZI 2001, 431 = ZIP 2001, 1207, 1208 f). Ob die Insolvenz über das Vermögen eines Gesellschafters zur Auflösung der Gesellschaft führt, richtet sich zunächst nach dem Gesellschaftsvertrag; trifft dieser keine Regelung, kommt die für BGB-Gesellschaft einerseits und Handelsgesellschaften und Partnerschaftsgesellschaft andererseits unterschiedliche gesetzliche Regelung zum Tragen (dazu oben § 11 Rn 253 ff, 257 ff). Keinen Fall des § 84 stellt es allerdings dar, wenn über das Vermögen der Gesellschaft selbst das Insolvenzverfahren eröffnet wurde.

Nicht hierher gehört die durch § 235 HGB vorgeschriebene Auseinandersetzung der **stillen Gesellschaft.** Denn die stille Gesellschaft als reine Innengesellschaft verfügt nicht über ein Gesamthands- oder Gemeinschaftsvermögen, wie dies von § 84 vorausgesetzt wird (*Gundlach/Frenzel/Schmidt* ZIP 2006, 501, 502 f; *Landsmann* Die stille Gesellschaft in der Insolvenz [2007], S 152 ff; MK/*Stodolkowitz/Bergmann* § 84 Rn 12; MK-HGB/*Karsten Schmidt* § 236 HGB Rn 12; *Karsten Schmidt* KTS 1977, 1, 20 ff; abw KPB-*Lüke* § 84 Rn 15; Verf. in der 12. Aufl, § 84 Rn 6). Das „Gesellschaftsvermögen" geht vielmehr im Vermögen des Geschäftsinhabers auf (näher § 11 Rn 386). 6

Bei der **Unterbeteiligung** behält der Hauptgesellschafter mit Eröffnung des Insolvenzverfahrens über sein Vermögen keinen Anteil mehr an der werbenden Gesellschaft; vielmehr kann der Insolvenzverwalter den Liquidationserlös oder das Abfindungsguthaben zur Insolvenzmasse ziehen. Der Unterbeteiligte kann entsprechend § 236 HGB seine Ansprüche nur als Insolvenzforderung anmelden; Abs 1 Satz 1 greift hier nicht ein (dazu oben § 11 Rn 376). In der Insolvenz des Unterbeteiligten findet die Auseinandersetzung mit dessen Insolvenzverwalter nach Abs 1 Satz 1 außerhalb des Insolvenzverfahrens statt (insoweit ebenso KPB-*Lüke* § 84 Rn 17). 7

Auf **juristische Personen** ist § 84 unanwendbar, weil es an einem gemeinschaftlichen Vermögen ihrer Mitglieder fehlt, für dessen Verteilung es der klarstellenden Regelung des Abs 1 Satz 1 bedürfte. Zudem wäre § 84 meist auch aus tatsächlichen Gründen unanwendbar. Denn bei ihnen ist die Insolvenz eines Mitglieds außer im Falle abweichender Satzungsregelungen ohne Einfluss auf ihren Bestand (dazu oben § 11 Rn 53 ff sowie – aber ohne Hinweis auf die Möglichkeit einer Satzungsregelung – KPB-*Lüke* § 84 Rn 5, 29). Das Anteilsrecht (Aktie, GmbH-Anteil) eines insolventen Mitglieds fällt aber in dessen Insolvenzmasse. Das gilt selbst dann, wenn die Übertragung von Aktie oder Geschäftsanteil an die Zustimmung der Gesellschaft gebunden ist (dazu § 11 Rn 55); insoweit ist lediglich die Verwertbarkeit eingeschränkt. Gleiches gilt trotz selbstständiger Insolvenzfähigkeit nach § 11 Abs 2 Nr. 1 für die Partenreederei; denn auch die Schiffspart eines Reeders ist frei veräußerlich, und die Reederei ist in ihrem Bestand vom Wechsel der Mitglieder unabhängig (§§ 503 Abs 1 Satz 1, 505 Abs 1 HGB; KPB-*Lüke* § 84 Rn 10). Uneingeschränkt anwendbar ist § 84 aber auf die Auseinandersetzung zwischen dem Komplementär einer Kommanditgesellschaft auf Aktien und den Kommanditaktionären; denn für deren Verhältnis zueinander findet trotz der heutigen Charakterisierung der KGaA als juristische Person (§ 278 Abs 1 AktG) das Recht der Kommanditgesellschaft Anwendung (§ 278 Abs 2 AktG; KPB-*Lüke* § 84 Rn 11). Findet eine Auseinandersetzung mit einem wegen Insolvenz ausscheidenden Mitglied statt, vollzieht sich diese ohne dessen Mitwirkung, sondern nur mit dessen Insolvenzverwalter. Nach gut begründeter Ansicht von *Paulus* ZIP 1996, 2141, 2142 ff soll die **Beendigung von Unternehmensverträgen** ebenfalls nach § 84 erfolgen (dazu oben § 11 Rn 403). 8

Beim **nicht rechtsfähigen Verein** führt die Insolvenz eines Mitglieds trotz des Verweises von § 54 Satz 1 BGB auf § 728 Abs 2 BGB in der Regel nicht zur Auflösung des Vereins; zudem steht dem ausscheidenden Vereinsmitglied im Zweifel kein Abfindungsanspruch zu (dazu § 11 Rn 232). 9

4. Erbengemeinschaft und Gütergemeinschaft. § 84 findet schließlich auch auf die **Erbengemeinschaft** (§§ 2032 ff BGB) Anwendung (**BGH** 14. 6. 1978 Z 72, 39, 41 = NJW 1978, 1921, 1922 = KTS 1979, 92, 93 = LM § 37 KO Nr. 9 *[Merz]*). Hierbei sind die Einschränkungen der Auflösbarkeit in §§ 2043, 2045 BGB zu beachten (dazu unten Rn 32). 10

Eine Ausnahme von der Regel des § 84 macht § 37 Abs 1 für das **Gesamtgut** einer ehelichen Gütergemeinschaft (§§ 1415 ff BGB), falls es von einem Ehegatten allein verwaltet und über das Vermögen dieses Ehegatten das Insolvenzverfahren eröffnet wird; in diesem Fall gehört das Vermögen zur Insolvenzmasse. Für die **fortgesetzte Gütergemeinschaft** gilt dasselbe, nur dass an die Stelle des allein das Gesamtgut verwaltenden Ehegatten der überlebende Ehegatte und an die Stelle des anderen Ehegatten die Abkömmlinge treten (§ 37 Abs 3). Bei gemeinschaftlicher Verwaltung des Gesamtguts durch beide 11

§ 84 *Auseinandersetzung einer Gesellschaft oder Gemeinschaft*

Ehegatten wird das Gesamtgut durch das Insolvenzverfahren über das Vermögen eines Ehegatten hingegen nicht berührt (§ 37 Abs 2); hier ist nach § 11 Abs 2 Nr. 2 ein selbstständiges Insolvenzverfahren über das Gesamtgut möglich. Auf das eheliche Gesamtgut ist § 84 im Übrigen nur dann anwendbar, wenn das Insolvenzverfahren eröffnet wird, nachdem die Gütergemeinschaft bereits beendet war, ohne aber schon auseinandergesetzt zu sein. Das gilt insbesondere im Fall des § 83 Abs 1 Satz 2 (KPB-*Lüke* § 84 Rn 4).

12 5. **Gemeinschaftsinsolvenzverfahren bei Insolvenz mehrerer?.** Ein Gemeinschaftsinsolvenzverfahren über das Vermögen mehrerer Personen ist unzulässig (dazu § 11 Rn 4). Deshalb findet die Auseinandersetzung einer Gemeinschaft oder Gesellschaft ohne Rechtspersönlichkeit selbst außerhalb des Insolvenzverfahrens statt, wenn alle Gemeinschafter oder Gesellschafter insolvent sind. Daran hat der Gesetzgeber auch für die Insolvenz verbundener Unternehmen festgehalten, wenn im Rahmen der Reformdiskussion anderweitige Vorschläge vorgebracht worden waren (dazu § 11 Rn 394). Die früher abweichende Lösung für die Insolvenz der BGB-Gesellschaft (dazu Kuhn/*Uhlenbruck* § 16 KO Rn 1 b) ist angesichts der inzwischen ausdrücklich normierten Insolvenzfähigkeit der BGB-Gesellschaft selbst (§ 11 Abs 2 Nr. 1) entbehrlich.

13 Zu **vertraglichen und gesetzlichen Beschränkungen** für die Aufhebung der Gemeinschaft unten Rn 27 ff.

III. Teilung oder sonstige Auseinandersetzung (Abs 1 Satz 1)

14 Teilung oder sonstige Außeinandersetzung erfolgen nach Abs 1 Satz 1 außerhalb des Insolvenzverfahrens. Für Art und Voraussetzung der Auseinandersetzung sind also nicht die Bestimmungen der InsO, sondern der einschlägigen (materiellrechtlichen) Gesetze maßgebend (**RG 29. 11. 1898 Z 42, 103, 106; RG 26. 5. 1902 Z 51, 343, 345**). Für die Gemeinschaft nach Bruchteilen gelten daher die §§ 749, 752 ff BGB, für die Erbengemeinschaft § 2042 BGB, für die BGB-Gesellschaft §§ 731 ff BGB, für die offene Handelsgesellschaft, die Kommanditgesellschaft, die EWIV und die Partnerschaftsgesellschaft die §§ 145 ff, 161 Abs 2 HGB, § 10 Abs 1 PartGG, Art. 35 EWIV-VO, §§ 1, 10 EWIV-AG, und für die stille Gesellschaft §§ 234 f HGB; Entsprechendes gilt für die typische Unterbeteiligung. Für die Zwangsversteigerung von Grundstücken zwecks Aufhebung einer Gemeinschaft gelten §§ 180 ff ZVG, und für die Aufhebung der durch Vermischung eingelagerter Güter entstandenen Gemeinschaft findet § 469 Abs 3 HGB Anwendung. Die Teilung oder sonstige Auseinandersetzung kann bei der Bruchteilsgemeinschaft im Wege der Naturalteilung (§ 752 BGB), durch Veräußerung des gemeinschaftlichen Gegenstands (§§ 753, 754 BGB), bei einer (Handels-)Gesellschaft durch Naturalteilung des Unternehmens, Veräußerung des ideellen Anteils des Verfahrensschuldners (**RG 7. 12. 1907 Z 67, 156, 158**) oder in sonstiger Weise geschehen. Die „Teilung oder sonstige Außeinandersetzung außerhalb des Insolvenzverfahrens" schließen die Anwendung der Insolvenzanfechtungsvorschriften und des § 96 Abs 1 Nr. 3 im Verhältnis zwischen dem Schuldner und dem oder den Dritten allerdings nicht aus (*Fehl/Streicher* DZWIR 2005, 320 ff mwN).

15 Der Insolvenzverwalter über das Vermögen eines Mitberechtigten hat als solcher – abgesehen von Abs 2 – kein selbstständiges Recht, die **Auseinandersetzung zu verlangen**; er hat dieses Recht vielmehr nur, wenn es auch dem Verfahrensschuldner gesetzlich zusteht (**RG 1. 11. 1897 Z 40, 44, 45**) und dessen Anteil zur Insolvenzmasse (§ 35) gehört (zu Beschränkungen bei Pfandrecht und Nießbrauch unten Rn 32). Dann aber tritt er kraft seines alleinigen Verfügungsrechts über die Masse (§ 80) bei der Auseinandersetzung an die Stelle des Schuldners (**RG 29. 11. 1898 Z 42, 103, 105; RG 27. 6. 1899 Gruchot 45, 621, 624**). § 146 Abs 3 HGB enthält insoweit eine allgemeingültige Bestimmung. In allen diesen Fällen handelt der Insolvenzverwalter also für den Schuldner und für diesen einen sich bei Auflösung der Gemeinschaft oder Gesellschaft ergebenden Nettoanteil zur Insolvenzmasse zu ziehen. Andererseits sind etwaige Zahlungsansprüche, die sich aus der Auseinandersetzung gegen den Verfahrensschuldner ergeben, zwar zur Tabelle anzumelden; im Unterschied zu sonstigen Gläubigerforderungen kann es bei Anerkenntnis oder gerichtlicher Feststellung des Auseinandersetzungs- oder Abfindungsanspruchs lediglich dazu kommen, dass ein Bestreiten nach §§ 174 ff ausgeschlossen ist. Eine Vorabbefriedigung findet aber mit Ausnahme des Abs 1 Satz 2 nicht statt. Die Geschäfte einer Gesellschaft führt der Insolvenzverwalter während der Auseinandersetzung und Abwicklung gemeinschaftlich mit den übrigen Gesellschaftern; neue Lieferungsverträge abzuschließen, ist er nicht berechtigt (**RG 18. 1. 1935 KuT 1935, 52**).

16 Miteigentümer einer Sache, die der Verfahrensschuldner in Alleinbesitz hat, haben einen **Aussonderungsanspruch** bezüglich ihres Miteigentumsanteils; dieser Anspruch geht entweder auf Feststellung des Miteigentums, auf Einräumung des Mitbesitzes oder auf Auseinandersetzung (**BGH 3. 6. 1958 WM 1958, 899, 900** [insoweit nicht in NJW 1958, 1534]; *Niesert* InVo 1998, 85, 88). Die Auseinandersetzungsmöglichkeit nach Abs 1 wird nicht dadurch berührt, dass der Verfahrensschuldner während einer vom Insolvenzverwalter betriebenen Zwangsversteigerung zum Zwecke der Aufhebung der Gemeinschaft den anderen Teil am zu versteigernden Grundstück erwirbt, wenn dieser Anteil – heute nur noch beschränkt mögliches – insolvenzfreies Vermögen ist (**LG Bayreuth 7. 3. 1977 KTS 1977, 188** [dazu oben Rn 3]).

IV. Abgesonderte Befriedigung für Ansprüche aus dem Rechtsverhältnis § 84

Den **Gläubigern der (echten) Gemeinschaft** räumt § 84 kein Recht auf Vorausbefriedigung aus dem Gemeinschaftsvermögen ein (**RG** 29. 11. 1898 Z 42, 103, 105 ff). Nur die Gläubiger einer offenen Handelsgesellschaft, Kommanditgesellschaft, EWIV und Partnerschaftsgesellschaft haben einen Anspruch auf vorrangige Befriedigung aus dem Gemeinschaftsvermögen; doch folgt dieser Anspruch nicht aus § 84, sondern aus § 124 HGB, § 7 Abs 2 PartGG, § 1 EWIV-AG. Seit Anerkennung der selbstständigen Insolvenzfähigkeit auch der BGB-Gesellschaft durch § 11 Abs 2 Nr. 1 gilt entsprechendes auch für diese Gesellschaftsform (nach früherem Recht ergab sich das gleiche Ergebnis wegen der Notwendigkeit, nach § 733 Abs 1 BGB zunächst die gemeinschaftlichen Verbindlichkeiten zu befriedigen, so dass nur der Nettoanteil der Konkursmasse zufloss; dazu **RG** 5. 7. 1890 Z 26, 110, 113 [zur Insolvenz eines Gen]; **RG** 29. 11. 1898 Z 42, 103). 17

IV. Abgesonderte Befriedigung für Ansprüche aus dem Rechtsverhältnis (Abs 1 Satz 2)

Satz 2 ergänzt Satz 1 des Abs 1, indem er den übrigen Teilhabern der Gemeinschaft wegen ihrer auf das Gemeinschaftsverhältnis gegründeten Forderungen am Anteil des Verfahrensschuldners ein Absonderungsrecht zubilligt (§§ 50 ff; *Niesert* InVo 1998, 85, 89). Ob das Gemeinschaftsverhältnis schon bei Eröffnung des Insolvenzverfahrens bestanden hat, ist wegen § 35 unerheblich (abw. KPB-*Lüke* § 84 Rn 34). Schon nach bürgerlichem Recht kann ein Teilhaber, der gegen einen anderen Teilhaber eine Forderung hat, die sich auf das Gemeinschaftsverhältnis gründet, bei der Aufhebung der Gemeinschaft die Berichtigung seiner Forderung aus dem auf den Schuldner entfallenden Teil des gemeinschaftlichen Gegenstands verlangen (§ 756 BGB). Diese für die Bruchteilsgemeinschaft geltende Vorschrift findet bei der Auseinandersetzung einer BGB-Gesellschaft (§ 731 Satz 2 BGB) und über §§ 105 Abs 3, 161 Abs 2 HGB, § 9 Abs 1 PartGG, Art. 35 Abs 2 EWIV-VO iVm § 1 EWIV-AG für die Auseinandersetzung einer offenen Handelsgesellschaft, Kommanditgesellschaft, Partnerschaftsgesellschaft und EWIV entsprechende Anwendung (abw. für Handelsgesellschaften Kilger/*Karsten Schmidt* § 51 KO Anm 1, § 209 KO Anm 2 c; wie hier KPB-*Lüke* § 84 Rn 34). Gleiches gilt über § 2042 Abs 2 BGB für die Erbengemeinschaft. Folgt man der Auffassung, dass die Beendigung eines Unternehmensvertrages einen Fall des § 84 bildet, unterfallen auch Ansprüche aus der Beendigung des Unternehmensvertrages der Norm (*Paulus* ZIP 1996, 2141, 2144). Abs 1 Satz 2 gewährt den Teilhabern dieses Recht auch für die Insolvenz des Schuldner-Teilhabers als Absonderungsrecht. Das Absonderungsrecht des Abs 1 Satz 2 gilt als Sicherung iSv § 356 Abs 1 HGB (Staub/*Canaris* § 356 HGB Rn 30). 18

Für die **stille Gesellschaft** sollte Abs 1 Satz 2 allerdings auch schon auf der Grundlage der bislang hM (dazu oben Rn 6) nicht eingreifen, da es bei dieser an einem echten Gesellschafts- oder Gemeinschaftsvermögen fehlt (**RG** 11. 10. 1905 JW 1905, 719 f; **BGH** 18. 12. 1954 BB 1955, 331; *Blaurock* Unterbeteiligung S 270; *Landsmann* Die stille Gesellschaft in der Insolvenz [2007], S 158 ff; dazu auch unten Rn 26). Gleiches gilt für andere Innengesellschaften ohne gemeinschaftliches Vermögen (**RG** 3. 4. 1928 LZ 1928, 1330; FK-*App* § 84 Rn 33; KPB-*Lüke* § 84 Rn 16 f; 34). Bei der **Unterbeteiligung** bei Vorhandensein mehrerer Unterbeteiligter haben die übrigen Gesellschafter am Nettoanteil des Auseinandersetzungsguthabens bzw. des Liquidationserlöses aber wegen ihrer sonstigen Ansprüche, die nicht im Zuge der Auseinandersetzung ausgeglichen wurden, ein Recht auf abgesonderte Befriedigung (*Blaurock*, Unterbeteiligung und Treuhand an Gesellschaftsanteilen [1981], S 274). 19

1. Voraussetzungen. Der Absonderungsanspruch setzt voraus, dass die Gemeinschaft oder Gesellschaft noch während des Insolvenzverfahrens **bestand** („Besteht [...] eine Gemeinschaft"). Da nach § 35 auch eine erst während des Verfahrens erlangte Beteiligung für die Anwendung des § 84 ausreicht (oben Rn 2), braucht sie nicht schon zum Zeitpunkt der Verfahrenseröffnung bestanden zu haben. Entscheidend ist, dass noch Bruchteils- oder Gesamthandsvermögen vorhanden ist (**BGH** 18. 12. 1954 BB 1955, 331). War die Teilung oder sonstige Auseinandersetzung schon vor Eröffnung des Insolvenzverfahrens beendet, ohne dass die anderen Teilhaber ihren Anspruch auf bevorzugte Befriedigung geltend gemacht hätten, steht ihnen in einer späteren Insolvenz des anderen Teilhabers nur eine Insolvenzforderung zu (Kilger/*Karsten Schmidt* § 51 KO Anm 2). Eine Beendigung liegt allerdings nicht vor, solange sich die Gemeinschaft oder Gesellschaft noch im Liquidationsstadium befindet. 20

Der Anspruch auf abgesonderte Befriedigung steht den Teilhabern auch gegen den **Sonderrechtsnachfolger** des Schuldners im Miteigentum zu (§ 756 Satz 2 iVm § 755 Abs 2 BGB; **RG** 12. 2. 1912 Z 78, 273, 275). Für den Sonderrechtsnachfolger des Miteigentümers eines Grundstücks gilt dies mit der Einschränkung, dass der Anspuch nur geltend gemacht werden kann, wenn er eingetragen ist (§ 1010 Abs 2 BGB). Abs 1 Satz 2 greift auch dann ein, wenn der Insolvenzverwalter den Miteigentumsanteil des Schuldners **verkauft** (**RG** 7. 12. 1907 Z 67, 156, 157 f; *Röll* NJW 1976, 1473, 1475); das ist ein Fall der „sonstigen Auseinandersetzung" (Abs 1 Satz 1). 21

Die **Forderung**, wegen der das Absonderungsrecht beansprucht werden kann, muss sich auf das Gemeinschaftsverhältnis gründen. Die Forderung muss dem Gläubiger gerade in seiner Eigenschaft als Teilhaber, also wegen seiner Zugehörigkeit zur Gemeinschaft zustehen; Gemeinschaftsgläubigern steht daher kein Absonderungsrecht am Anteil zu (**RG** 29. 11. 1898 Z 42, 103, 106). Im Übrigen wird aber nicht verlangt, dass die Gemeinschaft die alleinige und ausschließliche Grundlage der Forderung bildet 22

§ 84 *Auseinandersetzung einer Gesellschaft oder Gemeinschaft*

(RG 12. 2. 1912 Z 78, 273, 274; RG 22. 9. 1914 LZ 1914, 1810). Für Ansprüche der Teilhaber aus **Drittgläubigerforderungen** begründet Abs 1 Satz 2 aber kein Absonderungsrecht (RG 5. 7. 1890 Z 26, 110, 114). Ein Darlehen, das ein Teilhaber einem anderen Teilhaber für persönliche Zwecke gegeben hat, gründet sich nicht auf das Gemeinschafts- oder Gesellschaftsverhältnis; das gilt auch dann, wenn damit der Zweck verfolgt wurde, dadurch die Insolvenz eines Gemeinschafters oder Gesellschafters und als Folge die Auflösung der Gemeinschaft oder Gesellschaft zu verhindern. Ist ein Gesellschafter zugleich **Schuldner der Gesellschaft**, hat er nach § 735 BGB, § 149 HGB seine Schuld bei der Auseinandersetzung einzuzahlen; in seiner Insolvenz werden seine etwaigen Ansprüche aus dem Gesellschaftsverhältnis gegen diese Ansprüche aufgerechnet.

23   Ein Absonderungsrecht begründen Ansprüche auf Ausgleichung, Aufwendungs- oder Verwendungsersatz (auch wegen Zahlung von Gesellschaftsschulden), Auszahlung rückständiger Gewinnanteile, Auseinandersetzungskosten und das Abfindungsguthaben selbst. Auch Ansprüche aus Schadenszufügungen mit Bezug auf das Gemeinschaftsverhältnis können das Absonderungsrecht begründen (RG 22. 3. 1918 Z 92, 341, 344). Das gilt auch für das vom Wohnungseigentümer in einer Wohnungseigentümergemeinschaft geschuldete **Wohngeld**; dabei kommt es nicht darauf an, ob es für die Zeit vor oder nach Eröffnung des Insolvenzverfahrens zu zahlen ist (OLG Düsseldorf 5. 1. 1970 NJW 1970, 1137 = KTS 1970, 310, 312). Eine absonderungsberechtigte Forderung, die sich auf die Erbengemeinschaft gründet, ist der Anspruch auf Rückzahlung eines Darlehens, das der Erblasser einem Miterben gewährt hatte (RG 12. 2. 1912 Z 78, 273, 274).

24   Betrifft das Gemeinschaftsverhältnis in Form einer Gesellschaft nur den **Gewinn** aus dem An- und Verkauf von Grundstücken, während die Grundstücke selbst im Alleineigentum eines Gesellschafters standen bzw. blieben, steht den anderen Gesellschaftern in der Insolvenz des Grundstückseigentümers wegen ihres Anteils am Gewinn kein Absonderungsrecht nach Abs 1 Satz 2, sondern lediglich eine gewöhnliche Insolvenzforderung zu (RG 3. 4. 1928 LZ 1928, 1330).

25   **2. Gegenstand der Absonderung.** Der Anteil, der bei der Teilung oder sonstigen Auseinandersetzung ermittelt wird, ist der Nettoanteil, der auf den Schuldner nach Begleichung aller gemeinschaftlichen Schulden und nach Rückerstattung der Einlagen entfällt (RG 5. 7. 1890 Z 26, 110, 113 f; RG 26. 5. 1902 Z 51, 343, 345). Er bildet den Gegenstand der Absonderung. Geschieht die Auseinandersetzung nicht durch Naturalteilung, bildet der Nettoanteil des Schuldners am Erlös den Gegenstand der Absonderung. Der Insolvenzverwalter hat den Anteil am Erlös von der übrigen Masse getrennt zu halten, wenn Absonderungsrechte daran geltend gemacht werden. Ist er aber nicht unterscheidbar mit der Masse vermischt worden, verwandelt sich das Absonderungsrecht in einen Masseanspruch nach § 55 Abs 1 Nr. 1 oder Nr. 3.

26   Bei **treuhänderisch gehaltenen Gesellschaftsanteilen und Unterbeteiligungen** ist je nach Sachlage zu differenzieren. Wird ein Treuhänder insolvent, kann der Treugeber im Normalfall bei Bestimmbarkeit der Vermögenszuordnung den Gesellschaftsanteil aussondern; insoweit greift § 47 unmittelbar ein (dazu oben § 47 Rn 28 ff). Ist der Treuhänder eines Gesellschaftsanteils aber zugleich Gesellschafter der Treugebergesellschaft, wird durch die Eröffnung des Insolvenzverfahrens über sein Vermögen auch die Hauptgesellschaft aufgelöst, oder der Treuhänder scheidet aus ihr aus. Aussonderungsgegenstand ist dann das Auseinandersetzungs- oder Abfindungsguthaben (*Blaurock*, Unterbeteiligung, S 253). Wird die Treugebergesellschaft nach § 728 Abs 2 BGB durch die Insolvenz des Treuhänders aufgelöst, so hat der Insolvenzverwalter, der die Rechte des Schuldners (Treuhänders) gegenüber der Treugebergesellschaft als Liquidationsgesellschaft vertritt, selbst die Aussonderung des Auseinandersetzungs- bzw. Abfindungsguthabens, das dem Treuhänder aufgrund seiner Mitgliedschaft in der Hauptgesellschaft erwächst, mit anzustreben (*Blaurock*, Unterbeteiligung, S 253 f). Der Insolvenzverwalter, gegen den ja auch das Aussonderungsbegehren zu richten ist, steht also auf beiden Seiten.

V. Vertragliche Beschränkungen der Auseinandersetzung (Abs 2)

27   **1. Keine Wirkung zu Lasten der Insolvenzmasse.** Vertragliche Beschränkungen der Auseinandersetzungsmöglichkeit wirken nicht gegenüber einem den Anteil einer Bruchteils- oder Erbengemeinschaft pfändenden Gläubiger (§ 751 Satz 2 BGB). Diese Regel wird durch Abs 2 auf die Insolvenz des Mitglieds einer solchen Gemeinschaft erweitert. Durch Abs 2 Satz 2 wird sie zudem auf Beschränkungen für die Auseinandersetzung von Erbengemeinschaften erstreckt, die ein Erblasser in **letztwilliger Verfügung** anordnet (§ 2044 Abs 1 BGB). Zudem wurde hier über den Wortlaut des § 16 Abs 2 Satz 2 KO hinaus klargestellt, dass auch eine **Vereinbarung zwischen Miterben**, die das Recht zur Aufhebung der Erbengemeinschaft beschränkt, im Insolvenzverfahren nicht beachtet werden muss (Begr RegE zu § 84). Das hätte sich allerdings auch schon aus den Regeln über die Bruchteilsgemeinschaft ergeben, die über § 2044 Abs 1 Satz 2 BGB hier entsprechend anwendbar sind (KPB-*Lüke* § 84 Rn 31). Auch hier bleibt die Beschränkung der Aufhebbarkeit außerhalb des Verfahrens aber gültig. Im Übrigen kann die Übertragung eines Nachlassgegenstandes vor Verfahrenseröffnung der Anfechtung nach §§ 129 ff unterliegen (BGH 14. 6. 1978 Z 72, 39, 41 = NJW 1978, 1921 = KTS 1979, 92 = LM § 37 KO Nr. 9 *[Merz]*; dazu § 129 Rn 44).

Der Insolvenzverwalter kann daher jederzeit die Auseinandersetzung verlangen, selbst wenn die Be- 28
schränkung im Grundbuch eingetragen ist, also dinglich wirkt (§ 1010 Abs 1 BGB). Der Insolvenzverwalter ist sogar berechtigt, die Aufhebung einer solchen Gemeinschaft dann zu verlangen, wenn die Gemeinschaftsgenossen das Teilungsrecht für immer oder auf Zeit ausgeschlossen hatten; auch braucht der Insolvenzverwalter eine etwa zur Voraussetzung der Auseinandersetzung gemachte Kündigungsfrist nicht zu beachten.

Etwaige vertragliche Beschränkungen der Auseinandersetzungsmöglichkeit haben lediglich „im Ver- 29
fahren keine Wirkung". Gemeinschaftsgenossen des Verfahrensschuldners werden daher durch Abs 2 nicht privilegiert und können im Fall der Insolvenz ihres Mitgemeinschafters keine vorzeitige Auseinandersetzung verlangen (OLG Hamburg 23. 8. 1960 NJW 1961, 610, 612; *Niesert* InVo 1998, 85, 88). Fehlt es an einer ausdrücklichen vertraglichen Regelung, kann die Eröffnung des Insolvenzverfahrens über das Vermögen eines Gemeinschaftsgenossen aber auch einen wichtigen Grund iSv § 749 Abs 2 BGB darstellen und den anderen Gemeinschaftern daher einen Aufhebungsanspruch selbst dann geben, wenn die Aufhebung der Gemeinschaft im Übrigen ausgeschlossen war (*Niesert* InVo 1998, 85, 88).

Vertragliche **Beschränkungen des Auseinandersetzungsguthabens** – also kein Ausschluss der Ausein- 30
andersetzungsmöglichkeit – bei Gesellschaften werden von Abs 2 nicht erfasst (KPB-*Lüke* § 84 Rn 32; abw HK-*Eickmann* § 84 Rn 2); ihre (Un-)Wirksamkeit richtet sich nach dem Gesellschaftsrecht (siehe unten § 129 Rn 122 A). Abfindungsklauseln in Gesellschaftsverträgen, die eine Abfindung ausschließlich für den Fall einer Kündigung durch einen Gläubiger oder für die Eröffnung des Insolvenzverfahrens ausschließen oder beschränken, sind danach aber unwirksam (dazu § 11 Rn 54). Im Übrigen kommt eine Anfechtung nach § 134 in Betracht (dazu § 134 Rn 39).

2. Gesetzliche Beschränkungen der Auseinandersetzung. Gesetzliche Beschränkungen der Auseinan- 31
dersetzung wirken demgegenüber auch gegenüber der Insolvenzmasse. So ist bei der Eröffnung des Insolvenzverfahrens über das Vermögen eines **Wohnungseigentümers** das Recht des Insolvenzverwalters, die Aufhebung der Gemeinschaft der Wohnungseigentümer zu verlangen, ausgeschlossen (§ 11 Abs 2 WEG; OLG Düsseldorf 5. 1. 1970 NJW 1970, 1137, 1138 = KTS 1970, 310, 313). Der Insolvenzverwalter über das Vermögen eines Wohnungseigentümers kann weder die Wohnungseigentümergemeinschaft nach § 109 kündigen, noch hat er ihr gegenüber die Rechte nach § 103.

Gesetzliche Beschränkungen für die Auflösbarkeit einer Gemeinschaft ergeben sich auch für den Fall, 32
dass an einem Miteigentumsanteil ein **Nießbrauch oder ein Pfandrecht** bestellt ist; hier bedarf der Insolvenzverwalter zur Geltendmachung des Aufhebungsanspruchs der Mitwirkung des Nießbrauchers oder Pfandgläubigers (§§ 1066 Abs 2 BGB, 1258 Abs 2 BGB). Eine Mitwirkungspflicht besteht dabei nur, wenn die Aufhebung der Gemeinschaft ordnungsgemäßer Wirtschaft entspricht, was in der Insolvenz nicht der Fall ist (BGH 25. 6. 1971 Z 56, 298, 299 f = KTS 1972, 52, 53 f = LM § 1122 BGB Nr. 1 *[Mattern]*; BGH 21. 3. 1973 Z 60, 267, 269 f = NJW 1973, 997, 998 = KTS 1973, 256, 258 = LM § 4 KO Nr. 1 *[Mormann]* [zu § 1122 BGB]; HK-*Eickmann* § 84 Rn 3). Die Auseinandersetzung einer **Erbengemeinschaft** kann hinausgeschoben werden, wenn die Erbteile wegen der zu erwartenden Geburt eines Miterben noch unbestimmt sind oder Gläubiger nicht ermittelt werden können (§§ 2043, 2045 BGB).

Der Insolvenzverwalter über das Vermögen des Anteilsinhabers einer **Kapitalanlagegesellschaft** kann 33
nach § 38 Abs 5 InvG nicht die Aufhebung der in bezug auf das Sondervermögen bestehenden Gemeinschaft verlangen. § 84 findet daher keine Anwendung.

§ 85 Aufnahme von Aktivprozessen

(1) ¹Rechtsstreitigkeiten über das zur Insolvenzmasse gehörende Vermögen, die zur Zeit der Eröffnung des Insolvenzverfahrens für den Schuldner anhängig sind, können in der Lage, in der sie sich befinden, vom Insolvenzverwalter aufgenommen werden. ²Wird die Aufnahme verzögert, so gilt § 239 Abs. 2 bis 4 der Zivilprozeßordnung entsprechend.

(2) Lehnt der Verwalter die Aufnahme des Rechtsstreits ab, so können sowohl der Schuldner als auch der Gegner den Rechtsstreit aufnehmen.

Übersicht

	Rn
A. Die Verfahrensunterbrechung nach § 240 ZPO	1
I. Allgemeines	1
II. Voraussetzungen der Unterbrechung	3
1. Rechtshängigkeit	4
2. Die Insolvenz einer Partei	5
3. Zeitpunkt der Verfahrensunterbrechung	10
4. Ausländisches Insolvenzverfahren	11
5. Das Verfahren muss die Insolvenzmasse betreffen	12
a) Unterbrechung teilweise betroffener Prozesse	15
b) Der Rechtsstreit betrifft einen der Aussonderung unterliegenden Gegenstand	16

	Rn
c) Unterbrechung von Unterlassungsklagen	17
d) Nicht vermögensrechtliche Streitigkeiten	18
e) Freigabe des streitbefangenen Vermögensgegenstandes und Teilnahmeverzicht	20
f) Prozesse hinsichtlich des sonstigen insolvenzfreien Schuldnervermögens	24
g) Patentnichtigkeitsklagen	25
III. Identität des Rechtsstreits	26
IV. Unterbrechung einzelner Verfahren	27
1. Zivilgerichtliche Verfahren	27
a) Allgemeines Klagearten	27
b) Anfechtungsprozess	28
c) Kostenstreitigkeiten	29
d) Kostenfestsetzungsverfahren	30
e) Zwangsvollstreckungsverfahren	33
f) Prozesskostenhilfeverfahren	34
g) Rechtsmittelverfahren	36
h) Mahnverfahren	37
i) Selbständiges Beweisverfahren (Beweissicherungsverfahren)	39
j) Schiedsgerichtsverfahren	40
k) Verfahren der Freiwilligen Gerichtsbarkeit	43
l) Adhäsionsverfahren im Strafprozess	45
2. Unterbrechung sonstiger Verfahren	46
a) Verwaltungs- und Sozialgerichtsverfahren	46
b) Steuerverfahren und Steuerrechtsstreit	47
c) Arbeitsgerichtliche Verfahren	51
d) Schadenersatzklagen wegen Verletzung eines Urheber- oder Erfinderrechts	52
e) Besonderheiten bei juristischen Personen und sonstigen Gesellschaften des Handelsrechts	53
f) Sonderinsolvenzverfahren	56
V. Die Wirkungen der Unterbrechung	57
1. Fristenunterbrechung	57
2. Prozesshandlungen einer Partei trotz Unterbrechung	60
3. Prozesshandlungen des Gerichts	64
4. Streit über die Verfahrensunterbrechung	67
VI. Ende der Verfahrensunterbrechung	68
VII. Prozessunterbrechung bei Aufhebung des Insolvenzverfahrens	71
B. Verfahrensfortgang im anhängigen Aktivprozess	73
I. Aufnahme anhängiger Streitigkeiten (§ 85 Abs 1 S 1)	73
1. Teilungsmassestreit (Aktivprozesse)	75
2. Einzelheiten der Aufnahme des Verfahrens	79
a) Die Form der Aufnahme des Rechtsstreits	79
b) Rechtsfolgen der Aufnahme des Rechtsstreits	81
c) Kosten des aufgenommenen Rechtsstreits	84
3. Verzögerung der Aufnahme des Rechtsstreits	89
4. Zwischenstreit um die Aufnahmelast	90
II. Ablehnung der Aufnahme des anhängigen Rechtsstreits (§ 85 Abs 2)	92
1. Gründe für die Ablehnung	92
2. Form der Ablehnung	93
3. Ablehnung der Prozessaufnahme als Freigabe	94
4. Ablehnung der Aufnahme im Nachlassinsolvenzverfahren	97
5. Kein Ablehnungsrecht des vorläufigen Verwalters	98
6. Aufnahme des Rechtsstreits durch den Schuldner oder Gegner	99
7. Kosten	100
III. Das Verhältnis von § 85 zu den §§ 103 ff	101

A. Die Verfahrensunterbrechung nach § 240 ZPO

I. Allgemeines

1 Durch die Eröffnung des Insolvenzverfahrens über sein Vermögen wird die Prozessfähigkeit des Schuldners nicht berührt. Er verliert gem § 80 Abs 1 lediglich die Befugnis, die Masse zu verwalten und über massezugehörige Gegenstände zu verfügen. Das bedeutet, dass der Schuldner anhängige Prozesse nicht mehr weiterführen kann (s *Gundlach/Frenzel/Schmidt* NJW 2004, 3222 ff; s *Rückert*, Einwirkung des Insolvenzverfahrens auf schwebende Prozesse, 2007). Das Gesetz räumt stattdessen in den §§ 85, 86 dem Insolvenzverwalter das Recht ein, **Aktiv- oder Passivprozesse des Schuldners aufzunehmen.** Die Aufnahme oder Ablehnung von Prozessen ist in das pflichtgemäße Ermessen des Verwalters gestellt. Zu dieser Entscheidung benötigt er Überlegungsfrist, die ihm durch die Vorschrift des § 240 ZPO gewährt wird, wonach im Falle der Eröffnung des Insolvenzverfahrens über das Vermögen einer Partei das Verfahren, wenn es die Insolvenzmasse betrifft, unterbrochen wird, bis es nach den §§ 85, 86 aufgenom-

A. Die Verfahrensunterbrechung nach § 240 ZPO § 85

men oder das Insolvenzverfahren beendet wird. Die **Unterbrechungswirkung** tritt unabhängig davon ein, ob der Schuldner bisher prozessfähig war oder ob er durch einen Prozessbevollmächtigten vertreten war. § 246 ZPO findet keine Anwendung. § 240 S 1 ZVO gilt auch, wenn das Gericht **Eigenverwaltung** nach § 270 anordnet (**BGH** v 7. 12. 2006 – V ZB 93/06, ZIP 2007, 249 = ZInsO 2007, 100; *Jaeger/Windel* § 85 Rn 85, 152; *Gundlach/Frenzel/Schmidt* NJW 2004, 3222, 3223 f; *Rückert*, Einwirkung, S 36 ff; K/P/B/*Pape* § 270 Rn 142 f).

Verfahrensunterbrechung im Eröffnungsverfahren (§ 240 S 2 ZPO). Durch die Regelung in § 240 S 2   **2**
ZPO ist zugleich sichergestellt, dass ein anhängiger Prozess bzw ein anhängiges Verfahren auch dann unterbrochen wird, wenn vor Eröffnung des Insolvenzverfahrens die Verwaltungs- und Verfügungsbefugnis über das Vermögen des Schuldners auf einen **vorläufigen Insolvenzverwalter** übergeht (§ 22 Abs 1 S 1, § 24 Abs 2). Ein anhängiger Rechtsstreit wird durch die Bestellung eines vorläufigen Insolvenzverwalters über das Vermögen auf Antrag einer Partei nicht gem § 240 S 2 ZPO unterbrochen, wenn dem Schuldner **kein allgemeines Verfügungsverbot**, sondern lediglich ein Verfügungsverbot mit **Zustimmungsvorbehalt** iSv § 21 Abs 2 Nr 2 auferlegt worden ist und deshalb die Verwaltungs- und Verfügungsbefugnis bei ihm bleibt (**BGH** v 4. 5. 2006 – IX ZR 26/04, NZI 2006, 543, **BGH NJW** 1999, 2822; **OLG** Karlsruhe ZVI 2005, 314; **OLG** Koblenz ZVI 2005, 314; *Jaeger/Windel* § 85 Rn 86; *Jaeger/Gerhardt* § 24 Rn 11 ff; *Zöller/Greger* § 240 ZPO Rn 5). Bei Prozessführungsbefugnis des „schwachen" vorläufigen Verwalters findet § 240 S 2 ZPO weder direkte noch indirekte Anwendung (*Rückert*, Einwirkung, S 92). Für die Unterbrechungswirkung kommt es auf die Rechtmäßigkeit des Eröffnungsbeschlusses (§ 27) ebenso wenig an wie auf die Einlegung eines Rechtsmittels gegen den Eröffnungsbeschluss (*Zöller/Greger* § 240 ZPO Rn 5 gegen **BGH** WM 1956, 1473). § 240 ZPO regelt lediglich die **Verfahrensunterbrechung** für das zivilrechtliche Streitverfahren. Die Vorschrift findet jedoch entsprechende Anwendung auf **andere Verfahren**, die die Insolvenzmasse betreffen, wie zB ein steuerliches Rechtsbefehlsverfahren oder einen Steuerrechtsstreit (**BFH** v 2. 7. 1997, NZI 1998, 135, 136). Sogar das Steuerfestsetzungsverfahren wird unterbrochen. Einzelheiten unten; ferner MüKo-*Feiber* § 240 ZPO Rn 3 ff; K/U, Vorbemerkungen zu §§ 10–12 KO Rn 1–16 a; *Jaeger/Henckel* § 10 KO Rn 10–49; K/P/B/*Lüke* § 85 Rn 34–47; *Hess* § 85 Rn 12.

II. Voraussetzungen der Unterbrechung

Die Unterbrechungswirkung nach § 240 ZPO tritt nur ein, wenn es sich um ein rechtshängiges Ver-   **3**
fahren, einen Prozess des Insolvenzschuldners und ein Verfahren handelt, das die **Insolvenzmasse (§ 35) betrifft**. Das ist beim Regelfall einer **Leistungsklage gegen den Schuldner** dann der Fall, wenn der Anspruch nach Verfahrenseröffnung eine Insolvenzforderung (§§ 38, 39), eine Masseverbindlichkeit (§ 55 Abs 1 Nr 2) darstellt oder zur Aussonderung oder abgesonderten Befriedigung berechtigt (MüKo-*Schumacher* vor §§ 85–87 Rn 27; *Jaeger/Windel* § 85 Rn 27). Die Insolvenzmasse ist auch betroffen bei Klagen, die der **Vorbereitung** eines aktiv oder passiv die Masse betreffenden Hauptanspruchs dienen, wie zB bei Klagen des Schuldners auf Auskunftserteilung und Rechnungslegung. Gleiches gilt für Vorbereitungsklagen, die **gegen den Schuldner** gerichtet sind und im eröffneten Verfahren vom Verwalter zu erfüllen wären (vgl *Jaeger/Henckel* § 10 KO Rn 12; *Jaeger/Windel* § 85 Rn 27; MüKo-*Schumacher* vor §§ 85–87 Rn 27; s auch **BGH** LM § 146 KO Nr 4).

1. Rechtshängigkeit. Zwingende Voraussetzung für die Unterbrechung ist, dass der Prozess im Zeit-   **4**
punkt der Eröffnung des Insolvenzverfahrens gem § 261 Abs 1, 2 ZPO **rechtshängig** ist (*Jaeger/Henckel* § 10 KO Rn 2; *Jaeger/Windel* § 85 Rn 3; K/P/B/*Lüke* § 85 Rn 21; *Zöller/Greger* § 240 ZPO Rn 4; MüKo-*Feiber* § 240 ZPO Rn 10; *Häsemeyer* InsR Rn 10.46; MüKo-*Schumacher* vor §§ 85–87 Rn 42; HK-*Kayser* § 85 Rn 10). Rechtshängig wird das Verfahren mit der Zustellung der Klageschrift (§§ 261 Abs 1, 253 Abs 1 ZPO). Bei Klagerücknahme durch den Schuldner ist Verfahrenseröffnung und eine Verfahrensunterbrechung nach § 240 ZPO nicht mehr möglich (**LG Bonn** ZInsO 2008, 514). Wird ein Anspruch erst im Laufe eines Prozesses geltend gemacht, ist maßgeblich der Zeitpunkt, zu dem der Anspruch in der mündlichen Verhandlung geltend gemacht oder ein den Erfordernissen des § 253 Abs 2 Nr 2 ZPO entsprechender Schriftsatz zugestellt wird (§ 261 Abs 2 ZPO; *Jaeger/Henckel* § 10 KO Rn 2). War die Klage zum Zeitpunkt der Insolvenzeröffnung zwar schon bei Gericht eingereicht, aber dem Schuldner **noch nicht zugestellt**, tritt die **Unterbrechungswirkung nicht ein** (**BGH** v 11. 12. 2008 – IX ZB 232/08, ZIP 2009, 240, 241 = NZI 2009, 169; *Jaeger/Henckel* § 10 KO Rn 3; **OLG** München v 20. 7. 2007 – 20 W 1976/07, ZIP 2007, 2052; HaKo-*Kuleisa* Vorbem §§ 85–87 Rn 9). Eine **Zustellung an den Insolvenzverwalter** ist unzulässig (**OLG** Nürnberg KTS 1969, 249, 251 m Anm *Uhlenbruck*; *Jaeger/Henckel* § 10 KO Rn 4). Hatte der Insolvenzschuldner die Klage erhoben, ist die Klage trotz Verfahrenseröffnung zuzustellen. Die Rechtshängigkeit tritt dann nach Insolvenzeröffnung ein, ist aber, wenn sich die Klage auf einen zur Masse gehörigen Gegenstand bezieht, **unzulässig** (vgl **OLG** Schleswig ZInsO 2004, 1086; *Jaeger/Henckel* § 10 KO Rn 3; MüKo-*Schumacher* vor §§ 85–87 Rn 43; *Uhlenbruck* KTS 1969, 252; *Jaeger/Windel* § 85 Rn 5–8). Hat ein Insolvenzgläubiger **vor Eröffnung des Insolvenzverfahrens** über das Vermögen des Schuldners eine **Klage** gegen diesen **eingereicht**, die bei Verfahrenseröffnung **noch nicht zugestellt** war, erfolgt die Zustellung aber später nach Verfahrenseröffnung

§ 85 Aufnahme von Aktivprozessen

an den Insolvenzschuldner, so wird der Rechtsstreit mit der Zustellung anhängig (vgl auch **OLG** Schleswig-Holstein ZInsO 2004, 1086; K/P/B/*Lüke* § 85 Rn 21). Insoweit kann eine Verfahrensunterbrechung nicht eintreten. Bezieht sich die Klage allerdings auf eine Insolvenzforderung iSv §§ 38, 39, ein Recht, das die abgesonderte Befriedigung gestattet, oder auf einen Gegenstand, der der Aussonderung unterliegt (§ 47), so ist sie **unzulässig** (*Uhlenbruck* KTS 1969, 252; *Jaeger/Henckel* § 10 KO Rn 4; *Jaeger/Windel* § 85 Rn 5, 6; MüKo-*Schumacher* vor §§ 85–87 Rn 42; str aA **OLG** Nürnberg KTS 1969, 249, 251; krit z hM auch *K. Schmidt* NJW 1995, 911, 915). Nach Verfahrenseröffnung kann ein Gläubiger seine Forderungen nur noch nach den Vorschriften über das Insolvenzverfahren verfolgen (§ 87).

5 **2. Die Insolvenz einer Partei.** Unterbrochen wird nach § 240 ZPO nur ein Verfahren, in dem der Insolvenzschuldner Partei ist. Unterbrochenes Insolvenzverfahren ist auch ein solches mit **Eigenverwaltung** nach den §§ 270 ff (**BGH** v 7. 12. 2006 – V ZB 93/06, ZIP 2007, 249; **OLG** München ZInsO 2003, 232; **OLG** Naumburg v 2. 5. 2000, ZInsO 2000, 505; *Rückert*, Einwirkung, S 41). Nach zutreffender Feststellung von *Henckel* (*Jaeger/Henckel* § 10 KO Rn 5) reicht es nicht, dass der Insolvenzschuldner nur einfacher **Nebenintervenient** oder gesetzlicher bzw **gewillkürter Vertreter** einer Partei ist (vgl auch **OLG** Hamburg NJW 1961, 610, 611; **OLG** Düsseldorf MDR 1985, 504; *Gottwald/Gerhardt* InsRHdb § 32 Rn 2). Ob die Eröffnung des Insolvenzverfahrens über das Vermögen eines **notwendigen Streitgenossen** (§ 62 ZPO) das Verfahren für alle Streitgenossen unterbricht, ist streitig. Nach ständiger Rechtsprechung des Reichsgerichts wurde durch den **Konkurs eines notwendigen Streitgenossen** das Verfahren hinsichtlich aller Streitgenossen unterbrochen (**RG** JW 1893, 342; **RG** JW 1898, 280; **RG** WarnRspr 1916 Nr 96; **RG** HRR 1935, 1075; **OLG** Schleswig SchlHA 1985, 154, 155; MüKo-*Feiber* § 240 ZPO Rn 16; *Baumbach/Lauterbach/Albers/Hartmann* § 240 ZPO Rn 8; *Zöller/Greger* § 240 ZPO Rn 7; *Zöller/Vollkommer* § 62 ZPO Rn 29). Hiergegen richtet sich mit beachtlichen Argumenten eine **neuere Auffassung**, wonach eine unmittelbare Unterbrechungswirkung ausscheidet, hinsichtlich der mittelbaren Auswirkung dagegen nach den Fällen des § 62 ZPO zu differenzieren ist (*Jaeger/Henckel* § 10 KO Rn 9; *Henckel* ZZP 62, 359; *Jauernig* JZ 1965, 694; *Jaeger/Windel* § 85 Rn 16; *Gottwald/Gerhardt* InsRHdb § 32 Rn 2; *Stein/Jonas/Leipold* § 62 ZPO Rn 36 Fn 113; s auch *Rückert*, Einwirkung, S 59 ff). W. *Henckel* differenziert je nachdem, ob es sich um eine **notwendige Streitgenossenschaft** ieS oder um eine solche im weiteren Sinne handelt. Bei notwendiger Streitgenossenschaft ieS handelt es sich um einen Fall, in dem die Streitgenossen nur gemeinsam klagen oder verklagt werden dürfen, wie zB Miteigentümer eines Grundstücks auf Auflassung. Nach *Henckel* werden die Prozesse gegen die übrigen Miteigentümer, die mit dem Insolvenzschuldner bzw dem Insolvenzverwalter notwendige Streitgenossen gewesen sind (vgl BGHZ 36, 187, 188; **BGH** ZZP 1976, 86 m Anm *F. Baur*), zwar nicht unterbrochen; sie können aber während der Dauer der Unterbrechung für einen von ihnen auch mit den übrigen nicht fortgesetzt werden, weil sie über das Grundstück nicht verfügen können. Beruht dagegen die notwendige **Streitgenossenschaft auf einer Rechtskrafterstreckung** (§ 62 Abs 1 1. Alt ZPO), so soll nach *Henckel* der Prozess mit den übrigen nicht im Insolvenzverfahren befindlichen Streitgenossen nur dann nicht fortgesetzt werden können, wenn die Rechtskraft der gegen diese ergangenen Urteile auch gegen die Masse wirken würde (so auch *Jaeger/Windel* § 85 Rn 16).

6 Wird über das Vermögen eines **einfachen Streitgenossen** das Insolvenzverfahren eröffnet, so tritt die Unterbrechung des Verfahrens nach § 240 ZPO nur bezüglich dieses Streitgenossen ein (**BGH** v 19. 12. 2008 ZIP 2003, 594; **OLG** Düsseldorf MDR 1985, 504; **KG** InVo 2003, 441; **OLG** Köln ZInsO 2004, 1143; *Zöller/Greger* § 240 ZPO Rn 7; MüKo-*Feiber* § 240 ZPO Rn 16; MüKo-*Schumacher* vor §§ 85–87 Rn 17; HK-*Kayser* § 85 Rn 17). Bei **notwendiger Streitgenossenschaft** (§ 62 ZPO) wird nur der Prozess desjenigen Streitgenossen unterbrochen, über dessen Vermögen das Insolvenzverfahren eröffnet worden ist (*Gottwald/Gerhardt* InsRHdb § 32 Rn 2; *Jaeger/Windel* § 85 Rn 16). Hinsichtlich der mittelbaren Auswirkungen ist nach den Fällen des § 62 ZPO zu differenzieren (*Jaeger/Windel* § 85 Rn 16). Keine notwendige Streitgenossenschaft besteht zwischen Gesellschaft und persönlich haftendem Gesellschafter, über dessen Vermögen das Insolvenzverfahren eröffnet wird.

7 Macht der Kläger ein Recht klageweise in **gewillkürter Prozessstandschaft** geltend, so erlischt die Ermächtigung zur Prozessführung (§ 115 Abs 1), wenn das Insolvenzverfahren über das Vermögen des Rechtsinhabers eröffnet wird (**BGH** ZIP 2000, 150; K/P/B/*Lüke* § 85 Rn 26 a). Eine Unterbrechung findet nicht statt (**BGH** ZIP 2000, 150; K/P/B/*Lüke* § 85 Rn 26a; HK-*Kayser* § 85 Rn 16; str aA *Jaeger/Windel* § 85 Rn 12; MüKoZPO-*Feiber* § 240 ZPO Rn 17). Die **Klage des Prozessstandschafters** ist als **unzulässig** abzuweisen (HK-*Kayser* § 85 Rn 16). Wird über das Vermögen einer natürlichen Person im Laufe des Rechtsstreits ein Insolvenzverfahren eröffnet, macht sie jedoch eine bereits vor Prozessbeginn an eine Bank abgetretene Forderung als gewillkürter Prozessstandschafter geltend, so fehlt ihr nach Auffassung des **OLG** Koblenz (Urt v 16. 6. 1994 – 5 U 1886/93 –, KTS 1995, 643 [Ls]) nicht das eigene schützenswürdige Interesse an der Prozessstandschaft. Denn durch die Leistung an den Dritten werden ihre eigenen Verbindlichkeiten an den Dritten gemindert. IdR fehlt es bei Insolvenz des Prozessstandschafters regelmäßig an der Massebezogenheit des Streitgegenstandes (*Zöller/Greger* § 240 ZPO Rn 7).

8 Im Insolvenzverfahren über das Vermögen einer **Partei kraft Amtes** wird der Prozess über das verwaltete Vermögen **nicht unterbrochen** (*Zöller/Greger* § 240 ZPO Rn 7; *Gottwald/Gerhardt* InsRHdb § 32 Rn 4; MüKo-*Feiber* § 240 ZPO Rn 17; HK-*Kayser* § 85 Rn 15; *Thomas/Putzo* § 240 ZPO Rn 2). Der

A. *Die Verfahrensunterbrechung nach § 240 ZPO* § 85

Streithelfer (§ 66 ZPO) ist nicht Partei (**BGH** NJW-RR 1995, 573; **OLG Düsseldorf** MDR 1985, 504). Partei ist auch nicht der Zessionar einer Klageforderung (**BGH** NJW 1998, 157). Bei einem **Streithelfer** kann allerdings eine Verhinderung der Prozessführung wie bei einer Unterbrechung eintreten (§ 67 ZPO; *Baumbach/Lauterbach/Albers/Hartmann* § 240 ZPO Rn 9). Ein **Anfechtungsprozess nach dem AnfG** wird gem § 17 Abs 1 S 1 unterbrochen, wenn er im Zeitpunkt der Eröffnung des Insolvenzverfahrens noch rechtshängig ist. Der Prozess kann vom Insolvenzverwalter aufgenommen werden (§ 17 Abs 1 S 2 AnfG; vgl auch **BGH** NJW 2000, 1259). Wird die Aufnahme verzögert, so gilt § 239 Abs 2–4 ZPO entsprechend (§ 17 Abs 1 S 3 AnfG, der inhaltlich dem § 85 Abs 1 S 2 InsO entspricht.

Die Eröffnung eines Insolvenzverfahrens über das Vermögen einer **juristischen Person** oder einer **Gesellschaft ohne Rechtspersönlichkeit** iSv § 11 Abs 2 Nr 1 (OHG, KG, Partnerschaftsgesellschaft, BGB-Gesellschaft, Partenreederei, Europäische Wirtschaftliche Interessenvereinigung) unterbricht den Rechtsstreit nur, soweit das Gesellschaftsvermögen betroffen ist. Deshalb unterbricht das Insolvenzverfahren über das Vermögen einer Gesellschaft ohne Rechtspersönlichkeit auch **Rechtsstreitigkeiten, die die persönliche Haftung eines Gesellschafters** betreffen, denn nach § 93 können Haftungsansprüche gem §§ 161 Abs 2 HGB, 128 BGB nur vom Insolvenzverwalter der Gesellschaft unmittelbar gegenüber dem persönlich haftenden Gesellschafter geltend gemacht werden. Daher muss die Unterbrechungswirkung hinsichtlich bereits rechtshängiger Verfahren gegen den persönlich haftenden Gesellschafter eintreten (*Zöller/Greger* § 240 ZPO Rn 7; *Gottwald/Gerhardt* InsRHdb § 32 Rn 3; *Jaeger/Windel* § 85 Rn 7). Die **Insolvenz eines Gesellschafters** führt nicht zur Unterbrechung eines Prozesses, der das Gesellschaftsvermögen betrifft (*Gottwald/Gerhardt* InsRHdb § 32 Rn 3; *Musielak/Stadler* § 240 ZPO Rn 2).

3. Zeitpunkt der Verfahrensunterbrechung. Maßgeblicher Zeitpunkt für den Eintritt der Unterbrechung ist die „Eröffnung des Insolvenzverfahrens", dh der im Insolvenzeröffnungsbeschluss gem § 27 Abs 2 Nr 3 **angegebene Zeitpunkt der Eröffnung.** Dieser Zeitpunkt bleibt maßgeblich auch dann, wenn gegen den Eröffnungsbeschluss sofortige Beschwerde (§ 34) eingelegt wird (**BGH** WM 1956, 1473; *Gottwald/Gerhardt* InsRHdb § 32 Rn 5; *N/R/Wittkowski* § 85 Rn 9). § 240 S 2 ZPO stellt den Übergang der Verwaltungs- und Verfügungsbefugnis über das Vermögen des Schuldners auf einen **vorläufigen Insolvenzverwalter** (§ 22 Abs 1 S 1 iVm § 21 Abs 2 Nr 2, 2. Altern) im **Eröffnungsverfahren** der Insolvenzeröffnung gleich (**BGH** v 21. 6. 1999 = NZI 1999, 363 = ZIP 1999, 1314, 1315; **BFH** v 15. 2. 2008 − X S 27/07, NJW-Spezial 2008, 375; *Gottwald/Gottwald* InsRHdb § 130 Rn 39; FK-*Wimmer* Art 102 EGInsO Rn 300; HK-*Kirchhof* Art 102 EGInsO Rn 11; N/R/*Mincke* Art 102 EGInsO Rn 264f; *Schollmeyer* IPRax 1999, 26). Die Anordnung der Prüfung des Eröffnungsgrundes genügt nicht (**OLG Naumburg** ZInsO 2003, 664). Nach Auffassung des **BGH** wird dagegen der Rechtsstreit durch die Bestellung eines vorläufigen Insolvenzverwalters für das Vermögen einer Partei dann nicht gem § 240 S 2 ZPO unterbrochen, wenn dem Schuldner kein allgemeines Verfügungsverbot, sondern nur ein **Zustimmungsvorbehalt** iSv § 21 Abs 2 Nr 2. Altern auferlegt wird und deshalb die Verwaltungs- und Verfügungsbefugnis über sein Vermögen beim Schuldner verbleibt (s oben zu Rn 2). Bei der Anordnung eines allgemeinen Verfügungsverbots ist entscheidend die Wirksamkeit der Anordnung. Nach gefestigter **Rechtsprechung** des **BGH** wird ein allgemeines Verfügungsverbot bereits **mit dem Erlass** und nicht erst mit der Zustellung des Beschlusses wirksam (**BGH** v 19. 9. 1996, BGHZ 133, 307; **BGH** v 8. 12. 1994, ZIP 1995, 40; **OLG Köln** v 29. 9. 1995, ZIP 1995, 1684; K/P/B/*Pape* § 21 Rn 13; *Pape* ZInsO 1998, 61, 62 f; KS-*Gerhardt* S 208 Rn 30). Nach Auffassung des **BGH** (BGHZ 133, 307 = ZIP 1996, 1909) kommt es für die Wirksamkeit der Anordnung nicht einmal auf die Angabe der Stunde des Erlasses im Beschluss an, um die sofortige Wirksamkeit zu bejahen. Ist im Anordnungsbeschluss Tag und Stunde des Erlasses angegeben, wird die Sicherungsmaßnahme zu diesem Zeitpunkt wirksam (*Pape* ZInsO 1998, 61, 63). Fehlt die Angabe der Stunde des Erlasses, wird entsprechend § 27 Abs 3 der Beschluss zur **Mittagsstunde** des Tages, an dem der Beschluss erlassen worden ist, wirksam. Wird der Eröffnungsbeschluss auf Beschwerde hin aufgehoben, so entfällt die Unterbrechungswirkung. Es tritt jedoch **keine Rückwirkung** ein (*Gottwald/Gerhardt* InsRHdb § 32 Rn 5; *Kilger/K. Schmidt* § 10 KO Anm 3; K/U Vorbem §§ 10–12 KO Rn 1). Insolvenzverfahren iSv § 240 ZPO ist auch das **Nachlassinsolvenzverfahren** (**OLG Köln** v 23. 9. 2002, ZInsO 2002, 1142). Prozesse der Erben, die sich auf die Masse beziehen, werden auch dann unterbrochen, wenn ein Prozessbevollmächtigter bestellt worden ist (BayObLG 1973, 282, 285; *Gottwald/Gerhardt* InsRHdb § 32 Rn 5).

4. Ausländisches Insolvenzverfahren. Die Eröffnung eines ausländischen Insolvenzverfahrens führt gem § 352 Abs 1 S 1 wegen der Universalität der Insolvenz zu einer Verfahrensunterbrechung nach § 240 ZPO auch im Inland, wenn es sich um einen die Insolvenzmasse betreffenden Rechtsstreit handelt und gem § 343 InsO, Art 3, 16 EuInsVO die Eröffnung im Inland anzuerkennen ist (§ 352 InsO, Art 15 EuInsVO). Vgl auch MüKo-*Schumacher* vor §§ 85–87 Rn 7; *Graf-Schlicker/Kebekus/Sabel* § 352 Rn 2, 3; *Jaeger/Windel* § 85 Rn 87; K/P/B/*Kemper/Paulus* § 352 Rn 3 ff). Die Unterbrechung tritt bei Bestellung eines „starken" vorläufigen Verwalters bereits im **Eröffnungsverfahren** ein (§ 240 S 2 ZPO; **EuGH** v 2. 5. 2006 − C 341/04, ZIP 2006, 907 m Anm *Knof/Mock*; *Braun/Liersch* § 352 Rn 4; *Graf-Schlicker/Kebekus/Sabel* § 352 Rn 2; K/P/B/*Kemper/Paulus* § 352 Rn 10). Ob der ausländische Insolvenzverwalter befugt nist, den unterbrochenen Inlandsprozess aufzunehmen, bestimmt sich nach dem

§ 85 *Aufnahme von Aktivprozessen*

Insolvenzrecht des Staates, in dem das Verfahren eröffnet wurde (*Graf-Schlicker/Kebekus/Sabel* § 352 Rn 1; HK-*Stephan* § 352 Rn 2). Innerhalb der EU gilt Art 15 EuInsVO, so dass das Prozessgericht nach inländischem Recht zu entscheiden hat, ob der Prozess nach § 240 ZPO unterbrochen ist. Zur Verfahrensunterbrechung durch ein nach Chapter 11 des US-amerikanischen Bankruptcy Codes eröffnetes Verfahren s **OLG** Frankfurt/M v 20. 2. 2007 – 5 U 24/05, ZIP 2007, 932. Wird über das Vermögen des Schuldners, gegen den ein **ausländisches Urteil** ergangen ist, das Insolvenzverfahren eröffnet, so führt dies zur **Unterbrechung des inländischen Vollstreckbarkeitsverfahrens**, soweit es nach Einlegung des Rechtsbehelfs zweiseitig ausgestaltet ist (**OLG** Zweibrücken v 22. 12. 2000, NJW-RR 2001, 985; **OLG** Köln ZIP 2007, 2287; *Mankowski* ZIP 1994, 1577, 1579; für ein inländisches Vollstreckbarkeitserklärungsverfahren bei Auslandskonkurs vgl **OLG** Bamberg ZIP 2006, 1066; **OLG** Karlsruhe NJW-RR 1987, 1407; **str aA OLG** Saarbrücken NJW-RR 1994, 636; *Baumbach/Lauterbach/Albers/Hartmann* Art 33 EuGVO Rn 1). Zur **Vollstreckungsunterbrechung ausländischer Urteile** durch ein inländisches Insolvenzverfahren s **BGH** v 17. 7. 2008 – IX ZR 150/05, NZI 2008, 681 m Anm *Meyer*. S auch unten zu Rn 33. Zur Unterbrechung eines Kündigungsschutzprozesses durch einen Chapter 11 US-BC-Verfahrens s **BAG** v 27. 2. 2007 – 3 AZR 618/06, ZIP 2007, 2047.

12 **5. Das Verfahren muss die Insolvenzmasse betreffen.** Die Unterbrechungswirkung nach § 240 ZPO tritt nur ein, wenn das Verfahren die Insolvenzmasse betrifft. **Höchstpersönliche Verfahren**, die wegen ihres persönlichen Charakters nicht der Verwaltungs- und Verfügungsbefugnis des Verwalters unterliegen, wie zB Streitigkeiten um personengebundene Erlaubnisse, werden nicht unterbrochen (*Pape* ZInsO 2008, 1044 f). Maßgeblich ist die sogen Sollmasse iSv § 35. Zur Unterbrechung eines Prozesses gegen Erben wegen des Pflichtteils und Pflichtteilsergänzungsanspruchs bei **Nachlassinsolvenz** s **BGH** v 11. 5. 2006 – IX ZB 42/05, NZI 2006, 461 m Anm *Nowak*. Die anhängigen Prozesse müssen zu ihr in rechtlicher oder wenigstens wirtschaftlicher Beziehung stehen. Das bedeutet, dass das im Verfahren für oder gegen den Insolvenzschuldner geltend gemachte Recht ganz oder teilweise zugunsten oder zulasten des gem §§ 35, 36 zur Insolvenzmasse gehörenden Schuldnervermögens in Anspruch genommen wird (vgl **BGH** v 12. 2. 2004 – V ZR 288/03, ZIP 2004, 769; **BGH** NJW 1966, 51; **AG** Charlottenburg ZInsO 2005, 835, 836; *Jaeger/Henckel* § 10 KO Rn 10; *Zöller/Greger* § 240 ZPO Rn 8; MüKo-*Feiber* § 240 ZPO Rn 20; *Thomas/Putzo* § 240 ZPO Rn 5; K/P/B/*Lüke* § 85 Rn 12). Das trifft auch für eine **Feststellungsklage** zu, die zwar nicht unmittelbar eine Insolvenzforderung zum Gegenstand hat, aber Voraussetzungen einer angemeldeten Forderung oder Rechtsverhältnisse, von denen eine die Insolvenzmasse betreffende Forderung abhängt, klären soll (**BGH** NJW 1995, 1750, 1751; **VGH** Hessen ZIP 2006, 923; MüKo-*Schumacher* vor §§ 85–87 Rn 30; *Jaeger/Windel* § 85 Rn 28). Die Prozessen von Altgläubigern einer KG gegen Gesellschafter, die Kommanditisten geworden sind, s **BGH** v 20. 11. 2008 – IX ZB 199/05, NZI 2009, 108. Ein **Aktivprozess der Masse** liegt dann nicht vor, wenn dem Insolvenzschuldner vor Verfahrenseröffnung vorläufig vollstreckbar ein Anspruch zuerkannt wird, die ausgeurteilte Leistung im Wege der Zwangsvollstreckung oder zu ihrer Abwendung erbracht worden ist und der Titelschuldner nunmehr in einem gesonderten Rechtsstreit Ersatz seines Vollstreckungsschadens verlangt (**BGH** v 14. 4. 2005 – IX ZR 221/04, ZIP 2005, 952; **BGH** v 12. 2. 2004, ZIP 2004, 769).

13 Auch bei Klagen, die der **Vorbereitung** eines aktiv oder passiv die Masse betreffenden Anspruchs dienen, besteht die in § 240 ZPO vorausgesetzte Beziehung zur Insolvenzmasse, so dass der Rechtsstreit unterbrochen wird (**BGH** LM Nr 4 zu § 146 KO; **BAG** NJW 1984, 998 = AP Nr 3 zu § 240 ZPO mit zust Anm *Walchshöfer*; MüKo-*Feiber* § 240 ZPO Rn 26; K/P/B/*Lüke* § 85 Rn 17). Immer dann, wenn das Feststellungsinteresse infolge der Insolvenzeröffnung nunmehr in der Masse begründet ist, wird der Prozess unterbrochen. **Beispiel** nach *Jaeger/Henckel* (§ 10 KO Rn 13): Hatte der Insolvenzschuldner im Insolvenzverfahren über das Vermögen eines Dritten das Insolvenzgläubigerrecht des Klägers bestritten und hatte dieser gegen den Widersprechenden Klage auf Feststellung des streitigen Rechts erhoben, so gründet sich das Feststellungsinteresse des Klägers darauf, dass der Insolvenzschuldner als Insolvenzgläubiger der angemeldeten Forderung widersprochen hat. Gehört die Forderung, mit der der Insolvenzschuldner im Verfahren über des Vermögen des Dritten Insolvenzgläubiger ist, jetzt zur Insolvenzmasse des beklagten Insolvenzschuldners, wird der Prozess nach § 240 ZPO unterbrochen (vgl auch RG v 18. 1. 1986 RGZ 16, 117, 118; K/P/B/*Lüke* § 85 Rn 17). Die **Aufnahme des Feststellungsprozesses** durch den Insolvenzverwalter erfolgt nach § 85, weil die Abweisung der Feststellungsklage die Quote der Forderung des Insolvenzgläubigers erhöht, also ein Aktivum der Masse betrifft (*Jaeger/Henckel* § 10 KO Rn 13; s auch HK-*Kayser* § 85 Rn 50). Zur Unterbrechung von **Wohnungseigentumsverfahren** KG ZMR 2007, 803; OLG Dresden ZMR 2008, 140.

14 Vorstehendes gilt auch für **Gestaltungsklagen**. Für **gewerberechtliche Untersagungsverfügungen** hat das BVerwG (v 18. 1. 2006 BVerwG GC 21.05, ZIP 2006, 530) zu Unrecht angenommen, die Abwehr einer Gewerbeuntersagung für eine insolvente GmbH falle nicht in den Aufgabenbereich des Insolvenzverwalters (vgl auch **VGH** Hessen ZIP 2006, 923, 924; **VGH** Gießen ZIP 2005, 2074, 2075). Die Gewerbeuntersagung hat zumindest einen mittelbaren Massebezug, so dass § 240 ZPO anwendbar ist (so auch *Rückert*, Einwirkung, S 76). Ein **Hausratsverteilungsverfahren** wird durch eine Insolvenzeröffnung nicht unterbrochen (OLG Naumburg NJW-RR 2004, 1349, 1350 = ZInsO 2004, 279). Bei **Nichtigkeits- bzw Anfechtungsklagen**, die vermögensmäßig neutrale Gesellschafterbeschlüsse betreffen, wird

A. Die Verfahrensunterbrechung nach § 240 ZPO **§ 85**

der Rechtsstreit durch die Insolvenzeröffnung über das Vermögen der Gesellschaft dagegen nicht unterbrochen (**OLG** München v 8. 6. 1994, ZIP 1994, 1021 Keine Unterbrechung tritt auch im Rahmen eines **Unterhaltsprozesses** ein, soweit er das erweitert pfändbare Einkommen betrifft, in das der Unterhaltsberechtigte vollstrecken darf (§ 850 d ZPO), da dieser Teil nicht zur Insolvenzmasse gehört (**OLG** Schleswig, OLG-Report 2001, 422). S. aber auch **BGH** NJW 1966, 51; **BGH** MDR 2004, 711; **OLG** Karlsruhe NZI 2004, 54 u NJW-RR 2006, 1302; **OLG** Naumburg FamRZ 2004, 1975; **OLG** Hamm FamRZ 2005, 279 = NJW 2005, 2788 = ZVI 2005, 89; **OLG** Koblenz ZInsO 2002, 832; **OLG** Frankfurt ZInsO 2003, 229; *Keller* NZI 2007, 143.

a) **Unterbrechung teilweise betroffener Prozesse.** Betrifft ein Verfahren die Insolvenzmasse nur teilweise, so ist streitig, ob die Unterbrechungswirkung einheitlich oder nur hinsichtlich des massebezogenen Gegenstandes unterbrochen wird (**für einheitliche Unterbrechung OLG** Nürnberg NZI 2001, 91, 93; *Stein/Jonas/Roth* § 240 ZPO Rn 11; K/U Vorbem §§ 10–12 KO Rn 10; *Gottwald/Gerhardt* InsRHdb § 32 Rn 8; **für eine Teilunterbrechung** *Jaeger/Windel* § 85 Rn 26; K/P/B/*Lüke* § 85 Rn 15; MüKo-*Schumacher* vor §§ 85–87 Rn 26; s auch **LAG** Düsseldorf ZInsO 2005, 391). Der Prozess eines Gläubigers nach dem AnfG wird nach RGZ 143, 247 nur hinsichtlich des Anfechtungsanspruchs, nicht aber in Bezug auf die damit verbundenen Schadenersatz- und Bereicherungsansprüche wegen Vollstreckungsvereitelung unterbrochen. Spaltet sich da gegen ein einheitlicher Anspruch infolge der Insolvenzeröffnung auf, so wird der Prozess als Ganzes unterbrochen (**BGH** NJW 1966, 51; *Jaeger/Windel* § 85 Rn 26; *Zöller/Greger* § 240 ZPO Rn 8; *Jaeger/Henckel* § 10 KO Rn 11). Werden neben einem Schmerzensgeldanspruch (§ 847 BGB) Ansprüche auf Ersatz des materiellen Schadens geltend gemacht, so tritt durch die Insolvenzeröffnung über das Vermögen einer Partei eine **einheitliche Unterbrechung des gesamten Rechtsstreits** ein (RGZ 64, 361; RGZ 151, 279; **BGH** NJW 1966, 51; MüKo-*Eickmann* § 240 ZPO Rn 25; *Zöller/Greger* § 240 ZPO Rn 8; K/U Vorbem §§ 10–12 KO Rn 10 a). Einschränkend bei teilweise betroffenen Prozessen *Jaeger/Henckel* (§ 10 KO Rn 11), wonach zu unterscheiden ist je nachdem, ob in einer Klage mehrere Ansprüche in objektiver Klagehäufung verbunden sind, von denen einer die Masse betrifft, der andere dagegen den Insolvenzschuldner persönlich oder sein insolvenzfreies Vermögen (§ 36). Zutreffend weisen *Jaeger/Windel* (§ 85 Rn 26) darauf hin, dass die vermittelnde Ansicht auf unüberwindliche Abgrenzungsschwierigkeiten stößt. **Im Zweifel erfasst die Unterbrechungswirkung den gesamten Rechtsstreit.** Aktivprozesse kann der Insolvenzverwalter nur führen, soweit der Insolvenzbeschlag reicht (vgl *Runkel*, Probleme bei Neuerwerb in der Insolvenz, FS *Uhlenbruck* S 315, 322). So sind zB Prozesse auf Zahlung von Arbeitsentgelt nur teilweise vom Verwalter zu führen, nämlich soweit die Pfändungsfreigrenzen überschritten werden. Hinsichtlich der Unterbrechungswirkungen ist nach hM nach wie vor daran festzuhalten, dass bei einem Verfahren, das die Insolvenzmasse nur teilweise betrifft, die Unterbrechungswirkung **einheitlich** eintritt.

b) **Der Rechtsstreit betrifft einen der Aussonderung unterliegenden Gegenstand.** Betrifft der Rechtsstreit einen Gegenstand, der in einem Insolvenzverfahren der Aussonderung (§ 47) unterliegt, so kommt es für die Unterbrechungswirkung darauf an, ob der Rechtsstreit einen Gegenstand betrifft, der zur sogen Sollmasse gehört (K/P/B/*Lüke* § 85 Rn 14). Zutreffend weist *Henckel* (*Jaeger/Henckel* § 10 KO Rn 10) darauf hin, dass der Anspruch des Klägers dadurch als Aussonderungsanspruch gekennzeichnet ist, „dass er die Zugehörigkeit des auszusondernden Gegenstandes zur Sollmasse bekämpft". Geht der Rechtsstreit D darum, dass der Kläger behauptet, er sei Eigentümer des Gegenstandes, so hat er bejahendenfalls für den Fall der Insolvenzeröffnung über das Vermögen des Gegners zwar einen Aussonderungsanspruch, jedoch entscheidet der Ausgang des Rechtsstreits letztlich darüber, ob der Gegenstand zur Insolvenzmasse gehört oder ausgesondert werden kann (*Jaeger/Henckel* § 10 KO Rn 10; K/P/B/ *Lüke* § 85 Rn 14; vgl auch *Jaeger/Windel* § 85 Rn 34).

c) **Unterbrechung von Unterlassungsklagen.** Nicht unterbrochen werden Unterlassungsklagen, die sich gegen rein tatsächliche, vom Insolvenzschuldner ausgehende Störungen richten (*Stein/Jonas/Schumann* § 240 ZPO Rn 8; MüKo-*Schumacher* vor §§ 85–87 Rn 28). Derartige Prozesse gehen nur den Insolvenzschuldner persönlich an und haben mit der Insolvenzmasse nichts zu tun (anders für ein wettbewerbsrechtliches Unterlassungsverfahren **OLG** Köln ZIP 2008, 518). Zutreffend und überzeugend hat *K. Schmidt* (ZZP [1977] 28, 49 ff) am Beispiel der **Patentrechtsverletzung** nachgewiesen, dass es sich in vielen Fällen der Unterlassungsklage um Aussonderungsansprüche iSv § 47 InsO handelt. Einschränkend dagegen W. *Henckel* (*Jaeger/Henckel* § 10 KO Rn 21), der darauf hinweist, dass nicht jede Verteidigung eines in die Insolvenzmasse gehörigen Rechts gegen die Masse als Aussonderung bezeichnet werden kann. Der Unterlassungsrechtsstreit ist nur dann Aussonderungsstreit, wenn der Insolvenzverwalter vorhat, das Recht als Massebestandteil zu verwerten oder wenn ein Massegläubiger im Vollstreckungsweg auf den Gegenstand zugreift. Behauptet der Insolvenzverwalter, das in Anspruch genommene Patent gehöre dem Insolvenzschuldner und dieser habe eine **dingliche Lizenz**, die mit der Masse verwertet werden darf, so liegt ein Aussonderungsrechtsstreit vor. Anders dagegen, wenn der Kläger auf Grund eines angeblichen Patents auf Unterlassung klagt und der Insolvenzverwalter das Patent des Klägers bestreitet (vgl auch **KG** v 26. 1. 2001, OLG-Report 2001, 184; *Jaeger/Henckel* § 10 KO Rn 23). Unterbrochen werden **Rechtsstreitigkeiten über Unterlassungsansprüche,** die ein Verhalten zu

§ 85 *Aufnahme von Aktivprozessen*

unterbinden suchen, für das der Insolvenzschuldner ein Recht zur Seite zu haben glaubt, das im Falle seines Bestehens zur Insolvenzmasse gehören würde, oder die in anderer Weise die Insolvenzmasse berühren (vgl **BGH NJW** 1966, 51; *K. Schmidt* ZZP 90 [1977], 38 ff; *Jaeger/Windel* § 85 Rn 36; *Kilger/K. Schmidt* § 10 KO Anm 1 c). Eingehend zu Unterlassungsanspruch, Unterlassungsklage und deliktischem Ersatzanspruch im Konkurs am Beispiel der Patentverletzung *K. Schmidt* ZZO 90 (1977), 38 ff; *Jaeger/Henckel* § 10 KO Rn 19 ff. Zu **Patentnichtigkeitsklagen** s unten zu Rn 25. Eine ähnliche Situation besteht, wenn sich der Insolvenzschuldner gegenüber einer **Eigentumsstörungsklage** auf eine Dienstbarkeit beruft, oder wenn der Unterlassungsanspruch zur Folge hätte, dass Einrichtungen zur Herstellung von Erzeugnissen oder vorrätiger Ware für die Masse unverwertbar würden. Oder bei **patentrechtlichen Unterlassungsklagen** gegen den Schuldner, wenn von ihnen ein zur Masse gehörendes Recht abhängen kann (RGZ 132, 362, 363; *Zöller/Greger* § 240 ZPO Rn 8). Auch ein gegen den Insolvenzschuldner auf **Unterlassung unlauteren Wettbewerbs** anhängiges Verfahren wird unterbrochen, wenn der Anspruch die Aktivmasse zu beeinträchtigen geeignet ist, zB für die Ausbeutung eines Patents des Insolvenzschuldners von Bedeutung ist (RGZ 45, 374). Begehrt der Insolvenzschuldner, gestützt auf ein in die Masse fallendes Recht, seinerseits Unterlassung vom Prozessgegner, so greift § 240 ZPO stets ein.

18 d) **Nicht vermögensrechtliche Streitigkeiten.** Prozesse über nicht vermögensrechtliche Streitgegenstände werden nicht unterbrochen, weil sie die Insolvenzmasse weder betreffen noch irgendwelchen Bezug auf die Insolvenzmasse haben. Das gilt in allen Familiensachen, dem Entmündigungsverfahren, dem Betreuungsverfahren, soweit es sich nicht auf vermögensrechtliche Angelegenheiten bezieht, sowie von dem Namensstreit natürlicher Personen (*Jaeger/Henckel* § 10 KO Rn 46; *K/P/B/Lüke* § 85 Rn 15). **Ansprüche auf höchstpersönliche Leistungen** des Insolvenzschuldners, wie zB ein Auskunftsanspruch, können weiter verfolgt werden (*Jaeger/Henckel* § 10 KO Rn 46, 48; *Smid* § 80 Rn 66; HK-*Eickmann* § 85 Rn 4; *Jaeger/Windel* § 85 Rn 25; MüKo-*Schumacher* vor §§ 85–87 Rn 24; *Gottwald/Gerhardt* InsRHdb § 32 Rn 9). Handelt es sich um einen gegen den Schuldner persönlich gerichteten **Auskunftsanspruch**, wird ein hierüber geführter Rechtsstreit gem § 240 ZPO unterbrochen, wenn er der Vorbereitung eines die Masse betreffenden Hauptprozesses dient (K/P/B/*Lüke* § 85 Rn 16; s auch **OLG Köln** EWiR 1988 § 6 KO 2/88, 1009 [*Häsemeyer*]). Das gilt auch für andere Klagen, wenn sie dazu dienen, einen die Masse betreffenden Hauptanspruch vorzubereiten, wie zB eine **Klage gegen den Schuldner auf Rechnungslegung** (vgl **BGH** v 21. 11. 1953, LM § 146 KO Nr 4; **LG** Düsseldorf v 8. 4. 1976, BB 1977, 1673; K/P/B/*Lüke* § 85 Rn 16; *Zöller/Greger* § 240 ZPO Rn 8; MüKo-*Feiber* § 240 ZPO Rn 26). Vermögensrechtlich ist der Auskunftsanspruch nach § 1361 Abs 4 S 1, 1605 BGB (**BGH NJW** 1982, 1651). Nicht vermögensrechtlich ist dagegen der Anspruch nach § 99 Abs 4 BetrVG (**LAG** Hannover AnwBl 1984, 166). Nicht vermögensrechtlich ist grundsätzlich auch der **Ehrenschutzanspruch**, also der soziale Geltungsanspruch (**BGH NJW** 1985, 979), wie etwa der einen Angriff auf die Ehre abwehrenden und auf §§ 823 Abs 2 BGB, 185, 186 StGB gestützte Unterlassungsanspruch (**BGH NJW** 1985, 979; vgl auch **OLG Köln** VersR 1974, 151; *Jaeger/Henckel* § 10 KO Rn 25; *Braun/Uhlenbruck* Unternehmensinsolvenz S 320; K/P/B/*Lüke* § 85 Rn 15; H/W/W § 85 Rn 18). Das gilt selbst dann, wenn durch den Rechtsstreit die Berufsehre des Verletzten (**BGH** VersR 1991, 202; **BGH** VersR 1991, 792) oder Vermögensinteressen des Gegners berührt werden (vgl **BGH** VersR 1983, 832). Um eine nicht vermögensrechtliche Streitigkeit handelt es sich auch, wenn der Kläger den durch die Ehrverletzung eingetretenen Vermögensschaden nicht geltend macht, es sei denn, sein Rechtsschutzbegehren diene wesentlich auch wirtschaftlichen Belangen (**BGH NJW** 1985, 979). Ein **urheberrechtlicher Unterlassungsanspruch** ist vermögensrechtlich, soweit es sich neben den ideellen Belangen auch um die wirtschaftliche Auswertung des Werks handelt (**BGH** GRUR 1958, 101). Nicht vermögensrechtlich ist die Zugehörigkeit zu einem Ideal verein und damit verbundene Klagen (**OLG Frankfurt** RPfleger 1966, 25; **OLG Köln** MDR 1984, 153), wohl aber der Streit über eine Vorstandswahl (**OLG Düsseldorf** AnwBl 1997, 680).

19 **Keine Unterbrechung** eines Rechtsstreits tritt ein, wenn der Streit nur **unpfändbare Gegenstände zum Gegenstand hat** (§ 36), die nicht in die Insolvenzmasse fallen. Zur Unterbrechung eines Streits über die Abberufung eines GmbH-Geschäftsführers durch Gesellschafterbeschluss vgl **OLG München** DB 1994, 1464. Bei **patentrechtlichen Nichtigkeitsklagen durch den Schuldner** tritt immer eine Unterbrechung des Rechtsstreits nach § 240 ZPO ein, wenn der Schuldner gewerbetreibend ist und die Nichtigkeitsklage mit Rücksicht auf den Gewerbebetrieb erhoben worden ist (RGZ 141, 429; **BGH** v 17. 1. 1995, NJW-RR 1995, 573 = ZIP 1995, 414; *Zöller/Greger* § 240 ZPO Rn 8; zu Patentnichtigkeitsklagen **gegen den Schuldner** s unten zu Rn 25). Die Eröffnung eines Insolvenzverfahrens über das Vermögen des Antragstellers in einem Verfahren des einstweiligen Rechtsschutzes, mit dem sich der ASt gegen die Anordnung der sofortigen Vollziehung einer **Gewerbeuntersagungsverfügung** wendet, führt nicht zu einer Verfahrensunterbrechung nach § 173 VwGO iVm § 240 ZPO (**VG** Gießen ZIP 2005, 2074; **VG** Chemnitz v 12. 8. 1996, NVwZ-RR 1998, 309 mit Anm *Frege*). Hat der Schuldner vor Verfahrenseröffnung Einspruch gegen einen **Gewerbesteuermessbescheid** eingelegt, wird das Einspruchsverfahren gem § 240 ZPO mit der Verfahrenseröffnung unterbrochen (so für den Konkurs **BFH** v 2. 7. 1997, NJW 1998, 630). Zur WEG-Beschlussanfechtung s **KG** NJW 2005, 3583 (Ls).

A. Die Verfahrensunterbrechung nach § 240 ZPO § 85

e) Freigabe des streitbefangenen Vermögensgegenstandes und Teilnahmeverzicht. Gibt der Insolvenzverwalter durch **Ablehnung der Aufnahme des unterbrochenen Rechtsstreits** (BGH v 7. 12. 2006 – IX ZR 16/04, ZInsO 2007, 94, 96; HaKo-*Kuleisa* § 85 Rn 24) oder durch Freigabeerklärung nach erfolgter Aufnahme den Streitgegenstand frei, so wird der bislang streitbefangene Vermögensgegenstand insolvenzfreies Schuldnervermögen (RGZ 79, 28; **BGH** ZIP 2007, 196; **BGH** NJW 1966, 51; **BGH** NJW 1973, 2065; HK-*Kayser* § 85 Rn 62; *Zöller/Greger* § 240 ZPO Rn 11; für eine Unterscheidung zwischen Freigabe und Ablehnung *Jaeger/Windel* § 85 Rn 144 ff). Der Insolvenzbeschlag wird aufgehoben; die Unterbrechung des Verfahrens endet (**BGH** v 21. 4. 2005 – IX ZR 281/03, ZIP 2005, 103 = ZInsO 2005, 594, 595; *Braun/Bäuerle* § 35 Rn 10). Allerdings tritt die **Beendigung der Unterbrechungswirkung** erst dann ein, wenn der Schuldner oder der Gegner die Aufnahme erklärt (BGHZ 36, 261; **BGH** NJW 1990, 1239; *Braun/Kroth* § 85 Rn 4; s auch unten zu Rn 23). Ein Insolvenzverwalter kann nicht einen nach § 240 ZPO unterbrochenen Passivprozess zur Aufnahme durch den Insolvenzschuldner „freigeben" (**BGH** v 27. 10. 2003 – II ZA 9/02, NZI 2004, 54). Die Insolvenzmasse ist nicht betroffen, wenn der Insolvenzverwalter durch Erklärung gegenüber dem Insolvenzschuldner den Streitgegenstand aus der Masse freigegeben hat, bevor die Klage erhoben worden ist (*Gottwald/Gerhardt* InsRHdb § 32 Rn 9).

Nach früherer Rechtsprechung und teilweise auch für das neue Recht vertretener Auffassung ist die Insolvenzmasse auch dann nicht betroffen, wenn der Gläubiger **vor Klageerhebung** zum Ausdruck gebracht hat, er wolle keine Befriedigung seines geltend gemachten Anspruchs aus der Insolvenzmasse suchen und **verzichte auf eine Verfahrensteilnahme** (BGHZ 25, 395, 399 = NJW 1958, 23; BGHZ 72, 234 = NJW 1979, 162; **BAG** NJW 1984, 998; *Stein/Jonas/Roth* § 240 ZPO Rn 10; *Zöller/Greger* § 240 ZPO Rn 11; *Gottwald/Gerhardt* InsRHdb § 32 Rn 9). Nach der eindeutigen Fassung des § 87 ist der Insolvenzgläubiger trotz Teilnahmeverzichts nicht berechtigt ist, einen Prozess gegen den Schuldner oder das Schuldnerunternehmen während des eröffneten Insolvenzverfahrens anzustrengen (str aA zB *Häsemeyer* InsR Rn 10.45; *Gottwald/Gerhardt* InsRHdb § 32 Rn 9 für den Fall der Freigabe der Klageerhebung). Auch wenn der Kläger auf die Teilnahme am Insolvenzverfahren verzichtet hat, ist nach Auffassung des **OLG** Nürnberg (Urt v 25. 5. 2000, DZWIR 2001, 154 m krit Anm *Spickhoff*) das gesamte Verfahren gem § 240 ZPO unterbrochen, wenn die Gegenansprüche des beklagten Gemeinschuldners, mit denen dieser aufrechnet oder auf die dieser eine Widerklage stützt, ganz oder teilweise die Insolvenzmasse betreffen. Für das frühere Recht entsprach es fast allgemeiner Meinung, dass grundsätzlich jeder Gläubiger auf Deckung seiner Forderung aus der Konkursmasse als Konkursgläubiger verzichten und gegen den Gemeinschuldner auch während des Konkurses wegen einer vorkonkurslichen Forderung Klage erheben konnte (RGZ 29, 73, 74 f; **BGH** DStR 1996, 1053, 1054; BGHZ 25, 395, 396 f; BGHZ 72, 234 f; *Jaeger/Henckel* § 12 KO Rn 3, 8; *Kilger/K. Schmidt* § 12 KO Anm 2; *Pape/Voigt* WiB 1995, 622; *Pape* WiPra 1996, 242, 243). Die in der **Literatur zur InsO** vertretene Auffassung, dass eine Verfahrensunterbrechung nach § 240 ZPO nicht stattfindet, wenn der Kläger erklärt, aus der Masse keine Befriedigung beanspruchen zu wollen (vgl K/P/B/*Lüke* § 85 Rn 13; *Gottwald/Gerhardt* InsRHdb § 32 Rn 9; *Häsemeyer* InsR Rn 13.16; *Spickhoff* DZWIR 2001, 159), beruht weitgehend auf Entscheidungen der Gerichte zum Recht der KO. Zutreffend weist *Pape* (K/P/B/*Pape* § 85 Rn 13) darauf hin, dass es fraglich ist, ob ein solcher Fall nach neuem Recht praktisch vorkommen wird, da § 35 auch den Neuerwerb in die Masse einbezieht.

Passivprozesse, die durch die Eröffnung des Insolvenzverfahrens gem § 240 ZPO unterbrochen, aber von § 86 InsO nicht erfasst werden, sind die Rechtsstreitigkeiten, in denen gegen den Schuldner Ansprüche geltend gemacht werden, die im Insolvenzverfahren als Insolvenzforderungen nach den §§ 174 ff verfolgt werden müssen. Ein solcher Prozess kann nach zutreffender Feststellung von KS-*Landfermann* (S 159, 168 Rn 30) gem § 87 zunächst nicht aufgenommen werden, da das insolvenzrechtliche Prüfungsverfahren absoluten Vorrang hat. Gäbe es den eindeutigen Wortlaut des § 87 nicht, könnte man durchaus argumentieren, die prozessuale Verfolgung durch einen verzichtenden Gläubiger außerhalb des Insolvenzverfahrens sei lediglich eine **vorbereitende Maßnahme**, die allerdings von dem Vollstreckungsverbot des § 89 erfasst werde. Demgegenüber stellt § 87 in Abrede, dass sich ein Insolvenzgläubiger der verfahrensrechtlichen Durchsetzung seiner Forderung durch Prozessaufnahme entziehen kann. Zur **Freigabeerklärung nach** gem § 240 ZPO eingetretener **Unterbrechung** vgl *Stein/Jonas/Roth* § 240 ZPO Rn 41.

Die **Unterbrechung des Verfahrens endet** auch bei Freigabe des Streitgegenstandes erst mit der Aufnahme des Rechtsstreits durch den Schuldner oder den Prozessgegner (RGZ 127, 200; BGHZ 36, 261 = NJW 1962, 589 f; **BGH** NJW 1990, 1239). Die Zulässigkeit der **Freigabe in der Insolvenz einer juristischen Person** kann angesichts der höchstrichterlichen Rechtsprechung nicht mehr in Frage gestellt werden (vgl **BGH** v 7. 12. 2006 – IX ZR 15/04, ZInsO 2007, 94, 96; **BGH** v 21. 4. 2005 NZI 2005, 387 = ZIP 2005, 1034). Einzelheiten zur Ablehnung der Prozessaufnahme als Freigabe unten zu Rn 56.

f) Prozesse hinsichtlich des sonstigen insolvenzfreien Schuldnervermögens. Prozesse, die das sonstige insolvenzfreie Vermögen des Schuldners betreffen, also Vermögen, das nicht der Zwangsvollstreckung unterliegt und auch nicht unter den Katalog der in § 36 Abs 2 aufgeführten Gegenstände fällt, werden durch die Eröffnung des Insolvenzverfahrens über das Vermögen einer Partei nicht unterbrochen (*Jaeger/*

Windel § 85 Rn 25; MüKo-*Schumacher* vor §§ 85–87 Rn 24). Hier gilt das Gleiche wie für freigegebene Gegenstände. Anders als nach der KO sind jedoch die früheren nicht anmeldefähigen Ansprüche (§ 63 KO) nunmehr durch § 39 in das Insolvenzverfahren, wenn auch als nachrangige Forderungen, einbezogen. Dies hat zur Folge, dass Prozesse, die **nachrangige Forderungen** betreffen, ebenfalls durch § 240 ZPO unterbrochen werden. **Insolvenzgläubiger** iSv § 87 sind nicht nur die Gläubiger nach § 38, sondern auch die nachrangigen Gläubiger nach § 39. Auch wegen dieser Forderungen kann bei **Verfahrensteilnahmeverzicht des Gläubigers** weder eine neue Klage gegen den Schuldner angestrengt noch ein unterbrochenes Verfahren ohne weiteres aufgenommen werden, wenn nicht die Voraussetzungen der §§ 174 ff vorliegen oder das Verfahren beendet wird.

25 g) **Patentnichtigkeitsklagen.** Patentnichtigkeitsklagen (§§ 81 Abs 3, 22 Abs 1, 21 Abs 1 Nr 3 PatG), die gegen den Insolvenzschuldner als Patentinhaber anhängig sind, werden stets unterbrochen (**RG** v 27. 9. 1933, RGZ 141, 427; **BGH** NJW-RR 1995, 573; *Kilger/K. Schmidt* § 10 KO Anm 1 c; *Jaeger/Henckel* § 10 KO Rn 40; *Jaeger/Windel* § 85 Rn 72; K/P/B/*Lüke* § 85 Rn 20; MüKo-*Schumacher* vor §§ 85–87 Rn 37). Gleiches gilt im **Eröffnungsverfahren** bei Übergang des Verfügungsrechts auf den – starken – vorläufigen Insolvenzverwalter (§§ 24 Abs 2, 85 Abs 1 S 1 InsO, 240 S 2 ZPO). Nicht unterbrochen wird dagegen die Frist zur Zahlung der Jahresgebühr nach dem Patentkostengesetz (**BGH** v 11. 3. 2008 – IX ZB 5/07, ZIP 2008, 1198; **str aA BPatG** v 30. 1. 2007, ZInsO 2007, 329). Bei Patentnichtigkeitsklagen, die vom **Insolvenzschuldner als Kläger** erhoben worden sind, ist zu unterscheiden, ob sie auf § 22 Abs 1, § 21 Abs 1 Nr 3 PatG oder auf § 22 Abs 1, § 21 Abs 1 Nr 1 PatG gestützt werden. Die Nichtigkeitsklage wegen widerrechtlicher Entnahme wird stets gem § 240 ZPO unterbrochen. Die Nichtigkeitsklage wegen fehlender Patentfähigkeit dagegen nur, wenn sie mit Rücksicht auf den Gewerbebetrieb des Schuldners erhoben wurde (**BGH** NJW-RR 1995, 573; RGZ 141, 427; *Jaeger/Henckel* § 10 KO Rn 40; K/U Vorbem §§ 10–12 KO Rn 14; MüKo-*Schumacher* vor §§ 85–87 Rn 37; *Jaeger/Windel* § 85 Rn 72; K/P/B/*Lüke* § 85 Rn 20). Prozessunterbrechung tritt nur bei vermögensrechtlichem Bezug zum Schuldner ein. **Schadenersatzklagen wegen Verletzung eines Urheber- oder Erfinderrechts** werden ebenso nach § 240 ZPO unterbrochen wie Schadenersatzklagen wegen unlauteren Wettbewerbs (vgl K/P/B/*Lüke* § 85 Rn 20). Das gilt auch für ein Löschungsverfahren gem § 82 Abs 1 MarkenG (**BPatG** GRUR 1997, 834; K/P/B/*Lüke* § 85 Rn 20).

III. Identität des Rechtsstreits

26 Voraussetzung für den Eintritt der Unterbrechungswirkung ist die Identität des Rechtsstreits (*Kilger/K. Schmidt* § 10 KO Anm 1 d; N/R/*Wittkowski* § 85 Rn 5). War zwischen dem Schuldner und dem Gläubiger ein Rechtsstreit über die Feststellung des Bestehens eines Arbeitsverhältnisses anhängig und macht nunmehr der Arbeitnehmer Lohnansprüche als Insolvenzforderungen geltend, so fehlt es an der notwendigen Identität des Streitgegenstandes, denn die Lohnforderungen sind zur Insolvenztabelle gem §§ 174 ff anzumelden. Unterbrochen ist nur der Feststellungsstreit (BGHZ 105, 34 = NJW 1988, 170 = ZIP 1988, 979).

IV. Unterbrechung einzelner Verfahren

27 1. **Zivilgerichtliche Verfahren. a) Allgemeine Klagearten.** Nach § 240 S 1 ZPO unterbrochen werden **Leistungsklagen gegen den Schuldner**, wenn der Klageanspruch nach Verfahrenseröffnung eine Insolvenzforderung (§§ 28, 39) oder eine Masseverbindlichkeit (§ 55 Abs 1 Nr 2) darstellt oder zur Aus- bzw Absonderung berechtigt (*Jaeger/Henckel* § 10 KO Rn 12; MüKo-*Schumacher* vor §§ 85–87 Rn 27). **Leistungsklagen des Schuldners** wegen eines massezugehörigen Anspruchs werden selbst dann unterbrochen, wenn der Rechtsstreit die Masse nur mittelbar berührt (MüKo-*Schumacher* vor §§ 85–87 Rn 29; *Jaeger/Windel* § 85 Rn 27). Feststellungsklagen unterbrechen, wenn das mit der Klage verfolgte Feststellungsinteresse sich auf die Masse bezieht (*Jaeger/Windel* § 85 Rn 28; MüKo-*Schumacher* vor §§ 85–87 Rn 20; HaKo-*Kuleisa* vor §§ 85–87 Rn 15). **S auch oben zu Rn 10.** Gestaltungsklagen werden nur unterbrochen, wenn das zu gestaltende Rechtsverhältnis die Masse betrifft (MüKo-*Schumacher* vor §§ 85–87 Rn 31; *Jaeger/Windel* § 85 Rn 29).

28 b) **Anfechtungsprozess.** Für den Anfechtungsprozess nach dem AnfG gelten die speziellen Vorschriften der §§ 16, 17, 18 AnfG idF des Art 1 EGInsO. Wird über das Vermögen des Schuldners das Insolvenzverfahren eröffnet, so ist nach § 16 Abs 1 S 1 AnfG der **Insolvenzverwalter berechtigt**, die von den Insolvenzgläubigern erhobenen **Anfechtungsansprüche zu verfolgen**. Hat ein Insolvenzgläubiger bereits vor Verfahrenseröffnung auf Grund seines Anfechtungsanspruchs Sicherung oder Befriedigung erlangt, so gilt § 130 InsO entsprechend (§ 16 Abs 2 AnfG). Ist das Verfahren über den Anfechtungsanspruch im Zeitpunkt der Eröffnung des Insolvenzverfahrens noch rechtshängig, so wird es nicht gem § 240 ZPO, sondern nach § 17 Abs 1 S 1 AnfG unterbrochen (vgl aber auch **BGH** v 21. 1. 2004 – IX ZB 205/03, ZInsO 2004, 1310 = ZVI 2004, 746). Es kann vom Insolvenzverwalter aufgenommen werden (§ 17 Abs 1 S 2 AnfG). Wird die Aufnahme verzögert, so gilt § 239 Abs 2–4 ZPO entsprechend (§ 17

A. Die Verfahrensunterbrechung nach § 240 ZPO § 85

Abs 1 S 3 AnfG). Hinsichtlich der Anordnung eines allgemeinen Verfügungsverbots enthält das AnfG keine Regelung der Unterbrechung. Insoweit findet § 240 S 2 ZPO Anwendung mit der Folge, dass der Anfechtungsprozess auch bei Anordnung eines allgemeinen Verwaltungs- und Verfügungsverbots (§ 21 Abs 2 Nr 2 iVm § 22) unterbrochen wird. Zur analogen Anwendung von § 17 AnfG auf die **persönliche Haftung des Kommanditisten** nach § 171 Abs 2 HGB und für Klagen eines Gesellschaftsgläubigers gegen eine Gesellschaft ohne Rechtspersönlichkeit (§ 11 Abs 2 Nr 1), mit denen die **persönliche Haftung des Gesellschafters** (§§ 93, 280) s MüKo-*Schumacher* vor §§ 85–87 Rn 10–13; BGH NJW 2003, 590; BGH ZIP 1982, 177, 179 f.

c) **Kostenstreitigkeiten.** Wird vor Eröffnung des Insolvenzverfahrens im Prozess mit dem späteren Insolvenzschuldner die Klage oder ein Rechtsmittel zurückgenommen, so wird der noch anhängige **Kostenrechtsstreit** gem § 240 ZPO unterbrochen (OLG Hamburg OLGZ 21, 177; KG OLGZ 1977, 364; OLG Hamm MDR 1985, 682; *Jaeger/Henckel* § 10 KO Rn 28; MüKo-*Feiber* § 240 ZPO Rn 27; str aA OLG Celle OLGZ 1969, 368, 370). Erklären beide Parteien die **Hauptsache vor Eröffnung** des Insolvenzverfahrens **für erledigt**, so tritt Unterbrechung nach § 240 ZPO ein, soweit der Rechtsstreit in der Hauptsache die Insolvenzmasse betrifft (K/U Vorbem §§ 10–12 KO Rn 7 a). Hat der Kläger die Hauptsache für erledigt erklärt und wird nunmehr das Insolvenzverfahren über das Vermögen des Beklagten eröffnet, der der Erledigung widersprochen hat und Klageabweisung begehrt, so tritt Unterbrechung nach § 240 ZPO ein, wenn der Prozess in der Hauptsache die Insolvenzmasse betrifft (*Jaeger/Henckel* § 10 KO Rn 31). Wird der Rechtsstreit durch gerichtliches Urteil für erledigt erklärt, so sind dem Beklagten die Kosten aufzuerlegen (**BGH NJW 1968, 2243**; *Stein/Jonas/Leipold* § 91 a ZPO Rn 41). Ist der Insolvenzschuldner der Kläger, so kann der Insolvenzverwalter die Kosten festsetzen lassen. Ist der Insolvenzschuldner dagegen der Beklagte, ist die Kostenforderung zur Insolvenztabelle gem §§ 174 ff anzumelden. Das Verfahren wird gem § 240 ZPO durch die Eröffnung des Insolvenzverfahrens über das Vermögen einer Partei unterbrochen, wenn durch den Ausgang des Rechtsstreits die Insolvenzmasse betroffen wird. Dies ist auch dann der Fall, wenn zu Lasten dieser Partei lediglich eine **Kostenentscheidung** ergehen müsste (**OLG Bamberg v 13. 4. 2000, OLG-Report 2001, 255**). Mit der Feststellung der streitgegenständlichen Forderung zur Insolvenztabelle steht § 240 ZPO trotz noch nicht abgeschlossenen Insolvenzverfahrens weder einer Entscheidung über eine noch rechtshängige Nichtzulassungsbeschwerde noch einer abschließenden Kostenentscheidung entgegen. Gericht haben sich während des Insolvenzverfahrens nur weiterer Entscheidungen zur Hauptsache zu enthalten (**BGH v 2. 2. 2005 – XII ZR 233/02, ZInsO 2005, 372**). Einzelheiten zum selbständigen Kostenstreit und den Unterbrechungswirkungen bei *Jaeger/Henckel* § 10 KO Rn 28–33.

d) **Kostenfestsetzungsverfahren.** Nach wohl allgemeiner Meinung gelten die Bestimmungen der §§ 239 ff ZPO auch für das Kostenfestsetzungsverfahren, bei dem es sich um ein dem Hauptverfahren angegliedertes, wenn auch selbständiges Nachverfahren handelt (vgl **KG v 18. 1. 2000, ZIP 2000, 279**; **OLG Stuttgart von 16. 11. 1998, ZIP 1998, 2066**; **OLG München Rpfleger 1974, 368**; **KG Rpfleger 1976, 187**; **OLG Hamm Rpfleger 1989, 523**; **OLG Hamm OLG-Report 2005, 95**; **OLG Düsseldorf ZIP 1996, 1621**; **OLG Jena FamRZ 1997, 765**; *Stein/Jonas/Bork* § 103 ZPO Rn 2; *v. Eicken* in: *v. Eicken/Lappe/Madert*, Die Kostenfestsetzung B 66; *Baumbach/Lauterbach/Albers/Hartmann* § 240 ZPO Rn 2; MüKo-*Feiber* § 240 ZPO Rn 4). Die eingetretene **Unterbrechung des Hauptstreits** führt gem § 240 ZPO automatisch zu einer Unterbrechung eines noch nicht abgeschlossenen Kostenfestsetzungsverfahrens, das die Kosten jener Instanz betrifft, in der die Unterbrechung eintritt (vgl **BGH v 29. 6. 2005 – XII ZB 195/04, NZI 2006, 128**). Allerdings wird teilweise eine **Ausnahme** für den Fall gemacht, dass das Kostenfestsetzungsverfahren die **Kosten der ersten Instanz zum Gegenstand** hat, die Unterbrechung nach § 240 ZPO aber erst während des Berufungsverfahrens eingetreten ist (so zB **OLG Koblenz AnwBl 1988, 301** u **Rpfleger 1991, 335**; **OLG Hamburg MDR 1990, 34**; *Stein/Jonas/Bork* § 103 ZPO Rn 2; *Stein/Jonas/Roth* § 240 ZPO Rn 9). Gegenüber der abweichenden Auffassung ist festzustellen, dass die Unterbrechung nach § 240 ZPO kraft Gesetzes mit dem Vorliegen ihrer Voraussetzungen eintritt, ohne der Dispositionsbefugnis eines Antragsberechtigten zu unterliegen (zutr **KG v 18. 1. 2000, ZIP 2000, 279**). Sinn und Zweck der gesetzlichen Unterbrechungswirkung nach § 240 ZPO ist es, demjenigen, auf den die Prozessführungsbefugnis übergeht, die Möglichkeit zu verschaffen, sich auf den Rechtsstreit einzurichten. Das gilt nicht nur für einen Hauptprozess, sondern auch für ein Kostenfestsetzungsverfahren.

Die während der **Anhängigkeit des Rechtsstreits in der Rechtsmittelinstanz** gem § 240 ZPO eintretende Unterbrechung erstreckt sich auch auf ein die **Kosten der Vorinstanz** betreffendes **Kostenfestsetzungsverfahren** (**BGH v 29. 6. 2005 – XII ZB 195/04, MDR 2006, 55**; **KG v 18. 1. 2000, NZI 2000, 177**). Das Kostenfestsetzungsverfahren wird auch dann unterbrochen, wenn die **Kostengrundentscheidung rechtskräftig** ist (**KG v 18. 1. 2007 – 19 WF 244/06, OLG-Report 2008, 124**). Solange für die Instanz nur ein gegen den späteren Insolvenzschuldner gerichteter Kostenausspruch vorhanden ist, kann ein die Kosten dieser Instanz betreffender Kostenfestsetzungsbeschluss nicht auf den Insolvenzverwalter, der in einer nachfolgenden Instanz in den Prozess eingetreten ist, umgeschrieben werden. Nach zutreffender Auffassung des **OLG München** (Beschl v 11. 10. 1999, NZI 1999, 498) ist der Kostenerstattungsanspruch einfache Insolvenzforderung geblieben und darf nicht mit Hilfe der Umschreibung auf den Insolvenzverwalter als Masseverbindlichkeit iSv § 55 realisiert werden (der Fall betraf allerdings die KO).

32 **Keine Unterbrechung** findet dagegen statt beim **Streitwertfestsetzungsverfahren** (OLG Hamm MDR 1971, 495; **OLG** Neustadt Beschl v 28. 11. 1964, NJW 1965, 591; **OLG** Hamm Beschl v 25. 2. 1970, MDR 1971, 495; *Zöller/Greger* vor § 239 ZPO Rn 8). Kritisch dagegen K/P/B/*Lüke* (§ 85 Rn 31), die darauf hinweisen, dass es unklar bleibe, warum eine solche folgenreiche Entscheidung keinen Aufschub verlangen können solle. Gleiches gilt für die **Gerichtsstandsbestimmung** nach § 36 Nr 3 ZPO (**BayObLGZ** 1985, 314, 316); ferner für das **Notarkostenbeschwerdeverfahren** (KG MDR 1988, 329; *Gottwald/Gerhardt* InsRHdb § 32 Rn 1).

33 e) **Zwangsvollstreckungsverfahren.** Während § 240 ZPO auf das Verfahren zur Erwirkung eines Arrestes oder einer einstweiligen Verfügung Anwendung findet (**BGH** NJW 1962, 591 = KTS 1962, 51; *Stein/Jonas/Grunsky* § 920 ZPO Rn 1; *Jaeger/Henckel* § 10 KO Rn 38; *Kilger/K. Schmidt* § 10 KO Anm 1a; K/P/B/*Lüke* § 85 Rn 29), greift die Vorschrift für **Zwangsvollstreckungen** nicht ein (**BGH** v 28. 3. 2007 – VII ZB 25/05, BGHZ 172, 16 = ZIP 2007, 983; **BGH** v 14. 8. 2008 – VII ZB 3/08, NZI 2008, 683, 684; **KG** v 17. 12. 1999, NJW-RR 2000, 1075 = NZI 2000, 228 f = InVo 2000, 245; **LG** Dortmund Rpfleger 1963, 311; *Jaeger/Henckel* § 10 KO Rn 37). Gleiches gilt für das **Verfahren auf Erteilung der Vollstreckungsklausel,** weil die Erteilung nach Eröffnung des Insolvenzverfahrens über das Vermögen des Schuldners lediglich die Zwangsvollstreckung vorbereitet, also § 89 Abs 1 nicht eingreift (**BGH** v 12. 12. 2007 – VII ZB 108/06, NZI 2008, 198 = ZInsO 2008, 158). Soweit eine Vollstreckung möglich ist, wie zB bei Aussonderungsberechtigten (§ 47), ist die Vollstreckungsklausel gegen den Insolvenzverwalter umzuschreiben (*Jaeger/Henckel* § 10 KO Rn 37). War eine Zwangsvollstreckung vor Verfahrenseröffnung zugunsten des Schuldnervermögens eingeleitet worden, kann die Vollstreckungsklausel auf den Insolvenzverwalter umgeschrieben und von diesem für die Masse fortgesetzt werden. **Unterbrochen** wird dagegen ein Verfahren über eine **Vollstreckungsabwehrklage** (**BGH** v 14. 8. 2008 – VII ZB 3/08, NZI 2008, 683). Nach **BGH** v 31. 10. 2000 (InVo 2001, 445) steht die Eröffnung des Insolvenzverfahrens über das Vermögen des Klägers einer Entscheidung über einen **Vollstreckungsschutzantrag** des Schuldners nach § 719 ZPO nicht entgegen. Auch ein **Zwangsversteigerungsverfahren** wird durch die Eröffnung des Insolvenzverfahrens über das Vermögen des betreibenden Gläubigers ebenso wenig unterbrochen wie durch die Insolvenz des Schuldners (**AG** Göttingen Beschl v 16. 11. 1999, NZI 2000, 95 = ZIP 1999, 2107; *Stöber* NZI 1998, 105, 107). Nach zutreffender Feststellung von *Stöber* (NZI 1998, 105, 107) wird auch nicht das **eingestellte Zwangsversteigerungsverfahren** nach § 240 ZPO unterbrochen. Vielmehr laufen die Fristen weiter. § 249 ZPO findet keine Anwendung. Wird über das Vermögen des Schuldners, gegen den ein **ausländisches Urteil** ergangen ist, das Insolvenzverfahren eröffnet, so führt dies zur Unterbrechung des **inländischen Vollstreckbarkeitsverfahrens,** soweit es nach Einlegung des Rechtsbehelfs zweiseitig ausgestaltet ist (**BGH** v 17. 7. 2008 – IX ZR 150/05, NZI 2008, 681 m Anm *Meyer* = ZInsO 2008, 912; **OLG** Zweibrücken v 22. 12. 2000, NZI 2001, 148 = ZIP 2001, 301; *Markowski* ZIP 1994, 1577, 1579; **str aA OLG** Bamberg ZIP 2006, 1066; **OLG** Saarbrücken NJW-RR 1994, 636; vgl zum inländischen Vollstreckbarkeitserklärungsverfahren bei **Auslandskonkurs** auch **OLG** Köln ZIP 2007, 2287; **OLG** Karlsruhe NJW-RR 1987, 1407). Zur Unterbrechung des Zwangsvollstreckungsverfahrens durch Insolvenzeröffnung s auch **KG** NZI 2000, 228.

34 f) **Prozesskostenhilfeverfahren.** § 240 ZPO ist auf das Prozesskostenhilfeverfahren weder direkt noch entsprechend anwendbar (**BGH** v 4. 5. 2006 – IX ZA 26/04, NZI 2006, 543, **KG** v 13. 11. 2006, OLG-Report 2008, 72; **OLG** Köln ZVI 2002, 416; **OLG** Zweibrücken ZInsO 2005, 444; **OLG** Stuttgart ZInsO 2005, 153; zum finanzgerichtlichen Verfahren s jedoch **BFH** v 27. 9. 2006 – IV S 11/05, ZIP 2006, 2333; *Jaeger/Henckel* § 10 KO Rn 49; K/U Vorbem §§ 10–12 KO Rn 7; *Kilger/K. Schmidt* § 10 KO Anm 1a; *Mohrbutter* in *Mohrbutter/Ringstmeier* Hdb § 6 Rn 421; **str aA LAG** Hamm ZIP 2005, 1755). Die Insolvenzeröffnung hat trotzdem Einfluss auf das PKH-Verfahren: Ein Gläubiger des Insolvenzschuldners kann das Verfahren nach §§ 114 ff ZPO erst fortsetzen, wenn er zuvor im Hinblick auf § 87 seine Forderung zur Insolvenztabelle nach den §§ 174 ff angemeldet hat. Wird die Forderung bestritten, so bleibt die Feststellungsklage nach § 179. Für diese Klage kann, soweit die Voraussetzungen im Hinblick auf die Änderung des Streitwerts noch vorliegen (§ 182), um Prozesskostenhilfe nach den §§ 114 ff ZPO nachgesucht werden. Hatte vor Verfahrenseröffnung der Insolvenzschuldner einen PKH-Antrag gestellt, so hat der Insolvenzverwalter nunmehr die Voraussetzungen des § 116 ZPO darzulegen und uU nachzuweisen. **Wirtschaftlich beteiligt** sind der Insolvenzverwalter und die Insolvenzgläubiger, nicht dagegen der Insolvenzschuldner hinsichtlich des insolvenzbefangenen Vermögens, wohl aber im Hinblick auf § 201 (Einzelheiten zu § 80 Rn 116 ff). Wird ein **Gegenstand aus der Masse freigegeben** oder fällt er nicht unter § 35 oder § 36 Abs 2, so kann der Insolvenzschuldner für eine Rechtsverfolgung PKH beantragen, nicht aber für eine Beteiligung am Insolvenzverfahren (**LG** Traunstein NJW 1963, 959). **Ausnahme:** Der Insolvenzschuldner beansprucht einen Gegenstand als nicht zur Insolvenzmasse gehörig vom Insolvenzverwalter oder führt einen Schadenersatzanspruchprozess gegen diesen nach § 60.

35 Wird über das **Vermögen einer GmbH als Klägerin** das Insolvenzverfahren eröffnet und nimmt der Verwalter den unterbrochenen Prozess nicht auf, so fehlt der Beklagten für die prozessuale Rechtsver-

A. Die Verfahrensunterbrechung nach § 240 ZPO **§ 85**

teidigung der unterbrochenen Hauptsache das RSchI (**OLG** Koblenz ZIP 1987, 1596; **OLG** Hamm BB 1987, 294; K/U Vorbem §§ 10–12 KO Rn 7). Ein für die **Einlegung eines Rechtsmittels** angebrachtes **Prozesskostenhilfegesuch** hindert nicht den Eintritt der Rechtskraft; wird über das Vermögen des Gesuchstellers nach Ablauf der Rechtsmittelfrist ein Insolvenzverfahren eröffnet, ohne dass über sein vor Ablauf der Rechtsmittelfrist eingereichtes Prozesskostenhilfegesuch entschieden worden ist, so wird der Rechtsstreit, weil äußerlich beendet, zwar nicht unterbrochen, aber die durch die Anbringung des Prozesskostenhilfegesuchs geschaffene **Möglichkeit der Wiedereinsetzung in den vorigen Stand** bleibt dem Insolvenzverwalter erhalten. Der Insolvenzverwalter kann innerhalb eines Jahres seit Ablauf der Rechtsmittelfrist den Antrag auf Wiedereinsetzung in den vorigen Stand stellen, aber auch, wenn er diesen Antrag verzögert, vom Gegner zur Aufnahme des Rechtsstreits geladen werden (§ 85 Abs 1 S 2 InsO iVm § 239 ZPO). Vgl auch **BGH** v 29. 4. 1953, BGHZ 9, 308, 310.

g) **Rechtsmittelverfahren.** Nach allgemeiner Meinung findet § 240 ZPO auch auf Beschwerde- und sonstige Rechtsmittelverfahren Anwendung (*Jaeger/Henckel* § 10 KO Rn 26; *Gottwald/Gerhardt* InsRHdb § 32 Rn 10; K/P/B/*Lüke* § 85 Rn 29; N/R/*Wittkowski* § 85 Rn 3; *Kilger/K. Schmidt* § 10 KO Anm 1 a). Für **Beschwerdeverfahren** ist zu differenzieren. Auf ein Beschwerdeverfahren nach § 156 KostO (vgl **KG** MDR 1988, 329) oder auf ein Verfahren nach den §§ 305 Abs 5, 306 AktG findet § 240 ZPO keine Anwendung (BayObLG 1978, 211; *Baumbach/Lauterbach/Albers/Hartmann* § 240 ZPO Rn 7). Nach Feststellung von *Jaeger/Henckel* (§ 10 KO Rn 26) tritt die Unterbrechungswirkung nach § 240 ZPO nur ein, falls die erforderliche Beziehung zur Insolvenzmasse besteht. Zur **Nichtzulassungsbeschwerde** s BGH v 2. 2. 2005, ZInsO 2005, 372. Zur **Aufnahme des Verfahrens** im Rechtsmittelverfahren s unten zu Rn 59.

36

h) **Mahnverfahren.** Unterbrochen wird auch das Mahnverfahren (§§ 688 ff ZPO; *Stein/Jonas/Schlosser* § 693 ZPO Rn 14; *Jaeger/Henckel* § 10 KO Rn 27; HK-*Eickmann* § 85 Rn 3; K/U Vorbem §§ 10–12 KO Rn 4; *Zöller/Vollkommer* vor § 688 ZPO Rn 15–17; K/P/B/*Lüke* § 85 Rn 27). Kommt es noch **vor Zustellung des Mahnbescheids** zur Eröffnung des Insolvenzverfahrens über das Vermögen des Antragsgegners, so greift § 240 ZPO nicht ein, da nur ein schon begonnenes Mahnverfahren unterbrochen werden kann (RG v 4.7. 1930, RGZ 129, 339, 344; LG Koblenz ZInsO 2003, 666; *Hess* § 85 Rn 51; HK-*Eickmann* § 85 Rn 3; N/R/*Wittkowski* § 85 Rn 3; K/P/B/*Lüke* § 85 Rn 87; *Jaeger/Henckel* § 10 KO Rn 27; *Kilger/K.Schmidt* § 10 KO Anm 1 a; MüKo-*Schumacher* vor §§ 85–87 Rn 45; aA OLG Brandenburg NZI 1999, 454). Die Insolvenz des Antragstellers hindert die Zustellung des Mahnbescheids an den Antragsgegner nicht. Die Wirkungen des § 693 Abs 2 ZPO treten zugunsten der Insolvenzmasse ein. Der Verwalter kann das Mahnverfahren gem § 80 Abs 1 weiterführen (*Zöller/Vollkommer* vor §§ 688 ZPO Rn 15). Bei **Insolvenz des Antragsgegners** kann der Mahnbescheid weder an den Schuldner noch an den Insolvenzverwalter wirksam zugestellt werden (§§ 80, 81, 87; RGZ 129, 344; KG JurBüro 1988, 633; *Zöller/Vollkommer* vor § 688 ZPO Rn 15). Der ASt hat seine Forderung nach den §§ 164 ff zur Insolvenztabelle beim Verwalter anzumelden. Bei Widerspruch im Prüfungstermin ist Feststellungsklage nach § 180 möglich. Die Anmeldung zur Tabelle tritt für § 693 Abs 2 ZPO an die Stelle der Zustellung (*Zöller/Vollkommer* vor § 688 ZPO Rn 15; *Thomas/Putzo* vor § 688 ZPO Rn 9).

37

Wird über das Vermögen des Antragstellers oder Antragsgegners **nach Zustellung des Mahnbescheids**, aber **vor Widerspruch** oder **Vollstreckungsbescheid** das Insolvenzverfahren eröffnet, so wird das Mahnverfahren entspr § 240 ZPO unterbrochen (*Jaeger/Henckel* § 10 KO Rn 27; K/U Vorbem §§ 10–12 KO Rn 4; *Kilger/K. Schmidt* § 10 KO Anm 1 a; *Hess* § 85 Rn 52; *Zöller/Vollkommer* vor § 688 ZPO Rn 16; *Baumbach/Lauterbach/Albers/Hartmann* § 693 ZPO Rn 15). Der Insolvenzverwalter kann das Verfahren nach § 85 aufnehmen. Bei Insolvenz des Antragsgegners kann allerdings das Mahnverfahren gegen ihn nicht nach § 250 ZPO aufgenommen werden, denn gem § 87 hat er die Forderung zur Tabelle nach den §§ 174 ff anzumelden (*Zöller/Vollkommer* vor § 688 ZPO Rn 16; *Stein/Jonas/Schlosser* § 693 ZPO Rn 14). Ist der **Vollstreckungsbescheid** zum Zeitpunkt der Insolvenzeröffnung bereits erlassen oder ist der Rechtsstreit in das streitige Verfahren abgegeben worden, so greift § 240 ZPO unmittelbar ein. Der Verwalter kann das Verfahren nach § 85 in der Lage aufnehmen, in der es sich zum Zeitpunkt der Unterbrechung befunden hat (MüKo-*Holch* vor § 688 ZPO Rn 43; K/U Vorbem §§ 10–12 KO Rn 4). Bei Insolvenz des Antragstellers oder Antragsgegners **nach Widerspruch** gegen den Mahnbescheid bis zur Abgabe oder **nach Einspruch gegen den Vollstreckungsbescheid** greifen die §§ 240, 249, 250 ZPO unmittelbar ein (BayObLG 85, 315; *Zöller/Vollkommer* vor § 688 ZPO Rn 17; *Stein/Jonas/Schlosser* § 693 ZPO Rn 14; *Thomas/Putzo* vor § 688 ZPO Rn 11).

38

i) **Selbständiges Beweisverfahren (Beweissicherungsverfahren).** Das selbständige Beweisverfahren (§§ 485 ff ZPO) ist wegen seines Zwecks nicht unterbrechungsfähig (**BGH** v 11. 12. 2003 – VII ZB 14/03, NZI 2004, 165 = ZInsO 2004, 85 = ZIP 2004, 186; **OLG** Hamm Beschl v 4. 2. 1997, ZIP 1997, 552; **OLG** München OLGZ 35, 90; **OLG** München OLGZ 40, 379; HaKo-*Kuleisa* § 85 Rn 18; K/U Vorbem §§ 10–12 KO Rn 6; MüKo-*Schreiber* § 485 ZPO Rn 19; *Kilger/K. Schmidt* § 10 KO Anm 1 a; **für Unterbrechung:** OLG Dresden ZInsO 2002, 883; OLG Frankfurt ZInsO 2003, 229; NZI 2003, 62; ZIP 2003, 2043; OLG Hamburg ZInsO 2001, 132; OLG München ZInsO 2002, 536; zweifelnd N/R/*Wittkowski* § 85 Rn 4; *Hess* § 85 Rn 46, 47, 48; *Jaeger/Henckel* § 10 KO Rn 39; MüKo-*Feiber*

39

§ 240 ZPO Rn 4). S auch G. *Meyer* NZI 2005, 9 ff mi. Lit. Auch K/P/B/*Lüke* (§ 85 Rn 30) äußern Zweifel, ob die gesetzlichen Voraussetzungen für eine Fortsetzung des selbständigen Beweisverfahrens überhaupt vorliegen. Das Verfahren würde zwischen den bisherigen Parteien fortgeführt werden, wozu es weiterhin eines rechtlichen Interesses (§ 485 Abs 2 ZPO) bedürfe, das zu bejahen sei, wenn die Feststellung der Vermeidung eines Rechtsstreits dienen könne. Das selbständige Beweisverfahren kann auch während der Unterbrechung eines Rechtsstreits durchgeführt werden. Letztlich **verbietet der Eilcharakter eines selbständigen Beweisverfahrens die Anwendbarkeit des § 240 ZPO**, was dem Insolvenzverwalter ermöglicht, zügig die Beweissicherung weiter zu betreiben (HaKo-*Kuleisa* § 85 Rn 18; *Hess* § 85 Rn 47, 48). Die Bejahung der Unterbrechung hat zur Folge, dass der Insolvenzverwalter hinsichtlich der Kosten nur dann in Anspruch genommen werden kann, wenn er das Verfahren nach § 85 aufgenommen hat (vgl auch *Stein/Jonas/Roth* vor § 239 ZPO Rn 2). Der Antrag auf Fristsetzung zur Klageerhebung kann nur vom Insolvenzverwalter gestellt werden (**OLG Zweibrücken ZInsO 2005, 383**). Die Unterbrechungswirkung tritt auch nicht ein für ein **Verfahren auf Zuständigkeitsbestimmung** nach § 36 Nr 3 ZPO (BayObLG NJW 1986, 389; *Kilger/K. Schmidt* § 10 KO Anm 1 a).

40 j) **Schiedsgerichtsverfahren**. Grundsätzlich wird das schiedsrichterliche Verfahren durch die Eröffnung des Insolvenzverfahrens über das Vermögen einer Partei nicht unterbrochen (**RG** v 7. 11. 1905; RGZ 62, 24; **BGH** v 21. 11. 1966, WM 1967, 56; **OLG Dresden** SchiedsVZ 2005, 159, 160; **OLG Hamm** KTS 1985, 375, 376; *Heidbrink/von der Groeben* ZIP 2006, 265; K/U Vorbem §§ 10–12 KO Rn 5; *Jaeger/Henckel* § 10 KO Rn 36; *Kilger/K. Schmidt* § 10 KO Anm 1 a; *Flöther* DZWIR 2001, 89, 92; *Behr* JurBüro 1979, 1105, 1106; *Zöller/Greger* vor § 239 ZPO Rn 8; *Zöller/Geimer* § 1042 ZPO Rn 48; K/P/B/*Lüke* § 85 Rn 33; N/R/*Wittkowski* § 85 Rn 4; *Hess* § 85 Rn 44; MüKo-*Schumacher* vor §§ 85–87 Rn 53; zweifelnd MüKo-*Feiber* § 240 ZPO Rn 5; *Heidland* Bauvertrag Rn 291 f). Unterbrochen wird aber das **schiedsgerichtliche Vollstreckungsverfahren** nach §§ 1042 ff ZPO (**BGH** KTS 1966, 246; *Ristelhuber* ZInsO 2004, 427, 430 f; MüKo-*Schumacher* vor §§ 85–87 Rn 54). Anwendung findet § 240 ZPO auch auf ein **gerichtliches Verfahren**, das durch ein schiedsrichterliches Verfahren veranlasst ist (§§ 1031, 1041, 1042 ff, 1044 ff ZPO; vgl **BGH** v 21. 11. 1966, WM 1967, 56; K/U Vorbem §§ 10–12 KO Rn 5; K/P/B/*Lüke* § 85 Rn 33). Schiedsabreden fallen nicht unter § 103 (**LG Paderborn** ZIP 1980, 967). § 103 suspendiert nicht solche Schiedsabreden, die der Schuldner mit einzelnen Gläubigern vor Eröffnung des Insolvenzverfahrens getroffen hat (K/U § 17 KO Rn 16; *Smid/Rattunde* § 80 Rn 67; *Smid*, Grundzüge § 5 Rn 64–67; *Flöther*, Auswirkungen des inländischen Insolvenzverfahrens auf Schiedsverfahren und Schiedsabrede S 71 ff). Der Verwalter kann sich durch Ablehnung der Erfüllung eines mit einer Schiedsabrede verbundenen gegenseitigen Vertrages nicht einseitig lösen. Vielmehr bleibt das Schiedsgericht unter Ausschluss des ordentlichen Rechtsweges zuständig (*Smid/Rattunde* § 80 Rn 67; *Flöther* Auswirkungen S 71 f; zweifelnd *Häsemeyer* InsR Rn 13.28). Grundsätzlich ist der Insolvenzverwalter an Schiedsverträge, die der Schuldner vor Verfahrenseröffnung abgeschlossen hat, gebunden (BGHZ 24, 15, 18; *Jestaedt*, Schiedsverfahren und Konkurs, 1985 S 65 ff; *Kilger/K. Schmidt* § 6 KO Anm 7 b). Die **hM** macht Zugeständnisse insoweit, als sie **Grenzen privatrechtlicher Schiedsvereinbarungen** aus § 240 BGB ableitet, „die dann zumindest im Rahmen eines Aufhebungsantrags (§ 1059 ZPO) durchgesetzt werden können" (K/P/B/*Lüke* § 85 Rn 33).

41 Der Schiedsgerichtsabrede kann die **Einrede der Arglist** entgegengehalten werden, wenn dem Gegner die für die Durchführung des Verfahrens erforderlichen Mittel fehlen (§ 1027 a ZPO, § 242 BGB; **BGH** v 14. 11. 1987, ZIP 1988, 603). Zweifelhaft ist, ob eine vom Schuldner im Vorfeld des Insolvenzverfahrens getroffene Schiedsvereinbarung der **Insolvenzanfechtung** nach §§ 129 ff unterliegt. Nach neuerer Rechtspr des **BGH** kann der Verwalter die Anfechtung weder im Wege der Einrede noch der Schieds-(wider)klage geltend machen, wohl aber im Verfahren auf Vollstreckbarkeitserklärung (**BGH** v 17. 1. 2008 – III ZB 11/07, BB 2008 m Anm *Jan Schäfer*). Jedenfalls kann sich der Insolvenzverwalter gem § 242 BGB von dem Schiedsvertrag durch **Kündigung** aus wichtigem Grund lösen, wenn ihm das Festhalten an der Schiedsvereinbarung nicht zuzumuten ist (*Flöther* Auswirkungen S 77 ff). Die Bindung an Schiedsverträge, die der Schuldner vor Verfahrenseröffnung geschlossen hat, erfasst im Forderungsfeststellungsstreit auch widersprechende Insolvenzgläubiger. Insoweit kommt im Schuldenmassestreit nach Anmeldung und Bestreiten der Forderung nur ein **Feststellungsschiedsspruch** in Betracht (*Flöther* Auswirkungen S 132).

42 Eine vor Insolvenzeröffnung getroffene Schiedsvereinbarung bindet grundsätzlich den Schuldner auch im Rahmen der **Eigenverwaltung**. Der eigenverwaltende Schuldner kann sich nicht über §§ 279, 103 von der Schiedsvereinbarung lösen (*Flöther* Auswirkungen S 88 ff). Von der Ablehnung des Eintritts in die Schiedsvereinbarung zu unterscheiden ist die **Ablehnung der Aufnahme eines Schiedsverfahrens nach § 85 Abs 2**. Lehnt der Insolvenzverwalter die Aufnahme eines anhängigen Schiedsverfahrens ab, kommt diese Ablehnung analog § 85 Abs 2 materiell-rechtlich einer Freigabe gleich. Der Schuldner kann das Schiedsverfahren fortsetzen. Im Fall des Unterliegens fallen die Kosten dem insolvenzfreien Vermögen **des Schuldners zur Last (Einzelheiten bei** *Flöther* Auswirkungen S 103 f).

43 k) **Verfahren der Freiwilligen Gerichtsbarkeit**. Die Vorschriften der §§ 85, 86 InsO, 240 ZPO finden grundsätzlich auf das FGG-Verfahren keine Anwendung (**OLG Köln** ZInsO 2001, 717; BayObLG NZI 2002, 280; **KG** MDR 1988, 329; MüKo-*Feiber* § 240 ZPO Rn 7; *Jaeger/Henckel* § 10 KO Rn 42; K/U

A. Die Verfahrensunterbrechung nach § 240 ZPO   § 85

Vorbem §§ 10–12 KO Rn 7 d; *Kilger/K. Schmidt* § 10 KO Anm 1 a; *Keidel/Kuntze/Winkler/Kayser* § 12 FGG Rn 79; *Bumiller/Winkler* § 12 FGG Anm 40; *Jansen* vor §§ 8–18 FGG Rn 38; *Hess* § 85 Rn 38; K/P/B/*Lüke* § 85 Rn 34; anders OLG München (ZInsO 2005, 1113), wenn es um Vermögensinteressen des Schuldners geht). Auch durch die Insolvenzeröffnung über das Vermögen einer GmbH oder die **Anordnung eines Verwaltungs- und Verfügungsverbots** nach § 21 Abs 2 Nr 2 wird ein Verfahren der freiwilligen Gerichtsbarkeit nicht entsprechend § 240 ZPO unterbrochen (OLG Köln v 11. 7. 2001 NZI 2001, 470 = ZIP 2001, 1553 = GmbHR 2001, 923). Eine **Ausnahme** gilt für sogen „echte Streitverfahren" der freiwilligen Gerichtsbarkeit (MüKo-*Feiber* 240 ZPO Rn 7; HaKo-*Kuleisa* § 85 Rn 21; K/P/B/*Lüke* § 85 Rn 34; *Keidel/Kuntze/Winkler/Kayser* § 12 FGG Rn 198; K/U Vorbem §§ 10–12 KO Rn 7 d; aA OLG Frankfurt ZInsO 2004, 1362). Zutreffend der Hinweis von *Stürner* (FS *Uhlenbruck* S 669, 671), dass insoweit die Unterbrechung analog §§ 239 ff ZPO stattfinden soll, ohne sich daran allerdings im Einzelnen genauer festzulegen (vgl auch KG MDR 1988, 329; BayObLGZ 1973, 307). Beim sogen „echten Streitverfahren" entspricht die Ausgangsposition des Verfahrens dem Zivilprozess. Zu beachten ist jedoch, dass für Angelegenheiten, die die Insolvenzmasse betreffen, an die Stelle des Schuldners nunmehr der Insolvenzverwalter gem § 80 Abs 1 tritt. So kann zB ein Zwangsgeldverfahren (§§ 132 ff FGG) gegenstandslos werden, weil der Schuldner aus dem Pflichtenkreis ausgeschieden ist. Anders aber, soweit Gesellschaftsorgane im Nichtverdrängungsbereich weiter zuständig bleiben, wobei allerdings die Anmeldepflichten nach den §§ 78 BGB, 33 f HGB, 36 AktG durch die Regelung in den §§ 34 Abs 5, 32 HGB, 75 BGB, 363 S 3 AktG weitgehend eingeschränkt sind.

Umstritten ist auch die Anwendung des § 240 ZPO auf ein **aktienrechtliches Spruchstellenverfahren** 44 bei Insolvenz eines Beteiligten (Einzelheiten bei *Stürner* FS *Uhlenbruck* S 669 ff). Mit *Stürner* (FS *Uhlenbruck* S 672) und BayObLGZ 1978, 209 ff; BayObLGZ 1978, 278, 280 ist davon auszugehen, dass echte Streitverfahren im Bereich der freiwilligen Gerichtsbarkeit analog § 240 ZPO unterbrochen werden, wenn sie wie eine zivilprozessuale Klage der Verwirklichung einer Forderung dienen sollen (**anders OLG Frankfurt/M** ZIP 2006, 203, 204, wenn sich der Anspruch auf Abfindung oder Ausgleich richtet). Ein aktienrechtliches Spruchverfahren kann durch die Insolvenz der verbundenen Unternehmen unterbrochen werden (*Stürner* FS *Uhlenbruck* S 674 gegen BayObLG DB 1978, 2163). Die Insolvenzeröffnung über das Vermögen der herrschenden und haftenden Gesellschaft unterbricht ein Spruchstellenverfahren. Die außen stehenden Aktionäre haben ihre Forderungen zur Tabelle nach den §§ 174 ff anzumelden. Die Fortführung des Spruchstellenverfahrens kommt allerdings in Betracht, wenn die Forderung bestritten wird und auf Feststellung zur Tabelle nach § 180 geklagt werden müsste (*Stürner* FS *Uhlenbruck* S 676 f). Die Eröffnung des Insolvenzverfahrens über das Vermögen der beherrschenden Gesellschaft lässt ihre Beteiligtenstellung dagegen unberührt. Einzelheiten zur Anwendung des § 240 ZPO im Bereich der freiwilligen Gerichtsbarkeit bei *Jaeger/Henckel* § 10 KO Rn 42.

l) **Adhäsionsverfahren im Strafprozess.** Der Verletzte oder sein Erbe können gem § 403 StPO den aus 45 der Straftat resultierenden vermögensrechtlichen Anspruch gegen den Beschuldigten im Strafverfahren geltend machen, obgleich dieser eigentlich vor die ordentlichen Gerichte gehört. Wird über das Vermögen des Antragstellers ein Insolvenzverfahren eröffnet, wird das Adhäsionsverfahren nach hM nicht unterbrochen (*Jaeger/Henckel* § 10 KO Rn 43). Deshalb ist der Insolvenzverwalter im Adhäsionsverfahren nicht antragsberechtigt (LG Stuttgart v 25. 9. 1997, NJW 1998, 322, 323; *Jaeger/Windel* § 80 Rn 243; § 85 Rn 78). Aber auch der Insolvenzschuldner darf den Antrag wegen § 80 Abs 1 nicht weiterverfolgen. Das Strafgericht hat deshalb durch Beschluss gem § 405 Abs 1 S 2 StPO von einer Entscheidung abzusehen (vgl *Jaeger/Henckel* § 10 KO Rn 43). Zum Adhäsionsverfahren vgl *Köckerbauer* NStZ 1994, 305; *Rössner/Klaus* NJ 1996, 288.

2. **Unterbrechung sonstiger Verfahren. a) Verwaltungs- und Sozialgerichtsverfahren.** § 240 ZPO fin- 46 det auf das **Verwaltungsgerichtsverfahren** entsprechende Anwendung (BVerwG v 25. 2. 2003 ZIP 2003, 726; BVerwG KTS 1989, 439; OVG Hamburg MDR 1953, 442; *Jaeger/Henckel* § 10 KO Rn 44; K/U Vorbem §§ 10–12 KO Rn 8; *Kilger/K. Schmidt* § 10 KO Anm 1 a; *Hess* § 85 Rn 54; N/R/*Wittkowski* § 85 Rn 3; K/P/B/*Lüke* § 85 Rn 36; HK-*Eickmann* § 85 Rn 3; *Gottwald/Gerhardt* InsRHdb § 32 Rn 10; MüKo-*Schumacher* vor §§ 85–87 Rn 50). Nach § 173 VwGO sind die Vorschriften der Zivilprozessordnung auf das verwaltungsgerichtliche Verfahren entsprechend anzuwenden, soweit die grundsätzlichen Unterschiede der bestehenden Verfahrensarten dies nicht ausschließen. Diese Einschränkung trifft bei § 240 ZPO nicht zu: Vielmehr besteht im verwaltungsgerichtlichen Verfahren für die Verfahrensunterbrechung kein geringeres Bedürfnis als im Zivilprozess, wenn die Insolvenzmasse betroffen ist. Auch hier muss der Verwalter überlegen können, ob er ein die Insolvenzmasse betreffendes Verfahren fortführen will oder nicht. Gleiches gilt für **Verfahren vor den Sozialgerichten** gem §§ 202 SGG, 240 ZPO (MüKo-*Schumacher* vor §§ 85–87 Rn 50. Zur Unterbrechung eines **Untersagungsverfahrens der BaFin** s VGH Kassel ZIP 2006, 923. Keine Unterbrechung der Frist zur Zahlung der fälligen **Jahresgebühr nach dem Patentkostengesetz** (vgl BGH v 11. 3. 2008 – X ZB 5/07, ZIP 2008, 1198 gegen BPatG ZInsO 2007, 329).

b) **Steuerverfahren und Steuerrechtsstreit.** Auch Steuerforderungen können als Insolvenzforderungen 47 gem § 87 nur nach den Vorschriften der InsO durchgesetzt werden. Vgl allgemein zur Teilnahme von

Steuerforderungen am Insolvenzverfahren **BMF** v 17. 12. 1998 (BStBl I 1998, 1500). Wie jeder andere Insolvenzgläubiger hat auch die Finanzbehörde ihre Forderungen gem §§ 174 ff zur Tabelle anzumelden. **Steuerverfahren**, die die individuelle Befriedigung des Steuergläubigers zum Ziel haben, werden entsprechend § 240 ZPO unterbrochen (*Frotscher*, Besteuerung, S 248). Das gilt vor allem für das **Steuerfestsetzungs-, Rechtsbehelfs- und Rechtsmittelverfahren**, soweit die Insolvenzmasse (§ 35) in Anspruch genommen wird (BFH BFHE 183, 365; BFH v 29. 6. 1965, BStBl II 1965 S 491 = BB 1965, 937; K/U Vorbem §§ 10–12 KO Rn 8a; *Frotscher* Besteuerung S 248). Ein **Steuerfestsetzungsverfahren** nach den §§ 155 ff AO darf nicht fortgesetzt werden. Ein Steuerbescheid darf nach Eröffnung des Insolvenzverfahrens nicht mehr ergehen. Ergeht dieser trotzdem, ist er nichtig (**RFH** v 25. 10. 1926 [GrS], RFHE 19, 355, 357; **BFH** v 7. 11. 1963, BFHE 78, 172, 175; *Tipke/Kruse* § 251 AO Rn 12; *Gottwald/Frotscher* InsRHdb § 125 Rn 4). Eine Finanzbehörde darf nach Eröffnung des Insolvenzverfahrens bis zum Prüfungstermin Steuern, die zur Tabelle anzumelden sind, nicht mehr festsetzen (BFH v 2. 7. 1997, BStBl II 1998, S 428). Dagegen bleibt ein **Steuerermittlungsverfahren** (§§ 88, 90–92, 93 ff AO) zulässig, da es nicht unmittelbar auf die Befriedigung des Steuergläubigers gerichtet ist, sondern nur der Ermittlung bestimmter Sachverhalte dient (*Jaeger/Henckel* § 10 KO Rn 44; *K/P/B/Lüke* § 85 Rn 38; *Frotscher* Besteuerung S 248; K/U Vorbem §§ 10–12 KO Rn 8 a). Auch ein **Außenprüfungsverfahren** dient der Ermittlung der Besteuerungsgrundlagen und wird nicht unterbrochen (*Tipke/Kruse* § 251 AO Rn 34; *Frotscher* Besteuerung S 249). Ein **Steuererstattungsverfahren** wird ebenfalls nicht unterbrochen. Allerdings können Steuererstattungsansprüche, soweit sie zur Insolvenzmasse gehören, nicht durch Bescheid festgesetzt werden, sondern nur durch formlose „Abrechnung" mitgeteilt werden (*Bringewat/Waza* Insolvenzen und Steuer Rn 39; FK-*Boochs* § 155 Rn 204: vgl auch die Kommentierung zu § 80 III. 2.).

48   Der **Erlass eines Feststellungsbescheides** nach § 251 Abs 3 AO auf Grund einer bereits festgesetzten Steuer kommt bei einer vor Verfahrenseröffnung angefochtenen und vom Verwalter bestrittenen Forderung nicht mehr in Betracht (**BFH** v 23. 2. 2005 – VII 63/07, ZInsO 2005, 810, 812). Zulässig sind **Feststellungsbescheide**, auf deren Grundlage nicht unmittelbar Steueransprüche gegen die Insolvenzmasse festgesetzt werden können, zB Bescheide zur einheitlichen und gesonderten Feststellung des Gewinns von Personengesellschaften (BMF-Schreiben, ZInsO 1999, 92). **Feststellungsbescheide** bleiben zulässig, wenn über das Vermögen einer Personengesellschaft das Insolvenzverfahren eröffnet worden ist, wenn sie der Besteuerung der Gesellschafter dienen oder wenn über das Vermögen eines Gesellschafters das Insolvenzverfahren eröffnet worden ist und es der Besteuerung der übrigen Gesellschafter und der Personengesellschaft dient (zutr *Frotscher* Besteuerung S 250). Zulässig sind Steuerbescheide zum Zweck der Aufteilung der Steuerforderungen in Insolvenzforderungen und Massenverbindlichkeiten (**BFH** ZIP 1994, 1286, 1287 betr Einkommensteuer; **BFH** ZIP 1987, 1194 betr. Umsatzsteuer). Ein **Aufsichtsverfahren** wird durch die Insolvenzeröffnung über das Vermögen des Steuerpflichtigen ebenso wenig unterbrochen wie das **allgemeine Besteuerungsverfahren** (*Hübschmann/Hepp/Spitaler/Beermann* § 251 AO Rn 138; *Jaeger/Henckel* § 10 KO Rn 44; K/U Vorbem §§ 10–12 KO Rn 8 a). Ein **Verfahren über Steuermessbescheide** darf gegen den insolventen Steuerpflichtigen nicht fortgesetzt werden. Vielmehr hat die Gemeinde ihre Steuerforderung nach den §§ 174 ff anzumelden. Ein **Steuererhebungsverfahren** wird entsprechend § 240 ZPO insoweit unterbrochen, als Steuerbescheide und Zahlungsaufforderungen hinsichtlich der Insolvenzmasse unzulässig sind.

49   Die Insolvenzeröffnung über das Vermögen des Steuerschuldners unterbricht auch ein **steuerliches Rechtsbehelfsverfahren**, das eine Steuerforderung, die Insolvenzforderung ist, zum Gegenstand hat (BFH ZIP 1997, 2160; BFH NJW 1976, 1552; BerlKo-*Blersch* § 87 Rn 9). Der **Lauf einer Rechtsbehelfs- oder Rechtsmittelfrist** wird durch die Insolvenzeröffnung unterbrochen (RFHE 18, 141; BFH BB 1965, 937, 938; K/P/B/*Lüke* § 85 Rn 37; K/U Vorbem §§ 10–12 KO Rn 8a; vgl auch BFHE 118, 412; *Geist*, Insolvenzen + Steuern Rn 10; *Gottwald/Frotscher* InsRHdb § 125 Rn 5). **Rechtsbehelfe oder Rechtsmittel** können nach Insolvenzeröffnung über das Vermögen des Steuerpflichtigen weder eingelegt noch weiterverfolgt werden (BFH BStBl II 2003, 667; BFH v 3. 5. 1978, BStBl II 1978 S 472; **BGH** v 2. 7. 1997, BGH StBl II 1998, S 428; *Frotscher* Besteuerung S 252). Die §§ 347 ff AO enthalten keine Regelungen über die Unterbrechung des außergerichtlichen Rechtsbehelfsverfahrens durch Insolvenzeröffnung. Sie sind insoweit lückenhaft. Jedoch findet § 240 ZPO auch insoweit entsprechende Anwendung (BFH v 10. 6. 1970, BFHE 99, 348 = BStBl II 1970, 665; BFH v 10. 12. 1975, BFHE 118, 412 = BStBl II 1976, 506; *Tipke/Kruse* § 363 AO Rn 1; *Klein/Orlopp* § 363 AO Anm 1). Wird eine angemeldete **Steuerforderung im Prüfungstermin bestritten**, so ist ein Grundlagen- bzw Gewerbesteuermessbescheid unmittelbar gegenüber dem Insolvenzverwalter zu erlassen. Ein bereits bei Verfahrenseröffnung gegen einen Grundlagen- oder Messbescheid anhängiges Einspruchsverfahren kann nach § 85 fortgeführt werden (BFH v 2. 7. 1997, BStBl II S 428). Nach Insolvenzeröffnung über das Vermögen eines Steuerschuldners ist die Feststellung einer vor Verfahrenseröffnung mit einem Einspruch angefochtenen und im Prüfungstermin vom Verwalter bestrittenen Forderung durch Aufnahme des unterbrochenen Einspruchverfahrens zu betreiben (BFH v 23. 2. 2005 – VII R 63/03, ZInsO 2005, 811, 812). **Rechtsbehelfs- und Rechtsmittelentscheidungen**, die zwischen der Verfahrenseröffnung und der Forderungsprüfung ergehen oder ergangen sind, sind unwirksam. Prozesshandlungen sind aber nur gegenüber den jeweils Beteiligten unwirksam. Wird trotz Eröffnung des Insolvenzverfahrens eine Klage oder eine Revision eingereicht, so sind diese gegenüber dem Gericht wirksam. Das Gericht hat nach Wegfall der Un-

A. Die Verfahrensunterbrechung nach § 240 ZPO   § 85

terbrechung in der Sache zu entscheiden (RGZ 78, 343; RGZ 170, 1; **BGH** v 30. 9. 1968, BGHZ 50, 397 = NJW 1969, 48; *Hübschmann/Hepp/Spitaler/Beermann* § 251 AO Rn 139). Nimmt der Insolvenzverwalter das Verfahren infolge Widerspruchs gegen die angemeldete Forderung auf, so wird es in die frühere Lage zurückversetzt und der Insolvenzverwalter nimmt die Rechtsstellung des Schuldners ein.

Ein **gerichtliches Steuerstreitverfahren** wird nach §§ 155 FGO, 240 ZPO unterbrochen. Das gilt auch 50 dann, wenn das Insolvenzverfahren nach Verkündung, aber vor Zustellung des Urteils eröffnet worden ist (**BFH** v 17. 11. 1977, BStBl II 1978, S 165 = BB 1978, 292). Ein finanzgerichtliches Verfahren wird gem § 240 S 2 ZPO bereits unterbrochen, wenn im **Insolvenzeröffnungsverfahren ein allgemeines Verfügungsverbot** für den Schuldner angeordnet wurde (**BGH** v 15. 2. 2008 – X S 27/07, NJW-Spezial 2008, 375). Unterbrochen werden auch **Verfahren über den vorläufigen Rechtsschutz** gegen Steuerforderungen, wenn diese Insolvenzforderungen sind (zutr *Frotscher* Besteuerung S 252; str aA FG Baden-Württemberg v 12. 3. 1994, EFG 1994, 712). § 240 ZPO findet entsprechende Anwendung auch auf ein **Vollstreckungsverfahren**, was sich schon aus § 89 ergibt (vgl **BFH** v 27. 11. 1974, BStBl II 1975, S 208 = BB 1975, 260; *Tipke/Kruse* § 251 AO Rn 34; *Hübschmann/Hepp/Spitaler/Beermann* § 251 AO Rn 22a; *App* DStR 1995, 1678; *Frotscher* Besteuerung S 252). Zu beachten ist, dass die Rückschlagsperre nach § 88 auch für Vollstreckungsmaßnahmen der Finanzbehörde eingreift. Das FA kann einen durch Eröffnung des Insolvenzverfahrens über das Vermögen des Haftungsschuldners unterbrochenen Rechtsstreit über die Rechtmäßigkeit eines Haftungsbescheids sowohl gegenüber dem Insolvenzverwalter als auch gegenüber dem Schuldner aufnehmen (**BFH** v 13. 11. 2007 – VII R 61/06, ZIP 2008, 1745). Eine **Klage wegen Aussetzung der Vollziehung** von Grundlagenbescheiden ist mangels Rechtsschutzinteresses unzulässig, wenn über das Vermögen des Klägers das Insolvenzverfahren eröffnet wird und die Steuerforderungen in den entsprechenden Folgebescheiden zur Insolvenztabelle angemeldet werden. Ist die Klage mangels Rechtsschutzinteresses unzulässig geworden, ist nach **FG** Baden-Württemberg (Urt v 12. 3. 1994, EFG 1994, 711) das Verfahren weder nach § 240 ZPO unterbrochen noch ist eine vom Kläger erteilte Prozessvollmacht erloschen. Im Übrigen endet der einem Bevollmächtigten erteilte Auftrag mit Insolvenzeröffnung gem § 115 und ebenso die Vollmacht einschließlich der Zustellungsvollmacht nach § 117 (*Kilger/K. Schmidt* § 23 KO Anm 8; *Urban* DStZ 1984, 165; *Frotscher* Besteuerung S 253). Wird ein unterbrochenes Verfahren in **Unkenntnis der Insolvenzeröffnung** fortgesetzt, sind sämtliche Maßnahmen in diesem fortgesetzten Verfahren unwirksam (vgl **BFH** v 17. 11. 1977, BStBl II 1978, S 165 = BB 1978, 292; **BFH** v 29. 3. 1994, BStBl II 1995, S 225; *Tipke/Kruse* § 251 AO Rn 27; *Loose* StuW 1999, 20, 25; *Frotscher* Besteuerung S 253, der allerdings von einer Nichtigkeit ausgeht).

c) **Arbeitsgerichtliche Verfahren.** Arbeitsgerichtliche Verfahren werden gem § 46 Abs 2 S 1 ArbGG 51 nach § 240 ZPO unterbrochen, wenn über das Vermögen einer Partei das Insolvenzverfahren eröffnet wird (**BAG** v 18. 10. 2006 – 2 AZR 563/05, ZIP 2007, 745 = NZI 2007, 300; **BAG** NJW 1984, 998; **BAG** ZIP 1988, 979; **LAG** Schleswig-Holstein, ZInsO 2006, 224; MüKo-*Schumacher* vor §§ 85–87 Rn 49; *Jaeger/Windel* § 85 Rn 79; K/U Vorbem §§ 10–12 KO Rn 14a; K/P/B/*Lüke* § 85 Rn 35). Nach § 46 Abs 2 S 1 ArbGG gelten für das Urteilsverfahren des ersten Rechtszuges die Vorschriften der ZPO über das Verfahren vor den Amtsgerichten entsprechend, soweit das ArbGG nichts anderes bestimmt (vgl auch *Berscheid*, Arbeitsverhältnisse Rn 396; *Grunsky* EWiR § 146 KO 2/88, 1017f). Ein anhängiger Rechtsstreit **über die Zeugniserteilung** wird nicht unterbrochen, wenn nicht der Verwalter dafür zuständig ist (**BAG** NJW 2005, 460; **LAG** Nürnberg NZI 2003, 336). Klagt ein Arbeitnehmer auf Feststellung, dass der Widerruf einer **Versorgungszusage** unwirksam sei, so wird der Rechtsstreit durch die Eröffnung des Insolvenzverfahrens über das Vermögen des Arbeitgebers unterbrochen (**BAG** ZIP 1983, 1095 = NJW 1984, 998 = VersR 1983, 967). Der Insolvenzverwalter kann einen solchen Rechtsstreit erst aufnehmen, wenn der Wert der Anwartschaft als Zahlungsanspruch zur Insolvenztabelle angemeldet worden ist (§§ 174 ff). Das gilt selbst dann, wenn der Arbeitnehmer bei Eröffnung des Verfahrens bereits in erster Instanz ein Feststellungsurteil erstritten hatte, das noch nicht zugestellt war (**BAG** NJW 1984, 998). War zwischen dem späteren Insolvenzschuldner und einem Gläubiger beim Arbeitsgericht ein Rechtsstreit auf Feststellung des Bestehens eines Arbeitsverhältnisses rechtshängig, der durch die Insolvenzeröffnung unterbrochen worden ist, so muss nicht dieses Verfahren unter Änderung des Antrags aufgenommen werden, wenn der Gläubiger zeitlich befristete Lohnansprüche zur Tabelle angemeldet und der Verwalter diese Forderung bestritten hat. Solchenfalls ist der Streitgegenstand der Feststellungsklage einer Lohnforderung zur Tabelle nicht identisch mit der Klage auf Feststellung des Bestehens eines Arbeitsverhältnisses (**BGH** v 23. 6. 1988, ZIP 1988, 979 = WM 1988, 1350). **Verfahren vor der Einigungsstelle des § 112 BetrVG** werden durch die Eröffnung eines Insolvenzverfahrens über das Vermögen des Arbeitgebers nicht unterbrochen (*Gaul* in Anm zu **LAG** Hamm App Nr 1 zu § 112 BetrVG; str aA *Jaeger/Windel* § 85 Rn 79).

d) **Schadensersatzklagen wegen Verletzung eines Urheber- oder Erfinderrechts** oder wegen unlauteren 52 Wettbewerbs werden stets unterbrochen, weil sie entweder die Aktiv- oder Passivmasse betreffen. Für die Zeit bis zur Verfahrenseröffnung ist der Schadensersatzanspruch des Verletzungsklägers Insolvenzforderung iSv § 38, die nach §§ 174 ff zur Tabelle anzumelden ist. Während des Insolvenzverfahrens entstehende Schadenersatzansprüche richten sich dagegen gegen den Insolvenzverwalter, wenn er schuldhaft die Verletzung des Urheber- oder Erfinderrechts fortsetzt. Insoweit handelt es sich um Masseverbindlichkeiten iSv § 55 Abs 1 S 1.

53   e) **Besonderheiten bei juristischen Personen und sonstigen Gesellschaften des Handelsrechts.** Außenprozesse einer insolventen Gesellschaft sind im Zeitpunkt der Insolvenzeröffnung ausnahmslos nach § 240 ZPO unterbrochen (*K. Schmidt* FS *Kreft* S 503, 511). Ein Rechtsstreit, in dem ein Gesellschafterbeschluss angefochten wird (§§ 243 ff AktG, § 51 GenG; zur GmbH s *Baumbach/Hueck/Zöllner* Anh § 47 GmbHG), wird insoweit unterbrochen, als die Insolvenzmasse (§ 35) berührt wird (**BGH** v 10. 3. 1960, BGHZ 32, 114, 121; **OLG** Bremen NJW 1957, 1560; K/U Vorbem §§ 10–12 KO Rn 16). Das trifft zB zu, wenn der angefochtene Beschluss die Erhöhung des Geschäftsanteils eines Genossen zum Gegenstand hat (**RG** JW 1936, 181), die Heranziehung von bereits ausgeschiedenen Genossen zur Haftung ermöglicht (**OLG** Königsberg JW 1927, 2439), die Auflösung einer Genossenschaft oder die fristlose Entlassung des Vorstandsmitglieds einer Genossenschaft zum Gegenstand hat (BGHZ 32, 114, 121). Für **Binnenprozesse (Organisationsprozesse)**, wie zB Feststellungsprozesse über mitgliedschaftsrechtliche Rechtsverhältnisse, Anfechtungsprozesse nach §§ 243 ff AktG oder ein Informationserzwingungsverfahren nach §§ 132 AktG, 51 b GmbHG hängt die Anwendung von § 240 ZPO grundsätzlich davon ab, ob durch die Entscheidung die Insolvenzmasse direkt oder indirekt berührt wird (vgl auch *K. Schmidt* FS *Kreft* S 503, 516 ff). So wird zB der Rechtsstreit nicht unterbrochen, wenn der angefochtene Beschluss eine bei Insolvenzeröffnung noch nicht eingetragene **Erhöhung des Stamm- oder Grundkapitals** betrifft, denn insoweit wird die Insolvenzmasse nicht berührt, da eine bis zur Verfahreneröffnung noch nicht eingetragene Kapitalerhöhung mit der Insolvenzeröffnung hinfällig wird (RGZ 77, 152; RGZ 85, 207, 208; OLG Bremen NJW 1957, 1560; OLG Hamm WM 1979, 1277; *Robrecht* GmbHR 1982, 126; K/U § 25 KO Rn 7; *Uhlenbruck*, Die GmbH in Krise, Konkurs und Vergleich, S 131 ff u 141 ff; *Jaeger/Weber* §§ 207, 208 KO Rn 53; instruktiv das Beispiel bei *K. Schmidt* GesR § 37 V 1 d S 1174). Der Rechtsstreit wird auch nicht unterbrochen, wenn er einen Wechsel im **Mitgliederbestand des Aufsichtsrats** betrifft oder die **Verweigerung der Entlastung von Organmitgliedern** (RGZ 76, 247; *K. Schmidt* FS *Kreft* S 503, 518 ff; MüKo-*Schumacher* vor §§ 85–87 Rn 39; *Jaeger/Windel* § 85 Rn 49). Kann die **Anfechtung** der Abberufung eines Aufsichtsratsmitglieds aber die Folge haben, dass bis zur Verfahrenseröffnung Vergütungs- und Tantiemeansprüche entstehen, so wird von ihr auch die Insolvenzmasse betroffen (vgl BGHZ 32, 114, 122; MüKo-*Schumacher* vor §§ 85–87 Rn 39; *F. Weber* KTS 1970, 73, 87; **krit** *K. Schmidt* FS *Kreft* S 503, 519 f). Wird mit der Anfechtungsklage die Beseitigung eines für die Haftungs- und spätere Insolvenzmasse nachteiligen Beschlusses angestrebt, so wirkt sie sich im Falle des Erfolges zwar auf die Insolvenzmasse aus; es gehört aber nicht zu den Aufgaben des Insolvenzverwalters, einen solchen Beschluss zu verteidigen (RGZ 76, 248.249; *Jaeger/Weber* §§ 207, 208 KO Rn 11), und aus diesem Grunde ist der Verwalter nicht der richtige Beklagte (*F. Weber* KTS 1970, 73 ff).

54   Auch die **Anfechtung der Entlastung eines GmbH-Geschäftsführers** oder des Vorstandes einer Genossenschaft kann nicht gegen den Insolvenzverwalter gerichtet werden, so dass § 240 ZPO nicht eingreift. Ein Beschluss dieses Inhalts berührt zwar die Haftungs- und Insolvenzmasse, da er wie ein Anspruchsverzicht wirkt (**BGH** NJW 1959, 192); an einer Nichtigkeitserklärung ist der Insolvenzverwalter uU ebenso interessiert wie der Anfechtungskläger. Trotzdem ist die **Klage** in solchen Fällen **gegen die Insolvenzgesellschaft** zu richten bzw ohne Unterbrechung gegen diese weiterzuführen, da der Verwalter auf die Möglichkeiten der Insolvenzanfechtung nach den §§ 129 ff beschränkt ist (*F. Weber* KTS 1970, 73, 88). Gleiches gilt, wenn die Gesellschafterversammlung dem **Geschäftsführer die Entlastung verweigert** hat, denn der Insolvenzverwalter kann keine Entlastungserklärung abgeben. Hierfür ist ausschließlich die Gesellschafterversammlung zuständig. Bei der **AG** stellt sich das Problem nicht. Da Entlastungsbeschlüsse der Hauptversammlung grundsätzlich **keinen Verzicht auf Ersatzansprüche** bedeuten (§ 120 Abs 2 S 2 AktG), wird die Insolvenzmasse einer AG von der Entlastung nicht berührt (vgl auch RGZ 167, 166; **BGH** v 12. 3. 1959, BGHZ 29, 385, 390; K/U Vorbem §§ 10–12 KO Rn 16). **Anderes gilt für die GmbH,** bei der – ähnlich wie im Vereinsrecht – die **Entlastung Präklusionswirkungen** entfaltet (vgl *K. Schmidt* GesR § 14 VI 2 b; *Priester* FS *Rowedder* 1994 S 371; *Knoche*, Die sogen Verzichtswirkung der Entlastung, 1995 S 88 ff; *H.-F. Müller*, Der Verband in der Insolvenz (2002) S 193 f; *K. Schmidt* FS *Kreft* S 503, 520). Allerdings tritt die Entlastungswirkung nur insoweit ein, als es erkennbare Vorgänge betrifft, es sei denn, der Entlastungsbeschluss wird ausdrücklich auf alle nur denkbaren Pflichtwidrigkeiten erstreckt (vgl **BGH** NJW 1975, 1273 f; *K. Schmidt* GesR § 14 VI 2 S 437; *ders* ZGR 1978, 437; *Hachenburg/Hüffer* § 46 GmbHG Rn 62; *Scholz/K. Schmidt* § 46 GmbHG Rn 94). Die Entlastung umfasst auf keinen Fall Ansprüche, die einem Verzicht nicht unterliegen, soweit ihre Erfüllung zur Gläubigerbefriedigung erforderlich ist (**BGH** NJW 1959, 194; *Baumbach/Hueck/Zöllner* § 46 GmbHG Rn 126).

55   In **allen Fällen**, in denen die **Insolvenzmasse direkt oder indirekt betroffen** wird, tritt die Unterbrechungswirkung entsprechend § 240 ZPO ein. Auch der **Rechtsstreit** eines Gläubigers **gegen das Verwaltungsmitglied einer Aktiengesellschaft** wird entsprechend § 240 ZPO unterbrochen. Der Insolvenzverwalter kann den Prozess nach § 85 aufnehmen (K/U Vorbem §§ 10–12 KO Rn 16; Kölner KommAktG-

A. Die Verfahrensunterbrechung nach § 240 ZPO **§ 85**

Mertens § 93 AktG Rn 152). Die **Anfechtung eines die Entlastung verweigernden Beschlusses** betrifft nicht die Masse, da mit ihr nicht mehr als die Nichtigkeitserklärung des Beschlusses erreicht werden könnte und daher kein schutzwürdiges Interesse an einer solchen Feststellung besteht (**BGH** WM 1964, 1188, 1191; **BGH** WM 1972, 931, 933; *Weber* KTS 1970, 73, 88 f; *K. Schmidt* FS *Kreft* S 503, 520; krit *Jaeger/Windel* § 85 Rn 51). Zur Klage auf Feststellung der **Nichtigkeit des Jahresabschlusses** einer insolventen Aktiengesellschaft, wenn die Klage für die Insolvenzmasse günstig ist, vgl *Haase* DB 1977, 241. Eingehend zur Anwendung von § 240 ZPO auf die Gesellschaftsinsolvenz *K. Schmidt* FS *Henckel* S 749, 759 f; *ders* in FS *Kreft* S 503 ff. Wie bereits oben dargestellt wurde, ist die **Insolvenz eines Gesellschafters** kein gesetzlicher Auflösungsgrund für die Gesellschaft. Vielmehr führt die Eröffnung des Insolvenzverfahrens über das Vermögen des Gesellschafters gem § 131 Abs 3 Nr 2 HGB mangels abweichender vertraglicher Bestimmung zum Ausscheiden des Gesellschafters. Hatte der Gesellschafter als Insolvenzschuldner vor Verfahrenseröffnung gegen einen anderen Gesellschafter bereits **Ausschließungsklage** erhoben, so wird diese mit der Eröffnung des Insolvenzverfahrens über sein Vermögen nicht etwa unzulässig oder unbegründet, sondern es greift § 240 ZPO ein mit der Folge, dass der Insolvenzverwalter den Prozess fortsetzen kann, wenn das Ausscheiden des anderen Gesellschafters auf das Auseinandersetzungsguthaben und seine Höhe Einfluss haben kann (K/P/B/*Lüke* § 85 Rn 19; *Jaeger/Windel* § 85 Rn 43). Eine gegen den Insolvenzschuldner anhängige Ausschließungsklage wird dagegen unzulässig, da er mangels abweichender vertraglicher Bestimmungen gem § 131 Abs 3 Nr 2 HGB ohnehin aus der Gesellschaft ausscheidet (Einzelheiten bei *Jaeger/Henckel* § 10 KO Rn 14; *Jaeger/Windel* § 85 Rn 43).

f) **Sonderinsolvenzverfahren.** Durch die Eröffnung eines Sonderinsolvenzverfahrens werden sämtliche Prozesse unterbrochen, die sich auf die Sonderinsolvenzmasse beziehen. So zB unterbricht die Eröffnung des Insolvenzverfahrens über einen **Nachlass** (§§ 315 ff) alle Prozesse über Aktiva und Passiva, die die Nachlassinsolvenzmasse betreffen (Einzelheiten bei *Jaeger/Henckel* § 10 KO Rn 45). Das Insolvenzverfahren über das **Privatvermögen des Gesellschafters** einer OHG unterbricht nicht einen Prozess der Gesellschaft und die Insolvenz der Gesellschaft nicht einen Prozess des Gesellschafters (RGZ 34, 360, 363; RGZ 51, 94, 96). Sind neben einer Gesellschaft bürgerlichen Rechts, einer OHG oder KG gleichzeitig deren **persönlich haftende Gesellschafter** wegen einer Gesellschaftsschuld verklagt worden, so hinderte die Insolvenzeröffnung hinsichtlich eines Beklagten nach altem Recht den Erlass eines Teilurteils gegen die anderen nicht (**BGH** NJW 1988, 2113; **OLG** Nürnberg MDR 1968, 503 [Ls]; MüKo-*Feiber* § 240 ZPO Rn 18). Im Hinblick auf § 93 lässt sich diese Auffassung für das neue Recht nicht auf recht erhalten. Da der Gesetzgeber in § 93 die **Haftungsansprüche gegen persönlich haftende Gesellschafter** (§§ 161 Abs 2, 128 HGB) in das Verfahren einbezogen und die Geltendmachung dem Insolvenzverwalter zugewiesen hat, wird durch die Eröffnung des Insolvenzverfahrens jedenfalls über das Vermögen der Gesellschaft die Haftungsmasse durch ein Urteil gegen persönlich haftende Gesellschafter berührt. Deshalb wird ein Rechtsstreit entspr § 240 ZPO unterbrochen (vgl MüKo-*Schumacher* vor §§ 85–87 Rn 12, 13). Der Rechtsstreit, durch den ein **beschränkt haftender Kommanditist** nach § 171 Abs 1 HGB in Anspruch genommen wird, wird wegen § 171 Abs 2 HGB durch die Eröffnung des Insolvenzverfahrens über das Vermögen der KG unterbrochen (**BGH** v 20. 11. 2008 – IX ZB 199/05, NZI 2009, 108; **BGH** ZIP 1982, 566; MüKo-*Schumacher* vor §§ 85–87 Rn 11–13). Der **Aktivprozess einer Personengesellschaft** wird dagegen durch das Insolvenzverfahren über das Vermögen eines Gesellschafters nicht unterbrochen, wenn dieser gem § 131 Abs 3 Nr 2 HGB aus der Gesellschaft ausscheidet (*Musielak/Stadler* § 240 Rn 2). Zur **Prozessunterbrechung und Prozessaufnahme in der Gesellschaftsinsolvenz** s auch *K. Schmidt* FS *Kreft* S 503 ff. Ist in Abweichung von § 131 Abs 3 Nr 2 HGB in solchen Fällen die Liquidation der Gesellschaft vereinbart worden, so greift § 146 Abs 3 HGB ein mit der Folge, dass der Insolvenzverwalter über das Vermögen des Gesellschafters an die Stelle des Gesellschafters tritt. Soweit Klagen des Gesellschafters gegen die Gesellschaft durch den Übergang zur Liquidationsgesellschaft nicht erledigt sind, kann der Verwalter sie gem § 85 aufnehmen (vgl zum Aktivprozess eines BGB-Gesellschafters nach altem Recht auch **OLG** Köln KTS 1986, 63; MüKo-*Feiber* § 240 ZPO Rn 19).

V. Die Wirkungen der Unterbrechung

1. **Fristenunterbrechung.** Die Unterbrechung des Verfahrens nach § 240 ZPO hat gem § 249 Abs 1 ZPO die Wirkung, dass der Lauf einer jeden Frist aufhört und nach Beendigung der Unterbrechung die volle Frist von neuem zu laufen beginnt (vgl *Jaeger/Henckel* § 10 KO Rn 51; K/P/B/*Lüke* § 85 Rn 39; HK-*Kayser* § 85 Rn 35–38; *Kilger/K. Schmidt* § 10 KO Anm 2; *Gottwald/Gerhardt* InsRHdb § 32 Rn 12). Die Unterbrechungswirkung tritt mit der Anordnung eines allgemeinen Verfügungsverbots sowie mit der Eröffnung des Insolvenzverfahrens ein. Auf die Rechtskraft oder die rechtskräftige Zurückweisung einer Beschwerde kommt es nicht an (**BGH** WM 1956, 1473; *Jaeger/Windel* § 85 Rn 85; MüKo-*Schumacher* vor §§ 85–87 Rn 58). Da die Unterbrechungswirkung unabhängig von der Kenntnis der Parteien oder des Gerichts von der Insolvenzeröffnung kraft Gesetzes eintritt, findet die Unterbrechung auch statt, wenn eine Partei durch Prozessbevollmächtigten vertreten ist. Die **Vollmacht des Prozessbevollmächtigten** erlischt (§§ 115, 116 InsO, § 168 BGB; **BGH** VersR 1982, 1054; *Zöller/*

§ 85

Greger § 240 ZPO Rn 3). Der auf die Insolvenzmasse (§ 35) bezogene Prozess unterliegt mit Verfahrenseröffnung der Insolvenzverwaltung, nicht erst in dem Augenblick, in dem der Verwalter die Aufnahme nach § 85 erklärt hat (für das alte Recht BGH ZIP 1997, 473, 474 = WM 1997, 486, 487; *Kilger/K. Schmidt* § 10 KO Anm 2). Ein **trotz Unterbrechung ergangenes Urteil** ist nicht etwa nichtig. Es kann von jeder Partei mit den gegen das Urteil allgemein zulässigen Rechtsmitteln auch während der Unterbrechung angefochten werden (BGHZ 43, 136; BGHZ 66, 61; BGH NJW 1995, 2563). Eine Anfechtung durch den Insolvenzverwalter ist auch unter Vorbehalt der Aufnahme des Rechtsstreits möglich (RGZ 88, 207; RGZ 141, 308; BGH NJW 1997, 1445; *Zöller/Greger* § 240 ZPO Rn 3). Der Fristenstopp gilt grundsätzlich nur für die **eigentlichen Fristen**, dh die gesetzlichen und richterlichen Fristen, insbesondere auch die **Notfristen** (*Jaeger/Henckel* § 10 KO Rn 51 ff; *Stein/Jonas/Roth* vor § 214 ZPO Rn 16 ff; MüKo-*Schumacher* vor §§ 85–87 Rn 59, 60; *Jaeger/Windel* § 85 Rn 93). Zu den eigentlichen Fristen zählen die **Berufungs- und Revisionsbegründungsfrist** (§§ 520 Abs 2, 551 Abs 2 ZPO; vgl auch BGH v 12. 11. 1996, JurBüro 1997, 151), die Einlassungs- (§ 274 Abs 3 ZPO), **Äußerungs-, Klageerwiderungs-, Klagebegründungs-** und **Erklärungsfristen** nach den §§ 274 Abs 3, 271 Abs 3, 273 Abs 2 Nr 1, 275 Abs 1 S 1, Abs 3, 4, 276 Abs 1, 3, 277 Abs 3, 297 Abs 1, 3, 700 Abs 3 ZPO (vgl auch K/P/B/*Lüke* § 85 Rn 39; K/U Vorbem §§ 10–12 KO Rn 17; *Jaeger/Henckel* § 10 KO Rn 51; *Jaeger/Windel* § 85 Rn 92 ff). Gleiches gilt für laufende **Notfristen** (zB §§ 276 Abs 1 S 1, 339, 517, 548, 569 ZPO). Die **Wiedereinsetzungsfrist** des § 234 Abs 1 ZPO (BGHZ 9, 308 = NJW 1953, 1144) ist ebenso eine eigentliche Frist wie die Ladungsfrist (§ 217 ZPO). Die eigentliche Frist (§§ 221 ff ZPO) ist die Zeitspanne, die das Gesetz oder das Gericht einer Partei gewährt, damit sie handeln oder sich vorbereiten kann (*Baumbach/Lauterbach/Albers/Hartmann* Übers § 214 Rn 10).

58 Bei den **uneigentlichen Fristen** tritt **keine Unterbrechung** des Fristenlaufs ein (*Stein/Jonas/Roth* § 249 ZPO Rn 7 u vor § 214 ZPO Rn 23; *Jaeger/Henckel* § 10 KO Rn 51; *Smid/Rattunde* § 80 Rn 69; K/P/B/*Lüke* § 85 Rn 39; *Jaeger/Windel* § 85 Rn 94; MüKo-*Schumacher* vor §§ 85–87 Rn 61; HK-*Kayser* § 85 Rn 37; *Gottwald/Gerhardt* InsRHdb § 32 Rn 12). Bei der uneigentlichen Frist handelt es sich um eine Frist, die das Gesetz dem Gericht oder einer Amtsperson für eine Amtshandlung setzt oder während derer ein Verfahren ausgesetzt ist, wie zB nach § 614 Abs 4 ZPO (BGH NJW 1977, 718; *Baumbach/Lauterbach/Albers/Hartmann* Übers § 214 ZPO Rn 11). Zu den uneigentlichen Fristen gehört ua eine nach Jahren bemessene Frist, wie etwa in § 234 Abs 3 oder § 586 Abs 2 S 2 ZPO. Weitere uneigentliche Fristen finden sich in den §§ 216 Abs 2, 251a Abs 2, 310 Abs 1, 315 Abs 2 S 1, 701 S 1, 798, 958 Abs 2, 1043 Abs 2 S 3 ZPO. Eine im Prozessvergleich vereinbarte Widerrufsfrist wird durch das Insolvenz verfahren einer Partei unterbrochen. Eine auf einen bestimmten **Kalendertag festgesetzte Frist** beginnt, weil sie anders als eine Zeitraumfrist nicht umrechnungsfähig ist, nach Beendigung der Verfahrensunterbrechung nicht von neuem zu laufen, sondern ist neu festzusetzen (RGZ 151, 281 f; *Kilger/K. Schmidt* § 10 KO Anm 2 a; *Jaeger/Henckel* § 10 KO Rn 51; K/U Vorbem §§ 10–12 KO Rn 17; K/P/B/*Lüke* § 85 Rn 40; *Gottwald/Gerhardt* InsRHdb § 32 Rn 12). Eine **noch nicht in Lauf gesetzte Frist** beginnt nicht zu laufen und eine bereits begonnene Frist läuft nicht weiter (BGHZ 9, 308; s auch BGHZ 111, 108).

59 **Materiell-rechtliche Fristen** werden durch § 240 ZPO **nicht unterbrochen** (MüKo-*Feiber* § 240 ZPO Rn 9; K/P/B/*Lüke* § 85 Rn 40; K/U Vorbem §§ 10–12 KO Rn 17). So zB Kündigungs- oder Ausschlussfristen nach den §§ 121 Abs 2, 124 Abs 3, 532 S 1 BGB (K/U Vorbem §§ 10–12 Rn 17). Durch die Unterbrechung nach § 240 ZPO werden die Fristen **nicht bloß gehemmt**; vielmehr endet der Fristenlauf und beginnt nach Beendigung der Unterbrechung ganz neu zu laufen, sofern zurzeit der Beendigung der Unterbrechung sämtliche Voraussetzungen für den Fristbeginn erfüllt sind (MüKo-*Feiber* § 249 ZPO Rn 10; *Stein/Jonas/Roth* § 249 ZPO Rn 6; *Gottwald/Gerhardt* InsRHdb § 32 Rn 12). Wie bei sonstigen datierten Fristen ist auch bei einer richterlichen Datumsfrist eine neue Fristsetzung geboten (*Stein/Jonas/Roth* § 249 ZPO Rn 8; *Gottwald/Gerhardt* InsRHdb § 32 Rn 12).

60 **2. Prozesshandlungen einer Partei trotz Unterbrechung.** Prozesshandlungen einer Partei, die nicht in der Aufnahme des Verfahrens bestehen und in Ansehung der Hauptsache vorgenommen werden, sind der anderen Partei gegenüber gem § 249 Abs 2 ZPO unwirksam (*Jaeger/Henckel* § 10 KO Rn 55; K/P/B/*Lüke* § 85 Rn 41; K/U Vorbem §§ 10–12 KO Rn 18; *Kilger/K. Schmidt* § 10 KO Anm 2 b; N/R/*Wittkowski* § 85 Rn 14; *Smid/Rattunde* § 80 Rn 70; MüKo-*Feiber* § 240 ZPO Rn 9). Die Regelung des § 249 Abs 2 ZPO beschränkt sich auf die **Unwirksamkeit der anderen Partei gegenüber**. Die handelnde Partei kann sich auf die Unwirksamkeit nicht berufen. Prozesshandlungen sind zB die **Rechtsmitteleinlegung** (BGHZ 50, 347 = NJW 1969, 48, 49; BGH WM 1956, 1473; RGZ 66, 400) sowie die **Rechtsmittelbegründung** (*Kilger/K. Schmidt* § 10 KO Anm 2 b), nicht aber der vertragliche Rechtsmittelverzicht (BGHZ 4, 314; RGZ 45, 329; *Kilger/K. Schmidt* § 10 KO Anm 2 b). Unwirksam ist auch der **Antrag auf Erlass eines Versäumnisurteils** sowie die **Zustellung nach § 195 ZPO**.

61 Der Insolvenzverwalter kann ein gegen § 240 ZPO verstoßendes **Urteil anfechten**, ohne die Unterbrechung durch Aufnahme des Verfahrens zu beenden (BGH v 16. 1. 1997, ZIP 1997, 473; RGZ 141, 306, 308; BAGE 1, 22, 23; *Jaeger/Henckel* § 10 KO Rn 64; K/U § 10 KO Rn 4 a; *Kilger/K. Schmidt* § 6 KO Anm 3 a; **str aA** LG Stade KTS 1960, 46, 48; *Baur/Stürner* II Rn 9.80). Nach zutreffender Auffassung des **BGH** setzt die **Einlegung eines Rechtsmittels** durch den Insolvenzverwalter die Beendigung der

A. Die Verfahrensunterbrechung nach § 240 ZPO § 85

Unterbrechung durch Aufnahme des Verfahrens nicht voraus, weil der unterbrochene Rechtsstreit sachlich nicht weiterbetrieben wird. Von der Unwirksamkeit nicht erfasst werden Handlungen, die der Geltendmachung der Unterbrechung oder der Aufnahme des Rechtsstreits dienen (*Stein/Jonas/Roth* § 249 ZPO Rn 15; *Smid/Rattunde* § 80 Rn 70; *Gottwald/Gerhardt* InsRHdb § 32 Rn 13; umfassend *Grunsky* JZ 1969, 237 ff; *Jaeger/Henckel* § 10 KO Rn 55 ff).

Die **Parteihandlung** muss **gegenüber der anderen Partei** vorgenommen werden. Handlungen gegenüber Dritten, wie zB die Bevollmächtigung eines Rechtsanwalts, sind sogar dann wirksam, wenn sich die Bevollmächtigung des Anwalts auf das unterbrochene Verfahren bezieht (*Gottwald/Gerhardt* InsRHdb § 32 Rn 13). Da die Wirkungslosigkeit lediglich relativ ist, kann der Gegner die Unwirksamkeit durch Rügeverzicht wirksam machen (*Zöller/Greger* § 249 ZPO Rn 4). Die relative Unwirksamkeit der Prozesshandlung ist nicht etwa von Amts wegen zu beachten, denn die **Genehmigung gem § 295 ZPO** ist möglich (BGH NJW 1952, 705; BGH NJW 1969, 49; RGZ 66, 399), solange die Unwirksamkeit nicht zum Gegenstand einer gerichtlichen Entscheidung gemacht oder wirksame Neuvornahme erfolgt ist. Genehmigen kann bei Unterbrechung gem § 240 ZPO nur der Insolvenzverwalter. 62

Streitig ist, ob **Prozesshandlungen, die gegenüber dem Gericht** vorgenommen werden, ebenfalls unwirksam sind, soweit nicht dadurch Fristen in Lauf gesetzt werden, auf die der Verwalter wegen des drohenden Rechtsverlustes im Interesse der Masse reagieren müsste. Die hM bejaht die Zulässigkeit solcher Prozesshandlungen des Gegners eines Insolvenzschuldners dem Gericht gegenüber zB für die **Einlegung und Begründung eines Rechtsmittels**, die trotz Unterbrechung zulässig sind (BGH v 30. 9. 1968, BGHZ 50, 397, 400 = NJW 1969, 49; BGH NJW 1977, 717, 718; BGH NJW 1995, 2563; *Jaeger/Henckel* § 10 KO Rn 58; *Jauernig* ZivilprozessR § 80 VII 2; *Gottwald/Gerhardt* InsRHdb § 32 Rn 13; MüKo-*Schumacher* vor §§ 85–87 Rn 66; **str** für eine Anwendung des § 249 Abs 2 ZPO *Jaeger/Windel* § 85 Rn 97; *Grunsky* JZ 1969, 235, 237). So ist zB die **Rücknahme eines Rechtsmittels** durch den Gegner wirksam (*Grunsky* JZ 1969, 235, 237; *Smid/Rattunde* § 80 Rn 70). Auch ein nicht gegenüber dem Gericht, sondern dem Schuldner oder dem Insolvenzverwalter gegenüber erklärter Rechtsmittelverzicht ist trotz § 240 ZPO wirksam (*Jaeger/Henckel* § 10 KO Rn 60). Die Unwirksamkeit einer während der Unterbrechung vorgenommenen **Zustellung** kann sowohl durch Genehmigung des Gegners wie auch durch rügelose Einlassung nach § 295 ZPO geheilt werden (BGHZ 4, 314, 320 = NJW 1952, 705; BGHZ 50, 397, 400 = NJW 1969, 49). Um ein gegen § 240 ZPO verstoßendes Urteil aus der Welt zu schaffen, muss der Insolvenzverwalter das Verfahren nicht aufnehmen (s oben zu Rn 61). Er kann das Urteil, ohne die Unterbrechung beenden zu müssen, ebenfalls anfechten (BAG v 24. 1. 2001 ZInsO 2001, 727). Zutreffend weist Windel (*Jaeger/Windel* § 85 Rn 97) darauf hin, dass entspr dem Schutzzweck der §§ 240, 249 ZPO auch die Rechtsprechung teilweise in diesen Fällen § 249 Abs 2 ZPO anwendet (zB BGH WM 1956, 1473; BGH ZIP 1998, 1113; BAG ZIP 1983, 1095, 1096). **Prozesshandlungen gegenüber Dritten**, wie zB Klageerweiterung gegen die Gesellschafter einer OHG, bei der das Verfahren durch die Insolvenz der OHG unterbrochen war (BGH NJW 1961, 1066), sind während der Unterbrechung wirksam (MüKo-*Schumacher* vor §§ 85–87 Rn 67; *Zöller/Greger* § 249 ZPO Rn 6). 63

3. Prozesshandlungen des Gerichts. Unwirksam sind Prozesshandlungen des Gerichts, die während der Unterbrechung erfolgen, wie zB Zustellungen, Ladungen. Allerdings müssen die gerichtlichen Prozesshandlungen die Hauptsache betreffen (BGH v 2. 2. 2005, ZInsO 2005, 372; BGH v 29. 3. 1990, BGHZ 111, 104, 107 = ZIP 1990, 1630, 1631; BGH v 19. 12. 1989, WM 1990, 771, 772; HK-*Kayser* § 85 Rn 42; *Gottwald/Gerhardt* InsRHdb § 32 Rn 14; K/P/B/*Lüke* § 85 Rn 42; MüKo-*Schumacher* vor §§ 85–87 Rn 70 ff; *Jaeger/Windel* § 85 Rn 103 ff). Ein Urteil, das auf Grund einer während der Unterbrechung stattfindenden mündlichen Verhandlung ergeht, ist zwar keine Prozesshandlung einer Partei. Es ist aber gleichwohl fehlerhaft, weil die mündliche Verhandlung ohne rechtliche Wirkung war. Gleiches gilt, wenn das Urteil ohne mündliche Verhandlung (§ 128 Abs 2 ZPO) nach Verfahrenseröffnung ergeht. Allerdings führt der Mangel nur zu einer **Unwirksamkeit des Urteils**, nicht dagegen zur Nichtigkeit (RGZ 141, 306; BGHZ 66, 59, 61; BGH NJW 1995, 2563; OLG Koblenz OLG-Report 2007, 514; *Jaeger/Henckel* § 10 KO Rn 64; *Stein/Jonas/Roth* § 249 ZPO Rn 26, 27; K/P/B/*Lüke* § 83 Rn 43; *Zöller/Greger* § 249 ZPO Rn 10; *Gottwald/Gerhardt* InsRHdb § 32 Rn 15; MüKo-*Feiber* § 249 ZPO Rn 22). Der Insolvenzverwalter, der ein gegen § 240 ZPO verstoßendes Urteil aus der Welt schaffen will, kann dies nur im **Wege der Anfechtung** tun. Er ist nicht gezwungen, die Unterbrechungswirkung des § 240 ZPO durch Aufnahme des Rechtsstreits zu beenden (RGZ 88, 206, 207; RGZ 141, 306, 308; BGH v 16. 1. 1997, ZIP 1997, 473; K/U § 80 Rn 4 a; *Jaeger/Henckel* § 10 KO Rn 64). Wurde trotz Unterbrechung mündlich verhandelt und ein Urteil gegen den Schuldner erlassen, liegt ein **absoluter Revisionsgrund** vor (BGH KTS 1988, 487; BGH v 16. 1. 1997, ZIP 1997, 473). Nicht gefolgt werden kann der Auffassung bei *Baumbach/Lauterbach/Albers/Hartmann* (§ 249 ZPO Rn 12), wonach nicht der Verwalter, sondern der Schuldner persönlich Rechtsmittel einlegen kann. Das folgt schon aus § 80 (K/P/B/*Lüke* § 85 Rn 43; **anders** BAG v 26. 6. 2008 – 6 AZR 478/07, BB 2008, 1897 [Ls]). **Ziel der Anfechtung** kann es nur sein, die unwirksame Entscheidung zu beseitigen. Soweit gerichtliche Handlungen gegenüber dem Insolvenzschuldner vorgenommen werden, die keine Entscheidungen sind, wie etwa **Ladungen, Zustellungen, Fristsetzungen** etc, müssen diese gegenüber dem Verwalter wiederholt werden. 64

Insoweit kann die Handlung nicht nach § 295 ZPO geheilt werden (K/P/B/*Lüke* § 85 Rn 44; *Jaeger/ Windel* § 85 Rn 103).

65 Eine **Ausnahme** sieht § 249 Abs 3 ZPO vor: Durch die nach dem Schluss einer mündlichen Verhandlung eintretende Unterbrechung wird die Verkündung einer Entscheidung, die auf Grund dieser Verhandlung zu erlassen ist, nicht gehindert. Das Gericht hat die Entscheidung demnach zu treffen, auch wenn ihm die Unterbrechung nach § 240 ZPO bekannt ist. Die Entscheidung darf aber nicht zugestellt werden (BGHZ 111, 104, 107 f; *Jaeger/Windel* § 85 Rn 103; MüKo-*Schumacher* vor §§ 85–87 Rn 72). In Analogie zu § 249 Abs 3 ZPO wird es für zulässig gehalten, ein vor Eintritt der Unterbrechung bereits **unzulässiges Rechtsmittel** während der Dauer der Unterbrechung zu verwerfen (BGH NJW 1959, 532; *Zöller/Greger* § 249 ZPO Rn 9; str aA MüKo-*Feiber* § 239 ZPO Rn 28). Im **Verfahren ohne mündliche Verhandlung** greifen hinsichtlich des Verkündungszeitpunkts stattdessen die Vorschriften der §§ 128 Abs 2–4 ZPO mit den dortigen Terminen ein (K/P/B/*Lüke* § 85 Rn 82; *Stein/Jonas/Roth* § 249 ZPO Rn 26; MüKo-*Schumacher* §§ 85–87 Rn 73; str aA BFH NJW 1991, 2792). § 249 Abs 3 ZPO findet auf **sonstige richterliche Handlungen**, die keine Entscheidungen sind, keine Anwendung (*Jaeger/ Henckel* § 10 KO Rn 63; *Stein/Jonas/Roth* § 249 ZPO Rn 22 f; *Gottwald/Gerhardt* InsRHdb § 32 Rn 14). Eine Analogie zu § 249 Abs 3 ZPO lässt der **BGH** (NJW 1959, 532) nur zu, wenn ein **bereits vor der Unterbrechung unzulässiges Rechtsmittel** nach deren Eintritt noch durch Beschluss verworfen wird (so auch *Stein/Jonas/Roth* § 249 ZPO Rn 27). Soweit Entscheidungen unter Verstoß gegen § 249 Abs 3 ZPO ergehen, sind diese unwirksam. Die Unwirksamkeit ist von Amts wegen zu berücksichtigen (*Jaeger/Henckel* § 10 KO Rn 66; *Smid/Rattunde* § 80 Rn 71). Stellt das Gericht eine in Unkenntnis der Insolvenzeröffnung gegen den Schuldner gerichtete Klage dem Insolvenzverwalter zu, so wird zunächst weder der eine noch der andere zur beklagten Partei. Der Insolvenzverwalter erlangt die Parteistellung nicht vor der Erklärung, dass sich die Klage gegen ihn richtet (BGH v 5. 10. 1994, NJW 1994, 3232).

66 Eine während der Unterbrechung erfolgte **Beweisaufnahme** muss nach Beendigung der Unterbrechung wiederholt werden (*Jaeger/Henckel* § 10 KO Rn 57). **Kosten**, die bei richtiger Behandlung der Sache nicht entstanden wären, werden nicht erhoben (§ 21 Abs 1 S 1 GKG).

67 **4. Streit über die Verfahrensunterbrechung.** Ist zwischen Insolvenzverwalter und Schuldner streitig, ob § 240 ZPO eingreift und die Unterbrechungswirkung eingetreten ist, so steht einem gesonderten Rechtsstreit hinsichtlich dieser Frage nichts entgegen (*Jaeger/Henckel* § 10 KO Rn 50; K/P/B/*Lüke* § 85 Rn 47). Nimmt der Insolvenzverwalter den Rechtsstreit auf, obwohl der Schuldner die Unterbrechung bestreitet, weil zB der streitige Gegenstand nicht in die Insolvenzmasse gehört, und erhebt nunmehr der Schuldner Feststellungsklage, dass der Streitgegenstand zum insolvenzfreien Vermögen gehört, kann das Gericht den vom Verwalter auf genommenen Prozess gem § 148 ZPO aussetzen, bis der Rechtsstreit zwischen Schuldner und Verwalter entschieden ist (*Jaeger/Henckel* § 10 KO Rn 50; *Jaeger/Windel* § 85 Rn 90; vgl auch K/P/B/*Lüke* § 85 Rn 47). Bejaht das Gericht die Unterbrechung oder stellt es fest, das keine wirksame Aufnahme des Prozesses erfolgt ist, entscheidet es durch **Zwischenurteil** gem § 303 ZPO (BGHZ 82, 209, 218; **BGH** v 8. 6. 2004 – IX ZR 281/03, NZI 2005, 64; **BGH** v 21. 10. 2004 – IX ZR 205/03, NZI 2005, 63; **BGH** v 9. 3. 2006 – IX ZB 101/05, ZInsO 2006, 429; vgl auch *Jaeger/ Windel* § 85 Rn 91; HK-*Kayser* § 85 Rn 34). Zum **Zwischenstreit über die Aufnahmelast** s unten zu B.I.4. Rn 81.

VI. Ende der Verfahrensunterbrechung

68 Die Unterbrechung des Verfahrens endet entweder mit der **Aufnahme des Rechtsstreits** durch Einreichung eines Schriftsatzes bei Gericht und Zustellung von Amts wegen an den Gegner (§ 250 ZPO) oder ohne weiteres und ohne Rücksicht auf Kenntnis der Beteiligten mit der **Rechtskraft der Aufhebung des Insolvenzverfahrens** (RGZ 122, 51; BGHZ 36, 258, 262; BGHZ 64, 1, 3; **BGH** ZIP 1989, 1411; K/P/B/*Lüke* § 85 Rn 46; *Jaeger/Windel* § 85 Rn 108 ff; *Gottwald/Gerhardt* InsRHdb § 32 Rn 16; MüKo-*Schumacher* vor §§ 85–87 Rn 83). Die Unterbrechung tritt auch bei **Einstellung des Verfahrens** gem §§ 207, 213 sowie im Fall der **Aufhebung des Eröffnungsbeschlusses** durch das Beschwerdegericht gem § 34 ein (BGHZ 36, 258, 262 = NJW 1962, 589; BGHZ 64, 1, 3 = NJW 1975, 692; **BGH** v 28. 9. 1989, NJW 1990, 1239 = ZIP 1989, 1411; OLG Karlsruhe ZInsO 2005, 823). Bei Aufhebung des Eröffnungsbeschlusses im Beschwerdeverfahren ist entscheidend die formelle Rechtskraft (**BGH** v 4. 3. 1985, WM 1985, 750; MüKo-*Feiber* § 240 ZPO Rn 29). Nach BGHZ 64, 1, 3 ist für den Aufhebungsbeschluss nach § 201 und für die Einstellung nach den §§ 207, 211, 213 auf die Wirksamkeit des Beschlusses abzustellen (§ 9 Abs 1 S 3). Für den Fall der **sofortigen Beschwerde** muss die Rechtskraft der Beschwerdeentscheidung maßgeblich sein, weil nach § 34 Abs 3 S 1 die Aufhebung erst nach Rechtskraft der Beschwerdeentscheidung öffentlich bekannt zu machen ist (zutr MüKo-*Feiber* § 240 ZPO Rn 29). Mit der **Ablehnung der Prozessaufnahme** durch den Verwalter oder die **Freigabe** des streitbefangenen Gegenstandes wird die Unterbrechung nicht automatisch beendet (BGHZ 36, 258, 261; **BGH** NJW 1990, 1239; *Jaeger/Windel* § 85 Rn 110; MüKo-*Schumacher* vor §§ 85–87 Rn 86). Die Beendigung erfolgt vielmehr **durch Aufnahme des Rechtsstreits** durch den Schuldner oder Prozessgegner (*Jaeger/Windel* § 85 Rn 110, 147). Eine Beendigung tritt aber ein bei **Aufhebung des allgemeinen Verfü-**

gungsverbots gem § 25 bei Unterbrechung nach § 240 S 2 ZPO (HaKo-*Kuleisa* vor §§ 85–87 Rn 36), nicht dagegen bei **Verzicht des Insolvenzgläubigers auf die Verfahrensteilnahme** (MüKo-*Schumacher* vor §§ 85–87 Rn 88; *Jaeger/Henckel* § 12 KO Rn 8). Erfolgt im **Eröffnungsverfahren** die Aufhebung des Verfügungsverbots, weil es entbehrlich geworden ist, so ist streitig, ob die Unterbrechungswirkung andauert (**bejahend** *Jaeger/Gerhardt* § 25 Rn 1; *Jaeger/Windel* § 85 Rn 111; **verneinend** K/P/B/*Lüke* § 85 Rn 46; *Stein/Jonas/Roth* § 240 ZPO Rn 33). Trotz der praktischen Schwierigkeiten ist keine Rechtsgrundlage ersichtlich, die es rechtfertigt, die Unterbrechungswirkung bis zur Entscheidung über den Eröffnungsantrag aufrecht zu erhalten (anders aber *Henckel* FS Schumann 2001, S 211, 218 f). Vgl auch *Pape* ZInsO 2008, 1041, 1045.

Die **Unterbrechung endet** auch mit der **Aufhebung des Insolvenzverfahrens** infolge Schlussverteilung **69** (§ 200) oder rechtskräftiger Bestätigung des Insolvenzplans (§ 258). Die Unterbrechungswirkung (§ 249 ZPO) endet bereits mit dem Wirksamwerden des Aufhebungs- und Einstellungsbeschlusses, nicht erst mit dessen formeller Rechtskraft (BGHZ 64, 1, 3 = NJW 1975, 692; *Zöller/Greger* § 240 ZPO Rn 15; MüKo-*Schumacher* vor §§ 85–87 Rn 83). Die unterschiedliche Behandlung rechtfertigt sich aus den Regelungen in § 200 Abs 1 iVm § 9 einerseits und § 34 Abs 3 andererseits. Stellt man auf die Wirksamkeit des Beschlusses ab, ergibt sich für die Beschwerdeentscheidung das Ergebnis auch aus § 6 Abs 3 S 1, wonach die Entscheidung über die Beschwerde erst mit der Rechtskraft wirksam wird. Ordnet das **LG** jedoch die **sofortige Wirksamkeit der Entscheidung** gem § 6 Abs 3 S 2 an, endet die Unterbrechungswirkung mit dem Wirksamwerden des Beschlusses (so auch *Gottwald/Gerhardt* InsRHdb § 32 Rn 20).

Auch im **Insolvenzverfahren über das Vermögen einer juristischen Person** ist der Verwalter berechtigt, **70** einen Massegegenstand freizugeben (Einzelheiten unten zu Rn 95). Erklärt der Verwalter die Freigabe eines vom Schuldner rechtshängig gemachten Anspruchs, so wird dadurch der Insolvenzbeschlag aufgehoben mit der Folge, dass die nach § 240 Abs 1 ZPO eingetretene Unterbrechung des Prozesses endet (BGH v 21. 4. 2005 – IX ZR 281/03, NZI 2005, 387 = ZVI 2005, 492 = ZInsO 2005, 594 = ZIP 2005, 1034). Lehnt man mit einer Mindermeinung die Zulässigkeit einer Freigabe in der Insolvenz einer juristischen Person ab, bleibt dem Verwalter nur die Möglichkeit der **Ablehnung** nach § 85 Abs 2 (krit hierzu *Jaeger/Windel* § 85 Rn 151). Unzulässig ist die sog **modifizierte Freigabe des Streitgegenstandes**, dh die Freigabe mit der Maßgabe, dass der Schuldner den Prozess auf eigenes Risiko führt, das Prozessergebnis aber wieder ganz oder teilweise bei positivem Ausgang in die Masse fließt. Die modifizierte Freigabe mit dem Ziel, die Masse von dem Prozessrisiko zu befreien und diese auf den vermögenslosen Insolvenzschuldner und damit auf den Prozessgegner zu verlagern, ist unzulässig (BGHZ 96, 151; *Häsemeyer* InsR Rn 13.16; *Jaeger/Henckel* § 6 KO Rn 122 ff; vgl aber auch BGHZ 100, 217, 217 = KTS 1987, 693).

VII. Prozesse des Verwalters bei Aufhebung des Insolvenzverfahrens

Die Aufhebung des Insolvenzverfahrens unterbricht entspr §§ 239, 242 ZPO einen vom oder gegen **71** den Insolvenzverwalter geführten Rechtsstreit (OLG Köln ZIP 1987, 1004; LG Aachen MDR 1964, 330 ([Ls]; K/P/B/*Lüke* § 85 Rn 49; K/U § 6 KO Rn 26u Vorbem §§ 10–12 KO Rn 22; MüKo-*Schumacher* vor §§ 85–87 Rn 89; HaKo-*Kuleisa* § 85 Rn 31 entspr §§ 239, 242). Eine entsprechende Anwendung von § 239 ZPO scheidet aber für **Anfechtungsprozesse des Verwalters** nach §§ 129 ff aus, da es sich insoweit um ein eigens für das Insolvenzverfahren geschaffenes Recht handelt, das zwar wegen § 313 Abs 2 S 1 nicht mehr untrennbar mit dem Amt eines Insolvenzverwalters verbunden ist, aber die Eröffnung eines Insolvenzverfahrens auch nach neuem Recht zwingend voraussetzt (BGH v 10. 2. 1982, BGHZ 83, 102, 105). Die entsprechende Anwendung des § 239 ZPO auf **Verwalterprozesse bei Verfahrensbeendigung** ist allerdings **umstritten**. Nach einer **anderen Auffassung** sieht das Gesetz eine Unterbrechung durch Insolvenzbeendigung nicht vor. Der Aufnahme vom Insolvenzverwalter geführte Rechtsstreit werde durch die Aufhebung des Insolvenzverfahrens nicht erneut unterbrochen, obgleich mit der Verfahrensbeendigung meist auch die Prozessführungsbefugnis des Insolvenzverwalters wegfällt. An seine Stelle trete idR ohne weiteres der Insolvenzschuldner als nunmehriger Inhaber der Prozessführungsbefugnis (**OLG** Hamburg KTS 1986, 507; **LAG** Hamm KTS 1997, 320; MüKo-*Feiber* § 240 ZPO Rn 34; *Zöller/Greger* § 240 ZPO Rn 15; *Baumbach/Lauterbach/Albers/Hartmann* § 240 ZPO Rn 23).

Soweit der **Streitgegenstand der Nachtragsverteilung vorbehalten** ist, wird der Rechtsstreit durch den **72** Insolvenzverwalter fortgeführt (BGH NJW 1973, 1198; *Jaeger/Henckel* § 10 KO Rn 103, 104). Insoweit hat die Aufhebung des Verfahrens auf den Prozess keinerlei Wirkungen, sodass eine **erneute Unterbrechung** nicht stattfindet (*Jaeger/Henckel* § 10 KO Rn 103; *Jaeger/Windel* § 85 Rn 109). Gleiches gilt, wenn sich der **Insolvenzverwalter durch einen Rechtsanwalt im Prozess** hat **vertreten** lassen, denn die Prozessvollmacht bleibt in Kraft, auch wenn der Schuldner den Prozess fortsetzt (OLG Karlsruhe ZInsO 2005, 823; *Baumbach/Lauterbach/Albers/Hartmann* § 240 ZPO Rn 23). Den eintretenden **Parteiwechsel** hat der Prozessgegner hinzunehmen (BGH ZIP 1992, 1152; OLG Karlsruhe ZInsO 2005, 823; HaKo-*Kuleisa* § 85 Rn 31). Eingehend und ablehnend zur Unterbrechungswirkung des Verwalterprozesses *K. Schmidt* KTS 1984, 345, 396, wonach der Insolvenzschuldner auch während des Insolvenzverfahrens als Prozesspartei anzusehen ist. War der **Insolvenzverwalter anwaltlich vertreten**, ist aber auf Antrag des Prozessbevollmächtigten eine **Aussetzung des Verfahrens** gem § 246 Abs 1 ZPO analog anzuordnen (OLG Köln ZIP 1987, 1004; HaKo-*Kuleisa* § 85 Rn 31; *Grunsky* EWiR 1987, 829).

B. Verfahrensfortgang im anhängigen Aktivprozess

I. Aufnahme anhängiger Streitigkeiten (§ 85 Abs 1 S 1)

73 Nach § 85 Abs 1 können anhängige Prozesse über das zur Insolvenzmasse gehörende Vermögen (vgl hierzu oben A. II. 5.) in der Lage, in der sie sich befinden, vom Insolvenzverwalter aufgenommen werden. Es muss sich um einen **Teilungsmassestreit** handeln, also um einen Prozess, der die Aktivmasse betrifft. Da gem § 240 S 2 ZPO die Unterbrechungswirkung hinsichtlich eines anhängigen Verfahrens auch dann eintritt, wenn im Eröffnungsverfahren die Verwaltungs- und Verfügungsbefugnis über das Vermögen des Schuldners auf einen sogen **starken vorläufigen Insolvenzverwalter** übergeht, ist dieser gem § 24 Abs 2 berechtigt, in entsprechender Anwendung von § 85 Abs 1 S 1 einen anhängigen Rechtsstreit zugunsten des Schuldners aufzunehmen. Streitig ist, ob **durch eine Verfahrenseröffnung** der von einem „starken" vorläufigen Insolvenzverwalter aufgenommene Rechtsstreit **erneut unterbrochen** wird (ablehnend für Anfechtungsprozesse BGH v 10. 2. 1982 – VIII ZR 158/80, BGHZ 83, 102, 105; MüKo-*Schumacher* § 86 Rn 18; *Jaeger/Windel* § 85 Rn 111; str aA K/P/B/*Lüke* § 86 Rn 6; HaKo-*Kuleisa* § 86 Rn 5). Es ist schon zweifelhaft, ob ein endgültiger Insolvenzverwalter an die Entscheidung eines „starken" vorläufigen Verwalters gebunden ist (so aber K/P/B/*Lüke* § 85 Rn 50). Richtig ist auch, dass der endgültige Insolvenzverwalter, der einen vom vorläufigen Verwalter aufgenommenen Aktivprozess fortführt, idR keine Überlegungsfristen braucht (MüKo-*Schumacher* § 86 Rn 18). Entscheidend ist letztlich aber der Wortlaut des § 240 S 1 ZPO sowie die Tatsache, dass der vorläufige Verwalter nicht mit dem endgültigen identisch zu sein braucht. Deshalb wird auch ein vom vorläufigen Verwalter fortgeführtes Verfahren durch die Insolvenzeröffnung **erneut unterbrochen** (K/P/B/*Lüke* § 86 Rn 6; HaKo-*Kuleisa* § 86 Rn 5). Wollte man anders entscheiden, wäre eine Differenzierung zwischen Aktiv- und Passivprozessen erforderlich.

74 Der Insolvenzverwalter hat die **Entscheidung** darüber, ob er einen anhängigen Schuldnerprozess aufnimmt oder die Aufnahme ablehnt, **nach pflichtgemäßem Ermessen zu treffen** (HK-*Kayser* § 85 Rn 65). Maßgeblich für seine Entscheidung ist immer, ob die Fortführung oder Ablehnung im Interesse der Insolvenzmasse ist (*Jaeger/Henckel* § 10 KO Rn 114; K/P/B/*Lüke* § 85 Rn 73; MüKo-*Schumacher* § 85 Rn 32; *Gottwald/Gerhardt* InsRHdb § 32 Rn 23). Dabei geht es nicht immer um die Erfolgsaussichten in rechtlicher oder tatsächlicher Hinsicht, sondern auch um die **Frage der Finanzierbarkeit** im Fall des Unterliegens. In massearmen Verfahren werden die Prozessaussichten idR vom Prozessgericht im Rahmen des Prozesskostenhilfeverfahrens geprüft (§ 114 ZPO). Wenn ein **Rechtsstreit mit erheblichem Streitwert** aufgenommen oder die Aufnahme eines solchen Rechtsstreits abgelehnt werden soll, hat der Verwalter zudem gem § 160 Abs 2 Nr 3 die **Zustimmung des Gläubigerausschusses** einzuholen (HK-*Kayser* § 85 Rn 65). Unterlässt er dies, hat der Verstoß allerdings keine Unwirksamkeit der Aufnahme zur Folge (§ 164). Erhebt der Insolvenzverwalter eine neue Klage, obgleich hinsichtlich des Streitgegenstandes ein Rechtsstreit des Schuldners anhängig war, so ist diese neue Klage unzulässig (*Jaeger/Henckel* § 10 KO Rn 114; *Gottwald/Gerhardt* InsRHdb § 32 Rn 23). Der **Revisionsbeklagte** kann die Aufnahme eines im Revisionsverfahren durch die Eröffnung des Insolvenzverfahrens unterbrochenen Prozesses bis zur Entscheidung über die Annahme der Revision durch einen beim Revisionsgericht einzureichenden Schriftsatz des Prozessbevollmächtigten der zweiten Instanz erklären (**BGH** v 8. 2. 2001, ZIP 2001, 578). Grundsätzlich kann die Revision eines gem § 240 ZPO unterbrochenen Verfahrens in einem nach Revisionseinlegung beim **BGH** anhängigen Verfahren wirksam nur durch einen dort zugelassenen Anwalt erklärt werden (§ 78 Abs 1 2. Halbs ZPO). Davon lässt der **BGH** im vorstehenden Beschluss eine Ausnahme zu, indem er für den Verfahrensabschnitt bis zur Entscheidung über die Annahme der Revision auch die Aufnahmeerklärung durch den nicht beim **BGH** zugelassenen Prozessbevollmächtigten zweiter Instanz als wirksam ansieht.

75 **1. Teilungsmassestreit (Aktivprozesse).** § 85 gilt nur für den sogen „Teilungsmassestreit", dh einen Prozess, in dem ein Vermögensrecht in Anspruch genommen wird, das für den Fall des Obsiegens zu einer Anreicherung der Haftungsmasse führen würde (*Jaeger/Henckel* § 10 KO Rn 108; *Smid* § 85 Rn 3; K/P/B/*Lüke* § 85 Rn 51; *Gottwald/Gerhardt* InsRHdb § 32 Rn 21). Der Teilungsmassestreit wird auch als „**Aktivprozess**" bezeichnet, weil der Streitgegenstand des Prozesses ein potenzielles Aktivum der Insolvenzmasse bilden muss (*Gottwald/Gerhardt* InsRHdb § 32 Rn 21; *Kilger/K. Schmidt* § 10 KO Anm 4; *Jauernig/Berger* § 43 V 2 a). Das den Gegenstand des Rechtsstreits bildende Recht muss also im Falle seines Bestehens immer zur **Aktiv- bzw Teilungsmasse** gehören (BGHZ 36, 258, 260 = NJW 1962, 589; *Jaeger/Henckel* § 10 KO Rn 106 ff; *Jauernig/Berger* § 43 V 2 a; MüKo-*Feiber* § 240 ZPO Rn 39; HK-*Eickmann* § 85 Rn 5; N/R/*Wittkowski* § 85 Rn 16). In welcher **Parteirolle** der Schuldner den

B. Verfahrensfortgang im anhängigen Aktivprozess § 85

Rechtsstreit führt, ist dabei nicht entscheidend. Ein Rechtsstreit kann durchaus ein **Aktivprozess** sein, obwohl der Schuldner Beklagter ist (RGZ 45, 374, 376; RGZ 73, 276, 277; RGZ 134, 377, 379; BGHZ 36, 260, 264; K/U § 10 KO Rn 2; *Jaeger/Henckel* § 10 KO Rn 106; *Jauernig* § 43 V 2 a; K/P/B/ *Lüke* § 85 Rn 53). Entscheidend für die Bezeichnung als Aktivprozess ist letztlich immer der „materielle Inhalt des Begehrens" (BGH ZIP 1995, 643; K/P/B/*Lüke* § 85 Rn 53; K/U § 10 KO Rn 2). Eine gegen den Schuldner gerichtete **negative Feststellungsklage** ist für diesen ein Aktivprozess (RGZ 73, 278). Dagegen ist eine **negative Feststellungsklage des Schuldners** als Kläger für diesen **kein Aktivprozess** (RGZ 70, 368; RGZ 122, 51, 53; *Gottwald/Gerhardt* InsRHdb § 32 Rn 21; *Kilger/K. Schmidt* § 10 KO Anm 4; HaKo-*Kuleisa* § 85 Rn 3). Auch ein **Unterlassungsanspruch**, der sich gegen den eingerichteten Gewerbebetrieb des Schuldners richtet, kann Aktivprozess sein (RGZ 134, 379; BGH NJW 1966, 51), oder wenn mit einer negativen Feststellungsklage gegenüber dem Schuldner geltend gemacht wird, ein sonst zur Masse gehörender Anspruch sei erloschen, ein zur Masse gehörendes Recht bestehe nur eingeschränkt oder eine Behauptung, er habe an einer gepfändeten Sache ein die Veräußerung hinderndes Recht, sei unbegründet. Zu **vertraglichen Unterlassungsansprüchen** s *Jaeger/Windel* § 85 Rn 40. Hat der – spätere – Insolvenzschuldner während eines Rechtsstreits die Forderung unter dem Vorbehalt der Rückforderung für den Fall des Obsiegens bezahlt, so ist nach OVG Bremen (KTS 1979, 318) der durch die Verfahrenseröffnung unterbrochene Rechtsstreit zum Aktivprozess iSv § 85 geworden (OLG Saarbrücken v 23. 10. 1985, NJW-RR 1986, 672, 673).

Einzelfälle. Die **Abgrenzung von Aktivprozessen (§ 85) zu Passivprozessen (§ 86)** ist nicht immer einfach. So kann zB ein Rechtsstreit zugleich Aktivprozess und Passivprozess sein (Klage und Widerklage), so dass hinsichtlich der Aufnahme unterschiedliche Regelungen eingreifen. Geht es bei einem Rechtsstreit um **Klage und Widerklage**, so kann die Klage Passivprozess und die Widerklage Aktivprozess sein; es kann aber umgekehrt sein (RGZ 63, 364, 366; RGZ 122, 51; MüKo-*Schumacher* § 85 Rn 4). Sind Klage und Widerklage gem § 240 ZPO unterbrochen, so ist für Klage und Widerklage jeweils selbständig zu prüfen, ob ein Aktivprozess vorliegt (RGZ 122, 51; *Jaeger/Henckel* § 10 KO Rn 106). Macht der Schuldner eine Gegenforderung nur **aufrechnungsweise** geltend, handelt es sich um einen Passivprozess, auf den trotz der nach § 322 Abs 2 ZPO eintretenden Wirkungen § 85 nicht anwendbar ist (RG JW 1915, 1437; *Jaeger/Henckel* § 10 KO Rn 107; *Jaeger/Windel* § 85 Rn 114; *Gottwald/Gerhardt* InsR-Hdb § 32 Rn 22). Ein **ursprünglicher Passivprozess kann zu einem Aktivprozess werden**, wenn es im Rahmen einer erstinstanzlichen Verurteilung bei dem Rechtsmittel darum geht, ob der zunächst obsiegende Gegner des Insolvenzschuldners die vom Schuldner gezahlten Beträge behalten darf (BGH ZIP 1995, 643; K/P/B/*Lüke* § 85 Rn 53; vgl auch BGHZ 36, 258, 264). Macht das FA einen unerfüllten Haftungsanspruch nach §§ 69, 74 AO 1977 geltend, liegt ein Passivprozess vor, der vom klagenden FA nicht aufgenommen werden kann, sondern es ist nach den §§ 87, 174 ff zu verfahren (BFH v 7. 3. 2006 – VII R 11/05, ZIP 2006, 968).

Bei vorläufig **vollstreckbarer Verurteilung des Insolvenzschuldners** ist das Verfahren für den Schuldner ein Aktivprozess, wenn er als Beklagter die Erstattung des beigetriebenen Betrages gem § 717 Abs 3 ZPO fordert (BGHZ 36, 258, 260, 264). Gleiches gilt, wenn der Beklagte auf Grund des § 717 Abs 2 ZPO das von ihm Beigetriebene oder zur Abwendung der Zwangsvollstreckung Geleistete oder seinen darüber hinausgehenden Schaden ersetzt verlangt (BGH ZIP 2004, 769 f; *Jaeger/Windel* § 85 Rn 115). Schon die **Weiterverfolgung des Klageabweisungsantrags** nach Beitreibung der Urteilssumme macht den Passivprozess auch, bei vollständiger Beitreibung selbst der Kosten sogar nur (vgl OLG Celle KTS 1969, 107) zum Aktivprozess, da das Rechtsmittel des Beklagten die Möglichkeit des Antrags aus § 717 Abs 2, 3 ZPO eröffnet (BGHZ 36, 258, 264 = NJW 1962, 589). Das gilt auch, wenn der Kläger auf Grund des Instanzurteils **Sicherheitsleistung** erwirkt hatte (RGZ 85, 214, 219; RGZ 86, 394, 396; *Jaeger/Henckel* § 10 KO Rn 108; *Jaeger/Windel* § 85 Rn 115; MüKo-*Schumacher* § 85 Rn 9). Anders **OLG Rostock** (OLG-Report 2007, 843 für den Fall, dass ein Dritter die Sicherheit (Bankbürgschaft) geleistet hat. Entgegen **OLG Celle** (KTS 1969, 107) kann die Prozessunterbrechung nach § 240 ZPO nicht mit der Begründung verneint werden, dass keine Insolvenzforderung bestehe und deshalb das Verfahren nicht die Insolvenzmasse betreffe (*Jaeger/Henckel* § 10 KO Rn 108). Nach zutr Meinung von W. *Henckel* ist die Insolvenzmasse betroffen, weil der Anspruch nach § 717 Abs 2, 3 ZPO zur Insolvenzmasse gehört. Ein vom Schuldner einredeweise geltend gemachtes Gegenrecht macht grundsätzlich den gegen ihn geführten Rechtsstreit nicht zum Aktivprozess. Gleiches gilt für **Abwehrklagen** (*Kilger/K. Schmidt* § 10 KO Anm 4).

Der vom Schuldner für den Fall des Prozessgewinns erhobene **Kostenerstattungsanspruch** ist nicht geeignet, den anhängigen Rechtsstreit zu einem Aktivprozess umzufunktionieren (RGZ 16, 360; RGZ 52, 332; RGZ 46, 396). Anders allerdings, wenn ein gegen den Schuldner gerichteter Rechtsstreit schon vor Verfahrenseröffnung durch Klage- oder Rechtsmittelrücknahme erledigt ist und bloß noch über die Kosten zu entscheiden ist. Solchenfalls ist der restliche Streit als **isolierter Kostenstreit** im Hinblick auf den zugunsten der Masse zu entscheidenden Kostenpunkt ein Aktivprozess und § 85 findet Anwendung (*Jaeger/Henckel* § 10 KO Rn 28; *Jaeger/Windel* § 85 Rn 119; MüKo-*Schumacher* § 85 Rn 7; *Kilger/ K. Schmidt* § 10 KO Anm 4). Die Tatsache, dass aus einem **vorläufig vollstreckbaren Urteil** vor Eröffnung des Insolvenzverfahrens bereits vollstreckt worden ist, hindert die Unterbrechung nicht (**KG OLGZ 77, 364**; *Zöller/Greger* § 240 ZPO Rn 4; str aA OLG Celle OLGZ 69, 368). Das **FA** kann einen durch die Eröffnung des Insolvenzverfahrens über das Vermögen des Haftungsschuldners unterbrochenen Rechtsstreit über die **Rechtmäßigkeit eines Haftungsbescheides** sowohl gegenüber dem Insolvenzverwalter als auch gegenüber dem Schuldner aufnehmen. Im Falle der Aufnahme des Rechtsstreits durch das Finanzamt wandelt sich das ursprüngliche Anfechtungsverfahren in ein Insolvenzfeststellungsverfahren, mit dem gegenüber dem Insolvenzverwalter die Feststellung der Forderung zur Insolvenztabelle begehrt werden kann (**BFH** v 13. 11. 2007 – VII R 61/06, ZIP 2008, 1745 ff).

79 2. **Einzelheiten der Aufnahme des Verfahrens. a) Die Form der Aufnahme des Rechtsstreits.** Die Aufnahme des Verfahrens ist eine prozessuale Willenserklärung. Sie erfolgt durch Zustellung eines bei Gericht einzureichenden Schriftsatzes (§ 250 ZPO), der von Amts wegen zuzustellen ist (§ 270 ZPO). Mit der Zustellung wird die Unterbrechung beendet (**BGH** ZIP 1999, 76; HK-*Kayser* § 85 Rn 53). Die Verletzung der Vorschrift kann nach § 295 ZPO durch rügelose Einlassung geheilt werden (RGZ 51, 94, 97; RGZ 66, 399; BGHZ 23, 172, 175 = NJW 1957, 713; BGHZ 50, 397, 400 = NJW 1969, 48; *Jaeger/Henckel* § 10 KO Rn 115; HK-*Kayser* § 85 Rn 53; MüKo-*Feiber* § 250 ZPO Rn 10; *Gottwald/Gerhardt* InsRHdb § 32 Rn 24; K/P/B/*Lüke* § 85 Rn 54). Eine **ausdrückliche Aufnahmeerklärung** ist nicht erforderlich. Es genügt, wenn der Schriftsatz den Willen zur Fortsetzung zweifelsfrei erkennen lässt (**BGH** NJW 1995, 2171; FK-*App* § 85 Rn 11; *Jaeger/Windel* § 85 Rn 130). Das Gericht hat den Schriftsatz auszulegen (RGZ 140, 348, 352; BGHZ 23, 172, 175; **BGH** ZIP 1983, 592; K/P/B/*Lüke* § 85 Rn 54). Die Aufnahme kann auch **stillschweigend** oder **konkludent** erfolgen, wie zB im Weiterverhandeln zur Sache (RGZ 140, 348, 352; *Jaeger/Henckel* § 10 KO Rn 115; K/P/B/*Lüke* § 85 Rn 55; *Kilger/K. Schmidt* § 10 KO Anm 5 b). Wird die Aufnahme in der mündlichen Verhandlung erklärt, so ist die Zustellung verzichtbar (RGZ 78, 343; RGZ 109, 47; *Baur/Stürner* II Rn 9.81; FK-*App* § 85 Rn 11). Keineswegs genügend ist aber eine bloße Prozesshandlung (§ 249 Abs 2 ZPO), wie zB die Zustellung eines Urteils (RGZ 41, 403; FK-*App* § 85 Rn 11) oder eine bloße Parteivereinbarung über die Aufnahme (RGZ 66, 399, 400; *Kilger/K. Schmidt* § 10 KO Anm 5 b). Erklärt der **Prozessbevollmächtigte** des Schuldners, den unterbrochenen Prozess aufzunehmen, und beantragt er, das Rubrum auf den Insolvenzverwalter zu ändern, so ist der Wille des Verwalters, den Prozess fortzusetzen, deutlich genug zum Ausdruck gebracht (*Kilger/K. Schmidt* § 10 KO Anm 5 b). Einer ausdrücklichen Bestellung des Prozessbevollmächtigten für den Insolvenzverwalter bedarf es nicht (**BGH** ZIP 1983, 592).

80 Auch eine **Rechtsmittelschrift** oder eine **Rechtsmittelbegründungsschrift** können nach hM eine wirksame **Aufnahmeerklärung enthalten** (BGHZ 36, 258 = NJW 1962, 589; BGHZ 111, 104, 109; MüKo-*Schumacher* vor §§ 85–87 Rn 81; *Jaeger/Windel* § 85 Rn 131; *Gottwald/Gerhardt* InsRHdb § 32 Rn 25; *Kilger/K. Schmidt* § 10 KO Anm 5 b; K/P/B/*Lüke* § 85 Rn 56; FK-*App* § 85 Rn 11; str aA RGZ 109, 399, 401; RGZ 78, 343, 344; *Jaeger/Henckel* § 10 KO Rn 116; *Henckel* ZZP 75, 359; *Jauernig* JZ 1965, 694). Über eine **Nichtzulassungsbeschwerde** gem § 544 ZPO kann ohne Aufnahme entscheiden werden (*Jaeger/Windel* § 85 Rn 130). Durch die Aufnahme des unterbrochenen Verfahrens wird der Verfahrensstand hergestellt, der vor der Unterbrechung durch die Eröffnung des Insolvenzverfahrens bestand. Zum **Verzicht auf das Schriftsatzerfordernis** vgl BGHZ 50, 397, 400 = NJW 1969, 48. Die Aufnahme kann auch noch in der **Revisionsinstanz** erklärt werden (**BGH** v 8. 2. 2001 – VII ZR 477/00, NZI 2001, 246 = ZIP 2001, 578; **BGH** LM § 146 KO Nr 5; **BGH** ZIP 1980, 23; **BAG** AP § 91 a ZPO Nr 7 m Anm *Vollkommer*). Im Patentnichtigkeitsverfahren reicht – abweichend von den Bestimmungen der ZPO – für die Aufnahme des Rechtsstreits seitens des Insolvenzverwalters eine **formlose Erklärung** gegenüber dem Gericht aus (RGZ 141, 427, 429; *Kilger/K. Schmidt* § 10 KO Anm 5 b; K/P/B/*Lüke* § 85 Rn 56).

81 b) **Rechtsfolgen der Aufnahme des Rechtsstreits.** Der Rechtsstreit wird vom Verwalter in der Lage aufgenommen, in der er sich im Zeitpunkt der Unterbrechung befunden hat. Mit der Aufnahmeerklärung ist somit der Verwalter an die bisherige Prozessführung durch den Schuldner gebunden. Dessen **Prozesshandlungen**, wie zB Anerkenntnisse, Geständnisse, Verzichtserklärungen sowie Frist- und Terminversäumnisse **bleiben für den Verwalter wirksam** (**BGH** v 28. 9. 2006 – IX ZB 312/04, NZI 2007, 104 = ZInsO 2006, 1214; *Jaeger/Windel* § 84 Rn 132; *Gottwald/Gerhardt* InsRHdb § 32 Rn 26; HK-*Kayser* § 85 Rn 56; *Kilger/K. Schmidt* § 10 KO Anm 5 c). Eine **Ausnahme** gilt allerdings für Rechtshandlungen, die gem § 129 ff der Insolvenzanfechtung unterliegen (*Smid* § 85 Rn 12; *Gottwald/Gerhardt* InsRHdb § 32 Rn 26; HK-*Kayser* § 85 Rn 56). Andererseits steht es in der Verfügungsmacht des Verwalters, sämtliche Prozesshandlungen vorzunehmen, die ihm im Hinblick auf den Insolvenzzweck sachdienlich erscheinen. So kann er zB sämtliche dem Schuldner bei Eintritt der Unterbrechung noch zustehenden Angriffs- und Verteidigungsmittel vorbringen (*Gottwald/Gerhardt* InsRHdb § 32 Rn 26). Der Klageantrag ist der veränderten Verfahrens- und Sachlage sowie dem Insolvenzzweck anzupassen (*Kilger/K. Schmidt* § 10 KO Anm 5 c). Der Verwalter ist berechtigt, mit bindender Wirkung für den Schuldner über den Streitgegenstand zu verfügen, diesen also aus der Masse freizugeben oder die Klage zurückzunehmen. Er ist berechtigt, Rechtsbehelfe einzulegen oder zurückzunehmen sowie Anerkenntnisse oder Verzichte zu erklären (*Jaeger/Henckel* § 10 KO Rn 117; MüKo-*Schumacher* § 85 Rn 26). Er kann auch die Klage ändern (§ 264 ZPO) oder die Erledigung des Rechtsstreits in der Hauptsache erklären (§ 91 a ZPO). Soweit der Insolvenzverwalter den Prozess durch eine Prozesserklärung ohne abschließende Gerichtsentscheidung beendet, endet damit auch die Rechtshängigkeit mit

B. Verfahrensfortgang im anhängigen Aktivprozess § 85

Wirkung für und gegen den Insolvenzschuldner (*Jaeger/Henckel* § 10 KO Rn 117; *Jaeger/Windel* § 85 Rn 132).

Dem Insolvenzverwalter ist für ein von ihm eingelegtes Rechtsmittel **Wiedereinsetzung in den vorigen** 82 **Stand** zu gewähren, wenn der Schuldner vor Verfahrenseröffnung hierfür PKH beantragt hatte und die Zwei-Wochen-Frist für die Stellung des Wiedereinsetzungsantrags bei Verfahrenseröffnung noch nicht in Lauf gesetzt oder nicht abgelaufen war (*Kilger/K. Schmidt* § 10 KO Anm 5 c). Dabei ist keine Prüfung vorzunehmen, ob der Insolvenzverwalter sich zur Einlegung des Rechtsmittels hätte früher entschließen können oder müssen (BGHZ 9, 308 = NJW 1953, 1144).

Soweit der Verwalter in dem von ihm **aufgenommenen Prozess ein Urteil** erstreitet, erwächst dieses in 83 **Rechtskraft für und gegen den Schuldner**. Eine Ausnahme gilt nur, wenn der Verwalter irrtümlich einen Prozess über massefremdes Vermögen geführt hat (*Jaeger/Henckel* § 10 KO Rn 118). Der Verwalter ist auch berechtigt, den Prozess in **Prozessstandschaft** vom Schuldner weiterführen zu lassen. Allerdings sind dieser Handhabung – wie oben bereits ausgeführt wurde – enge Grenzen gesetzt, denn die Prozessstandschaft darf nicht das Ziel verfolgen, das Prozesskostenrisiko auf den Gegner zu verlagern (vgl **BGH ZIP 1986, 25**). IdR wird der Prozess auch in der **gleichen Prozessart** fortgeführt. Ein durch Insolvenzeröffnung unterbrochener **Arrestprozess**, bei dem nicht die Entscheidung über eine Forderung, sondern die Sicherung einer künftigen Zwangsvollstreckung das Verfahrensziel ist, wird als Arrestprozess wieder aufgenommen und in der gleichen Prozessart weitergeführt (**BGH KTS 1962, 51**; *Kilger/K. Schmidt* § 10 KO Anm 5 c). Dem Verwalter ist es unbenommen, den Rechtsstreit aufzunehmen und mittels Prozesskostenhilfe fortzusetzen. Nimmt der Verwalter den Rechtsstreit im Berufungsrechtszug zum Zwecke der Rücknahme des Rechtsmittels auf, so können nach **OLG** Naumburg (v 7. 9. 2001 ZInsO 2001, 1113) im Kostenfestsetzungsverfahren die Kosten des ersten Rechtszuges nicht gegen ihn festgesetzt werden, weil es insoweit an einem Kostentitel fehlt.

c) **Kosten des aufgenommenen Rechtsstreits**. Hinsichtlich der Kosten des vom Verwalter aufgenom- 84 menen Prozesses wurde für das alte und wird für das neue Recht überwiegend die Auffassung vertreten, dass die **Kosten des gesamten Rechtsstreits**, also auch die vor der Aufnahme entstandenen Kosten, eine **Masseverbindlichkeit iSv § 55 Abs 1 Nr 1 sind** (**OLG** Düsseldorf v 23. 1. 2001, ZInsO 2001, 560, 561; *Jaeger/Henckel* § 10 KO Rn 119; *Smid* § 85 Rn 14; FK-*App* § 85 Rn 16; *Kilger/K. Schmidt* § 10 KO Anm 8; *Hess* § 85 Rn 91; N/R/*Wittkowski* § 85 Rn 18; *Gottwald/Gerhardt* InsRHdb 2. Aufl § 32 Rn 27, 42; FK-*App* § 85 Rn 16; *Jaeger/Windel* § 85 Rn 139). Die Notwendigkeit einer einheitlichen Kostenentscheidung wird mit dem **Prinzip der Einheitlichkeit der Kostenentscheidung** begründet (vgl **OLG** Stuttgart ZInsO 2007, 43, 44; **OLG** Hamburg v 13. 5. 1974, JurBüro 1974, 904; **OLG** Düsseldorf 23. 1. 2001, ZInsO 2001, 561, 562; **OLG** Hamm Rpfleger 1990, 435; **OLG** Koblenz JurBüro 1991, 966; *Smid* § 85 Rn 13; *Jaeger/Windel* § 85 Rn 139, 141; HK-*Kayser* § 85 Rn 58; *Gottwald/Gerhardt* InsRHdb § 32 Rn 27). Die Folge ist, dass der Verwalter bei jeder Aufnahme von Aktivprozessen zu berücksichtigen hat, dass er für den Fall des Unterliegens die gesamten Prozesskosten, das heißt auch die vor Verfahrenseröffnung entstandenen Kosten, zu tragen hat.

Nach **anderer Auffassung** ist wegen des Wertungswiderspruchs zu der in § 105 getroffenen Regelung 85 die Kostenerstattungsforderung unterschiedlich danach zu qualifizieren, ob der Gebührentatbestand und damit der Rückerstattungsanspruch bereits vor Verfahrenseröffnung oder erst nach diesem Zeitpunkt vollendet war (**BFH ZIP 2002, 2225**; **OLG** Rostock ZIP 2001, 2145; **OLG** Hamm ZIP 1994, 1547; **LG** Köln ZIP 2003, 1310; *Uhlenbruck* ZIP 2001, 1988, 1989; HK-*Eickmann* 4. Aufl § 85 Rn 10; K/P/B/*Lüke* § 85 Rn 59; HaKo-*Kuleisa* § 85 Rn 18; *Heiderhoff* ZIP 2002, 1514 ff; BerlKo-*Blersch/v. Olshausen* § 85 Rn 9; MüKo-*Schumacher* § 85 Rn 20; **offen lassend BGH NZI 2005, 33, 34**; **OLG** Koblenz ZVI 2008, 544, 545).

Der **BGH** hat in einer Entscheidung v 28. 9. 2006 (- IX ZB 312/04, NZI 2007, 104, 105) ausgeführt, 86 die Kritik an der undifferenzierten Behandlung des Kostenerstattungsanspruchs als Masseverbindlichkeit möge „in den Fällen berechtigt sein, in denen das Insolvenzereignis den Rechtsstreit in einer höheren Instanz oder nach Zurückverweisung der Sache an die Vorinstanz unterbricht". Eine ausdrückliche Entscheidung der Frage, ob der Kostenerstattungsanspruch in Fällen des Unterliegens oder sofortigen Anerkenntnisses des Verwalters insgesamt Masseverbindlichkeit iSv § 55 Abs 1 Nr 1 oder hinsichtlich der vor Verfahrenseröffnung bereits vollendeten Gebührentatbestände nur Insolvenzforderung iSv § 38 ist, hat der **BGH** bislang nicht getroffen. Einzelheiten zum Streitstand **BGH NZI 2007, 104 f**; *Rückert*, Einwirkung, S 157 ff; *Uhlenbruck* ZIP 2001, 1988 f.

Keinesfalls kann die Beantwortung der **Streitfrage in das Kostenfestsetzungsverfahren** (§§ 103 ff 87 ZPO) verlagert werden (**BGH NZI 2007, 105**; **KG** ZIP 2008, 610; **OLG** Koblenz ZVI 2008, 544; **OLG** Stuttgart ZInsO 2008, 610; **OLG** Düsseldorf ZInsO 2001, 560; **OLG** Köln JurBüro 1986, 1243; **OLG** Frankfurt AnwBl 183, 549). Für den „starken" vorläufigen Insolvenzverwalter gilt die Differenzierung bei Aufnahme im Eröffnungsverfahren entsprechend (§§ 24 Abs 2, 85, 86). Die ab Verfahrensaufnahme und später im eröffneten Verfahren angefallenen Prozesskosten sind Masseverbindlichkeiten nach § 55 Abs 2 (*Uhlenbruck* ZIP 2001, 1898, 1899).

In der Sache geht es letztlich nicht um eine **Aufspaltung der Kostenentscheidung** gegen den Schuldner 88 oder den Verwalter, sondern um eine **insolvenzrechtliche Qualifikation der Forderung**. An dem Prinzip der **Einheitlichkeit der Kostenentscheidung** ist grundsätzlich festzuhalten. Dieses Prinzip gilt aber nicht für die insolvenzrechtliche Rangzuordnung (so auch K/P/B/*Lüke* § 85 Rn 58). Rechtsdogmatisch überzeugt die **differenzierende Auffassung** nicht zuletzt deswegen, weil § 55 Abs 1 Nr 1 darauf abstellt, dass die Masseverbindlichkeit erst nach Verfahrenseröffnung begründet wurde. Bei dem Kostenerstattungsanspruch handelt es sich aber um einen durch die Klageerhebung begründeten aufschiebend bedingten Anspruch. Nimmt der Verwalter den Prozess auf, so begründet er allenfalls **Masseverbindlichkeiten** insoweit, als Kosten durch die Aufnahme und Weiterführung des Prozesses entstehen. Das Ergebnis deckt sich letztlich auch mit dem **gesetzgeberischen Ziel des** § 105 (vgl *Uhlenbruck* ZIP 2001, 1988; HK-*Kayser* § 85 Rn 59; s auch die Kommentierung zu § 180 Rn 21 ff). Bei Verträgen über teilbare Leistungen, insbesondere über die fortlaufende Lieferung von Waren oder Energie, soll der Insolvenzverwalter für die Zukunft Erfüllung verlangen können, ohne dadurch auch für die Vergangenheit zur vollen Erfüllung verpflichtet zu sein. Das Anliegen des Gesetzgebers, die Masse von Verbindlichkeiten zu entlasten, die wegen ihrer Begründung vor Verfahrenseröffnung eigentlich Insolvenzforderungen iSv § 38 sind, trifft in gleicher Weise für Prozesskosten zu und hat in der Regelung des § 86 Abs 2 bereits seinen Niederschlag gefunden. Ob bei **Freigabe des Streitgegenstandes** nach Aufnahme des Prozesses die Masse die bis dahin entstandenen Kosten zu tragen hat, lässt sich generell nicht beantworten (so aber **OLG** Stuttgart NJW 1973, 1756 m Anm *J. Schmidt* NJW 1974, 64; K/P/B/*Lüke* § 85 Rn 59; s auch *Jaeger/Windel* § 80 Rn 211 u § 85 Rn 141). Vielmehr kommt es im Einzelfall darauf an, ob der Prozess damit erledigt ist oder ob der Schuldner den Prozess nunmehr fortsetzt. Führt der Schuldner den Prozess fort, so trifft ihn für den Fall des Unterliegens die volle Kostenlast.

89 **3. Verzögerung der Aufnahme des Rechtsstreits.** Wird die Aufnahme eines Aktivprozesses durch den endgültigen (§ 24 Abs 2) Insolvenzverwalter verzögert, so gilt gem § 85 Abs 1 S 2 die Vorschrift des § 239 Abs 2–4 ZPO entsprechend. Als verzögert gilt die Aufnahme, wenn der Verwalter einen Rechtsstreit in einer den Umständen nach **angemessenen Frist** ohne Entschuldigungsgrund nicht aufnimmt (RG JW 1895, 164; *Kilger/K. Schmidt* § 10 KO Anm 6; *Smid* § 85 Rn 20; FK-*App* § 85 Rn 14; *Gottwald/ Gerhardt* InsRHdb § 32 Rn 31). Bei der Fristberechnung ist zu berücksichtigen, dass der Verwalter ua die Erfolgsaussichten, die Massezulänglichkeit zu prüfen und in den Fällen des § 160 Abs 2 Nr 3 die Zustimmung des Gläubigerausschusses einzuholen hat (HaKo-*Kuleisa* § 85 Rn 19). Verzögert der Insolvenzverwalter hinsichtlich der Entscheidung in unangemessener Weise, so hat der Prozessgegner gem §§ 85 Abs 1 S 2 InsO, 239 Abs 2 ZPO die Möglichkeit, den Insolvenzverwalter zur **Aufnahme und Verhandlung der Hauptsache zu laden** (HK-*Kayser* § 85 Rn 68). Geladen werden kann nur der Insolvenzverwalter, nicht dagegen ein bisheriger Prozessbevollmächtigter des Insolvenzschuldners (RGZ 118, 158, 161; *Jaeger/Henckel* § 10 KO Rn 128; *Jaeger/Windel* § 85 Rn 155; K/P/B/*Lüke* § 85 Rn 60; *Hess* § 85 Rn 92; BerlKo-*Blersch/v. Olshausen* § 85 Rn 11). Die Vollmacht des Prozessbevollmächtigten ist gem §§ 116, 115 InsO, 168 BGB erloschen (RGZ 118, 158, 161; OLG Brandenburg v 29. 9. 2000 NZI 2001, 255; K/P/B/*Lüke* § 84 Rn 60).

90 **4. Zwischenstreit um die Aufnahmelast.** Stellt der Insolvenzverwalter seine Prozessführungsbefugnis in Abrede, indem er zB behauptet, er sei nicht Insolvenzverwalter, oder indem er die Insolvenzbefangenheit des Streitgegenstandes bestreitet, so ist dieser Mangel von Amts wegen zu berücksichtigen (BGH NJW 1956, 1920; *Jaeger/Windel* § 85 Rn 157; *Jaeger/Henckel* § 10 KO Rn 130; K/P/B/*Lüke* § 85 Rn 61; *Smid* § 85 Rn 22). In allen Fällen, in denen ein **Zwischenstreit über die Aufnahme** entsteht, ist dieser bei Bejahung der Aufnahme durch den Verwalter nach abgesonderter Verhandlung (§ 280 Abs 1 ZPO) durch **Zwischenurteil** zu entscheiden (§ 280 Abs 2 ZPO). Ansonsten kann ein Endurteil ergehen (*Smid* § 85 Rn 22; *Jaeger/Henckel* § 10 KO Rn 130; K/P/B/*Lüke* § 85 Rn 61). Streiten die Parteien über die Wirksamkeit der Aufnahme und ergeht ein Zwischenstreit sowohl hierüber als auch über die Zulässigkeit der Klage, ist die Entscheidung insgesamt wie ein Endurteil mit Rechtsmitteln anfechtbar (**BGH** v 9. 3. 2006 – IX ZB 161/05, ZInsO 2006, 429). Entscheidet das Berufungsgericht durch Zwischenurteil, dass die Unterbrechung andauert, weil die Klägerin den Rechtsstreit nicht wirksam aufnehmen könne, so ist die Entscheidung wie ein Endurteil mit der Revision anfechtbar (**BGH** v 8. 6. 2004 – IX ZR 281/03, NZI 2005, 64; s auch **BGH** v 9. 3. 2006 – IX ZB 161/05, ZIP 2006, 873 = ZInsO 2006, 429). Zum **Streit um die Aufnahmelast** s auch *Jaeger/Windel* § 85 Rn 157.

91 Sind **Tatsachen der behaupteten Rechtsnachfolge nicht bewiesen**, muss durch **Endurteil** der Antrag auf Fortsetzung des Rechtsstreits zurückgewiesen werden (MüKo-*Feiber* § 239 ZPO Rn 32). Die Folge ist, dass die Unterbrechung andauert. Die durch die **unberechtigte Aufnahme entstandenen Kosten** hat der ASt zu tragen. Werden die streitigen Tatsachen der Rechtsnachfolge dagegen bewiesen, wobei § 286 ZPO Anwendung findet, so ergeht ein streitiges Endurteil zur Hauptsache, wobei die Rechtsnachfolge lediglich in den Urteilsgründen abgehandelt und festgestellt wird (MüKo-*Feiber* § 239 ZPO Rn 32). Erkennt der Gegner die Rechtsnachfolge an, so kann ein Versäumnisverfahren in der Sache selbst stattfinden (**BGH** NJW 1972, 258). Leugnet der Gegner die Rechtsnachfolge, weist das Gericht den Antrag auf Fortsetzung des Verfahrens durch Versäumnisentscheidung zurück (*Baumbach/Lauterbach/Albers/Hartmann* § 239 ZPO Rn 13). Zur **Zulässigkeit eines Zwischenurteils** vgl auch BGHZ 104, 1 = NJW 1988, 1390; MüKo-*Feiber* § 239 ZPO Rn 34. Erscheint der Geladene nicht im Termin, so kann auf Antrag

des Prozessgegners gem §§ 85 Abs 1 S 2 InsO, 239 Abs 4 ZPO **Versäumnisurteil** zur Hauptsache erlassen werden (RGZ 58, 202, 203; *Jaeger/Henckel* § 10 KO Rn 131; *Stein/Jonas/Roth* § 239 ZPO Rn 44; *Gottwald/Gerhardt* InsRHdb § 32 Rn 34). Zulässig ist auch eine **Entscheidung nach Lage der Akten** gem § 331a ZPO (*Jaeger/Henckel* § 10 KO Rn 131; K/P/B/*Lüke* § 85 Rn 65; *Gottwald/Gerhardt* InsRHdb § 32 Rn 34).

II. Ablehnung der Aufnahme des anhängigen Rechtsstreits (§ 85 Abs 2)

1. Gründe für die Ablehnung. Die Gründe für die Ablehnung der Aufnahme eines anhängigen Aktivprozesses können einmal darin liegen, dass der Verwalter die Erfolgsaussichten gering einschätzt oder weil der Streitgegenstand für die Masse wertlos ist. Die Ablehnung kann aber auch dadurch bedingt sein, dass der Gläubigerausschuss oder die Gläubigerversammlung gem § 160 Abs 2 Nr 3 die Zustimmung zur Aufnahme des Rechtsstreits mit erheblichem Streitwert versagt. Grund für die Ablehnung kann aber auch die mangelnde Kostendeckung in der Masse sein, wenn keine Aussicht besteht, Prozesskostenhilfe zu erlangen. Der „starke" vorläufige Insolvenzverwalter ist zur Ablehnung nicht befugt. Eine trotzdem erfolgende Ablehnung im Eröffnungsverfahren ist wirkungslos (HK-*Eickmann* § 85 Rn 13; HaKo-*Kuleisa* § 85 Rn 23). 92

2. Form der Ablehnung. Die Ablehnungserklärung des Insolvenzverwalters ist nicht an eine bestimmte Form gebunden. Sie ist nicht gegenüber dem Gericht, sondern entweder gegenüber dem Schuldner oder der anderen Partei abzugeben (**BGH** v 7. 12. 2006 – IX ZR 161/04, ZInsO 2007, 94, 96). Anders als die Aufnahmeerklärung ist die Ablehnung eine dem materiellen Recht zuzurechnende **Willenserklärung** (RGZ 122, 51, 56; RGZ 127, 197, 200, **BGH** KTS 1969, 97, 99; *Jaeger/Henckel* § 10 KO Rn 122; K/P/B/*Lüke* § 85 Rn 67). Die Ablehnung kann auch durch schlüssiges Verhalten erklärt werden, wie zB durch **Freigabe des Streitgegenstandes** an den Schuldner (**BGH** v 24. 7. 2003 – IX ZR 333/oo, NZI 2003, 666, 667; **BGH** ZInsO 2007, 94, 96; MüKo-*Schumacher* § 85 Rn 22; *Gottwald/Gerhardt* InsRHdb § 32 Rn 28; *Jaeger/Henckel* § 10 KO Rn 122; HK-*Kayser* § 85 Rn 60; für Differenzierung *Jaeger/Windel* § 85 Rn 144 ff). Die Ablehnung unterliegt nicht dem Anwaltszwang (**BGH** LM Nr 6 zu § 10 KO = MDR 1969, 389; *Jaeger/Henckel* § 10 KO Rn 122; K/P/B/*Lüke* § 85 Rn 67; HK-*Eickmann* § 85 Rn 12; *Gottwald/Gerhardt* InsRHdb § 32 Rn 28; K/U § 10 KO Rn 9). Der Insolvenzschuldner, der infolge der Verfahrenseröffnung keinen Prozessbevollmächtigten mehr hat, braucht keinen Zustellungsbevollmächtigten zu bestellen, um dem Gegner die Aufnahme zu erleichtern (**BGH** LM § 250 ZPO Nr 5; K/U § 10 KO Rn 9). 93

3. Ablehnung der Prozessaufnahme als Freigabe. Die Ablehnungserklärung gegenüber dem Schuldner hat Freigabewirkung (**BGH** v 7. 12. 2006 – IX ZR 16/04, ZInsO 2007, 94, 96; BGHZ 163, 32, 36; RGZ 70, 370; RGZ 122, 51, 56; RGZ 127, 197, 200; *Jaeger/Henckel* § 10 KO Rn 123; MüKo-*Schumacher* § 85 Rn 23; K/P/B/*Lüke* § 85 Rn 69; *K. Schmidt* KTS 1994, 312; *Kilger/K. Schmidt* § 10 KO Anm 7; *Jauernig/Berger* 43 V.1. Rn 26; *Hess* § 85 Rn 67; HK-*Kayser* § 85 Rn 61; MüKo-*Schumacher* § 85 Rn 23; differenzierend *Jaeger/Windel* § 85 Rn 143–145) mit Hinweis, dass d Ablehnung auch Prozesshandlung ist mit den Wirkungen des § 85 Abs 2. Eine **vorbehaltliche Ablehnung** ist dagegen keine Freigabe. Lehnt zB der Verwalter die Aufnahme unter dem ausdrücklichen Vorbehalt ab, den Gegenstand trotzdem für die Masse in Anspruch nehmen zu wollen, so ist die Erklärung wegen inneren Widerspruchs nichtig (RGZ 70, 368, 370; **RG** KuT 1932, 99; *Jaeger/Henckel* § 10 KO Rn 122; K/P/B/*Lüke* § 85 Rn 69). Ein **geheimer Vorbehalt** dieser Art ist ebenfalls rechtlich unbeachtlich (RGZ 122, 51, 57; *Jaeger/Henckel* § 10 KO Rn 122; *Kilger/K. Schmidt* § 10 KO Anm 7). So ist es zB unzulässig, den Schuldner zur Aufnahme des unterbrochenen Prozesses zu ermächtigen, um der Insolvenzmasse das Kostenrisiko zu ersparen (**BGH** NJW 1973, 2065; *Gottwald/Gerhardt* InsRHdb § 32 Rn 28; vgl aber auch BGHZ 100, 217 = NJW 1988, 218; *Kilger/K. Schmidt* § 10 KO Anm 7). Die Freigabe des Kaufpreisanspruchs führt gem § 401 BGB auch zur Freigabe des Anspruchs nach § 667 BGB gegen den von den Parteien beauftragten Treuhänder (**BGH** ZIP 2007, 194). 94

Besonderheiten der Gesellschaftsinsolvenz. Der Verwalter ist auch im Insolvenzverfahren über das Vermögen einer **juristischen Person** oder einer **Gesellschaft ohne Rechtspersönlichkeit** berechtigt, die Aufnahme eines Rechtsstreits abzulehnen. Die Ablehnung hat jedoch in diesen Fällen **keine Freigabewirkung**, soweit die Meinung vertreten wird, dass diese Gesellschaften bzw juristischen Personen kein insolvenzfreies Vermögen haben können (vgl OLG Karlsruhe ZInsO 2003, 768; *Bork* Einf Rn 133, 186; *Baumback/Hueck/Schulze-Osterloh* § 64 GmbHG Rn 54; *K. Schmidt* Wege S 73 f; *ders* Gedächtnisschrift *W. Martens* 1987 S 697 ff; *ders* NJW 1993, 2833 ff; *ders* GesellschaftsR § 11 VI 4a aa S 336; *ders* KTS 1994, 309 ff; *Stürner* FS *Merz* 1992 S 563 ff). Die **hM** und der **BGH** gestehen einem Insolvenzverwalter in der Gesellschaftsinsolvenz die Befugnis zu, einen **Massegegenstand aus der Insolvenzmasse freizugeben** (**BGH** v 7. 12. 2006 – IX ZR 161/04, ZInsO 2007, 94, 96; BGHZ 163, 32, 36 = ZIP 2005, 1034; **BGH** NJW 1966, 51; **BGH** KTS 1969, 97; BGHZ 35, 180, 181; *Jaeger/Henckel* § 6 KO Rn 17 ff; MüKo-*Schumacher* § 85 Rn 26–28; HaKo-*Kuleisa* § 85 Rn 29; K/P/B/*Noack* InsO GesellschaftsR Rn 281; KS-*Uhlenbruck* S 1157, 1173 Rn 24). Die Freigabe hat **abtretungsähnliche Wirkung**, 95

§ 85

weil bei erfolgreicher Fortsetzung der Klage der Streitgegenstand nicht in die Masse fällt (HK-*Kayser* § 85 Rn 62). Nach *Jaeger/Windel* § 85 Rn 146, 150, 151) hat der Verwalter die Möglichkeit, den Rechtsstreit aufzunehmen, ohne weitere Verhandlung zur Hauptsache **auf den Anspruch zu verzichten** (§ 306 ZPO) und den Gegner entspr § 86 Abs 2 hinsichtlich der Kosten auf die Anmeldung zur Tabelle nach den §§ 174 ff zu verweisen. Lehnt man eine **Freigabewirkung der Ablehnungserklärung** für Verbände ab, so ist das Verfahren nicht etwa zwingend nach § 241 ZPO fortzusetzen, wenn der Verwalter nicht von der Möglichkeit eines sofortigen Verzichts oder einer Klagerücknahme Gebrauch macht (so aber *K. Schmidt* KTS 1994, 309, 317 f); vielmehr hat sich der Rechtsstreit mit der Ablehnung der Aufnahme in der Hauptsache erledigt (K/P/B/*Lüke* § 85 Rn 69, 70; *Graf-Schlicker/Scherer* § 85 Rn 12).

96 Bei **natürlichen Personen** hat der Schuldner bei **Freigabe durch den Insolvenzverwalter** die Befugnis, ebenfalls eine Aufnahme des Rechtsstreits nach § 85 Abs 2 abzulehnen. Materiell-rechtlich bewirkt die Ablehnung durch den Verwalter, dass der Streitgegenstand zur Disposition des Schuldners freigegeben wird. Dieser kann sich vergleichen, auf die Fortsetzung verzichten oder die Hauptsache für erledigt erklären. Führt der Schuldner den Prozess fort, so fällt der Streitgegenstand für den Fall des Obsiegens nicht in die Insolvenzmasse. Die Prozesskosten sind, soweit er unterliegt, keine Masseverbindlichkeiten oder Insolvenzforderungen, sondern Privatforderungen, für die er mit seinem insolvenzfreien Vermögen haftet.

97 **4. Ablehnung der Aufnahme im Nachlassinsolvenzverfahren.** Auch im Nachlassinsolvenzverfahren ist der Verwalter zur Ablehnung der Aufnahme berechtigt (vgl *Jaeger/Henckel* § 10 KO Rn 125; *Jaeger/Windel* § 85 Rn 149; MüKo-*Schumacher* § 85 Rn 39). Das Verfahren kann **vom und gegen den Erben aufgenommen** werden. Im Fall beschränkter Erbenhaftung (§ 1975 BGB) fallen die Kosten letztlich gem § 1978 Abs 3 BGB iVm § 324 Abs 1 dem Nachlass zur Last (vgl RGZ 90, 93, 94; *Jaeger/Henckel* § 10 KO Rn 125; K/P/B/*Lüke* § 85 Rn 71). Da bei Fortsetzung des Prozesses durch den Erben die Kosten im Fall des Unterliegens die Masse treffen, wird der Verwalter „wohl zu überlegen haben, ob er die Prozessführung wirklich aus dem Masse geben darf" (*Jaeger/Henckel* § 10 KO Rn 125; K/P/B/*Lüke* § 85 Rn 71). Zutreffend weist *W. Henckel* (*Jaeger/Henckel* § 10 KO Rn 125) darauf hin, dass es keineswegs ausgemacht ist, dass der Erbe gegenüber dem Prozessgegner für die Kosten mit seinem eigenen Vermögen haftbar wird. Entspreche seine Stellung derjenigen eines Nachlassverwalters, so gelange man folgegerecht zur Annahme bloßer Haftung des insolvenzfreien Nachlasses, „ein für den Gegner unerfreuliches, aber keineswegs sachwidriges Ergebnis".

98 **5. Kein Ablehnungsrecht des vorläufigen Verwalters.** War bei Anordnung eines allgemeinen Verfügungsverbots und Einsetzung eines sogen „starken" vorläufigen Insolvenzverwalters der Prozess nach § 240 S 2 ZPO unterbrochen, steht dem vorläufigen Verwalter gem § 24 Abs 2 **kein Ablehnungsrecht** zu, da auf § 85 Abs 2 kein Bezug genommen wird. Eine trotzdem abgegebene Erklärung, den Prozess nicht aufnehmen zu wollen, hat keinerlei prozessuale oder insolvenzrechtliche Wirkung (HK-*Eickmann* 4. Aufl § 85 Rn 18); vielmehr bleibt das Verfahren bis zur Eröffnungsentscheidung weiter mit den allgemeinen Wirkungen (§ 249 ZPO) unterbrochen (*Jaeger/Gerhardt* § 24 Rn 11 ff).

99 **6. Aufnahme des Rechtsstreits durch den Schuldner oder Gegner.** Wie bereits oben dargestellt wurde, endet mit der Ablehnung der Aufnahme durch den Insolvenzverwalter die Unterbrechung des Rechtsstreits nicht. Diese tritt vielmehr erst mit der Aufnahme des Rechtsstreits durch den Schuldner oder den Prozessgegner ein (BGHZ 36, 258; *Gottwald/Gerhardt* InsRHdb § 32 Rn 29; K/P/B/*Lüke* § 85 Rn 72). Der freigegebene Prozess kann gegen den Verwalter auch dann nicht aufgenommen werden, wenn der Rechtsstreit ein **unselbständiges Nebenrecht**, zB eine Grunddienstbarkeit oder ein sonstiges subjektivdingliches Recht, betrifft und der Verwalter das Hauptrecht (Grundstück) zur Masse gezogen hat. Dies ergibt sich zwar nicht ausdrücklich aus § 85 Abs 2, folgt aber aus der dem Verwalter eingeräumten Ablehnungsbefugnis (MüKo-*Schumacher* § 85 Rn 24; *Jaeger/Windel* § 85 Rn 148; K/P/B/*Lüke* § 85 Rn 72). Ausnahmslos ist die **Aufnahme nur gegen den Insolvenzschuldner oder durch den Insolvenzschuldner** zulässig (*Jaeger/Henckel* § 10 KO Rn 124; *Jaeger/Windel* § 85 Rn 148). Hat der Verwalter den Prozess nach § 85 Abs 1 S 1 aufgenommen, so kommt eine Ablehnung nicht mehr in Betracht. Möglich ist aber, den streitbefangenen Gegenstand während des Prozesses aus der Masse freizugeben. Verfahrensrechtlich greift insoweit § 265 ZPO ein (*Jaeger/Henckel* § 10 KO Rn 122; K/P/B/*Lüke* § 85 Rn 72). Lehnt man mit einem Teil der Literatur ein Freigaberecht des Verwalters in der Insolvenz einer juristischen Person, einer Gesellschaft ohne Rechtspersönlichkeit (§ 11 Abs 2 Nr 1) oder in der Nachlassinsolvenz ab, scheidet diese Möglichkeit aus. Es bleibt in solchen Fällen nur die **Möglichkeit der Klagerücknahme**. Bei Ablehnung der Aufnahme des Rechtsstreits ist eine Aufnahme gegen den Insolvenzverwalter schlechthin ausgeschlossen.

100 **7. Kosten.** Wird die Aufnahme des Prozesses durch den Insolvenzverwalter abgelehnt, fallen der Insolvenzmasse keine Prozesskosten zur Last (*Gottwald/Gerhardt* InsRHdb § 32 Rn 30; K/P/B/*Lüke* § 85 Rn 59, 72; *Jaeger/Henckel* § 10 KO Rn 123; MüKo-*Schumacher* § 85 Rn 30). Hat der Verwalter den Prozess gem § 85 Abs 1 S 1 aufgenommen, so sind die Kosten **Masseverbindlichkeit** iSv § 55 Abs 1

I. Allgemeines **§ 86**

Nr 1, wenn der Verwalter unterliegt oder eine aussichtslose Klage oder ein aussichtsloses Rechtsmittel des Schuldners zurücknimmt (*Gottwald/Gerhardt* InsRHdb § 32 Rn 30). **Nimmt der Schuldner den Prozess auf** und führt er ihn fort, kann die Masse mit Kosten nicht belastet werden. Geht man von dem Prinzip der **Einheit der Kostenentscheidung** aus, wird der Schuldner in vollem Umfang mit allen Kosten belastet, auch soweit sie vor Verfahrenseröffnung entstanden sind (*Jaeger/Windel* § 85 Rn 147; *Jaeger/Henckel* § 10 KO Rn 123; *Smid* § 85 Rn 14; *Gottwald/Gerhardt* InsRHdb § 32 Rn 30). Für die Kosten haftet der Schuldner mit seinem insolvenzfreien Vermögen (vgl LG Osnabrück ZIP 1994, 384; *Jaeger/Henckel* § 10 KO Rn 123, 126). Der Prozessgegner hat keine Ansprüche gegen die Masse, die er als Neuforderung geltend machen könnte. Dieses unbillige Ergebnis spricht ebenfalls dafür, von der **rangmäßigen Einheitlichkeit der Kostenentscheidung** abzurücken und eine **rangmäßige Aufteilung des Kostenanspruchs** vorzunehmen (MüKo-*Schumacher* § 85 Rn 30; HK-*Eickmann* § 85 Rn 15). Einzelheiten oben zu Rn 84–88.

III. Das Verhältnis von § 85 zu den §§ 103 ff

Lehnt der Insolvenzverwalter bei einem nicht oder nicht vollständig erfüllten zweiseitigen Vertrag die Erfüllung nach § 103 ab, so erledigt sich der Prozess mit der Erfüllungsablehnung (*Jaeger/Henckel* § 10 KO Rn 27; K/P/B/*Lüke* § 85 Rn 5; einschränkend *Jaeger/Windel* § 85 Rn 128). Es kommt zum **isolierten Kostenstreit**, den der Verwalter nach § 85 Abs 1 S 1, der Gegner nach den §§ 174 ff, 180 Abs 2 aufnehmen kann (*Jaeger/Henckel* § 85 Rn 127; HK-*Kaser* § 85 Rn 8; MüKo-*Schumacher* § 85 Rn 44). Der Rechtsstreit kann **wegen der Kosten vom Verwalter ohne weiteres aufgenommen** werden, vom Gegner dagegen nur, wenn die Kostenforderung angemeldet und bestritten worden ist (*Jaeger/Henckel* § 10 KO Rn 127). Die **Erfüllungswahl des Verwalters** entspricht nach *Jaeger/Windel* (§ 85 Rn 128) der Aufnahme des Prozesses gem § 85 Abs 1 S 1 bzw 86 Abs 1 Nr 3, je nachdem, welcher Anspruch rechtshängig war (s auch HK-*Kayser* § 85 Rn 5). Lehnt der Verwalter die Erfüllung des Vertrages ab, ist der Gegner berechtigt, einen Prozess über einen ihm angeblich zustehenden Anspruch gem § 86 Abs 1 Nr 3 aufzunehmen, soweit er nach §§ 106, 107 Abs 1 Leistung verlangen kann (*Jaeger/Windel* § 85 Rn 128; HK-*Kayser* § 85 Rn 6–8). Im Übrigen ändert sich, wenn der streitige Anspruch des Gegners rechtshängig war, mit der Aufnahme unter den Voraussetzungen der §§ 174 ff, 180 Abs 2 die Klage nach § 264 Nr 3 ZPO, denn die Klage ist umzustellen auf Feststellung der Schadensersatzforderung zur Tabelle (§ 103 Abs 2 S 1). S auch MüKo-*Schumacher* § 85 Rn 44; *Jaeger/Windel* § 85 Rn 128; *Braun/Kroth* § 86 Rn 9).

§ 86 Aufnahme bestimmter Passivprozesse

(1) Rechtsstreitigkeiten, die zur Zeit der Eröffnung des Insolvenzverfahrens gegen den Schuldner anhängig sind, können sowohl vom Insolvenzverwalter als auch vom Gegner aufgenommen werden, wenn sie betreffen:
1. die Aussonderung eines Gegenstands aus der Insolvenzmasse,
2. die abgesonderte Befriedigung oder
3. eine Masseverbindlichkeit.

(2) Erkennt der Verwalter den Anspruch sofort an, so kann der Gegner einen Anspruch auf Erstattung der Kosten des Rechtsstreits nur als Insolvenzgläubiger geltend machen.

I. Allgemeines

Die Vorschrift entspricht weitgehend dem früheren § 11 KO. Während es bei § 85 um Aktivprozesse ging, geht es bei § 86 ausschließlich um Passivprozesse. Geregelt ist in § 86 lediglich der **Teilungsmassestreit**, während der **Schuldenmassestreit** in § 87 eine lediglich indirekte Regelung erfahren hat. Bei Passivprozessen ist Streitgegenstand idR ein Anspruch gegen den Insolvenzschuldner. Dieser ist in den meisten Fällen Beklagter. Das muss aber nicht sein. Ob ein Rechtsstreit gegen oder für den Insolvenzschuldner anhängig ist, entscheidet sich **nicht nach der Parteirolle**, in der sich der Schuldner befindet (HK-*Kayser* § 86 Rn 6; *Gerhardt*, Grundbegriffe Rn 277; *Gottwald/Gerhardt* InsRHdb § 32 Rn 35; MüKo-*Schumacher* § 86 Rn 5). Wie in § 85 kommt in der Einzelfall darauf an, ob die Masse nach materiellem Recht in Anspruch genommen wird (BGH KTS 1995, 486 = WM 1995, 838). So kann zB auch eine **negative Feststellungsklage** gegen den Schuldner ein Teilungsmassestreit sein (FK-App § 86 Rn 9; K/P/B/*Lüke* § 86 Rn 4). Auch eine vor Verfahrenseröffnung erhobene **Vollstreckungsgegenklage** gegen ein Absonderungsrecht fällt unter § 86 (BGH NJW 1973, 2065; K/P/B/*Lüke* § 86 Rn 4). Gegen den Schuldner gerichtete Rechtsstreitigkeiten, die eine Forderung zum Gegenstand haben, die im Insolvenzverfahren als Insolvenzforderungen (§§ 38, 39) zur Tabelle anzumelden sind (§§ 174 ff), betreffen die Schuldnermasse und fallen unter die Bestimmung des § 87. Beim **Passivprozess** ist immer entscheidend, ob den Insolvenzgläubigern eine **Minderung der Teilungsmasse** droht (*Jaeger/Henckel* § 11 KO Rn 1; *Gottwald/Gerhardt* InsRHdb § 32 Rn 35; *Kilger/K. Schmidt* § 11 KO Anm 1; HK-*Kayser* § 86 Rn 6). Das **Versäumnisverfahren** findet nach Aufnahme ohne weiteres gegenüber dem Insolvenzverwalter

101

1

statt. Bei **negativer Feststellungsklage** gegen den Schuldner liegt „**Teilungsmasse-Gegenstreit**" vor, wenn der Kläger die Feststellung des Nichtbestehens eines Rechts gegen den Schuldner begehrt (BerlKo-*Blersch/ v. Olshausen* § 86 Rn 2; *Jaeger/Windel* § 86 Rn 6). Da die **Prozessvollmacht des Schuldners** gem § 117 Abs 1 **erloschen** ist (**BGH** v 11. 10. 1988 NJW-RR 1989, 183; **OLG** Brandenburg v 29. 9. 2000 NZI 2001, 255; K/P/B/B/*Lüke* § 85 Rn 54), ist der Aufnahmeschriftsatz des Gegners dem Insolvenzverwalter persönlich zuzustellen. Zur Unterbrechung eines Rechtsstreits, in dem ein Gesellschaftsgläubiger die beschränkte Haftung eines Kommanditisten in Anspruch nimmt, und der entsprechenden Anwendung von § 13 AnfG vgl **BGH** NJW 1982, 883 = ZIP 1982, 177.

2   Ist im **Eröffnungsverfahren** die Verfügungsbefugnis über das Schuldnervermögen auf den sogen **starken vorläufigen** Insolvenzverwalter übergegangen, gilt für die Aufnahme anhängiger Rechtsstreitigkeiten gem § 24 Abs 2 die Vorschrift des § 86 entsprechend. Der starke vorläufige Verwalter kann einen gem § 230 S 2 ZPO unterbrochenen Rechtsstreit aufnehmen. Allerdings kann es zur Aufnahme von Prozessen über Verbindlichkeiten, die er selbst gem § 55 Abs 2 begründet hat, wohl kaum jemals kommen (*Jaeger/Windel* § 86 Rn 12; str aA BerlKo-*Blersch/v. Olshausen* § 86 Rn 6). Ist ein **schwacher bzw. „halbstarker" vorläufiger Verwalter** ermächtigt, bestimmte Masseverbindlichkeiten iSv § 55 Abs 2 zu begründen, findet § 240 S 2 ZPO entsprechend Anwendung (*Jaeger/Windel* § 86 Rn 12; krit. MüKo *Schumacher* § 86 Rn 18). Wird Klage gegen einen starken vorläufigen Verwalter erhoben, tritt mit Verfahrenseröffnung eine **erneute Unterbrechung** gem. § 240 S 1 ZPO ein (HK-*Kayser* § 86 Rn 13 u 17; HaKo-*Kuleisa* § 86 Rn 5; K/P/B/*Lüke* § 86 Rn 6; str aA *Jaeger/Windel* § 86 Rn 12; MüKo-*Schumacher* § 86 Rn 13 u 18). Auf einen **schwachen vorläufigen** Verwalter ost § 240 S 2 ZPO im Übrigen nicht entsprechend anwendbar (**BGH** v 21. 6. 1999 – II ZR 70/98, ZInsO 1999, 472; **BAG** ZInsO 2001, 1024; **KG** ZInsO 2001, 265).

II. Anwendungsbereich des § 86

3   **1. Teilungsmassestreit.** Beim Teilungsmassestreit geht es um Streitigkeiten über Ansprüche gegen den Schuldner bzw das Schuldnerunternehmen, die unmittelbar auf eine Minderung der Teilungsmasse abzielen (*Gottwald/Gerhardt* InsRHdb § 32 Rn 35; K/P/B/B/*Lüke* § 86 Rn 3; *Hess* § 86 Rn 4; N/R/ *Wittkowski* § 86 Rn 3). Der Rechtsstreit muss entweder um ein Aus- oder Absonderungsrecht oder um eine Masseverbindlichkeit gehen.

4   **2. Schuldenmassestreit.** Vom Teilungsmassestreit ist der Schuldenmassestreit zu unterscheiden. Bei Letzterem handelt es sich um Streitigkeiten, die zwar gegen den Schuldner anhängig sind und gem § 240 ZPO unterbrochen werden; da der Schuldenmassestreit aber Insolvenzforderungen betrifft, greift § 87 ein mit der Maßgabe, dass der Gläubiger seine Forderung zunächst nur noch nach den Vorschriften über das Insolvenzverfahren verfolgen kann. Das bedeutet allerdings nicht, dass ein Schuldenmassestreit im eröffneten Verfahren überhaupt nicht mehr aufgenommen werden kann. Vielmehr müssen Insolvenzgläubiger ihre Forderungen gem § 87 zunächst nach den §§ 174 ff beim Insolvenzverwalter anmelden. Sofern im Anmelde-, Prüfungs- und Verteilungsverfahren die Forderung streitig bleibt, kann sie vom Gläubiger in dem anhängigen, aber unterbrochenen Rechtsstreit weiterverfolgt werden. Entscheidend für einen Schuldenmassestreit ist immer, ob die Forderung den **Charakter einer Insolvenzforderung** iSv §§ 38, 39 hat. Nicht hierunter fallen somit Masseforderungen oder Auskunfts- bzw Unterlassungsansprüche gegen den Schuldner persönlich (*Jaeger/Henckel* § 12 KO Rn 2; *Gottwald/Gerhardt* InsRHdb § 32 Rn 44). Zu einem **zulässigen Schuldenmassestreit** kann es demgemäß nur kommen, wenn der Insolvenzverwalter oder ein Gläubiger die angemeldete Forderung bestreitet. Wird die Forderung dagegen zur Insolvenztabelle festgestellt (§ 178), so wirkt die Eintragung für die festgestellte Forderung ihrem Betrag und Rang nach wie ein rechtskräftiges Urteil gegenüber dem Insolvenzverwalter und allen Insolvenzgläubigern (§ 178 Abs 3).

5   Bei **Feststellung der Forderung** zur Tabelle tritt Erledigung des unterbrochenen Rechtsstreits in der Hauptsache ein (**BGH** NJW 1961, 1066, 1067; **BGH** v 2. 2. 2005 – XII ZR 233/02, DZWIR 2005, 253; *Zöller/Greger* § 240 ZPO Rn 13). Wird die Forderung dagegen bestritten, ist zu unterscheiden: Bestreitet der **Schuldner** die Forderung, so kann nur der Gläubiger den Rechtsstreit gegen ihn aufnehmen (§ 184 S 2). Wird dagegen die zur Tabelle angemeldete Forderung, für die noch kein vollstreckbarer Schuldtitel vorliegt, vom **Insolvenzverwalter** oder einem **Insolvenzgläubiger** bestritten, so kann der gem § 240 ZPO unterbrochene Rechtsstreit vom Bestreitenden oder vom Gläubiger, nicht dagegen vom Verwalter aufgenommen werden (§§ 179 Abs 1, 180 Abs 2). Der Auszug aus der Insolvenztabelle mit dem Bestreitensvermerk muss, da Sachurteilsvoraussetzung für das Feststellungsverfahren, vom Kläger gem § 179 Abs 3 S 1 nachgewiesen werden (**BGH** ZIP 2000, 705; *Zöller/Greger* § 240 ZPO Rn 13). Handelt es sich um eine **titulierte Forderung**, so hat der Widersprechende den Rechtsstreit gegen den Gläubiger aufzunehmen (§ 179 Abs 2). Bei Verzögerung ist aber auch der Gläubiger zur Aufnahme berechtigt (**RGZ** 86, 237), da einer neuen Klage die Einrede der Rechtshängigkeit entgegengehalten werden könnte (*Zöller/Greger* § 240 ZPO Rn 13).

6   Wird der anhängige und unterbrochene **Prozess nach den §§ 178 ff fortgesetzt**, so ist der **Klageantrag auf Feststellung des Anspruchs zur Tabelle umzustellen** (**OLG** München KTS 1988, 327; *Gottwald/*

Gerhardt InsRHdb § 32 Rn 46; BerlKo-*Blersch/v. Olshausen* § 86 Rn 1). Führt der Insolvenzverwalter nach Insolvenzeröffnung anstelle des bisherigen Prozessbevollmächtigten den Rechtsstreit weiter, sind die hierdurch entstandenen Mehrkosten grundsätzlich nicht erstattungsfähig (**OLG** München KTS 1989, 449; *Gottwald/Gerhardt* InsRHdb § 32 Rn 46). Umstritten ist, ob ein **vorläufiges Bestreiten des Insolvenzverwalters** als ein Bestreiten iSv §§ 179 ff anzusehen ist mit der Folge, dass der Insolvenzgläubiger den anhängigen Rechtsstreit gem § 180 Abs 2 aufzunehmen berechtigt ist (vgl **LG Berlin** v 8. 5. 2007 – 65 S 87/06, ZVI 2007, 383; *Gottwald/Eickmann* InsRHdb § 64 Rn 7, 8). Ohne den Streit hier entscheiden zu wollen, ist festzustellen, dass ein **vorläufiges Bestreiten** zulässig ist. Der Gläubiger darf den Prozess gegen den Verwalter aber nur dann nach § 180 Abs 2 aufnehmen, wenn dieser die Forderungsprüfung in unangemessener Weise verzögert und nicht bereit ist, sich dahingehend zu erklären, ob er die Forderung endgültig bestreiten will. Anders dagegen, wenn das vorläufige Bestreiten des Verwalters darauf beruht, dass der Gläubiger die erforderlichen Nachweise für die Feststellung zur Tabelle nicht erbracht hat (vgl H/W/F Hdb 7/88; K/P/B/B/*Pape* § 179 Rn 6; *Gottwald/Eickmann* InsR-Hdb § 64 Rn 8 mit Rspr). **Einzelheiten** s unten zu § 87 Rn 10.

Verzichtet der Insolvenzgläubiger auf die Verfahrensteilnahme, so kann er den Rechtsstreit nicht gegen den Schuldner aufnehmen (str aA BGHZ 72, 234 = NJW 1979, 162; *Jaeger/Henckel* § 12 KO Rn 8; *Gottwald/Gerhardt* InsRHdb § 32 Rn 47; siehe die Ausführungen oben zu Rn 3 und die Kommentierung zu § 87 Rn 12). Erklärt der Gläubiger den **Teilnahmeverzicht** nach Aufnahme des unterbrochenen Rechtsstreits durch den Insolvenzverwalter, so ist die Hauptsache erledigt und gem § 91 a ZPO über die Kosten zu entscheiden (*Jaeger/Henckel* § 12 KO Rn 8). Liegt für die Forderung bereits ein noch nicht rechtskräftiger Vollstreckungstitel vor, so hat der widersprechende Verwalter den Rechtsstreit gegen den Gläubiger gem § 179 Abs 2 aufzunehmen (RGZ 86, 237; FK-*App* § 86 Rn 7). War die Klage im **Urkunden- oder Wechselprozess** erhoben, so geht der Rechtsstreit kraft Gesetzes in das ordentliche Verfahren über, da eine Klage auf Feststellung der Forderung zur Tabelle im Urkundenprozess unstatthaft ist (**OLG München** NJW 1985, 983 = KTS 1985, 348; FK-*App* § 86 Rn 7; **str aA** K/U § 146 KO Rn 11). Da auch bei **Anordnung der Eigenverwaltung** eine Prozessunterbrechung nach § 240 ZPO eintritt, andererseits aber der Schuldner verfügungsbefugt bleibt, entscheidet dieser im Interesse der Insolvenzgläubiger über die Aufnahme oder Ablehnung von Prozessen (N/R/*Wittkowski* § 86 Rn 3). 7

III. Einzelfälle von Passivprozessen (Teilungsmassestreitigkeiten)

1. Prozesse, die die Aussonderung von Gegenständen betreffen (§ 86 Abs 1 Nr 1). § 86 findet Anwendung auf Rechtsstreitigkeiten, mit denen ein Aussonderungsrecht (§§ 47 ff) geltend gemacht wird. Ein Musterbeispiel ist die auf § 985 BGB gestützte **Herausgabeklage** des Eigentümers gegen den jetzigen Insolvenzschuldner (vgl *Gottwald/Gerhardt* InsRHdb § 32 Rn 36; FK-*App* § 86 Rn 11; N/R/*Wittkowski* § 86 Rn 4; *Jaeger/Henckel* § 11 KO Rn 2; HK-*Eickmann* § 86 Rn 3; *Smid* § 86 Rn 4). Auch **Eigentumsfeststellungsklagen**, Klagen auf Feststellung eines persönlichen **Herausgabe- oder Räumungsanspruchs** sowie Klagen auf Unterlassung des Gebrauchs eines **Warenzeichens** oder **Patents** fallen unter § 86 Abs 1 Nr 1 (*Jaeger/Henckel* § 11 KO Rn 2; HK-*Kayser* § 86 Rn 7; *Gottwald/Gerhardt* InsRHdb § 32 Rn 36). Nach **OLG Köln** v 31. 8. 2007 – 6 U 80/02, **OLG** Report 2008, 226) sind die im Rahmen einer wettbewerbsrechtlichen Unterlassungsklage aus § 4 Nr. 9, § 17 UWG hergeleiteten Ansprüche der gewerblichen Schutzrechte angenähert und berechtigen gem § 86 Abs 1 Nr 1 zur Aufnahme des Verfahrens. Unter § 86 Abs 1 Nr 1 fallen auch Streitigkeiten über die Herausgabe- oder **Räumungsansprüche** (s aber BGHZ 148, 256 u 260) oder die Feststellung einer Dienstbarkeit (vgl **AG Düsseldorf** KTS 1963, 126; *Jaeger/Henckel* § 11 KO Rn 2; K/P/B/B/*Lüke* § 86 Rn 8). Das gilt auch für den Streit zwischen dem **Kommissionär** und dem Schuldner auf Abtretung der Forderung aus dem ausgeführten Geschäft gem §§ 384, 392 HGB (so K/P/B/*Lüke* § 86 Rn 8). Unter § 86 Abs 1 Nr 1 fällt auch der **Grundbuchberichtigungsanspruch** (RGZ 86, 235, 240; K/U § 11 KO Rn 3; K/P/B/*Lüke* § 86 Rn 8). Streitig ist, ob § 86 auf **Anfechtungsklagen** nach dem **AnfG** und nach den **§§ 129 ff** bei Insolvenz des Anfechtungsgegners Anwendung findet (vgl *W. Gerhardt*, Die systematische Einordnung der Gläubigeranfechtung, 1969, Fn 38; *Jaeger/Henckel* § 11 KO Rn 4; *Hess* § 86 Rn 7). Nach älterer Rechtsprechung und Literaturmeinung fand die frühere Vorschrift des § 11 KO und heute § 86 InsO keine Anwendung, weil der Anspruch des anfechtenden Gläubigers gegen den Anfechtungsgegner lediglich **schuldrechtlicher Natur** sein sollte (vgl RGZ 91, 369; BGHZ 22, 128, 134 = NJW 1957, 137; BGHZ 71, 61 = NJW 1978, 1326; differenzierend HK-*Kayser* § 86 Rn 9). Nach einer **neueren Auffassung**, gewährt die Gläubigeranfechtung einen schuldrechtlichen Rückgewähranspruch, sondern ein **Aussonderungsrecht** gem § 47 (**BGH** v 23. 10. 2003 – IX ZR 252/01, BGHZ 156, 350, 358 = ZIP 2003, 2307, 2310; MüKo-*Ganter* § 47 Rn 346; *Marotzke* KTS 1987, 1 ff; *Haas/Müller* ZIP 2003, 40, 56 ff; *Hess* § 86 Rn 7; *Kreft* ZInsO 1999, 370, 372; zur sogen „haftungsrechtlichen Theorie" *Paulus* AcP 155 [1956], 277, 346 ff; *Gerhardt*, Gläubigeranfechtung S 334 ff; *Eckardt*, Die Anfechtungsklage wegen Gläubigerbenachteiligung, 1994, S 40 ff; *Henckel* JuS 1985, 841 f; *Jaeger/Henckel* § 37 KO Rn 19 ff; K/P/B/*Paulus* § 143 Rn 33; HK-*Kreft* § 129 Rn 67; *K. Schmidt* JZ 1987, 889 ff u JZ 1990, 619 ff; *Gottwald/Gerhardt* InsRHdb § 32 Rn 37. Ein **Aussonderungsanspruch** wird auch dann geltend gemacht, wenn auf Bewilligung der Löschung einer Hypothek (RGZ 86, 240), auf Unterlassung des Gebrauchs eines Warenzeichens oder Patents (**RG** LZ 1907, 230), auf Unterlassung der Verbreitung wider- 8 rechtlich aufgenommener Lichtbilder und auf Vernichtung der dazugehörigen Platten (RGZ 45, 170) oder auf Feststellung des Nichtbestehens eines sonstigen vom Schuldner in Anspruch genommenen Rechts geklagt wird.

9 **Gegen den Insolvenzschuldner gerichtete Unterlassungsklagen** können ihrem sachlichen Gehalt nach Aussonderungsansprüche sein und darum unter § 86 fallen (s *Jaeger/Windel* § 86 Rn 13, 16; *K/P/B/Lüke* § 86 Rn 9; MüKo-*Schumacher* § 86 Rn 7; Hess § 86 Rn 5). Das ist zB der Fall, wenn sich der Schuldner zur Rechtfertigung seines von der Klage beanstandeten Verhaltens auf ein Recht beruft, das im Falle seines Bestehens zur Insolvenzmasse (§ 35) gehören würde; alsdann wird im Rahmen des Unterlassungsrechtsstreits wie bei einem Aussonderungsstreit darüber gestritten, ob das Recht dem Kläger oder der Masse zusteht. So liegt es bei einer Klage auf **Unterlassung von Patentverletzungen**, gegenüber der sich der Beklagte damit verteidigt, er sei Patentinhaber oder er habe eine Lizenz- oder ein Vorbenutzungsrecht (*K. Schmidt* ZZP 90 [1977], 38 ff; *Henckel* AcP 174 [1974], 97; *Jaeger/Henckel* § 1 KO Rn 19 ff u Rn 72 ff; *K/P/B/Lüke* § 86 Rn 9; weitergehend BerlKo-*Blersch/v. Olshausen* § 86 Rn 4). Zutreffend der Hinweis, dass in diesen Fällen die Zugehörigkeit des Rechts zur Masse bestritten wird und damit eine für den Aussonderungsstreit typische Situation besteht (*Jaeger/Henckel* § 10 KO Rn 22; *K/P/B/Lüke* § 86 Rn 9; *Kilger/K. Schmidt* § 11 KO Anm 1; *K. Schmidt* ZZP 90 [1977], 38 ff; **str aA** RGZ 134, 377, 379; BGH NJW 1966, 51). Verstoßen sowohl Insolvenzverwalter als auch Insolvenzschuldner gegen die Unterlassungspflicht, kommt auch die Aufnahme gegen beide entsprechend § 86 in Betracht (**BGH NJW 1966, 51**; *Häsemeyer* InsR Rn 10.52). Soweit die Unterlassungsklage zur Aussonderung berechtigende Rechte schützen soll, ist nach Auffassung von *Häsemeyer* die Anwendung von § 86 auf Unterlassungsklagen „ohnehin selbstverständlich" (InsR Rn 10.52).

10 **2. Prozesse, die die abgesonderte Befriedigung zum Gegenstand haben (§ 86 Abs 1 Nr 2).** Um einen Teilungsmassestreit iSv § 86 handelt es sich auch, wenn der geltend gemachte Anspruch in einem anhängigen Verfahren in der Insolvenz einer Partei zu einem **Absonderungsrecht** (§§ 49 ff) führen würde. **Beispiele:** Gegen den Insolvenzschuldner als Eigentümer eines zur Insolvenzmasse gehörenden und mit einem Grundpfandrecht belasteten Grundstücks erhobene Klage auf Duldung der Zwangsvollstreckung (*Jaeger/Henckel* § 11 KO Rn 5; *Gottwald/Gerhardt* InsRHdb § 32 Rn 38; N/R/*Wittkowski* § 86 Rn 7; *Jaeger/Windel* § 86 Rn 9; HK-*Kayser* § 86 Rn 11). Unter die Fallgruppe § 86 Abs 1 Nr 2 fallen auch Prozesse, die der absonderungsberechtigte Sicherungsgläubiger gegen den Verwalter wegen der Auskehrung des bei der Verwertung des Sicherungsguts nach den §§ 166 ff erzielten Erlöses anstrengt (*Smid* § 86 Rn 4). Auch die Widerspruchsklage nach § 115 Abs 3 ZVG sowie die vom Schuldner erhobene Vollstreckungsgegenklage gegen einen Absonderungsanspruch fallen hierunter (**BGH NJW 1973, 2065**; HK-*Kayser* § 86 Rn 11; *Gottwald/Gerhardt* InsRHdb § 32 Rn 38). Die § 86 Abs 1 Nr 2 findet entspr Anwendung bei einer gegen den Erben gerichteten Klage nach § 2213 Abs 3 BGB. Da die Zahlungspflicht auf den vom Testamentsvollstrecker verwalteten Nachlass beschränkt ist, ist der Fall mit dem Bestehen eines Absonderungsrechts vergleichbar (**BGH v 11. 5. 2006 – IX ZR 42/05, ZInsO 2006, 705, 707**). Nach zutr Feststellung des **LG Kleve v 13. 12. 2000 (MDR 2001, 291)** ist die zwischen Gläubiger und Schuldner vor dessen Insolvenz getroffene **Gerichtsstandvereinbarung** in einem Rechtsstreit des Gläubigers mit dem Insolvenzverwalter über Absonderungsrechte nicht bindend. Klagt der Sicherungseigentümer auf Herausgabe der Sicher heit übereigneten Gegenstände zwecks Verwertung, so hat er mit Verfahrenseröffnung die Klage nach Aufnahme des Prozesses auf Feststellung des Sicherungsrechts umzustellen (KS-*Landfermann* S 159, 167 Rn 28; *K/P/B/Lüke* § 86 Rn 11). Dies ist allerdings nicht unbestritten (vgl *Smid* ZInsO 2001, 433, 436 ff). Zu unterscheiden sind folgende **Fallgestaltungen:** Hat der Sicherungsgläubiger vor Verfahrenseröffnung einen Herausgabetitel erlangt, so kann das Insolvenzgericht im Eröffnungsverfahren gem § 21 Abs 2 Nr 3 die Zwangsvollstreckung untersagen oder einstweilen einstellen, soweit nicht unbewegliche Gegenstände betroffen sind. Würde man diese Möglichkeit ausschließen, würden viele aussichtsreiche Unternehmenssanierungen durch Realisierung von Absonderungsrechten im Eröffnungsverfahren unmöglich gemacht.

11 Im **eröffneten Insolvenzverfahren** greift zwar für dinglich gesicherte Gläubiger nicht das Vollstreckungsverbot des § 89 ein, denn die Vorschrift will nur verhindern, dass sich einzelne Insolvenzgläubiger durch Zwangsvollstreckungen Sondervorteile verschaffen. Jedoch stehen einer **Vollstreckung in die Insolvenzmasse zwei Hindernisse entgegen:** Einmal ist der Insolvenzverwalter gem § 166 zur Verwertung von Gegenständen, an denen ein Absonderungsrecht besteht, ebenso berechtigt wie zur Einziehung von zur Sicherung abgetretenen Forderungen. Diesen Einwand könnte der Verwalter im Wege der Vollstreckungserinnerung nach § 766 ZPO erheben. Im Übrigen müsste der Titel bzw die Vollstreckungsklausel auf den Insolvenzverwalter umgeschrieben werden. Zwar ist **gegen den Insolvenzverwalter** eine Umschreibung zulässig, wenn der vor Insolvenzeröffnung gegen den Schuldner erlangte Titel ein Aus- oder Absonderungsrecht oder eine Masseschuld betrifft; jedoch stehen dem Insolvenzverwalter bereits **gegen die Erteilung der Vollstreckungsklausel zwei Rechtsbehelfe** zur Verfügung: Die Erinnerung nach § 732 ZPO und die Klage auf Erklärung der Unzulässigkeit der Zwangsvollstreckung aus der Klausel nach § 768 ZPO.

12 **Nach Eröffnung des Insolvenzverfahrens** erlaubt § 86 Abs 1 Nr 2 die **Aufnahme eines Passivprozesses** durch den Gläubiger, der vor Verfahrenseröffnung gegen den Schuldner anhängig war. Wegen des Ver-

wertungsrechts des Verwalters kann der Gläubiger jedoch den Herausgabeanspruch für den Fall des Obsiegens nicht mehr durchsetzen. Das gilt selbst dann, wenn der Kläger sich bereit erklärt, den Gegenstand gem § 168 Abs 3 S 1 selbst zu übernehmen. Würde § 168 Abs 3 S 1 dinglich wirken, könnte der Sicherungsgläubiger durch ein Angebot der günstigeren Verwertung eine übertragende Sanierung als Gesamtverwertung verhindern. **Klagt der Sicherungseigentümer auf Herausgabe** des zur Sicherung übereigneten Gegenstandes zum Zwecke der Verwertung, ist mit Verfahrenseröffnung über das Vermögen des Schuldners nach N/R-*Wittkowski* (§ 86 Rn 7) der **Klageantrag** unter Berücksichtigung des Verwertungsrechtes des Insolvenzverwalters **umzustellen**. Grundsätzlich wird jedoch die Feststellung des Sicherungseigentums ausreichen (KS-*Landfermann* S 159, 167 Rn 28). Dies birgt jedoch die Gefahr, dass der Verwalter das Absonderungsrecht sofort anerkennt mit der Folge, dass der absonderungsberechtigte Gläubiger gem § 86 Abs 2 seinen Anspruch auf Erstattung der Kosten des Rechtsstreits nur als Insolvenzgläubiger geltend machen kann. Nach Auffassung von *Smid* (ZInsO 2001, 433, 440) ist eine anhängige Leistungsklage umzustellen auf **Auskehrung des Verwertungserlöses** nach § 170 Abs 1 S 2. Für eine Feststellungsklage nach § 256 ZPO fehle es an dem notwendigen Feststellungsinteresse, wenn der Insolvenzverwalter das Absonderungsrecht nicht bestreitet. Gleiches gilt aber auch für die Leistungsklage auf Auskehrung des Verwertungserlöses nach § 170 Abs 1 S 2. Nimmt weder der Insolvenzverwalter noch der absonderungsberechtigte Gläubiger einen anhängigen Rechtsstreit über die abgesonderte Befriedigung auf, weil der Verwalter das Absonderungsrecht anerkennt, so hat der **Kläger die Hauptsache für erledigt** zu erklären mit der Folge, dass das Prozessgericht nach § 91 a ZPO über die Kosten zu entscheiden hat. Werden die Kosten dem ursprünglichen Schuldner auferlegt, so kann der absonderungsberechtigte Gläubiger seinen Anspruch auf Erstattung der Kosten des Rechtsstreits nur als Insolvenzgläubiger geltend machen. Einer analogen Anwendung des § 86 Abs 2 bedarf es nicht. Im Übrigen sind bei der Aufnahme von Rechtsstreitigkeiten, die Absonderungsrechte betreffen, die Vorschriften der §§ 166 ff zu beachten, wonach das Verwertungsrecht grundsätzlich dem Insolvenzverwalter zusteht (BerlKo-*Blersch/v. Olshausen* § 86 Rn 5). Soweit der nach § 86 aufgenommene Rechtsstreit ein **Absonderungsrecht** betrifft, kann der absonderungsberechtigte Gläubiger für den Fall des Obsiegens auch für die **Kosten** einer zweckentsprechenden Rechtsverfolgung abgesonderte Befriedigung nach den §§ 1118, 1192, 1199, 1210 Abs 2, 1273 BGB; §§ 10 Abs 2, 12 ZVG verlangen (*Jaeger/Henckel* § 11 KO Rn 23; *Jaeger/Windel* § 86 Rn 30; *Gottwald/Gerhardt* InsRHdb § 32 Rn 43; MüKo-*Schumacher* § 86 Rn 25; BerlKo-*Blersch/v. Olshausen* § 86 Rn 5).

3. Prozesse, die eine Masseverbindlichkeit betreffen (§ 86 Abs 1 Nr 3). Nach § 86 Abs 1 Nr 3 können Rechtsstreitigkeiten, die zurzeit der Eröffnung des Insolvenzverfahrens gegen den Schuldner anhängig sind, auch dann aufgenommen werden, wenn sie eine Masseverbindlichkeit iSv § 53–55 betreffen. So zB, wenn Streitgegenstand der Anspruch aus einem gegenseitigen Vertrag ist, dessen Erfüllung vom Verwalter verlangt worden ist (§§ 86 Abs 1 Nr 3, 55 Abs 1 Nr 2; *Jaeger/Henckel* § 11 KO Rn 6; *Gottwald/Gerhardt* InsRHdb § 32 Rn 39; K/P/B/*Lüke* § 86 Rn 13; FK-*App* § 86 Rn 13; *Smid* § 86 Rn 4; BerlKo-*Blersch/v. Olshausen* § 86 Rn 6; str aA *Jaeger/Windel* m d Hinweis, dass solche Prozesse nur vom oder gegenüber dem vorl Verwalter begründet sein können). Bei sonstigen Masseverbindlichkeiten nach § 55 Abs 1 Nr 2 ist aber zu beachten, dass beim **Erfüllungsverlangen** bei teilbaren Leistungen gem § 105 der Umfang der Masseverbindlichkeit beschränkt ist (HK-*Kayser* § 86 Rn 12). Ist Streitgegenstand eine vom **vorläufigen Insolvenzverwalter begründete Verbindlichkeit**, die nach § 55 Abs 2 nach Verfahrenseröffnung als Masseverbindlichkeit zu erfüllen ist, fällt auch dieser Rechtsstreit unter § 86 Abs 1 Nr 3 (BerlKo-*Blersch/v. Olshausen* § 86 Rn 6). Handelt es sich um Masseverbindlichkeiten iSv § 55 Abs 1 Nr 2, kann, wenn es sich um eine **teilbare Leistung** iSv § 105 handelt, der Rechtsstreit nur hinsichtlich des Teils aufgenommen werden, hinsichtlich dessen der Verwalter Erfüllung verlangt (K/P/B/*Lüke* § 86 Rn 13). Dagegen ist § 86 Abs 1 Nr 3 nicht anwendbar auf Rechtsstreitigkeiten, die vom Insolvenzverwalter begründete Neumasseschulden betreffen oder aus einer ungerechtfertigten Bereicherung der Masse iSv § 55 Abs 1 Nr 3 resultieren (BerlKo-*Blersch/v. Olshausen* § 86 Rn 6). Diese Ansprüche entstehen erst nach Verfahrenseröffnung und können somit nicht Gegenstand eines vor Verfahrenseröffnung anhängigen Rechtsstreits sein (HK-*Eickmann* § 86 Rn 6; str aA *Smid* § 86 Rn 4). Masseansprüche sind auch **unvertretbare Handlungen**, wie zB Auskunftsansprüche, die der Insolvenzverwalter zu erfüllen hat (*Jaeger/Henckel* § 11 KO Rn 4; *Jaeger/Windel* § 86 Rn 17). Unter § 86 Abs 1 Nr 3 fallen auch Prozesse um Ansprüche aus gegenseitigen Verträgen, die gem §§ 108–113 unabhängig von einem Verhalten des Insolvenzverwalters für die Zeit nach Verfahrenseröffnung zu erfüllen sind, wie zB **Arbeitnehmeransprüche** (*Jaeger/Henckel* § 11 KO Rn 7; *Gottwald/Gerhardt* InsRHdb § 32 Rn 39; MüKo-*Schumacher* § 86 Rn 13; HK-*Eickmann* § 86 Rn 6). Soweit es sich um **rückständiges Arbeitsentgelt** für die Zeit vor Verfahrenseröffnung handelt, ist zu beachten, dass die Bundesagentur für Arbeit für die letzten drei Monate **Insolvenzgeld** zahlt (§§ 183, 185 SGB III) (§§ 187 Abs 3, 324 SGB III). Der Anspruch auf Arbeitsentgelt geht mit der Beantragung von Insolvenzgeld auf die BA über. Durch das *Gesetz zur Änderung der Insolvenzordnung und anderer Gesetze* v 26. Okt. 2001 ist in § 55 ein Abs 3 eingeführt worden, wonach die BA die nach § 187 SGB III übergegangenen Ansprüche **nur als Insolvenzgläubiger** geltend machen kann. § 55 Abs 3 S 1 gilt entsprechend für die nach § 208 Abs 1 SGB III bezeichneten Ansprüche, soweit diese gegenüber dem Schuldner bestehen bleiben (§ 55 Abs 3 S 2). Ist die Rückstufung entspr § 55 Abs 3 iVm § 187 SGB III mit einem Gläubigerwechsel verbunden, muss die **Bundesagentur für Arbeit** ihre Forderung ebenfalls zur Tabelle anmelden (BGHZ 151, 358). Sie kann den Prozess nach § 180 Abs 2 aufnehmen (Einzelheiten bei *Jaeger/Windel* § 86 Rn 12).

14   4. **Arbeitsgerichtliche Prozesse.** Ist wegen einer arbeitsrechtlichen Forderung bereits ein Rechtsstreit bei einem Gericht für Arbeitssachen anhängig, so wird im Falle der Insolvenzeröffnung über das Vermögen einer Partei das Verfahren, wenn es die Insolvenzmasse betrifft, unterbrochen, bis es nach den für die Insolvenz geltenden Vorschriften aufgenommen oder das Insolvenzverfahren aufgehoben wird (§ 240 S 1 ZPO iVm §§ 85, 86 InsO; vgl **BAG** v 18. 10. 2006 – 2 AZR 563/05, NZI 2007, 300; **LAG** Schleswig-Holstein v 24. 1. 2005 – 2 Ta 17/05, ZInsO 2006, 224). Gleiches gilt bei Bestellung eines vorläufigen Insolvenzverwalters, wenn auf diesen gem § 22 Abs 1 iVm § 21 Abs 2 Nr 2 1. Altern InsO die Verwaltungs- und Verfügungsbefugnis über das Vermögen des Schuldners übergeht (§§ 240 S 2 ZPO, 24 Abs 2 InsO iVm §§ 85, 86 InsO). War der Schuldner (Arbeitgeber) durch einen **Anwalt oder einen Arbeitgeberverband vertreten,** gilt § 246 ZPO nicht, denn die erteilte Prozessvollmacht erlischt nach § 117 Abs 1 InsO iVm § 168 BGB mit Verfahrenseröffnung; der (frühere) Prozessbevollmächtigte des Schuldners ist auch nicht Zustellungsbevollmächtigter des Insolvenzverwalters bei Aufnahme des Rechtsstreits (**BGH** 11. 10. 1988 KTS 1989, 37 = MDR 1989, 255 = NJW-RR 1989, 183). Die Unterbrechung des Verfahrens ist von **Amts wegen zu berücksichtigen.** Ein in Unkenntnis der Verfahrenseröffnung erlassenes Urteil ist wegen der kraft Gesetzes eintretenden Unterbrechungswirkung den Parteien gegenüber unwirksam. Der Schuldner kann gleichwohl gegen das unwirksame Urteil Berufung mit dem Ziel einlegen, den Eintritt der Rechtskraft zu verhindern (**OLG** Köln 6. 6. 1994 ZIP 1994, 958). Bei Passivprozessen ist zwischen **Masseansprüchen** und **Insolvenzforderungen** zu unterscheiden. Letztere sind zunächst zur Insolvenztabelle anzumelden (§§ 87, 28 Abs 1, 174). Rechtsstreitigkeiten, die zurzeit der Eröffnung des Insolvenzverfahrens gegen den Schuldner anhängig sind, können sowohl vom Insolvenzverwalter als auch vom Arbeitnehmer aufgenommen werden, wenn sie eine Masseverbindlichkeit betreffen (§ 86 Abs 1 Nr 3 InsO). Erkennt der Insolvenzverwalter den Anspruch sofort an, so kann der Arbeitnehmer einen Anspruch auf Erstattung der Kosten des Rechtsstreits nur als Insolvenzgläubiger geltend machen (§ 86 Abs 2 InsO). Ist das **Arbeitsverhältnis vor Insolvenzeröffnung gekündigt** worden und eine **Kündigungsschutzklage** bereits anhängig, so wird dieses Klageverfahren durch die Insolvenzeröffnung nach § 240 ZPO unterbrochen, da im Falle des Obsiegens des Arbeitnehmers die Insolvenzmasse beeinflusst würde. Der Prozess kann aber von dem Insolvenzverwalter oder dem Arbeitnehmer nach § 86 InsO aufgenommen werden, da bei der Feststellungsklage als Folgeansprüche auch Masseansprüche (zB auf Lohn und Gehaltszahlung, Urlaubsvergütung) in Betracht kommen. Gleiches gilt für **Klagen auf Weiterbeschäftigung,** über die grundsätzlich nur zusammen mit dem Kündigungsschutzprozess entschieden werden darf (so auch *Jaeger/Windel* § 86 Rn 11).

15   5. Die **prozessualen Auswirkungen der Insolvenzbeendigung** (§§ 34 Abs 3, 200 Abs 1, 207 Abs 1, 211 Abs 1, 212 S 1, 213 Abs 1, 258 Abs 1 InsO) auf laufende Prozesse, an denen der Insolvenzverwalter beteiligt ist, sind – im Gegensatz zum Fall der Insolvenzeröffnung (siehe dazu § 240 ZPO) – im Gesetz nicht ausdrücklich geregelt. Für den vergleichbaren Fall der Beendigung des Testamentsvollstreckung wird § 239 ZPO analog angewandt (**RG** 30. 9. 1937 RGZ 155, 350, 354). Bei Insolvenzbeendigung muss der Schuldner (Arbeitgeber) Gelegenheit haben, sich auf den Prozess einzustellen und die für die Fortführung notwendigen Entscheidungen zu überdenken. Es ist daher angezeigt, grundsätzlich die Regelungen der §§ **239, 242** ZPO auf die Fälle der Insolvenzbeendigung **analog anzuwenden** (so zum Konkurs **LG** Aachen 5. 12. 1963 MDR 1964, 330; str aA **OLG** Hamburg 7. 5. 1986 KTS 1986, 506, 507). S auch die Kommentierung zu § 85 Rn 71, 72. War allerdings der Insolvenzverwalter durch einen **Prozessbevollmächtigten** vertreten, so tritt anstelle der Unterbrechung die Möglichkeit, nach § 246 ZPO die Aussetzung des Verfahrens zu beantragen (**OLG** Köln 21. 5. 1987 ZIP 1987, 1004), denn die durch den Insolvenzverwalter, der sich nicht nach § 78 Abs 4 ZPO selbst vertreten hat (vgl dazu **RG** 26. 4. 1910, JW 1910, 623), erteilte Prozessvollmacht bleibt bestehen, da § 86 ZPO sinngemäß anzuwenden ist (so schon **RG** 3. 5. 1910 RGZ 73, 312, 314 f; **RG** 21. 12. 1926 JW 1927, 848, 849; **BAG** v 26. 6. 2008 – 6 AZR 478/07). Die Beendigung des Insolvenzverfahrens führt zur Auswechslung der Prozesspartei, auch wenn die erteilte Prozessvollmacht fortbesteht. Der Kläger muss seine Klage auf den Schuldner als den nunmehr richtigen Beklagten umstellen, ansonsten ist die Klage als unzulässig abzuweisen (so zum Konkurs **LAG** Hamm 29. 8. 1996 ARST 1997, 68 = KTS 1997, 318).

IV. Aufnahme des Passivprozesses

16   1. **Aufnahmebefugnis.** Anders als beim Teilungsmassestreit iSv § 85 sind zur Aufnahme des gem § 240 ZPO unterbrochenen Rechtsstreits sowohl der **Verwalter** als auch der **Verfahrensgegner** berechtigt (*Gottwald/Gerhardt* InsRHdb § 32 Rn 40; K/P/B/*Lüke* § 86 Rn 14; HK-*Eickmann* § 86 Rn 7; N/R/*Wittkowski* § 86 Rn 10; MüKo-*Schumacher* § 86 Rn 1). Der **Insolvenzschuldner** ist nicht aufnahmebefugt (*Jaeger/Windel* § 86 Rn 21). Insoweit steht § 80 Abs 1 entgegen (MüKo-*Schumacher* § 86 Rn 19). Der Gegner braucht nicht erst die Entschließung des Insolvenzverwalters abzuwarten. Zutref-

fend weist *Gerhardt* (bei *Gottwald/Gerhardt* InsRHdb § 32 Rn 40) darauf hin, dass der Insolvenzverwalter auf diese Weise insbesondere im Hinblick auf die Fälle des § 108 Abs 1 „in eine Vielzahl von Prozessen verwickelt werden kann, noch ehe er sich hinreichenden Einblick in die Streitlage verschafft und die Erfolgsaussichten geprüft hat" (*Jaeger/Henckel* § 11 KO Rn 14; *Gottwald/Gerhardt* InsRHdb § 32 Rn 40). Gibt der Insolvenzverwalter den Streitgegenstand vor Aufnahme des Rechtsstreits frei, kann der Prozess zwischen dem Schuldner und dem Gegner fortgesetzt werden (**BGH** v 21. 4. 2005 – IX 281/03, ZInsO 2005, 594, 595). Auch hier ist aber eine Aufnahme erforderlich (*Jaeger/Henckel* § 11 KO Rn 16; *Gottwald/Gerhardt* InsRHdb § 32 Rn 40). Eine treuhänderische Ermächtigung oder sonstige Prozessstandschaft des Schuldners reicht zur Aufnahme des Prozesses nicht aus (**BGH NJW 1973, 2065;** *Jaeger/Henckel* § 11 KO Rn 16).

Bei der **Freigabe nach Aufnahme** findet nach hM § 265 ZPO Anwendung (*Jaeger/Henckel* § 6 KO Rn 116 ff; § 11 KO Rn 17; *Gottwald/Gerhardt* InsRHdb § 32 Rn 40; *Jaeger/Henckel* § 86 Rn 23). Nach **BGH** (BGHZ 46, 251) fällt die Prozessführungsbefugnis an den Schuldner zurück (s HK-*Kayser* § 86 Rn 23). Im Übrigen steht dem **Schuldner kein Aufnahmerecht** nach § 86 zu (*Jaeger/Henckel* § 11 KO Rn 15; K/P/B/*Lüke* § 86 Rn 15; MüKo-*Schumacher* § 86 Rn 19). Anders aber in der **Eigenverwaltung** (HK-*Kayser* § 86 Rn 16). Der Schuldner kann den Rechtsstreit nur aufnehmen, wenn der Verwalter den Streitgegenstand aus der Masse freigibt mit der Folge, dass er wieder in die Verwaltungs- und Verfügungsgewalt des Schuldners fällt (**BGH NJW 1973, 2065**). In diesen Fällen geht das Prozessrisiko wiederum an das insolvenzfreie Vermögen des Schuldners über (**LG Osnabrück** Nds Rpfleger 1993, 364). Wird der Schuldner verurteilt, hat er die **gesamten Kosten als Neuschulden** zu tragen. Er haftet mit seinem insolvenzfreien Vermögen. Bei einem **Rechtsstreit um eine Grundschuld** wird der Schuldner nicht schon dadurch aufnahmeberechtigt, dass der Insolvenzverwalter den Prozess oder die Grundschuld freigibt, sondern nur bei **Freigabe des insolvenzbefangenen Grundstücks** (**BGH** v 10. 10. 1973, KTS 1974, 47). Die Freigabe durch den Insolvenzverwalter hat nicht die Wirkung einer Anerkennung des Anspruchs (*Jaeger/Henckel* § 11 KO Rn 16; K/U § 11 KO Rn 6). War die Klage im **Urkundenprozess** erhoben worden, so geht der Rechtsstreit mit der Aufnahme kraft Gesetzes in das ordentliche Verfahren über (FK-*App* § 86 Rn 7). Wird ein **Prozess nach Urteilsverkündung unterbrochen,** erfolgt die Aufnahme mit der Rechtsmitteleinlegung beim Instanzgericht.

2. Form der Aufnahme. Die Aufnahme eines nach § 240 ZPO unterbrochenen Passivprozesses erfolgt gem § 250 ZPO durch **Zustellung eines bei Gericht einzureichenden Schriftsatzes** an den Prozessgegner. Eine formlose Mitteilung genügt nicht (**BGH ZIP 1999, 75, 76**). Nimmt der Gegner den Prozess auf, erfolgt die Zustellung an den Insolvenzverwalter. Der bei Gericht einzureichende Schriftsatz ist in den Fällen des § 86 an den Insolvenzverwalter selbst oder den Prozessgegner bzw Prozessvertreter zuzustellen. Die Zustellung des Aufnahmeschriftsatzes darf dagegen nicht an einen vom Schuldner vor Verfahrenseröffnung bestellten Anwalt erfolgen, da dessen Prozessvollmacht erloschen ist (*Jaeger/Henckel* § 11 KO Rn 19; K/P/B/*Lüke* § 86 Rn 16; MüKo-*Schumacher* § 86 Rn 20; vgl auch **BGH** v 9. 12. 1998, ZInsO 1999, 106 = ZIP 1999, 75 = KTS 1999, 217). Das gilt auch für ein vor oder nach Unterbrechung (§ 249 Abs 3 ZPO) verkündetes Urteil (K/P/B/*Lüke* § 86 Rn 16). Ausnahmsweise kann die Aufnahme auch durch **schlüssiges Verhalten** erklärt werden (BGHZ 23, 175; *Jaeger/Windel* § 85 Rn 130; *Gottwald/Gerhardt* InsRHdb § 32 Rn 41). So zB durch eine Prozesshandlung, durch die der Wille zum Ausdruck gebracht wird, den Prozess aufnehmen zu wollen (vgl auch K/P/B/*Lüke* § 86 Rn 16). Da nach inzwischen ständiger Rechtsprechung des **BGH** beiderseits noch nicht vollständig erfüllte Verträge mit der Verfahrenseröffnung nicht automatisch erlöschen, jedoch als zunächst nicht durchsetzbare Ansprüche die Rechtsqualität von originären Forderungsrechten für und gegen die Masse erhalten (**BGH** v 25. 4. 2002 – IX ZR 313/99, BGHZ 150, 353, 359), setzt eine Aufnahme von Rechtsstreitigkeiten, die die Erfüllungsleistung zum Gegenstand haben, voraus, dass der Verwalter von seinem Wahlrecht nach den §§ 103 ff Gebrauch macht (K/P/B/*Lüke* § 86 Rn 16; MüKo-*Schumacher* § 86 Rn 11). Der Verwalter kann die Aufnahme mit dem Erfüllungsverlangen verbinden (MüKo-*Schumacher* § 86 Rn 11). Auch in der **Revisionsinstanz** ist eine Aufnahme des Rechtsstreits möglich (**BGH WM 1965, 626; BGH NJW 1995, 1750 = ZIP 1995, 643;** *Kilger/K. Schmidt* § 11 KO Anm 2).

3. Gerichtsstand. Nach § 19 a ZPO bestimmt sich der allgemeine Gerichtsstand eines Insolvenzverwalters für Klagen, die sich auf die Masse beziehen, nach dem **Sitz des Insolvenzgerichts.** Bei § 19 a ZPO handelt es sich um eine eigenständige Regelung des allgemeinen Gerichtsstandes für massebezogene Passivprozesse (*Hess* § 86 Rn 11; *Zöller/Vollkommer* § 19 a ZPO Rn 1). Allerdings ist der Gerichtsstand des § 19 a ZPO nicht ausschließlich. Durch die Regelung wird lediglich der Rückgriff auf die allgemeinen Regeln der §§ 13, 17 ZPO ausgeschlossen. Für Feststellungsklagen nach § 180 greift die ausschließliche Zuständigkeit nach § 180 Abs 1 ein. Nicht beantwortet ist damit die Frage, in welcher Zuständigkeit der anhängige Passivprozess fortgesetzt werden muss. Die Lösung folgt aus § 180 Abs 2, wonach die Feststellung einer rechtshängigen Forderung durch **Aufnahme des Rechtsstreits** zu betreiben ist. Offenbar geht der Gesetzgeber davon aus, dass im Interesse der Prozessökonomie ein bereits anhängiger Rechtsstreit nicht nur in dem Stadium fortzusetzen ist, in dem er sich zum Zeitpunkt der Verfahrenseröffnung befunden hat, sondern auch bei demselben Gericht, bei dem der Prozess anhängig war. War also der Prozess vor Verfahrenseröffnung bei einem anderen Gericht als demjenigen, das durch den Sitz des Insolvenzgerichts bestimmt ist, anhängig, so bleibt der Prozess dort anhängig. Das gilt auch, wenn die Klage von der Leistungsklage auf eine Feststellungsklage umgestellt wird sowie bei vereinbarten Gerichtsständen.

4. Kosten. Obsiegt der Verwalter in dem nach § 86 aufgenommenen Rechtsstreit, so gelten die allgemeinen Vorschriften der §§ 91 ff ZPO. Nach hM ist hinsichtlich der insolvenzrechtlichen Qualität nicht etwa zwischen Kosten, die vor und nach Insolvenzeröffnung angefallen sind, zu unterscheiden (**BGH** v 23. 9. 2006 – IX ZB 312/04, NZI 2007, 101, 105; **OLG** Koblenz ZVI 2008, 544, 545; *Jaeger/Windel* § 86 Rn 29; *Jaeger/Henckel* § 11 KO Rn 20; *Gottwald/Gerhardt* InsRHdb § 32 Rn 42; N/R/*Wittkowski* § 86 Rn 12; FK-*App* § 86 Rn 14; **für eine Aufteilung** K/P/B/*Lüke* § 85 Rn 58 f u § 86 Rn 18; BerlKo-*Blersch/v. Olshausen* § 86 Rn 9 u § 85 Rn 9; HK-*Kayser* § 85 Rn 58 u § 86 Rn 20; *Uhlenbruck* ZIP 2001, 1988, 1989; Müko-*Schumacher* § 85 Rn 20). Der **BGH** hat in seiner Entscheidung v 21. 9. 2006 (NZI 2007, 103, 105 = ZIP 2006, 2133) angemerkt, die Kritik an der undifferenzierten Behandlung des Kostenerstattungsanspruchs als Masseverbindlichkeit möge in den Fällen berechtigt sein, in denen das Insolvenzereignis den Rechtsstreit in einer höheren Instanz oder nach Zurückverweisung der Sache an die Vorinstanz unterbricht (s auch **OLG** München NZI 1999, 498; **OLG** Rostock ZIP 2001, 2145 f). Die **einheitliche Kostengrundentscheidung** steht – wie bereits zu § 85 Rn 84 ff, 80 dargestellt – einer **differenzierenden insolvenzrechtlichen Einordnung** keineswegs entgegen (BerlKo-*Blersch/v. Olshausen* § 85 Rn 9; s auch **BFH** ZIP 2002, 2225 f). Unterliegt der Verwalter, so ist der Kostenerstattungsanspruch des Gegners **Masseschuld** iSv § 55 Abs 1 Nr 1 (HK-*Eickmann* § 86 Rn 10; K/P/B/*Lüke* § 86 Rn 18; BerlKo-*Blersch/v. Olshausen* § 86 Rn 9, 11 ff; HK-*Eickmann* § 86 Rn 10; s auch *Uhlenbruck* ZIP 2001, 1988, 1989). Zur Durchsetzbarkeit des prozessualen Kostenerstattungsanspruchs des teilweise obsiegenden Klägers als Masseforderung nach der Aufnahme des Passivprozesses durch den Insolvenzverwalter s **OLG** Düsseldorf v 23. 1. 2001 (InVo 2001, 167 = ZInsO 2001, 560), das von dem Prinzip der Einheitlichkeit der Kostenentscheidung ausgeht. Ist eine zuvor bestrittene Forderung zur Insolvenztabelle festgestellt worden, so ist das Prozessgericht durch § 240 ZPO nicht gehindert, Entscheidungen zu treffen, die lediglich die Kosten betreffen (**BGH** v 2. 2. 2005 – XII ZR 233/02, DZWIR 2005, 253).

V. Folgen der Aufnahme des Passivprozesses

1. Fortsetzung des Rechtsstreits. Wird ein gem § 240 ZPO durch die Insolvenzeröffnung unterbrochener Rechtsstreit aufgenommen, hat das Gericht immer zu prüfen, ob es sich um eine zulässige Aufnahme nach § 86 Abs 1 handelt oder um einen Rechtsstreit, der eine Forderung iSv §§ 38, 39 betrifft, die zur Insolvenztabelle anzumelden ist. Gegen die Masse gerichtete Insolvenzforderungen können nur nach Maßgabe des § 87 verfolgt werden. Der Gesetzgeber hat in das Insolvenzverfahren auch sogen **nachrangige Insolvenzforderungen** (§ 39) einbezogen. Die Tatsache, dass gem § 174 Abs 3 S 1 die Forderungen nachrangiger Gläubiger nur anzumelden sind, soweit das Insolvenzgericht besonders zur Anmeldung dieser Forderungen auffordert, ändert nichts daran, dass die Unterbrechungswirkung auch andauert, wenn eine solche Aufforderung nicht ergeht oder die Forderung mit dem Hinweis auf den Nachrang und die dem Gläubiger zustehende Rangstelle zur Tabelle angemeldet wird. In allen Fällen hat das in den §§ 176 ff geregelte **Prüfungsverfahren Vorrang** vor der Weiterverfolgung eines anhängigen Rechtsstreits. Für die **Weiterverfolgung bereits vor Verfahrenseröffnung rechtshängiger Forderungen** greift § 180 Abs 2 ein und nicht § 86 Abs 1. Insoweit gelten zudem die Besonderheiten der §§ 181 ff. Der durch die Insolvenzeröffnung gem § 240 ZPO unterbrochene Rechtsstreit kann erst aufgenommen werden, wenn die streitige Forderung das Prüfungsverfahren durchlaufen hat (**BGH** NJW-RR 1994, 1251; **OLG** Nürnberg OLGZ 1982, 379 = ZIP 1982, 476; FK-*App* § 86 Rn 7). Der **Klageantrag** ist von der bisherigen Leistungsklage auf einen **Antrag auf Feststellung der Forderung zur Insolvenztabelle** abzuändern. Die Auslegung kann ergeben, dass es sich entweder um eine Feststellung zur Tabelle handelt oder um die Verurteilung zur Zahlung einer während des Verfahrens entstandenen Masseforderung (**BGH** KTS 1963, 175 = MDR 1963, 746). Hat der Verwalter den bereits in der zweiten Instanz anhängigen Rechtsstreit aufgenommen, um seinen Widerspruch gegen den vor Verfahrenseröffnung in erster Instanz gegen den Schuldner titulierten Anspruch für begründet erklären zu lassen, stellt er jedoch nicht stattdessen den Antrag, die Klage abzuweisen, so ist dieser Antrag entsprechend umzudeuten. Die Verurteilung des Verwalters zur Zahlung ist solchenfalls als Feststellung der Forderung zur Insolvenztabelle auszulegen, sofern nicht die Geltendmachung einer Masseforderung in Betracht kommt (**BGH** v 29. 6. 1994, ZIP 1994, 1193; *Pape* EWiR 1994, 899; vgl auch **BGH** v 10. 6. 1963, LM KO § 146 Nr 9).

2. Sofortiges Anerkenntnis des Verwalters (§ 86 Abs 2). Der Insolvenzverwalter kann gem § 86 Abs 2 die Kostentragungspflicht der Masse durch sofortiges Anerkenntnis zwar nicht vermeiden, jedoch hierdurch bewirken, dass der **Anspruch auf Kostenerstattung nur als Insolvenzforderung** geltend gemacht werden kann. Nach § 307 Abs 2 ZPO kann das Anerkenntnisurteil in jedem Fall und ohne mündliche

I. Allgemeines

Verhandlung ergehen (BerlKo-*Blersch/v. Olshausen* § 86 Rn 10). Die Regelung in § 86 Abs 2 beruht auf der Erfahrung, dass viele Schuldner oder Schuldnerunternehmen vor allem in der Krise zahlreichen Passivprozessen ausgesetzt sind, in denen sie den Anspruch bestreiten, nur um nicht zahlen zu müssen und dadurch die Zahlungsunfähigkeit herbeizuführen. Deshalb ist es durchaus keine Seltenheit, dass der Verwalter einen gegen den Schuldner eingeklagten Anspruch im aufgenommenen Prozess sofort anerkennt. Zutreffend weist *Gerhardt* (*Gottwald/Gerhardt* InsRHdb § 32 Rn 43) darauf hin, dass das Erfordernis eines sofortigen Anerkenntnisses den Verwalter bei einem zweifelhaften Prozess in ein echtes Dilemma bringen kann. **Erkennt der Verwalter den Klageanspruch überhaupt nicht oder nicht sofort an oder verliert er später den Prozess**, so wird die Insolvenzmasse mit den Prozesskosten als **Masseverbindlichkeit** iSv § 55 Abs 1 Nr 1 belastet, was wiederum zu einer Haftung nach § 60 führen kann (K/U § 11 KO Rn 8). **Erkennt der Verwalter den Anspruch sofort an**, hat aber der Schuldner Anlass zu der Klage gegeben, so trägt ebenfalls die Masse die Kosten, wenngleich der Kläger insoweit nur eine **einfache Insolvenzforderung** hat (HK-*Kayser* § 86 Rn 20). Erkennt der Verwalter dagegen sofort an und hat der Schuldner keine Veranlassung zur Klage gegeben, trägt der Kläger gem § 93 ZPO die Kosten (**OLG München ZIP 1996, 1952**; BerlKo-*Blersch/v. Olshausen* § 86 Rn 11–13; *Jaeger/Henckel* § 11 KO Rn 22; *Gottwald/Gerhardt* InsRHdb § 32 Rn 43). Nach *W. Gerhardt* (*Gottwald/Gerhardt* InsRHdb § 32 Rn 43) kann bei streitigem Tatsachenvortrag „der Insolvenzverwalter durchaus verpflichtet sein, hinsichtlich eines sofortigen Anerkenntnisses Zurückhaltung zu üben und die Beweisaufnahme abzuwarten". Allerdings muss er solchenfalls damit rechnen, dass die Kosten als Masseverbindlichkeiten iSv § 55 Abs 1 Nr 1 anfallen, weil es sich nicht mehr um ein sofortiges Anerkenntnis handelt (**RG v 27. 6. 1932, RGZ 137, 71, 73**; *Jaeger/Windel* § 86 Rn 32; *Jaeger/Henckel* § 11 KO Rn 22; N/R/*Wittkowski* § 86 Rn 13; K/P/B/*Lüke* § 86 Rn 19). Ein Anerkenntnis ist nach Erhebung einer unbegründeten Prozessrüge kein sofortiges mehr (RGZ 137, 72; N/R/*Wittkowski* § 86 Rn 13; K/P/B/*Lüke* § 86 Rn 19). Ein **sofortiges Anerkenntnis** liegt dagegen vor, wenn der Beklagte den prozessualen Anspruch in der ersten streitigen mündlichen Verhandlung anerkennt, die vor dem endgültig zuständigen Gericht stattfindet (**OLG Düsseldorf ZIP 1990, 1423**). Der Beklagte hat zu einer **Klage**, die vor **einem unzuständigen Gericht** erhoben wird, also unzulässig ist, keine Veranlassung gegeben. Somit ist es für den Beklagten, schon „sofort" vor dem unzuständigen Gericht ein Anerkenntnis zu erklären (**str aA** *Thomas/Putzo/Hüßtege* § 93 ZPO Rn 9). Sofort anerkannt wird der Klageanspruch nur dann, wenn das Anerkenntnis **vorbehaltlos** vor Verlesung der Sachanträge im früheren ersten Termin (§§ 272 Abs 2, 275 ZPO) erklärt wird (**OLG Düsseldorf OLGR 1999, 410**; *Zöller/Herget* § 93 ZPO Rn 4). Das Anerkenntnis muss gem § 307 S 2 ZPO nicht in einer **mündlichen Verhandlung** erklärt werden (anders noch die Voraufl u **BGH KTS 1995, 69, 70** zum alten Recht).

Festzustellen ist, dass § 86 Abs 2 **keine Kostenentscheidung** regelt. Vielmehr besagt die Regelung nur, 23 dass der Kostenerstattungsanspruch (§§ 307, 91 Abs 1 ZPO) als Insolvenzforderung (§§ 38, 39) geltend gemacht und gem § 86 Abs 2, 87, 184ff zur Tabelle angemeldet werden kann. (**BGH v 7. 7. 1994, KTS 1995, 69, 70**; *Jaeger/Henckel* § 11 KO Rn 22; *Kilger/K. Schmidt* § 11 KO Anm 3; BerlKo-*Blersch/v. Olshausen* § 86 Rn 11). Wer die Kosten des aufgenommenen Rechtsstreits zu tragen hat, richtet sich nach den §§ 91ff ZPO. Erkennt der Verwalter sofort an, so führt das Anerkenntnis nach § 86 Abs 2 nicht automatisch dazu, dass dem Prozessgegner die Prozesskosten zur Last fallen. Die Vorschrift sagt nur, dass ein **Kostenerstattungsanspruch** des Prozessgegners immer nur als Insolvenzforderung geltend gemacht werden kann, obgleich der Anspruch erst nach Verfahrenseröffnung entstanden ist (BerlKo-*Blersch/v. Olshausen* § 86 Rn 10). Hat der Schuldner zur Erhebung der Klage keine Veranlassung gegeben und handelt es sich um ein Anerkenntnis iSv § 93 ZPO, so hat der Prozessgegner keinen Kostenerstattungsanspruch (BerlKo-*Blersch/v. Olshausen* § 86 Rn 11–14; *Jaeger/Windel* § 86 Rn 33; vgl auch **OLG München ZIP 1996, 1952**).

Für **neue Klagen**, die nach Verfahrenseröffnung gegen den Insolvenzverwalter erhoben werden, greift 24 § 86 Abs 2 nicht ein, selbst wenn sie einen Streitgegenstand betreffen, der unter § 86 Abs 1 fällt (BerlKo-*Blersch/v. Olshausen* § 86 Rn 15; str aA HK-*Eickmann* § 86 Rn 16).

§ 87 Forderungen der Insolvenzgläubiger

Die Insolvenzgläubiger können ihre Forderungen nur nach den Vorschriften über das Insolvenzverfahren verfolgen.

I. Allgemeines

Während § 12 KO Beschränkungen nur für Forderungen auf Sicherstellung oder Befriedigung aus der 1 Konkursmasse vorsah, regelt § 87 generell die Verfolgung der Forderungen von Insolvenzgläubigern (KS-*Landfermann* S 159, 169 Rn 32). § 87 erfasst auch **nachrangige Insolvenzforderungen** (§ 39) mit der Folge, dass auch nachrangige Insolvenzgläubiger während des Verfahrens Zinsen und Kosten der Verfahrensteilnahme nicht einklagen können (KS-*Landfermann* Rn 32; HK-*Kayser* § 87 Rn 3; K/P/B/*Lüke* § 87 Rn 2). Gläubiger nachrangiger Forderungen dürfen im eröffneten Verfahren wegen ihrer Ansprüche weder Prozesse führen noch vollstrecken (§ 89 Abs 1), selbst wenn sie nicht nach § 174 Abs 3 aufgefordert werden, ihre Forderungen anzumelden. **Nachrangige Forderungen** können nur unter den Voraussetzungen der §§ 179 ff Gegenstand eines gem § 240 ZPO unterbrochenen Rechtsstreits sein (HK-*Kayser* § 87 Rn 3; *Hess* § 87 Rn 6; BerlKo-*Blersch/v. Olshausen* § 87 Rn 4). Die Vorschrift des § 87 ist eine **Schlüsselnorm**. Sie verweist sämtliche Insolvenzgläubiger mit ihren Forderungen auf die Teilnahme am Verfahren (*Smid* § 87 Rn 2). § 87 soll sicherstellen, dass während der Dauer eines Insolvenzverfahrens der Schuldner grundsätzlich nur nach den Vorschriften der InsO in Anspruch genommen werden kann. § 87 besagt nicht, dass Prozesse gegen den Insolvenzverwalter nicht aufgenommen oder anhängig gemacht werden können. Vielmehr besagt die Vorschrift nur, **dass Insolvenzgläubiger zunächst einmal das Verfahren nach der InsO** durchlaufen müssen, dh, sie müssen ihre Forderungen zur Insolvenztabelle anmelden und können erst für den Fall des Bestreitens nach den §§ 179 ff gegen den Bestreitenden im Klagewege vorgehen.

II. Schuldenmassestreit

2   § 87 regelt generell nicht nur, dass alle Insolvenzgläubiger im eröffneten Verfahren ihre Forderungen nur nach den §§ 174 ff verfolgen können, sondern auch, wie ein nach § 240 ZPO unterbrochener Rechtsstreit über vermögensrechtliche Ansprüche weiter verfolgt werden kann. Der **Aktivprozess** (Teilungsmassestreit) dient dem Ziel der Komplettierung der sogen „Soll-Masse" zur sogen „Ist-Masse". Die Aufnahme eines nach § 240 ZPO unterbrochenen **Aktivprozesses**, der bei Verfahrenseröffnung anhängig ist, regelt § 85. Die **Aufnahme bestimmter Passivprozesse** (Teilungsmassegegenstreit) regelt § 86. Der **Schuldenmassestreit** iSv § 87 betrifft dagegen einen Prozess, den ein Insolvenzgläubiger (§§ 38, 39) zur Durchsetzung seiner Forderung führt. Die Bezeichnung ist darauf zurückzuführen, dass die Insolvenzforderungen in ihrer Gesamtheit die sogen Schuldenmasse bilden (vgl *Häsemeyer* InsR Rn 10.45; *Gottwald/Gerhardt* InsRHdb § 32 Rn 44). Der Schuldenmassestreit ist, da er nur die Schuldenmasse betrifft, immer **Passivprozess**. Das gilt auch für Feststellungsklagen. **Streitgegenstand** ist immer eine Forderung, die den Charakter einer **Insolvenzforderung** iSv §§ 38, 39 hat. Dagegen erfasst § 87 **nicht Masseforderungen** iSv § 55, deren Geltendmachung und Durchsetzung sich nach den außerhalb des Insolvenzverfahrens geltenden Vorschriften vollzieht (BGHZ 154, 356; **BAG** ZIP 2002, 628; *Jaeger/Windel* § 87 Rn 5; FK-*App* § 87 Rn 4). Insoweit ergeben sich allenfalls Einschränkungen aus den §§ 90, 210. Im Übrigen sind Masseforderungen nicht zur Tabelle anzumelden. Sie werden vorweg aus der Insolvenzmasse befriedigt (§ 53).

3   **Anhängige Rechtsstreitigkeiten über Masseforderungen** können nach § 86 Abs 1 Nr 3 sowohl vom Insolvenzverwalter als auch vom Gegner aufgenommen werden. Gleiches gilt für **Rechtsstreitigkeiten**, die **Absonderungsrechte** betreffen, wenn der Gläubiger aus dem **dinglichen Recht** vorgeht (§ 86 Abs 1 Nr 2, 3), wobei bei Absonderungsrechten die §§ 166 ff zu beachten sind (BerlKo-*Blersch/v. Olshausen* § 87 Rn 7). **Aussonderungsberechtigte Gläubiger** (§§ 47, 48) unterliegen nicht den Beschränkungen des § 87 (K/P/B/*Lüke* § 87 Rn 12; BerlKo-*Blersch/v. Olshausen* § 87 Rn 7; MüKo-*Breuer* § 87 Rn 10). Nicht unter § 87 fallen **Unterlassungsansprüche**, ebenso wenig wie Ansprüche auf **Auskunftserteilung gegen den Schuldner persönlich** (*Gottwald/Gerhardt* InsRHdb § 32 Rn 44). Auch die Klage auf Erteilung einer Provisionsabrechnung oder eines Buchauszugs (**OLG** Neustadt NJW 1965, 257) ist kein Schuldenmassestreit, da es sich um keine Insolvenzforderung handelt. Erhebt ein Kläger nach Insolvenzeröffnung über das Vermögen des Gegners wegen einer Insolvenzforderung Klage gegen diesen, so ist der Schuldner (Gegner) nach Klagerücknahme berechtigt, hinsichtlich der Kosten den Antrag nach § 269 Abs 3 S 3 ZPO zu stellen, selbst wenn der Kläger in Unkenntnis der Verfahrenseröffnung die Klage erhoben hatte (**OLG** Frankfurt AnwBl 1980, 291).

4   Der Gläubiger unterliegt auch den Beschränkungen nach § 87, wenn er bereits auf Grund eines **vorläufig vollstreckbaren, nicht rechtskräftigen Titels** eine Leistung des Schuldners zur Abwendung der Zwangsvollstreckung erhalten hat (BerlKo-*Blersch/v. Olshausen* § 87 Rn 8; FK-*App* § 87 Rn 5; K/P/B/*Lüke* § 87 Rn 10). Denn eine solche Leistung hat keine schuldtilgende Wirkung, sondern bezweckt nur eine vorläufige Regelung des Streitverhältnisses zugunsten des Klägers und erfolgt unter voller Wahrung der Rechte des Beklagten (RGZ 63, 330; RGZ 85, 219; RGZ 98, 328). Hat er im Wege einer **Sicherungsvollstreckung** nach § 720 a ZPO eine Sicherung erlangt, greift uU § 88 ein (BerlKo-*Blersch/v. Olshausen* § 87 Rn 8). **Neugläubiger** sind durch § 87 nicht gehindert, ihre nach Verfahrenseröffnung begründeten Vermögensansprüche gegen den Schuldner geltend zu machen und in das beschlagfreie Vermögen zu vollstrecken (**OLG** Celle NZI 2003, 201; *Pape* ZInsO 2002, 917 ff; FK-*App* § 87 Rn 6a; *Jaeger/Windel* § 87 Rn 6; aA LG Lüneburg ZInsO 2002, 941).

III. Keine entsprechende Anwendung des § 87 im Eröffnungs- und Restschuldbefreiungsverfahren

5   Im Insolvenzeröffnungsverfahren findet § 87 keine entsprechende Anwendung, wenn das Gericht ein allgemeines Verfügungsverbot erlassen und einen sogen „starken" vorläufigen Verwalter bestellt hat (K/P/B/*Lüke* § 87 Rn 8; *Jaeger/Windel* § 87 Rn 2). § 24 Abs 2 verweist nicht auf § 87. Hieraus folgt, dass die Insolvenzgläubiger ihre Forderungen nach allgemeinem Recht verfolgen können, jedoch damit

IV. Aufnahme nach § 240 ZPO unterbrochener Prozesse **§ 87**

rechnen müssen, dass eine Befriedigung in der Schuldnerkrise zur späteren Anfechtung nach §§ 129 ff führt. Aus § 240 S 2 ZPO folgt lediglich, dass **Passivprozesse** bei Anordnung eines allgemeinen Verfügungsverbots und Einsetzung eines sogen „starken" vorläufigen Verwalters **unterbrochen** werden (vgl auch K/P/B/*Lüke* § 87 Rn 8). Im Übrigen ist kein Gläubiger gezwungen, die Verfahrenseröffnung abzuwarten, um im Anmeldeverfahren nach den §§ 174 ff seine Forderung durchzusetzen. Die Vorschrift des § 87 gilt für die **gesamte Dauer des Insolvenzverfahrens.** Wird das Verfahren durch Einstellung (§ 207) oder Aufhebung (§ 200) beendet, steht es den Gläubigern frei, ihre Forderungen entweder nach allgemeinem Recht oder, falls Feststellung zur Tabelle erfolgt ist, nach § 201 Abs 2 durchzusetzen. § 87 hindert nach Verfahrensbeendigung die Gläubiger auch nicht, im **Restschuldbefreiungsverfahren** nach den §§ 286 ff einen unterbrochenen Schuldenmassestreit auf zunehmen oder eine neue Klage gegen den Schuldner bzw das Schuldnerunternehmen anhängig zu machen (§ 201 Abs 1). Lediglich die **Zwangsvollstreckung** ist im Restschuldbefreiungsverfahren nach der vollstreckbaren Tabellenauszug nach § 201 Abs 3, im Übrigen nach § 294 Abs 1 während der **Dauer der Wohlverhaltensfrist** ausgeschlossen (*Jaeger/Windel* § 87 Rn 2). Trotzdem ist dem Gläubiger auf Antrag ein vollstreckbarer Tabellenauszug zu erteilen. Auf diese Weise erhält er die Möglichkeit, wegen nicht erfüllter Verbindlichkeiten nach Ende der Laufzeit der Abtretungserklärungen gegen den Schuldner vorzugehen oder bei Widerruf der Restschuldbefreiung gegen den Schuldner zu vollstrecken (FK-*Schulz* § 202 Rn 11; *Hess* § 201 Rn 17–21; BerlKo-*Breutigam* § 201 Rn 12).

IV. Aufnahme nach § 240 ZPO unterbrochener Prozesse

1. Voraussetzungen der Aufnahme. § 87 bezieht sämtliche Forderungen der Gläubiger in das Insol- 6 venzverfahren über das Vermögen des Schuldners ein mit der Folge, dass es keinem Gläubiger erlaubt ist, seinen Anspruch außerhalb der Regeln der InsO geltend zu machen oder durchzusetzen. Dabei kommt es nicht darauf an, ob der Rechtsstreit in der ersten Instanz oder in der Revisionsinstanz anhängig ist. Selbst wenn bereits ein **rechtskräftiges Urteil** ergangen ist, hat der Gläubiger seinen Anspruch nach der InsO zu verfolgen, da einer Einzelzwangsvollstreckung das Vollstreckungsverbot des § 89 Abs 1 entgegensteht. Die **titulierte Forderung** hat nur den Vorteil, dass § 179 Abs 2 zugunsten des Gläubigers eingreift, wonach es dem Bestreitenden obliegt, den Widerspruch zu verfolgen, wenn für eine Forderung ein vollstreckbarer Schuldtitel oder ein Endurteil vorliegt. Soweit ein Passivprozess (Schuldenmassestreit) gem § 240 ZPO unterbrochen worden ist, ist die Aufnahme des unterbrochenen Prozesses an bestimmte, in der InsO festgelegte Voraussetzungen gebunden.

a) Klage gegen den Schuldner oder das Schuldnerunternehmen. Es muss sich um einen Passivprozess 7 des Schuldners handeln, der einen Anspruch betrifft, der in der Insolvenz die Eigenschaft einer Insolvenzforderung hat (Schuldenmassestreit). Unerheblich ist dabei, ob es sich um eine Forderung iSv § 38 oder § 39 handelt. Der Begriff „**Prozess**" oder „**Rechtsstreit**" ist weit zu fassen. So fällt zB hierunter auch das Kostenfestsetzungsverfahren ohne Rücksicht auf die Rechtskraft des Kostengrundtitels (KG Rpfleger 1976, 187; *Kilger/K. Schmidt* § 12 KO Anm 1). § 87 bezieht sich auf **Erkenntnisverfahren**, also Klage, Widerklage, Mahnverfahren sowie Verwaltungsakte und Leistungs- oder Haftungsbescheide. Für die Vollstreckung gilt § 89.

b) Aufnahme eines Schuldenmassestreits. Auch ein Schuldenmassestreit iSv § 87 wird durch die Er- 8 öffnung des Insolvenzverfahrens gem § 240 ZPO unterbrochen. Nach zwingender Vorschrift des § 87 kann der unterbrochene Prozess **nur nach den Vorschriften über das Insolvenzverfahren** aufgenommen werden (N/R/*Wittkowski* § 87 Rn 8). Soweit keine Unterbrechung nach § 240 ZPO stattgefunden hat, ist es dem Gläubiger unbenommen, seinen Anspruch gegen den Schuldner weiterzuverfolgen. Ein Schuldenmassestreit kann nur aufgenommen werden, wenn die **Forderung nach den §§ 174 ff zur Tabelle** angemeldet worden ist und der Insolvenzverwalter oder der Schuldner der Forderung im Prüfungstermin **widersprochen** hat (§ 179 Abs 1). Eine **Ausnahme** gilt gem § 179 Abs 2 nur für solche Forderungen, für die ein vollstreckbarer Schuldtitel oder ein Endurteil vorliegt. In diesen Fällen ist es Sache des Bestreitenden, den Widerspruch zu verfolgen. § 87 greift jedoch **über den Schuldenmassestreit** hinaus. Die Vorschrift normiert, wie generell im Insolvenzverfahren Insolvenzforderungen durchgesetzt werden können. Auch wenn **kein unterbrochener Rechtsstreit** vorliegt, können gem § 87 die **Gläubiger** ihre Forderungen lediglich nach der InsO verfolgen, also durch Anmeldung zur Tabelle nach den §§ 174 ff. Die **Anmeldung nachrangiger Forderungen** erfolgt allerdings nur auf Grund besonderer Aufforderung durch das Insolvenzgericht (§ 174 Abs 3). § 87 sagt nicht mehr und nicht weniger, als dass **Insolvenzforderungen nur nach den Regeln der InsO** geltend gemacht werden **können,** wenn über das Vermögen des Schuldners das Insolvenzverfahren eröffnet worden ist. Die Vorschrift sagt nichts darüber aus, ob und wann und unter welchen Voraussetzungen ein anhängiger Rechtsstreit aufgenommen werden kann. Dies ist in §§ 179 ff geregelt. Der Gläubiger hat also zunächst seine Forderung **beim Insolvenzverwalter zur Tabelle anzumelden** (§ 174). Zu Insolvenzforderungen auf **Zug-um-Zug-Leistungen** s BGH KTS 2004, 135, 137 = ZInsO 2003, 1138, 1140; BerlKo-*Blersch/ v. Olshausen* § 87 Rn 9. Die Forderung wird im sogen **Prüfungstermin** geprüft und gilt gem § 178 Abs 1 S 1 als festgestellt, soweit gegen sie im Prüfungstermin oder im schriftlichen Verfahren (§ 177)

§ 87   *Forderungen der Insolvenzgläubiger*

ein Widerspruch weder vom Insolvenzverwalter noch von einem In solvenzgläubiger erhoben wird oder soweit ein erhobener Widerspruch beseitigt ist. Ein Widerspruch des Schuldners steht der Feststellung der Forderung nicht entgegen (§ 178 Abs 1 S 2). Jedoch kann der Gläubiger **Klage auf Feststellung der Forderung gegen den Schuldner** erheben (§ 184 S 1).

9 War zur Zeit der Eröffnung des Insolvenzverfahrens ein **Rechtsstreit über die Forderung anhängig**, so kann der Gläubiger diesen Rechtsstreit gegen den Schuldner aufnehmen (§ 184 S 2). Ein **anhängiger Rechtsstreit**, der eine Insolvenzforderung zum Gegenstand hat, kann jedoch erst dann aufgenommen werden, wenn die Forderung nach den Vorschriften der InsO im Insolvenzverfahren angemeldet und geprüft worden ist und dabei Widerspruch gefunden hat (**BGH** KTS 1962, 45; HK-*Kayser* § 87 Rn 11). **Anmeldung und Prüfung** sind somit **notwendige Prozessvoraussetzungen**. Eine nicht angemeldete, nicht geprüfte oder nicht bestrittene Forderung kann deshalb nicht weiterverfolgt oder bekämpft werden (**BGH** v 8. 11. 1961, KTS 1982, 45, 46). Ist der Anspruch bereits tituliert, hat der Widersprechende gem § 179 Abs 2 den Prozess bzw das Verfahren aufzunehmen. Hat im Prüfungstermin der zur Tabelle angemeldeten Forderung weder der Verwalter noch ein Gläubiger noch der Schuldner widersprochen, so gilt der **Anspruch als zur Tabelle festgestellt** und wirkt der Tabelleneintrag für die festgestellte Forderung ihrem Betrag und ihrem Rang nach wie ein rechtskräftiges Urteil gegenüber dem Insolvenzverwalter und allen Insolvenzgläubigern (§ 178 Abs 3). Ein **Widerspruch des Schuldners** steht zwar der Feststellung der Forderung nicht entgegen (§ 178 Abs 1 S 2), jedoch kann gegen den Schuldner nicht vollstreckt werden (§ 201 Abs 2). Hat **niemand** im Prüfungstermin der Forderungsanmeldung widersprochen, hat sich ein vor Verfahrenseröffnung anhängiger **Rechtsstreit** über diese Forderung in der **Hauptsache erledigt** (**BGH** v 30. 1. 1961, WM 1961, 427, 428; K/P/B/*Lüke* § 87 Rn 4; str aA *Kilger/ K. Schmidt* § 12 KO Anm 1). Hat der Insolvenzverwalter oder ein Gläubiger oder der Schuldner der angemeldeten Forderung hinsichtlich des **Ranges** oder des **Betrages** widersprochen, so kann der Gläubiger den nach § 240 ZPO unterbrochenen Prozess aufnehmen, wenn nicht die Forderung bereits tituliert ist und § 179 Abs 2 insoweit eingreift.

10 c) **Vorläufiges Bestreiten durch den Insolvenzverwalter.** Umstritten ist, ob auch ein vorläufiges Bestreiten des Insolvenzverwalters grundsätzlich als ein Bestreiten iSv § 179 anzusehen ist mit der Folge, dass der Insolvenzgläubiger einen anhängigen Rechtsstreit nach § 180 Abs 2 aufnehmen und fortführen kann. Wie zu § 178 Rn 20, § 179 Rn 3 näher ausgeführt ist, kommt es auf den Einzelfall an. Grundsätzlich löst ein vorläufiges Bestreiten die gleichen Rechtsfolgen aus wie ein **endgültiges Bestreiten** (**BGH** v 9. 2. 2006 – IX ZB 160/04, ZIP 2006, 576 = NZI 2006, 295; OLG München ZInsO 2005, 778; implizit auch **BGH** v 28. 9. 2996 – IX ZB 312/04, NZI 2007, 104; **BAG** v 10. 8. 1988, ZIP 1988, 1587; **OLG** Köln v 20. 4. 1978, KTS 1979, 119; **OLG** Hamm v 6. 2. 1974, KTS 1974, 178; *Gottwald/Gerhardt* InsRHdb § 32 Rn 46; *Godan-Schüttke* ZIP1985, 1042; HK-*Kayser* § 87 Rn 9; str aA **OLG** Karlsruhe ZIP 1989, 791; **OLG** Düsseldorf ZIP 1982, 201; LG Koblenz KTS 1967, 254; LG Detmold KTS 1966, 151; H/W/F Hdb 7/88). Der Verwalter kann Fristen ausschöpfen und notfalls **Vertagung des Prüfungstermins** beantragen. Bei fehlenden Nachweisen ist die Forderung zu bestreiten und der Gläubiger sofort zur schriftlichen Vorlage der erforderlichen Nachweise aufzufordern mit dem Hinweis, dass dann der Widerspruch zurückgenommen wird. Wenn der Gläubiger solchenfalls sofort klagt, setzt er sich der Kostenfolge des § 93 ZPO aus (*Gottwald/Eickmann* InsRHdb § 64 Rn 8; K/P/B/*Pape* § 179 Rn 6; krit zur Vertagung KS-*Eckardt* S 743, 759 Rn 32). Wird die zunächst vorläufig bestrittene Forderung später zur Tabelle festgestellt und erklären die Parteien daraufhin übereinstimmend den zuvor vom Gläubiger aufgenommenen Rechtsstreit für erledigt, ist die Kostenentscheidung nach den zu § 93 ZPO entwickelten Grundsätzen zu treffen (**BGH** v 9. 2. 2006 – IX ZB 150/04, ZIP 2006, 576; vgl. auch LG Mönchengladbach ZInsO 2002, 1103 [LS]; HK-*Kayser* § 87 Rn 9).

11 2. **Umstellung des Klageantrags bei Bestreiten.** Erhebt der Insolvenzverwalter, ein Insolvenzgläubiger oder der Schuldner gegen die angemeldete Forderung Widerspruch, so kann der Gläubiger den unterbrochenen Rechtsstreit gegen den Widersprechenden aufnehmen. Allerdings ist die Aufnahme nicht mehr als Leistungsklage möglich, weil nunmehr der Klageantrag auf **Feststellung des Anspruchs zur Insolvenztabelle** lauten muss (**BGH** v 15. 10. 2004 – V ZR 100/04, ZInsO 2005, 95, 96; **BGH** v 21. 11. 1953, LM KO § 146 Nr 4; **BGH** v 8. 11. 1961, KTS 1962, 45, 46; OLG München KTS 1988, 327; *Gottwald/Gerhardt* InsRHdb § 32 Rn 46; BerlKo-*Blersch/v. Olshausen* § 87 Rn 4; N/R/*Wittkowski* § 87 Rn 8; MüKo-*Breuer* § 87 Rn 21). War bei Verfahrenseröffnung eine **Leistungsklage** anhängig, so ist die gem §§ 179 Abs 1, 180 Abs 2 notwendige Umstellung auf eine Insolvenzfeststellungsklage **keine Klageänderung** iSv § 263 ZPO. Vielmehr handelt es sich um eine „später eingetretene Veränderung" iSv § 264 Nr 3 ZPO (**BGH** NJW 1962, 153; **OLG** Hamm ZIP 1993, 444). § 180 Abs 1 greift insoweit nicht ein, so dass die ursprüngliche **Zuständigkeit des Prozessgerichts** auch für die Feststellungsklage erhalten bleibt (**BGH** ZIP 1988, 979; K/P/B/*Pape* § 180 Rn 5; *Kilger/K. Schmidt* § 146 KO Anm 2 d). Zulässig ist die Aufnahme und Umstellung auch noch in der **Revisionsinstanz** (**BGH** v 23. 12. 1953, LM KO § 146 Nr 5; K/U § 146 KO Rn 16 b; KS-*Eckardt* S 743, 770 Rn 49; K/P/B/*Pape* § 180 Rn 5). Lag zum Zeitpunkt der Verfahrenseröffnung bereits ein **vollstreckbarer Schuldtitel** oder ein **Endurteil** vor, so obliegt es gem § 179 Abs 2 dem Bestreitenden, den Widerspruch entsprechend der prozessualen

Situation zu verfolgen (K/U § 146 KO Rn 33, 33a; K/P/B/*Lüke* § 87 Rn 7). Der Widersprechende kann also die statthaften Rechtsmittel, wie zB Einspruch, Berufung oder Revision einlegen. Einer **neuen Klage** steht der Einwand der Rechtshängigkeit entgegen, soweit nicht Rechtskraft eingetreten war (*Jaeger/ Henckel* § 12 KO Rn 6; K/P/B/*Lüke* § 87 Rn 7).

Ein **unterbrochener Rechtsstreit** ist nach den allgemeinen Vorschriften der §§ 240, 249, 250 ZPO in **der Instanz aufzunehmen** ist, in der er sich zum Zeitpunkt der Verfahrenseröffnung befunden hat. Führen **mehrere Verfahrensbeteiligte** als Kläger oder Beklagte den Feststellungsprozess, so sind sie notwendige Streitgenossen (§ 62 ZPO). Dies ergibt sich schon aus der prozessrechtlichen Notwendigkeit einer einheitlichen Entscheidung wegen der Rechtskrafterstreckung in § 183 Abs 1 (*Häsemeyer* InsR Rn 22.32). **Einzelheiten** in der Kommentierung zu § 180 Rn 20–40. Unzulässig wäre die **Erhebung einer neuen Klage**, zB um eine andere gerichtliche Zuständigkeit gem § 180 Abs 1 zu erreichen. Insoweit stünde der neuen Klage die Rechtshängigkeit der Forderung entgegen (*Jaeger/Henckel* § 12 KO Rn 6). Die Zuständigkeitsregelung des § 180 Abs 1 gilt nur für **Neuklagen**, nicht dagegen für die Aufnahme bereits anhängiger Prozesse über bestrittene Forderungen (*Jauernig/Berger* § 56 V 3 Rn 25). Der Bestreitende tritt anstelle des Insolvenzschuldners in den Prozess ein (*Jauernig/Berger* § 56 V 3 S 218). Der Antrag ist auf Feststellung zur Tabelle umzustellen.

Haben **mehrere** die Forderung **bestritten**, wie zB der Verwalter und ein oder mehrere Insolvenzgläubiger, so hat der Forderungsinhaber grundsätzlich **gegen alle zu prozessieren**, und zwar bei noch nicht anhängigen Verfahren durch Klageerhebung (§ 180), bei unterbrochenen Rechtsstreitigkeiten durch Aufnahme. Verliert er auch nur einen Prozess, so ist nach zutreffender Feststellung von *Jauernig/Berger* (§ 56 V 3 Rn 27) die Feststellung vereitelt (§ 178 Abs 1 S 1), denn durch die rechtskräftige Abweisung wird der Widerspruch für begründet erklärt, was gegenüber dem Verwalter und allen Insolvenzgläubigern gem § 183 Abs 1 wirkt (vgl auch *Häsemeyer* InsR Rn 22.32). Nur wenn die mehreren Bestreitenden **gemeinsam verklagt** werden, liegt **notwendige Streitgenossenschaft** iSv § 62 ZPO vor und muss die Entscheidung einheitlich ergehen. S auch BGHZ 76, 206, 209 = ZIP 1980, 427f; RGZ 51, 97; *Jaeger/ Weber* § 146 KO; *Häsemeyer* InsR Rn 22.32 und die Kommentierung zu § 179 Rn 13, 14 u § 180 Rn 17.

3. Verzicht des Gläubigers auf die Verfahrensteilnahme. Nach früherem Recht konnte ein Konkursgläubiger, der auf Befriedigung aus der Konkursmasse verzichtete, seine Forderung ungehindert durch das Konkursverfahren gegen den Gemeinschuldner einklagen (RGZ 29, 73; RGZ 86, 394, 397; BGHZ 25, 395; BGHZ 72, 234 = NJW 1979, 162; **BGH** DStR 1996, 1053, 1054; *Jaeger/Henckel* § 12 KO Rn 3). Die InsO schließt eine solche Möglichkeit ausdrücklich aus, denn § 87 verbietet schlechthin jegliche Rechtsverfolgung durch Insolvenzgläubiger außerhalb des Insolvenzverfahrens (BT-Drucks 12/2443, S 137; **BGH** v 15. 10. 2004 – V ZR 100/04, ZIP 2004, 2345; MüKo-*Breuer* § 87 Rn 1; *Graf-Schlicker/Breitenbücher* § 87 Rn 1; *Häsemeyer* InsR Rn 10.45, 25.17; *Jaeger/Windel* § 87 Rn 11; *Braun/Kroth* § 87 Rn 1; *Gottwald/Gerhardt* InsRHdb § 32 Rn 45; BerlKo-*Blersch/v. Olshausen* § 87 Rn 1; K/P/B/*Lüke* § 87 Rn 2; N/R/*Wittkowski* § 87 Rn 5; *Birkenhauer*, Probleme der Nichtteilnahme am und im Insolvenzverfahren 2002 S 54ff u S 83ff; *Zeising* KTS 2002, 367, 449; *Spiekhoff* DZWIR 2001, 157ff; aA aber *Birkenhauer*, Probleme der Nichtteilnahme am und im Insolvenzverfahren 2002 S 87ff).

4. Aufnahme des unterbrochenen Prozesses bei Erfüllungsablehnung des Verwalters (§ 103). War zum Zeitpunkt der Verfahrenseröffnung ein Erfüllungsanspruch des Gläubigers gegen den nunmehrigen Insolvenzschuldner rechtshängig und hat der Insolvenzverwalter nicht Erfüllung erlangt bzw diese gem § 103 abgelehnt, so steht dem Gläubiger nur noch ein **Schadenersatzanspruch** nach den §§ 103 Abs 2 S 1, 104 Abs 1, 2, 109 Abs 1 S 2, 113 Abs 1 S 2 zu, den er zur Insolvenztabelle anzumelden hat. Widerspricht der Verwalter oder ein Gläubiger dem zur Tabelle angemeldeten Schadenersatzanspruch, ist der anmeldende Gläubiger berechtigt, den unterbrochenen Prozess aufzunehmen und im Wege der gem § 264 Nr 3 ZPO zulässigen Klageänderung nunmehr als **Schadenersatzklage** fortzusetzen (*Jaeger/ Henckel* § 12 KO Rn 7; *Gottwald/Gerhardt* InsRHdb § 32 Rn 48; K/P/B/*Lüke* § 87 Rn 13; N/R/*Wittkowski* § 87 Rn 10). Nach *Jaeger/Henckel* (§ 12 KO Rn 7) steht alternativ zugleich auch der Weg einer **neuen Klage** offen, da der Einwand der Rechtshängigkeit mangels Identität der Streitgegenstände nicht erhoben werden bzw nicht von Amts wegen berücksichtigt werden kann (so auch K/P/B/*Lüke* § 87 Rn 13; MüKo-*Breuer* § 87 Rn 22; HaKo-*Kuleisa* § 87 Rn 7).

V. Die Aufnahme von Steuerverfahren

Von der Unterbrechungswirkung des § 240 ZPO werden auch laufende steuerliche Festsetzungs-, Erhebungs-, Rechtsbehelfs- und Rechtsmittelverfahren sowie ein Steuervollstreckungsverfahren erfasst (**BFH** BFHE 183, 365 = ZIP 1997, 2160; **BFH** BStBl II 1975, 208; BerlKo-*Blersch/v. Olshausen* § 87 Rn 10; K/P/B/*Lüke* § 87 Rn 14; N/R/*Wittkowski* § 87 Rn 11; *Gottwald/Frotscher* InsRHdb § 125 Rn 4–6). Dh, **Steuerbescheide** über Steuerforderungen, die Insolvenzforderungen sind, können ab diesem Zeitpunkt nicht mehr ergehen. Gleiches gilt für **Feststellungsbescheide** und **Messbescheide**, die Insolvenzforderungen sind (**BGH BFHE 183, 365** = ZIP 1997, 2160; s auch BFHE 144, 198; BFHE 201, 392 f = ZInsO 2003, 471; BFH ZInsO 2005, 97, 99; BerlKo-*Blersch/v. Olshausen* § 87 Rn 10). **Einsprüche** können nicht mehr eingelegt und Klagen nicht mehr erhoben werden. Soweit Steuerverfahren iwS noch nicht anhängig sind, sind die Steuerforderungen nach § 174 Abs 1 zur Insolvenztabelle beim Verwalter anzumelden. Eine Geltendmachung außerhalb des Insolvenzverfahrens ist wegen § 87 ausgeschlossen (**BFH** v 18. 12. 2002 – I R 33/01, NZI 2003, 456; **BFH** v 4. 5. 2004 – VII R 45/03, ZIP 2004, 1423, 1424; **BFH** v 24. 8. 2004 – VIII R 14/02, ZIP 2004, 1392, 2394; *Graf-Schlicker/Breitenbücher* § 87 Rn 4–7; *Frotscher*, Besteuerung, S 271 ff; *Gundlach/Frenzel/Schirrmeister* DZWIR 2005, 189 ff und DStR 2004, 318 ff). Soweit die Unterbrechungswirkung entspr § 240 ZPO eingetreten ist, kommt eine **Aufnahme des Steuerverfahrens bzw Steuerrechtsstreits** nur in Betracht, wenn der Insolvenzverwalter oder ein Gläubiger im Prüfungstermin der Forderung widersprochen hat. Das gilt auch für Ansprüche, auf die **steuerliche Verfahrensvorschriften** entsprechend anzuwenden sind, wie zB die Rückforderung der Investitionszulage (vgl auch Schreiben des Bundesministeriums der Finanzen v 17. 12. 1998 – IV A 4 – S 0550 – 28/98 – in KTS 1999, 323, 324 = BStBl 1998 I S 1500 ff = ZIP 1999, 775 ff). War vor Eröffnung des Insolvenzverfahrens bereits ein **Steuerbescheid** über die Forderung oder ein **Feststellungsbescheid** über eine Besteuerungsgrundlage ergangen, auf der die bestrittene Steuerforderung basiert, ist der Widerspruch durch Aufnahme des unterbrochenen Rechtsbefehls- oder Rechtsmittelverfahrens zu klären (**BFH BStBl II, 1978, 472**; *Gottwald/Frotscher* InsRHdb § 125 Rn 12). Ein **Feststellungsbescheid** nach § 251 Abs 3 AO darf nicht mehr ergehen (**BFH** ZIP 2005, 1184, 1185). War vor Verfahrenseröffnung die Rechtsbehelfsfrist noch nicht abgelaufen, kann wegen des Fristenstopps, der mit Verfahrenseröffnung eingetreten ist, der Rechtsbehelf nach Bestreiten der Forderung von dem Widersprechenden eingelegt werden (**BFH BStBl II 1997, 464**). Eine Frist hierfür besteht nach Auffassung von *Frotscher* (bei *Gottwald/Frotscher* InsRHdb § 125 Rn 12) nicht. Hatte der Schuldner bereits **vor Verfahrenseröffnung Einspruch** eingelegt, hat der Widersprechende das unterbrochene Rechtsbehelfsverfahren aufzunehmen. Gleiches gilt für ein unterbrochenes finanzgerichtliches Verfahren. War der Steuerbescheid vor Verfahrenseröffnung bereits **bestandskräftig** geworden, stehen dem Widersprechenden nur die Rechtsbehelfe zur Verfügung, die auch dem Schuldner ohne Verfahrenseröffnung zugestanden hätten, dh er kann nach den §§ 164, 165, 172 ff AO vorgehen oder den Antrag auf **Wiedereinsetzung** in den vorigen Stand nach § 110 AO stellen (**BFH BStBl II 1976, 506**; Einzelheiten bei *Gottwald/Frotscher* InsRHdb § 125 Rn 4–12; BerlKo-*Blersch/v. Olshausen* § 87 Rn 10; K/P/B/*Lüke* § 87 Rn 14; MüKo-*Breuer* § 87 Rn 13). Nach **BFH** (v 17. 11. 1977, BStBl II 1978 S 165 = BB 1978, 292) wird das Verfahren auch dann nach § 240 ZPO unterbrochen, wenn nach Verkündung, aber vor Zustellung des Urteils das Insolvenzverfahren eröffnet worden ist (vgl auch **BFH** v 29. 6. 1965, BStBl III 1965 S 491 = BB 1965, 937). Einzelheiten s Vorauf1 zu Rn 16. Soweit Steuerforderungen **Masseverbindlichkeiten** iSv § 55 sind, greift § 87 nicht ein und können die Ansprüche durch Steuerbescheid gegen den Insolvenzverwalter geltend gemacht werden, da sie gem § 53 vorweg aus der Masse zu befriedigen sind. Das gilt nach § 55 Abs 2 auch für Steuerverbindlichkeiten, die von einem „starken" vorläufigen Insolvenzverwalter im Eröffnungsverfahren begründet worden sind.

VI. Sicherstellungsansprüche

17   Wie bereits oben zu Rn 1 ausgeführt wurde, entspricht § 87 weitgehend § 12 KO, beschränkt sich aber nicht auf die „Sicherstellung oder Befriedigung" einer Forderung aus der Insolvenzmasse. Vielmehr stellt das Gesetz nunmehr klar, dass jegliche Geltendmachung und Sicherung einer Forderung mit dem Augenblick der Verfahrenseröffnung nur noch nach den Vorschriften der InsO möglich ist. Demgemäß verweist § 87 die Insolvenzgläubiger auch wegen ihrer Forderungen auf Sicherstellung auf die §§ 174 ff. Der Insolvenzverwalter darf Ansprüche auf Bestellung einer Sicherheit nicht erfüllen. Die Erfüllungsverweigerung ist wegen der Regelung in § 87 nicht etwa arglistig (**RG DR 1939, 1798**; *Jaeger/ Henckel* § 12 KO Rn 10; HK-*Kayser* § 87 Rn 4; *Braun/Kroth* § 87 Rn 8; N/R/*Wittkowski* § 87 Rn 12; *Gottwald/Gerhardt* InsRHdb § 32 Rn 50; *Jaeger/Windel* § 87 Rn 13).

VII. Die Aufnahme von Prozessen bei Eigenverwaltung

18   Grundsätzlich gilt § 87 ebenso wie die §§ 85, 86 auch im Rahmen der Eigenverwaltung (§§ 270 ff). IdR werden Prozesse mit der Verfahrenseröffnung unterbrochen. Das gilt auch, wenn das Gericht gem § 270 Abs 1 S 1 die Eigenverwaltung bereits im Eröffnungsbeschluss anordnet. War bereits vorher ein allgemeines Verfügungsverbot mit Einsetzung eines sogen „starken" vorläufigen Verwalters angeordnet worden, so ist die Unterbrechungswirkung gem § 240 S 2 ZPO bereits zu diesem Zeitpunkt eingetreten. Der Kläger kann seine Insolvenzforderung nur nach Maßgabe der §§ 174 ff verfolgen. Der anhängige Rechtsstreit kann aber nach §§ 181 Abs 2, 184 S 2 aufgenommen werden, wenn ein anderer Gläubiger, der Schuldner oder der Sachwalter gem § 283 Abs 1 S 2 die Forderung bestritten haben (K/P/B/*Pape* § 283 Rn 8; MüKo-*Wittig/Tetzlaff* § 270 Rn 111).

I. Allgemeines **§ 88**

§ 88 Vollstreckung vor Verfahrenseröffnung

Hat ein Insolvenzgläubiger im letzten Monat vor dem Antrag auf Eröffnung des Insolvenzverfahrens oder nach diesem Antrag durch Zwangsvollstreckung eine Sicherung an dem zur Insolvenzmasse gehörenden Vermögen des Schuldners erlangt, so wird diese Sicherung mit der Eröffnung des Verfahrens unwirksam.

Übersicht

	Rn
I. Allgemeines	1
II. Rechtsfolgen der Rückschlagsperre	3
III. Von der Rückschlagsperre betroffene Gläubiger	5
IV. Von der Rückschlagsperre betroffenes Schuldnervermögen	6
V. Sicherung durch Zwangsvollstreckung	8
1. Keine Rückschlagsperre bei Befriedigung durch Zwangsvollstreckung	13
2. Freiwillige Zahlungen des Schuldners	15
VI. Monatsfrist und Zeitpunkt der Erlangung der Sicherheit	16
VII. Unwirksamkeit der erlangten Sicherung	22
1. Zwangssicherungen in der Monatsfrist	22
2. Zwangssicherungen im Eröffnungsverfahren	26
3. Amtswegige Berücksichtigung der Rückschlagsperre und Bereicherungsansprüche	27
4. Wiederaufleben der Sicherung bei Freigabe und Verfahrenseinstellung	28
5. Forderungsanmeldung und Rechtsnachfolge	29
VIII. Umsetzung der Rückschlagsperre im Grundbuchverfahren	30
IX. Rechtsbehelfe	32
X. Besonderheiten bei Pfändung von Arbeitseinkommen	33
XI. Die Pfändung von Miet- und Pachtzinsforderungen (§ 110 Abs 2 S 2)	34

I. Allgemeines

Der Gesetzgeber hat mehrere Möglichkeiten, einen gegen den Grundsatz der Gläubigergleichbehand- **1** lung verstoßenden Erwerb im Insolvenzverfahren und in der Krise des Schuldners bzw Schuldnerunternehmens rückgängig zu machen: Entweder er erklärt im eröffneten Verfahren Verfügungen des Schuldners (§ 81) oder Zwangsvollstreckungen (§ 89) für unwirksam bzw unzulässig oder aber, soweit die Gläubigermaßnahmen in der Krise des Schuldners bzw Schuldnerunternehmens erfolgen, lässt er nach den §§ 129 ff im eröffneten Verfahren die Anfechtung zu. Der Gesetzgeber der InsO hat sich für eine **Kombination von Anfechtung und Rückschlagsperre** entschieden (*Jaeger/Eckardt* § 88 Rn 1–6; *Grothe* KTS 2001, 205 ff; *K/P/B/Lüke* § 88 Rn 1; *MüKo-Breuer* § 88 Rn 1; *N/R/Wittkowski* § 88 Rn 1; *App* DZWiR 2006, 345, 346; *Jaerbi* KTS 2006, 239 ff). Die in § 88 geregelte Rückschlagsperre gehört als „**Verdinglichung der Anfechtungsfolgen**" (*Eckardt*) systematisch in das Insolvenzanfechtungsrecht (vgl auch *Häsemeyer* InsR Rn 21.14 f; *Raebel* FS *Kirchhof* 2003 S 443 ff). Gegenüber der Insolvenzanfechtung hat die Rückschlagsperre den Vorteil, dass sie die Zwangsvollstreckungsmaßnahmen ipso iure für unwirksam erklärt, ohne dass der Insolvenzverwalter sich hierauf berufen oder irgendeinen subjektiven Tatbestand beweisen müsste. Die Regelung in § 88 wird ergänzt durch die Vorschriften über die Wirksamkeit der Pfändung von Miet- und Pachtzinsforderung oder Arbeitseinkünften für die Zeit nach der Eröffnung des Verfahrens (§§ 110, 114). Das **Vollstreckungsverbot** des § 89 gilt erst ab Verfahrenseröffnung. § 88 bezieht mit der Rückschlagsperre dieses Vollstreckungsverbot bereits in die Krise des Schuldners ein, und zwar für einen **Zeitraum des letzten Monats** vor dem Antrag auf Eröffnung des Insolvenzverfahrens. Die Rückschlagsperre führt somit zu einem „weiteren Schutz für die Gesamtheit der Insolvenzgläubiger durch Erhalt der Masse" (KS-*Gerhardt* S 193, 217 Rn 49). Diese Verfahrenserleichterung wirkt sich besonders vorteilhaft in Verfahren ohne Insolvenzverwalter aus. Die Vorschrift verhindert einerseits, dass sich einzelne Gläubiger in dem besonders kritischen Zeitraum vor Verfahrenseröffnung noch Vorzugsrechte (Absonderungsrechte) durch Zwangsvollstreckungsmaßnahmen verschaffen. Zum andern eröffnet sie die Möglichkeit, bei sanierungsfähigen Unternehmen das durch Zwangsvollstreckungen blockierte Vermögen wieder frei zu bekommen und dem Schuldner Liquidität zu verschaffen. Soweit die Rückschlagsperre eingreift, ist eine Insolvenzanfechtung nach den §§ 129 ff ausgeschlossen. Der Verwalter kann die Freigabe der Sicherung verlangen, wie zB die Löschung einer Arresthypothek.

Soweit die **Rückschlagsperre nicht eingreift**, wie zB bei einer im Wege der Zwangsvollstreckung er- **2** folgten **Befriedigung** des Gläubigers oder bei einer **vertraglich erlangten Sicherheit**, wie zB Verpfändung eines Gegenstandes (§§ 1204 ff BGB), ist nur die Möglichkeit der **Insolvenzanfechtung** nach den §§ 129 ff gegeben (s *Raebel* ZInsO 2003, 1124; *ders* in FS *Kirchhof* S 443, 447 gegen die Kritik der Vorauf). Dies gilt sogar dann, wenn die Deckung **freiwillig** erst nach Beginn der Vollstreckung gewährt wird, um eine bevorstehende Zwangsvollstreckung abzuwenden (KS-*Gerhardt* S 216 Rn 48). Von § 88 erfasst wird zudem nur die Sicherung als solche. Erlangt der Gläubiger innerhalb der Monatsfrist auch **Befriedigung** hinsichtlich seiner Forderung, so bleibt diese wirksam, da § 88 nur auf die Sicherung abstellt (vgl KS-*Gerhardt* S 216 Rn 48).

II. Rechtsfolgen der Rückschlagsperre

3 Die Rechtsfolgen des § 88 treten unabhängig von der jeweiligen Verfahrensart ein, so dass auch solche Zwangsvollstreckungsmaßnahmen unwirksam sind, die im letzten Monat vor dem Antrag wegen drohender Zahlungsunfähigkeit (§ 18) oder auf Eröffnung eines Insolvenzverfahrens mit Eigenverwaltung oder vor einem Antrag auf Insolvenzplanverfahren erfolgt sind. Die Rückschlagsperre des § 88 entfaltet **absolute dingliche Wirkung** (vgl **BGH** v 19. 1. 2006 – IX ZR 232/04, BGHZ 166, 74 ff = ZIP 2006, 479, 481 = ZInsO 2006, 261; KS-*Gerhardt* S 217 Rn 48; HK-*Eickmann* § 88 Rn 11). Für das **Nachlassinsolvenzverfahren** schließt die Vorschrift des § 321 die parallele Anwendung des § 88 keineswegs aus (HK-*Marotzke* § 321 Rn 1; *Jaeger/Eckardt* § 88 Rn 79). Für die Zeit vor dem Erbfall gilt § 88, für die Zeit zwischen Erbfall und Verfahrenseröffnung sowohl § 88 als auch § 321 und nach Verfahrenseröffnung § 89 (*Jaeger/Eckardt* § 88 Rn 79). Die Rechtsfolgen der Rückschlagsperre sind allerdings umstritten. Zur **relativen Unwirksamkeit** s LG Leipzig NZI 2005, 685 f; K/P/B/*Lüke* § 88 Rn 2; *Grothe* KTS 2001, 205, 234 ff; *Thietz-Bartram/Spilger* ZInsO 2005, 858, 859 f; *Jaeger/Eckardt* § 88 Rn 50 f. Zur **absolut dinglichen Unwirksamkeit** s BGHZ 166, 74; FK *App* § 88 Rn 17; *App* DZWIR 2006, 345, 346; *Gundlach/Frenzel/Schmidt* NZI 2005, 663; MüKo-*Breuer* § 88 Rn 23; N/R/*Wittkowski* § 88 Rn 11; *Raebel* ZInsO 2003, 1124, 1128. Zur **qualifizierten haftungsrechtlichen Unwirksamkeit** s *Jaeger/Eckardt* § 88 Rn 54 ff; HK-*Kayser* § 88 Rn 4, 36–41. Die Vorschrift hat in der Literatur teilweise erhebliche Kritik erfahren, vor allem weil sie Gläubiger nicht erfasst, die in der Schuldnerkrise **Sicherheiten durch Rechtsgeschäft** erlangt haben, eine Rechtslage, die nur nach § 131 Abs 1 Nr 1 im Wege der Anfechtung beseitigt werden könne. Zudem sei wenig befriedigend auch die Unterscheidung zwischen nur gesicherten und bereits befriedigten Gläubigern, so dass der rücksichtslos vollstreckende Gläubiger bevorteilt sei (s HK-*Eickmann* § 88 Rn 3, 4; HaKo-*Kuleisa* § 88 Rn 1; MüKo-*Breuer* § 88 Rn 15; N/R/*Wittkowski* § 88 Rn 5; *Vallender* ZIP 1997, 1993, 1995; *M. Wolf* bei *Leipold* (Hrsg) Insolvenzrecht im Umbruch 1991, S 113, 117; *Marotzke* ZInsO 2006, 190, 191. Zur teleologischen Reduktion des § 88 s auch *Jacobi* KTS 2006, 239 ff.

4 Die **Entscheidung des BGH** v 19. 1. 2006 (BGHZ 166, 74 = ZIP 2006, 479 = ZInsO 2006, 201), die zur Immobiliarzwangsvollstreckung ergangen ist, aber wohl generell auch für **Mobiliarzwangsvollstreckungen** gilt, hat den vorstehenden Meinungsstreit weitgehend geklärt. Die vom **BGH** befürwortete **absolute schwebende Unwirksamkeit** von Zwangsvollstreckungsmaßnahmen lässt bei Freigabe des Gegenstandes aus der Masse oder Verfahrensbeendigung analog § 185 Abs 2 S 1 2. Altern BGB das gegenüber jedermann unwirksam gewordene Sicherungsrecht wieder aufleben, was zugleich auch rechtliche Folgen für die Aufhebung des Eröffnungsbeschlusses im Beschwerdeverfahren hat (vgl *Thietz-Bartram* ZInsO 2006, 527 ff; *Keller* ZIP 2006, 1174 ff; *Jaeger/Eckardt* § 88 Rn 49 ff; *Braun/Kroth* § 88 Rn 8; HaKo-*Kuleisa* § 88 Rn 13; MüKo-*Breuer* § 88 Rn 23, 24; BerlKo-*Blersch/v. Olshausen* § 88 Rn 15). Zur Rechtsfigur einer „**insolvenzrechtlichen Unwirksamkeit**" s HK-*Kayser* § 88 Rn 4 u Rn 36–41.

III. Von der Rückschlagsperre betroffene Gläubiger

5 Die Rückschlagsperre erfasst nach dem eindeutigen Wortlaut des § 88 nur Zwangsvollstreckungsmaßnahmen der Insolvenzgläubiger iSv §§ 38, 39 (K/P/B/*Lüke* § 88 Rn 5; BerlKo-*Blersch/v. Olshausen* § 88 Rn 3). Die Rückschlagsperre des § 88 greift auch ein, wenn ein die Zwangsvollstreckung betreibender Gläubiger auf die Verfahrensteilnahme verzichtet (LG Bonn ZIP 2004, 1374, 1375; *Keller* ZIP 2000, 1324, 1326; *Hess* § 88 Rn 15). **Aus- und Absonderungsberechtigte** sowie **Massegläubiger** können dagegen auf Grund ihres dinglichen Rechts ungehindert durch § 88 in der Schuldnerkrise vollstrecken. Absonderungsberechtigte Gläubiger unterliegen lediglich den Beschränkungen der §§ 166 ff (vgl BerlKo-*Blersch/v. Olshausen* § 88 Rn 4; *Gottwald/Gerhardt* InsRHdb § 33 Rn 30; *Hess* § 88 Rn 16; FK-*App* § 88 Rn 3). Soweit sie allerdings gleichzeitig persönliche Gläubiger des Schuldners sind, greift § 88 ein (K/P/B/*Lüke* § 88 Rn 5; MüKo-*Breuer* § 88 Rn 7). Voraussetzung ist immer, dass die aus- und absonderungsberechtigten Gläubiger in den Gegenstand vollstreckt haben, der dem Aussonderungs- bzw Absonderungsrecht unterlag (FK-*App* § 88 Rn 3). § 88 erklärt lediglich diejenigen Sicherungen für unwirksam, die innerhalb der Monatsfrist erlangt worden sind. Vorher erlangte Aus- und Absonderungsrechte können in der Schuldnerkrise vollstreckt werden, soweit das Insolvenzgericht nicht im Eröffnungsverfahren die Vollstreckung gem § 21 Abs 2 Nr 3 untersagt oder einstweilen einstellt, soweit bewegliche Sachen betroffen sind. Für die einstweilige Einstellung der Zwangsversteigerung unbeweglicher Gegenstände gilt § 30 d Abs 4 ZVG, wonach vor Eröffnung des Insolvenzverfahrens der vorläufige Verwalter den Antrag auf einstweilige Einstellung der Zwangsversteigerung stellen kann, wenn er glaubhaft macht, dass die einstweilige Einstellung zur Verhütung nachteiliger Veränderungen in der Vermögenslage des Schuldners erforderlich ist. Gläubiger, die **nach Verfahrenseröffnung Massegläubiger** iSv §§ 53, 55 sind, wie zB bei einem Erfüllungsverlangen des Verwalters nach § 55 Abs 1 Nr 2, können auch im kritischen Zeitraum wirksam Vollstreckungen ausbringen. Beschränkungen ergeben sich allenfalls nach §§ 89 ff, 110, 114 (BerlKo-*Blersch/v. Olshausen* § 88 Rn 4; *Jaeger/Eckardt* § 88 Rn 15).

IV. Von der Rückschlagsperre betroffenes Schuldnervermögen

Die Sicherung muss an dem zur Insolvenzmasse gehörenden Vermögen des Schuldners erlangt sein. 6
Was zur Insolvenzmasse gehört, richtet sich nach den §§ 35, 36, 37 (MüKo-*Breuer* § 88 Rn 10;
N/R/*Wittkowski* § 88 Rn 5). Auch **Auslandsvermögen** des Schuldners wird von § 88 erfasst (vgl BGH v
13. 7. 1983 WM 1983, 858; *Hess* § 88 Rn 18; HK-*Kayser* § 88 Rn 13). Bei einem **ausländischen Insolvenzverfahren** findet § 88 auch auf Inlandsvollstreckungen Anwendung (*Hess* § 88 Rn 20; für Anfechtung gem Art 13 EuInsVO, § 339 *Jaeger/Eckardt* § 88 Rn 16). Bei einem **Sondervermögen** ist dies das
Sondervermögen, wie zB beim Nachlassinsolvenzverfahren der Nachlass oder beim Insolvenzverfahren
über das Gesamtgut einer fortgesetzten Gütergemeinschaft das Gesamtgut. Zu letzteren Sonderinsolvenzmassen gehören nur die Gegenstände des Nachlasses oder des Gesamtguts, die der Zwangsvollstreckung unterliegen (K/P/B/*Kemper* § 315 Rn 11; § 332 Rn 5; § 333 Rn 10; K/P/B/*Lüke* § 88 Rn 13).

Sicherungen am insolvenzfreien Schuldnervermögen werden nicht von § 88 erfasst. So ist zB § 88 7
nicht anwendbar bei Vollstreckungssicherungen der Delikts- oder Unterhaltsgläubiger in den erweiterten
pfändbaren Teil des Arbeitseinkommens (§§ 850d, 850f Abs 2 ZPO sowie § 89 Abs 2 S 2 InsO). Vgl
auch K/P/B/*Lüke* § 88 Rn 12. Eine durch Zwangsvollstreckung in **unpfändbares Schuldnervermögen**
erlangte Sicherung (§§ 811 Abs 1 Nr 1–3, 4a–8, 10–13, § 811c ZPO) ist nicht nach § 88 unwirksam.
Vielmehr richtet sich die Unwirksamkeit bzw Nichtigkeit nach den Vorschriften der ZPO. Auch eine
Zwangsvollstreckung in Gegenstände iSv § 36 Abs 3 InsO unterfällt nicht dem § 88, es sei denn, dass
der Schuldner auf den Pfändungsschutz ausdrücklich verzichtet (K/P/B/*Lüke* § 88 Rn 12). Bei Sicherungen, die zT insolvenzfreies Vermögen des Schuldners betreffen, kann die Vollstreckung innerhalb der
Monatsfrist dazu führen, dass eine **Vollstreckung teilweise von § 88 erfasst** wird, im Übrigen jedoch
wirksam ist (HK-*Kayser* § 88 Rn 14). Da die Rückschlagsperre nur den Zugriff auf **Vermögen des
Schuldners** betrifft, nicht dagegen den Zugriff auf das Vermögen eines mithaftenden Dritten, greift § 88
nicht ein, wenn zB der Gläubiger gegen einen Mitschuldner oder Bürgen vollstreckt.

V. Sicherung durch Zwangsvollstreckung

Von § 88 erfasst werden nicht nur die zivilprozessualen Zwangsvollstreckungsmaßnahmen ein- 8
schließlich der Maßnahmen des einstweiligen Rechtsschutzes, sondern auch sämtliche **Maßnahmen der
Verwaltungsvollstreckung**, wozu auch finanzgerichtliche oder sozialgerichtliche Vollstreckungsmaßnahmen gehören (FK-*App* § 88 Rn 4; *Gottwald/Gerhardt* InsRHdb § 33 Rn 31; *Vallender* ZIP 1997,
1993f; HK-*Kayser* § 88 Rn 17; *Hess* § 88 Rn 22ff; MüKo-*Breuer* § 88 Rn 11ff). Der Gläubiger muss
die Sicherung durch einen **Akt der Zwangsvollstreckung** erlangt haben. Hierzu zählen sämtliche Maßnahmen, die gegen den Willen des Schuldners oder Schuldnerunternehmens zu einer Sicherung im
Schuldnervermögen geführt haben (*Lohkemper* KTS 1995, 221, 228; *Grothe* KTS 2001, 205, 219f;
K/P/B/*Lüke* § 88 Rn 6).

Nicht unter § 88 fallen **freiwillige Sicherheiten** des Schuldners zur Abwendung der Zwangsvollstre- 9
ckung (BGHZ 55, 307, 309; BerlKo-*Blersch/v. Olshausen* § 88 Rn 5; *Braun/Kroth* §§ 88 Rn 2; HK-*Kayser* § 88 Rn 17; *Jaeger/Eckardt* § 88 Rn 17; FK-*App* § 88 Rn 7; Einzelheiten unten zu Rn 15). Anders aber, wenn der Schuldner gem § 754 ZPO an den Gerichtsvollzieher geleistet und dieser den Erlös
noch nicht ausgekehrt hatte (so zB *Gottwald/Gerhardt* InsRHdb § 33 Rn 31; *Braun/Kroth* § 88 Rn 2).
Eine **rechtsgeschäftliche Sicherung**, die der Schuldner dem Gläubiger eingeräumt hatte, wird nicht von
§ 88 betroffen (*Jaeger/Eckardt* § 88 Rn 20; N/R/*Wittkowski* § 88 Rn 4; s auch unten zu Rn 15). Der
Rückschlagsperre des § 88 unterfällt aber der Vollzug eines **Arrestes** oder einer **einstweiligen Verfügung**
(*Lohkemper* KTS 1995, 221, 227; K/P/B/*Lüke* § 88 Rn 7; BerlKo-*Blersch/v. Olshausen* § 88 Rn 5; FK-*App* § 88 Rn 4; HK-*Kayser* § 88 Rn 17). Sicherung iSv § 88 bilden insbesondere die **Pfändungspfandrechte** an beweglichen Sachen, Forderungen und sonstigen Vermögensrechten (§§ 804, 829ff, 857ff,
886 ZPO) sowie **Arrestpfandrechte** an Gegenständen des beweglichen Vermögens (§§ 930ff ZPO). Vgl
auch *Vallender* ZIP 1997, 1993, 1994; K/P/B/*Lüke* § 88 Rn 9; MüKo-*Breuer* § 88 Rn 17, 18. § 88 ist
anwendbar auf Arrestrechtspfandrechte an Schiffen und Schiffsbauwerken (§§ 930ff ZPO) und in der
Luftfahrzeugrolle eingetragenen Luftfahrzeugen (§ 99 Abs 2 LuftfzRG).

Gleiches gilt für die **Immobiliarbeschlagnahme** gem § 10 Abs 1 Nr 5 ZVG und die **Eintragung einer** 10
Vormerkung im Wege der Zwangsvollstreckung. Durch einstweilige Verfügung zwangsweise erlangte
Vormerkungen zur Sicherung des Anspruchs auf Eintragung einer Bauhandwerkersicherungshypothek
haben gem § 88 im eröffneten Verfahren keinen Bestand (BGH v 19. 1. 2006 – IW ZR 232/04, BGHZ
166, 74 = NZI 2006, 224 = ZIP 2006, 479; **BGH** v 15. 7. 1999, BGHZ 142, 208 = NZI 1999, 407 =
ZIP 1999, 1490 = KTS 2000, 511 = WuB VI G § 7 GesO 3.99 m Anm *Uhlenbruck*; *Grothe* KTS 2001,
205, 221; *Keller* ZIP 2006, 1174ff). Zutreffend stellt der **BGH** fest, dass die Eintragung einer Vormerkung eine Vollstreckungsmaßnahme darstellt, wenn sie **in Vollziehung einer einstweiligen Verfügung**
gem § 941 ZPO erfolgt. Die Überweisung einer gepfändeten Forderung zur Einziehung von § 835
Abs 1, § 886 ZPO stellt eine dem § 88 unterfallende Sicherung dar (K/P/B/*Lüke* § 88 Rn 9). Dagegen
gilt bei Überweisung an Zahlungsstatt nach § 835 Abs 2 ZPO der Gläubiger als befriedigt, soweit die

Forderung besteht (**BGH** ZIP 1995, 480, 481; *Steder* ZIP 1997, 59, 62; K/P/B/*Lüke* § 88 Rn 9; *Smid* JZ 1995, 1150, 1153).

11 Auch die **Vorpfändung** (§ 845 ZPO) außerhalb der Frist des § 88 unterfällt der Rückschlagsperre, wenn nur die **Forderungspfändung selbst innerhalb der Monatsfrist erfolgt** (FK-*App* § 88 Rn 3; BerlKo-*Blersch*/v. *Olshausen* § 88 Rn 10; *Gottwald/Gerhardt* InsRHdb § 33 Rn 31; MüKo-*Breuer* § 88 Rn 22; krit *Grothe* KTS 2001, 205, 225 f). Mit der Vorpfändung entsteht ein auflösend bedingtes Pfandrecht, dh ein Arrestpfandrecht. Wird zwischen der Zustellung der Pfändungsankündigung (§ 845 ZPO) und des gerichtlichen Pfändungsbeschlusses das Insolvenzverfahren eröffnet, so ist die **Zustellung des Pfändungsbeschlusses** als Vollstreckungsakt gem § 89 unzulässig. Die Vorpfändung wird hinfällig. Liegt dagegen die Vorpfändung vor, die Forderungspfändung nach Beginn der Monatsfrist der Rückschlagsperre, so ist die Zwangssicherung als nach dem Beginn der Sperrfrist erlangt anzusehen und daher unwirksam (RGZ 151, 265; OLG Düsseldorf KTS 1960, 190 zur VglO).

12 Im Rahmen der Reform des Insolvenzrechts ist erörtert worden, die **Inbesitznahme von Sicherungsgut** der Rückschlagsperre des § 88 zu unterwerfen (vgl *Arbeitsgruppe Mobiliarsicherheiten* Ls 24 S 3 der „Leitsätze zur Behandlung der Mobiliarsicherheiten im Liquidationsverfahren", Protokoll 25 mit Arbeitspapier XXVI/1, S 11). Richtig ist, dass durch die „rechtzeitige Ausübung" eines Absonderungsrechts der Kostenbeitrag nach §§ 170, 171 umgangen werden kann (vgl hierzu *Eckardt* ZIP 1999, 1734 ff). Zutreffend weist *Eckardt* (ZIP 1999, 1743) aber darauf hin, dass die Absonderungsrechte von der Rückschlagsperre des § 88 nicht erfasst werden. Vielmehr ist die Vorschrift nur auf bislang ungesicherte Insolvenzforderungen anwendbar.

13 **1. Keine Rückschlagsperre bei Befriedigung durch Zwangsvollstreckung.** Erlangt der Gläubiger durch die Zwangsvollstreckungsmaßnahme Befriedigung, wird diese nach hM nicht gem § 88 unwirksam (OLG Frankfurt NZI 2002, 491; *Vallender* ZIP 1997, 1993, 1995; K/P/B/*Lüke* § 88 Rn 10; *Smid* § 88 Rn 8; *Jaeger/Eckardt* § 88 Rn 22; N/R/*Wittkowski* § 88 Rn 4; BerlKo-*Blersch*/v. *Olshausen* § 88 Rn 6; FK-*App* § 88 Rn 7). Nach der **hM** ist eine nicht dem § 88 unterfallende **Zwangsbefriedigung** dann gegeben, wenn der titulierte Anspruch des Gläubigers durch die Maßnahme der Zwangsvollstreckung erfüllt wird (K/P/B/*Lüke* § 88 Rn 10; *Jaeger/Eckardt* § 88 Rn 22, 30 ff). Hat der Gläubiger bereits vor Beginn der Frist des § 88 Befriedigung aus der Sicherung erlangt, findet die Vorschrift keine Anwendung (*Vallender* ZIP 1997, 1993, 1995). Für die Unterscheidung, ob die Zwangsvollstreckungsmaßnahme **bereits zu einer Befriedigung** oder lediglich zu einer **Zwangssicherung** des Gläubigers geführt hat, ist nicht der wirtschaftliche Effekt des Erwerbs, sondern Art und Inhalt des Vollstreckungstitels maßgebend (*Vallender* ZIP 1997, 1993, 1995; K/P/B/*Lüke* § 88 Rn 10; s aber auch HK-*Kayser* § 88 Rn 22, 23). Ist der Schuldner zB zur Bestellung einer Hypothek verurteilt worden, so tritt mit der wirkten Eintragung (§§ 894, 896, 897 Abs 2 ZPO, §§ 1117, 1154 BGB) die Befriedigung des Gläubigers ein (*Grothe* KTS 2001, 205, 231; MüKo-*Breuer* § 88 Rn 19; anders wohl HK-*Kayser* § 88 Rn 23). Ist der Schuldner dagegen zur Zahlung einer Geldsumme verurteilt worden und erwirkt der Gläubiger die Eintragung einer Zwangs- oder Arresthypothek (§§ 866 ff, 932 ZPO), so liegt nur eine Zwangssicherung vor, die § 88 unterfällt.

14 Bei der **Vollstreckung in das bewegliche Vermögen** des Schuldners tritt die Befriedigungswirkung erst mit der Auszahlung des Versteigerungserlöses an den Gläubiger ein (K/P/B/*Lüke* § 88 Rn 10; *Jauernig* § 18 IV 3). Handelt es sich um eine **Vollstreckung in das unbewegliche Vermögen**, tritt die Befriedigungswirkung erst mit der Ausführung des Teilungsplans ein (Zöller/*Stöber* § 117 ZVG Rn 1; HK-*Kayser* § 88 Rn 22; K/P/B/*Lüke* § 88 Rn 10). Wird bares Geld gepfändet, so tritt die Befriedigungswirkung erst mit der Ablieferung an den Gläubiger (§ 815 Abs 1 ZPO) nach Abzug der Vollstreckungskosten ein (*Jauernig* § 18 II). Der Gläubiger wird erst mit der Ablieferung des Geldes Eigentümer, bis dahin gehört das Geld dem bisherigen Eigentümer, also dem Schuldner oder einem Dritten. In der Liegenschaftsvollstreckung vollzieht sich der Eigentumserwerb am Geld infolge der Planausführung (§§ 105, 115, 117 ZVG) kraft staatlichen Hoheitsaktes (RGZ 156, 395).

15 **2. Freiwillige Zahlungen des Schuldners.** Freiwillige Zahlungen oder Sicherungsleistungen des Schuldners an den Gläubiger **zur Abwendung der Zwangsvollstreckung** unterfallen nach hM nicht der Rückschlagsperre des § 88 (**BGH** v 10. 2. 1971, BGHZ 55, 307, 309; *Jaeger/Eckardt* § 88 Rn 20, 21; HaKo-*Kuleisa* § 88 Rn 7; K/P/B/*Lüke* § 88 Rn 6; MüKo-*Breuer* § 88 Rn 16; BerlKo-*Blersch*/v. *Olshausen* § 88 Rn 5; N/R/*Wittkowski* § 88 Rn 5; *Kraemer/Vallender/Vogelsang* Fach 6 Kap 12 Rn 127; FK-*App* § 88 Rn 7; *Gottwald/Gerhardt* InsRHdb § 33 Rn 31). Demgemäß findet die Bestimmung des § 88 nur Anwendung auf solche Sicherungen, die durch echte Zwangsvollstreckungsmaßnahmen erlangt worden sind, nicht aber auf sogen **Vollstreckungsvereinbarungen**, die der Abwendung einer drohenden oder bereits eingeleiteten Zwangsvollstreckung dienen (**BGH** v 10. 2. 1971, BGHZ 55, 307, 309 = KTS 1971, 210 zur VglO; MüKo-*Breuer* § 88 Rn 16; *Braun/Kroth* § 88 Rn 2; K/P/B/*Lüke* § 88 Rn 6; N/R/*Wittkowski* § 88 Rn 5). So scheidet zB die Anwendung von § 88 aus, wenn der Gerichtsvollzieher die dem Vollstreckungstitel entsprechenden Leistungen des Schuldners entgegennimmt und quittiert (§ 754 ZPO; vgl auch *Gerhardt* in: Einhundert Jahre KO 1977 S 111, 132; *Braun/Kroth* § 88 Rn 2; K/P/B/*Lüke* § 88 Rn 6; BerlKo-*Blersch*/v. *Olshausen* § 88 Rn 5). Dies gilt selbst dann, wenn die freiwilligen Leistungen nach Beginn der

Zwangsvollstreckung erbracht werden (FK-*App* § 88 Rn 7; *Kraemer/Vogelsang* Fach 6 Kap 12 Rn 127). *App* (FK-*App* § 88 Rn 7) hält die Rechtslage für rechtspolitisch wenig befriedigend. Der Gläubiger, der „freiwillige" Zahlungen oder Sicherungen zur Abwendung des Zwangsvollstreckung erlangt, muss aber im eröffneten Verfahren mit der **Insolvenzanfechtung** durch den Verwalter nach den §§ 129 ff rechnen (**BGH** v 20. 11. 2001 ZInsO 2002, 125).

VI. Monatsfrist und Zeitpunkt der Erlangung der Sicherheit

Nach § 88 werden nur die im letzten Monat vor dem Antrag auf Eröffnung des Insolvenzverfahrens oder nach diesem Antrag durch Zwangsvollstreckung erlangten Sicherungen unwirksam. Wird das **Verbraucherinsolvenzverfahren** auf Antrag des Schuldners eröffnet, beträgt die **Frist drei Monate** (§ 312 Abs 1 S 3). Die Dreimonatsfrist orientiert sich an § 131 Abs 1 Nr 2, 3 (krit *Grothe* KTS 2001, 205, 238 f). Die Monatsfrist berechnet sich nach § 139. Die **Monatsfrist beginnt** mit dem Tag, der einen Monat vom Zeitpunkt des Eingangs des Insolvenzantrags zurückliegt (§ 139 Abs 1 S 1). Liegen **mehrere Insolvenzanträge** gegen den Schuldner vor, ist gem § 139 Abs 2 grundsätzlich der erste zulässige und begründete Antrag maßgeblich (HK-*Kayser* § 88 Rn 29). Dabei kommt es nicht darauf an, ob auf Grund dieses oder eines späteren Antrags das Verfahren tatsächlich eröffnet worden ist (K/P/B/*Paulus* § 139 Rn 4 ff; K/P/B/*Lüke* § 88 Rn 15; FK-*App* § 88 Rn 14, 15; *Hess* § 88 Rn 27). Unerheblich für das Eingreifen der Rückschlagsperre nach § 88 ist, ob zunächst ein **mangelhafter oder beim unzuständigen Gericht** gestellter Insolvenzantrag später zur Eröffnung des Insolvenzverfahrens führt (BayObLG v 15. 6. 2000, NZI 2000, 427 = ZIP 2000, 1263 = ZInsO 2000, 455; **OLG** Frankfurt ZInsO 2003, 283; LG Bonn ZIP 2004, 1374; *Kirchhof* ZInsO 2001, 1, 6; *Grothe* KTS 2001, 205, 229 f). Entscheidend ist, dass der Antrag letztlich zur Eröffnung des Verfahrens führt (BayObLG NZI, 2000, 427; BayObLG NZI 2000, 371; FK-*App* § 88 Rn 15; *Jaeger/Eckardt* § 88 Rn 39). Anträge, die zunächst zulässig und begründet waren, dann aber bis zur Eröffnung unbegründet wurden, sind für die Fristberechnung unerheblich (**BGH ZIP 2008, 236**).

Der Gläubiger muss die **Sicherung innerhalb der Monatsfrist erlangt** haben. Ob dies der Fall ist, bestimmt sich nach den für die Zwangsvollstreckungsmaßnahmen geltenden Verfahrensregeln. Es kann deshalb nicht generell auf den Zeitpunkt der Vollstreckungshandlung abgestellt werden. Vielmehr ist im Einzelfall festzustellen, wann der Gläubiger die Sicherung erlangt hat. **Maßgeblicher Zeitpunkt** ist die „Vollendung des Tatbestandes, der zur Sicherung der Einzelzwangsvollstreckungsmaßnahme führt" (K/P/B/*Lüke* § 88 Rn 16). Bei der **Sachpfändung** entscheidet die Inbesitznahme durch den Gerichtsvollzieher (§ 808 Abs 1 ZPO). Bei **Pfändung von Forderungen** entsteht das Pfändungspfandrecht nicht bereits mit dem Erlass des Pfändungsbeschlusses, sondern erst mit dessen Zustellung an den Drittschuldner (§§ 829 Abs 2 S 1, Abs 3, 846 ZPO), bei Pfändung anderer Vermögensrechte mit der Zustellung an den Schuldner oder Drittschuldner (§ 857 Abs 2 ZPO). Wird der Pfändungsbeschluss auf Erinnerung (§ 766 ZPO) aufgehoben, und setzt das Rechtsmittelgericht die Vollziehung der Entscheidung bis zum Ablauf der Beschwerdefrist (§§ 793, 577 Abs 2 ZPO) oder bis zur anderweitigen Anordnung nicht aus, so erlangt der Gläubiger, wenn das Rechtsmittelgericht den ursprünglichen Pfändungsbeschluss wieder herstellt, erst ein Pfandrecht mit der erneuten Pfändung, denn die Aufhebung der Vollstreckungsmaßnahme entfaltet sofortige Wirksamkeit (**BGH** v 9. 6. 1976, KTS 1977, 40, 41; FK-*App* § 88 Rn 16).

Bei einem **Arrest** kommt es auf den **Zeitpunkt der Vollziehung** an (§ 930 ZPO). Die Sicherung entsteht auch dann, wenn der Arrest noch vor Zustellung des Arrestbefehls vollzogen und die Zustellung innerhalb der Frist des § 929 Abs 3 ZPO nachgeholt wird (*Jaeger/Henckel* § 14 KO Rn 28; MüKo-*Breuer* § 88 Rn 21; N/R/*Wittkowski* § 88 Rn 7; vgl aber auch *Jaeger/Eckardt* § 88 Rn 46). Die Sicherung innerhalb der Monatsfrist ist auch erlangt, wenn zwar die **Vorpfändung** nach § 845 ZPO eine Woche vor Fristbeginn erfolgt, die eigentliche Forderungspfändung aber zB einige Tage nach Fristbeginn bewirkt wird, obwohl der Vorpfändung gem § 845 Abs 2 ZPO die Wirkung eines Arrestes (§ 930 ZPO) zukommt (BerlKo-*Blersch/v. Olshausen* § 88 Rn 10; zum Streitstand s *Jaeger/Eckardt* § 88 Rn 44, 45).

Bei **Pfändung einer künftigen Forderung** kommt es auf den Zeitpunkt der Entstehung an (**BFH** v 12. 4. 2005 – VII R 7/03, BFHE 209, 34 = NZI 2005, 569, 570 = ZInsO 2005, 888; s auch **BGH** v 20. 3. 2003 – IX ZR 166/02, NZI 2003, 320 m Anm *Gundlach/Schirrmeister*). Bei einer **Kontenpfändung** ist der Zeitpunkt der Gutschrift maßgeblich (**BFH** NZI 2005, 569 = ZInsO 2005, 888; OLG Frankfurt ZInsO 2003, 283; HaKo-*Kuleisa* § 88 Rn 10).

Ist für das Entstehen der Sicherung die **Eintragung in ein öffentliches Verzeichnis oder Register** erforderlich, kommt es für die Frage, ob die Sicherung erlangt ist, auf die Eintragung an. So ist zB bei einer **Arrest- oder Zwangssicherungshypothek** auf den Zeitpunkt der **Eintragung im Grundbuch**, nicht dagegen auf den Eintragungsantrag abzustellen, da es bei der Erlangung von Sicherungen weder auf Gutgläubigkeit noch auf eine positive Kenntnis der Krise oder einer Antragstellung ankommt (**LG** Berlin v 25. 9. 2001 ZIP 2001, 2293; **LG** Bonn ZIP 2004, 1374; KS-*Gerhardt* S 217 Rn 49; BerlKo-*Blersch/v. Olshausen* § 88 Rn 11; N/R/*Wittkowski* § 88 Rn 9; *Häsemeyer* InsR Rn 10.38; MüKo-*Breuer* § 88 Rn 21; *Raebel* ZInsO 2003, 1124, 1128; *Hess* § 88 Rn 36; str aA *Grothe* KTS 2001, 205, 226 f; FK-*App* § 88 Rn 16; K/P/B/*Lüke* § 88 Rn 17).

21 Bei **Erwirkung einer Zwangshypothek** wird teilweise angenommen, dass die Eintragung maßgeblich ist, dagegen bei der **Arresthypothek** die Antragstellung (HK-*Eickmann* § 88 Rn 8; *Rosenberg/Gaul/Schilken*, Zwangsvollstreckungsrecht 78 II 3 c; K/P/B/*Lüke* § 88 Rn 17; str aA N/R/*Wittkowski* § 88 Rn 9; BerlKo-*Blersch/v. Olshausen* § 88 Rn 11). Auch für die **Arresthpyothek** muss es letztlich auf den **Zeitpunkt der Eintragung** ankommen (*Jaeger/Eckardt* § 88 Rn 47; BerlKo-*Blersch/v. Olshausen* § 88 Rn 11). Eine analoge Anwendung der §§ 140 Abs 2 InsO, 878 BGB ist abzulehnen. Zutreffend unterscheidet *Keller* (ZIP 2000, 1324, 1328) bei Zwangsvollstreckungsmaßnahmen, die durch Eintragung im Grundbuch erfolgen, **folgende Fallgruppen**: Die Zwangsvollstreckung in Form einer Sicherungshypothek nach den §§ 866, 867 ZPO ist mit der Eintragung im Grundbuch gem § 867 Abs 1 S 2 ZPO beendet (vgl auch N/R/*Wittkowski* § 88 Rn 9; BerlKo-*Blersch/v. Olshausen* § 88 Rn 11; HK-*Eickmann* § 88 Rn 8). Die Vollziehung einer einstweiligen Verfügung gem §§ 935 ff ZPO ist als Vollstreckungsmaßnahme ebenfalls mit der Eintragung beendet, insbesondere mit der Eintragung der Vormerkung (*Keller* ZIP 2000, 1324, 1328). Wird eine **Forderung gepfändet**, für die eine Hypothek haftet, oder erfolgt die Pfändung einer Grundschuld, so ist mit *Keller* (ZIP 2000, 1328) zu unterscheiden: Die Pfändung des Briefgrundpfandrechts erfolgt nach § 830 Abs 1 S 1 ZPO durch Pfändungsbeschluss und Briefübergabe an den Gläubiger (vgl auch *Zöller/Stöber* § 830 ZPO Rn 3 ff; *Stöber*, Forderungspfändung Rn 1808 ff; *Keller*, Grundstücke in Vollstreckung und Insolvenz, 1998, Rn 277 ff; *ders* ZIP 2000, 1328). In diesen Fällen hat die Grundbucheintragung der Pfändung nur berichtigenden Charakter. Anders dagegen bei der Pfändung des Buchrechts, bei der zwingende Voraussetzung für die Wirksamkeit der Pfändung die Grundbucheintragung nach § 830 Abs 1 S 3 ZPO ist (*Keller* ZIP 2000, 1324, 1328; *ders* Grundstücke in Vollstreckung Rn 294 ff).

VII. Unwirksamkeit der erlangten Sicherung

22 1. **Zwangssicherungen in der Monatsfrist.** Die Unwirksamkeit der innerhalb der Monatsfrist erlangten Sicherung des Gläubigers ist mit Eröffnung des Insolvenzverfahrens ipso iure unwirksam (HaKo-*Kuleisa* § 88 Rn 13; N/R/*Wittkowski* § 88 Rn 11; HK-*Eickmann* § 88 Rn 11; *Gerhardt* ZIP 1980, 248, 249; *Mitlehner* ZIP 1995, 1425, 1428; *Steder* ZIP 1997, 59, 63; KS-*Gerhardt* S 216 f Rn 48; BerlKo-*Blersch/v. Olshausen* § 88 Rn 13, 14; *Vallender* ZIP 1997, 1993, 1994; *Landfermann* in: KSInsO S 159, 171 Rn 39; *Hess* § 88 Rn 30; MüKo-*Breuer* § 88 Rn 22, 23). Nach einer **Mindermeinung** (vgl LG Leipzig NZI 2005, 685 f; *Grothe* KTS 2001, 205, 232 f; *Thietz-Bartram/Spilger* ZInsO 2005, 858, 859 f; K/P/B/*Lüke* § 88 Rn 24; *Kilger/K. Schmidt* § 7 GesO Anm 3 a) handelt es sich bei der Unwirksamkeit nach § 88 nur um eine **relative Unwirksamkeit**, die durch den Verfahrenszweck bestimmt ist und nur gegenüber den Insolvenzgläubigern wirkt. Nach der Mindermeinung ist eine innerhalb der Sperrfrist erlangte Sicherung somit wirksam, wenn der Verwalter den Gegenstand oder das Recht, an dem der Gläubiger die Sicherung erlangt hat, freigibt oder wenn das Verfahren gem §§ 207 ff eingestellt wird (so zB K/P/B/*Lüke* § 88 Rn 24; *Grothe* KTS 2001, 205, 236).

23 Die Unwirksamkeit nach § 88 ist eine **absolute dingliche Unwirksamkeit**, die allerdings **durch die Zwecke des Insolvenzverfahrens begrenzt** ist (*v. Olshausen* ZIP 1998, 1094; BerlKo-*Blersch/v. Olshausen* § 88 Rn 14). Entgegen der Voraufl ist sie **nicht endgültig**, sondern wirkt nur so lange als sie zum Schutz des Gläubigers erforderlich ist (BGH v 19. 1. 2006 – IX ZR 232/04, BGHZ 166, 74 ff = NZI 2006, 224 = ZInsO 2006, 261; BGHZ 142, 210, 213; BGHZ 130, 347, 354; krit *Keller* ZIP 2006, 1174 ff). Die absolute dingliche Unwirksamkeit ist nach Auffassung des **BGH** eine „**schwebende**", so dass die Sicherung entspr § 185 Abs 2 S 1 2. Alt BGB mit Wirkung ex iure neu entsteht, wenn die Voraussetzungen für eine Begründung der Sicherung im Wege der Zwangsvollstreckung noch gegeben sind. Vgl auch HK-*Kayser* § 88 Rn 4 u Rn 36–41 u unten zu Rn 25.

24 Das **Pfändungspfandrecht an einer Forderung** kann auch dann ipso iure wieder wirksam werden, solange der Pfändungs- und Überweisungsbeschluss nicht vom Vollstreckungsgericht aufgehoben worden ist. Einer erneuten Zustellung nach § 829 Abs 3 ZPO an den Drittschuldner bedarf es nicht (so zutr *Jaeger/Eckardt* § 88 Rn 68; str aA BGHZ 166, 48 = NJW 2006, 1286, 1287; *Braun/Kroth* § 88 Rn 8). Richtig ist, dass der Gesetzeswortlaut offen gelassen hat, ob auch die **öffentlich-rechtliche Verstrickung** ipso iure fortfällt. Insoweit ist anzunehmen, dass die öffentlich-rechtliche Verstrickung von der Verfahrenseröffnung nicht unmittelbar berührt wird. Jedoch hat das zuständige Vollstreckungsorgan diese von Amts wegen aufzuheben (KS-*Landfermann* S 171 f Rn 39; *Vallender* ZIP 1997, 1993, 1994; str aA HK-*Eickmann* 4. Aufl § 88 Rn 12, wonach eine Aufhebung von Amts wegen „dem Vollstreckungsrecht fremd" ist). Die **Sicherungshypothek des Bauhandwerkers** wird meist rechtsgeschäftlich bestellt und ist keine Zwangssicherungshypothek iSv §§ 866, 867 ZPO. Dagegen wird eine auf Grund einstweiliger Verfügung innerhalb der Monatsfrist des § 88 eingetragene **Vormerkung** zur Sicherung des Anspruchs auf Eintragung einer **Bauhandwerkersicherungshypothek** mit Verfahrenseröffnung absolut schwebend wirksam (BGH v 19. 1. 2006 – IW ZR 232/04, BGHZ 166, 74 = ZIP 2006, 479 ff = ZInsO 2006, 201). Da § 88 jedoch auf die **Beendigung der Zwangsvollstreckung** abstellt, ist maßgeblich, ob die Vormerkung zur Sicherung der Bauhandwerkersicherungshypothek in die Monatsfrist fällt, weil sie innerhalb des kritischen Zeitraums im Grundbuch eingetragen worden ist.

VII. Unwirksamkeit der erlangten Sicherung   § 88

Eine **Zwangssicherungshypothek** unterfällt der Rückschlagsperre des § 88, wenn ihre Eintragung innerhalb des kritischen Zeitraums erfolgt. Die **Voraufl** und **hM** hatten sich dafür ausgesprochen, dass die Sicherungshypothek entspr § 868 ZPO zur **Eigentümergrundschuld** wird und als Vermögensrecht der Insolvenzmasse zusteht (so zB BayObLG ZIP 2000, 1263, 1264; OLG Düsseldorf NZI 2004, 94; *Keller* ZIP 2000, 1324, 1329; K/P/B/*Lüke* § 88 Rn 19). Dieser **Auffassung hat der BGH widersprochen** (BGH v 19. 1. 2006 – IX ZR 232/04, BGHZ 166, 74 = NZI 2006, 224 = ZIP 2006, 479, 481; ebenso *Jaeger/Eckardt* § 88 Rn 64; *Thietz-Bartram* ZInsO 2006, 527 ff; *Braun/Kroth* § 88 Rn 6). Die schon zur VglO vertretene Gegenansicht sei spätestens seit der Einführung des gesetzlichen Löschungsanspruchs (§ 117a BGB) überholt. Sicherungen eines Gläubigers, die durch die Rückschlagsperre unwirksam geworden sind, können nach Meinung des **BGH** ohne Neueintragung mit entspr verändertem Rang wirksam werden, wenn sie als Buchposition enthalten sind und die Voraussetzungen für eine Neubegründung der Sicherheit im Wege der Zwangsvollstreckung gegeben sind. Werde eine Zwangshypothek infolge der Rückschlagsperre unwirksam, entstehe **keine Eigentümergrundschuld** (s auch unten zu Rn 31). Zutreffend wird in der Literatur jedoch darauf hingewiesen, dass auch nach der Rechtsprechung des **BGH** der Löschungsanspruch wertlos oder entwertet sein kann, wenn zwischen dem durch ihn begünstigtem Recht und der Eigentümergrundschuld **Zwischenrechte** stehen (s zB *Keller* ZIP 2006, 1174 ff; BerlKo-*Blersch/v. Olshausen* § 88 Rn 15). Die vom BGH angenommene **absolute**, aber zugleich **schwebende Unwirksamkeit** führt zu einem **Wiederaufleben der Zwangshypothek** für den Fall der Verfahrensbeendigung ohne Grundstücksverwertung oder Freigabe durch den Verwalter (§§ 866, 867 ZPO). Die Unwirksamkeit einer Zwangssicherung tritt kraft Gesetzes mit dem **Zeitpunkt der Verfahrenseröffnung** ein (*LG Meiningen* v 10. 2. 2000, ZIP 2000, 416; K/P/B/*Lüke* § 88 Rn 19; KS-*Gerhardt* S 193, 216 Rn 48). Unerheblich ist dabei, ob das eröffnete Verfahren zur Liquidation der Masse oder zu einem Insolvenzplan führt (KS-*Gerhardt* S 216 Rn 48; *Gottwald/Gerhardt* InsRHdb § 33 Rn 33). Eine **gegenständliche Beschränkung der Unwirksamkeit** der Sicherung tritt jedoch ein, wenn der Insolvenzgläubiger wegen eines **Teilbetrages** vor und wegen eines weiteren Teilbetrages nach der Frist des § 88 eine Sicherung erlangt hat (*Vallender* ZIP 1997, 1993, 1994). Aber selbst wenn die erste Sicherung nicht unter die Rückschlagsperre des § 88 fällt, ist zu prüfen, ob sie nicht anfechtbar nach § 131 Abs 1 Nr 2, 3 ist (*Vallender* ZIP 1997, 1993, 1994; K/P/B/*Lüke* § 88 Rn 18). Wird das **Insolvenzverfahren beendet**, ist zu unterscheiden: Ist die Hypothek bereits gelöscht kommt nur eine Neueintragung auf Antrag des Gläubigers in Betracht. Dagegen tritt Konvaleszenz ein, wenn keine Löschung erfolgt ist.

2. Zwangssicherungen im Eröffnungsverfahren. § 88 erstreckt die Rückschlagsperre auch auf   26
Zwangsvollstreckungsmaßnahmen im Eröffnungsverfahren. Hat das Gericht jedoch gem § 21 Abs 2 Nr 3 im Rahmen des Eröffnungsverfahrens Maßnahmen der Einzelzwangsvollstreckung in das bewegliche Schuldnervermögen einstweilen eingestellt, so findet § 775 Nr 1, 2 ZPO Anwendung. Eine Zwangsvollstreckung, die der Gerichtsvollzieher oder das Vollstreckungsgericht nach Einstellung der Zwangsvollstreckung durch das Insolvenzgericht gleichwohl vornehmen, ist als fehlerhafter Vollstreckungsakt zwar **wirksam, aber anfechtbar** und auf entsprechendes Rechtsmittel hin aufzuheben (§§ 766, 793 ZPO). Wegen Verstoßes gegen § 775 Nr 1, 2 ZPO entsteht zwar kein Pfandrecht, jedoch ist die Maßnahme keineswegs nichtig (*Smid* § 8 Rn 11). Vielmehr wird das Grundbuch durch die vor Verfahrenseröffnung eingetragene Zwangssicherungshypothek mit der Folge des § 894 BGB materiell unrichtig. Mit der Unwirksamkeit der Sicherung entfällt als materiell-rechtliche Folge das Pfändungspfandrecht, nicht dagegen ohne weiteres auch die öffentlich-rechtliche **Pfandverstrickung** (*Vallender* ZIP 1997, 1993, 1994).

3. Amtswegige Berücksichtigung der Rückschlagsperre und Bereicherungsansprüche. Anders als bei   27
unter Verstoß gegen § 21 Abs 2 Nr 3 durchgeführte Vollstreckungsmaßnahmen sind die der Rückschlagsperre unterfallenden Vollstreckungsmaßnahmen wegen ihrer **dinglichen Wirkung von Amts wegen aufzuheben**. Eine Ausnahme gilt lediglich für die Löschung einer Zwangshypothek (s unten zu Rn 25). Im Falle der **Forderungspfändung** wird bei einer Überweisung der gepfändeten Forderung zur Einziehung auch die Überweisung unwirksam. Das Vollstreckungsgericht hat dem gemäß den Pfändungs- und Überweisungsbeschluss aufzuheben, um zu verhindern, dass der Drittschuldner mit befreiender Wirkung leistet (§ 836 Abs 2 ZPO; N/R/*Wittkowski* § 88 Rn 12; *Vallender* ZIP 1997, 1993, 1994; MüKo-*Breuer* § 88 Rn 22; *Jaeger/Eckardt* § 88 Rn 61; K/P/B/*Lüke* § 88 Rn 19). Leistet der Drittschuldner in Unkenntnis der Unwirksamkeit des Pfändungs- und Überweisungsbeschlusses infolge der Eröffnung des Insolvenzverfahrens, so kann er auch gegenüber der Insolvenzmasse mit befreiender Wirkung an den Gläubiger leisten (§ 836 Abs 2 ZPO). Jedoch hat dieser das Erlangte nach den Vorschriften über die ungerechtfertigte Bereicherung gem §§ 812 ff BGB herauszugeben (*Vallender* ZIP 1997, 1994; K/P/B/*Lüke* § 88 Rn 19 b; N/R/*Wittkowski* § 88 Rn 12; *Jaeger/Eckardt* § 88 Rn 60; *Gottwald/Gerhardt* InsRHdb § 33 Rn 34). Gleiches gilt, wenn ein Gläubiger trotz Wegfalls des Pfändungspfandrechts infolge der Eröffnung des Insolvenzverfahrens weiter vollstreckt und der Erlös an ihn abgeführt wird (*Vallender* ZIP 1997, 1994). Der Wegfall der Sicherung auf Grund der dinglichen Wirkung der Rückschlagsperre tritt erst mit der **Rechtskraft des Insolvenzeröffnungsbeschlusses** ein (so wörtlich *Gottwald/Gerhardt* InsRHdb § 33 Rn 34).

28 **4. Wiederaufleben der Sicherung bei Freigabe und Verfahrenseinstellung.** Die vom Gläubiger erlangte Sicherung lebt nach hM nicht wieder auf, wenn das Insolvenzverfahren nach den §§ 207 ff vorzeitig eingestellt wird (*Vallender* ZIP 1997, 1993, 1995; *Gottwald/Gerhardt* InsRHdb § 33 Rn 34; s aber auch *Grothe* KTS 2001, 205, 234 ff). Gleiches gilt für den Fall der **Freigabe des Vollstreckungsgegenstandes** durch den Insolvenzverwalter. Das ist nach der Rechtspr des **BGH** (BGH v 19. 1. 2006 = IX ZR 232/04, NZI 2006, 224; BGHZ 142, 208, 213; BGHZ 166, 74 = ZIP 2006, 479 ff) aber keineswegs unzweifelhaft. Danach kann ein **Pfändungspfandrecht an einer beweglichen Sache** bei Unwirksamwerden der Rückschlagsperre im Fall der Freigabe oder vorzeitigen Verfahrensbeendigung bei Konvaleszenz ohne weiteres wieder aufleben, wenn die Verstrickung noch fortbesteht (*Jaeger/Eckardt* § 88 Rn 66–68; *Thietz-Bartram* ZInsO 2006, 527, 529; HaKo-*Kuleisa* § 88 Rn 13). Nach **BGH** (v 19. 1. 2006 – IX ZR 232/04, BGHZ 166, 74 = NZI 2006, 224, 225) kann die Zwangshypothek eines Gläubigers, die infolge der Rückschlagsperre unwirksam geworden ist, ohne Neueintragung mit entspr verändertem Rang wirksam werden, wenn sie als Buchposition erhalten wirksam ist und die Voraussetzungen für eine Neubegründung der Sicherung im Wege der Zwangsvollstreckung fortbestehen. Hatte der Gerichtsvollzieher im Zeitpunkt des Wiederauflebens die Pfändung bereits aufgehoben, muss diese erneut erfolgen (*Keller* ZIP 2006, 1175, 1180 f; *Jaeger/Eckardt* § 88 Rn 67). Auch das **Pfändungspfandrecht an einer Forderung** kann ipso iure wieder wirksam werden (*Alff/Hintzen* ZInsO 2006, 481; *Jaeger/Eckardt* § 88 Rn 68; *Thietz-Bartram* ZInsO 2006, 527, 529; aA wohl BGHZ 166, 74 ff; *Keller* ZIP 2006, 1175, 1181). Allerdings kann zum „Wiederaufleben" einer Forderungspfändung nach § 829 Abs 3 ZPO die **erneute Zustellung** an den Drittschuldner notwendig werden (**BGH** ZIP 2006, 479, 482). Erfolgt unter Verstoß gegen § 88 die **Versteigerung einer Sache durch den Gerichtsvollzieher**, erwirbt der Ersteigerer originäres Eigentum, da lediglich das Pfändungspfandrecht der Rückschlagsperre unterfällt, nicht jedoch die Verstrickung kraft Gesetzes beseitigt wird (OLG Celle KTS 1962, 112; N/R/ *Wittkowski* § 88 Rn 12; HaKo-*Kuleisa* § 88 Rn 15; MüKo-*Eckardt* § 88 Rn 61). Wird der Eröffnungsbeschluss auf Grund eines Rechtsmittels **vom Beschwerdegericht aufgehoben**, ist die dingliche Wirkung der Rückschlagsperre noch nicht eingetreten und bleibt die Sicherung, die der Gläubiger in der Frist des § 88 erlangt hat, wirksam bestehen (so auch *Vallender* ZIP 1997, 1993, 1995; *Gottwald/Gerhardt* InsRHdb § 33 Rn 34).

29 **5. Forderungsanmeldung und Rechtsnachfolge.** Soweit der Gläubiger mit seiner Sicherung der Rückschlagsperre nach § 88 unterliegt, nimmt er mit seiner Forderung **als Insolvenzgläubiger** iSv § 38 oder § 39 am Verfahren teil (*Lohkemper* KTS 1995, 221, 227; K/P/B/*Lüke* § 88 Rn 23). Nicht unter § 88 fällt die Realisierung eines Aus- oder Absonderungsrechts, das der Gläubiger **außerhalb der Monatsfrist** des § 88 erlangt hat. Es ist ihm unbenommen, zB aus der Sicherung abgesonderte Befriedigung zu betreiben. Im Insolvenzeröffnungsverfahren kann das Gericht allerdings diese Verwertungsmaßnahme gem § 21 Abs 2 Nr 3 untersagen. Ein **Rechtsnachfolger** wird von den Rechtsfolgen der Rückschlagsperre nicht betroffen (str aA MüKo-*Breuer* § 88 Rn 23; FK-*App* § 88 Rn 17). Leistet der Drittschuldner gutgläubig trotz Unwirksamkeit des Pfändungs- und Überweisungsbeschlusses an den Vollstreckungsgläubiger, wird er gem § 836 Abs 2 ZPO von seiner Leistungspflicht befreit (HaKo-*Kuleisa* § 88 Rn 15). Ebenso wie der gutgläubige Ersteigerer hat er aber das Erlangte nach §§ 812 BGB an die Insolvenzmasse herauszugeben (HaKo-*Kuleisa* § 88 Rn 15; *Braun/Kroth* § 88 Rn 10; *Jaeger/Eckardt* § 88 Rn 62).

VIII. Umsetzung der Rückschlagsperre im Grundbuchverfahren

30 Gleichgültig, ob man von einer absoluten und schwebenden Unwirksamkeit oder von einer lediglich gegenüber den Insolvenzgläubigern eintretenden relativen Unwirksamkeit der nach § 88 unwirksamen Sicherung des Gläubigers ausgeht, ist das Grundbuchamt nicht verpflichtet, die **Grundbuchberichtigung von Amts wegen** durchzuführen (OLG Dresden v 12. 3. 1999, Rpfleger 1999, 442; *Keller* Rpfleger 1997, 45, 49; *ders* ZIP 2000, 1324, 1330; *Jaeger/Eckardt* § 88 Rn 65; HaKo-*Kuleisa* § 88 Rn 16; vgl auch LG Meiningen v 10. 2. 2000, ZIP 2000, 416, 417). Vielmehr hat der **Insolvenzverwalter die Grundbuchberichtigung** gem § 29 iVm §§ 13 Abs 1 S 2, 22 GBO **zu beantragen** (*Jaeger/Eckardt* § 88 Rn 65; HK-*Kayser* § 88 Rn 44; N/R/*Lüke* § 88 Rn 19a; MüKo-*Breuer* § 88 Rn 22). Dabei hat er die Unrichtigkeit des Grundbuchs nachzuweisen, dh dem Grundbuchamt gegenüber den Nachweis zu führen, dass das eingetragene Recht der Rückschlagsperre des § 88 unterliegt. Nachzuweisen sind somit Bestallungsurkunde, Eröffnungsbeschluss, weiterhin dass das von der Zwangsvollstreckung betroffene Grundstück oder Grundpfandrecht zur Insolvenzmasse gehört, und schließlich, dass die Zwangsvollstreckungsmaßnahme innerhalb des letzten Monats vor dem Insolvenzantrag vorgenommen worden ist. Der Nachweis der Massezugehörigkeit erübrigt sich in den meisten Fällen, da bei dem Grundstück bereits der Insolvenzvermerk nach § 32 Abs 1 eingetragen ist (Einzelheiten bei *Keller* ZIP 2000, 1324, 1331). Dem von der Rückschlagsperre betroffenen Gläubiger ist vor der Löschung der Grundbucheintragung **rechtliches Gehör** zu gewähren (*Demharter* § 22 GBO Rn 49; *Keller* ZIP 2000, 1324, 1332). Dem Verwalter ist es unbenommen, im Wege der **Klage** nach § 894 BGB vorzugehen. Da auch eine **auf Grund einstweiliger Verfügung eingetragene Vormerkung** der Rückschlagsperre unterliegt, wird diese,

soweit sie in der Monatsfrist vor Antragstellung eingetragen worden ist, der Löschung unterworfen. Da die **Vormerkung** (§ 883 BGB) nach **hM** kein dingliches Recht, sondern lediglich ein Sicherungsmittel eigener Art darstellt, das dem Schutz eines persönlichen Anspruchs dient und nur in gewissem Umfang dingliche Wirkung entfaltet, findet § 894 BGB analoge Anwendung (RGZ 132, 419, 424; BGHZ 60, 47, 50; LG Meiningen ZIP2000, 416, 417).

Nach **Auffassung des BGH** (Beschl v 6. 4. 2000, ZIP 2000, 931, 932) genügt es, dass der Insolvenzverwalter die durch die Rückschlagsperre eingetretene **Unrichtigkeit des Grundbuchs** iSv § 22 Abs 1 S 1 GBO durch Vorlage einer beglaubigten Abschrift des Eröffnungsbeschlusses in der Form des § 29 Abs 1 S 2 GBO nachweist (vgl auch **KG** ZIP 1996, 645, 646; **OLG** Jena ZIP 1996, 467, 468; **OLG** Brandenburg DtZ 1997, 33, 34; *Mitlehner* ZIP 1995, 1428, 1429; str aA **OLG** Dresden Rpfleger 1999, 442; **LG** Schwerin Rpfleger 1996, 168; **LG** Magdeburg ZIP 1995, 2005, 2006; *Keller* Rpfleger 1997, 45, 48, 50f; *ders* ZIP 2000, 1324, 1332). Eine **durch einstweilige Verfügung** innerhalb der Frist des § 88 eingetragene **Sicherungshypothek** lebt entspr § 185 Abs 2 S 1 Altern 2 BGB, da absolut schwebend unwirksam, mit Freigabe oder Verfahrensbeendigung wieder auf. **Entgegen der Voraufl** ist nicht mehr daran festzuhalten, dass die Rückschlagsperre in entsprechender Anwendung des § 868 ZPO zur Entstehung einer Eigentümergrundschuld führt. Nach **Auffassung des BGH** (BGH v 19. 1. 2006 – IX ZR 232/04, ZIP 2006, 479, 481 = ZInsO 2006, 261 = NZI 2006, 224; krit *Keller* ZIP 2006, 1174) wirkt die Unwirksamkeit einer unter § 88 fallenden Zwangsvollstreckungsmaßnahme gegenüber jedermann, also **absolut**. Da es sich jedoch um eine **schwebend unwirksame Zwangsvollstreckungsmaßnahme** handelt, kann diese mit der Freigabe des Grundstücks durch den Insolvenzverwalter schon im Zeitpunkt der Freigabe wieder wirksam werden (s auch *Raebel* ZInsO 2003, 1124, 1128; *Jaeger/Windel* § 88 Rn 53ff). Da nach der neueren Rechtsprechung des **BGH** die Sicherungen eines Gläubigers, die infolge der Rückschlagsperre unwirksam und nicht gelöscht geworden sind, ohne Neueintrag, aber mit **verändertem Rang** wirksam werden, wenn sie als Buchposition erhalten sind und die Voraussetzungen für eine Neubegründung der Sicherung im Wege der Zwangsvollstreckung bestehen, rücken nachrangige Grundpfandrechte auf. Das Grundbuch ist in Bezug auf das eingetragene Recht zwar richtig, nicht aber der eingetragene Rang (s auch *Bestelmeyer* Rpfleger 2006, 388ff; *Hintzen* ZInsO 2006, 481). S auch die Kommentierung oben zu Rn 25.

IX. Rechtsbehelfe

Vollstreckungsmaßnahmen, die wegen der Rückschlagsperre materiell-rechtlich unwirksam geworden sind, sind auf **Erinnerung** (§ 766 Abs 1 ZPO) für unzulässig zu erklären und aufzuheben (HK-*Kayser* § 88 Rn 45). Weigert sich der Gerichtsvollzieher, die durch die Rückschlagsperre unwirksam gewordene Pfändung aufzuheben, so steht dem Insolvenzverwalter die **Erinnerung** nach § 766 Abs 1 ZPO zu. Zuständig ist das **Vollstreckungsgericht** gem § 764 ZPO (HK-*Kayser* § 88 Rn 46). Die Erinnerung richtet sich dagegen, dass eine Vollstreckungsmaßnahme aufrechterhalten bleibt, die sich infolge der Wirkung des § 88 als formaler Vollstreckungsverstoß darstellt (*Vallender* ZIP 1997, 1993, 1994; KS-*Landfermann* S 172 Rn 39; *Jaeger/Eckardt* § 88 Rn 70; *Grothe* KTS 2001, 205, 233; N/R/*Wittkowski* § 88 Rn 13). Kommt der Rechtspfleger seiner Verpflichtung, einen **Pfändungs- und Überweisungsbeschluss** aufzuheben, nicht nach, so steht dem Insolvenzverwalter ebenfalls die **Erinnerung nach** § 766 ZPO zu (HK-*Kayser* § 88 Rn 45). § 11 RPflG greift nur, wenn der Schuldner entgegen § 834 ZPO zuvor gehört worden ist (*Vallender* ZIP 1997, 1994). Nur dann liegt eine Entscheidung des Rechtspflegers vor, gegen die **Beschwerde** nach § 793 ZPO gegeben ist. Der Mitwirkung des betroffenen Gläubigers bei der Aufhebung von Zwangsvollstreckungsmaßnahmen bedarf es nicht. War bereits ein **Zwangsversteigerungsverfahren** eingeleitet worden, so ist dieses von Amts wegen aufzuheben. Das Grundbuchamt ist gem § 34 ZVG um Löschung des Versteigerungsvermerks zu ersuchen (BerlKo-*Blersch/v. Olshausen* § 88 Rn 15; *Jaeger/Eckardt* § 88 Rn 65; N/R/*Wittkowski* § 88 Rn 12). Die durch einstweilige Verfügung zwangsweise erlangte **Vormerkung** zur Sicherung des Anspruchs auf Eintragung einer Sicherungshypothek ist gem § 22 Abs 1 S 1 GBO auf Grund des vom Verwalter vorgelegten Eröffnungsbeschlusses zu löschen (**BGH** v 6. 4. 2000, ZIP 2000, 931, 932).

X. Besonderheiten bei Pfändung von Arbeitseinkommen

Bei Pfändung von Arbeitseinkommen und diesem gleichgestellten Bezügen enthält § 114 Abs 3 eine ergänzende Regelung, die über § 88 hinausgeht. Gleichzeitig wird in § 114 Abs 3 S 3 klar gestellt, dass die Rückschlagsperre daneben uneingeschränkt gilt (HK-*Eickmann* § 88 Rn 13; *Gottwald/Gerhardt* InsRHdb § 33 Rn 35; *Grothe* KTS 2001, 205, 237; str aA *Jaeger/Eckardt* § 88 Rn 75). Nach §§ 114 Abs 3 S 3 Halbs 1, 88 ist eine Verfügung im Wege der Zwangsvollstreckung im letzten Monat vor dem Antrag auf Eröffnung des Insolvenzverfahrens oder nach diesem Antrag bereits mit der Eröffnung des Insolvenzverfahrens unwirksam. Bereits eingeleitete Zwangsvollstreckungsmaßnahmen werden, wenn sie noch nicht abgeschlossen sind, unwirksam. Eine **Ausnahme** besteht gem § 114 Abs 3 S 3 Halbs 2 iVm § 89 Abs 2 S 2 insoweit, als wegen eines **Unterhaltsanspruchs** oder einer Forderung aus einer vorsätzlich begangenen **unerlaubten Handlung** weiterhin wirksam vollstreckt werden kann (K/P/B/*Moll*

§ 114 Rn 40; *Jaeger/Eckardt* § 88 Rn 76). Während § 114 Abs 3 S 2 Verfügungen, wenn sie nach dem 15. Tag des Monats erfolgen, auch für den folgenden Kalendermonat für wirksam erklärt, wirkt eine unter § 88 fallende Pfändung nicht über den Eröffnungszeitraum hinaus (HK-*Eickmann* 4. Aufl § 88 Rn 13 mit einem Beispiel in Rn 14). **Private Versicherungsrenten** von selbständig oder freiberuflich tätig gewesenen Personen genießen nicht den Pfändungsschutz für Arbeitseinkommen (BGH v 15. 11. 2008, ZIP 2008, 338 ff).

XI. Die Pfändung von Miet- und Pachtzinsforderungen (§ 110 Abs 2 S 2)

34 Die Rückschlagsperre des § 88 wird weiterhin ergänzt durch die Regelung in § 110 Abs 2 S 2 betr die Unwirksamkeit der Pfändung von Miet- und Pachtzinsforderungen (vgl *Grothe* KTS 2001, 205, 237). Eine Verfügung über diese Ansprüche ist nach § 110 Abs 1 S 1 nur für die Zeit nach Verfahrenseröffnung wirksam, soweit sie sich auf den Miet- oder Pachtzins für den zurzeit der Eröffnung des Verfahrens laufenden Kalendermonat bezieht. Ist die Eröffnung nach dem 15. Tag des Monats erfolgt, so ist die Verfügung auch für den folgenden Kalendermonat wirksam (§ 110 Abs 1 S 2). Nach § 110 Abs 2 S 2 steht einer rechtsgeschäftlichen Verfügung eine Verfügung gleich, die im Wege der **Zwangsvollstreckung** erfolgt. Obgleich im Gegensatz zu § 114 Abs 3 § 110 keine Verweisung auf § 88 enthält, ist **entgegen der Vorauflage** davon auszugehen, dass § 88 insoweit anwendbar ist (K/P/B/*Lüke* § 88 Rn 21; MüKo-*Eckert* § 110 Rn 7; *Vallender* ZIP 1997, 1993, 1994; *Jaeger/Eckardt* § 88 Rn 78; HK-*Kayser* § 88 Rn 9; HaKo-*Kuleisa* § 88 Rn 18; str aA HK-*Marotzke* § 110 Rn 10).

§ 89 Vollstreckungsverbot

(1) Zwangsvollstreckungen für einzelne Insolvenzgläubiger sind während der Dauer des Insolvenzverfahrens weder in die Insolvenzmasse noch in das sonstige Vermögen des Schuldners zulässig.

(2) ¹Zwangsvollstreckungen in künftige Forderungen auf Bezüge aus einem Dienstverhältnis des Schuldners oder an deren Stelle tretende laufende Bezüge sind während der Dauer des Verfahrens auch für Gläubiger unzulässig, die keine Insolvenzgläubiger sind. ²Dies gilt nicht für die Zwangsvollstreckung wegen eines Unterhaltsanspruchs oder einer Forderung aus einer vorsätzlichen unerlaubten Handlung in den Teil der Bezüge, der für andere Gläubiger nicht pfändbar ist.

(3) ¹Über Einwendungen, die auf Grund des Absatzes 1 oder 2 gegen die Zulässigkeit einer Zwangsvollstreckung erhoben werden, entscheidet das Insolvenzgericht. ²Das Gericht kann vor der Entscheidung eine einstweilige Anordnung erlassen; es kann insbesondere anordnen, daß die Zwangsvollstreckung gegen oder ohne Sicherheitsleistung einstweilen einzustellen oder nur gegen Sicherheitsleistung fortzusetzen sei.

Übersicht

	Rn
I. Allgemeines	1
II. Zwangsvollstreckungsverbot für Insolvenzgläubiger	3
1. Zwangsvollstreckungen	4
a) Unzulässige Vollstreckungsmaßnahmen	4
aa) Unzulässige Fortsetzung der Vollstreckung	5
bb) Vorpfändung und voreilige Vollstreckungen	6
cc) Kein Gutlaubensschutz	8
dd) Vollstreckung wegen Geldforderungen	9
ee) Auskunftsansprüche, Haftbefehle und Geldstrafen	11
ff) Arreste und einstweilige Verfügungen	12
b) Gläubigeranfechtung nach dem AnfG	15
c) Zulässige Maßnahmen	16
d) Freiwillige Leistungen des Schuldners	18
2. Betroffene Gläubiger	19
a) Zwangsvollstreckungen des Steuergläubigers und Sozialversicherungsträgers	22
b) Zwangsvollstreckungen ausländischer Gläubiger	23
c) Zwangsvollstreckungen des Bundesamtes für Justiz	24
3. Vollstreckungsverbot wegen Sozialplanforderungen der Arbeitnehmer	25
III. Betroffenes Vermögen	26
1. Vollstreckungsverbot bei Sonderinsolvenzverfahren	27
2. Vollstreckungen in Auslandsvermögen des Schuldners	29
3. Inlandsvollstreckung bei Auslandsinsolvenz	30
IV. Zeitgrenzen des Vollstreckungsverbots	31
V. Verbot der Zwangsvollstreckung in künftige Forderungen (§ 89 Abs 2)	32
1. Vollstreckungsverbot für künftige Forderungen auf Arbeitseinkommen	33
2. Zulässigkeit der Vollstreckung wegen Unterhalts- und Deliktsansprüchen	37

	Rn
VI. Rechtswirkungen des Vollstreckungsverbots	39
1. Von Amts wegen zu beachtendes Vollstreckungsverbot	39
2. Rechtsfolgen des Verstoßes gegen das Vollstreckungsverbot	40
3. Rechtsbehelfe gegen unzulässige Vollstreckungen (Abs 3)	42
4. Ansprüche bei unzulässiger Vollstreckung und Verwertung	47

I. Allgemeines

Der das Insolvenzverfahren beherrschende Grundsatz der Gleichbehandlung aller Gläubiger verbietet 1 es, dass sich einzelne von ihnen noch während des eröffneten Insolvenzverfahrens durch einen Sonderzugriff auf das Vermögen des Schuldners bzw des Schuldnerunternehmens ein besseres Recht auf Befriedigung verschaffen als die übrigen (*Jaeger/Henckel* § 14 KO Rn 1; *Gottwald/Gerhardt* InsRHdb § 33 Rn 1; *Behr* JurBüro 1999, 66). Wie im früheren Konkursrecht betrifft das Vollstreckungsverbot des § 89 nicht nur Gegenstände der Masse, sondern auch **sonstiges Schuldnervermögen** (*Braun/Kroth* § 89 Rn 11; MüKo-*Breuer* § 89 Rn 6). Auch **nachrangige Insolvenzgläubiger** (§ 39) sind an das Vollstreckungsverbot gebunden, nicht dagegen **Massegläubiger**, bei denen allerdings § 210 zu beachten ist. Für **Sozialplanansprüche** der Arbeitnehmer gilt die Sondervorschrift des § 123 Abs 3 S 2.

Für die **Restschuldbefreiung** und das **Verbraucherinsolvenzverfahren** gelten die Sondervorschriften 2 der §§ 294 Abs 1, 306 Abs 2. Die **freiwillige Befriedigung** eines Insolvenzgläubigers durch den Schuldner aus seinem insolvenzfreien Vermögen ist dagegen zulässig, wie zB die Übereignung eines nach § 36 unpfändbaren Gegenstandes. Die **Zwangsvollstreckung durch Massegläubiger** ist in § 90 besonders geregelt.

II. Zwangsvollstreckungsverbot für Insolvenzgläubiger

Nach § 89 Abs 1 sind Zwangsvollstreckungen für einzelne Insolvenzgläubiger (§§ 38, 39) während 3 der Dauer des Insolvenzverfahrens weder in die Masse noch in das sonstige Vermögen des Schuldners unzulässig. Das in § 89 geregelte Verbot von Einzelzwangsvollstreckungen steht der **Vollstreckung von Unterlassungsansprüchen** nicht entgegen, da diese keine Insolvenzforderungen sind (**KG** v 17. 12. 1999, NZI 2000, 228). Es kommt nicht darauf an, ob der Insolvenzgläubiger am Verfahren durch Anmeldung zur Tabelle teilnimmt (**BGH** v 13. 7. 2006 – IX ZB 288/03, ZInsO 2006, 994, 995 zu § 294).

1. Zwangsvollstreckungen. a) Unzulässige Vollstreckungsmaßnahmen. Unzulässig sind nach § 89 4 jedwelche Maßnahmen der Zwangsvollstreckung, gleichgültig, ob es sich um eine persönliche Haftung auf Geld und vertretbare Handlungen nach der ZPO oder nach dem Verwaltungsvollstreckungsgesetz handelt (**BFH** v 27. 11. 1974, BB 1975, 260; *Jaeger/Henckel* § 14 KO Rn 13; *Kilger/K. Schmidt* § 14 KO Anm 2; K/U § 14 KO Rn 5 a, 15; FK-*App* § 89 Rn 9; *Smid* § 89 Rn 4). Auch **Zurückgewinnungshilfen** nach § 111g StPO unterliegen als Einzelzwangsvollstreckungsmaßnahmen dem Vollstreckungsverbot des § 89 (**KG** v 6. 7. 2005 ZInsO 2005, 1047 = wistra 2005, 475; **AG Moers** v 18. 8. 2001 DZWIR 2001, 454 m Anm *Smid*). Nach § 251 Abs 2 S 1 AO bleiben die Vorschriften der InsO unberührt, so dass auch **Vollstreckungsmaßnahmen der Finanzbehörden** mit Verfahrenseröffnung über das Vermögen des Steuerschuldners unzulässig nach § 89 sind. Soweit die Fiskusforderung **Masseschuld** ist, richtet sich die Vollstreckung nach § 90 (s *Frotscher* Besteuerung S 264). Für die Vollstreckung sonstiger **öffentlich-rechtlicher Ansprüche** greift § 5 VwVG ein.

aa) Unzulässige Fortsetzung der Vollstreckung. Nicht nur der Beginn von Maßnahmen der Zwangs- 5 vollstreckung ist durch § 89 Abs 1 untersagt, sondern auch die **Fortsetzung einer bereits beantragten oder schon begonnenen Vollstreckung** (*Gottwald/Gerhardt* InsRHdb § 33 Rn 2; MüKo-*Breuer* § 89 Rn 9). Hat die Vollstreckung bereits zu einer dinglichen Sicherung des Gläubigers geführt, greift mit Ausnahme der §§ 321, 332 die Vorschrift des § 89 Abs 1 nicht mehr ein, da insoweit ein insolvenzfestes Absonderungsrecht entstanden ist, das nur noch im Wege der Rückschlagsperre (§ 88) oder der Insolvenzanfechtung (§§ 129 ff) beseitigt werden kann (**LG Osnabrück** DGVZ 1954, 60; N/R/*Wittkowski* § 89 Rn 16 *Gottwald/Gerhardt* InsRHdb § 33 Rn 2). So entsteht bereits mit dem Pfändungspfandrecht oder mit dem Arrestpfandrecht ein Absonderungsrecht, nicht jedoch mit Eintragung einer Arresthypothek, da die Umschreibung in eine Zwangshypothek einen neuen Vollstreckungsakt darstellt (*Jaeger/Henckel* § 14 KO Rn 27; *Gottwald/Gerhardt* InsRHdb § 33 Rn 2; str aA **OLG Frankfurt** Rpfleger 1975, 103, 104).

bb) Vorpfändung und voreilige Vollstreckungen. Die **Vorpfändung** (§ 845 ZPO) nach Insolvenzer- 6 öffnung ist keine die Vollstreckung lediglich vorbereitende Maßnahme, da sie bereits zu einer Beschlagnahme und zu einem auflösend bedingten Pfandrecht führt (BGHZ 167, 11, 14 ff; BGHZ 87, 166, 168 = NJW 1983, 1738, 1739; **OLG Düsseldorf** NJW 1975, 2210; MüKo-*Breuer* § 89 Rn 15; *Behr* DGVZ 1977, 54; *Keller* InsR Rn 1071; *Stein/Jonas/Münzberg* § 845 ZPO Rn 10; str aA Voraufl sowie HaKo-*Kuleisa* § 89 Rn 4; wohl auch *Gottwald/Gerhardt* InsRHdb § 33 Rn 2). Bei der Vorpfändung entsteht zwar noch kein Absonderungsrecht, wenn die Zustellung des Pfändungs- und Überweisungsbeschlusses nicht mehr rechtzeitig vor Verfahrenseröffnung erfolgt. Die Zustellung ist nach Verfahrenseröffnung nicht mehr zulässig, so dass die Vorpfändung ihre Wirksamkeit verliert (§ 845 Abs 2 S 1 ZPO; *Jaeger/Henckel* § 14 KO Rn 9; *MüKo-Breuer* § 89 Rn 10; *HK-Kayser* § 89 Rn 21; *Stein/Jonas/Münzberg* § 845 ZPO Rn 17, 23; *Gottwald/Gerhardt* InsRHdb § 33 Rn 2).

7 Wird eine **Zwangsvollstreckung** vor Insolvenzeröffnung **verfrüht vorgenommen** (§§ 750, 751, 794 Nr 5 iVm § 798 ZPO), so ist sie gem § 89 Abs 1 unwirksam, wenn die Voraussetzungen, an die ihre Wirksamkeit geknüpft ist, nicht sämtlich vor Verfahrenseröffnung erfüllt werden. Auch eine etwaige **Heilung von Vollstreckungsmängeln** wirkt nicht zurück (RGZ 125, 286, 288; KG JW 1934, 3146, 3147; *Jaeger/Henckel* § 14 KO Rn 24; *Jaeger/Gerhardt* § 89 Rn 54; *Gottwald/Gerhardt* InsRHdb § 33 Rn 2; str aA LG München I NJW 1962, 2306; *Baumbach/Lauterbach/Albers/Hartmann* Einf vor §§ 705–752 ZPO Rn 2, 3; *Stein/Jonas/Münzberg* § 750 ZPO Rn 15). Eine **Pfändung**, die entgegen § 750 ZPO **vor Zustellung des Titels** vorgenommen worden ist, kann nicht mehr wirksam werden, wenn die Zustellung erst nach Insolvenzeröffnung nachgeholt wird (RGZ 125, 286, 288; *Baur/Stürner* II Rn 144; *Jaeger/Henckel* § 14 KO Rn 5, 25; *MüKo-Breuer* § 89 Rn 15; *Stöber* NJW 1963, 769). Das Gleiche gilt von der Pfändung einer dem Schuldner nicht gehörenden Sache, die dieser erst nach Eröffnung des Insolvenzverfahrens über sein Vermögen zu Eigentum erwirbt. Bei der **Forderungspfändung** nach den §§ 828 ff ZPO entfaltet die **Zustellung** des **Pfändungs- und Überweisungsbeschlusses** an den Drittschuldner bereits Vollstreckungswirkung und ist deshalb unzulässig und unwirksam (OLG Stuttgart JurBüro 1975, 1378; OLG Frankfurt ZIP 1995, 1689, 1690; *Gottwald/Gerhardt* InsRHdb § 33 Rn 7; *MüKo-Breuer* § 89 Rn 15).

8 cc) **Kein Gutglaubensschutz.** Ein Gutglaubensschutz zugunsten des Vollstreckungsgläubigers greift nicht (*Jaeger/Eckardt* § 89 Rn 71; *Gottwald/Gerhardt* InsRHdb § 33 Rn 3). Zweifelhaft ist dies jedoch bei einem Rechtserwerb nach § 878 BGB, auf den § 91 Abs 2, nicht jedoch § 89 verweist. Nach **hM** ist auch hier maßgeblich der **Zeitpunkt der Eintragung im Grundbuch** (*Jaeger/Henckel* § 14 KO Rn 38; *Gottwald/Gerhardt* InsRHdb § 33 Rn 3; str aA *Wacke* ZZP 82 [1969] 380 ff). W. *Henckel* (*Jaeger/Henckel* § 14 KO Rn 38) meint, die nach Eröffnung des Insolvenzverfahrens erfolgende Eintragung verleihe dem Gläubiger kein Absonderungsrecht. Zu folgen ist der Argumentation von *Henckel* insoweit, als § 878 BGB lediglich die Nachteile abwenden will, die bei einem Rechtserwerb eintreten, der neben dem rechtsgeschäftlichen Tatbestand noch zusätzlich die Eintragung voraussetzt. Die Vorschrift findet dagegen keine Anwendung, wenn der Rechtserwerb allein auf die Eintragung beruht, denn die Einigung und der Eintragungsantrag schaffen allein für sich nicht schon eine insolvenzfeste Anwartschaft. Für die **Zwangshypothek** ist die Beendigung der Zwangsvollstreckungsmaßnahme maßgebend und das ist die **Eintragung im Grundbuch** (*Gottwald/Gerhardt* InsRHdb § 33 Rn 3). Dem vor Insolvenzeröffnung gestellten Antrag auf Eintragung einer Zwangshypothek kann daher nach Insolvenzeröffnung nicht mehr stattgegeben werden, denn § 878 BGB gilt nur für einen **Rechtserwerb durch Rechtsgeschäft**, nicht dagegen auch für einen Rechtserwerb im Wege der Zwangsvollstreckung (BGH v 17. 4. 1953, BGHZ 9, 250, 254). Wird aber die Einwilligung zu einer Eintragung im Grundbuch (zB einer Hypothek) durch Urteilsspruch ersetzt (§§ 894, 895 ZPO), so handelt es sich um einen rechtsgeschäftlichen Erwerb, auf den die Bestimmungen der §§ 892, 893 BGB ebenso anwendbar sind (§ 898 ZPO) wie § 878 BGB (*Jaeger/Henckel* § 14 KO Rn 39; K/U § 14 KO Rn 18; vgl auch *A. Viertelhausen*, Einzelzwangsvollstreckung S 69 ff).

9 dd) **Vollstreckung wegen Geldforderungen.** Das Vollstreckungsverbot des § 89 betrifft, ohne dass es auf die Art der Titulierung ankommt, die **Vollstreckung wegen Geldforderungen** in das **bewegliche Vermögen** des Schuldners nach den §§ 803 ff ZPO, also auch die Pfändung und Überweisung einer Forderung nach den §§ 828 f ZPO, sowie die **Vollstreckung in das unbewegliche Vermögen** nach den §§ 864 ff ZPO (*Jaeger/Henckel* § 14 KO Rn 16; K/P/B/*Lüke* § 89 Rn 6; N/R/*Wittkowski* § 89 Rn 11–14; FK-*App* § 89 Rn 9; BerlKo-*Blersch/v. Olshausen* § 89 Rn 3). Ebenso wenig wie nach Verfahrenseröffnung gem § 89 Abs 1 noch **Zwangshypotheken** oder **Zwangsvormerkungen** an Grundstücken eingetragen werden können (vgl BGH v 17. 4. 1953, BGHZ 9, 250, 254; *Hess* § 89 Rn 27; K/P/B/*Lüke* § 89 Rn 7; N/R/*Wittkowski* § 89 Rn 12), können nach § 98 LuftfzRG an Luftfahrzeugen oder gem §§ 10, 11, 76 ff SchRG an Schiffen, Schiffsbauwerken oder Schwimmdocks Rechte im Wege der Zwangsvollstreckung erworben werden (K/P/B/*Lüke* § 89 Rn 7). Auch die **Zwangsvollstreckung wegen anderer Ansprüche als Geldforderungen** (§§ 883 ff ZPO) unterliegt dem Vollstreckungsverbot des § 89 Abs 1, soweit es sich um Insolvenzforderungen handelt (OLG Stuttgart ZIP 1995, 45; *Jaeger/Henckel* § 14 KO Rn 6; K/P/B/*Lüke* § 89 Rn 8; *Gottwald/Gerhardt* InsRHdb § 33 Rn 4).

10 Da Ansprüche auf **Vornahme unvertretbarer Handlungen** (§ 888 ZPO), auf **Unterlassungen** oder **Duldungen** (§ 890 ZPO) keine Insolvenzforderungen iSv §§ 38, 39 sind, gilt das Vollstreckungsverbot insoweit nicht (LAG Düsseldorf ZIP 2004, 631 zur Erteilung e. Arbeitszeugnisses; RGZ 134, 377, 379; KG NJW-RR 2000, 1075; *Jaeger/Henckel* § 14 KO Rn 6; *Gottwald/Gerhardt* InsRHdb § 33 Rn 4). Gleiches gilt für nach bürgerlichem Recht begründete Ansprüche auf Leistung der **Eidesstattlichen Versicherung** (*Jaeger/Henckel* § 14 KO Rn 6; *Gottwald/Gerhardt* InsRHdb § 33 Rn 4). Unzulässig ist dagegen gem § 89 Abs 1 ein Antrag auf Abgabe der **Eidesstattlichen Versicherung** (Offenbarungsversiche-

II. Zwangsvollstreckungsverbot für Insolvenzgläubiger §89

rung) wegen einer Insolvenzforderung in den Fällen der §§ 899 ff ZPO iVm §§ 807, 899 ZPO, die im eröffneten Verfahren nur noch nach Maßgabe der §§ 98, 153 Abs 2 erzwungen werden kann (**KG OLGZ 23, 226**; *Jaeger/Henckel* § 14 KO Rn 7; BerlKo-*Blersch/v. Olshausen* § 89 Rn 4; *Kilger/ K. Schmidt* § 14 KO Anm 2; *Hess* § 89 Rn 25; *Gottwald/Gerhardt* InsRHdb § 33 Rn 4; K/P/B/*Lüke* § 89 Rn 9). Das EV-Verfahren nach § 807 ZPO ist ebenso eine Zwangsvollstreckungsmaßnahme wie der **Erlass eines Haftbefehls nach § 901 ZPO**, der der Erzwingung der Eidesstattlichen Versicherung dient (**OLG Jena ZInsO 2002, 134; LG Köln v 17. 5. 1988, DGVZ 1988, 157**; MüKo-*Breuer* § 89 Rn 12; K/P/B/*Lüke* § 89 Rn 9; N/R/*Wittkowski* § 89 Rn 11).

ee) Auskunftsansprüche, Haftbefehle und Geldstrafen. Unzulässig ist auch die **Zwangsvollstreckung** 11 **nach § 888 ZPO** aus einem Titel, der den Schuldner auf Grund eines akzessorischen Auskunftsanspruchs zur **Auskunft** verurteilt, wenn die Hauptforderung, deren Durchsetzung der Auskunftsanspruch dient, eine Insolvenzforderung ist (MüKo-*Breuer* § 89 Rn 12; *Hess* § 89 Rn 22). War der Schuldner vor Insolvenzeröffnung bereits zwecks Erzwingung der EV gem §§ 901, 908 f ZPO verhaftet worden, so ist er mit Verfahrenseröffnung von Amts wegen aus der Haft zu entlassen (*Noack* DVGZ 1981, 165; *Gottwald/Gerhardt* InsRHdb § 33 Rn 4; K/U § 14 KO Rn 2). Jedoch kann über die gegen einen vor Insolvenzeröffnung erlassenen Haftbefehl eingelegte sofortige Beschwerde während des Insolvenzverfahrens entschieden werden (**str aA KG OLGZ 23, 226**; *Jaeger/Weber* § 125 KO Rn 5), da sowohl die den Haftbefehl aufhebende Entscheidung (**OLG Hamm NJW 1955, 1444**) wie auch die den Haftbefehl bestätigende Entscheidung keine Vollstreckungsmaßnahme ist (K/U § 14 KO Rn 2; *Gottwald/Gerhardt* InsRHdb § 33 Rn 4). Da die **Wirksamkeit des Haftbefehls** durch die Insolvenzeröffnung nicht beseitigt wird, ist die Vollstreckung nach Beendigung des Insolvenzverfahrens insoweit zulässig, als der zugrunde liegende Titel noch wirksam und nicht durch die Tabelleneintragung gegenstandslos geworden ist (*Jaeger/ Henckel* § 14 KO Rn 7; *Gottwald/Gerhardt* InsRHdb § 33 Rn 4). Zur **Vollstreckung von Geldstrafen** und **Ersatzfreiheitsstrafen** während des Insolvenzverfahrens s *Pape* InVo 2006, 454 ff. Zulässig ist die Vollstreckung einer **Ersatzfreiheitsstrafe** (§ 43 StGB). S **OLG Frankfurt NZI 2006, 714; LG Leipzig ZIP 2002, 142;** *Vallender/Elschenbroich* NZI 2002, 130, 133; *Petershagen* ZInsO 2007, 703, 704; *Blersch/v Olshausen* § 89 Rn 5; **str aA** *Rönnau/Tachau* NZI 2007, 208, 211 f; *Fortmann* ZInsO 2005, 140, 141 f. Zur Anordnung einer **bußgeldrechtlichen Erzwingungshaft** s **LG Potsdam ZVI 2007, 529**; *App* ZVI 2008, 197 ff.

ff) Arreste und einstweilige Verfügungen. Wie bereits oben zu I. festgestellt wurde, werden von § 89 12 Abs 1 auch **Arreste** und **einstweilige Verfügungen** erfasst (vgl Begr RegE, BT-Drucks 12/2443, S 137; Rechtsausschuss BT-Drucks 12/7302 S 156; *Uhlenbruck* InVo 1996, 89; *ders* WPrax 1995, 66; *Vallender* ZIP 1997, 1993, 1998; *Gottwald/Gerhardt* InsRHdb § 33 Rn 8; K/P/B/*Lüke* § 89 Rn 10; N/R/*Wittkowski* § 89 Rn 13; **anders wohl** *Jauering/Berger* § 34 Rn 4; s auch *Jauernig* FS *Uhlenbruck* 2000 S 3, 13). Schon der **Erlass eines Arrestbefehls** stellt eine Sicherung isv § 89 Abs 1 dar (MüKo-*Breuer* § 89 Rn 13; K/P/B/*Lüke* § 89 Rn 10; *Gottwald/Gerhardt* InsRHdb § 33 Rn 8; FK-*App* § 89 Rn 12). War der Arrestbefehl zum Zeitpunkt der Verfahrenseröffnung schon erlassen, aber noch nicht vollzogen, so ist er auf Widerspruch (§ 924 Abs 1 ZPO) des Insolvenzverwalters ohne Sachprüfung aufzuheben (**BGH KTS 1962, 51, 52**; *Gottwald/Gerhardt* InsRHdb § 33 Rn 8). Ein **Widerspruchsverfahren** auf Betreiben des Schuldners wird entspr § 240 ZPO mit Verfahrenseröffnung unterbrochen. Der Verwalter kann das Verfahren mit dem Ziel aufnehmen, den Arrestbefehl wegen § 89 Abs 1 aufzuheben. Das Gericht hat diesem Antrag zu entsprechen, da der Arrest nicht vollzogen werden kann (**BGH KTS 1962, 51, 52**; K/U § 14 KO Rn 5; FK-*App* § 89 Rn 12; K/P/B/*Lüke* § 89 Rn 10). War die **Vollziehung des Arrestes bereits erfolgt**, so ergeht auf Widerspruch des Insolvenzverwalters eine Entscheidung über die Rechtmäßigkeit des Arrestes (K/P/B/ *Lüke* § 89 Rn 10; *Gottwald/Gerhardt* InsRHdb § 33 Rn 8). Das Rechtsschutzinteresse an der Feststellung der Rechtmäßigkeit des Arrestes ist schon im Hinblick auf § 945 ZPO und evtl zur Abwendung der Vollziehung geleistete Sicherheiten zu bejahen, selbst wenn die Vollziehung des Arrestes unter § 88 fällt (K/P/B/*Lüke* § 89 Rn 10; *Gottwald/Gerhardt* InsRHdb § 33 Rn 8; N/R/*Wittkowski* § 89 Rn 13). Nach zutr Feststellung von *Gerhardt* (*Gottwald/Gerhardt* InsRHdb § 33 Rn 8) kann ein durch eine vorläufig vollstreckbare Entscheidung aufgehobener Arrest auch nach Insolvenzeröffnung in der Rechtsmittelinstanz wieder hergestellt werden, weil dem aufhebenden Urteil vor Rechtskraft nur vorläufige Wirksamkeit zukam (so auch **RGZ 56, 145, 148**; *Jaeger/Henckel* § 14 KO Rn 29; *Rosenberg/Gaul/Schilken*, ZwangsvollstreckungsR § 77 II 4; **str aA OLG München OLGZ 1969, 196, 199; OLG Frankfurt OLGZ 1976, 373, 375;** *Stein/Jonas/Grunsky* § 925 ZPO Rn 19). Etwas anderes gilt aber, wenn auf Grund des ersten Urteils die Arrestpfändung bereits aufgehoben worden war, da der bestätigte Arrest wegen § 89 nicht erneut vollzogen werden kann (**RGZ 56, 145, 148**; *Gottwald/Gerhardt* InsRHdb § 33 Rn 8; N/R/*Wittkowski* § 89 Rn 13; vgl auch **OLG Düsseldorf NJW 1950, 113; OLG Düsseldorf NJW 1971, 812, 814; OLG Hamburg MDR 1977, 148**; MüKo-*Breuer* § 89 Rn 14).

§ 89 gilt schließlich auch für die Vollziehung eines **strafprozessualen dinglichen Arrestes** nach § 111 13 StPO (**KG NJW 2005, 3734**; BerlKo-*Blersch/v. Olshausen* § 89 Rn 3). Die Beschlagnahme eines Gegenstandes nach § 111c Abs 1–4 StPO ist im Insolvenzverfahren wirkungslos (**BGH v 24. 5. 2007 – IX ZR 41/05, NZI 2007, 450 = ZIP 2007, 1338 = ZInsO 2007, 709**).

§ 89 Vollstreckungsverbot

14 § 89 verbietet auch die **Eintragung einer Vormerkung auf Grund einer einstweiligen Verfügung** zugunsten eines Insolvenzgläubigers (vgl hierzu *Gerhardt*, Probleme der Mobiliar- und Immobiliarvollstreckung nach der InsO, in: *W. Henckel; G. Kreft*, Insolvenzrecht 1998, RWS-Forum 14 S 217, 224; *Gottwald/Gerhardt* InsRHdb § 33 Rn 9; K/P/B/*Lüke* § 89 Rn 10; *Hess* § 89 Rn 31; *Behr* JurBüro 1999, 66; *Vallender* ZIP 1997, 1993, 1998; BerlKo-*Blersch/v. Olshausen* § 89 Rn 3). Allerdings kann eine Vormerkung auf Grund einer nach §§ 894, 895 ZPO fingierten Bewilligung des Insolvenzverwalters eingetragen werden (*Gottwald/Gerhardt* InsRHdb § 33 Rn 9). Die Wirksamkeit einer fingierten Bewilligung des Schuldners hinsichtlich eines Grundstücks, das zur Insolvenzmasse gehört, beurteilt sich nach §§ 81, 91 (*Gottwald/Gerhardt* InsRHdb § 33 Rn 9). Für die Zulässigkeit der Eintragung einer Zwangsvormerkung kommt es auf den Zeitpunkt der Eintragung an, nicht auf den der Antragstellung (KG HRR 1934, Nr 167; *Jaeger/Henckel* § 14 KO Rn 38, 55; *Gottwald/Gerhardt* InsRHdb § 33 Rn 9; str aA *Wacke* ZZP 82 [1969], 390).

15 b) **Gläubigeranfechtung nach dem AnfG.** Auch die Gläubigeranfechtung nach dem AnfG ist in Bezug auf die vom Insolvenzbeschlag erfassten Gegenstände ausgeschlossen (§ 143 InsO iVm §§ 16–18 AnfG). Mit Ausnahme freigegebener Gegenstände kann es so gut wie kein insolvenzfreies Vermögen mehr geben, in das die Insolvenzgläubiger nach Maßgabe des AnfG nach anfechtbarer Veräußerung durch den Schuldner vollstrecken könnten (*Gottwald/Gerhardt* InsRHdb § 33 Rn 5; K/P/B/*Lüke* § 89 Rn 11). Ein anhängiger Anfechtungsprozess wird durch die Eröffnung des Insolvenzverfahrens unterbrochen und kann vom Insolvenzverwalter aufgenommen werden (Einzelheiten bei K/P/B/*Paulus* Anh I § 16 AnfG Rn 5; § 17 AnfG Rn 1; K/P/B/*Lüke* § 89 Rn 11).

16 c) **Zulässige Maßnahmen.** Maßnahmen, die die **Vollstreckung nur vorbereiten**, werden nicht von § 89 erfasst (BGH v 12. 12. 2007 – VII ZB 108/06, NZI 2008, 198; **OLG** Saarbrücken ZIP 1994, 1609; *Mankowski* ZIP 1994, 1577; *Braun/Kroth* § 89 Rn 3; K/V/*Vogelsang* Hdb Fach 2 Kap 12 Rn 140 ff; *Jaeger/Henckel* § 14 KO Rn 35; *Kilger/K. Schmidt* § 14 KO Anm 2; FK-*App* § 89 Rn 11; N/R/*Wittkowski* § 89 Rn 16; *Gottwald/Gerhardt* InsRHdb § 33 Rn 6; MüKo-*Breuer* § 89 Rn 30). Deshalb kann ein Urteil für vorläufig vollstreckbar erklärt werden (§§ 708 ff ZPO). Auch kann dem Kläger eine vollstreckbare Ausfertigung (§§ 724 ff ZPO) erteilt werden. S. auch *App* NZI 1999, 138; *Hellwich* DGVZ 1998, 50; *Behr* JurBüro 1999, 66. Ob die **Erteilung der Vollstreckungsklausel** unter die vorbereitenden Maßnahmen fällt, ist allerdings umstritten (**bejahend** RG v 22. 1. 1892, RGZ 29, 73, 76; RGZ 35, 80, 81; HK-*Kayser* § 89 Rn 20; *Hess* § 89 Rn 25; *Kilger/K. Schmidt* § 14 KO Anm 2; *Gottwald/Gerhardt* InsRHdb § 33 Rn 6; N/R/*Wittkowski* § 89 Rn 15; *Steder* ZIP 1996, 1072, 1076; **verneinend** *Jaeger/Henckel* § 6 KO Rn 96). Zulässig ist auch die **Vollstreckbarkeitserklärung ausländischer Erkenntnisse, Schiedssprüche, Schiedsvergleiche und Anwaltsvergleiche** (§§ 722, 1055, 1060, 1061, 1053, 798 a ff ZPO), weil damit die Zwangsvollstreckung gegen den Schuldner noch nicht begonnen wird (OLG Düsseldorf NZI 2002, 338; *Jaeger/Henckel* § 14 KO Rn 35; BerlKo-*Blersch/v Olshausen* § 89 Rn 25; *Gottwald/Gerhardt* InsRHdb § 33 Rn 6). Ein Insolvenzgläubiger kann dagegen nicht die **Umschreibung eines Titels** gegen den Insolvenzverwalter entspr §§ 727 f ZPO verlangen, den er gegen den Insolvenzschuldner erwirkt hat (*Jaeger/Henckel* § 6 KO Rn 96; *Zöller/Stöber* § 727 ZPO Rn 18; *Gottwald/Gerhardt* InsRHdb § 33 Rn 6; N/R/*Wittkowski* § 89 Rn 15; MüKo InsO-*Breuer* § 89 Rn 30). Da er wegen § 89 gehindert ist, gegen den Insolvenzverwalter zu vollstrecken, fehlt dem Gläubiger insoweit das Rechtsschutzinteresse für den Antrag auf Umschreibung (*Zöller/Stöber* § 727 ZPO Rn 18; *Gottwald/Gerhardt* InsRHdb § 33 Rn 6).

17 Hinsichtlich der **Zulässigkeit von Zustellungen** ist darauf abzustellen, ob diese unmittelbar die Vollstreckungswirkung herbeiführen (OLG Stuttgart JurBüro 1995, 1378 f; LG Berlin KTS 1963, 185; MüKo-*Breuer* § 89 Rn 30; K/P/B/*Lüke* § 89 Rn 12; *Gottwald/Gerhardt* InsRHdb § 33 Rn 7). Nach Verfahrenseröffnung hat deshalb der Gerichtsvollzieher die Zustellung einer Vorpfändungsbenachrichtigung abzulehnen (LG Detmold KTS 1977, 126, 127; *Stein/Jonas/Münzberg* § 845 ZPO Rn 10; *Behr* DGVZ 1977, 54; *Noack* JurBüro 1976, 273, 276; *Gottwald/Gerhardt* InsRHdb § 33 Rn 7; K/P/B/*Lüke* § 89 Rn 12). Ansprüche auf **Vornahme einer unvertretbaren Handlung, Duldung oder Unterlassung** (§§ 888 f ZPO) unterliegen nicht dem Vollstreckungsverbot, da sie keine Insolvenzforderungen sind (RGZ 134, 377, 379; KG v 17. 12. 1999, NZI 2000, 228; OLG Neustadt NJW 1965, 257; LAG Düsseldorf ZIP 2004, 631 [Erteilung eines Arbeitszeugnisses]; *Jaeger/Henckel* § 14 KO Rn 6; *Steder* ZIP 1996, 1072, 1076; HaKo-*Kuleisen* § 89 Rn 4; N/R/*Wittkowski* § 89 Rn 16). Zur Vollstreckung wegen **vertretbarer Handlungen** s LG Mainz InsO 2002, 639. Die **Aufrechnung** eines Insolvenzgläubigers mit insolvenzfreiem Vermögen ist keine Vollstreckungsmaßnahme iSv § 89 und dieser auch nicht gleichzustellen (BGH NJW 1971, 1563 = KTS 1972, 39; N/R/*Wittkowski* § 89 Rn 17; *Hess* § 89 Rn 33, 34; str aA *Jaeger/Henckel* § 14 KO Rn 12).

18 d) **Freiwillige Leistungen des Schuldners.** Nicht unter § 89 fallen freiwillige Leistungen des Schuldners oder Schuldnerunternehmens, selbst wenn diese unter dem Zwang einer drohenden Zwangsvollstreckung erfolgen (*Jaeger/Henckel* § 14 KO Rn 33; *Kilger/K. Schmidt* § 14 KO Anm 1; HaKo-*Kuleisa* § 89 Rn 4). § 89 enthält kein Abtretungsverbot iSv § 400 BGB (vgl BGHZ 125, 116 = NJW 1994, 1057 = ZIP 1994, 474 zu § 14 KO).

II. Zwangsvollstreckungsverbot für Insolvenzgläubiger   § 89

2. Betroffene Gläubiger. Vom Vollstreckungsverbot des § 89 werden sämtliche Forderungen persönlicher Gläubiger des Schuldners iSv §§ 38, 39 betroffen, so dass auch die **nachrangigen** Insolvenzgläubiger nicht vollstrecken dürfen (*Hess* § 89 Rn 13; K/P/B/*Lüke* § 89 Rn 4; *Gottwald/Gerhardt* InsRHdb § 33 Rn 10; BerlKo-*Blersch/v Olshausen* § 89 Rn 8). Unerheblich ist dabei, ob der Insolvenzgläubiger auf die Verfahrensteilnahme verzichtet, da sich die Qualifikation als Insolvenzforderung auf Grund des materiellen Anspruchs ergibt (BerlKo-*Blersch/v. Olshausen* § 89 Rn 9; K/P/B/*Lüke* § 89 Rn 4; MüKo-*Breuer* § 89 Rn 23; *Jaeger/Henckel* § 14 KO Rn 14). Auch **Unterhalts- und Deliktsgläubiger** dürfen nicht mehr nach §§ 850 d, 850 f Abs 2 ZPO in den Teil der Bezüge vollstrecken, der nicht dem Insolvenzbeschlag unterliegt. Das gilt aber nur insoweit als sie Insolvenzgläubiger sind und am Verfahren teilnehmen (**BGH** v 15. 11. 2007 – IX ZB 4/06, ZInsO 2008, 39, 40). Für Ansprüche auf Unterhalt oder Delikt **nach Verfahrenseröffnung** können die Gläubiger in den nach den §§ 850 d, 850 f ZPO erweiterten pfändbaren Teil vollstrecken (KS-*Gerhardt* S 215 f Rn 46; BerlKo *Blersch/v. Olshausen* § 89 Rn 8; s auch unten zu Rn 29). Gläubiger, die erst **nach Verfahrenseröffnung** einen Vermögensanspruch gegen den Insolvenzschuldner erlangt haben (zB aus Vertrag oder Delikt), sind keine Insolvenzgläubiger, sondern „**Neugläubiger**" oder „**Nachinsolvenzgläubiger**" (**BGH** v 27. 9. 2007 – IX ZB 16/06, NZI 2008, 50, 51; *Jauernig* § 47 II 1; *Gottwald/Gerhardt* InsRHdb § 33 Rn 10). Trotzdem folgt aus dem Regelungszweck der §§ 35, 38, dass das Vollstreckungsverbot auch für die „Nachinsolvenzgläubiger" gilt, weil die „Masse für die Befriedigung der Insolvenzgläubiger (und der Massegläubiger) reserviert ist" (*Häsemeyer* InsR Rn 10.05; *Jauernig* § 47 II 1; wohl auch *Ahrens* NZI 2008, 24, 25). Das ergibt sich auch aus § 91 Abs 1 (*Häsemeyer* InsR Rn 10.05). Soweit der Geschäftsführer einem Neugläubiger wegen Insolvenzverschleppung persönlich haftet, ist die Vollstreckung dagegen zulässig. **Neugläubiger** sind aber nicht gehindert, in das **insolvenzfreie pfändbare Vermögen** des Schuldners zu vollstrecken (MüKo-*Breuer* § 89 Rn 26; HaKo-*Kuleisa* § 89 Rn 7; HK-*Kayser* § 89 Rn 14; N/R/*Wittkowski* § 89 Rn 19; *Hess* § 89 Rn 14; *Jaeger/Eckardt* § 89 Rn 25; AG Göttingen ZInsO 2007, 1165, 1166; S auch unten zu Rn 37). Eine Vollstreckung in den Neuerwerb ist nicht möglich, da dieser ebenfalls gem § 35 in die Insolvenzmasse fällt (vgl auch HK-*Eickmann* § 89 Rn 12; FK-*App* § 89 Rn 5).

Aussonderungsberechtigte Gläubiger unterfallen nicht dem Vollstreckungsverbot des § 89 (LG   **20** Traunstein v 9. 6. 2000, NZI 2000, 438; BerlKo-*Blersch/v. Olshausen* § 89 Rn 5; *Gottwald/Gerhardt* InsRHdb § 33 Rn 11; *Hess* § 89 Rn 14; *Jaeger/Henckel* § 14 KO Rn 17). Dass Aussonderungsberechtigte ihr Recht im Vollstreckungswege durchsetzen können, zB durch Herausgabevollstreckung, war bereits zur KO allgemein anerkannt. Durch die InsO hat sich insoweit nichts geändert (HK-*Kayser* § 89 Rn 7 u 12). **Absonderungsberechtigte Gläubiger** können gem § 52 gleichzeitig Insolvenzgläubiger sein. Hinsichtlich ihrer Forderung werden sie vom Vollstreckungsverbot des § 89 betroffen, nicht dagegen hinsichtlich der Verwertung der Sicherheit (LG Traunstein NZI 2000, 438; AG Hamburg ZInsO 2005, 1058; AG Rosenheim ZInsO 2000, 291; BerlKo-*Blersch/v. Olshausen* § 89 Rn 5; HK-*Kayser* § 89 Rn 7; K/P/B/*Lüke* § 89 Rn 5; HaKo-*Kuleisa* § 89 Rn 6; zur Zwangsvollstreckung und zu Passivprozessen des Sicherungsnehmers s *Smid* ZInsO 2001, 433; zur **Umschreibung einer Vollstreckungsklausel** auf den Insolvenzverwalter *Kesseler* ZInsO 2005, 918). Hatte der Gläubiger Besitz an der Sicherheit, ist er zur Verwertung berechtigt. Ansonsten liegt die Verwertungsbefugnis gem §§ 166 Abs 1, 173 beim Insolvenzverwalter mit der Folge, dass dem absonderungsberechtigten Gläubiger kein Herausgabeanspruch zusteht, den er im Vollstreckungswege durchsetzen könnte (*Gottwald/Gerhardt* InsRHdb § 33 Rn 11). De facto ist damit die Zugriffsmöglichkeit auf das Sicherungsgut im Wege der Zwangsvollstreckung unmöglich, auch ohne dass § 89 Abs 1 eingreift.

Für **unbewegliche Gegenstände** folgt die Verwertungsbefugnis aus den §§ 49, 165. Die gesicher-   **21** ten Gläubiger können somit die Verwertung von Grundstücken durch Zwangsversteigerung oder Zwangsverwaltung betreiben. Die Pfändung der **Mietansprüche** durch den absonderungsberechtigten Grundpfandgläubiger aus seinem dinglichen Recht ist unzulässig (BGHZ 168.339 = ZIP 2006, 1554 = ZInsO 2006, 873; AG Hamburg ZIP 2005, 1801 = ZInsO 2005, 1058; str aA LG Münster ZIP 2005, 2331 (Ls); LG Traunstein NZI 2000, 438; LG Stendal ZIP 2005, 1800; HK-*Eickmann* § 89 Rn 18). Zu den Möglichkeiten der einstweiligen Einstellung der Zwangsversteigerung oder Zwangsverwaltung vgl §§ 30 d, 30 e, 153 b ZVG. Wird die Zwangsversteigerung oder Zwangsverwaltung einstweilen eingestellt, wird die Vollstreckung unzulässig (*Gottwald/Gerhardt* InsRHdb § 33 Rn 11; *Gerhardt* bei *Henckel/Kreft*, InsolvenzR 1998, S 217, 227). **Hypothekengläubiger** können, da sich das Absonderungsrecht gem § 1120 BGB auf Erzeugnisse und Zubehörstücke bezieht, auch in diese Gegenstände vollstrecken (K/U § 14 KO Rn 14; *Hess* § 89 Rn 16). Ein von einem niederländischen Insolvenzgericht ernannter Insolvenzverwalter ist berechtigt, gem § 172 ZVG die Zwangsversteigerung in ein in Deutschland belegenes Grundstück des Schuldners zu betreiben (LG Krefeld NJW-RR 1992, 1535; LG München ZInsO 2001, 1118; *Hess* § 89 Rn 21, 22). **Einstweilige Verfügungen** sind zulässig, soweit sie zur Sicherung des Grundpfandgläubigers wegen seiner Rechte aus §§ 1134, 1135 BGB erforderlich sind (*Jaeger/Henckel* § 14 KO Rn 22; *Stein/Jonas/Grunsky* § 938 ZPO Anm II 1). Unzulässig sind einstweilige Verfügungen aber, wenn sie dem Zweck dienen, dem Grundpfandrechtsgläubiger den Zugriff auf die Mietzinse zu verschaffen (*Jaeger/Henckel* § 14 KO Rn 22 mit Rechtsprechung).

22 **a) Zwangsvollstreckungen des Steuergläubigers und Sozialversicherungsträgers.** Wird über das Vermögen des Steuerschuldners das Insolvenzverfahren eröffnet, so ist es auch dem Steuergläubiger verwehrt, im Wege der Einzelzwangsvollstreckung gegen den Steuerschuldner vorzugehen (§ 251 Abs 2 S 1 AO). Gleiches gilt für die Verfolgung **öffentlich-rechtlicher Forderungen** (BFH WM 1975, 989; FG Münster EFG 2003, 477; App InVo 1999, 65, 67; HK-*Kayser* § 89 Rn 7; *Hess* § 89 Rn 30; N/R/*Wittkowski* § 89 Rn 14). § 89 greift auch ein, wenn das Finanzamt hinsichtlich der Steuerforderung ausdrücklich auf die Verfahrensteilnahme verzichtet. Gleiches gilt für Vollstreckungen der Sozialversicherungsträger nach § 66 SGB X.

23 **b) Zwangsvollstreckungen ausländischer Gläubiger.** § 89 gilt auch für ausländische Insolvenzgläubiger hinsichtlich der Durchsetzung ihrer Forderungen im Inlandsinsolvenzverfahren. Wird im **Ausland ein Insolvenzverfahren** über das Vermögen des Schuldners eröffnet, ist die Einzelzwangsvollstreckung auch im Inland unzulässig, sofern das ausländische Recht eine den §§ 89, 90 entsprechende Regelung enthält (§ 335, § 343 Abs 1; BGH ZIP 1983, 961, 964; K/P/B/*Lüke* § 89 Rn 27; *Hess* § 89 Rn 21; *Braun/Kroth* § 89 Rn 13; *Gottwald/Gerhardt* InsRHdb § 33 Rn 14). Abweichend zum früheren Recht müssen nunmehr die inländischen Gläubiger am ausländischen Insolvenzverfahren teilnehmen. Wie zu § 335 Rn 27 (*Lüer*) näher ausgeführt wird, ist der Vollstreckungsschutz, den die §§ 88, 89 vorsehen, **insolvenzrechtlich zu qualifizieren**, denn er dient in umfassender Weise dem Schutz der Insolvenzmasse mit dem Ziel, die Gläubiger einheitlich und gleich zu behandeln sowie einseitige Zugriffe einzelner Gläubiger auszuschließen. Die Vorschriften der §§ 88, 89 beanspruchen **extraterritoriale Wirkung**, denn es geht insbesondere auch um den **Schutz des im Ausland belegenen Schuldnervermögens** vor Maßnahmen der Einzelzwangsvollstreckung zum Nachteil der übrigen Gläubiger. Die Tatsache, dass die inländischen Vollstreckungsschutzvorschriften im Ausland möglicherweise nicht anerkannt oder missachtet werden, steht dem extraterritorialen Geltungsanspruch nicht entgegen (*Mohrbutter/Ringstmeier/Wenner* Hdb § 20 Rn 80 ff; K/P/B/*Kemper* Art 102 EGInsO Anh II Rn 207). Etwas anderes gilt bei der Eröffnung von **Parallelinsolvenzverfahren** im In- und Ausland. Bei **inländischem Sekundärinsolvenzverfahren** nach Art 102 Abs 3 EGInsO erstreckt sich das Vollstreckungsverbot des § 89 nur auf das inländische Vermögen, so dass ein Herausgabeanspruch gegen den im Ausland vollstreckenden Gläubiger an die inländische Masse nicht besteht (K/P/B/*Kemper* Art 102 EGInsO Anh II Rn 272; *Gottwald/Gottwald* InsRHdb § 130 Rn 126). S auch unten zu III.2. Rn 29, 30.

24 **c) Zwangsvollstreckungen des Bundesamtes für Justiz.** Nach dem Inkrafttreten des „*Gesetzes über elektronische Handelsregister und Genossenschaftsregister sowie die Unternehmensregister (EHUG)*" am 1. 1. 2007 (vgl *Maus* ZInsO 2008, 5 ff; *Stollenwerk/Krieg* GmbHR 2008, 575 ff; *Ries* ZInsO 2008, 536 ff) kann das Bundesamt für Justiz gegen das säumige Unternehmen ein Ordnungsgeld festsetzen. Einer Vollstreckung des Ordnungsgeldes steht § 89 entgegen.

25 **3. Vollstreckungsverbot wegen Sozialplanforderungen der Arbeitnehmer.** Anders als die KO stuft die InsO die Sozialplanansprüche der Arbeitnehmer nicht mehr als bevorrechtigte Forderungen ein, sondern als Masseforderungen (§ 123 Abs 2 S 1). Da Masseforderungen grundsätzlich nicht unter § 89 fallen, ordnet § 123 Abs 3 S 2 an, dass eine Zwangsvollstreckung in die Masse wegen einer Sozialplanforderung unzulässig ist. Damit wird gewährleistet, dass der Masse durch Vollstreckungen nicht mehr Mittel entzogen werden, als den Arbeitnehmern im Rahmen der absoluten (§ 123 Abs 1) und der relativen (§ 123 Abs 2 S 1) Obergrenze zustehen (*Uhlenbruck* InVo 1996, 89, 90; *Vallender* ZIP 1997, 1993, 1999; KS-*Schwerdtner* S 1605, 1646 Rn 116).

III. Betroffenes Vermögen

26 Das Vollstreckungsverbot des § 89 betrifft nicht nur Gegenstände der Insolvenzmasse (§ 35), sondern auch sonstiges Vermögen des Schuldners, also auch das insolvenzfreie **Schuldnervermögen**. Da § 35 auch das Neuvermögen des Schuldners erfasst, spielt das „sonstige Vermögen" des Schuldners im Rahmen des Vollstreckungsverbots so gut wie keine Rolle (vgl *Vallender* ZIP 1997, 1993, 1998; KS-*Gerhardt* in: KSInsO S 193, 214 Rn 45; K/P/B/*Lüke* § 89 Rn 14; BerlKo-*Blersch/v. Olshausen* § 89 Rn 8). **Sonstiges Vermögen** ist nur noch solches Vermögen, das nach § 36 nicht der Zwangsvollstreckung unterliegt oder vom Insolvenzverwalter aus der Masse freigegeben wird (BerlKo-*Blersch/v. Olshausen* § 89 Rn 8; *Gottwald/Gerhardt* InsRHdb § 33 Rn 12; K/P/B/*Lüke* § 89 Rn 14). Mit Ausnahme der freigegebenen Vermögensgegenstände ergibt sich das Vollstreckungsverbot aber bereits aus dem **Verbot der Einzelzwangsvollstreckung** (§§ 811, 850 ff ZPO). Auch in vom Insolvenzverwalter **freigegebene Vermögensgegenstände** des Schuldners darf während der Dauer des Insolvenzverfahrens seitens der Insolvenzgläubiger nicht vollstreckt werden (**BGH** v. 12. 2. 2009 – IX ZB 112/06, NZI 2009, 382 = ZInsO 2009, 830; **KG** wistra 2005, 475; *Gottwald/Gerhardt* InsRHdb § 33 Rn 10, 13; BerlKo-*Blersch/v. Olshausen* § 89 Rn 8; K/P/B/*Lüke* § 89 Rn 14). Zu unterscheiden ist aber: **Insolvenzgläubigern** ist während der Dauer des Verfahrens nach § 89 Abs 1 die Zwangsvollstreckung sowohl in die Insolvenzmasse als auch in das sonstige Vermögen des Schuldners untersagt. Das gilt auch für freigegebenes Vermögen (**LG**

III. Betroffenes Vermögen **§ 89**

Heilbronn Rpfleger 2006, 430). Auch **Neugläubiger** können nicht in die Insolvenzmasse vollstrecken (str aA HK-*Kayser* § 89 Rn 14; MüKo-*Breuer* § 89 Rn 26). **Massegläubiger** (§ 53) sind dagegen in den Grenzen der §§ 90, 210 zur Vollstreckung berechtigt (vgl **BGH** ZIP 2006, 1410, 1411; HK-*Kayser* § 89 Rn 11). Anders als den Insolvenzgläubigern (§ 38) ist aber den **Neugläubigern** und **Massegläubigern** der Vollstreckungszugriff auf insolvenzfreies Vermögen des Schuldners nicht verwehrt (HK-*Kayser* § 89 Rn 14; MüKo-*Breuer* § 89 Rn 26; *Keller* InsR Rn 1058).

1. Vollstreckungsverbot bei Sonderinsolvenzverfahren. Ein Sonderinsolvenzverfahren ist nur da zulässig, wo eine begrenzte Vermögensmasse kraft Gesetzes bestimmten persönlichen Gläubigern allein oder im Voraus haftet (*Baur* DRiZ 1950, 11; *Jaeger/Henckel* § 1 KO Rn 149 ff). Gesetzlich anerkannt ist das Sonderinsolvenzverfahren bei der OHG, der KG, beim Nachlass, über das Gesamtgut der fortgesetzten Gütergemeinschaft sowie über das von beiden Ehegatten gemeinschaftlich verwaltete Gesamtgut der Gütergemeinschaft. Bei Sonderinsolvenzverfahren **gilt das Vollstreckungsverbot** grundsätzlich nur für das **Sondervermögen**. Während des Insolvenzverfahrens über das Vermögen der OHG ist zB Insolvenzmasse iSv § 35 das vom Insolvenzbeschlag erfasste Gesellschaftsvermögen, nicht aber als „sonstiges Vermögen" iSv § 89 Abs 1 das **Privatvermögen der einzelnen Gesellschafter.** Insoweit verbietet aber § 93 die Vollstreckung durch Gesellschaftsgläubiger, weil die persönliche Haftung der Gesellschafter in das Insolvenzverfahren der Gesellschaft einbezogen worden ist. Die Sperrwirkung des § 93 führt somit gleichzeitig zu einem Verbot der Vollstreckung in das Privatvermögen der persönlich haftenden Gesellschafter (*Gottwald/Gerhardt* InsRHdb § 33 Rn 13). Das Vollstreckungsverbot des § 93 greift allerdings nicht für die **persönlichen Gläubiger des Gesellschafters** ein. Diese können ungeachtet der Gesellschaftsinsolvenz weiter vollstrecken. Ist über das Vermögen des persönlich haftenden Gesellschafters ebenfalls ein Insolvenzverfahren eröffnet, so ist nach § 89 zwar die Vollstreckung in das insolvenzbefangene und das insolvenzfreie Vermögen des Gesellschafters einschl des Gesellschaftsanteils untersagt, nicht aber die Sondervollstreckung in das von dieser Insolvenz nicht erfasste Gesellschaftsvermögen (*Gottwald/Gerhardt* InsRHdb § 33 Rn 13; *Oehlerking* KTS 1980, 15). Grundsätzlich sind also **Vollstreckungen in das Privatvermögen des persönlich haftenden Gesellschafters** einer KG, einer KA aG, GbR; einer OHG, einer Partenreederei oder einer EWIV im Gesellschaftsinsolvenzverfahren nicht durch § 89 ausgeschlossen (*Jaeger/Henckel* § 14 KO Rn 48; *Kilger/K. Schmidt* § 14 KO Anm 6; K/P/B/*Lüke* § 89 Rn 16). Nur kann ein Gesellschaftsgläubiger die persönliche Haftung weder geltend machen noch auf Grund dieser vollstrecken, da die persönliche Haftung des Gesellschafters in § 93 nur vom Insolvenzverwalter geltend gemacht werden kann.

Im Insolvenzverfahren über das **Vermögen des Gesellschafters** einer oHG, KG, KGaA, Partenreederei, einer EWIV oder GbR kann von dessen Gläubigern ungehindert auf das Gesellschaftsvermögen zugegriffen werden (K/P/B/*Lüke* § 89 Rn 16; *Oehlerking* KTS 1980, 15; *Gottwald/Gerhardt* InsRHdb § 33 Rn 13). Dagegen fällt der Gesellschaftsanteil des persönlich haftenden Gesellschafters in dessen Insolvenzmasse und unterliegt deshalb dem Vollstreckungsverbot des § 89 (K/P/B/*Lüke* § 89 Rn 16; *Gottwald/Gerhardt* InsRHdb § 33 Rn 13).

2. Vollstreckungen in Auslandsvermögen des Schuldners. Das Vollstreckungsverbot des § 89 gilt, soweit nicht staatsvertragliche Sonderregelungen eingreifen, wie zB das deutsch-österreichische Abkommen v 25. 5. 1979, auch für Auslandsvermögen des inländischen Schuldners, da insoweit das Universalitätsprinzip des § 35 eingreift, wonach das Insolvenzverfahren das gesamte dem Schuldner zum Zeitpunkt der Insolvenzeröffnung gehörende pfändbare Vermögen erfasst (Art 4 Abs 2 Ziff f EuInsVO; § 335; **BGH** v 13. 7. 1983, BGHZ 88, 147, 150 = NJW 1983, 2147; **BGH** WM 1990, 316, 318; **AG** Duisburg ZInsO 2003, 476, 477; *Lüer* KTS 1978, 200, 214; *Kilger/K. Schmidt* § 14 KO Anm 1c; *Canaris* ZIP 1983, 647, 650; *Gottwald/Gerhardt* InsRHdb § 33 Rn 14; *N/R/Wittkowski* § 89 Rn 7; *Hess* § 89 Rn 20; BerlKo-*Blersch/v. Olshausen* § 89 Rn 13; *Mohrbutter/Ringstmeier/Wenner* Hdb § 20 Rn 80 ff; *Gottwald* InsRHdb § 130 Rn 60 ff; str aA K/P/B/*Lüke* § 89 Rn 26). In den süddeutschen Bundesländern gelten heute noch die Staatsverträge mit einigen Schweizer Kantonen aus den Jahren 1808 – 1859 (vgl **OLG** München KTS 1983, 318; Entscheid der Schaffhausener Insolvenzaufsichtsbehörde ZIP 1983, 200; *Blaschczok* ZIP 1983, 141). **Vollstreckt ein inländischer Insolvenzgläubiger in Auslandsvermögen** des Schuldners, so hat er an den inländischen Insolvenzverwalter das Erlangte unter Abzug seiner Vollstreckungskosten unter dem Gesichtspunkt der ungerechtfertigten Bereicherung (§ 812 Abs 1 S 1 2. Altern BGB) herauszugeben (§ 342 Abs 1 InsO, Art 20 Abs 1 EuInsVO; so auch schon **für das alte Recht** BGHZ 88, 147, 150 = NJW 1983, 2147; **BGH** WM 1990, 316, 318; **für das neue Recht** *Mohrbutter/Ringstmeier/Wenner* Hdb § 20 Rn 109–112; *Gottwald/Gerhardt* InsRHdb § 33 Rn 14; *Jaeger/Eckardt* § 89 Rn 35; MüKo-*Breuer* § 89 Rn 19; *N/R/Wittkowski* § 89 Rn 8; K/P/B/*Lüke* § 89 Rn 26; *Braun/Kroth* § 89 Rn 13; BerlKo-*Blersch/v. Olshausen* § 89 Rn 13, s auch unten zu § 335 Rn 29, 30 [*Lüer*]). Das gilt auch für **Vollstreckungen ausländischer Gläubiger** (*Jaeger/Eckardt* § 89 Rn 35; *N/R/Wittkowski* § 89 Rn 8). Wird über das Vermögen eines Insolvenzschuldners, gegen den ein ausländisches Urteil ergangen ist, das Insolvenzverfahren eröffnet, so führt dies zur **Unterbrechung des inländischen Vollstreckbarkeitsverfahrens,** soweit es nach Einlegung des Rechtsbehelfs zweiseitig ausgestaltet ist (**OLG** Zweibrücken v 22. 12. 2000, NZI 2001, 148 = ZIP 2001, 301).

30 **3. Inlandsvollstreckung bei Auslandsinsolvenz.** Wird über das ausländische Vermögen eines inländischen Schuldners das Insolvenzverfahren eröffnet, so sind Einzelzwangsvollstreckungen auch im Inland unzulässig, wenn das ausländische Recht eine den §§ 89, 90 entsprechende Regelung enthält (§ 335; Art 4 Abs 1 EuInsVO; *Gottwald/Gerhardt* InsRHdb § 33 Rn 14; *Jaeger/Eckardt* § 89 Rn 36; MüKo-*Breuer* § 89 Rn 19; N/R/*Wittkowski* § 89 Rn 9; *Gottwald/Gottwald* InsRHdb § 130 Rn 60; K/P/B/*Lüke* § 89 Rn 27; HaKo-*Kuleisa* § 89 Rn 12; zum ausländischen Insolvenzverfahrens eines ausländischen Schuldners s LG München v 14. 11. 2001 ZInsO 2001, 1118). Zwangsvollstreckungsmaßnahmen einzelner Gläubiger stehen im klaren Widerspruch zum Universalitätsprinzip und verletzen den Grundsatz der par condicio creditorum (*Hess* § 89 Rn 21). Vgl auch Art 4 Abs 2 f) des Europäischen Übereinkommens über Insolvenzverfahren (ZIP 1996, 976, 977; Art 4 Abs 2 f der Verordnung des Rates der Europäischen Union Nr 1346/2000 v 29. 5. 2000, NZI 2000, 407 ff). Die Universalität des Vollstreckungsverbots gilt auch für **Arreste**. Die Möglichkeiten des ausländischen Insolvenzverwalters, im Inland belegene Gegenstände der Masse zum Hauptinsolvenzverfahren zu ziehen, dürfen nicht beschnitten werden (*Aderhold*, Auslandskonkurs 1992 S 243; *Gottwald/Gerhardt* InsRHdb § 33 Rn 14; *H.-J. Lüer* (Art 102 Abs 3 EGInsO – eine verpasste Chance, in: FS *Uhlenbruck* S 843 ff, 868). Zu Rechtsbehelfen gegen Zwangsvollstreckungsmaßnahmen, die trotz einer ausländischen Insolvenz erfolgen, s *Mankowski* ZInsO 2007, 1324 ff. Einzelheiten in der Kommentierung zu den §§ 335, 342 und zur EuInsVO.

IV. Zeitgrenzen des Vollstreckungsverbots

31 Das Vollstreckungsverbot bezieht sich auf die gesamte Dauer des Insolvenzverfahrens (*Jaeger/Eckardt* § 89 Rn 68; MüKo-*Breuer* § 89 Rn 27; K/P/B/*Lüke* § 89 Rn 17; *Hess* § 89 Rn 44; BerlKo-*Blersch/v. Olshausen* § 89 Rn 6). Das Vollstreckungsverbot gilt somit idR bis zum **Aufhebung** oder **Einstellung des Verfahrens** (§§ 200, 207, 211, 212, 258). Das Vollstreckungsverbot beginnt mit dem Wirksamwerden des Eröffnungsbeschlusses (§ 27). Bereits im Eröffnungsverfahren können gem § 21 Abs 2 Nr 3 Zwangsvollstreckungen der Gläubiger einstweilen untersagt oder eingestellt werden (AG Göttingen v 30. 6. 2000, NZI 2000, 493). Für die Immobiliarvollstreckung gilt insoweit § 30 d Abs 4 ZVG. Nach **Abschluss des Insolvenzverfahrens** ist es den Insolvenzgläubigern nach § 201 unbeschränkt gestattet, ihre Forderungen gegen den Schuldner im Vollstreckungswege durchzusetzen, wenn nicht ein Restschuldbefreiungsverfahren für den Schuldner als natürliche Person anhängig ist, für das das Vollstreckungsverbot nach § 294 Abs 1 eingreift (*Jaeger/Eckardt* § 89 Rn 69; MüKo-*Breuer* § 89 Rn 29; K/P/B/*Lüke* § 89 Rn 20; N/R/*Wittkowski* § 89 Rn 27).

V. Verbot der Zwangsvollstreckung in künftige Forderungen (§ 89 Abs 2)

32 Die Regelung in § 89 Abs 2, die im Konkursrecht kein Vorbild hat, betrifft die Vollstreckung in künftige Bezüge aus einem Dienstverhältnis des Schuldners (HK-*Kayser* § 89 Rn 27; K/P/B/*Lüke* § 89 Rn 33; MüKo-*Breuer* § 89 Rn 36). Der Gesetzgeber hat auf diese Weise die künftigen Bezüge des Schuldners für die Zwecke der Restschuldbefreiung reserviert. Das Vollstreckungsverbot besteht unabhängig davon, ob im Insolvenzplan vorgelegt wird oder ein Antrag auf Restschuldbefreiung gestellt wird (*Hess* § 89 Rn 49 ff). In andere künftige Forderungen als die aus einem Dienstverhältnis des Schuldners oder an deren Stelle tretende laufende Bezüge kann vollstreckt werden, wenn die für die Pfändung der künftigen Forderung notwendigen Voraussetzungen vorliegen (BGHZ 80, 181; FK-*App* § 89 Rn 13).

33 **1. Vollstreckungsverbot für künftige Forderungen auf Arbeitseinkommen.** § 89 Abs 2 enthält insoweit eine Sonderregelung, als das Vollstreckungsverbot insoweit auch für Gläubiger gilt, die keine Insolvenzgläubiger sind. **Künftige Bezüge** iSv § 89 Abs 2 S 1 sind sämtliche Bezüge, die **nach Beendigung des Verfahrens** entstehen oder fällig werden und im Hinblick auf eine mögliche Restschuldbefreiung während des laufenden Verfahrens nicht gepfändet werden dürfen (HK-*Eickmann* 4. Aufl § 89 Rn 12; K/P/B/*Lüke* § 89 Rn 33; FK-*App* § 89 Rn 13; *Gottwald/Gerhardt* InsRHdb § 33 Rn 15). **Arbeitslohn**, der während des Insolvenzverfahrens verdient wird, gehört ohnehin gem §§ 35, 36 zur Insolvenzmasse, soweit die Pfändungsfreibeträge überschritten werden (KS-*Gerhardt* S 193, 215 Rn 46; *Gottwald/Gerhardt* InsRHdb § 33 Rn 15; HK-*Eickmann* 4. Aufl § 89 Rn 14). Die Regelung des § 89 Abs 2 hat damit lediglich Bedeutung für die Zeit nach Verfahrensbeendigung. Die **Neugläubiger** sollen nach zutreffender Feststellung von KS-*Gerhardt* (S 215 Rn 46) nicht schon während des Insolvenzverfahrens in künftige Bezüge vollstrecken können, um sich damit über § 832 ZPO nach Verfahrensabschluss den Zugriff auf das Arbeitseinkommen zu sichern (*Gottwald/Gerhardt* InsRHdb § 33 Rn 15; *Jaeger/Eckardt* § 89 Rn 65). Entsprechend greift § 81 Abs 2 ein, wonach rechtsgeschäftliche Verfügungen des Schuldners über derartige Forderungen nach Verfahrenseröffnung auch für die Zeit nach Beendigung des Insolvenzverfahrens nicht getroffen werden können.

34 **Vor Verfahrenseröffnung vorgenommene Abtretungen** bzw Verpfändungen verlieren spätestens nach Ablauf von zwei Jahren, gerechnet ab Verfahrenseröffnung, ihre Wirksamkeit (§ 114 Abs 1). Vor Verfahrenseröffnung ausgebrachte Pfändungen der künftigen Bezüge des Schuldners erfassen grundsätzlich nur noch den Monat der Verfahrenseröffnung (§ 114 Abs 3), im Übrigen werden sie unwirksam (so *Gerhardt* in: Henckel/Kreft, RWS-Forum 14 S 217, 226; *ders* in: KS S 215 Rn 46; MüKo-*Breuer* § 89 Rn 36; K/P/B/*Lüke* § 89 Rn 33).

Unter das Vollstreckungsverbot fallen alle **Entgelte für Dienstleistungen** sowie die an deren Stelle tre- 35 tenden **laufenden Bezüge**. Hierunter fällt das Arbeitseinkommen iSv § 850 Abs 2, 3 ZPO. Dieses umfasst den **Arbeits- und Dienstlohn**, die **Dienst- und Versorgungsbezüge der Beamten**, die **Ruhegelder** und sonstige nach dem einstweiligen oder dauernden Ausscheiden gewährten Abfindungen nach §§ 9, 10 KSchG (*Hess* § 89 Rn 55). Auch die Bezüge eines Gesellschafter-Geschäftsführers fallen hierunter (*Hess* § 89 Rn 55; *Thomas/Putzo* § 850 ZPO Rn 6ff) sowie **Hinterbliebenenbezüge**. Sonstige Vergütungen für Dienstleistungen, die einen wesentlichen Teil der Erwerbstätigkeit des Schuldners in Anspruch nehmen, fallen ebenso unter § 89 Abs 2, wie zB Vergütungen der Handelsvertreter, Ärzte, Zahnärzte, Rechtsanwälte, Architekten, Wirtschaftsprüfer (*Hess* § 89 Rn 55). Gleiches gilt für Bezüge aus nachvertraglichen Wettbewerbsbeschränkungen sowie **Versicherungsrenten**, sofern sie das Ruhegeld bzw die Hinterbliebenenversorgung ersetzen oder ergänzen (*Hess* § 89 Rn 55), nicht dagegen für **Kapitallebensversicherungen** (*Jaeger/Eckardt* § 89 Rn 64; HK-*Kayser* § 89 Rn 27).

Unter § 89 Abs 2 S 1 fallen nur solche Forderungen, die im Fall des Antrags auf Restschuldbefreiung 36 an den Treuhänder abzutreten sind (*Gottwald/ Gerhardt* InsRHdb § 33 Rn 15; FK-*App* § 89 Rn 13; BerlKo-*Blersch/v. Olshausen* § 89 Rn 15, 16). Für die vor Verfahrenseröffnung erfolgte wirksame Pfändung künftiger Ansprüche auf Bezüge und vor Verfahrenseröffnung vorgenommene rechtsgeschäftliche Verfügungen des Schuldners über solche Ansprüche greift die Vorschrift des § 114 Abs 1, 3 ein. Zur Vollstreckung des Anspruchs auf **Zeugniserteilung** s LAG Düsseldorf ZIP 2004, 631.

2. Zulässigkeit der Vollstreckung wegen Unterhalts- und Deliktsansprüchen. Ausgenommen von der 37 Erweiterung des Vollstreckungsverbotes in § 89 Abs 2 S 1 wird in § 89 Abs 2 S 2 die Vollstreckung von Unterhalts- und Deliktsgläubigern, die in der Einzelzwangsvollstreckung eine **erweiterte Pfändungsmöglichkeit** nach §§ 850d, 850f Abs 2 ZPO genießen (vgl BGH v 27. 9. 2007 – IX ZB 16/06, NZI 2008, 50, 51; KS-*Gerhardt* S 215 Rn 46; BerlKo-*Blersch/v. Olshausen* § 89 Rn 16; FK-*App* § 89 Rn 14; *Hess* § 89 Rn 52; *Smid* § 89 Rn 6ff; HK-*Kayser* § 89 Rn 28; *Dorndörfer* NZI 2000, 292). Dieser Vorteil, der dem besonderen Schutzbedürfnis dieser Gläubiger entspricht und für deren Forderungen der Schuldner bis zur Grenze seiner Leistungsfähigkeit einzustehen hat, darf in der Gesamtvollstreckung nicht entfallen (KS-*Gerhardt* S 215 Rn 46; *Gottwald/Gerhardt* InsRHdb § 33 Rn 16; MüKo-*Breuer* § 89 Rn 36; BerlKo-*Blersch/v. Olshausen* § 89 Rn 16–18). Sie bleiben auch bei der Sonderregelung des § 114 Abs 3 für Pfändungen künftiger Bezüge vor Verfahrenseröffnung erhalten (§ 114 Abs 3 S 3). Die Privilegierung gilt aber nach Meinung des BGH **nicht** für Unterhalts- und Deliktsgläubiger, die **am Insolvenzverfahren teilnehmen**.

Privilegierte Unterhaltsberechtigte sind gem § 850d ZPO unterhaltsberechtigte Verwandte (§§ 1601ff 38 BGB), Ehegatten und frühere Ehegatten sowie die Mutter eines nichtehelichen Kindes gem §§ 1615l, 1615m BGB. Die Pfändungserweiterung nach §§ 850d, 850f Abs 2 ZPO kommt ua Gläubigern zugute, die der Schuldner durch Betrug oder gezielte Irreführung über seine Solvenz zum Abschluss von Geschäften bewogen hatte (**Deliktsgläubiger**) (FK-*App* § 89 Rn 14; *Mäusezahl* ZInsO 2002, 462; *Behr* RPfleger 2003, 389). Die Pfändungserweiterung betrifft nur die **Neugläubiger von Delikts- und Unterhaltsforderungen** (BGH v 15. 11. 2007 – IX ZB 4/06, ZInsO 2008, 39; BGH v 15. 11. 2007 – IX ZB 16/06, NZI 2008, 50; *Ahrens* NZI 2008, 24; BGH ZInsO 2006, 1166; AG Dortmund ZInsO 2005, 836; HK-*Kayser* § 89 Rn 28, 29; MüKo-*Breuer* § 89 Rn 36). Für **fahrlässig begangene unerlaubte Handlungen** greift die Privilegierung **nicht** ein (BGH ZInsO 2006, 1166; BerlKo-*Blersch/v. Olshausen* § 89 Rn 16). **Keinen Anspruch aus vorsätzlicher unerlaubter Handlung** stellt der Anspruch aus einer **Steuerhinterziehung** für den **Steuergläubiger** dar, da der Entstehungsgrund der Steuerforderung nicht die Steuerhinterziehung, sondern die Erfüllung der gesetzlichen Besteuerungstatbestandes ist (vgl *App* DStZ 1984, 280; FK-*App* § 89 Rn 14; **str aA** *Urban* StBG 1991, 132). **Insolvenzgläubiger** (§§ 38, 39) gehören nicht zu den nach § 89 Abs 2 Satz 2 InsO privilegierten Gläubigern von Forderungen aus vorsätzlichen unerlaubten Handlungen, die auch während der Dauer des Insolvenzverfahrens in den gemäß § 850f Abs 2 ZPO evtl erweitert pfändbaren Teil der künftigen Bezüge des Schuldners vollstrecken dürfen. Das gilt auch für den Fall, dass ein Insolvenzgläubiger auf eine Beteiligung am Insolvenzverfahren verzichtet (OLG Zweibrücken v 14. 5. 2001 ZInsO 2001, 625). Zur Vollstreckung wegen Deliktansprüchen s auch *Helwich* NZI 2000, 460; *Mäusezahl* ZInsO 2002, 462; *Behr* Rpfleger 2003, 389.

VI. Rechtswirkungen des Vollstreckungsverbots

1. Von Amts wegen zu beachtendes Vollstreckungsverbot. Das Verbot des § 89 Abs 1 ist von Amts 39 wegen zu berücksichtigen (LG Oldenburg ZIP 1981, 1011, 1012; N/R/*Wittkowski* § 89 Rn 24; *Kilger/ K. Schmidt* § 14 KO Anm 5; FK-*App* § 89 Rn 15; HaKo-*Kuleisa* § 89 Rn 20; *Gottwald/Gerhardt* InsRHdb § 33 Rn 17; *Jaeger/Eckardt* § 89 Rn 70; MüKo-*Breuer* § 89 Rn 33; *Steder* ZIP 1986, 1072, 1076). Hat das Vollstreckungsorgan Kenntnis von der Eröffnung des Insolvenzverfahrens über das

§ 89 *Vollstreckungsverbot*

Vermögen des Schuldners, so ist der Antrag des Insolvenzgläubigers auf Vornahme der Vollstreckungsmaßnahme abzulehnen. Bei Zweifeln hinsichtlich der Insolvenzeröffnung hat der Gerichtsvollzieher beim Insolvenzgericht nachzufragen (§ 91 Nr 4 GVGA). Bereits **begonnene Vollstreckungen** sind **von Amts wegen einzustellen**, soweit sie nicht bereits zu einem Absonderungsrecht geführt haben (vgl § 91 Nr 2c GVGA; *Gottwald/Gerhardt* InsRHdb § 33 Rn 17; *Steder* ZIP 1996, 1072, 1076). Bestehen Zweifel, ob der Vollstreckungsgläubiger Insolvenzgläubiger iSv §§ 38, 39 ist oder ob der Gegenstand, in den vollstreckt werden soll, zur Insolvenzmasse (§ 35) gehört, so hat der Gerichtsvollzieher eine Klärung durch das Insolvenzgericht herbeizuführen. Im Übrigen hat der Gerichtsvollzieher entspr § 139 ZPO den Antragsteller zu informieren und ihm Gelegenheit zur Rücknahme des Vollstreckungsauftrages zu geben (K/U § 14 KO Rn 17). Zur **Heilung von Vollstreckungsmängeln** im Insolvenzverfahren s *Viertelhausen* InVo 2000, 221.

40   2. **Rechtsfolgen des Verstoßes gegen das Vollstreckungsverbot**. Trotz des Wortlauts von § 89 Abs 1 sind Vollstreckungsmaßnahmen, die trotz Vollstreckungsverbots durchgeführt werden, nicht etwa nichtig. Die Vollstreckung ist vielmehr nach der „gemischt öffentlich-rechtlich/privatrechtlichen Theorie" (vgl *Gerhardt* VollstreckungsR § 7 II 2; *Gottwald/Gerhardt* InsRHdb § 33 Rn 19) trotz öffentlich-rechtlicher Verstrickung **materiell-rechtlich unwirksam**. Es entsteht deshalb **kein Pfändungspfandrecht** (vgl **LAG** Mainz AP § 14 KO Nr 1; **LAG** Hamm ZIP 1980, 749, 750; **LG** Hamburg KTS 1983, 599, 600; KS-*Landfermann* S 170 Rn 35; *Hess* § 89 Rn 38; N/R/*Wittkowski* § 89 Rn 22; *Braun/Kroth* § 89 Rn 14; HaKo-*Kuleisa* § 89 Rn 13). Bei **Beschlagnahme** einer beweglichen Sache nach § 111c StPO handelt es sich nach LG Düsseldorf v 22. 5. 2001 (NZI 2001, 488) um ein relatives Veräußerungsverbot zugunsten des Staates (§ 136 BGB), das nach § 80 Abs 2 S 1 im Insolvenzverfahren keine Wirkung hat. Zur Fortgeltung einer Beschlagnahme in der Zwangsverwaltung trotz Eröffnung des Insolvenzverfahrens s OLG Braunschweig DZWIR 2001, 256 m Anm *Thiemann*.

41   Nach der im Zivilprozessrecht überwiegend und auch im Insolvenzrecht teilweise vertretenen „öffentlich-rechtlichen Theorie" entsteht trotz Verstoßes gegen das Vollstreckungsverbot ein Pfändungspfandrecht (K/P/B/*Lüke* § 89 Rn 21 Fußn 58; *Vallender* ZIP 1997, 1993, 1998; St/J/*Münzberg* § 804 ZPO Rn 1 ff; *Schuschke*, Vollstreckung und vorläufiger Rechtsschutz Vorbem vor §§ 803, 804 ZPO Rn 11; *Brox/Walker* § 804 ZPO Rn 386; *Steder* ZIP1996, 1072, 1077; *Zöller/Stöber* § 804 ZPO Rn 2; *Rosenberg/Gaul/Schilken*, ZwangsvollstreckungsR § 50 III 3; *Jaeger/Henckel* § 14 KO Rn 42). Die Anordnung des § 89 Abs 1 besagt, dass Zwangsvollstreckungen in das Schuldnervermögen seitens der Insolvenzgläubiger nicht mehr vorgenommen werden können. Diese sind **materiell-rechtlich unwirksam, vollstreckungsrechtlich bestehen** sie aber, solange sie nicht förmlich aufgehoben sind, weiter mit der Folge, dass auch die **öffentlich-rechtliche Verstrickung** wirksam bleibt, die durch § 136 StGB strafrechtlich geschützt ist (vgl auch *Jaeger/Henckel* § 14 KO Rn 41; *Braun/Kroth* § 89 Rn 14; *Vallender* ZIP 1997, 1993, 1997; *Gottwald/Gerhardt* InsRHdb § 33 Rn 18). Wird das Insolvenzverfahren beendet, ohne dass der Verwalter die verbotswidrig gepfändete Sache verwertet hat, so tritt **Heilung des Mangels** ein (*F. Baur*, FS *Friedr. Weber* 1975 S 43; *Jaeger/Henckel* § 14 KO Rn 42; *Jaeger/Eckardt* § 89 Rn 77; MüKo-*Breuer* § 89 Rn 22). Die auf Grund der Verstrickung erfolgende Verwertung der unwirksam gepfändeten Sache ist rechtmäßig. Der Ersteigerer erwirbt Eigentum an dem Gegenstand (**OLG** Celle KTS 1962, 112, 114; **LAG** Hamm ZIP 1980, 749, 750; *Behr* DGVZ 1977, 55; *Mümmler* JurBüro 1971, 580; *Gottwald/Gerhardt* InsRHdb § 33 Rn 18). Haben **mehrere Gläubiger** unter Verstoß gegen § 89 vollstreckt, so erhalten sie den gleichen Rang (*Jaeger/Henckel* § 14 KO Rn 42; K/U § 14 KO Rn 17; *Gottwald/Gerhardt* InsRHdb § 33 Rn 20). Bei der Zwangshypothek ist eine Heilung nicht möglich, da diese gem § 879 Abs 2 BGB zurückwirkt und dem Gläubiger einen ungerechtfertigten Vorrang verschaffen würde (*Jaeger/Henckel* § 14 KO Rn 42; *Gottwald/Gerhardt* InsRHdb § 33 Rn 20; MüKo-*Breuer* § 89 Rn 33).

42   3. **Rechtsbehelfe gegen unzulässige Vollstreckungen (Abs 3)**. Bei Verstoß gegen das Vollstreckungsverbot des § 89 Abs 1, 2 sind die nach allgemeinen Vorschriften (§ 793 ZPO) gegen Vollstreckungsmaßnahmen vorgesehenen Rechtsbehelfe zulässig (**BGH** v 6. 5. 2004 – IX ZB 104/04, ZIP 2004, 1379 f = NZI 2004, 447 = ZVI 2004, 625; **OLG** Jena ZInsO 2002, 134 = ZVI 2002, 24; *Hess* § 89 Rn 63; *App* NZI 1999, 138; KS-*Landfermann* S 170 Rn 35; *Vallender* ZIP 1997, 1993, 1998; *Jaeger/Henckel* § 14 KO Rn 44; *Kilger/K. Schmidt* § 14 KO Anm 5; N/R/*Wittkowski* § 89 Rn 24; K/P/B/*Lüke* § 89 Rn 35; *Hess* § 89 Rn 63 ff). Grundsätzlich ist bei Verstoß gegen das Vollstreckungsverbot die **Erinnerung nach § 766 ZPO**, bei Grundbuchvollstreckungen die Rechtsbehelfe nach §§ 53, 71 Abs 2 GBO gegeben (**BGH** v 21. 9. 2006 – IX ZB 127/05, NZI 2006, 699; **BGH** NZI 2004, 278; **BGH** NZI 2004, 447 = ZIP 2004, 1379; **BGH** NZI 2006, 246 = ZIP 2006, 340; BerlKo-*Blersch/v. Olshausen* § 89 Rn 20, 21; MüKo-*Breuer* § 89 Rn 38). Nur bei **gerichtlichen Entscheidungen** ist die **sofortige Beschwerde** gegeben (§§ 11 Abs 1 RPflG, 793 ZPO). **Rechtsmittel** nach der InsO sind nach § 6 Abs 1 ausgeschlossen. Da sich das Rechtsmittel jedoch gegen eine Entscheidung im Vollstreckungsverfahren richtet, ist die **sofortige Beschwerde** nach §§ 56 Abs 1, 793 Abs 1 ZPO gegeben (s **BGH** NZI 2004, 278 = ZIP 2004, 732 = ZVI 2004, 441; **BGH** NZI 2004, 447; **OLG** Jena ZInsO 2002, 134; BerlKo-*Blersch/v. Olshausen* § 89 Rn 20; MüKo-*Ganter* § 6 Rn 64; MüKo-*Breuer* § 89 Rn 40; FK-*App* § 89 Rn 18;

HK-*Kayser* § 89 Rn 36; K/P/B/*Lüke* § 89 Rn 35; *Keller* InsR Rn 1080). Die **Statthaftigkeit der Rechtsbeschwerde** richtet sich nach der Zulassung durch das Landgericht (BGH ZIP 2004, 1373; BGH ZIP 2006, 1999; BGHZ 154, 200 f; HK-*Kayser* § 89 Rn 36).

Die **Entscheidung über Rechtsbehelfe** wegen Verstoßes gegen das Vollstreckungsverbot nach § 89 hat 43
der Gesetzgeber in § 89 Abs 3 wegen der größeren Sachnähe nicht dem Vollstreckungsgericht, sondern dem **Insolvenzgericht** übertragen (BGH v 27. 9. 2007 – IX ZB 16/06, NZI 2008, 51; HK-*Kayser* § 89 Rn 34). Die Zuständigkeit geht allerdings nur dann über, wenn nach allgemeinen Vorschriften das Vollstreckungsgericht zuständig wäre (**OLG Jena** ZVI 2002, 24 = ZInsO 2002, 134; *Graf-Schlicker/ Breitenbücher* § 89 Rn 4; N/R/*Wittkowski* § 89 Rn 26, 30; HK-*Kayser* § 89 Rn 34; *Jaeger/Gerhardt* § 21 Rn 59; BerlKo-*Blersch/v. Olshausen* § 89 Rn 21). Das Insolvenzgericht kann die Voraussetzungen des Vollstreckungsverbots, insbesondere die Eigenschaft des vollstreckenden Gläubigers als Insolvenzgläubiger, besser beurteilen als das Vollstreckungsgericht (vgl Begr zu § 100 RegE, BT-Drucks 12/2443 S 138 abgedr bei *Balz/Landfermann* S 304 = *Uhlenbruck*, Das neue Insolvenzrecht, S 401; KS-*Landfermann* S 170 Rn 35). Nach Auffassung von K/P/B/*Lüke* (§ 89 Rn 36) ist das Insolvenzgericht auch für die **Entscheidung über andere Rechtsbehelfe** zuständig, mit denen die Unwirksamkeit einer Zwangsvollstreckungsmaßnahme wegen Verstoßes gegen § 89 gerügt wird (ebenso **LG Kiel** ZInsO 2007, 1360; **AG Dortmund** ZInsO 2005, 836; **AG Göttingen** ZInsO 2007, 1165 betr Neugläubiger; MüKo-*Breuer* § 89 Rn 38, 40; HaKo-*Kuleisa* § 89 Rn 20; **krit u einschränkend** *Jaeger/Eckardt* § 89 Rn 84; BerlKo-*Blersch/v. Olshausen* § 89 Rn 13; HK-*Kayser* § 89 Rn 34). Ausgeschlossen ist aber eine **Vollstreckungsgegenklage** (§ 767 ZPO). S auch **OLG Düsseldorf** NZI 2002, 388; **OLG Thüringen** ZInsO 2002, 134; **AG Köln** NZI 2004, 592. Unerheblich für die Zuständigkeit des Insolvenzgerichts ist, ob die beantragte Vollstreckungsmaßnahme angeordnet oder abgelehnt worden ist (BGH ZIP 2007, 2330).

Funktionell zuständig für die Entscheidung über die Erinnerung ist der **Richter** (§ 20 Nr 17 S 2 44
RPflG; BGH ZInsO 2004, 391, 392; BGH ZInsO 2005, 708; **AG Hamburg** v 29. 9. 1999, NZI 2000, 96; *Vallender* ZIP 1997, 1993, 1998; HK-*Kayser* § 89 Rn 35; *Keller* InsR Rn 1080; *Frege/Keller/Riedel* HRP Rn 219; **str für Zuständigkeit des Rechtspflegers AG** Duisburg NZI 2000, 608; **AG Hamburg** NZI 2006, 646; **AG Göttingen** ZInsO 2007, 1165; FK-*Schmerbach* § 2 Rn 32; *Althammer/Löhnig* KTS 2004, 525; BerlKo-*Blersch/v. Olshausen* § 89 Rn 13). Die **Rechtsbehelfe sind grundsätzlich vom Insolvenzverwalter einzulegen,** nur bei Eigenverwaltung (§§ 270 ff) vom Schuldner (**LAG Mainz** AP Nr 1 § 14 KO; K/P/B/*Lüke* § 89 Rn 37; MüKo-*Breuer* § 89 Rn 39; *Jaeger/Henckel* § 14 KO Rn 44; *Kilger/K. Schmidt* § 14 KO Anm 5 a; *Vallender* ZIP 1997, 1993, 1998). Bei der Forderungspfändung kann auch der **Drittschuldner** die Erinnerung unter Berufung auf einen Verstoß gegen § 89 einlegen (K/P/B/ *Lüke* § 89 Rn 37; *Kilger/K. Schmidt* § 14 KO Anm 5 a). Die **Insolvenzgläubiger** sind dagegen nicht zur Einlegung eines Rechtsbehelfs berechtigt (BGH NZI 2004, 278; BGH NZI 2006, 697, 698; *Jaeger/ Eckardt* § 89 Rn 79; *Hess* § 89 Rn 70; **str aA OLG Düsseldorf** KTS 1969, 108, 110).

Hat das **Grundbuchamt** unter Verstoß gegen § 89 Vollstreckungsanträge ausgeführt und Eintragun- 45
gen vorgenommen, die das Grundbuch unrichtig machen, ist keine wirksame Grundstücksbelastung erfolgt (*Gottwald/Gerhardt* InsRHdb § 33 Rn 19, 23; MüKo-*Breuer* § 89 Rn 40; N/R/*Wittkowski* § 89 Rn 26 unter Berufung auf **OLG Dresden** OLGRspr 26, 158). Der Verwalter hat demgemäß einen **Grundbuchberichtigungsanspruch** (§ 894 BGB), den er im **Wege der Beschwerde/Erinnerung** durch Eintragung eines Widerspruchs durchsetzen kann (§ 71 Abs 1, 2 S 2 GBO; N/R/*Wittkowski* § 89 Rn 26; BerlKo-*Blersch/v. Olshausen* § 89 Rn 21; K/P/B/*Lüke* § 89 Rn 36; FK-*App* § 89 Rn 16; **str aA** HK-*Eickmann* 4. Aufl § 89 Rn 11; N/R/*Wittkowski* § 89 Rn 26, 30). Hat die Beschwerde Erfolg, so ist die **Eintragung eines Amtswiderspruchs** vom Beschwerdegericht anzuordnen. Das Insolvenzgericht ist zwar nicht „Grundbuchamt", jedoch wird man auch das Insolvenzgericht als berechtigt ansehen müssen, die **Eintragung des Amtswiderspruchs anzuordnen** (K/P/B/*Lüke* § 89 Rn 36; MüKo-*Breuer* § 89 Rn 40; HaKo-*Kuleisa* § 89 Rn 20; betr BerlKo-*Blersch/v. Olshausen* § 89 Rn 21; **aA** HK-*Kayser* § 89 Rn 39 und *Keller* InsR Rn 1074 Fn 3, wonach die Eintragung in Grundbuch nur vom Grundbuchamt oder Beschwerdegericht angeordnet werden kann). Der Insolvenzverwalter kann bei Verstoß gegen § 89 vom Gläubiger die **Grundbuchberichtigung** verlangen (§ 894 BGB) bzw unter den Voraussetzungen der §§ 22, 29 GBO unmittelbar erwirken (*Gottwald/Gerhardt* InsRHdb § 33 Rn 23). Im Übrigen kommt eine **Amtslöschung** (§ 53 Abs 1 S 2 GBO) nicht in Betracht, weil die Eintragung inhaltlich zulässig ist (*Jaeger/Henckel* § 14 KO Rn 47; *Jaeger/Eckardt* § 89 Rn 76; FK-*App* § 89 Rn 16; N/R/*Wittkowski* § 89 Rn 26; *Gottwald/Gerhardt* InsRHdb § 33 Rn 23). Eine **Beschwerde/Erinnerung** unmittelbar gegen die Eintragung ist unzulässig (§§ 71 Abs 2 S 1 GBO, 11 Abs 3 RPflG).

Das **Insolvenzgericht** kann gem § 89 Abs 2 S 2 die gleichen Anordnungen treffen wie das Vollstre- 46
ckungsgericht nach den §§ 766 Abs 1 S 2, 732 Abs 2 ZPO. Es kann vor der Entscheidung eine **einstweilige Anordnung** erlassen oder anordnen, dass die Zwangsvollstreckung gegen oder ohne Sicherheitsleistung einstweilen einzustellen ist oder nur gegen Sicherheitsleistung fortgesetzt werden darf (BerlKo-*Blersch/v. Olshausen* § 89 Rn 22; *Hess* § 89 Rn 73; HK-*Kayser* § 89 Rn 40).

4. Ansprüche bei unzulässiger Vollstreckung und Verwertung. Nach Abschluss der Zwangsvollstre- 47
ckung durch Verwertung des gepfändeten Gegenstandes bringt eine Erinnerung nach § 766 Abs 1 ZPO

nichts mehr. Denn der Ersteigerer hat auf Grund der wirksamen öffentlich-rechtlichen Vollstreckung Eigentum an dem Gegenstand erworben (*Gottwald/Gerhardt* InsRHdb § 33 Rn 24; *Vogelsang* in *Kraemer/Vallender/Vogelsang* Hdb Fach 2 Kap 12 Rn 118). Der Insolvenzverwalter und bei insolvenzfreien Gegenständen der Schuldner kann jedoch den **Vollstreckungserlös** von dem Gläubiger gem § 812 Abs 1 S 1 2. Altern BGB **kondizieren,** da dieser durch die unzulässige Pfändung kein Pfändungspfandrecht erworben hat (*Jaeger/Henckel* § 14 KO Rn 46; HK-*Kayser* § 89 Rn 33; *Gottwald/Gerhardt* InsRHdb § 33 Rn 24). In Ausnahmefällen kann sogar dem Insolvenzverwalter ein Schadenersatzanspruch zustehen oder ein Anspruch auf Rückübereignung der vom Gläubiger selbst ersteigerten Sache (vgl **OLG Celle** v 4. 7. 1961 KTS 1962, 112, 114; *Gottwald/Gerhardt* InsRHdb § 33 Rn 24).

§ 90 Vollstreckungsverbot bei Masseverbindlichkeiten

(1) Zwangsvollstreckungen wegen Masseverbindlichkeiten, die nicht durch eine Rechtshandlung des Insolvenzverwalters begründet worden sind, sind für die Dauer von sechs Monaten seit der Eröffnung des Insolvenzverfahrens unzulässig.

(2) Nicht als derartige Masseverbindlichkeiten gelten die Verbindlichkeiten:
1. aus einem gegenseitigen Vertrag, dessen Erfüllung der Verwalter gewählt hat;
2. aus einem Dauerschuldverhältnis für die Zeit nach dem ersten Termin, zu dem der Verwalter kündigen konnte;
3. aus einem Dauerschuldverhältnis, soweit der Verwalter für die Insolvenzmasse die Gegenleistung in Anspruch nimmt.

I. Allgemeines

1   Masseverbindlichkeiten sind gem § 53 aus der Insolvenzmasse vorweg zu befriedigen. Nach der Konkursordnung hatte sich als äußerst nachteilig und verfahrenshinderlich erwiesen, dass die Massegläubiger uneingeschränkt in die Masse vollstrecken konnten. Mit dem bei Verfahrenseröffnung nunmehr kraft Gesetzes eintretenden Vollstreckungsverbot des § 90 soll in der Eingangsphase des Insolvenzverfahrens verhindert werden, dass der Masse notwendige flüssige Mittel entzogen werden, die gerade in diesem Verfahrensstadium zur einstweiligen Fortführung des schuldnerischen Unternehmens besonders benötigt werden (KS-*Landfermann* S 173 Rn 43; *Gottwald/Gerhardt* InsRHdb § 33 Rn 25; *Gerhardt* in: *Henckel/Kreft,* InsR 1998, S 217, 226 f; MüKo-*Breuer* § 90 Rn 1–3; *Jaeger/Eckardt* § 90 Rn 3; *Hess* § 90 Rn 3; *Smid/Smid* § 90 Rn 1; BerlKo-*Blersch/v. Olshausen* § 90 Rn 1 ff; K/P/B/*Lüke* § 90 Rn 1–3).

II. Vollstreckungsverbot für „aufgezwungene Masseverbindlichkeiten"

2   **1. Begriff der aufgezwungenen Masseforderungen.** Unter „ererbten", „oktroyierten", „aufgedrängten" oder „aufgezwungenen" Masseverbindlichkeiten versteht man Verbindlichkeiten des Schuldners, auf deren Entstehung der Verwalter keinen Einfluss hat, wie zB Lohn- und Gehaltsansprüche der Arbeitnehmer, die während der Kündigungsfrist des § 113 entstehen, obgleich der Verwalter die Arbeitnehmer während der Kündigungsfrist nicht mehr beschäftigt (vgl *Vallender* ZIP 1997, 1993, 1999; K/P/B/*Lüke* § 90 Rn 6; *Gerhardt* in: *Henckel/Kreft,* InsolvenzR 1998, S 217, 226). Hierzu zählen vor allem Ansprüche aus fortbestehenden **Dauerschuldverhältnissen** (§§ 108, 55 Abs 1 Nr 2 Alt 2) sowie in der **Nachlassinsolvenz** die Verbindlichkeiten nach §§ 324 (vgl Begr RegE, BT-Drucks 12/2443, S 138; K/P/B/*Lüke* § 90 Rn 6; *Vallender* ZIP 1997, 1993, 1999; *Graf-Schlicker/Breitenbücher* § 90 Rn 1; HK-*Eickmann* § 90 Rn 4; *Hess* § 90 Rn 8 ff).

3   **Vollstreckbare gewillkürte Masseverbindlichkeiten** sind solche, die auf einem selbstbestimmten Handeln des Verwalters beruhen (**BGH** v 3. 4. 2003 – IX ZR 101/02, BGHZ 154, 358, 363 = ZIP 2003, 914 = ZVI 2003, 468 betr 209 Abs 1 Nr 2; K/P/B/*Lüke* § 90 Rn 6; HK-*Eickmann* § 90 Rn 4; N/R/ *Wittkowski* § 90 Rn 3 a; *Jaeger/Eckardt* § 90 Rn 5 ff). Der **sechsmonatige Vollstreckungsschutz** wird **nur gewährt** bei **Vollstreckungen wegen oktroyierter Masseverbindlichkeiten.** Betroffen sind Ansprüche nach §§ 55 Abs 1 Nr 1, Alt 2, Nr 2, Nr 3, 55 Abs 2, 100, 101 Abs 1 Satz 3 (*Braun/Kroth* § 90 Rn 2; N/R/*Wittkowski* § 90 Rn 3; HaKo/*Kuleisa* § 90 Rn 2; *Vallender* ZIP 1997, 1993, 1999). Eine Ausnahme gilt gem § 123 Abs 3 Satz 2 für die vom Verwalter begründeten **Sozialplanansprüche der Arbeitnehmer,** wegen derer die Vollstreckung in die Masse für die Dauer des Verfahrens ausgeschlossen ist (s unten zu Rn 12).

4   Die hM vertritt wie die **Vorauflage** die Auffassung, dass alle von § 55 Abs 1 Nr 1 erfassten Ansprüche vom Vollstreckungsverbot freigestellt sind, weil alle **durch die Verwaltung ausgelösten Ansprüche nicht aufgezwungen** sind (so auch K/P/B/*Lüke* § 90 Rn 6, 11; MüKo-*Breuer* § 90 Rn 9, 10; *Gottwald/ Gerhardt* InsRHdb § 33 Rn 26; FK-*App* § 90 Rn 4). Zutreffend wird jedoch in der **neueren Literatur** darauf hingewiesen, dass nicht sämtliche „in anderer Weise" begründeten Masseverbindlichkeiten auf Rechtshandlungen des Insolvenzverwalters beruhen. Deshalb sei im **Einzelfall differenzierend** darauf abzustellen, ob die Entstehung der Masseverbindlichkeiten **gewillkürt** oder **oktroyiert** ist (*Braun/Kroth*

II. Vollstreckungsverbot für „aufgezwungene Masseverbindlichkeiten" § 90

§ 90 Rn 4; BerlKo-*Blersch/v. Olshausen* § 90 Rn 4; *Jaeger/Eckardt* § 90 Rn 7; HaKo-*Kuleisa* § 90 Rn 3). Der **Wortlaut** des § 90 Abs 1 ist nicht **eindeutig.** Aus dem Sinn und Zweck der Vorschrift ergibt sich aber, dass nicht alle Masseverbindlichkeiten nach § 55 Abs 1 Nr 1 Alt 2 **als gewillkürt** anzusehen sind.

Vom **temporären Vollstreckungsverbot** erfasst werden auch **Masseverbindlichkeiten nach § 55 Abs 1** 5 **Nr 2** aus gegenseitigen Verträgen, deren Erfüllung nach Verfahrenseröffnung erfolgen muss. Gleiches gilt für Verbindlichkeiten nach **§ 55 Abs 1 Nr 3** aus ungerechtfertigter Massebereicherung, da diese nicht durch Rechtshandlungen des Insolvenzverwalters begründet sind (BerlKo-*Blersch/v. Olshausen* § 90 Rn 4; HK-*Kayser* § 90 Rn 10; *Braun/Kroth* § 90 Rn 6, 7). Während des Verfahrens fällig werdende **Abgaben für Massegrundstücke**, wie z.B. Grundsteuer (§ 55 Abs 1 Nr 1) werden vom Vollstreckungsverbot ebenso erfasst wie Masseverbindlichkeiten nach **§ 55 Abs 1 Nr 2 Alt 2** aus Vertragsverhältnissen iSv § 108 Abs 1 (BerlKo-*Blersch/v. Olshausen* § 90 Rn 4; *Braun/Kroth* § 90 Rn 6; *Graf-Schlicker/Breitenbücher* § 90 Rn 2).

Bei **fortbestehenden Dauerschuldverhältnissen** ist der Insolvenzverwalter gehalten, „von sich aus alles 6 zu unternehmen, um die weitere Inanspruchnahme der Gegenleistung zu verhindern" (**BGH** v 3. 4. 2003 – IX ZR 101/02, BGHZ 154, 358, 366 = ZIP 2003, 914 = ZVI 2003, 468; *Uhlenbruck* NZI 2003, 372 f (Urteilsanm); *Graf-Schlicker/Breitenbücher* § 90 Rn 3). Nimmt der Verwalter die **Gegenleistung in Anspruch** (§ 103), so besteht für die entstehenden Masseverbindlichkeiten kein Vollstreckungsverbot (HK-*Kayser* § 90 Rn 7). Hat der Verwalter einen Arbeitnehmer gekündigt (§ 113) und wird dieser bis zum Ablauf der Kündigungsfrist ohne Freistellung weiterbeschäftigt, so fallen diese Forderungen nicht unter das Vollstreckungsverbot des § 90 (HK-*Kayser* § 90 Rn 9; *Gottwald/Gerhardt* InsRHdb § 33 Rn 27; *Jaeger/Eckardt* § 90 Rn 10; *Vallender* ZIP 1997, 1993, 1997). Soweit er durch eine laufende Kündigungsfrist gebunden ist, hat der Verwalter den **Vermieter** im Zusammenhang mit der Anzeige der Masseunzulänglichkeit aus dessen Überlassungspflicht „freizustellen", indem er ihm die weitere Nutzung der Mietsache anbietet (BGHZ 154, 358, 366 = ZIP 2003, 914).

2. Betroffene Vollstreckungsmaßnahmen. Der Begriff der Zwangsvollstreckung in § 90 entspricht 7 dem in § 89. Den Massegläubigern ist somit **jede Art von Zwangsvollstreckung** verboten (MüKo-*Breuer* § 90 Rn 14; *Gottwald/Gerhardt* InsRHdb § 33 Rn 2 ff, 25; HK-*Kayser* § 90 Rn 11; K/P/B/*Lüke* § 89 Rn 6 ff). Auch die **Fortsetzung** einer bereits beantragten oder schon begonnenen Vollstreckung ist unzulässig. Nicht zu den Vollstreckungsmaßnahmen gehören **vorbereitende Maßnahmen**, wie zB Klageerhebung oder Mahnverfahren (K/P/B/*Lüke* § 90 Rn 18). Anders jedoch bei Anzeige der Masseunzulänglichkeit (**BGH** BZInsO 2003, 465). Der Verwalter kann sich aber der Kostentragungspflicht durch ein sofortiges Anerkenntnis (§ 93 ZPO) entziehen (BerlKo-*Blersch/v. Olshausen* § 90 Rn 6). Das **Rechtsschutzinteresse für eine Klage** entfällt durch das Vollstreckungsverbot des § 90 Abs 1 nicht, da nach Ablauf der Frist die Vollstreckung uneingeschränkt möglich ist, soweit nicht sonstige Vollstreckungsbeschränkungen, wie zB nach den §§ 208, 210, eingreifen (BerlKo-*Blersch/v. Olshausen* § 90 Rn 6; s auch *Keller* InsR Rn 1070, 1071).

Das Vollstreckungsverbot greift mit dem **Zeitpunkt der Verfahrenseröffnung** (§ 27) kraft Gesetzes 8 ein. Eines gerichtlichen Beschlusses bedarf es nicht (*Gottwald/Gerhardt* InsRHdb § 33 Rn 25). Nachteile der Massegläubiger werden insoweit ausgeglichen, als die Gläubiger auf Grund einer Vereinbarungen mit dem Schuldner oder kraft Gesetzes (§§ 284, 286 BGB) einen Zinsanspruch haben. Die **Zinsen** laufen während der sechsmonatigen Vollstreckungssperre weiter (*Vallender* ZIP 1997, 1993, 1999; KS-*Landfermann* S 173 Rn 44; *Gottwald/Gerhardt* InsRHdb § 33 Rn 25). Zu den unzulässigen **Maßnahmen** der Zwangsvollstreckung gehören auch **Maßnahmen der Verwaltungsvollstreckung** (FK-*App* § 90 Rn 3). Unzulässig sind im Übrigen vor allem die Pfändung beweglicher Sachen und Forderungen sowie anderer Vermögensrechte und Vollstreckungsmaßnahmen in das unbewegliche Schuldnervermögen. Auch **Arrestbefehle** und **Arrestanordnungen** gehören hierzu, obgleich sie nicht dem Begriff der Zwangsvollstreckung unterfallen (FK-*App* § 90 Rn 3; HK-*Kayser* § 90 Rn 11; s auch K/P/B/*Lüke* § 88 Rn 6 ff u § 89 Rn 6 ff). Die Zwangsvollstreckung von **Duldungs-** und **Unterlassungsansprüchen** gegen den Schuldner ist dagegen zulässig (**KG** NZI 2000, 228).

3. Dauer des Vollstreckungsverbots. Die Vollstreckungssperre ist zeitlich auf die **ersten sechs Monate** 9 ab Verfahrenseröffnung begrenzt. Da § 139 nicht eingreift, finden die allgemeinen Vorschriften über die Fristberechnung Anwendung, also über § 4 InsO die §§ 222 ZPO, 187–193 BGB (K/P/B/*Lüke* § 90 Rn 14; HK-*Kayser* § 90 Rn 12; *Jaeger/Eckardt* § 90 Rn 13; *Hess* § 90 Rn 17). Das Vollstreckungsverbot **beginnt** mit der Eröffnung des Insolvenzverfahrens. Maßgeblich ist der im Eröffnungsbeschluss gem § 27 Abs 2 Nr 3 genannte Zeitpunkt bzw, wenn die Angabe fehlt, der Zeitpunkt des § 27 Abs 3. Der Tag der Verfahrenseröffnung wird jedoch bei der Bestimmung des Fristbeginns nicht mit eingerechnet (§ 188 Abs 1 BGB). Der Fristenlauf beginnt somit am Tag nach der Verfahrenseröffnung (*Hess* § 90 Rn 17; MüKo-*Breuer* § 90 Rn 15; HaKo-*Kuleisa* § 90 Rn 5). Dagegen bestimmt sich das **Fristende**, also der **Ablauf der sechsmonatigen Vollstreckungssperre**, nach dem seiner Zahl nach dem Eröffnungstag entsprechenden Tag (§ 188 Abs 2 BGB). Fehlt es an einem solchen, so endet das Vollstreckungsverbot gem § 188 Abs 3 BGB mit dem letzten Tag des Monats (K/P/B/*Lüke* § 90 Rn 15; *Hess* § 90 Rn 17).

Fällt das Fristende auf einen Samstag, Sonn- oder allgemeinen Feiertag, so endet das Vollstreckungsverbot gem § 222 Abs 2 ZPO mit dem Ablauf des nächsten Werktages (HK-*Kayser* § 90 Rn 12). Im Übrigen wird die Vollstreckungssperre **vor Ablauf der sechs Monate beendet**, wenn das Verfahren vorzeitig aufgehoben (§ 200) oder eingestellt (§§ 207, 211) wird. Nach Ablauf der Sperrfrist können die Massegläubiger **unbeschränkt in die Masse vollstrecken**, wenn nicht im Einzelfall die Vollstreckungssperre wegen Masseunzulänglichkeit (§ 210) eingreift. Die Frage, ob eine Vollstreckungsmaßnahme innerhalb der Sechsmonatsfrist des § 90 Abs 1 erfolgt ist, richtet sich nicht nach dem Zeitpunkt des Antrags auf Vornahme der Vollstreckung, sondern nach dem Zeitpunkt, zu dem der Zugriff auf die Insolvenzmasse erfolgt (K/P/B/*Lüke* § 90 Rn 17; *Jaeger/Eckardt* § 90 Rn 13).

III. Vollstreckungszugriff auf insolvenzfreies Schuldnervermögen

10 Nach früherem Recht konnten Massegläubiger während des Verfahrens in das insolvenzfreie Vermögen des Schuldners vollstrecken, soweit es sich um Masseansprüche handelte, die schon vor Verfahrenseröffnung, wenn auch betagt oder bedingt, begründet waren (K/U § 57 KO Rn 10; *Kilger/K. Schmidt* § 57 KO Anm 2). Das gilt auch für die InsO. Zutreffend wird jedoch bei HK-*Eickmann* (4. Aufl § 90 Rn 15) darauf hingewiesen, dass diese Vollstreckungsmöglichkeit kaum mehr praktische Bedeutung hat, weil wegen der Einbeziehung des Neuerwerbs in die Insolvenzmasse das freie Vermögen „nur aus ohnehin unpfändbaren Gegenständen sowie aus freigegebenen Gegenständen besteht, von denen angenommen werden kann, dass sie keinen wirtschaftlichen Wert verkörpern" (s auch *Braun/Kroth* § 90 Rn 19; HaKo-*Kuleisa* § 90 Rn 12).

IV. Besonderes Vollstreckungsverbot nach § 210

11 Ein besonderes Vollstreckungsverbot für die Masseverbindlichkeiten iSv § 209 Abs 1 Nr 3 besteht gem § 210 für den Fall, dass der Insolvenzverwalter die **Masseunzulänglichkeit angezeigt** hat. Mit dieser Regelung soll weitgehend vermieden werden, „dass die Masse vor der Verteilung an die Massegläubiger außerhalb der gesetzlichen Rangfolge entleert wird" (vgl Begr Rechtsausschuss zu § 234 d RegE [§ 210 InsO], abgedr bei K/P Das neue Insolvenzrecht S 441). Für Neumassegläubiger kommt nur noch eine **Feststellungsklage** in Betracht (s **BGH** ZInsO 2003, 465, 468; **BAG** ZIP 2002, 628). **S auch die Kommentierung zu § 210.**

V. Vollstreckungsverbot für Sozialplanansprüche der Arbeitnehmer (§ 123 Abs 3 S 2)

12 Über § 90 hinaus enthält § 123 Abs 3 S 2 ein allgemeines Vollstreckungsverbot für Sozialplanforderungen der Arbeitnehmer, um die Einhaltung der relativen Obergrenze zu gewährleisten, weil die allgemeinen Vollstreckungsverbote der §§ 89, 90 im Fall der Zwangsvollstreckung wegen Sozialplananprüchen nicht eingreifen (K/P/B/*Moll* §§ 123, 124 Rn 91).

VI. Gesetzliche Ausnahmen vom Vollstreckungsverbot (§ 90 Abs 2)

13 Ausgenommen vom Vollstreckungsverbot des § 90 Abs 1 sind sogen „gewillkürte" **Masseverbindlichkeiten**, dh Verbindlichkeiten, deren Entstehen der Verwalter beeinflussen bzw verhindern konnte. Hierzu zählen zunächst einmal die Masseverbindlichkeiten, die durch eine Rechtshandlung des Verwalters begründet wurden. Das sind gem § 55 Abs 1 Nr 1 Masseverbindlichkeiten, die durch **Handlungen des Insolvenzverwalters** oder **in anderer Weise** durch die Verwaltung, Verwertung und Verteilung der Insolvenzmasse begründet werden, ohne zu den Kosten des Insolvenzverfahrens zu gehören (HK-*Kayser* § 90 Rn 5–7; *Gottwald/Gerhardt* InsRHdb § 33 Rn 26; K/P/B/*Lüke* § 90 Rn 6; *Vallender* ZIP 1997, 1993, 1999; *Jaeger/Eckardt* § 90 Rn 5 ff). Die Parteien, die mit dem Verwalter neue Verträge abschließen, müssen darauf vertrauen können, dass die Erfüllung entsprechend der Bedingungen dieser Verträge erfolgt (vgl Begr zu § 101 RegE, BR-Drucks 1/92, S 138, abgedr bei *Balz/Landfermann*, Die neuen Insolvenzgesetze, S 305 = K/P, Das neue Insolvenzrecht S 297).

14 Ausdrücklich sind in § 90 Abs 2 Nr 2 **vom Vollstreckungsverbot ausgenommen** Verbindlichkeiten aus **Verträgen**, deren **Erfüllung der Verwalter gewählt** hat. Wählt der Verwalter gem § 103 Abs 1 die Erfüllung eines gegenseitigen Vertrages, den der Schuldner vor Verfahrenseröffnung abgeschlossen hat, so ist „ein Vollstreckungsverbot für die Forderungen des Vertragspartners ebenso wenig angebracht wie bei Verträgen, die der Verwalter selbst abschließt" (KS-*Landfermann* S 174 Rn 45; K/P/B/*Lüke* § 90 Rn 8; MüKo-*Breuer* § 90 Rn 20; *Vallender* ZIP 1997, 1999). Nachdem der **BGH** die **Erlöschungstheorie** zugunsten einer **zeitweiligen Suspendierung** aufgegeben hat, wird die bis zur Entscheidung des Verwalters nicht durchsetzbare Forderung durch die Erfüllungswahl des Verwalters (§ 103) zu einer vollstreckbaren Masseverbindlichkeit (BerlKo-*Blersch/v. Olshausen* § 90 Rn 12; MüKo-*Breuer* § 90 Rn 20).

15 **Ausgenommen vom Vollstreckungsverbot** sind gem § 90 Abs 2 Nr 2 weiterhin **Verbindlichkeiten aus Dauerschuldverhältnissen** für die Zeit nach dem ersten Termin, zu dem der Verwalter kündigen konnte.

Sieht der Verwalter von der ihm möglichen Kündigung ab, so ist dies für die Zeit nach dem hypothetischen Termin, zu dem diese Kündigung wirksam geworden wäre, einer **Erfüllungswahl gleichzusetzen** (KS-*Landfermann* S 174 Rn 45). Für die Zeit bis zu diesem Termin kommt es darauf an, ob der Verwalter die Gegenleistung in Anspruch genommen hat (§ 90 Abs 2 Nr 3). Zutreffend weist *Lüke* (K/P/B/*Lüke* § 90 Rn 8) darauf hin, dass sich die Fälle von § 90 Abs 2 Nr 2 in § 55 Abs 1 Nr 2 2. Altern wiederfinden. Nach dieser Vorschrift sind Ansprüche aus Dauerschuldverhältnissen, wie zB **Arbeitsverhältnisse, Miete, Pacht, Leasing** etc, die nach § 108 Abs 1 durch die Verfahrenseröffnung nicht beendet werden, Masseverbindlichkeiten. Unterlässt zB der Verwalter die **Kündigung** und **Freistellung** von Arbeitnehmern nach § 113 Abs 1 (Kündigungsfrist drei Monate), so können die Arbeitnehmer einen Titel erlangen und wegen der nach dem ersten Kündigungstermin entstehenden und fälligen Ansprüche in die Masse vollstrecken (MüKo-*Breuer* § 90 Rn 19; FK-*App* § 90 Rn 9; HK-*Kayser* § 90 Rn 9; BerlKo-*Blersch/v. Olshausen* § 90 Rn 13; *Jaeger/Eckardt* § 90 Rn 10). Nimmt der Verwalter bis zum Ablauf der Kündigungsfrist die **Gegenleistung in Anspruch**, so greift § 90 Abs 2 Nr 3 ein. Lehnt er die Inanspruchnahme der Gegenleistung ab, gilt das Vollstreckungsverbot (KS-*Landfermann* S 174 Rn 45; K/P/B/*Lüke* § 90 Rn 9; *Gottwald/Gerhardt* InsRHdb § 33 Rn 27; N/R/*Wittkowski* § 90 Rn 7). Kündigt also der Insolvenzverwalter den Arbeitnehmern des Schuldnerunternehmens nach Verfahrenseröffnung gem § 113 Abs 1 zum frühestmöglichen Termin, beschäftigt er aber bis zur Beendigung des Arbeitsverhältnisses im Rahmen der einstweiligen Betriebsfortführung die Arbeitnehmer weiter, so hat er die jeweils fälligen Löhne und Gehälter als Masseverbindlichkeiten zu begleichen. Bei Nichtzahlung können die Arbeitnehmer die seit Verfahrenseröffnung rückständigen Lohn- und Gehaltsansprüche vor dem Arbeitsgericht einklagen und aus dem erwirkten Titel unbeschränkt in die Insolvenzmasse vollstrecken (BerlKo-*Blersch/v. Olshausen* § 90 Rn 14). Stellt der Insolvenzverwalter dagegen **die Arbeitnehmer frei**, oder **gibt er die Mietsache** zurück oder räumt er das Mietgrundstück, greift der Vollstreckungsschutz des § 90 Abs 1 hinsichtlich der titulierten Ansprüche ein, die bis zum ersten möglichen Kündigungstermin aus dem Dauerschuldverhältnis entstanden sind (BerlKo-*Blersch/v. Olshausen* § 90 Rn 14; MüKo-*Breuer* § 90 Rn 19, 20; *Gottwald/Gerhardt* InsRHdb § 33 Rn 27; N/R/*Wittkowski* § 90 Rn 7; *Braun/Kroth* § 90 Rn 6; FK-*App* § 90 Rn 9; HaKo-*Kuleisa* § 90 Rn 9; *Jaeger/Eckardt* § 90 Rn 10).

VII. Vollstreckungen wegen vom „starken" vorläufigen Insolvenzverwalter begründeter Verbindlichkeiten

Verbindlichkeiten, die von einem vorläufigen Insolvenzverwalter begründet worden sind, auf den die Verfügungsbefugnis über das Schuldnervermögen übergegangen ist, gelten gem § 55 Abs 2 S 1 nach Eröffnung des Verfahrens als Masseverbindlichkeiten. Gleiches gilt für Verbindlichkeiten aus Dauerschuldverhältnissen, soweit der vorläufige Insolvenzverwalter für das von ihm verwaltete Vermögen die Gegenleistung in Anspruch genommen hat (§ 55 Abs 2 S 2). § 90 trifft insoweit keine Regelung. Insoweit muss jedoch für **Masseverbindlichkeiten iSv § 55 Abs 2 S 1** das Gleiche gelten wie für Verbindlichkeiten, die im eröffneten Verfahren gem § 55 Abs 1 Nr 1 **durch Handlungen des Insolvenzverwalters** oder in anderer Weise durch die Verwaltung der Insolvenzmasse begründet werden. Die betroffenen Gläubiger dürfen darauf vertrauen, dass sie mit Eröffnungs- und im eröffneten Verfahren die Möglichkeit haben, ihre Forderungen unbeschränkt durch Vollstreckungen in die Insolvenzmasse durchzusetzen (*Jaeger/Eckardt* § 90 Rn 8; *Gottwald/Gerhardt* InsRHdb § 33 Rn 26; MüKo-*Breuer* § 90 Rn 11; K/P/B/*Lüke* § 90 Rn 10; FK-*App* § 90 Rn 4; HK-*Eickmann* § 90 Rn 3; str aA BerlKo-*Blersch/v. Olshausen* § 90 Rn 5; N/R/*Wittkowski* § 90 Rn 3b; *Braun/Kroth* § 90 Rn 8; HaKo-*Kuleisa* § 90 Rn 4). Sinn und Zweck der Regelung in § 90 gehen dahin, dass im Interesse der Verfahrensabwicklung jeder, der mit einem Insolvenzverwalter, gleichgültig ob vorläufigem oder endgültigem Verwalter, kontrahiert, darauf vertrauen kann, dass er seine hieraus resultierenden Forderungen realisieren kann (*Jaeger/Eckardt* § 90 Rn 8; FK-*App* § 90 Rn 4; HK-*Eickmann* 4. Aufl § 90 Rn 3).

Teilweise wird in der Literatur eine **Differenzierung** dahingehend vorgenommen, dass zwar die Masseverbindlichkeiten iSv § 55 Abs 2 S 1, nicht aber die Masseverbindlichkeiten nach § 55 Abs 2 S 2 das Vollstreckungsprivileg im eröffneten Verfahren genießen (so BerlKo-*Blersch/v. Olshausen* § 90 Rn 5). Begründet wird dies damit, dass die Regelung in § 55 Abs 2 S 2 die Handlungsfähigkeit des vorläufigen Verwalters insbesondere im Zusammenhang mit einer Fortführung des Schuldnerunternehmens verbessern will. *Blersch/v. Olshausen* (BerlKo § 90 Rn 5): „Eine weitere Privilegierung dieser Masseverbindlichkeit gegenüber den übrigen Masseverbindlichkeiten, die von dem späteren Insolvenzverwalters im Verfahren zu erfüllen sind, war damit aber nicht beabsichtigt" (so wohl auch K/P/B/*Lüke* § 90 Rn 10). Der **differenzierenden Auffassung** ist zuzustimmen. Der **Vertrauensschutz** bezieht sich auf den mit einem „Amtswalter" kontrahierenden Vertragspartner, nicht aber auf Dauerschuldverhältnisse, die automatisch fortgesetzt werden und nicht auf einer Rechtshandlung des vorläufigen Insolvenzverwalters beruhen (zutr BerlKo-*Blersch/v. Olshausen* § 90 Rn 5; FK-*App* § 90 Rn 4; K/P/B/*Lüke* § 90 Rn 10; HK-*Eickmann* 4. Aufl § 90 Rn 3).

VIII. Rechtsfolgen eines Verstoßes gegen das Vollstreckungsverbot

18 Ein Verstoß gegen das Vollstreckungsverbot begründet nach der „gemischt öffentlich-rechtlichen/privatrechtlichen Theorie" materiell-rechtlich **kein wirksames Pfandrecht**, dh kein materielles Befriedigungsrecht (BerlKo-*Blersch/v. Olshausen* § 90 Rn 8; *Gottwald/Gerhardt* InsRHdb § 33 Rn 19; HK-*Kayser* § 90 Rn 14; *Vallender* ZIP 1997, 1993, 1998). Die Vollstreckungsorgane sind verpflichtet, auf entsprechenden Hinweis **ohne Mitwirkung des Gläubigers** die Vollstreckungsmaßnahme aufzuheben (BerlKo-*Blersch/v. Olshausen* § 90 Rn 8). Der Gerichtsvollzieher hat den Antrag auf Durchführung der Zwangsvollstreckung abzulehnen. Nach K/P/B/*Lüke* (§ 90 Rn 17, 18) ist der Antrag auf Vornahme einer Vollstreckungshandlung zulässig (**str aA** BerlKo-*Blersch/v. Olshausen* § 90 Rn 7). **Zulässig** sind dagegen sämtliche auf Erlangung eines Titels gerichteten Maßnahmen, wie zB **Klageerhebung**, Mahn- oder **Vollstreckungsbescheidsantrag** etc (BerlKo-*Blersch/v. Olshausen* § 90 Rn 6; K/P/B/*Lüke* § 90 Rn 18; s o Rn 3). Erfolgt trotz des Vollstreckungsverbots eine Pfändung, so löst diese **trotz Unwirksamkeit** eine **wirksame öffentlich-rechtliche Verstrickung** aus, die dem Schutz des § 136 StGB unterliegt. Die auf der Vollstreckung beruhende Verwertung ist rechtmäßig mit der Folge, dass der Ersteigerer das Eigentum an dem unzulässigerweise gepfändeten Gegenstand erwirbt. Die **Vollstreckungssperre** ist von den Vollstreckungsorganen (Gerichtsvollzieher, Vollstreckungsgericht) ebenso wie bei den §§ 88, 89 **von Amts wegen zu beachten** (vgl **LG** Oldenburg ZIP 1981, 1011; *Vallender* ZIP 1997, 1993, 1998; BerlKo-*Blersch/v. Olshausen* § 90 Rn 8; K/P/B/*Lüke* § 90 Rn 19; MüKo-*Breuer* § 90 Rn 22). Dagegen wird durch § 90 Abs 1 kein Aufrechnungs- oder Abtretungsverbot herbeigeführt wie etwa durch § 89 (*Häsemeyer* InsR Rn 14.26; K/P/B/*Lüke* § 90 Rn 19).

IX. Rechtsmittel

19 Gegen unzulässige Vollstreckungsmaßnahmen wegen Masseforderungen oder gegen die Ablehnung der Vollstreckung steht dem Insolvenzverwalter und bei Forderungspfändungen dem Drittschuldner der Rechtsbehelf der **Vollstreckungserinnerung** nach § 766 ZPO zur Verfügung (**BGH** ZInsO 2006, 1049, 1050; Berl Ko-*Blersch/v. Olshausen* § 90 Rn 9; *Vallender* ZIP 1997, 1993, 1998; K/P/B/*Lüke* § 90 Rn 20). Hatte vorher eine Anhörung des Verwalters stattgefunden, ist das zulässige Rechtsmittel gegen die gerichtliche Entscheidung die **sofortige Beschwerde** nach §§ 11 RPflG, 793 ZPO (MüKo-*Breuer* § 90 Rn 24; HaKo-*Kuleisa* § 90 Rn 11; K/P/B/*Lüke* § 90 Rn 20). Im Gesetz ist nicht geregelt, ob für die Entscheidungen über die Zulässigkeit einer Zwangsvollstreckung in das bewegliche Schuldnervermögen das **Insolvenzgericht** oder das **Vollstreckungsgericht** zuständig ist. Inzwischen ist weitgehend unbestritten, dass in diesen Fällen § 89 Abs 3 entsprechende Anwendung findet, so dass das **Insolvenzgericht** zuständig ist (**BGH** NZI 2006, 697, 698 = ZInsO 2006, 1049, 1050; KS-*Landfermann* in: Kölner Schrift InsO S 174 Rn 46; *Gerhardt* in: Henckel/Kreft, InsolvenzR 1998, S 217, 227; *Gottwald/Gerhardt* InsRHdb § 33 Rn 28; *Häsemeyer* InsR Rn 14.26; HK-*Kayser* § 90 Rn 15; BerlKo-*Blersch/v. Olshausen* § 90 Rn 9; N/R/*Wittkowski* § 90 Rn 9; K/P/B/*Lüke* § 90 Rn 21; MüKo-*Breuer* § 90 Rn 25; *Jaeger/Eckardt* § 90 Rn 17; *Vallender* ZIP 1997, 1993, 1998; *Behr* JurBüro 1999, 66, 68).

§ 91 Ausschluß sonstigen Rechtserwerbs

(1) Rechte an den Gegenständen der Insolvenzmasse können nach der Eröffnung des Insolvenzverfahrens nicht wirksam erworben werden, auch wenn keine Verfügung des Schuldners und keine Zwangsvollstreckung für einen Insolvenzgläubiger zugrunde liegt.

(2) Unberührt bleiben die §§ 878, 892, 893 des Bürgerlichen Gesetzbuchs, § 3 Abs. 3, §§ 16, 17 des Gesetzes über Rechte an eingetragenen Schiffen und Schiffsbauwerken, § 5 Abs. 3, §§ 16, 17 des Gesetzes über Rechte an Luftfahrzeugen und § 20 Abs. 3 der Schiffahrtsrechtlichen Verteilungsordnung.

Übersicht

	Rn
I. Allgemeines	1
II. Der Erwerb von Rechten an Massegegenständen	3
III. Rechtsfolge	7
IV. Die betroffenen Rechte	8
V. Maßgeblichkeit des Erwerbszeitpunkts	10
1. Grundsatz	10
2. Beispielsfälle	11
a) Pfandrechte	11
b) Fruchterwerb	20
c) Abtretung und Verpfändung künftiger Forderungen	21
d) Aufschiebend bedingter Rechtserwerb	25
aa) Eigentumserwerb des Vorbehaltskäufers	26
bb) Die Rechte des Vorbehaltskäufers im Insolvenzverfahren des Vorbehaltsverkäufers	28

I. Allgemeines **§ 91**

	Rn
e) Abtretung von Miet- oder Pachtzinsen	29
f) Verarbeitung, Verbindung, Vermischung und § 91	30
g) Ersitzung und Fund	33
h) Sicherheitenpool	34
i) Leasing	35
j) Vormerkung	36
k) Grundstückszubehör	38
l) Erwerb kraft Hoheitsakts	39
aa) Erwerb durch Zwangsvollstreckung	39
bb) Strafrechtliche und strafprozessuale Maßnahmen	40
cc) Haftung und Beschlagnahme von Zoll- und Steuergut	41
3. Wirksame Verfügung eines Nichtberechtigten durch Genehmigung eines Dritten	42
4. Rechtserwerb bei Verfügungen eines Nichtberechtigten	44
VI. Die Ausnahmen nach § 91 Abs 2	45
1. Rechtserwerb nach § 878 BGB, § 3 Abs 3 SchiffsRG, § 5 Abs 3 LuftfzRG	46
a) Die Regelung in § 878 BGB	47
b) Rechtserwerb durch Zwangsvollstreckung	50
2. Rechtserwerb nach §§ 892, 893 BGB, 16, 17 SchiffsRG, 16, 17 LuftfzRG	51
3. Rechtserwerb nach den §§ 893 BGB, 17 SchiffsRG, 17 LuftfzRG	56
4. Die Insolvenzanfechtung gültigen Rechtserwerbs	58

I. Allgemeines

Die Vorschrift ergänzt die Regelung über die Unwirksamkeit von Verfügungen des Schuldners (§ 81) 1 und das Verbot von Zwangsvollstreckungen für einzelne Insolvenzgläubiger (§§ 89, 90). Die Norm schützt die Masse vor dem Verlust von Vermögensgegenständen, indem sie jeden Rechtserwerb für unwirksam erklärt, gleichgültig, auf welchem Rechtsvorgang er beruht (vgl K/P/B/*Lüke* § 91 Rn 1, 2; HK-*Kayser* § 91 Rn 1; FK-*App* § 91 Rn 1; N/R/*Wittkowski* § 91 Rn 1, 2; *Jaeger/Windel* § 91 Rn 1–7; *Smid* § 91 Rn 1). Nach § 91 Abs 1 ist ein Rechtserwerb an Gegenständen der Insolvenzmasse auch dann unwirksam, wenn keine an sich schon gem § 81 unwirksame Verfügung des Schuldners und keine bereits vom Vollstreckungsverbot der §§ 89, 90 erfasste Zwangsvollstreckung der Insolvenzgläubiger zugrunde liegen (KS-*Gerhardt* S 193, 218 Rn 51; *Gerhardt* FS Greiner 2005, S 31, 33; *Braun/Kroth* § 91 Rn 2). Durch die Regelung als **Auffangtatbestand** soll der **lückenlose Masseschutz** auch in der InsO erhalten bleiben (vgl *Eickmann* FS Uhlenbruck S 149, 151 ff). Neu gegenüber dem früheren Recht ist, dass auch der **Neuerwerb des Schuldners**, der gem § 35 zur Insolvenzmasse zählt, durch § 91 umfassend geschützt ist. § 91 verhindert auch den **Rechtserwerb durch Neugläubiger** (*Jaeger/Henckel* 15 KO Rn 11; *Jaeger/Windel* § 91 Rn 6). Der Schutz des § 91 Abs 1 betrifft ebenfalls die Abtretung künftiger Forderungen (s **BGH** v 11. 5. 2006 – IX ZR 247/03; ZIP 2006, 1254, 1257 = NZI 2006, 457 ff; **BGH** v 14. 12. 2006 – IX ZR 102/03, ZInsO 2007, 91, 92 f = ZIP 2007, 191, 192 ff = NJW 2007, 1588 = NZI 2007, 158 ff).

Die Norm erfasst vor allem den **gestreckten Erwerb**, dh einen Erwerb, bei dem der Erwerbstatbe- 2 stand schon vor Verfahrenseröffnung eingeleitet, aber erst nach Verfahrenseröffnung vollendet worden ist. § 91 dient letztlich dem Zweck, neben den §§ 81, 89, 90 die Haftungsmasse gegen Beeinträchtigungen im Interesse der Insolvenzgläubiger zu schützen (vgl **BGH** NZI 2004, 29 f; **BGH** v 20. 12. 1988, BGHZ 106, 236, 243 = ZIP 1989, 171, 174; **BGH** v 30. 10. 1974, NJW 1975, 122 = KTS 1975, 117; K/P/B/*Lüke* § 91 Rn 2; HK-*Eickmann* § 91 Rn 1; *Braun/Kroth* § 91 Rn 1; abl für § 90 *Jaeger/Windel* § 91 Rn 6). Mit dem Erwerbsverbot des § 91 Abs 1 ist auch nicht zu vereinbaren, dass der Insolvenzmasse durch **Rechtshandlungen Dritter** nach Verfahrenseröffnung Rechte entzogen werden. In Betracht kommen ua ohne Mitwirkung des Schuldners bewirkte Gläubiger- oder Schuldnerwechsel, denn jedenfalls darf die Auswechslung eines Schuldners der Masse keine Rechte entziehen (*Häsemeyer* InsR Rn 10.20). Dagegen **erfasst § 91 nicht Tatbestände**, die sich bereits **vor Eröffnung des Insolvenzverfahrens vollendet** haben (**BGH** v 14. 12. 2006 – IX ZR 102/03; ZInsO 2007, 91, 92 = ZIP 2007, 191, 192 f; *Ehricke* FS Gerhardt S 191 f). Ein Rechtserwerb liegt nicht vor, wenn Maßnahmen lediglich der Sicherstellung und der Erhaltung bereits bestehender Rechte dienen. Im Übrigen gibt es sowohl in der InsO als auch außerhalb zahlreiche Regelungen, die den Rechtserwerb an Massegegenständen im eröffneten Verfahren ermöglichen und somit als leges speciales § 91 verdrängen (vgl §§ 80, 103, 169, 148, 160 Abs 2 Nr 2, 47, 50, 51, 53, 91 Abs 2, 106 InsO; ferner § 161 Abs 1 S 2, 377, 1098 Abs 2 BGB und §§ 77, 78 VVG, § 32 DepotG, §§ 13, 14 des Gesetzes über Kapitalanlagegesellschaften (KAGG) sowie § 35 HypBankG; vgl auch *W. Henckel*, Die letzten Vorrechte im Insolvenzverfahren, FS Uhlenbruck 2000 S 19 ff). Durch die Formulierung „auch wenn keine Verfügung des Schuldners und keine Zwangsvollstreckung für einen Insolvenzgläubiger zugrunde liegt", sollte klargestellt werden, dass Rechte an Massegegenständen nach Verfahrenseröffnung **auch nicht in anderer Weise** als durch eine Rechtshandlung des Schuldners oder durch einen gegen ihn gerichteten Vollstreckungsakt mit Wirksamkeit gegenüber der Insolvenzmasse begründet werden können. § 91 ist im **Insolvenzeröffnungsverfahren** selbst dann nicht in erweiternder Auslegung der §§ 24 Abs 1, 91 anwendbar, wenn das Insol-

§ 91

venzgericht Sicherungsmaßnahmen nach § 21 Abs 2 Satz 1 Nr 2 und 3 angeordnet hat (**BGH** v 14. 12. 2006 – IX ZR 102/03, ZIP 2007, 191 = NZI 2007, 158 m Anm *Neuenhahn* = ZInsO 2007, 91).

II. Der Erwerb von Rechten an Massegegenständen

3 § 91 Abs 1 betrifft nur den Erwerb von Rechten an Massegegenständen (Jaeger/Windel § 91 Rn 12). Rechte am insolvenzfreien Vermögen des Schuldners können auch nach Eröffnung des Insolvenzverfahrens wirksam erworben werden, jedoch nicht von Insolvenzgläubigern im Wege des Arrestes oder der Zwangsvollstreckung (§ 89). Nicht erfasst werden von § 91 Abs 1 **Verfügungen des Insolvenzverwalters**. Die Wirksamkeit solcher Verfügungen folgt aus § 80 Abs 1 (**OLG** Düsseldorf v 10. 10. 1991, ZIP 1992, 256, 257 f; *Jaeger/Henckel* § 15 KO Rn 50; BerlKo-*Blersch/v. Olshausen* § 91 Rn 3; K/P/B/*Lüke* § 91 Rn 5). Zulässig sind auch Maßnahmen zur Erhaltung eines vor Verfahrenseröffnung begründeten **Rechts mit Aussonderungs- oder Absonderungskraft**. So ist zB die Eintragung eines Widerspruchs nach § 899 BGB ebenso möglich wie die Eintragung eines Amtswiderspruchs oder einer Amtslöschung nach §§ 53, 71 Abs 2 GBO (*Jaeger/Henckel* § 15 KO Rn 51; K/P/B/*Lüke* § 91 Rn 12; *Smid/Smid* § 91 Rn 10; *Hess* § 91 Rn 8). Nicht jeder **insolvenzrechtlich legitimierte** Erwerb fällt unter § 91 Abs 1 (*Kilger/K. Schmidt* § 15 KO Anm 3). Zum Pfandrecht an ungetrennten Früchten vgl *Jaeger/Henckel* § 15 KO Rn 54. Ist ein **Anspruch durch Vormerkung** (§ 105) gesichert, wie zB künftige oder bedingte Forderungen (§ 883 Abs 1 S 2 BGB), Hypotheken oder Grundschulden (§§ 113 Abs 2, 1192 Abs 1 BGB), so geht § 106 der gesetzlichen Regelung in § 91 Abs 1 vor (s unten zu Rn 26). Gleiches gilt für ein **Pfandrecht an beweglichen Sachen** (§ 1204 Abs 2 BGB). Das gilt aber nicht, wenn zwar das Sicherungsrecht vor Verfahrenseröffnung bestellt wurde, jedoch die zu sichernde Forderung erst nach Verfahrenseröffnung entsteht oder die Forderung erst nach Insolvenzeröffnung auf Grund einer aufschiebenden Bedingung entsteht, denn insoweit handelt es sich idR um einen sogen **gestreckten Rechtserwerb iSv § 91 Abs 1** (BGH v 14. 12. 2006 – IX ZR 102/03, ZIP 2007, 191 = ZInsO 2007, 91 = NZI 2007, 158; **BGH** v 11. 5. 2006 ZIP 2006, 1254 = NZI 2006, 457; *Häsemeyer* InsR Rn 10.26–10.28).

4 Hat der Schuldner **vor Verfahrenseröffnung künftige Forderungen** abgetreten, so wird der Erwerbstatbestand erst mit Entstehung der Forderung vollendet. Fällt dieser in die Zeit nach Verfahrenseröffnung, so scheitert der Rechtserwerb an § 91 (BGHZ 135, 140, 145; BGHZ 162, 187, 190; BGHZ 106, 236, 241; **BGH NJW** 1955, 544; *Bork*, Einf Rn 147; vgl auch **BFH** NJW-RR 1986, 799, 800). Etwas anderes gilt für die Abtretung von Forderungen, bei denen der **Rechtsgrund bereits vor Verfahrenseröffnung gelegt** ist, die aber noch unter einer **Bedingung** stehen. Solchenfalls ist der Erwerbstatbestand gem § 161 Abs 1 S 2 BGB vor Verfahrenseröffnung vollendet (BGHZ 124, 76, 80; BGHZ 70, 386, 490; **BGH NJW** 1977, 247; **BGH NJW** 1955, 544; OLG Stuttgart WM 1994, 1140, 1142; *Bork*, Einf Rn 147; HK-Kayser § 91 Rn 9; Häsemeyer InsR Rn 10.28; *Serick* Einhundert Jahre KO S 277, 283 ff). Vgl auch die weiteren Beispiele bei *Bork*, Einführung Rn 147. **Massegläubiger** sind – mit der Einschränkung des § 90 Abs 1 – nicht gehindert, ihre Ansprüche im Insolvenzverfahren durchzusetzen. Da sie keine Insolvenzgläubiger sind, gilt für sie weder § 89 noch § 91. Demgemäß sind sie nicht gehindert, auch nach Verfahrenseröffnung noch Rechte an Massegegenständen zu erwerben (*Jaeger/Henckel* § 15 KO Rn 58).

5 Ist ein **Grundstück vermietet oder verpachtet**, so erstreckt sich die Hypothek nach § 1123 Abs 1 BGB auch auf die **Miet- oder Pachtzinsforderungen**. Der Hypothekengläubiger erwirbt somit ohne Rücksicht auf § 91 ein Absonderungsrecht auch hinsichtlich dieser Forderungen. Zur Abtretung einer durch **Briefhypothek** gesicherten Forderung, einer Briefgrundschuld oder Briefrentenschuld vgl *Jaeger/Henckel* § 15 KO Rn 35. Ist die Übergabe des Briefes nicht schon vor Insolvenzeröffnung vollzogen oder ersetzt gewesen (§§ 1117, 1154 Abs 1 S 1 BGB), so greift § 91 Abs 1 ein. Die nach Insolvenzeröffnung erfolgende Briefübergabe fällt unter § 81. S auch unten zu Rn 14. Bei der Übertragung einer durch **Buchhypothek** gesicherten Forderung, einer Buchgrundschuld oder Buchrentenschuld steht § 91 Abs 1 entgegen, wenn die Eintragung im Grundbuch erst nach Insolvenzeröffnung geschieht. **Ausnahme:** § 91 Abs 2. Auch eine **Rangänderung** (§ 880 Abs 2 BGB) kann wegen § 91 Abs 1 nicht mehr eingetragen werden. Allerdings greift die Vorschrift nur ein, soweit die **Insolvenzmasse betroffen** ist (MüKo-*Breuer* § 91 Rn 37; HaKo-*Kuleisa* § 91 Rn 18). Ist der Schuldner Inhaber des vortretenden Rechts, finden §§ 81, 91 keine Anwendung (HK-*Eickmann* § 91 Rn 22). Folgt die **Einigung erst nach Verfahrenseröffnung**, greift § 81 ein. Ein Vorrangserwerb ist nur über § 893 BGB möglich (HK-*Eickmann* § 91 Rn 23). Betroffen ist die Insolvenzmasse bei einer Rangänderung von Grundpfandrechten nur, wenn der zurücktretende, nicht aber auch der vortretende Gläubiger zugleich Insolvenzgläubiger ist (*Jaeger/Henckel* § 15 KO Rn 37; *Kilger/K. Schmidt* § 15 KO Anm 5). Soweit die Rangänderung nicht nach § 880 Abs 2 S 2 BGB der Zustimmung des Eigentümers bedarf, ist sie auch nach Insolvenzeröffnung ohne Zustimmung des Insolvenzverwalters möglich (*Jaeger/Henckel* § 15 KO Rn 37). § 91 Abs 1 hindert sowohl die Eintragung einer vor Insolvenzeröffnung vom Schuldner bewilligten Vormerkung als auch die Eintragung einer Zwangshypothek zugunsten eines unanmeldbaren Anspruchs (*Jaeger/Henckel* § 15 KO Rn 41, 42).

6 Die **Zubehörhaftung eines Grundstückes** kann nach Verfahrenseröffnung nicht etwa durch **Änderung der Zweckbestimmung** erweitert werden (*Jaeger/Henckel* § 15 KO Rn 24; K/P/B/*Lüke* § 91 Rn 8). Ein

IV. Die betroffenen Rechte § 91

Wechsel des Rechtsträgers belastet grundsätzlich die Masse nicht (Einzelheiten bei *Jaeger/Windel* § 91 Rn 91). Die Zulässigkeit erlaubt deshalb auch die **Veräußerung Not leidender Darlehensforderungen** nach Verfahrenseröffnung (*Sivers* ZInsO 2005, 290, 291; *Obermüller* FS *Greiner* S 257 ff; *Jaeger/ Windel* § 91 Rn 83). Eine nachträgliche **Änderung der Leistungsbestimmung**, durch die die Insolvenzmasse belastet wird, wie zB die nachträgliche Erklärung, der Gläubiger habe auf die Schuld des wirklichen Schuldners gezahlt, um somit einen Bereicherungsanspruch gegen die Masse nach § 55 Abs 1 Nr 3 zu erlangen, ist wegen § 91 Abs 1 unwirksam (K/P/B/*Lüke* § 91 Rn 9; *Häsemeyer* InsR Rn 10.20; *ders* KTS 1982, 1, 18; str aA *Jaeger/Henckel* § 15 KO Rn 104). Nach Auffassung von *Henckel* hat der Putativschuldner bereits vor Verfahrenseröffnung eine insolvenzfeste Rechtsposition erlangt, so dass § 91 Abs 1 nicht eingreift. Rechtserwerb iSv § 91 Abs 1 ist nur die Begründung, nicht dagegen die **Übertragung eines Rechts** gegen den Schuldner (RG v 9. 11. 1894, RGZ 34, 59, 60; K/P/B/*Lüke* § 91 Rn 10; *Jaeger/Henckel* § 15 KO Rn 70; BerlKo-*Blersch/v. Olshausen* § 91 Rn 3). Anders aber, wenn durch die Übertragung einer Forderung eine Aufrechnungslage geschaffen wird, die vorher nicht bestand (zutr K/P/B/*Lüke* § 91 Rn 10 u § 96 Rn 30 ff; str aA *Jaeger/Windel* § 91 Rn 81). Auch die mit der Ablösung von Sicherungsrechten gem § 268 Abs 3 BGB auf den Ablösenden mit der Forderung übergehenden Sicherheiten sind nicht gem § 91 Abs 1 unwirksam, wenn der Ablösende zur Ablösung berechtigt ist (§§ 268, 1150, 1249 BGB). Nach zutreffender Feststellung von *Lüke* (K/P/B/*Lüke* § 91 Rn 11) entstehen der Masse keine Nachteile, da die Forderung lediglich auf eine andere Person übergeht, es also lediglich zu einem Gläubigerwechsel kommt (so auch *Jaeger/Henckel* § 15 KO Rn 71).

III. Rechtsfolge

Ein entgegen § 91 Abs 1 vollzogener Rechtserwerb ist **absolut unwirksam** (K/P/B/*Lüke* § 91 Rn 72; 7 BerlKo-*Blersch/v. Olshausen* § 91 Rn 12; *Jaeger/Windel* § 91 Rn 114; N/R/*Wittkowski* § 91 Rn 5; HK-*Kayser* § 91 Rn 45). Die (insolvenzrechtliche) absolute Unwirksamkeit hat aber keine **keine** (zivilrechtliche) **Nichtigkeit** zur Folge. Deshalb kann der Insolvenzverwalter den unwirksamen Rechtserwerb nach § 185 Abs 2 BGB nachträglich genehmigen (OLG Düsseldorf ZIP 1992, 256, 257; *Jaeger/Windel* § 91 Rn 114; N/R/*Wittkowski* § 91 Rn 5; MüKo-*Breuer* § 91 Rn 77). Es gelten die gleichen Grundsätze wie zu § 81. S § 81 Rn 11, 12 und BGHZ 166, 74, 77, 80; HK-*Kayser* § 91 Rn 45. Die Unwirksamkeit reicht nur so weit, als es das Interesse der Insolvenzgläubiger erfordert (*Häsemeyer* InsR 10.17; *Baur/ Stürner* II Rn 11.16 u 8.12 ff). Die absolute Unwirksamkeit ist von Amts wegen zu beachten. Werden entgegen § 91 Abs 1 Zwangsvollstreckungen gegen den Schuldner betrieben, steht dem Insolvenzverwalter das Recht der **Erinnerung gem § 766 ZPO** zu (MüKo-*Breuer* § 91 Rn 76; N/R/*Wittkowski* § 91 Rn 6). Der Verwalter kann auch Leistungs- und Feststellungsklage hinsichtlich der Unwirksamkeit gegen den Erwerber erheben (*Jaeger/Henckel* § 15 KO Rn 105; *Jaeger/Windel* § 91 Rn 114). Behauptet ein Gläubiger, er habe ein Aus- oder Absonderungsrecht trotz § 91 Abs 1 wirksam erworben und wird dies vom Insolvenzverwalter bestritten, so hat der Gläubiger sämtliche Tatbestandsmerkmale zu beweisen, die den Rechtserwerb begründen (*Jaeger/Henckel* § 15 KO Rn 106; **str aA** OLG Frankfurt ZIP 1986, 104, 106; *Jaeger/Windel* § 91 Rn 16).

IV. Die betroffenen Rechte

Die **Rechte an Massegegenständen** (§ 35) umfassen nicht nur das Eigentum als Vollrecht, sondern 8 auch begrenzte dingliche Rechte, wie zB Pfandrecht, Hypothek, Nießbrauch, Dienstbarkeit oder Reallast (BGH v 24. 3. 1965, KTS 1965, 168, 169; *Kilger/K. Schmidt* § 15 KO Anm 2; *Jaeger/Henckel* § 15 KO Rn 6). Der Erwerb einer Forderung gegen die Insolvenzmasse richtet sich dagegen nicht nach § 91 Abs 1, denn schon nach § 38 können nach Insolvenzeröffnung keine Insolvenzforderungen mehr entstehen, sondern allenfalls noch Masseverbindlichkeiten iSv § 55 (*Jaeger/Henckel* § 15 KO Rn 7). Gleichermaßen bezieht sich § 91 Abs 1 nicht auf **massefreie Gegenstände** iSv §§ 36 ff, so dass der Insolvenzschuldner zB Gegenstände, die unter § 36 fallen, verpfänden kann. Der Vermieter oder Verpächter kann nach Insolvenzeröffnung über das Vermögen des Mieters oder Pächters kein Pfandrecht ohne Mitwirkung des Insolvenzverwalters mehr erlangen. Sachen, die der Mieter oder Pächter als Insolvenzschuldner nach Verfahrenseröffnung einbringt, unterfallen demgemäß nicht mehr dem gesetzlichen Vermieterpfandrecht (vgl *Jaeger/Henckel* § 15 KO Rn 22; *Eckert* ZIP 1984, 663, 665). Unwirksam ist jeder **Rechtserwerb kraft Gesetzes** nach Verfahrenseröffnung, wie zB der Erwerb gesetzlicher Pfandrechte (LG Mönchengladbach ZInsO 2003, 527, 528). **Gesetzliche Pfandrechte** und **kaufmännische Zurückbehaltungsrechte** (§ 369 HGB) können nur entstehen, wenn der gesetzliche Tatbestand vor Verfahrenseröffnung vollständig verwirklicht war (*Häsemeyer* InsR Rn 10, 19; s auch unten zu Rn 9). Ein **Vermieterpfandrecht** entsteht nur, wenn der Insolvenzschuldner als Mieter die massezugehörigen Gegenstände schon vor Verfahrenseröffnung eingebracht (§ 562 BGB) hatte (s BGH ZIP 2007, 191, 192 f; *Ehricke* FS *Gerhardt* S 191 ff; Einzelheiten unten zu Rn 16). Eine Ausnahme gilt allenfalls für Rechtshandlungen, die lediglich zu Wertumschichtungen führen, wie zB bei der Verbindung von massezugehörigen Sachen, deren **Vermischung** und **Verarbeitung**. Hier wird der Eigentumsübergang nach den §§ 946 ff BGB nicht gehindert (*Häsemeyer* InsR Rn 10.19). Allerdings fällt der **Wertersatzanspruch** (§ 951 BGB)

§ 91 *Ausschluß sonstigen Rechtserwerbs*

in die Insolvenzmasse. Auch eine ohne Zustimmung des Verwalters vereinbarte **Rangänderung bei Grundstücksrechten** ist gem § 91 Abs 1 unwirksam, wenn wegen des Nachrangs die Möglichkeit, dass eine Eigentümergrundschuld entsteht, zum Nachteil der Masse ausgeschlossen oder beeinträchtigt wird (*Jaeger/Henckel* § 15 KO Rn 37; K/P/B/*Lüke* § 91 Rn 16; FK-*App* § 91 Rn 5; *Kilger/K. Schmidt* § 15 KO Anm 5). Soweit allerdings die Rangänderung gem § 880 Abs 2 S 2 BGB nicht der Zustimmung des Eigentümers bedarf, ist sie auch ohne Zustimmung des Insolvenzverwalters möglich.

9   **Zurückbehaltungsrechte** wegen Verwendungen auf die Sache (§§ 273 Abs 2, 10.00 BGB) fallen unter § 91 Abs 1 nur insoweit, als sie ein Absonderungsrecht nach § 51 Nr 3 begründen würden (K/U § 15 KO Rn 7; *Jaeger/Henckel* § 15 KO Rn 9; FK-*App* § 91 Rn 4; *Häsemeyer* InsR Rn 10.19; MüKo-*Breuer* § 91 Rn 44). Dh der **Besitzerwerb** und die **Verwendungen** müssen **vor Verfahrenseröffnung** erfolgt sein (*Jaeger/Henckel* § 15 KO Rn 23; *Gottwald/Eickmann* InsRHdb § 31 Rn 67; MüKo-*Breuer* § 91 Rn 44; *Jaeger/Windel* § 91 Rn 38). Es dürfte unstreitig sein, dass ein Zurückbehaltungsrecht nach Verfahrenseröffnung nicht mehr entstehen kann (vgl BGH NJW 1975, 122; *Jaeger/Henckel* § 15 KO Rn 9; K/P/B/*Lüke* § 91 Rn 17; HK-*Eickmann* § 91 Rn 5). Beim **kaufmännischen Zurückbehaltungsrecht** (§ 369 HGB) greift § 91 Abs 1 nicht ein, wenn der Gläubiger vor Insolvenzeröffnung die Verfügungsgewalt über die betreffenden beweglichen Sachen oder Wertpapiere erlangt hatte (*Jaeger/Henckel* § 15 KO Rn 23; MüKo-*Breuer* § 91 Rn 65; *Jaeger/Windel* § 91 Rn 37; *Häsemeyer* InsR Rn 10.19; FK-*App* § 91 Rn 4). Die **Übertragung von Rechten Dritter an Gegenständen der Insolvenzmasse**, die vor Insolvenzeröffnung ordnungsgemäß und unanfechtbar begründet worden sind, fallen nicht unter § 91 (BerlKo-*Blersch/v. Olshausen* § 91 Rn 3). Deshalb steht der Vorschrift der **Wirksamkeit eines Sicherheitenpoolvertrages** nicht entgegen, denn das Verwertungsrecht des Insolvenzverwalters nach § 166 wird hierdurch nicht beeinträchtigt (*Gundlach/Frenzel/Schmidt* NZI 2003, 142, 144 f; BerlKo-*Blersch/ v. Olshausen* § 91 Rn 3; *Riggert* NZI 2000, 525, 526 f). **Einzelheiten unten zu Rn 34.**

V. Maßgeblichkeit des Erwerbszeitpunkts

10 **1. Grundsatz.** Grundsätzlich ist ein Rechtserwerb nur dann unwirksam, wenn er **nach Verfahrenseröffnung** erfolgt ist. Wann der Beschluss über die Insolvenzeröffnung wirksam wird und die materiellrechtlichen Folgen der Verfahrenseröffnung eintreten, ergibt sich aus § 27 Abs 2, 3. Danach wird der Beschluss des Insolvenzgerichts über die Verfahrenseröffnung zu dem Zeitpunkt wirksam iSv „existent", in dem er aufhört, eine innere Angelegenheit des Gerichts zu sein (N/R/*Mönning* § 27 Rn 35 mwN). Die mit Verfahrenseröffnung gesetzlich vorgesehenen materiell-rechtlichen Folgen dagegen treten nach § 27 Abs 2 zu dem **im Eröffnungsbeschluss angegebenen Zeitpunkt** ein. Fehlt die Zeitangabe, gilt § 27 Abs 3. Für den **Zeitpunkt des Erwerbs** kommt es darauf an, wann das Recht entsteht, wann also der Rechtserwerb vollendet wird. Dieser Zeitpunkt bestimmt sich nach materiellem Recht (K/P/B/*Lüke* § 91 Rn 13; *Bork*, Einführung Rn 146, 147; *Jauernig/Berger* § 40 V 4 a). Der **gesamte Erwerbstatbestand**, bei mehraktigem Erwerbstatbestand der letzte Akt, muss **vor Eröffnung des Insolvenzverfahrens** vollendet sein (BGH v 14. 12. 2006 – IX ZR 102/03; ZInsO 2007, 91, 93 = NZI 2007, 158 ff; BGHZ 135, 140; BGHZ 157, 350, 354). In der Literatur spricht man von sogen **gestreckten Erwerb** (vgl *Bork*, Einf Rn 147; *Häsemeyer* InsR Rn 10.22; BerlKo-*Blersch/v. Olshausen* § 91 Rn 8). Wird auch nur einer der zum Entstehungstatbestand gehörenden Umstände nach Insolvenzeröffnung verwirklicht, greift die erwerbshindernde Vorschrift des § 91 Abs 1 ein.

11 **2. Beispielsfälle. a) Pfandrechte.** Ist eine bewegliche Sache zur Sicherung einer künftigen Forderung, die erst nach Verfahrenseröffnung entsteht, verpfändet worden, so ist das Pfandrecht auch ohne Forderung bereits als Fremdpfandrecht entstanden (so *Jauernig/Berger* § 40 V 4. a mit Argument aus §§ 1204, 1209 BGB; vgl auch BGHZ 86, 345 f). Dies ist allerdings keineswegs unstreitig. Nach Auffassung von *Henckel* (§ 15 KO Rn 21) und *Häsemeyer* (InsR Rn 10.28) gilt für das Pfandrecht an beweglichen Sachen und Rechten das Gleiche wie für Grundpfandrechte. **Mobiliarpfandrechte** gewähren danach dem Pfandgläubiger keinen besseren Schutz als eine Eigentümergrundschuld oder als eine Sicherungsgrundschuld, die mit der Einrede der Nichtvalutierung behaftet ist. Nach dieser Auffassung kann das für eine **künftige Forderung** bestellte Pfandrecht nach Verfahrenseröffnung nicht mehr entstehen; dagegen wird das für eine aufschiebend bedingte Forderung bestellte Pfandrecht mit Eintritt der Bedingung erworben (*Häsemeyer* InsR Rn 10.28; BerlKo-*Blersch/v. Olshausen* § 91 Rn 10; K/P/B/*Lüke* § 91 Rn 40; *Jaeger/Henckel* § 15 KO Rn 21; *Hess* § 91 Rn 30, 36; *Braun/Koth* § 91 Rn 14/15). Nach der vom BGH in letzter Zeit verstärkt vertretenen **wirtschaftlichen Betrachtungsweise** kommt es für die Anwendbarkeit des § 91 entscheidend darauf an, ob ein Vermögensgegenstand im Zeitpunkt der Verfahrenseröffnung bereits ganz oder teilweise aus dem Vermögen des Schuldners ausgeschieden ist, ohne dass für ihn die Möglichkeit besteht, diesen auf Grund alleiniger Entscheidung wieder zurückzuerlangen (BGH v 14. 12. 2006 – IX ZR 102/03, ZInsO 2007, 91, 93; BGHZ 135, 140, 145; 155, 87, 93; BGH WM 2006, 144, 145).

12 Die **Begründung eines rechtsgeschäftlichen oder gesetzlichen Pfandrechts** an Vermögensgegenständen des Schuldners zur Sicherung künftiger Forderungen gewährt dem Gläubiger **kein Absonderungsrecht**, wenn die gesicherte Forderung noch nicht entstanden ist. Die Entstehung der gesicherten Forderung im

V. Maßgeblichkeit des Erwerbszeitpunkts § 91

eröffneten Verfahren würde das Schuldnervermögen schmälern und zu einer Gläubigerbenachteiligung führen. Führt eine **Rechtshandlung des Schuldners** zur Valutierung, kommt § 81 Abs 1 Satz 1 zur Anwendung, wenn die Forderung durch Zahlung an einen Dritten entsteht, § 91 Abs 1 (KG ZInsO 2004, 979, 980; *Jaeger/Henckel* § 15 KO Rn 21; *Jaeger/Windel* § 91 Rn 31; BerlKo-*Blersch/v. Olshausen* § 91 Rn 10; FK-*App* E 91 Rn 8; *Braun/Kroth* § 91 Rn 14; K/P/B/*Lüke* § 91 Rn 42).

Vor allem die **Einräumung von nicht valutierten (Grund-)Pfandrechten** ist weitgehend ungeklärt. Es überzeugt wenig, „wenn hier zT auf streng dogmatische Unterschiede wie Akzessorietät und Nichtakzessorietät oder auf den Unterschied zwischen §§ BGB 1204 Abs 2, 1209 und §§ 1163, 1167 abgestellt" wird. Allemal entsteht die Absonderungsberechtigung erst mit der Valutierung. In der Tat verstößt die bereits dinglich vollzogene Begründung eines zur Absonderung berechtigenden dinglichen Rechts für eine künftige oder bedingte Forderung nicht gegen § 91, wohl aber die **nachträgliche Valutierung** gegen die §§ 81, 91, wenn sie dem Gläubiger zurechenbar ist (vgl MüKo-*Breuer* § 91 Rn 32; HK-*Kayser* § 91 Rn 24; OLG Hamm NJW-RR 1996, 1456, 1457). Ein **Grundpfandrecht** entsteht durch Einigung und Eintragung (§ 873 Abs 1 BGB). Liegt beides nach Verfahrenseröffnung, greift § 81 ein. Der Gläubiger kann allenfalls das Recht über §§ 81 Abs 1 S 2 InsO, 892 BGB erwerben (HK-*Kayser* § 91 Rn 23). Liegt dagegen die **Einigung vor Insolvenzeröffnung**, wird das Recht jedoch erst nach Verfahrenseröffnung eingetragen, so greift § 91 Abs 1 ein (s *Jauernig/Berger* § 40 V 4. b Rn 38). Allerdings kann nach § 91 Abs 2 der Gläubiger – die Valutierung vorausgesetzt – das Recht über §§ 91 Abs 2 InsO, 878, 892 BGB erwerben. Gleiches gilt für die **Abtretung von Grundpfandrechten**. Auch hier wird das Buchrecht durch Einigung und Eintragung abgetreten (§§ 1154 Abs 3, 873 BGB). Erfolgt die Einigung nach Verfahrenseröffnung, greift § 81 ein. Der Zessionar kann nur noch über § 892 BGB das Grundpfandrecht erwerben. Ist die Einigung vor, die Eintragung jedoch nach Verfahrenseröffnung erfolgt, greift § 91 ein. Der Erwerb des Zessionars ist grundsätzlich unwirksam, wenn nicht über § 91 Abs 2 § 878 BGB oder § 892 BGB eingreift.

Eine **Briefhypothek** oder **Briefgrundschuld** erwirbt der Gläubiger gem §§ 1117 Abs 1, 1192 Abs 1 BGB durch Briefübergabe. Erfolgt die Übergabe des Briefes nach Verfahrenseröffnung, kann das Grundpfandrecht wegen § 91 Abs 1 nicht mehr entstehen. Wird dagegen die Briefübergabe durch eine Aushändigungsabrede gem § 1117 Abs 2 BGB ersetzt, steht § 91 Abs 1 dem Erwerb des Grundpfandrechts nicht entgegen, wenn der Brief erst nach Verfahrenseröffnung vom Grundbuchamt ausgehändigt wird (RGZ 77, 106; *Häsemeyer* InsR Rn 10.29; *Jaeger/Windel* § 91 Rn 40; BerlKo-*Blersch/v. Olshausen* § 91 Rn 11; MüKo-*Breuer* § 91 Rn 31). Wird eine vertragliche Vereinbarung gem § 1117 Abs 2 BGB getroffen, so wird die Briefübergabe auf den Zeitpunkt des Vertragsabschlusses fingiert (*Gottwald/Eickmann* InsRHdb § 31 Rn 36; *Eickmann* Rpfleger 1982, 77 ff; HK-*Kayser* § 91 Rn 23). Ein **Briefrecht** gem § 1154 Abs 1, 2 BGB abgetreten werden entweder durch Abtretungsvertrag und Briefübergabe oder durch formlosen Abtretungsvertrag, Grundbucheintragung und Briefübertragung. Ersterenfalls ist die Abtretung wirksam, wenn beide Voraussetzungen vor Verfahrenseröffnung liegen (*Gottwald/Eickmann* InsRHdb § 31 Rn 19). Erfolgt die **Briefübergabe erst nach Eröffnung** des Insolvenzverfahrens, so greift § 81 ein. Der Zessionar kann nur noch unter den Voraussetzungen des § 892 BGB das Briefrecht erwerben (*Gottwald/Eickmann* InsRHdb § 31 Rn 19; HaKo-*Kuleisa* § 91 Rn 16). Der Inhaber einer **Höchstbetragshypothek** kann aus dem Grundstück nur wegen der Forderung Befriedigung verlangen, die bis zur Insolvenzeröffnung oder zwar danach, aber gegenüber dem Insolvenzverwalter entstanden ist (RGZ 51, 44; RGZ 61, 42; *Jaeger/Henckel* § 15 KO Rn 33; *Jaeger/Windel* § 91 Rn 41).

Entsprechend verschaffen **Sicherungsgrundschulden für abgetretene Forderungen** nur dann ein Absonderungsrecht, wenn die Abtretung vor Verfahrenseröffnung vollzogen worden ist (BGHZ 59, 230, 233; BGH NJW 1975, 122). Abgesehen von streitigen Detailfragen (s Vorauf) ist festzustellen, dass für die **Sicherungsgrundschuld** grundsätzlich nichts anderes gilt als wie für die **Hypothek**. Zwar erwirbt der Gläubiger bereits das dingliche Recht vor Verfahrenseröffnung mit der Eintragung als Fremdgrundschuld. Dem Eigentümer steht jedoch, solange keine Valutierung erfolgt, gegen den Gläubiger die **Einrede mangelnder Valutierung** zu mit der Folge, dass die §§ 81, 91 eingreifen (BGH v 21. 2. 2008, ZIP 2008, 703, 705; HK-*Kayser* § 91 Rn 25; *Häsemeyer* InsR Rn 10.28; BerlKo-*Blersch/v. Olshausen* § 91 Rn 10; K/P/B/*Lüke* § 91 Rn 40; *Gottwald/Eickmann* InsRHdb § 31 Rn 52; MüKo-*Breuer* § 91 Rn 33; *Jaeger/Windel* § 91 Rn 41). Gleiches gilt, wenn die zu sichernde Forderung erst **nach Verfahrenseröffnung** von einem Dritten abgetreten wird. Die Forderungsabtretung bleibt zwar als solche wirksam, jedoch erwirbt dieser kein Absonderungsrecht (*Jaeger/Windel* § 91 Rn 41; *Gottwald/Eickmann* § 31 Rn 52). Da es sich bei der Einrede mangelnder Valutierung um eine **peremtorische Einrede** handelt, kann der Verwalter gem §§ 1192 Abs 1, 1169 BGB Verzicht und Löschung der Grundschuld verlangen (*Jaeger/Henckel* § 15 KO Rn 33; *Jaeger/Windel* § 91 Rn 41). Dem in Unkenntnis der Verfahrenseröffnung Valutierenden kommt in entsprechender Anwendung der Schutz des § 892 BGB zugute (*Jaeger/Henckel* § 15 Rn 113; *Gottwald/Eickmann* InsRHdb § 31 Rn 53). § 91 Abs 1 steht auch der **nachträglichen Erhöhung von Nebenleistungen** entgegen. Allerdings gilt eine Ausnahme für **gesetzliche Nebenleistungen**, für die das Grundstück auch ohne Eintragung (§§ 1118, 1192 BGB, 867 Abs 1 Satz 3 ZPO, 10 Abs 2 ZVG) haftet (*Jaeger/Windel* § 91 Rn 42). Deckt der Erlös aus dem Absonderungsrecht nicht die Haupt- und Nebenforderungen, findet die Tilgungsreihenfolge des § 367 Abs 1 BGB keine

§ 91

Anwendung. Der Erlös ist somit vorrangig von der Hauptforderung abzuziehen (vgl die Kommentierung zu § 52 Rn 8; **Jaeger/Henckel** § 52 Rn 5; *Häsemeyer* InsR Rn 18.78).

16   Das **gesetzliche Vermieterpfandrecht** an eingebrachten pfändbaren Sachen des Mieters entsteht mit der Einbringung, auch soweit es erst künftig entstehende Forderungen aus dem Mietverhältnis sichert (BGH v 14. 12. 2006 – IX ZR 102/03, NZI 2007, 158 m Anm *Neuenhahn*; BGH ZInsO 2005, 94; BGH NJW 1986, 2426, 2427; MüKo-*Breuer* § 91 Rn 63; HaKo-*Kuleisa* § 91 Rn 4, 17; str aA MüKo-*Kirchhof* § 129 Rn 16; *Eckert* ZIP 1984, 663, 666). Nach **Auffassung des BGH** entstehen Mietzinsansprüche aufschiebend befristet erst zum Anfangstermin des jeweiligen Zeitraums der Nutzungsüberlassung (BGH NZI 2007, 158, 159; BGHZ 111, 84, 93 f). § 110 beschränkt danach nicht die Wirksamkeit von Vorausverfügungen über Mietzinsforderungen, sondern verdrängt vielmehr in ihrem Anwendungsbereich § 91 (BGH NZI 2007, 158, 158; BGH NZI 2006, 457 = ZIP 2006, 1254). Wird das Mietverhältnis **nach Insolvenzeröffnung fortgesetzt**, ist der Vermieter hinsichtlich seiner Mietzinsansprüche Massegläubiger iSv § 55 Abs 1 Nr 2. Der Entstehung des gesetzlichen Vermieterpfandrechts (§ 562 Abs 1 BGB) steht aber § 81 Abs 1 Satz 1 entgegen *(Jaeger/Henckel* § 15 KO Rn 22; *Ehricke* FS *Gerhardt* S 191, 197 f; MüKo-*Breuer* § 91 Rn 63; *Jaeger/Windel* § 91 Rn 34; vgl auch BGH ZIP 2007, 191, 192). Ein Vermieterpfandrecht entsteht, wenn der Schuldner **mit Zustimmung des Verwalters** oder dieser selbst die massezugehörige Sache nach Verfahrenseröffnung einbringt (vgl *Jaeger/Windel* § 91 Rn 34; *Ehricke* FS *Gerhardt* S 191, 197 f; *Zipperer* NZI 2005, 538, 539 f). Das **Verpächterpfandrecht nach** § 592 Satz 1 BGB erstreckt sich auch auf **Früchte des Grundstücks**. Spätestens mit der Ernte erwirbt der Verpächter ein Pfandrecht an den Früchten, denn § 91 Abs 1 steht nicht entgegen *(Jaeger/ Windel* § 91 Rn 35; *Jaeger/Henckel* § 15 KO Rn 54). S auch § 1 Abs 1 des **Gesetzes zur Sicherung der Düngemittel- und Saatgutversorgung** v 19. 1. 1949 (BGBl 1951 I, S 476; BGBl III S 403–11; *Jaeger/Windel* § 91 Rn 36).

17   Die **Abtretung gegenwärtiger, aber betagter Forderungen** verstößt nicht gegen § 91 Abs 1, wenn die Abtretungsvereinbarung **vor Verfahrenseröffnung** erfolgt. In den Fällen der **Vorausabtretung einer künftigen Forderung**, ist bei deren Verpfändung oder Pfändung auf den Zeitpunkt abzustellen, in dem **die Forderung entsteht** (BGH v 8. 1. 2009 – IX ZR 217/07, ZIP 2009, 380, 382; BGHZ 167, 363, 365; BGH NZI 2009, 599, 600; BGHZ 135, 140; BGHZ 157, 350, 354; BGH NZI 2007, 158, 159). Eine andere Frage ist die, ob der **Rechtserwerb nach den §§ 129 ff angefochten** werden kann (s auch § 147 Abs 1). Entsteht die hypothekarisch gesicherte Forderung erst nach Eröffnung des Insolvenzverfahrens über das Vermögen des Grundstückseigentümers, so geht die Eigentümergrundschuld (§§ 1163 Abs 1 S 1, 1177 Abs 1 BGB) nicht etwa als Fremdhypothek auf den Hypothekar über. Vielmehr ist der Erwerb nach § 91 Abs 1 unwirksam *(Jauernig/Berger* § 40 V 4 b; *Häsemeyer* InsR Rn 10.28). Gleiches gilt für die **Vorausabtretung einer künftigen Forderung**, die erst nach Insolvenzeröffnung entsteht. Auch dieser Erwerb ist nach § 91 Abs 1 unwirksam (so **BGH** ZInsO 2007, 91, 93, NZI 2007, 158; BGHZ 135, 140, 148; BGHZ 106, 241; BGH BB 1990, 308 zu § 15 KO; *Jauernig/Berger* § 40 V 4 b; krit *Serick* Bd V S 469 ff). Dagegen entsteht die für eine aufschiebend bedingte Forderung bestellte Hypothek nach zutreffender Auffassung von *Häsemeyer* (InsR Rn 10.28) als auflösend bedingte Eigentümergrundschuld. Tritt die Bedingung für das Entstehen der Forderung nach Verfahrenseröffnung ein, so greift zugunsten des Gläubigers der Schutz des § 161 Abs 1, 2 BGB und der Gläubiger erwirbt die Hypothek (*Soergel/Konzen* § 1163 BGB Rn 7, 11; *Häsemeyer* InsR Rn 10.28).

18   Die erst **nach Eröffnung des Insolvenzverfahrens angezeigte Verpfändung einer Forderung** ist gem § 91 Abs 1 S 1 **unwirksam**, denn nach § 1280 BGB bedarf es neben dem Verpfändungsvertrag zugleich auch einer Verpfändungsanzeige an den Drittschuldner. Tritt letztere Wirksamkeitsvoraussetzung erst nach Verfahrenseröffnung ein, so steht einem Rechtserwerb § 91 Abs 1 entgegen (RGZ 79, 306, 309; RGZ 89, 289, 291; RGZ 85, 431, 436; *Jaeger/Henckel* § 15 KO Rn 48; *Schumacher* aaO S 158). **Saldoansprüche aus einem Kontokorrentverhältnis**, die im Voraus abgetreten sind, sind bei Verfügung noch nicht entstanden (K/P/B/*Lüke* § 91 Rn 35). Gem § 91 Abs 1 S 1 unterfallen der Kontokorrentabrede nur diejenigen Forderungen, die vor Verfahrenseröffnung entstanden sind (vgl *Canaris* Großkom HGB § 355 Anm 9, 53 ff; *Jaeger/Henckel* § 15 KO Rn 49). Ein **antizipierter Verrechnungsvertrag** verliert mit Insolvenzeröffnung gem § 91 Abs 1 S 1 seine Wirksamkeit, zumal das Kontokorrentverhältnis nach § 116 ebenfalls erloschen ist (*Obermüller* InsRBankpraxis Rn 2.55; MüKo-*Breuer* § 91 Rn 29; K/P/B/ *Lüke* § 91 Rn 35). Bei Kontoabschluss können wegen § 91 Abs 1 nur diejenigen Forderungen gegeneinander verrechnet werden, die **vor Insolvenzeröffnung entstanden** und somit kontokorrentgebunden sind (BGH v 4. 5. 1979 – I ZR 127/77, WM 1979, 720; *Obermüller* InsRBankpraxis Rn 2.56). Die **Vorausabtretung kontokorrentgebundener Forderungen** und **des kausalen Schlusssaldos** aus dem Kontokorrent kann nicht zu einem Rechtserwerb des Abtretungsempfängers führen, wenn die Kontokorrentabrede erst mit der Insolvenzeröffnung erlischt (**BGH** v 25. 6. 2009 – IX ZR 98/08, NZI 2009, 599, 600 m Anm *de Bra/Granninger* und **Aufgabe von** BGHZ 70, 86, 94 f und gegen die hier in der **Vorаufl** (Rn 14) vertretenen Auffassung. S auch BGHZ 167, 363, 365; BGH ZIP 2009, 380, 382). Nach **anderer Auffassung** entsteht die Saldoforderung mit Verfahrenseröffnung, gehört aber schon mit Beginn der Rechnungsperiode zum haftenden Schuldnervermögen (*Jaeger/Windel* § 91 Rn 60; *Jaeger/ Henckel* § 91 Rn 97). Der Zessionar erwerbe deshalb die Rechte an dem Schlusssaldo bereits mit Beginn der Rechnungsperiode, wenn auch unter der Bedingung eines Habensaldos (*Jaeger/Henckel* § 15

V. Maßgeblichkeit des Erwerbszeitpunkts § 91

KO Rn 97; vgl auch *Zwicker* KTS 1978, 76, 78 ff; *Gottwald/Eickmann* InsRHdb § 31 Rn 17; K/P/B/ *Lüke* § 91 Rn 36).

Das **Pfandrecht am Inventar eines landwirtschaftlichen Grundstücks** gem § 1 Pachtkreditgesetz entsteht durch schriftliche Einigung und Niederlegung des Verpfändungsvertrages beim Amtsgericht. Erfolgt der Vertragsschluss nach Verfahrenseröffnung, greift § 81 ein. Erfolgt dagegen die Niederlegung nach Verfahrenseröffnung, gilt § 91. Jedenfalls ist die Pfandrechtsbestellung unwirksam (*Gottwald/ Eickmann* InsRHdb § 31 Rn 60). Eine nach den §§ 750, 751, 798 ZPO **verfrüht vorgenommene Pfändung** ist nach § 91 Abs 1 S 1 unwirksam, wenn der Mangel nicht noch vor Verfahrenseröffnung behoben wird (RG v 25. 6. 1929, RGZ 125, 286; K/U § 15 KO Rn 9 d; *Hess* § 91 Rn 21). 19

b) **Fruchterwerb.** Hinsichtlich des Fruchterwerbs nach den §§ 955 ff BGB ist zu unterscheiden: Hatte der Gestattungsempfänger noch keinen Besitz an der Muttersache erlangt, als das Insolvenzverfahren eröffnet wurde, so steht § 91 Abs 1 S 1 einem Erwerb entgegen. Meist greift aber auch § 81 ein. Hatte der Gestattungsempfänger dagegen Eigenbesitz an der Muttersache vom Schuldner erlangt, so greift § 91 nicht ein, weil die Erwerbsgestattung unwiderruflich ist, wenn der Insolvenzschuldner als Eigentümer zur Gestattung verpflichtet ist (§ 956 Abs 1 S 2 BGB). Letztlich hängt die **Wirksamkeit des Fruchterwerbs** bei einer vor Verfahrenseröffnung erteilten Aneignungsgestattung vom Schicksal des zugrunde liegenden Vertrages ab (**BGH** v 30. 5. 1958, BGHZ 27, 360, 365; K/P/B/*Lüke* § 91 Rn 50; *Gottwald/Eickmann* InsRHdb § 31 Rn 26; *Jaeger/Windel* § 91 Rn 20 ff; MüKo-*Breuer* § 91 Rn 58). Fällt der Verpflichtungsvertrag unter § 103, so ist die Verpflichtung und damit die Gestattung nur dann insolvenzfest, wenn der Verwalter die Erfüllung wählt (zutr *Gottwald/Eickmann* InsRHdb § 31 Rn 26; *Jaeger/Windel* § 91 Rn 23). Handelt es sich bei dem Verpflichtungsgeschäft um einen **Pachtvertrag**, so greift die Bindungswirkung des § 108 Abs 1 ein. Der Pächter ist weiterhin zur Fruchtziehung berechtigt (*Jaeger/Windel* § 91 Rn 83). Hat der Berechtigte ein **dingliches Fruchtziehungsrecht**, wie zB ein Nießbrauchsrecht oder eine Grunddienstbarkeit, so steht § 91 dem Eigentumserwerb nach § 954 BGB nicht entgegen, weil dingliche Rechte grundsätzlich Bestand haben, soweit sie nicht angefochten werden können (*Gottwald/Eickmann* InsRHdb § 31 Rn 27; HaKo-*Kuleisa* § 91 Rn 25; *Jaeger/Windel* § 91 Rn 21). Auch das **Früchtepfandrecht** gem § 1 Abs 1 des Gesetzes zur Sicherung der Düngemittel- und Saatgutversorgung v 19. 1. 1949 (BGBl I, 476) verschafft eine insolvenzfeste Rechtsposition iSe Absonderungsrechtes (**BGH** v 12. 7. 2001 NZI 2001, 548, 549; *Jaeger/Henckel* § 15 KO Rn 54; *Gottwald/Eickmann* InsRHdb § 31 Rn 28; *Jaeger/Windel* § 91 Rn 36). Das Früchtepfandrecht besteht unabhängig von § 91 auch an Früchten, die erst nach Eröffnung des Insolvenzverfahrens entstehen oder getrennt werden. Nach **BGH** v 12. 7. 2001 (NZI 2001, 548) gelten die Vorschriften des § 2 Abs 1 u 2 des Düngemittelsicherungsgesetzes v 19. 1. 1949 nicht in der Insolvenz des Schuldners (vgl auch BGHZ 139, 319 = NZI 1998, 80; *Gundlach* DZWIR 1999, 30). 20

c) **Abtretung und Verpfändung künftiger Forderungen.** Die Abtretung künftiger Forderungen ist bei hinreichender Bestimmbarkeit der Forderung zulässig (**BGH** NJW 1978, 538; NJW 1978, 1050). In der Praxis erfolgt dies meist zur Sicherung eines Warenkredits in Form einer **Globalzession.** Die Abtretung wird erst wirksam, wenn die Forderung zumindest bedingt entstanden ist. Da es hier noch nicht entstandene Forderung sowohl am Gläubiger wie am Schuldner fehlt, kann der Empfänger einer Vorausabtretung erst in dem Augenblick der Forderungsentstehung das Gläubigerrecht erlangen (**BGH** ZIP 2007, 191 = NZI 2007, 158 = ZInsO 2007, 91; BGHZ 135, 140, 148; BGHZ 157, 350, 354). Liegt dieser **Zeitpunkt nach Verfahrenseröffnung**, so steht § 91 Abs 1 S 1 dem Erwerb entgegen (*Jaeger/ Henckel* § 15 KO Rn 44; *Kilger/K. Schmidt* § 15 KO Anm 4 b; *Gottwald/Eickmann* InsRHdb § 31 Rn 16). Einzelheiten bei *Jaeger/Henckel* § 15 KO Rn 44 ff, 46, 47; *Serick,* Bd V § 65 S 468 ff; *ders* FS „Einhundert Jahre KO" S 283 ff; *Häsemeyer* InsR Rn 10.24 ff. 21

Der Erwerb eines im Voraus übertragenen, aber erst **nach Verfahrenseröffnung entstehenden** und in die Insolvenzmasse fallenden **Rechts** ist gem § 91 Abs 1 S 1 schlechthin ausgeschlossen (*Häsemeyer* InsR Rn 10.26; BerlKo-*Blersch/v. Olshausen* § 91 Rn 8; N/R/*Wittkowski* § 91 Rn 24). Hatte jedoch der Zessionar vor Eröffnung des Insolvenzverfahrens eine **gesicherte Rechtsposition** erlangt, die der Zedent durch einseitiges Verhalten nicht mehr zerstören kann, ist die Abtretung trotz § 91 Abs 1 wirksam. Hat ein **Kassenarzt Forderungen** auf Vergütung **gegen die Kassenärztliche Vereinigung** (KV) abgetreten oder verpfändet, so ist eine solche Verfügung nach § 91 Abs 1 unwirksam soweit sie sich auf Ansprüche bezieht, die auf nach Eröffnung des Insolvenzverfahrens erbrachten ärztlichen Leistungen beruhen (**BGH** v 11. 5. 2006 – IX ZR 247/03, ZIP 2006, 1254, 1257; str aA *Uhlenbruck* ZVI 2002, 49 ff). Die Rspr des BGH (BGHZ 174, 297, 304 = ZIP 2008, 186) zur **Insolvenzfestigkeit von Globalzessionen** lässt es allerdings genügen, dass nicht einmal der Rechtsgrund für die Entstehung der abgetretenen Forderung bei der Abtretung gelegt ist und sieht den Ausgleich über die Insolvenzanfechtung (s auch HK-*Kayser* § 91 Rn 19). 22

Es wurde bereits darauf hingewiesen, dass nicht etwa die Vereinbarung bzw Begründung einer zur Absonderung berechtigenden **Globalzession** oder die **Vereinbarung eines verlängerten Eigentumsvorbehalts** gegen § 91 Abs 1 verstößt, sondern lediglich die **nachträgliche Valutierung** (**BGH** v 14. 12. 2006 – IX ZR 102/03, NZI 2007, 158, 159 = ZInsO 2007, 91; zum Bestimmtheitsgebot bei der Globalzession s **BGH** v 29. 11. 2007 – IX ZB 30/07, BGHZ 174, 297, 304 = ZIP 2008, 186; *Kilger/K. Schmidt* § 15 23

§ 91 *Ausschluß sonstigen Rechtserwerbs*

KO Anm 4 d). Selbst wenn man von einem Direkterwerb der Forderung auf Grund einer vorweggenommenen Übertragung ausgeht, scheitert die Entstehung des Rechts an § 91, weil die „Rechtsfolge der Übertragung nicht bereits mit Abschluss des Verfügungsgeschäfts eintritt, sondern vielmehr erst mit der Entstehung des Rechts" (K/P/B/*Lüke* § 91 Rn 29; *Braun/Kroth* § 81 Rn 6; für die Anwendung von § 81 OLG Dresden ZInsO 2006, 1058; MüKo-*Ott/Vuia* § 81 Rn 10; s auch HK-*Kayser* § 91 Rn 18). Grundsätzlich können nach Verfahrenseröffnung auf Grund einer Globalzession oder der Vereinbarung eines verlängerten EV keine Rechte mehr zulasten der Insolvenzmasse entstehen (K/P/B/*Lüke* § 91 Rn 30; BerlKo-*Blersch/v. Olshausen* § 91 Rn 8; *Häsemeyer* InsR Rn 10.26). Daran ändert sich auch nichts, wenn der Insolvenzverwalter gem § 103 Erfüllung wählt.

24 Sowohl nach der inzwischen aufgegebenen sog **Erlöschenstheorie** des BGH als auch nach der Theorie von der „**Änderung der originären Qualität**" (BGHZ 150, 353; BGHZ 155, 87) sind Forderungen aus einem Vertrag, dessen Erfüllung der Insolvenzverwalter gem § 103 wählt, **nicht identisch** mit den ursprünglichen Forderungen aus dem Vertrag. Dies hat zur Folge, dass bei solchen Verträgen **im Falle der Erfüllungswahl** grundsätzlich § 91 Abs 1 für die Vorausabtretung eingreift (*Gottwald/Eickmann* InsRHdb § 31 Rn 16; *Jaeger/Windel* § 91 Rn 66; krit *Marotzke* ZInsO 2004, 1273, 1278; *ders*, Gegenseitige Verträge im neuen Insolvenzrecht Rn 4.17 ff, 27 ff; *Beinert/Luppe* NZI 2005, 15, 17). Zutreffend weisen *Jaeger/Windel* (§ 91 Rn 66) darauf hin, dass danach über Rechte aus § 103 unterfallenden Verträgen gegenüber § 91 Abs 1 nicht mehr bestandsfest verfügt werden kann. Namentlich gehe es um vorauszedierte Forderungen aus Kaufverträgen, Werkverträgen, für die der BGH eine „Aufteilung" propagiere (vgl BGHZ 129, 336; 147, 28; **BGH** ZIP 2001, 2142; **BGH** NZI 2002, 34). Letztlich ist es zumindest zweifelhaft, ob die nunmehr vom BGH vertretene **Qualitätsänderungstheorie** die gleichen Rechtswirkungen zeigt, wie die früher vertretene Erlöschenstheorie. Es wäre durchaus vertretbar, akzessorische dingliche Rechte ebenso wie Vorauszessionen bestehen zu lassen, wie auch die gesetzliche Regelung in § 108 Abs 1 Satz 2 zeigt. Handelt es sich bei der Abtretung um eine **künftige Forderung iwS**, bei der der Zessionar bereits vor Verfahrenseröffnung das **Anwartschaftsrecht** an der Forderung erworben hatte, so wird § 91 Abs 1 zwar nicht dem Forderungserwerb durch den Zessionar entgegen; der Erwerb kann aber an einem **Abtretungsverbot mit Zustimmungsvorbehalt** scheitern. Stimmt der Schuldner nunmehr dem Forderungserwerb zu, so erwirbt ein Sicherungszessionar eine pfandrechtsartige Berechtigung an der Forderung, die ihm ein Absonderungsrecht verschafft (*Serick* Bd V § 66 III 3 a; **str aA** BGHZ 70, 299, 300, 303 f). Unter § 91 fällt nicht die Abtretung des **Anspruchs auf Rückzahlung nicht geschuldeter Steuern**, mag er auch bei Verfahrenseröffnung noch nicht fällig gewesen sein oder auch der Festsetzung durch das Finanzamt bedürfen, denn entsteht ein solcher Anspruch erst, wenn auch aufschiebend bedingt, bereits mit der Überzahlung (**OLG** Nürnberg KTS 1971, 116; §§ 27 Abs 2, 38 AO; *Jaeger/Henckel* § 15 KO Rn 96; *Jaeger/Windel* § 91 Rn 60). Zur Zession eines **Rückgewähranspruchs bei Sicherungsgrundschulden** vgl W. *Gerhardt* ZIP 1980, 165, 168; *Gottwald/Eickmann* InsRHdb § 31 Rn 16; *Jaeger/Windel* § 91 Rn 58.

25 **d) Aufschiebend bedingter Rechtserwerb.** Ein aufschiebend bedingter Rechtserwerb kann sich ungehindert durch § 91 Abs 1 S 1 auch nach Eröffnung des Insolvenzverfahrens vollenden, wenn der ihn begründende Tatbestand bereits vor Verfahrensbeginn vollständig verwirklicht war und zum Wirksamwerden nur noch des Eintritts der Bedingung bedarf (**BGH** v 17. 11. 2005 – IX ZR 162/04, NZI 2006, 229 m Anm *Höpfner* = ZIP 2006, 87 = ZInsO 2006, 35; BGHZ 155, 87, 92 = NZI 2003, 491; BerlKo-*Blersch/v. Olshausen* § 91 Rn 9; K/P/B/*Lüke* § 91 Rn 23; HK-*Kayser* § 91 Rn 8; *Häsemeyer* InsR Rn 10.23; *Kilger/K. Schmidt* § 15 KO Anm 4 c; *Jaeger/Henckel* § 15 KO Rn 60 ff; abl für nicht bereits vor Verfahrenseröffnung entstandene Rechte *Jaeger/Windel* § 91 Rn 57). Das ergibt sich aus § 161 Abs 1 S 2 BGB (**OLG** Braunschweig WM 1997, 487, 488; *Häsemeyer* InsR Rn 10.24; BerlKo-*Blersch/ v. Olshausen* § 91 Rn 9; **sehr krit** *Jaeger/Windel* § 91 Rn 57). Danach ist eine während der Schwebezeit vorgenommene Verfügung des Insolvenzverwalters im Fall des Eintritts der Bedingung insoweit unwirksam, als sie die von der Bedingung abhängige Wirkung vereiteln oder beeinträchtigen würde. Diese Bestimmung setzt voraus, dass eine bedingt getroffene Verfügung auch nach dem Verlust der Verfügungsbefugnis wirksam bleibt. Im Falle einer **Zession** ist nicht nur die unter einer Bedingung erfolgende Abtretung eines Anspruchs, sondern auch die **uneingeschränkte Abtretung eines bedingten Anspruchs insolvenzfest** (BGHZ 155, 87, 92 f). Entscheidend ist, dass der Schuldner unter der aufschiebenden Bedingung der Vermögensgegenstand aus der Haftungsmasse weggegeben hat, und zwar ohne die Möglichkeit, ihn auf Grund eigener Entscheidung wieder zurückzuerlangen (**BGH** aaO S 93; BGHZ 135, 140, 145; **BGH** WM 2006, 144, 145). Die zur **Konstruktion eines Anwartschaftsrechts** in der Literatur und Rechtsprechung vertretenen Auffassungen sind zT verwirrend (vgl *Serick* Bd V § 65 II). Auch die **Abtretung eines bedingten Anspruchs** gehört hierher. Um einen solchen und keinen künftigen Anspruch geht es bei dem Anspruch des Bestellers einer Sicherungsgrundschuld gegen den Sicherungsnehmer auf **Rückübertragung der Grundschuld** nach Tilgung der gesicherten Forderung (**BGH** LM § 113 BGB Nr 14; **BGH** NJW 1977, 247). Nach hM steht § 91 Abs 1 auch nicht dem Wirksamwerden einer **Verfügung über einen Anspruch auf Rückübertragung einer Sicherheit** entgegen (*Dempewolf*, Der Rückübertragungsanspruch bei Sicherungsgrundschulden, 1958, S 48; *Gerhardt* ZIP 1980, 165, 168; K/P/B/ *Lüke* § 91 Rn 26; *Jaeger/Henckel* § 15 KO Rn 98; vgl auch **BGH** NJW 1977, 247; **str aA** *Jaeger/*

Windel § 91 Rn 58). Erbringt die Partei eines gegenseitigen Vertrages eine Vorleistung, so handelt es sich bei dem **Anspruch auf Rückzahlung** für den Fall der Nichtdurchführung des Vertrages um eine bedingte, nicht um eine künftige Forderung (BGH v 27. 5. 2003 – IX ZR 51/02, NZI 2003, 491 m Anm *Huber* = ZIP 2003, 1208). Nach Auffassung des **BGH** liegt in der Vereinbarung einer Rückzahlung weder ein Verstoß gegen § 119 noch beeinflusst die Abtretung das Wahlrecht des Verwalters nach § 103 in unzulässiger Weise. Vielmehr ist der Anspruch auf Rückzahlung der vom Schuldner erbrachten Vorleistung **insolvenzfest** (krit *Jaeger/Windel* § 91 Rn 58).

aa) Eigentumserwerb des Vorbehaltskäufers. § 91 Abs 1 S 1 greift in der Insolvenz des Vorbehalts- **26** verkäufers nicht ein, wenn derjenige, dem der Vorbehaltskäufer die Vorbehaltssache vor Eröffnung des Insolvenzverfahrens im Einverständnis mit dem Vorbehaltsverkäufer unter EV weiterveräußert hat, den von ihm geschuldeten Kaufpreis an den Insolvenzverwalter zahlt (§ 82). Denn hierdurch erlangt der Zahlende auf Grund der §§ 185 Abs 1, 158 Abs 2 BGB (BGHZ 56, 34, 36) das Eigentum unmittelbar aus der Hand des Vorbehaltsverkäufers (vgl BGHZ 20, 88; *Jaeger/Henckel* § 15 KO Rn 62; *Häsemeyer* InsR Rn 10.25). Hat der Schuldner als Vorbehaltskäufer das ihm zustehende **Anwartschaftsrecht** vor Verfahrenseröffnung **einem Gläubiger zur Sicherheit** übertragen, so erwirbt dieser mit dem Bedingungseintritt das Sicherungseigentum und kann deshalb **abgesonderte Befriedigung** in der Insolvenz des Sicherungsgebers verlangen (**BGH WM 1959, 52**; *Jaeger/Henckel* § 15 KO Rn 62; *Jaeger/Windel* § 91 Rn 74–76). Hatte der Vorbehaltskäufer vor Zahlung des vollständigen Kaufpreises sein **dingliches Anwartschaftsrecht** an der Kaufsache auf den **Zweitkäufer** übertragen, erwirbt dieser mit der vollständigen Zahlung des Kaufpreises das Volleigentum, selbst wenn über das Vermögen des Vorbehaltsverkäufers inzwischen das Insolvenzverfahren eröffnet worden ist (BGHZ 20, 88 = NJW 1956, 665; *Kilger/K. Schmidt* § 15 KO Anm 4 c; *Zunft* NJW 1956, 1420; *Jaeger/Henckel* § 15 KO Rn 61; *Häsemeyer* InsR Rn 10.25; BerlKo-*Blersch/v. Olshausen* § 91 Rn 9; FK-*App* § 91 Rn 13). Zwischen dem Anwartschaftsberechtigten (Zweitkäufer) und dem Vorbehaltsverkäufer findet mit der Zahlung des Restkaufpreises ein **Direkterwerb oder Durchgangserwerb** statt mit der Folge, dass sich der Eigentumsübergang außerhalb des Insolvenzverfahrens des Vorbehaltserstkäufers vollzieht (vgl BGHZ 20, 88 = NJW 1956, 665; *Jaeger/Henckel* § 15 KO Rn 62; *Kilger/K. Schmidt* § 15 KO Anm 4 c; *Häsemeyer* InsR Rn 19.25; *Bork*, Einf Rn 150; K/P/B/*Lüke* § 91 Rn 24).

Die **Lehre vom Durchgangserwerb** (vgl *Serick* Bd IV § 47 IV; Bd V § 65 I 2; *Kilger/K. Schmidt* § 15 **27** KO Anm 4 c; *Jaeger/Henckel* § 15 KO Rn 62) kommt letztlich zu den gleichen Ergebnissen wie die **Lehre vom Direkterwerb** (BGHZ 20, 88, 93 ff; *Bork*, Einf Rn 150; *Häsemeyer* InsR Rn 10.25; BerlKo-*Blersch/v. Olshausen* § 91 Rn 9). Bejaht man ein bereits erworbenes **Anwartschaftsrecht des Käufers**, wird seine Rechtsposition durch § 161 Abs 1 S 2 BGB in der Insolvenz des Erstkäufers geschützt und kann er durch Zahlung des Restkaufpreises den endgültigen Eigentumserwerb herbeiführen. Wegen § 107 hat der **Insolvenzverwalter keine Möglichkeit, die Erfüllung des Kaufvertrags nach § 103 abzulehnen** und den Bedingungseintritt damit zu vereiteln (BerlKo-*Blersch/v. Olshausen* § 91 Rn 9; *Jaeger/Windel* § 91 Rn 65; K/P/B/*Lüke* § 91 Rn 32, 34; *Hess* § 91 Rn 39; *Jaeger/Henckel* § 48 Rn 53). Die Weiterveräußerung des Gegenstandes durch den Insolvenzverwalter stellt sich nicht als rechtswidriger Eingriff in das Aussonderungsrecht des Vorbehaltsverkaufs dar (*Jaeger/Henckel* § 48 Rn 53; *Gundlach* KTS 2000, 307, 326 f). Es kommt nicht darauf an, wer die letzte Rate zahlt (§ 161 Abs 1 S 2 BGB), und auch nicht darauf, ob der Verkäufer von der Veräußerung des Anwartschaftsrechts wusste oder nicht. In jedem Fall kann der **Insolvenzverwalter den Eigentumserwerb in der Person des Zweitkäufers nicht mehr verhindern** (*Jaeger/Henckel* § 15 KO Rn 64; *Kilger/K. Schmidt* § 15 KO Anm 4 c; *Häsemeyer* KTS 1973, 2, 16; *ders* InsR Rn 10.25; *Bork*, Einf Rn 150). Bei **Vereinbarung eines verlängerten Eigentumsvorbehalts** erlischt mit Verfahrenseröffnung über das Vermögen des Käufers die Befugnis, den Vorbehaltsgegenstand zu veräußern (*Jaeger/Henckel* § 15 KO Rn 47; K/P/B/*Lüke* § 91 Rn 32; **str aA** *Gundlach* KTS 2000, 307, 327). Die **Verarbeitung oder Weiterveräußerung durch den Insolvenzverwalter** stellt keine Erfüllungswahl iSv § 103 dar. Wählt der Verwalter Erfüllung, so ist die Vereinbarung des verlängerten EV wirksam (K/P/B/*Lüke* § 91 Rn 34). Der Zweiterwerber hat hinsichtlich der Forderung aus der Veräußerung des Gegenstandes ein Recht auf **abgesonderte Befriedigung** (K/P/B/*Lüke* § 91 Rn 34). Die durch verlängerten EV abgetretene Forderung unterliegt dem **Kostenbeitrag nach den §§ 170, 171** (*Jaeger/Henckel* § 48 Rn 53). Lehnt der Insolvenzverwalter die Erfüllung ab, hat der Vorbehaltsverkäufer an dem Gegenstand ein **Aussonderungsrecht** (K/P/B/*Lüke* § 91 Rn 34). Veräußert der Verwalter den Gegenstand trotzdem, haftet er auf Schadensersatz (K/P/B/*Lüke* § 91 Rn 33).

bb) Die Rechte des Vorbehaltskäufers im Insolvenzverfahren des Vorbehaltsverkäufers. Wie bereits **28** vorstehend ausgeführt wurde, ist der Vorbehaltskäufer auf Grund der aufschiebend bedingten Übereignung und seines Anwartschaftsrechts durch § 91 nicht gehindert, das Eigentum durch die Restkaufpreiszahlung auch noch im Insolvenzverfahren des Vorbehaltsverkäufers zu erlangen (BGHZ 27, 360, 367; *Jaeger/Henckel* § 15 KO Rn 61; *Gottwald/Eickmann* InsRHdb § 31 Rn 23; BerlKo-*Blersch/ v. Olshausen* § 91 Rn 9; *Bork*, Einf Rn 149; N/R/*Wittkowski* § 91 Rn 15; **str aA** *Heinze* JR 1974, 451, 456 ff). Es dürfte heute weitgehend unstreitig sein, dass, wenn über das Vermögen des EV-Verkäufers das Insolvenzverfahren eröffnet wird, bevor die letzte Rate gezahlt wird, der Vorbehaltskäufer durch § 91 Abs 1 S 1 nicht gehindert ist, durch **Zahlung des Restkaufpreises an den Insolvenzverwalter** das

Eigentum an dem Gegenstand zu erlangen (*Bork*, Einf Rn 149). Die früher streitige Frage, ob der Verwalter ein Recht zur Erfüllungsablehnung hat und dadurch den Rechtserwerb verhindern kann, hat sich durch die Regelung in § 107 Abs 1 und Aufgabe der Erlöschenstheorie durch den **BGH** erledigt. Der Erwerber, der ursprünglich eine Anwartschaft hatte und jetzt durch Restzahlung Inhaber des Vollrechts ist, kann die Sache im Insolvenzverfahren über das Vermögen des Verkäufers bzw Erstkäufers aussondern (*Kilger/K. Schmidt* § 15 KO Anm 4 d; HaKo-*Kuleisa* § 91 Rn 6). War die **Anwartschaft lediglich sicherheitshalber übertragen** worden, so erlangt der Erwerber der Anwartschaft auch das Vollrecht nur als Sicherungseigentum mit der Folge, dass er nach den §§ 166ff abgesonderte Befriedigung verlangen kann (**BGH** WM 1959, 52, 53; *Kilger/K. Schmidt* § 15 KO Anm 4 c).

29 e) **Abtretung von Miet- oder Pachtzinsen.** Werden Ansprüche aus einem Miet- oder Pachtverhältnis für die Zeit nach Verfahrenseröffnung bereits vor Verfahrenseröffnung abgetreten, ist die Abtretung wirksam. § 91 greift nicht ein. Allerdings droht die Insolvenzanfechtung nach den §§ 129ff. Die Miet- oder Pachtzinsforderungen sind bereits vor Verfahrenseröffnung entstanden. Rechte können deshalb auch für die Zeit nach Verfahrenseröffnung auf Grund einer vor Verfahrenseröffnung erfolgten Verfügung erlangt werden (BGHZ 170, 196, 201; K/P/B/*Lüke* § 91 Rn 25; BerlKo-*Blersch/v. Olshausen* § 91 Rn 10; N/R/*Wittkowski* § 91 Rn 23). Allerdings greifen die **Einschränkungen der §§ 110, 114** zugunsten der Insolvenzmasse ein (vgl BGHZ 170, 196, 201; BGHZ 167, 363, 367; **BGH** ZIP 2006, 2277; HK-*Kayser* § 91 Rn 15, 16; K/P/B/*Tintelnot* 110 Rn 4ff; N/R/*Wittkowski* § 91 Rn 23). Nach §§ 110 Abs 1, 114 Abs 1 ist die Abtretung von Miet- und Pachtforderungen sowie von Lohn- und Gehaltsansprüchen ab einem bestimmten Zeitpunkt unwirksam. Bei Vermietung oder Verpachtung von unbeweglichen Sachen oder Räumen ist die Verfügung nur wirksam, soweit sie den Kalendermonat, in dem das Insolvenzverfahren eröffnet wurde, betrifft. Erfolgt die Verfahrenseröffnung nach dem 15. Tag eines Kalendermonats, dann ist die Verfügung auch noch im darauf folgenden Kalendermonat wirksam. Zu Miet- und Pachtzinsen bei Vermietung oder Verpachtung sonstiger Gegenstände vgl im Hinblick auf § 108 Abs 1 S 2 K/P/B/*Lüke* § 91 Rn 25. Das **gesetzliche Vermieterpfandrecht** an eingebrachten pfändbaren Sachen des Mieters entsteht mit der Einbringung, auch soweit es erst künftig entstehende Forderung aus dem Mietverhältnis sichert (**BGH** v 14. 12. 2006 – IX ZR 102/03, NZI 2007, 158 = ZIP 2007, 191, 192 = ZInsO 2007, 91, 92 f). Dem Vermieter steht in der Insolvenz des Mieters ein **anfechtungsfreies Absonderungsrecht** zu, soweit die vom Pfandrecht erfassten Gegenstände bereits vor der Krise eingebracht wurden (**BGH** aaO). S auch oben zu Rn 16. Für die Vorausabtretung von **Bezügen aus einem Dienstverhältnis** gilt das Gleiche wie für Mietforderungen (HK-*Kayser* § 91 Rn 16). Die **Vergütungsansprüche eines Kassenarztes** gegen die KV sind keine Forderungen nach § 114, sondern ausschließlich nach § 91 Abs 1 zu beurteilen (BGHZ 167, 363, 367).

30 f) **Verarbeitung, Verbindung, Vermischung und § 91.** Nach *Jaeger/Henckel* (§ 15 KO Rn 81) wird der Eigentumserwerb eines Dritten an massezugehörigen Sachen durch Verbindung, Vermischung oder Verarbeitung (§§ 946, 947 Abs 2, 950 BGB) von § 91 nicht erfasst (zust *Gottwald/Eickmann* InsRHdb § 31 Rn 54; *Hess* § 91 Rn 41; HK-*Kayser* § 91 Rn 37; HaKo-*Kuleisa* § 91 Rn 22). Der Dritte wird somit ungehindert durch §§ 81, 91 Eigentümer nach §§ 946, 947 Abs 2, 950 BGB mit der Folge, dass er zur **Aussonderung** nach § 47 berechtigt ist. Voraussetzung ist aber, dass das Surrogat ausschließlich zB aus der Vorbehaltsware hergestellt worden ist. Zum Ausgleich steht der Masse ein **Bereicherungsanspruch** nach § 951 BGB zu (*Jaeger/Windel* § 91 Rn 26; MüKo-*Breuer* § 91 Rn 52; HK-*Kayser* § 91 Rn 57). Nach *Jaeger/Windel* (§ 91 Rn 26) greift eine **haftungsrechtliche Ausgleichshaftung.** Bei Vereinbarung einer Verarbeitungs- oder Herstellungsklausel wird der Warenlieferant nach § 950 BGB Hersteller und unmittelbarer Eigentümer der neu hergestellten Sache, und zwar ohne Rücksicht auf einen entgegenstehenden Willen des verarbeitenden Unternehmers (BGHZ 20, 159, 163 f = NJW 156, 788; BGHZ 46, 117; *Jaeger/Henckel* § 15 KO Rn 81; N/R/*Wittkowski* § 91 Rn 17; K/P/B/*Lüke* § 91 Rn 46). Grundsätzlich würde der Dritte Eigentümer und damit zur **Aussonderung** berechtigt (HaKo-*Kuleisa* § 91 Rn 22). Wird aber vereinbart, dass die Verarbeitung für den unter eV liefernden Verkäufer erfolgt, erwirbt der Lieferant wegen des Sicherungsrechts nur dann ein Aussonderungsrecht, wenn der Gegenstand ausschließlich aus der Vorbehaltsware hergestellt wird. In den übrigen Fällen hat die Vereinbarung lediglich Sicherungscharakter mit der Folge, dass dem Vorbehaltslieferanten ein **Absonderungsrecht** zusteht (*Serick* ZIP 1982, 507, 517; *Henckel* FS Zeuner S 193, 197; *Gottwald/Eickmann* InsRHdb § 43 Rn 30; N/R/*Wittkowski* § 91 Rn 17; HaKo *Kuleisa* § 91 Rn 22).

31 Die **Verarbeitungsklausel** verliert mit Verfahrenseröffnung ihre Wirksamkeit (*Serick* ZIP 1982, 507, 513 f; HK-*Kayser* § 91 Rn 38). Verarbeitet der Insolvenzverwalter **ohne Erfüllungswahl** (§ 103), hat der Lieferant lediglich einen **Bereicherungsanspruch** gem § 55 Abs 1 Nr 3 iVm § 951 Abs 1 BGB (K/P/B/*Lüke* § 91 Rn 47). § 91 Abs 1 greift nicht ein. Geht man dagegen davon aus, dass die Verarbeitungsklausel **auch nach Eröffnung des Insolvenzverfahrens** fortbesteht (so *Bork* FS Gaul S 71, 88 ff), so erwirbt der Lieferant **kein vollwertiges Absonderungsrecht**. Vielmehr wird dieses begrenzt auf den **Wert des gelieferten Materials** (*Jaeger/Henckel* § 47 Rn 44; Einzelheiten bei *Jaeger/Windel* § 91 Rn 28, 29). In der Verarbeitung durch den Insolvenzverwalter ist **keine konkludente Erfüllungswahl** (§ 103) zu sehen, wenn der Insolvenzverwalter keine Kenntnis von der Verarbeitungs- oder Herstellerklausel hat (*Jaeger/Windel* § 91 Rn 28; K/P/B/*Lüke* § 91 Rn 46, 47; HaKo-*Kuleisa* § 91 Rn 22; **str aA** *Serick* ZIP

V. Maßgeblichkeit des Erwerbszeitpunkts § 91

1982, 507, 513 f; N/R/*Wittkowski* § 91 Rn 80; **OLG** Celle WM 1987, 1569, 1570). Dieser Anspruch besteht auch, wenn der Schuldner in Erfüllung wirksamer vertraglicher Pflichten gehandelt hat (*Gottwald/Eickmann* InsRHdb § 31 Rn 54). Verarbeitet der Insolvenzverwalter bei Weitergeltung der Verarbeitungsklausel oder auf Grund neuer Ermächtigung des Lieferanten, so erwirbt der Lieferant wie bei einer Verarbeitung vor Verfahrenseröffnung nur Sicherungseigentum (K/U § 4 KO Rn 24; *Serick* Bd V § 63 III 5; *Gottwald/Gottwald* InsRHdb § 43 Rn 30).

Vorausabtretungsklausel mit Weiterveräußerungsermächtigung. Vereinbaren Lieferant und Käufer 32 nicht nur einen Eigentumsvorbehalt, sondern dass der Käufer die Befugnis zur Weiterveräußerung im ordnungsgemäßen Geschäftsverkehr unter Vorausabtretung der Weiterveräußerungsförderung hat, so erwirbt der Lieferant in der **Insolvenz des Käufers** an der abgetretenen Forderung lediglich ein **Absonderungsrecht** (*Gottwald/Gottwald* InsRHdb § 43 Rn 31).

g) **Ersitzung und Fund.** § 91 Abs 1 schließt den **Erwerb durch Ersitzung** (§ 937 Abs 1 BGB) grundsätz- 33 lich nicht aus. Jedoch ist zu unterscheiden: Läuft die Frist des § 937 Abs 1 BGB erst nach Verfahrenseröffnung ab und hatte der Besitzer den Eigenbesitz vom Insolvenzschuldner erlangt, so steht dem Erwerb § 91 entgegen (*Jaeger/Henckel* § 15 KO Rn 16; *Gottwald/Eickmann* § 31 Rn 25; *MüKo-Breuer* § 91 Rn 55; *Jaeger/Windel* § 91 Rn 17; str aA K/P/B/*Lüke* § 91 Rn 48; FK-*App* § 91 Rn 10; *Braun/Kroth* § 91 Rn 4). Etwas anderes gilt, wenn der Ersitzende den **Eigenbesitz von einem Dritten** erlangt hat (*Jaeger/Henckel* § 15 KO Rn 83; *MüKo-Breuer* § 91 Rn 54; HK-*Kayser* § 91 Rn 39; *Jaeger/Windel* § 91 Rn 18; str aA Smid/Smid § 91 Rn 7). Der **Eigentumserwerb des Finders** nach §§ 973, 974, 976 BGB ist auch nach Verfahrenseröffnung möglich. § 91 Abs 1 steht nicht entgegen (*Jaeger/Henckel* § 15 KO Rn 84; K/P/B/*Lüke* § 91 Rn 51; *Jaeger/Windel* § 91 Rn 19; HaKo-*Kuleisa* § 91 Rn 24; *Braun/Kroth* § 91 Rn 4).

h) **Sicherheitenpool.** Nach Verfahrenseröffnung steht § 91 Abs 1 weder einer Poolbildung durch die 34 Gläubiger noch der Aufnahme von einzelnen Poolmitgliedern oder dem Wechsel von einzelnen Poolmitgliedern entgegen (*Jaeger/Windel* § 91 Rn 86; BerlKo-*Blersch/v. Olshausen* § 91 Rn 3; *Riggert* NZI 2000, 525, 526 f; *Gundlach/Frenzel/Schmidt* NZI 2003, 142; **krit** Smid NZI 2000, 505, 510; *ders* NZI 2005, 538; *ders*, Kreditsicherheiten S 189). Poolmitglieder können jedoch nicht mehr Rechte durch die Poolbildung erwerben, als ihnen zustehen. Einer **Neuvalutierung** steht § 91 Abs 1 entgegen, nicht aber soweit die Poolbildung lediglich der **Beweiserleichterung** dient (*Gottwald/Gottwald* InsRHdb § 44 Rn 16; *Peters* ZIP 2000, 2238, 2241; *Gundlach/Frenzel/Schmidt* NZI 2003, 142, 145; *Riggert* NZI 2000, 525, 526; str aA *Häsemeyer* InsR Rn 18.66; *Jaeger/Windel* § 91 Rn 88; *Burgermeister*, Der Sicherheitenpool im Insolvenzrecht, 2. Aufl 1996 S 238 ff). Nach *Jaeger/Windel* (§ 91 Rn 88) sind Poolvereinbarungen nach Verfahrenseröffnung, die der **verbesserten Beweislage** dienen, als „**Rechtserwerb**" iSv § 91 Abs 1 und damit als wirkungslos zu qualifizieren (so auch *Smid*, Kreditsicherheiten § 17 Rn 20 ff; *ders* NZI 2000, 505, 510 f; *ders* WM 1999, 1141, 1149). Unbedenklich ist dagegen eine nach Verfahrenseröffnung erfolgende **Poolbildung des Insolvenzverwalters mit den Sicherungsgläubigern** als Verwertungsgemeinschaft (*Gottwald/Gottwald* InsRHdb § 44 Rn 34; *Stürner* ZZP 94 (1981), 263, 280; *Peters* ZIP 2000, 2238, 2243; *Jaeger/Windel* § 91 Rn 89). Die Meinung, wonach die Übertragung von Sicherungsrechten auf einen Pool ein gem § 91 insolvenzrechtlich verbotenes Verfügungsgeschäft darstellt, vermag nicht zu überzeugen. Zur Problematik s auch S *Berner*, Sicherheitenpools der Lieferanten und Banken im Insolvenzverfahren 2006 S 87 ff.

i) **Leasing.** Im Insolvenzverfahren über das Vermögen des Leasinggebers können an künftigen Forde- 35 rungen gegen den Leasingnehmer, die oftmals als Sicherheit für die Finanzierung des Leasinggegenstandes abgetreten worden sind, wegen § 91 keine Rechte erlangt werden (*Uhlenbruck/Sinz* WM 1989, 1113, 1115; K/P/B/*Lüke* § 91 Rn 31). Nach § 108 Abs 1 Satz 2 bestehen Miet- und Pachtverhältnisse über bewegliche Sachen mit Wirkung gegenüber der Insolvenzmasse fort, wenn der Vertragsgegenstand einem Dritten, der die Anschaffung finanziert hat, zur Sicherheit übertragen worden ist. Die Vorschrift betrifft insbesondere **refinanzierte Leasingverträge** in der **Insolvenz des Leasinggebers** (*Graf-Schlicker/Breitenbücher* § 108 Rn 5; *Braun/Kroth* § 91 Rn 14; HaKo-*Kuleisa* § 91 Rn 55; *Häsemeyer* InsR Rn 20.56; krit zu dieser Vorschrift *Jaeger/Windel* § 91 Rn 55; *Häsemeyer* InsR Rn 20.56). § 108 Abs 1 Satz 2 sichert vor allem beim **Finanzierungsleasing** Vorausverfügungen gegen § 91 Abs 1 (*Jaeger/Windel* § 91 Rn 55; *Häsemeyer* InsR Rn 20.56). War bei Insolvenzeröffnung über das Vermögen des Leasinggebers das Leasingobjekt noch nicht übergeben, so liegt **keine beiderseitige Erfüllung** vor. § 91 Abs 1 hindert in der Insolvenz des Leasinggebers die Entstehung von Rechten an den zur Refinanzierung abgetretenen Forderung gegenüber dem Leasingnehmer (MüKo-*Breuer* § 91 Rn 28; *Braun/Kroth* § 91 Rn 14; HaKo-*Kuleisa* § 91 Rn 12). Ist die **Übergabe des Leasingobjektes vor Verfahrenseröffnung** erfolgt, handelt es sich bei dem Leasingraten um künftige Forderungen, die zwar entstanden, aber noch nicht fällig sind. Der Vertrag besteht nur unter der Voraussetzung fort, dass das Leasingobjekt dem Dritten, der die Anschaffung oder Herstellung finanziert hat, **zur Sicherheit übertragen** worden ist (*Andres/Leithaus* § 108 Rn 8; s auch die Kommentierungen zu § 108 Rn 65 ff). Die künftigen Leasingraten sind nach Übergabe des Leasingobjekts **betagte Forderungen** (HaKo-*Kuleisa* § 91 Rn 12; *Braun/Kroth* § 91 Rn 14).

j) **Vormerkung.** Die Bestellung einer Vormerkung setzt gem § 885 Abs 1 S 1 BGB die Bewilligung des 36 Grundstückseigentümers und die Eintragung im Grundbuch voraus. Die Vormerkung verschafft dem

§ 91   *Ausschluß sonstigen Rechtserwerbs*

Berechtigten gem § 106 ein insolvenzfestes Recht mit der Folge, dass der Insolvenzverwalter den gesicherten Anspruch erfüllen muss. Wird die **Bewilligung erst nach Eröffnung** des Insolvenzverfahrens erteilt, so steht dem Erwerb § 81 entgegen. Ist die Bewilligung vor Verfahrenseröffnung erteilt, erfolgt jedoch die Eintragung nach Insolvenzeröffnung, so greift § 91 ein, denn ein durch Vormerkung zu sicherndes **künftiges Recht** kann nach Verfahrenseröffnung nicht mehr entstehen. Auch hier greift § 91 ein (**BGH** v 9. 3. 2006 – IX ZR 11/05, ZIP 2006, 1141 = ZInsO 2006, 599; *Kesseler* EWiR 2006, 457 f; K/P/B/*Lüke* § 91 Rn 38; *Häsemeyer* InsR Rn 10.27; HK-*Eickmann* § 91 Rn 31; *Bork*, Einf Rn 151; BerlKo-*Blersch/v. Olshausen* § 91 Rn 10). So ist der **gesetzliche Löschungsanspruch** (§ 1179 a BGB) des nachrangigen Grundschuldgläubigers nicht insolvenzfest, wenn die vorrangige Sicherungsgrundschuld zwar zum Zeitpunkt der Verfahrenseröffnung nicht mehr valutiert ist, das Eigentum an dem Grundstück und die Grundschuld jedoch zu diesem Zeitpunkt noch nicht zusammengefallen sind (**BGH** ZIP 2006, 1141 = ZInsO 2006, 599; *Kesseler* EWiR 1/06, 457). Handelt es sich dagegen um eine **Vormerkung für ein aufschiebend bedingtes Recht**, so wird der Rechtserwerb auch nach Verfahrenseröffnung durch § 91 nicht gehindert, denn es greift insoweit der Schutz des § 161 Abs 1 S 2 BGB ein (*Bork*, Einf Rn 151; *Häsemeyer* InsR Rn 10.27; K/P/B/*Lüke* § 91 Rn 38; BerlKo-*Blersch/v. Olshausen* § 91 Rn 10; HK-*Kayser* § 91 Rn 29).

37   Von der Übertragung eines Rechts unter aufschiebender Bedingung zu unterscheiden ist die **Übertragung eines aufschiebend bedingten Rechts** (K/P/B/*Lüke* § 91 Rn 23). Auch insoweit greift § 91 nicht ein, wenn das Recht erst nach Verfahrenseröffnung entsteht, so dass der Berechtigte eine **durch Vormerkung gesicherte Rechtsposition** erlangt (vgl *Jaeger/Henckel* § 15 KO Rn 62; *Häsemeyer* InsR Rn 10.27; K/P/B/*Lüke* § 91 Rn 23). Die Vormerkung für einen **aufschiebend bedingten Anspruch** ist also im Insolvenzverfahren bei späterem Eintritt von Bedingung oder Entstehen der Forderung anders zu behandeln als die **durch Vormerkung gesicherte künftige Forderung** (vgl auch HK-*Eickmann* § 91 Rn 31; *Bork*, Einf Rn 151). Der BGH (BGHZ 149, 1; **BGH** ZIP 2006, 1141, 1142; vgl auch **OLG** Köln ZIP 2005, 1038, 1040) und eine **im Vordringen befindliche Literaturmeinung** erkennen inzwischen grundsätzlich auch die **Sicherung künftiger Ansprüche** an (zB *Jaeger/Windel* § 91 Rn 68; *Braun/Kroth* § 91 Rn 18; HaKo-*Kuleisa* § 91 Rn 19). Nach **Auffassung des BGH** kommt es darauf an, ob zum Zeitpunkt der Verfahrenseröffnung ein **hinreichend tragfähiger „Rechtsboden"** gelegt war. Der gesicherte Anspruch muss vor Verfahrenseröffnung zumindest dem Grunde nach angelegt sein (**BGH** v 9. 3. 2006 – IX ZR 11/05, ZInsO 2006, 599; **BGH** v 14. 9. 2001 – V ZR 231/00; BGHZ 149, 1, 3). Der Rechtsprechung liegt die Wertung zugrunde, dass der Vormerkungsschutz für künftige Ansprüche (§ 883 Abs 1 Satz 2 BGB) sinnentleert wäre, wollte man ihn erst von dem Zeitpunkt an eintreten lassen, in dem die gesicherten Ansprüche entstehen. Die **Insolvenzfestigkeit der Vormerkung** ist zB zu bejahen, wenn die Entstehung des Anspruchs nur noch vom Willen des künftigen Berechtigten abhängt (BGHZ 134, 182 = ZIP 1997, 420; BGHZ 149, 1, 6 f). Nach *Jaeger/Windel* (§ 91 Rn 68, 69) kommt es für die Insolvenzfestigkeit vormerkungsgesicherter künftiger Ansprüche darauf an, ob „eine aus einem Vertragsangebot folgende **Bindungslage Massebezug** hat". Lag einer im Grundbuch eingetragenen Auflassungsvormerkung ein in notariell beurkundeter Form abgebenes unwiderrufliches Angebot zum Abschluss eines Kaufvertrages über ein Grundstück zugrunde, welches der Käufer erst nach Eröffnung des Insolvenzverfahrens über das Vermögen eines der Miteigentümer angenommen hat, so ist nach Auffassung des **BGH** ein solcher künftiger, durch eine vor Verfahrenseröffnung eingetragene Vormerkung gesicherter Auflassungsanspruch insolvenzfest (**BGH** v 9. 3. 2006 – IX ZR 11/05, ZInsO 2006, 599, 600; BGHZ 149, 1 ff). Nach Feststellung von *Eickmann* (HK-*Eickmann* § 91 Rn 32) sind in der Praxis Auflassungsvormerkungen häufig, in denen der **Anspruch eines noch zu benennenden Dritten** gesichert wird. Grundlage hierfür sind Kaufverträge zwischen einem Bauträger und dem Grundstückseigentümer zugunsten künftiger Erwerber. Nach *Eickmann* ist eine solche Vormerkung wirksam, „wenn sie das eigene Forderungsrecht auf Leistung an den Dritten (§ 335 BGB) zu Gunsten des Versprechensempfängers sichert, also für diesen erfolgt ist." Dem ist zuzustimmen, denn der zu sichernde Anspruch ist vor Insolvenzeröffnung entstanden, auch wenn die Benennung des Dritten als Erwerber erst nach Verfahrenseröffnung erfolgt (HK-*Eickmann* § 91 Rn 33; *Gottwald/Eickmann* InsRHdb § 31 Rn 63; K/U § 24 KO Rn 4 a).

38   **k) Grundstückszubehör.** Erwirbt der Insolvenzschuldner ohne Mitwirkung des Insolvenzverwalters nach Eröffnung des Insolvenzverfahrens über sein Vermögen das Eigentum an beweglichen Sachen, die Zubehör iSv § 97 BGB sind und deshalb in den Haftungsverbund der §§ 1120 f BGB fallen würden, so steht § 91 der Zubehörwidmung entgegen (*Gottwald/Eickmann* InsRHdb § 31 Rn 64): Der **Neuerwerb des Schuldners** ist gem § 35 Insolvenzmasse, denn ohne § 91 Abs 1 S 1 würde die Insolvenzmasse durch den Erwerb zugunsten der Grundpfandrechtsgläubiger geschmälert. Nach Verfahrenseröffnung können Sachen, die zur Insolvenzmasse gehören, nicht mehr vom Schuldner dazu bestimmt werden, dem wirtschaftlichen Zweck des Grundstücks zu dienen, denn die Zweckbestimmung als rechtsgeschäftsähnliche Handlung verstößt gegen § 91 (*Jaeger/Henckel* § 15 KO Rn 24; *Gottwald/Eickmann* InsRHdb § 31 Rn 65; *Jaeger/Windel* § 91 Rn 43). Erwirbt da gegen der **Insolvenzverwalter** eine Sache und bestimmt er sie als Zubehör oder widmet er eine bereits massezugehörige Sache als Zubehör, so greift § 91 nicht ein, denn hierzu ist der Verwalter auf Grund § 80 Abs 1 berechtigt (RGZ 53, 350; RGZ 59, 367, 369; *Jaeger/Henckel* § 15 KO Rn 50, 69; *Gottwald/Eickmann* InsRHdb § 31 Rn 65).

V. Maßgeblichkeit des Erwerbszeitpunkts § 91

1) Erwerb kraft Hoheitsakts. aa) Erwerb durch Zwangsvollstreckung. Bei Versteigerung beweglicher 39
Sachen durch den Gerichtsvollzieher erwirbt der Ersteher das Eigentum durch den Gerichtsvollzieher.
Unerheblich ist, ob die Vollstreckung ein Pfändungspfandrecht begründet hat. Auch ein Verstoß gegen
§ 89 hindert den Eigentumserwerb nicht (*Jaeger/Henckel* § 15 KO Rn 89; *Jaeger/Windel* § 91 Rn 96).
Durch den **Zuschlag im Zwangsversteigerungsverfahren** erwirbt der Ersteher originäres Eigentum nach
§ 90 ZVG. Weder in der Mobiliarvollstreckung noch in der Immobiliarvollstreckung steht § 91 Abs 1
einem Eigentumserwerb entgegen (*Jaeger/Windel* § 91 Rn 96). Das gilt auch für die **Eintragung einer
Sicherungshypothek** nach § 128 ZVG.

bb) Strafrechtliche und strafprozessuale Maßnahmen. Hier greift § 91 Abs 1 nur ein, wenn die nach 40
Verfahrenseröffnung angeordnete Maßnahme **strafähnlichen Charakter** hat (§ 74 Abs 2 Nr 1 StGB). So
zB bei Anordnung des strafrechtlichen Verfalls nach §§ 73, 73a StGB (**LG Duisburg** ZIP 2003, 1361
m Anm *Dahl* EWiR 2003, 833; *Jaeger/Henckel* § 15 KO Rn 27 ff; BerlKo-*Blersch/v. Olshausen* § 91
Rn 5; MüKo-*Breuer* § 91 R 69–71; *Jaeger/Windel* § 91 Rn 98–100). § 91 Abs 1 steht auch einer **Einziehung mit Strafcharakter** entgegen (Einzelheiten bei *Jaeger/Windel* § 91 Rn 99; MüKo-*Breuer* § 91
Rn 71). Hat dagegen die **Einziehung nur Sicherungscharakter**, so bleibt sie, wenn sie dem Schuldner gehörte, auch im Insolvenzverfahren zulässig. Die Masse erhält eine Entschädigung nach Maßgabe des
§ 74f StGB (*Jaeger/Windel* § 91 Rn 98). Entscheidend für die Anwendung von § 91 Abs 1 ist im Einzelfall, ob eine **strafprozessuale Maßnahme** dem Insolvenzzweck einer gemeinschaftlichen Gläubigerbefriedigung widerspricht (*Jaeger/Windel* § 91 Rn 100).

cc) Haftung und Beschlagnahme von Zoll- und Steuergut. Unterliegen Waren einer Verbrauchsteuer 41
oder einem Zoll, haften sie gem § 76 Abs 1 AO. Solange die Steuer nicht entrichtet ist, kann die Finanz-
oder Zollbehörde die Ware mit Beschlag belegen (§ 76 Abs 3 AO). § 91 Abs 1 steht selbst dann nicht
entgegen, wenn sich der vom Schuldner vor Verfahrenseröffnung gesetzte Tatbestand erst nach Verfahrenseröffnung vollendet (*Jaeger/Windel* § 91 Rn 101; *Jaeger/Henckel* § 15 KO Rn 92; MüKo-*Breuer*
§ 91 Rn 72).

3. Wirksame Verfügung eines Nichtberechtigten durch Genehmigung eines Dritten. Ist die Wirksam- 42
keit einer vom Schuldner vor Verfahrenseröffnung vorgenommenen Verfügung über ein massezugehöriges Recht von der Genehmigung eines Dritten abhängig und wird diese nachträglich im Insolvenzverfahren **von dem Dritten** genehmigt, so steht § 91 dem Rechtserwerb nicht entgegen (*Jaeger/Henckel*
§ 15 KO Rn 23; K/P/B/*Lüke* § 91 Rn 52). Die Genehmigung wirkt gem § 184 Abs 1 BGB zurück und
das Recht entsteht somit zum Zeitpunkt der Verfügung, also **vor Eröffnung des Insolvenzverfahrens**
(**RG** v 14. 10. 1931, RGZ 134, 73, 78; **BGH** v 21. 4. 1959 WM 1959, 813, 815; *Jaeger/Henckel* § 15
KO Rn 93; MüKo-*Breuer* § 91 Rn 45; FK-*App* § 91 Rn 15; K/P/B/*Lüke* § 91 Rn 52; *Lange* ZIP 1999,
1373, 1378 f; *Smid* § 91 Rn 13; *Gottwald/Eickmann* InsRHdb § 31 Rn 30; einschränkend *Jaeger/
Windel* § 91 Rn 106; BerKo-*Blersch/v. Olshausen* § 91 Rn 7, die darauf abstellen, ob eine einer aufschiebenden Bedingung (§ 161 Abs 1 BGB) entsprechende Bindungswirkung eingetreten ist). Wird also
die Genehmigung zB nach § 5 ErbbRVO, § 12 WEG, §§ 876, 880 Abs 2 BGB erst nach Verfahrenseröffnung erteilt, ist die Verfügung ungeachtet des § 91 wirksam (RGZ 134, 73, 78; **BGH** KTS 1958,
187 ff; *Gottwald/Eickmann* InsRHdb § 31 Rn 30). Auf den Erwerb nach Verfahrenseröffnung auf
Grund einer **vormundschaftsgerichtlichen Genehmigung** (§ 1829 BGB) findet § 81 Abs 1 Satz 1 Anwendung (*Jaeger/Windel* § 91 Rn 107). Zur **Rückwirkung der Genehmigung** einer Verfügung **in der Insolvenz eines Erwerbers** s *Häsemeyer* KTS 1982, 1, 18 ff; *Jaeger/Windel* § 91 Rn 108. Die **Genehmigung
einer Vertragsübernahme durch den Vertragspartner** des Schuldners verstößt gegen § 91 Abs 1 (*Jaeger/
Windel* § 91 Rn 109; str aA *Lange* ZIP 1999, 1373, 1378 f).

Ein **vertragliches Abtretungsverbot** führt bei trotz der vor Verfahrenseröffnung erfolgenden Abtre- 43
tung durch den Schuldner zur **Unwirksamkeit**. Eine rückwirkende Genehmigung gem § 184 BGB nach
Verfahrenseröffnung scheitert an § 81 Abs 1 S 1 (*Jaeger/Windel* § 91 Rn 112; K/P/B/*Lüke* § 91 Rn 56).
Soweit zwischen Kaufleuten oder mit Schuldnern des öffentlichen Rechts vereinbarte **Abtretungsverbote** die Abtretung nicht ausschließen (§ 354a S 1 HGB), ist es dem Schuldner nicht verwehrt, wahlweise
statt an den Zessionar weiterhin an den Zedenten mit befreiender Wirkung leisten zu dürfen (§ 354a
S 2 HGB). Der **Schuldner** ist **vor Verfahrenseröffnung** berechtigt, einer verbotswidrigen Abtretung zuzustimmen bzw diese nachträglich zu genehmigen. Die Genehmigung des Rechtserwerbs **nach Verfahrenseröffnung** ist schon deswegen unwirksam, weil die Genehmigung nicht zurückwirkt (BGHZ 70,
299; K/P/B/*Lüke* § 91 Rn 56; *Jaeger/Windel* § 91 Rn 112; str aA OLG Celle NJW 1968, 652). In der
Praxis hat es sich eingebürgert, dem Abtretungsverbot selbst einen **Zustimmungsvorbehalt** hinzuzufügen. Der Zessionar kann die Forderung, auch wenn sie vor Insolvenzeröffnung entstanden ist, durch
Genehmigung des Zedenten nicht erwerben, weil die Abtretbarkeit erst nach Verfahrenseröffnung eingetreten ist, somit § 91 dem Erwerb entgegensteht. Entsprechendes gilt für ein **gänzliches Abtretungsverbot**. Ein Erwerb wäre hier nach Verfahrenseröffnung nur möglich, wenn der Insolvenzverwalter der
Genehmigung billigt (vgl *Serick* Bd V § 65 III 6 a S 564; K/U 15 KO Rn 12 b). Entsteht die ursprünglich unabtretbare Forderung erst nach Verfahrenseröffnung, so steht dem Erwerb trotz Genehmigung
des Schuldners § 91 entgegen. Die Wirksamkeit eines Rechtsgeschäfts, das der **behördlichen Genehmi-**

§ 91 *Ausschluß sonstigen Rechtserwerbs*

gung bedarf, wird nicht dadurch beeinträchtigt, dass die Genehmigung erst nach Eröffnung des Insolvenzverfahrens erteilt wird (für die KO **BGH** KTS 1958, 187 für devisenrechtl Genehmigung; *Jaeger/Windel* § 91 Rn 107). Denn diese Genehmigung beendet einen vor Verfahrenseröffnung geschaffenen Schwebezustand und ist zudem öffentlich-rechtlicher, weil behördlicher Art. Die Differenzierung hinsichtlich der **Genehmigung vertraglicher Abtretungsverbote (§ 399 BGB)** und **sonstiger Verfügungen** rechtfertigt sich daraus, dass es sich bei einem vertraglichen Abtretungsverbot nicht um eine eigentliche Genehmigung iSv § 182, 184 BGB handelt, sondern um ein Einverständnis mit der Aufhebung des vertraglichen Abtretungsverbots oder um einen Verzicht auf die Einrede aus § 399 BGB durch den Schuldner (so auch BGHZ 70, 299, 303 = LM Nr 17 zu 399 BGB m Anm *Merz*; *Serick* Bd V § 66 II 1 S 542; HaKo-*Kuleisa* § 91 Rn 21).

44   4. **Rechtserwerb bei Verfügungen eines Nichtberechtigten.** Hat der Schuldner vor Verfahrenseröffnung als Nichtberechtigter über einen Gegenstand verfügt, so greift § 91 deswegen nicht ein, weil es sich um keinen Gegenstand der Haftungsmasse handelt (K/P/B/*Lüke* § 91 Rn 53). Wird die Verfügung nach Verfahrenseröffnung genehmigt, so ist der Vorgang ebenfalls nicht verfahrensrelevant, weil die Insolvenzmasse (§ 35) nicht betroffen ist (*Gottwald/Eickmann* InsRHdb § 31 Rn 55; vgl auch K/P/B/*Lüke* § 91 Rn 53). Hat der Schuldner vor Verfahrenseröffnung über eine fremde Sache verfügt, die nach Insolvenzeröffnung für die Masse erworben wird, so würde gem § 185 Abs 2 S 1 2. Altern BGB die Verfügung erst zu dem Zeitpunkt wirksam werden, in dem das Recht, über das verfügt wurde, in die Insolvenzmasse gelangt. Dem steht jedoch § 91 entgegen (**BGH** v 25. 9. 2003 – IW ZR 213/03, NJW-RR 2004, 259; RGZ 135, 378, 383; *Jaeger/Henckel* § 15 KO Rn 15; K/P/B/*Lüke* § 91 Rn 54; *Gottwald/Eickmann* InsRHdb § 31 Rn 55). Dagegen ist ein **gutgläubiger Erwerb von einem Nichtberechtigten** auch nach Eröffnung eines Insolvenzverfahrens über das Vermögen des Berechtigten gem §§ 929, 932, 892, 893 BGB wirksam (*Jaeger/Henckel* § 15 KO Rn 86; K/P/B/*Lüke* § 91 Rn 55; N/R/*Wittkowski* § 91 Rn 32).

VI. Die Ausnahmen nach § 91 Abs 2

45   Das Erwerbsverbot wird in § 91 Abs 2 zugunsten des redlichen Rechtsverkehrs eingeschränkt. Unberührt von § 91 Abs 1 bleiben die Vorschriften der §§ 878, 892, 893 BGB, § 3 Abs 3, §§ 16, 17 des Gesetzes über Rechte an eingetragenen Schiffen und Schiffsbauwerken, § 5 Abs 3, §§ 16, 17 des Gesetzes über Rechte an Luftfahrzeugen und § 20 der Seerechtlichen Verteilungsordnung. § 91 Abs 2 entspricht der früheren Regelung in § 15 S 2 KO. Erfolgt der Erwerb auf Grund einer **nach Verfahrenseröffnung liegenden Verfügung des Schuldners**, kommt § 81 Abs 1 S 2 zur Anwendung. War der Eintragungsantrag vor Verfahrenseröffnung bereits gestellt, wird der Erwerber durch § 91 Abs 2 InsO iVm § 878 BGB geschützt (*Häsemeyer* InsR Rn 10.30). Praktische Bedeutung gewinnt vor allem der Gutglaubensschutz des Erwerbers nach den §§ 91 Abs 1 InsO, 892, 893 BGB, wenn die dingliche Einigung vor Verfahrenseröffnung erfolgt und dem Erwerber vom Schuldner eine Eintragungsbewilligung übergeben wird, jedoch der Erwerber erst später in Unkenntnis der Eröffnung, aber vor dem Ersuchen oder Antrag auf Eintragung des Eröffnungsvermerks nach § 32 Abs 2 den Eintragungsantrag stellt. Der Schutz des Erwerbers massezugehöriger Rechte an Grund stücken führt zu einer „Vorverlagerung des für die Gutgläubigkeit entscheidenden Zeitpunkts auf den Zeitpunkt der nach § 873 Abs 2 BGB bindenden Einigungserklärung" (KS-*Gerhardt* S 219 Rn 52; ebenso *Häsemeyer* InsR Rn 10.31).

46   1. **Rechtserwerb nach § 878 BGB, § 3 Abs 3** SchiffsRG, **§ 5 Abs 3** LuftfzRG. Sowohl unwirksame Verfügungen des Schuldners nach § 81 Abs 1 S 1 als auch unwirksame Erwerbsvorgänge nach § 91 Abs 1 S 1 schließen nicht aus, dass zugunsten des Erwerbers die Vorschriften der §§ 878, 892, 893 BGB eingreifen. Der Anführung von § 878 BGB hätte es nicht einmal bedurft, weil der Erwerber insoweit schon durch die Erfüllung des Tatbestandes eine insolvenzfeste Rechtsposition erlangt hat.

47   a) **Die Regelung in § 878 BGB.** Nach § 878 BGB wird eine von dem Berechtigten gem den §§ 873, 875, 877 BGB abgegebene Erklärung nicht dadurch unwirksam, dass der Berechtigte in der Verfügung beschränkt wird, nachdem die Erklärung für ihn bindend geworden und der Antrag auf Eintragung beim Grundbuchamt gestellt worden ist. Sämtliche Beteiligten sind an die vollzogene Einigung gebunden, wenn die Erklärungen gerichtlich oder notariell beurkundet oder vor dem Grundbuchamt abgegeben oder bei diesem eingereicht sind oder wenn der Insolvenzschuldner dem anderen Teil eine den Vorschriften der Grundbuchordnung (§§ 19, 29, 30 GBO) entsprechende Eintragungsbewilligung ausgehändigt hat (§ 873 Abs 2 BGB). § 878 BGB findet unmittelbare Anwendung auf die **Grundstücksübereignung**, Belastung eines Grundstücks, Übertragung oder Belastung eines Grundstücksrechts (§ 873 BGB) sowie auf die **Aufhebung eines Grundstücksrechts** (§ 875 BGB) und auf die Änderung des Inhalts eines Grundstücksrechts nach § 877 BGB. Gleiches gilt für die **Bestellung oder Aufhebung einer Vormerkung** (BGHZ 28, 182, 185 = NJW 1958, 2013, 2014; BGHZ 33, 123, 129 = NJW 1960, 1757, 1758; BGHZ 60, 46, 50 = NJW 1973, 323, 324; BGHZ 131, 189, 197; BGHZ 138, 179, 186; **BGH** ZIP 2005, 627; *Jaeger/Henckel* § 15 KO Rn 108; *Häsemeyer* InsR Rn 10.31; MüKo-*Breuer* § 91

VI. Die Ausnahmen nach § 91 Abs 2 § 91

Rn 86; N/R/*Wittkowski* § 91 Rn 40; *Jaeger/Windel* § 91 Rn 118; *Gottwald/Eickmann* InsRHdb § 31 Rn 69). Auf **bewilligte Vormerkungen** finden die Vorschriften der §§ 878 BGB, 3 Abs 3 SchiffsRG, § 5 Abs 3 LuftfzRG, § 91 Abs 2 demgemäß Anwendung (s Vorauf § 91 Rn 36; *Jaeger/Henckel* § 15 KO Rn 108; *Jaeger/Windel* § 91 Rn 118). **Bindend bewilligt ist eine Vormerkung**, wenn sie im Kaufvertrag vereinbart oder ihre Eintragung beiderseits beantragt wird (§ 873 Abs 2 1 Altern BGB). Die bloße Aushändigung einer Eintragungsbewilligung reicht nicht aus. Vielmehr muss den **beiden Erfordernissen**, dem der Aushändigung (Bindung) und des Eintragungsantrags nach § 91 Abs 2 **vor Eröffnung des Verfahrens** genügt sein (*Jaeger/Windel* § 91 Rn 118 unter Berufung auf RGZ 81, 424 f; OLG Hamburg OLGRspr 15, 231 ff; KG OLGRspr 4, 196 ff). § 878 BGB findet darüber hinaus kraft Verweisung Anwendung auf eine Rangänderung (§ 880 Abs 2 S 1 BGB), den Briefausschluss (§ 1116 Abs 2 S 3 BGB), die Belastungsbestimmung bei Teilung des mit einer Reallast belasteten Grundstücks (§ 1109 Abs 2 BGB), die Verteilung der Gesamthypothek (§ 1132 Abs 2 S 2 BGB), den Verzicht auf ein Grundpfandrecht (§ 1168 Abs 2 S 2 BGB), die Forderungsauswechslung (§ 1180 Abs 1 S 2 BGB) sowie auf die Bestellung einer ursprünglichen Eigentümergrundschuld (§ 1196 Abs 2 BGB).

Voraussetzung für die Insolvenzfestigkeit des Erwerbs sind ein **wirksamer Eintragungsantrag vor Eröffnung des Insolvenzverfahrens** sowie der **Eintritt der materiell-rechtlichen Bindungswirkung**. Der Eintragungsantrag ist wirksam gestellt, wenn er beim Grundbuchamt eingegangen ist. Hierzu genügt nicht etwa der Eingang bei der Briefannahmestelle der Amtsgerichts oder der Einwurf in den Briefkasten des zuständigen Amtsgerichts (*Gottwald/Eickmann* InsRHdb § 31 Rn 71). Nach dem Wortlaut des § 878 BGB bedarf es keines Antrags des Erwerbers, sondern genügt ein zum Zeitpunkt der Verfahrenseröffnung beim Grundbuchamt anhängiger Eintragungsantrag des Schuldners oder des Notars (BerlKo-*Blersch/v. Olshausen* § 91 Rn 14). Wird der **Antrag nur vom Eigentümer** und späteren Insolvenzschuldner oder **vom Notar** gem § 15 GBO im Namen des Eigentümers gestellt, kann nach *Gottwald/Eickmann* (InsRHdb § 31 Rn 72) der Insolvenzverwalter den Antrag zurücknehmen und dadurch die **Eintragung verhindern** (s auch *Raebel* ZInsO 2002, 954, 955). Dies soll selbst dann gelten, wenn der Antrag „unwiderruflich" gestellt wurde, weil eine Einschränkung verfahrensrechtlich bedeutungslos ist (**BayObLGZ** 1972, 215; *Wörbelauer* DNotZ 1965, 529 ff). Auch wenn man dieser Auffassung nicht folgen sollte, empfiehlt es sich, trotz der mit der Antragstellung entstehenden Kostenhaftung (§ 2 Nr 1 KostO) als Erwerber den Antrag beim Grundbuchamt selbst zu stellen. Für den Verwalter besteht nach Auffassung von *Eickmann* sogar die „Notwendigkeit, baldmöglichst nach Verfahrenseröffnung beim Grundbuchamt nach anhängigen Anträgen des Schuldners zu forschen, die ggf durch Zurücknahme erledigt werden können". Nach § 91 Abs 2, § 878 BGB kann die Käuferin eines Grundstückes trotz Insolvenzverfahrens und trotz der Anordnung einer Nachtragsverteilung Eigentümerin eines Schuldnergrundstückes werden, wenn die Auflassung erklärt und der Antrag auf Eintragung beim Grundbuchamt gestellt worden ist (**BGH** v 6. 12. 2007 – IX ZB 239/06, ZIP 2008, 322, 323).

Die **Bindungswirkung** tritt nach § 873 Abs 2 BGB **mit der notariellen Beurkundung** der Einigung, mit der **Einreichung der Einigung beim Grundbuchamt** oder mit der Aushändigung einer ordnungsgemäßen Eintragungsbewilligung ein (Einzelheiten bei *Gottwald/Eickmann* InsRHdb § 31 Rn 73). Die Ermächtigung durch den Betroffenen ist bis zum Eintritt der Bindung widerruflich, es sei denn, der Erwerber hat einen gesetzlichen Anspruch auf Erteilung der Ausfertigung der Bewilligung nach §§ 51, 52 BeurkG. Nach wohl zutreffender Auffassung ist die **Rücknahme durch den Insolvenzverwalter** wegen der Schutzfunktion der §§ 878 BGB, 91 Abs 2 InsO unzulässig (so auch *Häsemeyer* InsR Rn 10.31; MüKo-*Wacke* § 878 BGB Rn 23; BerlKo-*Blersch/v. Olshausen* § 91 Rn 14; *Jauering* § 878 BGB Rn 4; *Scholtz* ZIP 1999, 1693; K/P/B/*Tintelnot* 103 Rn 43; *Jaeger/Windel* § 91 Rn 118; str aA *Dieckmann* FS *v. Caemmerer* 1978 S 95, 124; *Staudinger/Gursky* § 878 BGB Rn 45; *Jaeger/Henckel* § 17 KO Rn 64. Für Unwirksamkeit des Antrags mit Verfahrenseröffnung *Kesseler* ZfIR 2006, 117. Zu den Fällen, in denen die Bindungswirkung durch unmittelbare oder entsprechende Anwendung des § 875 Abs 2 BGB eintritt, vgl *Gottwald/Eickmann* InsRHdb § 31 Rn 78, 79. Ist die Einigung vor Verfahrenseröffnung erfolgt und der Eintragungsantrag ebenfalls bis zur Verfahrenseröffnung gestellt worden, so hat das **Grundbuchamt die beantragte Eintragung vorzunehmen**, selbst wenn ihm die mit der Verfahrenseröffnung eintretende **Grundbuchsperre bekannt** ist oder der Insolvenzvermerk unter Verstoß gegen §§ 17, 45 GBO früher ein getragen worden ist (MüKo-*Wacke* § 878 BGB Rn 22; *Soergel/Stürner* § 878 BGB Rn 8; *Staudinger/Gursky* § 878 BGB Rn 48; *Eickmann* Rpfleger 1972, 77 ff; *Jaeger/Windel* § 91 Rn 118; FK-*App* § 91 Rn 18). Die §§ 878 BGB, 91 Abs 1 S 1 greifen nicht ein, wenn zwar vor Verfahrenseröffnung die Einigung über die Bestellung einer Briefhypothek oder -grundschuld geworden und der Eintragungsantrag gestellt worden, über das Vermögen des Grundstückseigentümers aber vor Briefübergabe das Insolvenzverfahren eröffnet worden ist. Anders ist dagegen zu entscheiden, wenn vor Verfahrenseröffnung die Briefübergabe durch eine Vereinbarung nach § 1117 Abs 2 BGB ersetzt und dem Grundbuchamt mitgeteilt worden ist (**KG** NJW 1975, 878; *Jaeger/Henckel* § 15 KO Rn 108; K/U § 15 KO Rn 18). Vgl zum Problemkreis auch *Oepen/Rittmann* KTS 1995, 610, 625.

b) Rechtserwerb durch Zwangsvollstreckung. Die bisher hM hielt die Gleichstellung des rechtsgeschäftlichen Erwerbs mit dem vollstreckungsrechtlichen Erwerb für unzulässig mit der Begründung, Zwangsrechte könnten nicht gutgläubig von einem Nichtberechtigten oder im Widerspruch zu einem

§ 91

(noch nicht eingetragenen) Verfügungsverbot erworben werden (BGHZ 9, 250, 253 f; vgl auch OLG Düsseldorf KTS 1989, 717; *Jaeger/Henckel* § 14 KO Rn 38). Gegen eine Gleichstellung spreche vor allem auch, dass der Zeitpunkt des Eintragungsantrags nur für die Anfechtung von Rechtsgeschäften, nicht dagegen für die rückwirkende Vollstreckungssperre als maßgeblich bestimmt wird (§ 140 Abs 2). Im Zusammenspiel mit den §§ 81, 89, 90 soll § 91 einen umfassenden Masseschutz gewährleisten (vgl o Rn 1; *Gerhardt* FS Greiner 2005 S 31, 33). Durch die Regelung in § 91 Abs 2 bleibt jedoch § 878 BGB unberührt. Während die **noch hM** die Anwendbarkeit des § 140 Abs 2 und damit auch entsprechend dem Wortlaut die des § 878 BGB auf den **Vollstreckungserwerb** ablehnt (so auch die **Voraufl**; vgl auch *Viertelhausen*, Einzugsvollstreckung während des Insolvenzverfahrens, 1999, S 69 ff), spricht sich eine **neuere Auffassung** für eine **Gleichstellung des Zwangserwerbs mit dem rechtsgeschäftlichen Erwerb** aus (*Wacke* ZZP Bd 82, 377 ff, 380 ff; MüKo-*Wacke* § 878 Rn 18; *Bork* Einf Rn 211; *Häsemeyer* InsR Rn 10.38 aE; *Gerhardt* FS Greiner 2005 S 31, 38; ders in Anm ZIP 2004, 1371, EWiR 1/04, 861, 862). Während *Jauernig* (FS Uhlenbruck S 3, 15) die gesetzliche Regelung für eine „Gesetzespanne" hält und § 140 Abs 2 soweit erweiternd auslegen will, hat sich *W. Gerhardt* (EWiR 2004, 863 f; FS Greiner 2005 S 31, 38) dafür ausgesprochen, den **Grundgedanken des § 140 Abs 2 analog auf Vollstreckungsakte** anzuwenden, auch wenn § 140 Abs 2 den Zwangserwerb vom Wortlaut her nicht deckt (so auch *Raebel* ZInsO 2002, 954; *Häsemeyer* InsR Rn 2149 aE). Die **Bindungswirkung** ist bei Vorliegen eines Vollstreckungstitels gegen den Schuldner eingetreten, der sich insoweit nicht mehr wehren kann und auch nicht mehr widerrufen kann (*Gerhardt* EWiR 2004, 861, 862). Schließlich deckt sich auch das Schutzbedürfnis des Gläubigers bei Vollstreckungserwerb mit dem angestrebten rechtsgeschäftlichen Erwerb, denn § 878 BGB schützt vor Verzögerungen durch das grundbuchmäßige Eintragungsverfahren, und zwar unabhängig davon, wer den Eintragungsantrag gestellt hat und ob der Erwerber ein Anwartschaftsrecht hat (*Bork* Einf Rn 211). Zum sonstigen Erwerb im Wege der Zwangsvollstreckung. S auch *Jaeger/Windel* § 91 Rn 96, 116 ff. Ansonsten können die Friktionen bezüglich der §§ 140 Abs 2, 147 Abs 1, 178 Abs 3 BGB allenfalls im Rahmen der §§ 140 Abs 2, 147 Abs 1, 88 beseitigt werden. Gesetzgeberische „Pannen" können nicht zum Anlass genommen werden, in die weitgehend bewährte Systematik des § 91 Abs 2 einzugreifen.

51 2. **Rechtserwerb nach §§ 892, 893 BGB, 16, 17** SchiffsRG, **16, 17** LuftfzRG. Liegen Einigung und Eintragungsantrag nach Insolvenzeröffnung und nimmt das Grundbuchamt die begehrte Eintragung vor Eintragung des Insolvenzvermerks und in Unkenntnis der Insolvenzeröffnung vor, so wird der Erwerber, falls er bezüglich der Verfügungsbefugnis des Insolvenzschuldners gutgläubig ist, nach § 892 Abs 2 BGB iVm § 81 Abs 1 § 2 InsO Inhaber des (noch nicht eingetragenen) Rechts (*Jaeger/Henckel* § 15 KO Rn 113; K/P/B/*Lüke* § 81 Rn 21 ff u § 91 Rn 63; N/R/*Wittkowski* § 91 Rn 37–39; *Jaeger/Windel* § 91 Rn 123). Das Gleiche gilt, wenn der **Insolvenzschuldner** vor Insolvenzeröffnung einseitig die Begründung, Übertragung oder Belastung eines Rechts bewilligt und beantragt hat und die Eintragung erst nach Verfahrenseröffnung zustande kommt. Im Hinblick auf § 81 Abs 1 kommt § 892 BGB iVm § 91 Abs 2 nur in Betracht, falls die **Einigung vor** und der **Eintragungsantrag** – dieser hat nur für § 878 BGB materiell-rechtliche Bedeutung und ist ansonsten bloß formalrechtliche Eintragungsvoraussetzung – **nach Verfahrenseröffnung** liegt, oder Einigung und Eintragungsantrag zwar vor Insolvenzeröffnung liegen, bis zur Eröffnung jedoch noch keine Bindung eingetreten ist, etwa weil die Einigung formlos vollzogen und der Eintragungsantrag vom späteren Insolvenzschuldner unmittelbar beim **Grundbuchamt** eingereicht wurde. In allen diesen Fällen darf das Grundbuchamt anders als beim Vorliegen des § 878 BGB die beantragte **Eintragung nicht vornehmen**, falls ihm die Verfahrenseröffnung bereits bekannt oder der Insolvenzvermerk eingetragen war. § 91 Abs 2 regelt den **gutgläubigen Rechtserwerb**, der **nach Eröffnung des Insolvenzverfahrens** erfolgt und nicht auf einer Verfügung des Schuldners beruht. Es geht also um die Fälle, in denen entweder die Einigung vor Verfahrenseröffnung erfolgt, der Eintragungsantrag nach Eröffnung gestellt worden ist oder wenn sowohl Einigung als auch Eintragungsantrag vor Verfahrenseröffnung erfolgt sind, jedoch eine Bindungswirkung bis Verfahrenseröffnung noch nicht eingetreten ist (vgl **RG** v 28. 2. 1913, RGZ 81, 424, 427; BerlKo-*Blersch/v. Olshausen* § 91 Rn 13; *Jaeger/Henckel* § 15 KO Rn 113; MüKo-*Breuer* § 91 Rn 88; *Oepen/Rettmann* KTS 1995, 609, 621; K/P/B/*Lüke* § 91 Rn 63; N/R/*Wittkowski* § 91 Rn 37; FK-*App* § 91 Rn 20).

52 War die **Einigung vor Verfahrenseröffnung bindend** geworden (§ 873 Abs 2 BGB) oder zwar bewilligt, aber erst nach Verfahrenseröffnung der Eintragungsantrag vom Erwerber oder dem Notar gestellt worden, so findet gutgläubiger Erwerb statt, wenn der Erwerber im maßgeblichen Erwerbszeitpunkt gutgläubig war (*W. Gerhardt*, Grundbegriffe Rn 285). Nach § 892 BGB ist der Rechtserwerb sogar dann möglich, wenn die Bindung nach § 878 BGB noch nicht eingetreten war. Veräußert dagegen ein **Dritter** Massegegenstände, greifen die **allgemeinen Gutglaubensvorschriften** ein mit der Folge, dass gutgläubiger Erwerb nach §§ 892, 932 ff BGB möglich ist, nicht dagegen nach §§ 81 Abs 1 S 2, 91 Abs 2. Erforderlich ist, dass es sich um ein **Verkehrsgeschäft** und einen **rechtsgeschäftlichen Dritterwerb** oder eine **rechtsgeschäftliche Sonderrechtsnachfolge** handelt (MüKo-*Wacke* § 892 BGB Rn 38; *Gottwald/Eickmann* InsRHdb § 31 Rn 81, 82). Ein Verkehrsgeschäft liegt nur vor, wenn ein wirtschaftlicher Güterumsatz stattfindet (MüKo-*Wacke* § 892 BGB Rn 38). Bei persönlicher Identität, wie zB bei der Bestellung oder Aufhebung eines Eigentümerrechts oder bei Rechtsformwechsel, greift § 892 BGB nicht ein

VI. Die Ausnahmen nach § 91 Abs 2 **§ 91**

(Einzelheiten bei *Gottwald/Eickmann* InsRHdb § 31 Rn 82). § 892 BGB ist auch anwendbar, wenn eine vor Verfahrenseröffnung bestellte oder gem §§ 878 BGB, 91 Abs 2 InsO nach Verfahrenseröffnung eingetragene **Hypothek erst nach Verfahrenseröffnung valutiert** wird und in diesem Zeitpunkt der Insolvenzvermerk noch nicht eingetragen und die Insolvenzeröffnung dem Hypothekar unbekannt ist (*Jaeger/Henckel* § 15 KO Rn 113; *Jaeger/Windel* § 91 Rn 123; *Wörbelauer* DNotZ 1965, 580 f).

Die **Beweislast für die Kenntnis des Erwerbers von der Insolvenzeröffnung** trifft den Insolvenzverwalter. Eine dem § 892 BGB entsprechende Regelung enthalten § 16 Abs 1 SchiffsRG und § 16 Abs 1 LuftfzRG. Kommt es trotz Eröffnung des Insolvenzverfahrens zu einer Eintragung des Rechtserwerbs, so ist auch hier der Erwerb wirksam, wenn der Erwerber zum Zeitpunkt der Eintragung gutgläubig ist. An einer Gutgläubigkeit fehlt es immer, wenn vor dem Recht des Erwerbers auf Grund zeitlich vorgehenden Antrags oder Ersuchens gem § 32 der Insolvenzvermerk eingetragen ist. Ist für einen Rechtserwerb nur noch die Eintragung erforderlich, so schadet eine nach Antragstellung erlangte Kenntnis nicht mehr (§ 892 Abs 2 BGB). Zu beachten ist aber bei gutgläubigem Erwerb, dass gem § 147 eine **Anfechtung** möglich ist (s unten zu 4. Rn 58 f). 53

Umstritten ist die Rechtslage, soweit noch für den Erwerb eine **vormundschaftsgerichtliche** oder **behördliche Genehmigung** aussteht. Von der hM wird die Anwendung von § 892 Abs 2 BGB in diesen Fällen abgelehnt (OLG Rostock EWiR 1996, 839 [Jdelke]; OLG Frankfurt OLG Rspr 2006, 364 [Ls]; *MüKo-Breuer* § 91 Rn 82; *N/R/Wittkowski* § 91 Rn 36; *Jaeger/Windel* § 91 Rn 120). Nach **anderer Auffassung** greift dagegen der Rückwirkungsgedanke ein (OLG Köln NJW 1955, 80; *MüKo-Wacke* § 878 Rn 12; *Soergel/Stürner* § 878 BGB Rn 5). Ein Erwerb auf Grund nachträglicher **vormundschaftlicher Genehmigung** ist gem §§ 80 Abs 1, 81 Abs 1 S 1 nur noch mit Zustimmung des Verwalters möglich (*Jaeger/Windel* § 91 Rn 120). Ansonsten soll es für den Rechtserwerb nicht auf die Rückwirkungsfiktion, sondern auf die Bindungswirkung iS einer aufschiebenden Bedingung ankommen (*Jaeger/Windel* § 91 Rn 106, 107; *Zunft* AcP 152 [1952], 300;). Gutgläubiger Erwerb scheidet aus, wenn die **Unrichtigkeit des Grundbuchs dem Erwerber bekannt** ist. Kenntnis von der Krise oder von einem Insolvenzantrag reicht nicht aus. Im Übrigen wird der Erwerber auch von **keine Erkundigungspflicht**. Vielmehr wird die Unkenntnis des Erwerbers entsprechend der Gesetzesfassung **widerlegbar vermutet** (RGZ 79, 165, 169; *MüKo-Wacke* § 892 BGB Rn 48). Die **fahrlässige Unkenntnis** hat allenfalls Bedeutung im Rahmen der Anfechtungsvorschriften (§§ 129 ff). Dabei entspricht es allgemeiner Meinung, dass auch ein Rechtserwerb, der sich nach §§ 91 Abs 2 InsO, 892, 893 BGB im eröffneten Verfahren vollzogen hat, der Insolvenzanfechtung unterliegen kann (vgl hierzu unten). 54

Nach wie vor umstritten ist, ob das **Grundbuchamt verpflichtet ist, die Eintragung zu verhindern**, wenn es selbst **von der Eröffnung des Insolvenzverfahrens Kenntnis** hat. Früher entsprach es einhelliger Meinung, dass ein bereits vorliegender Eintragungsantrag nicht mehr vollzogen werden darf, wenn nur noch gutgläubiger Erwerb nach § 892 BGB möglich war. Als Begründung wurde angeführt, das Grundbuchamt dürfe nicht vorsätzlich jemandem zu einem gutgläubigen Erwerb verhelfen und müsse die Eröffnung des Insolvenzverfahrens von Amts wegen berücksichtigen (vgl RGZ 71, 28; KG DNotZ 1973, 301; OLG Frankfurt Rpfleger 1991, 361; BayObLG 1994, 66, 71; OLG Karlsruhe NJW-RR 1998, 445; *Palandt/Bassenge* § 892 BGB Rn 1). Im **neueren Schrifttum** wird dagegen die wohl zutreffende **Auffassung** vertreten, dass das Grundbuchamt auch im Fall der **Kenntnis von der Insolvenzeröffnung eintragen muss**, weil einmal die Eintragungsreihenfolge des § 17 GBO eingreift, zum andern aber sich der gutgläubige Erwerb in der Person des Erwerbers vollzieht, nicht dagegen in der Person des Grundbuchrechtspflegers (*MüKo-Wacke* § 892 BGB Rn 70; *Wacke* ZZP 82, 377 ff; *Eickmann*, Grundbuchverfahrensrecht Rn 155 ff; *Gottwald/Eickmann* InsRHdb § 31 Rn 87; K/U § 15 KO Rn 18 u 113 KO Rn 4; *Staudinger/Gursky* § 892 BGB Rn 176; *Habscheid* ZZP 77, 199; *Ertel* Rpfleger 1980, 44; *MüKo-Breuer* § 91 Rn 88; *BerlKo-Blersch/v. Olshausen* § 91 Rn 14; *Hess* § 91 Rn 50; *Schmidt* JuS 1995, 245, 246; wohl auch *Häsemeyer* InsR Rn 10.31; str aA *Smid* § 91 Rn 16). Gleiches gilt für den gutgläubigen Erwerb nach den § 3 Abs 3, 16, 17 SchiffsRG und §§ 5 Abs 3, 16, 17 LuftfzRG. Die Vorschriften gelten jedoch nur für **eingetragene Schiffe** (*Gottwald/Eickmann* InsRHdb § 31 Rn 88). Nicht eingetragene Schiffe sind wie bewegliche Sachen zu behandeln, so dass gutgläubiger Erwerb im Insolvenzverfahren nicht stattfinden kann. Auch für Luftfahrzeuge und ihre Übereignung greift der Schutz des gutgläubigen Erwerbers nicht ein. Geschützt ist lediglich der Erwerber eines Registerpfandrechts an einem Luftfahrzeug nach §§ 16, 17 LuftfzRG (*Gottwald/Eickmann* InsRHdb § 31 Rn 88). 55

3. Rechtserwerb nach den §§ 893 BGB, 17 SchiffsRG, 17 LuftfzRG. Für § 893 BGB ist in den Fällen des § 91 wenig Raum. Die an den eingetragenen Insolvenzschuldner nach Verfahrenseröffnung bewirkten Leistungen sind schon nach § 82 S 1 wirksam (*HaKo-Kuleisa* § 91 Rn 32. Im Übrigen greift für Verfügungen des Schuldners § 81 Abs 1 S 2 ein, so dass über diese Vorschrift § 893 BGB oder die Vorschriften der §§ 17 SchiffsRG, 17 LuftfzRG gelten (vgl *Jaeger/Henckel* § 15 KO Rn 114; *K/P/B/Lüke* § 91 Rn 66). Die Wirksamkeit einer Leistung an den ohne den Insolvenzvermerk eingetragenen Schuldner bei Gutgläubigkeit hinsichtlich der Verfahrenseröffnung soll sich nach *K/P/B/Lüke* (§ 91 Rn 67) nach § 91 Abs 2 richten. Dem ist entgegenzuhalten, dass solche Rechtshandlungen weder von § 81 noch § 91 erfasst werden, so dass allenfalls § 82 eingreift. Nach *Gottwald/Eickmann* (InsRHdb § 31 Rn 94) ist in solchen Fällen jedoch, wenn die Leistung nicht zur Masse gelangt ist, nach dem **Leistungs-** 56

§ 91 *Ausschluß sonstigen Rechtserwerbs*

inhalt zu unterscheiden. Handelt es sich um eine Leistung auf ein im Grundbuch eingetragenes Recht, so soll der Schutz des § 893 BGB eingreifen, auf den § 81 Abs 1 verweist. Alle sonstigen Leistungen dagegen sollen sich nach § 82 beurteilen (Einzelheiten bei *Gottwald/Eickmann* InsRHdb § 31 Rn 95 ff).

57 Dem gutgläubigen Rechtserwerb steht der **gutgläubige Vormerkungserwerb** nach §§ 878 BGB, 3 Abs 3 SchRG und § 5 Abs 3 LuftfzRG gleich. Wird die Vormerkung erst nach Insolvenzeröffnung über das Vermögen des Eigentümers bewilligt, greift § 81 ein. Ist die Bewilligung vor Verfahrenseröffnung erfolgt, geschieht jedoch die Eintragung nach Verfahrenseröffnung, greift § 91 ein. War zurzeit der Stellung des Eintragungsantrags der Insolvenzvermerk noch nicht im Grundbuch eingetragen und war der Vormerkungsberechtigte gutgläubig, so erwirbt er die Vormerkung nach §§ 91 Abs 2 InsO, 893 BGB. Der Vormerkungsberechtigte genießt den Schutz des guten Glaubens (§ 892 BGB) zwar nicht für den Bestand seines schuldrechtlichen Anspruchs, wohl aber für die dingliche Gebundenheit des vor der Vormerkung betroffenen Grundstücks oder Grundstücksrechts (BGHZ 25, 23, 28; K/U § 15 KO Rn 21). Zum gutgläubigen Erwerb einer Vormerkung eingehend auch MüKo-*Wacke* § 893 BGB Rn 11 und die dort angeführte Literatur. Zum **Pfandrecht nach § 20 Abs 3 der Schiffahrtsrechtlichen Verteilungsordnung** s K/P/B/*Lüke* § 91 Rn 68, 69; *Drischler* KTS 1974, 71 ff; *Jaeger/Henckel* § 15 KO Rn 155; *Jaeger/Windel* § 91 Rn 125; K/U § 15 KO Rn 20; N/R/*Wittkowski* § 92 Rn 41. Auch nach Verfahrenseröffnung können gem § 20 Abs 1 der Schiffahrtsrechtlichen Verteilungsordnung Pfandrechte an dem Rückzahlungsanspruch des insolventen Reeders entstehen, der ansonsten in die Masse fallen würde.

58 **4. Die Insolvenzanfechtung gültigen Rechtserwerbs.** Ein nach den §§ 878, 892, 893 BGB wirksamer Erwerb, auch der einer Vormerkung, kann ungeachtet der Wirksamkeit anfechtbar nach den §§ 129 ff sein. Grundsätzlich unterliegen der Insolvenzanfechtung nur Verfügungen, die **vor Verfahrenseröffnung** vorgenommen worden sind. § 147 erweitert allerdings den Anwendungsbereich der §§ 129 ff auf solche Rechtshandlungen, die **nach Eröffnung des Insolvenzverfahrens vorgenommen** worden sind und nach den §§ 892, 893 BGB, §§ 16, 17 SchiffsRG oder §§ 16, 17 LuftfzRG wirksam sind. Schon für das alte Recht entsprach es der **hM**, dass Eintragungserklärungen, die gem § 878 BGB auch nach Konkurseröffnung **wirksam blieben, gleichfalls anfechtbar** waren (RGZ 81, 427; BGHZ 41, 70 = NJW 1964, 1277; LG Düsseldorf KTS 1961, 45 f; *Kilger/K. Schmidt* § 15 KO Anm 10; *Baur/Stürner* II Rn 8.18; *Jaeger/Henckel* § 15 KO Rn 107). Zum **Streitstand** s Voraufl v *Jaeger/Henckel* § 30 KO Rn 99.

59 Für die InsO wird von einer **Mindermeinung** vertreten, dass mit Ausnahme der Schenkungs- oder Absichtsanfechtung der **Erwerber ein anfechtungsfreies**, also **insolvenzfestes Recht** erwirbt (N/R/*Wittkowski* § 91 Rn 43; K/P/B/*Paulus* § 147 Rn 2; K/P/B/*Lüke* § 91 Rn 62; *Breutigam/Tanz* ZIP 1998, 717, 723) Nach der **hM** ist auch ein nach § 91 bzw §§ 892, 893 BGB, §§ 16, 17 SchRG/LuftfzRG **wirksamer Rechtserwerb gem § 147 Abs 2 anfechtbar** (*Jauernig* § 51 V 1; *ders* FS *Uhlenbruck* S 3, 14 f; HK-*Kreft* § 147 Rn 5; *Bork* Einf Rn 211; FK-*Dauernheim* § 147 Rn 2; *Braun/Kroth* § 91 Rn 12; *Uhlenbruck/Hirte* § 147 Rn 10; HK-*Kreft* § 147 Rn 5; N/R/*Nerlich* § 147 Rn 6; *Hess* § 91 Rn 55; BerlKo-*Blersch/v. Olshausen* § 91 Rn 15). Wie sich aus der Begr RegE zu § 166 (§ 147 InsO) ergibt, hat der Gesetzgeber bewusst darauf verzichtet, neben §§ 892, 893 BGB auch § 878 BGB zu erwähnen (vgl *Balz/Landfermann* S 254 = *Uhlenbruck*, Das neue Insolvenzrecht, S 501 f = *Kübler/Prütting* Das neue Insolvenzrecht S 366). Damit wollte der Gesetzgeber zum Ausdruck bringen, dass ein Rechtserwerb, der auf Grund des § 91 Abs 2 iVm §§ 878, 873 Abs 2 BGB nach Eröffnung des Insolvenzverfahrens wirksam vollendet wird, nach Verfahrenseröffnung nicht nach den Grundsätzen über die Anfechtung von Rechtshandlungen anfechtbar ist. Es wäre nach der Begr RegE ein „Wertungswiderspruch, das Anwartschaftsrecht aus § 878 BGB für ‚insolvenzfest' zu erklären, andererseits aber den Rechtserwerb, der sich ungeachtet der Verfahrenseröffnung und des guten oder bösen Glaubens des Erwerbers auf Grund einer solchen Anwartschaft wirksam vollzieht, der Anfechtung zu unterwerfen". **Nach der Entstehungsgeschichte des § 147** sollen die Fälle, in denen sich der Rechtserwerb nach § 878 iVm § 873 Abs 2 BGB oder ähnlichen Vorschriften vollzieht, deswegen von § 147 Abs 1 nicht erfasst werden, weil sie gem § 140 Abs 2 als **vor der Verfahrenseröffnung vorgenommen** gelten (vgl *Breutigam/Tanz* ZIP 1998, 717, 723). Nach Auffassung von Raebel (ZInsO 2002, 954 ff) wird die Insolvenzanfechtung bei **alleinigem Eintragungsantrag des Schuldners** im Allgemeinen nicht gebraucht, um den Rechtserwerb gegen die Masse rückgängig zu machen. Vielmehr könne dem Rechtserwerb hier schon durch Antragsrücknahme (§ 31 GBO) vorgebeugt werden. Zutreffend weist *Kreft* (HK-*Kreft* § 147 Rn 5) aber darauf hin, dass diese Möglichkeit in vielen Fällen Anfechtungsprozesse überflüssig macht, nichts aber an dem dogmatischen Problem für den Fall ändert, dass der Insolvenzverwalter den Eintragungsantrag des Schuldners nicht zurücknimmt. *Jauernig* (FS *Uhlenbruck* 2000 S 3, 14, 15) hält den **Ausschluss jeder Anfechtung für inakzeptabel**, wenn der spätere Insolvenzschuldner die Eintragung beantragt hat. Als Ausweg biete sich eine „**berichtigende" Auslegung** an: entweder von § 140 Abs 2 oder von § 147 Abs 1, wobei § 878 BGB in letztere Vorschrift „hineingelesen" werde. W. *Gerhardt* (FS *Greiner* 2005 S 31, 36 ff) weist zutreffend in Fn 18 darauf hin, dass die **Insolvenzrechtskommission** es entgegen der Rechtsprechung und der hM abgelehnt hat, § 878 BGB in diesem Zusammenhang anzuführen. Das Problem im Zusammenhang mit § 147 dadurch zu lösen, „dass für die Fälle des Veräußerungsantrags § 878 BGB hier erweiternd im Wege der Analogie „hineingelesen" wird, erscheint nach Auffassung von *Gerhardt* (S 39)

I. Allgemeines § 92

„äußerst problematisch, weil angesichts der Erörterung im Gesetzgebungsverfahren kaum von einer unbeabsichtigten Regelungslücke gesprochen werden" könne (so auch K/P/B/*Paulus* § 147 Rn 2). Nach H/K/*Kreft* (§ 147 Rn 5) bleibt als Lösung nur, „**§ 878 BGB wegen Versehens des Gesetzgebers in § 147 Abs 1 „hineinzulesen"** (vgl auch MüKo-*Kirchhof* § 147 Rn 7; *Uhlenbruck/Hirte* § 147 Rn 10; *Braun/ Riggert* § 147 Rn 9; FK-*Dauernheim* § 147 Rn 2; K/P/B/*Lüke* § 91 Rn 59; N/R/*Wittkowski* § 91 Rn 42, 43; N/R/*Nerlich* § 147 Rn 6, 7, 11; BerlKo-*Blersch/v. Olshausen* § 91 Rn 15; *Scherer* ZIP 2002, 341, 345; *Eckardt* EWiR 1977, 1133; *Jauernig* FS *Uhlenbruck* S 3, 15 für erweiterte Auslegung des § 140 Abs 2; **krit** *Gerhardt* FS *Greiner* S 31, 38 ff). Auch W. *Gerhardt* (FS U. *Huber* 2006 S 1231, 1243) verkennt nicht, dass „sachlogisch und wertungsmäßig ein **Gleichklang bestehen muss** im Hinblick auf den möglichen Rechtserwerb über § 91 Abs 2 InsO, auf die Entstehungsfristen im Zusammenhang mit der Anfechtbarkeit und schließlich auch die Regelung des § 147 InsO". Konsequent wäre aus seiner Sicht allein Ruf an den Gesetzgeber, dessen Wechsel in den Vorentwürfen bis zum Regierungsentwurf zu der entsprechenden Gesetzespanne geführt hat.

§ 92 Gesamtschaden

¹ Ansprüche der Insolvenzgläubiger auf Ersatz eines Schadens, den diese Gläubiger gemeinschaftlich durch eine Verminderung des zur Insolvenzmasse gehörenden Vermögens vor oder nach der Eröffnung des Insolvenzverfahrens erlitten haben (Gesamtschaden), können während der Dauer des Insolvenzverfahrens nur vom Insolvenzverwalter geltend gemacht werden. ² Richten sich die Ansprüche gegen den Verwalter, so können sie nur von einem neu bestellten Insolvenzverwalter geltend gemacht werden.

Ohne Vorbild im früheren Recht. § 103 Abs 1 RegE mit geringfügigen Änderungen im Rechtsausschuss; § 103 Abs 2 RegE wurde im Rechtsausschuss gestrichen. Ebenfalls im Rechtsausschuss gestrichen wurde § 104 RegE, der weitere Detailregelungen für die Geltendmachung eines Gesamtschadens enthielt.

Übersicht

	Rn
I. Allgemeines	1
II. Geltendmachung von Gesamtschadensansprüchen (Satz 1)	4
1. Gesamtschaden	5
a) Zeitpunkt	6
b) Sachlicher Umfang	9
c) Konkurrenz von Quoten- und Individualschäden	15
d) Begriff des Schadens	17
e) Begriff der Insolvenzgläubiger	19
2. Geltendmachung durch den Verwalter	20
a) Ermächtigungswirkung	20
b) Sperrwirkung	26
III. Ansprüche gegen den Verwalter (Satz 2)	29

I. Allgemeines

§ 92 hat kein Vorbild im früheren Insolvenzrecht. Er knüpft aber an verschiedene gesellschaftsrechtliche Regelungen an, die den Insolvenzverwalter zur Geltendmachung von Ansprüchen der Gläubiger berechtigen; das gilt in erster Linie für § 171 Abs 2 HGB. Nicht ganz zutreffend ist der in diesem Zusammenhang in der Begr RegE zu findende Verweis auch auf die inzwischen teilweise an die InsO angepassten §§ 62 Abs 2 Satz 2, 93 Abs 5 Satz 4, 309 Abs 4 Satz 5, 317 Abs 4, 310 Abs 4, 318 Abs 4 AktG, § 34 Abs 5 Satz 3 GenG; denn dort geht es um Ansprüche der Gesellschaft, die in der Insolvenz nach § 80 ohnehin vom Insolvenzverwalter geltend zu machen sind (zutr. *Bork* KS-InsO S 1333, 1335 f; KPB-*Lüke* § 92 Rn 4; dazu oben § 35 Rn 341 ff). Vergleichbar sind die Normen aber gleichwohl: denn in ihnen wird die Einziehungs- und Prozessführungsbefugnis, die dort neben der Gesellschaft ihren Gläubigern zugestanden wird, mit Eröffnung des Insolvenzverfahrens auf den Insolvenzverwalter übertragen (dazu ausführlich oben § 35 Rn 342). Zu nennen sind in diesem Zusammenhang auch die Ansprüche gegen den Erben wegen schlechter Nachlassverwaltung, die § 1978 Abs 2 BGB als zum Nachlass gehörig qualifiziert (dazu *Bork* KS-InsO S 1333, 1335; *Hasselbach* DB 1996, 2213, 2217). Gleiches gilt für § 26 Abs 1 Satz 1, § 125 Satz 1 und § 206 Satz 1 UmwG. Die Rechtsprechung ist über diese schon früher gesetzlich normierten Fälle teilweise bereits hinausgegangen (vgl. **RG** 4. 11. 1919 Z 97, 107, 108; **RG** 21. 2. 1928 Z 120, 189, 192 [unter Verweis auf § 117 Abs 1 KO]; **BGH** 24. 10. 1973 WM 1973, 1354, 1355 [zu § 64 Abs 1 GmbHG]; **BGH** 28. 1. 1986 NJW 1986, 1174 = ZIP 1986, 378 = EWiR § 6 KO 1/86, 493 [*Wellensiek*] = WuB VI B. § 48 KO 1.86 [*Obermüller*]; **BGH** 20. 9. 1993 NJW 1993, 2931 [*Karsten Schmidt*] = ZIP 1993, 1543, 1545 = BB 1993, 2469 [*Bauder*] = KTS 1994, 109 = DStR 1993, 1715 [*Goette*] = EWiR § 64 GmbHG 2/93, 1095 [*Roth*] = WuB II C. § 64 GmbHG 1.94 [*Medicus*]).

1

§ 92

2 Dieser Ansatz wird nunmehr in der Weise verallgemeinert, dass der **Insolvenzverwalter** dann **ausschließlich** zur Geltendmachung von Ansprüchen berechtigt ist, wenn es sich um Ansprüche handelt, die ihre Ursache in einer Masseschmälerung haben und deshalb allen Gläubigern – nicht dem Gemeinschuldner! – zustehen („**Gesamtschaden**"). Der Insolvenzverwalter kann daher ähnlich wie bei § 171 Abs 2 HGB als Treuhänder der Gläubiger angesehen werden (*Bork* KS-InsO S 1333, 1339). Mit dieser Gestaltung wird einerseits Praktikabilitätserwägungen Rechnung getragen und der Prozessökonomie gedient (KPB-*Lüke* § 92 Rn 10). Zum anderen fördert die Zuweisung der Ansprüche an den Insolvenzverwalter die Gleichbehandlung der Insolvenzgläubiger, die sonst versucht wären, nach dem Prioritätsprinzip ihre Ansprüche gegen dritte Schuldner durchzusetzen (*Bork* KS-InsO S 1333, 1334; *Brinkmann* ZGR 2003, 264, 273; KPB-*Lüke* § 92 Rn 8). Und schließlich führt die Zuweisung der Ansprüche zur Masse zu einer Massemehrung; diese wird wieder in den Zustand versetzt, in dem sie sich ohne das schadenstiftende Ereignis befände (*Hasselbach* DB 1996, 2213 f).

3 Im wirtschaftlichen Ergebnis ähnelt § 92 dem vor allem im US-amerikanischen Recht bekannten, dort aber allgemein praktizierten Instrument der Sammelklage (*class action*). Freilich unterscheidet sich § 92 von der *class action* abgesehen vom engeren Anwendungsbereich auch darin, dass dort der einzelne Gläubiger grundsätzlich die Möglichkeit eines *opting out* hat, um damit in Fällen besonderen Eigeninteresses auf die Prozessführung Einfluss zu nehmen. Dass diese hier fehlt, verstößt allerdings nicht gegen Art. 6 Abs 1 Satz 1 EMRK (ausführlich *Oepen* ZIP 2000, 526 ff).

II. Geltendmachung von Gesamtschadensansprüchen (Satz 1)

4 Satz 1 weist die Geltendmachung von Gesamtschäden während der Dauer des Insolvenzverfahrens ausschließlich dem Insolvenzverwalter zu. Das ist eine Ausnahme von dem Grundsatz, dass der Insolvenzverwalter während des Insolvenzverfahrens zur Einziehung von Forderungen der Insolvenzgläubiger – nicht des Schuldners – gegen Dritte normalerweise nicht berechtigt ist (KPB-*Lüke* § 92 Rn 7). Da das Ziel der Zuweisung dieser Ansprüche an den Insolvenzverwalter in einer Massemehrung und nicht bloß in einer Sicherung liegt, steht dem vorläufigen Insolvenzverwalter diese Kompetenz nicht zu (KPB-*Lüke* § 92 Rn 55); dem entspricht, dass Insolvenzgläubiger auch noch nach Eröffnung des Insolvenzverfahrens bloße Sicherungsmaßnahmen in Form eines Arrestanspruchs gegen die Drittschuldner durchsetzen dürfen (dazu unten Rn 27).

5 **1. Gesamtschaden.** Gesamtschäden sind nach der Legaldefinition des Satz 1 solche Schäden, die die Insolvenzgläubiger gemeinschaftlich durch eine Verminderung des zur Insolvenzmasse gehörenden Vermögens vor oder nach Eröffnung des Insolvenzverfahrens erlitten haben. Auf die Eigenschaft als Insolvenzgläubiger kommt es dabei nur für die Frage an, wer den Schaden erlitten hat (vgl. im Übrigen unten Rn 19); Anspruchsinhaber können demgegenüber auch Nicht-Insolvenzgläubiger sein (*Bork* KS-InsO S 1333, 1345). § 92 begründet andererseits solche Ansprüche nicht, sondern knüpft an ihr Entstehen nach anderen Normen an (*Bork* KS-InsO S 1333, 1337; KPB-*Lüke* § 92 Rn 12; *Oepen* ZInsO 2002, 162, 164 f).

6 a) **Zeitpunkt.** Zu den **vor** Verfahrenseröffnung möglichen Schäden rechnen etwa Ansprüche der Insolvenzgläubiger wegen verspäteter Insolvenzantragstellung (§ 93 Abs 3 Nr. 6 AktG iVm § 92 Abs 2 [früher Abs 3] AktG und § 64 [früher Abs 2] GmbHG, § 99 [früher Abs 2] GenG; dazu oben § 15 a Rn 20 ff). Im Bereich der Nachlassinsolvenz gilt entsprechendes (§ 1980 Abs 1 Satz 2 BGB). Denkbar sind etwa Ansprüche gegen ein Kreditinstitut wegen unberechtigter Kündigung einer Kreditlinie (KPB-*Lüke* § 92 Rn 15). In Betracht kommen auch Ansprüche gegen einen Gesellschafter einer Kapitalgesellschaft wegen faktischer Geschäftsführung (OLG Düsseldorf 16. 10. 1987 NJW 1988, 3166 = NStZ 1988, 368 = wistra 1989, 152 = EWiR § 84 GmbHG 1/88, 477 *(Schulze-Osterloh)*; BayObLG 20. 2. 1997 St 1997, 38 = NJW 1997, 1936). Auch Handlungen, die erst zum Entstehen der Krise geführt haben, gehören hierher (*Hasselbach* DB 1996, 2213, 2215). Durch die schädigenden Handlungen muss die Insolvenzmasse kleiner geworden sein als bei ihrem Fehlen.

7 **Nach Verfahrenseröffnung** können der Insolvenzmasse Gesamtschäden vor allem durch Handlungen des Insolvenzverwalters entstehen, für die dieser nach Insolvenzrecht haftet. Zu denken ist an mangelnde Obhut in bezug auf Massegegenstände (unsachgemäße Verwahrung, fehlender oder unzulänglicher Versicherungsschutz), die unterlassene Herbeischaffung von Massegegenständen oder die unterlassene Geltendmachung der Insolvenzanfechtung, der Verkauf von Massegegenständen unter Wert oder die pflichtwidrige Anerkennung von Vorzugsrechten und Forderungen (weitere Beispiele bei KPB-*Lüke* § 92 Rn 14). Als Folge dieser Handlungen muss die Teilungsmasse kleiner ausfallen als ohne das schädigende Ereignis. Dabei ist es ohne weiteres denkbar, dass auch der Verfahrensschuldner (insbesondere bei einer juristischen Person oder Gesellschaft ohne Rechtspersönlichkeit) eigene Ansprüche wegen dieser Schäden hat, die der Verwalter nach § 80 zu realisieren hat; beide Ansprüche konkurrieren in diesen Fällen, doch kann der Verwalter nur einmal Leistung zur Masse verlangen.

8 Bei vor wie nach Verfahrenseröffnung verursachten Gesamtschäden vermindert sich für die Insolvenzgläubiger, deren Forderungen im Zeitpunkt des schadenstiftenden Ereignisses, Verhaltens oder Un-

II. Geltendmachung von Gesamtschadensansprüchen (Satz 1) § 92

terlassens bereits bestanden, die Insolvenzquote. Ihr Ersatzanspruch richtet sich daher auf Ausgleich der durch das schädigende Ereignis eintretenden Quotenverschlechterung – auf Ersatz des **Quotenschadens** oder des Quotenverschlechterungsschadens.

b) Sachlicher Umfang. Erfasst sind nur Schäden, die die Gläubiger „gemeinschaftlich" erlitten haben 9
(BGH 5. 10. 1989 NJW-RR 1990, 45 = ZIP 1989, 1407 = KTS 1990, 85 = EWiR § 82 KO 3/90, 595 *[Balz]* = WuB VI B. § 82 KO 1.90 *[Uhlenbruck]*; *Hasselbach* DB 1996, 2213, 2214; *KPB-Lüke* § 92 Rn 19). Damit fallen „**Individualschäden**" nicht in den Anwendungsbereich der Norm.

Zu den individuell geltend zu machenden Schäden gehören zunächst Ansprüche aus **rechtsgeschäft-** 10
licher Haftung (Bürgschaft, Kreditauftrag, Schuldbeitritt, Garantievertrag, Patronatserklärung) des Drittschuldners. Gleiches gilt für die Haftung aus rechtsgeschäftsähnlichem Verhalten *(culpa in contrahendo)* oder aus Rechtsschein. Einen Individualschaden stellt es auch dar, wenn der Drittschuldner vor Verfahrenseröffnung einen Aussonderungsanspruch vereitelt oder der Insolvenzverwalter einen solchen Anspruch nach Verfahrenseröffnung beeinträchtigt (*Hasselbach* DB 1996, 2213, 2214). Für die Beeinträchtigung von Absonderungsrechten ist dies nach heutigem Recht anders: denn hier ist ungeachtet eines nur möglichen Überschusses aus der Verwertung die Masse in jedem Fall in bezug auf den Kostenbeitrag nach §§ 170, 171 geschädigt (*Hasselbach* DB 1996, 2213, 2214; *KPB-Lüke* § 92 Rn 21). Auch **deliktische Ersatzansprüche** sind grundsätzlich individuell geltend zu machen, da und soweit die Voraussetzungen des jeweiligen Anspruchs gegenüber jedem Gläubiger unterschiedlich sein können.

Ansprüche gegen Verfahrensbeteiligte fallen demgegenüber normalerweise in den Anwendungsbe- 11
reich der Norm. Für den Insolvenzverwalter zeigt dies schon die ergänzende Regelung in Satz 2. In Betracht kommen aber auch Ansprüche nach § 839 BGB iVm Art. 34 GG gegen das Insolvenzgericht oder nach § 71 gegen Mitglieder des Gläubigerausschusses (*KPB-Lüke* § 92 Rn 16).

Für den Schadenersatzanspruch von Gläubigern wegen verzögerter Insolvenzantragstellung ist zu 12
unterscheiden. Bezüglich der **Altgläubiger** besteht ein einheitlicher Schaden in Form einer Verschlechterung ihrer Insolvenzquote, der daher auch nach § 92 vom Insolvenzverwalter durchzusetzen ist (**BGH** 22. 4. 2004 Z 159, 25 = NJW 2004, 2906 = NZI 2004, 496 = ZIP 2004, 1218, 1219 f). Bezüglich der Ersatzansprüche von **Neugläubigern** hat der Bundesgerichtshof demgegenüber einen Individualschaden angenommen. Denn hier bestehe wegen der individuell unterschiedlichen Anspruchsvoraussetzungen kein einheitlicher Quotenschaden, und es sei auch nicht überzeugend, den Schaden der Neugläubiger durch zwei verschiedene Personen geltend machen zu lassen, nämlich den Quotenschaden durch den Insolvenzverwalter und den weitergehenden Schaden durch den Neugläubiger persönlich (für das entgegengesetzte Verhältnis *Karsten Schmidt* ZGR 1998, 633, 667). Der Anspruch auf Ersatz des negativen Interesses überlagere vielmehr den nach wie vor bestehenden Ersatzanspruch wegen Verschlechterung ihrer Quote. Aus diesem Grunde könne für Zwecke der Rechtsdurchsetzung auch nicht der im negativen Interesse der Neugläubiger enthaltene Quotenschaden abgespalten werden. Daher ist der Insolvenzverwalter nicht berechtigt, einen Quoten- oder sonstigen Schaden der *Neu*gläubiger wegen verspäteter Insolvenzantragstellung gegen den Geschäftsleiter einer Kapitalgesellschaft geltend zu machen. Etwa vom Insolvenzverwalter eingezogene Beträge dürfen daher nur zur Verteilung an die Altgläubiger verwendet werden (**BGH** 30. 3. 1998 Z 138, 211 = NJW 1998, 2667 = ZIP 1998, 776 = KTS 1998, 462; **OLG** Karlsruhe 20. 6. 2002 ZIP 2002, 2001, 2002; *KPB-Lüke* § 92 Rn 47; abw und für die Möglichkeit auch den Quotenschaden der Neugläubiger geltend zu machen, der in ihrem Schadenersatzanspruch enthalten ist, *Bork* KS-InsO S 1333, 1340 f [allerdings mit dem zutreffenden Hinweis, dass ihre Quotenschäden sehr unterschiedlich hoch sein können]; *Karsten Schmidt* NZI 1998, 9, 11 ff; *ders* ZGR 1998, 633, 662 ff; *ders* KTS 2001, 373, 383 ff; noch weitergehend für Durchsetzung auch echter Neugläubigerschäden *Hirte*, Abschied vom Quotenschaden [1994], Einleitung, S 6; *ders* NJW 1995, 1202 f; *Hasselbach* DB 1996, 2213, 2214 f; *Heitsch* ZInsO 2006, 568, 571 f; *ders* ZInsO 2007, 961, 964 f; *Uhlenbruck* ZIP 1994, 1153 ff [mit dem Hinweis darauf, dass dann für die Neugläubiger eine Sondermasse zu bilden wäre]). Die Durchsetzung der Rechte der Neugläubiger wird dadurch freilich nicht erleichtert. Auch der **Anspruch aus § 26 Abs 3** ist kein Gesamtschaden (dazu oben § 26 Rn 60; ebenso *KPB-Lüke* § 92 Rn 17; MK/*Brandes* § 92 Rn 11; abw *Hasselbach* DB 1996, 2213, 2215).

Trotz der restriktiven Rechtsprechung des **BGH** sollte eine gemeinsame Durchsetzung (auch) der 13
Neugläubigerschäden zumindest insoweit zugelassen werden, als nach Überzeugung des Tatrichters (§ 286 ZPO) ein bestimmter („Basis-")Schaden bei allen Gläubigern entstanden ist. Insoweit dürften die Vorteile der kollektiven Rechtsdurchsetzung den Nachteil der faktischen Undurchsetzbarkeit von Einzelgläubigeransprüchen überwiegen. Denkbar erscheint auch, einzelne Sachfragen der Ersatzverpflichtung dem Insolvenzverwalter zur Prozessführung zu überlassen; dazu gehört insbesondere die Frage, von welchem Zeitpunkt an die Gesellschaft zahlungsunfähig oder überschuldet war, zumal der § 157 RegE zur InsO für diese Frage ein „kollektives" Verfahren zu seiner Feststellung vorgesehen hatte (dazu unten § 139 Rn 7). Angesichts der – jedenfalls derzeit – unklaren Grenzziehung in diesem Punkt kann § 92 insoweit zwar Ermächtigungs-, nicht aber Sperrwirkung entfalten. Erst die tatsächliche Klageerhebung durch den Insolvenzverwalter sperrt daher unter dem Gesichtspunkt der anderweitigen Rechtshängigkeit (§ 261 Abs 3 Nr. 1 ZPO) eine gleichzeitige Klage durch einen Insolvenzgläubiger, wenn und soweit der Verwalter den Anspruch verfolgt.

§ 92

Gesamtschaden

14 Macht ein Gläubiger einen individuellen Schadenersatzanspruch geltend, braucht er damit nicht zu warten, bis er seine Quote kennt und damit seinen Schaden beziffern kann. Er kann vielmehr schon vor Abschluss des Insolvenzverfahrens den vollen Schadenersatz verlangen und seine Ansprüche auf einen etwa darin enthaltenen Ersatz eines Quotenschadens Zug um Zug gegen Befriedigung seiner Ansprüche abtreten (§ 255 BGB; vgl. auch KPB-*Lüke* § 92 Rn 50; *Oepen*, Massefremde Masse [1999], S 127 Rn 293).

15 **c) Konkurrenz von Quoten- und Individualschäden.** Anders liegen die Dinge, wenn durch dasselbe schadenstiftende Ereignis einigen Gläubigern Quoten- und anderen Individualschäden zugefügt werden (Beispiel: der Schuldner entzieht einen mit einem Aussonderungsrecht belasteten Vermögensgegenstand vorsätzlich der Masse, an dem er selbst Miteigentum hat; hinsichtlich des Aussonderungsrechts liegt ein Individualschaden und hinsichtlich des schuldnerischen Miteigentumsanteils ein Gesamtschaden vor). Hier ist eine Anwendung von § 92 auf den Gesamtschaden nicht ausgeschlossen (*Landfermann* KS-InsO S 159, 176 f; KPB-*Lüke* § 92 Rn 23). Doch muss der Insolvenzverwalter in diesem Fall für die quotal Geschädigten eine **Sondermasse** bilden (HK-*Eickmann* § 92 Rn 12; allgemein zu Sondermassen oben § 35 Rn 53 ff). In jedem Fall greift § 92 dann ein, wenn neben dem Gesamtschaden auslösende Fehlverhalten ein weiteres Fehlverhalten tritt, das einen Individualschaden verursacht (HK-*Eickmann* § 92 Rn 6).

16 Nicht erforderlich ist, dass sich das schädigende Ereignis zu Lasten aller Insolvenzgläubiger auswirkt. Ausreichend ist vielmehr, dass es sich zu Lasten eines abgrenzbaren Teils dieser Gläubigergruppe bemerkbar macht, sofern es diese Gläubiger nur gleichermaßen betrifft („Teilgesamtschaden"). Auch in einem solchen Fall ist zugunsten der von dem schädigenden Ereignis betroffenen Gläubiger eine **Sondermasse** zu bilden; dabei sind die Kosten des Forderungseinzugs abzusetzen (*Bork* KS-InsO S 1333, 1337; KPB-*Lüke* § 92 Rn 24). Das gilt wie bei § 171 Abs 2 HGB (dazu oben § 35 Rn 391) selbst dann, wenn tatsächlich nur ein einzelner Gläubiger zu dieser Gruppe gehört, solange das schädigende Ereignis typischerweise einen größeren und abgrenzbaren Gläubigerkreis betrifft (*Bork* KS-InsO S 1333, 1337; KPB-*Lüke* § 92 Rn 25). Wenn Ansprüche auf der Grundlage unterschiedlicher Anspruchsgrundlagen bestehen, kann eine Bildung mehrerer Sondermassen erforderlich sein.

17 **d) Begriff des Schadens.** Satz 1 spricht von gemeinschaftlich erlittenen „Schäden". Das soll bedeuten, dass er nur die Durchsetzung von (vertraglichen oder deliktischen) Schadenersatzansprüchen betrifft (Begr RegE zu § 92). Auf die rechtliche Grundlage des Anspruchs käme es daher nicht an. Dem ist so nicht zu folgen. Der Begriff des Schadens umschreibt vielmehr aus der Perspektive der Insolvenzgläubiger alle diesen gemeinschaftlich erwachsenen Nachteile. Diese können sowohl in einer Verringerung der Aktiv- wie in einer Erhöhung der Passivmasse liegen; entscheidend ist, dass sich für die Insolvenzgläubiger ein negativer Saldo ergibt (KPB-*Lüke* § 92 Rn 20). Auf welche konkrete Anspruchsgrundlage sich ihr Anspruch stützt, ist ohne Bedeutung; ihre Ansprüche können etwa auch eine Folge von Verpflichtungsgeschäften oder Verfügungen sein (*Hasselbach* DB 1996, 2213, 2215; KPB-*Lüke* § 92 Rn 12). So können vertragliche Ansprüche etwa bei Verträgen zugunsten Dritter oder mit Schutzwirkung zugunsten Dritter denkbar sein, wenn die Insolvenzgläubiger als Dritte anzusehen sind. Auch Ansprüche aus ungerechtfertigter Bereicherung zu Lasten der Masse oder auf Vertragserfüllung zugunsten der Masse sind daher denkbar, wenn die Insolvenzgläubiger insoweit einen eigenen Anspruch haben.

18 Für das Vorliegen eines Schadens kommt es wie bei der Durchsetzung von Ansprüchen nach § 171 Abs 2 HGB (dazu oben § 35 Rn 386) nicht darauf an, ob das Vermögen des zum Schadenersatz verpflichteten Dritten zur Befriedigung aller Gläubiger ausreicht (*Bork* KS-InsO S 1333, 1337; KPB-*Lüke* § 92 Rn 25). Denn das würde zu beträchtlichen Unsicherheiten in der Abgrenzung und damit zu einer erschwerten Durchsetzung der Ansprüche führen.

19 **e) Begriff der Insolvenzgläubiger.** Nach dem Gesetz muss der relevante Schaden *den Insolvenzgläubigern* gemeinschaftlich entstanden sein. Wer zu den Insolvenzgläubigern gehört, bestimmt sich nach §§ 38, 39. Dazu gehören auch die nachrangigen Insolvenzgläubiger (§ 39). Aber auch die Massegläubiger oder sonstige nach Verfahrenseröffnung hinzugekommene Gläubiger sollten dazu zu rechnen sein (dazu unten Rn 22).

20 **2. Geltendmachung durch den Verwalter. a) Ermächtigungswirkung.** Gesamtschäden in dem zuvor beschriebenen Sinne können während der Dauer des Insolvenzverfahrens nur vom Insolvenzverwalter geltend gemacht werden. Darin liegt eine **Einziehungs- und Prozessführungsbefugnis** des Insolvenzverwalters (*Bork* KS-InsO S 1333, 1338; MK/*Brandes* § 92 Rn 15; KPB-*Lüke* § 92 Rn 31; KP-*Noack* GesellschaftsR Rn 318; abw *Hasselbach* DB 1996, 2213, 2214: Verfügungsbefugnis). Der Insolvenzverwalter hat daher nach Verfahrenseröffnung die entsprechenden Beträge zur Masse einzuziehen. Zu diesem Zweck hat er zunächst zu prüfen, ob Gesamt(schadens)ansprüche vorliegen (KPB-*Lüke* § 92 Rn 31; *Wellensiek* KS-InsO S 403, 416). Wie bei § 171 Abs 2 HGB (oben § 35 Rn 391) gilt dies aber nur in bezug auf die Insolvenzgläubiger, die am Insolvenzverfahren beteiligen sind (*Bork* KS-InsO S 1333, 1338; KPB-*Lüke* § 92 Rn 32; *Oepen* ZInsO 2002, 162, 166). Davon kann der Insolvenzverwalter allerdings im Zweifel ausgehen. Der in Anspruch genommene Schädiger muss daher darlegen und beweisen, dass es am Insolvenzverfahren unbeteiligte Gläubiger gibt und dem Verwalter insoweit

II. Geltendmachung von Gesamtschadensansprüchen (Satz 1) § 92

die Einziehungs- und Prozessführungsbefugnis fehlt, als der eingeforderte Betrag den Schaden der am Verfahren beteiligten Gläubiger übersteigt; andererseits ist er bei einer Leistung an den Insolvenzverwalter analog § 836 Abs 2 ZPO zu schützen, wenn er gutgläubig von dessen Einziehungsbefugnis ausging (*Bork* KS-InsO S 1333, 1338). Die damit letztlich auf den Eröffnungsbeschluss gestützte Gutgläubigkeit bleibt aber hinter derjenigen nach § 836 Abs 2 ZPO zurück; denn dort gibt es einen die konkrete Forderung erfassenden Überweisungsbeschluss. Die **Feststellung** einer Forderung in der Insolvenz der Gesellschaft begründet nicht die Möglichkeit der Vollstreckung gegen den dritten Schuldner; es gelten die gleichen Überlegungen wie bei § 171 Abs 2 HGB (dazu oben § 35 Rn 392) und § 93 (dazu unten § 93 Rn 41). Der Insolvenzverwalter ist aber auf der Grundlage der nach § 93 durchzusetzenden Ansprüche berechtigt, gegen den persönlich haftenden Gesellschafter **Insolvenzantrag** zu stellen (*Runkel/Schmidt* ZInsO 2007, 505, 581; *Wessel* DZWIR 2002, 53, 56 [auch zur Frage, ob dies „taktisch" sinnvoll ist]). An der **Darlegungs- und Beweislast** ändert sich durch die Geltendmachung eines Anspruchs nach § 92 nichts (MK/*Brandes* § 92 Rn 21; abw *Böckmann* ZIP 2005, 2186, 2190). Für die Klage auf einen Gesamtschaden kann der Insolvenzverwalter **Prozesskostenhilfe** nach denselben Grundsätzen wie für die Erhebung einer Anfechtungsklage beantragen (dazu § 143 Rn 80 f; *Jawansky* DB 2003, 2757, 2761 f [zu § 93]; weiter [immer] *Hasselbach* DB 1996, 2213, 2215; KPB-*Lüke* § 92 Rn 72; *Runkel/Schmidt* ZInsO 2007, 505; zu den verfahrensrechtlichen Anforderungen an die Beantragung von Prozesskostenhilfe OLG Bremen 6. 8. 2001 ZIP 2002, 679 [zu § 93]). **Rechtsweg** und gerichtliche **Zuständigkeit** für eine solche Klage folgen den allgemeinen Regeln (*Runkel/Schmidt* ZInsO 2007, 505 mwN; abw *Heitsch* ZInsO 2003, 692, 693 ff [zu § 93]; zum Rechtsweg an den Arbeits- bzw. Sozialgerichten i. R. v. § 93 ArbG Düsseldorf 23. 6. 2004 DZWIR 2004, 375; ArbG Münster 2. 9. 2004 DZWIR 2004, 509 *[Lieder]*); zur internationalen Zuständigkeit oben § 35 Rn 407.

Die **Verfügungsbefugnis** über die vom Insolvenzverwalter einzuziehenden Ansprüche verbleibt allerdings bei den einzelnen Gläubigern (abw *Brinkmann* Die Bedeutung der §§ 92, 93 InsO für den Umfang der Insolvenz- und Sanierungsmasse [2001], S 69). Sie können ihre Forderungen daher nach wie vor abtreten, stunden oder auch erlassen. Im Falle von Stundung oder Erlass einer Forderung darf der Insolvenzverwalter die Forderung daher (anteilig) nicht mehr geltend machen, so er davon erfährt (*Bork* KS-InsO S 1333, 1338; KPB-*Lüke* § 92 Rn 27; abw *Heitsch* ZInsO 2003, 692, 695 [zu § 93]). Der entsprechende Gläubiger darf bei der Verteilung in bezug auf diese Forderung nicht berücksichtigt werden. Umgekehrt ist dem Verwalter ein **Verzicht** auf oder **Vergleich** über den Anspruch nicht möglich (dazu auch unten § 93 Rn 6). 21

Im **masseunzulänglichen Verfahren** darf der Insolvenzverwalter den Gesamtschaden nach dem Wortlaut des Gesetzes nicht mehr geltend machen (abw. *Haas* GmbHR 2006, 505, 512). Denn in diesem Fall kämen etwa eingezogene Leistungen nicht mehr den Insolvenzgläubigern zugute, was § 92 Satz 1 aber voraussetzt. Eine Ausnahme ist aber jedenfalls für die Fälle denkbar, in denen Forderungen als Masseforderungen qualifiziert wurden, obwohl es sich der Sache nach um Insolvenzforderungen handelt (so bei § 123 Abs 2 Satz 1), oder in denen der Schutzzweck der verletzten Norm auch die Massegläubiger umfasst (so bei § 60 Abs 1: „alle Beteiligten"; ausf. *Dinstühler* ZIP 1998, 1697, 1706). Möglich erscheint eine analoge Anwendung von § 92 aber auch dann, wenn die Massegläubiger in der gleichen Weise durch Quotenverkürzung geschädigt wurden, wie dies Satz 1 für die Insolvenzgläubiger voraussetzt (*Bork* KS-InsO S 1333, 1337; *Gottwald/Haas* InsR HdB § 92 Rn 502 [für Gesellschafter; dagegen *Kiethe* ZIP 2005, 1535, 1539 f]; *Heitsch* ZInsO 2006, 568, 571; KPB-*Lüke* § 92 Rn 51 f [aber nur für die Durchsetzung von Ansprüchen, die auch die Massegläubiger schützen]). Auch Satz 2 spricht für dieses Verständnis: denn gerade Ersatzansprüche gegen einen Insolvenzverwalter werden häufig Massegläubigern zustehen, und das Ziel, Ersatzansprüche gegen einen Verwalter konzentriert durchzusetzen, würde bei deren Ausgrenzung aus dem Anwendungsbereich von § 92 weitgehend leerlaufen. Die Dinge liegen ganz ähnlich wie bei der Erweiterung des Anwendungsbereichs der Insolvenzanfechtung zugunsten dieser Gläubiger (dazu unten § 129 Rn 10, 109). Aber selbst wenn mit den einzuziehenden Beträge lediglich die Verfahrenskosten gedeckt werden, sollte es bei einer Anwendbarkeit von § 92 bleiben. Zum einen lässt es sich häufig nicht exakt im vorhinein sagen, welche Beträge nach § 92 in die Masse gespült werden können; und dies würde, wenn man davon auch das Bestehen der Einziehungs- und Prozessführungsbefugnis abhängig machte, zu erheblichen Unsicherheiten bei der Abgrenzung der Zuständigkeiten von Gläubigern und Insolvenzverwalter führen. Zum zweiten ist es besonders in massearmen Verfahren wichtig, dass Ersatzansprüche gegen der Gesellschaft nahestehende Personen verfolgt werden, da sonst die mit § 92 (auch) verbundene Sanktionsfunktion leerliefe. Und zum dritten ist ein Aufbringen der Verfahrenskosten häufig nur in erster Schritt, um sodann weitere Ansprüche zugunsten der Masse durchzusetzen; und hier ist es überzeugender, Schadenersatzansprüche gegen Dritte einzuziehen als die Insolvenzgläubiger nach § 26 Abs 3 um einen Vorschuss zu bitten. Entsprechend ist der Insolvenzverwalter befugt, die Verfahrenskosten vorab aus den nach § 92 eingezogenen Beträgen zu entnehmen (MK/*Brandes* § 93 Rn 10; *Runkel/Schmidt* ZInsO 2007, 505, 579 [zu § 93]). 22

Bei der **Eigenverwaltung** kann nur der Sachwalter den Gesamtschaden nach § 92 geltend machen (§ 280). Ist nach **gesellschaftsrechtlichen Vorschriften** wie § 26 Abs 1 Satz 1, § 125 Satz 1 und § 206 Satz 1 UmwG die Geltendmachung von Ansprüchen durch einen besonderen Vertreter vorgesehen, ist darunter während des Insolvenzverfahrens der Verwalter zu verstehen (KPB-*Lüke* § 92 Rn 18). 23

§ 92

24 Die Möglichkeit einer **Freigabe** der Gesamtschadensansprüche wird teilweise mit der Begründung verneint, dass darin ein Verstoß gegen den Gleichbehandlungsgrundsatz aller geschädigten Gläubiger liege, der nicht zur Disposition des Insolvenzverwalters stehe (*Bork* KS-InsO S 1333, 1339; *Brinkmann* Bedeutung S 65). In diesem Punkt unterscheidet sich die Lage allerdings nicht vom gewöhnlichen Fall der Freigabe „echter" massezugehöriger Ansprüche: denn auch dort führt die Freigabe zu einem gewissen Verstoß gegen den Grundsatz der *par conditio creditorum*. Man wird eine Freigabe daher zulassen dürfen, wenn die Kosten der Einziehung (einschließlich etwaiger Unsicherheiten) in keinem Verhältnis zum Nutzen für die Masse stehen (ebenso KPB-*Lüke* § 92 Rn 33). In jedem Fall ist es wie bei § 171 Abs 2 HGB (dazu oben § 35 Rn 386) zulässig, einen Gläubiger zur Einziehung der Gesamtschadensansprüche zu ermächtigen (was in der Sache einer „Rück"-ermächtigung gleichkommt; **BGH** 1. 7. 1974 NJW 1974, 2000, 2001 f = KTS 1975, 40 = BB 1974, 1360, 1361; **BGH** 5. 10. 1989 NJW-RR 1990, 45 = ZIP 1989, 1407 = KTS 1990, 85 = EWiR § 82 KO 3/90, 595 *[Balz]* = WuB VI B. § 82 KO 1.90 *[Uhlenbruck]* [Genehmigung der Prozessführung eines Insolvenzgläubigers]; *Böckmann* ZIP 2005, 2186; KPB-*Lüke* § 92 Rn 34; abw **OLG Dresden** 9. 8. 2005 NZG 2006, 557 [Ls] = ZIP 2005, 1680 [Kolping] [nicht rechtskr; eV]). Bezieht sich der Gesamtschaden auf einen aus der Insolvenzmasse schon früher freigegebenen Gegenstand, umfasst diese Freigabe andererseits nicht auch den gegen den Verwalter gerichteten Schadenersatzanspruch wegen dessen pflichtwidriger Verwertung (KG 30. 9. 2005 ZIP 2006, 43).

25 Ein Gesamtschaden, den der Insolvenzverwalter zugunsten der Masse im Insolvenzverfahren **nicht geltend** macht oder den er nicht durchsetzen konnte oder durfte (oben Rn 5 ff), kann von den einzelnen Gläubigern in Höhe des jeweiligen Forderungsausfalls erst nach Beendigung des Insolvenzverfahrens verfolgt werden; seine Forderung lebt hinsichtlich des zuvor nicht durchsetzbaren Teils entsprechend § 144 Abs 1 wieder auf (*Oepen* ZInsO 2002, 162, 166). Stellt sich erst **nach Aufhebung des Insolvenzverfahrens** heraus, dass ein Anspruch auf Ersatz eines Gesamtschadens besteht, kann das Insolvenzgericht eine Nachtragsverteilung anordnen (§ 203 Abs 1 Nr. 3; Begr RegE zu § 92 aE).

26 b) Sperrwirkung. Neben diese „Ermächtigungswirkung" des Satzes 1 tritt eine umfassende „Sperrwirkung" der Norm. Leistungen an einzelne Gläubiger befreien den Drittschuldner nicht, weil ihnen wegen der Zuweisung des Anspruchs zur Insolvenzmasse die **Empfangszuständigkeit fehlt.** Das gilt anders als für die Ermächtigung und wie bei § 171 Abs 2 HGB auch in bezug auf solche Gläubiger, die sich nicht am Insolvenzverfahren beteiligen (*Bork* KS-InsO S 1333, 1338; MK/*Brandes* § 92 Rn 14; KPB-*Lüke* § 92 Rn 28). Erfasst ist auch die Zwangsvollstreckung aus einem schon vorhandenen Titel, die daher während der Dauer des Verfahrens unzulässig ist (KPB-*Lüke* § 92 Rn 71; FK-*App* § 92 Rn 10; *Runkel/Schmidt* ZInsO 2007, 505, 507). Die Sperrwirkung verhindert, dass sich einzelne Gläubiger durch gesonderten Zugriff Vorteile verschaffen und dadurch den Grundsatz der gleichmäßigen Befriedigung der Insolvenzgläubiger verletzen (Begr RegE zu § 92). Zum Schutz der Schuldner ist aber § 82 entsprechend anzuwenden (*Bork* KS-InsO S 1333, 1343; HK-*Eickmann* § 92 Rn 11; KPB-*Lüke* § 92 Rn 29); im RegE zu § 92 (§ 103 Abs 2 RegE) war dies noch ausdrücklich angeordnet worden (dazu Begr RegE zu § 92). Die Frage dürfte allerdings keine große Rolle spielen, da der Schuldner praktisch in jedem Fall Kenntnis von der Verfahrenseröffnung haben muss (*Hasselbach* DB 1996, 2213, 2216; *Karsten Schmidt* ZGR 1996, 209, 215 f; KPB-*Lüke* § 92 Rn 30). Hat der Schuldner mit befreiender Wirkung an den Insolvenzgläubiger geleistet, kann der Insolvenzverwalter das Erlangte von diesem nach Bereicherungsrecht zurückfordern. Für Zahlungen vor Eröffnung des Insolvenzverfahrens kommt im Übrigen eine analoge Anwendung der Anfechtungsvorschriften in Betracht (*Bork* KS-InsO S 1333, 1344; ebenso für § 171 Abs 2 HGB oben § 35 Rn 386 aE; abw *Brinkmann* Bedeutung S 71 ff).

27 Die Sperrwirkung bedeutet weiter, dass nach Eröffnung des Verfahrens **Einzelklagen** von Gläubigern, die sich auf den Ersatz von Gesamtschäden richten, unzulässig sind (zur Vereinbarkeit dieser Wirkung mit Art. 6 Abs 1 Satz 1 EMRK *Oepen* ZIP 2000, 526 ff). Dies gilt auch für Feststellungsklagen (*Oepen* ZIP 2000, 526, 532 f), nicht aber für ein Arrestverfahren (*Bork* ZInsO 2001, 835 ff, auch zu dessen möglicher Übernahme durch den Insolvenzverwalter in Form gewillkürten Parteiwechsels). War bei Verfahrenseröffnung bereits ein Rechtsstreit anhängig, dessen Streitgegenstand von § 92 erfasst wird, wird das Verfahren nach § 240 ZPO unterbrochen; da der Anspruch zur Masse einzuziehen ist (für lediglich analoge Anwendung KPB-*Lüke* § 92 Rn 67). Der Insolvenzverwalter kann sodann das Verfahren aufnehmen und Ersatz des Gesamtschadens zur Masse verlangen (insoweit abw *Bork* KS-InsO S 1333, 1345 f, der von einer Pflicht zur Aufnahme ausgeht, weil er auch eine Freigabe für unzulässig hält; dazu oben Rn 24); entsprechend § 16 Abs 1 Satz 2 AnfG sind dem klagenden Gläubiger in diesem Fall die Kosten des Rechtsstreits vorweg zu erstatten. Am Rechtsweg für die Klage ändert sich schon wegen § 17 Abs 1 Satz 2 GVG durch die Aufnahme nichts (dazu auch oben Rn 20); sind möglicherweise mehrere Gerichte zuständig, kann der Insolvenzverwalter wegen § 17 Abs 2 GVG wählen. Wird die Aufnahme verzögert, sind § 239 Abs 2–4 ZPO entsprechend anzuwenden. Bei einer Aufnahme des Rechtsstreits kann der Insolvenzverwalter die Klage auch umstellen oder erweitern. Lehnt er eine Aufnahme des Rechtsstreits ab, soll – was unbefriedigend ist – bezüglich der Hauptsache weder eine Aufnahme des Verfahrens durch den Gläubiger noch durch den Schuldner in Betracht kommen (RG 17. 12. 1910 Z 74, 428, 429 f); sie können den Streit vielmehr nur noch bezüglich der Kosten fortsetzen (dazu auch *Karsten Schmidt* ZGR 1996, 209, 215 mit dem Hinweis, dass es das Problem in der Praxis nicht gibt) oder nach Beendigung des Verfahrens wieder aufnehmen (BGH 22. 2. 1973 NJW 1973, 1198; KPB-*Lüke* § 92 Rn 69). Dem Insolvenzverwalter bleibt es aber unbenommen, eine eigene Klage auf Ersatz des Gesamtschadens zu erheben. § 104 RegE hatte diese Einzelheiten ausdrücklich in dem hier beschriebenen Sinne angeordnet; der Rechtsausschuss hat die Regelung jedoch zum Zwecke der Verschlankung des Textes nicht übernommen, ohne der Regelung aber in der Sache zu widersprechen. Zudem kommt heute insoweit eine Analogie zu § 16 Abs 1, § 17 AnfG in Betracht. Liegt bei Verfahrenseröffnung bereits ein Titel vor, ist dieser nach § 727 ZPO auf den Insolvenzverwalter umzuschreiben, da ihm die alleinige Vollstreckungsbefugnis zusteht (OLG Dresden 5. 10. 2000 13 W 1206/00 ZInsO 2000, 607 f; OLG Jena 17. 12. 2001 NZG 2002, 172, 173 = InVo 2002, 148; OLG Stuttgart 14. 5. 2002 DB 2002, 1929, 1930 = BB 2002, 2086; *Oepen* ZInsO 2002, 162, 165 f; *Runkel/Schmidt* ZInsO 2007, 505, 507). Vollstreckt ein Haftungsgläubiger gleichwohl aus einem solchen Titel, kann der Insolvenzverwalter dagegen nach § 766 ZPO vorgehen (OLG Jena 17. 12. 2001 NZG 2002, 172, 173 = InVo 2002, 148; *Runkel/Schmidt* ZInsO 2007, 505, 507); Gleiches gilt für den von falscher Seite in Anspruch genommenen Gesellschafter (LG Bad Kreuznach 26. 3. 2004 RPfleger 2004, 517, 518; *Oepen* ZInsO 2002, 162, 165 f).

Aus der beschriebenen Sperrwirkung folgt wie bei § 171 Abs 2 HGB (dazu oben § 35 Rn 394 ff) auch 28 ein weitgehendes Verbot der **Aufrechnung durch den dritten Schuldner**. Eine Aufrechnung gegen Ansprüche des Verfahrensschuldners scheitert schon an der fehlenden Gegenseitigkeit (*Brinkmann* Bedeutung S 80). Nur soweit er gegen Ansprüche der Insolvenzgläubiger aufrechnen will, bleibt ihm die Aufrechnungsmöglichkeit in entsprechender Anwendung der §§ 94 ff erhalten (*Bork* KS-InsO S 1333, 1344; MK/*Brandes* § 92 Rn 22; *Oepen* ZInsO 2002, 162, 165; abw KPB-*Lüke* § 92 Rn 57 [Anwendung von §§ 412, 406, 407 BGB]). Im Übrigen wird ihm eine Aufrechnung deshalb häufig verwehrt sein, weil die gegen ihn erhobenen Ansprüche – insbesondere in Fällen der Insolvenzverschleppung – auf einer vorsätzlich begangenen unerlaubten Handlung beruhen, was nach § 393 BGB zur Unzulässigkeit der Aufrechnung führt. Die Möglichkeit einer **Aufrechnung durch einen Gläubiger** sollte demgegenüber wie bei § 171 Abs 2 HGB (dazu oben § 35 Rn 398) entgegen der Begr RegE wegen der fehlenden Einziehungsbefugnis der Gläubiger jedenfalls insoweit versagt werden, als die Aufrechnung nicht – wie in Höhe ihres Quotenschadens – der Masse zugutekommt (weitergehend *Bork* KS-InsO S 1333, 1344 [für vollständige Versagung der Aufrechnungsbefugnis]; KPB-*Lüke* § 92 Rn 56; dazu auch unten § 93 Rn 5). Der **Insolvenzverwalter** darf nach allgemeinen Regeln **aufrechnen**, etwa mit Masseforderungen des Ersatzpflichtigen (KPB-*Lüke* § 92 Rn 57).

III. Ansprüche gegen den Verwalter (Satz 2)

Beruht der Gesamtschaden auf einer Pflichtverletzung des Insolvenzverwalters oder stehen sonstige 29 Ansprüche gegen den Insolvenzverwalter in Rede, die zu einem Gesamtschaden der Insolvenzmasse geführt haben, können diese nur von einem **neu bestellten Insolvenzverwalter** geltend gemacht werden. Das wurde auch für das alte Recht schon so gesehen (RG 11. 11. 1916 Z 89, 237; weit. Nachw. in der 12. Aufl Rn 29). Das Erfordernis der Bestellung eines neuen Verwalters gilt sowohl für den Fall, dass eine Pflichtverletzung des Insolvenzverwalters zu seiner Entlassung geführt hat (§ 59) und ein neuer Verwalter bestellt wurde; hierfür ist die Anordnung des Satz 2 allerdings selbstverständlich (HK-*Eickmann* § 92 Rn 9).

Es gilt aber auch dann, wenn der Insolvenzverwalter trotz gegen ihn gerichteter Ansprüche im Amt 30 bleibt; für diesen Fall ergibt sich aus Satz 2 das Recht und die Pflicht, einen **Sonderverwalter** zur Durchsetzung der betreffenden Ansprüche zu bestellen (Begr RegE zu § 92; HK-*Eickmann* § 92 Rn 10; *Landfermann* KS-InsO S 159, 176). Das war auch für das alte Recht schon anerkannt. Dass die Vorschriften des RegE über die Möglichkeit der Bestellung eines Sonderverwalters nicht in die InsO aufgenommen wurden, steht dem nicht entgegen; denn für diese Möglichkeit bedarf es keiner ausdrücklichen gesetzlichen Ermächtigung (Begr Rechtsausschuss zu § 92; HK-*Eickmann* § 92 Rn 10). Daher kann Satz 2 auch nicht etwa die Verpflichtung entnommen werden, einen Insolvenzverwalter bei Bestehen gegen ihn gerichteter Ansprüche zu entlassen (HK-*Eickmann* § 92 Rn 10). Hinzu kommt, dass die gegen ihn gerichteten Ansprüche nicht notwendig Schadenersatzansprüche wegen Pflichtverletzungen sein müssen (oben Rn 17).

Sachlich sind von Satz 2 auch Anprüche gegen einen **vorläufigen Insolvenzverwalter** oder einen **Sachwalter** erfasst (KPB-*Lüke* § 92 Rn 60). Entscheidend ist, ob es bei Durchsetzung durch den amtierenden Verwalter zu einem Interessenkonflikt kommen kann KPB-*Lüke* § 92 Rn 59; FK-*App* § 92 Rn 3). 31

§ 93 Persönliche Haftung der Gesellschafter

Ist das Insolvenzverfahren über das Vermögen einer Gesellschaft ohne Rechtspersönlichkeit oder einer Kommanditgesellschaft auf Aktien eröffnet, so kann die persönliche Haftung eines Gesellschafters für die Verbindlichkeiten der Gesellschaft während der Dauer des Insolvenzverfahrens nur vom Insolvenzverwalter geltend gemacht werden.

Früherer § 212 KO vollständig modifiziert. § 105 Abs 1 RegE im Rechtsausschuss unverändert; der ursprüngliche Absatz 2 wurde in § 334 Abs 1 InsO verlagert; der ursprüngliche Absatz 3 wurde als Folge der Streichung des §§ 103 Abs 2, 104 RegE (Vorläufer zu § 92 InsO) nicht übernommen.

Übersicht

	Rn
I. Allgemeines	1
1. Haftungskonzentration	2
2. Geltungsbereich	7
a) Gesellschaftsformen	7
b) Anwendbarkeit auf ausgeschiedene Gesellschafter	10
II. Geltendmachung der persönlichen Haftung	12
1. Insolvenz der Gesellschaft	12
2. Rechtslage außerhalb der Insolvenz der Gesellschaft	15
III. Inhalt und Umfang der persönlichen Haftung	17
1. Beschränkung auf gesellschaftsrechtliche Haftung	17
2. Umfang der Haftung	20
a) Grundsatz	20
b) Geltung des Ausfallprinzips	22
aa) Allgemeines	22
bb) Gläubigerforderungen gegen mehrere gesamtschuldnerisch persönlich haftende Gesellschafter	27
cc) Absonderungsrechte	28
dd) Stimmrecht des Insolvenzverwalters	30
c) Inanspruchnahme ausgeschiedener Gesellschafter	31
d) Besonderheiten einzelner Rechtsformen	33
3. Alt- und Neuverbindlichkeiten	36
4. Sachschulden	39
5. Auswirkung des Verhältnisses zur Gesellschaft auf das Verhältnis zum Gesellschafter	41
IV. Verfahrensrechtliche Fragen	43

I. Allgemeines

1 Die Insolvenzfähigkeit der Sondervermögen einer Gesellschaft ohne Rechtspersönlichkeit führt dazu, dass das Gesellschaftsvermögen vom Eigenvermögen des persönlich haftenden Gesellschafters auch insolvenzrechtlich streng zu trennen ist. Gleiches gilt für die Kommanditgesellschaft auf Aktien, bei der – obwohl juristische Person – mindestens ein Gesellschafter persönlich haftet und seit der Anerkennung der Akzessorietätstheorie für die Haftung der Gesellschafter einer BGB-Gesellschaft durch den **BGH** auch für die BGB-Gesellschaft (**BGH** 27. 9. 1999 Z 142, 315 = ZIP 1999, 1735 *[Altmeppen]* = NJW 1999, 3483 = EWiR §§ 705 BGB 2/99, 1053 *[Keil]* = LM § 705 BGB Nr. 73 *[Wilhelm]*). Insolvenzrechtlich sind daher **drei Fallgestaltungen** möglich: a) Gesellschaft und Gesellschafter befinden sich gleichzeitig in der Insolvenz; b) nur die Gesellschaft befindet sich in der Insolvenz; c) nur über das Privatvermögen eines Gesellschafters wurde ein Insolvenzverfahren eröffnet. Rein **tatsächlich** gerät in der Regel zunächst die Gesellschaft in die Insolvenz, und in deren Folge werden auch die Gesellschafter gerade wegen der Inanspruchnahme aufgrund ihrer persönlichen Haftung insolvent.

2 **1. Haftungskonzentration.** Nach früherem Konkursrecht konnte die persönliche Haftung eines Gesellschafters für Schulden der Gesellschaft auch nach der Eröffnung des Konkursverfahrens über das Vermögen der Gesellschaft nur von den Gläubigern, nicht aber vom Verwalter geltend gemacht werden. § 128 HGB, der die persönliche Haftung einer offenen Handelsgesellschaft gegenüber den Gläubigern normiert, enthält anders als § 171 HGB nicht die Regelung, dass im Konkursverfahren der Verwalter zur Ausübung der Gläubigeransprüche berechtigt ist. Aus § 212 KO ergab sich, dass nach der Eröffnung des Konkursverfahrens über das Vermögen einer Gesellschaft deren Gläubiger ihre Ansprüche weiter in vollem Umfang (**BGH** 30. 1. 1961 NJW 1961, 1066 = KTS 1961, 72, 75) gegen den persönlich haftenden Gesellschafter verfolgen konnten, und zwar selbst dann, wenn über sein Privatvermögen ein selbstständiges Konkursverfahren eröffnet war. Allerdings begrenzte § 212 Abs 1 KO den Umfang der möglichen Befriedigung im Falle gleichzeitiger Konkursverfahren auf „[den]jenigen Betrag[.] [...], für welchen sie in dem letzteren Konkurse [= dem Konkursverfahrens über das Gesellschaftsvermögen] keine Befriedigung erhalten".

3 § 93 sieht demgegenüber vor, dass die persönliche (= Außen-)Haftung der Gesellschafter während des Insolvenzverfahrens über das Vermögen der Gesellschaft nur vom Insolvenzverwalter geltend gemacht werden kann. Ob solche Ansprüche bestehen, beurteilt sich nicht nach § 93, sondern nach dem Gesellschaftsrecht; die Norm ist also **keine Anspruchsgrundlage**. Sie geht auf einen Vorschlag von *Karsten Schmidt* zurück, der eine Anlehnung an § 171 Abs 2 HGB empfohlen hatte (*Karsten Schmidt* Gutachten D zum 54. JT [1982], S 46 f). Insoweit hat § 93 wie § 171 Abs 2 HGB und wie auch § 92 InsO eine **Ermächtigungswirkung**: nur der Insolvenzverwalter ist während der Dauer des Verfahrens über das Vermögen der Gesellschaft zur Einziehung der Forderungen gegen die Gesellschafter und zur Prozess-

I. Allgemeines § 93

führung über sie befugt (*Armbruster*, Die Stellung des haftenden Gesellschafters in der Insolvenz der Personengesellschaft nach geltendem und künftigem Recht [1996], S 143; KPB-*Lüke* § 93 Rn 16). Zu diesem Zweck hat er zunächst zu prüfen, ob Ansprüche aus persönlicher Gesellschafterhaftung vorliegen (KPB-*Lüke* § 93 Rn 16). § 93 begründet damit eine § 171 Abs 2 HGB und § 92 eine **Einziehungs- und Prozessführungsbefugnis**, bildet aber keinen Fall eines gesetzlichen Forderungsübergangs (BGH 17. 9. 1964 Z 42, 192, 193 f; *Fuchs* ZIP 2000, 1089, 1092 mwN; abw *Heitsch* ZInsO 2003, 692 f). Das ist nach Auffassung der Begründung des Regierungsentwurfs deshalb gerechtfertigt, weil die persönliche Haftung der Gesellschafter ebenso wie die Haftung im Falle eines Gesamtschadens (§ 92) der Gesamtheit der Gesellschaftsgläubiger zugute kommen soll (was für den Regelfall auch zutrifft). Damit wirkt die Vorschrift im Interesse der gleichmäßigen Befriedigung der Gläubiger darauf hin, dass sich keiner dieser Gläubiger in der Insolvenz der Gesellschaft durch einen schnelleren Zugriff auf persönlich haftende Gesellschafter Sondervorteile verschafft (*Bork* KS-InsO S 1333, 1334; *Fuchs* ZIP 2000, 1089, 1092; kritisch *Brinkmann* Die Bedeutung der §§ 92, 93 InsO für den Umfang der Insolvenz- und Sanierungsmasse [2001], S 96 ff; *ders* ZGR 2003, 264, 267 ff). Damit wird zugleich der Massearmut von Insolvenzen über Gesellschaften ohne Rechtspersönlichkeit entgegengesteuert: denn die Norm verhindert, dass der Antrag auf Eröffnung des Insolvenzverfahrens über das Vermögen der Gesellschaft mangels Masse abgewiesen werden muss (§ 26), obwohl ein persönlich haftender Gesellschafter über ausreichendes Vermögen verfügt (*Uhlenbruck* KS-InsO S 1157, 1169). Dementsprechend kann man der Vorschrift auch einen Sanierungszweck beilegen (*Brinkmann* Die Bedeutung (aus R 4 übernehmen) S 96 ff; ZGR 2003, 264, 272 ff). Die erlangten Beträge sind als **Sondermasse** zu separieren, die nur zur Befriedigung derjenigen dient, für die der Gesellschafter persönlich haftet (allgemein zu Sondermassen oben § 35 Rn 53 ff; für weitergehende Bildung von Sondermassen auf der Grundlage seines vom hier vertretenen abw Ansatzes Karsten Schmidt/*Bitter* ZIP 2000, 1077, 1084 f; ausführlich zur Bildung von Sondermassen Gottwald/*Haas* InsR HdB § 94 Rn 83). Entsprechend sind etwa nach § 93 einzuziehende Beträge bei juristischen Personen auch nicht in den Überschuldungsstatus einzubeziehen. Eine dem § 93 vergleichbare Regelung trifft § 334 Abs 1 für die **Gütergemeinschaft**.

§ 93 entfaltet wie § 171 Abs 2 HGB und wie § 92 (insoweit gegen dritte Schuldner) auch **Sperrwirkung** mit der Folge, dass Gesellschaftsgläubiger während der Dauer des Insolvenzverfahrens über das Vermögen der Gesellschaft gehindert sind, ihre Ansprüche gegen die persönlich haftenden Gesellschafter (soweit diese für die Gesellschaftsverbindlichkeiten haften; dazu unten Rn 37) geltend zu machen und umgekehrt diese nicht mit befreiender Wirkung an einen Gesellschaftsgläubiger zahlen können (*Armbruster* ebda S 142 f; *Brinkmann*, Bedeutung S 129 f [auch hinsichtlich der am Gesellschaftsinsolvenzverfahren nicht teilnehmenden Gläubiger]; *Häsemeyer* Rn 31.25; KPB-*Lüke* § 93 Rn 14). Zum Schutz der Gesellschafter ist aber § 82 entsprechend anzuwenden (KPB-*Lüke* § 93 Rn 15); die Überlegungen zu § 92 gelten insoweit auch hier (oben § 92 Rn 26). Die Frage dürfte allerdings wie die Parallelfrage bei § 92 keine große Rolle spielen, da der Gesellschafter praktisch in jedem Fall Kenntnis von der Verfahrenseröffnung haben muss. Hat ein Gesellschafter mit befreiender Wirkung an einen Insolvenzgläubiger geleistet, kann der Insolvenzverwalter das Erlangte von diesem nach Bereicherungsrecht zurückfordern (*Armbruster* ebda S 142 f [für Rückabwicklung im Verhältnis Gesellschafter-Gläubiger im Falle fehlender Befreiungswirkung]; KPB-*Lüke* § 93 Rn 14). Zu dessen Schutz gilt freilich nicht § 82, da dieser nur den Fall einer Leistung an den insolventen Schuldner selbst erfasst, nicht aber an einen nicht verfahrensbeteiligten Gläubiger; daher ist eine Anwendung der §§ 819, 818 Abs 4 BGB zu erwägen, wenn die Verfahrenseröffnung bereits öffentlich bekannt gemacht war (KPB-*Lüke* § 93 Rn 14). Für Zahlungen vor Eröffnung des Insolvenzverfahrens kommt im Übrigen wie auch bei § 92 eine analoge Anwendung der Anfechtungsvorschriften in Betracht (**BGH** 9. 10. 2008 IX ZR 138/06 Z 178, 171 = ZIP 2008, 2224 = NJW 2009, 225 = ZInsO 2008, 1275 = NZI 2009, 45; *Bork* KS-InsO S 1333, 1344; *Runkel/Schmidt* ZInsO 2007, 505, 509; ebenso für § 171 Abs 2 HGB oben § 35 Rn 386 aE). Nicht erfasst von der Sperrwirkung sind die Privatgläubiger eines persönlich haftenden Gesellschafters.

War ein **Gläubiger** der Gesellschaft vor der Eröffnung des Insolvenzverfahrens über das Vermögen der Gesellschaft zur **Aufrechnung** gegen die Forderung eines Gesellschafters berechtigt, so soll ihm dieses Aufrechnungsrecht in entsprechender Anwendung der §§ 406, 412 BGB auch im Insolvenzverfahren erhalten bleiben (so ausdrücklich die Begründung zum RegE; KP-*Noack* GesellschaftsR Rn 517; für entsprechende Anwendung der §§ 94 ff *Brinkmann* Bedeutung S 148 ff). Dem ist nicht zu folgen: vielmehr ist wie bei § 171 Abs 2 HGB und bei § 92 davon auszugehen, dass dem Gläubiger mit dem Einziehungsrecht auch die Aufrechnungsbefugnis entzogen wird (*Bork* KS-InsO S 1333, 1344; MK/*Brandes* § 93 Rn 32 ff; *Fuchs* ZIP 2000, 1089, 1096 f; differenzierend früher RG 5. 2. 1898 Z 41, 25, 28; RG 4. 1. 1904 Z 56, 360, 365; Kuhn/*Uhlenbruck* § 212 KO Rn 13 mwN: Wirkung nur für den Betrag des Ausfalls, sofern Gläubiger nicht auf Geltendmachung seines Anspruchs in der Insolvenz der Gesellschaft verzichtet; abw *Hasselbach* DB 1996, 2213, 2217). Entsprechendes gilt für andere Gegenrechte, etwa das Zurückbehaltungsrecht. Für eine **Aufrechnung durch den Gesellschafter** gelten andere Erwägungen als für die Aufrechnung durch den Kommanditisten nach § 171 Abs 2 HGB (dazu oben § 35 Rn 394 ff) oder einen Gesamtschadensverpflichteten (dazu § 92 Rn 28); ihm ist vielmehr die Aufrechnung versagt, da er nicht wie der Kommanditist summenmäßig beschränkt haftet (*Armbruster* ebda S 194 ff; KPB-*Lüke* § 93 Rn 34). Das gilt wie bei § 171 Abs 2 HGB auch dann, wenn er nach Verfahrenseröffnung mit einem ihm im Innenverhältnis zustehenden Erstattungsanspruch aufrechnet (*Armbruster* ebda S 202; KPB-*Lüke* § 93 Rn 34; *Theißen* ZIP 1998, 1625, 1626 f). Nur soweit er aufgrund einer vor Verfahrenseröffnung schon bestehenden Aufrechnungslage gegen Ansprüche der Insolvenzgläubiger aufrechnen will, bleibt ihm die Aufrechnungsmöglichkeit in entsprechender Anwendung der §§ 94 ff erhalten (*Bork* KS-InsO S 1333, 1343 f; abw KPB-*Lüke* § 93 Rn 35, § 92 Rn 57 [Anwendung von §§ 412, 406, 407 BGB]). Anstelle der zumeist fehlenden Aufrechnungsmöglichkeit hat der Gesellschafter aber die Möglichkeit, die Leistung nach § 129 Abs 3 HGB zu verweigern, wenn und solange die Gesellschaft aufrechnungsbefugt ist (*Bork* KS-InsO S 1333, 1345; *Fuchs* ZIP 2000, 1089, 1097; KPB-*Lüke* § 93 Rn 34). Der **Insolvenzverwalter** darf nach allgemeinen Regeln **aufrechnen**, etwa mit Masseforderungen des Ersatzpflichtigen (oben § 92 Rn 28).

6   Die Gläubiger verlieren aber wie bei § 92 ihre eigene Rechtszuständigkeit und **Verfügungsbefugnis** über die vom Verwalter geltend zu machenden Ansprüche nicht. Sie können sie daher abtreten, stunden oder erlassen (*Bork* KS-InsO S 1333, 1343 mit 1338; *Fuchs* ZIP 2000, 1089, 1090 ff; abw *Heitsch* ZInsO 2003, 692, 695 [Legalzession]; KPB-*Lüke* § 93 Rn 16 [zeitlich befristeter Übergang der Verfügungsbefugnis]). Erlässt der Gläubiger seine Forderung gegen einen persönlich haftenden Gesellschafter, darf der Insolvenzverwalter sie nicht mehr geltend machen; dadurch gelangt zwar weniger in die Masse, doch ist dies andererseits kein Nachteil, da der erlassende Gläubiger seinerseits auch insoweit nicht anteilig aus der Sondermasse zu befriedigen ist (*Fuchs* ZIP 2000, 1089, 1093 f). Im Hinblick auf die fortbestehende Verfügungsbefugnis der Gläubiger ist auch ein **Verzicht** auf die Geltendmachung der Gläubigerrechte gegen persönlich haftende Gesellschafter durch den Insolvenzverwalter nicht vorgesehen; er würde auch dem Zweck des § 93 widersprechen, einen Wettlauf der Gläubiger im Zugriff auf die persönliche Haftung der Gesellschafter zu vermeiden. Gleiches gilt für einen **Vergleich** über die Ansprüche (*Karsten Schmidt* KTS 2001, 373, 391 [implizit]; *Klinck* NZI 2008, 349, 350 f [unter Aufzeigung der Alternativen]; abw BAG 28. 11. 2007 6 AZR 377/07 ZIP 2008, 846, 848 = NZA 2008, 645 = EWiR § 93 InsO 2/2008, 337 [S. *Krüger*]; ebenso Vorinstanz LAG Berlin 29. 3. 2007 17 Sa 1952/06 ZIP 2007, 1420 = EWiR § 93 InsO 3/07, 725 [*Runkel/Schmidt*]; MK/*Brandes* § 93 Rn 14; *Krüger* NZI 2002, 367, 369 f; *Oepen* Massefremde Masse [1999], S 93 Rn 177; *Runkel/Schmidt* ZInsO 2007, 505, 581; *Wessel* DZWIR 2002, 53, 55 f). Möglich ist den Gläubigern aber, auf eine Forderungsanmeldung in der Insolvenz der Gesellschaft insgesamt zu verzichten und nur die Ansprüche gegen persönlich haftende Gesellschafter zu verfolgen bzw. verfolgen zu lassen; an der Sperrwirkung des § 93 ändert dies aber nichts. Unbedenklich ist im Falle der Anmeldung bei der Gesellschaft auch eine „Freigabe" durch den Insolvenzverwalter zur eigenständigen Durchsetzung durch einen Insolvenzgläubiger. Eine vollständige Freigabe kommt aber nur in Betracht, wenn alle Gläubiger zustimmen (*Bork* KS-InsO S 1333, 1339) oder wenn die Kosten der Rechtsdurchsetzung in keinem Verhältnis zu ihrem Ertrag stehen (dazu oben § 92 Rn 24).

7   **2. Geltungsbereich. a) Die Vorschrift gilt für alle Gesellschaftsformen**, bei denen Gesellschafter nach Gesellschaftsrecht für die Verbindlichkeiten der Gesellschaft persönlich haften, also für die BGB-Gesellschaft, die OHG, KG und die KGaA (ausdrücklich die Begründung zum RegE; zur BGB-Gesellschaft jetzt ausdrücklich **OLG** Jena 17. 12. 2001 NZG 2002, 172, 173 = InVo 2002, 148; **OLG** Stuttgart 14. 5. 2002 DB 2002, 1929, 1930 = BB 2002, 2086). Für die BGB-Gesellschaft war diese Aussage aber keinesfalls selbstverständlich, da dort noch früher herrschender Ansicht nicht von einer „persönlichen Haftung" ähnlich § 128 HGB ausgegangen wird (vgl. jetzt aber **BGH** 27. 9. 1999 Z 142, 315 = ZIP 1999, 1735 [*Altmeppen*] = NJW 1999, 3483 = EWiR §§ 705 BGB 2/99, 1053 [*Keil*] = LM § 705 BGB Nr. 73 [*Wilhelm*]; **BGH** 29. 1. 2001 Z 146, 341 = NJW 2001, 1056 = ZIP 2001, 330 = DStR 2001, 310 [*Goette*] = ZInsO 2001, 218 = NZI 2001, 241 = JZ 2001, 655 [*Wiedemann*] = EWiR § 50 ZPO 1/01, 341 [*Prütting*] = LM § 50 ZPO Nr. 52 [*Wilhelm*]; die Problematik offenlassend noch *Prütting* ZIP 1997, 1725, 1732). § 93 gilt auch für die Partnerschaftsgesellschaft und die EWIV (zu Besonderheiten im Übrigen unten Rn 33 ff). Dagegen findet sie keine Anwendung auf die Kommanditistenhaftung, für die § 171 Abs 2 HGB eine Spezialregelung enthält (die damit freilich überflüssig geworden ist; zutr. KP-*Noack* GesellschaftsR Rn 496; i. E. auch KPB-*Lüke* § 93 Rn 43). Wohl aber greift sie dann ein, wenn ein Kommanditist nach § 176 HGB unbeschränkt haftet. In Abgrenzung von § 171 Abs 2 HGB ist § 93 damit nur auf die Fälle unbeschränkter persönlicher Gesellschafterhaftung anzuwenden (*H.-F. Müller* Der Verband in der Insolvenz, S 232 ff; KPB-*Lüke* § 93 Rn 43). Sind Ansprüche nach § 171 Abs 2 HGB und nach § 176 HGB nebeneinander geltend zu machen, ist für die Ansprüche aus § 176 HGB eine Sondermasse zu bilden (KPB-*Lüke* § 93 Rn 44). Auch durch die **Auflösung einer Gesellschaft** wird die Anwendbarkeit von § 93 nicht berührt, solange noch verteilungsfähiges Gesellschaftsvermögen vorhanden ist (*arg.* § 11 Abs 3; ebenso *Gerhardt* ZIP 2000, 2181, 2184 ff [seine dort erörterten Zweifel betreffen den Fall der Auflösung *ohne* Restvermögen]). Das ist schon deshalb selbstverständlich, weil Gesellschaften jedenfalls durch die Verfahrenseröffnung immer aufgelöst werden und § 93 sonst vollständig leerliefe; viel spricht aber dafür, in diesem Fall analog § 160 HGB eine Enthaftung anzunehmen (*H.-F. Müller* Der Verband in der Insolvenz, S 240 f [iÜ für Anwendbarkeit auch auf Betriebsrentenansprüche]). Als Verbindlichkeiten kommen auch **Ansprüche von Gesellschaftern** in Betracht, soweit diese nicht auf dem Gesellschaftsvertrag beruhen (*Armbruster* ebda S 211; *Häsemeyer* Rn 31.21 ff; KPB-*Lüke* § 93 Rn 19). Aufwendungsersatzansprüche, etwa wegen der Begleichung einer

I. Allgemeines § 93

Gesellschaftsverbindlichkeit, für die sich der Gesellschafter verbürgt hatte, können jedoch wegen § 38 nur durchgesetzt werden, wenn sie vor Verfahrenseröffnung entstanden sind (*Armbruster* ebda S 211 f [mit der Einschränkung, das der Regressforderung des Gesellschaftergläubigers bis zur Vollbefriedigung aller anderen Gläubiger der *Dolo-agit*-Einwand entgegenstehen würde]; *Häsemeyer* Rn 31.24; KPB-*Lüke* § 93 Rn 19; *Theißen* ZIP 1998, 1625, 1626 f). Nicht erfasst sind aber die Ansprüche von Privatgläubigern des persönlich haftenden Gesellschafters.

Mit einbezogen werden sollten im Wege analoger Anwendung auch Ansprüche gegen Gesellschafter 8 oder Mitglieder einer juristischen Person, wenn sie ausnahmsweise (**Durchgriff**) den Gläubigern direkt haften (BAG 14. 12. 2004 E 113, 121 = NJW 2005, 2172 = NZG 2005, 628 = ZIP 2005, 1173, 1175; **OLG Celle** 29. 8. 2001 GmbHR 2001, 1042 = EWiR § 13 GmbHG 1/02, 109 *[Meyke]*; **OLG Dresden** 9. 8. 2005 NZG 2006, 557 [Ls.] = ZIP 2005, 1680 [Kolping] [nicht rechtskr.; für einen Fall des Missbrauchs einer juristischen Person – e.V.]; *Karsten Schmidt*, Wege zum Insolvenzrecht, S 82 f; *ders* ZGR 1996, 209, 217; Gottwald/Haas InsR HdB § 92 Rn 486; abw KP-*Noack* GesellschaftsR Rn 499) oder für Ansprüche wegen **existenzvernichtenden Eingriffs**, wenn man diese – mit der *früheren* Rechtsprechung des **BGH** – unmittelbar in die Hände der Gläubiger legt (BGH 25. 7. 2005 Z 164, 50 = NJW 2005, 3137 = NZG 2005, 886 = ZIP 2005, 1734, 1737 f; BGH 14. 11. 2005 Z 165, 85 = NJW 2006, 1344 = NZG 2006, 350 = ZIP 2006, 467 ff; BAG 14. 12. 2004 E 113, 121 = NJW 2005, 2172 = NZG 2005, 628 = ZIP 2005, 1173, 1175; Vorinstanz LAG Köln 20. 6. 2003 ZIP 2003, 1893, 1896 f *[Hölzle]*; *Bork* KTS 2006, 39, 56 ff; *Jawansky* DB 2003, 2757, 2759 f; zur *neueren* Rechtsprechung, nach der die entsprechenden Ansprüche unmittelbar in die Insolvenzmasse fallen, oben § 35 Rn 320; siehe im Übrigen oben § 11 Rn 404). Gleiches gilt daher für Ansprüche gegen die **Gründer einer Vorgesellschaft**, wenn man sie als Außenhaftung qualifiziert (*Runkel/Schmidt* ZInsO 2007, 505, 508; regelmäßig Innenhaftung annehmend insoweit allerdings BGH 27. 1. 1997 Z 134, 333 = NJW 1997, 1507 *[Altmeppen]* = ZIP 1997, 679 = EWiR § 11 GmbHG 1/97, 463 *[Fleischer]*; abw für einen öffentlich-rechtlichen Zweckverband unter Verweis auf das Recht der BGB-Gesellschaft oder des nicht eingetragenen Vereins BGH 18. 12. 2000 Z 146, 190 = NJW 2001, 748 = ZIP 2001, 373). Unerheblich ist damit, ob die Vorgesellschaft schon als juristische Person oder noch als Gesellschaft ohne Rechtspersönlichkeit anzusehen ist (aus diesem Grunde abw KPB-*Lüke* § 93 Rn 11).

Ist aus Rechtsgründen zweifelhaft, ob es sich bei einem Anspruch um einen Außen- oder Innenhaftungsanspruch handelt (etwa: echte Durchgriffshaftung oder interne Verlustausgleichshaftung), ist nach heutigem Recht in jedem Fall der Insolvenzverwalter zur Geltendmachung befugt; im ersten Fall ergibt sich seine Befugnis aus § 93, im zweiten aus § 80 Abs 1 (KP-*Noack* GesellschaftsR Rn 247, 498; insoweit zutreffend daher KPB-*Lüke* § 93 Rn 9). Das gilt nach hier vertretener Auffassung nicht nur für die Gesellschaften ohne Rechtspersönlichkeit.

Nach Auffassung des **BFH** und des **BGH** wird die **steuerrechtliche Haftung** des persönlich haftenden 9A Gesellschafters einer Kommanditgesellschaft nach §§ 69, 34 AO nicht von der Sperrwirkung des § 93 InsO erfasst und kann daher auch nach Eröffnung eines Insolvenzverfahrens noch vom Finanzamt mit Haftungsbescheid geltend gemacht werden (BFH 2. 11. 2001 E 197, 1 = ZIP 2002, 179 = NZG 2002, 345 = NZI 2002, 173 = EWiR § 93 InsO 3/02, 217 *[Wessel]*; BGH 4. 7. 2002 Z 151, 245 = ZIP 2002, 1492; ebenso *Bitter* ZInsO 2002, 557 ff [abw. de lege ferenda]; *Bunke* KTS 2002, 471, 476 ff; *ders* NZI 2002, 591 ff; *Gundlach/Frenzel/Schmidt* DZWIR 2002, 189; *dies* DStR 2002, 1095; *Haas/Müller* NZI 2002, 366 f; *Kesseler* ZIP 2002, 1974, 1976; *ders* ZInsO 2002, 549, 551 ff; abw OLG Schleswig 21. 9. 2001 ZIP 2002, 1968, 1969 = DStR 2002, 925 = EWiR § 93 InsO 1/02, 24 *[Graf/Wunsch]*; *Kling* ZIP 2002, 881, 882 f); Gleiches gilt nach Auffassung des BSG für die **Haftung nach § 150 Abs 4 SGB VII** (BSG 27. 5. 2008 B 2 U 19/07 ZIP 2008, 1965 f = NZG 2008, 748).

b) Unklar ist, ob § 93 auch auf Ansprüche gegen ausgeschiedene Gesellschafter Anwendung findet, 10 die den Gläubigern noch persönlich haften (insbesondere im Rahmen der Nachhaftung nach § 160 HGB, § 736 BGB). Für den früheren § 212 KO wurde eine Anwendung mit der Begründung verneint, die Gesellschaftsgläubiger würden nicht gegenüber den Privatgläubigern eines ausgeschiedenen Gesellschafters bevorzugt, wenn man § 212 KO nicht anwende. Denn der ausgeschiedene Gesellschafter sei ja nicht mehr am Gesellschaftsvermögen beteiligt, weil er sein Abfindungsguthaben entweder bereits empfangen habe oder er es im Konkurs der Gesellschaft gelten machen könne (Kuhn/*Uhlenbruck* § 212 KO Rn 2 mwN). Für das neue Recht kann es auf dieses Argument nicht ankommen: denn die Haftung des ausgeschiedenen Gesellschafters kommt wie die der derzeitigen zwar nicht unbedingt der Gesamtheit der Gesellschaftsgläubiger, aber typischerweise doch immerhin einer großen Zahl der Gesellschaftsgläubiger zugute, was ein Grund für die Neuregelung war. Auch in bezug auf ausgeschiedene Gesellschafter würde eine Anwendung von § 93 zudem auf eine gleichmäßige Befriedigung der (hier Alt-)Gesellschaftsgläubiger hinwirken und darauf, dass sich keiner dieser Gläubiger in der Insolvenz der Gesellschaft durch einen schnelleren Zugriff auf ausgeschiedene persönlich haftende Gesellschafter Sondervorteile verschafft. Und schließlich wird durch eine Einbeziehung ausgeschiedener Gesellschafter auch der Massearmut von Insolvenzen über Gesellschaften ohne Rechtspersönlichkeit entgegengesteuert, allerdings wegen der hier zwingenden Bildung von Sondermassen nur zugunsten der Altgläubiger. Ausgeschiedene persönlich haftende Gesellschafter sind daher – im Gegensatz zum früheren § 212 KO

– von § 93 erfasst (ebenso **OLG** Hamm 30. 3. 2007 ZIP 2007, 1233, 1238 f = NZI 2007, 584 [nicht rechtskr.]; *Armbruster*, Die Stellung des haftenden Gesellschafters in der Insolvenz der Personengesellschaft nach geltendem und künftigem Recht [1996], S 150; KPB-*Lüke* § 93 Rn 55 aE; *H.-F. Müller* Der Verband in der Insolvenz, S 256; *Oepen*, Massefremde Masse [1999], S 71 Rn 144). Soweit ein ausgeschiedener Gesellschafter nur gegenüber einem Teil der Gesellschaftsgläubiger persönlich haftet, ist insoweit eine Sondermasse zu bilden (*Gerhardt* ZIP 2000, 2181, 2184 ff).

11 § 93 ist auch dann anzuwenden, wenn eine **zweigliedrige Gesellschaft** durch Übernahme seitens eines Gesellschafters **aufgelöst** wurde und sie daher ohne Abwicklung erloschen ist, sofern der übernehmende Gesellschafter insolvent wird und Ansprüche gegen den anderen als ausgeschiedenen persönlich haftenden Gesellschafter geltend zu machen sind; obwohl es dann um die Insolvenz einer natürlichen Person geht, greift § 93 im Hinblick auf seinen Zweck auch dann (*Gerhardt* ZIP 2000, 2181, 2184 ff). Auch die Weiterhaftung eines persönlich haftenden Gesellschafters nach **Umwandlung** einer Gesellschaft ohne Rechtspersönlichkeit in eine Kapitalgesellschaft (§ 224 Abs 1 UmwG) ist vom Insolvenzverwalter geltend zu machen (KPB-*Lüke* § 93 Rn 12; KP-*Noack* GesellschaftsR Rn 505).

II. Geltendmachung der persönlichen Haftung

12 **1. Insolvenz der Gesellschaft.** Die persönliche Haftung der Gesellschafter wird vom Insolvenzverwalter in der Weise geltend gemacht, dass er die Gesellschafter zur Zahlung der Beträge auffordert, die zur Befriedigung der Insolvenzgläubiger erforderlich sind. Dabei muss er, da es sich bei § 93 nicht um eine eigenständige Anspruchsgrundlage handelt (oben Rn 3), die einzelnen Verbindlichkeiten, für die er diese in Anspruch nehmen will, nach Entstehungszeitpunkt und Schuldgrund darlegen (**BGH** 9. 10. 2006 II ZR 193/05 ZIP 2007, 79 = DStR 2007, 125 = EWiR § 93 InsO 1/07, 115 *[Jens M. Schmidt]*). Zur Auswirkung der Feststellung einer Verbindlichkeit in der Insolvenz der Gesellschaft auf die Geltendmachung der Haftung unten Rn 41; zur internationalen Zuständigkeit für eine gegen den persönlich haftenden Gesellschafter gerichteten Klage oben § 35 Rn 407.

13 Gläubiger, die nach Eröffnung des Insolvenzverfahrens etwas von dem Gesellschafter erlangt haben, müssen das Erlangte in die Sondermasse erstatten. Soweit der Betrag vom Gläubiger nicht zurückerstattet wird, nimmt er mit seiner Forderung nicht am Insolvenzverfahren teil; im Übrigen erhält er wie alle anderen Gläubiger nur die Quote. Mit Zahlung des angeforderten Betrages an den Insolvenzverwalter erlischt insoweit die persönliche Haftung des Gesellschafters nach § 128 HGB. Durch dieses Verfahren wird die Gleichbehandlung der Gesellschaftergläubiger bereits zu einem Zeitpunkt erreicht, bevor über das Privatvermögen ein Insolvenzverfahren eröffnet ist (*Häsemeyer* Rn 31.17). Die Befriedigung von Gesellschaftsgläubigern durch einen Gesellschafter vor Verfahrenseröffnung kann erst in der Insolvenz des Gesellschafters angefochten werden. Zuvor ist zwar auch eine Anfechtung nach dem AnfG denkbar; doch wird sie in aller Regel tatbestandlich daran scheitern, dass bei ihr eine Deckungsanfechtung nicht vorgesehen ist. Für Rechtshandlungen nach Verfahrenseröffnung kommt eine (ggfls analoge) Anwendung der Anfechtungsvorschriften nicht mehr in Betracht (*Bork* KS-InsO S 1333, 1342; anders noch **BGH** 21. 1. 1993 Z 121, 179, 182 ff = NJW 1993, 663 = ZIP 1993, 208, 211 = KTS 1993, 287 = EWiR § 3 AnfG 1/93, 427 *[Schott]*).

14 Gläubiger eines Gesellschafters, die nicht zugleich Gesellschaftsgläubiger sind, können weiterhin gesondert auf das Vermögen des Gesellschafters zugreifen (*Fuchs* ZIP 2000, 1089). Gleiches gilt, wenn die Gesellschaftsgläubiger (auch) aus einem anderen als gesellschaftsrechtlichen Rechtsgrund auf den persönlich haftenden Gesellschafter zugreifen können (*Karsten Schmidt* ZGR 1996, 209, 218 f; dazu unten Rn 18). Wird ihre Befriedigung durch das Vorgehen des Insolvenzverwalters gefährdet, so ist gegebenenfalls ein besonderes Insolvenzverfahren über das Vermögen des Gesellschafters zu eröffnen, an dem sie gleichberechtigt mit dem Insolvenzverwalter der Gesellschaft teilnehmen (dazu ausführlich *Fuchs* ZIP 2000, 1089, 1090 ff).

15 **2. Rechtslage außerhalb der Insolvenz der Gesellschaft.** Ist über die Gesellschaft kein Insolvenzverfahren eröffnet, dürfen die Gläubiger ihre Forderungen uneingeschränkt auch gegen deren persönlich haftende Gesellschafter geltend machen. Dies ist in § 93 nicht geregelt, sondern wird als selbstverständlich vorausgesetzt. Das gilt auch im Eröffnungsverfahren (*Runkel/Schmidt* ZInsO 2007, 505, 579). Erst recht nehmen sie daran aus dessen Eigeninsolvenz teil, wenn sich die Gesellschaft nicht im Insolvenzverfahren befindet (**BGH** 22. 5. 1958 WM 1958, 1105). Gleiches gilt für den Zeitraum nach Beendigung eines Insolvenzverfahrens über das Vermögen der Gesellschaft. Bei Durchführung eines Insolvenzplanverfahrens können sich Besonderheiten durch § 227 Abs 2 ergeben (dazu ausführlich unten Rn 41).

16 Solange über das Vermögen eines persönlich haftenden Gesellschafters seinerseits ein Insolvenzverfahren eröffnet ist, unterliegt die Geltendmachung von Ansprüchen gegen ihn dem Vollstreckungsverbot des § 89 Abs 1. Nach Beendigung eines etwaigen Insolvenzverfahrens über sein Vermögen besteht hier grundsätzlich ein unbeschränktes Nachforderungsrecht nach § 201 Abs 1. Ist aber Restschuldbefreiung beantragt, unterliegt der persönlich haftende Gesellschafter während der Wohlverhaltensperiode nach § 294 Abs 1 ebenfalls einem Vollstreckungsverbot. Von dieser Vollstreckungssperre sind auch etwa nach § 426 Abs 2 BGB auf andere Gesellschafter übergegangene Ansprüche wegen der Befriedigung von In-

solvenzgläubigern erfasst (dazu mit den Konsequenzen für die Korrektur des Schlussverzeichnisses *Fuchs* ZIP 2000, 1089, 1094 f).

III. Inhalt und Umfang der persönlichen Haftung

1. Beschränkung auf gesellschaftsrechtliche Haftung. § 93 betrifft wie § 92 Fälle, in denen der Gesellschafter gegenüber **allen Gläubigern in gleichem Umfang haftet** (*Bork* KS-InsO S 1333, 1343; *H.-F. Müller* Der Verband in der Insolvenz, S 232 ff; *Oepen*, Massefremde Masse [1999], S 139 ff Rn 225 ff; *Karsten Schmidt* ZGR 1996, 209, 217). Dabei kommt es aber nicht darauf an, dass er tatsächlich allen Gläubigern gegenüber gleichermaßen haftet; ausreichend ist vielmehr, dass die Haftung auf einer Norm beruht, die typischerweise zu einer unterschiedslosen Haftung gegenüber allen Gläubigern führt wie dies paradigmatisch bei § 128 HGB und der aus ihm folgenden akzessorischen Gesellschafterhaftung der Fall ist. Dass gegenüber einzelnen Gläubigern möglicherweise eine persönliche Haftung ausgeschlossen ist, sei es wegen einer § 128 HGB ausschließenden individualvertraglichen Vereinbarung (zu deren Zulässigkeit BGH 27. 9. 1999 Z 142, 315 = ZIP 1999, 1735 [*Altmeppen*] = NJW 1999, 3483 = EWiR § 705 BGB 2/99, 1053 [*Keil*] = LM § 705 BGB Nr. 73 [*Wilhelm*]), sei es wegen einer nachträglichen Einschränkung oder wegen eines nachträglichen Ausschlusses nicht der persönlichen Haftung, steht damit dem Eingreifen von § 93 nicht im Wege (*Brinkmann* Bedeutung S 119). Voraussetzung ist daher wie bei § 171 Abs 2 HGB (dazu § 35 Rn 391) und anders als bei § 92 (dazu § 92 Rn 5 ff), dass *ein Gesellschafter* gegenüber dem betreffenden Gläubiger (noch) selbst *haftet* (*Bork* KS-InsO S 1333, 1345). Nicht erfasst von § 93 sind andererseits gegen einen Gesellschafter gerichtete Ansprüche, deren Grundlage nicht im Gesellschaftsrecht liegt; sie können aber unter Umständen unter § 92 fallen.

Ausgeschlossen sind dabei auch **Bürgschaften und Garantien**, selbst wenn die gesicherte Verbindlichkeit gesellschaftsrechtlicher Natur ist (LG Bayreuth 30. 5. 2000 ZIP 2001, 1782 f = EWiR § 93 InsO 2/02, 163 [*Fuchs*]; *Bitter* ZInsO 2002, 557 ff [abw de lege ferenda]; *Brinkmann* Bedeutung S 125; *ders* ZGR 2003, 264, 275 ff [abw. aber für die Sperrwirkung]; *Bunke* KTS 2002, 471, 476 ff; *ders* NZI 2002, 591 ff; *Fuchs* ZIP 2000, 1089; *Kesseler* ZIP 2002, 1974, 1976; *ders* ZInsO 2002, 549, 551 ff; *KPB-Lüke* § 93 Rn 18a; *KP-Noack* GesellschaftsR Rn 509; *Karsten Schmidt* ZGR 1996, 209, 218 f; *Karsten Schmidt/Bitter* ZIP 2000, 1077, 1080, 1086; *Theißen* ZIP 1998, 1625, 1626; *Wessel* DZWIR 2002, 53, 54; abw für Personalsicherheiten *Bork* NZI 2002, 362, 363 ff; *Kesseler* DZWIR 2003, 488, 490 ff; *Klinck* NZI 2004, 651 ff; *Oepen* ZInsO 2002, 162, 168; *Pelz* Die Gesellschaft bürgerlichen Rechts in der Insolvenz [1999], S 84 ff). Diese Ansprüche können die Gläubiger in der Privatinsolvenz des Gesellschafters daher in jedem Fall voll anmelden (§ 43). Bejaht man die Möglichkeit einer Doppelanmeldung in Gesellschafts- und Gesellschafterinsolvenz (dagegen unten Rn 26), kann der Insolvenzverwalter aber Ansprüche von Insolvenzgläubigern jedenfalls nicht neben deren Ansprüchen aus persönlichen Gesellschaftersicherheiten voll anmelden (*Karsten Schmidt/Bitter* ZIP 2000, 1077, 1083 f). Ein Grund für den Ausschluss persönlicher Ansprüche von der Geltendmachung durch den Insolvenzverwalter ist, dass hier der Haftungsumfang gegenüber den einzelnen Gläubiger noch stärker differiert und von den Umständen des Einzelfalls abhängig ist als bei der gesellschaftsrechtlichen Haftung (vgl. auch oben § 92 Rn 13); vor allem aber würde dies die Stellung der Personal- und Realkreditgeber deutlich verschlechtern und damit indirekt zu einer Verteuerung der Kreditversorgung führen. Für das mit § 93 verfolgte Ziel ist dies freilich unbefriedigend (ebenso *Brinkmann* ZGR 2003, 264, 275 ff; *Oepen*, Massefremde Masse [1999], S 147 ff Rn 269 ff; *Pelz* Die Gesellschaft bürgerlichen Rechts in der Insolvenz [1999], S 84 ff; *Karsten Schmidt/Bitter* ZIP 2000, 1077, 1080, 1086).

Auch Ansprüche aus **Handelndenhaftung bei einer Vorgesellschaft** oder anderen juristischen Personen im Gründungsstadium nach § 41 Abs 1 Satz 2 AktG, § 11 Abs 1 GmbHG, § 179 Abs 1 BGB (für Gen), § 54 Satz 2 BGB werden nicht vom Insolvenzverwalter geltend gemacht (zur Vorgesellschaft auch oben Rn 8). Denn auch bei ihnen geht es nicht um die (typischerweise) allgemeine Haftung der Gesellschafter für sämtliche Verbindlichkeiten einer Gesellschaft, sondern um eine nur bestimmten Gläubigern gegenüber bestehende Haftung (*KP-Noack* GesellschaftsR Rn 508; *Karsten Schmidt* ZGR 1996, 209, 217).

2. Umfang der Haftung. a) Grundsatz. Der Gesellschafter haftet grundsätzlich summenmäßig unbeschränkt für alle Verbindlichkeiten der Gesellschaft. Zu diesem Zweck fordert der Insolvenzverwalter die Gesellschafter zur Zahlung der Beträge in die Masse auf. Bei der Inanspruchnahme **mehrerer gesamtschuldnerisch persönlich haftender Gesellschafter** kann er nach pflichtgemäßem Ermessen entscheiden, gegen wen er vorgeht; er ist dabei weder an den Gleichbehandlungsgrundsatz gebunden (*KPB-Lüke* § 93 Rn 20), noch muss er auf etwaige interne Abreden der Gesellschafter untereinander Rücksicht nehmen. Hier gilt nichts anderes als bei der Inanspruchnahme mehrerer haftender Kommanditisten (dazu oben § 35 Rn 381) oder bei der Einforderung offener Einlageforderungen von verschiedenen Gesellschaftern (dazu oben § 35 Rn 309).

Verbleibt bei Beendigung des Insolvenzverfahrens über das Vermögen der Gesellschaft ein **Überschuss**, hat der Verwalter ihn nach § 199 Satz 2 an die zu viel in Anspruch genommenen Gesellschafter nach dem Verhältnis der von ihnen geleisteten Beträge herauszugeben (*Fuchs* ZIP 2000, 1089, 1090, 1095 f; *Heitsch* ZInsO 2003, 692, 696; *Karsten Schmidt/Bitter* ZIP 2000, 1077, 1087).

22 **b) Geltung des Ausfallprinzips. aa) Allgemeines.** Nach der Begründung des Regierungsentwurfs sollen die persönlich haftenden Gesellschafter durch die Überleitung der Haftungsansprüche auf den Verwalter nicht schlechter gestellt werden, als sie nach früherem Recht standen. Der Verwalter soll daher keine Zahlungen einfordern dürfen, die über den Betrag hinausgehen, der bei Berücksichtigung des Liquidationswertes der bereits vorhandenen Insolvenzmasse zur Befriedigung aller Insolvenzgläubiger erforderlich ist; denn ein solcher Überschuss müsste anschließend nach § 199 wieder an die Gesellschafter zurückgezahlt werden (MK/*Brandes* § 93 Rn 24 ff).

23 Der Sache nach wird damit die Weitergeltung des früher in § 212 Abs 1 KO ausdrücklich angeordneten **Ausfallprinzips** (jetzt § 52) vorausgesetzt, ohne dass dies im Gesetzestext zum Ausdruck käme (abw. *Heitsch* ZInsO 2003, 692, 695 f; *Kesseler* DZWIR 2003, 488, 493 f; *Oepen* ZInsO 2002, 162, 167; *von Olshausen* ZIP 2003, 1321, 1327 ff mit ausführlichen Berechnungsbeispielen zu den unterschiedlichen Ansätzen S 1322 ff; *Runkel/Schmidt* ZInsO 2007, 505, 580 f). Denn bei anderer Betrachtung – Vollanmeldung – erhöhen sich die in der Privatinsolvenz des persönlich haftenden Gesellschafters anzumeldenden Forderungen, und das ginge nicht nur zu Lasten der Privatgläubiger des Gesellschafters, sondern wegen der Möglichkeit der Nachforderung nach Beendigung des Insolvenzverfahrens nach § 201 Abs 1 auch zu Lasten des persönlich haftenden Gesellschafters selbst (abw. daher Karsten Schmidt/ *Bitter* ZIP 2000, 1077, 1084: *Theißen* ZIP 1998, 1625, 1628). Nach dem Ausfallprinzip konnten Gesellschaftsgläubiger im *Konkurs* des Gesellschafters ihre Forderungen zwar in vollem Umfang anmelden, Befriedigung aber nur für den Betrag beanspruchen, mit dem sie im Gesellschaftskonkurs ausgefallen sind (Kilger/*Karsten Schmidt* § 212 KO Anm 2; Scholz/*Karsten Schmidt* 8. Aufl 1995 § 63 GmbHG Rn 102 [für die GmbH & Co KG]). Diese Beschränkung widersprach der insolvenzrechtlichen Grundregel, dass ein Gläubiger bei Haftung mehrerer für dieselbe Schuld jeden Haftenden bis zur vollständigen Befriedigung mit dem vollen Betrag in Anspruch nehmen kann (jetzt § 43). Gerechtfertigt war dies aber deshalb, weil es Privatgläubigern des Gesellschafters verwehrt ist, sich wegen ihrer Forderungen unmittelbar an das Gesellschaftsvermögen zu halten. Sie wurden durch die Konkurrenz mit den Gesellschaftsgläubigern in ihren Befriedigungschancen beeinträchtigt. Dies galt nach früherem Recht aber nur bei *gleichzeitigem Konkurs* von Gesellschaft und Gesellschafter. Da die beschriebene Konkurrenzsituation aber unabhängig von der gleichzeitigen Konkurseröffnung über Gesellschafts- und Gesellschaftervermögen ist (ähnlich *Karsten Schmidt/Bitter* ZIP 2000, 1077, 1086) und der Gesetzgeber nicht zu erkennen gegeben hat, dass er die Lage zu Lasten der Privatgläubiger des persönlich haftenden Gesellschafters verschlechtern wollte, sollte man an dieser Lösung des Konflikts auch für das neue Recht festhalten (ebenso *Armbruster* ebda S 222 f; abw Baumbach/*Hopt* § 128 HGB Rn 47; *Häsemeyer* Rn 31.25; KPB-*Lüke* § 93 Rn 51 f; *von Olshausen* ZIP 2003, 1321, 1327 ff). Rechtlich ist dies insofern unproblematisch, als zwischen Gesellschaft und Gesellschaftern gerade keine Gesamtschuld besteht (**BGH 1. 2. 1952 Z 5, 35, 37; BGH 14. 2. 1957 Z 23, 302, 304;** Baumbach/*Hopt* § 128 HGB Rn 19). Eine eingeschränkte Anwendung des § 43 lässt sich damit eher vertreten. Damit ergibt sich nach heutigem Recht auch keine Verschlechterung der Stellung der Privatgläubiger eines persönlich haftenden Gesellschafters, wie sie einträte, wenn neben sie nunmehr die zur vollen Anmeldung ihrer Forderungen berechtigten Gesellschaftsgläubiger träten (abw. KPB-*Lüke* § 93 Rn 52; KP-*Noack* GesellschaftsR Rn 479, weil sie von voller Anmeldeberechtigung ausgehen; die Verschlechterung konstatierend auch *Armbruster* ebda S 223).

24 Das bedeutet zunächst, dass die Gesellschaftsgläubiger, solange kein Insolvenzverfahren eröffnet wurde, ihre Verbindlichkeiten unbeschränkt sowohl gegen die Gesellschaft als auch gegen deren persönlich haftende Gesellschafter geltend machen dürfen. Wird – was selten ist – **nur über das Vermögen des persönlich haftenden Gesellschafters ein Insolvenzverfahren eröffnet**, können die Gläubiger ihre Forderungen dort voll anmelden (§ 43). Der Gesellschaftsgläubiger kann daher dort auch dann noch eine Quote auf die volle Forderung erhalten, wenn er eine Teilzahlung seitens der nicht insolventen Gesellschaft erhalten hat (*Karsten Schmidt/Bitter* ZIP 2000, 1077, 1081). Dies ist unstreitig.

25 Ist der persönlich haftende Gesellschafter nicht insolvent, verlieren die Gesellschaftsgläubiger kraft ausdrücklicher Anordnung in § 93 mit **Eröffnung des Insolvenzverfahrens über das Vermögen der Gesellschaft** die Befugnis zur Geltendmachung ihrer Rechte aus akzessorischer Gesellschafterhaftung. Der Insolvenzverwalter über das Vermögen der Gesellschaft darf andererseits aufgrund des Ausfallprinzips nur insoweit gegen die persönlich haftenden Gesellschafter vorgehen, als die Insolvenzmasse der Gesellschaft die Verbindlichkeiten voraussichtlich nicht deckt (ebenso *Fuchs* ZIP 2000, 1089, 1090, 1095: Geltendmachung nur eines „möglicherweise" höheren Betrages als des endgültigen Ausfalls; *Karsten Schmidt/Bitter* ZIP 2000, 1077, 1083; *Karsten Schmidt* KTS 2001, 373, 391; weitergehend KPB-*Lüke* § 93 Rn 22 [Grenze der Einforderung erst bei offensichtlicher Rechtsmissbräuchlichkeit]). Maßgeblicher Zeitpunkt für die Beurteilung dieser Frage ist der Zeitpunkt der Verfahrenseröffnung (**OLG Hamm 30. 3. 2007 ZIP 2007, 1233, 1235, 1240 = NZI 2007, 584** [nicht rechtskr]; *Karsten Schmidt/ Bitter* ZIP 2000, 1077, 1087; KPB-*Lüke* § 93 Rn 23). Daher kommt auch eine Aussetzung eines gegen den persönlich haftenden Gesellschafter gerichteten Rechtsstreits nach § 148 ZPO nicht mit der Be-

III. Inhalt und Umfang der persönlichen Haftung **§ 93**

gründung in Frage, dass in anderen Rechtsstreitigkeiten noch seine Haftung möglicherweise vermindernde Ansprüche durchgesetzt werden sollen (**OLG Hamm** 30. 3. 2007 ZIP 2007, 1233, 1235 = NZI 2007, 584 [nicht rechtskr.]). Bei der Frage, welche Werte bei der Durchsetzung der persönlichen Gesellschafterhaftung zugrunde zu legen sind, hat der Insolvenzverwalter daher ein gewisses Einschätzungsermessen (ebenso *Fuchs* ZIP 2000, 1089, 1090, 1095). Allerdings ist ihm – entgegen der Regierungsbegründung – der Ansatz von Liquidationswerten verwehrt, wenn eine Fortführung des Unternehmens mit der Folge höherer Bewertung hinreichend wahrscheinlich ist.

Wird **auch** über das **Vermögen des persönlich haftenden Gesellschafters ein Insolvenzverfahren eröffnet**, kann (und muss) der Insolvenzverwalter dort zwar die gesamten Forderungen der Gläubiger einzeln nach §§ 174 ff zur Tabelle *anmelden* und im Falle des Bestreitens durch den Insolvenzverwalter in der Privatinsolvenz auch in voller Höhe klagen; er darf aber nur in dem Umfang Befriedigung suchen, als diese nicht aus der Insolvenzmasse der Gesellschaft zu erlangen ist (ebenso früher Kilger/*Karsten Schmidt* § 212 KO Anm 2; abw jetzt *Karsten Schmidt/Bitter* ZIP 2000, 1077, 1087: nur der Unterdeckungsbetrag). Die Prüfung und Feststellung erfolgt zwar für den ganzen Betrag, aber wie nach den früheren §§ 212 Abs 3, 64 KO (jetzt § 52 InsO) nur „für den Ausfall in der Insolvenz der Gesellschaft" (RG 5. 12. 1932 Z 139, 83, 86). Nur auf diesen Ausfall wird auch die Quote berechnet. Verzichtet ein Insolvenzgläubiger darauf, seine Forderung in der Insolvenz der Gesellschaft anzumelden, kann er die Insolvenzverwalter sie gegen den persönlich haftenden Gesellschafter – auch in dessen Insolvenz – nicht durchsetzen; der Insolvenzgläubiger selbst bleibt aufgrund der Sperrwirkung aber an ihrer Durchsetzung gehindert. Die damit vorgezeichneten Interessenkonflikte zwischen Gesellschafts- und Gesellschafterinsolvenz lassen es nach heutigem Recht bedenklich erscheinen, bei gleichzeitiger Insolvenz beider für Gesellschaft und Gesellschafter denselben Insolvenzverwalter zu bestellen (*Häsemeyer* Rn 31.27). 26

bb) Wenn Gläubigerforderungen gegen **mehrere gesamtschuldnerisch persönlich haftende Gesellschafter** geltend zu machen sind, gilt das Ausfallprinzip nur im Verhältnis zu ihrer Gesamtheit. Wird daher auch über das Privatvermögen der Gesellschafter ein Insolvenzverfahren eröffnet, kann im Verhältnis zu jedem einzelnen nach § 43 Befriedigung für den gesamten Ausfall gesucht werden (Baumbach/*Hopt* § 128 HGB Rn 47; *Fuchs* ZIP 2000, 1089; KPB-*Lüke* § 93 Rn 25; KP-*Noack* GesellschaftsR Rn 516; *Karsten Schmidt/Bitter* ZIP 2000, 1077, 1081 f; ebenso zum alten Recht Jaeger/*Weber* § 212 KO Rn 17; Kilger/*Karsten Schmidt* § 212 KO Anm 2). Sind die einzelnen persönlich haftenden Gesellschafter ihrerseits insolvent, bedarf es einer Anmeldung sämtlicher Einzelforderungen in allen (Privat-)Insolvenzverfahren (KPB-*Lüke* § 93 Rn 52). 27

cc) Absonderungsrechte. Nach dem hier vertretenen Modell der Ausfallhaftung würde sich bei einer Gesellschaftsforderung, die durch eine **Personal- oder Realsicherheit** eines Gesellschafters gesichert ist, eigentlich eine Kürzung der Forderung ergeben: denn wenn die gesicherte Forderung in der Insolvenz des Gesellschafters nur noch begrenzt angemeldet werden kann, könnte eigentlich auch die Sicherheit nicht mehr realisiert werden bzw. entfiele in diesem Umfang die gesicherte Forderung (dazu Karsten Schmidt/*Bitter* ZIP 2000, 1077, 1083; *von Olshausen* ZIP 2003, 1321, 1328 f). Daher wird man das Ausfallprinzip insoweit teleologisch begrenzen müssen, als die Beschränkung der Ausfallforderungen insoweit irrelevant ist, als diese dinglich oder persönlich durch einen Gesellschafter gesichert sind (hierzu mit einem anderen Lösungsansatz auch *Klinck* NZI 2004, 651, 655: Möglichkeit der Vollanmeldung der durch Personalsicherheit gesicherten Forderung durch den Insolvenzgläubiger in der Insolvenz des Gesellschafters bei analog § 44 gleichzeitigem Ausschluss des Insolvenzverwalters von der Geltendmachung der Forderung nach § 93, bis der Gläubiger zu 100% befriedigt ist; abw *von Olshausen* ZIP 2003, 1321, 1328 f). 28

Soweit das Ausfallprinzip sinngemäß anzuwenden ist, findet allerdings § 190 keine Anwendung, wenn auch über das Vermögen des persönlich haftenden Gesellschafters ein Insolvenzverfahren eröffnet wurde. Endet das Insolvenzverfahren über das Vermögen der Gesellschaft vor demjenigen über das des Gesellschafters, stehen die Ausfallforderungen fest. Endet die Privatinsolvenz eines persönlich haftenden Gesellschafters vor derjenigen der Gesellschaft, hat der Insolvenzverwalter den vollen noch nicht getilgten Betrag der Gesellschaftsschuld **zurückzubehalten**, und zwar falls erforderlich über den Termin der Schlussverteilung hinaus (Jaeger/*H.-F. Müller* § 93 Rn 67). In diesem Fall sind die Beträge nach § 198 zu hinterlegen und erst bei Bestehen des Ausfalls quotal auszukehren. Die Gläubiger können eine vorzeitige Auskehrung nur erreichen, wenn sie auf die Geltendmachung ihrer Ansprüche in der Insolvenz der Gesellschaft verzichten. Ist gleichwohl schon ein Betrag verteilt worden, ist er als ungerechtfertigte Bereicherung in die Masse des Insolvenzverfahrens über das Vermögen des Gesellschafters zurückzugewähren, wo er dann für eine Verteilung an die anderen persönlichen Gläubiger des Gesellschafters zur Verfügung steht (*Fuchs* ZIP 2000, 1089, 1090, 1096). Erfolgen in beiden Insolvenzen Abschlagszahlungen nach § 187, so vermindern sich durch die Auszahlungen in der Insolvenz der Gesellschaft die in der Insolvenz des persönlich haftenden Gesellschafters auszuzahlenden Beträge. Bleibt nach Befriedigung der Gesellschaftsgläubiger im Insolvenzverfahren über das Vermögen der Gesellschaft noch Masse übrig, ist diese vom Insolvenzverwalter an die Gesellschafter zu verteilen (§ 199 Satz 2; **OLG Hamm** 30. 3. 2007 ZIP 2007, 1233, 1235 = NZI 2007, 584 [nicht rechtskr]; vgl auch **OLG Celle** 5. 10. 1993 NJW-RR 1994, 231 = ZIP 1993, 1720 = KTS 1994, 78 = EWiR § 82 KO 4/93, 1099 *[Pape]*). 29

30   dd) Auch das vom Insolvenzverwalter der Gesellschaft auszuübende **Stimmrecht** der Gesellschaftsgläubiger richtet sich in einer etwaigen Privatinsolvenz des Gesellschafters nach dem mutmaßlichen Anteil (§ 77 Abs 3 Nr. 2 iVm Abs 2 InsO; früher §§ 212 Abs 3, 96 Abs 1 KO). Maßgebend ist der vom Gläubiger angegebene Ausfallbetrag; auf den Widerspruch eines Insolvenzgläubigers oder der Verwalters entscheidet das Gericht. Verzichtet ein Insolvenzgläubiger auf Berücksichtigung in der Insolvenz der Gesellschaft, ist er in der Insolvenz des Gesellschafters für seine ganze Forderung stimmberechtigt.

31   c) **Inanspruchnahme ausgeschiedener Gesellschafter.** Anders liegen die Dinge, wenn die persönliche Haftung gegen einen **ausgeschiedenen Gesellschafter** geltend gemacht werden soll. Hier ist der Insolvenzverwalter zwar für die Geltendmachung zuständig; doch haften die ausgeschiedenen Gesellschafter nur für die bis zu ihrem Ausscheiden begründeten Forderungen (*Armbruster* ebda S 150 ff [auch mit Erörterung von Sonderfällen wie des Ausscheidens durch Anteilsübertragung]). Daher darf auch der Insolvenzverwalter ihre persönliche Haftung nur zugunsten der Gläubiger realisieren, deren Forderungen bis zum Ausscheiden der betreffenden Gesellschafter begründet wurden. Wie bei der Geltendmachung der Haftung eines ausgeschiedenen Kommanditisten nach § 171 Abs 2 HGB (dazu oben § 35 Rn 401) hat der Insolvenzverwalter daher für die von den ausgeschiedenen Gesellschaftern erlangten Beträge eine (gegebenenfalls zusätzliche) **Sondermasse** zu bilden (*Armbruster* ebda S 190 ff; KPB-*Lüke* § 93 Rn 25).

32   Anders als bei der Inanspruchnahme von noch persönlich haftenden Gesellschaftern ist der Insolvenzverwalter aber gegenüber ausgeschiedenen persönlich haftenden Gesellschaftern aufgrund des **Ausfallprinzips** nicht zu einer Beschränkung seiner Forderung verpflichtet. Denn die früher gegen eine Anwendung des § 212 KO vorgebrachten Argumente gelten insoweit nach wie vor (vgl oben Rn 23). Insoweit gilt das Ausfallprinzip daher nicht. Anders liegen die Dinge dagegen bezüglich der Frage, welche Auswirkungen ein **Insolvenzplan** hat; hier wird man entgegen der zum früheren Recht vertretenen Auffassung eine Erstreckung der Wirkung des § 227 Abs 2 auch auf den ausgeschiedenen Gesellschafter annehmen müssen (*Armbruster* ebda S 238; KPB-*Lüke* § 93 Rn 55 aE).

33   d) **Besonderheiten einzelner Rechtsformen.** Bei der **Partnerschaftsgesellschaft** kann infolge der Möglichkeit einer Haftungskonzentration nach § 8 Abs 2 PartGG die persönliche Haftung gegenüber den Gesellschaftsgläubigern unterschiedlich weit reichen. Damit ist die Lage hier ähnlich wie beim Ausscheiden von Gesellschaftern aus einer Handelsgesellschaft. Die Bildung einer oder gar mehrerer **Sondermassen** ist daher unvermeidlich (*Häsemeyer* Rn 31.31; KPB-*Lüke* § 93 Rn 39). Das Ausfallprinzip gilt demgegenüber hier uneingeschränkt.

34   Bei der **Reederei** haften die einzelnen Mitreeder nach § 507 Abs 1 HGB nur quotal entsprechend dem Verhältnis ihrer Schiffsparten. Da sie damit nur **Teilschuldner** sind, ist der Insolvenzverwalter hier nicht berechtigt (anders oben Rn 20, von jedem Mitreeder den gesamten Ausfallbetrag einzufordern; eine Sondermasse ist aber nicht zu bilden (KPB-*Lüke* § 93 Rn 41).

35   Bei der **EWIV** ist nach Art. 24 Abs 2 EWIV-VO Voraussetzung für die persönliche Inanspruchnahme der Mitglieder, dass zuvor die Vereinigung erfolglos zur Zahlung aufgefordert wurde. Ob dies auch hier gilt, da nach Art 36 EWIV-VO das Insolvenzverfahren über die EWIV (vollständig) dem einzelstaatlichen Recht unterliegt, ist zweifelhaft. Folgt man dem nicht, müsste man darauf abstellen, dass die Verfahrenseröffnung für die Erfolglosigkeit und damit Entbehrlichkeit einer Zahlungsaufforderung spricht (so KPB-*Lüke* § 93 Rn 40). Ansonsten könnte der Verwalter nur wegen der Insolvenzforderungen gegen die Mitglieder vorgehen, wegen derer die Gläubiger entweder ausdrücklich gemahnt oder einen Insolvenzantrag gestellt haben.

36   3. **Alt- und Neuverbindlichkeiten.** § 93 betrifft zunächst nur **Altverbindlichkeiten**, die bereits im Zeitpunkt der Eröffnung des Insolvenzverfahrens vorhanden waren (*Karsten Schmidt*/Bitter ZIP 2000, 1077, 1086). Dazu zählen auch solche Altverbindlichkeiten, die das Gesetz als Masseverbindlichkeiten qualifiziert (§ 55 Abs 1 Nrn 2 und 3; *Armbruster* ebda S 166 ff, 179 ff). Denn nur insoweit kommt eine persönliche Haftung der persönlich haftenden Gesellschafter in Betracht, weil ihr Rechtsgrund vor Verfahrenseröffnung liegt. Das gilt auch dann, wenn durch die Ablehnung der Erfüllung eines gegenseitigen Vertrages seitens des Insolvenzverwalters nach § 103 Abs 2 aus einem Erfüllungsanspruch ein Schadenersatzanspruch geworden ist (**BGH** 13. 7. 1967 Z 48, 203 = NJW 1967, 2203; *H.-F. Müller* Der Verband in der Insolvenz, S 237 [trotz der jetzt durch **BGH** 20. 12. 1988 Z 106, 236, 241 ff = NJW 1989, 1282 = ZIP 1989, 171; **BGH** 27. 2. 1997 Z 135, 25, 26 f = ZIP 1997, 688 = WM 1997, 794 vorgenommenen Behandlung der Erfüllungswahl]; *Karsten Schmidt* ZHR 152 [1988], 105, 114; abw Jaeger/*H.-F. Müller* § 93 Rn 36; vgl. auch oben § 11 Rn 281).

37   Für **Neuverbindlichkeiten** haftet demgegenüber der Gesellschafter einer im Insolvenzverfahren befindlichen Gesellschaft überhaupt nicht. Dies gilt insbesondere für Verbindlichkeiten, die durch den vorläufigen Insolvenzverwalter zulasten des Vermögens der Gesellschaft begründet wurden, und für Verbindlichkeiten aus ungerechtfertigter Bereicherung der Masse (§ 55 Abs 1 Nrn. 1 und 3; ausführlich *H.-F. Müller* Der Verband in der Insolvenz, S 233 ff). Für Massekosten (§ 54) haftet er nach der gesetzlichen Systematik ebenfalls nicht (*Heitsch* ZInsO 2003, 692, 697, abw aber ebda S 693); mit Blick auf das mit § 93 verfolgte Ziel, die Eröffnungswahrscheinlichkeit zu erhöhen (oben Rn 3), sollte dem Insol-

III. Inhalt und Umfang der persönlichen Haftung § 93

venzverwalter aber erlaubt sein, nach § 93 eingezogene Beträge zur Deckung der Verfahrenskosten zu entnehmen, wenn nach seiner Einschätzung deren spätere Zuführung in die zu bildende Sondermasse dadurch nur aufgeschoben wird (dazu auch oben § 92 Rn 22 aE; ähnlich AG Hamburg 27. 11. 2007 67g IN 370/07 ZIP 2007, 2428 [nicht rechtskr.]; *Pohlmann* ZInsO 2008, 21; *Marotzke* ZInsO 2008, 57, 61 ff [für Zulässigkeit einer Einbehaltung von 9% der geltend zu machenden Beträge analog §§ 170, 171 InsO]; weitergehend *H.-F. Müller* Der Verband in der Insolvenz, S 245 [Haftung, mit Ausnahme der Kosten des Gläubigerausschusses]; abw **OLG Brandenburg** 23. 5. 2007 7 U 173/06 ZIP 2007, 1756 = ZInsO 2007, 1155 [nicht rechtskr]). Auch Ansprüche aus einem nach Verfahrenseröffnung aufgestellten Sozialplan gehören zu den von der Haftung ausgeschlossenen Verbindlichkeiten (§ 123 Abs 2 Satz 1). Eine Verpflichtungsfähigkeit durch den Insolvenzverwalter würde dem gesellschaftsrechtlichen Grundsatz widersprechen, dass in der Personengesellschaft im Hinblick auf die unbeschränkte Haftung der persönlich haftenden Gesellschafter diese selbst die Grenzen für die Verpflichtung der Gesellschaft festlegen können. § 93 kann nicht als Abbedingung dieses gesellschaftsrechtlichen Grundsatzes interpretiert werden (*H.-F. Müller* Der Verband in der Insolvenz, S 241 ff; abw KPB-*Lüke* § 93 Rn 29 f). Das konzedieren der Sache nach auch diejenigen, die anders entscheiden wollen, gleichzeitig aber die Notwendigkeit eines Schutzes der Gesellschafter konstatieren und ihn „indirekt" dadurch zu erreichen suchen, dass ihnen einen Zustimmungsvorbehalt bei „außergewöhnlichen Geschäften" eingeräumt wird (*Wolf* in: Insolvenzrecht im Umbruch, S 113, 123; dem folgend KPB-*Lüke* § 93 Rn 30). Daher haftet für Neuverbindlichkeiten allein die Insolvenzmasse der Gesellschaft. Bestehen allein solche Verbindlichkeiten, ist eine Realisierung der Gesellschafterhaftung daher unzulässig (*Dinstühler* ZIP 1998, 1697, 1706). Andernfalls würden Gesellschaftsgläubiger in der Insolvenz eines Gesellschafters nämlich insoweit bevorzugt, als ihnen zwei Haftungsmassen für die Masseverbindlichkeiten zur Verfügung stünden; Gläubiger eines Gesellschafters müssten umgekehrt hinter zwei verschiedene Masseverbindlichkeiten zurücktreten (*Brinkmann*, Die Bedeutung der §§ 92, 93 InsO für den Umfang der Insolvenz- und Sanierungsmasse [2001], S 102 f; *Häsemeyer* Rn 31.16; *Karsten Schmidt* ZHR 152 [1988], 105, 114; *dies* ebenfalls konzedierend KPB-*Lüke* § 93 Rn 30; vgl. oben § 11 Rn 281).

Damit führt die Einordnung der Forderung aus einem Neugeschäft als Masseverbindlichkeit in der 38
Insolvenz der Gesellschaft nicht auch zu deren Behandlung als Masseverbindlichkeit in einer etwaigen Insolvenz des Gesellschafters (RG 18. 1. 1932 Z 135, 62, 63; **BGH** 13. 7. 1967 Z 48, 203, 205 = NJW 1967, 2203; **BGH** 16. 2. 1961 Z 34, 293, 295 = NJW 1961, 1022; Baumbach/*Hopt* § 128 HGB Rn 47; *Heilmann* KTS 1981, 359, 363; Kilger/*Karsten Schmidt* § 212 KO Anm 3; Kuhn/*Uhlenbruck* § 212 KO Rn 5 a/5 b mwN; *Wissmann* EWiR 1993, 1097; abw BAG 26. 8. 1981 E 36, 356 = NJW 1982, 2339 = ZIP 1982, 209 = KTS 1982, 473 = BB 1981, 1835 *[Heilmann]*; BSG 24. 11. 1983 E 56, 55 = ZIP 1984, 724, 725). Gleiches gilt für den Rang einer Insolvenzverbindlichkeit, eine Frage, die angesichts der Aufhebung des § 61 KO allerdings an Bedeutung verloren hat (abw **BGH** 16. 2. 1961 Z 34, 293, 295 = NJW 1961, 1022 [Vorrecht nach § 28 Abs 3 RVO]; dazu auch oben § 35 Rn 404). Denn die Einräumung von Vorrechten in der Insolvenz ist eine Ausnahme, und Vorschriften über Vorrechte sind restriktiv auszulegen (BVerfG 19. 10. 1983 E 65, 182, 192 = NJW 1984, 475 = ZIP 1984, 78). Dies beurteilt sich vielmehr allein nach den für die jeweilige Insolvenzmasse maßgeblichen Vorschriften (**BFH** 14. 3. 1989 E 156, 73 = ZIP 1989, 869, 870 = BStBl 1990 II, 363 = EWiR § 61 KO 1/89, 699 *[Onusseit]*). Das hat heute nur noch für die Abgrenzung der gewöhnlichen Insolvenzforderungen (§ 38) von nachrangigen Insolvenzforderungen (§ 39) und für deren Rang untereinander Bedeutung. Allerdings ist die Nicht-Berücksichtigung von Masseverbindlichkeiten aus Neugeschäften in der Insolvenz der Gesellschaft als Masseverbindlichkeiten auch in der Insolvenz des Gesellschafers nicht präjudiziell für die Behandlung anderer Masseverbindlichkeiten aus der Gesellschaftsinsolvenz in der Insolvenz des Gesellschafters. Vielmehr ist bezogen auf das jeweilige Insolvenzverfahren zu entscheiden, ob die betreffende Forderung als Masseverbindlichkeit zu qualifizieren ist (*Armbruster* ebda S 162 ff; KPB-*Lüke* § 93 Rn 27).

4. Sachschulden. Forderungen, die nicht auf einen Geldbetrag gerichtet sind, können nach § 45 Satz 1 39
im Insolvenzverfahren über das Vermögen der Gesellschaft nur als Geldforderungen geltend gemacht werden. Für die Haftung der persönlich haftenden Gesellschafter greift diese Regelung indes nicht ein. Sofern eine solche Forderung gegen den persönlich haftenden Gesellschafter mit derjenigen gegen die Gesellschaft inhaltsgleich ist (dazu Baumbach/*Hopt* § 128 HGB Rn 9), kann sie auch gegen einen persönlich haftenden Gesellschafter nur nach ihrem ursprünglichen Inhalt verfolgt werden. Dies muss auch dann gelten, wenn nicht mehr – wie bislang – ein Gläubiger selbst gegen den persönlich haftenden Gesellschafter vorgeht, sondern der Insolvenzverwalter als dessen Prozessstandschafter (abw. im Hinblick auf das Gläubigerinteresse Gottwald/*Haas* InsR HdB § 94 Rn 74).

Eine **Forderungsveränderung** findet aber zum einen dadurch statt, dass die Forderung in der Insol- 40
venz der Gesellschaft zur Tabelle festgestellt wird (§ 178 Abs 1 und 3). Dann kann sie auch gegen den persönlich haftenden Gesellschafter nur noch mit dem festgestellten Geldbetrag geltend gemacht werden (*Mohrbutter* NJW 1968, 1125, 1126). Der einzelne Gesellschafter kann nur noch persönliche Einwendungen geltend machen (§ 129 Abs 1 HGB). Eine Veränderung des Forderungsinhalts kann aber auch stattfinden durch **Ablehnung der Erfüllung** eines von beiden Vertragsparteien noch nicht vollstän-

dig erfüllten Vertrages nach § 103. Lehnt der Insolvenzverwalter in der Insolvenz der Gesellschaft die Erfüllung ab, wandelt sich die Forderung in einen Schadenersatzanspruch wegen Nichterfüllung um (RG 1. 2. 1932 Z 135, 167, 170; *Mohrbutter* NJW 1968, 1125, 1126; abw *Kühne* ZHR 1969, 149, 170 f; *K. Müller* NJW 1968, 225, 228 f). Diese Veränderung des Inhalts seiner Forderung muss ein Gläubiger der Gesellschaft auch für seine Forderung gegen den persönlich haftenden Gesellschafter hinnehmen (**BGH** 13. 7. 1967 Z 48, 203, 205 = NJW 1967, 2203). Auch der Insolvenzverwalter kann daher nach Ablehnung der Erfüllung eines gegenseitigen Vertrages nur noch Schadenersatzansprüche nach § 103 Abs 2 gegen den persönlich haftenden Gesellschafter geltend machen.

41   5. **Auswirkung des Verhältnisses zur Gesellschaft auf das Verhältnis zum Gesellschafter.** Die Feststellung einer **Gesellschaftsschuld in der Insolvenz der Gesellschaft** wirkt, wenn sie ohne Widerspruch des Gesellschafter erfolgt ist, nach bislang hM **auch gegenüber den Gesellschaftern**, soweit sie nicht zum Zeitpunkt der Verfahrenseröffnung bereits ausgeschieden waren (§ 129 Abs 1 HGB; **RG** 23. 2. 1909 Z 70, 323, 325; **RG** 27. 6. 1910 Z 74, 63; **BGH** 30. 1. 1961 NJW 1961, 1066, 1067 = KTS 1961, 72, 75; Kilger/*Karsten Schmidt* § 212 KO Anm 2; *Bork* KS-InsO S 1333, 1345; Gottwald/*Haas* InsR HdB § 94 Rn 75; *Heitsch* ZInsO 2003, 692, 697). Dem ist jetzt aber entgegengehalten worden, dass nach heutigem Verständnis eine Gesellschaft ohne Rechtspersönlichkeit selbst Trägerin der Schuldnerrolle sein könne (oben § 11 Rn 236); die Erstreckungswirkung im Forderungsfeststellungsverfahren komme daher nur in Betracht, wenn man dem Gesellschafter im Forderungsfeststellungsverfahren das Recht zur Nebenintervention eröffne (*H.-F. Müller* Der Verband in der Insolvenz, S 249 ff). Jedenfalls kann aus der Feststellung in der Gesellschaftsinsolvenz gegen die Gesellschafter persönlich **nicht vollstreckt** werden (§ 129 Abs 4 HGB, § 201 Abs 2 InsO), auch nicht nach Löschung der Gesellschaft (*Häsemeyer* Rn 31.18; Jaeger/*H.-F. Müller* § 93 Rn 58, § 211 KO Rn 3; KPB-*Lüke* § 93 Rn 37 abw *Heitsch* ZInsO 2003, 692, 697 [der nicht zwischen Gesellschafts- und Gesellschafterschuld unterscheidet]). Das gilt auch außerhalb des Anwendungsbereichs von § 129 Abs 4 HGB, also etwa für den Gesellschafter einer BGB-Gesellschaft, da der persönlich haftende Gesellschafter mit seinem Privatvermögen am Insolvenzverfahren über das Vermögen der Gesellschaft beteiligt ist und sich dort eine § 129 Abs 1 HGB entsprechende Regelung – von der § 129 Abs 4 HGB eine Ausnahme ist – nicht findet. Solange die Forderung nicht festgestellt wurde, bleiben dem Gesellschafter persönliche Einwendungen erhalten, die ihm gegen alle Gläubiger zustehen (§ 129 Abs 1 HGB; KPB-*Lüke* § 93 Rn 32; dazu im Übrigen oben § 35 Rn 392 f). Wenn ein **Insolvenzplan** in der Insolvenz einer Gesellschaft ohne Rechtspersönlichkeit keine besondere Bestimmung zur Haftung der Gesellschafter enthält, erstreckt sich die Befreiungswirkung von den Restverbindlichkeiten auch auf die persönlich haftenden Gesellschafter (§ 227 Abs 1; dazu oben § 11 Rn 322 ff). Beschränkt werden kann die Haftung eines persönlich haftenden Gesellschafters auch dadurch, dass er **Restschuldbefreiung** nach §§ 286 ff erhält (KPB-*Lüke* § 93 Rn 53).

42   Ist die gegen den Gesellschafter durchzusetzende Forderung bestritten, wird auch der Gesellschafter vor seiner Leistung entsprechend § 189 Abs 1 die Erhebung der **Feststellungsklage** in der Gesellschaftsinsolvenz verlangen können (*Häsemeyer* Rn 31.20; KPB-*Lüke* § 93 Rn 37; zur Parallelfrage bei § 171 Abs 2 HGB auch oben § 35 Rn 392 f). Er kann daher auch einer Feststellung in der Insolvenz der Gesellschaft widersprechen (KPB-*Lüke* § 93 Rn 32). Die Feststellung einer Forderung in der Insolvenz der Gesellschaft hat auch zur Folge, dass gegen die Gesellschafter die auf fünf Jahre abgekürzte **Verjährungsfrist** des § 159 HGB Platz greift. Sie wird mit der Eintragung der Auflösung der Gesellschaft ins Handelsregister in Lauf gesetzt. Bei der BGB-Gesellschaft entscheidet der Zeitpunkt, in dem die Eröffnung des Insolvenzverfahrens bekannt gemacht wurde. Ist die Verjährungsfrist, der der Anspruch seiner Rechtsnatur nach unterliegt, kürzer als fünf Jahre, verbleibt es bei der kürzeren Frist (§ 159 Abs 1 HGB; **RG** 23. 2. 1909 Z 70, 323; **RG** 27. 6. 1910 Z 74, 63). Aus der kurzen Verjährung kann ein Widerspruchsrecht gegen die in der Privatinsolvenz angemeldeten Forderungen der Gesellschaftsgläubiger trotz Feststellung in der Insolvenz der Gesellschaft hergeleitet werden.

IV. Verfahrensrechtliche Fragen

43   Der ursprüngliche Abs 3 des § 105 RegE hatte bezüglich der sich ergebenden Einzelprobleme auf §§ 103 Abs 2, 104 RegE verwiesen. Da diese Normen ihrerseits nicht Gesetz wurden, weil man die Lösung der darin geregelten Fragen der Rechtsprechung überlassen wollte, wurde auch die Verweisung fallen gelassen. Auch jetzt wird man aber für die in § 93 ausdrücklich geregelten Fragen auf die Regelung der **Gesamtschadensliquidation** in § 92 und die dort gefundenen Problemlösungen zurückgreifen können (dazu oben § 92 Rn 27).

44   Die Auswirkungen der Eröffnung eines Insolvenzverfahrens auf einen Rechtsstreit über einen Anspruch, zu dessen Geltendmachung nunmehr nur noch der Insolvenzverwalter befugt ist, entsprechen denen bei § 171 Abs 2 HGB (dazu oben § 35 Rn 408 f). Danach wird entsprechend der ursprünglich geplanten Kodifikation der **laufende Rechtsstreit** analog § 17 Abs 1 Satz 1 AnfG unterbrochen (**BGH** 14. 11. 2002 NJW 2003, 590 = NZG 2003, 119 = NZI 2003, 94 = ZIP 2003, 39 [für die persönliche Haftung eines BGB-Gesellschafters]; **BGH** 28. 10. 1981 Z 82, 209, 218 = NJW 1982, 883 *[Karsten Schmidt]* = ZIP 1982, 177 [zur Parallelfrage bei § 171 HGB]; **OLG** Stuttgart 14. 5. 2002 DB 2002,

I. Allgemeines

§ 94

1929, 1931 = BB 2002, 2086 [für die persönliche Haftung eines BGB-Gesellschafters); er kann sodann vom Insolvenzverwalter aufgenommen werden (§ 17 Abs 1 Satz 2 AnfG analog; abw *Kesseler* ZInsO 2003, 67 [§ 265 ZPO analog]; KPB-*Lüke* § 93 Rn 36). Bei verzögerter Aufnahme gelten § 239 Abs 2–4 ZPO nach § 17 Abs 1 Satz 3 AnfG entsprechend (*Bork* KS-InsO S 1333, 1345; KP-*Noack* GesellschaftsR Rn 520; *Schlitt* NZG 1998, 755, 761 [zu § 171 Abs 2 HGB]).

Eine **nach Eröffnung** des Insolvenzverfahrens vom Gläubiger selbst **erhobene Klage** ist als unzulässig abzuweisen. 45

§ 94 Erhaltung einer Aufrechnungslage

Ist ein Insolvenzgläubiger zur Zeit der Eröffnung des Insolvenzverfahrens kraft Gesetzes oder auf Grund einer Vereinbarung zur Aufrechnung berechtigt, so wird dieses Recht durch das Verfahren nicht berührt.

Übersicht

	Rn
I. Allgemeines	1
II. Voraussetzungen	3
1. Insolvenzgläubiger	3
2. Vor Insolvenzeröffnung entstandene Aufrechnungslage	6
a) Aufrechnungsmöglichkeit kraft Gesetzes	6
b) Aufrechnungsmöglichkeit kraft Vereinbarung	7
III. Aufrechnungslage	12
1. Gegenseitigkeit der Forderungen	13
a) Aufrechnung gesellschaftsrechtlicher Forderungen	15
b) Aufrechnung mit oder gegen Steuerforderungen	20
c) Aufrechnung mit dem Regressanspruch eines Bürgen oder Wechseleinlösers in der Insolvenz des Hauptschuldners oder Akzeptanten	26
d) Aufrechnung mit dem Anspruch auf Rückzahlung eines Verfahrenskostenvorschusses	27
e) Besonderheiten in der Nachlassinsolvenz	28
2. Gleichartigkeit der Forderungen	29
3. Durchsetzbarkeit der Gegenforderung	32
4. Erfüllbarkeit der Hauptforderung	34
IV. Aufrechnungsverbote	35
1. Gesetzliche Aufrechnungsverbote	35
a) Forderung aus vorsätzlich begangener unerlaubter Handlung	36
b) Unpfändbare Forderungen	37
c) Forderungen der öffentlichen Hand	38
d) Gesellschaftsrechtliche Aufrechnungsverbote	39
2. Vertragliche Aufrechnungsverbote	43
a) Aufrechnungsverbote und Aufrechnungsbeschränkungen	44
b) Aufrechnungsverzicht	49
3. Unzulässige Rechtsausübung	51
V. Aufrechnung bei Dauerschuldverhältnissen	53
VI. Aufrechnungserklärung und ihre Rechtswirkungen	57
1. Aufrechnungserklärung	58
2. Teilaufrechnung	60
3. Wirkung der Aufrechnung	62
4. Aufrechnungsstreit	65
VII. Besonderheiten der Aufrechnung in der Insolvenz	67
1. Aufrechnung im Insolvenzeröffnungsverfahren	67
2. Aufrechnung durch Massegläubiger	71
3. Aufrechnung bei noch nicht abgewickelten Vertragsverhältnissen	75
4. Aufrechnung durch den Insolvenzverwalter	76
5. Aufrechnung im Restschuldbefreiungsverfahren	80
6. Aufrechnung im Insolvenzplanverfahren	83
7. Aufrechnung bei Auslandsinsolvenz	86

I. Allgemeines

Die §§ 94–96 regeln ausschließlich die Aufrechnung **durch Insolvenzgläubiger** in der Weise, dass ihnen ein zur Zeit der Verfahrenseröffnung – anfechtungsrechtlich unbedenklich (§ 96 Abs 1 Nr 3) – begründetes Aufrechnungsrecht ebenso erhalten bleibt (§ 94) wie Aufrechnungslagen aus der Zeit nach Verfahrenseröffnung, auf deren Eintritt der Insolvenzgläubiger aber ausnahmsweise vertrauen darf (§ 95; BGH 14. 7. 05 – IX ZR 142/02, NZI 2005, 624; BGH 29. 6. 04 – IX ZR 147/03, WM 2004, 1691, 1692). Die Aufrechnung im Insolvenzverfahren durch Massegläubiger oder durch den Insolvenzverwalter bleibt unberührt. Die Regelung stimmt inhaltlich weitgehend mit den §§ 53 KO, 54 S 1 VglO 1 und § 7 Abs 5 GesO überein; allerdings sieht § 94 die erleichterten Aufrechnungsmöglichkeiten, die die §§ 54 KO, 54 S 1 VglO beinhalteten, nämlich den Verzicht auf Gleichartigkeit und Fälligkeit der Forderung, nicht mehr vor. Nach der **Systematik der §§ 94–96** bestimmt **§ 94 als Grundregel**, dass insolvenzunabhängig bereits vor Insolvenzeröffnung kraft Gesetzes oder aufgrund einer Vereinbarung begründete Aufrechnungslagen erhalten bleiben und der Insolvenzgläubiger dieses Recht auch im eröffneten Insolvenzverfahren weiter ausüben kann (KS-*Häsemeyer* S 645, 646 Rn 2). Soweit er sich durch Aufrechnung Befriedigung zu verschaffen vermag, ist er nicht verpflichtet, die Forderung nach den §§ 174 ff zur Tabelle anzumelden. Dazu normiert **§ 96 als Ausnahme** Aufrechnungsverbote dahingehend, dass eine Aufrechnung, die an sich nach den §§ 387 ff BGB dem Insolvenzgläubiger möglich wäre, insolvenzrechtlich im Interesse der Gleichbehandlung der Insolvenzgläubiger unzulässig ist mit der Folge, dass der Insolvenzgläubiger seine Verpflichtung gegenüber der Masse voll erfüllen muss und seine Gegenforderung nur zur Tabelle anmelden kann. In diesem Spannungsfeld kommt **§ 95 als Vertrauensschutznorm für künftige Aufrechnungslagen** zwei Aufgaben zu: Zum einen regelt die Vorschrift, dass auch die begründete Aussicht auf eine künftige Aufrechnungslage Vertrauensschutz genießt, wenn der Schuldner deren Vollendung nicht mehr einseitig verhindern konnte. Zum anderen stellt sie klar, dass Aufrechnungslagen, die zivilrechtlich nicht bestanden, sondern erst aufgrund insolvenzrechtlicher Sonderregeln mit Insolvenzeröffnung entstanden sind (§§ 41 Abs 1, 45), kein Aufrechnungsrecht begründen sollen.

2   Die Aufrechenbarkeit einer Forderung gem § 94 schließt eine mögliche **Anfechtung gem §§ 129 ff nicht aus**. Die §§ 94 ff regeln lediglich die Wirksamkeit der Aufrechnung als solche, nicht dagegen ihren Bestand gegenüber der Insolvenzmasse im Hinblick auf die Anfechtung (**BGH** 14. 12. 83 – VIII ZR 352/82, NJW 1984, 1557; **BGH** 20. 10. 86 – II ZR 293/85, NJW 1987, 1883; N/R/*Wittkowski* § 94 Rn 37). Andererseits bedarf es einer solchen Insolvenzanfechtung nicht, wenn die Voraussetzungen des § 96 Abs 1 Nr 3 vorliegen, weil in diesem Fall die Aufrechnung **automatisch** mit der Verfahrenseröffnung unwirksam wird.

II. Voraussetzungen

3   **1. Insolvenzgläubiger.** § 94 regelt nur die Aufrechnung durch Insolvenzgläubiger; für die Aufrechnung durch Massegläubiger oder durch den Insolvenzverwalter gilt die Vorschrift nicht (K/P/B/*Lüke* § 94 Rn 14). Maßgeblich ist allein die materielle Stellung als Insolvenzgläubiger. Hierzu zählen nicht nur die Gläubiger iSv § 38, sondern **auch** die nachrangigen Insolvenzgläubiger iSv **§ 39 Abs 1 Nr 1–5, Abs 2** (BerlKo-*Blersch* § 94 Rn 3; K/P/B/*Lüke* § 94 Rn 13; aA Jaeger/*Windel* § 94 Rn 50 ff). Ebenso sind die absonderungsberechtigten Gläubiger mit ihrer Ausfallforderung nach § 52 Insolvenzgläubiger und damit zur Aufrechnung berechtigt.

4   Zu beachten sind aber die **allgemeinen zivilrechtlichen Aufrechnungsausschlüsse** nach den §§ 390, 393, 394 BGB, §§ 66 Abs 1 S 2, 278 Abs 3 AktG, § 19 Abs 2 S 2 GmbHG, § 22 Abs 5 GenG (HK-*Eickmann* § 94 Rn 12 ff; KS-*Häsemeyer* S 645, 650 Rn 13). Gleiches gilt für vertragliche und gesellschaftsrechtliche Aufrechnungsverbote (s u Rn 39 ff, 43 ff).

5   Die Aufrechnungsbefugnis hängt weder von der Teilnahme am Insolvenzverfahren ab noch liegt in der Anmeldung der Gegenforderung zur Insolvenztabelle ein Verzicht auf das Aufrechnungsrecht (Jaeger/*Windel* § 94 Rn 49; K/P/B/*Lüke* § 94 Rn 12).

6   **2. Vor Insolvenzeröffnung entstandene Aufrechnungslage. a) Aufrechnungsmöglichkeit kraft Gesetzes.** Die nach den §§ 387 ff BGB zivilrechtlich zulässige Aufrechnungsbefugnis bleibt grundsätzlich auch im eröffneten Insolvenzverfahren über das Vermögen des Schuldners erhalten, wenn eine Aufrechnungslage zur Zeit der Verfahrenseröffnung bereits besteht. Spätestens zu diesem Zeitpunkt müssen sich also gleichartige Forderungen gegenüberstehen; die Forderung des Gläubigers muss fällig, die des Schuldners zumindest erfüllbar sein (§ 387 BGB). Über die Zulässigkeit der Aufrechnung entscheidet nicht die Aufrechnungsbefugnis, sondern die **Aufrechnungslage** (KS-*Häsemeyer* S 645, 650 Rn 12). Ein Rechtssatz des Inhalts, dass ein Gläubiger, um andere Insolvenzgläubiger nicht zu benachteiligen, nicht mehr aufrechnen darf, besteht nicht (**BGH** 25. 4. 62 – VIII ZR 43/61, WM 1962, 605, 606). Würde das Gesetz die Aufrechnung für den Insolvenzfall verbieten, wäre der Schuldner gezwungen, die volle Leistung an die Insolvenzmasse zu erbringen, erhielte aber auf seine Forderung lediglich die Insolvenzquote. Eine solche Lösung würde der Billigkeit widersprechen, weshalb das Gesetz in § 94 für Insolvenzgläubiger die Aufrechnung weiter zulässt. Unbenommen ist dem Insolvenzgläubiger jedoch, statt der Aufrechnung zu erklären, seine Forderung zunächst zur Tabelle anzumelden, ohne dass er dadurch das Aufrechnungsrecht verliert (K/P/B/*Lüke* § 94 Rn 12). Der Insolvenzgläubiger kann zuwarten, bis die von ihm geschuldete Leistung durch den Insolvenzverwalter zur Masse eingefordert wird (KS-*Häsemeyer* S 645, 650 Rn 12).

7   **b) Aufrechnungsmöglichkeit kraft Vereinbarung.** Lediglich klarstellende Funktion hat die Regelung (BT-Drucks 12/7302, S 165 Nr 60), dass durch Vereinbarung von den Voraussetzungen der Gegenseitigkeit, Gleichartigkeit, Fälligkeit und Erfüllbarkeit (§ 387 BGB) abgesehen werden kann. **Aufrechnungsvollzugsvereinbarungen** führen – anstatt einer einseitigen Aufrechnungserklärung – zum unmit-

II. Voraussetzungen
§ 94

telbaren Erlöschen der jeweiligen Forderungen, zB indem in einem Kaufvertrag die Anrechnung einer Altforderung auf den Kaufpreis vereinbart wird (**BGH** 22. 7. 04 – IX ZR 270/03, NZI 2004, 620) oder ein Vergleich das Erlöschen der beiderseitigen Forderungen regelt (*Gerhardt* KTS 2004, 195, 199). Da der Schuldner mit Insolvenzeröffnung gem § 80 Abs 1 die Verfügungsbefugnis verliert, kann er nach Verfahrenseröffnung nicht mehr an Aufrechnungsverträgen mit sofortigem Aufrechnungsvollzug mitwirken. Eine noch vor Eröffnung erfolgte Aufrechnungsvereinbarung scheitert an § 96 Abs 1 Nr 3, wenn die durch sie vollzogene Aufrechnungslage anfechtbar ist (s u § 96 Rn 57 f, 60; **BGH** 22. 7. 04 aaO; HaKo-*Jacoby* § 94 Rn 12).

Auch vorgreifliche **Verrechnungsvereinbarungen** werden von § 94 2. Alt nicht geschützt (**OLG Frankfurt/M.** 24. 11. 05 – 1 U 19/05, NZI 2006, 241; *Hofmann* in: Graf-Schlicker § 94 Rn 12; aA KS-*Häsemeyer* S 645, 658 Rn 39). Hierzu zählen vor allem die im Giroverkehr üblichen Rahmenvereinbarungen, Verrechnungs-, Kontokorrent-, Skontrations-, Clearing- und Nettingabreden (dazu BerlKo-*Blersch* § 94 Rn 8; KS-*Häsemeyer* S 645, 658 Rn 39; Gottwald/*Gottwald* InsRHdb § 45 Rn 25; *Rendels* ZIP 2003, 1583). Diese enthalten neben obligatorischen Abreden zugleich auch Vorausverfügungen mit Aufrechnungscharakter über künftige Ansprüche, die zu automatischen Saldierungen einzelner Rechnungsposten führen (*Gernhuber* Die Erfüllung und ihre Surrogate, S 326 ff, 330 ff; *Canaris* ZIP 1986, 1225; *Gerhardt* FS Zeuner, S 354). Solche Vereinbarungen und das Giroverhältnis erlöschen mit Verfahrenseröffnung, bei Anordnung eines allgemeinen Verfügungsverbots bereits im Eröffnungsverfahren mit der Folge, dass die in dem Aufrechnungsvertrag antizipierte Vorausverfügung wirkungslos wird (**OLG Koblenz** 29. 11. 83 – 3 U 1638/82, ZIP 1984, 164). Eine unabhängig davon bestehende gesetzliche Aufrechnungsbefugnis bleibt jedoch davon unberührt; ihre Wirksamkeit bestimmt sich nach den §§ 95, 96 (K/P/B/*Lüke* § 94 Rn 75; KS-*Häsemeyer* S 645, 659 Rn 39; Gottwald/*Gottwald* InsRHdb § 45 Rn 25). **Unwirksam** sind dagegen im Voraus vereinbarte Erweiterungen der Aufrechnungslage durch **spätere einseitige Erklärung** für die Zeit nach Verfahrenseröffnung, die durch § 94 nicht erfasst werden (BerlKo-*Blersch* § 94 Rn 8).

Als Anwendungsbereich des § 94 2. Alt verbleiben damit nur vorgreifliche **Erweiterungen der Aufrechnungsvoraussetzungen;** solche sind nur bis zur Verfahrenseröffnung zulässig (§§ 80, 91; KS-*Häsemeyer* S 645, 659 Rn 41; Gottwald/*Gottwald* InsRHdb § 45 Rn 26). Unter den Vereinbarungen, die die Aufrechnungsvoraussetzungen modifizieren, sind diejenigen am bedeutsamsten, die das Erfordernis der Gegenseitigkeit abbedingen, wie insb **Konzernverrechnungsklauseln**. Solche Abreden wurden unter Geltung der KO als nicht insolvenzfest angesehen (**BGH** 3. 6. 81 – VIII ZR 171/80, ZIP 1981, 880; **BGH** 29. 2. 96 – IX ZR 147/95, ZIP 1996, 552). Auch nach Inkrafttreten der InsO bleibt eine Aufrechnung aufgrund von Konzernverrechnungsklauseln für die Dauer des Insolvenzverfahrens **unzulässig** (**BGH** 15. 7. 04 – IX ZR 224/03, NZI 2004, 585; MüKo-*Brandes* § 94 Rn 39 f; Jaeger/*Windel* § 94 Rn 226 f; HaKo-*Jacoby* § 94 Rn 14; FK-*Bernsau* § 94 Rn 6; Braun/*Kroth* § 94 Rn 25; *Hofmann* in: Graf-Schlicker § 94 Rn 13; *Dammann* in: Wolf/Lindacher/Pfeiffer, AGB-Recht, Anh § 310 K 20; *Obermüller* InsRBankpraxis 2007, Rn 6.146; Gottwald/*Gottwald* InsRHdb § 45 Rn 28; *Windel* KTS 2004, 563; *Rendels* ZIP 2003, 1583, 1586 f; *Adam* WM 1998, 801, 803 f; **aA** BerlKo-*Blersch* § 94 Rn 8; KS-*Häsemeyer* S 645, 659 Rn 37 ff; wohl auch N/R/*Wittkowski* § 94 Rn 17). Zwar lässt der Wortlaut des § 94 nunmehr ausdrücklich zu, die Voraussetzungen für eine Aufrechnung kraft Gesetzes abweichend zu regeln und dem Gläubiger oder Schuldner eine weitergehende Aufrechnungsbefugnis einzuräumen. Dies ändert aber nichts daran, dass eine Aufrechnungslage erst in dem Zeitpunkt entsteht, in dem zwei Forderungen einander aufrechenbar gegenübertreten. Solange die Aufrechnung nicht erklärt worden ist, fehlt es an diesem Erfordernis. Die Insolvenzgläubiger können sich nicht auf den Zeitpunkt der Aufrechnungsermächtigung berufen, sondern müssen sich so behandeln lassen, als ob eine Abtretung erst im Zeitpunkt der Aufrechnung erfolgt wäre. Denn erst in diesem Zeitpunkt ergibt sich, welches der Konzernunternehmen von der Aufrechnungsmöglichkeit Gebrauch macht. Eine nach Insolvenzeröffnung erklärte Aufrechnung ist daher analog § 96 Abs 1 Nr 2 unzulässig. Das Gleiche gilt, wenn eine entsprechende Klausel von der **öffentlichen Hand** zu Gunsten von Forderungen anderer Körperschaften des öffentlichen Rechts verwendet wird (**OLG Köln** 10. 11. 04 – 2 U 168/03, NZI 2005, 167; anders bei **gesetzlichen** Sonderregeln s u Rn 23, 38 [§ 226 AO]; § 96 Rn 35 und **BGH** 29. 5. 08 – IX ZB 51/07, NZI 2008, 479 [§§ 28 Nr 1 SGB IV, 52 SGB I]).

Auch **umgekehrte Konzernverrechnungsklauseln**, die den Kreis der zur Aufrechnung zur Verfügung stehenden Hauptforderungen erweitern, erlauben im Insolvenzverfahren keine Aufrechnung, finden jedoch insofern nicht zwar nicht § 96 Abs 1 Nr 2, wohl aber § 96 Abs 1 Nr 1 analoge Anwendung (**BGH** 13. 7. 06 – IX ZR 152/04, NZI 2006, 639; *Dammann* in: Wolf/Lindacher/Pfeiffer, AGB-Recht, Anh § 310 K 20).

Fällt eine vereinbarte Aufrechnungslage unter § 94, hat die Aufrechnung die Wirkung wie eine abgesonderte Befriedigung des Insolvenzgläubigers aus der massezugehörigen Hauptforderung. Hieraus folgt jedoch **nicht**, dass entsprechend den §§ 166 Abs 2, 170 Abs 1, 171 auch die **Feststellungs- und Verwertungskosten** in die Masse zu erstatten sind (so aber KS-*Häsemeyer* S 645, 660 Rn 41; wohl auch K/P/B/*Lüke* § 94 Rn 108). Ein Verfahrensbeitrag wäre mit dem Sinn und Zweck einer Aufrechnung nicht zu vereinbaren; denn es entstehen keine Kosten iSv § 171. Vielmehr tritt die Tilgungswirkung durch die Aufrechnungserklärung ein, ohne die Masse zu belasten (zutr MüKo-*Brandes* § 94 Rn 4; Gottwald/*Gottwald* InsRHdb § 45 Rn 35).

Sinz

III. Aufrechnungslage

12 Die Aufrechnung erfordert auch im Insolvenzverfahren Gegenseitigkeit der Forderungen, Gleichartigkeit des Leistungsgegenstandes, Wirksamkeit, Fälligkeit und Durchsetzbarkeit der Gegenforderung sowie Bestehen und Erfüllbarkeit der Hauptforderung.

13 1. **Gegenseitigkeit der Forderungen.** Zum Zeitpunkt der Verfahrenseröffnung muss die Gegenseitigkeit der aufzurechnenden Forderungen gegeben sein, dh der Schuldner der einen Forderung muss gleichzeitig Gläubiger der anderen Forderung sein. Wer nicht selbst Schuldner ist, darf zwar leisten (§ 267 BGB), aber nicht aufrechnen, es sei denn, er ist berechtigt (§§ 268 Abs 2, 1142 Abs 2, 1150, 1224, 1249 S 2 BGB, § 35 b VVG), die Schuld eines anderen zu tilgen (Gottwald/*Gottwald* InsRHdb § 45 Rn 7; N/R/*Wittkowski* § 94 Rn 9). Die **Aufrechnung mit der Forderung eines Dritten** ist ausgeschlossen, selbst wenn dieser einwilligt (K/P/B/*Lüke* § 94 Rn 39; Gottwald/*Gottwald* InsRHdb § 45 Rn 7; *Baur/Stürner* InsR II Rn 6.5; aA RG 21. 1. 1910 – V 142/09, RGZ 72, 377). Etwas anderes gilt nur, wenn der Aufrechnungsgegner mit einer solchen Aufrechnung einverstanden ist (**BGH** 27. 3. 85 – VIII ZR 5/84, BGHZ 94, 132, 135; K/P/B/*Lüke* § 94 Rn 39; FK-*Bernsau* § 94 Rn 6; Gottwald/*Gottwald* InsRHdb § 45 Rn 7). Auch Ansprüche auf Zahlung von **Wohn- bzw Hausgeld** sind nicht mit Ansprüchen gegen den Verwalter aufrechenbar (BayObLG 21. 7. 94 – 2 Z BR 21/94, WuM 1995, 54; Jaeger/*Windel* § 94 Rn 102).

14 Ein **Gesamtschuldner** ist nicht berechtigt, mit Forderungen eines anderen Gesamtschuldners aufzurechnen (§ 422 Abs 2 BGB). Ebenso wenig kann ein **Gesellschafter** mit einer Gesellschaftsforderung, ein **Miterbe** mit einer Erbschaftsforderung aufrechnen, selbst dann nicht, wenn die Mitgesellschafter oder Miterben zustimmen. Vielmehr fehlt es an der Gegenseitigkeit immer, wenn sich die Forderung des Gläubigers gegen eine **Gesamthand** richtet, deren Mitglied der Insolvenzschuldner ist (§§ 719 Abs 2, 2040 Abs 2 BGB; K/P/B/*Lüke* § 94 Rn 40; Gottwald/*Gottwald* InsRHdb § 45 Rn 8; N/R/*Wittkowski* § 94 Rn 9; FK-*Bernsau* § 94 Rn 7). Dem Gläubiger eines **Kommissionärs** ist es durch § 392 Abs 2 HGB nicht verwehrt, gegen seine Schuld aus dem Kommissionsgeschäft aufzurechnen, wenn dem nicht die Einrede der unzulässigen Rechtsausübung entgegensteht (RGZ 32, 43; *Baumbach/Hopt* § 392 HGB Rn 5). Gem § 392 Abs 2 HGB gilt die Forderung des Kommissionärs aus dem Ausführungsgeschäft zum Schutz des Kommittenten bereits als auf diesen übergegangen. Auch die Aufrechnung mit einer **Eigenkontoforderung** gegen eine Anderkontoforderung im Insolvenzverfahren des Anderkonto-Inhabers ist unzulässig, da es an der Gegenseitigkeit fehlt (Gottwald/*Gottwald* InsRHdb § 45 Rn 7; K/P/B/*Lüke* § 94 Rn 41).

15 a) **Aufrechnung gesellschaftsrechtlicher Forderungen.** Es fehlt an der Gegenseitigkeit, wenn sich die Gegenforderung des Gläubigers gegen eine Gesellschaft oder eine sonstige Gesamthand richtet, deren Mitglied der Insolvenzschuldner ist (§ 719 Abs 2 BGB; MüKo-*Brandes* § 94 Rn 4). Jedoch besteht wegen der **persönlichen Haftung des Gesellschafters** einer OHG (§ 128 HGB) zwischen einer Forderung gegen die Gesellschaft und der Forderung des Gesellschafters gegen den Gesellschaftsgläubiger ein Gegenseitigkeitsverhältnis (K/P/B/*Lüke* § 94 Rn 42). Einer **Aufrechnung des Gesellschaftsgläubigers** im Insolvenzverfahren über das Vermögen der Gesellschaft steht aber gleichwohl § 93 entgegen (K/P/B/*Lüke* § 94 Rn 42 und § 93 Rn 33; Braun/*Kroth* § 93 Rn 17). Der Gegenansicht, die darauf abstellt, dass dadurch dem Gesellschaftsgläubiger keine ihm an sich zustehende Aufrechnungsmöglichkeit entzogen werden soll, sondern diese in entsprechender Anwendung der §§ 412, 406 BGB erhalten bleibe (Gottwald/*Gottwald* InsRHdb § 45 Rn 9; KS-*Häsemeyer* S 645, 665 Rn 53 f), kann nicht gefolgt werden. Denn zum einen regelt § 406 BGB die Aufrechnung durch den Schuldner der abgetretenen Forderung und nicht diejenige durch den Gläubiger. Zum anderen würde dieser – trotz der Sperrwirkung des § 93 – eine Verfügungsmöglichkeit über die Forderung erlangen, was der ratio des § 93 widerspräche, eine gleichmäßige Gläubigerbefriedigung sicherzustellen. Der einzelne Gläubiger erhielte nämlich durch die Aufrechnung zu Lasten der übrigen Insolvenzgläubiger eine volle (oder teilweise) Befriedigung.

16 Anders verhält es sich nur bei der **Aufrechnung des Gesellschafters.** Will dieser mit Forderungen aufrechnen, die er gegen die Gesellschaft hat, so fehlt es zwar an der Gegenseitigkeit; denn Forderungsinhaber der Ansprüche, die der Verwalter gem § 93 geltend macht, bleiben die Gesellschaftsgläubiger. Der persönlich haftende Gesellschafter ist aber berechtigt, dem Insolvenzverwalter gem § 129 Abs 3 HGB seine Aufrechnungsbefugnis entgegenzuhalten (BerlKo-*Blersch* § 93 Rn 11; KS-*Bork* S 1333, 1344 Rn 28–30). Hierin unterscheidet sich die Rechtslage von derjenigen bei der Geltendmachung gegenüber einem **Kommanditisten**, der nur eine summenmäßig begrenzte Einlage schuldet und sich durch Leistung an die Gesellschaft vor Verfahrenseröffnung gem § 171 Abs 1 2. Hs HGB hätte befreien können (K/P/B/*Lüke* § 93 Rn 34). Der **persönlich haftende Gesellschafter** iSv § 93 haftet dagegen unbegrenzt und kann seine Haftung nicht durch die Zahlung einer bestimmten Summe an die Gesellschaft abwenden (Jaeger/*Windel* § 94 Rn 97). Eine Aufrechnung mit einem Erstattungsanspruch nach Inanspruchnahme des Gesellschafters als Bürgen oder Gesamtschuldner scheidet ebenfalls aus, da die Leistung des Gesellschafters nur einem Gläubiger und nicht der Gläubigergesamtheit zugute käme (**BGH** 7. 7. 80 – II ZR 233/79, BGHZ 58, 75; *Baumbach/Hopt* § 171 HGB Rn 13; aA *Fromm* BB 1981, 813). Rechnet der Kommanditist gegen eine Einlageforderung mit einer Eigenforderung gegen die Gesellschaft auf,

III. Aufrechnungslage **§ 94**

führt die Aufrechnung nur in Höhe der **tatsächlichen Wertzuführung** zu einer Enthaftung (BGH 8. 7. 85 – II ZR 269/84, BGHZ 95, 196 m Anm *K*. *Schmidt* ZGR 1986, 152; *Baumbach/Hopt* § 171 HGB Rn 7, 13; *Röhricht/Graf v. Westphalen/v. Gerkan* § 171 HGB Rn 70). Eine gegen den alleinigen Gesellschafter einer GmbH gerichtete Forderung kann nicht gegen eine Gesellschaftsforderung aufgerechnet werden (BGH 7. 11. 57 – II ZR 280/55, BGHZ 26, 31).

Bei **gleichzeitigen Insolvenzverfahren** über das Eigenvermögen des persönlich haftenden Gesellschafters und das Gesellschaftsvermögen kann der persönlich haftende Gesellschafter eine bestehende Aufrechnungsbefugnis gem §§ 94, 95 auch gegenüber dem Insolvenzverwalter der Gesellschaft einwenden (KS-*Häsemeyer* S 645, 665 Rn 54; Gottwald/*Gottwald* InsRHdb § 45 Rn 9). 17

Ein **Kommanditist** ist berechtigt, mit einer abgetretenen Drittgläubigerforderung gegen den Hafteinlageanspruch des Insolvenzverwalters nach § 171 Abs 2 HGB aufzurechnen, obgleich Gläubiger dieses Anspruchs die Gesellschaftsgläubiger sind (BGH 9. 12. 71 – II ZR 33/68, BGHZ 58, 72; BGH 7. 7. 80 – II ZR 233/79, NJW 1981, 232; K/P/B/*Lüke* § 94 Rn 43; N/R/*Wittkowski* § 94 Rn 10; Gottwald/*Gottwald* InsRHdb § 45 Rn 8; aA Jaeger/*Windel* § 94 Rn 99). Er kann sich gem § 171 Abs 1 2. Hs HGB durch Leistung an die KG gem § 406 BGB befreien. Das Aufrechnungsrecht darf entsprechend dem Rechtsgedanken des § 406 BGB auch dem **ausgeschiedenen Kommanditisten** nicht abgeschnitten werden (BGH 9. 12. 71 – II ZR 33/68, BGHZ 58, 72; BGH 7. 7. 80 – II ZR 233/79, NJW 1981, 232; *Baumbach/Hopt* § 171 HGB Rn 13; K/P/B/*Lüke* § 94 Rn 43). Ebenso ist eine Aufrechnung mit einem Anspruch auf Auszahlung des Gewinnanteils dann zulässig. Seine Gewinnanteile werden dem Kapitalanteil bis zur Höhe der Pflichteinlage gutgeschrieben mit der Folge, dass er mit weitergehenden stehengelassenen Gewinnen aufzurechnen berechtigt ist (BGH 9. 12. 71 – II ZR 33/68, BGHZ 58, 72, 75; BGH 1. 7. 74 – II ZR 115/72, NJW 1974, 2000; BGH 10. 11. 75 – II ZR 202/74, NJW 1976, 418; K/P/B/*Lüke* § 94 Rn 43). Ist der **Kommanditist vor Eröffnung des Insolvenzverfahrens ausgeschieden**, so kann er mit einer eigenen Forderung gegen den Hafteinlageanspruch nur aufrechnen, wenn die Forderung vor seinem Ausscheiden aus der Gesellschaft entstanden war (BGH 7. 7. 80 – II ZR 233/79, NJW 1981, 232; K/P/B/*Lüke* § 94 Rn 44). Der Kommanditist kann im Insolvenzverfahren über das Vermögen der KG nicht mit persönlichen Forderungen gegen einzelne Gesellschaftsgläubiger aufrechnen (BGH 17. 9. 64 – II ZR 162/62, BGHZ 42, 192, 194). 18

Keine Befugnis zur Aufrechnung steht dem selbstschuldnerisch für die GmbH **bürgenden Gesellschafter** im Insolvenzverfahren über das Vermögen der GmbH aufgrund des Erlasses der Bürgschaftsverpflichtung durch den Gläubiger zu (BGH 6. 11. 89 – II ZR 62/89, ZIP 1990, 53). Der **stille Gesellschafter** einer GmbH kann dagegen im Insolvenzverfahren mit seinem Rückzahlungsanspruch aufrechnen, soweit nicht die Einlage der Haftungsmasse der GmbH zuzurechnen ist (BGH 7. 3. 83 – II ZR 82/82, ZIP 1983, 561). 19

b) **Aufrechnung mit oder gegen Steuerforderungen.** Das FA kann im Insolvenzverfahren mit Forderungen aufrechnen, die vor Verfahrenseröffnung entstanden sind, ohne dass es deren vorheriger Festsetzung, Feststellung oder Anmeldung zur Insolvenztabelle bedarf (BFH 31. 5. 05 – VII R 71/04, StE 2005, 2147; BFH 4. 5. 04 – VII R 45/03, ZIP 2004, 1423). Dies gilt auch in den Fällen des § 220 Abs 2 S 2 AO. Denn diese Vorschrift findet keine Anwendung, wenn der Anspruch des FA keiner Festsetzung durch Steuerbescheid nach § 218 Abs 1 AO zugänglich ist, weil das FA wegen Eröffnung eines Insolvenzverfahrens durch § 87 gehindert ist, seine Steuerforderungen durch Steuerbescheid festzusetzen (BFH 4. 5. 04 aaO). 20

Da die Voraussetzungen der Gegenseitigkeit auch bei Aufrechnungen der Finanzbehörde erfüllt sein müssen, kann das FA, wenn über das Vermögen einer **Personengesellschaft** das Insolvenzverfahren eröffnet wird, eine Forderung, die ihr gegen die Gesellschaft zusteht, nicht durch Aufrechnung gegen eine Verbindlichkeit (Steuererstattungsanspruch) gegenüber einem Gesellschafter tilgen (BFH 24. 7. 84 – VII R 6/81, BStBl II 1984, 795; FG Münster 2. 10. 80 – III 3330/78 AO, EFG 1981, 329; *Frotscher* Besteuerung, S 70). 21

War der Anspruch gegen die Finanzbehörde **an einen Dritten** (Neugläubiger) **abgetreten**, so kann bei Gegenseitigkeit die **Finanzbehörde** mit eigenen Ansprüchen aufrechnen (BFH 10. 2. 76 – VII R 37/72, BStBl 1976, 549; *Tipke/Kruse* § 226 AO Rn 10). Die Finanzbehörde ist aber auch berechtigt, mit einem ihr gegenüber dem bisherigen Gläubiger zustehenden Anspruch dem Neugläubiger gegenüber aufzurechnen (§ 406 BGB; BFH 10. 2. 76 aaO; *Hübschmann/Hepp/Spitaler/Beermann* § 226 AO Rn 21; *Frotscher* Besteuerung, S 70; *Gosch* DStZ 1992, 173). Auch der **Neugläubiger** kann mit der auf ihn übergegangenen Forderung des alten Gläubigers gegen eine eigene Steuerschuld aufrechnen. Voraussetzung ist aber, dass der Schuldner bei Erwerb einer Gegenforderung von der Abtretung keine Kenntnis hatte und dass die Gegenforderung fällig war, bevor der Erstattungs- oder Vergütungsanspruch fällig war oder abgetreten worden ist (§ 406 2. Hs BGB; FG Hamburg 23. 9. 75 – III 155/74, EFG 1976, 107; FG Hamburg 4. 1. 77 – IV 58/75, EFG 1977, 222, 225; *Tipke/Kruse* § 226 AO Rn 10). Der Neugläubiger muss also eine gegenüber dem Altgläubiger in Unkenntnis der Abtretung erklärte Aufrechnung auch im Insolvenzverfahren gegen sich gelten lassen. 22

Im Übrigen gelten steuerrechtlich für die Aufrechnung die **Besonderheiten des § 226 Abs 4 AO**, wonach für die Aufrechnung als Gläubiger oder Schuldner eines Anspruchs aus dem Steuerverhältnis die 23

§ 94   Erhaltung einer Aufrechnungslage

Körperschaft gilt, die die Steuer verwaltet (s u Rn 38; *Burmester* Die Verrechnung von Steuerforderungen, Berlin 1977). Der Bund ist – neben den Ländern – Teilgläubiger der **Umsatzsteuer** und kann deshalb mit seinem Anspruch auf den ihm gesetzlich zugewiesenen Anteil aufrechnen; die Gegenseitigkeit ist insoweit gegegeben (**BGH** 19. 7. 07 – IX ZR 81/06, NZI 2007, 655 Rn 10; *Maunz*, in Maunz/Dürig, Art 106 GG Rn 36; Tipke/Kruse/*Loose* § 226 AO Rn 28; MüKo-*Bydlinski* § 428 BGB Rn 14, ebenso **BFH** 7. 3. 06 – VII R 12/05, BFHE 212, 388, 393 zur ESt). Der Umstand, dass die Umsatzsteuer nach Art 108 Abs 2 und 3 GG von den Landesfinanzbehörden (im Auftrag des Bundes) verwaltet wird, steht dem nicht entgegen. Die Aufrechnungsbefugnis der ertragsberechtigten Körperschaft wird durch § 226 Abs 4 AO nicht berührt (**BGH** 19. 7. 07 aaO Rn 11).

24   Bei der **Bauabzugsteuer** (§ 48 EStG) tritt der Leistungsempfänger als Verpflichteter neben den Leistenden als originären Steuerschuldner. Die Abführung der Steuer durch den Mitverpflichteten führt im Insolvenzverfahren über das Vermögen des originären Steuerschuldners zu einer Verkürzung der Masse. Ebenso wie eine bare Zahlung durch den Leistungsempfänger an den Steuergläubiger nach Verfahrenseröffnung keinen Bestand haben kann, stehen deshalb auch einer Aufrechnung durch den Steuergläubiger die §§ 95 Abs 1 Nr 3, 96 Abs 1 Nr 1 entgegen (*Kroth* NZI 2004, 345, 347), und zwar sowohl im Verhältnis des Steuergläubigers zum Leistungsempfänger (*Mitlehner* NZI 2003, 171) als auch dann, wenn der Insolvenzverwalter Bausteuerabzüge zur Masse zurückfordert und der Steuergläubiger hiergegen mit Steuerrückständen des Schuldners aufrechnen will (Jaeger/*Windel* § 94 Rn 112; *Naujock* EWiR 2004, 915, 916).

25   Bei der Besteuerung von Ehegatten hat die **Zusammenveranlagung** keinen Einfluss auf die Bestimmung der Gegenseitigkeit; der Erstattungsanspruch steht im Regelfall dem Ehegatten zu, der gezahlt hat (**BFH** 20. 11. 84 – VII R 40/83, n. v.; Jaeger/*Windel* § 94 Rn 112). Im Übrigen kann eine gesamtschuldnerische Steuerschuld gem §§ 268 ff AO aufgeteilt werden. Ist eine solche **Aufteilung** erfolgt, ist sie auch für die Bestimmung der Gegenseitigkeit als Aufrechnungsvoraussetzung maßgeblich.

26   c) **Aufrechnung mit dem Regressanspruch eines Bürgen oder Wechseleinlösers in der Insolvenz des Hauptschuldners oder Akzeptanten.** Dazu s u § 95 Rn 45 ff.

27   d) **Aufrechnung mit dem Anspruch auf Rückzahlung eines Verfahrenskostenvorschusses.** Da der Verfahrenskostenvorschuss nicht Teil der Insolvenzmasse wird, sondern als Sondervermögen treuhänderisch zu halten ist, fehlt es an sich an der Gegenseitigkeit. Dennoch ist eine Aufrechnung mit dem Anspruch auf Rückzahlung eines geleisteten Verfahrenskostenvorschusses gegen eine massezugehörige Forderung zulässig (**OLG Frankfurt** 6. 2. 86 – 3 U 263/84, ZIP 1986, 931). Dies folgt daraus, dass der Kostenvorschuss vom Verwalter zurückzuerstatten ist, sobald nach dem Stand des Verfahrens keine Notwendigkeit mehr besteht, auf die Zahlung zurückzugreifen. Statt einer Barzahlung kann dann aber auch Erfüllung durch Aufrechnung erfolgen (Jaeger/*Windel* § 94 Rn 114).

28   e) **Besonderheiten in der Nachlassinsolvenz.** Nach den §§ 315 ff tritt beim Nachlassinsolvenzverfahren gem § 1975 BGB eine Trennung des Nachlassvermögens als Sondervermögen vom Privatvermögen des Erben ein. Damit wird die **Gegenseitigkeit** hinsichtlich der Nachlassforderungen und der Nachlassschulden einerseits und der Privatschulden und Privatforderungen des Erben andererseits **aufgehoben**. Nachlassgläubiger können deshalb nicht mehr gegen eine Nachlassforderung des Erben und Nachlassschuldner nicht mit einer Privatforderung an den Erben aufrechnen. Ebenso wenig kann der Erbe eine Nachlassforderung gegen eine Privatschuld zur Aufrechnung bringen (K/P/B/*Lüke* § 94 Rn 41). Haftete der Erbe für eine Nachlassverbindlichkeit schon vor Verfahrenseröffnung unbeschränkt (§ 2013 BGB), so bleibt der Nachlassgläubiger zur Aufrechnung gegen eine Privatforderung des Erben befugt. Hat ein Nachlassgläubiger vor der Eröffnung des Nachlassinsolvenzverfahrens seine Forderung gegen eine nicht zum Nachlass gehörende Forderung des Erben ohne dessen Zustimmung aufgerechnet, so ist nach Eröffnung des Nachlassinsolvenzverfahrens die Aufrechnung gem § 1977 Abs 1 BGB als nicht erfolgt anzusehen. Gleiches gilt, wenn ein Gläubiger, der nicht Nachlassgläubiger ist, die ihm gegen den Erben zustehende Forderung gegen eine zum Nachlass gehörende Forderung aufgerechnet hat (§ 1977 Abs 2 BGB).

29   **2. Gleichartigkeit der Forderungen.** Die Gleichartigkeit muss **zum Zeitpunkt der Insolvenzeröffnung** bestehen. Maßgebend ist, ob der Leistungsinhalt gleichwertig ist. Auf den Zweck der Leistung und die Rechtsnatur der Ansprüche (schuldrechtlich oder dinglich) kommt es nicht an (RGZ 78, 398; Staudinger/*Gursky* § 387 BGB Rn 67; MüKo-*Schlüter* § 387 BGB Rn 29; K/P/B/*Lüke* § 94 Rn 46; HK-*Eickmann* § 94 Rn 9; FK-*Bernsau* § 94 Rn 9; Gottwald/*Gottwald* InsRHdb § 45 Rn 12). Gleichartig sind daher auch Zahlungsansprüche und Ansprüche auf: **Herausgabe von Geld**, gleich aus welchem Rechtsgrund (Jaeger/*Windel* § 94 Rn 117); **Herausgabe** (börsennotierter) **Wertpapiere** (RG LZ 1912, Sp 458; RGZ 160, 52, 60; K/P/B/*Lüke* § 94 Rn 46; N/R/*Wittkowski* § 94 Rn 11; aA Jaeger/*Windel* § 94 Rn 118); **Herausgabe hinterlegten Geldes** (**BGH** 19. 10. 88 – IV b ZR 70/87 KTS 1989, 456; ausführlich Jaeger/*Windel* § 94 Rn 119). Wird ein Kommanditist vor Eröffnung des Insolvenzverfahrens von einem Gläubiger für eine Verbindlichkeit der KG haftbar gemacht, kann der **Erstattungsanspruch des Kommanditisten aus § 110 Abs 1 HGB** gegen den Anspruch der Gesellschaft auf Zahlung der

Pflichteinlage nur aufgerechnet werden, wenn die Pflichteinlage als Bareinlage geschuldet ist (**BGH** 9. 5. 63 – II ZR 124/61, BGHZ 39, 319, 323 ff; **OLG** Dresden 24. 6. 04 – 7 W 554/04, ZIP 2004, 2140); schuldet der Kommanditist dagegen eine Sacheinlage, fehlt die Gleichartigkeit, so dass er doppelt leisten muss, nämlich neben der bereits erbrachten „Hafteinlage" auch die Pflichteinlage an den Verwalter (*Gursky* DB 1978, 1261; aA Jaeger/*Windel* § 94 Rn 123). Nach § 95 Abs 2, der auch auf § 94 Anwendung findet (s u § 95 Rn 54), besteht – als Ausnahme zu § 45 – bei Geldforderungen auch dann Gleichartigkeit, wenn sie auf **unterschiedliche Währungen** oder Rechnungseinheiten lauten.

Nicht gleichartig sind Zahlungsansprüche und **Freistellungsansprüche** (BGH 19. 6. 57 – IV ZR 30 214/56, BGHZ 25, 1, 6 ff; K/P/B/*Lüke* § 94 Rn 46; N/R/*Wittkowski* § 94 Rn 12; FK-*Bernsau* § 94 Rn 10; Jaeger/*Windel* § 94 Rn 122) oder ein Anspruch auf **Befriedigung aus einem Grundstück** (BGH 9. 2. 65 – V ZR 49/63, WM 1965, 476; K/P/B/*Lüke* § 94 Rn 46; FK-*Bernsau* § 94 Rn 10; krit Jaeger/ *Windel* § 94 Rn 120 f).

Bei **Steuerforderungen** ist § 226 AO zu beachten (zur Gegenseitigkeit der Forderungen im Steuer- 31 schuldverhältnis *Hübschmann/Hepp/Spitaler/Beermann* § 226 AO Rn 21, 22; *Frotscher* Besteuerung, S 70; *Gosch* DStZ 1992, 173). Die Aufrechnung mit einem Anspruch auf Herausgabe von Sicherheiten ist ebenso unzulässig wie die Aufrechnung mit einem Anspruch auf Abgabe der Steuererklärung (N/R/*Wittkowski* § 94 Rn 13; *Tipke/Kruse* § 226 AO Rn 12). Wohl aber kann gegen einen umzurechnenden Anspruch auf Rechnungserteilung gem § 14 UStG mit einem Anspruch des einbringenden Gesellschafters auf Übernahme der Umsatzsteuer aufgerechnet werden (**OLG** Köln 22. 9. 92 – 22 U 38/92, NJW-RR 1993, 361).

3. Durchsetzbarkeit der Gegenforderung. Die Forderung, mit der der Insolvenzgläubiger aufrechnen 32 will (Gegenforderung), muss nicht nur wirksam und fällig, sondern zugleich auch einklagbar und vollstreckbar sein, also rechtlich durchsetzbar. Deshalb ist die Aufrechnung mit einer **nicht einklagbaren** (§§ 656, 762 BGB) oder **einredebehafteten** Forderung nach § 390 S 1 BGB ausgeschlossen (K/P/B/*Lüke* § 94 Rn 47; BerlKo-*Blersch* § 94 Rn 7; *Hess* § 94 Rn 17; N/R/*Wittkowski* § 94 Rn 14). Die Ausnahme des § 56 BörsG aF ist obsolet geworden, weil § 764 BGB aF aufgehoben wurde; insoweit gilt für zweiseitige Differenzgeschäfte nun § 762 BGB. Allerdings enthält § 37e WpHG einen Ausschluss des Einwandes aus § 762 BGB, was sich über § 387 BGB auch auf § 94 auswirkt. Die Verjährungseinrede greift allerdings nicht, wenn sich die Forderungen vor Verfahrenseröffnung bereits aufrechenbar gegenüber gestanden haben (§ 390 S 2 BGB; Gottwald/*Gottwald* InsRHdb § 45 Rn 6; K/P/B/*Lüke* § 94 Rn 48). Auch eine **Anfechtbarkeit nach den §§ 119 ff BGB** hindert die Aufrechnung nicht, solange die Anfechtung nicht erklärt ist (Gottwald/*Gottwald* InsRHdb § 45 Rn 6; zu weiteren Ausnahmen MüKo-*v Feldmann* § 387 BGB Rn 9).

Auch bei Steuerforderungen muss die Fälligkeit zum Zeitpunkt der Verfahrenseröffnung vorliegen. 33 Mit nicht festgestellten Rückforderungsansprüchen aus **Vorsteuerberichtigung** (§ 17 Abs 2 Nr 1 UStG), die das FA für den Voranmeldungszeitraum der Verfahrenseröffnung oder einen früheren Voranmeldungszeitraum zum Insolvenzverfahren angemeldet hat, kann mangels Feststellung nicht gegen vor der Eröffnung entstandene Erstattungsansprüche aufgerechnet werden, da es solange am Aufrechnungserfordernis der Fälligkeit fehlt (BMF-Schreiben vom 17. 12. 1998, Ziff 7, BStBl 1998 I, 1500, 1503; ausführlich *Onusseit* ZIP 2002, 22 ff).

4. Erfüllbarkeit der Hauptforderung. Anders als die Gegenforderung muss die Hauptforderung der 34 Insolvenzmasse nicht fällig sein. Es genügt für das Bestehen einer Aufrechnungslage, dass der Insolvenzgläubiger die ihm obliegende Leistung bewirken kann, mithin das aus § 271 Abs 2 BGB folgende Recht zur Voraustilgung nicht ausgeschlossen ist (**BGH** 10. 3. 88 – VII ZR 8/87, ZIP 1988, 1065). Eine solche Ausnahme von § 271 Abs 2 BGB sieht Art 40 Abs 1 WG für Wechsel vor; gegen eine nicht fällige Wechselforderung kann daher – anders als gegen die schuldrechtliche Forderung aus dem gesicherten Grundgeschäft – nicht aufgerechnet werden. Ansonsten ist die Aufrechnung nicht dadurch ausgeschlossen, dass die Hauptforderung einredebehaftet ist. Die Hauptforderung muss aber wenigstens **entstanden** und erfüllbar sein; denn gegen eine künftige oder aufschiebend bedingte Forderung kann nicht aufgerechnet werden (**BGH** 10. 3. 88 aaO; MüKo-*Brandes* § 94 Rn 19 f; K/P/B/*Lüke* § 94 Rn 50; N/R/ *Wittkowski* § 94 Rn 14). Soweit sich jedoch der Insolvenzverwalter mit dem Insolvenzgläubiger vergleichsweise einigt, bedarf es keiner weiteren Prüfung mehr, ob die Hauptforderung in Wahrheit bestand oder nicht (Jaeger/*Windel* § 94 Rn 128). Ferner dürfen ihrer Geltendmachung **keine Ausschließungsgründe** entgegenstehen (*Smid* § 94 Rn 6). Gesetzliche Aufrechnungsausschlüsse (§§ 393, 394 BGB, §§ 66 Abs 1 S 2, 278 Abs 3 AktG, § 19 Abs 2 S 2 GmbHG, § 22 Abs 5 GenG) stehen einer Aufrechnung ebenso entgegen wie ein vertragliches vereinbartes Aufrechnungsverbot.

IV. Aufrechnungsverbote

1. Gesetzliche Aufrechnungsverbote. Über den insolvenzrechtlichen Aufrechnungsausschluss des § 96 35 hinaus kann die Aufrechnung entweder nach zivilrechtlichen Vorschriften oder vertraglich ausgeschlossen sein. Grundsätzlich bestehen die gesetzlichen Aufrechnungsverbote uneingeschränkt auch im eröffneten Insolvenzverfahren fort (K/P/B/*Lüke* § 94 Rn 51; BerlKo-*Blersch* § 94 Rn 7; Gottwald/*Gottwald* InsRHdb § 45 Rn 15).

36 a) **Forderung aus vorsätzlich begangener unerlaubter Handlung** (§ 393 BGB). Verboten ist nur die Aufrechnung *gegen* eine Forderung aus vorsätzlicher unerlaubter Handlung, zulässig aber die Aufrechnung *mit* der Deliktsforderung (Palandt/*Heinrichs* § 391 BGB Rn 2).

37 b) **Unpfändbare Forderungen** (§ 394 S 1 BGB). Zu beachten sind hier die §§ 850, 850a–850i ZPO, §§ 843, 844 BGB, § 55 SGB I.

38 c) **Forderungen der öffentlichen Hand** (§ 395 BGB). Nur die Aufrechnung **gegen** den öffentlich-rechtlichen Gläubiger ist beschränkt (siehe auch § 226 Abs 3 AO), weil sein Interesse durch die Vorschrift geschützt wird. Dieser selbst soll ohne Rücksicht auf die Kassenidentität aufrechnen können (BFH 25. 4. 89 – VII R 105/87, ZIP 1989, 1580, 1581 f). Für die Frage der Gegenseitigkeit der aufzurechnenden Steuerforderungen ist gem § 226 Abs 4 AO die **Verwaltungshoheit maßgeblich**. Besteht zwischen einer Haftungsforderung und einem Erstattungsanspruch materiell-rechtlich Gegenseitigkeit, kann die Körperschaft, welche den Erstattungsanspruch verwaltet, die Aufrechnung erklären, selbst wenn sie nicht Gläubiger der Haftungsforderung ist und diese auch nicht verwaltet (BFH 10. 5. 07 – VII R 18/05, ZIP 2007, 1514 Rn 22 m Anm *Onusseit* EWiR 2008, 85 f). Die Ertragshoheit ist für die Aufrechnung unbeachtlich (*Tipke/Kruse* § 226 AO Rn 11; aA Jaeger/*Windel* § 94 Rn 113). Deshalb kann **mit** Ansprüchen auf Bundessteuern auch gegen Erstattungsansprüche auf Landessteuern, gemeinsame Steuern oder Gemeindesteuern aufgerechnet werden.

39 d) **Gesellschaftsrechtliche Aufrechnungsverbote** (§§ 66 Abs 1 S 2, 278 Abs 3 AktG; § 19 Abs 2 GmbHG; § 22 Abs 5 GenG; §§ 26, 53, 85 Abs 2 VAG). Aufrechnungen **gegen** Einlageforderungen der Gesellschaft sind unzulässig. Allerdings trifft § 105 Abs 5 GenG eine Sonderregelung, wonach der Genosse im Insolvenzverfahren über das Vermögen der Genossenschaft gegen deren Nachschussforderung mit seiner Insolvenzdividende aufrechnen kann (BGH 15. 6. 78 – II ZR 13/77, BB 1978, 1134). Voraussetzung ist, dass der Genosse seine Forderung zur Tabelle nach den §§ 174 ff anmeldet (K/P/B/*Lüke* § 94 Rn 58; zu Einzelheiten *Beuthin* § 105 GenG Rn 13). Das gesellschaftsrechtliche Aufrechnungsverbot **gilt nicht für Personengesellschaften** oder **Kommanditisten** einer gewöhnlichen Kommanditgesellschaft (Gottwald/*Gottwald* InsRHdb § 45 Rn 16; MüKo-*Brandes* § 94 Rn 25). Befreit der Kommanditist die KG durch Aufrechnung von einer Drittgläubigerforderung, so entfällt seine Haftung in Höhe des Nennwerts der Forderung. Auf die Bonität der Drittgläubigerforderung kommt es im Hinblick auf das Vermögenslage der Gesellschaft nicht an (BGH 8. 7. 85 – II ZR 269/84, BGHZ 95, 195). Die Aufrechnungsmöglichkeiten sind bei **Personengesellschaften** weitgehend dadurch eingeschränkt, dass der Gesetzgeber in § 93 die persönliche Gesellschafterhaftung in das Verfahren einbezogen hat mit der Folge, dass diese nur vom Insolvenzverwalter geltend gemacht werden kann. Dies schließt gleichzeitig auch eine Aufrechnung durch Gesellschaftsgläubiger gegenüber persönlich haftenden Gesellschaftern aus.

40 Umstritten ist, ob das Aufrechnungsverbot auch dann gilt, wenn der **Gesellschafter Massegläubiger** iSv § 55 ist. Nach hM gilt das Aufrechnungsverbot auch insoweit (RGZ 158, 6; RGZ 152, 292, 300; Ulmer/*Ulmer* § 19 GmbHG Rn 68; Scholz/*U. H. Schneider/H. P. Westermann* § 19 GmbHG Rn 58; aA *Burchard* GmbHR 1955, 136). Auch bei Masseforderungen muss der Vorrang des Gläubigerschutzes vor dem Gesellschafterinteresse gewahrt bleiben. Dieser Zweck entfällt erst mit der Befriedigung sämtlicher Gläubiger (K/P/B/*Lüke* § 94 Rn 57; N/R/*Wittkowski* § 94 Rn 27). Jede Umgehung des Aufrechnungsverbots macht die Aufrechnung unzulässig (BGH 10. 11. 58 – II ZR 3/57, BGHZ 28, 314).

41 Aus der Beschränkung für die Rückgewähr von **Gesellschafterleistungen** (§ 30 GmbHG) folgt über § 390 S 1 BGB ein Aufrechnungsverbot. Darüber hinaus konnte in der Gesellschaftsinsolvenz der Gesellschafter bisher mit dem Anspruch auf Rückgewähr eines kapitalersetzenden **Gesellschafterdarlehens** nicht aufrechnen (BGH 6. 11. 89 – II ZR 62/89, ZIP 1990, 53). Seit Inkrafttreten des **MoMiG** kommt es nicht mehr darauf, ob das Gesellschafterdarlehen kapitalersetzend ist oder nicht. Die Forderung des Gesellschafters auf Rückgewähr eines Gesellschafterdarlehens ist gem § 39 Abs 1 Nr 5 nachrangige Insolvenzforderung; bereits erhaltene Tilgungsleistungen sind gem § 135 Abs 1 Nr 2 anfechtbar. Das frühere Aufrechnungsverbot für kapitalersetzende Gesellschafterdarlehen gilt insoweit fort, da die zur Aufrechnung gestellte Gegenforderung des Gesellschafters einredebehaftet ist (K/P/B/*Lüke* § 94 Rn 62; N/R/*Wittkowski* § 94 Rn 25; MüKo-*Brandes* § 94 Rn 24). Gleiches gilt gem § 172a HGB für die **GmbH & Co KG** (BGH 8. 7. 85 – II ZR 269/84, NJW 1986, 2947). Steht § 30 Abs 1 GmbHG einer Rückzahlung entgegen, darf so lange nicht zurückgezahlt und deshalb auch nicht aufgerechnet werden, als das zur Erhaltung des Stammkapitals der Komplementär-GmbH erforderliche Vermögen hierdurch beeinträchtigt würde (BGH 29. 9. 1977 – II ZR 157/76, BGHZ 69, 274).

42 Der **stille Gesellschafter** ist mit seinem Anspruch auf Rückzahlung seiner Einlage nach § 236 Abs 1 HGB Insolvenzgläubiger iSv § 38 und kann daher mit diesem Anspruch grundsätzlich aufrechnen, sofern der Gesellschaftsvertrag nichts anderes vorsieht (BGH 7. 3. 83 – II ZR 82/82, ZIP 1983, 561). Ausnahmen gelten jedoch, wenn zB die Erbringung der Einlage gesellschaftsrechtliche Beitragspflicht des Kommanditisten und damit Teil der Eigenkapitalgrundlage der Gesellschaft ist (BGH 9. 2. 81 – II ZR 38/80, NJW 1981, 2251) oder wenn der Stille wie ein Kommanditist oder ein GmbH-Gesell-

IV. Aufrechnungsverbote § 94

schafter unternehmerische Entscheidungen der Gesellschaft mitbestimmt (**BGH** 17. 12. 84 – II ZR 36/84, NJW 1985, 1079). Einer Aufrechnung steht auch hier nach § 390 S 1 BGB die Einrede der Nachrangigkeit entgegen (**BGH** 1. 3. 82 – II ZR 23/81, ZIP 1982, 1077, 1078).

2. Vertragliche Aufrechnungsverbote. Bei vertraglichen Aufrechnungsverboten ergibt im Einzelfall die 43 Auslegung, ob sie für den Insolvenzfall gelten sollen (K/P/B/*Lüke* § 94 Rn 67). Die zivil- und handelsrechtlichen bzw gesellschaftsrechtlichen Aufrechnungsverbote finden auch auf Aufrechnungsverträge Anwwendung (**OLG** Naumburg 19. 5. 98 – 11 U 2058/97, ZIP 1999, 118, 119; Gottwald/*Gottwald* InsRHdb § 45 Rn 15; Palandt/*Heinrichs* § 387 BGB Rn 20).

a) **Aufrechnungsverbote und Aufrechnungsbeschränkungen.** Vertraglich vereinbarte **Aufrechnungs-** 44 **verbote** sind grundsätzlich zulässig, zumal sie im Insolvenzverfahren die Gläubigergleichbehandlung fördern (**OLG** Hamm 2. 4. 87 – 27 U 201/86, ZIP 1988, 253; KS-*Häsemeyer* S 645, 650 Rn 13; K/P/B/*Lüke* § 94 Rn 68). Häufig werden Vereinbarungen getroffen, dass **nur mit rechtskräftig festgestellten oder unbestrittenen Ansprüchen** aufgerechnet werden darf (§ 309 Nr 3 BGB). Auch eine solche Aufrechnungsbeschränkung wirkt im Insolvenzverfahren, wenn nicht im Einzelfall die Vertragspartner die Wirksamkeit der Aufrechnungsverbots für den Insolvenzfall ausschließen, was auch im Wege ergänzender Vertragsauslegung ermittelt werden kann (**BGH** 12. 10. 83 – VIII ZR 19/82, NJW 1984, 357). In diesem Fall ist eine vor Verfahrenseröffnung gegenüber dem Schuldner abgegebene unwirksame Aufrechnungserklärung gegenüber dem Insolvenzverwalter zu wiederholen (**BGH** 12. 10. 83 aaO; BerlKo-*Blersch* § 94 Rn 7).

Die **Aufrechnung mit bestrittenen Forderungen** ist zB eingeschränkt durch Ziff 19 ADSp 2003 (zu 45 § 32a ADSp aF **BGH** 26. 2. 87 – I ZR 110/85, WM 1987, 732). Ein in den AGB enthaltenes oder ansonsten vertraglich vereinbartes Aufrechnungsverbot gilt idR nicht, wenn über das Vermögen des durch das Verbot Begünstigten das Insolvenzverfahren eröffnet worden ist, da sich die Interessenlage dadurch völlig wandelt (**BGH** 12. 10. 83 – VIII ZR 19/82, NJW 1984, 357; **BGH** 12. 3. 86 – VIII ZR 64/85, NJW 1986, 3206, 3209; Gottwald/*Gottwald* InsRHdb § 45 Rn 21; HK-*Eickmann* § 94 Rn 11; *Häsemeyer* InsR Rn 19.09). Etwas anderes gilt aber dann, wenn die Vereinbarung gerade **während der Krise getroffen** worden und wirtschaftlich auf diese zugeschnitten ist. Hatte der spätere Gemeinschuldner sich zur Vorleistung verpflichtet und diese erbracht, so kann die die Gegenleistung verweigernde Partei gegen den Rückforderungsanspruch des Insolvenzverwalters nicht mit Altforderungen aufrechnen (**OLG** Hamm 2. 4. 87 – 27 U 201/86, ZIP 1988, 253, 254). Eine Aufrechnung würde hier zudem gegen § 242 BGB verstoßen.

Die Berufung auf einen **Aufrechnungsausschluss bei Vermögensverfall**, aber auch falls das Aufrech- 46 nungsverbot aus anderen Gründen die Durchsetzung einer konnexen Gegenforderung vereitelt oder erheblich gefährden würde, ist unzulässig, wenn der Aufrechnende infolge Vermögensverfalls des Aufrechnungsgegners Erfüllung für die zur Aufrechnung gestellten Forderungen nur noch im Wege der Aufrechnung finden kann (**BGH** 26. 2. 87 – I ZR 110/85, NJW-RR 1987, 883; **BGH** 12. 12. 90 – VIII ZR 355/89, WM 1991, 732). Ein Vermögensverfall des Gläubigers der Hauptforderung kann im Einzelfall dem Aufrechnungsverbot wegen Verstoßes gegen Treu und Glauben (§ 242 BGB) entgegenstehen (**BGH** 1. 10. 84 – II ZR 158/84, ZIP 1984, 1473; **BGH** 6. 3. 75 – III ZR 137/72, WM 1975, 614; K/P/B/*Lüke* § 94 Rn 67; N/R/*Wittkowski* § 94 Rn 22).

Umstritten ist die Vereinbarung eines **Aufrechnungsverbots im Insolvenzeröffnungsverfahren**. Ein auf 47 Veranlassung des vorläufigen Insolvenzverwalters vom Schuldner vereinbartes Aufrechnungsverbot, weil sich dieser nur dann zu einer Erfüllungswahl bereit findet, ist wirksam (K/P/B/*Lüke* § 94 Rn 68; *Lüke* ZIP 1996, 1539; *Hess* EWiR 1996, 705; aA **OLG** Jena 9. 11. 95 – 1 U 456/95, ZIP 1996, 34).

Ein vertragliches Aufrechnungsverbot ist auch noch im Revisionsverfahren zu beachten, wenn erst 48 nach Abschluss des Berufungsverfahrens das Insolvenzverfahren über das Vermögen des Aufrechnungsgegners eröffnet wird (**BGH** 6. 3. 75 – III ZR 137/72, WM 1975, 616; N/R/*Wittkowski* § 94 Rn 22).

b) **Aufrechnungsverzicht.** Ob ein einmal erklärter einseitiger Aufrechnungsverzicht auch für den In- 49 solvenzfall gilt, hängt davon ab, ob dem Verzichtenden nach den Umständen des Einzelfalles ein Festhalten am Verzicht zugemutet werden kann (**BGH** 1. 10. 84 – II ZR 158/84, NJW 1984, 357; **BGH** 17. 9. 76 – V ZR 244/75, DNotZ 1977, 364). **In der Regel** wird eine Vertragspartei **nicht** auf ihre Aufrechnungsbefugnis für den Insolvenzfall verzichten wollen (**BGH** 11. 12. 58 – VII ZR 14/58, WM 1959, 407), so dass der Aufrechnungsverzicht für den Insolvenzfall nicht gilt (K/P/B/*Lüke* § 94 Rn 67). Ein Aufrechnungsverbot hat aber im Insolvenzfall **Bestand, wenn** eine **Kreditsicherheit** in einem Zeitpunkt von einer Bank hereingenommen wurde, in dem die wirtschaftliche Situation des Sicherungsgebers bereits desolat war, dieser sich also bereits in der Krise befand (**BGH** 14. 7. 94 – IX ZR 110/93, WM 1994, 1711; *Obermüller* InsRBankpraxis Rn 6.277).

Die Forderungsanmeldung zur Tabelle (§ 174) stellt keinen Aufrechnungsverzicht dar (**OLG** Mün- 50 chen 28. 5. 69 – 7 U 2751/68, MDR 1969, 840, 841).

3. Unzulässige Rechtsausübung. Ein Aufrechnungsverbot kann sich auch aus dem **Grundsatz von** 51 **Treu und Glauben** (§ 242 BGB) aufgrund der Eigenart und des Zwecks des Schuldverhältnisses ergeben

(BGH 29. 11. 90 – IX ZR 94/90, BGHZ 113, 90, 93; MüKo-*Brandes* § 94 Rn 30). So ist zB die Aufrechnung missbräuchlich und unwirksam, wenn eine Bank den Anspruch eines Dritten gegen ihren Bankkunden in nicht banküblicher Weise zu dem Zweck erwirbt, durch Aufrechnung gegen eine Guthabenforderung ihres Kunden dem Dritten den Zugriff auf dessen Vermögen zu verschaffen (sog **Unter-Deckung-Nehmen**, BGH 28. 4. 87 – VI ZR 1/86, VI ZR 43/86, NJW 1987, 2997; Gottwald/*Gottwald* InsRHdb § 45 Rn 20; K/P/B/*Lüke* § 94 Rn 66). Wer bei Vergleichsabschluss den Erwerb einer aufrechnungsfähigen Forderung verschweigt, kann später nicht aufrechnen (BGH 9. 12. 92 – VIII ZR 218/91, NJW 1993, 1398). Auch die Vereinbarung eines befristeten unwiderruflichen Dokumentenakkreditivs schließt die Aufrechnung gegen die Kaufpreisforderung für die Laufzeit des Akkreditivs aus (**BGH** 21. 3. 73 – VIII ZR 228/71, BGHZ 60, 264). Jedoch kann die Bank bei einer „Zahlungsgarantie auf erstes Anfordern" mit eigenen liquiden Gegenforderungen aufrechnen (**BGH** 22. 4. 85 – II ZR 180/84, BGHZ 94, 167).

52 Andererseits kann auch im Einzelfall die Berufung auf ein **gesetzliches Aufrechnungsverbot** gem § 242 BGB unzulässig sein (MüKo-*v. Feldmann* § 394 BGB Rn 8 ff). Die Aufrechnung ist immer dann ausgeschlossen, wenn der Geschäftszweck eine effektive Erfüllung des Anspruchs erfordert (Gottwald/*Gottwald* InsRHdb § 45 Rn 20).

V. Aufrechnung bei Dauerschuldverhältnissen

53 Werden Dauerschuldverhältnisse nach Verfahrenseröffnung fortgesetzt, findet eine Durchbrechung des Grundsatzes in § 96 Abs 1 Nr 1 statt, wonach Insolvenzgläubiger nicht aufrechnen können, wenn sie nach Verfahrenseröffnung etwas zur Masse schuldig geworden sind. In den §§ 110 Abs 3 S 2, 114 **Abs 2 S 2** wird jedoch klargestellt, dass im Übrigen die Voraussetzungen für die Aufrechnung in der Insolvenz gegeben sein müssen (KS-*Häsemeyer* S 645, 667 Rn 59).

54 Hat der Insolvenzschuldner als Vermieter oder Verpächter unbeweglicher Gegenstände oder Räume die **Miet- oder Pachtzinsforderung** für die Zeit nach Verfahrenseröffnung abgetreten, so ist der Mieter oder Pächter berechtigt, auch für den Zeitraum, in dem diese Abtretung wirksam ist, gegen den Miet- oder Pachtzinsanspruch mit einer Forderung gegen den Insolvenzschuldner aufzurechnen (§ 110 Abs 3 S 1; Gottwald/*Gottwald* InsRHdb § 45 Rn 67; KS-*Häsemeyer* S 645, 667 Rn 59 f). Jedoch dürfen insoweit der Aufrechnung keine Aufrechnungshindernisse nach den §§ 95, 96 Abs 1 Nr 2–4 entgegenstehen (110 Abs 3 S 2). So kann der Mieter oder Pächter gegen nach Verfahrenseröffnung entstehende Pacht- oder Mietzinsforderungen aus dem zum Eröffnungszeitpunkt laufenden Kalendermonat, bei Eröffnung nach dessen 15. Tag auch für den folgenden Kalendermonat noch aufrechnen (§ 110 Abs 1, Abs 3 S 1).

55 Ebenso kann der **Dienstberechtigte (Arbeitgeber)** gegen Ansprüche des Schuldners auf laufende Bezüge aus dem Dienst- bzw Arbeitsverhältnis, die der Schuldner abgetreten hat, für **zwei Jahre**, berechnet nach dem Ende des zur Zeit der Verfahrenseröffnung laufenden Kalendermonats, aufrechnen (§ 114 Abs 1, Abs 2 S 1). Allerdings dürfen auch hier keine Aufrechnungshindernisse iSd §§ 95, 96 Abs 1 Nr 2–4 entgegenstehen (§ 114 Abs 2 S 2). Der Arbeitgeber muss also schon zum Zeitpunkt der Verfahrenseröffnung den Arbeitslohn geschuldet haben (Gottwald/*Gottwald* InsRHdb § 45 Rn 68; *Leipold/Dieckmann* S 211, 232). Diese „großzügige und dem Gleichbehandlungsgrundsatz abträgliche Aufrechnungsfrist" (KS-*Häsemeyer* S 645, 667 f Rn 61) ist nur im Hinblick auf die Einführung einer Restschuldbefreiung gerechtfertigt. Im Übrigen befristet sie die an sich zeitlich unbegrenzt zulässigen Vorausverfügungen und Aufrechnungsbefugnisse in den §§ 287 Abs 2, 114 (Gottwald/*Gottwald* InsRHdb § 45 Rn 65; *Leipold/Dieckmann* S 211, 232).

56 Im Rahmen eines **Getränkebezugsvertrages** gewährt der Getränkelieferant häufig ein Darlehen, das bei Erfüllung der Abnahme- und Zahlungsverpflichtungen in jährlichen Raten getilgt wird. Lehnt der Insolvenzverwalter in der Insolvenz des Getränkelieferanten die weitere Erfüllung ab, verliert das Recht des Beziehers seine Durchsetzbarkeit und entfällt die Grundlage für die Tilgungsabrede. Der Verwalter kann dann die Rückzahlung des nicht durch Bierbezug abgeschriebenen Betrages verlangen, wobei jedoch der durch die vorzeitige Fälligkeit entstandene Vorteil durch Abzinsung auszugleichen ist. Die gegenseitigen Ansprüche, die sich daraus ergeben, dass die Durchführung des Vertrages unmöglich wird, sind miteinander zu verrechnen (BGH 26. 10. 00 – IX ZR 227/99, NZI 2001, 85, 86), so dass nur derjenigen Seite ein Restanspruch zusteht, zu deren Gunsten ein Überschuss verbleibt (**BGH** 5. 5. 77 – VII ZR 85/76, NJW 1977, 1345).

VI. Aufrechnungserklärung und ihre Rechtswirkungen

57 § 94 läßt die Aufrechnungsbefugnis eines Insolvenzgläubigers durch das Insolvenzverfahren unberührt; sie bleibt unabhängig vom Verfahrensverlauf und –ausgang bestehen (KS-*Häsemeyer* S 645, 660 Rn 42).

58 **1. Aufrechnungserklärung.** Die Aufrechnung richtet sich nach den allgemeinen zivilrechtlichen Vorschriften. Die Aufrechnungserklärung ist eine einseitige empfangsbedürftige, bedingungs- und befris-

VI. Aufrechnungserklärung und ihre Rechtswirkungen **§ 94**

tungsfeindliche Willenserklärung, die gegenüber dem anderen Teil erfolgt (§ 388 S 1 BGB); sie kann auch in einer maschinellen Umbuchungsmitteilung des FA enthalten sein (BFH 26. 7. 05 – VII R 72/04, BStBl II 2006, 350). Demgemäß ist die Aufrechnung bis zur Eröffnung des Insolvenzverfahrens – auch nach Bestellung eines sog „schwachen" **vorläufigen Insolvenzverwalters** (§§ 21 Abs 2 Nr 2, 22 Abs 2) – gegenüber dem Schuldner bzw Schuldnerunternehmen zu erklären. Wird ein **vorläufiger Insolvenzverwalter** *mit* **Verwaltungs- und Verfügungsbefugnis** bestellt, ist die Aufrechnung diesem gegenüber zu erklären. War die dem Schuldner gegenüber abgegebene Aufrechnungserklärung infolge eines vertraglich vereinbarten, jedoch für die Zeit vor Verfahrenseröffnung beschränkten Aufrechnungsverbots unwirksam, so muss die Erklärung gegenüber dem Insolvenzverwalter im eröffneten Verfahren wiederholt werden (BGH 12. 10. 83 – VIII ZR 19/82, ZIP 1983, 1473; KS-*Häsemeyer* S 645, 660 Rn 43; BerlKo-*Blersch* § 94 Rn 7). **Nach Verfahrenseröffnung** kann die Aufrechnungserklärung nur noch gegenüber dem Insolvenzverwalter abgegeben werden (BGH 12. 10. 83 aaO; N/R/*Wittkowski* § 94 Rn 31; FK-*Bernsau* § 94 Rn 25; HK-*Eickmann* § 94 Rn 17; MüKo-*Brandes* § 94 Rn 32).

Eine besondere Form ist ebenso wenig erforderlich wie die Annahme der Aufrechnung. Wird eine 59 Geldforderung gegenüber einer Geldforderung „zurückgehalten", so liegt darin sinngemäß die Erklärung einer Aufrechnung (Gottwald/*Gottwald* InsRHdb § 45 Rn 29). Soweit der Insolvenzgläubiger zur Aufrechnung befugt ist, braucht er seine Forderung **nicht zur Insolvenztabelle** nach den §§ 174 ff **anzumelden**. Eine Anmeldung ist aber zu empfehlen, wenn die Insolvenzforderung die massezugehörige Forderung übersteigt (s u Rn 60) oder wenn die Aufrechnungsbefugnis vom Verwalter bestritten wird (KS-*Häsemeyer* S 645, 660 Rn 44). Dem Gläubiger ist es unbenommen, seine Forderung zunächst im Insolvenzverfahren in voller Höhe zur Tabelle anzumelden, die Quote zu beziehen und danach erst aufzurechnen (Gottwald/*Gottwald* InsRHdb § 45 Rn 34; aA KS-*Häsemeyer* S 645, 661 Rn 45).

2. Teilaufrechnung. Ist die Insolvenzforderung höher als die massezugehörige Hauptforderung, so hält 60 es ein großer Teil des Schrifttums (MüKO-*Brandes* § 94 Rn 35; K/P/B/*Lüke* § 94 Rn 109 f; Gottwald/ *Eickmann* § 45 Rn 34) für zulässig, dass der Insolvenzgläubiger seine Forderung zunächst als Insolvenzforderung zur Tabelle anmeldet, darauf die volle Quote empfängt und anschließend in Höhe der massezugehörigen Forderung aufrechnet, weil eine § 52 entsprechende Regelung für die Aufrechnung fehle. Der BGH hat diese Frage bisher noch nicht höchstrichterlich entschieden, wohl aber als obiter dictum im vorgenannten Sinne beantwortet (BGH 9. 5. 60 – II ZR 95/68, KTS 1960, 140, 141), während das **RG** erhebliche Zweifel an einem solchen Verständnis der Aufrechnungsmöglichkeit als Ausfallsicherheit geäußert hatte (RGZ 26, 110, 116 f). Zur Vermeidung, dass der aufrechnungsbefugte Insolvenzgläubiger auf seine **volle** Quote erhält und danach noch aufrechnet, wird als Ausweg empfohlen, dass der Insolvenzverwalter seinerseits aufrechnet, um eine Doppelberücksichtigung zu verhindern (K/P/B/ *Lüke* § 94 Rn 110; KS-*Häsemeyer* S 645, 662 Rn 47; *Eckardt* ZIP 1995, 257, 261; *Adam* WM 1998, 801, 807). Dennoch bliebe die Gleichbehandlung der Gläubiger von Zufälligkeiten abhängig, ob der Insolvenzverwalter rechtzeitig reagieren kann, so dass eine generelle Lösung notwendig ist.

War die **Aufrechnungslage bereits vor Insolvenzeröffnung vollendet**, gilt die Forderung aufgrund der 61 Rückwirkung als von Anfang an um den durch Aufrechnung getilgten Betrag gemindert mit der Folge, dass der Insolvenzgläubiger nur noch den Restbetrag zur Tabelle anmelden und die Quote fordern darf. Eventuelle Überzahlungen muss er an die Masse zurückerstatten (K/P/B/*Lüke* § 94 Rn 110; KS-*Häsemeyer* S 645, 661 Rn 47). Entsteht dagegen die gem § 95 schutzwürdige **Aufrechnungslage erst im eröffneten Insolvenzverfahren**, so kann nach dem Grundsatz der par condicio creditorum nichts anderes gelten, weil ansonsten der aufrechnungsbefugte Insolvenzgläubiger neben dem Vorteil der Aufrechnung noch eine Quote auf die volle Forderung erhalten würde. In **Analogie zu § 52** reduziert sich durch die Teilaufrechnung der Quotenanspruch auch hier auf den ungedeckten Teil der Forderung (Jaeger/ *Windel* § 94 Rn 236; im Ergebnis ebenso K/P/B/*Lüke* § 94 Rn 110; KS-*Häsemeyer* S 645, 661 f Rn 47).

3. Wirkung der Aufrechnung. Die Aufrechnung bewirkt, dass die Insolvenzforderung und die masse- 62 zugehörige Forderung, soweit sie sich decken, **rückwirkend** auf den Zeitpunkt des Entstehens der Aufrechnungslage als erloschen gelten (§ 389 BGB), so dass Verzugsfolgen, Zinsanspruch und Vertragsstrafe ex tunc entfallen (BGH 23. 1. 91 – VIII ZR 42/90, ZIP 1991, 315). Die Aufrechnung ist nicht an eine Frist gebunden (N/R/*Wittkowski* § 94 Rn 34; *Smid* § 94 Rn 9). Der Gläubiger kann also zuwarten, bis der Insolvenzverwalter Leistung auf die Gegenforderung verlangt (Gottwald/*Gottwald* InsRHdb § 45 Rn 30). Wird die Aufrechnung im Rahmen eines Prozesses erklärt, so reicht es zur Abwendung des gegnerischen Anspruchs aus, wenn die Erklärung noch in der Revisionsinstanz abgegeben wird (BGH 12. 10. 83 – VIII ZR 19/82, NJW 1984, 357, 358), allerdings um den Preis der Kostentragungslast (§ 97 Abs 2 ZPO). Der Insolvenzgläubiger ist **nicht zur Aufrechnung verpflichtet** (BerlKo-*Blersch* § 94 Rn 11). Verzögert er die Aufrechnungserklärung und meldet er seine Forderung zunächst zur Tabelle nach § 174 an, so ist der Insolvenzverwalter berechtigt, selbst aufzurechnen und die Folgen des § 389 BGB herbeizuführen. Unbenommen ist es aber auch dem Verwalter, die massezugehörige Hauptforderung im Klage- oder Vollstreckungswege geltend zu machen. Hierdurch zwingt er den Insolvenzgläubiger zur Erklärung über die Aufrechnung (*Häsemeyer* InsR Rn 19.06 Fn 11 und Rn 19.33; BerlKo-*Blersch* § 94 Rn 11).

63 Derjenige, der mit Rückwirkung seiner Aufrechnungserklärung den Schutz der Aufrechnungslage in Anspruch nimmt, muss sich auch die **Folgen einer solchen Rückwirkung** zurechnen lassen (KS-*Häsemeyer* S 645, 661 Rn 45); wer zB bei einer „Zug um Zug" geschuldeten Leistung seine Schuld durch Aufrechnungserklärung erfüllt, muss sich als *Vorleistender* behandeln lassen und setzt sich damit ggf einer Insolvenzanfechtung wegen kongruenter Deckung nach § 130 aus (**BGH 14. 12. 83 – VIII ZR 352/82, BGHZ 89, 189**). Wird in einem Prozess die Aufrechnung nach den §§ 273 Abs 2 Nr 1, 275 ff, 282, 296, 530, 531, 533 ZPO nicht rechtzeitig vorgebracht, so ist sie ausgeschlossen oder kann sie zurückgewiesen werden. In solchen Fällen kann die Aufrechnung auch nicht mehr durch Vollstreckungsgegenklage geltend gemacht werden, weil die Präklusionswirkung des § 767 Abs 2 ZPO eingreift (Stein/Jonas/*Münzberg* § 767 ZPO Rn 38 f; Gottwald/*Gottwald* InsRHdb § 45 Rn 31).

64 **Zahlt der Gläubiger irrtümlich** trotz der bestehenden Aufrechnungsmöglichkeit, so erlischt die Gegenforderung nach § 362 BGB. Die Aufrechnungsbefugnis stellt **keine dauernde Einrede** iSv § 813 BGB dar, sondern ist ein Gestaltungsrecht (MüKo-*Lieb* § 813 BGB Rn 8; N/R/*Wittkowski* § 94 Rn 36). Der Gläubiger kann das Geleistete auch nicht etwa als Massebereicherung nach § 55 Abs 1 Nr 3 zurückfordern und nachträglich noch aufrechnen (RGZ 144, 93; KS-*Häsemeyer* S 645, 660 Rn 43; Gottwald/*Gottwald* InsRHdb § 45 Rn 36).

65 **4. Aufrechnungsstreit.** Ein Streit über die Voraussetzungen und damit die Zulässigkeit der Aufrechnung ist zwischen dem Insolvenzverwalter und dem Insolvenzgläubiger, der das Aufrechnungsrecht für sich in Anspruch nimmt, auszutragen (*Häsemeyer* InsR Rn 19.34; K/P/B/*Lüke* § 94 Rn 115). So ist zB der Insolvenzverwalter berechtigt, bezüglich der Hauptforderung Leistungsklage zu erheben und zu behaupten, eine Aufrechnung sei unzulässig. Auch wenn der Insolvenzgläubiger, der zur Aufrechnung befugt ist, seine Forderung zur Tabelle anmeldet, um sich die Quote zu sichern, kann ein Streit über die Aufrechnung außerhalb des Insolvenzverfahrens stattfinden. § 87 greift insoweit nicht ein (*Häsemeyer* InsR Rn 19.34; K/P/B/*Lüke* § 94 Rn 115). Eine rechtskräftige Entscheidung über die **Feststellung der Forderung zur Insolvenztabelle** ist für einen Aufrechnungsstreit **nicht bindend**, da sie nur für das insolvenzgerichtliche Verteilungsverfahren gilt (*Häsemeyer* InsR Rn 19.34; Henckel FS Michaelis, 1972, S 151, 156 ff). Auch einer **Entscheidung über das Nichtbestehen** einer zur Aufrechnung gestellten Gegenforderung im rechtskräftig abgeschlossenen Feststellungsverfahren kommt im Verhältnis zwischen Massegläubiger und Insolvenzverwalter keine Bindungswirkung zu (**BGH 13. 6. 06 – IX ZR 15/04, NZI 2006, 520**).

66 Hinsichtlich der **Beweislast** gelten die allgemeinen Grundsätze für streitige Aufrechnungen. Wer also im Insolvenzverfahren eine Forderung zur Aufrechnung stellt, muss bei Bestreiten des Gegners darlegen, dass er Inhaber dieses Rechts ist (K/P/B/*Lüke* § 94 Rn 114). Stützt der Beklagte den Erwerb der Gegenforderung auf eine Zession, so muss er nach dem Grundsatz, dass jede Partei die Tatsachen darlegen und beweisen muss, aus denen sie Rechte herleitet (**BGH 17. 2. 1970 – III ZR 139/67, BGHZ 53, 245, 250**), den Abschluss eines entsprechenden Abtretungsvertrages behaupten und beweisen (**BGH 13. 1. 83 – III ZR 88/81, ZIP 1983, 589, 590**). Kommt es wegen einer später eingetretenen Verfügungsbeschränkung des Zedenten auf den **Zeitpunkt** der Abtretung an, so ist hierfür der Zessionar ebenfalls beweispflichtig (**BGH 10. 4. 86 – IX ZR 159/85, NJW 1986, 1925, 1926; BGH 29. 11. 89 – VIII ZR 228/88, NJW 1990, 716**; Baumgärtel/Laumen/Strieder Hdb Beweislast, § 398 BGB Rn 1). Macht der Schuldner dagegen geltend, dass die Abtretung aus anderen Gründen unwirksam ist, hat er, da er die Unwirksamkeit behauptet, die der Unwirksamkeit der Abtretung zugrunde liegenden Tatsachen auch zu beweisen (**BGH 13. 1. 83 – III ZR 88/81, NJW 1983, 2018, 2019**; Baumgärtel/Laumen/Strieder Hdb Beweislast, § 398 BGB Rn 1). Der Zessionar trägt nicht die Beweislast für die **Übertragbarkeit** der abgetretenen Forderung. Da die Zulässigkeit der Abtretung die Regel darstellt, muss derjenige den Ausschluss der Übertragbarkeit der Forderung beweisen, der sich darauf beruft (**BGH 13. 1. 83 – III ZR 88/81, NJW 1983, 2018**).

VII. Besonderheiten der Aufrechnung in der Insolvenz

67 **1. Aufrechnung im Insolvenzeröffnungsverfahren.** Grundsätzlich ist auch die Herbeiführung einer Aufrechnungslage im Insolvenzeröffnungsverfahren rechtswirksam, wobei sich allerdings erst mit Verfahrenseröffnung herausstellt, ob die Aufrechnung gem § 96 Abs 1 Nr 3 unzulässig ist, weil die Aufrechnungslage anfechtbar herbeigeführt worden war (KS-*Häsemeyer* S 645, 662 Rn 48; *Gerhardt* FS Zeuner, S 353, 361; *Eckardt* ZIP 1995, 1146, 1152; *Dampf* KTS 1998, 145, 154 ff). Eine **Vorverlagerung der allgemeinen Aufrechnungsschranken** des § 55 Nr 1 KO (jetzt § 96 Abs 1 Nr 1 InsO) auf den Zeitpunkt der Sequestration hat die Rechtsprechung **zur KO abgelehnt**, weil nur die §§ 54, 55 und 29 ff KO das Vertrauen von Gläubigern in die Rechtsbeständigkeit der Aufrechnungslage begrenzen und eine Vorverlagerung der Wertung des Gesetzgebers widerspreche, dass die Aufrechnungsbefugnis für die Zeit vor der Verfahrenseröffnung nur durch die Anfechtungsnormen beschränkt werden soll (**BGH 4. 6. 98 – IX ZR 165/97, ZIP 1998, 1319; BGH 7. 12. 89 – IX ZR 228/89, ZIP 1990, 112, 113; BGH 20. 10. 86 – II ZR 293/85, ZIP 1987, 626, 627; aA OLG Stuttgart 4. 2. 94 – 2 U 93/93, ZIP 1994, 798; OLG Hamm 18. 11. 94 – 29 U 46/94, ZIP 1995, 140; anders für die GesO: BGH 4. 10. 01 – IX ZR 207/00,**

VII. Besonderheiten der Aufrechnung in der Insolvenz **§ 94**

ZIP 2001, 2055, 2056; **BGH** 20. 1. 00 – IX ZR 58/99, ZIP 2000, 364; **BGH** 9. 12. 99 – IX ZR 102/97, ZIP 2000, 244, 245). Der Gesetzgeber hat bei Einführung der InsO an diesen Grundsätzen festgehalten, so dass Sicherungsmaßnahmen, wie zB ein allgemeines Verfügungsverbot nach § 21 Abs 2 Nr 2, **auch unter Geltung der InsO keine Aufrechnungssperre** begründen (obiter dicta **BGH** 9. 3. 00 – IX ZR 355/98, ZIP 2000, 757, 758; **BGH** 25. 2. 99 – IX ZR 353/98, ZIP 1999, 665; K/P/B/*Lüke* § 94 Rn 90; MüKo-*Brandes* § 94 Rn 44; KS-*Häsemeyer* S 645, 663 Rn 50; *Henckel* Aufrechnung in der Insolvenz, FS Lüke, 1997, S 237 ff; *Adam* WM 1998, 801, 804; *Wittig* WM 1995, 865, 867; *Gerhardt* ZZP 109 [1996], 415, 421). § 96 Abs 1 Nr 3 wirkt lediglich auf das Stadium des Eröffnungsverfahrens zurück, wenn dort eine Aufrechnungsmöglichkeit in anfechtbarer Weise erlangt wurde (BerlKo-*Blersch* § 96 Rn 2). § 96 Abs 1 Nr 1 und 2 sind ausschließlich auf das eröffnete Insolvenzverfahren anzuwenden und führen nicht etwa im Eröffnungsverfahren zu einem Aufrechnungsverbot (BerlKo-*Blersch* § 96 Rn 2; KS-*Häsemeyer* S 645, 662 f Rn 49, 50), zumal § 24 die §§ 94 ff nicht erwähnt.

Aufrechnungslagen durch Rechtshandlungen Dritter werden weder durch Verfügungs- noch Vollstreckungsverbote gegenüber dem Schuldner gehindert (KS-*Häsemeyer* S 645, 663 Rn 50). Daher steht einer **Aufrechnung des Kreditinstituts mit Forderungen aus dem Debetsaldo** des Schuldners gegen Zahlungseingänge auf dessen Konto vor Eröffnung des Verfahrens auch ein allgemeines Verfügungsverbot nicht entgegen (*Nobbe* in: *Prütting* [Hrsg], Insolvenzrecht, 1996, S 99, 121). Dieses verbietet lediglich Verfügungen des Schuldners, nicht aber Rechtshandlungen der Gläubiger. Die Unzulässigkeit der Aufrechnung ist in § 96 abschließend geregelt. Diese grundsätzliche Entscheidung des Gesetzgebers darf – wie *Nobbe* zutreffend feststellt – „nicht durch Gleichschaltung von Verfügungs- und Vollstreckungsverbot und Annahme eines Aufrechnungsverbots im Eröffnungsverfahren mit Hilfe des § 394 BGB unterlaufen werden" (so auch *Mankowski* JZ 1996, 392, 398; aA *Weitekamp* NZI 1998, 112, 114). Die einzelnen Verfahrensstadien eines Insolvenzverfahrens ändern nichts an der grundsätzlichen Verrechnungsbefugnis eines Kreditinstituts (§ 676a Abs 3 BGB), soweit die Verrechnungslage schon vor dem Zeitpunkt der Verfahrenseröffnung bestanden hat. Der Schutz der Masse kann ausschließlich im Wege der Insolvenzanfechtung bzw über § 96 Abs 1 Nr 3 realisiert werden (so auch *Wieschemeyer* Die Insolvenzanfechtung der Rückführung debitorischer Konten durch Einstellung von Gutschriften in der Krise, Diss Berlin 2001, S 28).

Eine **Ausnahme** ist jedoch zuzulassen, wenn das Gericht im Rahmen der Sicherungsmaßnahmen nach § 21 im Eröffnungsverfahren ein **ausdrückliches Verrechnungsverbot** für Eingänge auf im Debet befindlichen Schuldnerkonten anordnet; dadurch wird die antizipierte Verfügungs- und Verrechnungsvereinbarung beendet und darf die Bank mit Eingängen auf debitorischen Schuldnerkonten nach den §§ 24 Abs 1, 81 nicht mehr verrechnen (BayObLG 6. 8. 01 – 4 Z BR 7/01, ZInsO 2001, 754). Das Verrechnungsverbot nimmt nicht die Wirkungen der Insolvenzeröffnung vorweg, hindert auch nicht die Aufrechnung, sondern untersagt lediglich die Verrechnung mit Eingängen auf dem Schuldnerkonto, die sich letztlich als Verfügung des Schuldners oder Schuldnerunternehmens darstellen (zur Anfechtbarkeit LG Bochum 7. 12. 00 – 1 O 444/00, ZIP 2001, 87; *Steinhoff* ZIP 2000, 1141; *Heublein* ZIP 2000, 161 ff). Sonstige Aufrechnungslagen werden durch die Anordnung nicht berührt. Führt die Bank noch Überweisungsaufträge **nach Eintritt der Zahlungsunfähigkeit oder nach dem Insolvenzantrag** aus, so ist zu unterscheiden. Hatte sie keine Kenntnis vom Insolvenzgrund oder Insolvenzantrag, ermäßigt die Einstellung ins Kontokorrent das Guthaben oder erhöht den Kreditsaldo. Die Bank erwirbt insoweit einen Aufwendungsersatzanspruch. Im Falle der **Kenntnis der Bank** muss sie bei vorhandenem Guthaben auf dem Schuldnerkonto die Überweisung ausführen (§ 676a Abs 3 S 1 BGB) und darf verrechnen. Geht die Überweisung zu Lasten einer Kreditzusage, muss die Bank diese nur ausführen, sofern sie nicht den Kredit kündigt.

Dagegen greift das Aufrechnungsverbot des § 96 Abs 1 Nr 1 ein, wenn die Gegenforderung Insolvenzforderung ist, der Hauptanspruch der Masse aber von einem **vorläufigen „starken" Insolvenzverwalter** begründet worden ist. Hier führt die insolvenzrechtliche Gleichstellung der vorläufigen Insolvenzverwaltung mit der Zeit nach Eröffnung des Verfahrens dazu, dass die Forderung der Masse als nach Eröffnung des Verfahrens begründet eingeordnet werden muss und daher durch § 96 Abs 1 Nr 1 gegen eine Aufrechnung geschützt ist (*Frotscher* Besteuerung, S 75; anders noch **BFH** 17. 12. 98 – VII R 47/98, ZIP 1999, 714 zu § 105 VglO).

2. Aufrechnung durch Massegläubiger. Die Aufrechnungsbefugnis von Massegläubigern wird durch die Eröffnung des Insolvenzverfahrens grundsätzlich nicht beschränkt, denn die §§ 95, 96 finden nur auf Insolvenzgläubiger iSd §§ 38, 39 Anwendung, nicht dagegen auf Massegläubiger (**BGH** 12. 3. 86 – VIII ZR 64/85, NJW 1986, 3206, 3209; **OLG** Köln 18. 2. 87 – 2 U 132/86, ZIP 1987, 928; MüKo-*Brandes* § 94 Rn 46; *v. Wilmowsky* NZG 1998, 481, 485; Gottwald/*Gottwald* InsRHdb § 45 Rn 108; BerlKo-*Blersch* § 96 Rn 3). Das gilt auch für oktroyierte Verbindlichkeiten, die vom sog „starken" vorläufigen Insolvenzverwalter begründet worden sind, da diese nach Verfahrenseröffnung gem **§ 55 Abs 2** ebenfalls Masseverbindlichkeiten sind (Jaeger/*Windel* § 94 Rn 63; MüKo-*Brandes* § 94 Rn 46). Verbindlichkeiten aus einem **Sozialplan**, der nach § 123 Abs 1 zustande gekommen ist, sind gem § 123 Abs 2 S 1 zwar (unechte) Masseverbindlichkeiten, jedoch darf nach der zwingenden Regelung in § 123 Abs 3 S 2 wegen einer solchen Sozialplanforderung nicht in die Masse vollstreckt werden. Im Kern erweist sich § 123 Abs 2 S 1 als eine Rangregelung für Insolvenzforderungen wie die früheren Bestimmungen des § 59 Abs 1 Nr 3 KO und des SozPlG, was sich insb in ihrem Nachrang ggnüber den übrigen Masseverbindlichkeiten zeigt. Dies rechtfertigt es, die Aufrechnungsverbote des § 96 Abs 1 entsprechend anzuwenden (Jaeger/*Windel* § 94 Rn 63; *Hess* § 96 Rn 21; ebenso in § 59 Abs 1 Nr 3 KO: **OLG** Oldenburg 23. 3. 92 – 13 U 152/91, ZIP 1992, 1250 m zust Anm *Onusseit* EWiR 1992, 901 f; **LG** Konstanz KTS 1983, 644; aA K/P/B/*Lüke* § 94 Rn 14; BerlKo-*Blersch* § 96 Rn 3).

72 Lediglich **nach Anzeige der Masseunzulänglichkeit** gem § 208 gelten die §§ 94–96 entsprechend mit der Maßgabe, dass an die Stelle des Zeitpunkts der Verfahrenseröffnung der der Anzeige des Verwalters tritt (**BGH** 19. 7. 01 – IX ZR 36/99, ZIP 2001, 1641, 1643; MüKo-*Brandes* § 94 Rn 46). Gem § 210 besteht für sog Altmassegläubiger iSv § 209 Abs 1 Nr 3 ein Vollstreckungsverbot, das gleichzeitig entsprechend § 96 Abs 1 Nr 1, 2 und 4 zu einem Aufrechnungsverbot führt (*Uhlenbruck* Neues Insolvenzrecht, 1998, S 73; Gottwald/*Gottwald* InsRHdb § 45 Rn 110; kritisch *Leipold/Dieckmann* S 211, 215). Nur § 96 Abs 1 Nr 3 findet keine analoge Anwendung auf innerhalb des Insolvenzverfahrens geschaffene Aufrechnungslagen, die vor Anzeige der Masseunzulänglichkeit entstanden sind (K/P/B/*Lüke* § 94 Rn 26; MüKo-*Brandes* § 94 Rn 46; aA *Henckel* FS Lüke, S 237, 263). Andererseits muss dann zu ihren Gunsten § 95 angewandt werden (Gottwald/*Gottwald* InsRHdb § 45 Rn 110), „da sie aufgrund ihrer bevorrechtigten Stellung nicht schlechter als Insolvenzgläubiger behandelt werden dürfen" (**OLG** Köln 18. 2. 87 – 2 U 132/86, ZIP 1987, 928, 929; *Henckel* FS Lüke, S 237, 260 ff).

73 Die entsprechende Anwendung bedeutet u. a., dass **Altmassegläubiger** weiterhin **gegen** solche **Altansprüche der Masse** wirksam aufrechnen können, die vor Anzeige der Masseunzulänglichkeit entstanden sind; dagegen ist die Aufrechnung von Altforderungen **gegen Neuansprüche der Masse**, also solche, die erst nach dieser Anzeige begründet worden sind, unzulässig. Ebenso können **Neumasseforderungen**, die erst nach Feststellung der Masseunzulänglichkeit begründet worden sind, nicht zur Aufrechnung gestellt werden. Denn die Möglichkeit einer solchen Aufrechnung würde ebenso wie Einzelzwangsvollstreckungsmaßnahmen den von der InsO vorgegebene Verteilung der verbleibenden Masse, insb den gem § 209 Abs 1 Nr 1 gebotenen Vorrang der Verfahrenskosten unterlaufen (**BFH** 4. 3. 08 – VII R 10/06, ZIP 2008, 886 Rn 9; MüKo-*Brandes* § 94 Rn 46 und § 96 Rn 20; aA Jaeger/*Windel* § 94 Rn 65). Weder aus § 210 noch aus § 294 Abs 3 lässt sich etwas Gegenteiliges herleiten. Soweit ein Massegläubiger erst nach Anzeige der Masseunzulänglichkeit etwas zur Masse schuldig geworden ist, findet § 96 Abs 1 Nr 1 entsprechende Anwendung. Auch eine Aufrechnung gegen einen **Vorsteuervergütungsanspruch**, der sich **aus anteiliger Verwaltervergütung** für den Zeitraum bis zur Feststellung der Masseunzulänglichkeit ergibt, ist nicht zulässig, wenn eine entsprechende Teilvergütung vom Insolvenzgericht nicht festgesetzt worden ist (s u § 96 Rn 23; **BFH** 4. 3. 08 aaO Rn 14; **BFH** 1. 8. 00 – VII R 31/99, BStBl II 2002, 323).

74 Gegen **insolvenzfreie Forderungen des Insolvenzschuldners** kann ein Massegläubiger während des Insolvenzverfahrens nur aufrechnen, wenn die Leistung vom Insolvenzschuldner persönlich verlangt werden kann. Bei Masseschulden, die vom Insolvenzverwalter zu Lasten der Masse begründet werden, ist dies dagegen nicht der Fall (*F. Müller* Probleme der Aufrechnung mit Konkurs- und Masseforderungen, 1981, S 93 ff; Gottwald/*Gottwald* InsRHdb § 45 Rn 111). Aufgrund **§ 35 Abs 1 2. Alt.**, wonach Forderungen, soweit sie pfändbar sind, in die Masse fallen, wird nur selten eine Aufrechnungslage bestehen (Jaeger/*Windel* § 94 Rn 67).

75 **3. Aufrechnung bei noch nicht abgewickelten Vertragsverhältnissen.** Zur Aufrechnung nach Erfüllungswahl und im Falle der Nichterfüllung s u § 96 Rn 8 ff.

76 **4. Aufrechnung durch den Insolvenzverwalter.** Die §§ 94–96 regeln nur die Aufrechnung durch Insolvenzgläubiger. Für den Insolvenzverwalter gelten allein die allgemeinen Regeln über die Aufrechnung nach den §§ 387 ff BGB (K/P/B/*Lüke* § 94 Rn 28; *Hess* § 95 Rn 72; N/R/*Wittkowski* § 94 Rn 5; Gottwald/*Gottwald* InsRHdb § 45 Rn 98 ff).

77 Vor Feststellung der angemeldeten Forderung (§ 178 Abs 1) ist eine Aufrechnung des Insolvenzverwalters mangels Erfüllbarkeit der Gegenforderung nicht möglich (MüKo-*Brandes* § 94 Rn 48). Nach Abschluss des Feststellungsverfahrens kann der Insolvenzverwalter mit einer massezugehörigen Forderung uneingeschränkt **gegen** den Anspruch des Insolvenzgläubigers auf die **Insolvenzquote** aufrechnen (**BGH** 19. 3. 87 – IX ZR 148/86, BGHZ 100, 222, 226 f; Jaeger/*Windel* § 94 Rn 56; MüKo-*Brandes* § 94 Rn 48). Die Verteilung (§ 187 Abs 2) erfolgt dann anstatt durch Zahlung durch Aufrechnung (MüKo-*Brandes* § 94 Rn 48; K/P/B/*Lüke* § 94 Rn 30; *Eckardt* ZIP 1995, 257, 258 mwN in Fn 5; Gottwald/*Gottwald* InsRHdb § 45 Rn 104; KS-*Häsemeyer* S 645, 668 Rn 63).

78 Entsprechend der früheren Rechtslage, an der auch die InsO nichts geändert hat, kann der Verwalter mit einer fälligen Forderung der Masse nur dann wirksam zum Nennbetrag **gegen eine Insolvenzforderung** gem §§ 94 ff aufrechnen, wenn der Gläubiger seinerseits wirksam aufrechnen kann (Gottwald/*Gottwald* InsRHdb § 45 Rn 104; *Eckardt* ZIP 1995, 257, 265 f). Vor der definitiven Forderungsfeststellung zur Tabelle ist die Aufrechnung ausgeschlossen (aA BerlKo-*Blersch* § 95 Rn 10; HK-*Eickmann* § 94 Rn 24; Gottwald/*Gottwald* InsRHdb § 45 Rn 106), danach aber zulässig, weil mangels vorheriger Aufrechenbarkeit eine Präklusion nach § 767 Abs 2 ZPO nicht in Betracht kommt (**BGH**

VII. Besonderheiten der Aufrechnung in der Insolvenz § 94

19. 3. 87 – IX ZR 148/86, ZIP 1987, 725 unter II 4 c; eingehend hierzu *Eckardt* ZIP 1995, 257, 258 ff). Eine Aufrechnung ist für die Masse sinnvoll, wenn zB die Realsisierung der Hauptforderung gegen einen insolventen Drittschuldner (zugleich Insolvenzgläubiger) der Masse weniger einbringt als im Rahmen der Verteilung als Quote auf die Gegenforderung auszuschütten wäre. Durch die Aufrechnung beschränkt der Verwalter den Gläubiger auf den überschießenden Teil seiner Forderung und damit eine entsprechend niedrigere Quote (MüKo-*Brandes* § 94 Rn 50; *Eckardt* ZIP 1995, 257, 266). Verschafft allerdings der Verwalter dem Insolvenzgläubiger durch die Aufrechnung schuldhaft einen ungerechtfertigten Vorteil, so haftet er den anderen Insolvenzgläubigern nach § 60.

Insolvenzzweckwidrig und deshalb nichtig ist eine **Forderungsabtretung des Insolvenzverwalters** an 79 einen Insolvenzgläubiger, die ausschließlich dem Zweck dient, diesem eine Aufrechnung zu ermöglichen (BGH 13. 1. 83 – III ZR 88/81, NJW 1983, 2018, 2019; K/P/B/*Lüke* § 94 Rn 35; Gottwald/*Gottwald* InsRHdb § 45 Rn 107; *Eckardt* ZIP 1995, 257, 266 f; KS-*Häsemeyer* S 645, 669 Rn 64).

5. Aufrechnung im Restschuldbefreiungsverfahren. Sofern der **Arbeitgeber** oder sonstige dem Schuld- 80 ner zur Zahlung wiederkehrender Bezüge Verpflichtete zu den Insolvenzgläubigern gehören, wird eine ihnen zustehende Aufrechnungsbefugnis durch die Abtretung der gegen sie gerichteten Forderungen an einen Treuhänder (§ 287 Abs 2) gem **§§ 114 Abs 2, 294 Abs 3 InsO iVm 406 BGB** grundsätzlich nicht beeinträchtigt (FK-*Ahrens* § 294 Rn 35; *Häsemeyer* InsR Rn 26.46; *Adam* WM 1998, 801). Da das künftige Einkommen des insolventen Schuldners als natürliche Person die wesentliche Haftungsmasse iSv § 35 bildet, gefährdet jedoch eine unbegrenzte Aufrechnungsbefugnis den Grundsatz der Gläubigergleichbehandlung. Deshalb **befristet** § 114 Abs 1 die Aufrechnungsbefugnis des Verpflichteten gegen künftig fällig werdende Bezüge **auf zwei Jahre** nach dem Ende des zur Zeit der Eröffnung des Verfahrens laufenden Kalendermonats. Hierdurch soll verhindert werden, dass innerhalb der Wohlverhaltensfrist von sechs Jahren das den Gläubigern zustehende Schuldnereinkommen durch Aufrechnungen aufgezehrt wird (*Häsemeyer* InsR Rn 26.46). Endet das Arbeitsverhältnis des Schuldners durch Kündigung, Fristablauf oder in sonstiger Weise vor Ablauf der 2-Jahres-Frist, so endet zugleich auch die Aufrechnungsbefugnis des Arbeitgebers. Diese lebt auch bei Abschluss eines neuen Vertrages nicht wieder auf (FK-*Ahrens* § 294 Rn 38).

Vor allem **Aufrechnungen des FA** mit den als Insolvenzforderung festgestellten Steuerrückständen ge- 81 gen Steuererstattungsansprüche des Schuldners im Restschuldbefreiungsverfahren erlangen zunehmend Bedeutung (dazu: *Ernst* ZVI 2007, 49 ff; *Stahlschmidt* ZInsO 2006, 629 ff; *Grote* ZInsO 2001, 452; *Hilbertz/Busch* ZInsO 2000, 491). Insbesondere kann das FA nach Aufhebung des Insolvenzverfahrens (BFH 7. 6. 06 – VII B 329/05, ZInsO 2006, 875) während der Wohlverhaltensphase gegen **Lohnsteuer-Erstattungsansprüche** des Schuldners die Aufrechnung erklären; denn diese Ansprüche gehören nicht zu den an den Treuhänder abgetretenen Forderungen des Schuldners auf Bezüge aus einem Dienstverhältnis (BGH 21. 7. 05 – IX ZR 115/04, NZI 2005, 565; zust BFH 16. 5. 08 – VII S 11/08, nv; BFH 9. 1. 07 – VII B 45/06, BFH/NV 2007, 855; BFH 21. 11. 06 – VII R 1/06, BStBl II 2008, 272; zu Fallbeispielen: *Hackenberg* InsbürO 2005, 444 ff; aA AG Göttingen 27. 2. 01 – 74 IK 136/00, ZInsO 2001, 329; AG Neuwied 14. 2. 00 – 22 IK 28/99, NZI 2000, 334; Jaeger/*Windel* § 94 Rn 23 [für rechtsähnliche Anwendung des § 96 Abs 1 Nr 1 und 2]; *Grote* ZInsO 2001, 452). Dies gilt auch für Steuererstattungsansprüche, die zwar in die Insolvenzmasse fallen, aber erst nach Aufhebung des Insolvenzverfahrens ermittelt wurden und gegen die das FA vor Anordnung der **Nachtragsverteilung** aufrechnet; § 203 hat nämlich keine Rückwirkung (s u § 95 Rn 25; BFH 4. 9. 08 – VII B 239/07, BFH/NV 2009, 6). Ebenso wenig folgt aus dem Vollstreckungsverbot des § 294 Abs 1 InsO iVm § 394 S 1 BGB ein Aufrechnungsverbot (so aber *Grote* ZInsO 2001, 452, 453). § 294 Abs 1 enthält ein generelles Zwangsvollstreckungsverbot der Insolvenzgläubiger für die Treuhandphase, während § 294 Abs 3 ihre Aufrechnungsmöglichkeiten nur für bestimmte Fallgestaltungen beschränkt. Nach der Gesetzgebungshistorie und Systematik lässt sich § 294 Abs 3 eher als eine gegenüber einem sonst nach den §§ 294 Abs 1 InsO, 394 S 1 BGB bestehenden Aufrechnungsverbot die Aufrechnung gestattende Ausnahmeregelung interpretieren (BGH 21. 7. 05 – IX ZR 115/04, NZI 2005, 565 sub II 2.; MüKo-*Ehricke* § 94 Rn 39; FK-*Ahrens* § 294 Rn 35 a; wohl auch HK-*Landfermann* § 294 Rn 15). Das FA kann auch gegen **Umsatzsteuer-Erstattungsansprüche**, die sich **aus** einer neuen selbstständigen gewerblichen Tätigkeit eines Insolvenzschuldners (**Neuerwerb**) nach Freigabe des Insolvenzverwalters gem § 295 Abs 2 während der Wohlverhaltensphase gem § 287 Abs 2 ergeben, mit Umsatzsteuerschulden des früheren insolvent gewordenen Einzelunternehmens aufrechnen. Dem stehen weder die §§ 96 Abs 1 Nr 1, 294 noch der Umstand unterschiedlicher Steuernummern entgegen (FG Gotha 10. 4. 08 – 1 K 757/07, EFG 2008, 1485, n rkr [Revision anhängig unter BFH VII R 35/08]). Erstattungszinsen gem § 233 a AO aus Zeiträumen nach Insolvenzeröffnung können dagegen nicht mit vorinsolvenzlichen Steuerforderungen verrechnet werden, da die Zinsen zeitabschnittsweise begründet werden (s u § 95 Rn 35; BFH 30. 4. 07 – VII B 252/06, ZVI 2007, 420).

Nach Erteilung der Restschuldbefreiung ist es den Insolvenzgläubigern verwehrt, mit ihren Insolvenz- 82 forderungen gegen Ansprüche des Insolvenzschuldners aufzurechnen, da die Gegenforderung von der Restschuldbefreiung erfasst ist (§ 301; *Grote* ZInsO 2001, 452, 455). Der Fortbestand der Insolvenzforderung als Naturalobligation (§ 301 Abs 3) hat zur Folge, dass die Forderung zwar noch erfüllbar, aber nicht mehr erzwingbar ist. Zulässig ist nur eine Aufrechnung mit Forderungen, die erst nach Insolvenzeröffnung entstanden sind, weil es sich dann nicht um eine Insolvenzforderung handelt, oder mit Forderungen, die gem § 302 von den Wirkungen des § 301 Abs 1 ausgenommen sind, insb aus vorsätzlich begangener unerlaubter Handlung.

83   **6. Aufrechnung im Insolvenzplanverfahren.** Umstritten ist, ob mit Forderungen, die in einem angenommenen und vom Gericht rechtskräftig bestätigten Insolvenzplan erlassen worden sind, noch aufgerechnet werden kann, wenn die weiteren Voraussetzungen nach den §§ 94–96 bei Insolvenzeröffnung vorlagen. Dies wird zum Teil **bejaht** mit der Begründung, dass nach dem Willen des Gesetzgebers (BT-Drucks 12/2443, S 140) eine bereits begründete Aufrechnungslage eine gesicherte Rechtsstellung sei, die – wie es § 54 S 2 VerglO entsprach (**BGH** 9. 2. 83 – VIII ZR 305/81, NJW 1983, 1119) – durch einen Insolvenzplan nicht beeinträchtigt werde (**OLG** Celle 23. 12. 08 – 14 U 108/08, ZIP 2009, 140, n rkr [Revision beim **BGH** unter IX ZR 15/09 anhängig], m abl Anm *Schur* EWiR 2009, 119; ebenso Jaeger/*Windel* § 94 Rn 21; MüKo-*Brandes* § 94 Rn 45; FK-*Bernsau* § 94 Rn 2; K/P/B/*Otte* § 254 Rn 16; HK-*Eickmann* § 94 Rn 18; *Uhlenbruck* 12. Aufl, § 94 Rn 52; KS-*Häsemeyer* S 645, 660 Rn 42 [aber Ausnahme für vertragliche Aufrechnungsvereinbarungen]). Weder könne die Zustimmung des Aufrechnungsgläubigers zu dem Insolvenzplan als Verzichts auf die Aufrechnungsbefugnis ausgelegt werden noch stehe der Erlass des BMF vom 17. 12. 98 (BStBl I S 1500) dem entgegen, wonach gem Abschn 9.3 im Insolvenzplan erlassene Abgabenforderungen „gegenüber dem Schuldner nicht mehr geltend gemacht werden (Vollstreckungsverbot, Aufrechnungsverbot)" dürften; denn eine solche bereits bestehende Aufrechnungsbefugnis werde von vornherein nicht berührt. Eine Aufrechnung sei auch nicht treuwidrig, da der Gläubiger auf den Fortbestand seiner Aufrechnungsbefugnis habe vertrauen dürfen.

84   Dem gegenüber **verneint** die Gegenansicht die Aufrechnungsbefugnis, weil die vom gerichtlich bestätigten Insolvenzplan betroffenen Forderungen nicht mehr in ihrer ursprünglichen Form geltend gemacht werden können, in diesem Zeitpunkt entstehe ein Vollstreckungs- und Aufrechnungsverbot (**OLG** Celle 13. 11. 08 – 16 U 63/08, NZI 2009, 59, n rkr, m zust Anm *Pöllmann* EWiR 2009, 121; K/P/B/*Lüke* § 94 Rn 94; MüKo-*Kling/Schüppen/Ruh* InsO, Bd 3, Insolvenzsteuerrecht, Rn 243; *Tipke/Kruse* AO, § 251 Rn 116; *Gottwald/Frotscher/Braun* InsRHdb § 69 Rn 20; *Flöther/Wehner* ZInsO 2009, 503 ff; *Joachim/Schwarz* ZInsO 2009, 408, 411). Die nach dem Plan nicht zu erfüllenden Forderungen verwandelten sich in erfüllbare, aber nicht erzwingbare Naturalobligationen. Zwar werde im Schrifttum zutreffend darauf hingewiesen, dass sich der zur Aufrechnung befugte Gläubiger prinzipiell einer Einbeziehung in die Regelungen des Insolvenzplans entziehen könne, indem er die Aufrechnung gegenüber dem Schuldner erkläre; tue er dies aber nicht, sei er letztlich an die Festlegungen im Insolvenzplan gebunden. Im Übrigen könne der Gläubiger im Abstimmungstermin dem Plan widersprechen, wenn er hierdurch schlechter gestellt werde (§ 251), oder gegen den gerichtlichen Beschluss nach § 253 sofortige Beschwerde einlegen. Nur wenn die Forderungen nach § 255 wieder aufleben, sei eine Aufrechnung zulässig.

85   Der letztgenannten Auffassung ist **zuzustimmen**. Maßgebend für die Auslegung einer Gesetzesvorschrift ist der in dieser zum Ausdruck kommende objektivierte Wille des Gesetzgebers, so wie er sich aus dem Wortlaut der Gesetzesbestimmung und dem Sinnzusammenhang ergibt, in den diese hineingestellt ist. Nicht entscheidend ist dagegen die subjektive Vorstellung der am Gesetzgebungsverfahren beteiligten Organe oder einzelner ihrer Mitglieder über die Bedeutung der Bestimmung. Der Entstehungsgeschichte einer Vorschrift kommt für deren Auslegung nur insofern Bedeutung zu, als sie die Richtigkeit einer nach den angegebenen Grundsätzen ermittelten Auslegung bestätigt oder Zweifel behebt, die auf dem angegebenen Weg allein nicht ausgeräumt werden können (**BVerfG** 21. 5. 52 – 2 BvH 2/52, BVerfGE 1, 299 juris-Rn 56). Weder § 94 noch die §§ 217 ff enthalten in ihrem Wortlaut Hinweise darauf, dass die Aufrechnungsbefugnis auch nach einem gerichtlich bestätigten Insolvenzplan fortbestehen soll. Nach dem Sinn und Zweck des § 254 Abs 1 und dem Grundsatz der Gleichbehandlung sollen vielmehr die Wirkungen eines bestätigten Insolvenzplans alle Beteiligten in gleicher Weise treffen. Infolge des Erlasses durch den Insolvenzplan (§ 227 Abs 1) werden die Insolvenzforderungen, wie sich aus § 254 Abs 3 ergibt, zu sog unvollkommenen Verbindlichkeiten; sie geben zwar noch einen Rechtsgrund für erhaltene Leistungen, sind aber nicht mehr *aktiv* durchsetzbar. Dies schließt auch eine Aufrechnung als Erfüllungssurrogat aus. Hinzu kommt, dass mit dem Erlass (oder der Stundung) der Forderung durch den Insolvenzplan keine Forderung mehr besteht, mit der aufgerechnet werden könnte (bzw diese einredebehaftet ist, § 390 BGB). Die ursprünglich geschützte Aufrechnungslage ist damit entfallen.

86   **7. Aufrechnung bei Auslandsinsolvenz.** Ohne die Sonderregel des § 338 würde nach dem Grundsatz des § 335 allein das Recht des Eröffnungsstaates (Insolvenzstatut, lex fori concursus) über die Zulässigkeit der Aufrechnung im Insolvenzverfahren entscheiden (so auch Art 4 Abs 2 d) EuInsVO). Führt dieses zu dem Ergebnis, dass die Aufrechnung auch in der Insolvenz zulässig bleibt, hat § 338 keine weitere Bedeutung. Nur in den Fällen, in denen die lex fori concursus zur Einschränkung oder Untersagung der Aufrechnung in der Insolvenz führt, kann gem § 338 trotzdem aufgerechnet werden (so auch Art 6 Abs 1 EuInsVO), wenn die Aufrechnung vor Verfahrenseröffnung nach dem Schuldstatut der

Hauptforderung (lex causae) zulässig war (MüKo-*Brandes* § 94 Rn 54; *Wunderer* WM 1998, 793; *v. Wilmowsky* KTS 1998, 343, 363 ff; *Balz* ZIP 1996, 948, 950; zur Kritik wegen Verstoßes gegen die par condicio creditorum: K/P/B/*Kemper* Anh II Art 102 EGInsO Rn 215; K/P/B/*Lüke* § 94 Rn 118; *Gottwald* Grenzüberschreitende Insolvenzen, 1997, S 26).

Bilaterale Abkommen zwischen den Mitgliedsstaaten der EU, wie zB der „Vertrag zwischen der Bundesrepublik Deutschland und der Republik Österreich auf dem Gebiete des Konkurs und Vergleichs (Ausgleichs)", haben mit Inkrafttreten der EuInsVO am 31. 5. 02 ihre Wirkung verloren. 87

§ 95 Eintritt der Aufrechnungslage im Verfahren

(1) ¹Sind zur Zeit der Eröffnung des Insolvenzverfahrens die aufzurechnenden Forderungen oder eine von ihnen noch aufschiebend bedingt oder nicht fällig oder die Forderungen noch nicht auf gleichartige Leistungen gerichtet, so kann die Aufrechnung erst erfolgen, wenn ihre Voraussetzungen eingetreten sind. ²Die §§ 41, 45 sind nicht anzuwenden. ³Die Aufrechnung ist ausgeschlossen, wenn die Forderung, gegen die aufgerechnet werden soll, unbedingt und fällig wird, bevor die Aufrechnung erfolgen kann.

(2) ¹Die Aufrechnung wird nicht dadurch ausgeschlossen, daß die Forderungen auf unterschiedliche Währungen oder Rechnungseinheiten lauten, wenn diese Währungen oder Rechnungseinheiten am Zahlungsort der Forderung, gegen die aufgerechnet wird, frei getauscht werden können. ²Die Umrechnung erfolgt nach dem Kurswert, der für diesen Ort zur Zeit des Zugangs der Aufrechnungserklärung maßgeblich ist.

Übersicht

	Rn
I. Allgemeines	1
II. Insolvenzrechtlicher Schutz künftiger Aufrechnungslagen (Abs 1)	4
1. Künftige Fälligkeit	4
2. Künftiger Bedingungseintritt	9
a) Auflösend bedingte Forderungen	9
b) Aufschiebend bedingte Forderungen	10
3. Künftige Gleichartigkeit	15
4. Ausschluss der Aufrechnung nach § 95 Abs 1 S 3	19
III. Einzelne Fallgruppen	23
1. Steuer-Erstattungsansprüche	23
a) Einkommensteuer, Körperschaftsteuer	24
b) Umsatzsteuer	26
c) Gewerbesteuer	29
d) Grunderwerbsteuer	30
e) Vermögensteuer	31
f) Kraftfahrzeugsteuer	32
g) Erstattungszinsen nach § 233 a AO	35
2. Wahlrecht des Insolvenzverwalters	36
3. Aufrechnung des Auftraggebers in der Bauinsolvenz über das Vermögen des Auftragnehmers	38
4. Aufrechnung mit dem Regressanspruch eines Bürgen oder Wechseleinlösers in der Insolvenz des Hauptschuldners oder Akzeptanten	45
5. Aufrechnung mit dem Regressanspruch des Grundstückseigentümers und Verpfänders	49
6. Regressanspruch des Ablösungsberechtigten nach § 268 Abs 3 BGB	51
7. Einzelfälle	53
IV. Fremdwährungsklausel (Abs 2)	54

I. Allgemeines

Über § 94 hinaus gestattet § 95 Abs 1 S 1 auch demjenigen Insolvenzgläubiger eine **Aufrechnung** während des Insolvenzverfahrens, der gegen den Insolvenzschuldner eine Forderung innehat, die während des Insolvenzverfahrens fällig wird oder bei der eine sonstige Bedingung erst während des Insolvenzverfahrens eintritt, **sofern nicht** (Satz 3 der Vorschrift) **die Hauptforderung vor diesen Ereignissen zuerst unbedingt, fällig und durchsetzbar wird** (BGH 22. 9. 05 – VII ZR 117/03, BGHZ 164, 159). 1

§ 95 hat die früheren Aufrechnungserleichterungen des § 54 KO nicht übernommen. Während nach § 54 Abs 1 KO bei Verfahrenseröffnung schon begründete, aber noch betagte, bedingte oder nicht gleichartige Forderungen aufgerechnet werden konnten, dürfen sie nach § 95 Abs 1 zunächst nicht aufgerechnet werden. Erst wenn das Aufrechnungshindernis nach Verfahrenseröffnung wegfällt und die Aufrechnungslage immer noch fortbesteht, erlaubt § 95 die Aufrechnung, ohne dass § 96 Abs 1 entgegensteht (Begr RegE zu § 107 [§ 95 InsO], abgedr bei *Uhlenbruck* Das neue Insolvenzrecht, S 410 f). Soweit nach dem Wortlaut der Vorschrift die Aufrechnung schon dann ausgeschlossen ist, wenn nur eine der sich gegenüberstehenden Forderungen nicht fällig ist, widerspricht dies dem allgemeinen zivil- 2

§ 95

rechtlichen Grundsatz (§ 387 BGB), dass die Aufrechnungslage mit der Fälligkeit der Gegenforderung und der bloßen Erfüllbarkeit der Hauptforderung eintritt. Ein solcher Ausschluss würde § 387 BGB abändern, was nicht in der Absicht des Gesetzgebers lag, der lediglich die Aufrechnungserleichterungen in § 54 Abs 1 KO beseitigen wollte. Deshalb ist **§ 95 Abs 1** dahingehend **berichtigend auszulegen**, dass, soweit § 387 BGB mit § 271 Abs 1 S 1 BGB die Aufrechnung gestattet, dies auch für § 95 Abs 1 S 1 gilt (K/P/B/*Lüke* § 95 Rn 8; FK-*Bernsau* § 95 Rn 4; MüKo-*Brandes* § 95 Rn 1, 4; N/R/*Wittkowski* § 95 Rn 5; *Smid* § 95 Rn 4; Gottwald/*Gottwald* InsRHdb § 45 Rn 40; eingehend *Jauernig* § 50 III; *ders* FS Uhlenbruck, 2000, S 3, 13 f; KS-*Häsemeyer* S 645, 648 Rn 7, 14 ff).

3   § 95 Abs 1 S 1 will die Aufrechnung erleichtern und **geht der Regelung des § 96 Abs 1 Nr 1 vor** (BGH 11. 11. 04 – IX ZR 237/03, ZIP 2005, 181; BGH 29. 6. 04 – IX ZR 147/03, ZIP 2004, 1608).

II. Insolvenzrechtlicher Schutz künftiger Aufrechnungslagen (Abs 1)

4   **1. Künftige Fälligkeit.** Nach § 95 Abs 1, der § 392 BGB entspricht, können Insolvenzgläubiger, deren Forderung bei Eröffnung des Insolvenzverfahrens noch nicht fällig ist, während des eröffneten Verfahrens aufrechnen, wenn der Schuldner die Vollendung der Aufrechnungslage nicht mehr einseitig verhindern konnte. Nach der Begr RegE soll der Gläubiger, der vor der Eröffnung des Insolvenzverfahrens darauf vertrauen durfte, dass die Durchsetzung seiner Forderung mit Rücksicht auf das Entstehen einer Aufrechnungslage keine Schwierigkeiten bereiten werde, in dieser Erwartung auch im Insolvenzverfahren nicht enttäuscht werden. Folgende drei Fallgestaltungen sind zu unterscheiden (KS-*Häsemeyer* S 645, 651 Rn 16):

5   (1) Ist die **Gegenforderung** (Insolvenzforderung) **vor Verfahrenseröffnung fällig,** die massezugehörige **Hauptforderung** zwar noch nicht fällig, aber **schon erfüllbar,** so kann der Insolvenzgläubiger aufrechnen. Dieser Fall wird bereits von § 94 erfasst, da die Aufrechnungslage schon vor Insolvenzeröffnung besteht (zur berichtigenden Auslegung des § 95 Abs 1, dass die Gegenforderung des Insolvenzschuldners nicht fällig zu sein braucht, sondern Erfüllbarkeit genügt: s o Rn 2).

6   (2) Wird dagegen die **Hauptforderung** des Insolvenzschuldners nach Verfahrenseröffnung **vor der Gegenforderung fällig,** so kommt eine Aufrechnung nicht mehr in Betracht (§ 95 Abs 1 S 3) und kann der Insolvenzgläubiger seine Forderung nur noch zur Tabelle nach den §§ 174 ff anmelden. Der Insolvenzverwalter kann die massezugehörige Forderung einziehen.

7   (3) Wird die **Gegenforderung** im eröffneten Verfahren **vor der Hauptforderung** der Masse **fällig,** kann der Insolvenzgläubiger aufrechnen (Umkehrschluss aus § 95 Abs 1 S 3), sobald seine Forderung fällig ist und die massezugehörige Forderung erfüllt werden kann (§ 95 Abs 1 S 1). Ist die Forderung des Insolvenzgläubigers verzinslich, so können nur die Zinsen bis zur Verfahrenseröffnung mit aufgerechnet werden; denn in diesem Zeitpunkt standen sich beide Forderungen im Hinblick auf § 95 aufrechenbar gegenüber (§ 389 BGB).

8   Da die Fiktion des § 41 nicht zur Herstellung einer sonst nicht vorhandenen Aufrechnungslage dient (§ 95 Abs 1 S 2), bestimmt sich die **Fälligkeit der Gegenforderung** nach den allgemeinen gesetzlichen Regelungen oder den vertraglichen Vereinbarungen (K/P/B/*Lüke* § 95 Rn 7). Eine außerordentliche Fälligkeit kann auch dadurch herbeigeführt werden, dass der Vertragspartner eine bisher gewährte Stundung widerruft oder einen Darlehensvertrag außerordentlich kündigt (BGH 21. 9. 89 – III ZR 287/88, NJW-RR 1990, 110 [drohende Insolvenz]; FK-*Bernsau* § 95 Rn 5; *Obermüller* InsRBankpraxis Rn 5.72 ff, 5.87). Die Eröffnung eines Insolvenzverfahrens ist idR ein wichtiger Grund zur außerordentlichen Kündigung eines Darlehensvertrages. Sie rechtfertigt zugleich auch den Widerruf einer Stundungsvereinbarung (BGH 29. 5. 74 – IV ZR 65/72, WM 1974, 338; K/P/B/*Lüke* § 95 Rn 7). Die Eröffnung des Insolvenzverfahrens über das Vermögen eines Bankkunden führt gem §§ 115 Abs 1, 116 zur Beendigung der mit dem Insolvenzschuldner geschlossenen Geschäftsbesorgungsverträge, also des **Girovertrages** (BGH 5. 12. 06 – XI ZR 21/06, NJW 2007, 914; BGH 25. 1. 95 – XI ZR 189/94, ZIP 1995, 659) und des **Kontokorrentverhältnisses** (s u §§ 115, 116 Rn 16 ff; BGH 13. 11. 90 – XI ZR 217/89, NJW 1991, 1286, 1287; BGH 7. 12. 77 – VIII ZR 164/76, BGHZ 70, 86, 93; OLG Köln 25. 11. 94 – 19 U 70/94, WM 1995, 1203). Alle Kredite, die der Bankkunde auf Kontokorrentbasis innerhalb der vereinbarten Kreditlinie in Anspruch genommen hat, werden damit sofort fällig (*Obermüller* InsRBankpraxis Rn 5.269 a; *Dampf* KTS 1998, 145, 151; aA [Wahlrecht des Verwalters] Staudinger/*Hopt/Mülbert* Vorbem vor § 607 BGB Rn 302).

9   **2. Künftiger Bedingungseintritt. a) Auflösend bedingte Forderungen.** Auflösend bedingte Forderungen sind bereits vor dem Eintritt der Bedingung wirksam und können nach § 42 wie unbedingte Forderungen im Insolvenzverfahren geltend gemacht werden. Sie **fallen nicht unter § 95** (Abs 1 verhält sich nur über „aufschiebend" bedingte Forderungen) und sind nach § 387 BGB aufrechenbar (RGZ 143, 192, 196; BGH 10. 5. 78 – VIII ZR 152/77, WM 1978, 883; MüKo-*Brandes* § 95 Rn 29; N/R/*Wittkowski* § 95 Rn 6; *Hess* § 95 Rn 20; KS-*Häsemeyer* S 645, 652 Rn 19; *Kuhn* WM 1979, 750). **Tritt die auflösende Bedingung ein,** so wird mit dem Eintritt der Bedingung die Aufrechnung hinfällig und die jeweils andere Forderung lebt wieder auf (OLG Celle 28. 7. 71 – 13 U 115/68, **OLGZ** 1972, 274, 275; Jaeger/*Windel* § 95 Rn 32; *Gernhuber* Die Erfüllung und ihre Surrogate, 1994, § 12 IV 1 b; Gott-

II. Insolvenzrechtlicher Schutz künftiger Aufrechnungslagen (Abs 1) § 95

wald/*Gottwald* InsRHdb § 45 Rn 41). Bleibt die Hauptforderung übrig, ist diese zur Masse zu leisten; war die Gegenforderung unbedingt, kann diese nur als Insolvenzforderung neu geltend gemacht werden (Gottwald/*Gottwald* InsRHdb § 45 Rn 41; **aA** [Bereicherungsanspruch auf Wiederherstellung der Forderung] *Jaeger/Lent* § 54 KO Rn 5; *Kilger/K. Schmidt* § 54 KO Anm 3 a).

b) Aufschiebend bedingte Forderungen. Anders als nach § 54 Abs 3 KO kann der Gläubiger nicht **10** mehr Sicherstellung verlangen und bei Eintritt der Fälligkeit aufrechnen, sondern nach § 95 Abs 1 S 1 seine Forderung nur noch und erst dann durchsetzen, wenn diese unbedingt und fällig geworden ist. Die Berechtigung zur Aufrechnung mit bedingten Forderungen hat für die Praxis deshalb große Bedeutung, weil § 95 **sowohl für gesetzlich als auch rechtsgeschäftlich bedingte Forderungen gilt** (BGH 24. 3. 94 – IX ZR 149/93, ZIP 1994, 714; BGH 7. 12. 78 – III ZR 140/76, WM 1979, 306; K/P/B/*Lüke* § 95 Rn 18; KS-*Häsemeyer* S 645, 652 Rn 20; Gottwald/*Gottwald* InsRHdb § 45 Rn 45). Bei gesetzlich bedingten Forderungen ist allerdings erforderlich, „dass das Verhältnis dem Grunde nach bereits vor Insolvenzeröffnung entstanden war und Vorwirkungen zeigte" (so K/P/B/*Lüke* § 95 Rn 18). Ein schutzwürdiges Vertrauen kann ohne Vorwirkung nämlich nicht entstehen (so auch *Häsemeyer* InsR Rn 19.20). Der Eintritt entfernterer gesetzlicher Entstehungsvoraussetzungen genügt dagegen nicht. So entstehen zB **Gewährleistungsansprüche** nicht aufschiebend bedingt bereits mit dem Abschluss eines Werkvertrages (BGH 24. 3. 94 – IX ZR 149/93, ZIP 1994, 714; KS-*Häsemeyer* S 645, 653 Rn 24).

Ob eine Forderung iSd § 95 Abs 1 S 1 aufschiebend bedingt entstanden ist, hängt davon ab, ob diese **11** „ihrem Kern nach" bereits vor der Eröffnung des Insolvenzverfahrens entstanden ist. Der zugrunde liegende zivilrechtliche Sachverhalt, der zu der Entstehung des Anspruchs führt, muss bereits vor Eröffnung des Insolvenzverfahrens verwirklicht worden sein (BFH 17. 4. 07 – VII R 27/06, ZIP 2007, 1166 Rn 11; BFH 16. 11. 04 – VII R 75/03, ZIP 2005, 628; BFH 5. 10. 04 – VII R 69/03, ZIP 2005, 266).

Zulässig ist eine Aufrechnung dann, **wenn** die **Gegenforderung vor der** zur Masse gehörenden **Haupt- 12 forderung unbedingt** und fällig wird und sobald die zur Masse gehörige Forderung erfüllt werden kann (§ 95 Abs 1 S 1 und 3; Gottwald/*Gottwald* InsRHdb § 45 Rn 42; KS-*Häsemeyer* S 645, 651 Rn 18).

Unzulässig ist die Aufrechnung dagegen im umgekehrten Fall, nämlich **wenn** die **Hauptforderung** der **13** Insolvenzmasse **unbedingt** wird, **bevor** die **Durchsetzbarkeit bei der Gegenforderung** des Gläubigers eingetreten ist. § 95 Abs 1 S 3 schließt für diese Fallkonstellation eine Aufrechnung des Gläubigers aus; dieser ist gezwungen, seine Verbindlichkeit gegenüber der Masse zu berichten (§ 95 Abs 1 S 3; HK-*Eickmann* § 95 Rn 3; K/P/B/*Lüke* Rn 14, 15).

Vor Eintritt der Bedingung bezüglich der Forderung der Masse fehlt es an einer zur Aufrechnung ge- **14** eigneten Hauptforderung, da diese noch nicht erfüllbar ist (BFH 20. 7. 04 – VII R 28/03, ZIP 2004, 2060 sub II 2 b).

c) Künftige Gleichartigkeit. § 95 Abs 1 S 1 lässt die Aufrechnung auch zu, wenn die Forderungen **15** zwar bei Verfahrenseröffnung noch nicht gleichartig waren, aber im Laufe des Verfahrens gleichartig werden. Die Einbeziehung nicht gleichartiger Forderungen für den Fall späterer Gleichartigkeit ist jedoch **systemwidrig**, weil Gläubiger wie Schuldner genau die vereinbarten Leistungen schulden und deshalb – anders als bei betagten Forderungen – im Regelfall gerade nicht darauf vertrauen können, dass sich die Forderungen künftig in aufrechenbarer Weise gegenüberstehen (KS-*Häsemeyer* S 645, 649 Rn 9). Eine ungleichartige Forderung verwandelt sich nämlich nur aufgrund atypischer, nicht trauensschutzwürdiger Umstände in Geldforderungen (*Häsemeyer* InsR Rn 19.25; K/P/B/*Lüke* § 95 Rn 36). Auch die vorzeitige bzw fiktive Umrechnung von Forderungen gem § 45 infolge der Insolvenzeröffnung dient nur der Anmeldbarkeit der Forderung zur Tabelle und Quotenberechnung; für die Aufrechnung wird die Vorschrift in § 95 Abs 1 S 2 ausdrücklich ausgeschlossen.

Bei ungleichartigen Leistungen besteht ein Anreiz für den Insolvenzgläubiger, die Aufrechnungslage **16 durch gezielten Vertragsbruch herbeiführen**, indem er die Individualleistung verweigert, um aus der hieraus resultierenden Schadensersatzforderung gegen einen Geldersatzanspruch der Masse aufrechnen zu können. Ob ein solches vertragswidriges Verhalten zu einer Aufrechnungslage nach § 95 Abs 1 S 1 führen kann, wird nur vereinzelt bejaht (*Leipold/Dieckmann* S 211, 226 ff), überwiegend jedoch zu Recht als **unzulässige Rechtsausübung** iSv § 242 BGB angesehen (BerlKo-*Blersch* § 95 Rn 8; N/R/*Wittkowski* § 95 Rn 8; K/P/B/*Lüke* § 95 Rn 36; MüKo-*Brandes* § 95 Rn 32; Gottwald/*Gottwald* InsRHdb § 45 Rn 65; KS-*Häsemeyer* S 645, 653 Rn 26). Denn der Aufrechnungsberechtigte verdient insoweit keinen gesetzlichen Schutz. Allerdings kann es problematisch sein, die Fälle eines unredlichen Vertragsbruchs von anderen, das Vertrauen nicht beeinträchtigenden Fällen einer Schlecht- oder Nichterfüllung des Individualanspruchs zu trennen. Daher wird im Schrifttum als Lösung de lege ferenda auch eine völlige Herausnahme der ungleichartigen Forderungen aus § 95 befürwortet (K/P/B/*Lüke* § 95 Rn 37).

Die Aufrechnung mit einem **Kostenerstattungsanspruch wegen Mängelbeseitigung** gegen die Werk- **17** lohnforderung des Insolvenzverwalters scheitert nicht an § 95 Abs 1 S 3, weil der vorhergehende Mängelbeseitigungsanspruch ungleichartig ist und die Werklohnforderung trotz § 320 BGB vor dem Kostenerstattungsanspruch fällig wird (BGH 22. 9. 05 – VII ZR 11/03, ZInsO 2005, 1164, 1166; LG Duisburg 28. 4. 04 – 25 O 23/03, BauR 2004, 1625; N/R/*Wittkowski* § 95 Rn 8; *G. Fischer* WM 2008, 1, 6; **aA** LG Potsdam 18. 7. 02 – 7 S 113/02, NZI 2003, 209). Infolge § 320 BGB ist auch die Werklohnforderung des Insolvenzverwalters nicht fällig iSd § 95 Abs 1 S 3, wenngleich erfüllbar, so dass beide Ansprüche gleichzeitig fällig werden und damit die Aufrechnungsmöglichkeit erhalten bleibt (*T. B. Schmidt* NZI 2003, 186, 187). Allerdings kommt eine Aufrechnung mit Mängelbeseitigungskosten nur dann in Betracht, wenn der Besteller (Bauherr) vorher dem Insolvenzschuldner und nach Eröffnung dem Insolvenzverwalter eine Frist zur Mängelbeseitigung gesetzt hat; denn im Kauf- und Werkvertragsrecht gilt der Vorrang der Nacherfüllung (*Lorenz* ZInsO 2009, 66, 71).

18 Hat der Verleiher von Arbeitnehmern seine vertragliche Pflicht, die Lohnnebenkosten an die Einzugsstelle abzuführen, schuldhaft verletzt, steht dem **Entleiher der Arbeitnehmer**, der entsprechende Beiträge nach Eröffnung des Insolvenzverfahrens an die Einzugsstelle zu entrichten hat, in der Insolvenz des Verleihers keine Aufrechnungsmöglichkeit zu (**BGH** 14. 7. 05 – IX ZR 142/02, NZI 2005, 624 in Fortführung zu **BGH** 2. 12. 04 – IX ZR 200/03, ZIP 2005, 126). Der Entleiher haftet nach § 28e Abs 2 SGB IV zwar für die Erfüllung der Zahlungspflicht des Arbeitgebers, also des Verleihers (§ 1 Abs 1 AÜG), bei einem wirksamen Vertrag wie ein selbstschuldnerischer Bürge, soweit ihm die Arbeitnehmer gegen Vergütung überlassen worden sind. Er kann jedoch die Zahlung verweigern, solange die Einzugsstelle den Arbeitgeber nicht gemahnt hat und die Mahnfrist nicht abgelaufen ist (§ 28e Abs 2 S 2 SGB IV), so dass es bis dahin an einer voll wirksamen Gegenforderung fehlt. Denn ohne eine durchsetzbare Bürgschaftsschuld der Krankenkasse besteht kein Rückgriffsanspruch gegenüber dem Verleiher. Der Eintritt der materiellen Insolvenz des Verleihers führt auch nicht dazu, dass sich der Befreiungsanspruch nach § 250 BGB in einen Zahlungsanspruch umwandelt. Fristsetzung und Ablehnungsandrohung sind nicht entbehrlich, wenn es zur Insolvenz des Schädigers kommt, sondern allein im Fall der Insolvenz des Geschädigten. Nur in diesem Fall entsteht aus dem Befreiungsanspruch der Zahlungsanspruch unmittelbar in der Hand des Insolvenzverwalters (**BGH** 16. 9. 93 – IX ZR 255/92, ZIP 1993, 1656, 1658).

19 **d) Ausschluss der Aufrechnung nach § 95 Abs 1 S 3.** Ein **Ausnahme von § 95 Abs 1 S 1** hat der Gesetzgeber in § 95 Abs 1 S 3 vorgesehen: War oder wird die Hauptforderung bereits unbedingt und fällig, bevor die Aufrechnungslage während des Verfahrens eintritt, so ist die Aufrechnung ausgeschlossen. Durch diese Regelung soll verhindert werden, dass der Insolvenzgläubiger mit der Erfüllung seiner Schuld so lange zuwartet, bis er mit seiner Gegenforderung aufrechnen kann (*Jauernig* § 50 III; *Holzer* DStR 1998, 1268, 1271; Gottwald/*Gottwald* InsRHdb § 45 Rn 39; Begr RegE § 107 [§ 95 InsO], abgedr bei K/P, Das neue Insolvenzrecht S 275 f).

20 Das Aufrechnungsverbot nach § 95 Abs 1 S 3 kann nur in den Fällen eingreifen, in denen **sowohl die Gegenforderung als auch die Hauptforderung vor Eröffnung des Insolvenzverfahrens entstanden** sind (*v. Wilmowsky* NZG 1998, 481, 486). Würde die **Gegenforderung** erst nach Verfahrenseröffnung entstehen, wäre sie eine aufrechenbare Masseforderung. Würde dagegen die **Hauptforderung** erst nach Insolvenzeröffnung entstehen, wäre die Aufrechnung nach § 96 Abs 1 Nr 1 ausgeschlossen. Als Anwendungsbereich verbleiben daher nur solche Fälle, in denen die Gegenforderung nach Insolvenzeröffnung fällig wird. § 95 Abs 1 S 3 entspricht insoweit der Vorschrift des § 392 BGB, als § 95 Abs 1 S 3 die **Fälligkeit** der Gegenforderung nach Insolvenzeröffnung voraussetzt, und will verhindern, dass eine Aufrechnung noch zulässig ist, wenn die Hauptforderung früher als die Gegenforderung fällig wird (*v. Wilmowsky* NZG 1998, 481, 486). Damit wird vor allem die Aufrechnung in den Fällen ausgeschlossen, in denen der Insolvenzgläubiger dem Schuldner **Stundung** gewährt hatte (FK-*Bernsau* § 95 Rn 5). Der Insolvenzgläubiger soll letztlich nicht aufrechnen dürfen, bevor sein gegen die Masse gerichteter Anspruch vollwertig ist. Konsequenterweise ist daher einer Behörde die Aufrechnung auch mit solchen Gegenforderungen verwehrt, deren Bestand und/oder Fälligkeit einen Verwaltungsakt voraussetzen, sofern und solange Widerspruch und Anfechtungsklage gegen diesen Verwaltungsakt aufschiebende Wirkung haben (**BVerwG** 20. 11. 08 – 3 C 13/08, NJW 2009, 1099). Dem steht nicht entgegen, dass mit Beseitigung des Rechtsbehelfs der Leistungsbescheid nach verwaltungsverfahrensrechtlichen Grundsätzen rückwirkend ab dessen Bekanntgabe bestandskräftig wird. Ausschlaggebend ist vielmehr, ob in dem nach § 95 Abs 1 S 3 maßgeblichen Zeitpunkt nach insolvenzrechtlichen Grundsätzen die Gegenforderung aufrechenbar war oder nicht (**VGH** München 14. 9. 09 – 12 B 08.1018, nv). Zur Sicherung der Aufrechnung kann die Behörde jedoch die sofortige Vollziehbarkeit anordnen.

21 Bei **Stundungsvereinbarungen** berechtigt im Zweifel der Vermögensverfall des Schuldners ebenso zum Widerruf der Stundung wie ein drohendes Insolvenzverfahren zur außerordentlichen Kündigung des Darlehensvertrages aus wichtigem Grund (**BGH** 21. 9. 89 – III ZR 287/88, NJW-RR 1990, 111). Für gestundete **Steuern** folgt dies aus § 131 Abs 2 S 1 Nr 3 AO, wenn nicht die Voraussetzungen des § 222 S 1 AO vorliegen.

22 Bei einem **Factoringgeschäft** kann der Factor in der Insolvenz des Anschlusskunden dessen Anspruch auf Gutschrift für eine angediente Forderung oder auf Auszahlung des Guthabens auf dem **Abrechnungskonto** nicht mehr durch Aufrechnung mit einem Rückgriffsanspruch tilgen, der im eröffneten Verfahren erst später fällig wird (§ 95 Abs 1 S 3). Vielmehr muss er seine Verbindlichkeit zur Insolvenzmasse erfüllen, während er die Rückgriffsansprüche lediglich als Insolvenzforderung zur Tabelle anmelden kann. Bei einer Aufrechnung gegen das **Sperrkontoguthaben** ist zu differenzieren: § 95 Abs 1 S 3 verbietet nur die Aufrechnung gegen solche Sicherungseinbehalte, die **vor** der Rückgriffsforderung

III. Einzelne Fallgruppen § 95

frei geworden sind, dh infolge einer Zahlung des Debitors oder beim echten Factoring infolge des Eintritts des Delkredereschutzes, unbedingt und fällig geworden sind. Diese Beträge können folglich nur aus **anderen** Factoringgeschäften als dem, dessentwegen der Rückgriff erfolgt, resultieren. Denn hinsichtlich des Sicherungseinbehalts aus dem **notleidenden** Factoringgeschäft tritt die Bedingung für die Auszahlung erst gar nicht ein; aus diesem Betrag kann sich der Factor demgemäß ungehindert durch § 95 Abs 1 S 3 auch weiterhin befriedigen (*Sinz* Factoring in der Insolvenz, Rn 578). Ebenso bleibt die Aufrechnung gegen Sperrkontoguthaben möglich, soweit die entsprechenden Sicherungseinbehalte später als die Rückgriffsforderung frei geworden sind.

Zur Aufrechnung nach Rückübertragung der Forderung an den Anschlusskunden s u § 96 Rn 41 ff.

III. Einzelne Fallgruppen

1. **Steuer-Erstattungsansprüche.** Ist eine Steuer, die vor Eröffnung eines Insolvenzverfahrens entstanden ist, zu erstatten oder zu vergüten oder in anderer Weise dem Steuerpflichtigen wieder gut zu bringen, so stellt der diesbezügliche Anspruch des Steuerpflichtigen eine vor Eröffnung des Verfahrens aufschiebend bedingt begründete Forderung dar, gegen welche die Finanzbehörde im Insolvenzverfahren aufrechnen kann, auch wenn das die Erstattung oder Vergütung auslösende Ereignis selbst erst nach Eröffnung des Verfahrens eintritt (**BFH 17. 4. 07 – VII R 27/06, ZIP 2007, 1166 Rn 12**). Demnach ist auch bei der Erstattung von vor Eröffnung eines Insolvenzverfahrens geleisteten **Vorauszahlungen** der diesbezügliche Anspruch mit der Aufrechnungsmöglichkeit des FA vor Eröffnung des Verfahrens begründet, selbst wenn die Steuer, auf die vorauszuleisten war, erst nach Eröffnung des Insolvenzverfahrens entstanden ist (**BFH 16. 11. 04 – VII R 75/03, ZIP 2005, 628; BFH 22. 5. 79 – VIII R 58/77, BStBl II 1979, 639**). Entsprechendes muss im Übrigen in dem umgekehrten Fall gelten, dass der Steuerpflichtige vor Eröffnung des Insolvenzverfahrens einen Steuervorteil erhalten hat – zB eine **Investitionszulage** oder das Recht zum **Vorsteuerabzug** –, aufgrund eines nach Eröffnung des Verfahrens eintretenden Ereignisses er aber die betreffende Steuervergütung zurückzahlen (zB wegen Aufgabe der betrieblichen Nutzung eines Wirtschaftsgutes vor Ablauf der Drei-Jahres-Frist im Investitionszulagerecht; **BFH 14. 10. 77 – III R 111/75, BStBl II 1978, 204**) oder in anderer Weise den ihm seinerzeit gewährten Steuervorteil zurückführen muss (wie zB wegen der **Berichtigung des Vorsteuerabzugs nach § 15 a UStG**; anders aber noch **BFH 6. 6. 91 – V R 115/87, ZIP 1991, 1080**). Der diesbezügliche Anspruch der Finanzbehörde ist dann keine Masseforderung, sondern als vor Eröffnung des Insolvenzverfahrens entstanden und mithin als Insolvenzforderung anzusehen (**BFH 17. 4. 07 – VII R 27/06, ZIP 2007, 1166 Rn 13**).

a) **Einkommensteuer, Körperschaftsteuer.** Soweit ein Steuererstattungsanspruch auf **Vorauszahlungen nach Eröffnung** des Insolvenzverfahrens beruht, ist eine Aufrechnung des FA mit Steuerforderungen aus der Zeit vor Eröffnung gemäß § 96 Abs 1 Nr 1 unzulässig (**BFH 7. 6. 06 – VII B 329/05, ZInsO 2006, 875 Rn 6** für Lohnsteuer); erfolgten die **Vorauszahlungen** dagegen bereits **vor Eröffnung**, steht § 96 Abs 1 Nr 1 einer Aufrechnung nicht entgegen (**BFH 31. 1. 08 – VII B 119/07, BFH/NV 2008, 822 Rn 8** für KSt-Vorauszahlung; **BFH 26. 1. 05 – VII R 22/04, BFH/NV 2005, 1210** für USt-Sondervorauszahlung; **BFH 26. 1. 05 – VII R 41/04, BFH/NV 2005, 1211** für berichtigte Lohnsteueranmeldung; **BGH 21. 7. 05 – IX ZR 115/04, NZI 2005, 565, 566** und **BFH 7. 3. 68 – IV R 278/66, BFHE 92, 153** für überzahlte Einkommensteuer). Auf den Zeitpunkt der Steuerfestsetzung oder (berichtigten) Steueranmeldung kommt es nicht an (**BFH 29. 1. 91 – VII R 45/90, BFH/NV 1991, 791**; *Frotscher* Besteuerung S 74 f). Ebenso wenig spielt es eine Rolle, ob der Erstattungsanspruch endgültig (bedingungsfrei) mit Ablauf des jeweiligen Veranlagungszeitraums (so die materielle Rechtsgrundtheorie) oder erst mit der Steuerfestsetzung (so die formelle Rechtsgrundtheorie) zur Entstehung gelangt. Denn bei Steuervorauszahlungen erlangt der Steuerpflichtige bereits mit deren Entrichtung einen Erstattungsanspruch unter der aufschiebenden Bedingung, dass am Ende des Besteuerungszeitraums (Ablauf des Veranlagungszeitraums; **BGH 12. 1. 06 – IX ZB 239/04, NZI 2006, 246**) die geschuldete Steuer geringer ist als die Vorauszahlung.

Das **Aufrechnungshindernis entfällt** erst **mit der Aufhebung des Insolvenzverfahrens** und nicht bereits mit dem Beschluss über die Ankündigung der Restschuldbefreiung, die noch Teil des Insolvenzverfahrens ist (**BFH 7. 6. 06 aaO Rn 8**). Soweit bei Abschluss des Insolvenzverfahrens über das Vermögen einer natürlichen Person noch eine Einkommensteuererstattung zu erwarten ist, sollte bereits im Schlusstermin beantragt werden, dass eine Nachtragsverteilung hinsichtlich dieser Steuererstattungsansprüche vorbehalten bleibt, damit der Insolvenzbeschlag ununterbrochen fortbesteht (**BGH 22. 2. 73 – VI ZR 165/71, WM 1973, 642, 644**). Da in der Wohlverhaltensperiode kein allgemeines Aufrechnungsverbot für die Insolvenzgläubiger gilt (**BGH 21. 7. 05 – IX ZR 115/04, NZI 2005, 565, 566**), besteht sonst die Gefahr, dass ohne den Vorbehalt der Nachtragsverteilung in der Zeit zwischen Insolvenzaufhebung und Anordnung der Nachtragsverteilung der Erstattungsanspruch der Masse durch wirksame Aufrechnung des FA unwiederbringlich erlischt; denn die Anordnung der Nachtragsverteilung hat keine Rückwirkung (**BFH 4. 9. 08 – VII B 239/07, BFH/NV 2009, 6 Rn 8**).

b) **Umsatzsteuer.** Ein **Umsatzsteuer-Erstattungsanspruch** des Schuldners für den letzten Voranmeldungszeitraum des Besteuerungszeitraums, der **aus** der Verrechnung mit der am Anfang des Besteuerungszeitraums geleisteten **Umsatzsteuer-Sondervorauszahlung** resultiert, ist insolvenzrechtlich bereits im Zeitpunkt der Leistung der Umsatzsteuer-Sondervorauszahlung begründet worden (**BFH** 31. 5. 05 – VII R 74/04, BFH/NV 2005, 1745). Denn der Steuerpflichtige erlangt bei Steuervorauszahlungen bereits mit deren Entrichtung einen Erstattungsanspruch unter der aufschiebenden Bedingung, dass am Ende des Besteuerungszeitraums die geschuldete Steuer geringer ist als die Vorauszahlung; dieser aufschiebend bedingte Anspruch gehört zur Insolvenzmasse, auch wenn die aufschiebende Bedingung erst nach Insolvenzeröffnung eintritt. § 96 Abs 1 Nr 1 steht daher einer Aufrechnung nicht entgegen.

27   Das Gleiche gilt für den Fall eines **Umsatzsteuervergütungsanspruchs aufgrund unrichtigen Umsatzsteuerausweises in einer Rechnung**. Auch wenn die Rechnung erst nach Verfahrenseröffnung berichtigt wird, ändert dies nichts daran, dass der Vergütungsanspruch von Anfang an aufschiebend bedingt gegeben ist und nicht erst entsteht, wenn der Schuldner ihn geltend macht oder er dessen Voraussetzungen (kein Vorsteuerabzug des Leistungsempfängers, **BFH** 22. 3. 01 – V R 11/98, BStBl II 2004, 313) erfolgreich nachgewiesen hat (**BFH** 4. 2. 05 – VII R 20/04, ZIP 2005, 997; vgl auch **BFH** 10. 5. 07 – VII R 18/05, ZIP 2007, 1514 Rn 32).

28   Auch ein Erstattungsanspruch aus der **Berichtigung der Bemessungsgrundlage gemäß § 17 Abs 1 UStG** wegen Uneinbringlichkeit von vor Insolvenzeröffnung begründeten Forderungen des Schuldners ist eine bereits vor Eröffnung des Insolvenzverfahrens aufschiebend bedingt begründete Forderung, was die Anwendung des § 96 Abs 1 Nr 1 ausschließt (**BFH** 12. 8. 08 – VII B 213/07, BFH/NV 2008, 1819 Rn 6; **BGH** 19. 7. 07 – IX ZR 81/06, NZI 2007, 655 Rn 28; **BFH** 17. 4. 07 – VII R 27/06, ZIP 2007, 1166; **BFH** 6. 10. 05 – VII B 309/04, BFH/NV 2006, 369; **BFH** 4. 2. 05 – VII R 20/04, ZIP 2005, 997; **BFH** 4. 2. 05 – VII R 20/04, ZIP 2005, 997; aA **BFH** 13. 7. 06 – V B 70/06, ZIP 2006, 1779; FG Rh-Pf 25. 6. 09 – 6 K 1969/06, nv, unter Berufung auf **BGH** 29. 6. 04 – IX ZR 147/03, NZI 2004, 583). Dies gilt unabhängig davon, ob dieses Ereignis steuertechnisch als rückwirkendes Ereignis iSd § 175 Abs 1 S 1 Nr 2 AO zu einer Änderung der ursprünglichen Steuerfestsetzung und einem Erstattungsanspruch führt oder – wie zB in den Fällen des § 17 UStG – zu einem steuerverfahrensrechtlich selbständigen Anspruch, der jedoch gleichsam kompensatorischen Charakter hat, indem er die ursprünglich vorgenommene Besteuerung ausgleicht und die damals für ein bestimmtes Ereignis erhobene Steuer aufgrund eines späteren, entgegengesetzten Ereignisses zurückführt. Uneinbringlichkeit tritt ein, sobald die Zahlungsunfähigkeit des Schuldners festgestellt ist (**BGH** 19. 7. 07 aaO Rn 20; **BFH** 10. 3. 83 – V B 46/80, ZIP 1983, 616; UStR Abschn 223 Abs 5 S 2), spätestens jedoch mit Eröffnung des Insolvenzverfahrens (**BFH** 28. 6. 00 – V R 45/99, ZIP 2000, 2120; **BFH** 16. 7. 87 – V R 80/82, ZIP 1987, 1130). Die Stellung eines Insolvenzantrags, auch wenn sie durch den Schuldner erfolgt, oder die Bestellung eines vorläufigen Insolvenzverwalters reichen allein noch nicht zur Annahme der Uneinbringlichkeit aus; denn zu diesem Zeitpunkt kann nicht ausgeschlossen werden, dass der Eröffnungsantrag abgelehnt und die vorläufige Insolvenzverwaltung somit wieder aufgehoben wird (**BGH** 19. 7. 07 aaO Rn 20). Der Vorsteuerberichtigungsanspruch ist bloße Insolvenzforderung (**BFH** 28. 6. 00 aaO; **BFH** 16. 7. 87 aaO), so dass § 96 Abs 1 Nr 1 nicht einschlägig ist; die Aufrechenbarkeit hängt gem § 95 Abs 1 S 3 nur noch davon ab, ob die Haupt- oder Gegenforderung zuerst fällig wird (**BGH** 19. 7. 07 aaO Rn 28). Ebenso wenig greift § 96 Abs 1 Nr 3 ein. Denn der Erstattungsanspruch des Schuldners und damit die entstandene Aufrechnungslage beruhen unmittelbar allein auf der Erfüllung der gesetzlichen Tatbestandsvoraussetzungen des § 17 Abs 2 Nr 1 UStG, nämlich auf der Uneinbringlichkeit des vereinbarten Entgelts für eine bereits erklärte steuerpflichtige Lieferung oder Leistung. Der Eintritt der Uneinbringlichkeit eines vereinbarten Entgelts ist keine von einem Willen getragene Rechtshandlung iSd § 129, sondern eine anhand objektiver Kriterien festzustellende Tatsache, mag er auch zuvor durch Rechtshandlungen bewirkt worden sein (**BFH** 16. 10. 08 – VII B 17/08, ZInsO 2009, 159).

29   c) **Gewerbesteuer.** Wird die vor Verfahrenseröffnung aufgrund von Vorauszahlungsbescheiden von dem späteren Insolvenzschuldner gezahlte Gewerbesteuer infolge geringerer rückwirkender Festsetzungen gemindert, so kann die Gemeinde gegenüber dem vom Insolvenzverwalter geltend gemachten Erstattungsanspruch mit zur Insolvenztabelle angemeldeten Gewerbesteuerforderungen oder sonstigen Forderungen aufrechnen (**OVG** Lüneburg 26. 7. 78 – IX OVG A 25/78, KTS 1979, 105; **OVG** Münster 22. 8. 79 – III A 233/77, ZIP 1980, 33; aA **VG** Düsseldorf 2. 12. 76 – 11 K 1199/75, KTS 1977, 185; FK-*Bernsau* § 96 Rn 7). Mit dem Ablauf der jeweiligen Erhebungszeiträume war der Erstattungsanspruch bereits aufschiebend bedingt entstanden, so dass das Aufrechnungsverbot des § 96 Abs 1 Nr 1 nicht eingreift. Es gelten insoweit die gleichen Grundsätze wie für Erstattungsansprüche gegenüber dem FA aus Einkommensteuervorauszahlungen oder zu viel abgeführter Lohnsteuer (*Hübschmann/Hepp/Spitaler/Beermann* § 251 AO Rn 124).

30   d) **Grunderwerbsteuer.** Lehnt der Insolvenzverwalter die Erfüllung eines vor Verfahrenseröffnung abgeschlossenen Grundstückskaufvertrages ab oder übt der Verkäufer nach Eröffnung des Insolvenzverfahrens das ihm vorbehaltene Recht zum Rücktritt von einem vor Verfahrenseröffnung geschlossenen Kaufvertrag aus, so entsteht der Anspruch auf Erstattung der Grunderwerbsteuer steuerlich zwar erst nach Insolvenzeröffnung. Dieser wird aber nicht erst iSd § 96 Abs 1 Nr 1 nach Eröffnung des Insolvenzverfahrens neu begründet, sondern stellt eine vor Eröffnung des Verfahrens aufschiebend bedingt begründete Forderung dar, gegen die das FA gem § 95 mit Insolvenzforderungen aufrechnen kann, auch

III. Einzelne Fallgruppen § 95

wenn das die Erstattung auslösende Ereignis selbst erst nach Eröffnung des Verfahrens eintritt (**BFH** 17. 4. 07 – VII R 27/06, ZIP 2007, 1166 Rn 13; *Frotscher* Besteuerung, S 74 Fn 6; **aA FG** Bremen 19. 12. 73 – II 44/73, KTS 1974, 121; **FG** Münster 6. 7. 67 – IV 2810/66 GrE, EFG 1968, 141; **FK-***Bernsau* § 96 Rn 8). Die in § 16 GrEStG vorgesehene Erstattung der Steuer soll einzig und allein die – nach Sinn und Zweck der Grunderwerbbesteuerung folglich zu Unrecht erfolgte – Besteuerung eines vorherigen Geschäftsvorfalles kompensieren und die Steuer auf Null zurückführen (**BFH** 17. 4. 07 aaO Rn 16).

e) **Vermögensteuer.** Die Vermögensteuer wird nach § 15 Abs 1 VStG jeweils für einen dreijährigen Hauptveranlagungszeitraum allgemein festgesetzt, sie entsteht jedoch nach § 5 Abs 2 VStG mit Beginn des jeweiligen Kalenderjahres, für das sie als Jahressteuer festzusetzen ist. Ändern sich während des Hauptveranlagungszeitraums die Besteuerungsgrundlagen, erfolgt gem § 16 VStG eine Neuveranlagung bzw gem § 18 VStG eine Aufhebung der Veranlagung zum Beginn des Kalenderjahres, in dem sich die Änderung auswirkt. Führt die Neuveranlagung oder Aufhebung der Veranlagung dazu, dass die jeweils entrichteten Steuerzahlungen die letztlich geschuldete Steuer überschreiten, ist die Überzahlung zu erstatten (§§ 22 Abs 2 und 3 VStG, 37 Abs 2 AO). Dieser Erstattungsanspruch steht dem Schuldner bereits mit der Steuerzahlung als aufschiebend bedingter Anspruch zu mit der Folge, dass das FA mit Insolvenzforderungen aufrechnen darf (**BFH** 9. 2. 93 – VII R 12/92, ZIP 1993, 933; **aA** KS-*Häsemeyer* S 645, 653 Rn 24). 31

f) **Kraftfahrzeugsteuer.** Bei der Kraftfahrzeugsteuer ist zwischen dem Entstehen der Kraftfahrzeugsteuer und der Kraftfahrzeugsteuer-Zahlungsschuld zu unterscheiden. Kraftfahrzeugsteuer entsteht – von Sonderfällen abgesehen (§ 1 Abs 1 Nr 2–4 KraftStG) – durch das fortdauernde Halten von inländischen Fahrzeugen zum Verkehr auf öffentlichen Straßen; die Steuerpflicht beginnt mit der verkehrsrechtlichen Zulassung des betreffenden Fahrzeuges und dauert grundsätzlich bis zu dessen Abmeldung (§ 5 Abs 1 Nr 1 KraftStG). Die Kraftfahrzeugsteuer **entsteht** mithin (vorbehaltlich § 5 Abs 1 Nr 1 letzter Hs. KraftStG) **tageweise** (**BFH** 16. 11. 04 – VII R 62/03, ZIP 2005, 264; **BFH** 8. 7. 97 – VII B 89/97, **BFH/NV** 1998, 86; **BFH** 31. 1. 73 – II B 79/72, BStBl II 1973, 197). Dagegen entsteht die **Kraftfahrzeugsteuer-Zahlungsschuld** mit Beginn des jeweiligen Entrichtungszeitraums (§ 6 KraftStG) als gesetzlich vorgeschriebene **Vorauszahlung für ein Jahr** (§ 11 Abs 1 KraftStG) auf eine noch nicht entstandene Steuer (**BFH** 31. 10. 07 – IX B 21/07, n. v.). 32

Die Kraftfahrzeugsteuerschuld ist – nach Ansicht des BFH – im Falle der **Insolvenzeröffnung** über das Vermögen des Kraftfahrzeughalters aufzuteilen auf die Tage vor und die Tage nach Eröffnung des Verfahrens. Selbst wenn die Steuer für den gesamten Entrichtungszeitraum bereits vor Verfahrenseröffnung gezahlt wurde, müsse gleichwohl die auf die Tage nach Verfahrenseröffnung entfallende Steuer gegen den Verwalter **neu festgesetzt** werden (s o § 38 Rn 94), unabhängig davon, ob der Verwalter Kenntnis vom Fahrzeug und Besitz hieran hat oder dieses tatsächlich nutzt (**BFH** 31. 10. 07 – IX B 21/07, nv; nach **FG** Köln 20. 11. 08 – 6 K 1746/08, n v, selbst bei Unpfändbarkeit, n rkr [Nichtzulassungsbeschwerde anhängig unter **BFH** II B 22/09]); allein der Eingang der Veräußerungsanzeige bei der Zulassungsstelle könne die durch die unwiderlegbare Haltervermutung begründete Steuerpflicht der Masse beenden (**BFH** 29. 8. 07 – IX R 4/07, NZI 2008, 59 Rn 11, 15, 17), eine bloße „Freigabe" genüge nicht (**BFH** 16. 10. – IX R 29/07, ZIP 2008, 283 Rn 9; **BFH** 29. 8. 07 aaO Rn 21; **aA FG** Hamburg 30. 3. 07 – 7 K 248/06, EFG 2007, 1371; **FG** Köln 20. 3. 07 – 6 K 3604/06, EFG 2007, 1267). **Soweit Vorauszahlungen** für die Tage nach Verfahrenseröffnung der Masse **zu erstatten sind**, könne das FA mit **Insolvenzforderungen aufrechnen**; da die allgemeinen Aufrechnungsvoraussetzungen vorlägen, stünden die §§ 95, 96 nicht entgegen (**BFH** 16. 11. 04 – VII R 62/03, ZIP 2005, 264; **BFH** 9. 2. 93 – VII R 12/92, ZIP 1993, 933; **aA** *Gundlach/Frenzel* NZI 2005, 281 f). 33

Der Ansicht des **BFH** zur Aufrechnungsmöglichkeit des FA **kann nicht gefolgt werden**. Zum einen erfolgt die KfzSt-Vorauszahlung zweckgebunden, nämlich zur Befriedigung der später im Erhebungszeitraum entstehenden Kraftfahrzeugsteuer, und steht daher nicht zur Verrechnung mit anderen Steuerarten zur Verfügung. Soweit die Kraftfahrzeugsteuer nach Eröffnung als Masseschuld geschuldet ist, darf demnach die Vorauszahlung nur hierauf verrechnet werden. Denn die Zweckbindung einer Leistung schließt regelmäßig die Aufrechnung mit Ansprüchen aus, die ihren Rechtsgrund nicht in demselben Leistungsverhältnis haben (**BGH** 24. 6. 85 – III ZR 219/83, NJW 1985, 2820, 2821 sub II; **BGH** 19. 9. 57 – VII ZR 423/56, NJW 1957, 1759). Es fehlt daher schon an den Aufrechnungsvoraussetzungen iSd § 94 und erst recht an einem schutzwürdigen Vertrauen des FA iSd § 95, den Erstattungsbetrag mit anderen Steuerforderungen verrechnen zu können, wenn die Zulassung des Fahrzeugs fortbesteht. Zum anderen wird die vom BFH angeführte Parallelwertung mit einem Dauerschuldverhältnis (**BFH** 29. 8. 07 – IX R 4/07, NZI 2008, 59 Rn 21) nicht konsequent vollzogen. Denn einem Mieter, das das geschuldete Entgelt für den Zeitraum nach Eröffnung bereits im voraus gezahlt hat, steht gerade kein auf den Stichtag der Eröffnung abgegrenzter anteiliger Rückerstattungsanspruch zu, den der Vermieter mit anderen Insolvenzforderungen verrechnen kann, sondern die geleistete Zahlung ist auf die Masseschuld anzurechnen. Der Anspruch des Vermieters endet nicht einen Tag vor Eröffnung und entsteht mit Eröffnung neu (so aber der **BFH** für die Kfz-Steuer), sondern ändert lediglich ab Eröffnung seine Rechtsqualität. Konsequenterweise muss die Parallelwertung mit einem Dauerschuldverhältnis daher zu der 34

Schlussfolgerung führen: Solange die Steuerpflicht, wenn auch als Masseschuld, fortbesteht, fehlt es an einer aufrechenbaren Hauptforderung. Die künstliche Aufspaltung der geleisteten Vorauszahlung durch den **BFH** widerspricht nicht nur dem Grundsatz, dass ein Besteuerungszeitraum durch die Eröffnung des Insolvenzverfahrens nicht unterbrochen wird (**BFH** 16. 1. 07 – VII R 7/06, ZIP 2007, 490 Rn 12), sondern schafft auch erst eine an sich nicht bestehende Aufrechnungslage zugunsten des Steuerfiskus und hat zur Folge, dass dieser die Kfz-Steuer für die Zeit nach Eröffnung des Insolvenzverfahrens – obwohl sie bereits bezahlt war – nochmals als Masseschuld (und daher „doppelt") fordern könnte und zusätzlich den vermeintlichen Erstattungsanspruch auf meist wertlose Insolvenzforderungen verrechnen dürfte. Je früher die Insolvenz im Erhebungszeitraum eröffnet wird, desto höher wäre der Betrag, gegen den das FA mit Insolvenzforderungen aufrechnen könnte. Das FA erlangt hier gerade durch die Insolvenz einen **Sondervorteil, den es außerhalb eines Insolvenzverfahrens nie hätte realisieren können.** Auch dies bestätigt, dass die Rechtsprechung des **BFH** den Gleichbehandlungsgrundsatz verletzt.

35 g) **Erstattungszinsen nach § 233 a AO.** Erstattungszinsen sind hingegen nicht schon im Zeitpunkt der Leistung von Vorauszahlungen bzw anzurechnender Steuerabzugsbeträge und anzurechnender Körperschaftsteuer unter der aufschiebenden Bedingung, dass einmal die Voraussetzungen vorgenannter Vorschrift eintreten sollten, insolvenzrechtlich begründet, sondern sie entstehen zeitabschnittsweise. Der Anspruch auf Erstattungszinsen, die auf Zeiträume nach Eröffnung des Insolvenzverfahrens entfallen, kann daher vom FA **nicht** mit vorinsolvenzlichen Steuerforderungen verrechnet werden (**BFH** 30. 4. 07 – VII B 252/06, ZIP 2007, 1277).

36 **2. Wahlrecht des Insolvenzverwalters.** Macht der Insolvenzverwalter von seinem Erfüllungswahlrecht nach § 103 Abs 1 keinen Gebrauch, belässt er es also bei der **Nichterfüllung,** so ist hinsichtlich der Aufrechnung des Vertragspartners mit seiner Schadenersatzforderung aus § 103 Abs 2 S 1 zu differenzieren: Verlangt der Verwalter die Rückzahlung einer vom Insolvenzschuldner bereits geleisteten Anzahlung, so bedarf es keiner Aufrechnung; vielmehr ist die Schadenersatzforderung des Vertragspartners aus § 103 Abs 2 S 1 als schadensmindernder Posten im Rahmen des Abrechnungsverhältnisses zu berücksichtigen (**BGH** 26. 10. 00 – IX ZR 227/99, NZI 2001, 85; K/P/B/*Lüke* § 95 Rn 29; Gottwald/*Gottwald* InsRHdb § 45 Rn 52). Verbleibt nach der Saldierung noch ein „Überhang" zugunsten des Vertragspartners, kann er mit dieser restlichen Schadenersatzforderung gegen andere massezugehörige Forderungen nur nach Maßgabe des § 95 Abs 1 S 3 aufrechnen, sofern seine Insolvenzforderung früher unbedingt und fällig wird als die Hauptforderung der Masse (zu Einzelheiten s u § 96 Rn 12 f). Dagegen scheidet eine Aufrechnung mit einer Insolvenzforderung aus, wenn die Vorleistung des Insolvenzschuldners höher war als der Schaden des Vertragspartners, mithin aus dem Abrechnungsverhältnis ein Rückforderungsanspruch zugunsten der Masse verbleibt. Dies folgt daraus, dass der Bereicherungsanspruch der Masse (§ 812 Abs 1 S 2 Alt 1 BGB) nicht schon aufschiebend bedingt vor Eröffnung besteht, sondern erst mit Wegfall des Rechtsgrundes infolge der Vertragsumgestaltung und dem damit verbundenen Erlöschen des Primäranspruchs (§ 281 Abs 4 BGB) begründet wird, mithin nach Eröffnung, was eine Aufrechnung nach § 96 Abs 1 Nr 1 ausschließt (s u § 96 Rn 11).

37 Die **Erfüllungswahl** hat die gleichen Wirkungen wie ein zwischen Insolvenzverwalter und Vertragspartner neu abgeschlossener Vertrag mit identischem Inhalt, so dass die Rechtsfolgen der Aufrechnung mit einer Insolvenzforderung die gleichen sind. Mit der Erfüllungswahl erlangen die Ansprüche der Insolvenzmasse eine andere Rechtsqualität, nämlich diejenige einer originären Masseforderung (**BGH** 25. 4. 02 – IX ZR 313/99, ZIP 2002, 1093), weshalb eine Aufrechnung mit Insolvenzforderungen an § 96 Abs 1 Nr 1 scheitert (**BGH** 20. 10. 05 – IX ZR 145/04, NZI 2006, 97; MüKo-*Kreft* § 103 Rn 41; zu Einzelheiten, insb bei teilweiser Erfüllung s u § 96 Rn 8 f).

38 **3. Aufrechnung des Auftraggebers in der Bauinsolvenz über das Vermögen des Auftragnehmers.** Die zu § 103 entwickelten Grundsätze erfahren eine Einschränkung, wenn ein Auftraggeber (Besteller, Bauherr) in der Insolvenz eines Bauunternehmers **gem § 8 Nr 2 Abs 1 VOB/B** den Bauvertrag **kündigt oder** der Insolvenzverwalter die **Erfüllung ablehnt.** Während nach der älteren Rechtsprechung (**BGH** 5. 5. 77 – VII ZR 85/76, NJW 1977, 1345) eine automatische Verrechnung („Saldierung") zwischen dem Vergütungsanspruch der Masse und dem Schadenersatzanspruch des Bestellers erfolgte und sich – je nach Saldo – ein Anspruch der Masse oder des Bestellers ergab, hat der für das private Baurecht zuständige VII. Zivilsenat in seinem Urteil vom 23. 6. 05 entschieden, dass **keine Saldierung** stattfindet (**BGH** 23. 6. 05 – VII ZR 197/03, NZI 2005, 672 m Anm *Kessen* BauR 2005, 1691 ff; zust **BGH** 13. 7. 06 – IX ZR 152/04, NZI 2006, 639 Rn 14). Diese sei kein gesetzlich vorgesehenes Rechtsinstitut in den Fällen, in denen sich nach der Gesetzeslage Werklohn und Anspruch wegen Nichterfüllung oder andere Ansprüche wegen Schlechterfüllung des Vertrages aufrechenbar gegenüber stehen. Vielmehr seien die vertraglichen oder gesetzlichen Regelungen zur Aufrechnung und zu etwaigen Aufrechnungsverboten anwendbar (**BGH** 23. 6. 05 aaO sub II 2 a bb unter Aufgabe von **BGH** 5. 4. 01 – VII ZR 161/00, BauR 2001, 1928; Gottwald/*Gottwald* InsRHdb § 45 Rn 48; **aA** OLG Düsseldorf 2. 5. 96 – 6 U 8/95, ZIP 1996, 1755; KS-*Häsemeyer* S 645, 653 Rn 24; *Heidland* Bauvertrag Rn 668 ff und Rn 1187 ff). In der Bauinsolvenz über das Vermögen des Auftragnehmers ist daher zu differenzieren:

III. Einzelne Fallgruppen § 95

§ 95 Abs 1 S 3 findet keine Anwendung auf synallagmatisch verbundene Forderungen aus demselben 39
Schuldverhältnis (anders noch **LG** Potsdam 18. 7. 02 – 7 S 113/02, ZIP 2002, 1734). Denn wenn die
Werklohnforderung des Insolvenzschuldners (nach Verfahrenseröffnung) zwar vor der mängelbedingten
Schadenersatzforderung des Bestellers fällig wird, der Schuldner sie aber wegen des mängelbedingten
Leistungsverweigerungsrechts des Bestellers aus § 320 BGB nicht hätte durchsetzen können, wäre es
unangemessen, den Besteller auf eine Insolvenzforderung zu verweisen und von ihm zu verlangen, eine
mangelhafte oder unfertige Leistung in vollem Umfang zu vergüten, obwohl ihm Gegenansprüche in
Höhe der **Mängelbeseitigungs- oder Fertigstellungsmehrkosten** zustehen (**BGH** 24. 11. 05 – VII ZR
304/04, NJW 2006, 698 Rn 12; **BGH** 23. 6. 05 – VII ZR 197/03, NZI 2005, 672; *C. Schmitz* Die Bauinsolvenz, 4. Aufl 2007, Rn 345 ff; *Kessen* BauR 2005, 1691, 1694). Die Aufrechnungsverbote sind teleologisch dahingehend zu reduzieren, dass sie keine Anwendung finden, wenn die Aufrechnung dazu
dient, das durch den Vertrag geschaffene Äquivalenzverhältnis von Leistung und Gegenleistung herzustellen.

Für weitere Schadenspositionen, die **nicht im engen Synallagma** mit der Werklohnforderung stehen 40
(wie zB Ursachenermittlungskosten, Mangelfolgeschäden), verbleibt es dagegen bei der Regelung des
§ 95 Abs 1 S 3 (*C. Schmitz* Die Bauinsolvenz, 4. Aufl 2007, Rn 388 f). Insoweit kommt allenfalls eine
abgesonderte Befriedigung aus der Betriebshaftpflichtversicherung des Insolvenzschuldners in Betracht
(§ 110 VVG).

Ebenso findet § 95 Abs 1 S 3 Anwendung, wenn der Besteller mit **Gegenforderungen aus anderen** 41
Verträgen gegen eine massezugehörige Forderung aufrechnen will (Fallbeispiele bei *C. Schmitz* Die Bauinsolvenz, 4. Aufl 2007, Rn 449–469).

Etwas anderes gilt, wenn der **Insolvenzverwalter** die **Erfüllung** des Bauvertrages **wählt**, wodurch die 42
mit Insolvenzeröffnung zunächst nicht durchsetzbaren beiderseitigen Ansprüche zu originären Masseforderungen und -verbindlichkeiten werden, gegen die – wie bei neu begründeten Ansprüchen – nicht
mit vorinsolvenzlichen Ansprüchen aufgerechnet werden kann (**BGH** 22. 2. 01 – IX ZR 191/98, NZI
2001, 537; *Kreft* FS Uhlenbruck S 387 ff). Für Leistungen, die mit Mitteln der Insolvenzmasse erbracht
werden, soll auch die Gegenleistung stets der Masse gebühren (**BGH** 27. 2. 97 – IX ZR 5/96, BGHZ
135, 25, 27). Der Besteller kann im Insolvenzverfahren des Auftragnehmers daher gem § 96 Abs 1 Nr 1
gegen den Vergütungsanspruch aus § 8 Nr 3 Abs 3 VOB/B für den **nach Verfahrenseröffnung erbrachten Leistungsteil** nicht mit dem Anspruch auf Erstattung kündigungsbedingter Mehrkosten aus § 8 Nr 3
Abs 2 VOB/B aufrechnen (**BGH** 28. 9. 00 – VII ZR 372/99, NZI 2001, 23, 24; *G. Fischer* NZI 2001,
281, 283). Dagegen ist die Aufrechnung **gegen** den Vergütungsanspruch für den **vor Verfahrenseröffnung erbrachten Leistungsteil** entsprechend § 105 zulässig, jedoch uU anfechtbar nach den §§ 129 ff
(**BGH** 28. 9. 00 aaO). Ein etwaiges **Zurückbehaltungsrecht** dient allein dazu, die Aufrechnung mit den
kündigungsbedingten Mehrkosten zu ermöglichen, sobald diese bezifferbar sind, und kann daher im
Insolvenzverfahren nur insoweit Bestand haben, als eine Aufrechnung auch nach Insolvenzeröffnung
noch möglich ist (**BGH** 28. 9. 00 aaO).

Hat der Insolvenzschuldner das **Werk** zum Zeitpunkt der Verfahrenseröffnung **nur teilweise fertig-** 43
gestellt, so ist der Werkvertrag aufzuteilen in einen erfüllten und einen nicht erfüllten Teil (**BGH** 25. 4.
02 – IX ZR 313/99, NZI 2002, 375). Gegen den vor Verfahrenseröffnung begründeten Teilvergütungs-
anspruch kann der Besteller aufrechnen, auch wenn die Fälligkeit erst mit Abnahme durch den Besteller
nach Verfahrenseröffnung eintritt (**BGH** 4. 5. 95 – IX ZR 256/93, ZIP 1995, 926).

Zur Verrechnungslage bei einer **Bau-ARGE** s u § 96 Rn 64. 44

4. Aufrechnung mit dem Regressanspruch eines Bürgen oder Wechseleinlösers in der Insolvenz des 45
Hauptschuldners oder Akzeptanten. Löst der Indossant den Wechsel ein, so erwirbt er gem Art 47
Abs 1, 49 WG einen Rückgriffsanspruch gegen einen früheren Indossanten. Hat dieser eine Forderung
gegen ihn und ist nach deren Entstehung und Weiterbegebung des Wechsels an den Indossatar, aber vor
dessen Einlösung, über das Vermögen des Vormanns ein Insolvenzverfahren eröffnet worden, so kann
der Indossant, der den Wechsel im Rücklauf nach Verfahrenseröffnung einlöst, sein vor Insolvenzeröffnung bestehendes Aufrechnungsrecht ausüben (K/P/B/*Lüke* § 96 Rn 36; MüKo-*Brandes* § 96 Rn 24;
Hess § 96 Rn 61; FK-*Bernsau* § 96 Rn 15). § 96 Abs 1 Nr 2 steht der Aufrechnung nicht entgegen
(*F. Müller* Aufrechnung, S 52); § 95 Abs 1 S 3 setzt lediglich voraus, dass die Gegenforderung des Indossanten früher unbedingt und fällig wird als die Hauptforderung des Vormanns. Die **Regressforderung des Indossanten** aus einem vom Insolvenzschuldner akzeptierten oder weiterindossierten Wechsel
ist nämlich eine gesetzlich aufschiebend bedingte Forderung (RGZ 80, 407, 413; RGZ 140, 156, 161;
FK-*Bernsau* § 96 Rn 15; *H.J. Pflug* Der rücklaufende Wechsel, 1967, S 59 ff; *v. Olshausen*, KTS 2000,
1, 2 mwN in Fn 3). Die Aufrechnung ist jedoch ausgeschlossen, wenn der Indossant eine Haftung durch
Vermerk gem Art 15 Abs 1 WG (sog „Angstklausel") ausgeschlossen hatte, den Wechsel aber trotzdem
freiwillig einlöst. Denn in diesem Fall besteht kein Regressanspruch nach Art 49 WG (*Baum-
bach/Hefermehl* Art 49 WG Rn 2; Gottwald/*Gottwald* InsRHdb § 45 Rn 63).

Der **Regressanspruch des Bürgen** aus dem Innenverhältnis zum Hauptschuldner ist ebenfalls bedingt 46
entstanden (Gottwald/*Gottwald* InsRHdb § 45 Rn 52). Gleiches gilt für übergegangene Ansprüche
nach § 774 BGB, wenn das Innenverhältnis, das die Erstattungspflicht des insolventen Hauptschuldners

begründet, bereits vor Eröffnung des Insolvenzverfahrens entstanden ist (Gottwald/*Gottwald* InsRHdb § 45 Rn 54; *Wissmann* Mithaft, 2. Aufl 1998, Rn 89 ff; *Schießer* Bedingte und betagte Ansprüche nach altem und neuem Insolvenzrecht, 1998, S 113). **Leistet der Bürge**, der zugleich Schuldner des Insolvenzschuldners ist, auf seine Bürgschaft für den Insolvenzschuldner **vor Eröffnung des Insolvenzverfahrens**, so ist die Aufrechnungslage bereits vor Verfahrenseröffnung entstanden und damit gem § 94 insolvenzfest (K/P/B/*Lüke* § 95 Rn 24; Gottwald/*Gottwald* InsRHdb § 45 Rn 54; BerlKo-*Blersch* § 95 Rn 4). Leistet der Bürge, der zugleich Schuldner des Insolvenzschuldners ist, aufgrund der Bürgschaft erst **nach Verfahrenseröffnung**, so sichert ihm § 95 grundsätzlich die Aufrechnungsbefugnis. Die Regressforderung ist bereits vor Verfahrenseröffnung als durch die Leistung aufschiebend bedingte Forderung des Bürgen entstanden (**OLG** München 16. 12. 87 – 15 U 3748/87, ZIP 1989, 322; K/P/B/*Lüke* § 95 Rn 25; *Hess* § 96 Rn 42; Gottwald/*Gottwald* InsRHdb § 45 Rn 55; KS-*Häsemeyer* S 645, 652 Rn 23; *F. Müller* Probleme der Aufrechnung, S 40), aber nur aufrechenbar, sofern die **Forderung des Regressgläubigers vor der massezugehörigen Forderung** fällig wird (MüKo-*Brandes* § 95 Rn 21; K/P/B/*Lüke* § 95 Rn 25; Gottwald/*Gottwald* InsRHdb § 45 Rn 55; KS-*Häsemeyer* S 645, 652 Rn 23; *Adam* WM 1998, 801, 807; **aA** *Smid* § 95 Rn 5; *v. Olshausen* KTS 2000, 1, 4 f, 12). In diesem Fall ist der Bürge mit dem Forderungsübergang nach § 774 Abs 1 S 1 BGB zur Aufrechnung befugt und muss bei entsprechend hoher Gegenforderung nicht an die Masse leisten (§ 95 Abs 1 S 1).Wird hingegen die **Forderung der Masse fällig, bevor der Bürge erfüllt** und die Forderung auf ihn übergeht, so muss er voll an die Masse leisten. Seine Regressforderung kann er dann nur als Insolvenzforderung zur Tabelle anmelden (K/P/B/*Lüke* § 95 Rn 25).

47 Die Aufrechnungsbefugnis besteht unabhängig davon, ob der Bürge seine Schuld ganz oder teilweise erfüllt hat; die §§ 43, 44 stehen einer Aufrechnung nicht entgegen (**BGH** 9. 5. 60 – II ZR 95/58, NJW 1960, 1295 sub C I 3; Gottwald/*Gottwald* InsRHdb § 45 Rn 56).

48 Der **Arbeitnehmer-Entleiher**, der in der Insolvenz des Verleihers wegen nicht abgeführter Sozialversicherungsbeiträge wie ein Bürge in Anspruch genommen wird, kann gegen den Anspruch des Verleihers nicht aufrechnen, solange die Einzugsstelle den Arbeitgeber nicht gemahnt hat und die Mahnfrist nicht abgelaufen ist (§ 28 e Abs 2 S 2 SGB IV); bis dahin fehlt es an einer voll wirksamen Gegenforderung (s o Rn 18; **BGH** 14. 7. 05 – IX ZR 142/02, NZI 2005, 624).

49 **5. Aufrechnung mit dem Regressanspruch des Grundstückseigentümers und Verpfänders.** Auch die Regressansprüche des Grundstückseigentümers nach § 1143 Abs 1 BGB und des Verpfänders nach § 1225 Abs 1 BGB können im Insolvenzverfahren über das Vermögen des persönlichen Schuldners aufgerechnet werden (K/P/B/*Lüke* § 95 Rn 27; Gottwald/*Gottwald* InsRHdb § 45 Rn 58). Löst der Eigentümer die Hypothek ab (§ 1142 BGB), so geht die Forderung des Gläubigers gegen den persönlichen Schuldner mit der Sicherung auf ihn über (§§ 1143 Abs 1 S 1, 774 Abs 1 S 1, 1153, 401, 412 BGB). Hatte der Eigentümer die Hypothek im Auftrag des Schuldners bestellt, so stand ihm vor Eröffnung des Insolvenzverfahrens und vor der Zahlung bereits ein **Befreiungsanspruch** nach den §§ 670, 257 S 1 BGB gegen den Schuldner zu. Im späteren Insolvenzverfahren kann er mit dem Rückgriffsanspruch gegen eine Forderung des Insolvenzschuldners aufrechnen, selbst wenn er erst **nach Verfahrenseröffnung** an den Gläubiger **gezahlt** hat, vorausgesetzt seine Forderung wird vor der des Insolvenzschuldners fällig (K/P/B/*Lüke* § 95 Rn 27; Gottwald/*Gottwald* InsRHdb § 45 Rn 58; *F. Müller* Probleme der Aufrechnung, S 45 f). **Zahlt** der Eigentümer oder Verpfänder **vor Verfahrenseröffnung**, so greift bereits der Aufrechnungsschutz des § 94 ein.

50 Nicht anwendbar ist § 1143 Abs 1 BGB, wenn sich der Eigentümer gegenüber dem Schuldner **verpflichtet** hat, das Grundpfandrecht **zu tilgen** (RGZ 80, 317, 319; Gottwald/*Gottwald* InsRHdb § 45 Rn 58). Es fehlt dann entweder an der Gegenforderung des Eigentümers oder daran, dass dem Schuldner eine Befreiungseinrede gegenüber dem Regressanspruch zusteht (§§ 390 S 1, 1143 Abs 1 S 2, 774 Abs 1 S 3 BGB).

51 **6. Regressanspruch des Ablösungsberechtigten nach § 268 Abs 3 BGB.** § 95 gilt auch für gesetzlich bedingte Forderungen. Hierzu gehört insb das Ablösungsrecht nach § 268 Abs 3 BGB, das zur Aufrechnung berechtigt, wenn die **Ablösung vor Verfahrenseröffnung** erfolgt (Gottwald/*Gottwald* InsRHdb § 45 Rn 59; *F. Müller* Probleme der Aufrechnung, S 46).

52 Eine **Ablösung nach Verfahrenseröffnung** macht eine Aufrechnung nur zulässig, wenn der Ablösungsberechtigte gegen den Insolvenzschuldner bereits vor Verfahrenseröffnung einen Befreiungsanspruch hatte. Bei Fehlen eines solchen Befreiungsanspruchs stand ihm vor Verfahrenseröffnung keine bedingte Aufrechnungslage zu, so dass das Aufrechnungsverbot des § 96 Abs 1 Nr 2 eingreift (*F. Müller* Probleme der Aufrechnung, S 46). Der Entstehung eines Ablösungsrechts nach Eröffnung des Insolvenzverfahrens steht das Vollstreckungsverbot des § 89 entgegen (Gottwald/*Gottwald* InsRHdb § 45 Rn 59).

53 **7. Einzelfälle:**
– Zur Verrechnung von Ansprüchen aus einem Auftrags- oder **Geschäftsbesorgungsverhältnis** s u § 96 Rn 15 ff.

- Bei dem Anspruch des Insolvenzschuldners auf Abfindung oder das **Auseinandersetzungsguthaben** (§ 738 BGB) handelt es sich um einen künftigen Anspruch, der erst mit dem Ausscheiden des Gesellschafters oder der Auflösung der Gesellschaft entsteht. Mit Abschluß des Gesellschaftsvertrages ist er jedoch in seinem Kern bereits begründet (§ 95 Abs 1), so dass § 96 Abs 1 Nr 1 einer Aufrechnung nicht entgegen steht (**BGH** 11. 7. 88 – II ZR 281/87, NJW 1989, 453; Gottwald/*Gottwald* InsRHdb § 45 Rn 78).
- Das Gleiche gilt für den Anspruch auf **Erstattung der Prozesskosten** eines bei Verfahrenseröffnung anhängigen Prozesses, da er mit Begründung des Prozessrechtsverhältnisses, dh mit Klagezustellung „im Keim" zur Entstehung gelangt (**BGH** 6. 12. 74 – V ZR 86/73, NJW 1975, 304; Gottwald/*Gottwald* InsRHdb § 45 Rn 62, 78).
- Der **Kanzleiabwickler** (§ 55 BRAO) kann seinen Vergütungsanspruch gegen den Anspruch auf Herausgabe des aus der Abwicklung erlangten (§ 667 BGB) grundsätzlich aufrechnen, weil beide Ansprüche mit der Abrechnung bei Beendigung der Abwicklung fällig werden (**BGH** 23. 6. 05 – IX ZR 139/04, ZInsO 2005, 929, 930; zu § 96 Abs 1 Nr 3 s u § 96 Rn 64).
- Eine **Kassenärztliche Vereinigung** ist berechtigt, Honorarrückforderungsansprüche wegen zu hoher Vorschusszahlungen vor Insolvenzeröffnung mit Honoraransprüchen des Insolvenzschuldners aufgrund nach Insolvenzeröffnung festgesetzter Honoraransprüche für die gleichen Quartale aufzurechnen (**SG Marburg** 22. 10. 08 – S 12 KA 50/08, ZInsO 2009, 785, Rn 24). Bis zum Erlass des Honorarbescheids besteht bereits eine Anwartschaft bzw das Recht auf Teilnahme an der Honorarverteilung nach § 85 Abs 4 SGB V. Damit ist die Forderung iSv § 95 schon dem Grunde nach angelegt, auch wenn die Fälligkeit noch fehlt.
- Auch der **Übererlös aus einer Pfandverwertung** ist bereits vor Verfahrenseröffnung bedingt entstanden und daher aufrechenbar, wenn die Voraussetzungen des § 95 vorliegen (K/P/B/*Lüke* § 96 Rn 15). Vereinbart der Schuldner mit einer Bank, dass ein anderes Kreditinstitut treuhänderisch für diese eine Grundschuld zur Darlehenssicherung halten soll, so steht dem Insolvenzverwalter bereits bei Eröffnung des Insolvenzverfahrens gegenüber der Bank eine aufschiebend bedingte Forderung auf Auskehrung des Übererlöses aus der späteren Verwertung der Grundschuld zu. Überträgt das die Grundschuld treuhänderisch haltende Kreditinstitut diese erst nach Verfahrenseröffnung an die darlehensgebende Bank, so kann letztere gegenüber der Forderung des Insolvenzverwalters auf Auszahlung des Übererlöses mit einem anderen Anspruch aufrechnen. Der Verwalter kann sich nicht auf ein Aufrechnungsverbot berufen (**OLG Stuttgart** 21. 9. 88 – 1 U 23/88, ZIP 1988, 1379 m krit Anm *Reuter* EWiR 1988, 1083; eingehend *Serick* Bd V § 69 III [S 754 ff]; *ders* BB 1982, 873 ff).

IV. Fremdwährungsschuld (Abs 2)

Nach dem BGB sind Geldforderungen, die auf unterschiedliche Währungen lauten, **nicht gleichartig.** 54 Daher räumt § 244 Abs 1 BGB dem Zahlungspflichtigen eine Ersetzungsbefugnis ein: Der Inhaber einer Euro-Geldforderung kann **mit** ihr gegen eine auf eine Fremdwährung lautende Forderung aufrechnen, während im umgekehrten Fall **gegen** einen auf Euro lautenden Zahlungsanspruch die Aufrechnung mit einer in ausländischer Währung ausgedrückten Geldforderung unzulässig ist und nur die Geltendmachung eines – nach § 51 nicht insolvenzfesten – Zurückbehaltungsrechts in Betracht kommt (**OLG Hamm** 9. 10. 98 – 33 U 7/98, NJW-RR 1999, 1736; HaKo-*Jacoby* § 96 Rn 38). Diese Ungleichbehandlung will § 95 Abs 2 beseitigen, sofern die Währungen am Zahlungsort der Hauptforderung („Forderung, gegen die aufgerechnet wird") – das ist der Sitz des Schuldners als Ort der Insolvenzverwaltung – frei konvertierbar sind. Abs 2 S 2 bestimmt, dass für die **Umrechnung** der Kurswert an diesem Ort zur Zeit des Zugangs der Aufrechnungserklärung maßgeblich ist. Konkret handelt es sich um den Bargeldkurs für den Verkauf der ausländischen Währung, wobei auch Umtauschgebühren zu berücksichtigen sind (Jaeger/*Windel* § 95 Rn 52); denn diesen Betrag hätte der Schuldner aufwenden müssen, um die Fremdwährungsschuld zu erfüllen. Ungeachtet seiner systematischen Stellung bezieht sich § 95 Abs 2 nicht nur auf die Forderungen des Abs 1, sondern auf alle Fälle der Aufrechnung in der Insolvenz; zum Teil wird sogar eine analoge Anwendung auf die Aufrechnung außerhalb des Insolvenzverfahrens befürwortet (MüKo-*Brandes* § 95 Rn 35; K/P/B/*Lüke* § 95 Rn 42; BerlKo-*v. Olshausen* § 95 Rn 12; Jaeger/*Windel* § 95 Rn 51; KS-*Landfermann* S 159, 183 Rn 69; *Jauernig* § 50 II).

§ 96 Unzulässigkeit der Aufrechnung

(1) Die Aufrechnung ist unzulässig,
1. wenn ein Insolvenzgläubiger erst nach der Eröffnung des Insolvenzverfahrens etwas zur Insolvenzmasse schuldig geworden ist,
2. wenn ein Insolvenzgläubiger seine Forderung erst nach der Eröffnung des Verfahrens von einem anderen Gläubiger erworben hat,
3. wenn ein Insolvenzgläubiger die Möglichkeit der Aufrechnung durch eine anfechtbare Rechtshandlung erlangt hat,
4. wenn ein Gläubiger, dessen Forderung aus dem freien Vermögen des Schuldners zu erfüllen ist, etwas zur Insolvenzmasse schuldet.

(2) Absatz 1 sowie § 95 Abs. 1 Satz 3 stehen nicht der Verfügung über Finanzsicherheiten im Sinne des § 1 Abs. 17 des Kreditwesengesetzes oder der Verrechnung von Ansprüchen und Leistungen aus Zahlungsaufträgen, Aufträgen zwischen Zahlungsdienstleistern oder zwischengeschalteten Stellen oder Aufträgen zur Übertragung von Wertpapieren entgegen, die in ein System im Sinne des § 1 Abs. 16 des Kreditwesengesetzes eingebracht wurden, das der Ausführung solcher Verträge dient, sofern die Verrechnung spätestens am Tage der Eröffnung des Insolvenzverfahrens erfolgt.

Übersicht

	Rn
I. Allgemeines	1
II. Tatbestände unzulässiger Aufrechnung	4
1. Entstehung der Hauptforderung nach Insolvenzeröffnung (Abs 1 Nr 1)	4
a) Originäre Schuldnerstellung	6
aa) Rechtsgeschäfte des Insolvenzverwalters	6
bb) Wahlrecht des Insolvenzverwalters	8
(1) Erfüllungswahl	8
(2) Nichterfüllung	10
cc) Miet- und Pachtzinsansprüche	14
dd) Bankrechtliche Ansprüche	15
ee) Steueransprüche	18
ff) Anfechtungsansprüche	24
gg) Geschäfte mit dem Insolvenzschuldner	25
hh) Genossenschaftsinsolvenz	26
b) Derivative Schuldnerstellung	28
c) Einzelfälle	31
2. Erwerb der Gegenforderung nach Insolvenzeröffnung (Abs 1 Nr 2)	32
a) Sozialversicherungsträger	35
b) Erwerb im Eröffnungsverfahren	36
c) Rückabtretung	37
d) Inkassozession	40
e) Factoring	41
f) Einzelfälle	45
3. Anfechtbare Herbeiführung der Aufrechnungslage (Abs 1 Nr 3)	46
a) Verrechnung von Zahlungseingängen auf debitorischem Schuldnerkonto	50
b) Steuerforderungen	55
c) Rechtswirkungen	57
d) Verjährung	61
e) Rechtsweg	63
f) Einzelfälle	64
4. Aufrechnung gegen den Schuldner (Abs 1 Nr 4)	65
III. Rechtsfolgen und Beweislast	69
IV. Einschränkung des Aufrechnungsverbots in EU-Zahlungssystemen (Abs 2)	72
1. Regelungsgehalt	72
2. Abrechnungssysteme	73
3. Voraussetzungen des § 96 Abs 2	78
a) Verfügungen über Finanzsicherheiten (1. Alt)	78
b) Verfügungen im Interbankenverkehr (2. Alt)	79
4. Rechtsfolgen	80

I. Allgemeines

1 Nach dem Grundgedanken des § 96, der teilweise der früheren Regelung des § 55 KO entspricht, ist eine Aufrechnungslage nur dann insolvenzfest, wenn sie dem Grunde nach schon zum Zeitpunkt der Verfahrenseröffnung bestand und nicht erst nachträglich „künstlich" herbeigeführt worden ist (Gottwald/*Gottwald* InsRHdb § 45 Rn 66). Die insolvenzrechtlichen Aufrechnungsverbote dienen dabei dem Zweck, ein gewisses **Gleichgewicht** zwischen dem **Vertrauensschutzgedanken** und dem **Schutz der Insolvenzmasse** zugunsten einer gleichmäßigen Befriedigung aller Gläubiger herzustellen (RGZ 124, 349; BGH 2. 7. 59 – VIII ZR 194/58, BGHZ 30, 250; OLG Düsseldorf 2. 5. 96 – 6 U 8/95, ZIP 1996, 1749, 1755; BerlKo-*Blersch* § 96 Rn 1), und gelten für alle Aufrechnungslagen, unabhängig davon, ob sich diese auf privat- oder öffentlichrechtliche Forderungen beziehen (Jaeger/*Windel* § 96 Rn 3). Die Aufrechnungsverbote richten sich allerdings nur gegen die Insolvenzgläubiger; der Insolvenzverwalter ist hieran nicht gebunden (s o § 94 Rn 76 ff; Jaeger/*Windel* § 96 Rn 4; MüKo-*Brandes* § 94 Rn 47; Gottwald/*Gottwald* InsRHdb § 45 Rn 67). § 96 ist **zwingendes Recht**, so dass auch eine anders lautende vertragliche Vereinbarung keine Aufrechnung erlaubt (BGH 29. 2. 96 – IX ZR 147/95, ZIP 1996, 552; BGH 3. 6. 81 – VIII ZR 171/80, ZIP 1981, 880; K/P/B/*Lüke* § 96 Rn 60).

2 **§ 95 Abs 1** geht – sofern Haupt- *und* Gegenforderung vor Eröffnung begründet waren – als **lex specialis** vor, indem diese Norm die Aufrechnungsbefugnis des § 94 erweitert und damit zugleich die Auf-

rechnungsverbote des § 96 Abs 1 Nr 1 und 2 einschränkt (**BGH** 29. 6. 04 – IX ZR 147/03, BGHZ 160, 1, 3; **BFH** 17. 4. 07 – VII R 27/06, ZIP 2007, 1166 Rn 16; *G. Fischer* WM 2008, 1, 2 f). Dies gilt **aber nicht** für das Verhältnis von § 95 **zu** § 96 **Abs 1 Nr 3**. Denn die Begründung einer werdenden Aufrechnungslage kann ebenso anfechtungsrechtlich bedenklich erfolgen wie die einer bereits vor Eröffnung vollständig verwirklichten Aufrechnungslage, so dass ihr kein stärkerer Schutz zukommen kann (Jaeger/*Windel* § 96 Rn 9).

Der Gesetzgeber hat allerdings gewisse **Ausnahmen** vom Aufrechnungsverbot vorgesehen in den §§ 110 Abs 3, 114 Abs 2. Die Erweiterung des Aufrechnungsrechts gilt aber nur gegenüber § 96 Abs 1 Nr 1; die §§ 95 und 96 Abs 1 Nr 2 bis 4 bleiben unberührt (§§ 110 Abs 3 S 2, 114 Abs 2 S 2; dazu *G. Fischer* WM 2008, 1, 3). Ergänzend hierzu ist in **§ 294 Abs 3** geregelt, dass die Aufrechnungsbefugnis dem Dienstherrn (Arbeitgeber) in vollem Umfang auch dann erhalten bleibt, wenn das Insolvenzverfahren vor Ablauf der zwei Jahre endet. 3

II. Tatbestände unzulässiger Aufrechnung

1. Entstehung der Hauptforderung nach Insolvenzeröffnung (Abs 1 Nr 1). Während es nach BGB genügt, dass die Gegenseitigkeit der Forderungen (erst) zum Zeitpunkt der Aufrechnungs*erklärung* gegeben ist, verschärft § 96 Abs 1 Nr 1 dieses Erfordernis dahingehend, dass die Insolvenzfestigkeit nur anerkannt wird, wenn die Aufrechnungslage schon zum Zeitpunkt der *Insolvenzeröffnung* bestand. Da sich diese Voraussetzung bereits aus § 94 ergibt („zur Zeit der Eröffnung des Insolvenzverfahrens"), hat § 96 Abs 1 Nr 1 keinen eigenständigen Regelungsgehalt, sondern nur klarstellenden Charakter. Nach § 96 Abs 1 Nr 1 ist die Aufrechnung unzulässig, wenn die **Schuldnerstellung** des Insolvenzgläubigers **erst nach Verfahrenseröffnung entstanden** ist, und zwar gleichgültig, ob die Forderung der Insolvenzmasse danach originär oder durch Schuldübernahme derivativ begründet wurde (N/R/*Wittkowski* § 96 Rn 5; HK-*Eickmann* § 96 Rn 2; Gottwald/*Gottwald* InsRHdb § 45 Rn 69). Der aufrechnende Insolvenzgläubiger ist in diesen Fällen nicht schutzwürdig, da er bis zur Eröffnung des Verfahrens nur die Quote zu erwarten hatte und eine nachträgliche Aufwertung seiner Insolvenzforderung in Widerspruch zu dem insolvenzrechtlichen Prinzip der Gläubigergleichbehandlung stünde (BerlKo-*Blersch* § 96 Rn 4). Die Bedeutung des Aufrechnungsverbots in § 96 Abs 1 Nr 1 wird jedoch dadurch gemindert, dass aufgrund der „Bedingungskonstruktion" des § 95 Abs 1 S 3, die bereits auf *Ernst Jaeger* (Komm zur KO, 1. Aufl 1902, § 54 Rn 9) zurückgeht, in vielen praktisch relevanten Fällen – insb im Steuerrecht – angenommen wird, der Gläubiger sei bei Verfahrenseröffnung bereits aufschiebend bedingter Schuldner des Insolvenzschuldners gewesen (**BGH** 22. 11. 79 – VII ZR 322/78, WM 1980, 83; *Serick* BB 1982, 873, 879; Gottwald/*Gottwald* InsRHdb § 45 Rn 70). 4

§ 96 Abs 1 Nr 1 findet keine Anwendung auf eine im Eröffnungsverfahren begründete Aufrechnungslage, selbst wenn das Insolvenzgericht einen **vorläufigen Insolvenzverwalter** bestimmt und Sicherungsmaßnahmen nach § 21 Abs 2 getroffen hat (**BGH** 11. 11. 04 – IX ZR 237/03, ZIP 2005, 181; **BGH** 29. 6. 04 – IX ZR 195/03, ZIP 2004, 1558; *G. Fischer* WM 2008, 1). Die Vorverlegung der Rechtswirkungen der Vorschrift auf den Zeitpunkt der Anordnung der vorläufigen Insolvenzverwaltung widerspräche der Wertung des Gesetzgebers, in der Zeit vor Eröffnung des Insolvenzverfahrens die Aufrechnung nur durch die flexiblen Anfechtungsregeln einzuschränken und so den gutgläubig aufrechnenden Gläubiger zu schützen. Die Rechtsprechung zur Unwirksamkeit von Aufrechnungen nach § 394 BGB iVm § 2 Abs 4 GesO (**BGH** 13. 6. 95 – IX ZR 137/94, BGHZ 130, 76; **BGH** 18. 4. 96 – IX ZR 206/95, WM 1996, 1063 f) lässt sich nicht auf die Insolvenzordnung übertragen (**BGH** 29. 6. 04 aaO). Die §§ 94–96 regeln die Frage, wann Aufrechnungen unwirksam sind, abschließend und lassen damit für zusätzliche Rechtswirkungen nach § 21 Abs 2 Nr 2, 3 keinen Raum (**BGH** 4. 6. 98 – IX ZR 165/97, ZIP 1998, 1319; MüKo-*Brandes* § 94 Rn 41 ff; HK-*Kirchhof* § 21 Rn 25, § 24 Rn 7; K/P/B/*Lüke* § 94 Rn 88; *Gerhardt* FS Zeuner S 353, 366; KS-*Häsemeyer* S 663 Rn 50). Wird eine zur Aufrechnung gestellte Gegenforderung des Auftraggebers (Insolvenzgläubigers) aus einem anderen Bauvorhaben noch vor der Eröffnung des Insolvenzverfahrens über das Vermögen des Auftragnehmers, aber nach der Anordnung von Sicherungsmaßnahmen durch den Insolvenzverwalter fällig, so ist die Aufrechnung auch nicht in analoger Anwendung von § 95 Abs 1 S 3 ausgeschlossen (**BGH** 19. 1. 06 – IX ZR 104/03, BauR 2006, 993; **BGH** 29. 6. 04 aaO). 5

a) Originäre Schuldnerstellung. aa) Rechtsgeschäfte des Insolvenzverwalters. Zu den Verbindlichkeiten gegenüber der Masse aus der Zeit nach Verfahrenseröffnung zählen vor allem Forderungen aus Rechtsgeschäften mit dem Insolvenzverwalter, zB aus dem Verkauf von Gegenständen aus der Masse an einzelne Insolvenzgläubiger, aus Werkverträgen, neu abgeschlossenen Miet- und Pachtverträgen oder aus Darlehen, die er für die Masse bei Insolvenzgläubigern aufnimmt (RGZ 53, 327, 330; **BGH** 9. 2. 83 – VIII ZR 305/81, ZIP 1983, 332; K/P/B/*Lüke* § 96 Rn 11; *Häsemeyer* InsR Rn 19.12). Durch das Aufrechnungsverbot des § 96 Abs 1 Nr 1 soll zum einen gewährleistet werden, dass die nach Verfahrenseröffnung begründeten Forderungen aus diesen Rechtsgeschäften auch der Insolvenzmasse in voller Höhe zugute kommen. Zum andern will das Aufrechnungsverbot verhindern, dass Insolvenzgläubiger Verbindlichkeiten gegenüber der Insolvenzmasse bzw dem Insolvenzverwalter eingehen, um anschließend wegen ihrer Insolvenzforderung durch Aufrechnung Befriedigung zu suchen (BerlKo-*Blersch* § 96 Rn 4). 6

§ 96   *Unzulässigkeit der Aufrechnung*

7   Hat der Insolvenzverwalter **Vorschüsse** oder **Anzahlungen** auf künftige Masseverbindlichkeiten geleistet (zB für Telefon-Dienstleistungen), entsteht bis zur Verrechnung mit diesen Verbindlichkeiten eine Schuld gegenüber der Masse mit der Folge, dass eine Aufrechnung gegen diese Vorleistungen mit Forderungen aus der Zeit vor Eröffnung gem § 96 Abs 1 Nr 1 ausscheidet (MüKo-*Brandes* § 96 Rn 9). Nicht insolvenzbedingt, aber aufgrund der Zweckbindung der Vorleistung ist auch dem Insolvenzverwalter bis zur Beendigung des Rechtsverhältnisses eine Verrechnung versagt (*Mohrbutter* KTS 1984, 401, 404).

8   bb) **Wahlrecht des Insolvenzverwalters. (1) Erfüllungswahl.** Die Erfüllungswahl hat – sofern noch keine Vertragspartei Leistungen erbracht hat – für die Zwecke und während der Dauer des Insolvenzverfahrens die gleichen Wirkungen wie ein zwischen Insolvenzverwalter und Vertragspartner neu abgeschlossener Vertrag mit identischem Inhalt, so dass die Rechtsfolgen der Aufrechnung mit einer Insolvenzforderung die gleichen sind. Mit der Erfüllungswahl erlangen die Ansprüche der Insolvenzmasse eine andere Rechtsqualität, nämlich diejenige einer **originären Masseforderung** (BGH 25. 4. 02 – IX ZR 313/99, ZIP 2002, 1093), weshalb eine Aufrechnung mit Insolvenzforderungen an § 96 Abs 1 Nr 1 scheitert (**BGH** 20. 10. 05 – IX ZR 145/04, NZI 2006, 97; MüKo-*Kreft* § 103 Rn 41; BerlKo-*Blersch* § 103 Rn 101; HaKo-*Ahrendt* § 103 Rn 33; MüKo-*Brandes* § 96 Rn 11). Ohne das Erfüllungsverlangen und die Leistung des Verwalters ist die Aufrechnungslage für diesen Insolvenzgläubiger nichts bzw nur die Insolvenzquote wert und wäre es bei dieser Lage geblieben (*Kreft* FS Uhlenbruck, S 387 ff). Dadurch, dass der Verwalter Erfüllung verlangt und mit Mitteln der Masse zu deren Lasten die vertragsgemäße Leistung bewirkt, soll die Insolvenzforderung des Vertragspartners nicht aufgewertet und diesem nicht zu Lasten der Masse ein Recht zur Aufrechnung verliehen werden, das einem Recht auf abgesonderte Befriedigung gleichwohl.

9   Bei teilbaren Leistungen iSv § 105 ist zu differenzieren: Soweit der spätere Insolvenzschuldner den Vertrag bereits **vor Eröffnung des Insolvenzverfahrens** teilweise erfüllt hatte, kann der Vertragsgegner hingegen mit Insolvenzforderungen aufrechnen, aber nur gegen den Teil der Hauptforderung der Masse, der durch Teilleistung **bis** zur Insolvenzeröffnung – ohne fällig zu sein – bereits werthaltig geworden war (**BGH** 22. 2. 01 – IX ZR 191/98, NJW 2001, 3704; **BGH** 4. 5. 95 – IX ZR 256/93, BGHZ 129, 336, 340). Nur soweit die Aufrechnungslage in anfechtbarer Weise geschaffen wurde, insb auf Leistungen **nach** Eingang des Eröffnungsantrags beruht, ist eine Aufrechnung gem § 96 Abs 1 Nr 3 ausgeschlossen (**BGH** 22. 4. 04 – IX ZR 370/00, NZI 2004, 445; **BGH** 1. 4. 04 – IX ZR 305/00, ZIP 2004, 957; **BGH** 4. 10. 01 – IX ZR 207/00, NZI 2002, 35, 36 zu § 2 Abs 4 GesO; Braun/*Kroth* § 95 Rn 21; G. *Fischer* ZIP 2004, 1679 ff). Dies gilt auch in der Insolvenz des Auftragnehmers für die Aufrechnung mit dem Anspruch auf Erstattung kündigungsbedingter Mehrkosten gegen den Vergütungsanspruch aus § 8 Nr 3 Abs 3 VOB/B (**BGH** 28. 9. 00 – VII ZR 372/99, BGHZ 145, 245 sub II 3 a bb). Eine automatische Verrechnung zwischen dem Anspruch der Masse auf das anteilige Entgelt für die vorinsolvenzliche Teilleistung des Schuldners und der Forderung des anderen Teils wegen teilweiser Nichterfüllung findet nicht statt (**BGH** 23. 6. 05 – VII ZR 197/03, NZI 2005, 674).

10 **(2) Nichterfüllung.** Weder die Verfahrenseröffnung noch die Erfüllungsablehnung des Insolvenzverwalters führen zu einer Umgestaltung des Vertragsverhältnisses (**BGH** 25. 4. 02 – IX ZR 313/99, NZI 2002, 375; anders noch **BGH** 20. 12. 88 – IX ZR 50/88, ZIP 1989, 171 sub II 3 a). Vielmehr bestehen die Erfüllungsansprüche fort; sie haben lediglich ihre Durchsetzbarkeit verloren. Denn nach dem Wortlaut des § 103 Abs 2 S 1 („kann ... geltend machen"; entsprechend den §§ 281–283 iVm 280, 311a Abs 2 BGB) steht es dem Vertragspartner frei, von seinem Erfüllungsanspruch auf Schadenersatz überzugehen oder nach Beendigung des Insolvenzverfahrens (ausgenommen in den Fällen der §§ 227 Abs 1, 301 Abs 1) weiter Erfüllung zu verlangen. Eine **Umgestaltung des Vertrages** bewirkt erst die Geltendmachung des Nichterfüllungsschadens, was idR durch die Anmeldung zur Tabelle geschieht (**BFH** 23. 11. 06 – II R 38/05, ZIP 2007, 976 Rn 18; MüKo-*Kreft* § 103 Rn 22). An die Stelle der beiderseitigen Hauptleistungspflichten tritt dann ein einseitiges **Abrechnungsverhältnis**, in das alle wechselseitigen Ansprüche aus dem umgewandelten Vertrag als unselbständige Rechnungsposten eingestellt und saldiert werden (**BGH** 26. 10. 00 – IX ZR 227/99, NZI 2001, 85).

11 **Gegen** den nach der Saldierung verbleibenden **Überschuss zugunsten der Insolvenzmasse** kann der Vertragspartner mit einer Forderung aus einem anderen Schuldverhältnis mit dem Insolvenzschuldner **nicht aufrechnen** (HaKo-*Ahrendt* § 103 Rn 43, Gottwald/*Gottwald* InsHdB § 45 Rn 52). Dies folgt daraus, dass der Bereicherungsanspruch (§ 812 Abs 1 S 2 Alt 1 BGB) nicht schon auflösend bedingt vor Eröffnung besteht, sondern erst mit Wegfall des Rechtsgrundes infolge der Vertragsumgestaltung und dem damit verbundenen Erlöschen des Primäranspruchs (§ 281 Abs 4 BGB) begründet wird, mithin nach Eröffnung, was eine Aufrechnung nach § 96 Abs 1 Nr 1 ausschließt.

12 Anders verhält es sich, wenn ein **Überschuss zugunsten des Insolvenzgläubigers** verbleibt. Dieser Schadenersatzanspruch wegen Nichterfüllung (Differenzanspruch) ist kein neuer, sondern ein aufschiebend bedingter Anspruch, der (erst) mit der Geltendmachung durch den Vertragspartner unbedingt und fällig wird (**BGH** 3. 12. 54 – V ZR 96/53, BGHZ 15, 333, 336; MüKo-*Kreft* § 103 Rn 23; K/P/B/*Lüke* § 95 Rn 30; N/R/*Balthasar* § 103 Rn 65; BerlKo-*Goetsch* § 103 Rn 113), nämlich der inhaltlich veränderte Erfüllungsanspruch, vermindert um den Wert der Gegenleistung, die der Vertragspartner nicht

II. Tatbestände unzulässiger Aufrechnung § 96

mehr zu erbringen braucht (*Henckel* FS Lüke, S 237, 256 ff). Mit einem solchen Schadenersatzanspruch **kann** der Insolvenzgläubiger gegen eine massezugehörige Forderung des Insolvenzschuldners **nach Maßgabe des § 95 Abs 1 S 3 aufrechnen** (Gottwald/*Huber* InsHdB § 35 Rn 36). Die Aufrechnung mit dem Schadenersatzanspruch nimmt der Masse nichts zugunsten des Gläubigers, sondern belässt diesem nur, was er schon immer gehabt hat, nämlich den durch Aufrechenbarkeit gesicherten Vertragsanspruch, dessen Wert sich nach der Differenz zwischen Leistung und Gegenleistung bemisst. War die Hauptforderung der Masse im Zeitpunkt der Eröffnung bereits fällig, scheitert eine Aufrechnung des Insolvenzgläubigers mit seinem Schadenersatzanspruch aus § 103 Abs 2 S 1 folglich an § 95 Abs 1 S 3 (MüKo-*Kreft* § 103 Rn 23, 29; K/P/B/*Lüke* § 95 Rn 30; HaKo-*Ahrendt* § 103 Rn 43; Gottwald/*Huber* InsHdB § 34 Rn 36; **aA** MüKo-*Brandes* § 95 Rn 17; K/P/B/*Tintelnot* § 103 Rn 102; N/R/*Balthasar* § 103 Rn 65; unklar Jaeger/*Windel* § 95 InsO Rn 27). Wird die massezugehörige Schuldnerforderung erst nach Insolvenzeröffnung fällig, kann der Insolvenzgläubiger nur aufrechnen, wenn der Verwalter die Vertragserfüllung ablehnt, bevor die Masseforderung fällig wird, weil erst dann Fälligkeit der Nichterfüllungsforderung eintritt. Andererseits kann der Insolvenzverwalter eine Aufrechnung des Insolvenzgläubigers sogar ggf dadurch verhindern, dass er den Vertrag in der Schwebe hält und sein Wahlrecht zunächst nicht ausübt (K/P/B/*Lüke* § 95 Rn 30). Dem Insolvenzgläubiger bleibt zur Wahrung seiner Rechte nur die Möglichkeit, den Verwalter nach § 103 Abs 2 S 2 möglichst früh zur Wahlrechtsausübung aufzufordern. Sofern die Hauptforderung der Masse erst nach Eröffnung entsteht, findet § 95 keine Anwendung, so dass einer Aufrechnung § 96 Abs 1 Nr 1 entgegensteht.

Eine Ausnahme gilt für **synallagmatisch verbundene Forderungen aus demselben Schuldverhältnis**. **13** Hier ist § 95 Abs 1 S 3 nach seinem Sinn und Zweck nicht anzuwenden, da der Insolvenzgläubiger aufgrund der ihm zustehenden Nichterfüllungseinrede (§ 320 BGB) die Erfüllung der massezugehörigen Forderung verweigern kann (s o § 95 Rn 39 ff; BGH 22. 9. 05 – VII ZR 117/03, NZI 2005, 672 sub IV 2). Für **Dauerschuldverhältnisse** wird, wenn sie nach Verfahrenseröffnung fortgesetzt werden, der Grundsatz des § 96 Abs 1 Nr 1 durchbrochen, wonach ein Insolvenzgläubiger nicht aufrechnen kann, wenn er nach Verfahrenseröffnung etwas zur Insolvenzmasse schuldig wird. Allerdings müssen die übrigen Aufrechnungsvoraussetzungen gegeben sein (§§ 110 Abs 3 S 2, 114 Abs 2 S 2 iVm §§ 95, 96 Abs 1 Nr 2–4; KS-*Häsemeyer* S 645, 667 Rn 59; zu Einzelheiten s o § 94 Rn 53 ff).

cc) **Miet- und Pachtzinsansprüche.** Miet- und Pachtzinsansprüche entstehen zeitabschnittsweise (pro **14** rata temporis), da es sich nicht um betagte, sondern um befristete Forderungen handelt (**BGH** 2. 6. 05 – IX ZR 263/03, ZInsO 2005, 884). Soweit die Gebrauchsüberlassung nach Insolvenzeröffnung erfolgt, greift dennoch nicht § 95 iVm § 163 BGB ein, wonach auf Rechtsgeschäfte, deren Wirkungen erst zu einem bestimmten Zeitpunkt eintreten, die für die aufschiebende Bedingung geltenden Vorschriften Anwendung finden. Denn die Gegenleistung für Leistungen aus der Masse darf nur in der Weise erbracht werden, dass die Masse nicht verkürzt wird. Dies schließt eine Aufrechnung gegen die nach Verfahrenseröffnung entstandenen Forderungen gem § 96 Abs 1 Nr 1 aus (**BGH** 2. 6. 05 aaO unter II 1 a; **BGH** 9. 2. 83 – VIII ZR 305/81, BGHZ 86, 382, 385). Eine **Ausnahme** gilt gem § 110 Abs 3 nur für die Vermietung und Verpachtung von **Immobilien**; gegen den Zins, der für den in § 110 Abs 1 genannten Zeitraum geschuldet wird, kann der Mieter oder Pächter auch dann aufrechnen, wenn § 96 Abs 1 Nr 1 die Aufrechnung an sich ausschließt (**BGH** 21. 12. 06 – IX ZR 7/06, ZInsO 2007, 90 Rn 21). Diese Erweiterung des Aufrechnungsrechts gilt aber nur gegenüber § 96 Abs 1 Nr 1; die §§ 95 und 96 Abs 1 Nr 2 bis 4 bleiben hingegen unberührt (§ 110 Abs 3 S 2) mit der Folge, dass gleichwohl eine Aufrechnung scheitert, wenn die Aufrechnungslage in anfechtbarer Weise geschaffen wurde (Fallgestaltung in **BGH** 2. 6. 05 – IX ZR 263/03, ZInsO 2005, 884 unter II 2).

dd) **Bankrechtliche Ansprüche.** Soweit nach Insolvenzeröffnung – und damit nach Beendigung des **15** Giroverhältnisses (s u §§ 115, 116 Rn 16 ff) – für den Schuldner noch Zahlungseingänge bei der Bank erfolgen, wird diese erst nach Verfahrenseröffnung etwas zur Masse schuldig, so dass ihr nach § 96 Abs 1 Nr 1 eine Aufrechnung gegen den Herausgabeanspruch der Masse aus §§ 667, 675 BGB versagt ist. Dies gilt insbesondere für **Überweisungen auf ein debitorisches Schuldnerkonto** (K/P/B/*Lüke* § 96 Rn 11; *Gerhardt* FS Zeuner S 353, 355; *Häsemeyer* InsR Rn 19.12). Gehen auf das Konto **nach Verfahrenseröffnung** noch Überweisungen Dritter ein, so ist der Bank nicht nur die Verrechnung des Zahlungseingangs mit dem Debetsaldo verwehrt (Gottwald/*Gottwald* InsRHdb § 45 Rn 74; *Canaris* BankVR Rn 498; *Steinhoff* ZIP 2000, 1141 ff), sondern auch die Aufrechnung mit ihrem Darlehensanspruch gegen den massezugehörigen Anspruch aus der Gutschrift (BGH 26.6. 08 – IX ZR 47/05, NZI 2008, 551 Rn 10 ff; **BGH** 21. 3. 95 – XI ZR 189/94, NJW 1995, 1483; **BGH** 4. 5. 79 – I ZR 127/77, NJW 1979, 1658; MüKo-*Brandes* § 96 Rn 15; KS-*Häsemeyer* S 645, 654 Rn 29). Mit Eröffnung des Insolvenzverfahrens erlischt gem §§ 115 Abs 1, 116 S 1 der Girovertrag, sofern er bis dahin noch nicht gekündigt worden ist. Ein Wahlrecht des Insolvenzverwalters gem § 103 auf Erfüllung des Girovertrags besteht nicht; denn die Bestimmungen der §§ 115 Abs 1, 116 S 1 ordnen das Erlöschen des Vertrages mit Wirkung für die Zukunft an und verdrängen damit das Verwalterwahlrecht nach § 103 (MüKo-*Huber* § 103 Rn 104 f). Trotz rechtlich erloschenen Girovertrages ist eine Bank in dessen Nachwirkung noch befugt (aber nicht verpflichtet; KS-*Pape* S 531, 589 Rn 94), auf den Namen des früheren Kunden unter Angabe der bisherigen Kontonummer eingehende Zahlungen weiterhin für ihn

§ 96 Unzulässigkeit der Aufrechnung

entgegenzunehmen, muss sie dann aber auf dem bisherigen – intern weitergeführten – Konto entsprechend § 676 f S 1 BGB verbuchen bzw nach § 667 BGB herausgeben (**BGH** 5. 12. 06 – XI ZR 21/06, BGHZ 170, 121, 125 Rn 12). Der Verrechnung mit ihrer Saldoforderung steht das Aufrechnungsverbot des § 96 Abs 1 Nr 1 entgegen, weil sie die Herausgabe des durch die Überweisung erlangten Betrages erst nach der Eröffnung des Insolvenzverfahrens schuldig geworden ist (BGH 26. 6. 08 aaO Rn 12).

16   Waren allerdings zugunsten des Kunden schon **vor Eröffnung** des Insolvenzverfahrens Überweisungen eingegangen, so kann die Bank mit ihrer Forderung aus dem Debetsaldo grundsätzlich gegen den Anspruch aus der Gutschrift des überwiesenen Betrages aufrechnen, auch wenn sie diese erst nach Verfahrenseröffnung erteilt hat; denn der Anspruch *aus* der Gutschrift war seinem Kern nach schon vor der Verfahrenseröffnung mit dem Anspruch *auf* Gutschrift entstanden (**BGH** 28. 11. 77 – II ZR 110/76, NJW 1978, 699; *Canaris*, in: Einhundert Jahre Konkursordnung 1877 – 1977, S 73, 76; *ders* BankVR Rn 458). Die Unwirksamkeit der Aufrechnung ergibt sich aber idR aus § 96 Abs 1 Nr 3, sofern die eingegangene Forderung nicht der Bank zur Sicherheit abgetreten war (**s u Rn 50 ff**; **BGH** 26. 6. 08 – IX ZR 47/05, NZI 2008, 551 Rn 17, 20 ff; allgemein *Obermüller* ZInsO 2009, 689, 693 f).

17   Ob eine Überweisung vor oder nach Insolvenzeröffnung eingegangen ist, richtet sich danach, zu welchem Zeitpunkt die Bank buchmäßige Deckung erhalten hat (**BGH** 24. 10. 96 – IX ZR 284/95, WM 1996, 2250; *Obermüller* InsRBankpraxis Rn 3.141).

18   ee) **Steueransprüche.** Das Aufrechnungsverbot des § 96 Abs 1 Nr 1 gilt nicht, wenn die zur Aufrechnung gestellte Erstattungsforderung (Hauptforderung) schon ihrem Kern nach vor Insolvenzeröffnung begründet worden ist, sei der Anspruch selbst zu dieser Zeit auch noch betagt oder bedingt (**BFH** 21. 9. 93 – VII R 68/92, ZIP 1993, 1892 m Anm *Onusseit* EWiR 1993, 1219; **BFH** 21. 9. 93 – VII R 119/91, ZIP 1994, 50). Auf die „Vollrechtsentstehung" im steuerrechtlichen Sinne kommt es nicht an. Maßgeblich ist vielmehr der Zeitpunkt, in dem nach den insolvenzrechtlichen Grundsätzen der Rechtsgrund für den Anspruch gelegt worden ist (*Onusseit/Kunz* Steuern in der Insolvenz, Rn 632; *Hagen* StW 2009, 117 ff).

19   Will das FA nach Insolvenzeröffnung mit Insolvenzforderungen gegen einen **Vorsteuervergütungsanspruch** des Schuldners aufrechnen und setzt sich dieser Anspruch sowohl aus vor als auch nach der Eröffnung des Insolvenzverfahrens begründeten Vorsteuerbeträgen zusammen (u.a. aus der **Vergütung als vorläufiger Insolvenzverwalter**), hat das FA nach § 96 Abs 1 Nr 1 sicherzustellen, dass die Aufrechnung den Vorsteuervergütungsanspruch nur insoweit erfasst, als sich dieser aus Vorsteuerbeträgen zusammensetzt, die vor der Eröffnung des Insolvenzverfahrens begründet worden sind (**BFH** 27. 2. 09 – VII B 96/08 ZInsO 2009, 1028; grundlegend **BFH** 16. 11. 04 – VII R 75/03, ZIP 2005, 628). Für die Frage, ob die Aufrechnung durch den Insolvenzgläubiger nach § 96 Abs 1 Nr 1 möglich ist, ist entscheidend, dass die Hauptforderung ihrem Kern nach bereits vor der Eröffnung des Insolvenzverfahrens entstanden ist. Damit wird die Aufrechnung gegen steuerrechtliche Forderungen ermöglicht, die im Zeitpunkt der Eröffnung des Insolvenzverfahrens zwar noch nicht iSd § 38 AO entstanden, wohl aber insolvenzrechtlich „begründet" sind. Nach denselben Grundsätzen, die gem § 38 InsO für die Qualifikation als Insolvenzforderung gelten, muss auch der Zeitpunkt der insolvenzrechtlichen Begründung, dh die Zugehörigkeit eines steuerrechtlichen Vergütungs- oder Erstattungsanspruchs des Schuldners zur Insolvenzmasse beurteilt werden (**BFH** 5. 10. 04 – VII R 69/03, ZIP 2005, 266 sub II 2 a; **BFH** 1. 8. 00 – VII R 31/99, ZIP 2001, 428; **BFH** 17. 12. 98 – VII R 47/98, ZIP 1999, 714; **BFH** 21. 9. 93 – VII R 119/91, ZIP 1994, 50; **BFH** 21. 9. 93 – VII R 68/92, ZIP 1993, 1892). Für den Vorsteuervergütungsanspruch wird der Rechtsgrund dadurch gelegt, dass ein anderer Unternehmer eine Lieferung oder sonstige Leistung für das Unternehmen des zum Vorsteuerabzug Berechtigten erbringt. Die Frage, ob der Anspruch zusätzlich die Erstellung einer **Rechnung** mit gesondertem Umsatzsteuerausweis voraussetzt (§ 15 Abs 1 Nr 1 UStG), ist nur aus steuerrechtlicher Sicht von Belang, während es aus insolvenzrechtlicher Sicht auf die vollständige Verwirklichung des steuerrechtlichen Tatbestandes nicht ankommt. Für das insolvenzrechtliche „Begründetsein" des Vorsteuervergütungsanspruchs des Schuldners ist somit der **Zeitpunkt der Leistungserbringung** an den Schuldner **maßgebend** (**BFH** 16. 11. 04 aaO sub II 4. Abs; **BFH** 5. 10. 04 aaO sub II 2 b; **BFH** 1. 8. 00 aaO; **BFH** 17. 12. 98 aaO; so auch OFD Hannover, Vfg v 7. 2. 01 – S 7340 – 152 StH 531, ZInsO 2001, 653, 657 Ziff 11.6.2; *Onusseit/Kunz* Steuern in der Insolvenz, Rn 637; *Onusseit* ZIP 2002, 22, 29; aA [Erteilung der Rechnung zwingende Voraussetzung für die Begründetheit der Vorsteuer] **BFH** 14. 5. 98 – V R 74/97, ZIP 1998, 2012).

20   Eine Aufteilung der Umsatzsteuerschulden und der Vorsteueransprüche in solche, die vor, und solche, die nach Insolvenzeröffnung begründet worden sind, findet nicht statt (**BFH** 16. 1. 07 – VII R 4/06, ZIP 2007, 829 Rn 11; **BFH** 16. 1. 07 – VII R 7/06, ZIP 2007, 490 Rn 13). Die einzelnen **Vorsteuerbeträge** stellen umsatzsteuerrechtlich lediglich eine **unselbständige Besteuerungsgrundlage** dar, die bei der Berechnung der Umsatzsteuer mitberücksichtigt werden und in die Festsetzung der Umsatzsteuer eingehen (**BFH** 24. 3. 83 – V R 8/81, BStBl II 1983, 612). Auch wenn die Aufrechnung die Höhe der sich aus dem Gesetz ergebenden festzusetzenden Umsatzsteuer nicht beeinflussen darf (**BFH** 14. 5. 98 – V R 74/97, ZIP 1998, 2012), kann es insolvenzrechtlich gleichwohl geboten sein, zum Zweck der Feststellung der Voraussetzungen des § 96 Abs 1 Nr 1 zu differenzieren, inwieweit ein festgesetzter Vorsteuerüberschuss auf vor oder nach der Insolvenzeröffnung erbrachten Unternehmerleistungen beruht. Das aus § 16 Abs 2 S 1 UStG folgende umsatzsteuerrechtliche Erfordernis, wonach sämtliche in den Besteu-

II. Tatbestände unzulässiger Aufrechnung § 96

erungszeitraum fallenden abziehbaren **Vorsteuerbeträge mit** der berechneten **Umsatzsteuer zu saldieren** sind, hat zwar **Vorrang** gegenüber einer Aufrechnung des FA mit anderen Ansprüchen, hindert jedoch ebenfalls aus insolvenzrechtlicher Sicht nicht, einen nach dieser umsatzsteuerrechtlichen Saldierung verbleibenden festgesetzten Vorsteuervergütungsanspruch daraufhin zu untersuchen, ob und inwieweit dieser bereits vor der Eröffnung des Insolvenzverfahrens begründet worden und damit nach §§ 95, 96 aufrechenbar ist (**BFH** 27. 2. 09 – VII B 96/08 ZInsO 2009, 1068; **BFH** 16. 1. 07 – VII R 7/06, ZIP 2007, 490 Rn 10; **BFH** 5. 10. 04 – VII R 69/03, ZIP 2005, 266).

Setzt sich der Vorsteuervergütungsanspruch aus mehreren Vorsteuerbeträgen diverser **Eingangsrech-** 21 **nungen** für **sowohl vor als auch nach der Insolvenzeröffnung** ausgeführte Lieferungen und Leistungen zusammen, muss das FA für Fälle dieser Art – um dem Aufrechnungsverbot des § 96 Abs 1 Nr 1 Rechnung zu tragen – sicherstellen, dass der verbleibende festgesetzte Vorsteuervergütungsanspruch des Schuldners, gegen den es die Aufrechnung mit eigenen Forderungen erklären will, ausschließlich auf vor der Eröffnung des Insolvenzverfahrens (insolvenzrechtlich) begründeten Vorsteuerbeträgen beruht. Dies geschieht, indem die für den Besteuerungszeitraum berechnete Umsatzsteuer zunächst nach § 16 Abs 2 S 1 UStG mit den Vorsteuerbeträgen dieses Zeitraums verrechnet wird, und zwar **zunächst mit solchen, die vor Eröffnung des Insolvenzverfahrens (insolvenzrechtlich) begründet worden sind**, und der dann noch verbleibende Vergütungsanspruch, soweit er sich weiterhin aus Vorsteuerbeträgen aus sowohl vor als auch nach der Insolvenzeröffnung ausgeführten Lieferungen und Leistungen zusammensetzt, entsprechend aufgeteilt und die **Aufrechnung nur gegen denjenigen Teil** erklärt wird, **der auf vor der Insolvenzeröffnung erbrachte Unternehmerleistungen zurückzuführen ist** (BFH 16. 1. 07 – VII R 7/06, ZIP 2007, 490 Rn 10; BFH 16. 1. 07 – VII R 4/06, ZIP 2007, 829 Rn 7; BFH 16. 11. 04 – VII R 75/03, ZIP 2005, 628 sub II 6. Abs). Ist für den jeweiligen Besteuerungszeitraum keine berechnete Umsatzsteuer gemäß § 16 Abs 2 S 1 UStG zu verrechnen, ist derjenige Teil des Vergütungsanspruchs, der aus nach der Insolvenzeröffnung erbrachten Unternehmerleistungen resultiert, auszuzahlen und lediglich gegen die Restforderung die Aufrechnung zu erklären (**BFH** 5. 10. 04 – VII R 69/03, ZIP 2005, 266 sub II 2 c). **Zu § 96 Abs 1 Nr 3: s u Rn 55 f.**

Diese Grundsätze lassen sich nur eingeschränkt übertragen, wenn das FA **nach Anzeige der Masseun-** 22 **zulänglichkeit** mit Altmasseforderungen gegen Erstattungsansprüche aus dem Zeitraum nach Anzeige der Masseunzulänglichkeit aufrechnen will. Denn die **Vorsteuer aus** der **Vergütung des Insolvenzverwalters** ist nicht, auch nicht teilweise, vor der Anzeige der Masseunzulänglichkeit entstanden; der Vergütungsanspruch stellt in vollem Umfang eine Neumasseschuld dar (**BFH** 4. 3. 08 – VII R 10/06, ZIP 2008, 886 Rn 14; **BFH** 1. 8. 00 – VII R 31/99, ZIP 2001, 428 sub 1 b), solange der Verwalter keine Aufteilung des Vergütungsanspruchs auf den Zeitraum vor Entstehung der Masseunzulänglichkeit und auf den Zeitraum danach beantragt (BGH 5. 12. 91 – IX ZR 275/90, ZIP 1992, 120). Im Gegensatz zu der mit Insolvenzeröffnung abgeschlossenen Leistung des vorläufigen Insolvenzverwalters liegt im Zeitpunkt der Anzeige der Masseunzulänglichkeit noch **keine abgeschlossene** und zur Rechnungserteilung verpflichtende **Tätigkeit** (§ 14 Abs 1 UStG) des Insolvenzverwalters vor, **so dass ein Vorsteueranspruch** der Masse als zur Aufrechnung geeignete Hauptforderung auch nach insolvenzrechtlichen Grundsätzen **nicht entstanden ist** (BFH 1. 8. 00 aaO sub 3 a). Im Übrigen darf die Aufrechnung die Höhe der sich aus dem Gesetz ergebenden festzusetzenden Umsatzsteuer nicht beeinflussen; insbesondere darf das FA nicht isoliert gegen Vorsteuerbeträge aus einzelnen Rechnungen aufrechnen (BFH 16. 1. 07 – VII R 4/06, ZIP 2007, 829 Rn 7 und 10; BFH 16. 1. 07 – VII R 7/06, ZIP 2007, 490 Rn 10 und 13; BFH 14. 5. 98 – V R 74/97, ZIP 1998, 2012). Der Vorsteueranspruch stellt umsatzsteuerrechtlich eine unselbständige Besteuerungsgrundlage dar und wird vorrangig mit der Umsatzsteuer aus demselben Veranlagungszeitraum saldiert (§ 16 Abs 2 S 1 UStG; BFH 24. 3. 83 – V R 8/81, BStBl II 1983, 612), und zwar zunächst Vorsteuerbeträge, die vor Anzeige der Masseunzulänglichkeit (insolvenzrechtlich) begründet worden sind. Der dann noch verbleibende Vorsteuererstattungsanspruch – soweit er sich weiterhin aus Vorsteuerbeträgen aus sowohl vor als auch nach der Masseunzulänglichkeitsanzeige ausgeführte Lieferungen und Leistungen zusammensetzt – ist entsprechend aufzuteilen (vgl **BFH** 1. 8. 00 – VII R 31/99, ZIP 2001, 428 sub 4). Das FA darf mit Altmasseforderungen nur gegen denjenigen Teil die Aufrechnung erklären, der auf vor der Anzeige erbrachte Unternehmerleistungen zurückzuführen ist (BFH 4. 3. 08 aaO Rn 9, 14).

Der nach Insolvenzeröffnung aufgrund einer **neuen gewerblichen Tätigkeit** begründete **Vorsteuerer-** 23 **stattungsanspruch** fällt gem § 35 Abs 1 grundsätzlich in die Insolvenzmasse, so dass das Aufrechnungsverbot des § 96 Abs 1 Ziff 1 eingreift, es sei denn, der Insolvenzverwalter hat den Massegegenstand, hier also den Vorsteuererstattungsanspruch, insolvenzrechtlich wirksam freigegeben (BFH 16. 2. 09 – VII B 80/08, nv; **FG Greifswald** 26. 2. 09 – 2 K 126/07, EFG 2009, 1185, n rkr [Revision anhängig unter **BFH VII R 18/09**]; **FG Neustadt** 6. 12. 06 – 1 K 1950/05, ZInsO 2007, 552). Das Gleiche gilt für den Anspruch auf **Erstattung von Einkommensteuer** betreffend einen Veranlagungszeitraum nach Eröffnung des Insolvenzverfahrens, selbst wenn die Einkommensteuererstattung in Zusammenhang mit pfändungsfreiem Arbeitslohn steht; denn sie teilt insoweit nicht das Schicksal des insolvenzfreien Arbeitslohns und rechnet zur Insolvenzmasse. Einer Aufrechnung mit Insolvenzforderungen steht § 96 Abs 1 Nr 1 entgegen (**FG Neustadt** 2. 7. 09 – 4 K 2514/06, nv, n rkr [Nichtzulassungsbeschwerde anhängig unter **BFH VII B 192/09**]).

Sinz

§ 96 Unzulässigkeit der Aufrechnung

24   **ff) Anfechtungsansprüche.** Auch Rückgewähransprüche nach § 143, die aufgrund einer Insolvenzanfechtung nach den §§ 129 ff entstehen, fallen unter das Aufrechnungsverbot des § 96 Abs 1 Nr 1 (**BGH** 18. 12. 03 – IX ZR 9/03, NZI 2004, 248, 249 unter III 2; MüKo-*Brandes* § 96 Rn 10; *Smid* § 96 Rn 6; Gottwald/*Gottwald* InsRHdb § 45 Rn 75; KS-*Häsemeyer* S 645, 652 Rn 21). Zwar ließe sich einwenden, dass Anfechtungsansprüche nicht erst „nach" Insolvenzeröffnung mit Abgabe der Anfechtungserklärung entstehen, sondern schon aufgrund des verwirklichten Tatbestandes begründet sind (so Jaeger/ *Henckel* § 37 KO Rn 84). Dabei bliebe aber unberücksichtigt, dass sie erst und nur im eröffneten Verfahren geltend gemacht werden können. Das Anfechtungsrecht gem §§ 129 ff setzt tatbestandsmäßig die Verfahrenseröffnung voraus und kann weder vor Verfahrenseröffnung vom vorläufigen Insolvenzverwalter (**BGH** 11. 6. 92 – IX ZR 147/91, ZIP 1992, 1008, 1009) noch nach Verfahrensbeendigung von den einzelnen Gläubigern (**BGH** 10. 2. 82 – VIII ZR 158/80, BGHZ 83, 102, 105) ausgeübt werden. Auch der Umstand, dass vor Insolvenzeröffnung ein Einzelgläubiger dieselbe Rechtshandlung nach dem AnfG hätte anfechten können, führt zu keiner anderen Beurteilung. Denn wegen ihres weiteren Zwecks, die Gleichbehandlung aller Gläubiger durchzusetzen, ist die Insolvenzanfechtung weder mit der Einzelgläubigeranfechtung identisch noch aufschiebend bedingt vor Verfahrenseröffnung entstanden (**BGH** 18. 5. 95 – IX ZR 189/94, BGHZ 130, 38 unter A II 2).

25   **gg) Rechtsgeschäfte mit dem Insolvenzschuldner.** Der Insolvenzgläubiger wird auch „etwas zur Insolvenzmasse schuldig", wenn er Rechtsgeschäfte unmittelbar mit dem Insolvenzschuldner abschließt, zB wenn der Schuldner im eröffneten Verfahren einen Gegenstand aus seinem freien Vermögen verkauft, so dass die Kaufpreisforderung gem § 35 Abs 1 2. Alt als Neuerwerb in die Insolvenzmasse fällt (dazu MüKo-*Lwowski/Peters* § 35 Rn 45). Will der Käufer mit einer vor Eröffnung begründeten Insolvenzforderung aufrechnen, so hindert ihn daran § 96 Abs 1 **Nr 1**; einer Aufrechnung mit einer nach Eröffnung begründeten und somit nur aus dem freien Vermögen zu erfüllenden Forderung steht § 96 Abs 1 **Nr 4** entgegen (s u Rn 65 ff; Jaeger/*Windel* § 96 Rn 13).

26   **hh) Genossenschaftsinsolvenz.** In der Genossenschaftsinsolvenz kann ein Genosse, der zugleich Genossenschaftsgläubiger ist, – abweichend von § 96 Abs 1 Nr 1 – **gegen den Nachschussanspruch** der eG aus § 105 Abs 1 GenG mit seiner nichtmitgliedschaftlichen Insolvenzforderung aufrechnen, wenn auch nur unter den besonderen Voraussetzungen des **§ 105 Abs 5 GenG** (MüKo-*Brandes* § 96 Rn 25; *Beuthin* § 105 GenG Rn 13). § 105 Abs 5 GenG räumt dem Genossen ein Aufrechnungsrecht aber nur insoweit ein, als die Voraussetzungen vorliegen, unter denen er als Insolvenzgläubiger Befriedigung wegen der Forderung aus den Nachschüssen zu beanspruchen hat. Die Forderung muss demgemäß zur Tabelle festgestellt sein oder es muss ein vollstreckbarer Titel vorliegen (§ 183 Abs 1). Die Forderung muss im Verteilungsverzeichnis (§ 188) enthalten sein und darf im Prüfungstermin weder vom Vorstand noch von den Liquidatoren bestritten worden sein (§ 178 Abs 1 S 2). Zulässig ist die Aufrechnung **nur in Höhe der** auf die Forderung entfallenden **Insolvenzquote**, damit der Genosse nicht gegenüber den übrigen Insolvenzgläubigern eine ungerechtfertigte Bevorzugung erfährt (*Beuthin* § 105 GenG Rn 13). Mit einer Insolvenzforderung, die der Genosse erst nach Verfahrenseröffnung gem §§ 398, 412 BGB von einem Dritten erworben hat, ist die Aufrechnung nicht möglich, denn insoweit greift das Aufrechnungsverbot des § 96 Abs 1 Nr 2 ein.

27   Die Aufrechnung mit nichtmitgliedschaftlichen Forderungen gegen die Genossenschaft ist nur zulässig gegen die in der Nachschussberechnung (§ 114 GenG) festgesetzten Beträge, **nicht** dagegen schon **gegen** die in der **Vorschussberechnung** (§ 106 GenG) enthaltenen Nachschussansprüche (RGZ 88, 47; **BGH** 15. 6. 78 – II ZR 13/77, BB 1978, 1134, 1136; *Häsemeyer* InsR Rn 30.93; *Beuthin* § 105 GenG Rn 13). Ebenso gehört der **Anspruch** des ausgeschiedenen Genossen **auf Zahlung des Auseinandersetzungsguthabens** durch die Genossenschaft nur dann bereits mit Abschluss des Gesellschaftsvertrages zu den von § 95 Abs 1 S 1 geschützten Ansprüchen, wenn er von Rechts wegen ohne weiteres Zutun der Parteien entsteht, nicht hingegen wenn die Entstehung des Auseinandersetzungsguthabens noch von rechtsgeschäftlichen Erklärungen der Beteiligten abhängt (**BGH** 8. 1. 09 – IX ZR 217/07, ZIP 2009, 380 Rn 22 f; **BGH** 29. 6. 04 – IX ZR 147/03, BGHZ 160, 1). Daher kann auch die Genossenschaft gegen den Anspruch des Genossen auf Auszahlung des künftigen Auseinandersetzungsguthabens nicht mit einem eigenen Darlehensrückzahlungsanspruch aufrechnen (und nach Insolvenzeröffnung an dem Auseinandersetzungsguthaben auch kein Pfandrecht mehr erwerben, § 91), wenn der Anspruch erst durch eine Kündigung des Insolvenzverwalters oder einen Ausschluss des Genossen nach Insolvenzeröffnung entsteht; eine Aufrechnung scheitert an § 96 Abs 1 Nr 1 (**BGH** 8. 1. 09 aaO, Rn 24).

28   **b) Derivative Schuldnerstellung.** Ein Insolvenzgläubiger kann auch dadurch zum Schuldner der Masse werden, dass ein Dritter seine Forderung gegen ihn nach Verfahrenseröffnung an die Masse abtritt; dem Gläubiger ist dann gem § 96 Abs 1 Nr 1 die Aufrechnung mit seiner Insolvenzforderung grundsätzlich verwehrt. Anders verhält es sich aber, wenn er schon vor der Abtretung gegenüber dem Dritten zur Aufrechnung befugt war; in diesem Fall bleibt gem **§ 406 BGB** die Aufrechnungslage zu seinen Gunsten bestehen; dh er kann weiterhin mit seiner gegen den *Zedenten* gerichteten Forderung aufrechnen, nicht hingegen mit seiner Insolvenzforderung gegen den Schuldner (KS-*Häsemeyer* S 645, 655 Rn 30; K/P/B/*Lüke* § 96 Rn 10; Gottwald/*Gottwald* InsRHdb § 45 Rn 81).

II. Tatbestände unzulässiger Aufrechnung § 96

Das Gleiche gilt für die **Rückabtretung** einer Forderung, die der Schuldner vor dem Insolvenzverfahren und nach Entstehen der Aufrechnungslage seinerseits abgetreten hatte; auch hier bleiben dem Insolvenzgläubiger die Rechte aus § 406 BGB erhalten (**BGH** 21. 4. 71 – VIII ZR 190/69, BGHZ 56, 111). 29

Diese Grundsätze lassen sich ebenso auf die **Sicherungszession** an eine Bank oder im Rahmen des verlängerten Eigentumsvorbehalts an einen Lieferanten übertragen. Mit Verfahrenseröffnung fällt die Forderung an den Insolvenzschuldner zurück, und zwar mit einem Absonderungsrecht „belastet" (Jaeger/*Windel* § 96 Rn 19; K/P/B/*Lüke* § 96 Rn 21; *Serick* Bd V § 69 IV 1 [S 757 ff]; *ders* BB 1982, 873, 881 ff; Gottwald/*Gottwald* InsRHdb § 45 Rn 83). Der Drittschuldner behält daher gem §§ 412, 406 BGB seine Aufrechnungsmöglichkeit (aA *Kesseler* ZInsO 2001, 148, 151 ff), ohne dass die Kenntnis der Abtretung zum Zeitpunkt des „Rückerwerbs" dem entgegensteht (**BGH** 13. 2. 03 – VII ZR 267/01, NJW 2003, 1182). § 96 Abs 1 Nr 1 will nur verhindern, dass ein Insolvenzgläubiger nach Verfahrenseröffnung zulasten der übrigen Gläubiger noch volle Deckung erhält, die ihm zum Zeitpunkt der Verfahrenseröffnung nicht zustand. Standen sich die Forderung des Insolvenzschuldners und die Gegenforderung des Schuldners im Zeitpunkt der Verfahrenseröffnung bereits aufrechenbar gegenüber, so greift § 96 Abs 1 Nr 1 nicht. 30

c) **Einzelfälle** (siehe auch § 95 Rn 23 ff, 53): 31
– Der Auftraggeber kann in der Insolvenz des Auftragnehmers gem § 96 Abs 1 Nr 1 gegen den Vergütungsanspruch aus **§ 8 Nr 3 Abs 3 VOB/B** für den nach Insolvenzeröffnung erbrachten Leistungsteil nicht mit dem Anspruch auf Erstattung kündigungsbedingter Mehrkosten aus § 8 Nr 3 Abs 2 VOB/B aufrechnen, wohl aber gegen den **vor** Insolvenzeröffnung erbrachten Leistungsteil (**BGH** 28. 9. 00 – VII ZR 372/99, NZI 2001, 23). Soweit die Aufrechnung zulässig ist, kann die dadurch erlangte Befriedigung des Auftraggebers jedoch gem § 130 Abs 1 angefochten werden, wenn die Geräte durch den Auftraggeber in Kenntnis der Zahlungseinstellung des Auftragnehmers in Anspruch genommen werden (**BGH** 28. 9. 00 aaO; *Kreft* FS Uhlenbruck S 387 ff).
– Der **Erbbauberechtigte**, dessen Erbbaurecht mit einer Reallast belastet ist, kann im Insolvenzverfahren über das Vermögen des Reallastberechtigten gegen den erst nach Verfahrenseröffnung zu zahlenden Erbbauzins nicht mit einer Insolvenzforderung aufrechnen (**OLG** München 20. 6. 02 – 8 U 5734/01, ZIP 2002, 1264; anders noch **BGH** 24. 2. 78 – V ZR 250/75, KTS 1978, 225). Selbst wenn eine vor Insolvenzeröffnung begründete Aufrechnungslage bestünde, müsse bei gegenseitigen Verträgen § 96 Abs 1 Nr 1 angewendet werden entsprechend dem Grundsatz, dass für Leistungen, die mit Mitteln der Masse erbracht werden, auch die Gegenleistung stets der Masse gebührt.
– War durch die Insolvenzeröffnung der Auftrag oder Geschäftsbesorgungsvertrag erloschen (§§ 115 Abs 1, 116 S 1), beruht die **Herausgabepflicht** auf Bereicherungsrecht und ist eine Aufrechnung nicht mehr möglich (**BGH** 23. 2. 89 – IX ZR 143/88, NJW 1989, 1353, 1354; Gottwald/*Gottwald* InsRHdb § 45 Rn 51, 73, 78; aA *F. Müller* Probleme der Aufrechnung, S 31 ff). Solange der Beauftragte noch nichts aus der Geschäftsbesorgung erhalten hat, besteht auch kein Anspruch auf Herausgabe des Erlangten nach § 667 BGB, auch nicht bedingt (**BGH** 14. 6. 07 – IX ZR 56/06, NZI 2007, 515 Rn 11). Später bei ihm noch eingehende Beträge wird er erst nach der Eröffnung des Insolvenzverfahrens zur Masse schuldig (**BGH** 23. 2. 89 aaO).
– Zulässig ist die Aufrechnung eines **Handelsvertreters** mit dem durch die Insolvenz begründeten Ausgleichsanspruch gegen frühere Forderungen des Schuldners (**OLG** Karlsruhe 27. 12. 84 – 9 U 100/84, WM 1985, 235). Zahlt ein Handelsvertreter für die Übernahme eines Bezirks an seinen Vorgänger eine Abfindung, so kann er gegen den Unternehmer bei vorzeitiger Beendigung des Handelsvertretervertrages einen vertraglichen Erstattungsanspruch mit dem Erfüllungsanspruch aufrechnen (**BGH** 18. 9. 86 – I ZR 24/85, WM 1987, 21; *Hess* § 96 Rn 51).
– Bei dem Anspruch des Insolvenzschuldners auf Abfindung oder das **Auseinandersetzungsguthaben** (§ 738 BGB) handelt es sich zwar nicht um einen bereits bestehenden, nur noch nicht fälligen, also betagten Anspruch, sondern um einen künftigen Anspruch, der erst mit dem Ausscheiden des Gesellschafters oder der Auflösung der Gesellschaft entsteht. Mit Abschluß des Gesellschaftsvertrages ist er jedoch in seinem Kern bereits begründet (§ 95 Abs 1), so dass § 96 Abs 1 Nr 1 einer Aufrechnung nicht entgegen steht (**BGH** 11. 7. 88 – II ZR 281/87, NJW 1989, 453; Gottwald/*Gottwald* InsRHdb § 45 Rn 78; *G. Fischer* WM 2008, 1, 6).
– Das Gleiche gilt für den Anspruch auf **Erstattung der Prozesskosten** eines bei Verfahrenseröffnung anhängigen Prozesses, da er mit Begründung des Prozessrechtsverhältnisses, dh mit Klagezustellung „im Keim" zur Entstehung gelangt (**BGH** 6. 12. 74 – V ZR 86/73, NJW 1975, 304; Gottwald/*Gottwald* InsRHdb § 45 Rn 62, 78).
– Der **Kanzleiabwickler** (§ 55 BRAO) kann seinen Vergütungsanspruch gegen den Anspruch auf Herausgabe des aus der Abwicklung Erlangten (§ 667 BGB) grundsätzlich aufrechnen, weil beide Ansprüche mit der Abrechnung bei Beendigung der Abwicklung fällig werden (**BGH** 23. 6. 05 – IX ZR 139/04, ZInsO 2005, 929, 930; zu § 96 Abs 1 Nr 3: s u § 96 Rn 64).
– Die **Zinsschuld** für eine Kapitalforderung entsteht befristet, so dass der Insolvenzgläubiger gegen die Zinsforderung aus der Zeit nach Verfahrenseröffnung nicht aufrechnen kann (**BGH** 15. 1. 90 – II ZR 164/88, BGHZ 110, 47, 80).

§ 96 Unzulässigkeit der Aufrechnung

– Die BfA kann mit einem auf sie **gem § 187 SGB III übergegangenen Arbeitsentgeltanspruch** gegen Beitragserstattungsansprüche aufrechnen, sofern der Antrag auf Zahlung von Insolvenzgeld vor Verfahrenseröffnung gestellt wurde (BSG 15. 12. 94 – 12 RK 69/93, ZIP 1995, 396). Denn mit der zu Unrecht erfolgten Entrichtung der Beiträge sind nach § 26 Abs 2 SGB IV die Voraussetzungen des Erstattungsanspruchs erfüllt und der Anspruch mithin entstanden.

– **Erstattungszinsen nach § 233a AO** sind nicht schon im Zeitpunkt der Leistung von Vorauszahlungen bzw anzurechnender Steuerabzugsbeträge und anzurechnender Körperschaftsteuer unter der aufschiebenden Bedingung, dass einmal die Voraussetzungen vorgenannter Vorschrift eintreten sollten, insolvenzrechtlich begründet, sondern sie entstehen zeitabschnittsweise. Der Anspruch auf Erstattungszinsen, die auf Zeiträume nach Eröffnung des Insolvenzverfahrens entfallen, kann daher vom FA nicht mit vorinsolvenzlichen Steuerforderungen verrechnet werden (BFH 30. 4. 07 – VII B 252/06, ZIP 2007, 1277).

– Das FA kann während der Dauer des Insolvenzverfahrens über das Vermögen einer KG gegenüber **Steuererstattungsansprüchen des Kommanditisten** nicht mit Steueransprüchen gegen die KG, für die der Kommanditist bis zur Höhe seiner ausstehenden Einlage haftet, aufrechnen. Die Aufrechnung ist auch gegenüber einem neuen Gläubiger, dem der Kommanditist seine Erstattungsansprüche abgetreten hat, ausgeschlossen (BFH 24. 7. 84 – VII R 6/81, ZIP 1984, 1245). Dies folgt nicht aus § 96 (der Kommanditist ist nicht Insolvenzschuldner), sondern vielmehr aus § 171 Abs 2 HGB, der auch einer Berufung auf § 406 BGB entgegensteht.

– Tilgt bei einer **umsatzsteuerrechtlichen Organschaft** die Organgesellschaft Umsatzsteuerschulden der Organträgerin, so ist eine wirksame Insolvenzanfechtung der Zahlung gegenüber der Finanzbehörde nicht vom Erlass eines Haftungsbescheides abhängig. Gegen den anfechtungsrechtlichen Rückforderungsanspruch des Insolvenzverwalters nach Anfechtung wegen inkongruenter Deckung kann die Finanzbehörde nicht mit einem Haftungsanspruch gegen die Organgesellschaft aufrechnen (OLG Nürnberg 11. 2. 09 – 4 U 2506/08, ZIP 2009, 1435; *Bruschke* StB 2009, 201 ff).

32 **2. Erwerb der Gegenforderung nach Insolvenzeröffnung (Abs 1 Nr 2).** § 96 Abs 1 Nr 2 entzieht dem Insolvenzgläubiger eine Aufrechnungsbefugnis, die ihm nach allgemeinem Zivilrecht zustünde (*v. Wilmowsky* NZG 1998, 481, 486), weil der **nachträgliche Erwerb der Gläubigerstellung** zum Zwecke der Aufrechnung den Gleichbehandlungsgrundsatz verletzt und eine Ausplünderung der Masse durch kollusiven Aufkauf von Passiva verhindert werden soll (RGZ 51, 396 zu § 55 Nr 2 KO; BerlKo-*Blersch* § 96 Rn 10; *Rendels* ZIP 2003, 1583, 1590; *Adam* WM 1998, 801, 804). Ohne diese Vorschrift könnte ein nicht gesicherter Insolvenzgläubiger seine Forderung gegen (ein die voraussichtliche Quote übersteigendes) Entgelt an einen Dritten abtreten, der seinerseits etwas der Masse schuldet. Der Dritte (Zessionar) könnte anschließend sich von dieser Schuld durch Aufrechnung befreien und hätte ebenfalls einen Vorteil, weil er nur den geringeren Forderungskaufpreis statt der Nominalschuld zur Tilgung aufwenden muss. Der Insolvenzmasse ginge jedoch die Differenz zwischen der vom Zessionar zu zahlenden Schuld und der an den Insolvenzgläubiger aus der Masse zu zahlenden Quote verloren.

33 Das Gesetz macht die Anwendbarkeit der Vorschrift aber nicht vom Vorliegen dieser Masseminderungsgefahr abhängig. Entscheidend für das Aufrechnungsverbot ist allein, dass die Forderung **nach Eröffnung** des Insolvenzverfahrens **von einem anderen Insolvenzgläubiger** auf den Schuldner des Insolvenzschuldners übergegangen ist (KS-*Häsemeyer* S 645, 655 Rn 31). Dabei ist unerheblich, ob der Übergang auf **Sonderrechtsnachfolge** (Abtretung) oder auf **Gesamtrechtsnachfolge** beruht. Auch der Erbe kann, wenn der Erbfall nach der Insolvenzeröffnung eingetreten ist, mit der vor diesem Zeitpunkt entstandenen Forderung des Erblassers nicht aufrechnen (RGZ 51, 397; BGH 22. 12. 95 – V ZR 52/95, ZIP 1996, 426; FK-*Bernsau* § 96 Rn 10; K/P/B/*Lüke* § 96 Rn 30).

34 Die Aufrechnungsbefugnis ist auch dann nicht nach § 96 Abs 1 Nr 2 ausgeschlossen, wenn die Gegenforderung **von einem aufrechnungsberechtigten Insolvenzgläubiger** auf einen Schuldner des Insolvenzschuldners übergeht. Sind zB Zedent und Zessionar als Gesamtschuldner dem Insolvenzschuldner verpflichtet, wirkt sich die Auswechselung des Gläubigers für die Masse nicht nachteilig aus, weil der Rechtsvorgänger, in dessen Person die Forderung vor Insolvenzeröffnung entstanden war, zu dieser Zeit schon gegen dieselbe Schuld hätte aufrechnen können (RGZ 11, 123; BGH 3. 12. 54 – V ZR 96/53, BGHZ 15, 337; FK-*Bernsau* § 96 Rn 12; Gottwald/*Gottwald* § 45 Rn 89).

35 **a) Sozialversicherungsträger.** Die den Sozialversicherungsträgern gesetzlich eingeräumte Befugnis, Leistungs- und Erstattungsansprüche verschiedener Leistungsträger gem **§ 52 SGB I** zu verrechnen, geht nach dem Gedanken der Einheit der Sozialleistungsträger, der § 52 SGB I zugrunde liegt, der Regelung in § 96 Abs 1 Nr 2 vor. Ermächtigt ein Sozialleistungsträger vor Insolvenzeröffnung einen anderen Leistungsträger, seine Ansprüche mit der dem anderen Leistungsträger obliegenden Geldleistung zu verrechnen, so ist eine Verrechnung in der Insolvenz des Leistungsberechtigten **zulässig** (BGH 29. 5. 08 – IX ZB 51/07, NZI 2008, 479 unter Hinweis auf die Amtliche Begründung zu § 96 Abs 1 [§ 108 RegE-InsO] BT-Drucks 12/2443, S 141; ebenso BSG 10. 12. 03 – B 5 RJ 18/03 R, ZInsO 2004, 741; K/P/B/*Lüke* § 96 Rn 37; MüKo-*Brandes* § 96 Rn 25; HaKo-*Ahrendt* § 114 Rn 7; N/R/*Wittkowski* § 96 Rn 15; Gottwald/*Gottwald* InsRHdb § 45 Rn 7a; *Diepenbrock* ZInsO 2004, 950 ff; *Gagel* EWiR

2004, 927 f; **str aA** BayObLG 10. 4. 01 – 4 Z BR 23/00, NZI 2001, 367 ff; **OLG** Karlsruhe 31. 8. 01 – 9 W 64/01, NZI 2001, 662 f; **LG** Göttingen 16. 1. 01 – 10 T 166/99, NZI 2001, 267; BerlKo-*Blersch* § 96 Rn 10; Graf-Schlicker/*Pöhlmann* § 114 Rn 14; *Wenzel* ZInsO 2006, 169, 171 f; *Windel* KTS 2004, 563 ff; *Günther* DZWiR 2001, 306 ff; *Mohrbutter* DZWIR 2001, 328 ff; *G. Pape* EWiR 2001, 593 f; *Peitsch* Die Insolvenzaufrechnung, Diss 2001, S 115 f). Weder die Ermächtigung zur Verrechnung noch die Verrechnungserklärung selbst seien einem schädlichen Forderungserwerb gleichzustellen. Ebenso wenig stehe der Grundsatz der Gläubigergleichbehandlung entgegen. Nach weitgehender Abschaffung der Privilegien der öffentlichen Hand wäre es Aufgabe des Gesetzgebers gewesen klarzustellen, wenn die von § 52 SGB I verliehene Befugnis in der Insolvenz nicht hätte gelten sollen. Soweit dagegen eingewandt wird, dass die Ermächtigungsbefugnis der §§ 52 SGB I und 28 SGB IV nicht § 96 Abs 1 Nr 2 außer Kraft setzen könne, weil ausschließlich das Insolvenzrecht das Verhältnis der Sozialleistungsträger zu den sonstigen Insolvenzgläubigern bestimme (KS-*Häsemeyer* S 645, 655 Rn 32), greift dieses Argument nicht durch. Da § 94 den Beteiligten – anders als die §§ 53 ff KO – gestattet, vertraglich das gesetzliche Erfordernis der Gegenseitigkeit abzubedingen, muss dies auch für gesetzliche Ermächtigungsbefugnisse des Sozialrechts anerkannt werden.

b) Erwerb im Eröffnungsverfahren. Erwirbt der Insolvenzgläubiger seine Forderung während des 36 Eröffnungsverfahrens, so greift das Aufrechnungsverbot des § 96 Abs 1 Nr 2 nicht ein, da es an einem Erwerb „nach" Eröffnung fehlt. Vielfach findet jedoch das Aufrechnungsverbot nach § 96 Abs 1 Nr 3 Anwendung (Gottwald/*Gottwald* InsRHdb § 45 Rn 82; *v Wilmowsky* NZG 1998, 481, 487; *Adam* WM 1998, 801, 804). Die Aufrechnungsbefugnis bleibt in vollem Umfang bestehen, wenn der Aufrechnende seine Forderung schon vor Verfahrenseröffnung aufschiebend bedingt erworben hat und die Bedingung erst nach Verfahrenseröffnung eintritt. Insoweit geht § 95 dem Aufrechnungsverbot des § 96 Abs 1 Nr 2 vor (s o § 95 Rn 3; FK-*Bernsau* § 96 Rn 11; Gottwald/*Gottwald* InsRHdb § 45 Rn 83). Im Streitfall muss der Aufrechnende **beweisen**, dass er die durch Abtretung übergegangene Gegenforderung *vor* Insolvenzeröffnung erworben hat (**BGH** 27. 2. 97 – IX ZR 79/96, WiB 1997, 700, 701; *v. Wilmowsky* NZG 1998, 481, 486 Fn 32).

c) Rückabtretung. Für die Aufrechnung mit rückabgetretenen Insolvenzforderungen, die der Gläubiger 37 (Sicherungsgeber) nach Entstehen einer Aufrechnungslage vor Verfahrenseröffnung **zur Sicherung übertragen** hatte, ist entscheidend, dass die Forderung dem Vermögen des Sicherungs*nehmers* zuzurechnen ist; damit ist das Entstehen einer Aufrechnungslage für den Sicherungsgeber vor einer Rückabtretung ausgeschlossen (K/P/B/*Lüke* § 96 Rn 31).

Nach Verfahrenseröffnung erworben ist auch eine Gegenforderung, die vor Verfahrenseröffnung in 38 aufrechenbarer Weise bestand, noch **vor** Verfahrenseröffnung (sicherungshalber) an einen Dritten abgetreten und **nach** Verfahrenseröffnung zurückerworben wurde (K/P/B/*Lüke* § 96 Rn 32; N/R/*Wittkowski* § 96 Rn 15; *Häsemeyer* InsR 19.13; MüKo-*Brandes* § 96 Rn 21; *Serick* Bd V, § 69 III 2 b [S 756]; Gottwald/*Gottwald* § 45 Rn 92 f; *Ganter* FS Kirchhof, S 105, 110 ff). Zwar bestand bis zur Zession, und damit vor Eröffnung, eine Aufrechnungslage, aber im maßgeblichen Zeitpunkt der Eröffnung gerade nicht mehr. Dabei ist unerheblich, ob die Forderung endgültig oder nur sicherungshalber abgetreten wurde. Soweit bei der Sicherungszession hiergegen eingewandt wird (so *Kornblum* BB 1981, 1296, 1303; *Fricke* NJW 1974, 2118, 2119), der Sicherungszessionar erlange die Forderung nur zu treuen Händen, wirtschaftlich verbleibe sie im Vermögen des Zedenten, trifft diese an § 51 Nr 1 orientierte Argumentation nicht zu. Denn *außerhalb* eines Insolvenzverfahrens geht die Forderung mit voller dinglicher Wirkung als Vollrecht auf den Sicherungszessionar über (weshalb bei Pfändungen auch § 771 ZPO, und nicht § 805 ZPO, Anwendung findet). Einer Aufrechnung nach Eröffnung steht folglich § 96 Abs 1 Nr 2 entgegen, weil eine Aufrechnungslage bei Verfahrenseröffnung nicht bestand.

Anders verhält es sich jedoch, wenn **Abtretung *und* Rückerwerb nach Eröffnung** erfolgen (RG 31. 5. 39 1902 – I 54/02, RGZ 51, 394, 397; K/P/B/*Lüke* § 96 Rn 33; MüKo-*Brandes* § 96 Rn 22; FK-*Bernsau* § 96 Rn 15; N/R/*Wittkowski* § 96 Rn 15; *Serick* Bd V, § 69 III 2 b [S 755]; Gottwald/*Gottwald* InsRHdb § 45 Rn 94; *Ganter* FS Kirchhof, S 105, 118; **aA** *Lang* Aufrechnungsrecht im Konkurs des Schuldners [1906], S 262 ff; *Weigelin* Aufrechnungsrecht als Pfandrecht an eigener Schuld [1904] S 181). Denn durch die Rückabtretung wird nur die Lage wiederhergestellt, die schon bei Verfahrenseröffnung bestand. Es besteht daher kein Grund, dass ein deckungsberechtigter Gläubiger seine Deckungsmöglichkeit durch eine bloß vorübergehende Verwendung seiner Forderung zu Sicherungszwecken verlieren würde.

d) Inkassozession. Bei einer Inkassozession als uneigennütziger Treuhand gehört die abgetretene Forderung 40 weiterhin zum Vermögen des Zedenten. Eine Aufrechnung des Schuldners gegen die abgetretene Forderung ist nur mit Forderungen an den Zedenten, nicht dagegen mit einer Forderung an den Zessionar zulässig (**BGH** 22. 10. 57 – VIII ZR 67/56, BGHZ 25, 360, 367; MüKo-*v. Feldmann* § 387 BGB Rn 10; *Gernhuber* Die Erfüllung und ihre Surrogate, § 13 II 4). Ist der Zedent nach Abtretung, aber noch vor Insolvenzeröffnung dem späteren Insolvenzschuldner etwas schuldig geworden, so kann er nach Rückübertragung der Gegenforderung aufrechnen (MüKo-*Brandes* § 96 Rn 23; *F. Müller* Aufrechnung S 60; Gottwald/*Gottwald* InsRHdb § 45 Rn 95).

41 e) **Factoring.** Erfolgt die Abtretung der Gegenforderung aufgrund eines Factoringgeschäfts, so kann der Fall eintreten, dass die Zession an den Factor vor Verfahrenseröffnung, der Rückerwerb der Forderung durch den Anschlusskunden dagegen nach Insolvenzeröffnung liegt. Ist der Anschlusskunde dem Schuldner vor Insolvenzeröffnung über dessen Vermögen etwas schuldig geworden, aber nach dem Factoring-Geschäft, so kann bei Rückübertragung der Forderung an den Anschlusskunden im Insolvenzverfahren des Schuldners gem § 96 Abs 1 Nr 2 keine Aufrechnungslage entstehen (Gottwald/*Gottwald* InsRHdb § 45 Rn 87; *Hess* § 96 Rn 60). Das gilt unabhängig davon, ob es sich um ein echtes oder unechtes Factoring-Geschäft handelt. Wird eine Forderung zurückabgetreten, so handelt es sich meist um eine Vollrechtsübertragung (Einzelheiten bei *Müller* Aufrechnung S 62; *Serick* Bd V, § 70 XI [S 848 ff]). Nur die Factor-Bank kommt als möglicher Aufrechnungsgegner des Drittschuldners in Betracht. Sie hat beim echten Factoring die Forderung angekauft.

42 Beim **echten** Factoring greift das sog „Umwandlungsprinzip" nicht ein (*Serick* Bd V, § 70 IX 1 [S 849]; *Sinz* Factoring in der Insolvenz, Rn 397). Es fehlt hier an der fiduziarischen Bindung des Factors, da die Forderung nicht als Sicherheit, sondern als geschuldete Gegenleistung zwecks Erfüllung des zugrunde liegenden Kaufvertrages endgültig übertragen wird. Behält aber der Factor seine vor Insolvenzeröffnung erworbene Rechtsstellung, kommt auch nur er als möglicher Aufrechnungsgegner in Betracht (*Sinz* Factoring in der Insolvenz, Rn 397). Da die Insolvenzmasse durch die Aufrechnung nicht berührt wird, finden die §§ 94–96 keine Anwendung (*Serick* Bd V, § 70 IX 1 [S 849]).

43 Gleiches gilt auch für das **unechte** Factoring, selbst wenn man mit dem **BGH** (BGH 3. 5. 72 – VIII ZR 170/71, BGHZ 58, 364, 367) davon ausgeht, dass die Vorauszession hier Sicherungscharakter hat. Die Factoringzession wird nicht wie eine fiduziarische Sicherungszession behandelt (*Sinz* Factoring in der Insolvenz, Rn 399). Ein Anspruch auf Rückübertragung der Forderung entsteht nur, wenn der Debitor nicht zahlt und stattdessen der Anschlusskunde den geschuldeten Betrag tilgt. Die Rückübertragung beruht in diesem Fall aber nicht auf einem Wegfall des Sicherungszwecks, sondern darauf, dass der mit der Forderungsabtretung verlangte primäre Erfüllungszweck fehlgeschlagen ist (*Serick* Bd IV, § 52 II 2 e [S 550]; *Sinz* Factoring in der Insolvenz, Rn 400). Besonderheiten ergeben sich, wenn im Delkrederefall der Anschlusskunde die vorfinanzierte Forderung zurückerwirbt, zB weil der Factor aus dem Sperrguthaben vollständige Befriedigung erlangt. Im Insolvenzverfahren über das Vermögen des Anschlusskunden steht solchenfalls § 96 Abs 1 Nr 1 einer Aufrechnung des Debitors entgegen, falls der **Rückerwerb erst nach Insolvenzeröffnung** erfolgt ist, auch wenn die rückübertragene Forderung schon vor Verfahrensbeginn entstanden war. Eine Ausnahme gilt aber für den Fall, dass der Debitor wegen § 406 BGB schon berechtigt gewesen war, gegenüber dem Factor aufzurechnen. Diese Möglichkeit muss ihm erhalten bleiben, wenn der Insolvenzverwalter die abgetretene Forderung zurück erwirbt (**BGH** 21. 4. 71 – VIII ZR 190/69, BGHZ 56, 111, 114; *Sinz* Factoring in der Insolvenz, Rn 402). Ebenso ist die Aufrechnung zulässig, wenn sie erst nach Aufhebung oder Einstellung des Insolvenzverfahrens erfolgt (*Sinz* Factoring in der Insolvenz, Rn 402).

44 **Zur Aufrechnung gegen das** Guthaben auf dem **Abrechnungskonto** und auf dem **Sperrkonto** s o § 95 Rn 22.

45 f) **Einzelfälle:**
– Zur Aufrechnung mit dem Regressanspruch des Bürgen gem § 774 BGB (s o § 95 Rn 46 f), des Grundstückseigentümers nach § 1143 Abs 1 BGB (s o § 95 Rn 49 f) sowie des Ablöseberechtigten gem § 268 Abs 3 BGB (s o § 95 Rn 51 f) wird auf die Kommentierung zu § 95 verwiesen.
– Die Aufrechnungsberechtigung geht auch nicht dadurch verloren, dass der Gläubiger vor Eröffnung des Insolvenzverfahrens über das Vermögen seines Schuldners die zur Aufrechnung berechtigte Forderung verpfändet hat und nach Insolvenzeröffnung das **Pfand ablöst**; denn in diesem Fall hat er keinen Augenblick seine Gläubigerstellung verloren (Gottwald/*Gottwald* InsRHdb § 45 Rn 87).
– Zur Aufrechnung des Auftraggebers in der **Bauinsolvenz über das Vermögen des Auftragnehmers** s o § 95 Rn 38 ff.
– Zum **Rückgriffsanspruch des** Wechselindossanten s o § 95 Rn 45.
– Die nach Insolvenzeröffnung erklärte Aufrechnung mit Drittforderungen aufgrund der in einer **Konzernverrechnungsklausel** vor Verfahrenseröffnung erteilten Aufrechnungsermächtigung ist in entsprechender Anwendung des § 96 Abs 1 Nr 2 unwirksam (s o § 94 Rn 9; **BGH** 13. 7. 06 – IX ZR 152/04, NZI 2006, 639; **BGH** 15. 7. 04 – IX ZR 224/03, NZI 2004, 585; **OLG** Köln 10. 11. 04 – 2 U 168/03, NZI 2005, 167 [Grundsätze gelten auch bei Auftragserteilung durch die öffentliche Hand]; HaKo-*Jacoby* § 96 Rn 7; *G. Fischer* WM 2008, 1, 2; *K. Schmidt* NZI 2005, 138, 140; *Schwahn* NJW 2005, 473, 474; *Windel* KTS 2004, 563, 565; *v. Olshausen* ZInsO 2004, 1229, 1231; *Höpfner* NZI 2004, 586, 587; *Rendels* EWiR 2004, 1041, 1042). Eine Aufrechnungslage entsteht bei einer auf eine Konzernverrechnungsklausel gestützten Aufrechnung nicht, solange die Aufrechnung nicht erklärt worden ist.
– § 16 Nr 3 Abs 2 VOB/B kann nicht dahin ausgelegt werden, dass die Wirkungen der vorbehaltlosen Annahme der Schlusszahlung auch dann eintreten sollen, wenn eine der Schlusszahlung gleichstehende Aufrechnung aufgrund zwingender insolvenzrechtlicher Vorschriften (zB § 96 Abs 1 Nr 2) unzulässig ist (**BGH** 12. 7. 07 – VII ZR 186/06, NZI 2007, 583).

II. Tatbestände unzulässiger Aufrechnung § 96

– Wird die Insolvenzmasse **von der Quote** für eine Insolvenzforderung **befreit**, so kann der Zahlende mit dem Aufwendungsersatzanspruch so wenig aufrechnen, wie wenn er dem Insolvenzgläubiger die Forderung abgekauft hätte. Die Zahlung führt nicht mehr als eine Forderungsauswechselung herbei. Durch sie wird an die Stelle der berichtigten Insolvenzforderung ein Ausgleichsanspruch geschoben, ohne dass sich an der Höhe der Belastung der Insolvenzmasse etwas ändert (**BGH** 25. 4. 62 – VIII ZR 43/61, NJW 1962, 1200, 1202).

3. Anfechtbare Herbeiführung der Aufrechnungslage (Abs 1 Nr 3). Anders als bei § 96 Abs 1 Nr 1 **46** und Nr 2 besteht im Fall des § 96 Abs 1 Nr 3 die Aufrechnungslage bereits bei Verfahrenseröffnung, jedoch ist diese durch eine anfechtbare Rechtshandlung geschaffen worden und steht daher ebenfalls im Widerspruch zur **Gläubigergleichbehandlung** (eingehend *Huber* ZInsO 2009, 566 ff; *v. Olshausen* KTS 2001, 45 ff). Der Sinn und Zweck der Vorschrift liegt darin, dass der Insolvenzverwalter die Unwirksamkeit der Aufrechnung nicht angriffsweise geltend zu machen braucht; bei anfechtbar herbeigeführter Aufrechnungslage tritt die **Unwirksamkeit der Aufrechnung** als Rechtsfolge **automatisch** ein (s u Rn 57; **OLG** Düsseldorf 6. 7. 05 – 18 U 28/05 ZIP 2005, 2121, 2123; Jaeger/*Windel* § 96 Rn 49). Der Insolvenzverwalter muss mithin keine Anfechtungsklage erheben, sondern kann sich unmittelbar auf die Unwirksamkeit der Aufrechnung berufen mit der Folge, dass er die ursprünglich durch die Aufrechnung erloschenen Ansprüche des Gemeinschuldners für die Insolvenzmasse einklagen und den Aufrechnungseinwand mit der Gegenrede der Anfechtbarkeit abwehren kann (**BGH** 17. 7. 08 – IX ZR 148/07, NZI 2008, 547 Rn 8; **BGH** 12. 7. 07 – IX ZR 120/04, NZI 2007, 582 Rn 8; **BGH** 28. 9. 06 – IX ZR 136/05, NZI 2007, 31 Rn 16). Es genügt, dass irgendeine Voraussetzung für die Aufrechnung in anfechtbarer Weise geschaffen wurde, wie zB die Begründung der Hauptforderung, der Gegenforderung oder der Gegenseitigkeit (*Gerhardt* FS Brandner, S 605, 613). Die **Anfechtbarkeit** ist **inzident** voll **durchzuprüfen** (**BGH** 28. 9. 06 aaO Rn 24; *G. Fischer* WM 2008, 1, 4). Anders als nach § 55 S 1 Nr 3 KO kommt es für die Anwendung des § 96 Abs 1 Nr 3 nicht mehr darauf an, in welcher zeitlichen Reihenfolge die gegenseitigen Forderungen entstanden sind (**BGH** 26. 6. 08 – IX ZR 47/05, NZI 2008, 551 Rn 17; **BGH** 29. 6. 04 – IX ZR 195/03, BGHZ 159, 388, 393; MüKo-*Brandes* § 96 Rn 27; BT-Drucks 12/2443, S 141). Ebenso reicht es aus, wenn die anfechtbare Rechtshandlung durch einen Dritten vorgenommen worden ist. Entgegen dem insoweit missverständlichen Wortlaut der Vorschrift muss der Erwerber der abgetretenen Forderung bei Begründung der Aufrechnungslage nicht schon die Stellung eines Insolvenzgläubigers innehaben (**OLG** Köln 17. 11. 00 – 19 U 206/99, NZI 2001, 474). **Ausgenommen** vom Aufrechnungsverbot des § 96 Abs 1 Nr 3 bleibt lediglich die **Gesamtrechtsnachfolge**, soweit sie ohne Zutun des Erwerbers eintritt, also eine Manipulation zu Lasten der übrigen Gläubiger ausgeschlossen ist (BerlKo-*Blersch* § 96 Rn 12; K/P/B/*Lüke* § 96 Rn 43; *Häsemeyer* InsR Rn 19.16 Fn 35).

Gegenüber der früheren konkursrechtlichen Regelung (§ 55 Nr 3 KO) enthält § 96 Abs 1 Nr 3 eine **47** umfassendere Regelung und versucht, – als Rechtsgrundverweisung (FK-*Bernsau* § 96 Rn 16) – „das Anfechtungsrecht dem Recht der Aufrechnung zu inkorporieren" (*Paulus* ZIP 1997, 569, 576; ebenso K/P/B/*Lüke* § 96 Rn 41; *Dampf* KTS 1998, 145, 155). Als **Rechtshandlung** kann an jedes Geschäft angeknüpft werden, das zum anfechtbaren Erwerb einer Gläubiger- oder Schuldnerstellung führt (HK-*Kayser* § 96 Rn 32; KS-*Häsemeyer* S 645, 656 Rn 34). Dabei **finden alle Anfechtungsvorschriften Anwendung** (**BGH** 11. 12. 08 – IX ZR 195/07, NZI 2009, 103 Rn 12; **OLG** Dresden 30. 8. 01 – 13 U 953/01, DZWIR 2001, 470 m Anm *Flöther*; N/R/*Wittkowski* § 96 Rn 18; FK-*Bernsau* § 96 Rn 16; H/W/W § 96 Rn 58 f; *Gerhardt* FS Brandner, S 605, 613; *Feuerborn* ZIP 2002, 290; aA [nur § 130 anwendbar] KS-*Landfermann* S 159, 184 Rn 73; KS-*Häsemeyer* S 645, 657 Rn 35). Die Erlangung der Aufrechnungsmöglichkeit durch eine anfechtbare Rechtshandlung wird genauso beurteilt, wie wenn das Insolvenzverfahren im Zeitpunkt des Erwerbs der Forderung bereits eröffnet gewesen wäre (**BGH** 28. 9. 06 – IX ZR 136/05, NZI 2007, 31 Rn 13). Da alle Merkmale einer anfechtbaren Rechtshandlung vorliegen müssen, ist der für die Anfechtbarkeit **maßgebliche Zeitpunkt** auch im Anwendungsbereich des § 96 Abs 1 Nr 3 nach § 140 zu bestimmen (**BGH** 14. 6. 07 – IX ZR 56/06, ZIP 2007, 1507, 1508; zu § 139 Abs 2 S 2: **BGH** 15. 11. 07 – IX ZR 212/06, NZI 2008, 184 Rn 10 ff). Danach kommt es darauf an, **wann** das **Gegenseitigkeitsverhältnis begründet** wurde, also zu welchem Zeitpunkt die spätere Forderung – auch unter Berücksichtigung von § 140 Abs 3 – entstanden ist (zu Einzelfällen s u Rn 50, 64). Ob die Begründung einer Aufrechnungslage eine **kongruente oder inkongruente** Rechtshandlung darstellt, hängt davon ab, ob der Aufrechnende vorher einen Anspruch auf die Vereinbarung hatte, die die Aufrechnungslage entstehen ließ (**BGH** 7. 5. 09 – IX ZR 22/08, ZInsO 2009, 1294; **BGH** 29. 6. 04 – IX ZR 195/03, BGHZ 159, 388 sub II 2 b; *G. Fischer* WM 2008, 1, 5), zumal auch die Art und Weise der Erfüllung inkongruent sein kann, zB bei Leistungen erfüllungshalber und an Erfüllungs Statt (aA KS-*Häsemeyer* S 645, 657 Rn 35).

Um den **Einwand** des Anfechtungsgegners auszuräumen, die für anfechtbar gehaltene **Rechtshand- 48 lung sei nicht gläubigerbenachteiligend**, weil dadurch lediglich eine Rechtsposition verfestigt worden sei, die er aufgrund einer früheren Rechtshandlung bereits innegehabt habe, braucht der Insolvenzverwalter die frühere Rechtshandlung nicht gesondert anzufechten. Die Rechtsfolge des § 96 Abs 1 Nr 3 tritt automatisch ein, wenn die Rechtsposition des Insolvenzgläubigers anfechtbar erworben wurde,

§ 96   Unzulässigkeit der Aufrechnung

ohne dass es einer aktiven Anfechtung seitens des Insolvenzverwalters bedarf (s u Rn 57). Entsprechend dieser gesetzlichen Systematik genügt auch die Anfechtbarkeit in Bezug auf weitere, insbesondere frühere Rechtshandlungen, welche der nunmehr in den Blick genommenen Rechtshandlung den Boden bereitet haben, so dass diese – für sich genommen – möglicherweise nicht als gläubigerbenachteiligend erscheint. Soweit es um die Anfechtbarkeit der weiteren Rechtshandlung geht, ist diese lediglich als Vorfrage zu prüfen (**BGH** 17. 7. 08 – IX ZR 148/07, NZI 2008, 547 Rn 20).

49   Die Anfechtbarkeit einer Aufrechnung entfällt nicht deswegen, weil der Insolvenzverwalter die **Masseunzulänglichkeit nach § 208 Abs 1 angezeigt** hat (**BGH** 19. 7. 01 – IX ZR 36/99, NZI 2001, 585; LG Hamburg ZIP 2001, 711, 713; *Pape* ZIP 2001, 901 ff; *G. Fischer* NZI 2001, 281, 284). Das Erfordernis der Gläubigerbenachteiligung bedeutet – nur –, dass die angefochtene Rechtshandlung die Befriedigungsaussichten der Insolvenzgläubiger im allgemeinen verkürzt hat, setzt jedoch nicht voraus, dass von jeder einzelnen Anfechtung im Ergebnis nur Insolvenzgläubiger „profitieren". Es widerspräche auch dem Gleichbehandlungsgrundsatz und damit dem Anfechtungszweck, einzelne anfechtbar begünstigte Insolvenzgläubiger nur deshalb besser zu stellen, weil das Schuldnervermögen sogar bis zur Masseunzulänglichkeit vermindert worden ist.

50   a) **Verrechnung von Zahlungseingängen auf debitorischem Schuldnerkonto.** § 96 Abs 1 Nr 3 spricht zwar nur von Aufrechnungen. Die Vorschrift findet aber auch auf Verrechnungen Anwendung (**BGH** 17. 7. 08 – IX ZR 148/07, NZI 2008, 547 Rn 9; **BGH** 12. 7. 07 – IX ZR 120/04, ZIP 2007, 1467, 1468 Rn 8; **BGH** 28. 9. 06 – IX ZR 136/05, BGHZ 169, 158 Rn 10). Der **maßgebliche Zeitpunkt** bemisst sich nach § 140 Abs 1. Danach ist entscheidend, **wann das Gegenseitigkeitsverhältnis begründet** worden ist (**BGH** 17. 7. 08 aaO Rn 10; **BGH** 26. 6. 08 – IX ZR 47/05, NZI 2008, 551 Rn 17; **BGH** 28. 2. 08 – IX ZR 177/05, NZI 2008, 302 Rn 10; **BGH** 14. 6. 07 – IX ZR 56/06, ZIP 2007, 1507 Rn 13). Ob die Forderung des Schuldners oder des Insolvenzgläubigers früher entstanden oder fällig geworden ist, ist dagegen grundsätzlich unerheblich (**BGH** 14. 6. 07 aaO Rn 12; **BGH** 29. 6. 04 – IX ZR 195/03, BGHZ 159, 388, 396; K/P/B/*Lüke* § 96 Rn 43). Soweit die Bank die Kreditlinie immer um mehr als die jeweils gutgeschriebenen Beträge überzogen hatte und ihr schon deshalb ein sofort fälliger Zahlungsanspruch zustand, war der Anspruch der Bank aus § 488 Abs 1 S 2 BGB auf Rückzahlung des Darlehens bereits zuvor fällig, so dass deren Anfechtbarkeit nach § 130 Abs 1 S 1 zu beurteilen ist. Die Aufrechnung mit einer außerhalb des Kontokorrents stehenden Forderung fällt dagegen unter § 131 Abs 1 (**BGH** 7. 5. 09 – IX ZR 22/08, ZInsO 2009, 1294), ebenso eine Gutschrift auf einen ungekündigten Kontokorrentkredit (**BGH** 7. 5. 09 – IX ZR 140/08, NZI 2009, 436). Eine objektive Gläubigerbenachteiligung scheitert nicht am **AGB-Pfandrecht**; denn dieses wird erst in dem Zeitpunkt auf einen bestimmten Pfandgegenstand konkretisiert, in dem die verpfändeten Forderungen entstehen (**BGH** 8. 3. 07 – IX ZR 127/05, ZIP 2007, 924, 925 Rn 16; **BGH** 2. 6. 05 – IX ZR 181/03, ZIP 2005, 1651, 1652; **BGH** 7. 3. 02 – IX ZR 223/01, BGHZ 150, 122, 126), und ist daher unter den Voraussetzungen des § 131 Abs 1 anfechtbar (**BGH** 17. 7. 08 aaO Rn 15). Zu § 96 Abs 1 Nr 1 s o Rn 15 ff.

51   Allerdings greift das Aufrechnungsverbot nicht durch, wenn die Forderung, die der Überweisende begleichen wollte, der Bank **zur Sicherheit abgetreten** war, die Bank durch die Verrechnung also nur das erhalten hat, was ihr auf Grund des Absonderungsrechts ohnehin zugestanden hätte. Dann fehlt es an einer Gläubigerbenachteiligung im Sinne des § 129 (**BGH** 26. 6. 08 – IX ZR 47/05, NZI 2008, 551 Rn 20; **BGH** 1. 10. 02 – IX ZR 360/99, WM 2002, 2369, 2371; **BGH** 11. 5. 00 – IX ZR 262/98, ZIP 2000, 1061, 1063). Die Einzahlung der Drittschuldner auf das bei der Bank geführte Konto des Schuldners erfolgt jeweils unmittelbar in das Vermögen des Kreditinstituts, welches den Erlös auch im Falle einer noch nicht offen gelegten Abtretung als wahrer Berechtigter erhält (**BGH** 1. 10. 02 aaO). Zwar erlischt mit der Zahlung die der Bank als Sicherheit abgetretene Forderung (§§ 362, 407 Abs 1 BGB). Die Bank hat jedoch an deren Stelle ein Pfandrecht an dem neu entstandenen Anspruch der Schuldnerin aus § 667 BGB gemäß Nr 14 Abs 1 AGB-Banken erworben. Ein solcher unmittelbarer **Sicherheitentausch** benachteiligt die Gläubiger nicht, sofern das Kreditinstitut auf Grund der Globalabtretung an den während des Drei-Monats-Zeitraums vor dem Eingang des Eröffnungsantrags entstandenen oder werthaltig gewordenen Forderungen ein anfechtungsfestes Absonderungsrecht erworben hatte (**BGH** 26. 6. 08 aaO Rn 20; **BGH** 29. 11. 07 – IX ZR 30/07, ZIP 2008, 183, 184 Rn 13). Dabei ist für die anfechtungsrechtliche Beurteilung auf den Zeitpunkt abzustellen, zu dem die Forderungen begründet worden sind (**BGH** 29. 11. 07 – IX ZR 30/07, aaO Rn 13; **BGH** 8. 3. 07 – IX ZR 127/05, NZI 2007, 337 Rn 16; **BGH** 22. 7. 04 – IX ZR 183/03, ZIP 2004, 1819, 1821; **BGH** 22. 1. 04 – IX ZR 39/03, BGHZ 157, 350, 354; **BGH** 20. 3. 03 – IX ZR 166/02, WM 2003, 896, 897).

52   Dies gilt auch für das **Werthaltigmachen einer abgetretenen Forderung** wie die Herstellung eines Werkes, die Übergabe der Kaufsache oder die Erbringung von Dienstleistungen (**BGH** 29. 11. 07 – IX ZR 30/07, ZIP 2008, 183 Rn 36; **BGH** 29. 11. 07 – IX ZR 165/05, ZIP 2008, 372, 373 Rn 14), durch die die Bank als Zessionar eine Wertauffüllung ihrer Sicherheit erhält (**BGH** 29. 11. 07 – IX ZR 165/05, aaO Rn 16; diese ist so zu behandeln, als sei im Zeitpunkt der Werthaltigmachung eine neu entstandene bereits werthaltige Forderung von der Globalzession erfasst worden (**BGH** 29. 11. 07 – IX ZR 165/05, aaO Rn 17).

II. Tatbestände unzulässiger Aufrechnung § 96

Der **Bargeschäftseinwand** gem § 142 greift nur durch, solange und soweit die Verrechnungen durch 53
die **Duldung von Verfügungen** ausgeglichen werden, die der Bankkunde zur Tilgung der Forderungen
von Fremdgläubigern trifft. Belastungsbuchungen, die *eigene* Forderungen der Bank betreffen, erfüllen
diese Voraussetzungen nicht (**BGH** 26. 6. 08 – IX ZR 47/05, NZI 2008, 551 Rn 25; **BGH** 11. 10. 07 –
IX ZR 195/04, ZIP 2008, 237, 238 Rn 6; **BGH** 7. 3. 02 – IX ZR 223/01, BGHZ 150, 122, 128; ausführlich zur Verrechnung der Eingänge bei offener Kreditlinie: *Obermüller* InsRBankpraxis
Rn 3.101 ff). Für die Anfechtung der Rückführung eines Kontokorrentkredits kommt es auf den Betrag
an, um den die verrechneten Einzahlungen die berücksichtigungsfähigen Auszahlungen **im Anfechtungszeitraum** übersteigen; allein in diesem Umfang hat die Bank den Schuldner letztlich nicht wieder
über die Eingänge verfügen lassen. Der höchste erreichte Sollstand ist grundsätzlich unerheblich (**BGH**
15. 11. 07 – IX ZR 212/06, NZI 2008, 184 Rn 17; **BGH** 6. 4. 06 – IX ZR 107/05, n v Rn 9).

Zur Pflicht der Bank, **Überweisungsaufträge** des Schuldners im Eröffnungsverfahren, nach Anord- 54
nung eines allgemeinen Verfügungsverbots und nach Verfahrenseröffnung auszuführen, sowie zur Realisierung der jeweiligen Aufwendungsersatzansprüche s u §§ 115, 116 Rn 27–35 und **BGH** 5. 2. 09 –
IX ZR 78/07, ZIP 2009, 673.

b) Steuerforderungen. Will das FA nach Insolvenzeröffnung mit Insolvenzforderungen gegen einen 55
Vorsteuervergütungsanspruch des Schuldners aufrechnen und setzt sich dieser Anspruch sowohl aus
vor als auch aus nach der Eröffnung des Insolvenzverfahrens begründeten Vorsteuerbeträgen zusammen (u.a. aus der **Vergütung als vorläufiger Insolvenzverwalter**), steht § 96 Abs 1 Nr 3 einer Aufrechnung nicht entgegen (**BFH** 16. 11. 04 – VII R 75/03, ZIP 2005, 628 sub II 1; ebenso **BFH** 16. 10. 08 –
VII B 17/08, ZInsO 2009, 159 zu **§ 17 Abs 2 Nr 1 UStG** [dazu s o § 95 Rn 28]). Die Aufrechnungsmöglichkeit erlangt das FA dadurch, dass auf Seiten des Schuldners für den Voranmeldungszeitraum ein
erfüllbarer Vorsteuervergütungsanspruch begründet worden ist. Dieser Anspruch entsteht bereits mit
dem Ablauf des Voranmeldungszeitraums durch den Umstand, dass die in diesen Besteuerungszeitraum
fallenden abziehbaren Vorsteuerbeträge die zu berechnende Umsatzsteuer übersteigen (dazu *Klein/
Brockmeyer* § 38 AO Rn 6). Die Zustimmung des FA gem § 168 S 2 AO scheidet als anfechtbare
Rechtshandlung aus, da sie nicht Voraussetzung für die Entstehung eines erfüllbaren Vorsteuervergütungsanspruchs ist, sondern lediglich bewirkt, dass eine Steueranmeldung, die zu einer Herabsetzung
der Steuer oder zu einer Steuervergütung führt, einer Steuerfestsetzung unter Vorbehalt der Nachprüfung gleichsteht. Auch die Tätigkeit des vorläufigen Insolvenzverwalters ist eine Rechtshandlung, die
nach §§ 129 ff der Insolvenzanfechtung unterliegt. Hierzu zählen vom Willen getragene Betätigungen,
die in irgendeiner Weise Rechtswirkungen auslösen können, ohne dass der Wille auf deren Eintritt gerichtet sein muss (MüKo-*Kirchhof* § 129 Rn 7; Braun/*de Bra* § 129 Rn 11), nicht jedoch – wie im Falle
einer gerichtlichen Einsetzung – die *gesetzliche* Verpflichtung zur Entrichtung einer Vergütung einschließlich der darauf entfallenden Umsatzsteuer; eine der Insolvenzanfechtung unterliegende „Rechtshandlung" kommt daher insoweit nicht in Betracht (**BFH** 16. 11. 04 aaO). Ebenso wenig ist die Abgabe
der Umsatzsteuer-Voranmeldung durch den Insolvenzschuldner, auf die Aufrechnung führt, eine
insolvenzrechtlich anfechtbare Rechtshandlung (**BFH** 14. 1. 09 – VII S 24/08, BFH/NV 2009, 885).

Wohl aber hat das FA nach **§ 96 Abs 1 Nr 1** sicherzustellen, dass die Aufrechnung den Vorsteuerver- 56
gütungsanspruch nur insoweit erfasst, als sich dieser aus Vorsteuerbeträgen zusammensetzt, die vor der
Eröffnung des Insolvenzverfahrens begründet worden sind (s o Rn 19 ff; **BFH** 16. 11. 04 – VII R 75/03,
ZIP 2005, 628 sub II 2).

c) Rechtswirkungen. Der Insolvenzverwalter braucht die Unwirksamkeit der Aufrechnung nicht an- 57
griffsweise geltend zu machen; denn diese Rechtsfolge tritt unmittelbar **kraft Gesetzes** ein (**OLG** Düsseldorf 6. 7. 05 – 18 U 28/05, ZIP 2005, 2121, 2123; Jaeger/*Windel* § 96 Rn 49; BerlKo-*Blersch* § 96
Rn 13; K/P/B/*Lüke* § 96 Rn 54; MüKo-*Brandes* § 96 Rn 37; FK-*Bernsau* § 96 Rn 18). Es bedarf mithin
keiner Anfechtungsklage, sondern der Verwalter kann sich unmittelbar auf die Unwirksamkeit der Aufrechnung berufen, dh die ursprünglich durch die Aufrechnung erloschenen Ansprüche des Gemeinschuldners für die Insolvenzmasse einklagen und den Aufrechnungseinwand mit der Gegeneinrede der
Anfechtbarkeit abwehren, während der Insolvenzgläubiger seine Gegenforderung nur zur Tabelle anmelden kann (**BGH** 28. 9. 06 – IX ZR 136/05, NZI 2007, 31 Rn 16; **BGH** 2. 6. 05 – IX ZB 235/04,
NZI 2005, 499, 500; **BGH** 11. 11. 04 – IX ZR 237/03, ZIP 2005, 181; *Kirchhof* WM 2002, 2037,
2039). Dies gilt nach dem Wortlaut des § 96 Abs 1 („Die Aufrechnung [weggelassen wurde: „im Insolvenzverfahren"] ist unzulässig") und dem Willen des Gesetzgebers (Begr zu § 108 RegE, BT-Drucks
12/2443, S 141) auch dann, wenn die **Aufrechnung bereits vor Verfahrenseröffnung erklärt** wurde; diese Aufrechnungserklärung wird rückwirkend mit der Verfahrenseröffnung ebenfalls automatisch unwirksam (**BGH** 28. 9. 06 aaO Rn 11; **BGH** 2. 6. 05 aaO; **BGH** 22. 7. 04 – IX ZR 270/03, NZI 2004,
620; krit K/P/B/*Paulus* § 143 Rn 25; *Zenker* NZI 2006, 16, 18 f; *Ries* ZInsO 2005, 848, 849; *Gerhardt*
KTS 2004, 195, 199).

Eine **Anfechtung** der Schaffung der **Aufrechnungslage** ist mangels Rechtsschutzinteresse **unzulässig**, 58
weil die damit erreichbare Rückgewähr der Aufrechnungslage durch § 96 Abs 1 Nr 3 schon von Gesetzes wegen erreicht ist (*G. Fischer* WM 2008, 1, 4). Der Verwalter kann sich unmittelbar auf die Unwirksamkeit der Verrechnung berufen (**BGH** 17. 7. 08 – IX ZR 148/07, NZI 2008, 547 Rn 8; **BGH**

26. 6. 08 – IX ZR 144/05, NZI 2008, 539; **BGH** 28. 2. 08 – IX ZR 177/05, ZIP 2008, 650 Rn 10; **BGH** 12. 7. 07 – IX ZR 120/04, NZI 2007, 582 Rn 8; **BGH** 11. 11. 04 – IX ZR 237/03, ZIP 2005, 181, 182; **BGH** 29. 6. 04 – IX ZR 195/03, BGHZ 159, 388, 393). Wohl **aber** kann der Verwalter das **zugrunde liegende Rechtsgeschäft** anfechten, wenn dessen nachteilige Wirkungen für die Masse über die Aufrechnung hinausgehen (s u Rn 60). Aber auch in diesem Fall ist der Insolvenzverwalter nicht gehindert, lediglich die Unzulässigkeit der Aufrechnung gem § 96 Abs 1 Nr 3 geltend zu machen, ohne zugleich die Anfechtung des Rechtsgeschäftes zu erklären, aus dem die Hauptforderung resultiert, was diese entfallen lassen würde (**BGH** 22. 7. 04 – IX ZR 270/03, ZIP 2004, 1912; **BGH** 9. 10. 03 – IX ZR 28/03, ZIP 2003, 2370).

59 Eine **Vorteilsausgleichung** findet im Anfechtungsrecht grundsätzlich **nicht** statt (MüKo-*Kirchhof* § 129 Rn 175). Dies gilt auch im Anwendungsbereich des § 96 Abs 1 Nr 3, der ebenfalls auf die Anfechtbarkeit der einzelnen Rechtshandlung abstellt. Hierunter ist zum Schutz der Insolvenzmasse die Herstellung der Aufrechnungslage und nicht der Abschluß des Gesamtgeschäfts zu verstehen. Ist die anfechtbare Rechtshandlung ausschließlich die Herstellung der Aufrechnungslage, nicht jedoch der Vertragsschluß selbst, können auch nur diejenigen Vorteile Berücksichtigung finden, die unmittelbar durch die Herstellung der Aufrechnungslage entstanden sind (**BGH** 2. 6. 05 – IX ZR 263/03, NZI 2005, 553).

60 Nachteile für die Masse, die über die Aufrechnung hinausgehen, lassen sich nur im Wege der Anfechtung beseitigen. Wurden zB Gegenstände **unter** ihrem tatsächlichen **Wert verkauft**, kann der Verwalter den Kaufvertrag anfechten und die Gegenstände oder ihren Wert zurückfordern (MüKo-*Brandes* § 96 Rn 38). Wurde ein **überhöhter Kaufpreis** vereinbart, muss sich der Käufer daran festhalten lassen und unter den Voraussetzungen des § 96 Abs 1 Nr 3 den Kaufpreis in die Masse zahlen (**BGH** 22. 7. 04 – IX ZR 270/03, ZIP 2004, 1912). Nur wenn der Kaufpreis bewusst überhöht festgesetzt wurde, um durch Verrechnung mit Gegenforderungen eine **Debitorenbereinigung** („Glattstellung") zu erzielen, also dem Schuldner die Schuld insoweit zu erlassen, wird die (spätere) Masse dadurch nicht benachteiligt, sondern begünstigt. Ficht der Insolvenzverwalter eine solche Verrechnungsabrede an, darf dies nicht dazu führen, dass der Gläubiger den seinem „Forderungserlass" entsprechenden Kaufpreisteil an den Verwalter zu zahlen hat. Die Masse würde davon sonst zweifach profitieren (**BGH** 22. 7. 04 aaO).

61 d) **Verjährung**. Da § 96 Abs 1 Nr 3 eine anfechtbar herbeigeführte Aufrechnung für insolvenzrechtlich unwirksam erklärt, besteht die Forderung, die andernfalls durch Aufrechnung erloschen wäre, für die Dauer und die Zwecke des Insolvenzverfahrens fort (**BGH** 9. 2. 06 – IX ZR 121/03, NZI 2006, 345, 347). Diese **Hauptforderung** des Schuldners, gegen die gem § 96 Abs 1 Nr 3 insolvenzrechtlich unwirksam aufgerechnet worden ist, unterliegt der **Verjährung analog § 146 Abs 1** (**BGH** 17. 7. 08 – IX ZR 148/07, NZI 2008, 547 Rn 19; **BGH** 28. 9. 06 – IX ZR 136/05, NZI 2007, 31 Rn 25; *Kreft* WuB VI A. § 96 InsO 3.05). Wegen der rein insolvenzrechtlichen Wirkung des § 96 Abs 1 Nr 3 läuft die allgemeine Verjährung des Anspruchs nicht weiter (so auch MüKo-*Kirchhof* § 143 Rn 52; HaKo-*Jacobs* § 96 Rn 25; *Heublein* ZIP 2000, 161, 164). § 96 Abs 1 Nr 3 ordnet, abweichend von § 389 BGB, den Fortbestand der Hauptforderung an, nicht denjenigen der Verjährung. Durch den Fortbestand der Hauptforderung soll der Masse Liquidität verschafft werden. Setzte man die ursprünglichen Verjährungsregeln wieder in Kraft, so könnte damit die ausdrücklich angeordnete Durchsetzbarkeit der Hauptforderung unterlaufen werden (**BGH** 28. 9. 06 aaO Rn 23 f). Auch die Annahme einer Novation (so *Ries* ZInsO 2005, 848, 849, 851) scheidet aus, da § 96 Abs 1 Nr 3 als Gegenrecht zum Aufrechnungseinwand des Gläubigers konzipiert ist. Andererseits ist es nicht hinnehmbar, dass die Rechtsfolgen des § 96 Abs 1 Nr 3 zeitlich unbeschränkt geltend gemacht werden können; die Schwierigkeiten bei der Prüfung und Geltendmachung der Anfechtbarkeit rechtfertigen daher eine Analogie zu § 146 Abs 1. Wird diese Frist versäumt und beruft sich der Beklagte hierauf, entfaltet § 96 Abs 1 Nr 3 insolvenzrechtlich keine Wirkung mehr (**BGH** 12. 7. 07 – IX ZR 120/04, NZI 2007, 582 Rn 12) mit der Folge, dass der Verwalter die Hauptforderung nicht mehr durchsetzen kann.

62 Zur Hemmung der Verjährung reicht es gem §§ 146 Abs 1 InsO, 203 ff BGB aus, dass der Anspruch auf die Hauptforderung und die Anfechtbarkeit der durch eine anfechtbare Rechtshandlung erlangten Aufrechnungslage dargelegt wurde. Die Frage, ob die Verrechnungslage anfechtbar erworben wurde, ist damit insgesamt zur Überprüfung durch das Gericht gestellt (**BGH** 17. 7. 08 – IX ZR 148/07, NZI 2008, 547 Rn 21). Erst wenn der **Anfechtungsgegner** aufgrund seiner **sekundären Darlegungslast** einwendet, dass die Rechtshandlung zB aufgrund eines Absonderungsrechtes nicht gläubigerbenachteiligend war, muss der Insolvenzverwalter darlegen und beweisen, dass diese Rechte entweder nicht bestehen oder anfechtbar sind. Dies muss nicht innerhalb der Anfechtungsfrist des § 146 Abs 1 geschehen, denn diese Vorschrift regelt nur die Verjährung von Anfechtungsansprüchen; vielmehr ist auf diese Fallkonstellation **§ 146 Abs 2** anwendbar (**BGH** 17. 7. 08 aaO Rn 24, 26 ff).

63 e) **Rechtsweg**. Hält der Insolvenzverwalter eine Aufrechnung nach § 96 Abs 1 Nr 3 für unzulässig, ist die Frage der Anfechtbarkeit nicht rechtswegbestimmend (**BGH** 21. 9. 06 – IX ZR 89/05, NZI 2007, 103 Rn 10; **BGH** 2. 6. 05 – IX ZB 235/04, NZI 2005, 499). Im Gegensatz zur Anfechtungsklage, die vor den ordentlichen Gerichten ausgetragen wird, ist für den Rechtsweg vielmehr die **Natur des Anspruchs entscheidend**, gegen den unwirksam aufgerechnet wurde und der nunmehr Verfahrensgegen-

II. Tatbestände unzulässiger Aufrechnung § 96

stand ist (**BGH** 28. 9. 06 – IX ZR 136/05, NZI 2007, 31 Rn 26; **BGH** 4. 8. 05 – IX ZR 117/04, nv für Honoraranspruch eines insolventen Kassenarztes gegen die KV aus § 85 Abs 4 SGB V, für den nach § 51 Abs 1 Nr 2 SGG die Sozialgerichte zuständig sind). Hat allerdings eine Behörde über die Rechtsfolge der Aufrechnung durch **Abrechnungsbescheid** entschieden (zB gem § 218 Abs 2 S 1 AO über die Verrechnung einer Insolvenzforderung mit einem Vorsteuervergütungsanspruch der Masse), so ist das erkennende Gericht an einen solchen feststellenden Verwaltungsakt, auch wenn er fehlerhaft ist, gebunden, solange er nicht durch die zuständige Behörde oder durch ein zuständiges Gericht aufgehoben worden ist. Die Einwendungen des Insolvenzverwalters gegen die Zulässigkeit der Aufrechnung sind im Wege der Klage vor den Fachgerichten zu erledigen (**BGH** 21. 9. 06 aaO Rn 17).

f) **Einzelfälle:** 64
– Die Aufrechnungslage zwischen dem **Vergütungsanspruch** des Rechtsanwalts und dem Anspruch des Mandanten (Insolvenzschuldner) auf **Herausgabe eingezogener Gelder** entsteht frühestens dann, wenn der Rechtsanwalt das Geld in Empfang genommen hat (**BGH** 14. 6. 07 – IX ZR 56/06, NZI 2007, 515 Rn 11 unter Aufgabe von **BGH** 1. 6. 78 – III ZR 44/77, NJW 1978, 1807; *Eckert* EWiR 2008, 83 f). Die Vorschrift des § 140 Abs 3 ist auch im Rahmen von § 96 Abs 1 Nr 3 für die Anfechtbarkeit und damit für die Unzulässigkeit von Aufrechnungen von Bedeutung. Ist zumindest eine der gegenseitigen durch Rechtsgeschäft entstandenen Forderungen befristet oder von einer Bedingung abhängig, so kommt es für die Anfechtbarkeit des Erwerbs der Aufrechnungslage nicht darauf an, **wann** die Aufrechnung zulässig wurde, sondern auf den Zeitpunkt, zu dem die spätere Forderung entstand und damit das **Gegenseitigkeitsverhältnis begründet** wurde (**BGH** 14. 6. 07 aaO Rn 15; **BGH** 29. 6. 04 – IX ZR 195/03, ZIP 2004, 1558, 1560; HK-*Kreft* § 140 Rn 14; **aA OLG** Rostock 18. 4. 05 – 3 U 139/04, NZI 2006, 107). Die Vertragspflicht aus § 667 BGB, dem Auftraggeber alles, was er aus der Geschäftsbesorgung erlangt, herauszugeben, schuldet der Beauftragte bis zur Einziehung auch **nicht bedingt oder betagt**, weil die Einziehung weder als eine Bedingung noch als eine Zeitbestimmung anzusehen, sondern Inhalt des Rechtsgeschäfts selbst ist. Die Aufrechnungslage konnte daher unter Berücksichtigung von § 140 Abs 3 noch nicht mit Abschluß des Mandatsvertrages, sondern erst mit dem Eingang der Zahlungen entstehen. Soweit die Zahlungseingänge nach Eröffnung erfolgen, steht § 96 Abs 1 Nr 1 einer Aufrechnung entgegen; die Aufrechnung gegen Herausgabeansprüche aus Zahlungseingängen vor Eröffnung scheitert im Anfechtungszeitraum an § 96 Abs 1 Nr 3.
– Anders verhält es sich dagegen bei der Aufrechnung des Vermieters mit rückständigen **Mietzinsansprüchen** aus der Zeit vor Eröffnung gegen den Anspruch der Masse auf Erstattung des Guthabens **aus Nebenkostenvorauszahlungen**, das erst nach Eröffnung abgerechnet wurde, aber einen Abrechnungszeitraum vor Eröffnung betrifft. Zwar kommt es auch hier darauf an, wann das Gegenseitigkeitsverhältnis begründet wurde, also zu welchem Zeitpunkt die spätere Forderung entstanden ist (**BGH** 29. 6. 04 – IX ZR 195/03, ZIP 2004, 1558, 1560). Der Unterschied zur vorherigen Fallgestaltung liegt jedoch darin, dass **Haupt- und Gegenforderung bedingt** sind. Denn Mietzinsansprüche entstehen gem § 163 BGB befristet mit Beginn des jeweiligen Zeitabschnitts, für den der Mietzins zu zahlen ist; sie sind damit aufschiebend bedingten Forderungen iSd § 95 Abs 1 S 1 gleichzustellen (**BGH** 21. 12. 06 – IX ZR 7/06, ZIP 2007, 239 f). Der Anspruch der Masse auf Erstattung des Guthabens aus Nebenkostenvorauszahlungen ist bedingt durch den Ablauf des Abrechnungszeitraumes und eine tatsächlich eingetretene Überzahlung; auf die Fälligkeit erst mit Erteilung der Abrechnung kommt es anfechtungsrechtlich nicht an. Im Regelfall gilt eine Rechtshandlung erst dann als vorgenommen, wenn ihre rechtlichen Wirkungen eingetreten sind (§ 140 Abs 1). Gemäß § 140 Abs 3 bleibt aber bei einer bedingten Rechtshandlung der Eintritt der Bedingung außer Betracht. Abzustellen ist dann auf den „Abschluß der rechtsbegründenden Tatumstände" (BT-Drucks 12/2443, S 167; **BGH** 29. 6. 04 aaO, 1560; HK-*Kreft* § 140 Rn 13; MüKo-*Kirchhof* § 140 Rn 50). Diese lagen **mit Abschluß des Mietvertrages** vor. Da Bedingungen und Befristungen außer Betracht bleiben, war der maßgebliche Rechtsgrund für das Gegenseitigkeitsverhältnis somit schon der Abschluß des Mietvertrages (**BGH** 11. 11. 04 – IX ZR 237/03, ZIP 2005, 181, 182).
– Das Gleiche gilt für die Aufrechnung mit einer Insolvenzforderung gegen **Provisionforderungen des Handelsvertreters** gem § 87 Abs HGB (Insolvenzschuldner), wenn der für die Begründung der Aufrechnungslage maßgebliche Zeitpunkt der Rechtshandlungen (§ 140) außerhalb des Anfechtungszeitraums liegt (**BGH** 29. 6. 04 – IX ZR 195/03, BGHZ 159, 388, 394 f).
– Verlangt der Insolvenzverwalter die Rückgewähr einer Zahlung als unentgeltliche Leistung gem §§ 143 Abs 1 iVm 134 Abs 1, obwohl der Anfechtungsgegner vor einem entsprechenden Bereicherungsanspruch des späteren Gemeinschuldners durch **§ 814 BGB** geschützt war (zB Rückforderung von in „Schneeballsystemen" gezahlten Scheingewinnen; *Bork* Handbuch des Insolvenzanfechtungsrechts, 2006, S 154), so fragt sich, ob der Anfechtungsgegner mit seinen aus § 823 Abs 2 BGB iVm § 263 StGB, § 826 BGB sowie aus Verschulden bei Vertragsschluss begründeten Schadensersatzansprüchen gegen den Rückgewähranspruch aufrechnen kann. Die noch **unter Geltung der Konkursordnung** ergangenen Rechtsprechung hat dies bejaht. Demnach war der Anfechtungsgegner **so zu stellen, als könne er aufrechnen**, weil die allein dem Empfängerschutz dienende Vorschrift des § 814 BGB

Sinz 1441

sonst zu seinem Nachteil gereichen würde; denn ohne § 814 BGB hätte schon vor Konkurseröffnung eine geschützte Aufrechnungslage bestanden (**BGH** 29. 11. 90 – IX ZR 29/90, BGHZ 113, 98, 105 f; so auch für die InsO **OLG** Jena 11. 3. 08 – 5 U 551/07, ZIP 2008, 1887, 1888; **OLG** Frankfurt/M 31. 10. 07 – 19 U 58/07, NZI 2008, 100). **Unter Geltung der Insolvenzordnung** kann der Empfänger nun nicht mehr einwenden, er könne gegen den neben § 143 bestehenden Bereicherungsanspruch nur wegen § 814 BGB nicht aufrechnen; der Aufrechnung **steht nunmehr** auch § **96 Abs 1 Nr 3 entgegen** (**BGH** 2. 4. 09 – IX ZR 221/07, GWR 2009, 97 Rn 7; **BGH** 11. 12. 08 – IX ZR 195/07, NZI 2009, 103 Rn 11 ff). Denn selbst wenn dem späteren Gemeinschuldner ein nicht an § 814 BGB scheiternder Bereicherungsanspruch zugestanden hätte, hätte der Empfänger die Möglichkeit der Aufrechnung dadurch erhalten, dass er durch eine unentgeltliche und damit nach § 134 Abs 1 anfechtbare Leistung des Gemeinschuldners zugleich auch Schuldner eines Bereicherungsanspruchs geworden wäre, nachdem er zuvor bereits Gläubiger eines Schadensersatzanspruchs war. Der Insolvenzverwalter hätte den Bereicherungsanspruch unabhängig von der Gegenforderung des Empfängers durchsetzen können; eine etwa schon vor Eröffnung des Insolvenzverfahrens erfolgte Aufrechnungserklärung wäre mit Eröffnung insolvenzrechtlich unwirksam geworden (**BGH** 12. 7. 07 – IX ZR 120/04, ZIP 2007, 1467, 1468 Rn 11).

– Die Vorschrift des § 95 Abs 1 gilt nur für die Aufrechnung selbständiger Forderungen und nicht für die gesellschaftsrechtlich gebotene Verrechnung im Wege der Kontenangleichung (**BGH** 14. 12. 06 – IX ZR 194/05, ZIP 2007, 383 Rn 8 f; anders noch zu § 54 KO: **BGH** 26. 10. 00 – IX ZR 227/99, NZI 2001, 85, 86; **BGH** 28. 9. 00 – VII ZR 372/99, NZI 2001, 23, 25; **BGH** 9. 3. 00 – IX ZR 355/98, NZI 2000, 308, 309). Die Verrechnungslage wird hinsichtlich der gesellschaftlichen Ansprüche bei einer **Bau-ARGE** bereits mit Abschluss des Gesellschaftsvertrages und damit regelmäßig vor der Krise begründet. Als anfechtbare Rechtshandlung kommt in diesen Fällen grundsätzlich nur die Vereinbarung der Lösungsklausel in Betracht, wenn diese anfechtungsrechtlich erheblich ist, weil sie zu einer Gläubigerbenachteiligung führt (**BGH** 14. 12. 06 aaO Rn 14; **BGH** 9. 3. 00 – IX ZR 355/98, ZIP 2000, 757, 759; *Schultze* EWIR 2006, 149, 150; *Linnertz* IBR 2005, 205; *Weitzke* IBR 2005, 151; *Fischer* NZI 2001, 281, 283; *Gerhardt* EWIR 2000, 741, 742; **aA** OLG Frankfurt 24. 11. 05 – 1 U 19/05, NZI 2006, 241). Zwar wird die mit Abschluss des Gesellschaftsvertrages begründete Verrechnungsbefugnis (**aA** [unwirksam] **OLG** München 22. 5. 98 – 21 U 6383/97, NZI 1999, 201) durch die in der kritischen Zeit erbrachten Leistungen des Schuldners zugunsten der Mitgesellschafter und zu Lasten der späteren Masse wirtschaftlich aufgewertet. Dies rechtfertigt es indes nicht, für diesen Fall von dem Grundsatz abzuweichen, dass der Anspruch des Gesellschafters auf Zahlung des Auseinandersetzungsguthabens zu den bereits mit Abschluss des Gesellschaftsvertrages geschützten Ansprüchen gehört. Der Vorrang der innergesellschaftlichen Abrechnung findet seine Bestätigung in § 84 Abs 1, wonach die gesellschaftsrechtlich gebotene Durchsetzungssperre hinsichtlich aller Einzelforderungen der Gesellschafter auch nach Eröffnung des Insolvenzverfahrens uneingeschränkt Bestand hat. Dazu stände es im Widerspruch, die vertragsmäßig in die Auseinandersetzungsbilanz eingestellten Rechnungsposten für anfechtbar zu halten (**BGH** 14. 12. 06 aaO Rn 14; *G. Fischer* WM 2008, 1, 6).

65 **4. Aufrechnung gegen den Schuldner (Abs 1 Nr 4).** § 96 Abs 1 Nr 4 regelt die aufrechnungsrechtlichen Konsequenzen der separatio bonorum. Gegen eine Forderung der Masse kann nicht mit einer Forderung aufgerechnet werden, die aus dem insolvenzfreien Vermögen des Schuldners zu erfüllen ist. Aufgrund der mit Verfahrenseröffnung eintretenden Vermögensspaltung **fehlt** es an dem Erfordernis der **Gegenseitigkeit**, so dass die Regelung an sich überflüssig ist und lediglich der Klarstellung dient (Jaeger/*Windel* § 96 Rn 101; N/R/*Wittkowski* § 96 Rn 20; BerlKo-*Blersch* § 96 Rn 14; FK-*Bernsau* § 96 Rn 3; Gottwald/*Gottwald* InsRHdb § 45 Rn 9 ff; *Jauernig* § 50 IV 2 c; *Braun/Uhlenbruck* Unternehmensinsolvenz S 338; **aA** [erforderlich im Hinblick auf Neuerwerb] K/P/B/*Lüke* § 96 Rn 56; *Adam* WM 1998, 801, 803; *Holzer* DStR 1998, 1268, 1272; KS-*Landfermann* S 159, 185 Rn 76 f; *Windel* KTS 1995, 367, 394 ff). Die Vorschrift passt zudem systematisch nicht in das Normengefüge, da die Nr 1–3 des § 96, wie auch die §§ 94 und 95, ausschließlich die Zulässigkeit einer Aufrechnung regeln, die ein „Insolvenzgläubiger" vornimmt. Dagegen spricht § 96 Abs 1 Nr 4 konsequent nur von „Gläubiger", weil der Regelungsgehalt sich primär an „Neugläubiger" richtet, deren Rechtsstellung also erst *nach* Insolvenzeröffnung und damit unmittelbar gegen den Schuldner begründet wurde (dazu Jaeger/*Windel* § 94 Rn 69).

66 **Verkauft der Schuldner einen unpfändbaren Gegenstand**, der daher nicht zur Insolvenzmasse gehört, an einen Dritten, so fällt die Kaufpreisforderung nicht als Surrogat in das insolvenzfreie Vermögen des Schuldners, sondern vielmehr als pfändbarer Neuerwerb iSv § 35 Abs 1 2. Alt. in die Insolvenzmasse (Jaeger/*Windel* § 96 Rn 102). Der Käufer muss den Kaufpreis an den Insolvenzverwalter leisten und kann demgemäß auch nicht mit einer nach Eröffnung begründeten und somit nur aus dem freien Vermögen zu erfüllenden Forderung aufrechnen; ihm bleibt nur die Einrede des § 320 BGB, die er entsprechend §§ 412, 404 BGB auch dem Insolvenzverwalter entgegen halten kann (Jaeger/*Windel* § 96 Rn 102; N/R/*Wittkowski* § 96 Rn 21; K/P/B/*Lüke* § 96 Rn 58). Nur **wenn der Käufer nichts von der Insolvenzeröffnung weiß**, kann er analog § 406 BGB mit seiner Gegenforderung auch gegenüber der Masse aufrechnen, ebenso wie ihm bei einer Zahlung an den Schuldner persönlich der Schutz des § 82

IV. Einschränkung des Aufrechnungsverbots in EU-Zahlungssystemen (Abs 2) § 96

zusteht, falls er auch zu diesem Zeitpunkt noch gutgläubig ist (BerlKo-*Blersch* § 96 Rn 14; MüKo-*Brandes* § 96 Rn 40; KS-*Landfermann* S 159, 185 Rn 77). Hat der Käufer jedoch **Kenntnis von der Insolvenzeröffnung**, versagt der Schutz über § 406 BGB. Das Gleiche gilt für Sekundäransprüche. In diesen Fällen ist eine teleologische Reduktion des § 96 Abs 1 Nr 4 zu erwägen, da sonst eine Masseanreicherung auf Kosten des Käufers erfolgt, so dass ihm eine Aufrechnung zumindest gegen konnexe Forderungen erlaubt ist (KS-*Häsemeyer* S 645, 664 Rn 52; Gottwald/*Gottwald* § 45 Rn 97; *Adam* WM 1998, 801, 803; weitergehend [auch gegen inkonnexe Forderungen] Jaeger/*Windel* § 96 Rn 102).

Will der Käufer mit einer **vor** Eröffnung begründeten Insolvenzforderung aufrechnen, so hindert ihn daran bereits § 96 Abs 1 Nr 1. 67

Auch **gegenüber dem Schuldner persönlich** kann der Gläubiger nicht aufrechnen, da diesem lediglich unpfändbare Forderungen verbleiben und § 394 BGB die Aufrechnung hiergegen verbietet (Gottwald/*Gottwald* InsRHdb § 45 Rn 95). 68

III. Rechtsfolgen und Beweislast

Das Aufrechnungsverbot besteht **nur für die Dauer des Insolvenzverfahrens**, dh von Eröffnung bis zur rechtskräftigen Aufhebung. Für diesen Zeitraum sind die Wirkungen des § 389 BGB suspendiert und die Beteiligten zur wechselseitigen Abwicklung der Leistungsverhältnisse gezwungen (BerlKo-*Blersch* § 96 Rn 15; *Häsemeyer* InsR Rn 19.10), dh der Insolvenzgläubiger muss voll an die Insolvenzmasse leisten, während er auf seine Gegenforderung nur die Quote erhält. **Nach Aufhebung des Insolvenzverfahrens** kann der Gläubiger wieder aufrechnen, sofern die Hauptforderung noch besteht. Eine zwischen dem Beschluss der Verfahrenseinstellung und dessen Aufhebung erfolgte Aufrechnungserklärung muss ggf wiederholt werden, weil die Aufhebung bewirkt, dass die Aufrechnung rückwirkend gem § 96 Abs 1 Nr 1 unzulässig wird (**LG Konstanz** 19. 8. 83 – 6 O 4/83, KTS 1983, 644, 645 f; Gottwald/*Gottwald* InsRHdb § 45 Rn 79). Auch eine **Freigabe** der Hauptforderung in das insolvenzbeschlagfreie Vermögen des Schuldners oder ein Erwerb durch ihn bzw über einen Strohmann bewirken, dass die Aufrechnung mit einer Insolvenzforderung des Gläubigers wieder zulässig wird (RGZ 140, 43, 46 ff; MüKo-*Brandes* § 96 Rn 3). 69

Verwertet der Verwalter dagegen die Hauptforderung, indem er sie **auf einen Dritten überträgt**, besteht das Aufrechnungsverbot zu Gunsten des Erwerbers fort. Denn eine (nach § 406 BGB an sich zulässige) Aufrechnung würde sonst über §§ 437 Nr 2 und 3, 435 BGB auf die Masse durchschlagen, obwohl es keinen Unterschied macht, ob der Verwalter die Hauptforderung selbst einzieht oder den Erlös aus deren Verkauf (RGZ 140, 43, 46 f; K/P/B/*Lüke* § 96 Rn 60). 70

Die **Beweislast** für die Voraussetzungen des Aufrechnungsverbotes müsste nach der allgemeinen Beweislastregel an sich der Insolvenzverwalter tragen, wenn man § 96 als Ausnahme zum Grundsatz des § 94 versteht. Zu berücksichtigen ist jedoch, dass die **Nr 1 und 2** des § 96 Abs 1 nur nochmals wiederholen, was sich bereits aus § 94 ergibt, nämlich dass nur die „zur Zeit der Eröffnung des Insolvenzverfahrens" bestehende Aufrechnungslage insolvenzfest ist, mithin nicht die nachträglich herbeigeführte Gegenseitigkeit. Darlegungs- und beweisbelastet ist folglich – schon aus § 94 – der Insolvenzgläubiger, da er sich auf die Wirkungen der Aufrechnung beruft (Jaeger/*Windel* § 96 Rn 11). Dagegen hat § 96 Abs 1 **Nr 3** echten Ausnahmecharakter, weil einer an sich gegebenen Aufrechnungslage die Wirkung genommen werden soll; dessen Voraussetzungen sind daher vom Verwalter zu beweisen (MüKo-*Brandes* § 96 Rn 5; K/P/B/*Lüke* § 96 Rn 61). Für § 96 Abs 1 **Nr 4** liegt die Darlegungs- und Beweislast wieder beim Gläubiger. Dies ergibt sich daraus, dass § 94 die Massezugehörigkeit der Hauptforderung des Schuldners voraussetzt und den Insolvenzgläubiger nur insoweit privilegiert (Jaeger/*Windel* § 96 Rn 11). 71

IV. Einschränkung des Aufrechnungsverbots in EU-Zahlungssystemen (Abs 2)

1. Regelungsgehalt. § 96 Abs 2 enthält in Umsetzung der EG-Richtlinie 98/26 vom 19. 5. 1998 (Amtsblatt EG Nr L 166 v 19. 5. 1998, S 45) eine gesetzliche Ausnahmeregelung zu den Aufrechnungsbeschränkungen des § 96 Abs 1 und § 95 Abs 1 S 3 und erweitert dadurch die Aufrechnungsmöglichkeiten zugunsten der Inhaber von Ansprüchen gem § 1 Abs 17 KWG und der Teilnehmer von Zahlungssystemen gem § 1 Abs 16 KWG. Die **Privilegierung der Interbankenverrechnung**, die auf dem handelsrechtlichen Institut der Skontration als mehrseitigem Aufrechnungsvertrag basiert (**BGH** 26. 1. 87 – II ZR 121/86, NJW 1987, 2439 ff; **BGH** 28. 9. 1972 – II ZR 109/70, WM 1972, 1379; Jaeger/*Windel* § 96 Rn 105 f; ausführlich *Obermüller* FS Uhlenbruck, 365, 371 ff; *K.P. Berger* Der Aufrechnungsvertrag, 1996, S 368 f, 412 f), soll nur Gläubigern der Kreditwirtschaft zugute kommen und – zusammen mit den §§ 81 Abs 3 S 2, 104 Abs 2 Nr 6, 130 Abs 1 S 2, 147 S 2, 166 Abs 3 Nr 1 und 3, 223 Abs 1 S 2 – die Funktionsfähigkeit von Zahlungs- und Abrechnungssystemen innerhalb der Europäischen Gemeinschaft schützen, insb um Dominoeffekte bei der Insolvenz eines großen Kreditinstituts aufgrund weltweiter Verflechtungen zu verhindern (BerlKo-*Blersch* § 96 Rn 16; K/P/B/*Lüke* § 96 Rn 7 a; *Balz* ZIP 1995, 1639 ff; *Wunderer* WM 1998, 793, 801; *Pannen* Krise und Insolvenz bei Kreditinstituten, 2000, S 109 f; Begr RegE BT-Drucks 14/1539, S 5 ff; krit Jaeger/*Windel* § 96 Rn 109). 72

73 **2. Abrechnungssysteme.** Der Abrechnungsverkehr zwischen Banken – und damit auch die Wertbewegung zwischen den Bankkunden – vollzieht sich **zum Zwecke des „Clearing"** auf der Basis einer schriftlichen Vereinbarung nach Art 2 Buchstabe a der EG-Richtlinie 98/26 vom 19. 5. 1998, was § 1 Abs 16 KWG als „System" definiert (dazu *K. P. Berger* Der Aufrechnungsvertrag, 1996, S 36 ff; *Obermüller* InsRBankpraxis Rn 3.673 ff). **Nettoabrechnungssysteme** sind darauf angelegt, dass alle Wertbewegungen zunächst saldiert und nur noch die verbleibenden „Spitzen" in Buchgeld ausgeglichen werden, worin ein abstraktes Schuldanerkenntnis liegt (*Canaris* WM 1976, 994, 1001 f). In **Bruttoabrechnungssystemen** wird dagegen jede Wertbewegung individuell und in Echtzeit vorgenommen (*K. P. Berger* Der Aufrechnungsvertrag, 1996, S 39; *Löber*, in: BankR 2000, S 25, 32). Soweit mangels Deckung eine Kreditierung notwendig ist, erfolgt diese gegen Sicherheit. Die Insolvenz eines Teilnehmers könnte in beiden Systemen die Endgültigkeit der Buchungen („finality") erheblich stören (dazu: Jaeger/*Windel* § 96 Rn 108 mwN); solche Systemrisiken will § 96 Abs 2 verringern.

74 Die Regelung erfasst **sämtliche Verrechnungssysteme in der EU**, den einzelnen Mitgliedsstaaten und Drittstaaten, die der Kommission gemeldet sind (Übersicht unter „http://ec.europa.eu.internal_market/financial-markets/settlement/dir-98-26-art10-national_en.htm"). Dazu zählen in **Deutschland** (Jaeger/*Windel* § 96 Rn 112; K/P/B/*Lüke* § 96 Rn 60c; *Löber* RWS-Forum 17 S 25 ff):
– alle von der Deutschen Bundesbank betriebenen Zahlungssysteme, i. e. HBV (Hausbankverfahren), TARGET2-BBk (Trans-European Automated Real-time Gross Settlement Express Transfer), EMZ (Elektronischer Massenzahlungsverkehr);
– das von der Europäischen Zentralbank betriebene TARGET2-ECB (Echtzeit-Bruttozahlungssystem der Zentralbanken der EU für den Euro, das sich aus 16 nationalen Echtzeit-Bruttozahlungssystemen [RTGS-Systeme] und dem Zahlungsverkehrsmechanismus der Europäischen Zentralbank [EPM] zusammensetzt, die untereinander über ein Interlinking bzw. einen bilateralen Link verknüpft sind, so dass eine einheitliche Plattform für die Verarbeitung grenzüberschreitender Zahlungen entsteht);
– alle Geldclearings der Clearstream Banking AG, Frankfurt, iE CASCADE (Cash Clearing For Derivatives Markets), Eurex Bonds und Eurex Repo, der Geldmarkt der Frankfurter Börse (über XETRA/Parkett und OTC) sowie CREATION;
– alle Geldclearings der Eurex Clearing AG, Frankfurt, als Central Counterparty (CCP) und Clearinghaus, iE Geldclearing für Geldmärkte (zB Frankfurter Börse) und Wertpapiermärkte wie Eurex-Börse, Eurex Bonds und Eurex Repo;
– Euro 1 (Eurosystem der EBA-Clearing Company, Paris);
– Zahlungssystem der European Commodity Clearing AG, Leipzig, als Central Counterparty und Clearinghaus für Platz- und Wertpapier-Waren-Märkte wie European Energy Exchange (EEX) und ENDEX European Energy Derivatives Exchange N. V.;
– alle Sicherheitenabrechnungs- und -regulierungssysteme der Clearstream Banking AG, Frankfurt (i.e. CASCADE für die Regulierung der Geldmarkttransaktionen für die Frankfurter Börse über XETRA/Parkett, für die Ausübung und Leistung von Wertpapieren, die über die Eurex-Börse gehandelt wurden, für Transaktionen der Eurex Bonds und Eurex Repo, OTC) sowie CREATION;
– alle Sicherheitenabrechnungssysteme der Eurex Clearing AG, Frankfurt, als Central Counterparty (CCP) und Clearinghaus, iE Sicherheitenclearing für Geldmärkte (zB der Frankfurter Börse) und Wertpapiermärkte wie Eurex-Börse, für Eurex Bonds, für Eurex Repo und OTC.

75 Die privilegierten Abrechnungssysteme der übrigen **EU-Mitgliedsstaaten** sind auf der Homepage der Europäischen Kommission unter der og Adresse oder auf der Homepage der jeweiligen Nationalbanken veröffentlicht.

76 Für Systeme von **Drittstaaten** gilt entweder gem § 340 Abs 3 das Recht des Staates, das für diesen Markt und damit das abwickelnde System gilt, oder – wenn das ausländische Recht auf das deutsche Recht zurückverweist – die Verrechnungen sind gem § 96 Abs 2 InsO iVm § 1 Abs 16 S 2 KWG insolvenzfest (Jaeger/*Windel* § 96 Rn 113; *Keller* WM 2000, 1269, 1278 ff). Mit der Regelung in § 96 Abs 2 soll letztlich verhindert werden, dass interne Abrechnungen zwischen Teilnehmern an Zahlungs- oder Wertpapierliefer- und -abrechnungssystemen nachträglich insolvenzbedingt infrage gestellt werden (BerlKo-*Blersch* § 96 Rn 16).

77 **Subsysteme**, die entweder nicht gemeldet sind oder die die Voraussetzungen des Art 2 Buchstabe a der EG-Richtlinie 98/26 vom 19. 5. 1998 nicht erfüllen, sind nicht geschützt und fallen unter das Aufrechnungsverbot (Jaeger/*Windel* § 96 Rn 121). Solche Teilnehmer können sich nur dadurch schützen, dass sie entweder Zahlungen nur aus vorhandenen Guthaben oder bei Deckung durch anfechtungsfrei bestellte Sicherheiten zulassen.

78 **3. Voraussetzungen des § 96 Abs 2. a) Verfügungen über Finanzsicherheiten (1. Alt).** Unter einer „Verfügung über Finanzsicherheiten" sind sowohl Aufrechnungen als auch sonstige Verrechnungen aus beendeten Finanzsicherheiten iSv § 1 Abs 17 KWG zu verstehen (K/P/B/*Lüke* § 96 Rn 60a; Jaeger/*Windel* § 81 Rn 45 ff). Da es mit Insolvenzeröffnung infolge **§ 104 Abs 2 Nr 6** zu einer Beendigung der besicherten Verträge und damit zur Saldierung sämtlicher unter einem Rahmenvertrag zusammengefasster Finanzleistungen („close out netting") kommt, stellt § 96 Abs 2 sicher, dass die Finanzsicherheiten – einschließlich freihändigen Verkauf (§§ 1259, 1279 S 2, 1295 S 2 BGB) – noch verwertet werden dürfen (Jaeger/*Windel* § 96 Rn 122; *Ehricke* ZIP 2003, 1065, 1070). Der Sicherungsnehmer kann daher mit allen Ansprüchen aus einer beendeten Finanzsicherheit auch noch nach Eröffnung des Insolvenzverfahrens über das Vermögen des Sicherungsgebers uneingeschränkt aufrechnen. **Aufrechenbare Gegenansprüche** sind die in § 1 Abs 17 KWG genannten, unmittelbar als Finanzsicherheit übertragenen Ansprüche sowie jegliche damit in Zusammenhang stehende Ansprüche. In diesem Rahmen ist es den Kreditinstituten auch möglich, gegenüber nicht finanzwirtschaftlichen Unternehmen aufzurechnen (BT-Drucks 15/1853, S 11; N/R/*Wittkowski* § 96 Rn 29; zur Kritik hieran K/P/B/*Lüke* § 96 Rn 60 a). Da die Begrenzung der Verrechnungen am Tage der Eröffnung nur für die 2. Alt. des § 96 Abs 2 gilt, ist eine Verwertung der Finanzsicherheiten im Insolvenzverfahren **zeitlich unbeschränkt** möglich (Jaeger/*Windel* § 96 Rn 124).

b) **Verrechnungen im Interbankenverkehr (2. Alt).** Die Vorschrift erfasst nur die Verrechnungen im Interbankenverkehr in der Form des Zahlungsvertrages (§§ 676 d und e BGB), Übertragungsvertrages (§ 676 BGB) oder Überweisungsvertrages, nicht jedoch den Zahlungsverkehr mit dem Bankkunden (§§ 676 a bis c BGB). **Verrechnungen** sind alle vertraglichen Kompensationen (einschließlich einseitiger Aufrechnungen), die sich im Zusammenhang mit der Auftragsabwicklung innerhalb eines „Systems" ergeben (Jaeger/*Windel* § 96 Rn 111; *Keller* WM 2000, 1269, 1271 f). **In zeitlicher Hinsicht** setzt § 96 Abs 2 voraus, dass die Ansprüche und Leistungen vor Verfahrenseröffnung in das System eingebracht wurden und spätestens am Tage der Verfahrenseröffnung die Verrechnung erfolgte. Später eingegangene Aufträge sind nur noch bei Gutgläubigkeit „des Systems" privilegiert, mithin bei Verrechnungen auf Guthabenbasis gem § 82 und bei Verrechnungen auf Kredit gem § 115 Abs 3 (*Obermüller* FS Uhlenbruck, 365, 378 ff; *ders* InsRBankpraxis Rn 3.693 ff). Verrechnungen zur Ablösung eines in einen Übernachtkredit übergegangenen Innertageskredits sind nicht mehr privilegiert (Jaeger/*Windel* § 96 Rn 114).

79

4. **Rechtsfolgen.** § 96 Abs 2 erweitert die Aufrechnungsmöglichkeiten zugunsten der Inhaber von Ansprüchen gem § 1 Abs 17 KWG und der Teilnehmer von Zahlungssystemen gem § 1 Abs 16 KWG, indem die Aufrechnungsbeschränkungen des § 96 Abs 1 und § 95 Abs 1 S 3 für nicht anwendbar erklärt werden (N/R/*Wittkowski* § 96 Rn 25 ff; K/P/B/*Lüke* § 96 Rn 60 e). Auf die Reihenfolge der Fälligkeit der eingestellten Forderungen kommt es somit nicht an. Dies **schließt jedoch** eine **Anfechtung** gem § 130 sowohl beim Netto- als auch beim Bruttoabrechnungsverfahren auf Kredit **nicht aus** (Jaeger/*Windel* § 96 Rn 117 ff; *K.P. Berger* Der Aufrechnungsvertrag, 1996, S 415, 419; aA *Obermüller* FS Uhlenbruck, 365, 383 f; *ders* InsRBankpraxis Rn 3.709 ff; *Keller* WM 2000, 1269, 1279). Soweit Art 3 Abs 2 der Richtlinie 98/26/EG und § 147 S 2 die Anfechtung beschränken, bezieht sich dies nur auf die Verrechnung und den Saldenausgleich, dh die Rückgewähr in Natur innerhalb des Systems selbst. Diese wird durch einen Anspruch auf *Wertersatz* gegen den Begünstigten aus dem Zahlungs- oder Überweisungsvertrag ersetzt (Jaeger/*Henckel* § 147 Rn 14 f; MüKo-*Kirchhof* § 147 Rn 15; HK-*Kreft* § 147 Rn 7; HaKo-*Rogge* § 147 Rn 9). Die gleichen Rechtsfolgen (Verrechnungen wirksam, aber anfechtbar) treten ein, wenn die Bundesanstalt für Finanzdienstleistungsaufsicht (BaFin) ein Veräußerungs- und Zahlungsverbot gem **§ 46a Abs 1 S 6 KWG** erlässt (Jaeger/*Windel* § 96 Rn 120; *Canaris* BankVR Rn 518 a; aA *Obermüller* FS Uhlenbruck, 365, 381 f; *ders* InsRBankpraxis Rn 3.703 ff).

80

§ 97 Auskunfts- und Mitwirkungspflichten des Schuldners

(1) ¹Der Schuldner ist verpflichtet, dem Insolvenzgericht, dem Insolvenzverwalter, dem Gläubigerausschuß und auf Anordnung des Gerichts der Gläubigerversammlung über alle das Verfahren betreffenden Verhältnisse Auskunft zu geben. ²Er hat auch Tatsachen zu offenbaren, die geeignet sind, eine Verfolgung wegen einer Straftat oder einer Ordnungswidrigkeit herbeizuführen. ³Jedoch darf eine Auskunft, die der Schuldner gemäß seiner Verpflichtung nach Satz 1 erteilt, in einem Strafverfahren oder in einem Verfahren nach dem Gesetz über Ordnungswidrigkeiten gegen den Schuldner oder einen in § 52 Abs. 1 der Strafprozeßordnung bezeichneten Angehörigen des Schuldners nur mit Zustimmung des Schuldners verwendet werden.

(2) Der Schuldner hat den Verwalter bei der Erfüllung von dessen Aufgaben zu unterstützen.

(3) ¹Der Schuldner ist verpflichtet, sich auf Anordnung des Gerichts jederzeit zur Verfügung zu stellen, um seine Auskunfts- und Mitwirkungspflichten zu erfüllen. ²Er hat alle Handlungen zu unterlassen, die der Erfüllung dieser Pflichten zuwiderlaufen.

Übersicht

	Rn
I. Allgemeines	1
II. Erzwingbare und nicht erzwingbare Verfahrenspflichten	2
III. Die Auskunftspflicht des Schuldners	4
1. Auskunftsberechtigte	4
2. Auskunftsverpflichtete	5
3. Art und Weise der Auskunft	6

	Rn
4. Gegenstand der Auskunft	7
5. Offenbarungspflicht strafbarer Handlungen	8
6. Strafprozessuales Verwendungsverbot (§ 97 Abs 1 S 3)	9
7. Strafbarkeit einer falschen Auskunft	14
IV. Unterstützungs- und Mitwirkungspflichten	16
V. Bereitschaftspflicht	20
VI. Unterlassungspflichten	21
VII. Dauer der Pflichtigkeit	22
VIII. Kostenerstattung	23
IX. Rechtsmittel	24

I. Allgemeines

1 Die Mitwirkungspflichten, insbesondere die Auskunfts- und Feststellungspflichten nach den §§ 20, 97, 98, 151, dienen primär der Haftungsverwirklichung und treten an die Stelle der Pflichten, die außerhalb des Verfahrens gegenüber einzelnen Gläubigern bestehen (*Jaeger/Schilken* § 97 Rn 3; *Häsemeyer* InsR Rn 2.07). § 97 Abs 2 stellt eine erhebliche Verbesserung gegenüber dem früheren § 100 KO dar, weil er die für das alte Recht umstrittene Frage regelt, ob der Schuldner oder organschaftliche Vertreter eines Schuldnerunternehmens verpflichtet sind, an der Verfahrensabwicklung aktiv mitzuwirken (vgl auch *Uhlenbruck* KTS 1997, 371, 376, 387; *ders* NZI 2002, 401; *ders* FS Kreft [2004] S 543 ff; *ders* FS Egon Schneider [1997] S 393 ff; K/P/B/*Lüke* § 97 Rn 1; KS-*Grub* S 671, 687 ff Rn 41 ff; BerlKo-*Blersch/v. Olshausen* § 97 Rn 1; *Gaiser* ZInsO 2002, 472). § 97 Abs 3 S 2 enthält zugleich ein **Behinderungsverbot**. Die Auskunfts- und Mitwirkungspflichten des Schuldners bzw Schuldnervertreters gem § 97 bestehen auch im Insolvenzeröffnungsverfahren (§ 20 Abs 1 S 2). Gem § 22 Abs 3 S 3 ist der Schuldner auch gegenüber dem vorläufigen Insolvenzverwalter verpflichtet, die erforderlichen Auskünfte zu erteilen. Im Rahmen der **Eigenverwaltung** nach den §§ 270 ff hat der Schuldner gem §§ 274 Abs 2 S 2, 22 Abs 3 ebenso eine Mitwirkungspflicht wie im **vereinfachten Insolvenzverfahren** nach den §§ 311 ff gegenüber dem Treuhänder (*Jaeger/Schilken* § 97 Rn 8; *Braun/Kroth* § 97 Rn 4; FK-*App* § 97 Rn 1 a; HK-*Kayser* § 97 Rn 4, 5; MüKo-*Passauer/Stephan* § 97 Rn 42). Im **Restschuldbefreiungsverfahren** nach den §§ 286 ff ist § 97 ebenfalls anwendbar (BGH ZIP 2009, 976). Sowohl die Gläubiger als auch der Treuhänder können vom Schuldner Auskunft und Mitwirkung verlangen (HK-*Kayser* § 97 Rn 5; MüKo-*Passauer/Stephan* § 97 Rn 44). Die Auskunfts- und Mitwirkungspflicht ist eine prozessuale Last, die mit der gerichtlichen Zulassung des Insolvenzantrags entsteht und die erst mit der Beendigung des Insolvenzverfahrens erlischt.

II. Erzwingbare und nicht erzwingbare Verfahrenspflichten

2 Im Einzelfall ist zu unterscheiden zwischen erzwingbaren verfahrensrechtlichen Mitwirkungspflichten und denjenigen Mitwirkungspflichten des Schuldners bzw Schuldnervertreters, deren Nichtbefolgung lediglich **verfahrensrechtliche Sanktionen** zur Folge hat. Aus der Pflichtenstellung als Schuldner bzw Schuldnervertreter ergeben sich über die in § 97 aufgeführten Pflichten **weitere insolvenzspezifische Pflichten**, wie zB die Verpflichtung zur Abgabe der Eidesstattlichen Versicherung nach § 153 Abs 2 über die Richtigkeit der vom Insolvenzverwalter aufgestellten Vermögensübersicht (vgl auch *Uhlenbruck* GmbHR 1972, 170, 175; *Henssler* ZInsO 1999, 121, 124 für GmbH-Geschäftsführer). Während § 153 Abs 2 S 2 die §§ 98, 101 Abs 1 S 1, 2 für entsprechend anwendbar erklärt, fehlt eine solche Regelung hinsichtlich der **Erklärungspflicht** nach den §§ 176, 177. Trotzdem kann auch die Verpflichtung des Schuldners, **im Prüfungstermin anwesend** zu sein und sich über die **streitigen Forderungen zu erklären**, über §§ 97, 98 erzwungen werden (BerlKo-*Breutigam* § 176 Rn 10; HK-*Kayser* § 97 Rn 29; K/P/B/*Pape* § 176 Rn 2; *Henssler* ZInsO 1999, 121, 124). Das persönliche Erscheinen und die Mitwirkung des Schuldners oder eines organschaftlichen Vertreters des Schuldnerunternehmens in der Gläubigerversammlung kann gem § 97 Abs 3 S 1 angeordnet und mit den Zwangsmitteln des § 98 erzwungen werden.

3 Anders ist die Rechtslage bei **nicht erzwingbaren verfahrensrechtlichen Mitwirkungspflichten**. Wird zB dem Antrag auf Restschuldbefreiung die Erklärung nicht beigefügt, dass der Schuldner seine pfändbaren Forderungen aus Bezügen aus einem Dienstverhältnis oder an deren Stelle tretende laufende Bezüge für die Zeit von sechs Jahren nach Aufhebung des Insolvenzverfahrens an einen Treuhänder abtritt (§ 287 Abs 2 S 1), so hat dies lediglich zur Folge, dass der Antrag auf Erteilung von Restschuldbefreiung durch gerichtlichen Beschluss zurückgewiesen wird. Strebt der Schuldner oder ein Schuldnerunternehmen eine **Sanierung durch Insolvenzplanverfahren** an (§§ 217 ff), so ist eine Mitwirkung unverzichtbar, vor allem wenn der Schuldner selbst den Plan vorgelegt hat (§ 218 Abs 1 S 1). Einzelheiten bei *K. Schmidt/Uhlenbruck* Die GmbH in Krise, 4. Aufl 2009 Rn 7.190. Die **Vorlage eines ordnungsgemäßen Insolvenzplans** kann nicht erzwungen werden. Fehlen die gesetzlich vorgesehenen Anlagen (§§ 229, 230) und werden diese trotz Fristsetzung vom Schuldner nicht nachgereicht, so weist das Gericht den Insolvenzplan gem § 231 Abs 1 Nr 1 von Amts wegen zurück. Werden die im Plan vorgesehe-

III. Die Auskunftspflicht des Schuldners § 97

nen Leistungen nicht erbracht oder die vorgesehenen Maßnahmen nicht verwirklicht, kommt nach § 249 S 2 die Versagung der gerichtlichen Bestätigung in Betracht (§ 248 Abs 1). Auch die **Stellungnahme des Schuldners** zu einem vom Insolvenzverwalter vorgelegten Plan (§ 232 Abs 1 Nr 2) kann ebenso wenig vom Gericht erzwungen werden, wie eine ordnungsgemäße Verfahrensabwicklung im Rahmen der **Eigenverwaltung**, die allenfalls zur Aufhebung der Anordnung der Eigenverwaltung führen kann. Auch für das **Verbraucherinsolvenzverfahren** nach den §§ 304 ff hat der Gesetzgeber die Verletzung bestimmter Mitwirkungspflichten mit verfahrensrechtlichen Sanktionen bzw einer Fiktion ausgestattet. Hat zB der Schuldner die in § 305 Abs 1 genannten Erklärungen und Unterlagen trotz Fristsetzung durch das Gericht nicht binnen eines Monats abgegeben, so gilt sein Antrag auf Eröffnung des Insolvenzverfahrens als zurückgenommen (§ 305 Abs 3). Einzelheiten in der Kommentierung zu § 305 Rn 144 ff. Anders beim Gläubigerantrag gegen einen Verbraucher. Hier hat das Insolvenzgericht gem § 306 Abs 3 S 1 zwar dem Schuldner Gelegenheit zu geben, ebenfalls einen Antrag zu stellen. Jedoch greift für den **Ruhenszeitraum** die Vorschrift des § 20 und uU die Regelung des § 22 Abs 3 S 3 ein mit der Folge, dass der Schuldner zu erzwingbaren Auskünften und Mitwirkungen verpflichtet ist (Einzelheiten bei *Uhlenbruck* ZInsO 1999, 493 ff; MüKo-*Stephan* § 97 Rn 44; HaKo-*Wendler* § 97 Rn 2; **str aA** HK-*Kayser* § 97 Rn 5). **Verfahrensrechtliche Folgen** hat auch die grob fahrlässige oder vorsätzliche Verletzung der Auskunfts- und Mitwirkungspflichten des Schuldners im **Restschuldbefreiungsverfahren** (§ 290 Abs 1 Nr 5). Einzelheiten zu § 290 Rn 66 ff. Danach ist die Restschuldbefreiung zu versagen, wenn dies im Schlusstermin von einem Insolvenzgläubiger beantragt worden ist und wenn der Schuldner während der Dauer des Verfahrens Auskunfts- oder Mitwirkungspflichten schuldhaft verletzt.

III. Die Auskunftspflicht des Schuldners

1. Auskunftsberechtigte. Die InsO sieht in verschiedenen Verfahrensabschnitten **unterschiedliche Auskunftsberechtigte** vor. So hat im Eröffnungsverfahren der Schuldner oder der organschaftliche Vertreter des Schuldnerunternehmens dem **Insolvenzgericht** die Auskünfte zu erteilen, die zur Entscheidung über den Antrag erforderlich sind (§ 20 S 1). Darüber hinaus besteht eine Auskunftspflicht des Schuldners gegenüber dem **vorläufigen Insolvenzverwalter** (§ 22 Abs 3 S 3). Da in beiden Fällen § 97 für entsprechend anwendbar erklärt ist, gilt für den Insolvenzschuldner und die organschaftlichen Vertreter eines Schuldnerunternehmens sowie die vertretungsberechtigten persönlich haftenden Gesellschafter als Aufsichtsorgane (§§ 101 Abs 1 S 1, 97 Abs 1) die unbeschränkte Auskunftspflicht, auch wenn sie nicht früher als zwei Jahre vor dem Insolvenzantrag aus der Position ausgeschieden sind. Dagegen sind **Angestellte und frühere Angestellte**, sofern diese nicht früher als zwei Jahre vor dem Eröffnungsantrag ausgeschieden sind, nach § 97 Abs 1 S 1 nicht verpflichtet, strafbare Handlungen oder Ordnungswidrigkeiten zu offenbaren (§ 97 Abs 2). **Im eröffneten Verfahren** besteht die Auskunftspflicht des Schuldners und seiner organschaftlichen Vertreter gem §§ 101 Abs 1, 97 Abs 1 S 1 gegenüber dem **Insolvenzgericht, dem Insolvenzverwalter** und dem **Gläubigerausschuss**. Der **Gläubigerversammlung** hat der Schuldner bzw sein organschaftlicher Vertreter über alle das Verfahren betreffenden Verhältnisse nur auf Anordnung des Gerichts Auskunft zu geben (§ 97 Abs 1 S 1). Einzelne Mitglieder des Gläubigerausschusses haben einen direkten Auskunftsanspruch nur dann, wenn sie berechtigterweise für den Gläubigerausschuss handeln (BerlKo-*Blersch/v. Olshausen* § 97 Rn 4). Die Auskunftspflicht trifft den Schuldner oder die organschaftlichen Vertreter des Schuldnerunternehmens oder die vertretungsberechtigten persönlich haftenden Gesellschafter als **unmittelbare und direkte Verpflichtung,** so dass der Verwalter auch bei **anwaltlicher Vertretung** nicht etwa verpflichtet ist, sich über den Anwalt mit dem Schuldner in Verbindung zu setzen (N/R/*Wittkowski* § 97 Rn 12). Für die Anordnung der Gerichts, **gegenüber der Gläubigerversammlung** Auskunft zu erteilen, bedarf es keines Antrags. Vielmehr kann die Anordnung von Amts wegen erfolgen. Es genügt bereits, wenn ein entsprechendes Anliegen in der Gläubigerversammlung vorgebracht wird (FK-*App* § 97 Rn 3). Eines Beschlusses der Gläubigerversammlung bedarf es nicht (str aA BerlKo-*Blersch/v. Olshausen* § 97 Rn 4). Die Auskunftsrechte bestehen auch im Rahmen der **Eigenverwaltung** (§§ 270 ff). Nicht nur, dass der Schuldner bzw der organschaftliche Vertreter des Schuldnerunternehmens im Berichtstermin (§ 156) Bericht zu erstatten hat (§ 281 Abs 2 S 1). Vielmehr hat der Schuldner der Gläubigerversammlung auf Anordnung des Gerichts auch hier über sämtliche das Verfahren betreffenden Verhältnisse Auskunft zu geben. Ebenso hat der Schuldner dem Sachwalter die notwendigen Auskünfte zu erteilen.

2. Auskunftsverpflichtete. Zur Auskunft nach § 97 Abs 1 S 1 ist verpflichtet der Schuldner persönlich sowie über § 101 Abs 1 S 1 auch die Mitglieder des Vertretungs- oder Aufsichtsorgans und die vertretungsberechtigten persönlich haftenden Gesellschafter. Ferner die nicht früher als zwei Jahre vor dem Antrag auf Eröffnung des Verfahrens aus der vorgenannten Position aus geschiedenen Personen. Die **ärztliche Schweigepflicht** steht der sich aus § 97 ergebenden Auskunftspflicht nicht entgegen (vgl BGH v 5. 2. 2009 – IX ZB 85/08, ZIP 2009, 976; BGHZ 162, 187, 194; AG Köln NZI 2004, 155). Das Interesse der Gläubiger an der Transparenz der Einnahmen ist insoweit vorrangig vor dem Geheimnisschutz des Schuldners (BGHZ 162, 187, 194). Zutreffend der Hinweis von *M. Henssler* (ZInsO 1999, 121, 124), dass die Verpflichtung ausgeschiedener Geschäftsführer oder organschaftlicher Vertreter nach § 101 Abs 1 S 2 nur als „subsidiäre Pflicht mit Ergänzungsfunktion" interpretiert werden kann, wenn der neu bestellte organschaftliche Vertreter die erforderlichen Informationen nicht zur Verfügung stellen will oder kann. § 101 Abs 1 S 2 soll Missbräuche durch Amtsniederlegung verhindern, aber keine überflüssige Belastung der ehemaligen organschaftlichen Vertreter herbeiführen. Der Anspruch besteht **nicht etwa gegenüber dem Rechtsanwalt**, der mit der Vertretung des Schuldners oder seiner organschaftlichen Vertreter betraut ist (vgl *Jaeger/Schilken* § 97 Rn 11; *Uhlenbruck* KTS 1989, 527, 546; *Nassall* KTS 1988, 633; K/P/B/*Lüke* § 97 Rn 7; MüKo-*Passauer/Stephan* § 97 Rn 26–28; vgl auch Stellungnahme der RAK Düsseldorf KTS 1956, 63). Im Innenverhältnis kann zwar der Anwalt des Schuldners verpflichtet sein, Auskünfte für den Schuldner zu erteilen. Im Außenverhältnis zu den Auskunftsberechtigten dagegen ist immer nur der **Schuldner persönlich verpflichtet**. Zu unterscheiden ist aber im Einzelfall die insolvenzrechtliche Auskunftspflicht des Rechtsanwalts und seine **Verpflichtung auf Grund des Anwaltsvertrages**. Das Mandatsverhältnis wird zwar nach §§ 116 Abs 1 S 1, 115 durch die Verfahrenseröffnung beendet. Die aus dem beendeten Mandatsverhältnis entstandenen Ansprüche des Schuldners fallen jedoch in die Insolvenzmasse und unterliegen der Verwaltungs- und Verfügungsbefugnis des Insolvenzverwalters (*Brandes* Rechtsprechung Rn 52). Auf den Anwaltsdienstvertrag finden gem § 675 BGB die §§ 666, 667 BGB Anwendung. Nach § 667 BGB hat der Rechtsanwalt die **Handakten** an den Insolvenzverwalter herauszugeben (**BGH** NJW 1990, 510; N/R/*Wittkowski* § 97 Rn 10). Gleiches gilt **für Schriftverkehr** und sonstige Unterlagen, die der Schuldner dem Anwalt im Rahmen des Mandats ausgehändigt hat, sowie für Schriftverkehr, den der Anwalt für den Schuldner geführt hat (§ 667 BGB; *Brandes* Rechtsprechung Rn 52; H/W/W § 80 Rn 137 a). Ein **Zurückbehaltungsrecht** an den Unterlagen wegen offener Honorarforderungen kann der Rechtsanwalt nur insoweit geltend machen, als er die Herausgabe verweigern, jedoch die Einsichtnahme und Anfertigung von Kopie gestatten muss (**LG** Düsseldorf ZIP 1997, 1657; MüKo-*Passauer/Stephan* § 97 Rn 7; *Jaeger/Schilken* § 97 Rn 12). Soweit Kosten entstehen, sind sie dem Anwalt zu erstatten, weil ihn keine unmittelbare Auskunftspflicht nach § 97 trifft (K/P/B/*Lüke* § 97 Rn 7). Nach *Brandes* (Rechtsprechung Rn 52) kann die **Auskunfts- und Rechenschaftspflicht des Rechtsanwalts** auch dann bestehen, wenn der Herausgabeanspruch des Auftraggebers gem § 667 BGB iVm § 50 Abs 3 S 2 BRAO bereits durch Erfüllung erloschen ist, insbesondere, wenn Unterlagen beim Schuldner nicht mehr vorhanden sind. Der Anwalt kann sich nicht auf das Recht zur Verschwiegenheit berufen. Der Konflikt zwischen dem Geheimhaltungsinteresse des Schuldners bzw Schuldnerunternehmens und dem Interesse des Insolvenzverwalters, die zur optimalen Verwertung der Masse erforderlichen Informationen zu erhalten, ist zu Lasten des Insolvenzschuldners zu entscheiden (vgl auch BGHZ 162, 187, 194). Dies folgt auch aus § 97 Abs 1. Mit dem Übergang der Verwaltungs- und Verfügungsbefugnis auf den (vorläufigen) Verwalter können sich **Steuerberater** und **Wirtschaftsprüfer** ebenso wie Rechtsanwälte nicht mehr auf ihre Verschwiegenheitspflicht berufen (*Gaiser* ZInsO 2002, 472, 475; MüKo-*Passauer/Stephan* § 97 Rn 28). Das gilt auch für **Kreditinstitute**, die sich nicht mehr auf das Bankgeheimnis berufen können (*Vallender* FS Uhlenbruck 2000 S 133; *Obermüller* Bankpraxis Rn 2190; MüKo-*Passauer/Stephan* § 97 Rn 28; *Jaeger/Schilken* § 97 Rn 12). Etwas anderes gilt für die **Schweigepflicht des Notars**. Diese entfällt erst, wenn alle Beteiligten ihn von der Schweigepflicht befreien (§ 18 Abs 1 S 2 1. Halbs BNotO; **BGH** v 30. 11. 1989, BGHZ 109, 260; **OLG** Köln RNotZ 2005, 179; MüKo-*Passauer/Stephan* § 97 Rn 28; *Nassall* WuB V A. § 667 BGB 1.90; *Brandes* Rechtsprechung Rn 55). Der Notar ist nicht nur berechtigt, sondern auch verpflichtet, **Sachstandsanfragen** des Insolvenzverwalters zu beantworten (*Bous/Solveen* DNotZ 2005, 179; MüKo-*Passauer/Stephan* § 97 Rn 28). Auskunftsverpflichtet ist auch der **Liquidator** einer in der Abwicklung befindlichen Gesellschaft. Auskunftspflichtig sind bei **mehrköpfiger Vertretung** sämtliche organschaftlichen Vertreter bzw vertretungsberechtigten persönlich haften den Gesellschafter. Der Insolvenzverwalter ist nicht berechtigt, anstelle der Auskunftsansprüche gegen den Schuldner und seine gesetzlichen Vertreter die **Auskünfte von Dritten** zu verlangen, wie zB von **Angehörigen des Schuldners**, selbst wenn sie angeblich in anfechtbarer Weise Gegenstände aus dem Vermögen des Schuldners erhalten haben (**BGH** NJW 1978, 1102 = WM 1978, 872; MüKo-*Passauer* § 97 Rn 29; FK-*App* § 97 Rn 7). Auch der **faktische organschaftliche Vertreter** einer juristischen Person ist zur unbeschränkten Auskunft nach § 97 Abs 1 verpflichtet, wenn er die Geschäfte der Gesellschaft tatsächlich geführt hat und lediglich der Bestellungsakt unwirksam ist. Anders, wenn ein Gesellschafter ohne formellen Bestellungsakt die Geschäfte der Gesellschaft tatsächlich führt, also den organschaftlichen Vertreter in der Entscheidungsbefugnis weitgehend ausschaltet. Haftungsrechtlich wird er zwar dem Geschäftsführer oder Vorstand gleichgestellt; hinsichtlich der Auskunft wird man ihn aber ohne weiteres einem unwirksam bestellten faktischen organschaftlichen Vertreter gleichstellen können (vgl auch FK-*App* § 97 Rn 9). Zur Auskunftspflicht bei einer **führungslosen Gesellschaft** s §§ 101 Abs 1 S 2 Halbs 2, 97 Abs 1; sowie unten zu Rn 13. Zum Auskunftsanspruch der Gesellschafter gegen den Insolvenzverwalter s **OLG** Hamm v 25. 10. 2001, NZI 2002, 103.

6   **3. Art und Weise der Auskunft.** Die Auskunft ist persönlich und mündlich zu erteilen, wenn nicht im Einzelfall eine andere Form der Auskunftserteilung gestattet wird (HK-*Kayser* § 97 Rn 8; *Hess* § 97 Rn 16; MüKo-*Passauer* § 97 Rn 22). Dem Schuldner oder organschaftlichen Vertreter des Schuldnerunternehmens kann im Einzelfall gestattet werden, die **Auskünfte schriftlich** zu erteilen (HK-*Kayser* § 97

III. Die Auskunftspflicht des Schuldners § 97

Rn 8; *Jaeger/Schilken* § 97 Rn 16). Ein Recht hierauf haben sie nicht. Auch ist der Schuldner nicht berechtigt, die Auskünfte über einen Rechtsanwalt zu erteilen. Nicht zuletzt deswegen ist der Schuldner nach § 97 Abs 3 S 1 verpflichtet, sich jederzeit zur Verfügung zu stellen, um seine Auskunftspflicht zu erfüllen. Zumutbarkeitsgesichtspunkte haben außer Betracht zu bleiben (BerlKo-*Blersch/v. Olshausen* § 97 Rn 2). Der Schuldner kann sich nicht darauf berufen, die Auskünfte könne nur sein Steuerberater erteilen. Notfalls ist er verpflichtet, Honorarrückstände aus seinem insolvenzfreien Vermögen zu begleichen, um vom Steuerberater die erforderlichen Informationen zu erhalten (**LG Mainz ZIP 1995, A 99**). Die nach § 97 Abs 1 zu erteilende Auskunft hat ggf auch durch **Vorlage von Belegen** zu erfolgen, sodass der Auskunftspflichtige auch Vorarbeiten zu erbringen hat, die für eine sachdienliche Auskunft erforderlich sind (**BGH v 5. 2. 2009 – IX ZB 85/08, ZIP 2009, 976, 977; BGH v 19. 1. 2006, ZInsO 2006, 264, 265; BGHZ 162, 198**). Hierzu gehört auch ein Forschen nach vorhandenen Unterlagen und deren Zusammenstellung (**BGH ZInsO 2006, 264, 265**; HK-*Kayser* § 97 Rn 8).

4. Gegenstand der Auskunft. Gegenstand der Auskunft sind nach § 91 Abs 1 S 1 alle das Insolvenzverfahren betreffenden Verhältnisse. Der Begriff der verfahrensbetreffenden Verhältnisse ist weit auszulegen (vgl *Henssler* ZInsO 1999, 121, 123; MüKo-*Passauer/Stephan* § 97 Rn 14). Auskunft kann grundsätzlich zu sämtlichen Vorgängen verlangt werden, die in irgendeinem Bezug zu dem Insolvenzverfahren stehen, vor allem auch über Tatsachen, die zur Insolvenz geführt haben (FK-*App* § 97 Rn 11). Der Schuldner hat auch Vorgänge und Zusammenhänge aufzudecken, die ggf eine insolvenzrechtliche Anfechtung nach den §§ 129 ff ermöglichen (BerlKo-*Blersch/v. Olshausen* § 97 Rn 5). Die **Auskunftspflicht darf keineswegs eng verstanden werden** (*Henssler* ZInsO 1999, 121, 124 unter Hinweis auf die unzutr Entscheidung **OLG Hamm ZIP 1980, 280**). Auch wenn der Schuldner bzw der organschaftliche Vertreter des Schuldnerunternehmens eine konkrete Auskunft nicht ad hoc erteilen kann, ist er aber nicht selten imstande Angaben zu machen, wo in den vorhandenen Unterlagen nachgeforscht werden muss (*Henssler* ZInsO 1999, 125). Im Übrigen werden von der Auskunftspflicht auch alle **vorbereitenden Arbeiten** erfasst, die für eine sachdienliche Information des Insolvenzverwalters notwendig sind (**BGH ZIP 2009, 976, 977**). Nach *Henssler* (ZInsO 1999, 121, 125) sind diese Vorarbeiten aber gesondert zu vergüten, wenn sie einen Umfang annehmen, der eine sonstige berufliche Vollzeittätigkeit nicht mehr zulässt. Die Auskunftspflicht erstreckt sich auch auf **Auslandsvermögen** des Schuldners (**BGH WM 1983, 858**; HK-*Kayser* § 97 Rn 11; *Hanisch* ZIP 1983, 1289; *Merz* ZIP 1983, 136). Über die Pflicht zur Auskunft über zum Patent angemeldete Erfindungen vgl **OLG Hamm JMBl NRW 1951, 151**. Die Auskunftspflicht bezieht sich dagegen **nicht auf persönliche Tatsachen**, die in keinem Bezug zum Verfahren und zur vermögensrechtlichen Situation des Schuldners stehen (*Jaeger/Schilken* § 97 Rn 18; str aA HK-*Kayser* § 97 Rn 11; MüKo-*Passauer/Stephan* § 97 Rn 14). Allerdings kann zB ein anhängiges **Ehescheidungsverfahren** im Hinblick auf eine Unterhaltsgewährung durch die Gläubigerversammlung durchaus verfahrensrechtlichen Bezug haben. Gegenstand der Auskunft sind primär das in die Insolvenzmasse fallende Vermögen des Schuldners (§ 35), Forderungen gegenüber Dritten, Aus- und Absonderungsrechte sowie **Umstände, die eine Anfechtung von Rechtshandlungen** nach den §§ 129 ff begründen können (*Uhlenbruck* KTS 1997, 371, 386; K/P/B/*Lüke* § 97 Rn 3; BerlKo-*Blersch/v. Olshausen* § 97 Rn 5). Der organschaftliche Vertreter einer juristischen Person hat über das gesamte Vermögen der juristischen Person, dh über sämtliche Sachen und Rechte, auch die unpfändbaren, die gepfändeten und sicherungsübereigneten, über **Vertragsverhältnisse**, wie zB Mietverhältnisse, sowie alle Schulden Auskunft zu erteilen (**LG Berlin ZInsO 2004, 756; LG Dortmund NZI 2005, 459**; MüKo-*Passauer/Stephan* § 97 Rn 14; *Vallender* ZIP 1996, 529; *Uhlenbruck* KTS 1997, 371, 385 f; *Hess/Obermüller* Rn 101 ff, 1006). Die Auskunftspflicht des Schuldners und seiner organschaftlichen Vertreter bezieht sich nicht nur auf Sachverhalte, die vor Verfahrenseröffnung liegen, sondern auch auf sämtliche Umstände, die **nach Verfahrenseröffnung** eingetreten sind. Der organschaftliche Vertreter eines insolventen Unternehmens als Träger der Schuldnerrolle hat auch Tatsachen zu offenbaren, die Ansprüche der Gesellschaft gegen ihn selbst nahe legen (*Uhlenbruck* FS Kreft S 543, 556). Ob sie dabei ihre **persönlichen wirtschaftlichen Verhältnisse** zu offenbaren haben, soweit eine Haftung nach § 93 in Betracht kommt, ist streitig (bejahend HaKo-*Wendler* § 97 Rn 4; verneinend *Uhlenbruck* FS Kreft S 543 ff). Aus dem Wortlaut der §§ 101, 97 Abs 1 S 1, Abs 2, 20 Abs 1 S 2, 22 Abs 3 S 3 lässt sich keine Verpflichtung des organschaftlichen Vertreters eines Schuldnerunternehmens oder eines vertretungsberechtigten persönlich haftenden Gesellschafters einer insolventen Personengesellschaft herleiten, **Auskünfte hinsichtlich der Realisierung von Haftungsansprüchen** nach den §§ 161 Abs 2, 128, 176, 507 Abs 1 HGB, §§ 705 ff BGB, § 278 Abs 2 AktG, § 8 Abs 1 PartGG und § 24 Abs 1 EWIV-VO mit § 1 EWIV-Ausführungsgesetz im Rahmen der Haftungsrealisierung nach § 93 zu erteilen (*Uhlenbruck* FS Kreft S 543 ff; str aA HaKo-*Wendler* § 97 Rn 4). Der Schuldner kann seiner Auskunftspflicht nach § 97 Abs 1 nicht dadurch entgehen, dass er auf die **Beschlagnahme von Geschäftsunterlagen durch die Staatsanwaltschaft** verweist. Trotz Beschlagnahme der Unterlagen ist er im Rahmen seiner präsenten Kenntnisse zur Auskunft verpflichtet, wobei es ihm unbenommen ist, mit Rücksicht auf das Fehlen bestimmter Unterlagen entsprechende **Vorbehalte bei der Auskunftserteilung** zu machen (so **LG Köln, Beschl v 2. 2. 1994 – 19 T 34/94** –, zit bei *Vallender* ZIP 1996, 529, 531 Fn 29). Der Schuldner oder organschaftliche Vertreter des Schuldnerunternehmens hat nach § 97 Abs 1 S 1 dem Insolvenzverwalter

7

auch sämtliche Auskünfte zu erteilen, die zur Vorbereitung eines Anfechtungsprozesses nach den §§ 129 ff erforderlich sind. Dies beinhaltet auch die Offenbarung anfechtbarer Rechtshandlungen. Einer Einschaltung des Gerichts und Vernehmung des Schuldners durch das Gericht bedarf es nicht.

8 **5. Offenbarungspflicht strafbarer Handlungen.** Nach § 97 Abs 1 S 2 hat der Schuldner ebenso wie organschaftliche Vertreter des Schuldnerunternehmens oder vertretungsberechtigte persönlich haftende Gesellschafter oder Mitglieder von Aufsichtsorganen (§ 101 Abs 1 S 1) auch Tatsachen zu offenbaren, die geeignet sind, eine Verfolgung wegen einer Straftat oder einer Ordnungswidrigkeit herbeizuführen. Nach Auffassung des BVerfG werden die Grundrechte des Schuldners nicht dadurch verletzt, dass er nach den Vorschriften der Insolvenzgesetze uneingeschränkt zur Aussage verpflichtet ist und dazu durch die Anordnung von Beugemitteln angehalten werden kann (**BVerfG** ZIP 1981, 361 = NJW 1981, 1431; krit *Uhlenbruck* JR 1971, 445). Für die InsO hat sich der Gesetzgeber an der Entscheidung des BVerfG v 13. 1. 1981 (BVerfGE 56, 37 = NJW 1981, 1331 = ZIP 1981, 361) orientiert und die Auskunftspflicht des Schuldners und seiner organschaftlichen Vertreter ausdrücklich auf die **Offenbarung strafbarer Handlungen und Ordnungswidrigkeiten** erstreckt. Die gesetzliche Regelung dürfte verfassungsrechtlich zulässig sein (K/P/B/*Lüke* § 97 Rn 5; FK-*App* § 97 Rn 12; *Hess* § 97 Rn 27; BerlKo-*Blersch/v. Olshausen* § 97 Rn 6), zumal sie in § 97 Abs 1 S 3 ein **allgemeines Verwendungsverbot** im Strafprozess und Ordnungswidrigkeitsverfahren vorsieht. Nach dem Sinn des Verwertungsverbots dürfen auch solche Tatsachen nicht verwertet werden, „zu denen die Auskunft den Weg gewiesen hat. Auf der anderen Seite hindert das Verbot nicht die Verwertung von Tatsachen, die der Strafverfolgungsbehörde bereits bekannt waren" (so Begr zu § 109 RegE [§ 97 InsO], BR-Drucks 1/92 S 142, abgedr bei *Uhlenbruck*, Das neue Insolvenzrecht, S 414; K/P/B RWS-Dok 18 S 279). Zum Unterschied zu **Beweisverboten** s *Trüg/Habetha* NStZ 2008, 489; *Meyer-Goßner* StPO 50. Aufl 2007 und Rn 50; *Bader* NZI 2009, 416, 417. Einzelheiten s *Uhlenbruck* NZI 2002, 401.

9 **6. Strafprozessuales Verwendungsverbot (§ 97 Abs 1 S 3).** Nach § 97 Abs 1 S 3 darf eine Aussage, die der Schuldner über eine strafbare Handlung oder eine Ordnungswidrigkeit gemacht hat, in einem Strafverfahren oder in einem Ordnungswidrigkeitsverfahren gegen ihn oder einen der in § 52 Abs 1 StPO bezeichneten Angehörigen nur mit seiner Zustimmung verwendet werden. Das bedeutet, dass eine Auskunft des Schuldners ohne seine Zustimmung auch nicht als Ansatz für weitere Ermittlungen dienen darf (vgl *Bader* NZI 2009, 416 ff). Zutreffend weisen *Blersch/v. Olshausen* (BerlKo § 97 Rn 6) darauf hin, dass sich durch das Verwendungsverbot die Möglichkeit eröffnet, sich durch ein umfassendes Geständnis einer Strafverfolgung gänzlich zu entziehen. Unter das Verwendungsverbot können auch mittelbar erlangte Beweisergebnisse fallen. Dies hätte das absurde Ergebnis zur Folge, dass „ein mit hoher krimineller Energie ausgestatteter Schuldner lediglich bei seiner ersten Befragung durch den vorläufigen Verwalter bzw durch das Insolvenzgericht ein umfassendes ‚Geständnis' ablegen müsste", um sich praktisch einer Strafverfolgung gänzlich zu entziehen.

10 Das **Verwendungsverbot** des § 97 Abs 1 S 3 bereitet in der Praxis erhebliche Schwierigkeiten. Ursprünglich sah § 109 Abs 1 S 2 RegE (abgedr bei *Balz/Landfermann* S 316) vor, dass die Auskunft über Straftaten oder Ordnungswidrigkeiten gegen den Schuldner nur mit dessen Zustimmung „verwertet" werden durfte. Den Begriff der Verwertung hat der Gesetzgeber in § 97 Abs 1 S 2 durch den Begriff „verwendet" ersetzt. Nach Vorstellungen des Rechtsausschusses sollte durch letzteren Begriff zum Ausdruck gebracht werden, dass eine Auskunft des Schuldners ohne dessen Zustimmung auch nicht als „**Ansatz für weitere Ermittlungen dienen darf**" (vgl K/P/B/*Lüke* § 97 Rn 4a; *Bader* NZI 2009, 416 ff; *Richter* wistra 2000, 1, 3; *Uhlenbruck* NZI 2002, 401, 404; *Gauer* ZInsO 2002, 472; *Diversy* ZInsO 2005, 180; *Hefendehl* wistra 2003, 1 ff; *Bittmann* Insolvenzstrafrecht § 1 Rn 16 ff; *Weyand/Diversy* Insolvenzdelikte 7. Aufl S 155 ff; *Uhlenbruck* GmbHR 2002, 941 ff; *Pelz* Strafrecht in Krise und Insolvenz Rn 612; *Hohnel* NZI 2005, 152). Die gesetzliche Regelung in § 97 Abs 1 S 3 beruht letztlich auf der Entscheidung des **BVerfG** v 13. 1. 1981 (NJW 1981, 1431). Danach durfte eine Aussage, durch die der Schuldner im Insolvenzverfahren eine strafbare Handlung offenbarte, **gegen seinen Willen in einem Strafverfahren gegen ihn nicht verwertet werden**. § 97 Abs 1 S 3 geht noch weiter, indem es das bisherige **Verwertungsverbot durch eine Fernwirkung** ergänzt (vgl *Bittmann/Rudolph* wistra 2001, 81 ff). Nach **LG Stuttgart** (Beschl v 21. 7. 2000, ZInsO 2001, 135 f) verbietet § 97 Abs 1 S 3 die „**Verwendung**" von Angaben des Schuldners, die dieser in Erfüllung seiner sich aus § 97 Abs 1 S 1 ergebenden Mitwirkungspflicht gegenüber dem Insolvenzgericht macht, es sei denn, dass der Schuldner seine Zustimmung erteilt. Werden derartige Angaben zu **Bestandteilen der Ermittlungsakten**, so ist dies nach Auffassung des **LG** Stuttgart (NZI 2001, 498) gesetzwidrig. Die Ermittlungsbehörden dürfen sie nicht verwerten, um Ansätze für weitere Ermittlungsmaßnahmen zu schöpfen. Nach **LG** Stuttgart hat das Beweisverwendungsverbot ein „**umfassendes Beweisermittlungsverbot**" bezüglich etwaiger hierauf gestützter Durchsuchungs- und Beschlagnahmebeschlüsse zur Folge (vgl auch FK-*App* § 97 Rn 12; *Uhlenbruck* NZI 2002, 401, 403, 405; *Bader* NZI 2009, 416, 417). Nicht von diesen Verboten erfasst werden sollen dagegen Geschäftsunterlagen, die der Schuldner auf Grund allgemeiner gesetzlicher Bestimmungen führt, wie zB Handelsbücher und Bilanzen. *Weyand* meint in seiner Anmerkung zu der Entscheidung des **LG** Stuttgart (ZInsO 2001, 108, 109), dass die gesetzliche Regelung des § 97 „nicht

III. Die Auskunftspflicht des Schuldners § 97

zu erheblichen Konsequenzen für die Strafrechtspraxis führen" wird. Die Staatsanwaltschaft dürfe, selbst wenn im konkreten Fall ein Verstoß gegen das Verwendungsverbot des § 97 vorliege, immer ohne weiteres tätig werden, wenn sie auf andere (zulässige) Weise von Tatsachen hätte Kenntnis erlangen können, welche die Aufnahme von Ermittlungen gerechtfertigt hätten.

Dem kann in dieser Allgemeinheit nicht zugestimmt werden. Vielmehr ist zunächst die Frage zu beantworten, ob **freiwillige Auskünfte des Schuldners** oder Schuldnervertreters ebenso unter das Verwendungsverbot fallen wie ausdrücklich **erzwungene Auskünfte**. Wenn der Schuldner allgemein davon Kenntnis hat, dass er gem § 97 Abs 1 S 2 verpflichtet ist, auch strafbare Handlungen im Insolvenzverfahren zu offenbaren, und er tut dies, so muss er ebenfalls mit seinen „freiwilligen" Auskünften dem Schutz des § 97 Abs 1 S 3 unterfallen. Gleiches gilt, wenn er vom Verwalter oder Gericht entsprechend belehrt worden ist, nicht aber in den Fällen, in denen er ohne jeglichen Zwang Dinge offenbart, die zur Aufdeckung von Straftatbeständen führen. **Macht der Insolvenzverwalter sich die Sache leicht** und verlangt er vom Schuldner bzw organschaftlichen Vertreter eines Schuldnerunternehmens umfassende Auskünfte, um mühevolle und kostenaufwändige Recherchen aus den Unterlagen des Schuldners oder bei Dritten zu ersparen, so stellt sich die Frage, ob die umfassende Befragung des Schuldners gleichzeitig zu einem **umfassenden Verwendungsverbot** der Schuldneraussagen führt. Offen ist auch die Frage, ob der Schutz des § 97 Abs 1 S 3 auch eingreift, wenn der Schuldner bzw der Schuldnervertreter anstelle von Auskünften **Unterlagen** an den Verwalter herausgibt, aus denen sich strafbare Handlungen, wie zB ein Bankrottdelikt iSv §§ 283 ff StGB, ergeben (s *Uhlenbruck* NZI 2002, 401).

Nach **Auffassung von Bittmann/Rudolph** (wistra 2001, 81, 82 f) erstreckt sich das Verwendungsverbot nicht auf **Geschäftsunterlagen**, die der Kaufmann nach handelsrechtlichen Bestimmungen zu fertigen und aufzubewahren hat, und zwar unabhängig davon, ob der Schuldner diese Gegenstände herausgibt oder sie vom Verwalter vorgefunden werden (so auch HK-*Kayser* § 97 Rn 15; *Bader* NZI 2009, 416, 420; *Weyand* ZInsO 2008, 24, 25). Nach Auffassung von *Richter* (wistra 2000, 1, 3 f) trifft den Schuldner keine allgemeine Pflicht zur **Vorlage von Geschäftsunterlagen und Handelsbüchern** an den (vorläufigen) Insolvenzverwalter. Dies ist schon im Hinblick auf die Regelung in den §§ 20 S 2, 22 Abs 3 S 2, 97 Abs 2 nicht richtig, denn der Schuldner ist ebenso wie der organschaftliche Vertreter eines Schuldnerunternehmens im Rahmen seiner Mitwirkungspflicht verpflichtet, die entsprechenden Unterlagen dem Gericht oder dem vorläufigen Insolvenzverwalter ebenso wie einem endgültigen Insolvenzverwalter vorzulegen. *Bittmann/Rudolph* (wistra 2001, 81, 82): „Hat eine Auskunft dem Verwalter den Weg zu den Geschäftsunterlagen oder zu deren konkreten Inhalt gewiesen, so ist zwar der Inhalt der Auskunft, also der **Weg zur Erkenntnisquelle** verwendbar, nicht aber auch die Quelle selbst, also die Geschäftsunterlagen." Der Schutz des § 97 Abs 1 S 3 dürfe nicht zu einem „Asyl für Geschäftsunterlagen" werden (vgl auch *Richter* wistra 2000, 1, 3 f). Deshalb wird teilweise eine **gerichtliche Beschlagnahme** und **Durchsuchung** beim Insolvenzverwalter für zulässig gehalten (vgl LG Ulm NJW 2007, 2056; LG Potsdam ZInsO 2007, 1162 m Anm Brüsseler; *Weyand* ZInsO 2008, 24). Zur **Durchsuchungsgestattung** im strafrechtlichen Ermittlungsverfahren s BVerfG v 6. 2. 2002, KTS 2002, 679 ff. Führt gerade die „erzwungene Auskunft" des Schuldners zu Erkenntnissen, die den Weg zur Ermittlung strafbarer Handlungen eröffnen, so darf diese Auskunft weder in einem Strafermittlungs- noch in einem Strafverfahren verwendet werden. Es ist den Strafverfolgungsbehörden verwehrt, aus der Auskunft des Schuldners oder eines Schuldnervertreters sowohl im Eröffnungsverfahren gem § 20 als auch im eröffneten Verfahren gem § 97 Abs 1 „einen Anfangsverdacht zu schöpfen oder auf der Grundlage dieser Angaben Beweismittel zu erheben" (*Richter* wistra 2000, 1, 3; *Uhlenbruck* NZI 2002, 401, 404).

Die Schutzwirkung des § 97 Abs 1 S 3 bezieht sich dagegen nicht auf **aktive Mitwirkungspflichten** gem § 97 Abs 2. Die **Vorlage von Geschäftsunterlagen**, insbesondere von Handelsbüchern, Bilanzen und sonstigen Unterlagen des Rechnungswesens, ist **kein Teil der Erfüllung der Auskunftspflichten** (*Richter* wistra 2000, 1, 4). Anders wohl die **Vorlage von Belegen** (s BGH ZIP 2009, 976). Wegen der bestehenden Streit- und Abgrenzungsfragen bleibt jede Offenbarung von strafbaren Handlungen durch den Insolvenzschuldner oder organschaftliche Vertreter eines Schuldnerunternehmens ein Risiko, zumal weder das Gericht noch ein vorläufiger Insolvenzverwalter gesetzlich verpflichtet ist, die entsprechenden Auskünfte in den Insolvenzakten zu kennzeichnen oder eine Sonderakte anzulegen. Schließlich kann sich der organschaftliche Vertreter einer juristischen Person auch nicht durch **Amtsniederlegung** seinen verfahrensmäßigen Pflichten entziehen. Unabhängig von der Zulässigkeit einer Amtsniederlegung im Eröffnungsverfahren oder nach Verfahrenseröffnung nützt die Amtsniederlegung dem auskunftspflichtigen Geschäftsführer nichts, denn er ist nach § 101 Abs 1 S 2 zur unbeschränkten Auskunft verpflichtet. Wird ein **neuer Geschäftsführer** für eine GmbH bestellt, der keinerlei Kenntnisse hinsichtlich der Geschäftsvorgänge hat, bleibt der ausgeschiedene Geschäftsführer zur Auskunft nach den §§ 101 Abs 1 S 2, 97 Abs 1 verpflichtet. Bei einer **führungslosen Gesellschaft** treffen die unbeschränkten Auskunftspflichten die **Gesellschafter** (§§ 101 Abs 1 S 2 2. Halbs, 97 Abs 1). Vgl auch *K. Schmidt/Uhlenbruck* Die GmbH in Krise 4. Aufl Rn 7.147. Die **sonstigen Verfahrensrechte und -pflichten** hat das MoMiG allerdings nicht geregelt, sodass die Frage offen ist, ob die Gesellschafter einer führungslosen Gesellschaft in die verfahrensrechtliche Position der organschaftlichen Vertreter einrücken.

14   **7. Strafbarkeit einer falschen Auskunft.** Nach § 283 Abs 1 Nr 1 StGB wird mit Freiheitsstrafe bis zu fünf Jahren oder mit Geldstrafe bestraft, wer bei Überschuldung oder bei drohender oder eingetretener Zahlungsunfähigkeit Bestandteile seines Vermögens, die im Fall der Insolvenzeröffnung zur Insolvenzmasse iSv § 35 gehören, verheimlicht. **Verheimlichen** ist jedes Verhalten, durch das ein Vermögensbestandteil der Kenntnis der Gläubiger oder des Insolvenzverwalters entzogen wird (**RGSt 64, 138, 140; RGSt 67, 365;** *Schönke/Schröder/Stree/Heine* § 283 StGB Rn 5; *Tiedemann*, Insolvenz-Strafrecht Rn 38; *Vallender* ZIP 1996, 529, 533). Die Tathandlung kann in einem positiven Tun durch unrichtige Angaben oder in einem pflichtwidrigen Unterlassen (Verschweigen) bestehen (LK-*Tiedemann* § 283 StGB Rn 38; *Vallender* ZIP 1996, 529, 533). Unerheblich ist für die Vollendung des Tatbestandes, ob das Verheimlichte den Gläubigern endgültig entzogen worden ist, so dass die Strafbarkeit wegen Verheimlichens von erfolgreichen Nachforschungen durch den Insolvenzverwalter unberührt bleibt (*Schönke/Schröder/Stree/ Heine* § 283 StGB Rn 5). Ein Verheimlichen kann vorliegen in **unrichtigen Angaben**, die einen geringeren Vermögensbestand als den wirklichen vortäuschen, oder im Ableugnen des Eigentums an Gegenständen, ferner darin, dass der Schuldner dem Insolvenzverwalter falsche Auskünfte auf Fragen gibt, die ein Anfechtungsrecht klären sollen (RGZ 66, 152; *Schönke/Schröder/Stree/Heine* § 283 StGB Rn 5; *Tiedemann* Insolvenz-Strafrecht § 283 StGB Rn 39). Ein Verheimlichen kann ua darin liegen, dass der Schuldner in einem Ehevertrag fälschlich Gegenstände als Eigentum seiner Ehefrau bezeichnet und diesen Vertrag mit einem Vermögensverzeichnis beim Registergericht einreicht (**BGH GA/H 56, 347**). Ein **bloßes Verschweigen** reicht für die Strafbarkeit aus, wenn eine Auskunftspflicht nach den §§ 20, 22 Abs 3 S 3, 97, 101 Abs 1 besteht (BGHSt 11, 146; *Tiedemann*, Insolvenz-Strafrecht § 283 Rn 39; *Schönke/ Schröder/Stree/Heine* § 283 StGB Rn 5). Strafbar macht sich auch der Schuldner bzw organschaftliche Vertreter eines Schuldnerunternehmens, der über seinen Verfahrensbevollmächtigten dem Insolvenzgericht eine **unrichtige oder unvollständige Buchführung** als Erklärung vorlegt oder eine solche dem Gericht über den von diesem bestellten Sachverständigen zukommen lässt. Der Verfahrensbevollmächtigte oder sonstige Vertreter macht sich ebenfalls strafbar, wenn er die Unrichtigkeit oder Vollständigkeit der Unterlagen kennt (*Tiedemann*, Insolvenz-Strafrecht § 283 StGB Rn 43). Bei **organschaftlichen Vertretern** eines Schuldnerunternehmens ist die Strafbarkeit nach § 283 Abs 1 Nr 1 StGB über § 14 Abs 1 Nr 1 StGB begründet (*Vallender* ZIP 1996, 529, 533). Der Schuldner ist auch ohne besondere Aufforderung verpflichtet, einen in dem Vermögensverzeichnis nach § 151 nicht aufgeführten Massegegenstand dem Insolvenzverwalter anzugeben (**BGH GA 1956, 123**; *Schönke/Schröder/Stree/Heine* § 283 StGB Rn 5). So zB einen **Anspruch auf Steuerrückerstattung.** Deshalb kann auch in der Einziehung einer Forderung und der Einbehaltung einer nach Anordnung eines Verfügungsverbots oder nach Verfahrenseröffnung erfolgten Leistung ein Verheimlichen gesehen werden (**BGH GA/H 54, 310**; *Schönke/Schröder/Stree/Heine* § 283 Rn 5). Ein Wert, den der Schuldner mittels einer anfechtbaren Handlung (§§ 129 ff) aus seinem Vermögen weggegeben hat, bzw der aus der Vornahme der anfechtbaren Handlung erwachsene Anfechtungsanspruch zählt als Vermögensbestandteil zur Insolvenzmasse (§ 35), so dass unrichtige Angaben des Schuldners gegenüber dem Verwalter über Umstände, die das Anfechtungsrecht betreffen, ein Verheimlichen darstellen (BGHSt 8, 55, 58; **RGSt 66, 152, 153**; *Schönke/Schröder/Stree/Heine* § 283 StGB Rn 5; *Tiedemann* Insolvenz-Strafrecht § 283 StGB Rn 39).

15   Das Insolvenzgericht ist gem § 5 Abs 1 S 1 iVm § 98 Abs 1 S 1 uU verpflichtet anzuordnen, dass der Schuldner oder der organschaftliche Vertreter eines Schuldnerunternehmens zu Protokoll an **Eides statt versichert**, dass er die von ihm verlangten **Auskünfte nach bestem Wissen und Gewissen richtig und vollständig erteilt hat**. Die von dem Schuldner oder einem organschaftlichen Vertreter des Schuldnerunternehmens zur Bekräftigung seiner Angaben im Insolvenzeröffnungsverfahren oder im eröffneten Insolvenzverfahren gemachten **Eidesstattlichen Versicherungen** sind gem § 156 StGB strafbewehrt (*Vallender* ZIP 1996, 529, 533; *Richter* KTS 1985, 443; *Tiedemann* Insolvenz-Strafrecht § 283 StGB Rn 39; **str aA** OLG Stuttgart ZIP 1981, 254).

IV. Unterstützungs- und Mitwirkungspflichten

16   Neben den Auskunftspflichten treffen den Schuldner gem § 97 Abs 2 sowohl im Eröffnungs- als auch im eröffneten Verfahren aktive Mitwirkungspflichten, die mit den Mitteln des § 98 erzwungen werden können. § 97 Abs 2 sieht vor, dass der Schuldner und die organschaftlichen Vertreter eines Schuldnerunternehmens (§ 101 Abs 1 S 1) verpflichtet sind, den Verwalter bei der Erfüllung seiner Aufgaben zu unterstützen. Über § 20 Abs 1 S 1, § 22 Abs 3 S 3 findet die Vorschrift ebenso wie §§ 98, 101 Abs 1 S 1, 2, Abs 2 auch im **Eröffnungsverfahren** entsprechende Anwendung. § 97 Abs 2 ist bewusst weit formuliert. Die Vorschrift hat in der Literatur nicht nur Zuspruch, sondern auch Kritik erfahren (KS-*Grub* S 671, 688 Rn 43). Die Kritik beruht überwiegend darauf, dass dem Schuldner zugemutet wird, seine **Arbeitskraft** im Rahmen der Insolvenzabwicklung zur Verfügung zu stellen. Richtig ist, dass die Arbeitskraft des Schuldners nicht zur Insolvenzmasse iSv § 35 gehört (*Jaeger/Schilken* § 97 Rn 27). Richtig ist aber auch, dass es dem Schuldner oder dem organschaftlichen Vertreter eines Schuldnerunternehmens zuzumuten ist, den Insolvenzverwalter bei der Bereinigung der sogen Ist-Masse zur sogen Soll-Masse durch **punktuelle Mitarbeit** aktiv zu unterstützen. Es stellte einen wesentlichen Mangel des früheren Rechts dar, dass der Schuldner zB nicht verpflichtet war, bei der Realisierung von Auslands-

IV. Unterstützungs- und Mitwirkungspflichten **§ 97**

vermögen des Schuldners mitzuwirken. Dies führte in der Praxis vielfach dazu, dass Schuldner die Verwertung von Auslandsvermögen blockierten. Das ist nach der InsO anders (**BGH** v 18. 9. 2003, NZI 2004, 21 = ZInsO 2003, 1043 = ZIP 2003, 2123; s auch OLG Köln NJW-RR 1986, 945; **BVerfG** ZIP 1986, 1336). Der Schuldner ist nach § 97 Abs 2 nicht etwa zur **ständigen Mitarbeit** verpflichtet, sondern nur zu einer **punktuellen Mitwirkung.** Nur diese ist ihm ohne Vergütung zuzumuten und stellt sich sozusagen als **Nachwirkung zur früheren geschäftlichen Tätigkeit** dar (vgl KS-*Landferman* S 159, 187 f Rn 83; HK-*Kayser* § 97 Rn 27; K/P/B/*Lüke* § 97 Rn 11, 17; KS-*Uhlenbruck* S 1157, 1184 Rn 35; KS-*Henssler* S 1283, 1300 Rn 39 ff; *Uhlenbruck* GmbHR 1972, 170 ff; *ders* Die GmbH & Co KG S 590 ff; *K. Schmidt/Uhlenbruck* Die GmbH in Krise Rn 7.187; *Uhlenbruck* GmbHR 1999, 390, 398). Der **Facharzt für Psychiatrie, Psychotherapie und Psychoanalyse** hat dem Insolvenzverwalter die für die Durchsetzung privatärztlicher Forderungen erforderlichen Daten mitzuteilen und entspr Unterlagen zur Verfügung zu stellen (BGH v 3. 2. 2009 – IX ZB 85/08, ZIP 2009, 976).

§ 97 Abs 2 regelt nur die **allgemeine Mitwirkungspflicht** des Schuldners und der organschaftlichen **17** Vertreter eines Schuldnerunternehmens. **Spezielle Mitwirkungspflichten** sind in einzelnen Vorschriften geregelt. So ist zB der Schuldner verpflichtet, sich im Prüfungstermin zu den angemeldeten Forderungen zu erklären (*Uhlenbruck* KTS 1997, 371, 388; *K. Schmidt/Uhlenbruck* Die GmbH in Krise Rn 7.189 ff; K/P/B/*Pape* § 176 Rn 2; KS-*Henssler* S 1300 f Rn 39). Er hat einen Rechtsanwalt, Steuerberater, Wirtschaftsprüfer sowie sein Kreditinstitut **von der Verschwiegenheitspflicht** einschl dem **Bankgeheimnis** zu entbinden. Weitere spezielle Mitwirkungspflichten sind zB in § 153 Abs 2 geregelt oder ergeben sich mittelbar als gesetzliche Folge, wie zB die **Mitwirkung in Insolvenzplanverfahren,** wenn das Schuldnerunternehmen mithilfe der Gesellschafter saniert werden soll. Festzustellen ist, dass die aktiven Mitwirkungspflichten **sämtliche organschaftlichen Vertreter** einer Insolvenzgesellschaft treffen und auch sämtliche vertretungsberechtigten persönlich haftenden Gesellschafter. Darauf, dass es sich um einen technischen Geschäftsführer oder kaufmännischen Vorstand einer Gesellschaft handelt, kommt es nicht an. Allerdings wird das Gericht jeweils von dem Bestinformierten die Auskunft und Mitwirkung verlangen. Bei Anordnung der **Eigenverwaltung** hat der Schuldner das Verzeichnis der Massegegenstände und das Gläubigerverzeichnis ebenso zu erstellen wie die Vermögensübersicht (§ 281). Auch **spezielle Mitwirkungspflichten** des Schuldners können mit den Mitteln des § 98 erzwungen werden, soweit nicht das Gesetz verfahrenstechnische Sanktionen vorsieht (s oben zu Rn 2; *Uhlenbruck* KTS 1997, 371, 388; K/P/B/*Lüke* § 97 Rn 10). Das gilt nicht nur, soweit das Gesetz auf § 98 verweist, wie zB in § 153 Abs 2 (anders die Voraufl). Bei einem **Eigenantrag** des Schuldners führt die Verletzung von Auskunfts- und Mitwirkungsrechten nicht zur Zurückweisung des Insolvenzantrags als unzulässig (**LG Köln** NZI 2001, 559; **LG** Göttingen NJW-RR 2002, 1134; *Frege/Keller/Riedel* HRP Rn 528; **str aA LG** Potsdam NZI 2002, 555; **AG** Göttingen ZVI 2003, 28).

Nach der sogen **Trennungstheorie** besteht trotz Beendigung der dienstvertraglichen Anstellung im **18** Insolvenzverfahren über das Vermögen einer Gesellschaft grundsätzlich die Organstellung eines Geschäftsführers oder Vorstandes fort und damit auch alle Verfahrenspflichten (vgl KS-*Uhlenbruck* S 1182 ff Rn 32 ff; *ders* bei *K. Schmidt/Uhlenbruck* Die GmbH in Krise Rn 7.145 ff; KS-*Henssler* S 1286 Rn 8 ff; *Uhlenbruck* GmbHR 1972, 174 ff; *Grüneberg,* Die Rechtsposition der Organe der GmbH und der Betriebsleans im Konkurs, 1988; *Scholz/K. Schmidt* § 64 GmbHG Rn 64; *Baumbach/ Hueck/Schulze-Osterloh* § 64 GmbHG Rn 58). Die Mitwirkungspflichten können im Einzelfall sehr weit gehen, wie zB die **Erteilung einer Vollmacht** hinsichtlich der **Verwertung von im Ausland belegenem Vermögen** des Schuldnerunternehmens (vgl **BGH** v 18. 9. 2003, NZI 2004, 21 m Anm Uhlenbruck = ZInsO 2003, 1043 = ZIP 2003, 2113; BVerfG ZIP 1986, 1336 = EWiR 1986, 1125 [*Balz*]; OLG Köln ZIP 1986, 658 = EWiR § 117 KO 1/86, 505 [*E. Schneider*]; K/P/B/*Lüke* § 97 Rn 9; *Hanisch* ZIP 1980, 170 ff; *ders* ZIP 1983, 1289, 1295; MüKo-*Passsauer/Stephan* § 97 Rn 32). Der Insolvenzverwalter ist berechtigt, vom Schuldner oder einem organschaftlichen Vertreter des Schuldnerunternehmens **Schadensersatz** wegen vorsätzlicher sittenwidriger Schädigung nach § 826 BGB zu fordern, wenn dieser bzw diese sich trotz Haftandrohung weigern, eine Vollmacht für die Verwertung des Auslandsvermögens zu erteilen (**OLG Köln** v 28. 11. 1997, ZIP 1998, 113; **LG Köln** v 14. 3. 1997, ZIP 1997, 889).

Ein besonderes Problem stellt die **Honorierung der Mitwirkungspflicht** dar. Grundsätzlich ist der **19** Schuldner ebenso wie der organschaftliche Vertreter eines Schuldnerunternehmens verpflichtet, seine Mitwirkungspflichten ohne besonderes Entgelt zu erfüllen. Dies gilt insbesondere, wenn es sich um die Tätigkeit organschaftlicher Vertreter bis zum Ablauf der Kündigungsfrist handelt, da sie hierfür ohnehin bezahlt werden. Die Mitwirkungspflicht wird zu einer **echten Mitarbeitspflicht** bei der Eigenverwaltung, weil hier der Insolvenzschuldner die Aufgaben eines Insolvenzverwalters übernimmt. Dafür erhält er nach § 278 Abs 1 das Recht, die Mittel zur Lebensführung aus der Insolvenzmasse zu entnehmen. Nehmen im Regelinsolvenzverfahren die Mitwirkungspflichten des Schuldners oder der organschaftlichen Vertreter eines Schuldnerunternehmens ein Ausmaß an, dass die **Mitwirkung zu einer ständigen Mitarbeit** bei der Verfahrensabwicklung wird, die eine berufliche Vollzeittätigkeit nicht mehr zulässt, so ist aus der Masse eine **angemessene Vergütung** zu entrichten (KS-*Henssler* S 1301 Rn 41; *K. Schmidt/ Uhlenbruck* Die GmbH in Krise Rn 7.187; *Uhlenbruck* Die GmbH & Co KG S 599; *Jaeger/Schilken* § 97 Rn 28, 29). Wenn es sich um eine echte **dauerhafte Mitarbeit** handelt, muss der Verwalter mit dem Schuldner oder dem organschaftlichen Vertreter einen entsprechenden Dienstvertrag abschließen

(K/P/B/*Lüke* § 97 Rn 11; *Smid* § 97 Rn 13; *Jaeger/Schilken* § 97 Rn 29; MüKo-*Passauer/Stephan* § 97 Rn 33). Von der **verfahrensrechtlichen Mitwirkungspflicht zu unterscheiden** ist der Fall, dass der Schuldner als Rechtsanwalt, Steuerberater, Arzt, Wirtschaftsprüfer oder in sonstiger Weise Freiberufler ein Interesse daran hat, im eröffneten Insolvenzverfahren seine Schulden abzuarbeiten und Restschuldbefreiung zu erlangen. Der Insolvenzverwalter hat von sich aus meist keine Möglichkeit, eine freiberufliche Praxis weiterzuführen. Nach § 35 Abs 2 kann er aber im Einzelfall dem Schuldner als Freiberufler die Möglichkeit geben, im eröffneten Verfahren seine Praxis fortzuführen. Gibt der Verwalter die Masse frei, entfällt die Auskunfts- und Mitwirkungspflicht nach § 295 Abs 1 Nr 3 (vgl *Andres/Pape* NZI 2005, 141, 145 f; *Grote/Pape* ZInsO 2004, 993, 997; *D. Maier* Die Insolvenz des Rechtsanwalts 2008, 168 ff). Gem § 295 Abs 2 obliegt es dem Schuldner, der eine selbständige Tätigkeit ausübt, die Insolvenzgläubiger durch Zahlungen an den Treuhänder so zu stellen, wie wenn er ein angemessenes Dienstverhältnis eingegangen wäre. S auch die Kommentierung zu § 35 Rn 90 ff.

V. Bereitschaftspflicht

20 Nach § 97 Abs 3 S 1 sind Schuldner und über § 101 Abs 1 S 1 auch die Mitglieder des Vertretungs- oder Aufsichtsorgans und die vertretungsberechtigten persönlich haftenden Gesellschafter eines Schuldnerunternehmens verpflichtet, sich auf Anordnung des Gerichts jederzeit zur Verfügung zu stellen, um ihre Auskunfts- oder Mitwirkungspflichten zu erfüllen. Der Anordnungsbeschluss ergeht von Amts wegen und ist **unanfechtbar** (LG Göttingen ZIP 2000, 2174; *Jaeger/Schilken* § 97 Rn 35). Die Bereitschaftspflicht ist **keine Residenzpflicht**. Die Vorschrift des § 97 Abs 3 S 1 enthält gegenüber dem früheren § 101 Abs 1 KO eine flexiblere und differenziertere Regelung, die einerseits unnötige Aufenthaltsbeschränkungen für den Schuldner vermeidet, auf der anderen Seite Vorsorge dafür trifft, dass der Schuldner bzw die Schuldnervertretung im Bedarfsfall für die Erfüllung ihrer Auskunfts- oder Mitwirkungspflichten auch dann zur Verfügung stehen, wenn sie sich außerhalb ihres Wohnortes bzw des Sitzes der Gesellschaft aufhalten (vgl Begr RegE zu § 111, abgedr bei *Balz/Landfermann* S 118). Die **Anwesenheits- und Bereitschaftspflicht** bedeutet letztlich nichts anderes, als dass sich der Schuldner bzw Schuldnervertreter jederzeit zur Erfüllung seiner Auskunfts- oder Mitwirkungspflichten zur Verfügung zu stellen hat. Diese Regelung wird manchen Schuldner oder organschaftlichen Schuldnervertreter hart treffen, der nach Kündigung durch den Insolvenzverwalter eine neue Anstellung im In- oder Ausland gefunden hat. Er ist zwar nicht gehindert, die auswärtige Stelle anzutreten, muss aber **auf eigene Kosten zur Erfüllung seiner Verfahrenspflichten** anreisen (vgl auch unten zu Rn 23; KS-*Uhlenbruck* S 1184 Rn 35; *Henssler* ebend S 1300 Rn 38–41). Die Bereitschafts- und Anwesenheitspflicht erstreckt sich nach dem Gesetzeswortlaut des § 101 Abs 1 S 2 **nicht auf die innerhalb von zwei Jahren** vor dem Antrag auf Eröffnung des Verfahrens **ausgeschiedenen organschaftlichen Vertreter**, denn die Vorschrift verweist nur auf § 97 Abs 1 (K/P/B/*Noack* InsO GesellschaftsR Rn 307; *Uhlenbruck* GmbHR 1999, 390, 397 f; *K. Schmidt/Uhlenbruck* Die GmbH in Krise Rn 7.185). Mit der Regelung in § 97 Abs 3 S 1 hat der Gesetzgeber zum Ausdruck gebracht, dass anderweitige persönliche Verpflichtungen und private Termine des Schuldners oder seiner organschaftlichen Vertreter gegenüber den verfahrensrechtlichen Pflichten ausnahmslos zurückstehen müssen (BerlKo-*Blersch* § 97 Rn 11). Nicht gefolgt werden kann der Auffassung von *Henssler* (ZInsO 1999, 121, 124), dass auch der erst **nach Verfahrenseröffnung ausgeschiedene organschaftliche Vertreter** nicht der Präsenzpflicht nach § 97 Abs 3 S 1 unterliegt. Es kommt keineswegs einem widersprüchlichen Verhalten gleich, wenn der Insolvenzverwalter einerseits das Anstellungsverhältnis beendet, das Insolvenzgericht dem Organmitglied aber gleichwohl umfangreiche Mitwirkungs- und Erscheinungspflichten auferlegt. Gleichgültig, ob der organschaftliche Vertreter nach Verfahrenseröffnung sein Amt niederlegt, von der Gesellschafterversammlung abberufen wird oder ob sein Anstellungsverhältnis nach § 113 durch Kündigung endet, bleibt er in vollem Umfang nach § 97 verpflichtet, er hat sich also jederzeit zur Verfügung zu stellen, um seine Auskunfts- oder Mitwirkungspflichten zu erfüllen (HK-*Kayser* § 97 Rn 34). Wollte man anders entscheiden, könnten sich organschaftliche Vertreter juristischer Personen nach Verfahrenseröffnung durch Niederlegung ihres Amtes ihrer Präsenzpflicht entziehen.

VI. Unterlassungspflichten

21 Nach § 97 Abs 3 S 2 hat der Schuldner ebenso wie die organschaftlichen Vertreter eines Schuldnerunternehmens alles zu unterlassen, was der Erfüllung der Pflichten nach § 97 zuwiderläuft. Der Schuldner darf somit weder Geschäftsunterlagen vernichten noch Vermögensgegenstände der Insolvenzmasse beiseite schaffen. Er hat außerdem alles zu unterlassen, was die Verwertung der Insolvenzmasse im Ausland erschwert. Die Unterlassungspflichten korrespondieren meist mit aktiven Mitwirkungspflichten. So kann zB der Schuldner verpflichtet sein, im Ausland belegene Gegenstände durch geeignete Mitwirkungshandlungen der Verwertung für die inländische Insolvenzmasse zu erschließen, wenn der Zugriff auf solche Gegenstände auf rechtliche Schwierigkeiten stößt. Das gilt vor allem, wenn ausländische Behörden den inländischen Insolvenztitel nicht anerkennen (vgl **OLG Köln** v 28. 4. 1986, WM 1986, 682; **LG Köln** ZIP 1997, 2161; *Hanisch* ZIP 1980, 170; *Hess* § 97 Rn 40).

VII. Dauer der Pflichtigkeit

§ 97 sieht keine zeitliche Begrenzung vor, so dass die Verpflichtungen des Schuldners und der organschaftlichen Vertreter für die Dauer des gesamten Verfahrens bestehen (K/P/B/*Lüke* § 97 Rn 16). Für die **Bereitschaftspflicht** gilt gem § 97 Abs 3 S 1 allerdings eine Einschränkung, weil die Anordnung des Gerichts nur eine konkrete und zeitlich begrenzte Maßnahme zulässt (*Jaeger/Schilken* § 97 Rn 38). Auch gelten für die organschaftlichen Vertreter einer Gesellschaft und die vertretungsberechtigten persönlich haftenden Gesellschafter die Einschränkungen des § 101 Abs 1 S 2. Gem §§ 20 S 2, 23 Abs 3 S 3 greifen die Pflichtenbindungen bereits im **Eröffnungsverfahren** mit der Zulassung des Insolvenzantrags ein. Sie enden mit der Aufhebung des Verfahrens nach § 200 Abs 1 oder mit der Einstellung nach § 207 Abs 1 bzw § 211. Vor allem in Großinsolvenzen müssen sich die organschaftlichen Vertreter darauf einstellen, dass sie über Wochen, Monate oder über Jahre hinaus ihren Verpflichtungen nach § 97 nachzukommen haben. Dies gilt nicht für das **Restschuldbefreiungsverfahren**. Der Lauf der sechsjährigen Wohlverhaltensfrist beginnt mit der Eröffnung des Insolvenzverfahrens (§ 287 Abs 2 S 1). 22

VIII. Kostenerstattung

Da es sich um originäre Verfahrenspflichten des Schuldners, seiner organschaftlichen Vertreter oder der vertretungsberechtigten persönlich haftenden Gesellschafter handelt, haben diese keinen Anspruch auf Vergütung für die Mitwirkung im Insolvenzverfahren. Auch steht ihnen **kein Ersatzanspruch hinsichtlich der Auslagen** zu (so HK-*Kayser* § 97 Rn 28). Das Fehlen einer gesetzlichen Grundlage schließt aber einen **Auslagenersatz** nicht aus, wenn dem Pflichtigen die erforderlichen Mittel fehlen. Dem Schuldner oder Schuldnervertreter kann nicht zugemutet werden, mit dem Insolvenzverwalter auf eigene Kosten ins Ausland zu fahren, um dort die notwendigen Handlungen vorzunehmen, die die Verwertung ausländischen Schuldnervermögens erfordern. Die Streichung des § 113 RegE heißt nicht, dass eine Vergütung und Auslagenerstattung schlechthin ausgeschlossen ist. Sie bleibt dem Einzelfall und dem pflichtgemäßen Ermessen des Insolvenzverwalters überlassen. 23

IX. Rechtsmittel

Dem Schuldner steht gegen die Anordnung der Pflichten nach § 97 **kein Rechtsmittel** zu (BerlKo-*Blersch/v. Olshausen* § 97 Rn 14; HaKo-*Wendler* § 97 Rn 24; auch der richterliche Beschluss hinsichtlich der **Bereitschaftspflicht** unterliegt nicht der sofortigen Beschwerde, § 6 Abs 1). Gegen die Anordnung durch den Rechtspfleger steht dem Schuldner aber die **befristete Erinnerung** zu (§ 11 Abs 2 RPflG). Die Rechtsbehelfe sind im Übrigen nur hinsichtlich der zwangsweisen Durchsetzung der Schuldnerpflichten nach § 98 zulässig. 24

§ 98 Durchsetzung der Pflichten des Schuldners

(1) ¹Wenn es zur Herbeiführung wahrheitsgemäßer Aussagen erforderlich erscheint, ordnet das Insolvenzgericht an, daß der Schuldner zu Protokoll an Eides Statt versichert, er habe die von ihm verlangte Auskunft nach bestem Wissen und Gewissen richtig und vollständig erteilt. ²Die §§ 478 bis 480, 483 der Zivilprozeßordnung gelten entsprechend.

(2) Das Gericht kann den Schuldner zwangsweise vorführen und nach Anhörung in Haft nehmen lassen,
1. wenn der Schuldner eine Auskunft oder die eidesstattliche Versicherung oder die Mitwirkung bei der Erfüllung der Aufgaben des Insolvenzverwalters verweigert;
2. wenn der Schuldner sich der Erfüllung seiner Auskunfts- und Mitwirkungspflichten entziehen will, insbesondere Anstalten zur Flucht trifft, oder
3. wenn dies zur Vermeidung von Handlungen des Schuldners, die der Erfüllung seiner Auskunfts- und Mitwirkungspflichten zuwiderlaufen, insbesondere zur Sicherung der Insolvenzmasse, erforderlich ist.

(3) ¹Für die Anordnung von Haft gelten die §§ 904 bis 906, 909, 910 und 913 der Zivilprozeßordnung entsprechend. ²Der Haftbefehl ist von Amts wegen aufzuheben, sobald die Voraussetzungen für die Anordnung von Haft nicht mehr vorliegen. ³Gegen die Anordnung der Haft und gegen die Abweisung eines Antrags auf Aufhebung des Haftbefehls wegen Wegfalls seiner Voraussetzungen findet die sofortige Beschwerde statt.

Übersicht

	Rn
I. Allgemeines	1
II. Eidesstattliche Versicherung	3
1. Gerichtliche Anordnung	3
2. Gegenstand der eidesstattlichen Versicherung	4

	Rn
3. Form der Eidesleistung	5
4. Widerspruch	6
5. Grundlose Verweigerung der eidesstattlichen Versicherung	7
6. Rechtsmittel	8
7. Kosten	9
8. Strafbarkeit einer falschen Versicherung an Eides statt	10
III. Zwangsmaßnahmen	11
1. Voraussetzungen der Zwangsvorführung und Haftanordnung	12
a) Verweigerung der Auskunft	12
b) Verweigerung der eidesstattlichen Versicherung	13
c) Verweigerung der Mitwirkung	14
d) Fluchtgefahr	15
e) Vermeidung verfahrensbehindernder Handlungen	16
2. Verfahrensrechtliches	17
a) Verhältnismäßigkeit	17
b) Zwangsweise Vorführung	18
c) Haftanordnung	19
aa) Haftdauer	21
bb) Rechtsmittel	22
cc) Kosten der Verhaftung	23

I. Allgemeines

1   Die Vorschrift des § 98 hat ihr Vorbild in § 69 VglO. Allerdings hat die InsO im Interesse einer sachgerechten und effektiven Durchführung des Insolvenzverfahrens die Sanktionen für die Verletzung von Auskunfts- und Mitwirkungspflichten erheblich verschärft. Das Insolvenzgericht kann den Schuldner zwangsweise vorführen und nach Anhörung in Haft nehmen lassen. Die Zwangsmaßnahmen greifen jedoch nur unter den besonderen Voraussetzungen des § 98 Abs 2 ein (vgl auch *Uhlenbruck* FS *E. Schneider* 1997 S 393 ff). Handelt es sich zB um **Mitwirkungspflichten des Schuldners bei der Unternehmenssanierung durch Insolvenzplan**, können diese Pflichten nicht etwa mit den Zwangsmaßnahmen des § 98 durchgesetzt werden (vgl *Uhlenbruck* KTS 1997, 371, 389). Erzwungen werden können lediglich **verfahrensrechtliche Pflichten** des Schuldners und der organschaftlichen Vertreter eines Schuldnerunternehmens, wobei hierunter auch die **speziellen Mitwirkungspflichten** fallen, die das Gesetz im jeweiligen Sachzusammenhang regelt und die neben der allgemeinen Mitwirkungspflicht bestehen. Weigert sich zB der Insolvenzschuldner, sich im Prüfungstermin zu den angemeldeten Forderungen zu erklären (§ 176 S 2), so kann diese spezielle Mitwirkungspflicht nach § 98 erzwungen werden (K/P/B/ *Lüke* 97 Rn 10; *Uhlenbruck* KTS 1997, 371, 388). Zweifelhaft ist dies allerdings bei Anordnung der Eigenverwaltung, wenn der Schuldner bzw der organschaftliche Vertreter eines Schuldnerunternehmens es unterlassen, gem § 281 Abs 1 S 1 ein Verzeichnis der Massegegenstände, das Gläubigerverzeichnis oder die Vermögensübersicht zu erstellen. Da für den Schuldner § 58 nicht eingreift, besteht nur die Möglichkeit der Aufhebung der Anordnung der Eigenverwaltung unter den Voraussetzungen des § 272 und evtl Zwangsmaßnahmen im anschließenden Regelverfahren (*Uhlenbruck* KTS 1997, 371, 388).

2   **Keine Zwangsmaßnahmen** sind da gegen im Rahmen eines **Restschuldbefreiungsverfahrens** nach den §§ 286 ff möglich. Verletzt der Schuldner Obliegenheiten iSv § 295, so führt die schuldhafte Verletzung auf Antrag des Gläubigers zur Versagung der Restschuldbefreiung. Auch soweit im **Verbraucherinsolvenzverfahren** die Rücknahmefiktion des § 305 Abs 3 S 2 eingreift, kommen Zwangsmaßnahmen des Gerichts nicht in Betracht. Anders aber, wenn das Gericht nach § 306 Abs 2 bereits Sicherungsmaßnahmen angeordnet hat mit der Folge, dass über § 20 S 2 die Vorschriften der §§ 97, 98, 101 Abs 1 S 2, 2, Abs 2 entsprechend gelten. Bei **Angestellten** und **ehemaligen Angestellten** des Schuldners oder eines Schuldnerunternehmens können die Auskunftspflichten nicht mit den besonderen Maßnahmen des § 98 durchgesetzt werden, da Angestellte am Verfahren nicht unmittelbar beteiligt sind und daher nicht der Entscheidungsgewalt des Insolvenzgerichts unterstellt sind. Gem § 101 Abs 2 findet § 97 Abs 1 S 1 für Angestellte entsprechende Anwendung, nicht dagegen § 98. Geben Angestellte oder ehemalige Angestellte nicht freiwillig Auskunft, so hat der Insolvenzverwalter allenfalls die Möglichkeit, sie vor den Prozessgerichten auf Auskunft zu verklagen. Angestellte und ehemalige Angestellte können aber auch vom Insolvenzgericht als **Zeugen** vernommen werden. Insoweit gelten die allgemeinen Vorschriften der ZPO über den Zeugenbeweis einschließlich der Bestimmungen über Ordnungsmittel (§ 380 ZPO) und über Zeugnisverweigerungsrechte (§§ 383–385 ZPO). Während die §§ 97–99 entsprechend für die Mitglieder des Vertretungs- oder Aufsichtsorgans und die vertretungsberechtigten persönlich haftenden Gesellschafter eines Schuldnerunternehmens Anwendung finden (§ 101 Abs 1 S 1), sieht für solche Personen, die nicht **früher (länger) als zwei Jahre vor dem Insolvenzantrag ausgeschieden** sind, § 101 Abs 1 S 2 eine Ausnahme vor. Da ausgeschiedene organschaftliche Vertreter nicht zur Mitwirkung nach § 97 Abs 2 gezwungen werden können, greift § 98 lediglich für die Erzwingung der Auskunftspflicht nach § 97 Abs 1 ein. Ein Ausscheiden nach der wirksamen Insolvenzantragsstellung befreit die organschaftlichen Vertreter dagegen nicht von den Pflichten nach § 97 Abs 2 u 3 (s die Kommentierung zu

II. Eidesstattliche Versicherung **§ 98**

§ 101 Rn 8 ff). Gem § 101 Abs 1 S 2 2. Halbs sind bei einer **führungslosen Gesellschaft** die Zwangsmaßnahmen gegen die Gesellschafter zu suchen. Auch die **Auskunftspflicht des faktischen organschaftlichen Vertreters** kann nach § 98 erzwungen werden (MüKo-*Passauer/Stephan* § 101 Rn 19). Die Auskunftspflicht besteht allerdings nur insoweit, als der faktische Geschäftsführer einer GmbH oder Vorstand einer AG mit Einverständnis der Gesellschafter oder als maßgeblicher Gesellschafter ohne formellen Bestellungsakt die Geschäfte der Gesellschaft tatsächlich geführt hat. Gleiches gilt für die Fälle, in denen der formale Bestellungsakt fehlerhaft und damit ungültig war, der organschaftliche Vertreter aber die Gesellschaft wie auf Grund eines wirksamen Bestellungsaktes geführt hat.

II. Eidesstattliche Versicherung

1. Gerichtliche Anordnung. Die Anordnung der eV darf nur erfolgen, wenn Anhaltspunkte dafür bestehen, dass der Schuldner oder die organschaftlichen Vertreter eines Schuldnerunternehmens die verlangten Auskünfte entweder **unrichtig** oder **unvollständig** erteilt haben (FK-*App* § 98 Rn 2; BerlKo-*Blersch/v. Olshausen* § 98 Rn 3; HaKo-*Wendler* § 98 Rn 2; *Jaeger/Schilken* § 98 Rn 8). Die eV dient primär dem Zweck, den Schuldner und seine organschaftlichen Vertreter zur wahrheitsgemäßen und vollständigen Erteilung der von ihnen verlangten Auskünfte zu veranlassen (BerlKo-*Blersch/v. Olshausen* § 98 Rn 2; HK-*Kayser* § 98 Rn 4; s auch die Muster bei *Frege/Keller/Riedel* HRP Rn 857–859). Der Gesetzgeber hat den Auskunftsberechtigten iSv § 97 Abs 1 S 1 **kein Antragsrecht** eingeräumt. Zwar kann die Anordnung von Amts wegen oder auf Grund eines entsprechenden „Antrags" erfolgen; jedoch ist ein solcher „Antrag" lediglich als Anregung an das Insolvenzgericht zu verstehen (HK-*Kayser* § 98 Rn 6; *Jaeger/Schilken* § 98 Rn 7). Da der Gesetzgeber das Antragsrecht in § 98 nicht geregelt hat, ist davon auszugehen, dass die **Anregung** von jedem ausgehen kann, der nach der InsO Auskunft vom Schuldner oder seinen organschaftlichen Vertretern verlangen kann (*Jaeger/Schilken* § 98 Rn 7). Dies ist nicht zuletzt auch deswegen gerechtfertigt, weil wegen des Vollstreckungsverbots (§ 89) im eröffneten Insolvenzverfahren die Abgabe der eidesstattlichen Versicherung nach § 899 ff ZPO ausgeschlossen ist. Anders als in § 153 Abs 2 S 1 kommt es deshalb auf einen Antrag nicht an, so dass die **Anregung** auch von einem **nicht am Verfahren Beteiligten** kommen kann. Im Übrigen hat das Insolvenzgericht auf alle ihm zur Verfügung stehenden Informationsmöglichkeiten zurückzugreifen und jeder Anregung, die nicht gänzlich abwegig ist, nachzugehen. Über die **Anordnung der eidesstattlichen Versicherung** hat das Insolvenzgericht durch **Beschluss** zu entscheiden. Soweit das Verfahren gem § 18 Abs 1 Nr 1 RPflG auf den Rechtspfleger übergegangen ist, entscheidet dieser gem (§ 3 Abs 2 e) RPflG im Beschlusswege über die Anordnung. Die **Abnahme** der eV erfolgt durch den **Rechtspfleger**, kann im Eröffnungsverfahren aber auch durch den Richter erfolgen (§ 6 RPflG; HK-*Kayser* § 98 Rn 7; *Schmerbach* NZI 2002, 539; MüKo-*Passauer/Stephan* § 98 Rn 12). In dem gerichtlichen Beschluss sind die einzelnen zu erzwingenden Auskünfte anzugeben (BerlKo-*Blersch/v. Olshausen* § 98 Rn 4). Der Beschluss ist zu **begründen** (BerlKo-*Blersch/v. Olshausen* § 98 Rn 4).

2. Gegenstand der eidesstattlichen Versicherung. Gegenstand der eV sind sämtliche Tatsachen, über die das Gericht im Beschluss Auskunft vom Schuldner oder den organschaftlichen Vertretern des Schuldnerunternehmens verlangt. Auch die Richtigkeit solcher Tatsachen, die den Schuldner der Gefahr einer Strafverfolgung aussetzen, sind an Eides statt zu versichern. In größeren Insolvenzverfahren kann auf bestimmte, im Beschluss bezeichnete **Unterlagen Bezug genommen** werden (BerlKo-*Blersch/v. Olshausen* § 98 Rn 4). In diesen Fällen hat die Eidesformel dahin zu lauten, dass der Schuldner die in den Unterlagen näher bezeichneten Angaben und von ihm verlangten Auskünfte nach bestem Wissen und Gewissen richtig und so vollständig wie möglich erteilt hat (BerlKo-*Blersch/v. Olshausen* § 98 Rn 6). Nach K/P/B/*Lüke* (§ 98 Rn 4) muss der Schuldner keine Angaben zu **insolvenzfreiem Vermögen** eidesstattlich versichern, selbst wenn er solche freiwillig gemacht haben sollte. Dem ist entgegenzuhalten, dass sich die Auskunftspflicht nach § 97 Abs 1 S 1 auf **alle das Verfahren betreffende Verhältnisse** bezieht. Hierzu können auch **Angaben zum insolvenzfreien Vermögen** oder zu Unterhaltsleistungen Dritter gehören, wenn es zB darum geht, in welchem Umfang nach § 100 Abs 1 dem Schuldner und seiner Familie Unterhalt aus der Insolvenzmasse gewährt werden soll. Andererseits kann der Schuldner vor allem bei **Geschäftsgeheimnissen**, Patenten, Herstellungsverfahren oder Produktentwicklungen durchaus im Einzelfall ein berechtigtes Interesse daran haben, wegen beabsichtigter Betriebsfortführung entsprechende Auskünfte den Gläubigern vorzuenthalten. Bei Zweifeln hat das **Gericht darüber zu entscheiden**, ob und in welchem Umfang der Schuldner oder Schuldnervertreter Auskünfte nach § 97 zu erteilen und deren Richtigkeit an Eides statt zu versichern hat (so auch *Jaeger/Schilken* § 98 Rn 11). Erteilt der Schuldner allerdings die Auskünfte und wird nunmehr wegen befürchteter Unvollständigkeit die eidesstattliche Versicherung verlangt, ist er zur Abgabe der Versicherung verpflichtet. Es besteht aber auch noch im Zwangsverfahren die Möglichkeit, die Unvollständigkeit der Angaben mit dem **Geheimhaltungsinteresse** zu begründen und das Gericht zu veranlassen, von der eidesstattlichen Versicherung abzusehen. Dem Schuldner ist allerdings anzuraten, bereits im Rahmen der zu erteilenden Auskünfte nach § 97 gegenüber dem Gericht nachzuweisen, dass ein **besonderes Geheimhaltungsinteresse** besteht, das gegenüber dem Gläubigerinteresse Vorrang besitzt. Dies wird nicht selten der Fall sein, wenn aussichtsreiche Verhandlungen hinsichtlich einer Übernahme des Schuldnerunternehmens schweben. Gegenstand der eV können auch einzelne Geschäftsvorfälle sein (**BGH** v 7. 2. 1989, KTS 1989, 651; **OLG** Stuttgart v 2. 2. 1981, ZIP 1981, 254; *Hess* § 98 Rn 10). Die Angaben beziehen sich auch auf **Neuvermögen** des Schuldners, da dieses nach § 35 in die Insolvenzmasse fällt. Gegenstand der eidesstattlichen Versicherung kann auch die Versicherung sein, dass der Schuldner bestimmte Vermögensverschiebungen nicht vor genommen hat. Während sich die eidesstattliche Versicherung nach § 807 ZPO auf das gesamte Vermögen des Schuldners zurzeit der Abgabe bezieht (BGHSt 3, 310), beschränkt sich die eidesstattliche Versicherung nach § 98 Abs 1 grundsätzlich auf **das zur Insolvenzmasse gehörige Vermögen**, zu dem auch das Neuvermögen gehört. Völlig **wertlose Gegenstände** brauchen nicht angegeben zu werden (BGHSt DB 1953, 39; *Hess* § 98 Rn 10). Die Versicherung erfasst jedoch **Anfechtungslagen** nach den §§ 129 ff, die dem Aktivvermögen zuzurechnen sind. Auch die **Richtigkeit der Passivmasse** ist an Eides statt zu versichern. Gleiches gilt für das Bestehen von Anwartschaftsrechten, die zur Insolvenzmasse gehören.

5   **3. Form der Eidesleistung.** Nach § 98 Abs 1 S 2 gelten die §§ 478–480, 483 ZPO entsprechend. Die Abgabe der eV ist gem § 98 Abs 1 S 1 zu **Protokoll** vor dem Insolvenzgericht abzugeben (K/P/B/*Lüke* § 98 Rn 3; HK-*Kayser* § 98 Rn 10). Der Schuldner hat die eV **persönlich** abzugeben. Dies folgt aus der entsprechenden Anwendung der §§ 478–480, 483 ZPO (§ 98 Abs 1 S 2). Nach § 478 ZPO muss der Eid in Person geleistet werden. Eine Vertretung ist ausgeschlossen. Das Insolvenzgericht kann anordnen, dass der Eid vor einem anderen Gericht im Wege der **Rechtshilfe** geleistet wird, wenn der Schuldner oder organschaftliche Vertreter am Erscheinen vor dem Insolvenzgericht verhindert ist oder sich in großer Entfernung von dessen Sitz aufhält (§ 479 Abs 1 ZPO). Vor der Leistung des Eides hat der Richter den Schuldner oder seine organschaftlichen Vertreter in angemessener Weise über die Bedeutung des Eides sowie darüber zu belehren, dass eine falsche Versicherung nach §§ 156, 163 StGB strafbar ist und die Pflicht zur wahrheitsgemäßen Auskunft nicht etwa deswegen entfällt, weil sich der Schuldner einer Straftat bezichtigt (§ 97 Abs 1 S 2; *Jaeger/Schilken* § 98 Rn 13). Stumme, die schreiben können, leisten den Eid mittels Abschreibens und Unterschreibens der die Eidesnorm enthaltenden Eidesformel (§ 483 ZPO). Stumme, die nicht schreiben können, leisten den Eid mithilfe eines Dolmetschers durch Zeichen (§ 483 Abs 3 ZPO).

6   **4. Widerspruch.** Der Geladene kann seine Verpflichtung zur Abgabe der eidesstattlichen Versicherung bestreiten, etwa weil er nicht Schuldner und auch nicht organschaftlicher Vertreter ist. Oder weil er behauptet, eine Voraussetzung für das Abverlangen einer eidesstattlichen Versicherung fehle. Dagegen kann der Schuldner die Abgabe der eV nicht mit der Begründung verweigern, er wisse ohnehin nicht mehr, als er dem Insolvenzverwalter schon gesagt habe. Der Insolvenzverwalter ist zwar ein Gläubiger, wird jedoch ein am Verfahren nicht Beteiligter, sind ebenso wie die Mitglieder des Gläubigerausschusses berechtigt, bei der Abnahme der eidesstattlichen Versicherung anwesend zu sein. Ergeben sich Zweifel hinsichtlich des Inhalts und der Richtigkeit einzelner Auskünfte, so hat nicht nur das Gericht vor Abnahme der Versicherung ein Recht, vom Schuldner Richtigstellung zu verlangen, sondern auch der Insolvenzverwalter. **Anwesenden Gläubigern** sowie absonderungsberechtigten Gläubigern steht ein **Fragerecht** zu. Art und Umfang des Fragerechts werden vom Insolvenzgericht bestimmt. Der Termin zur Abgabe der eV ist **nicht öffentlich**. Gläubiger können sich allerdings vertreten lassen. Die eidesstattliche Versicherung kann erforderlichenfalls mehrfach wiederholt werden.

7   **5. Grundlose Verweigerung der eidesstattlichen Versicherung.** Verweigert der Schuldner, ein organschaftlicher Vertreter des Schuldnerunternehmens oder ein vertretungsberechtigter persönlich haftender Gesellschafter oder ein Mitglied des Aufsichtsorgans die eV ohne ausreichende Gründe, ist das Gericht berechtigt, die Verpflichteten gem § 98 Abs 2 Nr 1 **zwangsweise vorführen** und nach Anhörung **in Haft nehmen** zu lassen. Einzelheiten unten zu III Rn 11 ff. Auch unentschuldigtes Fernbleiben des förmlich geladenen Schuldners in dem Termin zur Abgabe der eV ist Weigerung (HK-*Kayser* § 98 Rn 13, 14). Verweigert der Schuldner die Abgabe der eV ohne triftigen Grund, so ist im Zweifel davon auszugehen, dass er falsche Angaben gemacht hat. Ist damit zu rechnen, dass die Erzwingung der eidesstattlichen Versicherung nicht zu einer wahrheitsgemäßen Aussage, wohl aber zu einer Strafbarkeit nach §§ 156, 163 StGB führen würde, hat das Gericht von der Erzwingung abzusehen. In einem solchen Fall empfiehlt es sich, Beugehaft zur Erlangung der richtigen Auskunft zu verhängen (K/P/B/*Lüke* § 98 Rn 5).

8   **6. Rechtsmittel.** Die Anordnung der eV durch den Richter ist nicht anfechtbar (§ 6). Hat der Rechtspfleger entschieden, ist die befristete Erinnerung nach § 11 Abs 2 S 1 RPflG statthaft (BerlKo-*Blersch/v. Olshausen* § 98 Rn 8; MüKo-*Passauer/Stephan* § 98 Rn 12). Hat der Rechtspfleger den Widerspruch des Schuldners durch Beschluss verworfen, so steht dem Schuldner ebenfalls die befristete Erinnerung nach § 11 Abs 2 S 1 RPflG zu. Bleibt der Schuldner oder der organschaftliche Vertreter dem Termin unentschuldigt fern, so entscheidet der Richter über die Anordnung einer zwangsweisen Vorführung oder von Haft (§ 4 Abs 2 S 2 RPflG).

III. Zwangsmaßnahmen § 98

7. Kosten. In der Verfahrensgebühr ist das Verfahren zur Abnahme der eV nach § 153 ebenso mit erfasst wie die Kosten der Eidesstattlichen Versicherung nach § 98 Abs 1 (*Gottwald/Last* InsRHdb § 125 Rn 34). 9

8. Strafbarkeit einer falschen Versicherung an Eides statt. Wer vor einer zur Abnahme einer Versicherung an Eides statt zuständigen Behörde eine solche Versicherung falsch abgibt oder unter Berufung auf eine solche Versicherung falsch aussagt, wird gem § 156 StGB mit **Freiheitsstrafe bis zu drei Jahren** oder mit **Geldstrafe** bestraft. Wird die Tat fahrlässig begangen, so tritt Freiheitsstrafe bis zu einem Jahr oder Geldstrafe ein. Der falschen Versicherung an Eides statt stehen gleich eidesstattliche Bekräftigungen (§ 155 StGB). Vgl auch *Schönke/Schröder/Lenckner* § 156 StGB Rn 15/16; *Pelz* Strafrecht in Krise Rn 514 ff; *Richter* KTS 1985, 443; *Uhlenbruck* JR 1971, 445. Die Versicherung des Schuldners oder seines organschaftlichen Vertreters ist falsch iSv § 156 StGB, wenn sie die falsche Aussage nach § 97 bekräftigt. Entscheidend für die **Verletzung der Wahrheitspflicht** ist der Inhalt des gerichtlichen Anordnungsbeschlusses. Auch das **Verschweigen von Tatsachen** kann die Eidesstattliche Versicherung, wenn sie sich auf die Vollständigkeit von Angaben bezieht, zu einer falschen machen. Wird dies vom Schuldner verlangt, hat er grundsätzlich das **gesamte gegenwärtige Aktivvermögen** anzugeben und zusätzlich das Neuvermögen, das ihm während des Verfahrens zufällt. Auch die falsche Angabe von Verbindlichkeiten kann zu einer Bestrafung nach § 156 StGB führen, wenn die Verbindlichkeiten zB im Rahmen eines Verbraucherinsolvenzverfahrens (§ 305 Abs 1 Nr 3) unvollständig oder unzutreffend dargestellt und versichert werden. Daran ändert auch nichts die Tatsache, dass nach § 308 Abs 3 S 1 die nicht im Schuldnerverzeichnis enthaltenen Forderungen in vollem Umfang gegen den Schuldner geltend gemacht werden können. Selbst **persönliche Verhältnisse** des Schuldners fallen unter die Erklärungs- und Wahrheitspflicht, soweit sie das Vermögen iSv § 35 betreffen und deshalb für die Beurteilung der Massekostendeckung oder Quotenberechnung wichtig sind. Einer **fahrlässigen falschen Versicherung an Eides statt** (§ 163 StGB) macht sich der Schuldner schuldig, wenn er die Unrichtigkeit der von ihm gemachten Angaben hätte erkennen können oder wenn er die Richtigkeit von Angaben versichert, die er nicht in ausreichendem Maße geprüft hat. Es ist ihm zuzumuten, uU vorher Erkundigungen einzuziehen, wenn hierzu Anlass besteht. Hat der Schuldner Zweifel hinsichtlich der Richtigkeit der Erklärungen, muss er diese zum Ausdruck bringen. Sind Gegenstände der Haftungsmasse in der Unternehmenskrise ohne Mitwirkung des Schuldner beiseite geschafft worden, so ist ihm zwar nicht zuzumuten, Erkundigungen nach dem Verbleib der Sache anzustellen. Wohl aber ist der Schuldner verpflichtet, dem Insolvenzverwalter und dem Gericht alle für die Auffindung und Wiederbeschaffung dienlichen Angaben zu machen. 10

III. Zwangsmaßnahmen

Kommt der Schuldner oder der organschaftliche Vertreter eines Schuldnerunternehmens nach den §§ 97, 98 Abs 1 S 1 obliegenden Verfahrenspflichten nicht nach, so ist das Gericht berechtigt, Zwangsmaßnahmen anzuordnen. **Funktionell zuständig** für die Anordnung von Zwangsmaßnahmen ist der Insolvenzrichter bzw die Richterin (§§ 4 Abs 2 Nr 2 RPflG; OLG Köln v 6. 9. 1999, NZI 1999, 459). Als **Zwangsmittel** kommen in Betracht die **zwangsweise Vorführung** und die **Haft**. Die Zwangsmaßnahmen haben **Beugecharakter**. Beugemittel sind nur zulässig, wenn die vom Schuldner verlangten Auskunfts- und Mitwirkungshandlungen inhaltlich nach Art und Umfang so konkret bezeichnet werden, dass die gerichtliche Aufforderung aus sich heraus verständlich ist und auch für den Schuldner erkennen lässt, was von ihm verlangt wird (**BGH** v 17. 2. 2005, BGHZ 162, 187, 198). Die Aufforderung, die „angeforderten Einnahmen- und Ausgabenbelege" sowie Kassenbücher „für den Zeitraum ab der Insolvenzeröffnung bis zum heutigen Tage" vorzulegen, genügt den Bestimmtheitsanforderungen. Einer Zwangsvollstreckung auf Erteilung einer Auskunft durch „Vorlage von Belegen" ist unzulässig, wenn nicht genau bezeichnet ist, welche Belege vorzulegen sind (BGHZ 162, 187, 198; **BGH NJW** 1983, 1056). Im Übrigen sind **drei Gründe** für die Anordnung von Zwangsmaßnahmen nach § 98 Abs 2 Nr 1 zu unterscheiden: 11

1. Voraussetzungen der Zwangsvorführung und Haftanordnung. a) Verweigerung der Auskunft. Kommt der Schuldner oder eine der in § 101 Abs 1 genannten Personen den Auskunftspflichten nach § 97 nicht nach, so hat nach dem Grundsatz der Verhältnismäßigkeit der Richter bzw die Richterin idR zunächst einmal durch **Vorführungsandrohung** zur Erfüllung der Auskunftspflichten anzuhalten (HK-*Eickmann* § 98 Rn 9). Verweigert der Schuldner bzw Schuldnervertreter weiterhin grundlos die Auskunft oder erscheint er ohne Grund nicht zum Anhörungstermin, hat das Gericht die **Vorführung** anzuordnen. Eine Haftanordnung zur Erzwingung einer in § 98 Abs 1 Nr 1 genannten Mitwirkungshandlung des Schuldners ist idR nur dann erforderlich, wenn eine Vorführung des Schuldners nicht zum Erfolg geführt hat (LG Göttingen ZInsO 2003, 134). So zB, wenn der Schuldner trotz Vorführung die Mitwirkung oder Auskünfte weiterverweigert (OLG Naumburg v 24. 8. 2000, NZI 2000, 594). Die Vorführung kann auch im Wege der Rechtshilfe durch ein anderes Gericht erfolgen. Die vorgeführte Person ist vom Richter bzw der Richterin zu belehren und zu den Gründen der Weigerung anzuhören. Weiterhin 12 ist sie darüber zu belehren, dass sie bei weiterer grundloser Weigerung in Beugehaft genommen werden kann. Erfolgt die Vorführung im Wege der Rechtshilfe, ist das Rechtshilfegericht berechtigt, die Beugehaft anzuordnen, wenn es hierzu ersucht wird. Rechtshilfegericht ist das zuständige Insolvenzgericht am Wohnort des Auskunftsverpflichteten. Das Rechtshilfegericht ist nicht berechtigt, über die Berechtigung der Weigerungsgründe zu entscheiden. Bei offensichtlich unbegründeter Weigerung ist es jedoch berechtigt, Beugehaft anzuordnen.

13 b) **Verweigerung der eidesstattlichen Versicherung (Nr 1).** Die Verweigerung der abverlangten eV kann mündlich oder schriftlich vor dem Termin oder im Termin erfolgen. Die mündliche oder schriftliche Weigerung des nicht erschienenen Schuldners oder Schuldnervertreters bei Anordnung der eV durch den Rechtspfleger kann **als Erinnerung** zu werten sein (HK-*Kayser* § 98 Rn 14; *Jaeger/Schilken* § 98 Rn 20). Sie hat keine aufschiebende Wirkung. Über die Erinnerung entscheidet der Richter bzw die Richterin (§ 11 Abs 2 S 3 RPflG). Wird der Erinnerung nicht stattgegeben, wird die gerichtliche Vorführung angeordnet (HK-*Eickmann* 4. Aufl § 98 Rn 10). **Erscheint der Auskunftspflichtige** zwar im Termin, verweigert er aber die Abgabe der eV zur Bekräftigung seiner Aussage, so hat der Rechtspfleger die Akte dem zuständigen Richter vorzulegen. Möglich ist aber auch eine **richterliche Entscheidung** noch im Termin zur Abgabe der eidesstattlichen Versicherung. Verneint das Gericht die Weigerungsberechtigung des Schuldners, kann es den Auskunftspflichtigen **bereits im Termin in Beugehaft** nehmen lassen. Erscheint der Auskunftspflichtige unentschuldigt nicht im Termin zur Abgabe der eidesstattlichen Versicherung, erfolgt auf Vorlage durch den Rechtspfleger richterliche Vorführungsanordnung. Die Vorführung erfolgt auf Veranlassung des Rechtspflegers durch einen Gerichtsvollzieher (vgl § 191 GVGA) oder durch einen Gerichtswachtmeister.

14 c) **Verweigerung der Mitwirkung.** Sie liegt vor, wenn der Schuldner trotz Aufforderung zur Unterstützung des Verwalters untätig blieb (LG Göttingen ZIP 2003, 680; LG Duisburg ZIP 2001, 1065 m Anm *App*; *Jaeger/Schilken* § 98 Rn 21; HK-*Kayser* § 98 Rn 15). Verweigern der Schuldner oder die in § 101 Abs 1 S 1 genannten mitwirkungspflichtigen Personen die ihnen nach § 97 Abs 2 obliegende Mitwirkung oder machen sie Anstalten, sich ihrer Auskunfts- und Mitwirkungspflichten zu entziehen, so kann das Gericht **nach Androhung die zwangsweise Vorführung oder nach Anhörung Haft anordnen.** Im Übrigen gebietet auch in diesen Fällen der Grundsatz der Verhältnismäßigkeit der Mittel, dass das Gericht zunächst die zwangsweise Vorführung anordnet (OLG Celle v 10. 1. 2001, NZI 2001, 149; OLG Naumburg v 24. 8. 2000, NZI 2000, 594). Verweigert der Mitwirkungspflichtige nach Vorführung und Anhörung weiterhin die geforderte Mitwirkung, so ist er in Haft zu nehmen. Das Insolvenzgericht kann die **Verhaftung des Schuldners** anordnen, weil dieser seiner Pflicht zur Mitwirkung und bei der Verwertung von Auslandsvermögen nicht nachkommt und dem Verwalter entgegen der Anordnung des Gerichts keine Vollmacht zur Verfügung über das Auslandsvermögen erteilt (LG Köln EWiR § 117 KO 1/98, 77 [*Pape*]). Bei der Entscheidung nach § 98 Abs 2, den Schuldner zwangsweise vorführen oder nach Anhörung in Haft nehmen zu lassen, handelt es sich um eine rechtlich gebundene Entscheidung. Die Anwendung eines weniger einschneidenden Mittels kommt nur dann in Betracht, wenn dieses zur Erreichung des vom Gesetz verfolgten Zwecks ausreicht (BGH v 23. 10. 2003, NZI 2004, 86). Die im Rahmen der zwangsweisen Vorführung erfolgende Anhörung genügt den gesetzlichen Voraussetzungen des § 98 Abs 2. Die Anordnung der zwangsweisen Vorführung und Haft fällt in die **richterliche Zuständigkeit** (§ 4 Abs 2 Nr 2, Abs 3 RPflG; OLG Köln v 6. 9. 1999, NZI 1999, 459).

15 d) **Fluchtgefahr (Nr 2).** Zwangsvorführung und Haft kommen auch in Betracht, wenn der Schuldner oder eine der in § 101 Abs 1 genannten Personen sich der Erfüllung ihrer Auskunfts- und Mitwirkungspflichten entziehen will, insbesondere **Anstalten zur Flucht** trifft (§ 98 Abs 2 Nr 2). Fluchtgefahr ist nicht schon dann zu bejahen, wenn der organschaftliche Vertreter einer juristischen Person wegen Kündigung seines Anstellungsvertrages durch den Insolvenzverwalter eine Stelle im Ausland antritt. Das Insolvenzgericht hat vielmehr im Einzelfall festzustellen, dass es sich um einen Fall der Pflichtenentziehung handelt (MüKo-*Passauer/Stephan* § 98 Rn 20; *Jaeger/Schilken* § 98 Rn 22; FK-*App* § 98 Rn 8). Das Lösen einfacher Flugtickets oder die Auflösung der Wohnung können als Fluchtvorbereitung gelten (*Hess* § 98 Rn 24; *Smid* § 98 Rn 9). Trifft der Schuldner zB Anstalten, sich nach Südamerika oder Kanada abzusetzen, spricht vieles dafür, dass er versucht, sich seinen verfahrensrechtlichen Mitwirkungspflichten zu entziehen. In solchen Fällen ist wegen der Anhörungspflicht idR zunächst die gerichtliche Zwangsvorführung anzuordnen und nach Anhörung des Schuldners bzw organschaftlichen Vertreters eines Schuldnerunternehmens Haft zu verhängen (vgl auch HK-*Kayser* § 98 Rn 19; *Jaeger/Schilken* § 98 Rn 22; MüKo-*Passauer/Stephan* § 98 Rn 20). Eine **vorherige Anhörung** kann im Einzelfall **unterbleiben**, wenn die Gefahr besteht, dass der Schuldner die Anhörung zum Anlass nimmt, sich schleunigst ins Ausland abzusetzen. Die Anhörung muss in solchen Fällen mit der Verhaftung oder spätestens mit der Vorführung an den zuständigen Richter erfolgen.

16 e) **Vermeidung verfahrensbehindernder Handlungen (Nr 3).** Nach § 97 Abs 3 S 2 hat der Schuldner und gem § 101 Abs 1 S 1 haben die Mitglieder des Vertretungs- oder Aufsichtsorgans oder die vertretungsberechtigten persönlich haftenden Gesellschafter eines Schuldnerunternehmens Handlungen zu unterlassen, die der Erfüllung der Verfahrenspflichten zuwiderlaufen. Zur **Vermeidung solcher ver-**

III. Zwangsmaßnahmen **§ 98**

fahrensschädigenden Handlungen** kann das Gericht ebenfalls zwangsweise Vorführung und nach Anhörung Haft anordnen (§ 98 Abs 2 Nr 3; *Jaeger/Schilken* § 98 Rn 23; MüKo-*Passauer/Stephan* § 98 Rn 21). Bei Zuwiderhandlungen des Schuldners gegen Verfahrenspflichten, vor allem bei Boykottierung der Insolvenzabwicklung durch den Verwalter, bringt die Zwangsvorführung idR nichts. Bei der Anordnung von Haft ist aber in besonderem Maße der Grundsatz der Verhältnismäßigkeit zu beachten (K/P/B/*Lüke* § 98 Rn 8; HK-*Kayser* § 98 Rn 22). Oftmals kann Behinderungshandlungen des Schuldners oder entsprechenden Unterlassungen durch andere Maßnahmen begegnet werden, wie zB durch die Sicherstellung von Gegenständen oder Maßnahmen des Insolvenzverwalters (vgl K/P/B/*Lüke* § 98 Rn 8; *Hess* § 98 Rn 17).

2. Verfahrensrechtliches. a) Verhältnismäßigkeit. Als Beugemittel zur Erzwingung der in § 98 Abs 2 **17** Ziffer 1–3 aufgeführten Pflichten kann das Gericht den Schuldner bzw organschaftlichen Vertreter eines Schuldnerunternehmens zwangsweise vorführen und nach Anhörung in Haft nehmen lassen. Die gerichtlichen Zwangsmaßnahmen unterliegen dem **Grundsatz der Verhältnismäßigkeit** (OLG Naumburg ZInsO 2000, 562; LG Arnsberg ZInsO 2002, 680; HaKo-*Wendler* § 98 Rn 11; *Jaeger/Schilken* § 98 Rn 24; HK-*Kayser* § 98 Rn 21 ff). Danach hat das Gericht immer zu prüfen, ob nicht die durchzusetzende Handlung des Schuldners mit weniger einschneidenden Mitteln erreicht werden kann. Der Grundsatz besagt auch, dass Haft zB nicht angeordnet werden soll, wenn sie zu den Nachteilen, die durch die Verhaftung abgewendet werden sollen, außer Verhältnis steht (BerlKo-*Blersch/v. Olshausen* § 98 Rn 17). Vorführung und Haft stehen jedoch nicht in einem Stufenverhältnis dergestalt zueinander, dass die Anordnung der Haft stets eine Vorführungsanordnung vorauszugehen hat (HK-*Kayser* § 98 Rn 22; so aber HaKo-*Wendler* § 98 Rn 11). Auch bei einem (zulässigen) **Eigenantrag** ist die Anordnung von Zwangsmaßnahmen nicht unverhältnismäßig (BGHZ 153, 205). Unzulässig sind im Gesetz nicht vorgesehene Zwangsmittel, wie zB die Verhängung eines Zwangsgeldes gegen den Schuldner (HK-*Kayser* § 98 Rn 23; *Jaeger/Schilken* § 98 Rn 24). Besteht beim Schuldner Fluchtgefahr, kann er die Vorführung bzw Verhaftung mit dem **Angebot anderer geeigneter Sicherungsmaßnahmen** abwenden, wie zB durch Abgabe seiner Reisepapiere (HK-*Kayser* § 98 Rn 23; *Jaeger/Schilken* § 98 Rn 24). Ist eine Vorführung mehrfach gescheitert, kommt der Erlass eines Haftbefehls in Betracht. Gleiches gilt, wenn der zunächst vor Gericht erschienene Schuldner zu einem späteren Zeitpunkt weitere Auskünfte trotz wiederholter Aufforderung nicht nachreicht (LG Göttingen ZInsO 2003, 134; HaKo-*Wendler* § 98 Rn 11).

b) Zwangsweise Vorführung. Die zwangsweise Vorführung wird durch den Insolvenzrichter bzw die **18** Richterin angeordnet (§ 4 Abs 2 Nr 2 RPflG). Der Richter bzw die Richterin erlässt die Vorführungsanordnung in Form eines Vorführungsbefehls, der in vollstreckbarer Ausfertigung dem Justizwachtmeister oder Gerichtsvollzieher übergeben wird (vgl *Jaeger/Schilken* § 98 Rn 29; BerlKo-*Blersch/v. Olshausen* § 98 Rn 18). Bei der zwangsweisen Vorführung des Schuldners oder Schuldnervertreters bedarf es **keiner richterlichen Durchsuchungsanordnung**, wenn der Schuldner oder Schuldnervertreter aus der Wohnung vorgeführt wird (vgl *Hess* § 98 Rn 41; FK-*App* § 98 Rn 5). Eine **Durchsuchungsanordnung** ist entbehrlich (vgl Art 13 GG, § 758a ZPO; *Jaeger/Schilken* § 98 Rn 25; *Graf-Schlicker/Voß* § 98 Rn 7), denn die Vorführungsanordnung kann grundsätzlich nur durch eine Freiheitsbeschränkung vollzogen werden. Die Durchsuchungsanordnung ermächtigt die Vollstreckungsorgane, alle zur Vorführung notwendigen Maßnahmen zu ergreifen. Ein **Rechtsmittel** gegen die Vorführungsanordnung ist nicht gegeben (§ 6). Die Kosten der Vorführung sind Massekosten iSv § 54 Nr 1 (*Jaeger/Schilken* § 98 Rn 34; FK-*App* § 98 Rn 7; *Smid* § 98 Rn 9; *Hess* § 98 Rn 42).

c) Haftanordnung. Für die Anordnung von Haft gelten seit dem Inkrafttreten des Gesetzes zur Vereinfachung des Insolvenzverfahrens am 1. 7. 2007 die §§ 904 bis 906, 909, 910 und 913 ZPO entsprechend (MüKo-*Passauer/Stephan* § 98 Rn 25). Die Anordnung der Haft erfolgt durch **richterlichen Beschluss**. Im anordnenden Teil des Haftbefehls sind die Mitwirkungspflichten des Schuldners, die mit der Haft durchgesetzt werden sollen, so bestimmt zu bezeichnen, dass der Schuldner ohne weiteres erkennen kann, durch welche Handlungen er seinen Mitwirkungspflichten genügt (BGH v 17. 2. 2005, ZIP 2005, 722). Der Haftanordnungsbeschluss, der dem Schuldner bzw Schuldnervertreter zugestellt werden muss, ist als solcher nicht Vollstreckungstitel, sondern anders als nach der ZPO nur die Grundlage für die Ausfertigung eines **Haftbefehls**, der keiner Vollstreckungsklausel bedarf (HK-*Kayser* § 98 Rn 25; FK-*App* § 98 Rn 4). Der Haftbefehl ist als Ausfertigung der Haftanordnung, die als solche anfechtbar ist, dem zuständigen Gerichtsvollzieher mit dem Vollstreckungsauftrag zu übermitteln. Die Verhaftung erfolgt grundsätzlich durch einen **Gerichtsvollzieher** (§ 909 S 1 ZPO). Zur Verhaftung in der Wohnung bedarf es **keiner richterlichen Durchsuchungsanordnung** (*Jaeger/Schilken* § 98 Rn 29; MüKo-*Passauer/Stephan* § 98 Rn 26). Anders aber bei Aufenthalt des Schuldners in der Wohnung eines Dritten (LG Göttingen ZInsO 2005, 1280, 1289). Auch § 758a ZPO ist entspr anwendbar (Vollstreckung zur Nachtzeit). Der Haftbefehl muss bei der Verhaftung dem Schuldner vorgezeigt und auf Verlangen abschriftlich mitgeteilt werden (§ 909 S 2 ZPO). Für Mitglieder des Bundestages, eines Landtages oder einer zweiten Kammer während der Tagung gelten die §§ 904, 905 ZPO. Gegen einen Schuldner, vertretungsberechtigten persönlich haftenden Gesellschafter oder organschaftlichen Vertreter einer juristi-

19

schen Person darf der Haftbefehl nicht vollstreckt werden, wenn dessen **Gesundheit durch die Vollstreckung der Haft einer nahen und erheblichen Gefahr** ausgesetzt wird (§ 906 ZPO). Die Pflicht des zu Verhaftenden entfällt nicht schon durch die Vorlegung eines **ärztlichen Attestes**, nach dem der Schuldner oder Schuldnervertreter wegen cerebraler oder coronarer Durchblutungsstörungen bei jeglicher Art von Aufregung einen lebensgefährdenden Schub erleiden könnte. Es gelten insoweit die Grundsätze des OLG Köln (MDR 1978, 59). Bei Vorliegen privatärztlicher Atteste kann das Insolvenzgericht nach Ablauf einer angemessenen Frist die **Vorlage eines amtsärztlichen Gutachtens** verlangen.

20 Umstritten ist, ob die **Verhaftung eines haftunfähigen Schuldners** zwecks Vorführung bei Gericht zulässig ist (für die Einzelzwangsvollstreckung **verneinend** OLG Bamberg DGVZ 1990, 39; OLG Düsseldorf DGVZ 1996, 27; OLG Hamm DVGZ 1983, 137; **bejahend** OLG Köln JurBüro 1995, 218 = Rpfleger 1995, 220; AG München MDR 1993, 471). Zweifelhaft ist auch, ob die Verhaftung zwecks Vollstreckung in einem **Anstaltskrankenhaus** zulässig ist (**verneinend** OLG Karlsruhe DGVZ 1993, 8; OLG Bamberg DGVZ 1990, 39; *Zöller/Stöber* § 907 ZPO Rn 2). Über die Frage der **Haftfähigkeit** entscheidet zunächst der **Gerichtsvollzieher** (MüKo-*Eickmann* § 906 ZPO Rn 3; *Jaeger/Schilken* § 98 Rn 29). Bejaht der Gerichtsvollzieher die Haftfähigkeit, kann der zu Verhaftende **Erinnerung** nach § 766 ZPO einlegen. Wird dagegen die Haftfähigkeit vom Gerichtsvollzieher verneint, steht das Recht zur Einlegung der Erinnerung dem Insolvenzgericht zu (*Jaeger/Schilken* § 98 Rn 29). Über die Erinnerung nach § 766 ZPO entscheidet das **Vollstreckungsgericht** (*Jaeger/Schilken* § 98 Rn 29; **str aA** MüKo-*Passauer/Stephan* § 98 Rn 25: Insolvenzgericht). Im Übrigen muss die **Gesundheitsgefährdung** offensichtlich oder nachgewiesen sein. Den Nachweis einer nicht offensichtlichen Gesundheitsgefährdung hat der Schuldner oder der organschaftliche Vertreter zu erbringen (LG Göttingen DGVZ 1981, 10). Weist der Schuldner durch Vorlage eines ärztliche Attests nach, dass er möglicherweise aus gesundheitlichen Gründen nicht in der Lage ist, die Anordnung zu befolgen, so kann das Insolvenzgericht den **Vollzug des Haftbefehls analog § 116 StPO aussetzen** und die amtsärztliche Untersuchung des Schuldners anordnen (LG Köln EWiR § 117 KO 1/98, 77 [Pape]). Die Kosten der Untersuchung hat der Schuldner zu tragen. Eine behauptete Haftunfähigkeit steht dem Erlass eines Haftbefehls nicht entgegen, da sie allenfalls zu einer **Aussetzung der Vollziehung** führen kann (LG Köln ZVI 2004, 193). Für die Beurteilung der Haftfähigkeit eines Schuldners oder Schuldnervertreters ist grundsätzlich ein **strenger Maßstab** anzulegen. Im Einzelfall ist der **Grundsatz der Verhältnismäßigkeit der Mittel** zu beachten. Im Übrigen kommt es darauf an, welche Auskünfte oder Maßnahmen vom Schuldner verlangt werden. Auch eine Bluthochdruckerkrankung hindert den Schuldner nicht daran, Auskunft über den Verbleib bestimmter massezugehöriger Gegenstände zu geben. Es ist letztlich in solchen Fällen seine Sache, ob er sich lieber der erheblichen Gefahr seiner Gesundheit durch Haft aussetzt. Vor der **Verhaftung eines Beamten**, eines Geistlichen oder eines Lehrers an öffentlichen Unterrichtsanstalten ist der vorgesetzten Dienstbehörde vom Gerichtsvollzieher Anzeige zu machen (§ 910 S 1 ZPO). Die Verhaftung darf erst erfolgen, nachdem die vorgesetzte Behörde für die dienstliche Vertretung des Schuldners gesorgt hat (§ 910 S 2 ZPO). Vor Anordnung der Haft ist der Betroffene **anzuhören** (§ 98 Abs 3 S 2 iVm § 10). Die Anhörung kann schriftlich oder mündlich geschehen. Bei Auslandsaufenthalt oder unbekanntem Aufenthalt kann sie unterbleiben. Es gilt insoweit § 10 Abs 1 S 1.

21 **aa) Haftdauer.** Die Haftdauer orientiert sich am Haftzweck. Sind die Voraussetzungen für die Verhaftung des Schuldners oder eines Schuldnervertreters weggefallen, hat das Gericht den Haftbefehl von Amts wegen aufzuheben (§ 98 Abs 3 S 2). Im Übrigen beträgt die Haftdauer **höchstens sechs Monate** (§ 913 S 2 ZPO). Nach Ablauf der sechs Monate ist der Schuldner von Amts wegen aus der Beugehaft zu entlassen. Zweifelhaft, letztlich aber zu verneinen ist die Frage, ob die erneute Weigerung zur erneuten Verhaftung führen kann. Reichen weniger einschneidende Maßnahmen aus, um den beabsichtigten Zweck zu erfüllen, ist der Erlass eines Haftbefehls unzulässig. Eine andere Frage ist die, ob das Insolvenzgericht berechtigt ist, den **Vollzug des Haftbefehls einstweilen auszusetzen** (HK-*Kayser* § 98 Rn 28). Einer entsprechenden Anwendung des § 116 StPO bedarf es nicht (so aber LG Memmingen ZIP 1983, 204). Vielmehr hat das Gericht vor allem bei Einlegung von Rechtsmitteln gegen den Anordnungsbeschluss (Haftbefehl) jederzeit die Möglichkeit, die Vollziehung bis zur Entscheidung des Beschwerdegerichts einstweilen auszusetzen.

22 **bb) Rechtsmittel.** Nach § 98 Abs 3 S 3 findet gegen die Anordnung der Haft und gegen die Abweisung eines Antrags auf Aufhebung des Haftbefehls wegen Wegfalls seiner Voraussetzungen die **sofortige Beschwerde** statt (OLG Celle v 10. 1. 2001, NZI 2001, 149). Die sofortige Beschwerde hat keine aufschiebende Wirkung (LG Göttingen NZI 2005, 339; N/R/*Wittkowski* § 98 Rn 9; *Jaeger/Schilken* § 98 Rn 32; *Ahrens* NZI 2005, 299 ff). Gegen die **Androhung der Verhaftung** ist eine sofortige Beschwerde dagegen ausgeschlossen, da es sich um eine vorbereitende Maßnahme handelt (LG Hamburg v 1. 7. 1999, NZI 2000, 236 [LS]). Dem Schuldner ist es unbenommen, jederzeit einen Antrag auf Aufhebung des Haftbefehls bzw Anordnungsbeschlusses zu stellen, wenn seiner Ansicht nach der Haftgrund nicht mehr besteht oder nach seiner Ansicht Haftunfähigkeit vorliegt. Erweist sich die Haftanordnung hinsichtlich einzelner vom Schuldner verlangter Auskunftspflichten als unbegründet, oder hat sie sich zwischenzeitlich erledigt, hat das Beschwerdegericht den Haftbefehl auch dann teilweise abzuändern, wenn die Anordnung der Haft im Ergebnis weiterhin berechtigt ist (BGH v 17. 2. 2005, ZIP 2005, 722). Bei

der **führungslosen Gesellschaft** sind seit dem Inkrafttreten des **MoMiG** auch die **Gesellschafter** nach §§ 101 Abs 2 2. Halbs, 97 Abs 1 auskunftspflichtig und können hierzu nach § 98 angehalten werden. Wird der Antrag auf Aufhebung des Haftbefehls abgelehnt, findet auch gegen den Ablehnungsbeschluss, der vom Gericht zu begründen ist, die **sofortige Beschwerde** statt (§ 98 Abs 3 S 3). Dagegen kann die **Aufhebung des Haftbefehls** nicht mit der Begründung beantragt werden, der organschaftliche Vertreter sei von der Gesellschafterversammlung im Laufe des Verfahrens ab berufen worden, denn die Verfahrenspflichten auch eines abberufenen Organs bestehen trotz Abberufung weiter. Im Übrigen steht die sofortige Beschwerde bei Aufhebung des Haftbefehls nicht jedem Insolvenzgläubiger zu. Nach zutreffender Feststellung von *Smid* (§ 98 Rn 12) erscheint es sachgerecht, die Beschwerdeberechtigung auf diejenigen Organe zu beschränken, denen unmittelbar die Aufgabe der Sicherung der Masse obliegt, also dem Verwalter und dem Gläubigerausschuss. Wird der „Antrag" eines Insolvenzgläubigers oder des Insolvenzverwalters auf Anordnung der Erzwingungshaft zurückgewiesen, scheidet eine Beschwerdemöglichkeit aus (*Hess* § 98 Rn 31).

cc) **Kosten der Verhaftung.** Die mit der Verhaftung verbundenen Kosten sind Gerichtskosten iSv § 54 **23** Nr 1 (*Jaeger/Schilken* § 98 Rn 34; *K/P/B/Lüke* § 98 Rn 9; *FK-App* § 98 Rn 7; *Smid* § 98 Rn 9; *MüKo-Passauer/Stephan* § 98 Rn 40).

§ 99 Postsperre

(1) ¹Soweit dies erforderlich erscheint, um für die Gläubiger nachteilige Rechtshandlungen des Schuldners aufzuklären oder zu verhindern, ordnet das Insolvenzgericht auf Antrag des Insolvenzverwalters oder von Amts wegen durch begründeten Beschluß an, dass die in dem Beschluss bezeichneten Unternehmen bestimmte oder alle Postsendungen für den Schuldner dem Verwalter zuzuleiten haben. ²Die Anordnung ergeht nach Anhörung des Schuldners, sofern dadurch nicht wegen besonderer Umstände des Einzelfalls der Zweck der Anordnung gefährdet wird. ³Unterbleibt die vorherige Anhörung des Schuldners, so ist dies in dem Beschluß gesondert zu begründen und die Anhörung unverzüglich nachzuholen.

(2) ¹Der Verwalter ist berechtigt, die ihm zugeleiteten Sendungen zu öffnen. ²Sendungen, deren Inhalt nicht die Insolvenzmasse betrifft, sind dem Schuldner unverzüglich zuzuleiten. ³Die übrigen Sendungen kann der Schuldner einsehen.

(3) Gegen die Anordnung der Postsperre steht dem Schuldner die sofortige Beschwerde zu. Das Gericht hat die Anordnung nach Anhörung des Verwalters aufzuheben, soweit ihre Voraussetzungen fortfallen.

I. Allgemeines

Auch für das neue Recht erweist sich die Anordnung des Gerichts, bestimmte Postsendungen an den **1** Schuldner der Kontrolle des vorläufigen oder endgültigen Insolvenzverwalters zu unterwerfen, als wichtiges Hilfsmittel zur Feststellung und Sicherung der Haftungs- bzw Insolvenzmasse. Die Beschränkung darf für den Schuldner nur angeordnet werden, soweit sie erforderlich erscheint, um im Interesse der Gläubiger vorangegangene Vermögensverschiebungen des Schuldners aufzuklären oder künftige zu verhindern. § 99 verschafft dem Verwalter zugleich die Befugnis, die an den Insolvenzschuldner gerichtete Post zu öffnen und einzusehen. Dabei hat das Gericht immer zu beachten, dass jede Postsperre einen tiefen Eingriff in den privaten Lebensbereich des Schuldners bedeutet. Dieser Eingriff ist bei juristischen Personen weniger schwerwiegend, wenn es sich um Geschäftspost handelt (vgl *Gundlach/Frenzel/Schmidt* ZInsO 2001, 979, 982 f).

II. Verfassungsmäßigkeit der Postsperre

§ 99 soll ebenso wie § 21 Abs 2 Nr 4 verhindern, dass der Schuldner Post- und Telegrafensendungen **2** zum Nachteil der Masse und der am Verfahren beteiligten Gläubiger ausnutzt. Zugleich dient die Postsperre und das damit verbundene **Einsichtsrechts des Verwalters** auch der Vorbereitung von Anfechtungsprozessen, weil sich oftmals wichtige Anhaltspunkte für Vermögensverschiebungen aus der Schuldnerkorrespondenz ergeben. In § 102 S 1 ist dem Zitiergebot des Art 19 Abs 1 S 2 GG Rechnung getragen, da in das Grundrecht des Post- und Fernmeldegeheimnisses nach Art 10 Abs 1 GG eingegriffen wird (vgl auch *Maunz/Dürig* Art 10 GG Rn 59). In das **Grundrecht des Post- und Fernmeldegeheimnisses** kann nach Art 10 Abs 2 S 1 GG nur durch förmliches Bundes- oder Landesgesetz eingegriffen werden. Ein solches Gesetz stellt die InsO dar, so dass hinsichtlich der **Verfassungsmäßigkeit der Regelung** in den §§ 21 Abs 2 Nr 4, 99 **keine Bedenken bestehen** (vgl auch schon zu § 121 VglO **BVerfG** v 6. 6. 1986, ZIP 1986, 1336, 1337; **BVerfG** NZI 2001, 133; **OLG** Naumburg v 22. 9. 1993, ZIP 1993, 1573, 1575; **OLG** Bremen v 1. 4. 1992, ZIP 1992, 1757, 1759; *K/P/B/Lüke* § 99 Rn 3; *Jaeger/Schilken* § 99 Rn 7; *HK-Kayser* § 99 Rn 3; *FK-App* § 99 Rn 11; *BerlKo-Blersch/v. Olshausen* § 99 Rn 1; *Smid* § 99 Rn 5; *Uhlenbruck* Rpfleger 1984, 10 f; *KS-Landfermann* S 190 Rn 92; **zweifelnd oder aA** *Land-*

grebe Rpfleger 1984, 7 ff; *Quack* Rpfleger 1975, 185, 186; H/W/F Hdb 3/219; **krit** zu § 99 auch *Jauernig* FS *Uhlenbruck* S 3, 6 ff; vgl auch *Gundlach/Frenzel/Schmidt* ZInsO 2001, 979, 980). Allerdings hat das Insolvenzgericht bei Anordnung einer Postsperre den **Grundsatz der Verhältnismäßigkeit** zu beachten (**OLG** Bremen v 1. 4. 1992, ZIP 1992, 1757, 1759; HK-*Kayser* § 99 Rn 9, 10; *Jaeger/Schilken* § 99 Rn 8; *Hess* § 99 Rn 7 ff; *Gerhardt* Insolvenzrechtsreform und Verfassungsrecht 1996 S 80; vgl auch *Uhlenbruck* Rpfleger 1984, 10, 11). In **jedem Einzelfall** hat das Insolvenzgericht vor Anordnung der Postsperre zwischen dem verfassungsrechtlich geschützten Interesse des Schuldners an der Achtung des Brief-, Post- und Fernmeldegeheimnisses (Art 10 Abs 1 GG) und dem Schutz der Gläubiger vor Benachteiligung **abzuwägen** (KS-*Landfermann* S 190 Rn 92). Eine **routinemäßige Verhängung der Postsperre ist unzulässig** (**OLG** Bremen ZIP 1992, 1757 = NJW 1993, 798; HK-*Kayser* § 99 Rn 10; N/R/*Wittkowski* § 99 Rn 3). Für die InsO stellt § 99 klar, dass die Postsperre nur angeordnet werden darf, „soweit dies erforderlich erscheint, um für die Gläubiger nachteilige Rechtshandlungen des Schuldners aufzuklären oder zu verhindern".

3   Die Postsperre kann auch im eröffneten **Verbraucherinsolvenzverfahren** gem §§ 304 ff mit einem Einsichtsrecht des Treuhänders angeordnet werden (MüKo-*Passauer/Stephan* § 99 Rn 45). Umstritten ist die Frage, ob die **Postsperre auch im Rahmen der Eigenverwaltung** (§§ 270 ff) angeordnet werden kann mit der Folge, dass die Post der Einsicht des Sachwalters unterliegt (§ 270 Abs 1 S 2). Ist im Insolvenzverfahren die **Eigenverwaltung** angeordnet worden, so ist nach Auffassung von *Landfermann* (KS S 191 Rn 95) eine Postsperre „nicht angebracht", da die Kenntnisse, die der Sachwalter für die Überwachung der Geschäftsführung benötigt, dieser sich in ausreichendem Maße durch seine Einsichts- und Auskunftserteilungsansprüche nach § 274 Abs 2 S 2 iVm § 22 Abs 3 verschaffen kann (FK-*App* § 99 Rn 21; einschränkend HK-*Kayser* § 99 Rn 4 m Verweis auf § 274 Abs 3 und § 281 Abs 1 S 2; BerlKo-*Blersch/v. Olshausen* § 99 Rn 2; *Gundlach/Frenzel/Schmidt* ZInsO 2001, 979, 982; *Hess* § 99 Rn 17).

III. Postsperre im Eröffnungsverfahren

4   Die Anordnung einer **vorläufigen Postsperre** gegen den Schuldner bzw das Schuldnerunternehmen ist in § 21 Abs 2 Nr 4 ausdrücklich für zulässig erklärt worden. Die Postsperre nach § 21 Abs 2 Nr 4 kommt insbesondere in Betracht, wenn der Schuldner die Arbeit eines vorläufigen Insolvenzverwalters behindert oder unzureichende Angaben über seine Vermögensverhältnisse macht (**BGH** v 12. 10. 2006, NZI 2007, 34, 35). Es gelten insoweit die gleichen Grundsätze wie für das eröffnete Verfahren (§ 99). Auch im Eröffnungsverfahren ist die Postsperre aus verfassungsrechtlichen Gründen zurückhaltend zu verhängen (vgl **OLG** Zweibrücken ZInsO 2000, 627 [Ls]; **OLG** Celle ZIP 2000, 189; **LG** Frankfurt InVo 1999, 346; KS-*Vallender* S 249, 263 Rn 41 ff; *Grub* ebend S 690 f Rn 49 ff; *Bernsen* ebend S 1843, 1854 Rn 31; *Stephan* NZI 1999, 104, 105; *Gundlach/Frenzel/Schmidt* ZInsO 2001, 979, 981 f). Im Übrigen wird auf die Kommentierung zu § 21 Rn 34 verwiesen.

IV. Voraussetzungen der Anordnung

5   Die InsO hat die Voraussetzungen der Anordnung einer Postsperre im Gegensatz zu § 121 KO verschärft, was in der Praxis allerdings Schwierigkeiten macht. Die Beschränkung darf nur angeordnet werden, soweit sie erforderlich erscheint, um im Interesse der Gläubiger vorangegangene Vermögensverschiebungen des Schuldners aufzuklären oder künftige zu verhindern. Nach **LG** Lübeck v 20. 8. 2001 (DZWIR 2001, 394) spielen etwaige Interessen Dritter keine Rolle. Dies bedeutet einmal, dass die Postsperre **nicht routinemäßig** angeordnet werden darf (vgl **OLG** Celle v 22. 9. 2000, NZI 2000, 583 = ZIP 2000, 1898 = ZInsO 2000, 557; **OLG** Bremen ZIP 1992, 1757, 1759; **LG** Stuttgart EWiR § 121 KO 1/86, 1127 [*Balz*]; *Frege/Keller/Riedel* HRP Rn 864 ff; HK-*Kayser* § 99 Rn 10; H/W/F Hdb 3/219 K/P/B/*Lüke* § 99 Rn 3). Andererseits gilt der **Grundsatz der Verhältnismäßigkeit** (HK-*Kayser* § 99 Rn 9, 10; *Jaeger/Schilken* § 99 Rn 8). Es ist im Einzelfall schwierig, die **konkreten Anhaltspunkte** für die gläubigernachteiligen Rechtshandlungen des Schuldners in den Gründen des Beschlusses darzulegen (**OLG** Celle v 11. 9. 2000, ZInsO 2000, 557, 558 = ZIP 2000, 1898 = NZI 2000, 583; MüKo-*Passauer/Stephan* § 99 Rn 14; *Jaeger/Schilken* § 99 Rn 9; HK-*Kayser* § 99 Rn 12; s auch **OLG** Celle v 17. 12. 2000, ZIP 2002, 578 m Anm *Fuchs* EWiR 2000, 291 f). Die **Erforderlichkeit** setzt voraus, dass kein anderes gleich wirksames, aber das Grundrecht aus § 10 GG nicht oder weniger stark beeinträchtigendes Mittel zur Erreichung des Zwecks zur Verfügung steht, wie zB Auskünfte des Schuldners nach § 197 Abs 1 oder Zeugenvernehmungen (HK-*Kayser* § 99 Rn 11). Die Praxis vor allem der vorläufigen Insolvenzverwaltung zeigt, dass die Postsperre ein wertvolles Hilfsmittel ist, gläubigernachteilige Vermögensmanipulationen des Schuldners aufzuklären oder zu verhindern. Es handelt sich aber meist um „Zufallsfunde". Dh, dass die Postsperre idR erst die Möglichkeit verschafft, die konkreten Anhaltspunkte für gläubigernachteilige Manipulationen des Schuldners oder des Schuldnerunternehmens zu entdecken. Vielfach geben Grundsteuerbescheide, Bankauszüge oder aus dem Ausland eingehende Post erst Aufschluss darüber, dass der Schuldner noch weiteres Vermögen besitzt, das er bislang verschwiegen hat. Da es dem Gericht nur in Ausnahmefällen möglich ist, die **konkreten Gefährdungsmomente** darzu-

legen, wird man hinsichtlich des **Merkmals der Erforderlichkeit** eine großzügige Beurteilung zulassen müssen (so auch *Jaeger/Schilken* § 99 Rn 9). So können zB auch Hinweise aus der Gläubigerschaft oder von dritter Seite ausreichen, um die Anordnung der Postsperre zu rechtfertigen. Nach Auffassung des **OLG** Celle (Beschl v 11. 9. 2000, ZInsO 2000, 557 = NJW-RR 2000, 634 = NZI 2000, 583 = ZIP 2000, 1898) gehört es zu den zwingenden Voraussetzungen des § 99 Abs 1 S 1, dass **konkrete Anhaltspunkte für eine Gefährdung der Masse** geltend gemacht werden, um die Angemessenheit der Einschränkung der Grundrechte des Schuldners zu überprüfen (s auch **OLG** Celle NZI 2001, 147 f u ZIP 2002, 578; **BGH** ZIP 2003, 1953, 1954). Die abstrakte Wiedergabe des Wortlauts des § 99 Abs 1 S 2 genügt keinesfalls. Auch der Hinweis darauf, der Insolvenzverwalter habe Verdachtsmomente dafür „ergründet", dass möglicherweise seitens der Geschäftsführerin und der Familie der Geschäftsführerin nachhaltige Gefahren für die Masse drohten, reicht nach Auffassung des **OLG** nicht aus. Vielmehr sein die vom Insolvenzverwalter angeführten **Verdachtsmomente konkret mitzuteilen** (praxisnäher insoweit MüKo-*Passauer/Stephan* § 99 Rn 14, 15). Erfüllt der Schuldner beharrlich die Mitwirkungs- und Auskunftspflichten nach § 97 nicht, begründet dies die Befürchtung gläubigernachteiliger Rechtshandlungen. Die Postsperre – auch hinsichtlich der privaten Post – ist dann das zur Aufklärung und Verhinderung solcher Handlungen erforderliche und verhältnismäßige Mittel (**LG** Bonn ZIP 2005, 411). Die **Erforderlichkeit** ist vor allem gegeben, wenn der begründete Verdacht besteht, dass der Schuldner oder der organschaftliche Vertreter eines Schuldnerunternehmens durch sein Verhalten den Tatbestand eines **Bankrottdelikts** iSv §§ 283, 283 a–283 d StGB erfüllt hat. Es ist im Zweifel Sache des Schuldners, den begründeten Verdacht im Rahmen der Anhörung zu entkräften (vgl auch *Gerhardt*, Insolvenzrechtsreform und Verfassungsrecht, 1996, S 80; HK-*Kayser* § 99 Rn 14; KS-*Landfermann* S 190 Rn 92). Erforderlich ist die Anordnung der Postsperre bereits dann, wenn zB der Schuldner die Offenbarung seiner Vermögensverhältnisse verzögert oder den Insolvenzverwalter in der Abwicklungsarbeit behindert (vgl *Gerhardt*, Insolvenzrechtsreform und Verfassungsrecht S 79; HK-*Kayser* § 99 Rn 14).

V. Begriff der Postsendung

Der Begriff der Postsendung ist weit zu fassen. Er enthält nicht nur Briefe, Telegramme, Fernschreiben (Telexe) und Telekopien, sondern auch E-Mails (**AG** Deggendorf Beschl v 19.6. und 26. 6. 2000 – 1 IN 72/00, zit bei BerlKo-*Blersch/v. Olshausen* § 99 Rn 6 Fn 16; *Münzel/Böhm* ZInsO 1998, 363 ff; K/P/B/*Lüke* § 99 Rn 4; HK-*Kayser* § 99 Rn 7, 8; FK-*App* § 99 Rn 6; *Gundlach/Frenzel/Schmidt* ZInsO 2001, 979, 981; *Hess* § 99 Rn 35; *Jaeger/Schilken* § 99 Rn 21; N/R/*Wittkowski* § 99 Rn 7). Zu den Problemen bei **E-Mail-Sendungen** s MüKo-*Passauer/Stephan* § 99 Rn 20; FK-*App* § 99 Rn 6; HaKo-*Wendler* § 99 Rn 7. Warum auch nach der InsO durch die Postsperre eine **Fernsprechsperre nicht erfasst** wird, bleibt unklar. Zu § 121 KO hat das **BVerfG** die Telefonsperre für zulässig erklärt (BVerfGE ZIP 1986, 1337), obwohl diese weder vom Wortlaut der Vorschrift gedeckt war noch großen praktischen Nutzen für den Verwalter und die Gläubiger versprach (vgl auch KS-*Landfermann* S 159, 190 Rn 93 Fn 121; BerlKo-*Blersch/v. Olshausen* § 99 Rn 6). In dem Anordnungsbeschluss sollte zweckmäßigerweise auch auf eine **Telefaxsperre** oder eine **E-Mail-Sperre** hin gewiesen werden. Soweit in der Literatur vertreten wird, dass E-Mail von der Postsperre nicht erfasst wird, empfehlen wir, dass der Insolvenzverwalter das Telefon des Schuldners sperren lassen kann, wozu es allerdings einer richterlichen Anordnung bedarf (so zB N/R/*Wittkowski* § 99 Rn 7). Der Insolvenzverwalter hat generell die Möglichkeit, das **Telefon des Schuldners sperren** zu lassen, um weitere Kosten zulasten der Insolvenzmasse zu vermeiden. Spätestens in dem Augenblick, in dem ein Telefongespräch auf Anrufbeantworter fixiert wird, muss die Postsperre eingreifen und der Verwalter den Anruf abhören können. Ähnlich wie beim **Telefax** wird für die Übertragung von E-Mail das Telefonnetz benutzt. Letztlich überwiegen bei **E-Mail** die Parallelen zur Briefpost. Obgleich E-Mail Post iSv § 99 ist, sollte die Anordnung der Postsperre besonders hervorgehoben werden, dass der Verwalter berechtigt ist, auch auf E-Mails zuzugreifen. Die Postsperre ermächtigt den Verwalter im Übrigen, die Dienstleister (Provider) anzuweisen, für den Schuldner bzw das Schuldnerunternehmen bestimmte Sendungen ihm zuzuleiten (zutr *Münzel/Böhm* ZInsO 1998, 363ff). Der **Begriff der Postsendungen** betrifft nicht nur Sendungen, die über die Post AG abgewickelt werden, sondern auch Briefe, die durch „private" **Zustelldienste** verteilt werden (*Gundlach/Frenzel/Schmidt* ZInsO 2001, 979, 981). In § 99 steht nichts darüber, ob die Postbetriebe zur **Mitwirkung gezwungen** werden können. Da ohne die Mitwirkung der Postdienste die Anordnung der Postsperre ins Leere gehen würde, ist anzunehmen, dass die Insolvenzgerichte die Postdienstleistungsunternehmen im Wege eines **anfechtbaren Gerichtsbeschlusses** zur Durchführung aller mit der Postsperre zusammenhängenden Maßnahmen zwingen können.

VI. Umfang der Postsperre

Das Gericht kann nach § 99 Abs 1 S 1 bestimmte Postsendungen von der Postsperre ausnehmen. Auszunehmen sind zB Schreiben des Insolvenzgerichts oder des Insolvenzverwalters an den Schuldner (K/P/B/*Lüke* § 99 Rn 4). Um den Postverkehr zwischen dem Insolvenzgericht und dem Schuldner nicht zu behindern, empfiehlt es sich, die Postsendungen an den Schuldner ebenso wie **Zustellungen durch** das **Insolvenzgericht** durch ausdrücklichen **Vermerk auf der Sendung** von der Sperre auszunehmen. Dies geschieht durch einen im Insolvenzgericht anzubringenden Vermerk „trotz Insolvenz aushändigen". Von der Postsperre ausgenommen werden können auch Postsendungen eines Strafgerichts an den Schuldner. Es empfiehlt sich jedoch nicht, generell **Gerichtspost** von der Postsperre auszunehmen, weil oftmals Grundbuchmitteilungen wertvolle Aufschlüsse über Vermögen des Schuldners ergeben. Werden Postzustellungen nicht von der Sperre ausgenommen, werden sie als unzustellbar behandelt. Im Anordnungsbeschluss können **bestimmte Sendungen** von der Postsperre ausgenommen werden (*Gundlach/Frenzel/Schmidt* ZInsO 2001, 979, 981). *Blersch/v. Olshausen* (BerlKo § 99 Rn 7) warnen aber vor den praktischen Schwierigkeiten einer **beschränkten Postsperre**, von der nur im Ausnahmefall und allenfalls unter zwingenden Verhältnismäßigkeitsgesichtspunkten Gebrauch gemacht werden sollte. Trotz Zustellung des Anordnungsbeschlusses an die zuständige Postzustellfiliale würde oft tagelang die Postsperre nicht beachtet und es gingen in dieser Zeit wertvolle Hinweise verloren. Es dürfte sich zumindest in der Anfangsphase eines Insolvenzverfahrens empfehlen, die Postsperre generell auf alle an den Schuldner gerichteten Postsendungen zu erstrecken. An den Schuldner gerichtete **Privatpost** fällt ebenfalls unter die Postsperre, da auch die Privatkorrespondenz vermögensrechtliche Bezüge zum Inhalt haben kann (K/P/B/*Lüke* § 99 Rn 6; MüKo-*Passauer/Stephan* § 99 Rn 19; *Jaeger/Schilken* § 99 Rn 22). Die Entscheidung, ob die Post lediglich private Angelegenheiten des Schuldners betrifft, liegt beim Insolvenzverwalter, der Privatpost unverzüglich an den Schuldner weiterzuleiten hat. **Offensichtliche Privatpost** sollte der Verwalter ungeöffnet an den Schuldner weiterleiten, wie zB Traueranzeigen oder Danksagungen (K/P/B/*Lüke* § 99 Rn 6; weitergehend aber BerlKo-*Blersch/v. Olshausen* § 99 Rn 12, MüKo-*Passauer/Stephan* § 99 Rn 19; *Uhlenbruck* Rpfleger 1984, 7, 11). Andererseits können sich auch aus Werbesendungen, Prospekten oder Broschüren durchaus Anhaltspunkte für Schuldnervermögen im Ausland ergeben. **Nicht erfasst** werden Postsendungen, die nicht den Schuldner selbst, sondern seine **Familienangehörigen** betreffen. Gleiches gilt für **ausgehende Post** (HK-*Kayser* § 99 Rn 7). **Sendungen durch Boten** sowie **Bahn- und Schiffssendungen** kann das Gericht durch eine Postsperre nicht verhindern.

8 Für die **Postsperre bei Insolvenz über Sondervermögen** gelten Besonderheiten. Die Anordnung einer Postsperre bei **Insolvenz eines Arztes, Wirtschaftsprüfers, Steuerberaters oder Rechtsanwalts** berechtigt den Insolvenzverwalter, äußerlich nicht als solche erkennbare Patienten- oder Mandantenpost zu öffnen (HK-*Kayser* § 99 Rn 7; MüKo-*Passauer/Stephan* § 99 Rn 18; *Jaeger/Schilken* § 99 Rn 22). Der Grundsatz der Verhältnismäßigkeit ist gewahrt, wenn in solchen Fällen die Anordnung der Postsperre den Insolvenzverwalter verpflichtet, **Briefe nur persönlich zu öffnen** und, wenn sie Patientendaten oder vertrauliche Mitteilungen von Mandanten enthalten, wieder zu verschließen und an den Schuldner weiterzuleiten (OLG Bremen v 1. 4. 1992, ZIP 1992, 1757; *Hess* § 99 Rn 11; MüKo-*Passauer/Stephan* § 99 Rn 18; *Jaeger/Schilken* § 99 Rn 22; FK-*App* § 99 Rn 5; zur drohenden Verletzung von Privatinteressen s auch BGH v 10. 7. 1991, NJW 1991, 2955; OLG Köln v 24. 6. 1992, ZIP 1992, 1320; KG v 19. 6. 1992, NJW 1992, 2771). Bei sonstiger Post wird man den Verwalter für berechtigt halten dürfen, die **Durchsicht der Schuldnerpost auf Mitarbeiter zu übertragen,** die jedoch besonders auf ihre Pflicht zur Verschwiegenheit hinzuweisen sind (K/P/B/*Lüke* § 99 Rn 10; *Hess* § 99 Rn 32). S auch unten zu Rn 14. Im Rahmen einer nach § 99 Abs 1 verfügten Postsperre kann angeordnet werden, dass **Postsendungen des Strafverteidigers**, die für den in Untersuchungshaft befindlichen Schuldner bestimmt sind, zunächst dem vorläufigen Insolvenzverwalter zugeleitet werden (BVerfG v 6. 11. 2000, ZIP 2000, 2311 = NZI 2001, 132 = KTS 2001, 139). Bei der **GmbH & Co KG** kann die Sperre auch auf Sendungen ausgedehnt werden, die an die Komplementär-GmbH bzw deren organschaftlichen Vertreter gerichtet ist (vgl *Uhlenbruck*, Die GmbH & Co KG S 441).

9 Im **Insolvenzverfahren über das Vermögen einer juristischen Person** umfasst die Postsperre nicht nur die Geschäftspost an den Schuldnerin, sondern auch die Geschäftspost an deren Organe gem § 101 Abs 1 S 1 (*Jaeger/Schilken* § 99 Rn 6; K/P/B/*Lüke* § 99 Rn 7). Bei einer **juristischen Person** werden von der Postsperre die Sendungen an diese und an die vertretungsberechtigten Organe erfasst, nicht dagegen die Post für die Gesellschafter als solche (K/P/B/*Lüke* § 99 Rn 7, MüKo-*Passauer/Stephan* § 99 Rn 23; *Jaeger/Schilken* § 99 Rn 6). Im Insolvenzverfahren über das Vermögen einer **OHG, KG oder GbR** erfasst die Postsperre auch **Sendungen an die persönlich haftenden Gesellschafter** (HK-*Kayser* § 99 Rn 5; *Jaeger/Schilken* § 99 Rn 6; MüKo-*Passauer/Stephan* § 99 Rn 23). Bei juristischen Personen erübrigt sich idR die Anordnung der Postsperre, da die Post ohnehin ebenso wie bei Personengesellschaften dem Insolvenzverwalter ausgehändigt wird. S auch BerlKo-*Blersch/v. Olshausen* § 99 Rn 2. Nicht erfasst wird dagegen Post an die **Gesellschafter einer juristischen Person** (K/P/B/*Lüke* § 99 Rn 7). Bei der entsprechenden Anwendung von § 99 auf die Mitglieder des Vertretungs- oder Aufsichtsorgans oder die vertretungsberechtigten persönlich haftenden Gesellschafter des Schuldners ist zu beachten, dass die Postsperre auch hier die **Privatpost** der betreffenden Personen erfasst. Dies ist nicht zuletzt deswegen gerechtfertigt, weil oftmals die Korrespondenz in Krise der Gesellschaft an dieser vorbeigeleitet wird. Bedeutung gewinnt bei persönlich haftenden Gesellschaftern die Postsperre auch im Hinblick auf die persönliche Haftung der Gesellschafter nach § 93. Eine Postsperre ist vor allem in den Fällen erforderlich, in denen Anhaltspunkte dafür bestehen, dass der persönlich haftende Gesellschafter sich seiner Haftung durch Vermögensverschiebungen zu entziehen versucht.

Nicht selten stellt sich das Problem **der konkurrierenden strafrechtlichen Postbeschlagnahme** (§ 99 **10** StPO) und der **insolvenzgerichtlichen Postsperre** (§ 99 InsO). Entgegen der Voraufl ist anzunehmen, dass die im Rahmen eines Strafverfahrens gegen den Schuldner wegen einer Insolvenzstraftat angeordnete Beschlagnahme nach § 99 StPO der zivilrechtlichen Postsperre nach § 99 vorgeht (so auch MüKo-*Passauer/Stephan* § 99 Rn 24). Die beschlagnahmten Unterlagen sind zunächst dem ermittelnden Strafrichter gem § 100 StPO vorzulegen, jedoch ist dem Insolvenzverwalter jederzeit Einsicht in die Unterlagen zu gewähren. Die Postsperre kann auch gegen den in **Untersuchungshaft** befindlichen Schuldner angeordnet werden. Sie erstreckt sich dann auch auf den Schriftverkehr zwischen Verteidiger und Schuldner (BVerfG v 6. 11. 2000, NZI 2001, 132; **AG** Duisburg NZI 2004, 504; *Frege/Keller/Riedel* HRP Rn 867). Benutzt der Schuldner eine **Deckadresse** für die an ihn gerichteten Postsendungen, so erstreckt sich die Postsperre auch auf die Deckadresse. Benützt dagegen der Schuldner die Adresse eines anderen, um die Post am Insolvenzverwalter vorbeizuleiten, ist die Anordnung der Postsperre gegen den Dritten nicht zulässig.

VII. Das Anordnungsverfahren

1. Anordnungsbeschluss. Die Anordnung der Postsperre erfolgt durch begründeten gerichtlichen Beschluss (§ 99 Abs 1 S 1). **Funktionell zuständig** für die Verhängung einer Postsperre ist im Eröffnungsverfahren der Richter bzw die Richterin (§ 18a 1 Nr 1 RPflG), im eröffneten Verfahren idR der Rechtspfleger (HK-*Kayser* § 99 Rn 19; *Smid* § 99 Rn 3; BerlKo-*Blersch/v. Olshausen* § 99 Rn 4). In der gesetzlich vorgeschriebenen Begründung des Anordnungsbeschlusses sind die Interessen der Gläubiger gegen die Belange des Schuldners abzuwägen (vgl **LG** Bonn NZI 2009, 652, 653; auch HK-*Kayser* § 99 Rn 16; MüKo-*Passauer/Stephan* § 99 Rn 30). In der **Begründung** ist die Erforderlichkeit der Postsperre darzulegen, wobei – wie oben dargestellt – wegen der tatsächlichen Schwierigkeiten eine großzügige Handhabung angebracht ist. Letztlich dient die Begründungspflicht dazu, eine „automatisierte regelmäßige Anordnung der Postsperre zu verhindern" (BerlKo-*Blersch/v. Olshausen* § 99 Rn 9; KS-*Landfermann* S 159, 190 Rn 92; HK-*Kayser* § 99 Rn 22–26; MüKo-*Passauer/Stephan* § 99 Rn 30; vgl auch **OLG** Celle v 11. 9. 2000, ZInsO 2000, 557, 558 = ZIP 2000, 1898 K/P/B/*Lüke* § 99 Rn 3; HK-*Kayser* § 99 Rn 22 ff). Wird der Antrag des Insolvenzverwalters auf Anordnung der Postsperre zurückgewiesen oder wird diesem nicht entsprochen, bedarf es keines begründeten Beschlusses, da ein Rechtsmittel dem Verwalter nicht zusteht. Der Anordnungsbeschluss ist, sofern er nicht mündlich verkündet wird, dem Schuldner bzw organschaftlichen Vertreter des Schuldnerunternehmens oder vertretungsberechtigten unbeschränkt haftenden Gesellschafter **zuzustellen** (§ 6 Abs 2). Sehr weitgehend **OLG** Celle (Beschl v 11. 9. 2000, NZI 2000, 583 = ZIP 2000, 1898), wonach das Gericht die vom Insolvenzverwalter angeführten Verdachtsmomente konkret mitzuteilen hat. Eine „stereotype Begründung" werde der geänderten Fassung des § 99 Abs 1 S 1 nicht gerecht. Allerdings beziehen sich die Ausführungen auf das Beschwerdegericht, das sich mit der Frage der Erforderlichkeit der Postsperre auseinander zu setzen hatte und konkrete Anhaltspunkte angeben muss, die die Anordnung einer solchen Sperre rechtfertigen.

Soweit durch die Postsperre dem Postdienstleistungsunternehmen **erstattungspflichtige Kosten** entstehen, richtet sich der Anspruch allenfalls gegen die Gerichtskasse. Unklar ist dabei, ob Entgelte hierfür als **Masseverbindlichkeiten** nach § 55 Abs 1 Nr 1 oder als **Auslagen** nach KV-GKG 9002 zu begleichen sind (vgl *Vallender* NZI 2003, 244; *Frege/Keller/Riedel* HRP Rn 871). Nach MüKo-*Passauer/Stephan* (§ 99 Rn 46) können die Kosten der Postsperre nicht ohne weiteres als gerichtliche Auslagen iSv Nr 9000 ff KV-GKG angesehen werden. Zur Lösung des Problems müssten die bei der Anordnung der Postsperre entstehenden Kosten als gerichtliche Auslagen gesetzlich normiert werden, zB durch eine Ergänzung des Kostenverzeichnisses zum Gerichtskostengesetz. Bei einer **Abweisung oder Rücknahme des Antrags** ist der Antragsteller Schuldner der in diesem Verfahren entstandenen Gebühren und Auslagen (*Vallender* NZI 2003, 244, 246). Zur Geltendmachung einer „**gerichtlichen Nachsendegebühr**" s auch *Jaeger/Schilken* § 99 Rn 24; HaKo-*Wendler* § 99 Rn 12; MüKo-*Passauer/Stephan* § 99 Rn 46; *Pape* ZInsO 2003, 389, 392; *Sabel* ZIP 2003, 781, 784 Fn 29; *Schmerbach/Wegener* ZInsO 2006, 400, 402.

2. Anhörung des Schuldners. Nach § 99 Abs 1 S 2 ergeht die Anordnung der Postsperre **nach Anhörung** **13** des Schuldners, sofern dadurch nicht wegen besonderer Umstände des Einzelfalles der Zweck der Anordnung gefährdet wird (vgl auch MüKo-*Passauer/Stephan* § 99 Rn 25 ff; *Jaeger/Schilken* § 99 Rn 16 ff). § 99 Abs 1 S 1 geht grundsätzlich davon aus, dass eine **vorherige Anhörung des Schuldners** erfolgt. Nach § 99 Abs 1 S 2 kann die Gewährung rechtlichen Gehörs aber dort unterbleiben, wenn ansonsten wegen besonderer Umstände des Einzelfalls der Zweck der Anordnung gefährdet würde. Dem besonderen Schutzbedürfnis des Schuldners trägt aber § 99 Abs 1 S 3 Rechnung, wonach in dem Anordnungsbeschluss gesondert zu begründen ist, wenn die vorherige Anhörung des Schuldners unterbleibt. Zudem ist die **Anhörung unverzüglich nachzuholen** (vgl KS-*Vallender* S 249, 263 Rn 43 u S 268 Rn 59; *Prütting* ebend S 229 Rn 24; MüKo-*Passauer/Stephan* § 99 Rn 32). Von einer **vorherigen Anhörung** des Schuldners oder Schuldnervertreters ist **insbesondere abzusehen**, wenn hierdurch der Zweck der Maßnahme vereitelt werden könnte. Dies ist bei Verdacht von Manipulationen regelmäßig der Fall (K/P/B/*Lüke* § 99 Rn 9; HK-*Kayser* § 99 Rn 30; *Jaeger/Schilken* § 99 Rn 18). Besonders im Rahmen eines Eröffnungsverfahrens nach zugelassenem Gläubigerantrag ist die Gefahr einer Vermögensverschleierung groß (vgl **LG** Stuttgart v 16. 9. 1986, ZIP 1986, 1591; K/P/B/*Lüke* § 99 Rn 8). Da die Erkenntnismöglichkeiten des Insolvenzrichter in diesem Verfahrensabschnitt jedenfalls in der Anfangsphase eingeschränkt sind, dürfen an die Begründungspflicht keine überzogenen Anforderungen gestellt werden (KS-*Vallender* S 263 Rn 43; FK-*Schmerbach* § 21 Rn 87). **Unterbleibt die vorherige Anhörung** des Schuldners, so hat das Gericht die Gründe für die Unterlassung im Beschluss besonders darzulegen (§ 99 Abs 1 S 3). Die unterbliebene Anhörung ist **unverzüglich nachzuholen**, also ohne schuldhaftes Zögern spätestens mit der Bekanntgabe des Anordnungsbeschlusses an den Schuldner, soweit dies nicht schon früher möglich ist (BerlKo-*Blersch/v. Olshausen* § 99 Rn 8; Hess § 99 Rn 22; KS-*Vallender* S 268 Rn 59). Die Anhörung des Schuldners kann **mündlich** oder **schriftlich** erfolgen (HK-*Kayser* § 99 Rn 28). Ist der Schuldner oder Schuldnervertreter flüchtig, hält sich der Schuldner im Ausland auf und würde die Anhörung das Verfahren übermäßig verzögern, so kann nach § 10 Abs 1 S 1 die Anhörung ganz **unterbleiben**. Allerdings soll in diesem Fall ein Vertreter oder Angehöriger des Schuldners gehört werden (§ 10 Abs 1 S 2). Das gilt auch, wenn zB der Geschäftsführer einer GmbH flüchtig ist oder sich ein Vertretungsorgan iSv § 101 Abs 1 S 1 ins Ausland absetzt (§ 10 Abs 2). Bei **Führungslosigkeit** einer Kapitalgesellschaft ist zu prüfen, ob nicht wegen § 101 Abs 1 S 2 Halbs 2 die Gesellschafter anzuhören sind. Die ausdrückliche Normierung des rechtlichen Gehörs in § 99 Abs 1 S 2 hat angesichts der „Vorwarnfunktion" und der Eilbedürftigkeit des Verfahrens mit Recht Kritik erfahren (KS-*Vallender* S 249 Rn 43; *Jaeger/Schilken* § 99 Rn 18).

VIII. Das Einsichtsrecht des Verwalters

14 Der vorläufige oder endgültige Insolvenzverwalter ist berechtigt, die ihm zugeleiteten Sendungen zu öffnen und einzusehen (§ 99 Abs 2 S 1). Nur solche Sendungen, deren Inhalt nicht die Insolvenzmasse betrifft, hat er unverzüglich dem Schuldnervertreter zuzuleiten (§ 99 Abs 2 S 2). Die gesperrten Sendungen sind von der Deutsche Post AG oder sonstigen Briefdiensten dem Insolvenzverwalter zuzuleiten oder auszuhändigen. Ob es sich im Einzelfall um **Privatpost des Schuldners** handelt, die an ihn weiterzuleiten ist, entscheidet der Insolvenzverwalter nach Einsichtnahme. Der Insolvenzverwalter hat nach älterer Auffassung grundsätzlich die Schuldnerpost **persönlich zu lesen** (vgl OLG Bremen v 1. 4. 1992, ZIP 1992, 1757, 1759; *Eickmann* KTS 1986, 187, 204). Demgegenüber weisen K/P/B/*Lüke* (§ 99 Rn 10) darauf hin, dass eine solche enge Interpretation der Vorschrift den praktischen Bedürfnissen nicht gerecht wird. Oft sei es dem Verwalter nicht möglich, sämtliche Post des Insolvenzschuldners persönlich zu öffnen. Der Verwalter müsse deshalb diese Aufgaben seinen ohnehin mit dem Verfahren befassten Angestellten übertragen können. Dies ist vor allem im Hinblick auf Großinsolvenzen richtig. In Großverfahren mit mehreren tausend Gläubigern und Betriebsstätten an mehreren Orten ist es einem Insolvenzverwalter unmöglich, sämtliche Post des Schuldnerunternehmens persönlich zu öffnen und zu lesen. Obgleich es sich insoweit um eine **originäre Verwaltertätigkeit** handelt, ist davon auszugehen, dass der Insolvenzverwalter im Einzelfall berechtigt ist, **qualifizierte Mitarbeiter**, vor allem wenn diese einer beruflichen Schweigepflicht unterliegen, mit der Durchsicht der Schuldnerpost zu betrauen (so auch HK-*Kayser* § 99 Rn 36; HaKo-*Wendler* § 99 Rn 13; zur Schweigepflicht von Hilfspersonen s *Schönke/Schröder/Lenckner* § 203 StGB Rn 64). Allerdings wird man ihn für verpflichtet halten müssen, Mitarbeiter auf die ihnen obliegende Verschwiegenheitspflicht hinzuweisen (K/P/B/*Lüke* § 99 Rn 10). Ob der strafrechtliche Schutz des § 203 Abs 3 S 2 StGB allerdings ausreicht, um die verfassungsrechtlich geschützten Belange des Schuldners und des Absenders zu schützen, ist zweifelhaft.

IX. Das Einsichtsrecht des Schuldners

15 Postsendungen, die keinen Bezug zur Insolvenzmasse haben, sind dem Schuldner unverzüglich zuzuleiten (§ 99 Abs 2 S 1). Der Verwalter hat dafür Sorge zu tragen, dass die weitergeleitete Post den Schuldner oder die organschaftlichen Vertreter des Schuldnerunternehmens auch tatsächlich erreicht (BerlKo-*Blersch/v. Olshausen* § 99 Rn 15). Wird die Post nicht unmittelbar an den Schuldner weitergeleitet, sondern auf dem Postwege, sind auf den Briefsendungen entsprechende **Hinweise anzubringen, dass die Sendung nicht der gerichtlichen Postsperre unterliegt**. Soweit die Postsendungen verfahrensrechtlichen Bezug haben, also die Insolvenzmasse (§ 35) betreffen, steht dem Schuldner lediglich ein **Einsichtsrecht** zu (§ 99 Abs 2 S 2). Ist streitig, ob es sich um Privatpost oder Post mit vermögensrechtlichem Bezug handelt, kann der Schuldner seinen Anspruch auf Herausgabe nur vor den ordentlichen Gerichten verfolgen (*Jaeger/Schilken* § 99 Rn 27; *Braun/Kroth* § 99 Rn 14; K/P/B/*Lüke* § 99 Rn 15; MüKo-*Passauer/Stephan* § 99 Rn 38). Die Verweisung auf den ordentlichen Rechtsweg hinsichtlich des Herausgabeanspruchs schließt aber nicht aus, dass der Schuldner bzw Schuldnervertreter gegen die Weigerung des Insolvenzverwalters, Post an ihn herauszugeben oder die Einsichtnahme in die Post zu gestatten, das Insolvenzgericht anruft und anregt, im **Wege der gerichtlichen Aufsicht** nach § 58 einzuschreiten. Dieser Weg ist meist deswegen erfolglos, weil das Gericht in Zweckmäßigkeitsentscheidungen des Insolvenzverwalters nicht einzugreifen vermag. Wohl aber kann das Gericht im Aufsichtswege einschreiten, wenn der Verwalter zB die Öffnung und Einsichtnahme in die Post schuldhaft über einen längeren

Zeitraum verzögert, um eine Weiterleitung oder ein Einsichtsrecht des Schuldners zu verhindern. Soweit dem Schuldner ein **Einsichtsrecht** in Postsendungen zusteht, kann er vom Insolvenzverwalter verlangen, die Post am Ort der Insolvenzverwaltung einzusehen. Erforderlichenfalls muss ihm gestattet werden, **Ablichtungen** zu fertigen, um seine Rechte außerhalb des Verfahrens wahren zu können (*Jaeger/Schilken* § 99 Rn 28; MüKo-*Passauer/Stephan* § 99 Rn 38). Allerdings ist das Einsichtsrecht des Schuldners „durch die Erfordernisse ordnungsgemäßer Insolvenzverwaltung begrenzt" (K/P/B/*Lüke* § 99 Rn 11). Dh, dass die Einsichtnahme die Insolvenzabwicklung nicht in unzumutbarer Weise behindern darf. Im Übrigen darf sie auch **nicht zur Unzeit erfolgen** oder aus sonstigen Gründen **rechtsmissbräuchlich** sein, etwa um den Verwalter in seiner Abwicklungsarbeit zu behindern (K/P/B/*Lüke* § 99 Rn 11; *Jaeger/Schilken* § 99 Rn 28; MüKo-*Passauer/Stephan* § 99 Rn 38).

X. Rechtsmittel

Gegen die Anordnung der Postsperre steht dem Schuldner die **sofortige Beschwerde** zu (§ 99 Abs 3 S 1; OLG Köln v 26. 1. 2000, ZIP 2000, 1221, 1222). Dem Insolvenzverwalter steht bei Zurückweisung seines Antrags auf Anordnung der Postsperre dagegen ebensowenig ein Rechtsmittel zu wie gegen die Aufhebung des Postsperre (MüKo-*Passauer/Stephan* § 99 Rn 41; HK-*Kayser* § 99 Rn 40). Im eröffneten Verfahren ist gegen die **Entscheidung des Rechtspflegers** allerdings die **Erinnerung** nach § 11 Abs 2 S 1 RPflG statthaft (*Jaeger/Schilken* § 99 Rn 30). *Jauernig* (FS Uhlenbruck S 3, 6 ff) sieht in der gesetzlichen Regelung gegenüber dem früheren Recht eine erhebliche Verschlechterung und einen Grundrechtsverstoß. Diese Verschlechterung suche das Gesetz dadurch zu kompensieren, dass das Gericht zur amtswegigen Aufhebung der Anordnung nach Anhörung des Verwalters verpflichtet sei, soweit deren Voraussetzungen fortgefallen sind. Dies entlaste zwar das Insolvenzgericht und diene der Verfahrensbeschleunigung, schmälere aber andererseits die Rechtsstellung des Insolvenzschuldners gegenüber derjenigen des früheren Gemeinschuldners nach § 121 KO. Dem berechtigten Vorschlag von *Jauernig*, § 99 Abs 3 um einen Satz 3 zu ergänzen, der dem § 98 Abs 3 S 3 entspricht, ist der Gesetzgeber bislang nicht gefolgt. Bleibt somit nur die von ihm vorgeschlagene analoge Anwendung des § 98 Abs 3 S 3. Das Insolvenzgericht kann der **Beschwerde abhelfen** (§ 6 Abs 2 S 2; s auch MüKo-*Passauer/Stephan* § 99 Rn 40). Die **Zulässigkeit der Rechtsbeschwerde** nach § 7 hängt nicht davon ab, dass das Beschwerdegericht die Rechtsbeschwerde zum BGH zulässt, wohl aber davon, dass die **Rechtssache grundsätzliche Bedeutung** hat (§ 574 Abs 2 Nr 1 ZPO) oder die **Fortbildung des Rechts** oder die **Sicherung einer einheitlichen Rechtsprechung** eine Entscheidung des Rechtsbeschwerdegerichts erfordert (§ 574 Abs 2 Nr 2 ZPO). Eine sofortige Beschwerde gegen die **Anordnung einer vorläufigen Postsperre** wird nach deren Aufhebung unzulässig (BGH v 12. 10. 12.006, NZI 2007, 34 m Anm *Zipperer*). Zu den Voraussetzungen für die Zulässigkeit einer Rechtsbeschwerde gegen die Anordnung der Postsperre s auch BGH v 11. 9. 2003 (ZIP 2003, 1953 = KTS 2004, 101). Die Beschwerde gegen die Anordnung einer Postsperre nach § 99 kann nicht auf Einwendungen gegen den Eröffnungsbeschluss gestützt werden. Diese Einwendungen können vielmehr nur mit einem Rechtsmittel gegen den Eröffnungsbeschluss selbst geltend gemacht werden (OLG Köln v 13. 6. 2000, NZI 2001, 154). Der **Gegenstandswert** des Verfahrens der Beschwerde gegen die Anordnung einer Postsperre richtet sich nicht nach § 38 GKG oder nach § 77 Abs 1 BRAGO, sondern ist nach den §§ 3 ZPO, 35 GKG zu schätzen (OLG Köln v 13. 6. 2000, InVo 2001, 95, 96).

XI. Aufhebung der Postsperre (§ 99 Abs 3 S 2)

Das Gesetz sieht keinen festen Zeitraum vor, nach dessen Ablauf die Postsperre aufzuheben oder zu beschränken ist. Dem Schuldner bzw Schuldnervertreter ist es unbenommen, **etwa nach einem halben Jahr** ab Verfahrenseröffnung einen Aufhebungsantrag zu stellen. Der Aufhebungsantrag kann nur abgelehnt werden, wenn konkrete Gründe für die Aufrechterhaltung der Postsperre gegeben sind, wie zB eine nicht abgeschlossene Masseermittlung, fehlende Kooperationsbereitschaft des Schuldners oder Anhaltspunkte für verfahrenszweckwidrige Manipulationen. Das Insolvenzgericht hat **von Amts wegen** zu prüfen, ob die Voraussetzungen für die Anordnung der Postsperre fortgefallen sind. Bei Wegfall ist es nach Anhörung des Verwalters verpflichtet, die Postsperre aufzuheben (§ 99 Abs 3 S 2 K/P/B/*Lüke* § 99 Rn 13; N/R/*Wittkowski* § 99 Rn 12). In jedem Fall ist der **Verwalter zu hören**. Die Voraussetzungen für eine Postsperre entfallen zB, wenn nicht mehr zu befürchten ist, dass der Schuldner die Posteingänge nachteilig zulasten der Gläubiger ausnutzt (vgl LG Coburg v 29. 11. 1971, KTS 1972, 124; *Hess* § 99 Rn 28). Eine **feste Zeitgrenze für die Aufhebung der Postsperre** lässt sich ebensowenig aufstellen wie für die Dauer der Anordnung (K/P/B/*Lüke* § 99 Rn 12). Zulässig ist es aber, nach Ablauf einer gewissen Zeit bestimmte Postsendungen, wie zB Periodika, von der Postsperre auszunehmen, wie zB eine ADAC-Zeitschrift (vgl HK-*Kayser* § 99 Rn 42; K/P/B/*Lüke* § 99 Rn 13). Lehnt der Richter oder die Richterin den Antrag auf Aufhebung der Postsperre ab, steht dem Schuldner hierhegen nach hM **kein Rechtsmittel** zu (§ 6 Abs 1; **str aA** *Jauernig* FS Uhlenbruck S 3, 6; *Hess* § 99 Rn 28; *Jaeger/Schilken* § 99 Rn 31, 29, die die **sofortige Beschwerde** zulassen; zweifelnd auch MüKo-*Passauer/Stephan* § 99 Rn 41). Weist dagegen der Rechtspfleger im eröffneten Verfahren einen Antrag des Schuldners auf Aufhebung der

Postsperre zurück, steht dem Schuldner die **Erinnerung** zu (§ 11 Abs 1 S 2, Abs 4 RPflG). Hebt der Rechtspfleger auf Antrag des Schuldners die Postsperre auf, kann der **Insolvenzverwalter Erinnerung einlegen** (*Hess* § 99 Rn 30). Im Übrigen bleibt dem Verwalter nur die Möglichkeit, einen neuen Antrag auf Anordnung der Postsperre nach § 99 Abs 1 zu stellen (BerlKo-*Blersch/v. Olshausen* § 99 Rn 18).

§ 100 Unterhalt aus der Insolvenzmasse

(1) Die Gläubigerversammlung beschließt, ob und in welchem Umfang dem Schuldner und seiner Familie Unterhalt aus der Insolvenzmasse gewährt werden soll.

(2) ¹Bis zur Entscheidung der Gläubigerversammlung kann der Insolvenzverwalter mit Zustimmung des Gläubigerausschusses, wenn ein solcher bestellt ist, dem Schuldner den notwendigen Unterhalt gewähren. ²In gleicher Weise kann den minderjährigen unverheirateten Kindern des Schuldners, seinem Ehegatten, seinem früheren Ehegatten, seinem Lebenspartner, seinem früheren Lebenspartner und dem anderen Elternteil seines Kindes hinsichtlich des Anspruchs nach den §§ 1615 l, 1615 n des Bürgerlichen Gesetzbuchs Unterhalt gewährt werden.

I. Allgemeines

1 § 100 hat gegenüber dem früheren Konkursrecht die Voraussetzungen einer Unterhaltsgewährung und den Umfang dieses Unterhalts präzisiert. Die gesetzliche Regelung soll dem Schuldner und seiner Familie die Möglichkeit einer Alimentierung aus der Masse einräumen. Allerdings gewährt das Gesetz dem Schuldner **keinen Rechtsanspruch** auf diese Alimentierung (vgl auch HK-*Kayser* § 100 Rn 1; N/R/*Wittkowski* § 100 Rn 2; K/P/B/*Lüke* § 100 Rn 1; *Uhlenbruck*, Das neue Insolvenzrecht, S 421; KS-*Kohte* S 781, 804 Rn 80; *Hess* § 100 Rn 3). Durch die Einbeziehung des Neuvermögens in den Begriff der Insolvenzmasse (§ 35) hat sich die Situation für den Schuldner und seine unterhaltsberechtigten Angehörigen erheblich verschärft (BerlKo-*Blersch/v. Olshausen* § 100 Rn 1; *Uhlenbruck* KTS 1999, 413 ff; *ders* FamRZ 1998, 1473 ff). Den Nachteil, dass die Unterhaltsberechtigten wegen der Einbeziehung des Neuerwerbs in die Insolvenzmasse im Hinblick auf den laufenden Unterhalt schlechter gestellt werden als nach früherem Recht, hat der Rechtsausschuss ausdrücklich in Kauf genommen mit der Begründung, regelmäßig werde sich dieser Nachteil nicht erheblich auswirken, da der pfändungsfreie Betrag des Einkommens nicht in die Masse falle und Unterhaltspflichten die Pfändungsfreibeträge erhöhen würden (vgl BT-Drucks 12/7302 S 167, abgedr bei *Uhlenbruck*, Das neue Insolvenzrecht, S 422; MüKo-*Passauer/Stephan* § 99 Rn 19).

II. Der Schutzbereich des § 100

2 Die Vorschrift des § 100 stellt die Entscheidung über die Gewährung des Unterhalts bzw des notwendigen Unterhalts des Schuldners und seiner Familie weitgehend in das Ermessen der Gläubigerversammlung oder des Insolvenzverwalters. In der **Voraufl** wurde die Auffassung vertreten, dieses Ermessen dürfe nicht dazu führen, dass ein Unterhalt gewährt wird, der **unterhalb der Sozialhilfesätze** oder **unterhalb des Existenzminimums** angesiedelt ist (so auch OLG Celle v 28. 5. 2001, ZInsO 2001, 713; OLG Frankfurt NZI 2000, 531, 532 f; **OLG Köln** NZI 2000, 529, 531 u 590, 591; KS-*Kohte* S 784, 805 ff; FK-*Kohte* § 312 Rn 46 ff, § 313 Rn 19; N/R/*Wittkowski* § 100 Rn 4, 17; *Smid* § 100 Rn 3; *Uhlenbruck* KTS 1999, 413, 418). Wegen des fehlenden Anspruchscharakters dient die Vorschrift nach wohl richtiger Auffassung nicht der Entlastung öffentlicher Kassen und der Vermeidung von Sozialhilfe (K/P/B/*Lüke* § 100 Rn 2; HK-*Kayser* § 100 Rn 2; BerlKo-*Blersch/v. Olshausen* § 100 Rn 1; *Keller* NZI 2007, 316, 318; *Jaeger/Schilken* § 100 Rn 15; MüKo-*Passauer/Stephan* § 100 Rn 20; FK-*App* § 100 Rn 9; *Graf-Schlicker* § 100 Rn 2). Erlangt der Schuldner nach Insolvenzeröffnung ein laufendes Arbeitseinkommen, so kann er sich und seine Familie im Umfang der **Unpfändbarkeit des § 850 c ZPO** angemessen unterhalten (*Keller* NZI 2007, 316). Die Anhebung der Pfändungsfreibeträge durch das Gesetz vom 13. 12. 2001 (BGBl I 3638) und die damit eingeführte Dynamisierung der Freibeträge (s Pfändungsfreigrenzen Bekanntmachung 2005, BGBl I 2005, S 493) gewährleisten einen ausreichenden Unterhalt bei Einkommen des Schuldners. Es geht dabei nicht um die Gewährung von Unterhalt aus der Insolvenzmasse, sondern um die Zugehörigkeit oder Nichtzugehörigkeit von Arbeitseinkommen zur Insolvenzmasse nach § 35 (s **AG Köln** NZI 2001, 162; BerlKo-*Blersch/v. Olshausen* § 100 Rn 1 a). Dieser Fall ist nach ist zutr Feststellung von *Blersch/v. Olshausen* (BerlKo § 100 Rn 1 a) durch das InsO-Änderungsgesetz v 26. 10. 2001 (BGBl I, S 2710) in § 36 Abs 1 S 2 iVm § 850 f Abs 1 Ziff a ZPO, § 36 Abs 4 geregelt worden. Demgemäß verbleiben für § 100 lediglich die Fälle, in denen der Schuldner über kein Arbeitseinkommen verfügt (*Graf-Schlicker* § 100 Rn 2; BerlKo-*Blersch/v. Olshausen* § 100 Rn 1 a). Aber auch für diese Fälle lässt sich die Ansicht nicht halten, dem Insolvenzschuldner müssten nach Verfassungsrecht aus der Insolvenzmasse Beträge überlassen werden, die ihm das an den Sozialhilfesätzen orientierte Existenzminimum sichern.

3 **Entgegen der Vorauf1** lässt sich auch nicht daran festhalten, dass bei Festsetzung eines **unangemessenen Unterhalts** das Gericht im Wege der Aufsicht nach den §§ 78, 58 einzuschreiten hat. Eine analoge

V. Die Höhe des Unterhalts § 100

Anwendung des § 78 ist nicht zuletzt auch deswegen problematisch, weil diese Vorschrift nur die Interessen der Gläubigerschaft und nicht die Interessen des Schuldners schützen soll. Ferner würde eine Aufhebung des für den Schuldner negativen Beschlusses nicht dazu führen, dass ihm automatisch Unterhalt aus der Insolvenzmasse gewährt wird (zutr *Keller* NZI 2007, 316, 318). Vielmehr müsste die Gläubigerversammlung in jedem Fall einen neuen Beschluss fassen, den das Gericht über § 78 nicht erzwingen kann. Hat der Schuldner **Sonderbedarf** zB für Arbeitskleidung, Diätkost oder Reisekosten, so steht ihm die Möglichkeit offen, nach §§ 36 Abs 1 S 2 InsO, 850f ZPO eine gerichtliche Entscheidung über die Erhöhung des Pfändungsfreibetrages zu erreichen.

III. Zuständigkeit der Gläubigerversammlung

Über die Frage der Zahlung von Unterhalt und deren Höhe entscheidet nach § 100 Abs 1 die Gläubigerversammlung, die nicht zwingend die erste Gläubigerversammlung (Berichtstermin) sein muss (N/R/*Wittkowski* § 100 Rn 10; K/P/B/*Lüke* § 100 Rn 3; BerlKo-*Blersch/v. Olshausen* § 100 Rn 3). Ob die Gläubigerversammlung die **Beschlussfassung auf den Gläubigerausschuss übertragen** kann (so N/R/*Wittkowski* § 100 Rn 10), ist zumindest zweifelhaft (ablehnend *Jaeger/Schilken* § 100 Rn 8; HK-*Kayser* § 100 Rn 6). Für die Beschlussfassung genügt es, wenn ein Gläubiger in der Gläubigerversammlung erscheint. Eines Antrags des Schuldners oder seiner Familienangehörigen bedarf es nicht. Allerdings wird man den Verwalter für verpflichtet halten müssen, sich zu den Vermögensverhältnissen des Schuldners oder eines persönlich haftenden Gesellschafters zu äußern. Die Gläubigerversammlung entscheidet über die Unterhaltsgewährung durch Beschluss **nach freiem Ermessen** mit **einfacher Mehrheit** (§ 76 Abs 2). Sie ist berechtigt, ihren Beschluss jederzeit abzuändern und durch einen neuen Beschluss zu ersetzen, durch den der Unterhalt erhöht oder vermindert wird (FK-*App* § 100 Rn 10). Eines Antrags des nicht anspruchsberechtigten Schuldners bedarf es nicht. Wird ein solcher Antrag gestellt, gilt er als Antrag auf Einberufung einer Gläubigerversammlung iSv § 75 (LG Schwerin ZVI 2003, 291, 292 = ZInsO 2002, 1096; abl HaKo-*Wendler* § 100 Rn 9).

IV. Der Schuldner und seine Familie

1. Der Begriff des unterhaltsberechtigten Schuldners. Die Gläubigerversammlung kann nicht nur dem Schuldner und seiner Familie Unterhalt aus der Insolvenzmasse gewähren, sondern im Insolvenzverfahren über das Vermögen einer Gesellschaft ohne Rechtspersönlichkeit (§ 11 Abs 2 Nr 1) auch den **vertretungsberechtigten persönlich haftenden Gesellschaftern**, also Gesellschaftern einer OHG, Komplementären einer KG oder deren Angehörigen (§ 101 Abs 1 S 3). Keine Unterhaltsgewährung kommt deshalb in Betracht für den Vorstand einer AG oder Geschäftsführer einer GmbH, selbst wenn sie wirtschaftlich als Schuldner anzusehen sind, wie etwa bei der Einmann-Gesellschaft. Da § 101 Abs 1 S 3 ausdrücklich auf die vertretungsberechtigten persönlich haftenden Gesellschafter abstellt, kann den nicht vertretungsberechtigten persönlich haftenden Gesellschaftern kein Unterhalt gewährt werden (*Binz* § 100 Rn 18; N/R/*Wittkowski* § 100 Rn 7).

2. Die „Familie" des Schuldners. Was im Einzelnen zur „Familie" des Schuldners gehört, ist in § 100 Abs 1 nicht gesagt. Der Begriff „Familie" ist von der Gläubigerversammlung festzulegen und orientiert sich nicht an dem Begriff in § 100 Abs 2 S 2 (K/P/B/*Lüke* § 100 Rn 6; FK-*App* § 100 Rn 9; *Graf-Schlicker* § 100 Rn 4; MüKo-*Passauer/Stephan* § 100 Rn 16, 17; *Jaeger/Schilken* § 100 Rn 10; N/R/*Wittkowski* § 100 Rn 11). Der Gläubigerversammlung steht es frei, den **Begriff der Familie** weit zu fassen und den ständig wandelnden gesellschaftlichen Gegebenheiten sowie dem Einzelfall anzupassen (*Jaeger/Schilken* § 100 Rn 10; N/R/*Wittkowski* § 100 Rn 11). Auch der **nichteheliche Lebenspartner** kann darunter fallen (HK-*Kayser* § 100 Rn 9; N/R/*Wittkowski* § 100 Rn 11; MüKo-*Passauer/Stephan* § 100 Rn 16). Das gilt vor allem, wenn die Partner gemeinschaftliche Kinder haben (FK-*App* § 100 Rn 9). Zulässig ist es, dass zwar der Familie des Schuldners, nicht aber dem Schuldner selbst Unterhalt gewährt wird (K/P/B/*Lüke* § 100 Rn 6). Es steht der Gläubigerversammlung grundsätzlich frei, den Kreis der Unterhaltsberechtigten weit zu ziehen, also auch volljährigen Kindern des Schuldners, die sich noch in der Ausbildung befinden, oder allen im Haushalt des Schuldners lebenden Personen Unterhalt zu gewähren (MüKo-*Passauer/Stephan* § 100 Rn 17; *Jaeger/Schilken* § 100 Rn 10; HK-*Kayser* § 100 Rn 9; N/R/*Wittkowski* § 100 Rn 11; *Uhlenbruck* KTS 1999, 413, 419). Der Gesetzgeber räumt der Gläubigerversammlung nicht zuletzt auch deswegen einen großzügigen Spielraum ein, weil jede erweiterte Unterhaltsgewährung zulasten der gesamten Gläubigerschaft geht. Großzügigkeit geht also immer zulasten der Gläubiger.

V. Die Höhe des Unterhalts

Die Gläubigerversammlung kann den Unterhalt nach freiem Ermessen gewähren. Der Gläubigerversammlung steht es frei, den Unterhalt auf einen **Gesamtbetrag** zu begrenzen oder nur für einen **bestimmten Zeitraum** zu gewähren, bis der Schuldner zB eine neue Arbeitsstelle gefunden hat (FK-*App*

§ 100 Rn 10). Steht die Gewährung von Unterhalt im freien Ermessen der Gläubigerversammlung, stellt sich die Frage, ob die **Bestimmung der Höhe** ebenfalls ihrem freien Ermessen unterliegt (so K/P/B/*Lüke* § 100 Rn 4). Entgegen der Voraufl ist auch hier festzustellen, dass der Ermessensspielraum der Gläubigerversammlung nicht durch **gewisse verfassungsrechtliche Schranken** begrenzt ist. Nach richtiger Ansicht kann es **keinen Mindestbetrag** geben, den die Gläubigerversammlung bewilligen müsste (so Andres/Leithaus § 100 Rn 8; *Jaeger/Schilken* § 100 Rn 12; BerlKo-*Blersch/v. Olshausen* § 100 Rn 2; FK-*App* § 100 Rn 2; *Hess* § 100 Rn 2, 6). Zutreffend der Hinweis von *Schilken* (*Jaeger/Schilken* § 100 Rn 12), dass der Gesetzgeber eine Regelung hätte treffen können, wenn es ihm wirklich darum gegangen wäre, den Unterhalt zu Lasten der Gläubiger aus der Insolvenzmasse zu entnehmen. Notfalls sind der Schuldner und seine Familie auf **Sozialhilfe** verwiesen. Dem Gebot des sozialen Pfändungsschutzes im Hinblick auf die staatliche Beschlagnahme seines Vermögens durch die Insolvenzeröffnung trägt im Übrigen § 36 Abs 1 in ausreichendem Maße Rechnung (*Jaeger/Schilken* § 100 Rn 12).

VI. Die Art der Unterhaltsgewährung

8 § 100 regelt nicht, auf welche Weise der Unterhalt zu gewähren ist. Nach wohl allgem M können die Unterhaltsleistungen sowohl in **Geld** als auch als **Sachleistungen** erfolgen (**BGH** v 11. 10. 1984, ZIP 1984, 1504, 1506; **OLG** Nürnberg ZInsO 2005, 892, 893 = NZI 2006, 44, 45; **OLG** Hamm NZI 2002, 631; MüKo-*Passauer/Stephan* § 100 Rn 14, 15; *Graf-Schlicker* § 100 Rn 3; *Jaeger/Schilken* § 100 Rn 12, 13; N/R/*Wittkowski* § 100 Rn 12 K/P/B/*Lüke* § 100 Rn 4). Die Unterhaltsgewährung kann auch zusätzlich zu einem mit dem Verwalter vereinbarten **Entgelt für Dienste** erfolgen (HK-*Kayser* § 100 Rn 8). Anstelle von Barleistungen besteht die Möglichkeit von **Sachleistungen**, indem zB dem Schuldner eine zur Insolvenzmasse gehörende Wohnung zeitweise unentgeltlich überlassen wird (**BGH** v 11. 10. 1984, ZIP 1984, 1504, 1506; **LG** Oldenburg NJW 1967, 785; K/P/B/*Lüke* § 100 Rn 4; N/R/*Wittkowski* § 100 Rn 14). Auch die **bisherige Wohnung** im eigenen Haus kann dem Schuldner und seiner Familie vorläufig weiter belassen werden, und zwar auf Kosten der Masse, nicht dagegen der Realgläubiger (*Motive* KO S 350). Einen Anspruch hierauf hat der Schuldner nicht (BGHZ 12, 380, 392). Die Weiterbelassung kann von der Zahlung eines bestimmten Entgelts abhängig gemacht werden (**LG** Oldenburg v 16. 11. 1966, NJW 1967, 785). Zum **Wohngeld** s *Kohte* FS Uhlenbruck S 217, 234 ff. Der **Barunterhalt** kann als Hilfe zum Lebensunterhalt durch laufende oder einmalige Zahlungen gewährt werden. Die Vorschriften der §§ 21, 22 BSHG gelten insoweit entsprechend (N/R/*Wittkowski* § 100 Rn 13). Der Regelsatz muss die Kosten für die Ernährung und den hauswirtschaftlichen Bedarf abdecken. Bei der unentgeltlichen Überlassung einer Wohnung oder eines Hauses ist die Anzahl der Familienmitglieder, deren Alter, Geschlecht und Gesundheitszustand zu berücksichtigen (N/R/*Wittkowski* § 100 Rn 14).

VII. Vorläufige Gewährung des notwendigen Unterhalts (§ 100 Abs 2)

9 Nach § 100 Abs 2 S 2 kann der Insolvenzverwalter mit Zustimmung des Gläubigerausschusses, wenn ein solcher bestellt ist, bis zur Entscheidung der Gläubigerversammlung dem Schuldner den **notwendigen Unterhalt** gewähren. Nicht geregelt hat der Gesetzgeber **Unterhaltsansprüche im Eröffnungsverfahren**. Hat das Gericht ein allgemeines Verfügungsverbot verhängt und ist ein sogen „starker" vorläufiger Insolvenzverwalter bestellt worden, so wird man diesen für berechtigt und uU sogar für verpflichtet halten müssen, entsprechend § 100 Abs 2 S 1 dem Schuldner und den in Abs 2 S 2 genannten Personen den notwendigen Unterhalt zu gewähren (*Graf-Schlicker* § 100 Rn 7). Ist ein vorläufiger Gläubigerausschuss bestellt, ist dessen Zustimmung erforderlich (s auch *Jaeger/Schilken* § 100 Rn 19).

10 1. „**Notwendiger**" **Unterhalt**. Was notwendiger Unterhalt im Einzelfall ist, kann der Tabelle zu § 850c ZPO; Kap 3 Abschn 2 SGB II sowie Kap 3 und 11 SGB XII als Nachfolgeregelungen der §§ 11, 12 BSHG entnommen werden (N/R/*Wittkowski* § 100 Rn 12, 13; HK-*Kayser* § 100 Rn 14 ff; *Hess* § 100 Rn 14; K/P/B/*Lüke* § 100 Rn 5; BerlKo-*Blersch/v. Olshausen* § 100 Rn 6, 7; *Jaeger/Schilken* § 100 Rn 22; MüKo-*Passauer* § 100 Rn 27). Ob der **Insolvenzverwalter** dem Schuldner und den in § 100 Abs 2 S 2 genannten Personen notwendigen Unterhalt gewährt, ist in **sein Ermessen** gestellt. Nach der Begr RegE (BR-Drucks 1/92 S 143, abgedr bei *Uhlenbruck*, Das neue Insolvenzrecht, S 421) ist jedoch der Ermessensspielraum bei der Entscheidung über die Unterhaltsgewährung dahingehend eingeschränkt worden, dass „der **bedürftige Schuldner** schon vor der Entscheidung einer Gläubigerversammlung einen Anspruch darauf hat, Unterhalt aus der Insolvenzmasse zu erhalten; bedürftig ist er jedoch nicht, wenn er seinen Unterhalt aus sonstigem Vermögen, insbesondere aus dem unpfändbaren Teil seines laufenden Arbeitseinkommens oder aus Unterhaltsleistungen von Angehörigen bestreiten kann". Der Gesetzgeber hat das **Merkmal der Bedürftigkeit** zwar nicht in § 100 Abs 2 aufgenommen, jedoch darf der Insolvenzverwalter in Abwägung der Interessen der Gläubiger und derjenigen des Schuldners und seiner Familie Unterhalt nur dann gewähren, wenn eine entsprechende Bedürftigkeit besteht (so auch K/P/B/*Lüke* § 100 Rn 5). Über den notwendigen Unterhalt ginge es hinaus, wenn dem Schuldner auf Kosten der Masse gestattet würde, eine **teure Mietwohnung** beizubehalten. Im Übrigen gehören zu dem notwendigen Unterhalt alle geldlichen und sachlichen Mittel, die zur Erhaltung eines

menschenwürdigen Lebens erforderlich sind (vgl § 27 Abs 1 SGB XII; §§ 11, 12 BSHG; BerlKo-*Blersch/v. Olshausen* § 100 Rn 7; *Frege/Keller/Riedel* HRP Rn 894 b; grundlegend auch **BGH** v 18. 7. 2003, BGHZ 156, 30). Zur Bestimmung der **Obergrenze** sollte sich der Verwalter an den durch VO der Bundesländer gem § 28 Abs 2 SGB XII festgesetzten Regelsätzen orientieren, wenngleich diese Regelsätze nicht die **Kosten für Unterkunft und Heizung** und **nicht Sonderbedarf** nach den §§ 30–34 SGB XII abdecken (§ 28 Abs 1 SGB XII). Insoweit ist die durch die Sozialhilfesätze markierte Obergrenze im Rahmen einer entsprechenden Erhöhung zu beachten (BerlKo-*Blersch/v. Olshausen* § 100 Rn 7; MüKo-*Passauer/Stephan* § 100 Rn 22–24; K/P/B/*Lüke* § 100 Rn 5). **Fehlt es an der notwendigen Zustimmung des Gläubigerausschusses,** so ist gleichwohl die Gewährung von notwendigem Unterhalt durch den Verwalter wirksam. Dies gilt vor allem, wenn der vorläufige Insolvenzverwalter einen solchen Unterhalt gewährt. Hat das Gericht von der Einsetzung eines Gläubigerausschusses abgesehen, ist der Insolvenzverwalter trotzdem berechtigt, notwendigen Unterhalt aus der Insolvenzmasse zu gewähren (K/P/B/*Lüke* § 100 Rn 3; **str aA** KS-*Heidland* S 711, 732 Rn 55). In diesen Fällen ist es dem Schuldner nicht zuzumuten, zu warten, bis eine Gläubigerversammlung zusammentritt und über seinen „Antrag" entscheidet. Die Vorschrift die § 164 findet entsprechende Anwendung (str aA KS-*Heidland* S 733 Rn 56). Zum Entschädigungsanspruch des Insolvenzverwalters gegen den Schuldner als Miterben wegen Nutzung einer Wohnung in einem zum ungeteilten Nachlass gehörenden Haus vgl **BGH** v 11. 10. 1984, ZIP 1984, 1504 = WM 1984, 1650.

Kann der Schuldner seinen notwendigen Unterhalt nicht oder nur bis zur Grenze des Pfändungsfreibetrages (§ 850c ZPO) selbst verdienen und verweigert der Insolvenzverwalter den notwendigen Unterhalt aus der Masse oder gewähren die Gläubiger dem Schuldner keinen Unterhalt, so muss der Schuldner hinsichtlich eines etwa erhöhten notwendigen Bedarfs, der über den unpfändbaren Betrag des § 850c iVm § 36 hinausgeht, **ergänzende Hilfe zum Lebensunterhalt bei den Sozialbehörden beantragen** (MüKo-*Passauer/Stephan* § 100 Rn 25; HK-*Kayser* § 100 Rn 19). Der Träger der Sozialhilfe kann die Hilfe nicht verweigern, weil der Schuldner keinen Rechtsanspruch auf Unterhaltsgewährung nach § 100 hat (MüKo-*Passauer/Stephan* § 100 Rn 25). 11

Eine **gerichtliche Überprüfung** der Entscheidung des (vorläufigen) Insolvenzverwalters sieht das Gesetz nicht vor (§ 6 Abs 1). *Kayser* (HK-*Kayser* § 100 Rn 20) hält allerdings im Anwendungsbereich von Abs 1 eine amtswegige Überprüfung auf Rechtsfehler im Aufsichtswege (§ 58) für „vorstellbar". Ein unmittelbarer Anspruch auf Unterhaltsgewährung ergebe sich hieraus jedoch nicht. 12

2. Notwendiger Unterhalt an Angehörige des Schuldners. Anders als beim endgültigen Unterhalt nach § 100 Abs 1 darf der vorläufige Unterhalt gem § 100 Abs 2 S 2 nur an die dort genannten Personen gewährt werden. Der erweiterte Begriff der „Familie" gilt hier nicht. Der **vorläufige Unterhalt** kann folgenden Personen gewährt werden: dem Schuldner und den in § 101 Abs 1 S 3 genannten vertretungsberechtigten persönlich haftenden Gesellschaftern (§ 100 Abs 2 S 1); ferner den minderjährigen unverheirateten Kindern, dem Ehegatten des Schuldners, seinem früheren Ehegatten sowie der Mutter seines nichtehelichen Kindes auf Grund der Schwangerschaft und der Geburt nach den §§ 1615l, 1615n BGB (K/P/B/*Lüke* § 100 Rn 7; MüKo-*Passauer/Stephan* § 100 Rn 26; N/R/*Wittkowski* § 100 Rn 7; BerlKo-*Blersch/v. Olshausen* § 100 Rn 8). Fraglich ist, ob der Insolvenzverwalter bei Gewährung des notwendigen Unterhalts verpflichtet ist, sich nicht nur an die durch die Verordnungen der Bundesländer gem § 28 Abs 2 SGB XII (vor dem 1. 1. 2005 §§ 11, 12 BSHG) bestimmte **Obergrenze**, sondern auch die **Untergrenze**, die das Existenzminimum sichert, zu halten (**verneinend** BerlKo-*Blersch/v. Olshausen* § 100 Rn 7, 8; **bejahend** H/W/F Hdb 6/91). Richtig ist zwar, dass die entsprechenden Erwägungen in der Begründung zum RegE nach Streichung des Unterhaltsanspruchs bedeutungslos geworden sind; andererseits aber beinhaltet der Begriff „notwendiger Unterhalt", dass eine **Gewährung unterhalb des Existenzminimums** auf verfassungsrechtliche Bedenken stößt (vgl KS-*Kohte* S 781, 804 f Rn 82 ff). Nach Meinung von *Hess* (§ 100 Rn 19) sind auf Grund ihrer besonderen Schutzwürdigkeit im Wege der Analogie den minderjährigen Kindern des Schuldners auch behinderte volljährige Kinder gleichzustellen, sofern diese nicht in der Lage sind, eine Erwerbstätigkeit auszuüben (s auch *Uhlenbruck* KTS 1999, 413). 13

VIII. Unterhaltsgewährung in Verbraucherinsolvenz und Restschuldbefreiung

Die Regelung in § 100 ist auf selbständige Schuldner zugeschnitten und damit in erster Linie für Kleingewerbetreibende im Verbraucherinsolvenzverfahren (§§ 311 ff) von Bedeutung (vgl *Grote* Verbraucherinsolvenz S 92 Rn 131; *Jaeger/Schilken* § 100 Rn 6). Der Treuhänder hat zunächst den nach § 100 Abs 2 notwendigen Unterhalt zu ermitteln, der sich an den Regelsätzen des Sozialhilferechts zu orientieren hat (vgl KS-*Kohte* S 806 Rn 88; *Grote* Verbraucherinsolvenz Rn 132; FK-*Kohte* § 312 Rn 47; N/R/*Wittkowski* § 100 Rn 12, 13). Die Unterhaltsgewährung aus der Masse (§ 35) ist vor allem zur Sicherung des Existenzminimums des Schuldners **auch im Verbraucherinsolvenzverfahren möglich** (KS-*Kohte* S 807 f Rn 92; *Grote* Verbraucherinsolvenz Rn 133; *Smid* § 100 Rn 3). Solange allerdings das Existenzminimum des Schuldners durch die pauschalen Tabellensätze des § 850c ZPO, die auch für den Umfang der Insolvenzmasse maßgeblich sind, gesichert ist, besteht keine Notwendigkeit weiterer Unterhaltsgewährung zur Sicherung des schuldnerischen Existenzminimums (FK-*Kohte* § 312 Rn 47). 14

§ 100 *Unterhalt aus der Insolvenzmasse*

Anders aber, wenn die pauschalen Tabellensätze niedriger liegen als das sozialhilferechtlich zu bestimmende Existenzminimum. *Kohte* (FK-*Kohte* § 312 Rn 48): „Stellt sich heraus, dass das konkursfreie Einkommen des Schuldners nicht geeignet ist, das Existenzminimum zu sichern, so kann sich der Schuldner nach § 100 InsO an den **Treuhänder** wenden, damit dieser ihm den ‚notwendigen Unterhalt' gewährt" (vgl auch **LG** Dortmund v 6. 1. 2000, NZI 2000, 182; **AG** Köln v 22. 12. 2000, NZI 2001, 160; **AG** Köln v 5. 1. 2001, NZI 2001, 162). Ist der Schuldner Gewerbetreibender, kann eine Unterhaltsgewährung in Anlehnung an die Bestimmung des Unterhalts beim selbständig tätigen Unterhaltsschuldner gedacht werden (*Keller* NZI 2007, 316, 317). Im Übrigen kommt eine Unterhaltsgewährung im Verbraucherinsolvenzverfahren im Wesentlichen für **Kleingewerbetreibende** iSv § 304 Abs 1 S 2 in Betracht (MüKo-*Passauer/Stephan* § 100 Rn 29). Der Insolvenzverwalter kann aber den bisher selbständig tätigen Schuldner auch innerhalb des fortzuführenden Gewerbebetriebs als **Arbeitnehmer beschäftigen** und **ihm Arbeitslohn zahlen** (BGH NZI 2006, 595 = ZIP 2006, 1307; OLG Schleswig NZI 2001, 251; *Keller* NZI 2007, 316, 317). Damit ist der Schuldner gleichzeitig in der gesetzlichen Sozialversicherung abgesichert. Das vom Insolvenzverwalter gewährte Arbeitseinkommen dient dem Unterhalt des Schuldners und seiner Familie. Allerdings droht die Gefahr, dass der pfändbare Betrag des § 850 c ZPO aus dem Arbeitseinkommen wieder zur Insolvenzmasse gezogen wird. Auch die Gewährung des notwendigen Unterhalts durch den Treuhänder ist von einem Beschluss der Gläubigerversammlung abhängig, auch wenn § 312 Abs 1 missverständlich formuliert, dass als Gläubigerversammlung nur ein allgemeiner Prüfungstermin stattzufinden habe (*Frege/Keller/Riedel* HRP Rn 896). Nach § 100 Abs 2 kann bis zur Entscheidung der Gläubigerversammlung der **Treuhänder** den notwendigen Unterhalt gewähren. Da § 100 keinen Rechtsanspruch des Schuldners auf Gewährung von Unterhalt aus der Insolvenzmasse vorsieht, konnte das Gesetz darauf verzichten, eine Regelung hinsichtlich der Streitentscheidung durch das Insolvenzgericht über die Höhe des Unterhalts zu treffen (so aber früher § 114 Abs 3 RegE, der nicht in das Gesetz übernommen worden ist). In § 305 Abs 1 Nr 4 ist ausdrücklich darauf hingewiesen, dass dem außergerichtlichen Schuldenregulierungsplan auch die **Familienverhältnisse des Schuldners** Berücksichtigung zu finden haben. Hieraus folgt, dass auch im Rahmen eines Verbraucherinsolvenzverfahrens dem Schuldner gem § 100 so viel zu belassen ist, dass sein Existenzminimum gesichert ist und er seinen laufenden Unterhaltsverpflichtungen nachzukommen vermag.

15 Im **Restschuldbefreiungsverfahren** findet § 100 keine Anwendung (*Jaeger/Schilken* § 100 Rn 7; MüKo-*Passauer/Stephan* § 100 Rn 30). Hier wird vom redlichen Schuldner verlangt, dass er den Gläubigern für diese Phase sein pfändbares Einkommen gem § 287 Abs 2 S 1 abtritt, sodass ihm die nach § 850 c ZPO unpfändbaren Beträge für seinen Unterhalt verbleiben (*Jaeger/Schilken* § 100 Rn 7). Reichen diese Beträge zB wegen erhöhten Bedürfnissen des Schuldners oder wegen des Umfangs seiner gesetzlichen Unterhaltspflichten nicht aus, so wird dies nicht über § 100 reguliert, sondern über die entsprechende Anwendung von § 850 f Abs 1 ZPO (§ 36 Abs 1 S 2).

IX. Unterhaltsgewährung bei Eigenverwaltung

16 Nach § 278 Abs 1 ist im Rahmen der Eigenverwaltung der Schuldner berechtigt, für sich und die in § 100 Abs 2 S 2 genannten Familienangehörigen aus der Insolvenzmasse die Mittel zu entnehmen, die unter Berücksichtigung seiner bisherigen Lebensverhältnisse eine **bescheidene Lebensführung** gestatten (vgl KS-*Kohte* S 809 Rn 96; *Uhlenbruck* KTS 1999, 413, 423 f; MüKo-*Passauer/Stephan* § 100 Rn 30; *Jaeger/Schilken* § 100 Rn 6; HK-*Kayser* § 100 Rn 4). Die an § 56 VglO orientierte Norm sieht vor, dass dem Schuldner letztlich ein Betrag verbleiben soll, der etwas **höher ist als die Hilfe zum Lebensunterhalt** nach §§ 11, 12 BSHG (vgl KS-*Kohte* S 809 Rn 86; *Koch*, Eigenverwaltung S 186 ff; *Uhlenbruck* KTS 199, 413, 423). Zutreffend weist *Foltis* (FK-*Foltis* § 278 Rn 6) darauf hin, dass die Regelung des § 278 in Widerspruch zur Struktur der Eigenverwaltung steht und praktisch kaum handhabbar ist. Der Schuldner werde seine Kenntnisse und Erfahrungen als bisheriger Geschäftsleiter bei der Verwertung der Insolvenzmasse kaum einbringen, wenn ihm dafür als Gegenleistung grundsätzlich nur der pfändbare Teil seines laufenden Einkommens zustehe. Der Gesetzgeber habe mit der Regelung einen wichtigen Anreiz zur tätigen Mitarbeit in der Insolvenz genommen. S auch die Kommentierung zu § 278 Rn 5; MüKo-*Wittig/Tetzlaff* § 278 Rn 11; K/P/B/*Pape* (§ 278 Rn 5). Dem Schuldner ist es im Rahmen der Eigenverwaltung im Hinblick auf die Motivation, das Schuldnerunternehmen fortzuführen, unbenommen, **Dienst- oder Werkverträge** abzuschließen, die ihm einen konkreten und wesentlich höheren Teil des pfändbaren Insolvenzeinkommens sichern (FK-*Foltis* § 278 Rn 3, 6; KS-*Kohte* S 809 Rn 96). Die Vereinbarungen sind allerdings nicht mit der Gläubigerversammlung, sondern mit dem nach § 274 zu bestellenden Sachwalter zu treffen (*Uhlenbruck* KTS 1999, 413, 423 f).

X. Rang der Unterhaltsansprüche

17 Die Unterhaltsansprüche, die vom Verwalter oder der Gläubigerversammlung gewährt worden sind, sind Masseverbindlichkeiten iSv § 55, die im Fall der Masseunzulänglichkeit gemäß § 209 Abs 1 Nr 3 im letzten Rang befriedigt werden (K/P/B/*Pape* § 100 Rn 8; *Graf-Schlicker* § 100 Rn 2; *Jaeger/Schilken* § 100 Rn 16; *Braun/Kroth* § 100 Rn 6; N/R/*Wittkowski* § 100 Rn 18).

§ 101 Organschaftliche Vertreter. Angestellte

(1) ¹Ist der Schuldner keine natürliche Person, so gelten die §§ 97 bis 99 entsprechend für die Mitglieder des Vertretungs- oder Aufsichtsorgans und die vertretungsberechtigten persönlich haftenden Gesellschafter des Schuldners. ²§ 97 Abs. 1 und § 98 gelten außerdem entsprechend für Personen, die nicht früher als zwei Jahre vor dem Antrag auf Eröffnung des Insolvenzverfahrens aus einer in Satz 1 genannten Stellung ausgeschieden sind; verfügt der Schuldner über keinen Vertreter, gilt dies auch für die Personen, die an ihm beteiligt sind. ³§ 100 gilt entsprechend für die vertretungsberechtigten persönlich haftenden Gesellschafter des Schuldners.

(2) § 97 Abs. 1 Satz 1 gilt entsprechend für Angestellte und frühere Angestellte des Schuldners, sofern diese nicht früher als zwei Jahre vor dem Eröffnungsantrag ausgeschieden sind.

(3) Kommen die in den Absätzen 1 und 2 genannten Personen ihrer Auskunfts- und Mitwirkungspflicht nicht nach, können ihnen im Fall der Abweisung des Antrags auf Eröffnung des Insolvenzverfahrens die Kosten des Verfahrens auferlegt werden.

Übersicht

	Rn
I. Allgemeines	1
II. Verfahrenspflichten organschaftlicher Vertreter	2
1. Vertretungsorgane	3
2. Aufsichtsorgane	6
3. Vertretungsberechtigte persönlich haftende Gesellschafter	7
III. Umfang der Verfahrenspflichten aktiver Organe, Gesellschafter und Angestellter	8
1. Allgemeine Verfahrenspflichten	8
2. Spezielle Mitwirkungspflichten	11
3. Pflichten gegenüber der Gesellschaft	12
IV. Verfahrenspflichten ausgeschiedener Organe und Gesellschafter	13
1. Amtsniederlegung und Abberufung vor Eintritt der Krise	13
2. Amtsniederlegung und Abberufung in der Unternehmenskrise	14
3. Abberufung und Amtsniederlegung im Eröffnungsverfahren	16
4. Abberufung und Amtsniederlegung im eröffneten Verfahren	17
V. Zwangsmittel	19
VI. Postsperre gegen Gesellschaft und organschaftliche Vertreter	20
VII. Unterhalt an den persönlich haftenden Gesellschafter	21
VIII. Auskunftspflichten ausgeschiedener Angestellter	22
IX. Auskunftspflichten organschaftlicher Vertreter und persönlich haftender Gesellschafter im Eröffnungsverfahren	23
X. Verfahrenspflichten bei der führungslosen Gesellschaft	24
XI. Unterhalt	25
XII. Kostenpflicht bei Verletzung der Pflichten	26

I. Allgemeines

§ 101 schließt eine wesentliche Regelungslücke des früheren Rechts, indem er die Vorschrift des § 97 **1** auch für ausgeschiedene organschaftliche Vertreter, Aufsichtsorgane, vertretungsberechtigte persönlich haftende Gesellschafter sowie für Angestellte und frühere Angestellte des Schuldners für entsprechend anwendbar erklärt (vgl *Uhlenbruck* KTS 1997, 371, 378; *ders* FS Felix S 541, 555; *Vallender* ZIP 1996, 529, 534). Vor allem hat die gesetzliche Regelung n § 101 einem Missstand Einhalt geboten, dass organschaftliche Vertreter juristischer Personen in der Krise ihr Amt entweder niederlegten oder sich abberufen ließen, um den verfahrensrechtlichen Pflichten zu entgehen. Um dem Unwesen von „**Firmenbestattungen**" entgegenzuwirken, hat der Gesetzgeber in § 101 Abs 2 durch das MoMiG einen weiteren Halbsatz hinzugefügt, wonach auskunftspflichtig auch die **Gesellschafter einer führungslosen Gesellschaft** sind. Im Übrigen gelten gem § 101 Abs 1 S 1 1. Halbs die Auskunftspflichten nach den §§ 97–99 auch für Insolvenzverfahren, in denen der Schuldner keine natürliche Person ist. Hierzu zählen die **juristischen Personen** einschließlich nicht rechtsfähiger Vereine (§ 11 Abs 1 S 2), die in § 11 Abs 2 aufgezählten Gesellschaften ohne Rechtspersönlichkeit und die Sondervermögen (MüKo-*Passauer/Stephan* § 101 Rn 14).

II. Verfahrenspflichten organschaftlicher Vertreter

In der Praxis der Insolvenzabwicklung wird immer wieder übersehen, dass die Beendigung des An- **2** stellungsvertrages durch Kündigung des Insolvenzverwalters (§ 113 Abs 1) die verfahrensrechtlichen Pflichten der organschaftlichen Vertreter oder sonstiger zur Vertretung der Gesellschaft berechtigten Personen keineswegs beseitigt. Auch wenn der **Anstellungsvertrag durch Kündigung beendet** ist und aus der Insolvenzmasse keinerlei Vergütung gezahlt wird, hat zB der Geschäftsführer einer GmbH seinen verfahrensrechtlichen Pflichten nachzukommen (**OLG Köln** ZIP 1998, 113, 114; *Uhlenbruck* bei

K. Schmidt/Uhlenbruck Die GmbH in Krise Rn 7.147; Uhlenbruck KTS 1997, 471, 487; KS-*Henssler* S 1283 ff, 1299 f Rn 36 ff). Da im Rahmen der **Eigenverwaltung** der Schuldner idR weiterhin verwaltungs- und verfügungsbefugt bleibt, ist auch im Rahmen der Eigenverwaltung (§§ 270 ff) der organschaftliche Vertreter bzw der vertretungsberechtigte persönlich haftende Gesellschafter in vollem Umfang auskunftspflichtig. Eine **Mitwirkungspflicht nach** § 97 Abs 2 entfällt bei Eigenverwaltung ohnehin, da die Verfahrensabwicklung durch den organschaftlichen Vertreter erfolgt. Nach der sogen **Trennungstheorie** besteht trotz Beendigung der dienstvertraglichen Anstellung im Insolvenzverfahren über das Vermögen einer Gesellschaft oder Genossenschaft die Organstellung fort und damit auch alle Verfahrensrechte und -pflichten, die **persönlich zu erfüllen** sind (vgl KS-*Henssler* S 1283, 1296 Rn 29 ff; *Scholz/K. Schmidt* vor § 64 GmbHG Rn 66; *Baumbach/Hueck/Schulze-Osterloh* § 64 GmbHG Rn 58; *Lutter/Hommelhoff* § 38 GmbHG Rn 25; *Uhlenbruck* GmbHR 1972, 174 ff; *Grüneberg*, Die Rechtspositionen der Organe der GmbH und des Betriebsrates in Konkurs, 1988). Festzustellen ist, dass das Ende des Dienstvertrages (Anstellungsvertrages) nach Ablauf der Kündigungsfrist lediglich dazu führt, dass der organschaftliche Vertreter eines Schuldnerunternehmens im Verfahren nicht mehr zur **Mitarbeit**, wohl aber zur **Mitwirkung** nach § 97 Abs 2 gezwungen ist (*Uhlenbruck* bei *K. Schmidt/Uhlenbruck* Die GmbH in Krise Rn 7.146; *Braun/Uhlenbruck* Unternehmensinsolvenz S 257).

3   1. **Vertretungsorgane.** Nach §§ 101 Abs 1 S 1, 97 Abs 1 sind im Insolvenzverfahren über das Vermögen einer **juristischen Person** grundsätzlich die **amtierenden vertretungsberechtigten Personen** zur Auskunft, Mitwirkung und Bereitschaft verpflichtet (vgl *Uhlenbruck* KTS 1997, 371, 390; *ders* WiB 1996, 466, 471 f; *ders* GmbHR 1999, 390, 397 f; *Vallender* ZIP 1996, 529, 530 ff; K/P/B/*Lüke* § 101 Rn 3; KS-*Henssler* S 1296 ff Rn 29 ff). Vertretungsorgan sind auch die **Liquidatoren** einer Gesellschaft, eines Vereins oder einer Genossenschaft (K/P/B/*Lüke* § 101 Rn 3; *Uhlenbruck* FS Felix S 541, 545; *ders* WiB 1996, 466, 471). Nach § 35 Abs 1 GmbHG wird die **GmbH durch die Geschäftsführer** gerichtlich und außergerichtlich **vertreten.** Ihnen obliegen die verfahrensrechtlichen Pflichten, und zwar jedem Geschäftsführer von ihnen (vgl *Uhlenbruck* GmbHR 1999, 390, 398; *ders* InVo 1997, 225; K/P/B/*Noack* InsO GesellschaftsR Rn 307 ff). Wird die GmbH von **mehreren Geschäftsführern** vertreten, so ist jeder auskunftspflichtig (*Uhlenbruck* GmbHR 1972, 170, 173; *ders* KS S 1157, 1183 Rn 33; *Vallender* ZIP 1996, 529, 530; vgl auch K/P/B/*Noack* InsO GesellschaftsR Rn 307 ff).

4   Auch der **faktische Geschäftsführer einer GmbH** ist zur unbeschränkten Auskunft verpflichtet (*K. Schmidt/Uhlenbruck* Die GmbH in Krise Rn 7.150; K/P/B/*Lüke* § 101 Rn 4). Folgt man der **hM** (vgl zB BGHZ 104, 44 = GmbHR 1988, 299; BGHSt 21, 101, 103; BGHSt 31, 118 = GmbHR 1983, 43; *K. Schmidt* FS Rebmann 1989, 419 ff; *Scholz/Tiedemann* § 84 GmbHG Rn 19, 27 ff, 87; *Rowedder/Schmidt-Leithoff* § 64 GmbHG Rn 17; *Kleindiek* in Lutter/Hommelhoff Anh zu § 64 GmbHG Rn 45; *Altmeppen* in Roth/Altmeppen Vorb § 64 GmbHG Rn 57; *Jaeger/Schilken* § 101 Rn 9), dass auch der faktische Geschäftsführer einer GmbH verpflichtet ist, bei Vorliegen der Zahlungsunfähigkeit oder Überschuldung Insolvenzantrag zu stellen, so stellt sich zwangsläufig die weitere Frage, ob ihm auch die verfahrensmäßigen Pflichten im eröffneten Verfahren obliegen. Begreift man mit *K. Schmidt* (ZIP 1980, 328 ff; *Scholz/K. Schmidt* § 64 GmbHG Rn 7) die Pflichten eines faktischen Geschäftsführers als insolvenzrechtliche Organpflichten, so wirken diese auch in das eröffnete Insolvenzverfahren der GmbH hinein (*Uhlenbruck* bei *K. Schmidt/Uhlenbruck* Die GmbH in Krise Rn 7.150; *Jaeger/Schilken* § 101 Rn 9; MüKo-*Passauer/Stephan* § 101 Rn 19; *Vallender* ZIP 1996, 529, 531). Jedoch ist im Einzelfall zu differenzieren, ob es sich nur **haftungsrechtlich** um eine faktische Geschäftsführung handelt oder eine **verfahrensmäßige** faktische Organstellung. Die haftungsrechtliche faktische Organstellung ist nicht unbedingt identisch mit der verfahrensmäßigen Rechtsstellung. So haftet zB der Gesellschafter einer GmbH, der nach Entlassung des Geschäftsführers die Geschäfte der Gesellschaft führt, wegen Insolvenzverschleppung, nicht dagegen treffen ihn die verfahrensrechtlichen Pflichten eines Geschäftsführers. Anders aber, wenn ein Geschäftsführer trotz fehlerhafter Bestellung über längere Zeit die Geschäfte einer GmbH führt (HK-*Kayser* § 101 Rn 7; MüKo-*Passauer/Stephan* § 101 Rn 19). Solchenfalls treffen den fehlerhaft bestellten Geschäftsführer sämtliche Verfahrenspflichten (noch weiter gehend K/P/B/*Lüke* § 101 Rn 4; vgl auch *Gottwald/Haas* InsRHdb § 92 Rn 196; *Hoffmann/Liebs*, Der GmbH-Geschäftsführer Rn 654; *Scholz/K. Schmidt* § 64 GmbHG Rn 22).

5   Ob bei der **führungslosen Gesellschaft** neben der Insolvenzantragspflicht (§ 15 a Abs 3) und der Auskunftspflicht nach § 101 Abs 1 S 2 die **Gesellschafter sämtliche Verfahrenspflichten** treffen, ist bislang nicht geklärt. Wohl aber unterliegen sie nach § 101 Abs 1 S 2. Halbs der Auskunftspflicht nach § 97 Abs 1. Bei der **Aktiengesellschaft** nehmen die Vorstandsmitglieder (§ 78 Abs 1 AktG) die Befugnisse im Insolvenzverfahren über das Vermögen der AG wahr. Der gesamte Vorstand ist verpflichtet, den verfahrensrechtlichen Pflichten nachzukommen, auch wenn gemeinschaftliche Vertretung besteht. Das Insolvenzgericht kann nach pflichtgemäßem Ermessen bestimmen, welches Vorstandsmitglied der Auskunftspflicht nachzukommen hat (*Vallender* ZIP 1996, 529, 531). Eine fehlerhafte Bestellung zum Vorstand lässt die verfahrensrechtlichen Pflichten nicht entfallen (*Vallender* ZIP 1996, 529, 531). Auskunfts- und mitwirkungspflichtig bei der **Genossenschaft** sind die Vorstandsmitglieder als organschaftliche Vertreter (§ 24 Abs 1, 2 GenG). Vorstehendes gilt auch für Vorstände sonstiger juristischer Personen des privaten Rechts, wie zB den **rechtsfähigen Verein.** Der Vorstand (§ 26 BGB) hat sämtliche

III. Umfang der Verfahrenspflichten aktiver Organe, Gesellschafter und Angestellter **§ 101**

verfahrensmäßigen Pflichten wahrzunehmen, wenn das Insolvenzverfahren über den Verein eröffnet wird. Gleiches gilt für **Liquidatoren** der vorgenannten Gesellschaften bzw Genossenschaft oder eines Vereins. Bei der **GmbH & Co KG** treffen die verfahrensrechtlichen Pflichten den Geschäftsführer der Komplementär-GmbH (Einzelheiten bei *Uhlenbruck*, Die GmbH & Co KG Die GmbH in Krise, 2. Aufl 1988 S 585 ff). Bei der **OHG** oder der **Gesellschaft Bürgerlichen Rechts** treffen die Verfahrenspflichten sämtliche Gesellschafter, soweit sie nicht ausdrücklich von der Vertretung ausgeschlossen sind.

2. Aufsichtsorgane. § 101 Abs 1 S 1 bezieht ausdrücklich auch Mitglieder des Aufsichtsorgans in die **6** Pflichten nach § 97 ein. Sämtliche Mitglieder des **Aufsichtsrats einer Aktiengesellschaft** (§§ 95 ff AktG) sind somit verpflichtet, dem Insolvenzgericht, der Gläubigerversammlung oder dem Insolvenzverwalter die erforderlichen Auskünfte nach § 97 Abs 1 zu erteilen (MüKo-*Passauer/Stephan* § 101 Rn 15). Das gilt nicht für ein fehlerhaft bestelltes Aufsichtsratsmitglied. Unabhängig von der Satzung des Aufsichtsrats (§ 107 Abs 1 S 1 AktG) ist grundsätzlich jedes Mitglied zur Auskunftserteilung verpflichtet. Die Auskunft kann sich vor allem darauf beziehen, ob und in welchem Umfang der Aufsichtsrat die Vorstände überwacht hat (§ 111 Abs 1 AktG). Nicht selten ist der Verwalter auch daran interessiert, Tatbestände aufzudecken, bei denen der Aufsichtsrat den Vorstand zu einer bestimmten haftungsrechtlich relevanten Verhaltensweise angewiesen oder bei Zustimmungsvorbehalten ausdrücklich seine Zustimmung erteilt hat (§ 111 Abs 4 AktG). Die Regelung in § 97 gilt über § 101 Abs 1 ebenfalls für **Beiräte**, die in der Satzung einer AG vorgesehen werden können (vgl Kölner KommAktG-*Mertens* Vorbem vor § 76 AktG Rn 28; *Voormann*, Der Beirat im Gesellschaftsrecht, 2. Aufl 1990, S 24 ff u S 61 ff, str aA *Jaeger/Schilken* § 101 Rn 10). Verfahrenspflichten treffen auch die **Mitglieder des Aufsichtsrats oder Beirats einer GmbH** (§ 52 GmbHG) oder einer AG (§ 95 AktG). Ist zB der Gesellschafter-Geschäftsführer einer GmbH flüchtig, kann der Insolvenzverwalter entsprechend § 51a GmbHG über den Aufsichtsrat versuchen, die erforderlichen Verfahrensauskünfte nach § 97 Abs 1 zu erlangen. Geschäfte der Gesellschaft mit einzelnen Aufsichtsratsmitgliedern sind gegenüber dem Verwalter offen zu legen. Gleiches gilt für **Beiräte einer GmbH** (so auch BerlKo-*Blersch/v. Olshausen* § 101 Rn 4). Zwar spricht § 101 S 1 nur von „Aufsichtsorganen", jedoch gehen die Kompetenzen eines GmbH-Beirats idR über die reine Beratung hinaus. Soweit der Beirat als freiwilliges Organ der Gesellschaft Aufsichtsfunktionen wahrnimmt, sind die Mitglieder uneingeschränkt zur Auskunft verpflichtet (vgl auch BerlKo-*Blersch/ v. Olshausen* § 101 Rn 4; *Rohleder*, Die Übertragbarkeit von Kompetenzen auf GmbH-Beiräte, 1991; *Voormann*, Die Stellung des Beirats im Gesellschaftsrecht, 2. Auflage 1990).

3. Vertretungsberechtigte persönlich haftende Gesellschafter. Auskunftspflichtig sind sämtliche ver- **7** tretungsberechtigte persönlich haftende Gesellschafter einer OHG oder BGB-Gesellschaft, soweit sie nicht von der Vertretung nach § 125 Abs 1 HGB ausgeschlossen sind. Gleiches gilt für den Komplementär einer **KG** bzw bei der **GmbH & Co KG** für den Geschäftsführer der Komplementär-GmbH (zur GmbH & Co KG vgl *Uhlenbruck*, Die GmbH & Co KG 2. Aufl 1988, 588 ff). Da § 97 uneingeschränkt in § 101 Abs 1 S 1 bezogen ist, treffen ebenso wie den organschaftlichen Vertreter einer juristischen Person auch die vertretungsberechtigten persönlich haftenden Gesellschafter eines Schuldners oder Schuldnerunternehmens **nicht nur Auskunfts- und Präsenzpflichten**, sondern auch **Mitwirkungspflichten** nach § 97 Abs 2 (*Jaeger/Schilken* § 101 Rn 11; K/P/B/*Lüke* § 101 Rn 3). Dies ist deshalb gerechtfertigt, weil eine **Gesamthands-Personengesellschaft** weitgehend den juristischen Personen angenähert ist (vgl *K. Schmidt* GesellschaftsR § 8 IV 1). Gleiches gilt für die Gesellschafter einer OHG (§§ 125, 128 HGB), einer Partnerschaftsgesellschaft (§§ 7 Abs 3 PartGG iVm § 125 HGB, § 8 Abs 1 PartGG), einer BGB-Gesellschaft (§§ 714, 709 BGB, 128 HGB analog) sowie für die Liquidatoren einer in Auflösung befindlichen Gesellschaft. Ob diese Pflichten auch den **Gesellschafter einer Vorgesellschaft** treffen, ist zumindest zweifelhaft. Bei Vorgesellschaften, die dem Zweck dienen, zu einer juristischen Person zu werden, wird man die Grundsätze einer Gesellschaft ohne Rechtspersönlichkeit entsprechend anzuwenden haben mit der Folge, dass jeder persönlich haftende Gesellschafter zur unbeschränkten Auskunft verpflichtet ist, wenn das Insolvenzverfahren über das Vermögen der Vorgesellschaft eröffnet wird. Zum gleichen Ergebnis gelangt man, wenn man auf die Insolvenz der Vorgesellschaft die Grundsätze der entstandenen Gesellschaft entsprechend anwendet.

III. Umfang der Verfahrenspflichten aktiver Organe, Gesellschafter und Angestellter

1. Allgemeine Verfahrenspflichten. Soweit organschaftliche Vertreter und persönlich haftende Gesell- **8** schafter ihr Amt nicht niedergelegt haben, abberufen oder ausgeschieden sind bzw ihre Vertretungsmacht aufgegeben haben, finden gem § 101 Abs 1 S 1 die Vorschriften der §§ 97–99 entsprechende Anwendung. Gleiches gilt für Aufsichtsorgane. Demgemäß sind die Mitglieder des Vertretungs- oder Aufsichtsorgans und die vertretungsberechtigten persönlich haftenden Gesellschafter des Schuldners im vollen Umfang verpflichtet, uneingeschränkt Auskünfte zu erteilen, den Verwalter bei der Erfüllung seiner Aufgaben zu unterstützen und sich auf Anordnung des Gerichts jederzeit zur Verfügung zu stellen, um ihre Auskunfts- und Mitwirkungspflichten zu erfüllen (*Hess* § 101 Rn 9 a; **str aA** K/P/B/*Noack* InsO GesellschaftR Rn 307). Insoweit wird auf die Kommentierung zu § 97 Bezug genommen.

9   Auch **Angestellte des Schuldners bzw Schuldnerunternehmens** sind auskunftspflichtig, sofern sie nicht mehr als zwei Jahre vor Antragstellung ausgeschieden sind (§ 101 Abs 2). Angestellte des Schuldners bzw. Schuldnerunternehmens trifft weder eine Pflicht zur Offenbarung strafbarer Handlungen noch eine Mitwirkungs- oder Präsenzpflicht nach § 97 Abs 2, 3 (vgl *Vallender* ZIP 1996, 529, 534; MüKo-*Passauer/Stephan* § 101 Rn 28). Unabhängig von ihrer Auskunftspflicht können Angestellte als **Zeugen** im Insolvenzverfahren vernommen werden. Es gelten insoweit die Vorschriften über die Zeugnisverweigerungsrechte (§§ 383–385 ZPO) und über Ordnungsmittel (§ 380 ZPO). Soweit Angestellte als Zeugen vernommen werden, stehen dem Gericht die allgemein gegen Zeugen eröffneten Zwangsmittel offen (HK-*Kayser* § 101 Rn 11).

10 Für **Mitglieder eines Aufsichtsrats oder Beirats** kommt die **Präsenzpflicht nur in Ausnahmefällen** in Betracht. Anders für den Geschäftsführer einer GmbH, den Liquidator einer Gesellschaft oder die Mitglieder des Vorstandes einer AG oder Genossenschaft. Das Gericht ist zur Vermeidung von Härten verpflichtet, die **Anordnung der Präsenzpflicht** auf unbedingt notwendige Mitwirkungsmaßnahmen und Auskünfte zu beschränken. Soweit Auskünfte mündlich oder schriftlich erteilt werden können, ist idR eine persönliche Anwesenheit des Verpflichteten nicht erforderlich. Auch wird das Gericht im Einzelfall eine **Prüfung der Verhältnismäßigkeit der Mittel** vorzunehmen haben, wenn der organschaftliche Vertreter eine neue Anstellung im Ausland gefunden hat und seine neue Anstellung durch permanente Anwesenheit am Ort der Insolvenzabwicklung gefährdet wäre. § 97 Abs 3 erlaubt eine am Einzelfall orientierte flexible Regelung.

11 **2. Spezielle Mitwirkungspflichten.** Neben den allgemeinen Mitwirkungspflichten nach § 97 Abs 2 bestehen für die organschaftlichen Vertreter noch zusätzlich spezielle Mitwirkungspflichten, die sich aus einzelnen Vorschriften ergeben. So ist zB der organschaftliche Vertreter verpflichtet, sich **im Prüfungstermin zu den angemeldeten Forderungen** gem § 176 **zu erklären** (*Henssler* ZInsO 1999, 121, 124; *Uhlenbruck* GmbHR 2002, 941, 943; ders GmbHR 2005, 817, 829; K/P/B/*Pape* § 176 Rn 2; *K. Schmidt/Uhlenbruck* Die GmbH in Krise Rn 7.190 ff). Im Berichtstermin erhält das Organ Gelegenheit, zu dem Bericht des Insolvenzverwalters Stellung zu nehmen (§ 156 Abs 2 S 1). Weitere spezielle Mitwirkungspflichten sind ua in § 153 Abs 2 geregelt oder ergeben sich mittelbar als gesetzliche Folge, wie zB die **Mitwirkung im Insolvenzplanverfahren**, wenn das Schuldnerunternehmen mit Hilfe der Gesellschafter saniert werden soll (*Uhlenbruck* GmbHR 2005, 817, 830 f). Die Organe sind an der **Planaufstellung zu beteiligen**, wenn die Gläubigerversammlung den Insolvenzverwalter mit der Planerstellung beauftragt (§ 218 Abs 3). Sieht der Insolvenzplan eine **Kapitalschnitt** vor, so obliegt den organschaftlichen Vertretern, die Gesellschafterversammlung einzuberufen. Bei größeren Gesellschaften fehlt hierzu aber das Geld. In § 11 Abs 1 WpHG ist für **börsennotierte Aktiengesellschaften** vorgesehen, dass der Insolvenzverwalter den Schuldner bei der Erfüllung der Pflichten nach diesem Gesetz zu unterstützen hat, insbesondere, indem er aus der Insolvenzmasse die hierfür erforderlichen Mittel bereitstellt. Gleiches gilt nach § 11 Abs 2 WpHG für den vorläufigen Insolvenzverwalter, der den Schuldner bei der Erfüllung seiner Pflichten nach dem WpHG zu unterstützen hat, insbesondere, indem er der Verwendung der Mittel durch den Verpflichteten zustimmt oder dem Verpflichteten in allgemeines Verfügungsverbot auferlegt wurde, indem er die Mittel aus dem von ihm verwalteten Vermögen zur Verfügung stellt. Bei börsennotierten Aktiengesellschaften ist der Vorstand verpflichtet, von dem (vorläufigen) Insolvenzverwalter die notwendigen Mittel einzufordern. Die Streitfrage, wen im eröffneten Insolvenzverfahren einer börsennotierten AG die wertpapierhandelsrechtlichen Veröffentlichungspflichten treffen und ob der Verwalter nach den §§ 37 b, 37 c WpHG haftet, haben durch die Regelung in § 11 WpHG an haftungsrechtlicher Brisanz verloren (vgl hierzu BVerwGE 123, 203 = ZIP 2005, 1145, 1148 = NZI 2005, 511; *Grub/Streit* BB 2004, 1397, 1406; *Ott/Brauckmann* ZIP 2004, 2117, 2120; *Rattunde/Berner* WM 2003, 1313, 1316).

12 **3. Pflichten gegenüber der Gesellschaft.** Auch im eröffneten Verfahren über das Vermögen einer Kapitalgesellschaft bleiben – wenn auch rudimentär – gesellschaftsrechtliche Pflichten der organschaftlichen Vertreter bestehen (*Uhlenbruck* GmbHR 2005, 817, 828 ff; ders bei *K. Schmidt/Uhlenbruck* Die GmbH in Krise Rn 7.166). So folgt aus der **allgemeinen Unternehmensleitungspflicht** die Verpflichtung zur **Ausübung der Verfahrensrechte** im Interesse der Gesellschaft. Darüber hinaus ist die Gesellschafterversammlung (Hauptversammlung) berechtigt, den organschaftlichen Vertreter anzuweisen, bestehende Verfahrensrechte der Gesellschaft in bestimmter Weise auszuüben (vgl *Götker* Der Geschäftsführer in der Insolvenz der GmbH, 1999, S 358 Rn 934). ZB ist der GmbH-Geschäftsführer berechtigt und verpflichtet, die Abberufung und Neubestellung von Geschäftsführern zur **Eintragung in das Handelsregister** anzumelden. Die organschaftlichen Vertreter sind uU zur **Einlegung von Rechtsmitteln** nach den §§ 34, 253 ebenso verpflichtet wie zur **Vorlage eines Insolvenzplans** (§ 218 Abs 1), wenn die Gesellschafter dies wünschen. Gleiches gilt für Anträge nach § 161 S 2, 186 Abs 1 und 213 sowie für die **Durchführung der Eigenverwaltung** (§§ 270 ff). Die Voraussetzungen für eine von den Gesellschaftern gewünschte Kapitalerhöhung sind von den Organen zu schaffen. Die Untersagung der Stilllegung des Unternehmens nach § 158 Abs 2 S 2, die Untersagung besonders bedeutsamer Rechtshandlungen nach § 161 S 1 oder das Bestreiten angemeldeter Forderungen im Prüfungstermin (§ 176) kann sich im Ein-

zelfall als Pflicht gegenüber der Gesellschaft darstellen, um Schaden von dieser abzuwenden oder eine Sanierung zu ermöglichen. Besonders im Fall der Eigenverwaltung nach den §§ 270 ff ist es oftmals schwierig, die insolvenzrechtlichen Pflichten der organschaftlichen Vertreter gegenüber den gesellschaftsrechtlichen Pflichten abzugrenzen. Denn einmal hat der organschaftliche Vertreter oder vertretungsberechtigte persönlich haftende Gesellschafter **alle Handlungen zu unterlassen, die der Erfüllung seiner Verfahrenspflichten zuwider laufen** (§§ 101 Abs 1, 97 Abs 3 S 2); andererseits verpflichtet die **Mitwirkungspflicht** nach § 97 Abs 2 den organschaftlichen Vertreter oder persönlich haftenden Gesellschafter nicht etwa zur **weiteren Mitarbeit** im Unternehmen, wenn das Dienstverhältnis wegen Kündigung durch den Insolvenzverwalter beendet ist. Da zB die Amtsstellung eines GmbH-Geschäftsführers trotz Kündigung nach § 113 auch nach Ablauf der Kündigungsfrist nicht beendet ist, bestehen die verfahrensrechtlichen Pflichten fort. Sogar **nach Verfahrensbeendigung** können **nachwirkende Pflichten** bestehen, wenn zB der Geschäftsführer im Rahmen der Anhörung im Löschungsverfahren nach § 394 Abs 2 FamFG (bis zum 1. 9. 2009 § 141 a Abs 2 FGG) in seiner Eigenschaft als geborener Liquidator verpflichtet ist, sich hinsichtlich der Vermögenslosigkeit der Gesellschaft zu äußern (s *K. Schmidt/ Uhlenbruck* Die GmbH in Krise Rn 7.168). Eine **Vergütung** kann der organschaftliche Vertreter nur dann verlangen, wenn die Mitwirkungspflichten ein Ausmaß annehmen, das eine sonstige berufliche Vollzeittätigkeit nicht mehr zulässt (KS-*Henssler* S 1301 Rn 41; *Uhlenbruck* GmbHR 1999, 390, 398).

IV. Verfahrenspflichten ausgeschiedener Organe und Gesellschafter

1. Amtsniederlegung und Abberufung vor Eintritt der Krise. Wird der organschaftliche Vertreter vor 13 Eintritt der Krise der Gesellschaft abberufen oder legt er sein Amt nieder oder gibt der persönlich haftende Gesellschafter seine Vertretungsbefugnisse auf bzw werden diese ihm entzogen, so greifen bei späterer Eröffnung über das Vermögen der Gesellschaft nur **eingeschränkte Pflichten** ein. Nach § 101 Abs 1 S 2 gelten lediglich die §§ 97 Abs 1, 98 für Personen entsprechend, die nicht **früher als zwei Jahre** vor dem Insolvenzantrag aus ihrer Position ausgeschieden sind. Dh, dass der organschaftliche Vertreter, der innerhalb von zwei Jahren vor dem – zulässigen – Insolvenzantrag aus der Gesellschaft ausgeschieden ist, nicht nur zur **unbeschränkten Auskunft** verpflichtet ist, sondern auch Straftaten oder Ordnungswidrigkeiten zu offenbaren hat (§ 97 Abs 1 S 2). Die **Anwesenheits- und Mitwirkungspflichten** treffen ihn dagegen nicht.

2. Amtsniederlegung und Abberufung in der Unternehmenskrise. Oftmals werden organschaftliche 14 Vertreter abberufen, sobald sich die Unternehmenskrise andeutet. Die Amtsniederlegung oder Abberufung in der Krise erfolgt, um den verfahrensrechtlichen Pflichten in einem Insolvenzverfahren zu entgehen. Dem hat der Gesetzgeber durch die Regelung in § 101 Abs 1 S 2 zwar einen Riegel vorgeschoben, jedoch **nur hinsichtlich der Auskunftspflicht**. Eine **Mitwirkungs- und Anwesenheitspflicht** trifft den nicht früher als zwei Jahre vor dem Insolvenzantrag ausgeschiedenen organschaftlichen Vertreter oder vertretungsberechtigten persönlich haftenden Gesellschafter nicht. Diese Pflichten obliegen dem Nachfolger des ausgeschiedenen organschaftlichen Vertreters (KS-*Henssler* S 299 Rn 37). Kann jedoch im Einzelfall nachgewiesen werden, dass die Abberufung oder Amtsniederlegung in der Krise der Gesellschaft missbräuchlich erfolgt ist, um den Verfahrenspflichten zu entgehen, greift trotzdem § 97 in vollem Umfang als „subsidiäre Pflichten mit Ergänzungsfunktion" (KS-*Henssler* Rn 37) ein, vor allem wenn der neu bestellte organschaftliche Vertreter außerstande ist, die Auskünfte zu geben und den Verwalter bei der Erfüllung seiner Aufgabe zu unterstützen.

Für eine **führungslose Gesellschaft** ist durch das MoMiG in § 101 Abs 1 S 2 2. Halbs eine Regelung 15 dahingehend getroffen, dass die **Gesellschafter** zur Auskunft verpflichtet sind, selbst wenn sie nicht früher als zwei Jahre vor dem Antrag auf Eröffnung des Insolvenzverfahrens aus ihrer Gesellschafterposition ausgeschieden sind. Damit ist **jeder Gesellschafter der führungslosen Gesellschaft** zur **unbeschränkten Auskunft** gegenüber dem Insolvenzgericht, dem Insolvenzverwalter, den Gläubigerausschuss und auf Anordnung des Gerichts der Gläubigerversammlung **verpflichtet**, über alle das Verfahren betreffenden Verhältnisse Auskunft zu erteilen. Zur Mitwirkung nach § 97 Abs 2 sind die Gesellschafter nicht verpflichtet. Kommen die Gesellschafter ihrer Auskunftspflicht nicht nach, können nicht nur gem § 98 gerichtliche **Zwangsmaßnahmen** gegen sie angeordnet werden, sondern im Fall der Abweisung des Antrags auf Eröffnung des Insolvenzverfahrens können ihnen auch die **Kosten des Verfahrens** auferlegt werden (§ 101 Abs 3). Vgl *K. Schmidt/Uhlenbruck* Die GmbH in Krise Rn 7.173. Da den Gesellschaftern im Fall der Führungslosigkeit der Gesellschaft nach § 15 a Abs 3 auch eine **Insolvenzantragspflicht** obliegt, kommt eine Strafbarkeit nach § 15 a Abs 3 u 4 in Betracht, wenn sie von der Zahlungsunfähigkeit, Überschuldung oder der Führungslosigkeit Kenntnis hatten. Der durch Art 9 Nr 7 a des am 1.11. 2008 in Kraft getretenen Gesetzes zur Modernisierung des GmbH-Rechts und zur Bekämpfung von Mißbräuchen (**MoMiG**) eingefügte § 101 Abs 1 S 2 2. Halbs lässt das **Fehlen eines aktiven Vertreters**, also die „Führungslosigkeit" isv § 78 Abs 1 S 2 AktG oder des § 35 Abs 1 S 2 GmbHG für den Eintritt der subsidiären Auskunftspflicht der Gesellschafter genügen. Die Auskunftspflicht besteht nicht, wenn gem § 101 Abs 1 1. Halbs auskunftspflichtige ehemalige Organmitglieder vorhanden sind, die die Auskünfte ohne Schwierigkeiten erteilen könnten (**str aA** BerlKo-*Blersch/v. Olshausen* § 101 Rn 14). Zwar

§ 101

kann in diesen Fällen auch „Führungslosigkeit" vorliegen, jedoch geht die Auskunftspflicht der organschaftlichen Vertreter derjenigen der Gesellschafter vor. Oftmals ist der **Aufenthalt von organschaftlichen Vertretern unbekannt.** Dieser Fall kann der „Führungslosigkeit" nicht gleichgestellt werden (**AG Hamburg NZI 2009, 63;** BerlKo-*Blersch/v. Olshausen* § 101 Rn 14; *Kleindiek* in Lutter/Hommelhoff Anh zu § 64 GmbHG Rn 42). Führungslosigkeit liegt nur dann vor, wenn der organschaftliche Vertreter nicht mehr lebt, abberufen worden ist oder sein Amt niedergelegt hat (*Römermann* NZI 2008, 641, 645). Zur Führungslosigkeit s auch *Schmahl* NZI 2008, 6, 7; *Horstkotte* ZInsO 2009, 209, 211; *Kleindiek* in Lutter/Hommelhoff Anh zu § 64 GmbHG Rn 42 sowie die Kommentierung zu § 15a Rn 62 [*Hirte*].

16 **3. Abberufung und Amtsniederlegung im Eröffnungsverfahren.** Erfolgt die Amtsniederlegung oder Abberufung durch die Gesellschafterversammlung im Eröffnungsverfahren über das Vermögen der Gesellschaft, so kommt es nicht darauf an, ob ein **wichtiger Grund** dafür vorliegt, denn zB der Geschäftsführer einer GmbH kann jederzeit und fristlos sein Amt niederlegen, und zwar ohne Rücksicht darauf, ob ein wichtiger Grund vorliegt (BGHZ 121, 257, 261; **BGH** GmbHR 1995, 653; BGHZ 78, 92; **LG Frankenthal** GmbHR 1996, 940; *Scholz/Schneider* § 38 GmbHG Rn 87; *Altmeppen* in Roth/Altmeppen § 38 GmbHG Rn 75; *Klatte*, Die Amtsniederlegung des Geschäftsführers einer GmbH, 1997, S 113ff; *Eckert* KTS 1990, 33; *Kleindiek* in Lutter/Hommelhoff § 38 GmbHG Rn 41). Andererseits ist anerkannt, dass eine **rechtsmissbräuchliche Amtsniederlegung oder Abberufung** unwirksam ist (vgl BayObLG DB 1981, 2220; BayObLG GmbHR 1992, 671; BayObLG GmbHR 1999, 980; *Trölitzsch* GmbHR 1995, 849f; *Kleindiek* in Lutter/Hommelhoff § 38 GmbHG Rn 42–44; *Scholz/Schneider* § 38 GmbHG Rn 90). Rechtsmissbräuchlich und damit unwirksam ist eine Abberufung oder Amtsniederlegung, die dazu dient, den organschaftlichen Vertreter seinen Verfahrenspflichten im Insolvenzverfahren zu entziehen bzw diese Pflichten zu umgehen. § 101 Abs 1 S 2 stellt auf den Insolvenzantrag ab. Daraus folgt, dass die **unbegrenzten Auskunfts- und Mitwirkungspflichten** eines organschaftlichen Vertreters oder persönlich haftenden Gesellschafters für die Zeit **nach Antragstellung** in vollem Umfang eingreifen. Bei **Führungslosigkeit** trifft die Antragspflicht die Gesellschafter (§ 15a Abs 3) mit der Folge einer Strafbarkeit nach § 15a Abs 4, 5 und einer Schadensersatzpflicht nach §§ 26 Abs 3, 101 Abs 3.

17 **4. Abberufung und Amtsniederlegung im eröffneten Verfahren.** Auch im eröffneten Insolvenzverfahren ist es dem organschaftlichen Vertreter, dem Mitglied eines Aufsichtsorgans oder dem vertretungsberechtigten persönlich haftenden Gesellschafter eines Schuldnerunternehmens nicht verwehrt, das Amt niederzulegen bzw die Vertretungsberechtigung aufzugeben. Gleiches gilt für die **Abberufung.** Bei der Abberufung von Organen handelt es sich um eine Maßnahme im gesellschaftsrechtlichen Bereich, die nicht durch das Insolvenzverfahren „verdrängt" worden ist. **Die Niederlegung oder Abberufung hat jedoch keine Auswirkungen auf die mit Verfahrenseröffnung eingetretenen umfassenden Auskunfts-,** Mitwirkungs- und Anwesenheitspflichten. Es handelt sich um eine **Amtsniederlegung zur Unzeit**, die unwirksam ist (**OLG Düsseldorf** GmbHR 2001, 145; **OLG Zweibrücken** BB 2006, 1179; *Kleindiek* in Lutter/Hommelhoff § 38 GmbHG Rn 42 in Zitat der Gegenmeinung) Demgegenüber hat *H.-F. Müller* (Der Verband in der Insolvenz, 2002, S 133 f) eingewandt, dass die Organwalter den Verfahrenspflichten nur in ihrer Funktion als Schuldnervertreter unterliegen. Es handele sich um abgeleitete Pflichten, die der Geschäftsführer für die Gesellschaft zu erfüllen habe, weil diese selbst nicht handlungsfähig sei. Nach dieser Auffassung endet mit dem Ausscheiden aus dem Amt grundsätzlich auch die Verantwortlichkeit des Geschäftsführers oder Vorstands für die Erfüllung der Schuldnerpflichten. Eine Ausnahme gelte lediglich für die **Auskunftspflicht** nach § 101 Abs 1 S 2. Wäre dies richtig, könnte sich der Geschäftsführer oder Vorstand im eröffneten Verfahren über das Vermögen einer Kapitalgesellschaft jedenfalls seiner Präsenz- und Mitwirkungspflicht dadurch entziehen, dass er das Amt mit sofortiger Wirkung niederlegt (vgl auch *K. Schmidt/Uhlenbruck* Die GmbH in Krise Rn 7.147).

18 Die **eingeschränkten Pflichten** nach § 101 Abs 1 S 2 iVm § 97 Abs 1 gelten nur für organschaftliche Vertreter und persönlich haftenden vertretungsberechtigte Gesellschafter, die **vor dem Antrag** auf Eröffnung des Insolvenzverfahrens **aus der Position ausgeschieden** sind. Der Geschäftsführer einer GmbH oder das Vorstandsmitglied einer AG kann sich somit nicht durch Niederlegung des Amtes im eröffneten Verfahren seinen bereits bestehenden insolvenzmäßigen Pflichten entziehen (s *K. Schmidt/Uhlenbruck* Die GmbH in Krise Rn 7.147; str aA *Uhlenbruck/Hirte* § 11 Rn 119; KS-*Henssler* S 1283 Rn 4; *Gottwald/Haas* ins Hdb § 2 Rn 264). Im Übrigen würde es sich um eine Amtsniederlegung zur Unzeit handeln, die rechtsmissbräuchlich und damit unwirksam ist (*Scholz/Schneider* § 38 GmbHG Rn 90; *Kleindiek* in Lutter/Hommelhoff § 38 GmbHG Rn 44). Der Insolvenzverwalter ist berechtigt, von einem organschaftlichen Vertreter des Schuldnerunternehmens **Schadenersatz** wegen vorsätzlicher sittenwidriger Schädigung gem § 826 BGB zu fordern, wenn dieser sich trotz Haftandrohung weigert, seinen Pflichten nach § 97 nachzukommen, wie zB eine Vollmacht zur Verwertung des Auslandsvermögens zu erteilen (vgl **OLG Köln** v 28. 11. 1997, ZIP 1998, 113; **LG Köln** v 14. 3. 1997, ZIP 1997, 889). § 823 Abs 2 BGB iVm § 15a Abs 1 erfasst durch Verletzung von Mitwirkungspflichten entstehende Schäden dem Wortlaut nach nicht, da der Insolvenzantrag schon gestellt ist, der Schutzbereich des § 15a Abs 1 aber mit der Stellung des Insolvenzantrags endet (**BGH** DStR 1999, 988, 999; *Gottwald/*

VIII. Auskunftspflichten ausgeschiedener Angestellter **§ 101**

Haas InsRHdb § 92 Rn 121 ff). Nach *Gottwald/Heinze* (InsRHdb 2. Aufl § 92 Rn 122) ist dogmatische Grundlage für den Ersatzanspruch bei der GmbH entweder eine entsprechende Anwendung des § 43 Abs 2 GmbHG oder aber des § 64 GmbHG (vgl auch **OLG** Hamm ZIP 1980, 280, 281). Unabhängig davon aber kommt eine Schadensersatzhaftung nach § 826 BGB in Betracht, wenn der organschaftliche Vertreter vorsätzlich und sittenwidrig die Gläubigergesamtheit dadurch schädigt, dass er entweder seinen verfahrensrechtlichen Pflichten nicht nachkommt oder die Masseverwertung durch schädigende Handlungen blockiert (**OLG** Köln v 28. 11. 1997, ZIP 1998, 113, 115; zur Schadensersatzpflicht bei Amtsniederlegung zur Unzeit s *Altmeppen* in Roth/Altmeppen § 38 Rn 79; *Hohlfeld* GmbHR 2001, 146).

V. Zwangsmittel

Gem § 101 Abs 1 S 1, 2 können sowohl die derzeitigen als auch die ausgeschiedenen organschaft- 19 lichen Vertreter und vertretungsberechtigten persönlich haftenden Gesellschafter gem § 98 mit den dort aufgeführten Zwangsmitteln zur Erfüllung der Pflichten gezwungen werden. Allerdings greift § 98 bei ausgeschiedenen Auskunftspflichtigen nur hinsichtlich der **Auskunftspflicht ein** (§ 101 Abs 1 S 2). Vgl auch *Uhlenbruck* FS *Felix* S 541, 555; *Vallender* ZIP 1996, 529, 532; K/P/B/*Lüke* § 101 Rn 7.

VI. Postsperre gegen Gesellschafter und organschaftliche Vertreter

Gegen im Amt befindliche organschaftliche Vertreter und gegen vertretungsberechtigte persönlich haf- 20 tende Gesellschafter kann nach § 101 Abs 1 S 1 iVm § 99 eine Postsperre verhängt werden, was bei juristischen Personen allerdings die Ausnahme sein dürfte, da die Geschäftspost ohnehin dem Verwalter zugeht und von diesem geöffnet werden kann (K/P/B/*Lüke* § 101 Rn 8; HK-*Kayser* § 101 Rn 12; MüKo-*Passauer/Stephan* § 101 Rn 18). Soweit bei einer Gesellschaft ohne Rechtspersönlichkeit der Verdacht besteht, dass die Post an der Gesellschaft vorbeigeleitet wird und ein organschaftlicher Vertreter die Verwaltung der Gesellschaft von seiner Privatwohnung aus betreibt, hat das Gericht die Postsperre auch gegen **persönlich haftende Gesellschafter** mit Vertretungsbefugnis oder **gegen organschaftliche Vertreter** der Gesellschaft zu verhängen. Das Gesetz lässt zwar die Postsperre gegen sämtliche organschaftlichen Vertreter zu, jedoch wird es im Einzelfall genügen, wenn es gegen denjenigen die Postsperre verhängt, der entweder die Post an der Gesellschaft vorbeileitet oder dem die eigentliche Geschäftsführung obliegt. Das gilt vor allem auch, wenn es sich um einen Alleingesellschafter-Geschäftsführer einer GmbH handelt, bei dem ohnehin ein Teil der Geschäftspost an die Privatadresse geht. Allerdings muss die Anordnung der Postsperre im Einzelfall geboten sein und darf **keinen unverhältnismäßigen Eingriff in die Privatsphäre** des organschaftlichen Vertreters darstellen (vgl **OLG** Celle v 11. 9. 2000, ZInsO 2000, 557 = ZIP 2000, 1898; *Uhlenbruck* FS *Felix* S 541, 556; K/P/B/*Lüke* § 101 Rn 9). Unzulässig ist die Postsperre gegenüber einem früheren organschaftlichen Vertreter, auch wenn er innerhalb der letzten beiden Jahre vor der Antragstellung aus der Gesellschaft ausgeschieden ist. Gleiches gilt für **Angestellte** des Schuldners.

VII. Unterhalt an den persönlich haftenden Gesellschafter

Nach §§ 101 Abs 1 S 3, 100 kann dem vertretungsberechtigten persönlich haftenden Gesellschafter 21 aus der Insolvenzmasse Unterhalt gewährt werden. Nach Auffassung von *Lüke* (K/P/B/*Lüke* § 101 Rn 10 Fn 26) ist es nach dem Regelungszweck der Vorschrift unerheblich, ob im Einzelfall die Vertretungsberechtigung des Gesellschafters einer OHG nach § 125 HGB aus geschlossen ist. Unterhaltsberechtigt sind somit bei Vorliegen der Voraussetzungen des § 100 die Gesellschafter einer BGB-Gesellschaft, einer OHG sowie die Komplementäre einer KG oder KG aA. Vorständen und Aufsichtsräten dagegen kann im Unterhalt nicht gewährt werden (K/P/B/*Lüke* § 101 Rn 10; FK-*App* § 101 Rn 6; *Hess* § 101 Rn 31; *Smid* § 101 Rn 3). Dies ist deshalb gerechtfertigt, weil mit der Verfahrenseröffnung der persönlich haftende Gesellschafter die Möglichkeit verliert, seinen Lebensunterhalt aus den Mitteln des Unternehmens zu bestreiten. Aufgrund der Einbeziehung seiner persönlichen Haftung in § 93 ist auch sein privates Vermögen dem Zugriff des Insolvenzverwalters im Gesellschaftsinsolvenzverfahren ausgesetzt. Dagegen dauert der Anstellungsvertrag des Vorstandsmitglieds einer AG oder des Geschäftsführers einer GmbH zunächst fort und ist eine Kündigung allenfalls mit der Frist des § 113 möglich. Zudem wird sein Privatvermögen von der Gesellschaftsinsolvenz nicht berührt (*Smid* § 101 Rn 3).

VIII. Auskunftspflichten ausgeschiedener Angestellter

Eine besonders zu begrüßende Neuerung ist die in § 101 Abs 2 geregelte entsprechende Anwendung 22 des § 97 Abs 1 S 1 auf Angestellte und frühere Angestellte des Schuldners, sofern diese **nicht früher als zwei Jahre vor dem Eröffnungsantrag** ausgeschieden sind. Entsprechend der Auslegung zu § 101 Abs 1 S 2 1. Halbs ist nicht auf den formalrechtlichen Beendigungszeitpunkt des Anstellungsverhältnisses abzustellen, sondern auf die **tatsächliche Beendigung** der Tätigkeit im Schuldnerunternehmen. Nur bis zu diesem Zeitpunkt verfügt der Angestellte idR über die im Insolvenzverfahren notwendigen Informationen hinsichtlich der innerbetrieblichen Vorgänge (BerlKo-*Blersch/v. Olshausen* § 101 Rn 16). Der Angestellte ist nicht verpflichtet, in einem Termin zur Gläubigerversammlung zu erscheinen. Dem Gericht steht es frei, nach § 5 Abs 2 den **Angestellten als Zeugen** zu vernehmen. Diesem steht aber unter den Voraussetzungen des § 4 iVm §§ 383–385 ein Zeugnisverweigerungsrecht zu. Auch wenn der Dienstvertrag vom Insolvenzverwalter nicht oder noch nicht nach § 113 gekündigt worden ist, ergeben sich aus dem Dienstverhältnis zum Schuldner keine Auskunftspflichten gegenüber dem Insolvenzgericht, dem Verwalter oder der Gläubigerversammlung. Es handelt sich bei Angestellten und früheren Angestellten nur um eine **eingeschränkte Auskunftspflicht**. Sie sind nicht verpflichtet, strafbare Handlungen oder Ordnungswidrigkeiten zu offenbaren, da § 101 Abs 2 nur auf § 97 Abs 1 S 1 verweist. Da es sich um eine originäre Auskunftspflicht handelt, nicht dagegen um eine zeugenschaftliche Vernehmung, haben sie der Auskunftspflicht auf eigene Kosten nachzukommen. Bei Mittellosigkeit kann allerdings der Insolvenzverwalter aus der Masse Fahrtkosten vorschießen. Ein Anspruch auf Verdienstausfall steht den Angestellten und früheren Angestellten aber nicht zu. Die **Durchsetzung der Auskunftspflicht** von Angestellten und ehemaligen Mitarbeitern kann nicht mittels § 98 durchgesetzt werden. Verweigert ein Angestellter oder früherer Angestellter die Auskunft, so bleibt dem Verwalter nur die Möglichkeit, beim zuständigen Prozessgericht Klage auf Auskunftserteilung zu erheben. Das Insolvenzgericht ist für diese Klage nicht zuständig (*Hess* § 101 Rn 27).

IX. Auskunftspflichten organschaftlicher Vertreter und persönlich haftender Gesellschafter im Eröffnungsverfahren

23   Gem §§ 20 S 2, 22 Abs 3 S 3 finden die Vorschriften der §§ 97, 98, 101 Abs 1 S 1, 2, Abs 2 bereits im Eröffnungsverfahren über das Vermögen der Gesellschaft Anwendung mit der Folge, dass nicht nur organschaftliche Vertreter und vertretungsberechtigte persönlich haftende Gesellschafter des Schuldnerunternehmens, gleichgültig ob ausgeschieden oder nicht, zur Auskunft und Mitwirkung verpflichtet sind, sondern die Auskunftspflicht auch Angestellte und frühere Angestellte des Schuldnerunternehmens trifft. Auch hier gelten für Angestellte und frühere Angestellte die gleichen Einschränkungen wie für das eröffnete Verfahren. Sie können somit nicht durch Zwangsmittel nach § 98 zur Auskunft gezwungen werden (vgl *Uhlenbruck* WiB 1996, 466, 470; *ders* GmbHR 1995, 195, 200 f; K/P/B/*Lüke* § 101 Rn 11; *Vallender* ZIP 1996, 529, 534; KS-*Uhlenbruck* S 1185 Rn 37). Das Insolvenzgericht kann den vorläufigen Insolvenzverwalter ermächtigen, in Bezug auf Betriebsgrundstücke des Schuldners **Betretungsverbote** auszusprechen (**BGH** v 11. 1. 2007, ZInsO 2007, 267, 268). Nicht berechtigt ist aber das Insolvenzgericht, den vorläufigen Insolvenzverwalter zu ermächtigen, Mitglieder der Geschäftsleitung der Schuldnerin von ihren Aufgaben zu entbinden, denn der vorläufige Insolvenzverwalter können keine weitergehenden Befugnisse übertragen werden, als der endgültige Verwalter mit der Eröffnung kraft Gesetzes erhält (**BGH** ZInsO 2007, 267, 269).

X. Verfahrenspflichten bei der führungslosen Gesellschaft

24   Im Fall der Führungslosigkeit einer Gesellschaft mit beschränkter Haftung ist auch jeder Gesellschafter, im Fall der Führungslosigkeit einer AG oder einer Genossenschaft auch jedes Mitglied des Aufsichtsrats zur Stellung des Insolvenzantrags verpflichtet, es sei denn, diese Person hat von der Zahlungsunfähigkeit oder der Überschuldung oder der Führungslosigkeit keine Kenntnis (§ 15 a Abs 3). Der Gesetzgeber hat die Frage offen gelassen, ob über die Antragspflicht hinaus im Fall der Führungslosigkeit einer antragspflichtigen Gesellschaft die Gesellschafter sämtliche Verfahrensrechte und -pflichten treffen. Eine Ausnahme hat das **MoMiG** in § 101 Abs 2 2. Halbs insoweit getroffen, als die **Gesellschafter einer führungslosen Gesellschaft zur Auskunft verpflichtet** sind, wenn sie nicht früher als zwei Jahre vor dem Insolvenzantrag aus ihrer Gesellschafterposition ausgeschieden sind. Damit wollte der Gesetzgeber der Unsitte beggnen, dass in der Krise der Gesellschaft der organschaftliche Vertreter sein Amt niederlegt und die Gesellschafter darauf verzichten, ein neues Vertretungs- oder Aufsichtsorgan zu bestellen.

XI. Unterhalt

25   Nach § 101 Abs 1 S 3 gilt die Vorschrift des § 100 entspr für die vertretungsberechtigten persönlich haftenden Gesellschafter des Schuldners. Damit sind nur der Komplementär einer OHG, einer KG oder einer KgaA erfasst. Die Vorschrift betrifft nur natürliche Personen. Geschäftsführern, Vorständen und Aufsichtsräten ist der Unterhalt nicht zu gewähren. Einzelheiten bei K/P/B/*Lüke* § 101 Rn 10; *Jaeger/Schilken* § 101 Rn 22; BerlKo-*Blersch/v. Olshausen* § 101 Rn 15.

XII. Kostenpflicht bei Verletzung der Pflichten

26   Nach Art 9 Nr 7 MoMiG erlaubt es die seit 1. 11. 2008 geltende Fassung des § 101 Abs 3, den in § 101 Abs 1 u 2 genannten Personen, die ihrer Auskunfts- und Mitwirkungspflicht nicht nachkommen,

im Fall der Abweisung des Antrags auf Eröffnung des Insolvenzverfahrens die **Kosten des Verfahrens** aufzuerlegen. In der Begründung zum Regierungsentwurf des MoMiG heißt es, die Fassung des § 23 GKG nach dem Kostenrechtsmodernisierungsgesetz sei geeignet, Gläubiger von der Stellung eines Insolvenzantrags abzuhalten, da sie im Fall der Masselosigkeit nicht nur für die Gerichtsgebühren, sondern auch für die Auslagen einzustehen haben. Werde etwa ein Gutachter vom Insolvenzgericht mit der Prüfung beauftragt, ob ein Insolvenzgrund vorliegt oder ob Sanierungsmöglichkeiten bestehen (vgl § 22 Abs 1 Nr 3), so könnten auch diese Kosten dem antragstellenden Gläubiger aufgebürdet werden. Eine solche Kostenfolge erscheine jedoch ungerecht, wenn die Abweisung im Wesentlichen auf der Verletzung verfahrensrechtlicher Mitwirkungspflichten des Schuldners beruht. Zutreffend weisen *Blersch/ v. Olshausen* (BerlKo § 101 Rn 20) darauf hin, dass die Vorschrift den Gerichten noch einige Schwierigkeiten bereiten wird. In der Tat wird man bei nur subsidiär verpflichteten Gesellschaftern (§ 101 Abs 1 S 2 2. Halbs) und bei Angestellten des Schuldners (§ 101 Abs 2) nicht ohne weiteres annehmen können, dass die **Abweisung mangels Masse** (§ 26) im **Wesentlichen auf der Verletzung ihrer verfahrensrechtlichen Mitwirkungspflichten** beruht. Es ist anzunehmen, dass die Regelung in § 101 Abs 3 weitgehend disziplinierende Wirkung hat und dass ein antragstellender Gläubiger nach § 31 Abs 2 S 1 GKG nur in Anspruch genommen wird, wenn eine Zwangsvollstreckung in das bewegliche Vermögen der genannten Personen erfolglos geblieben ist oder aussichtslos erscheint. Obgleich § 20 S 2 und § 22 Abs 3 S 3 nicht auf § 101 Abs 3 verweisen, ist anzunehmen, dass die Vorschrift des § 101 Abs 3 auch in diesen Fällen zumindest für Eröffnungsverfahren anwendbar ist, die seit dem 1. 11. 2008 anhängig geworden sind (weitergehend BerlKo-*Blersch/v. Olshausen* § 101 Rn 20).

§ 102 Einschränkung eines Grundrechts

Durch § 21 Abs. 2 Nr. 4 und die §§ 99, 101 Abs. 1 Satz 1 wird das Grundrecht des Briefgeheimnisses sowie des Post- und Fernmeldegeheimnisses (Artikel 10 Grundgesetz) eingeschränkt.

Die Vorschrift entspricht dem Zitiergebot des Art 19 Abs 1 S 2 GG. Soweit ein Grundrecht auf Grund eines Gesetzes eingeschränkt wird, muss das Gesetz des Grundrecht unter Angabe des Artikels nennen. Als nachkonstitutionelles Recht muss die InsO dem Zitiergebot genügen, auch wenn §§ 99, 101 lediglich ältere Grundrechtsbeschränkungen der KO wiederholen. Die Vorschrift enthält den Hinweis auf die Einschränkung des Brief-, Post- und Fernmeldegeheimnisses, der nach Art 19 Abs 1 S 1 GG vorgeschrieben ist. Die Anforderungen an die Bestimmtheit sind umso höher, je intensiver der vorgesehene Grundrechtseingriff ist, je einfacher sich die Möglichkeit einer Regelung für den Gesetzgeber gestaltet und je größer die Gefahr einer Unklarheit der Rechtslage für den Betroffenen ist. Bei dem durch Art 10 GG abgesicherten Grundrecht des Brief-, Post- und Fernmeldegeheimnisses handelt es sich nach dem Bericht des Rechtsausschusses zu Art 2 Nr 2 EGInsOÄndG (BT-Drucks 14/120, S 11 f, abgedr bei *Balz/Landfermann* S 231) um einen hohen Verfassungswert, bei dem die Eingriffe nur in gesetzlich hinreichend normierten Fällen erfolgen dürfen. Mit § 102 wird sichergestellt, dass die Postsperre in verfassungsrechtlich unbedenklicher Weise angeordnet werden kann. Durch Art 2 Nr 6 EG InsO ÄndG (BGBl I, 3836) ist zugleich auch der Hinweis auf § 21 Abs 2 Nr 4 entsprechend dem Beschluss des Rechtsausschusses eingefügt worden, sodass auch im Eröffnungsverfahren die Postsperre in verfassungsrechtlich unbedenklicher Weise als vorläufige Sicherungsmaßnahme angeordnet werden kann (krit *Rollenbleg* NZI 2004, 176 ff).

Zweiter Abschnitt. Erfüllung der Rechtsgeschäfte. Mitwirkung des Betriebsrats

§ 103 Wahlrecht des Insolvenzverwalters

(1) Ist ein gegenseitiger Vertrag zur Zeit der Eröffnung des Insolvenzverfahrens vom Schuldner und vom anderen Teil nicht oder nicht vollständig erfüllt, so kann der Insolvenzverwalter anstelle des Schuldners den Vertrag erfüllen und die Erfüllung vom anderen Teil verlangen.

(2) ¹Lehnt der Verwalter die Erfüllung ab, so kann der andere Teil eine Forderung wegen der Nichterfüllung nur als Insolvenzgläubiger geltend machen. ²Fordert der andere Teil den Verwalter zur Ausübung seines Wahlrechts auf, so hat der Verwalter unverzüglich zu erklären, ob er die Erfüllung verlangen will. ³Unterläßt er dies, so kann er auf der Erfüllung nicht bestehen.

Abs 1 entspricht mit geringfügiger redaktioneller Änderung (gegenseitiger statt zweiseitiger Vertrag) dem früheren § 17 Abs 1 KO. Abs 2 S 1 ist früherem § 26 S 2 KO nachgebildet. Abs 2 S 2 entspricht mit geringfügiger redaktioneller Änderung dem früheren § 17 Abs 2 S 1 KO (das Recht des Vertragspartners, den Insolvenzverwalter auch schon vor Fälligkeit seiner Forderung zur Wahlrechtsausübung aufzufordern, wurde als selbstverständlich gestrichen) und Abs 2 S 3 dem früheren § 17 Abs 2 S 3 KO. § 117 RegE ohne Änderungen im Gesetzgebungsverfahren.

Übersicht

	Rn
I. Normzweck	1
II. Das gewandelte Normverständnis in der höchstrichterlichen Rechtsprechung	4
1. Die Rechtsprechung des BGH bis 1988	5
2. Die Erlöschens- und Neubegründungstheorie	6
3. Die Theorie vom Verlust der Durchsetzbarkeit	8
III. Rechtsfolgen der Insolvenzeröffnung	10
1. Keine Vertragspartei hat vor der Insolvenzeröffnung Teilleistungen erbracht	11
2. Eine oder beide Vertragsparteien haben vor Insolvenzeröffnung teilweise geleistet	14
a) Beschränkung des Anwendungsbereiches des § 103	15
aa) Nur eine Vertragspartei hat vorgeleistet	17
bb) Beide Vertragsparteien haben im gleichen Umfang vorgeleistet	19
cc) Die eine Partei hat mehr geleistet als die andere	20
b) Auswirkungen der Verfahrenseröffnung auf den bei Insolvenzeröffnung bereits erfüllten Vertragsteil	21
c) Auswirkungen der Verfahrenseröffnung auf den noch nicht erfüllten Vertragsteil	22
d) Auswirkungen der Verfahrenseröffnung auf das Synallagma	23
IV. Anwendungsvoraussetzungen	24
1. Eröffnung des Insolvenzverfahrens	24
2. Gegenseitiger Vertrag	25
a) Erfasste Vertragsverhältnisse	26
aa) Bauverträge	27
bb) Bauträgerverträge	28
cc) Darlehensverträge	29
dd) Dauerbezugsverträge	30
ee) Entgeltliche Verwahrung	31
ff) Erbbaurechtsvertrag	32
gg) Franchiseverträge	33
hh) Gewinnabführungsverträge	34
ii) Kaufverträge	35
jj) Kommissionsverträge	36
kk) Leasingverträge über bewegliche Sachen	37
ll) Lizenzverträge	38
mm) Maklerverträge	39
nn) Miet- und Pachtverträge über bewegliche Sachen und Rechte	40
oo) Reiseverträge	41
pp) Sicherungsverträge	42
qq) Vergleich	43
rr) Versicherungsverträge	44
ss) Übernahmeverträge	45
tt) Verfilmungsverträge	46
uu) Verlagsverträge	47
vv) Vertragshändlervertrag	48
ww) Wartungsverträge	49
xx) Warenkreditversicherungsvertrag	50
yy) Werkverträge	51
zz) Nachvertragliche Wettbewerbsverbote	52
b) Nicht erfasste Vertragsverhältnisse	53
3. Beiderseits nicht vollständige Vertragserfüllung	57
a) Erfüllung beim Kaufvertrag	60
b) Erfüllung beim Werkvertrag/Bauvertrag	63
4. Sachmangel beim Kauf	65
a) Insolvenz des Verkäufers	65
aa) Anwendbarkeit des § 103	65
bb) Rechtslage bei Verfahrenseröffnung	67
cc) Der Anspruch des Käufers auf Nacherfüllung (§§ 437 Nr 1, 439 Abs 1 BGB)	68
(1) Der Käufer hat Nachbesserung verlangt (§ 439 Abs 1, 1. Fall BGB)	72
(1.1.) Der Insolvenzverwalter wählt Erfüllung	72
(1.2.) Der Insolvenzverwalter wählt nicht Erfüllung	75
(2) Der Käufer hat Ersatzlieferung verlangt (§ 439 Abs 1, 2. Fall BGB)	76
dd) Rücktritt des Käufers (§§ 437 Nr 2, 323 BGB)	77
ee) Minderung (§§ 437 Nr 2, 441 BGB)	79
ff) Schadensersatz statt der Leistung (§§ 437 Nr 3, 280 Abs 1, 3 iVm 281 BGB)	81
b) Insolvenz des Käufers	83
aa) Der Verwalter verlangt Mängelbeseitigung (§§ 437 Nr 1, 439 Abs 1, 1. Fall BGB)	84
bb) Der Verwalter verlangt Ersatzlieferung (§§ 437 Nr 1, 439 Abs 1, 2. Fall BGB)	85
cc) Sekundäre Rechtsbehelfe des Insolvenzverwalters	86
5. Sachmangel beim Werkvertrag	89
a) Erfüllungswahl des Insolvenzverwalters in der Insolvenz des Unternehmers bei Mängeln des Teilwerks	90
b) Besonderheiten in der Insolvenz des Generalunternehmers	91

Übersicht § 103

	Rn
V. Unanwendbarkeit	92
VI. Analoge Anwendbarkeit	95
VII. Wahlrecht des Insolvenzverwalters	96
1. Inhalt	96
2. Maßstab	97
3. Ausübungsberechtigung	98
4. Forderungszuständigkeit	100
5. Gegenwahlrechte des Vertragspartners	101
a) Auswirkungen der Insolvenzeröffnung und der Erfüllungswahl auf das Rücktrittsrecht des Gläubigers nach § 323 BGB	102
aa) Eröffnung des Insolvenzverfahrens vor Entstehung eines Rücktrittsrechts	103
bb) Erfüllungswahl des Insolvenzverwalters	105
cc) Keine Erfüllungswahl des Insolvenzverwalters	106
dd) Eröffnung des Insolvenzverfahrens nach Entstehung und vor Ausübung des Rücktrittsrechtes	107
ee) Erfüllungswahl des Insolvenzverwalters	108
ff) Keine Erfüllungswahl des Insolvenzverwalters	110
b) Die Auswirkungen der Verfahrenseröffnung und der Erfüllungswahl auf den Schadensersatzanspruch des Vertragspartners nach § 281 BGB	111
VIII. Erfüllungswahl des Insolvenzverwalters	112
1. Erklärung des Insolvenzverwalters	112
a) Ausdrückliches Erfüllungsverlangen	113
b) Konkludente Erfüllungswahl	114
c) Auslegung	115
aa) Leistungsanforderung	116
bb) Zahlungsaufforderung nach Mängelrüge	117
cc) Leistungserbringung	118
dd) Leistungsentgegennahme	119
ee) Verwertungshandlungen	120
ff) Aufnahme eines Aktivprozesses	121
gg) Miet- oder Leasingverhältnisse	122
2. Erklärung unter Vorbehalten oder Einschränkungen	123
3. Schweigen oder Untätigkeit des Insolvenzverwalters	124
4. Widerruf und Anfechtung	125
5. Aufforderung zur Wahlrechtsausübung und Entscheidungszeitraum	126
6. Rechtsfolgen der Erfüllungswahl	132
a) Begründung von originären Masseverbindlichkeiten und -forderungen	133
b) Art und Weise der Erfüllung	135
c) Umfang der Masseforderungen	137
d) Umfang der Masseverbindlichkeiten	138
aa) Primäransprüche	139
bb) Sekundäransprüche	140
e) Teilleistungen vor Insolvenzeröffnung	143
aa) Der Schuldner hat vor der Eröffnung des Insolvenzverfahrens teilweise geleistet, der Vertragspartner nicht	144
bb) Der Vertragspartner hat vor der Eröffnung des Insolvenzverfahrens teilweise geleistet, der Schuldner nicht	146
cc) Beide Vertragsparteien haben im gleichen Umfang vorgeleistet	147
dd) Die eine Partei hat mehr geleistet als die andere	148
f) Rechte Dritter	149
g) Aufrechnung des Vertragspartners	152
IX. Erfüllungsablehnung	154
1. Erklärung des Insolvenzverwalters	154
2. Unterlassene Wahlrechtsausübung trotz Aufforderung	155
3. Unzulässige Rechtsausübung	156
4. Rechtsfolgen der Erfüllungsablehnung	157
a) Keine Vertragspartei hat vorgeleistet	157
b) Eine oder beide Vertragsparteien haben teilweise vorgeleistet	163
5. Forderung wegen Nichterfüllung	165
a) Rechtsnatur	166
b) Anspruchsinhalt	167
c) Berechnung	173
d) Geltendmachung	174
e) Darlegungs- und Beweislast	175
f) Verjährung	176
6. Aufrechnung mit der Nichterfüllungsforderung	177
7. Herausgabe- bzw Rückgewähransprüche des Vertragspartners	182
8. Herausgabe- bzw Rückgewähransprüche des Insolvenzverwalters	186

I. Normzweck

1   Das höchstrichterliche Verständnis vom Normzweck des § 17 KO hat sich im Laufe der Zeit gewandelt. Während der BGH früher annahm, § 17 KO bezwecke **ausschließlich** den **Schutz des Vertragspartners**, indem er gewährleiste, dass der Vertragspartner seine vertragsgemäße Leistung nur erbringen müsse, wenn ihm die noch ausstehende Gegenleistung ungeschmälert, also nicht nur in Höhe einer Konkursquote, zufließe (**BGH 14. 12. 1983 – VIII ZR 352/82, ZIP 1984, 190; BGH 16. 1. 1986 – VII ZR 138/85, ZIP 1986, 382**), sieht er den Zweck des § 103 heute vor allem darin, die **Masse zu schützen** und im Interesse einer **gleichmäßigen Befriedigung** der Insolvenzgläubiger **zu mehren**. Eingeleitet wurde dieser Paradigmenwechsel mit der „Wende in der Rechtsprechung zu § 17 KO", die erstmals Masseschutzgesichtspunkte in den Vordergrund stellte (**BGH 11. 2. 1988 – IX ZR 36/87, ZIP 1988, 322; BGH 20. 12. 1988 – IX ZR 50/88, ZIP 1989, 171**). Der Gedanke vom Schutz des funktionellen Synallagmas hat mittlerweile an Bedeutung verloren, seitdem der IX. Zivilsenat des BGH die Einrede des nicht erfüllten Vertrages nach § 320 BGB als **insolvenzfest** anerkennt (**BGH 25. 4. 2002 – IX ZR 313/99, NZI 2002, 375; BGH 27. 5. 2003 – IX ZR 51/02, NZI 2003, 491; BGH 19. 4. 2007 – IX ZR 199/03, NZI 2007, 404; MüKo-*Huber* § 103 Rn 62**) und der Vertragspartner daher keines Schutzes mehr bedarf.

2   Der **Zweck des Erfüllungswahlrechtes** liegt darin, dem Insolvenzverwalter im Interesse der Masse und damit der Gläubigergemeinschaft durch die Erfüllung des Vertrages einen Anspruch auf die vorteilhaft erscheinende Gegenleistung zu verschaffen, auf die er ohne die Erfüllungswahl einen durchsetzbaren Anspruch nicht hätte (**BGH 20. 12. 1988 – IX ZR 50/88 aaO; BGH 21. 11. 1991 – IX ZR 290/90, NJW 1992, 507; BGH 4. 5. 1995 – IX ZR 256/93, NJW 1995, 1966; BGH 27. 2. 1997 – IX ZR 5/96, ZIP 1997, 688; BGH 22. 2. 2001 – IX ZR 191/98, NZI 2001, 537; BGH 7. 3. 2002 – IX ZR 457/99, NZI 2002, 380**).

3   Aus den dem § 103 zugrunde liegenden Gedanken des **Masseschutzes** und der **Gläubigergleichbehandlung** hat der BGH folgende **Grundsätze** abgeleitet: Die Masse ist nur für solche Leistungen zur Gegenleistung verpflichtet, die ihr nach Verfahrenseröffnung auch tatsächlich zugute kommen. Daher steht dem Vertragspartner, der einen Teil der geschuldeten Leistung vor der Eröffnung des Insolvenzverfahrens an den Schuldner erbracht hat, bis auf die Insolvenzquote kein Anspruch auf den Gegenwert aus der Masse zu (**BGH 27. 2. 1997 – IX ZR 5/96 aaO; jetzt § 105 S 1**). Soweit der Insolvenzverwalter Leistungen mit Mitteln der Masse erbringt, gebührt der Masse, dh der Gläubigergemeinschaft und nicht einzelnen bevorrechtigten Gläubigern, die ungeschmälerte Gegenleistung (**BGH 4. 5. 1995 – IX ZR 256/93 aaO**). Dies bedeutet umgekehrt, dass die Masse dann keines Schutzes bedarf, wenn sie nach der Eröffnung des Insolvenzverfahrens keine Aufwendungen mehr zu erbringen hat (**BGH 22. 2. 2001 – IX ZR 191/98 aaO**). Leistungen, die der Schuldner vor Insolvenzeröffnung bereits erbracht hat, sind der Disposition des Verwalters grundsätzlich entzogen. Sie stehen den Insolvenzgläubigern nicht mehr als Bestandteil der Masse zur Verfügung, gleichgültig ob der Verwalter Erfüllung verlangt oder nicht (**BGH 27. 5. 2003 – IX ZR 51/02 aaO**).

II. Das gewandelte Normverständnis in der höchstrichterlichen Rechtsprechung

4   § 17 KO gehörte zu den dogmatisch umstrittensten Vorschriften der Konkursordnung. Uneinigkeit bestand vor allem über die Frage, welche rechtlichen **Wirkungen die Verfahrenseröffnung** selbst sowie das **Erfüllungsverlangen** bzw. die **Erfüllungsablehnung** des Konkursverwalters nach § 17 KO hervorrufen. Diese Kontroverse hat sich auch nach Inkrafttreten der Insolvenzordnung fortgesetzt, denn die Verfasser der Insolvenzordnung verzichteten bewusst darauf, den Streit um die „richtige" Interpretation des § 17 KO abschließend zu entscheiden. Auch die höchstrichterliche Rechtsprechung hat mehrfach einen **Wandel** vollzogen.

5   **1. Die Rechtsprechung des BGH bis 1988.** Im Anschluss an die Rechtsprechung des Reichsgerichtes (**RG Z 11, 49, 51; RG Z 135, 167, 170**) ging der BGH (**BGH 13. 7. 1967 – II ZR 268/64, Z 48, 203, 205; BGH 5. 5. 1977 – VII ZR 85/76, Z 68, 379 f; BGH 27. 11. 1981 – V ZR 144/80, ZIP 1982, 189 = NJW 1982, 768**) über Jahrzehnte davon aus, dass die von beiden Seiten nicht oder nicht vollständig erfüllten Verträge durch die Eröffnung des Konkursverfahrens nicht berührt werden. Erst im Jahr 1983 erfuhr diese Rechtsprechung durch zwei Entscheidungen des Konkurssenates (**BGH 14. 12. 1983 – VIII ZR 352/82, Z 89, 189, 194 f = ZIP 1984, 190 = NJW 1984, 1557; BGH 21. 12. 1983 – VIII ZR 256/82, WM 1984, 265 f**) insoweit eine Modifikation, als dass der BGH nunmehr annahm, der Erfüllungsanspruch des Vertragspartners werde mit Konkurseröffnung zur **Konkursforderung**. In der Erfüllungsablehnung des Konkursverwalters sollte ein von den Voraussetzungen des § 17 KO abhängiges **Gestaltungsrecht** liegen, das die gegenseitigen Erfüllungsansprüche in einen **einseitigen Schadensersatzanspruch des Vertragspartners auf Nichterfüllung** umwandele (**BGH 8. 11. 1961 – VIII ZR 149/60, NJW 1962, 153–155; BGH 14. 12. 1983 – VIII ZR 352/82, Z 89, 189 = ZIP 1984, 190 = NJW 1984, 1557; BGH 10. 10. 1962 – VIII ZR 203/61, NJW 1962, 2296; BGH 27. 11. 1981 – V ZR 144/80, ZIP 1982, 188 = NJW 1982, 188; BGH 16. 1. 1986 – VII ZR 138/85, Z 96, 392 = ZIP 1986, 382 = NJW

1986, 1176.; BGH 9. 7. 1986 – VIII ZR 232/85, Z 98, 160 = ZIP 1986, 1059 = NJW 1986, 2948; BGH 5. 5. 1977 – VII ZR 85/76, Z 68, 379 = NJW 1977, 1345). Die Folge war, dass keiner Seite mehr Erfüllungsansprüche zustanden. Dies galt nach Auffassung des BGH auch dann, wenn die eine oder andere Seite Teilleistungen vor Verfahrenseröffnung erbracht hatte (BGH 29. 1. 1987 – IX ZR 205/85, NJW 1987, 1702). Entschied sich der Konkursverwalter dagegen für die **Erfüllung** des Vertrages, sollte kein neuer Anspruch des Kontrahenten entstehen. Es entfielen lediglich die **konkursmäßigen Beschränkungen**. Der in die Masse gefallene Anspruch des Vertragspartners wurde von einer Konkursforderung zu einer **Masseforderung** aufgewertet. Der Erfüllungswahl kam damit zwar gestaltende Wirkung zu, die beiderseitigen Erfüllungsansprüche wurden jedoch als mit den ursprünglichen **vollständig identisch** angesehen. Daraus ergaben sich für die vermögensrechtliche Stellung der Masse nachteilige Folgen: Eine Verfügung des Insolvenzschuldners über den ihm zustehenden Erfüllungsanspruch erfasste auch den durch das Erfüllungsverlangen des Konkursverwalters begründeten Erfüllungsanspruch der Masse. Gegen diesen konnte mit Insolvenzforderungen **aufgerechnet** werden. Hatte der Vertragsgegner vor Verfahrenseröffnung Teilleistungen erbracht, konnte der Konkursverwalter nach Ansicht des BGH (21. 4. 1982 – VIII ZR 142/81, Z 83, 359 = ZIP 1982, 854 = NJW 1982, 2196) einen einheitlichen Vertrag nur als Ganzes erfüllen oder ablehnen. Das Erfüllungsverlangen sollte grundsätzlich **nicht teilbar** sein (sog **Alles-oder-nichts-Prinzip**). Diese Auffassung war aus Massesicht insoweit problematisch, als dass der Insolvenzverwalter im Falle der Erfüllungswahl auch diejenigen Gegenleistungsansprüche des Vertragspartners als Masseverbindlichkeiten voll zu berichtigen hatte, die auf vor der Insolvenzeröffnung erbrachte Teilleistungen entfielen und damit nicht der Masse, sondern dem Schuldner zugute gekommen waren.

2. Die Erlöschens- und Neubegründungstheorie. Veranlasst durch die ständig schwindende Effizienz des Konkursrechtes angesichts der steigenden Zahl abgelehnter Eröffnungsanträge mangels Masse sah sich der Konkurssenat des BGH im Jahr 1988 zu einer neuen Konstruktion veranlasst, die Masseverkürzungen verhindert und damit den Bestand der Masse sichert bzw. mehrt. Dieses Ziel sollte vor allem dadurch erreicht werden, dass der Erfüllungsanspruch der Masse von allen vor Konkurseröffnung entstandenen Belastungen befreit wird. So vollzog der IX. Zivilsenat durch eine **geänderte Auslegung des § 17 KO** mit zwei Entscheidungen aus dem Jahre 1988 (BGH 11. 2. 1988 – IX ZR 36/87, Z 103, 250 = ZIP 1988, 322 = NJW 1988, 1790; BGH 20. 12. 1988 – IX ZR 50/88, Z 106, 236 = ZIP 1989, 171 = NJW 1989, 1282) eine grundlegende **Wende in der Rechtsprechung** zu dieser Norm, an der er bis zum Jahre 2000 festhielt (BGH 22. 6. 1989 – IX ZR 279/88, ZIP 1989, 1413; BGH 21. 11. 1991 – IX ZR 290/90, Z 116, 156 = ZIP 1992, 48 = NJW 1992, 507; BGH 4. 3. 1993 – IX ZR 169/92, ZIP 1993, 600; BGH 4. 5. 1995 – IX ZR 256/93, Z 129, 336 = ZIP 1995, 926 = NJW 1995, 1966; BGH 27. 2. 1997 – IX ZR 5/96, Z 135, 25 = ZIP 1997, 688; BGH 8. 1. 1998 – IX ZR 131/97, ZIP 1998, 298 = NJW 1998, 992). Der BGH ging davon aus, dass das Rechtsverhältnis zwischen dem Gemeinschuldner und seinem Vertragspartner bereits durch die **Eröffnung des Konkursverfahrens** in der Weise umgestaltet wird, dass die gegenseitigen Erfüllungsansprüche **erlöschen** und an die Stelle des gegenseitigen Vertrages der einseitige Anspruch des anderen Teils auf **Schadensersatz wegen Nichterfüllung** als Konkursforderung tritt. Die Rechtslage, die der BGH noch bis 1987 in ständiger Rechtsprechung als Rechtsfolge der Erfüllungsablehnung des Konkursverwalters ausgab – Umgestaltung des gesamten Vertrages und Erlöschen der gegenseitigen Erfüllungsansprüche –, sollte nun ipso iure durch den Eröffnungsbeschluss des Konkursgerichtes eintreten. Damit war der BGH von seiner Auffassung abgerückt, die Erfüllungsablehnung des Konkursverwalters greife rechtsgestaltend in das Vertragsverhältnis ein. Er vertrat nunmehr die Ansicht, die **Erfüllungsablehnung** habe lediglich **deklaratorische Wirkung** und bestätige nur den kraft Gesetzes eingetretenen Zustand. Rechtsgestaltende Wirkung sollte jetzt allein das Erfüllungsverlangen des Konkursverwalters haben. Denn die **Erfüllungswahl** habe zur Folge, dass die mit Eröffnung zunächst untergegangenen Ansprüche ex nunc mit den bisherigen Inhalt **neu begründet** und der Anspruch des Vertragspartners zugleich zur **Masseschuld** aufgewertet wird. Die neue Konstruktion des BGH hatte, ganz im Sinne des intendierten Masseschutzes, zur Konsequenz, dass zum einen vor Eröffnung erfolgte **Zessionen** aufgrund des nunmehr eingreifenden § 15 S 1 KO (§ 91 Abs 1) gegenstandslos wurden und dass zum anderen mit Konkursforderungen erklärte **Aufrechnungen** des Vertragspartners an § 55 S 1 Nr 1 KO (§ 96 Nr 1) scheiterten (BGH 21. 11. 1991 – IX ZR 290/90, Z 116, 156 = ZIP 1992, 48 = NJW 1992, 507).

Mit Urteil vom 4. 5. 1995 (IX ZR 256/93, Z 129, 336 = ZIP 1995, 926, NJW 1995, 1966) leitete der BGH eine Entwicklung ein, die zu einer **Aufspaltung des Vertrages** bei Teilleistungen führte. Er beschränkte die aus der Erlöschens- und Neubegründungstheorie abgeleiteten Rechtsfolgen (Erlöschen der jeweiligen Erfüllungsansprüche und anschließende Novation) gegenständlich auf diejenigen Erfüllungsansprüche, denen zur Zeit der Verfahrenseröffnung noch keine korrespondierende Gegenleistung der jeweils anderen Vertragspartei gegenüberstanden. Komplettiert wurde diese Rechtsprechung durch die sog „**Sachsenmilchentscheidung**" (BGH 27. 2. 1997 – IX ZR 5/96, Z 135, 25 = ZIP 1997, 688), die mittlerweile in § 105 S 1 Gesetz geworden ist. Der BGH entschied, dass der auf vor Verfahrenseröffnung erbrachten Teilleistungen entfallende Entgeltanspruch des Vertragspartners weder von der Verfahrenseröffnung noch von dem Erfüllungsverlangen des Insolvenzverwalters berührt wird. Der Teilanspruch sei Konkursforderung und bleibe es auch im Falle einer Erfüllungswahl, ohne dass der Insolvenzverwalter sein Erfüllungsverlangen auf Leistungen nach Verfahrenseröffnung beschränken müsse.

8   3. Die Theorie vom Verlust der Durchsetzbarkeit. Seit dem „Getränkelieferungsfall" (BGH 26. 10. 2000 – IX ZR 227/99, ZIP 2001, 31 = ZInsO 2001, 71 = NZI 2001, 85 = NJW 2001, 1136) sprach der IX. Zivilsenat, ebenso wie bereits zuvor der V. Zivilsenat (BGH 22. 12. 1995 – V ZR 52/95 –, ZIP 1996, 426 = NJW 1996, 1056) weniger weit reichend nur noch von der **fehlenden Durchsetzbarkeit** der gegnerischen Erfüllungsansprüche und stellte kurz darauf in der Entscheidung zur Übernahme von Wartungsverträgen (BGH 18. 10. 2001 – IX ZR 493/00 –, ZIP 2001, 2142 = ZInsO 2001, 1100 = NZI 2002, 95 = NJW-RR 2002, 191) die Fortgeltung der Erlöschenstheorie erstmals in Frage. Literarisch vorbereitet durch die Kommentierung des damaligen Vorsitzenden des IX. Zivilsenats *Gerhardt Kreft* (MüKo-*Kreft* § 103 Rn 11–54) gab der BGH in seinem Grundsatzurteil vom 25. 4. 2002 (BGH – IX ZR 313/99, Z 150, 353 = ZIP 2002, 1093 = ZInsO 2002, 577 = NZI 2002, 375 = NJW 2002, 2783) schließlich die Erlöschenstheorie auf und stellte die Abwicklung gegenseitiger, bei Insolvenzeröffnung noch nicht vollständig erfüllter Verträge auf eine **neue dogmatische Grundlage**. Der dritte Leitsatz der Entscheidung lautet: „Die Eröffnung des Insolvenzverfahrens bewirkt kein Erlöschen der Erfüllungsansprüche aus gegenseitigen Verträgen im Sinne einer materiell-rechtlichen Umgestaltung. Vielmehr verlieren die noch offenen Ansprüche im Insolvenzverfahren ihre Durchsetzbarkeit, soweit sie nicht auf die anteilige Gegenleistung für vor Verfahrenseröffnung erbrachte Leistungen gerichtet sind. Wählt der Verwalter Erfüllung, so erhalten die zunächst nicht durchsetzbaren Ansprüche die Rechtsqualität von originären Forderungen der und gegen die Masse".

Die neuen Grundsätze wurden in der darauf folgenden Entscheidung vom 27. 5. 2003 (BGH – IX ZR 51/02, Z 155, 87 = ZIP 2003, 1208 = ZInsO 2003, 607 = NZI 2003, 491 = NJW 2003, 2744) weiter ausgebaut und sind seitdem ständige Rechtsprechung (BGH 9. 3. 2006 – IX ZR 55/04, ZIP 2006, 859 = ZInsO 2006, 429 = NZI 2006, 350; BGH 1. 3. 2007 – IX ZR 81/05, ZIP 2007, 778 = NJW 2007, 1594).

9   Die Entscheidungen vom 25. 4. 2002 und 27. 5. 2003 ergingen zwar zu § 9 Abs 1 GesO, der in gleicher Weise auszulegen ist wie § 17 Abs 1 KO, sind jedoch auch für das Insolvenzrecht heranzuziehen. Der IX. Zivilsenat hat seine geänderte Rechtsprechung zu § 9 Abs 1 GesO, § 17 Abs 1 KO mittlerweile für die **Auslegung des § 103 Abs 1 InsO** übernommen (BGH 7. 4. 2005 – IX ZR 138/04, ZIP 2005, 909 = ZInsO 2005, 535 = NZI 2005, 384 = NJW 2005, 2231; BGH 20. 10. 2005 – IX ZR 145/04, ZIP 2005, 2267 = ZInsO 2005, 1322 = NZI 2006, 97 = NJW-RR 2006, 188; BGH 17. 11. 2005 – IX ZR 162/04, ZIP 2006, 87 = ZInsO 2006, 35 = NZI 2006, 229 = NJW 2006, 915; BGH 1. 3. 2007 – IX ZR 81/05, ZIP 2007, 778 = NJW 2007, 1594; BGH 29. 11. 2007 – IX ZR 165/05, ZIP 2008, 372 = ZInsO 2008, 309 = NZI 2008, 236).

III. Rechtsfolgen der Insolvenzeröffnung

10   Die Rechtsfolgen, die der BGH der Verfahrenseröffnung auf gegenseitige, beidseits nicht vollständig erfüllte Verträge zuschreibt, unterscheiden sich, je nachdem ob die Vertragsparteien vor der Eröffnung **Teilleistungen** erbracht haben oder nicht:

11   1. **Keine Vertragspartei hat vor der Insolvenzeröffnung Teilleistungen erbracht.** Der Eröffnung des Insolvenzverfahrens kommt als solcher für das Rechtsverhältnis zwischen Schuldner und Vertragspartner keine **materiell-rechtliche Wirkung** zu, insbesondere hat sie keinen Einfluss auf **Bestand oder Inhalt des Vertrages**, auch nicht auf vertraglich eingeräumte Rücktritts- oder Kündigungsrechte (BGH 27. 5. 2003 – IX ZR 51/02, Z 155, 87 = ZIP 2003, 1208 = ZInsO 2003, 607 = NZI 2003, 491 = NJW 2003, 2744). Die vertraglichen Erfüllungsansprüche bestehen fort, verlieren aber wegen der **wechselseitigen Nichterfüllungseinreden aus § 320 BGB** mit Insolvenzeröffnung **zunächst**, dh bis zu einem etwaigen Erfüllungsverlangen des Insolvenzverwalters, ihre Durchsetzbarkeit (BGH 25. 4. 2002 – IX ZR 313/99, Z 150, 353 = ZIP 2002, 1093 = ZInsO 2002, 577 = NZI 2002, 375 = NJW 2002, 2783; BGH 27. 5. 2003 – IX ZR 51/02 aaO; BGH 17. 11. 2005 – IX ZR 162/04, ZIP 2006, 87 = ZInsO 2006, 35 = NZI 2006, 229 = NJW 2006, 915; BGH 1. 3. 2007 – IX ZR 81/05, ZIP 2007, 778 = NJW 2007, 1594; BGH 29. 11. 2007 – IX ZR 165/05, ZIP 2008, 372 = ZInsO 2008, 309 = NZI 2008, 236; MüKo-*Kreft* § 103 Rn 18). Dem Vertragspartner steht mithin ab Eröffnung des Insolvenzverfahrens zunächst kein durchsetzbarer Anspruch gegen die Masse auf die vertraglich mit dem Schuldner vereinbarte Leistung zu. Denn um die Nichterfüllungseinrede des Insolvenzverwalters abzuwenden, müsste er in der Lage sein, die von ihm geschuldete Leistung zu erbringen. § 103 gewährt dem Vertragspartner jedoch nicht das Recht, mit Wirkung gegen die Masse selbst zu leisten und dafür die volle Gegenleistung zu beanspruchen (BGH 14. 12. 1983 – VIII ZR 352/82, Z 89, 189 = ZIP 1984, 190–193 = NJW 1984, 1557–1559). Dieses Recht besitzt alleine der Insolvenzverwalter (BGH 29. 6. 2006 – IX ZB 245/05, ZIP 2006, 1452 = ZInsO 2006, 824 = NZI 2006, 588). Umgekehrt hat aber auch die Masse gegen den Vertragspartner des Schuldners **ohne Erfüllungswahl des Insolvenzverwalters** keinen durchsetzbaren Anspruch auf die Gegenleistung. Dies ergibt sich aus § 103 Abs 2 S 3 (MüKo-*Kreft* § 103 Rn 17). Denn erst das

III. Rechtsfolgen der Insolvenzeröffnung **§ 103**

Erfüllungsverlangen mit der weiteren gesetzlichen Folge des § 55 Abs 1 Nr 2 Alt 1 ermöglicht es dem Insolvenzverwalter, die Gegenleistung aus der Masse zu erbringen und damit die Nichterfüllungseinrede des Kontrahenten zu überwinden (MüKo-*Kreft* § 103 Rn 16, 17). Wählt der Insolvenzverwalter nicht die Erfüllung des Vertrages, bleibt es für die gesamte **Dauer des Insolvenzverfahrens** bei dem mit Eröffnung eingetretenen Durchsetzbarkeitsverlust der gegenseitigen Erfüllungsansprüche, der erst mit Beendigung des Insolvenzverfahrens wieder entfällt.

§ 320 BGB setzt eine vollwirksame und fällige Gegenforderung des Schuldners voraus. Das **Leistungsverweigerungsrecht** ist mithin ausgeschlossen, wenn der Schuldner vorleistungspflichtig ist. Befindet er sich in Leistungsverzug, kann er wegen der von § 320 BGB vorausgesetzten eigenen Vertragstreue des Schuldners ebenfalls keine Rechte aus der Vorschrift herleiten. Da der BGH jedoch insoweit keine Differenzierungen vornimmt, wird man den neuen dogmatischen Ansatz des BGH so verstehen müssen, dass die Verfahrenseröffnung die wechselseitigen Nichterfüllungseinreden aus § 320 BGB stets auslöst, also auch dann, wenn die **Voraussetzungen** der Vorschrift **nicht** erfüllt sind. **12**

Der Vertragspartner wird mit der Eröffnung des Insolvenzverfahrens Insolvenzgläubiger gem § 38 (**BGH** 14. 12. 1983 – VIII ZR 352/82; Z 89, 189 = ZIP 1984, 190 = NJW 1984, 1557; *Jaeger/Henckel* § 55 InsO Rn 45). Hat er die ihm obliegende Leistung selbst noch nicht erbracht, kann er seinen Erfüllungsanspruch auf die ausstehende Gegenleistung des Schuldners jedoch nicht nach § 174 zur Insolvenztabelle anmelden und dessen Feststellung betreiben, weil dem Insolvenzverwalter eben wegen der noch ausstehenden Leistung die Nichterfüllungseinrede des § 320 BGB zusteht (MüKo-*Kreft* § 103 Rn 16; *Marotzke* 5.11; *Jaeger/Henckel* § 17 KO Rn 115). Auch einen Schadensersatzanspruch gem § 103 Abs 2 S 1 kann der Vertragspartner allein aufgrund der Verfahrenseröffnung nicht zur Tabelle anmelden. Diese Möglichkeit hat er erst nach erfolgter Erfüllungsablehnung des Insolvenzverwalters oder Ablauf der Erklärungsfrist gem § 103 Abs 2 S 2 (s u Rn 159). **13**

2. Eine oder beide Vertragsparteien haben vor Insolvenzeröffnung teilweise geleistet. Die Rechtslage für Teilleistungen ist von der Rechtsprechungsänderung im Grundsatz unberührt geblieben. Es gelten weiterhin die Grundsätze der höchstrichterlichen Entscheidungen vom 4. 5. 1995 (**BGH** IX ZR 256/93, Z 129, 336 = ZIP 1995, 926 = NJW 1995, 1966) und 27. 2. 1997 (**BGH** IX ZR 5/96, Z 135, 25–30 = ZIP 1997, 688, sog Sachsenmilchentscheidung, die in § 105 S 1 Gesetz geworden ist). Damals wurden die aus der Erlöschens- und Neubegründungstheorie abgeleiteten Rechtsfolgen der Konkurseröffnung und der Erfüllungswahl des Konkursverwalters gegenständlich auf den im Zeitpunkt der Insolvenzeröffnung beiderseits noch unerfüllten Vertragsteil beschränkt (s o Rn 7). Methodisch handelte es sich um eine teleologische Reduktion des § 17 KO, da der Anwendungsbereich der Vorschrift auf den durch ihren Zweck geforderten Umfang zurückgeführt wurde. Diese Regeln werden durch die Grundsatzentscheidung des BGH vom 25. 4. 2002 (IX ZR 313/99 aaO) lediglich insoweit modifiziert, als dass nunmehr die aus der Nichtdurchsetzbarkeitstheorie abgeleiteten Rechtsfolgen gegenständlich auf den bei Eröffnung noch unerfüllten Vertragsteil beschränkt werden. Im Einzelnen: **14**

a) Beschränkung des Anwendungsbereiches des § 103. Haben die Parteien (eine oder beide) die ihnen aufgrund des Vertrages obliegenden Leistungen vor der Eröffnung des Insolvenzverfahrens bereits teilweise erbracht und ist der Vertrag auf den Austausch jeweils teilbarer Leistungen gerichtet (s u § 105 Rn 7ff), findet § 103 nicht auf den gesamten Vertrag, sondern lediglich auf den bei Verfahrenseröffnung **beiderseits noch unerfüllten Vertragsteil** Anwendung. Dieser wird insolvenzrechtlich behandelt wie ein gegenseitiger Vertrag, auf den die Vertragsparteien im Eröffnungszeitpunkt noch keinerlei Leistungen erbracht haben (s o Rn 11). Der bei Insolvenzeröffnung von einer Seite bereits **erfüllte Vertragsteil** ist dem Anwendungsbereich des § 103 entzogen (**BGH** 18. 10. 2001 – IX ZR 493/00, ZIP 2001, 2142 = ZInsO 2001, 1100 = NZI 2002, 95). Seine Abwicklung folgt den allgemeinen Regeln. Er wird insolvenzrechtlich wie ein einseitig voll erfüllter Vertrag behandelt (hierzu MüKo-*Huber* § 103 Rn 59). **15**

Die **Eröffnung des Insolvenzverfahrens** führt mithin zu einer **Spaltung des teilweise erfüllten Vertrages** in einen erfüllten und einen nicht erfüllten Vertragsteil oder – vom Anwendungsbereich des § 103 aus betrachtet – in einen der Regelung des § 103 unterworfenen und einen hiervon ausgenommenen Vertragsteil (so auch *Linder* Vorleistungen in der Insolvenz S 108). Diese Vertragsspaltung ist rein **insolvenzrechtlich** zu verstehen. Die Vertragsparteien werden im Insolvenzverfahren lediglich so behandelt, als hätten sie **zwei selbständige Verträge** geschlossen und zwar einen separaten Vertrag über die vorinsolvenzlich erbrachte Teilleistung sowie deren Gegenleistung und einen zweiten Vertrag auf die im Zeitpunkt der Insolvenzeröffnung noch ausstehende Teilleistung sowie die darauf entfallende anteilige Gegenleistung. **Materiell-rechtlich** lässt die Verfahrenseröffnung den gegenseitigen Vertrag unberührt. Auch ein teilweise erfüllter Vertrag wird durch die Insolvenzeröffnung nicht umgestaltet, sondern bleibt materiell-rechtlich als **einheitlicher Vertrag** bestehen. Der BGH spricht von einer Vertragsspaltung explizit nur im Zusammenhang mit der **Erfüllungswahl des Insolvenzverwalters** (**BGH** 4. 5. 1995 – IX ZR 256/93, Z 129, 336 = ZIP 1995, 926 = NJW 1995, 1966; *Fischer* NZI 2002, 281 [285]; s auch Rn 143). Hierfür spricht, dass der Erfüllungswahl im Gegensatz zur Verfahrenseröffnung Gestaltungswirkung zukommt. Jedoch äußert auch die Verfahrenseröffnung Rechtswirkungen, die es rechtfertigen, von einer **16**

Vertragsspaltung zu sprechen. So wird der ursprüngliche Erfüllungsanspruch der vorleistenden Vertragspartei wegen der auf den unerfüllten Vertragsteil beschränkten Anwendbarkeit des § 103 in einen durchsetzbaren und einen nicht durchsetzbaren Teilanspruch zerlegt (s u Rn 18), was dazu führen kann, dass der durchsetzbare Teilanspruch durch Erfüllung erlischt (s u Rn 17), während der suspendierte Teilanspruch zunächst bestehen bleibt. Darüber hinaus wird auch die synallagmatische Verknüpfung der gegenseitigen Erfüllungsansprüche durch die Verfahrenseröffnung durchtrennt (s u Rn 23). Entscheidender ist aber, dass die durch die Erfüllungswahl bewirkte Vertragsspaltung letztlich nur Folge der schon mit Verfahrenseröffnung eintretenden Vertragsteilung in einen dem Anwendungsbereich des § 103 unterliegenden und einen hiervon ausgenommenen Vertragsteil ist. Denn die Erfüllungswahl des Insolvenzverwalters kann zwangsläufig nur den der Regelung des § 103 unterfallenden Vertragsteil erfassen.

17   aa) **Nur eine Vertragspartei hat vorgeleistet.** Die gegenseitigen Erfüllungsansprüche werden durch die Verfahrenseröffnung **insolvenzrechtlich** jeweils in zwei selbständige Teilansprüche geteilt. Bezeichnet man die eine Vertragspartei mit A und die andere mit B, dann lässt sich der Anspruch von B auf die Gesamtleistung in Anspruch 1 und 2, der von A in Anspruch 3 und 4 aufteilen. Hat A vor der Eröffnung des Insolvenzverfahrens einen Teil der teilbaren Gesamtleistung erbracht, so ist der Anspruch des B auf die Gesamtleistung (Anspruch 1 + 2) im Umfang der Vorleistung durch Erfüllung erloschen (Anspruch 1). Hierbei handelt es sich jedoch nicht um eine rechtliche Teilerfüllung iSd § 362 Abs 1 BGB. Denn unter einer Teilleistung iSd § 105 S 1 ist nicht die Herbeiführung eines Teils des geschuldeten Leistungserfolges iSd des BGB zu verstehen (s u § 105 Rn 12). Die Teilerfüllung ist daher rein insolvenzrechtlich zu begreifen (s u Rn 76). Es verbleibt ein (Teil-)Anspruch des B auf weitere Leistung des A, also auf die Differenz zwischen der erbrachten und der vollständigen Leistung (Anspruch 2). A steht für die vorinsolvenzliche Teilleistung ein (Teil-)Anspruch auf den korrespondierenden Teil der Gegenleistung zu (Anspruch 3). Darüber hinaus hat A Anspruch auf den restlichen Teil der Gegenleistung, für die er selbst noch keine Leistungen erbracht hat (Anspruch 4).

18   Die Ansprüche 2 (des B) und 4 (des A) bilden den von § 103 erfassten, unerfüllten Vertragsteil. Anspruch 3 (des A) stellt zusammen mit der vorinsolvenzlichen Teilleistung des A den bereits erfüllten und damit dem Anwendungsbereich des § 103 entzogenen Vertragsteil. Der ursprüngliche Erfüllungsanspruch des A wird durch die Verfahrenseröffnung mithin in einen durchsetzbaren (Anspruch 3) und einen suspendierten (Anspruch 4) Teilerfüllungsanspruch zerlegt. Handelt es sich bei A nicht um die insolvente Vertragspartei, kann dieser den Anspruch 3 freilich nur als Insolvenzforderung geltend machen.

19   bb) **Beide Vertragsparteien haben im gleichen Umfang vorgeleistet.** Die sich entsprechenden gegenseitigen Teilansprüche sind – aus insolvenzrechtliche Sicht (s o Rn 17) – durch Erfüllung erloschen. Es gibt nur noch unerfüllte (Teil-)Ansprüche, auf die § 103 InsO anwendbar ist

20   cc) **Die eine Partei hat mehr geleistet als die andere.** Der Umfang des von der Regelung des § 103 InsO ausgenommenen Vertragsteils bestimmt sich nach dem Erfüllungsanspruch derjenigen Vertragspartei, die im Zeitpunkt der Insolvenzeröffnung **den größeren Teil der vertraglichen Leistungen** erbracht hat. Ist dies A, besteht der Unterschied zu Fallgestaltung (aa) allein darin, dass A einen Teil der Gegenleistung bereits erhalten hat, Anspruch 3 also im Umfang der vorinsolvenzlichen Teilleistung des B durch Erfüllung erloschen ist. Im Übrigen gilt das Gleiche.

21   b) **Auswirkungen der Verfahrenseröffnung auf den bei Insolvenzeröffnung bereits erfüllten Vertragsteil.** Die Unanwendbarkeit des § 103 auf den vorinsolvenzlich erfüllten Vertragsteil hat zur Folge, dass dieser von der Suspensivwirkung der Verfahrenseröffnung unberührt bleibt (**BGH 18. 10. 2001 – IX ZR 493/00, ZIP 2001, 2142 = ZInsO 2001, 1100 = NZI 2002, 95**). Der Anspruch der vorleistenden Vertragspartei auf die anteilige Gegenleistung verliert mit der Eröffnung des Insolvenzverfahrens daher **nicht** seine Durchsetzbarkeit im Sinne der Suspensivtheorie. Hat der Schuldner alleine oder mehr als der Vertragspartner vorgeleistet, zieht der Insolvenzverwalter die anteilige Gegenleistung kraft der gem § 80 Abs 1 auf ihn übergegangenen Verwaltungs- und Verfügungsbefugnis zur Masse, ohne dass der Vertragspartner ihm die Einrede des über die erbrachte Leistung hinaus vom Schuldner nicht erfüllten Vertrages gem § 320 BGB entgegenhalten könnte (MüKo-*Kreft* § 103 Rn 32). Hat hingegen der Vertragspartner alleine oder mehr als der Schuldner vor Verfahrenseröffnung geleistet, steht ihm ein seiner Vorleistung entsprechender anteiliger Gegenleistungsanspruch als Insolvenzforderung zu (§ 105 S 1), den er gemäß § 174 Abs 1 S 1, gegebenenfalls in Verbindung mit §§ 41, 45, zur Tabelle anmelden kann (**BGH 27. 2. 1997 – IX ZR 5/96, Z 135, 25–30 = ZIP 1997, 688;** MüKo-*Kreft* § 103 Rn 47).

22   c) **Auswirkungen der Verfahrenseröffnung auf den noch nicht erfüllten Vertragsteil.** Der im Zeitpunkt der Insolvenzeröffnung noch unerfüllte Vertragsteil unterliegt der Regelung des § 103 und damit auch der Suspensivwirkung der Verfahrenseröffnung. Die gegenseitigen (Teil-)Ansprüche auf weitere Leistung verlieren wegen der wechselseitigen Nichterfüllungseinreden mithin ihre Durchsetzbarkeit. Ein Leistungsaustausch findet nach der Eröffnung des Insolvenzverfahrens ohne Erfüllungswahl des Insolvenzverwalters nicht statt.

IV. Anwendungsvoraussetzungen **§ 103**

d) Auswirkungen der Verfahrenseröffnung auf das Synallagma. Die Spaltung des Vertrages führt 23
zwangsläufig auch zu einer Teilung des ursprünglich auf das gesamte Vertragsvolumen bezogenen
Synallagmas. Dieses hat nur noch Bedeutung innerhalb des jeweiligen Vertragsteils. Der Vertragspartner
wird mithin so behandelt, als habe er zwei selbständige Verträge geschlossen. Bezeichnet man den bei
Verfahrenseröffnung vom Vertragspartner einseitig erfüllten Vertragsteil mit „Vertrag 1" und den noch
unerfüllten Vertragsteil mit „Vertrag 2", folgt daraus, dass der Vertragspartner seine aus „Vertrag 2"
geschuldete Leistung nach der Erfüllungswahl des Insolvenzverwalters nicht deshalb nach § 320 BGB
zurückhalten kann, weil seine Leistung aus „Vertrag 1" nicht vollständig bezahlt wurde (MüKo-*Kreft*
§ 103 Rn 47). Hat der Schuldner vorgeleistet, kann der Vertragspartner die aus „Vertrag 1" geschuldete
Gegenleistung nicht deshalb nach § 320 BGB verweigern, weil er mangels Erfüllungswahl nicht auch
die aus „Vertrag 2" geschuldete Leistung des Schuldners bzw. der Masse erhält. Eine Einrede des über
die erbrachte Leistung hinaus vom Schuldner nicht erfüllten Vertrages steht dem anderen Teil nicht zu
(MüKo-*Kreft* § 103 Rn 32).

IV. Anwendungsvoraussetzungen

1. Eröffnung des Insolvenzverfahrens. § 103 Abs 1 setzt zunächst die Eröffnung eines Insolvenzver- 24
fahrens voraus und legt damit gleichzeitig den Zeitpunkt fest, zu dem die nachfolgenden Tatbestandsvoraussetzungen vorliegen müssen.

2. Gegenseitiger Vertrag. § 103 setzt einen gegenseitigen Vertrag zwischen dem Schuldner und dem 25
anderen Vertragspartner voraus. Es muss sich um einen **vollkommen zweiseitig verpflichtenden Vertrag**
im Sinne des § 320 BGB handeln (**BGH** 22. 1. 09 – IX ZR 66/07 ZIP 2009, 428 = ZInsO 2009, 378 =
NZI 2009, 235; MüKo-*Huber* § 103 Rn 55; N/R/*Balthasar* § 103 Rn 8). Gegenseitigkeit liegt vor, wenn
die vereinbarten Leistungspflichten in einem synallagmatischen Verhältnis zueinander stehen. Jede Partei hat die betreffende Pflicht nur zu dem Zweck übernommen, von der anderen Partei dafür die vereinbarte Gegenleistung zu erhalten („do ut des"). Entscheidend ist die wechselseitige Bedingtheit der Hauptleistungspflichten nach dem Parteiwillen, ohne dass es auf deren objektive Gleichwertigkeit ankommt.

a) Erfasste Vertragsverhältnisse. § 103 erfasst als Grund-und Auffangnorm alle gegenseitigen Verträge, 26
für die in den §§ 104 bis 118 keine Sonderregelung besteht. Enthält ein gemischter Vertrag Leistungselemente verschiedener Vertragstypen, kommt es für die Abgrenzung zwischen § 103 einerseits und den
§§ 104 ff andererseits darauf an, welche Leistungen nach dem erklärten Parteiwillen die Hauptleistung
darstellen und dem Vertrag daher das Gepräge geben und welche lediglich von untergeordneter Bedeutung sind (**BGH** 5. 7. 2007 – IX ZR 185/06, Z 173, 116 = ZIP 2007, 2087 = NZI 2007, 713 = NJW
2007, 3715; K/P/B/*Tintelnot* § 103 Rn 16). § 103 unterfallen:

aa) Bauverträge (**BGH** 25. 4. 2002 – IX ZR 313/99 –, Z 150, 353 = ZIP 2002, 1093 = ZInsO 2002, 27
577 = NZI 2002, 375 = NJW 2002, 2783; MüKo-*Huber* § 103 Rn 67; K/P/B/*Tintelnot* § 103 Rn 22).

bb) Bauträgerverträge, bei denen allerdings in der Bauträgerinsolvenz der kaufrechtliche Vertragsteil 28
nach § 106 Abs 1 S 1 dem Anwendungsbereich des § 103 entzogen ist, wenn zugunsten des Vertragspartners vor Insolvenzeröffnung eine Auslassungsvormerkung eingetragen wurde (s u § § 106 Abs 1 S 1
Rn 38).

cc) Darlehensverträge über verzinsliche Gelddarlehen (§ 488 BGB), wenn der Darlehensgeber die 29
Darlehensvaluta vor Eröffnung des Insolvenzverfahrens **noch nicht ausbezahlt hat** (FK-*Wegener* § 103
Rn 6 b). In der **Insolvenz des Darlehensnehmers** kommt dem Wahlrecht des Insolvenzverwalters aller-
dings im Hinblick auf das außerordentliche Kündigungsrecht des Darlehensgebers nach § 490 BGB nur
geringe praktische Bedeutung zu. Ist das Darlehen dagegen **bereits valutiert**, gelangt § 103 nicht zur
Anwendung, weil der Darlehensgeber den Darlehensvertrag einseitig voll erfüllt hat (MüKo-*Huber*
§ 103 Rn 69; FK-*Wegener* § 103 Rn 6b; N/R/*Balthasar* § 103 Rn 12; aA K/P/B/*Tintelnot* § 103 Rn 19;
Lind ZInsO 2004, 580 [582]). Für die **Insolvenz des Darlehensgebers** wird dies in § 108 Abs 2 ausdrücklich klargestellt. Ist das Darlehen **teilvalutiert**, führt die Verfahrenseröffnung zur Spaltung des
Darlehensvertrages (s o Rn 15) in einen der Regelung des § 103 unterworfenen Vertragsteil (der noch
nicht ausgeführte Teil des Darlehensvertrages) und einen dem Verwalterwahlrecht entzogenen Vertragsteil (der bereits erfüllte Teil des Darlehensvertrages). Für die Insolvenz des Darlehensgebers wird dies
wiederum durch § 108 Abs 2 mit der Formulierung „soweit" klargestellt. § 103 unterfallen ebenso **verzinsliche Sachdarlehen** gem § 607 BGB (BerlKo-*Blersch* § 103 Rn 52) sowie **Darlehens- und Getränke-
lieferungsverträge** (**BGH** 26. 10. 2000 – IX ZR 227/99, ZIP 2001, 31 = ZInsO 2001, 71 = NZI 2001,
85 = NJW 2001, 1136).

dd) Dauerbezugsverträge (zB über Bier), **Ratenlieferungsverträge** und **Energielieferungsverträgen** 30
(Strom – OLG Naumburg 4. 2. 2004 – 5 U 129/03, ZInsO 2004, 1145, Wasser, Gas, Fernwärme oder
sonstige Energie), wobei der Insolvenzverwalter nur die nachinsolvenzlichen Leistungen als Masseschuld berichtigen muss, während für die vorinsolvenzlichen Leistungen § 105 S 1 gilt. Entsprechendes

§ 103

gilt für Verträge über die **Erbringung von Kommunikationsdienstleistungen** wie Telefon, Telefax, E-Mail Anschluss oder Internet (BerlKo-*Blersch* § 103 Rn 47).

31 ee) **Entgeltliche Verwahrung** (§ 688 BGB) einschließlich der Sonderform des **Lagergeschäfts** nach § 467 HGB (MüKo-*Huber* § 103 Rn 83).

32 ff) **Erbbaurechtsvertrag**, der als Rechtskauf zu qualifizieren ist. Beim Erbbaurechtsvertrag wird für die Bestellung des Erbbaurechtes ein Erbbauzins vereinbart (§ 9 Abs 1 S 1 ErbbauVO). Der Erbbaurechtsvertrag ist vom Grundstückseigentümer mit der Bestellung des Erbbaurechts und der Einräumung des Besitzes an den Erbbauberechtigten vollständig erfüllt. Die Pflicht des Grundstückseigentümers, den Besitz des Erbbauberechtigten für die Dauer der Laufzeit des Erbbaurechts zu dulden, folgt nicht aus dem Erbbaurechtsvertrag, sondern dem dinglichen Recht (**BGH** 20. 10. 2005 – IX ZR 145/04, ZIP 2005, 2267 = ZInsO 2005, 1322 = NZI 2006, 97).

33 gg) **Franchiseverträge** (K/P/B/*Tintelnot* § 103 Rn 18 a).

34 hh) **Gewinnabführungsverträge** gem § 291 Abs 1 , § 302 AktG (str. *Bultmann* ZInsO 2007, 785 [787]; aA BGH 14. 12. 1987 – II ZR 170/87, Z 103, 1 = ZIP 1988, 229 = NJW 1988, 1326; K/P/B/*Tintelnot* § 103 Rn 30 a)

35 ii) **Kaufverträge** (§ 433 BGB) einschließlich **Handelskauf** (§§ 373 ff HGB) und **Tauschverträge** (§ 480 BGB). Ist dem Käufer die Kaufsache unter der **Bedingung vollständiger Kaufpreiszahlung** vor Insolvenzeröffnung übereignet worden, gelangt § 103 in der **Käuferinsolvenz** nicht zur Anwendung (s u § 107 Rn 3, 8). Haben die Vertragsparteien lediglich einen **Kaufvertrag mit Eigentumsvorbehalt** abgeschlossen (§ 449 BGB), ist dem Käufer die Sache vor der Eröffnung des Insolvenzverfahrens über sein Vermögen aber noch nicht übereignet worden, bleibt § 103 dagegen anwendbar (s u § 107 Rn 3). Ist bei einem Grundstückskaufvertrag vor der Eröffnung des Insolvenzverfahrens zugunsten des Käufers eine Auflassungsvormerkung eingetragen worden, findet § 103 nach § 106 Abs 1 S 1 ebenfalls keine Anwendung (s u § 106 Rn 33). Beim Erwerb des Grundstücks im Wege der Zwangsversteigerung greift § 103 nicht, da durch Meistgebot und Zuschlag kein wechselseitiges Austauschverhältnis begründet wird (Jaeger/*Henckel* § 17 KO Rn 66; FK-*Wegener* § 103 Rn 45). Verträge über die Lieferung herzustellender oder zu erzeugender beweglicher Sachen sind nach § 651 S 1 BGB dem **Kaufrecht** unterstellt. Die Vertragskategorie des **Werklieferungsvertrages** gibt es nach neuem Schuldrecht nicht mehr.

36 jj) **Kommissionsverträge** (§§ 383 ff HGB) in der **Insolvenz des Kommissionärs**, während in der **Insolvenz des Kommittenten** § 116 gilt (K/P/B/*Tintelnot* § 103 Rn 17; MüKo-*Huber* § 103 Rn 154).

37 kk) **Leasingverträge über bewegliche Sachen**, sofern in der Insolvenz des Leasinggebers nicht die Sondervorschrift des § 108 Abs 1 S 2 eingreift.

38 ll) **Lizenzverträge**, insbesondere für Filme, Patente und Software (LG Mannheim 27. 6. 2003 – 7 O 127/03, EWiR 2004, 767 [*Beyerlein*] die als Rechtspacht eingeordnet werden (**BGH** 17. 11. 2005 – IX ZR 162/04, ZIP 2006, 87 = ZInsO 2006, 35 = NJW 2006, 915); Einzelheiten *Koehler*, NZI 2007, 79; *Graef* ZUM 2006, 104; *Smid*/*Lieder* DZWIR 2005, 7; *Stickelbrock* WM 2004, 549). Der **Gesetzentwurf** zur Entschuldung mittelloser Personen, zur Stärkung der Gläubigervorrechte und zur Regelung der Insolvenzfestigkeit von Lizenzen (BT-Dr 16/7416) sieht allerdings vor, einen neuen **§ 108 a** einzufügen, der bestimmt, dass ein vom Schuldner als Lizenzgeber abgeschlossener Lizenzvertrag für die Insolvenzmasse fortbesteht, vom Wahlrecht des Insolvenzverwalters mithin ausgenommen ist (hierzu HK-*Marotzke* RegE § 108 a; *Dahl*/*Schmitz* NZI 2008, 424, *ders* NZI 2007, 626; *Heim* NZI 2008, 338; *Berger* ZInsO 2007, 1142).

39 mm) **Maklerverträge** (§§ 652 ff BGB), wenn sich der Makler zur Erbringung der Maklerleistung verpflichtet hat (MüKo-*Huber* § 103 Rn 77).

40 nn) **Miet- und Pachtverträge über bewegliche Sachen und Rechte** (BGH 1. 3. 2007 – IX ZR 81/05, ZIP 2007, 778 = NJW 2007, 1594; Einzelheiten *Wilmowsky* ZInsO 2007, 731 ff). Mit der Verfahrenseröffnung werden der Anspruch des Vermieters/Verpächters auf Zahlung der vereinbarte Miete/Pacht (§ 535 Abs 2 BGB) sowie der Anspruch des Mieters/Pächters auf weitere Überlassung der Miet-/Pachtsache (§ 535 Abs 1 S 1 BGB) suspendieren. Lehnt der Mieter-Verwalter die Erfüllung des Mietvertrages ab, ist er verpflichtet die Mietsache an den Vermieter herauszugeben (s u Rn 182). Der Anspruch des Vermieters auf Nutzungsentschädigung für die Zeit ab Eröffnung bis zur Rückgabe der Mietsache ist grundsätzlich eine Insolvenzforderung, es sei denn, der Insolvenzverwalter hat die Mietsache genutzt. Dann kann der Vermieter entsprechend § 546 a BGB für die Dauer der Vorenthaltung der Mietsache gegen seinen Willen als Entschädigung die vereinbarte Miete als Masseverbindlichkeit gem § 55 Abs 1 Nr 1 verlangen (BGH 1. 3. 2007 – IX ZR 81/05 aaO). Miet- und Pachtverhältnisse über **Grundstücke und Räume** unterfallen grundsätzlich der Regelung des § 108 Abs 1 S 1. Ist die Mietsache dem Mieter im Zeitpunkt der Insolvenzeröffnung allerdings noch nicht übergeben, gilt in der Insolvenz des Vermieters nicht § 108 Abs 1 S 1, sondern § 103 (BGH 5. 7. 2007 – IX ZR 185/06, Z 173, 116 = ZIP 2007, 2087 = NZI 2007, 713 = NJW 2007, 3715). Auf bewegliche Räumlichkeiten wie Wohnwagen

IV. Anwendungsvoraussetzungen § 103

und Container ist ebenfalls § 103 anwendbar (K/P/B/*Tintelnot* § 108 Rn 10a). Die Dauerverpachtung von Toiletten und Garderoben in Festhallen, Sporthallen, Kinos oder Theatern ist regelmäßig Betriebspacht und keine Raumpacht (Jaeger/*Henckel* § 21 KO Rn 12; K/U § 21 KO Rn 8; K/P/B/*Tintelnot* § 108 Rn 13), so dass nicht § 108, sondern § 103 anwendbar ist.

oo) **Reiseverträge** (K/P/B/*Tintelnot* § 103 Rn 22; MüKo-*Huber* § 103 Rn 79). **41**

pp) **Sicherungsverträge**, mit denen sich der Kreditnehmer zur Bestellung von Sicherheiten für einen Kredit verpflichtet (MüKo-*Huber* § 103 Rn 80; Jaeger/*Henckel* § 17 KO Rn 12). **42**

qq) **Vergleich** iSd § 779 BGB, wenn die in ihm übernommenen Verpflichtungen im Gegenseitigkeitsverhältnis stehen (MüKo-*Huber* § 103 Rn 82); **43**

rr) **Versicherungsverträge** in der **Insolvenz des Versicherungsnehmers**. Diese sind in aller Regel beiderseits nicht vollständig erfüllt, weil der Versicherungsnehmer künftige Prämien schuldet (§ 1 Abs 2 VVG) und der Versicherer noch die vereinbarte Versicherungsleistung, bedingt durch den Eintritt des Versicherungsfalles, zu bewirken hat (§ 1 Abs 1 VVG). Wählt der Insolvenzverwalter Erfüllung, sind die Prämien ab Eröffnung aus der Masse zu zahlen. Im Gegenzug hat der Versicherer Versicherungsschutz zu gewähren und zwar auch dann, wenn aus der Zeit vor Eröffnung Prämienrückstände bestehen. Diese haben für den Fortbestand des Versicherungsschutzes nach Verfahrenseröffnung grundsätzlich keine Bedeutung, da der Versicherungsvertrag durch die Erfüllungswahl (bzw. die Verfahrenseröffnung s o Rn 16) in einen erfüllten und einen unerfüllten Teil gespalten wird (**OLG Düsseldorf** 9. 12. 2005 – 4 U 133/04 NZI 2006, 497). Vorinsolvenzliche Prämienrückstände kann der Versicherer mithin lediglich als Insolvenzforderung geltend machen (§ 105 S 1). Etwas anderes gilt nur dann, wenn der Versicherer schon vor Insolvenzeröffnung nach § 38 Abs 2 VVG leistungsfrei war. Dann bedarf es zur Wiederherstellung der Leistungsverpflichtung des Versicherers nach § 38 Abs 3 S 3 VVG eines Ausgleiches sämtlicher Rückstände (**OLG Düsseldorf** aaO). Lehnt der Verwalter die Erfüllung ab, bleibt es bei den mit Eröffnung eingetretenen Rechtsfolgen. Der Versicherer kann seinen Prämienanspruch gegen die Masse nicht durchsetzen, muss aber auch keinen Versicherungsschutz gewähren. Die neue Rechtsprechung des BGH zu den geänderten Rechtsfolgen der Verfahrenseröffnung hat vor allem Auswirkungen auf die Abwicklung von **Lebensversicherungsverträgen**. Will der Insolvenzverwalter den auf die Lebensversicherung entfallenden Rückkaufswert nach § 169 Abs 1 VVG zur Masse ziehen, muss er den Versicherungsvertrag nach § 168 Abs 1 VVG für den Schluss der laufenden Versicherungsperiode kündigen, wobei die Ablehnung der Vertragserfüllung als Kündigung auszulegen ist (**BGH** 7. 4. 2005 – IX ZR 138/04, ZIP 2005, 909 = ZInsO 2005, 535 = NZI 2005, 384 = NJW 2005, 384: MüKo-*Huber* § 103 Rn 118; *Kayser* Lebensversicherung S 51; *Elfring* BB 2004, 617 [619]). Die unter Geltung der Erlöschenstheorie vertretene Ansicht, der Rückkaufswert werde wegen der Umgestaltung des Lebensversicherungsvertrages mit Verfahrenseröffnung fällig, ohne dass es einer Kündigung bedürfe, ist überholt. Kündigt der Verwalter das Versicherungsverhältnis, fällt der Rückkaufswert der Lebensversicherung allerdings nur dann in die Masse, wenn der Schuldner selbst Begünstigter ist oder er dem Dritten lediglich eine widerrufliche Bezugsberechtigung eingeräumt hat. In der Kündigung liegt dann der stillschweigende Widerruf der Bezugsberechtigung (**BGH** 4. 3. 1993 – IX ZR 169/92, ZIP 1993, 600 = NJW 1993, 1994). Hat der Schuldner dem Begünstigten ein unwiderrufliches Bezugsrecht eingeräumt, gehört der Anspruch auf den Rückkaufswert nicht zur Insolvenzmasse. Dem unwiderruflich Bezugsberechtigten steht ein Aussonderungsrecht zu (*Elfring* BB 2004, 617 [620]). In der **Insolvenz des Versicherers** (dazu *Plath* Lebensversicherungsunternehmen in der Insolvenz 2007) gilt statt § 103 die Spezialnorm des § 16 VVG, nach der das Versicherungsverhältnis mit Ablauf eines Monats seit der Eröffnung endet und bis zu diesem Zeitpunkt der Insolvenzmasse gegenüber wirksam bleibt. Lebens- und Krankenversicherungsverträge erlöschen nach § 16 Abs 2 VVG iVm § 77b VAG mit Insolvenzeröffnung. **44**

ss) **Übernahmeverträge** zwischen dem ausscheidenden und dem eintretenden Vertragspartner, sofern sie kaufähnlichen Charakter haben (**BGH** 18. 10. 2001 – IX ZR 493/00, ZIP 2001, 2142 = ZInsO 2001, 1100 = NZI 2002, 95). **45**

tt) **Verfilmungsverträge** zwischen dem Autor des Drehbuches und dem Produzenten des Films (Jaeger/*Henckel* § 17 KO Rn 243 mwN; weitere Einzelheiten s Vorauflage); **46**

uu) **Verlagsverträge**, wobei zwischen der Insolvenz des Verfassers und der des Verlegers zu unterscheiden ist. In der **Insolvenz des Verlegers** gilt § 103 trotz der nach § 28 VerlG und § 34 UrhRG beschränkten Übertragbarkeit der Verlegerrechte, allerdings mit erheblichen Einschränkungen, die sich aus § 36 VerlG ergeben (K/U § 17 KO Rn 2 i; FK-*Wegener* § 103 Rn 18; K/P/B/*Tintelnot* § 103 Rn 24; weitere Einzelheiten s Vorauflage). In der **Insolvenz des Verfassers** greift bei Verlagsverträgen § 103 nur ein, wenn das Urheberrecht am Werk zur Insolvenzmasse gehört (vgl hierzu K/U § 1 KO Rn 65; weitere Einzelheiten s Vorauflage). **47**

vv) **Vertragshändlervertrag** (**OLG München** 26. 4. 2006 – 7 U 5350/05, ZInsO 2006, 1060; MüKo-*Ott*/*Vuia* § 116 Rn 12; aA K/P/B/*Tintelnot* § 103 Rn 17). **48**

§ 103   *Wahlrecht des Insolvenzverwalters*

49   **ww) Wartungsverträge**, da es sich um auf Dauer angelegte Werkverträge handelt (**BGH 18. 10. 2001 – IX ZR 493/00**, ZIP 2001, 2142 = ZInsO 2001, 1100 = NZI 2002, 95).

50   **xx) Warenkreditversicherungsvertrag**, wenn der Versicherungsnehmer noch zukünftige Prämien zu zahlen und der Versicherer die Gefahr zu tragen hat, vor dem Ende des Versicherungsverhältnisses Deckungsschutz gewähren zu müssen. § 14 Abs 1 VVG aF, der dem Versicherer die Möglichkeit gab, sich für den Fall der Insolvenz des Versicherungsnehmers ein Kündigungsrecht vorzubehalten (hierzu **BGH 26. 11. 2003 IV ZR 6/03**, ZIP 2004, 176 = ZInsO 2004, 86 = NZI 2004, 144 = EWiR 2004, 295 [*Blank*]; OLG Hamburg 11. 5. 2004 – 9 U 136/03, ZInsO 2004, 812; hierzu auch *Blank* ZInsO 2004, 795; *Baldringer* ZInsO 2004, 1117), wurde durch das Gesetz zur Reform des VVG, das am 1. 1. 2008 in Kraft getreten ist, abgeschafft.

51   **yy) Werkverträge** (§ 631 BGB), soweit sie nicht Geschäftsbesorgungscharakter (§ 675 BGB) haben (FK-*Wegener* § 103 Rn 22; MüKo-*Huber* § 103 Rn 85). Werkverträge, die eine Geschäftsbesorgung zum Inhalt haben, werden in der Insolvenz des **Geschäftsherrn** von der Sondervorschrift des § 116 S 1 erfasst und erlöschen gem § 115 S 1 mit Insolvenzeröffnung.

52   **zz) nachvertragliche Wettbewerbsverbote** gemäß § 74 HGB bzw § 90a HGB (so zu § 17 KO ArbG Lingen 17. 11. 1983 ZIP 1984, 92 f; Jaeger/*Henckel* § 17 KO Rn 215 ff; zu § 103 FK-*Wegener* § 103 Rn 21; K/P/B/*Tintelnot* § 103 Rn 21).

53   **b) Nicht erfasste Vertragsverhältnisse. aa)** Verträge, für die in den §§ 104–118 Sonderregelungen bestehen: Warenfixgeschäfte und Finanztermingeschäfte (§ 104); Dienst- und Arbeitsverträge (§ 108 Abs 1), Miet- und Pachtverträge über Grundstücke und Räume (§ 108 Abs 1); Werkverträge, die eine Geschäftsbesorgung zum Inhalt haben, werden in der Insolvenz des Geschäftsherrn von der Sondervorschrift des § 116 S 1 erfasst und erlöschen gem § 115 S 1 mit Insolvenzeröffnung. In der Insolvenz des **Geschäftsbesorgers** bleibt § 103 hingegen anwendbar. Hierzu zählen zB **Kautionsversicherungsverträge** (BGH 18. 1. 2007 – IX ZR 202/05, ZIP 2007, 543 = NZI 2007, 234, BGH 6. 7. 2006 – IX ZR 121/05, Z 168, 276 = ZIP 2006, 1781 = ZInsO 2006, 1055 = NZI 2006, 637 = EWiR 2007, 309 [*Stahlschmidt*]; dazu auch *Proske* ZIP 2006, 1035), **Baubetreuungsverträge** (MüKo-*Ott/Vuia* § 116 Rn 10), **Handelsvertreterverträge** (MüKo-*Ott/Vuia* § 116 Rn 12), **Maklerverträge** (FK-*Wegener* § 103 Rn 13), **Kommissionsverträge** (FK-*Wegener* § 103 Rn 11; K/P/B/*Tintelnot* § 103 Rn 17 mwN), **Krediteröffnungsverträge** (FK-*Wegener* § 103 Rn 32; K/P/B/*Tintelnot* § 103 Rn 19), **Kontokorrentverträge** (Graf-Schlicker/*Breitenbücher* § 103 Rn 37), **Speditionsverträge** (MüKo-*Ott/Vuia* § 116 Rn 12), **Treuhandverträge, Inkassoaufträge, Akkreditiv; Kaufverträge** in bestimmten Konstellationen (s o Rn 35 Werkverträge, die eine Geschäftsbesorgung zum Inhalt haben, werden in der Insolvenz des **Geschäftsherrn** von der Sondervorschrift des § 116 S 1 erfasst und erlöschen gem § 115 S 1 mit Insolvenzeröffnung).

54   **bb) Tarifverträge** unterfallen nicht dem Anwendungsbereich des § 103, da der normative Teil keinen gegenseitigen Vertrag darstellt und der schuldrechtliche Teil, der zwar ein gegenseitiger Vertrag ist, keine vermögensrechtlichen Ansprüche enthält (MüKo-*Huber* § 103 Rn 96).

55   **cc)** Auch bei einer **Schiedsvereinbarung** handelt es sich um keinen gegenseitigen Vertrag, so dass § 103 nicht einschlägig ist (**BGH 20. 11. 2003 – III ZB 24/03**, ZInsO 2004, 88).

56   **dd) Gesellschaftsverträge** fallen nach hM nicht unter § 103 (MüKo-*Huber* § 103 Rn 114; N/R/ *Balthasar* § 103 Rn 22; K/P/B/*Tintelnot* § 103 Rn 30).

57   **3. Beiderseits nicht vollständige Vertragserfüllung.** § 103 ist nur anwendbar, wenn der gegenseitige Vertrag **im Zeitpunkt der Verfahrenseröffnung** vom Insolvenzschuldner **und** vom anderen Teil **nicht** oder nicht vollständig erfüllt ist. Der Grund für die unterbliebene Vertragserfüllung ist unerheblich (**BGH 25. 2. 1983 – V ZR 20/82**, NJW 1983, 1619). Vollständige Vertragserfüllung von Seiten auch nur einer Vertragspartei schließt die Anwendung des § 103 aus (**BGH 15. 11. 1999 – II ZR 98/98**, NZI 2000, 126; **BGH 24. 10. 1979 – VIII ZR 298/78**, NJW 1980, 226).

58   Aus einem Vertrag ergibt sich in der Regel eine Vielzahl von wechselseitigen Verpflichtungen. Es stellt sich daher die Frage, welche dieser Pflichten bzw korrespondierenden Forderungsrechte auf beiden Seiten im **Zeitpunkt der Insolvenzeröffnung** noch bestehen müssen, damit der Vertrag als unerfüllt iSd § 103 gilt. Stehen die **synallagmatischen Hauptleistungen** beider Parteien aus, gelangt § 103 zweifelsohne zur Anwendung. Ob dies auch gilt, wenn zumindest eine Vertragspartei ihre Hauptleistung schon erbracht hat und nur noch Nebenpflichten bestehen, ist umstritten. Während der BGH und der überwiegende Teil des Schrifttums § 103 schon für anwendbar halten, wenn **irgendeine nicht völlig unbedeutende vertragliche Pflicht** noch nicht vollständig erfüllt ist (**BGH 25. 2. 1983 – V ZR 20/82**, NJW 1983, 1619; **BGH 17. 3. 1972 – V ZR 53/70**, NJW 1972, 875; MüKo-*Huber* § 103 Rn 123; BerlKo-*Blersch* § 103 Rn 63; *Marotzke* Gegenseitige Verträge Rn 4.100; *Pape* KS-InsO S 531, 545 Rn 19), verlangen andere das Bestehen einer **synallagmatischen Leistungspflicht** (K/P/B/*Tintelnot* § 103 Rn 37; Graf-Schlicker/*Breitenbücher* § 103 Rn 8; Jaeger/*Henckel* § 17 KO Rn 8). Ein Vertrag ist ebenso wie der einzelne schuldrechtliche Anspruch auf Befriedigung des Leistungsinteresses gerichtet. Hierzu ist die

IV. Anwendungsvoraussetzungen **§ 103**

Erfüllung sämtlicher Leistungspflichten erforderlich. Da § 103 Abs 1 das beiderseitige Pflichtenprogramm nicht modifiziert, ist ein gegenseitiger Vertrag auch im Sinn dieser Vorschrift erst dann vollständig erfüllt, wenn die gegenseitigen **Hauptleistungspflichten und die sie ergänzenden Nebenpflichten** erfüllt sind. Es besteht kein Grund, die Vorschrift entgegen ihrem Wortlaut auf die Fälle zu beschränken, in denen die beiderseits noch offenen Leistungen im Gegenseitigkeitsverhältnis stehen, da der Insolvenzverwalter zur Erfüllungswahl nicht gezwungen ist. Allerdings muss es sich bei den noch offenen Nebenpflichten nach Sinn und Zweck des § 103 um **selbständige Nebenpflichten** handeln, die einerseits einen klagbaren Erfüllungsanspruch gewähren und andererseits dem Leistungsinteresse dienen. Unselbständige Nebenpflichten, die nicht durch Leistung zu „erfüllen" sind, sondern nur durch Schadensersatzansprüche sanktioniert werden, können dagegen nicht zur Anwendbarkeit des § 103 führen. Irrelevant sind auch nachwirkende Nebenpflichten. Gleiches gilt für solche Forderungsrechte, die im Falle der Erfüllungswahl nicht zu originären Masseforderungen bzw. Masseverbindlichkeiten werden, wie Ansprüche auf Schadensersatz neben der Leistung oder Vertragsstrafenansprüche (s u Rn 139). Eine offene Vertragspflicht kann nicht einerseits zur Anwendbarkeit des § 103 führen, andererseits aber von den Rechtsfolgen der Norm nicht erfasst werden. Auf den Umfang der noch ausstehenden Leistungen kommt es nicht an (HK-*Marotzke* § 103 Rn 33; MüKo-*Huber* § 103 Rn 123). Auch eine verhältnismäßig geringfügige Restleistung iSd § 320 Abs 2 BGB schließt die Vollständigkeit der Vertragserfüllung aus, weil § 103 nicht das Bestehen eines Leistungsverweigerungsrechtes des Vertragspartners gem § 320 BGB voraussetzt (**BGH** 17. 3. 1972 – V ZR 53/70 aaO; K/P/B/*Tintelnot* § 103 Rn 36; ausf *Marotzke* Gegenseitige Verträge Rn 4.90).

Die **Erfüllung des einzelnen Leistungsanspruchs** bzw. der jeweils korrespondierenden Leistungspflicht 59 richtet sich grundsätzlich nach den allgemeinen Vorschriften des BGB. Da § 103 Abs 1 jedoch nur auf die Situation im Zeitpunkt der Verfahrenseröffnung abstellt, ist der Erfüllungsbegriff des § 362 Abs 1 BGB nicht vollständig identisch mit dem des § 103 Abs 1. Wie bei § 362 Abs 1 BGB tritt Erfüllung nur durch **Herbeiführung des Leistungserfolges** ein. Die Vornahme der **Leistungshandlung genügt nicht** (OLG Naumburg 20. 2. 2002 – 5 U 153/01, ZInsO 2002, 677). § 103 ist mithin auch dann anwendbar, wenn beide Parteien die für die Herbeiführung des Leistungserfolges erforderlichen Leistungshandlungen bereits vorgenommen haben, der Erfolg im Eröffnungszeitpunkt aber noch nicht eingetreten ist. Tritt dieser später ein, entfällt dadurch nicht die Anwendbarkeit des § 103 (HK-*Marotzke* § 103 Rn 34; FK-*Wegener* § 103 Rn 38; K/P/B/*Tintelnot* § 103 Rn 35). Allerdings bestehen dann keine Erfüllungsansprüche mehr, deren Erfüllung der Insolvenzverwalter wählen könnte. Lehnt der Insolvenzverwalter die Vertragserfüllung ab, kann der Vertragspartner die von der Masse nach Eröffnung vereinnahmte Leistung nicht nach **Bereicherungsrecht** herausverlangen. Ihm steht lediglich eine **Insolvenzforderung** auf die **Gegenleistung** für seine vorinsolvenzliche Leistung zu. Die Gegenansicht (MüKo-*Huber* § 103 Rn 128; K/P/B/*Tintelnot* § 103 Rn 35; Jaeger/*Henckel* § 17 KO Rn 40) verkennt, dass weder die Insolvenzeröffnung noch die Erfüllungsablehnung des Insolvenzverwalters Einfluss auf den Bestand des Vertrages haben, so dass der Rechtsgrund für die Vermögensverschiebung nicht entfallen ist. Auch § 813 BGB (so Mohrbutter/Ringstmeier/*Hohmann* HdB InsVerw § 7 Rn 22) greift nicht, da der mit Insolvenzeröffnung eingetretene Durchsetzbarkeitsverlust mit Verfahrensbeendigung wieder entfällt, der Hauptleistungsanspruch des Schuldners mithin nicht dauerhaft einredebehaftet ist. Im Unterschied zu § 362 Abs 1 BGB muss der Eintritt des Leistungserfolges nicht beständig sein. Erfüllung iSd § 103 Abs 1 liegt auch dann vor, wenn der Leistungsempfänger die Leistung nicht endgültig behalten darf, der andere Teil die erbrachte Leistung also zurückfordern kann (MüKo-*Huber* § 103 Rn 126). Dies gilt namentlich für Leistungen aufgrund eines nur vorläufig vollstreckbaren Urteils oder eines Vorbehaltsurteils. Allerdings wird man annehmen müssen, dass die Anwendbarkeit des § 103 rückwirkend erschlossen wird, wenn die Leistung zurückgewährt wird und auch der andere Teil zu diesem Zeitpunkt nicht vollständig erfüllt hat. Weiterhin muss der Leistungserfolg entgegen § 362 Abs 1 BGB nicht auf einer **Handlung des Schuldners** beruhen. Die Anwendbarkeit des § 103 ist bei vorinsolvenzlichem Eintritt des Leistungserfolges stets ausgeschlossen, unabhängig davon, wie er eingetreten ist (N/R/*Balthasar* § 103 Rn 28; Jaeger/*Henckel* § 17 KO Rn 45). Der Erfolg kann daher auch im Wege der Zwangsvollstreckung herbeigeführt werden (MüKo-*Huber* § 103 Rn 126). Der Erfüllung nach § 362 Abs 1 BGB stehen die gesetzlichen Erfüllungssurrogate gleich.

a) **Erfüllung beim Kaufvertrag.** Nach § 433 Abs 1 S 1 BGB ist der Verkäufer zur **Übergabe** und **Über-** 60 **eignung** der Kaufsache verpflichtet. Es fehlt mithin an einer Vertragserfüllung des **Verkäufers**, wenn der Käufer im Zeitpunkt der Verfahrenseröffnung noch nicht den unmittelbaren Besitz an der Kaufsache erlangt hat, es sei denn, der Verkäufer schuldet eine solche nicht, weil die Parteien ein Surrogat nach § 930, 931 BGB vereinbart haben (MüKo-*Huber* § 103 Rn 123; aA Graf-Schlicker/*Breitenbücher* § 103 Rn 7). Ist die Sache übergeben, aber nicht **übereignet**, liegt ebenfalls keine vollständige Erfüllung des Kaufvertrages von seiten des Verkäufers vor. Ob der Eigentumserwerb durch Rechtsgeschäft (§§ 929 ff BGB) oder kraft Gesetzes (§§ 946 ff BGB) erfolgt ist, spielt dabei keine Rolle (MüKo-*Huber* § 103 Rn 127; K/P/B/*Tintelnot* § 103 Rn 33). Ist vor Insolvenzeröffnung zugunsten des Käufers aber bereits ein Anwartschaftsrecht entstanden, schließt § 107 Abs 1 die Anwendung des § 103 in der Käuferinsolvenz aus (s u § 107 Rn 3, 8). Durch das **Schuldrechtsmodernisierungsgesetz** neu eingefügt wurde § 433

Abs 1 S 2 BGB, wonach der Verkäufer dem Käufer die Sache frei von **Sach- und Rechtsmängeln** zu verschaffen hat. Der Verkäufer schuldet die mangelfreie Kaufsache demnach als Leistungserfolg. Entsprechend begründet die Lieferung einer mangelhaften Sache primär einen Anspruch des Käufers auf Nacherfüllung (§§ 437 Nr 1, 439 Abs 1 BGB). Hierbei handelt es sich um die modifizierte Fortsetzung des primären Hauptleistungsanspruches aus § 433 Abs 1 S 2 BGB. Der Kaufvertrag ist auf Seiten des Verkäufers mithin solange nicht erfüllt, als ein Nacherfüllungsanspruch des Käufers besteht.

61   Der **Käufer** hat nicht erfüllt, wenn er den Kaufpreis gem § 433 Abs 2 BGB nicht vollständig gezahlt und/oder auch die Kaufsache nicht abgenommen hat (N/R/*Balthasar* § 103 Rn 34). Da es bei fehlender Übergabe des Verkäufers zugleich auch an einer Abnahme des Käufers fehlt, ist § 103 trotz vorinsolvenzlicher Eigentumsübertragung und Kaufpreiszahlung immer schon dann anwendbar, wenn der Käufer im Zeitpunkt der Eröffnung noch keinen unmittelbaren Besitz an der Kaufsache erlangt hat, vorausgesetzt, es ist kein Übergabesurrogat vereinbart (HaKo-*Ahrendt* § 103 Rn 13). Die Gegenansicht (K/P/B/*Tintelnot* § 103 Rn 40a; Jaeger/*Henckel* § 17 KO Rn 46), die § 103 in der **Verkäuferinsolvenz** gleichwohl nicht anwenden will, weil der Käufer im Hinblick auf seinen Herausgabeanspruch nach § 985 BGB keines Schutzes bedarf, verkennt, dass § 103 nicht nur dem Schutz des Vertragspartners, sondern vornehmlich dem der Masse dient (s o Rn 2). Hielte man § 103 für unanwendbar, hätte die Masse nicht die Möglichkeit, sich von der Last der Aufbewahrung und Obhut der Kaufsache zu befreien.

62   Bei einem **Grundstückskaufvertrag** hat der **Verkäufer** erst mit Eintragung der Rechtsänderung im Grundbuch erfüllt (§§ 925, 873 BGB). Der Käufer hat die Pflicht zur Kaufpreiszahlung und Entgegennahme der Auflassung (BGH 25. 2. 1983 – V ZR 20/82 aaO). Steht die Auflassung noch aus, so hat der Käufer auch dann noch nicht vollständig erfüllt, wenn er den Kaufpreis bezahlt und das Grundstück in Besitz genommen hat (**BGH** 17. 3. 1972 – V ZR 53/70 aaO). Haben die Vertragsparteien jedoch schon vor der Eröffnung des Insolvenzverfahrens über das Vermögen des **Verkäufers** die Auflassung erklärt und **beide** einen Eintragungsantrag gestellt, so hat der Käufer ein unentziehbares Anwartschaftsrecht erlangt (**BGH** 18. 12. 1967 – V ZR 6/67, NJW 1968, 493). § 103 ist nicht anwendbar und voraussetzt, dass der Insolvenzverwalter über die vom Schuldner zu erbringende Leistung noch verfügen kann (**BGH** 19. 3. 1998 – IX ZR 242/97, NJW 1998, 2134; MüKo-*Huber* § 103 Rn 132). Ist der Anspruch des Käufers auf Übertragung des Eigentums durch eine Vormerkung gesichert, greift § 106.

63   b) **Erfüllung beim Werkvertrag/Bauvertrag.** Der Werkvertrag ist von seiten des Unternehmers nicht erfüllt, wenn er das geschuldete Werk nicht vertragsgemäß, fehlerfrei und abnahmereif hergestellt hat (§§ 631 Abs 1, 633 Abs 1 BGB). Ob der vom Unternehmer geschuldete Leistungserfolg im Hinblick auf die bis zum Ablauf der Verjährungsfrist nach § 634a BGB bestehende Verpflichtung zur Mängelbeseitigung grundsätzlich erst zu diesem Zeitpunkt eintritt, ist höchstrichterlich bislang nicht geklärt (offengelassen BGH 17. 12. 1998 – IX ZR 151/98, ZIP 1999, 199 = NZI 1999, 72 = NJW 1999, 1261), wird im Schrifttum aber überwiegend angenommen (*Huber* NZBau 2005, 177 [179]; *Thode* ZfIR 2000, 165 [179]; *Wietersheim* ZInsO 1999, 393 [395]; krit. *Schmitz* Bauinsolvenz Rn 177; ablehnend OLG Celle 17. 2. 1998 – 16 U 112/97, NJW-RR 1998, 1266). Die praktische Relevanz dieser Frage dürfte nicht allzu hoch sein, denn solange der Besteller keine Mängelrechte geltend macht, werden die Parteien den Vertrag als mangelfrei behandeln müssen und § 103 nicht anwenden können. Durch Abnahme des vermeintlich mangelfreien Werks tritt keine Erfüllung des Unternehmers iSd § 103 Abs 1 ein, weil dieser auch danach zur Mängelbeseitigung verpflichtet bleibt (**BGH** 17. 12. 1998 – IX ZR 151/98 aaO; MüKo-*Huber* § 103 Rn 134).

64   Der Besteller hat nicht voll erfüllt, wenn im Zeitpunkt der Eröffnung noch ein Anspruch des Unternehmers auf Abnahme des Werkes (§ 640 Abs 1 BGB) oder Zahlung des Werklohnes besteht (§ 631 Abs 1 BGB). Solange der Besteller einen Sicherheitseinbehalt zurückhält, hat er den geschuldeten Werklohn nicht voll bezahlt (MüKo-*Huber* § 103 Rn 134). Wird dem Unternehmer im Wege eines Sicherheitenaustausches der Sicherheitseinbehalt gegen Gestellung einer Bürgschaft ausgezahlt, ist die Zahlungsverpflichtung des Bestellers dagegen voll erfüllt (*Schmitz* Bauinsolvenz Rn 166; *Wellensiek* BauR 2005, 169 [191]; aA MüKo-*Huber* § 103 Rn 134). Gleiches gilt, wenn der Werklohnanspruch des Unternehmers durch Aufrechnung erloschen ist.

65   4. **Sachmangel beim Kauf. a) Insolvenz des Verkäufers. aa) Anwendbarkeit des § 103.** Hat der Käufer im Zeitpunkt der Insolvenzeröffnung sein **Wahlrecht gem § 439 Abs 1 BGB** noch nicht ausgeübt, vom Verkäufer also vor Verfahrenseröffnung weder Nachbesserung noch Nachlieferung verlangt, wird befürwortet, § 103 erst **nach Zugang** einer entsprechenden Wahlerklärung des Käufers beim Insolvenzverwalter **anzuwenden** (*Scherer* NZI 2002, 356 [358]; *Wittig* ZInsO 2003, 629 [638]). Hierfür könnten Sinn und Zweck des Verwalterwahlrechtes sprechen. Denn wenn der Insolvenzverwalter vor Ausübung des Käuferwahlrechtes ohnehin nicht in der Lage ist, die Erfüllung des Vertrages zu wählen (s u Rn 68), scheint auch eine vorherige Anwendung der Vorschrift nicht geboten. Ohne Anwendung des § 103 könnte der Insolvenzverwalter jedoch die anteilige Kaufpreisforderung für die mangelhafte Kaufsache nicht durchsetzen. Denn solange der Käufer einen Nacherfüllungsanspruch hat, kann er die Zahlung des **gesamten Kaufpreises** nach § 320 BGB **verweigern** (MüKoBGB-*Westermann* § 437 Rn 20). Erst die Anwendung des § 103 führt zu einer Teilung des Vertrages und des Synallagmas mit der Folge, dass der

IV. Anwendungsvoraussetzungen **§ 103**

Käufer die Zahlung des anteiligen Kaufpreises nicht verweigern kann (s o Rn 23). Es sprechen daher die besseren Gründe dafür, § 103 auch in der og Konstellation bereits mit Verfahrenseröffnung anzuwenden. Fazit: § 103 gelangt mit der Eröffnung des Insolvenzverfahrens zur Anwendung, wenn zu diesem Zeitpunkt ein **Anspruch** des Käufers **auf Nacherfüllung** (§ 437 Nr 1, 439 Abs 1 BGB) und ein **Anspruch** des Verkäufers auf **Kaufpreiszahlung** (§ 433 Abs 2 BGB) bestehen. Auf die **vorinsolvenzliche Ausübung** des dem Käufer nach § 439 Abs 1 BGB zustehenden Wahlrechts kommt es für die **Anwendung des § 103 nicht an**.

§ 103 ist auf den Kaufvertrag **nicht anwendbar**, wenn ein Nacherfüllungsanspruch des Käufers im Eröffnungszeitpunkt nicht (mehr) besteht, also vor allem dann, wenn der Käufer seine Sekundärrechte aus § 437 Nr 2, 3 BGB bereits vor Verfahrenseröffnung wirksam ausgeübt hat, aber auch bei Unmöglichkeit der Nacherfüllung (§ 275 Abs 1 BGB) oder vorinsolvenzlich erhobener Einrede der Unverhältnismäßigkeit durch den Verkäufer (§§ 275 Abs 2, 3, 439 Abs 3 BGB). Ist der Verkäufer vor Verfahrenseröffnung vom Vertrag zurückgetreten (§ 437 Nr 2, § 323 BGB) oder hat er Schadensersatz statt der ganzen Leistung verlangt (§ 437 Nr 3, § 280 Abs 1, 3 iVm § 281 Abs 1 S 3 BGB), findet § 103 analoge Anwendung (s u Rn 94). 66

bb) Rechtslage bei Verfahrenseröffnung. Leistet der Verkäufer im Widerspruch zu § 433 Abs 1 S 2 BGB mangelhaft, erfüllt er seine vertraglichen Pflichten nicht vollständig. Es liegt nur eine **Teilleistung** vor (s u § 105 Rn 21), die im Falle der Insolvenzeröffnung zu einer **Spaltung des Kaufvertrages** in einen **erfüllten** und einen **unerfüllten Vertragsteil** führt (s o Rn 16). Der Anwendungsbereich des § 103 beschränkt sich auf den im Eröffnungszeitpunkt noch nicht erfüllten Teil des Kaufvertrages (s o Rn 15). Im Einzelnen: **(1) Der Käufer hat keine Anzahlung geleistet/die Anzahlung liegt unter dem Wert der mangelhaften Kaufsache:** Der Anspruch des Käufers aus § 433 Abs 1 BGB ist durch die Lieferung der mangelhaften Sache aus insolvenzrechtlicher Sicht **teilweise erfüllt**. Im Umfang der Wertdifferenz zwischen dem vollständigen und dem auf die mangelhafte Kaufsache entfallenden Kaufpreis ist er hingegen noch unerfüllt und unterliegt in modifizierter Form als Nacherfüllungsanspruch dem Anwendungsbereich des § 103, wird also mit Verfahrenseröffnung suspendiert. Der **Kaufpreisanspruch der Masse** aus § 433 Abs 2 BGB wird durch die Insolvenzeröffnung geteilt (s o Rn 17). Im Wert der mangelhaften Sache wird er nicht von § 103 erfasst und bleibt daher durchsetzbar. Der Insolvenzverwalter kann den anteiligen Kaufpreis (ggf vermindert um den Betrag der Anzahlung) nach § 80 Abs 1 zur Masse ziehen. Dieser berechnet sich aus der Differenz zwischen dem vertraglich vereinbarten Kaufpreis und den Kosten der Mangelbeseitigung. Mit dieser Berechnungsweise ist gewährleistet, dass der Masse im Fall der Erfüllungswahl ein der Nachbesserungsleistung entsprechender Restkaufpreis zufließt (zu den Problemen bei Ersatzlieferung s u Rn 76). Die Minderungsformel des § 441 Abs 3 BGB ist nicht anzuwenden, weil die Proportionalmethode den Minderungsbetrag nicht nach den Mängelbeseitigungskosten, sondern dem ursprünglichen Äquivalenzverhältnis zwischen Kaufsache und -preis bemisst. Bei einem guten Geschäft des Käufers (Kaufpreis < Verkehrswert) müsste die Masse daher mehr aufwenden, als sie über den Restkaufpreis erhält (ausf *Wegener* Das Wahlrecht des Insolvenzverwalters Rn 522). Der Anspruch der Masse auf Zahlung des Restkaufpreises (= Höhe der Mängelbeseitigungskosten = Differenz zwischen dem vertraglich vereinbarten und dem auf die mangelhafte Sache entfallenden Kaufpreis) unterfällt dem Regelungsbereich des § 103 und verliert daher mit Verfahrenseröffnung seine Durchsetzbarkeit. **(2) Der Käufer hat eine Anzahlung geleistet, die über dem Wert der mangelhaften Kaufsache liegt.** Der Käufer hat im Umfang der Wertdifferenz zwischen dem auf die mangelhafte Kaufsache entfallenden Kaufpreis und dem angezahlten Betrag eine **ungedeckte Vorauszahlung** auf seinen Nacherfüllungsanspruch geleistet. Dieser Teil des Nacherfüllungsanspruches wird folglich nicht von § 103 erfasst. Der restliche Teil des Nacherfüllungsanspruches im Wert der Differenz zwischen dem vollständigen Kaufpreis und der Anzahlung sowie die korrespondierende anteilige Kaufpreisforderung der Masse werden mit Eröffnung suspendiert. 67

cc) Der Anspruch des Käufers auf Nacherfüllung (§§ 437 Nr 1, 439 Abs 1 BGB). Nach Lieferung einer mangelhaften Kaufsache hat der Käufer primär einen Anspruch auf Nacherfüllung. Diese ist in zwei Formen möglich: Nachbesserung und Ersatzlieferung. Die Entscheidung zwischen beiden Alternativen obliegt gem § 439 Abs 1 BGB dem Käufer. Bevor dieser sein **Wahlrecht** nicht ausgeübt hat, ist der Verkäufer weder verpflichtet noch **berechtigt** zu leisten (MüKoBGB-*Westermann* § 439 Rn 6). Die Ausgestaltung des Nacherfüllungsanspruches als **verhaltener Anspruch** hat in der Insolvenz des Verkäufers zur Konsequenz, dass der Insolvenzverwalter seine Erklärung nach § 103 Abs 1 erst abgeben kann, wenn der Käufer eine bestimmte **Nacherfüllungsart verlangt hat**. Vorher besteht kein inhaltlich konkretisierter Anspruch, dessen Erfüllung der Insolvenzverwalter wählen könnte. Im Einzelnen: 68

Hat der Käufer sein Wahlrecht nach § 439 Abs 1 BGB schon vor der Eröffnung des Insolvenzverfahrens gegenüber dem Verkäufer ausgeübt, unterliegt die Wahlrechtsausübung des Insolvenzverwalters **keinen Beschränkungen**. Hat der Käufer im Eröffnungszeitpunkt dagegen noch nicht zwischen Nachbesserung und Nachlieferung gewählt, kann der Insolvenzverwalter sein Wahlrecht nach § 103 Abs 1 zunächst nicht ausüben (so auch MüKo-*Huber* § 103 Rn 141; MüKo-*Kreft* § 105 Rn 18). Es besteht ein **Schwebezustand**, während dessen Erklärungen des Insolvenzverwalters weder als Erfüllungs- noch als Nichterfüllungswahl gewertet werden können. Entscheidet sich der Käufer durch Erklärung gegen- 69 über dem Insolvenzverwalter im Laufe des Verfahrens für eine bestimmte Form der Nacherfüllung, erhält der Insolvenzverwalter die Möglichkeit zur Erfüllungswahl. In dem Nacherfüllungsbegehren des Käufers liegt zugleich eine Aufforderung des Insolvenzverwalters zur Wahlrechtsausübung gem § 103 Abs 2 S 2 (s u Rn 128). Eine Frist zur Nacherfüllung kann hiermit allerdings nicht verbunden werden, weil der Nacherfüllungsanspruch des Käufers zu diesem Zeitpunkt verfahrensbedingt nicht durchsetzbar ist (s u Rn 103). Eine gleichwohl gesetzte Frist ist unwirksam, begründet mit ihrem vermeintlichen Ablauf also keine Sekundärrechte des Käufers nach § 437 Nr 2 oder 3 BGB. Eine vorinsolvenzlich gesetzte, im Eröffnungszeitpunkt aber noch nicht abgelaufene Frist zur Nacherfüllung wird mit Verfahrenseröffnung gegenstandslos (s u Rn 104). Will der Käufer den Nacherfüllungszeitraum des Insolvenzverwalters begrenzen, muss er diesem nach dessen Erfüllungswahl (erneut) eine Frist zur Nacherfüllung setzen (s u Rn 104). Der Käufer hat zwischen den beiden Nacherfüllungsarten ein ius variandi. An seine Wahl ist er erst gebunden, wenn der Insolvenzverwalter Erfüllung verlangt hat.

70 Das Käuferwahlrecht des § 439 Abs 1 BGB erweist sich dann als problematisch, wenn es der Käufer bewusst nicht ausübt. Da das Gesetz weder eine Frist noch eine Möglichkeit des Verkäufers (Insolvenzverwalters) vorsieht, den Käufer zur Ausübung seiner Rechte zu zwingen, kann dieser das Recht des Insolvenzverwalter zur Erfüllungswahl durch bloße Nichtausübung seines Wahlrechtes vereiteln und damit den Vertrag in der Schwebe halten. Man wird dieses Problem nur lösen können, in dem man die Nichtwahl des Käufers über einen längeren Zeitraum hinweg als treuwidrig behandelt und dem Insolvenzverwalter auch ohne Erfüllungsverlangen einen durchsetzbaren Anspruch auf den Kaufpreisrest zubilligt.

71 Nach § 439 Abs 3 S 1 BGB hat der Insolvenzverwalter die Möglichkeit, die vom Käufer gewählte Art der Nacherfüllung abzulehnen. Hierin liegt nicht die Erfüllungswahl der anderen Nacherfüllungsart (K/P/B/*Tintelnot* § 103 Rn 61). Verweigert der Insolvenzverwalter beide Arten der Nacherfüllung gem § 439 Abs 3 S 3 HS 2 BGB, lehnt er damit nicht die Erfüllung des Vertrages iSd § 103 Abs 2 S 1 ab (so auch MüKo-*Huber* § 103 Rn 142). Gleiches gilt, wenn der Insolvenzverwalter die Nacherfüllung nach § 275 Abs 2 oder 3 BGB verweigert. Denn mit Einredeerhebung erlischt der Nacherfüllungsanspruch des Käufers. Es bestehen nicht mehr auf beiden Seiten Erfüllungsansprüche, so dass die **Anwendbarkeit des § 103** nachträglich **entfällt** (s u Rn 94). Damit entfällt zugleich die mit Verfahrenseröffnung eingetretene **Rechtsausübungssperre** für die sekundären Rechtsbehelfe des Käufers nach § 437 Nr 2, 3 BGB, die folglich wieder ausgeübt werden können (aA MüKo-*Huber* § 103 Rn 142).

72 **(1) Der Käufer hat Nachbesserung verlangt (§ 439 Abs 1, 1. Fall BGB). (1.1.) Der Insolvenzverwalter wählt Erfüllung. (1.1.1) Der Käufer hat noch nicht geleistet/die Anzahlung liegt unter oder entspricht dem Wert der mangelhaften Sache.** Der Kaufvertrag wird gespalten (s u Rn 144). Der Kaufpreisanspruch der Masse erhält im Wert der Differenz zwischen dem vertraglich vereinbarten und dem auf die mangelhafte Kaufsache entfallenden Kaufpreis die spezifische Qualität einer originären Masseforderung. Der Nachbesserungsanspruch des Käufers wird von einer Insolvenzforderung zu einer originären Masseverbindlichkeit aufgewertet (§ 55 Abs 1 Nr 2 Alt 1). Die Masse ist folglich verpflichtet, die Mängel der Kaufsache mit ihren Mitteln zu beseitigen und die anfallenden Kosten zu tragen (§ 439 Abs 2 BGB).

73 Zeigen sich nach der Erfüllungswahl weitere, zunächst unentdeckt gebliebene Mängel, ist der Insolvenzverwalter aufgrund der Erfüllungswahl verpflichtet, auch diese mit Massemitteln zu beseitigen (*Kreft* FS Kirchhof, 275 [284]; HK-*Marotzke* § 103 Rn 51). Vorausgesetzt ist freilich, dass die Mängel der Kaufsache bereits im Zeitpunkt des Gefahrübergangs anhafteten und innerhalb der Verjährungsfrist des § 438 BGB aufgetreten sind. Der Auffassung, das Erfüllungsverlangen des Insolvenzverwalters sei auf die Beseitigung der gerügten Mängel beschränkt, deshalb könne der Insolvenzverwalter bei neuen Mängeln auch erneut Erfüllung wählen oder ablehnen (so *Gottwald* NZI 2005, 588 [590]; *Schmitz* ZIP 2001, 765 [768]; K/P/B/*Tintelnot* § 103 Rn 66 a), ist nicht zu folgen. Der Insolvenzverwalter wählt nicht die Beseitigung einzelner Mängel, sondern die Erfüllung bestehender Ansprüche. Dem Käufer steht aber solange ein Nachbesserungsanspruch zu, bis alle Mängel der Kaufsache beseitigt sind. Der Insolvenzverwalter kann auch nicht selbst über die Reichweite seiner Erfüllungswahl bestimmen. Diese ist vielmehr durch den Anwendungsbereich des § 103 verbindlich vorgegeben. Entscheidend ist aber, dass auch kein Bedürfnis für ein begrenztes Erfüllungsverlangen des Insolvenzverwalters besteht. Da der Kaufpreisanspruch der Masse im Wert der Mängelbeseitigungskosten zu einer originären Masseforderung wird (s o Rn 72), erhält diese stets den vollen Gegenwert für ihre Leistungen. Erfolgt das Erfüllungsverlangen des Insolvenzverwalters unter der ausdrücklichen oder konkludenten Beschränkung auf Teilbereiche des unerfüllten Vertragsteils, liegt darin – wie bei einem Erfüllungsverlangen unter Vorbehalten (s u Rn 123) – eine Erfüllungsablehnung verbunden mit einem Angebot auf Abschluss eines neuen Vertrages.

74 **(1.1.2.) Die Anzahlung des Käufers liegt über dem Kaufpreis für die mangelhafte Sache.** Der Teil-Nachbesserungsanspruch des Käufers im Wert der ungedeckten Vorauszahlung unterfällt nicht dem Regelungsbereich des § 103 (s o Rn 20) und wird folglich auch nicht zu einer originären Masseverbindlichkeit aufgewertet, sondern bleibt nach § 105 S 1 Insolvenzforderung. Der Insolvenzverwalter ist im Fall der Erfüllungswahl mithin nur im Wert der Differenz zwischen dem vollständigen Kaufpreis und

IV. Anwendungsvoraussetzungen **§ 103**

der geleisteten Anzahlung zur Nachbesserung verpflichtet, auch wenn er nach § 433 Abs 1 S 2 BGB vollständige Mängelbeseitigung schuldet (MüKo-*Kreft* § 105 Rn 18; *Linder* Vorleistungen in der Insolvenz, S 128 vgl auch *Kessler* ZIP 2005, 2046). Die schuldrechtliche und die insolvenzrechtliche Verpflichtungen des Insolvenzverwalters fallen hier also aufgrund der Vertragsspaltung auseinander. Dies ist vor allem dann problematisch, wenn im Wert des noch offenen Kaufpreises keine sinnvollen Mängelbeseitigungsarbeiten durchgeführt werden können (*Gottwald* NZI 2005, 588 [590]). Dann bleibt dem Käufer nur die Möglichkeit, mit dem Insolvenzverwalter vollständige Mängelbeseitigung gegen Zahlung der vollen Nachbesserungskosten zu vereinbaren. In Höhe der überschießenden Vorleistung müsste der Käufer dann doppelt zahlen (MüKo-*Kreft* § 105 Rn 18).

(1.2.) Der Insolvenzverwalter wählt nicht Erfüllung. Der Anspruch des Käufers auf Nacherfüllung 75 und der Anspruch des Insolvenzverwalters auf Zahlung des Restkaufpreises bleiben für die Dauer des Insolvenzverfahrens undurchsetzbar und erlöschen mit der Anmeldung einer Nichterfüllungsforderung des Käufers zur Insolvenztabelle (s u Rn 157, 161). An ihre Stelle tritt der einseitige Anspruch des Käufers wegen Nichterfüllung des Nacherfüllungsanspruchs. Der vorinsolvenzlich erfüllte Teil des Kaufvertrages wird nicht von der Umgestaltungswirkung der Forderungsanmeldung erfasst, weil er der Regelung des § 103 InsO nicht unterliegt (s o Rn 21). Der Insolvenzverwalter kann den auf die mangelhafte Kaufsache entfallenden Kaufpreis, nicht aber Rückgabe der Kaufsache verlangen (s u Rn 186). Gegen die Kaufpreisforderung der Masse kann der Käufer mit seiner Nichterfüllungsforderung nicht aufrechnen (s u Rn 181).

(2) Der Käufer hat Ersatzlieferung verlangt (§ 439 Abs 1 Alt 2 BGB). Die Rechtsprechung des BGH 76 zur Teilbarkeit von Leistungen (s o Rn 14) fußt auf der Annahme, dass in der vorinsolvenzlichen Teilleistung einer Vertragspartei auch stets eine Teilerfüllung des Vertrages liegt. Denn Teilbarkeit setzt Teilerfüllbarkeit voraus (zutreffend *Kesseler* ZIP 2005, 2046 [2048]). Daher bewirkt die Lieferung einer mangelhaften Sache aus insolvenzrechtlicher Sicht eine teilweise Erfüllung des primären Hauptleistungsanspruchs aus § 433 Abs 1. Der ursprüngliche Erfüllungsanspruch des Käufers besteht – aus insolvenzrechtlicher Sicht – im Zeitpunkt der Insolvenzeröffnung mithin nur noch zum Teil, nämlich im Umfang der Wertdifferenz zwischen dem vertraglich vereinbarten und dem auf die mangelhafte Kaufsache entfallenden Kaufpreis, wenn auch modifiziert in Form eines Anspruchs auf Nacherfüllung. Er kann also nur insoweit von der Gestaltungswirkung der Erfüllungswahl des Insolvenzverwalters erfasst und zu einer Masseverbindlichkeit aufgewertet werden. Dass der Käufer Lieferung einer neuen Sache und damit Leistung im Wert des vollen Kaufpreises verlangt hat, ändert daran nichts. Der Insolvenzverwalter muss auch im Fall der Erfüllungswahl aus insolvenzrechtlicher Sicht mithin nicht die vollständige Ersatzsache, sondern lediglich Teile davon im Wert des noch nicht durch Vorleistung (mangelhafte Kaufsache) verdienten Kaufpreises leisten. Der Käufer ist im Gegenzug verpflichtet, den entsprechenden Teil des Kaufpreises zu zahlen. Hierbei handelt es sich freilich um eine theoretische Fallgestaltung, da eine nur teilweise Erfüllung des Nachlieferungsanspruches für den Käufer regelmäßig keinen Sinn machen wird. Die Rechtsprechung des BGH führt im Falle der Nachlieferung daher zu unpraktikablen Ergebnissen. Wie bei der Nachbesserung im Falle einer Überzahlung des Käufers (s o Rn 74) bleibt dem Käufer nur, mit dem Insolvenzverwalter Ersatzlieferung gegen Zahlung des vollen Kaufpreises zu vereinbaren. Hat der Käufer eine Vorauszahlung geleistet, muss er insoweit doppelt zahlen. Möglich wäre es auch, den Kaufvertrag im Hinblick auf die Verpflichtung des Käufers zur Rückgewähr der mangelhaften Kaufsache wie einen **vollständig unerfüllten Vertrag** zu behandeln. Dann würden die gegenseitigen Erfüllungsansprüche in vollem Umfang durch die Erfüllungswahl des Insolvenzverwalters zu originären Masseverbindlichkeiten und -forderungen aufgewertet. Darüber hinaus könnte der Insolvenzverwalter Rückgewähr der mangelhaften Sache verlangen (§ 80 Abs 1 iVm §§ 346 ff, § 439 Abs 4 BGB). Diese Lösung versagt allerdings bei einer Anzahlung des Käufers.

dd) Rücktritt des Käufers (§§ 437 Nr 2, 323 BGB). Der Käufer ist nicht gehindert, **vor der Eröff-** 77 **nung des Insolvenzverfahrens** vom Kaufvertrag zurückzutreten. Da die primären Leistungspflichten aus dem Kaufvertrag mit Zugang der Rücktrittserklärung als Folge der Umwandlung des Schuldverhältnisses in ein Rückgewährschuldverhältnis erlöschen, besteht im Zeitpunkt der Eröffnung kein Kaufvertrag mehr, auf den § 103 angewendet werden könnte. Die Vorschrift findet aber analoge Anwendung auf das vorinsolvenzlich entstandene Rückgewährschuldverhältnis (s u Rn 95, zu den Rechtsfolgen der Erfüllungs- und Nichterfüllungswahl vgl. *Wegener* Das Wahlrecht des Insolvenzverwalters Rn 689 ff).

Nach Insolvenzeröffnung hat der Käufer dagegen nicht mehr die Möglichkeit, wegen der vorinsol- 78 venzlich gelieferten mangelhaften Kaufsache vom Vertrag zurückzutreten. Soweit ein Rücktrittsrecht des Käufers vor der Insolvenzeröffnung noch nicht entstanden ist, bewirkt die Verfahrenseröffnung ein Hindernis für die weitere Rechtsentwicklung (s u Rn 102 ff). Ist ein Rücktrittsrecht des Käufers vor der Eröffnung bereits zur Entstehung gelangt, aber nicht ausgeübt, tritt mit der Insolvenzeröffnung eine **Rücktrittssperre** ein (s u Rn 106). Die Erfüllungswahl des Insolvenzverwalters führt zu einem Erlöschen des Rücktrittsrechtes, eröffnet dem Käufer aber die Möglichkeit, erneut ein Rücktrittsrecht zu begründen (s u Rn 108).

79 ee) **Minderung (§§ 437 Nr 2, 441 BGB)**. Hat der Käufer den Kaufpreis vor der Eröffnung des Insolvenzverfahrens nach § 441 BGB wirksam gemindert, gelangt § 103 InsO mit Insolvenzeröffnung nicht zur Anwendung. Der Nacherfüllungsanspruch des Käufers erlischt mit Zugang der Minderungserklärung, so dass der Verkäufer seine vertraglichen Pflichten aus dem Kaufvertrag vollständig erfüllt hat (*Scherer* NZI 2002, 356 [358]). Der Verwalter zieht den geminderten Kaufpreis – sofern noch nicht gezahlt – nach § 80 Abs 1 iVm § 433 Abs 2 BGB zur Masse. Liegt eine Überzahlung des Käufers vor, steht ihm ein Rückzahlungsanspruch gemäß § 441 Abs 4 BGB als Insolvenzforderung zu.

80 Wie aus den Worten „Statt zurückzutreten" in § 441 Abs 1 S 1 BGB folgt, hat die Minderung die gleichen Voraussetzungen wie der Rücktritt. Das Minderungsrecht des Käufers unterliegt in der formellen Insolvenz folglich auch den gleichen Einschränkungen wie das Rücktrittsrecht (s o Rn 77; **aA** *Scherer* NZI 2002, 356 [359]). Der Käufer kann den Kaufpreis nach der Eröffnung des Insolvenzverfahrens folglich nicht mehr mindern, es sei denn, der Insolvenzverwalter erbringt die geforderte Nacherfüllungsleistung nicht innerhalb einer nach der Erfüllungswahl gesetzten Frist.

81 ff) **Schadensersatz statt der Leistung (§§ 437 Nr 3, 280 Abs 1, 3 iVm 281 BGB)**. Mit dem Schadensersatzverlangen erlischt gem § 281 Abs 4 BGB der Nacherfüllungsanspruch des Käufers und wegen des konditionellen Synallagmas auch der Kaufpreisanspruch des Verkäufers. Ist das Verlangen vor der Verfahrenseröffnung erfolgt, bestehen im Eröffnungszeitpunkt keine Primärleistungsansprüche mehr, so dass eine Anwendung des § 103 auf den Kaufvertrag ausscheidet. Hat der Käufer Schadensersatz statt der ganzen Leistung nach § 281 Abs 1 S 3 BGB verlangt, ist er nach § 281 Abs 5 BGB zur Rückgewähr der mangelhaften Sache verpflichtet. Der Verkäufer ist in entsprechender Anwendung des § 348 BGB nur Zug um Zug gegen Herausgabe der Kaufsache zum Schadensersatz verpflichtet. Auf dieses Austauschverhältnis ist § 103 analog anwendbar (zu den Rechtsfolgen der Erfüllungs- und Nichterfüllungswahl vgl. *Wegener* Das Wahlrecht des Insolvenzverwalters Rn 714ff). Das Verlangen nach kleinem Schadensersatz (§ 281 Abs 1 S 1 Alt 2 BGB) führt lediglich zu einer einseitigen Geldforderung in Höhe des mangelbedingten Minderwertes, die der Käufer zur Insolvenztabelle anmelden kann.

82 Nach der Eröffnung des Insolvenzverfahrens kann ein Anspruch des Käufers auf Schadensersatz statt der ganzen Leistung nicht mehr entstehen, bevor der Insolvenzverwalter nicht Erfüllung des Vertrages wählt und ein vorinsolvenzlich entstandener Schadensersatzanspruch nicht mehr ausgeübt werden kann (s u Rn 110). Für den Anspruch des Käufers auf Aufwendungsersatz (§§ 437 Nr 3, 284 BGB) gelten die vorstehenden Ausführungen entsprechend.

83 b) **Insolvenz des Käufers.** § 103 ist unter den gleichen Voraussetzungen anwendbar wie in der Verkäuferinsolvenz (s o Rn 65). Die dort geschilderten Probleme bestehen hier nicht, da in der Käuferinsolvenz das Wahlrecht des Käufers und das Erfüllungswahlrecht des Insolvenzverwalters in der Hand des Verwalters liegen. Die Rechtslage bei Verfahrenseröffnung entspricht ebenfalls der in der Verkäuferinsolvenz (s o Rn 67), nur mit umgekehrten Vorzeichen.

84 aa) **Der Verwalter verlangt Mängelbeseitigung (§§ 437 Nr 1, 439 Abs 1, 1. Fall BGB)**. Darin liegt eine Erfüllungswahl des Insolvenzverwalters iSd § 103 Abs 1. Die Kaufpreisforderung des Verkäufers wird im Umfang der Differenz zwischen dem vertraglich vereinbarten und dem auf die mangelhafte Kaufsache entfallenden Kaufpreis (ggf um Verminderung der Anzahlung) zu einer originären Masseverbindlichkeit im Sinne des § 55 Abs 1 Nr 2, 1. Alt aufgewertet. Im Wert der gelieferten mangelhaften Sache bleibt der Kaufpreisanspruch des Verkäufers dagegen Insolvenzforderung (§ 105 S 1). Der Nachbesserungsanspruch des Insolvenzverwalters wird zur originären Masseforderung. Lag die vorinsolvenzliche Anzahlung des Käufers über dem Wert der mangelhaften Kaufsache, kann der Insolvenzverwalter den anteiligen Nachbesserungsanspruch im Wert des überschießenden Betrages aufgrund der mit Verfahrenseröffnung nach § 80 Abs 1 erlangten Forderungszuständigkeit durchsetzen. Die Probleme, die in der Verkäuferinsolvenz durch einen Vorleistungsüberschuss des Käufers entstehen (Rn 73), werden in der Insolvenz des Käufers nicht virulent. Denn für die Ansprüche der Masse, die auf die Gegenleistung für eine vorinsolvenzlich erbrachte Teilleistung des Insolvenzschuldners gerichtet sind, gibt es **keine vergleichbaren Beschränkungen**.

85 bb) **Der Verwalter verlangt Ersatzlieferung (§§ 437 Nr 1, 439 Abs 1, 2. Fall BGB)**. Es bestehen die gleichen Probleme wie in der Verkäuferinsolvenz (Rn 75). Der Insolvenzverwalter erlangt durch die Erfüllungswahl keinen durchsetzbaren Anspruch auf Lieferung einer vollständigen Ersatzsache. Er kann lediglich teilweise Nachlieferung verlangen. Im Gegenzug ist er verpflichtet, den auf die nachinsolvenzlichen Leistungen des Verkäufers entfallenden anteiligen Kaufpreis aus der Masse zu zahlen.

86 cc) **Sekundäre Rechtsbehelfe des Insolvenzverwalters.** Da alle der in § 437 Nr 2 u 3 BGB genannten Sekundärrechte im Wesentlichen die gleichen Entstehungsvoraussetzungen haben, nämlich einen **fälligen** und **durchsetzbaren Anspruch** auf Nacherfüllung bis zum Zeitpunkt der Rechtsausübung und des fruchtlosen Ablaufs einer dem Verkäufer zur Nacherfüllung gesetzten Nachfrist, werden nachfolgend exemplarisch nur die Möglichkeiten des Insolvenzverwalters zum Rücktritt dargestellt. Die Ausführungen gelten gleichermaßen für die übrigen Sekundärrechte.

IV. Anwendungsvoraussetzungen § 103

Sind im Zeitpunkt der Verfahrenseröffnung noch nicht alle Tatbestandsvoraussetzungen des § 323 BGB erfüllt, blockiert die Insolvenzeröffnung die nachinsolvenzliche Entstehung eines Rücktrittsrechtes zugunsten des Insolvenzverwalters (s u Rn 102 ff). Wählt der Insolvenzverwalter Nachbesserung oder Nachlieferung und damit Erfüllung des restlichen Kaufvertrages, entsteht gegenüber dem Verkäufer ein durchsetzbarer Nacherfüllungsanspruch. Damit entfällt das Hindernis für die Entstehung des Rücktrittsrechtes (s u Rn 108). Da eine etwaige vom Käufer vor der Insolvenzeröffnung gesetzte Frist zur Nacherfüllung ihre Wirksamkeit mit der Verfahrenseröffnung verloren hat, ist der Insolvenzverwalter gehalten, dem Verkäufer nach seiner Erfüllungswahl erneut eine Frist zur Nacherfüllung zu setzen (s u Rn 108). Nach deren fruchtlosem Ablauf hat er die Möglichkeit, entweder den Nacherfüllungsanspruch weiter zu verfolgen oder aber vom Vertrag zurückzutreten.

Ist ein Rücktrittsrecht des Käufers vor der Eröffnung des Insolvenzverfahrens bereits entstanden, versperrt die Verfahrenseröffnung dem Insolvenzverwalter die Ausübung des Rücktrittsrechtes (s u Rn 107). Durch die Erfüllungswahl des Insolvenzverwalters entfällt die Rechtsausübungssperre. Gleichwohl wird man dem Insolvenzverwalter ebenso wenig wie dem Käufer in der Verkäuferinsolvenz (s o Rn 77) nach Sinn und Zweck des Verwalterwahlrechtes zugestehen können, nach der Erfüllungswahl aufgrund des vorinsolvenzlich entstandenen Rücktrittsrechtes des Käufers vom Vertrag zurückzutreten. Denn § 103 Abs 1 soll dem Insolvenzverwalter weder ermöglichen, vorinsolvenzliche Leistungen des Insolvenzschuldners wieder zur Masse zu ziehen, noch nachteilige Vermögensdispositionen des Schuldners wieder rückgängig zu machen. Im vorrangigen Interesse einer Vertragsabwicklung muss der Insolvenzverwalter dem Verkäufer daher zunächst erneut eine Frist zur Nacherfüllung setzen, bevor er Sekundärrechte geltend machen kann.

5. Sachmangel beim Werkvertrag. Durch das Schuldrechtsmodernisierungsgesetz ist die Mängelhaftung beim Kauf weitgehend der beim Werkvertrag angeglichen worden, so dass die vorstehenden Ausführungen (s o Rn 65 ff) im Grundsatz entsprechend gelten. Ein wesentlicher Unterschied ist, dass § 635 Abs 1 BGB dem Unternehmer die Wahl der Nacherfüllungsart überlässt. Die Rechtslage entspricht insoweit der in der Käuferinsolvenz (s o 83 ff).

a) Erfüllungswahl des Insolvenzverwalters in der Insolvenz des Unternehmers bei Mängeln des Teilwerks. Hat der Unternehmer das geschuldete Bauwerk vor der Eröffnung des Insolvenzverfahrens nur zum Teil und mangelhaft hergestellt, wird im Schrifttum kontrovers diskutiert, ob der Insolvenzverwalter nach Wahl der Vertragserfüllung die dem vorinsolvenzlich vom Schuldner hergestellten Teilwerk anhaftenden Mängel mit Mitteln der Masse beseitigen muss. Nach einer in der insolvenzrechtlichen Literatur immer stärker werdenden Auffassung soll strikt zwischen der vom Schuldner selbst erbrachten Werkleistung einschließlich ihr anhaftender Mängel und der vom Verwalter nach dessen Erfüllungswahl erbrachten Werkleistung zu unterscheiden sein. Der Insolvenzverwalter sei nur zur Beseitigung der seiner eigenen Werkleistung anhaftenden Mängel verpflichtet. Für die vom Schuldner vor Insolvenzeröffnung erbrachten Leistungen treffe ihn keine entsprechende Verpflichtung (*Schmitz* Bauinsolvenz Rn 228 ff; *Heidland* Bauvertrag Rn 1035; MüKo-*Huber* § 103 Rn 146a; *Huber* ZInsO 2005, 449 [452]; *Wellensiek* BauR 2005, 169 [197]). Dem kann nicht zugestimmt werden. Ist die Eröffnung des Insolvenzverfahrens **während der Herstellungsphase** des Werkes erfolgt, hat der Besteller nach wie vor einen **Anspruch auf mangelfreie Herstellung des Werkes** (§§ 631 Abs 1, 633 Abs 1 BGB). Ein Anspruch auf **Mängelbeseitigung** (§§ 634 Nr 1, 635 Abs 1 BGB) besteht erst **nach Abnahme**, die in der Regel **nicht vor Fertigstellung des Gesamtwerkes** erfolgt. Etwas anders gilt nur, wenn man annimmt, dass die Abnahmewirkungen mit Verfahrenseröffnung eintreten (so *Heidland* Bauvertrag Rn 727 f). Der ursprüngliche Herstellungsanspruch des Bestellers ist durch die mangelhafte Herstellung des Teilwerkes – aus insolvenzrechtlicher Sicht (s o Rn 17) – teilweise erfüllt (wie beim Kaufvertrag s o Rn 76). Zum Zeitpunkt der Verfahrenseröffnung besteht nur noch ein Teil-Anspruch auf **weitere Herstellung** des Werkes gem §§ 631 Abs 1, 633 Abs 1 BGB. Dieser richtet sich als einheitlicher Anspruch zum einen auf die Vervollständigung des vorinsolvenzlich hergestellten Teilwerkes zur Mangelfreiheit und zum anderen auf die vertragsgemäße Herstellung des Restwerkes. Der Masse steht für die vorinsolvenzliche Herstellung des mangelhaften Teilwerkes ein entsprechender Teil des Werklohnes zu und zwar in Höhe der Differenz zwischen dem fiktiven Wert des vertragsgemäß hergestellten Teilwerks und den Mängelbeseitigungskosten. Darüber hinaus hat die Masse noch einen Teil-Anspruch auf den Rest des Werklohns (Differenz zwischen dem vollen Werklohn und dem Teil-Anspruch für das mangelhafte Teilwerk). Die Frage ist, welche der gegenseitigen Teil-Erfüllungsansprüche durch die Erfüllungswahl des Insolvenzverwalters zu originären Masseverbindlichkeiten aufgewertet werden. Der vorinsolvenzlich erfüllte und daher dem Anwendungsbereich des § 103 entzogene Vertragsteil besteht aus dem mangelhaften Teilwerk und dem darauf entfallenden anteiligen Werklohn. Der noch bestehende Teil-Herstellungsanspruch des Bestellers und der entsprechende Werklohnanspruch der Masse werden durch die Erfüllungswahl des Insolvenzverwalters zu originären Masseverbindlichkeiten und -forderungen aufgewertet. Der Insolvenzverwalter ist mithin verpflichtet, das vom Schuldner vor Insolvenzeröffnung hergestellte Teilwerk gegen Zahlung des entsprechenden anteiligen Werklohnes in vertragsgemäßen Zustand zu versetzen. Eine „Mängelbeseitigung" auf Kosten der Masse findet nicht statt, da die Masse in Höhe ihrer Leistungen stets zu vergüten ist (s o Rn 3). Die Gegenauffassung scheint davon auszugehen, dass es einerseits einen auf das Teilwerk bezogenen Mängelbeseitigungs- bzw. Herstellungsanspruch und daneben einen Anspruch auf Herstellung des Restwerkes gibt (statt einem einheitlichen Anspruch). Selbst wenn dem so wäre, ist ersterer nicht – sofern keine überschießende Vorauszahlung erfolgt ist (hierzu s o Rn 74) – auf die Gegenleistung für schon erbrachte Leistungen gerichtet und kann daher nicht dem vorinsolvenzlich erfüllten Vertragsteil zugerechnet werden.

91 **b) Besonderheiten in der Insolvenz des Generalunternehmers.** Die Eröffnung des Insolvenzverfahrens ändert grundsätzlich nichts an dem Recht des Unternehmers zur zweiten Andienung. Ob dies in der Insolvenz des Generalunternehmers auch für den Nachunternehmer gilt, hängt davon ab, ob der Insolvenzverwalter im Verhältnis zum Bauherrn Erfüllung des VOB-Bauvertrages wählt. Tut er dies, gelten keine Besonderheiten. Wählt er hingegen Nichterfüllung, ist es ihm unzumutbar, vom Nachunternehmer Mängelbeseitigung zu verlangen oder auch nur zu dulden. Denn dies würde den Bauherrn, der sein **Nacherfüllungsanspruch** nur als **Insolvenzgläubiger** geltend machen kann, auf Kosten der Masse bevorzugt befriedigen. Der Insolvenzverwalter kann mithin die Vergütung durch Erklärung gegenüber dem Nachunternehmer nach § 13 Nr 6 Alt 2 VOB/B mindern, ohne diesem zuvor eine Frist zur Nacherfüllung setzten zu müssen (**BGH** 10. 8. 2006 – IX ZR 28/05, Z 169, 43 = ZIP 2006, 1736 = ZInsO 2006, 933 = NZI 2006, 575 = NJW 2006, 2919).

V. Unanwendbarkeit

92 § 103 ist nur auf Rechtsgeschäfte anwendbar, die sich auf das dem Insolvenzbeschlag unterliegende Vermögen des Schuldners beziehen. Denn das Erfüllungswahlrecht des Insolvenzverwalters setzt zwingend ein Verwaltungs- und Verfügungsrecht über den Vermögensgegenstand voraus. Dieses besteht weder an **insolvenzfreiem Vermögen** noch an Gegenständen des **Drittvermögens** (*Kayser* Lebensversicherung S 47; MüKo-*Huber* § 103 Rn 87).

93 Da § 103 einen gegenseitigen Vertrag voraussetzt, werden **einseitig verpflichtende Verträge** wie Bürgschaft (§ 765 BGB), Schenkung (§ 516 BGB), **unvollkommen zweiseitig verpflichtende Verträge** wie Auftrag (§ 662 BGB), Leihe (§ 598 BGB) sowie unentgeltliche Verwahrung (§ 690 BGB) und **unvollkommene Verbindlichkeiten** (Naturalobligationen wie Spiel, Wette) nicht erfasst.

94 Aus dem Tatbestandsmerkmal des beiderseits nicht oder nicht vollständig erfüllten Vertrages ergibt sich, dass § 103 bei **vollständiger Erfüllung** durch eine oder beider Vertragsparteien vor Insolvenzeröffnung nicht zur Anwendung kommt (hierzu MüKo-*Huber* § 103 Rn 57 ff). Genauer: § 103 InsO greift dann nicht, wenn die aus dem gegenseitigen Vertrag resultierenden Haupt- und Nebenleistungsansprüche zumindest einer Vertragspartei im Zeitpunkt der Insolvenzeröffnung durch Erfüllung § 362 Abs 1 BGB erloschen sind (MüKo-*Huber* § 103 Rn 122; N/R/*Balthasar* § 103 Rn 28). Da schuldrechtliche Ansprüche auch auf andere Weise als durch Erfüllung erlöschen können, gilt Gleiches bei vorinsolvenzlich erklärter Anfechtung (§ 119 BGB), Kündigung, Rücktritt (§ 323 BGB), dem vorinsolvenzlichen Verlangen nach Schadensersatz statt der Leistung (§ 281 BGB) oder Unmöglichkeit (§ 275 BGB).

VI. Analoge Anwendbarkeit

95 § 103 ist analog auf **Rückgewährschuldverhältnisse** anwendbar, sofern die beiderseitigen Verpflichtungen im Gegenseitigkeitsverhältnis stehen (offen gelassen **BGH** 22. 1. 2009 – IX ZR 66/07 ZIP 2009, 428 = ZInsO 2009, 378 = NZI 2009, 235 = NJW 2009, 1414; **BGH** 23. 10. 2003 – IX ZR 165/02, ZIP 2003, 2379 = ZInsO 2003, 1138 = NZI 2004, 214 = EWiR 2004, 191 [*Holzer*]; **BGH** 7. 3. 2002 – IX ZR 457/99, Z 150, 138 = ZIP 2002, 858 = ZInsO 2002, 487 = NZI 2002, 380 = NJW 2002, 2313; MüKo-*Huber* § 103 Rn 86; N/R/*Balthasar* § 103 Rn 17; K/P/B/*Tintelnot* § 103 Rn 14). Hierfür spricht, dass es sich bei einem Rückabwicklungsschuldverhältnis um die Fortsetzung des ursprünglichen Vertragsverhältnisses in modifizierter Form handelt. Eine analoge Anwendbarkeit des § 103 InsO wird weiterhin angenommen, wenn der Vertragspartner des Schuldners Schadensersatz statt der Leistung nach §§ 280 Abs 1, 3 iVm 281 Abs 1 BGB verlangt und seinen Schaden nach der **Surrogationsmethode** berechnet (*Hess* § 103 Rn 70). Gleiches gilt für das nach Kündigung eines Bauvertrages gem § 8 Nr 2 Abs 1 VOB/B entstandene **Abwicklungsverhältnis** (*Schmitz* Bauinsolvenz Rn 180).

VII. Wahlrecht des Insolvenzverwalters

96 **1. Inhalt.** § 103 gewährt dem Insolvenzverwalter das Recht, den Vertrag anstelle des Schuldners zu erfüllen und die **Erfüllung** vom anderen Teil **zu verlangen** (§ 103 Abs 1) oder die **Erfüllung** des Vertrages **abzulehnen** (§ 103 Abs 2 S 1). Damit ist dem Insolvenzverwalter jedoch keine echte **Wahlmöglichkeit** zwischen zwei verschiedenen Gestaltungsrechten eingeräumt, denn die **Erfüllungsablehnung** wirkt sich nicht **rechtsgestaltenden** auf das Vertragsverhältnis aus. Mit ihr stellt der Insolvenzverwalter lediglich deklaratorisch klar, an den mit Verfahrenseröffnung eingetretenen Rechtsfolgen nichts ändern zu wollen (s u Rn 156). **Gestaltungswirkung** hat alleine das **Erfüllungsverlangen**, so dass sich das Wahl-

recht des Insolvenzverwalters auf die Entscheidung zur Erfüllungswahl beschränkt und daher treffend als **Erfüllungswahlrecht** bezeichnet werden kann.

2. Maßstab. Der Insolvenzverwalter hat seine Entscheidung, ob er die Erfüllung des Vertrages wählt oder es bei den mit Insolvenzeröffnung eingetretenen Rechtsfolgen belässt, allein danach auszurichten, welche der beiden Handlungsalternativen für die Masse günstiger ist (MüKo-*Huber* § 103 Rn 196). Maßstab ist also die **bestmögliche Verwertung des Schuldnervermögens** zum Zwecke der gemeinschaftlichen Befriedigung aller Gläubiger (**BGH** 11. 5. 2006 – IX ZR 247/03, Z 167, 363 = ZIP 2006, 1254 = ZInsO 2006, 708 = NZI 2006, 457 = NJW 2006, 2485). Eine Erfüllungswahl, die offenkundig und für den Vertragsgegner erkennbar der Insolvenzmasse keinen Nutzen bringen kann, ist wegen Insolvenzzweckwidrigkeit unwirksam (**BGH** 22. 1. 2009 – IX ZR 66/07, ZIP 2009, 428 = ZInsO 2009, 378 = NZI 2009, 235 = NJW 2009, 1414). Der Insolvenzverwalter wird sich in der Regel für die Erfüllung des Vertrages entscheiden, wenn die Gegenleistung des Vertragspartners einen größeren Wert als die noch ausstehende Leistung des Schuldners hat. Allerdings muss der für die Masse erzielbare Differenzvorteil nicht der einzige Grund für die Erfüllungswahl des Insolvenzverwalters sein. In jedem Fall hat sich der Insolvenzverwalter aber ausschließlich an den **Interessen der Gesamtheit der Insolvenzgläubiger** zu orientieren. Auf die **Interessenlage des Vertragspartners** muss er keine Rücksichtnicht nehmen (**OLG Düsseldorf** 5. 11. 1992 – 5 U 47/92, OLGR 1993, 73). Der Vertragspartner kann dem Insolvenzverwalter mithin auch dann nicht den Einwand der Treuwidrigkeit entgegenhalten, wenn dieser erst nach längerer Zeit Erfüllung des Vertrages wählt (MüKo-*Huber* § 103 Rn 204).

3. Ausübungsberechtigung. Das **Erfüllungswahlrecht** des § 103 steht im **Regelinsolvenzverfahren** ausschließlich dem **Insolvenzverwalter** zu (**BGH** 8. 11. 2007 – IX ZR 53/04, ZIP 2007, 2322 = ZInsO 2007, 1275 = NZI 2008, 36), im **vereinfachten Insolvenzverfahren** dem Treuhänder (§ 313 Abs 1 S 1). Der Insolvenzverwalter kann die Entscheidung zur Erfüllungswahl als sog **insolvenztypische Rechtshandlung** (*Eickmann* KTS 1986, 197, 202; *Graeber* NZI 2003, 569) nicht auf Dritte delegieren, da dies einer unzulässigen partiellen Amtsübertragung gleich käme. Er muss den Willen zur Erfüllungswahl vielmehr selbst bilden, weshalb eine Stellvertretung ausgeschlossen ist (**OLG Düsseldorf** 12. 7. 1995 – 11 U 47/94, ZIP 1996, 337; **OLG Düsseldorf** 10. 5. 1988 – 3 Wx 169/88, ZIP 1988, 855; HaKo-*Ahrendt* § 103 Rn 19; K/P/B/*Tintelnot* § 103 Rn 51; N/R/*Balthasar* § 103 Rn 37; differenzierend HK-*Marotzke* § 103 Rn 65). Bei **Eigenverwaltung** kann der Schuldner das Erfüllungswahlrecht nach § 279 selbst ausüben (K/P/B/*Tintelnot* § 103 Rn 52).

Weder dem **schwachen** (§ 22 Abs 2) noch dem **starken** (§ 22 Abs 1 S 1) **vorläufigen Insolvenzverwalter** stehen die Rechte aus § 103 Abs 1 zu (**BGH** 8. 11. 2007 – IX ZR 53/04 aaO; MüKo-*Huber* § 103 Rn 150; K/P/B/*Tintelnot* § 103 Rn 51; *Pape* KS-InsO S 531, 539 Rn 9; *Smid* § 103 Rn 32). Eine Aufforderung an den vorläufigen Insolvenzverwalter nach § 103 Abs 2 S 2 ist wirkungslos (**BGH** 8. 11. 2007 – IX ZR 53/04 aaO). Die Zustimmung des vorläufigen Insolvenzverwalters zu einem Vertragsschluss des Schuldners im Eröffnungsverfahren bindet den Insolvenzverwalter nicht in seiner Entscheidung nach Verfahrenseröffnung. Dieser kann vielmehr auch dann die Erfüllung des Vertrages ablehnen, wenn er mit dem früheren vorläufigen Insolvenzverwalter personengleich ist (MüKo-*Huber* § 103 Rn 150; FK-*Wegener* § 103 Rn 5 a; aA HK-*Marotzke* § 103 Rn 62).

4. Forderungszuständigkeit. Hat der Schuldner seine Forderung gegen den Vertragspartner vor Insolvenzeröffnung an einen Dritten abgetreten, erlangt der Verwalter mit Eröffnung des Insolvenzverfahrens nicht die Verwaltungs- und Verfügungsbefugnis über die abgetretene Forderung (§ 80 Abs 1). Dies hindert nach der Rechtsprechung des BGH aber nicht die Erfüllungswahl (**BGH** 27. 5. 03 – IX ZR 51/02, Z 155, 87 = ZIP 2003, 1208 = ZInsO 2003, 607 = NZI 2003, 491 = NJW 2003, 2744; MüKo-*Huber* § 103 Rn 205), dh der Insolvenzverwalter kann trotz an sich fehlender Forderungszuständigkeit die Erfüllung des Vertrages wählen, mit der Folge, dass die vorinsolvenzliche Zession ihre Wirkung verliert (s u Rn 148).

5. Gegenwahlrechte des Vertragspartners. Das **Leistungsstörungsrecht des BGB** räumt dem Gläubiger für den Fall einer nicht vertragsgemäßen Leistung des Schuldners eine Reihe von Rechten ein, die ihm eine umfassende Gestaltungsmacht eröffnen. Ihm allein obliegt die Wahl zwischen Erfüllung oder Aufhebung des gestörten Vertragsverhältnisses. Wahlrechte oder Gestaltungsmöglichkeiten des Schuldners sieht das BGB-Leistungsstörungsrecht – abgesehen von den Fällen der §§ 275 Abs 2 und 3 BGB – nicht vor. Die **Insolvenzordnung** geht demgegenüber davon aus, dass alleine der Insolvenzverwalter über die Fortsetzung eines bei Verfahrenseröffnung von beiden Seiten nicht oder nicht vollständig erfüllten gegenseitigen Vertrages entscheidet. Wahlmöglichkeiten des Vertragspartners bestehen nach der Insolvenzordnung – abgesehen von der Entscheidung über die Verfahrensteilnahme – nicht. Wird das Insolvenzverfahren über das Vermögen derjenigen Vertragspartei eröffnet, deren Leistung gestört ist und gelangt § 103 zur Anwendung, kollidiert das **Wahlrecht des Insolvenzverwalters** mit den **Gläubigerwahlrechten des BGB-Leistungsstörungsrechtes**. Wie derartige Wahlrechtskollisionen aufzulösen sind, ist bislang noch ungeklärt. Rechtsprechung hierzu gibt es nicht, die literarische Aufarbeitung steckt

§ 103

noch in den Anfängen (HK-*Marotzke* § 103 Rn 64; *Marotzke* KTS 2002, S 1 [21 ff]; *Wegener* Das Wahlrecht des Insolvenzverwalters unter dem Einfluss des Schuldrechtsmodernisierungsgesetzes 2007, S 56–123).

102 **a) Auswirkungen der Insolvenzeröffnung und der Erfüllungswahl auf das Rücktrittsrecht des Gläubigers nach § 323 BGB.** § 323 Abs 1 BGB setzt neben einer verzögerten oder mangelhaften Leistung des Schuldners und dem fruchtlosen Ablauf einer Nachfrist, einen sowohl **im Zeitpunkt der Fristsetzung** als auch während des **gesamten Laufs der Nachfrist** durchsetzbaren Erfüllungsanspruch des Gläubigers voraus (MüKoBGB-*Ernst* § 323 Rn 47, 81). Da die Insolvenzeröffnung die beiderseitigen Nichterfüllungseinreden gem § 320 BGB auslöst und damit einen Durchsetzbarkeitsverlust der gegenseitigen Hauptleistungsleistungsansprüche bewirkt (s o Rn 11), entfällt durch die Verfahrenseröffnung eine Rücktrittsvoraussetzung. Wie sich dies auf das Rücktrittsrecht des Vertragspartners auswirkt, hängt von dem Stand der Rechtsentwicklung bei Wirksamwerden des Eröffnungsbeschlusses ab.

103 **aa) Eröffnung des Insolvenzverfahrens vor Entstehung eines Rücktrittsrechts.** Wird das Insolvenzverfahren eröffnet, **bevor** der Vertragspartner dem Schuldner eine Nachfrist iSd § 323 Abs 1 BGB gesetzt hat, ist dieser zunächst gehindert, die Rücktrittsvoraussetzungen durch Fristsetzung herbeiführen. Denn der Insolvenzverwalter ist bis zu einem etwaigen Erfüllungsverlangen nicht verpflichtet, die geschuldete Hauptleistung zu erbringen. Der Vertragspartner kann ihm folglich auch keine Frist zur Leistung mit der Wirkung des § 323 BGB setzen. Die Insolvenzeröffnung **blockiert** damit zunächst die **Entstehung eines Rücktrittsrechtes** nach § 323 Abs 1 BGB.

104 Wird das Insolvenzverfahren **während laufender Nachfrist** eröffnet, entfällt vor Ablauf der Nachfrist eine Entstehungsvoraussetzung des § 323 BGB. Dies hat zur Folge, dass die dem Schuldner vorinsolvenzlich gesetzte Frist mit der Eröffnung des Insolvenzverfahrens gegenstandslos und damit **unwirksam** wird (ähnlich *Tintelnot* ZIP 1989, 144 [153]). Sie entfaltet gegenüber dem Insolvenzverwalter keine Rechtswirkungen, insbesondere begründet ihr fruchtloser Ablauf kein Rücktrittsrecht des Vertragspartners. Die Nachfrist läuft weder gegenüber dem Insolvenzverwalter weiter (K/P/B/*Tintelnot* § 103 Rn 6; aA HK-*Marotzke* § 103 Rn 52; N/R/*Balthasar* § 103 Rn 52; MüKoBGB-*Ernst* § 323 Rn 185), noch wird sie durch die Verfahrenseröffnung bloß unterbrochen (so aber *Heidland* Bauvertrag Rn 594c, 1017 a). Materielle Fristen können nicht angehalten werden, sondern verlieren allenfalls ihre Grundlage. Entfällt das der Begründung des Rücktrittsrechtes entgegenstehende Hindernis, muss der Vertragspartner eine neue Frist nach Maßgabe des § 323 Abs 1 BGB setzen.

105 **bb) Erfüllungswahl des Insolvenzverwalters.** Wählt der Insolvenzverwalter Erfüllung des Vertrages, wird der mit Verfahrenseröffnung suspendierte Hauptleistungsanspruch des Vertragspartners wieder durchsetzbar (s u Rn 132). Damit entfällt zugleich die mit Insolvenzeröffnung eingetretene Blockade für die nachinsolvenzliche Entstehung des Rücktrittsrechtes. Der Vertragspartner kann folglich die Rücktrittsvoraussetzungen des § 323 Abs 1 BGB herbeiführen, in dem er dem Insolvenzverwalter eine **angemessene Frist** zur Leistung bzw. Nacherfüllung setzt. Angemessen ist eine solche Frist, die dem Insolvenzverwalter die Möglichkeit eröffnet, die Leistung nach Fristsetzung anzufangen und innerhalb der Frist zu vollenden. Der zivilrechtliche Grundsatz, dass die Nachfrist nur so bemessen sein muss, dass dem Schuldner die Gelegenheit gegeben wird, die weitestgehend vorbereitete Leistung nunmehr zu vollenden (MüKoBGB-*Ernst* § 323 Rn 71), gilt für den Insolvenzverwalter, der nach Erfüllungswahl leistet, nicht. Denn dieser erhält mit der gesetzten Nachfrist **erstmals** Gelegenheit, die vom Schuldner eingegangene Verpflichtung zu erfüllen, während die Nachfrist außerhalb der formellen Insolvenz für den Schuldner bereits die zweite und damit letzte Gelegenheit zur Erfüllung darstellt. Nach fruchtlosem Ablauf der Nachfrist kann der Vertragspartner vom Vertrag zurücktreten. Eine **eigene Pflichtverletzung des Insolvenzverwalters** nach dessen Erfüllungswahl ist nicht erforderlich, da die vorinsolvenzliche Pflichtverletzung des Schuldners fortwirkt. Der Insolvenzverwalter tritt mit der Erfüllungswahl anstelle des Schuldners in den Vertrag ein. Dabei muss er den Vertrag in der Lage übernehmen, in der er ihn bei Eröffnung vorfindet (**BGH** 27. 5. 2003 – IX ZR 51/02, Z 155, 87 = ZIP 2003, 1208 = ZInsO 2003, 607 = NZI 2003, 491 = NJW 2003, 2744). Hat der Schuldner die ihm obliegende Leistung bei Fälligkeit nicht bzw. nicht vertragsgemäß erbracht, ist der Vertrag im Zeitpunkt der Insolvenzeröffnung mit einer vorinsolvenzlichen Pflichtverletzung des Schuldners belastet. Diese Pflichtverletzung wird durch die Erfüllungswahl des Insolvenzverwalters nicht beseitigt, weil der Insolvenzverwalter für die Masse grundsätzlich nicht mehr und keine anderen Rechte geltend machen kann als sie dem Schuldner zustehen (**BGH** 10. 8. 2006 – IX ZR 28/05, Z 169, 43 = ZIP 2006, 1736 = ZInsO 2006, 933 = NZI 2006, 575 = NJW 2006, 2919).

106 **cc) Keine Erfüllungswahl des Insolvenzverwalters.** Wählt der Insolvenzverwalter nicht die Erfüllung des Vertrages, bleibt der Hauptleistungsanspruch des Vertragspartners für die Dauer des Insolvenzverfahrens suspendiert und die Entstehung eines Rücktrittsrechtes nach § 323 Abs 1 BGB folglich blockiert.

107 **dd) Eröffnung des Insolvenzverfahrens nach Entstehung und vor Ausübung des Rücktrittsrechtes.** Da der Hauptleistungsanspruch des Vertragspartners durch die Verfahrenseröffnung seine Durchsetzbar-

VII. Wahlrecht des Insolvenzverwalters § 103

keit verliert, **entfällt ex nunc eine Entstehungsvoraussetzung des § 323 BGB**. Inwieweit dies Konsequenzen für das Rücktrittsrecht des Vertragspartners zeitigt, hängt davon ab, ob das bereits begründete Rücktrittsrecht bis zu seiner Ausübung von dem unverminderten Fortbestand seiner Entstehungsvoraussetzungen abhängig ist oder nach seiner Entstehung durch Veränderungen nicht mehr beseitigt werden kann. Die überwiegende Meinung geht davon aus, dass verzugsabhängige Gestaltungsrechte, zu denen auch das gesetzliche Rücktrittsrecht nach § 323 BGB gezählt wird, weil es den objektiven Verzugstatbestand voraussetzt (MüKoBGB-*Ernst* § 323 Rn 47), mit Verzugsbeendigung erlöschen (MüKoBGB-*Ernst* § 323 Rn 169 ff, § 286 Rn 100; Palandt/*Heinrichs* § 286 Rn 37; Bamberger/Roth/*Grüneberg* § 286 Rn 64). Der Verzug endet für die Zukunft, wenn eine seiner Voraussetzungen entfällt. Dies ist unter anderem dann der Fall, wenn die Forderung des Gläubigers undurchsetzbar wird (MüKoBGB-*Ernst* § 286 Rn 98; Bamberger/Roth/*Grüneberg* § 286 Rn 63). Außerhalb der formellen Insolvenz hat der Durchsetzbarkeitsverlust des Gläubigeranspruches mithin das **Erlöschen des entstandenen Rücktrittsrechtes** zur Folge. Ob dies auch für den verfahrensbedingten Durchsetzbarkeitsverlust im Rahmen des § 103 gilt, erscheint jedoch zweifelhaft. Der BGH geht davon aus, dass der Verfahrenseröffnung als solcher außerhalb des Insolvenzverfahrens keine materiell-rechtliche Wirkung für das Rechtsverhältnis zwischen Schuldner und Vertragspartner zukommt (s o Rn 11). Der Vertrag soll, wenn der Vertragspartner nach der Erfüllungsablehnung des Insolvenzverwalters auf eine Verfahrensteilnahme verzichtet, nach der Beendigung des Insolvenzverfahrens so abgewickelt werden, als ob es nie zu einem Insolvenzverfahren gekommen wäre (MüKo-*Kreft* § 103 Rn 18). Auf dem Boden der Suspensivtheorie wird man daher nicht annehmen können, dass die Verfahrenseröffnung zu einem Erlöschen vorinsolvenzlich begründeter Gestaltungsrechte führt und damit über die Verfahrensbeendigung hinaus Wirkung entfaltet. Man wird der Verfahrenseröffnung vielmehr nur die Wirkung einer auf die **Dauer des Insolvenzverfahrens** beschränkten **Ausübungssperre** für das vorinsolvenzlich entstandene Rücktrittsrecht beimessen können (so auch MüKo-*Huber* § 103 Rn 139; *Huber* NZI 2004, 57 [62]; StaudingerBGB/*Otto* (2004) § 323 Rn C 22; *Stehle* JURA 2005, 78 [81]; **aA** K/P/B/*Tintelnot* § 103 Rn 69; *Heidland* Bauvertrag Rn 1016a; MüKoBGB-*Ernst* § 323 Rn 185). Dieses Ergebnis benachteiligt den Vertragspartner nicht unangemessen. Rückgewähr der ausgetauschten Teilleistungen könnte der Vertragspartner auch dann nicht erzwingen, wenn mit Insolvenzeröffnung keine Rücktrittssperre einträte. Auf das mit Zugang der Rücktrittserklärung ex nunc entstehende Rückgewährschuldverhältnis wäre § 103 InsO analog anwendbar, mit der Folge, dass allein der Insolvenzverwalter über die Erfüllung des Rückgewährschuldverhältnisses entscheidet. Der Vertragspartner könnte mit dem Rücktritt daher allenfalls eine Lösung seiner Vertragsbindungen erreichen. Dies wäre ihm aber auch durch Anmeldung einer Nichterfüllungsforderung nach Erfüllungsablehnung des Insolvenzverwalters möglich (s u Rn 161). Nach § 103 Abs 2 S 2 könnte er den Verwalter sogar zur Entscheidung über sein Wahlrecht zwingen. Lediglich im Falle der Erfüllungswahl des Insolvenzverwalters bliebe der Vertragspartner weiterhin an den Vertrag gebunden. Dann aber erhielte er auch – Zug um Zug gegen Erbringung der eigenen Leistung – die volle Gegenleistung aus der Masse, so dass der Vertragspartner in diesem Fall keines Gestaltungsrechtes bedarf, um seinen Primäranspruch durch Sekundärbefugnisse in anderer Form weiterzuverfolgen.

ee) Erfüllungswahl des Insolvenzverwalters. Der Erfüllungsanspruch des Vertragspartners besteht bis zur Ausübung des Rücktrittsrechtes fort und ist infolgedessen bis zu diesem Zeitpunkt auch noch erfüllbar (BT-Drucks 14/6040, S 140; MüKoBGB-*Ernst* § 323 Rn 165; **aA** *Gsell*, Jb. J. ZivrWiss 2001, 115; *Schwab*, JR 2003, 133 [134]). Der Insolvenzverwalter kann nach der Erfüllungswahl des Vertrages das Rücktrittsrecht des Vertragspartners aus § 323 BGB mithin durch Erbringung der geschuldeten Leistung oder ein Annahmeverzug begründendes Leistungsangebot beseitigen (MüKoBGB-*Ernst* § 323 Rn 171, 175). Da das Erfüllungsverlangen des Insolvenzverwalters für sich genommen den Vertragspartner jedoch noch nicht in Annahmeverzug versetzt, stellt sich die Frage, wie sich die bloße Erklärung des Insolvenzverwalters nach § 103 Abs 1 auf das Rücktrittsrecht des Vertragspartners auswirkt. 108

Die Erfüllungswahl des Insolvenzverwalters erhebt den ursprünglichen Erfüllungsanspruch des Vertragspartners in den Stand einer **originären Masseverbindlichkeit** und macht ihn damit wieder **durchsetzbar** (s u Rn 131). In der Folge entfällt das durch die Verfahrenseröffnung eingetretene Rücktrittshindernis. Gleichwohl wird man dem Vertragspartner nicht ohne weiteres das Recht zugestehen können, sich dem Erfüllungsverlangen des Insolvenzverwalters durch Vertragsrücktritt nach § 323 BGB zu entziehen (im Ergebnis wohl auch Staudinger/*Otto* (2004), BGB, § 323 Rn C 22; *Bärenz* NZI 2006 S 72 [74]; **aA** *Marotzke* KTS 2002 S 1 [30]). Der Zweck des § 103 Abs 1 besteht darin, der Masse diejenige noch ausstehende Leistung des Vertragspartners zu verschaffen, auf die der Insolvenzverwalter ohne Erfüllungswahl einen durchsetzbaren Anspruch nicht hätte (s o Rn 2). Im Hinblick auf die mit Verfahrenseröffnung eintretende Rücktrittssperre (s o Rn 106), würde der Sinn des § 103 Abs 1 in sein Gegenteil verkehrt, wenn gerade das Erfüllungsverlangen des Insolvenzverwalters als **Instrument der Masseanreicherung** den Vertragspartner wieder in den Stand setzen würde, den Vertrag zu liquidieren und dem Insolvenzverwalter damit die Möglichkeit zu nehmen, den Vertragswert zu realisieren. Man wird daher im Wege einer **teleologischen Auslegung** des § 103 Abs 1 annehmen müssen, dass das vorinsolvenzlich begründete Rücktrittsrecht des Vertragspartners – ebenso wie ein Drittrecht an der Gegenleistungsforderung der Masse (hierzu u. Rn 148) – durch die mit der Erfüllungswahl des Insolvenzver- 109 walters verbundene **Qualitätsänderung** des primären Hauptleistungsanspruches **erlischt.** Dies bedeutet allerdings nicht, dass der Vertragspartner überhaupt nicht vom Vertrag zurücktreten kann. Denn der Vertragspartner darf im Ergebnis nicht schlechter gestellt werden, als in den Fällen, in denen vor Insolvenzeröffnung noch kein Rücktrittsrecht entstanden ist (s o Rn 104). Der Vertragspartner hat daher die Möglichkeit, dem Insolvenzverwalter nach dessen Erfüllungswahl eine angemessene Frist zur Leistung oder Nacherfüllung iSd § 323 Abs 1 BGB zu setzen und nach fruchtlosem Ablauf vom Vertrag zurückzutreten. Ist die **Fristsetzung** nach § 323 Abs 2 BGB dagegen **entbehrlich,** kann der Vertragspartner sofort nach der Erfüllungswahl des Insolvenzverwalters vom Vertrag zurücktreten. Da die vorinsolvenzliche Pflichtverletzung des Schuldners fortwirkt (s o Rn 104), das Rücktrittsrecht im Falle entbehrlicher Fristsetzung aber keine weitere Entstehungsvoraussetzung hat, erlangt der Vertragspartner mit der Durchsetzbarkeit seines Erfüllungsanspruches zugleich eine **erneute Rücktrittsberechtigung.** Der Insolvenzverwalter hat letztlich nicht die Möglichkeit, sein Erfüllungsverlangen mit einem Annahmeverzug begründenden Leistungsangebot zu verbinden, um dem Rücktrittsrecht des Vertragspartners auf diese Weise den Boden zu entziehen. Für die Frage, ob die Voraussetzungen des § 323 Abs 2 BGB erfüllt sind, kommt es allerdings auf die Verhältnisse im Zeitpunkt der Erfüllungswahl an, so dass eine vorinsolvenzliche Leistungsverweigerung des Schuldners eine Fristsetzung nach der Erfüllungswahl des Insolvenzverwalters nicht gem § 323 Abs 2 Nr 1 BGB entbehrlich macht.

110   ff) **Keine Erfüllungswahl des Insolvenzverwalters.** Wählt der Insolvenzverwalter nicht die Erfüllung des Vertrages, bleibt das Rücktrittsrecht des Gläubigers für die Dauer des Verfahrens gesperrt. Man könnte zwar erwägen, einen Rücktritt des Vertragspartners nach der Erfüllungsablehnung des Verwalters bzw. dem Ablauf der Erklärungsfrist gemäß § 103 Abs 2 S 2 wieder zuzulassen, weil eine Beeinträchtigung des Erfüllungswahlrechtes des Insolvenzverwalters jetzt nicht mehr eintreten kann (so *Marotzke* KTS 2002 S 1 [29]; *Stehle* JURA 2005, 78 [82]; *Huber* NZI 2004 57 [62]). Dies scheitert jedoch schon daran, dass der mit der Verfahrenseröffnung eingetretene Durchsetzbarkeitsverlust der Gläubigerforderung durch die Erfüllungsablehnung des Insolvenzverwalters nicht beseitigt wird (so auch *Bärenz* NZI 2006 S 72 [74]). Im Übrigen widerspräche die Zulassung eines Rücktritts nach der Erfüllungsablehnung des Insolvenzverwalters den Regelungen der §§ 103 Abs 2 S 1 und 105 S 2. Ersterer regelt die Rechtsfolgen der Erfüllungsablehnung. Will der Vertragspartner den Vertrag liquidieren, so sieht die Insolvenzordnung als Instrument die Anmeldung einer Nichterfüllungsforderung zur Insolvenztabelle vor. Einer Vertragsliquidation durch Rücktritt bedarf es mithin nicht. Auch eine Rückgewähr der ausgetauschten Teilleistungen soll nicht erfolgen. Für den Vertragspartner ergibt sich dies aus § 105 S 2 InsO. Die gegenseitigen Ansprüche sollen vielmehr saldiert werden.

111   b) **Die Auswirkungen der Verfahrenseröffnung und der Erfüllungswahl auf den Schadensersatzanspruch des Vertragspartners nach § 281 BGB.** Da § 281 BGB ebenso wie § 323 BGB eine fällige und durchsetzbare Gläubigerforderung nicht nur im Zeitpunkt der Fristsetzung, sondern bis zum Ablauf der Nachfrist voraussetzt (MüKoBGB-*Ernst* § 281 Rn 19), kann im Wesentlichen auf die Ausführungen zum Rücktrittsrecht verwiesen werden. Da es sich bei § 281 BGB jedoch nicht um ein Gestaltungsrecht, sondern einen Anspruch handelt, unterscheiden sich die Wirkungen der Erfüllungswahl auf den vorinsolvenzlichen Schadensersatzanspruch: Ist vor der Eröffnung des Insolvenzverfahrens bereits ein Anspruch des Vertragspartners auf Schadensersatz statt der Leistung gemäß § 280 Abs 1, 3 iVm § 281 BGB entstanden, führt die Eröffnung des Insolvenzverfahrens zu einer **Ausübungssperre.** Wählt der Insolvenzverwalter die Erfüllung des Vertrages nach § 103 Abs 1, **erlischt der (verhaltene) Schadensersatzanspruch** des Vertragspartners. Bei einer an Sinn und Zweck des Verwalterwahlrechtes ausgerichteten teleologischen Auslegung des § 103 Abs 1 wird man annehmen müssen, dass der ursprüngliche Erfüllungsanspruch des Vertragspartners durch die Erfüllungswahl des Insolvenzverwalters seinen **veränderlichen Inhalt** verliert (hierzu MüKoBGB-*Ernst* § 281 Rn 68), also nicht mehr nach Wahl des Vertragspartners auf Schadensersatz statt der Leistung **und** Primärleistung, sonder nur noch auf Letztere gerichtet ist. Jedoch ist nach der Erfüllungswahl des Insolvenzverwalters die Neuentstehung eines Schadensersatzspruches möglich (s o Rn 108).

VIII. Erfüllungswahl des Insolvenzverwalters

112   1. **Erklärung des Insolvenzverwalters.** Der Insolvenzverwalter kann das in § 103 Abs 1 normierte Erfüllungswahlrecht ausdrücklich oder konkludent gegenüber dem Vertragspartner ausüben.

113   a) **Ausdrückliches Erfüllungsverlangen.** Das Erfüllungsverlangen des Insolvenzverwalters hat rechtsgestaltende Wirkung. Es handelt sich daher um eine **einseitige, empfangsbedürftige Willenserklärung im Sinne der §§ 130 bis 132 BGB,** die wirksam wird, sobald sie dem Vertragspartner gem § 130 BGB zugeht (**BGH** 8. 1. 1998 – IX ZR 131/97, ZIP 1998, 358 = NJW 1998, 992; **BGH** 11. 2. 1988 – IX ZR 36/87, Z 103, 250 = NJW 1988, 1790 = ZIP 1988, 322; **BGH** 1. 7. 1981 – VIII ZR 168/80, Z 81, 90 = ZIP 1981, 90 = NJW 1981, 2195). Die auf Wahlrechtsausübung gerichtete Willenserklärung des Insolvenzverwalters ist an **keine Frist** gebunden, sofern nicht der andere Teil den Verwalter gem § 103 Abs 2 S 2 zur Ausübung seines Wahlrechts aufgefordert hat (s u Rn 125) und selbst dann **formfrei,** wenn der

VIII. Erfüllungswahl des Insolvenzverwalters **§ 103**

Vertrag, auf den sie sich bezieht, nach § 313 BGB formbedürftig ist (MüKo-*Huber* § 103 Rn 154; Jaeger/ Henckel § 17 KO Rn 116; K/U § 17 KO Rn 20; N/R/*Balthasar* § 103 Rn 39).

b) Konkludente Erfüllungswahl. Das Gesetz schreibt keine bestimmte Form der Erfüllungswahl vor. **114** Der Insolvenzverwalter kann die auf Wahlrechtsausübung gerichtete Willenserklärung daher auch konkludent, also durch **schlüssiges Verhalten** oder **stillschweigend** abgeben (BGH 1. 7. 1981 – VIII ZR 168/ 80 aaO; BGH 8. 1. 1998 – IX ZR 131/97 aaO; N/R/*Balthasar* § 103 Rn 42; gegen eine stillschweigende Erfüllungswahl K/P/B/*Tintelnot* § 103 Rn 54; BerlKo-*Blersch* § 103 Rn 75). Wegen der Empfangsbedürftigkeit der Erklärung muss das Verhalten des Insolvenzverwalters an den Vertragspartner gerichtet sein. Handlungen gegenüber **Dritten** enthalten keine Erklärung an den Vertragspartner. Maßgeblich ist daher, ob das Verhalten des Insolvenzverwalters dem Vertragspartner erkennbar geworden ist (BGH 8. 1. 1998 – IX ZR 131/97 aaO).

c) Auslegung. Für die **Auslegung** einer Willenserklärung oder Handlung des Insolvenzverwalters als **115** Erfüllungswahl iSd § 103 Abs 1 gelten die allgemeinen Regeln der §§ 133, 157 BGB (BGH 1. 3. 2007 – IX ZR 81/05, ZIP 2007, 778 = NJW 2007, 1594). Empfangsbedürftige Willenserklärung sind so auszulegen, wie sie ein objektiver Erklärungsempfänger anhand der äußeren Umstände, soweit sie ihm bei Zugang der Erklärung erkennbar waren, der Vorgeschichte und der Verkehrssitte verstehen durfte (BGH 17. 5. 1982 – VII ZR 193/81, NJW 1982, 2235; BGH 5. 7. 1990 – IX ZR 10/90, NJW 1990, 3206; OLG Düsseldorf 24. 1. 2003 – 16 U 112/01, NZI 2003, 379 = ZIP 2003, 1306). Es kommt weder darauf an, ob der Insolvenzverwalter subjektiv die Erfüllung des Vertrages wählen wollte (**OLG Frankfurt** 8. 3. 2007 – 26 U 43/06, ZInsO 2007, 548) oder sich bewusst war, eine auf Erfüllungswahl gerichtete Erklärung abzugeben (OLG Naumburg 4. 2. 2004 – 5 U 129/03, ZInsO 2004, 1145), noch, wie der Vertragsgegner **persönlich** die Erklärung verstanden hat. Entscheidend ist vielmehr, wie ein **objektiver Dritter** in der Situation des Vertragspartners die Erklärung des Insolvenzverwalters nach ihrem **objektiven Erklärungswert** auffassen musste (Gottwald/*Huber* InsHdB § 35 Rn 3). Da der Insolvenzverwalter mit der Erfüllungswahl die Rechtslage unwiderruflich gestaltet und die Rechtsfolgen des § 55 Abs 1 Nr 2, Alt 1 auslöst, kann ein **konkludentes Erfüllungsverlangen** nur unter **strengen Voraussetzungen** angenommen werden (**OLG Stuttgart** 22. 2. 2005 – 10 U 242/04, ZIP 2005, 588; **OLG Brandenburg** 16. 4. 2008 – 7 U 143/07, NZI 2009, 117; HaKo-*Ahrendt* § 103 Rn 21). Dies gilt insbesondere dann, wenn der gegnerische Vertragsteil den Insolvenzverwalter (noch) nicht nach § 103 Abs 2 S 2 zur Wahlrechtsausübung aufgefordert hat, dieser mithin keinen konkreten Anlass hatte, sich zu erklären (**OLG Stuttgart** 22. 2. 2005 aaO). Einer Handlung oder Äußerung des Insolvenzverwalters kommt nur dann der objektive Erklärungswert einer Erfüllungswahl des zwischen dem Schuldner und dem Vertragspartner vor Eröffnung geschlossenen Vertrages zu, wenn sie **klar und eindeutig** ist und für den Erklärungsempfänger **unzweideutig** erkennen lässt, dass der Insolvenzverwalter die Erfüllung des Vertrages begehrt (**OLG Stuttgart** 22. 2. 2005 aaO; **OLG Dresden** 24. 1. 2002 – 13 U 2215/01, ZIP 2002, 815; Hess § 103 Rn 136). Dies ist unter zwei Voraussetzungen der Fall: Der Erklärungsempfänger muss nach Treu und Glauben und unter Berücksichtigung der Gesamtumstände davon ausgehen dürfen, dass der Insolvenzverwalter im Zeitpunkt seiner Handlung Kenntnis von einem **beiderseits** nicht oder nicht vollständig erfüllten Vertrag hatte. Eine Erklärung oder Handlung des Insolvenzverwalters lässt sich nur dann als Erfüllungsverlangen begreifen, wenn sie – für den Empfänger erkennbar – in dem Bewusstsein erfolgt ist, im Anwendungsbereich des § 103 zu handeln. Fahrlässige Unkenntnis genügt nicht, weil aus einer Fahrlässigkeit kein rechtsgeschäftlicher Bindungswille abgeleitet werden kann (**BGH** 8. 1. 1998 – IX ZR 131/97 aaO). Darüber hinaus muss die Erklärung oder das Verhalten des Insolvenzverwalters aus Sicht eines objektiven Dritten **eindeutig** auf Erfüllungswahl gerichtet sein. Ist das Verhalten des Insolvenzverwalters dagegen **objektiv mehrdeutig**, weil neben dem Erfüllungsverlangen gleichrangig noch andere Handlungsmotive in Betracht kommen, darf der Empfänger die Erklärung des Verwalters nicht als Erfüllungswahl werten.

aa) Leistungsanforderung. Fordert der Insolvenzverwalter den Vertragspartner des Schuldners zur **116** Erbringung der noch ausstehenden **Zahlung, Sachleistung** oder **Nacherfüllung** (§§ 437 Nr 1, 439 Abs 1 BGB bzw. §§ 634 Nr 1, 635 Abs 1 BGB) auf, **kann** hierin **je nach Einzelfall** zugleich die konkludente Erfüllungswahl des vor Eröffnung geschlossenen Vertrages gem § 103 Abs 1 liegen (HaKo-*Ahrendt* § 103 Rn 62; N/R/*Balthasar* § 103 Rn 42). Entgegen einer zum Teil in Rechtsprechung und Schrifttum vertretenen Rechtsauffassung ist jedoch nicht jede außergerichtliche oder gerichtliche Forderungsbeitreibung durch den Insolvenzverwalter immer auch Wahl der Vertragserfüllung (**OLG Stuttgart** 22. 2. 2005 – 10 U 242/04, ZIP 2005, 588; **OLG Dresden** 24. 1. 2002 – 13 U 2215/01, ZIP 2002, 815; **aA OLG Frankfurt** 8. 3. 2007 – 26 U 43/06, ZInsO 2007, 548; OLG Celle 23. 5. 2000 – 16 U 208/99, EWiR 2000, 641 [*Schmitz*]; HK-*Marotzke* § 103 Rn 67; *Smid* § 103 Rn 36; wohl auch FK-*Wegener* § 103 Rn 59). Die Leistungsaufforderung des Insolvenzverwalters ist vielmehr im **Einzelfall auszulegen** (**OLG Dresden** 24. 1. 2002 aaO; K/P/B/*Tintelnot* § 103 Rn 56). Entscheidend ist, wie der Vertragspartner die Aufforderung des Insolvenzverwalters nach der Verkehrssitte und den Gesamtumständen verstehen musste. Dabei ist er nach Treu und Glauben verpflichtet, mit gehöriger Aufmerksamkeit zu prüfen, was der Insolvenzverwalter gemeint hat (**OLG Düsseldorf** 24. 10. 2003 – 16 U 112/01, NZI 2003,

379 = ZIP 2003, 1306). Eine Leistungsaufforderung des Insolvenzverwalters hat nur dann den **objektiven Erklärungswert** eines konkludenten Erfüllungsverlangens, wenn aus ihr **klar und eindeutig** hervorgeht, dass der Insolvenzverwalter nicht nur die Forderung der Masse einziehen, sondern im Gegenzug auch die noch ausstehende Gegenleistung des Schuldners aus der Masse erbringen und damit für die gesetzliche Folge des § 55 Abs 1 Nr 2, 1. Alt einstehen will (**OLG Dresden** 24. 1. 2002 aaO; **OLG Hamm** 6. 12. 1976 – 17 U 104/76, NJW 1977, 768). Dies ist in erster Linie anzunehmen, wenn der Insolvenzverwalter die Leistungsanforderung ausdrücklich mit dem Angebot verbindet, Zug um Zug auch die Gegenleistung zu erbringen (**OLG Stuttgart** 22. 2. 2005 aaO). Aber auch wenn der Insolvenzverwalter die Gegenleistung des Schuldners nicht explizit anspricht, liegt aus Sicht des Empfängers eine Erfüllungswahl vor, wenn der Insolvenzverwalter die noch ausstehende Leistung des Vertragspartners in Kenntnis des Umstandes anfordert, dass auch der Schuldner den Vertrag nicht (vollständig) erfüllt hat. Geht der Insolvenzverwalter dagegen erkennbar von einer vollständigen Vertragserfüllung durch den Schuldner aus, weil er die vom Schuldner erbrachte Leistung für mangelfrei hält oder schlicht keine Kenntnis von der noch ausstehenden Leistung des Schuldners hat, lässt sich die Leistungsaufforderung nicht als Erfüllungswahl werten. Der Insolvenzverwalter will offenkundig nur eine fällige Forderung der Masse einziehen, nicht aber auch Leistungen aus der Masse erbringen (**BGH** 10. 10. 1962 – VIII ZR 203/61, NJW 1962, 2296; **OLG Dresden** 24. 1. 2002 aaO; **OLG Düsseldorf** 5. 11. 1992 – 5 U 47/92, OLGR 1993, 73; BerlKo-*Blersch* § 103 Rn 78; MüKo-*Huber* § 103 Rn 156; HaKo-*Ahrendt* § 103 Rn 23). Einer **standardisierten** Zahlungsaufforderung, die auf Einzug einer **fälligen** Forderung gerichtet ist, kommt daher grundsätzlich nicht der Erklärungswert eines Erfüllungsverlangens zu (**OLG Stuttgart** 22. 2. 2005 aaO; BerlKo-*Blersch* § 103 Rn 78; *Schmitz*, Die Bauinsolvenz Rn 200). Eine im Gegenseitigkeitsverhältnis stehende Forderung ist nur dann fällig und durchsetzbar, wenn die Gegenleistung schon erbracht ist. Die Aufforderung des Insolvenzverwalters, eine fällige und einredefreie Forderung zu erfüllen, hat damit zwangsläufig den Erklärungsinhalt, der Schuldner habe schon erfüllt, der Vertragspartner habe also nichts mehr zu fordern (**OLG Hamm** 6. 12. 1976 aaO).

117 bb) **Zahlungsaufforderung nach Mängelrüge.** Einer Zahlungsaufforderung des Insolvenzverwalters nach vorangegangenem Nacherfüllungsbegehren des Vertragspartners gem §§ 437 Nr 1, 439 Abs 1 BGB oder §§ 634 Nr 1, 635 Abs 1 BGB kann nur dann eine konkludente Erfüllungswahl entnommen werden, wenn der Insolvenzverwalter gleichzeitig die geltend gemachten Mängelrechte anerkennt oder auf andere Art **klar und eindeutig** zum Ausdruck bringt, dass er mit Mitteln der Masse nacherfüllen will. Standardisierte Zahlungsaufforderungen, die auf die vom Käufer/Besteller geltend gemachten Mängelrechte nicht eingehen, erfüllen diese Voraussetzung regelmäßig nicht (**OLG Stuttgart** 22. 2. 2005 – 10 U 242/04, ZIP 2005, 588; **OLG Dresden** 24. 1. 2002 – 13 U 2215/01, ZIP 2002, 815; MüKo-*Huber* § 103 Rn 156; K/P/B/*Tintelnot* § 103 Rn 56; Jaeger/*Henckel* § 17 KO Rn 117). Ihnen kann nur entnommen werden, dass der Insolvenzverwalter von einer vollständigen und mangelfreien Erfüllung des Schuldners ausgeht. Auch einem Mahnschreiben lässt sich nicht entnehmen, der Verwalter erkenne etwaige Gegenansprüche als gar zur Erfüllung bereit. Hierzu bedarf es besonderer Umstände, wie beispielsweise der ausdrücklichen Erklärung, dass die gerügten Mängel Zug gegen Zahlung beseitigt werden (**OLG Hamm** 6. 12. 1976 – 17 U 104/76, NJW 1977, 768).

118 cc) **Leistungserbringung.** Erbringt der Insolvenzverwalter die dem Schuldner obliegende **Primär- oder Sekundärleistung** mit Mitteln der Masse oder beauftragt er Dritte mit der Leistungserbringung auf Kosten der Masse, liegt hierin zugleich das konkludente Verlangen der Vertragserfüllung (**OLG Stuttgart** 22. 2. 2005 – 10 U 242/04, ZIP 2005, 588; **OLG Frankfurt** 19. 11. 1987 – 1 U 96/86, NJW-RR 1988, 11.338; MüKo-*Huber* § 103 Rn 156; FK-*Wegener* § 103 Rn 59; K/P/B/*Tintelnot* § 103 Rn 56).

119 dd) **Leistungsentgegennahme.** Die rein passive Entgegennahme von Leistungen des Vertragspartners, die „automatisch" und ohne Zutun des Insolvenzverwalters erfolgen, hat nach der Rechtsprechung des BGH nicht den objektiven Erklärungswert einer konkludenten Erfüllungswahl des zugrunde liegenden Vertrages (**BGH** 1. 7. 1981 – VIII ZR 168/80, Z 81, 90 = ZIP 1981, 878 = NJW 1981, 2195 für die Abnahme von Strom; **OLG Brandenburg** 16. 4. 2008 – 7 U 143/07, NZI 2009, 117; FK-*Wegener* § 103 Rn 59). Dies gilt grundsätzlich auch dann, wenn der Vertragsgegner den Insolvenzverwalter zuvor gem § 103 Abs 2 S 2 zur Wahlrechtsausübung aufgefordert hat, beispielsweise durch eine Zahlungsaufforderung (**BGH** 21. 4. 1982 – V ZR 20/82, ZIP 1983, 709 = NJW 1983, 1619). Eine Erfüllungswahl kommt hingegen in Betracht, wenn der Insolvenzverwalter die weitere Lieferung veranlasst oder abgerufen oder der Schuldner vor Eröffnung Sonderkonditionen ausgehandelt hat (**BGH** 1. 7. 1981 – VIII ZR 168/80 aaO; FK-*Wegener* § 103 Rn 59).

120 ee) **Verwertungshandlungen.** In der bloßen **Weiterveräußerung** von unter **Eigentumsvorbehalt** gelieferter Ware (§ 449 BGB) durch den Käufer-Verwalter liegt keine konkludente Erfüllungswahl des zwischen dem Käufer-Schuldner und dem Vorbehaltsverkäufer geschlossenen Kaufvertrages (**BGH** 8. 1. 1998 – IX ZR 131/97, ZIP 1998, 358 = NJW 1998, 992; N/R/*Balthasar* § 103 Rn 42). Eine solche lässt sich vor allem nicht damit begründen, der Insolvenzverwalter müsse Erfüllung gewählt haben, weil er nicht unrechtmäßig handeln dürfe. Dieser Schluss ist nicht zwingend. Denn allein aus der Verwertungshandlung ergibt sich nicht, ob der Verwalter das Vorbehaltsrecht überhaupt kannte. Aber auch bei ent-

VIII. Erfüllungswahl des Insolvenzverwalters § 103

sprechender Kenntnis hätte sein Verhalten keinen hinreichend eindeutigen Erklärungswert, weil neben der Erfüllungswahl ebenso gut eine bewusste Verfügung als Nichtberechtigter in Betracht kommt. Allein diese Mehrdeutigkeit des Verhaltens steht der Annahme eines Erfüllungsverlangens entgegen (**BGH 8. 1. 1998** – IX ZR 131/97 aaO; BerlKo-*Blersch* § 103 Rn 77; **aA OLG Celle 28. 10. 1987** – 16 U 208/99, ZIP 1988, 384; Graf-Schlicker/*Breitenbücher* § 103 Rn 14). Man wird daher einer bloßen Verwertungshandlung des Insolvenzverwalters ohne zusätzliche Umstände grundsätzlich keine konkludente Erfüllungswahl entnehmen können (**OLG Düsseldorf 24. 1. 2003** – 16 U 112/01, NZI 2003, 379 = ZIP 2003, 1306; MüKo-*Huber* § 103 Rn 157; HaKo-*Ahrendt* § 103 Rn 23; **aA LG Arnsberg 30. 5. 2000** – 3 S 35/00, MDR 2000, 1153). Gleiches gilt für die Verbindung, Vermischung oder Verarbeitung einer Sache durch den Insolvenzverwalter (Gottwald/*Huber* InsHdB § 43 Rn 59; *Hess* § 103 Rn 142; BerlKo-*Blersch* § 103 Rn 77; FK-*Wegener* § 103 Rn 59; N/R/*Balthasar* § 103 Rn 42; aA MüKo-*Ganter* § 48 Rn 25).

ff) Aufnahme eines Aktivprozesses. In der Aufnahme eines unterbrochenen Rechtsstreites gem § 85 Abs 1 S 1 kann die stillschweigende Erklärung des Insolvenzverwalters liegen, die Erfüllung des Vertrages zu wählen (**OLG Celle 23. 5. 2000** – 16 U 208/99, EWiR 2000, 641 [*Schmitz*]). Dies gilt jedoch nur dann, wenn nach den konkreten Umständen des Einzelfalls die prozessuale Handlung – die Aufnahme des Rechtsstreites – gleichzeitig die Anforderungen erfüllt, die an ein Erfüllungsverlangen zu stellen sind (**OLG Düsseldorf 5. 11. 1992** – 5 U 47/92, OLGR 1993, 73). Darüber hinaus kann sich eine konkludente Erfüllungswahl auch aus der anschließenden Prozessführung ergeben (**OLG Celle 23. 5. 2000** aaO). **121**

gg) Miet- oder Leasingverhältnisse. In der bloßen Nutzung einer Miet- oder Leasingsache durch den Insolvenzverwalter wird man für sich allein noch keine konkludente Erfüllungswahl sehen können (**OLG Naumburg 4. 2. 2004** – 5 U 129/03, ZInsO 2004, 1145). Leistet der Insolvenzverwalter das geschuldete Entgelt, muss man differenzieren: Erfolgt die Zahlung ausdrücklich als Miete oder Leasingrate, lässt die Leistungsbestimmung auf eine Erfüllungswahl schließen. Gibt der Insolvenzverwalter dagegen als Leistungszweck „Nutzungsentschädigung" an, kann die Zahlung nicht entgegen der ausdrücklichen Leistungsbestimmung so ausgelegt werden, als wolle er in den Miet- oder Leasingvertrag eintreten (aA **AG Zweibrücken 27. 8. 2004** – 1 C 385/04, ZIP 2005, 679). Insbesondere lässt sich eine Erfüllungswahl nicht damit begründen, der Insolvenzverwalter habe andernfalls keine Zahlungen in Höhe der Leasingraten geschuldet. Denn auch wenn der Insolvenzverwalter nicht die Erfüllung des Leasing- oder Mietvertrages wählt, schuldet er Nutzungsentschädigung in Höhe der ursprünglichen Leasingrate oder Miete, sofern er die Sache für die Masse nutzt (**BGH 1. 3. 2007** – IX ZR 81/05 –, ZIP 2007, 778 = NJW 2007, 1594; MüKo-*Ganter* § 47 Rn 233). Ergibt sich aus einer Erklärung des Insolvenzverwalters, dass er sich nicht langfristig binden will, ist die Annahme einer konkludenten Erfüllungswahl ebenfalls ausgeschlossen (**BGH 1. 3. 2007** – IX ZR 81/05 aaO). **122**

2. Erklärung unter Vorbehalten oder Einschränkungen. Das Wahlrecht des Insolvenzverwalters beschränkt sich auf die Entscheidung, den im Zeitpunkt der Eröffnung noch nicht erfüllten Vertrag abzuwickeln oder es bei dem durch die Verfahrenseröffnung eingetretenen Rechtszustand zu belassen. Es bietet ihm nicht die Möglichkeit, einzelne Vertragsbedingungen zu modifizieren oder die Rechtsfolgen der Erfüllungswahl nur für einzelne Ansprüche oder Rechte zu beschränken (**BGH 11. 2. 1988** – IX ZR 36/87, Z 103, 250 = NJW 1988, 1790 = ZIP 1988, 322; **BGH 10. 8. 2006** – IX ZR 28/05, Z 169, 43 = ZIP 2006, 1736 = ZInsO 2006, 933 = NZI 2006, 575 = NJW 2006, 2919; MüKo-*Huber* § 103 Rn 161). Darüber hinaus ist die Erfüllungswahl als Gestaltungserklärung grundsätzlich **bedingungsfeindlich** (**BGH 12. 2. 1958** – V ZR 185/56, WM 1958, 430). In Rechtsprechung und Schrifttum wird das mit einem **Vorbehalt** oder einer **Einschränkung** versehene Erfüllungsverlangen des Insolvenzverwalters daher als Erfüllungsablehnung des vom Schuldner vor Eröffnung geschlossenen Vertrages gewertet, verbunden mit dem Angebot auf Abschluss eines neuen Vertrages (**BGH 11. 2. 1988** – IX ZR 36/87, Z 103, 250 = NJW 1988, 1790 = ZIP 1988, 322; **LG Mainz 11. 6. 2002**, ZIP 202, 1734 = NZI 2003, 209; N/R/*Balthasar* § 103 Rn 40; *Pape* KS-InsO S 531, 549 Rn 25; FK-*Wegener* § 103 Rn 61; HaKo-*Ahrendt* § 103 Rn 19; BerlKo-*Blersch* § 103 Rn 72; Gottwald/*Huber* InsHdB § 35 Rn 5). Nicht geklärt ist, ob in einer eingeschränkten Erfüllungswahl stets eine Erfüllungsablehnung liegt (so wohl **BGH 1. 3. 2007** – IX ZR 81/05 –, ZIP 2007, 778 = NJW 2007, 1594) und welches Schicksal der alte Vertrag nimmt, wenn ein neuer zustande kommt. Einigkeit dürfte zunächst darüber bestehen, dass ein Erfüllungsverlangen unter Vorbehalt oder zu veränderten Bedingungen keine wirksame, die gegenseitigen Erfüllungsansprüche zu originären Masseforderungen und -verbindlichkeiten aufwertende Erfüllungswahl iSd § 103 Abs 1 darstellt (so auch HK-*Marotzke* § 103 Rn 71). Ob hierin zugleich eine bindende Erfüllungsablehnung iSd § 103 Abs 2 S 1 liegt, ist im Einzelfall durch Auslegung zu ermitteln (**OLG Düsseldorf 5. 11. 1992** – 5 U 47/92, OLGR 1993, 73; ähnlich MüKo-*Huber* § 103 Rn 161). Im Hinblick auf die Tatsache, dass der Insolvenzverwalter sein Erfüllungswahlrecht aus § 103 Abs 1 mit Ablehnung der Erfüllung unwiderruflich verliert, sollte man eine Erfüllungsablehnung nur dann annehmen, wenn aus der Äußerung des Insolvenzverwalters für einen objektiven Erklärungsempfänger klar und eindeutig hervorgeht, dass dieser den Vertrag, so wie vom Schuldner abgeschlossen, in keinem Fall erfüllen will. Die Erklärung einer in jedem **123**

Fall nur eingeschränkten Erfüllungsbereitschaft ist ohne Zweifel Erfüllungsablehnung (Jaeger/*Henckel* § 17 KO Rn 118). Andererseits muss es dem Insolvenzverwalter aber möglich sein, die Bereitschaft des anderen Teils zur Abwicklung des Vertrages unter veränderten Bedingungen zu erfragen oder diesem sogar einen konkreten Vorschlag zu unterbreiten, ohne zugleich das Recht zur Erfüllungswahl einzubüßen (wie hier K/P/B/*Tintelnot* § 103 Rn 55; HK-*Marotzke* § 103 Rn 71; aA *Pape* KS-InsO S 531, 549 Rn 25). Durch das bloße Angebot einer Vertragsänderung erklärt der Insolvenzverwalter für sich allein noch nicht, den Vertrag auch dann nicht erfüllen zu wollen, wenn der Vertragspartner mit einer Modifikation der Vertragsbedingungen nicht einverstanden ist. Will der Vertragspartner Klarheit, kann er den Insolvenzverwalter nach § 103 Abs 2 S 2 zur Ausübung seines Wahlrechtes auffordern. Lässt der Insolvenzverwalter die in Gang gesetzte Erklärungsfrist dann ohne wirksames, d. h. vorbehalts- und einschränkungsloses Erfüllungsverlangen verstreichen, wirkt dies im Ergebnis wie eine ausdrückliche Erfüllungsablehnung (HK-*Marotzke* § 103 Rn 71). Nimmt der Vertragspartner das Angebot des Insolvenzverwalters auf Abänderung der Vertragsbedingungen an, wird – mangels wirksamer Erfüllungswahl – nicht der alte Vertrag zu veränderten Konditionen fortgesetzt, sondern ein **neuer Vertrag** zwischen dem Insolvenzverwalter und dem anderen Teil geschlossen (MüKo-*Huber* § 103 Rn 161; HaKo-*Ahrendt* § 103 Rn 19; *Hess* § 103 Rn 120; als naheliegend bezeichnet in **BGH** 10. 8. 2006 – IX ZR 28/05, Z 169, 43 = ZIP 2006, 1736 = ZInsO 2006, 933 = NZI 2006, 575 = NJW 2006, 2919; Graf-Schlicker/*Breitenbücher* § 103 Rn 11; aA K/P/B/*Tintelnot* § 103 Rn 55). Die so begründeten Ansprüche sind Masseverbindlichkeiten iSd § 55 Abs 1 Nr 1 (**BGH** 10. 8. 2006 – IX ZR 28/05 aaO; MüKo-*Huber* § 103 Rn 161; Graf-Schlicker/*Breitenbücher* § 103 Rn 11). Die **Beweislast** für den Abschluss eines neuen Vertrages liegt beim Insolvenzverwalter (**OLG Frankfurt** 19. 11. 1987, NJW-RR 1988, 683). Da der alte Vertrag unverändert fortbesteht und zwar auch dann, wenn man schon in dem bloßen Vorschlag einer Vertragsmodifikation eine Erfüllungsablehnung sieht, stellt sich die Frage, ob das neue Schuldverhältnis neben das alte tritt oder Letzteres ersetzt. Dies ist Auslegungsfrage. Im Zweifel wird man den Willen der Beteiligten so auslegen müssen, dass mit der Begründung des neuen Schuldverhältnisses das alte Schuldverhältnis aufgehoben und ersetzt wird. Lehnt der Vertragspartner das Angebot des Insolvenzverwalters auf Abschluss eines Vertrages zu veränderten Bedingungen ab, ist die Erfüllung des Vertrages damit nicht etwa abgelehnt. Der Verlust des Erfüllungswahlrechtes des Verwalters kann nicht von einer Willenserklärung des Vertragspartners abhängen. Die gegenseitigen Erfüllungsansprüche sind weiterhin suspendiert. Will der Insolvenzverwalter den Vertrag anstelle des Schuldners erfüllen, muss er wirksam die Vertragserfüllung wählen. Der Vertragspartner kann ihn über § 103 Abs 2 S 2 zur Entscheidung hierüber zwingen.

124   **3. Schweigen oder Untätigkeit des Insolvenzverwalters.** Bloßes Schweigen ist grundsätzlich keine Willenserklärung, sondern das Gegenteil einer Erklärung (**BGH** 19. 9. 2002 – V ZB 37/02, Z 152, 63 = NJW 2002, 3629). Zeitablauf, passives Verhalten oder Schweigen des Insolvenzverwalters rechtfertigen für sich alleine daher noch nicht die Annahme einer konkludenten Erfüllungswahl (**BGH** 1. 7. 1981 – VIII ZR 168/80, Z 81, 90 = ZIP 1981, 878 = NJW 1981, 2195; **OLG Naumburg** 4. 2. 2004, ZInsO 2004, 1145). In der bloßen **Entgegennahme von Leistungen** des Vertragspartners durch den Insolvenzverwalter liegt folglich kein konkludentes Erfüllungsverlangen (**BGH** 1. 7. 1981 – VIII ZR 168/80 aaO; **BGH** 21. 4. 1982 – VIII ZR 142/81, Z 83, 359 = ZIP 1982, 854 = NJW 1982, 2196). Gleiches gilt, wenn der Insolvenzverwalter die Erbringung weiterer Leistungen durch den Vertragspartner bloß **duldet** oder zur **Kenntnis nimmt** (MüKo-*Huber* § 103 Rn 158). Ein Schweigen des Insolvenzverwalters kann aber ausnahmsweise dann als Erfüllungswahl zu werten sein, wenn dieser im konkreten Einzelfall nach Treu und Glauben verpflichtet gewesen wäre, seinen gegenteiligen Willen zum Ausdruck zu bringen und der andere Teil dem Schweigen des Insolvenzverwalters unter verständiger Würdigung aller Begleitumstände die Wahl der Vertragserfüllung beimessen durfte (**BGH** 1. 7. 1981 – VIII ZR 168/80 aaO; **OLG Naumburg** 4. 2. 2004 aaO).

125   **4. Widerruf und Anfechtung.** Wie jede **Gestaltungserklärung** ist auch das Erfüllungsverlangen des Insolvenzverwalters nach Zugang beim Vertragspartner **unwiderruflich** (HK-*Marotzke* § 103 Rn 64; N/R/*Balthasar* § 103 Rn 48). Der Insolvenzverwalter kann die auf Erfüllungswahl gerichtete Erklärung aber nach §§ 119 ff BGB **anfechten**, sofern er sich bei Abgabe der Erklärung in einem beachtlichen Irrtum befunden hat (MüKo-*Huber* § 103 Rn 206; K/P/B/*Tintelnot* § 103 Rn 59; Jaeger/*Henckel* § 17 KO Rn 120). Einem beachtlichen **Inhaltsirrtum** unterliegt der Insolvenzverwalter beispielsweise, wenn er bei Erfüllungswahl annimmt, der Schuldner habe vor Insolvenzeröffnung teilweise erfüllt, während er in Wahrheit gar nichts oder weniger geleistet hat (MüKo-*Huber* § 103 Rn 208; Jaeger/*Henckel* § 17 KO Rn 123). Denn er irrt in diesem Fall über den Umfang der durch die Erfüllungswahl begründeten Masseverbindlichkeiten gem § 55 Abs 1 Nr 2, Alt 1. Geht der Insolvenzverwalter dagegen irrig von einer vollständigen Erfüllung durch den Schuldner vor Eröffnung aus und fordert er den Vertragspartner daher auf, die **fällige** Gegenleistung zu erbringen, liegt schon kein Erfüllungsverlangen vor (s o Rn 115; aA MüKo-*Huber* § 103 Rn 207). Einer Anfechtung bedarf es mithin nicht.

126   **5. Aufforderung zur Wahlrechtsausübung und Entscheidungszeitraum.** Das Gesetz sieht weder eine Verpflichtung des Insolvenzverwalters zur Erfüllungswahl vor, noch bindet es die Ausübung des Erfül-

VIII. Erfüllungswahl des Insolvenzverwalters § 103

lungswahlrechtes an eine bestimmte Frist (**BGH** 1. 7. 1981 – VIII ZR 168/80 aaO). Mit der Eröffnung des Insolvenzverfahrens tritt mithin ein **Schwebezustand** ein, während dessen ungewiss ist, ob der Insolvenzverwalter die Erfüllung des Vertrages wählen wird, der Vertragspartner sich aber im Hinblick auf eine auch nach Jahren noch mögliche Erfüllungswahl des Insolvenzverwalter erfüllungsbereit halten muss. Um diesen Zustand der **Ungewissheit zu beenden**, gewährt § 103 Abs 2 S 2 dem Vertragspartner das **Recht**, eine Entscheidung über die Abwicklung des Vertrages im eröffneten Verfahren **zu erzwingen**. Er kann den Insolvenzverwalter schon **vor Fälligkeit** seiner eigenen Forderung zu der Erklärung auffordern, ob dieser die Erfüllung des Vertrages verlangen will. Wählt der Insolvenzverwalter nach Zugang der Aufforderung nicht **unverzüglich** Erfüllung iSd § 103 Abs 1, so kann er gem § 103 Abs 2 S 3 nicht mehr auf Erfüllung des Vertrages bestehen. Die gegenseitigen Hauptleistungsansprüche bleiben für die Dauer des Insolvenzverfahrens endgültig **undurchsetzbar**. Für den Vertragspartner besteht damit die Gewissheit, dass es im eröffneten Verfahren zu keinem Leistungsaustausch mehr kommen wird. Das weitere Schicksal des Vertrages liegt nun in seiner Hand. Er kann entweder gem § 103 Abs 2 S 1 eine Forderung wegen Nichterfüllung zur Insolvenztabelle anmelden und damit die gegenseitigen Primäransprüche zum **Erlöschen** bringen oder im Insolvenzverfahren untätig bleiben und den Schuldner nach Beendigung des Insolvenzverfahrens auf Erfüllung in Anspruch nehmen.

Die Aufforderung zur Wahlrechtsausübung ist eine einseitige **empfangsbedürftige Willenserklärung**. **127** Sie wird in dem Zeitpunkt **wirksam**, in dem sie dem Insolvenzverwalter **zugeht**. Die Aufforderung ist nach der Eröffnung des Insolvenzverfahrens an den **Insolvenzverwalter** zu richten. Eine Aufforderung des **vorläufigen Insolvenzverwalters** löst keine Rechtsfolgen aus (**BGH** 8. 11. 2007 – IX ZR 53/04, NZI 2008, 36 = ZIP 2007, 2322; K/P/B/*Tintelnot* § 103 Rn 70). Dies gilt auch dann, wenn sie für den Fall der Eröffnung erklärt wird und vorläufiger und endgültiger Insolvenzverwalter personenidentisch sind (**BGH** 8. 11. 2007 aaO).

Die Aufforderung nach § 103 Abs 2 S 2 kann **ausdrücklich** oder **konkludent** erfolgen (N/R/*Balthasar* **128** § 103 Rn 43). Ob in einer Willensäußerung des Vertragspartners eine Aufforderung zur Wahlrechtsausübung liegt, ist durch Auslegung zu ermitteln. Insoweit gelten die allgemeinen Grundsätze der §§ 133, 157 BGB (MüKo-*Huber* § 103 Rn 171). Im Hinblick auf den Rechtsverlust des Insolvenzverwalters bei nicht rechtzeitiger Erklärung (§ 103 Abs 2 S 3), wird man eine **konkludente Aufforderung zur Wahlrechtsausübung** allerdings nur dann annehmen können, wenn aus der Äußerung des Vertragspartners für einen objektiven Erklärungsempfänger **klar und eindeutig** der Wille hervorgeht, dem Insolvenzverwalter die Entscheidung über die Erfüllung des Vertrages im eröffneten Verfahren abzuverlangen. Fordert der Vertragspartner den Insolvenzverwalter zur Erbringung der mit dem Schuldner vertraglich vereinbarten Leistung auf, liegt hierin zugleich eine Aufforderung zur Wahlrechtsausübung (**BGH** 7. 6. 1991 – V ZR 17/90, ZIP 1991, 945 = NJW 1991, 2897; MüKo-*Huber* § 103 Rn 171; K/P/B/*Tintelnot* § 103 Rn 70). Da es sich bei dem Anspruch des Käufers/Bestellers nach Nichterfüllung gemäß §§ 437 Nr 1, 439 Abs 1 BGB bzw. §§ 634 Nr 1, 635 Abs 1 BGB um die Fortsetzung des Anspruchs auf mangelfreie Leistung nach § 433 Abs 1 S 2 BGB bzw. § 633 Abs 1 handelt, liegt in einem **Nacherfüllungsbegehren** des Vertragspartners ein Erfüllungsverlangen und damit zugleich die Aufforderung an den Insolvenzverwalter, das Wahlrecht nach § 103 Abs 1 auszuüben (**AG Bremen** 13. 3. 2009 NZBau 2009, 388; K/P/B/*Tintelnot* § 103 Rn 70, s auch Rn 68; aA BerlKo-*Blersch* § 103 Rn 83). Umstritten ist, ob die Anmeldung einer Nichterfüllungsforderung gem § 103 Abs 2 S 1 als konkludente Aufforderung zur Wahlrechtsausübung zu werten ist (MüKo-*Huber* § 103 Rn 171) oder nicht (BerlKo-*Blersch* § 103 Rn 83; K/P/B/*Tintelnot* § 103 Rn 70). Dem Vertragspartner steht eine Schadensersatzforderung wegen Nichterfüllung erst dann zu, wenn feststeht, dass der Insolvenzverwalter nicht die Erfüllung des Vertrages wählt (s u Rn 159). Durch die Forderungsanmeldung ist der Insolvenzverwalter daher zwangsläufig aufgefordert, über die Erfüllung des Vertrages zu entscheiden.

Der Zugang der Aufforderung nach § 103 Abs 2 S 2 setzt für den Insolvenzverwalter eine **Frist zur** **129** **Erfüllungswahl in Gang**. Geht dem Vertragspartner innerhalb dieser Frist keine auf Erfüllungswahl gerichtete Erklärung des Insolvenzverwalters zu, so kann dieser nach Ablauf der Erklärungsfrist Erfüllung des Vertrages nicht mehr verlangen (§ 103 Abs 2 S 3). Sein Recht zur Erfüllungswahl aus § 103 Abs 1 **erlischt** unwiderruflich mit Fristablauf. Die **Länge der Erklärungsfrist** ist im Gesetz nicht konkret geregelt. § 103 Abs 2 S 2 verlangt lediglich eine **unverzügliche Erklärung** des Insolvenzverwalters und meint damit eine solche **ohne schuldhaftes, also vorsätzliches oder fahrlässiges Zögern** iSd § 121 Abs 1 S 1 BGB (Begr zu § 121 RegE – BR-Dr 1/97 S 146). Unverzüglich bedeutet nicht sofort. Dem Insolvenzverwalter steht eine **angemessene Prüfungs- und Überlegensfrist** zu, um sich über Bedeutung und Folgen der Erfüllungswahl für die Insolvenzmasse klar zu werden (N/R/*Balthasar* § 103 Rn 46; BerlKo-*Blersch* § 103 Rn 86). Welche Zeitspanne angemessen ist, hängt von den Umständen des Einzelfalles ab. Maßgeblich ist zunächst der Stand der Verfahrensabwicklung. Zu Beginn, insbesondere **kurz nach Eröffnung des Insolvenzverfahrens**, wird man dem Insolvenzverwalter wegen der erforderlichen Einarbeitung in die Gegebenheiten des Schuldnerunternehmens eine längere Erklärungsfrist zubilligen müssen als nach Ablauf einer gewissen Abwicklungsdauer. Des Weiteren haben **Art und Bedeutung** des betreffenden Vertrages Einfluss auf die Länge der Erklärungsfrist. Ist eine Weiterführung des Vertrages nur bei Fortführung des Betriebes wirtschaftlich sinnvoll oder ist der Vertrag für die Betriebsfortführung notwendig, so handelt der Insolvenzverwalter in der Regel nicht schuldhaft, wenn er zunächst den Be-

§ 103   Wahlrecht des Insolvenzverwalters

richtstermin (§ 156) abwartet und sich dann unverzüglich erklärt (**OLG Köln** 2. 12. 2003, NZI 2003, 149 = ZIP 2003, 543 = ZInsO 2003, 336; MüKo-*Huber* § 103 Rn 173; HK-*Marotzke* § 103 Rn 84; K/P/B/*Tintelnot* § 103 Rn 71; Braun/*Kroth* § 103 Rn 662; BerlKo-*Blersch* § 103 Rn 89; ähnlich N/R/*Balthasar* § 103 Rn 45; HaKo-*Ahrendt* § 103 Rn 26). Denn bevor die Gläubiger nicht darüber entschieden haben, ob eine Betriebsstillegung, eine Betriebsfortführung, eine übertragende Sanierung oder die Durchführung eines Planverfahrens in Betracht kommt (§ 157), kann der Insolvenzverwalter eine verantwortliche Entscheidung über die Durchführung des Vertrages nicht treffen. Stellt sich die Erfüllungswahl des betreffenden Vertrages als besonders bedeutsame Rechtshandlung iSd § 160 dar, muss der Insolvenzverwalter wegen der möglichen haftungsrechtlichen Konsequenzen Gelegenheit erhalten, vorher die Zustimmung des Gläubigerausschusses oder der Gläubigerversammlung einzuholen (MüKo-*Huber* § 103 Rn 173; *Pape* KS-InsO S 531, 551/552 Rn 28; HK-*Marotzke* § 103 Rn 83; N/R/*Balthasar* § 103 Rn 46; BerlKo-*Blersch* § 103 Rn 90). Schließlich müssen die **Interessen** des Vertragspartners ausreichend berücksichtigt und gegen die der Insolvenzmasse abgewogen werden (HK-*Marotzke* § 103 Rn 84; MüKo-*Ganter* § 47 Rn 232). Hat der Vertragspartner seine Interessenlage **nicht offengelegt**, handelt der Insolvenzverwalter nicht schuldhaft, wenn er die Bedürfnisse des anderen Teils unberücksichtigt lässt. Das Recht zur Erfüllungswahl erlischt, wenn der Insolvenzverwalter die Erfüllung des Vertrages nach Erhalt einer entsprechenden Aufforderung **vorsätzlich oder fahrlässig** nicht so rechtzeitig erklärt, wie es ihm nach den Umständen des Einzelfalles und unter Berücksichtigung des Interesses des anderen Teils an einer schnellen Entscheidung **möglich und zumutbar** gewesen wäre. Da es sich um eine **gesetzliche Frist** handelt, kann der Erklärungszeitraum des Insolvenzverwalters durch einseitige Zeitvorgaben des Vertragspartners weder verkürzt noch konkretisiert werden (**OLG Köln** 2. 12. 2003 aaO; MüKo-*Huber* § 103 Rn 172; N/R/*Balthasar* § 103 Rn 46). Allerdings handelt der Insolvenzverwalter nicht schuldhaft, wenn er eine vom Vertragspartner gesetzte Frist ausschöpft (MüKo-*Huber* § 103 Rn 172; HK-*Marotzke* § 103 Rn 82).

130   Verfolgt der Insolvenzverwalter den Erfüllungsanspruch der Masse auf dem Klageweg und wendet der Vertragspartner im Prozess ein, der Verwalter habe nicht rechtzeitig Erfüllung des Vertrages verlangt, so gilt eine abgestufte **Darlegungs- und Beweislast**. Da der Vertragspartner die für die Erfüllungswahl maßgeblichen Umstände in aller Regel nicht kennt, hat der Insolvenzverwalter die Tatsachen vorzutragen und ggf zu beweisen, aus denen die Angemessenheit der in Anspruch genommenen Überlegenszeit folgt (MüKo-*Huber* § 103 Rn 175; HK-*Marotzke* § 103 Rn 82). Dem Vertragspartner obliegt sodann die Darlegungs- und Beweislast für die **rechtsvernichtende Einwendung** der nicht unverzüglichen Erfüllungswahl (Jaeger/*Henckel* § 17 KO Rn 207; MüKo-*Huber* § 103 Rn 175; N/R/*Balthasar* § 103 Rn 47). Er hat vorzutragen, dass und aus welchen Gründen dem Insolvenzverwalter im konkreten Fall eine frühere Erfüllungswahl **möglich und zumutbar** gewesen wäre. Überdies hat er darzutun, dass die nicht rechtzeitige Erfüllungswahl auf Vorsatz oder Fahrlässigkeit beruhte.

131   Für die **Insolvenz des Vorbehaltskäufers**, dem die Kaufsache bereits vor der Eröffnung des Insolvenzverfahrens übergeben wurde, enthält § 107 Abs 2 S 1 eine **Sonderregelung** (s u § 107 Rn 13). Danach braucht der vom Vorbehaltsverkäufer zur Wahlrechtsausübung aufgeforderte Insolvenzverwalter die Erklärung nach § 103 Abs 2 S 2 erst **unverzüglich nach dem Berichtstermin** abzugeben. § 107 Abs 2 S 1 schreibt zwar ebenso wie § 103 Abs 2 S 2 eine unverzügliche Erfüllungswahl des Insolvenzverwalters vor, die Erklärungsfrist beginnt jedoch nicht schon mit Zugang der Aufforderung, sondern erst mit Schluss des Berichtstermins. Sinn und Zweck dieser Regelung ist die zumindest vorübergehende Erhaltung des im Besitz des Schuldners befindlichen Vermögens, um Fortführungs- und Sanierungschancen für das Unternehmen zu wahren und um eine vorzeitige Auflösung der Vermögenseinheit zu verhindern. Dieser Gedanke wird vielfach als verallgemeinerungsfähig angesehen, weshalb eine analoge Anwendung des § 107 Abs 2 S 1 auf solche Vertragsverhältnisse befürwortet wird, deren Bestand für eine Fortführung des Unternehmens notwendig ist (N/R/*Balthasar* § 103 Rn 45; *Pape* KS-InsO S 531, 551/552 Rn 28; HaKo-*Ahrendt* § 103 Rn 26; K/P/B/*Tintelnot* § 103 Rn 72; BerlKo-*Blersch* § 103 Rn 89; MüKo-*Ganter* § 47 Rn 232). Auch der **BGH** (1. 3. 2007 – IX ZR 81/05 –, ZIP 2007, 778 = NJW 2007, 1594) scheint einen derartigen Analogieschluss nicht für fernliegend zu halten. Bei Verträgen, deren Bestand für eine Fortführung des Unternehmens notwendig ist, wird man dem Insolvenzverwalter aber in der Regel schon nicht den Vorwurf eines schuldhaften Zögern machen können, wenn er mit der Wahlrechtsausübung bis zum Berichtstermin abwartet, um dort die nötige Abklärung herbeizuführen, so dass es einer analogen Anwendung des § 107 Abs 2 S 1 letztlich nicht bedarf (so auch **OLG Köln** 2. 12. 2003 aaO; MüKo-*Huber* § 103 Rn 174).

132   **6. Rechtsfolgen der Erfüllungswahl.** Die Erfüllungswahl verschafft sowohl dem Insolvenzverwalter als auch dem Vertragspartner einen **durchsetzbaren Anspruch** auf die bei Insolvenzeröffnung noch ausstehende Hauptleistung. Der Vertragspartner muss die vertraglich geschuldete Leistung zur Insolvenzmasse bewirken, der Insolvenzverwalter die vereinbarte Gegenleistung aus der Masse erbringen. Nach der Erfüllungswahl unterliegt der Vertragspartner bei der Verfolgung seines Hauptleistungsanspruches als Massegläubiger gem § 55 Abs 1 Nr 2 Alt 1 nicht mehr den für Insolvenzgläubiger geltenden Beschränkungen der §§ 87, 89 (**BGH** 10. 8. 2006 – IX ZR 28/05 aaO). Beide Parteien können ihre jeweiligen Erfüllungsansprüche folglich einklagen und einen hierüber erwirkten Titel vollstrecken. Ist keine

VIII. Erfüllungswahl des Insolvenzverwalters § 103

Partei vorleistungspflichtig, gilt im Klageverfahren § 322 BGB und finden in der Zwangsvollstreckung die §§ 726, 756, 765 ZPO Anwendung (MüKo-*Huber* § 103 Rn 166).

a) Begründung von originären Masseverbindlichkeiten und -forderungen. Nach der vom BGH bis zum Jahr 2000 vertretenen Erlöschens- und Neubegründungstheorie erloschen die gegenseitigen Erfüllungsansprüche mit der Eröffnung des Insolvenzverfahrens (BGH 20. 12. 1988 – IX ZR 50/88, Z 106, 236 = ZIP 1989, 171 = NJW 1989, 1282). Erst das Erfüllungsverlangen des Insolvenzverwalters ließ die mit Eröffnung untergegangenen Ansprüche inhaltsgleich neu entstehen, sog Novation (BGH 20. 12. 1988 – IX ZR 50/88 aaO; BGH 21. 11. 1991 – IX ZR 290/90, Z 116, 156 = ZIP 1992, 48 = NJW 1992, 507). Die **Erlöschenstheorie** hat der BGH mit seinem Grundsatzurteil vom 25. 4. 2002 (s o Rn 8) aufgegeben. Die Verfahrenseröffnung führt jetzt nicht mehr zu einer Umgestaltung des Vertrages. Die gegenseitigen Erfüllungsansprüche verlieren lediglich ihre **Durchsetzbarkeit**, bestehen **materiell-rechtlich** aber unverändert fort. Da die Erfüllungswahl wegen der geänderten Rechtsfolgen der Verfahrenseröffnung nicht mehr das Wiederentstehen erloschener Ansprüche bewirken kann, sondern sich jetzt auf fortbestehende Ansprüche bezieht, hat der BGH in der vg Entscheidung vom 25. 4. 2002 die **Neubegründungstheorie** zu einer „**Qualitätssprungtheorie**" abgewandelt. Er geht nunmehr davon aus, dass die Erfüllungswahl des Insolvenzverwalters die **rechtliche Qualität** der mit Verfahrenseröffnung suspendierten Erfüllungsansprüche **für die Zwecke** und während der **Dauer des Insolvenzverfahrens** verändert. Dem Hauptleistungsanspruch des Schuldners wird durch die Erfüllungswahl des Insolvenzverwalters die spezifische Rechtsqualität einer **originären**, dh nicht vom Schuldner abgeleiteten, **Masseforderung** zugewiesen. Der als **Insolvenzforderung zu qualifizierende Hauptleistungsanspruch** des Vertragspartners wird nach § 55 Abs 1 Nr 2 Alt 1 zu einer **originären Masseverbindlichkeit** aufgewertet (**BGH 10. 8. 2006 – IX ZR 28/05 aaO; BGH 25. 4. 2002 – IX ZR 313/99 –,** Z 150, 353 = ZIP 2002, 1093 = ZInsO 2002, 577 = NZI 2002, 375 = NJW 2002, 2783 mit Verweis auf MüKo-*Kreft* § 103 Rn 39 ff, 47, 51, 54). Diese durch die Erfüllungswahl bewirkte Änderung der Rechtsqualität (sog **Qualitätssprung**) macht die mit Verfahrenseröffnung suspendierten Erfüllungsansprüche **insolvenzrechtlich zu neuen** und damit **durchsetzbaren Ansprüchen der und gegen die Masse**, die mit den ursprünglichen Erfüllungsansprüchen zwar inhaltlich, aber **nicht rechtlich** identisch sind. Die vor Insolvenzeröffnung durch Vertrag zwischen dem Schuldner und dem Vertragspartner begründeten Erfüllungsansprüche werden nach der Erfüllungswahl **insolvenzrechtlich so behandelt**, als seien sie durch einen neuen, nach Insolvenzeröffnung zwischen dem Insolvenzverwalter und dem anderen Teil geschlossenen Vertrag begründet worden (MüKo-*Kreft* § 103 Rn 41). **Materiell-rechtlich** lässt die Erfüllungswahl des Insolvenzverwalters die mit Verfahrenseröffnung suspendierten Erfüllungsansprüche hingegen unberührt, vor allem entstehen diese nicht materiell-rechtlich neu. Auch hat die Erfüllungswahl keinen Einfluss auf den Inhalt der gegenseitigen Hauptleistungsansprüche. Die gestaltende Wirkung des Erfüllungsverlangens beschränkt sich auf die **insolvenzrechtliche Einordnung** der gegenseitigen Erfüllungsansprüche als originäre Masseforderungen und Masseverbindlichkeiten.

Aus der Tatsache, dass der Insolvenzverwalter durch seine Erklärung nach § 103 Abs 1 **neue Primäransprüche mit altem Inhalt** begründet, ist in der Literatur gefolgert worden, die Erfüllungswahl lasse die ursprünglichen Erfüllungsansprüche aus dem zwischen dem Schuldner und dem Vertragspartner vor Insolvenzeröffnung geschlossenen Vertrag **erlöschen** und inhaltsgleich wieder neu entstehen (*Bremkamp* DB 2002, 1499 [1502]; *Mohrbutter/Mohrbutter* DZWIR 2003, 1 [4]; *Henckel* FS Kirchhof 191 [200]; *Masloff/Langer* ZfIR 2003, 269 [272]). Damit würden die Rechtsfolgen, die der BGH der Verfahrenseröffnung und der anschließenden Erfüllungswahl unter Geltung der Erlöschens- und Wiederbegründungstheorie zugeschrieben hat, jetzt **uno acto** durch das Erfüllungsverlangen des Insolvenzverwalters eintreten. Diese Sicht verkennt jedoch, dass die gegenseitigen Erfüllungsansprüche nach der dogmatischen Neuausrichtung des BGH nur **insolvenzrechtlich so behandelt werden**, als seien sie durch die Erklärung nach § 103 Abs 1 neu begründet worden, die Erfüllungswahl **materiell-rechtlich** aber keine Gestaltungswirkung entfaltet. Das Erfüllungsverlangen des Insolvenzverwalters führt daher **nicht** zu einem **Erlöschen der gegenseitigen Hauptleistungsansprüche** (so auch MüKo-*Kreft* § 103 Rn 41). Hierfür spricht auch, dass die Erfüllungsansprüche nach Ansicht des BGH mit Insolvenzeröffnung lediglich zunächst, dh **bis zu einem Erfüllungsverlangen** des Insolvenzverwalters ihre Durchsetzbarkeit verlieren (**BGH 1. 3. 2007 – IX ZR 81/05,** ZIP 2007, 778 = NJW 2007, 1594; **BGH 29. 11. 2007 – IX ZR 165/05,** ZIP 2008, 372 = ZInsO 2008, 209 = NZI 2008, 236). Ginge man davon aus, dass die mit Verfahrenseröffnung suspendierten Hauptleistungsansprüche durch die Erfüllungswahl erlöschen, könnten sie überhaupt nicht mehr durchsetzbar werden.

b) Art und Weise der Erfüllung. Mit Zugang der auf Erfüllungswahl gerichteten Willenserklärung des Insolvenzverwalters beim Vertragspartner tritt der Insolvenzverwalter anstelle des Schuldners in den vor Verfahrenseröffnung geschlossenen Vertrag ein. Der Schuldner kann mithin keine Rechte mehr aus dem Vertrag geltend machen. Dieser wird jetzt zwischen dem Insolvenzverwalter und anderen Teil fortgesetzt (**BGH 10. 8. 2006 – IX ZR 28/05,** Z 169, 43 = ZIP 2006, 1736 = ZInsO 2006, 933 = NZI 2006, 575 = NJW 2006, 2919; MüKo-*Huber* § 103 Rn 164). Dabei richten sich die vertraglichen Pflichten des Insolvenzverwalters nach der Rechtslage im Zeitpunkt der Insolvenzeröffnung. Der Insolvenzverwalter kann für die Masse grundsätzlich nicht mehr und keine anderen Rechte beanspruchen, als

133

134

135

sie dem Schuldner zustehen (**BGH** 27. 5. 2003 – IX ZR 51/02, Z 155, 87 = ZIP 2003, 1208 = ZInsO 2003, 607 = NZI 2003, 491 = NJW 2003, 2744; **BGH** 10. 8. 2006 – IX ZR 28/05 aaO; MüKo-*Huber* § 103 Rn 164). Nach Beendigung des Insolvenzverfahrens tritt der Schuldner wieder in den Vertrag ein und zwar so, wie dieser im Zeitpunkt der Verfahrensbeendigung besteht (MüKo-*Kreft* § 103 Rn 43).

136   Da die Erfüllungswahl mangels materiell-rechtlicher Wirkung keinen Einfluss auf den Inhalt der mit Verfahrenseröffnung suspendierten Erfüllungsansprüche hat, müssen sowohl der Insolvenzverwalter als auch der andere Teil sämtliche Leistungen zu den ursprünglich vereinbarten Bedingungen erbringen (K/P/B/*Tintelnot* § 103 Rn 78, BerlKo-*Blersch* § 103 Rn 96). Maßgeblich ist der Stand des Vertrages im Zeitpunkt der Verfahrenseröffnung. War der Schuldner **vorleistungspflichtig**, ist es der Insolvenzverwalter nach der Erfüllungswahl ebenfalls (HK-*Marotzke* § 103 Rn 52; FK-*Wegener* § 103 Rn 66). Hat der **Vertragspartner vorzuleisten**, kann er sich alleine wegen der Eröffnung des Insolvenzverfahrens nicht auf die Unsicherheitseinrede nach § 321 BGB berufen; vielmehr muss der Anspruch des Vertragspartners auf die Gegenleistung wegen bevorstehender Masseunzulänglichkeit (§ 208) konkret gefährdet sein (MüKo-*Huber* § 103 Rn 166; MüKo-*Hefermehl* § 55 Rn 109; N/R/*Balthasar* § 103 Rn 53; BerlKo-*Blersch* § 103 Rn 96). Ist keine Vorleistung vereinbart, findet § 322 BGB Anwendung (Jaeger/*Henckel* § 17 KO Rn 135). Hat der Vertragspartner vorgeleistet, kann er den Rest der noch ausstehenden Leistung nach der Erfüllungswahl des Insolvenzverwalters nicht deshalb nach § 320 BGB oder § 273 BGB zurückhalten kann, weil seine vorinsolvenzliche Leistung nicht vollständig bezahlt wird (s o Rn 23). Hat der Schuldner vor der Eröffnung des Insolvenzverfahrens eine Schiedsgerichtsvereinbarung getroffen, ist der Insolvenzverwalter hieran gebunden (**BGH** 20. 11. 2003 – III ZB 24/03, ZInsO 2004, 88).

137   c) **Umfang der Masseforderungen.** Die insolvenzrechtliche Einordnung eines Anspruchs der Masse als **originäre Masseforderung** richtet sich nach dem **Normzweck des § 103** (s o Rn 3). Die Masse soll für die von ihr aufgrund der Erfüllungswahl erbrachten Leistungen auch die Gegenleistung ungeschmälert erhalten. Durch die Erfüllungswahl des Insolvenzverwalters werden mithin nur diejenigen Ansprüche des Schuldners zu **originären Masseforderungen** aufgewertet, die auf die Gegenleistung für die mit Massemitteln nach Eröffnung erbrachte Leistung gerichtet sind (**BGH** 27. 5. 2003 – IX ZR 51/02, Z 155, 87 = ZIP 2003, 1208 = ZInsO 2003, 607 = NZI 2003, 491). Hierzu gehören zum einen der **synallagmatische Hauptleistungsanspruch** des Schuldners und zum anderen die **Nebenleistungsansprüche**, die die Erfüllung der Hauptleistungspflichten unterstützen und fördern. Alle anderen Ansprüche des Schuldners verändern durch die Erfüllungswahl des Insolvenzverwalters nicht ihre Rechtsqualität.

138   d) **Umfang der Masseverbindlichkeiten.** Mit der Eröffnung des Insolvenzverfahrens werden alle vermögensrechtlichen Ansprüche des Vertragspartners aus einem nicht vollständig erfüllten gegenseitigen Vertrag zu **Insolvenzforderungen** (**BGH** 14. 12. 1983 – VIII ZR 352/82; Z 89, 189 = ZIP 1984, 190 = NJW 1984, 1557; Jaeger/*Henckel*, InsO § 55 Rn 45). Die Frage, welche dieser Ansprüche durch die Erfüllungswahl des Insolvenzverwalters zu originären Masseverbindlichkeiten nach § 55 Abs 1 Nr 2 Alt 1 aufgewertet werden und welche Insolvenzforderungen bleiben, ist wie bei den Masseforderungen nach dem **Zweck des 103** zu beantworten. Maßgeblich ist insoweit der Grundsatz, dass die Masse nur dann zur Leistung verpflichtet sein soll, wenn ihr auch die entsprechende Gegenleistung zufließt (s o Rn 3). Deshalb wird der mit Verfahrenseröffnung suspendierte und auf Leistungsaustausch gerichtete Erfüllungsanspruch des Vertragspartners stets von der Gestaltungswirkung der Erfüllungswahl erfasst, Sekundäransprüche dagegen nie. Im Einzelnen:

139   aa) **Primäransprüche.** Die Erfüllungswahl hat zur Folge, dass der Insolvenzverwalter die vertraglich geschuldete Hauptleistung so zu bewirken hat, wie sie außerhalb des Insolvenzverfahrens vom Schuldner zu erfüllen wäre (Jaeger/*Henckel*, InsO § 55 Rn 45; MüKo-*Hefermehl* § 55 Rn 108). Der Vertragspartner kann deshalb als **Massegläubiger nach § 55 Abs 1 Nr 2 Alt 1** nicht nur die Erfüllung seines **primären Hauptleistungsanspruches** verlangen, sondern auch die seiner **Nebenleistungsansprüche**, die darauf gerichtet sind, die Erfüllung der Hauptleistungspflichten zu unterstützen und zu fördern (Jaeger/*Henckel*, InsO § 55 Rn 45; HaKo-*Ahrendt* § 103 Rn 30; N/R/*Balthasar* § 103 Rn 52; K/P/B/*Tintelnot* § 103 Rn 76). Eine Einschränkung ergibt sich lediglich aus § 105 S 1 (s o Rn 145). Ob die Nebenleistungsansprüche im **Synallagma** stehen, ist ohne Bedeutung, da der Vertragspartner andernfalls nicht das volle, zur ordnungsgemäßen Vertragserfüllung notwendige, Pflichtenprogramm einfordern und notfalls durchsetzen könnte (zu eng daher Jaeger/*Henckel* § 17 KO Rn 132; wie hier HK-*Marotzke* § 103 Rn 51).

140   bb) **Sekundäransprüche.** Die ganz überwiegende Meinung geht davon aus, dass durch die Erfüllungswahl des Insolvenzverwalters neben den Primäransprüchen auch alle **Schadensersatz- und Gewährleistungsansprüche** des Vertragspartners zu Masseverbindlichkeiten aufgewertet werden (K/P/B/*Tintelnot* § 103 Rn 76; N/R/*Balthasar* § 103 Rn 52; *Hess* § 103 Rn 152; *Smid* § 103 Rn 51; HK-*Eikmann* § 55 Rn 17; Gottwald/*Klopp*/*Kluth* InsHdB § 56 Rn 18; HaKo-*Ahrendt* § 103 Rn 30; Jaeger/*Henckel* § 17 KO Rn 132; Jaeger/*Henckel*, InsO § 55 Rn 45; krit *Heidland* Bauvertrag Rn 1056). Ob die hM richtig ist, muss bezweifelt werden.

141   Ist dem Schuldner die Erbringung der vertraglich vereinbarten Leistung unmöglich, bestehen keine primären Leistungspflichten der Vertragsparteien (§ 275 Abs 1 BGB, § 326 Abs 1 S 1 BGB). Ansprüche

VIII. Erfüllungswahl des Insolvenzverwalters § 103

des Vertragspartners wegen **Unmöglichkeit der schuldnerischen Leistung** (§ 280 Abs 1, 3 iVm §§ 283, 284 BGB, § 285 BGB, § 311 a BGB) können daher mangels Anwendbarkeit des § 103 grundsätzlich nicht zu originären Masseverbindlichkeiten aufgewertet werden. Gleiches gilt, wenn der Vertragspartner wegen verzögerter oder mangelhafter Leistung des Schuldners vor der Eröffnung des Insolvenzverfahrens **Schadensersatz statt der Leistung** (§ 280 Abs 1, 3 iVm §§ 281, 282 BGB) oder **Aufwendungsersatz** (§ 284 BGB) **verlangt hat** (s o Rn 93). Ist der Schadensersatzanspruch des Vertragspartners nach §§ 280 Abs 1, 3 iVm 281 BGB zwar vorinsolvenzlich entstanden, hat der Vertragspartner ihn aber noch nicht erhoben, erlischt der Schadensersatzanspruch mit der Erfüllungswahl des Insolvenzverwalters (s o Rn 110).

Schadensersatzansprüche aus § 280 Abs 1 BGB oder §§ 280 Abs 2, 286 BGB, die neben dem Primäranspruch des Vertragspartners entstehen und daher als Ansprüche auf **Schadensersatz neben der Leistung** bezeichnet werden, sowie **Vertragsstrafenansprüche** bleiben auch dann **Insolvenzforderungen**, wenn der Insolvenzverwalter die Erfüllung der Primärpflichten verlangt (BerlKo-*Blersch* § 103 Rn 98; MüKo-*Hefermehl* § 55 Rn 111; HaKo-*Ahrendt* § 103 Rn 30; K/P/B/*Tintelnot* § 103 Rn 76; FK-*Wegener* § 103 Rn 66; aA N/R/*Balthasar* § 103 Rn 52; Jaeger/*Henckel* § 17 KO Rn 132; Jaeger/*Henckel*, InsO § 55 Rn 45). Dies ergibt sich aus einer an Sinn und Zweck des Verwalterwahlrechtes ausgerichteten teleologischen Auslegung des § 103 Abs 1. Zweck des Verwalterwahlrechtes ist die **Masseanreicherung**. Das Erfüllungswahlrecht des Insolvenzverwalters soll der Masse bei einem günstigen Vertrag die noch ausstehende Gegenleistung des Vertragspartners zu den bisherigen Vertragsbedingungen verschaffen. Soweit die Masse Leistungen erbringt, muss ihr auch die Gegenleistung ungeschmälert zugute kommen (s o Rn 3). Mit der Aufwertung eines vor Insolvenzeröffnung entstandenen Schadensersatzanspruches nach §§ 280 Abs 1 BGB oder §§ 280 Abs 2, 286 BGB zu einer Masseverbindlichkeit kann der Masse nichts zugeführt werden. Sie würde im Gegenteil sogar verkürzt, müsste der Insolvenzverwalter nach der Erfüllungswahl nicht nur die geschuldete Primärleistung aus der Masse erbringen, sondern auch noch vor Insolvenzeröffnung entstandene Verzögerungs- oder Vermögensschäden des Vertragspartners in voller Höhe berichtigen. Da der Vertragspartner seinen zur Masseverbindlichkeit aufgewerteten Schadensersatzanspruch gegen den Gegenleistungsanspruch der Masse aufrechnen könnte, würde die Masse für ihre Leistung gerade nicht wertentsprechend vergütet. Die hier vertretene Auffassung folgt notwendig aus der Rechtsprechung des BGH zu § 103 InsO, die final auf eine Entkopplung von Erfüllungswahl und Haftung der Masse für vorinsolvenzlich entstandene Ansprüche gerichtet ist.

e) **Teilleistungen vor Insolvenzeröffnung.** Haben die Parteien (eine oder beide) die ihnen aufgrund des Vertrages obliegenden Leistungen vor der Eröffnung des Insolvenzverfahrens bereits teilweise erbracht und ist der Vertrag auf den Austausch jeweils teilbarer Leistungen gerichtet, ist § 103 lediglich auf den bei Verfahrenseröffnung **beiderseits noch unerfüllten Vertragsteil** anwendbar (s o Rn 15). Folglich wird auch nur dieser Teil des gegenseitigen Vertrages vom Wahlrecht des Insolvenzverwalters und den damit verbundenen Rechtsfolgen erfasst. Der bei Verfahrenseröffnung bereits einseitig erfüllte und damit dem Regelungsbereich des § 103 entzogene Vertragsteil bleibt von den Rechtsfolgen der Erfüllungswahl unberührt. Im Einzelnen:

aa) **Der Schuldner hat vor der Eröffnung des Insolvenzverfahrens teilweise geleistet, der Vertragspartner nicht.** Der Teil des schuldnerischen Erfüllungsanspruches, der auf das anteilige Entgelt für die vorinsolvenzlich erbrachte Teilleistung gerichtet ist, wird nicht von der Gestaltungswirkung des Erfüllungsverlangens erfasst. Dieser Teilanspruch verändert mithin nicht seine Rechtsqualität, sondern bleibt als vor Insolvenzeröffnung entstandener Anspruch bestehen (BGH 4. 5. 1995 – IX ZR 256/93, Z 129, 336 = ZIP 1995, 926, NJW 1995, 1966; BGH 27. 2. 1997 – IX ZR 5/96, Z 135, 25–30 = ZIP 1997, 688; BGH 18. 10. 2001 – IX ZR 493/00, ZIP 2001, 2142 = ZInsO 2001, 1100; BGH 25. 4. 2002 – IX ZR 313/99, Z 150, 353 = ZIP 2002, 1093 = ZInsO 2002, 577 = NZI 2002, 375 = NJW 2002, 2783). Der andere Teil des schuldnerischen Erfüllungsanspruches, der auf die anteilige Gegenleistung für die im Zeitpunkt der Insolvenzeröffnung vom Schuldner noch nicht erbrachte Leistung gerichtet ist, wird in den Rang einer **originären Masseforderung** erhoben. Die rechtsgestaltende Wirkung der Erfüllungswahl hat mithin zur Folge, dass der ursprüngliche Erfüllungsanspruch des Schuldners in **zwei selbständige Teilansprüche unterschiedlicher Rechtsqualität** aufgeteilt wird. Der BGH spricht davon, die Erfüllungswahl bewirke eine **Spaltung des Vertrages** (BGH 4. 5. 1995 – IX ZR 256/93 aaO; BGH 27. 2. 1997 – IX ZR 5/96 aaO; MüKo-*Kreft* § 103 Rn 47). Tatsächlich wird der **gegenseitige Vertrag** jedoch schon durch die **Eröffnung des Insolvenzverfahrens** in zwei Vertragsteile **geteilt** (s o Rn 16). Dass die Gestaltungswirkung des Erfüllungsverlangens lediglich Teilerfüllungsansprüche erfasst, die nicht auf die anteilige Gegenleistung für vor Verfahrenseröffnung bereits erbrachte Teilleistungen gerichtet sind, ist nur eine **logische Konsequenz** des beschränkten Anwendungsbereiches des § 103 (so auch *Linder* Vorleistungen in der Insolvenz S 60). **Praktische Bedeutung** hat die Spaltung des schuldnerischen Erfüllungsanspruches in Teilansprüche verschiedener Rechtsqualität indes nur dann, wenn der Schuldner seinen **Gegenleistungsanspruch** vor Insolvenzeröffnung **abgetreten** hat oder der Vertragspartner gegen den Anspruch der Masse mit einer Insolvenzforderung **aufrechnen** will (s u Rn 148 ff). Da sich eine vorinsolvenzliche Sicherungszession des Schuldners nicht auf Ansprüche erstreckt, die die Rechtsqualität einer originären Masseforderung besitzen und insoweit auch eine Aufrechnung ausgeschlossen ist (s u Rn 148 ff), sind in diesem Fall die vorinsolvenzlichen Leistungen des Schuldners und die nachinsolvenzlichen Leistungen des Insolvenzverwalters **gesondert abzurechnen**. Hat der Schuldner seinen Anspruch auf die Gegenleistung dagegen nicht abgetreten und steht dem Vertragspartner keine vor Eröffnung entstandene, zur Aufrechnung geeignete Gegenforderung zu, kann eine gesonderte Abrechnung unterbleiben. Der Vertragspartner schuldet dem Insolvenzverwalter die volle Gegenleistung, ohne dass die Rechtsqualität der einzelnen Forderungsteile von Bedeutung wäre.

145 Darüber hinaus wird durch die Erfüllungswahl des Insolvenzverwalters der Anspruch des Vertragspartners auf den bei Insolvenzeröffnung noch ausstehenden Rest der schuldnerischen Leistung gem § 55 Abs 1 Nr 2 Alt 1 von einer Insolvenzforderung zu einer **originären Masseverbindlichkeit** aufgewertet.

146 bb) Der Vertragspartner hat vor der Eröffnung des Insolvenzverfahrens teilweise geleistet, der Schuldner nicht. Auch in diesem Fall führt die mit Insolvenzeröffnung eintretende **Vertragsteilung** in einen dem Anwendungsbereich des § 103 unterfallenden und einen hiervon ausgenommenen Vertragsteil dazu, dass der Teilanspruch des Vertragspartners auf den seiner Vorleistung entsprechenden Teil der Gegenleistung von der Gestaltungswirkung des Erfüllungsverlangen nicht erfasst wird. Dieser Teilanspruch wird nicht zur Masseverbindlichkeit aufgewertet, sondern bleibt nach § 105 S 1 **Insolvenzforderung** (**BGH** 27. 2. 1997 – IX ZR 5/96 aaO). Der Vertragspartner hat aber die Möglichkeit, wegen der **Nichterfüllung** des auf die Vorleistung entfallenden Teilgegenleistungsanspruches einen Schadensersatzanspruch nach § 103 Abs 2 S 1 als Insolvenzforderung geltend zu machen (MüKo-*Kreft* § 103 Rn 49). Nur der Teilerfüllungsanspruch des Vertragspartners auf die anteilige Gegenleistung, die nicht Entgelt für seine vorinsolvenzliche Teilleistung ist, wird von einer Insolvenzforderung gem § 38 zu einer **originären Masseverbindlichkeit** nach § 55 Abs 1 Nr 2 Alt 1 aufgewertet. Damit wird auch der ursprüngliche Erfüllungsanspruch des Vertragspartners durch das Erfüllungsverlangen des Insolvenzverwalters in **zwei Teilerfüllungsansprüche unterschiedlicher Rechtsqualität gespalten**, nämlich in eine Insolvenzforderung und eine originäre Masseverbindlichkeit. Der Teilerfüllungsanspruch des Schuldners auf den noch nicht erbrachten Teil der gegnerischen Leistung erhält durch die Erfüllungswahl des Insolvenzverwalters die Rechtsqualität **einer originären Masseforderung**. Der Insolvenzverwalter kann den Teilgegenleistungsanspruch der Masse durchsetzen, ohne dass sich der andere Teil wegen seiner vorinsolvenzlichen Teilleistung, die nur mit einer Quote vergütet wird, auf ein Zurückbehaltungsrecht nach § 273 Abs 1 BGB oder § 320 BGB berufen könnte (**BGH** 7. 3. 2002 – IX ZR 457/99 –, Z 150, 138 = ZIP 2002, 858 = ZInsO 2002, 487 = NZI 2002, 380 = NJW 2002, 2313; **BGH** 20. 12. 2001 – IX ZR 401/99 –, Z 149, 326 = ZIP 2002, 309 = ZInsO 2002, 185 = NJW 2002, 1050; s auch o Rn 23).

147 cc) Beide Vertragsparteien haben im gleichen Umfang vorgeleistet: Die sich entsprechenden gegenseitigen Teilansprüche sind durch Erfüllung erloschen. Es gibt nur noch unerfüllte Teilansprüche, die zu originären Masseverbindlichkeiten und Masseforderungen aufgewertet werden.

148 dd) Die eine Partei hat mehr geleistet als die andere: Der Umfang des von der Regelung des § 103 ausgenommenen und damit auch nicht von der Gestaltungswirkung der Erfüllungswahl erfassten Vertragsteils bestimmt sich nach dem Erfüllungsanspruch derjenigen Vertragspartei, die im Zeitpunkt der Insolvenzeröffnung **den größeren Teil der vertraglichen Leistung** erbracht hat (s o Rn 20). Hat beispielsweise der Schuldner die größere Vorleistung erbracht, wird nur dessen Teilanspruch auf die anteilige Gegenleistung für die noch nicht vom ihm erbrachte Leistung zu einer originären Masseforderung. Zu einer originären Masseverbindlichkeit wird nur der Teilanspruch des Vertragspartners auf die restliche Leistung des Schuldners/des Insolvenzverwalters im Umfang der Differenz zwischen der vom Schuldner bereits erbrachten und der vollständigen Leistung.

149 f) **Rechte Dritter**. Hat der Schuldner seinen Anspruch auf die Gegenleistung für eine von ihm **noch nicht erbrachte Leistung** an einen Dritten abgetreten, so verliert die vorinsolvenzliche Zession des Schuldners **mit der Erfüllungswahl des Insolvenzverwalters** nach § 103 Abs 1 ihre Wirkung (**BGH** 25. 4. 2002 – IX ZR 313/99, Z 150, 353 = ZIP 2002, 1093 = ZInsO 2002, 577 = NZI 2002, 375 = NJW 2002, 2783; **BGH** 9. 3. 2006 – IX ZR 55/04 –, ZIP 2006, 859 = ZInsO 2006, 429 = NZI 2006, 350; **BGH** 29. 11. 2007 – IX ZR 165/05, ZIP 2008, 372 = ZInsO 2008, 209 = NZI 2008, 236). Handelt es sich um eine Sicherungszession, entfällt damit zugleich das **Absonderungsrecht** des Zessionars an dem Gegenleistungsanspruch des Schuldners. Dies ergibt sich aus **Sinn und Zweck des § 103**. Danach ist die Masse in Höhe ihrer Leistungen zu entgelten. Macht der Insolvenzverwalter eine abgetretene Forderung mit **Mitteln der Masse** werthaltig, gebührt die entsprechende Gegenleistung der Masse und nicht dem Zessionar (**BGH** 4. 5. 1995 – IX ZR 256/93, Z 129, 336 = ZIP 1995, 926, NJW 1995, 1966). **Dogmatisch begründet** wird dieses Ergebnis nach der Rechtsprechungsänderung des BGH mit der Gestaltungswirkung der Erfüllungswahl. Der Qualitätssprung zu einer **originären Masseforderung** macht den Erfüllungsanspruch des Schuldners **insolvenzrechtlich** zu einem **neuen Anspruch der Masse** gegen den Vertragspartner (s o Rn 132). Hierüber kann der Schuldner nicht durch Abtretung verfügen (**BGH** 9. 3. 2006 – IX ZR 55/04 aaO; **BGH** 25. 4. 2002 – IX ZR 313/99 aaO; HaKo-*Ahrendt* § 103 Rn 33; *Hess* § 103 Rn 162). Unter der Erlöschens- und Neubegründungstheorie nahm der BGH noch an, die Abtretung scheitere an § 15 S 1 KO, der dem jetzigen § 91 Abs 1 entspricht (**BGH** 4. 5. 1995 – IX ZR 256/93, Z 129, 336 = ZIP 1995, 926, NJW 1995, 1966; **BGH** 20. 12. 1988 – IX ZR 50/88, Z 106, 236 = ZIP 1989, 171 = NJW 1989,

1282, so auch noch MüKo-*Kreft* § 103 Rn 3, 41; BerlKo-*Blersch* § 103 Rn 101; Graf-Schlicker/*Breitenbücher* § 103 Rn 20). Auf dem Boden der Suspensivtheorie scheint der BGH die Unwirksamkeit der Sicherungszession im Wege einer teleologischen Auslegung unmittelbar aus § 103 Abs 1 abzuleiten (**BGH** 25. 4. 2002 – IX ZR 313/99 aaO) und die Norm damit als **eigenständigen Unwirksamkeitstatbestand** zu begreifen (so auch *Christiansen* KTS 2003, 549 [558]).

Hat der **Schuldner** vorgeleistet, bewirkt die Erfüllungswahl des Insolvenzverwalters eine Spaltung des schuldnerischen Gegenleistungsanspruches in **zwei selbständige Teilansprüche unterschiedlicher Rechtsqualität** (s o Rn 143). Der auf das anteilige Entgelt für die vorinsolvenzliche Teilleistung des Schuldners gerichtete Teilerfüllungsanspruch kann **wirksam abgetreten** werden (**BGH** 25. 4. 2002 – IX ZR 313/99 aaO). Er wird von der Gestaltungswirkung der Erfüllungswahl nicht erfasst und bleibt daher als vor Insolvenzeröffnung entstandener Anspruch bestehen (s o Rn 143). Im Fall der Sicherungszession wird das ursprünglich auf den gesamten Erfüllungsanspruch des Schuldners bezogene **Absonderungsrecht des Zessionars** geteilt. Der Insolvenzverwalter hat mithin nur den anteiligen Erlös für die vorinsolvenzliche Teilleistung des Schuldners nach Abzug der Kostenbeiträge gem § 170 Abs 1 S 2 an den Zessionar abzuführen. Der Teil des schuldnerischen Erfüllungsanspruches, der auf das anteilige Entgelt für die im Zeitpunkt der Insolvenzeröffnung noch ausstehende Leistung des Schuldners gerichtet ist, wird hingegen in den Rang einer **originären Masseforderung** erhoben. Die vorinsolvenzliche Sicherungszession des Schuldners verliert insoweit **mit der Erfüllungswahl des Insolvenzverwalters** nach § 103 Abs 1 ihre Wirkung (**BGH** 9. 3. 2006 – IX ZR 55/04 aaO; **BGH** 25. 4. 2002 – IX ZR 313/99 aaO).

Die **Beweislast** für den Umfang der vorinsolvenzlichen Teilleistung des Schuldners trägt der Zessionar. Besitzt der Zessionar keine nähere Kenntnis der maßgebenden Tatsachen, kann den Insolvenzverwalter eine **gesteigerte Substantiierungslast** treffen, sofern dieser mit den Verhältnissen des Schuldners vertraut ist und sich Auskunft verschaffen kann (**BGH** 25. 4. 2002 – IX ZR 313/99 aaO).

g) **Aufrechnung des Vertragspartners.** Ob der Vertragspartner nach der Erfüllungswahl des Insolvenzverwalters eine Insolvenzforderung gegen den Gegenleistungsanspruch der Masse aus dem zwischen dem Schuldner und dem Vertragspartner vor der Eröffnung geschlossenen Vertrag aufrechnen kann, hängt nach der Rechtsprechung des BGH von der **Rechtsqualität der Hauptforderung** ab. Es gelten insoweit die gleichen Grundsätze wie für die Abtretung (s o Rn 148 f). Der Vertragspartner kann lediglich gegen einen **vor Insolvenzeröffnung entstandenen Anspruch** des Schuldners aufrechnen (**BGH** 4. 5. 1995 – IX ZR 256/93, Z 129, 336 = ZIP 1995, 926, NJW 1995, 1966). Gegen eine **originäre Masseforderung** ist dem Vertragspartner die Aufrechnung hingegen versagt (**BGH** 20. 10. 2005 – IX ZR 145/04, ZIP 2005, 2267 = ZInsO 2005, 1322 = NZI 2006, 97). Ob sich die Unzulässigkeit der Aufrechnung aus § 96 Abs 1 Nr 1 (MüKo-*Kreft* § 103 Rn 3, 41; MüKo-*Brandes* § 96 Rn 11; BerlKo-*Blersch* § 103 Rn 101; Graf-Schlicker/*Breitenbücher* § 103 Rn 20; HaKo-*Ahrendt* § 103 Rn 33) oder einer an Sinn und Zweck des Verwalterwahlrechtes ausgerichteten teleologischen Auslegung des § 103 Abs 1 ergibt, ist seit der Rechtsprechungsänderung des BGH unklar. Während der BGH auf dem Boden der Erlöschenstheorie noch ausdrücklich auf § 55 S 1 Nr 1 KO (§ 96 Abs 1 Nr 1) verwies (**BGH** 22. 2. 2001 – IX ZR 191/98, Z 147, 28 = ZIP 2001, 1380 = ZInsO 2001, 708; **BGH** 4. 5. 1995 – IX ZR 256/93 aaO), wird die Vorschrift in den neueren Entscheidungen nach 2002 nicht mehr explizit genannt (so in **BGH** 20. 10. 2005 – IX ZR 145/04). Der Gegenleistungsanspruch der Masse wird wegen der durch die Erfüllungswahl bewirkten Qualitätsänderung insolvenzrechtlich wie ein nach Insolvenzeröffnung entstandener Anspruch behandelt. § 96 Abs 1 Nr 1 ist vom Wortlaut daher einschlägig, verlangt man nicht, dass die Hauptforderung nach der Eröffnung des Insolvenzverfahrens auch **materiellrechtlich** neu entstanden sein muss. Da der BGH scheint aber in den **Zessionsfällen** § 103 Abs 1 als eigenen Unwirksamkeitstatbestand zu begreifen (s o Rn 148), so dass einiges dafür spricht, auch die Unzulässigkeit der Aufrechnung unmittelbar aus § 103 Abs 1 abzuleiten.

Hat der Schuldner **vorgeleistet**, kann der Vertragspartner gegen den Anspruch der Masse auf die anteilige Gegenleistung mit einer Insolvenzforderung aufrechnen. (**BGH** 25. 4. 2002 – IX ZR 313/99 aaO; **BGH** 18. 10. 2001 – IX ZR 493/00 aaO; **BGH** 27. 2. 1997 – IX ZR 5/96, Z 135, 25–30 = ZIP 1997, 688; **BGH** 4. 5. 1995 – IX ZR 256/93 aaO). Die Masse hat für die Gegenleistung keine Aufwendungen mehr zu erbringen, so dass es nicht geboten ist, sie auch insoweit vor einer Aufrechnung des Vertragspartners mit Insolvenzforderungen zu schützen (**BGH** 22. 2. 2001 – IX ZR 191/98 aaO; **BGH** 4. 5. 1995 – IX ZR 256/93 aaO). Der Teil des schuldnerischen Anspruches, der auf die Gegenleistung für die mit Mitteln der Masse noch zu erbringende Leistung gerichtet ist, wird durch die Erfüllungswahl des Insolvenzverwalters hingegen zu einer originären Masseforderung aufgewertet. Die Aufrechnung mit einer Insolvenzforderung ist aus den o g Gründen unzulässig.

IX. Erfüllungsablehnung

1. **Erklärung des Insolvenzverwalters.** Die Erfüllungsablehnung des Insolvenzverwalters hat **rechtsgestaltende Wirkung** (s u Rn 156). Es handelt sich daher um eine **einseitige empfangsbedürftige Willenserklärung**, die wirksam wird, sobald sie dem Vertragspartner zugeht und nach Zugang **unwiderruflich** ist (**BGH** 1. 3. 2007 – IX ZR 81/05, ZIP 2007, 778 = NJW 2007, 1594; MüKo-*Huber* § 103 Rn 167).

Da das Gesetz keine bestimmte Form der Erfüllungsablehnung vorschreibt, kann die auf Erfüllungsablehnung gerichtete Erklärung auch **konkludent** erfolgen. Für die **Auslegung** gelten die allgemeinen Regeln der §§ 133, 157 BGB (s o Rn 114). Eine Erfüllungsablehnung ist beispielsweise anzunehmen, wenn der Insolvenzverwalter erklärt, keine Leistungen aus der Masse erbringen oder nicht in den Vertrag eintreten zu wollen. Auch eine Kündigung des Vertrages wird man als Erfüllungsablehnung werten müssen.

155 **2. Unterlassene Wahlrechtsausübung trotz Aufforderung.** Erklärt sich der Insolvenzverwalter nach einer Aufforderung des anderen Teils zur Wahlrechtsausübung gem § 103 Abs 2 S 2 nicht, nicht unverzüglich oder nicht in der gebotenen Form, dh ohne Einschränkungen oder Vorbehalte, so verliert er nach § 103 Abs 2 S 3 mit Ablauf der Erklärungsfrist das Recht, die Erfüllung des Vertrages zu verlangen (Einzelheiten s o Rn 125). Die unterlassene Wahlrechtsausübung wirkt damit im Ergebnis wie eine **ausdrückliche Erfüllungsablehnung**.

156 **3. Unzulässige Rechtsausübung.** Da der Insolvenzverwalter mit der Erfüllungsablehnung lediglich **deklaratorisch** zum Ausdruck bringt, dass es bei den mit der Verfahrenseröffnung eingetretenen insolvenzrechtlichen Folgen verbleiben soll und eine Verpflichtung zur Erfüllungswahl nicht besteht, sind kaum Fälle denkbar, in denen die Erfüllungsablehnung gegen Treu und Glauben verstoßen könnte (**BGH** 23. 10. 2003 – IX ZR 165/02, ZIP 2003, 2379 = NZI 2004, 214; HK-*Marotzke* § 103 Rn 73; MüKo-*Huber* § 103 Rn 203). Das gilt selbst dann, wenn der Insolvenzverwalter dem Vertrag als vorläufiger Insolvenzverwalter zugestimmt hat (**LG Köln** 16. 3. 1988 – 10 O 347/87, ZIP 1988, 931; MüKo-*Huber* § 103 Rn 203), der Vertragspartner den Vertrag fast vollständig erfüllt hat (**OLG Dresden** 24. 1. 2002 – 13 U 2215/01, ZIP 2002, 815; HK-*Marotzke* § 103 Rn 73) oder der Insolvenzverwalter die Erfüllung des Vertrages erst Jahre nach Eröffnung ablehnt. Wählt der Insolvenzverwalter nicht die Erfüllung des Vertrages, obwohl eine solche günstiger gewesen wäre, muss die Masse die Wahl des Verwalters allerdings mit allen Vor- und Nachteilen gegen sich gelten lassen. Einen **Grundsatz der Meistbegünstigung** der Masse gibt es nicht (**BGH** 27. 5. 2003 – IX ZR 51/02, Z 155, 87 = ZIP 2003, 1208 = ZInsO 2003, 607 = NZI 2003, 491 = NJW 2003, 2744).

157 **4. Rechtsfolgen der Erfüllungsablehnung. a) Keine Vertragspartei hat vorgeleistet.** Lehnt der Insolvenzverwalter die Vertragserfüllung ab, **verliert er das Recht**, nach § 103 Abs 1 die **Erfüllung des Vertrages zu verlangen** (BGH 29. 1. 1987 – IX ZR 205/85 –, ZIP 1987, 304 = NJW 1987, 1702; K/P/B/*Tintelnot* § 103 Rn 73; BerlKo-*Blersch* § 103 Rn 103; MüKo-*Brandes* § 95 Rn 17). Dieser Rechtsverlust ist **unwiderruflich** und tritt mit dem Zugang der Ablehnungserklärung ein (MüKo-*Huber* § 103 Rn 167; HK-*Marotzke* § 103 Rn 45; Graf-Schlicker/*Breitenbücher* § 103 Rn 26). Die Erfüllungsablehnung hat also insoweit **rechtsgestaltende Wirkung**, als mit ihr das Erfüllungswahlrecht des Verwalters nach § 103 Abs 1 **erlischt** (HK-*Marotzke* § 103 Rn 45; K/P/B/*Tintelnot* § 103 Rn 10; aA Jaeger/*Henckel* § 17 KO Rn 152). Folge ist, dass die gegenseitigen Erfüllungsansprüche für die Dauer des Insolvenzverfahrens mangels Möglichkeit der Erfüllungswahl endgültig **undurchsetzbar bleiben** (BGH Urt v 27. 5. 2003 – IX ZR 51/02, NJW 2003, 2744; *Fischer* NZI 2002, 281). Der gegenseitige Vertrag kann im außerinsolvenzlichen Verfahren nur noch insolvenzmäßig abgewickelt werden (BGH 27. 5. 2003 – IX ZR 51/02 aaO; MüKo-*Kreft* § 103 Rn 13). **Materiell-rechtlich** lässt die Erfüllungsablehnung den Vertrag – ebenso wie die Verfahrenseröffnung – unberührt. Sie hat weder Einfluss auf Bestand noch Inhalt der gegenseitigen Hauptleistungsansprüche. Auch auf **vertraglich eingeräumte Kündigungs- oder Rücktrittsrechte** ist die Erfüllungsablehnung des Insolvenzverwalters ohne Einfluss (BGH 17. 11. 2005 – IX ZR 162/04, ZIP 2006, 87 = ZInsO 2006, 35 = NZI 2006, 229 = NJW 2006, 915). Entscheidend ist allein, ob die vertraglichen Voraussetzungen für die Kündigung oder den Rücktritt vorliegen. Ist dem Vertragspartner ein außerordentliches Kündigungsrecht bei Vorliegen eines wichtigen Grundes vertraglich eingeräumt, berechtigt ihn die Erfüllungsablehnung des Insolvenzverwalters zur fristlosen Kündigung, weil ihm ein Festhalten am Vertrag bei dieser Fallgestaltung in der Regel nicht zumutbar ist (BGH 17. 11. 2005 – IX ZR 162/04 aaO). Mangels materiell-rechtlicher Auswirkungen auf den Vertrag kann der Insolvenzverwalter durch die Ablehnung der Vertragserfüllung einen **aufschiebend bedingten Rechtserwerb** nach Insolvenzeröffnung nicht verhindern (BGH 17. 11. 2005 – IX ZR 162/04 aaO). Der Insolvenzverwalter bringt mit ihr lediglich **deklaratorisch** zum Ausdruck, dass es bei den mit der Verfahrenseröffnung eingetretenen insolvenzrechtlichen Folgen, also dem Durchsetzbarkeitsverlust der gegenseitigen Primäransprüche, bleiben soll und er auch nicht beabsichtigt, hieran etwas durch Erfüllungswahl zu ändern (BGH 25. 4. 2002 – IX ZR 313/99 aaO; BGH 27. 5. 2003 – IX ZR 51/02 aaO; MüKo-*Kreft* § 103 Rn 15; Gottwald/*Huber* InsHdB § 35 Rn 26; FK-*Wegener* § 103 Rn 76a; Jaeger/*Henckel* § 17 KO Rn 149). Für den Vertragspartner steht damit endgültig fest, dass er aus der Masse keine Erfüllung verlangen kann und die Masse nicht von ihm. Der mit Eröffnung eingetretene Schwebezustand ist beendet.

158 Mit der **Erfüllungsablehnung des Insolvenzverwalters** tritt für die Dauer des Insolvenzverfahrens neben den fortbestehenden, aber nicht durchsetzbaren Erfüllungsanspruch des Vertragspartners dessen **Berechtigung**, eine Forderung wegen Nichterfüllung des Vertrages gem § 103 Abs 2 S 1 geltend zu ma-

IX. Erfüllungsablehnung **§ 103**

chen. Im bürgerlichen Recht spricht man bei einem Nebeneinander von Erfüllungs- und Schadensersatzberechtigung, wie sie beispielsweise eintritt, wenn die Tatbestandsvoraussetzungen des § 281 Abs 1 S 1 BGB erfüllt sind, von elektiver Konkurrenz (Palandt/*Heinrichs* § 281 Rn 50) oder einem verhaltenen Schadensersatzanspruch (MüKoBGB-*Ernst* § 281 Rn 68). Der Gläubiger ist nur Inhaber eines Anspruchs. Dieser ist vor der Geltendmachung des Schadensersatzanspruches auf Erfüllung, danach auf Schadensersatz gerichtet. Wie im Fall des § 281 BGB hat der Vertragspartner auch im eröffneten Verfahren nach der Erfüllungsablehnung des Insolvenzverwalters die Wahl, an dem Erfüllungsanspruch gegen den Schuldner festzuhalten – diesen kann er allerdings erst mit Wiedereintritt der Durchsetzbarkeit nach Beendigung des Verfahrens verfolgen – oder aber durch Geltendmachung einer Insolvenzforderung wegen Nichterfüllung des Vertrages gem § 103 Abs 2 S 1 gegenüber dem Insolvenzverwalter vom Erfüllungsanspruch zum Schadensersatz überzugehen (MüKo-*Kreft* § 103 Rn 22). Den Erfüllungsanspruch selbst kann er wegen der dem Insolvenzverwalter zustehenden Nichterfüllungseinrede gem § 320 BGB hingegen auch nach der Erfüllungsablehnung des Verwalters nicht zur Insolvenztabelle anmelden (s o Rn 13; aA *Marotzke* 5.33).

Entscheidet sich der Vertragsgegner dafür, den **Erfüllungsanspruch weiter zu verfolgen** und verzichtet **159** er daher darauf, mit seiner Nichterfüllungsforderung am Insolvenzverfahren teilzunehmen, bleibt der Vertrag in der Lage bestehen, in der er sich bei Insolvenzeröffnung befand. Die gegenseitigen Primäransprüche, die das ganze Insolvenzverfahren über unverändert materiell-rechtlich fortbestehen, werden mit der Beendigung des Verfahrens wieder durchsetzbar. Der Vertrag kann in der Folge mit dem Schuldner wieder so abgewickelt werden, als sei es nie zu einem Insolvenzverfahren gekommen, falls sich keine Hindernisse aus materiellem Recht, einem Insolvenzplan, einer Restschuldbefreiung des Schuldners oder einer Vollabwicklung der Schuldner-Gesellschaft ergeben (MüKo-*Kreft* § 103 Rn 18; Graf-Schlicker/*Breitenbücher* § 103 Rn 27; Jaeger/*Henckel* § 17 KO Rn 160).

Steht fest, dass der Insolvenzverwalter **nicht die Erfüllung des Vertrages wählt**, weil das Erfüllungs- **160** wahlrecht des Insolvenzverwalters durch die Gestaltungswirkung der Erfüllungsablehnung oder nach § 103 Abs 2 S 3 erloschen ist, hat der Vertragspartner die **Möglichkeit**, den Schaden, der ihm durch die Nichterfüllung des Vertrages entstanden ist, als Erfüllungsforderung gem § 103 Abs 2 S 1 zur Insolvenztabelle anzumelden (MüKo-*Kreft* § 103 Rn 22). Steht die Nichterfüllung des Vertrages dagegen noch nicht im vg Sinn fest, ist auch noch keine Berechtigung des Vertragspartners entstanden, Schadensersatz wegen Nichterfüllung des Vertrages zu verlangen (BGH 23. 10. 2003 – IX ZR 165/02, ZIP 2003, 2379 = ZInsO 2003, 1138 = NZI 2004, 214). Er kann deshalb auch noch keine Nichterfüllungsforderung zur Tabelle anmelden (aA MüKo-*Huber* § 103 Rn 183). Zumindest führt die Forderungsanmeldung mangels Schadensersatzberechtigung nicht zur Umgestaltung des Vertragsverhältnisses. Hierin liegt aber die konkludente Aufforderung an Insolvenzverwalter zur Wahlrechtsausübung (s o Rn 127). Erklärt dieser daraufhin die Nichterfüllung, muss der Vertragspartner seine Nichterfüllungsforderung erneut zur Tabelle anmelden, will er vom Primäranspruch zum Sekundäranspruch übergehen.

Durch die Forderungsanmeldung gem § 174 Abs 1 S 1 wird das Vertragsverhältnis **materiell-rechtlich** **161** **umgestaltet** (BFH 23. 11. 2006 – II R 38/05, ZIP 2007, 976). Die gegenseitigen Erfüllungsansprüche **erlöschen**. An deren Stelle tritt der einseitige Anspruch des Vertragspartners wegen Nichterfüllung (MüKo-*Kreft* § 103 Rn 22; MüKo-*Huber* § 103 Rn 176; Gottwald/*Huber* InsHdB § 34 Rn 26; BerlKo-*Blersch* § 103 Rn 107; Graf-Schlicker/*Breitenbücher* § 103 Rn 27; *Prahl* ZInsO 2005, 568; Jaeger/*Henckel* § 17 KO Rn 161; wohl auch MüKo-*Brandes* § 95 Rn 17). Der Vertragsgegner kann den Schuldner mithin auch nach der Beendigung des Insolvenzverfahrens nicht mehr auf Erfüllung in Anspruch nehmen.

Noch ungeklärt ist, ob das Vertragsverhältnis durch die Forderungsanmeldung **dauerhaft umgestaltet** **162** wird oder ob eine Bindung des Vertragspartners an die Umwandlung des Vertrages erst zu einem späteren Zeitpunkt, beispielsweise mit Feststellung der Forderung gem § 178 Abs 1 (so Jaeger/*Henckel* § 17 KO Rn 161; *Dobler* Die übertragene Anwartschaft in der Insolvenz Rn 158) oder Empfangnahme der ersten Abschlagszahlung (so HK-*Marotzke* § 103 Rn 47) eintritt. Der Vertragspartner kann seine Forderungsanmeldung bis zur Feststellung des Anspruchs zwar zurücknehmen. Dadurch leben aber die mit der Forderungsanmeldung bereits erloschenen Erfüllungsansprüche nicht wieder auf. Es ist schon dogmatisch nicht zu begründen, wie der Vertragsgegner nach Rücknahme der Forderungsanmeldung trotz Umgestaltung des Vertrages auf seinen ursprünglichen Erfüllungsanspruch soll zurückgreifen können (so aber Jaeger/*Henckel* § 17 KO Rn 161). Auch wenn der Insolvenzverwalter die Erfüllung des Vertrages abgelehnt hat, bedeutet dies nicht, dass der **Schuldner** nun seinerseits Erfüllung des Vertrages verlangen könnte (HK-*Marotzke* § 103 Rn 46; Jaeger/*Henckel* § 17 KO Rn 154). Die Erfüllungsablehnung hat nicht die Wirkung einer **Freigabeerklärung**. Gleichwohl ist eine Durchführung des Vertrages im gegenseitigen Einvernehmen zwischen Schuldner und dem anderen Teil möglich, sofern der Schuldner die ihm obliegende Leistung aus dem insolvenzfreien Vermögen erbringt.

b) Eine oder beide Vertragsparteien haben teilweise vorgeleistet. Da § 103 auf den bei Verfahrenser- **163** öffnung **bereits erfüllten Vertragsteil** keine Anwendung findet (s o Rn 15), ist die Erfüllungsablehnung des Insolvenzverwalters für diesen **ohne Bedeutung**. Hat der Schuldner vorgeleistet, kann die anteilige Entgeltforderung vom Verwalter gem § 80 Abs 1 zur Masse gezogen werden. War es der Vertragspartner, der vorgeleistet hat, kann er seinen Erfüllungsanspruch auf die anteilige Gegenleistung zur Insolvenztabelle anmelden (§ 105 S 1).

164 Nur für den bei Insolvenzeröffnung noch **unerfüllten Vertragsteil** gelten die o g Grundsätze (s o Rn 156 ff). Allein die gegenseitigen (Teil-)Ansprüche auf **weitere** Erfüllung bleiben nach der Erfüllungsablehnung des Insolvenzverwalters für die Dauer des Verfahrens endgültig suspendiert. Der Vertragspartner kann lediglich eine Forderung wegen **teilweiser** Nichterfüllung des Vertrages gem § 103 Abs 2 S 1 zur Insolvenztabelle anmelden mit der Folge, dass nur der **bei Eröffnung noch unerfüllte Vertragsteil** umgestaltet wird und auch nur die **noch offenen Teil-Erfüllungsansprüche** zu einem einseitigen Schadensersatzanspruch saldiert werden (*Prahl* ZInsO 2005, 568).

165 **5. Forderung wegen Nichterfüllung.** § 103 Abs 2 S 1 gewährt dem Vertragspartner eine Insolvenzforderung wegen Nichterfüllung für den Fall, dass der Insolvenzverwalter nicht die Erfüllung des Vertrages wählt.

166 **a) Rechtsnatur.** Obwohl § 103 Abs 2 S 1 ausdrücklich nur von einer „Forderung wegen Nichterfüllung" spricht, ist allgemein anerkannt, dass es sich hierbei um einen **Schadensersatzanspruch** handelt (**BGH** 16. 1. 1986 – VII ZR 138/85, NJW 1986, 1176 = ZIP 1986, 382; FK-*Wegener* § 103 Rn 82; N/R/*Balthasar* § 103 Rn 61; krit K/P/B/*Tintelnot* § 103 Rn 98; *Marotzke* 5.14 ff). Umstritten ist hingegen die dogmatische Grundlage (zum Meinungsstand ausf *Marotzke* 5.14 ff). Einige halten die Nichterfüllungsforderung für eine spezifische Ausprägung insolvenzrechtlicher Vorschriften und sehen die Anspruchsgrundlage in § 103 Abs 2 S 1 selbst (K/P/B/*Tintelnot* § 103 Rn 98) oder allgemeinen insolvenzrechtlichen Grundsätzen (Jaeger/*Henckel* § 17 KO Rn 171 mwN). Überwiegend wird der Schadensersatzanspruch jedoch aus dem Leistungsstörungsrecht des BGB abgeleitet und als Schadensersatz wegen nachträglicher Unmöglichkeit gem §§ 280 Abs 1, 3, 283 BGB, als Schadensersatz wegen Schuldnerverzug gem §§ 280 Abs 1, 3, 281 BGB oder als Schadensersatz wegen Verletzung der Leistungstreupflicht (sog pVV) qualifiziert (**BGH** 8. 11. 1961 – VIII ZR 149/60, NJW 1962, 153; **BGH** 5. 5. 1977 – VII ZR 85/76, NJW 1977, 1345; *Hess* § 103 Rn 192; K/U § 17 KO Rn 37 mwN). Da über den Inhalt des Schadensersatzanspruches weitgehend Einigkeit besteht, lässt der BGH die Rechtsgrundlage mangels praktischer Auswirkungen offen (**BGH** 5. 5. 1977 – VII ZR 85/76 aaO; **BGH** 16. 1. 1986 – VII ZR 138/85, NJW 1986, 1176 = ZIP 1986, 382; BGH 29. 1. 1987 – IX ZR 205/85, ZIP 1987, 304 = NJW 1987, 1702; so auch MüKo-*Huber* § 103 Rn 184; N/R/*Balthasar* § 103 Rn 61; *Pape* KS-InsO S 531, 553 Rn 31 in Fn 115; *Smid* § 103 Rn 52).

167 **b) Anspruchsinhalt.** Nach hM richtet sich der Inhalt der Nichterfüllungsforderung nach den Grundsätzen, die für den Schadensersatz im bürgerlichen Recht gelten (Jaeger/*Henckel* § 17 KO Rn 171). Die Forderung des Vertragspartners wegen Nichterfüllung ist ebenso wie der Anspruch auf Schadensersatz statt der Leistung gem §§ 280 Abs 1, 3, 281–283 BGB auf Ersatz des **positiven Interesses** gerichtet (**BGH** 26. 10. 2000 – IX ZR 227/99; ZIP 2001, 31 = ZInsO 2001, 71 = NZI 2001, 85, mit Verweis auf **BGH** 24. 9. 1999 – V ZR 71/99, NJW 1999, 3625; Gottwald/*Huber* InsHdB § 35 Rn 33; *Smid* § 103 Rn 52). Der Anspruch beinhaltet nicht nur Ausgleich für die vom Schuldner **nicht erbrachte Leistung**, sondern daneben auch Ersatz für **Vermögensfolgeschäden** (**BGH** 16. 1. 1986 – VII ZR 138/85, Z 96, 392 = NJW 1986, 1176 = ZIP 1986, 38). Hiervon umfasst ist nach vorherrschender Auffassung dagegen der Ersatz des **entgangenen Gewinnes** gemäß § 252 BGB, soweit sich dieser nicht schon aus dem Wertverhältnis der beiderseits versprochenen Leistungen ergibt (FK-*Wegener* § 103 Rn 82; K/P/B/*Tintelnot* § 103 Rn 98; N/R/*Balthasar* § 103 Rn 62; *Pape* KS-InsO S 531, 553 Rn 31; *Smid* § 103 Rn 54; HK-*Marotzke* § 103 Rn 48; *Häsemeyer* 20.22; aA OLG Frankfurt 10. 11. 1994 OLG-Report 1995, 101; MüKo-*Huber* § 103 Rn 11; Gottwald/*Huber* InsHdB § 35 Rn 34; H/W/W § 103 Rn 152; K/U § 17 KO Rn 37; Jaeger/*Henckel* § 17 KO Rn 177). Dem ist zuzustimmen. Der Insolvenzgläubiger, der vor Eröffnung bereits **vollständig geleistet** hat oder dessen Forderung **nicht auf einem gegenseitigen Vertrag** beruht, kann seinen vollen Nichterfüllungsschaden einschließlich des entgangenen Gewinnes nur dann als Insolvenzforderung zur Tabelle anmelden, wenn ihm zur Zeit der Verfahrenseröffnung ein entsprechender Schadensersatzanspruch nach materiellem Recht zugestanden hat. Für den Vertragsgläubiger, der die geschuldete Leistung vor Insolvenzeröffnung **noch nicht vollständig** erbracht hat, kann im Interesse der Gläubigergleichbehandlung nichts anderes gelten. Auch dieser kann das volle positive Interesse nur dann zur Insolvenztabelle anmelden, wenn der Tatbestand eines auf diese Rechtsfolge gerichteten Schadensersatzanspruches, der sich vornehmlich aus dem BGB ergeben wird, zur Zeit der Verfahrenseröffnung bereits erfüllt war (K/P/B/*Tintelnot* § 103 Rn 99; N/R/*Balthasar* § 103 Rn 62; BerlKo-*Blersch* § 103 Rn 11).

168 Der Vertragspartner ist so zu stellen, wie er stünde, wenn der Schuldner/Insolvenzverwalter den Vertrag ordnungsgemäß erfüllt hätte (**BGH** 16. 1. 1986 – VII ZR 138/85 aaO; FK-*Wegener* § 103 Rn 82; Gottwald/*Huber* InsHdB § 35 Rn 33). Zur Ermittlung des Erfüllungsinteresses ist ein Gesamtvermögensvergleich anzustellen. Es ist die Vermögenslage, die bei ordnungsgemäßer Erfüllung des Vertrages eingetreten wäre, der Vermögenslage gegenüber zu stellen, die aufgrund der Nichterfüllung des Vertrages tatsächlich entstanden ist. Die Differenz beider Vermögenslagen ist der Gegenstand des Schadensersatzanspruches (**BGH** 26. 10. 2000 – IX ZR 227/99 aaO, MüKo-*Huber* § 103 Rn 185; HaKo-*Ahrendt* § 103 Rn 41; Gottwald/*Huber* InsHdB § 35 Rn 33).

IX. Erfüllungsablehnung **§ 103**

Mit der **Geltendmachung** des Schadensersatzanspruches wandelt sich das Vertragsverhältnis in der 169 Weise um, dass an die Stelle der beiderseitigen Hauptleistungspflichten ein einseitiges **Abrechnungsverhältnis** tritt. In dieses Abrechnungsverhältnis werden **sämtliche Ansprüche** der Parteien **aus dem umgestalteten Vertrag** als **unselbständige Rechnungsposten** eingestellt (BGH 16. 1. 1986 – VII ZR 138/85 aaO; **BGH** 26. 10. 2000 – IX ZR 227/99 aaO; **OLG** Düsseldorf 26. 2. 1985 BauR 1985, 693 = EWiR 1985, 499 [*Marotzke*]; N/R/*Balthasar* § 103 Rn 62; FK-*Wegener* § 103 Rn 82; HaKo-*Ahrendt* § 103 Rn 39, ausf *Jaeger/Henckel* § 17 KO Rn 174 ff). Die beiderseitigen Ansprüche verlieren dadurch ihre Selbständigkeit. Sie werden kapitalisiert und zu einer einseitigen Geldforderung saldiert. Diese Verrechnung ist **keine Aufrechnung**. Der Anspruch des Vertragspartners vermindert sich vielmehr „ipso iure" um den Wert der massezugehörigen Forderung. Aufrechnungsverbote greifen nicht. Ergibt der Saldo einen **Differenzbetrag zugunsten des Vertragspartners**, so ist dieser Betrag als Nichterfüllungsschaden nach § 174 Abs 1 **zur Insolvenztabelle anzumelden**. Verbleibt nach der Saldierung ein Überschuss zugunsten **der Insolvenzmasse**, steht dem Insolvenzverwalter ein **Kondiktionsanspruch** nach § 812 Abs 1 S 2 Alt 1 BGB zu (**BGH** 5. 5. 1977 – VII ZR 85/76, Z 68, 379 = NJW 1977, 1345; **BGH** 20. 12. 1988 – IX ZR 50/88, Z 106, 236, ZIP 1989, 171 = NJW 1989, 1282; **BGH** 26. 10. 2000 – IX ZR 227/99 aaO). Gegen diesen Bereicherungsanspruch kann der Vertragspartner mit einer Forderung aus einem anderen Schuldverhältnis mit dem Insolvenzschuldner **nicht aufrechnen** (HaKo-*Ahrendt* § 103 Rn 43, Gottwald/*Gottwald* InsHdB § 45 Rn 52). Der Bereicherungsanspruch entsteht mit Wegfall des Rechtsgrundes infolge der Vertragsumgestaltung und dem damit verbundenen Erlöschen der gegenseitigen Erfüllungsansprüche, also nach Eröffnung. Die Aufrechnung ist folglich nach § 96 Abs 1 Nr 1 ausgeschlossen.

Hat der Schuldner die ihm obliegende Leistung vor der Eröffnung des Insolvenzverfahrens **zum Teil** 170 **erbracht**, der Insolvenzverwalter die weitere Erfüllung des Vertrages aber abgelehnt, so ging die Rechtsprechung bislang davon aus, dass der Verwalter das Entgelt für die vorinsolvenzliche Teilleistung des Schuldners nicht mehr selbständig geltend machen kann. Der Anspruch werde mit der Umgestaltung des Vertragsverhältnisses zu einem unselbständigen Rechnungsposten innerhalb des an die Stelle des Vertrages getretenen Abrechnungsverhältnisses, so dass gesetzliche Aufrechnungsverbote keine Anwendung finden. Nur wenn der Wert der schuldnerischen Vorleistung den Schaden des Vertragsgegners übersteige, könne der Insolvenzverwalter etwas zur Masse verlangen. Ihm stehe dann ein Bereicherungsanspruch gem § 812 Abs 1 S 2 Alt 1 BGB zu (**BGH** 5. 5. 1977 – VII ZR 85/76, Z 68, 379 = NJW 1977, 1345; **BGH** 29. 1. 1987 – IX ZR 205/85, ZIP 1987, 304 = NJW 1987, 1702; **BGH** 20. 12. 1988 – IX ZR 50/88, Z 106, 236, ZIP 1989, 171 = NJW 1989, 1282; **BGH** 11. 3. 1997 – X ZR 146/94, NJW 1997, 3434 = ZIP 1997, 1072). Auch Gewährleistungsansprüche des Vertragspartners, die daraus resultieren, dass die vom Schuldner erbrachte Teilleistung mangelhaft war, sollen ihre Selbständigkeit verlieren und nur noch als Rechnungsposten innerhalb eines einheitlichen Schadensersatzanspruches zu berücksichtigen sein (**BGH** 16. 1. 1986 – VII ZR 138/85 –, Z 96, 392 = NJW 1986, 556; N/R/*Balthasar* § 103 Rn 62).

Ob an dieser Rechtsprechung festzuhalten ist (so *Hess* § 103 Rn 177; FK-*Wegener* § 103 Rn 78; 171 MüKo-*Huber* § 103 Rn 185; Gottwald/*Huber* InsHdB § 35 Rn 38; *Pape* KS-InsO S 531, 555 Rn 34), erscheint zweifelhaft (so auch BerlKo-*Blersch* § 103 Rn 113). Der gegenseitige Vertrag wird im Fall einer Vorleistung durch die Verfahrenseröffnung insolvenzrechtlich in **zwei rechtlich voneinander unabhängige Vertragsteile** aufgeteilt (s o Rn 16). Bezeichnet man den vom Verfahrenseröffnung einseitig erfüllten und damit dem Anwendungsbereich des § 103 entzogenen Vertragsteil mit „Vertrag 1" und den noch unerfüllten, also von § 103 erfassten Vertragsteil mit „Vertrag 2" (s hierzu o Rn 15), so entstammt der Anspruch der Masse auf das Entgelt für die vom Schuldner vor Eröffnung erbrachte Teilleistung dem „Vertrag 1". Dieser Anspruch kann nicht als unselbständiger Rechnungsposten in das Abrechnungsverhältnis eingestellt werden, das sich aus der Umgestaltung des „Vertrages 2" ergibt, da grundsätzlich nur Ansprüche aus **demselben Vertragsverhältnis** saldiert werden, nicht aber auch solche aus – zumindest bei insolvenzrechtlicher Betrachtung – **unterschiedlichen Verträgen**. Diese können nur unter Beachtung etwaiger **Aufrechnungsverbote** durch **Aufrechnung** zum Erlöschen gebracht werden. Der Anspruch der Masse auf das anteilige Entgelt für die vorinsolvenzliche Teilleistung des Schuldners und die Forderung des anderen Teils wegen teilweiser Nichterfüllung des Vertrages werden mithin **nicht** automatisch **miteinander verrechnet**. Eine Verrechnung ist im Übrigen auch im Hinblick auf die Entscheidung des für das private Baurecht zuständigen VII. Zivilsenates des BGH fraglich geworden. Dieser hat sich zumindest für den **Werkvertrag** mittlerweile von der **Verrechnung gelöst**. Ein solches Rechtsinstitut sei **nicht gesetzlich vorgesehen** für die Fälle, in denen sich nach der Gesetzeslage Werklohn und Anspruch wegen Nichterfüllung aufrechenbar gegenüberstehen. Vielmehr seien die vertraglichen und gesetzlichen Regelungen zur Aufrechnung und zu etwaigen Aufrechnungsverboten anzuwenden (**BGH** 23. 6. 2005 – VII ZR 197/03 aaO; hierzu *Kessen* BauR 2005, 1691). Ob der Vertragsgegner aufrechnen kann, ist noch nicht höchstrichterlich geklärt. Nach der hier vertretenen Auffassung ist eine Aufrechnung ausgeschlossen (s u Rn 180). Folge des Aufrechnungsausschlusses ist, dass der Vertragsgegner die vom Schuldner vor Insolvenzeröffnung erbrachte Teilleistung voll in die Masse vergüten muss, mit seiner Schadensersatzforderung aber auf eine Insolvenzquote verwiesen wird. Der BGH hat dieses Ergebnis als unangemessen bezeichnet (**BGH** 5. 5. 1977 – VII ZR 85/76 aaO). Allerdings war er seinerzeit auch noch der Auffassung, § 103 bezwecke vornehmlich den Schutz des Vertragspartners (s o Rn 1), so dass diese Entscheidung der hier vertretenen Auffassung nicht entgegenstehen dürfte.

172 Hat der **Vertragspartner** vorgeleistet, ist die vor Eröffnung erbrachte Teilleistung nicht als Nachteil im Rahmen der Saldierung zu Lasten der Insolvenzmasse zu berücksichtigen. Der Anspruch des Vertragsgegners auf die anteilige Gegenleistung ist nach § 105 S 1 lediglich Insolvenzforderung. Es besteht kein Grund, Forderungen, die ohne eine Saldierungsmöglichkeit Insolvenzforderungen wären, zu verdinglichen oder gar zu Masseforderungen zu erheben (**BGH** 2. 12. 2004 – IX ZR 200/03, NZI 2005, 157). Der Vertragspartner ist darauf verwiesen, den seiner Teilleistung entsprechenden Erfüllungsanspruch zur Insolvenztabelle anzumelden. Hat er einen über die erbrachte Teilleistung hinausgehenden Nachteil erlitten, kann er darüber hinaus eine Forderung wegen teilweiser Nichterfüllung des Vertrages zur Tabelle anmelden (MüKo-*Kreft* § 103 Rn 27).

173 c) **Berechnung.** Nach Bürgerlichem Recht hat der Gläubiger zur Schadensberechnung die Wahl zwischen Surrogations- und Differenzmethode. Im Rahmen des § 103 Abs 2 S 1 steht ihm lediglich die **strenge Differenzmethode** zur Verfügung, weil eine (weitere) Vertragsdurchführung nach Erfüllungsablehnung des Insolvenzverwalters nicht mehr in Betracht kommt. Dem Vertragspartner ist es nicht gestattet, der Masse eine Leistung aufzudrängen, die diese nicht haben will (**BGH** 13. 7. 1967 – II ZR 268/64, Z 48, 203; **BGH** 26. 10. 2000 – IX ZR 227/99; ZIP 2001, 31 = ZInsO 2001, 71 = NZI 2001, 85; Jaeger/*Henckel* § 17 KO Rn 173 K/U § 17 KO Rn 37; 281; MüKo-*Huber* § 103 Rn 191; N/R/ *Balthasar* § 103 Rn 63; aA HK-*Marotzke* § 103 Rn 48). Bei der Berechnung des Schadensersatzanspruches ist daher zu berücksichtigen, dass der Vertragspartner die vertraglich geschuldete Gegenleistung nicht mehr erbringen darf. Ihm steht von vornherein nur ein einseitiger Zahlungsanspruch auf den Wertunterschied zwischen seinem positiven Interesse (ohne entgangenem Gewinn) und der von ihm nicht erbrachten Gegenleistung zu. Ein etwaiges Mitverschulden des Vertragspartners gem § 254 BGB ist im Rahmen der Schadensbemessung zu berücksichtigen (**BGH** 7. 2. 1968 – VIII ZR 139/66, NJW 1968, 985; **BGH** 5. 5. 1977 – VII ZR 85/76, Z 68, 379 = NJW 1977, 1345; **BGH** 10. 5. 1978 – VIII ZR 152/77, NJW 1978, 2508; **BGH** 27. 5. 2003 – IX ZR 51/02 –, NJW 2003, 2744).

174 d) **Geltendmachung.** Noch nicht geklärt ist, wie der Vertragspartner seinen Nichterfüllungsschaden als Insolvenzgläubiger geltend zu machen hat. Grundsätzlich hat der andere Teil seine Nichterfüllungsforderung als Insolvenzgläubiger gem §§ 87, 174 zur Insolvenztabelle anzumelden (**BGH** 29. 6. 2006 – IX ZB 245/05 –, ZIP 2006, 1452 = ZInsO 2006, 824 = NZI 2006, 588; MüKo-*Kreft* § 103 Rn 22; MüKo-*Huber* § 103 Rn 193; *Fischer* NZI 2002, 281). Der BGH hat andererseits aber auch die Erklärung des Vertragspartners ausreichen lassen, er rechne mit Schadensersatzansprüchen wegen der Nichterfüllung des Vertrages auf (**BGH** 26. 10. 2000 – IX ZR 227/99; ZIP 2001, 31 = ZInsO 2001, 71 = NZI 2001, 85; *Schmitz* Bauinsolvenz Rn 192).

175 e) **Darlegungs- und Beweislast.** Der Vertragspartner hat darzulegen und zu beweisen, dass ihm durch die Nichterfüllung des Vertrages ein Schaden entstanden ist (**BGH** 26. 10. 2000 – IX ZR 227/99; ZIP 2001, 31 = ZInsO 2001, 71 = NZI 2001, 85). Der Anspruch ist nur dann schlüssig dargelegt, wenn der Vertragspartner vorträgt, wie sich sein Vermögen bei ordnungsgemäßer Vertragserfüllung durch den Schuldner/Insolvenzverwalter entwickelt hätte und dem die tatsächliche Vermögenslage aufgrund der Nichterfüllung gegenüberstellt. Erforderlich ist also ein **Gesamtvermögensvergleich.** Das Herausgreifen einzelner Positionen ergibt keine schlüssige Darstellung. Ohne eine umfassende Darstellung der rechtlichen und wirtschaftlichen Folgen, die sich aus der mangelnden Erfüllung des Vertrages ergeben haben, ist dem Insolvenzverwalter eine Feststellung der Nichterfüllungsforderung zur Tabelle nicht möglich (**BGH** 26. 10. 2000 – IX ZR 227/99 aaO).

176 f) **Verjährung.** Die Nichterfüllungsforderung des Vertragspartners verjährt innerhalb der für den Hauptleistungsanspruch geltenden Verjährungsfrist (**BGH** 13. 7. 1967 aaO; K/P/B/*Tintelnot* § 103 Rn 100; FK-*Wegener* § 103 Rn 87; HaKo-*Ahrendt* § 103 Rn 52; N/R/*Balthasar* § 103 Rn 64). Umstritten ist, wann die Verjährung beginnt. Nach § 199 Abs 1 Nr 1 BGB beginnt die Verjährung mit dem Schluss des Jahres, in dem der Anspruch **entstanden** ist, also erstmals geltend gemacht und notfalls im Wege der Klage durchgesetzt werden kann (MüKoBGB-*Grothe* § 199 Rn 5). Der Anspruch auf Schadensersatz statt der Leistung (§§ 280, 281 BGB) entsteht nach der Rechtsprechung nicht schon mit dem Erfüllungsanspruch, den er ersetzt, sondern erst wenn seine eigenen Voraussetzungen erfüllt sind (**BGH** 6. 6. 1999 – VIII ZR 149/98, Z 142, 36 = ZIP 1999, 1446 = NJW 1999, 2884; StaudingerBGB-*Peters* § 199 Rn 18). Diese Grundsätze dürften auch auf die Nichterfüllungsforderung nach § 103 Abs 2 S 1 anzuwenden sein, so dass es darauf ankommt, ab wann die Nichterfüllungsforderung für den Vertragspartner verfolgbar ist. Dies ist der Fall, wenn die Berechtigung entstanden ist, Schadensersatz wegen Nichterfüllung zu verlangen (s o Rn 157). Die Verjährung beginnt demnach mit Zugang der Ablehnungserklärung des Verwalters beim Vertragsgegner bzw. dem Ablauf der Erklärungsfrist gemäß § 103 Abs 2 S 2 (K/U § 17 KO Rn 37; BerlKo-*Blersch* § 103 Rn 115; HaKo-*Ahrendt* § 103 Rn 52; K/P/B/*Tintelnot* § 103 Rn 100; aA mit Verfahrenseröffnung MüKo-*Huber* § 103 Rn 195; FK-*Wegener* § 103 Rn 87). Der Ablauf der Verjährungsfrist wird durch Anmeldung im Insolvenzverfahren nach § 204 Abs 1 Nr 10 BGB gehemmt (BerlKo-*Blersch* § 103 Rn 115; FK-*Wegener* § 103 Rn 87). War der Erfüllungsanspruch des Vertragspartners im

IX. Erfüllungsablehnung **§ 103**

Zeitpunkt der Erfüllungsablehnung bzw. des Ablaufs der Erklärungsfrist bereits verjährt, kann er eine Forderung wegen Nichterfüllung gem § 103 Abs 2 S 1 nicht mehr geltend machen.

6. Aufrechnung mit der Nichterfüllungsforderung. Sind wechselseitige Forderungen des Schuldners und seines Vertragspartners (Insolvenzgläubiger) **im Zeitpunkt der Verfahrenseröffnung** schon begründet, ist die Forderung des Insolvenzgläubigers (= Gegenforderung) aber noch nicht fällig, so kann dieser im eröffneten Verfahren aufrechnen, sobald seine Forderung fällig wird (§ 95 Abs 1 S 1). Die Forderung der Masse (= Hauptforderung) muss bei Zugang der Aufrechnungserklärung noch nicht fällig, sondern nur erfüllbar sein. Wird die Hauptforderung vor der Gegenforderung fällig, ist eine Aufrechnung allerdings nach § 95 Abs 1 S 3 grundsätzlich **ausgeschlossen**. Das Aufrechnungsverbot dient dem Schutz der Masse. Es soll verhindern, dass der Insolvenzgläubiger die Erfüllung einer fälligen und durchsetzbaren Forderung der Masse solange hinauszögert, bis seine eigene Forderung fällig und damit aufrechenbar ist (MüKo- *Brandes* § 95 Rn 2). Eine Ausnahme gilt für **synallagmatisch verbundene Forderungen aus demselben Schuldverhältnis.** Hier erfordert der **Gesetzeszweck** des § 95 Abs 1 S 3 **eine Anwendung** der **Norm nicht**, weil der Insolvenzgläubiger wegen der ihm zustehenden Nichterfüllungseinrede gem § 320 BGB das Recht hat, die Erfüllung der massezugehörigen Forderung zu verweigern, eine Leistungsverzögerung mithin nicht eintreten kann (BGH 22. 9. 2005 – VII ZR 117/03, Z 164, 159 = ZIP 2005, 1972 = ZInsO 2005, 1164 = NZI 2005, 672 = NJW 2005, 3574 = EWiR 2006, 407 [Vogel]). Ob der Vertragspartner mit seiner **Nichterfüllungsforderung** aus § 103 Abs 2 S 1 gegen eine bei Eröffnung bestehende und bereits fällige massezugehörige Schuldnerforderung aufrechnen kann, hängt mithin davon ab, zu welchem Zeitpunkt die Nichterfüllungsforderung fällig wird. Darüber hinaus ist von Bedeutung, ob die Nichterfüllungsforderung mit der Hauptforderung synallagmatisch verknüpft ist.

Der BGH ging lange Zeit davon aus, der Ersatzanspruch des Vertragspartners gemäß § 103 Abs 2 S 1 entstehe schon **vor Verfahrenseröffnung** aufschiebend bedingt durch die Erfüllungsablehnung des Verwalters, die ihn zu einem vollwertigen Anspruch erstarken lasse (**BGH** 3. 12. 1954 – V ZR 96/53, Z 15, 333; **BGH** 8. 11. 1961 – VIII ZR 149/60, NJW 1962, 153; **BGH** 10. 10. 1962 – VIII ZR 203/61, NJW 1962, 2296; **BGH** 5. 5. 1977 – VII ZR 85/76, Z 68, 379 = NJW 1977, 1345). Später vertrat er die Auffassung, dass die gegenseitigen Erfüllungsansprüche **mit Verfahrenseröffnung** erlöschen und an ihre Stelle der einseitige Anspruch des Vertragspartners auf Schadensersatz wegen Nichterfüllung tritt (**BGH** 11. 2. 1988 – IX ZR 36/87, Z 103, 250 = ZIP 1988, 322 = NJW 1988, 1790; **BGH** 20. 12. 1988 – IX ZR 50/88, Z 106, 236 = ZIP 1989, 171 = NJW 1989, 1282; **BGH** 7. 6. 1991 – V ZR 17/90, ZIP 1991, 945 = NJW 1991, 2897). Seit der Grundsatzentscheidung vom 25. 4. 2002 (**BGH** – IX ZR 313/99 aaO) ist der BGH auch von dieser Ansicht wieder abgerückt. Nach seiner neuen Rechtsprechung haben weder die Verfahrenseröffnung noch die Erfüllungsablehnung des Insolvenzverwalters materiell-rechtliche Auswirkungen auf den Vertrag. Die og ältere Judikatur kann daher nicht mehr herangezogen werden. Auf Basis der neuen Rechtsprechung fehlt bisher eine Stellungnahme des BGH zur Fälligkeit des Ersatzanspruches.

Fälligkeit bezeichnet den Zeitpunkt, von dem ab der Gläubiger die Leistung **verlangen kann** (MüKoBGB-*Krüger* § 271 Rn 2). Nach der hier vertretenen Auffassung (s o Rn 157) tritt die **Fälligkeit** der Nichterfüllungsforderung **mit der Erfüllungsablehnung** des Insolvenzverwalters, also **nach** Insolvenzeröffnung ein (so auch K/P/B/*Lüke* § 103 Rn 30; BerlKo-*Blersch* § 103 Rn 113; aA vor Eröffnung aufschiebend bedingt: Graf-Schlicker/*Breitenbücher* § 103 Rn 29; FK-*Wegener* § 103 Rn 74; N/R/*Balthasar* § 103 Rn 65). Denn damit entsteht die **Berechtigung** des Vertragspartners, Schadensersatz wegen der Nichterfüllung **zu verlangen** (s o Rn 157). Andere knüpfen die Fälligkeit der Nichterfüllungsforderung an **deren Anmeldung zur Insolvenztabelle** (MüKo-*Kreft* § 103 Rn 23; Gottwald/*Huber* InsHdB § 35 Rn 36). Ein Anspruch ist jedoch nicht durchsetzbar, wenn man ihn geltend macht, sondern wenn seine Voraussetzungen erfüllt sind (zutreffend MüKo-*Brandes* § 95 Rn 17). Auch im bürgerlichen Recht hängt die Fälligkeit von vorenthaltenen Ansprüchen nicht notwendig von der Geltendmachung durch den Gläubiger ab (MüKoBGB-*Krüger* § 271 Rn 4). Für die Frage der Aufrechenbarkeit gegen eine im Eröffnungszeitpunkt bereits fällige Masseforderung ist es allerdings ohne Belang, welcher Auffassung man zuneigt, da die Nichterfüllungsforderung des Vertragspartners in beiden Fällen erst **nach Insolvenzeröffnung** fällig wird. Nicht gefolgt werden kann der Ansicht, der Ersatzanspruch werde schon **mit Verfahrenseröffnung** durchsetzbar, also fällig und frei von Einreden (so MüKo-*Brandes* § 95 Rn 17). Denn das würde bedeuten, dass der Vertragsgegner seinen Nichterfüllungsschaden schon unmittelbar nach Insolvenzeröffnung zur Tabelle anmelden kann, obwohl der Insolvenzverwalter die Erfüllung des Vertrages noch gar nicht abgelehnt hat. Da die Forderungsanmeldung zu einer Umgestaltung des Vertragsverhältnisses und zu einem Erlöschen der gegenseitigen Erfüllungsansprüche führt, hätte es der andere Teil damit in der Hand, das Erfüllungswahlrecht des Insolvenzverwalters auszuheben.

Aus der hier vertretenen Auffassung ergeben sich folgende Konsequenzen: Entstammen Haupt- und Gegenforderung **unterschiedlichen Vertrags- bzw. Schuldverhältnissen**, scheitert eine Aufrechnung des Vertragspartners mit der Nichterfüllungsforderung aus § 103 Abs 2 S 1 gegen eine **im Zeitpunkt der Eröffnung bereits fällige** massezugehörige Schuldnerforderung an § 95 Abs 1 S 3 (MüKo-*Kreft* § 103 Rn 23, 29; Gottwald/*Huber* InsHdB § 34 Rn 36; Graf/*Wunsch* ZIP 2002, 2117 [2122;] HaKo-*Ahrendt* § 103 Rn 43; K/P/B/*Lüke* § 95 Rn 30; Jaeger/*Windel* § 95 InsO Rn 27; Uhlenbruck/*Sinz* § 95 Rn 5; aA

177

178

179

180

N/R/*Balthasar* § 103 Rn 65; *Hess* § 103 Rn 199; *Pape* KS-InsO S 531, 555 Rn 34; Braun/*Kroth* § 103 Rn 69; K/P/B/*Tintelnot* § 103 Rn 102; FK-*Wegener* § 103 Rn 74; MüKo-*Brandes* § 95 Rn 17; Jaeger/ *Henckel* § 17 KO Rn 202; *Tintelnot* KTS 2004, 339 [347]). Das bedeutet für den Vertragspartner, dass er die Gegenleistung für die vorinsolvenzliche Leistung des Schuldners in die Masse erbringen muss und auf seinen Ersatzanspruch lediglich eine Quote erhält. Wird die massezugehörige Schuldnerforderung erst **nach Insolvenzeröffnung fällig,** hängt die Möglichkeit des Insolvenzgläubigers zur Aufrechnung davon ab, wann der Insolvenzverwalter die Erfüllung des Vertrages ablehnt und damit die Fälligkeit der Nichterfüllungsforderung herbeiführt. Nur wenn der Verwalter die Vertragserfüllung ablehnt, bevor die Masseforderung fällig wird, kann der Insolvenzgläubiger aufrechnen. Dies ist insoweit problematisch, als dass der Insolvenzverwalter die Aufrechnungsmöglichkeit des Insolvenzgläubigers dadurch beeinflussen kann, dass er den Vertrag in der Schwebe hält (Jaeger/*Windel* § 95 InsO Rn 27; K/P/B/*Lüke* § 95 Rn 30). Der Insolvenzgläubiger kann nur gegenseitig, in dem er den Verwalter frühzeitig zur Wahlrechtsausübung auffordert. **Entsteht** die Hauptforderung der Masse erst nach Eröffnung, scheitert eine Aufrechnung an § 96 Abs 1 Nr 1.

181   Hat der Schuldner aufgrund eines gegenseitigen Vertrages vor der Eröffnung **teilweise geleistet** und hat der Insolvenzverwalter die **weitere Erfüllung** des Vertrages abgelehnt, so ist die Aufrechnung der Nichterfüllungsforderung gegen den Anspruch der Masse auf das anteilige Entgelt für die vorinsolvenzliche Teilleistung des Schuldners ebenfalls nach § 95 Abs 1 S 3 **ausgeschlossen** (so auch BerlKo-*Blersch* § 103 Rn 113). Der Anspruch des Insolvenzverwalters auf die Teilleistung des Schuldners entsprechende anteilige Gegenleistung wird spätestens mit Eröffnung fällig, die Nichterfüllungsforderung des Vertragspartners hingegen erst mit Erfüllungsablehnung. Es kann also ohne weiteres die Fallkonstellation eintreten, die § 95 Abs 1 S 3 verhindern will, nämlich dass der Vertragsgegner mit der Erfüllung seiner Schuld so lange zuwartet, bis er mit einer Gegenforderung aufrechnen kann. An dem Aufrechnungsausschluss ändert auch die neue Rechtsprechung des BGH zur teleologischen Reduktion des § 95 Abs 1 S 3 nichts (**BGH** 22. 9. 2005 – VII ZR 117/03 aaO; Rn 177). Denn die Hauptforderung der Masse und der Ersatzanspruch des anderen Teils sind insolvenzrechtlich **nicht synallagmatisch verbunden** (dies übersieht MüKo-*Kreft* § 103 Rn 35). Sie entstammen aus insolvenzrechtlicher Sicht noch nicht einmal demselben Vertragsverhältnis. Durch die Verfahrenseröffnung wird der Vertrag in zwei rechtlich voneinander unabhängige Vertragsteile gespalten und das ursprünglich auf das gesamte Vertragsvolumen bezogene Synallagma aufgeteilt (s o Rn 16, 23). Zu einer Zulässigkeit der Aufrechnung kommt man nur dann, wenn man nicht nur synallagmatisch verknüpfte Ansprüche aus dem Anwendungsbereich des § 95 Abs 1 S 3 ausnimmt, sondern darüber hinaus auch solche, die **materiell-rechtlich** aus demselben Vertragsverhältnis stammen (insolvenzrechtlich sind sie rechtlich selbständige Verträge) und **ursprünglich synallagmatisch verknüpft waren** (so auch BerlKo-*Blersch* § 103 Rn 113). Zu einer derart einschränkenden Auslegung des § 95 Abs 1 S 3 besteht nach dem Zweck der Norm jedoch keine Veranlassung. Haben beide Parteien Vorleistungen erbracht, der Schuldner aber mehr als der andere Teil, so können die gegenseitigen, auf die jeweiligen Vorleistungen bezogenen Ansprüche miteinander verrechnet werden, soweit sie sich decken. Gegen den auf den überschießenden Teil der Vorleistung bezogenen Gegenleistungsanspruch der Masse kann der Vertragsgegner mit seinem Ersatzanspruch gem § 95 Abs 1 S 3 nicht aufrechnen.

182   **7. Herausgabe- bzw. Rückgewähransprüche des Vertragspartners.** Für vorinsolvenzliche Leistungen des Vertragspartners, die in das Vermögen des Schuldners übergegangen sind, besteht **keine Herausgabepflicht** des Insolvenzverwalters. Das ergibt sich im Erst-Recht-Schluss aus § 105 S 2 (Graf-Schlicker/ *Breitenbücher* § 103 Rn 29; BerlKo-*Blersch* § 103 Rn 116). Entgegen dem Wortlaut der Vorschrift, gilt dies allerdings nicht nur für Teile einer **teilbaren Gesamtleistung,** sondern für jede vor Verfahrenseröffnung in das Vermögen des Schuldners übergegangene, auch **unteilbare Leistung** (s u § 105 Rn 27). Dem Vertragspartner steht lediglich das auf die vorinsolvenzliche Leistung entfallende Entgelt als Insolvenzforderung zu (§ 105 S 1).

183   Hat der Vertragspartner dem Schuldner die vor Eröffnung übergebene Sache hingegen **nicht übereignet,** kann er den Leistungsgegenstand aufgrund seines Eigentums nach § 47, § 985 BGB **aussondern,** sofern dem Besitzer-Verwalter kein Recht (mehr) zum Besitz gem § 986 Abs 1 BGB zusteht. Ob und welchen Einfluss die Erfüllungsablehnung auf Besitzrechte hat, hängt von der Art des Besitzrechtes ab. Insolvenzeröffnung und Erfüllungsablehnung und deren Einfluss auf die dingliche Rechtslage (Jaeger/ *Henckel* § 17 KO Rn 168), so dass **dingliche Besitzrechte** unberührt bleiben. **Obligatorische Besitzrechte,** die auf einem **Nutzungsüberlassungsvertrag** zwischen Eigentümer und Besitzer-Schuldner beruhen (zB Miete, Pacht, Finanzierungsleasing von Mobilien), **enden,** sobald feststeht, dass der Insolvenzverwalter **die Erfüllung des Vertrages nicht wählt,** er sein Erfüllungswahlrecht durch Erfüllungsablehnung oder Ablauf der Erklärungsfrist (103 Abs 2 S 2, 3) also **unwiderruflich verloren hat** (MüKo-*Kreft* § 103 Rn 25; MüKo-*Huber* § 103 Rn 177; HaKo-*Ahrendt* § 103 Rn 47; BerlKo-*Blersch* § 103 Rn 116; K/P/B/*Tintelnot* § 103 Rn 93; *Marotzke* 7.48). Das **Besitzrecht des Besitzer-Verwalters entfällt** zeitgleich mit dem **Verlust des Erfüllungswahlrechtes,** weil dieser den Anspruch auf Nutzungsüberlassung im eröffneten Verfahren ab diesem Moment **endgültig** nicht mehr durchsetzen kann. Der BGH scheint hingegen davon auszugehen, dass das Besitzrecht des Besitzer-Verwalters bereits mit Eröffnung des In-

IX. Erfüllungsablehnung **§ 103**

solvenzverfahrens entfällt und der Insolvenzverwalter von diesem Zeitpunkt an zur Herausgabe der Mietsache verpflichtet ist, wenn er nicht Erfüllung des Vertrages wählt (**BGH** 1. 3. 2007 – IX ZR 81/05, ZIP 2007, 778 = NJW 2007, 1594 = EWiR 2007, 727 [*Tintelnot*]). Dem ist nicht zuzustimmen. Der Anspruch des Verwalters auf weitere Überlassung der Mietsache ist zwar ab Eröffnung nicht mehr durchsetzbar. Der verfahrensbedingte Durchsetzbarkeitsverlust der gegenseitigen Hauptleistungsansprüche ist im Hinblick auf die Möglichkeit des Insolvenzverwalters zur Erfüllungswahl jedoch zunächst nur vorübergehend. Erst die Erfüllungsablehnung beendet den Schwebezustand und schafft Klarheit. Bedenkt man, dass außerhalb des Insolvenzverfahrens das Besitzrecht, beispielsweise des Mieters, erst nach Beendigung des Mietverhältnisses entfällt (Umkehrschluss aus § 546 BGB), wird man auch in der formellen Insolvenz des Mieters eine der Beendigung des Mietverhältnisses vergleichbare Rechtslage, nämlich die – zumindest für die Dauer des Insolvenzverfahrens – feststehende Nichtdurchführbarkeit des Mietvertrages verlangen müssen. Der Vermieter wird dadurch nicht unangemessen benachteiligt, kann er den Verwalter doch sofort nach der Eröffnung zur Wahlrechtsausübung auffordern (K/P/B/*Tintelnot* § 103 Rn 93). Darüber hinaus hat der Vermieter/Pächter/Leasinggeber **nach der Erfüllungsablehnung des Insolvenzverwalters** (gleichgestellt: Ablauf der Erklärungsfrist gem § 103 Abs 2 S 2) einen **schuldrechtlichen Anspruch auf Rückgabe** der Miet-/Pacht-/Leasingsache (§§ 546, 581 Abs 2 BGB analog), ohne dass es einer Kündigung des Miet-/Pacht-/Leasingvertrages bedarf (**BGH** 1. 3. 2007 – IX ZR 81/05 aaO). Dieser Anspruch hat Aussonderungskraft (MüKo-*Ganter* § 47 Rn 341).

Nach Bürgerlichem Recht entfällt beim **Kaufvertrag** das Besitzrecht des Käufers an der ihm vertragsgemäß übergebenen, aber **noch nicht übereigneten Kaufsache** erst mit dem Grundverhältnis oder der Umwandlung des Kaufvertrages in ein Abwicklungsverhältnis (StaudingerBGB/*Gursky* § 986 Rn 26). Erlischt der Übereignungsanspruch, erlischt auch das Besitzrecht. Die fehlende Durchsetzbarkeit des Übereignungsanspruches hat dagegen keinen Einfluss auf das Recht des Käufers zum Besitz. Dieses ist keine Wirkung des Übereignungsanspruches, sondern eine solche des Besitzverschaffungsanspruches. Der Besitzverschaffungsanspruch setzt sich nach seiner Erfüllung durch Übergabe der Kaufsache in dem Besitzrecht des Käufers fort (StaudingerBGB/*Gursky* § 986 Rn 11). Eine Besitzbelassungspflicht des Verkäufers, die mit dem Undurchsetzbarwerden des Übereignungsanspruches endgültig ihre Zwecke verfehlt, wird zumindest im Zivilrecht abgelehnt (StaudingerBGB/*Gursky* § 986 Rn 14). Der BGH hat früher angenommen, das Besitzrecht des Käufer-Schuldners entfalle bei einem nicht vollständig erfüllten Kaufvertrag mit der Erfüllungsablehnung des Insolvenzverwalters (**BGH** 27. 11. 1981 – V ZR 144/80, ZIP 1982, 189 = NJW 1982, 768). Dies war folgerichtig, denn damals vertrat der BGH auch noch die Auffassung, die Erfüllungsablehnung wandle den Vertrag in ein Abrechnungsverhältnis um. Nach der neuen Rechtsprechung (s o Rn 8), zu der eine Entscheidung bislang fehlt, ist die Rechtslage anders. Die Erfüllungsablehnung gestaltet den Kaufvertrag nicht mehr um, so dass auch das Besitzrecht des Käufers/Insolvenzverwalters hierdurch nicht entfällt (*Dolzer* Die übertragene Anwartschaft in der Insolvenz Rn 173; *Huber* NZI 2004, 57 [62]; MüKo-*Huber* § 103 Rn 177; aA MüKo-*Kreft* § 103 Rn 25, der annimmt, der Vertrag fungiere nicht mehr als Rechtsgrund für den Besitz; MüKo-*Ott/Vuia* § 107 Rn 17; Gottwald/*Huber* InsHdB § 36 Rn 21; K/P/*Tintelnot* § 108 Rn 93). Der Schuldner/Insolvenzverwalter verliert das Recht zum Besitz der Kaufsache erst dann, wenn der Verkäufer sich vom Kaufvertrag löst. Dies kann er, indem er seinen Schadensersatzanspruch wegen Nichterfüllung des Kaufvertrages zur Insolvenztabelle anmeldet (Jaeger/*Henckel* § 17 KO Rn 162, anders allerdings Rn 166).

Wurde bei einem Grundstückskauf zugunsten des Insolvenzschuldners eine Auflassungsvormerkung eingetragen, so wird unter Verweis auf zur Erlöschenstheorie ergangene Rechtsprechung (**OLG Frankfurt** 10. 11. 1994 OLGR 1995, 101) auch heute noch überwiegend vertreten, dem Verkäufer stehe nach der Erfüllungsablehnung des Insolvenzverwalters gem § 894 BGB oder § 812 Abs 1 S 1 BGB ein Anspruch auf Erteilung einer Löschungsbewilligung zu (MüKo-*Huber* § 103 Rn 180; BerlKo-*Blersch* § 103 Rn 116; N/R/*Balthasar* § 103 Rn 67; K/P/B/*Tintelnot* § 103 Rn 93). Diese Auffassung ist seit der Grundsatzentscheidung des BGH vom 25. 4. 2002 jedoch überholt. Die Erfüllungsablehnung führt ebenso wenig wie die Verfahrenseröffnung zu einem Erlöschen des schuldrechtlichen Verschaffungsanspruches gem § 433 Abs 1 S 1 BGB. Das Grundbuch ist nach der Erfüllungsablehnung also nicht unrichtig. Dem Verkäufer steht im Hinblick auf den durch die Verfahrenseröffnung eingetretenen und mit der Erfüllungsablehnung zementierten Durchsetzbarkeitsverlust des Eigentumsübertragungsanspruches lediglich ein Anspruch auf Beseitigung der Vormerkung gem § 886 BGB zu. Ein Löschungsanspruch des Verkäufers entsteht erst nach Anmeldung eines Schadensersatzanspruches wegen Nichterfüllung des Kaufvertrages zur Insolvenztabelle.

8. Herausgabe- bzw. Rückgewähransprüche des Insolvenzverwalters. Allein die Erfüllungsablehnung führt nicht zu einem **bereicherungsrechtlichen Herausgabeanspruch** des Insolvenzverwalters nach § 812 Abs 1S 2 Alt 1 BGB, da diese den Rechtsgrund für eine vorinsolvenzliche Teilleistung des Schuldners, die bereits in das **Vermögen des Vertragspartner übergegangen ist**, mangels materiell-rechtlicher Auswirkungen auf den Vertrag nicht entfallen lässt (**BGH** 27. 5. 2003 – IX ZR 51/02, Z 155, 87 = ZIP 2003, 1208 = ZInsO 2003, 607 = NZI 2003, 491 = NJW 2003, 2744; **BGH** 19. 4. 2007 – IX ZR 199/03, ZIP 2007, 1164 = ZInsO 2007, 596 = NZI 2007, 404; MüKo-*Kreft* § 103 Rn 32; K/P/B/

Tintelnot § 103 Rn 94). Der Erfüllungsanspruch des Vertragspartners besteht nach der Erfüllungsablehnung fort und fungiert weiter – in Höhe der erhaltenen Vorleistung erloschen – als Grund, die Vorleistung des Schuldners behalten zu dürfen (*Prahl* ZInsO 2005, 568; MüKo-*Hefermehl* § 55 Rn 113). Ist die Gegenleistung des Vertragspartners **teilbar**, kann der Insolvenzverwalter den auf die vorinsolvenzliche Teilleistung des Schuldners entfallenden Teil der Gegenleistung zur Masse ziehen (MüKo-*Kreft* § 103 Rn 32). Ist die geschuldete Gegenleistung dagegen **unteilbar**, kann der Insolvenzverwalter zwar – wegen der dem Vertragspartner zustehenden Nichterfüllungseinrede nach § 320 BGB – nicht Übergabe der Sache verlangen und der andere Teil muss wegen des fortbestehenden Rechtsgrundes der Vermögensverschiebung die Anzahlung des Schuldners auch nicht zurückgewähren (aA MüKo-*Brandes* § 95 Rn 14; Jaeger/*Henckel* § 17 KO Rn 81). Das bedeutet aber nicht, dass der Vertragspartner die Vorleistung des Schuldners behalten kann, ohne selbst die geschuldete Leistung erbringen zu müssen. Denn der Schuldner kann nach Beendigung des Insolvenzverfahrens die Gegenleistung Zug um Zug gegen Restzahlung verlangen. Die Masse wird nach Sinn und Zweck des § 103 dadurch nicht benachteiligt, weil sie nach der Erfüllungsablehnung des Insolvenzverwalters keinerlei Leistungen zu erbringen hat. Zweck des Erfüllungswahlrechtes ist es nicht, bereits vor Eröffnung verwirklichte wirtschaftliche Dispositionen des Schuldners zugunsten der Masse ungeschehen zu machen. Vielmehr sind Leistungen, die der Schuldner vor Insolvenzeröffnung erbracht hat, der Disposition des Verwalters entzogen. Sie stehen den Insolvenzgläubigern nicht mehr als Bestandteil der Masse zur Verfügung, gleichgültig ob der Verwalter Erfüllung verlangt oder nicht (**BGH** 27. 5. 2003 – IX ZR 51/02 aaO). Ein Rückzahlungsanspruch der Masse wird in analoger Anwendung des § 326 Abs 4 BGB allenfalls dann für möglich gehalten, wenn das Interesse des Verwalters an der noch ausstehenden Leistung des Vertragspartners entfallen ist (**BGH** 27. 5. 2003 – IX ZR 51/02, aaO; MüKo-*Kreft* § 103 Rn 34, MüKo-*Brandes* § 95 Rn 14; § 105 Rn 26; K/P/B/*Tintelnot* § 103 Rn 95; Jaeger/*Henckel* § 17 KO Rn 82). Ein solcher Anspruch kann aber – wenn überhaupt – nur unter ganz engen Voraussetzungen angenommen werden, da kein Grund besteht, dem Insolvenzverwalter Rechte einzuräumen, die dem Schuldner außerhalb der formellen Insolvenz nicht zustehen würden.

187 Ein Bereicherungsanspruch der Masse kann nach der Suspensivtheorie erst dann entstehen, wenn der Vertrag **durch die Anmeldung einer Nichterfüllungsforderung** des Vertragspartners gem § 103 Abs 2 S 1 in ein Abrechnungsverhältnis umgewandelt wird und damit der Rechtsgrund für die vorinsolvenzliche Leistung des Schuldners entfällt. Die ältere Rechtsprechung des BGH zur Bereicherungshaftung des anderen Teils (**BGH** 3. 12. 1954 – V ZR 96/53, Z 15, 333; **BGH** 5. 5. 1977 – VII ZR 85/76, Z 68, 379 = NJW 1977,1345; **BGH** 11. 3. 1997 – X ZR 146/94, ZIP 1997, 1072, NJW 1997, 3434), die die Entstehung eines Bereicherungsanspruches der Masse noch an die Verfahrenseröffnung oder die Erfüllungsablehnung des Insolvenzverwalters knüpfte, ist überholt.

188 Hat der Schuldner dem Vertragspartner die vor Eröffnung übergebene Sache **nicht übereignet**, gilt Folgendes: Ist das Insolvenzverfahren über das Vermögen des **Vermieters/Verpächters/Leasinggebers einer beweglichen Sache** eröffnet, entfällt das **obligatorische Besitzrecht** des Besitzers gem § 986 BGB mit der Erfüllungsablehnung (s o Rn 182). Dem Insolvenzverwalter steht ein Herausgabeanspruch gem §§ 80, 148 iVm § 985 BGB zu. Gleichzeitig kann er – je nach Vertragstyp – die Rückgabe der Miet-/Pacht-/Leasingsache in entsprechender Anwendung der §§ 546, 581 Abs 2 BGB verlangen, ohne dass er zuvor den Miet-/Pacht-/Leasingvertrag kündigen muss. Verlangt der Insolvenzverwalter die Sache vom Besitzer heraus, liegt hierin eine konkludente Erfüllungsablehnung (K/P/B/*Tintelnot* § 103 Rn 93). Nur wenn der Insolvenzverwalter die Erfüllung des Vertrages wählt, kann der Besitzer sein Recht zum Besitz wieder von seinem Anspruch auf Nutzungsüberlassung ableiten, der nun auch im Insolvenzverfahren durchsetzbar ist (Jaeger/*Henckel* § 17 KO Rn 166).

189 In der Insolvenz des Verkäufers löst alleine die Erfüllungsablehnung des Insolvenzverwalters keinen Herausgabeanspruch der Masse nach § 985 BGB aus, weil das Besitzrecht des Käufers gem § 986 BGB fortbesteht (aA MüKo-*Kreft* § 103 Rn 32). Erst wenn der Käufer seinen Schadensersatzanspruch wegen Nichterfüllung des Kaufvertrages zur Insolvenztabelle anmeldet, entfällt sein Besitzrecht (s o Rn 183).

190 Hat der spätere Insolvenzschuldner seinem Vertragspartner als Gegenleistung für eine länger dauernde Bezugsverpflichtung vorab eine Geldleistung erbracht, die durch die vom anderen Teil geschuldete Abnahme und Kaufpreiszahlung im Laufe der Zeit als ratenweise getilgt angesehen werden sollte, so kann der Insolvenzverwalter **bei vorzeitiger Vertragsbeendigung** den noch **nicht abgegoltenen Teil der Vorauszahlung zurückverlangen**, wobei der durch die vorzeitige Fälligkeit entstandene Vorteil durch Abzinsung auszugleichen ist (**BGH** 26. 10. 2000 – IX ZR 227/99, ZIP 2001, 31 = ZInsO 2001, 71 = NZI 2001, 85). In dem entschiedenen Fall ging der BGH auf Basis der Erlöschenstheorie noch davon aus, der Bezugsvertrag werde durch die Verfahrenseröffnung beendet. Nach der jetzt vom BGH vertretenen Suspensivtheorie käme es erst dann zu einer Beendigung des Vertrages, wenn der Vertragsgegner seine Forderung wegen Nichterfüllung geltend macht. In diesem Fall sind nach Ansicht des BGH Rückzahlungs- und Schadensersatzansprüche miteinander zu verrechnen

§ 104 Fixgeschäfte. Finanzleistungen

(1) War die Lieferung von Waren, die einen Markt- oder Börsenpreis haben, genau zu einer festbestimmten Zeit oder innerhalb einer festbestimmten Frist vereinbart und tritt die Zeit oder der Ablauf der Frist erst nach der Eröffnung des Insolvenzverfahrens ein, so kann nicht die Erfüllung verlangt, sondern nur eine Forderung wegen der Nichterfüllung geltend gemacht werden.

(2) ¹War für Finanzleistungen, die einen Markt- oder Börsenpreis haben, eine bestimmte Zeit oder eine bestimmte Frist vereinbart und tritt die Zeit oder der Ablauf der Frist erst nach der Eröffnung des Verfahrens ein, so kann nicht die Erfüllung verlangt, sondern nur eine Forderung wegen der Nichterfüllung geltend gemacht werden. ²Als Finanzleistungen gelten insbesondere
1. die Lieferung von Edelmetallen,
2. die Lieferung von Wertpapieren oder vergleichbaren Rechten, soweit nicht der Erwerb einer Beteiligung an einem Unternehmen zur Herstellung einer dauernden Verbindung zu diesem Unternehmen beabsichtigt ist,
3. Geldleistungen, die in ausländischer Währung oder in einer Rechnungseinheit zu erbringen sind,
4. Geldleistungen, deren Höhe unmittelbar oder mittelbar durch den Kurs einer ausländischen Währung oder einer Rechnungseinheit, durch den Zinssatz von Forderungen oder durch den Preis anderer Güter oder Leistungen bestimmt wird,
5. Optionen und andere Rechte auf Lieferungen oder Geldleistungen im Sinne der Nummern 1 bis 4,
6. Finanzsicherheiten im Sinne des § 1 Abs. 17 des Kreditwesengesetzes.
³Sind Geschäfte über Finanzleistungen in einem Rahmenvertrag zusammengefaßt, für den vereinbart ist, daß er bei Vorliegen eines Insolvenzgrundes nur einheitlich beendet werden kann, so gilt die Gesamtheit dieser Geschäfte als ein einheitiger Vertrag im Sinne der §§ 103, 104.

(3) ¹Die Forderung wegen der Nichterfüllung richtet sich auf den Unterschied zwischen dem vereinbarten Preis und dem Markt- oder Börsenpreis, der zu einem von den Parteien vereinbarten Zeitpunkt, spätestens jedoch am fünften Werktag nach der Eröffnung des Verfahrens am Erfüllungsort für einen Vertrag mit der vereinbarten Erfüllungszeit maßgeblich ist. ²Treffen die Parteien keine Vereinbarung, ist der zweite Werktag nach der Eröffnung des Verfahrens maßgebend. ³Der andere Teil kann eine solche Forderung nur als Insolvenzgläubiger geltend machen.

Früher § 18 KO (davor § 16 unverändert; Mot S 69 ff, Prot S 15, 149); § 118 RegE in veränderter und ergänzter Fassung. Nunmehr in der Fassung nach Art 1 Nr 4 des Gesetzes zur Umsetzung der Richtlinie 2002/47 EG vom 6. 6. 2002 über Finanzsicherheiten und zur Änderung des Hypothekenbankgesetzes und anderer Gesetze vom 5. 4. 2004, BGBl I S 502.

Literatur: *Benzler*, Das deutsche Nettinggesetz – § 104 Abs 2, 3 InsO, ZInsO 2000, 1 ff; *ders*, Lösungsklauseln für den Insolvenzfall, Kölner Schrift zur Insolvenzordnung (2. Aufl, 2000), 499 ff; *Berger*, Zur Wirksamkeit von Lösungsklauseln für den Konkursfall, ZIP 1994, 173 ff; *Berndorff/Berghaus*, Laufende Devisentermingeschäfte – Entscheidungen der Bank bei Zahlungsunfähigkeit oder Konkurs ihres Kunden, BB 1987, Beilage 19; *Bosch*, Differenz- und Finanztermingeschäfte nach der Insolvenzordnung, Kölner Schrift zur Insolvenzordnung (2. Aufl, 2000), 1009 ff; *ders*, Finanztermingeschäfte in der Insolvenz, WM 1995, 365 ff, 413 ff; *Decker*, Zinssatz- und Währungsswaps unter rechtlichen Aspekten, dargestellt anhand des Muster-Rahmenvertrages für Swapgeschäfte, WM 1990, 1001 ff; *Ebenroth/Benzler*, Close-out Netting nach der neuen Insolvenzordnung, ZVglRWiss 95 (1996), 335 ff; *Ebenroth/Reiner*, ISDA Master Agreement 1992, Abdruck und Erläuterungen, Münchener Vertragshandbuch Band 3/2, Teil IV. 7.; *Ebenroth/Messer*, Die vorzeitige Beendigung von Zins- und Währungsswaps bei Eintritt von Vertragsverletzungen aufgrund vertraglicher Lösungsklauseln, ZVglRWiss 87 (1988), 1 ff; *Ehricke*, Finanztermingeschäfte im Insolvenzverfahren, ZIP 2003, 273 ff; *ders*, Zur Zulässigkeit von vertraglich festgelegten Bestimmungen eines Stichtags und zur Ermittlung eines Markt- und Börsenpreises nach § 104 III InsO, NZI 2006, 564 ff; *ders*, Verrechnungsabreden zwischen Clearing-Mitgliedern und einer zentralen Vertragspartei und deren insolvenzrechtliche Behandlung, in FS für Hans-Jochem Lüer (2008), S 363 ff; *ders*, Die Umsetzung der Finanzsicherheitenrichtlinie (Richtlinie 2002/47/EG) im Rahmen des Diskussionsentwurfs zur Änderung der Insolvenzordnung, ZIP 2003, S 1065 ff; *ders* Zum anwendbaren Recht auf ein in einem Clearing-System vereinbartes Glattstellungsverfahren im Fall der Insolvenz ausländischer Clearing-Teilnehmer, WM 2006, 2109 ff; *Eilenberger*, Lexikon der Finanzinnovationen, 1996; *Erne*, Die Swapgeschäfte der Banken, 1992; *Fülbier*, Swap-Verträge – Internationale Standardisierung, ZIP 1990, 680 ff; *Jahn*, Klauseln internationaler Swap-Verträge, Die Bank 1989, 395 ff; *Jahn*, Internationale Rahmen-Verträge für Finanztermingeschäfte, Die Bank 1992, 349 ff, Die Bank 1993, 235; *Kümpel*, Bank- und Kapitalmarktrecht, 1995; *Kümpel/Peters*, Aktuelle Rechtsfragen der Wertpapierleihe, AG 1994, 525; *Lassak*, Zins- und Währungsswaps, 1998; *Lüer*, Devisenhandel und Bankenaufsicht, WM-Sonderbeilage 1/1977, 330 ff; *Marotzke*, Gegenseitige Verträge in Konkurs und Vergleich, 1985; *Nordhues/Benzler*, Risikosteuerung durch Kreditderivate, WM 1999, 461 ff; *Obermüller*, Devisentermingeschäfte im Konkurs der Bankkunden, WM 1984, 325 ff; *ders*, InsRBankpraxis; *ders* Swap-Geschäfte bei Insolvenz, Festschrift

§ 104

Fixgeschäfte. Finanzleistungen

für Merz, 1992, 423 ff; *Pohl*, Neue Generation derivativer Finanzinstrumente – Anlass zu juristischer Nachstellung, WM 1995, 957 ff; *Schimansky/Bunte/Lwowski*, Bankrechtshandbuch, Band III, 1997; *Schücking*, Internationale Devisentermingeschäfte in der Insolvenz, Festschrift für Hanisch, 1994, 231 ff; *Schwahn*, Konzernverrechnungsklauseln in der Insolvenz, NJW 2005, S 473 ff; *Tintelnot*, Vereinbarungen für den Konkursfall, 1991; *Uhlenbruck*, Bankrechtliche Aspekte der Insolvenzrechtsreform 1994, Festschrift für Vieregge, 1995, 883 ff; *van de Loo*, Devisentermingeschäft – Rücktrittsrecht der Bank nach Antrag auf Eröffnung des Vergleichs- oder Konkursverfahrens über das Vermögen des Bankkunden?, ZIP 1988, 352 ff; *Winter*, Der wirtschaftliche und rechtliche Charakter von Zinsbegrenzungsverträgen, WM 1995, 1169 ff; *Zahn*, Handlexikon zu Futures, Optionen und innovativen Finanzinstrumenten, 1992; *Zob/Werlen*, 1992 ISDA Master Agreement unter besonderer Berücksichtigung der Swapgeschäfte, 1995.

I. Allgemeines

1 **1. Inhalt.** § 104 ist eine **Ausnahmevorschrift** zu § 103 (*K/P/B-B*-Köndgen § 104 Rn 3; str aA Smid/Henning Meyer § 104 Rn 2, der beide Normen als sich ergänzende Vorschriften ansieht). Der Insolvenzverwalter hat bei Waren-Fixgeschäften und bei im Gesetzestext als „Finanzleistungen" bezeichneten Geschäften unter bestimmten Voraussetzungen **kein Wahlrecht**, und zwar ohne jede Ausnahme; der bisherige § 18 Abs 3 KO – Eingreifen des Verwalterwahlrechts bei Unmöglichkeit der Ermittlung eines Markt- oder Börsenpreises – wurde nicht in § 104 übernommen. Die Anwendung der Vorschrift soll nicht daran scheitern, dass im Einzelfall die Feststellung des Markt- oder Börsenpreises am zweiten Tag nach der Eröffnung des Verfahrens Schwierigkeiten bereitet (Begr Rechtsausschuss zu § 118 RegE, BT-Drucks 12/7302, S 168).

2 **2. Zweck. a)** § 104 Abs 1 regelt das Schicksal von **Waren-Fixgeschäften**. Die Vorschrift beruht wie § 18 Abs 1 KO, dem sie bis auf einige sprachliche Änderungen inhaltlich gleicht, auf der Erwägung, dass ein Waren-Fixgeschäft Preisschwankungen ausgesetzt ist. Das Wahlrecht des Verwalters bringt Unsicherheit und damit Risiko mit sich (*Mot* S 69 f; **RG** 19. 12. 1914, LZ 1915, 539, 542). Dies ist dem anderen Vertragsteil nicht zuzumuten. Häufig sind Waren-Fixgeschäfte nur Teil einer Kette von gleichartigen Geschäften. Deshalb muss dem anderen Vertragsteil aus Sicherheitsgründen sofort die Möglichkeit eröffnet werden, sich anderweitig einzudecken (hM BerlKo-*Goetsch* § 104 Rn 4; FK-*Wegener* § 104 Rn 3 f; *Jaeger/Henckel* § 18 KO Rn 2; K/U § 18 KO Rn 1; N/R/*Balthasar* § 104 Rn 4 ff). *Köndgen* sieht den Normzweck des § 104 darin, der Masse Schutz vor eventuellen Fehlspekulationen des Verwalters zu gewähren (*K/P/B-B-Köndgen* § 104 Rn 5). Dies kommt in der Gesetzesbegründung so nicht zum Ausdruck. § 104 Abs 1 ist vielmehr Ausdruck dafür, dass bestimmte Geschäfte aus übergeordneten Risikoverteilungs-Gesichtspunkten nicht dem Verwalterwahlrecht zuträglich sind; schwebende Risikogeschäfte, zu denen Waren-Fixgeschäfte zählen, werden mit Eröffnung des Insolvenzverfahrens beendet.

3 **b)** § 104 Abs 2 verfolgt ein **differenziertes Regelungsziel**. § 104 Abs 2 S 1, S 2 Nr 1–6 unterbindet bei **Finanztermingeschäften** durch Ausschluss des Wahlrechts des Insolvenzverwalters Kursspekulationen (Begr Rechtsausschuss zu § 118 RegE, BT-Drucks 12/7302, S 168). Damit ist die unter Geltung der KO umstrittene Frage entschieden, ob § 18 KO zumindest entsprechend auf Finanztermingeschäfte Anwendung findet (vgl *Jaeger/Henckel* § 18 KO Rn 5; K/U § 18 KO Rn 5; *Obermüller* WM 1984, 325 ff; *van de Loo* ZIP 1988, 352 ff). § 104 Abs 2 S 3 ist eine gesetzliche Anpassung an längst ausgeübte Börsengepflogenheiten (vgl zB Nr 4 der Sonderbedingungen für Börsentermingeschäfte). Alle Ansprüche aus zwischen zwei Parteien bestehenden, in einem Rahmenvertrag zusammengefassten Finanzleistungen werden zu einer Risikoeinheit zusammengefasst und zum Zwecke gegenseitiger Risikominderung saldiert. Die Glattstellung und Verrechnung aller schwebenden und fälligen Finanztermingeschäfte im Wege des sog „close-out netting" verhindert ein selektives Erfüllungswahlrecht („cherry-picking") des Verwalters (vgl *Ehricke*, ZIP 2003, 273, 279; N/R/*Balthasar* § 104 Rn 46). Die Regelung in § 104 Abs 2 S 3 hat allerdings auch den Effekt, dass das Ausfallrisiko der Kreditinstitute durch eine vorgreifliche glattstellende Verrechnung gemindert wird. Es werden insofern also nicht unbedingt insolvenzspezifische Zwecke verfolgt (krit insoweit Smid/*Henning Meyer* § 104 Rn 3 f). Der Hintergrund für diese Regelung ist bankaufsichtsrechtlich und letztlich durch europarechtliche Vorgaben bestimmt („Netting-Richtlinie" 96/10/EG vom 21. 3. 1996, Amtsblatt Nr L 85 v 3. 4. 1996). Die Bankaufsichtsbehörden wichtiger Industrieländer einigten sich im Baseler Ausschuss bereits 1988 darauf, im nationalen Aufsichtsrecht die Kreditinstitute zu verpflichten, das aus der Insolvenz des Vertragspartners resultierende Risiko mit 8% Eigenkapital zu unterfüttern (vgl § 10 KWG und Grundsatz I des Bundesaufsichtsamtes für das Kreditwesen). 1993 wurde klargestellt, dass die Eigenkapitalunterfütterung nicht auf jedes Einzelgeschäft zu beziehen ist. Bei mehreren Geschäften sei es ausreichend, nur das Ausfallrisiko aus der Saldierung mit Eigenkapital abzusichern, wenn die Saldierung aller Geschäfte in der Insolvenz des Vertragspartners rechtlich gesichert ist. Da insbesondere der US-Bankruptcy Code und das englische Recht eine Saldierung („netting") vorsehen, lag es in Anbetracht der außerordentlichen Bedeutung der internationalen Finanztermingeschäfte nahe, eine entsprechende Vorschrift aufzunehmen.

II. Fixgeschäfte (§ 104 Abs 1) § 104

3. Vorläuferregelungen. Der Gesetzgeber sah die Regelung der mit Finanztermingeschäften zusammenhängenden Probleme für äußerst dringlich und schnell regelungsbedürftig an. Wegen einer befürchteten Verzögerung der Insolvenzrechtsreform trat am 1. August 1994 Art 15 des 2. Finanzmarktförderungsgesetzes vom 26. Juli 1994 (BGBl I 1994, 1749 ff) in Kraft, der inhaltlich mit § 104 Abs 2 und Abs 3 übereinstimmte. Am 19. Oktober 1994 trat dann die Art 15 des 2. Finanzmarktförderungsgesetzes ablösende Übergangsregelung des Art 105 EGInsO in Kraft (vgl Art 110 Abs 3 EGInsO), die in den Absätzen 1 und 2 ebenfalls mit § 104 Abs 2 und Abs 3 inhaltlich übereinstimmte. Inzwischen hat die gesetzliche Regelung weitere Änderungen erfahren, insbesondere ausgelöst durch die Richtlinie 98/26 EG (ABl Nr 2 166/45) und die Richtlinie 2002/47 EG v 6. 6. 2002 (ABl EG-Nr L 168 S 43 ff). Auf ihnen beruht die jetzt seit 9. 4. 2004 geltende Fassung der Vorschrift (BGBl I S 502). 4

II. Fixgeschäfte (§ 104 Abs 1)

1. Unvollständige Erfüllung. § 104 Abs 1 setzt voraus, dass der Vertrag noch von keiner Seite vollständig erfüllt ist. Dies ergibt sich nicht unmittelbar aus dem Wortlaut, aber aus der Tatsache, dass die Vorschrift unmittelbar auf § 103 folgt (FK-*Wegener* § 104 Rn 6; *Hess* § 104 Rn 28; N/R/*Balthasar* § 104 Rn 13; Smid/*Henning Meyer* § 104 Rn 8; str aA K/P/B-*Köndgen* § 104 Rn 13 und 33). War der Vertrag zur Zeit der Eröffnung des Insolvenzverfahrens auch nur von einem Teil vollständig erfüllt, so ist § 104 Abs 1 nicht anwendbar. Der andere Teil hat dann den Anspruch auf die Gegenleistung, und zwar, wenn sein Vertragspartner insolvent geworden ist, als einfache Insolvenzforderung. Wer von den beiden Vertragsteilen insolvent geworden ist, ist für die Anwendbarkeit des § 104 Abs 1 bedeutungslos. § 104 Abs 1 ist **zwingendes Recht**. Die Vertragsparteien können für den Insolvenzfall keine abweichenden Vereinbarungen treffen (OLG Hamburg 15. 7. 1907, OLGZ 15, 227; Jaeger/Henckel § 18 KO Rn 27; Kilger/K. Schmidt § 18 KO Bem 4). Auch dem § 104 Abs 1 zuwiderlaufende Börsenbräuche sind im konkreten Fall der Insolvenz als unwirksam zu betrachten (früher *Jaeger/Henckel* § 18 KO Rn 27). 5

2. Fixgeschäfte zum Börsen- oder Marktpreis. Es muss sich um Verträge handeln, welche die Lieferung von Waren mit einem Markt- oder Börsenpreis zum Gegenstand haben und bei denen die Lieferung zu einer festbestimmten Zeit oder binnen einer festbestimmten Frist vereinbart ist (Fixgeschäfte). Der Wortlaut entspricht § 376 Abs 1 HGB, inhaltlich auch der Neufassung von § 323 Abs 2. Diese Vorschriften erfassen die sog **relativen Fixgeschäfte** (vgl nur *Soergel/Hadding* § 361 BGB Rn 1). Nach der Gesetzesbegründung liegt es nahe, nur die relativen, nicht die absoluten Fixgeschäfte unter die Vorschrift zu fassen, da ausdrücklich auf die Fixgeschäfte iSd §§ 361 BGB, 376 HGB verwiesen wird (Begründung § 118 RegE; str aA K/P/B-*Köndgen* § 104 Rn 10). Liegen die Voraussetzungen des § 104 Abs 1 bei einem Fixgeschäft nicht vor, so findet auf den von beiden Vertragsparteien noch nicht oder nicht vollständig erfüllten Vertrag § 103 Anwendung (*Jaeger/Henckel* § 18 KO Rn 14). 6

a) Waren mit Markt- oder Börsenpreis. Es muss sich um Waren handeln, die einen Markt- oder Börsenpreis haben. **Waren** sind bewegliche Sachen, die Gegenstand des Handelsverkehrs sind (RG 14. 10. 1930, RGZ 130, 85, 88). Dazu gehören nicht Immobilien, Forderungen, Rechte und Wertpapiere, soweit sie unter die Spezialvorschrift des § 104 Abs 2 fallen. Grundsätzlich ist unter dem Marktpreis der Preis zu verstehen, der an einem für das Unternehmen maßgeblichen oder ihm doch zugänglichen Handelsplatz für Waren einer bestimmten Gattung zu einem bestimmten Zeitpunkt oder während eines bestimmten Zeitabschnitts im Durchschnitt gewährt wird. Der Börsenpreis ist der an einer amtlich anerkannten Börse im geregelten Markt oder im Freiverkehr festgestellte Kurs (vgl *Baumbach/Hopt* HGB § 253 Rn 14; *Heymann/Walz* HGB § 253 Rn 94 f). Waren mit einem **Markt- oder Börsenpreis** sind nicht die im weiteren Sinne als „marktgängig" bezeichneten Waren, sondern nur solche, die in so bedeutendem Umfang gehandelt werden, dass aufgrund der geschlossenen Geschäfte durch Vergleich der Preise regelmäßig ein **Durchschnittspreis** ermittelt werden kann (RG 23. 1. 1895, RGZ 34, 117, 121; K/P/B-*Köndgen* § 104 Rn 9). Es ist aber nicht erforderlich, dass der Durchschnittspreis amtlich auf einem Markt oder an der Börse festgestellt wird; es genügt, wenn er sich durch Sachverständige ermitteln lässt (RG 1. 12. 1900, RGZ 47, 104, 113; BerlKo-*Goetsch* § 104 Rn 11; *Hess* § 104 Rn 31; *Jaeger/Henckel* § 18 KO Rn 7; N/R/*Balthasar* § 104 Rn 15). 7

b) Festbestimmte Zeit. Die Lieferung der Ware (nicht die Abladung, OLG Hamburg 15. 7. 1907, OLGZ 15, 227; OLG Hamburg 21. 3. 1911, OLGZ 23, 302, 303; OLG Hamburg 2. 5. 1912, OLGZ 25, 326, auch nicht die Zahlung des Kaufpreises) muss zu einer genau **festbestimmten Zeit** oder binnen einer **festbestimmten Frist** vereinbart sein. Es muss also nach dem Willen der Vertragschließenden die Zeit der Lieferung derart wesentlich sein, dass ihre Nichteinhaltung dem anderen Teil, ohne dass es einer Nachfristsetzung bedarf, das Recht gibt, sofort vom Vertrag zurückzutreten oder Schadensersatz wegen Nichterfüllung zu verlangen (bisher §§ 361 BGB, 376 HGB; 50 ff BörsG; RG 27. 5. 1902, RGZ 51, 347, 348; **RG** 30. 4. 1924, RGZ 108, 158, 159; **RG** 29. 6. 1927, RGZ 117, 354, 356; nunmehr §§ 323 Abs 2 Nr 2, 325, 281 Abs 2 BGB). Ein Fixgeschäft erfordert aber nicht nur die Festlegung einer genauen Lieferzeit oder Lieferfrist, sondern darüber hinaus Einigkeit der Parteien darüber, dass der Vertrag mit der Einhaltung oder Nichteinhaltung der Lieferzeit oder Lieferfrist „**stehen oder fallen**" soll, 8

§ 104

wobei sich jeder Zweifel gegen die Annahme eines Fixgeschäftes auswirkt (ständige Rechtsprechung, vgl nur **BGH** 17. 1. 1990, BGHZ 110, 88, 96). Weitere Einzelheiten bei *Jaeger/Henckel* § 18 KO Rn 8, unter Hinweis darauf, dass das börsengesetzliche Verbot, Getreidetermingeschäfte als Fixgeschäfte auszugestalten (§ 67 Abs 2 Nr 1 BörsG aF), inzwischen aufgehoben wurde (vgl *K/P/B-Köndgen* § 104 Rn 10). Auf bürgerlich-rechtliche **Differenzgeschäfte** (§ 764 BGB) findet § 104 Abs 1 keine Anwendung (FK-*Wegener* § 104 Rn 9; K/U § 18 KO Rn 5). Differenzgeschäfte haben keinen Güterumsatz zum Inhalt. Sie sind Spekulationsgeschäfte. Es handelt sich um Naturalobligationen (§§ 764, 762 Abs 1 BGB). Die unverbindlichen Differenzgeschäfte sind von den verbindlichen Börsentermingeschäften abzugrenzen (§§ 52 ff BörsG). Auch das **Abladegeschäft** ist kein Fixgeschäft iSv § 104 Abs 1 (Kilger/K. *Schmidt* § 18 KO Bem 1 d unter Berufung auf das SchiedsGer d Hamburger Waren-Vereins 6. 1. 1961, MDR 1961, 421).

9 c) **Zeit- oder Fristablauf nach Verfahrenseröffnung.** § 104 Abs 1 setzt ferner voraus, dass der Zeitpunkt für die Lieferung erst **nach Insolvenzeröffnung** liegt oder die Frist erst nach diesem Zeitpunkt abläuft. Jede zeitliche Überschreitung des Verfahrenseröffnungszeitpunkts reicht aus. Für § 18 Abs 1 KO wurde eine sich mittelbar aus § 18 Abs 3 iVm Abs 2 KO ergebende Mindestfrist von 2 Tagen nach Verfahrenseröffnung vertreten (vgl *Jaeger/Henckel* § 18 KO Rn 10; Kilger/K. *Schmidt* § 18 KO Bem 1 d; K/U § 18 KO Rn 6). Auf die Übernahme von § 18 Abs 3 KO wurde verzichtet. Daraus kann nur hergeleitet werden, dass der Gesetzgeber eine zeitliche Grenze auch nach Verfahrenseröffnung bezüglich Lieferfrist oder Liefertermin nicht mehr für wünschenswert hält, wie auch die Begründung des Rechtsausschusses zu § 118 RegE zeigt (vgl N/R/*Balthasar* § 104 Rn 17). War dagegen schon vor Verfahrenseröffnung der für die Lieferung bestimmte Zeitpunkt eingetreten oder die bestimmte Frist abgelaufen, so kommt § 103 zur Anwendung. Der Insolvenzverwalter hat dann, sofern nach Maßgabe der §§ 323 Abs 2, 350 BGB, 376 HGB dem Schuldner noch das Recht zusteht, nachträgliche Erfüllung zu verlangen, die Wahl, ob er dieses Recht für die Masse geltend machen will.

10 3. **Rechtsfolgen.** Kraft Gesetzes wandelt sich das ursprüngliche Lieferungsgeschäft in ein **Differenzgeschäft** um (*Jaeger/Henckel* § 18 KO Rn 16 f; K/U § 18 KO Rn 1). Es kann keine Erfüllung mehr verlangt werden. Geltend gemacht werden kann lediglich nur eine Forderung wegen Nichterfüllung (*Mot* S 71; *RG* 19. 12. 1914, LZ 1915, 539, 541). Das Wahlrecht nach § 103 ist ausgeschlossen. Die Umwandlung ist endgültig. Sie behält ihre Wirkung auch nach Beendigung des Insolvenzverfahrens, und auch dann, wenn der Eröffnungsbeschluss auf sofortige Beschwerde hin wieder aufgehoben wird. Sonst würde der Vertragsgegner in die missliche Lage geraten, vor der ihn § 104 Abs 1 gerade schützen will (*Hess* § 104 Rn 34; *Jaeger/Henckel* § 18 KO Rn 17; Kilger/K. *Schmidt* § 18 KO Bem 2; K/U § 18 KO Rn 8; *K/P/B-Köndgen* § 104 Rn 16; N/R/*Balthasar* § 104 Rn 18; *Smid/Henning Meyer* § 104 Rn 9). Es kann also keiner der Vertragsteile nach Aufhebung des Verfahrens wieder auf den Vertrag zurückgreifen und Erfüllung verlangen, mag auch der Zeitpunkt der Lieferung oder das Ende der Frist erst in die Zeit nach der Aufhebung fallen (*Jaeger/Henckel* § 18 KO Rn 18). Zur Berechnung des Differenzanspruchs vgl unten die Kommentierung zu § 104 Abs 3, Rn 29 ff.

III. Finanzleistungsgeschäfte auf Termin (§ 104 Abs 2)

11 Unter näher in § 104 Abs 2 S 1 geregelten Voraussetzungen gelten für schwebende Finanzleistungsgeschäfte auf Termin die gleichen Rechtsfolgen wie für Waren-Fixgeschäfte. Nicht abschließend („insbesondere") werden in § 104 Abs 2 S 2 Nr 1–6 bestimmte Finanztermingeschäfte aufgezählt. Schließlich wird in § 104 Abs 2 S 3 sichergestellt, dass unter den entsprechenden Voraussetzungen alle noch nicht erfüllten Ansprüche aus zwischen zwei Parteien bestehenden Finanzgeschäften zu saldieren sind („close-out netting").

12 1. **Finanzleistungen zum Markt- oder Börsenpreis (§ 104 Abs 2 S 1).** Die Vorschrift hat kein Vorbild. Sie verfolgt einen offenen Ansatz und ist weit auszulegen.

13 a) **Finanzleistungen.** Unter den bislang unbekannten Begriff der „Finanzleistungen" will der Gesetzgeber offensichtlich alle Formen der Finanz-Derivate fassen. Derivate werden zwar in § 2 Abs 2 WpHG näher definiert. Der Begriff der Derivate im Sinne des § 2 Abs 2 WpHG ist aber enger als der im insolvenzrechtlichen Bereich verwendete Begriff der Finanz-Derivate.

14 Alle Finanz-Derivate können letztlich auf die beiden **Grundtypen** Option und Festgeschäft zurückgeführt oder als Kombination beider aufgefasst werden (*Bosch* WM 1995, 365, 370). Das **Festgeschäft**, vor allem in Form des Terminkaufs oder -verkaufs, ist dadurch gekennzeichnet, dass der Kaufgegenstand erst zu einem hinausgeschobenen Zeitpunkt zu liefern und zu bezahlen ist. Daher ist das Festgeschäft zwischen Abschluss und Fälligkeit ein beiderseits noch nicht erfülltes schwebendes Geschäft (*Bosch* WM 1995, 365, 370; *Ehricke*, ZIP 2003, 273, 276; s auch oben Rn 5). Ein **Optionsgeschäft** ist in seiner typischen Form ein Vertrag, durch den einer Partei, dem Optionskäufer, das Recht (Optionsrecht) eingeräumt wird, zu einem künftigen Zeitpunkt durch einseitige Erklärung (Ausübung) ein Geschäft zu vorab festgelegten Konditionen abzuschließen (*Bosch* WM 1995, 365, 370). In der Regel wird

III. Finanzleistungsgeschäfte auf Termin (§ 104 Abs 2)   **§ 104**

die Gegenleistung für den Erwerb des Optionsrechts, die Prämie, bei Abschluss des Optionsgeschäfts gezahlt. Als dritter Grundtyp der Finanz-Derivate können die **Finanz-Swaps** und ähnliche Geschäfte angesehen werden. Finanz-Swaps sind Termingeschäfts-Varianten über den in der Regel periodischen Austausch von Geldzahlungen (*Bosch* WM 1995, 365, 370). Die Finanz-Swaps sind von ihrem wirtschaftlichen Zweck her den Finanz-Derivaten zuzurechnen.

Eine allgemein gültige Definition der Finanzleistungen im Sinne des § 104 Abs 2 S 1 ist aufgrund der **15** nicht abgeschlossenen Weiterentwicklung der Finanzprodukte schwerlich möglich. Da der Gesetzgeber aber in § 104 Abs 2 S 2 Nr 1–6 für den Begriff der Finanzleistungen im wesentlichen Termin- oder Optionsgeschäfte zugrunde gelegt hat, andererseits aber Bargeschäfte nicht erfasst werden sollen, liegen Finanzleistungen dann vor, wenn ein Termin- oder Optionsgeschäft, ein Kombinationsgeschäft aus Termin- oder Optionsgeschäft oder eine Ausprägung eines Termin- oder Optionsgeschäfts vorliegt einschließlich der entsprechenden Bestellung von Finanzsicherheiten, ohne dass auf einer Seite der Tatbestand vollständiger Erfüllung gegeben ist.

Finanzleistungen müssen vertragstypische Leistungen sein. Erbringt eine Vertragspartei eine Finanz- **16** leistung, die andere eine Warenlieferung, ist auszulegen, welche Leistung den Vertrag prägt. Ist nicht feststellbar, dass die Finanzleistung das Geschäft prägt, ist § 104 Abs 2 nicht anwendbar (KS-*Bosch*, 1009, Rn 38).

b) Markt- oder Börsenpreis. Die Finanzleistung muss nach § 104 Abs 2 S 1 einen **Markt- oder Börsen-** **17** **preis** haben. Diese Voraussetzung ist weit auszulegen (Begr Rechtsausschuss zu § 118 RegE, BT-Drucks 12/7302, S 168; FK-*Wegener* § 104 Rn 14; *Hess* § 104 Rn 65; N/R/*Balthasar* § 104 Rn 29). Entscheidend ist die Möglichkeit, objektiv einen Preis feststellen zu können. Bei den Finanzleistungen des § 104 Abs 2 ist häufig eine individuelle Ausgestaltung durch die Vertragsparteien marktüblich. So ist ein Marktpreis auch bei nicht börsengehandelten Finanz-Derivaten ermittelbar, sog OTC-Geschäfte (over the counter-Geschäfte; K/P/B-*Köndgen* § 104 Rn 17). Bei OTC-Geschäften handelt es sich um Verträge, die vom Emittenten hinsichtlich Laufzeit, Volumen und Basispreis speziell auf die Bedürfnisse des Kunden abgestimmt werden (*Kümpel*, Bank- und Kapitalmarktrecht Rn 13.84). Entscheidend ist die Möglichkeit, sich anderweitig eindecken zu können (Begr Rechtsausschuss zu § 118 RegE, BT-Drucks 12/7302, S 168). Ein Markt- oder Börsenpreis ist demnach nicht nur ein nach seinen konkreten Konditionen aus den Medien ersichtlicher und überprüfbarer Preis (*Bosch* WM 1995, 413, 418). Ein Marktpreis liegt auch dann vor, wenn er mathematisch abgeleitet werden kann, zB von Zinssätzen (*Bosch* WM 1995, 413, 418; FK-*Wegener* § 104 Rn 14; Smid/*Henning Meyer* § 104 Rn 11; str aA N/R/*Balthasar* § 104 Rn 29, der fordert, dass zu dem Markt- oder Börsenpreis tatsächliche Umsätze stattfinden).

c) Leistungszeit. Für die Finanzleistungen muss lediglich eine „**bestimmte Zeit**" oder eine „**bestimmte** **18** **Frist**" vereinbart sein, die erst nach der Eröffnung des Verfahrens eintritt oder abläuft. Abweichend von § 104 Abs 1 wird nicht die Erbringung einer Leistung zu einer „festbestimmten" Zeit oder innerhalb einer „festbestimmten" Frist vorausgesetzt. Dadurch hat der Gesetzgeber deutlich gemacht, dass die Finanzleistungen keine Fixgeschäfte im Sinne der §§ 323 Abs 2 Nr 2 BGB, 376 HGB sein müssen (Regierungsbegr zu § 118 RegE, BT-Drucks 12/2443, S 145; K/P/B-*Köndgen* § 104 Rn 17). Damit werden auch solche Finanztermingeschäfte eingeschlossen, für die vertraglich vorgesehen ist, dass dem säumigen Vertragspartner eine Nachfrist für die Erfüllung zu setzen ist (*Hess/Obermüller* InsO Rn 911; Smid/*Henning Meyer* § 104 Rn 11). Nicht von der Vorschrift werden dagegen solche Geschäfte erfasst, die sofort zu erfüllen sind oder die auf unbestimmte Zeit abgeschlossen sind (*Bosch* WM 1995, 413, 417; *Hess* § 104 Rn 36). Fraglich kann jedoch sein, ob die tatbestandliche Umschreibung der erfassten Geschäfte auf „eine bestimmte Zeit oder eine bestimmte schwebende Frist" nur (wie in § 104 Abs 1) Termingeschäfte erfassen soll oder ob sie auch auf schwebende Kassageschäfte erstreckt werden muss (zum Meinungsstand vgl *Ehricke*, ZIP 2003, 273, 276; MüKoInsO-*Jahn* S 104 Rn 73). Die Tatsache, dass die Vorschrift bis zur letzten Gesetzesänderung mit „Finanztermingeschäften" überschrieben war, kann kaum Gewicht haben (vgl *Ehricke* ZIP 2003, 273, 276). Entscheidend dürfte vielmehr sein, dass auch schwebende Kassageschäfte ebenso wie auslaufende Terminkontrakte die gleiche Risiko- (oder auch Spekulations-)lage repräsentieren: Bis zur Fälligkeit können sich die Marktpreise nachhaltig verändern. Gerade diese Phase anhaltender Unsicherheit mit unüberschaubaren Kursrisiken will die gesetzliche Regelung ausschalten. Deshalb ist mit der ganz überwiegenden Auffassung davon auszugehen, dass § 104 Abs 2 S 1 (ebenso wie § 104 Abs 1 S 1) nicht nur Terminkontrakte, sondern auch schwebende Kassageschäfte erfasst (ebenso KS-*Bosch* S 1009, 1017 Rn 72 ff; MüKoInsO-*Jahn* § 104 Rn 73; *Ehricke*, ZIP 2003, 273, 276). Der Wortlaut der Vorschrift selbst steht dieser Auslegung keinesfalls entgegen.

d) Einseitig vollständig erfüllte Verträge. Finanzleistungsgeschäfte auf Termin, die von einer Seite be- **19** reits vollständig erfüllt sind, fallen nicht unter § 104 Abs 2. Dies ergibt sich aus dem systematischen Zusammenhalt zu § 104 Abs 1 und § 103 (FK-*Wegener* § 104 Rn 12; *Hess* § 104 Rn 64; Smid/*Henning Meyer* § 104 Rn 10; str aA K/P/B-*Köndgen* § 104 Rn 13 und 33; N/R/*Balthasar* § 104 Rn 31). Diese Voraussetzung ist insbesondere im Options-Geschäft genau zu überprüfen (vgl unten Rn 22).

§ 104

20 **2. Die einzelnen Finanzleistungen des § 104 Abs 2 S 2.** Der Gesetzgeber hat in den Nr 1–6 einen **beispielartigen** Katalog von Finanzleistungen aufgeführt. Die aufgezählten Regelungsbeispiele sind, wie sich schon aus der Wortwahl des Gesetzes ergibt („Als Finanzleistungen gelten insbesondere"), **nicht abschließend**, um der künftigen Entwicklung auf dem Finanzmarkt Rechnung tragen zu können.

21 a) **Edelmetalllieferungen (Nr 1).** Edelmetallgeschäfte gehören zu den traditionellen Bankgeschäften. Die auf dem Finanzmarkt üblicherweise gehandelten Edelmetalle sind Gold, Silber und Platin (*Bosch* WM 1995, 413, 416; *Hess* § 104 Rn 47). Der Begriff der Edelmetalle ist im Übrigen aber für Marktentwicklungen offen. Rohstofflieferungen fallen dagegen als Warengeschäfte unter § 104 Abs 1 (*Hess* § 104 Rn 47; Smid/*Henning Meyer* § 104 Rn 12).

22 b) **Lieferung von Wertpapieren oder vergleichbaren Rechten (Nr 2).** Der Anwendungsbereich der Nr 2 ist auf **fungible Wertpapiere** des Kapitalmarkts beschränkt, zB Genussscheine, Aktien, Kuxe, Investmentzertifikate, Staatsanleihen und Kommunalanleihen, Kassenobligationen, Wandelschuldverschreibungen (FK-*Wegener* § 104 Rn 17; *Hess/Obermüller* InsO Rn 896; Smid/*Henning Meyer* § 104 Rn 16). Den Wertpapieren „**vergleichbare Rechte**" sind insbesondere Beteiligungs- oder Forderungsrechte, die ähnlich wie Wertpapiere gehandelt werden, aber keinen Wertpapiercharakter haben, zB unverbriefte oder nur in Beweisurkunden zertifizierte ausländische Namensaktien, handelbare Register-, Schuldbuch- oder Schuldschein-Forderungen (Begr Rechtsausschuss zu § 118 RegE, BT-Drucks 12/7302, S 168; *Bosch* WM 1995, 413, 416). Schließlich werden auch die neueren Wertpapierformen der internationalen Geld- und Kapitalmärkte erfasst, zB commercial papers, certificates of dispositi, floating rate notes (*Bosch* WM 1995, 413, 416; *Hess/Obermüller* InsO Rn 896). **Nicht unter die Vorschrift** fallen dagegen **Wertpapiere**, die **nicht marktgängig** sind, zB Schecks, Wechsel, Konnossemente, einfache und qualifizierte Legitimationspapiere. Ausgeschlossen aus dem Anwendungsbereich der Nr 2 sind Wertpapiergeschäfte, die dem Erwerb einer Beteiligung an einem Unternehmen dienen, wobei eine dauerhafte Verbindung zu dem Unternehmen beabsichtigt sein muss. Dabei geht es nicht um ein Finanztermingeschäft, sondern um einen Unternehmensanteilskauf. Insofern verbleibt es beim Wahlrecht des Insolvenzverwalters.

23 c) **Geldleistungen, die in einer ausländischen Währung oder in einer Rechnungseinheit zu erbringen sind (Nr 3).** Damit sind **Devisentermingeschäfte** gemeint. Unabhängig davon, ob man unter dem Begriff der Devise das gesetzliche Zahlungsmittel in ausländischer Währung oder das Guthaben, also eine Forderung, in ausländischer Währung erfasst, ist für das Devisenrecht bestimmend, dass mit ihm der Zahlungsmittelverkehr mit dem Ausland gelenkt werden soll *(Schimansky/Bunte/Lwowski* Bankrechtshandbuch § 117 Rn 1 ff). Bei Devisentermingeschäften handelt es sich um einen Kauf mit hinausgeschobenem Erfüllungszeitpunkt. Zwei Parteien vereinbaren, einen bestimmten Fremdwährungsbetrag oder einen auf eine Rechnungseinheit lautenden Betrag zu einem späteren Zeitpunkt zu erwerben und zu veräußern. Die Vorschrift ist ferner auf **Devisen- und Währungs-Swaps** anwendbar (FK-*Wegener* § 104 Rn 18; *Hess* § 104 Rn 52; N/R/*Balthasar* § 104 Rn 37; Smid/*Henning Meyer* § 104 Rn 17; str aA bezüglich der Währungs-Swaps – zu § 104 Abs 2 S 2 Nr 4 gehörig – K/P/B-*Köndgen* § 104 Rn 29). **Swap** bezeichnet ein außerbörsliches Finanztermingeschäft, bei dem wechselseitig Geld oder auf Rechnungseinheiten lautende Beträge ausgetauscht werden *(Schimansky/Bunte/Lwowski* Bankrechtshandbuch § 114 Rn 2). Eine besondere rechtliche Wertung ist damit nicht verbunden. Lebenssachverhalte und konkrete Ausgestaltung von Swaps sind variabel. Der **Devisen-Swap** (Währungs-Swap herkömmlichen Typs) ist ein Geschäft, bei dem eine Vertragspartei der anderen einen Währungsbetrag verkauft und sofort liefert und ihn gleichzeitig zu einem künftigen Termin zurückkauft. Es handelt sich dabei um die Verbindung eines Devisenkassageschäfts mit einem konventionellen Devisentermingeschäft (*Bosch* WM 1995, 365, 371; *Decker* WM 1990, 1001, 1003; *Obermüller* FS für Franz Merz, 1992, 423, 424; *Obermüller/Hess* InsO Rn 900). Der Devisen-Swap ist ein doppelter Kauf (*Bosch* WM 1995, 365, 372; *Decker* WM 1990, 1001, 1007; str aA *Fülbier* ZIP 1990, 544). Der **Währungs-Swap** hat die Besonderheit, dass mehrere Zahlungsaustauschgeschäfte stattfinden. Beim Währungs-Swap vereinbaren die Parteien häufig den Austausch von Kapitalbeträgen unterschiedlicher Währung zu Beginn und zum Ende der vereinbarten Laufzeit des Geschäfts zu gleichem Kurs. Zugleich verpflichten sich die Parteien, periodisch Zahlungen zu erbringen, deren Höhe von einem vereinbarten Zinssatz abhängt und die auf die ausgetauschten Währungsbeträge berechnet werden. Diese Beträge können aufgrund von Festsätzen, variablen Sätzen oder einer Kombination von Festsatz und variablem Satz berechnet werden. Währungs-Swaps eignen sich zur langfristigen Absicherung gegen Währungskursrisiken.

24 d) **Fremdbestimmte Geldleistungen (Nr 4).** Unter Nr 4 fallen Geldleistungen, deren Höhe unmittelbar oder mittelbar von Zinssätzen, Währungskursen oder dem Preis anderer Güter oder Leistungen abhängt. Die Vorschrift wurde im Laufe der Beratung des Rechtsausschusses um die Worte „unmittelbar oder mittelbar" ergänzt. Damit soll auch der Fall erfasst werden, dass die Höhe der geschuldeten Geldleistung von der Entwicklung eines „Wertpapierindex" abhängig gemacht wird (Begr Rechtsausschuss zu § 118 RegE, BT-Drucks 12/7302, S 168). Unter Nr 4 fallen insbesondere alle **Index-Swaps** im weitesten Sinne (*Hess* § 104 Rn 55; K/P/B-*Köndgen* § 104 Rn 30; Smid/*Henning Meyer* § 104 Rn 18 ff). Dazu gehören Zinssatz-Swaps, Warenpreisindex-Swaps und Kombinationen von Zinssatz- und Währungs-

III. Finanzleistungsgeschäfte auf Termin (§ 104 Abs 2)

Swaps (sog cross-currency Swaps). Gleiches gilt für Aktienpreis- oder Aktienindex-Swaps (equity Swaps oder equity-index Swaps). Der Index-Swap zeichnet sich dadurch aus, dass die Parteien periodisch Geldbeträge in der gleichen Währung austauschen, wobei sich die Zahlungen mindestens einer Partei nach einer variablen Berechnungsgröße bemessen. Voraussetzung auch bei den Index-Swaps im weitesten Sinne ist allerdings, dass beide Parteien eine Leistungspflicht trifft, die noch nicht erfüllt ist (*Obermüller/Hess* InsO Rn 903). Schließlich fallen unter Nr 4 auch Termingeschäfte in der Form von **Differenzgeschäften**, bei denen ein **Barausgleich** statt Lieferung erfolgt (*Bosch* WM 1995, 413, 416; *Obermüller/Hess* InsO Rn 902). Das Differenzgeschäft eignet sich zu Spekulations- und zu Absicherungszwecken. Der Verkäufer zahlt typischerweise die Differenz zwischen dem vereinbarten Kaufpreis und dem Marktwert des Kaufgegenstandes zum Fälligkeitszeitpunkt, wenn der Marktwert höher ist als der Kaufpreis. Im umgekehrten Fall zahlt der Käufer die Differenz (*Bosch* WM 1995, 365, 370). Unter Nr 4 fallen auch als **Differenzgeschäfte** ausgestaltete **Warentermingeschäfte** (FK-*Wegener* § 104 Rn 19; *Hess* § 104 Rn 56; *K/P/B-Köndgen* § 104 Rn 30; *N/R/Balthasar* § 104 Rn 38; *Obermüller/Hess* InsO Rn 904). Abzugrenzen sind diese Geschäfte von Warentermingeschäften, die eine effektive Lieferung vorsehen. Diese fallen nicht unter Nr 4. Allerdings können diese Geschäfte Fixgeschäfte im Sinne des § 104 Abs 1 sein.

e) **Optionen (Nr 5)**. Zu den Finanzleistungen gehören schließlich auch Optionen und optionsähnliche Geschäfte, die „andere Rechte auf Lieferungen oder Geldleistungen" iSd Nr 1–4 gewähren. Die Regelung soll nur das **Geschäft** erfassen, **durch welches die Option erworben wird**. Für das Geschäft, das durch die Ausübung der Option zustande kommt, sind die Voraussetzungen des § 104 Abs 2 gesondert zu prüfen (Begr Rechtsausschuss zu § 118 RegE, BT-Drucks 12/7302 S 168). Options- oder optionsähnliche Geschäfte, bei denen **Barausgleich statt Lieferung** vereinbart ist, fallen nach Zahlung der Prämie durch den Optionskäufer nicht mehr unter Nr 5, soweit die Geschäfte isoliert und nicht in einem Rahmenvertrag zusammengefasst sind (BerlKo-*Goetsch* § 104 Rn 23; *Bosch* WM 1995, 413, 416; FK-*Wegener* § 104 Rn 20; *Hess* § 104 Rn 58; *Obermüller/Hess* InsO Rn 906; str **aA** *K/P/B-Köndgen* § 104 Rn 33; N/R/*Balthasar* § 104 Rn 31, Rn 39; **kritisch:** Smid/*Henning Meyer* § 104 Rn 26). Optionsgeschäfte sind typischerweise Verträge, bei denen einer Partei, dem Optionskäufer, das Recht (Optionsrecht) eingeräumt wird, zu einem künftigen Zeitpunkt durch einseitige Erklärung (Ausübung) ein Geschäft zu vorab festgelegten Konditionen abzuschließen. Die Gegenleistung für den Erwerb des Optionsrechts, die Prämie, wird bei Abschluss des Optionsgeschäfts gezahlt. Der Optionskäufer hat danach bis zur Ausübung des Optionsrechts nur ein Recht, keine Pflichten. Der Vertrag ist damit einseitig voll erfüllt. Die formalen Voraussetzungen des § 104 Abs 2 liegen nicht vor. Bei einer Option mit Barausgleich schuldet der Verkäufer einer Kaufoption (call) die Differenz zwischen dem vereinbarten Erwerbspreis und dem Marktpreis, falls dieser am Ausübungstag höher ist als der Optionspreis. Der Verkäufer einer Verkaufsoption (put) schuldet die Differenz, wenn der Marktpreis niedriger ist als der Optionspreis. Anders ist die Rechtslage bei auf **Lieferung** des Optionsgegenstands gerichteten Optionsgeschäften. Mit der Zahlung der Optionsprämie erfüllt der Optionskäufer hierbei den Vertrag nicht vollständig (BGH 22. 10. 1984, WM 1984, 1598, 1599; *Ehricke*, ZIP 2003, 273, 275). Die Zahlung der Prämie ist wie eine Anzahlung zu sehen. Das einheitliche auf Lieferung des Gegenstands gerichtete Optionsgeschäft setzt sich aus zwei Schritten zusammen. Der Erwerb der Option ist der erste Schritt, der nicht zur vollständigen Erfüllung führt, der Erwerb des Optionsgegenstands ist der zweite Schritt. Das Geschäft mit **abgetrennten Optionsscheinen** fällt dagegen nicht unter Nr 5 (*K/P/B-Köndgen* § 104 Rn 32). Es handelt sich um Kassageschäfte (BGH 16. 4. 1991, ZIP 1991, 714, 715 mwN).

f) **Finanzsicherheiten (Nr 6)**. Mit der letzten Gesetzesänderung im Jahre 2004 (BGBl I S 502, so Rn 4) ist nicht nur § 1 Abs 17 KWG neu geregelt, sondern auch § 104 Abs 2 Nr 6 in die InsO aufgenommen worden. Dabei hat sich der inländische Gesetzgeber in § 1 Abs 17 mit einer verkürzten Fassung in Art 2 der Richtlinie 2002/47/EG vom 6. 6. 2002 über Finanzsicherheiten zufrieden gegeben. In Betracht kommen im Wesentlichen Bargutheben, Geldbeträge, Wertpapiere, Geldmarktinstrumente sowie Schuldscheindarlehen einschließlich jeglicher damit in Zusammenhang stehender Rechte oder Ansprüche, die als Sicherheit in Form eines beschränkten dinglichen Sicherungsrechts oder im Wege der Überweisung oder Vollrechtsübertragung auf Grund einer Vereinbarung zwischen einem Sicherungsnehmer und einem Sicherungsgeber bereitgestellt werden. Die Vorschrift ist außerordentlich komplex, da sie ganz offensichtlich die Funktion einer zusätzlichen Lückenfüllung hat, also nur selten vorkommende Fälle erfasst. Dabei muss beachtet werden, dass tatbestandlich mehrere Einschränkungen umfasst, namentlich hinsichtlich der jeweils erfassten Abrechnungen und bezüglich des in Frage kommenden Personenkreises (vgl BFS-KWG-*Schäfer*, § 1 Rn 240; Reinschauer).

Im Einzelfall wird es sorgfältiger Prüfung bedürfen, ob die ausstehende Bestellung solcher Finanzsicherheiten tatsächlich § 240 Abs 2 Nr 6 erfasst wurde.

g) **Weitere Finanz-Derivate:** Die **Terminsatz-Vereinbarung** (forward-rate-agreement) entspricht einem Zinssatz-Swap mit nur einem Berechnungszeitraum. Es ist ein Termingeschäft auf Zinsen. Es wird ein fiktiver künftiger Kredit vereinbart. Im Zeitpunkt der fiktiven Kreditgewährung wird der vereinbarte Zinssatz mit dem herrschenden Marktzins verglichen. Liegt der vereinbarte Zinssatz über dem Marktzins, erhält der Käufer die Differenz vergütet. Liegt der vereinbarte Zinssatz unter dem Marktzins, muss der Käufer dem Verkäufer die Differenz zwischen beiden Sätzen vergüten. Das Terminsatzgeschäft unterfällt daher als beidseitig nicht voll erfülltes Termingeschäft dem Anwendungsbereich des § 104 Abs 2 (N/R/*Balthasar* § 104 Rn 43).

28 Auch **Termingeschäfte**, bei denen der Zeitpunkt für die Leistungen am **ersten Tag nach der Verfahrenseröffnung** liegt, unterfallen nach der Gesetzesbegründung unzweifelhaft dem Anwendungsbereich des § 104 Abs 2. Dies ergibt sich zum einen aus der Nichtübernahme des § 18 Abs 3 KO und zum anderen aus dem Sinn der Vorschrift, schwebende Finanztermingeschäfte abzurechnen. Bei einem Geschäft, bei dem der Zeitpunkt für die Leistung am ersten Tag nach der Verfahrenseröffnung liegt, soll der Markt- oder Börsenpreis dieses Tages maßgeblich sein (vgl Begr Rechtsausschuss zu § 118 RegE BT-Drucks 12/7302 S 168; FK-*Wegener* § 104 Rn 21).

29 **Zinssatz- oder Preisbegrenzungsgeschäfte** („caps", „floors", „collars") sind vom Index-Swap abgeleitete Finanz-Derivate. Sie sind atypische gegenseitige Verträge (§§ 311, 320 ff BGB). Beinhaltet der Vertrag wirtschaftlich die Einhaltung einer Zinssatz- oder Preisobergrenze, handelt es sich um einen „cap". Soll eine Zinssatz- oder Preis-Untergrenze gesichert werden, liegt ein „floor" vor. Eine Partei zahlt bei diesen Geschäften einen festen Geldbetrag, die Prämie, während die andere Partei Zahlungen leistet, die sich nach einer variablen Berechnungsgröße (Zinssatz oder Preis) bemessen, jedoch nur, falls und soweit diese einen bestimmten festen Satz oder Preis überschreitet bzw unterschreitet (*Bosch* WM 1995, 365, 373). Unter „collar" wird wirtschaftlich eine Kombination des Verkaufs eines „cap" durch die eine mit dem Verkauf eines „floor" durch die andere Partei verstanden. Zinssatz- oder Preisbegrenzungsgeschäfte zählen als Ausprägungen von Index-Swaps zu den Finanz-Derivaten, die unter § 104 Abs 2 fallen.

30 **Kassageschäfte**, also Geschäfte mit Erfüllungsfristen von 2–3 Geschäftstagen, unterfallen aufgrund rechtspolitischer Gleichbehandlung § 104 Abs 2 (so Rn 15 aE und *Bosch* WM 1995, 413, 420; FK-*Wegener* § 104 Rn 21; *Schimansky/Bunte/Lwowski* Bankrechtshandbuch § 114 Rn 20; str **aA** *Obermüller/Hess* InsO Rn 901; Smid/*Henning Meyer* § 104 Rn 30).

31 **Wertpapierdarlehen** sind Sachdarlehen, § 607 BGB (*Bosch* WM 1995, 413, 421; *Kümpel/Peters* AG 1994, 525). Diese Geschäfte sind nicht als „schwebende Positionen" zu beurteilen, da sie von einer Seite bereits vollständig erfüllt sind und nur die Gegenposition bei Eintritt der Insolvenz offen ist (*Bosch* WM 1995, 413, 421; N/R/*Balthasar* § 104 Rn 44; Smid/*Henning Meyer* § 104 Rn 29). Möglich ist aber, Wertpapierleihverträge im Interbankenverkehr als einseitige bereits erfüllte Verträge durch einen Rahmenvertrag zusammenzufassen und einer einheitlichen Beendigung zuzuführen (*Bosch* WM 1995, 413, 421; Smid/*Henning Meyer* § 104 Rn 29; vgl § 12 Ziff 2 des Musterrahmenvertrages für Wertpapierleihgeschäfte im Interbankenverkehr, abgedruckt bei *Schimansky/Bunte/Lwowski* Bankrechtshandbuch Anh zu § 105). Enthält der Rahmenvertrag eine Beendigungsklausel, unterfällt er § 104 Abs 2 S 3 (KS-*Bosch*, Rn 80; FK-*Wegener* § 104 Rn 21).

32 Eine Sonderform von Finanz-Derivaten stellen die **Kredit-Derivate** dar. Sie dienen der Absicherung von Kreditrisiken, die im Fall einer Verschlechterung der Bonität des Kreditnehmers bzw Emittenten entstehen (*Schimansky/Bunte/Lwowski* Bankrechtshandbuch § 114 Rn 19). Bei den derzeit bekannten Kredit-Derivaten – Gesamtertrags-Swaps, Kredit-Swaps, Renditesicherungs-Swaps und verbriefte Kredit-Derivate – ist für die Anwendung von § 104 Abs 2 danach zu differenzieren, ob für die bestimmte Finanzleistung (zB Übernahme des Bonitätsrisikos) ein Markt- oder Börsenpreis im Sinne des § 104 Abs 2 S 1 besteht (vgl K/P/B-*Köndgen* § 104 Rn 34; *Nordhues/Benzler* WM 1999, 461, 470). Ist Bezugsgegenstand des Kredit-Derivats nicht ein Wertpapier oder ein Korb von Wertpapieren, sondern ein individueller Kredit, scheidet mangels Marktpreis die Anwendung von § 104 aus.

33 **3. Rechtsfolgen.** Die Rechtsfolgen des § 104 Abs 2 S 1 sind identisch mit denen des § 104 Abs 1. Soweit nur ein einzelnes oder mehrere nicht durch einen Rahmenvertrag verbundene Finanztermingeschäfte vorliegen, **erlöschen** die gegenseitigen **Erfüllungsansprüche**. Diese werden durch einen einseitigen **Differenzanspruch** ersetzt (oben Rn 10).

34 **4. Rahmenverträge (§ 104 Abs 2 S 3).** Die Vorschrift ist der eigentliche Kernpunkt der gesetzlichen Neuregelung der Finanzleistungsgeschäfte per Termin (Finanztermingeschäfte). Sie trägt den marktspezifischen Notwendigkeiten Rechnung, dass Finanzleistungsgeschäfte per Termin zwischen Finanzinstituten unmittelbar oder zwischen ihnen und Dritten ebenso wie die Geschäfte zwischen diesen Parteien, die in einem Clearing-System mit einer zentralen Vertragspartei (vgl *Ehricke*, FS Lüer, S 363 ff) regelmäßig im Rahmen eines Mantelvertrages abgeschlossen und abgewickelt werden. Dies kann insbesondere auch zutreffen bei regelmäßig wiederkehrenden Geschäften der Verfügung über Finanzsicherheiten im Sinn von § 1 Abs 17 KWG oder der Verrechnung von Ansprüchen und Leistungen aus Überweisungs-, Zahlungs- oder Übertragungsverträgen, die im Rahmen der Teilnahme an einem System im Sinn von § 1 Abs 16 KWG abgeschlossen werden. Auch in all diesen systembezogenen gegenseitigen Vertragsbeziehungen eröffnet die gesetzliche Regelung eine ganzheitliche Betrachtungsweise unter Einbeziehung bereits einseitig erfüllter Geschäfte (vgl *Berger* in: KS-InsO 499, Rn 60); zur Risikominimierung zu Gunsten aller unmittelbar Beteiligter findet eine Gesamtverrechnung statt, auch wenn es uns aus dem Wortlaut der Vorschrift nicht eindeutig hervorgehen mag (vgl auch *Ehricke*, ZIP 2003, 273, 279).

III. Finanzleistungsgeschäfte auf Termin (§ 104 Abs 2) § 104

a) Ausgangslage. Existieren zwischen zwei Parteien mehrere schwebende Finanzleistungsgeschäfte per 35
Termin, so besteht bei Insolvenz einer Partei die Gefahr der nur selektiven Erfüllung der Geschäfte
durch den Insolvenzverwalter oder einer Vertragspartei des Schuldners („cherry-picking"). Wählt etwa
der Insolvenzverwalter die Erfüllung der aus seiner Sicht günstigen Geschäfte, lehnt er jedoch gleichzeitig die Erfüllung der ungünstigen Geschäfte ab, so kann dies den Vertragspartner schwer schädigen; ein
eventueller Schadensersatzanspruch ist eine einfache Insolvenzforderung. Eine Aufrechnungsmöglichkeit nach §§ 387 ff BGB scheitert regelmäßig: Zwar werden die fälligen Forderungen grundsätzlich als
fällig fingiert (§ 41) und nicht auf Geld lautende Forderungen auf Währung umgerechnet (§ 45). § 95
Abs 1 S 2 sieht jedoch ausdrücklich vor, dass diese Vorschriften hier nicht anwendbar sein sollen. Ferner ist die Aufrechnung auch ausgeschlossen, wenn die Forderung, gegen die aufgerechnet werden soll,
unbedingt und fällig wird, bevor die Aufrechnung erfolgen kann, § 95 Abs 1 S 3. Möglicherweise löst
die insolvente Vertragspartei durch das selektive Erfüllungsverlangen seines Verwalters die Insolvenz eines
Dritten zusätzlich aus. Dies kann wiederum andere Finanzinstitute in Mitleidenschaft ziehen (Dominoeffekt). Das Gesamtrisiko ist oft unabwägbar, und das Volumen der Finanztermingeschäfte nimmt ständig
zu (vgl *Bosch* WM 1995, 365, 367). Der Gesetzgeber war bestrebt, das Risiko aus solchen Konstellationen zu minimieren (Begr Rechtsausschuss zu § 118 RegE, BT-Drucks 12/7302, S 168). Der Risikominimierung dient die Glattstellung der Geschäfte nach § 104 Abs 2 S 3 (*Ehricke* ZIP 2003, 273, 279).
Bei Eröffnung des Insolvenzverfahrens werden die schwebenden Finanzleistungsgeschäfte beendet und
durch einen Ausgleichsanspruch in Höhe des Nettomarktwerts aller Geschäfte ersetzt („close-out netting"). Die gesetzliche Durchsetzung der vertraglich vorgesehenen Gesamtverrechnungsmöglichkeit ist
von zentraler Bedeutung für die Marktteilnehmer im Geschäft mit Finanz-Derivaten in der Bundesrepublik ebenso wie im Ausland. Denn der Handel mit Finanzderivaten muss zwangsläufig als weniger
risikoreich eingeschätzt werden, wenn bei Insolvenz eines Marktteilnehmers ein „close-out netting"
wenigstens in der zweiseitigen Vertragsbeziehung möglich ist und das Ausfallrisiko auf den saldierten
Wert der Gesamtposition vermindert wird (*Bosch* WM 1995, 365, 369).

b) Voraussetzung für das „close-out-netting" ist nach § 104 Abs 2 S 3, dass Geschäfte – also mindes- 36
tens zwei – über **Finanzleistungen** iSd § 104 Abs 2 S 1 und insbesondere solche in der Form nach S 2 Nr
1–6 in einem **Rahmenvertrag** zusammengefasst werden. Wie ein solcher Rahmenvertrag auszusehen hat,
sagt das Gesetz nicht; es muss für den Rahmenvertrag lediglich vereinbart sein, dass er bei Vorliegen eines
Insolvenzgrunds (früher: bei Vertragsverletzungen) nur **einheitlich beendet** werden kann. Die Einzelforderungen, die dann bei Verrechnung berücksichtigt werden, brauchen nicht aus gleichartigen Finanzleistungsgeschäften zu stammen. Sämtliche von § 104 Abs 2 erfassten Geschäfte sind grundsätzlich saldierungsfähig (*K/P/B-Köndgen* § 104 Rn 44; *N/R/Balthasar* § 104 Rn 47). Vom „close-out netting" werden
nur die gegenseitigen Forderungen zweier Parteien erfasst (vgl Begr Rechtsausschuss zu § 118 RegE, BT-
Drucks 12/7302, S 168). Möglich ist demnach nur ein bilaterales Netting. Die Vorschrift ist nur auf zweiseitige (privative) Vertragsbeziehungen anwendbar, nicht jedoch auf multilaterale Nettingabreden, bei denen die Forderungen mehrerer Teilnehmer in einem Clearing-Verfahren (vgl dazu *Schimansky/Bunte/
Lwowski* Bankrechtshandbuch § 114 Rn 123) zu einem Einheitssaldo verrechnet werden (*K/P/B-
Köndgen* § 104 Rn 45). Ebenso problematisch sind Konzernverrechnungsvereinbarungen von mehr als
zwei Gesellschaften gegeneinander (*K/P/B-Köndgen* § 104 Rn 45); sie eignen sich grundsätzlich nicht für
eine Behandlung nach § 104 Abs 2 S 3 (vgl auch *Schwahn*, NJW 2005, 473–475).

c) Wirksamkeit vertraglicher Abreden. § 104 Abs 2 S 3 bringt vertragliche Rechtsgestaltungen zur 37
Durchsetzung, jedoch nach bestimmten Modalitäten, die zwingend sind und der Disposition der Parteien entzogen werden. Per Gesetz werden die Finanzleistungsgeschäfte beendet und saldiert, soweit im
Übrigen die tatbestandlichen Voraussetzungen vorliegen. Ein vertraglicher Ausschluss oder eine inhaltliche Beschränkung des Verrechnungsgebots nach Glattstellung scheitert an § 119, ist mithin unwirksam.
Tatsächlich werden in der Praxis immer wieder Insolvenz„schutz"-Klauseln entwickelt, die im Einzelfall an § 119 zu messen sind. Im Grundsatz wird man dabei darauf abzustellen haben, dass die insolvenzbedingte Beendigung des Rahmenvertrags „als eines fiktiven gegenseitigen Vertrags" zu einer
einheitlichen Behandlung aller ihm zuzuordnenden Finanzleistungsgeschäfte führt mit der regelmäßigen
Folge entsprechender Verrechnung gegenseitiger Ansprüche auf Schadensersatz wegen Nichterfüllung.
Entsprechend dem Wortlaut von § 104 Abs 2 S 3 geht der Gesetzgeber davon aus, dass der Zeitpunkt
der Verrechnung nie vor der Eröffnung des Insolvenzverfahrens liegen kann, jedoch auch die Verträge
mit einbezieht, die im Zeitpunkt der Eröffnung des Insolvenzverfahrens nur einseitig erfüllt sind (vgl
Ehricke ZIP 2003, 273, 279).

Finanzleistungsgeschäfte per Termin werden national und international durchgängig über standardi- 38
sierte Rahmenverträge („master agreements") abgehandelt. Die wichtigsten sind der deutsche „**Rahmenvertrag für Finanztermingeschäfte 1993**" (abgedruckt bei *Schimansky/Bunte/Lwowski* Bankrechtshandbuch Anhang 1 zu § 114) und der Standardvertrag der „International Swaps and Derivatives
Association", **ISDA Master Agreement 1992**. In diesen Vertragswerken sind Regelungen für den Fall
der Insolvenz einer Partei enthalten. Im deutschen Rahmenvertrag für Finanztermingeschäfte ist bestimmt, dass der Vertrag ohne Kündigung im Insolvenzfall endet, wobei der Insolvenzfall bereits dann
eintritt, wenn die Eröffnung des Insolvenzverfahrens beantragt wird und diese Partei entweder den An-

trag selbst gestellt hat oder zahlungsunfähig oder sonst in einer Lage ist, die die Eröffnung eines solchen Verfahrens rechtfertigt (Ziffer 7 Abs 2). Im Fall der Beendigung durch Insolvenz ist keine Partei mehr zur Zahlung oder zu sonstigen Leistungen verpflichtet, die gleichtägig oder später fällig geworden wären. An die Stelle der Verpflichtung auf Erfüllung treten Ausgleichsforderungen (Ziffer 7 Abs 3). Die **Rechtsfolge** des § 104 Abs 3 wird daher durch die vertragsautonom herbeigeführte Vorfälligkeit zeitlich vorversetzt. Solche Klauseln sind jedoch grundsätzlich unbedenklich. Sie schaffen vertraglich lediglich die Rechtslage, die gemäß § 104 Abs 2 auch kraft Gesetzes eintritt (*Berger* in: KS-InsO 499, Rn 55; *Bosch* WM 1995, 413, 422; FK-*Wegener* § 104 Rn 30; *Hess* § 104 Rn 80; *K/P/B-Köndgen* § 104 Rn 39). Der Verwalter muss den Vertrag in dem Zustand hinnehmen, in dem er sich bei Verfahrenseröffnung befindet (**BGH** 26. 9. 1985, BGHZ 96, 34, 37). Damit ist für Finanzleistungsgeschäfte der frühere Meinungsstreit hinfällig geworden, ob Lösungsklauseln jeder Art für den Fall des Insolvenzantrags unwirksam sind (vgl *K/P/B-Köndgen* § 104 Rn 39). Allerdings finden sich im deutschen Rahmenvertrag **Abweichungen** hinsichtlich der Rechtsfolgen von § 104 Abs 3. Ziff 8 Abs 1 des Rahmenvertrags sieht eine **konkrete Schadensberechnung** vor im Gegensatz zu der abstrakten Berechnung nach § 104 Abs 3; Ziff 9 Abs 2 sieht eine weitergehende **Aufrechnungsbefugnis** vor. Dies könnte gegen zwingendes Gesetzesrecht verstoßen; denn diese Vertragsklauseln und jede andere, den Zweck des § 104 beschränkende Vereinbarung, sind grundsätzlich unwirksam (*Bosch* WM 1995, 413, 424; FK-*Wegener* § 104 Rn 30; *K/P/B-Köndgen* § 104 Rn 39; vgl auch die Vorauflage; str **aA** *Smid/Henning Meyer* § 104 Rn 49). Mit Sicherheit wird man anzunehmen haben, dass eine vertragliche Abrede über eine konkrete Schadensberechnung offenkundig im Widerstreit zum Wortlaut der gesetzlichen Regelung steht und deshalb nicht anzuerkennen ist (*Ehricke* ZIP 2003, 273, 277). Für die vertraglich verabredete Aufrechnungsbefugnis gilt das nur dann, wenn sie sich auf Forderungen erstreckt, die nicht zum tatbestandlichen Kreis der in § 104 Abs 2 S 1 erfassten Geschäfte zählt.

39 Kommt man im Einzelfall jedoch zu der Einschätzung, dass die rahmenvertraglichen Gestaltungen wirksam und daher zu befolgen sind, bleibt die Frage der Anfechtbarkeit bei entsprechender Verrechnung zu Lasten der Masse. Die Möglichkeit der Anfechtung ist grundsätzlich zu bejahen (*Benzler* ZInsO 2000, 1, 10: *Hess* § 104 Rn 97; *K/P/B-Köndgen* § 104 Rn 40; *Smid/Henning Meyer* § 104 Rn 38) und sie ist auch nach der Rechtsprechung das Korrektiv für vertragliche Lösungsklauseln (**BGH** 11. 11. 1993, BGHZ 124, 76). Eine solche Konstellation könnte insbesondere dann zum Zug kommen, wenn die Verrechnungsmöglichkeiten nach dem maßgeblichen Rahmenvertrag zu einer Saldierung zu einem früheren als dem Tag der Eröffnung des Insolvenzverfahrens führen. Soweit sich daraus dann ein günstigerer Saldo zu Lasten der Masse errechnet, als er sich nach dem in § 103 Abs 3 maßgeblichen Zeitpunkt errechnen würde, führt der Gesamtverrechnungsakt wegen Masseverkürzung wohl zu einer Gläubigerbenachteiligung (*K/P/B-Köndgen* § 104 Rn 40; **BGH** 11. 11. 1993, BGHZ 124, 76, 78) und damit auch zur Anfechtbarkeit nach §§ 131, 133.

IV. Forderungsberechnung (§ 104 Abs 3)

40 1. **Abstrakte Schadensberechnung.** Die Höhe der Forderung wegen Nichterfüllung wird **abstrakt** berechnet. Dies bedeutet, es ist gleichgültig, ob der Schaden in Wirklichkeit größer oder geringer ist. Es ist auch nicht entscheidend, ob sich der Käufer tatsächlich anderweitig eindeckt, und falls er sich eindeckt, ob und welchen Verlust er dabei erleidet (*RG* 19. 12. 1914, LZ 1915, 539, 541; *Jaeger/Henckel* § 18 KO Rn 21; K/U § 18 KO Rn 9). Der Forderungsbetrag bestimmt sich allein durch den Unterschied zwischen dem Vertragspreis und dem ermittelten Markt- oder Börsenpreis. Maßgebend ist der Markt- oder Börsenpreis, der am zweiten Werktag nach der Eröffnung des Insolvenzverfahrens am Erfüllungsort für einen Vertrag mit der vereinbarten Erfüllungszeit üblich ist (HK-*Marotzke* § 104 Rn 8 ff; *Ehricke* ZIP 2003, 273, 281). Ist es nicht möglich, diesen Preis zu ermitteln, ist der Preis zu berücksichtigen, der für den Tag davor maßgeblich war (Begr Rechtsausschuss zu § 118 RegE, BT-Drucks 12/7302 S 168). Um die Möglichkeit zu eröffnen, die Gesamtsaldierung auch auf andere Stichtage vorzunehmen, hat der Gesetzgeber die Ausschlussklausel § 18 Abs 3 KO nicht übernommen. Übersteigt der ermittelte Markt- oder Börsenpreis den Vertragspreis, hat der Käufer den Unterschied zu fordern; ist er geringer, so hat der Verkäufer den Vorteil. Courtage und Provisionen können zur Ermittlung der Differenz zugerechnet werden (FK-*Wegener* § 104 Rn 23; *Jaeger/Henckel* § 18 KO Rn 22; K/U § 18 KO Rn 9; str **aA** N/R/*Balthasar* § 104 Rn 19).

41 2. **Parteivereinbarung zum Stichtag.** § 104 Abs 3 S 1 eröffnet den Parteien nach seinem heutigen Wortlaut, dass sie sich für die Bestimmung des Schadensersatzes wegen Nichterfüllung auf einen Stichtag einigen, der nicht später sein darf als der fünfte Werktag nach der Eröffnung des Verfahrens am Erfüllungsort. Eine solche Vereinbarung kann ganz allgemein und abstrakt bereits im Rahmenvertrag oder auch in den zu ihm gehörenden allgemeinen Geschäftsbedingungen verabredet werden (*Ehricke* NZI 2006, 564, 566). Zutreffend erscheint die Auffassung, dass innerhalb eines abzurechnenden Rahmenvertrags auch ganz unterschiedliche Stichtage für die Einzelkontrakte vereinbart sein können (*Ehricke* NZI 2006, 564, 565 f). Fraglich kann allenfalls ein, ob die vertraglich vorgesehene Einigung auf einen Stichtag auch noch nach Eintritt der Insolvenz erfolgen kann, etwa wenn ursprünglich

V. Ausübung von Wahlrechten vor Verfahrenseröffnung § 104

überhaupt keine Regelung vorgesehen war oder sich bei der verabredeten Regelung Unklarheiten oder Lücken ergeben. Der Wortlaut von § 104 Abs 3 S 1 schließt eine solche nachträgliche Einigung nicht aus; tatsächlich kann es ganz praktischem Bedürfnis entsprechen, eine solche nachträgliche Einigung noch zuzulassen, zumal dann, wenn sie nicht nachhaltig zum Nachteil der Masse erfolgt (abw möglicherweise *Ehricke* NZI 2006, 564, 566). Erst subsidiär, nämlich bei Fehlen einer entsprechenden vertraglichen Einigung, kommt § 104 Abs 3 S 2 zum Zuge mit der gesetzlichen Festlegung auf den zweiten Werktag nach der Eröffnung des Verfahrens.

3. Forderungsberechtigung. Kommt die Saldierung der gegenseitigen Forderungen aus dem Rahmenvertrag zu dem Schluss, dass der Schuldner den Saldo zu fordern hat, so zieht der Insolvenzverwalter die entsprechende Forderung zur Masse ein. Ist der andere Teil nach der Saldierung der Forderungsberechtigte, so kann er seinen Anspruch nur als Insolvenzforderung geltend machen, wie § 104 Abs 3 S 3 ausdrücklich regelt (MüKoInsO-*Jahn* § 104 Rn 183). Vorangegangene Teilleistungen werden auf die Differenz verrechnet (HK-*Marotzke* § 104 Rn 10; früher K/U § 18 KO Rn 9). 42

4. Nachgeschäft. War zwischen den Parteien verabredet, dass entweder der Käufer am Erfüllungstag dieselbe Menge Waren, die fest gekauft ist, oder ein Mehrfaches dieser Menge zu demselben Preis nachkaufen oder der Verkäufer in gleicher Weise nachliefern darf, so wird, wenn es zur Insolvenz eines Vertragsteiles kommt, das ganze Geschäft und nicht etwa bloß der auf die feste Lieferung bezügliche Teil in ein Differenzgeschäft umgewandelt. Dies gilt nach früherem Recht (RG 19. 12. 1914, LZ 1915, 539, 541; FK-*Wegener* § 104 Rn 26; Jaeger/Henckel § 18 KO Rn 21; K/U § 18 KO Rn 10) und hat auch unter § 104 Abs 3 seine Berechtigung. 43

5. Verhältnis zu §§ 94 ff. Soweit das Verhältnis von § 104 Abs 3 zum Anwendungsbereich der §§ 94 ff in Rede steht (*Ehricke* ZIP 2003, 273, 278), erscheint die Erwägung etwaigen Vorrangs von § 104 Abs 3 eher unglücklich. Mit Recht wird darauf hingewiesen, dass § 104 Abs 3 gerade zur uneingeschränkten Durchsetzung von Abrechnungssystemen führen soll, wenn sie bei Unterbrechung durch Insolvenz zu gegenseitigen Ausgleichsansprüchen, mithin zu entsprechenden Aufrechnungslagen führt. Die Herausnahme der Systeme aus den Aufrechnungsbeschränkungen in § 96 Abs 2 eröffnet gerade die Durchsetzung der Verrechnungsmöglichkeiten, die § 104 Abs 3 eröffnet. Nach der Neufassung von § 104 Abs 3 dürfte sich die aufgeworfene Frage im Wesentlichen erledigt haben (vgl *Ehricke* ZIP 2003, 273, 278). 44

V. Ausübung von Wahlrechten vor Verfahrenseröffnung

§ 104 Abs 1 und Abs 2 regeln Fälle, in denen die Leistungszeit erst nach Verfahrenseröffnung eintritt und bis dahin ein beiderseits nicht vollständig erfüllter Vertrag vorliegt. Diese Fälle werden eher selten vorkommen. Denn Finanzleistungsgeschäfte zum Termin werden regelmäßig sofort beendet und abgewickelt, wenn die Krise eines Vertragspartners bekannt wird. Ob Rechtshandlungen bei der Abwicklung eines Finanzleistungsgeschäfts in der Krise, also insbesondere in dem Drei-Monats-Zeitraum vor Stellung des Eröffnungsantrags, **anfechtbar** sind, entscheidet sich nach den konkreten Vertragsmodalitäten, die bestimmen, ob im Einzelfall kongruente oder inkongruente Deckung vorliegt (str **aA** *Obermüller/Hess* InsO Rn 916, nie anfechtbar, da immer kongruente Deckung; *Hess* InsO § 104 Rn 68). Liegt ein **Fixgeschäft** vor, ergeben sich die Gläubigerrechte aus § 376 HGB, wenn diese Vorschrift anwendbar ist. § 376 HGB gilt für Devisentermingeschäfte (*Lüer* WM 1977, Sonderbeilage 1, 1, 5); etwa *Obermüller*, InsR Bankpraxis Rn 8, 184. Die Gläubigerrechte nach § 376 Abs 1 HGB sind der Rücktritt, der Schadensersatz wegen Nichterfüllung oder auch die Erfüllung, wenn diese sofort bei Eintritt der Leistungszeit verlangt wird. Ist das Finanzleistungsgeschäft **kein Fixgeschäft**, kann der Gläubiger erst vom Vertrag zurücktreten oder Schadensersatz wegen Nichterfüllung verlangen, wenn er die besonderen vertraglichen Vereinbarungen erfüllt hat, oder, wenn solche nicht existieren, er den Schuldner gemahnt und ihm gegebenenfalls eine Frist nach § 281 Abs 1 BGB gesetzt hat (zum bisherigen Recht *Obermüller/Hess* InsO Rn 920; str **aA** *Jaeger/Henckel* § 18 KO Rn 10 und § 17 KO Rn 205, kein Rücktrittsrecht, nur Schadensersatz). 45

Umstritten ist die Rechtslage sowohl für Finanzleistungsverträge mit Fixgeschäftscharakter als auch für andere Verträge auf Finanzleistungen, soweit die **Fälligkeit** erst **nach Zahlungsunfähigkeit** oder **Stellung eines Insolvenzantrages** eintritt (zum Folgenden ausführlich *Obermüller*, InsR Bankpraxis Rn 8, 192 ff). Bei Fixgeschäften iSd § 376 HGB ist streitig, ob der Gläubiger bis zum Fälligkeitstermin warten muss oder ob sofort der Rücktritt erklärt bzw Schadensersatz wegen Nichterfüllung verlangt werden kann (vgl zum Streitstand *Obermüller/Hess* InsO Rn 923 ff). Ein Vertragspartner muss sich nicht mehr an einem Vertrag festhalten lassen, wenn der Vertragszweck durch den anderen Vertragspartner derart gefährdet ist, dass jedes weitere Zuwarten unzumutbar wäre (vgl nur **BGH** 13. 3. 1996, NJW-RR 1996, 949, 950). Durch den Eintritt der Zahlungsunfähigkeit oder die Stellung eines Insolvenzantrages wird eine ganz erhebliche Unsicherheit aus der Sphäre des Schuldners in das Vertragsverhältnis gebracht. Insofern muss sich der Gläubiger sofort und ohne weitere Voraussetzungen aus dem Vertragsverhältnis lösen und auch Schadensersatz geltend machen können (str **aA** *van de Loo* ZIP 1988, 352, 355). Bei 46

Finanzleistungen ohne Fixgeschäftscharakter hängen die Gläubigerrechte davon ab, ob vertragliche Lösungsklauseln bestehen. Die Vereinbarung von Lösungsklauseln für den Fall der Zahlungsunfähigkeit oder der Stellung eines Insolvenzantrages wird für zulässig gehalten (**BGH** 26. 9. 1985, BGHZ 96, 34, 37; *Bosch* WM 1995, 365, 413; FK-*Wegener* § 104 Rn 30). Fehlen vertragliche Lösungsklauseln, muss erst die Fälligkeit abgewartet werden. Erst dann kann nach §§ 323 Abs 2, 281 Abs 2 BGB vorgegangen werden (zu § 326 BGB *Obermüller/Hess* InsO Rn 931).

VI. Internationales Recht

47   **1. Europarechtlicher Bezug.** Die heute geltende Regelung von § 104 in der Fassung, wie sie am 9. 4. 2004 in Kraft getreten ist (BGBl I S 205), entspricht im Ergebnis den europarechtlichen Vorgaben, die mit dem geltenden Text umgesetzt erscheinen. Dies erscheint rechtspolitisch besonders wichtig, da eine einheitliche Regelung in der Ländern der EU der Tatsache Rechnung trägt, dass inzwischen fast alle mittleren und großen Insolvenzverfahren grenzüberschreitende Tatbestände verwirklichen mit der Folge, dass nur durch eine einheitliche materielle Regelung Schwierigkeiten gemindert werden.

48   **2. Kollisionsrechtliche Überlegungen. a) Qualifikation** Gerade im Hinblick auf grenzüberschreitenden Konstellationen stellt sich schließlich die kollisionsrechtliche Frage, wie § 104 zu qualifizieren ist und in welchem Umfang die Vorschriften dann Anwendung findet, wenn ein Inländer betroffen ist, das Insolvenzverfahren des Schuldners jedoch in einem anderen europäischen Land eröffnet worden ist. Findet das Insolvenzverfahren im Inland statt, so kann nicht zweifelhaft sein, dass § 104 uneingeschränkt Anwendung findet im Rahmen des Grundsatzes, dass sich die Abwicklung des im Inland eröffneten Insolvenzverfahrens nach deutschem Insolvenzrecht richtet, § 335. Mithin ist in einem solchen Fall die Anwendbarkeit von § 104 ohne weiteres gegeben (vgl *Ehricke* WM 2006, 2109, 2110). Ob jedoch die Möglichkeiten, die § 104 eröffnet, auch dem inländischen Beteiligten zustehen, der vertraglich mit einem Schuldner verbunden ist, über dessen Vermögen im europäischen Ausland ein Insolvenzverfahren eröffnet worden ist, kann durchaus zweifelhaft sein. Denn die Vorstellung, dass Rahmenvereinbarungen im Sinn von § 104 Abs 2 S 3 auch nach den verschiedenen Anknüpfungen in § 340 Abs 1, Abs 2 und Abs 3 zur Anwendung materiellen deutschen Rechts führen müssten (*Ehricke* WM 2006, 2109, 2112), führt noch lange nicht zur Anwendung der Vorschrift im ausländischen Verfahren. Erst wenn aus Sicht des ausländischen Kollisionsrechts eine Verweisung auf § 340 erfolgen sollte, könnte die deutsche Regelung auch im ausländischen Verfahren zur Anwendung gelangen. Es erscheint jedoch höchst zweifelhaft, dass in irgendeinem anderen europäischen Land ein Anknüpfungssystem vorherrscht, das eine solche Sonderanknüpfung mit entsprechender Weiterverweisung vorsehen könnte. Die EUInsO gibt keinen Anlass zu solcher Annahme, da eine entsprechende Sonderanknüpfung gerade nicht vorgesehen ist.

49   **b) Mangelnde Disponibilität.** § 104 gilt für vom Schuldner abgeschlossene grenzüberschreitende Warentermin- und Finanztermingeschäfte im deutschen Inlandskonkurs selbst dann, wenn sie durch Rechtswahl oder durch objektive Anknüpfung nach Artikel 28 EGBGB ausländischem Recht unterstellt sind. Ausländische Verrechnungsverbote werden nicht beachtet (*K/P/B-Köndgen* § 104 Rn 49). Die Anfechtbarkeit von vertraglichen Vorfälligkeits- und Verrechnungsabreden ist nach dem Insolvenzrecht des Insolvenzeröffnungsstaats zu beurteilen (**BGH** 30. 4. 1992, ZIP 1992, 781, 783).

§ 105 Teilbare Leistungen

¹Sind die geschuldeten Leistungen teilbar und hat der andere Teil die ihm obliegende Leistung zur Zeit der Eröffnung des Insolvenzverfahrens bereits teilweise erbracht, so ist er mit dem der Teilleistung entsprechenden Betrag seines Anspruchs auf die Gegenleistung Insolvenzgläubiger, auch wenn der Insolvenzverwalter wegen der noch ausstehenden Leistung Erfüllung verlangt. ²Der andere Teil ist nicht berechtigt, wegen der Nichterfüllung seines Anspruchs auf die Gegenleistung die Rückgabe einer vor der Eröffnung des Verfahrens in das Vermögen des Schuldners übergegangenen Teilleistung aus der Insolvenzmasse zu verlangen.

Vorläufer von S 1 ist § 36 Abs 2 S 1 VerglO. S 2 hat die früheren § 26 S 1 KO und § 36 Abs 2 S 2 VerglO zum Vorbild. § 119 RegE ohne Änderungen im Gesetzgebungsverfahren.

I. Allgemeines

1   Die Konkursordnung enthielt keine dem § 105 S 1 entsprechende Regelung. Der Konkursverwalter konnte das Wahlrecht nach § 17 KO auch bei einer Vorleistung des Vertragspartners nur mit Wirkung auf den **Vertrag als Ganzes** ausüben (sog **Alles-oder-nichts-Prinzip**; s o § 103 Rn 5). Entschied er sich für die Vertragserfüllung, musste er auch diejenigen Teilleistungen aus der Masse vergüten, die der Schuldner vor der Konkurseröffnung erhalten, aber nicht bezahlt hatte (**BGH** 30. 1. 1986 – IX ZR 79/85, Z 97, 87, ZIP 1986, 448 = NJW 1986, 1496). Der Konkursverwalter musste daher sorgsam prüfen, welche Verbindlichkeiten er der Masse mit der Erfüllungswahl aufbürdet. Bestanden Zahlungs-

II. Normzweck **§ 105**

rückstände des Schuldners, blieb ihm oftmals nur die Nichterfüllungswahl. Der Reformgesetzgeber wollte das Alles-oder-nichts-Prinzip der KO auf die InsO nicht übertragen. Es sollte vielmehr der Rechtsgedanke des § 36 Abs 2 S 1 VerglO übernommen und dem Insolvenzverwalter damit die Möglichkeit gegeben werden, bei Verträgen über teilbare Leistungen, insbesondere über die fortlaufende Lieferung von Waren oder Energie, Erfüllung nur für die Zukunft zu verlangen, ohne dadurch auch für die Vergangenheit zur vollen Erfüllung verpflichtet zu werden. Der Vertragspartner sollte den Anspruch auf die Gegenleistung für seine Leistungen aus der Vergangenheit als Insolvenzgläubiger geltend machen müssen, unabhängig davon, ob der Verwalter für die Zukunft die Erfüllung wählt oder diese ablehnt (siehe Begr zu § 119 RegE – BR-Drs 1/92 S 145). Schon der erste Bericht der Kommission für Insolvenzrecht aus dem Jahr 1985 sah deshalb in Leitsatz 2.4.1.10 eine Regelung mit der Überschrift „Teilbare Leistung" vor. § 113 RefE, § 113 DE sowie § 119 RegE übernahmen diesen Vorschlag und führten schließlich zu der wortgleichen Vorschrift des § 105 S 1.

Im Jahr 1995, also **nach Abschluss des Gesetzgebungsverfahrens und Verkündung der Insolvenzordnung**, kam es für die Fälle einer vorkonkurslichen Teilleistung des **Gemeinschuldners** zu einer **Neuorientierung der höchstrichterlichen Rechtsprechung** (s o § 103 Rn 7). Der BGH stellte klar, dass der Anspruch des Gemeinschuldners auf die Gegenleistung für eine vorkonkurslich erbrachte Teilleistung weder durch die Eröffnung des Konkursverfahrens noch durch das Erfüllungsverlangen des Konkursverwalters berührt werde (BGH 4. 5. 1995 – IX ZR 256/93, Z 129, 336 = ZIP 1995/926, NJW 1995, 1966). Die aus der Erlöschenstheorie abgeleiteten Rechtsfolgen seien vielmehr auf die im Zeitpunkt der Eröffnung beiderseits noch **unerfüllten Vertragsteil** beschränkt. Gefolgert wurde dieses Ergebnis aus einer an Sinn und Zweck des Verwalterwahlrechtes ausgerichteten teleologischen Auslegung des § 17 KO. In der sog **Sachsenmilchentscheidung (BGH 27. 2. 1997 – IX ZR 5/96, Z 135, 25–30 = ZIP 1997, 688)** übertrug der BGH die vg Grundsätze auf den Fall einer Vorleistung des **Vertragspartners** und hob damit das bislang geltende Alles-oder-nichts-Prinzip auf. Aus den § 17 Abs 1 KO zugrunde liegenden Gedanken des Masseschutzes und der Gläubigergleichbehandlung folge, dass die Masse für Leistungen, die nicht ihr, sondern dem Schuldner zugeflossen sind, nicht aufzukommen habe. § 17 Abs 1 KO finde auf den **vorinsolvenzlich erfüllten Vertragsteil** keine Anwendung. Der Vertragspartner bleibe daher auch bei einer Erfüllungswahl des Verwalters mit dem der Teilleistung entsprechenden Anspruch auf die Gegenleistung **Konkursgläubiger**.

Mit der Sachsenmilchentscheidung hat der BGH die Regelung des § 105 S 1 durch entsprechende Auslegung des § 17 Abs 1 KO, die auch für § 103 Abs 1 maßgeblich ist (s o § 103 Rn 9), vorweggenommen und de facto obsolet gemacht. § 105 S 1 bestimmt, dass der Anspruch des **Vertragspartners** auf die anteilige Gegenleistung für die **vor Eröffnung erbrachte Teilleistung** durch die Erfüllungswahl des Insolvenzverwalters nicht zu einer Masseverbindlichkeit iSd § 55 Abs 1 Nr. 2 aufgewertet wird, sondern **Insolvenzforderung** gem § 38 bleibt. Nach der Auslegung des BGH ist § 103 jedoch auf den vorinsolvenzlich erfüllten Vertragsteil überhaupt nicht anwendbar, so dass dieser Vertragsteil auch nicht von der Gestaltungswirkung der Erfüllungswahl erfasst werden kann (s o § 103 Rn 15 ff; 143 ff). Einer Beschränkung der Rechtsfolgen der Erfüllungswahl hätte es daher nicht bedurft. § 105 S 1 drückt lediglich etwas aus, was auch ohne die Vorschrift gelten würde. § 105 S 1 kommt insoweit rein **deklaratorische Bedeutung** zu.

Durch § 105 S 2 wird klargestellt, dass der Vertragspartner des Schuldners die ihm durch § 105 S 1 auferlegte Einschränkung seiner Rechtsstellung nicht dadurch kompensieren kann, dass er die Rückgabe der von ihm vor Eröffnung erbrachten Teilleistung aus der Insolvenzmasse verlangt. Diese Regelung hat Vorbilder im alten Recht: Während § 36 Abs 2 S 2 VerglO für das Vergleichsverfahren die Rückforderung von Vorleistungen aufgrund eines gesetzlichen oder vertraglichen Rücktrittsrechts für den Fall teilbarer Leistungen ausschloss, enthielt § 26 S 1 KO für das Konkursverfahren ein **allgemeines Rückforderungsverbot** für Leistungen, die in das Eigentum des Schuldners übergegangen waren. Auf beide Vorschriften wird in der Gesetzesbegründung Bezug genommen (siehe Begr zu § 119 RegE – BR-Drs 1/92 S 146).

II. Normzweck

§ 105 S 1 dient in erster Linie dem **Schutz der Masse** (N/R/*Balthasar* § 105 Rn 4; HaKo-*Ahrendt* § 105 Rn 1). Die Vorschrift gewährleistet, dass die Masse für vor Verfahrenseröffnung an den Schuldner bewirkte Leistungen bis auf die Insolvenzquote **keine Aufwendungen** zu erbringen hat. Dadurch wird dem Insolvenzverwalter gleichzeitig ermöglicht, einen gegenseitigen Vertrag **auch bei Zahlungsrückständen** des Schuldners unter **Beibehaltung etwaiger Sonderkonditionen** im Interesse der Masse fortzusetzen. Darüber hinaus trägt § 105 S 1 zur **Gläubigergleichbehandlung** bei, indem er die Gläubiger, die teilweise vorgeleistet haben, der gleichen insolvenzrechtlichen Behandlung unterwirft, wie diejenigen Insolvenzgläubiger, die ihre Leistung vor Verfahrenseröffnung bereits vollständig erbracht haben (HaKo-*Ahrendt* § 105 Rn 1). Beide Gläubiger sind durch ihre Vorleistungen ein Ausfallrisiko eingegangen, wenn auch in unterschiedlicher Höhe, so dass eine Privilegierung des vorleistenden Vertragspartners sachlich nicht gerechtfertigt wäre.

Wegener

III. Anwendungsvoraussetzungen

6 § 105 S 1 ergänzt § 103 Abs 1 und setzt daher dessen Tatbestand voraus. Erforderlich ist ein gegenseitiger Vertrag iSd § 320 BGB (s o § 103 Rn 25), der im Zeitpunkt der Insolvenzeröffnung weder vom Vertragspartner noch vom Schuldner vollständig erfüllt ist (s o § 103 Rn 57). Darüber hinaus müssen die aufgrund des Vertrages geschuldeten Leistungen **beider Seiten teilbar** sein (s u Rn 7) und der Vertragspartner **vorgeleistet** haben (s u Rn 12). Ist eine der beiderseitigen Leistungen **unteilbar**, gelangt § 105 S 1 nicht zur Anwendung. Mit Verfahrenseröffnung tritt dann **keine Vertragsteilung** ein. Der Insolvenzverwalter kann sein Erfüllungswahlrecht nur für den Vertrag im Ganzen ausüben.

7 **1. Teilbarkeit der beiderseits geschuldeten Leistungen.** Die vertraglich geschuldeten Leistungen **beider Seiten** müssen ihrem **Gegenstand** nach **teilbar** sein. Eine Legaldefinition des Teilbarkeitsbegriffes fehlt. Auf die Begriffsbestimmungen des BGB kann nicht zurückgegriffen werden, weil der **insolvenzrechtliche Teilbarkeitsbegriff** mit dem des bürgerlichen Rechtes nicht identisch ist. Die Kriterien für die Bestimmung einer teilbaren Leistung iSd § 105 S 1 sind daher im Schrifttum umstritten. Zutreffend wird nach dem Gesetzeszweck überwiegend eine **weite Auslegung** des Teilbarkeitsbegriffes für richtig gehalten (MüKo-*Kreft* § 105 Rn 14; N/R/*Balthasar* § 105 Rn 7; HaKo-*Ahrendt* § 105 Rn 4; K/P/B/*Tintelnot* § 105 Rn 4, BerlKo-*Goetsch* § 105 Rn 9; *Thode* ZfIR 2000, 165 [180]; *Scherer* NZI 2004, 113 [117]; aA HK-*Marotzke* § 105 Rn 8; *Heidland*, Der Bauvertrag in der Insolvenz, Rn 714 ff; *Meyer* NZI 2001, 294 [298]). Denn nur durch eine weite Grenzziehung kann eine Vielzahl von Einzelfällen erfasst und damit dem Gebot der Gläubigergleichbehandlung ausreichend Rechnung getragen werden. Auch der BGH versteht die Teilbarkeit vertraglicher Leistungen seit der Wende in der Rechtsprechung zu § 17 KO (s o § 103 Rn 1) im denkbar weitesten Sinne (*Fischer* NZI 2002, 283). Die **Teilbarkeit** einer Leistung ist damit der **Regelfall**, deren Unteilbarkeit die Ausnahme.

8 Der Teilbarkeitsbegriff des § 105 S 1 ist weiter als der des § 36 Abs 2 S 1 VerglO (MüKo-*Kreft* § 105 Rn 15). Die zu § 36 Abs 2 VerglO ergangene **restriktive Rechtsprechung** (BGH 21. 10. 1976 – VII ZR 335/75, Z 67, 242; BGH 10. 3. 1994 – IX ZR 236/93, Z 125, 270, ZIP 1994, 715 = NJW 1994, 1858) lässt sich auf § 17 KO – und damit auch auf § 105 S 1 – **nicht übertragen** (BGH 25. 4. 2002 – IX ZR 313/99, Z 150, 353 = ZIP 2002, 1093 = ZInsO 2002, 577 = NZI 2002, 375 = NJW 2002, 2783; MüKo-*Kreft* § 105 Rn 13; *Thode* ZfIR 2000, 165 [180]). Daraus folgt, dass eine Teilbarkeit nicht erst dann vorliegt, wenn sich die Leistung in hinreichend verselbständigte Teile aufspalten lässt. Auch ist nicht erforderlich, dass sich die Teilleistung des Vertragspartners unter wirtschaftlichen Gesichtspunkten einem entsprechenden Gegenleistungsteil zuordnen lässt (BGH 22. 2. 2001 – IX ZR 191/98, Z 147, 28 = ZIP 2001, 1380 = ZInsO 2001, 708 = NZI 2001, 537 = NJW 2001, 3704; aA HK-*Marotzke* § 105 Rn 8; K/P/B/*Tintelnot* § 105 Rn 4; *Linder*, Vorleistungen in der Insolvenz, S 130). Es genügt vielmehr, dass sich der Wert der erbrachten Teilleistung und ein auf sie entfallender Anteil der Gegenleistung bestimmen lassen (N/R/*Balthasar* § 105 Rn 7). Auf die **Gleichartigkeit** der vor- und nachinsolvenzlichen Teilleistungen kommt es nicht an. Dies war schon unter § 36 Abs 2 VerglO anerkannt (BGH 10. 3. 1994 – IX ZR 236/93 aaO) und gilt auch für § 105 S 1 (N/R/*Balthasar* § 105 Rn 7; K/P/B/*Tintelnot* § 105 Rn 4). Unerheblich ist wegen der rein insolvenzrechtlichen Betrachtung auch, ob die Vertragsparteien nach bürgerlichem Recht zu Teilleistungen berechtigt waren, was § 266 BGB grundsätzlich ausschließt. Die Teilbarkeit einer Leistung ist ausschließlich nach **objektiven Gesichtspunkten zu beurteilen**. Eine Vereinbarung der Parteien über die Teilbarkeit bzw. Unteilbarkeit der gegenseitigen Leistungen ist nach § 119 unwirksam (s o Uhlenbruck/*Sinz* § 119 Rn 4).

9 Eine **Geldleistung** ist grundsätzlich teilbar. Es handelt sich um den klassischen Fall einer teilbaren Leistung (FK-*Wegener* § 105 Rn 7). Wann eine **Sachleistung** teilbar ist, hat der BGH bislang nur für die bestimmte Fallgestaltung entschieden, nämlich den Fall einer vor Insolvenzeröffnung **bereits erfolgten** Teilleistung des **Schuldners**. Danach ist die von der **vorleistenden Vertragspartei** geschuldete **Gesamtsachleistung** immer dann teilbar, wenn sich die vor Eröffnung **erbrachte Teilsachleistung** – gegebenenfalls mit sachverständiger Hilfe – **feststellen** und **bewerten** lässt (BGH 22. 2. 2001 – IX ZR 191/98, Z 147, 28 = ZIP 2001, 1380 = ZInsO 2001, 708 = NZI 2001, 537 = NJW 2001, 3704; BGH 25. 4. 2002 – IX ZR 313/99, Z 150, 353 = ZIP 2002, 1093 = ZInsO 2002, 577 = NZI 2002, 375 = NJW 2002, 2783). Der Umfang einer bereits bewirkten Teilleistung dürfte sich stets feststellen lassen, so dass dem **Kriterium der Feststellbarkeit** keine entscheidende Bedeutung zukommt. Darüber hinaus wird sich eine feststellbare Teilleistung auch fast immer von einem Sachverständigen **bewerten** lassen (so zu Recht BGH 21. 10. 1976 VII ZR 335/75, Z 67, 242). Die Teilbarkeit einer geschuldeten Sachleistung dürfte daher letztlich davon abhängen, ob sie **rein tatsächlich** teilweise **erbracht** werden kann. Denn ist sie tatsächlich zum Teil erbracht, kann die Teilleistung in der Regel auch festgestellt und bewertet werden. Die og Entscheidungen sind zwar zu dem von § 105 S 1 nicht geregelten Fall der **alleinigen Sachvorleistung des Schuldners** ergangen. Der dort zugrunde gelegte Teilbarkeitsbegriff ist jedoch für § 105 S 1 zu übernehmen, also sowohl den Fall der **alleinigen Sachvorleistung des Vertragspartners**, als auch den einer Sachvorleistung des **Schuldners** bei überschießender Geldvorleistung des Vertragspartners (s u Rn 14).

10 **Höchstrichterlich ungeklärt** ist die Frage, wie sich die Teilbarkeit einer vor Insolvenzeröffnung noch **nicht teilweise erbrachten Sachleistung** bestimmen lässt. Dieser Fall wird virulent, wenn der **Vertrags-

III. Anwendungsvoraussetzungen **§ 105**

partner vor der Eröffnung des Insolvenzverfahrens eine **Anzahlung** geleistet, der Schuldner die ihm obliegende **Sachleistung** aber **noch nicht erbracht hat**. Der og, auf **bereits bewirkte Teilleistungen** zugeschnittene, Teilbarkeitsbegriff des BGH passt hier nicht. Eine nicht erbrachte Leistung lässt sich weder feststellen noch bewerten. Ausreichend muss daher sein, dass sich die geschuldete Gesamtsachleistung überhaupt wertmäßig aufteilen und sich ein der Anzahlung entsprechender Teil der Gesamtsachleistung wertmäßig bestimmen lässt. Darüber hinaus muss der Insolvenzverwalter tatsächlich in der Lage sein, die geschuldete Sachleistung nur zum Teil, nämlich im Wert der noch offenen Vergütung, zu erbringen, ohne den Leistungsgegenstand **zu zerstören**.

In der Literatur wird ganz überwiegend angenommen, **höchstpersönliche Leistungen** seien **unteilbar** 11 (MüKo-*Kreft* § 105 Rn 22; Gottwald/*Huber* InsHdB § 36 Rn 4; *Thode* ZfIR 2000, 165 [181]; HaKo-*Ahrendt* § 105 Rn 4, FK-*Wegener* § 105 Rn 7 b; *Kirchhof* ZInsO 2000, 449). Gemeint ist die dem **Schuldner obliegende Leistung**, die dieser vor der Verfahrenseröffnung angefangen hat. Zur Begründung wird angeführt, derartige Leistungen seien für den Vertragspartner wegen der Höchstpersönlichkeit der Schuld regelmäßig ohne Interesse, weil sie nicht von einem Dritten fertiggestellt werden können. Im Übrigen lassen sich höchstpersönliche Leistungen im Allgemeinen nicht berechnen (MüKo-*Kreft* § 105 Rn 22). Auch der BGH hat angedeutet, Werkleistungen können ausnahmsweise dann als unteilbar anzusehen sein, wenn die Vollendung des Werkes von der Person des Unternehmers abhängt (BGH 22. 2. 2001 – IX ZR 191/98, Z 147, 28 = ZIP 2001, 1380 = ZInsO 2001, 708 = NZI 2001, 537 = NJW 2001, 3704). Dem kann in dieser Allgemeinheit nicht zugestimmt werden. Hat sich der **Insolvenzschuldner** zu einer höchstpersönlichen Leistung verpflichtet, ist § 103 nicht anwendbar (MüKo-*Huber* § 103 Rn 88; K/P/B/*Tintelnot* § 103 Rn 48). Die Frage der Teilbarkeit stellt sich bei dieser Fallgestaltung damit erst gar nicht. Ist der **Vertragspartner** Schuldner einer höchstpersönlichen Leistung, ist er verpflichtet, die vor Verfahrenseröffnung begonnene Leistung nach der Erfüllungswahl des Insolvenzverwalters gegen Zahlung der entsprechenden Vergütung zu vollenden. Insoweit besteht kein Unterschied zur einer vertretbaren Handlung. Der Einwand, die angefangene Leistung könne nicht von einem Dritten fertiggestellt werden, sticht nicht. Es ist daher kein Grund für eine Privilegierung des Vertragspartners ersichtlich. Im Übrigen kann subjektiven Elementen, wie mangelndem Interesse an einer Vorleistung, für die Frage der Teilbarkeit grundsätzlich keine Bedeutung zukommen. Im Zeitpunkt der Insolvenzeröffnung muss vielmehr **objektiv feststehen**, ob eine Vertragsspaltung eintritt oder nicht (*Linder* Vorleistungen in der Insolvenz S 133). Eine unteilbare Leistung kann nur dann angenommen werden, wenn sich die vorinsolvenzlich erbrachte Teilleistung des Vertragspartners tatsächlich nicht einmal von einem Sachverständigen bewerten lässt. Dies ist eine Frage des Einzelfalles, dürfte aber auch bei höchstpersönlichen Leistungen eher die Ausnahme als die Regel sein. Gleiches gilt, wenn die Vertragsparteien einen Vertrag über die Lieferung mehrteiliger Unikate abgeschlossen haben (hierzu MüKo-*Kreft* § 105 Rn 23).

2. Vorleistung des Vertragspartners. § 105 S 1 setzt zunächst eine (Teil-)„Leistung" des Vertragspart- 12 ners voraus. Der BGH spricht in diesem Zusammenhang auch von einer **teilweisen Erfüllung** des Vertrages (BGH 27. 2. 1997 – IX ZR 5/96, Z 135, 25 = ZIP 1997, 688). Hiermit ist jedoch nicht die **rechtliche Teilerfüllung** durch Herbeiführung eines Teils des geschuldeten Leistungserfolges gemeint (so auch *Linder* Vorleistungen in der Insolvenz S 124; aA *Wiegmann* S 129). Ein derart enger Leistungsbegriff würde dem weiten Verständnis des Teilbarkeitsbegriffes widersprechen. Der rechtliche Erfolg ist in der Regel nicht teilbar (Bsp Werkvertrag), so dass der Anwendungsbereich der Vorschrift auf wenige Ausnahmefälle beschränkt wäre. Der **insolvenzrechtliche Leistungsbegriff** ist mit dem des bürgerlichen Rechtes daher **nicht identisch**. Nach Ansicht des BGH genügt es für die Annahme einer Teilleistung, dass die vorleistende Vertragspartei im Zuge der Sachherstellung einen **messbaren Wert** geschaffen hat. Ob es durch die Wertschöpfung zu einer Vermögensmehrung des anderen Teils gekommen ist, soll nach Ansicht des BGH keine Rolle spielen. Denn auch wenn sich die teilweise hergestellte Sache noch im Eigentum des Vorleistenden befindet, soll bereits eine Leistung an den anderen Teil vorliegen (BGH 22. 2. 2001 – IX ZR 191/98, Z 147, 28 = ZIP 2001, 1380 = ZInsO 2001, 708). Dieses Verständnis des Leistungsbegriffes ist nicht unproblematisch. Denn die Masse wäre hiernach verpflichtet, die vorinsolvenzliche Teilleistung des Vertragspartners in Höhe der Insolvenzquote zu bezahlen, obwohl der Schuldner überhaupt nichts erhalten hat. Es bleibt abzuwarten, ob der BGH die vg Rechtsprechung, die zu § 17 KO ergangen ist, auf § 105 übertragen wird, zumal es sich lediglich um eine Billigkeitsentscheidung im Einzelfall gehandelt hat (*Tintelnot* EWiR 1995, 691). Richtigerweise wird man eine Leistung des Vertragspartners nur dann annehmen können, wenn dessen Leistungshandlung zu einer **Vermögensmehrung** des Schuldners geführt hat, die **vorinsolvenzliche Teilleistung** also in das **Vermögen des Schuldners** gelangt ist. Dies gilt insbesondere dann, wenn zur vertraglich geschuldeten Leistung die Übereignung einer Sache gehört (*Linder* aaO S 122). Hierfür spricht auch § 105 S 2, der von einer „in das Vermögen des Schuldners übergegangenen Teilleistung" spricht. Bei einem Kaufvertrag stellt die bloße Übertragung des Besitzes daher keine Leistung iSd § 105 S 1 dar (ähnlich MüKo-*Kreft* § 105 Rn 7).

§ 105 S 1 ist sowohl auf den Fall einer **Sachvorleistung** als auch den einer **Geldvorleistung** des Ver- 13 tragspartners anwendbar (*Kreft* FS Uhlenbruck S 387 [397]; N/R/*Balthasar* § 105 Rn 10). Dem Geset-

§ 105

zeswortlaut „so ist er mit dem der Teilleistung entsprechenden Betrag seines Anspruchs auf die Gegenleistung" Insolvenzgläubiger, lässt sich eine Beschränkung auf Sachleistungen nicht entnehmen. Ein „**Betrag**" des Gegenleistungsanspruches kann sich auch aus einer Umstellung nach § 45 ergeben (K/P/B/*Tintelnot* § 105 Rn 15; aA HK-*Marotzke* § 105 Rn 17). Die Vorleistung des Vertragspartners muss nicht im **Synallagma** stehen (K/P/B/*Tintelnot* § 105 Rn 4; aA FK-*Wegener* § 105 Rn 6). Es ist kein Grund ersichtlich, Ansprüche, die nicht im Synallagma stehen, gegenüber synallagmatisch verknüpften Ansprüchen zu privilegieren.

14 Der Gesetzeswortlaut des § 105 S 1, der Vertragspartner müsse die ihm obliegende Leistung vor Verfahrenseröffnung „**bereits teilweise erbracht**" haben, ist insoweit **unscharf**, als das § 105 S 1 trotz vorinsolvenzlicher Teilleistung des Vertragspartners dann **nicht** zur Anwendung gelangt, wenn der Schuldner vor der Eröffnung des Insolvenzverfahrens Teilleistungen in gleichem oder größerem Umfang erbracht hat. Denn in diesem Fall ist der Anspruch des Vertragspartners auf den seiner Teilleistung entsprechende Teil der Gegenleistung – aus insolvenzrechtlicher Sicht – durch Erfüllung erloschen, so dass für die Anwendung des § 105 S 1 kein Raum bleibt (KP-*Tintelnot* § 105 Rn 13). Eine **Vorleistung** iSd des § 105 S 1 ist mithin nur bei **alleiniger** oder **überschießender** Teilleistung des Vertragspartners vor Verfahrenseröffnung gegeben (N/R/*Balthasar* § 105 Rn 9; Graf-Schlicker/*Breitenbücher* § 105 Rn 2).

IV. Einzelfälle

15 Jeder beliebige Vertrag iSd § 320 BGB kann teilbare Leistungen zum Gegenstand haben (MüKo-*Kreft* § 105 Rn 12). Sukzessivlieferungsverträge sind in den Gesetzesmaterialien nur als ein möglicher Anwendungsfall des § 105 S 1 angesprochen. Dort heißt es wörtlich: „Bei Verträgen über teilbare Leistungen, **insbesondere** über die fortlaufende Lieferung von Waren oder Energie…" (Begr zu § 119 RegE – BR-Drs 1/92, S 145).

16 1. Sukzessivlieferungsverträge sind grundsätzlich auf teilbare Leistungen gerichtet (**BGH** 27. 2. 1997 – IX ZR 5/96, Z 135, 25 = ZIP 1997, 688). Nach der Gesetzesbegründung sind Verträge über die **fortlaufende Lieferung von Waren oder Energie** der Hauptanwendungsfall des § 105 S 1 (s o Rn 7). Auch **Dauerlieferungs- oder Bezugsverträge** fallen unter § 105 S 1 (**BGH** 26. 10. 2000 – IX ZR 227/99, ZIP 2001, 31 = ZInsO 2001, 71 = NZI 2001, 85 = NJW 2001, 1136). **Ratenlieferungsverträge** beinhalten schon begriffsnotwendig teilbare Leistungen.

17 2. **Bau- und Werkverträge.** Bau- und Werkleistungen sind nach der Rechtsprechung des BGH im Regelfall teilbar (**BGH** 25. 4. 2002 – IX ZR 313/99, Z 150, 353 = ZIP 2002, 1093 = ZInsO 2002, 577 = NZI 2002, 375 = NJW 2002, 2783; MüKo-*Kreft* § 105 Rn 15; FK-*Wegener* § 105 Rn 8; aA *Heidland* Bauvertrag Rn 714). Der Umfang der erbrachten Werkleistung kann durch Aufmaß festgestellt werden. Bei der Ermittlung des anteiligen Werklohns sind dieselben Maßstäbe anzuwenden, wie wenn der Bau-/Werkvertrag im Zeitpunkt der Insolvenzeröffnung aus wichtigem Grund gekündigt worden wäre (**BGH** 25. 4. 2002 – IX ZR 313/99 aaO; *Thode* ZfIR 2000, 165 [179]).

18 3. **Kaufverträge.** Bei einem Kaufvertrag iSd § 433 BGB kann eine Aufspaltung nach Herstellungsphasen – wie beim Werkvertrag – nicht vorgenommen werden, weil der Verkäufer nichts herstellt. Der Verkäufer leistet punktuell erst mit Übergabe und Übereignung der Kaufsache. Der Kaufpreisanspruch wird erst zu diesem Zeitpunkt werthaltig. Eine vorinsolvenzliche Teilleistung des Verkäufers vor tatsächlicher Lieferung der Kaufsache scheidet daher aus. Eine Teilleistung liegt aber vor, wenn der Verkäufer den Kaufgegenstand nicht vollständig liefert. Dies ist beispielsweise der Fall, wenn der Verkäufer von einer Gesamtheit gleichartiger oder ungleichartiger Sachen nur einzelne Gegenstände liefert (MüKo-*Kreft* § 105 Rn 15. Eine Teilleistung ist aber auch dann gegeben, wenn der Verkäufer die Kaufsache selbst nur in Teilen liefert (Bsp: Auto ohne Räder), also mangelhaft leistet (s o Rn 21).

19 Erfolgt der **Verkauf unter Eigentumsvorbehalt**, ist § 105 S 1 in der Insolvenz des Vorbehaltskäufers nicht anwendbar. Denn § 107 Abs 1 schließt die Anwendung des § 103 und damit auch die des § 105 S 1 aus (s u § 107 Rn 8). Beim verlängertem, erweiterten oder nachgeschalteten Eigentumsvorbehalt kann es – Teilbarkeit der Leistungen vorausgesetzt – in den Fällen zur Anwendung des § 105 S 1, in denen § 107 Abs 1 die Anwendbarkeit des § 103 nicht ausschließt, kommen. In der **Insolvenz des Vorbehaltskäufers** gilt § 103 und damit auch § 105 S 1 uneingeschränkt (s u § 107 Rn 11).

20 In der sog **Schiffsbauwerkentscheidung** vom 22. 2. 2001 (IX ZR 191/98, Z 147, 28 = ZIP 2001, 1380 = ZInsO 2001, 708 = NZI 2001, 537 = NJW 2001, 3704) hat der BGH seine Rechtsprechung zur Teilbarkeit von Bauleistungen (4. 5. 1995 – IX ZR 256/93, Z 129, 336 = ZIP 1995, 926 = NJW 1995, 1966) auf einen **Werklieferungsvertrag** iSd § 651 BGB aF übertragen. Die schuldrechtliche Zuordnung des Werklieferungsvertrages zum Werkvertragsrecht gebiete es, den Vertrag auch insolvenzrechtlich wie einen reinen Werkvertrag zu behandeln. Der einheitliche Schöpfungsprozess sei daher wie beim Bauvertrag in eine vor- und nachinsolvenzliche Herstellungsphase aufzuspalten. Dass der Auftraggeber vor Übergabe der hergestellten Sache nichts erhalte, falle nicht entscheidend ins Gewicht. Denn durch die Leistung des Auftragnehmers entstehe ein erheblicher Sachwert, der sich bestimmen und berechnen las-

IV. Einzelfälle **§ 105**

se. Nach neuem Recht gibt es die Vertragskategorie des Werklieferungsvertrages nicht mehr. Alle Verträge über die Lieferung herzustellender oder zu erzeugender beweglicher Sachen sind nach § 651 S 1 BGB jetzt generell dem **Kaufrecht** unterstellt. Dadurch ist ein wesentliches Begründungselement der Schiffsbauwerkentscheidung, nämlich die vertragliche Gleichstellung von Werkvertrag und Werklieferungsvertrag über nicht vertretbare Sachen, entfallen. Wie sich dies auf die insolvenzrechtliche Behandlung von Verträgen über herzustellende Sachen auswirkt, **ist offen**. Wenn man – wie hier – für eine Leistung des Vertragspartners iSd § 105 S 1 eine vorinsolvenzliche Vermögensmehrung des Schuldners verlangt (s o Rn 12), liegt in der bloßen Wertschöpfung des Vertragspartners vor Verfahrenseröffnung keine Teilleistung und scheidet eine Teilbarkeit der vom Vertragspartner geschuldeten Leistung während der Sachherstellung aus. Danach wären Verträge über herzustellende Sachen auch insolvenzrechtlich **wie Kaufverträge** zu behandeln (**aA** HaKo-*Ahrendt* § 105 Rn 5).

4. Mangelhafte Leistungen. Eine mangelhafte Leistung des Vertragspartners ist stets eine Teilleistung 21 iSd § 105 S 1 (MüKo-*Kreft* § 105 Rn 16; *Wiegmann* S 136; FK-*Wegener* § 105 Rn 7 a; **aA** HK-*Marotzke* § 105 Rn 16). Liefert beispielsweise der Verkäufer vor der Eröffnung des Insolvenzverfahrens eine mangelhafte Kaufsache, hat er damit teilweise geleistet. Der Wert der mangelhaften Kaufsache lässt sich ohne weiteres bestimmen und berechnen. Entscheidet sich der Insolvenzverwalter für die Erfüllungswahl des Kaufvertrages, ist der Vertragspartner mit dem seiner mangelhaften Teilleistung entsprechenden Anspruch auf die Gegenleistung lediglich Insolvenzgläubiger (ausführlich s o § 103 Rn 65 ff; für den Werkvertrag s o § 103 Rn 89 ff).

5. Miet- und Pachtverträge und ähnliche Verträge. Auf Miet- oder Pachtverhältnisse über Immobilien 22 und Räume ist § 103 (s o § 103 Rn 40) und damit auch § 105 S 1 **nicht** anwendbar. Es gilt die Sonderregelung des § 108 Abs 3, die die gleichen Rechtsfolgen anordnet. § 105 S 1 findet aber auf die von § 108 Abs 1 nicht erfassten **Miet- oder Pachtverträge über bewegliche Sachen und Rechte** Anwendung. Die zeitbezogene Überlassung eines Gegenstandes ist ebenso wie die Pflicht zur Zahlung der monatlichen Raten teilbar (**BGH** 10. 3. 1994 – IX ZR 236/93, Z 125, 270 = ZIP 1994, 715 = NJW 1994, 1858 zu § 36 VerglO; MüKo-*Kreft* § 105 Rn 15; K/P/B/*Tintelnot* § 105 Rn 10; N/R/*Balthasar* § 105 Rn 8). Auf **Dienstverträge** ist ebenfalls die Sondervorschrift des § 108 Abs 3 anzuwenden. Der **Urlaubsanspruch** des Arbeitnehmers ist nach der Rechtsprechung des BAG nicht teilbar iSd § 105 S 1 (**BAG** 21. 11. 2006 – 9 AZR 97/06, ZIP 2007, 834 = NZA 2007, 696). Dieser entstehe nach Erfüllung der Wartezeit am 1. Januar eines jeden Jahres in voller Höhe und sei nach § 7 Abs 2 BUrlG möglichst zusammenhängend zu gewähren. **Lizenzverträge** können teilbare Leistungen zum Gegenstand haben (**BGH** 21. 10. 1976, LM Nr 6 zu § 6 VglO [*Girisch*] = NJW 1977, 50; H/W/W § 105 Rn 7; HK-*Marotzke* § 105 Rn 14; zust KP-*Tintelnot* § 105 Rn 9). **Leasingverträge über bewegliche Sachen**, bei denen der mietvertragliche Charakter überwiegt, mit Ausnahme der drittfinanzierten Leasingverträge, die gemäß § 108 Abs 1 S 2 wie Immobilien zu behandeln sind, fallen unter die Regelung des § 105 S 1, da wie bei Miete und Pacht auch hier die **Gebrauchsüberlassung teilbar** ist (KP-*Tintelnot* § 105 Rn 10; NR-*Balthasar* § 105 Rn 8; KS-*Pape* S 531, 558 Rn 39; str **aA** *Zahn* DB 1995, 1597, 1599).

6. Darlehensverträge. Ist das zugesagtes Darlehen nur teilweise ausgezahlt, gelangt § 105 S 1 zur An- 23 wendung (s o § 103 Rn 29). Die Darlehenssumme lässt sich ebenso wie die Zins- und Tilgungszahlungen ohne weiteres teilen. Darüber hinaus lässt sich der Anteil der Zins- und Tilgungsleistungen des Darlehensnehmers, der sich auf die bereits ausgekehrte Darlehensvaluta bezieht, zweifelsfrei berechnen. Verlangt der Verwalter des Darlehensnehmers Erfüllung des Darlehensvertrages, so ist der **Rückzahlungsanspruch** des Darlehensgebers **für** die vor **Verfahrenseröffnung** ausgezahlte Teilvaluta **nicht** Masseschuld nach § 55 Abs 1 Nr 2, sondern **Insolvenzforderung** nach § 105 S 1 (MüKo-*Kreft* § 105 Rn 15; HaKo-*Ahrendt* § 105 Rn 5 K/P/B/*Tintelnot* § 105 Rn 9; ähnl HK-*Marotzke* § 105 Rn 13, der § 105 S 1 analog anwenden will; str **aA** *Obermüller* Insolvenzrecht in der Bankpraxis, Rn 5.275).

7. Versicherungsverträge. Versicherungsverträge enthalten grundsätzlich teilbare Leistungen (**OLG** 24 **Düsseldorf** 5. 7. 2004 – 4 U 133/04, VersR 2006, 250 = NJW-RR 2006, 494). Hauptpflicht des Versicherers ist die fortdauernde Gefahrtragung, die des Versicherungsnehmers die Prämienzahlung. Ein beliebiger Prämienanteil entspricht einem bestimmten Zeitraum der Risikoübernahme durch den Versicherer (Deckung und Prämie pro rata temporis).

8. Kosten des Rechtsstreites. Wegen des Grundsatzes der Einheitlichkeit der Kostenentscheidung las- 25 sen sich die Prozesskosten eines aufgenommenen Rechtsstreites nicht in Zeitabschnitte vor und nach der Prozessaufnahme aufteilen. Es liegt keine teilbare Leistung iSd § 105 S 1 vor (**BGH** 28. 9. 2006 – IX ZB 312/04, ZIP 2006, 2132 = ZInsO 2006, 1214 = NZI 20.017, 104; OLG Bremen 2. 5. 2005 – 2 W 29/05, ZInsO 2005, 1219; **aA** BFH 10. 7. 2002 – I R 69/00, ZIP 2002, 2225).

9. Umsatzsteuer. § 105 S 1 findet im Umsatzsteuerrecht keine Anwendung. Hat der Unternehmer das 26 geschuldete Werk vor Insolvenzeröffnung teilweise hergestellt und wählt der Insolvenzverwalter die weitere Erfüllung des Werkvertrages, lehnt der **BFH** (30. 4. 2009 – V R 1/06, ZIP 2009, 1677 = ZInsO 2009, 1659 = NZI 2009, 662) eine Aufteilung der Umsatzsteuer ab, mit der Folge, dass die Umsatzsteuer für das Gesamtbauwerk als Masseverbindlichkeit zu berichtigen ist, soweit nicht vor Insolvenzeröffnung Abschlagszahlungen geleistet (Abschn 178 UStR) oder gesondert vereinbarte Teilleistungen abgenommen wurden (Abschn 180 UStR). Maßgeblich sei, dass die Umsatzsteuer bei Soll-Besteuerung erst mit Lieferung des Bauwerks entstehe. Werde das Bauwerk erst nach Verfahrenseröffnung fertiggestellt, sei auch von erst nach Verfahrenseröffnung ausgeführten Werklieferungen auszugehen. Allein die Tatsache, dass der spätere Insolvenzschuldner bis zur Verfahrenseröffnung nur teilweise geleistet hat, rechtfertige nicht die Annahme einer für die umsatzsteuerrechtliche Beurteilung als Teilleistung iSd § 13 Abs 1 Nr 1 lit a S 3 UStG notwendige Entgeltvereinbarung für bestimmte Teile einer wirtschaftlich teilbaren Leistung. Das Entstehen von Masseverbindlichkeiten kann in diesen Fällen dadurch vermieden werden, dass der Verwalter die Erfüllung des Werkvertrages ablehnt und einen neuen Werkvertrag über die Fertigstellung des Werks abschließt. Dann ist die Umsatzsteuer für die bis zur Eröffnung erfolgte Erstellung des Werks Insolvenzforderung, die Umsatzsteuer für die Fertigstellung des Werks ist Masseverbindlichkeit.

V. Rechtsfolgen der Erfüllungswahl

27   Die Rechtsfolgen der Erfüllungswahl des Insolvenzverwalters bei Vorleistungen der Vertragsparteien sind unter § 103 dargestellt, da der BGH die Regelung des § 105 S 1 durch teleologische Auslegung des § 17 KO (§ 103) vorweggenommen hat (s o Rn 3). Auf die dortigen Ausführungen wird verwiesen (s o § 103 Rn 143 ff, zu den Rechtswirkungen der Verfahrenseröffnung bei Teilleistungen s o § 103 Rn 14 ff).

VI. Ausschluss von Rückgabeansprüchen

28   § 105 S 2 stellt ergänzend klar, dass der Vertragspartner wegen der als Nichterfüllung bezeichneten insolvenzmäßigen Erfüllung seines Gegenleistungsanspruches nach S 1 nicht berechtigt ist, die vorinsolvenzlich in das Vermögen des Schuldners gelangte Teilleistung zurückzuverlangen.

29   **1. Voraussetzungen: a) Nichterfüllung des Gegenleistungsanspruches.** Das Gesetz versteht unter Nichterfüllung die nicht vertragsgemäße Erfüllung, die dann gegeben ist, wenn eine Forderung als Insolvenzforderung, mithin nur quotal befriedigt wird.

30   **b) Teilleistung.** Nach überwiegender Auffassung soll das Rückforderungsverbot des § 105 S 2 nicht nur für teilbare Leistungen iSd von S 1, sondern für **jede in das Vermögen des Schuldners übergegangene Teilleistung** gelten, gleichviel ob die geschuldete Leistung teilbar ist oder nicht (MüKo-*Kreft* § 105 Rn 38; HaKo-*Ahrendt* § 105 Rn 10, Gottwald/*Huber* InsHdB § 35 Rn 30; N/R/*Balthasar* § 105 Rn 11). Da nahezu jede Leistung teilbar ist, die teilweise erbracht werden kann (s o Rn 9), dürfte diese Unterscheidung jedoch kaum von praktischer Bedeutung sein. Andere meinen, § 105 S 2 verbiete auch die **Rückforderung vollständiger Leistungen** (HK-*Marotzke* § 105 Rn 22, wohl auch K/P/B/*Tintelnot* § 105 Rn 19). Hiergegen spricht der Gesetzeswortlaut und die systematische Stellung des § 105 S 1, denn § 103 ist im Falle der vollständigen Erfüllung des Vertragspartners nicht anwendbar. Geht man aber mit der wohl hM davon aus, dass der Gesetzgeber mit § 105 S 2 eine Nachfolgeregelung zu § 26 S 1 KO schaffen wollte, wird man auch annehmen müssen, dass **jede in das Vermögen des Schuldners gelangte Leistung** dort verbleiben und der gleichmäßigen Befriedigung der Insolvenzgläubiger dienen soll.

31   **c) Übergang in das Vermögen.** § 105 S 2 erfordert weiter, dass die **Vorleistung** des Vertragspartners in das Vermögen des Schuldners gelangt ist. Das Gesetz spricht von Vermögen und nicht von Eigentum des Schuldners, weil die Leistung des Vertragspartners nicht nur körperliche Gegenstände, sondern auch Forderungen und Rechte betreffen kann. Voraussetzung ist stets der **Vollrechtserwerb** durch den Schuldner (Gottwald/*Huber* InsHdB § 35 Rn 30). Der Schuldner muss Eigentümer der Sache, Inhaber der Forderung bzw. des Rechtes geworden sein. Hieran fehlt es bei einer nur **aufschiebend bedingten Übereignung**, sofern die Bedingung im Zeitpunkt der Eröffnung noch nicht eingetreten ist. § 105 S 2 findet dagegen Anwendung, wenn die Verfügung unter **auflösenden Bedingung** vorgenommen wurde, die im Eröffnungszeitpunkt noch nicht eingetreten ist (Gottwald/*Huber* InsHdB § 35 Rn 30). War das Verfügungsgeschäft unwirksam, greift § 105 S 2 nicht (K/P/B/*Tintelnot* § 105 Rn 20). Einer Aussonderung (§ 47) oder Ersatzaussonderung (§ 48) des Berechtigten steht § 105 S 2 nicht entgegen (NR-*Balthasar* § 105 Rn 12; FK-*Wegener* § 105 Rn 16). Mangels Eigentumsübertragung ist § 105 S 2 beim Kauf unter Eigentumsvorbehalt nicht anwendbar.

32   **2. Rechtsfolge.** Ein gegenseitiger Vertrag wird weder durch die Verfahrenseröffnung noch die Erfüllungsablehnung des Insolvenzverwalters aufgehoben (s o § 103 Rn 11, 157). Dem Vertragspartner steht daher grundsätzlich kein Kondiktionsanspruch zu. § 105 S 2 schließt darüber hinaus die nachinsolvenzliche Ausübung eines vertraglichen oder gesetzlichen Rücktrittsrechtes aus, das sich allein auf die verfah-

I. Allgemeines **§ 106**

rensbedingte Nichterfüllung des Gegenleistungsanspruches für vorinsolvenzlich erbrachte Teilleistungen gründet (Begr zu § 119 RegE – BR-Drs 1/92 S 145; FK-*Wegener* § 105 Rn 16; K/P/B/*Tintelnot* § 105 Rn 18). Der Vertragspartner soll das durch die Vorleistung eingegangene Ausfallrisiko nicht dadurch rückgängig machen können, dass er die an den Schuldner erbrachte Leistung aus der Masse zurückerhält. Ein etwaiger Rückgabeanspruch kann mithin auch nicht als Insolvenzforderung zur Insolvenztabelle angemeldet werden (MüKo-*Kreft* § 105 Rn 38; FK-*Wegener* § 105 Rn 17). Der Regelungsgehalt des § 105 S 2 beschränkt sich entgegen einer zum Teil vertretenen Auffassung nicht in der Feststellung, dass es sich bei dem durch nachinsolvenzlichen Rücktritt entstandenen **schuldrechtlichen Rückgewähranspruch** nicht um eine Masseverbindlichkeit iSd § 55 handelt (so aber HK-*Marotzke* § 105 Rn 20; Mohrbutter/Ringstmeier/*Hohmann* HdB InsVerw § 7 Rn 55). Andernfalls könnte der Vertragspartner dem Insolvenzverwalter durch Lösung vom Vertrag die Möglichkeit nehmen, Erfüllung des noch unerfüllten Vertragsteils zu wählen. Die praktische Bedeutung dieser Streitfrage dürfte allerdings nicht allzu groß sein, da ein Rücktritt nach § 323 Abs 1 BGB nach Eröffnung des Insolvenzverfahrens ohnehin nicht in Betracht kommt (s o § 103 Rn 102 ff).

§ 106 Vormerkung

(1) [1]**Ist zur Sicherung eines Anspruchs auf Einräumung oder Aufhebung eines Rechts an einem Grundstück des Schuldners oder an einem für den Schuldner eingetragenen Recht oder zur Sicherung eines Anspruchs auf Änderung des Inhalts oder des Ranges eines solchen Rechts eine Vormerkung im Grundbuch eingetragen, so kann der Gläubiger für seinen Anspruch Befriedigung aus der Insolvenzmasse verlangen.** [2]**Dies gilt auch, wenn der Schuldner dem Gläubiger gegenüber weitere Verpflichtungen übernommen hat und diese nicht oder nicht vollständig erfüllt sind.**
(2) Für eine Vormerkung, die im Schiffsregister, Schiffsbauregister oder Register für Pfandrechte an Luftfahrzeugen eingetragen ist, gilt Absatz 1 entsprechend.

Frühere §§ 24 KO, 9 Abs 1 S 3 GesO und 50 Abs 4 VglO mit geringen redaktionellen Änderungen. § 120 RegE ohne Änderungen im Gesetzgebungsverfahren.

Übersicht

	Rn
I. Allgemeines	1
II. Anwendungsvoraussetzungen	2
1. Vormerkung iSd § 883 BGB	3
a) Schuldrechtlicher Anspruch auf dingliche Rechtsänderung	4
b) Zukünftige und Bedingte Ansprüche	5
aa) Künftige Ansprüche	6
bb) Bedingte Ansprüche	8
c) Bestehen des zu sichernden Anspruchs	9
d) Eintragung und Eintragungsgrund	11
e) Entstehungszeitpunkt der Vormerkung	12
aa) Entstehung des zu sichernden Anspruchs	13
bb) Eintragung der Vormerkung	14
f) Rückschlagsperre	17
g) Anfechtung	18
2. Amtsvormerkung	19
3. Gesetzliche Vormerkungswirkung	20
a) Löschungsanspruch gem § 1179 a BGB	20
b) Dingliches Vorkaufsrecht	22
a) Ausübung des Vorkaufsrechts vor Insolvenzeröffnung	23
b) Keine Ausübung des Vorkaufsrechts vor Insolvenzeröffnung	24
III. Wirkungen der Vormerkung in der Insolvenz	25
1. Unwirksame Verfügungen des Insolvenzverwalters	26
2. Erfüllung aus der Insolvenzmasse	27
3. Verhältnis zu § 103	33
4. Weitere Vertragspflichten (§ 106 Abs 1 S 2)	35
a) Partielle Anwendung des § 103	37
b) Bauträgerinsolvenz	38

I. Allgemeines

Die Vormerkung (§ 883 BGB) ist ein mit gewissen dinglichen Wirkungen ausgestattetes Sicherungsmittel eigener Art. Sie dient der **Sicherung schuldrechtlicher Ansprüche auf dingliche Rechtsänderung**, indem sie dem Vormerkungsberechtigten gegenüber solche Verfügungen für unwirksam erklärt, die seinen schuldrechtlichen Anspruch vereiteln oder beeinträchtigen würden. § 883 Abs 2 S 2 BGB erweitert diesen Schutz auf vormerkungswidrige Verfügungen des Insolvenzverwalters. § 106 befasst sich nicht mit dem Schutz vor vormerkungswidrigen Verfügungen. Es geht vielmehr um die Frage, ob der Insolvenzverwalter ausnahmsweise verpflichtet ist, einen zwar durch Vormerkung gesicherten, aber gleichwohl lediglich vor Verfahrenseröffnung entstandenen schuldrechtlichen Anspruch des Vormerkungsgläubigers vollständig aus der Insolvenzmasse zu befriedigen (*Kesseler* MittBayNot 2005, 108). Die Regelung des § 106 Abs 1 S 1 bewirkt, dass der durch Vormerkung gesicherte Anspruch des Vormerkungsberechtigten trotz der Eröffnung des Insolvenzverfahrens über das Vermögen des Vormerkungsverpflichteten das Schicksal sonstiger ungesicherter Obligationen nicht teilt, sondern **einem Aussonderungsrecht ähnlich** vom Insolvenzverwalter vor den Ansprüchen der Insolvenz- und Massegläubiger und ungeachtet der Vorschrift des § 103 erfüllt werden muss. Der Vormerkungsberechtigte kann seinen schuldrechtlichen Anspruch auf dingliche Rechtsänderung mithin trotz Insolvenzverfahrens durchsetzen und das **dingliche Recht erwerben**. Der Insolvenzverwalter ist verpflichtet, die zur Begründung oder Übertragung des gesicherten Rechts erforderlichen Handlungen vorzunehmen und insbesondere die Eintragung im Register zu bewilligen (NR-*Balthasar* § 106 Rn 3). Die **Vormerkung** behält auf diese Weise auch im Insolvenzverfahren uneingeschränkt ihren Wert. Liegen die Voraussetzungen des § 106 Abs 1 S 1 vor, ist der **vorgemerkte Anspruch insolvenzfest**. Dies entspricht den besonderen Bedürfnissen des Grundstücksverkehrs.

II. Anwendungsvoraussetzungen

2 § 106 Abs 1 S 1 setzt eine im **Zeitpunkt der Insolvenzeröffnung bestehende wirksame Vormerkung** voraus, ist jedoch nicht auf alle Arten von Vormerkungen anwendbar. Da der Gesetzestext dem § 883 Abs 1 S 1 BGB entnommen ist, findet § 106 Abs 1 S 1 zunächst auf die dort geregelten Vormerkungen Anwendung. § 106 Abs 2 erweitert den Schutz darüber hinaus auf Vormerkungen nach § 10 LuftfzRG und § 10 SchiffsRG, weil es sich hierbei um echte Vormerkungen mit entsprechenden materiell-rechtlichen Wirkungen wie §§ 883 ff BGB handelt. Des Weiteren geht § 106 Abs 1 S 1 grundsätzlich davon aus, dass der Schuldner die Vormerkung selbst an einem **ihm gehörenden Grundstück** bestellt hat. Diese Formulierung ist insoweit unpräzise, als eine Vormerkung auch gutgläubige erworben werden kann (K/P/B/*Tintelnot* § 106 Rn 12). Wie die Rechtslage zu beurteilen ist, wenn der Schuldner eine Vormerkung **an einem fremden Grundstück** bewilligt, das erst nach Insolvenzeröffnung in die Masse fällt, hat der BGH bislang offen gelassen, allerdings auch nicht angedeutet, eine solche Lage anders beurteilen zu wollen (**BGH** 10. 2. 2005 – IX ZR 100/03, ZIP 2005, 627 = ZInsO 2005, 370 = NZI 2005, 331). Die Voraussetzungen des § 103 Abs 1 müssen dagegen **nicht vorliegen**, da der durch Vormerkung zu sichernde Anspruch nicht nur auf gegenseitigem Vertrag, sondern auch auf einseitigem Rechtsgeschäft oder Gesetz beruhen kann. § 106 Abs 1 S 1 kommt mithin auch dann zur Anwendung, wenn der Gläubiger die ihm aus einem gegenseitigen Vertrag obliegenden Leistungspflichten vor der Eröffnung des Insolvenzverfahrens bereits vollständig erfüllt hat (BerlKo-*Goetsch* § 106 Rn 2).

3 **1. Vormerkung iSd § 883 BGB.** Für die Entstehung einer Vormerkung sind neben dem **Bestehen** eines **wirksamen schuldrechtlichen Anspruchs auf Änderung der dinglichen Rechtslage** iSd § 883 Abs 1 S 1 BGB (s u Rn 4, 9; Ausnahme: künftige oder bedingte Ansprüche, vgl § 883 Abs 1 S 2 BGB), ein **Eintragungsgrund** nach § 885 BGB sowie die **Eintragung im Grundbuch** (s u Rn 11, 14) erforderlich. Sämtliche Entstehungsvoraussetzungen der Vormerkung müssen grundsätzlich **im Zeitpunkt der Insolvenzeröffnung** erfüllt sein (s u Rn 12). Lediglich die Eintragung im Grundbuch kann unter den Voraussetzungen des § 878 BGB auch noch nach Verfahrenseröffnung erfolgen (s u Rn 14).

4 **a) Schuldrechtlicher Anspruch auf dingliche Rechtsänderung.** Der Gläubiger muss einen wirksamen **schuldrechtlichen** (obligatorischen) **Anspruch** auf **dingliche**, dh eintragungsfähige **Rechtsänderung** an einem Grundstück oder Grundstücksrecht haben. Hierunter fallen nach § 883 Abs 1 S 1 BGB: 1. der Anspruch auf **Einräumung eines dinglichen Rechts**, zB einer Hypothek oder Reallast, vor allem aber des Eigentums; 2. der Anspruch auf **Aufhebung eines dinglichen Rechts**, zB die Entlassung ausreichend bestimmter Grundstücksteile aus der Hypothekenhaftung; 3. der Anspruch auf **Einräumung oder Aufhebung** eines **Rechts an einem Grundstücksrecht**, zB auf Bestellung eines Vertragspfandrechts an einer Hypothek; 4. der Anspruch auf **Änderung des Inhalts oder des Ranges eines Rechts**. Der **Schuldgrund** ist gleichgültig. Der Anspruch kann auf **Vertrag** (zB Grundstückskaufvertrag), **einseitigem Rechtsgeschäft** (zB Vermächtnis) oder **Gesetz** (zB § 648 BGB, § 812 BGB) beruhen. Der zu sichernde Anspruch muss sich gegen den Insolvenzschuldner als den bei Eintragung der Vormerkung im Grundbuch **eingetragenen Inhaber des betroffenen Rechts** richten (zu den Ausnahmen MüKoBGB-*Wacke* § 883 Rn 17 f). Berechtigter aus der Vormerkung kann wegen deren Akzessorietät nur der **Gläubiger des gesicherten Anspruchs** sein (zum **Vertrag zugunsten Dritter** s Vorauflage Rn 8 ff; MüKoBGB-*Wacke* § 883 Rn 20).

5 **b) Zukünftige und bedingte Ansprüche.** Auch wenn § 106 Abs 1 S 1 nicht den gesamten § 883 Abs 1 BGB, sondern nur § 883 Abs 1 S 1 BGB in Bezug nimmt, erfasst die Schutzwirkung des § 106 Abs 1 S 1 auch die nach § 883 Abs 1 S 2 BGB vormerkbaren **künftigen** und **bedingten** Ansprüche auf Änderung der dinglichen Rechtslage. Andernfalls wäre der in § 883 Abs 1 S 2 BGB verankerte Vormerkungsschutz für künftige Ansprüche sinnentleert (**BGH** 14. 9. 2001 – V ZR 231/00, Z 149, 1, ZIP 2001, 2008 = ZInsO 2001, 1056 = NJW 2002, 213 = NZI 2002, 30; **BGH** 9. 3. 2006 – IX ZR 11/05, Z 166, 319,

ZIP 2006, 1141 = ZInsO 2006, 599 = NZI 2006, 395 = NJW 2006, 2408). Entgegen dem Wortlaut des § 883 Abs 1 S 2 BGB sind diese Ansprüche jedoch nicht uneingeschränkt vormerkbar und damit auch **nicht uneingeschränkt insolvenzfest.**

aa) Künftige Ansprüche. Zur Sicherung eines künftigen Anspruchs kann eine Vormerkung nur dann eingetragen werden, wenn für die künftige Entstehung des Anspruchs nicht lediglich eine bloße mehr oder weniger aussichtsreiche tatsächliche Möglichkeit besteht, sondern bereits eine **feste Grundlage**, ein **sicherer Rechtsboden** vorhanden ist (BGH 19. 1. 1954 – V ZB 28/53, Z 12, 115, NJW 1954, 1933; BGH 13. 6. 2002 – V ZB 30/01, Z 151, 116, ZIP 2002, 2133 = NJW 2002, 2461). Eine solche **feste Rechtsgrundlage** ist nach der Rechtsprechung insbesondere dann gegeben, wenn die Entstehung des Anspruchs nur noch von dem **Willen des demnächst Berechtigten** abhängt (BGH 19. 1. 1954 – V ZB 28/53 aaO; BGH 14. 9. 2001 – V ZR 231/00, Z 149, 1, ZIP 2001, 2008 = ZInsO 2001, 1056 = NJW 2002, 213 = NZI 2002, 30; BGH 9. 3. 2006 – IX ZR 11/05, Z 166, 319, ZIP 2006, 1141 = ZInsO 2006, 599 = NZI 2006, 395 = NJW 2006, 2408). Andere lassen genügen, dass der Schuldner seine Bindung nicht mehr einseitig beseitigen kann, weil er seine zur Anspruchsentstehung notwendige Willenserklärung nicht mehr einseitig widerrufen kann oder zu ihrer Abgabe verpflichtet ist (Palandt/*Bassenge* § 883 Rn 15; MüKo-*Ott*/*Vuia* § 106 Rn 9). Einigkeit besteht aber darüber, dass die Vormerkbarkeit eines künftigen Anspruchs dann zu verneinen ist, wenn die Entstehung des Anspruchs **ausschließlich vom Willen des Schuldners** oder davon abhängt, dass dieser ein Rechtsgeschäft überhaupt erst vornimmt. Denn es kann nicht Sinn der Vormerkung sein, einen künftigen Gläubiger in der Einzelzwangsvollstreckung gegen Zwangsmaßnahmen Dritter zu schützen, wenn er nicht einmal gegen die Willensentscheidung des Schuldners geschützt ist (BGH 5. 12. 1996 – V ZB 27/96; Z 134, 182, ZIP 1997, 420 = NJW 1997, 861; BGH 9. 3. 2006 – IX ZR 11/05 aaO; MüKoBGB-*Wacke* § 883 Rn 24; Palandt/*Bassenge* § 883 Rn 15). Auch für den **Insolvenzschutz zukünftiger oder bedingter Ansprüche** auf dingliche Rechtsänderung gem § 106 Abs 1 S 1 ist ein **sichere Rechtsboden** im og Sinne erforderlich, aber auch ausreichend (BGH 14. 9. 2001 – V ZR 231/00 aaO). Denn dieser verleiht den zukünftigen und bedingten Ansprüchen die für die Insolvenzfestigkeit **notwendige Seriosität** (BGH 14. 9. 2001 – V ZR 231/00 aaO). § 106 zielt im Insolvenzfall nicht darauf ab, den mehr oder weniger aussichtsreichen tatsächlichen Erwerbsmöglichkeiten des künftigen Gläubigers Insolvenzfestigkeit zu verschaffen. Die Vorschrift soll nur den Gläubiger schützen, dessen Anspruch seinem **rechtlichen Kern** aufgrund gesetzlicher Bestimmungen oder vertraglicher Vereinbarungen bereits gesichert ist (BGH 9. 3. 2006 – IX ZR 11/05 aaO). Insoweit besteht ein **Gleichlauf** zwischen der **Vormerkbarkeit von Ansprüchen** und deren **Insolvenzfestigkeit**. Ist ein Anspruch vormerkbar und durch eine Vormerkung gesichert, genießt er ab Eintragung Insolvenzschutz gem § 106 Abs 1 S 1. Auf den Entstehungszeitpunkt des Anspruchs kommt es für den Insolvenzschutz dann nicht an (*Dobler* Die übertragene Anwartschaft in der Insolvenz Rn 409).

Der durch eine Vormerkung gesicherte, auf einem unwiderruflichen **formgültigen Verkaufsangebot** beruhende künftige **Auflassungsanspruch** ist nach Vorstehendem **insolvenzfest** (BGH 14. 9. 2001 – V ZR 231/00 aaO; BGH 9. 3. 2006 – IX ZR 11/05 aaO). Der durch Auflassungsvormerkung gesicherte **formnichtige Eigentumsverschaffungsanspruch** des Käufers ist dagegen **nicht insolvenzfest** (BGH 7. 3. 2002 – IX ZR 457/99; Z 150, 138, ZIP 2002, 858 = ZInsO 2002, 487 = NZI 2002, 380 = NJW 2002, 2313 = EWiR 2004, 351 [*Beutler*]). Ansprüche aus **formnichtigen Kaufverträgen** sind trotz der aus § 311b Abs 1 S 2 BGB mit ex nunc-Wirkung folgenden **Heilungsmöglichkeit** auch nicht als künftige Ansprüche durch Vormerkung sicherbar. Denn ein formnichtiger Grundstückskaufvertrag vermag keine Ansprüche zu erzeugen, die eine tragfähige Rechtsgrundlage für eine Vormerkung bilden könnten (BGH 15. 5. 1970 V ZR 20/68, NJW 1970, 1541).

bb) Bedingte Ansprüche. Auflösend bedingte Ansprüche sind bis zum Eintritt der Bedingung nach § 883 Abs 1 S 1 BGB vormerkungsfähig, weil sie wirksam bestehen. Auch bei aufschiebend bedingten Ansprüchen liegt im Gegensatz zu künftigen Ansprüchen eine rechtsgeschäftliche Vereinbarung der Parteien bereits vor, die den für eine Vormerkung erforderlichen **sicheren Rechtsboden** bildet (MüKo-*Ott*/*Vuia* § 106 Rn 10). Deshalb können sie von Anfang an eine gesicherte Grundlage für die Eintragung einer Vormerkung bieten (BGH 5. 12. 1996 – V ZB 27/96; Z 134, 182, ZIP 1997, 420 = NJW 1997, 861; BGH 13. 6. 2002 – V ZB 30/01, Z 151, 116, ZIP 2002, 2133 = NJW 2002, 2461). Bedingung kann jedes zukünftige ungewisse Ereignis sein. Die Bedingung darf nur nicht in einer Willenserklärung des Schuldners liegen (sog. **Wollensbedingung**). Denn bei dieser ist in Wirklichkeit noch keine Bindung des Schuldners eingetreten (MüKoBGB-*Wacke* § 883 Rn 22).

c) Bestehen des zu sichernden Anspruchs. Die Vormerkung ist **streng akzessorisch**, dh abhängig vom Bestand des gesicherten Anspruchs (BGH 7. 3. 2002 – IX ZR 457/99, Z 150, 138, ZIP 2002, 858 = ZInsO 2002, 487 = NZI 2002, 380 = NJW 2002, 2313). Sie entsteht nicht ohne den gesicherten Anspruch und erlischt mit ihm. Für die Schutzwirkung des § 106 Abs 1 S 1 ist mithin nur dann Raum, wenn der durch die Vormerkung gesicherte Anspruch **tatsächlich entstanden ist** und im Zeitpunkt der Insolvenzeröffnung **noch besteht** (BGH 7. 11. 1980 – V ZR 163/79, Z 79, 103, ZIP 1981, 250 = NJW 1981, 991; MüKo-*Ott*/*Vuia* § 106 Rn 6). Ist die Vormerkung vor der Eröffnung des Insolvenzverfahrens zu Unrecht eingetragen worden, weil ein sicherungsfähiger Anspruch auf Eigentumsübertragung wegen **formnichtigen Kaufvertrages** oder vorinsolvenzlichen Rücktritt des Käufers nicht existiert, gelangt § 106 Abs 1 S 1 mit Verfahrenseröffnung daher nicht zur Anwendung (BGH 7. 3. 2002 – IX ZR 457/99, Z 150, 138, ZIP 2002, 858 = ZInsO 2002, 487 = NZI 2002, 380 = NJW 2002, 2313 = EWiR 2004, 351 [*Beutler*]; BGH 22. 1. 2009 – IX ZR 66/07, ZIP 2009, 418 = ZInsO 2009, 428 = NZI 2009, 235 = NJW 2009, 1414). Das gilt auch bei nachträglichen Heilungsmöglichkeiten durch Eintragung in das Grundbuch (FK-*Wegener* § 106 Rn 6; MüKo-*Ott/Vuia* § 106 Rn 6). Dem Insolvenzverwalter steht vielmehr ein Anspruch auf **Löschung der Auflassungsvormerkung** gem § 894 BGB zu, ohne dass ihm der Käufer ein **Zurückbehaltungsrecht gem § 273 BGB** wegen des vor Insolvenzeröffnung an den Grundstückseigentümer gezahlten Kaufpreises entgegenhalten könnte (BGH 7. 3. 2002 – IX ZR 457/99 aaO; BGH 22. 1. 2009 – IX ZR 66/07 aaO). In den Fällen einer mangels Anspruchs zu Unrecht eingetragenen Vormerkung ist die Rechtsstellung des Gläubigers nicht anders als in den Fällen, in denen zu seinen Gunsten überhaupt keine Vormerkung eingetragen wurde. Denn diese sichert nur den Anspruch, für den sie bestellt wurde, aber nicht die zB bereicherungsrechtliche Forderung auf Rückgewähr eines angezahlten Kaufpreises (BGH 7. 3. 2002 – IX ZR 457/99, Z 150, 138, ZIP 2002, 858 = ZInsO 2002, 487 = NZI 2002, 380 = NJW 2002, 2313 = EWiR 2004, 351 [*Beutler*]). Ist der gesicherte Anspruch **vor Verfahrenseröffnung** bereits **erloschen** oder kann er aus von der Verfahrenseröffnung unabhängigen Gründen nicht mehr geltend gemacht werden (§ 886 BGB), greift § 106 Abs 1 S 1 ebenfalls nicht (BGH 7. 11. 1980 – V ZR 163/79 aaO). Erlischt der gesicherte Anspruch nach der Eröffnung, entfällt nachträglich die Anwendbarkeit des § 106 Abs 1 S 1.

10   Eine **Ausnahme vom Akzessorietätsgrundsatz** enthält § 883 Abs 1 S 2 BGB. Danach sind auch **künftige oder bedingte,** also noch nicht entstandene **Ansprüche** vormerkungsfähig (s o Rn 5 ff). In diesen Fällen ist das Bestehen des gesicherten Anspruchs zur Entstehung der Vormerkung mithin nicht erforderlich. Insolvenzschutz erlangen sei allerdings nur, wenn sie im Insolvenzverfahren zur Entstehung gelangen (s u Rn 13).

11   **d) Eintragung und Eintragungsgrund.** Die Eintragung der Vormerkung in das Grundbuch ist **Wirksamkeitsvoraussetzung.** Die Vormerkung **kann aufgrund einer Bewilligung** des Schuldners (§§ 885 Abs 1 S 1 Alt 2 BGB, 19, 29 GBO), einer **einstweiligen Verfügung** (§§ 885 Abs 1 S 1 Alt 1 BGB, 941, 942 Abs 2 ZPO, 38 GBO) oder aufgrund eines **vorläufig vollstreckbaren Urteils** (§§ 894, 895 ZPO) eingetragen werden. Für den Schutz des § 106 Abs 1 S 1 ist der Eintragungsgrund unerheblich. Bedeutung erlangt der Eintragungsgrund nur dann, wenn es um die Unwirksamkeit von Vollstreckungsmaßnahmen geht (s u Rn 17).

12   **e) Entstehungszeitpunkt der Vormerkung.** Die Schutzwirkung des § 106 Abs 1 S 1 greift mit Insolvenzeröffnung. Eine Vormerkung kann sich daher grundsätzlich nur dann im Insolvenzverfahren durchsetzen, wenn sie **vor Insolvenzeröffnung wirksam** entstanden ist (Ausnahme: § 878 BGB analog, s u Rn 14).

13   **aa) Entstehung des zu sichernden Anspruchs.** Grundsätzlich muss der zu sichernde Anspruch wegen der Akzessorietät der Vormerkung vor der Eröffnung des Insolvenzverfahrens entstanden sein (s o Rn 9). Etwas anderes gilt nur bei **künftigen und bedingten Ansprüchen.** Da § 883 Abs 1 S 2 BGB eine Ausnahme vom Akzessorietätsgrundsatz enthält, muss der künftige oder bedingte Anspruch auf dingliche Rechtsänderung im Zeitpunkt der Insolvenzeröffnung noch nicht entstanden sein. Für den Insolvenzschutz nach § 106 Abs 1 S 1 genügt es, dass zu diesem Zeitpunkt ein **sicherer Rechtsboden** für die Entstehung des Anspruchs vorhanden ist (s o Rn 6) und der Anspruch nach **Verfahrenseröffnung entsteht** (BGH 14. 9. 2001 – V ZR 231/00, Z 149, 1, ZIP 2001, 2008 = ZInsO 2001, 1056 = NJW 2002, 213 = NZI 2002, 30; MüKo-*Ott/Vuia* § 106 Rn 16). Bei künftigen oder bedingten Ansprüchen, die vor Verfahrenseröffnung wirksam durch Eintragung einer Vormerkung gesichert wurden, hängt der **Insolvenzschutz des § 106 Abs 1 S 1** mithin davon ab, ob sie nach der Eröffnung des Insolvenzverfahrens durch Bedingungseintritt oder Vollendung des Erwerbstatbestandes **noch entstehen können.** Dies ist beispielsweise für einen durch Auflassungsvormerkung gesicherten **künftigen Auflassungsanspruch** der Fall. Dieser kann auch noch nach Verfahrenseröffnung durch Annahme des vorinsolvenzlichen Kaufangebotes entstehen. Der Gläubiger ist durch die Insolvenzeröffnung nicht an der Angebotsannahme gehindert. Denn der Schuldner verliert mit der Eröffnung nicht die Möglichkeit, sich gegenüber Dritten rechtsgeschäftlich zu verpflichten und die vom vormerkungsgesicherten Anspruch betroffene Vermögensposition gehört nicht zur Masse (BGH 14. 9. 2001 – V ZR 231/00 aaO).

14   **bb) Eintragung der Vormerkung. (1) Rechtsgeschäftliche Vormerkung.** Eine rechtsgeschäftliche Vormerkung entsteht nur dann mit Eintragung im Grundbuch, wenn der Betroffene zum Zeitpunkt der Eintragung noch verfügungsbefugt ist. Die Sicherungswirkung der Vormerkung setzt sich daher grundsätzlich nur dann im Insolvenzverfahren durch, wenn die Grundbucheintragung der Vormerkung **vor der Eröffnung des Insolvenzverfahrens** erfolgt ist (BGH 14. 9. 2001 – V ZR 231/00, Z 149, 1, ZIP 2001, 2008 = ZInsO 2001, 1056 = NJW 2002, 213 = NZI 2002, 30; BGH 10. 2. 2005 – IX ZR100/03, ZIP 2005, 627 = ZInsO 2005, 370 = NZI 2005, 331; BGH 9. 3. 2006 – IX ZR 55/04, ZIP 2006, 859 = ZInsO 2006, 429 = NZI 2006, 350; MüKo-*Ott/Vuia* § 106 Rn 14). Nach Verfahrenseröffnung kann die vorinsolvenzlich vom Schuldner bewilligte Vormerkung nicht mehr wirksam im Grundbuch einge-

tragen werden. Dem steht § 91 Abs 1 entgegen (MüKo-*Breuer* § 91 Rn 42). Etwas anderes gilt nur dann, wenn die **Voraussetzungen des § 878 BGB** vorliegen, der auf die Vormerkung entsprechende Anwendung findet und dessen Wirkung durch § 91 Abs 2 in das Insolvenzverfahren übertragen wird (BGH 10. 2. 2005 – IX ZR100/03 aaO; MüKo-*Breuer* § 91 Rn 86). In diesem Fall hat eine nach Insolvenzeröffnung eingetragene Vormerkung Bestand, wenn der Schuldner die Eintragung vor der Verfahrenseröffnung **bindend bewilligt** und der Berechtigte **den Eintragungsantrag vor Insolvenzeröffnung gestellt** hat (BGH 19. 3. 1998 – IX ZR 242/97, Z 138, 179 = ZIP 1998, 836 = NJW 1998, 2134; BGH 10. 2. 2005 – IX ZR100/03 aaO). Der Vormerkungsgläubiger wird in diesem Fall insolvenzrechtlich so gestellt, als ob die Vormerkung bereits vor Verfahrenseröffnung eingetragen wurde. Denn derjenige, der auf dem Weg zum Erwerb eines Immobiliarrechts bereits eine nach den Vorschriften des BGB nicht mehr zu beseitigende Rechtsposition erlangt hat, soll in gleicher Weise im Insolvenzverfahren geschützt werden (BGH 19. 3. 1998 – IX ZR 242/97 aaO).

Hat das Insolvenzgericht im **Eröffnungsverfahren** ein **allgemeines Verfügungsverbot** erlassen oder einen **Zustimmungsvorbehalt** angeordnet (§§ 21 Abs 2 Nr. 2, 24 Abs 1), muss die Eintragung der Vormerkung **vor dieser Anordnung** erfolgt sein (BGH 14. 9. 2001 – V ZR 231/00 aaO). Das Verfügungsverbot (gleichgestellt: Anordnung eines Zustimmungsvorbehalts) wirkt absolut und führt zur Unwirksamkeit der Vormerkung, es sei denn, es kommt ein gutgläubiger Erwerb gem §§ 892, 893 BGB iVm §§ 24 Abs 1 S 2, 81 Abs 1 S 2 in Betracht (FK-*Wegener* § 106 Rn 10; K/P/B/*Tintelnot* § 106 Rn 11). Allerdings greift auch hier § 878 BGB, so dass die nach Erlass des allgemeinen Verfügungsverbotes bzw. nach Anordnung eines Zustimmungsvorbehaltes eingetragene Vormerkung Insolvenzschutz erlangt, wenn die Eintragung der Vormerkung vorher bindend bewilligt und der Eintragungsantrag gestellt worden ist (BGH 9. 3. 2006 – IX ZR 55/04, ZIP 2006, 859 = ZInsO 2006, 429 = NZI 2006, 350; **OLG Frankfurt** 21. 11. 2005 – 20 W 462/04, ZInsO 2006, 269; **LG Aachen** 6. 8. 2002 – 1 O 67/02, ZInsO 2002, 937; StaudingerBGB/*Gursky* § 883 Rn 319). 15

(2) **Zwangsvormerkung.** Eine Zwangsvormerkung muss zu ihrer Wirksamkeit vor Verfahrenseröffnung im Grundbuch eingetragen worden sein. Nach Verfahrenseröffnung scheitert die Eintragung einer Zwangsvormerkung aufgrund einstweiliger Verfügung an § 89 (MüKo-*Breuer* § 89 Rn 13). § 878 BGB findet keine analoge Anwendung (**LG Frankfurt** 15. 10. 1982 – 2 O 9/82, ZIP 1983, 351; Gottwald/ *Gerhardt* InsHdB § 33 Rn 9; StaudingerBGB/*Gursky* § 883 Rn 318; **aA** MüKo-*Ott/Vuia* § 106 Rn 15; K/P/B/*Tintelnot* § 106 Rn 10). Für die Insolvenz des **Nachlasses** und des **Gesamtgutes** der fortgesetzten Gütergemeinschaft verlegen die §§ 321, 332 Abs 2 den für die Eintragung der Zwangsvormerkung maßgeblichen Zeitpunkt auf den des Erbfalls (K/P/B/*Tintelnot* § 106 Rn 6). 16

f) **Rückschlagsperre.** Die Eintragung der Vormerkung aufgrund **einstweiliger Verfügung** (sog arrestatorische Vormerkung) ist eine Maßnahme der Zwangsvollstreckung, die der Rückschlagsperre des § 88 unterliegt (BGH 15. 7. 1999 – IX ZR 239/99, Z 142, 208, ZIP 1999, 1490 = ZInsO 1999, 528 = NZI 1999, 407 = NJW 1999, 3122 = EWiR 2000, 81 [*Gerhardt*]). Dies gilt unabhängig davon, ob der Vollzug der einstweiligen Verfügung im Wege des gerichtlichen Ersuchens nach § 941 ZPO, § 38 GBO oder aufgrund eines Antrags nach § 13 GBO erfolgt, weil über § 936 ZPO die Vorschrift des § 928 ZPO anwendbar ist (**LG Meiningen** 10. 2. 2000 – 4 T 277/99, ZIP 2000, 416 = EWiR 2000, 831 [*Runkel*]). Erfolgt die Eintragung innerhalb eines Monats vor Insolvenzantragstellung oder danach, verliert die eingetragene Vormerkung kraft Gesetzes ihre Wirksamkeit (BGH 15. 7. 1999 – IX ZR 239/99 aaO). Dem Insolvenzverwalter steht ein Löschungsanspruch gem § 894 BGB analog zu (**LG Meiningen** 10. 2. 2000 – 4 T 277/99 aaO; MüKo-*Breuer* § 88 Rn 23). Den Nachweis der Unrichtigkeit des Grundbuchs iSd § 22 GBO kann er durch Vorlage einer Ausfertigung des Eröffnungsbeschlusses führen (**LG Meiningen** 10. 2. 2000 – 4 T 277/99 aaO). Die Rückschlagsperre gilt darüber hinaus auch für solche Vormerkungen, die aufgrund einer durch § 895 ZPO fingierten Bewilligung eingetragen werden, sog **Judikatsvormerkung** (MüKo-*Breuer* § 88 Rn 18; StaudingerBGB/*Gursky* § 883 Rn 320). Zulässig bleibt auch nach Insolvenzantragstellung die rechtsgeschäftlich bestellte Vormerkung. 17

g) **Anfechtung.** § 106 Abs 1 S 1 lässt die Möglichkeit einer Insolvenzanfechtung der Vormerkung oder des gesicherten Anspruchs grundsätzlich unberührt (BGH 24. 3. 1988 – IX ZR 118/87, ZIP 1988, 585= NJW-RR 1988, 841; **OLG Köln** 22. 12. 2004 – 2 U 103/04, ZIP 2005, 1038 = ZInsO 2005, 268; K/P/B/*Tintelnot* § 106 Rn 23; **OLG Stuttgart** 22. 2. 2005 – 10 U 242/04, ZIP 2005, 588). 18

2. **Amtsvormerkung.** Die nach § 18 Abs 2 GBO von Amts wegen einzutragende Verfahrensvormerkung ist von der BGB-Vormerkung wesensmäßig verschieden und wird mithin nicht von § 106 Abs 1 S 1 erfasst. Sie dient nicht der Sicherung eines schuldrechtlichen Anspruchs, sondern ist ein bloßer Schutzvermerk (MüKoBGB-*Wacke* § 883 Rn 7). Gleiches gilt für die Verfahrensvormerkungen nach §§ 28 Abs 2 SchiffsRegO und 77, 86 Abs 1 LuftfzRG. 19

3. **Gesetzliche Vormerkungswirkung. a) Löschungsanspruch gem § 1179 a BGB.** § 1179 a Abs 1 S 1 BGB begründet einen zum Inhalt der Hypothek gehörenden gesetzlichen Anspruch des Hypothekengläubigers gegen den Eigentümer auf Löschung vorrangiger oder gleichrangiger Hypotheken. Über 20

§ 1192 Abs 1 BGB gilt die Vorschrift auch für Grundschulden. Der Löschungsanspruch entsteht mit Vereinigung von vor- bzw. gleichrangigem Grundpfandrecht und Eigentum am Grundstück in einer Person und ist gem § 1179 a Abs 1 S 3 BGB kraft Gesetzes **wie durch eine Vormerkung gesichert**, ohne dass es einer Eintragung ins Grundbuch bedarf.

21 Hat sich das Grundpfandrecht mit dem Eigentum **vor Verfahrenseröffnung** vereinigt, ist der **entstandene Löschungsanspruch** des Grundpfandgläubigers wegen der gesetzlichen Vormerkungswirkung gem § 106 Abs 1 S 1 **insolvenzfest** (MüKo-*Ott/Vuia* § 106 Rn 9). **Künftige Ansprüche** genießen nur dann Vormerkungsschutz, wenn der Rechtsboden für ihre Entstehung schon soweit vorbereitet ist, dass die Entstehung des Anspruchs nicht mehr vom Willen des Schuldners abhängt (s o Rn 6). Diese Voraussetzung gilt auch für die Vereinigung und den **künftigen Löschungsanspruch** des nachrangigen Insolvenzgläubigers. § 1179 a Abs 1 S 3 BGB enthält insoweit keine Rechtsfolgen-, sondern eine **Rechtsgrundverweisung**. Bei einem künftigen Löschungsanspruch nach § 1179 a Abs 1 S 1 BGB fehlt es an einem sicheren Rechtsboden, da der Inhaber des nachrangigen Grundpfandrechts keinen Anspruch gegen den Grundstückseigentümer hat, sich so zu verhalten, dass der **Vereinigungsfall** eintritt. Der Grundstückseigentümer hat es vielmehr allein in der Hand, den Löschungsanspruch zur Entstehung zu bringen. Der bis zur Vereinigung **künftige Löschungsanspruch** ist daher **nicht vormerkungsfähig** iSd § 883 Abs 1 S 2 BGB und damit auch **nicht insolvenzfest** gem § 106 Abs 1 S 1 (**BGH** 9. 3. 2006 – IX ZR 11/05, Z 166, 319, ZIP 2006, 1141 = ZInsO 2006, 599 = NZI 2006, 395 = NJW 2006, 2408 = EWiR 2006, 457 [*Kesseler*], dazu auch *Rein* NJW 2006, 3470; *Kesseler* NJW 2007, 3466). Der nachrangige Grundschuldgläubiger muss sich den Anspruch auf Rückabtretung der Grundschuld mithin abtreten und diesen Anspruch mit einer Vormerkung nach § 883 BGB sichern lassen, will er eine insolvenzfeste Rechtsposition erwerben (*Rein* NJW 2006, 3479; MüKo-*Ott/Vuia* § 106 Rn 9).

22 **b) Dingliches Vorkaufsrecht.** Das dingliche Vorkaufsrecht hat gem § 1098 Abs 2 BGB im Verhältnis zum Erstkäufer die **Wirkung einer Vormerkung** zur Sicherung des Anspruchs auf Übertragung des Eigentums an den Vorkaufsberechtigten. Obwohl der Anspruch, den die Vormerkungswirkung schützen soll, erst mit der Ausübung des Vorkaufsrechtes entsteht, beginnt die **Vormerkungswirkung** mit **Eintritt der Vorkaufslage**, also dem Abschluss des Drittvertrages (Staudinger*BGB/Mader* § 1098 Rn 15). Vor diesem Zeitpunkt kann auch der Insolvenzschutz des § 106 nicht einsetzen. Ist der Vorkaufsfall bei Verfahrenseröffnung noch nicht eingetreten, ist das dingliche Vorkaufsrecht mithin nicht nach § 106 Abs 1 S 1 geschützt (**BGH** 9. 3. 2006 – IX ZR 11/05, Z 166, 319, ZIP 2006, 1141 = ZInsO 2006, 599 = NZI 2006, 395 = NJW 2006, 2408). § 1098 Abs 1 S 2 BGB enthält für diesen Fall eine Sonderregelung. Nach der Eröffnung des Verfahrens kann der Schuldner den Vorkaufsfall nicht mehr herbeiführen, da er mit Wirkung gegen die Masse keine Verpflichtungsgeschäfte abschließen kann (§ 80 Abs 1). Verkauft der **Insolvenzverwalter** das Grundstück, handelt es sich um einen **Vorkaufsfall** mit der Folge, dass sich der Übereignungsanspruch des Vormerkungsberechtigten gegen den Insolvenzverwalter richtet und von diesem zu erfüllen ist (Staudinger*BGB/Mader* § 1098 Rn 11). Hat der Schuldner das Grundstück vor der Eröffnung des Insolvenzverfahrens an einen Dritten verkauft, sind verschiedene Konstellationen zu unterscheiden:

23 **a) Ausübung des Vorkaufsrechts vor Insolvenzeröffnung.** Zweck der von § 1098 Abs 2 BGB statuierten Vormerkungswirkung ist es, den vom Eintritt eines Vorkaufsfalles und der Ausübung des Vorkaufsrechtes abhängigen Übereignungsanspruch des Vorkaufsberechtigten zu sichern (Staudinger*BGB/Mader* § 1098 Rn 12). Diese Sicherung muss wegen der Vormerkungswirkung des dinglichen Vorkaufsrechtes auch in der formellen Insolvenz des Verpflichteten erhalten bleiben. Der Berechtigte kann vom Insolvenzverwalter mithin gem § 106 Abs 1 S 1 die Erfüllung des Übereignungsanspruches verlangen (N/R/*Balthasar* § 106 Rn 6; HaKo-*Ahrendt* § 106 Rn 11; *Jaeger/Henckel* 24 KO Rn 6).

24 **b) Keine Ausübung des Vorkaufsrechts vor Insolvenzeröffnung.** Ist der Vorkaufsfall vor Verfahrenseröffnung zwar eingetreten, hat der Berechtigte sein Vorkaufsrecht im Zeitpunkt der Insolvenzeröffnung aber noch nicht ausgeübt, hängt die Insolvenzfestigkeit des kraft gesetzlicher Vormerkungswirkung gesicherten Übereignungsanspruches von der Anwendbarkeit des § 103 und der Entscheidung des Insolvenzverwalters ab. Hat der Schuldner das Grundstück vor der Verfahrenseröffnung bereits an den Erstkäufer übereignet, den Kaufvertrag also vollständig erfüllt, ist § 103 auf den Kaufvertrag zwischen Schuldner und Erstkäufer nicht anwendbar. Der Vorkaufsberechtigte kann sein Vorkaufsrecht auch nach Verfahrenseröffnung ausüben (*Jaeger/Henckel* 24 KO Rn 8; MüKo-*Ott/Vuia* § 106 Rn 16 c). Der Insolvenzverwalter muss den gesicherten Übereignungsanspruch erfüllen (N/R/*Balthasar* § 106 Rn 7; HaKo-*Ahrendt* § 106 Rn 11). Dieser ist insolvenzfest. Hat der Schuldner den Kaufvertrag im Zeitpunkt der Insolvenzeröffnung dagegen noch nicht erfüllt, findet § 103 Anwendung. Die hM vertritt den Standpunkt, mit der Erfüllungsablehnung erlösche das dingliche Vorkaufsrecht, weil es voraussetze, dass der Dritte die Erfüllung des Kaufvertrages verlangen könne (*Jaeger/Henckel* § 24 KO Rn 9; MüKo-*Ott/Vuia* § 106 Rn 16 c; N/R/*Balthasar* § 106 Rn 7; K/P/B/*Tintelnot* § 106 Rn 8). Dies überzeugt nicht. Zum einen kann der Ditte schon ab Verfahrenseröffnung nicht mehr die Erfüllung des Kaufvertrages verlangen, weil der Anspruch des Käufers auf Eigentumsverschaffung (§ 433 Abs 1 BGB) mit der Eröffnung des Insolvenzverfahrens über das Vermögen des Verkäufers (hier des Grundstückseigentümers) seine Durchsetzbarkeit ver-

III. Wirkungen der Vormerkung in der Insolvenz § 106

liert (s o § 103 Rn 10). Die Erfüllungsablehnung stellt lediglich deklaratorisch klar, dass es bei dem durch die Eröffnung eingetretenen Durchsetzbarkeitsverlust bleiben soll (s o § 103 Rn 157). Zum anderen erlischt das Vorkaufsrecht nicht mit dem – auf die Dauer des Insolvenzverfahrens zeitlich begrenzten – Durchsetzbarkeitsverlust des Eigentumsverschaffungsanspruches, sondern allenfalls mit dessen Untergang. Die Erfüllungsablehnung des Insolvenzverwalters hindert den Berechtigten daher nicht, sein Vorkaufsrecht nach Insolvenzeröffnung auszuüben und vom Insolvenzverwalter die Übereignung des Grundstücks zu verlangen. Der Insolvenzverwalter ist in diesem Fall verpflichtet, den insolvenzfesten Anspruch zu erfüllen. Macht der Erstkäufer gegenüber dem Insolvenzverwalter eine Nichterfüllungsforderung gem § 103 Abs 2 S 1 durch Anmeldung zur Insolvenztabelle geltend, erlischt der mit Verfahrenseröffnung suspendierte Eigentumsverschaffungsanspruch. Der Berechtigte kann sein Vorkaufsrecht nicht mehr ausüben. Hat er es bereits ausgeübt, muss der Insolvenzverwalter den Anspruch auf Eigentumsübertragung nicht erfüllen.

III. Wirkungen der Vormerkung in der Insolvenz

§ 883 Abs 2 S 2 BGB sichert den Anspruch des Gläubigers gegen vormerkungswidrige Verfügungen des Insolvenzverwalters (s u Rn 26). Damit ist aber noch nicht gewährleistet, dass der Vormerkungsgläubiger den gesicherten Anspruch im Insolvenzverfahren auch durchsetzen kann. Denn der Vormerkungsschuldner verliert mit der Verfahrenseröffnung die Befugnis, über das dem Insolvenzbeschlag unterliegende Vermögen zu verfügen (§ 80 Abs 1), ist folglich nicht mehr in der Lage, die dingliche Rechtsänderung, auf die der vorgemerkte Anspruch gerichtet ist, herbeizuführen. Aus diesem Grund bestimmt § 106 Abs 1 S 1, dass sich der Vormerkungsgläubiger nach der Eröffnung des Insolvenzverfahrens an den Insolvenzverwalter als dem nun Verfügungsbefugten halten und von diesem Erfüllung aus der Insolvenzmasse verlangen kann. Darüber hinaus nimmt § 106 Abs 1 S 1 den gesicherten Anspruch von den allgemeinen Wirkungen der Verfahrenseröffnung (s u Rn 27) und – falls dieser auf einem im Zeitpunkt der Verfahrenseröffnung nicht vollständig erfüllten Vertrag beruht – von der Regelung des § 103 aus (s u Rn 33). Der gesicherte Anspruch kann folglich wie außerhalb des Insolvenzverfahrens geltend gemacht werden (**OLG Dresden** 14. 9. 1995 – 7 U 695/95, OLG-NL 1996, 109; **OLG Stuttgart** 18. 8. 2003 – 5 U 62/03, ZInsO 2004, 1087). Dadurch ist sichergestellt, dass sich die Vormerkung auch im Insolvenzverfahren durchsetzt. Der gesicherte Anspruch ist **insolvenzfest**. 25

1. Unwirksame Verfügungen des Insolvenzverwalters. Da mit Insolvenzeröffnung die Verfügungsbefugnis über das insolvenzbefangene Vermögen gem § 80 Abs 1 auf den Insolvenzverwalter übergeht, erweitert § 883 Abs 2 S 2 BGB den Schutz des § 883 Abs 2 S 1 BGB auf vormerkungswidrige Verfügungen des Insolvenzverwalters. Auch diese sind dem Vormerkungsberechtigten gegenüber unwirksam. Daraus geht hervor, dass die Vormerkung trotz der formellen Insolvenz des Vormerkungsschuldners bestehen bleibt und ihre Elisionskraft behält (Staudinger BGB/*Gursky* § 883 Rn 309). Der Berechtigte kann vom Insolvenzverwalter die Herbeiführung des der Vormerkung entsprechenden Rechtszustandes und von einem Dritten, zu dessen Gunsten verfügt worden ist, die hierzu erforderliche Zustimmung beanspruchen (§ 888 BGB). 26

2. Erfüllung aus der Insolvenzmasse. Bei dem vor Verfahrenseröffnung entstandenen Anspruch auf Änderung der dinglichen Rechtslage würde es sich ohne Vormerkungsschutz um eine nach § 45 in Geld umzurechnende Insolvenzforderung iSd § 38 handeln (Jaeger/*Henckel* § 24 KO Rn 22; *Assmann* Die Vormerkung S 238). Gleiches würde im Hinblick auf den bereits vor Verfahrenseröffnung gelegten Rechtsboden für die zukünftigen und bedingten Ansprüche iSd § 883 Abs 1 S 2 gelten. § 106 Abs 1 S 1 bestimmt jedoch, dass der Gläubiger für seinen Anspruch **Befriedigung aus der Insolvenzmasse** verlangen kann und durchbricht für vormerkungsgesicherte Ansprüche damit den Grundsatz des § 38 (HK-*Marotzke* § 106 Rn 1). Der Vormerkungsberechtigte ist **nicht Insolvenzgläubiger** und muss seinen Anspruch folglich auch nicht gem § 87 nach den Vorschriften über das Insolvenzverfahren verfolgen (**BGH** 14. 9. 2001 – V ZR 231/00, Z 149, 1, ZIP 2001, 2008 = ZInsO 2001, 1056 = NJW 2002, 213 = NZI 2002, 30; N/R/*Balthasar* § 106 Rn 13). Er ist aber auch nicht Massegläubiger, der gesicherte Anspruch **keine Masseverbindlichkeit** iSd § 55 Abs 1 Nr. 2 Alt 2 (MüKo-*Hefermehl* § 55 Rn 129; Staudinger BGB/*Gursky* § 883 Rn 309; aA FK-*Wegener* § 106 Rn 14; Mohrbutter/Ringstmeier/*Homann* Hdb InsVerw § 7 Rn 63). Denn der Insolvenzverwalter muss den gesicherten Anspruch auch dann erfüllen, wenn die Masse nicht ausreicht, um alle Masseverbindlichkeiten zu berichtigen (**OLG Stuttgart** 18. 8. 2003 – 5 U 62/03, ZInsO 2004, 1087; *Assmann* Die Vormerkung S 255). Da die Wirkungen der Vormerkung auch im Insolvenzverfahren erhalten bleiben und mit rückwirkender Kraft auf den Zeitpunkt der Eintragung geltend gemacht werden können, zählt die vom gesicherten Anspruch betroffene Vermögensposition von Anfang an nicht zu den Bestandteilen der Insolvenzmasse (**BGH** 14. 9. 2001 – V ZR 231/00 aaO). Der gesicherte Anspruch ist mithin darauf gerichtet, eine Sache aus der Ist-Masse als nicht zur Soll-Masse gehörend herauszulösen. Inhaltlich geht der Anspruch damit auf **Aussonderung** (**BGH** 13. 3. 2008 – IX ZB 39/05, ZIP 2008, 1028 = ZInsO 2008, 558 = NZI 2008, 428 = EWiR 2008, 501 [*Eckert*]; MüKo-*Ganter* § 47 Rn 333). Die Vormerkung verstärkt den gesicherten schuldrecht- 27

§ 106 *Vormerkung*

lichen Anspruch zu einem **aussonderungsähnlichen Recht** (**OLG Hamm** 22. 6. 2006 – 27 U 183/05, ZIP 2006, 1911 = ZInsO 2006, 1276 = EWiR 2006, 723 [*Weitzmann*]; HK-*Marotzke* § 106 Rn 31; K/P/B/*Tintelnot* § § 106 Abs 1 S 1).

28 Der Insolvenzverwalter ist verpflichtet, den vorgemerkten Anspruch gegenüber dem Vormerkungsberechtigten so zu erfüllen, wie es außerhalb des Insolvenzverfahrens der Schuldner tun müsste (MüKo-*Hefermehl* § 55 Rn 129; Gottwald/*Huber* InsHdB § 38 Rn 17). Er hat mithin für Rechnung der Insolvenzmasse alle Handlungen vorzunehmen, die zum Eintritt der geschuldeten Rechtsänderung erforderlich sind (**OLG Frankfurt** 21. 11. 2005 – 20 W 462/04, ZInsO 2006, 269; NR-*Balthasar* § 106 Rn 13). Bei einer Auflassungsvormerkung muss der Insolvenzverwalter dem Vormerkungsberechtigten beispielsweise das Eigentum an dem Grundstück verschaffen, also die Auflassung erklären (§§ 873 Abs 1, 925 BGB) und die Eintragung bewilligen (§ 19 GBO). Der durch die Vormerkung gesicherte Anspruch wie auch die Einwendungen des Insolvenzverwalters sind dabei im **ordentlichen Prozessweg** zu verfolgen (**OLG Frankfurt** 21. 11. 2005 – 20 W 462/04; MüKo-*Ott/Vuia* § 106 Rn 18). Bei **verzögerter Erfüllung** des vorgemerkten Anspruchs haftet der Insolvenzverwalter uU nach § 60 persönlich (**OLG Hamm** 22. 6. 2006 – 27 U 183/05, ZIP 2006, 1911 = ZInsO 2006, 1276 = EWiR 2006, 723 [*Weitzmann*]; HK-*Marotzke* § 106 Rn 1). Allerdings muss der Insolvenzverwalter den Anspruch des Vormerkungsgläubigers nur soweit erfüllen, wie er tatsächlich durch die Vormerkung gesichert ist. So kann der Käufer einer Eigentumswohnung, für den vor Eröffnung eine Auflassungsvormerkung eingetragen worden ist, zwar die Verschaffung des Eigentums verlangen, nicht aber die im Kaufvertrag zugesagte Freistellung von bereits **vor der Eintragung** der Vormerkung **vorhanden gewesenen Belastungen**. Durch die Auflassungsvormerkung kann nur der Anspruch auf Übertragung des Eigentums gesichert werden, nicht aber der schuldrechtliche **Anspruch auf Lastenfreistellung** (**BGH** 22. 9. 1994 – V ZR 236/93, ZIP 1994, 1705 = NJW 1994, 3231; **OLG München** 3. 9. 2003 – 3 Z BR 113/03; ZInsO 2003, 1143 = NZI 2004, 499). Da sich der Rang des Rechts, auf dessen Einräumung der Anspruch gerichtet ist, nach der Eintragung der Vormerkung richtet, sichert diese den Anspruch auf Eigentumsübertragung nur in dem zum Zeitpunkt der Eintragung der Vormerkung bestehenden Umfang, also mit der Belastung (**BGH** 22. 9. 1994 – V ZR 236/93 aaO). Dieser Anspruch kann sich daher auch nicht in der Insolvenz durchsetzen (HK-*Marotzke* § 106 Rn 7). Wie sich aus § 883 Abs 2, 3 BGB ergibt, ist der Vormerkungsberechtigte aber gegen vormerkungswidrige **nachrangige**, also **nach der Vormerkung eingetragene**, Belastungen des Grundstücks durchaus geschützt (HK-*Marotzke* § 106 Rn 7). Umstritten ist, welche Verpflichtungen den Insolvenzverwalter in diesem Fall treffen und ob er sich derer durch Freigabe des Grundstücks entledigen kann (vgl hierzu StaudingerBGB/*Gursky* § 883 Rn 309; *Amann* MittBay 2004, 615; *ders* MittBayNot 2005, 108; *Kesseler* MittBayNot 2005, 108; *Dobler* Die übertragene Anwartschaft in der Insolvenz Rn 354 ff).

29 Der Vormerkungsgläubiger kann vom Insolvenzverwalter auch dann Erfüllung des Anspruchs auf dingliche Rechtsänderung verlangen, wenn der Schuldner vor der Verfahrenseröffnung vormerkungswidrig verfügt hat. Der Insolvenzverwalter tritt an die Stelle des Schuldners und hat statt diesem die zur Erfüllung des gesicherten Anspruchs notwendigen Erklärungen abzugeben, obwohl der Verfügungsgegenstand nicht zur Insolvenzmasse gehört, Zug um Zug gegen Zahlung des Kaufpreises, falls dieser noch offen ist (StaudingerBGB/*Gursky* § 883 Rn 309; NR-*Balthasar* § 106 Rn 15; K/P/B/*Tintelnot* § 106 Rn 21; Jaeger/*Henckel* § 24 KO Rn 27).

30 Wegen der aussonderungsähnlichen Wirkung des § 106 Abs 1 S 1 muss der Insolvenzverwalter den vormerkungsgeschützten Anspruch auch im Fall der **Masseunzulänglichkeit** erfüllen. Die §§ 209, 210 finden keine Anwendung (**OLG Stuttgart** 18. 8. 2003 – 5 U 62/03, ZInsO 2004, 1087; HK-*Marotzke* § 106 Rn 24). Die Leistungsklage bleibt auch nach angezeigter Masseunzulänglichkeit zulässig und der Vormerkungsgläubiger kann in die Masse vollstrecken (**OLG Stuttgart** 18. 8. 2003 – 5 U 62/03 aaO).

31 Trotz des missverständlichen Wortlautes räumt § 106 Abs 1 S 1 dem vormerkungsberechtigten Gläubiger nicht das Recht ein, selbst zwischen Erfüllung oder Aufhebung des Vertragsverhältnisses zu wählen. § 106 Abs 1 S 1 will dem Vormerkungsgläubiger nur die Sicherungswirkung der Vormerkung im Insolvenzverfahren erhalten, ihm aber nicht **mehr Rechte** einräumen, als er außerhalb des Insolvenzverfahrens hätte. Der Vormerkungsgläubiger bleibt daher auch nach Verfahrenseröffnung an das dem gesicherten Anspruch zu Grunde liegende Rechtsgeschäft **gebunden** (**OLG Rostock** 14. 7. 2003 – 3 U 54/03; MüKo-*Ott/Vuia* § 106 Rn 23). Er ist verpflichtet, die vertraglich vereinbarte Gegenleistung an die Masse zu leisten, sofern er sie vor Verfahrenseröffnung noch nicht an den Schuldner erbracht hat (**OLG Stuttgart** 22. 2. 2005 – 10 U 242/04, ZIP 2005, 588; FK-*Wegener* § 106 Rn 17).

32 Der Verwalter kann dem Vertragspartner sämtliche **Einwendungen und Einreden** des Schuldners entgegenhalten (**OLG Frankfurt** 21. 11. 2005 – 20 W 462/04, ZInsO 2006, 269). Unerheblich ist dabei, ob sie sich gegen die Vormerkung selbst oder den vorgemerkten Anspruch richten. Die wichtigste Einrede ist die des **nichterfüllten Vertrages gem § 320 BGB**, wenn der Vertragspartner seine Gegenleistung noch nicht erbracht hat. In diesem Fall muss der Verwalter den gesicherten Anspruch nur Zug um Zug gegen Erbringung der Gegenleistung erfüllen (**OLG Stuttgart** 22. 2. 2005 – 10 U 242/04, ZIP 2005, 588). Verkauft der Insolvenzverwalter ein mit Auflassungsvormerkung und nachrangiger Grundschuld belastetes Grundstück an den Vormerkungsberechtigten, so gebührt der etwa zu zahlende Kaufpreis der Masse und nicht dem nachrangigen Grundpfandgläubiger. Denn die Grundschuld ist von vornherein unwirk-

III. Wirkungen der Vormerkung in der Insolvenz § 106

sam bestellt und daher zu löschen (**BGH** 10. 3. 1967 – V ZR 72/64, Z 47, 181; K/P/B/*Tintelnot* § 106 Rn 22). Ist der gesicherte Anspruch dauernd einredebehaftet, kann der Insolvenzverwalter den Beseitigungsanspruch gem § 886 BGB geltend machen.

3. Verhältnis zu § 103. Da § 106 Abs 1 S 1 nicht nach dem Schuldgrund des gesicherten Anspruchs unterscheidet (s o Rn 4), kann der Vormerkungsgläubiger vom Insolvenzverwalter auch dann Erfüllung des gesicherten Anspruchs verlangen, wenn dieser auf einem **gegenseitigen**, bei Insolvenzeröffnung noch nicht (vollständig) erfüllten **Vertrag** beruht. Im Umfang der Sicherungswirkung der Vormerkung **schließt** § 106 Abs 1 S 1 damit die **Anwendung des § 103 aus** (BGH 19. 3. 1998 – IX ZR 242/97, Z 138, 179, ZIP 1998, 836 = NJW 1998, 2134; FK-*Wegener* § 106 Rn 16; Jaeger/*Henckel* § 24 KO Rn 32). Der durch Vormerkung gesicherte Anspruch des Gläubigers und der Anspruch auf die entsprechende Gegenleistung verlieren mit Verfahrenseröffnung **nicht ihre Durchsetzbarkeit**. Dem Insolvenzverwalter obliegt auch nicht die Entscheidungsbefugnis, die zur Herbeiführung der geschuldeten dinglichen Rechtsänderung erforderlichen Rechtshandlungen vorzunehmen oder es bei den mit der Verfahrenseröffnung eingetretenen Rechtsfolgen zu belassen. Er **muss** den gesicherten Anspruch anstelle des Schuldners erfüllen. Das in § 103 Abs 1 vorgesehene **Wahlrecht des Insolvenzverwalters** ist mithin **ausgeschlossen** (BGH 19. 3. 1998 – IX ZR 242/97 aaO; BGH 9. 3. 2006 – IX ZR 55/04, ZIP 2006, 859 = ZInsO 2006, 429 = NZI 2006, 350; Braun/*Kroth* § 106 Rn 6; FK-*Wegener* § 106 Rn 16; Gottwald/*Huber* InsHdB § 38 Rn 17; HaKo-*Ahrendt* § 106 Rn 14). Allerdings nimmt § 106 Abs 1 S 1 nicht das gesamte Vertragsverhältnis aus dem Anwendungsbereich des § 103 aus, sondern nur den durch Vormerkung gesicherten Anspruch und den synallagmatisch verbundenen Gegenleistungsanspruch. Ist der Vertrag mit der Befriedigung des durch Vormerkung gesicherten Anspruchs noch nicht vollständig erfüllt, so bleibt es für den übrigen Teil des Vertrages bei der Regelung des § 103 (MüKo-*Ott/Vuia* § 106 Rn 23; FK-*Wegener* § 106 Rn 16; Einzelheiten s u Rn 37). Ist bei einem Grundstückskaufvertrag der Übereignungsanspruch des Käufers durch Auflassungsvormerkung gesichert, ist der Kaufvertrag aber insgesamt der Regelung des § 103 entzogen. Würde man dem Insolvenzverwalter zwar für verpflichtet halten, das Grundstück zu übereignen, ihm aber hinsichtlich des Kaufvertrages das Wahlrecht nach § 103 Abs 1 zugestehen, solange der Vertragspartner noch nicht vollständig erfüllt hat, wäre die Vormerkung größtenteils entwertet (*Dobler* Die übertragene Anwartschaft in der Insolvenz Rn 349; **aA OLG Stuttgart** 22. 2. 2005 – 10 U 242/04, ZIP 2005, 588; Braun/*Kroth* § 106 Rn 7). Anders verhält es sich dagegen im Fall der **Bauhandwerkersicherungshypothek**. Der Insolvenzverwalter ist wegen § 106 Abs 1 S zwar verpflichtet, den Anspruch auf Einräumung der Hypothek gem § 648 BGB zu erfüllen, im übrigen aber nicht gehindert, die Erfüllung des Werkvertrages gem § 103 ganz oder teilweise zu verweigern (FK-*Wegener* § 106 Rn 16; Jaeger/*Henckel* § 24 KO Rn 34). Umstritten ist, ob die Hypothek den Nichterfüllungsanspruch des Bauunternehmers aus § 103 Abs 2 S 1 sichert. Räumt man dem Insolvenzverwalter das **Wahlrecht gem §§ 103 Abs 1, 105 S 1** ein, muss es auch bei der Rechtsfolge der Nichterfüllung bleiben (FK-*Wegener* § 106 Rn 4; **str aA** Jaeger/*Henckel* § 24 KO Rn 34).

Der Insolvenzverwalter ist im Fall einer vorinsolvenzlich eingetragenen Auflassungsvormerkung auch dann zur Übereignung des Grundstücks verpflichtet, wenn der Vormerkungsschuldner (Verkäufer des Grundstücks) die Kaufpreisforderung vor der Eröffnung abgetreten hat. Da § 103 auf den Grundstückskaufvertrag keine Anwendung findet, kann die vorinsolvenzliche Zession auch nicht durch Erfüllungswahl des Insolvenzverwalters nach § 103 Abs 1 ihre Wirksamkeit verlieren (BGH 9. 3. 2006 – IX ZR 55/04, ZIP 2006, 859 = ZInsO 2006, 429 = NZI 2006, 350; s o § 103 Rn 149). Im Übrigen ist es auch nicht geboten, die Masse vor einer Abtretung des Kaufpreisanspruches zu schützen. Das Grundstück ist wirtschaftlich gesehen infolge der Wirkung des § 106 Abs 1 S 1 mit seinem wesentlichen Wert schon vor Verfahrenseröffnung verloren, so dass der Gläubigergemeinschaft der Kaufpreis haftungsrechtlich auch nicht zugewiesen ist (BGH 19. 3. 1998 – IX ZR 242/97, Z 138, 179, ZIP 1998, 836 = NJW 1998, 2134).

4. Weitere Vertragspflichten (§ 106 Abs 1 S 2). § 106 Abs 1 S 2 betrifft vor allem **gemischttypische Verträge**. Die Vorschrift stellt klar, dass der durch Vormerkung gesicherte Anspruch des Vertragspartners auch dann insolvenzfest fest ist, wenn der Vormerkungsschuldner noch **weitere Verpflichtungen** übernommen hat und auch diese im Zeitpunkt der Insolvenzeröffnung noch **nicht oder nicht vollständig erfüllt** sind. Sinn der Regelung ist es, den durch Vormerkung gesicherten Anspruch vom rechtlichen Schicksal weiterer, vom Schuldner gegenüber seinem Vertragspartner übernommener Verpflichtungen zu lösen (BGH 7. 11. 1980 – V ZR 163/79, Z 79, 103, ZIP 1981, 250 = NJW 1981, 991). Der durch Vormerkung gesicherte Anspruch muss vom Insolvenzverwalter unabhängig von weiteren Verpflichtungen des Schuldners zwingend erfüllt werden.

§ 106 Abs 1 S 2 entspricht § 24 S 2 KO, dessen Einführung auf eine Entscheidung des V. Zivilsenates zum **Bauträgervertrag** zurückgeht. Ein Bauträgervertrag enthält **Elemente des Kaufvertrages** (Kauf des Grundstücks) und des **Werkvertrages** (Herstellung eines Bauwerkes) sowie – je nach Einzelfall – Bestandteile aus dem **Auftrags- und Geschäftsbesorgungsrecht**, stellt aber insgesamt ein **einheitliches Schuldverhältnis** dar (BGH 12. 7. 1984 – VII ZR 268/83, ZIP 1984, 1355 = NJW 1984, 2573). Ist zugunsten des Vertragspartners des Bauträgers eine Auflassungsvormerkung eingetragen, so sichert diese

33

34

35

36

nur den Übereignungs-, nicht auch den Herstellungsanspruch. Der BGH nahm an, der Konkursverwalter könne die Erfüllung des einheitlichen Bauträgervertrages insgesamt, also nicht nur bezüglich der Bauleistung, sondern auch hinsichtlich der Eigentumsübertragung gem § 17 KO ablehnen und damit – die Erfüllungsablehnung begriff er seinerzeit noch als Ausübung eines Gestaltungsrechtes s o § 103 Rn 5 – den vorgemerkten Anspruch zu Fall bringen (**BGH** 29. 10. 1976 – V ZR 4/75, NJW 1977, 146). Eine Anwendung des § 24 KO zumindest in Bezug auf die durch die Vormerkung gesicherte Übereignungsverpflichtung lehnte der BGH ausdrücklich ab, weil beide Verpflichtungen in einem einheitlichen Vertrag begründet seien. Die Konkursbeständigkeit der Vormerkung wurde durch diese Entscheidung aus den Angeln gehoben und stieß daher auf heftige Kritik, woraufhin der Gesetzgeber § 24 KO um S 2 ergänzte. Der V. Zivilsenat gab seine bisherige Rechtsprechung im Anschluss daran auf (**BGH** 21. 4. 1978 – V ZR 77/77, NJW 1978, 1437).

37 **a) Partielle Anwendung des § 103.** Umfasst ein gegenseitiger, im Zeitpunkt der Insolvenzeröffnung nicht oder nicht vollständig erfüllter Vertrag sowohl durch Vormerkung gesicherte als auch nicht gesicherte Ansprüche des Vormerkungsgläubigers gegen den Vormerkungsschuldner, so kommt es insolvenzrechtlich mit der Verfahrenseröffnung zu einer **Teilung des Vertrages** in einen der Regelung des § 103 unterfallenden und einen hiervon ausgenommenen Teil. Der dem **Anwendungsbereich des § 103 entzogene Vertragsteil**, also der durch Vormerkung gesicherte Anspruch des Vormerkungsgläubigers und der Anspruch des Vormerkungsschuldners auf die korrespondierende Gegenleistung, ist von beiden Seiten **zwingend zu erfüllen**. Ein **Wahlrecht des Insolvenzverwalters** gem § 103 Abs 1 besteht nicht. Der gesicherte Anspruch des Vormerkungsberechtigten ist **insolvenzfest**. Der Anspruch des Vormerkungsgläubigers auf die weiteren Leistungen des Vormerkungsschuldners und dessen Anspruch auf den korrespondierenden Teil der Gegenleistung werden hingegen **von § 103 erfasst** und **mit Verfahrenseröffnung suspendiert** (s o § 103 Rn 11 ff). Der Insolvenzverwalter kann **wählen**, ob er den unter § 103 fallenden Vertragsteil anstelle des Vormerkungsschuldners erfüllen (s o § 103 Rn 132 ff) oder es bei den mit Verfahrenseröffnung eingetretenen Rechtsfolgen belassen will (s o § 103 Rn 157 ff). Lehnt er die **Erfüllung** der **weitergehenden Ansprüche des Vormerkungsgläubigers ab**, bleibt der Vertrag im Insolvenzverfahren insoweit unerfüllt. Der Vormerkungsgläubiger ist auf eine Schadensersatzforderung als Insolvenzforderung verwiesen (§ 103 Abs 2 S 1). Auf die Erfüllung des durch Vormerkung gesicherten Anspruchs hat dies keinen Einfluss.

38 **b) Bauträgerinsolvenz.** Der einheitliche Bauträgervertrag wird insolvenzrechtlich durch die Eröffnung des Insolvenzverfahrens in einen kaufvertragsrechtlichen und einen werkvertragsrechtlichen Teil aufgespalten (**BGH** 21. 11. 1985 – VII ZR 366/83, Z 96, 275, NJW 1986, 925; **OLG Stuttgart** 18. 8. 2003 – 5 U 62/03, ZInsO 2004, 1087). Der **Grundstückskaufvertrag** unterliegt **nicht** der Regelung des § 103. Durch die Vormerkung soll die Rechtslage aufrecht erhalten werden, die bestünde, wenn der gesicherte Anspruch sofort erfüllt worden wäre (**BGH** 21. 11. 1985 – VII ZR 366/83 aaO; Assmann Die Vormerkung S 243). Hätte der Bauträger das Grundstück vor Verfahrenseröffnung an den Vertragspartner übereignet, wäre § 103 auf diesen vorinsolvenzlich erfüllten Vertragsteil nicht anwendbar (s o § 103 Rn 15), so dass § 106 Abs 1 S 2 letztlich nur Ausdruck eines allgemein in § 103 gefolgerten Grundsatzes ist. Die Folge ist, dass der Vertragspartner vom Insolvenzverwalter die Übereignung des Grundstücks verlangen kann, Zug um Zug gegen Zahlung des Grundstückskaufpreises, soweit dieser im Zeitpunkt der Insolvenzeröffnung noch aussteht und zwar unabhängig vom rechtlichen Schicksal des werkvertraglichen Teils. Der **Werkvertrag** unterliegt der Regelung des § 103 mit allen sich daraus ergebenden Konsequenzen. Diese Aufteilung des Bauträgervertrages ist nicht davon abhängig, ob für das Grundstück ein gesonderter Preis ausgewiesen ist (**BGH** 7. 11. 1980 – V ZR 163/79, Z 79, 103, ZIP 1981, 250 = NJW 1981, 991; MüKo-*Ott/Vuia* § 106 Rn 31). Fehlt es hieran, so muss der Kaufpreis für das Grundstück im Wege der ergänzenden Vertragsauslegung, hilfsweise über die §§ 315, 316 BGB ermittelt werden (**BGH** 7. 11. 1980 – V ZR 163/79 aaO). Die insolvenzrechtliche Teilung des Bauträgervertrages führt zwangsläufig auch zu einer Teilung des ursprünglich auf das gesamte Vertragsvolumen bezogenen **Synallagmas**. Dieses hat nur noch Bedeutung innerhalb des jeweiligen Vertragsteils. Die Vertragsparteien werden mithin insolvenzrechtlich so behandelt, als hätten sie zwei selbständige Verträge geschlossen, einerseits einen Kaufvertrag und andererseits einen Werkvertrag. Der Insolvenzverwalter kann die Übereignung des Grundstücks demnach nicht mit dem Grund verweigern, der vereinbarte Werklohn sei noch nicht vollständig gezahlt. Auch eine etwaige vertragliche Vereinbarung, die eine Fälligkeit des Auflassungsanspruches von der Zahlung des vereinbarten Gesamtpreises abhängig macht, kann keinen Bestand mehr haben. Die Fälligkeit des Auflassungsanspruches tritt in diesem Fall ein, sobald der – notfalls im Wege der ergänzenden Vertragsauslegung – bestimmte Kaufpreis für das Grundstück gezahlt ist (**OLG Stuttgart** 18. 8. 2003 – 5 U 62/03, ZInsO 2004, 1087). Wie sich die Rechtslage darstellt, wenn im Rahmen eines Bauträgervertrages zwar der Auflassungsanspruch durch Vormerkung gesichert ist, die Erstellung des Bauwerks aber aufgrund vertraglicher Vereinbarung eine Bedingung im Rechtssinne für die Verpflichtung zur Grundstücksübereignung darstellt, hat der BGH bislang offen gelassen (**BGH** 7. 11. 1980 – V ZR 163/79 aaO). Zur insolvenzmäßigen Absicherung des Fertigstellungsrisikos s Vorauflage Rn 40.

§ 107 Eigentumsvorbehalt

(1) ¹Hat vor der Eröffnung des Insolvenzverfahrens der Schuldner eine bewegliche Sache unter Eigentumsvorbehalt verkauft und dem Käufer den Besitz an der Sache übertragen, so kann der Käufer die Erfüllung des Kaufvertrages verlangen. ²Dies gilt auch, wenn der Schuldner dem Käufer gegenüber weitere Verpflichtungen übernommen hat und diese nicht oder nicht vollständig erfüllt sind.

(2) ¹Hat vor der Eröffnung des Insolvenzverfahrens der Schuldner eine bewegliche Sache unter Eigentumsvorbehalt gekauft und vom Verkäufer den Besitz an der Sache erlangt, so braucht der Insolvenzverwalter, den der Verkäufer zur Ausübung des Wahlrechts aufgefordert hat, die Erklärung nach § 103 Abs. 2 Satz 2 erst unverzüglich nach dem Berichtstermin abzugeben. ²Dies gilt nicht, wenn in der Zeit bis zum Berichtstermin eine erhebliche Verminderung des Wertes der Sache zu erwarten ist und der Gläubiger den Verwalter auf diesen Umstand hingewiesen hat.

§ 121 Abs 1 RegE ohne Änderungen im Gesetzgebungsverfahren. § 121 Abs 2 S 1 RegE mit redaktioneller Änderung im Gesetzgebungsverfahren und Ergänzung um S 2.

I. Allgemeines

Ein **Kaufvertrag mit Eigentumsvorbehalt** unterfällt grundsätzlich der Regelung des § 103, vorausgesetzt, die Bedingung ist im Zeitpunkt der Insolvenzeröffnung noch nicht eingetreten. Denn dann haben im Eröffnungszeitpunkt weder Käufer noch Verkäufer ihre Verpflichtungen aus dem Kaufvertrag (Kaufpreiszahlung § 433 Abs 2 BGB; Übereignung der Kaufsache § 433 Abs 1 S 1) vollständig erfüllt (s o § 103 Rn 60). Der Vorbehaltsverkäufer hat zwar bereits alle geschuldeten Leistungshandlungen vorgenommen, der für den Erfüllungsbegriff des § 103 allein maßgebliche Leistungserfolg (s o § 103 Rn 59), die Übereignung des Vorbehaltsgutes, ist jedoch noch nicht eingetreten. Für die Insolvenz des **Vorbehaltsverkäufers** schließt § 107 Abs 1 S 1 die Anwendbarkeit des § 103 zum Schutz des Vorbehaltskäufers aus. In der Insolvenz des **Vorbehaltskäufers** bleibt es bei der Anwendbarkeit des § 103, § 107 Abs 2 S 1 modifiziert jedoch die Regelung des § 103 Abs 2 S 2 zur Wahrung von Fortführungs- und Sanierungschancen des Insolvenzverwalters. § 107, der weder in der Konkursordnung, noch in der Vergleichsordnung oder der Gesamtvollstreckungsordnung eine Entsprechung hat, vereint damit zwei völlig unterschiedliche, nicht zusammengehörende Normzwecke in einer Vorschrift.

II. Eigentumsvorbehalt in der Verkäuferinsolvenz

Bis 1988 sah der BGH in der Erfüllungsablehnung des Konkursverwalters die Ausübung eines **konkursspezifisches Gestaltungsrechtes**, welches das Vertragsverhältnis in ein Abrechnungsverhältnis umgestaltet und die gegenseitigen Erfüllungsansprüche zum Erlöschen bringt (s o § 103 Rn 5). Unter der KO war daher umstritten, ob § 17 Abs 1 KO im **Konkurs des Vorbehaltsverkäufers** Anwendung findet und der Konkursverwalter die Möglichkeit hat, das Anwartschaftsrecht des Käufers durch Nichterfüllungswahl des Kaufvertrages zu zerstören vermag. Während der BGH von einer grundsätzlichen Anwendbarkeit des § 17 Abs 1 KO ausging (**BGH** 10. 10. 1962 – VIII ZR 203/61, NJW 1962, 2296; **BGH** 9. 7. 1986 – VIII ZR 232/85, Z 98, 160 = ZIP 1986, 1059 = NJW 1986, 2948), wurde in der Literatur ein Wahlrecht des Verwalters überwiegend abgelehnt (Jaeger/*Henckel* § 17 KO Rn 49; K/U § 17 KO Rn 18 d). Der Gesetzgeber wollte diesen Streit durch eine gesetzliche Regelung beenden: Bei Kaufverträgen unter Eigentumsvorbehalt sollte ein Wahlrecht des Insolvenzverwalters nicht mehr bestehen. Dieser sollte vielmehr nur die Rechte haben, die auch dem Verkäufer aus dem Kaufvertrag zustehen. Dadurch werde erreicht, dass das Anwartschaftsrecht des Vorbehaltskäufers nicht vom Insolvenzverwalter durch Erfüllungsablehnung zerstört werden könne (BT-Drucks. 12/2443 S 145 f). § 107 Abs 1 dient mithin dem **Schutz des Vorbehaltskäufers** in der Insolvenz des Vorbehaltsverkäufers und stellt klar, dass das vorinsolvenzlich entstandene **Anwartschaftsrecht des Käufers** eine dem Wahlrecht des Insolvenzverwalters entzogene **insolvenzfeste Rechtsposition** ist, die dem Käufer bei Vertragstreue die Möglichkeit des Vollrechtserwerbs erhält (N/R/*Balthasar* § 107 Rn 9).

1. Voraussetzungen. § 107 Abs 1 gibt den Willen des Gesetzgebers nur unzureichend wieder (hierzu *Marotzke* JZ 1995, 803). Die Vorschrift setzt einen **Kauf unter Eigentumsvorbehalt** (449 BGB) und die **Übertragung des Besitzes** voraus, erwähnt eine aufschiebend bedingte Übereignung des Kaufgegenstandes aber mit keinem Wort. Schutzgut des § 107 Abs 1 ist nicht die Sachherrschaft des Käufers, sondern das durch aufschiebend bedingte Übereignung der Kaufsache entstandene **Anwartschaftsrecht des Käufers**. Für die Anwendbarkeit der Norm kommt es daher entgegen dem Gesetzeswortlaut allein auf das Bestehen eines solchen Anwartschaftsrechtes an (HK-*Marotzke* § 107 Rn 3; K/P/B/*Tintelnot* § 107 Rn 5; Gottwald/*Huber* InsHdB § 36 Rn 18). Die schuldrechtliche Vereinbarung eines Eigentumsvorbehalts im Kaufvertrag ist weder ausreichend noch erforderlich. Das Tatbestandsmerkmal der Besitzübertragung hat nur insoweit Bedeutung, als eine solche für die Entstehung des Anwartschaftsrechtes erforderlich ist (N/R/*Balthasar* § 107 Rn 8; K/P/B/*Tintelnot* § 107 Rn 7). § 107 Abs 1 erfordert mithin in schuldrechtlicher Hinsicht den **Abschluss eines Kaufvertrages** über eine bewegliche Sache (s u Rn 4) und **sachenrechtlich** die durch vollständige Kaufpreiszahlung aufschiebend bedingte **Übereignung des Kaufgegenstandes** (s u Rn 5) nebst **Besitzübergang** (s u Rn 6). Beides muss **vor der Eröffnung des Insolvenzverfahrens** über das Vermögen des Vorbehaltsverkäufers erfolgt sein. Da die Vorschrift den Anwendungsbereich des § 103 Abs 1 eingeschränkt, setzt sie inzidenter dessen **Tatbestand** voraus. Der Kauvertrag darf im Zeitpunkt der Verfahrenseröffnung daher weder vom Käufer durch vollständige Zahlung des Kaufpreises noch vom Verkäufer durch Übergabe und Übereignung der Kaufsache vollständig erfüllt sein.

4   a) **Kaufvertrag über bewegliche Sache.** § 107 Abs 1 setzt einen im Zeitpunkt der Insolvenzeröffnung wirksam abgeschlossenen **Kaufvertrag** über eine **bewegliche Sache** zwischen dem Käufer und dem Verkäufer als Insolvenzschuldner voraus. Erfasst werden neben den reinen Kaufverträgen iSd § 433 BGB auch Verträge über die Lieferung herzustellender oder zu erzeugender beweglicher Sachen iSd § 651 BGB (FK-*Wegener* § 107 Rn 4). Nicht erforderlich ist, dass der Kaufvertrag eine Vereinbarung über den Eigentumsvorbehalt enthält (s. o. Rn 3). § 107 Abs 1 gelangt auch dann zur Anwendung, wenn sich der Verkäufer im Kaufvertrag zur unbedingten Übereignung verpflichtet, das Eigentum aber gleichwohl vertragswidrig nur bedingt übertragen hat (K/P/B/*Tintelnot* § 107 Rn 5).

5   b) **Eigentumsvorbehalt.** Der Verkäufer-Schuldner muss dem Käufer die Sache vor der Eröffnung des Insolvenzverfahrens unter der **aufschiebenden Bedingung** vollständiger Kaufpreiszahlung gemäß §§ 929, 158 Abs 1 BGB übereignet haben. Ob er dabei als Berechtigter oder Nichtberechtigter verfügt hat, spielt keine Rolle, sofern die Verfügung nach §§ 185, 932 ff BGB oder § 366 HGB wirksam war (MüKo-*Ott/Vuia* § 107 Rn 8). Ist die Übereignung unter der **auflösenden Bedingung** vollständiger Kaufpreiszahlung erfolgt, findet § 107 Abs 1 dagegen keine Anwendung (FK-*Wegener* § 107 Rn 7; aA K/P/B/*Tintelnot* § 107 Rn 5; N/R/*Balthasar* § 107 Rn 7). Der Käufer erlangt kein Anwartschaftsrecht, sondern (zunächst) Volleigentum. Das durch aufschiebend bedingte Übereignung entstandene Anwartschaftsrecht des Käufers muss im **Zeitpunkt der Insolvenzeröffnung** noch bestehen. Ist es bereits vor der Eröffnung **erloschen**, etwa durch Bedingungseintritt, Rücktritt des Verkäufers oder Eigentumserwerb eines Dritten, findet § 107 Abs 1 seinem Zweck entsprechend **keine Anwendung**. Erlischt das Anwartschaftsrecht des Käufers nach Verfahrenseröffnung, entfällt damit nachträglich die Anwendbarkeit der Vorschrift. § 107 Abs 1 erfasst in erster Linie den **einfachen Eigentumsvorbehalt**, ist aber grundsätzlich auch auf **alle anderen Formen des Eigentumsvorbehaltes** mit aufschiebend bedingter Übereignung der Kaufsache anwendbar, also den verlängerten, erweiterten und nachgeschalteten Eigentumsvorbehalt (MüKo-*Ott/Vuia* § 107 Rn 8; HK-*Marotzke* § 107 Rn 4; FK-*Wegener* § 107 Rn 7). Es gelten jedoch folgende Einschränkungen: Ist beim **verlängerten Eigentumsvorbehalt** der Verlängerungsfall bereits vor der Verfahrenseröffnung eingetreten, gelangt § 107 Abs 1 mit der Eröffnung nicht zur Anwendung. Denn mit dem Eigentumserwerb des Dritten erlischt das Anwartschaftsrecht des Käufers und tritt der Leistungserfolg aus dem Vertrag zwischen dem Vorbehaltsverkäufer und dem Käufer ein (*Kupka* InVo 2003, 213 [216]). Beim **erweiterten Eigentumsvorbehalt** scheidet eine Anwendung des § 107 Abs 1 dann aus, wenn der Käufer den Kaufpreis für die Vorbehaltsware bereits vor der Eröffnung gezahlt hat. Es fehlt dann an einem im Zeitpunkt der Verfahrenseröffnung beiderseits noch nicht vollständig erfüllten gegenseitigem Vertrag (*Kupka* InVo 2003, 213 [217]). Durch die Vereinbarung eines erweiterten Eigentumsvorbehaltes werden nicht etwa alle Rechtsgeschäfte zu einem einheitlichen Schuldverhältnis zusammengefasst, das dann iS des § 103 noch nicht vollständig erfüllt wäre, solange es noch am Ausgleich aller Forderungen und dem davon abhängigen Eigentumsübergang bezüglich der Vorbehaltsware fehlt. Die schuldrechtliche Selbständigkeit der einzelnen Verträge bleibt vielmehr erhalten (Gottwald/*Huber* InsHdB § 36 Rn 38; *Kupka* InVo 2003, 213 [217]). Ein **nachgeschalteter Eigentumsvorbehalt** wird von § 107 Abs 1 nur erfasst, wenn die Bedingung weder im Verhältnis Verkäufer – Käufer, noch im Verhältnis Käufer – Abkäufer, eingetreten ist. Über seinen Wortlaut hinaus schützt § 107 Abs 1 auch den Anwartschaftszweiterwerber, also denjenigen, auf den der Vorbehaltskäufer sein Anwartschaftsrecht übertragen hat (ausf *Dobler* Die übertragene Anwartschaft in der Insolvenz Rn 40 ff).

6   c) **Besitzübertragung.** Vorausgesetzt ist weiter, dass der Verkäufer den **Besitz** an der bedingt übereigneten Kaufsache **vor der Eröffnung des Insolvenzverfahrens** auf den Käufer übertragen hat. Ausreichend ist **jede Form der Besitzübertragung**, die in Verbindung mit der bedingten Übereignung zur Entstehung eines Anwartschaftsrechtes führt (MüKo-*Ott/Vuia* § 107 Rn 11; N/R/*Balthasar* § 107 Rn 8). § 107 Abs 1 greift mithin sowohl beim gesetzlichen Regelfall der Übergabe nach § 929 S 1 BGB, als auch dann, wenn eine solche nach § 929 S 2 BGB entbehrlich ist oder nach §§ 930, 931 BGB ersetzt wurde (K/P/B/*Tintelnot* § 107 Rn 7). Auch die Fälle, bei denen der Käufer ein Anwartschaftsrecht durch Übergabe von Traditionspapieren gem §§ 448, 475 g, 650 HGB erlangt, werden erfasst (HK-*Marotzke* § 107 Rn 6; MüKo-*Ott/Vuia* § 107 Rn 11). Nicht erforderlich ist, dass der Käufer im Zeitpunkt der Verfahrenseröffnung noch Besitz an der Kaufsache hat. Die Besitzübertragung hat nur Bedeutung für die Entstehung Anwartschaftsrechts. Ist es vorinsolvenzlich entstanden, wird der Käufer auch dann von § 107 Abs 1 geschützt, wenn er den Besitz bei Eröffnung nicht mehr inne hat.

II. Eigentumsvorbehalt in der Verkäuferinsolvenz § 107

2. Rechtsfolge ist nach dem Gesetzeswortlaut, dass der Käufer die Erfüllung des Kaufvertrages verlangen kann. Dies ist missverständlich. Der Käufer hat keinen Anspruch auf Vollerfüllung des Kaufvertrages (einschließlich aller Neben- und Sekundärpflichten). Der Verkäufer hat durch die aufschiebend bedingte Übereignung und Besitzübergabe bereits alle erforderlichen Leistungshandlungen vorgenommen. Zu weiteren Erfüllungshandlungen ist er nicht verpflichtet. Solcher bedarf es im Übrigen auch nicht, da der Käufer den Bedingungseintritt selbst durch Kaufpreiszahlung herbeiführen kann. 7

Ziel des § 107 Abs 1 ist es, das Anwartschaftsrecht des Vorbehaltskäufers **insolvenzfest** auszugestalten. Der Käufer soll auch in der Insolvenz des Vorbehaltsverkäufers die Möglichkeit haben, den Bedingungseintritt durch Zahlung des Restkaufpreises an die Masse herbeizuführen und damit Eigentum an der Kaufsache zu erwerben. Nach der Vorstellung des Gesetzgebers ist die Rechtsposition des Käufers durch das Wahlrecht des Insolvenzverwalters gefährdet. Die Gesetzesbegründung führt aus, der Insolvenzverwalter könne das Anwartschaftsrecht des Käufers durch Erfüllungsablehnung zerstören. Deshalb dürfe ihm in der Insolvenz des Vorbehaltsverkäufers kein Wahlrecht zwischen Erfüllung und Nichterfüllung zustehen (BT-Drucks. 12/2443 S 145 f). Diese Annahme trifft jedoch nur dann zu, wenn man in der Erfüllungsablehnung des Insolvenzverwalters die Ausübung eines, die gegenseitigen Erfüllungsansprüche vernichtenden, Gestaltungsrechtes sieht (so noch **BGH** 10. 10. 1962 – VIII ZR 203/61, NJW 1962, 2296; **BGH** 9. 7. 1986 – VIII ZR 232/85, Z 98, 160 = ZIP 1986, 1059 = NJW 1986, 2948). Eine derartige Auslegung des § 17 KO hat der BGH jedoch schon 1988 aufgegeben (s o § 103 Rn 6). Er ist bis heute der Ansicht, dass der Insolvenzverwalter mit der Erfüllungsablehnung lediglich **deklaratorisch** zum Ausdruck bringt, es solle bei den **mit der Verfahrenseröffnung eingetretenen insolvenzrechtlichen Folgen** bleiben (s o § 103 Rn 157). Auch die Insolvenzeröffnung lässt den Vertrag materiellrechtlich unberührt (s o § 103 Rn 11), so dass weder Verfahrenseröffnung noch Erfüllungsablehnung zu einem Erlöschen des Anwartschaftsrechtes führen. Ob der Käufer durch die Erfüllungsablehnung des Insolvenzverwalters sein Recht zum Besitz verliert (was nicht der Fall ist, s o § 103 Rn 189), ist für den Bestand des Anwartschaftsrechtes unmaßgeblich, da die aufschiebend bedingt erklärte dingliche Einigung mit der Übertragung des Besitzes an der Kaufsache unwiderruflich wird (MüKoBGB-*Quack* § 929 Rn 101). Die Regelung des § 103 macht es dem Käufer aber unter einem anderen Gesichtspunkt unmöglich, den Bedingungseintritt gegen den Willen des Insolvenzverwalters herbeizuführen: Bei gegenseitigen Verträgen, die im Zeitpunkt der Insolvenzeröffnung noch nicht vollständig erfüllt sind, entscheidet gem § 103 Abs 1 allein der Insolvenzverwalter über die Vertragserfüllung. Der Vertragspartner ist nicht berechtigt, dem Insolvenzverwalter die geschuldete Leistung ohne dessen Erfüllungswahl mit Wirkung für und gegen die Masse aufzuzwingen (s o § 103 Rn 11). Der von § 107 Abs 1 verfolgte Schutzzweck wird daher erreicht, indem § 107 Abs 1 den Vorbehaltskaufvertrag in der Insolvenz des Vorbehaltsverkäufers **dem Anwendungsbereich des § 103 entzieht**. Andere formulieren, der Insolvenzverwalter bleibe an den Kaufvertrag gebunden (MüKo-*Ott/Vuia* § 107 Rn 12). Damit findet auch § **105 S 1** keine Anwendung (HK-*Marotzke* § 107 Rn 10). Die gegenseitigen Erfüllungsansprüche, also der Anspruch des Käufers auf Eigentumsübertragung und der Anspruch des Verkäufers auf Zahlung des (Rest-)Kaufpreises werden durch die Verfahrenseröffnung **nicht suspendiert**. Auch steht dem Insolvenzverwalter **das in § 103 Abs 1 normierte Wahlrecht nicht zu** (N/R/*Balthasar* § 107 Rn 10; K/P/B/*Tintelnot* § 107 Rn 10; Graf-Schlicker/*Breitenbücher* § 107 Rn 5); er hat lediglich die Rechte, die auch der Verkäufer außerhalb der formellen Insolvenz hätte. Der Käufer ist berechtigt, die Kaufpreisraten an die Masse zu leisten, der Insolvenzverwalter verpflichtet, diese mit Wirkung für und gegen die Masse anzunehmen und den Bedingungseintritt mit Zahlung der letzten Rate geschehen zu lassen (K/P/B/*Tintelnot* § 107 Rn 10). § 91 steht einem Eigentumserwerb des Käufers nicht entgegen (MüKo-*Ganter* § 47 Rn 77). Den in die Masse gefallenen Kaufpreisanspruch des Verkäufers kann der Insolvenzverwalter gegenüber dem Käufer nach § 80 Abs 1 geltend machen. Dabei ist er allerdings an vorinsolvenzliche Vereinbarungen zwischen Käufer und Verkäufer über die Fälligkeit des Kaufpreises gebunden. Ein Leistungsverweigerungsrecht nach § 320 BGB steht dem Käufer nicht zu, da der Verkäufer bereits alle erforderlichen Leistungshandlungen vorgenommen hat. Gerät der Käufer mit der Kaufpreiszahlung in Verzug, kann der Insolvenzverwalter nach § 323 BGB vom Kaufvertrag **zurücktreten**. In der Folge ist der Käufer zur Rückgabe der Kaufsache und der Insolvenzverwalter zur Rückzahlung des Kaufpreises als Masseverbindlichkeit gem § 55 Abs 1 Nr 1 Alt 1 verpflichtet (*Rugullis* KTS 2005, 40 [467]). 8

3. Weitere Verpflichtungen des Vorbehaltsverkäufers (§ 107 Abs 1 S 2). § 107 Abs 1 S 2 betrifft **gemischttypische Verträge**, bei denen der Verkäufer neben der Verpflichtung zur Übergabe und Übereignung der Kaufsache noch weitere Verpflichtungen, so zB Instruktions- oder Montageverpflichtungen übernommen hat. Zweck der Vorschrift ist es, die durch Anwartschaft gesicherte Rechtsposition des Käufers vom rechtlichen Schicksal zusätzlicher Vertragspflichten des Verkäufers zu lösen (MüKo-*Ott/Vuia* § 107 Rn 13). Der Käufer soll auch dann Eigentum an der Kaufsache erwerben können, wenn der Insolvenzverwalter die weiteren Verpflichtungen des Verkäufers nicht erfüllt. Hat der Verkäufer die weiteren Vertragspflichten im Zeitpunkt der Eröffnung nicht vollständig erfüllt und auch der Käufer die entsprechende Gegenleistung noch nicht vollständig erbracht, kommt es aus insolvenzrechtlicher Sicht mit der Verfahrenseröffnung zu einer **Teilung des Vertrages** in einen der Regelung des § 103 unterfallenden und einen hiervon ausgenommenen Teil. Der Eigentumsverschaffungsanspruch des Käufers nach 9

§ 433 Abs 1 S 1 sowie der auf die Kaufsache entfallende Kaufpreisanspruch des Verkäufers gem § 433 Abs 2 BGB **fallen nicht in den Anwendungsbereich des § 103**. Der Anspruch des Käufers auf die weiteren Leistungen des Verkäufers und der Anspruch des Verkäufers auf den korrespondierenden Teil der Gegenleistung werden hingegen **von § 103 erfasst** und mit Verfahrenseröffnung **suspendiert** (MüKo-*Ott/Vuia* § 107 Rn 14; BerlKo-*Goetsch* § 107 Rn 24). Es gelten die Besonderheiten bei vorinsolvenzlichen Teilleistungen, also auch § 105 S 1 (s o § 103 Rn 14, 143, 163; **aA** HK-*Marotzke* § 107 Rn 10). Lehnt der Insolvenzverwalter die **Erfüllung** der **weiteren Verkäuferpflichten ab**, bleibt der Vertrag im Insolvenzverfahren insoweit unerfüllt. Der Käufer ist auf eine Schadensersatzforderung als Insolvenzforderung verwiesen (§ 103 Abs 2 S 1). Auf sein Recht, durch Kaufpreiszahlung den Bedingungseintritt herbeizuführen, hat dies keinen Einfluss. Allerdings ist der Käufer nicht berechtigt, die Zahlung der Kaufpreisraten im Hinblick auf die Nichterfüllung der weiteren Verkäuferpflichten nach § 320 BGB zu verweigern. Denn durch die mit Verfahrenseröffnung eintretende Vertragsteilung wird auch das Synallagma geteilt (s o § 103 Rn 23). Wurde unter Berücksichtigung der zusätzlichen Verkäuferpflichten ein Gesamtpreis vereinbart, ist dieser um den Wert der nicht zu erbringenden Verkäuferleistungen zu reduzieren (MüKo-*Ott/Vuia* § 107 Rn 16; HK-*Marotzke* § 107 Rn 10). Der Käufer erwirbt dann bereits durch Zahlung des gekürzten Kaufpreises Eigentum an der Kaufsache (KP-*Tintelnot* § 107 Rn 12; NR-*Balthasar* § 107 Rn 10). Kein Fall der Regelung des § 107 Abs 1 S 2 ist bei einem Kfz-Verkauf unter Eigentumsvorbehalt die Verpflichtung zur Übergabe des Kfz-Briefes, denn die Zurückhaltung des Briefes stellt keinen Vermögenswert für die Insolvenzmasse dar, weil das Eigentum an dem Brief dem Eigentum am Kfz folgt (KP-*Tintelnot* § 107 Rn 13; str aA *Marotzke* EWiR 1996, 179, 180).

10 **4. Analogie.** Im Schrifttum wird zum Teil befürwortet, § 107 Abs 1 auf kaufähnliche Geschäfte sowie den Rechtskauf analog anzuwenden (HK-*Marotzke* § 107 Rn 2, 7; BerlKo-*Goetsch* § 107 Rn 14; Graf-Schlicker/*Breitenbücher* § 107 Rn 4). Dies ist abzulehnen (so auch MüKo-*Ott/Vuia* § 107 Rn 7, FK-*Wegener* § 107 Rn 4; K/P/B/*Tintelnot* § 107 Rn 8). Dem Gesetzgeber ging es ersichtlich nicht um den Schutz aller Anwartschaftsrechte, sondern nur um den Schutz des Vorbehaltskäufers beim Sachkauf. Darüber hinaus besteht auch kein Bedürfnis für eine weitergehende Einschränkung des Verwalterwahlrechts.

III. Eigentumsvorbehalt in der Käuferinsolvenz

11 In der **Insolvenz des Vorbehaltskäufers** gilt § 103 uneingeschränkt. Der Käufer-Verwalter kann mithin wählen, ob er die vom Verkäufer unter Eigentumsvorbehalt erworbene Sache durch Erfüllung des Kaufvertrages zur Masse zieht oder es bei den mit Verfahrenseröffnung eingetretenen Rechtsfolgen belässt. § 107 Abs 2 S 1 gestattet ihm, die Entscheidung über die Vertragserfüllung erst **nach dem Berichtstermin** (§ 156) zu treffen. § 107 Abs 2 S 1 will verhindern, dass der Verkäufer seine unter Eigentumsvorbehalt gelieferte Ware aus dem Schuldnerunternehmen herausziehen kann, bevor die Gläubigerversammlung im Berichtstermin über das weitere Vorgehen (Betriebsstilllegung/vorläufige Fortführung; § 157) entschieden hat (BT-Drucks 12/2443 S 146). Denn die Erfüllungsablehnung des Insolvenzverwalters (gleichgestellt: Ablauf der Erklärungsfrist; § 103 Abs 2 S 3) eröffnet dem Verkäufer die Möglichkeit, die gegenseitigen Erfüllungsansprüche durch Anmeldung einer Nichterfüllungsforderung zu vernichten und damit dem Besitzrecht des Käufers/Verwalters die Grundlage zu entziehen (s o § 103 Rn 161, 184). Handelt es sich um leicht verderbliche Ware oder Saisonartikel, bleibt es nach § 107 Abs 2 S 2 bei der Grundregel des § 103 Abs 2 S 2.

12 **1. Voraussetzungen.** § 107 Abs 2 S 1 setzt den **Kauf einer beweglichen Sache unter Eigentumsvorbehalt** und die **Besitzerlangung des Käufers** voraus. Der Tatbestand des § 107 Abs 2 S 1 entspricht damit seinem Wortlaut nach dem des § 107 Abs 1 S 1. Gleichwohl haben beide Absätze **unterschiedliche Voraussetzungen**. Der Grund hierfür liegt in dem **unterschiedlichen Normzweck** beider Regelungen. Während Abs 1 dem Schutz des Anwartschaftsrechtes dient, geht es bei Abs 2 darum, das im **Besitz des Schuldners** vorhandene Vermögen bis zum Berichtstermin zusammenzuhalten (BT-Drucks 12/2443 S 146). Der Käufer-Schuldner muss die Kaufsache daher **bei Verfahrenseröffnung** in **Besitz** haben. Anders als im Fall des Abs 1 hat diese Voraussetzung hier eigenständige Bedeutung. Neben dem **unmittelbaren Besitz** ist auch der **mittelbare Besitz** des Käufers ausreichend, sofern nicht der Verkäufer selbst unmittelbarer Besitzer ist (K/P/B/*Tintelnot* § 107 Rn 18; BerlKo-*Goetsch* § 107 Rn 29; FK-*Wegener* § 107 Rn 19; aA nur unmittelbarer Besitz MüKo-*Ott/Vuia* § 107 Rn 18; N/R/*Balthasar* § 107 Rn 13). Auch Gegenstände, die sich nur im mittelbaren Besitz des Schuldners befinden, können für die Wahrung von Fortführungs- und Sanierungschancen wichtig sein. Eine **aufschiebend bedingte Übereignung** der Kaufsache vor Eröffnung ist nach dem Gesetzeszweck dagegen nicht erforderlich (HK-*Marotzke* § 107 Rn 27; aA MüKo-*Ott/Vuia* § 107 Rn 18), wohl aber die **obligatorische Vereinbarung eines Eigentumsvorbehalts** (aA HK-*Marotzke* § 107 Rn 25). Andernfalls würde jeder Kaufvertrag unter § 107 Abs 2 S 1 fallen und damit das im Gesetz angelegten Regel-Ausnahmeverhältnis konterkariert. Die Grundregel des § 103 Abs 2 S 2 würde praktisch leer laufen. Die Vorschrift erfordert daher in **schuldrechtlicher** Hinsicht den Abschluss eines Kaufvertrages über eine bewegliche Sache nebst Vereinbarung über einen

Eigentumsvorbehalt und **sachenrechtlich** die Übertragung des Besitzes an der Kaufsache. Beides muss vor der Eröffnung des Insolvenzverfahrens über das Vermögen des Vorbehaltskäufers erfolgt sein. Darüber hinaus muss der **Tatbestand des § 103 Abs 1** gegeben sein.

2. Rechtfolge. Fordert der Vertragspartner den Insolvenzverwalter gem § 103 Abs 2 S 2 zur Wahlrechtsausübung auf, hat sich dieser nach der **Grundregel des § 103** unverzüglich zu erklären, ob er die Erfüllung des Vertrages wählen will. Die Erklärungsfrist beginnt mit **Zugang der Aufforderung** (s o § 103 Rn 129). In der Insolvenz des Vorbehaltskäufers verschiebt § 107 Abs 2 S 1 den **Beginn des Fristlaufes** nach Aufforderung des Verkäufers auf den **Schluss des Berichtstermins** (§ 156). Die Erklärungsfrist des Insolvenzverwalters an sich ist in beiden Fällen aber gleich. Sowohl § 103 Abs 2 S 2 als auch § 107 Abs 2 S 1 verlangen eine **unverzügliche** Erklärung des Insolvenzverwalters (s o § 103 Rn 131). Im Ergebnis führt § 107 Abs 2 S 1 damit zu einer verlängerten Überlegungszeit des Insolvenzverwalters, da sich der Berichtstermin bis drei Monate nach Eröffnung hinziehen kann (§ 29 Abs 1 Nr 1).   13

§ 107 Abs 2 S 2 stellt klar, dass im Rahmen des § 107 Abs 2 S 1 auch die Interessen des Verkäufers angemessen zu berücksichtigen sind. Ist eine zügige Entscheidung über das Schicksal des Kaufvertrages erforderlich, weil die verkaufte Ware andernfalls erheblich an Wert verliert und hat der Verkäufer den Insolvenzverwalter auf diesen Umstand hingewiesen, so bleibt es nach § 107 Abs 2 S 2 bei der Grundregel des § 103 Abs 2 S 2. Der Verwalter hat sich unverzüglich nach einer Aufforderung des Verkäufers zu erklären. Nach der Vorstellung des Gesetzgebers kommt eine unzumutbare Wertminderung vor allem **bei leicht verderblicher Ware** und **Saisonartikeln** in Betracht. Nicht ausreichend ist ein Wertverlust durch Nutzung (MüKo-*Ott/Vuia* § 107 Rn 22). Auch bloße Veränderungen der Marktlage reichen nicht (K/P/B/*Tintelnot* § 107 Rn 22; aA N/R/*Balthasar* § 107 Rn 17; MüKo-*Ott/Vuia* § 107 Rn 22).   14

3. Erfüllungswahl. Wählt der Insolvenzverwalter die Erfüllung des Kaufvertrages, wird die zunächst **suspendierte Kaufpreisforderung** des Verkäufers in den Rang einer **originären Masseverbindlichkeit** gem § 55 Abs 1 Nr 2 erhoben. Der Insolvenzverwalter hat den Kaufpreis so zu zahlen, wie zwischen Käufer und Verkäufer vereinbart. Mit Zahlung der letzten Kaufpreisrate durch die Masse erwirbt der Schuldner Eigentum. Die Kaufsache fällt in die Masse.   15

4. Erfüllungsablehnung. Lehnt der Käufer-Verwalter die Erfüllung des Kaufvertrages ab, bleiben die gegenseitigen Erfüllungsansprüche für die Dauer des Insolvenzverfahrens undurchsetzbar (s o § 103 Rn 157). Materiell-rechtlich hat die Erfüllungsablehnung keine Wirkung auf den Kaufvertrag (s o § 103 Rn 157). Der Kaufpreisanspruch des Verkäufers **erlischt** daher **nicht**. Folglich bleibt auch das **Anwartschaftsrecht** des Käufers bestehen (aA MüKo-*Ott/Vuia* § 107 Rn 23 allerdings noch auf Grundlage der Erlöschenstheorie wie Rn 31 zeigt; Gottwald/*Huber* InsHdB § 36 Rn 21; HaKo-*Ahrendt* § 107 Rn 21). Die Bedingung wird zwar im Insolvenzverfahren nicht mehr eintreten, ist aber dennoch nicht unmöglich geworden. Beteiligt sich der Verkäufer nicht am Insolvenzverfahren, kann der Käufer Eigentum durch Kaufpreiszahlung auch noch nach Beendigung des Verfahrens erlangen. Durch die Erfüllungsablehnung entfällt das **Besitzrecht** des Käufers/Verwalters **nicht** (§ 103 Rn 157). Der Kaufvertrag besteht weiterhin fort und berechtigt den Käufer/Verwalter zum Besitz. Neben dem Recht zum Besitz steht dem Verwalter aus dem Kaufvertrag auch das Recht zu, die Vorbehaltskaufsache bestimmungsgemäß zu nutzen (*Kupka* InVo 2003, 213 [219]; *Runkel* FS Kirchhof, 455 [461]). Eine Nutzungsentschädigung schuldet er nicht. Lediglich eine durch Nutzung verursachte Wertminderung des Vorbehaltsgutes hat der Insolvenzverwalter zu ersetzen (*Kupka* InVo 2003, 213 [221]). Der Verkäufer kann das Vorbehaltsgut mithin **nicht** gem § 985 BGB iVm § 47 **aussondern** (MüKo-*Huber* § 103 Rn 177; *Stehle* JURA 2005, 78 [82]; aA MüKo-*Ott/Vuia* § 107 Rn 17; K/P/B/*Tintelnot* § 107 Rn 14; Gottwald/*Huber* InsHdB § 36 Rn 21; FK-*Wegener* § 107 Rn 30; HaKo-*Ahrendt* § 107 Rn 21; Graf-Schlicker/*Breitenbücher* § 107 Rn 12). Erst wenn der Verkäufer eine **Forderung wegen Nichterfüllung** zur Insolvenztabelle anmeldet und dadurch den Kaufpreisanspruch zum Erlöschen bringt (s o § 103 Rn 157), entfallen Anwartschafts- und Besitzrecht des Käufers und besteht ein Aussonderungsrecht des Verkäufers.   16

5. Rücktritt. Nach § 449 Abs 2 kann der Vorbehaltsverkäufer die unter Eigentumsvorbehalt gelieferte Sache nur herausverlangen, wenn er vom Vertrag zurückgetreten ist. Auf der Grundlage einer vorinsolvenzlichen Pflichtverletzung des Käufers ist dem Verkäufer nach Verfahrenseröffnung ein **Rücktritt** jedoch **nicht mehr möglich** (Gottwald/*Huber* InsHdB § 36 Rn 28; *Stehle* JURA 2005, 78 [81]; ausf s o § 103 Rn 102 ff). Es besteht daher auch kein Bedürfnis, aus § 107 Abs 2 oder § 112 Nr 1 eine Rücktrittssperre abzuleiten (so aber MüKo-*Ott/Vuia* § 107 Rn 17a; HK-*Marotzke* § 107 Rn 32). Ein Rücktritt des Verkäufers kommt nur dann in Betracht, wenn der Insolvenzverwalter die noch ausstehenden Kaufpreisraten nach der Erfüllungswahl des Kaufvertrages trotz Fristsetzung des Verkäufers gem § 323 Abs 1 BGB nicht erbringt.   17

§ 108 Fortbestehen bestimmter Schuldverhältnisse

(1) ¹Miet- und Pachtverhältnisse des Schuldners über unbewegliche Gegenstände oder Räume sowie Dienstverhältnisse des Schuldners bestehen mit Wirkung für die Insolvenzmasse fort. ²Dies

§ 108

gilt auch für Miet- und Pachtverhältnisse, die der Schuldner als Vermieter oder Verpächter eingegangen war und die sonstige Gegenstände betreffen, die einem Dritten, der ihre Anschaffung oder Herstellung finanziert hat, zur Sicherheit übertragen wurden.

(2) Ein vom Schuldner als Darlehensgeber eingegangenes Darlehensverhältnis besteht mit Wirkung für die Masse fort, soweit dem Darlehensnehmer der geschuldete Gegenstand zur Verfügung gestellt wurde.

(3) Ansprüche für die Zeit vor der Eröffnung des Insolvenzverfahrens kann der andere Teil nur als Insolvenzgläubiger geltend machen.

Vorläufer des § 108 Abs 1 S 1 sind die früheren § 21 Abs 1, 22 Abs 1 KO, §§ 51 Abs 1, 9 Abs 2 und 3 GesO. § 108 Abs 2 und 3 ohne Entsprechung im früheren Recht. Abs 2 neu eingefügt durch das Gesetz zur Vereinfachung des Insolvenzverfahrens vom 13. 7. 2007.

§ 122 RegE ohne Änderungen im Gesetzgebungsverfahren.

Übersicht

	Rn
A. Allgemeines *(Wegener)*	1
B. Fortbestehen von Miet- und Pachtverträgen *(Wegener)*	6
I. Anwendungsbereich	7
1. Vermieter- und Mieterinsolvenz	7
2. Bei Insolvenzeröffnung bestehender Mietvertrag	9
3. Vollzogene und nicht vollzogene Mietverträge	10
a) Mieterinsolvenz	10
b) Vermieterinsolvenz	11
II. Voraussetzungen	12
1. Miet- oder Pachtvertrag	13
2. Vertragsgegenstand	14
III. Rechtsfolgen	15
IV. Vertragsfortführung in der Insolvenz des Vermieters	17
1. Massezugehörigkeit	17
2. Vertragsbindung	18
3. Freigabe	19
4. Gebrauchsgewährung	20
5. Mietzahlung	21
6. Betriebskosten und Abrechnungspflichten	22
7. Mietkaution	24
8. Sonderprobleme in der Insolvenz des Zwischenmieters	26
a) Kündigung des Hauptmietverhältnisses	26
b) Weiterleitung der Zwischenmiete	27
V. Vertragsfortführung in der Insolvenz des Mieters	28
1. Massezugehörigkeit	28
2. Vertragsbindung	29
3. Miete und Nebenkosten	30
4. Mietkaution	32
5. Ansprüche nach Vertragsbeendigung	33
a) Herausgabeanspruch	34
b) Räumungsanspruch	36
c) Nutzungsentschädigung	40
VI. Ansprüche für die Zeit vor Insolvenzeröffnung (§ 108 Abs 3)	42
1. Normzweck	42
2. Grundsatz	43
3. Verhältnis zu § 55 Abs 2 S 2	45
C. Fortbestand von Dienst- und Arbeitsverhältnissen *(Berscheid)*	46
I. Fortbestand von Dienst- und Arbeitsverhältnissen nach bisherigem Recht	47
II. Fortbestand von Dienst- und Arbeitsverhältnissen nach neuem Recht	50
III. Rechtswirkungen des Fortbestandes von Dienst- und Arbeitsverhältnissen	52
1. Ansprüche bei Neueinstellung durch den vorläufigen Insolvenzverwalter	54
2. Ansprüche bei Freistellung oder Inanspruchnahme der Gegenleistung	55
a) Ansprüche bei Freistellung der Arbeitnehmer	56
b) Ansprüche bei Weiterbeschäftigung der Arbeitnehmer	57
D. Fortbestehen von Darlehensverträgen *(Wegener)*	59
I. Voraussetzungen	60
II. Rechtsfolgen	63
E. Besonderheiten bei Leasingverträgen *(Sinz)*	65
I. Insolvenz des Leasingnehmers	66
1. Eröffnungsverfahren	66
a) Beschränkung des Kündigungsrechts des Leasinggebers	66
aa) Verzug vor Insolvenzantrag	69
bb) Verzug nach Insolvenzantrag	71
cc) Kündigung vor Überlassung des Leasinggutes	74

	Rn
b) Leasingforderungen aus dem Eröffnungszeitraum	75
c) Sonstige Abwicklungsansprüche des Leasinggebers	78
2. Insolvenzeröffnung vor Überlassung des Leasinggutes	80
a) Mobilienleasing	80
b) Immobilienleasing	81
3. Insolvenzeröffnung nach Überlassung des Leasinggutes beim Mobilienleasing	84
a) Wahlrecht des Insolvenzverwalters	84
aa) Kaufoption des Leasingnehmers	89
bb) Verlängerungsoption des Leasingnehmers	92
cc) Andienungsrecht des Leasinggebers	93
dd) Abschlusszahlungspflicht des Leasingnehmers	95
ee) Mehrerlösbeteiligung des Leasingnehmers	96
b) Lösungsklauseln	98
c) Leasingraten – Masseschulden oder Insolvenzforderungen	99
d) Verspätete Rückgabe des Leasinggutes	102
e) Aussonderungsrecht des Leasinggebers	106
f) Masseunzulänglichkeit	110
g) Gewährleistungsansprüche	111
4. Insolvenzeröffnung nach Überlassung des Leasinggutes beim Immobilienleasing	112
a) Insolvenzeröffnung nach Übergabe des Leasinggutes	113
b) Insolvenzeröffnung vor Übergabe des Leasinggutes	116
5. Leasing durch Gesellschafter	117
a) Wirtschaftliche Vergleichbarkeit mit einem Gesellschafterdarlehen	118
b) Rechtsfolgen	120
6. Arbeitnehmerhaftung für die Beschädigung geleaster Betriebsmittel	125
II. Insolvenz des Leasinggebers	126
1. Mobilienleasing	129
a) Wirksamkeit der Vorausabtretung von Leasingforderungen	129
aa) Leasingraten	130
(1) Refinanzierung ohne Sicherungsübertragung des Leasinggutes	132
(2) Refinanzierung mit Sicherungsübertragung des Leasinggutes	133
bb) Sonstige Ansprüche	140
b) Verwertungsrecht des Factors oder des Insolvenzverwalters	141
aa) Nichterfüllung des Leasingvertrages	144
bb) Erfüllungswahl des Verwalters	146
2. Immobilienleasing	147
a) Vorausabtretung der Leasingforderungen	148
b) Verwertung der Grundpfandrechte	150
c) Baukostenzuschuss	151
III. Insolvenz des Herstellers/Lieferanten	154
1. Leasingtypische Gewährleistungsregelung	154
2. Insolvenz nach Überlassung des Leasinggutes	157
a) Zuweisung des Insolvenzrisikos	157
b) Formularvertragliche Abwälzung des Insolvenzrisikos auf den Leasingnehmer	161
c) Abwicklung des Leasingverhältnisses	162
3. Insolvenz vor Überlassung des Leasinggutes	167
a) Ansprüche des Leasingnehmers	167
b) Ansprüche des Leasinggebers	171

A. Allgemeines *(Wegener)*

Wie sich schon aus der mit Gesetz zur Vereinfachung des Insolvenzverfahrens vom 13. 4. 2007 geänderten Überschrift (Fortbestehen bestimmter Schuldverhältnisse statt Fortbestehen von Dauerschuldverhältnissen) ergibt, gilt § 108 ausschließlich für Miet-, Leasing-, Pacht-, Dienst- und Darlehensverhältnisse. Eine analoge Anwendung auf weitere Dauerschuldverhältnisse scheidet aus. **1**

Nach § 108 Abs 1 S 1 bestehen **Miet- oder Pachtverhältnisse** über **unbewegliche Gegenstände und Räume** sowie **Dienstverhältnisse** auch nach der Eröffnung des Insolvenzverfahrens über das Vermögen einer Vertragspartei mit allen Rechte und Pflichten fort. Dies ist selbstverständlich und hätte im Gesetz nicht ausdrücklich hervorgehoben werden müssen. Denn nicht der Fortbestand, sondern dass Erlöschen eines Vertragsverhältnisses bedarf der besonderen gesetzlichen Grundlage (HK-*Marotzke* § 108 Rn 2). Die Bedeutung des § 108 Abs 1 S 1 liegt darin, die genannten Verträge zum Schutz des Vertragspartners aus dem Anwendungsbereich des § 103 herauszunehmen. § 108 ist daher **lex specialis zu § 103** (K/P/B/*Tintelnot* § 108 Rn 1). Die Vorschrift **verdrängt die Regelung des § 103** in ihrem Anwendungsbereich (**BGH** 5. 7. 2007 – IX ZR 185/06, Z 173, 116 = ZIP 2007, 2087 = NZI 2007, 713 = NJW 2007, 3715 = EWiR 2007, 729 [*Eckert*]). An die Stelle des Insolvenzverwalterwahlrechts treten besondere Kündigungs- und Rücktrittsregelungen, die in den nachfolgenden Vorschriften der §§ 109 bis 111 sowie § 113 normiert sind. **2**

§ 108   Fortbestehen bestimmter Schuldverhältnisse

3   Miet- und Pachtverträge über bewegliche Gegenstände und Rechte unterfallen hingegen § 103. Eine Ausnahme gilt nur für **finanzierte Leasingverträge** in der Insolvenz des Leasinggebers. Diese sind nach § 108 Abs 1 S 2 insolvenzfest (zum Leasingvertrag s u *Sinz* Rn 65 ff).

4   § 108 Abs 3 dient lediglich der Klarstellung, dass es sich bei **vorinsolvenzlich entstandenen Ansprüchen** des Vertragspartners um Insolvenzforderungen handelt. Denn der Regelungsgehalt der Vorschrift folgt schon aus § 38 sowie § 55 Abs 1 Nr 2 Alt 2 („soweit"). § 108 Abs 3 korrespondiert mit § § 105 S 1. Den Grundsatz des § 108 Abs 3 durchbricht § 55 Abs 2 für das Eröffnungsverfahren bei Inanspruchnahme der Leistung durch den starken vorläufigen Insolvenzverwalter.

5   § 108 Abs 2 stellt für die **Insolvenz des Darlehensgebers** klar, dass der Darlehensvertrag nach Auszahlung der Darlehensvaluta von Seiten des Darlehensgebers vollständig erfüllt ist und daher nicht der Regelung des § 103 unterfällt.

B. Fortbestehen von Miet- und Pachtverträgen (§ 108 Abs 1 S 1) *(Wegener)*

6   Im Folgenden werden zum besseren Verständnis weitgehend nur die Begriffe Mietvertrag, Vermieter, Mieter etc verwendet. Die Ausführungen gelten aber gleichermaßen für Pachtverhältnisse.

I. Anwendungsbereich

7   **1. Vermieter- und Mieterinsolvenz.** § 108 ist auf alle vor Insolvenzeröffnung abgeschlossenen Mietverträge über unbewegliche Gegenstände und Räume anwendbar, an denen der Schuldner als Vermieter oder Mieter beteiligt ist. Der Schuldner muss den Vertrag nicht selbst abgeschlossen haben (aA Müko-*Eckert* § 108 Rn 1). Es genügt, dass er vor Verfahrenseröffnung in den Mietvertrag eingetreten ist.

8   Von § 108 nicht erfasst werden Mietverträge, die der **Insolvenzverwalter** (§ 56) selbst nach Verfahrenseröffnung oder der **starke vorläufige Insolvenzverwalter** (§§ 21 Abs 2 Nr 2 Alt 1, 22 Abs 1 S 1) im Eröffnungsverfahren abgeschlossen haben (FK-*Wegener* § 108 Rn 5). Ein vom Schuldner als Mieter oder Vermieter im Insolvenzeröffnungsverfahren mit Zustimmung des **schwachen vorläufigen Insolvenzverwalters** (§ 21 Abs 2 Nr 2 Alt 2) abgeschlossener Mietvertrag unterfällt hingegen der Regelung des § 108.

9   **2. Bei Insolvenzeröffnung bestehender Mietvertrag.** § 108 verlangt einen im **Zeitpunkt der Insolvenzeröffnung** bestehenden wirksamen Mietvertrag (auch Zwischen – oder Untermietvertrag). Wurde der Mietvertrag vor Verfahrenseröffnung bereits rechtlich beendet, gelangt § 108 nicht zur Anwendung (FK-*Wegener* § 108 Rn 5 b). Ein im Zeitpunkt der Insolvenzeröffnung wirksam gekündigtes, aber rechtlich noch nicht beendetes Mietverhältnis besteht nach § 108 Abs 1 bis zum Wirksamwerden der Kündigung für und gegen die Masse fort.

10 **3. Vollzogene und nicht vollzogene Mietverträge. a) Mieterinsolvenz.** § 108 Abs 1 S 1 setzt nach seinem Wortlaut nicht voraus, dass der Vermieter dem Mieter das Mietobjekt bei Verfahrenseröffnung bereits **überlassen** hat oder es überhaupt **existiert**. In der Mieterinsolvenz ist die Vorschrift daher auf im Zeitpunkt der Insolvenzeröffnung **vollzogene und nicht vollzogene Mietverträge** anwendbar (N/R/*Balthasar* § 108 Rn 9; HK-*Marotzke* § 108 Rn 4).

11 **b) Vermieterinsolvenz.** Für die Insolvenz des Vermieters hat der BGH den Anwendungsbereich des § 108 Abs 1 S 1 dagegen teleologisch auf im Zeitpunkt der Verfahrenseröffnung **bereits vollzogene Mietverträge** reduziert (BGH 5. 7. 2007 – IX ZR 185/06, Z 173, 116 = ZIP 2007, 2087 = NZI 2007, 713 = NJW 2007, 3715 = EWiR 2007, 729 [*Eckert*]). Nach dem Normzweck und der Entstehungsgeschichte des § 108 sei der Schutz der Vorschrift auf den besitzenden Mieter zu beschränken (BGH 5. 7. 2007 – IX ZR 185/06 aaO). Wird das Insolvenzverfahren über das Vermögen des Vermieters eröffnet, besteht der Mietvertrag folglich nur dann mit Wirkung für und gegen die Insolvenzmasse fort, wenn dem Mieter die Mietsache zu diesem Zeitpunkt bereits überlassen war. Dies setzt zwangsläufig voraus, dass die Mietsache bereits existiert. Andernfalls gelangt nicht § 108, sondern § 103 zur Anwendung (BGH 5. 7. 2007 – IX ZR 185/06 aaO; HK-*Marotzke* § 108 Rn 23), was insoweit sachgerecht ist, da die §§ 110, 111 keine Möglichkeiten des Insolvenzverwalters vorsehen, sich vom Vertrag zu lösen (K/P/B/*Tintelnot* § 108 Rn 19 a). Erst der Erwerber des Mietobjekts kann nach § 111 kündigen.

II. Voraussetzungen

12 § 108 Abs 1 S 1 setzt neben der **Eröffnung des Insolvenzverfahrens** über das Vermögen des Vermieters/Verpächters oder Mieters/Pächters einen zu diesem Zeitpunkt wirksam **bestehenden Miet- oder Pachtvertrag über unbewegliche Gegenstände oder Räume** mit dem Schuldner in der Rolle des Vermieters/Verpächters oder Mieters/Pächters voraus.

B. Fortbestehen von Miet- und Pachtverträgen (§ 108 Abs 1 S 1) § 108

1. Miet- oder Pachtvertrag. § 108 Abs 1 S 1 setzt das Bestehen eines Mietvertrages iSd § 535 BGB 13 oder eines Pachtvertrages iSd § 581 BGB voraus. Da es auf die eigene Nutzung des Schuldners nicht ankommt, ist es unerheblich, ob es sich bei dem Miet- oder Pachtvertrag um einen **Haupt-, Zwischen-** oder **Untermietvertrag** handelt (K/P/B/*Tintelnot* § 108 Rn 6; Müko-*Eckert* § 108 Rn 26). Wesensmerkmal des Mietvertrages ist die **entgeltliche Gebrauchsüberlassung.** Die Pacht unterscheidet sich von der Miete vor allem durch die erweiterte Nutzungsbefugnis des Pächters. Der Pachtvertrag gewährt diesem neben dem Gebrauch oder stattdessen den Fruchtgenuss des Pachtgegenstandes. Bei Verträgen, die neben der Gebrauchsgewährungspflicht auch Leistungselemente anderer Vertragstypen enthalten (sog **typengemischte Verträge**), kommt es für die Anwendbarkeit des § 108 Abs 1 S 1 darauf an, welche Leistungen nach dem erklärten Parteiwillen die Hauptleistung darstellen und welche Leistungen von untergeordneter Bedeutung sind oder als Nebenleistung nur der Erleichterung oder Ermöglichung der Hauptleistung dienen (**BGH** 5. 7. 2007 – IX ZR 185/06, Z 173, 116 = ZIP 2007, 2087 = NZI 2007, 713 = NJW 2007, 3715 = EWiR 2007, 729 [*Eckert*]; K/P/B/*Tintelnot* § 108 Rn 13). § 108 Abs 1 S 1 findet nur dann Anwendung, wenn das Schwergewicht des Vertrages auf der für Miet- oder Pachtverträge typischen entgeltlichen Gebrauchsüberlassung liegt.

2. Vertragsgegenstand müssen unbewegliche Gegenstände oder Räume sein. **Unbewegliche Gegen-** 14 **stände** sind nach der Legaldefinition des § 49 solche, die der Zwangsvollstreckung in das unbewegliche Vermögen unterliegen. Hierunter fallen Grundstücke, auch Teilflächen und Bruchteile eines Grundstücks (§ 864 Abs 2 ZPO), Hochseekabel (§ 24 KabelpfandG), im Schiffsregister eingetragene Schiffe, Schiffsbauwerke oder Schwimmdocks (§ 578a BGB, §§ 864, 870a ZPO) sowie Flugzeuge, die in der Luftfahrzeugrolle oder im Register für Pfandrechte an Luftfahrzeugen eingetragen sind (§§ 98, 99 LuftfahrzeugG). **Räume** sind Innenräume in Bauwerken (nicht in beweglichen Sachen), die zum Aufenthalt von Menschen und/oder zur Lagerung von Sachen bestimmt sind (Müko-*Eckert* § 108 Rn 39). Erfasst werden sowohl **Wohn- und Geschäftsräume** als auch **sonstige Räume** (N/R/*Balthasar* § 108 Rn 8). Wie der Umkehrschluss des sonst überflüssigen § 109 Abs 1 S 2 zeigt, wird auch die **Wohnung des Schuldners** von § 108 Abs 1 S 1 erfasst (Müko-*Eckert* § 108 Rn 1). Nicht anwendbar ist § 108 Abs 1 S 1 auf die Mobiliarmiete und -pacht sowie die Rechtspacht (Ausnahme: § 108 Abs 1 S 2). Auch die Unternehmenspacht fällt als Rechtspacht nicht unter die Anwendung des § 108 Abs 1 S 1, es sei denn, die Nutzung des überlassenen Raums oder Grundstücks ist vorrangige Erwerbsquelle (Müko-*Eckert* § 108 Rn 44; K/P/B/*Tintelnot* § 108 Rn 13).

III. Rechtsfolgen

Mit der Eröffnung des Insolvenzverfahrens tritt der Insolvenzverwalter **anstelle des Schuldners** als 15 Vermieter (Untervermieter/Zwischenvermieter) oder Mieter (Untermieter/Zwischenmieter) **in den** vor Verfahrenseröffnung geschlossenen **Mietvertrag ein.** Dieser wird anschließend zwischen dem Insolvenzverwalter und dem anderen Teil fortgesetzt und die Masse anstelle des Schuldners aus dem Mietvertrag berechtigt und verpflichtet. Der Schuldner kann keine Rechte mehr aus dem Vertrag geltend machen. Bei der Vertragsfortführung sind beide Parteien an die Rechtslage im Zeitpunkt der Insolvenzeröffnung gebunden. Da die Insolvenzeröffnung den Mietvertrag **materiell-rechtlich unberührt** lässt, ist der Vertrag zu den **ursprünglich vereinbarten Bedingungen** fortzusetzen. Der Insolvenzverwalter kann für die Masse grundsätzlich nicht mehr und keine anderen Rechte geltend machen als der Schuldner außerhalb des Insolvenzverfahrens. Vereinbarte Kündigungsfristen oder Laufzeiten haben weiterhin Bestand.

Die nach Insolvenzeröffnung entstehenden Ansprüche des Vertragspartners sind bis zur wirksamen 16 Beendigung des Mietverhältnisses **Masseverbindlichkeiten nach § 55 Abs 1 Nr 2 Alt 2,** unabhängig davon, ob der Insolvenzverwalter die Leistung des Vertragspartners in Anspruch nimmt oder nicht. Vor Insolvenzeröffnung entstandene Ansprüche des Vertragspartners bleiben nach § 108 Abs 3 Insolvenzforderungen.

IV. Vertragsfortführung in der Insolvenz des Vermieters

1. Massezugehörigkeit. Die **Ansprüche des Vermieters aus dem Mietverhältnis** gehören zur Insol- 17 venzmasse (MüKo- *Lwowski*/*Peters* § 35 Rn 461). Der **Mietvertrag** selbst fällt dagegen nicht in die Insolvenzmasse (s o *Uhlenbruck* § 35 Rn 82). Eine **Freigabe des Mietvertrages** kommt daher nicht in Betracht (s u Rn 19). Ist der Schuldner Eigentümer des Mietobjektes, wird auch dieses vom Insolvenzbeschlag erfasst. § 108 Abs 1 S 1 setzt jedoch kein **Eigentum des Vermieters** und damit auch nicht die Massezugehörigkeit des vermieteten Gegenstandes voraus (Müko-*Eckert* § 108 Rn 54; HaKo-*Ahrendt* § 108 Rn 4; Gottwald/*Huber* InsRHdb § 37 Rn 5; K/P/B/*Tintelnot* § 108 Rn 16b; aA HK-*Marotzke* § 108 Rn 24; Müko-*Hefermehl* § 55 Rn 152). Eine Besonderheit gilt aber, wenn der Vermieter **Miteigentümer** der vermieteten Sache ist. § 108 Abs 1 S 1 gilt hier nicht. Der Verwalter ist nach § 84 zur Auseinandersetzung der Gemeinschaft gezwungen (Müko-*Eckert* § 108 Rn 55).

18 **2. Vertragsbindung.** Der Insolvenzverwalter hat den Mietvertrag mit den Rechten und Pflichten des Schuldners als Vermieter fortzuführen. Ein Sonderkündigungsrecht steht ihm nicht zu. Auch der Mieter hat kein Sonderkündigungsrecht, denn das Gesetz gewährt dem Vertragspartner bei Vermögensverfall einer Mietvertragspartei grundsätzlich kein Recht, sich vom Vertrag zu lösen (**BGH** 23. 1. 2002 XII ZR 5/00, NJW-RR 2002, 946 = NZM 2002, 524).

19 **3. Freigabe.** Eine **Freigabe des Mietverhältnisses** durch den Insolvenzverwalter kommt nicht in Betracht. Gegenstand einer Freigabeerklärung können nur insolvenzbefangene Vermögensgegenstände und nicht verpflichtende Vertragsverhältnisse sein (*Mork/Heß* ZInsO 2005, 1206 [1207]; *Pape* NZM 2004, 401 [410]). Darüber hinaus ist es schon nach allgemeinen Vertragsgrundsätzen unmöglich, sich durch einseitige Erklärung von einer vertraglichen Verpflichtung zu lösen. Dies kommt allenfalls mit Zustimmung des Mieters in Betracht (MüKo-*Eckert* § 108 Rn 56; dreiseitiges Einvernehmen *Pape* NZM 2004, 401 [410]). Aber auch die **Freigabe des** im **Eigentum des Vermieters** stehenden **Mietobjektes** aus dem Insolvenzbeschlag hat keine **unmittelbaren Auswirkungen** auf das Mietverhältnis und die Verpflichtungen der Masse hieraus, insbesondere nicht auf die bis zur Freigabeerklärung bereits entstandenen Masseverbindlichkeiten (**BGH** 2. 2. 2006 – IX ZR 46/05, ZIP 2006, 583 = NZI 2006, 293 = ZInsO 2006, 326). Die Freigabe beendet lediglich den Insolvenzbeschlag. Die Verwaltungs- und Verfügungsbefugnis über den Mietgegenstand fällt **ex nunc** auf den Schuldner zurück. Der Insolvenzverwalter scheidet dadurch aber nicht auch gleichzeitig aus dem Mietvertrag aus. Die Masse bleibt vielmehr weiterhin gegenüber dem Mieter verpflichtet (**BGH** 2. 2. 2006 – IX ZR 46/05 aaO; **OLG Rostock** 26. 2. 2007 – 3 W 5/07, ZIP 2007, 2377 = ZInsO 2007, 996; **LG Dortmund** 12. 5. 2005 – 11 S 34/05, ZInsO 2005, 724; MüKo-*Eckert* § 108 Rn 56; HK-*Marotzke* § 108 Rn 30; K/P/B/*Tintelnot* § 108 Rn 16c; aA FK-*Wegener* § 108 Rn 28). Fraglich kann allenfalls sein, ob dem Insolvenzverwalter die weitere Gebrauchsüberlassung des Mietgegenstandes durch die Freigabe nach § 275 Abs 1 BGB **subjektiv unmöglich** geworden ist. Der Umstand, dass die Erfüllung eines Anspruchs von dem Willen eines Dritten abhängt, begründet für sich genommen aber noch keine subjektive Unmöglichkeit (**BGH** 2. 2. 2006 – IX ZR 46/05 aaO; **aA** *Mork/Heß* ZInsO 2005, 1206 [1208]). Denn der Insolvenzverwalter hat grundsätzlich die Möglichkeit, rechtlich oder tatsächlich auf den Schuldner einzuwirken, um die geschuldete Leistung erbringen zu können (**BGH** 2. 2. 2006 – IX ZR 46/05 aaO). Erst wenn der Schuldner die Mitwirkung verweigert, kann der Insolvenzverwalter von seiner Leistungsverpflichtung nach § 275 Abs 1 BGB befreit sein, falls zur Erfüllung des betreffenden Anspruchs ein Zugriff auf das Mietobjekt zwingend erforderlich ist. Auf diese Weise führt die Freigabe der Mietsache zwar mittelbar zu einer Befreiung der Masse von den Verbindlichkeiten aus dem Mietverhältnis, begründet aber gleichzeitig Schadensersatzansprüche gegen die Insolvenzmasse.

20 **4. Gebrauchsgewährung.** Der Insolvenzverwalter schuldet dem Mieter **Gebrauchsgewährung** (§ 535 Abs 1 S 1 BGB) als **Masseverbindlichkeit** nach § 55 Abs 1 Nr 2 Alt 2. Gebrauchsgewährung ist Haupt- und Gegenseitigkeitspflicht des Vermieters. Sie wird ergänzt durch die ebenfalls als Hauptpflicht zu qualifizierende Verpflichtung des Vermieters, dem Mieter die Mietsache in einem **zum vertragsgemäßen Gebrauch geeigneten Zustand** zu überlassen und diesen zu erhalten (§ 535 Abs 1 S 2 BGB). Da es sich bei der **Erhaltungspflicht des Vermieters** um eine Dauerverpflichtung handelt, die als Äquivalent für die an die Masse zu erbringende Mietzahlung täglich zu erfüllen ist, begründet der **Herstellungsanspruch des Mieters** gem § 535 Abs 1 S 2 BGB bei fortdauerndem Mietverhältnis eine **Masseverbindlichkeit** iSd § 55 Abs 1 Nr 2 Alt 2 unabhängig davon, ob der mangelhafte Zustand **vor oder nach Eröffnung des Verfahrens** entstanden ist (**BGH** 3. 4. 2003 – IX ZR 163/02, ZIP 2003, 854 = ZInsO 2003, 412 = NZI 2003, 373).

21 **5. Mietzahlung.** Der Mieter ist ab Verfahrenseröffnung verpflichtet, die **laufende Miete** einschließlich etwaiger Nebenkostenanteile oder -vorauszahlungen als Gegenleistung für die Gebrauchsüberlassung zum vereinbarten Fälligkeitszeitpunkt an die Masse zu leisten (§§ 535 Abs 2, 556b, 579 BGB). Zahlungen an den Schuldner haben nach Verfahrenseröffnung keine schuldbefreiende Wirkung (§ 81 Abs 1 S 1), es sei denn, der Mieter hatte von der Eröffnung des Insolvenzverfahrens keine Kenntnis (§ 82 S 1). Mietrückstände kann der Insolvenzverwalter nach § 80 Abs 1, § 535 Abs 2 BGB geltend machen (MüKo-*Eckert* § 108 Rn 67). Vorinsolvenzliche Vorausverfügungen des Vermieters über die nach Insolvenzeröffnung entstehenden Mietforderungen der Masse sind nur in den zeitlichen Grenzen des § 110 Abs 1 wirksam (s u § 110 Rn 16).

22 **6. Betriebskosten und Abrechnungspflichten.** Nebenkosten sind Teil der Miete und daher vom Mieter zu Beginn des jeweiligen Zeitabschnittes an die Insolvenzmasse zu zahlen. Ob der Insolvenzverwalter verpflichtet ist, über die vom Mieter **geleisteten Vorauszahlungen** gem § 556 Abs 3 S 2 BGB abzurechnen, hängt vom **Fälligkeitseintritt des Abrechnungsanspruches** ab. Der Anspruch des Mieters auf Erteilung einer Abrechnung wird mit der Abrechnungsreife, also dem Ablauf der Abrechnungsfrist nach § 556 Abs 3 S 2 BGB fällig (Schmidt-Futtterer/*Langenberg* § 556 Rn 459). Tritt Abrechnungsreife **nach Verfahrenseröffnung** ein, hat der Insolvenzverwalter den Abrechnungsanspruch des Mieters als **Masse-**

verbindlichkeit zu erfüllen. Ist die Abrechnungsfrist des § 556 Abs 3 S 2 BGB dagegen bereits **vor Insolvenzeröffnung** abgelaufen, trifft den Verwalter **keine Abrechnungspflicht** (MüKo-*Eckert* § 108 Rn 69). Der Abrechnungsanspruch des Mieters ist lediglich **Insolvenzforderung** (§ 108 Abs 3). Soweit der Insolvenzverwalter im diesem Sinn nicht abrechnungspflichtig ist, kann der Mieter die laufenden Betriebskostenvorauszahlungen für die Zeit nach Eröffnung nicht gem § 273 BGB zurückhalten (MüKo-*Eckert* § 108 Rn 69, aA *Derleder* NZM 2004, 568 [574]), da die Einrede nach § 273 BGB nicht insolvenzfest ist (**BGH** 22. 1. 2009 – IX ZR 66/07, ZIP 2009, 428 = ZInsO 2009, 378 = NZI 2009, 235 = NJW 2009, 1414; MüKo-*Ganter* § 51 Rn 242). Wird das Insolvenzverfahren während des laufenden Abrechnungszeitraumes eröffnet, hat der Insolvenzverwalter die Abrechnung für die Zeit bis zur Verfahrenseröffnung und für die Zeit danach getrennt vorzunehmen, weil etwaige Rückzahlungsansprüche des Mieters für die Zeit bis zur Eröffnung des Verfahrens Insolvenzforderungen sind (§ 108 Abs 3), für die Zeit danach dagegen Masseverbindlichkeiten (**BGH** 21. 12. 2006 – IX ZR 7/06 aaO).

Ergibt sich aus der Betriebskostenabrechnung (§ 556 Abs 3 S 2 BGB) ein **Nachzahlungsanspruch** gegenüber dem Mieter, kann der Insolvenzverwalter diesen nach § 535 Abs 2 BGB geltend machen (*Derleder* NZM 2004, 568 [574]). Ob der Saldo auf einem vor- oder nachinsolvenzlichen Mietgebrauch beruht, spielt keine Rolle. Der Insolvenzverwalter hat bei der Abrechnung jedoch die Ausschlussfrist des § 556 Abs 3 S 3 BGB zu beachten (MüKo-*Eckert* § 108 Rn 69). Ergibt sich aufgrund **überzahlter Vorauszahlungen** aus der Zeit vor Verfahrenseröffnung ein **Guthaben des Mieters**, so ist der Rückforderungsanspruch des Mieters lediglich Insolvenzforderung iSd § 108 Abs 3. Der Anspruch wird zwar erst mit der Abrechnung des Insolvenzverwalters fällig, entsteht aber bereits aufschiebend bedingt mit der jeweiligen Betriebskostenvorauszahlung (MüKo-*Eckert* § 108 Rn 70; aA *Derleder* NZM 2004, 568 [574]). Die Mieter kann mithin keine Zahlung aus der Masse verlangen. Er hat aber die Möglichkeit, gem § 95 Abs 1 mit seinem Rückforderungsanspruch gegen den Mietzahlungsanspruch der Masse **aufzurechnen** (**BGH** 21. 12. 2006 – IX ZR 7/06, ZIP 2007, 239 = ZInsO 2007, 90 = NZI 2007, 164). Ist das Guthaben dagegen in der Zeit nach Insolvenzeröffnung entstanden, kann der Mieter Rückzahlung als Masseverbindlichkeit verlangen (*Franken/Dahl* S 146 Rn 190).

7. Mietkaution. Die vom Mieter vor der Verfahrenseröffnung geleistete Mietkaution fällt in die Masse. Der Insolvenzverwalter kann vom Schuldner Herausgabe verlangen, wobei der Eröffnungsbeschluss Vollstreckungstitel zur Durchsetzung dieses Anspruchs nach § 883 ZPO ist (zur vergleichbaren Lage bei der Zwangsverwaltung **BGH** 14. 4. 2005 – V ZB 6/05, NJW-RR 2005, 1032 = NZM 2006, 71). Der Verwalter ist nach § 551 Abs 3 BGB verpflichtet, die Kaution von der übrigen Masse getrennt anzulegen, damit der Mieter gegen die Folgen der Masseunzulänglichkeit gesichert wird (MüKo-*Eckert* § 108 Rn 81; *Derleder* NZM 2004, 568 [578]). Ist die vom Mieter vor Eröffnung geleistete Kaution untergegangen, muss er nach Verfahrenseröffnung nicht erneut an die Masse leisten (**AG Frankfurt** 16. 4. 1991 – 33 C 121/91, NJW-RR 1991, 1165). Hat sich der Vermieter allerdings vorinsolvenzlich während des laufenden Mietverhältnisses wegen rechtskräftig titulierter, unstreitiger oder offensichtlich begründeter Ansprüche aus der Kaution befriedigt, ist der Mieter gegenüber der Masse zur Wiederauffüllung der Kaution verpflichtet (MüKo-*Eckert* § 108 Rn 81).

Nach **Beendigung des Mietverhältnisses** kann der Mieter von Wohnraum die von ihm vor der Eröffnung geleistete Mietkaution nur nach § 47 aussondern, wenn der Vermieter sie gem § 551 Abs 3 S 3 BGB von seinem Vermögen getrennt angelegt hatte. Andernfalls ist der Mietkautionsrückzahlungsanspruch des Mieters lediglich Insolvenzforderung (**BGH** 20. 12. 2007 – IX ZR 132/06, ZIP 2008, 469 = ZInsO 2008, 206 = NZI 2008, 235 = NJW 2008, 1152). Denn der Anspruch auf Kautionsrückzahlung ist schon mit der Hingabe der Sicherheit als bedingter Anspruch begründet (*Jaeger/Henckel* § 55 Rn 49).

8. Sonderprobleme bei der Insolvenz des Zwischenvermieters. a) Kündigung des Hauptmietverhältnisses. Hat der spätere Insolvenzschuldner Räumlichkeiten angemietet und diese an einen Dritten untervermietet (Zwischenvermietung), bestehen sowohl der Hauptmietvertrag als auch der Zwischenmietvertrag nach Eröffnung des Insolvenzverfahrens gem § 108 Abs 1 S 1 fort. Dem Insolvenzverwalter des Zwischenmieters steht als Vermieter gegenüber dem Untermieter kein Sonderkündigungsrecht zu; das Hauptmietverhältnis kann er jedoch nach § 109 Abs 1 kündigen. Der Vermieter des Hauptmietverhältnisses hat ebenfalls kein Sonderkündigungsrecht, kann aber gfs ordentlich kündigen. Nach **Beendigung des Hauptmietverhältnisses** kann der Insolvenzverwalter den Anspruch des Untermieters auf Überlassung des Mietobjekts nicht mehr erfüllen. Handelt es sich bei dem Hauptmietvertrag um **Wohnraum** und sollte der Schuldner den gemieteten Wohnraum gewerblich an einen Dritten zu Wohnzwecken weitervermieten, führt die Beendigung des Hauptmietvertrages gem § 565 Abs 1 S 1 BGB ipso iure zu einem Parteienwechsel auf Vermieterseite des Untermietvertrages: Der Hauptvermieter tritt in das Untermietverhältnis ein; ein Schaden des Untermieters entsteht in diesem Fall nicht (*Dahl* NJW Spezial 2008, 308; *Marotzke* ZInsO 2007, 1 [5]). Liegen die Voraussetzungen des § 565 BGB nicht vor, weil die Untervermietung beispielsweise gewerblichen Zwecken diente, ist umstritten, ob der **Schadensersatzanspruch des Untermieters** gegen den Untervermieter gemäß §§ 536 Abs 3, 536a BGB nach Beendigung des Hauptmietverhältnisses und Rückgabeverlangen des Hauptvermieters (§ 546 Abs 2 BGB) als Insol-

§ 108

venzforderung oder Masseverbindlichkeit einzuordnen ist. Unter Geltung der KO nahm der **BGH** (15. 4. 1955 – V ZR 22/54, Z 17, 127, NJW 1955, 948) an, der Schadensersatzanspruch des Untermieters sei **mittelbare Folge der Konkurseröffnung** (nämlich durch eine Handlung des Konkursverwalters) und daher gem § 26 S 2 KO (§ 103 Abs 2 S 1) als **Konkursforderung** einzustufen. Diese Rechtsprechung lässt sich nicht übertragen, da Mietverhältnisse über Grundstücke und Räume nicht § 103 unterfallen. Aus den § 109 Abs 1 S 3 und Abs 2 S 2 lässt sich für die hier in Rede stehende Fallgestaltung nichts entnehmen, denn das Untermietverhältnis wird durch die Kündigung des Hauptmietverhältnisses nicht beendet. Hat der Insolvenzverwalter das Hauptverhältnis selbst gekündigt oder einvernehmlich mit dem Hauptvermieter aufgehoben, stellt der Schadensersatzanspruch des Untermieters soweit die entsprechenden Voraussetzungen vorliegen – eine **Masseverbindlichkeit gem § 55 Abs 1 Nr 1** dar. Der Rechtsmangel im Untermietverhältnis ist erst nach Verfahrenseröffnung entstanden und auf eine Verwaltungsmaßnahme des Insolvenzverwalters zurückzuführen (MüKo-*Eckert* § 108 Rn 78; *Marotzke* ZInsO 2007, 1 [6]; aA *Dahl* NJW Spezial 2008, 308; K/P/B/*Tintelnot* § 108 Rn 16 b; MüKo-*Hefermehl* § 55 Rn 152). Ob Gleiches gilt, wenn der Hauptvermieter das Hauptmietverhältnis gekündigt hat, erscheint zweifelhaft, da es an einer zurechenbaren Handlung des Insolvenzverwalters fehlt (krit auch *Marotzke* ZInsO 2007, 1 [6]). Zumindest dürfte kein ein Verschulden des Insolvenzverwalters vorliegen.

27 b) **Weiterleitung der Zwischenmiete.** Nach Ansicht des VIII. Zivilsenates des BGH sind sowohl der starke vorläufige Insolvenzverwalter (§§ 21 Abs 2 Nr 2 Alt 1, 22 Abs 1 S 1) als auch der Insolvenzverwalter (§ 56) des Zwischenmieters verpflichtet, die von dem Mieter eingezogene Miete an den Hauptvermieter weiterzuleiten. Denn der Insolvenzverwalter dürfe sich nicht durch Einziehung und Nichtweitergabe der Zwischenmiete auf Kosten des Hauptvermieters Liquidität beschaffen. Erklärt der vorläufige Verwalter, er werde die Miete nicht weiterleiten, so ist der Hauptvermieter, auch wenn ein Zahlungsrückstand im Umfang des § 543 Abs 2 Nr 3 BGB noch nicht entstanden ist, zur **fristlosen Kündigung des Zwischenmietverhältnisses** gem § 543 Abs 1 S 1 berechtigt (**BGH** 9. 3. 2005 – VIII ZR 394/03, ZIP 2005, 1085 = NZI 2005, 450 = NJW 2005, 2552; **BGH** 24. 1. 2008 – IX ZR 201/06, ZIP 2008, 608 = ZInsO 2008, 321 = NJW 2008, 1442 = NZI 2008, 295; s u § 112 Rn 15). Im Hinblick auf die Verpflichtung des Insolvenzverwalters zur Weiterleitung des Zwischenmiete hält das **LG Hamburg** (3. 11. 2005 – 334 O 122/05, ZfIR 2006, 346) den Untermieter für berechtigt, die im Untermietverhältnis geschuldete Miete schuldbefreiend direkt an den Hauptvermieter zu zahlen. Für den schwachen vorläufigen Insolvenzverwalter (§ 21 Abs 2 Nr 2 Alt 2) hat der IX. Zivilsenat des BGH dagegen eine **insolvenzspezifische Pflicht** zur Weiterleitung der Mieten an den Hauptvermieter verneint, eine Berechtigung hierzu aber bejaht, wenn aus der Aufrechterhaltung des Mietverhältnisses mehr Vor- als Nachteile für die Insolvenzmasse zu erwarten sind (**BGH** 24. 1. 2008 – IX ZR 201/06 aaO; s u § 112 Rn 15).

V. Vertragsfortführung in der Insolvenz des Mieters

28 **1. Massezugehörigkeit.** Die **Ansprüche des Mieters aus dem Mietverhältnis**, vor allem die **Befugnis zur Nutzung der Mietsache**, gehören zur Insolvenzmasse, obgleich das Nutzungsrecht des Mieters ohne Zustimmung des Vermieters nicht übertragbar und damit auch nicht pfändbar ist (s o *Uhlenbruck* § 35 Rn 82; MüKo-*Lwowski/Peters* § 35 Rn 461). Der **Mietvertrag** selbst fällt nicht in die Insolvenzmasse (s o *Uhlenbruck* § 35 Rn 82; aA K/P/B/*Tintelnot* § 109 Rn 9). Eine Freigabe des Mietvertrages kommt daher nicht in Betracht (s o Rn 19). Auch das **Mietobjekt** wird in der Insolvenz des Mieters **nicht vom Insolvenzbeschlag** erfasst (so aber **OLG Celle** 6. 10. 2003 – 2 W 107/03, ZInsO 2003, 948; MüKo-*Eckert* § 108 Rn 40, 82). Es gehört zwar zur Istmasse. Von § 35 wird aber nur die Sollmasse erfasst (MüKo-*Lwowski/Peters* § 35 Rn 19). Nimmt der Insolvenzverwalter unter Anerkennung der fremden Eigentumsrechte für sich das Recht in Anspruch, das Grundstück für die Masse zu nutzen und darüber zu entscheiden, ob, wann und in welcher Weise er es an den Vermieter zurückgibt, so ist das Grundstück **massebefangen** (MüKo-*Ganter* § 47 Rn 35 a). Gibt der Verwalter dagegen von Anfang an zu erkennen, dass er das gemietete Grundstück nicht in Besitz nehmen wolle und es ablehne, sich mit den darauf noch befindlichen Sachen des Mieters überhaupt zu befassen, fehlt es an einer Massebefangenheit (MüKo-*Ganter* § 47 Rn 35 a).

29 **2. Vertragsbindung.** Der Insolvenzverwalter hat den Mietvertrag mit den Rechten und Pflichten des Schuldners als Mieter fortzuführen, kann das Mietverhältnis jedoch aufgrund des ihm zustehenden Sonderkündigungsrechtes nach § 109 Abs 1 vorzeitig kündigen.

30 **3. Miete und Nebenkosten.** Der Insolvenzverwalter schuldet dem Vermieter gem § 535 Abs 2 BGB die auf den Zeitraum nach Insolvenzeröffnung entfallende Miete einschließlich etwaiger Nebenkostenanteile oder -vorauszahlungen als **Masseverbindlichkeit** nach § 55 Abs 1 Nr 2 Alt 2, unabhängig davon, ob er den Besitz an dem Mietobjekt ergriffen hat (§ 148) oder es überhaupt nutzt (MüKo-*Eckert* § 108 Rn 89). Durch die Einfügung des § 109 Abs 1 S 2 hat der Gesetzgeber klargestellt, dass auch der Anspruch des Vermieters auf Zahlung der Miete für die **private Wohnung des Schuldners** Masseverbind-

B. Fortbestehen von Miet- und Pachtverträgen (§ 108 Abs 1 S 1) § 108

lichkeit ist (K/P/B/*Tintelnot* § 108 Rn 16 a, § 109 Rn 11). Die Masse kann sich jedoch nach § 109 Abs 2 S 1 enthaften (s u § 109 Rn 17). Der Schuldner ist gegenüber dem Insolvenzverwalter zur Nutzung seiner Wohnung berechtigt. Miete oder Nutzungsentschädigung schuldet er der Insolvenzmasse nicht (MüKo-*Eckert* § 108 Rn 92).

Unerfüllte **Mietforderungen** aus der Zeit vor Verfahrenseröffnung sind lediglich Insolvenzforderungen (§ 108 Abs 3) und müssen vom Insolvenzverwalter nicht befriedigt werden. Sie berechtigen den Vermieter nicht dazu, dem Insolvenzverwalter den weiteren Mietgebrauch an dem Mietobjekt gem § 320 BGB zu verweigern (s u Rn 44). **Betriebskosten** sind Teil der Miete (Palandt/*Weidenkafff* § 535 Rn 72). Der Anspruch des Vermieters auf Betriebskostennachzahlung für die Zeit vor Insolvenzeröffnung ist daher wie der Anspruch auf Zahlung rückständiger Miete zu behandeln (*Horst* ZMR 2007, 167 [174]). Auf den Zeitpunkt des Fälligkeitseintrittes (Abrechnung gem § 556 Abs 3 S 2 BGB) kommt es nicht an (MüKo-*Ehricke* § 38 Rn 16). Wird das Insolvenzverfahren während der laufenden Abrechnungsperiode eröffnet, hat der Vermieter die Abrechnung für die Zeit bis zur Verfahrenseröffnung und für die Zeit danach getrennt vorzunehmen, weil Nachforderungsansprüche des Vermieters für die Zeit bis zur Eröffnung des Verfahrens Insolvenzforderungen sind (§ 108 Abs 3), für die Zeit danach dagegen Masseverbindlichkeiten (für die vergleichbare Lage in der Vermieterinsolvenz: BGH 21. 12. 2006 – IX ZR 7/06, ZIP 2007, 239 = ZInsO 2007, 90 = NZI 2007, 164). Ergibt sich aus der Abrechnung des Vermieters ein Guthaben, ist dies an die Masse auszuzahlen. Der Vermieter kann jedoch mit fälligen Mietforderungen aus der Zeit vor Insolvenzeröffnung (Insolvenzforderungen) gem § 95 Abs 1 S 1 gegen den Anspruch der Masse auf Auszahlung des Guthabens aufrechnen (BGH 11. 11. 2004 – IX ZR 237/03, ZIP 2005, 181 = ZInsO 2005, 94 = NZI 2005, 164). 31

4. Mietkaution. Die Mietkaution dient dem Sicherungsinteresse des Vermieters für Ansprüche, die ihm gegen den Mieter aus dem Mietverhältnis und dessen Abwicklung künftig erwachsen (BGH 18. 1. 2006 – VIII ZR 71/05, NJW 2006, 1422 = NZM 2006, 343). Die Eröffnung des Insolvenzverfahrens über das Vermögen des Mieters beseitigt das Sicherungsbedürfnis des Vermieters nicht. Dieser darf eine vor Insolvenzeröffnung vom Schuldner geleistete Mietkaution daher auch weiterhin behalten. Der mit Leistung der Sicherheit aufschiebend bedingte Anspruch des Mieters auf Rückgewähr der Kaution fällt in die Insolvenzmasse. Der Insolvenzverwalter kann Rückzahlung jedoch erst nach Beendigung des Mietverhältnisses und Ablauf einer angemessenen Prüfungs- und Überlegungsfrist des Vermieters verlangen (*Horst* ZMR 2007, 167 [171]; MüKo-*Eckert* § 108 Rn 102). Nach Fälligkeit des Rückzahlungsanspruches muss der Vermieter abrechnen und hierin mit seinen Gegenforderungen aufrechnen. Dabei kann er nach **seiner Wahl** sowohl mit Insolvenz- als auch mit Masseschuldforderungen gegen den vor Verfahrenseröffnung entstandenen Kautionsrückzahlungsanspruch der Masse aufrechnen (LG Hamburg 9. 10. 2007 – 333 O 70/07, ZMR 2008, 209; MüKo-*Eckert* § 108 Rn 130). Der Insolvenzverwalter kann aus eigenem Recht nicht bestimmen, wie und auf welche Weise die Mietkaution zu verwenden ist, beispielsweise nur zur Tilgung von Masseschuldansprüchen gem §§ 108 Abs 1 S 1, § 55 Abs 1 Nr. 2 Alt 2 (OLG Hamburg 24. 4. 2008 – 4 U 152/07, ZMR 2008, 714). Hat der Mieter die Kaution vor der Eröffnung des Insolvenzverfahrens nicht entrichtet, ist die Insolvenzmasse nicht zur Sicherheitsleistung verpflichtet. Der Kautionsanspruch des Vermieters stellt lediglich eine Insolvenzforderung dar, weil er mit Abschluss des Mietvertrages, also vor Verfahrenseröffnung entstanden ist (MüKo-*Eckert* § 108 Rn 102; *Horst* ZMR 2007, 167 [174]). 32

5. Ansprüche nach Vertragsbeendigung. Außerhalb der Insolvenz schuldet der Mieter nach § 546 BGB neben der Rückgabe auch die Räumung des Mietobjektes. Anders als der dingliche Herausgabeanspruch nach § 985 BGB, der nur auf die Verschaffung des unmittelbaren Besitzes gerichtet ist, reicht die vertragliche Herausgabepflicht nach § 546 Abs 1 BGB weiter. Sie verpflichtet den Mieter, die Mietsache bei Vertragsende in vertragsgemäßem Zustand zurückzugeben, diesen also notfalls herzustellen. Veränderungen des Mietobjekts muss der Mieter rückgängig machen. Eingebrachte Sachen und aufgebrachte Materialien sind zu entfernen. Durch die Eröffnung des Insolvenzverfahrens über das Vermögen des Mieters ändert sich der Inhalt des vertraglichen Rückgabeanspruches nicht (BGH 5. 7. 2001 – IX ZR 327/99, Z 148, 252, ZIP 2001, 1469 = ZInsO 2001, 751 = NZI 2001, 531 = NJW 2001, 2966). Die sich aus § 546 Abs 1 BGB ergebenden, iSv §§ 105, 108 Abs 3 **teilbaren Anspruchsfolgen** werden jedoch in den **Herausgabe- und den Räumungsanspruch geteilt** und insolvenzrechtlich unterschiedlich eingeordnet (BGH 5. 7. 2001 – IX ZR 327/99 aaO). Der nach §§ 985, 546 Abs 1 BGB auf Verschaffung des unmittelbaren Besitzes gerichtete Herausgabeanspruch begründet ein **Aussonderungsrecht** (§ 47) des Vermieters, der Räumungsanspruch grundsätzlich nur eine **Insolvenzforderung**, es sei denn, der Insolvenzverwalter hat den vertragswidrigen Zustand der Mietsache selbst verursacht oder verschärft. Im Einzelnen: 33

a) **Herausgabeanspruch.** Nach **Beendigung des Mietvertrages** hat der Vermieter gegen den **besitzenden Insolvenzverwalter** gem § 985 BGB (im Fall des vermietenden Eigentümers) sowie § 546 Abs 1 BGB einen Anspruch auf Herausgabe der Mietsache, also Verschaffung des unmittelbaren Besitzes (BGH 19. 6. 2008 – IX ZR 84/07, ZIP 2008, 1736 = ZInsO 2008, 808 = NZI 2008, 554 = NJW 2008, 34

§ 108 Fortbestehen bestimmter Schuldverhältnisse

2580). Der Herausgabeanspruch ist grundsätzlich mit Übertragung des unmittelbaren Besitzes an dem – ggf ungeräumten, veränderten oder anderweitig in nicht vertragsgerechtem Zustand befindlichen – Mietobjekt erfüllt. Bloße Besitzaufgabe genügt nicht. Ausreichend ist aber, wenn der Insolvenzverwalter dem Vermieter die Besitzerlangung ermöglicht. Bringt der Insolvenzverwalter eindeutig zum Ausdruck, dass er den Besitz an der Mietsache nicht mehr ausüben will, ist der Vermieter verpflichtet, sich den Besitz selbst zu verschaffen (**OLG Saarbrücken** 9. 3. 2006 – 8 U 119/05, ZInsO 2006, 779). Die für die Erfüllung des Herausgabeanspruchs anfallenden Kosten sind von der Masse zu tragen (**BGH** 26. 5. 1988 – IX ZR 276/87, Z 104, 304, ZIP 1988, 853 = NJW 1988, 3264; **BGH** 5. 7. 2001 – IX ZR 327/99 aaO). Etwaige Ansprüche des Vermieters im Zusammenhang mit der Besitzverschaffung sind mithin als **Masseverbindlichkeiten** zu berichtigen.

35 Der Herausgabeanspruch des Vermieters gegen die Insolvenzmasse besteht nur dann, wenn der Insolvenzverwalter die Mietsache **in Besitz genommen hat** oder unter Anerkennung des fremden Eigentums **das Recht beansprucht**, das Mietobjekt für die Masse zu nutzen und darüber zu entscheiden, ob, wann und in welcher Weise er es an den Vermieter zurückgibt (**BGH** 19. 6. 2008 – IX ZR 84/07 aaO). Dies gilt unabhängig davon, ob der Mietvertrag vor oder nach Insolvenzeröffnung beendet wurde (**BGH** 19. 6. 2008 – IX ZR 84/07 aaO). Ein Besitz des Insolvenzverwalters kann nicht allein aus der Regelung des § 148 hergeleitet werden. Erforderlich ist stets die Erlangung der **tatsächlichen Gewalt** durch den Insolvenzverwalter (**BGH** 19. 6. 2008 – IX ZR 84/07 aaO). Liegen die Voraussetzungen nicht vor, weil der Insolvenzverwalter keinen Besitz begründet hat und auch keine eigenen Rechte behauptet, kann der Vermieter **nur den Schuldner** persönlich in Anspruch nehmen (**BGH** 19. 6. 2008 – IX ZR 84/07 aaO).

36 b) **Räumungsanspruch.** Der Räumungsanspruch des Vermieters entsteht – aufschiebend bedingt durch die Vertragsbeendigung – mit Abschluss des Mietvertrages, mithin vor Insolvenzeröffnung und ist daher grundsätzlich als **Insolvenzforderung** gem §§ 38, 108 Abs 3 zu qualifizieren (**BGH** 21. 12. 2006 – IX ZR 66/05, ZIP 2007, 340 = NZI 2007, 287 = NJW 2007, 1591; **BGH** 17. 4. 2008 – IX ZR 144/07, Grundeigentum 2008, 865). Der Insolvenzverwalter ist nicht verpflichtet, das Mietobjekt **auf Kosten der Masse** zu räumen. Dies gilt unabhängig davon, ob der Mietvertrag **vor oder nach Insolvenzeröffnung** beendet wurde (**BGH** 18. 4. 2002 – IX ZR 161/01, Z 150, 305, ZIP 2002, 1043 = ZInsO 2002, 524 = NZI 2002, 425; **BGH** 17. 4. 2008 – IX ZR 144/07 aaO). Der vorinsolvenzlich entstandene Räumungsanspruch des Vermieters kann nur unter den Voraussetzungen des § 55 zur Masseverbindlichkeit werden (**BGH** 5. 7. 2001 – IX ZR 327/99, Z 148, 252, ZIP 2001, 1469 = ZInsO 2001, 751 = NZI 2001, 531 = NJW 2001, 2966). Da der Räumungsanspruch mangels Gegenleistung des Vermieters von § 55 Abs 1 Nr 2 nicht erfasst wird, kann eine Masseverbindlichkeit nur durch Handlung des Insolvenzverwalters gem § 55 Abs 1 Nr 1 begründet werden. Der Räumungsanspruch des Vermieters ist mithin nur dann als **Masseverbindlichkeit** zu berichtigen, wenn der Insolvenzverwalter den vertragswidrigen Zustand durch **eigene oder ihm zurechenbare Handlungen** verursacht hat (**BGH** 5. 7. 2001 – IX ZR 327/99 aaO). Dabei kann die nach § 55 Abs 1 Nr 1 maßgebliche Handlung auch in einem **pflichtwidrigen Unterlassen** bestehen (**BGH** 18. 4. 2002 – IX ZR 161/01 aaO zur unterlassenen Instandhaltung). Hat **allein der Schuldner** den vom Vertrag abweichenden Zustand herbeigeführt, waren die nachteiligen Veränderungen der Mietsache also bereits **bei Verfahrenseröffnung** vorhanden, ist der Räumungsanspruch des Vermieters – oder bei Nichterfüllung – ein entsprechender Schadensersatzanspruch lediglich **Insolvenzforderung** (**BGH** 5. 7. 2001 – IX ZR 327/99 aaO). Eine Ausnahme gilt nur dann, wenn der Insolvenzverwalter **rechtskräftig zur Räumung verurteilt** wurde. In diesem Fall hat er den Räumungsanspruch des Vermieters unabhängig von einem Verursachungsbeitrag als Masseverbindlichkeit zu berichtigen (**BGH** 9. 2. 2006 – IX ZB 160/04 aaO).

37 Hat der Insolvenzverwalter die Mietsache **nicht in Besitz genommen**, scheidet eine Räumungsverpflichtung der Masse von vornherein aus. Andererseits führt die Besitzbegründung an sich – ohne Veränderung der Mietsache – nicht zu einer Verpflichtung der Masse, den bei Insolvenzeröffnung bestehenden vertragswidrigen Zustand als Masseverbindlichkeit zu beseitigen (**BGH** 18. 4. 2002 – IX ZR 161/01 aaO).

38 Haben **sowohl der Schuldner vor** als auch **der Insolvenzverwalter nach Verfahrenseröffnung** die Mietsache durch eigene Handlungen verändert, ist die vertragliche Herstellungspflicht bei Rückgabe des Mietobjektes aufzuteilen. Der einheitliche Räumungsanspruch wird in eine Insolvenzforderung (vorinsolvenzliche Veränderungen durch den Schuldner) und eine Masseverbindlichkeit (nachinsolvenzliche Veränderungen durch den Verwalter) aufgespalten. Die Insolvenzmasse haftet nur für die neuen, vom Insolvenzverwalter nach Eröffnung verursachten Verschlechterungen (**BGH** 5. 7. 2001 – IX ZR 327/99 aaO). Verlangt der Vermieter von der Masse vollständige Wiederherstellung, obliegt ihm die Beweislast, dass die nachteiligen Veränderungen allesamt erst nach Eröffnung eingetreten sind (**BGH** 5. 7. 2001 – IX ZR 327/99 aaO). Verschärft sich der störende Zustand nach der Verfahrenseröffnung nicht durch Handlungen oder pflichtwidrige Unterlassungen des Verwalters, hat der Vermieter nur die Möglichkeit, seinen Beseitigungsanspruch zur Insolvenztabelle anzumelden.

39 Der Verwalter kann die schuldrechtliche Räumungsverpflichtung der Masse – sofern eine solche besteht – nicht durch eine nachträgliche **Freigabe** der auf dem Grundstück befindlichen Gegenstände erfüllen oder ersetzen (**BGH** 9. 2. 2006 – IX ZB 160/04, ZIP 2006, 583 = NZI 2006, 293= ZInsO 2006,

326). Kommt er im Rahmen seiner Verwaltungsbefugnis der trotz Freigabe fortbestehenden Pflicht zur tatsächlichen Räumung nicht nach, sind beim Vermieter anfallende Räumungskosten aus der Masse zu ersetzen.

c) **Nutzungsentschädigung.** Ist der Mietvertrag **vor der Eröffnung des Insolvenzverfahrens** wirksam **beendet** worden, stellt der Anspruch des Vermieters auf Nutzungsentschädigung (§ 546a Abs 1 BGB) für die Zeit vor oder nach Verfahrenseröffnung bis zur Rückgabe des Mietobjektes durch den Schuldner grundsätzlich nur eine **Insolvenzforderung** dar (BGH 21. 12. 2006 – IX ZR 66/05, ZIP 2007, 340 = NZI 2007, 287 = NJW 2007, 1591). Dies gilt auch dann, wenn der Anspruch auf Nutzungsentschädigung erst nach Verfahrenseröffnung fällig wird (BGH 18. 5. 1995 – IX ZR 189/94, Z 130, 38, ZIP 1995, 1204 = NJW 1995, 2783; BGH 21. 12. 2006 – IX ZR 66/05 aaO). Eine **Masseverbindlichkeit** wird nur dann begründet, wenn der Insolvenzverwalter die Mietsache ungeachtet der vorinsolvenzlichen Kündigung **aktiv** in Besitz nimmt und den Vermieter dabei **gezielt vom Besitz ausschließt** (BGH 18. 5. 1995 – IX ZR 189/94 aaO; BGH 21. 12. 2006 – IX ZR 66/05 aaO; BGH 1. 3. 2007 – IX ZR 81/05, ZIP 2007, 778 = NZI 2007,335 = NJW 2007, 1594). Sind diese Voraussetzungen erfüllt, kommt es nicht entscheidend darauf an, ob der Verwalter die Sache tatsächlich umfassend oder gar bestimmungsgemäß nutzt. Es genügt die bloße **Nutzungsmöglichkeit** (BGH 18. 5. 1995 – IX ZR 189/94 aaO). Dient die Inbesitznahme lediglich der Sicherung des Mietobjekts, ohne den Vermieter vom Besitz auszuschließen, wird hierdurch noch kein Anspruch auf Nutzungsentschädigung gegen die Masse begründet (MüKo-*Hefermehl* § 55 Rn 141). Ohne Inbesitznahme für die Masse entsteht auch keine Masseverbindlichkeit allein dadurch, dass der Verwalter auf ein Herausgabeverlangen des Vermieters nicht reagiert und dieser hieraus auf eine Inanspruchnahme der Mietsache durch den Verwalter schließt (BGH 21. 12. 2006 – IX ZR 66/05 aaO).

Wird das Mietverhältnis erst **nach Insolvenzeröffnung beendet**, so kann der Vermieter für die Dauer der Vorenthaltung Nutzungsentschädigung (§ 546a Abs 1 BGB) als Masseverbindlichkeit gem § 55 Abs 1 Nr 2 verlangen, da die Nutzungsentschädigung an die Stelle des entfallenen Mietanspruches tritt (OLG Saarbrücken 9. 3. 2006 – 8 U 119/05, ZInsO 2006, 779). Die Vorenthaltung beginnt unmittelbar nach Beendigung des Mietverhältnisses und endet mit Erfüllung der Rückgabepflicht. Ob der Insolvenzverwalter nach Verfahrenseröffnung Besitz an dem Mietobjekt begründet hat, spielt keine Rolle. Entscheidend ist allein, dass er seiner Rückgabepflicht nicht nachkommt. Die Vorenthaltung endet aber spätestens mit Besitzbegründung durch den Vermieter, unabhängig davon, ob sich der Vermieter den Besitz selbst verschafft oder der Insolvenzverwalter ihm den Besitz übertragen hat. Für den Vermieter kann es daher günstiger sein, das Mietverhältnis nicht vor Insolvenzeröffnung zu kündigen, denn in diesem Fall ist der Nutzungsentschädigungsanspruch ohne Besitz des Verwalters nur Insolvenzforderung. Da die Masse nur die Übertragung des Besitzes an den Vermieter, nicht aber die Räumung schuldet – es sei denn, der Verwalter hätte den vertragswidrigen Zustand selbst zu verantworten, wofür der Vermieter darlegungs- und beweispflichtig ist –, erfüllt sie ihre Rückgabeverpflichtung bereits mit der Rückgabe des ungeräumten Mietobjekts (MüKo-*Eckert* § 108 Rn 123). Ab diesem Zeitpunkt kann ein Anspruch auf Nutzungsentschädigung wegen Vorenthaltung der Mietsache als Masseverbindlichkeit nicht mehr bestehen. Verweigert der Vermieter unberechtigt den Besitzübergang im Hinblick auf den vertragswidrigen Zustand der Mietsache, endet die Vorenthaltung, denn Vorenthalten setzt Rücknahmewillen des Vermieters voraus (OLG Saarbrücken 9. 3. 2006 – 8 U 119/05 aa, OLG Rostock 26. 2. 20.073 W 5/07; ZInsO 2007, 996 = ZIP 2007, 2377).

VI. Ansprüche für die Zeit vor Verfahrenseröffnung (§ 108 Abs 3)

1. **Normzweck.** § 108 Abs 3 dient dem **Schutz der Masse**. Die Regelung ist Ausdruck des allgemeinen Grundsatzes, dass die Masse nur für solche Leistungen zur Gegenleistung verpflichtet sein soll, die ihr nach Verfahrenseröffnung auch tatsächlich zugute kommen. Dem Vertragspartner soll daher für vorinsolvenzlich an den Schuldner erbrachte Leistungen bis auf die Insolvenzquote kein Anspruch auf den Gegenwert aus der Masse zustehen.

2. **Grundsatz.** § 108 Abs 3 bestimmt, dass der Vertragspartner Ansprüche **für die Zeit vor der Eröffnung des Insolvenzverfahrens** nur als Insolvenzgläubiger (§ 38) geltend machen kann. Hierunter fallen vorinsolvenzlich entstandene **Ansprüche**, insbesondere solche, die auf die Gegenleistung für eine vom Vertragspartner vor Verfahrenseröffnung an den Schuldner erbrachte Leistung gerichtet sind. Auf den Zeitpunkt des Fälligkeitseintrittes kommt es nicht an. Aber auch der Zeitpunkt der Forderungsbegründung ist im Gegensatz zu § 38 kein entscheidendes Kriterium. Der Mietanspruch des Vermieters (§ 535 Abs 2 BGB) wird beispielsweise durch den Abschluss des Mietvertrages begründet. Gleichwohl ist der Mietzinsanspruch des Vermieters für die Gebrauchsgewährung nach Verfahrenseröffnung in der Insolvenz des Mieters eine Masseverbindlichkeit iSd § 55 Abs 1 Nr. 2 Alt 2. Bei Mietansprüchen handelt es sich um **aufschiebend befristete Ansprüche** iSd § 163 BGB, die erst nach Anfangstermin des jeweiligen Zeitraums der Nutzungsüberlassung entstehen. Liegt der Anfangstermin und damit der Entstehungszeitpunkt vor Insolvenzeröffnung, handelt es sich um eine Insolvenzforderung, andernfalls um eine

§ 108

Masseverbindlichkeit. Erfolgt die Verfahrenseröffnung nach dem Anfangstermin, aber vor dem Endtermin (in der Regel dem Monatsende), hat eine Aufteilung zu erfolgen, denn der Vertragspartner soll für seine Leistung nach Eröffnung des Insolvenzverfahrens auch die entsprechende Gegenleistung aus der Masse erhalten.

44 § 108 Abs 3 entspricht dem Regelungsgedanken des § 105 S 1, da die zeitbezogene Überlassung eines Gegenstandes ebenso wie das nach Zeitabschnitten bemessene Entgelt **teilbar** sind. Die Unterscheidung zwischen Ansprüchen des Vertragspartners vor und nach Insolvenzeröffnung und der damit verbundenen Einordnung als Insolvenzforderung oder Masseverbindlichkeit führt zu der Konsequenz, dass das ursprünglich auf den gesamten Mietvertrag bezogene Synallagma geteilt wird. Der Vertragspartner kann seine für die Zeit nach Verfahrenseröffnung geschuldete Leistung gegenüber dem Insolvenzverwalter nicht deshalb nach § 320 BGB zurückhalten, weil seine Leistung für die Zeit vor Insolvenzeröffnung nicht vollständig, sondern quotal bezahlt wird. Ebenso kann der Vertragspartner die Einrede des § 273 BGB nicht auf einen als Insolvenzforderung zu qualifizierenden Anspruch stützen (K/P/B/ *Tintelnot* § 108 Rn 27).

45 **3. Verhältnis zu § 55 Abs 2 S 2.** Ist im Eröffnungsverfahren ein starker vorläufiger Insolvenzverwalter bestellt (§§ 21 Abs 2 Nr 2 Alt 1, 22 Abs 1 S 1) und hat dieser die geschuldete Leistung des Vertragspartners für das Schuldnervermögen, dh die künftige Insolvenzmasse, in Anspruch genommen, in der Insolvenz des Mieters das gemietete Grundstück beispielsweise genutzt, so ist der Anspruch des Vertragspartners auf die entsprechende Gegenleistung nach Insolvenzeröffnung gem § 55 Abs 2 S 2 als Masseverbindlichkeit zu berichtigen. § 108 Abs 3 steht dem nicht entgegen, denn § 55 Abs 2 S 2 ist insoweit lex specialis (**BGH** 18. 7. 2002 – IX ZR 195/01, Z 151, 353, ZIP 2002, 1625 = ZInsO 2002, 819 = NZI 2002, 543 = NJW 2002, 3326). § 108 Abs 3 betrifft nur die Rechtslage für das eröffnete Verfahren im Allgemeinen, ohne die Besonderheiten gerichtlicher Anordnungen im Insolvenzeröffnungsverfahren. § 55 Abs 2 enthält eine spezielle Regelung für die Rechtsfolgen von Handlungen vorläufiger Insolvenzverwalter während des Eröffnungsverfahrens (**BGH** 18. 7. 2002 – IX ZR 195/01 aaO). Auf Rechtshandlungen eines schwachen vorläufigen Insolvenzverwalters (§ 21 Abs 2 Nr 2 Alt 2) ist § 55 Abs 2 aber weder unmittelbar noch entsprechend anwendbar (**BGH** 18. 7. 2002 – IX ZR 195/01 aaO).

C. Fortbestand von Dienst- und Arbeitsverhältnissen *(Berscheid)*

46 § 108 Abs 1 S 1 InsO ordnet ausdrücklich an, dass die Dienstverhältnisse des Schuldners, zu denen namentlich auch die **Arbeitsverhältnisse** zählen, mit Wirkung für die Insolvenzmasse **fortbestehen**. Dies **gilt insbesondere für die Hauptleistungspflichten**, aber auch **für** sämtliche **Nebenpflichten**. Trotz der Insolvenz des Arbeitgeberunternehmens ist der Arbeitnehmer daher verpflichtet, seine vertraglich geschuldete Arbeitsleistung zu erbringen; er behält im Gegenzug dazu seinen Anspruch auf die vertraglich vereinbarte Vergütung. Der Insolvenzverwalter ist unverändert verpflichtet, den Arbeitnehmer vertragsgemäß zu beschäftigen und ihm das vereinbarte Arbeitsentgelt zu zahlen; falls der Insolvenzverwalter gezwungen ist, Arbeitnehmer von ihrer Verpflichtung zur Arbeitsleistung wegen fehlender Beschäftigungsmöglichkeit freizustellen, bleiben die Arbeitsentgeltansprüche unter dem Gesichtspunkt des Annahmeverzuges gem § 615 BGB iVm §§ 293 ff BGB bestehen (**SG Stuttgart** 14. 10. 1981 – 2 S Kr 114/79, ZIP 1982, 109 [*Grub*]). Will der Insolvenzverwalter ein Arbeitsverhältnis beenden, bedarf es folglich entweder einer Anfechtung oder Kündigung oder eines Aufhebungsvertrages.

I. Fortbestand von Dienst- und Arbeitsverhältnissen nach bisherigem Recht

47 Nach einhelliger Meinung galt § 22 Abs 1 S 1 KO nur für ein bereits „**angetretenes**" Dienstverhältnis. Wenn das Arbeitsverhältnis bei Eröffnung des Konkurses noch nicht angetreten war, bedurfte es deshalb bislang keiner Kündigung; vielmehr konnte der Konkursverwalter kraft seines Wahlrechts **nach § 17 KO** den **Vollzug** des noch nicht angetretenen Dienstverhältnisses **ablehnen** (*Jaeger/Henckel* § 17 KO Rn 14 und § 22 KO Rn 12; *Hess* § 22 KO Rn 372 ff; *Kilger/K Schmidt* § 22 KO Anm 6; K/U § 22 KO Rn 1). Die empfangsbedürftige Ablehnungserklärung hatte dieselbe **Wirkung wie eine fristlose Kündigung, ohne dogmatisch eine solche zu sein** (*Caspers* Personalabbau und Betriebsänderung im Insolvenzverfahren, S 40 Rn 91; *Kania* DStR 1996, 832, 833).

48 Die **Ablehnung der Erfüllung** brachte den Vertrag nicht zum Erlöschen, vielmehr gingen die Erfüllungsansprüche – vom Zeitpunkt der Verfahrenseröffnung an gerechnet – für die Zukunft unter und der Arbeitnehmer erlangte einen **Schadenersatzanspruch wegen Nichterfüllung** (*Berscheid* KGS „Konkurs" Rn 78), der als einfache Konkursforderung gem § 26 S 2 KO geltend zu machen war (**BAG** 13. 8. 1980 – 5 AZR 588/78, AP Nr 11 zu § 59 KO = KTS 1981, 245 = NJW 1981, 885 = ZIP 1980, 1067; **BGH** 11. 2. 1988 – IX ZR 36/87, KTS 1988, 341 = NJW 1988, 1790 = ZIP 1988, 322). Weil es sich nicht um eine Kündigung handelte, brauchte der Konkursverwalter den Betriebsrat vor Ausübung des Wahlrechts nach § 17 Abs 1 KO nicht gem § 102 Abs 1 BetrVG anhören, was ansonsten notwendig wäre (**LAG Frankfurt/M** 31. 5. 1985 – 13 Sa 833/84, LAGE § 102 BetrVG 1972 Nr 14).

C. Fortbestand von Dienst- und Arbeitsverhältnissen § 108

Gleiches wurde im Schrifttum (*Berscheid* KGS „Gesamtvollstreckung" Rn 143) für die Gesamtvollstreckung angenommen, so dass die Kündigung nach § 9 Abs 2 GesO nur für „bestehende Arbeitsverhältnisse" galt und der Verwalter die Erfüllung des noch nicht angetretenen Dienstverhältnisses nach § 9 Abs 1 S 1 GesO ablehnen konnte. Demgegenüber ging die Rechtsprechung (LAG Erfurt 14. 6. 1999 – 8 Sa 560/98, ZInsO 2000, 51) davon aus, dass § 9 Abs 2 GesO – im Vorgriff auf § 113 Abs 1 InsO – eine Sonderregelung für die Kündigung von Arbeitsverhältnissen im Verhältnis zu § 9 Abs 1 GesO darstellte und **alle im Zeitpunkt der Verfahrenseröffnung bzw des Ausspruchs der Kündigung begründeten Arbeitsverhältnisse erfasste**, wobei ohne Belang war, ob diese Arbeitsverhältnisse bereits angetreten oder in Vollzug gesetzt waren. 49

II. Fortbestand von Dienst- und Arbeitsverhältnissen nach neuem Recht

Wie in den bisherigen Insolvenzgesetzen (§ 17 Abs 1 KO, § 9 Abs 1 GesO) ist auch in der **Insolvenzordnung** ein Wahlrecht bei gegenseitigen Verträgen geregelt (§ 103 Abs 1 InsO). In § 113 Abs 1 S 1 InsO ist die **Beschränkung auf** bereits „**angetretene**" **Dienstverhältnisse** aber **nicht mehr** enthalten. Es wird kein Unterschied mehr gemacht, ob das Beschäftigungsverhältnis bereits angetreten ist oder noch nicht. Alle Dienst- bzw **Arbeitsverhältnisse können** mithin **einseitig nur noch durch Kündigung** (oder Anfechtung) **beendet werden** (str s zum Meinungsstand Voraufl Rn 42 mzN). 50

Für die hier vorgenommene Auslegung spricht die Begründung zu § 122 RegE [= § 108 InsO] (BT-Drs 12/2443, S 146). Aus der Entwurfsbegründung geht hervor, dass die neue Rechtslage nur insoweit der Konkursordnung entspricht, als § 22 KO einschlägig war, denn auf § 17 KO wird nicht verwiesen; vielmehr sind nur solche Bestimmungen in Bezug genommen worden, die die Kündigung von Dienstverhältnissen regeln (*Caspers* Personalabbau und Betriebsänderung im Insolvenzverfahren, S 41 Rn 94). Insgesamt erscheint es **sachgerecht** zu sein, alle Dienstverhältnisse – unabhängig davon, ob sie bereits angetreten sind oder nicht– gleich zu behandeln, zumal die **Einführung des Kündigungsrechts** für noch nicht angetretene Arbeitsverhältnisse, also der Ausschluss des „fristlosen" Ablehnungsrechts, angesichts der eher geringen Anzahl der noch nicht angetretenen Arbeitsverhältnisse **keine besondere Belastung für die Insolvenzmasse** und damit für die Insolvenzgläubiger darstellt (*Caspers* Personalabbau S 42 Rn 94; KS-*Düwell* S 1433, 1444 Rn 28). Die **Erfüllungsablehnung** nach § 17 KO war eine **mit dem allgemeinen Prinzip des Arbeitnehmerschutzes unvereinbare Beendigungsart** (*Schmid* Kündigung und Kündigungsschutz S 123; zust *Berscheid* InVo 1998, 32, 35; *ders* BuW 1999, 33, 34; KS-*Düwell* S 1433, 1444 Rn 28; Gottwald/Heinze/*Bertram* § 104 Rn 4). 51

III. Rechtswirkungen des Fortbestandes von Dienst- und Arbeitsverhältnissen

Aus den vorstehenden Ausführungen folgt, dass alle bestehenden Arbeitsverhältnisse – ob noch nicht angetreten oder bereits angetreten oder erst neu begründet – mithin nur nach Maßgabe des § 113 InsO gekündigt werden können. Das **Recht** des Insolvenzverwalters **zur Anfechtung** des Arbeitsvertrages wegen Irrtums (§§ 119, 120 BGB) bzw wegen arglistiger Täuschung oder Drohung (§ 123 BGB) **bleibt unberührt** (*Berscheid* ZInsO 1998, 115, 116). 52

Entgeltansprüche der Arbeitnehmer aus der Zeit vor Verfahrenseröffnung sind in der Regel nur Insolvenzforderungen iSd § 38, wie § 108 Abs 3 klarstellend bestimmt. Um die **Möglichkeiten einer Betriebsfortführung** durch den vorläufigen Insolvenzverwalter zu **erleichtern**, bezieht § 55 Abs 2 die von einem **vorläufigen Insolvenzverwalter mit Verwaltungs- und Verfügungsbefugnis** (§ 22 Abs 1 iVm § 21 Abs 2 Nr 2 Alt 1 InsO) begründeten Verbindlichkeiten in den Kreis der Masseverbindlichkeiten ein. Eine **analoge Anwendung** des § 55 Abs 2 **auf** die Fälle der **Anordnung eines allgemeinen Zustimmungsvorbehalts** (§ 22 Abs 2 S 1 iVm § 21 Abs 2 Nr 2 Alt 2 InsO) scheidet aus (str s zum Meinungsstand Voraufl Rn 45; wie hier BGH 18. 7. 2002 – NJW 2002, 3326 = NZI 2002, 543 = ZInsO 2002, 819; **BAG** 4. 12. 2002 – 10 AZR 16/02, NJW 2003, 1964 = NZA 2003, 665 = ZInsO 2003, 670; **BAG** 8. 4. 2003 – 2 AZR 15/02, NZA 2004, 343 = ZInsO 2003, 960). 53

1. Ansprüche bei Neueinstellung durch den vorläufigen Insolvenzverwalter. Zu den in § 55 Abs 2 S 1 bezeichneten Verbindlichkeiten zählen Entgeltansprüche der **Arbeitnehmer**, die von einem vorläufigen Insolvenzverwalter mit Verwaltungs- und Verfügungsbefugnis selbst **neu eingestellt** worden sind. Es handelt sich in einem solchen Fall nämlich um ein sog Neugeschäft. Ein Bedürfnis zur Neueinstellung von Arbeitnehmern kann im Eröffnungsverfahren bestehen, wenn Arbeitnehmer, die für die Fortführung des Betriebes und/oder zur Erledigung von Abwicklungsarbeiten benötigt werden, entweder durch Eigenkündigung oder durch personen- oder verhaltensbedingte Kündigung des vorläufigen Insolvenzverwalters ausscheiden und ersetzt werden müssen. 54

2. Ansprüche bei Freistellung oder Inanspruchnahme der Gegenleistung. § 55 Abs 2 S 2 gilt für sog Altgeschäfte, bei denen der vorläufige Insolvenzverwalter die Gegenleistung für die Insolvenzmasse in Anspruch genommen hat. Die Vorschrift **erfasst** nach seinem Wortlaut alle **Dauerschuldverhältnisse**, mithin auch die bestehenden Arbeitsverhältnisse und sonstigen Dienstverhältnisse des Schuldners. 55

§ 108

56 **a) Ansprüche bei Freistellung der Arbeitnehmer.** Soweit der vorläufige Verwalter mit Verwaltungs- und Verfügungsbefugnis die Gegenleistung aus Dauerschuldverhältnissen nicht in Anspruch nimmt, können keine Masseansprüche entstehen. Für Dienst- und Arbeitsverhältnisse ist dies in § 108 Abs 3 ausdrücklich klargestellt worden. **Werden Arbeitnehmer** vom vorläufigen Insolvenzverwalter von der Arbeit **freigestellt**, dann wird die Gegenleistung gerade nicht von der Insolvenzmasse in Anspruch genommen. In einem solchen Falle **handelt es sich** bei den Ansprüchen der Arbeitnehmer auf Arbeitsentgelt **nicht um Masseansprüche** iSd § 55 Abs 2 S 2 InsO. Der vorläufige Insolvenzverwalter kann im Falle der (wirksamen) Freistellung die entlassenen Arbeitnehmer auf das Arbeitslosengeld verweisen (*Berscheid* ZInsO 2000, 134, 136). Zahlt das Arbeitsamt im Falle einer Freistellung im Rahmen der sog Gleichwohlgewährung (§ 143 Abs 3 SGB III) an die Arbeitnehmer Arbeitslosengeld oder nach Verfahrenseröffnung Insolvenzgeld, so sind die gem § 115 SGB X bzw § 187 SGB III übergehenden **Arbeitsentgeltansprüche** wegen der Regelung des § 108 Abs 3 **nur als einfache Insolvenzforderungen zu berichtigen** (*Berscheid* BuW 1998, 913, 919; *ders* ZInsO 2000, 134, 136; KS-*Uhlenbruck* S 325, 349 Rn 24).

57 **b) Ansprüche bei Weiterbeschäftigung der Arbeitnehmer.** Werden die **Arbeitnehmer** im Insolvenzeröffnungsverfahren **nicht** von der Arbeit freigestellt, nimmt also der vorläufige Insolvenzverwalter, auf den die Verwaltungs- und Verfügungsbefugnis gem § 21 Abs 2 Nr 2 Alt 1 iVm § 22 Abs 1 S 1 übergegangen ist, ihre Arbeitskraft für die Insolvenzmasse in Anspruch, dann sind deren Entgeltansprüche Masseverbindlichkeiten nach § 55 Abs 2 S 2 (LAG Hamm 10. 1. 2000 – 19 Sa 1638/99, NZA-RR 2000, 151 = NZI 2000, 189 = ZInsO 2000, 113; LAG Köln 25. 2. 2000 – 12 Sa 1512/99, NZA-RR 2000, 314 = NZI 2000, 288 = ZInsO 2000, 237). Zahlt die Bundesanstalt für Arbeit an die weiterbeschäftigten Arbeitnehmer Insolvenzgeld, dann konnten wegen der Regelung der §§ 412, 401 Abs 2 BGB deren nach § 187 SGB III übergehende Ansprüche auf Arbeitsentgelt **nach** dem Gesetzeswortlaut des § 55 Abs 2 S 2 **als Masseverbindlichkeiten angesehen** werden. Ein Vorrang der Bundesanstalt für Arbeit würde in vielen Fällen einen Großteil der zur Verfügung stehenden Masse aufzehren. Das Insolvenzverfahren müsste wegen Masseunzulänglichkeit eingestellt werden.

58 Das wäre mit dem mit der Insolvenzrechtsreform verfolgten Ziel nicht vereinbar, die Chancen für die Sanierung insolventer Unternehmen zu verbessern. Deshalb ist höchstrichterlich (BAG 3. 4. 2001 – 9 AZR 143/00, BAGReport 2002, 9 [*Berscheid*] = ZInsO 2001, 1174; BAG 3. 4. 2001 – 9 AZR 301/00, NZA 2002, 90 = NZI 2002, 118 = ZInsO 2001, 1171 = ZIP 2001, 1964) entschieden worden, dass der in § 55 Abs 2 S 2 InsO geregelte Vorrang nicht auf solche Entgeltansprüche anzuwenden ist, die auf die Bundesanstalt für Arbeit wegen der Gewährung von Insolvenzgeld übergehen, sondern dass diese als Insolvenzforderungen nach den §§ 108 Abs 3, 38 InsO zu berichtigen sind. Diese Rechtsprechung hat der Gesetzgeber durch Art 1 Nr 1 InsOÄndG v 26. 10. 2001 (BGBl I S 2710) mit der **Regelung des § 55 Abs 3 InsO**, die am 1. 12. 2001 in Kraft getreten ist (Art 12 InsOÄndG), im Interesse der Sanierung erhaltenswerter Unternehmen und im Interesse der betroffenen Arbeitnehmer klarstellend diese Rechtsprechung zur Vermeidung der negativen Auswirkungen der Regelung des § 55 Abs 2 S 2 übernommen und damit die **Regelungen über Kurzarbeitergeld (Kug) und Insolvenzgeld (Insg) wieder gleichgezogen** (*Berscheid* BAGReport 2002, 11, 12; siehe dazu näher *Berscheid* FS Rheinland-Pfalz S 453, 468 f). **Mit der gesetzlichen Neuregelung entfallen** die **bisherigen Haftungsrisiken** für den vorläufigen Insolvenzverwalter (siehe dazu N/R/*Andres* § 55 Rn 136–139).

D. Fortbestehen von Darlehensverträgen (§ 108 Abs 2) *(Wegener)*

59 Vor Einführung des § 108 Abs 2 durch das Gesetz zur Vereinfachung des Insolvenzverfahrens vom 13. 4. 2007 war in der Literatur streitig, ob der Darlehensgeber seine Hauptleistungspflichten aus dem Darlehensvertrag bereits durch Auszahlung der Darlehensvaluta vollständig erfüllt hat und § 103 daher keine Anwendung findet. § 108 Abs 2 stellt für die **Insolvenz des Darlehensgebers** nunmehr klar, dass der Darlehensvertrag nach Auszahlung der Darlehensvaluta vor Insolvenzeröffnung nicht der Regelung des § 103 unterfällt, sondern mit Wirkung für und gegen die Masse fortbesteht. Damit werde – so die Gesetzesbegründung – eine Rechtsunsicherheit beseitigt, die am Kapitalmarkt zu Risikoaufschlägen führe und damit die Finanzierungskosten in Deutschland unnötig erhöhe (BT-Drucks 16/3227 S 19). Neben dem Schutz des Darlehensnehmers vor einer Beendigung des Darlehensvertrages außerhalb der darlehensrechtlichen Kündigungsmöglichkeiten soll durch § 108 Abs 2 insbesondere sichergestellt werden, dass vorinsolvenzliche Zessionen an Zweckgesellschaften im Falle der Insolvenz von Refinanzierungsunternehmen insolvenzfest sind (BT-Drucks 16/3227 S 19).

I. Voraussetzungen

60 § 108 Abs 2 setzt neben der **Eröffnung des Insolvenzverfahrens** über das Vermögen des **Darlehensgebers** einen im Zeitpunkt der Verfahrenseröffnung bestehenden wirksamen **Darlehensvertrag** voraus. Darüber hinaus muss der Darlehensgeber dem Darlehensnehmer die Darlehensvaluta **vor der Insolvenzeröffnung** ausgezahlt haben.

Das Gesetz spricht nur allgemein von der Zurverfügungstellung des geschuldeten Gegenstandes, ohne zwischen **Gelddarlehen** (§§ 488 ff BGB) und **Sachdarlehen** (§§ 607 BGB) zu unterscheiden. Ausgehend vom Normzweck ist der Anwendungsbereich des § 108 Abs 2 jedoch auf Gelddarlehen zu beschränken (Müko-*Eckert* § 108 Rn 210; HK-*Marotzke* § 108 Rn 63; FK-*Wegener* § 108 Rn 24; K/P/B/*Tintelnot* § 108 Rn 26 c). Es besteht kein Bedürfnis, den Sachdarlehensvertrag insolvenzfest auszugestalten (Müko-*Eckert* § 108 Rn 210). Auch die Person des Darlehensgebers und die Art des Darlehens werden nicht näher bestimmt. § 108 Abs 2 setzt nur ein vom Darlehensgeber eingegangenes Darlehensverhältnis voraus. Erfasst werden daher alle Arten von Darlehen, unabhängig davon, ob sie von einem Kreditinstitut, einem Unternehmen oder einer Privatperson ausgereicht wurden (Müko-*Eckert* § 108 Rn 206). Erfasst werden nicht nur Tilgungskredite, sondern auch **Kontokorrentkredite** (Müko-*Eckert* § 108 Rn 5; FK-*Wegener* § 108 Rn 26; aA HK-*Marotzke* § 108 Rn 59; Graf-Schlicker/*Breitenbücher* § 108 Rn 13), auch wenn der Gesetzgeber offensichtlich davon ausging, dass Kontokorrentkredite mit Verfahrenseröffnung erlöschen, § 108 Abs 2 insoweit also gar nicht zum Zug kommt. Denn in der Gesetzesbegründung heißt es, § 108 Abs 2 lasse die Anwendbarkeit des § 116 auf Kontokorrentkredite unberührt (BT-Drucks 16/3227 S 19). Die Regelung des § 116 ist jedoch nur in der Insolvenz des Kreditnehmers und nicht – wie von § 108 Abs 2 vorausgesetzt – in der des Kreditgebers anwendbar (K/P/B/*Tintelnot* § 108 Rn 4 c).

Nach Sinn und Zweck des § 108 Abs 2 muss es sich bei dem Darlehen um ein entgeltliches, also **verzinsliches Darlehen** handeln, auch wenn der Gesetzeswortlaut insoweit indifferent ist (Müko-*Eckert* § 108 Rn 211; HK-*Marotzke* § 108 Rn 65). Denn nur das entgeltliche Darlehen ist ein Anwendungsfall des § 103, während die Vorschrift auf das unentgeltliche Darlehen mangels gegenseitiger Leistungsverpflichtungen nicht zur Anwendung kommt. Hierfür spricht auch die Gesetzesbegründung, die allein auf das entgeltliche Darlehen abstellt (BT-Drucks 16/3227 S 19).

II. Rechtsfolgen

Mit der Eröffnung des Insolvenzverfahrens tritt der Insolvenzverwalter anstelle des Schuldners als Darlehensgeber in den vor Verfahrenseröffnung geschlossenen Darlehensvertrag ein. Dieser wird nun zwischen dem Insolvenzverwalter und dem Darlehensnehmer mit allen Rechten und Pflichten sowie den ursprünglichen Bedingungen zugunsten wie zu Lasten der Insolvenzmasse fortgesetzt (K/P/B/*Tintelnot* § 108 Rn 26 a). Der Insolvenzverwalter muss dem Darlehensnehmer das vor Verfahrenseröffnung ausgereichte Darlehen belassen (Müko-*Eckert* § 108 Rn 207, Braun/*Kroth* § 108 Rn 26 a). Hierbei handelt es sich um eine Masseverbindlichkeit gem § 55 Abs 1 Nr 2. Der Insolvenzverwalter kann das Darlehen nur nach Maßgabe des Darlehensvertrages oder ergänzender Bestimmungen des BGB kündigen und zurückfordern (Braun/*Kroth* § 108 Rn 26 a). Der Darlehensnehmer hat den geschuldeten Zins zu zahlen und das Darlehen zurückzuerstatten.

Ist das Darlehen **teilvalutiert**, führt die Verfahrenseröffnung zur **Spaltung des Darlehensvertrages** (s o § 103 Rn 15) in einen der Regelung des § 103 unterworfenen Vertragsteil (der noch nicht ausgeführte Teil des Darlehensvertrages) und einen dem Verwalterwahlrecht entzogenen Vertragsteil (der bereits erfüllte Teil des Darlehensvertrages). Im Gesetzestext wird dies mit der Formulierung „soweit" klargestellt.

E. Besonderheiten bei Leasingverträgen *(Sinz)*

Die Insolvenzordnung sieht keine speziellen Vorschriften für die Abwicklung von Leasingverträgen vor. Ungeachtet der vertragstypologischen Einordnung von Finanzierungsleasingverträgen als „**atypischer Mietvertrag**" (hM; BGH 11. 1. 95 – VIII ZR 82/94, DB 1995, 668, 669; weit. Nachw. s 12. Aufl § 108 Rn 50) oder als „**Vertrag sui generis**" (*Lieb* DB 1988, 946, 948; weit. Nachw. s 12. Aufl § 108 Rn 50) ist für die insolvenzrechtliche Behandlung maßgeblich, dass das erstrebte Vertragsziel und das Schwergewicht des Vertrages in einer Gebrauchsüberlassung auf Zeit liegt (MüKo-*Eckert* § 108 Rn 28 ff). Die §§ 108 ff sind daher grundsätzlich auf Finanzierungsleasingverträge entsprechend anwendbar (*Koch*, in Graf von *Westphalen* Der Leasingvertrag, Kap P Rn 1 ff).

I. Insolvenz des Leasingnehmers

1. Eröffnungsverfahren a) Beschränkung des Kündigungsrechts des Leasinggebers. Die Kündigungssperre des § 112 gilt nicht erst im eröffneten Verfahren, sondern bereits mit Stellung des **Antrages** auf Insolvenzeröffnung, und zwar sowohl für Leasingverträge über Mobilien als auch Immobilien-Leasingverträge (*Eckert* ZIP 1996, 897, 897). Im Gegensatz zu § 19 KO räumt nämlich § 109 Abs 1 dem Vermieter eines unbeweglichen Gegenstandes kein Kündigungsrecht ein. Zweck der Kündigungssperre ist es, nachteilige Auswirkungen auf die Insolvenzabwicklung als Folge des Vermögensverfalls des Mieters abzuwenden. Der Verwalter, auch der vorläufige, soll davon ausgehen können, dass die

§ 108

wirtschaftliche Einheit der im Besitz des Mieters stehenden Güter nicht zur Unzeit auseinander gerissen wird und zunächst in seinem Verfügungsbereich bleibt (Begr zu § 126 RegE, BT-Drucks 12/2443; *Tintelnot* ZIP 1995, 616, 620). Die Insolvenzordnung greift insoweit einen Rechtsgedanken der bisherigen Regelung des § 50 VglO auf (BT-Drucks 12/2443 S 147).

67 Da bei Leasingverträgen die zeitlich begrenzte Gebrauchsüberlassung in vergleichbarer Weise im Vordergrund steht, findet § 112 auf Leasingverträge entsprechende Anwendung. Die Kündigungssperre ist zwingendes Recht (§ 119); abweichende Vereinbarungen in Leasing-AGB, in denen der Leasinggeber sich ein **vertragliches** Kündigungsrecht ausbedingt, sind unwirksam.

68 Hinsichtlich der Auswirkungen der Kündigungssperre auf die Abwicklung von Leasingverhältnissen in der Insolvenz des Leasingnehmers ist zu differenzieren, zu welchem Zeitpunkt und aus welchem Grund der Leasinggeber kündigen will:

69 aa) **Verzug vor Insolvenzantrag.** Befand sich der Leasingnehmer im Zeitpunkt des Insolvenzantrages mit der Entrichtung der Leasingraten zwar in Verzug, aber hatte der Leasinggeber den Leasingvertrag **noch nicht gekündigt**, so steht der Ausübung eines vertraglichen (§ 119) oder gesetzlichen Kündigungsrechts durch den Leasinggeber ab Insolvenzantragstellung § 112 Nr 1 entgegen. Dies gilt auch für den Fall, dass die schriftliche Kündigung zwar noch vor Stellung des Insolvenzantrags abgesandt worden ist, aber dem Leasingnehmer erst nach dem Eingang des Antrags bei Gericht zugeht (**OLG** Düsseldorf 17. 11. 2008 – I 24 U 51/08 ZInsO 2009, 711). Ebenso ist eine Kündigung mit der Begründung ausgeschlossen, es liege eine Verschlechterung der Vermögensverhältnisse des Leasingnehmers vor (§ 112 Nr 2); dies gilt auch für den Fall einer Pfändung in den Leasinggegenstand als bloße Konkretisierung der Vermögensverschlechterung oder eine Kündigung nach § 543 Abs 1 BGB wegen erheblicher Vertragsverletzung, weil der Leasingnehmer die Leasingraten wiederholt verspätet gezahlt hat. Unberührt bleiben lediglich die Kündigungsrechte des Leasinggebers wegen *sonstiger* Vertragsverletzungen des Leasingnehmers wie zB Verwendung des Leasinggutes als Kreditsicherheit oder Verschweigen von Vollstreckungsmaßnahmen in das Leasinggut (*Obermüller/Livonius* DB 1995, 27, 27).

70 Dagegen greift § 112 nicht ein, wenn der Leasinggeber im Zeitpunkt des Insolvenzantrages den Vertrag **schon gekündigt** hatte; in diesem Fall bleibt die Kündigung wirksam mit der Folge, dass der Leasinggeber das Leasinggut nach § 47 aussondern kann (**BGH** 27. 2. 85 – VIII ZR 328/83, BGHZ 94, 44, 49; KS-*Sinz* S 593 ff, Rn 5). Der Erlass eines allgemeinen Veräußerungsverbots steht dem nicht entgegen (*Obermüller/Livonius* DB 1995, 27, 27). War dem Leasingnehmer jedoch ein **Optionsrecht** eingeräumt, kann der Leasinggeber allerdings nicht die sofortige Herausgabe des Leasinggutes verlangen, sondern beschränkt sich die Aussonderung einstweilen auf die *Anerkennung* des Eigentums des Leasinggebers (**RG** 11. 5. 1906 – 452/05 III, JW 1906, 436, 436 f; K/U § 19 KO Rn 31). Bei Leasingverträgen **ohne Optionsrecht** kann das Insolvenzgericht, soweit bewegliche Sachen – nicht Grundstücke oder Räume – zurückzugeben sind, die Zwangsvollstreckung nach § 21 Abs 2 Nr 3 untersagen oder einstweilen einstellen.

71 bb) **Verzug nach Insolvenzantrag.** Gerät der Leasingnehmer bzw der vorläufige Insolvenzverwalter während des Eröffnungsverfahrens mit der Entrichtung der Leasingraten in Verzug, so kann der Leasinggeber den Leasingvertrag ohne Beschränkung durch § 112 wegen Verzuges kündigen (**BGH** 9. 3. 05 – VIII ZR 394/03, NZI 2005, 450; **BGH** 18. 7. 02 – IX ZR 195/01, NZI 2002, 543, 547; BR-Drucks 1/92 zu § 126 RegE). Dabei bildet der Stichtag der Insolvenzantragstellung eine echte Zäsur. Die weite Formulierung des § 112 („wegen eines Verzugs") soll sicherstellen, dass auf alle Verzugstatsachen, die vor Antragstellung eingetreten sind, zur Begründung einer fristlosen Kündigung während des vorläufigen Insolvenzverfahrens nicht mehr zurückgegriffen werden darf. Die Voraussetzungen für eine Kündigung wegen Verzuges müssen vollständig im Zeitraum nach dem Eröffnungsantrag erfüllt sein. Es genügt daher nicht, dass lediglich eine Leasingrate nach Insolvenzantragstellung rückständig ist und der Tatbestand des § 543 Abs 2 Nr 3 BGB erst zusammen mit weiteren rückständigen Leasingraten vor Verfahrensbeginn erfüllt wird (*Eckert* ZIP 1996, 897, 898; KS-*Sinz* S 593 ff, Rn 6).

72 **Zahlt der Schuldner** mit Zustimmung des vorläufigen Insolvenzverwalters noch vor Zugang der Kündigungserklärung des Leasinggebers die rückständigen Leasingraten, so wird der eingetretene Verzug und damit auch das Kündigungsrecht des Leasinggebers wieder beseitigt. Der Leasinggeber muss aber mit der Anfechtung einer solchen Zahlung rechnen (Ausnahme: § 142 und bei Begründung eines bes. Vertrauenstatbestandes, **BGH** 15. 12. 05 – IX ZR 156/04, NZI 2006, 227), wenn er die Leistung vom Schuldner entgegennimmt und ihm die Zahlungsunfähigkeit des Leasingnehmers oder der Insolvenzantrag bekannt waren bzw ihm diese Umstände bekannt sein mussten (§ 130 Abs 1 Nr 2, Abs 2). In diesem Fall darf der Leasinggeber die angebotene Zahlung zurückweisen, um sein Kündigungsrecht zu erhalten; der Leasinggeber gerät hierdurch gemäß § 297 BGB nicht in Annahmeverzug, weil der Schuldner die Leistung nicht so wie geschuldet, nämlich anfechtungsfrei, bewirken kann (*Obermüller/ Livonius* DB 1995, 27). Nicht anfechtbar sind dagegen Zahlungen, die zeitnah zur Fälligkeit erfolgen (**§ 142**). Denn soweit von der Aufrechterhaltung des Miet- oder Pachtverhältnisses mehr Vor- als Nachteile zu erwarten sind, darf auch ein vorläufiger Insolvenzverwalter ohne begleitendes Verfügungsverbot die dazu nötigen Ausgaben erbringen (**BGH** 18. 7. 02 – IX ZR 195/01, NZI 2002, 543, 547).

E. Besonderheiten bei Leasingverträgen **§ 108**

Auch bei Zahlungen durch einen **vorläufigen Insolvenzverwalter mit Verfügungsbefugnis** muss der Leasinggeber keine Anfechtung befürchten (§ 130 Abs 1 Nr 2 verlangt, dass *„einem Insolvenzgläubiger eine Sicherung oder Befriedigung gewährt"* wird).

Ein eigenes Kündigungsrecht kann der Leasingnehmer aus seiner Zahlungsunfähigkeit oder dem Insolvenzantrag nicht herleiten. Auch der vorläufige Insolvenzverwalter bleibt an den Vertrag gebunden (Gottwald/*Obermüller* InsRHdb § 100 Rn 8). 73

cc) Kündigung vor Überlassung des Leasinggutes. § 112 unterscheidet nicht, ob das Leasinggut zum Zeitpunkt der Antragstellung überlassen war oder nicht. Die Formulierung „eingegangen" deutet vielmehr darauf hin, dass auch nicht vollzogene Leasingverträge der Kündigungssperre unterliegen (*Eckert* ZIP 1996, 897, 899). Allerdings kann der Leasinggeber beim **Immobilienleasing** – wenn auch systemwidrig (dazu: *Tintelnot* ZIP 1995, 616, 621; KS-*Pape* Kap 13, Rn 70) – nach § 109 Abs 2 vom Vertrag zurücktreten, so dass sich unterschiedliche Bindungswirkungen ergeben: Im vorläufigen Insolvenzverfahren ist der Leasinggeber an den nicht vollzogenen Leasingvertrag gebunden (§ 112), bei Eröffnung des Verfahrens vor Überlassung der Immobilie kann er sich lösen (§ 109 Abs 2), während er bei Verfahrenseröffnung nach Überlassung des Leasinggutes wieder gebunden ist (§ 109 Abs 1). Dagegen bleibt beim **Mobilienleasing** der Leasinggeber durchgehend gebunden. Eine dem § 20 KO entsprechende Bestimmung enthält die InsO nämlich nicht. 74

b) Leasingforderungen aus dem Eröffnungszeitraum. Im eröffneten Verfahren sind die rückständigen Leasingraten aus der Zeit zwischen der Anordnung der vorläufigen Insolvenzverwaltung und Insolvenzeröffnung nur dann als **Masseverbindlichkeit** zu befriedigen, wenn und soweit der vorläufige – starke – Insolvenzverwalter den Leasinggegenstand genutzt hat (§ 55 Abs 2 S 2). Dabei sind *begonnene Zahlungsperioden* anteilig als Masseschuld zu berichten. Denn § 55 Abs 2 stellt nur auf die tatsächliche Inanspruchnahme der Gegenleistung ab; auf die Fälligkeit der Leasingrate für diesen Zeitraum kommt es nicht an. Soweit die Gegenleistung in Anspruch genommen wurde, sind die Ansprüche des Leasinggebers vom Vollstreckungsverbot des § 90 ausgenommen; § 90 Abs 2 Nr 3 gilt für Masseverbindlichkeiten begründende Rechtshandlungen des vorläufigen Verwalters entsprechend (K/P/B/ *Lüke* § 90 Rn 10). 75

Wird der Leasinggegenstand zwar nicht mehr insgesamt benötigt, aber während des Eröffnungsverfahrens dennoch **teilweise genutzt**, so lässt sich dadurch das Entstehen einer Masseschuld im Regelfall nicht vermeiden. Nutzt der Verwalter zB nur eine Teilfläche einer geleasten Lagerhalle oder einen geleasten Pkw nur 2 Tage in der Woche, schuldet die Masse in den Fällen des § 22 Abs 1 die vereinbarten Leasingraten gleichwohl in voller Höhe – und nicht nur anteilig – als Masseschuld, obwohl der Wortlaut des § 55 Abs 2 S 2 („soweit") auch eine andere Auslegung erlauben würde. Entscheidend ist jedoch, dass der Verwalter auch in diesem Fall letztlich die „volle" Gegenleistung in Anspruch nimmt und den Leasinggeber daran hindert, diese anderweitig zu verwerten (*Koch*, in *Graf von Westphalen* Der Leasingvertrag, Kap P Rn 53; aA MüKo-*Eckert* § 108 Rn 193, der auf den „Wertzufluss zu Gunsten der Masse" abstellt). Etwas anderes gilt nur für die Fälle, in denen eine – rechtlich – teilbare Nutzung vorliegt, die Leasingleistung also ohne Wertminderung und ohne Beeinträchtigung des Leistungszwecks in Teilleistungen zerlegt werden kann (**BGH 27. 9. 91 – V ZR 55/90, NJW 1992, 183, 183**; Palandt/*Heinrichs* § 266 Rn 3). Die jedem Leasingvertrag immanente Vollamortisationspflicht steht dem nicht entgegen. Denn im Rahmen des § 55 Abs 2 geht es lediglich darum, ob die Leasingforderung als Masseschuld oder bloße Insolvenzforderung zu qualifizieren ist, was eine Aufteilung nicht ausschließt. In Betracht kommt dies vor allem dann, wenn über mehrere Leasinggegenstände ein einheitlicher Leasingvertrag mit einer Gesamtleasingrate geschlossen wurde; hier wird nur der Teil der Leasingrate Masseschuld, der dem tatsächlichen Nutzungsumfang entspricht. Unerheblich ist, ob der Leasingvertrag während des Eröffnungsverfahrens endet oder nicht (*Eckert* ZIP 1996, 897, 903). 76

Hat das Insolvenzgericht hingegen nur einen Zustimmungsvorbehalt angeordnet, so ist der Anspruch auf die Leasingraten **Insolvenzforderung**, selbst wenn das Leasinggut im Eröffnungsverfahren genutzt wurde oder der vorläufige Verwalter über das Vermögen eines gewerblichen Zwischenmieters im Eröffnungsverfahren von Endmietern die Miete einzieht (**BGH 24. 1. 08 – IX ZR 201/06, NZI 2008, 295** Rn 13 in Abgrenzung von **BGH 9. 3. 05 – VIII ZR 394/03, NZI 2005, 450**; *Eckert* EWiR 2008, 309; BerlKo-*Breutigam*/*Kahlert* § 55 Rn 57; N/R/*Andres* § 55 Rn 129). 77

c) Sonstige Abwicklungsansprüche des Leasinggebers. Gegenleistung für die Gebrauchsüberlassung sind auch die **Schönheitsreparaturen**, wenn sie vertraglich dem Leasingnehmer obliegen (**BGH 30. 5. 90 – VIII ZR 207/89, NJW 1990, 2376**). Werden sie während des Eröffnungsverfahrens fällig, so sind sie nur dann als Masseschuld zu erfüllen, wenn der vorläufige – starke – Insolvenzverwalter auch die Gegenleistung in Anspruch genommen hat; dies führt zu einer Aufteilung nach Nutzungszeiten (*Eckert* ZIP 1996, 897, 903). Andere Ansprüche, die nicht Gegenleistung zur Gebrauchsgewährung sind, wie zB **Schadenersatzansprüche** wegen Verletzung von Nebenpflichten, sind dagegen nicht nach § 55 Abs 2 privilegiert. 78

Der Anspruch auf **Nutzungsentschädigung wegen Vorenthaltung der Leasingsache** (§ 546 a BGB) ist grundsätzlich Insolvenzforderung. Dabei spielt es keine Rolle, ob sich nach Vertragsende noch gegen- 79 seitige Leistungen (Gebrauchsgewährung und Leasingzins) gegenüberstehen (anders noch *Eckert* ZIP 1996, 897, 904). Denn auch bei § 546a Abs 1 BGB (§ 557 Abs 1 BGB aF) handelt es sich um einen vertraglichen Anspruch und nicht nur um eine Schadenersatzforderung (**BGH** 11. 5. 88 – VIII ZR 96/87, BGHZ 104, 285; Palandt/*Weidenkaff* § 546a Rn 7). § 55 Abs 2 S 2 stellt nicht darauf ab, welche Verpflichtungen den Gläubiger treffen, sondern will vermeiden, dass die Masse auf Kosten Dritter bereichert wird, indem die Verbindlichkeit des *Schuldners* als Masseschuld qualifiziert wird. Es kommt daher – wie bei einem fortbestehenden Leasingvertrag – auch für die Einordnung des Anspruchs aus § 546a BGB allein darauf an, ob der vorläufige Insolvenzverwalter das nach Vertragsbeendigung vorenthaltene Leasinggut weiterhin für die Masse genutzt hat (**BGH** 1. 3. 07 – IX ZR 81/05, ZIP 2007, 778; ebenso **BGH** 21. 12. 06 – IX ZR 66/05, NZI 2007, 287 zur Miete). Will er eine Masseschuld vermeiden, muss er das Leasinggut dem Leasinggeber zur Rücknahme anbieten.

80   2. **Insolvenzeröffnung vor Überlassung des Leasinggutes a) Mobilienleasing.** Für das Leasing beweglicher Sachen kommt es seit Inkrafttreten der InsO nicht mehr darauf an, ob der Leasinggegenstand dem Leasingnehmer zum Zeitpunkt der Eröffnung des Insolvenzverfahrens schon überlassen war oder nicht. Vielmehr gilt auch in diesem Fall die allgemeine Regelung des **§ 103**, wonach allein der Insolvenzverwalter entscheidet, ob er den Leasingvertrag erfüllen will oder nicht (*Seifert* FLF 1995, 13, 14; *Obermüller/Livonius* DB 1995, 27, 28; *Tintelnot* ZIP 1995, 616, 620 f), ohne dass der Leasinggeber vom Vertrag zurücktreten kann.

81   b) **Immobilienleasing.** Anders als nach früher geltendem Recht (§§ 17, 20 KO; 50 VglO; 9 Abs 3 GesO) können gemäß § 109 Abs 2 sowohl der Verwalter als auch der Leasinggeber vom Vertrag zurücktreten. Jeder kann den anderen Teil auffordern, sich binnen zwei Wochen zu erklären; unterlässt er dies, erlischt das Rücktrittsrecht. Erklärt der Leasinggeber, dass er nicht zurücktreten wolle, oder gibt er auf Erfordern des Verwalters keine Erklärung ab, so hindert dies den Insolvenzverwalter aber nicht, seinerseits von dem Gestaltungsrecht des § 109 Abs 2 Gebrauch zu machen (FK-*Wegener* § 109 Rn 5).

82   Der **Rücktritt des Insolvenzverwalters** löst (wie die Ablehnung der Erfüllung nach § 103 Abs 2) einen Schadenersatzanspruch des Leasinggebers aus, der als Insolvenzforderung zu befriedigen ist (§ 109 Abs 2 S 2). Dies ist an sich systemwidrig, da die Ausübung eines gesetzlichen Rücktrittsrechts grundsätzlich keinen Schadenersatzanspruch des Vertragspartners wegen Nichterfüllung zur Folge hat; es handelt sich offensichtlich um ein Redaktionsversehen (*Tintelnot* ZIP 1995, 616, 621; *Eckert* ZIP 1996, 897, 900). Dagegen kann bei einem **Rücktritt des Leasinggebers** keine der Parteien Schadenersatz verlangen, da das BGB diese Rechtsfolge nicht vorsieht; der Leasinggeber darf sich für diesen Fall auch nicht vertraglich einen Schadenersatzanspruch ausbedingen (§ 119). Dass das Gesetz dem Leasinggeber einer Immobilie überhaupt ein Rücktrittsrecht zugesteht, während der Leasinggeber beweglicher Gegenstände gebunden bleibt, stellt bereits einen Wertungswiderspruch dar. Mit einem größeren Ausfallrisiko lässt sich dies nicht rechtfertigen, da die Leasingraten beim Mobilienleasing von Spezialleasinggütern sogar höher sein können. Entsprechend dem Reformziel, angemietete oder geleaste Gegenstände, die zur Fortführung des Unternehmens oder zur ordnungsgemäßen Abwicklung des Insolvenzverfahrens benötigt werden, nicht zur Unzeit zu entziehen, wäre es konsequent gewesen, Immobilien- und Mobilienleasing gleich zu behandeln (*Tintelnot* ZIP 1995, 616, 621; *Eckert* ZIP 1996, 897, 900).

83   Wurde mangels Rücktritt der Leasinggegenstand noch **nach Verfahrenseröffnung** der Masse **überlassen**, so stellt sich die Frage, ob der Verwalter das Leasingverhältnis nunmehr nur noch nach § 109 Abs 1 vorzeitig kündigen kann. Im Schrifttum (*Eckert* ZIP 1996, 897, 901) wird dies teilweise angenommen mit der Begründung, dass nach dem Wortlaut des § 109 Abs 1 („eingegangen") nur auf den Vertragsschluss abzustellen sei, nicht aber eine Überlassung des Leasinggutes vor Verfahrenseröffnung vorausgesetzt werde. Dem ist jedoch entgegenzuhalten, dass bei dieser Auslegung die Abs 2 überflüssig wäre. Die vorbehaltlose Entgegennahme des Leasinggutes und dessen Nutzung schließt nach dem Rechtsgrundsatz des venire contra factum proprium eine Berufung des Verwalters auf das Sonderkündigungsrecht aus. Etwas anderes käme nur dann in Betracht, wenn die Überlassung ohne Wissen und Wollen des Verwalters erfolgte; in diesem Fall liegt aber schon keine wirksame Erfüllung seitens des Leasinggebers vor (§ 82), so dass auch bei Überlassung des Leasinggutes nach Verfahrenseröffnung allein **Abs 2** des § 109 als lex specialis anwendbar bleibt.

84   3. **Insolvenzeröffnung nach Überlassung des Leasinggutes beim Mobilienleasing.** a) **Wahlrecht des Insolvenzverwalters.** Die Insolvenzordnung hat die frühere Regelung des § 19 KO (dazu: **BGH** 24. 11. 93 – VIII ZR 240/92, ZIP 1993, 1874, 1875) nur für **Immobilien** (§ 109) übernommen. Dagegen fällt die Gebrauchsüberlassung **beweglicher Gegenstände** an den Schuldner unter § 103 (*Obermüller* InsR-Bankpraxis 2007, Rn 7.15 ff). Dies gilt unabhängig davon, ob der Leasinggegenstand nach den Leasingerlassen der Finanzverwaltung steuerrechtlich dem Leasingnehmer oder Leasinggeber zuzurechnen ist (Vollamortisationserlass: BMF-Schreiben vom 19. 4. 1971, BB 1971, 506, 506; Teilamortisationserlass: BMF-Schreiben vom 22. 12. 1975 = DB 1976, 173, 173; Immobilienerlass: BMF-Schreiben vom 21. 3. 1972, BStBl I 1972, 188, 188), da es nur auf die haftungsrechtliche Zuordnung ankommt (*Baumgarte* Leasing-Verträge über bewegliche Sachen im Konkurs, S 72; *Seeger* KTS 1974, 6, 9). Soweit Ne-

E. Besonderheiten bei Leasingverträgen § 108

benleistungspflichten (zB Wartungspflichten beim Computer-Leasing) vereinbart sind, teilen auch diese regelmäßig das Schicksal des Leasingvertrages (**OLG Karlsruhe** 15. 3. 89 – 1 U 269/88, ZIP 1989, 659, 660; *Baumgarte* aaO, S 71 f; *Uhlenbruck/Sinz* WM 1989, 1113, 1122).

Lehnt der Insolvenzverwalter die Erfüllung des Leasingvertrages ab, verbleibt es bei dem mit Verfahrenseröffnung eingetretenen Zustand der **Nichterfüllung** mit der Folge, dass der Leasinggeber die vertraglich vereinbarten Raten nicht mehr durchsetzen kann, sondern auf einen Schadenersatzanspruch als Insolvenzforderung verwiesen wird (§ 103 Abs 2 S 1). Soweit in den Leasing-AGB Regelungen zur Berechnung des Schadensersatzanspruches getroffen worden sind, bleiben diese auch in der Insolvenz zu beachten (*Obermüller/Livonius* DB 1995, 27, 28). Fehlt eine vertragliche Schadensersatzregelung oder verstößt diese gegen die §§ 305 ff BGB, richtet sich der Schadensersatzanspruch nach der Vollamortisationspflicht des Leasingnehmers, da „leasingtypisch und damit vertragsimmanent" zumindest ein Anspruch des Leasinggebers auf volle Amortisation der von ihm aufgewendeten Gesamtkosten einschließlich kalkuliertem Gewinn besteht (**BGH** 12. 6. 85 – VIII ZR 148/84, BGHZ 95, 39, 53 ff; zur Schadensberechnung *Graf von Westphalen* in: Röhricht/Graf von Westphalen, HGB, Leasing Rn 148 ff, 181; *Stoffels* in Wolf/Lindacher/Pfeiffer, 5. Aufl 2009, Klauseln Rn L 170 ff). Der Insolvenzverwalter hat kein eigenes Verwertungsrecht und kann auch keine Kostenbeiträge nach §§ 170 ff beanspruchen, da dem Leasinggeber ein Aussonderungsrecht – und nicht nur ein Absonderungsrecht, s Rn 91 – zusteht (**BGH** 5. 10. 94 – XII ZR 53/93, ZIP 1994, 1700, 1702; Gottwald/*Obermüller* InsRHdb § 100 Rn 5). War das Leasinggut bereits vor Insolvenzeröffnung fest mit einem Grundstück verbunden, so kann der Leasinggeber bei einer späteren Veräußerung des Grundstücks durch den Verwalter keinen Ersatzaussonderungsanspruch mehr geltend machen (**BGH** 10. 12. 98 – IX ZR 86/98, ZIP 1999, 75, 75). Der Anspruch des Leasinggebers auf Erstattung der durch die Abholung des Leasingutes entstandenen Kosten ist ebenfalls nur einfache Insolvenzforderung (zur Miete: **BGH** 6. 11. 78 – VIII ZR 179/77, BGHZ 72, 263, 266; – zum Leasing: *Graf von Westphalen* BB 1988, 218, 224; *Eckert* ZIP 1996, 897, 905). Maßgeblich ist nämlich, dass die **Rückgabepflicht** bereits beim Zustandekommen des Leasingvertrages, also vor Eröffnung des Insolvenzverfahrens iSv § 38 „begründet" worden ist, so dass eine Verletzung dieser Pflicht durch den Insolvenzverwalter **keine Masseschuld** nach § 55 Abs 1 Nr 1 begründen kann (**BGH** 17. 4. 08 – IX ZR 144/07, NJW-Spezial 2008, 407; Bestätigung von **BGH** 18. 4. 02 – IX ZR 161/01, NZI 2002, 425 unter III 3 b aa; *Eckert* ZIP 1983, 770, 770). 85

Die Ausübung des Wahlrechts ist an keine Fristen gebunden. Erst die Aufforderung des Leasinggebers verpflichtet den Verwalter, unverzüglich eine Entscheidung zu treffen. Die für Eigentumsvorbehaltskäufe geltende **Frist des § 107 Abs 2 steht dem Verwalter** über das Vermögen des Leasingnehmers **nicht zu** (**OLG Köln** 2. 12. 02 – 15 U 93/02, ZIP 2003, 543, 544; *Koch*, in *Graf von Westphalen* Der Leasingvertrag, Kap P Rn 57 mwN; MüKo-*Eckert* § 108 Rn 139; aA N/R/*Balthasar* § 103 Rn 45; K/P/B/*Tintelnot* § 103 Rn 72). Er kann nur eine angemessene Überlegungsfrist beanspruchen, insbesondere wenn die Grundsatzentscheidung über die Fortführung des Schuldnerbetriebes noch in der Schwebe ist. **Die auf den Überlegungszeitraum entfallenden Leasingraten** kann der Leasinggeber grundsätzlich nur als **Insolvenzforderung** geltend machen. Nur wenn der Verwalter nach der Eröffnung des Verfahrens für die Masse Besitz an der Leasingsache ergreift und zugleich den Leasinggeber gegen dessen Willen gezielt ausschließt, begründet er eine Masseverbindlichkeit (**BGH** 1. 3. 07 – IX ZR 81/05, NZI 2007, 335 Rn 21). § 546a Abs 1 BGB scheidet als Anspruchsgrundlage aus, weil es während der Überlegungsfrist an einem „Vorenthalten" des Leasingutes fehlt. Der Leasinggeber kann aber eine **Nutzungsentschädigung** nach den Vorschriften über eine ungerechtfertigte Bereicherung als **Masseschuld** geltend machen (§ 55 Abs 1 Nr 3). Die Höhe ist allerdings nicht identisch mit den vereinbarten Leasingraten, vielmehr ist nur der objektive Wert der Nutzung zu ersetzen (*Koch*, in *Graf von Westphalen* Der Leasingvertrag, Kap P Rn 44). 86

Wählt der Insolvenzverwalter **Vertragserfüllung**, so schuldet er die nach Verfahrenseröffnung fällig werdenden Leasingraten als Masseschuld (§ 55 Abs 1 Nr 2), also in voller Höhe wie vertraglich vorgesehen (*Seifert* FLF 1995, 13, 14; *Obermüller/Livonius* DB 1995, 27, 28). Gerät der Insolvenzverwalter, nachdem er die Erfüllung gewählt hat, seinerseits mit der Zahlung der Leasingraten in Verzug, ist der Leasinggeber wieder zur Kündigung des Leasingvertrages berechtigt, ohne hieran durch § 112 gehindert zu sein; gleichzeitig ist in diesem Falle auch der Schadensersatzanspruch der Leasinggesellschaft wegen vorzeitiger Vertragsbeendigung Masseschuld (KS-*Sinz* S 593 ff, Rn 25; dies übersieht *Seifert* FLF 1995, 13, 14). 87

Im Falle einer Erfüllungswahl durch den Insolvenzverwalter gilt für **rückständige Ansprüche** § 105 S 1 (s u Rn 101). Die rückständigen Leasingraten sind daher **Insolvenzforderungen**, soweit nicht für die Zeit des vorläufigen Insolvenzverfahrens § 55 Abs 2 S 2 eingreift (K/P/B/*Tintelnot* § 105 Rn 10; KS-*Pape* Kap 13, Rn 40; aA [keine Teilbarkeit der Leistung] *Bien* Die insolvenzrechtliche Stellung des Refinanzierers der Leasinggesellschaft beim Finanzierungsleasing nach der Insolvenzordnung, 2000, S 92 ff). 88

aa) Kaufoption des Leasingnehmers. Bei Vertragsgestaltungen mit Kaufoption des Leasingnehmers ist zwischen Gebrauchsüberlassung und Optionsrecht zu differenzieren (**BGH** 14. 12. 89 – IX ZR 283/88, ZIP 1990, 180, 183): Trat unter Geltung der KO der Konkursfall vor Ausübung des Optionsrechts ein, 89 fand auf den Leasingvertrag § 19 KO Anwendung (**BGH** 5. 4. 78 – VIII ZR 42/77, BGHZ 71, 189, 194); nach Zugang der Optionserklärung war bezüglich des damit zustande gekommenen Kaufvertrages § 17 KO einschlägig (K/U § 19 Rn 24). Dagegen unterliegen seit Inkrafttreten der InsO sowohl der Leasingvertrag als auch der Kaufvertrag dem Wahlrecht des Verwalters aus § 103. Dadurch wird jedoch nur die Differenzierung hinsichtlich der anwendbaren Rechtsnorm obsolet; sie behält aber ihre Bedeutung für die jeweilige Rechtsfolge. Wird der Leasingnehmer noch während der unkündbaren Grundleasingzeit (**vor Ausübung des Optionsrechts**) insolvent und wählt der Verwalter Erfüllung des Leasingvertrages, so bleibt die Kaufoption hiervon unberührt (**aA** *Engel/Völckers* Leasing in der Insolvenz, 1999, Rn 333). Dem Verwalter steht es frei, ob er später das Leasinggut erwerben will oder nicht; entscheidet er sich für die Optionsausübung, wird der Kaufpreis Masseschuld. Verbleibt es hingegen bei dem mit Verfahrenseröffnung eingetretenen Zustand der Nichterfüllung des Leasingvertrages, kann auch das – noch nicht ausgeübte – Optionsrecht nicht mehr geltend gemacht werden. Zwar berührt die Erfüllungsablehnung nicht den Bestand des Leasingvertrages, sondern nur die Durchsetzbarkeit der Erfüllungsansprüche. Da das Optionsrecht aber nicht isoliert besteht, sondern sich aus dem Leasingvertrag ableitet, ist auch die Ausübung der Kaufoption nicht mehr durchsetzbar (ähnlich *Koch*, in *Graf von Westphalen* Der Leasingvertrag, Kap P Rn 65).

90 Davon zu unterscheiden ist der Fall, dass zum Zeitpunkt der Insolvenzeröffnung der Leasingnehmer das ihm eingeräumte **Optionsrecht bereits wirksam ausgeübt** hatte, aber der dadurch zustande gekommene Kaufvertrag beiderseits noch nicht erfüllt war. Hier richtet sich das Schicksal des Kaufvertrages nach § 103, unabhängig vom Fortbestand des Leasingvertrages. Häufig sehen Leasingverträge nämlich vor, dass die Erklärung über die Optionsausübung schon mehrere Monate vor Ablauf der festen Grundleasingzeit zu erfolgen hat, so dass bei Insolvenzeröffnung beide Verträge in der Schwebe sein können. Dem Verwalter steht dann ein **doppeltes Wahlrecht** zu, das er durchaus unterschiedlich ausüben darf. Der Unterschied zur vorangegangenen Fallkonstellation liegt darin, dass die noch *nicht* ausgeübte Kaufoption als Bestandteil des Leasingvertrages von dessen Schicksal abhängt, während das *ausgeübte* Optionsrecht bereits einen selbständigen Kaufvertrag (ggf neben dem noch laufenden Leasingvertrag) zustande gebracht hat, der einer eigenen Abwicklung nach § 103 unterliegt.

91 Allerdings steht dem Leasinggeber kein Recht zu, den Verwalter in entsprechender Anwendung von § 103 Abs 2 S 2 vorzeitig zu einer Erklärung über die Optionsausübung aufzufordern. Es fehlt nämlich an der für einen Analogieschluss notwendigen Ähnlichkeit der Rechtsverhältnisse. Denn § 103 Abs 2 S 2 räumt dem Vertragspartner des Schuldners nur dann ein Recht zur Beseitigung eines Schwebezustandes ein, wenn dieser durch die *Verfahrenseröffnung* entstanden ist. Bei Leasingverträgen mit Kaufoption besteht der Schwebezustand jedoch unabhängig vom Insolvenzfall bereits aufgrund ausdrücklicher *Parteivereinbarung*. Den Verwalter zu einer vorzeitigen Entscheidung über die Optionsausübung zu zwingen, besteht kein Anlass (K/U § 19 Rn 24).

92 **bb) Verlängerungsoption des Leasingnehmers.** Für Leasingverträge mit Verlängerungsoption gilt stets § 103, unabhängig davon, ob das Insolvenzverfahren vor oder nach Optionsausübung eröffnet wird.

93 **cc) Andienungsrecht des Leasinggebers.** Zur Absicherung des Restwertes lässt sich der Leasinggeber zuweilen ein Andienungsrecht einräumen. Wird das Insolvenzverfahren in der unkündbaren Grundleasingzeit eröffnet, **bevor die Andienungserklärung** des Leasinggebers dem Leasingnehmer bzw vorläufigen Insolvenzverwalter **zugegangen ist**, geht es zunächst allein um die Abwicklung des Leasingvertrages nach § 103. Entscheidet sich der Verwalter für die Nichterfüllung, ist damit auch das Andienungsrecht des Leasinggebers, das Bestandteil des Leasingvertrages ist, nicht mehr durchsetzbar. Der nach Verwertung des Leasinggutes etwaig verbleibende restliche Vollamortisationsanspruch kann vom Leasinggeber nur zur Tabelle angemeldet werden. Dem kann der Leasinggeber auch nicht dadurch zuvorkommen, dass er seine Andienungserklärung noch vor Zugang der Entscheidung des Verwalters übermittelt. Denn die Nichterfüllungs-„wahl" des Verwalters hat keine Gestaltungswirkung; vielmehr wird die Durchsetzbarkeit der beiderseitigen Erfüllungsansprüche aus dem Leasingvertrag bereits automatisch mit Insolvenzeröffnung suspendiert. Entscheidet sich der Verwalter dagegen für die Erfüllung des Leasingvertrages, hat dies zur Konsequenz, dass nicht nur die Leasingraten Masseschulden werden, sondern auch das Andienungsrecht des Leasinggebers unverändert fortbesteht. Macht der Leasinggeber hiervon später Gebrauch, wird auch der Kaufpreis aus der dadurch entstandenen Ankaufverpflichtung Masseschuld.

94 Einfacher liegen die Verhältnisse, wenn der Leasinggeber zum Zeitpunkt der Insolvenzeröffnung das **Andienungsrecht bereits ausgeübt** hatte, der Leasingnehmer aber seiner Ankaufverpflichtung noch nicht vollständig nachgekommen war. Hier steht die Erfüllung des Kaufvertrages zur Disposition des Verwalters (§ 103).

95 **dd) Abschlusszahlungspflicht des Leasingnehmers.** Kündbare Teilamortisationsverträge sehen zur Absicherung des Restwertes regelmäßig eine Abschlusszahlungspflicht des Leasingnehmers vor. Diese teilt das Schicksal des Leasingvertrages und kann daher vom Leasinggeber nur als Insolvenzforderung geltend gemacht werden (§ 103 Abs 2 S 1), falls der Verwalter nicht Erfüllung des Leasingvertrages wählt (§ 55 Abs 1 Nr 2). Im letztgenannten Fall ist fraglich, ob allein auf die vertragliche Fälligkeit abgestellt

E. Besonderheiten bei Leasingverträgen **§ 108**

werden kann und die Abschlusszahlung in vollem Umfang Masseschuld wird (so FK-*Wegener* § 108 Rn 31). Die besseren Gründe sprechen jedoch dafür, dass die Abschlusszahlung **nur zeitanteilig** Masseschuld wird, weil durch die Abschlusszahlung auch ein Teil der Nutzungsüberlassung vor Verfahrenseröffnung vergütet wird und der Leasinggeber insoweit bewusst eine höhere Teilleistung erbracht hat, als sie der Höhe der vereinbarten Leasingrate entspricht (wie hier MüKo-*Eckert* § 108 Rn 165; der Einwand von *Koch*, in *Graf von Westphalen* Der Leasingvertrag, Kap P Rn 73 – es müsste dann der Differenzbetrag zwischen den fiktiven Raten ohne Abschlusszahlung und den tatsächlichen Raten in Abzug gebracht werden – verkennt, dass dies das Synallagma verändern würde). Der Leasinggeber kann sich wegen des Differenzbetrages, der als Insolvenzforderung ausfällt, erst nach Beendigung des Leasingvertrages aus dem Eigentum am Leasinggut befriedigen. Die Prämisse einer gleichmäßigen Abnutzung in den jeweiligen Zeiträumen bedarf keiner weiteren Überprüfung, da die Parteien insoweit von einer Wertäquivalenz im gesamten Vertragszeitraum ausgehen, die auch nach der Erfüllungswahl durch den Verwalter fortwirkt.

ee) **Mehrerlösbeteiligung des Leasingnehmers.** Im Regelfall wird bei Insolvenzeröffnung die Verwertung des Leasinggutes noch nicht erfolgt und daher unbekannt sein, ob der Erlös den Vollamortisationsanspruch deckt und überhaupt ein Mehrerlös verbleibt. Der Verwalter wird deshalb zur Vermeidung von Masseschulden den sicheren Weg gehen und zunächst sich für die Nichterfüllung des Leasingvertrages entscheiden. Dies zieht die Frage nach sich, ob die Masse damit auch die Chance auf den Mehrerlös verliert. Für den Parallelfall der fristlosen Kündigung des Leasingvertrages infolge Zahlungsverzuges des Leasingnehmers geht das Schrifttum davon aus, dass bei der Schadensberechnung der vertraglich vereinbarte Anteil am Mehrerlös dem Leasingnehmer gutzuschreiben sei (*Graf von Westphalen* Der Leasingvertrag, Kap K Rn 55; *Reinking* ZAP 1989, Fach 4, 169, 176; *Graf von Westphalen* in Röhricht/Graf von Westphalen, HGB, Leasing, Rn 181); dies folge daraus, dass er zum einen das volle Mindererlösrisiko trage, zum anderen aber auch an Wertsteigerungen partizipiere. Der dahinter stehende Grundsatz, dass der Leasinggeber durch die vorzeitige Beendigung weder besser noch schlechter gestellt werden soll (BGH 12. 6. 85 – VIII ZR 148/84, BGHZ 95, 39, 57), wirkt in gleicher Weise aber auch bei der insolvenzbedingten Abwicklung des Leasingvertrages fort; das ursprüngliche Synallagma darf nicht unberücksichtigt bleiben. Der Verwalter kann daher auch im Falle der Nichterfüllung einen etwaigen Mehrerlös für die Masse beanspruchen. **96**

Die gleichen Grundsätze gelten bei einem **Leasingvertrag mit Kilometerabrechnung.** Die vorzeitige Beendigung des Leasingvertrages aufgrund der Insolvenzeröffnung schließt eine etwaige Vergütungspflicht des Leasinggebers für Minderkilometer nicht aus. **97**

b) **Lösungsklauseln.** Ein in AGB vereinbartes Lösungsrecht des Leasinggebers *wegen* der Insolvenz des Leasingnehmers (**insolvenzabhängiges Lösungsrecht**; dazu s u § 119 Rn 13 f) wird von der hM im Schrifttum – ebenso wie eine Beschränkung des Sonderkündigungsrechts des Verwalters aus § 109 Abs 1 – gem § 307 Abs 2 Nr 1 BGB als unwirksam angesehen, weil durch eine solche Vertragsgestaltung die Ausübung des Wahlrechts seitens des Insolvenzverwalters sowie der Fortbestand der in § 108 genannten Dauerschuldverhältnisse oder die Abschaffung des Sonderkündigungsrechts des Leasinggebers durch § 109 unterlaufen würde (*Koch*, in *Graf von Westphalen* Der Leasingvertrag, Kap P Rn 21 f; *Tintelnot* ZIP 1995, 616, 623; KS-*Pape* Kap 13, Rn 59). Nach der Rspr des **BGH** (17. 11. 05 – IX ZR 162/04, NZI 2006, 229 Rn 26) führt dies allein aber noch nicht zur Unwirksamkeit der Klausel nach § 119, solange sie rechtlich nicht „*auf dieses Ziel ausgerichtet*" ist, sondern der Kündigungsgrund vielmehr an Tatsachen anknüpft, auf Grund derer dem Gläubiger eine Fortsetzung des Vertrags unzumutbar ist. Zulässig sind dagegen ohne weiteres **insolvenzunabhängige Lösungsklauseln**, da sie weder an die Insolvenzeröffnung noch an die Ausübung des Wahlrechts aus § 103 anknüpfen (**BGH** 17. 11. 05 aaO). **98**

c) **Leasingraten – Masseschulden oder Insolvenzforderungen.** Leasingraten, die nach Eröffnung des Insolvenzverfahrens fällig werden, sind nach allgemeiner Ansicht als Masseschuld zu erfüllen (*Obermüller/Livonius* DB 1995, 27, 28; KS-*Sinz* Kap 14, Rn 36 ff; *Schmid-Burgk* ZIP 1998, 1022, 1023; *Graf von Westphalen* in Röhricht/Graf von Westphalen, HGB, Leasing, Rn 207; *Obermüller* Insolvenzrecht in der Bankpraxis, 2007, Rn 7.17; – ebenso zur KO: K/U § 19 KO Rn 27; MüKo/*Koch* nach § 507 BGB, Leasing, Rn 139; *Baumgarte* Leasing-Verträge über bewegliche Sachen im Konkurs, S 50). *Eckert* (ZIP 1997, 2077, 2078 f) hat dies in Frage gestellt, weil nach einer Entscheidung des **BGH** die Leasingraten „nicht nur das Entgelt für eine zeitlich begrenzte Nutzungsüberlassung, sondern zugleich für die vom Leasinggeber erbrachte Finanzierungsleistung" seien (**BGH** 28. 3. 90 – VIII ZR 17/89, ZIP 1990, 646, 649) und der Leasinggeber nach Überlassung allein noch verpflichtet sei, „den Leasingnehmer nicht in der Nutzung zu stören und ihn bei etwaigen Störungen durch Dritte zu unterstützen" (**BGH** 14. 12. 89 – IX ZR 283/88, ZIP 1990, 180, 185). Die wesentliche Leistung, nämlich die Anschaffung oder Herstellung des Leasingguts sowie dessen Finanzierung und Übergabe an den Leasingnehmer, erbringe der Leasinggeber schon bei Vertragsbeginn, also vor Verfahrenseröffnung. Die aus der Masse zu zahlende Vergütung für die Nutzung nach Verfahrenseröffnung reduziere sich auf einen Bruchteil der Leasingraten, nämlich den bloßen Gegenwert für das Belassen des ungestörten Gebrauchs (kritisch: *Schmid-Burgk* ZIP 1998, 1022, 1022 f). **99**

§ 108   *Fortbestehen bestimmter Schuldverhältnisse*

100   Nach anderer Ansicht (*Obermüller* InsRBankpraxis Rn 7.17) sollen die Leistungen aus dem Leasingverhältnis nicht teilbar und daher die Regelungen des § 105 nicht anwendbar sein. Die Leasingraten seien nämlich nicht nur das Entgelt für eine zeitlich begrenzte Gebrauchsüberlassung, sondern zugleich auch für die erbrachte Finanzierungsleistung (zum Abgeltungsbereich der Leasingraten **BGH** 28. 3. 90 – VIII ZR 17/89, ZIP 1990, 646, 649). Dies führe dazu, dass auch die Leasingraten aus der Zeit *vor* Verfahrenseröffnung im Falle der Erfüllungswahl Masseschuld werden.

101   Ausgangspunkt für die Lösung bleibt zunächst die Frage, **ob** beim typischen Leasingverhältnis die beiderseitigen Leistungen **teilbar** sind. Teilbarkeit ist gegeben, wenn die Leistungen sich überhaupt in hinreichend verselbständigte, wenn auch ungleichartige Teile aufspalten lassen (RGZ 155, 306, 313; **BGH** 10. 3. 94 – IX ZR 236/93, ZIP 1994, 715, 717 ff; K/P/B/*Tintelnot* § 105 Rn 4). Die teilerbrachte Gläubigerleistung muss wirtschaftlich einem bestimmten Bestandteil der Gegenleistung zuzuordnen sein. Sowohl die Befürworter (*Eckert* ZIP 1997, 2077, 2079 unter 2.3) einer Teilbarkeit als auch die ablehnenden Stimmen (*Obermüller* InsRBankpraxis Rn 7.17; *Schmid-Burgk* ZIP 1998, 1022, 1023) stellen auf das unterschiedliche Gewicht der Anfangsleistung (Anschaffung, Finanzierung und Besitzverschaffung) und des nachfolgenden bloßen Belassens des ungestörten Gebrauchs ab. Diese meist ergebnisorientierte Argumentation lässt jedoch unberücksichtigt, dass der Schwerpunkt des Leasingvertrages gleichwohl in der Gebrauchsüberlassung liegt, wenn auch die Beschaffungspflicht des Leasinggebers eine wesentliche Vertragspflicht darstellt. Denn für den Leasingnehmer steht die Nutzung des (nach seinen Vorgaben vom Leasinggeber zu erwerbenden) Gegenstandes im Vordergrund. Sofern man nicht die Finanzierungsleistung in der bloßen Abrede hierüber sieht, sondern auf den *tatsächlichen* Geldfluss abstellt, würde es von Zufälligkeiten außerhalb des Leasingvertrages abhängen, in welchem Umfang die nach Verfahrenseröffnung fällig werdenden Leasingraten Masseschulden werden oder nicht. Anschaffung und Finanzierung des Leasinggutes sind jedoch nur notwendige *Vorbereitungshandlungen* des Leasinggebers, um die eigentliche Hauptleistung, nämlich die Gebrauchsüberlassung im vereinbarten Nutzungszeitraum, zu ermöglichen (KS-*Sinz*, Kap 14, Rn 37). Entscheidend bleibt, dass sich als teilbare – das Leasingverhältnis prägende – Leistungen Gebrauchsüberlassung und Leasingraten gegenüberstehen. Diese Sichtweise ermöglicht eine sachgerechte Abgrenzung in der Weise, dass die bis zur Verfahrenseröffnung rückständige Leasingforderung nur als Insolvenzforderung und die auf den Zeitraum nach Verfahrenseröffnung entfallenden Leasingraten **in voller Höhe** als **Masseforderung** geltend gemacht werden können (im Ergebnis ebenso K/P/B/*Tintelnot* § 108 Rn 18; *Koch*, in *Graf von Westphalen* Der Leasingvertrag, Kap P Rn 61; *Engel/Völckers* Leasing in der Insolvenz, 1999, Rn 331; eingehend *Krämer* Leasingverträge in der Insolvenz, 2005, S 220 ff, 232 f; wohl auch FK-*Wegener* § 108 Rn 31).

102   **d) Verspätete Rückgabe des Leasinggutes.** Gibt der Insolvenzverwalter das Leasinggut nicht rechtzeitig zurück, zB weil er vom Bestehen des Leasingvertrages zunächst keine Kenntnis hatte, so soll dem Leasinggeber ein Entschädigungsanspruch analog § 546 a Abs 1 BGB in Höhe der vollen vereinbarten Leasingrate selbst dann zustehen, wenn bei Vollamortisationsverträgen der Leasingnehmer bereits alle vertraglich geschuldeten Leasingraten gezahlt hat. An dieser Rechtsprechung (**BGH** 22. 3. 89 – VIII ZR 155/88, BGHZ 107, 123, 127 ff) hat der BGH festgehalten, ohne sich mit der in Teilen des Schrifttums geübten Kritik (Staudinger/*Stoffels*, BGB, 2004, Leasing Rn 286; *Engel/Völckers*, Leasing in der Insolvenz, 1999, Rn 321) auseinander zu setzen. Das Verlangen des Leasinggebers nach Zahlung einer Nutzungsentschädigung in Höhe der vereinbarten Leasingrate wegen Vorenthaltung der vom Leasingnehmer vertragswidrig nicht zurückgegebenen Leasingsache sei erst dann als unzulässige Rechtsausübung anzusehen, wenn der Zeitwert des Leasingobjekts alters- oder gebrauchsbedingt so weit abgesunken ist, dass eine Nutzungsentschädigung in Höhe der vereinbarten monatlichen Leasingrate zu dem verbliebenen Verkehrs- oder Gebrauchswert der Leasingsache völlig außer Verhältnis steht (**BGH** 13. 4. 05 – VIII ZR 377/03, NJW-RR 2005, 1081, 1082; ebenso *Koch*, in *Graf von Westphalen* Der Leasingvertrag, Kap P Rn 32 f). Liegen die Voraussetzungen des Vorenthaltens gem § 546 a BGB nicht vor, so kann der Leasinggeber seinen Anspruch auf Nutzungsentschädigung auch nicht auf eine **AGB-Klausel** stützen, wonach die Leasingraten in voller Höhe fortzuentrichten sein sollen, da eine solche Klausel gegen § 307 Abs 2 Nr. 1 BGB verstößt (**BGH** 7. 1. 04 – VIII ZR 103/03, NJW-RR 2004, 558). Vielmehr kommt dann nur ein Anspruch aus Massebereicherung in Betracht, wenn und soweit der Verwalter das Leasinggut tatsächlich nutzt (**BGH** 1. 3. 07 – IX ZR 81/05, NZI 2007, 335), und zwar lediglich in Höhe des tatsächlichen Nutzungswertes (s u Rn 104).

103   Das BGH-Urteil vom 13. 4. 05 **überzeugt** nicht. § 546 a BGB liegt der Gedanke zugrunde, dass der Mietwert auch nach Ablauf des Mietverhältnisses (im Wesentlichen) unverändert bleibt und die Parteien daher von vornherein den Mietzins entsprechend festgesetzt hätten, wenn sie die längere Gebrauchsüberlassung vorausgesehen hätten. Diese Erwägung trifft auf das Finanzierungsleasing jedoch **nur bis zur Vollamortisation** zu. Denn bis zu diesem Zeitpunkt ändert sich weder die Kalkulationsgrundlage des Leasinggebers noch das von den Parteien festgelegte Wertverhältnis von Leistung und Gegenleistung. Eine analoge Anwendung von § 546 a Abs 1 BGB entspricht in diesem Fall dem Grundgedanken, dass der vertragswidrig handelnde Leasingnehmer nicht besser gestellt werden soll als bei einer Fortdauer des Leasingvertrages.

E. Besonderheiten bei Leasingverträgen　　　　　　　　　　　　　　　　　　　　§ 108

Völlig anders verhält es sich jedoch bei einer verspäteten Rückgabe **nach Vollamortisation** des Leasinggutes. In den Leasingraten sind nämlich auch Kostenanteile für die Vorfinanzierung, das Bonitätsrisiko, die Vertragsabwicklung etc. enthalten, die mit Erreichen der Vollamortisation vollständig zurückgeflossen sind und der Leasinggeber ein zweites Mal vergütet erhielte, wenn die Leasingraten bei vertragswidriger Vorenthaltung des Leasinggutes in unveränderter Höhe fortzuzahlen wären. Hinzu kommt, dass die Leasingraten beim Finanzierungsleasing – anders als beim Mietvertrag und Operatingleasing – gerade **kein zeitbezogenes Nutzungsentgelt** darstellen, sondern nach Maßgabe der Vollamortisationsgarantie kalkuliert sind (*Canaris* AcP 190 [1990], 410, 441 ff). Im Gegensatz zum Mietvertrag hängt die Höhe der Leasingraten nicht vom Wert der Gebrauchsüberlassung ab, sondern primär von der gewählten Vertragsform (Voll- oder Teilamortisation) und der kalkulierten Amortisationszeit (K/U § 19 Rn 28). Nach Erreichen der Vollamortisation hat der Leasinggeber nur noch ein schutzwürdiges Interesse, durch Realisierung des Restwertes einen weiteren Gewinn zu erzielen. Dieses Interesse orientiert sich jedoch nicht mehr – wie bei der Kalkulation der Leasingraten – an den ursprünglichen Gesamtkosten, sondern – wie bei der Miete – am Wert der Gebrauchsüberlassung. Dies klingt auch in **BGH** 22. 3. 89 – VIII ZR 155/88, ZIP 1989, 647, 649 an, wenn es dort heißt, das Verwertungsinteresse „deckt sich mit demjenigen des Vermieters". Die erforderlichen Konsequenzen zieht der **BGH** dann allerdings nicht (konsequent dagegen **LG Hamburg** 12. 2. 86 – 67 O 142/85, NJW-RR 1986, 473, 475). Auch die Parteien gehen davon aus, dass mit Erreichen der Vollamortisation sich die **Berechnungsgrundlage** für den Wert der weiteren Nutzung des Leasinggutes **ändern** soll, indem sie zB erheblich niedrigere Anschlussleasingraten vereinbaren. Daher können auch nur diese als die „vereinbarte Mietzins" iSv § 546a Abs 1 BGB angesehen werden. Enthält der Leasingvertrag keine Regelung über die Höhe etwaiger Anschlussleasingraten, so muss eine analoge Anwendung von § 546a BGB mangels „vereinbartem" Entgelt für die Zeit nach Vollamortisation ausscheiden; der Leasinggeber kann hier nur Schadensersatz gem § 280 BGB oder den Wert der Nutzungen gem § 812 BGB ersetzt verlangen (**LG Hamburg** 12. 2. 86 – 67 O 142/85, NJW-RR 1986, 473, 474; *Canaris* AcP 190 [1990], 410, 441 ff; *Tiedtke* ZIP 1989, 1437, 1439 ff; *Tiedtke* WM 1990, 337, 339 f). Auch der Hinweis des **BGH**, dass der Mieter es selbst in der Hand habe, durch rechtzeitige Herausgabe der Mietsache die Rechtsfolgen des § 546 a Abs 1 BGB zu vermeiden oder zu beenden (**BGH** 22. 3. 89 – VIII ZR 155/88, ZIP 1989, 647, 649), rechtfertigt kein anderes Ergebnis; insb. trifft das Argument nicht zu, wenn der Verwalter den Leasingvertrag (noch) nicht kennt. Denn § 546a BGB setzt gerade kein Verschulden voraus. § 546a BGB bezweckt nicht, dem Vermieter (bzw hier dem Leasinggeber) Vorteile als Mindestentschädigung zu verschaffen, die er auf vertraglicher Grundlage auch nicht annähernd hätte realisieren können (KS-*Sinz* Kap 14, Rn 41).

Für die Insolvenzpraxis ist die Höhe der Nutzungsentschädigung von entscheidender Bedeutung, weil der Anspruch aus § 546a BGB als Masseschuld gem § 55 Abs 1 Nr 2 zu berichtigen ist, falls das Leasingverhältnis erst **nach Verfahrenseröffnung beendet** wurde, (**BGH** 24. 11. 93 – VIII ZR 240/92, ZIP 1993, 1874, 1875; **BGH** 15. 2. 84 – VIII ZR 213/82, BGHZ 90, 145, 150 f; *Koch*, in *Graf von Westphalen* Der Leasingvertrag, Kap P Rn 43). War der Leasingvertrag dagegen bereits **vor Verfahrenseröffnung wirksam beendet**, so ist der Anspruch lediglich einfache Insolvenzforderung (**BGH** 1. 3. 07 – IX ZR 81/05, NZI 2007, 335 Rn 21; **OLG Hamm** 26. 10. 92 – 31 U 130/92, ZIP 1992, 1563, 1563; MüKo-*Eckert* § 108 Rn 181), es sei denn, dass der Insolvenzverwalter das Leasinggut während des Verfahrens weiter nutzt, § 55 Abs 1 Nr 3 (**OLG Dresden** 13. 8. 98 – 7 U 1192/98, ZIP 1998, 1725, 1726 zu § 13 GesO; *Obermüller/Livonius* DB 1995, 27, 28; die Einwände von *Tintelnot* ZIP 1995, 616, 620 überzeugen nicht).

e) **Aussonderungsrecht des Leasinggebers.** Beim Finanzierungsleasing ist der Leasinggeber nicht Sicherungs- (so noch *Seeger* KTS 1974, 6, 13), sondern **Volleigentümer.** Dies ergibt sich für alle erlasskonformen Vertragsgestaltungen daraus, dass der Verwertungserlös für den „nicht verbrauchten" Teil der betriebsgewöhnlichen Nutzungsdauer ebenso wie ein höherer als der kalkulierte Restwert dem Leasinggeber nicht der Masse zusteht – beim *Vertragsmodell mit Mehrerlösbeteiligung* zumindest in Höhe eines wirtschaftlich ins Gewicht fallenden Teils. Hierdurch unterscheidet sich das Eigentumsrecht des Leasinggebers wesentlich vom Sicherungseigentum, das nur wie eine pfandrechtsartige Belastung wirkt und kein Recht auf einen Mehrerlös über die gesicherte Forderung hinaus gibt. Auch für nicht erlasskonforme Vertragsgestaltungen, bei denen das wirtschaftliche Eigentum am Leasinggut steuerrechtlich und handelsrechtlich dem Leasingnehmer zugerechnet wird, ergibt sich nichts anderes. Entscheidend ist auch hier, dass der Leasingnehmer zu keinem einzigen Zeitpunkt über das Eigentum am Leasinggegenstand verfügungsberechtigt ist. Das Leasinggut unterliegt daher stets der Aussonderung (**BGH** 27. 2. 85 – VIII ZR 328/83, BGHZ 94, 44, 49; *Lieb* DB 1988, 946, 950). Erst recht ist der Leasinggeber beim Operatingleasing aussonderungsberechtigt.

Falls dem Leasingnehmer ein **Optionsrecht** zusteht, kann der Leasinggeber allerdings nicht sofortige Herausgabe des Leasinggutes verlangen, sondern beschränkt sich die Aussonderung iSv § 47 einstweilen auf die *Anerkennung* des Eigentums des Leasinggebers (instruktiv RG JW 1906, 436, 436 f). Denn der Leasinggeber hat ein berechtigtes Interesse, alsbald nach Eröffnung des Verfahrens Klarheit zu erlangen, ob der Verwalter das fremde Eigentum anerkennt und keine Verfügungen in der Schwebezeit drohen. Das Gleiche gilt für die Fälle, in denen das Leasinggut **von** einem **Gesellschafter überlassen** wurde (zur Rechtslage vor dem 1. 11. 08: 12. Aufl § 108 Rn 92 und 101 ff). Gem § 135 Abs 3 kann der Insolvenzverwalter noch nach Beendigung des Leasingvertrages das Leasinggut für maximal ein Jahr ab Eröffnung gegen eine Ausgleichszahlung nutzen (s u Rn 116 ff). Der Gesellschafter-Leasinggeber kann folglich zwar nicht Herausgabe, wohl aber Anerkennung seines Eigentums verlangen, solange die Bindung nach § 135 Abs 3 besteht.

108 Nach § 3 Abs 1 S 1 LuftVG werden **Luftfahrzeuge** in die Luftfahrzeugrolle nur eingetragen, wenn sie im ausschließlichen Eigentum deutscher Staatsangehöriger stehen. Der Leasingnehmer eines Flugzeuges muss daher selbst Eigentümer sein, damit das Luftfahrzeug zum Verkehr zugelassen werden kann (§ 2 Abs 1 LuftVG). In der Praxis wird dieses Problem dadurch gelöst, dass dem Leasingnehmer Treuhandeigentum übertragen wird, was für die Eintragung in die Luftfahrzeugrolle genügt (BGH 4. 4. 84 – VIII ZR 313/82, NJW 1984, 2687). In der Insolvenz des Leasingnehmers steht dem Leasinggeber das Aussonderungsrecht eines Treugebers zu (RGZ 91, 12, 14; BGH 5. 11. 53 – IV ZR 95/53, BGHZ 11, 37, 41). Denn materiellrechtlich bleibt der Leasinggeber Berechtigter und allein verfügungsbefugt.

109 Im Rahmen der Forfaitierung der Leasingraten überträgt der Leasinggeber auch regelmäßig dem **Factor** das **Sicherungseigentum** am Leasinggut. Der damit verbundene Übergang der formalen Eigentümerstellung auf den Factor hindert den Leasinggeber nicht, in der Insolvenz des Leasingnehmers das Leasinggut – aus eigenem Recht – auszusondern, ohne dass es einer Bevollmächtigung oder Ermächtigung durch den Factor bedarf. Zur Aussonderung berechtigt nämlich auch der Rückgabeanspruch analog § 546 BGB.

110 f) **Masseunzulänglichkeit.** Masseschulden, die nach Anzeige der Masseunzulänglichkeit durch den Verwalter begründet werden, sind vor den übrigen Masseverbindlichkeiten, allerdings nach den Kosten des Insolvenzverfahrens zu befriedigen (§ 209 Abs 1 Nr 2). Bei Leasingverträgen, deren Erfüllung der Verwalter zunächst gewählt hatte, ist jedoch zu berücksichtigen, dass diese bis zum Ablauf der fest vereinbarten Laufzeit nicht mehr kündbar sind. Der Verwalter kann die Entstehung einer „Neumasseschuld" daher nur abwenden, indem er die Nutzung aufgibt; die Ansprüche aus dem Leasingverhältnis bleiben dann „Altmasseverbindlichkeiten" im Rang des § 209 Abs 1 Nr 3 (FK-*Kießner* § 209 Rn 27; *Eckert* ZIP 1996, 897, 905 f). Innerhalb dieser Rangklasse sind die Masseverbindlichkeiten nach § 55 Abs 1 und Abs 2 gleichrangig, also auch Masseverbindlichkeiten aus ungerechtfertigter Bereicherung – anders als nach § 60 KO – nicht mehr nach den Verbindlichkeiten aus Handlungen des Verwalters oder aus gegenseitigen Verträgen zu begleichen. Vollstreckungsmaßnahmen wegen der Altmasseverbindlichkeiten sind unzulässig (§ 210).

111 g) **Gewährleistungsansprüche.** Gewährleistungsrechte, die der Leasinggeber dem Leasingnehmer aufgrund der „Abtretungskonstruktion" übertragen hatte, fallen weder mit Verfahrenseröffnung noch durch Erfüllungsablehnung noch durch Rückgabe des Leasinggutes an den Leasinggeber zurück; die Kondiktion dieser Ansprüche wäre bloße Insolvenzforderung (*Klinck* LeasingHdb, 2. Aufl 2008, § 49 Rn 45, der jedoch aufgrund der Zweckbindung auch ein Aussonderungsrecht in Erwägung zieht). Lediglich wenn die Abtretung der Ansprüche unter der auflösenden Bedingung der Rückgewähr des Leasinggutes erfolgte, fallen diese an den Leasinggeber zurück.

112 **4. Insolvenzeröffnung nach Überlassung des Leasinggutes beim Immobilienleasing.** Bei Immobilienleasingverträgen steht dem Insolvenzverwalter kein Wahlrecht nach § 103 zu, sondern diese Verträge bestehen mit Wirkung für die Masse analog § 108 Abs 1 S 1 fort. Dies gilt auch für Leasingverträge über Schiffe und Flugzeuge, da es sich im Sinne des Gesetzes um unbewegliche Gegenstände handelt. Dies ergibt sich aus § 49, indem der Gesetzgeber bestimmt hat, dass auf die im Schiffsregister eingetragenen Schiffe und Schiffsbauwerke sowie auf die in der Luftfahrzeugrolle eingetragenen Luftfahrzeuge die Regeln über die Immobilienzwangsvollstreckung Anwendung finden (§§ 864 Abs 1, 870a ZPO; §§ 47, 99 Abs 1 Gesetz über Rechte an Luftfahrzeugen; aA nur *Bornholdt* Leasingnehmer und refinanzierende Bank in der Insolvenz des Leasinggebers nach der Insolvenzordnung, Diss 1998, S 160 f).

113 a) **Insolvenzeröffnung nach Übergabe des Leasinggutes.** Entsprechend § 109 Abs 1 S 1 kann der Insolvenzverwalter einen Leasingvertrag über Immobilien ohne Rücksicht auf eine vereinbarte Vertragsdauer unter Einhaltung der gesetzlichen Frist kündigen. Diese richtet sich nach § 580a BGB und beträgt in den seit dem 1. 7. 2007 eröffneten Verfahren (Art 103 c EGInsO) **maximal drei Monate zum Monatsende** (zur Kündigungsfrist in den vor dem 01.07.2007 eröffneten Verfahren: MüKo-*Eckert* § 109 Rn 22). Zu beachten ist, dass § 109 Abs 1 S 1 2. Hs – im Gegensatz zu § 580a Abs 1 Nr 3 und Abs 2 BGB – **keine Karenztage** vorsieht. In den Fällen, in denen die Kündigungsfrist nach BGB mehr als drei Monate zum Monatsende beträgt, muss die Kündigung dem Leasinggeber somit spätestens am letzten Tag des Vormonats zugehen.

114 Ansprüche für die Zeit **vor der Eröffnung des Insolvenzverfahrens** kann der Leasinggeber nur als Insolvenzgläubiger geltend machen (§ 108 Abs 3), soweit nicht § 55 Abs 2 S 2 als lex specialis vorgeht (BGH 18. 7. 02 – IX ZR 195/01, NZI 2002, 543 unter III 1; MüKo-*Eckert* § 108 Rn 187). Nur die Ansprüche des Leasinggebers, die auf den Zeitraum **zwischen Insolvenzeröffnung und Beendigung des**

E. Besonderheiten bei Leasingverträgen **§ 108**

Leasingvertrages entfallen, sind Masseschuldansprüche nach § 55 Abs 1 Nr 2 (BGH 24. 11. 93 – VIII ZR 240/92, ZIP 1993, 1874, 876; OLG Hamm 26. 10. 92 – 31 U 130/92, ZIP 1992, 1563, 1563). Im Falle einer Kündigung des Leasingvertrages durch den Insolvenzverwalter sind die Schadensersatzansprüche des Leasinggebers wegen vorzeitiger Vertragsauflösung nach § 109 Abs 1 S 2 nur Insolvenzforderung. Das Gleiche gilt bezüglich der **Kosten für die Räumung** des Grundstücks, wenn die nachteiligen Veränderungen bereits vor der Verfahrenseröffnung durch den Schuldner verursacht wurden (BGH 17. 4. 08 – IX ZR 144/07, NJW-Spezial 2008, 407; Bestätigung von **BGH** 18. 4. 02 – IX ZR 161/01, NZI 2002, 425 unter III 3 b aa; das abweichende Urteil **BGH** 5. 10. 94 – XII ZR 53/93 ist durch das Urteil **BGH** 5. 7. 01 – IX ZR 327/99, NZI 2001, 531 überholt; MüKo-*Eckert* § 108 Rn 118). 115

b) **Insolvenzeröffnung vor Übergabe des Leasinggutes.** War das Leasinggut zum Zeitpunkt der Eröffnung des Insolvenzverfahrens noch nicht überlassen, so können sowohl der Verwalter als auch der Leasinggeber von dem Vertrag zurücktreten. § 112 wird insoweit von dem spezielleren § 109 Abs 2 S 1 verdrängt (s o § 108 Rn 59). Die Regelung des § 109 Abs 2 entspricht – von dogmatischen Ungereimtheiten abgesehen (dazu *Tintelnot* ZIP 1995, 616, 621) – im Wesentlichen der bisherigen Vorschrift des § 20 KO. 116

5. **Leasing durch Gesellschafter.** In Verfahren, die ab dem 1. 11. 2008 eröffnet werden (zur Rechtslage davor: 12. Aufl § 108 Rn 101–105; zum anwendbaren Recht in „Altfällen": BGH 26. 1. 09 – II ZR 260/07, ZIP 2009, 615 Rn 15; *Goette* Einführung in das neue GmbH-Recht, 1. Aufl 2008, Rn 84 f; *Holzer* ZIP 2009, 206, 208), finden sowohl die §§ 32 a und 32 b GmbHG als auch die Rechtsprechungsregeln zum Kapitalersatz keine Anwendung mehr, da das **MoMiG** diese abgeschafft hat; künftig ist jedes Gesellschafterdarlehen einer Anfechtung nach § 135 ausgesetzt, gleichgültig ob es kapitalersetzend ist oder nicht. Für Gesellschafter, die als Leasinggeber Gegenstände „ihrer" Gesellschaft zur Nutzung überlassen, ist daher künftig von noch größerer Bedeutung, inwieweit das Leasing einer Darlehensgewährung gleichsteht. Allerdings hat der Gesetzgeber es versäumt, § 142 anzupassen und auch § 135 als Ausnahme einzubeziehen, so dass Gesellschafter künftig sämtliche Nutzungsentgelte, die der Schuldner ihnen im Anfechtungszeitraum des § 135 Abs 1 Nr 2 gezahlt hat, wohl behalten dürfen, sofern nicht zugleich § 133 eingreift (HaKo-*Schröder* § 135 Rn 35; KS-*Gehrlein* Kap 26 Rn 61; *Rühle* ZIP 2009, 1358, 1360; *Marotzke* ZInsO 2008, 1281, 1287; *Hirte* WM 2008, 1429, 1433; aA (Gesellschafter könne sich kraft seines Insiderwissens nicht auf § 142 berufen) *Bork* ZGR 2007, 250, 266; *Haas* ZInsO 2007, 617, 623 f). Denn im Regelfall erhält der Schuldner für das in engem zeitlichen Zusammenhang gezahlte Nutzungsentgelt vom Gesellschafter eine gleichwertige Gegenleistung. 117

a) **Wirtschaftliche Vergleichbarkeit mit einem Gesellschafterdarlehen.** Seit dem Urteil des **BGH** vom 16. 10. 1989 zur Miete („Lagergrundstück I" – II ZR 307/88, BGHZ 109, 55, 58 ff; bestätigt in **BGH** 14. 12. 92 – II ZR 298/91, ZIP 1993, 189; zust *Scholz/K. Schmidt* §§ 32 a, 32 b GmbHG Rn 122 f; *Hachenburg/Ulmer* §§ 32 a, b GmbHG Rn 101; *Lutter/Hommelhoff* § 32 a GmbHG Rn 153; *Baumbach/Hueck* § 32 a GmbHG Rn 33) besteht Einigkeit, dass auch das **Finanzierungsleasing** einer Darlehensgewährung wirtschaftlich entspricht. Denn es macht wirtschaftlich keinen Unterschied, ob der Gesellschafter zunächst ein Darlehen zur Verfügung stellt und aus diesen Mitteln die Leasingraten bedient werden oder ob er den Leasinggegenstand selbst anschafft, um ihn im Leasingwege der Gesellschaft zu überlassen. Die rein wirtschaftliche Betrachtungsweise erfordert nicht, dass das Leasinggut (wie der Darlehensbetrag) in das Eigentum der Gesellschaft übergeht und „bilanzierungsfähig" ist (so aber *Spiegelberger* DStR 1991, 468, 470 ff). Häufig erfolgt die Nutzungsüberlassung im Rahmen einer Betriebsaufspaltung. 118

Die durch § 135 Abs 1 und 4 in Bezug genommenen Vorschriften des § 39 Abs 1 Nr 5 iVm Abs 4 und 5 bestimmen, **welche Gesellschafter betroffen** sind, nämlich von sämtlichen Kapitalgesellschaften deutschen oder ausländischen Rechts (also auch solche einer englischen Limited; AG Hamburg 26. 11. 08 – 67 g IN 352/08, ZInsO 2008, 1332) sowie von Personengesellschaften ohne eine natürliche Person als persönlich haftender Gesellschafter (FK-*Dauernheim* § 135 Rn 2); ausgenommen sind nur die Gesellschafter, die unter das Sanierungs- und Kleinstbeteiligungsprivileg fallen, vgl § 135 Abs 3 richtet sich nur an die Gesellschafter. Eine Gleichstellung **Dritter** fehlt. Bis zu einer höchstrichterlichen Entscheidung wird daher umstritten sein, ob die von einem Gesellschafter verbürgte Nutzungsüberlassung durch einen Dritten oder die Nutzungsüberlassung durch verbundene Gesellschaften dem Anwendungsbereich ebenso entzogen ist wie die Einschaltung einer Mittelsperson als Zwischen-Leasinggeber an die Gesellschaft (so *Spliedt* ZIP 2009, 149, 156) oder ob die Nutzungsüberlassung Dritter über die Generalnorm des § 39 Abs 1 Nr 5 einbezogen werden kann (so *Marotzke* ZInsO 2008, 11.281, 1284). Da dem Gesetzgeber die Problematik bewusst war, spricht vieles dafür, dass auch dieses Redaktionsversehen (ebenso wie die vergessene Anpassung des § 142; s o Rn 117) nur vom Gesetzgeber selbst beseitigt werden kann. 119

b) **Rechtsfolgen.** Rückständige **Leasingansprüche** aus dem Zeitraum **vor Insolvenzeröffnung** können – wie bisher – nur als nachrangige Insolvenzforderung geltend gemacht werden (§ 39 Abs 1 Nr 5). Soweit im letzten Jahr vor dem Eröffnungsantrag oder danach noch Zahlungen auf Leasingforderungen 120 erfolgt sind, sind diese Leistungen gem §§ 143, 135 Abs 1 Nr 2 zurückzugewähren. Nicht geregelt ist dagegen, welche Konsequenzen es hat, wenn der Gesellschafter den Leasingvertrag noch vor Insolvenzeröffnung wegen Zahlungsverzuges kündigt und eine **Herausgabe** des Leasinggegenstandes erfolgt. Zum Teil wird die Rückgabe analog § 135 Abs 1 Nr 2 als anfechtbar angesehen (*Marotzke* ZInsO 2008, 1281, 1285), während andere hierin eine Verletzung der Treuepflicht sehen, so dass der Gesellschafter die Nutzung wieder einräumen oder Wertersatz leisten müsse (*K. Schmidt* DB 2008, 1727 sub V 6). Gegen solche – im Ergebnis durchaus wünschenswerte – Lösungsansätze spricht jedoch, dass Gesellschafterdarlehen erst im Insolvenzverfahren Beschränkungen unterliegen, außerhalb jedoch – vom Gesetzgeber gewollt (§ 30 Abs 1 S 3 GmbHG) – wie ein Fremddarlehen behandelt werden. Dann muss dem Gesellschafter aber auch die Kündigung wie einem fremden Dritten anfechtungsfrei möglich sein; die anschließende Befriedigung des Aussonderungsanspruches ist ohnehin nicht gläubigerbenachteiligend (*Spliedt* ZIP 2009, 149, 158 f). Die zum Missbrauch geradezu einladende Regelungslücke kann nur der Gesetzgeber schließen.

121   Dagegen ergibt sich für Leasingansprüche aus dem Zeitraum **nach Insolvenzeröffnung** eine wesentliche Änderung der Rechtslage, da durch den neuen § 30 Abs 1 S 3 GmbHG das bisherige Eigenkapitalersatzrecht einschließlich der Rechtsprechungsregeln abgeschafft ist. Eine unentgeltliche Weiternutzung durch den Verwalter ist daher nicht mehr möglich. Ihm bleibt beim *Mobilien*-Leasing nur die Wahl zwischen einer Aufgabe des Nutzungsrechts oder einer entgeltlichen Weiternutzung des Leasingguts (§ 103). Beim *Immobilien*-Leasing kann er das Entstehen von oktroyierten Masseverbindlichkeiten nur durch eine Kündigung nach § 109 Abs 1 S 1 beenden; der Auflösungsschaden ist jedoch nur Insolvenzforderung.

122   Entscheidet sich der Verwalter für eine Weiternutzung, so ist der **Aussonderungsanspruch** des Leasinggebers während der Dauer des Insolvenzverfahrens, höchstens jedoch für ein Jahr ab Eröffnung, suspendiert, sofern das Leasinggut für die Fortführung des Schuldnerunternehmens von erheblicher Bedeutung ist (§ 135 Abs 3 S 1). Dies ist der Fall, wenn durch den Wegfall der Betriebsablauf erheblich gestört wird, wobei auch die Mehrkosten einer Ersatzbeschaffung zu berücksichtigen sind (*Spliedt* ZIP 2009, 149, 156 f).

123   Für den Zeitraum der Nutzung ist eine **Ausgleichszahlung** aus der Masse zu leisten, deren Höhe sich nach dem Durchschnitt der im letzten Jahr vor Insolvenzeröffnung geleisteten Vergütung berechnet (§ 135 Abs 3 S 2). Zahlungen, die über den bargeschäftlichen Zusammenhang des § 142 hinausgehen (zB Nachzahlung von mehreren Leasingraten kurz vor Antragstellung), bleiben dabei jedoch ebenso unberücksichtigt wie Nichtzahlungen, die vom Gesellschafter gerade nicht geduldet, sondern zum Anlass für eine Kündigung genommen wurden; denn in diesem Fall liegt kein „Stehenlassen" societatis causa vor (*Spliedt* ZIP 2009, 149, 157; KS-*Gehrlein* Kap 26, Rn 57 f). Da als Bemessungszeitraum das letzte Jahr vor Eröffnung – und nicht vor Insolvenzantrag – maßgeblich ist, stellt sich die Frage, wie die Zustimmungsverweigerung des vorläufigen Insolvenzverwalters zu einem fälligen Leasingratenzahlungsanspruch oder eine Ausgleichszahlung gem § 21 Abs 2 Nr 5 die Berechnung beeinflussen. Nach dem Willen des Gesetzgebers (Begr RA, BT-Drucks 16/9737, S 107) sollte dem Gesellschafter kein Sonderopfer abverlangt werden und die Ausgleichszahlung den bisherigen tatsächlichen Zahlungen entsprechen. Konsequenterweise müssen daher solche verfahrensbedingten (Nicht-)Zahlungen ergebnisneutral bereinigt werden (*Spliedt* ZIP 2009, 149, 157).

124   Falls der Gesellschafter die **Leasingansprüche** an eine refinanzierende Bank **zur Sicherheit abgetreten** und ihr das **Leasinggut sicherungsübereignet** hatte, muss die Bank sich gemäß § 404 BGB die Beschränkungen aus den §§ 39 Abs 1 Nr 5, 135 Abs 1 Nr 2 und Abs 3 entgegenhalten lassen. Gegenüber einem Herausgabeverlangen kann der Verwalter ein Recht zum Besitz aus § 135 Abs 3 einwenden (§ 986 Abs 1 Alt 1 BGB).

125   **6. Arbeitnehmerhaftung für die Beschädigung geleaster Betriebsmittel.** Wird ein Leasinggut durch Verschulden eines Mitarbeiters des Leasingnehmers beschädigt, so haftet (neben dem Leasingnehmer aus § 280 Abs 1 BGB iVm § 278 S 1 BGB) auch der Arbeitnehmer gemäß § 823 Abs 1 BGB unmittelbar auf Schadenersatz. Auf eine Haftungsbeschränkung in Anlehnung an die **Grundsätze zur gefahrgeneigten Arbeit** kann sich der Arbeitnehmer *im Verhältnis zum Leasinggeber* als außerhalb des Arbeitsverhältnisses stehendem Dritten grundsätzlich **nicht** berufen. Denn es fehlt an einer Einbeziehung des Leasinggebers in die dem Arbeitgeber (Leasingnehmer) gegenüber seinen Arbeitnehmern obliegende Treue- und Fürsorgepflicht. Eine Ausnahme kommt nur in Betracht, wenn der Leasinggeber die Verpflichtung übernommen hatte, seinerseits für eine geeignete Versicherung (zB beim Kfz-Leasing: Vollkaskoversicherung) zu sorgen und damit den Leasingnehmer von einer entsprechenden Vorsorge zugunsten seiner Arbeitnehmer abhält (**BGH** 19. 9. 89 – VI ZR 349/88, DAR 1989, 416, 417). In diesem Fall muss er sich selbst dann auf die Inanspruchnahme der Versicherung verweisen lassen, wenn er den von ihm übernommenen Abschluss der Versicherung versäumt hatte.

II. Insolvenz des Leasinggebers

126   Der Leasinggeber refinanziert üblicherweise die Anschaffung des Leasinggegenstandes dadurch, dass er die Forderungen gegen den Leasingnehmer an eine Factoringbank verkauft und dieser das Sicherungs-

E. Besonderheiten bei Leasingverträgen   § 108

eigentum am Leasinggut überträgt (*Zahn,* in *Graf von Westphalen* Der Leasingvertrag, Kap Q Rn 16 ff, 40 ff; zur Abtretung des Anspruchs auf den Restwert BGH 4. 6. 97 – VIII ZR 312/96, NJW 1997, 3166 ff; *Koos* BB 1998, 1323 ff). Die nach der Konkursordnung noch notwendige Differenzierung zwischen der Übergabe des Leasinggutes vor oder nach Eröffnung des Insolvenzverfahrens (§ 21 KO) ist mit dem Inkrafttreten der InsO entbehrlich geworden; **grundsätzlich** gilt einheitlich § 103. Die InsO sieht lediglich Sonderregelungen für den Fall der Sicherungsübereignung und für Immobilien vor (§ 108 Abs 1).

Bei der weit verbreiteten **Doppelstock-Refinanzierung** sind die Besitzgesellschaft, die als Vermieterin im Rahmen der Refinanzierung das Leasinggut an die Bank sicherungsübereignet, und der Leasinggeber (Betriebsgesellschaft) als Einheit anzusehen; die Anwendung des § 108 Abs 1 S 2 erfolgt in der Insolvenz der Besitzgesellschaft unmittelbar und ist in der Insolvenz des Leasinggebers (Betriebsgesellschaft) nach dem Zweck der Regelung geboten (eingehend *Zahn,* in *Graf von Westphalen* Der Leasingvertrag, Kap Q Rn 84 ff; MüKo-*Eckert* § 108 Rn 52; N/R/*Balthasar* § 108 Rn 13; *Klinck* KTS 2007, 37, 46; *Krämer* Leasingverträge in der Insolvenz, 2005, S 187; *Engel/Völckers* Leasing in der Insolvenz, 1999, Rn 358; *Seifert* NZM 1998, 217, 219; aA K/P/B/*Tintelnot* § 108 Rn 22). 127

Soweit **Erwerbsrechte** (Kaufoption, Selbstbenennungsrecht) bestehen, sind diese getrennt zu beurteilen; während auf die Grundleasingzeit § 103 oder § 108 Abs 1 Anwendung findet, unterliegt ein durch Optionsausübung zustande gekommener nicht erfüllter Kaufvertrag dem Wahlrecht des Verwalters aus § 103 (MüKo-*Eckert* § 108 Rn 35 und 63), da es idR an einer dinglichen Absicherung als Voraussetzung für eine analoge Anwendung von § 107 Abs 1 fehlt (*Klinck* KTS 2007, 37, 59). Dagegen ist eine **Verlängerungsoption** insolvenzfest, da nur der alte (insolvenzfeste) Vertrag, wenn auch zu anderen Konditionen, verlängert wird (BGH 14. 12. 89 – IX ZR 283/88, ZIP 1990, 180; *Klinck* KTS 2007, 37, 59 f). 128

1. Mobilienleasing. a) Vorausabtretung der Leasingforderungen. Bei einer Vorausabtretung **erwirbt** der Zessionar (hier: der Factor) die künftigen Ansprüche **mit ihrer Entstehung**, also mit dem Abschluss der Verträge, die den Anspruch des Gemeinschuldners auf die Vergütung begründen (BGH 19. 9. 83 – II ZR 12/83, BGHZ 88, 205, 206 f; Soergel/*Zeiss* BGB, § 398 Rn 11), unabhängig davon, wann die gegenseitigen Forderungen fällig werden (RGZ 74, 416, 418 f; BGH 20. 12. 88 – IX ZR 50/88, BGHZ 106, 236, 241 ff). Im Insolvenzverfahren kommt es daher entscheidend darauf an, ob es sich bei den künftigen Forderungen um betagte oder um befristete Forderungen handelt. Während Forderungen aus einem gewöhnlichen Mietverhältnis als zeitbezogenes Nutzungsentgelt pro rata temporis entstehen (BGH 14. 12. 06 – IX ZR 102/03, NZI 2007, 158 Rn 12), sind Leasingraten – entsprechend dem leasingtypischen Vollamortisationsprinzip – vom Anschaffungspreis des Leasingguts, von der Laufzeit des Leasingvertrages sowie vom gewählten Vertragstyp abhängig (BGH 12. 6. 85 – VIII ZR 148/84, BGHZ 95, 39, 53 ff; *Graf von Westphalen* Der Leasingvertrag, Kap B Rn 44, 49, 52 ff). Der Erfüllungsanspruch auf die Leasingraten ist in jeder Weise (Laufzeit, Fälligkeit, Höhe) bereits vor Eröffnung des Insolvenzverfahrens rechtlich festgelegt, so dass es sich um **betagte Forderungen** handelt (zum Finanzierungsleasing: BGH 14. 12. 89 – IX ZR 283/88, BGHZ 109, 368, 372 f; *Uhlenbruck/Sinz* WM 1989, 1113, 1118; – zum Operatingleasing: BGH 28. 3. 90 – VIII ZR 17/89, ZIP 1990, 646, 649). Für die Wirksamkeit einer Vorausverfügung ergeben sich damit folgende Konsequenzen: 129

aa) Leasingraten. Die Beantragung eines Insolvenzverfahrens über das Vermögen des Leasinggebers hat für sich allein noch keine Auswirkungen auf die Wirksamkeit einer Vorausverfügung. Auch der Erlass eines **Verfügungsverbotes** nach § 21 Abs 2 Nr 2 hindert den Factor nicht, die erst nach diesem Zeitpunkt fällig werdenden Forderungen weiterhin vom Leasingnehmer einzuziehen, da auch diese Forderungen bereits mit ihrer Entstehung auf die Factoringbank übergegangen sind (*Obermüller/Livonius* DB 1995, 27, 29 f; siehe auch §§ 115, 116 Rn 43, 60). 130

Anders verhält es sich **im eröffneten Verfahren**. Soweit § 103 Anwendung findet, entfällt mit der Durchsetzungssperre des Anspruchs auf das Leasingentgelt die Zahlungspflicht des Leasingnehmers auch im Verhältnis zur refinanzierenden Bank; diese kann allenfalls Befriedigung aus dem Sicherungseigentum am Leasinggut suchen. Greift hingegen § 108 Abs 1 S 2 ein, steht der Anspruch auf die Leasingraten auch künftig dem Factor zu. 131

(1) Refinanzierung ohne Sicherungsübertragung des Leasinggutes. Finanzierungsleasingverträge über bewegliche Sachen ohne gleichzeitige Sicherungsübertragung des Leasinggutes sind dem Wahlrecht des Verwalters unterworfen und damit ihre Refinanzierung im Wege der Forfaitierung **nicht insolvenzfest.** Selbst wenn der Insolvenzverwalter Erfüllung des Leasingvertrages wählt und damit der Anspruch auf die Leasingraten wieder durchsetzbar wird (BGH 25. 4. 02 – IX ZR 313/99, NZI 2002, 375, 376 unter II 2 b cc), gebührt der Anspruch der Masse und nicht der refinanzierenden Bank. Denn mit der Erfüllungswahl wird den Leasingforderungen eine andere Rechtsqualität, nämlich diejenige einer originären Masseforderung beigelegt mit den gleichen Rechtsfolgen wie bei einem neu abgeschlossenen Vertrag mit identischem Inhalt. Deshalb scheitert eine vor Insolvenzeröffnung erfolgte Abtretung der Leasingforderungen vom Leasinggeber an die Factoringbank an § 91 Abs 1 ebenso wie eine Aufrechnung an § 96 Abs 1 Nr 1 (BGH aaO; BGH 9. 3. 06 – IX ZR 55/04, NZI 2006, 350 Rn 12; MüKo-*Kreft* § 103 132

Rn 41; Uhlenbruck/*Wegener* § 103 Rn 149, 152; *Zahn*, in *Graf von Westphalen* Der Leasingvertrag, Kap Q Rn 91 und *Koch* aaO, Kap P Rn 100; – kritisch gegenüber der BGH-Rspr: Jaeger/*Windel* § 91 Rn 66). Dem Zessionar verbleiben nur die bis zur Verfahrenseröffnung fällig gewordenen Leasingraten, während die nach diesem Zeitpunkt entstehenden Forderungen in die Insolvenzmasse fließen.

Zur Rechtslage nach Erfüllungsablehnung: *Koch*, in *Graf von Westphalen* Der Leasingvertrag, Kap P Rn 101 ff.

133 **(2) Refinanzierung mit Sicherungsübertragung des Leasinggutes.** Leasingverträge über bewegliche Gegenstände bestehen analog § 108 Abs 1 S 2 in der Insolvenz des Leasinggebers mit Wirkung für die Insolvenzmasse aber ausnahmsweise dann fort, wenn die Gegenstände einem Dritten, der ihre Anschaffung oder Herstellung finanziert hat, zur Sicherheit übertragen wurden. Der Leasinggeber hat mit der Besitzverschaffung des Leasinggutes in der Regel alles für die Erfüllung des Vertrages Erforderliche getan, so dass die Masse durch die bloße Duldung der Gebrauchsüberlassung nicht belastet wird. Die Abwicklung des Leasingverhältnisses vollzieht sich ausschließlich zwischen Bank und Leasingnehmer. Bei wirtschaftlicher Betrachtungsweise gebührt das Leasingentgelt nicht mehr der Masse, sondern der refinanzierenden Bank, da sie dem Leasinggeber bereits den Gegenwert des Leasinggutes verschafft hat. Andernfalls würden der Masse noch Leasingansprüche zufließen, obwohl sie keine Leistungen hierfür zu erbringen hat.

134 Der **weite Begriff** der „**Sicherungsübertragung**" erfasst nicht nur die Sicherungsübereignung von Sachen, sondern auch die Sicherungsabtretung von Forderungen sowie die Sicherungsübertragung von Rechten (BT-Drucks 13/4699, Begr zu Art 2). Auch die Refinanzierung eines **Software-Leasingvertrages** durch Sicherungsübertragung der Rechte an der Software unterfällt damit dem Schutz des § 108 Abs 1 S 2 (*Schmid-Burgk/Ditz* ZIP 1996, 1123, 1125).

135 Die Sicherungsübertragung muss vor Verfahrenseröffnung vorgenommen und rechtswirksam sein (*Zahn* DB 1996, 1393, 1396). Rechtliche Mängel, die zur Nichtigkeit führen, wie zB die fehlende Bestimmtheit des Sicherungsgutes, haben zur Folge, dass § 108 Abs 1 S 2 nicht eingreift. Im internationalen Sachenrecht gilt kraft Gewohnheitsrecht auch bei beweglichen Sachen das Recht des Lageortes (**BGH** 20. 3. 63 – VIII ZR 130/61, BGHZ 39, 173, 174). Diese lex rei sitae bestimmt alle sachenrechtlichen Tatbestände, also insbesondere auch die Modalitäten der Übereignung wie die Vereinbarung eines Besitzkonstituts als Übergabesurrogat (Palandt/*Heldrich* Art 43 EGBGB Rn 3). Eine entsprechende Regelung findet sich für die Sicherungsübereignung auch in Art 5 Abs 2 Buchst a des Europäischen Übereinkommens über Insolvenzverfahren (ZIP 1996, 976, 977). Nach wie vor umstritten ist jedoch, wie ein nach deutschem Recht wirksam begründetes Sicherungseigentum zu behandeln ist, wenn der Gegenstand nachträglich in den Geltungsbereich eines Landes verbracht wird, das ein besitz- und publizitätsloses Sicherungseigentum nicht kennt (zum Statutenwechsel beim „exportierten" Sicherungseigentum **BGH** 9. 5. 96 – IX ZR 244/95, WIB 1996, 995, 995).

136 Weitere Voraussetzung für den Fortbestand des Leasingvertrages und damit die Insolvenzfestigkeit der vorfinanzierten Leasingforderung ist, dass ein gewisser zeitlicher und sachlicher **Zusammenhang zwischen** der **Anschaffung** oder Herstellung des Leasinggutes **und** der durch den Dritten gewährten **Finanzierung** besteht. Dieser ist nicht nur gegeben, wenn sich das Finanzierungsgeschäft unmittelbar auf einen noch anzuschaffenden oder herzustellenden Gegenstand bezieht, sondern *auch bei einer nachträglichen* Refinanzierung des Leasingvertrages, sofern die Fremdfinanzierung von vornherein beabsichtigt und die Eigenfinanzierung nur zur Überbrückung vorgeschaltet war (*Koch*, in *Graf von Westphalen* Der Leasingvertrag, Kap P Rn 113 f; aA *Bornholdt* Leasingnehmer und refinanzierende Bank in der Insolvenz des Leasinggebers nach der Insolvenzordnung, Diss 1998, S 143). In der Betriebswirtschaftslehre wird nämlich unter Finanzierung allgemein der Vorgang der Kapitalbeschaffung zur Deckung eines Finanzbedarfs verstanden (*Eilenberger* in HWB des Bank- und Finanzwesens, 3. Aufl 2001, Sp 778 mwN). Eine solche Kapitalbeschaffung kann daher auch in der Weise erfolgen, dass der durch den Kauf des Leasinggutes eingetretene Liquiditätsverlust nachträglich ausgeglichen wird, indem der Leasinggeber die Ansprüche auf Zahlung der Leasingraten gegen den Leasingnehmer im Wege eines Factoringgeschäfts an den Factor verkauft und abtritt. Der Forderungsverkauf dient hier in gleicher Weise dem Leasinggeber wirtschaftlich zur Deckung eines durch die Anschaffung des Leasinggutes veranlassten Kapitalbedarfs (*Obermüller* InsRBankpraxis Rn 7.51; KS-*Sinz* Kap 14, Rn 75 ff; *Schmid-Burgk/Ditz* ZIP 1996, 1123, 1125; K/P/B/*Tintelnot* § 108 Rn 21 b verlangt daher zusätzlich, dass die Leasingraten auf das Refinanzierungskonto fließen, was jedoch im Gesetz keine Stütze findet). Für eine restriktive Auslegung des § 108 Abs 1 S 2 dahingehend, dass die Anschaffung des Leasinggutes „aus dem Factoringerlös" unmittelbar finanziert sein muss, besteht kein Anlass. Die „Finanzierung der Anschaffung" besteht auch bei einer **Umschuldung** fort, wenn die refinanzierende Bank ihre Ansprüche gegen den Leasinggeber an das neue Kreditinstitut abtritt (MüKo-*Eckert* § 108 Rn 46; HK-*Marotzke* § 108 Rn 11; *Engel/Völckers* Leasing in der Insolvenz, 1999, Rn 355; BT-Drucks 13/8534, S 12 f). Auch nach einer **Tilgung** des Refinanzierungskredits und Rückübertragung der Sicherheit bleibt der Leasingvertrag insolvenzfest (MüKo-*Eckert* § 108 Rn 47).

137 Hat der Leasinggeber dagegen die Anschaffung oder Herstellung ganz oder zu einem wesentlichen Teil **selbst** ohne Fremdmittel **finanziert**, kann er sich nicht auf das Privileg des § 108 Abs 1 S 2 berufen,

E. Besonderheiten bei Leasingverträgen § 108

da der Fortbestand des Leasingvertrages nur die Refinanzierungsmöglichkeit sichern soll (MüKo-*Eckert* § 108 Rn 45; *Koch,* in *Graf von Westphalen* Der Leasingvertrag, Kap P Rn 116; *Klinck* KTS 2007, 37, 47; differenzierend: K/P/B/*Tintelnot* § 108 Rn 21 a – nur anteilige Insolvenzfestigkeit; *Peters* ZIP 2000, 1759, 1763 – nicht bei Absicherung anderweitiger Forderungen).

Der Fortbestand eines Leasingvertrages über bewegliche Sachen in der Insolvenz des Leasinggebers ist auch bei solchen Finanzierungsformen nicht gegeben, bei denen die **Sicherungsübertragung nachträglich** zur Absicherung eines ursprünglich ohne Sicherheiten gewährten und nicht Anschaffungszwecken dienenden Kredits vorgenommen worden ist, insbesondere bei nachträglicher Besicherung eines allgemeinen Betriebsmittelkredits ohne erkennbaren Bezug zu bestimmten Anschaffungen (MüKo-*Eckert* § 108 Rn 46; *Schmid-Burgk/Ditz* ZIP 1996, 1123, 1125; aA *Klinck* KTS 2007, 37, 56; *Seifert* NZM 1998, 217; *Kusserow/Dittrich* WM 1997, 1786). Hier fehlt es an dem für die Anwendbarkeit des § 108 Abs 1 S 2 notwendigen wirtschaftlichen Zusammenhang zwischen Mittelzufluss (Factoringerlös) und Mittelverwendung (Anschaffung des Leasinggutes), mit der Folge, dass die Erfüllungsansprüche aus dem Leasingvertrag mit Insolvenzeröffnung ihre Durchsetzbarkeit verlieren (§ 103). Aufgrund des **Rechtszuweisungsgehaltes des Sicherungseigentums** bleibt der Factor aber auch in diesem Fall vor Forderungsausfällen in der Insolvenz des Leasinggebers geschützt, da er seinen Rückgriffsanspruch aus der Veritätshaftung über das Sicherungseigentum befriedigen kann. Die mangelnde Durchsetzbarkeit der abgetretenen Leasingforderungen führt nämlich zum Eintritt des Sicherungsfalls, so dass der Factor entweder – sofern es bei der Nichterfüllung bleibt – gemäß §§ 50 Abs 1, 51 Nr 1, 166 ff abgesonderte Befriedigung aus dem Leasinggut oder – bei Erfüllungswahl des Verwalters –, unter Hinweis auf das Recht des Leasingnehmers zum Besitz gem § 986 Abs 2 BGB scheitert, zumindest die Herausgabe der von der Masse gezogenen Nutzungen verlangen kann (BGH 24. 10. 79 – VIII ZR 298/78, WM 1979, 1326, 1327; *Zahn,* in *Graf von Westphalen* Der Leasingvertrag, Kap Q Rn 91, 104; KS-*Sinz* S Kap 14, Rn 78; aA *Klinck* LeasingHdb, 2. Aufl 2008, § 50 Rn 11).

Soweit § 108 Abs 1 S 2 eingreift, besteht die Gefahr einer Schmälerung der Masse, wenn diese aufgrund der Wirksamkeit des Leasingvertrages auch **Nebenleistungen** (zB Wartungsarbeiten, Schulungs- und Aktualisierungspflichten) erbringen muss, die Gegenleistung des Leasingnehmers aber an die Bank fließt, der der Leasinggegenstand sicherungsübereignet und die Ansprüche auf die Leasingraten zur Sicherheit abgetreten sind. Nach Auffassung des Gesetzgebers sollte in diesen Fällen eine Masseverkürzung durch eine Aufteilung der abgetretenen Leasingforderungen vermieden werden (BT-Drucks 13/4699, S 6; zust *Livonius* ZInsO 1998, 111, 114), indem die Nebenleistungspflichten unter das Wahlrecht des Insolvenzverwalters nach § 103 fallen, so dass bei Erfüllungswahl des Verwalters der wertmäßig entsprechende Anteil der Leasingraten der Masse zufließt und nicht dem Zessionar. Dies würde jedoch bedeuten, dass Leasingverträge mit Nebenleistungsverpflichtungen (zumindest partiell) nicht insolvenzfest wären. Denn bei einer Erfüllungsablehnung durch den Verwalter könnte der Leasingnehmer nach § 320 BGB wegen der nicht erbrachten Nebenleistungen seine gesamte Leistung zurückhalten. Fehlt eine Vereinbarung, dass auch ein Dritter an Stelle des Schuldners die ausstehenden Nebenleistungen erbringen darf (§§ 414, 415 BGB), wäre der Anspruch der Bank bei einer Aufteilung *insgesamt* nicht durchsetzbar, was der Intention des Gesetzgebers, die Refinanzierungsmöglichkeiten der Leasinggesellschaften zu sichern, zuwiderlaufen würde. Eine Abspaltung der Nebenleistungspflichten mit einem Eigenschicksal nach § 103 ist daher nicht sachgerecht, zumal der Leasingnehmer meist nur die Gesamtheit aller Leistungen sinnvoll nutzen kann. Vielmehr ist der Leasingvertrag als **Einheit** zu behandeln mit der Folge, dass er nach § 108 Abs 1 S 2 insgesamt gegenüber der Masse wirksam bleibt (BGH 14. 12. 89 – IX ZR 283/88, BGHZ 109, 368, 374 zu § 21 Abs 2 KO; vgl auch OLG Karlsruhe 15. 3. 89 – 1 U 269/88, ZIP 1989, 659, 660 zu § 19 KO; MüKo-*Eckert* § 108 Rn 62). Die befürchtete Masseverkürzung lässt sich dadurch vermeiden, dass der Verwalter von dem Zessionar gem § 812 Abs 1 S 1 2. Alt BGB einen Bereicherungsausgleich in Höhe des Wertes der erbrachten Nebenleistung verlangen kann (*Koch,* in *Graf von Westphalen* Der Leasingvertrag, Kap P Rn 120 f; *Krämer* Leasingverträge in der Insolvenz, Diss 2004, S 194 ff, 205 f; *Bien* ZIP 1998, 1017, 1021; aA *Klinck* KTS 2007, 37, 57 f; *Bornholdt* Leasingnehmer und refinanzierende Bank in der Insolvenz des Leasinggebers nach der Insolvenzordnung, Diss 1998, S 176 ff). Denn durch die zulasten der Masse erbrachte Gegenleistung wird die Einrede des Leasingnehmers aus § 320 BGB gegen den Anspruch der Bank auf die Leasingraten beseitigt.

bb) Sonstige Ansprüche. Insolvenzfest ist auch die Vorausabtretung des Anspruchs auf eine **Abschlusszahlung** als aufschiebend bedingter Anspruch (*Obermüller* InsRBankpraxis Rn 7.39; H/W/W § 108 Rn 79 ff). Anders verhält es sich jedoch, wenn der Verwalter ein vereinbartes **Andienungsrecht** geltend macht und dadurch ein Kaufvertrag zustande kommt; eine Vorausabtretung des Anspruchs auf den Kaufpreis scheitert hier an § 91 Abs 1. Das Gleiche gilt, wenn dem Leasingnehmer eine **Kaufoption** als bindende Offerte des Leasinggebers eingeräumt war und er diese vor (s o Rn 124) oder nach Insolvenzeröffnung (§ 91 Abs 1) ausübt. Nur wenn der Kaufvertrag schon mit dem Leasingvertrag unter der aufschiebenden Potestativbedingung einer entsprechenden Erklärung des Leasingnehmers geschlossen wurde, können die aufschiebend bedingten Kaufpreiszahlungsansprüche insolvenzfest abgetreten werden (BGH 12. 5. 06 – V ZR 97/05, NJW 2006, 2843 Rn 9; MüKo-*Kramer* vor § 145 BGB Rn 61; Staudinger/*Bork* Vorbem zu §§ 145–156 BGB Rn 70; Erman/*Armbrüster* vor § 158 Rn 14 f; *Klinck* LeasingHdb,

138

139

140

§ 108 Fortbestehen bestimmter Schuldverhältnisse

2. Aufl 2008, § 50 Rn 19; aA [stets insolvenzfest] *Peters* ZIP 2000, 1759, 1766 ff). Die gleiche Differenzierung hinsichtlich der Konstruktion des Optionsrechtes ist notwendig, wenn Leasingraten aus einer **Verlängerungsoption** im voraus abgetreten wurden (*Klinck* KTS 2007, 37, 63).

141 **b) Verwertungsrecht des Factors oder des Insolvenzverwalters.** In den Fällen, in denen der Leasingvertrag dem Wahlrecht des Insolvenzverwalters nach § 103 unterliegt, der Factor aber Befriedigung aus dem Sicherungseigentum beanspruchen kann, stellt sich die Frage, wem das Verwertungsrecht zusteht, insb ob auch der *mittelbare* Besitz des Verwalters am Leasinggegenstand für ein Verwertungsrecht nach § 166 Abs 1 genügt. Hiervon hängt ab, ob der Factor einen Kostenbeitrag nach §§ 170, 171 zu leisten hat. Nach der ratio legis des § 166 Abs 1 soll da Verwertungsrecht des Insolvenzverwalters verhindern, dass absonderungsberechtigte Gläubiger dem Betrieb Gegenstände entziehen, die für eine Fortführung noch benötigt werden oder für die sich ein höherer Verwertungserlös erzielen ließe, wenn der Verwalter sie im Verbund mit anderen Gegenständen veräußern könnte (BT-Drucks 12/2443, S 178 f zu § 191 RegE InsO). Bei sicherungsübereigneten Gegenständen, die der Schuldner **gewerblich vermietet** hat, sieht der BGH den mittelbaren Besitz als ausreichend an und begründet dies damit, dass die sicherungsübereigneten Gegenstände „regelmäßig sowohl für eine Unternehmensfortführung als auch für eine geordnete Abwicklung benötigt" werden (**BGH** 16. 2. 06 – IX ZR 26/05, NJW 2006, 1873 Rn 24).

142 Diese Begründung **trifft auf** das **Finanzierungsleasing** gerade **nicht zu**, weil sich die Gefahren, die das Verwertungsrecht des Verwalters vermeiden sollte, nicht verwirklichen können. Der Verwalter über das Vermögen des Leasinggebers ist zur Fortführung des Schuldnerbetriebes weder auf die Verfügbarkeit des Leasinggegenstandes angewiesen noch schmälert sich der Verwertungserlös, wenn das Leasinggut nicht in das Insolvenzverfahren einbezogen wird. Der mittelbare Besitz des Leasinggebers am Leasinggut reicht daher für das Verwertungsrecht des Verwalters gem § 166 Abs 1 nicht aus mit der Folge, dass der **Factor** nach § 173 Abs 1 selbst zur Verwertung berechtigt ist (*Sinz* Factoring in der Insolvenz, 1997, Rn 570; zustimmend K/P/B/*Flöther* § 166 Rn 4; *Koch*, in *Graf von Westphalen* Der Leasingvertrag, Kap P Rn 126; *Zahn* DB 2003, 2371, 2375; aA, allerdings ohne Begründung, *Obermüller/Livonius* DB 1995, 27, 32; *Engel/Völckers* Leasing in der Insolvenz, 1999, Rn 370).

143 Mit der Feststellung, dass das Verwertungsrecht dem Factor zusteht, ist noch nichts darüber gesagt, ob dieser auch berechtigt ist, den Vertrag mit dem Leasingnehmer neu abzuschließen. Von der Sicherungsabrede zwischen Factor und Leasinggeber wäre ein solcher Neuabschluss gedeckt, weil eine Gebrauchsüberlassung im Rahmen des ursprünglichen Vertragszweckes liegt (*Ullrich/Irmen* WuB VI B § 21 KO 1.89, S 521, 524; aA OLG Köln 10. 11. 67 – 2 W 142/67, KTS 1968, 116 f). Abgesehen davon, sehen die Sicherungsabreden üblicherweise alternativ zur Veräußerung ausdrücklich die Nutzung des Leasinggegenstandes durch den Sicherungsnehmer vor (*Graf von Westphalen/Lwowski* Leasing – insbesondere Fragen der regresslosen Finanzierung, Frankfurt/M 1986, S 65). Ein **Recht des Factors zum Neuabschluss** des Leasingvertrages setzt aber auch voraus, dass die Bestimmungen der InsO dem Abschluss eines längerfristigen Vertrages nicht entgegenstehen und den Factor zu einer zügigen Verwertung durch Veräußerung des Leasinggegenstandes verpflichten. Dabei ist je nach Ausübung des Wahlrechts durch den Verwalter zu differenzieren:

144 **aa) Nichterfüllung des Leasingvertrages.** Ob der Verwalter, der Erfüllung ablehnt, einem Neuabschluss des Leasingvertrages durch den Factor widersprechen und diesen über § 173 Abs 2 zur unverzüglichen Verwertung zwingen kann, hängt davon ab, inwieweit durch einen solchen Vertrag Nachteile für die Masse entstehen und Interessen der Gläubigergemeinschaft beeinträchtigt werden. Beim Leasing gewährleistet der Sachwert des sicherungsübereigneten Leasinggegenstandes in der Regel keine volle Absicherung der refinanzierenden Bank, da neben den Anschaffungskosten des Leasinggegenstandes auch Finanzierungskosten, Kosten des Vertriebs und der Verwaltung zu amortisieren sind. Hinzu kommt, dass bei einer Vielzahl von Leasinggütern (insbesondere beim Bürogeräte- und Computerleasing) ein schneller Werteverfall zu verzeichnen ist, so dass der Marktwert der gebrauchten Leasinggegenstände bei vorzeitiger Veräußerung nicht ausreicht, um den Schadenersatzanspruch des Factors abzudecken. Ein Neuabschluss des Leasingvertrages durch den Factor vermeidet dagegen nicht nur Schadenersatzansprüche des Leasingnehmers, sondern reduziert auch den Ausfallschaden beim Factor. Bei dieser Konstellation rechtfertigt das Interesse der Gläubigergemeinschaft keine vorzeitige Veräußerung des Leasinggegenstandes, solange kein Überschuss für die Masse zu erwarten ist und sich der Schaden beim Factor und Leasingnehmer nur erhöht. Der absonderungsberechtigten Bank kann der Neuabschluss eines Leasingvertrages folglich nicht verwehrt werden (*Zahn*, in *Graf von Westphalen* Der Leasingvertrag, Kap Q Rn 100 ff; einschränkend [nur bei Einvernehmen zwischen Bank und Insolvenzverwalter] *Obermüller/Livonius* DB 1995, 27, 31).

145 Selbst wenn man nach § 166 Abs 1 den Verwalter zur Verwertung berechtigt ansehen würde, müsste er dem absonderungsberechtigten Factor die Verwertung des Leasinggegenstandes überlassen, wenn dieser Freigabe unter Hinweis darauf verlangt, dass er den Vertrag mit dem Leasingnehmer neu abschließen und damit einen höheren Verwertungserlös erzielen wird (§ 168 Abs 2 und 3).

146 **bb) Erfüllungswahl des Verwalters.** Verlangt der Verwalter Erfüllung des Leasingvertrages, obwohl die Bank verwertungsberechtigt ist, ändert sich gegenüber der bisherigen Rechtslage nach der KO nichts. Der

E. Besonderheiten bei Leasingverträgen § 108

Factor kann zwar sein Recht aus § 173 Abs 1 auf Herausgabe des Leasinggegenstandes nicht durchsetzen, weil dem Leasingnehmer nach § 986 Abs 2 BGB ein Recht zum Besitz zusteht. Der Verwalter hat dann jedoch die von der Masse gezogenen Nutzungen, also die eingezogenen Leasingforderungen, herauszugeben, weil im Verhältnis Sicherungsgeber (Leasinggeber) – Sicherungsnehmer (Factor) der Sicherungsfall eintritt, wenn als Folge der Unwirksamkeit der Vorausabtretung die Leasingraten nicht mehr an den Factor, sondern in die Insolvenzmasse fließen (*Koch*, in *Graf von Westphalen* Der Leasingvertrag, Kap P Rn 125; *Uhlenbruck/Sinz* WM 1989, 1113, 1121; *Zahn* DB 1995, 1649, 1652; aA *Obermüller/Livonius* DB 1995, 27, 32). Auch außerhalb des Anwendungsbereichs des § 108 Abs 1 S 2 bleibt der Factor somit vor Forderungsausfällen in der Insolvenz des Leasinggebers geschützt, wenn ihm das Sicherungseigentum am Leasinggut übertragen worden war.

2. **Immobilienleasing.** Leasingverträge über unbewegliche Gegenstände bestehen analog § 108 Abs 1 S 1 nach Verfahrenseröffnung mit Wirkung für die Insolvenzmasse fort, und zwar – insoweit abweichend von § 21 Abs 1 KO – unabhängig davon, ob der Gegenstand zum Zeitpunkt der Verfahrenseröffnung bereits überlassen war oder nicht. Der Anspruch des Leasingnehmers auf vertragsgemäßen Gebrauch ist Masseschuld. Im Falle einer Veräußerung der Immobilie durch den Insolvenzverwalter hat der Erwerber aber nach § 111 ein außerordentliches Kündigungsrecht, jedoch nur für den nächstzulässigen Termin; der Leasingnehmer kann dem gegenüber nicht eine vertragliche Verlängerungsoption einwenden, da das Sonderkündigungsrecht gerade die Abkürzung der vertraglichen Laufzeit bezweckt. § 111 findet hingegen keine Anwendung, wenn der Leasingvertrag erst durch den Insolvenzverwalter abgeschlossen wurde (*Koch*, in *Graf von Westphalen* Der Leasingvertrag, Kap P Rn 137 f). Einen etwaigen Mehraufwand infolge der Kündigung kann der Leasingnehmer nur als Insolvenzforderung geltend machen (*Koch* aaO, Rn 141 ff). 147

a) **Vorausabtretung der Leasingforderungen.** Die Vorausabtretung der künftigen Leasingraten wirkt gegenüber der Insolvenzmasse nur noch für den zur Zeit der Eröffnung des Verfahrens laufenden Kalendermonat; ist die Eröffnung nach dem 15. Tag des Monats erfolgt, so ist die Verfügung auch für den folgenden Kalendermonat wirksam (§ 110 Abs 1). Leasingraten, die der Leasingnehmer in Unkenntnis der Verfahrenseröffnung noch an den Factor mit befreiender Wirkung gezahlt hat (§ 82), muss dieser dem Insolvenzverwalter gem § 816 Abs 2 BGB herausgeben, ohne gegen den Bereicherungsanspruch der Masse mit eigenen Forderungen aufrechnen zu können, § 96 Abs 1 Nr 1 (*Obermüller/Livonius* DB 1995, 27, 32). 148

Der **Anspruch des Factors aus der Veritätshaftung** des Leasinggebers für die gescheiterte Vorausabtretung ist lediglich Insolvenzforderung, da der Schuldrechtsorganismus, der die Grundlage des Anspruchs bildet, bereits vor Verfahrenseröffnung „begründet" war (zum Umfang der Veritätshaftung *Sinz* Factoring in der Insolvenz, Rn 13). 149

b) **Verwertung der Grundpfandrechte.** Als Sicherheit für die vorfinanzierten Forderungen lässt sich der Factor regelmäßig auf dem verleasten Grundstück Grundpfandrechte eintragen. Hieraus kann er im Falle einer Insolvenz des Leasinggebers abgesonderte Befriedigung gem § 49 verlangen, ohne dass darin eine Umgehung des § 110 Abs 1 zu sehen ist (*Obermüller/Livonius* DB 1995, 27, 32). Denn diese Vorschrift will (wie § 21 Abs 2 KO) nur davor schützen, dass der Grundstückswert durch Vorausverfügungen ausgehöhlt wird, die aus dem Grundbuch und oft auch aus dem Miet- bzw Leasingvertrag nicht zu ersehen sind. Diese Gefahr besteht aber bei Rechten, die im Grundbuch eingetragen sind, nicht. Die abgesonderte Befriedigung erfolgt nach Maßgabe des ZVG durch Zwangsversteigerung oder Zwangsverwaltung. § 110 Abs 2 S 2 findet auf Vorausverfügungen zugunsten eines Grundpfandrechtsgläubigers **keine Anwendung** (*Koch*, in *Graf von Westphalen* Der Leasingvertrag, Kap P Rn 133; HK-*Marotzke* § 110 Rn 10; K/P/B/*Tintelnot* § 110 Rn 7), so dass die Leasingraten vom Zwangsverwalter eingezogen werden dürfen (§ 153b ZVG). 150

c) **Baukostenzuschuss.** Soweit der Leasingnehmer einen vertraglich vereinbarten Baukostenzuschuss vor Verfahrenseröffnung geleistet hat, ist diese Zahlung auch dem Insolvenzverwalter gegenüber **unbeschränkt wirksam** und nicht nur im Rahmen des § 110 Abs 1 (BGH 6. 6. 52 – V ZR 79/51, BGHZ 6, 202, 206 f zu § 21 Abs 2 KO). Zwar sieht das Gesetz in einer Reihe von Bestimmungen die Unwirksamkeit von Vorausverfügungen vor (§§ 566b, 566c BGB, 1123 bis 1125 BGB, § 110 Abs 1 InsO, §§ 148 Abs 2, 20 Abs 2, 57, 57b ZVG). Die Rechtsprechung hat aber gerade für Baukostenzuschüsse eine Ausnahme zugelassen, weil ihre Verwendung den Wert des Grundstücks steigert und letztlich eine erhöhte Miete ermöglicht, auch wenn diese vorübergehend gering ist oder möglicherweise sogar ganz ausfällt (BGH 26. 11. 54 – V ZR 24/54, BGHZ 15, 296, 299 f). 151

Unerheblich ist dabei, ob die Vorauszahlung schon in dem ursprünglich abgeschlossenen Leasingvertrag oder in einer späteren Abänderung oder Ergänzung vereinbart worden ist. Denn den Parteien steht es frei, den alten Leasingvertrag in vollem Umfang aufzuheben und einen neuen Vertrag, der den Baukostenzuschuss enthält, zu schließen, so dass kein sachlicher Unterschied zwischen beiden Alternativen besteht. 152

Die gleichen Erwägungen gelten für den Ersteher des Grundstücks in der **Zwangsversteigerung**; maßgebend ist, dass er in das Leasingverhältnis eintritt, wie es im konkreten Fall besteht (§§ 57 ZVG, 566 153

Sinz 1589

Abs 1 BGB analog). Auch er muss eine als Baukostenzuschuss geleistete Vorauszahlung daher gegen sich gelten lassen (**BGH** 26. 11. 54 – V ZR 24/54, BGHZ 15, 296, 299 f).

III. Insolvenz des Herstellers/Lieferanten

154   **1. Leasingtypische Gewährleistungsregelung.** Es entspricht leasingtypischer Vertragsgestaltung, dass der Leasinggeber sich von einer eigenen (mietvertraglichen) Gewährleistung durch AGB freizeichnet und stattdessen seine Gewährleistungsansprüche aus dem Kaufvertrag mit dem Hersteller/Lieferanten an den Leasingnehmer abtritt oder ihn zur Geltendmachung dieser Ansprüche auf eigene Rechnung ermächtigt (für Mobilien-Leasingverträge: **BGH** 17. 12. 86 – VIII ZR 279/85, NJW 1987, 1072, 1073; für Immobilien-Leasingverträge: **BGH** 25. 1. 89 – VIII ZR 302/87, NJW 1989, 1279, 1280). Die Regelung der **Gewährleistungspflicht nach kaufrechtlichem Vorbild** – so, als sei der Leasingnehmer selbst Käufer der Leasingsache – gibt dem Finanzierungsleasing sein typisches, insoweit vom Leitbild des Mietvertrages abweichendes Gepräge (**BGH** 16. 9. 81 – VIII ZR 265/80, BGHZ 81, 298, 302; *Koch* Störungen beim Finanzierungs-Leasing, Diss 1981, S 112 ff). Unwirksam ist die Abtretungs- oder Ermächtigungskonstruktion nur dann, wenn sie den Leasingnehmer rechtlos stellt (**BGH** 4. 4. 84 – VIII ZR 313/82, NJW 1984, 2687, 2688; **BGH** 17. 12. 86 aaO); in diesem Fall lebt nach der Rechtsprechung die subsidiäre Eigenhaftung des Leasinggebers nach den § 536 ff BGB wieder auf. In der Abtretung bzw Ermächtigung liegt zugleich die Erklärung, die rechtlichen Folgen der Geltendmachung dieser Rechte durch den Leasingnehmer als für sich verbindlich anzuerkennen (**BGH** 16. 9. 81 aaO). **Tritt der Leasingnehmer** (aus abgetretenem Recht des Leasinggebers) gem § 437 Nr 2 BGB **vom Kaufvertrag zurück** (früher Wandelung gem §§ 462, 467 BGB aF), **entfällt** damit gem § 313 BGB **die Geschäftsgrundlage des Leasingvertrages rückwirkend von Anfang an** (**BGH** 23. 2. 77 – VIII ZR 124/75, BGHZ 68, 118, 126; **BGH** 24. 4. 85 – VIII ZR 65/84, BGHZ 94, 180, 185; **BGH** 25. 10. 89 – VIII ZR 105/88, ZIP 1990, 175, 177), und zwar auch dann, wenn die Leasingsache zeitweilig oder teilweise benutzt werden konnte (**BGH** 5. 12. 84 – VIII ZR 277/83, NJW 1985, 796, 797 unter Aufgabe von **BGH** 16. 9. 81 aaO). Die Rückabwicklung erfolgt nach Bereicherungsrecht (**BGH** 25. 10. 89 aaO). Die gleiche Wirkung hat die **Feststellung** des Kaufpreisrückzahlungsanspruchs **zur Tabelle** in der Insolvenz des Lieferanten (s u § 178 Rn 33).

155   Gegen einen Wegfall der Geschäftsgrundlage *ex tunc* ist eingewandt worden (*Stoffels* in Wolf/Lindacher/Pfeiffer, 5. Aufl 2009, Klauseln Rn L 130; *Schröder* JZ 1989, 717, 718; *Lieb* DB 1988, 2495, 2496), dass die Rechtsprechung sonst bei der Auflösung eines Dauerschuldverhältnisses lediglich eine Kündigung aus wichtigem Grund zulässt (**BGH** 15. 1. 59 – VII ZR 15/58, BGHZ 29, 171, 173 f; vgl auch § 313 Abs 3 S 2 BGB) und nicht einen Rücktritt (**BGH** 21. 11. 68 – VII ZR 89/66, NJW 1969, 233, 234), gerade um die misslichen Folgen einer Rückabwicklung eines über längere Zeit laufenden Vertragsverhältnisses zu vermeiden. Der entscheidende Unterschied zu anderen Dauerschuldverhältnissen liegt jedoch in der Vollamortisationspflicht des Leasingnehmers. Während bei Dauerschuldverhältnissen regelmäßig eine Gleichwertigkeit von Leistung und Gegenleistung *für jeden Zeitabschnitt* besteht, ist diese Äquivalenz beim Leasing auf die *gesamte Vertragslaufzeit* bezogen. Die Höhe der Leasingraten wird nicht durch den Wert der Nutzung bestimmt, sondern hängt vom Vertragstyp, der Dauer der Grundleasingzeit und der Vereinbarung einer Anzahlung bzw Höhe des kalkulierten Restwertes ab. Eine Vertragsanpassung *ex nunc* würde daher zu willkürlichen Ergebnissen führen, je nachdem, wie die Zahlungspflichten des Leasingnehmers verteilt sind, zumal der Leasinggeber vom Hersteller/Lieferanten auch den vollen Kaufpreis zurückverlangen kann und nicht nur den noch ungetilgten Teil. Entfällt mit dem Rücktritt (früher: Wandelung) die Vollamortisationspflicht, so müssen die im Hinblick darauf erbrachten Leistungen von Anfang an rückabgewickelt werden.

156   Der Lieferant kann gegenüber dem Gewährleistungsanspruch jedoch einwenden, der Leasingnehmer – handelnd als Erfüllungsgehilfe des Leasinggebers – habe die kaufmännischen **Rügepflichten gemäß § 377 HGB** verletzt, so dass trotz vorhandener Mängel gemäß § 377 Abs 2 HGB das Leasinggut als genehmigt gelte (**BGH** 24. 1. 90 – VIII ZR 22/89, BGHZ 110, 130, 137 ff; zust *Graf von Westphalen* EWiR § 377 HGB 1/90, 487, 487 f; abl *Flume* DB 1991, 265, 269). Es kommt nämlich nicht darauf an, ob der *Leasing*vertrag unter § 377 HGB fällt oder ob auf den (nichtkaufmännischen) Leasing*nehmer* die strengen handelsrechtlichen Vorschriften angewendet werden dürfen. Vielmehr findet § 377 HGB auf das leasingtypische „Dreiecksverhältnis" deshalb Anwendung, weil der *Kauf*vertrag als Handelskauf zu qualifizieren ist und die Rügeobliegenheit den Leasing*geber* trifft, der sich in Bezug auf die Abnahme der Kaufsache in seinem Verhältnis zum Verkäufer des Leasingnehmers als Erfüllungsgehilfen bedient. Soweit als Folge von § 377 Abs 2 HGB die Geschäftsgrundlage fortbesteht, kann der Leasinggeber sogar besser stehen als bei rechtzeitiger Rüge, da er in diesem Falle nur die Quote aus der Insolvenzmasse des Lieferanten erhalten hätte. Dies mag überraschen, ist aber nicht ungereimt, da die „Besserstellung" sich letztlich erst aus dem Vergleich mit der Rückabwicklung des Kaufvertrages in der Insolvenz des Lieferanten ergibt. Im Einzelfall kann ein Schadenersatzanspruch des Leasingnehmers gegen den Leasinggeber aus § 280 Abs 1 BGB in Betracht kommen, wenn dieser nicht deutlich auf die Rechtsfolgen des § 377 Abs 2 HGB und die Gefahr einer vorschnellen Abgabe der Übernahmebestäti-

E. Besonderheiten bei Leasingverträgen § 108

gung hingewiesen hat (*Canaris* AcP 190 [1990]), 410, 435 f; *Eckert* ZIP 1987, 1510, 1511; andeutungsweise auch **BGH** 24. 1. 90 – VIII ZR 22/89, BGHZ 110, 130, 142).

2. Insolvenz nach Überlassung des Leasinggutes. a) Zuweisung des Insolvenzrisikos. Scheitert die Realisierung des Rücktritts (früher: Wandelung) an der Vermögenslosigkeit des Herstellers/Lieferanten, so muss der Leasingnehmer im Verhältnis zum Leasinggeber so gestellt werden, wie er stünde, wenn der Rücktritt vom Kaufvertrag vollzogen worden wäre (**BGH** 20. 6. 84 – VIII ZR 131/83, ZIP 1984, 1101, 1105; **BGH** 13. 3. 91 – VIII ZR 34/90, DB 1991, 1113, 1116). Das Insolvenzrisiko des Herstellers/Lieferanten hat demnach der **Leasinggeber** zu tragen (*H. Schmidt* in Ulmer/Brandner/Hensen Anh § 310 BGB Rn 532; *Graf von Westphalen* Der Leasingvertrag, Kap H Rn 257). 157

Die im Schrifttum vorgebrachten Gegenargumente (siehe 12. Aufl § 108 Rn 137) überzeugen im Ergebnis nicht. Insbesondere rechtfertigen sie keine Ausnahme von dem Grundsatz, dass bei einer Leistungsstörung in einem *Dreiecksverhältnis* Einwendungen gegenüber dem Vertragspartner aus einem Drittrechtsverhältnis regelmäßig ausgeschlossen sind. 158

Zwar führt die klassische Formel, wonach jede Partei nur das Risiko der Zahlungsunfähigkeit desjenigen tragen soll, den sie „sich selbst als Partner ausgesucht" hat, zu keiner eindeutigen Risikozuweisung. Denn „ausgesucht" wird der Lieferant regelmäßig vom Leasing*nehmer*, während er „Vertragspartner" des Leasing*gebers* wird. Entscheidend ist jedoch, dass durch die Auswahl des Lieferanten **keine größere Sachnähe des Leasingnehmers** zu dessen Insolvenzrisiko entsteht, als sie der Abschluss des Kaufvertrages durch den Leasinggeber begründet. Dem Leasinggeber verbleibt die Entscheidung, ob er sich mit diesem Lieferanten als Vertragspartner einlassen will oder nicht. Ebenso wenig erfordert die leasingtypische Regelung, den Leasingnehmer in den Gewährleistungsfällen so zu stellen, als sei er im Verhältnis zum Lieferanten Käufer, ihn auch mit dem Insolvenzrisiko des Lieferanten zu belasten. Denn die Gleichstellung mit der Rechtsposition eines Käufers bezieht sich nur auf die „Geltendmachung" der Gewährleistungsansprüche (Anspruch *auf* Rücktritt), nicht hingegen auf den „Vollzug" des Rücktritts (Anspruch *aus* dem Rücktritt). Nach den Leasingbedingungen kann der Leasingnehmer nämlich den Rückzahlungsanspruch an sich, sondern im Wege der gewillkürten Prozessstandschaft (**BGH** 23. 2. 77 – VIII ZR 312/75, WM 1977, 390, 392 unter II 4) stets nur Leistung an den Leasing*geber* verlangen (**BGH** 23. 2. 77 – VIII ZR 124/75, BGHZ 68, 118, 125). Folglich muss auch *er* das Risiko tragen, dass sein Rückgewährschuldner nicht leistungsfähig ist (*Reinicke/Tiedtke* DB 1986, 575, 576). Dem lässt sich auch nicht entgegenhalten, dass der Leasinggeber dadurch letztlich zwei Bonitätsrisiken trage. Die Risiken können sich nämlich nur *alternativ* verwirklichen: Entweder ist das Leasinggut fehlerfrei, dann trifft den Leasinggeber ausschließlich das Bonitätsrisiko des Leasingnehmers; oder es ist mangelhaft, dann trägt er das Risiko der Zahlungsunfähigkeit des Lieferanten. Dies ist letztlich nur die Folge daraus, dass er – im Gegensatz zum Leasingnehmer – auch zwei Verträge geschlossen hat. 159

Auch die Ähnlichkeit zum finanzierten Abzahlungsgeschäft ist nicht geeignet, das Insolvenzrisiko des Herstellers/Lieferanten auf den Leasingnehmer zu verlagern. Die vertragstypische Verpflichtung des Leasinggebers zur Gebrauchsüberlassung verbietet es, ihn zum Nachteil des Leasingnehmers als reine „Finanzierungsstelle" zu behandeln (**BGH** 25. 10. 89 – VIII ZR 105/88, BGHZ 109, 139, 146). Während die Tätigkeit der Bank beim finanzierten Abzahlungsgeschäft sich in der Finanzierung erschöpft, kauft die Leasinggesellschaft das Leasinggut im eigenen Interesse und für eigene Rechnung, um es dann im eigenen Namen und auf eigene Rechnung, an den Leasingnehmer zu verleasen und nach Vollamortisation aus dem Restwert möglichst noch einen zusätzlichen Gewinn zu erwirtschaften. 160

b) Formularvertragliche Abwälzung des Insolvenzrisikos auf den Leasingnehmer. Weder im nichtkaufmännischen noch im kaufmännischen Verkehr kann das Risiko der Insolvenz des Lieferanten durch Allgemeine Geschäftsbedingungen auf den Leasingnehmer abgewälzt werden (**BGH** 13. 3. 91 – VIII ZR 34/90, DB 1991, 1113, 1116; MüKo-*Koch* nach § 507 BGB, Leasing, Rn 34). Eine solche Klausel verstößt gegen das Äquivalenzprinzip und damit gegen § 307 Abs 2 Nr 2 BGB, da der Leasingnehmer für eine Sache bezahlen müsste, die er nicht nutzen kann. Außerdem käme es bei ihm zu einer Risikokumulierung, da eine vollständige und ordnungsgemäße Rückabwicklung des Leasingvertrages nur gewährleistet wäre, wenn Lieferant *und* Leasinggeber zahlungsfähig sind. Müsste der Leasingnehmer dem Leasinggeber den gezahlten, wegen Insolvenz des Lieferanten nicht zurückzuerlangenden Kaufpreis ersetzen, ohne die seinerseits erbrachten Leistungen zurückzuerhalten oder das Leasinggut nutzen zu können, wäre die Erreichung des Vertragszwecks (Gebrauchsüberlassung gegen Entgelt) gefährdet. 161

c) Abwicklung des Leasingverhältnisses. Die §§ 437 Nr 2, 349 BGB sehen bei Mängeln der Kaufsache ein Rücktrittsrecht als *Gestaltungsrecht* vor, so dass grundsätzlich die bloße Erklärung des Rücktritts vom Kaufvertrag genügt, um die Rückabwicklungsfolgen eintreten zu lassen. **Bestreitet der Verwalter** allerdings **das Rücktrittsrecht**, muss der Leasingnehmer – wie früher bei der Wandelung nach § 465 BGB aF (**BGH** 10. 11. 93 – VIII ZR 119/92, NJW 1994, 576, 577) – gemäß § 179 Abs 1 auf Feststellung des Kaufpreisrückzahlungsanspruches zur Tabelle klagen, um sich gegenüber dem Leasinggeber auf den Wegfall der Geschäftsgrundlage berufen zu können. Dies rechtfertigt sich daraus, dass erst dann Rechtssicherheit besteht, welche Folgen sich für den Bestand des Leasingverhältnisses ergeben. Bis 162 zur Rechtskraft des Urteils steht dem Leasingnehmer ein Leistungsverweigerungsrecht zu; ein Rechtsstreit des Leasinggebers auf Zahlung wäre gem § 148 ZPO auszusetzen (BGH 19. 2. 86 – VIII ZR 91/85, BGHZ 97, 135, 145; *H. Schmidt* in Ulmer/Brandner/Hensen Anh § 310 BGB Rn 536). Lediglich in den Fällen, in denen es **mangels Masse** erst gar **nicht zur Verfahrenseröffnung kommt**, kann auf die Durchführung der Rückabwicklung verzichtet werden, da dem Leasingnehmer die Führung eines Prozesses gegen den Lieferanten unzumutbar ist (obiter dictum in BGH 19. 2. 86 – VIII ZR 91/85, BGHZ 97, 135, 140; *Koch*, in *Graf von Westphalen* Der Leasingvertrag, Kap P Rn 150). Vielmehr ist es ausreichend, aber auch erforderlich, dass der Leasingnehmer unmittelbar gegenüber dem Leasinggeber die Vermögenslosigkeit des Lieferanten *und* das Vorliegen der Rücktrittsvoraussetzungen nachweist. Entsprechendes gilt im Falle einer **Minderung**, wobei die Leasingraten unter Berücksichtigung des sich gem § 441 Abs 3 BGB ergebenden Minderungsbetrages *von Anfang an* anzugleichen sind (*Graf von Westphalen* Der Leasingvertrag, Kap H Rn 166 f).

163 Im Rahmen des Bereicherungsausgleichs (Saldotheorie) muss der Leasingnehmer sich **gezogene Nutzungen** anrechnen lassen. Der Wert dieser Nutzungen ist jedoch nicht identisch mit der Höhe der Leasingraten, da diese kein zeitbezogenes Nutzungsentgelt sind, sondern den Vollamortisationsanspruch je nach Vertragstyp auf die einzelnen Zeitabschnitte verteilen. Maßgebend ist vielmehr, welchen wirtschaftlichen Wert die aufgrund der Mängel verbliebene Nutzungsmöglichkeit für den Leasingnehmer hatte. Die Darlegungs- und Beweislast für gezogene Nutzungen trägt der Leasing*geber* (BGH 25. 10. 89 – VIII ZR 105/88, ZIP 1990, 175, 178 f).

164 Gegenüber dem Bereicherungsanspruch des Leasingnehmers kann der Leasinggeber **nicht** gemäß § 818 Abs 3 BGB einwenden, dass er mit seinem Rückgewähranspruch gegen den Hersteller/Lieferanten ausfällt (so aber *Schröder* JZ 1989, 717, 723 f; *Lieb* DB 1988, 2495, 2497). Denn andernfalls wäre die für den Wegfall der Geschäftsgrundlage maßgebende Risikoverteilung ohne praktische Bedeutung (BGH 25. 10. 89 – VIII ZR 105/88, ZIP 1990, 175, 178). Beim Wegfall der Geschäftsgrundlage wie beim Entreicherungseinwand geht es um die gleiche Grundsatzentscheidung, nämlich wer das Risiko der Rückerlangung des an den Hersteller/Lieferanten gezahlten Kaufpreises tragen muss. Diese Wertung kann nur einheitlich erfolgen (*Graf von Westphalen* Der Leasingvertrag, Kap H Rn 159, 164).

165 Dem Leasinggeber steht nach gescheiterter Rückabwicklung des Kaufvertrages auch **kein Anspruch auf Erstattung des aufgewandten Kaufpreises** zu, und zwar weder unter dem Gesichtspunkt des Aufwendungsersatzes (§§ 670, 683 BGB) noch aus Treu und Glauben (BGH 16. 9. 81 – VIII ZR 265/80, BGHZ 81, 298, 309; BGH 25. 10. 89 – VIII ZR 105/88, ZIP 1990, 175, 177). Denn die Beschaffung einer mangelhaften und nicht nachbesserungsfähigen Sache durch den Leasinggeber entspricht weder dem Willen noch den Interessen des Leasingnehmers. Ebenso wäre eine formularmäßige Vereinbarung eines Aufwendungsersatzanspruches gemäß § 307 Abs 1 BGB unwirksam (BGH 9. 10. 85 – VIII ZR 217/84, BGHZ 96, 103, 108 ff).

166 Soweit der Leasingnehmer für die **Kosten des Gewährleistungsprozesses** beim Hersteller/Lieferanten wegen dessen Insolvenz keine Erstattung erlangen kann, steht ihm ein Aufwendungsersatzanspruch gegen den Leasinggeber zu. Dieser ergibt sich bei wirksamer Gewährleistungsregelung aus § 670 BGB, bei unwirksamer Gewährleistungsregelung aus § 683 S 1 BGB, da der Leasinggeber stets Inhaber des Kaufpreisrückzahlungsanspruches bleibt. Eine Formularklausel, die die Kosten der Rechtsverfolgung in jedem Fall dem Leasingnehmer anlastet, ist unwirksam (BGH 25. 10. 89 – VIII ZR 105/88, ZIP 1990, 175, 179 f). Für das Insolvenzrisiko hinsichtlich der Realisierung der Rechtsverfolgungskosten kann keine andere Risikoverteilung gelten als für den materiellen Anspruch selbst.

167 **3. Insolvenz vor Überlassung des Leasinggutes. a) Ansprüche des Leasingnehmers.** Die allgemeinen Leasingbedingungen sehen regelmäßig vor, dass der Leasingvertrag erst dann gemäß § 158 Abs 1 BGB zustande kommt, wenn der Leasingnehmer gegenüber dem Leasinggeber den Empfang bzw die Abnahme des Leasinggutes bestätigt hat. Ansprüchen des Leasingnehmers wäre daher von vornherein den Boden entzogen, wenn die Bedingung infolge der Insolvenz des Herstellers/Lieferanten nicht eintritt. Nach Ansicht des **BGH** ist der Hersteller/Lieferant jedoch bis zur vollständigen Übergabe Erfüllungsgehilfe des Leasinggebers in Bezug auf die diesem obliegende Gebrauchsüberlassungspflicht mit der Folge, dass die Bedingung gem § 162 Abs 1 BGB als eingetreten gilt, wenn der Lieferant deren Eintritt treuwidrig verhindert (BGH 30. 9. 87 – VIII ZR 226/86, NJW 1988, 198, 199; zur Kritik s u Rn 169 aE). Überzeugender erscheint die Begründung, dass der Leasinggeber sich erst gar nicht auf den fehlenden Bedingungseintritt berufen kann, da die Klausel den Leasingnehmer unangemessen benachteiligt (§ 307 Abs 2 Nr 1 BGB). Könnte er nämlich bei Nichtlieferung des Leasinggutes weder Erfüllungs- noch Sekundäransprüche geltend machen, wäre er völlig rechtlos gestellt.

168 Der Leasinggeber ist in der Insolvenz des Herstellers/Lieferanten nicht verpflichtet, für eine anderweitige Beschaffung des Leasinggutes zu sorgen. Mit Abschluss des Kaufvertrages zwischen Leasinggeber und Lieferant beschränkt sich die Beschaffungspflicht auf den Vorrat oder die Produktion *dieses* Lieferanten (**beschränkte Gattungsschuld**).

169 **Der Leasinggeber kann sich nicht** von seiner **Schadensersatzpflicht aus § 281 Abs 1 BGB** durch Abtretung der ihm gegen den Hersteller/Lieferanten zustehenden Schadensersatzansprüche **freizeichnen** (*Graf von Westphalen* Der Leasingvertrag, Kap H Rn 78; *Klomann* Das Risiko der Insolvenz des Verkäufers/

Unternehmers vor Übergabe der Leasingsache, Diss 1990, S 160 ff; *Papapostolou* Die Risikoverteilung beim Finanzierungsleasingvertrag über bewegliche Sachen, Diss 1987, S 107 ff; *H. Schmidt* in Ulmer/Brandner/Hensen Anh §§ 9–11 AGBG Rn 464). Beim Finanzierungsleasing beschränkt sich die Gebrauchsüberlassungspflicht des Leasinggebers – wie bei einem Verkauf unter Vorbehalt der Selbstbelieferung – auf den Gegenstand, den er aus seinem Deckungsgeschäft zu fordern hat. Mit Abschluss des Kaufvertrages und rechtzeitiger Erfüllung etwaiger weiterer Pflichten (zB Leistung einer Anzahlung) hat der Leasinggeber alles getan, was er nach dem Leasingvertrag in Bezug auf die Beschaffung tun musste. Es fehlt ihm jede Auswahl- und Einwirkungsmöglichkeit; sowohl der Hersteller/Lieferant, bei dem das Leasinggut zu erwerben ist, als auch die Beschaffenheit des Leasinggutes selbst sind dem Leasinggeber vorgeschrieben. Aus diesem Grunde muss er sich auch kein Verschulden des Lieferanten gemäß § 278 BGB zurechnen lassen. Denn Erfüllungsgehilfe kann der Lieferant nur insoweit sein, als er Tätigkeiten übernimmt, die andernfalls vom Leasinggeber auszuführen wären. Das trifft aber nur auf die *Übergabe* des Leasinggutes zu, nicht hingegen auf den *Sacherwerb*. Wenn der **BGH** gleichwohl den Lieferanten bis zur vollständigen Übergabe des Leasinggutes als Erfüllungsgehilfen des Leasinggebers ansieht, fehlt es nicht nur an der notwendigen Differenzierung zwischen dem Beschaffungsvorgang (Sacherwerb) und der Übergabe des Leasinggutes, sondern steht dies auch im Widerspruch zur Rechtsprechung beim Streckengeschäft (zB **BGH** 16. 6. 71 – VIII ZR 69/70, WM 1971, 1121, 1122 f); auch dort ist der Hersteller/Lieferant im Verhältnis zum Käufer nur hinsichtlich der Übergabe Erfüllungsgehilfe des Zwischenhändlers, nicht aber in Bezug auf die Beschaffung als solche. Das Finanzierungsleasing unterscheidet sich vom Streckengeschäft lediglich dadurch, dass der Verkäufer Einigung und Übergabe schuldet, während der Leasinggeber nur zur Übergabe (Gebrauchsüberlassung) verpflichtet ist.

Es fehlt an einer unangemessenen Benachteiligung iSd § 307 Abs 2 Nr 1 BGB, weil der Leasinggeber **170** nach den Grundsätzen zum Selbstbelieferungsvorbehalt – auch ohne die Klausel – gemäß § 275 Abs 1 BGB frei würde und nach § 285 Abs 1 BGB nur die eigenen Ersatzansprüche gegen seinen Schuldner abtreten müsste. Die Abtretungskonstruktion stellt den Leasingnehmer sogar besser, da er auch seinen *Eigenschaden* gegenüber dem Lieferanten geltend machen kann (*Graf von Westphalen* ZIP 1985, 1436, 1439); denn bei einer Zession beurteilen sich Umfang und Inhalt des Schadenersatzanspruches nach der Person des Zessionars (**BGH** 28. 6. 78 – VIII ZR 139/77, BGHZ 72, 147, 150 f). Im Gegensatz zu den Gewährleistungsfällen geht das Risiko einer Insolvenz des Herstellers/Lieferanten vor Lieferung des Leasinggutes (**Beschaffungsrisiko**) somit zulasten des **Leasingnehmers**. Das Gleiche gilt für das Risiko der Durchsetzbarkeit des Schadenersatzanspruches.

b) Ansprüche des Leasinggebers. Selbst wenn der Leasinggeber verpflichtet war, den Kaufpreis ganz **171** oder teilweise an den Hersteller/Lieferanten schon vor vollständiger Erfüllung des Kaufvertrages zu zahlen, steht ihm **kein Aufwendungsersatzanspruch** – gleich welcher Art – zu (**BGH** 16. 9. 81 – VIII ZR 265/80, BGHZ 81, 298, 309; **BGH** 9. 10. 85 – VIII ZR 217/84, NJW 1986, 179, 179 f). Zum einen ist neben den vertraglichen Ansprüchen für die §§ 670, 675, 683 BGB kein Raum, weil der Beschaffungsvorgang als Teil des Leasingvertrages nicht von diesem willkürlich getrennt werden kann (so aber *Lieb* WM 1992, Sonderbeilage Nr 6, S 8); zum anderen fehlt es an einer fremdnützigen Tätigkeit, weil der Leasinggeber selbst das Eigentum am Leasinggut mit der Aussicht auf einen zusätzlichen Gewinn aus dem Restwert erwerben will. Ein formularmäßig ausbedungener Aufwendungsersatzanspruch scheitert an § 307 Abs 2 Nr 2 BGB (*Klomann* Das Risiko der Insolvenz des Verkäufers/Unternehmers vor Übergabe der Leasingsache, Diss 1990, S 182 f; *Koch*, in *Graf von Westphalen* Der Leasingvertrag, Kap P Rn 151). Denn durch eine solche Regelung würde das Recht des Leasingnehmers, sich im Falle der Nichterfüllung ohne weitere Zahlungspflichten vom Vertrag lösen zu können, so eingeschränkt, dass das Äquivalenzprinzip gestört ist.

§ 109 Schuldner als Mieter oder Pächter

(1) ¹Ein Miet- oder Pachtverhältnis über einen unbeweglichen Gegenstand oder über Räume, das der Schuldner als Mieter oder Pächter eingegangen war, kann der Insolvenzverwalter ohne Rücksicht auf die vereinbarte Vertragsdauer oder einen vereinbarten Ausschluss des Rechts zur ordentlichen Kündigung kündigen; die Kündigungsfrist beträgt drei Monate zum Monatsende, wenn nicht eine kürzere Frist maßgeblich ist. ²Ist Gegenstand des Mietverhältnisses die Wohnung des Schuldners, so tritt an die Stelle der Kündigung das Recht des Insolvenzverwalters zu erklären, dass Ansprüche, die nach Ablauf der in Satz 1 genannten Frist fällig werden, nicht im Insolvenzverfahren geltend gemacht werden können. ³Kündigt der Verwalter nach Satz 1 oder gibt er die Erklärung nach Satz 2 ab, so kann der andere Teil wegen der vorzeitigen Beendigung des Vertragsverhältnisses oder wegen der Folgen der Erklärung als Insolvenzgläubiger Schadensersatz verlangen.

(2) ¹Waren dem Schuldner der unbewegliche Gegenstand oder die Räume zur Zeit der Eröffnung des Verfahrens noch nicht überlassen, so kann sowohl der Verwalter als auch der andere Teil vom Vertrag zurücktreten. ²Tritt der Verwalter zurück, so kann der andere Teil wegen der vorzeitigen Beendigung des Vertragsverhältnisses als Insolvenzgläubiger Schadensersatz verlangen.

³ Jeder Teil hat dem anderen auf dessen Verlangen binnen zwei Wochen zu erklären, ob er vom Vertrag zurücktreten will; unterläßt er dies, so verliert er das Rücktrittsrecht.

Vorläufer des § 109 Abs 1 S 1 sind §§ 19 S 1 KO, 51 Abs 2 VerglO, 9 Abs 3 GesO. Abgeschafft wurde das in § 19 S 1 KO vorgesehene Kündigungsrecht des Vermieters. § 109 Abs 1 S 1 HS 2 neu gefasst durch das Gesetz zur Vereinfachung des Insolvenzverfahrens vom 13. 4. 2007. § 109 Abs 1 S 2 ohne Entsprechung im früheren Recht, eingefügt durch das Gesetz zur Änderung der Insolvenzordnung und anderer Gesetze vom 26. 10. 2001. § 109 Abs 1 S 3 entspricht §§ 19 S 3 KO, 52 Abs 1 GesO. Neu ist der Schadensersatz nach Enthaftung. § 109 Abs 2 S 1 ist § 20 Abs 1 KO nachgebildet. Neu ist das Rücktrittsrecht des Vermieters. § 109 Abs 2 S 2, 3 ohne Entsprechung im früheren Recht.

§ 123 Abs 1 RegE ohne Änderungen im Gesetzgebungsverfahren. § 123 Abs 2 RegE mit redaktioneller Änderung und Ergänzung in S 3 um eine konkrete Fristbestimmung.

Übersicht

	Rn
I. Allgemeines	1
II. Sonderkündigungsrecht des Insolvenzverwalters (§ 109 Abs 1 S 1)	2
1. Voraussetzungen	2
2. Sonderkündigungsrecht	5
a) Kündigungsberechtigter	6
b) Kündigungsfrist	7
c) Kündigungszeitpunkt	8
3. Folgen der Sonderkündigung	9
a) Beendigung des Mietverhältnisses	9
b) Schadensersatzanspruch des Vermieters (§ 109 Abs 1 S 3)	10
III. Enthaftung der Masse bei Wohnraummiete (§ 109 Abs 1 S 2)	14
1. Anwendungsbereich	15
2. Voraussetzungen	16
3. Kündigungsausschluss	17
4. Enthaftung der Insolvenzmasse	18
a) Enthaftungserklärung des Insolvenzverwalters	18
b) Rechtsfolgen der Enthaftungserklärung	19
c) Vertragszuständigkeit nach Enthaftung der Masse	21
5. Schadensersatz wegen Enthaftung der Masse (§ 109 Abs 1 S 3)	25
IV. Rücktritt bei nichtvollzogenen Miet- und Pachtverträgen (§ 109 Abs 2 S 1)	26
1. Keine Überlassung der Mietsache vor Insolvenzeröffnung	27
2. Beiderseitiges Rücktrittsrecht	29
3. Rücktrittserklärung und -folgen	31
4. Aufforderung zur Rücktrittsentscheidung u. Erklärungsfrist (§ 109 Abs 2 S 3)	32
5. Schadensersatzanspruch des Vermieters (§ 109 Abs 2 S 2)	34
6. Verhältnis von Kündigung und Rücktritt	35

I. Allgemeines

1 Nach § 108 Abs 1 S 1 hat der Insolvenzverwalter einen im Zeitpunkt der Insolvenzeröffnung bestehenden Mietvertrag über einen unbeweglichen Gegenstand oder über Räume mit den Rechten und Pflichten des Schuldners als Mieter fortzusetzen. Da die Masse jedoch davor geschützt werden muss, mit Mietansprüchen belastet zu werden (§ 55 Abs 1 Nr 2), wenn eine wirtschaftlich angemessene Nutzung des Mietobjektes nicht möglich ist, gewährt § 109 Abs 1 S 1 dem **Insolvenzverwalter** in der **Insolvenz des Mieters** ein **Sonderkündigungsrecht**. Bei **Wohnraummietverhältnissen** tritt gem § 109 Abs 1 S 2 an die Stelle des Sonderkündigungsrechtes das Recht des **Insolvenzverwalters**, die **Haftung der Masse** aus § 55 Abs 1 Nr 2 für Ansprüche aus dem Mietverhältnis nach Ablauf einer bestimmten Zeit durch einseitige Erklärung gegenüber dem Vermieter **zu beenden**. Dadurch wird die Insolvenzmasse vor Belastungen durch Mietansprüche in gleicher Weise geschützt wie durch Kündigung, dem Schuldner aber die für einen wirtschaftlichen Neuanfang erforderliche Wohnung erhalten. Bis zur Wirksamkeit der Kündigung (§ 109 Abs 1 S 1) bzw der Nichthaftungserklärung (§ 109 Abs 1 S 2) bleibt die Masse mit der Miete belastet (§ 55 Abs 1 Nr 2). Für Mietverträge, die im Zeitpunkt der Insolvenzeröffnung **noch nicht vollzogen sind**, enthält § 109 Abs 2 S 1 eine **Sonderregelung**. Der Insolvenzverwalter ist nicht gezwungen, Masseverbindlichkeiten durch Vollzug des Mietverhältnisses zu begründen, sondern kann vor Überlassung des Mietgegenstandes vom Vertrag zurücktreten. § 109 Abs 2 S 1 ermöglicht ihm damit eine sofortige Lösung vom Vertrag. Entscheidet sich der Insolvenzverwalter dazu, den Vertrag zunächst zu vollziehen, kann er diesen **nach Überlassung des Vertragsgegenstandes** gem § 109 Abs 1 S 1 jederzeit mit einer Dreimonatsfrist kündigen. Vor Überlassung hat er allerdings nur das Rücktrittsrecht. Der **Vermieter** kann sowohl den durch die vorzeitige Beendigung des Vertragsverhältnisses (Kündigung, Rücktritt), als auch den durch die vorzeitige Enthaftung der Insolvenzmasse entstandenen **Mietausfallschaden** als Insolvenzforderung zur Insolvenztabelle anmelden (§ 109 Abs 1 S 3, Abs 2 S 2). Für den **Vermieter** begründet die Eröffnung des Insolvenzverfahrens über das Vermögen des Mieters im Gegensatz

II. Sonderkündigungsrecht des Insolvenzverwalters (§ 109 Abs 1 S 1) § 109

zu § 19 Abs 1 KO **kein Sonderkündigungsrecht**, da sich die Erwartung der Motive, ein Vermieter werde nicht zu Unzeit kündigen, solange der Mietzins gesichert ist, nicht erfüllt hat. Allerdings gewährt ihm § 109 Abs 2 S 1 bei nicht vollzogenen Miet- bzw Pachtverträgen ein **Recht zum Rücktritt**.

II. Sonderkündigungsrecht des Insolvenzverwalters (§ 109 Abs 1 S 1)

1. Voraussetzungen. Das Sonderkündigungsrecht des Insolvenzverwalters entsteht mit der Eröffnung 2 des Insolvenzverfahrens über das Vermögen des Mieters und setzt neben der **Verfahrenseröffnung** lediglich einen vom **Schuldner als Mieter** vorinsolvenzlich abgeschlossenen **wirksamen Mietvertrag** über einen **unbeweglichen Gegenstand** oder über **Räume** voraus. § 109 Abs 1 S 1 knüpft damit an § 108 Abs 1 S 1 an. Negative Voraussetzung des § 109 Abs 1 S 1 ist nach § 109 Abs 1 S 2, dass es sich bei der Mietsache **nicht um die Wohnung des Schuldners** handelt. Der Mietvertrag muss im Zeitpunkt der Insolvenzeröffnung noch bestehen, darf also vor Eröffnung nicht rechtlich beendet worden sein (FK-*Wegener* § 109 Rn 2). Die bloße vorinsolvenzliche Kündigung des Mietvertrages hindert die Anwendung des § 109 Abs 1 S 1 dagegen nicht. Allerdings ist für eine Verwalterkündigung nur dann Raum, wenn sie das Vertragsverhältnis früher beendet (K/P/B/*Tintelnot* § 109 Rn 10). Umgekehrt kann eine vom Verwalter ausgesprochene Kündigung von einer fristlosen Kündigung des Vermieters nach § 543 Abs 2 Nr 3 BGB wegen nach dem Eröffnungsantrag aufgelaufener Rückstände überholt werden (**KG Berlin** 15. 3. 2007 – 8 U 165/06, ZMR 2007, 615). § 109 Abs 1 S 1 findet keine Anwendung auf Mietverträge, die **vom Insolvenzverwalter** (§ 56) nach Verfahrenseröffnung oder davor **vom starken vorläufigen Verwalter** mit Verwaltungs- und Verfügungsbefugnis (§ 21 Abs 2 Nr 2 Alt 1) begründet wurden (HK-*Marotzke* § 109 Rn 1; MüKo-*Eckert* § 109 Rn 9). Die bloße Zustimmung des schwachen vorläufigen Insolvenzverwalters zum Vertragsschluss durch den Schuldner schadet allerdings nicht (MüKo-*Eckert* § 109 Rn 9).

§ 109 Abs 1 S 1 geht davon aus, dass auf Mieterseite nur eine Person steht. Das Sonderkündigungs- 3 recht des Insolvenzverwalters entsteht aber auch dann mit der Eröffnung des Insolvenzverfahrens über das Vermögen des Mieters, wenn neben dem Schuldner noch **weitere Mieter** an dem Mietverhältnis beteiligt sind. In diesem Fall kann der Insolvenzverwalter das Mietverhältnis auch **ohne Mitwirkung der anderen Mieter** nach § 109 Abs 1 S 1 **kündigen** (**OLG Celle** 15. 2. 1974 – 2 U 62/73, NJW 1974, 2013; K/P/B/*Tintelnot* § 109 Rn 44; MüKo-*Eckert* § 109 Rn 36; HaKo-*Ahrendt* § 109 Rn 19). Der dem § 109 Abs 1 S 1 zugrunde liegende Gedanke vom Schutz der Insolvenzmasse und damit der Gläubigergemeinschaft vor anwachsenden Masseverbindlichkeiten gebietet es, den Grundsatz der Einheitlichkeit der Kündigung in der formellen Insolvenz eines Mietmieters zu durchbrechen. Streit besteht über die Frage, ob die Kündigung des Insolvenzverwalters **Einzel- oder Gesamtwirkung** entfaltet. Eine Ansicht differenziert nach dem Nutzungsrecht. Sind sämtliche Mieter gleichrangig nutzungsberechtigt, soll die Kündigung des Verwalters lediglich Einzelwirkung entfalten. Wurden die Mitmieter indes nur sicherungshalber mitverpflichtet, beende die Kündigung auch das mit ihnen bestehende Vertragsverhältnis (K/P/B/*Tintelnot* § 109 Rn 46; *Franken/Dahl* S 122 Rn 92; zust KS/*Pape* S 580; generell gegen eine Wirkung der Kündigung gegenüber allen Mitmietern *Paul* InVo 2008, 1 [2]). Andere meinen, für den Zweck des § 109 Abs 1 genüge es, wenn nur der Schuldner ausscheide (MüKo-*Eckert* § 109 Rn 37). Nach überwiegender und zutreffender Auffassung löst die Kündigung des Verwalters jedoch Wirkung auf und gegen alle Beteiligten aus (**OLG Düsseldorf** 2. 7. 1987 – 10 U 23/87, NJW-RR 1987, *Dahl* NZM 2008, 585 [587]; FK-*Wegener* § 109 Rn 11; HaKo-*Ahrendt* § 109 Rn 19; MüKoBGB-*Bydlinski* § 425 Rn 7). Auch wenn der Insolvenzverwalter den Mietvertrag, anders als der Schuldner als Mitmieter außerhalb der Insolvenz, alleine kündigen kann, ändert dies nichts daran, dass sich die Gestaltungswirkung der Kündigungserklärung stets nur auf das **gesamte Schuldverhältnis** beziehen kann.

§ 109 Abs 1 S 1 setzt **nicht** die **Überlassung des Vertragsgegenstandes** voraus, weder vor Insolvenzer- 4 öffnung an den Schuldner, noch nach Verfahrenseröffnung bis zur Ausübung des Sonderkündigungsrechtes an den Insolvenzverwalter (K/P/B/*Tintelnot* § 109 Rn 68; FK-*Wegener* § 109 Rn 3; HaKo-*Ahrendt* § 109 Rn 5; MüKo-*Eckert* § 109 Rn 75; N/R/*Balthasar* § 109 Rn 4; aA HK-*Marotzke* § 109 Rn 22; *Franken/Dahl* S 106 Rn 47). Das Sonderkündigungsrecht des Verwalters entsteht folglich auch dann mit Insolvenzeröffnung, wenn dem Schuldner die Mietsache zu diesem Zeitpunkt nicht überlassen war. Da § 109 Abs 2 jedoch eine **Sonderregelung** für im Zeitpunkt der Eröffnung noch **nicht vollzogene Mietverträge** enthält (BT-Drucks 12/2443 S 147), geht das Rücktrittsrecht des Insolvenzverwalters dem Sonderkündigungsrecht nach § 109 Abs 1 S 1 vor, solange es besteht (K/P/B/*Tintelnot* § 109 Rn 68; aA FK-*Wegener* § 109 Rn 3, der dem Insolvenzverwalter ein Wahlrecht zwischen Rücktritt und Kündigung zubilligt). Der Insolvenzverwalter kann mithin erst dann von seinem Sonderkündigungsrecht Gebrauch machen, wenn das Rücktrittsrecht durch Überlassung der Mietsache (s u Rn 28), Fristablauf gem § 109 Abs 2 S 3 oder auf sonstige Weise **erloschen** ist. Weder aus der Gesetzesbegründung noch dem Umkehrschluss aus § 109 Abs 2 S 1 lässt sich ableiten, dass das Sonderkündigungsrecht des § 109 Abs 1 S 1 nur bei im Zeitpunkt der Insolvenzeröffnung **bereits vollzogenen Verträgen** entsteht (so aber HK-*Marotzke* § 109 Rn 20; HaKo-*Ahrendt* § 109 Rn 20; wie hier MüKo-*Eckert* § 109 Rn 75). Die Formulierung in der Gesetzesbegründung, § 109 Abs 2 S 1 gehe bei nicht vollzogenen Verträgen als Sonderregelung vor, zwingt nicht zu dem Schluss, die Rechte des Insolvenzverwalters seien bei nicht vollzogenen Mietverträgen auf Rücktritt beschränkt. Sie kann auch so verstanden werden, dass mit Verfahrenseröffnung neben dem Sonderkündigungsrecht zusätzlich ein Rücktrittsrecht entsteht, welches vorrangig auszuüben ist. Auch der Gesetzestext des § 109 Abs 1 S 1 sieht eine derartige Einschränkung nicht vor, sondern knüpft die Entstehung des Sonderkündigungsrechtes nur an die og Voraussetzungen (s o Rn 2 f). Für die hier vertretene Auffassung spricht im Übrigen der Zweck des Insolvenzverfahrens. Denn dem Insolvenzverwalter muss es möglich sein, ein benötigtes Grundstück auch noch nach Verfahrenseröffnung in Besitz zu nehmen und im Interesse der Masse zeitlich begrenzt zu nutzen, ohne an uU lange Kündigungsfristen gebunden zu sein (MüKo-*Eckert* § 109 Rn 75).

5 **2. Sonderkündigungsrecht.** Als Ersatz für die bei den Miet- und Pachtverträgen des § 108 Abs 1 fehlende Möglichkeit, die Erfüllung des Vertrages gem § 103 Abs 2 S 1 abzulehnen, gewährt § 109 Abs 1 S 1 dem Insolvenzverwalter ein **zusätzliches außerordentliches Kündigungsrecht** (K/P/B/*Tintelnot* § 109 Rn 25; MüKo-*Eckert* § 109 Rn 8). Das **Sonderkündigungsrecht** entsteht mit der Eröffnung des Insolvenzverfahrens über das Vermögen des Mieters und tritt neben andere vertragliche oder gesetzliche Kündigungsrechte des Mieters, sofern solche bestehen, verdrängt diese also nicht (K/P/B/*Tintelnot* § 109 Rn 37; HK-*Marotzke* § 109 Rn 26).

6 a) **Kündigungsberechtigter.** Das Sonderkündigungsrecht steht ausschließlich dem **Insolvenzverwalter** (§ 56), im vereinfachten Insolvenzverfahren dem **Treuhänder** (§ 313 Abs 1 S 1) zu. Übt der Insolvenzverwalter sein Sonderkündigungsrecht nach Anzeige der Masseunzulänglichkeit nicht aus, haftet er uU nach § 61 (K/P/B/*Tintelnot* § 109 Rn 40 *Franken*/*Dahl* S 114 ff). Der **Vermieter** hat kein außerordentliches Kündigungsrecht, sondern ist an den Vertrag und etwaige Kündigungsschutzbestimmungen gebunden. Da das Sonderkündigungsrecht erst mit der Eröffnung des Insolvenzverfahrens über das Vermögen des Mieters entsteht, stehen weder dem starken (§ 21 Abs 2 Nr 2 Alt 1) noch dem schwachen (§ 21 Abs 2 Nr 2 Alt 2) vorläufigen Insolvenzverwalter die Rechte aus § 109 Abs 1 S 1 zu. Bei **Eigenverwaltung** hat der Schuldner das Sonderkündigungsrecht des § 109 Abs 1 S 1 (MüKo-*Eckert* § 109 Rn 10).

7 b) **Kündigungsfrist.** § 109 Abs 1 S 1 wurde durch das Gesetz zur Vereinfachung des Insolvenzverfahrens vom 13. 4. 2007 geändert. Nach der seit dem 1. 7. 2007 maßgeblichen Fassung beträgt die Kündigungsfrist bei Ausübung des Sonderkündigungsrechtes **längstens drei Monate zum Monatsende.** Längere vertragliche oder gesetzliche Kündigungsfristen verlieren damit ihre Bedeutung und werden faktisch auf drei Monate verkürzt. Der Insolvenzverwalter ist jedoch nicht gehindert, mit einer längeren Frist als der des § 109 Abs 1 S 1 zu kündigen, wenn der den Vertragsgegenstand so lange benötigt (MüKo-*Eckert* § 109 Rn 23). Karenztage sieht die Vorschrift entgegen den mietrechtlichen Kündigungsregeln des BGB (zB § 573 c BGB) nicht vor, so dass die Kündigung dem Vermieter am letzten Tag eines Monats zugegangen sein muss, soll das Mietverhältnis mit Ablauf des dritten Monats enden. Da das Sonderkündigungsrecht des § 109 Abs 1 S 1 neben andere vertragliche oder gesetzliche Kündigungsrechte tritt, kann der Insolvenzverwalter anstelle des Sonderkündigungsrechtes auch Letztere ausüben, wenn sich hieraus **kürzere Kündigungsfristen** ergeben (HK-*Marotzke* § 109 Rn 26; K/P/B/*Tintelnot* § 109 Rn 37). § 109 Abs 1 S 2 überwindet darüber hinaus den **vertraglichen Ausschluss** des Rechts zur **ordentlichen Kündigung.** Auch in diesen Fällen kann der Insolvenzverwalter mit einer Frist von drei Monaten kündigen.

Für **vor dem 1. 7. 2007** eröffnete Insolvenzverfahren kann der Insolvenzverwalter nach § 109 Abs 1 S 1 aF iVm Art 103 c EGInsO in der Fassung des Gesetzes zur Vereinfachung des Insolvenzverfahrens vom 13. 4. 2007 Miet- oder Pachtverhältnisse über unbewegliche Gegenstände oder Räume nur unter Einhaltung der **gesetzlichen Kündigungsfrist** kündigen (s hierzu die Vorauflage Rn 4 ff). Die gesetzlichen Kündigungsfristen ergeben sich aus §§ 580 a, 584, 594 a BGB.

8 c) **Kündigungszeitpunkt.** Der Insolvenzverwalter muss das Mietverhältnis **nicht zum erstmöglichen Termin** kündigen (MüKo-*Eckert* § 109 Rn 25; K/P/B-*Tintelnot* § 109 Rn 28). § 109 enthält keine dem § 111 S 2 entsprechende Regelung. Der Insolvenzverwalter kann das Mietobjekt so lange wie nötig nutzen. Das Sonderkündigungsrecht bleibt ihm **während** der **gesamten Dauer des Verfahrens** erhalten (*Eckert* ZIP 1996, 897 [901]; HK-*Marotzke* § 109 Rn 4; FK-*Wegener* § 109 Rn 9). Für den Vermieter entsteht dadurch mit Verfahrenseröffnung ein Schwebezustand, während dessen ungewiss ist, ob der Verwalter den Mietvertrag außerordentlich kündigen wird. Die Möglichkeit, den Verwalter zu einer Entscheidung zu zwingen, sieht das Gesetz nicht vor (HK-*Marotzke* § 109 Rn 4). Auch wenn der Insolvenzverwalter das Mietverhältnis über eine längere Zeit hinweg fortgeführt hat, verstößt die Kündigung des Mietertrages nicht gegen Treu und Glauben (FK-*Wegener* § 109 Rn 9).

9 **3. Folgen der Sonderkündigung. a) Beendigung des Mietverhältnisses.** Die Sonderkündigung beendet das Mietverhältnis mit Ablauf der Dreimonatsfrist, unabhängig davon, ob das Insolvenzverfahren zu diesem Zeitpunkt noch läuft oder bereits aufgehoben ist (MüKo-*Eckert* § 109 Rn 27). Zu den Abwicklungspflichten des Insolvenzverwalters s o § 108 Rn 33 ff.

10 b) **Schadensersatzanspruch des Vermieters (§ 109 Abs 1 S 3).** Ist dem Vermieter durch die **vorzeitige Beendigung** des Mietverhältnisses ein **Schaden** entstanden, so kann er diesen gem § 109 Abs 1 S 3 nur

III. Enthaftung der Masse bei Wohnraummiete des Schuldners (§ 109 Abs 1 S 2) **§ 109**

als **Insolvenzgläubiger** geltend machen. Das Bestehen eines etwaigen Schadensersatzanspruches richtet sich nach Bürgerlichem Recht (§§ 280 Abs 1, 3 iVm 281 BGB). § 109 Abs 1 S 3 normiert **keinen eigenen insolvenzrechtlichen Schadensersatzanspruch** (MüKo-*Eckert* § 109 Rn 28; HaKo-*Ahrendt* § 109 Rn 15). Die Vorschrift stellt lediglich klar, dass es sich bei dem aus materiellem Recht ergebenden Schadensersatzanspruch um eine **Insolvenzforderung** iSd § 38 handelt, obwohl dieser durch eine Handlung des Insolvenzverwalters nach Verfahrenseröffnung ausgelöst wurde. Wegen der Ungewissheit der voraussichtlichen tatsächlichen Schadensentwicklung behandelt die hM den Schadensersatzanspruch des Vermieters bei der Anmeldung zur Insolvenztabelle wie eine aufschiebend bedingte Forderung iSd § 191 (MüKo-*Eckert* § 109 Rn 32; K/P/B/*Tintelnot* § 109 Rn 49; *Franken/Dahl* S 127 Rn 120).

§ 109 Abs 1 S 3 knüpft an zwei **Voraussetzungen** an: Der Insolvenzverwalter muss von seinem **Sonderkündigungsrecht** nach § 109 Abs 1 S 1 Gebrauch gemacht haben. Hat er das Mietverhältnis aufgrund eines vertraglichen oder eines anderen gesetzlichen Kündigungsgrundes gekündigt, steht dem Vermieter schon nach materiellem Recht kein Schadensersatzanspruch zu. Auch die Kündigung des Vermieters selbst löst einen solchen nicht aus (HK-*Marotzke* § 109 Rn 25). Die außerordentliche Kündigung nach § 109 Abs 1 S 1 muss darüber hinaus zu einer **vorzeitigen Beendigung** des Mietverhältnisses geführt haben. Hätte der Schuldner mit gleicher Frist kündigen können, scheidet ein Schadensersatzanspruch des Vermieters aus (FK-*Wegener* § 109 Rn 12; HK-*Marotzke* § 109 Rn 22; KP-*Tintelnot* § 109 Rn 48; NR-*Balthasar* § 109 Rn 12). Zu ersetzen ist der **Mietausfall** bis zum vereinbarten Vertragsende oder dem Termin, zu dem der Mieter das Mietverhältnis nach Verfahrenseröffnung frühestens hätte beenden können (N/R/*Balthasar* § 109 Rn 12; MüKo-*Eckert* § 109 Rn 29). Folgeschäden wie zB der **entgangene Gewinn** sind ebenfalls auszugleichen (MüKo-*Eckert* § 109 Rn 29; N/R/*Balthasar* § 109 Rn 12; aA K/P/B/*Tintelnot* § 109 Rn 49). Der Vermieter hat sich die mangels Gebrauchsgewährung **ersparten Aufwendungen** anrechnen zu lassen (K/P/B/*Tintelnot* § 109 Rn 49). Im Übrigen ist er im Rahmen der ihm obliegenden Schadensminderungspflicht (§ 254 BGB) gehalten, sich um eine anderweitige Vermietung des Objektes zu kümmern (N/R/*Balthasar* § 109 Rn 12; MüKo-*Eckert* § 109 Rn 30). Die **Beweislast** für Eintritt und Umfang des Schadens trägt der Vermieter (N/R/*Balthasar* § 109 Rn 12).

Hat der Vermieter oder Verpächter sich für den Fall einer vorzeitigen oder nicht vertragsgemäßen Beendigung des Miet- oder Pachtverhältnisses eine **Vertragsstrafe** ausbedungen, so gilt diese Regelung **nicht für** den Fall der **vorzeitigen Vertragsbeendigung nach § 109 Abs 1 S 1**; eine solche Vereinbarung stellt eine unzulässige Beschränkung des Sonderkündigungsrechts nach § 109 dar und ist deshalb nach § 119 rechtsunwirksam (KP-*Tintelnot* § 119 Rn 13; NR-*Balthasar* § 109 Rn 13). Auch Vereinbarungen, die im Falle der vorzeitigen Vertragsbeendigung einen Anspruch auf **pauschalierten Schadensersatz** gewähren, sind **unzulässig**, da sie das gesetzliche **Kündigungsrecht** erschweren.

Das aus dem **Vermieter- oder Verpächterpfandrecht** (§§ 562, 581 Abs 2 BGB) folgende Absonderungsrecht des Vermieters oder Verpächters beschränkt sich nach § 50 Abs 2 S 1 auf den Miet- oder Pachtzins für das letzte Jahr vor der Eröffnung des Verfahrens. Es erstreckt sich daher nicht auf den Schadensersatzanspruch des Vermieters wegen vorzeitiger Beendigung des Vertragsverhältnisses durch den Insolvenzverwalter nach § 109 Abs 1 S 3 (MüKo-*Ganter* § 50 Rn 95).

III. Enthaftung der Masse bei Wohnraummiete des Schuldners (§ 109 Abs 1 S 2)

Durch das InsoÄndG 2001 wurde das **Sonderkündigungsrecht** des Insolvenzverwalters/Treuhänders bei Wohnraummietverhältnissen des Schuldners beseitigt (rechtstechnisch durch Einfügung des neuen S 2 nach dem unverändert gebliebenen S 1). An die Stelle der Kündigung ist die **Enthaftungserklärung nach § 109 Abs 1 S 2** getreten. Für den Vermieter hat sich hierdurch nichts geändert. Er kann wie im Fall der vorzeitigen Kündigung **Schadensersatz als Insolvenzgläubiger** verlangen. Grund für die Neuregelung war die damalige Praxis zahlreicher Insolvenzverwalter, das Wohnraummietverhältnis auch des vertragstreuen Schuldners zu kündigen, um die meist nur geringe Teilungsmasse durch die vom Schuldner vor Insolvenzeröffnung geleistete Mietkaution anzureichern (*Vallender/Dahl* NZI 2000, 246). Dadurch sah man das Ziel des Verbraucherinsolvenzverfahrens gefährdet, überschuldeten Menschen einen wirtschaftlichen Neuanfang zu ermöglichen, denn mit der Eröffnung des Insolvenzverfahrens war nun die Gefahr der Obdachlosigkeit verbunden. **Sinn und Zweck** des § 109 Abs 1 S 2 ist es, dem vertragstreuen Schuldner einerseits seine **Wohnung zu erhalten**, andererseits dem Insolvenzverwalter aber auch die Möglichkeit zu geben, die Masse – wie bei der Kündigung – ab einem bestimmten Zeitpunkt von den **mietvertraglichen Verpflichtungen** (§§ 108 Abs 1 S 1, 55 Abs 1 Nr 2) des schuldnerischen Wohnraummietverhältnisses **zu befreien**.

1. Anwendungsbereich des § 109 Abs 1 S 2. Die Regelung gilt nur für die vom Schuldner zu **eigenen Wohnzwecken** gemietete Wohnung. Bei **mehreren Mietmietern** genügt es, wenn der Schuldner die Wohnung neben den Anderen selbst bewohnt. Die Wohnung muss als **Lebensmittelpunkt** dienen, so dass eine Zweit- oder Ferienwohnung ebenso aus dem Anwendungsbereich des § 109 Abs 1 S 2 fällt, wie vom Schuldner untervermietete Wohnung (MüKo-*Eckert* § 109 Rn 49; K/P/B/*Tintelnot* § 109 Rn 14; HK-*Marotzke* § 109 Rn 6). Maßgeblich sind die Verhältnisse zum Zeitpunkt der Insolvenzeröffnung. Eine Anwendung der Vorschrift auf den getrennt lebenden Ehegatten des Schuldners oder die vom

Schuldner für nahe Angehörige angemietete Wohnung scheitert am eindeutigen Gesetzeswortlaut (FK-*Wegener* § 109 Rn 10 b; krit auch K/P/B/*Tintelnot* § 109 Rn 15; aA MüKo-*Eckert* § 109 Rn 49).

16   **2. Voraussetzungen.** § 109 Abs 1 S 2 knüpft an § 108 Abs 1 S 1 an und setzt daher neben der Eröffnung des Insolvenzverfahrens über das Vermögen des Mieters einen im Zeitpunkt der Insolvenzeröffnung bestehenden wirksamen Mietvertrag voraus. Wurde der Mietvertrag vor Verfahrenseröffnung bereits beendet, ist für die Anwendung des § 109 Abs 1 S 2 kein Raum. Der Insolvenzverwalter kann die Masse durch die Enthaftungserklärung daher nicht von Abwicklungsansprüchen befreien, die im konkreten Fall ausnahmsweise Masseverbindlichkeiten darstellen (s o § 108 Rn 33 ff).

17   **3. Kündigungsausschluss.** Der Gesetzgeber hat durch Einfügung des S 2 das **Sonderkündigungsrecht des Insolvenzverwalters** nach § 109 Abs 1 S 1 bei Wohnraummietverhältnissen ausgeschlossen. Der Insolvenzverwalter ist mithin nicht berechtigt, dass Wohnraummietverhältnis des Schuldners **außerordentlich zu kündigen**. Nach herrschender und zutreffender Auffassung schließt die Neuregelung aber auch eine **ordentliche Kündigung** des Wohnraummietverhältnisses durch den Insolvenzverwalter aus. Dem Wortlaut des § 109 Abs 1 S 2 („tritt an die Stelle der Kündigung") lässt sich zwar nicht eindeutig entnehmen, ob nur die außerordentliche Kündigung nach § 109 Abs 1 S 1 oder jede Kündigung des Insolvenzverwalters ausgeschlossen sein soll. Sinn der Gesetzesänderung war es jedoch gerade, dem Schuldner die Wohnung zu erhalten. Dann muss auch das ordentliche Kündigungsrecht des Insolvenzverwalters ausgeschlossen sein (K/P/B/*Tintelnot* § 109 Rn 21; *Hain* ZInsO 2007, 192 [196]; FK-*Wegener* § 109 Rn 10a; HaKo-*Ahrendt* § 109 Rn 20; *Franken/Dahl* S 178 Rn 37; **aA** MüKo-*Eckert* § 109 Rn 51, der eine ordentliche Kündigung des Insolvenzverwalters bei Mitwirkung des Schuldners zulassen will). Nicht gefolgt werden kann der Ansicht, der Insolvenzverwalter sei in analoger Anwendung des § 109 Abs 1 S 2 auch gehindert, die Mitgliedschaft des Schuldners in einer Wohnungsgenossenschaft zu kündigen, weil die Genossenschaft nach beendeter Mitgliedschaft ihrerseits den Nutzungsvertrag gem § 537 Abs 1 BGB kündigen könne (*Emmert* ZInsO 2005, 852 [855]; *Tetzlaff* ZInsO 2007, 590; MüKo-*Eckert* § 109 Rn 13). Auch der BGH hat mittlerweile eine analoge Anwendung des § 109 Abs 1 S 2 verneint und die Kündigung der Genossenschaftsanteile durch den Verwalter für wirksam erklärt (**BGH 19. 3. 2009 – IX ZR 58/08**, Z 180, 185 = ZIP 2009, 875 = ZInsO 2009, 826 = NZI 2009, 1820 = NJW 2009, 1820). Die Kündigung der Mitgliedschaft in der Genossenschaft ziehe nicht zwangsläufig eine Kündigung des Dauernutzungsvertrages nach sich.

18   **4. Enthaftung der Insolvenzmasse. a) Enthaftungserklärung des Insolvenzverwalters.** Es handelt sich um eine einseitige empfangsbedürftige Erklärung des Insolvenzverwalters, die mangels gesetzlicher Befristung während des gesamten Verfahrens abgegeben werden kann (FK-*Wegener* § 109 Rn 10 a). Sie ist formlos möglich ist und muss dem Vermieter zugehen (MüKo-*Eckert* § 109 Rn 50). Eine Zustimmung des Vermieters ist nicht erforderlich. Da die Enthaftungserklärung nicht zur Beendigung des Vertragsverhältnisses führt und auch keine vergleichbaren Wirkungen entfaltet, gibt es keinen Grund, § 568 Abs 1 BGB entsprechend anzuwenden (**aA** FK-*Wegener* § 109 Rn 10 b).

19   **b) Rechtsfolgen der Enthaftungserklärung.** Nach § 109 Abs 1 S 2 hat der Insolvenzverwalter die Möglichkeit, die **Haftung der Masse** für nachinsolvenzlich entstehende Ansprüche des Vermieters aus dem Wohnraummietverhältnis des Schuldners **durch einseitige Erklärung** gegenüber dem Vermieter **zu beenden** (**BGH 19. 6. 2008 – IX ZR 84/07**, ZIP 2008, 1736 = ZInsO 2008, 808 = NZI 2008, 554 = NJW 2008, 2580). Nach Wirksamwerden der Enthaftungserklärung kann der Vermieter seine Ansprüche aus dem Mietverhältnis **nicht** mehr als **Masseverbindlichkeiten gem § 55 Abs 1 Nr 2** gegenüber der Insolvenzmasse geltend machen (BerlKo-*Goetsch* § 109 Rn 10). Die **Enthaftungswirkung** tritt nach drei Monaten ein, gerechnet ab **Zugang der Enthaftungserklärung** beim Vermieter und erfasst nicht nur die Mietzinsansprüche des Vermieters, sondern **sämtlichen Ansprüche aus dem Wohnraummietverhältnis**, also beispielsweise auch Ansprüche auf Nebenkostennachzahlung, Durchführung von Schönheitsreparaturen oder Räumung (FK-*Wegener* § 109 Rn 10 c). Nach der Enthaftung der Masse kann der Vermieter seine Ansprüche aus dem Mietverhältnis **nur noch gegenüber dem Schuldner** verfolgen. Hierbei ist er den Beschränkungen des § 87 nicht unterworfen. Der Schuldner hat zur Befriedigung der Ansprüche sein pfändungsfreies Einkommen/Vermögen einzusetzen (HaKo-*Ahrendt* § 109 Rn 22; *Pape* NZM 2004, 401 [410]).

20   Zum Teil wird die Ansicht vertreten, mit der Abgabe der Enthaftungserklärung **entfalle die Kündigungssperre des § 112 Nr 1**, weil dem Vermieter nicht zuzumuten sei, einen zweimaligen Zahlungsverzug hinzunehmen. Der Vermieter könne den Mietvertrag mithin aufgrund eines im Umfang des § 543 Abs 2 S 1 Nr 3 BGB vorinsolvenzlich entstandenen Mietrückstandes sofort außerordentlich kündigen. Der Schuldner habe nur die Möglichkeit, die Kündigungsfolge nach § 569 Abs 3 Nr 2 BGB abzuwenden (MüKo-*Eckert* § 109 Rn 59; K/P/B/*Tintelnot* § 109 Rn 19; *Tetzlaff* NZI 2006, 87 [91]; **aA AG Hamburg 18. 3. 2009 – 68c IK 207/08**, NZI 2009, 331; *Franken/Dahl* S 178 Rn 37). Dem kann nicht gefolgt werden. Abgesehen davon, dass es für eine derartige Wirkung der Enthaftungserklärung keine rechtliche Grundlage gibt, würde der sofortige Entfall der Kündigungssperre auch den Zweck des § 109

III. Enthaftung der Masse bei Wohnraummiete des Schuldners (§ 109 Abs 1 S 2) § 109

Abs 1 S 2, nämlich den Erhalt des Wohnraummietverhältnisses, konterkarieren. Der Vermieter kann den Mietvertrag über die Wohnung des Schuldner mithin erst dann kündigen, wenn der Schuldner nach der Enthaftung der Masse im Umfang des § 543 Abs 2 Nr 3 BGB in Zahlungsverzug geraten ist (HK-*Marotzke* § 109 Rn 15). Alleine die Abgabe der Enthaftungserklärung oder die später eintretende Enthaftung der Masse berechtigen den Vermieter nicht zur Kündigung des Mietvertrages gem §§ 543 Abs 1, 573 Abs 1 BGB.

c) **Vertragszuständigkeit nach Enthaftung der Masse.** Der Insolvenzverwalter tritt gegenüber dem 21 Vermieter mit Insolvenzeröffnung in die Rechte und Pflichten des Schuldners aus dem Wohnraummietvertrag ein (s o § 108 Rn 15). Durch die Einfügung des § 109 Abs 1 S 2 hat der Gesetzgeber klargestellt, dass das Wohnraummietverhältnis des Schuldners nicht außerhalb des Insolvenzverfahrens steht (K/P/B/*Tintelnot* § 109 Rn 11). Die Verwaltungs- und Verfügungsbefugnis des Schuldners geht gem § 80 Abs 1 auf ihn über. Die **Aktivlegitimation zur Kündigung** des Mietvertrages bleibt allerding trotz Verfahrenseröffnung **weiterhin beim Schuldner**, während die Passivlegitimation auf den Insolvenzverwalter übergeht. Da § 109 Abs 1 S 2 sowohl das Recht des Insolvenzverwalters zur ordentlichen als auch zur außerordentlichen Kündigung **ausschließt** (s o Rn 17), wäre der Mietvertrag nach der Eröffnung des Insolvenzverfahrens über das Vermögen des Mieters andernfalls **unkündbar**. Eine Kündigung des Schuldners würde an der fehlenden Verwaltungs- und Verfügungszuständigkeit (§ 80 Abs 1) und eine solche des Verwalters an § 109 Abs 1 S 2 scheitern. Eine Kündigung des Insolvenzverwalters im Zusammenwirken mit dem Schuldner erscheint wenig praktikabel (so aber MüKo-*Eckert* § 109 Rn 55; wohl auch K/P/B/*Tintelnot* § 109 Rn 22). Diejenigen, die hieraus eine Freigabewirkung der Enthaftungserklärung folgern wollen (*Hain* ZInsO 2007, 192 [196]), verkennen, dass die Wirkungen der Enthaftungserklärung nicht sofort, sondern erst nach drei Monaten eintreten, so dass das Mietverhältnis auch bei Annahme einer Freigabe bis dahin unkündbar wäre. Um dem Schuldner auch im Insolvenzverfahren die Kündigung des Mietvertrages zu ermöglichen, muss § 109 Abs 1 S 2 daher eine die Rechtsfolgen des § 80 Abs 1 einschränkende Wirkung beigelegt werden. Es kommt nur zu einem partiellen (ohne Kündigungsbefugnis) Übergang der Verwaltungs- und Verfügungsbefugnis auf den Insolvenzverwalter.

In der Gesetzesbegründung heißt es, durch die Erklärung des Insolvenzverwalters nach § 109 Abs 1 22 S 2 werde der Mietvertrag nicht beendet, sondern vom Schuldner fortgesetzt. Es besteht daher Uneinigkeit über die Frage, wie sich die Enthaftungserklärung mit ihrem Wirksamwerden auf die „Massebefangenheit des Mietvertrages", also die Verwaltungs- und Verfügungsbefugnis des Insolvenzverwalters auswirkt. Während einige davon ausgehen, die Enthaftungserklärung beende die „Massezugehörigkeit des Mietverhältnisses" (zu den Begrifflichkeiten s o § 108 Rn 28), bewirke also ein „**Freigabe des Mietvertrages**" (BerlKo-*Blersch* § 109 Rn 10; *Hain* ZInsO 2007, 192 [196]; *Tetzlaff* NZI 2006, 87 [91]) oder habe zumindest **freigabeähnliche Wirkung** (K/P/B/*Tintelnot* § 109 Rn 12; *Dahl* NZM 2008, 585 [587]), sehen andere die Rechtsfolgen des § 109 Abs 1 S 2 auf den Kündigungsausschluss und die Enthaftung der Masse beschränkt (**AG Lübeck** 4. 9. 2002 – 31 C 2366/02, SchIHA 2003, 167; MüKo-*Eckert* § 109 Rn 54; HaKo-*Ahrendt* § 109 Rn 22). Der BGH hat die Frage nach der Reichweite der Enthaftungserklärung bislang offen gelassen (**BGH** 19. 6. 2008 – IX ZR 84/07, ZIP 2008, 1736 = ZInsO 2008, 808 = NZI 2008, 554 = NJW 2008, 2580).

Die Enthaftungserklärung kann mit ihrem Wirksamwerden schon deshalb nicht zu einer „Freigabe" 23 des Mietverhältnisses führen, weil **nur Vermögensgegenstände**, nicht auch verpflichtende Rechtsgeschäfte freigegeben werden können (**LG Dortmund** 12. 5. 2005 – 11 S 34/05, ZInsO 2005, 724; *Pape* NZM 2004, 401 [410]; *Mork/Heß* ZInsO 2005, 1206 [1207]; s o § 108 Rn 28). Im Übrigen ist die Enthaftungserklärung an den Vermieter und nicht – wie es für eine echte Freigabe erforderlich wäre (MüKo-*Lwowski/Peters* § 35 Rn 100) – an den **Schuldner** gerichtet. Eine „Freigabe" des Mietverhältnisses kommt allenfalls im Einvernehmen mit dem Vermieter in Betracht (*Pape* NZM 2004, 401 [410]). Auch die Verwaltungs- und Verfügungsbefugnis über das Mietverhältnis fällt nach Wirksamwerden der Enthaftungserklärung nicht wieder an den Schuldner zurück. § 109 Abs 1 S 2 enthält keinerlei Hinweise darauf, dass die Rechtswirkungen des § 80 Abs 1 mit der Enthaftung der Masse entfallen sollen. Dies nicht ohne Grund, denn auch der Gesetzgeber versteht die Enthaftungserklärung offensichtlich nicht als Freigabeerklärung. In der Gesetzesbegründung (NZI 2001 Beilage zu Heft 1 S 18) heißt es, die Mietkaution des Schuldners werde durch die neue Regelung vor dem Zugriff des Insolvenzverwalters geschützt, weil die Enthaftungserklärung den Mietvertrag nicht beende. Der Schutz der Mietkaution soll demnach allein durch den Ausschluss des Kündigungsrechtes (s o Rn 17) verwirklicht werden. Der Anspruch auf Rückzahlung der Kaution falle aber – so die Gesetzesbegründung – in die Masse und könne vom Insolvenzverwalter nach Beendigung des Mietvertrages geltend gemacht werden. Wenn die Enthaftungserklärung tatsächlich eine Freigabe des Mietvertrages bewirken würde, fiele der Anspruch auf die Kaution nicht in die Masse. Eine Freigabewirkung der Enthaftungserklärung lässt sich daher weder dem Gesetz noch der Begründung entnehmen.

Konsequenz der hier vertretenen Ansicht ist, dass die Masse auch nach Wirksamwerden der Enthaf- 24 tungserklärung mit der Vertragsdurchführung belastet bleibt (so auch **OLG Celle** 6. 10. 2003 – 2 W 107/03, ZInsO 2003, 948; **LG Karlsruhe** 13. 2. 2003 – 5 S 149/02, ZIP 2003, 677; **AG Lübeck** 4. 9. 2002 – 31 C 2366/02, SchIHA 2003, 167; MüKo-*Eckert* § 109 Rn 54). Eine etwaige **Kündigung** des

§ 109

Vermieters ist ebenso wie alle anderen rechtlich erheblichen Erklärungen **an den Insolvenzverwalter** zu richten (MüKo-*Eckert* § 109 Rn 55; HaKo-*Ahrendt* § 109 Rn 22; aA HK-*Marotzke* § 109 Rn 16; K/P/B/*Tintelnot* § 109 Rn 21; Graf-Schlicker/*Breitenbücher* § 109 Rn 9; *Pape* NZM 2004, 401 [410]; *Hain* ZInsO 2007, 192 [197]; *Franken/Dahl* S 181 Rn 44). Im Hinblick auf die bestehende Uneinigkeit dürfte es für den Vermieter der sicherste Weg sein, die Kündigung sowohl gegenüber dem Insolvenzverwalter als auch gegenüber dem Schuldner zu erklären (*Pape* NZM 2004, 401 [410]; *Franken/ Dahl* S 181 Rn 44). Die **Kündigungsbefugnis** liegt dagegen beim Schuldner (K/P/B/*Tintelnot* § 109 Rn 21 aA MüKo-*Eckert* § 109 Rn 55). Die vom Schuldner vor der Eröffnung geleistete Kaution steht nach Beendigung des Mietverhältnisses der Masse zu (HaKo-*Ahrendt* § 109 Rn 22; K/P/B/*Tintelnot* § 109 Rn 20; aA FK-*Wegener* § 109 Rn 10 c).

25   5. **Schadensersatz wegen Enthaftung der Masse (§ 109 Abs 1 S 3).** Nach § 109 Abs 1 S 3 kann der Vermieter die Schäden, die ihm durch die Enthaftung der Masse entstanden sind, als Insolvenzgläubiger geltend machen. Der Vermieter ist so zu stellen, wie er stünde, wenn die Haftung der Masse für die nach Insolvenzeröffnung entstehenden Ansprüche aus dem Mietverhältnis nicht nach Ablauf der Dreimonatsfrist gem § 109 Abs 1 S 2 beendet worden wäre, sondern fortbestünde. Dabei ist auch zu berücksichtigen, ob die Masse überhaupt in der Lage gewesen wäre, die Mietverbindlichkeiten zu berichtigen oder vielmehr masseunzulänglich iSd § 208 ist. Möglicherweise kommt auch eine persönliche Haftung des Insolvenzverwalters nach § 61 in Betracht. Es ist die Vermögenslage, die bei Haftung der Masse (§ 55 Abs 1 Nr 2) eingetreten wäre, der Vermögenslage gegenüber zu stellen, die aufgrund der Enthaftung (§ 109 Abs 1 S 2) tatsächlich entstanden ist. Die Differenz beider Vermögenslagen ist der Gegenstand des Schadensersatzanspruches, der als Insolvenzforderung geltend gemacht werden kann.

IV. Rücktritt bei nichtvollzogenen Miet- und Pachtverträgen (§ 109 Abs 2 S 1)

26   § 109 Abs 2 S 1 sieht als **Sonderregelung** für den Fall der **Insolvenzeröffnung vor Überlassung** des Mietgegenstandes ein **beiderseitiges Rücktrittsrecht** des Insolvenzverwalters und des Vermieters vor, welches nach Aufforderung innerhalb von zwei Wochen auszuüben ist, andernfalls es erlischt (§ 109 Abs 2 S 3). Der Rücktritt des Insolvenzverwalters führt im Gegensatz zu dem des Vermieters nach § 109 Abs 2 S 2 zu einem Schadensersatzanspruch des anderen Teils.

27   1. **Keine Überlassung der Mietsache vor Insolvenzeröffnung.** § 109 Abs 2 S 1 setzt voraus, dass der Vermieter dem Schuldner die Mietsache **im Zeitpunkt der Insolvenzeröffnung** noch nicht iSd § 566 BGB überlassen hat. Andere Vorleistungen, zB Mietvorauszahlungen, stehen der Anwendbarkeit des § 109 Abs 1 S 2 nicht entgegen (MüKo-*Eckert* § 109 Rn 66; K/P/B/*Tintelnot* § 109 Rn 55). Der Grund für den Nichtvollzug des Mietvertrages ist unerheblich. Da § 109 Abs 2 S 1 nur auf die Verhältnisse zum Zeitpunkt der Insolvenzeröffnung abstellt, erfasst die Regelung nach ihrem Wortlaut auch den Fall der **nachinsolvenzlichen Überlassung** der Mietsache. Bei zutreffender Betrachtung ist § 109 Abs 2 S 1 auf diese Fallgestaltung jedoch nicht anwendbar (s u Rn 27; so auch HaKo-*Ahrendt* § 109 Rn 21).

28   **Überlassen** sind Grundstücke, Mieträume oder sonstige unbewegliche Sachen, wenn der Vermieter seine **Gebrauchsüberlassungspflicht aus § 535 Abs 1 S 1, 2 BGB** erfüllt hat. In der Regel gehört zur Überlassung die einvernehmliche **Verschaffung des unmittelbaren Besitzes** an der Mietsache (*Jaeger/ Henckel* § 19 KO Rn 41; MüKo-*Eckert* § 109 Rn 13). Hat sich der Mieter den Besitz an dem Mietobjekt gegen den Willen des Vermieters selbst verschafft, ist die Mietsache nicht überlassen (FK-*Wegener* § 109 Rn 4). Hat er dem Vermieter das Mietobjekt **vor Vertragsende** dagegen **zurückgegeben** oder **den Besitz durch Räumung aufgegeben**, ändert dies nichts daran, dass die Sache bereits überlassen war. § 109 Abs 2 S 1 greift nicht, denn die Vorschrift setzt nicht voraus, dass der Mieter das Mietobjekt im Zeitpunkt der Insolvenzeröffnung noch besitzt oder nutzt (MüKo-*Eckert* § 109 Rn 19).

29   2. **Beiderseitiges Rücktrittsrecht.** Hat der Vermieter dem Schuldner das Grundstück oder die **Räume im Zeitpunkt der Insolvenzeröffnung** noch **nicht überlassen** (zum Begriff s o Rn 28), tritt mit der Verfahrenseröffnung neben die fortbestehenden Hauptleistungsansprüche aus dem Mietvertrag gem § 109 Abs 2 S 1 die **Berechtigung** sowohl des Insolvenzverwalters als auch des Vermieters, von dem noch nicht in Vollzug gesetzten Mietvertrag **zurückzutreten**. Das beiderseitige Rücktrittsrecht besteht auch bei **Wohnraummietverhältnissen**, denn § 109 Abs 2 S 1 enthält keine dem § 109 Abs 1 S 2 entsprechende Einschränkung (MüKo-*Eckert* § 109 Rn 63). Der dem § 109 Abs 1 S 2 zugrundeliegende Gedanke des Bestandsschutzes greift erst mit Bezug der Wohnung durch den Schuldner. Das Rücktrittsrecht **erlischt für beide Seiten** mit der **einvernehmlichen Überlassung** der Mietsache vom Vermieter an den Insolvenzverwalter. Denn in der nachinsolvenzlichen Gebrauchsüberlassung des Vermieters und der – wegen des Einvernehmens notwendigen – Inbesitznahme der Mietsache durch den Insolvenzverwalter liegt ein **beiderseitiger Verzicht auf das Rücktrittsrecht** aus § 109 Abs 2 S 1. Eigenmächtige Handlungen des einen oder anderen Teils begründen dagegen keine Überlassung und können folglich auch nicht zu einem Erlöschen des Rücktrittsrechtes führen. Hat der Vermieter die Überlassung der Mietsache vor der Eröffnung des Insolvenzverfahrens schuldhaft verzögert, oder der (vorläufige) Verwalter dem Vermieter

IV. Rücktritt bei nichtvollzogenen Miet- und Pachtverträgen (§ 109 Abs 2 S 1)   § 109

Sicherheit für die volle Vertragslaufzeit angeboten, wird in der Literatur ein **Ausschluss des Rücktrittsrechtes** unter dem Gesichtspunkt der **unzulässigen Rechtsausübung** diskutiert (MüKo-*Eckert* § 109 Rn 69; HaKo-*Ahrendt* § 109 Rn 23; HK-*Marotzke* § 109 Rn 40; *Dahl* NZM 2008, 585 [591]). § 109 Abs 1 S 2 stellt jedoch nur auf die fehlende Überlassung der Mietsache im Zeitpunkt der Insolvenzeröffnung ab, ohne dass es auf den Grund hierfür ankommt. Für den Einwand einer unzulässigen Rechtsausübung ist angesichts des klaren Gesetzeswortlauts daher kein Raum (so auch FK-*Wegener* § 109 Rn 22; krit ebenfalls K/P/B/*Tintelnot* § 109 Rn 55 a).

Sind an dem Mietverhältnis neben dem Schuldner noch **weitere Mieter** beteiligt, muss für die Frage 30 der Rücktrittsberechtigung unterschieden werden: Bei Mietermehrheit **entsteht** mit der Eröffnung des Insolvenzverfahrens über das Vermögen eines Mieters ein Rücktrittsrecht **nur in der Hand des Insolvenzverwalters**. Der Insolvenzverwalter kann in diesem Fall das Rücktrittsrecht nach § 109 Abs 2 S 1 entgegen § 351 BGB **alleine**, also ohne Mitwirkung der übrigen Mitmieter, aber **mit Wirkung für und gegen alle Beteiligten** entsprechend den Grundsätzen zur vorzeitigen Kündigung (s o Rn 3) ausüben (N/R/*Balthasar* § 109 Rn 16; FK-*Wegener* § 109 Rn 20; MüKo-*Eckert* § 109 Rn 75; differenzierend K/P/B/*Tintelnot* § 109 Rn 57). Der **Vermieter** kann sich hingegen **nicht** gem § 109 Abs 2 durch Rücktritt vom Vertrag lösen (MüKo-*Eckert* § 109 Rn 72; N/R/*Balthasar* § 109 Rn 16; Jaeger/*Henckel* § 20 KO Rn 5; **aA** FK-*Wegener* § 109 Rn 20). Aus dem Gesetzeswortlaut ergibt sich insoweit nichts Gegenteiliges. § 109 Abs 2 S 1 sieht zwar für Insolvenzverwalter und Vermieter zwar die gleichen Rechte vor, geht aber ersichtlich davon aus, dass auf Mieterseite nur eine Person steht. Die Frage der Rücktrittsberechtigung bei Personenmehrheit auf Mieterseite ist gesetzlich nicht geregelt und muss daher nach dem Gesetzeszweck des § 109 Abs 2 S 1 und der Interessenlage entschieden werden. Im Hinblick auf die **gesamtschuldnerische Haftung der Mieter** muss das Interesse des Vermieters an einer Auflösung des Vertrages in der Insolvenz nur eines Mieters hinter den Interessen der Mietmieter an einer Erhaltung des Mietverhältnisses zurückstehen (zur vergleichbaren Interessenlage bei der Kündigung BGH 26. 11. 1957 – VIII ZR 92/57, Z 26, 102, NJW 1958, 421).

3. Rücktrittserklärung und -folgen. Die Ausübung des Rücktrittsrechts hat gem § 349 BGB durch 31 eine einseitige und empfangsbedürftige Willenserklärung zu erfolgen, die wegen ihrer rechtsgestaltenden Wirkung unwiderruflich und bedingungsfeindlich ist. Die **Rücktrittserklärung** des Insolvenzverwalters muss dem Vermieter und – wenn dort Personenmehrheit besteht – allen Vertragspartnern zugehen (FK-*Wegener* § 109 Rn 21). Im umgekehrten Fall ist Adressat der Rücktrittserklärung ausschließlich der Insolvenzverwalter (§ 80 Abs 1); eine Erklärung gegenüber dem Schuldner entfaltet keine Rechtswirkungen. **Rechtsfolge des Rücktritts** ist das Erlöschen der gegenseitigen Hauptleistungspflichten und Umgestaltung des Mietvertrages in ein Rückgewährschuldverhältnis. Die gegenseitigen Leistung sind nach §§ 346 ff BGB zurückzugewähren. Allerdings haftet der Vermieter für den Rückgewähranspruch bei vorausentrichteter Miete nicht nach den §§ 346 ff BGB, sondern gem § 547 Abs 1 S 2 BGB analog nur nach **Bereicherungsrecht** (N/R/*Balthasar* § 109 Rn 15; K/P/B/*Tintelnot* § 109 Rn 55).

4. Aufforderung zur Rücktrittsentscheidung und Erklärungsfrist (§ 109 Abs 2 S 3). § 109 Abs 2 S 1 32 sieht weder eine Verpflichtung zum Rücktritt vor noch bindet es die Ausübung des Rücktrittrechtes an eine bestimmte Frist. Mit der Eröffnung des Insolvenzverfahrens tritt mithin ein **Schwebezustand** ein, während dessen ungewiss ist, ob der Mietvertrag vollzogen wird (MüKo-*Eckert* § 109 Rn 63). Um den Zustand der Ungewissheit zu beenden, gewährt § 109 Abs 2 S 3 sowohl dem Insolvenzverwalter als auch dem Vermieter das Recht, eine Entscheidung über die Vollziehung des Vertrages zu erzwingen. Beide können den jeweils anderen Teil zu der Erklärung auffordern, ob der Rücktritt vom Vertrag erklärt wird. Das Verlangen der Rücktrittsentscheidung ist eine einseitige empfangsbedürftige Willenserklärung. Sie wird in dem Zeitpunkt wirksam, in dem sie dem anderen Teil zugeht. Das Verlangen kann ausdrücklich oder konkludent erfolgen. Ob in einer Willensäußerung die Aufforderung zur Rücktrittsentscheidung liegt, ist durch Auslegung zu ermitteln. Insoweit gelten die allgemeinen Grundsätze der §§ 133, 157 BGB. In der Anfrage an den Vertragsgegner, ob er zurücktreten will, soll nach Ansicht einiger Autoren der Verzicht auf das eigene Rücktrittsrecht liegen (HaKo-*Ahrendt* § 109 Rn 24; MüKo-*Eckert* § 109 Rn 65; K/P/B/*Tintelnot* § 109 Rn 63), der Rücktritt aber jedenfalls gegen Treu und Glauben verstoßen, weil der Zurücktretende durch die Anfrage den Eindruck erwecke, den Vertrag vollziehen zu wollen (MüKo-*Eckert* § 109 Rn 65; FK-*Wegener* § 109 Rn 23). Damit soll ein Taktieren bei der Ausübung des Rücktrittsrechtes verhindert werden. Der Anfrage nach § 109 Abs 2 S 3 wird man jedoch nicht den objektiven Erklärungswert eines eigenen Rechtsverzichtes beimessen könne. Auch muss es dem Auffordernden möglich sein, die Bereitschaft des Vertragspartners zur Vollziehung des Mietvertrages zu erfragen, ohne selbst einen Rechtsverlust befürchten zu müssen. Ein Taktieren wird durch die Gegenansicht schon deshalb nicht verhindert, weil dem Insolvenzverwalter nach dem Verlust des Rücktrittsrechtes immer noch das Sonderkündigungsrecht nach § 109 Abs 1 S 1 bleibt, während der Vermieter keine Möglichkeit mehr hat, sich verfahrensbedingt vom Mietvertrag zu lösen.

Der Zugang einer Aufforderung iSd § 109 Abs 2 S 3 setzt für den Aufgeforderten eine **Frist zur Rück-** 33 **trittserklärung** von **zwei Wochen** in Gang (MüKo-*Eckert* § 109 Rn 63). Zweck der starren Zwei-Wochen-Frist ist es, mögliche Streitigkeiten über die Rechtzeitigkeit der Erklärung zu vermeiden. Da es sich um eine **gesetzliche Frist** handelt, kann der Erklärungszeitraum des Aufgeforderten durch einseitige Zeitvorgaben des anderen Teils nicht verkürzt werden (MüKo-*Eckert* § 109 Rn 64). Eine vom anderen Teil gesetzte längere Frist wird der zur Entscheidung Aufgeforderte aber ausnutzen dürfen (MüKo-*Eckert* § 109 Rn 64). Geht dem Auffordernden innerhalb der Zwei-Wochen-Frist keine Rücktrittserklärung des anderen Teils zu, **erlischt** das Rücktrittsrecht des Aufgeforderten mit Fristablauf unwiderruflich (K/P/B/*Tintelnot* § 109 Rn 58). Sind die Rücktrittsrechte auf beiden Seiten erloschen, muss der Vertrag durch Überlassen des Mietobjekts in Vollzug gesetzt werden (HK-*Marotzke* § 109 Rn 44; HaKo-*Ahrendt* § 109 Rn 24). Der Vermieter bleibt – wie außerhalb des Insolvenzverfahrens – an den Mietvertrag gebunden und kann sich nur noch vertragsgemäß oder bei Leistungsstörungen hiervon durch Kündigung lösen (KP-*Tintelnot* § 109 Rn 66; NR-*Balthasar* § 109 Rn 20). Der Insolvenzverwalter hat hingegen die Möglichkeit, sich durch Kündigung nach § 109 Abs 1 S 1 unter Einhaltung einer dreimonatigen Kündigungsfrist vom Vertrag zu lösen (s o Rn 5).

34 **5. Schadensersatzanspruch des Vermieters (§ 109 Abs 2 S 2).** Ist der **Insolvenzverwalter** vor Überlassung der Mietsache gem § 109 Abs 2 S 1 vom Mietvertrag zurückgetreten, kann der Vermieter den durch die vorzeitige Beendigung des Mietvertrages entstandenen Schaden nach § 109 Abs 2 S 2 als Insolvenzgläubiger geltend machen. Der Rücktritt des **Vermieters** gem § 109 Abs 2 S 1 löst dagegen weder einen Schadensersatzanspruch des Vermieter noch der Masse aus. In der Höhe entspricht der Schadensersatzanspruch des Vermieters dem Mietausfall, der im Zeitraum ab Rücktrittserklärung des Insolvenzverwalters bis zum frühesten Wirksamwerden einer möglichen Kündigung des Mieters entstanden wäre. Der Vermieter ist so zu stellen, als wäre das Mietverhältnis durch Kündigung des Insolvenzverwalters zum erstmöglichen Zeitpunkt nach Eröffnung des Insolvenzverfahrens beendet worden (*Dahl* NZM 2008, 585 [591]).

35 **6. Verhältnis von Kündigung und Rücktritt.** Die Berechtigung des Insolvenzverwalters zum Rücktritt gem § 109 Abs 2 S 1 und das Sonderkündigungsrecht nach § 109 Abs 1 S 1 werden bei vorinsolvenzlich noch nicht vollzogenen Mietverträgen mit der Eröffnung des Insolvenzverfahrens gleichzeitig begründet. Weder § 109 Abs 1 S 1 noch dem Umkehrschluss aus § 109 Abs 2 S 1 lässt sich entnehmen, dass mit der Eröffnung nur das Rücktrittsrecht, nicht aber auch das Sonderkündigungsrecht entstehen soll (s o Rn 4). § 109 Abs 2 S 1 verdrängt die Regelung des § 109 Abs 1 S 1 in ihrem Anwendungsbereich daher nicht, hierarchisiert aber die sich aus den beiden Regelungen ergebenden Rechte. Solange das Rücktrittsrecht besteht, kann sich der Insolvenzverwalter nur durch Rücktritt vom Vertrag lösen. Erst wenn das Rücktrittsrecht erloschen ist, hat er die Möglichkeit zur vorzeitigen Kündigung nach § 109 Abs 1 S 1. Unter Berücksichtigung des Normzweckes entspricht alleine dieses Verständnis der in der Gesetzesbegründung enthaltenen Formulierung, § 109 Abs 2 gehe als Sonderregelung dem § 109 Abs 1 vor (s o Rn 4).

§ 110 Schuldner als Vermieter oder Verpächter

(1) ¹Hatte der Schuldner als Vermieter oder Verpächter eines unbeweglichen Gegenstands oder von Räumen vor der Eröffnung des Insolvenzverfahrens über die Miet- oder Pachtforderung für die spätere Zeit verfügt, so ist diese Verfügung nur wirksam, soweit sie sich auf die Miete oder Pacht für den zur Zeit der Eröffnung des Verfahrens laufenden Kalendermonat bezieht. ²Ist die Eröffnung nach dem fünfzehnten Tag des Monats erfolgt, so ist die Verfügung auch für den folgenden Kalendermonat wirksam.

(2) ¹Eine Verfügung im Sinne des Absatzes 1 ist insbesondere die Einziehung der Miete oder Pacht. ²Einer rechtsgeschäftlichen Verfügung steht eine Verfügung gleich, die im Wege der Zwangsvollstreckung erfolgt.

(3) ¹Der Mieter oder der Pächter kann gegen die Miet- oder Pachtforderung für den in Absatz 1 bezeichneten Zeitraum eine Forderung aufrechnen, die ihm gegen den Schuldner zusteht. ²Die §§ 95 und 96 Nr. 2 bis 4 bleiben unberührt.

§ 110 Abs 1 u 2 entsprechen redaktionell vereinfacht und mit zusätzlicher Klarstellung früherem § 21 Abs 2 KO. § 110 Abs 3 entspricht früherem § 21 Abs 3 KO. § 124 RegE ohne Änderungen im Gesetzgebungsverfahren.

I. Allgemeines

1 § 110 Abs 1 regelt die Wirksamkeit von **vorinsolvenzlichen Verfügungen** des Vermieters oder Verpächters über **künftige Miet- oder Pachtforderungen** für den über die Insolvenzeröffnung hinausgehenden Zeitraum. Eine ähnliche Regelung findet sich in § 114 Abs 3, außerhalb der InsO in den in §§ 566 b, 578, 1124 BGB sowie in § 57 b ZVG.

2 Der **Zweck** des § 110 wird nach ganz hM im Schutz der Masse vor Vorausverfügungen des Schuldners gesehen. Indem § 110 Abs 1 Vorausverfügungen des Insolvenzschuldners in bestimmten zeitlichen Grenzen für unwirksam erkläre, stelle er sicher, dass sich der durch § 108 angeordnete Fortbestand des Mietvertrages nicht zum Nachteil der Masse auswirke (Braun/*Kroth* § 110 Rn 2 FK-*Wegener* § 110

II. Vorausverfügungen über Miete oder Pacht (§ 110 Abs 1 und 2) **§ 110**

Rn 1; MüKo-*Eckert* § 110 Rn 3; HaKo-*Ahrendt* § 110 Rn 1; N/R/*Balthasar* § 110 Rn 2). Auch die Gesetzesbegründung (BT-Drucks 12/2443 S 147) deutet in diese Richtung („Die Vorschrift über die Unwirksamkeit von Vorausverfügungen ..."). Der Gesetzgeber hat allerdings nicht bedacht, dass Vorausverfügungen des Schuldners schon nach § 91 Abs 1 unwirksam sind, soweit der betroffene Anspruch erst nach der Eröffnung des Insolvenzverfahrens entsteht. § 110 beschränkt daher nicht die Wirksamkeit vorinsolvenzlicher Vorausverfügungen des Schuldners, sondern **erhält** umgekehrt einer **an sich unwirksamen Vorausverfügung** für einen gewissen Zeitraum ihre **Wirksamkeit** (s u Rn 13). § 110 dient daher nicht dem Schutz der Masse, sondern dem **Schutz** des **vorauszahlenden Mieters, Zessionars oder Pfandgläubigers.**

II. Vorausverfügungen über Miete oder Pacht (§ 110 Abs 1 und 2)

1. Insolvenzeröffnung. § 110 verlangt zunächst die Eröffnung des Insolvenzverfahrens über das Vermögen des Vermieters und ist daher im Eröffnungsverfahren nicht anwendbar (HK-*Marotzke* § 110 Rn 5). Dies gilt auch dann, wenn das Insolvenzgericht ein allgemeines Verfügungsverbot gem § 21 Abs 2 Nr 2 Alt 1 angeordnet hat, denn § 110 gehört nicht zu den Vorschriften, deren entsprechende Anwendung § 24 vorschreibt (HK-*Marotzke* § 110 Rn 5; MüKo-*Eckert* § 110 Rn 11; **aA LG Erfurt** 2. 6. 2004 – 3 O 595/03, NZI 2004, 599).   3

2. Miet- oder Pachtvertrag iSd § 108 Abs 1 S 1. Die Vorschrift setzt einen im Zeitpunkt der Insolvenzeröffnung **wirksamen Mietvertrag** zwischen dem Schuldner als Vermieter und einem Dritten als Mieter über einen unbeweglichen Gegenstand oder über Räume voraus (s o § 108 Rn 13). Da § 110 Abs 1 S 1 an § 108 Abs 1 S 1 anknüpft, ist die Vorschrift auch auf Immobilienleasingverträge anwendbar (MüKo-*Eckert* § 110 Rn 1; K/P/B/*Tintelnot* § 110 Rn 4; Einzelheiten s o *Sinz* § 108 Rn 65 ff). Nicht erforderlich ist, dass der Schuldner den Mietvertrag selbst abgeschlossen hat. Es genügt, dass er vor Insolvenzeröffnung in den Vertrag eingetreten ist (FK-*Wegener* § 110 Rn 2). Auch muss der Schuldner **nicht Eigentümer** der Mietsache sein (MüKo-*Eckert* § 110 Rn 1; s o § 108 Rn 17). Auf Miet-, Pacht- oder Leasingverträge (auch drittfinanzierte, § 108 Abs 1 S 2) über bewegliche Sache findet die Vorschrift nach ihrem eindeutigen Wortlaut hingegen keine Anwendung (MüKo-*Eckert* § 110 Rn 29; HaKo-*Ahrendt* § 110 Rn 3).   4

3. Überlassung des Miet- oder Pachtgegenstandes. § 110 verlangt nach seinem Wortlaut im Gegensatz zu § 21 Abs 1 KO nicht, dass dem Mieter die Mietsache im Zeitpunkt der Insolvenzeröffnung bereits überlassen war. Dies – so die Gesetzesbegründung – erlaube dem Verwalter am Vertrag festzuhalten und gleichwohl Vorausverfügungen des Schuldners als unwirksam zu behandeln (BT-Drucks 12/2443 S 147). Dementsprechend geht die ganz hM davon aus, § 110 Abs 1 S 1 setze nicht den Vollzug des Mietvertrages voraus (MüKo-*Eckert* § 110 Rn 1; K/P/B/*Tintelnot* § 110 Rn 1; FK-*Wegener* § 110 Rn 4). Ob hieran auch nach der neuen Rechtsprechung des BGH festgehalten werden kann, erscheint jedoch zweifelhaft. Der IX. Zivilsenat vertritt die Auffassung, dass auf einen im Zeitpunkt der Insolvenzeröffnung nicht vollzogenen Mietvertrag über einen unbeweglichen Gegenstand oder über Räume in der Insolvenz des Vermieters nicht § 108 Abs 1 S 1, sondern § 103 anwendbar ist (BGH 5. 7. 2007 – IX ZR 185/06, Z 173, 116 = ZIP 2007, 2087 = NZI 2007, 713 = NJW 2007, 3715 = EWiR 2007, 729 [*Eckert*]; s o § 108 Rn 11). § 110 Abs 1 S 1 knüpft jedoch an § 108 Abs 1 S 1 an (s o Rn 4). Dies spricht gegen eine Anwendbarkeit der Vorschrift (unentschieden HK-*Marotzke* § 110 Rn 2). Auch passt § 110 Abs 1 nicht auf § 103 und seine Rechtswirkungen. § 110 geht von einer mit Verfahrenseröffnung eintretenden Unwirksamkeit der Vorausverfügung aus. Unter § 103 verliert eine vorinsolvenzliche Vorauszession ihre Wirksamkeit jedoch nicht schon mit Insolvenzeröffnung, sondern erst mit der Erfüllungswahl des Insolvenzverwalters, die lange Zeit nach der Eröffnung erfolgen kann (s o § 103 Rn 149). Deshalb passt auch der in § 110 Abs 1 festgelegte Wirksamkeitszeitraum nicht auf § 103.   5

4. Vorausverfügung über Miete oder Pacht. § 110 Abs 1 S 1 verlangt eine **vorinsolvenzliche Vorausverfügung des Schuldners** („hat der Schuldner für die spätere Zeit verfügt"), also eine Verfügung über noch **nicht fällige** Miet- oder Pachtforderungen. Gleichgestellt sind nach § 110 Abs 2 die **Einziehung** von und die **Zwangsvollstreckung** in künftige Miet- oder Pachtforderungen. Auf Vorausverfügungen über andere Rechte aus dem Mietvertrag findet die Norm dagegen keine Anwendung.   6

a) Miete oder Pacht. Als (ungeschriebene) Tatbestandsvoraussetzung setzt § 110 die Berechenbarkeit der Miete in periodischen Zeitabständen voraus, weil andernfalls nicht ermittelt werden kann, welcher Teil der Miete auf den nach § 110 Abs 1 maßgeblichen Zeitraum entfällt. Einmalzahlungen oder der Verzicht auf Schönheitsreparaturen können daher von § 110 nicht erfasst werden (**aA** MüKo-*Eckert* § 110 Rn 4; N/R/*Balthasar* § 110 Rn 7).   7

b) Vorausverfügung (§ 110 Abs 1). Verfügungen iSv Abs 1 S 1 sind alle Rechtsgeschäfte, durch die die Mietforderung des Schuldners unmittelbar übertragen, belastet, aufgehoben oder in ihrem Inhalt geändert wird. Als Vorausverfügungen kommen – bezogen auf **künftige**, also noch nicht fällige **Miet-**   8 oder **Pachtforderungen** des Schuldners – in Betracht: **Abtretung** (§ 398 BGB), **Belastung mit einem Nießbrauch** (§ 1074 BGB), **Verpfändung** (§ 1279 BGB), **Erlass** (§ 397 BGB), **Stundung** sowie jede zeitliche, örtliche oder gegenständliche **Änderung der Zahlungsart**. Nach der Rechtsprechung ist auch die **eigenkapitalersetzende Nutzungsüberlassung** ein Anwendungsfall des § 110 Abs 1, da in dieser eine der Vorausabtretung vergleichbare rechtsgeschäftliche Stundungsabrede liege (**BGH 24. 4. 2008 II ZR 2007/06**; ZIP 2008, 1176 = ZInsO 2008, 669 = NJW 2008, 2188). Damit ende das Recht zur unentgeltlichen Nutzung der Immobilie im Falle der Eröffnung eines Insolvenzverfahrens über das Vermögen des Vermieters spätestens ab dem übernächsten Monat nach der Verfahrenseröffnung (**BGH 24. 4. 2008 II ZR 2007/06**). Ob diese Rechtsprechung nach Inkrafttreten des MoMiG noch Bedeutung hat, bleibt abzuwarten.

9   Erfasst werden nur Verfügungen des **Schuldners**. Auch solche mit Zustimmung des **schwachen vorläufigen Insolvenzverwalters** (§ 21 Abs 2 Nr 2 Alt 2) fallen in den Anwendungsbereich des § 110 Abs 1 (MüKo-*Eckert* § 110 Rn 9; FK-*Wegener* § 110 Rn 11). Vorausverfügungen des **starken vorläufigen Insolvenzverwalters** (§§ 21 Abs 2 Nr 2 Alt 1, 22 Abs 1 S 1) oder des **Insolvenzverwalters** (§ 56) werden dagegen nicht von § 110 Abs 1 (FK-*Wegener* § 110 Rn 11) erfasst.

10   c) **Einziehung** (§ 110 Abs 2 S 1). § 110 Abs 2 S 2 nennt als Beispiel („insbesondere") einer Vorausverfügung iSv Abs 1 S 1 die Einziehung nicht fälliger Mieten oder Pachten. Unter den Begriff „Einziehung" fallen alle zur Erlangung der Miete erforderlichen Maßnahmen sowie die Entgegennahme der Mietzahlung. Die Einziehung ist „Verfügung" über die künftige Mietforderung iSv Abs 1 S 1, weil diese durch die Empfangnahme der Leistung gem § 362 BGB erlischt (*Jaeger/Henckel* § 21 KO Rn 14). § 110 Abs 2 S 1 erfasst mit dem Tatbestandsmerkmal der Einziehung künftiger Mieten jegliche **Mietvorauszahlungen des Mieters**, was sachgerecht ist, weil der Mieter mit der Vorleistung das Ausfallrisiko übernommen hat und der Masse als Wertausgleich für die erzwungene Nutzungsgewährung das entsprechende Entgelt zufließen muss (Braun/*Kroth* § 110 Rn 3; HaKo-*Ahrendt* § 110 Rn 4). Ob die Vorauszahlung bereits im Vertrag vorgesehen war oder später vereinbart wurde, ist unerheblich (N/R/*Balthasar* § 110 Rn 9).

11   d) **Zwangsvollstreckung** (§ 110 Abs 2 S 2). § 110 Abs 2 S 2 stellt die Überweisung und Einziehung der Mietforderung im Wege der **Zwangsvollstreckung** (§§ 829, 832, 835 ZPO) einschließlich der Vollziehung eines Arrestes oder einer einstweiligen Verfügung (§§ 930, 935 ZPO) der rechtsgeschäftlichen Verfügung gleich (MüKo-*Eckert* § 110 Rn 7). Die vorinsolvenzliche **Pfändung künftiger Mietforderungen** ist mithin längstens bis zu dem der Verfahrenseröffnung nachfolgenden Monat wirksam (K/P/B/*Tintelnot* § 110 Rn 7). Der Vollstreckungsgläubiger kann folglich auch nur für diesen Zeitraum abgesonderte Befriedigung aus der Miete gem §§ 170 Abs 1 S 2, 50 Abs 1 verlangen. Ist die Pfändung der Mietforderung im Monat vor dem Eröffnungsantrag oder danach erfolgt (Zustellung des Pfändungsbeschlusses), erlischt das Pfändungspfandrecht an der Mietforderung mit Verfahrenseröffnung gem § 88 ipso iure, so dass die Miete zur Masse gezogen werden kann. Für die Anwendung des § 110 ist kein Raum, da die Vorschrift nur § 91, nicht aber § 88 überwindet. Die **Rückschlagsperre** ist neben § 110 Abs 1 S 1, 2 anwendbar, auch wenn § 110 im Gegensatz zu § 114 Abs 3 S 3 keinen ausdrücklichen Hinweis auf die Anwendbarkeit des § 88 enthält (Jaeger/*Eckardt* § 88 Rn 78; BerlKo-*Goetsch* § 110 Rn 1, MüKo-*Eckert* § 110 Rn 7; aA HK-*Marotzke* § 110 Rn 10; HK-*Eickmann* § 88 Rn 15).

12   § 110 Abs 2 S 2 gilt auch für die vorinsolvenzliche Vollstreckung eines **absonderungsberechtigten Grundpfandgläubigers** in die dem Haftungsverband unterliegenden künftigen Miet- und Pachtforderungen (**BGH 13. 7. 2006 – IX ZB 301/04**, Z 168.339, ZIP 2006, 1554 = ZInsO 2006, 873 = NZI 2006, 577 = NJW 2006, 3356). Auch die von einem Grundpfandgläubiger vor der Verfahrenseröffnung ausgebrachte Pfändung der Mieten ist nach der Eröffnung des Insolvenzverfahrens nur in den zeitlichen Grenzen des § 110 Abs 1 wirksam (MüKo-*Eckert* § 110 Rn 20; HaKo-*Ahrendt* § 110 Rn 5; HK-*Marotzke* § 110 Rn 11). Insoweit steht der Realgläubiger nicht besser als der persönliche Gläubiger des Schuldners. Lediglich die **Beschlagnahme der Miet- oder Pachtforderungen** vor Insolvenzeröffnung durch einen absonderungsberechtigten Grundpfandgläubiger im Wege der **Zwangsverwaltung** wird von § 110 Abs 2 S 2 nicht erfasst und bleibt daher wirksam. Denn bei dem Mieteinzug durch den Zwangsverwalter gem § 152 ZVG handelt es sich um keine Verfügung des Schuldners im Wege der Zwangsvollstreckung (**BGH 13. 7. 2006 – IX ZB 301/04** aaO; HK-*Marotzke* § 110 Rn 11). Nur Zwangsverwaltung und Zwangsversteigerung überwinden damit den Insolvenzbeschlag hypothekarisch mithaftender Mieten und Pachten (**BGH 13. 7. 2006 – IX ZB 301/04** aaO). Der absonderungsberechtigte Grundpfandgläubiger ist gehalten, seine Rechte gem § 49 auf diesem Weg zu verfolgen.

III. Beschränkte Wirksamkeit von Vorausverfügungen

13   1. **Ausnahmetatbestand zu § 91 Abs 1.** Mietforderungen entstehen nach § 163 BGB aufschiebend befristet erst zum Anfangstermin des jeweiligen Zeitraums der Nutzungsüberlassung (**BGH 11. 11. 2004 – IX ZR 237/03**, ZIP 2005, 181 = ZInsO 2005, 94 = NZI 2005, 164; **BGH 14. 12. 2006 IX ZR 102/03**, Z 170, 196, ZIP 2007, 191 = ZInsO 2007, 91 = NZI 2007, 158 = NJW 2007, 1588). Dies bedeutet, dass die Mietforderung mit Beginn des Überlassungszeitraumes jeweils neu entsteht, es sich mit-

IV. Aufrechnung gegen Miet- oder Pachtforderungen (§ 110 Abs 3) § 110

hin um eine **künftig entstehende** und nicht um eine betagte Forderung aus dem Mietverhältnis handelt. Die vorinsolvenzliche Vorausverfügung künftiger Mietforderungen ist nach **§ 91 Abs 1** insoweit **unwirksam**, als der vorausverfügte Mietanspruch erst nach der Eröffnung des Insolvenzverfahrens entsteht (**BGH** 20. 3. 2003 – IX ZR 166/02, ZIP 2003, 808 = ZInsO 2003, 372 = NZI 2003, 320 = NJW 2003, 2171; Jaeger/*Windel* § 91 Rn 62; MüKo-*Eckert* § 91 Rn 26). Der Gläubiger bzw Pfandgläubiger erwirbt an den im voraus abgetretenen, verpfändeten oder gepfändeten, aber erst nach Verfahrenseröffnung entstehenden Mietforderungen mithin zu Lasten der Insolvenzmasse nach § 91 Abs 1 keine Forderungs- und keine Absonderungsrechte mehr (**BGH** 20. 3. 2003 – IX ZR 166/02 aaO). Die inhaltliche Aussage des § 110 Abs 1 kann folglich nicht darin bestehen, an sich wirksame Vorausverfügungen über künftige Miet- oder Pachtforderungen für unwirksam zu erklären (so aber K/P/B/*Tintelnot* § 110 Rn 8; FK-*Wegener* § 110 Rn 13; HK-*Marotzke* § 110 Rn 5; N/R/*Balthasar* § 110 Rn 11). Denn diese sind – wie ausgeführt – schon nach § 91 Abs 1 unwirksam. Der Regelungsgehalt des § 110 Abs 1 besteht vielmehr umgekehrt darin, **an sich unwirksame Vorausverfügungen** in Ausnahme zu § 91 Abs 1 **für wirksam zu erklären** (**BGH** 14. 12. 2006 IX ZR 102/03 aaO; Jaeger/*Eckardt* § 88 Rn 78; MüKo-*Eckert* § 110 Rn 11; HaKo-*Ahrendt* § 110 Rn 7; zur vergleichbaren Rechtslage bei § 114: **BGH** 11. 5. 2006 – IX ZR 247/03, Z 167, 363, ZIP 2006, 1254 = ZInsO 2006, 708 = NZI 2006, 457 = NJW 2006, 2485; **BGH** 12. 10. 2006 IX ZR 109/05, ZIP 2006, 2276 = ZInsO 2006, 1264 = NZI 2007, 39 = NJW 2007, 81). § 110 Abs 1 **verdrängt** in seinem Anwendungsbereich folglich die Regelung des § 91 Abs 1 (**BGH** 14. 12. 2006 IX ZR 102/03 aaO).

Zum Teil wird auch vertreten, nicht § 91 Abs 1, sondern **§ 81 Abs 1 S 1** sei auf die vorinsolvenzliche 14 Vorausabtretung einer künftigen, nach Verfahrenseröffnung entstehenden Forderung anwendbar (**OLG Dresden** 26. 1. 2006 – 13 U 1924/05, ZInsO 2006, 1057; MüKo-*Ott/Vuia*§ 81 Rn 10; Jaeger/*Gerhardt* § 24 Rn 6). Der Streit ist hier im Ergebnis ohne Belang. Nimmt man an, § 81 Abs 1 S 1 sei einschlägig, enthält § 110 Abs 1 eine Ausnahme zu § 81 Abs 1 S 1 (so FK-*Wegener* § 110 Rn 1; *Dobmeier* NZI 2006, 144 [146]; auch MüKo-*Eckert* § 110 Rn 11). Der Sache nach ändert sich dadurch nichts.

Kann die vorinsolvenzliche Vorausverfügung nach anderen Vorschriften der InsO als der §§ 81 Abs 1 15 S 1 oder 91 Abs 1 (je nachdem, welcher Auffassung man zuneigt), so zB nach §§ 24 Abs 1, 129 ff oder anderen gesetzlichen Vorschriften (zB § 138 BGB) keine Wirksamkeit entfalten, verhilft auch § 110 Abs 1 ihr nicht zur Geltung (HK-*Marotzke* § 110 Rn 5). Die Vorschrift hindert demnach nicht die Anfechtung einer Abtretung (**OLG Brandenburg** 21. 11. 2007 – 7 U 67/07, ZInsO 2008, 211). Ist die Vorausverfügung des Schuldners für die Zeit nach Insolvenzeröffnung hingegen nicht nach § 91 Abs 1 (oder § 81 Abs 1 S 1) unwirksam, gibt es nichts, was § 110 für wirksam erklären könnte. Für eine Anwendung der Vorschrift ist dann kein Raum.

2. Rechtsfolge des § 110 Abs 1. Die Vorschrift verlängert die Wirksamkeit vorinsolvenzlicher Voraus- 16 verfügungen auf den bei Insolvenzeröffnung laufenden Monat bzw bei Eröffnung des Insolvenzverfahrens nach dem 15. eines Monats, auf den laufenden und den nachfolgenden Monat. Die Miete fließt für diesen Zeitraum folglich nicht an die Insolvenzmasse, sondern aufgrund der nach Insolvenzeröffnung eintretenden Abtretungswirkung bzw des entstehenden Absonderungsrechtes an den Zessionar bzw Pfandgläubiger. Eine Vorauszahlung des Mieters hat für den in § 110 Abs 1 genannten Zeitraum schuldbefreiende Wirkung. Die Masse erhält somit längstens eineinhalb Monate keine Gegenleistung für den von ihr gewährten Mietgebrauch (HaKo-*Ahrendt* § 110 Rn 7). Die Wirkung des § 110 tritt mit der **Eröffnung des Insolvenzverfahrens** über das Vermögen des Vermieters ein. Die Vorausverfügung bleibt für den in § 110 Abs 1 genannten Zeitraum auch nach der Aufhebung bzw Einstellung des Insolvenzverfahrens oder Freigabe des Grundstücks aus der Insolvenzmasse wirksam .

3. Ansprüche des Mieters. Soweit vorinsolvenzliche Vorauszahlungen des Mieters an den Schuldner 17 gegenüber der Masse unwirksam sind, wird er von seiner Verpflichtung zur Zahlung der Miete nicht frei, muss die Miete also erneut an die Masse zahlen (HK-*Marotzke* § 110 Rn 13). Da die mit der Leistung an den Schuldner erstrebte Tilgungswirkung nicht eingetreten ist, ist der Schuldner gemäß § 812 Abs 1 BGB ungerechtfertigt bereichert. Dieser mit Verfahrenseröffnung entstehende Bereicherungsanspruch ist Insolvenzforderung (MüKo-*Eckert* § 110 Rn 21). Mit diesem kann der Mieter nicht gegen den Anspruch der Masse auf laufende Miete aufrechnen, weil die unwirksame Vorauszahlung sonst doch im Ergebnis gegen die Masse wirken würde (MüKo-*Eckert* § 110 Rn 21).

IV. Aufrechnung gegen Miet- oder Pachtforderungen (§ 110 Abs 3)

Während es in § 110 Abs 1 um die Wirksamkeit vorinsolvenzlicher Vorausverfügungen des Schuld- 18 ners geht, regelt § 110 Abs 3 die Frage, inwieweit der Mieter mit einer Insolvenzforderung gegen nach Verfahrenseröffnung entstehende Miet- oder Pachtforderungen der Masse aufrechnen kann.

1. § 110 Abs 3 S 1 erklärt eine an sich nach § 96 Abs 1 Nr 1 unzulässige Aufrechnung einer Insol- 19 venzforderung (Rechtsgrund unerheblich) gegen eine nach Insolvenzeröffnung entstandene Miet- oder Pachtforderung der Masse in den zeitlichen Grenzen des § 110 Abs 1 für zulässig (MüKo-*Eckert* § 110

Rn 22). Die Vorschrift **erweitert** damit **die Aufrechnungsmöglichkeiten des Mieters**. Sie gewährt ihm unabhängig von den Voraussetzungen des § 95 und in Ausnahme zu § 96 Abs 1 Nr 1 ein besonderes, zusätzliches, aber auf den Wirksamkeitszeitraum des § 110 Abs 1 beschränktes Aufrechnungsrecht (BGH 21. 12. 2006 – IX ZR 7/06, ZIP 2007, 239 = ZInsO 2007, 90 = NZI 2007, 164). Die Aufrechnung des Mieters gegen Miet- oder Pachtforderungen der Masse ist damit in gleichem Umfang zulässig, wie eine vorinsolvenzliche Vorausverfügung des Schuldners über die nach Insolvenzeröffnung entstehenden Miet- oder Pachtforderungen zulässig wäre. Die Aufrechnung des Mieters gegen die im Kalendermonat nach Insolvenzeröffnung (bei Eröffnung bis zum 15. einschließlich) oder die im darauf folgenden Monat (bei Eröffnung nach dem 15.) entstehende Mietforderung der Masse ist dagegen gem § 96 Abs 1 Nr 1 unzulässig. § 110 Abs 1 S 3 privilegiert diesen Zeitraum nicht.

20   2. **§ 110 Abs 3 S 2** stellt klar, dass die §§ 95, 96 Abs 1 Nr 2 bis 4 im Gegensatz zu § 96 Abs 1 Nr 1 in ihrem Anwendungsbereich nicht beschränkt werden. Die Aufrechnung gegen Miet- oder Pachtforderungen für die Zeit nach Verfahrenseröffnung ist also im Übrigen an die allgemeinen Voraussetzungen der Aufrechnung im Insolvenzverfahren gebunden (HK-*Marotzke* § 110 Rn 15).

§ 111 Veräußerung des Miet- oder Pachtobjekts

¹ Veräußert der Insolvenzverwalter einen unbeweglichen Gegenstand oder Räume, die der Schuldner vermietet oder verpachtet hatte, und tritt der Erwerber anstelle des Schuldners in das Miet- oder Pachtverhältnis ein, so kann der Erwerber das Miet- oder Pachtverhältnis unter Einhaltung der gesetzlichen Frist kündigen. ² Die Kündigung kann nur für den ersten Termin erfolgen, für den sie zulässig ist.

§ 111 entspricht in redaktionell vereinfachter Form früherem § 21 Abs 4 KO. § 111 Abs 1 S 3 aufgehoben durch das 2. Justizmodernisierungsgesetz v 22. 12. 2006. § 125 RegE ohne Änderungen im Gesetzgebungsverfahren.

I. Allgemeines

1   § 111 S 1 enthält eine Ausnahme von dem in § 566 BGB verankerten Grundsatz „Kauf bricht nicht Miete", denn die Vorschrift berechtigt den Erwerber „Miete zu brechen". Der Erwerber einer vom Insolvenzverwalter im **Insolvenzverfahren über das Vermögen des Vermieters** veräußerten Immobilie tritt zwar kraft Gesetzes in den vorinsolvenzlich vom Vermieter begründeten Mietverhältnis ein, erwirbt aber mit Eigentumsübergang gem § 111 S 1 zugleich ein **einmaliges außerordentliches Kündigungsrecht**. § 111 übernimmt damit die im Zwangsversteigerungsverfahren geltende Regelung des § 57a ZVG für den freihändigen Verkauf im Insolvenzverfahren. Zweck ist es, dem Insolvenzverwalter die freihändige Veräußerung vermieteter Immobilien zu erleichtern, da bestehende Miet- und Pachtverhältnisse in der Praxis oft ein Veräußerungshindernis darstellen.

II. Anwendungsbereich

2   § 111 S 1 ist nur in der **Vermieterinsolvenz** anwendbar, erfordert also zunächst die Eröffnung des Insolvenzverfahrens über das Vermögen des Vermieters. Die Vorschrift gilt nur für die Veräußerung **vermieteter oder verpachteter unbeweglicher Gegenstände oder Räume**. Unbewegliche Gegenstände sind gem § 49 **Grundstücke, eingetragene Schiffe** und **Luftfahrzeuge** (FK-*Wegener* § 111 Rn 2; K/P/B/*Tintelnot* § 111 Rn 5; s o § 108 Rn 14). Unter den Begriff Räume fallen sowohl **Wohn-** als auch **Geschäftsräume** (s o § 108 Rn 14). § 111 S 1 erfasst auch **Immobilienleasingverträge** in der Insolvenz des Leasinggebers (Braun/*Kroth* § 111 Rn 4; N/R/*Balthasar* § 111 Rn 3). Auf Miet- und Pachtverhältnisse über bewegliche Sachen ist die Vorschrift dagegen nicht anwendbar.

III. Anwendungsvoraussetzungen

3   1. **Wirksamer Miet- oder Pachtvertrag.** § 111 S 1 setzt ein vom Schuldner vor Verfahrenseröffnung vermieteten oder verpachten unbeweglichen Gegenstand oder Räume voraus. Daraus ergeben sich drei Voraussetzungen: Zunächst muss der **Schuldner** den Miet- oder Pachtvertrag **als Vermieter** und nicht als Mieter abgeschlossen haben (MüKo-*Eckert* § 111 Rn 3). Des Weiteren ist erforderlich, dass der Schuldner den Vertrag **vor der Eröffnung des Insolvenzverfahrens selbst** abgeschlossen hat. Verträge, die vom **Insolvenzverwalter** (§ 56) oder vom **vorläufigen Insolvenzverwalter** mit Verwaltungs- und Verfügungsbefugnis (§ 21 Abs 2 Nr 2 Alt 1) begründet wurden, fallen nicht unter § 111 S 1 (Braun/*Kroth* § 111 Rn 4; FK-*Wegener* § 111 Rn 6). Die bloße Zustimmung des schwachen vorläufigen Insolvenzverwalters zum Vertragsschluss durch den Schuldner hindert die Anwendung der Vorschrift aber nicht (HK-*Marotzke* § 111 Rn 4; aA FK-*Wegener* § 111 Rn 6). Schließlich muss der vom Schuldner vorinsolvenzlich geschlossene Vertrag sowohl **im Zeitpunkt der Verfahrenseröffnung** als auch im **Zeitpunkt der Veräußerung** rechtlich bestehen. § 111 S 1 knüpft an **§ 108 Abs 1 S 1** an und verlangt daher ein mit Wirkung für die Masse fortbestehendes Mietverhältnis (s o § 108 Rn 9, 11). Eine Überleitung des Miet-

IV. Sonderkündigungsrecht des Erwerbers **§ 111**

vertrages auf den Erwerber erfolgt nach § 566 BGB nur dann, wenn der Mietvertrag bei Veräußerung noch besteht (Schmidt-Futterer/*Gather* § 566 Rn 41). § 111 S 1 gelangt daher zur Anwendung, wenn der Mietvertrag zwar vor oder nach Insolvenzeröffnung wirksam gekündigt wurde, die Kündigungsfrist aber erst nach der Veräußerung abläuft.

2. Alleineigentum des Schuldners. Im Hinblick auf § 566 Abs 1 BGB (s u Rn 6), der voraussetzt, dass 4 Personenidentität zwischen dem Vermieter und der Veräußerer besteht und der Vermieter zumindest im Zeitpunkt der Veräußerung auch Eigentümer des Mietobjektes ist (MüKoBGB-*Häublein* § 566 Rn 19), erfasst § 111 S 1 nur Miet- oder Pachtverträge, die der **Schuldner als Alleineigentümer** abgeschlossen hat. War er Miteigentümer und veräußert der Insolvenzverwalter den Gegenstand im Einvernehmen mit den anderen Miteigentümern, so steht dem Erwerber – vergleichbar der Regelung bei der Zwangsvollstreckung (§ 183 ZVG) – das Sonderkündigungsrecht nicht zu (Braun/*Kroth* § 111 Rn 7, K/P/B/*Tintelnot* § 111 Rn 7; N/R/*Balthasar* § 111 Rn 5).

3. Vertragseintritt des Erwerbers. § 111 S 1 setzt den Eintritt des Erwerbers in den vom Schuldner 5 vor Insolvenzeröffnung abgeschlossenen Miet- bzw Pachtvertrag voraus und knüpft damit an die **Voraussetzungen des § 566 Abs 1 BGB** an. Nur wenn der Erwerber **kraft Gesetzes** anstelle des Schuldners nach § 566 BGB als **Vermieter** in den Mietvertrag eintritt, steht ihm das Sonderkündigungsrecht nach § 111 S 1 zu (MüKo-*Eckert* § 111 Rn 4). Handelt es sich bei dem Verkaufsobjekt nicht um vermieteten Wohnraum (nur dann gilt § 566 BGB), so enthalten die § 578 Abs 1 für Grundstücke, § 578 Abs 2 für Geschäftsräume, § 578a Abs 1 für eingetragene Schiffe, § 98 Abs 2 LuftfzRG iVm § 578a Abs 1 für Luftfahrzeuge, § 581 Abs 2 für die Pacht und § 593b für die Landpacht entsprechende Verweisungen **auf § 566 BGB**.

a) Veräußerung des vermieteten Gegenstandes. § 566 Abs 1 BGB setzt die **Veräußerung des vermieteten Grundstücks** durch den Vermieter **nach Überlassung** an den Mieter voraus. Das Grundstück ist 6 nicht schon mit Abschluss des schuldrechtlichen Verpflichtungsgeschäftes veräußert, sondern erst mit **Vollendung des dinglichen Rechtsgeschäftes**, also dem Eigentumserwerb durch Auflassung und Grundbucheintragung (MüKoBGB-*Häublein* § 566 Rn 17). Die Eintragung einer Auflassungsvormerkung genügt nicht (FK-*Wegener* § 111 Rn 4). Der Insolvenzverwalter muss dem Erwerber mithin wirksam das Eigentum an dem vermieteten Grundstück übertragen haben (K/P/B/*Tintelnot* § 111 Rn 8).

b) Überlassung des Mietgegenstandes. § 566 Abs 1 BGB setzt lediglich voraus, dass dem Mieter die Mietsache im **Zeitpunkt des Eigentumsübergangs** überlassen war. Überlassung bedeutet im Regelfall **Verschaffung des unmittelbaren Besitzes** (s o § 109 Rn 28). Da § 111 S 1 im Gegensatz zu § 21 Abs 4 KO 7 nicht die Überlassung der Mietsache bereits im Zeitpunkt der Insolvenzeröffnung verlangt, ging die ganz hM bislang davon aus, es genüge, wenn dem Mieter das Objekt erst nach Verfahrenseröffnung (aber vor dem Eigentumswechsel) vom Insolvenzverwalter überlassen werde (N/R/*Balthasar* § 111 Rn 7; FK-*Wegener* § 111 Rn 7; Braun/*Kroth* § 111 Rn 15). Der Verwalter könne somit das vom Schuldner begründete Mietverhältnis in Vollzug setzen, ohne eine Erschwerung der Veräußerung des Mietobjektes mangels Sonderkündigungsrechts des Erwerbers befürchten zu müssen (MüKo-*Eckert* § 111 Rn 1). Nach der **neuen Rechtsprechung des BGH** (5.7.2007 – IX ZR 185/06, Z 173, 116, ZIP 2007, 2087 = NZI 2007, 713 = NJW 2007, 3715) ist § 108 Abs 1 jedoch auf im Zeitpunkt der Insolvenzeröffnung noch nicht durch Überlassung vollzogene Mietverhältnisse nicht anwendbar. Diese bestehen nicht mit Wirkung für und gegen die Masse fort, sondern unterliegen dem Wahlrecht des Insolvenzverwalters nach § 103 Abs 1 (s o § 108 Rn 11). Diese Entscheidung ist auch für § 111 von Bedeutung. Da die Vorschrift an § 108 Abs 1 S 1 und dessen Voraussetzungen anknüpft, gelangt § 111 S 1 nur dann zur Anwendung, wenn dem Mieter das Mietobjekt vom Schuldner im Zeitpunkt der Insolvenzeröffnung bereits überlassen war (wohl auch HK-*Marotzke* § 111 Rn 5).

IV. Sonderkündigungsrecht des Erwerbers

Da der Erwerber gem § 566 BGB anstelle des Schuldners in den Mietvertrag eintritt, stehen ihm alle 8 vertraglichen und gesetzlichen Kündigungsrechte zu, die vorher dem Schuldner zustanden. Darüber hinaus räumt § 111 S 1 dem Erwerber ein **zusätzliches außerordentliches Kündigungsrecht** mit gesetzlicher **Kündigungsfrist** ein (Braun/*Kroth* § 111 Rn 9). Er hat die **einmalige Möglichkeit**, den Mietvertrag unter Einhaltung der gesetzlichen Kündigungsfrist zum **ersten zulässigen Termin** zu kündigen und zwar auch dann, wenn vertraglich eine längere Kündigungsfrist oder der Ausschluss einer ordentlichen Kündigung vereinbart war (N/R/*Balthasar* § 111 Rn 8). Für den Erwerber gibt es mithin keine Bindung an die vereinbarte Mietzeit. Das **Sonderkündigungsrecht** entsteht mit **Übergang des Eigentums** an dem vermieteten Grundstück auf den Erwerber. Der Mieter hat hingegen kein Sonderkündigungsrecht.

1. Kündigungsfrist. Das außerordentliche Kündigungsrecht ist unter Einhaltung der gesetzlichen Frist 9 auszuüben. Die gesetzlichen Fristen ergeben sich aus §§ 573d Abs 2, 575a Abs 3, 580, 584, 594a, b BGB. Da das Sonderkündigungsrecht des § 111 S 1 neben etwaige andere Kündigungsrechte tritt, kann der Erwerber anstelle des Sonderkündigungsrechtes auch Letztere ausüben, wenn sich hieraus **kürzere Kündigungsfristen** ergeben (N/R/*Balthasar* § 111 Rn 8).

10 **2. Kündigungstermin.** Der Erwerber muss das außerordentliche Kündigungsrecht gem § 111 S 2 zum **ersten zulässigen Termin** ausüben, andernfalls es **erlischt**. Da das Sonderkündigungsrecht mit dem Übergang des Eigentums an dem vermieteten Objekt entsteht, ist der erstmögliche Kündigungstermin ab Eintragung im Grundbuch zu bestimmen. Der Erwerber hat die Kündigung daher ohne schuldhaftes Zögern **unmittelbar nach der Grundbucheintragung** zu erklären (MüKo-*Eckert* § 111 Rn 14). Kündigt er zu einem späteren Zeitpunkt, muss er nachweisen, dass ihm die Kündigung zu einem früheren Zeitpunkt selbst bei Beachtung der im Verkehr erforderlichen Sorgfalt nicht möglich war (Braun/*Kroth* § 111 Rn 9).

11 **3. Mieterschutz für Wohnräume.** Auch das außerordentliche Kündigungsrecht des Erwerbers steht unter dem Vorbehalt des Kündigungsschutzes für Wohnraum gem §§ 573 bis 574c, § 575 Abs 2, 575a BGB (BT Drucks 12/2443 S 147; HK-*Marotzke* § 111 Rn 11; N/R/*Balthasar* § 111 Rn 8; Braun/*Kroth* § 111 Rn 9). Der Erwerber kann mithin nur dann außerordentlich mit gesetzlicher Frist kündigen, wenn er gem § 573 BGB ein berechtigtes Interesse an der Beendigung des Mietverhältnisses hat. Der Mieter kann nach § 574 BGB der Kündigung widersprechen (FK-*Wegener* § 111 Rn 11). Die Einschränkung des Sonderkündigungsrechtes bei Finanzierungsleistungen des Mieters gem § 57c ZVG ist durch Streichung des § 111 S 3 weggefallen und gilt nur noch für Veräußerungsfälle vor dem 31. 12. 2006 (hierzu MüKo-*Eckert* § 111 Rn 17).

V. Rechtsfolgen der Kündigung

12 Die Masse scheidet zwar mit dem Eigentumsübergang auf den Erwerber aus dem Mietverhältnis aus, haftet aber weiterhin für diejenigen Verpflichtungen, in die der Erwerber nicht eintritt. Hierzu gehört insbesondere die Pflicht, dem Mieter das Gebrauchsrecht während der gesamten Mietvertragsdauer zu verschaffen (Palandt/*Weidenkaff* § 566 Rn 23). Kündigt der Erwerber nach § 111 S 1 vorzeitig, obwohl der Mietvertrag über einen längeren Zeitraum abgeschlossen war oder Vertrag und Gesetz längere Kündigungsfristen vorsehen, haftet die Masse dem Mieter für den dadurch entstandenen Schaden nach §§ 280 Abs 1, 3 iVm 281, 283 BGB. Zu ersetzen sind die durch die vorzeitige Vertragsbeendigung entstandenen Vermögenseinbußen des Mieters (MüKo-*Eckert* § 111 Rn 29). Keine Haftung besteht, wenn der Mieter selbst vorher wirksam gekündigt hat.

13 Nach überwiegender Auffassung soll es sich bei dem Anspruch des Mieters auf Schadensersatz statt der Leistung gem §§ 280 Abs 1, 3 iVm 281, 283 BGB lediglich um eine Insolvenzforderung handeln. Dies ergebe sich aus einer entsprechenden Anwendung des § 109 Abs 1 S 3 (Gottwald/*Huber* InsHdB § 37 Rn 44; K/P/B/*Tintelnot* § 111 Rn 14; Braun/*Kroth* § 111 Rn 11) oder allgemeinen Grundsätzen (HK-*Marotzke* § 111 Rn 9). Zum Teil wird auch eine Entscheidung des Reichsgerichtes (RGZ 67, 376) herangezogen (Jaeger/*Henckel* § 21 KO Rn 16) oder gänzlich auf eine Begründung verzichtet (N/R/*Balthasar* § 111 Rn 15). Die Entscheidung des RG kann nicht mehr herangezogen werden, weil sie sich auf § 26 S 2 KO stützt, der in seinem weiten Anwendungsbereich nicht in die InsO übernommen wurde und im Übrigen (vgl § 103 Abs 2 S 1) nur für Mietverträge über beweglichen Sachen gilt (MüKo-*Eckert* § 108 Rn 30). Auch eine analoge Anwendung der §§ 103 Abs 2 S 1 oder 109 Abs 1 S 3 kommt nicht in Betracht. Es bestehen schon keine Anhaltspunkte für eine planwidrige Gesetzeslücke. Nach zutreffender Auffassung ist ein etwaiger Schadensersatzanspruch des Mieters daher als **Masseverbindlichkeit iSd § 55 Abs 1 Nr 1** zu qualifizieren (so auch MüKo-*Eckert* § 110 Rn 30, FK-*Wegener* § 110 Rn 12). Der Schadensersatzanspruch des Vermieters entsteht **nach Insolvenzeröffnung** als Folge einer **Verwertungshandlung des Insolvenzverwalters**.

§ 112 Kündigungssperre

Ein Miet- oder Pachtverhältnis, das der Schuldner als Mieter oder Pächter eingegangen war, kann der andere Teil nach dem Antrag auf Eröffnung des Insolvenzverfahrens nicht kündigen:
1. wegen eines Verzugs mit der Entrichtung der Miete oder Pacht, der in der Zeit vor dem Eröffnungsantrag eingetreten ist;
2. wegen einer Verschlechterung der Vermögensverhältnisse des Schuldners.

Ohne Entsprechungen in der KO, GesO, VerglO. § 126 RegE ohne Änderungen im Gesetzgebungsverfahren.

I. Allgemeines

1 § 112 schränkt die gesetzlichen und vertraglichen Kündigungsrechte des Vermieters oder Verpächters wegen Zahlungsverzug und verschlechterter Vermögensverhältnisse des Mieters ab Insolvenzantragstellung ein. Während § 112 Nr 1 jedoch nur die Kündigung wegen eines vor dem Eröffnungsantrag eingetretenen Zahlungsverzuges des Mieters sperrt, ist eine Kündigung wegen Vermögensverschlechterung gem § 112 Nr 2 nach Antragstellung generell ausgeschlossen.

III. Voraussetzungen   § 112

Die Kündigungssperre dient dem **Schutz der Gläubigergesamtheit** vor den nachteiligen Auswirkungen   2
einer mit Zahlungsverzug oder dem Vermögensverfall des Mieters begründeten Kündigung. § 112 will
verhindern, dass der Vermieter oder Verpächter Miet – oder Pachtverträge über notwendige Betriebsmittel wegen des im Eröffnungsantrag offenbar gewordenen Vermögensverfalls des Schuldners im Eröffnungsverfahren oder im eröffneten Verfahren kündigt und dem Insolvenzverwalter damit die Grundlage
entzieht, das Schuldnerunternehmen bis zur Entscheidung über das Verfahrensziel fortzuführen. Da auch
gemietete oder gepachtete Gegenstände (zB Büroräume, Betriebsgrundstücke, Maschinen) zur Unternehmensfortführung, Sanierung oder Gesamtveräußerung des Unternehmens, aber auch zur ordnungsgemäßen Abwicklung des Insolvenzverfahrens wichtig sein können, sollen sie weder dem vorläufigen
noch dem endgültigen Insolvenzverwalter entzogen werden, sondern zunächst in seinem Verfügungsbereich bleiben. Die Gesetzesbegründung spricht davon, die wirtschaftliche Einheit der im Besitz des
Mieters stehenden Güter solle nicht zur Unzeit auseinandergerissen werden (BT-Drucks 12/2443 S 148).

II. Anwendungsbereich

§ 112 unterscheidet nicht nach der Art des Miet- oder Pachtgegenstandes. Die Vorschrift gilt daher   3
für **alle Miet- oder Pachtverhältnisse**, die der Schuldner **vor Insolvenzantragstellung** als **Mieter oder
Pächter** eingegangen ist, gleichviel ob es sich um solche über **Immobilien** und **Räume** oder **bewegliche
Sachen** und **Rechte** handelt (K/P/B/*Tintelnot* § 112 Rn 3). Dazu zählen nach der Gesetzesbegründung
auch **Leasingverträge** (BT Drucks 12/2443 S 148; **OLG** Düsseldorf 8. 9. 2008 – 24 U 40/08, OLGR
2009, 265). **Lizenzverträge** werden als Rechtspacht eingeordnet (**BGH** 17. 11. 2005 – IX ZR 162/04,
ZIP 2006, 87 = ZInsO 2006, 35 = NJW 2006, 915) und fallen daher unter § 112 (MüKo-*Eckert* § 112
Rn 7; *Cepl* NZI 2000, 357 [359]). Auch der know-how-Vertrag ist Rechtspacht und wird von § 112
erfasst. Gleiches gilt für die Fischereipacht und die Jagdpacht (FK-*Wegener* § 112 Rn 5). Das **Wohnraummietverhältnis** des Schuldners wird ebenfalls von § 112 erfasst (**AG** Hamburg 18. 3. 2009 – 68 c
IK 207/08, NZI 2009, 331; MüKo-*Eckert* § 112 Rn 3; FK-*Wegener* § 112 Rn 5 a; Vallender/Dahl NZI
2000, 246; aA HK-*Marotzke* § 112 Rn 4; *Grote* NZI 2000, 66 [68]; offen gelassen **BGH** 21. 12. 2006
– IX ZR 66/05, NZI 2007, 287). Das Wohnraummietverhältnis des Schuldners hat zwar in der Regel
keinen nutzbaren Wert für die Insolvenzmasse. Dies allein rechtfertigt es aber nicht, das Wohnraummietverhältnis des Schuldners entgegen dem Gesetzeswortlaut im Wege teleologischer Reduktion aus
dem Anwendungsbereich des § 112 zu nehmen. Denn dann müssten alle Miet- oder Pachtverträge ausgenommen werden, die zur Fortführung des Schuldnerunternehmens (im Einzelfall) nicht benötigt werden. Auch die nachträgliche Einfügung des § 109 Abs 1 S 2 spricht nicht für eine teleologische Reduktion. Die Vorschrift will den Schuldner vor der Obdachlosigkeit bewahren. Gleiches wird durch die
Kündigungssperre erreicht, auch wenn § 112 letztlich andere Ziele verfolgt. § 112 findet keine Anwendung auf Kfz-Händlerverträge (**OLG** Braunschweig 6. 3. 2009 – 2 U 29/09, ZIP 2009, 1336).

III. Voraussetzungen

1. **Wirksamer Miet- oder Pachtvertrag.** § 112 verlangt einen vom Schuldner als Mieter oder Pächter   4
abgeschlossenen wirksamen Miet- oder Pachtvertrag. Bereits vor Insolvenzantragstellung **gekündigte
Verträge** unterfallen § 112 nach Sinn und Zweck der Vorschrift nicht (FK-*Wegener* § 112 Rn 2).

2. **Überlassung des Miet- oder Pachtgegenstandes.** Umstritten ist, ob § 112 nur auf im Zeitpunkt der   5
Kündigung bereits vollzogene Miet- oder Pachtverträge anwendbar ist, die Vorschrift also die Überlassung des Miet- oder Pachtgegenstandes vor Zugang der Vermieterkündigung voraussetzt. Überwiegend
wird vertreten, § 112 sei nur dann anwendbar, wenn das Mietobjekt bereits überlassen wurde, da die
Gesetzesbegründung ausdrücklich davon spreche, die wirtschaftliche Einheit „im Besitz" des Schuldners zu erhalten (BR-Drucks 1/292 S 148) und daher konkludent die Gebrauchsüberlassung an den
Schuldner voraussetze (N/R/*Balthasar* § 112 Rn 11; FK-*Wegener* § 112 Rn 3; HK-*Marotzke* § 112
Rn 5; K/P/B/*Tintelnot* § 112 Rn 4; *Dahl* NZM 2008, 585 [591]). Eine Ausnahme sei nur dann anzunehmen, wenn der Vermieter die Überlassung vertragswidrig verzögere (HK-*Marotzke* § 112 Rn 6).
Nach zutreffender Ansicht ist die Kündigung des Vermieters jedoch auch dann nach § 112 ausgeschlossen, wenn dem Schuldner der Vertragsgegenstand zu diesem Zeitpunkt **noch nicht überlassen** war
(MüKo-*Eckert* § 112 Rn 11; Braun/*Kroth* § 112 Rn 4; HaKo-*Ahrendt* § 112 Rn 3; *Wilmowsky* ZInsO
2004, 882 [884]; BerlKo-*Goetsch* § 112 Rn 9; *Börstinghaus* NZM 2000, 326; *Cepl* NZI 2000, 357
[359]). Hierfür spricht zunächst der Gesetzeswortlaut. § 112 unterscheidet im Gegensatz zu § 109 nicht
zwischen vollzogenen und nicht vollzogenen Verträgen, sondern stellt alleine auf den Vertragsschluss
des Schuldners ab. Auch zwingen weder die Gesetzesbegründung noch der Gesetzeszweck zu einer teleologischen Reduktion des Anwendungsbereiches auf bereits vollzogene Miet- oder Pachtverhältnisse.
§ 112 schützt nicht den Besitz des Schuldners bzw (vorläufigen) Insolvenzverwalters an dem vermieteten Gegenstand, sondern den Vertrag, der Grundlage des Besitzrechtes ist. Käme es nur darauf an, die
Aussonderung des Mietgegenstandes zu verhindern, hätte der Gesetzgeber keine Kündigungssperre
schaffen müssen. Dieses Ziel kann im Eröffnungsverfahren ebenso über § 21 Abs 2 S 1 Nr 5 oder § 21

§ 112 Kündigungssperre

Abs 2 Nr 3 erreicht werden, der auch die Herausgabevollstreckung aus- und absonderungsberechtigter Gläubiger erfasst (MüKo-*Haarmeyer* § 21 Rn 71). Die praktische Bedeutung der Streitfrage dürfte allerdings eher gering sein, da ein zur außerordentlichen Kündigung rechtfertigender Zahlungsverzug vor Übergabe der Sache nur selten eintreten wird und der Vermieter im Übrigen die Übergabe der Mietsache nach § 320 BGB (bei Zahlungsverzug) oder § 321 BGB (bei Vermögensverschlechterung) verweigern kann. Denn dem Vermieter wird durch § 112 nicht untersagt, sich auf das Leistungsverweigerungsrecht gem § 321 BGB zu berufen (K/P/B/*Tintelnot* § 112 Rn 4; HaKo-*Ahrendt* § 112 Rn 14; MüKo-*Eckert* § 112 Rn 32).

6   **3. Insolvenzantrag.** § 112 setzt die Anhängigkeit eines Antrages (§ 13) auf Eröffnung des Insolvenzverfahrens (Regel- oder Verbraucherinsolvenzverfahren) über das **Vermögen des Mieters** voraus, verlangt aber keinen **zulässigen** Eröffnungsantrag *(Börstinghaus* NZM 2000, 326). Um die damit verbundenen Missbrauchsmöglichkeiten einzuschränken, wird man allerdings einen **offensichtlich aussichtslosen** Insolvenzeröffnungsantrag nicht ausreichen lassen können (HK-*Marotzke* § 112 Rn 14; MüKo-*Eckert* § 112 Rn 2). Ob es sich bei dem Insolvenzantrag um einen **Eigenantrag des Schuldners** (§ 13 Abs 1) oder den **Fremdantrag eines Insolvenzgläubigers** (§ 14) handelt, ist unerheblich. Auch auf die Kenntnis des Vermieters vom Insolvenzantrag kommt es nicht an.

IV. Rechtsfolgen

7   Der Vermieter kann das mit dem Schuldner bestehende Mietverhältnis **nach dem Antrag auf Eröffnung des Insolvenzverfahrens** über das Vermögen des Mieters nicht mehr wegen eines **vor dem Eröffnungsantrag** eingetretenen **Zahlungsverzuges** oder **einer nach Vertragsschluss** eingetretenen **Vermögensverschlechterung** kündigen. Der Insolvenzeröffnungsantrag führt mithin zu einer **Ausübungssperre** für die in § 112 Nr 1 und Nr 2 genannten Kündigungsrechte. Besteht das Mietverhältnis mit mehreren Mietern, schließt die fehlende Möglichkeit zur Kündigung des Schuldners nach dem Grundsatz der Einheitlichkeit der Kündigung auch die Kündigung der Mitmieter aus (**LG Neubrandenburg** 14. 8. 2001 – 1 S 114/01, WuM 2001, 551; **OLG Düsseldorf** 8. 9. 2008 – 24 U 40/08, OLGR 2009, 265). Die **Sperrwirkung** tritt mit dem **Eingang des Insolvenzantrages** beim Insolvenzgericht ein und besteht unabhängig davon, ob der Insolvenzantrag zur **Eröffnung des Insolvenzverfahrens** führt (*Börstinghaus* NZM 2000, 326). Die Eröffnung des Insolvenzverfahrens hat keinen Einfluss auf die Kündigungssperre (HK-*Marotzke* § 112 Rn 9). Dem Vermieter ist die Kündigung wegen einer der in § 112 Nr 1 und Nr 2 genannten Gründe im eröffneten Verfahren ebenso untersagt wie im Eröffnungsverfahren. Die Sperrwirkung des § 112 entfällt mit der **Abweisung des Antrags mangels Masse** (§ 26), der **Rücknahme des Insolvenzantrages** (§ 13 Abs 2), der **Erledigung des Insolvenzantrages in der Hauptsache** oder der **Aufhebung des Insolvenzverfahrens** gem § 200 (MüKo-*Eckert* § 112 Rn 31; HK-*Marotzke* § 112 Rn 14). Die **Enthaftung der Insolvenzmasse** gem § 109 Abs 1 S 2 lässt die Sperrwirkung des § 112 hingegen **nicht entfallen** (s o § 109 Rn 20). Im Verbraucherinsolvenzverfahren soll die Kündigung auch nach Aufhebung des Insolvenzverfahrens gesperrt bleiben, wenn ein Restschuldbefreiungsverfahren eingeleitet wird (**LG Neubrandenburg** 14. 8. 2001 – 1 S 114/01 aaO). Da § 112 nicht den **Kündigungsgrund** als solchen beseitigt, sondern dem Vermieter lediglich eine darauf gestützte Gestaltungserklärung für die Dauer der Sperrwirkung untersagt, kann dieser nach **Wegfall der Kündigungssperre** wieder auf den Verzug oder die Vermögensverschlechterung vor dem Eröffnungsantrag zurückgreifen und das Mietverhältnis kündigen (N/R/*Balthasar* § 112 Rn 15; HK-*Marotzke* § 112 Rn 14; *Börstinghaus* NZM 2000, 326; aA K/P/B/*Tintelnot* § 112 Rn 8).

8   Eine trotz Kündigungssperre nach dem Eröffnungsantrag erklärte Kündigung des Vermieters ist **kraft Gesetzes unwirksam**, unabhängig davon, ob der Vermieter **Kenntnis von dem Eröffnungsantrag** hatte (MüKo-*Eckert* § 112 Rn 26). Fällt die Kündigungssperre später weg, lebt die alte Kündigung nicht wieder auf. Der **Entfall der Kündigungssperre** führt nicht zu einer Heilung der unwirksamen Kündigung. Die Kündigung bleibt unwirksam (**OLG Düsseldorf** 10. 6. 2008 – 24 U 86/07, ZMR 2009, 600), kann aber aufgrund des fortbestehenden Kündigungsgrundes **erneut erklärt** werden. Ob eine ausgesprochene Kündigung von § 112 erfasst wird, hängt von dem **Zeitpunkt ihrer Wirksamkeit** ab (**KG Berlin** 10. 2. 2003 – 8 U 140/02, Grundeigentum 2003, 740). Eine vor Insolvenzantragstellung wirksam gewordene Kündigung bleibt auch nach dem Eröffnungsantrag wirksam. Ist die Kündigung dagegen vor dem Antrag noch nicht wirksam geworden, kann sie es nach Eingang des Insolvenzantrages beim Amtsgericht auch nicht mehr werden. Die Kündigung wird als einseitige empfangsbedürftige Willenserklärung mit ihrem Zugang wirksam (§ 130 BGB). Die Unwirksamkeitsfolge des § 112 hängt somit von dem **Zeitpunkt des Zugangs** der Kündigung beim Schuldner ab (MüKo-*Eckert* § 112 Rn 18). Unwirksam ist allein die Kündigung, die dem Schuldner nach Anhängigkeit des Eröffnungsantrages zugeht (**OLG Düsseldorf** 17. 11. 2008 – 24 U 51/08, ZIP 2009, 877 = ZInsO 2009, 771). Eine dem Schuldner vor dem Eröffnungsantrag zugegangene Kündigung bleibt dagegen wirksam und beendet das Mietverhältnis (MüKo-*Eckert* § 112 Rn 18; HaKo-*Ahrendt* § 112 Rn 7). Dies gilt auch dann, wenn die außerordentliche Kündigung mit einer Schonfrist verbunden wurde, die erst nach Insolvenzantragstellung abläuft (Braun/*Kroth* § 112 Rn 6). Denn die Kündigung wird auch in diesem Fall mit Zugang wirksam. Eine in zulässiger Weise nur **bedingt erklärte Kündigung** wird erst mit dem Eintritt ihrer Bedingung

IV. Rechtsfolgen § 112

wirksam. Erfolgt die Insolvenzantragstellung nach Ausspruch der Kündigung, aber **vor Eintritt der Bedingung**, ist der Bedingungseintritt gem § 112 gesperrt. Die Kündigung kann nicht mehr wirksam werden (**KG Berlin** 10. 2. 2003 – 8 U 140/02, Grundeigentum 2003, 740).

1. Ausschluss von Verzugskündigungen. Gerät der Mieter mit der Zahlung der Miete in Verzug, kann der Vermieter das Mietverhältnis wegen des aufgelaufenen Zahlungsrückstandes wirksam **nur bis zum Eröffnungsantrag** kündigen. Nimmt der Vermieter den eingetretenen Zahlungsrückstand, gleich aus welchem Grund, zunächst nicht zum Anlass einer Kündigung, so verliert er mit Insolvenzantragstellung die Möglichkeit, das Mietverhältnis wegen des zuvor eingetretenen Zahlungsverzuges zu beenden. Denn **nach Antragstellung** ist die Kündigung des Mietvertrages wegen eines **vor dem Eröffnungsantrag** eingetretenen Zahlungsverzuges des Mieters gem § 112 Nr 2 gesperrt, unabhängig davon, ob das Recht zur Kündigung aus **Gesetz** oder **vertraglicher Vereinbarung** hergeleitet wird. Der Stichtag der Insolvenzantragstellung bildet insoweit eine Zäsur. 9

a) Zahlungsverzug vor Eröffnungsantrag. Voraussetzung ist, dass der Mieter **vor dem Eröffnungsantrag** mit der Zahlung der Miete gem § 286 BGB in **Schuldnerverzug** geraten ist und zwar in einem die **Kündigung rechtfertigendem Umfang.** Zur Miete gehören neben dem Entgelt für die Gebrauchsüberlassung auch die laufenden Nebenkosten sowie sonstige regelmäßig wiederkehrenden Zahlungen (*Palandt/Weidenkaff* § 535 Rn 72). Um eine Regelungslücke zu vermeiden, wird gemeinhin befürwortet, § 112 auf **jegliche Zahlungsverpflichtungen** zu erstrecken, deren Nichterfüllung eine Kündigung rechtfertigen könnte (Braun/*Kroth* § 112 Rn 5; MüKo-*Eckert* § 112 Rn 29). Gerät der Schuldner durch einen **Lastschriftwiderruf des vorläufigen Insolvenzverwalters** und anschließender Mahnung des Vermieters nach Insolvenzantragstellung mit der Zahlung vor dem Insolvenzantrag fällig gewordener und vom Konto abgebuchter Mieten in Verzug, so ist umstritten, ob der Vermieter zur fristlosen Kündigung gem § 543 Abs 2 Nr 3 BGB berechtigt ist oder einer Kündigung § 112 Nr 1 entgegensteht. Zum Teil wird vertreten, für die Kündigungssperre des § 112 Nr 1 komme es nicht entscheidend auf den Zeitpunkt des Verzugseintrittes ein. Maßgeblich sei vielmehr, dass der Rückstand aus der Zeit vor Antragstellung resultiere (MüKo-*Eckert* § 112 Rn 23; K/P/B/*Tintelnot* § 112 Rn 10). Dem ist nicht zuzustimmen. § 112 Nr 1 stellt ausdrücklich nur darauf ab, ob der **Verzug des Schuldners** vor oder nach dem Insolvenzantrag eingetreten ist. Auf den Zeitpunkt der Fälligkeit der Miete kommt es nach dem Wortlaut der Vorschrift nicht an. Die Kündigungssperre des § 112 Nr 1 greift in der og Konstellation daher nicht (HK-*Marotzke* § 112 Rn 8; *Cymutta* ZInsO 2008, 191 [195]). Auch für eine teleologische Reduktion der Regelung besteht kein Anlass. § 112 Nr 1 schützt nicht den Schuldner vor einer Kündigung, sondern dem Insolvenzverwalter Sanierungs- und Fortführungschancen erhalten. Der Lastschriftwiderruf beruht jedoch gerade auf einem Verhalten des vorläufigen Verwalters, der in der Regel mit dem Insolvenzverwalter personenidentisch ist, so dass es nicht geboten erscheint, diesen vor den Folgen seines eigenen Handelns zu bewahren (so auch *Cymutta* ZInsO 2008, 191 [195]). Eine andere Beurteilung wäre nur dann angezeigt, wenn man den vorläufigen Insolvenzverwalter – da eine **Anfechtung genehmigter Lastschriften** in der Regel ausscheiden wird (**BGH** 29. 5. 2008 – IX ZR 42/07, ZIP 2008, 1241 = ZInsO 2008, 749 = NZI 2008, 482) – grundsätzlich für verpflichtet hielte, auch **Mietlastschriften** stets die Genehmigung zu verweigern (für eine Verpflichtung des Insolvenzverwalters zum Lastschriftwiderruf im Allgemeinen: **AG Hamburg** 28. 6. 07 – 68 g IK 272/07, ZInsO 2007, 721 = NZI 2007, 598; **AG Hamburg** 2. 12. 2008 – 68 c IK 625/08 ZVI 2009, 35; zust *Frind* ZInsO 2008, 1357, 1358; *Homann* ZVI 2008, 156.160; str, aA [für Geschäfte der Grundversorgung des Schuldners] *Grote* ZInsO 2009, 9 ff; *Hofmann* NZI 2008, 537; *Dawe* ZVI 2007, 549). Denn dann hätte es der vorläufige Insolvenzverwalter nicht mehr selbst in der Hand, den Eintritt des Kündigungsgrundes zu vermeiden, sondern würde sich im Gegenteil nach §§ 21 Abs 2 Nr 1, 60 schadensersatzpflichtig machen, wenn er die Genehmigung erteilen würde (s o *Sinz* § 60 Rn 3, 25). Die Verpflichtung des (vorläufigen) Insolvenzverwalters zum Lastschriftwiderruf steht jedoch stets unter dem Vorbehalt der Vorteilhaftigkeit für die Gläubigergemeinschaft, so dass die Folgen für die Insolvenzmasse bei jeder einzelnen Lastschrift zu prüfen sind (**AG Hamburg** 18. 3. 2009 – 68 c IK 207/08, NZI 2009, 331). Nimmt man mit dem BGH an, dass der vorläufige Insolvenzverwalter sogar zur **Zahlung der Miete** berechtigt und auch verpflichtet ist, wenn aus der Aufrechterhaltung des Mietverhältnisses für die Masse mehr Vor- als Nachteile zu erwarten sind (s u Rn 15), kann er nicht auf der anderen Seite verpflichtet sein, die zur Erhaltung des Mietverhältnisses erforderlich Mietlastschriften zu „widerrufen". Im Übrigen ist schon die höchstrichterliche Rechtsprechung zum pauschalen Widerspruchsrecht des vorläufigen Insolvenzverwalters nicht einheitlich (einerseits **BGH** 4. 11. 2004 – IX ZR 22/03, ZIP 2004, 2442 = ZInsO 2004, 1353 = NZI 2005, 99; andererseits **BGH** 10. 6. 2008 – XI ZR 283/07, Z 177, 69, ZIP 2008, 1977 = ZInsO 2008, 1076), auch wenn für den (vorläufigen) Insolvenzverwalter letztlich nur die des IX. Zivilsenates maßgeblich sein dürfte. Bei einem Lastschriftwiderruf des **Insolvenzverwalters** oder **Treuhänders** wird ein Kündigungsrecht des Vermieters auch unabhängig von § 112 überwiegend abgelehnt, allerdings mit unterschiedlicher Begründung (**LG Hamburg** 26. 6. 2008 – 307 S 53/08, ZInsO 2009, 445; **AG Hamburg** 28. 6. 2007 – 68 g IK 272/07, ZInsO 2007, 721 = NZI 2007, 598; **AG Hamburg** 18. 3. 2009 – 68 c IK 207/08, NZI 2009, 331, **kein Verschulden**; *Cymutta* ZInsO 2008, 191 [197], wegen **Insolvenzzweckwidrigkeit** und **Widerspruch zu § 108 Abs 3**). 10

§ 112

11 **b) Verzugskündigung nach Eröffnungsantrag.** § 112 Nr 1 verweist nicht auf eine bestimmte Kündigungsvorschrift, sondern stellt allgemein auf den Verzug mit der Entrichtung der Miete ab. Diese weite Formulierung soll sicherstellen, dass auf alle Verzugstatsachen, die vor Antragstellung eingetreten sind, zur Begründung einer fristlosen Kündigung während des vorläufigen Insolvenzverfahrens nicht mehr zurückgegriffen werden darf. § 112 Nr 1 schließt in erster Linie die außerordentliche fristlose Kündigung des Vermieters wegen Zahlungsverzuges des Mieters gem §§ 543 Abs 2 Nr 3, 569 Abs 3 BGB aus (MüKo-*Eckert* § 112 Rn 23 HK-*Marotzke* § 112 Rn 7). Für den Leasingvertrag finden sich entsprechende Regelungen in den §§ 500, 498 Abs 1 S 1 Nr 1, 2 BGB. Da es genügt, wenn der Zahlungsverzug im weitesten Sinne den Grund zur Kündigung bieten soll (HaKo-*Ahrendt* § 112 Rn 8), sperrt § 112 Nr 1 auch Kündigungen des Vermieters nach **§ 543 Abs 1 BGB** und **§ 573 Abs 2 Nr 1 BGB**, sofern die Vertragsverletzung des Mieters mit den geschuldeten Mietzahlungen zusammenhängt, weil der Mieter zB die Miete ständig verspätet zahlt (MüKo-*Eckert* § 112 Rn 24; HK-*Marotzke* § 112 Rn 7). Darüber hinaus kann der Vermieter nach Antragstellung eine außerordentliche Kündigung auch nicht mehr auf eine Vertragsklausel stützen, die, soweit wirksam, die fristlose Kündigung bei Zahlungsverzug zulässt (MüKo-*Eckert* § 112 Rn 25).

12 Obwohl § 112 seinem Wortlaut nach nur auf Kündigungen abstellt, gilt die Vorschrift nach Sinn und Zweck für **jede Form der Vertragsbeendigung** aus den **in § 112 Nr 1 und Nr 2 genannten Gründen** (MüKo-*Eckert* § 112 Rn 16; Braun/*Kroth* § 112 Rn 2). § 112 erfasst mithin nicht nur Kündigungen, sondern sperrt **jede auf Vertragsbeendigung gerichtete Gestaltungserklärung** des Vermieters (zB Rücktritt), sofern neben der Kündigung andere Gestaltungsrechte Platz greifen (HK-*Marotzke* § 112 Rn 21). Daneben erfasst § 112 Nr 1 auch **verzugsabhängige Lösungsklauseln**, die bei Eintritt des Verzuges automatisch zu einer Vertragsbeendigung führen, ohne dass eine geschäftliche Erklärung erforderlich ist (Braun/*Kroth* § 112 Rn 2; MüKo-*Eckert* § 112 Rn 16). § 112 Nr 1 verhindert in diesem Fall ab Antragstellung den Eintritt der vorgesehenen Erlöschensfolge.

13 **2. Ausschluss von Kündigungen wegen Vermögensverschlechterung.** Haben sich die Vermögensverhältnisse des Schuldners **nach Abschluss des Mietvertrages** verschlechtert, so ist eine darauf gestützte Kündigung nur bis zum Eröffnungsantrag zulässig. **Nach dem Antrag** ist die Kündigung gem § 112 Nr 2 gesperrt. Im Unterschied zu § 112 Nr 1, ist § 112 Nr 2 nicht auf vor dem Eröffnungsantrag eingetretene Vermögensverschlechterungen beschränkt. § 112 Nr 2 schließt – wie sich schon aus dem Gesetzeswortlaut ergibt – eine Kündigung des Vermieters nach dem Insolvenzantrag wegen verschlechterter Vermögensverhältnisse des Schuldners grundsätzlich aus, unabhängig davon, ob die Veränderung **vor oder nach dem Antrag** eingetreten ist (HaKo-*Ahrendt* § 112 Rn 12; HK-*Marotzke* § 112 Rn 11). Der Begriff der Vermögensverschlechterung ist im Gesetz nicht definiert. Gemeint ist eine Verschlechterung der Leistungsfähigkeit iSd § 321 BGB (MüKo-*Eckert* § 112 Rn 28; HaKo-*Ahrendt* § 112 Rn 12). Da die Vermögensverschlechterung an sich keinen gesetzlichen Kündigungsgrund abgibt, werden von § 112 Nr 2 vornehmlich Kündigungen erfasst, die sich auf entsprechende Vertragsklauseln („sog Kreditunwürdigkeitsklauseln") stützen (MüKo-*Eckert* § 112 Rn 28; Gottwald/*Huber* InsHdB § 37 Rn 17). Um Umgehungsmöglichkeiten auszuschließen, ist die Regelung des § 112 Nr 2 weit auszulegen (NR-*Balthasar* § 112 Rn 14; FK-*Wegener* § 112 Rn 7). Ist der Mieter wegen Vermögensverfalls nicht zur Vorleistung oder Sicherheitsleistung bereit, kann hierauf nach Insolvenzantragstellung ebenfalls keine außerordentliche Kündigung gestützt werden. Wie § 112 Nr 1 erfasst auch § 112 Nr 2 Auflösungsklauseln, die ohne rechtsgeschäftliche Erklärung des Vermieters zur Beendigung des Mietvertrages führen, so zB Klauseln, die an die Beantragung des Insolvenzverfahrens anknüpfen (N/R/*Balthasar* § 112 Rn 15; HK-*Marotzke* § 112 Rn 22). Die **Anfechtung** des Mietvertrages nach § 123 BGB wegen einer schon bei Vertragsschluss bestehenden Leistungsunfähigkeit des Schuldners wird von § 112 Nr 2 dagegen nicht gesperrt (MüKo-*Eckert* § 112 Rn 27).

V. Kein Kündigungsausschluss

14 **1. Zahlungsverzug im Eröffnungsverfahren.** § 112 mutet dem Vermieter äußerstenfalls einen (weiteren) insolvenzbedingten Mietausfall im Umfang des § 543 Abs 2 Nr 3 BGB, in der Regel als von zwei Monaten, zu. Denn die nach dem Eröffnungsantrag fällig werdenden Mieten müssen aus dem Schuldnervermögen wieder vertragsgerecht gezahlt werden, soll die Kündigung des Mietverhältnisses wegen Zahlungsverzug vermieden werden und damit die Nutzungsmöglichkeit des Mietgegenstandes für die Masse erhalten bleiben (**BGH** 9. 3. 2005 – VIII ZR 394/03, ZIP 2005, 1085 = NZI 2005, 450 = NJW 2005, 2552; **BGH** 24. 1. 2008 – IX ZR 201/06, ZIP 2008, 608 = ZInsO 2008, 321 = NJW 2008, 1442 = NZI 2008, 295). Geraten der **Schuldner** oder der **starke vorläufige Insolvenzverwalter** (§§ 21 Abs 2 Nr 2 Alt 1, 22 Abs 1 S 1) nach **dem Insolvenzeröffnungsantrag** im Umfang des § 543 Abs 2 Nr 3 BGB mit der Zahlung der Miete in Verzug, so kann der Vermieter den Mietvertrag wegen des **neu eingetretenen** Zahlungsverzuges außerordentlich kündigen (**BGH** 18. 7. 2002 – IX ZR 195/01, Z 151, 353, ZIP 2002, 1625 = ZInsO 2002, 819 = NZI 2002, 543 = NJW 2002, 3326 = EWiR 2002, 919 [*Spliedt*]; **BGH** 9. 3. 2005 – VIII ZR 394/03 aaO; **BGH** 24. 1. 2008 – IX ZR 201/06 aaO). Dies gilt unabhängig davon, ob der Zahlungsrückstand erstmals nach dem Eröffnungsantrag oder – weil der Schuldner auch vorher

V. Kein Kündigungsausschluss § 112

schon nicht gezahlt hat – erneut im Umfang des § 543 Abs 2 Nr 3 BGB eingetreten ist. § 112 Nr 1 steht der Kündigung nicht entgegen. Die Vorschrift spricht nur von einem Verzug, der **vor dem Eröffnungsantrag** eingetreten ist. Ein zwischen Eröffnungsantrag und Insolvenzeröffnung eingetretener Verzug wird von § 112 mithin nicht erfasst (N/R/*Balthasar* § 112 Rn 13). Allerdings müssen die Voraussetzungen für eine Verzugskündigung vollständig im Zeitraum nach dem Eröffnungsantrag erfüllt sein. Es genügt nicht, dass lediglich eine Miete nach Insolvenzantragstellung rückständig ist und der Tatbestand des § 543 Abs 2 Nr 3 BGB erst zusammen mit weiteren rückständigen Mieten vor Antragstellung erfüllt wird (BGH 18. 7. 2002 – IX ZR 195/01 aaO, *Eckert* NZM 2003, 41 [45]). Der Vermieter kann termingerechte oder zeitnah zur Fälligkeit erfolgte Zahlungen im Eröffnungsverfahren nicht mit der Begründung zurückweisen, sie seien anfechtungsbelastet, da es sich insoweit um ein anfechtungsfreies Bargeschäft iSd § 142 handelt (BGH 18. 7. 2002 – IX ZR 195/01 aaO, MüKo-*Eckert* § 112 Rn 35). Zahlungen, die nicht mehr in einem engen zeitlichen Zusammenhang mit der abzugeltenden Gebrauchsgewährung stehen, kann der über den Insolvenzantrag informierte Vermieter hingegen zurückweisen, um sein Kündigungsrecht zu erhalten (Ausnahme: Begründung eines besonderen Vertrauenstatbestandes durch Zustimmung des vorläufigen Insolvenzverwalters, BGH 15. 12. 2005 – IX ZR 156/04, Z 165, 283, ZIP 2006, 431 = ZInsO 2006, 208 = NZI 2006, 227 = NJW 2006, 1134). Er gerät hierdurch nicht nach § 297 BGB in Annahmeverzug, weil der Schuldner die Leistung nicht so wie geschuldet, nämlich anfechtungsfrei, bewirken kann (*Obermüller/Livonius* DB 1995, 27).

Der Schuldner hat den nach Antragstellung eingetretenen **Zahlungsrückstand** auch dann gem § 276 **15** BGB **zu vertreten**, wenn der **schwache vorläufige Insolvenzverwalter mit Zustimmungsvorbehalt** (§ 21 Abs 2 Nr 2 Alt 2) die Zustimmung zur Mietzahlung verweigert. Da der vorläufige Verwalter zur Zustimmung und sogar **zur Mietzahlung** berechtigt ist, wenn aus der Aufrechterhaltung des Mietverhältnisses für die Masse mehr Vor- als Nachteile zu erwarten sind (BGH 18. 7. 2002 – IX ZR 195/01 aaO; BGH 24. 1. 2008 – IX ZR 201/06, ZIP 2008, 608 = ZInsO 2008, 321 = NJW 2008, 1442 = NZI 2008, 295), muss sich der Vermieter nicht darauf verweisen lassen, im Eröffnungsverfahren seien Zahlungen nicht möglich (MüKo-*Eckert* § 112 Rn 41; FK-*Wegener* § 112 Rn 6 a). Der vorläufige Insolvenzverwalter muss vielmehr dafür Sorge tragen, dass die Mietzahlungen erfolgen, wenn er die Mietsache nutzen will (FK-*Wegener* § 112 Rn 6 a). Der **starke vorläufige Insolvenzverwalter** (§§ 21 Abs 2 Nr 2 Alt 1, 22 Abs 1 S 1) hat die Mietzahlungen genau wie der Schuldner **im Zeitpunkt der Fälligkeit** zu erbringen, andernfalls er unter den Voraussetzungen des § 286 Abs 2 Nr 1 BGB in Verzug gerät. § 53 ist nicht in dem Sinn zu verstehen, dass Mietverbindlichkeiten gem § 55 Abs 2 erst im Verfahreneröffnung aus der Insolvenzmasse zu berichtigen sind (MüKo-*Eckert* § 112 Rn 34; aA K/P/B/*Tintelnot* § 112 Rn 11). Auch kann der vorläufige Verwalter sich nicht darauf berufen, er sei zur Befriedigung nicht von ihm begründeter oder nicht auf seiner Inanspruchnahme beruhender Verbindlichkeiten nicht befugt (so aber K/P/B/*Tintelnot* § 112 Rn 12; *Franken/Dahl* S 58 Rn 61; KS/*Pape* S 569 Rn 59). Die Erhaltung nützlicher Bestandteile des Schuldnervermögens gehört zu jeder ordnungsgemäßen vorläufigen Insolvenzverwaltung, so dass der vorläufige Insolvenzverwalter im Rahmen seiner Verwaltungstätigkeit auch dann zur Mietzahlung befugt ist, wenn die Mietzahlungspflicht im Falle eines später eröffneten Insolvenzverfahrens nicht den Charakter einer Masseverbindlichkeit gem § 55 Abs 2 erlangt (BGH 18. 7. 2002 – IX ZR 195/01 aaO; FK-*Wegener* § 112 Rn 6 a). Der Vermieter ist daher gem § 543 Abs 1 S 1 BGB schon dann zur fristlosen Kündigung berechtigt, wenn der starke vorläufige Insolvenzverwalter entgegen seiner vertraglichen Verpflichtung erklärt, er werde die nach dem Eröffnungsantrag fällig werdenden Mieten nicht aus dem Schuldnervermögen zahlen (BGH 9. 3. 2005 – VIII ZR 394/03, ZIP 2005, 1085 = NZI 2005, 450 = NJW 2005, 2552; BGH 24. 1. 2008 – IX ZR 201/06 aaO). Gleiches wird man annehmen müssen, wenn der **schwache vorläufige Insolvenzverwalter** die Zustimmung zur Mietzahlung ausdrücklich gegenüber dem Vermieter verweigert oder der Schuldner erklärt, er könne im Hinblick auf die verweigerte Zustimmung des vorläufigen Verwalters nicht zahlen.

Der Vermieter kann den Mietvertrag wegen der nach dem Eröffnungsantrag neu eingetretenen Zah- **16** lungsrückstände entweder bereits im Eröffnungsverfahren oder nach Insolvenzeröffnung kündigen (BGH 18. 7. 2002 – IX ZR 195/01 aaO). Der Erlass eines allgemeinen Verfügungsverbots (§ 21 Abs 2 Nr 2 Alt 1) steht einer Kündigung im Eröffnungsverfahren nicht entgegen. Handelt es sich um einen Mietvertrag über bewegliche Sachen oder Rechte, so schließen weder die Rechtswirkungen der Verfahrenseröffnung noch das dem Insolvenzverwalter zustehende Erfüllungswahlrecht gem § 103 Abs 1 die Kündigung des Vermieters wegen eines im Insolvenzeröffnungsverfahren aufgelaufenen Zahlungsrückstandes aus (BGH 18. 7. 2002 – IX ZR 195/01 aaO).

2. Zahlungsverzug nach Insolvenzeröffnung. Bei Verträgen über **unbewegliche Gegenstände oder** **17** **Räume** sind die Mietforderungen des Vermieters ab dem Zeitpunkt der Insolvenzeröffnung als Masseverbindlichkeiten gem §§ 108 Abs 1, § 55 Abs 1 Nr 2 Alt 2 zu berichtigen. Hält sich der Insolvenzverwalter nicht an die vertraglichen oder gesetzlichen Fälligkeitsregelungen, gerät er unter den Voraussetzungen des § 286 BGB in Zahlungsverzug. Bei Verträgen über **bewegliche Gegenstände und Rechte** ist die Rechtslage anders Der Mietzinsanspruch des Vermieters verliert mit der Eröffnung des Insolvenzverfahrens zunächst seine Durchsetzbarkeit (s o § 103 Rn 11). Der Insolvenzverwalter kann mithin nicht in Zahlungsverzug geraten. Erst durch die Erfüllungswahl des Insolvenzverwalters wird die Mietforderung des Vermieters zu einer durchsetzbaren Masseschuldforderung (§ 103 Abs 1, § 55 Abs 1 Nr 2 Alt 1) und kann Zahlungsverzug eintreten. Gerät der Insolvenzverwalter mit der Entrichtung der Miete in Schuldnerverzug, kann der Vermieter den Mietvertrag nach näherer Maßgabe des § 543 Abs 2 Nr 3 BGB kündigen. Die Kündigungssperre des § 112 Nr 1 greift nicht (HK-*Marotzke* § 112 Rn 9). Der Vermieter kann bei Vorliegen der Voraussetzungen des § 543 Abs 2 Nr 3 BGB nach Verfahrenseröffnung auch wegen eines nach Insolvenzantragstellung eingetretenen Zahlungsverzuges des Schuldners kündigen. Die Tatsache, dass der Vermieter dem Insolvenzverwalter damit die Grundlage für die Erfüllungswahl nimmt, steht dem nicht entgegen (**OLG Köln** 2. 12. 2002 – 15 W 93/02, ZIP 2003, 543 = NZI 2003, 149 = ZInsO 2003, 336).

18 **3. Sonstige Vertragspflichtverletzungen.** Kündigungen, die sich auf andere als die in § 112 genannten Vertragspflichtverletzungen stützen, bleiben auch nach dem Insolvenzeröffnungsantrag unbeschränkt zulässig (**BGH** 9. 3. 2005 – VIII ZR 394/03, ZIP 2005, 1085 = NZI 2005, 450 = NJW 2005, 2552; HaKo-*Ahrendt* § 112 Rn 8). Der Mieter oder der (vorläufige) Insolvenzverwalter müssen sich daher – in den Grenzen der allgemeinen Bestimmungen – vertragsgerecht verhalten, wollen sie eine Kündigung durch den Vermieter vermeiden (**BGH** 9. 3. 2005 – VIII ZR 394/03 aaO).

VI. Analoge Anwendung

19 § 112 enthält keinen verallgemeinerungsfähigen Rechtsgedanken, sondern ist – wie sich schon aus dem eindeutigen Gesetzeswortlaut ergibt – als Ausnahmevorschrift auf Nutzungsüberlassungsverträge zugeschnitten. Für eine Regelungslücke bestehen keine Anhaltspunkte. Eine analoge Anwendung des § 112 auf andere Verträge scheidet aus (N/R/*Balthasar* § 112 Rn 16). Zum Teil wird vertreten, § 112 auf Eigentumsvorbehaltskäufe in der Insolvenz des Vorbehaltskäufers analog anzuwenden, weil das von § 107 Abs 2 verfolgte Ziel nicht erreicht werde, wenn der Verkäufer wegen Zahlungsverzugs des Vorbehaltskäufers vom Vertrag zurücktreten und sein Eigentum zurückfordern könne (HaKo-*Ahrendt* § 112 Rn 5Graf-Schlicker/*Breitenbücher* § 112 Rn 2; K/P/B/*Tintelnot* § 112 Rn 5). Hiergegen bestehen Bedenken, denn der Gesetzgeber hat bewusst davon abgesehen, die Masse über § 107 Abs 2 hinaus zu schützen (MüKo-*Eckert* § 112 Rn 10). Abzulehnen ist die entsprechende Anwendung des § 112 auf Kaufverträge (so aber HK-*Marotzke* § 112 Rn 23) und auf das Darlehen, welches keine „Vermietung von Geld" ist (MüKo-*Eckert* § 112 Rn 10; FK-*Wegener* § 112 Rn 5 a).

§ 113 Kündigung eines Dienstverhältnisses

¹Ein Dienstverhältnis, bei dem der Schuldner der Dienstberechtigte ist, kann vom Insolvenzverwalter und vom anderen Teil ohne Rücksicht auf eine vereinbarte Vertragsdauer oder einen vereinbarten Ausschluß des Rechts zur ordentlichen Kündigung gekündigt werden. ²Die Kündigungsfrist beträgt drei Monate zum Monatsende, wenn nicht eine kürzere Frist maßgeblich ist. ³Kündigt der Verwalter, so kann der andere Teil wegen der vorzeitigen Beendigung des Dienstverhältnisses als Insolvenzgläubiger Schadenersatz verlangen.

Übersicht

	Rn
I. Anwendungsbereich	1
1. Angetretene und nichtangetretene Dienstverhältnisse	6
2. Neubegründete Dienstverhältnisse	9
II. Beendigung von selbstständigen Dienstverhältnissen	11
1. Kündigung von selbstständigen Dienstverhältnissen	12
2. Kündigung von Organmitgliedern	15
3. Besonderheiten bei der Kündigung von GmbH-Geschäftsführern	20
III. Beendigung von Arbeitsverhältnissen	21
1. Übergang der Arbeitgeberfunktion auf den Insolvenzverwalter	24
a) Jederzeitiges Recht zur Beendigungs- und Änderungskündigung	26
b) Vertretung durch Bevollmächtigte	29
aa) Vertretung durch betriebliche Bevollmächtigte	31
bb) Vertretung durch außerbetriebliche Bevollmächtigte	32
cc) Wiederholung der Kündigung und Betriebsratsanhörung	33
2. Einhaltung von einzelvertraglichen, kollektiv-rechtlichen oder gesetzlichen Formvorschriften	34
a) Unwirksamkeit der Kündigung bei Nichteinhaltung der Schriftform	35
aa) Keine Erstreckung auf Kündigungsgrund	36
bb) Keine Erstreckung auf Versendeart	37
cc) Schriftform für Beendigungs- und Änderungskündigung	38
dd) Beweissicherungsfunktion für Abmahnung	39
ee) Lossagungsrecht und Scheiternserklärung	40
b) Erfüllung der Schriftform	41

		Rn
c) Probleme des Zugangs der Kündigungserklärung		42
aa) Zugang unter Anwesenden		43
bb) Zugang unter Abwesenden		44
cc) Zugang während des Urlaubs		45
dd) Zugang über Empfangsboten		46
ee) Zugang von Einschreibesendungen		47
d) Annahmeverzug bei Nichteinhaltung der Schriftform		48
3. Vorrang gesetzlicher Kündigungsbeschränkungen		49
a) Kündigungsbeschränkungen der Betriebsverfassung		50
b) Kündigungsbeschränkungen bei Berufsausbildungsverhältnissen		54
c) Kündigungsbeschränkungen wegen behördlicher Genehmigungen		58
d) Kündigungsbeschränkungen bei gesetzlichem Arbeitsplatzschutz		63
4. Einzelvertraglich vereinbarte Kündigungsbeschränkungen		65
a) Kündigungsmöglichkeit bei befristeten und auflösend bedingten Arbeitsverhältnissen		66
b) Notwendigkeit der Schriftform für Abschluss und vorzeitige Beendigung		67
5. Ausschluss der ordentlichen Kündigung durch Tarifvertrag		68
a) Kündigung altersgeschützter Arbeitnehmer		69
aa) Ordentliche statt außerordentliche Kündigung mit Auslauffrist		70
bb) Einbeziehung tariflicher Unkündbarkeitsregelungen und Kündigungsbeschränkungen		71
b) Verfassungsmäßigkeit der gesetzlichen Neuregelung		73
aa) Fehlende Normsetzungsbefugnis der Tarifvertragsparteien		74
bb) Regelung des zeitlichen Kündigungsschutzes durch den Gesetzgeber		75
cc) Ausgewogenheit der Regelung des Insolvenzarbeitsrechts		76
6. Kündigungsfristen und -termine in der Insolvenz		77
a) Vereinheitlichung der Kündigungsfristen von Arbeitern und Angestellten		78
b) Tragweite der insolvenzrechtlichen Kündigungsregelung		80
aa) Gesetzliche Grundkündigungsfrist und verlängerte Kündigungsfristen		81
bb) Besonderheiten bei in Heimarbeit Beschäftigten		87
cc) Besonderheiten bei Besatzungsmitgliedern und Kapitänen		88
dd) Besonderheiten bei Schwerbehinderten und Gleichgestellten		90
ee) Besonderheiten bei Ersatzkräften für Arbeitnehmer in Elternzeit		93
ff) Berechnung der Kündigungsfristen ab Kündigungszugang		96
c) Einzelvertragliche Regelungen über Kündigungsfristen und -termine		97
aa) Abweichungen vom gesetzlichen Kündigungstermin		98
bb) Abweichungen von der gesetzlichen Kündigungsfrist		99
cc) Insolvenzrechtliche Höchstfrist, nicht Regelfrist		101
d) Kündigungsfrist bei Ausschluss des ordentlichen Kündigungsrechts		102
aa) Kündigungsfrist bei befristeten oder auflösend bedingten Arbeitsverträgen		103
bb) Kündigungsfrist bei sog tariflicher Unkündbarkeit altersgeschützter Arbeitnehmer		106
e) Tarifvertragliche Regelungen über Kündigungsfristen und -termine		111
aa) Lex specialis gegenüber längeren Kündigungsfristen in Tarifverträgen		112
bb) Eingeschränkte Fortgeltung tariflicher Quartalskündigungstermine		113
cc) Kein Eingriff in die Tarifautonomie		114
f) Nachkündigung durch den Insolvenzverwalter		116
IV. Grundsätze der Massenentlassung in der Insolvenz		118
1. Massenentlassung und Anzeigepflicht		121
a) „Entlassungen" im Sinne der Anzeigepflicht		122
aa) Loslösung der Anzeigepflicht vom Entlassungsgrund		123
bb) Vorsorgliche Massenentlassungsanzeige		124
b) Feststellung der sog Regelarbeitnehmerzahl		125
c) Probleme bei der Bestimmung des Dreißig-Tage-Zeitraumes		126
2. Erstattung der Massenentlassungsanzeige		130
a) Unterrichtung des Betriebsrats über die Massenentlassung		131
b) Adressat der Anzeige		133
c) Form und Inhalt der Anzeige		134
d) Zeitpunkt der Anzeige und Eintritt der Sperrfrist		136
3. Folgen der Entlassungssperre für das Kündigungsverhalten		137
a) Tag des Ablaufs der Sperrfrist und der Kündigungsfrist		138
b) Beachtung der neuen EuGH-Rechtsprechung		139
4. Geltendmachung der Rechtsunwirksamkeit der Massenentlassung		144
a) Relativer sonstiger Unwirksamkeitsgrund		145
b) Pflicht zur befristeten Klageerhebung		146
c) Darlegungs- und Beweislast für Verletzung der Anzeigepflicht		147
aa) Bindungswirkung der Entscheidung der Arbeitsverwaltung		148
bb) Bindungswirkung eines sog „Negativattestes"		149
V. Ersatz des sog „Verfrühungsschadens"		150
1. Schadensersatzanspruch bei vorzeitiger Kündigung durch den Insolvenzverwalter		151
a) Ersatz des sog Verfrühungsschadens		152

	Rn
b) Schadensberechnung und Schadensumfang	155
c) Schadensersatzansprüche von Organmitgliedern einer Kapitalgesellschaft	161
d) Ausschluss oder Minderung des Schadensersatzanspruchs	162
2. Schadensersatzanspruch bei vorzeitiger Kündigung durch den Dienstverpflichteten	164
3. Abgrenzung zum Schadensersatzanspruch nach § 628 Abs 2 BGB	165
VI. Klagefrist bei Unwirksamkeit von Kündigung oder Befristung	166
1. Klagefrist für sog Entfristungsklagen	168
2. Klagefrist bei sog sonstigen Unwirksamkeitsgründen	169
a) Regelungsgehalt der Vorschrift	172
b) Klagefrist bei Rechtsstreitigkeiten aus Berufsausbildungsverhältnissen	173
c) Voraussetzungen für eine nachträgliche Zulassung der Feststellungsklage	174
aa) Vorrangige Prüfung einer möglichen Rubrumsberichtigung	176
bb) Bezeichnung des Insolvenzverwalters als Partei oder Vertreter des Schuldners	177
3. Klagefrist und Passivlegitimation bei Betriebsübergang	180
a) Kein Feststellungsinteresse für Klage gegen den Insolvenzverwalter	181
b) Notwendigkeit eines Parteiwechsels auf den Erwerber	184
c) Verwirkung des Klagerechts gegen den Erwerber	187
VII. Unabdingbarkeit	189

I. Anwendungsbereich

1 Die Kündigung von Dienst- und Arbeitsverhältnissen und ihre Folgen waren bislang in §§ 22, 26 KO sowie § 9 GesO und § 51 VglO geregelt. Diese Regelungen sind grundlegend geändert worden. § 127 Abs 2 RegE, der erstmals eine dreiwöchige Klagefrist für alle sog sonstigen Unwirksamkeitsgründe statuierte, wurde unverändert als § 113 Abs 2 in die InsO übernommen (vgl BT-Drs 12/7302 S 46); die Änderung des § 127 Abs 1 (Eröffnung der Kündigungsmöglichkeit auch bei tariflichen Unkündbarkeitsregelungen) geht auf den Beschl-Empf des RechtsA zurück (s BT-Drs 12/7302, S 169/170).

2 § 113 befasste sich mit zwei Punkten: Zum einen regelte diese Vorschrift in ihrem ersten Absatz Fragen der Kündigungsmöglichkeit von „Dienstverhältnissen" trotz ansonsten bestehender Kündigungsbeschränkungen und enthielt Bestimmungen über die Kündigungsfristen und -termine, nicht aber über die Kündigungsgründe, zum anderen befasste sie sich in ihrem zweiten Absatz damit, innerhalb welcher Frist vom Insolvenzverwalter gekündigte Arbeitnehmer die Kündigung ihrer „Arbeitsverhältnisse" mit entsprechenden Feststellungsklagen angreifen mussten. Durch Art 1 Nr 4 GRAM v 23. 12. 2003 (Gesetz zu Reformen am Arbeits-Markt – BGBl I S 3002), dem sog Arbeitsmarktreformgesetz, ist mit Wirkung vom 1. 1. 2004 (endlich!!) eine **Klagefrist für sämtliche Unwirksamkeitsgründe** bei der Beendigungskündigung (§ 4 S 1 KSchG nF) und bei der Änderungskündigung (§ 4 S 2 KSchG nF) **inner- und außerhalb der Insolvenz** geschaffen worden: Danach sind alle Kündigungen rechtswirksam, wenn der Arbeitnehmer nicht **binnen drei Wochen nach Zugang der schriftlichen Kündigung** die Unwirksamkeit gerichtlich geltend macht. Dadurch ist die bisherige Regelung des § 113 Abs 2 InsO aF überflüssig geworden, sie ist aufgehoben, die Absatzbezeichnung „(1)" ist gestrichen worden.

3 Die **Vorschrift** ist im Voraus **nicht abdingbar** (§ 119) und damit auch **nicht tarifoffen**. § 113 wird missverstanden, wenn darin ein eigenständiges insolvenzbedingtes Kündigungsrecht gesehen wird. Die Vorschrift gibt dem Insolvenzverwalter keinen besonderen Kündigungsgrund. Sie befreit beide Arbeitsvertragsparteien für die Zeit nach Insolvenzeröffnung lediglich von Kündigungsbeschränkungen. Insoweit weicht die Neuregelung von § 51 Abs 2 VglO ab (KS-*Düwell* S 1433, 1444 Rn 29; zust *Berscheid* Arbeitsverhältnisse S 173 Rn 543; H/W/F Hdb, Kap 5 Rn 226; N/R/*Hamacher* § 113 Rn 31).

4 Während in § 22 KO die kündigungsrechtliche Sondervorschrift für die Insolvenz auf Dienstverhältnisse in „Haushalt, Wirtschaftsbetrieb oder Erwerbsgeschäft des Gemeinschuldners" beschränkt war, ist § 113 auf sämtliche Dienstverhältnisse bezogen, die auf Dauer angelegt sind (KS-*Düwell* S 1433, 1442 Rn 24). **Alle Personen mit Dienstverträgen** iSd § 611 BGB **werden** von § 113 **erfasst**, so dass die Unterscheidung zwischen „freien" Mitarbeitern, „selbstständigen" Dienstverpflichteten einerseits und „abhängig" Beschäftigten andererseits unerheblich ist. Auch das Anstellungsverhältnis eines vertretungsberechtigten Organs des Schuldnerunternehmens, sofern es sich um eine juristische Person handelt, wird vom Geltungsbereich der Norm erfasst. Für ein Vorstandsmitglied einer Aktiengesellschaft ergibt sich dies ausdrücklich aus § 87 Abs 3 AktG. Die Anstellungsverhältnisse eines Geschäftsführer einer GmbH oder einer GmbH & Co KG werden ebenfalls einbezogen (KS-*Düwell* S 1433, 1442 Rn 24). Trotz des erweiterten Begriffs des Dienstverhältnisses in § 113 bedarf es keiner Kündigung von Handelsvertreterverträgen, sofern der Handelsvertreter selbstständig, dh im Wesentlichen frei seine Tätigkeit gestalten kann (§ 84 Abs 1 S 2 HGB), denn Geschäftsbesorgungsverträge erlöschen gem §§ 115, 116 durch die Eröffnung des Insolvenzverfahrens (KS-*Düwell* S 1433, 1443 Rn 26).

5 Vom **Oberbegriff „Dienstverhältnis"** iSd § 113 werden sämtliche Arbeitsverhältnisse (§ 611 BGB), aber auch in entsprechender Anwendung des § 2 BUrlG die Dienstverhältnisse der arbeitnehmerähnlichen Personen (s dazu § 12 a Abs 1 TVG) einschließlich der Heimarbeiter (§ 1 HAG) und Einfirmenvertreter (§ 92 a HGB) erfasst (*Berscheid* InVo 1998, 32, 35; KS-*Düwell* S 1433, 1443 Rn 27). Obwohl die Berufsausbildungsverhältnisse (§§ 10, 26 BBiG nF = vormals §§ 3, 19 BBiG aF) von den Arbeitsverhält-

I. Anwendungsbereich § 113

nissen zu unterscheiden sind, werden sie vom Oberbegriff „Dienstverhältnis" miterfasst. Trotz ihres Ausbildungs- und Berufserziehungscharakters sind sie ebenso wie die Volontariats- und Praktikantenverhältnisse als besonders ausgestaltete Arbeitsverhältnisse anzusehen (KS-*Düwell* S 1433, 1442 Rn 26; FK-*Eisenbeis* § 113 Rn 17).

1. Angetretene und nichtangetretene Dienstverhältnisse. Wenn das Dienst- bzw Arbeitsverhältnis bei Eröffnung des Konkursverfahrens noch nicht angetreten war, bedurfte es unter der Geltung des § 22 KO keiner Kündigung. Der Konkursverwalter konnte nach § 17 KO den Vollzug des noch nicht angetretenen Dienst- bzw Arbeitsverhältnisses ablehnen (**LAG** Frankfurt/M 31. 5. 1985 – 3 Sa 1278/98, LAGE § 102 BetrVG 1972 Nr 17). Die empfangsbedürftige Ablehnungserklärung hatte dieselbe Wirkung wie eine fristlose Kündigung, ohne eine solche zu sein. 6

Wie in der Konkursordnung ist auch in der Insolvenzordnung ein Wahlrecht bei gegenseitigen Verträgen geregelt (§ 103 Abs 1). In § 113 S 1 ist die **Beschränkung auf** bereits „**angetretene**" **Dienstverhältnisse** aber **nicht mehr enthalten**. Es wird kein Unterschied mehr gemacht, ob das Beschäftigungsverhältnis bereits angetreten ist oder noch nicht. Alle Dienst- bzw Arbeitsverhältnisse können mithin einseitig nur noch durch Kündigung (oder Anfechtung) beendet werden (*Heinze* in: Kübler Neuordnung S 97, 100; zust *Berscheid* InVo 1998, 32, 35; *Düwell* KS-InsO S 1433, 1439 Rn 17; Gottwald/*Heinze/Bertram* § 104 Rn 4; *Grunsky/Moll* Arbeitsrecht und Insolvenz, Rn 343; HK/*Linck* § 113 Rn 5; KDZ/*Däubler* § 113 Rn 9; str aA *Lohkemper* KTS 1996, 1, 4, der § 103 Abs 1 auch auf Arbeitsverhältnisse anwenden will; ebenso *Hess/Weis* InVo 1996, 309; *Hess* § 113 Rn 250; *Küttner/Kania* Personalbuch 1997 „Insolvenz" Rn 6; *Obermüller/Hess* Rn 805; *Weis* HwB AR, 1003 „Insolvenzarbeitsrecht" Rn 7; *Zwanziger* Arbeitsrecht der Insolvenzordnung, Einl Rn 69). Bereits § 9 Abs 2 GesO stellte – im Vorgriff auf § 113 Abs 1 InsO aF – eine Sonderregelung für die Kündigung von Arbeitsverhältnissen im Verhältnis zu § 9 Abs 1 GesO dar und erfasste alle im Zeitpunkt der Verfahrenseröffnung durch des Ausspruchs der Kündigung begründeten Arbeitsverhältnisse; ob diese Arbeitsverhältnisse bereits angetreten oder in Vollzug gesetzt waren, war ohne Belang (**LAG** Erfurt 14. 6. 1999 – 8 Sa 560/98, ZInsO 2000, 51). Die Regelung des § 113 ist sinnvoll, denn die Einführung des Kündigungsrechts für noch nicht angetretene Arbeitsverhältnisse und damit der Ausschluss des „fristlosen" Ablehnungsrechts stellt keine besondere Belastung für die Insolvenzgläubiger dar. Die **Erfüllungsablehnung** nach § 17 KO war eine **mit** dem allgemeinen **Prinzip des Arbeitnehmerschutzes unvereinbare Beendigungsart** (*Schmid* Kündigung und Kündigungsschutz, S 123; zust *Berscheid* InVo 1998, 32, 35; KS-*Düwell* S 1433, 1444 Rn 28). 7

Da in der Insolvenz das Recht zur jederzeitigen Kündigung ohne irgendwelche vertraglichen Beschränkungen besteht, kann gem § 113 S 1 auch vor Dienstantritt gekündigt werden. Dann beginnen die gesetzlichen Kündigungsfristen mit der Höchstfrist von drei Monaten zum Monatsende (weitergehende Vereinbarungen sind auch hier unbeachtlich) schon mit Zugang der Kündigung und nicht erst mit Zeitpunkt des Dienstantritts (*Berscheid* InVo 1998, 32, 35; *Grunsky/Moll* Arbeitsrecht, Rn 343). Alle bestehenden Dienst- und Arbeitsverhältnisse – ob bereits angetreten oder nicht – bleiben durch die Eröffnung des Insolvenzverfahrens grundsätzlich unberührt (§ 108 Abs 1 S 1), können aber nach Maßgabe des § 113 gekündigt werden. Die dreiwöchige Klagefrist des § 4 S 1 KSchG nF bei der Beendigungskündigung und des § 4 S 2 KSchG nF bei der Änderungskündigung gilt nur für Arbeitnehmer. 8

2. Neubegründete Dienstverhältnisse. Stellt der Insolvenzverwalter einen Arbeitnehmer neu ein, so schließt er regelmäßig im Rahmen der abgeleiteten Arbeitgeberfunktion einen **Arbeitsvertrag** mit dem Arbeitnehmer **zu Lasten der Insolvenzmasse**, wenn die Einstellung zur Wahrnehmung von Aufgaben im Unternehmen des Schuldners erfolgt, so dass die Vergütungsansprüche Masseansprüche iSd § 55 Abs 1 Nr 1 sind (**BGH** 24. 1. 1991 – IX ZR 250/89, LM Nr 27/28 zu § 6 KO = KTS 1991, 320 = NJW 1991, 982 = ZIP 1991, 324, 327). Auch für die Kündigung solcher Arbeitnehmer gilt § 113. Soweit die Arbeitsverhältnisse dieser neu eingestellten Arbeitnehmer nicht befristet sind oder vom Insolvenzverwalter gekündigt werden, bleiben sie nach Beendigung des Insolvenzverfahrens als „normale" Arbeitsverhältnisse zum früheren Schuldner bestehen (*Berscheid* KGS „Konkurs" Rn 15). Davon sind Arbeitnehmer zu unterscheiden, die der Insolvenzverwalter selbst als Hilfskräfte anstellt, um seine Verwaltaufgaben erledigen zu können. Dies können auch ehemalige Arbeitnehmer des Schuldners sein. Die Löhne und Gehälter dieser Mitarbeiter gehören zu den durch die Verwaltervergütung abgegoltenen allgemeinen Geschäftsunkosten des Insolvenzverwalters, sind also nicht aus der Masse zu begleichen (*Berscheid* KGS „Konkurs" Rn 16). Dies schließt aber nicht aus, dass in umfangreichen und arbeitsintensiven Verfahren die Auslagen für besonders eingestellte Aushilfskräfte erstattungsfähig sind (§ 4 Abs 1 S 3 InsVV). Für die Kündigung von Mitarbeitern und sonstigen Hilfskräften des Insolvenzverwalters gilt nicht § 113, sondern gelten die allgemeinen Kündigungsvorschriften. Für die Frage, ob die Neueingestellten Mitarbeiter des insolventen Unternehmens oder solche des Insolvenzverwalters sind, ist entscheidend, wen der Insolvenzverwalter nach seiner Wahl vertraglich verpflichten will: Ob sich selbst – dann Massekosten – oder die Insolvenzmasse – dann Masseschuld – (*Uhlenbruck* KTS 1976, 35, 40; *H. Schmidt* KTS 1982, 591, 597). Gemäß §§ 133, 157 BGB entscheidet darüber vorrangig der objektive Erklärungswert. Denn auch der Vertragspartner des Insolvenzverwalters muss Klarheit haben, an wen er sich wegen seiner 9

Lohn- und anderen Forderungen halten kann. Dabei mag unter anderem berücksichtigt werden, ob das Geschäft nicht rein massebezogen ist, sondern auch den Insolvenzverwalter persönlich betrifft. Im Zweifel kann letztlich in entsprechender Anwendung des § 164 Abs 2 BGB von einer persönlichen Verpflichtung des handelnden Insolvenzverwalters auszugehen sein (so zum bisherigen Recht *Uhlenbruck* KTS 1976, 35, 39; *Eickmann* KTS 1986, 197, 206).

10 Streitig kann die Frage, ob die Neueinstellung für die Masse oder für den Insolvenzverwalter als Privatmann erfolgt ist, allerdings nur dann werden, wenn der Insolvenzverwalter seinen Verpflichtungen auf Erteilung einer sog **Nachweismitteilung** gem § 2 Abs 1 NachwG nicht nachkommt. Das Nachweisgesetz gilt inner- wie außerhalb der Insolvenz. Der Arbeitgeber hat spätestens einen Monat nach dem vereinbarten Beginn des Arbeitsverhältnisses die wesentlichen Vertragsbedingungen schriftlich niederzulegen, die Niederschrift zu unterzeichnen und dem Arbeitnehmer auszuhändigen (§ 2 Abs 1 S 1 NachwG). Bei Nichterfüllung steht für jeden Arbeitnehmer der Klageweg über eine entsprechende Leistungsklage (§ 46 Abs 2 ArbGG iVm § 253 ZPO) offen (s **LAG** Hamm 9. 6. 1994 – 17 Sa 166/94, LAGE § 625 BGB Nr 4 [*Kliemt/Kramer*]; *Höland* AuR 1996, 87, 92); er kann auch Schadensersatz geltend machen (*Kliemt* EAS B 3050 Rn 60; *Knipp* HwB AR 270 „Arbeitsvertrag/-verhältnis" Rn 78; *Lörcher* AuR 1994, 450, 454 f). In diese Nachweismitteilung sind nach § 2 Abs 1 S 2 Nr 1 NachwG „der Name und die Anschrift der Vertragsparteien" aufzunehmen. Kommt der Insolvenzverwalter seiner Verpflichtung aus dem Nachweisgesetz nach, dann wird durch die Nachweismitteilung klargestellt, ob der Mitarbeiter für die Insolvenzmasse oder für den Insolvenzverwalter eingestellt worden ist. Bei Verletzung der Nachweispflicht muss der Insolvenzverwalter wegen Verletzung des Transparenzgebotes den Vollbeweis erbringen, dass er den Mitarbeiter für die Insolvenzmasse eingestellt hat.

II. Beendigung von selbstständigen Dienstverhältnissen

11 § 621 BGB regelt die ordentliche Kündigung von selbstständigen Dienstverträgen, zu denen auch die Vertragsverhältnisse der sog „freien" Mitarbeiter zählen. Die Abgrenzung zum „abhängigen" Arbeitsverhältnis ist bis heute nicht befriedigend gelungen und bereitet nach wie vor große Schwierigkeiten. Für die **Einordnung eines Dienstverhältnisses** unter die Arbeitsverhältnisse oder die freien Dienstverhältnisse sind zunächst und vorrangig der zugrunde liegende Vertrag und die sich aus ihm ergebende Aufteilung von Rechten und Pflichten maßgebend; folgt daraus, dass der Dienstberechtigte Inhaber dienstvertragstypischer Rechte sein soll, ist es für die Einordnung des Vertragsverhältnisses nachrangig, ob und inwieweit er davon bei der praktischen Durchführung des Vertrages Gebrauch macht, weil die iure begründete Rechte nicht dadurch verloren gehen, dass von ihnen de facto kein oder nur spärlicher Gebrauch gemacht wird (so ausdrücklich für den umgekehrten Fall der arbeitsvertragstypischen Rechte LAG Köln 21. 11. 1997 – 11 Sa 342/97, NZA-RR 1998, 394).

11a Für die Abgrenzung des Arbeitnehmerbegriffes von dem des selbstständigen Dienstverpflichteten treffen weder die arbeitsrechtlichen Spezialgesetze noch das Bürgerliche Gesetzbuch klare Regelungen. Lediglich im Handelsvertreterrecht findet sich recht allgemein die Formulierung in § 84 Abs 1 S 2 HGB, dass „selbständig ist, wer im Wesentlichen frei seine Tätigkeit gestalten und seine Arbeitszeit bestimmen kann". Nach § 84 Abs 2 HGB „gilt" als Angestellter, wer Geschäfte vermittelt, „ohne selbständig im Sinn des Abs 1 zu sein". Der Angestelltenbegriff ist also negativ definiert. Er ist dann erfüllt, wenn eine Selbständigkeit im Sinn des § 84 Abs 1 HGB nicht vorliegt. Die Aussagen der Absätze 1 und 2 des § 84 HGB machen deutlich, dass sich die Prüfung nicht direkt auf die Voraussetzungen des Angestelltenbegriffs beziehen kann und darf. Ausgangspunkt der Prüfung ist der Selbständigenbegriff; die Angestellteneigenschaft stellt sich gleichsam nur als (automatische) Folge der Ablehnung der Selbständigeneigenschaft dar. Bei dieser Bestimmung der Selbständigeneigenschaft aus der Perspektive von Selbständigen treten die Spezifika unternehmerischer Tätigkeit auch schärfer hervor (**LAG** Nürnberg 26. 1. 1999 – 7 Sa 657/98, AuA 1999, 380 [*Hunold*] mwN; **LAG** Nürnberg 26. 1. 1999 – 7 Sa 658/98, LAGE § 611 BGB Arbeitnehmerbegriff Nr 35 mwN). Die Legaldefinition des § 84 Abs 1 S 2 HGB (so **BAG** 24. 3. 1992 – 9 AZR 76/91, NZA 1992, 1129 = ZIP 1992, 1158) nennt die Kriterien, nach denen die Abgrenzung zu erfolgen hat. Danach ist selbständig nur diejenige kaufmännische Hilfsperson, die ihre Tätigkeit im wesentlichen frei gestalten und ihre Arbeitszeit selbst bestimmen kann. Damit sieht § 84 Abs 1 S 2 HGB zwei Tatbestandsmerkmale vor: Die Freiheit, seine Arbeitszeit frei zu bestimmen („Arbeitszeitfreiheit"), und die Freiheit, seine Tätigkeit zu gestalten („Tätigkeitsgestaltungsfreiheit"). Dieser Prüfungsaufbau ist nicht nur von formaler, sondern auch von inhaltlicher Bedeutung, weil nur die Selbständigkeit im wesentlichen Umfang vorliegen muss (um eine Handelsvertretereigenschaft zu bejahen), nicht jedoch die Beschränkung der Freiheiten (um eine Angestellteneigenschaft zu bejahen). Die mit der Legaldefinition vorgegebenen Abgrenzungskriterien stehen nicht zur Disposition der Rechtsprechung (**LAG** Nürnberg 26. 1. 1999 – 7 Sa 657/98, aaO; **LAG** Nürnberg 26. 1. 1999 – 7 Sa 658/98, aaO). Widersprechen sich Vereinbarungen und tatsächliche Durchführung, ist letztere maßgebend. Dabei kommt es auf eine Gesamtwürdigung der Umstände des Einzelfalles an (**BAG** 6. 5. 1998 – NZA 1998, 873). Nur wenn die Gesamtschau der tatsächlichen Handhabung nicht zu einer klaren statusrechtlichen Einordnung führt, es sich also um einen Grenzfall handelt, bei dem die für und die gegen die Abhängigkeit sprechenden Indizien sich die Waage halten, geben formelle Kriterien den Ausschlag zugunsten

II. Beendigung von selbstständigen Dienstverhältnissen § 113

einer Einordnung als selbständiges Beschäftigungsverhältnis. Wird auch nur eines der beiden Merkmale des gesetzlichen Leitbildes in seinem Kernbereich beschränkt, dann ist die Selbständigkeit zu verneinen und die Angestellteneigenschaft zu bejahen (LAG Hamm 19. 1. 2006 – 4 Sa 1959/04, DRsp Nr 2006/27882).

1. Kündigung von selbstständigen Dienstverhältnissen. Bei einem Dienstverhältnis, das kein Arbeits- 12 verhältnis iSd § 622 BGB ist, ist die Kündigung gem § 621 BGB zulässig,
– wenn die Vergütung nach Tagen bemessen ist, an jedem Tag für den Ablauf des folgenden Tages;
– wenn die Vergütung nach Wochen bemessen ist, spätestens am ersten Werktag einer Woche für den Ablauf des folgenden Sonnabends;
– wenn die Vergütung nach Monaten bemessen ist, spätestens am fünfzehnten eines Monats für den Schluss des Kalendermonats;
– wenn die Vergütung nach Vierteljahren oder längeren Zeitabschnitten bemessen ist, unter Einhaltung einer Kündigungsfrist von sechs Wochen für den Schluss eines Kalendervierteljahres;
– wenn die Vergütung nicht nach Zeitabschnitten bemessen ist, jederzeit; bei einem die Erwerbstätigkeit des Verpflichteten vollständig oder hauptsächlich in Anspruch nehmenden Dienstverhältnis ist jedoch eine Kündigungsfrist von zwei Wochen einzuhalten.

Das Gesetz ordnet die Kündigungsfristen nach der Bemessung der Vergütung. Bemessungsgrundlage für 13 die Vergütung und damit für die Kündigungsfristen des § 621 Nrn 1–4 BGB sind die bürgerlichen Zeitabschnitte: Tag, Woche, Monat, Jahr. Schon mit der Vereinbarung einer Jahresvergütung statt einer Monatsvergütung hat der selbstständige Dienstnehmer den höchsten gesetzlichen Mindestkündigungsschutz von sechs Wochen zum Quartalsende erreicht. Dieser **Quartalskündigungstermin** bleibt in der Insolvenz so lange bestehen, wie dadurch keine längere Kündigungsfrist als drei Monate zum Monatsende herauskommt. Wird bspw am 20. 9. gekündigt, würde die Kündigung außerhalb der Insolvenz erst zum 31. 12. wirksam werden können. Da damit aber die gesetzliche Höchstfrist von drei Monaten zum Monatsende (§ 113 S 2), also zum 30. 11., überschritten würde, wird die Kündigungsfrist in der Insolvenz auch in diesem Fall „gekappt", so dass das Arbeitsverhältnis mit dem 30. 11. rechtswirksam beendet wird.

Beim selbstständigen Dienstvertrag unterliegen sowohl die **Kündigungsfristen und -termine** als auch 14 die Kündigungsgründe in jeder Hinsicht (Verlängerung, Verkürzung, Kündigungsausschluss, Entfristung der Kündigung) der **Parteidisposition**. In der Insolvenz sind solche Vereinbarungen unverbindlich, soweit sie die gesetzlichen Kündigungsfristen verlängern oder weniger Kündigungstermine vorsehen bzw das ordentliche Kündigungsrecht ausschließen oder sonst erschweren, denn im Insolvenzverfahren kann das selbstständige Dienstverhältnis jederzeit
– ohne Rücksicht auf eine vereinbarte Vertragsdauer (§ 620 BGB) oder
– einen „vertraglichen" Ausschluss des Rechts zur ordentlichen Kündigung
gekündigt werden (§ 113 S 1). Da selbstständige Dienstnehmer keinerlei Bestandsschutz genießen, braucht die Kündigung ihres Dienstvertrages nicht begründet zu werden.

2. Kündigung von Organmitgliedern. Bei Organmitgliedern wird für die Kündigung des Anstellungs- 15 verhältnisses in aller Regel nicht § 621 BGB, sondern § 622 BGB angewandt (BGH 12. 5. 1997 – II ZR 50/96, LM Nr 7 zu § 622 BGB = NJW 1997, 2319 = WiB 1997, 918 [*Deckert*] = ZAP ERW 1997, 105 [*Limmer*] = ZIP 1997, 1106). Die Kündigung durch den Insolvenzverwalter beendet nur das Anstellungsverhältnis und nicht das Organverhältnis. Ebenso wie außerhalb der Insolvenz über die Kündigung gegenüber dem Geschäftsführer der Komplementär-GmbH einer KG nicht deren Gesellschafter zu entscheiden haben, sondern die Gesellschafterversammlung der Komplementär-GmbH dies entsprechend § 46 Nr 5 GmbHG zu tun hat (BGH 8. 1. 2007 – II ZR 267/05, NJW-RR 2007, 1632 = NZA 2007, 1174 = ZIP 2007, 910), obliegt dem Insolvenzverwalter der Komplementär-GmbH die Kündigung, falls nur der KG ein anderer, personenverschiedener Verwalter bestellt worden ist. Die Abberufung der Organmitglieder obliegt dem hierfür zuständigen Gesellschaftsorgan (vgl § 84 Abs 3 AktG, § 104 GenG, § 46 Nr 5 GmbHG) bzw der Mitgliederversammlung des Vereins (§ 27 Abs 1 BGB).

Auf das **Anstellungsverhältnis eines Organmitglieds** einer juristischen Person (Vorstand einer Aktien- 16 gesellschaft oder eines Vereins, Geschäftsführer einer GmbH) finden die Vorschriften des Kündigungsschutzgesetzes kraft ausdrücklicher Gesetzesregelung keine Anwendung (§ 14 Abs 1 Nr 1 KSchG). Hinsichtlich der Kündigungsbefugnis ist bei der gesellschaftsrechtlichen Konstruktion einer GmbH & Co KG zu prüfen, ob der Fremdgeschäftsführer bei der Komplementär-GmbH oder von der Kommanditgesellschaft angestellt ist. Liegen keine schriftlichen Vereinbarungen vor, so ist zu beachten, dass Dienstgeber nur derjenige ist, der die Dienstleistung beanspruchen und Weisungen erteilen kann, nicht jedoch schon derjenige, der lediglich die Vergütung zu zahlen hat (BAG 8. 12. 1982 – 5 AZR 275/80, nv). Dass dem Geschäftsführer der Komplementär-GmbH Handlungs- und Zeichnungsvollmacht für die Kommanditgesellschaft erteilt worden ist, begründet keine dienstvertraglichen, sondern nur handelsrechtliche Beziehungen zu dieser, macht die GmbH & Co KG damit aber noch nicht zur Dienstherrin (**LAG Hamm** 31. 8. 1999 – 4 Sa 1413/99, nv).

Ein Dienstvertrag endet gem § 620 Abs 1 BGB allerdings grundsätzlich erst mit Ablauf der Zeit, für 17 die er eingegangen ist (s zur Zulässigkeit von befristeten Dienstverträgen **BGH** 28. 2. 1985 – IX ZR 92/

84, NJW 1985, 2585, 2586). Es kann außerhalb der Insolvenz nur dann ordentlich gekündigt werden, wenn er entweder auf unbestimmte Zeit eingegangen (§ 620 Abs 2 BGB iVm § 621 BGB) oder das ordentliche Kündigungsrecht vertraglich vereinbart worden ist (s dazu BGH 4. 11. 1992 – VIII ZR 235/91, NJW 1993, 326, 328 = ZIP 1993, 367, 369). In der Insolvenz ist die in einer **Befristungsabrede** liegende Kündigungsbeschränkung eines befristeten Dienstvertrages **unbeachtlich**, denn in § 113 S 1 ist bestimmt, dass ein Dienstverhältnis, bei dem der Schuldner der Dienstberechtigte ist, vom Insolvenzverwalter und vom anderen Teil ohne Rücksicht auf eine vereinbarte Vertragsdauer jederzeit ordentlich kündbar ist.

18 Für ordentliche Kündigungen von Dienstverhältnissen durch den Insolvenzverwalter gilt nach § 113 S 2 eine Kündigungsfrist von drei Monaten, wenn nicht außerhalb der Insolvenz eine kürzere Kündigungsfrist „maßgeblich" ist. Auch befristete Dienstverhältnisse können stets mit der gesetzlichen Grundkündigungsfrist von vier Wochen zum 15. des Monats oder zum Monatsende (§ 622 Abs 1 BGB) oder mit einer Frist von einem Monat zum Monatsende (§ 622 Abs 2 S 1 Nr 1 BGB) gekündigt werden (**LAG Hamm** 25. 10. 2000 – 4 Sa 363/00, DZWIR 2001, 192 [*Weisemann*] = ZInsO 2001, 282; zust *Hess* InVo 2001, 117, 120; *Weisemann* DZWIR 2001, 199, 201; str aA *Annuß* ZInsO 2001, 344, 349). Längere Kündigungsfristen kommen auf Grund der (geringen) Dauer der zulässigen Befristung in aller Regel nicht in Betracht. Auch auf den **GmbH-Geschäftsführer** sind nicht die Regelungen des § 621 BGB (so aber **OLG Düsseldorf** 3. 6. 1976 – 8 U 265/75, BB 1976, 901 = GmbHR 1977, 132, 133 [*Ganssmüller*]), sondern die **Grundkündigungsfristen des § 622 Abs 1 BGB** (s dazu näher *Schwab* NZA 1987, 839, 842; ferner *J. H. Bauer* DB 1979, 2178, 2179; *Baumbach/Hueck/Zöllner* § 35 GmbHG Rn 127; *Henssler* RdA 1992, 289, 295; *Scholz/Schneider* § 35 GmbHG Rn 164) anzuwenden. Dabei spielt keine Rolle, ob der Geschäftsführer am Kapital der GmbH beteiligt ist (**BGH** 26. 3. 1984 – II ZR 120/83, NJW 1984, 2528 = ZIP 1984, 1088) oder nicht (**BGH** 29. 1. 1981 – II ZR 92/80, NJW 1981, 1270 = ZIP 1981, 367). § 622 Abs 1 BGB findet auch Anwendung auf das Anstellungsverhältnis der KG mit dem Geschäftsführer ihrer Komplementär-GmbH (**BGH** 9. 3. 1987 – II ZR 132/86, NJW 1987, 2073, 2074 = ZIP 1987, 707, 708).

19 Auf einen Dienstnehmer, dessen Anstellungsvertrag mit dem Ziel der Bestellung zum Organmitglied geschlossen, diese jedoch wegen einer vorgeschalteten Probezeit noch nicht vollzogen worden ist, wird man ebenfalls § 622 Abs 1 BGB anwenden müssen (**LAG Hamm** 25. 10. 2000 – 4 Sa 363/00, DZWIR 2001, 192 [*Weisemann*] = ZInsO 2001, 282). Auch die Beendigung des Anstellungsvertrages eines zu 50% an einer GmbH beteiligten Gesellschafter-Geschäftsführers beurteilt sich nicht nach §§ 115, 116. Der Insolvenzverwalter kann dessen Dienstverhältnis nur durch Kündigung nach § 113 S 1 beenden. Es gilt die Kündigungsfrist des § 113 S 2, die drei Monate zum Monatsende beträgt (**OLG Hamm** 29. 3. 2000 – 8 U 156/99, NJW-RR 2000, 1651 = NZI 2000, 475 = ZInsO 2001, 43). Da § 113 S 2 eine Höchstfrist für die Kündigung in der Insolvenz enthält, kann die Frage, ob die darüber hinausgehenden verlängerten Kündigungsfristen außerhalb der Insolvenz auf den Geschäftsführeranstellungsvertrag zur Anwendung gelangen oder nicht (s dazu einerseits **LAG Berlin** 30. 6. 1997 – 9 Sa 43/07, AP Nr 41 zu § 5 ArbGG 1979 = AP Nr 6 zu § 611 BGB Organvertreter = NZA-RR 1997, 424, und andererseits **LAG Köln** 18. 11. 1998 – 2 Sa 1063/98, NZA-RR 1999, 300 = ZInsO 1999, 484), dahingestellt bleiben.

19a Vor Ausspruch der außerordentlichen Kündigung des Dienstverhältnisses mit einem organschaftlichen Vertreter einer Kapitalgesellschaft bedarf es keiner Abmahnung (§ 314 Abs 2 S 1 iVm § 323 Abs 3 BGB), denn der organschaftliche Vertreter nimmt Arbeitgeberfunktionen wahr. § 314 Abs 2 BGB gibt keinen Anlass hiervon abzuweichen, da die genannte Funktionszuweisung einen besonderen Umstand iSv § 323 Abs 2 Nr 3 BGB ist, auf den § 314 Abs 2 S 2 BGB verweist (**BGH** 2. 7. 2007 – II ZR 71/06, DZWIR 2007, 431, 432).

20 **3. Besonderheiten bei der Kündigung von GmbH-Geschäftsführern.** Wird ein Arbeitnehmer einer GmbH & Co KG zum Geschäftsführer der Komplementär-GmbH bestellt, so wird im Zweifel mit Abschluss des Geschäftsführerdienstvertrages das bisherige Arbeitsverhältnis stillschweigend aufgehoben, soweit nicht klar und eindeutig etwas anderes vertraglich vereinbart worden ist. Dies gilt nicht nur so lange, wie § 623 BGB noch keine Wirkung entfaltet (so aber **LAG Hessen** 31. 8. 2004 – 13 Sa 340/04, LAGReport 2005, 239), denn durch einen schriftlichen Geschäftsführerdienstvertrag wird in diesen Fällen das Schriftformerfordernis des § 623 BGB für den Auflösungsvertrag gewahrt (**BAG** 19. 7. 2007 – 6 AZR 774/06, NJW 2007, 3228 = NZA 2007, 1095 = ZIP 2007, 1917; **BAG** 19. 7. 2007 – 6 AZR 875/06, NJW-Spezial 2007, 484). Im Regelfall muss dem Arbeitnehmer klar sein, dass er, wenn anderes nicht ausdrücklich vereinbart wird, mit dem Abschluss eines Geschäftsführerdienstvertrages seinen Status als Arbeitnehmer aufgibt. Die vertraglichen Beziehungen werden auf eine neue Grundlage gestellt, die bisherige Grundlage verliert ihre Bedeutung. Eine andere Auslegung kommt nur in Ausnahmefällen in Betracht, für die zumindest deutliche Anhaltspunkte vorliegen müssen. Hierzu zählt etwa die nur für eine kurze Zeit befristete Übertragung der Geschäftsführerstellung bei sonst unveränderten Vertragsbedingungen. Dagegen spricht zB die Verbesserung der Vergütung in dem Geschäftsführerverhältnis gegen ein ruhend gestelltes Arbeitsverhältnis (**BAG** 14. 6. 2006 – 5 AZR 592/05, NJW 2007, 396 = NZA 2006, 1154 = ZIP 2006, 1692).

20a Die vorstehenden Grundsätze sind auch heranzuziehen, wenn der Arbeitnehmer nicht Geschäftsführer bei seiner Arbeitgeberin, also bei der Komplementär-GmbH als Muttergesellschaft (hier: Insolvenzschuldnerin) wird, sondern zum Geschäftsführer eines Tochterunternehmens bestellt wird (**BAG** 8. 6. 2000 – 2 AZR 207/99, NJW 2000, 3732 = NZA 2000, 1013 = ZIP 2000, 1844). Dabei ist zunächst zu beachten, der Anstellungsvertrag nicht mit der juristischen Person abgeschlossen werden muss, zu deren Organvertreter der Dienstnehmer bestellt werden soll; wird bspw. ein bei einer Konzernobergesellschaft beschäftigter Arbeitnehmer zum Geschäftsführer einer konzernabhängigen Gesellschaft bestellt, so kann der mit der Konzernobergesellschaft abgeschlossene Arbeitsvertrag nach wie vor die Rechtsgrundlage für die Geschäftsführerbestellung bei der Tochtergesellschaft sein (**BAG** 8. 6. 2000 – 2 AZR 207/99, aaO). Bei nicht klaren und eindeutigen vertraglichen Vereinbarungen ist von der Vermutung auszugehen, dass mit Abschluss eines Geschäftsführerdienstvertrages grundsätzlich das ursprüngliche Arbeitsverhältnis sein Ende findet, denn einem Arbeitnehmer in einer leitenden Position muss regelmäßig klar sein, dass er – wenn anderes nicht ausdrücklich vereinbart worden ist – mit dem Abschluss eines Geschäftsführerdienstvertrages mit einer anderen Gesellschaft seinen sozialen Besitzstand aus dem bisherigen Arbeitsverhältnis aufgibt (**BAG** 25. 4. 2002 – 2 AZR 352/01, NZA 2003, 272). Zwar kann bei einer solchen Fallkonstellation ein Arbeitsverhältnis neben dem Geschäftsführerdienstverhältnis (noch) weiter bestehen, etwa wenn der Arbeitnehmer sowohl Arbeitsleistungen für seine Arbeitgeberin erbringt als auch Arbeitsleistungen als Geschäftsführer im Rahmen des Geschäftsführerdienstverhältnisses. Entscheidendes Kriterium für die Abgrenzung ist die Weisungsgebundenheit (**LAG** Hamm 19. 1. 2006 – 4 Sa 1959/04, DRsp Nr 2006/27882). So muss bspw eine Beratertätigkeit nicht unbedingt in einem Arbeitsverhältnis erfolgen, sondern dies kann auch im Rahmen Geschäftsbesorgungsvertrages geschehen, insofern die Beratungstätigkeit im wesentlichen frei gestaltet werden und der Berater seine Arbeitszeit selbst bestimmen kann (**LAG** Hamm 19. 1. 2006 – 4 Sa 1959/04, DRsp Nr 2006/27882).

Ist der Geschäftsführer nach Verfahrenseröffnung weiterhin für den Insolvenzverwalter tätig dann kann sich die Frage stellen, auf welche Rechtsgrundlage diese Beschäftigung beruht, weiterhin auf dem Geschäftsführer-Dienstvertrag oder aufgrund eines (ruhenden oder neu begründeten) Arbeitsvertrages. Für die Abberufung des Geschäftsführers als Vertretungsorgan (§ 35 Abs 1 GmbHG) ist gem § 46 Nr 5 GmbHG auch in der Insolvenz der Gesellschaft die Gesellschafterversammlung zuständig, die Kündigung des Anstellungsverhältnisses obliegt dagegen dem Insolvenzverwalter, der nach § 80 Abs 1 InsO in die Arbeitgeberstellung eintritt. Das Ende der Organstellung des Geschäftsführers hat nicht automatisch auch die Beendigung des Anstellungsvertrages zur Folge (**BGH** 23. 1. 2003 – IX ZR 39/02, NZA 2003, 439 = NZI 2003, 199 = ZInsO 2003, 272). Auch verwandelt sich mit dem Verlust der Organstellung der zugrunde liegende Anstellungs- bzw Geschäftsführerdienstvertrag nicht (wieder) in einen Arbeitsvertrag. Ein wirksam aufgehobenes früheres Arbeitsverhältnis lebt durch die Abberufung als Geschäftsführer nicht – jedenfalls nicht ohne Weiteres – wieder auf, ebenso wenig entsteht ein neues Arbeitsverhältnis (**BAG** 5. 6. 2008 – 2 AZR 754/06, NJW 2008, 3514 = NZA 2008, 1002 mwN). Es müssen vielmehr weitere Umstände hinzutreten, aus denen sich ergibt, dass entweder neben dem Geschäftsführerdienstvertrag noch ein Arbeitsvertrag – ruhend – fortbestanden hat und nach der Abberufung wieder aufleben soll oder dass nach der Abberufung ein Arbeitsverhältnis neu begründet worden ist (**BAG** 5. 6. 2008 – 2 AZR 754/06, aaO mwN). Ist in einer GmbH & Co KG ein Arbeitnehmer zum (Fremd-) Geschäftsführer der persönlich haftenden GmbH aufgestiegen und wird dann als Geschäftsführer abberufen, so lebt das alte, einvernehmlich aufgehobene Arbeitsverhältnis auch im Falle der Kündigung des Geschäftsführerdienstvertrages idR nicht wieder auf. Vereinbaren die Parteien jedoch nach der Kündigung des Geschäftsführerdienstvertrages außerhalb der Insolvenz eine Weiterbeschäftigung des Betreffenden – ohne wesentliche Änderung seiner Arbeitsaufgaben – im Rahmen eines Arbeitsverhältnisses, so lässt dies mangels abweichender Vereinbarungen regelmäßig auf den Parteiwillen schließen, die Beschäftigungszeit als Geschäftsführer für das neu begründete Arbeitsverhältnis anzurechnen (**BAG** 24. 11. 2005 – 2 AZR 614/04, NJW 2006, 1899 = NZA 2006, 366 = ZIP 2006, 821). Diese Grundsätze gelten auch in der Insolvenz.

Ist der Geschäftsführer gleichzeitig Gesellschafter der GmbH, dann ist es zwar rechtlich möglich, dass er für diese Gesellschaft Arbeitsleistungen nicht nur aufgrund eines Dienstvertrages, sondern auch aufgrund eines Arbeitsvertrages erbringen. Dies setzt aber voraus, dass er keinen entscheidenden Einfluss auf die GmbH hat. Ob ein solcher Einfluss besteht, richtet sich in erster Linie nach den Stimmrechtsverhältnissen. Einigkeit besteht darüber, dass der – nicht treuhänderisch gebundene und in seinem Stimmrecht beschränkte – Mehrheitsgesellschafter und derjenige, dem mehr als 50% der Stimmrechte zustehen, nicht zugleich Arbeitnehmer dieser Gesellschaft sein kann (**BAG** 6. 5. 1998 – 5 AZR 612/97, NJW 1998, 3796 = NZA 1998, 939 = ZIP 1998, 1650). Entscheidendes Abgrenzungskriterium ist, ob der Gesellschafter-Geschäftsführer über eine ausreichende Rechtsmacht verfügt, jede ihm unangenehme Entscheidung verhindern zu können. Bereits dann, wenn ein Gesellschafter eine Sperrminorität hat und damit ihm ungünstige Entscheidungen blockieren kann, kommt ein gleichzeitiges Arbeitsverhältnis nicht mehr in Betracht (**BAG** 28. 11. 1990 – 4 AZR 198/90, NZA 1991, 392). Ob der Mehrheitsgesellschafter dagegen seine Leitungsmacht tatsächlich ausübt, ist unerheblich (**BAG** 6. 5. 1998 – 5 AZR 612/97, NJW 1998, 3796 = NZA 1998, 939 = ZIP 1998, 1650). Zur Frage, ob ein Minderheits- bzw Mehrheitsgesellschafter nach seiner Abberufung als Vertretungsorgan der GmbH (§ 35 Abs. 1 GmbHG) vom Insolvenzverwalter als Arbeitnehmer eingestellt werden kann, wird auf die nachstehenden Ausführ-

20b

20c

rungen zur vergleichbaren Situation bei Abberufung des Alleingeschäftsführers und Alleingesellschafters der Einmann-GmbH verwiesen.

20d Bei der Einmann-GmbH erlangt deren Alleingeschäftsführer und Alleingesellschafter durch die Insolvenzeröffnung keine Arbeitnehmerstellung und damit keinen Kündigungsschutz, den er vorher nicht hatte. Das organschaftliche Anstellungsverhältnis des Geschäftsführers einer GmbH mutiert durch Insolvenzeröffnung nicht in ein dem Kündigungsschutzgesetz unterliegendes Arbeitsverhältnis, wenn er seine Arbeitskraft bei einer Betriebsfortführung zur Verfügung stellt (**LAG** Rheinland-Pfalz 25. 9. 2008 – 10 Sa 162/08, NZG 2009, 195 = ZInsO 2009, 679 [*Th Schmidt*]; **LAG** Köln 3. 11. 2008 – 5 Sa 624/08, ZInsO 2009, 792). Dies soll auch dann gelten, wenn der Insolvenzverwalter – ohne den (beweisbaren) Abschluss eines Arbeitsvertrages – „dem Geschäftsführer Verdienstbescheinigungen erteilt und für ihn Sozialversicherungsbeiträge sowie Lohnsteuern wie für einen Arbeitnehmer abführt" (**LAG** Rheinland-Pfalz 25. 9. 2008 – 10 Sa 162/08, aaO). Hier erscheint Vorsicht geboten. Falls nämlich der Alleingesellschafter sich als Alleingeschäftsführer abberufen haben sollte, dürfte es nicht in jedem Falle ausgeschlossen sein, dass der Insolvenzverwalter den vormaligen Geschäftsführer als Arbeitnehmer weiterbeschäftigt, etwa weil er als Maschineneinrichter oder Meister oder Polier für den Betrieb unentbehrlich ist.

Zwar dürfte der vormalige Geschäftsführer die Primärdarlegungslast dafür tragen, dass er – und zwar *nach* seiner Abberufung als Vertretungsorgan der GmbH – vom Insolvenzverwalter als Arbeitnehmer eingestellt worden ist, jedoch obliegt dem Insolvenzverwalter die Sekundärdarlegungslast bereits dann, wenn er „dem Geschäftsführer Verdienstbescheinigungen erteilt und für ihn Sozialversicherungsbeiträge sowie Lohnsteuern wie für einen Arbeitnehmer abführt" (**str aA LAG** Rheinland-Pfalz 25. 9. 2008 – 10 Sa 162/08, aaO). Ohne seine Abberufung bleibt der Geschäftsführer auch weiterhin das, was er immer schon gewesen ist, nämlich „Vertretungsorgan" der GmbH (§ 35 Abs 1 GmbHG). Wenn der Geschäftsführer als Vertretungsorgan der GmbH abberufen worden ist, dann muss der Insolvenzverwalter ggf seinen Verpflichtungen auf Erteilung einer sog **Nachweismitteilung** gem § 2 Abs 1 S 1 NachwG nachkommen. Bei Nichterfüllung steht für den (abberufenen) Geschäftsführer, der geltend machen will, er sei vom Insolvenzverwalter als Arbeitnehmer eingestellt worden, neben der „normalen" Arbeitnehmerstatusklage (§ 46 Abs 2 ArbGG iVm § 256 ZPO) auch der Klageweg für eine entsprechende Leistungsklage (§ 46 Abs 2 ArbGG iVm § 253 ZPO) auf Erteilung einer Nachweismitteilung offen (**LAG** Hamm 9. 6. 1994 – 17 Sa 166/94, LAGE § 625 BGB Nr 4 [*Kliemt/Kramer*]; Höland AuR 1996, 87, 92).

III. Beendigung von Arbeitsverhältnissen

21 Unternehmensinsolvenzen sind in aller Regel mit einem Personalabbau verbunden, gleich ob die Kündigungen derzeit im Rahmen eines förmlichen, gerichtlichen Verfahrens nach der Insolvenzordnung oder außergerichtlich bei einer „Übertragenden Sanierung" (Begriff geprägt von *K. Schmidt* ZIP 1980, 328, 336) oder im Wege der Liquidation, vorzugsweise der „Stillen Liquidation", ausgesprochen werden. Als „Stille Liquidation" ist hierbei die ohne formellen Liquidationsbeschluss erfolgende Auflösung einer Gesellschaft und Verwertung ihres Vermögens vor allem nach Ablehnung des Antrags auf Eröffnung eines Insolvenzverfahrens mangels Masse (§ 26 Abs 1 S 1) zu verstehen. In den seltensten Fällen werden Betriebe notleidend gewordener Unternehmen mit voller Belegschaft fortgeführt. Gerät ein Unternehmen in wirtschaftliche Schwierigkeiten, die zum Verlust von Arbeitsplätzen führen, so beginnt der **Personalabbau** in aller Regel bereits vor der Verfahrenseröffnung und vollzieht sich meist **stufen-, schritt- oder etappenweise** über einen längeren Zeitraum. Man kann in den Fällen des § 112a BetrVG, in denen sich die Betriebsänderung allein durch Entlassung von Arbeitnehmern vollzieht, vielfach von einer „**schleichenden**" Insolvenz (*Berscheid* KGS „Massenentlassung" Rn 245) sprechen, die sich in der Eröffnungsphase bis weit in die Zeit nach Verfahrenseröffnung fortsetzt.

22 Zu beachten ist für das eröffnete Insolvenzverfahren, dass **§ 113** lediglich eine **Sonderregelung für die Kündigungsfristen und -termine** enthält und dass alle übrigen Kündigungs- und Kündigungsschutzvorschriften auch für den Insolvenzverwalter bindend bleiben (**BAG** 16. 9. 1982 – 2 AZR 271/80, AP Nr 4 zu § 22 KO = KTS 1983, 272 = NJW 1983, 1341 = ZIP 1983, 205). Hieran ändern auch die Regelungen des § 125 Abs 1 nichts; diese Vorschrift führt lediglich dann, wenn ein Interessenausgleich mit Namensliste zustande kommt, zu Beweiserleichterungen bei betriebsbedingten Kündigungen und zur Beschränkung der Überprüfungsmöglichkeiten bei der Sozialauswahl.

23 Der **allgemeine Kündigungsschutz** gilt auch für eine Kündigung in Insolvenz, wenn der Arbeitnehmer in demselben Betrieb oder Unternehmen länger als 6 Monate tätig ist (§ 1 Abs 1 KSchG) und die sonstigen betrieblichen Voraussetzungen erfüllt sind (§ 23 Abs 1 S 2, 3 KSchG). Er gilt für Teilzeitkräfte ebenso wie für Vollzeitkräfte und setzt das Vorliegen einer ordentlichen, fristgerechten Beendigungskündigung nach § 1 Abs 2 KSchG oder einer Änderungskündigung gem § 2 KSchG durch den Insolvenzverwalter voraus, die unter Vorbehalt angenommen worden ist. Auf eine außerordentliche, fristlose Kündigung gemäß § 626 BGB findet das Kündigungsschutzgesetz – sieht man einmal von der Pflicht zur Klageerhebung ab (§ 13 Abs 1 S 2 iVm § 4 S 1 KSchG) – keine Anwendung.

23a § 323 Abs 1 UmwG, wonach im Fall einer **Unternehmungsspaltung** sich die kündigungsrechtliche Stellung der betroffenen Arbeitnehmer auf Grund der Spaltung für die Dauer von zwei Jahren ab dem

III. Beendigung von Arbeitsverhältnissen **§ 113**

Zeitpunkt ihres Wirksamwerdens nicht verschlechtert, steht einer Kündigung durch den Insolvenzverwalter wegen Betriebsstilllegung in der Insolvenz eines abgespaltenen Unternehmens nicht entgegen. Denn zwischen § 113 InsO und § 323 UmwG besteht kein Konkurrenzverhältnis, weil beide Normen jeweils eigene Regelungsbereiche haben, die sich nicht überschneiden (**BAG** 22. 9. 2005 – 6 AZR 526/04, NZA 2006, 658 = ZIP 2006, 31).

1. Übergang der Arbeitgeberfunktion auf den Insolvenzverwalter. Die Frage, ob der Konkursverwalter durch § 6 KO eine **eigene Arbeitgeberstellung** iSd materiellen Arbeitsrechts erlangte (*Schönberger* BB 1962, 562; *Uhlenbruck* KTS 1973, 81, 88) oder ob ihm kraft Gesetzes lediglich die Ausübung der nach wie vor beim Gemeinschuldner originär verbleibenden Arbeitgeberfunktionen mit allen damit zusammenhängenden Rechten und Pflichten zugewiesen war (*Heinze* NJW 1980, 145, 146), war zwar im Schrifttum **umstritten** (s zum Meinungsstand ausführlich *Heinze* AuR 1976, 33 ff; *Berscheid* FS Hanau S 701, 703 ff). Die Rechtsprechung (**BAG** 13. 12. 1978 – 1 GS 1/77, AP Nr 6 zu § 112 BetrVG 1972 = KTS 1979, 150 [*Henckel*] = NJW 1979, 774 = ZIP 1980, 83 [*Beuthien*]; s dazu auch *Heinze* ZIP 1980, 1 ff) jedoch ließ die Dogmatik dahinstehen und ging davon aus, dass der Konkursverwalter gem § 6 KO in den „gesamten" Pflichtenkreis des Arbeitgebers einrückte. Einigkeit bestand ferner, dass der Konkursverwalter **nicht Rechtsnachfolger** des Gemeinschuldners war (*Heinze* AuR 1976, 33, 35) und dass es bei Verfahrensbeendigung zu einem „Rückfall" der Arbeitgeberfunktionen auf den Gemeinschuldner kam (*Berscheid* FS Hanau S 701, 705).

Der Theorienstreit kann auch für das heutige Insolvenzverfahren dahingestellt bleiben. Mit Verfahrenseröffnung ist der Arbeitgeber (Schuldner) nicht mehr berechtigt, die Rechte und Pflichten aus dem Arbeitsverhältnis auszuüben. Vielmehr **fällt die Wahrnehmung der die Arbeitsverhältnisse betreffenden Rechtshandlungen, also die Arbeitgeberfunktion, dem Insolvenzverwalter zu.** Dies gilt insbesondere für die Kündigungsberechtigung, so dass eine Kündigung durch den Arbeitgeber nicht nur relativ, sondern absolut unwirksam wäre (*Berscheid* KGS „Konkurs" Rn 13). Der **Insolvenzverwalter** tritt an die Stelle des Unternehmers und in dieser Eigenschaft als Arbeitnehmern des Betriebes gegenüber (**BAG** 9. 7. 1985 – 1 AZR 323/83, AP Nr 13 zu § 113 BetrVG 1972 = NZA 1986, 100 = ZIP 1986, 45). Er wirkt durch seine Entscheidungen und Maßnahmen im Rahmen des Insolvenzverfahrens auf die einzelnen Arbeitsverhältnisse ein (**BAG** 17. 9. 1974 – 1 AZR 16/74, AP Nr 1 zu § 113 BetrVG 1972 [*Uhlenbruck, Richardi*] = KTS 1975, 132 = NJW 1975, 182). Er ist an **Betriebsvereinbarungen und Tarifverträge** in gleicher Weise gebunden wie der Gemeinschuldner vor der Verfahrenseröffnung, selbst wenn er im Rahmen der Liquidation nur noch Restaufträge abwickelt (**BAG** 28. 1. 1987 – 4 AZR 150/86, AP Nr 14 zu § 4 TVG Geltungsbereich = NZA 1987, 455 = ZIP 1987, 727). Des Weiteren hat er die **Mitbestimmungsrechte des Betriebsrats** zu beachten (ArbG Siegen 3. 6. 1983 – 1 Ga 21/83, KTS 1983, 571 = ZIP 1983, 1117), und zwar insbes gem § 111–112 a BetrVG, da ansonsten Ansprüche auf Nachteilsausgleich nach § 113 Abs 3 BetrVG ausgelöst werden (**BAG** 3. 4. 1990 – 1 AZR 150/89, NZA 1990, 619 = ZIP 1990, 873).

a) Jederzeitiges Recht zur Beendigungs- und Änderungskündigung. Bereits § 22 Abs 1 KO brachte den Grundsatz des Insolvenzrechts zum Ausdruck, dass angetretene Arbeitsverhältnisse auch nach Verfahrenseröffnung unverändert, dh mit allen arbeitsvertraglichen Rechten und Pflichten der Vertragsparteien, weiterbestehen (*Berscheid* KGS „Konkurs" Rn 12). Derselbe Grundsatz gilt gem § 9 Abs 2 GesO auch für die Gesamtvollstreckung (*Berscheid* KGS „Gesamtvollstreckung" Rn 67). Hieran ändert sich durch § 113 nichts. Alle Arbeitsverhältnisse bleiben durch die Eröffnung des Insolvenzverfahrens unberührt; dies ergibt sich mittelbar aus § 108 Abs 1 S 1 (KS-*Düwell* S 1433, 1435 Rn 6). Mit der **Verfahrenseröffnung** gehen allerdings die **Anfechtungsbefugnis** und die **Kündigungsberechtigung** auf den Insolvenzverwalter über (*Berscheid*, ZInsO 1998, 115, 116).

Der Insolvenzverwalter kann sich von den neu eingestellten und/oder weiterbeschäftigten Arbeitnehmern im eigenen Namen durch jederzeitige fristgemäße Kündigung gem § 113 lösen. Das Direktionsrecht wird durch die Eröffnung des Insolvenzverfahrens nicht erweitert. Will der Insolvenzverwalter bei Fortführung des Betriebes oder zum Zwecke der Abwicklung von Restaufträgen Arbeitnehmer mit anderen als vertraglich vorgesehenen Aufgaben betrauen oder übertarifliche Löhne und Gehälter nicht fortzahlen, so bedarf es einer „Änderungskündigung", die sozial gerechtfertigt sein muss (§ 2 KSchG). Sie kann nach § 113 mit verkürzter Frist ausgesprochen werden, da diese Vorschrift nicht allein auf die „Beendigungskündigung" beschränkt ist (*Berscheid* AktuellAR 1997, 230, 232; KS-*Düwell* S 1433, 1453 Rn 58; *Schrader* NZA 1997, 70; *Stahlhacke/Preis* WiB 1996, 1025, 1032; *Zwanziger* Arbeitsrecht der Insolvenzordnung, § 113 Rn 3).

Das **Recht zur Kündigung** nach § 113 steht beiden Teilen **während des ganzen Verfahrens** zu. Da § 113 keine Frist für die Ausübung des Kündigungsrechts vorschreibt, ist das Arbeitsverhältnis nach Verfahrenseröffnung jederzeit kündbar, also auch dann, wenn zunächst von einer Kündigung abgesehen worden ist. Mit anderen Worten, die Kündigung braucht nicht bei erster Gelegenheit ausgesprochen zu werden. Dies war bereits für § 22 KO einhellige Meinung (**RG** 10. 7. 1903 – Rep III 108/03, RGZ 55, 265, 267; *Berscheid* KGS „Konkurs" Rn 18; *Jaeger/Henckel* § 22 KO Rn 19) und wurde auch so für § 9 Abs 2 GesO vertreten (*Berscheid* KGS „Gesamtvollstreckung" Rn 69). Die Fortsetzung des Arbeitsverhältnisses über den ersten Kündigungstermin hinaus kann deshalb nicht als Verzicht auf eine Kündigung nach Maßgabe des § 113 S 2 angesehen werden. Die Notwendigkeit einer (späteren) Kündigung kann sich für den Insolvenzverwalter schon daraus ergeben, dass er zB nur einen Teil des Unternehmens oder des Betriebes veräußern kann, den Rest deshalb betriebsbedingt stilllegen oder umstrukturieren muss (*Berscheid* AnwBl 1995, 8, 10; BKBN/*Berscheid* Teil 12 Rn 98; KS-*Düwell* S 1433, 1444 Rn 31).

29 **b) Vertretung durch Bevollmächtigte.** Der Insolvenzverwalter ist nicht stets daran gehindert, sich bei Abgabe von Willenserklärungen durch einen Bevollmächtigten vertreten zu lassen, es ist jedoch folgende Unterscheidung vorzunehmen: Die Vorschriften über Bevollmächtigung und Vertretung (§§ 164 ff BGB) gelten uneingeschränkt, soweit der Insolvenzverwalter nur anstelle des Schuldners Rechtshandlungen vornimmt, die dieser wegen § 80 nicht mehr selbst ausführen kann, wie zB der Ausspruch von Kündigungen, dagegen ist **bei sog insolvenztypischen Rechtshandlungen**, die außerhalb des Insolvenzverfahrens nicht möglich sind, eine **Stellvertretung** grundsätzlich **ausgeschlossen** (LAG Kiel 14. 1. 1988 – 6 Sa 400/87, ZIP 1988, 250, 251). Eine solche insolvenzspezifische Rechtshandlung stellt zwar die Ausübung des Wahlrechts nach § 103 dar, so dass insoweit die Verwaltererklärung auch nicht in Vertretung abgegeben werden kann (**OLG** Düsseldorf 10. 5. 1988 – 3 Wx 169/88, NJW-RR 1988, 1103 = ZIP 1988.855), jedoch bei Kündigungen ist die Rechtslage eine andere, denn es handelt sich beim Ausspruch von Kündigungen nicht um insolvenzspezifische Geschäfte, so dass der Insolvenzverwalter sich durch einen Bevollmächtigten vertreten lassen kann, wie es der Insolvenzschuldner vor Eintritt seiner Verfügungsbeschränkung gekannt hätte (so zur Gesamtvollstreckung **BAG** 22. 1. 1998, NZA 1998, 699; **BAG** 21. 7. 1988 – 2 AZR 75/88, AP Nr 17 zu § 1 KSchG 1969 Soziale Auswahl = KTS 1989, 422 = NZA 1989, 264 = ZIP 1989, 57).

30 Eine vom Schuldner erteilte Vollmacht, die sich auf das zur Insolvenzmasse gehörende Vermögen bezieht, erlischt zwar durch die Eröffnung des Insolvenzverfahrens gem § 117 Abs 1 (**BAG** 26. 6. 2008 – 6 AZR 478/07, NZA 2008, 1204 = ZIP 2009, 1134; **BAG** 24. 6. 2009 – 10 AZR 707/08, BeckRS 2009, 68650 = LNR 2009, 18963), aber der endgültige Insolvenzverwalter kann neue Vollmachten erteilen (*Berscheid* Arbeitsverhältnisse, S 48 Rn 148; FK-*Wegener* § 117 Rn 11; *K. Schmidt* BB 1989, 229, 234). Zur Vollmachtserteilung bedarf es grundsätzlich keiner Form. Gem § 174 S 1 BGB ist jedoch eine Kündigung, die ein Bevollmächtigter vornimmt, unwirksam, wenn dieser keine Vollmachtsurkunde vorlegt und der Empfänger der Kündigung sie aus diesem Grunde unverzüglich, dh ohne schuldhaftes Zögern (§ 121 BGB), zurückweist. Die Vorlage der Fax-Kopie einer Vollmacht stellt keine ordnungsgemäße Vollmachtsurkunde iSd § 174 BGB. Eine unverzügliche Rüge der fehlenden Vollmacht kann in der Regel nicht mehr angenommen werden, wenn sie nicht innerhalb einer Frist von zwei Wochen nach Kenntnis der maßgebenden Tatsachen (§ 626 Abs 2 BGB analog) erfolgt (**LAG** Hamm 6. 9. 1996 – 10 Sa 1032/95, LAGE § 613a BGB Nr 56; ähnlich **LAG** Düsseldorf 22. 2. 1995 – 4 Sa 1817/94, LAGE § 174 BGB Nr 7). Die Zurückweisung der Kündigung mangels beigefügter Vollmacht gem § 174 S 1 BGB geschieht in aller Regel auch dann nicht „unverzüglich", wenn sie in einer fristgerechten Kündigungsschutzklage erklärt wird, die erst nach dem Ablauf dieser Zwei-Wochen-Frist innerhalb der dreiwöchigen Klagefrist des § 4 S 1 KSchG zugestellt wird (**LAG** Hamm 21. 10. 1999 – 4 Sa 285/98, ZInsO 2000, 351; ähnlich **LAG** Köln 20. 2. 1997 – 10 Sa 1027/96, LAGE § 174 BGB Nr 10). Während gem § 46 Abs 2 ArbGG iVm §§ 498, 167 ZPO nF (= 270 Abs 3 ZPO aF) die Drei-Wochen-Frist für die Klageerhebung nach § 4 S 1 oder S 2 KSchG auch dann gewahrt wird, wenn die Klage zwar vor Fristablauf bei dem Gericht eingereicht worden ist, aber die Zustellung an den Prozessgegner erst danach erfolgt (§ 167 ZPO nF = § 270 Abs 3 ZPO aF: „demnächst"), gilt dies weder für die Wahrung der Frist des § 2 S 2 KSchG zur Annahme einer Änderungskündigung unter Vorbehalt (**BAG** 17. 6. 1998 – 2 AZR 336/97, AP Nr 49 zu § 2 KSchG 1969 [*H. Hanau*] = NZA 1998, 1225 = ZIP 1998, 2017) noch für die Zurückweisung einer Kündigung mangels Vorlage einer Vollmacht (**LAG** Hamm 21. 10. 1999 – 4 Sa 285/98, ZInsO 2000, 351).

31 **aa) Vertretung durch betriebliche Bevollmächtigte.** Gem § 174 S 2 BGB ist die Zurückweisung nur ausgeschlossen, wenn der Vollmachtgeber den anderen von der **Bevollmächtigung** in Kenntnis gesetzt hatte. Wird die Kündigung von einem Vertreter ausgesprochen, der – wie uU der Generalbevollmächtigte, Prokurist, **Personalleiter oder Betriebsleiter** – eine Stellung bekleidet, mit der das Kündigungsrecht verbunden zu sein pflegt, dann bedarf es für die Wirksamkeit der Kündigung nicht der Vorlage einer Vollmachtsurkunde durch diesen Vertreter (§ 174 S 1 BGB). Vielmehr hat in einem solchen Fall der Arbeitgeber seine Belegschaft iSv § 174 S 2 BGB davon in Kenntnis gesetzt, dass die betreffende Person zur Abgabe von Kündigungserklärungen bevollmächtigt sei (grundlegend **BAG** 30. 5. 1972 – 2 AZR 298/71, AP Nr 1 zu § 174 BGB [*Jakobs*] = NJW 1972, 1877; **BAG** 11. 7. 1991 – 2 AZR 107/91, AP Nr 9 zu § 174 BGB = NZA 1992, 449 = ZIP 1992, 497; **BAG** 29. 10. 1992 – 2 AZR 460/92, NJW 1993, 1286). Diese Grundsätze gelten nicht nur vor Verfahrenseröffnung, sondern auch im eröffneten Insolvenzverfahren (s wegen Einzelheiten Vorauf Rn 25 mwN).

32 **bb) Vertretung durch außerbetriebliche Bevollmächtigte.** Lässt sich der Insolvenzverwalter durch einen Anwalt aus seiner Kanzlei vertreten, dann ist die Kündigung durch diesen zulässig, wenn dem **Rechtsanwalt** eine Vollmacht auf dem üblichen anwaltlichen Formular erteilt und diese dem Kündi-

III. Beendigung von Arbeitsverhältnissen **§ 113**

gungsschreiben im Original beigefügt worden ist (s dazu und zur Frage, ob der Insolvenzverwalter sich durch den **Vertreter eines Arbeitgeberverbandes** vertreten lassen kann: Vorauf Rn 26, 27 mzN). Hatte der Arbeitgeber einem Rechtsanwalt oder einem Verbandsvertreter Prozessvollmacht erteilt, ihn in einem Kündigungsschutzprozess (§§ 4 KSchG) gegen einen Arbeitnehmer zu vertreten, so erlischt die Prozessvollmacht idR gem § 117 Abs 1 InsO (**BAG** 23. 7. 2007 – 3 AZB 29/05, AGS 2007, 534); der Insolvenzverwalter, der zwar an das Ergebnis der bisherigen Prozessführung gebunden ist, braucht sich jedoch deshalb nach Verfahrensaufnahme (§§ 85 Abs 1, 86 Abs 1 InsO) nicht länger durch den bisherigen Verfahrensbevollmächtigten vertreten lassen, sondern kann entweder den Kündigungsschutzprozess selbst zu Ende führen oder sich durch einen Anwalt seiner Wahl vertreten lassen.

cc) **Wiederholung der Kündigung und Betriebsratsanhörung.** Kündigt ein Bevollmächtigter und tauchen in einem derartigen Fall beim Insolvenzverwalter **nachträglich Zweifel** auf, ob ihm die Kündigung durch den Bevollmächtigten als Vertragserklärung zugerechnet werden kann, und wiederholt er daraufhin selbst die Kündigung, so leitet er damit einen **neuen Kündigungsvorgang** ein und hat deshalb den **Betriebsrat erneut anzuhören** (**BAG** 31. 1. 1996 – 2 AZR 273/95, AP Nr 80 zu § 102 BetrVG 1972 = NZA 1996, 649 = ZIP 1996, 799). Gleiches gilt, wenn der Arbeitnehmer die Kündigung mangels Vorlage einer Vollmachtsurkunde gemäß § 174 S 1 BGB zurückgewiesen hat und die Kündigung entweder vom Insolvenzverwalter selbst oder einem Vertreter mit Vollmachtsurkunde wiederholt werden soll. Das vom Insolvenzverwalter eingeleitete Anhörungsverfahren kann grundsätzlich nur für diejenige Kündigung Wirksamkeit entfalten, für die es eingeleitet worden ist. Mit dem Zugang einer (ersten) Kündigung ist das einseitige Gestaltungsrecht ausgeübt und das Anhörungsverfahren „verbraucht". Ist die Kündigungserklärung einmal zugegangen, so greift die ausdrückliche Pflicht des § 102 Abs 1 S 1 BetrVG ein, den Betriebsrat vor jeder, also der nächsten Kündigung erneut anzuhören (**LAG** Hamm 23. 3. 2000 – 4 Sa 587/99, ZInsO 2000, 570; **LAG** Hamm 7. 2. 2001 – 2 Sa 200/00, DZWIR 2001, 426 [*Weisemann*] = ZInsO 2001, 678).

2. Einhaltung von einzelvertraglichen, kollektiv-rechtlichen oder gesetzlichen Formvorschriften. Die Nichteinhaltung der durch Gesetz, Tarifvertrag oder Betriebsvereinbarung vorgeschriebenen Schriftform hat – wie zB bei der Kündigung von Heuerverhältnissen der Besatzungsmitglieder (§ 62 Abs 1 SeemG) und Kapitäne (§ 78 Abs 3 SeemG) auf Kauffahrteischiffen – gem § 125 S 1 BGB die Nichtigkeit einer mündlich ausgesprochenen Kündigung zur Folge (**LAG** Düsseldorf 27. 2. 1976 – 4 Sa 1703/75, BB 1976, 1076 = DB 1976, 1726).

a) **Unwirksamkeit der Kündigung bei Nichteinhaltung der Schriftform.** Durch Art 2 ArbGBeschlG (Arbeitsgerichtsbeschleunigungsgesetz v 30. 3. 2000 – BGBl I S 333, 335) ist mit Wirkung v 1. 5. 2000 (Art 5 ArbGBeschlG) ein **neuer § 623 BGB geschaffen** worden, wonach „die Beendigung von Arbeitsverhältnissen durch Kündigung ... zu ihrer Wirksamkeit der Schriftform" bedarf. Die gewählte Gesetzesformulierung stellt klar, dass es sich bei § 623 BGB um eine konstitutive Formvorschrift handelt (**BAG** 16. 9. 2004 – 2 AZR 659/03, AP Nr 1 zu § 623 BGB = NJW 2005, 844), deren Nichteinhaltung zwingend zur Unwirksamkeit führt (**BAG** 9. 2. 1972 – 4 AZR 149/71, AP Nr 1 zu § 4 BAT). Die Schriftform für die Kündigung zur Beendigung des Arbeitsverhältnisses gilt sowohl für die **Beendigungskündigung** des Arbeitnehmers als auch für die des Arbeitgebers und damit für die des Insolvenzverwalters. Eine Änderungskündigung bezweckt zwar nur eine inhaltliche Änderung des Arbeitsverhältnisses. Da sie aber bei fehlendem oder verspätetem Vorbehalt (s dazu **BAG** 17. 6. 1998 – 2 AZR 336/97, NJW 1999, 236 = NZA 1998, 1225 = ZIP 1998, 2017) in eine Beendigungskündigung umschlagen kann, bedarf auch die **Änderungskündigung** zu ihrer Wirksamkeit ebenfalls stets der Schriftform (**BAG** 16. 9. 2004 – 2 AZR 628/03, AP Nr 78 zu § 2 KSchG 1969 = BAGReport 2005, 115).

aa) **Keine Erstreckung auf Kündigungsgrund.** § 623 BGB verpflichtet nicht zur Angabe des Kündigungsgrundes, denn dies ist keine Wirksamkeitsvoraussetzung für die Kündigung und ansonsten wäre § 626 Abs 2 S 3 BGB überflüssig (*Däubler* AiB 2000, 188, 190; *Preis/Gotthardt* NZA 2000, 348, 351; *Richardi/Annuß* NJW 2000, 1231, 1233). Die Nichtangabe des Kündigungsgrundes führt – außer in den durch Gesetz (§ 22 Abs 3 BBiG 2005 = § 15 Abs 3 BBiG 1969, § 9 Abs 3 S 2 MuSchG nF, § 64 Abs 2 SeemG) oder durch Tarifvertrag oder durch Betriebsvereinbarung geregelten Fällen – nicht zur Nichtigkeit der Kündigung.

bb) **Keine Erstreckung auf Versendeart.** Bei Ausspruch einer Kündigung hat der Insolvenzverwalter grundsätzlich auch die zwischen dem Arbeitgeber und dem Arbeitnehmer vereinbarten Formvorschriften für die Übermittlung der Kündigung (zB eingeschriebener Brief) einzuhalten (s zum Zugang der Kündigung bei Niederlegung **BAG** 25. 4. 1996 – 2 AZR 13/95, AP Nr 35 zu § 4 KSchG 1969 = NZA 1996, 1227 = ZIP 1996, 1795, und bei Nichtabholung **BGH** 26. 11. 1997 – VIII ZR 22/97, NJW 1998, 976 = ZIP 1998, 212). Dabei hat in aller Regel nur das Schriftformerfordernis konstitutiven Charakter, während die Versendeart lediglich Beweiszwecken dient. Erfolgt die Kündigung nicht per Einschreiben, sondern durch Versendung eines einfachen Briefes oder durch persönliche Übergabe, wird die Kündigung hierdurch allein nicht unwirksam (**BAG** 20. 9. 1979 – 2 AZR 967/77, AP Nr 8 zu § 125 BGB = NJW 1980, 1304). Fordert der Arbeitsvertrag der Parteien eine bestimmte Versendungsart nur als „Zustellungsnachweis", so bringt dies deutlich zum Ausdruck, dass die Wahl der Versendungsart keine konstitutive Bedeutung für die Wirksamkeit der Kündigung haben soll (**BAG** 25. 2. 1998 – 2 AZR 279/97, AP Nr 195 zu § 620 BGB Befristeter Arbeitsvertrag = NJW 1998, 3515 = NZA 1998, 747 = ZIP 1998, 1499).

38   cc) **Schriftform für Beendigungs- und Änderungskündigung.** Der Wortlaut der Vorschrift des § 623 BGB, wonach „die Beendigung von Arbeitsverhältnissen durch Kündigung" zu ihrer Wirksamkeit der Schriftform bedarf, könnte dafür sprechen, dass das Formerfordernis lediglich für die Beendigungskündigung gilt, denn eine Änderungskündigung bezweckt nur eine inhaltliche Änderung des Arbeitsverhältnisses. Da sie aber bei fehlendem oder verspätetem Vorbehalt (s dazu **BAG** 17. 6. 1998 – 2 AZR 336/97, AP Nr 49 zu § 2 KSchG 1969 [*H. Hanau*] = NZA 1998, 1225 = ZIP 1998, 2017) in eine Beendigungskündigung umschlagen kann, bedarf auch die Änderungskündigung zu ihrer Wirksamkeit ebenfalls stets der Schriftform. Hierbei ist weiter zu beachten, dass sich das Schriftformerfordernis des § 623 BGB bei einer Änderungskündigung auch auf das Änderungsangebot erstreckt (**BAG** 16. 9. 2004 – 2 AZR 628/03, AP Nr 78 zu § 2 KSchG 1969 = BAGReport 2005, 115). § 2 KSchG verklammert nämlich die Kündigungserklärung und das Änderungsangebot zu einer Einheit, weshalb beides in einer § 126 BGB genügenden einheitlichen Urkunde erklärt werden muss (*Richardi/Annuß* NJW 2000, 1231, 1233; ebenso *Däubler* AiB 2000, 188, 190; *Preis/Gotthardt* NZA 2000, 348, 350). Dagegen werden von § 623 BGB nicht erfasst die Teilkündigung oder der Widerruf einzelner, einem Widerrufsvorbehalt unterstellten Arbeitsbedingungen, da sie nur zur Änderung und nicht zur Beendigung des Arbeitsverhältnisses führen (*Preis/Gotthardt* NZA 2000, 348, 349 f; ebenso *Däubler* AiB 2000, 188, 190; *Kleinebrink* FA 2000, 174; *Müller-Glöge/v Senden* AuA 2000, 199; *Richardi/Annuß* NJW 2000, 1231, 1233; *Sander/Siebert* BuW 2000, 424; *Schaub* NZA 2000, 344, 347).

39   dd) **Beweissicherungsfunktion für Abmahnung.** Gleiches gilt für die Abmahnung; sie bedarf deshalb nicht der Schriftform, eben weil sie nicht auf die Auflösung, sondern auf den Erhalt des Arbeitsplatzes gerichtet ist (*Backmeister/Trittin* Nachtrag § 623 BGB Rn 8; *Berscheid* FS Uhlenbruck, S 725, 731; *Däubler* AiB 2000, 188, 190; *Kleinebrink* FA 2000, 174; *Sander/Siebert* BuW 2000, 424, 425). Die Abmahnung führt zu einem Arbeitsverhältnis „auf Bewährung". Sie ist die „Gelbe Karte", der bei Fortsetzung der Pflichtwidrigkeiten die Kündigung als „Rote Karte" folgen kann (**LAG** Hamm 2. 2. 1995 – 4 Sa 1850/94, LAGE § 67 ArbGG 1979 Nr 3 [*Brehm*] = EzBAT § 54 BAT Nr 40 mwN). Sie soll den Arbeitnehmer an seine arbeitsvertraglichen Pflichten erinnern und ermahnen, künftig wieder vertragsgerecht zu arbeiten (**LAG** Hamm 11. 7. 1996 – 4 Sa 53/96, ARST 1997, 69; **LAG** Hamm 21. 10. 1997 – 4 Sa 707/97, BuW 1998, 837 = NZA-RR 1999, 76). Sie stellt ihm zugleich für weitere Pflichtwidrigkeiten arbeitsrechtliche Konsequenzen für den Inhalt oder den Bestand des Arbeitsverhältnisses in Aussicht (**BAG** 18. 1. 1980 – 7 AZR 75/78, AP Nr 3 zu § 1 KSchG 1969 Verhaltensbedingte Kündigung = EzA § 1 KSchG Verhaltensbedingte Kündigung Nr 7 [*Peterek*]; **BAG** 10. 11. 1988 – 2 AZR 215/88, AP Nr 3 zu § 1 KSchG 1969 Abmahnung = NZA 1989, 633 = ZIP 1989, 1005). Damit ist die Abmahnung bloß die „Wegbereiterin" einer ordentlichen oder außerordentlichen Kündigung aus verhaltensbedingten Gründen (**LAG** Hamm 30. 5. 1996 – 4 Sa 2342/95, NZA 1997, 1056; **LAG** Hamm 12. 9. 1996 – 4 Sa 486/96, LAGE § 626 BGB Nr 105 = EzBAT § 54 BAT Nr 45). Die Abmahnung ist an keine Form gebunden und daher grundsätzlich auch in mündlicher Form möglich, zulässig und wirksam. Die Schriftform ist jedoch wegen der Beweissicherungsfunktion unbedingt empfehlenswert, da der Arbeitgeber und mithin auch der Insolvenzverwalter im Kündigungsschutzprozess die Darlegungs- und Beweislast für das Vorliegen der Kündigungsgründe und der vorherigen Abmahnung trägt (**BAG** 13. 3. 1987 – 7 AZR 601/85, AP Nr 18 zu § 1 KSchG 1969 Verhaltensbedingte Kündigung = NZA 1987, 518).

40   ee) **Lossagungsrecht und Scheiternserklärung.** Nach § 623 BGB formbedürftig dürfte auch das Lossagungsrecht gem § 12 S 1 KSchG sein (*Müller-Glöge/v Senden* AuA 2000, 199; *Preis/Gotthardt* NZA 2000, 348, 350; *Richardi/Annuß* NJW 2000, 1231, 1232), welches rechtlich als fristgebundenes Sonderkündigungsrecht anzusehen ist (§ 12 S 3 KSchG). § 12 S 2 KSchG steht dem nicht entgegen, denn diese Vorschrift regelt nur die Erklärungsfrist, nicht aber auch die Erklärungsform. § 623 BGB gilt dagegen nicht für die Scheiternserklärung gem § 232 Abs 2 SGB III beim sog Eingliederungsvertrag, den der Arbeitslose und der Arbeitgeber ohne Angabe von Gründen für gescheitert erklären und dadurch auflösen können. Es handelt sich hierbei um einen Beendigungstatbestand eigener Art (**LAG** Hamm 22. 10. 1999 – 15 Sa 963/99, AP Nr 1 zu § 231 SGB III; **LAG** Köln 26. 1. 2000 – 3 Sa 1272/99, AP Nr 1 zu § 232 SGB III = LAGE § 232 SGB III Nr 1 = NZA-RR 2001, 265), auf den die Regeln über Kündigungen von Arbeitsverhältnissen einschließlich des Schriftformerfordernisses nicht anwendbar sind (*Müller-Glöge/v Senden* AuA 2000, 199, 200; *Preis/Gotthardt* NZA 2000, 348, 350; so zu tariflichen Formvorschriften *Bader*, AuR 1997, 381, 389; *Hanau*, DB 1997, 1278, 1279; **aA** *Richardi/Annuß* NJW 2000, 1231, 1232).

41   b) **Erfüllung der Schriftform.** Für die Erfüllung der Schriftform gilt § 126 BGB. Danach verlangt „Schriftform" den eigenhändig geschriebenen Namen des Unterzeichners unter seiner Erklärung (§ 126 Abs 1 BGB). Wo immer das Gesetz Schriftform vorschreibt, wie zB bei Zeugnis (§ 630 Abs 1 S 1 BGB,

III. Beendigung von Arbeitsverhältnissen § 113

§ 109 Abs 1 S 1 GewO nF, § 16 Abs 1 S 1 BBiG nF), genügen weder ein Faksimile noch eine kopierte Unterschrift (**LAG** Hamm 21. 12. 1993 – 4 Sa 880/93, AR-Blattei ES 1850 Nr 36 [*Grimm*] = BB 1995, 154; **LAG** Hamm 2. 4. 1998 – 4 Sa 1735/97, nv), so dass auch – anders als bei der gewillkürten Schriftform (**BAG** 20. 8. 1998 – 2 AZR 603/97, AP Nr 5 zu § 127 BGB = NJW 1999, 596 = NZA 1998, 1330) – eine Kündigung per Telefax oder durch Übergabe einer Kopie die gesetzliche Schriftform (vgl zur Bürgschaftserklärung nach § 766 S 1 BGB **BGH** 28. 1. 1993 – IX ZR 259/91, KTS 1993, 421 = NJW 1993, 1126 = ZIP 1993, 424; **BGH** 30. 1. 1997 – IX ZR 133/96, KTS 1997, 297 = NJW-RR 1997, 684 = ZIP 1997, 536; vgl zum Schuldbeitritt nach § 4 Abs 1 S 1 VerbrKrG **BGH** 30. 7. 1997 – VIII ZR 244/96, NJW 1997, 3169 = ZIP 1997, 1694) nicht wahrt (*Lakies* BB 2000, 667). Auch genügt eine durch Telegramm abgegebene Kündigungserklärung nicht, da in einem solchen Fall eine eigenhändige Unterschrift seitens des Erklärenden gerade nicht geleistet wird (**ArbG** Frankfurt/M 9. 1. 2001 – 8 Ca 8663/00, ZInsO 2001, 776). Wie unter bestimmenden Schriftsätzen (**BAG** 27. 3. 1996 – 5 AZR 576/94, AP Nr 67 zu § 518 ZPO = NJW 1996, 3164 = NZA 1996, 1115), so reicht auch unter einer Kündigung eine Paraphe als Unterschrift nicht aus (**LAG** Köln 16. 5. 1997 – 4 Sa 1198/96, RzK I 2 a Nr 17). Die „eigenhändige" Unterschrift muss vielmehr ein Schriftbild aufweisen, das individuell und einmalig ist, entsprechende charakteristische Merkmale hat und sich so als eine die Identität des Unterzeichnenden ausreichend kennzeichnende Unterschrift des Namens darstellt, die von Dritten nicht ohne weiteres nachgeahmt werden kann. Hierbei ist nicht erforderlich, dass die Unterschrift lesbar ist oder auch nur einzelne Buchstaben zweifelsfrei erkennbar sind, denn es genügt, dass ein Dritter, der den Namen des Unterzeichnenden kennt, diesen Namen aus dem Schriftzug noch herauslesen kann (**BAG** 29. 7. 1981 – 4 AZR 632/79, AP Nr 46 zu § 518 ZPO = NJW 1982, 1016).

c) Probleme des Zugangs der Kündigungserklärung. Bei Kündigungen wird sich weniger das Problem der Einhaltung der Schriftform als vielmehr die Frage des Nachweises ihres Zugangs stellen. Im Rahmen des Zugangs zu der Kündigungserklärung und damit der Wahrung der **Schriftform** ist zu unterscheiden zwischen dem Zugang unter Anwesenden und dem Zugang unter Abwesenden. 42

aa) Zugang unter Anwesenden. Für das Wirksamwerden von **Kündigungserklärungen unter Anwesenden** enthält das Gesetz keine ausdrückliche Regelung. Handelt es sich um den Zugang einer verkörperten Erklärung (zB Übergabe eines Kündigungsschreibens), so gelten keine Besonderheiten. Maßgeblich ist der **Zugang;** die Kündigungserklärung wird also wirksam und die Schriftform ist gewahrt, wenn sie **durch Übergabe** in den Herrschaftsbereich des Empfängers gelangt ist. 43

bb) Zugang unter Abwesenden. Nach § 130 Abs 1 BGB wird eine **unter Abwesenden** abgegebene Willenserklärung zu dem Zeitpunkt wirksam, in welchem sie dem Empfänger zugeht. Eine schriftliche Willenserklärung ist nach § 130 Abs 1 BGB zugegangen, sobald sie erstens **in verkehrsüblicher Weise in die tatsächliche Verfügungsgewalt** des Empfängers bzw eines empfangsberechtigten Dritten gelangt ist und zweitens **für den Empfänger** unter gewöhnlichen Verhältnissen die **Möglichkeit besteht**, vom Inhalt des Schreibens **Kenntnis zu nehmen.** Danach muss das Kündigungsschreiben in verkehrsüblicher Art in die tatsächliche Verfügungsgewalt des Empfängers oder eines empfangsberechtigten Dritten gelangen, und für den Empfänger muss unter gewöhnlichen Umständen eine Kenntnisnahme zu erwarten sein. Wenn für den Empfänger diese Möglichkeit unter gewöhnlichen Verhältnissen besteht, ist es unerheblich, wann er die Erklärung tatsächlich zur Kenntnis genommen hat oder ob er daran durch Krankheit, zeitweilige Abwesenheit oder andere besondere Umstände zunächst gehindert war. Diese **Grundsätze gelten** zwar grundsätzlich auch **für den Zugang von Kündigungen** (**BAG** 13. 7. 1989 – 2 AZR 571/88, RzK I 8 h Nr 6), dennoch kann eine Kündigung rechtswirksam nicht per Telefax zugehen (**LAG** Düsseldorf 27. 5. 2003 – 16 Sa 1453/02, LAGE § 623 BGB 2002 Nr 1 = ZInsO 2004, 352; **str aA** Voraufl Rn 38 zu § 113 unter Hinweis auf **LAG** Hamm 12. 10. 1992 – 18 Sa 1455/92, LAGE § 130 BGB Nr 17 = ZIP 1993, 1109). Die Einhaltung der gesetzlichen Schriftform erfordert nämlich nicht nur, dass die Urkunde – hier: das Kündigungsschreiben – eigenhändig durch Namensunterschrift unterzeichnet ist, sondern auch, dass die Kündigung als empfangsbedürftige Willenserklärung in der Form der für ihre Abgabe auch erforderlich ist, dem Empfänger zugeht (**LAG** Rheinland-Pfalz 21. 1. 2004 – 10 Sa 475/03, LAGReport 2005, 43). Ein Telefax genügt daher trotz eigenhändiger Unterzeichnung der sodann per Telekopie übermittelten Kündigungserklärung nicht der gesetzlichen Schriftform. Die prozessrechtliche Rechtssprechung zur Wahrung von Rechtsmittel- und Rechtsmittelbegründungen durch Telefax kann wegen ihrer unterschiedlichen Zielrichtung nicht auf materiell-rechtlich angeordnete Schriftformerfordernisse übertragen werden (**LAG** Rheinland-Pfalz 21. 1. 2004 – 10 Sa 475/03, LAGReport 2005, 43). 44

cc) Zugang während des Urlaubs. Es kommt nicht darauf an, wann der Empfänger vom Kündigungsschreiben tatsächlich Kenntnis genommen hat oder ob er daran aus besonderen Gründen zunächst gehindert war (**BAG** 16. 1. 1976 – 2 AZR 619/74, AP Nr 7 zu § 130 BGB = EzA § 130 BGB Nr 5 [*Herschel*]). Wird ein Kündigungsschreiben in den Briefkasten eingeworfen, geht dieses dem Empfänger in dem Zeitpunkt zu, in dem nach dem gewöhnlichen Lauf die Leerung des Briefkastens zu erwarten ist. Hält sich der Arbeitnehmer während des Tages in seiner Wohnung auf, liegt dieser Zeitpunkt gewöhnlich nicht erheblich nach der üblichen Zustellzeit der Post (**BAG** 8. 12. 1983 – 2 AZR 337/82, AP 45

Nr 12 zu § 130 BGB = NZA 1984, 31). Für den Zugang einer schriftlichen Kündigungserklärung auch während des Urlaubs des Arbeitnehmers müssen zwei Voraussetzungen erfüllt sein: Das Schreiben muss in verkehrsüblicher Art in die tatsächliche Verfügungsgewalt des Empfängers oder eines empfangsberechtigten Dritten gelangen und für den Empfänger muss unter gewöhnlichen Umständen eine Kenntnisnahme zu erwarten sein (**BAG** 11. 8. 1988 – 2 AZR 11/88, RzK I 2 c Nr 14). Ein an die Heimatanschrift des Arbeitnehmers gerichtetes Kündigungsschreiben geht diesem grundsätzlich auch dann zu, wenn dem Insolvenzverwalter bekannt ist, dass der Arbeitnehmer während seines Urlaubs verreist ist (**BAG** 16. 3. 1988 – 7 AZR 587/87, AP Nr 16 zu § 130 BGB = MDR 1989, 185 = NZA 1988, 875; **BAG** 2. 3. 1989 – 2 AZR 275/88, AP Nr 17 zu § 130 BGB = NZA 1989, 635).

46 **dd) Zugang über Empfangsboten.** Lehnt ein als Empfangsbote anzusehender Familienangehöriger des abwesenden Arbeitnehmers die Annahme eines Kündigungsschreibens des Insolvenzverwalters ab, so muss der Arbeitnehmer die Kündigung nur dann als zugegangen gegen sich gelten lassen, wenn er auf die Annahmeverweigerung, etwa durch vorherige Absprache mit dem Angehörigen, Einfluss genommen hat (**BAG** 11. 11. 1992 – 2 AZR 328/92, AP Nr 18 zu § 130 BGB [*Bickel*] = NZA 1993, 259).

47 **ee) Zugang von Einschreibesendungen.** Der Arbeitnehmer darf allerdings den Zugang der Kündigung nicht schuldhaft vereiteln (**LAG** Düsseldorf 28. 6. 1974 – 15 Ta 57/74, DB 1974, 1584). Dies gilt namentlich auch für **Einschreibesendungen**. Hat der Briefzusteller nach einem erfolglosen Zustellversuch das Einschreiben beim Postamt niedergelegt und einen entsprechenden Benachrichtigungsschein über den Eingang des Einschreibens (§ 52 Abs 3 PostO) in den Hausbriefkasten des Arbeitnehmers geworfen, so geht in einem solchen Fall das Einschreiben dem Adressaten gemäß § 130 Abs 1 BGB jedoch nicht bereits mit dem Einwurf des Benachrichtigungsscheins in den Briefkasten, sondern erst dann zu, wenn der Brief dem Empfänger oder seinem Bevollmächtigten ausgehändigt wird (**BAG** 15. 11. 1962 – 2 AZR 301/62, AP Nr 4 zu § 130 BGB [*Richardi*] = NJW 1963, 554). Der Benachrichtigungsschein kann nicht den Einschreibebrief und der Zugang des Benachrichtigungsscheins nicht den Zugang des Einschreibebriefs ersetzen oder vermitteln (**BAG** 3. 4. 1986 – 2 AZR 285/85, AP Nr 9 zu § 18 SchwbG = EzA § 18 SchwbG Nr 7). Wenn auch die schriftliche Mitteilung des Postbediensteten über die Niederlegung eines Einschreibens bei der Postanstalt nicht den Zugang des Einschreibens ersetzt, darf aber der Empfänger den Zugang einer Kündigung nicht verzögern, sonst muss er sie zu einem früheren Zeitpunkt als zugegangen gegen sich gelten lassen. Eine schuldhafte **Vereitelung des Zugangs** ist allerdings nicht erforderlich; es reicht aus, wenn die Verzögerung auf Umstände zurückzuführen ist, die zum Einflussbereich des Empfängers gehören (**BAG** 22. 9. 1983 – 2 AZR 23/82, nv).

48 **d) Annahmeverzug bei Nichteinhaltung der Schriftform.** Neben der Unwirksamkeit der Kündigung hat die Nichteinhaltung der Schriftform weitere Auswirkungen für das Arbeitsverhältnis: Hat bspw ein im Rahmen von Abwicklungsarbeiten weiterbeschäftigter Monteur auf der Baustelle mündlich fristlos gekündigt, weil er sich über eine Arbeitsanweisung geärgert hat, oder hat er nach einem Streit über seine Spesenabrechnung im Büro gesagt, man solle ihm seine Papiere fertig machen, so ist seine Kündigung jeweils unwirksam. Kommt er am nächsten Tag nicht wieder zur Arbeit, so fehlt es für die Folgezeit an einem Arbeitsangebot und der Insolvenzverwalter gerät nicht in Annahmeverzug. Der Arbeitnehmer hat **keine Entgeltansprüche aus § 615 BGB** (*Schaub* NZA 2000, 344, 347). Er muss vielmehr erst wieder seine Leistungsbereitschaft anzeigen. Dazu reicht es allerdings nicht aus, wenn dem Arbeitgeber oder Insolvenzverwalter bis spätestens am vierten Fehltag eine Arbeitsunfähigkeitsbescheinigung zugeht, um vom ersten Fehltag an einen Anspruch auf Entgeltfortzahlung (§ 5 Abs 1 S 2 EFG) auszulösen (so aber *Böhm* NZA 2000, 561, 562). Bestand wirklich ein Grund zur fristlosen Kündigung, so dürften für den Arbeitnehmer die Voraussetzungen des Zurückbehaltungsrechts an der Arbeitsleistung (§ 273 BGB) in aller Regel nur schwer zu begründen sein (*Schaub* NZA 2000, 344, 347). Für den Insolvenzverwalter besteht die Möglichkeit zur Kündigung wegen Arbeitsverweigerung, der allerdings eine einschlägige Abmahnung vorausgegangen sein muss, die vergeblich gewesen sein muss (**BAG** 24. 11. 1983 – 2 AZR 327/82, AP Nr 76 zu § 626 BGB [*Baumgärtel*]; **BAG** 16. 1. 1992 – 2 AZR 412/91, NZA 1992, 1023); hier wirken Abmahnungen des Schuldners nach. Kehrt der Arbeitnehmer nach Aufforderung oder Abmahnung aus eigenen Stücken an seinen Arbeitsplatz zurück, so besteht sein Arbeitsverhältnis nach diesem kurzen Intermezzo in Form einer unbezahlten „Auszeit" fort (teilw aA *Böhm* NZA 2000, 561, 563, der bei Arbeitsunfähigkeit eine bezahlte „Auszeit" annimmt). Dies gilt selbst im Falle einer vom Arbeitnehmer zuvor unmissverständlich und definitiv mündlich erklärten außerordentlichen Kündigung, denn das konstitutive Schriftformerfordernis des § 623 BGB kann nicht unter Berufung auf die Grundsätze des „venire contra factum proprium" beiseite geschoben werden (*Böhm* NZA 2000, 561, 563; *Preis/Gotthardt* NZA 2000, 348, 353; s auch *Singer* NZA 1999, 1309, 1313; **aA** zur Einhaltung einer vereinbarten Schriftform nach bisherigem Recht **BAG** 4. 12. 1997 – 2 AZR 799/96, AP Nr 141 zu § 626 BGB = NZA 1998, 420).

49 **3. Vorrang gesetzlicher Kündigungsbeschränkungen.** § 113 S 1 regelt Fragen der Kündigungsmöglichkeit von „Dienstverhältnissen" trotz ansonsten bestehender Kündigungsbeschränkungen. Gemeint sind damit in erster Linie einzel- und tarifvertragliche Kündigungsbeschränkungen. Gesetzliche Kündi-

gungsbeschränkungen hat der Insolvenzverwalter auch nach neuem Insolvenzrecht zum größten Teil zu beachten. Hierbei sind vier Fallgruppen zu unterscheiden:
– Kündigungsbeschränkungen der Betriebsverfassung,
– Kündigungsbeschränkungen bei Berufsausbildungsverhältnissen,
– Kündigungsbeschränkungen wegen behördlicher Genehmigungen,
– Kündigungsbeschränkungen bei gesetzlichem Arbeitsplatzschutz.

a) **Kündigungsbeschränkungen der Betriebsverfassung.** Aus § 15 Abs 1 S 1 KSchG ergibt sich, dass eine ordentliche Kündigung eines Mitglieds eines Betriebsrats, einer Jugend- und Auszubildendenvertretung, einer Bordvertretung oder eines Seebetriebsrats während der Amtszeit im Allgemeinen unzulässig ist. Nach Beendigung der Amtszeit ist die ordentliche Kündigung eines Mitglieds eines Betriebsrats, einer Jugend- und Auszubildendenvertretung oder eines Seebetriebsrats innerhalb eines Jahres, die Kündigung eines Mitglieds einer Bordvertretung innerhalb von sechs Monaten, jeweils vom Zeitpunkt der Beendigung der Amtszeit an gerechnet, unzulässig (§ 15 Abs 1 S 2 KSchG). Diese Regelungen gelten auch in der Insolvenz des Unternehmens. Auch die ordentliche Kündigung eines Mitglieds eines Wahlvorstands ist – inner- wie außerhalb der Insolvenz – vom Zeitpunkt seiner Bestellung an, die Kündigung eines Wahlbewerbers vom Zeitpunkt der Aufstellung des Wahlvorschlags an, jeweils bis zur Bekanntgabe des Wahlergebnisses unzulässig (§ 15 Abs 3 KSchG). Dies zu beachten ist wichtig, weil gerade in der Insolvenz noch versucht wird, in bislang betriebsratslosen Betrieben noch einen Betriebsrat zu wählen. In den vorgenannten Fällen kommt in der Regel nur eine außerordentliche Kündigung in Betracht, wenn ein Grund für eine Kündigung aus „wichtigem Grund" gemäß § 626 Abs 1 BGB vorliegt. Ist die Kündigung mit Ausnahme einer solchen aus wichtigem Grund ohne Einhaltung einer Kündigungsfrist, wie in § 15 Abs 1 S 1 KSchG formuliert ist, unzulässig, so kann es folgerichtig bei dem in § 15 KSchG geschützten Personenkreis keine ordentliche Kündigungsfrist geben (**BAG** 21. 6. 1995 – 2 ABR 28/94, AP Nr 36 zu § 15 KSchG 1969 [*U. Preis*] = NZA 1995, 1157 = WiB 1996, 83 [*Boemke*]). 50

Wird dagegen der **Betrieb stillgelegt**, so **kann** einem **Betriebsratsmitglied** oder einem der anderen betriebsverfassungsrechtlichen Amtsträger unter Einhaltung der maßgebenden Kündigungsfrist **ordentlich gekündigt werden** (Gottwald/Heinze/*Bertram* § 104 Rn 107), allerdings gem § 15 Abs 4 KSchG frühestens zum Zeitpunkt der Stillegung (**BAG** 23. 4. 1980 – 5 AZR 49/78, AP Nr 8 zu § 15 KSchG 1969 [*Meisel*] = NJW 1980, 2543 = ZIP 1980, 69), es sei denn, die Kündigung ist zu einem früheren Zeitpunkt durch dringende betriebliche Erfordernisse bedingt (**BAG** 26. 10. 1967 – 2 AZR 422/66, AP Nr 17 zu § 13 KSchG 1951; **BAG** 14. 10. 1982 – 2 AZR 568/80, AP Nr 1 zu § 15 KSchG 1969 Konzern [*Wiedemann*] = NJW 1983, 381 = ZIP 1983, 1492; **BAG** 21. 11. 1985 – 2 AZR 33/85, RzK II § 4 Nr 4). Gleiches gilt bei Stillegung eines Betriebsteils, wenn das Betriebsratsmitglied nicht in eine andere Betriebsabteilung übernommen werden kann (§ 15 Abs 5 KSchG). Wird die Belegschaft in Etappen abgebaut, dürfen die Betriebsratsmitglieder erst mit der letzten Gruppe entlassen werden. Kann hierbei von mehreren Betriebsratsmitgliedern nur ein Teil noch einige Zeit weiterbeschäftigt werden, hat der Insolvenzverwalter bei der Entlassung die Grundsätze über die soziale Auswahl nach § 1 Abs 3 KSchG zu beachten (**BAG** 16. 9. 1982 – 2 AZR 271/80, AP Nr 4 zu § 22 KO = KTS 1983, 272 = NJW 1983, 1341 = ZIP 1983, 205; **LAG** Hamm 3. 4. 1987 – 17 Sa 2043/86, NZA 1987, 636). Die Kündigung eines Betriebsratsmitglieds wegen Betriebsstillegung nach § 15 Abs 4 KSchG ist über den Wortlaut dieser Bestimmung hinaus (teleologische Reduktion) nur gerechtfertigt, wenn keine Weiterbeschäftigungsmöglichkeit in einem anderen Betrieb des Unternehmens besteht (**BAG** 13. 8. 1992 – 2 AZR 22/92, AP Nr 32 zu § 15 KSchG 1969 = NZA 1993, 224 = ZIP 1993, 224), so dass vorrangig eine Versetzung des Betriebsratsmitglieds in einen anderen Betrieb desselben Unternehmens zu prüfen ist. An den vorstehenden Grundsätzen ändert § 125 InsO nichts, denn diese Vorschrift stellt lediglich gegenüber § 1 KSchG eine „lex specislis" dar, nicht gegenüber § 15 KSchG (**BAG** 17. 11. 2005 – 6 AZR 118/05, NZA 2006, 370 = ZIP 2006, 918). 51

Die soziale Auswahl ist bei Vorliegen eines Interessenauleichs mit Namensliste nicht grob fehlerhaft iSv § 125 Abs 1 S 1 Nr 2 Hs 1 InsO, wenn ein sozial weniger schutzwürdigeres Betriebsratsmitglied nicht in den auswahlrelevanten Personenkreis einbezogen worden ist. Dagegen spricht bereits die gesetzliche Übernahmeverpflichtung gemäß § 15 Abs 5 S 1 KSchG (**LAG** Hamm 23. 9. 2004 – 4 Sa 1600/03, LAGReport 2005, 179; zust *Burg* ZInsO 2005, 1202). Arbeitnehmer, deren Arbeitsverhältnis durch ordentliche Kündigung nicht beendet werden kann, sind nämlich grunds nicht in eine Sozialauswahl einzubeziehen. Fehlt dem Insolvenzverwalter die rechtliche Möglichkeit gegenüber einem Arbeitnehmer wirksam eine betriebsbedingte Kündigung zu erklären, so kann ein gekündigter Arbeitnehmer nicht mit Erfolg geltend machen, nicht sein Arbeitsverhältnis, sondern das einem besonderen Kündigungsschutz unterliegende Arbeitsverhältnis eines ansonsten vergleichbaren Arbeitnehmers hätte gekündigt werden müssen (**BAG** 17. 11. 2005 – 6 AZR 118/05, aaO mwN). 51a

Ist gegenüber einem Betriebsratsmitglied auf Grund einer tariflichen Vorschrift die ordentliche Kündigung unzulässig (sog **tarifliche Unkündbarkeit**), kann einem solchen Betriebsratsmitglied bei einer Stillegung des Betriebs gleichwohl gekündigt werden, wenn eine Versetzung in einen anderen Betriebsteil nicht in Betracht kommt. Es ist außerhalb der Insolvenz eine außerordentliche Kündigung mit einer sozialen Auslauffrist, die der Kündigungsfrist entspricht, zulässig, die an die Stelle einer sonst 52

§ 113

möglichen ordentlichen Kündigung nach § 15 Abs 4 und 5 KSchG tritt und daher nicht der Zustimmung des Betriebsrats nach § 103 BetrVG bedarf; es genügt eine Anhörung nach § 102 BetrVG (**BAG 18. 9. 1997 – 2 ABR 15/97**, AP Nr 35 zu § 103 BetrVG 1972 = NJW 1998, 2238 = NZA 1998, 189 = ZAP ERW 1998, 86 [*Berscheid*]). Durch die Gewährung einer Auslauffrist verliert die außerordentliche Kündigung nicht ihren Charakter als solche, sofern dem gekündigten Arbeitnehmer erkennbar ist, dass aus wichtigem Grund gekündigt wird; der Wille dazu kann sich auch aus den Umständen ergeben. Es steht dem Kündigenden zwar frei, bei einer außerordentlichen Kündigung eine Auslauffrist zu gewähren, wenn dies in seinem Interesse liegt (**BAG 5. 2. 1998 – 2 AZR 227/97**, AP Nr 143 zu § 626 BGB = NZA 1998, 771 = ZAP ERW 1998, 133 [*Berscheid*] = ZInsO 1998, 191), aber eine ordentliche Kündigung kann gemäß § 140 BGB nicht in eine solche außerordentliche Kündigung mit Auslauffrist umgedeutet werden, weil an beide Kündigungsformen unterschiedlich hohe Anforderungen zu stellen sind und die für eine außerordentliche Kündigung mit Auslauffrist strenger sind als für eine „normale" ordentliche Kündigung (**BAG 25. 2. 1993 – 8 AZR 274/92**, AP Nr 10 Einigungsvertrag Anlage I Kap XIX = NZA 1993, 1036).

53   Der Insolvenzverwalter hat dem **Betriebsrat** nach § 102 Abs 1 BetrVG die Gründe für die Kündigung mitzuteilen, dh er muss dem Betriebsrat neben den näheren Informationen über die Person des betroffenen Arbeitnehmers und den Zeitpunkt und die Art der beabsichtigten Kündigung mitteilen, insbesondere also offen legen, ob eine ordentliche oder eine außerordentliche Kündigung ausgesprochen werden soll (**BAG 29. 1. 1986 – 7 AZR 257/84**, AP Nr 42 zu § 102 BetrVG 1972 = NZA 1987, 32). Das gilt auch im Fall der beabsichtigten Kündigung eines „unkündbaren" Arbeitnehmers, wenn der Arbeitgeber ohne jede Erläuterung eine nach der objektiven Rechtslage nur außerordentlich mögliche Kündigung unter Einhaltung einer Frist aussprechen will (**BAG 29. 8. 1991 – 2 AZR 59/91**, AP Nr 58 zu § 102 BetrVG 1972 = NZA 1992, 416). In diesem Zusammenhang ist auch entschieden worden, dass die **Anhörung** allein zu einer außerordentlichen Kündigung nicht die Anhörung zu einer hilfsweise vorgesehenen ordentlichen Kündigung ersetzt (**BAG 16. 3. 1978 – 2 AZR 424/76**, AP Nr 15 zu § 102 BetrVG 1972 [*Meisel*] = NJW 1979, 76).

54   **b) Kündigungsbeschränkungen bei Berufsausbildungsverhältnissen.** Bei der Kündigung eines Auszubildenden nach Ablauf von dessen Probezeit ist das Recht zur ordentlichen Kündigung gesetzlich ausgeschlossen (§ 22 Abs 2 BBiG nF = § 15 Abs 2 BBiG aF). Grundsätzlich kann deshalb das Ausbildungsverhältnis vom Insolvenzverwalter nur aus wichtigem Grund gekündigt werden. Ein wichtiger Grund zur außerordentlichen Kündigung ist durch die Insolvenzeröffnung nicht gegeben. Solange die **Ausbildung im Insolvenzfalle** noch stattfinden kann, weil das Unternehmen vom Insolvenzverwalter fortgeführt wird, scheidet eine Kündigung mithin aus (*Berscheid* AnwBl 1995, 8, 11; *Caspers* Personalabbau und Betriebsänderung im Insolvenzverfahren, Rn 329; Gottwald/Heinze/*Bertram* § 104 Rn 41; str aA PK-HWF/*Schmidt* § 113 Rn 8, der den Fall des § 22 Abs 2 BBiG 2005 unter § 113 S 1 InsO subsumieren will). Das Recht zur Kündigung aus wichtigem Grund, der in der Person oder im Verhalten des Auszubildenden liegt, bleibt jedoch unberührt.

55   Kann der **Zweck des Ausbildungsverhältnisses** wegen Betriebseinschränkung oder Betriebs- (teil) stilllegung **nicht mehr erreicht** werden, kann das Ausbildungsverhältnis deshalb zwar nicht fristlos, aber unter Einhaltung einer ordentlichen Kündigungsfrist vom Insolvenzverwalter aufgekündigt werden. Dennoch handelt es sich hierbei – eben weil das ordentliche Kündigungsrecht gesetzlich ausgeschlossen ist (§ 22 Abs 2 BBiG nF = § 15 Abs 2 BBiG aF) – nicht um eine ordentliche Kündigung (so *Caspers* Personalabbau und Betriebsänderung im Insolvenzverfahren, Rn 329), sondern um eine **außerordentliche Kündigung mit Auslauffrist** (so *Berscheid* AnwBl 1995, 8, 11; ErfK-*Müller-Glöge* § 113 Rn 6; Gottwald/Heinze/*Bertram* § 104 Rn 41; HK/*Linck* § 113 Rn 8; K/P/*Moll* § 113 Rn 105). § 113 eröffnet auch in diesen Fällen nicht das ordentliche Kündigungsrecht (R. *Müller*, NZA 1998, 1315, 1316; zust BKBN/*Berscheid* Teil 12 Rn 123; **str aA** *Lakies*, RdA 1997, 145, 146), lässt aber das Recht zur außerordentlichen Kündigung unberührt. Dabei ist außerhalb der Insolvenz in entsprechender Anwendung des § 622 BGB bei der schriftlichen Kündigung (§ 22 Abs 3 BBiG nF = § 15 Abs 3 BBiG aF) als Auslauffrist die Kündigungsfrist einzuhalten, die für das Arbeitsverhältnis gelten würde, wenn die Ausbildung zu dem erstrebten Beruf geführt hätte (**BAG 27. 5. 1993 – 2 AZR 601/92**, AP Nr 9 zu § 22 KO = EzA § 22 KO Nr 5 [*Uhlenbruck*] = KTS 1993, 679 = NJW 1994, 404 = NZA 1993, 845 = ZIP 1993, 1316). In der Insolvenz kann nichts anderes gelten.

56   Nach der Neuregelung der Kündigungsfristen und -termine durch das Kündigungsfristengesetz kommt wegen des geringen Alters des Auszubildenden und der kurzen Dauer des Ausbildungsverhältnisses idR nur die **Grundkündigungsfrist von vier Wochen** zum Fünfzehnten oder zum Monatsletzten (§ 622 Abs 1 BGB) zum Tragen (*Berscheid* ZInsO 1998, 115, 122; KS-*Düwell* S 1433, 1468 Rn 109; K/P/B/*Moll* § 113 Rn 105; Kraemer/*Neukirchen* Fach 6 Kap 3 Rn 7; MK/*Löwisch*/*Caspers* § 113 Rn 37; **str aA** BKB-*Becker* PraxisArbR Teil 4 Rn 1021; ErfK-*Müller-Glöge* § 113 InsO Rn 6; FK-*Eisenbeis*, § 113 Rn 21; Gottwald/Heinze/*Bertram* § 104 Rn 41; *Hess* § 113 Rn 855; K/P/B/*Moll* § 113 Rn 45; *Lakies* RdA 1997, 145, 146; *ders* BB 1998, 2638, 2641; N/R/*Hamacher* § 113 Rn 45; SPV/ *Vossen* Rn 2158 mwN in Fn 35; *Zwanziger* Arbeitsrecht, § 113 Rn 8, die generell die Kündigungsfrist des § 113 S 2 von drei Monaten zum Monatsende anwenden wollen). Tarifliche Kündigungsfristen sind

III. Beendigung von Arbeitsverhältnissen **§ 113**

ebenfalls zu beachten (KS-*Düwell* S 1433, 1468 Rn 109). Sieht ein Tarifvertrag eine kürzere Kündigungsfrist vor – zB sechs Werktage (§ 12 Ziff 1.1 BRTV-Bau) –, so ist diese maßgeblich, wenn Tarifbindung kraft Organisationszugehörigkeit besteht (§ 3 Abs 1 TVG) oder der Tarifvertrag für allgemeinverbindlich erklärt (§ 5 Abs 4 TVG) oder zulässig einzelvertraglich in Bezug genommen (§ 622 Abs 4 S 2 BGB) worden ist (*Berscheid* Arbeitsverhältnisse, S 176 Rn 551). Auch tarifliche Kündigungstermine sind zu beachten (s dazu BKBN/*Berscheid* Teil 12 Rn 124), wenn ein Tarifvertrag vorsieht, dass eine Kündigung nur zum Schluss einer Kalenderwoche zulässig ist (zB § 20 Abs 2 S 2 BMT Fernverkehr).

Das Berufsausbildungsverhältnis muss nicht innerhalb von zwei Wochen nach Eröffnung des Insolvenzverfahrens vom Insolvenzverwalter gekündigt werden. Der Insolvenzverwalter darf vielmehr **erst dann kündigen, wenn** abzusehen ist, dass infolge Betriebseinschränkung oder -stillegung die **Ausbildungsmöglichkeit entfällt**. Er hat dann in analoger Anwendung des § 15 Abs 4 KSchG zu diesem Zeitpunkt zu kündigen (*Berscheid* ZInsO 1998, 115, 122). Wenn dieser Zeitpunkt nicht auf einen der beiden gesetzlichen Kündigungstermine (Fünfzehnten und Monatsletzten) fällt, wird die Kündigung zum nächstzulässigen Termin wirksam (BKBN/*Berscheid* Teil 12 Rn 125). Bei der schriftlichen Kündigung ist die Angabe der Kündigungsgründe notwendig (§ 22 Abs 3 BBiG nF = § 15 Abs 3 BBiG aF), da ansonsten die Kündigung rechtsunwirksam ist (*Berscheid* ZIP 1997, 1569, 1576). Der Insolvenzverwalter muss mithin angeben, dass er zu dem vorgesehenen Kündigungstermin wegen Betriebseinschränkung oder Betriebs(teil)stillegung kündigt (*Berscheid* Arbeitsverhältnisse, S 177 Rn 552). 57

c) **Kündigungsbeschränkungen wegen behördlicher Genehmigungen.** Im Falle einer Kündigung hat der Insolvenzverwalter auch den **Sonderkündigungsschutz** für folgende Arbeitnehmergruppen zu beachten (s wegen Einzelheiten Kraemer/*Neukirchen* Fach 6 Kap 3 Rn 31 ff): 58
– Schwerbehindertenschutz bei Schwerbehinderten (§ 2 Abs 2 SGB IX = vormals § 1 SchwbG) und diesen Gleichgestellten (§ 2 Abs 3 SGB IX = vormals § 2 Abs 1 SchwbG) gem §§ 85, 89 SGB IX = vormals §§ 15, 19 SchwbG;
– Sonderkündigungsschutz von Inhabern eines Bergmannsversorgungsscheins (§ 1 BVSG Nds; §§ 11, 12 BVSG NW; §§ 11, 12 BVSG Saarland);
– Kämpfer gegen den Faschismus und Verfolgte des Faschismus (§ 58 Abs 1 Buchst a iVm 59 Abs 2 AGB-DDR);
– Mutterschutz (§ 9 Abs 1 MuSchG);
– Sonderkündigungsschutz während der Elternzeit (§ 18 Abs 1 BEEG = vormals § 18 Abs 1 BErzGG), wie der Erziehungsurlaub seit dem 1. 1. 2001 heißt und was durch das Inkrafttreten des „Bundeselterngeld-Elternzeitgesetzes" v 5. 12. 2006 (BGBl I S 2748) am 1. 1. 2007 auch im Gesetzesnamen und in der offiziellen Abkürzung zum Ausdruck kommt;
– Sonderkündigungsschutz gem § 5 PflegeZG von der Ankündigung bis zur Beendigung der kurzzeitigen Arbeitsverhinderung nach § 2 PflegeZG oder der Pflegezeit nach § 3 PflegeZG, welches am 1. 7. 2008 in Kraft getreten ist (Art 1 Abs 1 PflegeWEntG v 28. 5. 2008 – BGBl I S 874).

Der **Schutz** dieser Personen ist **insolvenzfest**, es sei denn, dass der Arbeitsplatz insolvenzbedingt wegfällt. Es kann dann nur außerordentlich mit Auslauffrist gekündigt werden, wobei der Insolvenzverwalter – ebenso wie der Arbeitgeber vor Verfahrenseröffnung – zur Kündigung der Zustimmung von Behörden bedarf. Eine dauerhafte Betriebs(teil)stillegung stellt einen besonderen Fall dar, der regelmäßig nur die Ermessensentscheidung zulässt, die beabsichtigte Kündigung eines Arbeitnehmers in den vorgenannten Fällen für zulässig zu erklären. Ist streitig, ob ein Betrieb stillgelegt worden oder auf einen anderen Inhaber übergegangen ist, darf die zuständige Behörde die Zulässigkeitserklärung der Kündigung nicht mit der Begründung verweigern, der Betrieb sei von einem anderen Inhaber übernommen worden, denn nur die Gerichte der Arbeitsgerichtsbarkeit können verbindlich feststellen, ob ein Betrieb stillgelegt worden oder auf einen anderen Inhaber gem § 613a BGB übergegangen ist (**OVG Münster 21. 3. 2000 – 22 A 5137/99,** NZA-RR 2000, 406 = ZInsO 2000, 569). 59

Bei Kündigungen ist zu beachten, dass die Kündigung von Arbeitnehmerinnen im **Mutterschutz** nur schriftlich unter Angabe der Kündigungsgründe erfolgen kann (§ 9 Abs 3 S 2 MuSchG nF); die Nichtbeachtung dieser Vorschrift führt zur Rechtsunwirksamkeit der Kündigung (*Berscheid* ZIP 1997, 1569, 1576). 60

Bei der **Entlassung von Schwerbehinderten** und den diesen **Gleichgestellten** war ab 1. 1. 1999 der durch Art 97 EGInsO eingefügte § 19 Abs 3 SchwbG zu beachten. Das Schwerbehindertengesetz v 26. 8. 1986 (BGBl I S 1421, ber S 1550) ist durch Gesetz v 19. 6. 2001 (BGBl I S 1046) aufgehoben und – soweit arbeits- und insolvenzrechtlich von Bedeutung – ohne inhaltliche Änderungen mit Wirkung vom 1. 7. 2001 in das Sozialgesetzbuch – Neuntes Buch – überführt worden. An die Stelle des § 19 Abs 3 SchwbG ist ohne inhaltliche Änderungen § 89 Abs 3 SGB IX getreten. Durch dessen Regelungen soll eine spezielle Ermessenseinschränkung des Integrationsamtes – wie die frühere Hauptfürsorgestelle seitdem heißt – erreicht werden. Ist das Insolvenzverfahren über das Vermögen des Arbeitgebers eröffnet, soll das Integrationsamt die Zustimmung erteilen, wenn 61
– der Schwerbehinderte in einem Interessenausgleich namentlich als einer der zu entlassenden Arbeitnehmer bezeichnet ist (§ 125 InsO),

– die Schwerbehindertenvertretung beim Zustandekommen des Interessenausgleichs gem § 95 Abs 2 SGB IX (vormals § 25 Abs 2 SchwbG) beteiligt worden ist,
– der Anteil der nach dem Interessenausgleich zu entlassenden Schwerbehinderten an der Zahl der beschäftigten Schwerbehinderten nicht größer ist als der Anteil der zu entlassenden übrigen Arbeitnehmer an der Zahl der beschäftigten übrigen Arbeitnehmer und
– die Gesamtzahl der Schwerbehinderten, die nach dem Interessenausgleich bei dem Arbeitgeber verbleiben sollen, zur Erfüllung der Verpflichtung nach § 71 SG B IX (vormals § 5 SchwbG) ausreicht.

62 Sind die Voraussetzungen des § 89 Abs 3 SGB IX (vormals § 19 Abs 3 SchwbG) erfüllt, so entfällt abweichend von § 89 Abs 1 SGB IX (vormals § 19 Abs 1 SchwbG) die Verpflichtung des Insolvenzverwalters, für drei Monate das Arbeitsentgelt fortzuzahlen (KS-*Düwell* S 1433, 1467 Rn 101; *Schaub* DB 1999, 217, 223).

63 **d) Kündigungsbeschränkungen bei gesetzlichem Arbeitsplatzschutz.** Im Falle einer Kündigung hat der Insolvenzverwalter auch den **amtsbezogenen Kündigungsschutz** für folgende Arbeitnehmergruppen zu beachten (s wegen Einzelheiten Kraemer/*Neukirchen* Fach 6 Kap 3 Rn 36 u 42):
– Arbeitsplatzschutz bei Arbeitnehmern, welche Wehr-, Ersatz- oder vergleichbare Dienste ableisten (§ 2 ArbPlSchG, §§ 78 Abs 1 Nr 1, 15 a ZDG und § 15 Abs 1 ASiG iVm § 2 ArbPl SchG);
– Sonderkündigungsschutz für Immissionsschutz- und Störfallbeauftragte (§ 58 Abs 2 BImSchG und § 58 d iVm § 58 Abs 2 BImSchG);
– Sonderkündigungsschutz für Betriebsbeauftragte für Abfall (§ 55 Abs 3 KrW-/AbfG);
– amtsbezogener Kündigungsschutz für Betriebsärzte und Fachkräfte für Arbeitssicherheit (§ 9 Abs 3 ASiG) und sonstige Betriebsbeauftragte;
– amtsbezogener Kündigungsschutz für Datenschutzbeauftragte (§ 4 f Abs 3 S 4 BDSG);
– Sonderkündigungsschutz von Mitgliedern der Schwerbehindertenvertretung (§§ 96 Abs 3, 97 Abs 6 SGB IX = vormals §§ 26 Abs 3, 27 Abs 6 SchwbG);
– Sonderkündigungsschutz für Abgeordnete und Wahlbewerber des Bundestages (§ 2 Abs 3 AbgG) sowie gemäß den verschiedenen Landesgesetzen für Abgeordnete und Wahlbewerber der Landtage und Kommunalparlamente.

64 Der **Schutz dieser Personen ist insolvenzfest**, es sei denn, dass der Arbeitsplatz insolvenzbedingt wegfällt. Teils kann das Arbeitsverhältnis dann erst nach Abberufung (§ 9 Abs 3 ASiG), teils ausschließlich wegen des Wegfalls des Arbeitsplatzes zum Zeitpunkt der Beendigung des Dienstes (§ 2 ArbPlSchG, §§ 78 Abs 1 Nr 1, 15 a ZDG und § 15 Abs 1 ASiG iVm § 2 ArbPlSchG), teils weiterhin – vergleichbar den Betriebsräten – nur außerordentlich mit Auslauffrist gekündigt werden (§ 2 Abs 3 AbgG; § 4 f Abs 3 BDSG; §§ 58, 58 d BImSchG; §§ 96 Abs 3, 97 Abs 6 SGB IX = vormals §§ 26 Abs 3, 27 Abs 6 SchwbG).

65 **4. Einzelvertraglich vereinbarte Kündigungsbeschränkungen.** War die Kündbarkeit des Arbeitsverhältnisses **einzelvertraglich ausgeschlossen**, so galt für die Kündigung nach § 22 Abs 1 S 2 KO bzw § 9 Abs 2 GesO diejenige gesetzliche Kündigungsfrist, die einzuhalten wäre, wenn nicht Unkündbarkeit vereinbart worden wäre (**LAG Köln** 6. 5. 1987 – 9 Sa 1288/86, NZA 1987, 668 = ZIP 1987, 1467). Heute kann ohne Rücksicht auf einen „vertraglichen" Ausschluss des Rechts zur ordentlichen Kündigung (§ 113 S 1 2. Alt) das Arbeitsverhältnis während der gesamten Dauer des Insolvenzverfahrens jederzeit gem § 113 S 2 gekündigt werden. Voll wirksam wird § 113 S 1 gegenüber einzelvertraglich vereinbarten Kündigungsbeschränkungen.

66 **a) Kündigungsmöglichkeit bei befristeten und auflösend bedingten Arbeitsverhältnissen.** Befristete und auflösend bedingte Dienst- bzw Arbeitsverhältnisse enden mit dem Ablauf der Zeit, für die sie eingegangen sind (§ 620 Abs 1 BGB bzw § 620 Abs 3 BGB iVm § 15 Abs 1 und 2, § 21 iVm § 15 Abs 2 TzBfG). Sie können daher nach allgemeinem Dienst- bzw Arbeitsrecht grundsätzlich nur außerordentlich nach § 626 Abs 1 BGB gekündigt werden, es sei denn, das Recht zur ordentlichen Kündigung ist ausdrücklich einzelvertraglich oder im anwendbaren Tarifvertrag vereinbart (§ 15 Abs 3 TzBfG, § 21 TzBfG). Die Kündigung bedarf auch in diesen Fällen der Schriftform, denn die Regelung des § 623 BGB ist nicht auf den unbefristeten Arbeitsvertrag beschränkt. Für den Konkurs und die Gesamtvollstreckung wurde dennoch angenommen, dass befristete Arbeitsverhältnisse vom Konkurs- oder Gesamtvollstreckungsverwalter vor Ablauf der kalendermäßig bestimmten Frist (**Zeitbefristung**) oder vor Erreichung der vereinbarten Arbeitsaufgabe (**Zweckbefristung**) oder vor Eintritt der **auflösenden Bedingung** mit gesetzlicher oder tariflicher Kündigungsfrist beendet werden könnten, denn die Kündigungsbeschränkung eines befristeten Arbeitsvertrages beruhe auf einer einzelvertraglichen Abrede, die nach § 22 Abs 1 S 2 KO bzw § 9 Abs 2 GesO unbeachtlich sei (so zum Konkurs LAG Frankfurt/M 13. 9. 1985 – 13 Sa 332/85, BB 1986, 596; *Berscheid* KGS „Konkurs" Rn 36; so zur Gesamtvollstreckung *Berscheid* KGS „Gesamtvollstreckung" Rn 87). Diese Entscheidung erfährt durch § 113 S 1 nachträglich ihre Legitimation, denn dort ist bestimmt, dass ein Dienstverhältnis, bei dem der Schuldner der Dienstberechtigte ist, vom Insolvenzverwalter und vom anderen Teil ohne Rücksicht auf eine vereinbarte Vertragsdauer **jederzeit kündbar ist** (*Berscheid* WiPra 1996, 370).

III. Beendigung von Arbeitsverhältnissen **§ 113**

b) Notwendigkeit der Schriftform für Abschluss und vorzeitige Beendigung. Nach § 2 Abs 1 S 2 Nr 3 67
NachwG ist bei einem befristeten Arbeitsvertrag die Angabe der vorhersehbaren Dauer erforderlich.
Diese kann – wenn seine Dauer kalendermäßig bestimmt oder bestimmbar ist (**Zeitbefristung**) – in
Form einer konkreten Zeitbestimmung oder – wenn sie sich aus Art, Zweck oder Beschaffenheit der
Arbeitsaufgabe ergibt (**Zweckbefristung**) – durch die Bezeichnung der Arbeitsaufgabe und die Angabe
erfolgen, durch Eintritt welchen Ereignisses die Zweckerreichung eintreten soll (s zur Definition § 3
Abs 1 TzBfG). Auch wenn dies nicht ausdrücklich erwähnt ist, werden entsprechende Angaben über die
voraussehbare Dauer auch bei einem auflösend bedingten Arbeitsvertrag gemacht werden müssen, denn
dieser ist dem befristeten Arbeitsvertrag gleichgestellt (§ 21 TzBfG). Die Befristung eines Arbeitsvertrages
bedarf zu ihrer Wirksamkeit der Schriftform (§ 14 Abs 4 TzBfG). Es handelt sich um eine konstitutive
Formvorschrift. Trotz dieser Regelung sind mündlich geschlossene Arbeitsverträge weiterhin rechtswirksam. Lediglich die sog Befristungsabrede bedarf der Schriftform, so dass bei deren Nichtbeachtung
der Arbeitsvertrag nicht insgesamt, sondern nur die Befristung unwirksam ist: Es entsteht ein unbefristeter Vertrag (§ 16 S 1 TzBfG). Gleiches gilt für den **auflösend bedingten Arbeitsvertrag**, der ebenfalls
der Schriftform bedarf (§ 21 TzBfG). Ist die Befristung oder die auflösende Bedingung nur wegen des
Mangels der Schriftform unwirksam, kann der Arbeitsvertrag auch vor dem vereinbarten Ende ordentlich gekündigt werden (§ 16 S 2 bzw §§ 21, 16 S 2 TzBfG).

5. Ausschluss der ordentlichen Kündigung durch Tarifvertrag. Ist die ordentliche Kündigung **durch** 68
Tarifvertrag ausgeschlossen, wird sie also unter gewissen Voraussetzungen (Betriebsdauer, Alter) auf
den „wichtigen Grund" beschränkt, so wird damit auf § 626 BGB Bezug genommen (**BAG** 19. 1. 1973
– 2 AZR 103/72, AP Nr 5 zu § 626 BGB Ausschlussfrist [*Hölters*]). In einem solchen Falle war nach
bislang geltendem Insolvenzrecht aber eine Betriebsstilllegung geeignet, eine außerordentliche Kündigung eines sog unkündbaren Arbeitnehmers zu rechtfertigen. Es war dann bei einer Kündigung durch
den Insolvenzverwalter als Auslauffrist die bis dahin erdiente gesetzliche oder tarifliche Kündigungsfrist
einzuhalten, die gegolten hätte, wenn die ordentliche Kündigung nicht ausgeschlossen gewesen wäre
(**BAG** 28. 3. 1985 – 2 AZR 113/84, AP Nr 86 zu § 626 BGB [*Herschel*] = NZA 1985, 559 = ZIP 1985,
1351).

a) Kündigung altersgeschützter Arbeitnehmer. Konnte der Konkurs- oder Gesamtvollstreckungsver- 69
walter den altersgeschützten unkündbaren Arbeitnehmer nicht weiterbeschäftigen, so war die Regelung
des § 15 Abs 4 KSchG entsprechend anzuwenden; wie bei Betriebsratsmitgliedern, so war auch hier die
Kündigung der altersgeschützten unkündbaren Arbeitnehmer nur zum Zeitpunkt der Betriebsstilllegung
zulässig (**BAG** 7. 6. 1984 – 2 AZR 602/82, AP Nr 5 zu § 22 KO = KTS 1985, 103 = NZA 1985, 121 =
ZIP 1984, 1517). Auch die Regelungen des § 15 Abs 5 KSchG galten entsprechend. Wurde der altersgeschützte unkündbare Arbeitnehmer in einer Betriebsabteilung beschäftigt, die stillgelegt wurde, so war
er in eine andere Betriebsabteilung zu übernehmen. War dies aus betrieblichen Gründen nicht möglich,
so fand auf seine Kündigung die Vorschrift des § 15 Abs 4 KSchG über die Kündigung bei Stilllegung
des Betriebs sinngemäß Anwendung. Das hieß im Ergebnis, die sog unkündbaren Arbeitnehmer konnten im Konkurs und in der Gesamtvollstreckung nur zusammen mit den Betriebsratsmitgliedern als
letzte außerordentlich mit Auslauffrist nur zu dem Zeitpunkt gekündigt werden, zu dem die Beschäftigungsmöglichkeit voraussichtlich entfiel (**BAG** 22. 7. 1992 – 2 AZR 84/92, EzA § 626 BGB nF Nr 141
= BuW 1992, 732). Daraus folgte zugleich auch, dass bei einer außerordentlichen Kündigung auf
Grund betrieblicher Gründe die **Ausschlussfrist des** § 626 Abs 2 S 1 BGB nicht schon in dem Zeitpunkt
begann, in dem der Konkurs- oder Gesamtvollstreckungsverwalter die Entscheidung traf, den Betrieb
einzuschränken, umzustellen oder stillzulegen, sondern erst dann, wenn feststand, dass auf Grund dieser Entscheidung gerade die altersgesicherten Arbeitnehmer zu einem bestimmten Zeitpunkt entlassen
werden mussten (**BAG** 25. 3. 1976 – 2 AZR 127/75, AP Nr 10 zu § 626 BGB Ausschlussfrist = NJW
1976, 1334).

aa) Ordentliche statt außerordentliche Kündigung mit Auslauffrist. Der tarifliche Ausschluss des 70
Rechts zur ordentlichen Kündigung hatte vielfach **sanierungsschädliche Folgen**, weil zunächst alle nicht
altersgeschützten Arbeitnehmer entlassen werden mussten, wodurch automatisch eine **personelle Überalterung** des zu sanierenden Betriebes eintrat (*Uhlenbruck* Das neue Insolvenzrecht, S 49). Mit anderen
Worten, es hat keine ausgewogene Personalstruktur erhalten oder geschaffen werden können. Die **notwendigen Eckdaten zur Korrektur** insoweit hat der Gesetzgeber für das Insolvenzverfahren nunmehr **in
§ 113 S 1 gesetzt.** Diese Vorschrift sieht vor, dass das Arbeitsverhältnis jederzeit, dh nicht nur – wie bisher (**BAG** 7. 6. 1984 – 2 AZR 602/82, AP Nr 5 zu § 22 KO = KTS 1985, 103 = NZA 1985, 121 = ZIP
1984, 1517) – beschränkt für den Fall der Betriebsstilllegung,
– ohne Rücksicht auf eine vereinbarte Vertragsdauer oder
– einen „vertraglichen" Ausschluss des Rechts zur ordentlichen Kündigung
gekündigt werden. Da es bei einer außerordentlichen Kündigung eben keine ordentliche Kündigungsfrist geben kann (**BAG** 21. 6. 1995 – 2 ABR 28/94, AP Nr 36 zu § 15 KSchG 1969, [*U. Preis*] =
NZA 1995, 1157 = WiB 1996, 83 [*Boemke*]), handelt es sich in Abkehr von der bisherigen Rechtsprechung (**BAG** 28. 3. 1985 – 2 AZR 113/84, AP Nr 86 zu § 626 BGB [*Herschel*] = NZA 1985, 559 = ZIP

§ 113

1985, 1351) bei der Kündigung nach § 113 S 1 – in allen Varianten – um eine „ordentliche Kündigung" (*Berscheid* InVo 1998, 32, 34; *ders* ZInsO 1998, 115, 119; *Giesen* ZIP 1998, 46, 47; *Grunsky/Moll* Arbeitsrecht und Insolvenz, Rn 335; H/W/F Hdb, Kap 5 Rn 264) **und nicht** etwa um eine **außerordentliche Kündigung mit Auslauffrist** (so aber *Zwanziger* Arbeitsrecht, § 113 Rn 13; ferner *Schaub* EWiR 1998, 69, 70), auch wenn die „erdienten" Kündigungsfristen gemäß § 113 S 2 auf längstens drei Monate zum Monatsende „gekappt" werden (BKB-*Berscheid* PraxisArbR Teil 8 Rn 59).

71   **bb) Einbeziehung tariflicher Unkündbarkeitsregelungen und Kündigungsbeschränkungen.** Umstritten ist in Literatur und Rechtsprechung, ob der in § 113 S 1 verwendete Begriff „**vereinbarter**" Ausschluss des Rechts zur ordentlichen Kündigung nur einzelvertragliche Abreden erfasst oder ob sich § 113 S 1 **auch auf tarifliche Unkündbarkeitsregelungen erstreckt**. Ob der gesetzliche Begriff „vereinbart" auch Kollektivvereinbarungen meint, hängt von der inneren Logik und dem Zweck der jeweiligen Regelung ab (**BAG** 20. 10. 1993 – 7 AZR 135/93, AP Nr 3 zu § 41 SGB VI [*Linnenkohl*] = NZA 1994, 128 = WiB 1994, 126 [*Boemke*] = ZIP 1994, 313; **BAG** 1. 12. 1993 – 7 AZR 428/93, AP Nr 4 zu § 41 SGB VI [*Steinmeyer*] = NZA 1994, 369 = WiB 1994, 439 [*Lehmann*] = ZIP 1994, 387). Hier beschränkt sich der Begriff „vereinbart" nach dem üblichen juristischen Sprachgebrauch nicht unzweifelhaft auf Individualvereinbarungen, sondern lässt eine Einbeziehung kollektivrechtlicher Verträge zu. Die Regelung des § 113 S 1 ist so zu verstehen, dass ein **Arbeitsverhältnis** vom Insolvenzverwalter und vom anderen Teil **ohne Rücksicht auf einen „(einzel- oder tarif-)vertraglichen"** oder sonstigen kollektivrechtlichen **Ausschluss des Rechts zur ordentlichen Kündigung** gekündigt werden kann (**BAG** 19. 1. 2000 – 4 AZR 70/99, AP Nr 5 zu § 113 = KTS 2000, 446 = NJW 2000, 2692 = NZA 2000, 658 = NZI 2000, 339 = ZInsO 2000, 568 = ZIP 2000, 985).

72   Die gesetzliche Regelung greift sowohl gegenüber bestehenden als auch gegenüber künftigen Tarifverträgen (*Caspers* Personalabbau und Betriebsänderung, Rn 117; zust *Berscheid* Arbeitsverhältnisse, S 180 Rn 560; H/W/F Hdb, Kap 5 Rn 267). Sie erfasst auch tarifliche Kündigungserschwerungen, welche die Zulässigkeit einer ordentlichen Kündigung gegenüber ansonsten „**unkündbaren**" **Arbeitnehmern** an die Zahlung einer Sozialplanabfindung knüpfen, denn mit der Zielsetzung des § 113 InsO ist eine Unterscheidung zwischen (absolutem) **Kündigungsausschluss** und (finanziellen) **Kündigungserschwerungen** nicht zu vereinbaren (**LAG** Hamm 26. 11. 1998 – 8 Sa 1576/98, EWiR 1999, 467 [*Moll*] = KTS 2000, 85 = ZInsO 1999, 302; **LAG** Hamm 14. 1. 1999 – 8 Sa 1991/98, ZInsO 1999, 544). Der Gesetzgeber wollte mit § 113 S 1 auch die Fälle tariflicher Unkündbarkeit erfassen und verlängerten Kündigungsfristen dem Ausschluss der Kündbarkeit und einzelvertraglichen den tarifvertraglichen Vereinbarungen gleichstellen (*Berscheid* AnwBl 1995, 8, 11 mit Hinweisen auf die Entstehung der Norm in Fn 32; *Zwanziger* Arbeitsrecht, § 113 Rn 12).

73   **b) Verfassungsmäßigkeit der gesetzlichen Neuregelung.** Bedenken gegen die Wirksamkeit der gesetzlichen Regelung des § 113 S 1 werden in Bezug auf die Einführung einer Höchstfrist für die Kündigung in § 113 S 2 und Kappung der längeren tariflichen Kündigungsfristen in zweifacher Hinsicht erhoben,
– weil zum einen § 113 aus dem systematischen Zusammenhang der Insolvenzordnung herausgenommen worden sei und weder § 119 mit der zwingenden Wirkung des § 113 in Kraft gesetzt worden sei noch die Vorschriften zur Kündigung nach den gesetzlichen bzw tarifvertraglichen Fristen in § 22 KO und § 9 Abs 2 GesO außer Kraft gesetzt worden seien (**ArbG** Limburg 2. 7. 1997 – 1 Ca 174/97, EzA § 113 InsO Nr 1 = ZAP ERW 1998, 12 [*Berscheid*]; und
– weil zum anderen zur Vergrößerung der Konkursmasse ausschließlich in Arbeitnehmerschutzrechte und tarifliche Rechte und damit in die durch Art 9 Abs 3 GG geschützte Tarifautonomie eingegriffen werde, denn bestehende tarifliche Regelungen würden durch Kappung der längeren tariflichen Kündigungsfristen geändert und es würde hinsichtlich der Unkündbarkeit eine tarifvertraglich nicht vorgesehene Kündigungsmöglichkeit eingeführt (**ArbG** Stuttgart 4. 8. 1997 – 18 Ca 1752 – 1758/97, EzA § 113 InsO Nr 2 = EWiR 1998, 69 [*Schaub*] = ZAP ERW 1998, 13 [*Berscheid*] = ZIP 1997, 2013).

74   **aa) Fehlende Normsetzungsbefugnis der Tarifvertragsparteien.** Diese Bedenken greifen nicht durch. Die Rechtsprechung (**LAG** Hamm 13. 8. 1997 – 14 Sa 566/97, LAGE § 113 InsO Nr 1 = KTS 1998, 209 = ZAP ERW 1998, 13 [*Berscheid*] = ZInsO 1998, 140 = ZIP 1998, 161; **LAG** Düsseldorf 9. 1. 1998 – 9 Sa 1639/97, LAGE § 113 InsO Nr 2 = ZAP ERW 1998, 54 [*Berscheid*] = ZInsO 1998, 140) hebt zunächst zutreffend darauf ab, „dass die tarifvertraglichen Regelungen prinzipiell nicht darauf ausgerichtet sind, die Interessen der Arbeitnehmer gerade im Falle der Insolvenz zu sichern. Der Gesetzgeber hat die Belange der Arbeitnehmer als einer Gruppe der Insolvenzgläubiger mit den Interessen der anderen Insolvenzgläubiger in Einklang gebracht. Das Entstehen von Masseschulden soll begrenzt werden, da der Insolvenzverwalter in der Regel keinen Beschäftigungsbedarf mehr hat und zu Lasten der anderen Gläubiger Ansprüche ohne Gegenleistung entstünden, wodurch diese wiederum in ihrem Grundrecht nach Art 14 GG beeinträchtigt würden (**BAG** 17. 11. 2005 – 6 AZR 107/05, AP Nr 19 zu § 113 InsO = NZA 2006, 661 = ZInsO 2006, 724 = ZIP 2006, 774). Eine allzu lange Bindung an nicht mehr sinnvolle Arbeitsverhältnisse soll verhindert werden. Dem widersprechen (tarifvertragliche) Unkündbarkeitsklauseln (so bereits **BAG** 19. 1. 2000 – 4 AZR 70/99, AP Nr 5 zu § 113 = KTS 2000, 446

= NJW 2000, 2692 = NZA 2000, 658 = NZI 2000, 339 = ZInsO 2000, 568 = ZIP 2000, 985; **BAG 22. 9.** 2005 – 6 AZR 526/04, AP Nr 1 zu § 323 UmwG = NZA 2006, 658 = ZIP 2006, 631). Tarifvertraglich unkündbare Arbeitsverhältnisse sind daher im Insolvenzverfahren ordentlich kündbar (**BAG 20. 9.** 2006 – 6 AZR 249/05, AP Nr 316 zu § 613 a BGB = NZA 2007, 387 = ZIP 2007, 595).

bb) Regelung des zeitlichen Kündigungsschutzes durch den Gesetzgeber. Die Begrenzung der Kündigungsfristen durch § 113 InsO hielt der Gesetzgeber für erforderlich, da auf Grund der im Laufe der Zeit erfolgten Ausdehnung der Kündigungsfristen Arbeitnehmer im Konkurs und in der Gesamtvollstreckung häufig nicht mehr bis zum Ende der Kündigungsfrist beschäftigt werden könnten; blieben die Entgeltansprüche dennoch als Masseschuld erhalten, führe dies zu einer Verkürzung oder gar Entleerung der Masse (vgl BT-Drs 12/2443, S 148 sowie 12/7302, S 169). Verfassungsrechtliche Bedenken können im Hinblick auf die durch Art 9 Abs 3 GG geschützte Tarifautonomie weder gegen die Wirksamkeit der gesetzlichen Regelung des § 113 S 1 noch in Bezug auf die Kappung der längeren tariflichen Kündigungsfristen durch Einführung einer Höchstfrist für die Kündigung in § 113 S 2 erhoben werden, denn das Insolvenzarbeitsrecht gehört **nicht zur Regelungskompetenz der Tarifvertragsparteien**. Da der Gesetzgeber den Umfang des Kündigungsschutzes
– nicht nur hinsichtlich der Frage, ob und ab wann er überhaupt besteht, also allgemein eingreift,
– sondern auch hinsichtlich seiner zeitlichen Dauer, nämlich der Kündigungsfristen und -termine, näher bestimmen kann (**LAG Hamm 20. 5.** 1999 – 4 Sa 1989/98, BuW 1999, 960 = ZInsO 1999, 362 unter Bezugnahme auf *Berscheid* InVo 1998, 32, 35 f; *ders* ZInsO 1998, 115, 125; zust H/W/F Hdb Kap 5 Rn 269; ähnl KPB/*Moll* § 113 InsO Rn 95 nach Fn 203; str aA *Bichlmeier/Oberhofer* AiB 1997, 161, 162; KDZ/*Däubler* § 113 Rn 3 ff; *Zwanziger* § 113 Rn 21), kann schon von daher gesehen **kein Eingriff in die koalitionsmäßige Betätigung** vorliegen. Sollte ein Eingriff vorliegen, würde er zumindest keinen übermäßigen Eingriff in die Tarifautonomie darstellen (*Lakies* BB 1998, 2638, 2640; *Tschöpe/Fleddermann* ZInsO 2001, 455, 458).

cc) Ausgewogenheit der Regelung des Insolvenzarbeitsrechts. Dem Gesetzgeber war es daher möglich, 76 die Kündigung von Dienst- und Arbeitsverhältnissen im Insolvenzverfahren in Abweichung vom bisherigen Recht neu zu regeln und **erstmals ein sog „Insolvenzarbeitsrecht" zu schaffen**, ohne dass dies als Eingriff in einen geregelten Tarifbereich und damit in die Tarifautonomie angesehen werden könnte. Die gesetzliche Neuregelung der Kündigungsfristen und -termine in § 113 S 2 sowie der Aufhebung von Kündigungsbeschränkungen und -erschwerungen in § 113 S 1 liegt in der Konsequenz der höchstrichterlichen Rechtsprechung (**BAG 7. 6.** 1984 – 2 AZR 602/82, AP Nr 5 zu § 22 KO = KTS 1984, 434 = NJW 1985, 1238 = NZA 1985, 121 = ZIP 1984, 1517; **BAG 9. 3.** 1995 – 2 AZR 484/94, AP Nr 1 zu § 9 GesO = KTS 1995, 726 = NZA 1996, 99 = ZIP 1995, 849), indem sie tarifliche und gesetzliche Kündigungsfristen und -termine gleich behandelt, dh durch eine für alle Arbeitsverhältnisse – ob tarifgebunden oder nicht – geltende Höchstfrist und einen einheitlichen Kündigungstermin ersetzt.

6. Kündigungsfristen und -termine in der Insolvenz. Bislang konnte im Geltungsbereich der Konkurs- 77 ordnung ein „angetretenes" Dienstverhältnis von jedem Teil jederzeit und unabhängig von einer vereinbarten Kündigungsfrist unter Einhaltung der gesetzlichen Kündigungsfrist gekündigt werden (§ 22 Abs 1 S 2 KO). Dabei wurden tarifvertragliche Kündigungsfristen unter Bezugnahme auf die übereinstimmende Verwendung des Begriffes „Rechtsnorm" in § 2 EGKO und § 1 Abs 1 TVG als gesetzliche Kündigungsfristen im Sinne von § 22 Abs 1 S 2 KO angesehen. Zur Begründung heißt es, dass mit dieser Formulierung, die der von Art 2 EGBGB, § 12 EGZPO und § 7 EGStPO entspreche, den Gesetzen im staatsrechtlichen Sinne (formelle Gesetze) jede andere Rechtsnorm ohne Rücksicht auf ihre Entstehungs- oder Erkenntnisquelle gleichgestellt werde. Gesetz im materiellen Sinne (§ 1 Abs 1 TVG) sei auch der normative Teil (§ 4 Abs 1 TVG) von Tarifverträgen (**BAG 7. 6.** 1984 – 2 AZR 602/82, AP Nr 5 zu § 22 KO = KTS 1984, 103 = NJW 1985, 1238 = NZA 1985, 121 = ZIP 1984, 1517). Für den Geltungsbereich der Gesamtvollstreckungsordnung enthielt § 9 Abs 2 GesO eine inhaltlich fast gleiche Regelung. Folgerichtig wurden auch die in einem Tarifvertrag geregelten Kündigungsfristen als gesetzliche Kündigungsfristen im Sinne dieser Vorschrift erachtet (**BAG 9. 3.** 1995 – 2 AZR 484/94, AP Nr 1 zu § 9 GesO = KTS 1995, 726 = NZA 1996, 99 = ZIP 1995, 849).

a) Vereinheitlichung der Kündigungsfristen von Arbeitern und Angestellten. Mit Inkrafttreten des 78 Gesetzes zur Vereinheitlichung der Kündigungsfristen von Arbeitern und Angestellten vom 7. 10. 1993 (sog Kündigungsfristengesetz – BGBl I S 1668) am 15. 10. 1993 sind die gesetzlichen Kündigungsfristen für Arbeiter und Angestellte (Arbeitnehmer) sowie für Arbeitnehmer in den alten und in den neuen Bundesländern vereinheitlicht worden. Für Kündigungen nach Inkrafttreten des Kündigungsfristengesetzes war allein § 622 BGB nF maßgebend. Neben den **Grundkündigungsfristen** von vier Wochen zum Fünfzehnten oder zum Ende eines Kalendermonats (§ 622 Abs 1 BGB) galten die nach Betriebszugehörigkeit gestaffelten verlängerten Kündigungsfristen (§ 622 Abs 2 BGB). Der Konkursverwalter konnte während einer vereinbarten Probezeit sogar mit einer Kündigungsfrist von zwei Wochen kündigen (§ 622 Abs 3 BGB), ohne einen Kündigungstermin einhalten zu müssen. **Tarifliche Kündigungsfristen** und -termine galten allerdings **nur** dann als gesetzliche Kündigungsfristen, **soweit Tarifbindung** kraft

Organisationszugehörigkeit besteht (§ 3 Abs 1 TVG) **oder** der Tarifvertrag für **allgemeinverbindlich** erklärt ist (§ 5 Abs 4 TVG). Galt der Tarifvertrag lediglich kraft arbeitsvertraglicher Inbezugnahme, so hatten die tariflichen Kündigungsfristen nur die Wirkung vertraglich vereinbarter Kündigungsfristen (*Berscheid* KGS „Konkurs" Rn 27 und „Gesamtvollstreckung" Rn 81). Mit anderen Worten, der Insolvenzverwalter musste seit Inkrafttreten des Kündigungsfristengesetzes bei fehlender Tarifbindung nur noch die neuen gesetzlichen Kündigungsfristen und -termine des § 622 BGB beachten.

79   Einzelvertragliche Vereinbarungen mit Angestellten oder Arbeitern über den Kündigungstermin (zB: Zulässigkeit der Kündigung nur zum Wochen- oder Quartalsende oder gar zum Halbjahres- oder Jahresschluss) waren im Konkurs oder in der Gesamtvollstreckung nicht verbindlich. Dagegen waren die **gesetzlichen Kündigungstermine** zu beachten. Auch **tarifliche Kündigungstermine** blieben bestehen, weil sie vielfach deshalb festgelegt werden, um einen ordnungsgemäßen Betriebsablauf oder einen Mindestbestandsschutz zu sichern (*Berscheid* KGS „Konkurs" Rn 29 und „Gesamtvollstreckung" Rn 86). So sieht zB § 20 Abs 2 S 2 BMT Fernverkehr vor, dass die Kündigung eines Arbeitsverhältnisses eines Fernfahrers durch diesen oder den Arbeitgeber/Konkursverwalter nur zum Schluss der Kalenderwoche zulässig ist, damit die Lastzüge stets wieder auf den Betriebshof zurückgeführt werden (*Berscheid* WiPra 1996, 370).

80   **b) Tragweite der insolvenzrechtlichen Kündigungsregelung.** Daran hat das Arbeitsrechtliche Beschäftigungsförderungsgesetz vom 25. 9. 1996 (BGBl I S 1476) für den Geltungsbereich der Gesamtvollstreckungsordnung nichts geändert. Im Geltungsbereich der Konkursordnung hat das neue Insolvenzrecht nur insoweit etwas am bisherigen Rechtszustand geändert, als die Kündigungsfrist **maximal drei Monate zum Monatsende** beträgt, wenn nicht eine kürzere Frist maßgeblich ist (§ 113 Abs 1 S 2 aF = § 113 S 2 nF). Diese auch im Insolvenzverfahren einzuhaltende **Kündigungsfrist ist** eine **Höchstfrist**; sie kommt nur zur Anwendung, wenn außerhalb des Insolvenzverfahrens keine kürzere einzelvertragliche, tarifliche oder gesetzliche Kündigungsfrist maßgeblich ist (*Berscheid* ZInsO 1998, 159, 162; *ders* BuW 1999, 33, 36; BKB-*Berscheid* PraxisArbR Teil 8 Rn 71; *Caspers* Personalabbau und Betriebsänderung, Rn 102; ErfK-*Müller-Glöge* § 113 InsO Rn 19; *Kilger/K. Schmidt* § 22 KO Anm 14b; KR-*Weigand* § 113 InsO Rn 16), denn die kürzere Frist verlängert sich nicht auf eine Frist von drei Monaten (*Grunsky/Moll* Arbeitsrecht, Rn 336; H/W/F Hdb, Kap 5 Rn 259).

81   **aa) Gesetzliche Grundkündigungsfrist und verlängerte Kündigungsfristen.** Mit Wirkung vom 1. 1. 1999 gilt diese Regelung nunmehr bundeseinheitlich, und zwar unabhängig davon, ob es sich um eine betriebs- oder personen- bzw verhaltensbedingte Kündigung handelt (*Grunsky/Moll* Arbeitsrecht, Rn 329; *Hess/Pape* InsO Rn 1052). Neben den Probezeitkündigungsfristen von zwei Wochen ohne Einhaltung eines Kündigungstermins (§ 622 Abs 3 BGB) und den Grundkündigungsfristen des § 622 Abs 1 BGB von vier Wochen zum Fünfzehnten oder zum Ende eines Kalendermonats gelten für eine Kündigung nur noch die verlängerten Kündigungsfristen des § 622 Abs 2 S 1 Nrn. 1–3 BGB. Danach beträgt die Kündigungsfrist, wenn das Arbeitsverhältnis in dem Betrieb oder Unternehmen
– zwei Jahre bestanden hat, einen Monat zum Ende eines Kalendermonats,
– fünf Jahre bestanden hat, zwei Monate zum Ende eines Kalendermonats,
– acht Jahre bestanden hat, drei Monate zum Ende eines Kalendermonats.

82   Nach § 622 Abs 2 S 2 BGB bleiben bei der Berechnung der verlängerten Kündigungsfristen Beschäftigungszeiten vor der Vollendung des 25. Lebensjahres außer Betracht. Die Nichtberücksichtigung der Zeiten vor Vollendung des 25. Lebensjahres verstößt gegen das EG-rechtliche Diskriminierungsverbot des Art 2 iVm Art 1 RL 2000/78/EG wegen des Alters und damit gegen die Grundsätze der Gleichbehandlung in Beschäftigung und Beruf. Dieses Gleichbehandlungsgebot verbietet nicht nur eine Ungleichbehandlung wegen hohen Alters, sondern jegliche Anknüpfung an das Alter, sofern nicht gem Art 6 Abs 1 RL 2000/78/EG – ausnahmsweise – gestattet ist (*Annuß* BB 2006, 325).

83   § 622 Abs 2 S 2 BGB regelt seinerseits, dass für die Bestimmung der jeweils maßgeblichen gesetzlichen Kündigungsfristen nur solche Betriebszugehörigkeitszeiten berücksichtigt werden, die ab Vollendung des 25. Lebensjahres zurückgelegt worden sind. Mit dieser Vorschrift erfahren mithin jüngere Arbeitnehmer alleine auf Grund ihres Lebensalters eine weniger günstige Behandlung als ältere Arbeitnehmer. Denn für sie tritt eine Verlängerung der Kündigungsfrist auf Grund ihres (jüngeren) Lebensalters auch dann nicht ein, wenn sie die im Gesetz für die Verlängerung der Kündigungsfrist vorgesehene Betriebszugehörigkeit aufweisen. Eine Ungleichbehandlung liegt damit vor, und zwar sowohl von jüngeren Arbeitnehmern gegenüber älteren Arbeitnehmern als auch von älteren Arbeitnehmern, die in jüngeren Jahren bei einem Arbeitgeber begonnen haben, gegenüber denjenigen Arbeitnehmern, die ihr Arbeitsverhältnis erst nach dem 25. Lebensjahr aufgenommen haben. Deren Betriebszugehörigkeit wird in vollem Umfang für die Berechnung der Kündigungsfristen anerkannt. Es liegt damit eine Ungleichbehandlung in mehreren Konstellationen vor, die an das Alter anknüpft und die sich im Übrigen als bereits unmittelbare Diskriminierung darstellt (**LAG** Berlin-Brandenburg 24. 7. 2007 – 7 Sa 561/07, NZA-RR 2008, 17, 18).

84   Diese Ungleichbehandlung ist nicht nach Art 6 Abs 1 RL 2000/78/EG gerechtfertigt. Nach dieser Vorschrift können die Mitgliedstaaten vorsehen, dass Ungleichbehandlungen wegen des Alters dann keine Diskriminierung darstellen, wenn sie objektiv und angemessen sind und im Rahmen des nationa-

III. Beendigung von Arbeitsverhältnissen **§ 113**

len Rechts durch ein legitimes Ziel, insbesondere aus den Bereichen Beschäftigungspolitik, Arbeitsmarkt und berufliche Bildung gerechtfertigt und die Mittel zur Erreichung dieses Zwecks angemessen und erforderlich sind. § 622 Abs 2 S 2 GB stellt keine derartige ausnahmsweise gerechtfertigte Regelung zur Ungleichbehandlung dar, weil es an einem hinreichenden Grund für die unmittelbar am Alter anknüpfende Unterscheidung fehlt (**LAG** Berlin-Brandenburg 24. 7. 2007 – 7 Sa 561/07, NZA-RR 2008, 17, 18; APS/*Linck* § 622 BGB Rn 54 b; BeckOK-BGB/*Gotthardt* § 622 Rn 26; ErfK/*Müller-Glöge*, § 622 BGB Rn 9; KR/*Spilger* § 622 BGB Rn 56; *Hamacher/Ulrich* NZA 2007, 657, 663; *Hanau* ZIP 2007, 2381, 2387; *Preis* NZA 2006, 401, 408; *Schleusener* NZA 2007, 358, 359).

Die Vorschrift des § 622 Abs 2 S 2 BGB ist mithin unanwendbar (**LAG** Berlin-Brandenburg 24. 7. **85** 2007 – 7 Sa 561/07, NZA-RR 2008, 17, 18; APS/*Linck* § 622 BGB Rn 54 b; BeckOK-BGB/*Gotthardt* § 622 Rn 26; KR/*Spilger* § 622 BGB Rn 56; *Hamacher/Ulrich* NZA 2007, 657, 663; *Schleusener* NZA 2007, 358, 360; *Temming* NZA 2007, 1193, 1199; str aA *Wendeling-Schröder* NZA 2007, 1399, 1403, die zwar § 622 Abs 2 S 2 BGB für rechtswidrig hält, meint aber, die Vorschrift müsse solange angewendet werden, bis sie gesetzlich aufgehoben werde; s auch *Hanau* ZIP 2007, 2381, 2387). Einzelstaatliche Vorschriften des nationalen Rechts, die gegen den allgemeinen EG-rechtlichen Gleichheitssatz, der dem Altersdiskriminierungsverbot zugrunde liegt, verstoßen, hat das nationale Gericht, unabhängig davon, ob das nationale Recht ihm hierzu die Befugnis einräumt, unangewendet zu lassen (**EuGH** 22. 11. 2005 – C-144/04, NZA 2005, 1345, 1347), sofern es nach pflichtgemäßem Ermessen der Rechtssache nicht dem **EuGH** zur Vorabentscheidung vorlegt (**LAG** Düsseldorf 21. 11. 2007 – 12 Sa 1311/07, LAGE § 622 BGB 2002 Nr 3 = ZInsO 2008, 872 = ZIP 2008, 1786; *Körner* NZA 2008, 497, 499).

Ob die Gerichte für Arbeitssachen generell Kündigungen, die noch nach § 622 Abs 2 S 2 BGB be- **86** rechnet werden, also mit zu kurzer Frist ausgesprochen werden, in „fristgerechte" Kündigungen umdeuten werden, könnte wegen des aus dem AGB-Recht bekannten Verbot der geltungserhaltenden Reduktion fraglich sein (*Hanau* ZIP 2007, 2381, 2387). Sicherer erscheint es, (ggf mit Zustimmung des Gläubigerausschusses) die Kündigungen vorzeitig mit einer längeren Frist auszusprechen, die § 622 Abs 2 BGB nicht nutzt (*Hanau* ZIP 2007, 2381, 2387), längstens natürlich mit einer Frist von drei Monaten zum Monatsende (§ 113 S 2 InsO). Hat das Arbeitsverhältnis bereits zehn Jahre bestanden, würde die Kündigungsfrist außerhalb der Insolvenz vier Monate zum Ende eines Kalendermonats betragen (§ 622 Abs 2 S 1 Nr 4 BGB). Erst in diesem Falle kommt die insolvenzrechtliche Höchstbegrenzung zum Tragen: Die verlängerten Kündigungsfristen des § 622 Abs 2 S 1 Nrn 4–7 BGB von vier bis sieben Monate zum Ende eines Kalendermonats werden durch die Regelung des § 113 S 2 gekappt. Die **Höchstfrist von drei Monaten zum Monatsende gilt für beide Seiten**, also nicht nur für den Insolvenzverwalter, sondern auch für den Arbeitnehmer (*Berscheid*, ZInsO 1998, 159, 160; *ders*, BuW 1999, 33, 36; BKB-*Berscheid* PraxisArbR Teil 8 Rn 72; H/W/F Hdb, Kap 5 Rn 261; HK-*Linck*, § 113 Rn 12).

bb) Besonderheiten bei in Heimarbeit Beschäftigten. Für in **Heimarbeit** Beschäftigte sind hinsichtlich **87** der Kündigungsfristen und -termine die Regelungen des § 29 Abs 1 bis 6 HAG zu beachten). Das Beschäftigungsverhältnis eines in Heimarbeit Beschäftigten kann beiderseits an jedem Tag für den Ablauf des folgenden Tages gekündigt werden (§ 29 Abs 1 HAG). Wird ein in Heimarbeit Beschäftigter von einem Auftraggeber oder Zwischenmeister länger als vier Wochen beschäftigt, so kann das Beschäftigungsverhältnis beiderseits nur mit einer Frist von zwei Wochen gekündigt werden (§ 29 Abs 2 HAG). Wird ein in Heimarbeit Beschäftigter überwiegend von einem Auftraggeber oder Zwischenmeister beschäftigt, so kann das Beschäftigungsverhältnis mit einer Frist von vier Wochen zum Fünfzehnten oder zum Ende eines Kalendermonats gekündigt werden (§ 29 Abs 3 S 1 HAG). Ist in einem solchen Falle eine Probezeit längstens für die Dauer von sechs Monaten vereinbart, beträgt die Kündigungsfrist zwei Wochen (§ 29 Abs 3 S 2 HAG). Wird ein in Heimarbeit Beschäftigter überwiegend von einem Auftraggeber oder Zwischenmeister beschäftigt, so verlängert sich die Frist für eine Kündigung durch den Auftraggeber oder Zwischenmeister gem § 29 Abs 4 HAG. Die Staffelung richtet sich nach dem Lebensalter und der Betriebszugehörigkeit; sie entspricht der des § 622 Abs 2 BGB. Bei Kündigungen in der Insolvenz werden auch hier die über die Frist von drei Monaten zum Monatsende hinausgehenden verlängerten Kündigungsfristen des § 29 Abs 4 S 1 Nrn 4–7 HAG durch § 113 S 2 InsO gekappt. Nach § 29 Abs 4 S 2 HAG bleiben bei der Berechnung der verlängerten Kündigungsfristen Beschäftigungszeiten vor der Vollendung des 25. Lebensjahres außer Betracht. Die Nichtberücksichtigung der Zeiten vor Vollendung des 25. Lebensjahres verstößt gegen das EG-rechtliche Diskriminierungsverbot des Art 2 iVm Art 1 RL 2000/78/EG wegen des Alters und damit gegen die Grundsätze der Gleichbehandlung in Beschäftigung und Beruf. Die Vorschrift des § 29 Abs 4 S 3 HAG ist – vgl der Regelung des § 622 Abs 2 S 2 BGB – mithin unanwendbar.

cc) Besonderheiten bei Besatzungsmitgliedern und Kapitänen. Für das **Heuerverhältnis** eines Besat- **88** **zungsmitglieds** sind hinsichtlich der Kündigungsfristen und -termine die Regelungen des § 63 Abs 1 bis 3 SeemG zu beachten (s wegen Einzelheiten KR-*Weigand* § 63 SeemG 86 ff). Das Heuerverhältnis kann in den ersten drei Monaten mit einer Frist von einer Woche gekündigt werden (§ 63 Abs 1 S 1 SeemG). Dauert die erste Reise länger als drei Monate, so kann die Kündigung während der ersten sechs Beschäftigungsmonate noch in den auf Beendigung der Reise folgenden drei Tagen mit Wochenfrist ausgesprochen werden (§ 63 Abs 1 S 2 SeemG). Nach Ablauf der vorgenannten Beschäftigungszeiten beträgt die Kündigungsfrist vier Wochen zum Fünfzehnten oder zum Ende eines Kalendermonats (§ 63 Abs 1 S 3 SeemG) und erhöht sich auf zwei Monate zum Ende eines Kalendermonats, wenn das Heuerverhältnis in dem Betrieb oder Unternehmen zwei Jahre bestanden hat (§ 63 Abs 1 S 4 SeemG). Danach verlängert sich die Frist für die Kündigung durch den Reeder gem § 63 Abs 2 SeemG. Die Staffelung richtet sich nach dem Lebensalter und der Betriebszugehörigkeit; sie entspricht der des § 622 Abs 2 Nrn 3–7 BGB. Bei Kündigungen in der Insolvenz werden auch hier die über die Frist von drei Monaten zum Monatsende hinausgehenden verlängerten Kündigungsfristen des § 63 Abs 2 S 1 Nrn 2–4 SeemG durch § 113 S 2 gekappt. Nach § 63 Abs 2 S 2 SeemG bleiben bei der Berechnung der verlängerten Kündigungsfristen Beschäftigungszeiten vor der Vollendung des 25. Lebensjahres außer Betracht. Die Nichtberücksichtigung der Zeiten vor Vollendung des 25. Lebensjahres verstößt gegen das EG-rechtliche Diskriminierungsverbot des Art 2 iVm Art 1 RL 2000/78/EG wegen des Alters und damit gegen die Grundsätze der Gleichbehandlung in Beschäftigung und Beruf. Die Vorschrift des § 63 Abs 2 S 3 SeemG ist – vgl der Regelung des § 622 Abs 2 S 2 BGB – mithin unanwendbar.

89 Das auf unbestimmte Zeit eingegangene **Heuerverhältnis eines Kapitäns** kann mit einer Frist von vier Wochen zum Fünfzehnten oder zum Ende eines Kalendermonats schriftlich gekündigt werden (§ 78 Abs 2 S 1 SeemG). Die Kündigungsfrist erhöht sich auf zwei Monate zum Ende eines Kalendermonats, wenn das Heuerverhältnis in dem Betrieb oder Unternehmen zwei Jahre bestanden hat (§ 78 Abs 2 S 2 SeemG). Im Übrigen finden die Vorschriften des § 63 Abs 2 bis 3 SeemG sinngemäß Anwendung (§ 78 Abs 2 S 3 SeemG). Wegen der Verkürzung der verlängerten Kündigungsfristen des § 78 Abs 2 S 3 iVm § 63 Abs 2 S 1 Nrn 2–4 SeemG durch § 113 S 2 InsO nF sowie zur Nichtanwendung des § 63 Abs 2 S 2 SeemG gilt das zum Heuerverhältnis eines Besatzungsmitglieds Gesagte entsprechend.

90 dd) **Besonderheiten bei Schwerbehinderten und Gleichgestellten.** Bei Entlassung eines **Schwerbehinderten** (§ 2 Abs 2 SGB IX = vormals § 1 SchwbG) und eines diesem **Gleichgestellten** (§ 2 Abs 3 SGB IX = vormals § 2 SchwbG) beträgt die Kündigungsfrist – soweit keine längere Frist vorgeschrieben ist – mindestens vier Wochen (§ 86 SGB IX = vormals § 16 SchwbG), und zwar auch im Rahmen von Aushilfsarbeitsverhältnissen und Probearbeitsverhältnissen (**BAG** 25. 2. 1981 – 7 AZR 25/79, AP Nr 2 zu § 17 SchwbG). Der Schwerbehinderte und der ihm Gleichgestellte ist nicht an diese vierwöchige Kündigungsfrist gebunden, denn der Vierte Abschnitt des Schwerbehindertengesetzes regelt nur die Kündigung durch den Arbeitgeber (KR-*Etzel* §§ 15–20 SchwbG Rn 134; aA *Neumann/Pahlen* § 16 SchwbG Rn 4).

91 Da die **Mindestkündigungsfrist von vier Wochen** des § 16 SchwbG (= nunmehr § 86 SGB IX) seinerzeit vom Gesetzgeber im öffentlichen Interesse geschaffen worden ist, hat sie zwingenden Charakter und darf deshalb nicht verkürzt werden. Durch das Kündigungsfristengesetz ist § 16 SchwbG nicht geändert worden. Auch wenn tarifvertragliche Regelungen für die Entlassung branchenspezifische, verfassungsgemäße Grundkündigungsfristen von sechs Werktagen oder zwei Wochen ohne Kündigungstermin vorsehen, so ist wegen der Regelung des § 622 Abs 4 S 1 BGB in Verbindung mit § 86 SGB IX dennoch nur eine Kündigung mit einer Kündigungsfrist von vier Wochen zum Fünfzehnten oder zum Ende eines Kalendermonats zulässig. § 86 SGB IX enthält – wie vormals § 16 SchwbG – keine § 622 Abs 4 S 1 BGB entsprechende Tariföffnungsklausel, so dass die Mindestkündigungsfrist von vier Wochen stets einzuhalten ist. Gemäß § 113 S 2 InsO nF darf der Insolvenzverwalter unter Beachtung der gesetzlichen Kündigungsfristen des § 86 SGB IX selbst dann kündigen, wenn eine längere Frist einzelvertraglich vereinbart ist (KR-*Etzel* §§ 15–20 SchwbG Rn 132). Die verlängerten gesetzlichen Kündigungsfristen des § 622 Abs 2 S 1 Nrn 1–3 BGB sind auch in der Insolvenz zu beachten, während die des § 622 Abs 2 S 1 Nrn 4–7 BGB durch die Regelung des § 113 S 2 InsO nF gekappt werden. Auch hier ist die Regelung des § 622 Abs 2 S 2 BGB wegen Verstoßes gegen das Altersdiskriminierunsverbot unanwendbar.

92 Andererseits hat der Gesetzgeber die schwerbehinderten Arbeitnehmer und die Gleichgestellten kündigungsrechtlich nicht schlechter stellen und deren Entlassung gerade nicht erleichtern wollen, so dass die beiden in § 622 Abs 1 BGB vorgesehenen Kündigungstermine (Fünfzehnter und Monatsende) ebenfalls zu beachten sind. Sehen dagegen **tarifvertragliche** Regelungen als **Kündigungstermine** für die Grundkündigungsfrist den Wochenschluss oder das Quartalsende vor, so ist zu diesen Kündigungsterminen die gesetzliche Mindestkündigungsfrist des § 86 SGB IX einzuhalten, und zwar auch in der Insolvenz, denn dadurch kommt keine längere Kündigungsfrist als drei Monate zum Monatsende heraus.

93 ee) **Besonderheiten bei Ersatzkräften für Arbeitnehmer in Elternzeit.** Nach § 21 Abs 1 BEEG liegt ein sachlicher Grund, der die **Befristung** eines Arbeitsverhältnisses rechtfertigt, dann vor, wenn ein Arbeitnehmer zur Vertretung eines anderen Arbeitnehmers **für Zeiten** eines Beschäftigungsverbotes nach dem Mutterschutzgesetz, **einer Elternzeit**, einer auf Tarifvertrag, Betriebsvereinbarung oder einzelvertraglicher Vereinbarung beruhenden Arbeitsfreistellung zur Betreuung eines Kindes oder für diese Zeiten zusammen oder für Teile davon eingestellt wird. Über die Dauer der Vertretung hinaus ist die Befristung für notwendige Zeiten einer Einarbeitung zulässig (§ 21 Abs 2 BEEG). Die von den Elternteilen allein oder gemeinsam genommene Elternzeit darf auf zwei Zeitabschnitte verteilt werden (§ 16 Abs 1 S 5 Hs 1 BEEG). Mit der Zustimmung des Arbeitgebers ist eine Verteilung auf weitere Zeitabschnitte möglich (§ 16 Abs 1 S 5 Hs 2 BEEG). Der Anspruch auf Elternzeit, wie der Erziehungsurlaub heute heißt,

III. Beendigung von Arbeitsverhältnissen § 113

besteht bei einem leiblichen Kind bis zur Vollendung seines dritten Lebensjahres (§ 15 Abs 2 S 1 BEEG) und bei einem adoptierten Kind bis zu drei Jahren ab der Inobhutnahme (§ 15 Abs 2 S 5 BEEG).

Während der Elternzeit kann das befristete Arbeitsverhältnis mit der **Ersatzkraft** – auch ohne Vereinbarung des ordentlichen Kündigungsrechts – unter Einhaltung einer **Kündigungsfrist von drei Wochen ohne Beachtung eines Kündigungstermins** in den Fällen gekündigt werden, in denen die Elternzeit ohne Zustimmung des Arbeitgebers vorzeitig beendet werden kann und der Arbeitnehmer dem Arbeitgeber die vorzeitige Beendigung seiner Elternzeit mitgeteilt hat (§ 16 Abs 5 BEEG); die Kündigung ist frühestens zu dem Zeitpunkt zulässig, zu dem die Elternzeit endet (§ 21 Abs 4 BEEG), und zwar ohne dass das Kündigungsschutzgesetz in einem solchen Falle zur Anwendung käme (§ 21 Abs 5 BEEG). Die Kündigungsfrist des § 21 Abs 4 BEEG gilt ungeachtet anderweitiger gesetzlicher, einzelvertraglicher oder tarifvertraglicher Kündigungsfristen oder -termine; allerdings ist eine Vereinbarung kürzerer Kündigungsfristen für die Ersatzkräfte rechtsunwirksam (KR-*Lipke* § 21 BEEG Rn 26). 94

Das **Sonderkündigungsrecht** des § 21 Abs 4 BEEG **kann** einzel- oder tarifvertraglich **ausgeschlossen werden** (§ 21 Abs 6 BEEG). Ist dies geschehen, trägt der Arbeitgeber vor der Insolvenz das Risiko, zwei Arbeitnehmer beschäftigen und vergüten zu müssen, wenn die Elternzeit kraft Gesetzes vorzeitig wegen Tod des Kindes (§ 16 Abs 4 BEEG) endet oder wegen Änderung in der Anspruchsberechtigung (§ 16 Abs 1 BEEG) von der Arbeitnehmerin oder dem Arbeitnehmer vorzeitig beendet wird (KR-*Lipke* § 21 BEEG Rn 29). **In der Insolvenz** ist ein einzel- oder tarifvertraglicher **Ausschluss der Kündigungsrechts** nach § 21 Abs 6 BEEG jedoch als Kündigungsbeschränkung gem § 113 S 1 **unbeachtlich**. 95

ff) Berechnung der Kündigungsfristen ab Kündigungszugang. In all den vorgenannten Fällen ist der Zeitpunkt des **Zugangs der (schriftlichen) Kündigung** für **die Berechnung der Kündigungsfrist** und damit für die Beurteilung **maßgebend**, ob die verkürzten Kündigungsfristen für die Probezeit noch zum Tragen kommen (**BAG** 21. 4. 1966 – 2 AZR 264/65, AP Nr 1 zu § 53 BAT [*Farthmann*]) oder ob bereits die Grundkündigungsfristen zu beachten (**BAG** 12. 2. 1981 – 2 AZR 1108/78, AP Nr 1 zu § 5 BAT [*G Hueck*]) bzw ob schon die verlängerten Kündigungsfristen einzuhalten sind (**BAG** 6. 12. 1978 – 5 AZR 545/77, AP Nr 7 zu § 2 AngKSchG). Eine mit Monatsfrist zum Monatsende ausgesprochene Kündigung muss spätestens bis zum Ablauf des letzten Tages des vorangehenden Monats (24.00 Uhr) zugegangen sein. Eine wenn auch nur kurz nach Mitternacht, dh im neuen Monat zugegangene Kündigung wirkt dann erst zum Schluss des darauf folgenden Monats. Dies gilt auch, wenn ein Arbeitnehmer in Spätschicht arbeitet, die erst nach Mitternacht endet (**BAG** 15. 7. 1969 – 2 AZR 367/68, AP Nr 6 zu § 130 BGB [*Schnorr von Carolsfeld*]), wenn ihm das Kündigungsschreiben erst nach Mitternacht übergeben wird. 96

c) Einzelvertragliche Regelungen über Kündigungsfristen und -termine. Einzelvertraglich kann eine **kürzere Kündigungsfrist** als die gesetzliche Grundkündigungsfrist nur für Aushilfsarbeitsverhältnisse für die ersten drei Beschäftigungsmonate (§ 622 Abs 5 S 1 Nr 1 BGB) vereinbart werden; dann allerdings gelten sie auch in der Insolvenz (*Tschöpe/Fleddermann* ZInsO 2001, 455). Die Kündigungsfrist kann hier bis auf Null reduziert werden; Kündigungstermine sind nicht zu beachten. In Kleinbetrieben mit in der Regel nicht mehr als zwanzig Arbeitnehmern ausschließlich der zu ihrer Berufsbildung Beschäftigten darf die Kündigungsfrist zwar vier Wochen nicht unterschreiten, aber es müssen die beiden Kündigungstermine (Fünfzehnter des Monats und Monatsende) nicht eingehalten werden (§ 622 Abs 1 S 1 Nr 2 BGB). Bei der Feststellung der Zahl der beschäftigten Arbeitnehmer sind teilzeitbeschäftigte Arbeitnehmer mit einer regelmäßigen wöchentlichen Arbeitszeit von nicht mehr als 20 Stunden mit 0,5 und von nicht mehr als 30 Stunden mit 0,75 zu berücksichtigen. Diese Regelung gilt nur für einzelvertragliche Abweichungen von der gesetzlichen Grundkündigungsfrist, die verlängerten gesetzlichen Kündigungsfristen des § 622 Abs 2 S 1 Nrn 1–3 BGB sind wiederum einzuhalten. 97

aa) Abweichungen vom gesetzlichen Kündigungstermin. Einzelvertragliche **Vereinbarungen** mit Angestellten oder Arbeitern **über den Kündigungstermin** (zB: Zulässigkeit der Kündigung nur Halbjahres- oder Jahresschluss) sind in der Insolvenz nicht verbindlich. Vielmehr gilt für beide Seiten die gesetzliche Höchstfrist von drei Monaten zum Monatsende, die nicht nur dem Insolvenzverwalter, sondern auch dem Arbeitnehmer zugute kommt, mithin zu einer Verkürzung der Bindungsdauer führt. Unbeachtlich sind auch Vereinbarungen über die Zulässigkeit der Kündigung nur zum Vierteljahresschluss, weil die gesetzliche Regelung (vgl § 622 Abs 1 BGB) hier mit der Kündigungsfrist von vier Wochen zum Fünfzehnten oder zum Monatsende kürzer ist (*Berscheid* InVo 1998, 32, 34; H/W/F Hdb, Kap 5 Rn 263). 98

bb) Abweichungen von der gesetzlichen Kündigungsfrist. Einzelvertragliche Vereinbarungen längerer als der in § 622 Abs 1 bis 3 BGB genannten Kündigungsfristen sind außerhalb der Insolvenz zulässig (§ 622 Abs 5 S 2 BGB), aber für den Insolvenzverwalter **unbeachtlich**. Die Regelung des § 113 S 2 darf nicht dahingehend missverstanden werden, dass einzelvertragliche Vereinbarungen bis zur Erreichung der Höchstfrist von drei Monaten zum Monatsende bei Kündigungen in der Insolvenz stets beachtlich wären oder längere Kündigungsfristen (zB Jahreskündigungsfristen oder Fristen von sechs Monaten zum Halbjahres- oder Jahresschluss) lediglich auf drei Monate zum Monatsende reduziert würden. Die Kündigungsfristen sind auch in diesen Fällen stets die gesetzlichen Kündigungsfristen des § 622 Abs 1, Abs 2 Nrn 1–3 BGB (**LAG** Köln 26. 3. 1998 – 10 Sa 1437/97, LAGE § 113 InsO Nr 3 = EWiR 1998, 99

789 [*Berscheid*] = InVo 1998, 320 = NZA 1998, 765 = ZIP 1998, 1319; **LAG** Hamm 27. 3. 1998 – 15 Sa 2137/97, LAGE § 113 InsO Nr 5 = NZA-RR 1998, 538 = NZI 1998, 132).

100 Die Gegenmeinung (**BAG** 3. 12. 1998 – 2 AZR 425/98, AP Nr 1 zu § 113 InsO = KTS 1999, 258 = NJW 1999, 1571 = NZA 1999, 425 = NZI 1999, 165 = ZInsO 1999, 301 = ZIP 1999, 370), führt im Ergebnis zu Wertungswidersprüchen, denn es ist nicht einzusehen, dass die Kündigungsfristen von Arbeitnehmern, die 45 Jahre oder älter und mindestens 20 Jahre im Betrieb beschäftigt sind, auf drei Monate zum Monatsende gekappt werden, aber die Kündigungsfristen von Arbeitnehmern, die wegen Nichterfüllung der Wartezeit noch keinen Kündigungsschutz genießen, aber einzelvertraglich mit dem Arbeitgeber von vornherein eine Kündigungsfrist von drei Monaten zum Monatsende vereinbart haben, keine Kürzung hinnehmen sollen.

101 cc) **Insolvenzrechtliche Höchstfrist, nicht Regelfrist.** Mit anderen Worten, § 113 S 2 enthält – trotz der etwas unglücklichen Formulierung – **keine Regelfrist**, sondern lediglich **eine Höchstfrist!** Diese kommt nur zur Anwendung, falls keine kürzere tarifliche oder gesetzliche Kündigungsfrist maßgeblich ist (*Berscheid* Arbeitsverhältnisse, S 195 Rn 590; H/W/F Hdb, Kap 5 Rn 259). Ist bspw mit einem **Arbeiter**, bei dem sich aus § 622 Abs 1–3 BGB eine kürzere als eine dreimonatige Kündigungsfrist ergeben würde, einzelvertraglich eine Kündigungsfrist von drei Monaten zum Monatsende vereinbart worden, so verkürzt sich dessen Kündigungsfrist mithin auf die **gesetzliche Kündigungsfrist**, zB bei einem 23-jährigen Facharbeiter auf **vier Wochen zum Fünfzehnten oder zum Monatsende** (**LAG** Köln 26. 3. 1998 – 10 Sa 1437/97, LAGE § 113 InsO Nr 3 = EWiR 1998, 789 [*Berscheid*] = InVo 1998, 320 = NZA 1998, 765 = ZIP 1998, 1319; **str aA BAG** 3. 12. 1998 – 2 AZR 425/98, aaO). Gleiches gilt, wenn mit einem **Angestellten** die vor Inkrafttreten des Kündigungsfristengesetzes übliche Kündigungsfrist von sechs Wochen zum Quartalsende einzelvertraglich vereinbart worden ist (**LAG** Hamm 27. 3. 1998 – 15 Sa 2137/97, LAGE § 113 InsO Nr 5 = NZA-RR 1998, 538 = NZI 1998, 132; *Berscheid* ZInsO 1998, 159, 162 f; **str aA BAG** 3. 12. 1998 – 2 AZR 425/98, aaO). Anders als bei einer Kündigung vor Verfahrenseröffnung, wo dieser Kündigungstermin weiterhin zu beachten ist, wenn er kraft einzelvertraglicher Vereinbarung gleichermaßen für beide Seiten gelten soll (**LAG** Hamm 1. 2. 1996 – 4 Sa 913/95, AR-Blattei ES 1010.6 Nr 1 = LAGE § 622 BGB Nr 38; s ferner **LAG** Hamm 1. 2. 1996 – 4 Sa 1044/95, AR-Blattei ES 1840 Nr 28 = LAGE § 11 AÜG Nr 1), gelten nach Verfahrenseröffnung die gesetzlichen Regelungen des § 622 Abs 1 und Abs 2 S 1 Nrn 1–3 BGB. **Einzelvertragliche** Vereinbarungen über **Kündigungstermine** – wie die Festlegung des Quartalsendes statt des Monatsendes – sind im Insolvenzverfahren nicht verbindlich (*Berscheid* ZInsO 1998, 159, 162).

102 d) **Kündigungsfrist bei Ausschluss des ordentlichen Kündigungsrechts.** In der Literatur ist umstritten, ob der Insolvenzverwalter bei einem befristeten oder auflösend bedingten bzw unbefristeten, aber ordentlich nicht kündbaren Arbeitsverhältnis eine dreimonatige Kündigungsfrist einzuhalten hat (*Annuß* ZInsO 2001, 344, 349; *Grunsky/Moll* Arbeitsrecht, Rn 341; N/R/*Hamacher* § 113 Rn 22; *Weis* HwB AR 1003 „Insolvenzarbeitsrecht" Rn 13; *Zwanziger* Arbeitsrecht, § 113 Rn 11) oder ob die gesetzlichen Kündigungsfristen des § 622 BGB gelten, wenn sie kürzer sind als die dreimonatige Kündigungsfrist des § 113 S 2 InsO (*Berscheid* AnwBl 1995, 8, 9; *ders* InVo 1998, 32, 33; *ders* ZInsO, 1998, 115, 123; BKBN/*Berscheid* Teil 12 Rn 123, 124 mwN zum Sach- und Streitstand; *Caspers* Personalabbau und Betriebsänderung, § 51 Rn 115 iVm § 47 Rn 107; *Hess/Weis* InVo 1996, 309, 310; KR-*Weigand* § 113 InsO Rn 18; K/P/B/*Moll* § 113 Rn 74–79; *Lohkemper*, KTS 1996, 1, 9; *Schrader* NZA 1997, 70).

103 aa) **Kündigungsfrist bei befristeten oder auflösend bedingten Arbeitsverträgen.** Für ordentliche Kündigungen von Dienstverhältnissen gilt nach § 113 S 2 InsO eine Kündigungsfrist von drei Monaten, wenn nicht außerhalb der Insolvenz eine kürzere Kündigungsfrist „maßgeblich" ist. Hieraus wird für befristete Arbeitsverhältnisse gefolgert, dass die **gesetzliche Höchstkündigungsfrist von drei Monaten zum Monatsende** immer dann gelte, wenn das Arbeitsverhältnis im Zeitpunkt der Kündigung durch den Insolvenzverwalter ohne ordentliche Kündigungsmöglichkeit noch für zumindest drei weitere Monate befristet sei (**LAG** Düsseldorf 5. 11. 1999 – 10 Sa 1247/99, ZInsO 2000, 169; **LAG** Hamm 8. 12. 1999 – 2 Sa 2506/98, ZInsO 2000, 407). Sie werde nicht durch eine kürzere vertragliche Kündigungsfrist verdrängt, die für das Arbeitsverhältnis vor Eröffnung des Insolvenzverfahrens zu keinem Zeitpunkt maßgeblich gewesen sei (**BAG** 6. 7. 2000 – 2 AZR 695/99, AP Nr 6 zu § 113 InsO = InVo 2000, 371 = NZI 2000, 611 = ZInsO 2000, 567 = ZIP 2000, 1941). Die gesetzliche Kündigungsfrist habe in dem befristeten Arbeitsverhältnis zu keinem Zeitpunkt Anwendung gefunden, sie sei also für dieses Arbeitsverhältnis nie maßgeblich gewesen. Auf die Frist, die maßgeblich wäre, wenn die Parteien kein befristetes Arbeitsverhältnis vereinbart hätten, stelle § 113 S 2 InsO nicht ab (**BAG** 6. 7. 2000 – 2 AZR 695/99, aaO). Der systematische Zusammenhang spreche nachhaltig für diese Auslegung, denn im Gegensatz zu § 22 Abs 1 S 1 KO bzw § 9 Abs 2 GesO, die allgemein auf die gesetzliche Kündigungsfrist verwiesen hätten, regele nunmehr § 113 S 2 InsO, welche Kündigungsfrist für diese Kündigung des Insolvenzverwalters gelte. Für Kündigungen durch den Insolvenzverwalter gelte danach eine **Kündigungsfrist von drei Monaten**, wenn nicht für das Arbeitsverhältnis außerhalb der Insolvenz eine kürzere Kündigungsfrist maßgeblich sei.

III. Beendigung von Arbeitsverhältnissen § 113

Damit geht die Rechtsprechung davon aus, dass die Drei-Monats-Frist des § 113 S 2 stets deshalb anzuwenden ist, weil dies derjenige Zeitraum ist, auf den die sozusagen überlangen oder unendlichen Fristen heruntergekürzt werden, die mit dem befristeten oder auflösend bedingten Arbeitsvertrag bzw mit dem Ausschluss des ordentlichen Kündigungsrechts verbunden sind. Nach dem Gesetzeswortlaut und auf Grund des Zusammenhangs ist es jedoch geboten, in einem **ersten** Schritt diejenige **Kündigungsfrist festzustellen**, die gilt, wenn von der Befristungsabrede oder von der Unkündbarkeitsregelung abgesehen wird, und in einem **zweiten** Schritt diese **Kündigungsfrist an der Höchstfrist** des § 113 S 2, die für jede fristgerechte Kündigung durch den Insolvenzverwalter gilt (BAG 16. 6. 1999 – 4 AZR 662/98, ZInsO 2000, 351), zu **messen** (so K/P/B/*Moll* § 113 Rn 74). Dies ist die gesetzliche Konzeption, denn „Satz 1 schiebt die Befristung und die Unkündbarkeit beiseite, Satz 2 regelt im Anschluss daran die Kündigungsfrist" (so wörtlich K/P/B/*Moll* § 113 Rn 75). Die einzuhaltende Kündigungsfrist beträgt „drei Monate zum Monatsende" nur dann, wenn bei der durch § 113 hergestellten ordentlichen Kündbarkeit keine kürzere Kündigungsfrist maßgeblich ist (K/P/B/*Moll* aaO; zust BKBN/*Berscheid* Teil 12 Rn 148; ähnl *Boemke* NZI 2001, 460, 463; MK/*Löwisch/Caspers* § 113 Rn 28). Der Wortlaut und die Entstehungsgeschichte des § 113 stehen dafür, dass durch seinen Satz 1 die außerhalb der Insolvenz nicht bestehende ordentliche Kündbarkeit hergestellt und auf dieser Grundlage durch Satz 2 den für die ordentliche Kündigung maßgeblichen Kündigungsfristen bis zum Erreichen der Höchstfrist der Vorrang eingeräumt wird (K/P/B/*Moll* aaO). Der Gesetzgeber hat alle massebelastenden Kündigungsregelungen streichen und nur insoweit das bisherige Insolvenzrecht verändern, dh verbessern wollen (BKBN/*Berscheid* Teil 12 Rn 148). 104

Aus diesem Grunde ist in § 113 S 2 InsO „eine eigene Kündigungsfrist von *höchstens* drei Monaten zum Monatsende" eingeführt worden. Die **Regelungen des § 113 S 1 und S 2 InsO** sind mithin in einer Gesamtschau **sanierungsfreundlich** und damit **sanierungsfördernd** dahingehend **auszulegen**, dass befristete und auflösend bedingte Arbeitsverhältnisse selbst dann jederzeit, dh während der gesamten Dauer des Insolvenzverfahrens, und bei geringer Beschäftigungsdauer mit den kurzen gesetzlichen Kündigungsfristen des § 622 Abs 1 BGB gekündigt werden können, wenn das Recht zur ordentlichen Kündigung nicht ausdrücklich vereinbart worden ist (*Hess* § 113 Rn 249). Daher können befristete Dienst- oder Arbeitsverhältnisse stets **mit der gesetzlichen Grundkündigungsfrist** von vier Wochen zum 15. des Monats oder zum Monatsende (§ 622 Abs 1 BGB) oder mit einer Frist von einem Monat zum Monatsende (§ 622 Abs 2 S 1 Nr 1 BGB) **gekündigt werden** (BKBN/*Berscheid* Teil 12 Rn 149; str aA *Bertram* NZI 2001, 625, 630; PK-HWF/*Schmidt* § 113 Rn 14). Längere Kündigungsfristen kommen auf Grund der (geringen) Dauer der zulässigen Befristung in aller Regel nicht in Betracht (LAG Hamm 25. 10. 2000 – 4 Sa 363/00, DZWIR 2001, 192, 199 [*Weisemann*] = ZInsO 2001, 282; zust *Hess* InVo 2001, 117, 120; *Weisemann* DZWIR 2001, 199, 201; str aA *Annuß* ZInsO 2001, 344, 349; HK/*Linck* § 113 Rn 9). 105

bb) Kündigungsfrist bei sog tariflicher Unkündbarkeit altersgeschützter Arbeitnehmer. Bei sog Unkündbarkeit wird als Ersatz für den gesetzlichen Wegfall des tariflichen Ausschlusses der ordentlichen Kündigungsmöglichkeit teils die Vereinbarung der längsten tariflichen Kündigungsfrist unterstellt (*Zwanziger* Arbeitsrecht, § 113 Rn 13), teils stets die gesetzliche Höchstfrist des § 113 S 2 für einschlägig gehalten (*Bertram* NZI 2001, 625, 630; KS-*Düwell* KS-InsO S 1433, 1448 Rn 42) und teils auf die „erdiente" Kündigungsfrist abgestellt (*Berscheid* InVo 1998, 32, 33; *ders* BuW 1999, 33, 36; Kraemer/*Neukirchen* Fach 6 Kap 3 Rn 25). Letzteres dürfte richtig sein, denn die Insolvenz nimmt dem Begünstigten den Unkündbarkeitsstatus und stellt ihn dadurch den anderen, bereits außerhalb der Insolvenz ordentlich kündbaren Arbeitnehmern gleich (BKBN/*Berscheid* Teil 12 Rn 150; K/P/B/*Moll* § 113 Rn 78; MK/*Löwisch/Caspers* § 113 Rn 28). Soweit es sich um **altersgeschützte Arbeitnehmer** handelt, die **langjährig beschäftigt** sind, liegt deren „erdiente" **Kündigungsfrist über** der gesetzlichen **Höchstfrist** des § 113 S 2. Es gibt aber auch Fälle, in denen der Altersschutz außerhalb der Insolvenz schon zu einem Zeitpunkt einsetzt, in welchem der Arbeitnehmer ohne den tariflichen Ausschluss des ordentlichen Kündigungsrechts noch mit der tariflichen Grundkündigungsfrist nach Ablauf der Probezeit kündbar wäre. Die Problematik soll an zwei Beispielen verdeutlicht werden: 106

Die Grundkündigungsfrist für Arbeiter im Bereich der Metall- und Elektroindustrie Südwürttemberg-Hohenzollern beträgt zwei Wochen zum Wochenschluss und erhöht sich nach drei Jahren auf einen Monat zum Monatsende (§ 4.5.1.1 MTV), jedoch ist nach einer Betriebszugehörigkeit von drei Jahren das Recht zur ordentlichen Beendigungs- und Änderungskündigung ausgeschlossen, wenn der Beschäftigte bereits das 53. Lebensjahr vollendet hat (§ 4.4 MTV). Wer hingegen das 53. Lebensjahr noch nicht vollendet hat, aber dem Betrieb länger als zwölf Jahre angehört, hat eine Kündigungsfrist von sechs Monaten zum Vierteljahresschluss „erdient" (§ 4.5.2 iVm § 4.5.3 MTV). Wird einem solchen Arbeitnehmer im Insolvenzverfahren bspw am 28. 1. 2009 zum 30. 4. 2009 gekündigt, dann wird seine außerhalb der Insolvenz bis zum 30. 9. 2009 laufende Kündigungsfrist um fünf Monate verkürzt. 107

Für die Kündigung von Arbeitnehmern des genossenschaftlichen Groß- und Außenhandels in Baden-Württemberg beträgt die Grundkündigungsfrist sechs Wochen zum Quartalsende, kann aber einzelvertraglich auf einen Monat zum Monatsende abgekürzt werden (§ 2 Abschn C Ziff 1 UnterAbs 1 MTV). Beschäftigten, die über 50 Jahre alt und mindestens 15 Jahre im Unternehmen tätig sind, kann nur 108 noch mit einer (verlängerten) Kündigungsfrist von zwölf Monaten zum Quartalsende gekündigt werden (§ 3 Ziff 1 S 1 MTV). Wird einem solchen Arbeitnehmer im Insolvenzverfahren bspw am 28. 1. 2009 zum 30. 4. 2009 gekündigt, dann wird seine außerhalb der Insolvenz bis zum 31. 3. 2010 laufende Kündigungsfrist um elf Monate verkürzt. Sog Unkündbarkeit tritt hier erst nach Vollendung des 55. Lebensjahres und mindestens 15 Jahre Unternehmenszugehörigkeit ein (§ 3 Ziff 2 S 1 MTV), aber auch dann wäre eine Kündigungsfrist von zwölf Monaten zum Quartalsende „erdient", die wegen § 113 S 2 auf drei Monate zum Monatsende „gekappt" würde.

109   Es fällt unter **Wertungsgesichtspunkten** schwer, im Insolvenzfall in beiden Unkündbarkeitsfällen eine Kündigung mit der gesetzlichen Höchstfrist von drei Monaten zum Monatsende anzuerkennen, weil im ersten Beispielsfall die „erdiente" Kündigungsfrist um zwei Monate verlängert und im zweiten Beispielsfall um elf Monate „gekappt" wird. Die beiden Beispielsfälle stützen die These, dass § 113 S 1 dem Begünstigten den Unkündbarkeitsstatus nimmt und ihn dadurch den anderen, bereits außerhalb der Insolvenz ordentlich kündbaren Arbeitnehmern gleichstellt (K/P/B/*Moll* § 113 Rn 78), während § 113 S 2 auf dieser Grundlage die Kündigungsfrist regelt und den für die ordentliche Kündigung außerhalb der Insolvenz maßgeblichen Kündigungsfristen bis zum Erreichen der insolvenzrechtlichen Höchstfrist von drei Monaten zum Monatsende den Vorrang einräumt (K/P/B/*Moll* § 113 Rn 76). **Kündigungsfristenregelungen** einerseits **und Unkündbarkeitsregelungen** andererseits **verfolgen unterschiedliche Zwecke:** „Die Kündigungsfrist bei ordentlicher Kündbarkeit gewährt Umstellungszeit. Dem Arbeitnehmer wird Zeit eingeräumt, sich um einen anderen Arbeitsplatz zu bemühen. ... Der sich in Kündigungsfristen niederschlagende Anpassungszweck wird ... bis zu der Höchstfrist des Absatzes 1 Satz 2 anerkannt" (so wörtlich K/P/B/*Moll* § 113 Rn 79). Damit gilt über § 113 Satz 1 in der Insolvenz im Ergebnis nicht anders als für die außerhalb in den Fällen der Betriebsstilllegung ausnahmsweise zulässige betriebsbedingte außerordentliche Kündigung, bei der die gesetzliche bzw. tarifliche ordentliche Kündigungsfrist als Auslauffrist zu wahren ist (MK/*Löwisch*/*Caspers* § 113 Rn 28 bei Fn 30; zust BKBN/*Berscheid* Teil 12 Rn 151).

110   Selbst wenn man einzelvertragliche oder tarifvertragliche Unkündbarkeitsregelungen als „**unendlich lange**" **Kündigungsfristen** auffasst, die sich deshalb in der Insolvenz auf die gesetzlichen Kündigungsfristen verkürzen (BAG 9. 10. 1997 – 2 AZR 586/96, ZInsO 1998, 142; **BAG** 19. 1. 2000 – 4 AZR 910/98, KTS 2001, 186 = ZInsO 2001, 144), so stellt die Unkündbarkeit – anders als die Kündigungsfrist – keine Anpassungsfrist dar, sondern bezweckt Arbeitsplatzschutz und Arbeitsplatzerhaltung; diese Zwecksetzung wird über § 113 S 1 durch Herstellung der ordentlichen Kündbarkeit insolvenzspezifisch gerade aufgehoben (K/P/B/*Moll* aaO). Bei einzel- oder tarifvertraglichem Ausschluss des ordentlichen Kündigungsrechts wird in der Regel die dann „erdiente" **Kündigungsfrist drei Monate zum Monatsende** übersteigen und ist entsprechend abzukürzen. Wo dies nicht der Fall ist, bemisst die Kündigungsfrist sich nach den jeweils einschlägigen gesetzlichen oder tariflichen Fristen, wenn diese kürzer als drei Monate sind; ansonsten ist die Höchstfrist des § 113 S 2 InsO von drei Monaten zum Monatsende zu beachten (BKBN/*Berscheid* Teil 12 Rn 151). Dies ist angesichts der vielen Fälle, in denen tatsächlich erdiente „überlange" oder „unendlich lange" Kündigungsfristen auf drei Monate zum Monatsende abgekürzt werden, auch sachgerecht.

111   e) **Tarifvertragliche Regelungen über Kündigungsfristen und -termine.** Tarifliche Regelungen, die kürzere Kündigungsfristen für die Kündigung in der Probezeit oder für die Grundkündigungsfristen oder für die verlängerten Kündigungsfristen vorsehen, sind nach § 622 Abs 4 S 1 BGB zulässig und können auch einzelvertraglich zwischen nichttarifgebundenen Arbeitgebern und Arbeitnehmern vereinbart werden (§ 622 Abs 4 S 2 BGB), so dass es insoweit auf die Frage nach Tarifbindung oder Allgemeinverbindlicherklärung nicht ankommt. Soweit bspw statt der Grundkündigungsfrist von vier Wochen tariflich eine Wochenfrist genügt oder eintägige tarifliche Kündigungsfristen vorkommen, sind die Bestimmungen auch in der Insolvenz zu beachten (KS-*Düwell* S 1433, 1449 Rn 49).

112   aa) **Lex specialis gegenüber längeren Kündigungsfristen in Tarifverträgen.** Soweit tarifliche Regelungen längere Kündigungsfristen als das Gesetz vorsehen, sind sie im Rahmen der Höchstfrist des § 113 S 2 nur beachtlich, wenn Tarifbindung kraft Organisationszugehörigkeit besteht (§ 3 Abs 1 TVG) oder der Tarifvertrag für allgemeinverbindlich erklärt ist (§ 5 Abs 4 TVG). Die **gesetzliche Regelung** des § 113 S 2 **geht** als lex specialis auch längeren **Kündigungsfristen in Tarifverträgen**, Betriebsvereinbarungen oder Einzelarbeitsverträgen **vor** (LAG Hamm 20. 5. 1999 – 4 Sa 1989/98, AE 1999, 160 = BuW 1999, 960 = ZInsO 1999, 362 mzN zum Sach- und Streitstand).

113   bb) **Eingeschränkte Fortgeltung tariflicher Quartalskündigungstermine.** Soweit tariflich Quartalskündigungstermine vorgesehen sind, bleiben diese so lange gültig, wie dadurch keine längere Kündigungsfrist als drei Monate zum Monatsende herauskommt (*Berscheid*, WiPra 1996, 370; *ders* ZInsO 1998, 158, 163; zust H/W/F Hdb, Kap 5 Rn 263). Wird bspw erst am 20.2. gekündigt, würde die Kündigung außerhalb der Insolvenz erst zum 30.6. wirksam werden. Da damit aber die gesetzliche Höchstfrist von drei Monaten zum Monatsende, also zum 31.5., überschritten würde, wird die Kündigungsfrist in der Insolvenz auch in diesem Fall „gekappt", so dass das Arbeitsverhältnis mit dem 31.5. rechtswirksam beendet wird (BKBN/*Berscheid* Teil 12 Rn 145; MK/*Löwisch*/*Caspers* § 113 Rn 26; so

III. Beendigung von Arbeitsverhältnissen **§ 113**

auch K/P/B/*Moll* § 113 Rn 69 zu § 621 Nr 4 BGB). Soweit tariflich vorgesehen ist, dass eine Kündigung nur zum Schluss der Kalenderwoche zulässig ist, führt dies bei verlängerten Kündigungsfristen dazu, dass die Kündigung auf das letzte Wochenende vor Ablauf der Drei-Monats-Frist wirkt (*Grunsky/Moll* Arbeitsrecht, Rn 337; zust BKBN/*Berscheid* Teil 12 Rn 145).

cc) Kein Eingriff in die Tarifautonomie. Zwar stellen tarifvertragliche Vereinbarungen über die Beendigung des Arbeitsverhältnisses, insbesondere Regelungen über Kündigungsfristen und -termine, einen geradezu klassischen Regelungsbereich für die Tarifparteien in Mantel- oder Rahmentarifverträgen dar (*Zwanziger* Arbeitsrecht, § 113 Rn 21), jedoch gilt die sog Normsetzungsprärogative der Tarifvertragsparteien gerade hier nicht schrankenlos. **Verfassungsrechtliche Bedenken** wegen Verkürzung längerer tariflicher Kündigungsregelungen **können** aus den gleichen Gründen **nicht erhoben werden**, die für die Nichtgeltung der tariflichen Unkündbarkeitsregelungen in der Insolvenz sprechen. Darüber hinaus ist noch Folgendes zu beachten: Von tariflich garantiertem zeitlichem „Bestandsschutz" kann keine Rede mehr sein, wenn der Insolvenzverwalter die Arbeitnehmer nicht mehr beschäftigen und bezahlen kann und die Bundesagentur für Arbeit deshalb dem Arbeitnehmer im Rahmen der sog Gleichwohlgewährung gem § 143 Abs 3 SGB III Arbeitslosengeld zahlen muss. Da für die Arbeitnehmer durch die Kappung der verlängerten tariflichen Kündigungsfristen für die Insolvenz auf eine Höchstfrist von drei Monaten zum Monatsende (§ 113 S 2) mithin keine sozialen Härten entstehen, kann von einem Eingriff in die Tarifautonomie oder gar in deren Kernbereich keine Rede sein. Es ist jedenfalls kein übermäßiger Eingriff in die Tarifautonomie festzustellen (*Lakies* BB 1998, 2638, 2640; *Tschöpe/Fleddermann* ZInsO 2001, 455, 458).

Die **gesetzliche Neuregelung** der Kündigungsfristen und Kündigungstermine in § 113 S 2 sowie der Aufhebung von Kündigungsbeschränkungen in § 113 S 1 liegt vielmehr in der Konsequenz dieser Rechtsprechung (BAG 7. 6. 1984 – 2 AZR 602/82, AP Nr 5 zu § 22 KO = KTS 1985, 103 = NZA 1985, 121 = ZIP 1984, 1517; BAG 9. 3. 1995 – 2 AZR 484/94, AP Nr 1 zu § 9 GesO = KTS 1995, 726 = NZA 1996, 99 = ZIP 1995, 849), indem sie **tarifvertragliche und gesetzliche Kündigungsfristen** und -**termine gleich behandelt**, dh durch eine für alle geltende Höchstfrist und einen einheitlichen Kündigungstermin ersetzt. Würde man nunmehr die längeren tariflichen Kündigungsfristen bzw die tariflich unkündbaren Arbeitsverhältnisse von der Neuregelung ausnehmen oder die sog Quartalskündigungstermine uneingeschränkt zulassen, so würde dies bedeuten, dass den tariflichen Kündigungsregelungen ein höherer Rang eingeräumt wird als den gesetzlichen Kündigungsfristen und -terminen des § 622 Abs 2 S 1 Nrn 4–7 BGB (*Berscheid* InVo 1998, 32, 36).

f) Nachkündigung durch den Insolvenzverwalter. Arbeitgeber oder vorläufiger Insolvenzverwalter können vor Eröffnung des Insolvenzverfahrens nur unter Beachtung der allgemeinen gesetzlichen oder tariflichen Kündigungsfristen und -termine oder einzelvertraglichen Vereinbarungen hierüber kündigen, so dass sich das Problem der sog Nachkündigung stellt: Haben der Arbeitgeber oder vorläufige Insolvenzverwalter vor Insolvenzeröffnung unter Beachtung der verlängerten Kündigungsfristen des § 622 Abs 2 S 1 Nrn 4–7 BGB (= vier bis sieben Monate zum Monatsende) oder vergleichbarer tariflichen oder einzelvertraglichen Regelungen (zB sechs Monate zum Quartalsende oder zum Halbjahres- oder Jahresschluss oder Jahreskündigungsfrist) gekündigt, so kann der die **endgültige Insolvenzverwalter**, um eine Verringerung der Insolvenzmasse zu verhindern, nach Verfahrenseröffnung nach Maßgabe des § 113 S 2 nochmals (nach)kündigen (**LAG** Hamm 21. 11. 2001 – 2 Sa 1123/01, LAGReport 2002, 135 = ZInsO 2002, 691; str **aA ArbG** Köln 8. 12. 1998 – 4/15 Ca 5991/98, NZI 1999, 282 = ZInsO 1999, 539 [*Berscheid*]). Der Kündigungsgrund ist durch die Kündigung vor Verfahrenseröffnung selbst dann noch nicht verbraucht, wenn die erste Kündigung wegen Ablaufs der dreiwöchigen Klagefrist des § 4 S 1 KSchG inzwischen gem § 7 Hs 1 KSchG endgültig rechtswirksam geworden ist , denn es ist möglich, aus demselben Anlass mehrere Kündigungen auszusprechen (**LAG** Hamm 13. 8. 1997 – 14 Sa 566/97, LAGE § 113 InsO Nr 1 = KTS 1998, 209 = ZAP ERW 1998, 13 [*Berscheid*] = ZInsO 1998, 140 = ZIP 1998, 161).

Der endgültige Insolvenzverwalter wiederholt damit nicht lediglich die erste Kündigung. Er stützt sie vielmehr auf die Insolvenzeröffnung und das dadurch ausgelöste Sonderkündigungsrecht und damit auf weitere, neue Tatsachen, die den bisherigen Kündigungssachverhalt verändert haben (**BAG** 22. 5. 2003 – 2 AZR 255/02, NJW 2003, 3364 = NZA 2003, 1086 = NZI 2003, 673 = ZInsO 2003, 866 = ZIP 2003, 1670). Eine unzulässige „Wiederholungskündigung" oder „Nachkündigung" liegt darin nicht, denn nach § 113 InsO kann ein Arbeitsverhältnis vom Insolvenzverwalter stets ohne Rücksicht auf eine vereinbarte Vertragsdauer oder einen vereinbarten Ausschluss des Rechts zur ordentlichen Kündigung mit der kurzen Kündigungsfrist von drei Monaten zum Monatsende gekündigt werden, soweit nicht eine noch kürzere Frist maßgeblich ist. Sinn der gesetzlichen Regelung ist es, dass im Insolvenzfall alle Arbeitsverhältnisse zumindest mit der Höchstfrist von drei Monaten und damit innerhalb eines überschaubaren Zeitraums beendet werden können (**BAG** 13. 5. 2004 – 2 AZR 329/03, BAGReport 2004, 330 = NZA 2004, 1037 = ZInsO 2005, 390 = ZIP 2004, 1773; **BAG** 26. 7. 2007 – 8 AZR 769/06, NZA 2008, 168 = ZIP 2008, 428). Der **endgültige Insolvenzverwalter muss** alle Schritte zur Massemehrung unternehmen und deshalb auch **zum Instrumentarium der Nachkündigung greifen** (*Berscheid* NZI 2000, 1, 6). Eine Ausnahme hinsichtlich der Zulässigkeit einer Nach- oder Wiederholungskündi-

114

115

116

117

§ 113   Kündigung eines Dienstverhältnisses

gung besteht nur in den Fällen, in denen die erste Kündigung durch arbeitsgerichtliche Entscheidung für rechtsunwirksam erklärt worden ist (**BAG** 16. 6. 1999 – 4 AZR 68/98, ZInsO 1999, 714, 715). Der Insolvenzverwalter muss in allen Fällen, in denen er entweder zur Fristverkürzung nachkündigt oder allein deshalb nochmals kündigt, weil er zB Bedenken gegen die vom Arbeitgeber ausgesprochene Kündigung wegen der Betriebsratsanhörung hat, vor Ausspruch der neuen Kündigung selbst den Betriebsrat nach § 102 BetrVG anhören (*Berscheid* ZInsO 1998, 159, 164; H/W/F Hdb, Kap 5 Rn 258).

IV. Grundsätze der Massenentlassung in der Insolvenz

118   Auch in der Insolvenz ist der **Massenentlassungsschutz** zu beachten, da sowohl die Anzeigepflicht als auch die Entlassungssperre gemäß §§ 17, 18 KSchG bei Massenentlassungen durch den Insolvenzverwalter gilt. Der Massenentlassungsschutz **erstreckt sich** – wie der allgemeine Kündigungsschutz – **nur auf Arbeitnehmer**. Als Arbeitnehmer eines Betriebes im Sinne des § 17 KSchG gelten, wie sich durch Umkehrschluss aus § 17 Abs 5 KSchG ergibt, alle Arbeiter und Angestellten, und zwar unabhängig davon, ob sie als Voll- oder Teilzeitbeschäftigte tätig sind (KS-*Schulte-Kaubrügger* S 1585, 1587 Rn 5 mit zahlreichen Nachweisen in Fn 8).

119   Allgemeine Betriebseinschränkungen oder -stilllegungen (§ 111 S 3 Nr 1 BetrVG) sind notwendigerweise mit Entlassungen, vielfach sogar mit Massenentlassungen verbunden, so dass die Anwendung der §§ 17 ff KSchG in Frage steht. Auch die anderen Tatbestände des § 111 S 3 BetrVG können zu einem anzeigepflichtigen Personalabbau führen (siehe dazu **BAG** 14. 2. 1978 – 1 AZR 154/76, AP Nr 60 zu Art 9 GG Arbeitskampf [*Konzen*] = NJW 1979, 233 = SAE 1980, 129 [*Seiter*]). Als **Betriebsänderungen**, die unter Umständen zur Massenentlassung führen, gelten:
– Einschränkung und Stilllegung des ganzen Betriebes oder von wesentlichen Betriebsteilen,
– Verlegung des ganzen Betriebes oder von wesentlichen Betriebsteilen,
– Zusammenschluss mit anderen Betrieben oder die Teilung von Betrieben,
– grundlegende Änderungen von Betriebsorganisation, Betriebszweck oder Betriebsanlagen,
– Einführung grundlegend neuer Arbeitsmethoden und Fertigungsverfahren.

120   Ob die Aufzählung des § 111 S 3 BetrVG abschließend ist oder nicht, ist umstritten. Als Betriebsänderung gilt über die gesetzliche Regelung hinaus auch ein Personalabbau aus betrieblichen Gründen ohne Verringerung der sächlichen Betriebsmittel in der Größenordnung der Zahlen und Prozentangaben des § 17 Abs 1 KSchG, aber mindestens 5% der Belegschaft des Betriebes (**BAG** 2. 8. 1983 – 1AZR 516/81, AP Nr 12 zu § 111 BetrVG 1972 [*Fabricius/Pottmeyer*] = NJW 1984, 1781 = ZIP 1984, 359; **BAG** 22. 1. 2004 – 2 AZR 111/02, AP Nr 1 zu § 112 BetrVG 1972 Namensliste = NZA 2006, 64), und zwar ohne Beschränkung auf den Dreißig-Tage-Zeitraum (**BAG** 7. 8. 1990 – 1 AZR 445/89, AP Nr 30 zu § 111 BetrVG 1972 = NZA 1991, 113 = ZIP 1990, 1426). Mit letzterem ist der **Tatbestand des (bloßen) Personalabbaus als Betriebseinschränkung** iSd § 111 S 3 Nr 1 BetrVG durch die Rechtsprechung anerkannt worden. Bei Berechnung der Prozentzahl sind auch diejenigen Arbeitsverhältnisse mitzuzählen, die nur deshalb gekündigt werden müssen, weil die Arbeitnehmer dem Übergang auf einen Betriebsteilerwerber (§ 613a BGB) widersprochen haben und eine Beschäftigungsmöglichkeit im Restbetrieb nicht mehr besteht (**BAG** 10. 12. 1996 – 1 ABR 43/96, AP Nr 32 zu § 113 BetrVG 1972 = NZA 1997, 787 = ZIP 1997, 1471).

121   **1. Massenentlassung und Anzeigepflicht.** Die Regelungen zur Durchführung von Massenentlassungen bleiben für das Insolvenzverfahren im Wesentlichen unverändert, denn insoweit haben sich die Gründe für ihre Einführung nicht geändert. Massenentlassungen sind anzeigepflichtig. Für die Anzeigepflicht ist unerheblich, ob die Entlassungen während der Gründungsphase, während des normalen Geschäftsbetriebes, im Liquidationsstadium, im insolvenzrechtlichen Eröffnungsverfahren oder in einem eröffneten Insolvenzverfahren durchgeführt werden. Im Insolvenzverfahren obliegt die Anzeigepflicht dem Insolvenzverwalter, denn auf ihn gehen wesentliche Teile der Arbeitgeberfunktion, insbesondere die Kündigungsberechtigung, mit allen Konsequenzen über (**BSG** 5. 12. 1978 – 7 RAr 32/78, BB 1979, 1666 = DB 1979, 1283; **BAG** 17. 9. 1974 – 1 AZR 16/74, AP Nr 1 zu § 113 BetrVG 1972 [*Uhlenbruck, Richardi*] = KTS 1975, 122 = NJW 1975, 182). Die Massenentlassungsanzeige kann von einem entsprechend bevollmächtigten, weiterbeschäftigten Angestellten des Schuldners (bspw Personalleiter), aber auch von einem Rechtsanwalt im Auftrag des Insolvenzverwalters unterschrieben werden (so zum Konkurs **BAG** 14. 8. 1986 – 2 AZR 683/85, RzK I 8 b Nr 8).

122   **a) „Entlassungen" im Sinne der Anzeigepflicht.** Eine anzeigepflichtige Massenentlassung liegt vor, wenn in einem Betrieb von einer bestimmten Mindestgröße eine Mindestzahl von Entlassungen vorgenommen wird, nämlich wenn der Arbeitgeber oder der vorläufige Insolvenzverwalter vor Verfahrenseröffnung oder der (endgültige) Insolvenzverwalter danach in Betrieben
– mit in der Regel mehr als 20 und weniger als 60 Arbeitnehmern 6 oder mehr Arbeitnehmer,
– mit in der Regel mindestens 60 und weniger als 500 Arbeitnehmern 10% der regelmäßig beschäftigten Arbeitnehmer oder aber mehr als 25 Arbeitnehmer,
– mit in der Regel mindestens 500 Arbeitnehmern mindestens 30 Arbeitnehmer
innerhalb von 30 Kalendertagen entlässt (§ 17 Abs 1 S 1 Nr 1 bis 3 KSchG).

IV. Grundsätze der Massenentlassung in der Insolvenz § 113

aa) **Loslösung der Anzeigepflicht vom Entlassungsgrund.** Der Entlassungsgrund ist nach nationalem 123
deutschen Recht für die Anzeigepflicht unerheblich, so dass nicht nur auf betriebsbedingte, sondern
auch personen- oder verhaltensbedingte Gründe zurückgehende Kündigungen unter § 17 Abs 1 KSchG
fallen. Seit dem EG-Anpassungsgesetz v 20. 7. 1995 (BGBl I S 946, 948) stehen für die Frage der Überschreitung der Grenzzahlen den Entlassungen auf Grund von Arbeitgeberkündigungen auch andere Beendigungen des Arbeitsverhältnisses (Aufhebungsverträge, Eigenkündigungen der Arbeitnehmer, Nichtverlängerung von befristeten oder auflösend bedingten Arbeitsverträgen) gleich, die vom Arbeitgeber
oder Insolvenzverwalter veranlasst werden (§ 17 Abs 1 S 2 KSchG nF). Mit der Loslösung der Anzeigepflicht vom Entlassungsgrund geht das Kündigungsschutzgesetz zwar über die Massenentlassungsrichtlinie hinaus, die in Art 1 Abs 1 Buchst a RL 75/129/EWG nur auf solche Entlassungen abstellt, deren
Gründe nicht in der Person (oder im Verhalten) des Arbeitnehmers liegen (*Berscheid* WPrax 1995, 83,
85), der Schwerpunkt liegt jedoch auch im Rahmen der Massenentlassung auf der betriebsbedingten
Kündigung.

bb) **Vorsorgliche Massenentlassungsanzeige.** Für den Begriff der Entlassung nach §§ 17, 18 KSchG ist 124
es unerheblich, ob diese die Folge einer Beendigungskündigung oder einer Änderungskündigung ist, bei
der der Arbeitnehmer das Angebot der geänderten Arbeitsbedingungen abgeschlagen hat, so dass sie
zum Ausscheiden aus dem Arbeitsverhältnis führt. Solange nicht geklärt ist, ob die Arbeitnehmer das
Änderungsangebot endgültig oder zumindest unter Vorbehalt annehmen, empfiehlt sich eine vorsorgliche Massenentlassungsanzeige (**BAG** 3. 10. 1963 – 2 AZR 160/63, AP Nr 9 zu § 15 KSchG 1951
[*A. Hueck*]; **BAG** 10. 3. 1982 – 4 AZR 158/79, AP Nr 2 zu § 2 KSchG 1969 [*Meisel*] = NJW 1982,
2839). Unter „Entlassung" im Sinne dieser Vorschrift war vormals nicht schon die Kündigung des Arbeitgebers, sondern erst die damit beabsichtigte Folge zu verstehen, nämlich die tatsächliche Beendigung des Arbeitsverhältnisses, also das Ausscheiden aus dem Betrieb (so grundlegend **BAG** 3. 10. 1963
– 2 AZR 160/63, AP Nr 9 zu § 15 KSchG 1951 [*A. Hueck*]; **BAG** 8. 6. 1989 – 2 AZR 624/88, AP Nr 6
zu § 17 KSchG 1969 = NZA 1990, 224 = ZIP 1990, 323). Wurde ein Arbeitnehmer zugleich mit Ausspruch der Kündigung von seiner Arbeitspflicht suspendiert, so galt das noch nicht als Entlassungstermin, sondern dies blieb weiterhin der Kündigungstermin, zu dem die Kündigung fristgerecht ausgesprochen worden war und der Arbeitnehmer letztlich erst rechtlich aus dem Arbeitsverhältnis ausschied
(BKBN/*Berscheid* Teil 12 Rn 57 f).

b) **Feststellung der sog Regelarbeitnehmerzahl.** Die Massenentlassungsvorschriften gelten allerdings 125
nur für Arbeitnehmer in Betrieben, die „in der Regel" mehr als 20 Arbeitnehmer beschäftigen. Bilden
mehrere Unternehmen einen gemeinsamen Betrieb, ist für die Frage, ob regelmäßig mehr als 20 Arbeitnehmer beschäftigt werden und eine geplante Betriebsänderung daher nach §§ 111 ff BetrVG mitbestimmungspflichtig ist, auf die Gesamtzahl aller im gemeinsamen Betrieb beschäftigten Arbeitnehmer
abzustellen. Diese Bezugsgröße bleibt maßgeblich auch dann, wenn über das Vermögen einer der am
gemeinsamen Betrieb beteiligten Gesellschaften das Insolvenzverfahren eröffnet wird und der Insolvenzverwalter den der Schuldnerin zuzuordnenden Betriebsteil, in dem weniger als 21 Arbeitnehmer
beschäftigt sind, unmittelbar nach Insolvenzeröffnung stilllegt (**BAG** 11. 11. 1997 – 1 ABR 6/97, AP
Nr 42 zu § 111 BetrVG 1972 = KTS 1998, 492 = NZA 1998, 723 = ZIP 1998, 1321). Bei der Berechnung ist die regelmäßige, dh die normale Beschäftigtenzahl des Betriebes zum Zeitpunkt des Zugangs
der Kündigung, nicht zum Zeitpunkt des Ablaufs der Frist für die ordentliche Kündigung, festzustellen
(s zur Feststellung der sog **Regelarbeitnehmerzahl** und zur Problematik des „**Doppelzählens**" bei ruhenden Arbeitsverhältnissen und Ersatzkräften näher Voraufl Vorbem § 113 Rn 117–124).

c) **Probleme bei der Bestimmung des Dreißig-Tage-Zeitraumes.** Maßgeblich für die Berechnung der 126
nach § 17 Abs 1 KSchG festzustellenden Entlassungszahlen war, da nicht an den Ausspruch der Kündigung, sondern an die Tatsache des Ausscheidens aus dem Betrieb angeknüpft wurde, das Wirksamwerden der Kündigung, also der Entlassungszeitpunkt, sprich: der Kündigungstermin (**BAG** 25. 5. 1960 – 2
AZR 584/57, AP Nr 6 zu § 15 KSchG 1951 [*Schelp*]; **BAG** 3. 10. 1963 – 2 AZR 160/63, AP Nr 9 zu
§ 15 KSchG 1951 [*A. Hueck*]; **BAG** 13. 3. 1969 – 2 AZR 157/68, AP Nr 10 zu § 15 KSchG 1951
[*A. Hueck*]). Damit waren „**Massenkündigungen**", die zwar innerhalb von 30 Tagen ausgesprochen
wurden, bei denen aber die Kündigungsfristen zu unterschiedlichen Kündigungsterminen abliefen, nur
dann nach § 17 Abs 1 KSchG zusammenzurechnen, wenn innerhalb von 30 Kalendertagen so viele
Kündigungen wirksam wurden, dass die Mindestzahl des § 17 Abs 1 KSchG erreicht war (*Berscheid*
AR-Blattei SD 1020.2 Rn 91). Mit Inkrafttreten des Kündigungsfristengesetzes v 7. 10. 1993 (BGBl I
S 1668) am 15. 10. 1993 sind – von der Kündigung während der Probezeit abgesehen (§ 622 Abs 3
BGB nF) – im Übrigen Kündigungstermine zu beachten; für die Grundkündigungsfrist sind das der 15.
des Monats und der Monatsletzte (§ 622 Abs 1 BGB nF) und für die verlängerten Kündigungsfristen
mit unterschiedlich langen Kündigungsfristen jeweils das Monatsende (§ 622 Abs 2 BGB nF). Die
Höchstkündigungsfrist beträgt im Insolvenzfall drei Monate zum Monatsende (§ 113 S 2).

Damit waren der **15. eines Monats und der Monatsletzte** die **entscheidenden Stichtage** geworden. 127
Waren nur diese beiden Tage als Kündigungstermine zu beachten, dann konnte der Dreißig-Tage-Zeitraum leicht einmal rückwärts und einmal vorwärts berechnet werden. Es waren um einen Kündigungs-

termin jeweils beide Dreißig-Tage-Zeiträume zu beachten (*Berscheid* AR-Blattei SD 1020.2 Rn 101). Unabhängig vom Schaltjahr lagen innerhalb des für die Massenentlassung maßgebenden Dreißig-Tage-Zeitraumes
- der 31. Januar, der 15. und der 28. bzw 29. Februar,
- der 15. und der 28. bzw 29. Februar sowie der 15. März,

also ausnahmsweise drei Kündigungstermine (*Berscheid* AR-Blattei SD 1020.2 Rn 103).

128 Wurde hier die Grenzzahl des § 17 Abs 1 KSchG bei aufeinander folgenden Entlassungen erst durch spätere Entlassungen überschritten, dann waren *alle* Entlassungen zu den zwei bzw drei Kündigungsterminen anzuzeigen, also nicht nur die noch bevorstehenden, sondern auch die Entlassungen, die vorausgegangen waren, ehe die Freigrenze des § 17 Abs 1 KSchG überschritten wurde. Die **Entlassungen innerhalb des Dreißig-Tage-Zeitraumes** waren nämlich stets zusammenzurechnen und **als eine Massenentlassung zu behandeln** (BSG 9. 12. 1958 – 7 RAr 117/55, AP Nr 3 zu § 15 KSchG 1951 [*Herschel*] = DB 1960, 1274 [*Nikisch*]; zust *Berscheid* ZIP 1987, 1512, 1513).

129 Beispiel:
Wurde in einem Betrieb mit 300 Arbeitnehmern am 29. Januar 22 Arbeitern mit gesetzlicher Kündigungsfrist von vier Wochen zum 28. oder 29. Februar und 8 Angestellten mit verlängerter Frist von zwei Monaten zum 31. März gekündigt, so lag zwar eine „Massenkündigung", aber keine „Massenentlassung" iSd § 17 Abs 1 KSchG vor, denn es kam auf den Beendigungszeitpunkt an. Wurde in dem Beispielsfall den 8 Angestellten am 29. Januar zum 31. März und den 22 Arbeitern am 3. März ebenfalls zu diesem Termin gekündigt, dann lagen zwar die Kündigungen nicht innerhalb von 30 Tagen, wohl aber die Kündigungstermine. Da auf den Entlassungszeitpunkt abzustellen war, handelte es sich hier um anzeigepflichtige Massenentlassungen, denn die geforderten „10 vom Hundert der im Betrieb regelmäßig beschäftigten Arbeitnehmer oder aber mehr als 25 Arbeitnehmer" (§ 17 Abs 1 S 1 Nr 2 KSchG) war zum 31. März (sogar in beiden Alternativen) erreicht. Gleiches galt, wenn in dem Beispielsfall den 22 Arbeitern am 15. Februar zum 15. März gekündigt wurde und die 8 Angestellten am 29. Januar zum 31. März ihre Kündigung erhielten. Bei stufen- oder etappenweisen Entlassungen im Rahmen einer sich länger hinziehenden Betriebseinschränkung musste der Dreißig-Tage-Zeitraum um einen Kündigungstermin rück- und vorwärts berechnet werden. Wenn in dem Beispielsfall die 8 Angestellten am 29. Januar zum 31. März ihre Kündigung erhielten und weiteren 22 Arbeitern am 17. März zum 15. April gekündigt wurden, dann lag erneut eine Massenentlassung vor.

130 **2. Erstattung der Massenentlassungsanzeige.** Die Massenentlassungsanzeige kann – da es sich hier um kein insolvenzspezifisches Geschäft handelt – in der Insolvenz von einem entsprechend bevollmächtigten, weiterbeschäftigten Angestellten des Schuldners (bspw Personalleiter), aber auch von einem Rechtsanwalt im Auftrag des Insolvenzverwalters unterschrieben werden (**BAG** 14. 8. 1986 – 2 AZR 683/85, RzK I 8 b Nr 8). Zuvor ist der Betriebsrat über die beabsichtigten Entlassungen zu unterrichten und es haben Beratungen über die Möglichkeiten zur Vermeidung von Entlassungen bzw zur Milderung der Folgen stattzufinden (§ 17 Abs 2 KSchG).

131 **a) Unterrichtung des Betriebsrats über die Massenentlassung.** Rechtzeitig vor Abgabe der Massenentlassungsanzeige hat der Insolvenzverwalter bei einem entsprechenden Personalabbau im Insolvenzverfahren den Betriebsrat über
- die Gründe für die geplanten Entlassungen,
- die Zahl und die Berufsgruppen der zu entlassenden Arbeitnehmer,
- die Zahl und die Berufsgruppen der in der Regel beschäftigten Arbeitnehmer,
- den Zeitraum, in dem die Entlassungen vorgenommen werden sollen,
- die vorgesehenen Kriterien für die Auswahl der zu entlassenden Arbeitnehmer,
- das vorgesehene Verfahren für die Berechnung etwaiger Abfindungen,

schriftlich zu unterrichten (§ 17 Abs 2 S 1 KSchG). Damit ist dem Betriebsrat der sog Mussinhalt der Massenentlassungsanzeige zuzüglich evtl Abfindungskriterien mitzuteilen. Eine mündliche Unterrichtung reicht nicht aus. Der Betriebsrat kann die schriftliche Mitteilung vielmehr verlangen und bis dahin seine nach § 17 Abs 3 KSchG zur formellen Wirksamkeit der Anzeige notwendige Stellungnahme verweigern (KS-*Schulte-Kaubrügger* S 1585, 1594 Rn 23).

132 Die Unterrichtungspflicht ist „mittelbare" Wirksamkeitsvoraussetzung (ArbG Hamm 21. 1. 1982 DB 1982, 1992) für die Massenentlassungsanzeige (KS-*Schulte-Kaubrügger* S 1585, 1594 Rn 24). Ein Verstoß gegen die Formvorschriften des § 17 Abs 2 KSchG kann unschädlich sein, wenn der Insolvenzverwalter den Betriebsrat zwar nur mündlich unterrichtet, dieser sich aber damit zufrieden gegeben und eine Stellungnahme erteilt hat (**LAG** Hamm 6. 6. 1986 – 16 Sa 2188/86, LAGE § 17 KSchG Nr 2 = RzK I 8 b Nr 5; s wegen weiterer Einzelheiten Voraufl Vorbem Rn 130–132). Stellt nämlich eine Behörde – entgegen einer gesetzlichen Vorgabe – für die Wirksamkeit einer Massenentlassungsanzeige nur geringere als die gesetzlichen Anforderungen, so kann dies nicht dazu führen, dass ein Dritter – hier der Arbeitnehmer – sich mit Erfolg auf die Unwirksamkeit der Anzeige berufen kann, wenn die gesetzlichen Anforderungen an die Anzeige in erster Linie dazu dienen sollen, der Behörde die ordnungsgemäße Erledigung ihrer Aufgaben zu ermöglichen oder diese zumindest zu erleichtern (**BAG** 28. 5. 2009 – 8 AZR 273/08, BeckRS 2009, 69440).

133 **b) Adressat der Anzeige.** Sind die Voraussetzungen des § 17 Abs 1 KSchG in tatsächlicher oder rechtlicher Art für eine Massenentlassung erfüllt, dann hat der Insolvenzverwalter der **für den Betrieb örtlich**

zuständigen Agentur für Arbeit Anzeige zu erstatten. Die Anzeige ist an die Agentur für Arbeit zu richten, in dessen Bezirk der Betrieb liegt; es kommt also weder auf den Sitz des Unternehmens noch den des Insolvenzgerichts an.

c) Form und Inhalt der Anzeige. Die Massenentlassungsanzeige nach § 17 Abs 1 und 3 KSchG ist schriftlich zu erstatten (§ 17 Abs 3 S 2 KSchG), dh eigenhändig zu unterzeichnen (§ 126 BGB). **134**

Zu dem **notwendigen Inhalt der Massenentlassungsanzeige** gemäß § 17 Abs 3 S 2 und S 3 KSchG gehört zunächst, dass der Insolvenzverwalter der Anzeige die Stellungnahme des Betriebsrats zu den beabsichtigten Entlassungen beifügt oder, wenn in dem betreffenden Betrieb kein Betriebsrat besteht, auf diesen Umstand hinweist (KS-*Schulte-Kaubrügger* S 1585, 1596 Rn 31). Die **Stellungnahme des Betriebsrats** kann der Insolvenzverwalter zwar nicht erzwingen, er hat aber die Möglichkeit, die Wirksamkeit der Anzeige auch ohne Stellungnahme des Betriebsrats herbeizuführen, indem er durch Vorlage einer Kopie oder Durchschrift der Mitteilung an den Betriebsrat mit Empfangsquittung oder durch eidesstattliche Versicherung glaubhaft macht, dass er den Betriebsrat mindestens zwei Wochen vor Erstattung der Anzeige schriftlich unterrichtet hat, und er den Stand der Beratungen darlegt (§ 17 Abs 3 S 3 KSchG). Ein Interessenausgleich mit Namensliste nach § 125 Abs 1 ersetzt die Stellungnahme des Betriebsrats nach § 17 Abs 3 S 2 KSchG (s zum Muss- bzw Sollinhalt der Anzeige Voraufl Vorbem § 113 Rn 138 bzw 139). **135**

d) Zeitpunkt der Anzeige und Eintritt der Sperrfrist. Der **Zeitpunkt der Anzeigepflicht** selbst ist im Gesetz nicht geregelt. Der Tag des Ausspruchs der Kündigungen war nicht maßgebend, weil es bislang nach §§ 17, 18 KSchG nicht auf die Kündigungserklärung, sondern auf die Entlassungen ankam; anzeigepflichtig waren mithin nicht Massenkündigungen, sondern nur Massenentlassungen. In jahrzehntelanger, unbeanstandeter Praxis erfolgte deshalb die Anzeige von sog Massenentlassungen bei den vormaligen Arbeitsämtern ein bis zwei Monate vor der tatsächlichen Beendigung der Beschäftigungsverhältnisse, also in der Regel erst nach Ausspruch der Kündigungen. Damit war gewährleistet, dass das Arbeitsverhältnis nach Ablauf der einmonatigen Sperrfrist (§ 18 Abs 1 Hs 1 KSchG) endete, die auf bis zu zwei Monate verlängert (§ 18 Abs 2 KSchG), aber auch rückwirkend bis zum Tage der Antragstellung abgekürzt werden konnte (§ 18 Abs 1 Hs 2 KSchG). In den meisten Fällen erfolgte die Anzeige somit erst nach Ausspruch der Kündigung (s zu den Folgen der Entlassungssperre für das Kündigungsverhalten: Voraufl Vorbem § 113 Rn 148–153). Eine Anzeige vor Ausspruch der Kündigung wäre auf Grund der Freifrist von 90 Tagen, innerhalb derer das Arbeitsverhältnis nach Ablauf der Sperrfrist beendet werden musste (§ 18 Abs 4 KSchG), nicht möglich gewesen (s zur Abkürzung bzw Verlängerung der Sperrfrist sowie zur Sperrfristentscheidung mit Auflagen: Voraufl Vorbem § 113 Rn 141, 142 bzw 143, 144 bzw Rn 145–147). Da bei Ausspruch der Kündigung oftmals nicht einmal feststand, ob eine Massenentlassungsanzeige überhaupt erforderlich war, konnte und durfte der Arbeitgeber nach der bisherigen Rechtsprechung zur Nachholbarkeit von Massenentlassungsanzeigen der Arbeitgeber die Massenentlassungsanzeige auch nach Ausspruch der Kündigung noch bis zur Entlassung (problemlos und sanktionslos) nachholen (**BAG** 13. 4. 2000 – 2 AZR 215/99, AP Nr 13 zu § 17 KSchG 1969 = NZA 2001, 144 = NZI 2001, 272 = ZInsO 2000, 466). **136**

3. Folgen der Entlassungssperre für das Kündigungsverhalten. Die nach § 17 Abs 1 KSchG anzuzeigenden Entlassungen werden erst mit Ablauf der einmonatigen Sperrfrist oder vorzeitig mit Zustimmung des Arbeitsamtes bzw der Agentur für Arbeit (§ 18 Abs 1 Hs 1 KSchG) oder mit Ablauf der verlängerten Sperrfrist (§ 18 Abs 2 KSchG) wirksam. Der Kündigungs- und damit Entlassungstermin konnte demnach bislang **137**
– in der Sperrfrist,
– innerhalb der Freifrist oder
– nach deren Ablauf
liegen. Vor Ablauf der Sperrfrist vorgenommene Entlassungen sind nicht endgültig unwirksam, wohl aber in ihrer Wirksamkeit gehemmt.

a) Tag des Ablaufs der Sperrfrist und der Kündigungsfrist. Nicht von der Entlassungssperre des § 18 Abs 1 KSchG wurden Entlassungen betroffen, die infolge der Länge der Kündigungsfrist oder der Lage des Kündigungstermins erst nach Ablauf der Sperrfrist vorgenommen werden konnten, sofern bei ihnen nicht wiederum der Tatbestand einer Massenentlassung iSv § 17 Abs 1 KSchG vorlag1020.2 Rn 265; *Herschel/Löwisch* § 18 KSchG Rn 18). Die Entlassungssperre trat auch nicht für Kündigungen ein, bei denen der Ablauf der Kündigungsfrist mit dem Ablauf der Sperrfrist zusammenfiel, denn diese lagen bereits in der Freifrist. Der Insolvenzverwalter war berechtigt, die Kündigungen so auszusprechen, dass – nach entsprechender Anzeigeerstattung – Sperrfrist und Arbeitsvertrag am gleichen Tage abliefen (so bereits **RAG** 11. 2. 1931 – 353/30, ARS 12, 27; ferner *Berscheid* ZIP 1987, 1512, 1515). **138**

b) Beachtung der – neuen – EuGH-Rechtsprechung. Diese Sichtweise hat sich grundlegend geändert. Nunmehr sind wir seit der Entscheidung des **EuGH** 27. 1. 2005 (C-188/03, NJW 2005, 1099 = NZA 2005, 213 = ZInsO 2005, 591 [Siafarikas] = ZIP 2005, 230) die Vorschriften der Art 2 bis Art 4 RL 98/59/EG, der sog Massenentlassungsrichtlinie 20. 7. 1998, dahin auszulegen, dass die **Kündigungserklärung des Arbeitgebers** das Ereignis ist, das als „Entlassung" gilt. Im Anschluss an die **EuGH**-Entscheidung **139**

§ 113   Kündigung eines Dienstverhältnisses

hat das **BAG** in mehreren Entscheidungen seiner zuständigen Senate (**BAG** 23. 3. 2006 – 2 AZR 343/ 05, NZA 2006, 971 = ZIP 2006, 1644; **BAG** 13. 7. 2006 – 6 AZR 198/06, NZA 2007, 25 = ZInsO 2007, 1060 = ZIP 2006, 2396; **BAG** 24. 8. 2006 – 8 AZR 317/05, NZA 2007, 1287; **BAG** 22. 3. 2007 – 6 AZR 499/05, NZA 2007, 1101) unter Aufgabe seiner früheren Rechtsprechung entschieden, dass auch unter „Entlassen" i. S. § 17 Abs 1 KSchG der Ausspruch der Kündigung des Arbeitsverhältnisses zu verstehen sei. Damit wird für die Frage, ob die Grenzzahlen des § 17 Abs 1 KSchG überschritten sind, nicht mehr auf den Entlassungszeitpunkt, also den Kündigungstermin, abgestellt, maßgeblich ist vielmehr jetzt der Kündigungszeitpunkt, so dass nicht mehr die „Massenentlassungen", sondern bereits die „**Massenkündigungen**" anzeigepflichtig sind.

140 **Beispielsvariante 1:**
Nach bisherigem Recht reichte es aus, wenn der Verwalter im o. g. Beispiel am 15. Februar den Betriebsrat gem. §§ 111 BetrVG, 17 Abs 2 S 1 KSchG unterrichtet und am 28. bzw 29. Februar unter Beachtung von § 17 Abs 3 S 2 KSchG eine Massenentlassungsanzeige erstattet hat. Die Entlassungssperre des § 18 Abs 1 KSchG trat nämlich nicht für Kündigungen ein, bei denen der Ablauf der Kündigungsfrist mit dem Ablauf der Sperrfrist zusammenfiel, denn diese lagen bereits in der Freifrist. Der Verwalter war berechtigt, die Kündigungen so auszusprechen, dass – nach entsprechender Anzeigeerstattung – Sperrfrist und Arbeitsvertrag am gleichen Tage abliefen (*Berscheid* ZIP 1987, 1512, 1515, mwN), im Beispielsfall also am 31. März. Dass der Verwalter mit dem Betriebsrat erst am 1. März einen Interessenausgleich und einen Sozialplan vereinbarte, war unbeachtlich, denn das Interessenausgleichsverfahren war damit vor dem ersten der drei Massenentlassungsterminen (15. und 31. März und 15. April) abgeschlossen. Mithin kamen keine Nachteilsausgleichsansprüche aus § 113 Abs 3 iVm Abs 1 BetrVG und § 10 KSchG in Betracht.

141 Massenentlassungen = Massenkündigungen darf der Verwalter nunmehr erst nach Ende des Konsultationsverfahrens iSd Art 2 RL 98/59/EG und nach der Anzeige der beabsichtigten Massenentlassung iSd Art 3 und Art 4 der Richtlinie vornehmen (**EuGH** 27. 1. 2005 – C-188/03, aaO), jedoch bedeutet „Ende des Konsultationsverfahrens" auch bei richtlinienkonformen Verständnis des § 17 KSchG nicht, dass die Beratungen zum Interessenausgleich und Sozialplan abgeschlossen sein müssen (**BAG** 21. 5. 2008 – 8 AZR 84/07, NZA 2008, 753). Es ist weder nach § 17 Abs 2 S 2 KSchG noch nach Art 2 Abs 1, Abs 2 RL 98/59/EG Voraussetzung, dass außer der Unterrichtung des Betriebsrats und Beratung mit dem Betriebsrat auch eine Einigung vor „Durchführung der Massenentlassung" erzielt worden sein muss (**BAG** 18. 9. 2003 – 2 AZR 79/02, NZA 2004, 375 = ZInsO 2004, 460; **BAG** 28. 5. 2009 – 8 AZR 273/08, BeckRS 2009, 69440). Auch nach der Rechtsprechungsänderung, die unter Entlassung nicht mehr die Beendigung des Arbeitsverhältnisses nach Ablauf der Kündigungsfrist, sondern den Ausspruch der Kündigung selbst versteht, ist aus der Konsultationspflicht nach § 17 KSchG keine Pflicht zur Verständigung über den Umfang und die Folgen der Massenentlassung abzuleiten. Der Betriebsrat muss unterrichtet und es muss mit ihm beraten worden sein, dagegen muss eine Einigung vor Durchführung der Massenentlassung mit ihm nicht erzielt werden (**BAG** 13. 7. 2006 – 6 AZR 198/06, NZA 2007, 25 = ZInsO 2007, 1060). Weder nach dem Kündigungsschutzgesetz noch zur Erfüllung der Konsultationspflicht nach Art 2 Abs 2 RL 98/59/EG ist es notwendig, nach dem Scheitern der Verhandlungen der Betriebsparteien noch einen unparteiischen Dritten einzuschalten, wie dies § 112 Abs 2 BetrVG vorsieht (**BAG** 21. 5. 2008 – 8 AZR 84/07, NZA 2008, 753). Die Entlassungssperre des § 18 Abs 1 KSchG hindert weder den Ausspruch einer Kündigung nach Anzeige der Massenentlassung bei der Agentur für Arbeit während des Laufs der Sperrfrist nach § 18 Abs 1 oder Abs 2 KSchG noch verlängert die Sperrfrist die gesetzlichen Kündigungsfristen (**BAG** 6. 11. 2008 – 2 AZR 935/07, ZInsO 2009, 974 = ZIP 2009, 487; zust *Bissels* jurisPR-ArbR 17/2009 Anm 2). Aus dem Gesetzeswortlaut lässt sich lediglich entnehmen, dass die Entlassung – auch bei ordnungsgemäßer Anzeige – grundsätzlich nicht ohne Einhaltung einer Mindestfrist von einem Monat vollzogen werden kann. Geregelt wird insoweit lediglich der Vollzug der Entlassung. Das Wirksamwerden iSv § 18 KSchG bezieht sich damit auf den Eintritt der Rechtsfolgen der Kündigung. Diese treten mit Ablauf der Kündigungsfrist ein, denn der Gesetzeswortlaut umschreibt nur einen „Mindestzeitraum", der zwischen der Anzeigenerstattung und der tatsächlichen Beendigung des Arbeitsverhältnisses liegen muss (**BAG** 6. 11. 2008 – 2 AZR 935/07, ZInsO 2009, 974 = ZIP 2009, 487). Demgemäß beendet eine anzeigepflichtige Kündigung, sofern der Kündigungstermin vor Ablauf der einmonatigen Sperrfrist des § 18 Abs 1 KSchG liegt, das Arbeitsverhältnis nicht zu dem in der Kündigungserklärung genannten Zeitpunkt, sondern erst mit Ablauf eines Monats nach Eingang der Anzeige, wenn keine Zustimmung der Agentur für Arbeit zu einer früheren Beendigung des Arbeitsverhältnisses vorliegt (**BAG** 28. 5. 2009 – 8 AZR 273/08, BeckRS 2009, 69440). Etabliert demnach § 18 Abs 1 KSchG lediglich einen Mindestzeitraum bis zur Beendigung des Arbeitsverhältnisses, so verlängert die gesetzliche Regelung die Kündigungsfrist nicht über diesen Mindestzeitraum hinaus oder verschiebt gar den Beginn der Kündigungsfrist (**BAG** 6. 11. 2008 – 2 AZR 935/07, ZInsO 2009, 974 = ZIP 2009, 487; **str aA LAG** Hamm 25. 7. 1986 – 16 Sa 312/86, AR-Blattei ES 1020.2 Nr 1 = RzK I 8 b Nr 6; **LAG** Frankfurt/M 16. 3. 1990 – 6 Sa 1298/90, DB 1991, 658; **LAG** Frankfurt/M 27. 4. 1990 – 6 Sa 934/89, DB 1991, 762, die annehmen, dass die Arbeitsverhältnisse nicht irgendwann im Laufe eines Monats nach Ablauf der Sperrfrist beendet werden, sondern dass die Kündigungen – ebenso wie bei Kündigungen, bei denen die gesetzlich oder tariflich vorgeschriebene oder vertraglich vereinbarte Kündigungsfrist nicht gewahrt ist – erst zum nächstzulässigen Kündigungstermin, also wegen § 622 Abs 2 BGB zum nächsten Monatsende nach Ablauf der Sperrfrist wirken).

IV. Grundsätze der Massenentlassung in der Insolvenz § 113

Beispielsvariante 2: 142
Da nunmehr eine „Massenkündigung" die Pflicht zur Anzeige der Massenentlassung auslöst, muss das Konsultationsverfahren bereits am 29. Januar abgeschlossen sein, denn an diesem Tage wird 22 Arbeitern mit gesetzlicher Kündigungsfrist von vier Wochen zum 28. bzw 29. Februar und 8 Angestellten mit verlängerter Frist von zwei Monaten zum 31. März gekündigt. Gleiches gilt, wenn in dem Beispielsfall den 22 Arbeitern erst am 18. Februar zum 15. März gekündigt wird, während die 8 Angestellten bereits am 29. Januar zum 31. März ihre Kündigung erhielten, denn diese beiden Kündigungswellen liegen im Dreißig-Tage-Zeitraum des § 17 Abs 1 S 1 KSchG. Zur Vermeidung von Nachteilsausgleichsansprüchen nach § 113 Abs 3 iVm § 1 BetrVG und § 10 KSchG muss außerdem das Interessenausgleichsverfahren nach § 112 Abs 2 BetrVG bereits am 28. bzw 29. Februar bzw am 15. März, mithin vor der Entlassung der 22 Arbeiter abgeschlossen sein. In den beiden anderen Fällen liegen zwar die Kündigungstermine, nicht aber die Tage des Kündigungszugangs innerhalb von 30 Tagen, so dass insoweit heute keine Anzeigepflicht besteht.

Unterlässt der Insolvenzverwalter eine nach §§ 17, 18 KSchG erforderliche Massenentlassungsanzeige, so sind nach der Rechtsprechung (**BAG** 6. 12. 1973 – 2 AZR 10/73, AP Nr 1 zu § 17 KSchG 1969 [*G. Hueck*] = NJW 1974, 1263 = SAE 1974, 191 [*Herschel*]; **BAG** 10. 3. 1982 – 4 AZR 158/79, AP Nr 2 zu § 2 KSchG 1969 [*Meisel*] = NJW 1982, 2839) nicht nur diejenigen, die die Grenzwerte des § 17 Abs 1 S 1 KSchG überschreiten, sondern sämtliche Kündigungen rechtsunwirksam. Aber auch bei einem mit dem Abschluss von Aufhebungsverträgen beabsichtigten Ausscheiden von Arbeitnehmern handelt es sich um Entlassungen iSd § 17 Abs 1 S 1 KSchG, wie sich aus § 17 Abs 1 S 2 KSchG ergibt; sie können dazu führen, dass die gesamten Personalmaßnahmen mangels Massenentlassungsanzeige rechtsunwirksam werden (**BAG** 11. 3. 1999 – 2 AZR 461/98, AP Nr 12 zu § 17 KSchG 1969 = DZWIR 1999, 326 [*Bichlmeier*] = NJW 1999, 3655 = NZA 1999, 761 = ZInsO 1999, 420 = ZIP 1999, 1568). 143

4. Geltendmachung der Rechtsunwirksamkeit der Massenentlassung. Der arbeitsmarktpolitische Zweck der Anzeigepflicht bei Massenentlassungen und der allgemeine Kündigungsschutz haben unmittelbar weder rechtlich noch tatsächlich etwas miteinander zu tun; die Massenentlassungsvorschriften entfalten allerdings eine gewisse Reflexwirkung auf den individuellen Kündigungsschutz (siehe dazu **BAG** 6. 11. 1958 AP Nr 1 zu § 15 KSchG 1951 [*Molitor*] = NJW 1959, 1197; ferner **BAG** 3. 10. 1963 – 2 AZR 160/63 AP Nr 9 zu § 15 KSchG 1951 [*A. Hueck*]; *Schaub* ZIP 1993, 969, 971; neuerdings ausdrücklich offen gelassen **BAG** 24. 10. 1996 – 2 AZR 895/95, AP Nr 8 zu § 17 KSchG 1969 = NJW 1997, 2131 = NZA 1997, 373). Die Voraussetzungen für eine Unwirksamkeit von Kündigung und Entlassung nach § 1 Abs 2 und 3 KSchG bzw §§ 17, 18 KSchG können im Einzelfall auch zusammentreffen. In jedem Fall sind die **Schutzvorschriften über die Massenentlassung** kumulativ **neben den übrigen Kündigungsschutz- und Sonderkündigungsschutzvorschriften zu beachten** (**BAG** 27. 2. 1958 AP Nr 1 zu § 1 KSchG 1951 Betriebsbedingte Kündigung [*Herschel*] = NJW 1958, 1156). 144

a) **Relativer sonstiger Unwirksamkeitsgrund.** Aus der Regelung des § 18 Abs 1 Hs 1 KSchG folgt, dass Kündigungen überhaupt nicht zur Beendigung des Arbeitsverhältnisses führen, wenn die Anzeige nicht erstattet wird oder die erstattete Anzeige unwirksam ist, denn dann kann die Sperrfrist gar nicht erst beginnen (**BAG** 21. 5. 1970 – 2 AZR 294/69, AP Nr 11 zu § 15 KSchG 1951 [*Beitzke*] = NJW 1970, 2045; **BAG** 10. 3. 1982 – 4 AZR 158/79, AP Nr 2 zu § 2 KSchG 1969 [*Meisel*] = NJW 1982, 2839; **LAG** Hamm 6. 6. 1986 – 16 Sa 2188/86, LAGE § 17 KSchG Nr 2 = RzK I 8 b Nr 5). Der Verstoß gegen die Massenentlassungsvorschriften wird als sog relativer sonstiger Unwirksamkeitsgrund angesehen, dh, dass eine fehlerhafte Massenentlassung nur dann unwirksam ist, wenn sich der Arbeitnehmer auf diesen Verstoß „beruft" (so bereits **BAG** 6. 11. 1958 – 2 AZR 354/55, AP Nr 1 zu § 15 KSchG 1951 [*Molitor*] = NJW 1959, 1197; ferner **BAG** 19. 6. 1991 – 2 AZR 127/91, AP Nr 53 zu § 1 KSchG 1969 Betriebsbedingte Kündigung = NZA 1991, 891 = ZIP 1991, 1374; zust *Berscheid* ZIP 1987, 1512, 1514; *Herschel/Löwisch* § 17 KSchG Rn 57; *Hueck/v. Hoyningen-Huene* § 18 KSchG Rn 29ff; **str aA** *Herschel* FuR 1977, 290, 296; zweifelnd **BAG** 24. 10. 1996 – 2 AZR 895/95, AP Nr 8 zu § 17 KSchG 1969 = NJW 1997, 2131 = NZA 1997, 373). 145

b) **Pflicht zur befristeten Klageerhebung.** Bei der auf einem Verstoß gegen §§ 17, 18 KSchG beruhenden Unwirksamkeit der Kündigung handelt es sich um einen sonstigen Unwirksamkeitsgrund iSd § 13 Abs 3 KSchG, bei dem bislang lediglich der Arbeitnehmer bei Kündigungen im eröffneten Insolvenzverfahren die dreiwöchige Klagefrist des § 113 Abs 2 InsO aF einzuhalten hatte. Bei Kündigungen außerhalb der Insolvenz und im Insolvenzeröffnungsverfahren hat sich die Rechtslage geändert. Nachdem durch Art 1 Nr 4 GRAM mit Wirkung vom 1. 1. 2004 (Art 5 GRAM) für Bestandsstreitigkeiten eine **allgemeine Klagefrist** geschaffen worden ist, muss nunmehr jeder Arbeitnehmer – inner- wie außerhalb der Insolvenz – auch den Verstoß gegen die Anzeigepflicht innerhalb von drei Wochen durch Klageerhebung geltend machen (§ 4 S 1 KSchG nF), ansonsten die Kündigung auch insoweit als rechtswirksam gilt (§ 7 Hs 1 KSchG). 146

c) **Darlegungs- und Beweislast für Verletzung der Anzeigepflicht.** Der Arbeitnehmer ist im Kündigungsschutzprozess beweispflichtig dafür, dass eine Anzeigepflicht bestand; er muss im Streitfall also sowohl die Zahl der in der Regel beschäftigten Arbeitnehmer als auch die Zahl der vorgenommenen Entlassungen darlegen und beweisen (**ArbG** Solingen 25. 10. 1984 – 1 Ca 904/84, AuR 1985, 291). 147

Sind diese Zahlen unstreitig oder nachgewiesen, so muss der Insolvenzverwalter darlegen und beweisen, dass er seinen Unterrichtungs-, Beratungs- und Anzeigepflichten gemäß § 17 Abs 2 und 3 KSchG nachgekommen ist.

148   **aa) Bindungswirkung der Entscheidung der Arbeitsverwaltung.** Bei Massenentlassung sind die Entscheidungen des jeweiligen Entscheidungsträgers nach § 18 Abs 1 und 2 KSchG (Abkürzung, Nichtverlängerung, Verlängerung der Sperrfrist) im Kündigungsschutzverfahren zu beachten, da sie von den Gerichten für Arbeitssachen weder auf ihre wirtschaftliche Zweckmäßigkeit noch auf ihre sachliche Richtigkeit hin überprüft werden können (*Berscheid* ZIP 1997, 1569, 1574). Wird bspw die Entscheidung über Abkürzung oder über die Nichtverlängerung der Sperrfrist mit einer Auflage – etwa Abfindungszahlung – verbunden und fühlt sich der Insolvenzverwalter dadurch beschwert, muss er in Widerspruchsverfahren (§§ 78 ff SGG) gehen und ggf anschließend den Klageweg zum Sozialgericht (§ 53 Abs 1 SGG) beschreiten. Insoweit ist den Gerichten für Arbeitssachen eine Richtigkeitskontrolle versagt (*Berscheid* ZIP 1987, 1512, 1515, mwN). Gleiches gilt, wenn die Agentur für Arbeit für die Wirksamkeit einer Massenentlassungsanzeige nur geringere als die gesetzlichen Anforderungen stellt, in dem sie bspw bei Fehlen der Stellungnahme des Betriebsrats – entgegen dem Wortlaut des § 17 Abs 3 S 3 KSchG – die Darlegung des Standes der Beratungen nicht als unabdingbare Voraussetzung für eine wirksame Anzeige nach § 17 KSchG betrachtet und deshalb den angezeigten Entlassungen zustimmt (BAG 28. 5. 2009 – 8 AZR 273/08, BeckRS 2009, 69440). Dagegen haben die Gerichte für Arbeitssachen zu prüfen, ob die Entlassungen nach § 17 Abs 1 KSchG überhaupt anzeigepflichtig waren oder ob sie auch ohne Anzeige vorgenommen werden konnten. In dieser Hinsicht sind die Gerichte für Arbeitssachen an den Bescheid der Arbeitsverwaltung nicht gebunden, da der nach § 20 Abs 1 KSchG zuständige Ausschuss diese Frage nur als Vorfrage für seine Entscheidung zu prüfen hat (*Berscheid* AR-Blattei SD 1020.2 Rn 258 mwN).

149   **bb) Bindungswirkung eines sog „Negativattestes".** Andererseits sind die Gerichte für Arbeitssachen an das sog Negativattest des Arbeitsamtes gebunden, allerdings nur dann, wenn die Arbeitsverwaltung auf eine ordnungsgemäß erstattete Massenentlassungsanzeige hin dem Insolvenzverwalter vor Ablauf der Sperrfrist mitteilt, dass die Voraussetzungen für eine Massenentlassung nach §§ 17, 18 KSchG nicht vorlägen und mithin eine Zustimmung zur selben nicht erforderlich sei (so bereits **RAG** 12. 7. 1930 – 53/30, ARS 13, 24; **BAG** 21. 5. 1970 – 2 AZR 294/69, NJW 1970, 2045; **BAG** 6. 12. 1973 2 AZR 10/73, NJW 1974, 1263; ferner **BAG** 24. 10. 1996 – 2 AZR 895/95, AP Nr 8 zu § 17 KSchG 1969 = NJW 1997, 2131 = NZA 1997, 373; **BAG** 22. 1. 1998 – 2 AZR 266/97, ZAP ERW 1998, 157 [*Berscheid*] = ZInsO 1998; **BAG** 11. 3. 1998 – 2 AZR 415/97, ZInsO 1998, 191; **BAG** 11. 3. 1998 – 2 AZR 416/97, ZAP ERW 1998, 180 [*Berscheid*]; **BAG** 13. 4. 2000 – 2 AZR 215/99, AP Nr 13 zu § 17 KSchG 1969 = NZA 2001, 144 = NZI 2001, 272 = ZInsO 2000, 466).

V. Ersatz des sog „Verfrühungsschadens"

150   Alle Dienst- und Arbeitsverhältnisse können von jeder Seite jederzeit nach Maßgabe des § 113 gekündigt werden; das **Recht zur (vorzeitigen) Kündigung** steht beiden Teilen während der gesamten Dauer des Insolvenzverfahrens zu. Das Gesetz sieht ein besonderes Kündigungsrecht vor, das für alle Dienstverhältnisse gilt, unabhängig davon, ob es sich um ein Arbeitsverhältnis handelt, bei dem der Kündigungsschutz zu beachten ist, oder, ob ein freies Dienstverhältnis ohne Bestandsschutz beendet werden soll. § 113 S 1 lässt die Kündigung des Dienstverhältnisses „ohne Rücksicht auf eine vereinbarte Vertragsdauer oder einen vereinbarten Ausschluss des Rechts zur ordentlichen Kündigung" zu. Das **besondere Kündigungsrecht** gilt also auch dann, wenn vor der Insolvenz eine bestimmte Vertragsdauer und/oder ein Ausschluss der ordentlichen Kündigung des Dienstverhältnisses vereinbart war.

151   **1. Schadensersatzanspruch bei vorzeitiger Kündigung durch den Insolvenzverwalter.** Macht der Insolvenzverwalter von diesem besonderen Kündigungsrecht Gebrauch, so gilt nach § 113 S 2 grundsätzlich die für die ordentliche Kündigung des Dienstverhältnisses geltende gesetzliche oder tarifliche Kündigungsfrist (**LAG** Köln 26. 3. 1998 – 10 Sa 1437/97, LAGE § 113 InsO Nr 3 = EWiR 1998, 789 [*Berscheid*] = InVo 1998, 320 = NZA 1998, 765 = ZIP 1998, 1319; **LAG** Hamm 27. 3. 1998 – 15 Sa 2137/97, LAGE § 113 InsO Nr 5 = NZA-RR 1998, 538 = NZI 1998, 132; str aA **BAG** 3. 12. 1998 – 2 AZR 425/98, AP Nr 1 zu § 113 InsO = KTS 1999, 258 = NJW 1999, 1571 = NZA 1999, 425 = NZI 1999, 165 = ZInsO 1999, 301 = ZIP 1999, 370 a), soweit diese drei Monate zum Monatsende nicht übersteigt. Um notwendige Kündigungen im Insolvenzverfahren zu beschleunigen, ist letzteres im Fall längerer ordentlicher Kündigungsfristen oder des Ausschlusses einer ordentlichen Kündigung überhaupt die Maximalkündigungsfrist (**BAG** 16. 5. 2007 – 8 AZR 772/06, AP Nr 24 zu § 113 InsO = ZInsO 2007, 1117 = ZIP 2007, 1829). Als Ausgleich für die insolvenzbedingte vorzeitige Beendigung des Dienst- bzw Arbeitsverhältnisses hat der (selbständige) Dienstverpflichtete oder der Arbeitnehmer nach § 113 S 3 (diese Regelung entspricht inhaltlich § 22 Abs 2 KO) als einfacher Insolvenzgläubiger Anspruch auf Ersatz des durch die Auflösung des Arbeitsverhältnisses entstehenden Schadens, der zur Insolvenztabelle anzumelden ist (**BAG** 13. 8. 1980 – 5 AZR 588/78, AP Nr 11 zu § 59 KO [*Uhlen-*

V. Ersatz des sog „Verfrühungsschadens" § 113

bruck] = NJW 1981, 885 = ZIP 1980, 1067), und zwar gem § 28 Abs 2 S 1 iVm § 174 Abs 1 beim Insolvenzverwalter.

a) Ersatz des sog Verfrühungsschadens. § 113 S 2 erlaubt die Verkürzung der außerhalb des Insolvenzverfahrens geltenden längeren (gesetzlichen oder einzel- bzw tarifvertraglich vereinbarten) Kündigungsfristen auf drei Monate. Als Ausgleich gewährt § 113 S 3 InsO keinen Abfindungsanspruch wegen Verlustes des Arbeitsplatzes, sondern einen Anspruch auf Ersatz des Verfrühungsschadens wegen vorzeitiger Beendigung des Arbeitsverhältnisses, also des Arbeitsentgeltes vom **Insolvenzkündigungstermin** (§ 113 S 2) bis zum Ablauf der Frist, mit der der Insolvenzverwalter ohne den Insolvenzfall hätte kündigen können, allerdings unter Abzug erhaltenen Arbeitslosengeldes. § 113 S 3 bestimmt ausdrücklich, dass der **Verfrühungsschaden** von dem Dienstverpflichteten bzw dem **Arbeitnehmer** („der andere Teil") **als Insolvenzgläubiger** verlangt werden kann. Es handelt sich also um eine einfache **Insolvenzforderung**. Nach § 87 können Insolvenzgläubiger ihre Forderungen nur nach den Vorschriften des Insolvenzverfahrens verfolgen, also durch Anmeldung zur Insolvenztabelle nach §§ 28, 174. Erst wenn der Insolvenzverwalter oder ein Insolvenzgläubiger widerspricht, kann vor dem Arbeitsgericht (§ 185) Klage gegen den Bestreitenden auf Feststellung der Forderung zur Insolvenztabelle erhoben werden (§ 179). Eine unmittelbare Klage gegen den Insolvenzverwalter unter Umgehung der §§ 174 ff InsO ist unzulässig (**LAG** Thüringen 28. 3. 2006 – 7 Sa 404/05, NJ 2007, 92). 152

Der Schadensersatzanspruch wegen der vorzeitigen Kündigung durch den Insolvenzverwalter umfasst als sog „Verfrühungsschaden" bei befristeten oder auflösend bedingten Arbeitsverhältnissen je nach Fallgestaltung die Zeit bis zum Fristende oder bis zur Zweckerreichung oder bis zum Bedingungseintritt und bei ansonsten normal kündbaren Dienst- oder Arbeitsverhältnissen die Zeitspanne von der tatsächlichen Beendigung des Dienst- oder Arbeitsverhältnisses bis zum Ablauf der Kündigungsfrist, mit der der Insolvenzverwalter ohne den Insolvenzfall vertragsgemäß hätte kündigen können, bzw bis zu dem Kündigungstermin, zu dem die Kündigung nach den vertraglichen Vereinbarungen hätte ausgesprochen werden dürfen (*Berscheid* ZInsO 1998, 159, 164; *ders* Arbeitsverhältnisse, S 201 Rn 601; *Caspers* Personalabbau und Betriebsänderung, Rn 116; *Zwanziger* Arbeitsrecht, § 113 Rn 16). Der **verschuldensunabhängige Anspruch** des § 113 S 3 auf **Ersatz des Verfrühungsschadens** gilt damit nur für die vom Insolvenzverwalter ausgesprochene Kündigung und umfasst die Zeitspanne zwischen der Kündigungsfrist nach § 113 S 2 und der längeren vertraglichen bzw tarifvertraglichen Kündigungsfrist. Voraussetzung eines Anspruchs nach § 113 S 3 ist jedenfalls, dass das Arbeitsverhältnis auf Grund § 113 S 1 und S 2 vorzeitig beendet wird (**LAG** Hessen 10. 4. 2006 – 17 Sa 1432/05, EzA-SD 2006, Nr 17, S 13). 153

Der Anwendungsbereich des **§ 113 S 3** ist also auf die Fälle beschränkt, in denen der Insolvenzverwalter mit der insolvenzspezifischen Höchstfrist des § 113 S 2 kündigt und eine längere gesetzliche, einzelarbeits- oder tarifvertragliche Kündigungsfrist nicht einhalten muss. In **Abwicklungsvereinbarungen** vereinbaren die Parteien nach Ausspruch einer Kündigung lediglich die Bedingungen, zu denen der Arbeitnehmer ausscheidet. Abwicklungsvereinbarungen sind dadurch gekennzeichnet, dass der Arbeitnehmer vertraglich auf Kündigungsschutz verzichtet und im Gegenzug Einzelheiten des Ausscheidens – meistens die Zahlung einer Abfindung – vereinbart werden. Mit solchen nach geltendem Recht unbedenklich zulässigen Abfindungs- und Abwicklungsverträgen „erkauft" sich der Insolvenzverwalter die von ihm angestrebte Planungssicherheit (**BAG** 25. 4. 2007 – 6 AZR 622/06, AP Nr 23 zu § 113 InsO = ZIP 2007, 1875). Gegenstand des Abwicklungsvertrags ist die **Hinnahme der Kündigung** unter Verzicht auf die Inanspruchnahme staatlichen Rechtsschutzes (**BSG** 18. 12. 2003 – B 11 AL 35/03 R, NZA 2004, 661; **BAG** 15. 2. 2005 – 9 AZR 116/04, AP Nr 15 zu § 612 a BGB). Die Beendigung des Arbeitsverhältnisses wird damit nicht durch den Abwicklungsvertrag, sondern durch einen anderen Tatbestand bewirkt (vgl *Gaul* BB 2003, 2457), nämlich durch die Insolvenzkündigung, sodass aufgrund der Beendigung durch Kündigung ein Schadensersatzanspruch aus § 113 S 3 möglich ist (K/P/B/*Moll* § 113 Rn 109). 154

Ein Aufhebungs- oder Auflösungsvertrag dagegen ist eine Vereinbarung über das vorzeitige Ausscheiden eines Arbeitnehmers aus einem Dauerarbeitsverhältnis. Der Aufhebungs- oder Auflösungsvertrag beendet konstitutiv das Arbeitsverhältnis durch zwei übereinstimmende Willenserklärungen. Er führt selbst zur Beendigung des Arbeitsverhältnisses. § 113 S 3 ist **weder unmittelbar noch analog anwendbar, wenn** die **Beendigung des Arbeitsverhältnisses** überhaupt **nicht durch Kündigung** des Insolvenzverwalters erfolgte, **sondern durch Aufhebungsvertrag herbeigeführt** wurde (**BAG** 25. 4. 2007 – 6 AZR 622/06, AP Nr 23 zu § 113 InsO = ZIP 2007, 1875). Die verschuldensunabhängige Haftung des Insolvenzverwalters gemäß § 113 S 3 knüpft weder daran an, dass ein Insolvenzfall vorliegt, noch daran, dass überhaupt gekündigt wurde, sondern ausschließlich daran, ob die insolvenzspezifische Kündigungsfrist des § 113 S 2 zu einer vorzeitigen Beendigung des Arbeitsverhältnisses geführt hat. Dies ist nicht der Fall, wenn die Beendigung des Arbeitsverhältnisses überhaupt nicht durch Kündigung des Insolvenzverwalters erfolgte, sondern durch Aufhebungsvertrag herbeigeführt wurde. In diesem Fall beruht eine vorzeitige Beendigung des Arbeitsverhältnisses nicht auf der Anwendung der Kündigungsfrist des § 113 S 2, sondern auf einer Parteivereinbarung. 154a

b) Schadensberechnung und Schadensumfang. Der Schaden besteht primär **im Ausfall**, den der Dienstverpflichtete **an Gehalt, Lohn, Provisionen und Naturalbezügen** erleidet (**LAG** Bremen 13. 5. 155

1953 – Sa 85/82, BB 1953, 472). Bei Arbeitnehmern besteht der Verfrühungsschaden in der Regel nur in der **Verkürzung der verlängerten Kündigungsfristen** des § 622 Abs 2 S 1 Nrn 4–7 BGB auf die gesetzliche Höchstfrist des § 113 S 2 InsO. Unabhängig von der Frage, ob man § 622 Abs 2 S 2 BGB als richtlinienkonform ansieht oder für rechtsunwirksam hält, weil bei der Berechnung der verlängerten gesetzlichen Kündigungsfristen nur Beschäftigungszeiten mitzählen, wenn die das Arbeitsverhältnis nach Vollendung des 25. Lebensjahres in dem Betrieb oder Unternehmen bestanden hat, so beträgt die Kündigungsfrist bis zu einer evtl gesetzlichen Neuregelung, wenn das Arbeitsverhältnis bei Kündigungszugang bspw am 31. 7. 2009
– zehn Jahre bestanden hat, vier Monate zum Ende eines Kalendermonats (30. 11. 2009),
– zwölf Jahre bestanden hat, fünf Monate zum Ende eines Kalendermonats (31. 12. 2009),
– fünfzehn Jahre bestanden hat, sechs Monate zum Ende eines Kalendermonats (31. 1. 2010),
– zwanzig Jahre bestanden hat, sieben Monate zum Ende eines Kalendermonats (28. 2. 2010)
(§ 622 Abs 2 S 1 Nrn 4–7 BGB), hingegen beläuft sich die gesetzliche Höchstfrist des § 113 S 2 InsO auf drei Monate zum Monatsende (31. 10. 2008). Auf die Höchstfrist („**Maximalkündigungsfrist**") werden die vorgenannten verlängerten Kündigungsfristen „gekappt", so dass der Verfrühungsschaden ein bis vier Monatsverdienste ausmacht (**BAG** 16. 5. 2007 – 8 AZR 772/06, AP Nr 24 zu § 113 InsO = ZInsO 2007, 1117 = ZIP 2007, 1829).

156 Die **Verkürzung einzel- oder tarifvertraglicher Kündigungsfristen und -termine** kann zu erheblich höheren Verfrühungsschäden führen, wie das nachfolgende Beispiel im Vergleich zu den gesetzlichen Kündigungsfristen zeigen soll. Hat der endgültige Insolvenzverwalter den Arbeitnehmern nach § 113 S 2 bspw am 31. 7. 2009 zum 31. 10. 2009 gekündigt, hätte der Arbeitgeber außerhalb der Insolvenz den Für eine solche Fallgestaltung sieht das Gesetz (§ 113 S 3) keine Haftung vor.

157 b) **Schadensberechnung und Schadensumfang.** Der Schaden besteht primär **im Ausfall**, den der Dienstverpflichtete **an Gehalt, Lohn,** Arbeitnehmern dagegen
– teils mit den gesetzlichen Kündigungsfristen mit sieben Monaten zum Monatsende (28. 2. 2009),
– teils mit tariflichen Kündigungsfristen mit sechs Monaten zum Quartalsende (31. 3. 2009),
– teils mit einzelvertraglich vereinbarter Kündigungsfrist von sechs Monaten zum Halbjahresschluss (30. 6. 2009),
– teils mit einzelvertraglich vereinbarter oder tarifvertraglich vorgeschriebener Jahreskündigungsfrist (31. 7. 2009),
kündigen müssen, dann führt die Verkürzung der gesetzlichen Kündigungsfrist zu einem Verfrühungsschaden von (nur) vier Monaten, während er in den anderen Fällen fünf, acht bzw neun Monate beträgt.

157a Der Schaden kann auch darin bestehen, dass sich eine Pensionsanwartschaft nicht mehr zu einer festen **Pensionsberechtigung** verdichtet, zB weil der Dienstverpflichtete nun nicht mehr im Betrieb des Arbeitgebers das Pensionsalter erreicht oder arbeitsunfähig wird (**LAG** Düsseldorf 11. 5. 1979 – 16 Sa 82/79, ARST 1979, 134). Allerdings wird man diesen Schaden nur dann annehmen können, wenn die **Anwartschaft** in dem Zeitraum zwischen dem Ablauf der Kündigungsfrist nach § 113 S 2 und der einzelvertraglich, gesetzlich oder, tariflich längeren Kündigungsfrist unverfallbar geworden wäre (*Berscheid* ZInsO 1998,159, 164/5; *Hess* § 113 Rn 876; *K/P/B/Moll* § 113 Rn 117; *N/R/Hamacher* § 113 Rn 253). Bei der **Schadensberechnung** muss sich der Dienstverpflichtete dasjenige **anrechnen lassen, was er** nachträglich in einem neuen Dienstverhältnis oder **in anderer Weise** durch seine freigewordene Arbeitskraft **erwirbt** oder zu erwerben böswillig unterlässt (*K/U* § 22 KO Rn 22). Dementsprechend muss sich der Dienstverpflichtete sonstige Einnahmen aus anderer Tätigkeit und aus Sozialleistungen – zB Arbeitslosengeld oder Arbeitslosenhilfe oder Sozialhilfe – anrechnen lassen (*Zwanziger* Arbeitsrecht der Insolvenzordnung, § 113 Rn 30). Der Dienstverpflichtete braucht aber nicht jede Stelle anzunehmen, sondern nur im Rahmen des Zumutbaren (vgl *K/U* § 22 KO Rn 22). Wenn der Arbeitnehmer Altersruhegeld beantragt, das rückwirkend auf den Stichtag der Insolvenzeröffnung bewilligt wird, muss er sich dieses auf seinen Schadensersatzanspruch anrechnen lassen (**OLG** Düsseldorf 13. 7. 1989 – 8 U 245/88, KTS 1989, 928).

158 Bei Arbeitsverhältnissen, die an sich nach den **tariflichen Unkündbarkeitsregelungen** nicht mehr ordentlich kündbar sind, in der Insolvenz aber kündbar werden, soll der Schaden nicht durch eine zeitliche Verzögerung der Wirkung einer Kündigung, sondern dadurch entstehen, dass diese überhaupt möglich werde, so dass nicht allein auf den **Verzögerungsschaden** abgestellt werden könne (*Zwanziger* Arbeitsrecht, § 113 Rn 17; str aA *Caspers* Personalabbau und Betriebsänderung, Rn 116; *Grunsky* ZAP 1990 Fach 17 S 108; *KR-Weigand* § 22 KO Rn 31). Dieser soll nur insoweit heranzuziehen sein, als neben der Ermöglichung der Kündigung zusätzlich die tarifliche Kündigungsfrist auf längstens drei Monate zum Monatsende verkürzt werde. Der Schaden, der **durch die Ermöglichung der Kündigung** entstehe, sei **in entsprechender Anwendung der §§ 9, 10 KSchG**, die ansonsten den Wert eines Arbeitsplatzverlustes bestimmten (vgl auch § 113 Abs 1 Hs 2 BetrVG), **zu berechnen**; das bedeute gleichzeitig, dass eine **Sozialplanabfindung**, die der Arbeitnehmer gem § 123 InsO wegen des Verlustes seines Arbeitsplatzes erhalte, auf den Schadensersatzanspruch nach § 113 S 3 InsO **anzurechnen** sei (*Zwanziger* Arbeitsrecht, § 113 Rn 17).

V. Ersatz des sog „Verfrühungsschadens" § 113

Diese Überlegungen erscheinen auf den ersten Blick einleuchtend zu sein, da es ja im Ergebnis um die 159
Frage der Kündbarkeit des Arbeitsverhältnisses überhaupt geht, wenn diese außerhalb der Insolvenz ausgeschlossen ist. Der Gesetzgeber hat den **Schadensersatzanspruch** des § 113 S 3 InsO jedoch nach dem Wortlaut der Vorschrift **nicht für die Fälle des „Verlustes des Arbeitsplatzes"** als solchen **vorgesehen, sondern auf die Fälle „wegen der vorzeitigen Beendigung des Dienstverhältnisses" beschränkt** (*Caspers* Personalabbau und Betriebsänderung Rn 116, mwN; zust *Berscheid* ZInsO 1998, 159, 165; *ders* Arbeitsverhältnisse, S 202 Rn 604; *K/P/Moll*, § 113 Rn 113). Zu ersetzen ist der Schaden, der dadurch entsteht, dass trotz der einzelvertraglichen vereinbarten bzw tarifvertraglich geltenden längeren Kündigungsfrist, Vertragsdauer oder Unkündbarkeit das Dienst-/Arbeitsverhältnis – das aber nach Ablauf der längeren Kündigungsfrist, Befristungs- oder Unkündbarkeitszeit ohnehin geendet hätte – vorzeitig durch Kündigung beendet wird (*K/P/B/Moll*, § 113 Rn 113). Der Verlust des Arbeitsplatzes an sich wird dagegen nicht abgegolten, denn anders als nach § 628 Abs 2 BGB gewährt § 113 S 3 keinen Anspruch auf „Ersatz des durch die Aufhebung des Dienstverhältnisses entstehenden Schadens" (*K/P/B/Moll*, § 113 Rn 113). Zudem umfasst der Schadensersatzanspruch nach § 628 Abs 2 BGB nur deswegen einen entsprechend §§ 9, 10 KSchG zu bemessenden Ausgleich, weil der Arbeitnehmer, der sein Arbeitsverhältnis wegen vertragswidrigen Verhaltens des anderen Teils selbst kündigt, nicht schlechter gestellt werden darf, als der Arbeitnehmer, der durch den Arbeitgeber unberechtigt gekündigt worden ist, dem aber die Fortsetzung des Arbeitsverhältnisses nach § 9 KSchG nicht zumutbar wäre (**BAG** 26. 7. 2001 – 8 AZR 739/00, AP Nr 13 zu § 628 BGB = NJW 2002, 1593 = NZA 2002, 325 = SAE 2002, 117 [*Gamillscheg*] = ZInsO 2002, 548). Eine vergleichbare Interessenlage besteht bei § 113 S 3 nicht (**BAG** 16. 5. 2007 – 8 AZR 772/06, AP Nr 24 zu § 113 InsO = ZInsO 2007, 1117 = ZIP 2007, 1829).

Auch spricht der mit der Gesetzesregelung verfolgte Zweck dafür, den Schadensersatzanspruch des 160
§ 113 S 3 auf einen Verfrühungsschaden und diesen wiederum auf die ohne die vereinbarte Unkündbarkeit maßgebliche längste ordentliche Kündigungsfrist zu beschränken. Durch § 113 S 1 iVm S 2 sollen notwendige Kündigungen im Insolvenzverfahren beschleunigt werden, um zu verhindern, dass es auf Grund von Entgeltansprüchen zur Masseinsuffizenz kommt (**BAG** 16. 5. 2007 – 8 AZR 772/06, AP Nr 24 zu § 113 InsO = ZInsO 2007, 1117 = ZIP 2007, 1829). Mit dem Schadensersatzanspruch nach § 113 S 3 soll ein Interessenausgleich geschaffen werden zwischen den Gläubigern eines insolventen Dienstherrn, deren Befriedigungsaussichten durch die Möglichkeit von kurzfristigen Entlassungen nicht mehr benötigter Arbeitnehmer erhöht werden, und den Dienstnehmern, die ein berechtigtes Interesse an möglichst langen Kündigungsfristen haben (BT-Drs 12/2443 S 264 unter Nr 20). Aus § 113 S 1 lässt sich mit hinlänglicher Klarheit entnehmen, dass der aus Unkündbarkeitsvereinbarungen resultierende Schutz im Fall der Insolvenz nicht anzuerkennen ist. Das schließt aus, die **insolvenzrechtliche Durchbrechung der Unkündbarkeit** nach § 113 S 1 über § 113 S 3 mit einem wirtschaftlich voll ausgleichenden Anspruch auf Ersatz eines Endlosschadens, der in gleicher Weise wie die Fortsetzung des Dienstverhältnisses zu einer erheblichen Gefährdung der Befriedigungsaussichten der übrigen Gläubiger führte, zu kompensieren. Dagegen ist das **Interesse der Dienstnehmer** an einer ausreichend langen Kündigungsfrist, wie es sich aus § 113 S 2 und S 3 ergibt, dadurch zu wahren, dass der **Verfrühungsschaden** in dem **Verdienstausfall für die maßgebliche längste ordentliche Kündigungsfrist** gesehen wird (**BAG** 16. 5. 2007 – 8 AZR 772/06, AP Nr 24 zu § 113 InsO = ZInsO 2007, 1117 = ZIP 2007, 1829; str aA *K/P/Moll* § 113 Rn 115; ausf *Moll* Anm zu BAG AP Nrn 23 und 24 zu § 113, der im Rahmen der Auffassung vertritt, das gesetzgeberische Ziel, Masseinsuffizienz zu vermeiden, werde durch einen Anspruch auf Ersatz eines „Endlosschadens" nicht maßgeblich gefährdet, da der Arbeitnehmer lediglich einen Schadensersatzanspruch als Insolvenzgläubiger erhalte und damit die Interessen der anderen Gläubiger nicht wesentlich beeinträchtige. Für eine weitergehende Beschneidung der Rechtsposition des Dienstverpflichteten durch die Beschränkung seines quotalen Anspruchs auf die längste ordentliche Kündigungsfrist bestehe damit vor dem Hintergrund von Sinn und Zweck des § 113 sowie der Gleichbehandlung aller Gläubiger kein Anlass. *Moll* muss jedoch selbst einräumen, dass der Ersatz des Verfrühungsschadens „unter den Gesichtspunkt der Reserveursache bzw. der Möglichkeit hypothetischen rechtmäßigen Alternativverhaltens ... auf die längste ordentliche Kündigungsfrist beschränkt" ist (*K/P/B/Moll* § 113 Rn 116), nämlich dann, wenn das Dienst-bspw wegen Betriebsstilllegung – außerordentlich betriebsbedingt mit einer der längsten ordentlichen Kündigungsfrist entsprechenden Auslauffrist hätte gekündigt werden können (vgl nur **BAG** 10. 5. 2007 – 2 AZR 626/05, AP Nr 1 zu § 626 BGB Unkündbarkeit [*Sandmann*] = NZA 2007, 1278; 29. 3. 2007 – 8 AZR 538/06, AP Nr 4 zu § 613 a BGB Widerspruch = NZA 2008, 48; 15. 2. 2007 – 8 AZR 310/06, AP Nr 2 zu § 613 a BGB Widerspruch = ZIP 2007, 1618; 6. 10. 2005 – 2 AZR 362/04, AP Nr 8 zu § 53 BAT = NZA-RR 2006, 416).

c) **Schadensersatzansprüche von Organmitgliedern einer Kapitalgesellschaft.** Bei Vorstandsmitgliedern einer Aktiengesellschaft ist der entgangene Verdienst nur bis höchstens zwei Jahre nach Ablauf des Dienstverhältnisses auszugleichen (§ 87 Abs 3 AktG). Auf den GmbH-Geschäftsführer wird man die Vorschrift nicht analog anwenden können. Der Insolvenzverwalter kann aber mit **Schadensersatzansprüchen der Gesellschaft** gegenüber Ansprüchen aus § 113 S 3 **aufrechnen**, wenn ein Geschäftsführer, geschäftsführender Gesellschafter oder Vorstand die Insolvenz schuldhaft herbeigeführt hat (*Berscheid* Arbeitsverhältnisse, S 202 Rn 605). 161

162 d) **Ausschluss oder Minderung des Schadensersatzanspruchs.** Der Schadensersatzanspruch **besteht nicht**, wenn auch ohne § 113 zum fraglichen Zeitpunkt hätte gekündigt werden dürfen (so bereits *Kuhn* WM 1958, 834) oder wenn ein wichtiger Grund zur sofortigen Dienstentlassung vorlag, mag dieser Grund auch schon vor der Insolvenzeröffnung bestanden haben (**RAG** 23. 11. 1935 – 139/35, ARS 25, 206 = RAG 16, 17). Ein unabhängig von der Insolvenzeröffnung bereits vorher für den Arbeitnehmer (Schuldner) bestehender Entlassungsgrund wird durch die Tatsache der Insolvenzeröffnung nicht beseitigt, jedoch muss der Insolvenzverwalter die **unabhängig von** der **Insolvenzeröffnung laufende Ausschlussfrist** des § 626 Abs 2 BGB beachten (*Berscheid* ZInsO 1998, 159, 165).

163 Soweit nicht Sondervorschriften bestehen, findet § 254 BGB auf alle Schadensersatzansprüche Anwendung, gleichgültig auf welchem Rechtsgrund sie beruhen und ob sie Verschulden voraussetzen oder nicht (MünchKommBGB/*Oetker* 5. Aufl § 254 Rn 7). Auch der Schadensersatzanspruch nach § 113 S 3 InsO kann sich durch § 254 BGB wegen des **Mitverschuldens** verringern oder gar ganz entfallen. Dies gilt zum einen gem § 254 Abs 1 BGB, wenn der Dienstverpflichtete oder der Arbeitnehmer es unterlässt, eine zumutbare andere Tätigkeit anzunehmen (*Jaeger/Henckel* § 22 KO Rn 40; KR-*Weigand* § 22 KO Rn 34; *Zwanziger* Arbeitsrecht, § 113 Rn 18). Gleiches gilt zum anderen gem § 254 Abs 2 BGB, wenn ein Organmitglied einer Kapitalgesellschaft, einer Genossenschaft oder eines Vereins die Insolvenz verschuldet hat (*Hess* § 22 KO Rn 843; *Zwanziger* Arbeitsrecht, § 113 Rn 32).

163a Soweit die **Gegenmeinung** (BAG 16. 5. 2007 – 8 AZR 772/06, AP Nr 24 zu § 113 InsO = ZInsO 2007, 1117 = ZIP 2007, 1829), die darauf abstellt, die unterschiedliche Schutzrichtung von ggf verletzter Sorgfaltspflicht nach § 43 Abs 1 GmbHG und nach § 113 S 3 InsO auszugleichenden Schaden schließe eine Verringerung des Anspruchs auf Schadensersatz nach § 254 Abs 1 BGB aus, die Sorgfaltspflicht des GmbH-Geschäftsführers nach § 43 Abs 1 GmbHG diene nur dem Schutz der Gesellschaft und mittelbar den Vermögensinteressen der Gesellschafter, nicht der Verhinderung einer vorzeitigen Beendigung des Geschäftsführer-Dienstvertrages, und der Schadensersatzanspruch nach § 113 S 3 solle lediglich die vorzeitige Beendigung eines Dienstverhältnisses auf Grund einer Kündigung des Insolvenzverwalters ausgleichen, sei aber von der Frage, wer die Insolvenz verschuldet oder auch nur verursacht habe, unabhängig, lässt hier den **Arglisteinwand** völlig außer Acht. Macht ein GmbH-Geschäftsführer, dem der Insolvenzverwalter im vorgenannten Beispielsfall wegen Insolvenzverursachung am 31. 7. 2008 außerordentlich fristlos, hilfsweise zum 31. 10. 2008 kündigt, einen Verfrühungsschaden wegen Kürzung seiner Jahreskündigungsfrist gerichtlich geltend, dann steht diesem Klagebegehren nach entsprechender Klageerwiderung der Arglisteinwand entgegen. Der GmbH-Geschäftsführer muss sich nämlich entgegenhalten lassen, dass er das, was er seinerseits Schadensersatz einklagt, sofort wieder im Wege einer Schadensersatzklage an die Insolvenzmasse zurückgeben muss.

164 **2. Schadensersatzanspruch bei vorzeitiger Kündigung durch den Dienstverpflichteten.** Kündigt der Dienstverpflichtete selbst, so steht weder ihm noch dem Insolvenzverwalter ein Schadensersatzanspruch wegen vorzeitiger Beendigung des Arbeitsverhältnisses zu. Dem Insolvenzverwalter kann jedoch im Einzelfall bei Nichtfreisetzung gegenüber dem Arbeitnehmer ein Schadensersatzanspruch zustehen, wenn der Arbeitnehmer während der gesetzlichen Kündigungsfrist eine andere Arbeit aufnimmt und dadurch die zeitweilige Weiterführung des Schuldnerunternehmens verhindert (K/U § 22 KO Rn 22c; zust *Berscheid* ZInsO 1998, 159, 165).

165 **3. Abgrenzung zum Schadensersatzanspruch nach § 628 Abs 2 BGB.** § 113 S 3 lässt Ansprüche nach § 628 Abs 2 BGB unberührt (BAG 25. 4. 2007 – 6 AZR 622/06, AP Nr 23 zu § 113 InsO = ZIP 2007, 1875; *Hess* § 113 Rn 901; K/P/B/*Moll* § 113 Rn 111; N/R/*Hamacher* § 113 Rn 252; *Zwanziger* § 113 InsO Rn 28). Der Anspruch ist allerdings durch die Kündigungsmöglichkeit nach § 113 S 1 und S 2 als Reserveursache beschränkt (K/P/B/*Moll* § 113 Rn 126). Der **Schadensersatzanspruch nach § 628 Abs 2 BGB** kann für beide Seiten in Betracht kommen. So kann ein solcher dem Insolvenzverwalter zustehen, wenn er dem Dienstverpflichteten (Arbeitnehmer) wegen Vorliegens eines wichtigen Grundes außerordentlich nach § 626 Abs 1 BGB kündigt. Der Dienstverpflichtete (Arbeitnehmer) kann einen Schadensersatzanspruch nach § 628 Abs 2 BGB gegen den Insolvenzverwalter haben, wenn ihn vertragswidriges Verhalten zur Kündigung veranlasst hat. Dabei muss das für den Schadensersatz erforderliche „Auflösungsverschulden" des Insolvenzverwalters oder des Insolvenzschuldners das **Gewicht eines wichtigen Grundes iSd § 626 Abs 1 BGB** haben (BAG 25. 4. 2007 – 6 AZR 622/06, AP Nr 23 zu § 113 InsO = ZIP 2007, 1875; K/P/B/*Moll* § 113 Rn 127). Die Schadensersatzpflicht nach § 628 Abs 2 BGB kann bei jeder Vertragsbeendigung, für die der andere Vertragsteil durch ein vertragswidriges schuldhaftes Verhalten den Anlass gegeben hat, entstehen. Grund für den Anspruch aus § 628 Abs 2 BGB ist das Auflösungsverschulden und nicht der Formalakt der fristlosen Kündigung (BAG 26. 7. 2001 – 8 AZR 739/00, AP Nr 13 § 628 BGB = NJW 2002, 1593 = NZA 2002, 325; BAG 8. 8. 2002 – 8 AZR 574/01, AP Nr 14 § 628 BGB = NZA 2002, 1323). Nur derjenige kann Schadensersatz nach § 628 Abs 2 BGB fordern, der auch wirksam hätte fristlos kündigen können, denn aus dem Zusammenhang der Absätze 1 und 2 ergibt sich aus der gesetzlichen Wertung, dass nicht jede geringfügige schuldhafte Vertragsverletzung, die Anlass für eine Beendigung des Arbeitsverhältnisses gewesen ist, die schwerwiegende Folge des § 628 Abs 2 BGB nach sich zieht (BAG 25. 4. 2007 – 6 AZR 622/06, AP Nr 23 zu § 113 InsO

ZIP 2007, 1875). Die Ausübung der Kündigungsmöglichkeit nach § 113 stellt kein zu vertretendes vertragswidriges Verhalten dar, weil der Insolvenzverwalter von einer gesetzlich eingeräumten Handlungsmöglichkeit Gebrauch macht. Die Insolvenzeröffnung allein ist kein wichtiger Grund iSd § 626 Abs 1 BGB (**BAG** 25. 10. 1968 – 2 AZR 23/68, AP Nr 1 zu § 22 KO [*Böhle-Stamschräder*] = NJW 1969, 525 = NJW 1969, 2254 [*Lotze*]) und begründet demnach auch kein Auflösungsverschulden iSv § 628 Abs 2 BGB (**BAG** 25. 4. 2007 – 6 AZR 631/06, nv). Die Herbeiführung der Insolvenz ist im Regelfall kein zu vertretendes vertragswidriges Verhalten iSv § 628 Abs 2 BGB, ja selbst eine „verschuldete" Insolvenz kann kaum als vom Schuldner zu vertretendes vertragswidriges Verhalten angesehen werden (K/P/B/*Moll* § 113 Rn 128). Selbst wer schuldhaft die Insolvenz herbeiführt, verletzt nicht schon deshalb Arbeitsvertragspflichten. Ein Auflösungsverschulden iSv § 628 Abs 2 BGB liegt nicht bereits darin, dass der Insolvenzschuldner die Geschäfte fehlerhaft oder gar leichtfertig führt, denn es gibt keine Arbeitsvertragspflicht zu „guter" Unternehmensführung außerhalb konkreter Verhaltensweisen im Arbeitsverhältnis (K/P/B/*Moll* § 113 Rn 128). Ein Auflösungsverschulden § 628 Abs 2 BGB kann in Zusammenhang mit Insolvenzsachverhalten darin liegen, dass der Arbeitgeber mit der Entgeltzahlung erheblich in Rückstand gerät (**BAG** 26. 7. 2007 – 8 AZR 796/06 NZA 2007, 1419).

VI. Klagefrist bei Unwirksamkeit von Kündigung oder Befristung

Kündigt der Insolvenzverwalter und will ein Arbeitnehmer, der unter den persönlichen (§§ 1 Abs 1, 14 Abs 2, 24 Abs 5 KSchG) und betrieblichen (§§ 23 Abs 1, 24 Abs 1 KSchG) Geltungsbereich des Kündigungsschutzgesetzes fällt, geltend machen, dass eine Kündigung sozial ungerechtfertigt ist, so muss er innerhalb von drei Wochen nach Zugang der Beendigungskündigung (§ 1 Abs 2 KSchG) eine Kündigungsschutzklage beim Arbeitsgericht erheben (§ 4 S 1 KSchG [2004]). Im Falle der Änderungskündigung (§ 2 KSchG) ist ebenfalls innerhalb von drei Wochen eine sog Änderungsschutzklage zu erheben (§ 4 S 2 KSchG [2004]). **166**

Von Besatzungsmitgliedern im Dienste einer Reederei oder eines Luftverkehrsbetriebs sind die Klagen innerhalb von drei Wochen ab dem Zeitpunkt der Rückkehr zum Sitz des Betriebes, spätestens jedoch binnen sechs Wochen nach Zugang der Kündigung zu erheben. Wird die Kündigung während der Fahrt des Schiffes oder des Luftfahrzeugs ausgesprochen, so beginnt die sechswöchige Frist nicht vor dem Tage, an dem das Schiff oder das Luftfahrzeug einen deutschen Hafen oder Liegeplatz erreicht (§ 24 Abs 3 KSchG). **167**

§ 4 S 1 und S 2 KSchG (2004) gilt nur für Arbeitnehmer. Sonstige Dienstverpflichtete sind an diese Klagefrist nicht gebunden. Ihren Klagen unterliegen allerdings der Grenze der Verwirkung (K/P/B/*Moll* § 113 Rn 132). **167a**

1. Klagefrist für sog Entfristungsklagen. Will der Arbeitnehmer geltend machen, dass die Zeit- oder Zweckbefristung seines Arbeitsvertrages rechtsunwirksam ist, so muss er innerhalb von drei Wochen nach dem vereinbarten Ende des befristeten Arbeitsvertrages eine sog Entfristungsklage beim Arbeitsgericht erheben (§ 17 S 1 TzBfG), soweit er geltend machen will, dass sein Arbeitsverhältnis durch die Befristung beendet worden ist. Die Klagefrist des § 17 S 1 TzBfG gilt auch bei Arbeitsverträgen, die nicht nach den Bestimmungen des Teilzeit- und Befristungsgesetzes, sondern nach anderen gesetzlichen oder tariflichen Vorschriften befristet sind (wegen weiterer Einzelheiten und wegen der Folgen der Versäumung der Klagefrist wird auf die Vorauf Rn 120–122 und die dortigen zahlreichen Rechtsprechungsnachweise verwiesen). **168**

2. Klagefrist bei sog sonstigen Unwirksamkeitsgründen. Durch das Arbeitsrechtliche Beschäftigungsförderungsgesetz v 25. 9. 1996 (BGBl I S 1476) ist § 113 zusammen mit den §§ 120–122 und 125–128 mit Wirkung vom 1. 10. 1996 im Geltungsbereich der Konkursordnung bis zum Inkrafttreten der Insolvenzordnung mit der Maßgabe vorzeitig in Kraft gesetzt worden, dass das Wort „Insolvenzverwalter" durch das Wort „Konkursverwalter" ersetzt worden ist (Art 6 ArbBeschFG iVm Art 13 ArbBeschFG). Deshalb musste ein Arbeitnehmer, der geltend machen wollte, dass die Kündigung seines Arbeitsverhältnisses durch den Insolvenzverwalter unwirksam sei, auch dann innerhalb von drei Wochen nach Zugang der Kündigung eine entsprechende Feststellungsklage beim Arbeitsgericht erheben, wenn er sich für die Unwirksamkeit der Kündigung auf andere als die in § 1 Abs 2 und 3 KSchG bezeichneten Gründe berufen wollte (§ 113 Abs 2 InsO aF). **169**

Durch Art 1 Nr 4 GRAM (Gesetz zu Reformen am Arbeits-Markt v 23. 12. 2003 – BGBl I S 3002), dem sog Arbeitsmarktreformgesetz, ist mit Wirkung vom 1. 1. 2004 (Art 5 GRAM) für Bestandsstreitigkeiten eine **allgemeine Klagefrist** geschaffen worden: Danach hat der Arbeitnehmer nicht nur dann **binnen drei Wochen nach Zugang der schriftlichen Kündigung** die Unwirksamkeit gerichtlich geltend zu machen, wenn er die Kündigung für sozial ungerechtfertigt hält, sondern auch dann, wenn die Beendigungskündigung (§ 4 S 1 KSchG nF) bzw die Änderungskündigung (§ 4 S 2 KSchG nF) „aus anderen Gründen rechtsunwirksam ist". Damit ist auch für die **allgemeine Feststellungsklage** (§ 256 Abs 1 ZPO) betreffend das Bestehen oder Nichtbestehen bzw die Kündigung oder Änderung des Arbeitsverhältnisses eine Klagefrist eingeführt worden. Dadurch ist die bisherige Regelung des § 113 Abs 2 InsO **170** aF überflüssig geworden; sie ist aufgehoben, die Absatzbezeichnung „(1)" ist gestrichen worden. In diesem Punkte sind das Arbeits- und das Insolvenzrecht wieder harmonisiert.

171 Die Vorschrift des § 113 Abs 2 InsO aF erfasste alle so sonstigen Unwirksamkeitsgründe (§ 13 Abs 3 KSchG), die einer Kündigung über § 1 KSchG hinausgehend anhaften konnten, wie bspw Verstoß gegen §§ 102, 103 BetrVG, § 15 KSchG, § 9 MuSchG, § 18 BEEG, §§ 85, 91 SGB IX = vormals §§ 15, 21 SchwbG, § 613a Abs 4 BGB (insoweit zutreffend LAG Rheinland-Pfalz 27. 11. 2000 InVo 2001, 252 = ZInsO 2001, 728) sowie die Fälle des amtsbezogenen Kündigungsschutzes (s oben Rn 63, 64). Nachdem durch Art 4 Nr 2 GRAM die insolvenzrechtliche Klagefrist des § 113 Abs 2 InsO aF gestrichen und stattdessen durch Art 1 Nr 4 GRAM mit Wirkung vom 1. 1. 2004 (Art 5 GRAM) für Bestandsstreitigkeiten in § 4 S 1 KSchG nF eine **allgemeine Klagefrist** geschaffen worden ist, muss nunmehr jeder Arbeitnehmer – inner- wie außerhalb der Insolvenz – innerhalb von drei Wochen Feststellungsklage erheben, wenn er sich auf einen der vorgenannten so sonstigen Unwirksamkeitsgründe des § 13 Abs 3 KSchG berufen will, ansonsten die Kündigung auch insoweit als rechtswirksam gilt (§ 7 Hs 1 KSchG). Die Klagefrist gilt seit dem 1. 7. 2008 auch, wenn der Arbeitnehmer seine Klage auf den Sonderkündigungsschutz gem § 5 PflegeZG (Rn 58) stützen will.

172 **a) Regelungsgehalt der Vorschrift.** Die Bestimmung des § 4 KSchG nF schließt desweiteren eine Lücke, die bislang aus der beschränkten Anwendbarkeit des § 1 KSchG folgte, denn § 4 KSchG aF galt nur, soweit ein Arbeitnehmer geltend machte, die Kündigung sei sozial ungerechtfertigt, verstoße also gegen §§ 1 oder 2 KSchG. Wenn ein Arbeitnehmer sich gegen eine außerordentliche Kündigung wenden wollte, weil er das Vorliegen eines wichtigen Grunds iSd § 626 Abs 1 BGB oder die Zumutbarkeit der Weiterbeschäftigung bis zum Fristende oder bis zum Ablauf der ordentlichen Kündigungsfrist bestreiten (§ 626 Abs 1 BGB) oder die Nichteinhaltung der Ausschlussfrist des § 626 Abs 2 BGB rügen wollte. In beiden Fällen galt die Klagefrist des § 113 Abs 2 InsO aF nur, wenn der Arbeitnehmer unter den Kündigungsschutz fiel, er also entsprechend § 1 Abs 1 KSchG länger als sechs Monate beim selben Arbeitgeber tätig war und nicht in einem Kleinbetrieb nach § 23 Abs 1 KSchG arbeitete (s zum Ganzen: KR-*Friedrich* § 4 KSchG Rn 11 ff und § 13 KSchG Rn 26 ff). Durch die inhaltsgleiche Neufassung des § 4 KSchG ist zugleich der frühere Meinungsstreit entschieden, ob § 113 Abs 2 InsO aF ganz allgemein nur für Kündigungsschutzverfahren nach dem KSchG griff (s zum Streitstand Voraufl § 113 Rn 127–129). Da § 4 KSchG [2004] gem § 23 Abs 1 S 3 KSchG [2004] auch für Kleinbetriebe gilt, hat nun jeder Arbeitnehmer die Drei-Wochen-Frist einzuhalten, unabhängig davon, auf welchen Unwirksamkeitsgrund er sich stützt (s auch *Hanau* ZIP 2004, 1169, 1174). Geht es dagegen um sonstige Unwirksamkeitsgründe iSd § 13 Abs 3 KSchG – zB dass der Betriebsrat nicht oder nicht ordnungsgemäß nach § 102 Abs 1 BetrVG angehört wurde oder die Kündigung gegen § 613a Abs 4 BGB verstößt –, können diese Gründe nunmehr auch außerhalb der Insolvenz nur noch befristet, dh innerhalb der dreiwöchigen Klagefrist des § 4 S 1 bzw S 2 KSchG [2004] gerichtlich geltend gemacht werden.

173 **b) Klagefrist bei Rechtsstreitigkeiten aus Berufsausbildungsverhältnissen.** Für eine rasche Abwicklung des Insolvenzverfahrens ist wichtig, dass die Vorschriften des Kündigungsschutzgesetzes über die fristgebundene Klageerhebung (§ 13 Abs 1 S 2 iVm § 4 S 1 KSchG [2004]) auch auf außerordentliche Kündigungen von Berufsausbildungsverhältnissen anzuwenden sind, sofern nicht gem § 111 Abs 2 S 5 ArbGG eine Verhandlung vor einem zur Beilegung von Streitigkeiten aus einem Berufsausbildungsverhältnis gebildeten Ausschuss stattfinden muss (**BAG** 13. 4. 1989 – 2 AZR 441/88, AP Nr 21 zu § 4 KSchG 1969 [*Natzel*] = EzA § 13 KSchG nF Nr 4 [*Brehm*] = NZA 1990, 395; **BAG** 5. 7. 1990 – 2 AZR 53/90, AP Nr 23 zu § 4 KSchG 1969 = EzA § 4 nF KSchG Nr 39 [*Vollkommer*] = NZA 1991, 671; **BAG** 26. 1. 1999 – 2 AZR 134/98, AP Nr 43 zu § 4 KSchG 1969 = NZA 1999, 934; aA **LAG** Hamm 3. 3. 1983 – 8/1 Ta 318/82, BB 1984, 346 = DB 1984, 464; **LAG** Hamm 19. 6. 1986 – 8 Ta 138/86, AR-Blattei „Berufsausbildung: Entsch 49" [*Knigge*] = LAGE § 5 KSchG Nr 24 [*Vollkommer*]). Mithin gilt die Klagefrist des § 4 S 1 KSchG [2004] auch dann, wenn sich der Auszubildende auf sonstige Unwirksamkeitsgründe beruft.

174 **c) Voraussetzungen für eine nachträgliche Zulassung der Feststellungsklage.** Hat der Arbeitnehmer eine Entfristungs-, Kündigungsschutz-, Änderungsschutz- oder insolvenzrechtliche Feststellungsklage nicht innerhalb von drei Wochen nach Zugang der Kündigung beim Arbeitsgericht eingereicht, dann ist sie unter bestimmten Voraussetzungen nachträglich zuzulassen (§ 17 S 2 TzBfG iVm § 5 KSchG, § 4 S 1, S 2 KSchG [2004] iVm § 5 KSchG). Eine verspätet erhobene Feststellungsklage ist nachträglich zuzulassen, wenn der Arbeitnehmer nach erfolgter Kündigung trotz Anwendung aller ihm nach Lage der Umstände zuzumutenden Sorgfalt verhindert war, die Klage innerhalb von drei Wochen nach Zugang der Kündigung zu erheben (§ 5 Abs 1 KSchG). Der **Antrag auf nachträgliche Klagezulassung** ist nur innerhalb von zwei Wochen nach Behebung des Hindernisses zulässig und kann nach Ablauf von sechs Monaten, vom Ende der versäumten Frist an gerechnet, nicht mehr gestellt werden (§ 5 Abs 3 KSchG). Der Antrag ist mit der Klageerhebung zu verbinden oder es ist auf eine bereits eingereichte Klage im Antrag Bezug zu nehmen. Der Antrag muss die Angabe der die nachträgliche Zulassung begründenden Tatsachen und der Mittel für deren Glaubhaftmachung enthalten (§ 5 Abs 2 KSchG iVm § 294 ZPO). Die nachträgliche Klagezulassung erfordert neben der Einhaltung dieser Form- und Fristbestimmungen

VI. Klagefrist bei Unwirksamkeit von Kündigung oder Befristung § 113

einen Zulassungsgrund; da hier für die Insolvenz keine Besonderheiten gelten, kann wegen Einzelheiten auf die Kommentierungen zu § 5 KSchG verwiesen werden (s die Beispiele bei BKB-*Schuldt* PraxisArbR Teil 7 Rn 103–110; SPV/*Vossen* Rn 1829 – 1871; ferner APS-*Ascheid/Hesse* § 5 KSchG Rn 15–63; ErfK/*Kiel* § 5 KSchG Rn 2–27; HK-*Hauck* § 5 KSchG Rn 32–63; *v. Hoyningen-Huene/Linck* § 5 KSchG Rn 3–40; KDZ/*Zwanziger* § 5 KSchG Rn 1–36; KR-*Friedrich* § 5 KSchG Rn 78–125 a; *Löwisch/Spinner* § 5 KSchG Rn 10–28).

In prozessualer Hinsicht war umstritten, ob der Arbeitnehmer sich bei verspäteter Klageerhebung **175** über eine direkte bzw analoge Anwendung des § 85 Abs 2 ZPO das **Verschulden** seines Prozessbevollmächtigten, sei es **seines Rechtsanwalts**, sei es **seines Gewerkschaftssekretärs**, anrechnen lassen musste (s dazu die umfangreichen Rechtsprechungsnachweise in der Vorauf Rn 136). Diese Streitfrage ist nunmehr höchstrichterlich (**BAG** 11. 12. 2008 – 2 AZR 472/08, NJW 2009, 2841) dahingehend geklärt, dass ein Verschulden seines Prozessbevollmächtigten an einer verspäteten Klageerhebung einer verschuldeten Fristversäumnis des Arbeitnehmers in Anwendung des § 85 Abs 2 ZPO gleichsteht.

aa) Vorrangige Prüfung einer möglichen Rubrumsberichtigung. Hat im Eröffnungsverfahren noch **176** der Arbeitgeber gekündigt und erhebt der Arbeitnehmer zwar innerhalb von drei Wochen Kündigungsschutzklage, bezeichnet er aber in der Klageschrift den Arbeitgeber unrichtig, so bedarf es nicht eines Antrages auf nachträgliche Zulassung der Kündigungsschutzklage nach § 5 KSchG, wenn der Arbeitgeber nach Ablauf der Drei-Wochen-Frist auf die unrichtige Bezeichnung hinweist (**LAG** Köln 10. 10. 1988 – 5 Ta 202/88, NZA 1989, 281). Insbesondere dürfen der beklagten Partei aus dem Namenswirrwarr infolge einer mehrfachen Umfirmierung, die eine häufige Ursache für die Falschbezeichnung ist, keine Vorteile erwachsen (**LAG** Hamm 25. 10. 2000 – 4 Sa 1132/00, ZInsO 2001, 240). Ist die Bezeichnung der beklagten Partei nicht eindeutig, so ist im Übrigen durch ihre Auslegung die Partei zu ermitteln, gegen die sich die Klage richtet. Die Auslegung dieser in der Klageschrift enthaltenen prozessualen Willenserklärung ist jederzeit und uneingeschränkt in allen Instanzen möglich (**BAG** 13. 7. 1989 – 2 AZR 571/88, RzK I 8 h Nr 6). Für die Frage, ob eine bloße **Rubrumsberichtigung** möglich ist, ist die **Wahrung der** rechtlichen **Identität zwischen der** ursprünglich **bezeichneten und der** tatsächlich **gemeinten Partei**, also deren Nämlichkeit, entscheidend (**LAG** Frankfurt/M 11. 11. 1997 – 9 Sa 1229/97, NZA-RR 1998, 515, 516; **LAG** Köln 19. 5. 1995 – 4 Ta 86/95, LAGE § 4 KSchG Nr 27 = RzK I 10b Nr 23). Bleibt diese gewahrt, so stellt die spätere Umstellung der Klage auf die korrekte Parteibezeichnung lediglich eine zulässige Rubrumsberichtigung dar, da die Identität der beklagten Partei als Arbeitgeber von Anfang an feststand; die Klage wirkt dann fristwahrend und es bedarf keiner nachträglichen Klagezulassung (**LAG** Frankfurt/M 12. 12. 1989 – 5 Sa 185/89, AuR 1991, 152 = RzK I 10b Nr 14). Bleibt die Partei nicht dieselbe, so liegt keine Parteiberichtigung vor, sondern es wird im Wege der Parteiänderung eine andere Partei in den Prozess eingeführt (**BAG** 15. 3. 2001 – 2 AZR 141/00, AP Nr 46 zu § 4 KSchG 1969 = NJW 2002, 459 = NZI 2001, 1267 = ZInsO 2001, 1672 mwN).

bb) Bezeichnung des Insolvenzverwalters als Partei oder Vertreter des Schuldners. Die Abgrenzung **177** von fristwahrender Rubrumsberichtigung und verspäteter Klageerhebung infolge Parteiänderung kann gerichtsrelevant werden, wenn einem Arbeitnehmer im Eröffnungsverfahren noch von seinem bisherigen Arbeitgeber gekündigt wird und seine Kündigungsschutzklage noch gegen den Schuldner richtet, obwohl während des Laufes der Klagefrist das Insolvenzverfahren eröffnet wird. Nach der sog Amtstheorie wird der Verwalter im Kündigungsschutzprozess als Partei kraft Amtes angesehen (**BAG** 20. 11. 1997 – 2 AZR 52/97, ZIP 1998, 437, 438), so dass nach Verfahrenseröffnung ein „Parteiwechsel kraft Gesetzes" vom Schuldner auf den gerichtlich bestellten Verwalter stattfinden soll (**BGH** 9. 12. 1998 – XII ZB 148/98, ZInsO 1999, 106, 107). Danach ist eine Kündigungsschutzklage, die gegen eine vor Verfahrenseröffnung von der Schuldnerin erklärte Kündigung gerichtet ist, von vornherein gegen den Verwalter als Partei zu erheben (**LAG** Düsseldorf 20. 11. 1995 – 1 Ta 291/95, KTS 1996, 181, 182 = ZIP 1996, 191, 192). Geschieht dies nicht, sondern wird die Klage gegen die Schuldnerin erhoben, dann ist eine Umstellung der Klage auf den Insolvenzverwalter nach dieser Ansicht als Parteiwechsel anzusehen. Erfolgt die Klageumstellung nach Ablauf der Drei-Wochen-Frist des § 4 S 1 KSchG [2004], dann ist die Klageerhebung mit der Folge verspätet, dass die Klage als von Anfang an als rechtswirksam gilt (§ 7 Hs 1 KSchG).

Dieser Ansicht kann nicht gefolgt werden. Die „werbende" GmbH wird gerichtlich und außergericht- **178** lich durch ihre Geschäftsführer (§ 35 Abs 1 GmbHG), die „sterbende" GmbH durch die Liquidatoren vertreten (§ 70 S 1 Hs 1 GmbHG). Wird ein vorläufiger Insolvenzverwalter bestellt und der Schuldnerin ein allgemeines Verfügungsverbot (§ 21 Abs 2 Nr 2 InsO) auferlegt, so geht die „Verwaltungs- und Verfügungsbefugnis über das Vermögen" der Schuldnerin bereits im Eröffnungsverfahren auf den vorläufigen Insolvenzverwalter über (§ 22 Abs 1 S 1 InsO). In anderen Fällen, in denen der Schuldnerin kein allgemeines Verfügungsverbot auferlegt wird, geht deren Recht, das zur Insolvenzmasse gehörende Vermögen zu verwalten und über es zu verfügen, mit Eröffnung des Insolvenzverfahrens auf den (endgültigen) Insolvenzverwalter über (§ 80 Abs 1 InsO). Allein die „Verwaltungs- und Verfügungsbefugnis über das Vermögen", welche zuvor die Geschäftsführer oder Liquidatoren innehatten, geht auf den vorläufigen bzw endgültigen Insolvenzverwalter über.

§ 113

179   Daraus folgt für die prozessrechtliche Betrachtung der Rechtsstellung der „insolventen" GmbH und ihrer Vertretungsorgane: **Der Insolvenzverwalter ist als obligatorischer Fremdliquidator deren Vertretungsorgan** (*K. Schmidt* NJW 1995, 911, 913, mwN). Nach dieser sog neuen Vertreter- oder Organtheorie ist der Insolvenzverwalter in der Insolvenz einer GmbH – vergleichbar dem Liquidator, dessen Vertretungsmacht durch den Liquidationszweck begrenzt ist (*K. Schmidt* BB 1989, 229, 231) – deren Organ mit einer durch den Insolvenzzweck beschränkten Vertretungsmacht (*K. Schmidt* aaO S 232). Der Insolvenzverwalter ist mithin keine von der GmbH verschiedene Partei, so die Klage daher stets gegen die GmbH, vertreten durch den amtlich bestellten Insolvenzverwalter, zu richten ist und eine falsche Bezeichnung des Vertretungsorgans – bisheriger Geschäftsführer statt Insolvenzverwalter – jederzeit einer Rubrumsberichtigung zugänglich ist (**LAG** Hamm 23. 11. 2000 – 4 Sa 1179/00, DZWIR 2001, 284 [*Weisemann*] = ZInsO 2001, 234; zust *Hess* InVo 2001, 117, 118 f; krit *Weisemann* DZWIR 2001, 293; str aA **BAG** 17. 1. 2002 – 2 AZR 57/01, ZIP 2002, 1412; *Bork* ZInsO 2001, 210, 211; *Fleddermann* ZInsO 2001, 359, 361; HK-*Linck* Vor § 113 Rn 32). Soweit Zustellungsverzögerungen darauf beruhen, dass der Kläger die beklagte Partei unrichtig bezeichnet oder ihre Vertretungsorgane falsch angegeben hat, ist dies nur bei der Frage, ob die spätere erfolgreiche Zustellung noch „demnächst" (§ 167 ZPO nF = § 270 Abs 3 ZPO aF) erfolgt ist, zu berücksichtigen (**LAG** Hamm 23. 11. 2000 – 4 Sa 1179/00, aaO; zust insoweit *Fleddermann* aaO).

180   **3. Klagefrist und Passivlegitimation bei Betriebsübergang.** Wird eine Kündigung vor dem Betriebsübergang ausgesprochen, so geht das Arbeitsverhältnis gem § 613 a Abs 1 S 1 BGB im „gekündigten" Zustand über. War die Kündigung wirksam und liegt der Kündigungstermin zeitlich nach dem Termin des Betriebsübergangs, so endet es beim Erwerber (**BAG** 22. 2. 1978 – 5 AZR 800/76, AP Nr 11 zu § 613 a BGB [*Küchenhoff*] = SAE 1979, 84 [*Hadding/Häuser*]). Will der Arbeitnehmer nicht, dass sein gekündigtes Arbeitsverhältnis auf den Erwerber übergeht, so kann er dem **Übergang** seines Arbeitsverhältnisses auf den Betriebserwerber gem § 613 a Abs 6 BGB nF **schriftlich widersprechen. Widerspricht der Arbeitnehmer nicht,** so **hat der Erwerber** statt des Veräußerers ab Betriebsübergang bis zum wirksamen Kündigungstermin **die Arbeitgeberpflichten zu erfüllen** (**BAG** 23. 9. 1999 – 8 AZR 614/98, ZInsO 2000, 351). Hält der Arbeitnehmer die Kündigung für unwirksam, dann stellt sich die Frage, wen er verklagen muss und welche Fristen dafür gelten.

181   **a) Kein Feststellungsinteresse für Klage gegen den Insolvenzverwalter.** Bei einer auf § 613 a Abs 4 S 1 BGB gestützten Klage handelt es sich – auch wenn der Klageantrag in der Form des § 4 S 1 KSchG gefasst ist – um eine (allgemeine) Feststellungsklage nach § 256 ZPO mit der weitergehenden Rechtskraftwirkung. Deshalb folgt in den Fällen, in denen der gekündigte Arbeitnehmer die Unwirksamkeit der Kündigung auf die Vorschrift des § 613 a Abs 4 BGB stützt, das Feststellungsinteresse nicht bereits aus §§ 4, 7 KSchG. Denn § 613 a Abs 4 BGB stellt keinen Fall der Sozialwidrigkeit einer Kündigung dar, die nach Maßgabe von §§ 1, 4 KSchG zu überprüfen wäre, sondern enthält ein eigenständiges Kündigungsverbot gem §§ 13 Abs 3 KSchG, 134 BGB. Da im Falle eines Betriebsübergangs nicht unter Berücksichtigung der §§ 4, 7 KSchG mit dem Antrag auf Feststellung der Unwirksamkeit der Kündigung geklagt werden kann, sondern – **trotz der Klagefrist des § 4 S 1 KSchG nF = bis 31. 12. 2003** § 113 Abs 2 InsO aF – nur mit dem aus § 256 Abs 1 ZPO hergeleiteten Antrag auf Feststellung, über den Kündigungstermin hinaus habe ein Arbeitsverhältnis bestanden, verlangt eine solche Klage auch ein **Rechtsschutzinteresse.** Das setzt bezüglich des Insolvenzverwalters, der an die Stelle des Schuldners (= früheren Arbeitgebers) getreten ist, für eine gegen ihn gerichtete Klage voraus, dass durch sie die Durchführung weiterer Ansprüche gegen ihn vorbereitet werden soll (RGRK-*Ascheid* § 613 a BGB Rn 296; zust. **LAG** Hamm 17. 5. 1993 – 17/11 Sa 1686/92, LAGE § 256 ZPO Nr 7; **LAG** Hamm 12. 12. 1996 – 4 Sa 1258/94, LAGE § 613 a BGB Nr 60 = MDR 1997, 950; **LAG** Hamm 26. 11. 1998 – 4 Sa 384/98, ZInsO 1999, 302; **LAG** Niedersachsen 8. 6. 2001 – 10 Sa 2848/48, LAGE § 613 a BGB Nr 81 = ZInsO 2002, 96). Solche gegen den Insolvenzverwalter nicht zu erkennen, wenn geltend gemacht wird, die Kündigung sei „wegen" des Betriebsübergangs ausgesprochen worden und damit rechtsunwirksam gem § 613 a Abs 4 S 1 BGB.

182   § 613 a Abs 1 S 1 BGB stellt eine gesetzlich vorgesehene Beendigung des Arbeitsverhältnisses dar, die mit dem gesetzlichen Übergang des unveränderten Arbeitsverhältnisses auf den neuen Betriebsinhaber verbunden ist (**BAG** 30. 10. 1986 – 2 AZR 101/85, AP Nr 55 zu § 613 a BGB [*Lüke*] = NZA 1987, 524 = ZIP 1987, 529), das Arbeitsverhältnis zu dem Veräußerer erlischt (**LAG** Hamm 12. 12. 1996 – 4 Sa 1258/94, LAGE § 613 a BGB Nr 60 = MDR 1997, 950). Letzterer kann Rechtspflichten aus dem Arbeitsvertrag weder faktisch erfüllen noch braucht er sie rechtlich zu erfüllen. Dies gilt insbesondere für den **Weiterbeschäftigungsanspruch,** der nach heutigem Verständnis zusammen mit dem Entgeltanspruch eine Einheit bildet. Es handelt sich bei diesen Berechtigungen in ihrer Bündelung um das, was den Hauptanspruch des Arbeitnehmers aus dem Arbeitsverhältnis ausmacht (**LAG** Hamm 5. 5. 1983 – 8 Sa 255/83, EzA § 102 BetrVG 1972 Nr 52; **LAG** Hamm 11. 3. 1999 – 4 Sa 966/98, ZInsO 1999, 424; **LAG** Hamm 24. 2. 2000 – 4 Sa 1731/99, ZInsO 2000, 467). Dieser Hauptanspruch **lässt sich bei einem Betriebsübergang** iSd § 613 a BGB **nur** gegen den neuen Betriebsinhaber **verwirklichen** (**BAG** 22. 2. 1978 – 5 AZR 800/76, AP Nr 11 zu § 613 a BGB [*G. Küchenhoff*] = SAE 1979, 84 [*Hadding/Häuser*]). Der bisherige Arbeitgeber kann auch nicht neben dem Erwerber als Gesamtschuldner

VI. Klagefrist bei Unwirksamkeit von Kündigung oder Befristung § 113

auf Weiterbeschäftigung in Anspruch genommen werden (**LAG** Hamm 9. 3. 1989 – 17 Sa 1499/88, LAGE § 613 a BGB Nr 15 = NZA 1989, 823; str aA **LAG** Berlin 28. 10. 1991 – 9 Sa 51/91, LAGE § 613 a BGB Nr 25 = NZA 1992, 762 = ZIP 1992, 1429; s auch **LAG** Köln 26. 3. 1998 – 5 Sa 1420/97, NZA-RR 1998, 398; **LAG** Köln 26. 3. 1998 – 5/12 Sa 1790/97, ZInsO 2000, 571). Der bisherige Arbeitgeber haftet dem Arbeitnehmer nur noch für Lohn- und Gehaltsrückstände aus der Zeit vor dem Betriebsübergang und neben dem neuen Inhaber für (finanzielle) Verpflichtungen, soweit sie vor dem Zeitpunkt des Betriebsübergangs entstanden sind und vor Ablauf von einem Jahr nach diesem Zeitpunkt fällig werden, als Gesamtschuldner (§ 613 a Abs 2 S 1 BGB). Diese Grundsätze gelten auch, wenn der Insolvenzverwalter den Betrieb veräußert.

Ist die **Kündigungsschutzklage bereits vor dem Betriebsübergang** gegen den Arbeitgeber/Insolvenzverwalter erhoben worden, so soll der Betriebsübergang ohne Einfluss auf den Fortgang des Verfahrens sein, weil § 613 a Abs 1 S 1 BGB keine befreiende Schuldübernahme bewirke (*Herschel* Anm EzA § 102 BetrVG 1972 Nr 33). Wegen § 265 Abs 2 ZPO habe der Übergang der Arbeitsverhältnisse keinen Einfluss auf den Prozess gegen den bisherigen Arbeitgeber/Insolvenzverwalter, welcher prozessführungsbefugt bleibe (**BAG** 26. 5. 1983 – 2 AZR 477/81, AP Nr 34 zu § 613 a BGB = KTS 1984, 117 = NJW 1984, 627 = ZIP 1983, 1377; s dazu *Hanau* ZIP 1984, 141; **BAG** 27. 9. 1984 – 2 AZR 309/83, AP Nr 39 zu § 613 a BGB = NJW 1986, 91 = NZA 1985, 493 = RdA 1985, 183 = ZIP 1985, 698; zust *Seiter* Betriebsinhaberwechsel S 133; *Hess* AR-Blattei SD 915.8 Rn 121). Der Arbeitnehmer soll den Rechtsstreit auch dann gegen den bisherigen Arbeitgeber bzw gegen den Insolvenzverwalter fortsetzen können, wenn der Anspruch nur noch durch den neuen Arbeitgeber zu erfüllen ist; das in diesem Rechtsstreit ergehende **Urteil** wirke nach § 325 Abs 1 ZPO auch dann **für und gegen den Rechtsnachfolger**, wenn es auf Verurteilung zu einer unvertretbaren und nur noch durch den neuen Inhaber erfüllbaren Handlung im Sinne des § 888 Abs 1 S 1 ZPO ziele; der obsiegende Arbeitnehmer könne sich nach §§ 727, 731 ZPO eine vollstreckbare Ausfertigung dieses Urteils gegen den neuen Betriebsinhaber als den Rechtsnachfolger des bisherigen Arbeitgebers besorgen (**BAG** 15. 12. 1976 – 5 AZR 600/75, AP Nr 3 zu § 611 BGB Arzt-Krankenhaus-Vertrag [*Küchenhoff*] = SAE 11.977, 220 [*Grunsky*]; zust *Seiter* Betriebsinhaberwechsel S 132; str aA *Stein/Jonas/Schumann* § 265 ZPO Rn 6 unter Fn 3; RGRK-*Ascheid*, § 613 a BGB Rn 291; **BAG** 18. 2. 1999 – 8 AZR 485/97, AP Nr 5 zu § 325 ZPO = NJW 2000, 92 = NZA 1999, 648 = ZInsO 1999, 483 = ZIP 1999, 1142; **BAG** 18. 3. 1999 – 8 AZR 306/98, AP Nr 44 zu § 4 KSchG 1969 = NZA 1999, 706 = ZInsO 1999, 483 = ZIP 1999, 1223). Zum Teil wird sogar angenommen, dass beim Betriebsübergang der Weiterbeschäftigungsanspruch auch gegen den bisherigen Arbeitgeber bzw den Insolvenzverwalter zusammen mit der Kündigungsschutzklage geltend gemacht und der Prozess nach Betriebsübergang gegen ihn fortgesetzt werden könne (**LAG** Bremen 2. 2. 1982 – 4 Sa 392/81, AP Nr 30 zu § 613 a BGB; str aA **LAG** Hamm 9. 3. 1989 – 17 Sa 1499/88, LAGE § 613 a BGB Nr 15; **LAG** Hamm 17. 5. 1993 – 17/11 Sa 1686/92, LAGE § 256 ZPO Nr 7).

b) **Notwendigkeit eines Parteiwechsels auf den Erwerber.** Dieser Ansicht kann nicht gefolgt werden, denn sie lässt außer Acht, dass aus dem Urteil vor Titelumschreibung noch gegen den bisherigen Arbeitgeber, der die Verpflichtung bei Übergang des Betriebes als Ganzes gar nicht mehr erfüllen kann, vollstreckt werden kann und die Feststellung der Rechtsunwirksamkeit einer Kündigung wegen Betriebsübergangs nach § 613 a Abs 4 S 1 BGB mit Rechtskraftwirkung gegen einen am Verfahren nicht beteiligten Dritten ergeht. Der verfassungsrechtliche Grundsatz des rechtlichen Gehörs (Art 103 Abs 1 GG) verbietet es zwingend, den Dritten zu verurteilen, ohne dass er dazu Stellung nehmen konnte, ob er überhaupt Schuldnachfolger des bisherigen Beklagten ist (*Leipold* Anm AP Nr 1 zu § 325 ZPO). Diese scheinbar verworrene Situation lässt sich aber über einen (gesetzlichen) Parteiwechsel in sinngemäßer Anwendung der sonst nur für die Gesamtrechtsnachfolge geltenden Regelungen der §§ 239, 242 ZPO zur Zufriedenheit aller Beteiligten lösen. Wenn aber dieses Ergebnis in die Augen tritt, ist es gerechtfertigt erscheinen lässt, **in sinngemäßer Anwendung der** §§ 239, 242 ZPO einen Parteiwechsel in Kündigungsschutzverfahren und in den Rechtsstreiten **vorzunehmen**, in denen der geltend gemachte Anspruch nur noch durch den neuen Inhaber erfüllt werden kann, wie dies zum Beispiel bei dem Weiterbeschäftigungsanspruch der Fall ist (so schon *Leipold* Anm AP Nr 1 zu § 325 ZPO; zust *Berscheid* KGS „Betriebsübergang/Betriebsinhaberwechsel" Rn 260 und „Sanierung/Betriebsfortführung" Rn 33; **ArbG** Siegen 14. 3. 1989 AR-Blattei ES 500 Nr 84 = „Betriebsinhaberwechsel: Entsch 84, mwN; **LAG** Hamm 26. 11. 1998 – 4 Sa 384/98, ZInsO 1999, 302; offen gelassen: **BAG** 4. 7. 1979 – 5 AZR 8/78, AP Nr 10 zu § 611 BGB Rotes Kreuz [*Mayer-Maly*]; str aA *Grunsky* SAE 1977, 224, 225; *Seiter* Betriebsinhaberwechsel S 132; **LAG** Köln 3. 8. 2001 – 11 Sa 215/01, NZA-RR 2002, 240 = ZInsO 2001, 1176 = ZIP 2002, 234). Bei Anwendung dieser Regelungen gilt Folgendes:

Geht der Streit darum, ob das Arbeitsverhältnis durch eine Kündigung des bisherigen Arbeitgebers bzw des Insolvenzverwalters *vor* dem Betriebsübergang sein Ende gefunden hat, dann ist die Klage gegen diesen zu erheben und der Prozess auch noch nach Betriebsübergang gegen ihn fortzusetzen; erst wenn und soweit durch rechtskräftiges Urteil feststeht, dass das Arbeitsverhältnis zu dem bisherigen Arbeitgeber/Insolvenzverwalter über den Kündigungstermin hinaus fortbesteht, taucht im weiteren zeitlichen Ablauf der Ereignisse die Frage auf, ob dieses Arbeitsverhältnis auf den neuen Inhaber übergegangen ist (**BAG** 14. 2. 1978 – 1 AZR 154/76, AP Nr 60 zu Art 9 GG Arbeitskampf [*Konzen*] = NJW

183

184

185

1979, 233 = SAE 1980, 129 [*Seiter*]). **Nach** dem Betriebsübergang hat der Arbeitnehmer **Klage** auf Feststellung des Fortbestandes des Arbeitsverhältnisses **gegen den neuen Inhaber** nicht nur dann zu erheben, wenn dieser gekündigt hat, sondern auch, wenn die Kündigung vom früheren Arbeitgeber bzw Insolvenzverwalter ausgesprochen wurde, aber die Kündigungsfrist erst nach Betriebsübergang abläuft (**ArbG** Siegen 14. 3. 1989 AR-Blattei ES 500 Nr 84 = „Betriebsinhaberwechsel: Entsch 84"; ebenso **LAG** Hamm 7. 1. 1999 – 4 Sa 2350/97, ZInsO 1999, 363; zust *Berscheid* ZInsO 1998, 159, 169; *Hess* § 128 Rn 321; str aA **LAG** Düsseldorf 14. 12. 2000 – 2 Sa 1333/00, ZInsO 2001, 869). Dies gilt insbesondere dann, wenn die ursprüngliche, auf tatsächliche Beschäftigung gerichtete Klage vor dem Betriebsübergang gegen den Betriebsveräußerer als bisherigen Arbeitgeber rechtshängig gemacht worden war (**LAG** Düsseldorf 12. 3. 2001 – 5 Sa 230/00, LAGReport 2001, 19 = ZInsO 2001, 1123).

186   Ob und gegenüber wem das Arbeitsverhältnis fortbesteht, muss im Urteil zum Ausdruck kommen. Dies bedeutet andererseits aber auch, dass die Klage gegen den bisherigen Arbeitgeber/Insolvenzverwalter abgewiesen werden muss (**LAG** Hamm 12. 12. 1996 – 4 Sa 1258/94, LAGE § 613 a BGB Nr 60 = MDR 1997, 950; **LAG** Hamm 26. 11. 1998 – 4 Sa 384/98, ZInsO 1999, 302), wenn ein Betriebsübergang stattgefunden und das Arbeitsverhältnis auf den neuen Inhaber übergegangen ist. Stützt ein Arbeitnehmer seine Klage darauf, dass die Kündigungen des bisherigen Arbeitgebers bzw des Insolvenzverwalters „wegen" des Betriebsübergangs ausgesprochen und deshalb nach § 613 a Abs 4 S 1 BGB rechtsunwirksam sind, kann er diesen Rechtsunwirksamkeitsgrund vor noch gegenüber dem neuen Arbeitgeber geltend machen und von ihm die Weiterbeschäftigung begehren (s dazu auch *Hess* AR-Blattei SD 915.8 Rn 124–136). Auf dieser Linie liegt auch die neuere höchstrichterliche Rechtsprechung zum Auflösungsantrag nach §§ 9, 10 KSchG (**BAG** 20. 3. 1997 – 8 AZR 769/95, AP Nr 30 zu § 9 KSchG = KTS 1998, 137 = NJ 1997, 608 [*Lakies*] = NJW 1998, 331 = NZA 1997, 937 = WiB 1997, 1156 [*Boemke*] = ZIP 1997, 1760): Hat der Arbeitnehmer gegen den Arbeitgeber/Insolvenzverwalter, der ihm gekündigt hat, eine Kündigungsschutzklage erhoben und wird nach deren Rechtshängigkeit der Betrieb veräußert, kann der Arbeitnehmer einen bisher nicht gestellten **Auflösungsantrag** mit Erfolg nur in einem Prozess gegen den ihm bekannten Betriebserwerber stellen.

187   c) **Verwirkung des Klagerechts gegen den Erwerber.** *Nach* dem Betriebsübergang ist der Betriebsveräußerer als Nichtberechtigter in Bezug auf die Arbeitgeberstellung und -funktion anzusehen, so dass er rechtswirksam keine Kündigung mehr aussprechen kann, denn ab dem Zeitpunkt des Betriebsübergangs ist nur noch der Betriebserwerber als Arbeitgeber kündigungsbefugt (**BAG** 27. 1. 2000 – 8 AZR 106/99, ZInsO 2000, 411). Für eine Klage auf Feststellung der Unwirksamkeit der Kündigung eines Nichtberechtigten fehlt das Rechtsschutzbedürfnis. Auch eine **Feststellungsklage zur Klärung einzelner Vorfragen** oder Elemente eines Rechtsverhältnisses – wie zB Kündigungsbefugnis des Insolvenzverwalters nach erfolgtem Betriebsübergang – ist **unzulässig** (**LAG** Hamm 22. 3. 2001 – 4 Sa 579/00, NZA-RR 2002, 82 = NZI 2002, 62 = ZInsO 2001, 916). Der Insolvenzverwalter ist nach Betriebsübergang im Prozess jedenfalls dann nicht mehr passivlegitimiert, wenn der Arbeitnehmer dem Übergang seines Arbeitsverhältnisses auf den Betriebserwerber nicht widersprochen hat (**BAG** 9. 10. 1997 – 2 AZR 586/96, ZInsO 1998, 142; **LAG** Hamm 11. 3. 1999 – 4 Sa 966/98, ZInsO 1999, 424; **LAG** Hamm 26. 11. 1998 – 4 Sa 384/98, ZInsO 1999, 302; **LAG** Hamm 2. 12. 1999 – 4 Sa 1153/99, NZA-RR 2000, 265 = ZInsO 2000, 55 = ZIP 2000, 325), denn passivlegitimiert ist insoweit grundsätzlich nur der Arbeitgeber (**BAG** 31. 3. 1993 – 2 AZR 467/92, AP Nr 27 zu § 4 KSchG 1969 = NJW 1994, 1084 = MDR 1994, 388 = NZA 1994, 237).

188   Die Regelung des § 113 Abs 2 InsO über die **fristgebundene Klageerhebung** gilt **nur für Feststellungsklagen** des Arbeitnehmers **gegen Kündigungen des Insolvenzverwalters**, nicht aber für das Fortsetzungsverlangen des Arbeitnehmers gegenüber dem Betriebserwerber (**LAG** Köln 3. 8. 2001 – 11 Sa 215/01, NZA-RR 2002, 240 = ZInsO 2001, 1176 = ZIP 2002, 234). Umgekehrt ist eine fehlende oder nicht rechtzeitiger Klage gegen den Insolvenzverwalter als Betriebsveräußerer im Verhältnis des gekündigten Arbeitnehmers zum Betriebserwerber der Eintritt der Fiktionswirkung des § 7 Hs 1 KSchG unerheblich, wie die von der Rechtsprechung entwickelten Grundsätze zum Wiedereinstellungs- bzw Fortsetzungsanspruch zeigen (**ArbG** Bochum 11. 4. 2000 – 3 Ca 707/00, ZInsO 2000, 572). Allerdings kann – wie jeder andere Anspruch – auch das Recht, den Übergang seines Arbeitsverhältnisses auf den Betriebserwerber geltend zu machen, durch den Arbeitnehmer gem § 242 BGB verwirkt werden (**BAG** 27. 1. 2000 – 8 AZR 106/99, ZInsO 2000, 411). Dem steht nicht entgegen, dass der Arbeitnehmer bereits mit einer Feststellungsklage gegen den Betriebsveräußerer die Unwirksamkeit der von diesem ausgesprochenen Kündigung mit einem Verstoß gegen das Kündigungsverbot des § 613 a Abs 4 BGB begründet hat. Die Grundsätze der Pflicht von Betriebsveräußerer und Betriebserwerber zur gegenseitigen Unterrichtung bei Ausübung des Widerspruchsrechts kann auf die Geltendmachung eines Betriebsübergangs durch den Arbeitnehmer nicht übertragen werden (**LAG** Hamm 22. 8. 2000 – 4 Sa 779/00, ZInsO 2000, 569). Innerhalb welcher Frist das Klagerecht gegen den Betriebserwerber verwirkt ist, ist umstritten. Dies dürfte von dem Kenntnisstand der Arbeitnehmer abhängen. Sind diese – **entgegen den Informationspflichten** des § 613 a Abs 5 BGB nF – über den Betriebsübergang nicht in Textform (§ 126 b BGB) unterrichtet worden und wird nach (angeblich) beabsichtigter Betriebsstillegung durch den Insolvenzverwalter die Produktion zunächst nur mit wenigen Arbeitnehmern aufgenommen, lässt dieser Umstand

VII. Unabdingbarkeit § 113

noch nicht auf die erfolgte Übernahme des ganzen Betriebes schließen. Beobachtet der nicht weiterbeschäftigte Arbeitnehmer deshalb die weitere Entwicklung und macht er nach knapp zwei Monaten seine Weiterbeschäftigung erfolglos geltend, ist eine innerhalb von drei Monaten nach Kenntniserlangung erhobene Klage noch soeben als rechtzeitig angesehen worden (**LAG** Hamm 25. 7. 1986 – 16 Sa 1892/85, RzK I 10i Nr 10; **LAG** Hamm 25. 7. 1986 – 16 Sa 1893/85, RzK I 5e Nr 5; ähnl **LAG** Hamm 21. 9. 1998 – 19 Sa 664/98, NZA-RR 1999, 297; krit **ArbG** Pforzheim 9. 12. 1986 KTS 1987, 462 = ZIP 1987, 264).

VII. Unabdingbarkeit

Vereinbarungen, durch die im Voraus die Anwendung des § 113 ausgeschlossen, beschränkt oder erschwert wird, sind gem § 119 rechtsunwirksam (**BAG** 20. 9. 2006 – AZR 249/05, AP Nr 316 zu § 613a BGB = NZA 2007, 387 = ZIP 2007, 595). Dies gilt auch für Tarifverträge, denn das Gesetz enthält keine Öffnungsklausel für abweichende tarifliche Regelungen. **189**

Wegen fehlender Normsetzungsbefugnis hinsichtlich § 113 S 1 können die Tarifvertragsparteien die Zulässigkeit der Kündigung von befristeten und auflösend bedingten Arbeitsverhältnissen nicht ausschließen und auch den sog **Unkündbarkeitsregelungen** Fortgeltung über die Verfahrenseröffnung hinaus verleihen. Andererseits sind **insolvenzabhängige Lösungsklauseln** unzulässig (str aA *Schwörer* Lösungsklausel für den Insolvenzfall, 2000, S 89 Rn 233, der ein freies Lösungsrecht des Arbeitnehmers annimmt), denn der dem Arbeitnehmer nach § 1 KSchG zustehende allgemeine Kündigungsschutz kann weder einzelvertraglich noch durch Tarifvertrag zu Lasten des Arbeitnehmers abbedungen werden (**BAG** 15. 8. 1984 – 7 AZR 228/82, AP Nr 8 zu § 1 KSchG 1969 [*M. Wolf*] = NJW 1985, 2158); auf den Kündigungsschutz kann auch nicht im Voraus wirksam verzichtet werden (vgl **BAG** 19. 12. 1974 – 2 AZR 565/73, AP Nr 3 zu § 620 BGB Bedingung [*G. Hueck*] = NJW 1975, 1531). **190**

Die **Vereinbarung einer auflösenden Bedingung** in einem Arbeitsvertrag bedarf zu ihrer Wirksamkeit **eines sachlich rechtfertigenden Grundes**, wenn und soweit dem Arbeitnehmer dadurch der Schutz zwingender Kündigungsschutzvorschriften genommen wird (**BAG** 20. 12. 1984 – 2 AZR 3/84 AP Nr 9 zu § 620 BGB Bedingung [*Belling*] = NZA 1986, 325; **BAG** 4. 12. 1991 – 7 AZR 344/90, AP Nr 17 zu § 620 BGB Bedingung). Da die Insolvenzeröffnung keinen wichtigen Grund für eine fristlose Kündigung bildet (**BAG** 27. 5. 1993 – 2 AZR 601/92, AP Nr 9 zu 22 KO = EzA § 22 KO Nr 5 [*Uhlenbruck*] = KTS 1993, 679 = NJW 1994, 404 = NZA 1993, 845 = ZIP 1993, 1316), sind auch auflösende Bedingungen, die im Falle der Verfahrenseröffnung eine sofortige Vertragsbeendigung bewirken sollen, unzulässig. **191**

Der **allgemeine Kündigungsschutz** ist seiner Rechtsnatur nach insofern **zwingendes Recht**, als vorherige abweichende Vereinbarungen zum Nachteil des Arbeitnehmers **unwirksam** sind (so schon **BAG** 19. 12. 1974 – 2 AZR 565/73, AP Nr 3 zu § 620 BGB Bedingung [*G. Hueck*] = NJW 1975, 1531). Unzulässig sind somit nicht nur der vorherige Ausschluss des allgemeinen Kündigungsschutzes, sondern auch **jegliche Form seiner Beschränkung** (**BAG** 4. 12. 1991 – 7 AZR 307/90, EzA § 620 BGB Nr 113). **192**

Zwar stellen **tarifvertragliche Vereinbarungen** über die Beendigung des Arbeitsverhältnisses, insbesondere Regelungen über Kündigungsfristen und -termine, einen geradezu klassischen Regelungsbereich für die Tarifparteien in Mantel- oder Rahmentarifverträgen dar (*Zwanziger* Arbeitsrecht, § 113 Rn 13), jedoch ermöglicht die sog Normsetzungsprärogative der Tarifvertragsparteien **nicht, für den Insolvenzfall Kündigungserschwerungen vorzusehen** und die Zulässigkeit der Kündigung zB von der Zahlung einer Sozialplanabfindung abhängig zu machen (**LAG** Hamm 26. 11. 1998 – 8 Sa 1576/98, EWiR 1999, 467 [*Moll*] = KTS 2000, 85 = ZInsO 1999, 302; **LAG** Hamm 14. 1. 1999 – 8 Sa 1991/98, ZInsO 1999, 544). Haben die Tarifvertragsparteien für die Kündigung von Arbeitsverhältnissen Grundkündigungsfristen und für verlängerte Kündigungsfristen eine Staffelung nach der Betriebszugehörigkeit vorgesehen, dann wäre eine tarifliche Bestimmung, die eine generelle Anhebung sämtlicher verlängerten Kündigungsfristen auf die gesetzliche Höchstfrist von drei Monaten zum Monatsende (§ 113 S 2) vorsieht, wegen ihres Insolvenzbezuges gem § 119 rechtsunwirksam. Es bleibt den Tarifvertragsparteien dagegen unbenommen, für Kündigungen nach der Probezeit inner- wie außerhalb der Insolvenz eine von Betriebszugehörigkeit und Lebensalter unabhängige Kündigungsfrist von drei Monaten vorzusehen. **193**

Die Bestimmung des § 113 S 3 kann nicht im Voraus durch eine Vereinbarung umgangen oder ausgeschaltet werden (K/U § 22 KO Rn 22). So ist bspw eine vertragliche Vereinbarung, dass ein Geschäftsführer im Falle des Insolvenz des GmbH das ausnahmsweise Recht auf die bei regulärer Beendigung des Arbeitsverhältnisses noch ausstehenden Beträge durch die Verwertung einer Grundschuld behalten soll, unwirksam, da der Geschäftsführer damit eine Sicherung erhält, die er im Hinblick auf § 113 S 3 in dieser Art nicht beanspruchen kann (so zu § 22 Abs 2 KO **LG** Wiesbaden 20. 3. 1980 – 2 O 415/79, ZIP 1980, 1074, 1075). **194**

Die Klagefrist des § 4 KSchG [2004] ist allgemein nicht disponibel, und zwar weder einzel- noch tarifvertraglich. **195**

§ 114 Bezüge aus einem Dienstverhältnis

(1) Hat der Schuldner vor der Eröffnung des Insolvenzverfahrens eine Forderung für die spätere Zeit auf Bezüge aus einem Dienstverhältnis oder an deren Stelle tretende laufende Bezüge abgetreten oder verpfändet, so ist diese Verfügung nur wirksam, soweit sie sich auf die Bezüge für die Zeit vor Ablauf von zwei Jahren nach dem Ende des zur Zeit der Eröffnung des Verfahrens laufenden Kalendermonats bezieht.

(2) ¹Gegen die Forderung auf die Bezüge für den in Absatz 1 bezeichneten Zeitraum kann der Verpflichtete eine Forderung aufrechnen, die ihm gegen den Schuldner zusteht. ²Die §§ 95 und 96 Nr. 2 bis 4 bleiben unberührt.

(3) ¹Ist vor der Eröffnung des Verfahrens im Wege der Zwangsvollstreckung über die Bezüge für die spätere Zeit verfügt worden, so ist diese Verfügung nur wirksam, soweit sie sich auf die Bezüge für den zur Zeit der Eröffnung des Verfahrens laufenden Kalendermonat bezieht. ²Ist die Eröffnung nach dem fünfzehnten Tag des Monats erfolgt, so ist die Verfügung auch für den folgenden Kalendermonat wirksam. ³§ 88 bleibt unberührt; § 89 Abs. 2 Satz 2 gilt entsprechend.

Übersicht

	Rn
I. Allgemeines	1
II. Wirksamkeit von Vorausverfügungen (Abs 1)	4
1. Erfasste Dienstverhältnisse	5
2. Bezüge aus einem Dienstverhältnis	9
3. Abtretungsklauseln in Kreditverträgen	13
4. Verhältnis von § 114 zu § 91	17
5. Wirksamkeit eines vereinbarten Abtretungsverbots	20
III. Aufrechnung (Abs 2)	21
1. Voraussetzungen der Aufrechnung	22
2. Zusammentreffen von Vorausverfügungen und Aufrechnung	23
IV. Auswirkungen der Insolvenzeröffnung auf gepfändete Bezüge (Abs 3)	24
V. Zusammentreffen von vorrangigem Pfändungspfandrecht und nachrangiger Abtretung	27
VI. Anwendbarkeit der §§ 166 ff	28
VII. Freigabe nach § 35 Abs 2 und Abtretung	29

I. Allgemeines

1 Die Vorschrift hatte früher kein unmittelbares Vorbild. Die Wirksamkeit der Abtretung von rückständigem oder zukünftigem Arbeitsentgelt war weder im Geltungsbereich der KO noch im Geltungsbereich der GesO oder nach der VerglO eingeschränkt. § 114 ist eng verknüpft mit der Neuregelung der §§ 35, 36; diese erklären nunmehr auch den Neuerwerb eines Schuldners zum Bestandteil der Insolvenzmasse. Die Norm steht außerdem in Zusammenhang mit dem neu geschaffenen Restschuldbefreiungsverfahren (§§ 286 ff). Nach § 132 RegE, der zunächst in unveränderter Form als § 114 in die Insolvenzordnung übernommen wurde (BT-Drs 12/7302 S 48), wirkten anfänglich Abtretungen und Verpfändungen der laufenden Bezüge aus einem Dienstverhältnis während des eröffneten Insolvenzverfahrens für die Dauer von „drei Jahren" weiter fort. Durch Gesetz zur Änderung der Insolvenzordnung und anderer Gesetze v 26. 10. 2001 (BGBl I S 2710) wurde jedoch ab 1. 12. 2001 dieser Zeitraum auf „zwei Jahre" verkürzt (Begr zu § 114 Abs 1 siehe BT-Drs 14/5680, S 27).

2 Die InsO gibt einem redlichen Schuldner die Möglichkeit, sich nach Durchführung eines Insolvenzverfahrens und nach Ablauf einer sechsjährigen so genannten „Wohlverhaltensperiode" von seinen restlichen Schulden zu befreien. Dieses System der Restschuldbefreiung setzt voraus, dass die **laufenden Bezüge** des Schuldners während der Zeit nach Verfahrensbeendigung für die **Verteilung an die Insolvenzgläubiger** zur Verfügung stehen (§§ 286 ff). Vorausabtretungen, Verpfändungen und Pfändungen der Bezüge zugunsten einzelner Gläubiger, wie sie bei der Insolvenz eines Arbeitnehmers regelmäßig vorliegen, werden von daher nur zeitlich beschränkt für wirksam erklärt. Die neue Vorschrift lehnt sich insoweit konstruktiv an die Regelung des früheren Konkursrechts zur Unwirksamkeit von Vorausverfügungen über Miet- und Pachtzinsforderungen an (§ 21 Abs 2, 3 KO).

3 Wie sich aus der systematischen Stellung im Gesetz ergibt, beginnt nach § 114 die zeitliche Begrenzung der Wirksamkeit von Vorausverfügungen und Abtretungsmöglichkeiten bereits im Moment der Eröffnung des Insolvenzverfahrens (§ 27) von Gesetzes wegen (*Wittich* WM 1998, 209, 220; K/P/B/ *Moll* § 114 Rn 9). Die **Verfahrenseröffnung trennt die Insolvenzmasse**, dh das gesamte der Zwangsvollstreckung unterliegende Vermögen des Schuldners von dessen der Zwangsvollstreckung nicht unterworfenem Vermögen. Zur Insolvenzmasse gehört aber – anders als nach bisherigem Konkursrecht – nicht nur das im Eröffnungszeitpunkt vorhandene Vermögen, sondern auch der während des Verfahrens eintretende Neuerwerb (§§ 35, 36), soweit er pfändbar ist. Die Erweiterung der Insolvenzmasse erfasst in erster Linie die laufenden Einkünfte des Schuldners aus seiner Erwerbstätigkeit während des Insolvenzverfahrens, aber auch Erbschaften, Schenkungen, Lotteriegewinne und sonstige Vermögenszuflüsse, aus denen die Altgläubiger nunmehr befriedigt werden sollen (N/R/*Kießner* § 114 Rn 4).

II. Wirksamkeit von Vorausverfügungen (Abs 1)

Um die **vertraglich begründeten Sicherheiten** an den laufenden Bezügen nicht zu entwerten, insbesondere einem Schuldner als natürlicher Person zu ermöglichen, seine Kreditwürdigkeit im Geschäftsverkehr mit Banken im Vorfeld möglichst lange aufrechtzuerhalten und dinglich befriedigend absichern zu können, lässt § 114 Abs 1 **Abtretungen und Verpfändungen** noch **für** eine Zeit von rund **zwei Jahren nach Verfahrenseröffnung wirksam** sein. Zwar liegt in dieser Regelung einerseits eine erhebliche Einschränkung der Rechtsstellung der gesicherten Gläubiger, jedoch wird andererseits zumindest für diesen Übergangszeitraum der wirtschaftliche Wert der Sicherheiten regelmäßig dadurch erhöht, dass der Schuldner durch die Aussicht auf die Restschuldbefreiung stärker motiviert wird, auch weiterhin einer geregelten Arbeit nachzugehen und tatsächlich pfändbare Einkünfte (vgl § 400 BGB) zu erzielen. Er wird zugleich – auch durch die Wohlverhaltensobliegenheiten in der Zeit bis zur Restschuldbefreiung – davon abgehalten, sein Arbeitsverhältnis oder einen Teil der erzielten Einkünfte zu verheimlichen (BR-Drs 1/92, S 150; vgl zur Erwerbsobliegenheit BGH 7. 5. 2009 – IX ZB 133/07, NZI 2009, 482). 4

1. Erfasste Dienstverhältnisse. Der Begriff der „Dienstverhältnisse" orientiert sich zumindest im Ausgangspunkt an demjenigen der **Rechtsverhältnisse nach den §§ 611 ff BGB**. Mit dem **BGH** (11. 5. 2006 – IX ZR 247/03, NZI 2006, 457 mit Anm Gundlach/Frenzel) kann zunächst offen bleiben, ob eine Tätigkeit als „**selbstständig**" oder „**unselbstständig**" einzuordnen ist. § 114 betrifft neben Arbeitnehmern auch Auszubildende, Volontäre, Praktikanten, arbeitnehmerähnliche Personen, freie Mitarbeiter, Heimarbeiter (§ 2 Abs 1 HAG), Hausgewerbetreibende (§ 2 Abs 2 HAG), einen Einfirmenvertreter (§ 92 a HGB), Anstellungsverhältnisse von Organmitgliedern (*Hess* § 114 Rn 14; K/P/B/*Moll* § 114 Rn 11). 5

Steht eine **beruflich selbstständige Betätigung** in Rede, erfordert § 114 allerdings schon in der ersten Prüfungsstufe – vor allem aus den synallagmatischen Erwägungen der nachfolgenden Rn 7 – **insolvenzzweckbedingt** eine teleologisch wertende Einschränkung. Denn richtigerweise besteht an dieser Stelle **kein vollständiger Deckungsgleichklang zu den §§ 850 ff ZPO**, mögen die §§ 400, 1274 II BGB (materiell für die Abtretung und Verpfändung) sowie §§ 1275 BGB, 857 ZPO, § 36 InsO (verfahrenstechnisch bei der Vollstreckung) auch in gewissem Rahmen in diesen Normenkreis verweisen. § 114 hat eine ganz **andere Zielrichtung,** die zugleich auf die Beseitigung eines Rangkonfliktes zugunsten von Masse- und Insolvenzgläubigern ausgerichtet ist (vgl *Ries* ZVI 2007, 398 f; *ders,* NZI Heft 9/2008, S V: finanzieller Aufwand der Masse ohne kompensatorischen Gegenwert verbraucht die eigentlich dem Insolvenzverfahren vorbehaltene Verteilungsmasse). Die gesetzlichen Wertungen aus der Einzelzwangsvollstreckung sind also nicht o w in das Insolvenzrecht übertragbar (zutr **BGH** 11. 5. 2006 – IX ZR 247/03, NZI 2006, 457; HK-*Linck* § 114 Rn 4). Die Zweierbeziehungen Schuldner-Abtretungsgläubiger bzw Schuldner-Vollstreckungsgläubiger ist – unter Ausschluss jeweils anderer Berechtigter – rein vom Prioritätsgrundsatz geprägt. In dem Insolvenzfünfeck Schuldner-Verwalter-Massegläubiger-Insolvenzgläubiger-Absonderungsgläubiger, also im Kontext des § 114, bleibt dagegen der Insolvenzverwalter mit seiner Masse den übrigen Beteiligten sehr viel weitergehend verantwortlich. 6

Bei beruflich selbstständiger Betätigung des Schuldners ist demnach entscheidend, ob die Wertschöpfung personell wie sachlich eine **Infrastruktur** erfordert (wie üblicherweise bei Gewerbe- oder Praxisbetrieben mit eigenen Mitarbeitern und angemieteter Betriebsstätte), deren Kosten und finanzieller Aufwand die Insolvenzmasse ab der Verfahrenseröffnung tragen muss, insbes nach Maßgabe von § 108. Dann greift § 114 nicht zugunsten von Absonderungsberechtigen ein, die Norm ist auf diese Art von Dienstverhältnissen nicht anwendbar. Alle Wertschöpfungen, die die Masse mit ihren eigenen Mitteln erwirtschaftet, gebühren anschließend zur Verteilung auch nur ihr allein (vgl **BGH** 20. 12. 1998 – IX ZR 50/88, BGHZ 106, 236; 28. 9. 2000 – VII ZR 372/99, BGHZ 145, 245, 254 ff; 22. 2. 2001 – IX ZR 191, 98, BGHZ 147, 28, 31 ff; ebenso MüKoInsO/*Kreft,* § 103 Rn 2 [bei Fn 7] u 42, Ries, ZInsO 2003, 1079, 1081 li Sp). Die Masse darf schon der par condicio creditorum wegen nur noch für die Gemeinschaft der Gläubiger tätig sein; sie darf bestehende dingliche Sicherheiten in dieser Phase nicht mehr zugunsten einzelner Sonderrechtsgläubiger aufwerten. 7

Anders liegt es hingegen, wenn die Wertschöpfung ohne kostenträchtige Infrastruktur ausschließlich mit der **Arbeitskraft des Schuldners** bewirkt wird, die für sich genommen kein Massebestandteil ist (Art 12 GG; § 36 Abs 1 InsO). Diese Konstellationen sind häufig anzutreffen in sog „Einmannbetrieben", bei Künstlern (vgl **LG** Mosbach 10. 12. 2008 – 5 S 46/08, ZInsO 2009, 198), aber auch bei Organmitgliedern einer AG oder GmbH, soweit diese als beruflich „selbstständig" einzustufen sind (vgl HK-*Linck* § 114 Rn 3). Der Schuldner kann zur Aufnahme einer Erwerbstätigkeit nicht gezwungen werden und sich durchaus mit seiner Arbeitskraft und den gem § 811 Abs 1 Nr 5 unpfändbaren Arbeitsmitteln dem Insolvenzverfahren entziehen (vgl *Ries* NZI Heft 9/2008, S VI). Konsequent muss nach der Rechtsfolgenanordnung des § 114 Abs 1 in Abtretungsfällen die Insolvenzmasse zumindest für die ersten beiden Jahre auf mögliche, aber nicht erzwingbare Massemehrungen durch dienstleistende Tätigkeiten verzichten. Die zuletzt genannten, höchstpersönlich erarbeiteten Einkünfte bleiben bis dahin zugunsten des Sicherungsgläubigers abtretungsbefangen, vorausgesetzt, dass die ursprüngliche Voraus- 8

§ 114

verfügung (Abtretungserklärung) als solche schon in unkritischer Zeit anfechtungsfest zustande kam (vgl *Ries* ZVI 2007, 398).

9 2. **Bezüge aus einem Dienstverhältnis.** Ist – was insbesondere bei unselbstständigen Arbeitnehmern zutrifft – nach dem Vorgesagtem eine höchstpersönliche Wertschöpfung iSv § 114 zu bejahen, so bestimmt sich der **Begriff der „Bezüge"** materiell nach §§ 611, 612 BGB. Er umfasst alle Einnahmen, die dem Schuldner aus der Arbeits- oder Dienstleistung zustehen, unabhängig von ihrer Bezeichnung als Vergütung (zB Honorar, Gehalt, Lohn, etc) und unabhängig von der Vergütungsform oder sonstigen Berechnungsart (zB Zeitvergütung, Leistungsvergütung, Provision, Gratifikation, Treueprämie etc). Was danach alles Bezüge aus einem Dienstverhältnis sein können, beschreiben *Weidenkaff* (Palandt/*Weidenkaff* § 611 BGB Rn 49 ff), *Edenfeld* (Erman/*Edenfeld* § 611 BGB Rn 387 ff) und *Hess* (§ 114 Rn 10 ff) jeweils sehr ausführlich in Detail. Darauf sei hier bei gleichzeitiger Benennung einiger Beispiele verwiesen. „Bezüge" sind demnach auch Diäten, Tantiemen, Gewinn- oder Umsatzbeteiligungen, Deputate und andere Naturalbezüge. Neben der Grundvergütung (Gehalt, Zeit-, Akkord-, Prämienlohn) zählen hierin die Zuschläge für Mehr-, Spät-, Nacht-, Sonntags-, Feiertags-, Wechselschichtarbeit sowie für Bereitschaftsdienst, Rufbereitschaft und Reisezeiten. Gleiches gilt für Erschwernis-, Gefahren-, Wege-, Schmutz-, Taucher- und sonstige Zulagen. Urlaubsentgelte, -gelder und -abgeltungen werden ebenso erfasst wie Weihnachtsgelder und sonstige Gratifikationen, Jubiläumszuwendungen, Prämien und Erfindungsvergütungen. Zu den Bezügen zählen außerdem die Lohn- und Gehaltsfortzahlungsansprüche im Krankheitsfalle sowie Zuschüsse zu Krankengeld, Mutterschaftsgeld und zur freiwilligen Krankenversicherung. Ferner gehören hierin Reisekosten, Spesen, Kilometergelder, Fahrgeldentschädigungen und Kontoführungsgebühren sowie schließlich die Ansprüche auf Karenzentschädigungen nach § 74 b HGB und die sonstigen vertraglichen Vereinbarungen zu den Bezügen aus dem Arbeits- oder Dienstverhältnis. Anstelle der Bezüge aus dem aktiven Arbeits- oder Dienstverhältnis treten die Ruhegelder, die Hinterbliebenenbezüge, die Versorgungsrenten und Versicherungsleistungen, soweit sie zur Versorgung des Versicherungsnehmers oder seiner unterhaltsberechtigten Angehörigen eingegangen sind. Schließlich gehört auch das Arbeitsentgelt eines Strafgefangenen für im Strafvollzug geleistete Arbeit (§ 43 StVollzG) begrifflich mit hierin. **Nicht erfasst** wird dagegen der Ersatz für schlicht durchlaufende Posten, zB tatsächlich getätigte Auslagen.

10 Vom Tatbestand der Vorschrift werden neben den regulären Bezügen aus einem Dienstverhältnis auch „an deren Stelle tretende laufende Bezüge" erfasst. Das können beispw Sozialleistungen sein wie Krankengeld (§§ 44 ff SGB V), Arbeitslosengeld (§§ 117 ff SGB III), Unterhaltsgeld (§§ 153 ff SGB III), Übergangsgeld (§§ 160 ff SGB III), Kurzarbeitergeld (§§ 169 ff SGB III), Insolvenzgeld (§§ 183 ff SGB III) sowie Winter- und Winterausfallgeld (§§ 209 ff SGB III). Immer muss es sich hierbei um sog „Entgeltersatzleistungen" handeln, die – wie auch die gesetzliche Überschrift bedeutet – einen Bezug zu einem früheren oder gegenwärtigen Dienstvertrag aufweisen; sonstige Sozialleistungen zählen nicht hierher wie etwa das von einem bestehenden Arbeitsverhältnis inzwischen abgekoppelte Arbeitslosengeld II (vgl §§ 7, 19 SGB II; aA zu § 114 Abs 2, § 52 SGB I ohne Begr **BGH** 29. 5. 2008 – IX ZB 51/07, BGHZ 177, 1). Ebenfalls nicht erfasst wird die Abtretung von Steuererstattungsansprüchen (PK-H/W/F/*Schmidt* § 114 Rn 7). Mit dazu gehören indes die aus früherer Arbeit hervorgegangenen und diese ersetzenden Leistungen der gesetzlichen Rentenversicherung (MüKoInsO/*Löwisch*/*Caspers* § 114 Rn 10; N/R/*Kießner* § 114 Rn 28; FK-*Eisenbeis* § 114 Rn 5; vgl zu § 114 Abs 2 auch **BSG** 10. 12. 2003 – B 5 RJ 18/03 R, ZIP 2004, 1327). Die textliche Beschränkung der Ersatzleistungen auf „laufende" Bezüge bedeutet, dass hier – abw zu den Regelbezügen – sonstige **Einmalzahlungen** kein Absonderungsprivileg genießen; sie fallen ggfs in die Masse (MüKoInsO/*Löwisch*/*Caspers* § 114 Rn 9 bei Fn 4). § 114 beschneidet nicht die Geltendmachung der bei Verfahrenseröffnung **rückständigen Bezüge oder Ersatzleistungen** aus dem Dienstverhältnis; die Norm konzentriert sich in ihrem Regelungsgehalt ausdrücklich auf Forderungen für die spätere Zeit, mithin auf Ansprüche, die bei Verfahrenseröffnung noch nicht entstanden waren, sondern erst zukünftig entstehen werden (N/R/*Kießner* § 114 Rn 30).

11 Die von § 114 aufgeworfene Frage einer zeitlichen Fortdauer der Absonderungsbefugnis stellt sich letzten Endes nur dort, wo eine **Abtretung, Verpfändung oder Pfändung überhaupt rechtswirksam möglich** war. Damit werden an dieser Stelle insbesondere gänzliche Ausschlussnormen wie etwa § 399 BGB, tarifvertragliche Lohnabtretungsverbote und sonstige Abtretungsverbote bedeutsam. Wie das bei bestimmten Konstellationen sogar in sich auseinanderklaffen kann, belegt exemplarisch die Rspr zu §§ 134, 402 BGB iVm § 203 Abs 1 Nr 1 StGB. Demnach können verschwiegenheitsgebundene Honoraransprüche (etwa von Rechtsanwälten und Ärzten) zwar gepfändet und somit massebeschlagen werden; sie sind jedoch nicht vorab iSv § 114 Abs 1 rechtswirksam abtretbar (**BGH** 17. 2. 2005 – IX ZB 62/04, BGHZ 162, 187; 4. 3. 2004 – IX ZB 133/03, BGHZ 158, 212, 218 mwN).

12 Darüber hinaus sind an dieser Stelle auch für die Abtretung (§ 400 BGB) und Verpfändung (§ 1274 Abs 2 BGB) die volumenbegrenzenden Pfändungsbeschränkungen **der §§ 850 ff ZPO** einschlägig. Daraus ergeben sich aber für die Wirksamkeits- und Rangzuordnung, die § 114 allein beabsichtigt, iaR keine freien Differenzbeträge zugunsten der Masse. Die jeweiligen Pfändungsschutzgrenzen gelten gleichermaßen für die Masse (vgl § 36 Abs 1) wie gegenüber dem Absonderungsgläubiger. Deshalb wird

II. Wirksamkeit von Vorausverfügungen (Abs 1) § 114

hier zu den ganz allgemeinen Fragen der Reichweite von Pfändungsgrenzen und -freibeträgen nach §§ 850 ff ZPO auf die Komm bei § 36 Abs 1 verwiesen.

3. Abtretungsklauseln in Kreditverträgen. Durch die Regelungssystematik der §§ 35, 36 mit einem 13 Massebeschlag auch für den Neuwerb erlangt die Lohn- oder Sozialleistungsabtretung erstmals größere Bedeutung für das Insolvenzrecht, denn die nach § 114 fortbestehende Abtretung berechtigt weiterhin zur Absonderung (§ 51 Nr 1). Solche **Abtretungsklauseln sind in nahezu allen Konsumentenkreditverträgen enthalten** (*Grote* ZInsO 1999, 31). Deshalb war die Frage der Insolvenzfestigkeit dieser Sicherheiten insbesondere für das Verbraucherinsolvenzverfahren zur Erlangung der Restschuldbefreiung von entscheidender Bedeutung. In der Verbraucherinsolvenz stellen in aller Regel die pfändbaren Einkommensanteile das einzig verwertbare Vermögen dar. Um aus dem Dilemma herauszukommen, entweder die Sicherheiten vollständig bestehen zu lassen mit der Folge, dass die ungesicherten Insolvenzgläubiger während des gesamten Verbraucherinsolvenzverfahrens voraussichtlich keinerlei Beiträge zur Verteilung erhalten, oder die Sicherheiten zu beschneiden und damit die Interessen der Sicherungsnehmer erheblich zu beeinträchtigen, hat sich der Gesetzgeber für die scheinbar „salomonische" Lösung des § 114 Abs 1 entschieden, die Wirksamkeit der Abtretungen zeitlich auf zwei Jahre zu begrenzen sowie den Fristbeginn an die Verfahrenseröffnung zu koppeln. Ob hierdurch die Problematik zufriedenstellend gelöst worden ist, erscheint zweifelhaft (s dazu *Grote* ZInsO 1999, 31 ff; str aA *Hess* § 114 Rn 2; K/P/B/*Moll* § 114 Rn 10).

Soweit der Schuldner dem Gläubiger nicht nur aus der Abtretung, sondern auch persönlich verpflich- 14 tet ist, hat eigentlich **zum Abschluss des Hauptverfahrens** gem § 190 eine Ausfallberechnung stattzufinden. Zu diesem Zeitpunkt kann aber – wenn die Zweijahresfrist noch läuft – ggfs unsicher sein, welche Zahlungen auf das Absonderungsrecht künftig eingehen werden. Es bleibt dem Sonderrechtsgläubiger – der zu diesem Zeitpunkt seinen Ausfall noch nicht konkret nachweisen kann – nur die Lösung, sich zu beabsichtigten künftigen Inanspruchnahmen aus der Sicherheit zu erklären und ggf darüber hinaus auf Absonderung zu verzichten (*Hess* § 190 Rn 12). Allein bzgl. des Teiles, auf den er verzichtet, nimmt er sodann als Ausfallgläubiger an künftigen Verteilungen gem §§ 187 ff teil. Ist die verbleibende Absonderungsbefugnis auf diese Weise gemindert, müssen Verwalter/Treuhänder ihrerseits darauf achten, dass nach außergewöhnlich hohen Zuflüssen, etwa aus Kündigungsschutzabfindungen, in der Spitze „freie" Überschüsse möglich werden könnten.

Soweit ein **Restschuldbefreiungsverfahren** durchgeführt wird, hat der Schuldner schon bei Antragstel- 15 lung auf Abtretungen und Verpfändungen hinzuweisen (§ 287 Abs 2 S 2). Die **Abtretung bzw Verpfändung gem § 114 Abs 1** hat – soweit sie wirksam ist – zur Folge, dass die Bezüge aus dem Arbeits- oder Dienstverhältnis während der ersten zwei Jahre der auf sechs Jahre abgekürzten Wohlverhaltensperiode nicht an den Treuhänder ausgezahlt werden, sondern an den gesicherten Gläubiger fließen. Nach Ablauf der Zwei-Jahres-Frist werden die Bezüge während der restlichen vier Jahre an den Treuhänder gezahlt, der diese in der sog Wohlverhaltensperiode einmalig jährlich auf Grund des Schlussverzeichnisses an die Insolvenzgläubiger verteilt (§ 292 Abs 1). Soweit der gesicherte Gläubiger innerhalb der Zwei-Jahres-Frist nicht befriedigt worden ist und die Formalien des § 190 beachtet waren (s o), reiht er sich in den Kreis der übrigen, am Restschuldbefreiungsverfahren beteiligten Gläubiger ein (K/P/B/*Moll* § 114 Rn 21).

Die Abtretung von Bezügen aus einem Arbeits- oder Dienstverhältnis erfolgt idR zur Sicherung eines 16 Darlehns. Die **formularmäßige Sicherungsabtretung** aller Ansprüche des Kreditnehmers aus einem Dienst- oder Arbeitsverhältnis in den allgemeinen Geschäftsbedingungen der Banken kann wegen Verstoßes gegen § 307 Abs 2 BGB unwirksam sein, sofern sie Zweck und Umfang der Zession sowie die Voraussetzungen, unter denen der Verwender von ihnen Gebrauch machen darf, nicht hinreichend eindeutig bestimmen und nicht zu einem vernünftigen, die schutzwürdigen Belange beider Vertragspartner angemessen berücksichtigenden Interessenausgleich führen (**BGH 22. 6. 1989 – III ZR 72/88, NJW 1989, 2383; BGH 28. 9. 1989 – III ZR 10/89, WM 1989, 1719**). Gleiches gilt für Lohnabtretungen in Formularbürgschaften (**BGH 21. 11. 1991 – IX ZR 60/91, NJW 1992, 1234**). Eine Sicherungsabtretung von Lohn- und Gehaltsansprüchen kann im Übrigen schon deshalb nach § 307 Abs 2 BGB unwirksam sein, weil sie keine ausreichende Absprache zu einer vorab nötigen Verwertungsankündigung beinhaltet. Wer die Zession dennoch dem Drittschuldner offen legt, verletzt damit seine Pflicht, die selbst nach Kreditkündigung fortbesteht, eine Schädigung des Schuldners zu vermeiden (**BGH 14. 6. 1994 – XI ZR 210/93, NJW 1994, 2754**).

4. Verhältnis von § 114 zu § 91. Der BGH (11. 5. 2006 – IX ZR 247/03 unter Rn 12, BGHReport 17 2006, 1129 [*Rehborn*] = DZWIR 2006, 468 [*Spliedt*] = KTS 2007, 510 [*Römermann*] = NZI 2006, 457 [*Gundlach/Frenzel*]) hält § 114 Abs 1 systematisch für eine Ausnahmevorschrift zu § 91. Im Rahmen ihres Anwendungsbereichs verdränge die Vorschrift des § 114 Abs 1 diejenige des § 91 Abs 1. Allerdings sei daraus eine weitergehende, auch andere Vorschriften der InsO überlagernde Gültigkeitsanordnung nicht zu entnehmen; die **Anfechtung vorinsolvenzlicher Inkassomaßnahmen** des Sicherungsgläubigers bleibe gem §§ 130, 131 gleichwohl möglich (**BGH 26. 6. 2008 – IX ZR 87/07, NZI 2008, 563 ff** unter Rn 18). Dem liegt – im Ausgangspunkt zutr – der Gedanke zugrunde, dass wegen § 91 ein Siche-

§ 114

rungsgläubiger Forderungen, die erst nach der Insolvenzeröffnung „entstehen", schon nicht mehr durch Vorausabtretung erwerben kann. Nur wenn der Zessionar bzw Pfändungsgläubiger bereits vor der Eröffnung des Insolvenzverfahrens eine gesicherte Rechtsposition erlangt hat, bleibt sein Absonderungsrecht in den zeitlichen Grenzen von § 114 Abs 1 u 3 insolvenzfest. Bei Ansprüchen aus **Dauerschuldverhältnissen** kommt es somit für § 91 darauf an, ob sie bereits mit Abschluss des zugrunde liegenden Vertrages „**bedingt**" oder „**betagt**" begründet wurden, so dass zum Stichtag ihre Durchsetzbarkeit nur noch vom Eintritt einer Bedingung bzw vom Beginn oder vom Ablauf einer bestimmten Frist abhing. Sind die Ansprüche dagegen „**befristet**", dh gem §§ 163, 158 Abs 1 BGB erst mit der Inanspruchnahme der jeweiligen Gegenleistung nach der Insolvenzeröffnung (bzw bei Anfechtungssachverhalten: nach dem Anfechtungsstichtag) entstanden, ist ihre Zuordnung **umstr**. Das betrifft vor allem Ansprüche aus Dienst- oder Mietverträgen, für die der BGH schon vor Inkrafttreten der InsO durchgängig urteilte, das Recht auf die Leistung „entstehe" erst mit der Inanspruchnahme der jeweiligen Gegenleistung, bei Mietverträgen also keinesfalls vor dem jeweiligen Zeitraum der Gebrauchsüberlassung (ausf dazu *Ehricke*, ZInsO 2008, 1058 ff mzN), und beim Dienstvertrag nicht vor Erbringung der Dienstleistung (stellvertr **BGH** 30. 1. 1997 – IX ZR 89/96, WM 1997, 545; 9. 2. 1983 – VIII ZR 305/81, NJW 1983, 1119; früher bereits **RG** 20. 11. 1933 – VI 245/33, RGZ 142, 291, 295; vgl ferner **BGH** 17. 7. 2008 – IX ZR 203/07, ZVI 2008, 433 Rn 5; Jaeger/*Henckel* § 140 Rn 13; MüKoInsO/*Kirchhof* § 140 Rn 9 c u 14; HaKo/*Rogge* § 140 Rn 14 a; str aA *Flöther/Bräuer* NZI 2006, 136, 144). Deshalb meint der **BGH** (11. 5. 2006 – IX ZR 247/03, BGHZ 167, 363 ff Rn 11 ff; 26. 6. 2008 – IX ZR 87/07, NZI 2008, 563 ff Rn 13; 17. 7. 2008 – IX ZR 203/07, ZVI 2008, 433 Rn 5), der Rechtsgedanke des § 140 Abs 3 greife hier nicht ein, weil der Arbeitnehmer mit Abschluss des Arbeitsvertrages noch keinen gesicherten, durch spätere Ereignisse nicht mehr entziehbaren Anspruch auf künftigen Arbeitslohn besessen habe. Der BGH setzt sich indes nicht weiter mit der Frage auseinander, ob das bei „befristeten" Rechtsbeziehungen nicht geradezu ihrer Typik entspricht (sie müssen immer auch zunächst real „gelebt" werden), und ob für den „Befristungsbegriff" des § 140 Abs 3 in diesem Sinne nicht eigentlich genügen muss, dass der Arbeitgeber dem arbeitswilligen Schuldner während der Dauer des Arbeitsvertrages den Vergütungsanspruch gar nicht mehr streitig machen kann (vgl § 615 BGB). Das ist eigentlich schon „Anwartschaft" genug.

18   Man kann von daher zu § 91 die Dinge bei **Vergütungsansprüchen unselbstständiger Arbeitnehmer** mit guten Gründen auch anders bewerten. Auf solche Vertragsbeziehungen darf der Insolvenzverwalter ohnehin keinen Einfluss nehmen (§ 113 gilt in der Insolvenz des Dienstverpflichteten nicht). Die Vergütungsgrundlagen sind iaR bereits im Arbeitsvertrag selbst klar verankert (darauf, zugleich im Querbezug auf § 832 ZPO, verweist völlig zu Recht *Riedel*, ZVI 2008, 420); ebenso ist iaR ein monatlich immer wiederkehrendes, gleich bleibendes Leistungsprofil vorhanden. Der Eintritt von Leistung und Gegenleistung (inkl Fälligkeit der Vergütung) ist quasi vorab genau terminlich gesichert. Etwaige vergütungshindernde „Leistungsstörungen" spielen sich überhaupt nur auf einer als Vertragsverletzung zu wertenden Sekundärebene ab; im Übrigen genießen Schuldner und Zessionar bereits den dinglichen Schutz des § 163 BGB gegen beeinträchtigende Verfügungen. Der Gesetzgeber hatte sich dementsprechend in der Begr zu § 132 RegE (BT-Drs 12/2443 S 151; nach hier vertretener Ansicht zweifelsfrei) dahin geäußert, er wolle die Wirksamkeit der Abtretung für diese Fälle zeitlich „beschränken", und er hatte § 114 auch einen klaren Wortlaut beigemessen: „... so ist diese Verfügung nur wirksam, ..."). Wenn der Gesetzgeber also der Meinung war, eine Vorausverfügung über den Arbeitslohn unselbstständiger Beschäftigter sei im Insolvenzverfahren „zu berücksichtigen", erlangte auch die Begr zu § 159 RegE (= § 140 InsO; BT-Drs 12/2443 S 166 f) eingangs wie ausgangs, zB mit dem Hinweis auf die nach § 140 Abs 3 spiegelbildlich schon sofort eintretende Wirkung einer Kündigung, spürbares Gewicht. Nichts spricht für die Annahme, der Gesetzgeber habe im Kontext des § 140 Abs 3 gleichermaßen unberücksichtigt gelassen, dass die eigentlichen Wirkungen „befristeter" (anders als diejenigen „betagter") Regelungen erst zukünftig entstehen, und er habe Deckungs- und Valutaverhältnis jeweils einen unterschiedlichen Wirksamkeitszeitpunkt zuweisen wollen. Der **BGH** (14. 6. 2007 – IX ZR 56/06, NZI 2007, 515 ff Rn 17) schien zwischenzeitlich, auch unter Verweis auf Anfechtungsrecht und § 96 Abs 1 Nr 3, wieder zu einer einheitlichen Betrachtung zurückzukehren: Wo – wie bei einem Mietverhältnis (insoweit bestätigend HK-*Kreft* § 140 Rn 14) – der maßgebliche Rechtsgrund bereits vor der Verfahrenseröffnung gelegt war und die mit einem Anfangs- und Endtermin versehenen Rechtsgeschäfte gem. **§§ 161 Abs 1 und 2, 163 BGB** gegen Verfügungen auch des Insolvenzverwalters geschützt sind, finde § 91 InsO keine Anwendung. Letzten Endes hielt er dann aber doch an den mit „Vertragsarztentscheidung" neu geprägten Leitlinien fest (**BGH** 26. 6. 2008 – IX ZR 87/07, NZI 2008, 563 ff Rn 10). Das bewirkt ein kurioses Auseinanderdriften zwischen Anfechtungs- (§§ 129 ff) und Eröffnungswirkung (§ 114): vor der kritischen Anfechtungszeit ist der Forderungserwerb zunächst rechtsbeständig, jedoch in der Krise, soweit noch vor Eröffnung entstanden, nunmehr anfechtbar, um nach der Eröffnung gem § 114 Abs 1 wieder insolvenzbeständig zu sein. Es fällt schwer, darin noch den Ausgangsgedanken der Aufrechterhaltung von Kreditsicherheiten wiederzuentdecken. Noch krasser bringt dies für die Zwangsvollstreckung § 114 Abs 3 S 2 zum Ausdruck: ggf Wirksammachen überhaupt nur für zwei Wochen (?). Nach hier vertretener Ansicht würden dagegen Mietzins- und Lohnabtretungen auf der Basis von § 140 Abs 3 anfechtungsbeständig sein können und über die Verfahrenseröffnung hinausreichen;

erst §§ 110, 114 InsO würden diesen Zustand mit der Eröffnung gänzlich beseitigen oder ihn zumindest (wie bei § 114 InsO) zeitlich auf eine wesentlich verkürzte Dauer zurückfahren (vgl dazu auch PK-H/W/F/*Ries* § 91 Rn 17–19).

In dem eigentlichen Sachverhalt des sog „Vertragsarztfalles" (**BGH** 11. 5. 2006 – IX ZR 247/03, BGHZ 167, 363) kam es auf diese Fragestellungen letzten Ende gar nicht an; die Entscheidung fiel hier recht leicht. Der Arzt unterhielt einen freiberuflichen Praxisbetrieb mit Mitarbeiter- und Mietverbindlichkeiten iSv § 108. Damit kam nach dem Vorgesagten (s o Rn 7) eine Anwendung von § 114 gar nicht erst in Betracht. Zudem werden bei **beruflich selbstständig Tätigen** die maßgeblichen „Rechtsgrundlagen" für einen abgetretenen Anspruch erst mit Konkretisierung des „essentiala negotii" geschaffen, bei Liefergeschäften also mit Bestellung und Auftragsannahme (vgl stellvertr **BGH** 20. 12. 1988 – IX ZR 50/88, BGHZ 106, 236, 241; 14. 12. 1989 – IX ZR 283/88, BGHZ 109, 368; 30. 1. 1997 – IX ZR 89/96, ZIP 1997, 513, 514; 20. 3. 2003 – IX ZR 166/02, ZIP 2003, 808, 809; 22. 7. 2004 IX ZR 183/03, ZIP 2004, 1819, 1821). Der Honoraranspruch eines Vertragsarztes entsteht, wenn nicht gar erst durch den konkretisierenden Honorarbescheid, frühestens mit dem Arzt-Patienten-Kontakt anlässlich der in Rede stehenden Behandlung. Einen weitergehend vorbestimmten Rahmen gibt es in diesen Fällen nicht Da § 114 hier nicht gilt, können sich anfechtungsrechtliche Kollisionserwägungen (s o Rn 18) hier gar nicht erst stellen; im Gegenteil besteht hier zwischen der Sperrwirkung des § 91 und den §§ 129 ff völliger Gleichklang (*Ries* ZVI 2007, 398). 19

5. Wirksamkeit eines vereinbarten Abtretungsverbots. Zwar können Bezüge aus Arbeits- und Dienstverhältnissen grundsätzlich gem § 398 BGB abgetreten werden. Die Arbeits- bzw Dienstvertragsparteien können jedoch vereinbaren (§ 399 BGB), dass künftig eine Forderungsabtretung ausgeschlossen ist (**Abtretungsverbot**). Eine solche Vereinbarung ist auch durch AGB möglich (**BGH** 13. 7. 2006 – VII ZR 51/05, NJW 2006, 3486). Ein Lohn- und Gehaltsabtretungsverbot kann rechtswirksam auch in einer Betriebsvereinbarung vereinbart werden (**LAG** Hamm 5. 10. 1989 - 4 Sa 700/89, LAGE § 399 BGB Nr 2). Da sich das erzwingbare Mitbestimmungsrecht des Betriebsrats nur auf „Zeit, Ort und Art der Auszahlung der Arbeitsentgelte" (§ 87 Abs 1 Nr 4 BetrVG) erstreckt, können Lohn- und Gehaltsabtretungsverbote nur in einer freiwilligen Betriebsvereinbarung gem § 88 BetrVG geregelt werden (**BAG** 26. 1. 1983 – 4 AZR 206/80, AP Nr 1 zu § 75 LPVG RP [*Pecher*]). Ein durch Betriebsvereinbarung zustande gekommenes Lohn- und Gehaltsabtretungsverbot erfasst auch die Lohn- und Gehaltsansprüche derjenigen Arbeitnehmer, die erst nach Abschluss der Betriebsvereinbarung in den Betrieb eintreten (**BAG** 5. 9. 1960 – 1 AZR 509/57, DB 1960, 1309). Dies kann von Bedeutung sein, da die Vorausverfügung (Abtretung/Verpfändung) über zukünftiges Arbeitseinkommen grundsätzlich auch bei einem Arbeitsplatzwechsel wirksam bleibt und damit auch die Entgeltansprüche aus dem neuen Arbeitsverhältnis erfasst, ohne dass es einer neuen Abtretungs- oder Verpfändungsvereinbarung bedarf (N/R/*Kießner* § 114 Rn 40). Liegt der Zeitpunkt der Begründung des neuen Arbeitsverhältnisses nach Verfahrenseröffnung, so sind Abtretungen oder Verpfändungen auch ohne Lohn- und Gehaltsabtretungsverbot unwirksam, da gem § 91 nach Verfahrenseröffnung keine Rechte an der Insolvenzmasse mehr begründet werden können. 20

III. Aufrechnung (Abs 2)

§ 114 Abs 2 erweitert die Möglichkeit zur Aufrechnung. Die Aufrechnungslage muss demgemäß zum Zeitpunkt der Verfahrenseröffnung noch nicht bestanden haben. Die Aufrechnung ist dem Arbeitgeber/Dienstberechtigten **für die Dauer von zwei Jahren**, in denen auch eine Abtretung oder Verpfändung der Bezüge an Dritte wirksam bleibt, **möglich**. Die Hauptforderung auf Zahlung dieser Bezüge bzw auf Ersatzleistungen, gegen die aufgerechnet werden soll, muss in diesem Zwei-Jahre-Zeitraum entstanden sein . Die Aufrechnungsbefugnis wird damit im gleichen Umfang respektiert wie die Vorausverfügung. Mit dieser Regelung soll der Arbeitgeber, der dem Arbeitnehmer vor Verfahrenseröffnung ein Darlehn gegeben hat, ebenso geschützt werden wie ein anderer Darlehnsgeber, dem der Arbeitnehmer die Forderung auf seine künftigen Bezüge zur Sicherheit abgetreten hat (*Grote* ZInsO 1999, 31, 35; FK-*Eisenbeis* § 114 Rn 7; N/R/*Kießner* § 114 Rn 45). Voraussetzung ist, dass die **Darlehensforderung** (als Gegenforderung) im Zeitpunkt der Eröffnung des Insolvenzverfahrens über das Vermögen des Arbeitnehmers/Dienstnehmers bereits entstanden war, also eine sog **Altforderung** vorliegt; denn **Neuforderungen** sind vom Schuldner ausschließlich aus seinem insolvenzfreien Vermögen zu erfüllen; dafür haftet die Masse nicht (K/P/B/*Moll* § 114 Rn 26; N/R/*Kießner* § 114 Rn 45). Will der Arbeitgeber/Dienstberechtigte die Aufrechnung gem § 388 S 1 BGB nach Insolvenzeröffnung abgeben, muss sie wegen des Massebezuges dem Verwalter gegenüber erklärt werden (HK-*Linck* § 114 Rn 13). 21

1. Voraussetzungen der Aufrechnung. § 114 Abs 2 S 2 verweist ganz allgemein auf die übrigen Voraussetzungen, unter denen die Aufrechnung in der Insolvenz möglich ist. Das soll hier nicht vertieft werden. Einzelheiten finden sich in der Komm zu §§ 94–96. Wichtig erscheint der Hinweis, dass der in § 114 Abs 2 InsO vorgesehene Schutz einer Aufrechnungslage den Schutz einer Verrechnungslage nach § 52 SGB I mit umfasst. Danach kann der zu „Entgeltersatzleistungen" iSv § 114 verpflichtete Sozial- 22

§ 114

leistungsträger mit einer Ermächtigung, die ihm ein anderer Leistungsträger vorinsolvenzlich erteilte, dessen Ansprüche gegen den Berechtigten mit der ihm obliegenden Geldleistung verrechnen, soweit nach § 51 die Aufrechnung zulässig ist (**BSG** 10. 12. 2003 – B 5 RJ 18/03 R, BSGE 92, 1; ebenso **BGH** 29. 5. 2008 – IX ZB 51/07, BGHZ 177, 1, ausf zum Thema *Hess* § 114 Rn 24 ff). Über § 294 Abs 3 bleibt die Aufrechnungsbefugnis auch gegenüber dem Treuhänder im gleichen Umfange bestehen, wie ihm gegenüber Vorausverfügungen Wirksamkeit entfalten können (N/R/*Kießner* § 114 Rn 47). Die **Aufrechnung** ist von Gesetzes wegen **ausgeschlossen**, soweit sie **gegen** eine **unpfändbare Forderung** stattfindet (§ 394 S 1 BGB iVm § 850 c ZPO). Die Aufrechnung kann, soweit keine gesetzlichen Vorschriften entgegenstehen, auch durch Vertrag ausgeschlossen werden, wobei Aufrechnungsverbote zu Lasten des Dienstberechtigten unüblich sind (K/P/B/*Moll* § 114 Rn 33). Dagegen sind tarifliche Aufrechnungsverbote zugunsten tariflicher Einrichtungen häufiger zu beobachten (vgl zB **BAG** 11. 1. 1990 – 8 AZR 365/88, NZA 1990, 787). Bei Bestehen eines tariflichen Lohn- und Gehaltsabtretungsverbots ist die Aufrechnung des Arbeitgebers gegen Lohn- und Gehaltsforderungen ausgeschlossen (**ArbG** Hannover 15. 6. 1966 – 5 Ca 157/66, BB 1966, 942; teilw. aA LAG Frankfurt/Main 2. 3. 1971 – 7 (4) Sa 537/70, DB 1972, 243, welches unter Berufung auf § 851 Abs 2 ZPO eine Aufrechnung im Rahmen der Pfändungsfreigrenzen der §§ 850–850 k ZPO für zulässig erachtet).

23 **2. Zusammentreffen von Vorausverfügungen und Aufrechnung.** Beim Zusammentreffen von Verpfändungen oder Abtretungen der Bezüge einerseits und der Aufrechnungsbefugnis des zur Zahlung der Bezüge Verpflichteten andererseits gelten die allgemeinen Regelungen des Bürgerlichen Rechts (§§ 392, 406 BGB). Der Arbeitgeber/Dienstherr kann danach gegen die Forderung des Arbeitnehmers/Dienstnehmers auf Bezüge nicht aufrechnen, wenn er seinen Anspruch nach der Abtretung oder Verpfändung erworben hat oder wenn seine Forderung erst nach der Abtretung oder Verpfändung und später als die Entgeltforderung fällig geworden ist (K/P/B/*Moll* § 114 Rn 37). Soweit eine Aufrechnung nicht zulässig ist, kann nach allgemeinen Grundsätzen auch ein Zurückbehaltungsrecht nicht ausgeübt werden.

IV. Auswirkungen der Insolvenzeröffnung auf gepfändete Bezüge (Abs 3)

24 Die Zwangsvollstreckung eines Gläubigers einer Forderung in das Arbeitseinkommen oder in die Dienstbezüge des Schuldners erfolgt durch Pfändungs- und Überweisungsbeschluss (§§ 824, 704, 794, 724, 750 ZPO). Bereits der **Pfändungsbeschluss**, der dem Arbeitgeber/Dienstherrn als Drittschuldner verbietet, an den Arbeitnehmer/Dienstnehmer als Schuldner zu zahlen, bewirkt für sich allein das „Pfändungspfandrecht" iSv § 804 ZPO, welches zur abgesonderten Befriedigung nach § 50 Abs 1 berechtigt. Bei Forderungspfändungen ist daher ein für die Frage der Entstehung des Absonderungsbefugnis grundsätzlich auf die Zustellung des Pfändungsbeschlusses gem § 829 Abs 3 ZPO bzw der Pfändungsverfügung gem § 309 Abs 2 Satz 1 AO an den Drittschuldner abzustellen. Auf den Erlass eines Überweisungsbeschlusses gem § 835 ZPO bzw einer Einziehungsverfügung gem § 314 AO kommt es insoweit nicht an (MüKoInsO/*Löwisch*/*Caspers* § 114 Rn 43). Während es bei der Abtretung genügt, ohne namentliche Benennung des Drittschuldners den Abtretungsgegenstand ausreichend bestimmt zu bezeichnen, konzentriert sich das vollstreckungsrechtliche Pfandrecht immer auf die jeweiligen Zustelladressaten, würde also zB bei Zustellung allein an den Arbeitgeber nicht andere sozialrechtliche Entgeltersatzansprüche umfassen, die gesondert bei den betreffenden Leistungsträgern zu pfänden sind. Der Umfang der Pfändbarkeit richtet sich nach den §§ 850–850 k ZPO. Das Gesetz enthält in § 850 Abs 2, 3 ZPO keine abschließende **Definition des Arbeitseinkommens**, sondern nur eine beispielhafte Aufzählung, so dass die Pfändung das gesamte als Entgelt zahlbare Arbeitseinkommen ohne Rücksicht auf die Benennung oder Berechnungsart erfasst (§ 850 Abs 4 ZPO), und zwar auch solche Beträge, die überhaupt erst nach der Pfändung fällig werden (§ 832 ZPO).

25 Der **BGH** (26. 6. 2008 – IX ZR 87/07, NZI 2008, 563; 17. 7. 2008 – IX ZR 203/07, ZVI 2008, 433 Rn 8) ist der Ansicht, die Regelung des § 114 Abs 3 schließe die **Anwendbarkeit der Anfechtungsvorschriften** auf Zwangsvollstreckungsmaßnahmen hinsichtlich der Bezüge eines Arbeitnehmers nicht aus. Insofern besteht in den maßgeblichen Fragen der Forderungsentstehung ein Gleichklang zur Abtretung (s o Rn 17 ff). Soweit sich die Pfändung auf eine künftige Forderung bezieht, wird ein Pfandrecht daran erst mit deren Entstehung begründet, so dass auch anfechtungsrechtlich auf diesen Zeitpunkt abzustellen ist (**BGH** 20. 3. 2003 – IX ZR 166/02, ZIP 2003, 808, 809). Damit müsste zu § 140 Abs 3 eigentlich konsequent gefragt werden, ob die Forderung – auf deren Entstehung es maßgeblich ankommt, und worauf die Pfändung selbst keinen Einfluss nimmt – als solche „befristet" ist. Der BGH rekurriert dennoch nicht auf die Forderung, sondern stattdessen auf den **Pfändungsakt** und sagt, dieser stehe hier **weder unter einer Bedingung noch unter einer Befristung**. § 140 Abs 3 betreffe nur Fälle der rechtsgeschäftlichen Bedingung oder Befristung iSd §§ 158 ff BGB (**BGH** 20. 3. 2003 – IX ZR 166/02, ZIP 2003, 808, 809; 26. 6. 2008 – IX ZR 87/07, NZI 2008, 563 ff Rn 11). Zwangsvollstreckungsmaßnahmen als solche fallen deshalb nicht unter § 140 Abs 3 (MüKoInsO/*Kirchhof* § 140 Rn 50a; HK-*Kreft* § 140 Rn 14; Jaeger/*Henckel* § 140 Rn 55).

26 Die Wirksamkeit einer Pfändung der Bezüge aus einem Arbeits- oder Dienstverhältnis wird durch § 114 Abs 3 deutlich stärker als diejenige der Abtretung nach Abs 1 eingeschränkt: Eine **Pfändung** hat

nur für rund einen Monat nach Verfahrenseröffnung Bestand. Hier geht es nicht um eine Kreditsicherheit, sondern um den häufig zufälligen Vorsprung eines Gläubigers vor den übrigen Gläubigern. Durch die noch weiter gehende Wirkung der „Rückschlagsperre" des § 88, der kraft Verweisung gilt, wird ein Pfändungspfandrecht, das nicht früher als einen Monat vor dem Eröffnungsantrag erlangt worden ist, durch die Verfahrenseröffnung rückwirkend (schwebend) unwirksam (vgl **BGH** 19. 1. 2006 – IX ZR 232/04, BGHZ 166, 74, 80 f). Unberührt bleiben nur die Vollstreckungsmaßnahmen von Unterhalts- und Deliktsgläubigern in den erweitert pfändbaren Teil der Bezüge aus dem Arbeits- oder Dienstverhältnis. Das danach grundsätzlich auf Neugläubiger erstreckte Vollstreckungsverbot des § 89 Abs 2 S 1 findet in § 89 Abs 2 S 2 zugunsten solcher Neugläubiger eine Ausnahme, die aus Unterhalts- oder Deliktsansprüchen in den Teil der Bezüge vollstrecken, der für sie erweitert pfändbar ist (§§ 850 d, 850 f Abs 2 ZPO). Dieser nicht zur Insolvenzmasse gehörende Teil der Bezüge wird von der die Restschuldbefreiung bezweckenden Abtretung der (pfändbaren) Bezüge an den Treuhänder nicht erfasst und unterliegt darum dem Zugriff der privilegierten Neugläubiger (**BGH** 15. 11. 2007 – IX ZB 4/06, DZWIR 2008, 282 [*App*]). Die Besserstellung durch § 89 Abs 2 S 2 gilt – wie die tatbestandliche Anknüpfung an § 89 Abs 2 S 1 unzweideutig zum Ausdruck bringt – nur für Neugläubiger von Unterhalts- und Deliktsansprüchen, aber nicht auch für Unterhalts- und Deliktsgläubiger, die an dem Insolvenzverfahren teilnehmen (**BGH** 28. 6. 2006 – VII ZB 161/05, NZI 2006, 593). Soweit danach Vollstreckungsmaßnahmen dieser Gläubiger wirksam vorgenommen werden können, sind nach allgemeinen Grundsätzen auch **Abtretungs- und Verpfändungsverfügungen zugunsten dieser Gläubiger** wirksam (§ 400 BGB). Abtretungen oder Verpfändungen in das nicht dem Insolvenzbeschlag unterliegende, sog freie Schuldnervermögen sind daher möglich. Gleiches gilt für Aufrechnungsvereinbarungen.

V. Zusammentreffen von vorrangigem Pfändungspfandrecht und nachrangiger Abtretung

Es können der Prioritätsgrundsatz (vergleiche §§ 804 Abs 3, 829 Abs 1 S 2 ZPO) und die Tatsache miteinander kollidieren, dass der Gesetzgeber nicht für alle Arten von „Vorausverfügungen" die insolvenzrechtliche Gültigkeitsdauer einheitlich bemessen hat. Während Pfändungs- und Überweisungsbeschlüsse gemäß § 114 Abs 3 ihre Wirkung bereits zum Ende des Monates der Verfahrenseröffnung, spätestens aber zum Ablauf des Folgemonates verlieren, bleiben Abtretungen der Arbeitseinkünfte gemäß § 114 Abs 1 im Insolvenzverfahren für weitere zwei Jahre durchsetzbar. In solcher Lage **überdauert** die erst später gewährte **Abtretung** das gem § 114 Abs 3 **insolvenzrechtlich erlöschende Pfändungspfandrecht**, die Abtretung rückt rangmäßig auf (**BGH** 12. 10. 2006 – IX ZR 109/05, NZI 2007, 39). Das aus der vorrangigen Pfändung erwachsene Verfügungsverbot des § 829 Abs 1 S 2 ZPO wirkt nur „relativ". Die gegen dieses Verbot verstoßende Abtretungsverfügung wird mit Wegfall des geschützten Rechtes wieder voll gültig. Durch § 114 wird also der Prioritätsgrundsatz auf die Betrachtung jeweils gleichartiger Absonderungsrechte beschränkt. Das ältere Pfändungspfandrecht geht auch weiterhin für die kurze Übergangszeit des § 114 Abs 3 dem jüngeren vor; ebenso behält nach § 114 Abs 1 auch die ältere Abtretung den Vorrang vor der jüngeren. Treffen indes unterschiedliche Arten von Vorausverfügungen aufeinander, ist insoweit nicht mehr entscheidend, welches Recht das ältere ist, sondern welches Recht im Insolvenzverfahren länger fortgilt.

VI. Anwendbarkeit der §§ 166 ff

Für den Fall der Abtretung weist § 166 Abs 2 eigentlich ab Verfahrenseröffnung die Inkassobefugnis dem Verwalter zu, was normalerweise bedeuten müsste, dass der Masse auch die Kostenbeträge für eine Feststellung und Verwertung (§ 170) zustehen. Einen Forderungseinzug durch den Verwalter hat der Gesetzgeber aber an dieser Stelle gar nicht in Betracht gezogen, wenn er beispw in der Begr zu § 132 RegE (BT-Drs 12/2443 S 151) allein davon spricht, dass bei Fortbestand der Abtretung „der Schuldner den pfändbaren Teil des Einkommens an den Gläubiger fließen lassen" müsse. Ein Forderungsinkasso durch den Verwalter macht hier in der Tat wenig Sinn, verspräche er doch keinen höheren Erlös und bereitete nur überflüssige Mühe und Kosten.

VII. Freigabe nach § 35 Abs 2 und Abtretung

Zum Abschluss noch ein kurzer Hinweis auf ein von der Praxis bisher wenig beachtetes Problem. Es betrifft **Fälle der Freigabe** einer gewerblichen Betätigung aus der Masse **gem § 35 Abs 2**. Der BGH deutet mit Leitsatz 4 des Urt v 19. 1. 2006 (IX ZR 232/04, BGHZ 166, 74) an, dass tatsächlich **frühere Sicherungsrechte wieder durchsetzbar** werden können Das Urt bezeichnet an mehreren Stellen, etwa im amtlichen Abdruck bei Rn 20, die Vorschrift des § 185 Abs 2 S 1 Fall 2 BGB als wichtige Schlüsselnorm (Konfusion mittels Zustimmung des Verwalters). Die Unwirksamkeitsanordnung des **§ 91** greift aber **nur für die Dauer und Zwecke des Insolvenzverfahrens**, würde also Gegenstände und Rechte nicht länger erfassen, die gar nicht (mehr) massezugehörig sind. Zusätzlich macht § 301 Abs 2 S 1 sehr deutlich, dass dingliche Absonderungsrechte nicht einmal nach Ablauf der sechsjährigen Wohlverhaltensperiode untergehen. Möglicherweise sind diese Grundsätze sogar entsprechend anzuwenden, wenn sich der höchstpersönlich arbeitende Schuldner mit Gegenständen, die gem § 811 Abs 1 Nr 5 ZPO unpfändbar sind, dem Verfahren entzieht; hier suspendiert die InsO schon kraft Gesetzes den Massebeschlag. Abgesehen von Fallkonstellationen, in denen § 114 von Anbeginn sowieso nicht gilt (siehe Vertragsarztbeisp), bleibt jedenfalls innerhalb seines eigentlichen Anwendungsbereiches (s o Rn 8) zu fragen, wie sich nun der Wegfall der Sperrwirkungen des § 91 konkret auswirkt. Wirkt § 114 nur zeitlich „begrenzend" (s o Rn 18), kann seine **Sperre** nach zwei Jahren **auch für sich allein** fortgelten; mit der vom BGH bevorzugten These, § 114 wirke unter Verdrängung von § 91 zusätzlich „rechtsbegründend", tut man sich dagegen sehr viel schwerer. Hier bestehen dogmatisch noch völlig ungelöste Normenkonflikte, auch im Verhältnis zu § 295 Abs 2, der eigentlich nur rein schuldrechtlich ausgestaltet und nicht dinglich unterfüttert ist (vgl *Ries* Insbüro 2006, 370, 372; **SG** Stuttgart 12. 12. 2008 – S 10 KA 7601/08 ER, ZVI 2009, 219, 221).

§ 115 Erlöschen von Aufträgen

(1) Ein vom Schuldner erteilter Auftrag, der sich auf das zur Insolvenzmasse gehörende Vermögen bezieht, erlischt durch die Eröffnung des Insolvenzverfahrens.

(2) ¹Der Beauftragte hat, wenn mit dem Aufschub Gefahr verbunden ist, die Besorgung des übertragenen Geschäfts fortzusetzen, bis der Insolvenzverwalter anderweitig Fürsorge treffen kann. ²Der Auftrag gilt insoweit als fortbestehend. ³Mit seinen Ersatzansprüchen aus dieser Fortsetzung ist der Beauftragte Massegläubiger.

(3) ¹Solange der Beauftragte die Eröffnung des Verfahrens ohne Verschulden nicht kennt, gilt der Auftrag zu seinen Gunsten als fortbestehend. ²Mit den Ersatzansprüchen aus dieser Fortsetzung ist der Beauftragte Insolvenzgläubiger.

§ 116 Erlöschen von Geschäftsbesorgungsverträgen

¹Hat sich jemand durch einen Dienst- oder Werkvertrag mit dem Schuldner verpflichtet, ein Geschäft für diesen zu besorgen, so gilt § 115 entsprechend. ²Dabei gelten die Vorschriften für die Ersatzansprüche aus der Fortsetzung der Geschäftsbesorgung auch für die Vergütungsansprüche. ³Satz 1 findet keine Anwendung auf Überweisungverträge sowie auf Zahlungs- und Übertragungsverträge; diese bestehen mit Wirkung für die Masse fort.

Übersicht

	Rn
A. Auftrag und Geschäftsbesorgung (Abs 1)	1
I. Allgemeines	1
II. Tatbestandsvoraussetzungen	2
1. Anwendungsbereich	2
2. Schuldner als Auftraggeber	5
3. Massebezogenheit	7
III. Rechtsfolgen des Erlöschens	8
1. Wirkung ex nunc	8
2. Abwicklungsansprüche	9
3. Kein Wahlrecht gem § 103	10
4. Keine Kündigung gem § 113	11
5. Kein Schadenersatz	12
IV. Verpflichtung zur Notgeschäftsführung (Abs 2)	13
B. Bankverträge	15
I. Bankmäßige Geschäftsbesorgungsverträge	15
1. Girovertrag und Kontokorrentverhältnis	16
2. Kontokorrentverhältnis bei Gemeinschaftskonto	20
a) Oder-Konto	21
b) Und-Konto	22
3. Kontokorrentverhältnis bei einer GbR	23
4. Weitere Konten	24
a) Treuhandkonten	24
b) Anderkonten	24 a
c) Sonstige	24 b
5. Lastschriftverfahren	25
6. Scheckgeschäft	25 b
7. Diskontgeschäft	25 c
8. Avalkreditgeschäft	25 d
9. Akkreditivgeschäft	25 e
10. Depotgeschäft	25 f
11. Effektengeschäft	25 g
II. Übertragungs-, Überweisungs-, Zahlungsverträge	26
1. Definition und Abgrenzung der Vertragstypen	26

	Rn
2. Ausführung nach Eintritt der Zahlungsunfähigkeit oder Antragstellung	27
3. Ausführung nach Erlass eines allgemeinen Verfügungsverbotes	32
4. Ausführung nach Verfahrenseröffnung	34
III. Weitere Bankgeschäfte	36
C. Factoring	37
I. Insolvenz des Anschlusskunden	38
1. Erlöschen des Factoringvertrages	39
2. Abwicklung der einzelnen Factoringgeschäfte	41
a) Abgetretene und vom Factor bezahlte Forderungen	42
aa) Aus- oder Absonderungsrecht	43
bb) Doppelinsolvenz	45
b) Abgetretene, vom Factor bezahlte, aber noch nicht werthaltige Forderungen	47
aa) Valutierung während des Eröffnungsverfahrens	48
bb) Valutierung nach Verfahrenseröffnung	49
cc) Bereicherungsausgleich	53
c) Angediente, aber noch nicht gutgeschriebene Forderungen	55
d) Andienung der Forderung nach Verfahrenseröffnung	57
e) Entstehung der Forderung nach Verfahrenseröffnung	58
f) Inkassoforderungen	59
g) Insolvenzeröffnungsverfahren	60
3. Debitorenzahlungen an den Anschlusskunden	61
4. Kollision zwischen Factoring und verlängertem Eigentumsvorbehalt	63
a) Echtes Factoring	64
aa) Zeitlicher Vorrang der Factoring-Globalzession	64
bb) Zeitlicher Vorrang des verlängerten Eigentumsvorbehalts	65
b) Unechtes Factoring	66
5. Kollision zwischen Factoring und kreditsichernder Globalzession	74
a) Zeitlicher Vorrang der Factoring-Globalzession	74
b) Zeitlicher Vorrang der kreditsichernden Globalzession	75
6. Aufrechnung	80
a) Aufrechnungsbefugnis des Debitors	81
b) Aufrechnungsbefugnis des Factors	84
7. Anfechtung	88
a) Factoring als Bargeschäft	89
b) Verrechnungen des Factors	91
c) Erfüllung des Deckungsgeschäfts mit dem Debitor	92
8. Factoring als Kapitalersatz	93
II. Insolvenz des Factors	97
1. Auswirkungen auf den Factoringvertrag	97
2. Auswirkungen auf die einzelnen Factoringgeschäfte	98
a) Abgetretene und vom Factor bezahlte Forderungen	99
b) Angediente, aber noch nicht gutgeschriebene Forderungen	102
c) Andienung nach Verfahrenseröffnung	103
d) Inkasso-Forderungen	104
3. Abwicklung der Konten des Anschlusskunden	105
a) Abrechnungskonto	106
b) Sperrkonto	107
c) Treuhandkonto	108
4. Aufrechnung	109
III. Insolvenz des Debitors	111
1. Auswirkungen auf das Factoringgeschäft	112
2. Umsatzsteuererstattungsanspruch	114

A. Auftrag und Geschäftsbesorgung (Abs 1)

I. Allgemeines

Die §§ 115–117 ersetzen und „entzerren" die §§ 23 und 27 KO, indem sie klarer zwischen dem **Innenverhältnis** von Auftrag (§ 115) und Geschäftsbesorgung (§ 116) einerseits und dem **Außenverhältnis** der Vollmacht (§ 117) andererseits unterscheiden (K/P/B/*Tintelnot* §§ 115, 116 Rn 1). Gemeinsam sollen diese Vorschriften sicherstellen, dass die Verwaltung der Insolvenzmasse vom Zeitpunkt der Verfahrenseröffnung an – wie in § 80 Abs 1 vorgesehen – allein in den Händen des Insolvenzverwalters liegt, indem massebezogene Verwaltungshandlungen Dritter ausgeschlossen werden (BT-Drucks 12/2443 S 151; **BFH** 11. 10. 07 – IV R 52/04, BB 2008, 494; Braun/*Kroth* § 115 Rn 2; HaKo-*Ahrendt* § 115 Rn 1; MüKo-*Ott/Vuia* § 115 Rn 1; N/R/*Kießner* § 115 Rn 2). Beauftragter und Geschäftsbesorger dürfen keine Aktivitäten mehr entfalten, weil diese **mit der Verwaltungs- und Verfügungsbefugnis des Verwalters kollidieren** würden (MüKo-*Ott/Vuia* § 115 Rn 1 und § 116 Rn 1). Die Sonderregelung der §§ 115 ff ist geboten, weil § 103 lediglich gegenseitige Verträge erfasst, der Auftrag aber kein gegenseitiger, sondern ein unvollkommen zweiseitiger Vertrag ist; die beiderseitigen Leistungspflichten stehen nämlich nicht im Verhältnis von Leistung und Gegenleistung (Palandt/*Grüneberg* Einf v § 320 Rn 4 a). Die Möglichkeit, den Auftrag nach Maßgabe des § 671 Abs 1 BGB zu widerrufen, genügt in der **Insolvenz des Auftraggebers** nicht (kritisch *Marotzke* FS Henckel, 1995, S 579 ff). Denn in der Zeit bis zum Widerruf könnte sonst der Beauftragte in die ausschließlich dem Insolvenzverwalter vorbehaltene Verwaltung und Verwertung der Insolvenzmasse eingreifen. Lediglich in der **Insolvenz des Beauftragten** wird das Vertragsverhältnis durch die Insolvenzeröffnung nicht unmittelbar berührt und der Auftraggeber durch die Möglichkeit des jederzeitigen Widerrufs gem § 671 Abs 1 BGB hinreichend geschützt (N/R/*Kießner* § 115 Rn 4). In der **Insolvenz des Geschäftsherrn** verdrängt § 116 als lex specialis die allgemeine Regelung des § 103. Nur in der **Insolvenz des Geschäftsbesorgers** findet § 103 weiterhin Anwendung, da Geschäftsbesorgungsverträge zu den gegenseitigen Verträgen zählen (Palandt/*Grüneberg* Einf v § 320 Rn 9). Zudem kann in der Insolvenz des *Handelsvertreters* dieser Umstand einen wichtigen Grund für eine fristlose Kündigung nach § 89 a HGB darstellen (*Emde/Kelm* ZIP 2005, 58 ff; *Wolff* ZVI 2008, 1 ff). Ebenso berechtigt die Insolvenz eines *Handelsmaklers* zum Widerruf gem §§ 675, 671 Abs 1 BGB. Bei Dienstverträgen mit Geschäftsbesorgungscharakter existiert keine Gesetzesnorm, die den Vertrag aufgrund der *Insolvenz des Dienstverpflichteten* zum Erlöschen bringt; man wird aber hier einen wichtigen Grund zur fristlosen Kündigung gem § 626 BGB bejahen können.

Zur Sicherung eines funktionierenden Zahlungssystems hat der Gesetzgeber durch Art 2 Abs 3 ÜG vom 21. 7. 1999 (BGBl I, S 1642) in § 116 einen neuen **Satz 3** eingefügt wonach die vor Verfahrenseröffnung beauftragten Geldinstitute die ihnen erteilten Aufträge noch ausführen müssen und den hierfür zu beanspruchenden Aufwendungsersatz als Masseverbindlichkeiten geltend machen können (**BGH** 5. 2. 2009 – IX ZR 78/07, NZI 2009, 307 Rn 18). Nur so kann sichergestellt werden, dass der Insolvenzverwalter nicht durch einen Dritten, der von dem Schuldner vor der Verfahrenseröffnung mit Geschäften betraut worden ist, in seiner Tätigkeit behindert wird. Satz 3 wurde durch Gesetz vom 29. 7. 2009 (BGBl. I S. 2355) geringfügig redaktionell geändert.

II. Tatbestandsvoraussetzungen

2   **1. Anwendungsbereich.** Unter § 115 fallen **alle Auftragsverhältnisse** des § 662 BGB (Rechtsgeschäfte, rechtsähnliche oder tatsächliche Handlungen), die sich auf das zur Insolvenzmasse gehörende Vermögen beziehen und bei denen der Schuldner der Auftraggeber ist (MüKo-*Ott/Vuia* § 115 Rn 9). Da vermögensbezogene Aufträge kaum unentgeltlich vorkommen, wie dies in § 662 BGB Tatbestandsvoraussetzung ist, erlangt § 115 einen Anwendungsbereich fast ausschließlich aus der Verweisung in § 116 S 1. „**Geschäftsbesorgung**" iSd § 675 BGB und damit die des § 116 ist nur die **selbstständige** Tätigkeit wirtschaftlichen Charakters, die im Interesse eines anderen innerhalb einer wirtschaftlichen Interessensphäre vorgenommen wird (**BGH** 6. 7. 06 – IX ZR 121/05, ZInsO 2006, 1055; Palandt/ *Sprau* § 675 Rn 3). Es muss sich um eine Tätigkeit handeln, für die der Geschäftsherr ursprünglich selbst zu sorgen hatte, die ihm aber durch einen anderen abgenommen wird. Dienste werden dagegen nur an, nicht aber für einen anderen geleistet (**BGH** 22. 10. 58 – IV ZR 78/58, BB 1959, 134). Bei **gemischten Verträgen** muss die Geschäftsbesorgung prägenden Charakter haben (MüKo-*Ott/Vuia* § 116 Rn 10) entsprechend dem Leitbild, dass der Geschäftsbesorger fremde Geschäfte für fremde Rechnung im eigenen entsprechend fremden Namen besorgt, aber immer unter Wahrung seiner Selbstständigkeit. **Dienst- oder Werkverträge**, denen diese Merkmale fehlen, **fallen nicht unter § 116.**

3   Entsprechend den allgemeinen Abgrenzungsmerkmalen (dazu Palandt/*Sprau* Einf v § 662 BGB Rn 4 , § 675 BGB Rn 2 ff) sind folgende **Einzelfälle** zu differenzieren (ja = § 116 anwendbar; nein = § 116 nicht anwendbar): Absatzmittler (ja), Abschlussprüfer (nein; *Heidland* BauR 2009, 159 ff), Anlageberater (ja), Architekt (nein; *Heidland* BauR 2009, 159 ff), Avalkredit (ja, s u Rn 25 d; **BGH** 6. 7. 06 – IX ZR 121/05, NZI 2006, 637), **Bauträgerverträge** (nein, diese werden einheitlich nach § 103 abgewickelt, da die Geschäftsbesorgungselemente nur untergeordneter Bestandteil der in erster Linie auf die Erstellung des Bauwerkes und Übertragung des Grundstücks gerichteten Gesamtleistung sind; **BGH** 12. 7. 84 – VII ZR 268/83, NJW 1984, 2573; *Feuerborn* ZIP 1994, 14, 16), Clearing (ja), Frachtführer (nein), Franchising (nein; *Torz* ZInsO 2009, 1235, 1237 ff), **Handelsvertreter** (ja; *Emde/Kelm* ZIP 2005, 58 ff), **Hausverwalter** (ja), Inkassozession (ja), Kautionsversicherung (ja, s u Rn 25 d; **BGH** 18. 1. 07 – IX ZR 202/05, NZI 2007, 234; **BGH** 6. 7. 06 – IX ZR 121/05, NZI 2006, 637; *Proske* ZIP 2006, 1035, 1036), Know-how-Vertrag (ja), Ein- und Verkaufskommission (ja), Lagergeschäft (nein), Makler (ja), Patentanwalt (ja), Projektsteuerungsverträge iSv § 31 HOAI (ja, **BGH** 4. 12. 97 – VII ZR 177/96, MDR 1998, 342; dazu *Stapelfeld* BauR 1994, 693, 694), Rechtsanwalt (ja, s u Rn 9), Reisevermittler (ja), Schiedsabrede (nein; **BGH** 20. 11. 03 – III ZB 24/03, ZInsO 2004, 88), Spediteur (ja), Steuerberater (ja, s u Rn 9), **Treuhand** (ja, wenn fremdnützig und bei Doppeltreuhand, s o § 47; nein, wenn eigennützig, *Häsemeyer* InsR Rn 20.79), Vermittler zB von Eintrittskarten (ja), Vermögensverwalter (ja), Vertragshändler (nein, da in eigenem Namen und für eigene Rechnung tätig), Wirtschaftsprüfer (ja).

4   § 116 S 3 schließt die Anwendung der Vorschrift auf Überweisungsverträge (§§ 676 a-c BGB) sowie auf Zahlungs- und Übertragungsverträge (§§ 676 d–e BGB; § 676 BGB) ausdrücklich aus, jedoch **nicht für** den **Girovertrag** (§§ 676 f–h BGB; **BGH** 5. 2. 2009 – IX ZR 78/07, NZI 2009, 307 Rn 18; einge-

hend *Peschke* Die Insolvenz des Girokontoinhabers, Diss 2005). Der Girovertrag wird in § 116 S 3 nicht genannt, obschon er zeitgleich mit Schaffung des § 116 S 3 durch das Überweisungsgesetz vom 21. 7. 1999 kodifiziert wurde. Dies spricht dafür, dass der Gesetzgeber den Girovertrag nicht von S 3 erfasst sehen wollte.

2. Schuldner als Auftraggeber. Für die Anwendung der §§ 115, 116 ist entscheidend, dass der **Schuld-** **5** **ner Auftraggeber** („vom Schuldner" erteilt) bzw **Geschäftsherr** („mit dem Schuldner") ist, da bei der umgekehrten Fallgestaltung durch die Möglichkeit des Widerrufs (§ 671 Abs 1 BGB) ein hinreichender Schutz besteht. Ein jederzeitiges Kündigungsrecht hat auch der *Besteller* beim Werkvertrag, der eine Geschäftsbesorgung zum Gegenstand hat (§ 649 BGB). Entsprechendes gilt für den *Kommittenten*, und zwar unabhängig davon, ob man den Kommissionsvertrag als Werk- oder als Dienstvertrag auffasst. Der Auftrag darf noch nicht vollständig ausgeführt (HK-*Marotzke* § 115 Rn 12), das Geschäft noch nicht vollumfänglich besorgt sein. **Bei teilweiser Ausführung** betreffen die §§ 115, 116 lediglich den noch nicht erfüllten Teil (MüKo-*Ott/Vuia* § 115 Rn 10).

Ein Auftrag oder Geschäftsbesorgungsvertrag, der ohne ausdrückliche Beschränkung auf das Eröff- **6** nungsverfahren von einem **vorläufigen Insolvenzverwalter**, auf welchen die Verwaltungs- und Verfügungsbefugnis gem § 22 Abs 1 iVm § 21 Abs 2 Nr 2 1. Alt übergegangen ist, abgeschlossen worden ist, erlischt bei Verfahrenseröffnung nicht schon nach §§ 115, 116, sondern muss entweder widerrufen oder gekündigt werden (FK-*Wegener* § 115 Rn 8; HK-*Marotzke* § 115 Rn 19).

3. Massebezogenheit. Ferner muss sich die geschuldete Tätigkeit auf das **zur Insolvenzmasse gehörende** **7** **Vermögen** beziehen (**BAG** 21. 2. 98 – 6 AZR 273/07, ZIP 2008, 1184; **BFH** 11. 10. 07 – IV R 52/04, BB 2008, 494), was auch bei natürlichen Personen aufgrund § 35 regelmäßig der Fall ist (Ausnahme: Tätigkeiten ideeller oder persönlicher Art [wie zB Pflege und Betreuung] oder in Ehe- und Familiensachen; FK-*Wegener* § 116 Rn 23). Soweit sich der erteilte Auftrag auf Vermögen bezieht, das nicht zur Soll-Masse gehört, findet § 115 keine Anwendung, sondern ist der Auftrag vom Beauftragten vollständig durchzuführen (**BAG** 21. 2. 08 aaO, Rn 35 für Überlassung von Vermögenswerten mit ausdrücklicher Zweckbestimmung). Eine schematische Betrachtung verbietet sich. Maßgeblich ist, ob der in Rede stehende Auftrag Bedeutung für die Insolvenzmasse hat (Braun/*Kroth* § 115 Rn 11).

III. Rechtsfolgen des Erlöschens

1. Wirkung ex nunc. Mit Verfahrenseröffnung erlöschen ohne weitere Erklärung sowohl das Auf- **8** tragsverhältnis als auch der Geschäftsbesorgungsvertrag mit Wirkung **für die Zukunft** (ex nunc) der Insolvenzmasse und dem Schuldner gegenüber (**BGH** 6. 7. 06 – IX ZR 121/05, ZInsO 2006, 1055; **OLG Köln** 7. 11. 05 – 17 W 139/05, JMBl NW 2006, 95; Braun/*Kroth* § 115 Rn 6; HaKo-*Ahrendt* § 115 Rn 5; MüKo-*Ott/Vuia* § 115 Rn 11). Alles, was der Beauftragte bzw Geschäftsbesorger bis dahin in Ausführung des Vertrages geleistet hat, muss der Insolvenzverwalter für und gegen die Insolvenzmasse gelten lassen, soweit hierzu auch der Schuldner verpflichtet wäre (HaKo-*Ahrendt* § 115 Rn 5; N/R/*Kießner* § 115 Rn 8). Vertragliche Vereinbarungen, die den Fortbestand des Auftrages über den Zeitpunkt der Verfahrenseröffnung hinaus vorsehen, sind gem. § 119 unwirksam (**BGH** 6. 7. 06 – IX ZR 121/05, NZI 2006, 637 Rn 22). Wird ein zunächst erlassener Eröffnungsbeschluss später aufgehoben, entfällt rückwirkend auch die Unwirksamkeit des Auftrags (BerlKo-*Goetsch* § 115 Rn 7; FK-*Wegener* § 115 Rn 9, § 116 Rn 24; H/W/W §§ 115, 116 Rn 14).

2. Abwicklungsansprüche. Im Übrigen bedeutet das Erlöschen von Auftrag und Geschäftsbesorgung, **9** dass der andere Teil zur weiteren Wahrnehmung von Schuldnerinteressen – von der Notgeschäftsführung (§ 115 Abs 2) abgesehen – grundsätzlich weder berechtigt noch verpflichtet ist und **keine Rechte mehr gegen die Insolvenzmasse** erlangt (**BGH** 6. 7. 06 – IX ZR 121/05, NZI 2006, 637; K/P/B/ *Tintelnot* §§ 115, 116 Rn 9). Die ihm übertragene Geschäftsführungsbefugnis entfällt für die Zukunft (HK-*Marotzke* § 115 Rn 4). Vertraglich bleibt er der Insolvenzmasse zur **Herausgabe** alles aus dem Auftrag und der Geschäftsführung Erlangten (§§ 667, 675 BGB) und zur Rechnungslegung nebst Einsicht in die Belege (§§ 666, 675 BGB) verpflichtet (Braun/*Kroth* § 115 Rn 1; K/P/B/*Tintelnot* §§ 115, 116 Rn 9 mwN in Fn 20). Dies gilt **auch für Unterlagen**, die er zur Ausführung des Auftrags erhalten, erlangt oder im Rahmen der Vertragserfüllung erstellt hat (**BGH** 30. 11. 89 – III ZR 112/88, NJW 1990, 510 für Handakten des Rechtsanwalts [auch in Sozietät] einschließlich Gesprächsnotizen; **LG Cottbus** 5. 01 – 1 S 42/01, ZInsO 2002, 635 f für Kontenblätter, kein ZBR gem § 66 Nr 4 StBerG; **LG Düsseldorf** 18. 8. 97 – 19 T 308/96, ZIP 1997, 1657 für DATEV-Konten und Monatsauswertungen des Steuerberaters ohne Gegenrechte wegen Honorarforderungen; **LG Essen** 24. 5. 96 – 1 S 691/95, ZIP 1996, 1878; Braun/*Kroth* § 116 Rn 8; MüKo-*Ott/Vuia* § 116 Rn 49; BerlKo-*Goetsch* § 116 Rn 16; H/W/W §§ 115, 116 Rn 19; K/P/B/*Tintelnot* §§ 115, 116 Rn 18; *Andres/Leithaus* § 116 Rn 5), **aber nicht** für die **Arbeitsergebnisse** des Geschäftsbesorgers (**BGH** 1. 3. 04 – IX ZR 178/03, ZIP 2004, 1267 für Zustimmung zur DATEV-Datenübertragung, wenn Daten unmittelbar Bestandteil der Buchführung oder der Jahresabschlussarbeiten sind; aber noch keine Arbeitsergebnisse, wenn es sich nur um Eingabe der von der Schuldnerin zur Verfügung gestellten Daten handelt, selbst wenn diese bereits aus-

§§ 115, 116

gewertet, geordnet und rechnerisch aufbereitet; **BGH** 25. 10. 88 – XI ZR 3/88, ZIP 1988, 1474 für Hauptabschlussübersicht nebst Umbuchungslisten des Steuerberaters) oder eigene Notizen über persönliche Eindrücke und vertrauliche Hintergrundinformationen (**BGH** 30. 11. 89 aaO, II 2 a bb). Der Geschäftsbesorger kann sich aufgrund der fortbestehenden Treuepflicht nicht darauf berufen, der Schuldner habe bereits alle Unterlagen in Abschrift oder Kopie erhalten (**BGH** 30. 11. 89 aaO, II 3 b). Ein **Zurückbehaltungsrecht** wegen seines – nur als Insolvenzforderung bestehenden – Aufwendungsersatzanspruches hat der Beauftragte bzw Geschäftsbesorger grundsätzlich nicht (**OLG Düsseldorf** 12. 3. 82 – 24 U 81/82, ZIP 1982, 471 auch nicht im einstw. Verfügungsverfahren; **OLG Stuttgart** 1. 12. 81 – 12 U 147/81, ZIP 1982, 80; kritisch dazu K/P/B/*Tintelnot* §§ 115, 116 Rn 9), es sei denn, dass ein insolvenzfestes Pfand- oder Zurückbehaltungsrecht iSd § 51 besteht (HaKo-*Ahrendt* § 115 Rn 5). Soweit der Schuldner **Sicherheiten** gestellt hat, sichern diese lediglich bereits vor Verfahrenseröffnung entstandene Aufwendungsersatzansprüche (**BGH** 18. 1. 07 – IX ZR 202/05, NZI 2007, 234; **BGH** 6. 7. 06 – IX ZR 121/05, ZInsO 2006, 1055; HaKo-*Ahrendt* § 115 Rn 5). Gegen den auf Herausgabe nach Verfahrenseröffnung erlangter Zahlungen gerichteten Anspruch des Insolvenzverwalters kann der Beauftragte bzw Geschäftsbesorger auch nicht mit vorher erworbenen Honorarforderungen **aufrechnen** (**BGH** 23. 2. 89 – IX ZR 143/88, ZIP 1989, 453).

10 **3. Kein Wahlrecht gem § 103.** Die §§ 115, 116 **verdrängen das Wahlrecht nach § 103**, so dass der Insolvenzverwalter eine Fortsetzung der Tätigkeit des Beauftragten oder Geschäftsbesorgers nicht verlangen kann (**BGH** 6. 7. 06 – IX ZR 121/05, NZI 2006, 637; **OLG Koblenz** 26. 7. 88 – 3 U 1352/87, WM 1988, 1355, 1357). Mit anderen Worten: „Das erloschene Rechtsverhältnis lässt sich nicht einseitig reaktivieren" (K/P/B/*Tintelnot* §§ 115, 116 Rn 10; aA HK-*Marotzke* § 115 Rn 6–8). Soweit nach der Ansicht von *Marotzke* lediglich die Geschäftsbesorgungsbefugnis des Vertragspartners entfallen soll, überzeugt dies nicht. Das Gesetz differenziert nicht zwischen der Geschäftsbesorgungspflicht und der Geschäftsbesorgungsbefugnis, sondern lässt den Vertrag als solchen insgesamt erlöschen (**BGH** 6. 7. 06 – IX ZR 121/05, NZI 2006, 637). Dies zeigt die Verweisung in § 116 S 1 auf § 115 Abs 1, wonach der Auftrag „erlischt". Die amtlichen Überschriften der §§ 115, 116 benennen als Rechtsfolge ebenso ein „Erlöschen". Das Erlöschen des Geschäftsbesorgungsvertrages war überdies im Rahmen des § 23 Abs 2 KO anerkannt (**BGH** 30. 11. 89 – III ZR 112/88, BGHZ 109, 260). Nach dem Willen des Gesetzgebers sollten die Regelungen der Konkursordnung über das Erlöschen von Geschäftsbesorgungsverträgen inhaltlich unverändert übernommen werden (BT-Drucks 12/2443 S 151 zu § 134f InsO-E; Braun/*Kroth* § 115 Rn 1). Auch ist die dem Geschäftsbesorgungsvertrag zu Grunde liegende Geschäftsbesorgungsbefugnis keine von dem vertraglichen Rechtsverhältnis losgelöste Rechtsmacht, die selbstständig verliehen werden könnte (MüKo-*Ott/Vuia* § 115 Rn 14 und § 116 Rn 48 f). Die Bezeichnung Geschäftsbesorgungsbefugnis beschreibt lediglich einen Teil des Rechtsverhältnisses zwischen Auftraggeber und Auftragnehmer bzw Geschäftsherrn und Geschäftsbesorger.

11 **4. Keine Kündigung gem § 113.** Ferner **verdrängen** die §§ 115, 116 **die Vorschrift des § 113** in den Fällen, in denen der Dienstvertrag eine Geschäftsbesorgung zum Gegenstand hat; dieser Dienstvertrag erlischt kraft Gesetzes, ohne dass es einer Kündigung bedarf. Der Anspruch des anderen Teils auf die ausdrückliche oder stillschweigend vereinbarte Vergütung (§§ 675, 612, 632 BGB) bzw auf Verwendungsersatz (§§ 675, 670 BGB) ist Insolvenzforderung (**BGH** 6. 7. 06 – IX ZR 121/05, NZI 2006, 637; HaKo-*Ahrendt* § 115 Rn 5). Daran ändert sich auch dann nichts, wenn der Insolvenzverwalter den Geschäftsbesorgungsvertrag „fortsetzt", weil die Tätigkeit des Dritten – zB eines Wirtschaftsprüfers (ggf gilt § 155 Abs 3 S 2) oder Steuerberaters – der Insolvenzmasse auch weiterhin von Nutzen ist. Da § 103 keine Anwendung findet, liegt hierin nicht etwa ein Erfüllungsverlangen, sondern der stillschweigende **Neuabschluss** eines Rechtsgeschäfts, weshalb nur die daraus entstehenden Forderungen als Masseschulden nach § 55 Abs 1 Nr 1 zu berichtigen sind (HaKo-*Arendt* § 116 Rn 18; aA HK-*Marotzke* § 115 Rn 7).

12 **5. Kein Schadenersatz.** Das Erlöschen des Auftrages bzw Geschäftsbesorgungsvertrages **löst keinen Schadensersatzanspruch statt der Leistung aus** (**BGH** 18. 1. 07 – IX ZR 202/05, NZI 2007, 234; **BGH** 6. 7. 06 – IX ZR 121/05, NZI 2006, 637; HaKo-*Ahrendt* § 115 Rn 5; MüKo-*Ott/Vuia* § 115 Rn 11). Denn ein etwaiger Schaden beruht im Hinblick auf die jederzeitige Widerrufsmöglichkeit nach § 671 BGB nicht auf einer Leistungsstörung, sondern auf autonomem Insolvenzvertragsrecht (K/P/B/*Tintelnot* §§ 115, 116 Rn 11; Braun/*Kroth* § 115 Rn 6). Die §§ 115, 116 sehen eine den §§ 103 Abs 2 S 1 bzw 113 Abs 1 S 3 vergleichbare Vorschrift über den Schadensersatz wegen Nichterfüllung gerade nicht vor. Deshalb hat weder der Handelsvertreter einen Anspruch nach § 87a Abs 3 HGB, falls der Insolvenzverwalter die Erfüllung vermittelter Geschäfte nach § 103 ablehnt (K/P/B/*Tintelnot* §§ 115, 116 InsO Rn 11; aA MüKo-v. *Hoynigen/Huene* § 84 HGB Rn 104), noch ist die bloße Insolvenzeröffnung als vertragswidriges Verhalten nach § 628 Abs 2 BGB zu würdigen (K/P/B/*Tintelnot* §§ 115, 116 Rn 11).

IV. Verpflichtung zur Notgeschäftsführung (§ 115 Abs 2)

13 Trotz der Beendigung des Vertrages durch die Verfahrenseröffnung ist der Beauftragte bzw Geschäftsbesorger als Folge einer nachwirkenden Treue- und Fürsorgepflicht gem § 115 Abs 2 S 1, § 116

S 1 verpflichtet, seine Tätigkeit fortzusetzen, wenn mit dem Aufschub **Gefahr für die Insolvenzmasse** verbunden ist, bis der Insolvenzverwalter anderweitig Fürsorge treffen kann (**BGH** 6. 7. 06 – IX ZR 121/05, ZInsO 2006, 1055; HaKo/*Ahrendt* § 115 Rn 7), wenn der Masse im Falle eines Aufschubes der Tätigkeit objektiv Nachteile drohen (Braun/*Kroth* § 115 Rn 7; HaKo-*Ahrendt* § 115 Rn 8). Auftrag und Geschäftsbesorgung gelten als fortbestehend; die **Ersatz- und Vergütungsansprüche** des Beauftragten bzw Geschäftsbesorgers sind als Masseforderungen privilegiert, ohne dass es einer Genehmigung des Insolvenzverwalters bedarf (§§ 115 Abs 2 S 3, 116 S 2). Dies ist gerechtfertigt, da der Beauftragte trotz der Insolvenz seines Geschäftsherrn und dem damit verbundenen Ausfallrisiko verpflichtet ist, die zur Abwehr der Gefahr erforderlichen Maßnahmen zu ergreifen und entsprechend tätig zu werden. Die **vor** Verfahrenseröffnung begründeten Ersatz- und Vergütungsansprüche bleiben aber weiterhin einfache Insolvenzforderungen. Denn für eine Bevorzugung dieser Ansprüche besteht kein Grund. Da der Vertrag insoweit als fortbestehend gilt, handelt der in Notgeschäftsführung tätige Beauftragte oder Geschäftsbesorger nicht etwa in Geschäftsführung ohne Auftrag iSd § 677 BGB; sein Vertreterhandeln berechtigt und bindet die Masse gem **§ 117 Abs 2** unmittelbar (K/P/B/*Tintelnot* §§ 115, 116 Rn 12; N/R/*Kießner* § 115 Rn 16). Im Hinblick auf die umfangreichen Sicherungspflichten des **vorläufigen Insolvenzverwalters** ist der Anwendungsbereich der Vorschriften über die Notgeschäftsführung gering. Hinzu tritt, dass eine Notgeschäftsführung nur relativ kurze Zeit erforderlich sein wird, da regelmäßig schon der vorläufige Insolvenzverwalter Maßnahmen zur Abwehr von nachteiligen Ereignissen für die Masse treffen kann (HaKo-*Ahrendt* § 115 Rn 5). Ein Zeitraum von vier Monaten ist jedenfalls zu lang (BayObLG 3. 9. 03 – 3 Z BR 113/03, ZInsO 2003, 1143).

V. Unverschuldete Unkenntnis (§ 115 Abs 3)

Über die Fälle der Notgeschäftsführung hinaus wird gem §§ 115 Abs 3 S 1, 116 S 1 **zum Schutz des Beauftragten** bzw Geschäftsbesorgers – nicht jedoch gegenüber Dritten (*Andres/Leithaus* § 115 Rn 9) – der Fortbestand des Vertrages fingiert, **solange** er die Verfahrenseröffnung und damit den Erlöschenstatbestand **ohne Verschulden nicht kennt.** Da einfache Fahrlässigkeit schadet (HaKo-*Ahrendt* § 115 Rn 11), muss derjenige, der Kenntnis von einem Eröffnungsantrag hat, sich über dessen Bescheidung erkundigen (Gottwald/*Huber* InsRHdb § 36 Rn 45). Es gelten die allgemeinen Grundsätze der Wissenszurechnung (§ 166 Abs 2 BGB). Die Beweislast für Kenntnis oder fahrlässige Unkenntnis liegt beim Insolvenzverwalter (K/P/B/*Tintelnot* §§ 115, 116 Rn 13). § 115 Abs 3 S 1 schützt ihn gegenüber der Insolvenzmasse vor einer Schadenersatzhaftung gem § 678 BGB (MüKo-*Ott/Vuia* § 115 Rn 17), während § 117 Abs 3 ihn vor Haftungsansprüchen Dritter aus § 179 BGB bewahrt. **Erstattungs- oder Vergütungsansprüche** können vom Beauftragten bzw Geschäftsbesorger unabhängig von den engeren Voraussetzungen des § 683 S 1 BGB geltend gemacht werden, allerdings nur als einfache Insolvenzforderung (HaKo-*Ahrendt* § 115 Rn 12; K/P/B/*Tintelnot* §§ 115, 116 Rn 13). Der Beauftragte wird unter den Voraussetzungen des Abs 3 so behandelt, als habe er den Auftrag vor Eröffnung des Insolvenzverfahrens durchgeführt. Selbst wenn der Insolvenzmasse aus der weiteren Durchführung des Auftrags bzw Geschäftsbesorgungsvertrages Vorteile zufließen, werden die Vergütungs- und Verwendungsersatzansprüche des Beauftragten bzw Geschäftsbesorgers nicht zu Masseschulden nach § 55 Abs 1 Nr 3 (FK-*Wegener* § 115 Rn 17). Liegen die Voraussetzungen der §§ 115 Abs 3 S 1, 116 S 1 nicht vor, wird die Tätigkeit aber gleichwohl nach Verfahrenseröffnung fortgesetzt, so finden die §§ 677–686 BGB ohne Einschränkung Anwendung.

B. Bankverträge

I. Bankmäßige Geschäftsbesorgungsverhältnisse

Banken und Sparkassen (im folgenden: Geldinstitute) werden gegenüber ihren Kunden in der Regel als Geschäftsbesorger tätig (siehe aber Rn 36). Dies gilt insbesondere für den häufigsten Vertrag, den Girovertrag (§ 646 f BGB; eingehend: *Peschke* Die Insolvenz des Girokontoinhabers, Diss 2005). Soweit in der Literatur (Uhlenbruck/*Berscheid* 12. Aufl §§ 115, 116 Rn 16; Staudinger/*Martinek* § 675 BGB Rn B 4; Palandt/*Sprau* § 675 BGB Rn 9; Schimansky/Bunte/Lwowski/*Hopt* BankR-Hdb § 1 Rn 18 ff und *Bunte* aaO § 2 Rn 2; Rösler/Mackenthun/*Pohl*, Hdb Kreditgeschäft S 697; *Pikart* WM 1957, 1238) teilweise bereits in der **Aufnahme einer Geschäftsbeziehung** der Abschluss eines sog Bankvertrages als allgemeiner Rahmenvertrag gesehen wurde, kann dem nicht gefolgt werden (**BGH** 24. 9. 02 – XI ZR 345/01, WM 2002, 2281; MüKo/*Westermann* vor § 607 BGB Rn 15 f; *Canaris* BankVR Rn 4 ff). Eine solche Geschäftsverbindung **begründet** zwar **keine primären Leistungspflichten, wohl aber Verhaltens- und Schutzpflichten** (**BGH** 24. 9. 02 – XI ZR 345/01, WM 2002, 2281; *Obermüller* InsR in der Bankpraxis S 259 Rn 2.2). Die Annahme eines neben einem Giro- oder Darlehensvertrag geschlossenen, **eigenständigen allgemeinen Bankvertrages** wird schon dem allgemeinen Vertragsbegriff **nicht** gerecht (**BGH** aaO). Ein Vertrag setzt stets eine eigene bindende Rechtsfolge voraus; hieran fehlt es bei dem Konstrukt des sog Bankvertrages. Die diesem „Vertrag" zugeschriebenen Leistungspflichten sind vielmehr Nebenpflichten aus den zwischen Geldinstitut und Bank tatsächlich geschlossenen Verträgen, etwa dem Girovertrag nach § 646f BGB. Die jeweiligen AGB stellen sich lediglich als Annex zu eben diesen Verträgen dar. Hinzu tritt, dass die Schutzpflichten als Hauptleistungspflicht des sog „Bankvertrages" unabhängig von dem Willen der Parteien, ggf auch gegen ihren Willen entstehen. Dies wäre mit dem Gedanken der Privatautonomie der Vertragsparteien nicht vereinbar.

16   1. **Girovertrag und Kontokorrentverhältnis.** Durch den *Girovertrag* wird das Kreditinstitut verpflichtet, für den Kunden ein Konto einzurichten, eingehende Zahlungen auf dem Konto gutzuschreiben und abgeschlossene Überweisungsverträge zu Lasten dieses Kontos abzuwickeln (§ 676f S 1 BGB), während der *Kontokorrentvertrag* den Geschäftsvertrag als Grundlage der kontokorrentrechtlichen Verpflichtungen beider Parteien und die Kontokorrentabrede über die Verrechnung der in das Kontokorrent einzustellenden beiderseitigen Forderungen umfasst. Der *Girovertrag* als Geschäftsbesorgungsvertrag endet mit Eröffnung des Insolvenzverfahrens über das Vermögen des Kunden gem § 116 InsO ex nunc (**BGH** 5. 12. 06 – XI ZR 21/06, NJW 2007, 914; **BGH** 21. 3. 95 – XI ZR 189/94, ZIP 1995, 659; Braun/*Kind* § 116 Rn 10; HaKo-*Ahrendt* § 116 Rn 8; K/P/B/*Tintelnot* §§ 115, 116 InsO Rn 20; *Peschke* Die Insolvenz des Girokontoinhabers, Diss 2005; *Fischer* ZInsO 2003, 101 ff). Unabhängig davon, ob man den Geschäftsvertrag mit dem Girovertrag gleichgestellt (MüKo-*Hefermehl* § 355 HGB Rn 13; Schwintowski/*Schäfer* Bankrecht § 4 Rn 12, 15) oder beide rechtlich unterscheidet (GK-*Canaris* § 355 HGB Rn 10; *Peschke* Die Insolvenz des Girokontoinhabers, Diss 2005, S 34ff, 39), **erlischt auch der Geschäftsvertrag** wegen des engen funktionalen Zusammenhangs zusammen mit dem Girovertrag gem §§ 116 S 1, 115 S 1. Zugleich verliert mit der Eröffnung des Insolvenzverfahrens die in der Kontokorrentabrede enthaltene **antizipierte Verrechnung** der in das Kontokorrent einzustellenden beiderseitigen Forderungen ihre Wirksamkeit, weil einer Verrechnung nach diesem Zeitpunkt § 91 Abs 1 entgegensteht (**OLG** Celle 6. 1. 99 – 14a (6) U 48/97, NZI 2000, 181; *Canaris* BankVR I Rn 495; HK-*Marotzke* § 116 Rn 5); dies gilt auch für Kontokorrentabreden, die mit keinem Girovertrag zusammenhängen (**OLG** Köln 19. 4. 04 – 2 U 187/03, NZI 2004, 668–671). Auch die **Vorausabtretung** kontokorrentgebundener Forderungen und die kausalen Schlusssaldos aus dem Kontokorrent scheitert an § 91 Abs 1, wenn die Kontokorrentabrede erst mit der Insolvenzeröffnung erlischt (**BGH** 25. 6. 09 – IX ZR 98/08, NZI 599 Rn 10).

17   Für Kontokorrentkonten ist ein **außerordentlicher Saldenabschluss** durchzuführen (**BGH** 13. 11. 90 – XI ZR 217/89, NJW 1991, 1286) und die **kausale Saldoforderung auf den Stichtag der Eröffnung** des Insolvenzverfahrens zu ermitteln (MüKo/Ott/*Vuia* § 116 Rn 39). Diese bleibt, soweit sie sich zugunsten des Geldinstituts errechnet, als einfache Insolvenzforderung bestehen. Ansprüche aus Aufwendungen, die das Geldinstitut für die Masse nach Insolvenzeröffnung tätigt, sind nur unter den Voraussetzungen des § 115 Abs 2 oder 3 erstattungsfähig. Sofern § 115 Abs 3 nicht einschlägig ist, kommen auch Ansprüche aus Massebereicherung in Betracht. Ergibt der Saldoabschluss ein **Guthaben für den insolventen Kunden**, so kann der Insolvenzverwalter die sofortige Auszahlung an die Insolvenzmasse verlangen.

18   Trotz Erlöschen des Girovertrages ist das Geldinstitut kraft Nachwirkung befugt, aber nicht verpflichtet, noch **eingehende Überweisungsbeträge** für den Schuldner entgegenzunehmen (**BGH** 26. 6. 08 – IX ZR 47/05, NZI 2008, 551 Rn 11f; **BGH** 21. 3. 95 – XI ZR 189/94, ZIP 1995, 659; MüKo-Ott/*Vuia* § 116 Rn 37; **aA** *Schimansky* BankRHdb § 47 Rn 19); das Kreditinstitut darf die sich hieraus ergebende Forderung allerdings nach § 96 Abs 1 Nr 1 und 3 nur eingeschränkt zur Aufrechnung stellen (s o § 96 Rn 15: **BGH** 26. 6. 08 – IX ZR 47/05, NZI 2008, 551 [bei Globalzession]; **BGH** 27. 3. 08 – IX ZR 29/07, NJW-Spezial 2008, 341 [Bargeschäft]; **BGH** 29. 11. 07 – IX ZR 30/07, NZI 2008, 89 [bei Globalzession]; **BGH** 15. 11. 07 – IX ZR 212/06; NZI 2008, 184 [ohne Globalzession]; **BGH** 11. 10. 07 – IX ZR 195/04, NZI 2008, 175 [kein Bargeschäft]; **BGH** 7. 3. 02 – IX ZR 223/01, NZI 2002, 311; G. Fischer WM 2008, 1 ff); eine Aufrechnung ist nur zulässig, soweit die Bank vor der Eröffnung des Insolvenzverfahrens Deckung erlangt hat (**BGH** 4. 5. 79 – I ZR 127/77, NJW 1979, 1658 unter I 2 a; HaKo/*Weitzmann* § 116 Rn 8; N/R/*Kießner* § 116 Rn 17). Das Geldinstitut ist nach Erlöschen des Girovertrages aber weder verpflichtet, Weisungen und Aufträge des Schuldners noch solche des Insolvenzverwalters ausführen. Der Insolvenzverwalter hat aufgrund des Vorrangs der §§ 115, 116 **kein Wahlrecht nach § 103**; er kann lediglich einen neuen Vertrag mit Wirkung für und gegen die Insolvenzmasse abschließen (s o Rn 10; MüKo/Ott/*Vuia* § 116 Rn 34, 37).

19   Durch die Anordnung eines **Verfügungsverbots im Eröffnungsverfahren** wird das Kontokorrentverhältnis zwar nicht beendet, jedoch erlischt die in der Kontokorrentvereinbarung enthaltene antizipierte Verfügungs- und Verrechnungsvereinbarung, so dass der Saldo auf den Zeitpunkt der Anordnung des Verfügungsverbots zu ziehen ist (Gottwald/*Obermüller* InsRHdb § 97 Rn 5 mwN). Ergibt der Saldo eine **Forderung des Geldinstituts**, so wird dieser sofort mit Verfahrenseröffnung fällig (§ 41).

20   2. **Kontokorrentverhältnis bei Gemeinschaftskonto.** Bei Gemeinschaftskonten ist zwischen solchen mit Einzelverfügungsbefugnis (Oder-Konto) und solchen mit gemeinschaftlicher Verfügungsbefugnis (Und-Konto) zu differenzieren. Beiden Arten ist gemeinsam, dass das dem Konto zu Grunde liegende Kontokorrentverhältnis **durch die Insolvenzeröffnung über das Vermögen eines Mitinhabers nicht beendet** wird (**BGH** 10. 6. 85 – III ZR 63/84, WM 1985, 1059; *Obermüller* InsR in der Bankpraxis S 284 Rn 2.68). Das Konto gehört nicht zur Insolvenzmasse (§ 84). Auch zwingt die Anordnung eines Verfü-

gungsverbots gegen einen **Mitinhaber** nicht zur sofortigen Saldierung, vielmehr können Eingänge, die für das Gemeinschaftskonto bestimmt sind, weiterhin dem Konto gutgeschrieben und gegebenenfalls zur **Rückführung eines debitorischen Saldos** verwendet werden (Gottwald/*Obermüller* InsRHdb § 97 Rn 10 mwN). Durch die Verfahrenseröffnung oder die Anordnung eines Verfügungsverbots verliert nur der davon betroffene Kontoinhaber seine Verfügungsbefugnis und an seine Stelle tritt im Eröffnungsverfahren der vorläufige Insolvenzverwalter, dem diese entsprechend der Verfügungsbefugnis übertragen wurde, und nach Verfahrenseröffnung der endgültige Insolvenzverwalter, ohne dass dadurch die Verfügungsbefugnis des anderen Kontoinhabers berührt würde (Gottwald/*Obermüller* InsRHdb § 97 Rn 10). Die Inhaber eines Gemeinschaftskontos haften je nach Maßgabe vertraglicher Absprachen oder AGB, jedenfalls nach den §§ 427, 421 BGB als Gesamtschuldner für ein debitorisch geführtes Konto.

a) **Oder-Konto.** Wird ein Oder-Konto **kreditorisch** geführt, so besteht Gesamtgläubigerschaft mit der Modifikation, dass das Geldinstitut nicht nach seinem Belieben an einen Gläubiger mit befreiender Wirkung leisten darf. Das Geldinstitut ist verpflichtet, an denjenigen Gesamtgläubiger zu zahlen, der als Erster die Auszahlung des Guthabens verlangt (*Obermüller* InsR in der Bankpraxis S 285 Rn 2.72 mwN). **Nach Insolvenzeröffnung über das Vermögen eines Mitinhabers** kann – neben dem anderen Mitinhaber – allein der Insolvenzverwalter die Auszahlung des Guthabens verlangen (§ 80 Abs 1). Möchte der Insolvenzverwalter die **Auszahlung des Guthabens an den anderen Mitinhaber**, oder umgekehrt der Mitinhaber die Auszahlung des Guthabens an den Insolvenzverwalter verhindern, so muss er entweder das Guthaben selbst **als Erster** herausverlangen oder die Einzelverfügungsbefugnis widerrufen (*Obermüller* InsR in der Bankpraxis S 286 Rn 2.74). An den Schuldner selbst kann das Geldinstitut nur solange mit befreiender Wirkung leisten, wie es gutläubig ist, dh keine Kenntnis von der Eröffnung des Insolvenzverfahrens hat (§ 81). Auch ein Herausgabeverlangen **des Schuldners** nach Verfahrenseröffnung verhindert eine Auszahlung mit befreiender Wirkung an den anderen Mitinhaber. Gem § 81 Abs 1 sind Verfügungen des Schuldners, die er nach Eröffnung des Insolvenzverfahrens tätigt, unwirksam. Die Anweisung an ein Geldinstitut, einen Geldbetrag auszuzahlen, also eine Forderung des Bankkunden zu erfüllen, ist zwar keine Verfügung, sondern eine rechtsgeschäftsähnliche Handlung. Diese wird nach allgemeiner Ansicht aber ebenfalls von § 81 erfasst (s o *Uhlenbruck* § 81 Rn 4; HaKo-*Kuleisa* § 81 Rn 6; für eine analoge Anwendung: Braun/*Kroth* § 81 Rn 4; K/P/B/*Lüke* § 81 Rn 7; N/R/*Wittkowski* § 81 Rn 5). Rechtsfolge des § 81 ist die absolute Unwirksamkeit der Verfügung, nicht aber deren Nichtigkeit (Braun/*Kroth* § 81 Rn 7; HaKo-*Kuleisa* § 81 Rn 14). Mit dem Herausgabeverlangen des Guthabens an sich selbst nimmt der Schuldner zumindest eine Konkretisierung des eigenen Forderungsrechts gegenüber dem Geldinstitut vor (aA *Obermüller* InsR in der Bankpraxis S 286 Rn 2.75). Das Herausgabeverlangen des Schuldners ist zwar absolut unwirksam, aber eben nicht nichtig, dh rechtlich existent. Der Insolvenzverwalter kann also, am Insolvenzzweck orientiert, das Erfüllungsverlangen des Schuldners nachträglich genehmigen mit der Folge, dass das Guthaben an den Schuldner gezahlt wird und damit im Ergebnis der Masse zufließt (§ 35 Abs 1).

b) **Und-Konto.** Bei einem Und-Konto können sämtliche Verfügungen über dieses Konto nur durch die Kontoinhaber gemeinsam erfolgen. Auch der Insolvenzverwalter kann somit nach Verfahrenseröffnung nur mit dem anderen Mitinhaber gemeinsam über das Konto verfügen.

3. Kontokorrentverhältnis bei einer GbR. Die Eröffnung eines Insolvenzverfahrens über das Vermögen einer Gesellschaft bürgerlichen Rechts (§ 11 Abs 2 Nr 2) oder die Anordnung eines allgemeinen Verfügungsverbots haben für die Kontoführung die gleichen Folgen wie bei einem Einzelkonto (*Obermüller* InsR in der Bankpraxis S 287 Rn 2.81). Betrifft das Insolvenzverfahren nicht die GbR, sondern nur das Vermögen eines Gesellschafters, so hat dies die Auflösung der Gesellschaft zur Folge (§ 728 BGB), soweit keine gesellschaftsvertragliche Fortsetzungsklausel existierte (§ 736 BGB). Selbst wenn vorher **Einzelvertretungsmacht** bestanden hat, steht ab Verfahrenseröffnung die Verfügungsbefugnis über ein Konto der GbR nur noch dem Insolvenzverwalter und den übrigen Gesellschaftern als Gesamtvertretungsberechtigten zu (*Obermüller* InsR in der Bankpraxis S 288 Rn 2.83). Die Anordnung eines **allgemeinen Verfügungsverbots** gegen einen Gesellschafter berechtigt die übrigen Gesellschafter zur Kündigung des Gesellschaftsvertrages aus wichtigem Grund; machen diese hiervon keinen Gebrauch, kann der vorläufige Insolvenzverwalter des von dem allgemeinen Verfügungsverbot betroffenen Gesellschafters über die Konten der GbR weiterhin so verfügen, wie es der Gesellschaftsvertrag bzw die Sondervereinbarungen mit dem Geldinstitut vorsehen (Gottwald/*Obermüller* InsRHdb § 97 Rn 12).

4. Weitere Konten. a) Treuhandkonten. Der Treuhandvertrag nebst dem diesem Vertrag zu Grunde liegenden Geschäftsbesorgungsvertrag erlöschen in der Insolvenz des Treugebers nach §§ 116, 115 (BGH 25. 4. 62 – VIII ZR 43/61, NJW 1962, 1200; OLG Zweibrücken 9. 12. 99 – 4 U 33/99, WM 2000, 2489; **OLG Köln** 17. 3. 87 – 15 U 139/36, ZIP 1987, 867; *Obermüller* InsR in der Bankpraxis S 289 Rn 2.86). Materiell und wirtschaftlich gehört das Guthaben zum Vermögen des Treugebers (**BGH** aaO; **OLG Zweibrücken** aaO). Dieser hat ein **Aussonderungsrecht**, solange sich das Treugut noch im Vermögen des Treuhänders befindet. Etwas anderes gilt nur dann, wenn die Übertragung des Treuguts unter der auflösenden Bedingung des Erlöschens des Treuhandverhältnisses erfolgt ist; in diesem Fall fällt das Treugut automatisch in das Vermögen des Treugebers zurück (**BGH** aaO; **MüKo-Ott/Vuia** § 116 Rn 23).

24a b) **Anderkonten.** Bei Anderkonten handelt es sich um eine Unterart offener Treuhandkonten (**BGH** 8. 2. 96 – IX ZR 151/95, WM 1996, 662; *Obermüller* InsR in der Bankpraxis S 290 Rn 2.88). Sie sind lediglich bestimmten Berufgruppen zugänglich, denen die Verwaltung fremder Gelder obliegt (zB Rechtsanwälten, Patentanwälten, Angehörigen steuer- und wirtschaftsberatender Berufe). Das Anderkontoguthaben wird nicht Teil der Insolvenzmasse (**BFH** 12. 8. 64 – II 125/62 U, NJW 1965, 1046). Nach Nr 11, Nr 13 der Bedingungen für Anderkonten **geht** das Konto im Falle der Verfahrenseröffnung über das Vermögen eines Angehörigen der o. g. Berufsgruppen **auf** einen von der Landesjustizverwaltung bzw standesrechtlich bestellten **Abwickler über.**

24b c) **Sonstige.** Zu Tankstellenkonten und sonstigen Agenturkonten, Sonderkonten, Sperrkonten, Konten mit Drittbegünstigung und Konten Minderjähriger: *Obermüller* InsR in der Bankpraxis S 292 Rn 2.93 ff.

25 5. **Lastschriftverfahren.** Bereits erteilte Lastschriftaufträge und die jeweiligen Inkassoaufträge erlöschen mit Insolvenzeröffnung. In der **Insolvenz des Lastschriftschuldners** wird die von ihm erteilte Belastungsermächtigung gem § 91 Abs 1 unwirksam. Eine nach Eröffnung noch vorgenommene Belastung ist wieder gutzuschreiben (**BGH** 13. 3. 80 – II ZR 239/78, ZIP 1980, 427, 429); ist die Lastschrift bereits eingelöst, kann das Geldinstitut den dem Lastschriftgläubiger gutgeschriebenen Betrag nur bei der ersten Inkassostelle (Bank des Zahlungsempfängers) kondizieren (*Obermüller* InsR in der Bankpraxis Rn 3.469 ff; *Canaris* BankVR I Rn 660; zum **Widerrufsrecht des vorläufigen Insolvenzverwalters:** s o *Vallender* § 22 Rn 208 b ff; **BGH** 4. 11. 04 – IX ZR 22/03, NZI 2005, 99; **BGH** 25. 10. 07 – IX ZR 217/06, NZI 2008, 27 einerseits und **BGH** 10. 6. 08 – XI ZR 283/07, NZI 2008, 675 andererseits; **AG Hamburg** 28. 6. 07 – 68 g IK 272/07, NZI 2007, 598; zust KS-*Werres* Kap 42 Rn 29; *Frind* ZInsO 2008, 1357, 1358; *Homann* ZVI 2008, 156.160; abl **LG Hamburg** 7. 7. 08 – 326 T 16/08 , NZI 2008, 570; *Grote* ZInsO 2009, 9 ff; *Werres* ZInsO 2008, 1354 ff; *Dawe* ZVI 2007, 549; *Bork* ZIP 2004, 2446; *Kuder* ZInsO 2004, 1356; *Obermüller* InsR in der Bankpraxis Rn 3.451 f). Der Insolvenzverwalter ist an die Widerspruchsfrist in den AGB-Banken nicht gebunden, da sein Schweigen keine Genehmigungswirkung hat (**BGH** 18. 11. 04 – IX ZR 229/03, NJW 2005, 291, 293; *Schröder* ZInsO 2006, 1, 6; aA **OLG München** 26. 10. 06 – 19 U 2327/06, ZIP 2006, 2122). Verweigert der Insolvenzverwalter die Genehmigung einer Lastschrift, kann er bei einem **debitorischen Konto** lediglich eine Korrektur der ungenehmigten Belastung, aber nicht im Wege der Anfechtung Auszahlung des Lastschriftbetrages verlangen (**BGH** 5. 2. 09 – IX ZR 78/07, ZIP 2009, 673 Rn 13).

25a In der **Insolvenz des Lastschriftgläubigers** erlischt der Einziehungsauftrag. Zahlungseingänge nach Insolvenzeröffnung kann die Inkassostelle mit eigenen Forderungen nur verrechnen, soweit ihr die zugrunde liegende Forderung abgetreten war oder der Auftrag gem § 115 Abs 3 zu ihren Gunsten als fortbestehend gilt (*Obermüller* InsR in der Bankpraxis Rn 3.547 ff).

25b 6. **Scheckgeschäft.** Der Scheckvertrag als Bestandteil des Girovertrages (beim einfachen Scheck) ist ein Geschäftsbesorgungsvertrag und erlischt daher mit Insolvenzeröffnung, auch wenn der Scheck wegen seiner Abstraktheit wirksam bleibt (*Obermüller* InsR in der Bankpraxis Rn 3.206). **Vom Insolvenzschuldner ausgestellte Schecks** dürfen schon ab Anordnung eines allgemeinen Verfügungsverbots nicht mehr eingelöst werden. Unter den Voraussetzungen des § 115 Abs 3 kann das Geldinstitut aber aus einem Guthaben mit befreiender Wirkung leisten, wobei der Aufwendungsersatzanspruch nur einfache Insolvenzforderung ist (*Obermüller* InsR in der Bankpraxis Rn 3.198 ff). In der **Insolvenz des Scheckeinreichers** geht die Einziehungsbefugnis auf den Insolvenzverwalter über (*Obermüller* InsR in der Bankpraxis Rn 3.232 ff).

25c 7. **Diskontgeschäft.** Beim Diskontgeschäft kauft das Geldinstitut Wechsel und Schecks an (§ 1 Abs 1 S 2 Nr 3 KWG) und schreibt als Gegenwert die Wechselsumme abzüglich Zwischenzinsen und Diskontspesen gut. Das Diskontgeschäft wird daher idR als Kauf (*Baumbach/Hefermehl* Anh Art 11 WG Rn 15; *Staudinger/Hopt/Mülbert* Vorbem zu §§ 607 ff BGB Rn 655) oder Darlehen angesehen, insb in den Fällen des Art 3 Abs 2 (*Canaris* BankVR Rn 1531 ff). Ein Geschäftsbesorgungsvertrag liegt jedenfalls dann vor, **wenn das Geldinstitut den Wechsel für Rechnung des Kunden akzeptiert und der Kunde den Wechsel sodann bei einem anderen Geldinstitut zum Diskont einreicht** (**BGH** 16. 12. 55 – I ZR 134/54, NJW 1956, 586) oder an seine Gläubiger sicherungs- oder erfüllungshalber weitergibt; das Geldinstitut kann dann die Erstattung der Wechselsumme nur verlangen, wenn sie den Wechsel eingelöst hat. Ferner liegt einem **Inkassowechsel** ein Geschäftsbesorgungsvertrag iSv § 116 zugrunde (*Obermüller* InsR in der Bankpraxis Rn 3.370).

25d 8. **Avalkreditgeschäft.** Die Verpflichtung des Geldinstituts gegenüber dem Schuldner zur Stellung von Bürgschaften (Avalkreditvertrag) fällt ebenso unter § 116 (**OLG München** 25. 11. 08 – 25 U 3731/08, NZI 2009, 250) wie ein **Kautionsversicherungsvertrag** (**BGH** 18. 1. 07 – IX ZR 202/05, NZI 2007, 234 Rn 9; **BGH** 6. 7. 06 – IX ZR 121/05, NZI 2006, 637; *Habersack*, Rechtsfolgen des insolvenzbedingten

Erlöschens des Kautionsversicherungsvertrages für den Bürgen, BKR 2007, 77 ff; *Stapper* InVo 2005, 403 f).

9. Akkreditivgeschäft. Durch die Eröffnung des Akkreditivs (Abgabe eines Zahlungsversprechens) erlangt der Verkäufer einen eigenständigen, von den Einwendungen und Einreden des Warengeschäfts unabhängigen Zahlungsanspruch gegen die Akkreditivbank. Ein solcher Akkreditivauftrag erlischt gem § 116 S 1. Die Akkreditivbank darf das Akkreditiv nicht mehr eröffnen und muss einen Vorschuss zurückzahlen (*Obermüller* InsR in der Bankpraxis Rn 4.33). War das Akkreditiv vor der Eröffnung des Insolvenzverfahrens bereits eröffnet worden, so ist die Bank beim **widerruflichen** Akkreditiv berechtigt und auch verpflichtet, dieses zu widerrufen; beim **unwiderruflichen** Akkreditiv ist § 116 dagegen nicht anwendbar (*Obermüller* InsR in der Bankpraxis Rn 4.41). Die Verpflichtung der Akkreditivbank gegenüber dem Begünstigten wird durch die Insolvenz des Auftraggebers nicht berührt. Der Aufwendungsersatzanspruch der Akkreditivbank ist bei debitorischem Konto des Auftraggebers jedoch lediglich Insolvenzforderung, sofern keine Sicherheiten bestehen.

10. Depotgeschäft. Die Verwaltung und Verwahrung von Wertpapieren für andere (§ 1 Abs 1 S 2 Nr 5 KWG) ist beim **offenen Depot** ein aus Verwahrung (§ 103) und Geschäftsbesorgung (§ 116) gemischter Vertrag, der aus Gründen der Rechtsklarheit aber dennoch einheitlich § 116 unterfällt (FK-*Wegener* § 116 Rn 47; HaKo-*Ahrendt* § 116 Rn 16; H/W/W §§ 115, 116 Rn 61; *Obermüller* InsR in der Bankpraxis Rn 2.127). Dagegen handelt es sich beim **verschlossenen Depot** um einen Verwahrungsvertrag iSd §§ 688 ff BGB, auf den weder das DepG noch § 116 anwendbar ist (MüKo-*Ott/Vuia* § 116 Rn 44).

11. Effektengeschäft. Beim Effektengeschäft (§ 1 Abs 1 S 2 Nr 4 KWG) liegt die Geschäftsbesorgung des Geldinstituts in der Dienstleistung zur Herbeiführung eines Kaufvertrages (Staudinger/*Martinek* § 675 BGB Rn 8 Rn 47). Als Einkaufs- bzw Verkaufskommission fällt diese unter § 116 mit der Folge, dass die Bank den Verkauf nicht mehr durchführen darf; war eine Einkaufskommission schon ausgeführt, so ist der Aufwendungsersatzanspruch zwar nur einfache Insolvenzforderung, aber durch das Pfandrecht gem § 397 HGB dinglich gesichert (MüKo-*Ott/Vuia* § 116 Rn 43; *Obermüller* InsR in der Bankpraxis Rn 8.123).

II. Überweisungs-, Zahlungs-, Übertragungsverträge

1. Definition und Abgrenzung der Vertragstypen. Während Giro- und Kontokorrentvertrag mit der Verfahrenseröffnung nach § 116 S 1 iVm § 115 erlöschen, finden diese Vorschriften auf Überweisungs-, Zahlungs- und Übertragungsverträge keine Anwendung (§ 116 S 3 Hs 1); diese **bestehen** vielmehr mit Wirkung für die Insolvenzmasse **fort** (§ 116 S 3 Hs 2). Aus dieser Formulierung, die der des § 108 Abs 1 S 1 entspricht, ist auch abzuleiten, dass dem Insolvenzverwalter **kein Wahlrecht** iSd § 103 zusteht, er also diese Verträge nur nach den allgemeinen Vorschriften kündigen kann und die Ansprüche der anderen Vertragspartei nach Maßgabe des § 55 Abs 1 Nr 2 2. Alt als Masseverbindlichkeiten erfüllen muss (HK-*Marotzke* § 116 Rn 6 mwN; MüKo-*Ott/Vuia* § 116 Rn 38 a).

Durch den **Überweisungsvertrag** wird das Geldinstitut (überweisendes Geldinstitut) gegenüber demjenigen, der die Überweisung veranlasst (Überweisender), verpflichtet, dem Begünstigten einen bestimmten Geldbetrag zur Gutschrift auf dessen Konto beim überweisenden Geldinstitut oder zur Gutschrift durch ein anderes Geldinstitut zur Verfügung zu stellen (Überweisung) sowie Angaben zur Person des Überweisenden und einen angegebenen Verwendungszweck, soweit üblich, mitzuteilen (§ 676 a Abs 1 BGB). Das überweisende Geldinstitut kann den Überweisungsvertrag, solange die Ausführungsfrist noch nicht begonnen hat, ohne Angabe von Gründen, danach nur noch kündigen, wenn ein Insolvenzverfahren über das Vermögen des Überweisenden eröffnet oder ein zur Durchführung der Überweisung erforderlicher Kredit gekündigt worden ist (§ 676 a Abs 3 S 1 BGB).

Durch den **Zahlungsvertrag** verpflichtet sich ein zwischengeschaltetes Kreditinstitut gegenüber einem anderen Geldinstitut, im Rahmen des Überweisungsverkehrs einen Überweisungsbetrag an ein weiteres Geldinstitut oder an das Geldinstitut des Begünstigten weiterzuleiten (§ 676 d Abs 1 BGB). Dieses ist verpflichtet, einen Überweisungsbetrag an das überweisende Geldinstitut zurückzuleiten, wenn ihm vor dessen Eingang eine entsprechende Mitteilung dieses Institutes zugeht (§ 676 d Abs 2 S 1 BGB).

Unter einem **Übertragungsvertrag** wird ein Geschäftsbesorgungsvertrag verstanden, der die Weiterleitung von Wertpapieren oder Ansprüchen auf Herausgabe von Wertpapieren im Wege der Verbuchung oder auf sonstige Weise zum Gegenstand hat (§ 676 S 1 BGB). Bei der Kündigung des Übertragungsvertrages sind die Regelungen des § 676 BGB zu beachten. Das Kündigungsrecht steht beiden Seiten zu, also dem Geldinstitut ebenso wie dem Insolvenzverwalter.

2. Ausführung nach Eintritt der Zahlungsunfähigkeit oder Antragstellung. Bis zur Eröffnung des Insolvenzverfahrens kann der Bank- oder Sparkassenkunde, sofern kein allgemeines Verfügungsverbot erlassen ist (§§ 21 Abs 2 Nr 2, 24), unbeschränkt über sein Vermögen verfügen. Führt das Geldinstitut die Überweisung aus, so erwirbt es einen **Aufwendungsersatzanspruch** (BGH 19. 3. 91 – XI ZR 102/90, NJW 1991, 2210; MüKo-*Ott/Vuia* § 116 Rn 38 a), den es in das Kontokorrent einstellen kann. In Höhe seines Aufwendungsersatzanspruchs ermäßigt sich ein etwaiger Guthabensaldo, während sich ein debitorischer Saldo entsprechend erhöht (*Obermüller* ZInsO 1999, 691; *Tinnefeld*, Die Auf- und Verrechnungsmöglichkeit von Kreditinstituten zwischen Krise und Insolvenzverfahren bei debitorischer Kontoführung, Diss 2006).

28 Auch nach Eintritt der Zahlungsunfähigkeit oder Stellung eines Insolvenzantrags bleibt der Bank- oder Sparkassenkunde zum **Abschluss von Überweisungsverträgen** berechtigt, sofern kein allgemeines Verfügungsverbot erlassen ist. Hat das Kreditinstitut von der Zahlungsunfähigkeit oder dem Insolvenzantrag Kenntnis, so darf es die Überweisung ausführen und das Konto mit dem **Überweisungsbetrag belasten**, sofern kein allgemeines Verfügungsverbot erlassen ist. Ein etwaiger Guthabensaldo ermäßigt sich entsprechend, da die Aufrechnungsverbote des § 96 Abs 1 noch nicht greifen. Wird der Saldo des Kunden dagegen debitorisch oder erhöht sich sein Sollsaldo, so erwirbt das Geldinstitut eine entsprechende Forderung gegen den Kontoinhaber, die in einem späteren Insolvenzverfahren eine einfache Insolvenzforderung darstellt, sofern die Forderung nicht besichert ist.

29 Hat das Geldinstitut **Kenntnis von der Zahlungsunfähigkeit oder dem Insolvenzantrag**, aber das Angebot des Kunden zum Abschluss eines Überweisungsvertrages, das in der Einreichung eines Überweisungsträgers oder in der Zuleitung eines elektronischen Überweisungsauftrages liegt, noch nicht angenommen, kann es bei debitorischem Saldo oder nach Ausführung der Überweisung debitorisch werdendem Saldo den **Abschluss** eines Überweisungsvertrages **verweigern**, dh es muss den Kunden über die Nichtausführung der Überweisung benachrichtigen (*Obermüller* ZInsO 1999, 690, 691; aA Schulz ZBB 1999, 287).

30 Hatte das Kreditinstitut das **Angebot des Kunden bereits** vor Insolvenzeröffnung durch tatsächliche Handlungen **angenommen**, ist es an den Überweisungsvertrag gem § 116 S 3 gebunden. Sofern Guthaben vorhanden ist, muss das Kreditinstitut die Überweisung ausführen, auch wenn es inzwischen von der Zahlungsunfähigkeit oder dem Insolvenzantrag erfahren hat, denn Kündigungsrechte stehen ihm nicht zu (§ 676a Abs 3 S 1 BGB). Das Kreditinstitut kann seinen Aufwendungsersatzanspruch mit dem Guthabensaldo verrechnen (**OLG Jena** 8. 4. 97 – 5 U 962/96, ZInsO 1998, 190; **LG Rostock** 30. 10. 01 – 10 O 203/01, ZIP 2002, 270; *Obermüller* InsR in der Bankpraxis S 337 Rn 3.7 d). Die **Aufrechnungsverbote** des § 96 Abs 1 **greifen nicht ein, wenn die Verrechnung spätestens am Tage der Verfahrenseröffnung** erfolgt (§ 96 Abs 2 S 1). Weist das Konto des Bank- oder Sparkassenkunden kein Guthaben auf, so hängen die Pflichten der Geldinstitute davon ab, ob dem Kunden eine Überziehungsmöglichkeit bzw ein Kredit zugesagt war. **Ohne** eine solche **Überziehungsmöglichkeit** ist das Geldinstitut zur Ausführung der Überweisung nicht verpflichtet, da der Lauf der Ausführungsfrist noch nicht begonnen hat (§ 676a Abs 2 BGB). Um den Vorgang zu erledigen, muss das Kreditinstitut den schon zustande gekommenen **Überweisungsvertrag kündigen**, was gem § 676a Abs 3 BGB ohne Angabe von Gründen möglich ist (*Obermüller* ZInsO 1999, 690, 692). Bewegt sich die Kontenverfügung im Rahmen einer zugesagten Kreditlinie, begegnet die Ausführung des Auftrags keinen rechtlichen Hindernisse. **Solange die Kreditlinie nicht gekündigt** ist, steht dem Kreditinstitut kein Leistungsverweigerungsrecht zu (*Obermüller* ZInsO 1999, 690, 692). Hat der Kunde ihm keine oder keine ausreichenden Sicherheiten gestellt, so muss das Kreditinstitut, um die Ausführung der Überweisung verweigern zu dürfen, den **Kredit** gem § 676a Abs 3 BGB **kündigen** (*Obermüller* ZInsO 1999, 690, 692).

31 Die Überweisung kann in einem nachfolgenden Insolvenzverfahren von dem Insolvenzverwalter gegenüber der Bank oder Sparkasse nicht nach §§ 129ff angefochten werden, eine **Anfechtung** ist allenfalls im Verhältnis zwischen Überweisungsauftraggeber und dem Überweisungsbegünstigten möglich (*Obermüller* ZInsO 1999, 690, 692 mwN).

32 **3. Ausführung nach Erlass eines allgemeinen Verfügungsverbotes.** Ist im Eröffnungsverfahren ein allgemeines Verfügungsverbot nach § 21 Abs 2 Nr 2 gegen den Schuldner erlassen worden, so kann das Geldinstitut den **Überweisungsvertrag** gem § 676a Abs 3 BGB ohne Nennung von Gründen **kündigen**, wenn es von der Verfügungsbeschränkung vor Abschluss des Überweisungsvertrages Kenntnis erlangt hat. Erlangt es die Kenntnis erst, nachdem es die Überweisung des Kunden schon angenommen hat und der Überweisungsvertrag zustande gekommen ist, muss das Kreditinstitut den Überweisungsvertrag erfüllen, wenn ein Guthaben vorhanden ist. Das allgemeine Verfügungsverbot steht dem nicht entgegen, da das Gesetz für Überweisungen in **§ 676a Abs 3 BGB** eine **Sonderregelung** enthält. Ist ein ausreichendes Guthaben vorhanden und hat der Kunde die notwendigen technischen Angaben für die Abwicklung der Überweisung geliefert, dann kann das Geldinstitut den Überweisungsvertrag nur kündigen, wenn ein Insolvenzverfahren über das Vermögen des Überweisenden eröffnet oder ein zur Durchführung der Überweisung erforderlicher Kredit gekündigt worden ist (§ 676a Abs 3 BGB). Nach dem Gesetzeswortlaut sind die Voraussetzungen für das Kündigungsrecht bei Anordnung eines **allgemeinen Verfügungsverbotes** im Stadium des Eröffnungsverfahrens **noch nicht** erfüllt. Zu einem anderen Ergebnis kann man nur kommen, wenn man entweder die Anordnung eines allgemeinen Verfügungsverbotes einer Verfahrenseröffnung gleichsetzen könnte oder wenn man annehmen dürfte, dass die insolvenzrechtlichen Vorschriften als die spezielleren den Bestimmungen des bürgerlichen Rechts vorgingen.

Beides ist jedoch zu verneinen (*Obermüller* ZInsO 1999, 690, 693), denn der Gesetzgeber hat die Vorschrift des § 676a Abs 3 BGB in Kenntnis der Regelungen des § 21 Abs 2 Nr 2 geschaffen und im Übrigen in § 96 **Abs 2** ausdrücklich bestimmt, dass die Geldinstitute ihre Aufwendungsersatzansprüche, die sie in Ausführung von Überweisungsverträgen erhalten, bis zum Tage der Verfahreneröffnung zur Verrechnung stellen dürfen.

Mit Erlass eines allgemeinen Verfügungsverbotes geht die Verwaltungs- und Verfügungsbefugnis vom Schuldner auf den vorläufigen Insolvenzverwalter über (§ 22 Abs 1). Anstelle des überweisenden Kunden kann der **vorläufige Insolvenzverwalter mit Verwaltungs- und Verfügungsbefugnis** den **Überweisungsvertrag** vor Beginn der Ausführungsfrist jederzeit, danach **nur kündigen,** wenn die Kündigung dem Kreditinstitut des Begünstigten **bis** zu dem Zeitpunkt mitgeteilt wird, in dem der Überweisungsbetrag diesem Kreditinstitut endgültig **zur Gutschrift auf dem Konto des Begünstigten** zur Verfügung gestellt wird (§ 676a Abs 4 S 1 BGB). Das überweisende Geldinstitut hat die unverzügliche Information des Kreditinstituts des Begünstigten über eine Kündigung zu veranlassen (§ 676a Abs 4 S 3 BGB). Falls es dem vorläufigen Insolvenzverwalter nicht gelingt, die Kündigung rechtzeitig auszusprechen, kann er den Überweisungsbetrag für die Insolvenzmasse nach Verfahreneröffnung nur noch zurückholen, wenn er gegenüber dem Begünstigten auf dem Weg über die Insolvenzanfechtung vorgehen kann (*Obermüller* ZInsO 1999, 690, 694). Ist dagegen nur ein vorläufiger Insolvenzverwalter mit **Zustimmungsvorbehalt** bestellt, kann der Schuldner nach Insolvenzeröffnung trotz der Einsetzung eines schwachen vorläufigen Verwalters (*Bork* Zahlungsverkehr in der Insolvenz, 2002, Rn 159) noch selbstständig einen Überweisungsvertrag mit seiner Bank schließen. Der Verwalter ist nicht befugt, einen solchen Überweisungsauftrag des Schuldners zu widerrufen (*Obermüller* InsRBankpraxis Rn 3.19, 3.19a). Allerdings darf die Bank den Überweisungsbetrag nicht in das Kontokorrent einstellen, weil die Belastung des Kontos an der fehlenden Genehmigung des vorläufigen Verwalters scheitert (BGH 5. 2. 09 – IX ZR 78/07, ZIP 2009, 673 Rn 21).

4. Ausführung nach Verfahrenseröffnung. Mit der Verfahrenseröffnung **erlöschen** grundsätzlich **alle** vom Kunden erteilten Aufträge und Geschäftsbesorgungsverträge (§ 116 S 1 iVm § 115). Daran ändert § 116 S 3, der die Fortdauer von Überweisungs-, Zahlungs- und Übertragungsverträgen anordnet, nur insoweit etwas, als schon bestehende, dh **angenommene Überweisungsverträge** unberührt bleiben. Das Geldinstitut ist berechtigt, die Überweisung weiter abzuwickeln. Hieran wird es jedoch kein Interesse haben, wenn für die Überweisung kein Guthaben zur Verfügung steht, sondern ein Kredit in Anspruch genommen würde. Um sich von der vertraglichen Verpflichtung zur Durchführung der Überweisung zu lösen, **muss das Kreditinstitut** den Überweisungsvertrag **kündigen,** wozu es § 676a Abs 3 BGB wegen der Insolvenzeröffnung berechtigt ist. Zur Ausübung dieses Kündigungsrechts ist das Kreditinstitut jedoch nicht verpflichtet. Verzichtet es auf die Kündigung, so erwirbt es aus der Ausführung einen **Aufwendungsersatzanspruch,** der wegen der Regelung des § 116 S 3 **als Masseforderung** zu bedienen ist (*Obermüller* ZInsO 1999, 690, 695). Wenn ein Guthaben vorhanden ist, kann das Geldinstitut die Überweisung ohne weiteres abwickeln, ohne selbst Nachteile befürchten zu müssen; um dies zu verhindern, muss der Insolvenzverwalter von dem **Kündigungsrecht des § 676a Abs 4 BGB** Gebrauch machen (*Obermüller* ZInsO 1999, 690, 695). Gelingt dem Insolvenzverwalter dieses nicht rechtzeitig, so wird die Überweisung durchgeführt und kann das Kreditinstitut den Aufwendungsersatzanspruch gegen die Guthabenforderung aufrechnen; denn die Aufrechnungsverbote des § 96 Abs 1 greifen bei Massegläubigern nicht ein (*Obermüller* ZInsO 1999, 690, 695 mwN in Fn 40).

Neue Überweisungsverträge zulasten eines insolvenzbefangenen Kontos kann der insolvente Kunde nicht mehr abschließen, da mit der Verfahrenseröffnung seine Verwaltungs- und Verfügungsbefugnis gem § 80 auf den Insolvenzverwalter übergegangen und damit der Überweisungsantrag (Weisung) erloschen ist (BGH 5. 2. 09 – IX ZR 78/07, ZIP 2009, 673 Rn 18). Die Bank ist nicht berechtigt, auf der Grundlage eines nach Verfahrenseröffnung abgeschlossenen und deshalb unwirksamen Überweisungsvertrags das Konto des Schuldners zu belasten. Zwar fällt die **Anweisung** als abstrakte, doppelte Ermächtigung des Angewiesenen im Deckungsverhältnis und als Legitimation des Anweisungsempfängers als solche nicht unter die §§ 115, 116 (MüKo-*Ott/Vuia* § 116 Rn 46). Dem Deckungsverhältnis zwischen Anweisendem und Angewiesenem liegt aber regelmäßig ein Geschäftsbesorgungsvertrag zugrunde, der gem § 116 mit Insolvenzeröffnung erlischt, so dass der Angewiesene die Anweisung nicht mehr anzunehmen braucht. Ausnahmen gelten für die Fälle, dass die Geldinstitut **aus Unkenntnis** von der Verfahrenseröffnung **noch zulässt.** Für diese Fälle gilt nicht die Regelung des § 116 S 3, da diese Vorschrift sich nämlich nur auf schon *vor* Verfahrenseröffnung rechtswirksam abgeschlossene Überweisungsverträge bezieht, wie sich aus dem Wortlaut „bestehen ... fort" ableitet (*Obermüller* ZInsO 1999, 690, 696). Hat das Geldinstitut in Unkenntnis von der Verfahrenseröffnung einen Überweisungsvertrag ausgeführt, so wird es durch die Zahlung an den Empfänger von seiner Schuld gegenüber dem Kontoinhaber nach § 82 in entsprechender Höhe befreit, wenn das Konto ein Guthaben aufweist. Denn § 82 bezieht sich unterschiedslos auf sämtliche Verbindlichkeiten, die „zur Insolvenzmasse zu erfüllen" sind, und die Zahlung an den Überweisungsempfänger ist rechtlich als Leistung an den Kontoinhaber zu werten (*Obermüller* ZInsO 1999, 690, 696 mwN in Fn 43 u 44). Hat das Geldinstitut in Unkenntnis von der Insolvenzeröffnung einen Überweisungsvertrag ausgeführt, so erwirbt es einen **Aufwendungser-**

satzanspruch, den es bei einem Debetsaldo des Kunden nur als Insolvenzforderung geltend machen kann (§§ 116, 115 Abs 3).

III. Weitere Bankgeschäfte

36   Von den §§ 115, 116 **nicht erfasst** werden alle Verträge, die dem Wahlrecht des Insolvenzverwalters nach § 103, sowie den Spezialvorschriften der §§ 104, 105, 108, 109, 112 und 113 unterfallen. Dies gilt insbesondere für Darlehens- und Sparverträge sowie Vereinbarungen über Termineinlagen; bei diesen sind die gesetzliche oder vertragliche Kündigungsfrist bzw die vereinbarte Festlegungsfrist einzuhalten (*Obermüller* InsR in der Bankpraxis S 283 Rn 2.62). Auch Verträge über eine Schrankfachmiete und sonstige Verwahrungsverträge fallen nicht unter § 116 (*Obermüller* InsR in der Bankpraxis Rn 2.121 ff).

C. Factoring

37   Beim Factoringgeschäft tritt ein Gläubiger – der **Anschlusskunde** – seine Forderungen, die ihm aus Warenlieferungen oder Dienstleistungen gegenüber einem Schuldner (Abnehmer) – dem **Debitor** – zustehen, an ein Finanzierungsinstitut – den **Factor** – meist auf kaufrechtlicher Basis ab, der den Gegenwert (abzüglich Gebühren, Zinsen und Sicherungseinhalt) dem Anschlusskunden sofort gutschreibt und die Forderungen nach Eintritt der Fälligkeit beim Debitor einzieht (*Martinek* Moderne Vertragstypen Bd I, 1991, S 222 f; *Brink* Factoringvertrag, 1998, Rn 35 ff). Der Factor übernimmt dabei regelmäßig drei wirtschaftliche Funktionen zugunsten des Anschlusskunden, die jedoch nicht sämtlich bei jeder Form des Factoring zusammentreffen müssen: nämlich die Finanzierungsfunktion, Delkrederefunktion und Dienstleistungsfunktion (*Bette* Das Factoring-Geschäft, 1973, S 32 ff; *Glomb* Finanzierung durch Factoring, 1969, S 18 ff). Beim **echten** Factoring haftet der Anschlusskunde nur für den rechtlichen Bestand, die Abtretbarkeit sowie Freiheit von Einreden und Einwendungen der finanzierten Forderungen, beim **unechten** Factoring zusätzlich für die Bonität der vorfinanzierten Forderungen (zu den Auswirkungen der Schuldrechtsreform: *Brink* WM 2003, 1355, 1358 ff).

I. Insolvenz des Anschlusskunden

38   Bei der insolvenzrechtlichen Abwicklung von Factoringverhältnissen ist zu differenzieren, welche Auswirkungen die Verfahrenseröffnung über das Vermögen des Anschlusskunden auf den Fortbestand des Factoringvertrages als Dauerschuldverhältnis hat und wie die Abwicklung der einzelnen Factoringgeschäfte davon betroffen wird (eingehend *Obermüller* InsRBankpraxis Rn 7.75 ff; KS-*Sinz* Kap 14, Rn 100 ff).

39   **1. Erlöschen des Factoringvertrages.** Der Factoringvertrag wird allgemein als ein gemischttypischer Vertrag mit Elementen einer Geschäftsbesorgung angesehen, so dass § 116 Anwendung findet. Die Insolvenz des Anschlusskunden führt daher zum Erlöschen des Factoringvertrages (OLG Koblenz 26. 7. 88–3 U 1352/87, WM 1988, 1355, 1357; K/P/B/*Tintelnot* §§ 115, 116 Rn 28; FK-*Wegener* § 116 Rn 9; N/R/*Kießner* § 116 Rn 22; *Obermüller* InsRBankpraxis Rn 7.90 f); die Andienungspflicht des Anschlusskunden entfällt damit ebenso wie die Ankaufverpflichtung des Factors und seine Dienstleistungspflichten. Der Factor hat die Factoringgebühr für künftige Tätigkeiten, die infolge § 115 Abs 1 nicht mehr erbracht werden können, anteilig zu erstatten. Setzt er die Tätigkeiten jedoch in Unkenntnis der Verfahrenseröffnung fort, so wird er hinsichtlich dieser Geschäfte so gestellt, als ob der Factoringvertrag noch bestanden hätte (§§ 115 Abs 3, 674 BGB; OLG Koblenz 26. 7. 88 – 3 U 1352/87, WM 1988, 1355, 1357; *Canaris* Bankvertragsrecht, Rn 1675). Im Gegensatz zur früheren Rechtslage, wonach der Factor seine Ansprüche auf Vergütung und Aufwendungsersatz als Masseforderung (§ 59 Abs 1 Nr 2 KO) geltend machen konnte (K/U § 23 KO Rn 10), bestimmt § 115 Abs 3 S 2, dass der Beauftragte mit seinen Ersatzansprüchen aus dieser Fortsetzung auch bei Unkenntnis vom Erlöschen des Auftrags – systemwidrig, weil im Widerspruch zur Fiktion des fortbestehenden Auftrags stehend – nur Insolvenzgläubiger ist.

40   Keinen Einfluss hat beim **echten Factoring** die Beendigung des Factoringvertrages auf die Delkrederehaftung des Factors, da diese nicht auf dem Factoringvertrag beruht, sondern Inhalt des Factoring-Kausalgeschäftes ist (N/R/*Kießner* § 116 Rn 22; KS-*Sinz* Kap 14, Rn 103).

41   **2. Abwicklung der einzelnen Factoringgeschäfte.** Vom Schicksal des Factoring-Rahmenvertrages ist das Schicksal der einzelnen Factoringgeschäfte strikt zu trennen (sog **zweistufige Gestaltung:** *Serick* Eigentumsvorbehalt und Sicherungsübertragung, Bd IV, 1976, § 52 2 a, S 537; zu der (in der Praxis seltenen) *einstufigen* Gestaltung: Staudinger/Hopt/*Mülbert* Vorbem zu §§ 607 ff BGB Rn 720). Beim echten Factoring darf der Anschlusskunde die Gutschrift des Gegenwerts der Forderung endgültig behal-

ten; der Forderungsabtretung liegt daher als Kausalgeschäft ein Forderungskauf zugrunde. Beim unechten Factoring kann der Factor dagegen die vorfinanzierte Forderung dem Anschlusskunden zurückbelasten, wenn der Debitor nicht innerhalb einer bestimmten Frist zahlt; die Übertragung der Forderungen erfolge daher aufgrund eines atypischen Darlehens (insb **BGH** 7. 6. 78 – VIII ZR 80/77, BGHZ 72, 15, 20 ff; Palandt/*Grüneberg* § 398 BGB Rn 38 ff; Staudinger/*Beckmann* Vorbem zu § 433 BGB Rn 139). Hinsichtlich der Auswirkungen einer Insolvenz des Anschlusskunden auf die einzelnen Factoringgeschäfte ist zwischen fünf verschiedenen Fallgestaltungen zu differenzieren:

a) **Abgetretene und vom Factor bezahlte Forderungen.** Das der Factoringzession zugrunde liegende 42 Kausalgeschäft ist beim **echten Factoring** zum Zeitpunkt der Verfahrenseröffnung beiderseits bereits vollständig erfüllt, so dass § 103 keine Anwendung mehr findet (K/P/B/*Tintelnot* §§ 115, 116 Rn 29). Aber auch beim **unechten Factoring** ist für § 103 kein Raum mehr, da zumindest der Factor durch die Gutschrift des Gegenwertes für die Forderung den Vertrag bereits vollständig erfüllt hat; die Pflicht zum Forderungseinzug beim Debitor und zur Auskehrung des Sicherungseinbehalts stellt eine nachvertragliche Pflicht des Factors dar und keine Nebenpflicht, die auf die Herbeiführung des Leistungserfolges (**Vorfinanzierung!**) gerichtet ist (ausführlich *Sinz* Factoring in der Insolvenz, Rn 183 ff, 189; aA K/P/B/*Tintelnot* §§ 115, 116 Rn 29).

aa) **Aus- oder Absonderungsrecht.** Forderungen, die vor Verfahrenseröffnung an den Factor auf der 43 Basis **echten Factorings** abgetreten und von ihm bezahlt worden sind, kann der Factor im Falle einer Insolvenz des Anschlusskunden gemäß § 47 **aussondern** (KG Berlin, 16. 4. 84 – 14 U 4779/83, S 13 UA, nv; N/R/*Andres* § 47 Rn 30; FK-*Imberger* § 47 Rn 35; *Obermüller* InsRBankpraxis Rn 7.93; *Canaris* Bankvertragsrecht, Rn 1676; zu § 21 Abs 2 Nr 5: *Emer* FLF 2009, 119 ff). Denn der Factor hat sie zu vollem Recht – und nicht nur zum Zwecke der Besicherung (so aber *Bähr* DB 1981, 1759, 1765) – sowie zum Einzug auf eigene Rechnung erworben. Der Insolvenzverwalter hat jede Maßnahme zu unterlassen, die den Factor bei der Einziehung der Forderung behindern könnte (RGZ 111, 298, 303); fordert er dennoch die Debitoren zur Zahlung der abgetretenen Forderungen an die Masse auf, obwohl er das Bestehen des Factoringvertrages kennt oder kennen muss, so schuldet er gem § 280 Abs 1 BGB Schadenersatz als Masseschuld.

Für das **unechte Factoring** will die **hM** wegen des Sicherungscharakters der Abtretung dem Factor le- 44 diglich ein **Absonderungsrecht** zubilligen (N/R/*Andres* § 47 Rn 30; FK-*Imberger* § 51 Rn 40; HK-*Eickmann* § 47 Rn 16; *Obermüller* InsRBankpraxis Rn 7.97 f). **Dem steht jedoch entgegen, dass dem Befriedigungsrecht des Factors aus der abgetretenen Forderung jegliche „Pfandrechtsähnlichkeit" fehlt,** die ihn nur zur Absonderung berechtigen würde. Denn die Tatsache, dass der Anschlusskunde wirtschaftlich das Risiko der Realisierbarkeit der abgetretenen Forderung trägt (**BFH** 10. 12. 81 – V R 75/76, BFHE 134, 470, 477 f), macht die Abtretung noch nicht zu einem pfandrechtartigen Sicherungsrecht. In ihrer weiteren Ausgestaltung unterscheidet sie sich nämlich wesentlich von der gewöhnlichen Sicherungsabtretung (**BGH** 3. 5. 72 – VIII ZR 170/71, BGHZ 58, 364, 367). Während der Kreditnehmer bei einer Sicherungszession einen Rückübertragungsanspruch, bedingt durch den Wegfall des Sicherungszwecks, und im Falle der Verwertung der Forderung einen Anspruch auf Auskehrung eines etwaigen Mehrerlöses hat, besteht beim unechten Factoring keine vergleichbare treuhänderische Bindung des Factors (eingehend *Serick* Eigentumsvorbehalt und Sicherungsübertragung, Bd IV, 1976, § 52 II 2 e, S 549–551). So setzt der Forderungseinzug durch ihn weder den Eintritt der Verwertungsreife voraus noch kennt das Factoring die Auskehrung eines Mehrerlöses. Die Masse können daher von vornherein keine Vermögenswerte entzogen werden, die anderenfalls zur Befriedigung von Insolvenzgläubigern zur Verfügung gestanden hätten. Im Übrigen ist der Factor sogar verpflichtet, primär aus der abgetretenen Forderung Befriedigung zu suchen; er kann auf den Anschlusskunden *nur Rückgriff* nehmen, *wenn und soweit* er bei dem Debitor einen *Ausfall* erleidet. Aus der Sicht der Masse ist der Rückübertragungsanspruch des Anschlusskunden zum einen bedingt durch die Nichtzahlung des Debitors und zum anderen durch die Zahlung des Insolvenzverwalters. Die Rückübertragung beruht hier nicht auf dem Wegfall der Sicherungszwecks, sondern darauf, dass der mit der Forderungsabtretung verfolgte primäre *Erfüllungszweck* fehlgeschlagen ist. Hier zeigt sich, dass die Factoringzession eine Finanzierungsvariante ist und keine Kreditsicherungsmaßnahme (*K. Schmidt* DB 1977, 65, 66). Folglich muss dem Factor – entgegen der hM – auch beim unechten Factoring das **Aussonderungsrecht** zugestanden werden (so auch K/U § 23 KO Rn 20 e; *Graf von Westphalen* in Röhricht/Graf von Westphalen, HGB, Factoring, Rn 73; KS-*Sinz* Kap 14, Rn 108 f; befürwortend auch *Achsnick/Krüger* Factoring in Krise und Insolvenz, Rn 214).

bb) **Doppelinsolvenz.** Die Frage, ob dem Factor ein Aus- oder Absonderungsrecht zusteht, hat auch 45 Konsequenzen für die Anwendbarkeit der §§ 43, 52 in der Doppelinsolvenz, dh in den Fällen, in denen der Debitor ebenfalls zahlungsunfähig wird. Wäre der Factor nur absonderungsberechtigt, so könnte er gem § 52 seine Rückgriffsforderung zwar in voller Höhe anmelden, aber nur für den Betrag verhältnismäßige Befriedigung verlangen, mit welchem er beim Debitor ausgefallen ist (so *Canaris* Bankvertragsrecht, Rn 1677). Folgt man dagegen der hier vertretenen Auffassung, dann ist der Factor befugt, in beiden Insolvenzverfahren die ihm gegen jeden der beiden Schuldner zustehenden Forderungen als In-

Sinz

solvenzgläubiger zu verfolgen, allerdings nur bis zu seiner vollen Befriedigung (§ 43). Es genügt für § 43, dass ein unechtes Gesamtschuldverhältnis vorliegt. Dem steht nicht entgegen, dass der Factor sich primär aus der zedierten Forderung befriedigen muss und der Anschlusskunde nur als Sekundärschuldner haftet. Denn mit Eintritt des Delkrederefalles entfällt gerade die Subsidiarität bezüglich der Verpflichtung des Anschlusskunden; von diesem Zeitpunkt an haftet er **neben,** und **nicht** mehr **nach** dem **Debitor.**

46   Solange der Delkrederefall noch nicht eingetreten ist, kann der Factor seinen Rückgriffsanspruch im Verfahren über das Vermögen des Anschlusskunden nur nach Maßgabe der §§ 77 Abs 3 Nr 1, 237, 95 und 191 als aufschiebend bedingte Forderung geltend machen; eine Parallelregelung zu § 67 KO fehlt (BR-Drucks 1/92, S 124 zu § 59 RegE InsO).

47   b) **Abgetretene, vom Factor bezahlte, aber noch nicht werthaltige Forderungen.** Gelegentlich kommt es vor, dass der Factor bewusst (wie zB bei der Forfaitierung von Leasingforderungen) oder aufgrund einer Täuschung Rechnungen vorfinanziert, denen zum Zeitpunkt des Forderungsankaufes noch keine entsprechende Leistung des Anschlusskunden an den Debitor zugrunde liegt. Für die Insolvenzfestigkeit des Forderungserwerbs durch den Factor ist es dann von Bedeutung, ob die zedierte Forderung noch während des Eröffnungsverfahrens durch eine Lieferung oder Leistung des vorläufigen Insolvenzverwalters werthaltig wird oder ob der Vertrag mit dem Debitor zum Zeitpunkt der Verfahrenseröffnung noch erfüllungsbedürftig ist. Findet nämlich auf das Deckungsverhältnis zwischen Anschlusskunde und Debitor § 103 Anwendung mit der Folge, dass die beiderseitigen Erfüllungsansprüche nicht mehr durchsetzbar sind, so wäre davon auch der Factor als Zessionar betroffen.

48   aa) **Valutierung während des Eröffnungsverfahrens.** Bei einer Vorausabtretung erwirbt der Zessionar (Factor) die künftigen Ansprüche mit ihrer **Entstehung,** also mit dem Abschluss der Verträge, die den Anspruch des Schuldners auf die Vergütung begründen, unabhängig davon, wann die gegenseitigen Forderungen fällig werden (**BGH** 20. 12. 88 – IX ZR 50/88, BGHZ 106, 236, 241 ff). Die Factoringzession ist daher insolvenzfest, wenn die finanzierte Forderung entstanden und die Bedingung für die Zession an den Factor durch die Gutschrift des Rechnungsgegenwertes bereits vor Verfahrenseröffnung eingetreten war. Dass die Forderung erst und nur infolge Erfüllung des Vertrages durch den vorläufigen Insolvenzverwalter realisierbar wird, steht dem nicht entgegen (**KG** Berlin 17. 4. 94 – 14 U 4779/83, S 9 f, nv; *Brink* ZIP 1987, 817, 820). Die Erfüllungshandlung kann jedoch nach § 130 Abs 1 Nr 1 anfechtbar sein (s u Rn 92).

49   bb) **Valutierung nach Verfahrenseröffnung.** Trotz wirksamer Abtretung geht der Factor leer aus, wenn das zugrunde liegende Deckungsgeschäft zwischen Anschlusskunde und Debitor zum Zeitpunkt der Verfahrenseröffnung beiderseits noch nicht erfüllt war. In diesem Fall geht es nämlich nicht um die (fehlende, s o Rn 42) Anwendbarkeit von § 103 auf das Factoring-Kausalgeschäft, sondern darum, dass die beiderseitigen Erfüllungsansprüche aus dem **Vertrag zwischen dem Anschlusskunden und dem Debitor** mit der Verfahrenseröffnung gemäß § 103 Abs 1 ihre Durchsetzbarkeit verlieren und dadurch – mittelbar – auch die abgeleiteten Rechte aus der Abtretung nicht mehr realisierbar sind. Der Insolvenzverwalter ist auch nicht aus § 242 BGB zur Erfüllungswahl verpflichtet (**OLG** Koblenz 16. 9. 83 – 10 U 1521/82, S 4, nv; aA *Brink* ZIP 1987, 817, 821); selbst wenn dies der Fall wäre, würde ein Forderungserwerb des Factors an § 91 Abs 1 scheitern. Denn durch die Erfüllungswahl werden die Rechte und Pflichten aus dem Vertrag mit dem Debitor zu originären Masseforderungen und Masseverbindlichkeiten „aufgewertet" mit den gleichen Wirkungen wie bei einem neu abgeschlossener Vertrag (**BGH** 29. 11. 07 – IX ZR 165/05, NZI 2008, 236 Rn 27; **BGH** 25. 4. 02 – IX ZR 313/99, BGHZ 150, 353; *MüKo-Kreft* § 103 Rn 41). Soweit die Masse aufgrund der Erfüllungswahl eine Leistung zu erbringen hat (§ 55 Abs 1 Nr 2), soll ihr auch die Gegenleistung zugute kommen. Dieser Zweck würde verfehlt, wenn der Schuldner zwar an seinen Vertragspartner leisten müsste, die Gegenleistung jedoch beim Factor verbliebe (**BGH** 20. 12. 88 – IX ZR 50/88, BGHZ 106, 236, 243 f).

50   Eine **Ausnahme** gilt nur für einen **Verkauf unter Eigentumsvorbehalt.** § 107 Abs 1 regelt ausdrücklich, dass der Käufer (Debitor) in der Insolvenz des Eigentumsvorbehaltsverkäufers (Anschlusskunde) „Erfüllung des Kaufvertrages verlangen" kann. Dies bedeutet nicht, dass die Erfüllungsansprüche zunächst nach § 103 ihre Durchsetzbarkeit verlieren und auf Verlangen des Vorbehaltskäufers erst wieder durchsetzbar werden, sondern dass der Vertrag mit Wirkung gegen die Insolvenzmasse unverändert *fortbesteht* (Gottwald/*Huber* InsRHdb § 36 Rn 33; *Obermüller* InsRBankpraxis Rn 7.113 ff). Dass damit die Kaufpreisforderung weiterhin dem Factor zusteht, führt zu keiner Verkürzung der Insolvenzmasse, da der Vorbehaltsverkäufer alle Leistungspflichten ohnehin schon vor Verfahrenseröffnung erfüllt hat; lediglich der Leistungserfolg steht noch aus, was die Masse jedoch nicht mehr belastet.

51   Hatte der Schuldner allerdings vor Verfahrenseröffnung die ihm obliegende **Leistung** schon **teilweise erbracht,** wird nach der neueren Rechtsprechung des BGH (**BGH** 4. 5. 95 – IX ZR 256/93, ZIP 1995, 926, 928; anders noch **BGH** 21. 11. 91 – IX ZR 290/90, ZIP 1992, 48, 48 f) der insoweit entstandene Teilleistung entsprechende Anspruch auf die Gegenleistung durch die Eröffnung des Insolvenzverfahrens nicht berührt. Da der anteilige Erfüllungsanspruch insoweit fortbesteht, verbleibt dem Factor in diesem eingeschränk-

ten Umfang das Recht, die Gegenleistung einzuziehen; einen Ausfall erleidet er nur mit dem ihm abgetretenen Gegenleistungsanspruch für solche Leistungen, die seitens des Anschlusskunden zum Zeitpunkt der Insolvenzeröffnung noch nicht erbracht waren (*Brink* in Hagenmüller/Sommer/Brink, Handbuch des nationalen und internationalen Factoring, 1997, S 208). Voraussetzung ist jedoch, dass es sich um eine **teilbare** Leistung handelt.

Hinsichtlich der Rechtslage bei der Forfaitierung von **Leasingforderungen** in der Insolvenz des Anschlusskunden (Leasinggebers) kann auf die obigen Ausführungen unter § 108 Rn 129–153 verwiesen werden. 52

cc) Bereicherungsausgleich. Soweit der Debitor bereits vor vollständiger Vertragserfüllung durch den Anschlusskunden Zahlungen an den Factor geleistet hat, zB weil er vorleistungspflichtig war, hängt die bereicherungsrechtliche Abwicklung zwischen den Beteiligten davon ab, inwieweit der Insolvenzverwalter bezüglich des Vertrages zwischen Anschlusskunde und Debitor Erfüllung wählt oder nicht. Im Falle der **Nichterfüllung** kann der Debitor das Geleistete gem § 812 Abs 1 S 2 1. Alt BGB nur beim *Anschlusskunden* kondizieren, wobei der Bereicherungsanspruch ggf unselbstständiger Rechnungsposten im Rahmen des Abwicklungsverhältnisses ist (BGH 5. 5. 77 – VII ZR 85/76, BGHZ 68, 379, 380 f; BGH 30. 5. 63 – VII ZR 276/61, NJW 1963, 1869, 1870). Denn der Leistungsaustausch aufgrund einer Abtretungsanzeige entspricht wertungsmäßig einer „Anweisungslage", so dass die bereicherungsrechtliche Rückabwicklung – unter Ausschluss der Direktkondiktion beim Factor – „übers Dreieck" erfolgt, nämlich zwischen den Parteien, die an dem fehlerhaften Rechtsverhältnis beteiligt sind. Getreu dem Grundsatz, dass jeder das Insolvenzrisiko der Partei tragen muss, die er sich selbst als Vertragspartner ausgesucht hat, kann der Debitor Bereicherungsansprüche folglich nur gegen den Anschlusskunden geltend machen. Der Kondiktionsanspruch des Debitors ist Insolvenzforderung. 53

Wählt der Insolvenzverwalter dagegen **Erfüllung**, so gilt für Zahlungen des Debitors an den Factor nach Verfahrenseröffnung § 409 Abs 1 Satz 1 BGB, da die abgetretene Forderung mit Verfahrenseröffnung zunächst ihre Durchsetzbarkeit verliert und durch das Erfüllungsverlangen *zugunsten der Masse* zu einer originären Masseforderung aufgewertet wird (BGH 25. 4. 02 – IX ZR 313/99, BGHZ 150, 353; MüKo-*Kreft* § 103 Rn 41). Vor Zugang der Zustimmungserklärung des Factors zur Rücknahme der Abtretungsanzeige (§ 409 Abs 2 BGB) hat die Zahlung folglich befreiende Wirkung. Jedoch muss der Factor das Geleistete nach § 816 Abs 2 BGB an den Insolvenzverwalter herausgeben, ohne seinerseits mit dem Rückgriffsanspruch aus der Veritätshaftung aufrechnen zu können; denn der Factor ist erst nach Verfahrenseröffnung „etwas zur Insolvenzmasse schuldig geworden" (§ 96 Abs 1 Nr 1). 54

c) Angediente, aber noch nicht gutgeschriebene Forderungen. Ein Erwerb von angedienten, aber noch nicht gutgeschriebenen Forderungen ist während des Insolvenzverfahrens **nicht möglich**. Zwar steht der Vollendung eines aufschiebend bedingten Rechtserwerbs nach Verfahrenseröffnung § 91 Abs 1 nicht entgegen (BGH 27. 5. 03 – IX ZR 51/02, NZI 2003, 491; MüKo-*Breuer* § 91 Rn 19; K/P/B/*Lüke* § 91 Rn 18; aA Jaeger/*Windel* § 91 Rn 57). Beim Factoring liegt die Bedingung für den Übergang der Forderung auf den Factor aber in der *Vornahme eines Rechtsgeschäfts,* nämlich „dass über die jeweilige Forderung ein Kaufvertrag zustande kommt". Da § 161 Abs 1 S 2 BGB hier keine Anwendung findet (*Canaris* Bankvertragsrecht, Rn 1679; und andererseits aus dem erst mit der Annahme nach Verfahrenseröffnung zustande kommenden Factoringkausalgeschäft keine Rechte im Insolvenzverfahren geltend gemacht werden können, wirkt sich dies über den Ausfall der aufschiebenden Bedingung auch auf die Abtretung aus (K/P/B/*Tintelnot* §§ 115, 116 Rn 29). 55

Aus diesem Grunde steht dem Factor auch **kein Anwartschaftsrecht** zur Seite (so aber *Serick* aaO, § 65 V 3, S 524 f; *Brink* ZIP 1987, 817, 820). Von einer gesicherten Rechtsposition des Erwerbers kann nämlich nur dann gesprochen werden, wenn der andere an der Entstehung des Rechts Beteiligte diese nicht mehr einseitig zu zerstören vermag (BGH 30. 4. 82 – V ZR 104/81, BGHZ 83, 395, 399). Im Gegensatz zum Eigentumsvorbehaltskauf, bei dem das der Übereignung zugrunde liegende schuldrechtliche Geschäft noch *vor* Eröffnung des Insolvenzverfahrens zustande gekommen ist und der Vollrechtserwerb nur noch vom Willen des Erwerbers (zur Kaufpreiszahlung) abhängt, kommt das Kausalgeschäft beim Factoring angedienter, aber noch nicht gutgeschriebener Forderungen erst *nach* Verfahrenseröffnung zustande und scheitert damit an § 81 Abs 1 S 1 (*Sinz* Factoring in der Insolvenz Rn 241). 56

d) Andienung der Forderung nach Verfahrenseröffnung. Nach Verfahrenseröffnung steht der Abgabe einer wirksamen Willenserklärung durch den Schuldner § 81 Abs 1 S 1 entgegen (*Canaris* Bankvertragsrecht, Rn 1679; *Brink* ZIP 1987, 817, 820). Denn das Kausalgeschäft berührt die Masse, zumal die Forderung **mangels Bedingungseintritt** zum Zeitpunkt der Verfahrenseröffnung noch zum Schuldnervermögen gehört. Ein Forderungserwerb des Factors ohne Mitwirkung des Insolvenzverwalters scheidet deshalb aus (zur auflösend bedingten und unbedingten Vorauszession: *Sinz* Factoring in der Insolvenz Rn 246). 57

e) Entstehung der Forderung nach Verfahrenseröffnung. Selbst bei einer unbedingten Vorausabtretung erwirbt der Zessionar (Factor) den künftigen Anspruch erst mit seiner Entstehung, also mit dem Abschluss der Verträge, die den Anspruch des Schuldners auf die Vergütung begründen. Zu diesem Zeitpunkt steht einem Forderungserwerb aber bereits § 91 Abs 1 entgegen. 58

59 **f) Inkassoforderungen.** Forderungen, die der Factor lediglich zum Inkasso hereingenommen hat, kann dieser nach Eröffnung eines Insolvenzverfahrens über das Vermögen des Anschlusskunden nicht mehr geltend machen, und zwar unabhängig davon, ob eine Einziehungsermächtigung oder Inkassozession vereinbart war. Denn das Inkassomandat endet nach § 115 Abs 1 automatisch mit Verfahrenseröffnung (*Obermüller* InsRBankpraxis Rn 7.104). Im Falle einer treuhänderischen Inkassozession hat der Factor die übertragenen Forderungen an den Insolvenzverwalter rückabzutreten, da das Treugut mit Erlöschen des Treuhandauftrags nicht ipso iure an die Insolvenzmasse zurückfällt (**BGH** 11. 12. 74 – VIII ZR 51/73, WM 1975, 79, 79; MüKo-*Ott/Vuia* § 116 Rn 23). Sofern vertraglich vereinbart, kann aber ein Pfandrecht wegen anderer Forderungen bestehen.

60 **g) Insolvenzeröffnungsverfahren.** Die Anordnung eines allgemeinen Verfügungsverbots oder eines Zustimmungsvorbehaltes hindert alle rechtsgeschäftlichen Verfügungen des Schuldners über Vermögensgegenstände, die im Falle der Verfahrenseröffnung zur Masse gehören würden (§ 24 Abs 1). Die Rechtswirkungen des § 81 werden zeitlich vorverlagert auf den Zeitpunkt des Wirksamwerdens der Sicherungsmaßnahme. Hinsichtlich der Frage, welche Rechte der Factor noch nach Erlass der Verfügungsbeschränkung an den Forderungen erwerben kann und inwieweit er die Forderungen einziehen darf, kann daher auf die obigen Ausführungen zu den verschiedenen Fallkonstellationen verwiesen werden (s o Rn 42 ff, 47 ff, 55 ff). Der Factor ist gem § 314 Abs 1 S 2 BGB berechtigt, den Factoringvertrag mit sofortiger Wirkung zu beenden (*Brink* WM 2003, 1355, 1361).

61 **3. Debitorenzahlungen an den Anschlusskunden.** Debitorenzahlungen, die mit befreiender Wirkung an den Anschlusskunden **vor Verfahrenseröffnung** geleistet worden sind, begründen einen Anspruch auf Weiterleitung, den der Factor lediglich als Insolvenzgläubiger geltend machen kann. Nur Wechsel oder Schecks, die noch nicht eingelöst worden sind, rechtfertigen ein Aussonderungsrecht (§ 47) bzw nach Einlösung durch den Insolvenzverwalter einen Anspruch auf Ersatzaussonderung (§ 48). Ebenso kann der Factor bei Überweisungen auf ein Anderkonto (*Serick* aaO § 19 II 2, S 84) oder ein angeblich eigenes Konto des Anschlusskunden Aussonderung verlangen. Überweisungen der Debitoren auf ein Girokonto des Anschlusskunden begründen nur einen Weiterleitungsanspruch des Factors als einfache Insolvenzforderung. Eine insolvenzfeste Vorausabtretung ist nur bezüglich der Schlusssaldoforderung möglich; hier steht dem Factor ein Absonderungsrecht zu (MüKo-*Ganter* § 47 Rn 271; ausführlich *Sinz* Factoring in der Insolvenz Rn 265 ff; *Serick* BB 1978, 873, 877 ff).

62 Leistungen des Debitors **nach Eröffnung** des Insolvenzverfahrens unmittelbar in die Insolvenzmasse berechtigen zur Ersatzaussonderung (*Obermüller* InsRBankpraxis Rn 7.101) oder, wenn der Betrag sich nicht mehr unterscheidbar in der Masse befindet (dazu **BGH** 15. 11. 88 – IX ZR 11/88, ZIP 1989, 118, 119 f; MüKo-*Ganter* § 48 Rn 71), zur Geltendmachung einer Massebereicherung. Hat der Debitor jedoch während des Insolvenzverfahrens an den *Anschlusskunden* gezahlt, ist der Factor nur Insolvenzgläubiger, es sei denn, dass der Anschlusskunde das Geleistete an die Masse abgeführt hat (§ 55 Abs 1 Nr 3). § 82 greift nicht ein, da die Verbindlichkeit nicht zur Insolvenzmasse zu erfüllen war.

63 **4. Kollision zwischen Factoring und verlängertem Eigentumsvorbehalt.** Die Rechtslage bei einer Kollision zwischen dem Aussonderungsrecht des Factors und dem Absonderungsrecht aus einem verlängerten Eigentumsvorbehalt hat sich durch das Inkrafttreten der InsO nicht geändert. Denn bei Mehrfachabtretungen entscheidet sich die Frage, welche Abtretung (rechtliche) Priorität genießt, ohnehin nicht nach Vorschriften des Insolvenzrechts, sondern nach allgemeinem Zivilrecht.

64 **a) Echtes Factoring. aa) Zeitlicher Vorrang der Factoring-Globalzession.** Die Grundsätze, die der BGH für die Kollision eines verlängerten Eigentumsvorbehalts mit einer globalen Sicherungszession zugunsten eines Geldkreditgebers aufgestellt hat (Vertragsbruchtheorie), finden auf das echte Factoring keine Anwendung. Denn bei zeitlichem Vorrang der Factoring-Globalzession nimmt der Vorbehaltsverkäufer genau die gleiche Stellung ein wie bei einer – erlaubten – Weiterveräußerung der Vorbehaltsware gegen Barzahlung (**BGH** 19. 9. 77 – VIII ZR 169/76, BGHZ 69, 254, 258 im Anschluss an *Serick* aaO, § 52 IV 3 c, S 575; zustimmend N/R/*Andres* § 47 Rn 35; Gottwald/*Gottwald* InsRHdb § 43 Rn 75; *Canaris* Bankvertragsrecht, Rn 1685). Da der Anschlusskunde den gutgeschriebenen Forderungsgegenwert endgültig behalten darf, stellt das Factoring nur eine besondere Form der Einziehung dar (zur „Barvorschusstheorie": *Canaris* NJW 1981, 249 ff und 1347 ff; *Serick* NJW 1981, 794 ff und 1715 f; – zum Prinzip der „deckungsgleichen Verfügung": *Bette/Marwede* BB 1979, 121, 123 ff). Die Berufung des Factors auf die **Priorität** ist auch dann nicht rechtsmissbräuchlich, wenn der Anschlusskunde den Factoringerlös an die Vorbehaltslieferanten nicht abführt; denn das Weiterleitungsrisiko trifft stets den Vorbehaltsverkäufer (**BGH** 15. 4. 87 – VIII ZR 97/86, BGHZ 100, 353, 360 f; *Serick* aaO, § 70 VI 2, S 787 f). Zu Schutzmaßnahmen zugunsten des Vorbehaltsverkäufers ist der Factor erst dann verpflichtet, wenn konkreter Anlass zu der Annahme besteht, der Anschlusskunde erfülle seine Verpflichtungen gegenüber Vorbehaltslieferanten nicht (**BGH** 19. 9. 77 – VIII ZR 169/76, BGHZ 69, 254, 259 f).

65 **bb) Zeitlicher Vorrang des verlängerten Eigentumsvorbehalts.** Bei zeitlichem Vorrang des verlängerten Eigentumsvorbehalts kommt es nicht auf die Priorität der Abtretung an; entscheidend ist vielmehr, dass der Anschlusskunde aufgrund der ihm vom Lieferanten erteilten **Einziehungsermächtigung** berechtigt ist, die Forderungen aus dem Weiterverkauf der Vorbehaltsware – nochmals – im Rahmen echten Factorings an einen Factor zu verkaufen und abzutreten (**BGH** 7. 6. 78 – VIII ZR 80/77, BGHZ 72, 15, 19 ff; zustimmend: Gottwald/*Gottwald* InsRHdb § 43 Rn 78; MüKo-*Ganter* § 47 Rn 187; *Brink* ZIP 1987, 817, 823; *Serick* aaO, § 70 IV 1 mwN in Fn 70). Ein Abtretungsverbot in den Lieferanten-AGB steht einer wirksamen Forderungszession nicht entgegen (**BGH** 7. 6. 78 – VIII ZR 80/77, BGHZ 72, 15, 22 f). Unwirksam ist auch eine Klausel, die es dem Vorbehaltskäufer schlechthin verwehrt, die Weiterverkaufsforderung im Wege des echten Factorings zu verwerten (*Blaurock* NJW 1978, 1974; *Canaris* NJW 1981, 249, 253 f; *Bette/Marwede* BB 1979, 121, 125; aA *Bähr* DB 1981, 1759, 1767).

b) Unechtes Factoring. Für das unechte Factoring ist die Lösung der Kollision zwischen Factoring-Globalzession und verlängertem Eigentumsvorbehalt heftig umstritten. Es geht dabei vor allem um die Frage, ob das unechte Factoring wegen der Rückbelastungsmöglichkeit des Factors wie eine Sicherungszession zugunsten eines Geldkreditgebers zu behandeln ist. 66

Im Gegensatz zur Vorinstanz (**OLG** Bremen 24. 4. 80 – 2 U 90/79, BB 1980, 803 ff) hat der BGH im Urteil vom 14. 10. 1981 (**BGH** 14. 10. 81 – VIII ZR 149/80, BGHZ 82, 50, 64 f) entschieden, dass die Abtretung im Rahmen des unechten Factorings wegen der Rückbelastungsmöglichkeit lediglich Sicherungsfunktion habe. Soweit die **Abtretung an den Vorbehaltslieferanten** zeitlich vorrangig ist, sei die (nochmalige) Factoringzession von der Einziehungsermächtigung nicht mehr gedeckt. Im Falle einer **vorrangigen Globalzession zugunsten des Factors** seien die gleichen Grundsätze wie bei einer Kollision zwischen einer Globalzession und einem verlängerten Eigentumsvorbehalt anzuwenden. Das Schrifttum hat sich der Lösung des BGH überwiegend angeschlossen, meist allerdings ohne jede Begründung (MüKo-*Ganter* § 47 Rn 188; N/R/*Andres* § 47 Rn 35; K/P/B/*Prütting* § 47 Rn 58; Jaeger/*Henckel* § 47 Rn 127; Staudinger/*Busche* Einl zu §§ 398 ff BGB, Rn 145; Gottwald/*Gottwald* InsRHdb § 43 Rn 80; *Obermüller* InsRBankpraxis Rn 7.103; *H. Schmidt* in Ulmer/Brandner/Hensen, Anh § 310 BGB Rn 328). Denn in beiden Fällen werde ein Kredit gesichert – beim Zessionskredit ein typisches, beim unechten Factoring ein atypisches Darlehen –, ganz im Gegensatz zum echten Factoring, dem keine „Sicherungsrichtung" zukomme. 67

Die **Gegenmeinung** lehnt eine Differenzierung zwischen echtem und unechtem Factoring ab, weil die Sicherheitsforderung gegen den insolventen Debitor für den Lieferanten genauso wertlos sei wie für den Factor (*Canaris* Bankvertragsrecht, Rn 1686; MüKo-*Roth* § 398 BGB Rn 164 ff; *Graf von Westphalen* in Röhricht/Graf von Westphalen, HGB, Factoring, Rn 46; *Blaurock* ZHR 142 [1978], 325, 340 f). Zu dem gleichen Ergebnis gelangt die Theorie von der „Ermächtigung zur deckungsgleichen Verfügung" (*Bette/Marwede* BB 1979, 121, 123 und BB 1980, 23 f), die auf der Überlegung basiert, dass immer dann eine Ermächtigung des Berechtigten iSd § 185 BGB vorliege, wenn die Verfügung über den Gegenstand durch den Nichtberechtigten deckungsgleich erfolge, dh wenn wirtschaftlich das durch die Verfügung Erworbene dem Hingegebenen gleichwertig ist. 68

Die bisher in Rechtsprechung und Literatur aufgezeigten Lösungsansätze lassen **unberücksichtigt, dass** es sich bei der Bonitätshaftung des Anschlusskunden im Rahmen des unechten Factorings **nur** um eine **Eventualverbindlichkeit** handelt, während eine Kreditgewährung „stets" zu einer Rückzahlungspflicht führt. Die bloße Rückbelastungs*möglichkeit* ist daher kein geeignetes Kriterium, um die Gleichstellung des unechten Factorings mit einem Zessionskredit zu begründen. Vielmehr ist danach zu differenzieren, **ob** es **tatsächlich** zu einem **Rückgriff** kommt oder nicht (eingehend dazu: KS-*Sinz* Kap 14, Rn 135 ff). 69

Nur **bei Insolvenz des Debitors** entspricht die Stellung des Warenlieferanten derjenigen bei einer Kollision mit einer kreditsichernden Globalzession, da hier der Factor ebenfalls als weiterer Insolvenzgläubiger mit seinem Rückforderungsanspruch am Insolvenzverfahren über das Vermögen des Vorbehaltskäufers teilnimmt und sich damit die Insolvenzquote verkürzt. Aus diesem Grunde spielt es keine Rolle, dass der Factoringerlös dem Schuldnervermögen vorher zugeflossen ist und die Insolvenzmasse angereichert oder andere Passiva vermindert hat (so aber *Bette/Marwede* BB 1980, 23, 24; *Schmitz* NJW 1978, 201, 202; wie hier MüKo-*Roth* § 398 BGB Rn 184). Denn mit diesem Argument ließe sich auch jede Kreditaufnahme gegen Abtretung der Forderung aus dem Weiterverkauf der Vorbehaltsware verteidigen. Entscheidend ist nämlich, dass der Vorbehaltskäufer erst gar nicht über die Vorbehaltsware verfügen und die Forderung aus ihrem Weiterverkauf einziehen darf, wenn er sie statt zur Absicherung des Lieferanten gegen anderweitig neu konkurrierende Verbindlichkeiten zu begründen. 70

Völlig anders liegen die Verhältnisse jedoch **bei Solvenz des Debitors**, wenn es also *nicht* zur Rückbelastung kommt. Wollte man dem Lieferanten dennoch den Vorrang vor dem Factor einräumen, obwohl gar keine Sicherungsrechte aus dem verlängerten Eigentumsvorbehalt beeinträchtigt werden, so liefe dies auf einen „Glücksfall" für den Lieferanten hinaus, weil er sogar besser stünde als bei einer Barzahlung des Abnehmers oder im Falle des echten Factorings. Leitet nämlich der Vorbehaltskäufer den Erlös aus einem Barzweitgeschäft oder einem **echten** Factoringgeschäft nicht an den Lieferanten in der geschuldeten Höhe weiter, verbliebe diesem in der Insolvenz des Vorbehaltskäufers nur eine ungesicherte Insolvenzforderung. Leitet der Vorbehaltskäufer dagegen beim **unechten** Factoring den Factoringerlös nicht in der geschuldeten Höhe weiter, könnte der Lieferant – nach der Lösung des BGH – stets noch 71 abgesonderte Befriedigung aus der Forderung gegen den Debitor verlangen, womit im Ergebnis das *Weiterleitungsrisiko* ohne Grund *auf den Factor verlagert würde*.

72 Dass die Lösung des BGH bei Solvenz des Debitors nicht zu sachgerechten Ergebnissen führt, zeigt sich besonders deutlich, wenn der Debitor bereits an den Factor gezahlt hat und der Vorbehaltslieferant nunmehr vom Factor Herausgabe des Geleisteten gem § 816 Abs 2 BGB verlangt (Fallgestaltung in **BGH 14. 10. 81 – VIII ZR 149/80, BGHZ 82, 50, 55**). Obwohl hier feststand, dass die Rückbelastungsmöglichkeit sich nicht mehr realisieren konnte und der Factoringerlös endgültig im Vermögen des Anschlusskunden verblieb, behandelte der BGH das unechte Factoring gleichwohl wie eine kreditsichernde Globalzession und billigte dem verlängerten Eigentumsvorbehalt grundsätzlichen Vorrang zu, entweder nach dem Prioritätsprinzip (bei zeitlich vorrangiger Abtretung an den Lieferanten) oder aufgrund der Vertragsbruchrechtsprechung (bei zeitlich vorrangiger Factoringzession). Dabei wird jedoch vernachlässigt, dass sich das unechte Factoring nur **bis** zur Zahlung des jeweiligen Debitors vom echten Factoring unterscheidet, aber nicht mehr **nach** erfolgter Zahlung. Die Grundsätze, die die Rechtsprechung zur Kollision einer kreditsichernden Globalzession mit verlängerten Eigentumsvorbehaltsrechten entwickelt hat, sollen dem Vorbehaltslieferanten nicht eine zusätzliche Befriedigungsmöglichkeit eröffnen, sondern ihn nur vor einer Verwendung der Vorbehaltsware oder der Weiterverkaufsforderung als Kreditunterlage schützen, dh vor dem Hinzutreten eines weiteren Gläubigers im Insolvenzfall des Vorbehaltskäufers und vor einer etwaigen Kürzung der Insolvenzquote. Diese Gefahren verwirklichen sich aber gerade nicht, wenn der Debitor zahlt; vielmehr geht es hier einzig und allein noch um die Zuweisung des *Weiterleitungsrisikos*, das aber kraft der erteilten Einziehungsermächtigung vom Lieferanten zu tragen ist. Wollte man auch in diesem Fall dem Lieferanten den Vorrang und damit das Recht zur Kondiktion des Geleisteten beim Factor nach § 816 Abs 2 BGB zugestehen, so würde nicht nur das Weiterleitungsrisiko auf den Factor verlagert, sondern vor allem auch die an sich nicht verwirklichte **Veritätshaftung** des Vorbehaltskäufers noch nachträglich **künstlich geschaffen**.

73 Im Gegensatz zum Zessionskredit, bei dem der Kreditnehmer (unabhängig von der Zahlungsfähigkeit des Drittschuldners) stets zur Rückzahlung des gewährten Darlehens verpflichtet ist, besteht beim unechten Factoring nur die *Möglichkeit* einer Rückbelastung, also ein Schwebezustand, wobei *erst im Nachhinein* feststeht, ob die Sicherungsinteressen des Vorbehaltsverkäufers überhaupt beeinträchtigt werden oder nicht. Andererseits kommt es bei der Prüfung, ob ein Rechtsgeschäft wirksam ist, auf den Zeitpunkt seiner Vornahme an (**BGH 15. 4. 87 – VIII ZR 97/86, BGHZ 100, 353, 359 f**). Diese Antinomie lässt sich jedoch beseitigen, wenn man die Zahlung des Debitors als das behandelt, was sie für beide Parteien auch tatsächlich ist, nämlich als ein ungewisses Ereignis iSv § 158 BGB. Bei einer zeitlich nachfolgenden Factoringzession ist der Eintritt der Delkrederehaftung **auflösende Bedingung** für das Einverständnis des Vorbehaltslieferanten mit einer „Einziehung" der Forderung im Wege des unechten Factorings. Denn solange es nicht zum Rückgriff des Factors kommt, unterscheiden sich echtes und unechtes Factoring nicht. Erst und nur wenn die Zahlung des Debitors ausbleibt, also der **Delkrederefall tatsächlich eintritt**, kollidiert die Rückgriffsforderung des Factors mit dem Kaufpreiszahlungsanspruch des Lieferanten, wovor dieser sich gerade schützen will. Dem trägt dann die auflösende Bedingung Rechnung, weil in diesem Fall die Factoringzession von der Einziehungsermächtigung nicht mehr gedeckt ist (§ 158 Abs 2 BGB). Die gleichen Wertungskriterien sprechen bei einer zeitlich vorrangigen Factoringzession gegen ein Verleiten zum Vertragsbruch.

74 **5. Kollision zwischen Factoring und kreditsichernder Globalzession. a) Zeitlicher Vorrang der Factoring-Globalzession.** Eine zeitlich frühere Factoring-Globalzession setzt sich nach dem **Prioritätsprinzip** (dazu **BGH 9. 6. 60 – VII ZR 229/58, BGHZ 32, 367, 370**) gegenüber einer späteren kreditsichernden Globalzession durch (*Canaris* Bankvertragsrecht, Rn 1695; *Brink* ZIP 1987, 817, 824); dies gilt für das echte wie für das unechte Factoring gleichermaßen. Die Grundsätze der Vertragsbruchrechtsprechung lassen sich nicht übertragen, da keine Abhängigkeit des Anschlusskunden von Geldkreditgebern dahingehend besteht, dass er nur dann Kredit erhält, wenn ihnen als Sicherheit gerade die vom Factor vorfinanzierten Kundenforderungen abgetreten werden (*Serick* aaO, § 52 V 4, S 591).

75 **b) Zeitlicher Vorrang der kreditsichernden Globalzession.** Nach Ansicht des BGH kann dagegen bei zeitlichem Vorrang der kreditsichernden Globalzession die einem Darlehensnehmer erteilte **Einziehungsermächtigung** nicht dahingehend ausgelegt werden, dass die Forderungen noch einmal an einen Factor abgetreten werden dürfen, und zwar auch nicht beim echten Factoring (**BGH 19. 12. 79 – VIII ZR 71/79, BGHZ 75, 391, 394 ff**; zustimmend: Soergel/*Huber* Vor § 433 BGB Rn 304; Staudinger/*Hopt/Mülbert* Vorbem zu §§ 607 ff BGB, Rn 739). Denn der Geldkreditgeber werde in seinen Sicherungsinteressen durch die Factoringabzüge ungleich stärker belastet als ein Warenkreditgeber. Von der Einziehungsermächtigung gedeckt sei jedoch eine Verwertung, bei der der Anschlusskunde den (von der Abzinsung abgesehen) ungeschmälerten Gegenwert für die Forderung erhält und dieser ihm endgültig verbleibt (**BGH 11. 11. 81 – VIII ZR 269/80, BGHZ 82, 283, 290**; ebenso Gottwald/*Gottwald* InsRHdb § 43 Rn 79; *H. Schmidt* in Ulmer/Brandner/Hensen Anh § 310 BGB Rn 327).

76 Gegen die erste Entscheidung ist mit Recht vorgebracht worden, dass das Sicherungsvolumen ohnehin von der Preispolitik des Anschlusskunden abhängt und sich diese der Einflussnahme der Banken

entzieht (*Martinek* Moderne Vertragstypen Bd 1, 1991, S 296; *Graf von Westphalen* in Röhricht/Graf von Westphalen, HGB, Factoring, Rn 48). Die besseren Gründe sprechen daher dafür, die **Kollisionsproblematik nach den gleichen Grundsätzen zu lösen wie bei einem konkurrierenden verlängerten Eigentumsvorbehalt.**

Der *Sicherungseinbehalt* unterliegt der späteren Abrechnung und fließt dem Anschlusskunden nach Eingang der Debitorenzahlung „ungeschmälert" zu (**BGH 7. 6. 78 – VIII ZR 80/77, BGHZ 72, 15, 21**). Insbesondere dient der Einbehalt nicht der Sicherung des Vergütungsanspruchs des Factors, sondern primär der Absicherung der Veritätshaftung des Anschlusskunden. Auch der Geldkreditgeber würde bei Mängeln im rechtlichen Bestand der Forderung keine (volle) Zahlung vom Debitor erlangen, so dass der Sperrbetrag die Sicherungsfunktion der abgetretenen Forderung nicht tangiert (eingehend KS-*Sinz* Kap 14, Rn 145 ff; ebenso *Brink* ZIP 1987, 817, 825). Selbst die Möglichkeit, dass der Factor sich aus dem Sperrkontoguthaben wegen mangelnder Verität *anderer* vorfinanzierter Forderungen befriedigt, führt zu keiner abweichenden Beurteilung. Denn der Factor könnte mit diesen Rückgriffsansprüchen selbst dann aufrechnen, wenn die (an den Geldkreditgeber abgetretene) Kundenforderung nicht im Wege des Factoring vorfinanziert worden wäre, sondern der Debitor den Rechnungsbetrag auf ein Konto des Anschlusskunden beim Factor als bloße Zahlstelle überwiesen hätte (**BGH 18. 12. 69 – VII ZR 152/67, BGHZ 53, 139, 143**); insoweit verwirklicht sich lediglich das vom Geldkreditgeber zu tragende *Weiterleitungsrisiko*. 77

Die bei der Vorfinanzierung in Abzug gebrachten *Factoringzinsen* verringern die Forderung in ihrer Substanz nicht, sondern projizieren den Wert der an sich erst später fälligen Forderung lediglich auf den Zeitpunkt der Gutschrift des Factoringerlöses (so auch **BGH 19. 12. 79 – VIII ZR 71/79, BGHZ 75, 391, 396 f**). 78

Eine Beeinträchtigung der Sicherungsinteressen des Geldkreditgebers kommt somit nur durch den Abzug der *Factoringgebühren* nebst Delkrederezuschlag in Betracht; dieser beträgt üblicherweise 0,7% bis 2,9% des Forderungsnennwertes. Nur in diesem Rahmen – und nicht in Höhe der vollen Differenz zwischen Gutschrift des Factors und Forderungsnennwert, wie von **BGH 19. 12. 79 – VIII ZR 71/79, BGHZ 75, 391, 398** zu Unrecht angenommen (dort: 16,5%) – bewegt sich somit die Schmälerung des Sicherungswertes bei der nochmaligen Abtretung der Forderung an den Factor. Die gleichen Abzüge muss der Geldkreditgeber aber auch hinnehmen, wenn der Anschlusskunde seine Liquidität durch Mittel der Preispolitik zu verbessern sucht (zB durch Gewährung von Rabatten oder Skonti). Entgegen der Ansicht des BGH wird der Geldkreditgeber auch nicht stärker beeinträchtigt als ein (ebenfalls zeitlich vorrangiger) Warenkreditgeber. Wenn der Warenkreditgeber beim Forderungseinzug die Schmälerung seiner (Ersatz-)Sicherheit durch den Abzug der Factoringgebühr hinnehmen muss, weil die Weiterverkaufsforderung den gesicherten Anspruch „wegen des Aufschlags von Handelsspannen" deutlich übersteigt (**BGH 19. 12. 79 – VIII ZR 71/79, BGHZ 75, 391, 395**), so entspricht dem beim Geldkredit der übliche „Sicherheitenzuschlag" der Banken von 20% bis 30% der gesicherten Forderung. Da der Abzug weder den Preisgestaltungsspielraum, der dem Anschlusskunden im Rahmen ordnungsgemäßen Geschäftsverkehrs ohnehin zusteht, noch den üblichen Sicherheitenzuschlag der Banken überschreitet, ist die zeitlich nachfolgende Factoringzession von der seitens des Geldkreditgebers erteilten Einziehungsermächtigung gedeckt. Eine ausdrückliche Einschränkung dieser Einziehungsermächtigung ist – wie beim verlängerten Eigentumsvorbehalt – wegen Verstoßes gegen § 307 BGB oder § 138 BGB unwirksam, weil sie die Dispositionsfreiheit des Kreditnehmers unangemessen einschränkt, ohne dass berechtigte Sicherungsinteressen des Gläubigers dies rechtfertigen (Staudinger/*Hopt/Mülbert* Vorbem zu §§ 607 ff BGB, Rn 739 aE; *Canaris* Bankvertragsrecht, Rn 1693). 79

6. Aufrechnung. Bei der Aufrechnung ist zu unterscheiden zwischen der Aufrechnungsbefugnis des Debitors und der Aufrechnungsbefugnis des Factors: 80

a) Aufrechnungsbefugnis des Debitors. Grundsätzlich kann der Debitor mit einer ihm gegen den Anschlusskunden zustehenden Forderung auch dem Factor gegenüber aufrechnen. Das bei fiduziarischen Sicherungszessionen im Insolvenzverfahren über das Vermögen des Zedenten geltende „Umwandlungsprinzip" (dazu *Serick* aaO Bd V § 69 IV 1, S 758), wonach der Schuldner wieder Gläubiger der sicherungshalber abgetretenen Forderung wird und der Zessionar nur ein Absonderungsrecht an ihr erwirbt, greift beim Factoring nicht ein. Es fehlt nämlich sowohl beim echten als auch beim unechten Factoring an der treuhänderischen Bindung des Factors und jeglicher Pfandrechtsähnlichkeit, weil die Forderung nicht als Sicherheit, sondern als geschuldete Gegenleistung zwecks Erfüllung des zugrunde liegenden Kausalgeschäftes endgültig übertragen wird. Da die Insolvenzmasse durch die Aufrechnung somit nicht berührt wird, sind die §§ 94 ff nicht anwendbar (*Serick* aaO, Bd V § 70 IX 2, S 849; *Sinz* Factoring in der Insolvenz Rn 396 ff). 81

Schließt der Debitor jedoch in Kenntnis der Factoring-Globalzession mit dem Anschlusskunden ein Geschäft ab, aus dem er eine Aktivforderung (Gegenforderung) erwirbt, und begründet er später eine von der Factoringzession erfasste Passivforderung, so steht einer Aufrechnung § 406 BGB entgegen. Denn die **Kenntnis der Vorausabtretung** vor Entstehung der im Voraus abgetretenen Forderung **steht** der **Kenntnis der Abtretung gleich** (**BGH 22. 3. 82 – VIII ZR 92/81, NJW 1982, 2371, 2372**; Palandt/ 82

Grüneberg § 406 BGB Rn 7; MüKo-*Roth* § 406 BGB Rn 19; Soergel/*Zeiss* § 406 BGB Rn 2; Staudinger/*Busche* § 406 BGB Rn 27; *Canaris* Bankvertragsrecht, Rn 1702). Das Risiko der Insolvenz des Vorauszedenten (Anschlusskunden) geht damit zu seinen Lasten, da er auf seine Aktivforderung lediglich die Quote erhält, während er andererseits dem Factor den vollen Betrag zahlen muss.

83 Nach anderer Ansicht soll dem Debitor die Kenntnis der Vorausabtretung bis zum Entstehen der abgetretenen Forderung nicht schaden (*Serick* aaO, Bd V § 70 IX 2, 3 [S 849 ff]; *Denck* DB 1977, 1493, 1494 ff). Der Wortlaut des § 406 BGB lässt beide Auslegungen zu, da man unter „Abtretung" sowohl den Vorgang als solchen (und damit schon die Vorauszession) als auch den Eintritt der Wirkung (also erst den Übergang der Forderung) verstehen kann. Nach dem Schutzzweck der Norm sollen dem Schuldner die Vorteile einer bestehenden Aufrechnungslage oder zumindest die begründete Aussicht hierauf erhalten bleiben (Palandt/*Grüneberg* § 406 BGB Rn 1). Weiß aber der Schuldner, dass sein Vertragspartner die Forderung aus dem abzuschließenden Geschäft bereits an einen Dritten abgetreten hat, so ist seine Aussicht auf eine Aufrechnungsmöglichkeit nicht schutzwürdig. Der Lösung des BGH ist daher zuzustimmen.

83a § 406 BGB findet allerdings im Falle des § 354a HGB keine Anwendung. Der Debitor kann daher selbst dann mit einer Forderung gegen den bisherigen Gläubiger (Anschlusskunden) gegenüber dem Factor (oder dem Anschlusskunden) aufrechnen, wenn er diese in Kenntnis der Abtretung erwirbt oder wenn sie nach Kenntnis des Debitors und später als die abgetretene Forderung fällig wird. Dem Schuldner, der sich im Geschäftsverkehr nicht durch ein Abtretungsverbot schützen kann, soll gem § 354a S 2 HGB eine über § 406 und § 407 BGB hinausgehende Erfüllungs- bzw Aufrechnungsmöglichkeiten erhalten bleiben (**BGH 26. 1. 05 – VIII ZR 275/03, ZIP 2005, 445, 447 mit zust Anm** *Wagner* WuB IV E § 354a HGB 1.05). Einer Aufrechnung steht auch nicht § 96 Abs 1 Nr 3 entgegen, weil der Debitor kein Insolvenzgläubiger ist (**BGH 26. 1. 05 aaO**).

84 b) **Aufrechnungsbefugnis des Factors.** Einen Anspruch des Anschlusskunden auf Gutschrift für eine angediente Forderung oder auf Auszahlung des Guthabens auf dem **Abrechnungskonto** kann der Factor nicht mehr durch Aufrechnung mit einem Rückgriffsanspruch tilgen, der im eröffneten Verfahren erst später fällig geworden ist (§ 95 Abs 1 S 3). Dies gilt auch dann, wenn es ihm gelingt, die Zahlung der fälligen Schuld bis zur Fälligkeit seiner eigenen Forderung hinauszuzögern (BR-Drucks 1/92, S 141 zu § 107 RegE InsO). Vielmehr muss er seine Verbindlichkeit zur Insolvenzmasse erfüllen und den Rückgriffsanspruch als Insolvenzforderung anmelden. Anders als nach § 54 Abs 3 KO kann der Factor auch keine Sicherstellung mehr verlangen.

85 Bei einer Aufrechnung gegen das **Sperrkontoguthaben** ist zu differenzieren. § 95 Abs 1 S 3 verbietet nur die Aufrechnung gegen solche Sicherungseinbehalte, die *vor* der Rückgriffsforderung frei, dh infolge Zahlung des Debitors (oder beim echten Factoring infolge Eintritts des Delkredereschutzes) unbedingt und fällig geworden sind. Diese Beträge können folglich nur aus anderen Factoringgeschäften als dem, dessentwegen der Rückgriff erfolgt, resultieren. Denn hinsichtlich des Sicherungseinbehaltes aus dem notleidenden Factoringgeschäft tritt die Bedingung für die Auszahlung erst gar nicht ein; aus diesem Betrag kann sich der Factor folglich ungehindert durch § 95 Abs 1 S 3 auch weiterhin befriedigen. Ebenso bleibt die Aufrechnung gegen Sperrkontoguthaben möglich, soweit die entsprechenden Sicherungseinbehalte später als die Rückgriffsforderung frei geworden sind.

86 In Fällen, in denen die Aufrechnungslage in anfechtbarer Weise herbeigeführt worden ist, bedarf es gemäß § 96 Abs 1 Nr 3 keiner Geltendmachung der Insolvenzanfechtung mehr. Falls die Aufrechnung schon vor der Eröffnung des Insolvenzverfahrens erklärt worden ist, wird diese Erklärung mit der Eröffnung rückwirkend unwirksam (BR-Drucks 1/92, S 141 zu § 108 RegE InsO); eine Aufrechnungserklärung nach Verfahrenseröffnung hat von vornherein keine Wirkung.

87 Nach der Neufassung des § 455 Abs 2 BGB sind **Konzernverrechnungsklauseln** nicht mehr zulässig (Art 33 Nr 17 EGInsO).

88 **7. Anfechtung.** Für die Anfechtung gelten beim Factoring einige Besonderheiten.

89 a) **Factoring als Bargeschäft.** Die Eingehung und die Erfüllung von Factoringverträgen können vom Insolvenzverwalter über das Vermögen des Anschlusskunden nicht angefochten werden. Sowohl beim echten als auch beim unechten Factoring wird dem Anschlusskunden nämlich der Nennwert der Forderungen abzüglich der Factoringkosten sofort zur freien Verfügung gutgeschrieben. Der Anschlusskunde erhält (wie bei Bargeschäften) eine vollwertige Gegenleistung, so dass eine Gläubigerbenachteiligung ausscheidet (**OLG Bremen 24. 4. 80 – 2 U 90/79, ZIP 1980, 539, 543**; FK-*Dauernheim* § 142 Rn 2; *Canaris* Bankvertragsrecht, Rn 1676). Unerheblich ist, ob sich die Gegenleistung des Factors im Zeitpunkt der Insolvenzeröffnung noch in der Masse befindet (*Obermüller* InsRBankpraxis Rn 7.77).

90 Der Abzug der **Factoringgebühr** benachteiligt die Insolvenzgläubiger nicht, da sie das Entgelt für die Dienstleistungen des Factors darstellt. Soweit mit Insolvenzeröffnung nach § 116 der Rechtsgrund für die im Voraus entrichtete Factoringgebühr entfällt (s o Rn 39), steht dem Insolvenzverwalter gemäß § 812 Abs 1 S 2. Alt BGB ein anteiliger Rückerstattungsanspruch zu (*Heidland* KTS 1970, 163, 174). Bei der **Delkrederegebühr** besteht die Gegenleistung des Factors in der „Übernahme eines Risikos"; die Gleichwertigkeit der Leistungen ist daher wie bei anderen Versicherungsleistungen zu beurteilen. Eben-

so wenig ist mit dem Abzug der **Factoringzinsen** eine Gläubigerbenachteiligung verbunden, da sie den Wert der an sich erst später fälligen Forderungen lediglich auf den Zeitpunkt der Gutschrift des Factoringerlöses projizieren (**BGH** 19. 12. 79 – VIII ZR 71/79, BGHZ 75, 391, 396 f). Schließlich rechtfertigt auch der **Sicherheitseinbehalt** keine Anfechtung, da dieser Betrag auch ohne das Factoring erst bei Fälligkeit der Forderung zur Verfügung stünde; zahlt der Debitor, wird aber auch der Einbehalt frei. Eine Anfechtbarkeit des Factoring-(kausal)geschäftes kommt nur in Betracht, wenn der Factor unangemessen hohe, dh marktunübliche Gebühren oder Zinsen berechnet (*Sinz* Factoring in der Insolvenz Rn 90, 93, 96). Daneben ist eine Absichtsanfechtung denkbar (§ 133 Abs 1), wenn der Anschlusskunde in der dem Factor bekannten Absicht handelt, den Factoringerlös dem Zugriff der Gläubiger zu entziehen.

b) **Verrechnungen des Factors.** Eine Verrechnung des Anspruchs auf Gutschrift des Factoringerlöses 91 mit dem Saldo aus einem debitorischen Konto ist nur unter den Voraussetzungen des § 130 anfechtbar und in diesem Falle nach § 96 Abs 1 Nr 3 unzulässig. Es handelt sich nämlich um eine **kongruente Deckung**, weil der Factor aus dem Factoring-Rahmenvertrag einen Anspruch auf Andienung dieser konkreten Forderung und somit auf Befriedigung gerade „in der Art" hat (*Obermüller* InsRBankpraxis Rn 7.81 f; *Heidland* KTS 1970, 165, 174; vgl auch **BGH** 30. 4. 92 – IX ZR 176/91, KTS 1992, 609, 610 f). Der Anfechtbarkeit steht nicht entgegen, dass der Factor auch „verpflichtet" war, die Forderungsfinanzierung vorzunehmen. Denn ihm wird nicht angesonnen, seine Verpflichtungen aus dem Factoringvertrag zu verletzen, sondern lediglich, nach Kenntnis der Zahlungsunfähigkeit oder des Insolvenzantrages es zu unterlassen, sich aus Eingängen auf den Konten zu befriedigen (**BGH** 2. 2. 72 – VIII ZR 152/70, BGHZ 58, 108, 110 f).

c) **Erfüllung des Deckungsgeschäfts mit dem Debitor.** Führt der Anschlusskunde die Lieferung oder 92 Leistung an den Debitor in den letzten drei Monaten vor dem Insolvenzantrag aus, ist die Erfüllungshandlung nach § 130 Abs 1 Nr 1 anfechtbar, wenn der Anschlusskunde zu dieser Zeit zahlungsunfähig war und der Debitor hiervon Kenntnis hatte; bei Erfüllung nach Antragstellung genügt die Kenntnis des Debitors von der Zahlungsunfähigkeit oder vom Insolvenzantrag (§ 130 Abs 1 Nr 2). Die Gläubigerbenachteiligung liegt darin, dass die Erfüllung des Vertrages mit dem Debitor zu Lasten der künftigen Masse geht, während die Gegenleistung aufgrund der Factoringzession einem Dritten, nämlich dem Factor zufließt (**BGH** 29. 11. 07 – IX ZR 165/05, NZI 2008, 236 Rn 14, 15, 27; **BGH** 29. 11. 07 – IX ZR 30/07, NZI 2008, 89 Rn 35 ff). Hieran ändert auch die Tatsache nichts, dass dem Anschlusskunden zuvor der Factoringerlös zugeflossen ist. Wirtschaftlich stellt sich die Situation nicht anders dar als in den Fällen, in denen der Debitor selbst eine Anzahlung oder gar den vollen Kaufpreis im Voraus leistet und der Anschlusskunde erst in der Krise Befriedigung gewährt.

8. **Factoring durch Gesellschafter.** In Verfahren, die ab dem 1. 11. 2008 eröffnet werden (zur Rechts- 93 lage davor: 12. Aufl §§ 115, 116 Rn 93 ff; zum anwendbaren Recht in „Altfällen": **BGH** 26. 1. 09 – II ZR 260/07, ZIP 2009, 615 Rn 15; *Goette* Einführung in das neue GmbH-Recht, 1. Aufl 2008, Rn 84 f), finden sowohl die §§ 32 a und 32 b GmbHG als auch die Rechtsprechungsregeln keine Anwendung mehr, da das **MoMiG** diese abgeschafft hat; künftig ist jedes Gesellschafterdarlehen einer Anfechtung nach § 135 ausgesetzt, gleichgültig ob es kapitalersetzend ist oder nicht. Für Gesellschafter oder ihnen gleichgestellte Dritte, die als Factor Forderungen des insolventen Anschlusskunden finanzieren, ist daher künftig von noch größerer Bedeutung, ob das Factoring einer Darlehensgewährung gleichsteht.

Beim **echten Factoring** werden dem Anschlusskunden keine neuen *rückzahlbaren* Geldmittel zur Ver- 94 fügung gestellt, sondern lediglich Liquidität. Da der gezahlte Factoringerlös endgültig im Vermögen des Anschlusskunden als gläubigerhaftendes Eigenkapital verbleibt, fehlt es an einer wirtschaftlichen Vergleichbarkeit mit einer Darlehensgewährung.

Für das **unechte Factoring** hatte dagegen das **OLG Köln** (25. 7. 86 – 22 U 311/85, ZIP 1986, 1585, 1587) die Voraussetzungen des § 32 a Abs 3 GmbHG bejaht mit der Begründung, der Factoringerlös fließe dem Gemeinschuldner nicht endgültig zu, sondern unterliege bei Uneinbringlichkeit der Rückbelastungsmöglichkeit; folglich verschaffe das Factoringgeschäft dem Gemeinschuldner nur Fremdkapital zur zunächst zeitweisen Nutzung.

Dem kann jedoch nicht gefolgt werden. Denn in den Fällen, in denen der Debitor zahlt und sich die 95 Delkrederehaftung somit nicht realisiert, erfolgt der Forderungseinzug nicht anders als beim echten Factoring. Wollte man die bloße Rückbelastungs*möglichkeit* für die Gleichstellung mit einem Darlehen genügen lassen, so wäre der Factor bereits daran gehindert, die zedierte Forderung gegenüber dem Debitor überhaupt geltend zu machen und so die Rückbelastung abzuwenden. Selbst ein im letzten Jahr vor dem Insolvenzantrag bereits vollständig abgewickeltes Factoringgeschäft wäre noch anfechtbar (§ 135 Abs 1 Nr 2) und der eingezogene Betrag zur Konkursmasse „zurückzugewähren", obwohl mit der Zahlung des Debitors feststeht, dass der dem Gemeinschuldner gutgeschriebene Factoringerlös nunmehr *endgültig* im Schuldnervermögen verbleibt und als haftendes Kapital den Gläubigern zugute kommt. Das **unechte Factoring unterscheidet sich grundlegend von einem Zessionskredit** (so auch **BGH** 3. 5. 72 – VIII ZR 170/71, BGHZ 58, 364, 367; eingehend *Serick* aaO, Bd IV, § 52 II 2 e). Während der

Kreditnehmer bei einer Sicherungszession verpflichtet ist, *selbst* für die Rückzahlung der gesicherten Darlehensrückzahlung zu sorgen, und andererseits der Kreditgeber erst bei Verwertungsreife auf die abgetretene Forderung zurückgreifen darf, muss der Factor primär Befriedigung aus der abgetretenen Forderung suchen, also aus schuldner*fremdem* Vermögen. Denn beim unechten Factoring scheidet die abgetretene Forderung aus dem Vermögen des Anschlusskunden aus. Der Factor ist somit nicht daran gehindert, den ihm abgetretenen Anspruch gegen den Debitor auch noch nach Insolvenzeröffnung geltend zu machen. Ebenso wenig muss er eingezogene Rechnungsbeträge nach § 135 Abs 1 Nr 2 zurückgewähren. Ein Verbot, die Forderung beim Debitor einzuziehen, würde den *Rückgriffsfall erst künstlich auslösen* und eine Belastung der Masse *schaffen* (zu Einzelheiten: *Sinz* Factoring in der Insolvenz Rn 120 ff).

96   **Erst mit tatsächlichem Eintritt des Delkrederefalles** steht fest, dass Leistungen aus dem Schuldnervermögen zu erbringen sind; daher liegt auch erst ab *diesem* Zeitpunkt eine wirtschaftliche Vergleichbarkeit mit einem Zessionskredit vor. Befriedigungen, die im letzten Jahr vor dem Insolvenzantrag auf Rückgriffsansprüche wegen Uneinbringlichkeit der abgetretenen Forderung vorgenommen worden sind, unterliegen nach § **135 Abs 1 Nr 2** der Anfechtung und sind zurückzugewähren. Eine Anmeldung zur Tabelle ist nur nach besonderer Aufforderung durch das Insolvenzgericht als nachrangige Insolvenzforderung möglich (§ **39 Abs 1 Nr 5**). Eine Refinanzierung des Gesellschafter-Factors durch **Weiterabtretung** der erworbenen Forderungen nebst Rückgriffsanspruch hebt die zu diesem Zeitpunkt *bereits vorhandene* Eigenschaft als anfechtbare Gesellschafterleistung nicht auf; diese prägt den Inhalt des Anspruchs auf Dauer (**BGH 21. 3. 88 – II ZR 238/87, ZIP 1988, 638, 642**). Der Rechtsnachfolger muss sich nach § 404 BGB die Anfechtbarkeit entgegenhalten lassen.

II. Insolvenz des Factors

97   **1. Auswirkungen auf den Factoringvertrag.** In der Insolvenz des Factors findet auf die Abwicklung des Factoringvertrages § 115 Abs 1 iVm § 116 keine Anwendung, weil sich diese Vorschrift lediglich auf die Insolvenz des Auftraggebers, also des Anschlusskunden bezieht (*Canaris* Bankvertragsrecht, Rn 1680; *Heidland* KTS 1970, 163, 171; *Lunckenbein* Rechtsprobleme des Factoring-Vertrages, 1983, S 170 f). Vielmehr ist **§ 103 Abs 1** einschlägig mit der Folge, dass die Andienungspflicht des Anschlusskunden ebenso erlischt wie die Verpflichtung des Factors zum Ankauf der angebotenen Forderungen und zur Erbringung der vereinbarten Dienstleistungen (N/R/*Balthasar* § 103 Rn 21; FK-*Wegener* § 116 Rn 9; K/P/B/*Tintelnot* §§ 115, 116 Rn 28).

98   **2. Auswirkungen auf die einzelnen Factoringgeschäfte.** Hinsichtlich der Auswirkungen einer Insolvenz des Factors auf die einzelnen Factoringgeschäfte ist zwischen drei verschiedenen Fallgestaltungen zu differenzieren:

99   a) **Abgetretene und vom Factor bezahlte Forderungen.** Das dem echten oder unechten Factoring zugrunde liegende Kausalgeschäft fällt nicht mehr unter § 103, wenn zum Zeitpunkt der Verfahrenseröffnung die betroffene Forderung dem Factor abgetreten und von ihm bezahlt war. Wie in der Insolvenz des Anschlusskunden ist auch hier entscheidend, dass das Kausalgeschäft mit der Gutschrift des Forderungsgegenwertes zumindest seitens des Factors vollständig erfüllt ist, beim echten Factoring darüber hinaus auch seitens des Anschlusskunden. Für § 103 ist daher **kein Raum** mehr (K/P/B/*Tintelnot* § 103 Rn 20; *Schmitt* ZKW 1974, 796, 798; *Einsele* Factoring, Waren und Geldkredit, 1982, S 126).

100 Dies gilt auch für Factoringgeschäfte, die **noch nicht valutierte Forderungen** zum Gegenstand haben, da auch solche Forderungen bereits mit ihrer Entstehung auf den Factor übergehen. Die Insolvenz des Factors berührt das Deckungsverhältnis zwischen Anschlusskunden und Debitor nicht.

101 Unabhängig davon, ob der Insolvenzverwalter bezüglich des Factoringvertrages Erfüllung wählt oder nicht, sind die angekauften Forderungen vertragsgemäß abzuwickeln, dh der Factor bleibt beim echten Factoring auch nach Eröffnung des Insolvenzverfahrens verpflichtet, das **Delkredererisiko** für die angekauften Forderungen zu tragen. Denn die Delkredereübernahme ist Bestandteil des Factoring-Kausalgeschäftes (§ 433 Abs 1 S 2 BGB), das von der Insolvenz des Factors nicht berührt wird (KS-*Sinz* Kap 14, Rn 168). Die gelegentlich anzutreffende Klausel, dass die Delkrederehaftung mit Beendigung des Factoringvertrages ebenfalls enden soll, verstößt gegen § 307 Abs 2 Nr 1 BGB. Denn mit dem wesentlichen Grundgedanken des § 433 Abs 1 S 2 BGB, wonach der Forderungsverkäufer grundsätzlich nur für die Verität der Forderung einzustehen hat, ist es nicht zu vereinbaren, wenn der Factor die von ihm zunächst übernommene Delkrederehaftung noch nachträglich abwälzen und damit dem Factoringgeschäft einen anderen Vertragsinhalt geben kann.

102 b) **Angediente, aber noch nicht gutgeschriebene Forderungen.** Im Regelfall fällt der Ankauf der angedienten Forderungen zeitlich mit der Gutschrift des Forderungsgegenwertes auf dem Abrechnungskonto zusammen. Solange die Gutschrift noch aussteht, ist auch das Factoring-Kausalgeschäft noch nicht zustande gekommen. Lehnt der Insolvenzverwalter das Vertragsangebot ab, tritt bei Vertragsgestaltungen mit **aufschiebend bedingter Vorauszession** die Bedingung für den Forderungsübergang nicht ein. Da die Forderung somit erst gar nicht in die Insolvenzmasse fällt, kann der Anschlusskunde sie gemäß § 47

aussondern (*Schmitt* ZKW 1974, 796, 798; *Lunckenbein* Rechtsprobleme des Factoring-Vertrages, 1983, S 169). Dagegen ist bei Vertragsgestaltungen mit **auflösend bedingter Vorausabtretung** die Aussonderung der Forderung im Falle des Nichtzustandekommens des Kausalgeschäftes ausgeschlossen. Denn der Factor wird zunächst einmal Forderungsinhaber, weil die auflösende Bedingung erst mit der Verfahrenseröffnung eintritt; folglich greift hier § 105 S 2 ein (K/P/B/*Tintelnot* § 103 Rn 20; *Einsele* Factoring, Waren und Geldkredit, 1982, S 131 f; KS-*Sinz* Kap 14, Rn 169). Ebenso wenig kann der Anschlusskunde bei einer **unbedingten Vorauszession** die Forderungen aussondern (§ 105 S 2), sondern gemäß §§ 812 Abs 1 S 1 1. Alt, 818 Abs 2 BGB nur Wertersatz als Insolvenzforderung verlangen.

c) **Andienung nach Verfahrenseröffnung.** Übersendet der Anschlusskunde nach Eröffnung des Insolvenzverfahrens die Rechnungskopien weiterer Forderungen, so trifft den Insolvenzverwalter eine Ankaufverpflichtung nur, wenn er die Erfüllung des Factoringvertrages gewählt hat **und** die Voraussetzungen für eine Vorfinanzierung vorliegen. Besteht keine Ankaufverpflichtung, kann der Anschlusskunde die angediente Forderung aussondern, unabhängig davon, ob eine aufschiebend bedingte oder unbedingte Vorauszession vereinbart war, da ein wirksamer Abtretungsvertrag nicht zustande gekommen ist. **103**

d) **Inkasso-Forderungen.** Das Inkassomandat teilt als Bestandteil des Factoringvertrages dessen Schicksal. Soweit der Factoringvertrag und damit die Inkassobefugnis nicht mehr durchsetzbar sind, steht dem Anschlusskunden hinsichtlich der treuhänderisch verwalteten Forderungen und der sie sichernden Nebenrechte ein **Aussonderungsrecht** zu (Gottwald/*Gottwald* InsRHdb § 40 Rn 51; Staudinger/*Hopt/Mülbert* Vorbem zu §§ 607 ff BGB Rn 780; *Glomb* Finanzierung durch Factoring, 1969, S 88; *Einsele* Factoring, Waren und Geldkredit, 1982, S 128). Dies versteht sich bei einer Einziehungsermächtigung von selbst, weil der Anschlusskunde hier stets Forderungsinhaber geblieben ist. Im Falle einer Inkassozession kann er sich auf die „materielle" Rechtsinhaberschaft berufen und Rückabtretung verlangen (RGZ 94, 305, 307; BGH 5. 11. 53 – IV ZR 95/53, BGHZ 11, 37, 41). **104**

3. Abwicklung der Konten des Anschlusskunden. Hier ist zu unterscheiden, ob es sich um ein Abrechnungs-, Sperr- oder Treuhandkonto handelt. **105**

a) **Abrechnungskonto.** Das **Abrechnungskonto** zur Gutschrift der Factoringerlöse wird vom Factor üblicherweise im **Kontokorrent** geführt, das mit Eröffnung des Insolvenzverfahrens endet (BGH 4. 5. 79 – I ZR 127/77, BGHZ 74, 253, 255; *Canaris* Bankvertragsrecht, Rn 493). Führt der außerordentliche Saldenabschluss zu einem Guthaben des Anschlusskunden, so ist dieser Anspruch insolvenzforderung und gemäß § 41 Abs 1 sofort fällig (*Schmitt* ZKW 1974, 796, 798). Mit der Entstehung der Saldoforderung verliert die Einzelforderung ihre rechtliche Selbstständigkeit und geht durch Einstellung in das Kontokorrent unter (BGH 8. 3. 72 – VIII ZR 40/71, BGHZ 58, 257, 260, 262); eine Vorausabtretung ist unwirksam (BGH 27. 1. 82 – VIII ZR 28/81, NJW 1982, 1150, 1151). Auch einem Warenlieferanten, der sich im Rahmen eines verlängerten Eigentumsvorbehaltes den Anspruch auf den Factoringerlös hat abtreten lassen, steht kein Ersatzaussonderungsrecht zu (BGH 7. 2. 79 – VIII ZR 279/77, BGHZ 73, 259, 264 ff). Unbeschränkt abtretbar und pfändbar (§ 357 HGB) ist jedoch der durch die Insolvenzeröffnung entstehende Anspruch auf den saldenmäßigen Überschuss (BGH 7. 12. 77 – VIII ZR 164/76, NJW 1978, 538, 539 unter III 2 a). Nur diese Saldoforderung (und nicht die Einzelforderung) kann zur Tabelle angemeldet werden (Jaeger/*Henckel* § 38 Rn 102 ff). **106**

b) **Sperrkonto.** In der Insolvenz des Factors begründet das **Sperrkontoguthaben** aus der Verbuchung der Sicherungseinbehalte nur eine **Insolvenzforderung.** Die Annahme eines Treuhandverhältnisses würde voraussetzen, dass der Treugeber etwas aus seinem Vermögen unmittelbar an den Treuhänder übertragen hat (BGH 7. 4. 59 – VIII ZR 219/57, NJW 1959, 1223, 1225; *Serick* aaO, § 19 II 2, S 81 ff). Dies ist jedoch beim Factoring nicht der Fall, da der Factor die Sicherheitsleistung von vornherein vom Forderungskaufpreis einbehält. Bei den auf dem Sperrkonto verbuchten Beträgen handelt es sich folglich nur um die **Ansammlung** noch **nicht ausgezahlter Restkaufpreisforderungen**, also um schuldrechtliche Ansprüche gegen den Factor, die in der Insolvenz kein Aussonderungsrecht geben (Gottwald/*Gottwald* InsRHdb § 40 Rn 51; *Serick* aaO, § 70 IX 3, S 851; *Einsele* Factoring, Waren- und Geldkredit, 1982, S 127 f). **107**

c) **Treuhandkonto.** Soweit **nach Verfahrenseröffnung** von Debitoren Zahlungen auf Inkassoforderungen an den Insolvenzverwalter geleistet worden sind, steht dem Anschlusskunden gemäß § 48 S 2 ein Ersatzaussonderungsrecht zu, unabhängig davon, ob der Betrag auf das Treuhandkonto geflossen ist oder nicht. Bei Zahlungen, die der Factor aufgrund seiner Inkassobefugnis schon **vor Verfahrenseröffnung** vereinnahmt, aber noch nicht weitergeleitet hat, ist dagegen zu differenzieren. Beträge, die auf ein **Treuhandkonto** überwiesen worden sind, kann der Anschlusskunde aussondern; hat der Factor hingegen die Forderung (abredewidrig) anderweitig eingezogen und eine Verbuchung auf dem Treuhandkonto unterlassen, steht dem Anschlusskunden nur die Insolvenzforderung zu (KS-*Sinz* Kap 14, Rn 175). **108**

4. Aufrechnung. § 96 Abs 1 Nr 1 greift nur ein, wenn der **Anschlusskunde** gegen eine Forderung des Factors aus einem erst *nach* Insolvenzeröffnung zustande gekommenen Factoringgeschäft aufrechnen **109**

will. Erfolgt die Aufrechnung gegen Ansprüche des Factors aus Factoringgeschäften *vor* Verfahrenseröffnung, steht § 96 Abs 1 Nr 1 selbst dann nicht entgegen, wenn die Voraussetzungen für eine Rückbelastung erst nach der Eröffnung des Insolvenzverfahrens eingetreten sind, weil die Schuld schon vor Verfahrenseröffnung, nämlich mit Abschluss des Factoringkausalgeschäftes, bedingt entstanden war (§ 95 Abs 1); eine Ausnahme gilt nur für Forderungen des Anschlusskunden, die erst später fällig geworden sind (zur Aufrechnung mit einem Guthaben auf dem Sperrkonto gegen einen Debetsaldo auf dem Abrechnungskonto: *Schmitt* ZKW 1974, 796, 798; *Einsele* Factoring, Waren und Geldkredit, 1982, S 130).

110   Der **Debitor** kann mit Forderungen, die ihm gegen den *Anschlusskunden* zustehen, auch dem Factor gegenüber unter den Voraussetzungen des § 406 BGB aufrechnen (s o Rn 81 ff). Das Aufrechnungsverbot des § 96 Abs 1 Nr 1 greift hier nicht ein, weil ohne bei Insolvenzeröffnung begründete Rechtsstellung durch Abtretung nicht verkürzt werden kann; die Forderung geht mit der Aufrechnungsmöglichkeit „belastet" (§§ 406, 404 BGB) auf den Factor über (**BGH** 1. 7. 74 – II ZR 115/72, NJW 1974, 2000, 2001; kritisch *Serick* aaO, Bd V, § 69 IV 3, S 759 ff). Will der Debitor hingegen mit einer Forderung aufrechnen, die ihm unmittelbar gegen den *Factor* zusteht, gelten die §§ 95, 96. Anders verhält es sich dagegen bei Inkassoforderungen, da diese weiter zum Vermögen des Zedenten gehören. Der Debitor kann hier (ohne die Beschränkung des § 406 BGB) nur mit Forderungen gegen den Anschlusskunden aufrechnen, nicht aber mit Forderungen gegen den Factor (**BGH** 22. 10. 57 – VIII ZR 67/56, BGHZ 25, 360, 367; MüKo-*Schlüter* § 387 BGB Rn 15).

III. Insolvenz des Debitors

111   Das Factoringkausalgeschäft und seine Erfüllung (Abtretung der Forderung) werden durch die Insolvenz des Debitors grundsätzlich nicht beeinflusst (*Heidland* KTS 1970, 163, 174); eine Ausnahme gilt nur für Factoringgeschäfte, die eine **noch nicht voll valutierte Forderung** zum Gegenstand haben. Hier ist Folgendes zu beachten:

112   **1. Auswirkungen auf das Factoringgeschäft.** Verbleibt es bei dem mit Insolvenzeröffnung eingetretenen Zustand der Nichterfüllung, kann der Factor den Anschlusskunden aus der Veritätshaftung in Anspruch nehmen, während dieser auf seinen Schadenersatzanspruch im Insolvenzverfahren des Debitors nur die Quote erhält. Wählt der Insolvenzverwalter über das Vermögen des Debitors dagegen gemäß § 103 Abs 1 Erfüllung, wird der Vergütungsanspruch des Anschlusskunden wieder durchsetzbar, und zwar als Masseforderung (§ 55 Abs 1 Nr 2); die zunächst eingetretene Veritätshaftung wird damit gegenstandslos (Rechtsgedanke aus § 158 Abs 2 BGB). Das Problem des § 91 Abs 1 stellt sich hier für den Factor nicht, weil der Forderungsübergang die Insolvenzmasse unberührt lässt (*Sinz* Factoring in der Insolvenz Rn 507). § 91 Abs 1 greift nur ein, wenn der *Zedent* sich in der Insolvenz befindet; hier ist jedoch das *Drittschuldner*vermögen insolvenzbefangen.

113   Bei einer **vorzeitigen Beendigung eines Leasingvertrages** trägt der Factor das Ausfallrisiko nur für solche Forderungen, die *bis* zur Beendigung des Leasingvertrages fällig geworden sind (Delkrederehaftung); für die forfaitierten Leasingforderungen *nach* Beendigung des Leasingvertrages haftet der Anschlusskunde (Leasinggeber) dagegen unbeschränkt (Veritätshaftung), soweit der Factor aus dem Sicherungseigentum am Leasinggut keine Befriedigung erlangen kann. Der Verwertungserlös aus der Verwertung des Leasinggutes ist nach dem Rechtsgedanken des § 366 Abs 2 BGB zunächst auf die Delkrederehaftung und erst danach auf die Veritätshaftung zu verrechnen.

114   **2. Umsatzsteuererstattungsanspruch.** Eine Änderung der **Bemessungsgrundlage** iSv § 10 Abs 1 UStG tritt durch die Abtretung an den Factor nicht ein. Maßgeblich ist nämlich nicht das vom Factor (nach Abzug der Factoringkosten) gezahlte Entgelt, sondern die Bemessungsgrundlage bestimmt sich gemäß Abschn 149 Abs 4 UStR nach den tatsächlichen Aufwendungen des Leistungsempfängers (Debitors) für die Lieferung oder Leistung des Anschlusskunden (*Rabstein* in Münchener Vertragshandbuch Bd 3, 5. Aufl 2004, Formular II. 6 Anm 42). Der Factor zahlt das Abtretungsentgelt für den Erwerb der Forderung, nicht aber als Dritter für die Leistung des Anschlusskunden an den Debitor. Folglich entsteht die Steuer nach § 13 Abs 1 Nr 1 b UStG bei einer Berechnung der Steuer nach vereinnahmten Entgelten auch erst mit Ablauf des Voranmeldungszeitraums, in dem der *Debitor* an den Factor zahlt (Abschn 177 Abs 4 S 3–5 UStR).

115   Wird die abgetretene Forderung und damit das vereinbarte Entgelt infolge der **Insolvenz des Debitors** uneinbringlich, so hat der Unternehmer, der diesen Umsatz ausgeführt hat (Anschlusskunde), den dafür geschuldeten Steuerbetrag nach § 17 Abs 2 Nr 1 iVm Abs 1 Nr 1 UStG zu berichtigen. Ihm steht auch der sich daraus ergebende Anspruch auf Umsatzsteuererstattung gegenüber dem Finanzamt zu; denn der Zessionar (Factor) hat mit dem allein innerhalb umsatzsteuerpflichtigen ursprünglichen Leistungsaustausch nichts zu tun (**BGH** 26. 2. 97 – VIII ZR 128/96, ZIP 1997, 734, 735; *Bunjes/Geist* UStG, 8. Aufl 2005, § 17 Anm 12). Andererseits bleibt der Anschlusskunde aber auch Umsatzsteuerschuldner, wenn die Forderung später doch noch (teilweise) eingezogen werden kann (§ 17 Abs 2 Nr 1 S 2 UStG). Bereicherungsrechtliche Ansprüche, insbesondere nach §§ 816 Abs 2, 818 Abs 2 BGB scheiden aus (**BGH** 26. 2.

97 – VIII ZR 128/96, ZIP 1997, 734, 735 f), obwohl der Anschlusskunde – durch die Umsatzsteuererstattung zusammen mit dem Factoringerlös – rein wirtschaftlich betrachtet bereichert ist. Der Anschlusskunde ist jedoch in Bezug auf den Umsatzsteuererstattungsanspruch „Berechtigter"; eine Nichtleistungskondiktion scheitert daran, dass die Bereicherung nicht auf Kosten des Factors erfolgt (ausführlich KS-*Sinz* Kap 14, Rn 179 f).

In der **Insolvenz des Anschlusskunden** kommt eine Haftung des Factors gem § 13 c Abs 1 UStG für die vom Anschlusskunden nicht abgeführte Umsatzsteuer nur beim reinen Inkasso-Factoring (ohne Ankauf der Forderung) in Betracht, und zwar auch dann, wenn der Insolvenzverwalter die abgetretene Forderung gem § 166 Abs 2 einzieht oder verwertet. Denn der Factor vereinnahmt den vom Insolvenzverwalter eingezogenen Geldbetrag aufgrund seines durch die Abtretung begründeten Absonderungsrechtes (R 182 b UStR 2008, Nr 28). Begleicht der Factor die Umsatzsteuerschuld des Kunden, kann er von diesem nach § 426 Abs 2 S 1 BGB vollen Ausgleich verlangen, da der Anschlusskunde als Steuerschuldner im Verhältnis zum Factor als bloßem Haftungsschuldner die Steuer alleine zu tragen hat (*Klein/Brockmeyer* § 44 AO Rn 3). In den Fällen des Forderungsverkaufs, insb **beim echten Factoring**, scheidet dagegen eine Haftung nach § 13 c UStG aus, weil der Anschlusskunde für die abgetretene Forderung eine Gegenleistung in Geld erhält, welche tatsächlich in seinen ausschließlichen Verfügungsbereich gelangt (Rau/Dürrwächter/*Stadie* § 13 c UStG Rn 20; Bunges/Geist/*Leonard* § 13 c UStG Rn 25; Vogel/Reinisch/Hoffmann/*Schwarz* § 13 c UStG Rn 13 ff; Hartmann/Metzenmacher/*Küffner* E § 13 c UStG Rn 81 ff; offen gelassen von BGH 17. 1. 07 – VIII ZR 171/06, ZIP 2007, 774). Die Forderung gilt daher nicht iSv § 13 c Abs 2 UStG als durch den Abtretungsempfänger vereinnahmt (so auch R 182 b UStR 2008 zu § 13 c UStG, Nr 27; dies übersehen *Achsnick/Krüger* Factoring in Krise und Insolvenz, Rn 96 f).

§ 117 Erlöschen von Vollmachten

(1) Eine vom Schuldner erteilte Vollmacht, die sich auf das zur Insolvenzmasse gehörende Vermögen bezieht, erlischt durch die Eröffnung des Insolvenzverfahrens.

(2) Soweit ein Auftrag oder ein Geschäftsbesorgungsvertrag nach § 115 Abs. 2 fortbesteht, gilt auch die Vollmacht als fortbestehend.

(3) Solange der Bevollmächtigte die Eröffnung des Verfahrens ohne Verschulden nicht kennt, haftet er nicht nach § 179 des Bürgerlichen Gesetzbuchs.

I. Allgemeines

Auch ohne ausdrückliche Regelung wurde schon unter Geltung der KO das Erlöschen einer erteilten Vollmacht daraus hergeleitet, dass der Bevollmächtigte keine weitergehenden Rechte haben könne als der Vollmachtgeber, der mit Verfahrenseröffnung seine Verwaltungs- und Verfügungsbefugnis verliert (zur Kritik an diesem dogmatischen Ansatz: MüKo-*Ott/Vuia* § 117 Rn 5). § 117 schreibt diesen Grundsatz fest und ergänzt insoweit die Regelungen der §§ 115, 116. Als **zwingendes Recht** (§ 119; HK-*Marotzke* § 117 Rn 13) soll so verhindert werden, dass „die Verwaltungs- und Verfügungsbefugnis des Insolvenzverwalters beeinträchtigt wird" (BR-Drucks 1/92 S 151).

Mit Verfahrenseröffnung erlöschen alle vom Schuldner erteilten Vollmachten, die – sei es durch Verfügung über Massegegenstände, sei es durch Begründung von Masseverbindlichkeiten – einen **Massebezug** haben können (K/P/B/*Tintelnot* § 117 Rn 7; *Schilken* KTS 2007, 1 ff). Dies gilt auch für Vollmachten, die sich nur oder erst auf einen Neuerwerb iSd §§ 35 Abs 1 Hs 2, 295 Abs 1 Nr 2 auswirken können (HK-*Marotzke* § 117 Rn 1), unbeschadet der Rechte des Schuldners aus § 83. Das Erlöschen hängt nicht von einer Widerrufserklärung des Verwalters ab, sondern tritt unabhängig von § 168 BGB als **automatische Rechtsfolge** ein. Das Vertretergeschäft wirkt auch nicht gegen den Schuldner persönlich (K/P/B/*Tintelnot* § 117 Rn 9). Die §§ 170–173 BGB finden **keine Anwendung**. Die Vollmacht **erlischt endgültig**; sie lebt nach Abschluss des Verfahrens nicht wieder auf (OLG Karlsruhe 30. 9. 04 – 19 U 2/04, NZI 2005, 39; differenzierend FK-*Wegener* § 117 Rn 5).

II. Betroffene Vollmachten

Von § 117 werden **sämtliche** Vollmachten erfasst, die sich auf das zur Insolvenzmasse gehörende Vermögen einschließlich Neuerwerb beziehen, soweit sie von dem Schuldner erteilt wurden und nicht bloß auf gesetzlichen Bestimmungen beruhen. Dazu zählen die in Ausführung einer Beauftragung oder Geschäftsbesorgung erteilten Einzelvollmachten, die bereits nach § 168 S 1 BGB iVm §§ 115 Abs 1, 116 S 1 erlöschen, ebenso wie die handelsrechtlichen Vollmachten (**Prokura, Handlungs- und Abschlussvollmacht**), selbst wenn das zugrunde liegende Dienst- oder Arbeitsverhältnis gem § 108 Abs 1 S 1 fortbesteht (Gottwald/*Huber* InsRHdb § 36 Rn 54). Der Insolvenzverwalter ist nicht aus § 53 Abs 3 HGB verpflichtet, das Erlöschen der Prokura nach § 117 zur Registerlöschung anzumelden (LG Leipzig 21. 11. 06 – 01 HK T 407/05 – ZIP 2007, 1381; LG Halle 1. 9. 04 – 11 T 8/04 – NZG 2005, 442).

§ 117

§ 117 erfasst **widerrufliche wie unwiderrufliche Vollmachten** (FK-*Wegener* § 117 Rn 2; H/W/W § 117 Rn 6; K/P/B/*Tintelnot* § 117 Rn 13; N/R/*Kießner* § 117 Rn 12). Durch die eigenständige gesetzliche Regelung ist nunmehr klargestellt, dass auch **isolierte Vollmachten**, bei denen das zugrunde liegende Rechtsverhältnis unwirksam ist oder ganz fehlt, erfasst werden (H/W/W § 117 Rn 8; HK-*Marotzke* § 117 Rn 4; K/P/B/*Tintelnot* § 117 Rn 16; N/R/*Kießner* § 117 Rn 8). § 117 kommt insoweit konstitutive Wirkung zu. Unabhängig davon, ob eine **Generalvollmacht** auch höchstpersönliche Angelegenheiten erfasst, erlischt sie ganz (so **OVG** Lüneburg 20. 6. 07 – 8 PA 49/07, NdsRpfl 2008, 53 Rn 4) nach Maßgabe des § 117, da sie sich *auch* auf das zur Insolvenzmasse gehörende Vermögen bezieht (H/W/W § 117 Rn 9). Ferner erlischt die einem **Notar** erteilte Vollmacht zur Stellung von Anträgen an das Grundbuchamt, sofern sie sich *auf* die Insolvenzmasse bezieht (BayObLG 3. 9. 03 – 3 Z BR 113/03, NZI 2004, 499; HaKo-*Ahrendt* § 117 Rn 3).

4   Die **Prozessvollmacht** erlischt ebenfalls mit der Eröffnung des Insolvenzverfahrens über das Vermögen der Partei, soweit der Streitgegenstand die Insolvenzmasse betrifft (HaKo-*Ahrendt* § 117 Rn 6); § 86 ZPO findet keine Anwendung (**BGH** 11. 10. 88 – X ZB 16/88, ZIP 1988, 1584; **BAG** 18. 7. 05 – 3 AZB 65/04, NJW 2006, 461; MüKo-*Ott/Vuia* § 117 Rn 8 mwN). Dies ist auch bei einem prozessualen Kostenerstattungsanspruch der Fall (**OLG** Brandenburg 29. 9. 00 – 7 W 47/00, NZI 2001, 255). Der (frühere) Prozessbevollmächtigte des Schuldners ist weder Zustellungsbevollmächtigter des Insolvenzverwalters bei Aufnahme des Rechtsstreits durch den Gegner (**BGH** 11. 10. 88 – X ZB 16/88, ZIP 1988, 1584; **BGH** 9. 12. 98 – XII ZB 148/98, ZIP 1999, 75) noch kann er sich gegenüber dem Auskunfts-, Rechenschafts- und Herausgabeverlangen des Insolvenzverwalter aus §§ 259, 666, 667 BGB auf seine anwaltliche Schweigepflicht berufen (**BGH** 30. 11. 89 – III ZR 112/88, ZIP 1990, 48).

5   In **PKH-Verfahren** ist zu differenzieren (instruktiv **LAG** Hamm 27. 1. 06 – 4 Ta 854/05, NZA-RR 2006, 601 mwN): Mit Insolvenzeröffnung erlischt gem § 117 Abs 1 die dem bisherigen Prozessbevollmächtigten vom Schuldner für das nunmehr gem § 240 S 1 ZPO unterbrochene Hauptsacheverfahren erteilte Prozessvollmacht (**OLG** Brandenburg 29. 9. 00 – 7 W 47/00, NZI 2001, 255) und der Schuldner verliert insoweit die Prozessführungsbefugnis (**OLG** Stuttgart 25. 3. 04 – 3 W 65/03, ZInsO 2005, 153). Das führt in *Aktivprozessen* für das PKH-Verfahren ohne weiteres zur fehlenden Erfolgsaussicht iSd § 114 ZPO, weil eine Klage unzulässig wäre. Das PKH-Gesuch unterliegt daher der Zurückweisung, ohne dass eine Unterbrechung des PKH-Verfahrens hier geboten wäre. *Passivprozesse* können nur nach Maßgabe der §§ 86, 87 aufgenommen werden, wobei der Schuldner auch hier mangels Prozessführungsbefugnis an den Verfahren nicht (mehr) beteiligt ist. Es kann im – nicht unterbrochenen (**BGH** 4. 5. 06 – IX ZA 26/04, NZI 2006, 543) – PKH-Verfahren mithin nicht mehr um eine Bewilligung für die Zukunft gehen (ein solcher Antrag wäre mangels Rechtsschutzinteresse zurückzuweisen), sondern nur noch um die Frage, ob *für die Vergangenheit* Prozesskostenhilfe hätte bewilligt werden müssen, weil im Zeitpunkt der Unterbrechung des Hauptsacheverfahrens das PKH-Gesuch (positiv) entscheidungsreif gewesen ist. Hier gelten die zum sog „steckengebliebenen" PKH-Gesuch bei Verfahrens- oder Instanzbeendigung entwickelten Grundsätze entsprechend (dazu: **LAG** Hamm 27. 1. 05 – 4 Sa 498/04, ZInsO 2006, 53); das PKH-Gesuch ist so zu behandeln, als wäre die Instanz oder das Verfahren beendet. Nur insoweit bleibt der Schuldner postulationsfähig und die vom Schuldner erteilte Vollmacht – beschränkt auf das PKH-Verfahren – weiter wirksam (**LAG** Hamm 27. 1. 06 – 4 Ta 854/05, NZA-RR 2006, 601; ebenso **LAG** Mainz 30. 6. 08 – 9 Ta 109/08, nv).

6   Die Regelung des § 117 findet auch auf die **gewillkürte Prozessstandschaft** Anwendung; eine Ermächtigung zur Prozessführung erlischt mit der Eröffnung des Insolvenzverfahrens über das Vermögen des Ermächtigenden (**BGH** 10. 11. 99 – VIII ZR 78/98, ZIP 2000, 149).

7   Allerdings bleibt ein vor Eröffnung des Insolvenzverfahrens bevollmächtigter Rechtsanwalt (neben dem Verwalter aus § 80) zur Einlegung eines Rechtsmittels befugt, wenn dies allein dazu dient, ein Urteil aufzuheben, das unter **Verstoß gegen § 240 ZPO** ergangen ist (**BAG** 26. 6. 08 – 6 AZR 478/07, BB 2008, 1897 Rn 16). § 117 Abs 1 ist insoweit einschränkend auszulegen, da der Fortbestand der Prozessvollmacht die Verwaltungs- und Verfügungsbefugnis des Insolvenzverwalters nicht in rechtserheblicher Weise berührt; es wird lediglich der gesetzmäßige Zustand wieder hergestellt; ein etwaig entgegenstehender Wille des Insolvenzverwalters an der Aufrechterhaltung des ungesetzmäßigen Zustandes ist nicht schutzwürdig (**BAG** aaO).

8   Auch eine vom späteren Insolvenzschuldner vorinsolvenzlich einem Rechtsanwalt allgemein erteilte **Vollmacht zur Vertretung im Insolvenzverfahren** erlischt nicht gemäß § 117. Sie umfasst jedenfalls noch die Vertretung im Rahmen von Rechtsbehelfen, die dem Schuldner im Insolvenzverfahren persönlich zustehen, zB zur sofortigen Beschwerde gegen einen Vergütungsfestsetzungsbeschluss für den vorläufigen Insolvenzverwalter (**OLG** Dresden 23. 7. 02 – 13 W 1466/01, ZIP 2002, 2000).

9   Mit der Vollmacht erlischt auch die von dem Bevollmächtigten erteilte **Untervollmacht**, da diese als abgeleitete Rechtsmacht vom Bestand der Hauptvollmacht abhängig ist (MüKo-*Ott/Vuia* § 117 Rn 9; FK-*Wegener* § 117 Rn 10).

10 Auch wenn **Verfügungs- oder Einziehungsermächtigungen** keine Vollmachten sind, besteht doch Einigkeit, dass der vom Schuldner Ermächtigte keine weiterreichenden Befugnisse mehr haben kann als jener selbst. Die notwendige „Entmachtung des Ermächtigten" (so HK-*Marotzke* § 117 Rn 9, der in Rn 8 eine analoge Anwendung des § 117 befürwortet) lässt sich dogmatisch schon aus dem Verlust der Verfügungs-

macht des Schuldners gem §§ 80 Abs 1, 81, 91 Abs 1 ableiten (MüKo-*Ott/Vuia* § 117 Rn 11; K/P/B/*Tintelnot* § 117 Rn 22; HaKo-*Ahrendt* § 117 Rn 5).

Vom Schuldner vor Verfahrenseröffnung erteilte Vollmachten erlöschen gem § 117 Abs 1 mit der Eröffnung des Insolvenzverfahrens auch dann, wenn das Insolvenzgericht die **Eigenverwaltung** anordnet (§§ 270 Abs 1, 271 S 1). Dies ergibt sich daraus, dass dem Schuldner die Verwaltungs- und Verfügungsbefugnis nicht unverändert belassen bleibt, sondern er diese nur noch unter der Aufsicht eines Sachwalters mit entsprechenden Überwachungs- (§ 274 Abs 2) und Mitwirkungsauflagen (§§ 275–277) ausüben kann. Ein Fortbestand der Vollmacht würde den auf Haftungsverwirklichung beschränkten Zweck seiner weiteren Verfügungsbefugnis stören. Dem Schuldner steht es aber frei, kraft seiner Eigenverwaltung Vollmachten auch in Bezug auf das zur Insolvenzmasse gehörende Vermögen zu erteilen (MüKo-*Ott/Vuia* § 117 Rn 14; HK-*Marotzke* § 117 Rn 2). **11**

Nicht erfasst werden Vollmachten, die keinen Bezug zu Vermögensangelegenheiten des Schuldners aufweisen (**BFH 10. 11. 07 – IV R 52/04, DB 2008, 267** Rn 17–20 für die gesonderte Gewinnfeststellung gem § 180 Abs 1 Nr 2 AO) oder Gegenstände betreffen, die nicht zur Insolvenzmasse gehören (§ 36). Dies führt ggf zu einem **teilweisen** Erlöschen. So bleibt die Vollmacht zur Durchführung eines Ehescheidungsverfahrens bestehen, während sie für Vereinbarungen über den Versorgungsausgleich oder Unterhalt erlischt (MüKo-*Ott/Vuia* § 117 Rn 6; FK-*Wegener* § 117 Rn 2). Ebenso wenig werden **gesetzliche Vollmachten** erfasst, weil der Schuldner diese nicht „*erteilt*" hat. Für eine Anwendung des § 177 über seinen Wortlaut hinaus besteht keine Notwendigkeit, da gesetzliche Vollmachten – ungeachtet der fortbestehenden organschaftlichen Stellung – schon nach Maßgabe der jeweiligen Sondervorschriften (§ 66 GmbHG. § 264 Abs 1 AktG) erlöschen (FK-*Wegener* § 117 Rn 4). Nach dem Wortlaut der Vorschrift werden auch Vollmachten, die **von einem vorläufigen Verwalter mit Verwaltungs- und Verfügungsmacht erteilt** worden sind, nicht von § 117 Abs 1 erfasst, da sie nicht „*vom Schuldner*" stammen. Der endgültige Verwalter kann eine solche Vollmacht jedoch mit Wirkung für die Zukunft widerrufen (HK-*Marotzke* § 117 Rn 12; FK-*Wegener* § 117 Rn 4 a). **12**

Eine Sonderstellung nimmt die Vertretungsmacht eines nach **§ 147 Abs 2 S 1 AktG** zur Geltendmachung von Ersatzansprüchen bestellten besonderen Vertreters ein. Diese erlischt zwar nicht mit Eröffnung des Insolvenzverfahrens über das Vermögen der Gesellschaft, ruht aber so lange, wie sie mit Rücksicht auf die Rechte des Insolvenzverwalters nicht ausgeübt werden kann (**BGH 18. 12. 80 – II ZR 140/79, ZIP 1981, 178**). Soweit vor Insolvenzeröffnung bereits ein **Abschlussprüfer** bestellt war, bleibt – abweichend zu den §§ 115, 116 – seine Bestellung von der Eröffnung unberührt (§ 155 Abs 3 S 2) und damit auch seine Vollmacht zur Durchsetzung der Auskunftsrechte gem § 320 HGB. **13**

III. Neuerteilung von Vollmachten

Der Insolvenzverwalter kann neue Vollmachten erteilen und ohne Vollmacht geschlossene, dh schwebend unwirksame Verträge genehmigen (HaKo-*Ahrendt* § 117 Rn 8; FK-*Wegener* § 117 Rn 11). Dies folgt schon aus seiner Rechtsstellung gem § 80 Abs 1. Führt der Insolvenzverwalter das Schuldnerunternehmen fort, bestehen auch gegen die Erteilung einer **Prokura** keine Bedenken (anders aber noch **BGH 4. 12. 57 – V ZR 251/56, WM 1958, 430, 431** unter Hinweis auf den Insolvenzzweck und die begrenzte Handlungsbefugnis des Verwalters); erst bei Aufgabe der vollkaufmännischen Tätigkeit scheidet eine Neuerteilung nach allgemeinen Grundsätzen aus (wie hier: FK-*Wegener* § 117 Rn 11; H/W/W § 117 Rn 12; HK-*Marotzke* § 117 Rn 5; K/P/B/*Tintelnot* § 117 Rn 14; N/R/*Kießner* § 117 Rn 11; MüKo-*Ott/Vuia* § 117 Rn 7; Braun/*Kroth* § 117 Rn 8; grundlegend *K. Schmidt* BB 1989, 229, 234; *Berscheid* Arbeitsverhältnisse, S 47 Rn 144; ausführlich Uhlenbruck/*Berscheid* 12. Aufl § 117 Rn 8–12). Das Erfordernis, neue Handelsvollmachten (Prokura, Handlungs- und Abschlussvollmacht) erteilen zu dürfen, ergibt sich schon daraus, dass bei einer (insb. längerfristigen) Fortführung eines Großbetriebes dem Insolvenzverwalter nur noch eine Leitungsfunktion zukommt und die jeweiligen Abteilungen oder Betriebsteile nur dann funktionsfähig bleiben, wenn den Abteilungs- oder Betriebsleitern die erforderlichen Handlungsbefugnisse eingeräumt sind (vgl **BAG 21. 7. 88 – 2 AZR 75/88, ZIP 1989, 57** zur KO). **14**

Beschäftigt der Insolvenzverwalter den Personal- oder Betriebsleiter in seiner Stellung weiter, gelten für das Inkenntnissetzen iSd **§ 174 S 2 BGB** gegenüber den Betriebsangehörigen keine Besonderheiten (**BAG 22. 1. 88 – 2 AZR 266/97, ZInsO 1998, 190; BAG 22. 1. 98 – 2 AZR 267/97, ZIP 1998, 748**). Dennoch erscheint es zur Vermeidung von unnötigen Kündigungsschutzverfahren ratsam, gegenüber der Belegschaft – etwa durch Aushang am „schwarzen Brett" – klarzustellen, welche Vollmachten weiter gelten bzw (neu) erteilt wurden (*Berscheid* Arbeitsverhältnisse, S 170 Rn 538; BKB-*Berscheid* PraxisArbR Teil 8 Rn 5). Die Regelungen zur Rechtsscheinhaftung des Vertretenen gem §§ 170–173 BGB und die Grundsätze der Anscheins- und Duldungsvollmacht sind in Bezug auf die Masse nicht anwendbar und werden durch die Bestimmungen der InsO verdrängt (MüKo-*Ott/Vuia* § 117 Rn 17; FK-*Wegener* § 117 Rn 8; N/R/*Kießner* § 117 Rn 16). **15**

Unabhängig von der Art der erteilten Vollmacht umfasst diese jedoch nie sog. **insolvenzspezifische Aufgaben** und Rechtshandlungen, die außerhalb des Insolvenzverfahrens nicht möglich sind, wie zB die Ausübung des Wahlrechts nach den §§ 103 ff oder die Anfechtung gem §§ 129ff (**LAG Kiel 14. 1. 88 – 6 Sa 400/87, ZIP 1988, 250, 251; OLG Düsseldorf 10. 5. 88 – 3 Wx 169/88, ZIP 1988, 855**). **16**

IV. Notgeschäftsführung (Abs 2) und Gutglaubensschutz (Abs 3)

17 § 117 Abs 2 statuiert als Rechtsgrundverweisung auf § 115 Abs 2 die sog. Notgeschäftsführung. Soweit die Voraussetzungen des § 115 Abs 2 vorliegen, gilt die Vollmacht zum Schutz der Masse als fortbestehend. Im Umfange berechtigter Notgeschäftsführung wirkt die Vertreterhandlung für und gegen die Insolvenzmasse (HK-*Marotzke* § 117 Rn 6; K/P/B/*Tintelnot* § 117 Rn 23; Braun/*Kroth* § 117 Rn 9) und werden Masseverbindlichkeiten begründet (MüKo-*Ott/Vuia* § 117 Rn 16).

18 Anders als beim Notgeschäftsführer (§ 115 Abs 2) fingiert § 117 **Abs 3** bei bloßer Unkenntnis des Vertreters nicht das Fortbestehen der Vollmacht. Trotz des fingierten Fortbestehens ihres Grundverhältnisses (§§ 115 Abs 3, 116) ist die Vollmacht erloschen, da in § 117 Abs 2 eine entsprechende Verweisung auf § 115 Abs 3 fehlt, so dass die Masse nicht verpflichtet wird (§ 81). Das Vertretergeschäft wirkt gegen die Insolvenzmasse nur bei Genehmigung des Insolvenzverwalters (§ 177 BGB). Bis zur Genehmigung des Vertrages durch den Insolvenzverwalter ist der andere Vertragsteil zum Widerruf berechtigt (§ 178 BGB), es sei denn, er hatte von der Verfahrenseröffnung und damit von dem Erlöschen der Vollmacht Kenntnis. Anders als noch bei Geltung der KO zum Teil angenommen (Kilger/K. *Schmidt* § 23 KO Anm 9), wirkt die Vertreterhandlung auch nicht gegen den Schuldner persönlich (K/P/B/*Tintelnot* § 117 Rn 22). § 117 Abs 3 schützt den gutgläubigen Bevollmächtigten vor einer Haftung als Vertreter ohne Vertretungsmacht (§ 179 BGB). Nur **bei schuldhafter Unkenntnis** vom Erlöschen der Vollmacht haftet er gem § 179 BGB, allerdings beschränkt auf das negative Interesse, weil das Vertrauen des Vertragspartners auf Erfüllung gem §§ 80, 81 nicht schutzwürdig ist (hierzu eingehend K/P/B/*Tintelnot* § 117 Rn 24 und in Rn 27 zur Problematik bei Eigenverwaltung; HK-*Wegener* § 117 Rn 9; N/R/*Kießner* § 117 Rn 14 ff; aA MüKo-*Ott/Vuia* § 117 Rn 19, 21, die eine Haftung des Vertreters aus §§ 179 Abs 2, 311 Abs 2 BGB gänzlich ablehnen, weil es an der Kausalität fehle).

19 Wird von einem **Prozessbevollmächtigten** in Kenntnis der Insolvenzeröffnung ein (aufgrund erloschener Vollmacht daher) unzulässiges Rechtsmittel eingelegt, so kann er sich nicht auf die Haftungsbeschränkung des § 117 Abs 3 berufen, sondern beruht seine persönliche Haftung für die Kosten auf dem sog. **Veranlasserprinzip** (BAG 23. 7. 07 – 3 AZB 29/05, ZInsO 2008, 760 Rn 10 f; **BGH** 22. 7. 97 – XI ZB 15/97, NJW-RR 1998, 63; **OLG** Karlsruhe 30. 9. 04 – 19 U 2/04, NZI 2005, 39; nach **OLG** Bamberg 8. 2. 06 – 4 U 5/06, InVo 2006, 184 Rn 17 auch im Fall des § 22 Abs 1 S 1).

V. Vollmachten im Eröffnungsverfahren

20 Im Eröffnungsverfahren ist § 117 nicht anwendbar. Dies gilt selbst dann, wenn ein sog. „starker" vorläufiger Verwalter bestellt wird, auf den die Verwaltungs- und Verfügungsbefugnis über das Vermögen des Schuldners nach § 21 Abs 2 Nr 2 iVm § 22 Abs 1 übergeht (**OLG** Bamberg 8. 2. 06 – 4 U 5/06, InVo 2006, 184; HaKo-*Ahrendt* § 117 Rn 7). Denn in § 22 Abs 1 fehlt eine Bezugnahme auf die Regelungen des § 117, was als Redaktionsversehen des Gesetzgebers anzusehen ist. Gleichwohl ist der Bevollmächtigte beim Erlass eines allgemeinen Verwaltungs- und Verfügungsverbotes durch die Regelungen der §§ 22 Abs 1 S 1, 24, 81 Abs 1 S 1 InsO, 240 S 2 ZPO gehindert, über das dem Befugnissen des vorläufigen Insolvenzverwalters unterliegende Vermögen zu verfügen oder diesbezügliche Prozesshandlungen vorzunehmen (HK-*Marotzke* § 117 Rn 11). Von dem Schuldner erteilte Vollmachten kann der sog. „starke" vorläufige Insolvenzverwalter zudem widerrufen (HaKo-*Ahrendt* § 117 Rn 7).

21 Zu Vollmachten, die **von einem „starken" vorläufigen Insolvenzverwalter erteilt** wurden (§§ 22 Abs 1 S 1, 55 Abs 2 InsO), s o Rn 12.

§ 118 Auflösung von Gesellschaften

¹Wird eine Gesellschaft ohne Rechtspersönlichkeit oder eine Kommanditgesellschaft auf Aktien durch die Eröffnung des Insolvenzverfahrens über das Vermögen eines Gesellschafters aufgelöst, so ist der geschäftsführende Gesellschafter mit den Ansprüchen, die ihm aus der einstweiligen Fortführung eilbedürftiger Geschäfte zustehen, Massegläubiger. ²Mit den Ansprüchen aus der Fortführung der Geschäfte während der Zeit, in der er die Eröffnung des Insolvenzverfahrens ohne sein Verschulden nicht kannte, ist er Insolvenzgläubiger; § 84 Abs. 1 bleibt unberührt.

Früherer § 28 KO mit Erweiterung auf die BGB-Gesellschaft. § 136 RegE ohne Änderungen im Rechtsausschuss.

I. Allgemeines

1 Die Vorschrift dient dem Schutz des geschäftsführenden Gesellschafters einer Personengesellschaft (MK-*Ott* § 118 Rn 1). Sie entspricht dem Grundgedanken der §§ 115, 116 InsO beim Erlöschen von Aufträgen und Geschäftsbesorgungsverträgen, so dass sogar von einer Zweckverwandtschaft gesprochen wird (HK-*Marotzke* § 118 InsO Rn 1). Die Fortführung von Geschäften durch einen Gesellschafter zur Vermeidung von Schäden führt zu Masseverbindlichkeiten, während die in Unkenntnis der Verfahrenseröffnung erfolgte Geschäftsführung über die Verfahrenseröffnung hinaus nur Insolvenzforderungen des Geschäftsführers zur Folge hat (FK-*Wegener* § 118 InsO Rn 1). Die Norm hat freilich kaum

praktische Bedeutung, weil für die bezeichneten Ansprüche nur selten eine direkte Haftung der Mitgesellschafter gegeben ist (näher Rn 5).

II. Anwendungsbereich

1. Gesellschaft ohne Rechtspersönlichkeit oder KGaA. § 118 InsO setzt voraus, dass es sich um eine **Gesellschaft ohne Rechtspersönlichkeit** (Legaldefinition in § 11 Abs 2 Nr 1 InsO) oder um eine **Kommanditgesellschaft auf Aktien** (§§ 278 ff AktG) handelt. Gesellschaft ohne Rechtspersönlichkeit sind zunächst die in § 11 Abs 2 Nr 1 InsO genannten Gesellschaftsformen (offene Handelsgesellschaft, Kommanditgesellschaft, Partnerschaftsgesellschaft, Gesellschaft des bürgerlichen Rechts, Partenreederei, Europäische wirtschaftliche Interessenvereinigung). Dazu rechnet auch die (typische und atypische) **stille Gesellschaft** (§§ 230 ff HGB). Sie ist eine besondere Innengesellschaft, auf welche die §§ 705, 728, 729 BGB Anwendung finden. Daher findet § 118 InsO unmittelbare Anwendung (FK-*Wegener* § 118 InsO Rn 2; HK-*Marotzke* § 118 InsO Rn 3).

Auf die **Auflösung einer Gemeinschaft** (§§ 741 ff BGB) sind die Regelungen des § 118 InsO weder direkt noch analog anzuwenden, da die Vorschrift sich nach ihrem Wortlaut auf die Rechtsfolgen bei der Auflösung von Personengesellschaften beschränkt (FK-*Wegener* § 118 InsO Rn 2).

Gesellschaften ohne Rechtspersönlichkeit sind kraft der Verweisung in § 54 BGB auch **nicht rechtsfähige Vereine**. Jedoch werden diese nicht durch die Insolvenz eines Mitgliedes aufgelöst. Die hier entscheidende Vorschrift des § 728 Abs 2 BGB wird wegen des körperschaftlichen Charakters generell als abbedungen angesehen (FK-*Wegener* § 118 InsO Rn 2; HK-*Marotzke* § 118 InsO Rn 4). Sollte dies im Einzelfall anders sein, muss auch § 118 greifen.

2. Auflösung durch Insolvenzverfahren. Weitere Voraussetzung des § 118 ist die Auflösung der **Gesellschaft durch die Eröffnung des Insolvenzverfahrens** über das Vermögen eines Gesellschafters. Ob dies der Fall ist und welche Ansprüche sich aus der einstweiligen Fortführung eilbedürftiger Geschäfte oder aus der Fortführung von Geschäften bis zur Kenntnisnahme von der Verfahrenseröffnung ergeben, **ist den gesellschaftsrechtlichen Bestimmungen** (§ 728 iVm § 727 Abs 2 S 2, 3, § 729 BGB, § 131 Nr 5, §§ 136, 137, 141, 161 Abs 2 HGB, § 278 Abs 2 AktG) **zu entnehmen** (MK-*Ott* § 118 InsO Rn 5). Eine wesentliche Einschränkung des § 118 hat indirekt das HRefG gebracht. Da nach dem neuen § 131 HGB eine Handelsgesellschaft im Falle der Insolvenz eines persönlich haftenden Gesellschafters unter den verbliebenen Gesellschaftern fortgesetzt wird (dazu oben § 11 Rn 253), beziehen sich die Regelungen des § 118 InsO heute in erster Linie auf die **Auflösung einer GbR**.

Nur dann, wenn es vertraglich entsprechend vereinbart ist, werden nunmehr aufgelöst: Die oHG (§ 131 Abs 2 HGB), die KG (§ 161 Abs 2 HGB iVm § 131 Abs 2 HGB), die KGaA (§ 289 Abs 1 AktG), die Partenreederei (§ 505 HGB), die EWIV (Art 30 EWIV-VO iVm § 8 EWIV-AG) und die Partnerschaftsgesellschaft (§ 9 PartGG). Anders liegt es aber bei zweigliedrigen Personengesellschaften, da dann die Eröffnung des Insolvenzverfahrens nicht nur zum Ausscheiden des Gesellschafters, sondern zugleich zur Auflösung der Gesellschaft führt (siehe auch nächste Rn).

Umgekehrt ist aber auch die **Regelauflösung** der GbR durch eine Fortsetzungsklausel **abdingbar** (§ 736 BGB), so dass § 118 dann nicht greift. Das gilt aber nur bei mehrgliedrigen Gesellschaften. Denn das Ausscheiden des insolventen Gesellschafters ist unabdingbar, da die Verwertung seines Vermögens nicht blockiert werden darf (HK-*Marotzke* § 118 InsO Rn 6; MK-*Ott* § 118 InsO Rn 5; näher § 11 Rn 255). Schließlich kann die aufgelöste Gesellschaft durch entsprechende Gesellschafterbeschlüsse wieder als werbende fortgesetzt werden (dazu § 11 Rn 256, 258; MK-*Ott* § 118 InsO Rn 8), wodurch § 118 *ex nunc* entfällt.

III. Rechtsfolgen

Wird eine GbR gem § 728 BGB **aufgelöst**, ist der geschäftsführende Gesellschafter bei Gefahr im Verzuge verpflichtet, die Geschäfte einstweilen fortzuführen, bis der Insolvenzverwalter zusammen mit den übrigen Gesellschaftern anderweitig Fürsorge treffen kann. Da die einstweilige Fortführung im Interesse der Insolvenzmasse liegt, erhebt § 118 S 1 InsO den tätig gewordenen Gesellschafter mit seinen **Ansprüchen**, die ihm **aus der einstweiligen Fortführung** eilbedürftiger Geschäfte gegen den insolventen Schuldner zustehen, zu einem **Massegläubiger**. Dies betrifft in erster Linie Ansprüche auf Aufwendungsersatz (§§ 713, 670, 256 BGB) und Ansprüche auf die vertragsgemäß zustehende Vergütung (HK-*Marotzke* § 118 InsO Rn 7). Allerdings richten sich Sozialansprüche grundsätzlich nur gegen die in Liquidation befindliche Gesellschaft. Vergütungsansprüche sind jedenfalls kraft Treuepflicht vorrangig gegen jene geltend zu machen (daran hat auch die Teilrechtsfähigkeit der Außen-GbR nichts geändert). Eine Inanspruchnahme des einzelnen Gesellschafters kommt daher nur ausnahmsweise in Betracht (ausf MK-*Ott* § 118 InsO Rn 13 f).

Soweit **Aufwendungsersatz- und Vergütungsansprüche** aus der Zeit **vor Verfahrenseröffnung** rückständig sind, kommt § 118 nicht zum Tragen. Die vor Auflösung der Gesellschaft entstandenen Ansprüche sind daher nach den allgemeinen Grundsätzen **Insolvenzforderungen** (FK-*Wegener* § 118 InsO Rn 6; MK-*Ott* § 118 InsO Rn 15).

10 Das zur GbR Gesagte **gilt für die übrigen** in **§ 11 Abs 2 Nr 1 InsO genannten Gesellschaften** und für die **Kommanditgesellschaft auf Aktien** entsprechend, **wenn** die Gesellschaft – wie von § 118 InsO vorausgesetzt – nach dem Gesellschaftsvertrag durch die Verfahrenseröffnung über das Vermögen eines Mitglieds „**aufgelöst**" wird (HK-*Marotzke* § 118 InsO Rn 8). Welche Ansprüche im Rahmen der Notgeschäftsführung als eilbedürftig anzusehen sind, ist zunächst aus den Regelungen des Gesellschaftsvertrages, dann aus den einschlägigen Spezialbestimmungen zu entnehmen, und soweit solche fehlen, kommt eine analoge Anwendung der §§ 728 Abs 2 S 2, 727 Abs 2 S 2, 3 BGB in Betracht (HK-*Marotzke* § 118 InsO Rn 8; MK-*Ott* § 118 InsO Rn 9 ff).

11 **Mit Ansprüchen** aus der Fortführung der Geschäfte, **die über** die **Notgeschäftsführung hinausgehen**, ist der geschäftsführende Gesellschafter **nur Insolvenzgläubiger**, wenn er die Verfahrenseröffnung ohne sein Verschulden nicht kannte (§ 118 S 1 Hs 1 InsO). In diesem Falle kann er gem § 84 Abs 1 S 2 InsO als Mitgesellschafter des Schuldners aus dessen bei der Auseinandersetzung des Gesellschaftsvermögens ermitteltem Anteil abgesonderte Befriedigung seiner „Ansprüche aus dem Rechtsverhältnis" verlangen. Das gleiche Recht steht dem Mitgesellschafter des Schuldners auch hinsichtlich seiner Ansprüche als Massegläubiger gem § 118 S 1 InsO zu, worauf er bei Masseunzulänglichkeit dringend angewiesen ist (HK-*Marotzke* § 118 InsO Rn 11).

§ 119 Unwirksamkeit abweichender Vereinbarungen

Vereinbarungen, durch die im voraus die Anwendung der §§ 103 bis 118 ausgeschlossen oder beschränkt wird, sind unwirksam.

I. Allgemeines

1 Zur Entstehungsgeschichte wird auf die 12. Aufl Rn 1–4 und MüKo-*Huber* § 119 Rn 3–12 verwiesen. § 119 bestimmt ausdrücklich, dass die **§§ 103 bis 118 zwingendes Recht** darstellen. Gegenseitige Verträge sollen ausschließlich nach den Regeln der § 103 ff abgewickelt werden (HaKo-*Ahrendt* § 119 Rn 1; MüKo-*Huber* § 119 Rn 2). Daher sind im Voraus getroffene Vereinbarungen unwirksam, die darauf abzielen, die Anwendung der §§ 103–118 auszuschließen oder zu beschränken, mithin zu einer anderen Verfahrensabwicklung führen, als in den §§ 103–118 vorgesehen. Aus diesem Normzweck folgt, dass **auch § 119 selbst unabdingbar** ist (Braun-*Kroth* § 119 Rn 6; MüKo-*Huber* § 119 Rn 16). Allerdings bleibt es dem Insolvenzverwalter unbenommen, nach Verfahrenseröffnung abweichende Individualvereinbarungen zu treffen (HK-*Marotzke* § 119 Rn 1). Denn nach dem Wortlaut der Norm sind lediglich die „im voraus" getroffenen Vereinbarungen unwirksam (FK-*Wegener* § 119 Rn 2; Mohrbutter/Ringstmeier-*Homann* Hdb InsO § 7 Rn 133); ggf ist jedoch § 160 zu beachten.

II. Anwendungsbereich

2 **1. Schutz der Verwaltungsausübung.** Alle Beschränkungen, die die Rechtsausübung durch den Verwalter an andere, insbesondere **zusätzliche Voraussetzungen** knüpfen **oder andere Rechtsfolgen** eintreten lassen, als in den §§ 103–118 bestimmt, **sind verboten** (FK-*Wegener* § 119 Rn 8; N/R/*Balthasar* § 119 Rn 8).

3 a) **Beeinträchtigung des Wahlrechts.** Unwirksam ist eine zwischen dem Schuldner und seinem Vertragspartner getroffene Vereinbarung des Inhalts, dass der Vertrag im Insolvenzfall **als Masseverbindlichkeit zu erfüllen** sei (BAG 23. 2. 05 – 10 AZR 600/03, EzA § 55 InsO Nr 7 Rn 18: selbst in einer Betriebsvereinbarung). Denn eine Änderung der Ranges von Schadensersatz- und Nichterfüllungsansprüchen, die § 103 Abs 2 S 1 nur als Insolvenzforderung einstuft, ist unzulässig (HK-*Marotzke* § 103 Rn 82). Auch die Auferlegung einer **Vertragsstrafe** für den Fall der Nichterfüllungswahl verstößt gegen § 119 (BGH 17. 11. 05 – IX ZR 162/04, NZI 2006, 229 Rn 27; N/R/*Balthasar* § 119 Rn 9; K/P/B/*Tintelnot* § 119 Rn 13). Gleiches gilt für die Vereinbarung einer **Pauschalierung der Ansprüche aus** § 103 ff, weil mit derartigen Vereinbarungen regelmäßig eine unbillige Benachteiligung der Insolvenzmasse verbunden ist (K/P/B/*Tintelnot* § 119 Rn 12; N/R/*Balthasar* § 119 Rn 9; HK-*Marotzke* § 103 Rn 83; die aA in BGH 24. 3. 88 – III ZR 245/86, ZIP 1988, 657 zu § 19 Abs 5 S 3 FO ist durch § 119 insoweit obsolet). Auch Regelungen, die eine **Umkehr der Darlegungs- und Beweislast** vorsehen, und mittelbare Erschwerungen wie zB die **Befristung der Wahlrechtsausübung** (MüKo-*Huber* § 119 Rn 67 für § 107 Abs 2) oder die Vereinbarung einer **Vorkasse** für die Fortführung des Vertrages in der Insolvenz scheitern an § 119 (FK-*Wegener* § 119 Rn 8; N/R/*Balthasar* § 119 Rn 6).

4 Als ergänzende Regelung zu § 103 Abs 1 hat ebenso **§ 105 S 1** zwingenden Charakter, wobei grundsätzlich eine weite Auslegung des Teilbarkeitsbegriffs geboten ist (Begr zu § 119 RegE BR-Drs 1/92, S 145). Teilbarkeit ist immer dann gegeben, wenn sich eine erbrachte Teilleistung feststellen und bewerten lässt (BGH 22. 2. 01 – IX ZR 191/98, NZI 2001, 537; s o *Wegener* § 105 Rn 9). Klauseln in Verträgen, vor allem in Bau- und Bauträgerverträgen, die bei teilbaren Leistungen deren **Unteilbarkeit** fest-

II. Anwendungsbereich **§ 119**

schreiben, sind daher unwirksam (FK-*Wegener* § 119 Rn 9; K/P/B/*Tintelnot* § 119 Rn 10). Das Gleiche gilt für Vereinbarungen, die das Rückforderungsverbot des § 105 S 2 InsO durch die Vereinbarung einer **auflösenden Bedingung** zu umgehen versuchen (**LAG** Hamm 25. 10. 05 – 4 Sa 2419/04, nv, juris Rn 102; K/P/B/*Tintelnot* § 105 Rn 20; **aA** HK-*Marotzke* § 105 Rn 23).

Nicht zu beanstanden sind Vereinbarungen, die eine **dingliche Sicherung für eine mögliche Nichter-** **5** **füllungsforderung** vorsehen, wie § 108 Abs 1 S 2 bestätigt (MüKo-*Huber* § 119 Rn 58). Zulässig ist es auch, vor Insolvenzeröffnung einen **aufschiebend bedingten Rechtsübergang** zu vereinbaren, selbst wenn die Bedingung erst nach Eröffnung eintritt und der Anspruch gegen die Masse entsteht. Denn der Insolvenzverwalter kann einen solchen Rechtsübergang nicht mehr dadurch verhindern, dass er die Nichterfüllung des zugrunde liegenden Vertrages wählt (**BGH** 17. 11. 05 – IX ZR 162/04, NZI 2006, 229 Rn 13).

Auch die **Vorausabtretung des Rückzahlungsanspruchs** für den Fall der Nichtdurchführung eines ge- **6** genseitigen Vertrages in der Insolvenz des Käufers ist insolvenzfest. Denn der Verwalter kann sein Wahlrecht ungehindert durch eine solche Abtretung ausüben. Verlangt er Erfüllung, geht die Abtretung ins Leere, weil kein Rückzahlungsanspruch für bereits erbrachte Vorleistungen entsteht. Lehnt der Verwalter die Erfüllung ab, entstehen der Masse dadurch keine weiteren Nachteile als sie ohnehin zur Zeit der Eröffnung des Verfahrens bereits bestanden (**BGH** 27. 5. 03 – IX ZR 51/02, NZI 2003, 491 m Anm *Huber*; *Koenen* BauR 2005, 202, 206 f); es fehlt somit an einer Beschränkung des § 103.

b) Miet-, Pacht- und Dienstverhältnisse. § 119 verbietet auch, das Kündigungs- und Rücktrittsrecht **7** des Insolvenzverwalters in der Insolvenz des Mieters oder Pächters (§ 109 Abs 1 S 1, Abs 2 S 1 und 2) zum Nachteil des Insolvenzverwalters zu modifizieren (**OLG** Düsseldorf 17. 8. 06 – 10 U 62/06, ZInsO 2007, 152; FK-*Wegener* § 109 Rn 29; N/R/*Balthasar* § 109 Rn 3). Nachteilig sind der Ausschluss des Kündigungsrechts und die **Verlängerung der Kündigungsfrist**. Indes soll eine **Verkürzung** der gesetzlichen Kündigungsfrist zulässig sein, da sie die Rechte des Verwalters nicht beschränke (N/R/ *Balthasar* § 119 Rn 7; dazu s u Rn 13 ff).

Vereinbarungen, durch die im Voraus die Anwendung des § 113 ausgeschlossen, beschränkt oder er- **8** schwert wird, sind gemäß § 119 unwirksam. Da der Begriff „Vereinbarung" weit auszulegen ist (FK-*Wegener* § 119 Rn 2; MüKo-*Huber* § 119 Rn 14; N/R/*Balthasar* § 119 Rn 6), sind auch solche in **Tarifverträgen** unwirksam. Denn das Gesetz enthält keine Öffnungsklausel für abweichende tarifliche Regelungen (**LAG** Hamm 25. 10. 05 – 4 Sa 55/05, nv, juris Rn 101 ff). Folglich können die Tarifvertragsparteien weder die Zulässigkeit von Verwalterkündigungen ausschließen noch den arbeitsrechtlichen Unkündbarkeitsregelungen Fortgeltung über die Verfahrenseröffnung hinaus verleihen, obwohl Vereinbarungen über die Beendigung von Arbeitsverhältnissen eine geradezu klassische Regelungskompetenz der Tarifparteien darstellen. Verboten ist ihnen auch, in Abweichung von § 113 Abs 1 S 2 verlängerte Kündigungsfristen oder besondere Kündigungstermine für die Insolvenz festzulegen, durch die die gesetzliche Höchstfrist umgangen würde. Die Klagefrist des § 113 Abs 2 ist wie die des § 4 KSchG nicht disponibel (*Zwanziger* Arbeitsrecht § 113 Rn 13).

c) §§ 115, 116, 117. Schließlich dürfen weder Vollmachten von dem Vollmachtgeber für den Insol- **9** venzfall unwiderruflich erteilt noch Vereinbarungen getroffen werden, wonach Aufträge oder Geschäftsbesorgungsverträge auch nach Insolvenzeröffnung fortbestehen sollen (K/P/B/*Tintelnot* § 119 Rn 7; FK-*Wegener* § 119 Rn 10; N/R/*Balthasar* § 119 Rn 17).

2. Lösungsklauseln für den Insolvenzfall. Unter einer Lösungsklausel versteht man eine Vereinbarung **10** der Vertragspartner zur Auflösung des Vertrages, die entweder für den Fall des Eintritts der Insolvenz(reife) automatisch oder qua auflösende Bedingung das *Erlöschen des Vertrages* anordnet oder dem Vertragspartner ein *außerordentliches Kündigungs- oder Rücktrittsrecht* einräumt (MüKo-*Huber* § 119 Rn 18; Mohrbutter/Ringstmeier-*Homann* Hdb InsO § 7 Rn 134). Der Streit um die Zulässigkeit solcher vertraglicher Lösungsklauseln ist aufgrund der Streichung des § 137 Abs 2 RegE durch den Rechtsausschuss, der ein ausdrückliches Verbot vorsah, neu entfacht worden, weil unklar geblieben ist, ob die Regelung deklaratorische oder konstitutive Wirkung gehabt hätte (K/P/B/*Tintelnot* § 119 Rn 15, 18).

Keine Anwendung findet § 119 dagegen **auf gesetzliche Lösungsklauseln** (HK-*Marotzke* § 119 Rn 2; **11** Mohrbutter/Ringstmeier-*Homann* Hdb InsO § 7 Rn 133) wie zB § 89a HGB (**OLG** München 26. 4. 2006 – 7 U 5350/05, ZInsO 2006, 1060, 1063), § 36 VerlG und § 14 VVG aF (**BGH** 26. 11. 03 – IV ZR 6/03, NZI 2004, 144; in VVG nF gestrichen). Da nicht von § 103 erfasst, fallen **Gesellschaftsverträge** einschließlich etwaiger Bestimmungen über die Auflösung von Gesellschaften und das Ausscheiden von Gesellschaftern im Insolvenzfall ebenfalls nicht unter § 119 (HK-*Marotzke* § 119 Rn 8; MüKo-*Huber* § 119 Rn 17; RegE BT-Drs 12/2443, S 152 f; offen gelassen von **BGH** 9. 3. 00 – IX ZR 355/98, NZI 2000, 308; s u Rn 16), wohl aber die Regelung zur Qualität der Ansprüche des geschäftsführenden Gesellschafters in **§ 118**. Ebenso wenig unterfallen **Vereinssatzungen** dem § 119 (HK-*Marotzke* § 119 Rn 8).

a) Insolvenzunabhängige Klauseln. Klauseln, die an den **Verzug**, die **Vermögensverschlechterung** oder **12** andere, insolvenzunabhängige Tatbestände in der Sphäre des Schuldners anknüpfen, sind nach einhelliger Auffassung **wirksam**, weil sie nicht auf eine Einschränkung der Verwalterrechte abzielen und ihre Rechtsfolgen auch außerhalb der Insolvenz eintreten können (Mohrbutter/Ringstmeier-*Homann* Hdb InsO § 7 Rn 135; MüKo-*Huber* § 119 Rn 19; HK-*Marotzke* § 119 Rn 2). Eine **Ausnahme** gilt nach dem ausdrücklichen Wortlaut nur für die **Kündigungssperre des § 112** (MüKo-*Huber* § 119 Rn 21; HK-*Marotzke* § 119 Rn 6).

13 **b) Insolvenzabhängige Klauseln.** Umstritten sind nur Klauseln, die auf einen materiellen (Zahlungseinstellung) oder formellen Eröffnungsgrund (Insolvenzantrag) oder die Insolvenzeröffnung selbst als Lösungsgrund abstellen. **Für die Zulässigkeit** wird hauptsächlich als Argument angeführt, dass die Streichung des § 137 Abs 2 RegE im Gesetzgebungsverfahren gerade erfolgt sei, um ihre Wirksamkeit nicht einzuschränken (eingehend MüKo-*Huber* § 119 Rn 28 ff; FK-*Wegener* § 103 Rn 85 und § 119 Rn 3 f; HaKo-*Ahrendt* § 119 Rn 7, 9 ff; *Hess* § 119 Rn 20 ff; Gottwald/*Huber* § 35 Rn 13; H/W/F Kap 5 Rn 172; *v. Wilmowsky* ZIP 2007, 553, 554 ff; *Reul/Heckschen/Wienberg* Insolvenzrecht in der Kautelarpraxis, 2006, 65 ff; *Adam* DZWiR 2005, 1 ff). Dafür sprächen auch die Urteile zu § 19 Abs 5 S 3 FO (**BGH** 24. 3. 88 – III ZR 245/86, ZIP 1988, 657) und § 14 VVG aF (**BGH** 26. 11. 03 – IV ZR 6/03, NZI 2004, 144), von denen nur gem § 132 Abs 2 GVG abgewichen werden könne, weshalb der IX. Senat die Frage in seinen jüngeren Entscheidungen stets offen gelassen habe. **Gegen die Zulässigkeit** wird im Wesentlichen eingewandt, dass sonst das Wahlrecht aus § 103 Abs 1 praktisch leer laufe (K/P/B/*Tintelnot* § 119 Rn 15 ff; N/R/*Balthasar* § 119 Rn 15; HK-*Marotzke* § 119 Rn 4; Braun-*Kroth* § 119 Rn 12; KS-*Berger* Kap 12 Rn 28; KS-*Pape* Kap 13 Rn 59; *Dahl* NJW-Spezial 2008, 373; *Schwörer* Lösungsklauseln für den Insolvenzfall, Rn 115 ff [schon ab Insolvenzantrag]).

14 Nach der **Rechtsprechung des BGH**, der die Frage der Zulässigkeit von Lösungsklauseln bisher nicht allgemein entschieden hat, beeinflussen grundsätzlich weder die Insolvenzeröffnung noch die Erfüllungsablehnung durch den Insolvenzverwalter ein vertraglich eingeräumtes Kündigungs- oder Rücktrittsrecht (**BGH** 26. 11. 03 – IV ZR 6/03, ZIP 2004, 176). **Auch wenn** die **Ausübung des Wahlrechts** seitens des Insolvenzverwalters im Ergebnis durch eine solche Vertragsgestaltung **unterlaufen wird**, führt dies allein noch nicht zur Unwirksamkeit der Klausel nach § 119, solange sie rechtlich nicht „*auf dieses Ziel ausgerichtet*" ist, sondern der Kündigungsgrund vielmehr an Tatsachen anknüpft, auf Grund derer dem Gläubiger eine Fortsetzung des Vertrags unzumutbar ist (**BGH** 17. 11. 05 – IX ZR 162/04, NZI 2006, 229 Rn 26 für Kündigung in der **Insolvenz des Lizenzgebers**, um ein Nutzungsrecht zu erwerben, m Anm *Huber/Riewe* ZInsO 2006, 290 und *Berger* NZI 2006, 380; *Kümmer* GRUR 2009, 293). Entscheidend ist demnach, dass sich die Rechtsfolgen einer Kündigung nach Insolvenzeröffnung nicht von einer solchen außerhalb der Insolvenz unterscheiden.

15 **c) Einzelfälle.** Die Wirksamkeit des Kündigungsrechts nach **§ 8 Nr 2 VOB/B** einschließlich der Schadenersatzfolge in S 3 leitet die Rechtsprechung aus der nach § 649 BGB ohnehin gegebenen Kündbarkeit des Vertrages ab, und zwar auch, wenn dieses erst nach Insolvenzeröffnung ausgeübt wird (**BGH** 26. 9. 85 – VII ZR 19/85, ZIP 1985, 1509; **OLG** Düsseldorf 8. 9. 06 – 23 U 35/06, BauR 2006, 1908; OLG Karlsruhe 26. 7. 02 – 14 U 207/00, IBR 2006, 398; MüKo-*Huber* § 119 Rn 51 [aber für Unwirksamkeit bei Gläubigerantrag und bezüglich Schadenersatzanspruch]; eingehend Beck'scher VOB-Komm/*Motzke* § 8 Nr 2 Rn 16 ff; KS-*Berger* Kap 12, Rn 10 ff; *Heidland* Der Bauvertrag in der Insolvenz, Rn 916, 1014, 1048; *Fritsche/Kilian* DZWiR 2008, 45; *Linnenbrink* NJW-Spezial 2008, 181; str aA N/R/*Balthasar* § 119 Rn 16; HK-*Marotzke* § 119 Rn 5; Braun-*Kroth* § 119 Rn 13; Ingenstau/Korbion/*Schmitz* VOB/B § 8 Nr 2 Rn 10 f; Kapelmann/Messerschmidt-*Lederer* VOB/B § 8 Rn 69; *Franke* BauR 2007, 774, 784; *Baldringer* NZBau 2005, 183; *Schwörer* Lösungsklauseln für den Insolvenzfall, S 74 Rn 507 ff; offen lassend HaKo-*Ahrendt* § 119 Rn 7). Zwar ist nicht zu verkennen, dass dadurch der Masse interessante Verträge verloren gehen können. Der Bauherr könnte das gleiche Ziel aber auch in der Weise erreichen, dass er die Kündigung auf einen insolvenzunabhängigen Grund stützt. In diesem Fall unterscheidet sich die von § 649 BGB abweichende Rechtsfolge auch nicht von einer vor der Insolvenz mit § 8 Nr 2 VOB/B begründeten Kündigung.

16 **Bau-ARGE-Verträge** sehen typischerweise das Ausscheiden eines Mitglieds bei Eröffnung des Insolvenzverfahrens über sein Vermögen und die Fortsetzung der Gesellschaft unter den übrigen vor. Hatte die spätere Insolvenzschuldnerin im Eröffnungsverfahren auf Abruf der übrigen Gesellschafter Leistungen an die ARGE erbracht und werden diese nach Insolvenzeröffnung nicht bezahlt, sondern entsprechend der Vereinbarung im Gesellschaftsvertrag in der Auseinandersetzungsbilanz verrechnet, ist diese Abwicklung wegen der engen Anlehnung an die gesetzliche Regelung (§§ 736, 738 BGB) unbedenklich und die Verrechnung auch nicht nach § 96 Abs 1 Nr 3 anfechtbar (**BGH** 14. 12. 06 – IX ZR 194/05, NZI 2007, 222).

17 § 119 steht einer Vereinbarung nicht entgegen, die den **Heimfall** eines **Erbbaurechts** für den Fall der Eröffnung des Insolvenzverfahrens über das Vermögen des Erbbauberechtigten zum Gegenstand hat (**BGH** 19. 4. 2007 – IX ZR 59/06, ZIP 2007, 1120, 1123; OLG Naumburg 14. 2. 2006 – 3 U 35/05, ZIP 2006, 716).

18 Soweit **§ 19 AGB-Banken** (Nr 26 AGB-Sparkassen) eine fristlose Kündigung nicht nur bei einer wesentlichen Verschlechterung der Vermögenslage des Kunden vorsieht, sondern auch für den Fall der Zahlungseinstellung oder eines Insolvenzantrages (*Obermüller* ZInsO 2002, 91, 102), rechtfertigt sich

die Wirksamkeit dieser Regelung daraus, dass das Lösungsrecht nicht darauf abzielt, das Wahlrecht des Verwalters einzuschränken, sondern der Bank eine Fortführung des Vertrages unzumutbar ist (Mohrbutter/Ringstmeier-*Homann* Hdb InsO § 7 Rn 136; MüKo-*Huber* § 119 Rn 22).

Im **Arbeitsrecht** verstoßen insolvenzabhängige Lösungsklauseln gegen das in § 108 Abs 1 ausdrücklich angeordnete Fortbestehen des Vertrages (MüKo-*Huber* § 119 Rn 69; aA *Schwörer* Lösungsklauseln für den Insolvenzfall, S 89 Rn 233). **19**

Aus den gleichen Gründen ist auch eine Klausel wirksam, die für den Fall der Eröffnung des Insolvenzverfahrens über das Vermögen eines **Kfz-Vertragshändlers** eine Beendigungsmöglichkeit vorsieht (OLG München 26. 4. 06 – 7 U 5350/05, ZInsO 2006, 1060, 1063 zu § 89 b HGB). **20**

Zulässig ist auch eine Lösungsklausel, die es der **Deutsche Börse AG** gestattet, sich im Falle der Insolvenz eines gelisteten Unternehmens einseitig von dem Vertragsverhältnis mit dem Emittenten zu lösen (SchiedsG Ffm 12. 2. 2002 – o Az, NZG 2002, 577). Insoweit liege lediglich eine mittelbare Beeinträchtigung des Insolvenzverwalterwahlrechts vor. **21**

Lösungsklauseln, die den Regelungen in **§ 108 und § 112** zuwiderlaufen, sind nach einhelliger Auffassung unwirksam (vgl Rn 6; FK-*Wegener* § 119 Rn 5; HaKo-*Ahrendt* § 119 Rn 5; MüKo-*Huber* § 119 Rn 21, Rn 69 u 72; N/R/*Balthasar* § 119 Rn 7). Dies gilt insb für ein mietvertraglich vereinbartes **Sonderkündigungsrecht** im Falle der Eröffnung des Insolvenzverfahrens über das Vermögen einer Partei (OLG Hamm 7. 3. 01 – 30 U 192/00, NZI 2002, 162, 163). Sofern der Vermieter nach einem erfolgten Lastschriftwiderruf mit der Kaution aufrechnet, kommt eine (fristlose) Kündigung des Vermieters wegen einer etwaigen Nichterfüllung des Kautionswiederauffüllungsanspruches ebenfalls nicht in Betracht (AG Hamburg 28. 6. 07 – 68 g IK 272/07, NZI 2007, 598). **22**

d) **Treu und Glauben.** Auf eine Lösungsklausel kann sich nicht mehr berufen, wer den Insolvenzverwalter nach § 103 Abs 2 S 2 **zur Ausübung des Wahlrechts aufgefordert** hat, da dieses Verhalten nur als ein konkludenter Verzicht auf das eigene Lösungsrecht verstanden werden kann (MüKo-*Huber* § 119 Rn 41; HaKo-*Ahrendt* § 119 Rn 11). Das Berufen auf eine vertragliche Lösungsklausel kann auch dann rechtsmissbräuchlich sein (§ 242 BGB), wenn der Vertragspartner von seiner Lösungsmöglichkeit in Kenntnis der Insolvenz längere Zeit keinen Gebrauch macht. **23**

Jedenfalls führt die **Erfüllungswahl** des Insolvenzverwalters dazu, dass einer nachfolgenden Kündigung des anderen Teils die Grundlage entzogen wird, wenn die Aufwertung seines Anspruchs zu einer Masseschuld sein Interesse an einer außerordentlichen Vertragsbeendigung vollständig entfallen lässt (MüKo-*Huber* § 119 Rn 42). Dies erfordert bei Verträgen, die eine dauerhafte Leistungsbereitschaft voraussetzen (zB Bauverträgen), eine Interessenabwägung im Einzelfall. Im umgekehrten Fall (zeitlich frühere Kündigung) geht die Erfüllungswahl in Ermangelung eines noch fortbestehenden Vertrages ins Leere, so dass letztlich ein „Wettlauf" zwischen dem Wahlrecht des Verwalters und dem Lösungsrecht des anderen Teils besteht. **24**

e) **AGB-Kontrolle.** Werden in AGB Lösungsklauseln **gegenüber einem Verbraucher** verwandt, so unterliegen diese der Kontrolle nach § 308 Nr 3 BGB (für Miet-, Pacht- und ähnliche Verträge geht allerdings § 112 InsO als lex specialis vor), wonach Bestimmungen – außer bei Dauerschuldverhältnissen – unwirksam sind, die sich der Verwender *„ohne sachlich gerechtfertigten Grund"* ausbedungen hat und für die auch kein sonstiges Interesse des Verwenders an der Vertragsauflösung feststellbar ist (BGH 8. 10. 90 – VIII ZR 247/89, NJW 1991, 102, 105; MüKo-*Huber* § 119 Rn 47). Rechtsklarheit für die Fälle der Zahlungseinstellung oder bei Vorliegen eines Insolvenzantrages bzw einer -eröffnung zu schaffen, liegt jedoch stets im Interesse des Verwenders, ohne dass gegenläufige Interessen des Vertragspartners erkennbar sind. Im Geschäftsverkehr **zwischen Unternehmern** fehlt es idR an einer *„unangemessenen Benachteiligung"* iSd §§ 307 Abs 2, 310 Abs 1 (FK-*Wegener* § 119 Rn 4). Zu **§ 8 Nr 2 VOB/B** s o Rn 15. **25**

f) **Insolvenzanfechtung.** Lösungsklauseln unterliegen auch den Regelungen der Insolvenzanfechtung (BGH 11. 11. 93 – IX ZR 257/92, ZIP 1994, 40). Zwar kann eine einheitliche Rechtshandlung (Vertrag) nur **insgesamt** angefochten werden (und nicht nur die einzelne Klausel). Ist aber der Vertrag nur wegen einer einzelnen gläubigerbenachteiligenden Klausel anfechtbar, erfolgt die Rückgewähr so, als ob er ohne diese Klausel abgeschlossen worden wäre. In diesem Fall begrenzt nämlich das Ausmaß der Benachteiligung zugleich den Umfang der Anfechtungswirkung, so dass für die Rückabwicklung allein die benachteiligende Klausel entfällt. Demgegenüber ist es dem Anfechtungsgegner verwehrt, sich darauf zu berufen, er hätte den Vertrag ohne diese Klausel nicht geschlossen, soweit dieser bereits in Vollzug gesetzt worden ist (BGH 11. 11. 93 aaO). **26**

§ 120 Kündigung von Betriebsvereinbarungen

(1) ¹Sind in Betriebsvereinbarungen Leistungen vorgesehen, welche die Insolvenzmasse belasten, so sollen Insolvenzverwalter und Betriebsrat über eine einvernehmliche Herabsetzung der Leistungen beraten. ²Diese Betriebsvereinbarungen können auch dann mit einer Frist von drei Monaten gekündigt werden, wenn eine längere Frist vereinbart ist.

(2) Unberührt bleibt das Recht, eine Betriebsvereinbarung aus wichtigem Grund ohne Einhaltung einer Kündigungsfrist zu kündigen.

I. Allgemeines

1 § 138 Abs 2 RegE wurde in unveränderter Form als § 120 Abs 2 in die InsO übernommen (BT-Drs 12/7302, S 50; S 3 des § 138 Abs 1 RegE wurde auf Grund der Beschl-Empf des RechtsA gestrichen und die Sätze 1 und 2 wurden als § 120 Abs 1 in die InsO übernommen (siehe BT-Drs 12/7302, S 170). § 120 ist mit Wirkung vom 1. 10. 1996 im Geltungsbereich der Konkursordnung bis zum Inkrafttreten der Insolvenzordnung mit der Maßgabe vorzeitig in Kraft gesetzt worden, dass das Wort „Insolvenzverwalter" durch das Wort „Konkursverwalter" und das Wort „Insolvenzmasse" durch das Wort „Konkursmasse" ersetzt worden sind (Art 6 G v 25. 9. 1996 – BGBl I S 1476). Während § 120 Abs 2 klarstellend festhält, dass Betriebsvereinbarungen aus wichtigem Grund ohne Einhaltung einer Kündigungsfrist kündbar sind, enthält § 120 Abs 1 zwei Neuerungen: Bei massebelastenden Betriebsvereinbarungen sollen die Betriebspartner zum einen einvernehmlich über eine Herabsetzung der Leistungen beraten (Satz 1), zum anderen ermöglicht die Vorschrift über Satz 2 eine jederzeitige Kündigungsmöglichkeit mit einer Höchstfrist von drei Monaten.

2 In **Betriebsvereinbarungen** iSd § 77 Abs 2 BetrVG, insbesondere in freiwilligen Betriebsvereinbarungen gem § 88 Nr 2 BetrVG, können Regelungen getroffen sein, die das **Unternehmen** des Schuldners **mit erheblichen Verbindlichkeiten belasten. Im Insolvenzverfahren** muss es möglich sein, das Unternehmen kurzfristig von solchen Verbindlichkeiten zu entlasten, unabhängig davon, ob der betreffende Betrieb stillgelegt, im Rahmen des bisherigen Unternehmens fortgeführt oder an einen Dritten veräußert werden soll (vgl Begr zu § 138 RegE – BR-Drs 1/92 S 153). Im Falle einer geplanten Betriebsveräußerung **kann** es besonders **wichtig sein**, eine **belastende Betriebsvereinbarung** rechtzeitig zu ändern oder **aufzuheben**, denn bestehende Betriebsvereinbarungen sind gem § 613a Abs 1 S 2 BGB auch für den Erwerber des Betriebs verbindlich, und Erwerbsinteressenten könnten es ablehnen, einen so belasteten Betrieb zu übernehmen. Der Wegfall der Belastungen wird vielfach erst die Betriebsveräußerung ermöglichen und damit zur Erhaltung der Arbeitsplätze beitragen (vgl Begr zu § 138 RegE – BT-Drs 12/2443 S 153).

II. Anwendungsbereich und Abgrenzungsfragen

3 **Betriebsvereinbarungen** sind **privatrechtliche Verträge zwischen Arbeitgeber und Betriebsrat**, die Rechtsnormen über den Abschluss, den Inhalt und die Beendigung von Arbeitsverhältnissen einerseits sowie betriebliche und betriebsverfassungsrechtliche Fragen andererseits enthalten können. Soweit Arbeitsentgelte und sonstige Arbeitsbedingungen in Tarifverträgen geregelt sind oder üblicherweise geregelt werden, können sie nicht Gegenstand einer Betriebsvereinbarung sein (§ 77 Abs 3 S 1 BetrVG), es sei denn, der Tarifvertrag beseitigt diese Sperrwirkung durch eine Öffnungsklausel (§ 77 Abs 3 S 2 BetrVG). Betriebsvereinbarungen sind von den Betriebspartnern gemeinsam zu beschließen, schriftlich niederzulegen und zu unterzeichnen (§ 77 Abs 2 S 1, 2 BetrVG) und gelten dann unmittelbar und zwingend für alle Arbeitsverhältnisse (§ 77 Abs 4 S 1 BetrVG).

4 § 120 Abs 1 spricht von **„Betriebsvereinbarungen"** und verweist damit auf die betriebsverfassungsrechtlichen Vorschriften. Erfasst sind zunächst Betriebsvereinbarungen iSd § 77 Abs 2 BetrVG, die zwischen Arbeitgeber und Betriebsrat abgeschlossen wurden und damit vor allem Betriebsvereinbarungen, die mitbestimmungspflichtige Angelegenheiten, insbesondere die nach dem Katalog des § 87 Abs 1 BetrVG betreffen sowie auch freiwillige Betriebsvereinbarungen nach § 88 BetrVG. Das Wort „Betriebsvereinbarungen" schließt **Gesamtbetriebsvereinbarungen** ein, die ein Gesamtbetriebsrat im Rahmen seiner Zuständigkeit nach § 50 Abs 1 BetrVG unternehmensbezogen abgeschlossen hat (K/P/B-*Moll* § 120 Rn 12; *Oetker/Friese* DZWIR 2001, 397, 398; MK/*Löwisch/Caspers* § 120 Rn 7). Nach den Änderungen durch das Betriebsverfassungs-Reformgesetz v 23. 7. 2001 (BGBl I S 1852) ist durch § 50 Abs 1 S 1 HS 2 BetrVG klargestellt worden, dass sich die Zuständigkeit des Gesamtbetriebsrats nunmehr auch auf Betriebe ohne Betriebsrat erstreckt. Ferner werden **Konzernbetriebsvereinbarungen**, die ein Konzernbetriebsrat im Rahmen seines Zuständigkeitsbereichs nach § 58 Abs 1 BetrVG konzernbezogen abgeschlossen hat, erfasst. Für eine Anwendung auf alle Betriebsvereinbarungen spricht nicht nur der Wortlaut, sondern auch die Zielrichtung des Gesetzes (K/P/B-*Moll* § 120 Rn 12; *Oetker/Friese* DZWIR 2001, 397, 398; HaKo/*Ahrendt* § 120 Rn 3). Außerdem differenziert § 120 Abs 1 nicht danach, ob es sich um erzwingbare Betriebsvereinbarungen, insbesondere iSd § 87 Abs 1 BetrVG, handelt, bei denen die Einigung der Betriebspartner durch Spruch der Einigungsstelle ersetzt werden kann (§ 87 Abs 2 iVm § 76 Abs 5 BetrVG), und freiwilligen Betriebsvereinbarungen iSd § 88 BetrVG. Die Unterscheidung zwischen erzwingbaren und freiwilligen Betriebsvereinbarungen kann von Bedeutung sein, wenn es um die Nachwirkung nach § 77 Abs 6 BetrVG geht, da nur freiwillige Betriebsvereinbarungen keine Nachwirkungen entfalten.

5 **1. Analoge Anwendung auf Regelungsabrede.** Neben der formbedürftigen Betriebsvereinbarung ist die Existenz einer formlosen Einigung zwischen den Betriebsparteien anerkannt, die als Regelungsabrede, aber auch als Regelungsabsprache, Betriebsabsprache oder Betriebsabrede bezeichnet wird. Die Betriebspartner können nicht nur in einer Betriebsvereinbarung, sondern auch in einer **formlosen Regelungsab-**

II. Anwendungsbereich und Abgrenzungsfragen § 120

rede mitbestimmungspflichtige Angelegenheiten regeln (BAG 20. 11. 1990 – 1 AZR 643/89, AP Nr 48 zu § 77 BetrVG 1972 = NZA 1991, 426). Die Regelungsabrede ist ein schuldrechtlicher Vertrag der Betriebsparteien. Sie wirkt lediglich zwischen Arbeitgeber und Betriebsrat und hat keine normative Wirkung auf den Inhalt der Arbeitsverhältnisse (BAG 18. 11. 2008 – 3 AZR 277/07, NZA-RR 2009, 153 mwN; BAG 10. 3. 1992 – 1 ABR 31/91, AP Nr 1 zu § 77 BetrVG 1972 Regelungsabrede = NZA 1992, 952; BAG 23. 6. 1992 – 1 ABR 53/91, AP Nr 51 zu § 87 BetrVG 1972 Arbeitszeit = NZA 1992, 1098). Wählen Arbeitgeber und Betriebsrat die Form der Regelungsabrede, bleibt dem Arbeitgeber überlassen, das mit dem Betriebsrat abgesprochene Konzept gegenüber allen betroffenen Arbeitnehmern mit individual-rechtlichen Mitteln durchzusetzen (BAG GS 16. 9. 1986 – GS 1/82, AP Nr 17 zu § 77 BetrVG 1972 = NZA 1987, 168 = NZA 1987, 185 [*Richardi*]). Regelungsabreden können in gleicher Weise wie Betriebsvereinbarungen abgeändert, abgelöst und analog § 77 Abs 5 BetrVG gekündigt werden (BAG 10. 3. 1992 – 1 ABR 31/91, aaO). Soweit sie mitbestimmungspflichtige Angelegenheiten zum Gegenstand haben, wirkt die Regelungsabrede analog § 77 Abs 6 BetrVG nach (BAG 23. 6. 1992 – 1 ABR 53/91, aaO; str aA *Fitting* § 77 Rn 226). Diese übereinstimmende Behandlung nach allgemeinen betriebsverfassungsrechtlichen Grundsätzen rechtfertigt es, § 120 Abs 1 auch auf die Regelungsabsprache (analog) anzuwenden (FK-*Eisenbeis* § 120 Rn 5; KS-*Hanau/Berscheid* S 1540, 1550 Rn 16; Hess § 120 Rn 2; K/P/B-*Moll* § 120 Rn 15; *Oetker/Friese* DZWIR 2001, 397, 400; *Zwanziger* Arbeitsrecht, § 120 Rn 17). Eine entsprechende Anwendung des § 120 Abs 1 auf Regelungsabsprachen ist ferner durch die gesetzgeberische Absicht, die Insolvenzmasse zu entlasten, gedeckt. Denn das Bedürfnis auf Entlastung besteht unabhängig davon, ob die Belastung ihre Rechtsgrundlage in einer Betriebsvereinbarung oder Regelungsabsprache hat. Die Rechtswirkungen von Herabsetzungsvereinbarungen oder Kündigungen sind wegen der fehlenden Normwirkung bei Regelungsabreden jedoch anders als bei Betriebsvereinbarungen. Während letztere unmittelbar und zwingend auf die Arbeitsverhältnisse einwirken (§ 77 Abs 4 BetrVG), muss der Insolvenzverwalter bei Herabsetzungsvereinbarungen und Kündigung von Regelungsabreden diese auf der Arbeitsvertragsebene noch umsetzen, so dass § 120 Abs 1 hier zwar nicht voll durchschlägt, aber dennoch das Bedürfnis zur Schaffung der Umsetzungsmöglichkeit besteht (*Oetker/Friese* DZWIR 2001, 397, 401).

2. Betriebsvereinbarungen und Regelungsabreden mit belastenden Leistungen. § 120 Abs 1 betrifft 6 nicht Betriebsvereinbarungen und Regelungsabreden jedweder Art, sondern nur solche, die Leistungen vorsehen, welche die Insolvenzmasse (§ 35) belasten. Der Begriff „Belastung" ist mit dem Begriff „Leistung" nicht deckungsgleich, da sonst die Selbstständigkeit eines der konkretisierenden Begriffsmerkmale der Regelung des § 120 Abs 1 in Zweifel gezogen würde (so wörtlich *Oetker/Friese* DZWIR 2001, 397, 398; ähnl FK-*Eisenbeis* § 120 Rn 9). Mithin muss nicht jede in einer Betriebsvereinbarung oder Regelungsabrede ausgewiesene Leistung zu einer Belastung der Insolvenzmasse führen. Eine Belastung liegt aber stets dann vor, wenn durch die Leistungspflicht der Insolvenzmasse Finanz- und/oder Sachmittel entzogen oder solche gebunden werden (so wörtlich *Oetker/Friese* DZWIR 2001, 397, 398). Welche Leistungen konkret von dieser Regelung erfasst werden sollen, gibt der Gesetzgeber nicht vor. Im Gesetzgebungsverfahren standen **Sozialeinrichtungen iSd § 88 Nr 2 BetrVG**, wie die Unterhaltung einer Kantine, eines Kindergartens oder eines Erholungsheimes, im Mittelpunkt der allerdings nicht abschließenden Betrachtung (vgl Begr zu § 138 RegE BR-Drs 1/92 S 153). Weitere Sozialeinrichtungen können daher betriebliche Unterstützungs- und Pensionskassen, Werksbücherei und Sportanlagen sein.

a) Katalog belastender Leistungen. Weitere regelbare Fragen iSd § 88 BetrVG mit belastenden Leis- 7 tungen sind Arbeitskleidung (BAG 1. 12. 1992 – 1 AZR 260/92, AP Nr 20 zu § 87 BetrVG 1972 Ordnung des Betriebes = NZA 1993, 711), Beihilfen im Krankheitsfalle (BAG 13. 5. 1997 – 1 AZR 75/97, AP Nr 65 zu § 77 BetrVG 1972 = NZA 1998, 160 = ZIP 1998, 119), Belegschaftsaktien (BAG 28. 11. 1989 – 3 AZR 118/88, AP Nr 6 zu § 88 BetrVG 1972 = NZA 1990, 559), Essensgeldzuschüsse (NR-*Hamacher* § 120 Rn 25), Gratifikationszahlungen (BAG 13. 7. 1962 – 1 ABR 2/61, AP Nr 3 zu § 57 BetrVG 1952; BAG 26. 4. 1990 – 6 AZR 278/88, AP Nr 4 zu § 77 BetrVG 1972 = NZA 1990, 814 = ZIP 1990, 1148), Jubilarzusatzurlaub (BAG 27. 6. 1985 – 6 AZR 392/81, AP Nr 14 zu § 77 BetrVG 1972 = NZA 1986, 401), Jubiläumszuwendungen (BAG GS 16. 9. 1986 – GS 1/82, AP Nr 17 zu § 77 BetrVG 1972 = NZA 1987, 168 = ZIP 1987, 251; BAG 3. 11. 1987 – 8 AZR 316/81, AP Nr 25 zu § 77 BetrVG 1972 = NZA 1988, 509 = ZIP 1988, 795), Prämien (NR-*Hamacher* § 120 Rn 25), betriebliches Ruhegeld (BAG GS 16. 3. 1956 – GS 1/55, AP Nr 1 zu § 57 BetrVG 1952; BAG 19. 6. 1956 – 3 AZR 207/54, AP Nr 2 zu § 57 BetrVG 1952 [*Siebert*]; BAG 18. 12. 1958 – 4 AZR 217/56, nv), Sicherheitsschuhe (ArbG Berlin 6. 2. 1970 – 10 Ca 525/69, DB 1970, 547), Treueprämien (BAG 30. 8. 1983 – 1 ABR 12/82, AP Nr 4 zu § 57 BetrVG 1952), Winterzusatzurlaub (BAG 9. 7. 1986 – 8 AZR 169/82, nv), leistungsbezogene Zulagen (NR-*Hamacher* § 120 Rn 25).

b) Besonderheiten bei Sozialplänen. Fraglich ist, ob **Sozialpläne**, die gemäß § 112 Abs 1 S 3 BetrVG 8 die Wirkung von Betriebsvereinbarungen haben, unter die Regelung des § 120 Abs 1 fallen. Zu denken ist vor allem an freiwillige, vorsorgliche Sozialpläne für in groben Umrissen schon abschätzbare Betriebsänderungen (siehe dazu BAG 26. 8. 1997 – 1 ABR 12/97, AP Nr 117 zu § 112 BetrVG 1972 [*Meyer*] = NZA 1998, 216 = ZIP 1998, 1412) sowie vorsorgliche Sozialpläne bei Ungewissheit über einen Betriebsübergang (siehe dazu **BAG** 1. 4. 1998 – 10 ABR 17/97, AP Nr 123 zu § 112 BetrVG 1972 = NJW 1999, 382 = NZA 1998, 768 = ZIP 1998, 1199), aber auch an Sozialpläne mit Dauerregelungen oder noch nicht vollständig erfüllte Sozialpläne. Hier ist zunächst die Regelung des § 124 Abs 1 zu beachten. Danach kann ein Sozialplan, der vor der Eröffnung des Insolvenzverfahrens, jedoch nicht früher als drei Monate vor dem Eröffnungsantrag aufgestellt worden ist, sowohl vom Insolvenzverwalter als auch vom Betriebsrat widerrufen werden; diese Regelung ist **für** solche „**insolvenznahe**" Sozialpläne (siehe zum Ausdruck FK-*Eisenbeis* § 124 Rn 6) **lex specialis zu § 120**. Eine Anwendung des § 120 auf „insolvenznahe" Sozialpläne kommt daher nicht in Betracht (HK-*Linck* § 120 Rn 3 u § 124 Rn 1; ebenso K/P/B-*Moll* § 120 Rn 16; KS-*Schwerdtner* S 1605, 1646 Rn 117). Für eine **Einbeziehung von** „**insolvenzfernen**" **Sozialplänen** (siehe zum Ausdruck NR-*Hamacher* § 124 Rn 24), die früher als drei Monate vor dem Antrag auf Insolvenzeröffnung und damit außerhalb der „Rückgriffszeit" (siehe zum Ausdruck K/P/B-*Moll* §§ 123, 124 Rn 92) des § 124 Abs 1 aufgestellt worden sind, besteht allenfalls dann ein **Bedürfnis, wenn** sie entweder **Dauerregelungen enthalten oder** die zugrunde liegende **Betriebsänderung** noch **nicht abgeschlossen** ist, was wegen der Fristenregelung – früher als drei Monate vor Stellung des Insolvenzantrags- selten vorkommen dürfte, nämlich nur dann, wenn Arbeitnehmer mit Jahreskündigungsfristen oder dem Jahres- oder Halbjahresschluss als Kündigungstermin betroffen sind. Im Fall der noch nicht vollständig abgeschlossenen Betriebsänderung sind Sozialpläne – soweit nichts Gegenteiliges vereinbart ist – als Einzelfallregelungen im Allgemeinen nicht ordentlich kündbar (**BAG** 24. 3. 1981 – 1 AZR 805/78, AP Nr 12 zu § 112 BetrVG 1972 [*Hilger*] = KTS 1982, 266 = NJW 1982, 70 = SAE 1982, 76 [*Mayer-Maly*] = ZIP 1981, 1125). Will der Insolvenzverwalter in einem solchen Fall gemäß § 113 S 2 mit der Höchstfrist von drei Monaten zum Monatsende nachkündigen, um die Kündigungsfrist abzukürzen oder den Kündigungstermin vorzuziehen, muss er auch die Möglichkeit haben, den bisherigen Sozialplan gemäß § 120 Abs 1 S 2 zu kündigen (K/P/B-*Moll* § 120 Rn 16; str aA *Oetker/Friese* DZWIR 2001, 397, 400). Im Fall einer Dauerregelung ist die ordentliche Kündigung eines Sozialplanes nur möglich, soweit der Sozialplan Regelungen vorsieht, nach denen ein bestimmter wirtschaftlicher Nachteil durch auf bestimmte oder auf unbestimmte Zeit laufende Leistungen ausgeglichen oder gemildert werden soll (**BAG** 10. 8. 1994 – 10 ABR 61/93, AP Nr 86 zu § 112 BetrVG 1972 [*v. Hoyningen-Huene*] = NZA 1995, 314 = ZIP 1995, 1037). In einem solchen Fall können die Betriebspartner den Sozialplan allerdings auch jederzeit einvernehmlich mit Wirkung für die Zukunft abändern (**BAG** 10. 8. 1994 – 10 ABR 61/93, aaO), was der Grundidee des § 120 Abs 1 S 1 entspricht. Auch wird eine Kündigungsmöglichkeit analog § 77 Abs 5 BetrVG mit der Maßgabe bejaht, dass die Regelungen des gekündigten Sozialplans nachwirken, bis sie durch eine neue Regelung ersetzt werden (**BAG** 10. 8. 1994 – 10 ABR 61/93, aaO). Falls im Sozialplan eine längere Kündigungsfrist als drei Monate vereinbart ist, besteht ein Bedürfnis für eine Anwendung des § 120 Abs 1 S 2 (K/P/B-*Moll* § 120 Rn 16; *Oetker/Friese* DZWIR 2001, 397, 400). Ob ein Sozialplan, der Dauerregelungen enthält, auch außerordentlich aus wichtigem Grund gekündigt werden kann, hat das **BAG** bisher noch nicht entschieden. Forderungen, insbesondere Abfindungsansprüche, aus einem Sozialplan, die im Zeitpunkt der Insolvenzeröffnung noch nicht erfüllt sind, können im Verfahren nur noch als einfache Insolvenzforderungen (§ 38) geltend gemacht werden (**BAG** 30. 4. 1984 – 1 AZR 34/84 = NZA 1984, 191).

9   c) **Entgelt- und Entlohnungsregelungen.** Umstritten ist, ob Betriebsvereinbarungen nach § 87 Abs 1 Nr 11 BetrVG über Akkordsätze erfasst werden. Für eine Anwendung des § 120 Abs 1 spricht der Umstand, dass die Geldfaktoren in Akkordvereinbarungen unterschiedlich hoch angesetzt werden können, so dass ein Bedürfnis für ihre Herabsetzung bestehen kann (MK/*Löwisch/Caspers* § 120 Rn 9; *Warrikoff* BB 1994, 2338, 2339; str aA NR-*Hamacher* § 120 Rn 25; *Zwanziger* Arbeitsrecht § 120 Rn 2). Betriebsvereinbarungen iSv § 120 Abs 1 können sämtliche **Entgelt- und Entlohnungsregelungen im Rahmen von § 87 Abs 1 Nr 10 u 11 BetrVG** betreffen, und zwar unabhängig davon, ob sie etwa kraft tariflicher Öffnungsklausel die normale Vergütung oder Neben- und Sonderleistungen betreffen (Hess § 120 Rn 4; K/P/B-*Moll* § 120 Rn 18; HK-*Linck* § 120 Rn 4; *Oetker/Friese* DZWIR 2001, 397, 398; **str teilw aA**; *Zwanziger* Arbeitsrecht § 120 Rn 4). Denn es besteht kein gesetzlicher Anhaltspunkt dafür, dass einzelne Entgelt- und Entlohnungsregelungen nicht unter den Anwendungsbereich des § 120 Abs 1 fallen. Die Kostenbelastung und damit das Entlastungsbedürfnis der Insolvenzmasse besteht unabhängig davon, ob es sich um Haupt-, Neben- oder Sonderleistungen handelt (K/P/B-*Moll* § 120 Rn 18; MK/*Löwisch/Caspers* § 120 Rn 9). Daher werden auch Maßnahmen zur Förderung der Vermögensbildung iSd § 88 Nr 3 BetrVG erfasst (NR-*Hamacher* § 120 Rn 25; str aA *Zwanziger* Arbeitsrecht § 120 Rn 4).

10   3. **Mittelbar belastende Betriebsablauf- oder Organisationsregelungen. Auch die Frage**, ob solche Betriebsvereinbarungen erfasst werden, die die Insolvenzmasse nur mittelbar belasten, wird kontrovers diskutiert. Hier geht es insbesondere um Betriebsablauf- oder Organisationsregelungen sowie Arbeitszeitregelungen; soweit sich aus deren Anwendung **Leistungen zugunsten von Arbeitnehmern** ergeben, wie bspw Schichtzuschläge oder Zeitzuschläge oder Überstundenvergütungen oder Erschwerniszulagen, werden sie von § 120 erfasst (KS-*Hanau/Berscheid* S 1540, 1550 Rn 16; K/P/B-*Moll* § 120 Rn 19; NR-*Hamacher* § 120 Rn 26; **str aA** *Bichlmeier/Oberhofer* AiB 1997, 161, 163, die jede mittelbare Leistung

IV. Ordentliche Kündigung **§ 120**

nicht als erfasst sehen; ebenso FK-*Eisenbeis* § 120 Rn 9; *R Müller* NZA 1998, 1315, 1317; *Oetker/ Friese* DZWIR 2001, 397, 399). Entscheidend ist, dass die Betriebsvereinbarungen Leistungen vorsehen, die für die Insolvenzmasse belastend sind. Dabei kommt es **nicht** auf die **subjektive Einschätzung des Insolvenzverwalters** an, sondern **maßgeblich ist die objektive Belastung der Insolvenzmasse** (NR-*Hamacher* § 120 Rn 27; *Oetker/Friese* DZWIR 2001, 397, 398; *Zwanziger* Arbeitsrecht § 120 Rn 2). Daher unterfallen Regelungen, die vom Insolvenzverwalter als belastend angesehen werden, aber keine Leistung an den Arbeitnehmer vorsehen, wie bspw unflexible Arbeitszeiten, nicht dem Anwendungsbereich des § 120 Abs 1 (MK/*Löwisch/Caspers* § 120 Rn 12; K/P/B-*Moll* § 120 Rn 19).

III. Beratungsgebot

§ 120 Abs 1 S 1 enthält eine Aufforderung an beide Betriebsparteien, über eine einvernehmliche **Herabsetzung der Leistungen** zu beraten. Dem Insolvenzverwalter und dem Betriebsrat bleibt es damit unbenommen, geltende Betriebsvereinbarungen abzuändern oder durch andere Betriebsvereinbarungen abzulösen. Die gesetzliche Regelung schließt auch den Fall ein, dass über einen **völligen Wegfall der Leistungen** beraten wird (*Lakies* RdA 1997, 145, 147; zust K/P/B-*Moll* § 120 Rn 21; NR-*Hamacher* § 120 Rn 29; **str** teilw aA *R. Müller* NZA 1998, 1315, 1317, der nur die Herabsetzung als Regelfall annimmt). 11

Nach dem Gesetzeswortlaut handelt es sich um eine **Sollvorschrift**, deren Nichtbeachtung nicht zur Unzulässigkeit der Kündigung führt (K/P/B-*Moll* § 120 Rn 31). Aus dem bestehenden Beratungsgebot folgt keine strikte Beratungs- oder Verhandlungspflicht; es handelt sich nur um einen Appell an den Betriebsrat und an den Insolvenzverwalter (*Grunsky/Moll* Arbeitsrecht Rn 294; K/P/B-*Moll* § 120 Rn 22; NR-*Hamacher* § 120 Rn 28; *Schaub* Arbeitsrechts-Handbuch § 93 Rn 130; **str aA** *Oetker/Friese* DZWiR 2001, 397, 403; offen gelassen LAG Baden-Württemberg 15. 6. 2005 – 12 TaBV 6/04, nv [s Rn 14 am Ende]). Teilweise wird vertreten, dass der Insolvenzverwalter **nicht** von seiner betriebsverfassungsrechtlichen Verpflichtung nach § 74 Abs 1 S 2 BetrVG entbunden ist. Daraus wird geschlossen, dass das Beratungsgebot für die vorzeitige Kündigung nach § 120 Abs 1 S 2 und die Kündigung aus wichtigem Grund Bedeutung hat, da der nach der Rechtsprechung (**BAG** 24. 1. 2001 – 4 AZR 655/99, NZA 2001, 788) die vorzeitige Kündigung von Dauerrechtsverhältnissen prägende Ultima-ratio-Grundsatz verlangt, dass vor einer vorzeitigen Kündigung die Möglichkeiten einvernehmlicher Anpassung ausgeschöpft werden (NR-*Hamacher* § 120 Rn 28; MK/*Löwisch/Caspers* § 120 Rn 21; **str aA** K/P/B-*Moll* § 120 Rn 32). Weder der Betriebsrat noch der Insolvenzverwalter haben jedoch einen Anspruch darauf, dass es zu Beratung kommt, denn weder der Insolvenzverwalter kann erzwingen, dass der Betriebsrat sich auf Verhandlungen einlässt, noch kann der Betriebsrat verlangen, dass der Insolvenzverwalter Verhandlungen anbietet (*Giesen* ZIP 1998, 142; *Lakies* RdA 1997, 145, 147; ähnl FK-*Eisenbeis* § 120 Rn 6, 7; K/P/B-*Moll* § 120 Rn 22; *Schaub* DB 1999, 217, 227; **str aA** *Bichlmeier/ Oberhofer* AiB 1997, 161, 163). Daraus folgt andererseits auch, dass keine Seite gegenüber der anderen einen Anspruch darauf hat, dass diese sich mit einer Herabsetzung von Leistungen einverstanden erklärt (K/P/B-*Moll* § 120 Rn 23). Erzielen die Betriebspartner **keine einvernehmliche Einigung, bleibt nur die Möglichkeit der Kündigung.** 12

IV. Ordentliche Kündigung

Durch § 120 Abs 1 wird zunächst klargestellt, dass die **Eröffnung des Insolvenzverfahrens keinen Einfluss auf den Bestand von Betriebsvereinbarungen** hat, sondern dass diese fortgelten (Hess § 120 Rn 724; *Lakies* RdA 1997, 145, 147; *Lohkemper* KTS 1996, 1, 37; NR-*Hamacher* § 120 Rn 31). Die Betriebsparteien müssen vielmehr von dem Gestaltungsrecht der Kündigung Gebrauch machen, wenn sie sich einseitig von einer Betriebsvereinbarung lösen wollen. Für die Kündigung ist Schriftform nicht vorgeschrieben, aber aus Beweisgründen zu empfehlen (Hess § 120 Rn 24). 13

1. Höchstkündigungsfrist für die Insolvenz. Die nach § 120 Abs 1 S 2 vorgesehene Kündigungsfrist von höchstens drei Monaten entspricht der im Betriebsverfassungsgesetz vorgesehenen Regelkündigungsfrist für Betriebsvereinbarungen (§ 77 Abs 5 BetrVG). Es ist jedoch allgemein verbreitet, dass die Betriebsparteien bei Dauerregelungen längere Kündigungsfristen oder andere Kündigungserschwernisse vereinbaren. Ist dies der Fall, so erfasst § 120 Abs 1 S 2 mit seiner Höchstkündigungsfrist von drei Monaten die unter seinen Anwendungsbereich fallenden Betriebsvereinbarungen. Anders als § 113 S 2 braucht die Kündigung nach § 120 Abs 1 S 2 **nicht zum Monatsende** ausgesprochen zu werden, sondern die dreimonatige Höchstfrist rechnet am Zugang der Kündigung; für Fristbeginn und Fristende gelten die §§ 187 Abs 1, 188 Abs 2 BGB. Die gesetzliche Höchstkündigungsfrist gilt namentlich auch in den Fällen, in denen die Parteien bestimmte Kündigungstermine festgelegt oder den **Ausschluss des Rechts zur ordentlichen Kündigung** vereinbart haben (ausf. *Oetker/Friese* DZWIR 2001, 397, 405; ferner *Lakies* RdA 1997, 145, 147; *ders* BB 1998, 2638, 2641; K/P/B-*Moll* § 120 Rn 27; NR-*Hamacher* § 120 Rn 35; *Schrader* NZA 1997, 70, 71; *Zwanziger* Arbeitsrecht in der Insolvenz § 120 Rn 6; **str aA** *Bichlmeier/Oberhofer* AiB 1997, 161, 163; *Lohkemper* KTS 1996, 1, 40; *R. Müller* NZA 1998, 1315, 1318), 14 was rechtlich zulässig ist (**BAG** 17. 1. 1995 – 1 ABR 29/94, AP Nr 7 zu § 77 BetrVG 1972 Nachwirkung = NZA 1995, 1010). § 120 Abs 1 S 2 greift auch dann, wenn außerhalb der Insolvenz eine Kündigungsmöglichkeit nicht besteht, weil bspw bestimmte inhaltliche Voraussetzungen für die Ausübung des Kündigungsrechts (noch) nicht vorliegen, die die Betriebsparteien in der Betriebsvereinbarung festgelegt haben (K/P/B-*Moll* § 120 Rn 28; zust *Oetker/Friese* DZWIR 2001, 397, 405; ähnl NR-*Hamacher* § 120 Rn 27; **str aA** *R Müller* NZA 1998, 1315, 1318; *Oetker/Friese* DZWIR 2001, 397, 403). Soweit die Betriebsparteien in der Betriebsvereinbarung eine kürzere Kündigungsfrist vereinbart haben, so bleibt diese weiterhin anwendbar (K/P/B-*Moll* § 120 Rn 26; NR-*Hamacher* § 120 Rn 36). Die **gesetzliche Höchstfrist** gilt im Übrigen **unabhängig von der Art der Verwertung**, so dass es keine Rolle spielt, ob der Betrieb stillgelegt, fortgeteilt, geteilt oder veräußert werden soll (*Grunsky/Moll* Arbeitsrecht und Insolvenz Rn 295; *Hess* § 120 Rn 17; *Lakies* RdA 1997, 145, 147; NR-*Hamacher* § 120 Rn 36; *Schrader* NZA 1997, 70, 71; **str aA** *Bichlmeier/Oberhofer* AiB 1997, 161, 163). Enthält eine Betriebsvereinbarung nur zum Teil Bestimmungen über Leistungen, die die Insolvenzmasse belasten, so ist eine **Teilkündigung** mit der Frist des § 120 Abs 1 S 2 zulässig, sofern die Betriebsvereinbarung entweder eine Teilkündigung ausdrücklich zulässt oder diese einen sachlich unabhängigen und selbstständigen Teilkomplex betrifft, während die restlichen Teile der Betriebsvereinbarung nur mit der vereinbarten Kündigungsfrist gekündigt werden können und – falls dies nicht geschieht – weiter fortbestehen (*Zwanziger* Arbeitsrecht § 120 Rn 7; zust *Hess* § 120 Rn 26; NR-*Hamacher* § 120 Rn 33, 38; *Oetker/Friese* DZWIR 2001, 397, 404 f; LAG Baden-Württemberg 15. 6. 2005 – 12 TaBV 6/04, nv; K/P/B-*Moll* § 120 Rn 36, der allerdings die Auffassung vertritt, dass ohne die Möglichkeit der Teilkündigung die gesamte Betriebsvereinbarung kündbar sei).

15   **2. Jederzeitige Kündigungsmöglichkeit.** Der Wortlaut des § 120 Abs 1 S 2 macht die Möglichkeit der vorzeitigen **Kündigung nicht** davon **abhängig, ob** die Betriebsparteien zuvor gemäß § 120 Abs 1 S 1 **über** eine Herabsetzung oder **Ablösung der Leistungen beraten** und verhandelt haben (*Giesen* ZIP 1998, 142; *Heinze* NZA 1999, 57, 61; *Hess* § 120 Rn 17; HK-*Linck* § 120 Rn 6; K/P/B-*Moll* § 120 Rn 31; *Oetker/Friese* DZWIR 2001, 397, 404; iE auch *Zwanziger* Arbeitsrecht § 120 Rn 8). Die Einführung einer Stufenfolge mit Verhandlungen als Voraussetzung für eine Kündigung ist mit der gesetzlichen Zielsetzung, eine klare und schnelle Änderung der belastenden Betriebsvereinbarung herbeizuführen, nicht vereinbar (K/P/B-*Moll* § 120 Rn 32). Der Ausspruch der Kündigung nach § 120 Abs 1 S 2 unterliegt im Übrigen keinen weiteren Voraussetzungen (*Lohkemper* KTS 1996, 1, 38) und erfolgt nach allgemeinen betriebsverfassungsrechtlichen Grundsätzen (K/P/B-*Moll* § 120 Rn 33 mwN). Die **Kündigung** von Betriebsvereinbarungen ist jederzeit und **während der Dauer des gesamten Verfahrens möglich**, selbst wenn der erste Kündigungstermin nach Verfahrenseröffnung verstrichen ist. Die Frage der Kündigungsnotwendigkeit kann sich je nach Verfahrensgang unterschiedlich darstellen, insbesondere kann es geboten sein, belastende Betriebsvereinbarungen vor einer Betriebsveräußerung an die Vorstellungen des Erwerbers anzupassen. Da das Gesetz bei Betriebsvereinbarungen keinen Kündigungsschutz kennt, **bedarf** ihre **Kündigung** auch **keines** rechtfertigenden **sachlichen Grundes** (BAG 9. 2. 1989 – 8 AZR 310/87, AP Nr 40 zu § 77 BetrVG 1972 [*Richardi*] = NZA 1989, 756; **BAG** 10. 3. 1992 – 3 ABR 54/91, AP Nr 5 zu § 1 BetrAVG Betriebsvereinbarung = NZA 1993, 234 = ZIP 1992, 1165; **BAG** 11. 5. 1999 – 3 AZR 21/98, NZA 2000, 322; **BAG** 11. 5. 1999 – 3 AZR 20/98, AuR 2000, 389 [*Herbst/Mattes*]; zust K/P/B-*Moll* § 120 Rn 33; ausf *Oetker/Friese* DZWIR 2001, 397, 404 mwN in Fn 67; **str aA** *Hanau/Preis* NZA 1991, 81 ff). Die Kündigung unterliegt ebenso wenig einer Inhaltskontrolle (MüKoInsO-*Löwisch/Caspers* § 120 Rn 9).

V. Nachwirkung

16   Durch das **Sonderkündigungsrecht** des § 120 Abs 1 S 2 werden die **Grundsätze** über die **Nachwirkung** von Betriebsvereinbarungen nach § 77 Abs 6 BetrVG **nicht angetastet**, so dass insoweit keine insolvenzrechtlichen Besonderheiten bestehen (*Lohkemper* KTS 1996, 1, 39). Allerdings entfalten nur erzwingbare Betriebsvereinbarungen über mitbestimmungspflichtige Angelegenheiten die Nachwirkung nach § 77 Abs 6 BetrVG. In einem solchen Falle gelten die Regelungen der Betriebsvereinbarung so lange weiter, bis sie durch eine andere Abmachung ersetzt werden (*Giesen* ZIP 1998, 142; *Grunsky/Moll* Arbeitsrecht Rn 298; *Heinze* NZA 1999, 57, 61; K/P/B-*Moll* § 120 Rn 37; *Lakies* RdA 1997, 145, 147; *ders* BB 1998, 2638, 2641; *Löwisch* NZA 1996, 1009, 1017; *Lohkemper* KTS 1996, 1, 39; *R. Müller* NZA 1998, 1315, 1318; *Schrader* NZA 1997, 70, 71; *Warrikoff* BB 1994, 2338, 2339; **BAG** 26. 8. 2008 – 1 AZR 354/07, DB 2008, 2709 = NZA 2008, 1426). Haben die Parteien in einem solchen Fall die **Nachwirkung in der Betriebsvereinbarung ausgeschlossen**, so sind sie auch im Insolvenzverfahren an diese Vereinbarung gebunden (*Zwanziger* Arbeitsrecht § 120 Rn 10; zust NR-*Hamacher* § 120 Rn 39).

17   **1. Keine Nachwirkung bei freiwilligen Betriebsvereinbarungen.** Bei Kündigung von freiwilligen Betriebsvereinbarungen **endet** deren **normative Wirkung mit Ablauf der Kündigungsfrist**, wenn mit der Kündigung der gänzliche Wegfall der Leistungen herbeigeführt werden soll (**BAG** 17. 1. 1995 – 1 ABR

V. Nachwirkung **§ 120**

29/94, AP Nr 7 zu § 77 BetrVG 1972 Nachwirkung = NZA 1995, 1010; **BAG** 26. 8. 2008 – 1 AZR 354/07, DB 2008, 2709 = NZA 2008, 1426; siehe dazu *Heither* DB 2008, 2705; *Boemke* jurisPR-ArbR 2/2009 Anm 2; K/P/B-*Moll* § 120 Rn 39). Die Situation ist jedoch eine andere, wenn der Insolvenzverwalter zwar kündigt, jedoch mit der Kündigung nur eine gekürzte Fort- oder Neugewährung der Leistungen bezweckt (**BAG** 21. 8. 1990 – 1 ABR 73/89, AP Nr 5 zu § 77 BetrVG 1972 Nachwirkung; **BAG** 26. 10. 1993 – 1 AZR 46/93, AP Nr 6 zu § 77 BetrVG 1972 Nachwirkung). Nicht selten sind in Betriebsvereinbarungen teilweise freiwillige und mitbestimmungspflichtige Regelungen enthalten. Beabsichtigt der Insolvenzverwalter die Leistung gänzlich entfallen zu lassen, scheidet auch die Nachwirkung aus, weil sich keine mitbestimmungspflichtigen Verteilungsfragen mehr stellen. Soll hingegen die Leistung nur gekürzt werden, kann der Insolvenzverwalter die Kürzung vornehmen, muss dabei aber den nachwirkenden Teil der Betriebsvereinbarung über die Verteilung bei der Herabsetzung beachten (K/P/B-*Moll* § 120 Rn 39; MK/*Löwisch*/*Caspers* § 120 Rn 33). In Anbetracht der Insolvenz wird der Insolvenzverwalter aber regelmäßig die Kündigung zu dem Zweck vornehmen, die in Rede stehenden massebelastenden Leistungen ersatzlos und gänzlich entfallen zu lassen (K/P/B-*Moll* § 120 Rn 39). Mit Ablauf der Kündigungsfrist entfallen dann die auf der gekündigten Betriebsvereinbarung beruhenden Ansprüche der Arbeitnehmer; sie können auch nicht zur Insolvenztabelle angemeldet werden. Im Gegensatz zu § 113 S 3 sieht § 120 Abs 1 S 2 keinen Schadensersatzanspruch in Gestalt eines „Verfrühungsschadens" vor (*Giesen* ZIP 1998, 142; *Heinze* NZA 1999, 57, 61; K/P/B-*Moll* § 120 Rn 39).

2. Insolvenzspezifische Außerkraftsetzung von Nachwirkungsvereinbarungen. Außerhalb der Insolvenz ist anerkannt, dass die Betriebsparteien auch für freiwillige Betriebsvereinbarungen eine Nachwirkung vereinbaren können (**BAG** 17. 1. 1995 – 1 ABR 29/94, AP Nr 7 zu § 77 BetrVG 1972 Nachwirkung = NZA 1995; 1372). Eine solche Vereinbarung ist im Regelfall dahingehend auszulegen, dass die Nachwirkung auch gegen den Willen einer Seite beendet werden kann. Im Zweifel ist allerdings eine **Konfliktlösung** gewollt, die derjenigen bei der erzwingbaren Mitbestimmung entspricht. Scheitern die Bemühungen um eine einvernehmliche Regelung, kann danach von jedem Betriebspartner die **Einigungsstelle** angerufen werden, die dann **verbindlich entscheidet** (**BAG** 28. 4. 1998 – 1 ABR 43/97, AP Nr 11 zu § 77 BetrVG 1972 Nachwirkung [*Rech*] = NZA 1998, 1348). Diese **Grundsätze** können **für die Insolvenz nicht anerkannt** werden, weil durch die Vereinbarung der Nachwirkung eine Fortdauer der Belastung der Insolvenzmasse begründet würde, so dass das insolvenzrechtliche Kündigungsrecht sinnentleert würde, die Vereinbarung einer Nachwirkung würde dem Gesetzeszweck diametral zuwiderlaufen (K/P/B-*Moll* § 120 Rn 43; str aA *Zwanziger* Arbeitsrecht § 120 Rn 10). Diese insolvenzspezifische Außerkraftsetzung von Nachwirkungsvereinbarungen der Betriebsparteien gilt unabhängig davon, ob die Kündigung nach § 120 Abs 1 S 2 erfolgt, oder ob die gesetzliche Kündigungsfrist des § 77 Abs 5 BetrVG angewendet wird, oder eine kürzere vereinbarte Kündigungsfrist zum Tragen kommt (K/P/B-*Moll* aaO; im Ergebnis ebenso *Oetker*/*Friese* DZWIR 2001, 397, 407). **18**

3. Besonderheiten bei Versorgungsregelungen. Bei der Kündigung einer Betriebsvereinbarung über Altersversorgung sind hinsichtlich der Rechtsfolgen Besonderheiten zu beachten, denn hier scheidet eine Nachwirkung aus, weil es sich um eine freiwillige Leistung handelt (**BAG** 18. 4. 1989 – 3 AZR 688/87, AP Nr 2 zu § 1 BetrAVG Betriebsvereinbarung [*Richardi*, *Hanau*] = NZA 1990, 67 = ZIP 1990, 122). Nach § 77 Abs 6 BetrVG gelten nur die Regelungen von Betriebsvereinbarungen über Gegenstände der erzwingbaren Mitbestimmung weiter, bis sie durch eine andere Abmachung ersetzt werden. Hierzu gehören Betriebsvereinbarungen über die betriebliche Altersversorgung nicht. Sie sind nur teilmitbestimmt. Der Arbeitgeber kann allein darüber entscheiden, ob, in welchem Umfang und für welchen Arbeitnehmerkreis er finanzielle Mittel zur betrieblichen Altersversorgung zur Verfügung stellt. Das Mitbestimmungsrecht des Betriebsrats besteht nur, soweit es um die Verteilung dieser Mittel geht. Der Betriebsrat kann mithin auch nicht erzwingen, dass betriebliche Versorgungsregelungen fortgelten. Damit scheidet auch deren Nachwirkung bis zu einer Neuregelung aus (**BAG** 21. 8. 2001 – 3 ABR 44/00, AP Nr 8 zu § 1 BetrAVG Betriebsvereinbarung [*Höfer*/*Lerner*] = DZWIR 2002, 503 [*Bichlmeier*] = NZA 2002, 575; **BAG** 17. 8. 1999 – 3 ABR 55/98, NZA 2000, 498 = SAE 2000, 225 [*W. Blomeyer*]; **BAG** 11. 5. 1999 – 3 AZR 21/98, AP Nr 6 zu § 1 BetrAVG Betriebsvereinbarung [*Käppler*] = NZA 2000, 322 = RdA 2000, 365 [*W. Blomeyer*/*Vienken*] = ZIP 2000, 421). Die Ausübung des Kündigungsrechts bedarf auch dann einer Rechtfertigung und unterliegt einer inhaltlichen Kontrolle, wenn es um eine betriebliche Altersversorgung geht (**BAG** 21. 8. 2001 – 3 ABR 44/00, aaO; **BAG** 11. 5. 1999 – 3 AZR 20/98, ZBVR 2000, 61; **BAG** 11. 5. 1999 – 3 AZR 21/98, aaO). Die **Kündigung** einer Betriebsvereinbarung über betriebliche Altersversorgung **bewirkt** nicht lediglich eine **Schließung des Versorgungswerks für die Zukunft.** Auch Arbeitnehmer, die zum Zeitpunkt des Ausspruchs der Kündigung durch die Betriebsvereinbarung begünstigt wurden, sind von der Kündigung betroffen (**BAG** 11. 5. 1999 – 3 AZR 21/98, aaO). Das **BAG** unterscheidet jedoch zwischen der Kündbarkeit einer Betriebsvereinbarung und den Rechtsfolgen einer Kündigung. Betriebsvereinbarungen über Leistungen der betrieblichen Altersversorgung unterscheiden sich von Betriebsvereinbarungen über andere freiwillige Leistungen. Da der Arbeitnehmer die Altersversorgung erst erhält, wenn er seinerseits vorgeleistet hat, kann der Arbeitgeber zugesagte Versorgungsleistungen nicht ohne rechtlich billigenswerten Grund ent- **19**

fallen lassen. Ist die Kündigung nicht durch einen angemessenen, ausreichenden Grund veranlasst, wirkt sie sich nicht auf die Anwartschaften der im Betrieb bereits tätigen Arbeitnehmer aus (**BAG** 10. 3. 1992 – 3 ABR 54/91, AP Nr 5 zu § 1 BetrVG Betriebsvereinbarung = NZA 1993, 234 = ZIP 1992, 1165; **BAG** 18. 4. 1989 – 3 AZR 688/87, aaO). Lediglich **neu eintretende Arbeitnehmer können** auf Grund der Kündigung der Betriebsvereinbarung **keine** neuen **Anwartschaften** mehr erwerben (**BAG** 18. 4. 1989 – 3 AZR 688/87, aaO). Die Gründe für die Kündigung sind in ihren Auswirkungen für die Besitzstände der betroffenen Arbeitnehmer zu überprüfen, wobei die Grundsätze der Verhältnismäßigkeit und des Vertrauensschutzes anzuwenden sind. Je stärker in die Besitzstände eingegriffen wird, desto gewichtiger müssen die Gründe für den Eingriff sein (**BAG** 11. 5. 1999 – 3 AZR 20/98, aaO; **BAG** 11. 5. 1999 – 3 AZR 21/98, aaO; HaKo/*Ahrendt* § 120 Rn 9; **str aA** PK-HWF/*Schmidt* § 120 Rn 19). Es gelten die für ablösende Betriebsvereinbarungen bei Versorgungsregelungen entwickelten Prüfungsmaßstäbe (siehe dazu **BAG** 26. 8. 1997 – 3 AZR 235/96, AP Nr 27 zu § 1 BetrAVG Ablösung [*Rolfs*] = NZA 1998, 817; **BAG** 18. 4. 1989 – 3 AZR 688/87, aaO). Dieser Schutz der Anwartschaften nach den Grundsätzen der Verhältnismäßigkeit und des Vertrauensschutzes bewirkt im Ergebnis eine Überprüfung der Kündigungsgründe und eine Gewichtung der Rechtsfolgen der Kündigung in Abhängigkeit von den Gründen für die Kündigung (K/P/B-*Moll* § 120 Rn 44). Soweit hiernach die Wirkungen der Kündigung einer Betriebsvereinbarung über betriebliche Altersversorgung beschränkt sind, bleibt die Betriebsvereinbarung als Rechtsgrundlage erhalten. Die **nach Kündigung** der Betriebsvereinbarung **verbleibenden Rechtspositionen genießen** unverändert den **Schutz des § 77 Abs 4 BetrVG**. Der Betriebsrat ist befugt, im arbeitsgerichtlichen Beschlussverfahren feststellen zu lassen, welche Wirkungen die Kündigung hat und in welchem Umfang die Betriebsvereinbarung noch fortgilt. Nach Auffassung des BAG spricht alles dafür, dass die Entscheidung über einen solchen Antrag auch den Arbeitgeber und die betroffenen Arbeitnehmer im Verhältnis zueinander bindet. Dabei soll eine konkrete Billigkeitskontrolle im Individualverfahren dadurch aber nicht ausgeschlossen sein (**BAG** 17. 8. 1999 – 3 ABR 55/98, AP Nr 79 zu § 77 BetrVG 1972 = NZA 2000, 498 = SAE 2000, 225 [*W. Blomeyer/Vienken*] = ZIP 2000, 850).

VI. Außerordentliche Kündigung

20 § 120 Abs 2 bestätigt ausdrücklich die von der Rechtsprechung (**BAG** 19. 7. 1957 – 1 AZR 420/54, AP Nr 1 zu § 52 BetrVG 1952 [*G. Hueck*]; **BAG** 22. 6. 1962 – 1 AZR 344/60, AP Nr 2 zu § 52 BetrVG 1952 = NJW 1962, 2029; **BAG** 29. 5. 1964 – 1 AZR 281/63, AP Nr 24 zu § 59 BetrVG 1952 [*Neumann-Duesberg*]) entwickelten Grundsätze zur außerordentlichen Kündigung von Kollektivregelungen. Wie jedes Dauerschuldverhältnis ist auch eine **Betriebsvereinbarung außerordentlich kündbar**, wenn das Festhalten an dem Inhalt der Vereinbarung bis zum Ablauf der ordentlichen Kündigungsfrist oder bis zum vereinbarten Ende der Vereinbarung nicht zumutbar ist (siehe auch **BAG** 28. 4. 1992 – 1 ABR 68/91, AP Nr 11 zu § 50 BetrVG 1972 = NZA 1993, 31 [*Löwisch*]; **BAG** 18. 12. 1996 – 4 AZR 129/96, AP Nr 1 zu § 1 TVG Kündigung = NZA 1997, 830 = WiB 1997, 766 [*Kania*]). Da in der Insolvenz belastende Betriebsvereinbarungen mit der Höchstfrist von drei Monaten kündbar sind, ist – vorbehaltlich einer einschlägig kürzeren Frist – hinsichtlich der Frage der Zumutbarkeit auf diese Frist abzustellen (*Zwanziger* Arbeitsrecht § 120 Rn 11; *Oetker/Friese* DZWIR 2001, 397, 408). Die **Insolvenz** und die Verfahrenseröffnung an sich stellen **keinen wichtigen Grund für** die **außerordentliche**, fristlose **Kündigung** einer Betriebsvereinbarung dar (*Belling/Hartmann* NZA 1998, 57, 63; FK-*Eisenbeis* § 120 Rn 11; K/P/B-*Moll* § 120 Rn 46; *Lohkemper* KTS 1996, 1, 40; NR-*Hamacher* § 120 Rn 45; *Zwanziger* Arbeitsrecht § 120 Rn 12). Auch das Nichtvorhandensein von Geldmitteln, um Leistung zu erbringen, stellt allein keinen Grund zur außerordentlichen Kündigung dar (**BAG** 10. 8. 1994 – 10 ABR 61/93, AP Nr 86 zu § 112 BetrVG 1972 [*v. Hoyningen-Huene*] = NZA 1995, 314 = ZIP 1995, 1037), jedoch kann der an sich irrelevante Geldaspekt bedeutsam sein, wenn es darum geht, dass nur bei bestimmten finanziellen Entlastungen das **Überleben des Schuldnerunternehmens gesichert** werden kann, sei es durch Fortführungssanierung, sei es durch übertragene Sanierung (K/P/B-*Moll* § 120 Rn 47; ähnl *Oetker/Friese* DZWiR 2001, 397, 408). Zu beachten ist, dass Betriebsvereinbarungen in mitbestimmungspflichtigen Angelegenheiten auch bei einer wirksamen außerordentlichen Kündigung nachwirken (**BAG** 10. 8. 1994 – 10 ABR 61/93, NZA 1995, 314). Dies stimmt bedenklich, da aus dem besonderen Charakter der außerordentlichen Kündigung folgt, dass jegliche weitere Bindung ausgeschlossen werden soll (*Fitting* § 77 Rn 179; K/P/B-*Moll* § 120 Rn 49). Dem Insolvenzverwalter bleiben damit nur die Alternative, einen verbindlichen Spruch der Einigungsstelle herbeizuführen.

Im Schrifttum wird teilweise vertreten, dass der Insolvenzverwalter vor Ausspruch einer wirksamen außerordentlichen Kündigung die Möglichkeit einer einvernehmlichen Regelung suchen und damit dem Beratungsgebot des § 120 Abs 1 S 1 folgen müsse (NR-*Hamacher* § 120 Rn 47; MK/*Löwisch/Caspers* § 120 Rn 39; K/P/B-*Moll* § 120 Rn 49, der dies für die vorzeitige Kündigung jedoch ablehnt). Begründet wird dies mit dem Ultima Ratio Prinzip als Ausfluss des Verhältnismäßigkeitsgrundsatzes (siehe dazu oben Rn 12; zur außerordentlichen Kündigung von Tarifverträgen: **BAG** 18. 2. 1998 – 4 AZR 363/96, NZA 1998, 1008; **BAG** 24. 1. 2001 – 4 AZR 655/99, NZA 2001, 788).

VII. Wegfall der Geschäftsgrundlage

§ 120 Abs 2 schränkt das Rechtsinstitut des Wegfalls der Geschäftsgrundlage im Insolvenzverfahren 21 nicht ein (*Grunsky/Moll* Arbeitsrecht Rn 297; K/P/B-*Moll* § 120 Rn 50; NR-*Hamacher* § 120 Rn 49; *Oetker/Friese* DZWIR 2001, 397, 408; *Zwanziger* Arbeitsrecht § 120 Rn 15). Betriebsvereinbarungen sind für den betrieblichen Normalfall abgeschlossen (*Zwanziger* Arbeitsrecht § 120 Rn 16). Bei Insolvenz und Sanierung ändert sich regelmäßig die betriebliche Aufgabenstellung, so dass diese zu einem Wegfall der Geschäftsgrundlage führen kann. Dies führt jedoch nicht zum Fortfall der Betriebsvereinbarung, sondern lässt diese mit einem anzupassenden Inhalt bestehen (**BAG** 10. 8. 1994 – 10 ABR 61/93, AP Nr 86 zu § 112 BetrVG 1972 [*v Hoyningen-Huene*] = NZA 1995, 314 = ZIP 1995, 1037). Die wirtschaftliche Notlage kann namentlich bei Versorgungszusagen zu einem Wegfall der Geschäftsgrundlage führen und damit dem Insolvenzverwalter die Möglichkeit geben, die Versorgungszusage als solche zu widerrufen (siehe dazu **LAG** Köln 25. 8. 1998 – 13 Sa 194/98, DB 99, 697 = EWiR 1998, 1113 [*Schumann*]; **BAG** 25. 1. 2000 – 3 AZR 853/98 VersR 2001, 484) oder zum Eingriff in die dienstzeitunabhängige Steigerung der Altersversorgung berechtigen (**BAG** 17. 4. 1985 – 3 AZR 72/83, AP Nr 4 zu § 1 BetrAVG Unterstützungskasse [*Loritz*] = NZA 1986, 57 = SAE 1986, 89 [W. *Lohmeyer*] = ZIP 1986, 177; **LAG** Niedersachsen 30. 6. 2000 – 3 Sa 1277/99 B, LAGE § 1 BetrAVG Ablösung Nr 5). Die Betriebspartner können insbesondere einen geltenden Sozialplan auch zum Nachteil der betroffenen Arbeitnehmer für die Zukunft wegen Wegfalls der Geschäftsgrundlage ändern; sie haben dabei die Grenzen des Vertrauensschutzes und der Verhältnismäßigkeit zu beachten (**BAG** 5. 10. 2000 – 1 AZR 48/00, NZA 2001, 849 = ZInsO 2001, 776 = ZIP 2001, 1384). Für Sozialpläne, die nicht früher als drei Monate vor Verfahrenseröffnung aufgestellt worden sind, hat der Gesetzgeber ein Widerrufsrecht für beide Seiten ausdrücklich festgelegt (§ 124 Abs 1).

VIII. Anfechtung von Betriebsvereinbarungen

Betriebsvereinbarungen können grundsätzlich gemäß §§ 129 ff vom Insolvenzverwalter angefochten 22 werden. Dies gilt auch für Sozialpläne, namentlich dann, wenn ein solcher „Sozialplan" in einem nicht sozialplanfähigen Kleinbetrieb, der also nicht mehr als 20 wahlberechtigte Arbeitnehmer hat, abgeschlossen wird (**LAG** München 5. 9. 1986 – 3 Sa 446/86, KTS 1987, 461 = NZA 1987, 464 = ZIP 1987, 589). Da bei insolvenznahen Sozialplänen für den Insolvenzverwalter die Möglichkeit des Widerrufs nach § 124 Abs 1 besteht, hat die Insolvenzanfechtung gegenüber dem früheren Rechtszustand an Bedeutung verloren.

§ 121 Betriebsänderungen und Vermittlungsverfahren

Im Insolvenzverfahren über das Vermögen des Unternehmers gilt § 112 Abs. 2 Satz 1 des Betriebsverfassungsgesetzes mit der Maßgabe, daß dem Verfahren vor der Einigungsstelle nur dann ein Vermittlungsversuch vorangeht, wenn der Insolvenzverwalter und der Betriebsrat gemeinsam um eine solche Vermittlung ersuchen.

§ 122 Gerichtliche Zustimmung zur Durchführung einer Betriebsänderung

(1) ¹Ist eine Betriebsänderung geplant und kommt zwischen Insolvenzverwalter und Betriebsrat der Interessenausgleich nach § 112 des Betriebsverfassungsgesetzes nicht innerhalb von drei Wochen nach Verhandlungsbeginn oder schriftlicher Aufforderung zur Aufnahme von Verhandlungen zustande, obwohl der Verwalter den Betriebsrat rechtzeitig und umfassend unterrichtet hat, so kann der Verwalter die Zustimmung des Arbeitsgerichts dazu beantragen, daß die Betriebsänderung durchgeführt wird, ohne daß das Verfahren nach § 112 Abs. 2 des Betriebsverfassungsgesetzes vorangegangen ist. ² § 113 Abs. 3 des Betriebsverfassungsgesetzes ist insoweit nicht anzuwenden. ³ Unberührt bleibt das Recht des Verwalters, einen Interessenausgleich nach § 125 zustande zu bringen oder einen Feststellungsantrag nach § 126 zu stellen.

(2) ¹Das Gericht erteilt die Zustimmung, wenn die wirtschaftliche Lage des Unternehmens auch unter Berücksichtigung der sozialen Belange der Arbeitnehmer erfordert, daß die Betriebsänderung ohne vorheriges Verfahren nach § 112 Abs. 2 des Betriebsverfassungsgesetzes durchgeführt wird. ²Die Vorschriften des Arbeitsgerichtsgesetzes über das Beschlußverfahren gelten entsprechend; Beteiligte sind der Insolvenzverwalter und der Betriebsrat. ³Der Antrag ist nach Maßgabe des § 61 a Abs. 3 bis 6 des Arbeitsgerichtsgesetzes vorrangig zu erledigen.

(3) ¹Gegen den Beschluß des Gerichts findet die Beschwerde an das Landesarbeitsgericht nicht statt. ²Die Rechtsbeschwerde an das Bundesarbeitsgericht findet statt, wenn sie in dem Beschluß des Arbeitsgerichts zugelassen wird; § 72 Abs. 2 und 3 des Arbeitsgerichtsgesetzes gilt entsprechend. ³Die Rechtsbeschwerde ist innerhalb eines Monats nach Zustellung der in vollständiger Form abgefaßten Entscheidung des Arbeitsgerichts beim Bundesarbeitsgericht einzulegen und zu begründen.

Übersicht

	Rn
I. Allgemeines	1
II. Mitbestimmung in wirtschaftlichen Angelegenheiten	4
1. Zuständiges Betriebsverfassungsorgan	8
2. Beteiligungs- und Mitbestimmungsrechte auf Unternehmensebene	11
3. Beteiligungs- und Mitbestimmungsrechte auf Betriebsebene	16
a) Interessenausgleichs- und sozialplanpflichtiger Personalabbau	17
b) Katalog der Betriebsänderungen und Abgrenzungsfragen	29
aa) Betriebseinschränkung	31
bb) Betriebsstilllegung	32
cc) Betriebsverlegung	36
dd) Betriebsübertragung	40
ee) Zusammenschluss und Eingliederung	43
ff) Teilung von Betrieben	46
gg) Änderungen der Betriebsorganisation	49
hh) Änderungen des Betriebszwecks	50
ii) Änderungen der Betriebsanlagen	53
jj) Einführung neuer Arbeitsmethoden und Fertigungsverfahren	55
III. Interessenausgleichverfahren	56
IV. Vorzeitige Betriebsänderung mit gerichtlicher Zustimmung	59
1. Zulässigkeit des Antrags auf vorzeitige Betriebsänderung	61
2. Notwendigkeit einer umfassenden Unterrichtung	65
a) Adressat der Unterrichtung	66
b) Form der Unterrichtung	67
c) Inhalt der Unterrichtung und Vorlage von Unterlagen	68
3. Beginn der Drei-Wochen-Frist	69
4. Antrag an das Arbeitsgericht	70
a) Eilbedürftigkeit der beabsichtigten Betriebsänderung	71
b) Wirtschaftliche Lage des Schuldnerunternehmens	72
c) Soziale Belange der Arbeitnehmer	73
d) Gefahr widersprechender Entscheidungen	74
5. Notwendigkeit des Weiterverhandelns nach Verfahrenseinleitung	79
V. Verfahrensrechtliche Regelungen des Zustimmungsverfahrens	80
1. Erstinstanzliches Beschlussverfahren	81
2. Rechtsbeschwerdeverfahren	82
a) Zulassung durch das Arbeitsgericht	84
b) Keine Nichtzulassungsbeschwerde	85
3. Verfahrenserledigung durch Vergleichsabschluss	96
4. Wirkung des Zustimmungsbeschlusses	87
a) Eintritt der Rechtskraft bei Zulassung der Rechtsbeschwerde	88
b) Eintritt der Rechtskraft bei Nichtzulassung der Rechtsbeschwerde	89
5. Einstweilige Gestattungsverfügung	90
VI. Probleme bei vorzeitigem Beginn der Betriebsänderung	93
1. Einstweilige Verfügung gegen vorzeitigen Beginn der Betriebsänderung	95
2. Einstweilige Verfügung gegen sofortige Freisetzung von Arbeitnehmern	101
VII. Nachteilsausgleich in der Insolvenz	105
1. Abweichung von einem Interessenausgleich	108
2. Unzureichender Interessenausgleichsversuch	113

I. Allgemeines

1 § 133 RegE wurde in unveränderter Form als § 121 in die Insolvenzordnung übernommen (BT-Drs 12/7302 S 50); § 140 RegE wurde auf Grund der Beschl-Empf des RechtsA inhaltlich verändert als § 122 übernommen (siehe BT-Drs 12/7302, S 170/171). §§ 121, 122 sind mit Wirkung vom 1. 10. 1996 im Geltungsbereich der Konkursordnung bis zum Inkrafttreten der Insolvenzordnung mit der Maßgabe vorzeitig in Kraft gesetzt worden, dass das Wort „Insolvenzverfahren" durch „Konkursverfahren" und das „Insolvenzverwalter" durch das Wort „Konkursverwalter" ersetzt worden sind (Art 6 G v 25. 9. 1996 – BGBl I S 1476). Beide Vorschriften haben im bisherigen Vergleichs-, Konkurs- und Gesamtvollstreckungsrecht kein Vorbild.

2 Mit Verfahrenseröffnung ist der Schuldner wegen des Übergangs der Verwaltungs- und Verfügungsbefugnis auf den Insolvenzverwalter (§ 80 Abs 1 InsO) nicht mehr berechtigt, die aus seiner vertraglichen Rechtsstellung als Arbeitgeber fließenden Rechte und Pflichten auszuüben. Vielmehr fällt die Wahrnehmung der die Arbeitsverhältnisse betreffenden Rechtshandlungen dem Insolvenzverwalter zu, der von der Verfahrenseröffnung an den Betrieb leitet (**BAG** 17. 9. 1974 – 1 AZR 16/74, AP Nr 1 zu § 113 BetrVG 1972 [Uhlenbruck, Richardi] = KTS 1975, 122 = NJW 1975, 182). Der Übergang der Verwaltungs- und Verfügungsbefugnis hat zur Folge, dass der Insolvenzverwalter an die Stelle des Unternehmers (Schuldners) tritt (**BAG** 9. 7. 1985 – 1 AZR 323/83, AP Nr 13 zu § 113 BetrVG 1972 = NJW 1986, 2454 = NZA 1986, 100 = ZIP 1986, 45) und damit in den gesamten Pflichtenkreis des

Schuldners als Arbeitgeber einrückt (so bereits **BAG GS**13. 12. 1978 – GS 1/77, AP Nr 6 zu § 112 BetrVG 1972 = NJW 1979, 774 = KTS 1979, 150 [*Henckel*] = ZIP 1980, 83 [*Beuthien*]; **BAG** 20. 11. 1997 – 2 AZR 52/97, AP Nr 15 zu § 11 ArbGG 1979 Prozessvertreter = KTS 1998, 494 = NJW 1998, 2308 = NZA 1998, 334 = ZIP 1998, 437). Er ist dabei an Betriebsvereinbarungen und Tarifverträge in gleicher Weise gebunden wie der Schuldner vor der Verfahrenseröffnung (**BAG** 28. 1. 1987 – 4 AZR 150/86, AP Nr 14 zu § 4 TVG Geltungsbereich [*Zilius*] = KTS 1987, 516 = NZA 1987, 455 = ZIP 1987, 727).

Er hat auch die Mitbestimmungsrechte des Betriebsrats zu beachten (**BAG** 20. 11. 1970 – 1 AZR **3** 409/69, AP Nr 8 zu § 72 BetrVG 1952 [*Richardi*]), selbst wenn er im Rahmen der Liquidation nur noch Restaufträge abwickelt (**ArbG** Siegen 3. 6. 1983 – 1 Ga 21/83, KTS 1983, 571 = ZIP 1983, 1117) oder die Stilllegung eines Betriebs die unausweichliche Folge einer wirtschaftlichen Zwangslage war und es zu ihr keine sinnvolle Alternative gab (**BAG** 22. 7. 2003 – 1 AZR 541/02, NJW 2004, 875). Er muss vor allem zur Vermeidung von Nachteilsausgleichsansprüchen die Regelungen der §§ 111, 112 BetrVG über den Interessenausgleich beachten (**BAG** 22. 7. 2003 – 1 AZR 541/02, NJW 2004, 875; **BAG** 18. 12. 1984 – 1 AZR 176/82, AP Nr 11 zu § 113 BetrVG 1972 = NZA 1985, 400 = ZIP 1985, 633; **BAG** 9. 7. 1985 – 1 AZR 323/83, AP Nr 13 zu § 113 BetrVG 1972 = NJW 1986, 2454 = NZA 1986, 100 = ZIP 1986, 45; **BAG** 8. 11. 1988 – 1 AZR 687/87, AP Nr 18 zu § 113 BetrVG 1972 = NZA 1989, 278 = ZIP 1989, 256; **BAG** 3. 4. 1990 – 1 AZR 150/89, AP Nr 20 § 113 BetrVG 1972 = EzA § 113 BetrVG Nr 20 [*Uhlenbruck*] = KTS 1990, 657 = NZA 1990, 619 = ZIP 1990, 873; str aA *Kraft* SAE 1984, 257, 260). Kommt vor einer Betriebsänderung ein Interessenausgleich oder ein Sozialplan nicht zustande, so kann nach § 112 Abs 2 BetrVG die Einigungsstelle grundsätzlich erst dann angerufen werden, wenn ein Vermittlungsversuch des Präsidenten des Landesarbeitsamts erfolglos geblieben ist. Nur wenn weder der Unternehmer noch der Betriebsrat um eine solche Vermittlung ersuchen, ist es zulässig, die Einigungsstelle unmittelbar anzurufen. Mit Rücksicht auf das Bedürfnis nach einer **zügigen Durchführung des Insolvenzverfahrens** ist diese Regelung für den Insolvenzfall dahin abgeändert worden, dass der Vermittlungsversuch des Präsidenten des Landesarbeitsamts nur bei einem übereinstimmenden Ersuchen von Insolvenzverwalter und Betriebsrat stattfinden muss (vgl BR-Drs 1/92, S 153; **BAG** 22. 7. 2003 – 1 AZR 541/02, aaO). Beide Parteien sind also berechtigt, nach einem Scheitern der Verhandlungen über einen Interessenausgleich oder einen Sozialplan unmittelbar die Einigungsstelle anzurufen, ohne dass Nachteilsausgleichsansprüche nach § 113 Abs 3 InsO entstehen (Braun/Wolf, § 121 InsO Rn 4; NR-*Hamacher* § 121 Rn 10).

II. Mitbestimmung in wirtschaftlichen Angelegenheiten

In wirtschaftlichen Angelegenheiten gibt es je nach Größe des Unternehmens eine zweigeteilte Mit- **4** wirkung des Betriebsrats, nämlich
– Beratungs- und Unterrichtungsrechte des Wirtschaftsausschusses (§§ 106 ff BetrVG) auf Unternehmensebene und
– Mitbestimmungsrechte bei Betriebsänderungen (§§ 111 ff BetrVG) auf Betriebsebene.

Die **Umwandlungsarten** (§ 1 UmwG) stellen **Strukturveränderungen „am" Unternehmen** dar, die Be- **5** triebsänderungen (§ 111 BetrVG) sind **Organisationsänderungen „im" Unternehmen**. Organisationsänderungen auf Betriebsebene und Umstrukturierungen auf Unternehmensebene haben in aller Regel erhebliche Auswirkungen auf die Beteiligungsrechte des Betriebsrats. Veränderungen auf der Unternehmensebene führen aber nicht notwendig in allen Fällen zu Veränderungen der betrieblichen Organisation. Umgekehrt kann sich durch rein organisatorische Maßnahmen die betriebsverfassungsrechtliche Struktur ändern, ohne gesellschaftsrechtliche Auswirkungen zu haben (*Berscheid* AR-Blattei SD 530.6.4 Rn 1; BKB-*Berscheid* PraxisArbR Teil 6 Rn 574).

Betriebe und Unternehmen können „zusammengefasst" oder „getrennt" werden. In diesen Zusam- **6** menhängen wird vielfach von „Betriebsverschmelzung" oder „Betriebsaufspaltung" gesprochen. Diese eingebürgerten Begriffe sind jedoch doppelt belegt und stark missverständlich, weil sie häufig irreführend für beide Ebenen verwendet werden (*Berscheid* FS Stahlhacke S 15, 16; *Joost* UmwArbR, S 297, 300). So wird der Begriff „Betriebsaufspaltung" zum einen für die originäre „Unternehmensaufspaltung" und damit für Umstrukturierungen auf Unternehmensebene (**BFH** 30. 7. 1985 – VIII R 263/81, BStBl II 1986, 359 = GmbH Rdsch 1986, 103; **BFH** 12. 9. 1991 – IV R 8/90, BStBl II 347 = BB 1992, 328 = DB 1992, 410) und zum anderen für die eigentliche „Betriebsaufspaltung" und damit für Organisationsänderungen auf Betriebsebene (**BAG** 23. 11. 1988 – 7 AZR 121/88, AP Nr 77 zu § 613 a BGB = NZA 1989, 433) verwendet. Die „Betriebsverschmelzung" hat hingegen nichts mit einer „Unternehmensverschmelzung", der Fusion, gemein, sondern stellt rechtlich lediglich eine ungenaue Bezeichnung einer Organisationsänderung auf der Betriebsebene, nämlich „Zusammenschluss" oder „Zusammenlegung" von bislang selbstständigen Betrieben, dar (BKB-*Berscheid* PraxisArbR Teil 6 Rn 575). Die Zuordnung des nunmehr gemeinsamen Betriebes zum Unternehmen bleibt vielfach erhalten; es schlägt nur dann auf die Unternehmensebene durch, wenn zugleich für einen oder für beide Betriebe ein Rechtsträgerwechsel und damit Betriebsinhaberwechsel stattfindet (*Berscheid* AR-Blattei SD 530.6.4. Rn 4).

§§ 121, 122 *Gerichtliche Zustimmung zur Durchführung einer Betriebsänderung*

7   Dieser **Begriffswirrwarr** gilt auch für das Gesetz selbst, welches hier keine klare Unterscheidung vornimmt. Die Unterrichtungspflichten des Wirtschaftsausschusses nach § 106 Abs 3 BetrVG durch den Unternehmer umfassen alle Umstrukturierungen auf Unternehmensebene iSd § 1 UmwG und sämtliche Veränderungen der betrieblichen Organisation iSd § 111 BetrVG. Wenn in § 106 Abs 3 Nr 8 BetrVG nunmehr bestimmt, dass „der Zusammenschluss oder die Spaltung von Unternehmen oder Betrieben" die Unterrichtung des Wirtschaftsausschusses bewirken, so fragt sich zwar von den verwendeten Begriffen her gesehen, welche Fallkonstellationen damit gemeint sind. Mit „Spaltung von Unternehmen" werden zweifelsohne Umstrukturierungen auf Unternehmensebene nach § 123 UmwG (Auf- und Abspaltung, Ausgliederung) und mit „Zusammenschluss von Betrieben" Änderungen auf Betriebsebene (Zusammenschluss, Eingliederung) erfasst (BKB-*Berscheid* PraxisArbR Teil 6 Rn 576; Richardi/*Annuß* BetrVG § 106, Rn 53). Das Wort „Zusammenschluss" bezieht sich nach der Wortstellung aber auch auf die Unternehmensebene. Mit „Zusammenschluss von Unternehmen" ist die „Verschmelzung von Unternehmen" nach § 2 UmwG gemeint, die bislang unter die Generalklausel des § 106 Abs 3 Nr 10 BetrVG fiel. Das Wort „Spaltung" bezieht sich nach der Wortstellung auch auf die Betriebsebene und erfasst damit die „Teilung" von Betrieben (BKB-*Berscheid* PraxisArbR Teil 6 Rn 576). Um mit „gleicher Sprache" zu sprechen, sollte zur eindeutigen Unterscheidung der juristischen Begriffe streng zwischen der Unternehmensumstrukturierung und der Betriebsänderung unterschieden werden. Die Begriffe „Verschmelzung", „Spaltung", „Ausgliederung" und „Vermögensübertragung" sind durch das Umwandlungsrecht für die Unternehmensumstrukturierungen als Fälle der „Umwandlung" belegt. Für Organisationsänderungen auf der Betriebsebene wird angeregt, für vergleichbare bzw ähnliche Vorgänge nur noch die Begriffe „Zusammenfassung", „Teilung", „Eingliederung" und „Betriebsübertragung" zu verwenden, die sämtlich Fälle der „Betriebsänderung" darstellen. Anstelle des Begriffes „Betriebsaufspaltung" empfiehlt es sich daher, zur besseren Unterscheidung der Vorgänge von „Betriebsteilung" zu sprechen (*Berscheid* AR-Blattei SD 530.6.4. Rn 5; BKB-*Berscheid* PraxisArbR Teil 6 Rn 576).

8   **1. Zuständiges Betriebsverfassungsorgan.** In allen Unternehmen mit in der Regel mehr als einhundert ständig beschäftigten Arbeitnehmern mit Ausnahme der Tendenzunternehmen und -betriebe iSd § 118 Abs 1 BetrVG (**BAG** 22. 2. 1966 – 1 ABR 9/65, AP Nr 4 zu § 81 BetrVG 1952 [*Galperin*] = NJW 1967, 81 = SAE 1966, 172 [*Mayer-Maly*]) ist ein Wirtschaftsausschuss zu bilden, der die Aufgabe hat, wirtschaftliche Angelegenheiten mit dem Unternehmer zu beraten und den Betriebsrat zu unterrichten (§ 106 BetrVG). Für die Bildung eines Wirtschaftsausschusses kommt es nicht darauf an, ob die Unternehmensleitung vom Inland oder vom Ausland aus erfolgt. Bei Vorliegen der sonstigen gesetzlichen Voraussetzungen ist deshalb auch für inländische Unternehmensteile ein Wirtschaftsausschuss zu bilden (**BAG** 1. 10. 1974 – 1 ABR 77/73, AP Nr 1 zu § 106 BetrVG 1972 *[Hinz]* = NJW 1975, 1091; **BAG** 31. 10. 1975 – 1 ABR 4/74, AP Nr 2 zu § 106 BetrVG 1972 *[Hinz]*). Betreiben mehrere Unternehmen gemeinsam einen einheitlichen Betrieb mit in der Regel mehr als einhundert ständig beschäftigten Arbeitnehmern, so ist ein Wirtschaftsausschuss auch dann zu bilden, wenn keines der beteiligten Unternehmen für sich allein diese Beschäftigtenzahl erreicht (**BAG** 1. 8. 1990 – 7 ABR 91/88, AP Nr 8 zu § 106 BetrVG 1972 = NZA 1991, 643). Die Beteiligung des Betriebsrats erfolgt in diesen Fällen auf Unternehmensebene. Der Konzernbetriebsrat kann daher keinen Wirtschaftsausschuss errichten (**BAG** 23. 8. 1989 – 7 ABR 39/88, AP Nr 7 zu § 106 BetrVG 1972 *[Wiedemann]* = NZA 1990, 863).

9   In Unternehmen mit in der Regel mehr als zwanzig wahlberechtigten Arbeitnehmern hat der Unternehmer den Betriebsrat über geplante Betriebsänderungen, die wesentliche Nachteile für die Belegschaft oder erhebliche Teile der Belegschaft zur Folge haben können, rechtzeitig und umfassend zu unterrichten und die geplanten Betriebsänderungen mit dem Betriebsrat zu beraten (§ 111 S 1 BetrVG) und ggf einen Interessenausgleich abzuschließen und einen Sozialplan zu vereinbaren (§ 112 Abs 1 BetrVG). Die **Beteiligung des Betriebsrats** erfolgt in diesen Fällen im Regelfall **auf Betriebsebene**, wenn man von der Sonderzuständigkeit des Gesamtbetriebsrats nach § 50 BetrVG in Einzelfällen einmal absieht. Plant der Unternehmer bspw eine Verlegung eines Betriebes und dessen Zusammenlegung mit einem anderen seiner Betriebe, so ist der Gesamtbetriebsrat zuständig (**BAG** 3. 5. 2006 – 1 ABR 15/05, AP Nr 29 zu § 50 BetrVG 1972; **BAG** 24. 1. 1996 – 1 AZR 542/95, AP Nr 16 zu § 50 BetrVG 1972 = NZA 1996, 1107 = ZIP 1996, 1391). Nach den Neuerungen, die das Betriebsverfassungs-Reformgesetz v 23. 7. 2001 (BGBl I S 1852) gebracht hat, erstreckt sich die **Zuständigkeit des Gesamtbetriebsrats** nunmehr auch auf Betriebe ohne Betriebsrat (§ 50 Abs 1 S 1 HS 2 BetrVG). Betrifft eine Betriebsänderung Kleinbetriebe iSd § 111 S 1 BetrVG, die einem größeren Unternehmen angehören, besteht ein Mitbestimmungsrecht gem §§ 111 ff BetrVG jedenfalls dann, wenn sich die wirtschaftliche Maßnahme betriebsübergreifend auf mehrere Betriebe des Unternehmens erstreckt und in die Zuständigkeit des Gesamtbetriebsrats fällt (**BAG** 8. 6. 1999 – 1 AZR 831/98, AP Nr 47 zu § 111 BetrVG 1972 = NZA 1999, 1168 = ZIP 1999, 1898). Wenn sich die Betriebsänderung auf mehr als einen Betrieb oder mehr als ein Unternehmen eines Konzerns erstreckt, dann kann ein Interessenausgleich auch von unternehmensbezogenen Betriebsverfassungsorganen abgeschlossen werden (**ArbG** Gießen 17. 11. 1998 – 4 Ca 244/98, AE 1999, 33; Richardi/*Annuß* BetrVG § 58 Rn 15).

10 Die **Organisation der Betriebsverfassung** ist zwingender Natur und war damit bislang einer anderweitigen Gestaltung durch die Beteiligten entzogen (vgl BKB-*Berscheid* PraxisArbR Teil 6 Rn 581

mwN). § 3 BetrVG aF ließ Abweichungen von den Organisationsregelungen lediglich durch Tarifvertrag, nicht aber durch Betriebsvereinbarung zu. Bei bundesweit existierenden Baumärkten und bei bundesweit tätigen Entsorgungsunternehmen war mehrfach festgestellt worden, dass die Unternehmen sich regional bspw in die Bereiche Ost, West, Süd und Nord aufgegliedert und die Einzelbetriebe eigens gebildeten Regionaldirektionen mit der Maßgabe zugeordnet haben, dass in den einzelnen Regionen jeweils ein Gesamtbetriebsrat gebildet worden ist. Soweit dazu ein Tarifvertrag nach § 3 Abs 1 Nr 1 BetrVG aF abgeschlossen und die Zustimmung der obersten Arbeitsbehörde des Landes bzw des Bundesministers für Arbeit und Sozialordnung gem § 3 Abs 2 BetrVG aF zu diesem Tarifvertrag eingeholt worden war, ging diese Organisationsänderung in Ordnung. Die Zustimmung der zuständigen Behörde nach § 3 Abs 2 BetrVG aF war in solchen Fällen eine Wirksamkeitsvoraussetzung für den Tarifvertrag (vgl **OVG** Hamburg 7. 3. 1988 – Bf IV 46/87, BB 1988, 1330 = NZA 1989, 235). Ohne Erteilung der Zustimmung konnten die tariflichen Regelungen nicht in Kraft treten, so dass allein die gesetzlichen Regelungen des Betriebsverfassungsgesetzes maßgebend blieben. Die Wahl eines Betriebsrats auf der Grundlage eines Tarifvertrages nach § 3 BetrVG, dem die Zustimmung gem § 3 Abs 2 BetrVG aF fehlte, war als nichtig zu qualifizieren (**LAG** Potsdam 9. 8. 1996 – 2 TaBV 9/96, LAGE § 3 BetrVG 1972 Nr 2; **LAG** Düsseldorf 21. 1. 2000 – 9 Sa 1754/99, ZInsO 2000, 681). Angesichts dessen konnten auch die Betriebsvereinbarungsparteien einer Interessenausgleichs- bzw Sozialplanregelung in eigener Kompetenz keine Zuständigkeit eines Gesamtbetriebsrats schaffen, der auf der Grundlage des Betriebsverfassungsgesetzes nicht existenzfähig ist, so dass der Insolvenzverwalter die eingegangenen Sozialplanverpflichtungen nicht zu erfüllen brauchte (**LAG** Düsseldorf 21. 1. 2000 – 9 Sa 1754/99, ZInsO 2000, 681). Die Rechtslage hat sich durch das BetrVerf-Reformgesetz v 23. 7. 2001 (BGBl I S 1852) grundlegend geändert. Die Zustimmung der obersten Arbeitsbehörde ist nicht mehr erforderlich (§ 3 Abs 1 BetrVG nF). Besteht keine tarifliche Organisationsregelung und gilt auch kein anderer Tarifvertrag, dann kann die Organisationsregelung auch durch Betriebsvereinbarung getroffen werden (§ 3 Abs 2 BetrVG nF).

2. Beteiligungs- und Mitbestimmungsrechte auf Unternehmensebene. Der Wirtschaftsausschuss ist ein Hilfsorgan des Betriebsrats und des Gesamtbetriebsrats. Auf seinen monatlichen Sitzungen (§ 108 Abs 1 BetrVG) hat der Wirtschaftsausschuss die Aufgaben, den Unternehmer zu beraten und anschließend den Betriebsrat vom Ergebnis zu unterrichten. Bestehen zwischen Unternehmer und Betriebsrat Meinungsverschiedenheiten über das Ausmaß der dem Wirtschaftsausschuss zu gewährenden Informationen, so entscheidet zur Beilegung des Streits die Einigungsstelle (§ 109 BetrVG). Die Entscheidung der Einigungsstelle nach § 109 BetrVG darüber, ob, wann, in welcher Weise und in welchem Umfang der Unternehmer den Wirtschaftsausschuss zu unterrichten hat, unterliegt der Rechtskontrolle der Arbeitsgerichte. Dies gilt auch für die Frage, ob eine Gefährdung von Betriebs- oder Geschäftsgeheimnissen der Auskunft entgegensteht (**BAG** 11. 7. 2000 – 1 ABR 43/99, AP Nr 2 zu § 109 BetrVG 1972 = NZA 2001, 402).

Der Unternehmer – und in der Insolvenz der Insolvenzverwalter- hat den **Wirtschaftsausschuss** über alle wesentlichen wirtschaftlichen Angelegenheiten, die die Interessen der Arbeitnehmer berühren können, unaufgefordert **rechtzeitig und umfassend** unter Vorlage der erforderlichen Unterlagen **zu unterrichten**, soweit dadurch nicht die Betriebs- und Geschäftsgeheimnisse des Unternehmens gefährdet werden, sowie die sich daraus ergebenden Auswirkungen auf die Personalplanung darzustellen (§ 106 Abs 2 BetrVG) und den Jahresabschluss dem Wirtschaftsausschuss unter Beteiligung des Betriebsrats zu erläutern (§ 108 Abs 5 BetrVG). Wegen dieser inhaltlichen Beschränkungen handelt es sich nicht um ein echtes Mitbestimmungsrecht, sondern nur um ein Beteiligungsrecht. Dennoch sollte der Insolvenzverwalter dieses Mitbestimmungsrecht tunlichst beachten, denn bei Verletzung der Aufklärungs- und Auskunftspflichten macht er sich einer Ordnungswidrigkeit schuldig. Erfüllt der Insolvenzverwalter seine Unterrichtungspflichten aus §§ 106 Abs 2, 108 Abs 5 BetrVG überhaupt nicht, wahrheitswidrig, unvollständig oder verspätet, so kann diese Ordnungswidrigkeit gem § 121 Abs 2 BetrVG mit einer Geldbuße bis zu 10 000 EUR geahndet werden (siehe wegen Einzelheiten **OLG** Hamm 7. 12. 1977 – 4 Ss OWi 1407/77, DB 1978, 748; **KG** Berlin 25. 9. 1978 – 2 Ws (B) 82/78, DB 1979, 112; **OLG** Stuttgart 22. 11. 1984 – 4 Ss (25) 342/84, CR 1986, 367; **OLG** Hamburg 4. 6. 1985 – 2 Ss 5/85, NJW 1985, 2543 = NStZ 1985, 459; **OLG** Karlsruhe 7. 6. 1985 – 1 Ss 68/85, AP Nr 1 zu § 121 BetrVG 1972 = EWiR 1985, 731 [*Löwisch*] = NJW 1985, 2543 = NStZ 1985, 460).

Was im Einzelnen zu den wesentlichen **wirtschaftlichen Angelegenheiten** gehört, ist in § 106 Abs 3 BetrVG beispielhaft (nicht abschließend) aufgeführt:
– die wirtschaftliche und finanzielle Lage des Unternehmens;
– die Produktions- und Absatzlage;
– das Produktions- und Investitionsprogramm;
– Rationalisierungsvorhaben;
– Fabrikations- und Arbeitsmethoden; insbesondere die Einführung neuer Arbeitsmethoden;
– Fragen des betrieblichen Umweltschutzes;
– die Einschränkung oder Stilllegung von Betrieben oder von Betriebsteilen;
– die Verlegung von Betrieben oder Betriebsteilen;

- Verschmelzung oder Spaltung von Unternehmen;
- Zusammenschluss oder Teilung von Betrieben;
- die Änderung der Betriebsorganisation oder des Betriebszwecks;
- die Übernahme des Unternehmens, wenn hiermit der Erwerb der Kontrolle verbunden ist, sowie
- sonstige Vorgänge und Vorhaben, welche die Interessen der Arbeitnehmer des Unternehmens wesentlich berühren können.

14   Zu den wirtschaftlichen Angelegenheiten, in denen der Wirtschaftsausschuss nach § 106 BetrVG ein Unterrichtungs- und Beratungsrecht hat, gehört auch die **Stilllegung von Betrieben**, in denen kein Betriebsrat gebildet ist (BAG 9. 5. 1995 – 1 ABR 61/94, AP Nr 12 zu § 106 BetrVG 1972 = NZA 1996, 55 = ZIP 1995, 1615). Die in § 106 Abs 3 Nrn 5, 6–9a BetrVG bezeichneten wirtschaftlichen Angelegenheiten stellen in der Regel jeweils zugleich auch eine Betriebsänderung iSd § 111 S 3 Nrn 1–4 BetrVG dar. Soweit sich diese Tatbestände überschneiden, ist sowohl eine Unterrichtung des Wirtschaftsausschusses nach § 106 BetrVG als auch eine Unterrichtung des Betriebsrats nach § 111 BetrVG erforderlich (**OLG** Hamburg 4. 6. 1985 – 2 Ss 5/85, MDR 1985, 869 = NJW 1985, 2543). Die Unterrichtungspflicht entfällt nicht deshalb, weil im Betrieb des insolventen Arbeitgebers mangels entsprechender Beschäftigtenzahl ein Wirtschaftsausschuss nicht errichtet werden können (**BAG** 20. 9. 1990 – 1 ABR 74/89, EzA § 80 BetrVG 1972 Nr 39; **BAG** 5. 2. 1991 – 1 ABR 32/90, AP Nr 89 zu § 613 a BGB = NZA 1991, 639).

15   Damit der Wirtschaftsausschuss seine Aufgaben erfüllen kann, hat der Unternehmer den Wirtschaftsausschuss so rechtzeitig und so umfassend über die wirtschaftlichen Angelegenheiten des Unternehmens zu unterrichten, dass der Wirtschaftsausschuss sich auf Grund dieser Mitteilungen ein genaues, zutreffendes und vollständiges Bild über die wirtschaftliche Situation des Unternehmens machen kann (**BAG** 20. 11. 1984 – 1 ABR 64/82, AP Nr 3 zu § 106 BetrVG 1972 [*Kraft*] = NJW 1985, 2663 = NZA 1985, 432 = ZIP 1985, 498). Die Unterrichtungspflicht erstreckt sich nicht allein auf die wirtschaftlichen Angelegenheiten des Unternehmens, sondern verlangt auch weitergehend die **Darlegung der Auswirkungen auf die Personalplanung**, zB Notwendigkeit eines Personalabbaus (BKB-*Berscheid* PraxisArbR Teil 6 Rn 587).

16   **3. Beteiligungs- und Mitbestimmungsrechte auf Betriebsebene.** Neben den in wirtschaftlichen Angelegenheiten dem Wirtschaftsausschuss zustehenden Unterrichtungsrechten weist das Betriebsverfassungsgesetz dem Betriebsrat nur insoweit Beteiligungsrechte zu, wie Änderungen im betrieblichen Bereich wesentliche Nachteile für die Belegschaft oder erhebliche Teile der Belegschaft zur Folge haben können (§ 111 S 1 BetrVG). Die Begriffe „Unternehmer" und „Arbeitgeber" in den Vorschriften der §§ 111–113 BetrVG bezeichnen diejenige Rechtsperson, die Inhaber des Betriebes, für den eine Betriebsänderung geplant wird, und Arbeitgeber der in diesem Betrieb beschäftigten Arbeitnehmer ist (**BAG** 15. 1. 1991 – 1 AZR 94/90, AP Nr 21 zu § 113 BetrVG 1972 = KTS 1992, 280 = NJW 1991, 2923 = NZA 1991, 681 = ZIP 1991, 884). Die Regelungen der §§ 111–113 BetrVG gelten auch in der Insolvenz (**BAG** 18. 12. 1984 – 1 AZR 176/82, AP Nr 11 zu § 113 BetrVG 1972 = NZA 1985, 400 = ZIP 1985, 633; **BAG** 9. 7. 1985 – 1 AZR 323/83, AP Nr 13 zu § 113 BetrVG 1972 = NZA 1986, 100 = ZIP 1986, 45; **BAG** 13. 6. 1989 – 1 AZR 819/87, AP Nr 19 zu § 113 BetrVG 1972 [*Lüke*] = EzA § 113 BetrVG 1972 Nr 19 [*Uhlenbruck*] = NZA 1989, 278 = ZIP 1989, 256; **BAG** 3. 4. 1990 – 1 AZR 150/89, AP Nr 20 § 113 BetrVG 1972 = EzA § 113 BetrVG Nr 20 [*Uhlenbruck*] = KTS 1990, 657 = NZA 1990, 619 = ZIP 1990, 873).

17   **a) Interessenausgleichs- und sozialplanpflichtiger Personalabbau.** Allgemeine Betriebseinschränkungen oder -stilllegungen (§ 111 S 3 Nr 1 BetrVG) sind notwendigerweise mit Entlassungen, vielfach sogar mit Massenentlassungen verbunden, so dass Anzeigepflicht gem §§ 17 Abs 1, 18 Abs 1 KSchG sowie wegen der zu erwartenden Nachteile für die Belegschaft Interessenausgleichspflicht iSv §§ 112 Abs 1 S 1, 113 Abs 3 BetrVG einerseits und Sozialplanpflicht gem §§ 112 Abs 1 S 2, 112a Abs 1 BetrVG andererseits in Frage stehen können. Aber auch die anderen Tatbestände des § 111 S 3 BetrVG können zu einem anzeigepflichtigen Personalabbau führen (**BAG** 14. 2. 1978 – 1 AZR 154/76, AP Nr 60 zu Art 9 GG Arbeitskampf [*Konzen*] = NJW 1979, 233 = SAE 1980, 129 [*Seiter*]).

18   Auch ein **bloßer Personalabbau unter** vollständiger **Beibehaltung der sächlichen Betriebsmittel** kann eine Betriebseinschränkung iSd § 111 S 3 Nr 1 BetrVG beinhalten (**BAG** 28. 4. 1993 – 10 AZR 38/92, AP Nr 32 § 111 Nr 32 BetrVG 1972; **BAG** 22. 1. 1980 – 1 ABR 28/78, AP Nr 7 zu § 111 BetrVG 1972 [*Löwisch*] = NJW 1980, 2094 = ZIP 1980, 568). Allerdings ist in der Einführung von Kurzarbeit noch keine Betriebsänderung iSd § 111 S 3 Nr 1 BetrVG zu sehen, so dass die Sozialplanpflicht erst bei endgültiger Beendigung der Arbeitsverhältnisse, also bei Durchführung der Massenentlassung, entsteht (**BAG** 14. 10. 1982 – 2 AZR 568/80, AP Nr 1 zu § 1 KSchG 1969 Konzern [*Wiedemann*] = NJW 1984, 381 = ZIP 1983, 1492; **BAG** 16. 6. 1987 – 1 AZR 528/85, AP Nr 20 zu § 111 BetrVG 1972 [*Löwisch/Göller*] = NZA 1987, 858 = ZIP 1987, 1200).

19   Als **Richtschnur**, wann erhebliche Teile der Belegschaft von der Maßnahme betroffen sind und deshalb die Entlassungen unter Beibehaltung der sächlichen Betriebsmittel einen Personalabbau iSe Betriebsänderung darstellen, hat die Rechtsprechung die Zahlen und Prozentangaben des § 17 Abs 1 KSchG mit der Maßgabe herangezogen, dass von dem Personalabbau mindestens **5% der Belegschaft**

des Betriebes betroffen sein müssen (BAG, 28. 3. 2006 – 1 ABR 5/05 = NZA 2006, 932; BAG 15. 10. 1979 – 1 ABR 49/77, AP Nr 5 zu § 111 BetrVG 1972; BAG 2. 8. 1983 – 1 AZR 516/81, AP Nr 12 zu § 111 BetrVG 1972 [*Fabricius/Pottmeyer*] = NJW 1984, 1781 = SAE 1984, 148 [Gitter] = ZIP 1984, 359), ohne Beschränkung auf den Dreißig-Tage-Zeitraum (BAG 22. 5. 1979 – 1 AZR 46/76, DB 1979, 1751; **BAG** 22. 5. 1979 – 1 ABR 17/77, AP Nr 4 zu § 111 BetrVG 1972 = NJW 1980, 83; **BAG** 22. 5. 1979 – 1 AZR 848/76, AP Nr 3 zu § 111 BetrVG 1972).

Damit ist der Tatbestand des Personalabbaus als **interessenausgleichspflichtige Betriebseinschränkung** (siehe dazu näher *Berscheid* KGS, „Massenentlassung" Rn 249–254) iSd § 111 S 3 Nr 1 BetrVG durch die Rechtsprechung anerkannt worden, obgleich sich hiergegen im Schrifttum bis heute erhebliche Kritik gehalten hat (*Heinze* NZA 1987, 41, 45 mwN; *Scherer* NZA 1989, 766). Werden die Grenzen des § 17 Abs 1 KSchG überschritten, aber die Grenzen des § 112a Abs 1 S 1 BetrVG nicht erreicht, so ist lediglich die Durchführung des Personalabbaus mit dem Betriebsrat zu beraten und ein Interessenausgleich herbeizuführen (§§ 111 S 1, 112 Abs 1 BetrVG).

Bei dieser Prüfung sind – anders als bei der Anzeigepflicht bei Massenentlassungen – nur solche Arbeitnehmer zu berücksichtigen, die aus betriebsbedingten Gründen auf Grund Arbeitgeberkündigung oder Aufhebungsvertrag oder auf Grund vom Arbeitgeber veranlasster Eigenkündigung ausscheiden, vgl § 112a Abs 1 S 2 BetrVG (BAG 23. 8. 1988 – 1 AZR 276/87, AP Nr 17 zu § 113 BetrVG 1972; BAG 4. 7. 1989 – 1 ABR 35/88, AP Nr 27 zu § 111 BetrVG 1972. Diejenigen Arbeitnehmer, die aus personen- oder verhaltensbedingten Gründen entlassen werden (**LAG** Frankfurt/Main 12. 6. 1981 – 13 Sa 211/81, AuR 1983, 92) oder deren Arbeitsverhältnis infolge Fristablauf endet, bleiben außer Betracht (BKB-*Berscheid* PraxisArbR Teil 6 Rn 594 mwN).

Nicht bei allen Betriebsänderungen iSv § 111 BetrVG kann der Betriebsrat einen Sozialplan durch die Anrufung der Einigungsstelle erzwingen. Erschöpft sich die Betriebsänderung iSd § 111 S 2 Nr 1 BetrVG allein in der Entlassung von Arbeitnehmern, so ist ein Sozialplan nur erzwingbar, wenn die Grenzwerte des § 112a Abs 1 S 1 BetrVG überschritten werden. Erst dann sind die Personalreduzierungen auch sozialplanpflichtig (siehe dazu näher *Berscheid* KGS, „Massenentlassung" Rn 256–260). Eine **sozialplanpflichtige Betriebsänderung** liegt danach vor, wenn der Unternehmer wegen anhaltenden Auftragsmangels wiederholt Personalreduzierungen vornimmt, die – ohne die in § 17 Abs 1 KSchG festgelegte zeitliche Beschränkung – insgesamt das nunmehr in § 112a Abs 1 BetrVG normierte Ausmaß erreichen (**LAG** Düsseldorf 14. 5. 1986 – 6 TaBV 18/86, LAGE § 111 BetrVG 1972 Nr 4).

Wann eine Betriebsänderung in Form von Personalreduzierungen lediglich mitbestimmungspflichtig und wann sie auch sozialplanpflichtig ist, veranschaulicht die folgende Tabelle (siehe auch *Berscheid* KGS, „Massenentlassung" Rn 257), wobei nach § 17 Abs 1 KSchG auf die Betriebsgröße, nach § 112a Abs 1 BetrVG auf die Unternehmensgröße abzustellen ist:

Größe nach Arbeitnehmerzahl	interessenausgleichspflichtiger Personalabbau bei Ausscheiden von	sozialplanpflichtiger Personalabbau bei Ausscheiden von
21–59	6	20% der jeweiligen Zahl, aber mindestens 6 Arbeitnehmer
60–249	10% der jeweiligen Zahl oder mindestens 26 Arbeitnehmer	20% der jeweiligen Zahl oder mindestens 37 Arbeitnehmer
250–499	10% der jeweiligen Zahl oder mindestens 26 Arbeitnehmer	15% der jeweiligen Zahl oder mindestens 60 Arbeitnehmer
500 und mehr	5% der jeweiligen Zahl oder mindestens 30 Arbeitnehmer	10% der jeweiligen Zahl oder mindestens 60 Arbeitnehmer

Ein als **Ersatzkraft** für einen ausscheidenden Mitarbeiter eingestellter Mitarbeiter ist bei der Zahl der „in der Regel" Beschäftigten **nicht zu berücksichtigen**. Ein „Doppelzählen" findet nicht statt, wie aus einem Vergleich mit der Regelung des § 21 Abs 7 BEEG zu ersehen ist. Diese Vorschrift enthält einen allgemein gültigen Rechtsgedanken des Inhalts, dass bei der Ermittlung der sog Regelarbeitnehmerzahl nur der Arbeitnehmer, der (endgültig oder vorübergehend) aus dem Betrieb ausscheidet, oder die für ihn eingestellte Ersatzkraft mitgezählt werden. Dass während der notwendigen Dauer der Einarbeitungszeit beide Arbeitnehmer gleichzeitig beschäftigt werden, ist für die Ermittlung der Regelarbeitnehmerzahl ohne Bedeutung, wie die Befristungsmöglichkeit des § 21 Abs 2 BEEG zeigt (**LAG** Hamm 3. 4. 1997 – 4 Sa 693/96, AP Nr 15 zu § 23 KSchG 1969 = LAGE § 23 KSchG Nr 13). Werden Arbeitnehmer nicht ständig, sondern lediglich zeitweilig beschäftigt, kommt es für die Frage der regelmäßigen Beschäftigung darauf an, ob sie normalerweise während des überwiegenden Teils eines Jahres beschäftigt werden (BAG 24. 2. 2005 – 2 AZR 207/04, NZA 2005, 766).

Bei der Ermittlung der relevanten Grenzzahlen werden nur die Arbeitnehmer **mitgerechnet** (*Berscheid* KGS, „Massenentlassung" Rn 259), die
– aus betriebsbedingten Gründen entlassen werden,

- über Aufhebungsverträge ausscheiden und der Anlass der Auflösung der Arbeitsverhältnisse die Betriebsänderung war,
- Eigenkündigungen aussprechen, die vom Arbeitgeber aus Anlass der Betriebsänderung veranlasst wurden.

26 Dagegen sind bei der Ermittlung der Grenzwerte die Arbeitnehmer **nicht zu berücksichtigen** (*Berscheid* KGS, „Massenentlassung" Rn 260), die
- auf Grund personen- oder verhaltensbedingter Gründe entlassen werden,
- auf Grund Aufhebungsverträgen auf eigenen Wunsch oder zur Vermeidung einer Kündigung aus personen- oder verhaltensbedingten Gründen ausscheiden,
- durch Eigenkündigungen, die nicht vom Arbeitgeber aus Anlass der Betriebsänderung veranlasst wurden,
- auf Grund Befristung des Arbeitsvertrages,
- auf Grund von Vorruhestandsvereinbarungen,
- auf Grund von betriebsinternen Versetzungen, da diese nicht zum Ausscheiden aus dem Betrieb führen (LAG Nürnberg 6. 12. 2004 – 9 TaBV 9/04, NZA-RR 2005, 375).

27 Gegenstand der Beteiligung des Betriebsrats ist nur die jeweilige auf eine Betriebsänderung abzielende Planung des Insolvenzverwalters. Dafür reicht es aus, dass ein erheblicher Personalabbau auf Grund der unternehmerischen Planungsentscheidung „in Betracht kommt" (**BAG** 7. 5. 1987 – 2 AZR 271/86, AP Nr 19 zu § 9 KSchG 1969 = NJW 1988, 159 = NZA 1988, 15). Ohne Bedeutung ist, dass die vom Insolvenzverwalter später tatsächlich vorgenommenen Entlassungen hinter dem ursprünglichen Planungsziel zurückbleiben. Dies gilt auch dann, wenn später im Ergebnis die Schwellenwerte des § 17 Abs 1 KSchG nicht mehr erreicht werden. Das gem § 111 S 1 BetrVG in der Planungsphase entstehende Beteiligungsrecht kann nicht mehr nachträglich entfallen. Problematisch ist für den Insolvenzverwalter auch der umgekehrte Fall, wenn zunächst ein unerheblicher Personalabbau geplant und dann bei der Umsetzung der Planung dennoch die Erheblichkeitsschwelle überschritten wurde. In beiden Fällen ist für die **Bewertung des stufenweisen Personalabbaus** als einheitliche Personalabbaumaßnahme entscheidend, ob sie auf ein und demselben Planungssachverhalt beruht (**LAG** Düsseldorf 14. 5. 1986 – 6 TaBV 18/86, LAGE § 111 BetrVG 1972 Nr 4). Mit anderen Worten, für die Bewertung eines stufenweisen Personalabbaus als einheitliche Personalmaßnahme ist entscheidend, dass bei einer Zusammenrechnung von Kündigungen, die zu unterschiedlichen Zeiten ausgesprochen werden, ein einheitlicher Entschluss des Insolvenzverwalters vorliegt (**LAG** Erfurt 22. 7. 1998 – 6/4 Sa 216/97, NZA-RR 1999, 309). Ein stufenweiser Personalabbau ist damit dann eine Betriebsänderung iSv § 111 S 3 Nr 1 BetrVG, sofern dieser auf einer einheitlichen unternehmerischen Planung beruht und die Zahlenwerte des § 17 Abs 1 KSchG erreicht sind. Auch hier ist wieder die 5%. Regel zu beachten (**BAG** 28. 3. 2006 – 1 ABR 5/05, NZA 2006, 932).

27a Liegt nach der ursprünglichen Planung keine Betriebsänderung iSv § 111 BetrVG vor, so entstehen damit zunächst auch keine Mitbestimmungsrechte des Betriebsrats auf Unterrichtung, Beratung und den Abschluss bspw. eines Sozialplans, denn maßgeblich ist alleine die konkrete Planungsentscheidung des Arbeitgebers. Ändert der Arbeitgeber seine Planung, bevor die zunächst geplante Maßnahme durchgeführt wurde, so ist für das Bestehen eines Mitbestimmungsrechtes alleine die neue Planung maßgeblich. Hat der Arbeitgeber zum Zeitpunkt der neuen Planung die zunächst geplanten Maßnahmen bereits durchgeführt, werden diese und die nunmehr geplanten Maßnahmen mitbestimmungsrechtlich grundsätzlich nicht zusammengerechnet (**BAG** 28. 3. 2006 – 1 ABR 5/05, aaO). Der ursprüngliche Planungssacherhalt hat sich damit verändert und kann nicht als einheitlich bewertet werden.

28 Handelt es sich um Betriebsänderungen in Betrieben, die in den ersten vier Jahren seit ihrer Neugründung erfolgen, entfällt die Sozialplanpflicht (§ 112 a Abs 2 S 1, 3 BetrVG). Davon unberührt bleibt allerdings die Verpflichtung des Insolvenzverwalters, einen Interessenausgleich über eine geplante Betriebsänderung – bei einem Personalabbau bei Erreichen der Grenzwerte des § 17 Abs 1 KSchG – bis hin zur Einigungsstelle zu versuchen, selbst wenn der Betriebsrat anlässlich der geplanten Betriebsänderung nach § 112a BetrVG einen Sozialplan nicht erzwingen kann. Anderenfalls steht den entlassenen Arbeitnehmern nach § 113 Abs 3 BetrVG ein Abfindungsanspruch zu (**BAG** 8. 11. 1988 – 1 AZR 721/87, AP Nr 48 zu § 112 BetrVG 1972 = KTS 1989, 430 = NZA 1989, 401 = ZIP 1989, 324).

29 **b) Katalog der Betriebsänderungen und Abgrenzungsfragen.** § 122 InsO definiert nicht den Begriff der Betriebsänderung, sondern setzt ihn voraus. Es gilt daher die Legaldefinition des § 111 BetrVG. Ob die Aufzählung des § 111 S 3 BetrVG abschließend ist oder nicht, ist umstritten. Als Betriebsänderungen, die unter Umständen zu anzeigepflichtigen Massenentlassungen führen, gelten:
- Einschränkung und Stilllegung des ganzen Betriebes oder von wesentlichen Betriebsteilen,
- Verlegung des ganzen Betriebes oder von wesentlichen Betriebsteilen,
- Zusammenschluss zu einem neuen Betrieb, Eingliederung in einen anderen Betrieb oder Teilung von Betrieben,
- grundlegende Änderungen der Betriebsorganisation, des Betriebszwecks oder der Betriebsanlagen,
- Einführung grundlegend neuer Arbeitsmethoden und Fertigungsverfahren,
- Personalabbau aus betrieblichen Gründen ohne Verringerung der sächlichen Betriebsmittel in der Größenordnung der Zahlen und Prozentangaben des § 17 Abs 1 KSchG.

Die vorgenannten Betriebsänderungen kommen sämtlich auch in der Insolvenz vor, manche häufig, andere selten. Dennoch soll im Folgenden auf alle Betriebsänderungen eingegangen und diese von den Fällen, die nicht als solche angesehen werden, abgegrenzt werden.

aa) Betriebseinschränkung. Unabhängig davon, ob im Einzelfall wesentliche Nachteile für die Belegschaft auszuschließen sind, ist eine Betriebseinschränkung eine Betriebsänderung iSd § 111 S 3 Nr 1 BetrVG. Der Begriff der Betriebseinschränkung setzt voraus, dass die „Leistungsfähigkeit" des Betriebes herabgesetzt wird. Die Einschränkung muss „ungewöhnlich" und nicht nur vorübergehend sein. Bei der Prüfung der Frage, ob eine Betriebseinschränkung vorliegt, ist von dem regelmäßigen Erscheinungsbild des Betriebes auszugehen. Betriebstypische Schwankungen, wie zB Weihnachtsgeschäft oder Sommerloch, sind keine Betriebsänderungen, auch wenn eine größere Zahl von Arbeitnehmern entlassen wird (**BAG** 22. 5. 1979 – 1 ABR 17/77, AP Nr 4 zu § 111 BetrVG 1972 = NJW 1980, 83). Gleichgültig ist auch, ob die Verminderung der Leistungsfähigkeit des Betriebes durch Außerbetriebsetzung von Betriebsanlagen oder durch Personalreduzierung erfolgt (**BAG** 7. 8. 1990 – 1 AZR 445/89, AP Nr 34 zu § 111 BetrVG 1972 = NZA 1991, 113 = ZIP 1990, 1426). Als Betriebsänderung gilt bereits die Einschränkung eines wesentlichen Betriebsteils (**BAG** 6. 12. 1988 – 1 ABR 47/87, AP Nr 26 zu § 111 BetrVG 1972 [*Streckel*] = NZA 1989, 557 = ZIP 1989, 389).

bb) Betriebsstilllegung. Eine Betriebsstillegung (Teil- oder Vollschließung) ist stets eine Betriebsänderung iSd § 111 S 3 Nr 1 BetrVG, wenn sie wesentliche Betriebsteile erfasst. Die Betriebsstillegung setzt den ernstlichen und endgültigen Entschluss des Arbeitgebers voraus, die mit den Arbeitnehmern bestehende Betriebs- und Produktionsgemeinschaft für einen seiner Dauer nach unbestimmten, wirtschaftlich nicht unerheblichen Zeitraum aufzugeben (**BAG** 14. 10. 1982 – 2 AZR 568/80, AP Nr 1 zu § 1 KSchG 1969 Konzern [*Wiedemann*] = NJW 1984, 381 = ZIP 1983, 1492; **BAG** 16. 6. 1987 – 1 ABR 41/85, AP Nr 19 zu § 111 BetrVG 1972 = NZA 1987, 671 = ZIP 1987, 1068; **BAG** 31. 1. 1991 – 2 AZR 346/90, RzK I 5 f Nr 13; BAG 21. 6. 2001 – 2 AZR 137/00, AP Nr 50 zu § 15 KSchG 1969). Ist die Stilllegungsabsicht nicht endgültig, so liegt nur eine rechtlich unerhebliche Betriebspause oder Betriebsunterbrechung vor (**BAG** 7. 6. 1984 – 2 AZR 602/82, AP Nr 5 zu § 22 KO = KTS 1984, 434 = NJW 1985, 1238 = NZA 1985, 121 = ZIP 1984, 1517; **BAG** 19. 6. 1991 – 2 AZR 127/91, AP Nr 53 zu § 1 KSchG 1969 Betriebsbedingte Kündigung = NZA 1991, 891 = ZIP 1991, 1374). Die endgültige Stilllegung des Betriebs muss nach außen durch Auflösung der Betriebsorganisation zum Ausdruck gebracht werden. Sowohl die Entlassung der Belegschaft als auch die bloße Einstellung der Produktion für sich allein sind grundsätzlich noch kein hinreichendes Indiz für die Betriebsstillegungsabsicht. Es müssen vielmehr jeweils weitere Stilllegungsakte hinzukommen, die auf die Auflösung der Betriebsorganisation schließen lassen (**BAG** 30. 10. 1986 – 2 AZR 696/85, AP Nr 58 zu § 613a BGB = NZA 1987, 382 = ZIP 1987, 734; **BAG** 12. 2. 1987 – 2 AZR 247/86, AP Nr 67 zu § 613a BGB = NZA 1988, 170 = ZIP 1987, 1478). Die Weiterbeschäftigung einer geringer Anzahl von Arbeitnehmern im Rahmen eines Abwicklungsteams ist für das Vorliegen einer Betriebsstillegung unschädlich (BAG 14. 10. 1982 – 2 AZR 568/80, AP Nr 1 zu § 1 KSchG 1969 Konzern).

In Ausnahmefällen kann auch eine **vorübergehende Schließung des Betriebes** eine betriebsbedingte Kündigung rechtfertigen, wenn im Kündigungszeitpunkt der Wegfall der Beschäftigungsmöglichkeit mit großer Wahrscheinlichkeit für einen Zeitraum von bspw 10 Monaten (**LAG** Berlin 17. 11. 1986 – 9 Sa 77/86, LAGE § 1 KSchG Betriebsbedingte Kündigung Nr 9) oder einem Jahr (**BAG** 27. 4. 1995 – 8 AZR 200/94, WiPra 1996, 184, 185 f [*Berscheid*]) zu erwarten ist. Auch im Handel ist eine neun Monate während tatsächliche Einstellung jeder Verkaufstätigkeit eine wirtschaftlich erhebliche Zeitspanne, die der Annahme eines Betriebsübergangs entgegensteht (**BAG** 22. 5. 1997 – 8 AZR 118/96, ZInsO 1998, 93). Solche Maßnahmen sind dann ebenfalls interessenausgleichs- und sozialplanpflichtig.

Die **Stilllegung eines Betriebsteils** fällt ebenfalls unter die interessenausgleichs- und sozialplanpflichtigen Betriebsänderungen des § 111 S 3 Nr 1 BetrVG. Unter Stilllegung eines Betriebsteils ist die Auflösung der insoweit zwischen Arbeitgeber und Arbeitnehmern bestehenden Betriebs- und Produktionsgemeinschaft zu verstehen, die ihre Veranlassung und zugleich ihren unmittelbaren Ausdruck darin findet, dass der Unternehmer seine bisherige wirtschaftliche Betätigung in der ernstlichen Absicht einstellt, die Weiterverfolgung des bisherigen Teilzwecks dauernd oder für eine ihrer Dauer nach unbestimmt, wirtschaftlich nicht unerhebliche Zeitspanne nicht weiterzuverfolgen (**BAG** 9. 2. 1994 – 2 AZR 666/93, AP Nr 105 zu § 613a BGB = NJW 1995, 75 = NZA 1994, 686 = WPrax Heft 15/1994, S 12 [*Berscheid*] = ZIP 1994, 1041; siehe dazu auch *Hanau* ZIP 1994, 1038).

Kündigt der Insolvenzverwalter allen Arbeitnehmern eines Betriebes oder Betriebsteils wegen Betriebsstilllegung, so kann er nach der eingeleiteten Betriebs(teil)stillegung weder einen Sozialplan mit der Begründung verweigern, die Kündigungen seien gem § 613a Abs 4 BGB unwirksam gewesen, weil in Wirklichkeit ein Betriebs(teil)übergang vorgelegen habe (**BAG** 27. 6. 1995 – 1 ABR 62/94, AP Nr 7 zu § 4 BetrVG 1972 = NZA 1996, 164 = WiB 1996, 392 [*Kessler*] = ZIP 1995, 1919), noch sich bei unvorhergesehener Betriebsübernahme auf den Wegfall der Geschäftsgrundlage berufen (**LAG** Düsseldorf 8. 11. 1995 – 2 (3) Sa 825/95, LAGE § 112 BetrVG 1972 Nr 38).

cc) Betriebsverlegung. Unabhängig davon, ob im Einzelfall wesentliche Nachteile für die Belegschaft auszuschließen sind, ist eine Betriebsverlegung eine Betriebsänderung iSd § 111 S 3 Nr 2 BetrVG. Allerdings stellt nicht jede geringfügige Veränderung der örtlichen Lage eines Betriebes eine Verlegung dar. Der Bereich des Geringfügigen soll jedoch bereits dann überschritten sein, wenn der neue Standort in derselben Großstadt liegt und ca fünf km vom bisherigen entfernt ist (**BAG** 17. 8. 1982 – 1 ABR 40/80, AP Nr 11 zu § 111 BetrVG 1972 [*Richardi*] = NJW 1983, 1870 = SAE 1984, 234 [*Mayer-Maly*] = ZIP 1983, 210).

37 Es erscheint sachgerechter zu sein, in Anlehnung an § 4 Abs 1 S 1 Nr 1 BetrVG die Grundsätze anzuwenden, die für die Frage gelten, wann ein Betriebsteil „räumlich weit vom Hauptbetrieb entfernt" ist. Bei der Beurteilung dieser Frage kommt es mitunter auf die „Leichtigkeit der Verkehrsverbindung" an (**BAG** 21. 6. 1995 – 2 AZR 693/94, WiPra 1996, 266 [*Berscheid*]). Wegen der Relativität der Bewertungsfaktoren, auf die zur Bestimmung des Tatbestandsmerkmals „räumlich weite Entfernung" zurückzugreifen ist, ermöglicht die umfangreiche Kasuistik zwar keine verallgemeinerungsfähige Grenzziehung nach Entfernungskilometern, aber das Abstellen auf die „Leichtigkeit der Verkehrsverbindung" verhindert Wertungswidersprüche. Schon ein Entfernungsbereich von 15 bis 30 km kann zu Wertungsschwierigkeiten führen, wenn die Leichtigkeit des Verkehrs im Einzelfall nicht gewährleistet ist. So ist die Entfernung Köln-Bonn und Köln-Düsseldorf wegen ständiger Verkehrsstaus als „räumlich weit entfernt" angesehen worden (**LAG** Köln 13. 4. 1989 – 1 TaBV 72/88, AiB 1990, 359). Für das Betriebsverfassungsrecht ist bei einer Wegstrecke von ca 45 km bzw von 22 km und einer Erreichbarkeit durch jeweils gute Verkehrsverbindungen mit öffentlichen Verkehrsmitteln eine „räumlich weite Entfernung" verneint worden (**BAG** 24. 2. 1976 – 1 ABR 62/75, AP Nr 2 zu § 4 BetrVG 1972; **BAG** 17. 2. 1983 – 6 ABR 64/81, AP Nr 4 zu § 4 BetrVG 1972).

38 Ob tatsächlich die **Verlegung des Betriebes** für einen erheblichen Teil der Arbeitnehmer wesentliche Nachteile mit sich bringt, so dass eine Abminderung der Nachteile erforderlich ist, ist eine Frage, die erst im Stadium des Aufstellens des Sozialplans zu berücksichtigen ist. Nach § 111 S 3 Nr 2 BetrVG ist die Verlegung eines wesentlichen Betriebsteils der Verlegung des Betriebes gleichgestellt. Eine Betriebsverlegung kann sich rechtlich als Betriebsstilllegung darstellen. Eine Verlegung des Betriebes ist eine Betriebsstilllegung, wenn
– im Rahmen eines Betriebsinhaberwechsels eine nicht unerhebliche räumliche Verlegung des Betriebes vorgenommen,
– die alte Betriebsgemeinschaft tatsächlich und rechtsbeständig aufgelöst wird und
– der Betrieb vom „Erwerber" an dem neuen Ort mit einer im Wesentlichen neuen Belegschaft fortgeführt wird.

39 Sie stellt in einem solchen Fall keinen Betriebsübergang dar (siehe dazu **BAG** 12. 2. 1987 – 2 AZR 247/86, AP Nr 67 zu § 613 a BGB = NZA 1988, 170 = ZIP 1987, 1478). Gleiches muss ferner gelten, wenn der Veräußerer die alte Betriebsgemeinschaft tatsächlich und rechtsbeständig auflöst und die Marken-, Herstellungs- und Vertriebsrechte einschließlich der Besitzrechte der Werkzeuge und anderer Formen für seine Produkte an einen 90–100 km entfernt tätigen Wettbewerber verkauft, der seinerseits damit keine Produktion mehr aufmacht, sondern mit diesem Kauf nur andere Wettbewerber ausschließen will (**LAG** Hamm 28. 1. 1997 – 4 Sa 141/96, insoweit in LAGE § 91 a ZPO Nr 6 nicht abgedruckt).

40 dd) **Betriebsübertragung.** Ein Betrieb wird dann stillgelegt, wenn der Betriebsinhaber die Arbeits- und Produktionsgemeinschaft zwischen Arbeitgeber und Belegschaft auflöst (**BAG** 14. 10. 1982 – 2 AZR 568/80, AP Nr 1 zu § 1 KSchG 1969 Konzern [*Wiedemann*] = NJW 1984, 381 = ZIP 1983, 1492; **BAG** 27. 4. 1995 – 8 AZR 197/94, AP Nr 128 zu § 613 a BGB = NJW 1995, 3404 = NZA 1995, 1155 = ZIP 1995, 1540; **BAG** 22. 5. 1997 – 8 AZR 88/96, RzK I 5 f Nr 25; **BAG** 22. 5. 1997 – 8 AZR 101/96, AP Nr 154 zu § 613 a BGB [*Franzen*] = NJW 1997, 3188 = NZA 1997, 1050 = ZIP 1997, 1555; **BAG** 22. 5. 1997 – 8 AZR 103/96, EzA § 613 a BGB Nr 157). Dementsprechend stellt die Veräußerung oder Verpachtung eines Betriebes keine Betriebsstilllegung dar, denn der Erwerber tritt gem § 613 a Abs 1 S 1 BGB in die Arbeitsverhältnisse mit dem bisherigen Betriebsinhaber ein. Die betriebliche Organisation bleibt erhalten, der Betriebszweck kann fortgeführt werden, die Person des Arbeitgebers wird nur ausgetauscht. Das folgt aus dem Regelungsgehalt des § 613 a BGB (vgl **BAG** 9. 2. 1994 – 2 AZR 666/93, AP Nr 105 zu § 613 a BGB = NJW 1995, 75 = NZA 1994, 686 = WPrax Heft 15/1994, S 12 [*Berscheid*] = ZIP 1994, 1041; **BAG** 27. 4. 1995 – 8 AZR 199/94, WiPra 1996, 168 [*Berscheid*]; **BAG** 18. 5. 1995 – 8 AZR 741/94, EzA § 613 a BGB Nr 139 = WiPra 1996, 328 [*Berscheid*]). Auch ein durch Bildung einer Auffanggesellschaft für ein notleidendes Unternehmen bewirkter Betriebsübergang ist als solcher grundsätzlich keine Betriebsänderung iSd § 111 BetrVG (**BAG** 20. 11. 1984 – 3 AZR 584/83, AP Nr 38 zu § 613 a BGB [*Willemsen*] = KTS 1985, 287 = NJW 1985, 1574 = NZA 1985, 393 = ZIP 1985, 561). Ist ein Betriebsübergang iSd § 613 a BGB mit Maßnahmen verbunden, die als solche die Tatbestände des § 111 S 3 Nr 1–5 BetrVG (Betriebsänderung) erfüllen, so stehen dem Betriebsrat die Beteiligungsrechte nach §§ 111, 112 BetrVG zu (**BAG** 25. 1. 2000 – 1 ABR 1/99, AP Nr 137 zu § 112 BetrVG 1972 = NZA 2000, 1069 = ZInsO 2000, 568 = ZIP 2000, 2039).

41 § 613 a BGB wird als **Ersatz für die Nichtanwendung des § 111 BetrVG auf Betriebsinhaberwechsel** angesehen, so dass der Betriebsübergang für sich allein genommen keine sozialplanpflichtige Betriebsänderung darstellt und damit im Allgemeinen nicht mitbestimmungspflichtig ist (**BAG** 4. 12. 1979 –

1 AZR 843/76, AP Nr 6 zu § 111 BetrVG 1972 [*Seiter*] = ZIP 1980, 282; **BAG** 21. 10. 1980 – 1 AZR 145/79, AP Nr 8 zu § 111 BetrVG 1972 [*Seiter*] = KTS 1981, 449 = NJW 1981, 2599 = ZIP 1981, 420; **BAG** 17. 3. 1987 – 1 ABR 47/85, AP Nr 18 zu § 111 BetrVG 1972 = NZA 1987, 523 = ZIP 1987, 1005; **BAG** 16. 6. 1987 – 1 ABR 41/85, AP Nr 19 zu § 111 BetrVG 1972 = NZA 1987, 671 = ZIP 1987, 1068). Daher schließen in der Regel die Stilllegung eines Betriebes oder Betriebsteiles und dessen Übergang einander aus, denn sie lösen unterschiedliche Schutzregelungen zugunsten der Arbeitnehmer aus (**BAG** 23. 4. 1980 – 5 AZR 49/78, AP Nr 8 zu § 15 KSchG 1969 [*Meisel*] = NJW 1980, 2543 = ZIP 1980, 699; **BAG** 12. 2. 1987 – 2 AZR 247/86, AP Nr 67 zu § 613a BGB = NZA 1988, 170 = ZIP 1987, 1478). Dies gilt auch bei einer Betriebsveräußerung in der Insolvenz (**BAG** 17. 1. 1980 – 3 AZR 160/79, AP Nr 18 zu § 613a BGB [*Heinze*] = KTS 1980, 256 = NJW 1980, 1124 = ZIP 1980, 80 [*Henckel*]; **BAG** 26. 5. 1983 – 2 AZR 477/81, AP Nr 34 zu § 613a BGB [*Grunsky*] = KTS 1984, 117 = NJW 1984, 627 = ZIP 1983, 1377; **BAG** 27. 4. 1988 – 5 AZR 358/87, AP Nr 71 zu § 613a BGB = KTS 1988, 534 = NJW 1988, 3035 = ZIP 1988, 989; siehe dazu auch *Hanau* ZIP 1984, 141).

Ist ein Betriebsübergang iSd § 613a BGB mit Maßnahmen verbunden, die als solche einen der Tatbestände des § 111 S 3 Nr 1–5 BetrVG (Betriebsänderung) erfüllen, so stehen dem Betriebsrat die Beteiligungsrechte nach §§ 111, 112 BetrVG zu. Ist in diesem Sinne eine Betriebsänderung gegeben, wird nach § 111 S 1 BetrVG der Eintritt von wirtschaftlichen Nachteilen fingiert. Dass tatsächlich Nachteile für die Mitarbeiter entstanden sind, ist nicht erforderlich. Ob ausgleichs- oder milderungswürdige Nachteile entstehen, ist bei der Aufstellung des Sozialplans – ggf von der Einigungsstelle – zu prüfen und zu entscheiden (**BAG** 17. 8. 1982 – 1 ABR 40/80, AP Nr 11 zu § 111 BetrVG 1972 [*Richardi*] = NJW 1983, 1870 = SAE 1984, 234 [*Mayer-Maly*] = ZIP 1983, 210). Es ist dagegen nicht Gegenstand und Ziel des Mitbestimmungsrechts des Betriebsrats nach § 112 BetrVG, Nachteilen zu begegnen, die mit dem Betriebsinhaberwechsel verbunden sind, also allein auf dem Betriebsübergang beruhen. Fällt ein Betriebsübergang mit einer Betriebsänderung zusammen, können in einem durch Spruch der Einigungsstelle zustande gekommenen Sozialplan nur diejenigen Nachteile ausgeglichen bzw gemildert werden, die die Betriebsänderung selbst verursacht (**BAG** 10. 12. 1996 – 1 ABR 32/96, AP Nr 110 zu § 112 BetrVG 1972 = NZA 1997, 898 = WiB 1997, 875 [*Krauß*] = ZIP 1997, 1388). Zu den **berücksichtigungsfähigen Nachteilsfolgen** zählt dagegen nicht eine etwaige Verringerung der Haftungsmasse für Ansprüche der Arbeitnehmer beim Betriebserwerber. Sie ergibt sich allein aus dem rechtsgeschäftlichen Übergang des Betriebes und ist damit Folge des Betriebsinhaberwechsels (**BAG** 25. 1. 2000 – 1 ABR 1/99, AP Nr 137 zu § 112 BetrVG 1972 = NZA 2000, 1069 = ZInsO 2000, 568 = ZIP 2000, 2039). 42

ee) Zusammenschluss und Eingliederung. Der Zusammenschluss mit anderen Betrieben gilt gem § 111 S 3 Nr 3 BetrVG als Betriebsänderung. Die tatbestandlichen Voraussetzungen sind gegeben (BKB-*Berscheid* PraxisArbR Teil 6 Rn 618), 43
– wenn aus mehreren Betrieben ein neuer Betrieb gebildet wird (Zusammenschluss) oder
– ein bestehender Betrieb einen anderen unter Aufgabe der arbeitstechnischen Selbstständigkeit aufnimmt (Eingliederung).

Eine Betriebsänderung iSd § 111 S 3 Nr 3 BetrVG liegt auch dann vor, wenn selbstständige Betriebsteile 44 mit dem Hauptbetrieb zusammengeschlossen werden. Der Zusammenschluss von „wesentlichen Betriebsteilen" oder Nebenbetrieben zu einem neuen Betrieb – zB die Vereinigung aller Vertriebs- oder Kundendienstabteilungen eines Unternehmens unter gleichzeitiger Verselbstständigung als „Vertrieb" oder als „Kundendienst" zu jeweils selbstständigen Betrieben – fällt ebenfalls in den Anwendungsbereich des § 111 S 3 Nr 3 BetrVG und nicht bloß als grundlegende Änderung der Betriebsorganisation unter § 111 S 3 Nr 4 BetrVG (*Hanau* ZfA 1974, 89, 96; zust BKB-*Berscheid* PraxisArbR Teil 6 Rn 619).

Die zusammengelegten Betriebe werden häufig zum selben Unternehmen gehören. Ist dies nicht der 45 Fall, ist der Zusammenschluss nur möglich, wenn ein sog **Gemeinschaftsbetrieb** gebildet wird (**BAG** 5. 3. 1987 – 2 AZR 623/85, AP Nr 30 zu § 15 KSchG 1969 = KTS 1988, 141 = NZA 1988, 32 = ZIP 1987, 1588). Nach § 4 Abs 2 Nr 1 BetrVG wird ein gemeinsamer Betrieb mehrerer Unternehmen vermutet, wenn zur Verfolgung arbeitstechnischer Zwecke die Betriebsmittel sowie die Arbeitnehmer von den Unternehmen gemeinsam eingesetzt werden. Das gilt vor allem für den Fall, dass mehrere rechtlich selbstständige Unternehmen ihre Geschäfte gemeinsam betreiben, wie das etwa bei den Arbeitsgemeinschaften im Baugewerbe („Arge"), bei Bürogemeinschaften oder auch bei Versicherungen, die für die einzelnen Versicherungssparten verschiedene rechtlich selbstständige Gesellschaften gebildet haben, der Fall sein kann (**BAG** 7. 8. 1986 – 6 ABR 57/85, AP Nr 5 zu § 1 BetrVG 1972 [*Wiedemann*] = NZA 1987, 131 = ZIP 1987, 183; **BAG** 29. 1. 1987 – 6 ABR 23/85, AP Nr 6 zu § 1 BetrVG 1972 = NZA 1987, 707 = ZIP 1987, 1281). Ein solcher Zusammenschluss ist in aller Regel als Gesellschaft bürgerlichen Rechts (GbR) iSd § 705 BGB zu qualifizieren, auch wenn die unmittelbare Führung des Betriebes einem der Gesellschafter übertragen und gemeinsames Vermögen nicht gebildet wird (**BAG** 6. 7. 1989 – AP Nr 4 zu § 705 BGB [*K. Schmidt*] = NJW 1989, 3034 = NZA 1989, 961).

ff) Teilung von Betrieben. Die Auflösung eines Gemeinschaftsbetriebes als solche galt bislang – wie 46 allgemein die sog Betriebsaufspaltung (besser: „Betriebsteilung") – grundsätzlich nicht als Betriebsänderung, insbesondere nicht als Betriebseinschränkung iSd § 111 S 3 Nr 1 BetrVG; es änderte sich lediglich die rechtliche Zuordnung eines Betriebes zu einem Unternehmen, die den Tatbestand des § 613a Abs 1 S 1 BGB erfüllt und damit als nicht mitbestimmungspflichtig angesehen wurde (**BAG** 17. 2. 1981 – 1 ABR 101/78, AP Nr 9 zu § 111 BetrVG 1972 [*Kittner*] = AR-Blattei „Betriebsverfassung XIV E: Entsch 21" [*Seiter*] = KTS 1981, 610 = NJW 1981, 646 = NJW 1981, 2716 = RdA 1981, 325 = SAE 1982, 17 [*Löwisch*] = ZIP 1981, 646; ferner *Gutbrod* DB 1981, 1244; *Herschel* AuR 1981, 386; *Sowka* DB 1988, 1318, 1319). Erschöpften sich der rechtsgeschäftliche Betriebsübergang oder die Gesamtrechtsnachfolge nicht in dem bloßen Inhaberwechsel, sondern war dieser Wechsel mit Maßnahmen verbunden, die als solche einen der Tatbestände des § 111 BetrVG erfüllten und damit eine Betriebsänderung darstellten, so waren die Beteiligungsrechte des Betriebsrats und des Sprecherausschusses auch nach bisherigem Recht zu wahren (**BAG** 4. 12. 1979 – 1 AZR 843/76, AP Nr 6 zu § 111 BetrVG 1972 [*Seiter*] = ZIP 1980, 282; **BAG** 25. 1. 2000 – 1 ABR 1/99, AP Nr 137 zu § 112 BetrVG 1972 = NZA 2000, 1069 = ZInsO 2000, 568 = ZIP 2000, 2039). Auch die Betriebsteilung konnte je nach Fallgestaltung eine Betriebsänderung iSd § 111 S 3 Nr 4 BetrVG (grundlegende Änderung der Betriebsorganisation und des Betriebszwecks) sein. Es kam entscheidend darauf an, ob sich bei der Betriebsaufspaltung die Veränderungen auf der Unternehmens- oder auf der Betriebsebene abspielten. Es war danach zu differenzieren, ob die Betriebe sich nach der Aufspaltung verselbstständigten oder nicht (**BAG** 16. 6. 1987 – 1 ABR 41/85, AP Nr 19 zu § 111 BetrVG 1972 = NZA 1987, 671 = ZIP 1987, 1068).

47   Durch das Umwandlungsbereinigungsgesetz v 28. 10. 1994 (BGBl I S 3210, ber 1995 I S 428) ist die Rechtslage verändert worden. Die Unterrichtungspflicht nach § 111 S 1 BetrVG besteht zwar weiterhin nicht bei Umstrukturierungen, die sich allein auf Unternehmensebene abspielen, sondern nur bei Betriebsänderungen iSd § 111 S 3 BetrVG auf Betriebsebene, aber der Fall der „Betriebsteilung" unterliegt nunmehr ausdrücklich der Mitbestimmung des Betriebsrats. Wenn das Gesetz in § 111 S 3 Nr 3 BetrVG nicht nur vom „Zusammenschluss mit anderen Betrieben", sondern auch von der „Spaltung von Betrieben" spricht, so werden dadurch die Fälle des § 123 Abs 1–3 UmwG (Auf- und Abspaltung, Ausgliederung), die allein zu einem Rechtsträgerwechsel auf Unternehmensebene durch partielle Universalsukzession führen, ohne sich auf die Betriebsidentität auszuwirken, gerade nicht erfasst; sie bleiben auch künftig weiterhin mitbestimmungsfrei und lösen als solche keine Verhandlungspflichten über Interessenausgleich und Sozialplan nach § 112 BetrVG sowie bei deren Unterbleiben keine Nachteilsausgleichsansprüche nach § 113 BetrVG aus (*Berscheid* AR-Blattei SD 530.6.4 Rn 6; BKB-*Berscheid* PraxisArbR Teil 6 Rn 622).

48   Mit dem Begriff „**Spaltung von Betrieben**" wird **nur** die „**Teilung des Betriebes**" im Zuge einer (bloßen) **Betriebsänderung erfasst**, bei der der Rechtsträger entweder derselbe bleibt oder in Vollzug eines gleichzeitig vorgenommenen rechtsgeschäftlichen Betriebsübergangs oder im Zuge eines Spaltungsmaßnahme, die wegen der (Auf-)Teilung eines Betriebes auf die Betriebsebene durchschlägt, wechselt (*Berscheid* AR-Blattei SD 530.6.4 Rn 6; BKB-*Berscheid* PraxisArbR Teil 6 Rn 623). Gliedert bspw der Unternehmer einen Betriebsteil aus, um ihn auf ein anderes Unternehmen zu übertragen, so liegt in der organisatorischen Teilung des Betriebes eine mitbestimmungspflichtige Betriebsänderung iSv § 111 S 3 Nr 3 BetrVG (**BAG** 10. 12. 1996 – 1 ABR 32/96, AP Nr 110 zu § 112 BetrVG 1972 = NZA 1997, 898 = WiB 1997, 875 [*Krauß*] = ZIP 1997, 1388). Ähnlich liegen die Probleme bei Auflösung eines Gemeinschaftsbetriebes, denn das Institut des Gemeinschaftsbetriebs kommt überall dort erhebliche Bedeutung zu, wo das Gesetz auf den Betrieb und dessen Größe abstellt (zB §§ 1, 9, 38, 42, 99 Abs 1, 106 Abs 1, 111 BetrVG; §§ 1 Abs 1–3, 15 Abs 4 und 5, 17, 23 Abs 1 KSchG). Der Gemeinschaftsbetrieb führt etwa bei betriebsbedingten Kündigungen zu Vorteilen des Arbeitnehmers, weil der Arbeitgeber die Beschäftigungsmöglichkeiten auch bei den anderen Unternehmen ausschöpfen und durchsetzen muss (**BAG** 24. 2. 2000 – 8 AZR 162/99, ZInsO 2001, 383). Die Auflösung eines Gemeinschaftsbetriebes stellt nicht nur ein dringendes betriebliches Erfordernis für eine ordentliche Kündigung iSd § 1 Abs 2 KSchG dar (**BAG** 13. 9. 1995 – 2 AZR 954/94, AP Nr 72 zu § 1 KSchG 1969 Betriebsbedingte Kündigung = NJW 1996, 2677 = NZA 1996, 307), sondern ist im beschriebenen Sinne als Betriebsteilung anzusehen. (Nur) eine solche oder ähnliche „Betriebsteilung", die auf die Betriebsebene durchschlägt, ist als Betriebsänderung iSd § 111 S 3 Nr 3 BetrVG anzusehen und zieht Verhandlungen mit dem Betriebsrat über einen Interessenausgleich und Sozialplan nach sich, bevor die Maßnahme umgesetzt wird und die Phase des Übergangsmandats des Betriebsrats auslöst (BKB-*Berscheid* PraxisArbR Teil 6 Rn 623). Damit entfällt künftig das „Rätselraten", ob eine Betriebsteilung (bislang arbeitsrechtlich auch als „Betriebsaufspaltung" bezeichnet) zugleich eine Betriebseinschränkung iSd § 111 S 3 Nr 1 BetrVG darstellt oder eine grundlegende Änderung der Betriebsorganisation und des Betriebszwecks iSv § 111 S 3 Nr 4 BetrVG vorliegt oder nicht (*Berscheid* FS Stahlhacke, S 15, 47).

49   gg) **Änderungen der Betriebsorganisation.** Die Betriebsorganisation betrifft die Art und Weise, wie Menschen und Betriebsanlagen koordiniert werden, damit der gewünschte arbeitstechnische Erfolg eintritt. Trotz Wahrung der Selbstständigkeit des Betriebes und seines Standortes kann nach § 111 S 3 Nr 4 BetrVG eine Betriebsänderung vorliegen, wenn die Betriebsorganisation grundlegend, dh einschneidend hinsichtlich des Betriebsaufbaus, seiner Gliederung oder der Zuständigkeiten geändert wird (**BAG** 21. 10. 1980 – 1 AZR 145/79, AP Nr 8 zu § 111 BetrVG 1972 [*Seiter*] = KTS 1981, 449 = NJW 1981, 2599 = ZIP 1981, 420). Wenn ein Warenhaus, das 280 Arbeitnehmer beschäftigt, lediglich seine

integrierte Gastronomieabteilung, in der 20 Arbeitnehmer tätig sind, von Bedienung auf Selbstbedienung umorganisiert, liegt darin keine Betriebsänderung iSv § 111 BetrVG, so dass der Betriebsrat deshalb nicht einen Interessenausgleich verlangen und auch nicht die Einigungsstelle anrufen kann (**LAG Hamm** 10. 10. 1984 – 3 TaBV 70/84, NZA 1985, 129). Häufig betreffen Änderungen der Betriebsorganisation den Betriebsaufbau, zB Anzahl und Zuständigkeiten der Betriebsabteilungen. Eine Änderung tritt auch dann ein, wenn Entscheidungsbefugnisse in der Betriebshierarchie „nach unten" verlagert werden (sog Dezentralisierung) oder wenn eine hierarchische Ebene eingespart (**BAG** 26. 10. 2004 – 1 AZR 493/03, NZA 2005, 237) oder wenn zur Organisation nach dem Spartenprinzip übergegangen wird. Derartige Änderungen sind qualitativ grundlegend (BKB-*Berscheid* PraxisArbR Teil 6 Rn 625). Diese Art der Betriebsänderung kann in der Insolvenz von Bedeutung sein, wenn der Insolvenzverwalter den Betrieb auf diese Weise „verkaufsfähig" machen will (siehe dazu **BAG** 18. 7. 1996 – 8 AZR 127/94, AP Nr 147 zu § 613a BGB = NJW 1997, 611 = NZA 1997, 148 = WiB 1997, 41 = ZIP 1996, 2028).

hh) **Änderungen des Betriebszwecks.** Trotz Wahrung der Selbstständigkeit des Betriebes und seines Standortes kann nach § 111 S 3 Nr 4 BetrVG eine Betriebsänderung vorliegen, wenn der Betriebszweck grundlegend geändert wird. Der Begriff des „Betriebszwecks" ist nicht der wirtschaftliche, sondern es ist der konkrete arbeitstechnische Zweck gemeint, der mit den betrieblichen Arbeitsprozessen verfolgt wird (**BAG** 17. 12. 1985 – 1 ABR 78/83, AP Nr 15 zu § 111 BetrVG 1972 [*Löwisch*] = NZA 1986, 804). Es kommt darauf an, „wie" die Einnahmen erzielt werden. Im Bereich der Dienstleistungsbetriebe ändert sich der Betriebszweck, wenn andere als die bisher angebotenen Dienstleistungen angeboten werden sollen. Der Betriebszweck kann sich dadurch ändern, dass dem bisherigen Betrieb eine weitere Abteilung mit einem weiteren arbeitstechnischen Betriebszweck hinzugefügt wird (BKB-*Berscheid* PraxisArbR Teil 6 Rn 626).

Nicht jede Änderung des Betriebszwecks kann als „grundlegend" angesehen werden. Wird in einer Automobilfabrik zB ein neuer Personenwagentyp hergestellt, so ist die Änderung zwar erheblich, aber nicht grundlegend. Anders dürfte es sein, wenn von der Pkw-Produktion auf Lkw-Produktion umgestellt wird, da diese Umstellung eine völlig andere Arbeitsweise an den Bandstraßen nach sich zieht. Im umgekehrten Fall reicht für eine grundlegende Änderung des Betriebszwecks in einem Produktionsbetrieb auch der Wegfall einer Produktpalette oder mehrerer möglicherweise dann nicht aus, wenn in den einzelnen Produkten kein jeweils gesondert verfolgter Teilbetriebszweck erblickt werden kann (siehe zur teilweisen Aufgabe des mit dem Betrieb verfolgten Zweckes **LAG** Nürnberg 23. 11. 1977 – 3 Sa 218/77, ARST 1979, 14). Werden bspw in einem Schlachthof, in dem bislang Pferde, Rinder, Kälber, Ziegen, Schafe und Schweine geschlachtet wurden, künftig nur noch Schweine geschlachtet, so liegt darin keine grundlegende Änderung des Betriebszweckes (**BAG** 28. 4. 1993 – 10 AZR 38/92, AP Nr 32 zu § 111 BetrVG 1972 = NZA 1993, 1142).

Wird ein Betrieb von vornherein nur zur **Erledigung einer begrenzten Aufgabe** innerhalb absehbarer Zeit gegründet – hier Verwertung von vorhandenem unter Eigentumsvorbehalt geliefertem Material durch den Gläubiger eines in die Insolvenz gegangenen und stillgelegten Betriebes –, so stellt die Schließung des Betriebes nach Erreichung des Betriebszweckes keine mitbestimmungspflichtige Betriebsänderung dar (**LAG Hamm** 1. 2. 1977 – 3 TaBV 38/76, EzA § 111 BetrVG 1972 Nr 3; ebenso **LAG** München 15. 2. 1989 – 7 TaBV 34/88, LAGE § 111 BetrVG 1972 Nr 9 = NZA 1990, 288).

ii) **Änderungen der Betriebsanlagen.** Trotz Wahrung der Selbstständigkeit des Betriebes und seines Standortes kann nach § 111 S 3 Nr 4 BetrVG eine Betriebsänderung vorliegen, wenn die „Betriebsanlagen" grundlegend geändert werden. Tatbestände von § 111 S 3 Nr 4 und Nr 5 BetrVG überschneiden sich. Bei der § 111 S 3 Nr 4 BetrVG steht im Vordergrund, wie die „technischen Hilfsmittel" zur Erledigung bestimmter Aufgaben im Betrieb eingesetzt werden. Unter Betriebsanlagen iSv § 111 S 3 Nr 4 BetrVG sind aber nicht nur Anlagen in der Produktion zu verstehen, sondern allgemein solche, die dem arbeitstechnischen Produktions- und Leistungsprozess dienen. Mit anderen Worten, mit dem Begriff „Betriebsanlagen" werden alle technischen Hilfsmittel bezeichnet, die im Arbeitsprozess Verwendung finden, zB Produktionsanlagen, Maschinen, Fahrzeuge und EDV-Anlagen (BKB-*Berscheid* PraxisArbR Teil 6 Rn 633). Eine grundlegende Veränderung der Betriebsanlagen liegt dann vor, wenn die einzelne Betriebsanlage von erheblicher Belastung für das Gesamtgeschehen ist. Hierfür kommt es entscheidend auf den Grad der technischen Änderung an, nämlich ob die neue Anlage gegenüber den bisher eingesetzten Betriebsmitteln etwas wesentlich Andersartiges darstellt (**LAG** Frankfurt 27. 10. 1987 – 4 TaBV 283/86, LAGE § 111 BetrVG 1972 Nr 7 = ARST 1988, 116). Bei der Frage, ob die Änderung grundlegend ist, kommt es entscheidend auf den Grad der technischen Änderung an. Im Zweifelsfall kann sich eine grundlegende Änderung aus dem Grad der nachteiligen Auswirkungen auf die betroffenen Arbeitnehmer ergeben (**BAG** 6.12. 1983 – 1 ABR 43/81, AP Nr 7 zu § 87 BetrVG 1972 Überwachung [*Richardi*] = NJW 1984, 1476).

Es sind jedoch **nicht alle Arbeitsgeräte erfasst**. Gemeint sind nur die technischen Hilfsmittel, die für das betriebliche Gesamtgeschehen oder einen wesentlichen Betriebsteil von erheblicher Bedeutung sind (**BAG** 26. 10. 1982 – 1 ABR 11/81, AP Nr 10 zu § 111 BetrVG 1972 [*Richardi*] = NJW 1983, 2838 = ZIP 1983, 981). Die grundlegende Änderung braucht daher nicht die Gesamtheit der Betriebsanlagen zu erfassen. Es genügt die Änderung einer einzelnen Betriebsanlage, wenn diese in der Gesamtschau für den gesamten Betriebsablauf von Bedeutung ist oder zumindest für einen erheblichen Teil der Belegschaft Nachteile mit sich bringen kann (**LAG** Frankfurt/Main 26. 2. 1982 – 13 Sa 1139/81, ARST 1983, 38). Sind von einer solchen oder ähnlichen Maßnahme nur wenige Arbeitsplätze betroffen, liegt keine grundlegende Änderung der Betriebsanlagen vor. Die Grenzwerte des § 17 Abs 1 KSchG sind hierfür der richtige Ansatzpunkt; danach handelt es sich um eine grundlegende Änderung, wenn mindestens 5% der Gesamtbelegschaft betroffen sind (**BAG** 26. 10. 1982 – 1 ABR 11/81, AP Nr 10 zu § 111 BetrVG 1972 [*Richardi*] = NJW 1983, 2838 = ZIP 1983, 981). Sind von dem Austausch der bisherigen EDV-Anlage durch eine neue Computeranlage zur Abwicklung des gesamten Angebots- und Kundenbetreuungswesens nur fünf Arbeitsplätze betroffen, dürfte noch keine grundlegende Änderung einer Betriebsanlage anzunehmen sein (BKB-*Berscheid* PraxisArbR Teil 6 Rn 636; str aA OLG Stuttgart 22. 11. 1984 – 4 Ss (25) 342/84, AuR 1985, 293 = CR 1986, 367).

55   jj) **Einführung neuer Arbeitsmethoden und Fertigungsverfahren.** Nach § 111 S 3 Nr 5 BetrVG gilt die Einführung grundlegend neuer Arbeitsmethoden und Fertigungsverfahren als Betriebsänderung. Die Tatbestände von § 111 S 3 Nr 4 und Nr 5 BetrVG überschneiden sich. Bei der Betriebsänderung iSd § 111 S 3 Nr 5 BetrVG steht im Vordergrund, wie die „menschliche Arbeitskraft" zur Erledigung bestimmter Aufgaben im Betrieb eingesetzt wird. Ob eine Arbeitsmethode oder ein Fertigungsverfahren grundlegend neu sind, richtet sich nach den Verhältnissen im konkreten Betrieb. Dies gilt auch dann, wenn die Änderung nur eine Anpassung an den in der gesamten Branche üblichen Standard beinhaltet. Soweit eine qualitative Betrachtung zu keinem eindeutigen Ergebnis führt, ist darauf abzustellen, ob durch die neue Arbeitsmethode oder das neue Fertigungsverfahren eine erhebliche Zahl von Arbeitnehmern nachteilig betroffen werden kann. Die Grenzwerte des § 17 Abs 1 KSchG sind auch hier der richtige Ansatzpunkt (**BAG** 7. 8. 1990 – 1 AZR 445/89, AP Nr 34 zu § 111 BetrVG 1972 = NZA 1991, 113).

III. Interessenausgleichsverfahren

56   Ist in Unternehmen mit in der Regel mehr als zwanzig wahlberechtigten Arbeitnehmern eine **Betriebsänderung** iSd § 111 S 3 BetrVG **geplant**, die wesentliche Nachteile für die Belegschaft oder erhebliche Teile der Belegschaft zur Folge haben kann, so hat der Unternehmer den Betriebsrat hierüber rechtzeitig und umfassend zu unterrichten und **zur Vermeidung von Nachteilsausgleichsansprüchen** nach § 113 Abs 3 BetrVG den **Versuch eines Interessenausgleichs** iSd § 112 Abs 1 BetrVG durchzuführen. Der Information über die geplante Betriebsänderung folgt die Beratung mit dem Betriebsrat (§ 111 S 1 BetrVG). Kommt zwischen Unternehmer und Betriebsrat ein Interessenausgleich über die geplante Betriebsänderung zustande, so ist dieser schriftlich niederzulegen und vom Unternehmer und Betriebsrat zu unterschreiben (§ 112 Abs 1 S 1 BetrVG). Kommt eine Einigung über den Interessenausgleich nicht zustande, können der Unternehmer oder der Betriebsrat gem § 112 Abs 2 S 2 BetrVG die Einigungsstelle anrufen. Die Einigungsstelle soll eine Einigung der Parteien – auch über den Interessenausgleich – versuchen (§ 112 Abs 3 S 2 BetrVG). Diese Regelungen der §§ 111–113 BetrVG finden auch in Insolvenzverfahren Anwendung, allerdings gilt diese Vorschrift im Insolvenzverfahren über das Vermögen des Unternehmers nur mit der Maßgabe, dass dem Verfahren vor der Einigungsstelle lediglich dann ein Vermittlungsversuch des Präsidenten des Landesarbeitsamtes vorangeht, wenn der Insolvenzverwalter und der Betriebsrat gemeinsam um eine solche Vermittlung ersuchen (§ 121).

57   Vor Durchführung einer Maßnahme, die eine Betriebsänderung iSv § 111 BetrVG sein könnte, können Insolvenzverwalter und Betriebsrat vor Anrufung der Einigungsstelle in einem Beschlussverfahren klären, ob die geplante Maßnahme Beteiligungsrechte des Betriebsrats auslöst. Stellt das Gericht fest, die geplante Maßnahme löse keine Beteiligungsrechte des Betriebsrats aus, der Insolvenzverwalter sei nicht verpflichtet, einen Interessenausgleich zu versuchen und einen Sozialplan aufzustellen, sind die Gerichte in späteren Verfahren, in denen ein Arbeitnehmer einen Nachteilsausgleich nach § 113 Abs 3 BetrVG fordert, an diese Entscheidung gebunden (**BAG** 10. 11. 1987 – 1 AZR 360/86, AP Nr 15 zu § 113 BetrVG 1972 [*Leipold*] = NZA 1988, 287 = SAE 1988, 228 [*Zeiss*] = ZIP 1988, 388).

58   Nach der höchstrichterlichen Rechtsprechung (**BAG** 18. 12. 1984 – 1 AZR 176/82, AP Nr 11 zu § 113 BetrVG 1972 = NZA 1985, 400 = ZIP 1985, 633; **BAG** 3. 4. 1990 – 1 AZR 150/89, AP Nr 20 § 113 BetrVG 1972 = EzA § 113 BetrVG Nr 20 [*Uhlenbruck*] = KTS 1990, 657 = NZA 1990, 619 = ZIP 1990, 873; str aA *Kraft* SAE 1984, 257, 260; *Stege/Weinspach* §§ 111–113 BetrVG Rn 116 ff) ist der Verwalter bei einem Scheitern der Einigungsbemühungen mit dem Betriebsrat gehalten, **zur Vermeidung von Ansprüchen auf Zahlung eines Nachteilsausgleichs** gem § 113 Abs 3 BetrVG **das für** den Versuch einer Einigung über **den Interessenausgleich vorgesehene Verfahren** (§ 112 Abs 1 bis 3 BetrVG) **voll auszuschöpfen und** von sich aus die Einigungsstelle anzurufen. Die Einigungsstelle soll eine Einigung der Parteien – auch über den Interessenausgleich – versuchen (§ 112 Abs 3 S 2 BetrVG). In den einzelnen Verfahrensabschnitten geht es nicht nur um das „Ob" einer Betriebsänderung (bspw einer Betriebsstilllegung), sondern auch um die Modalitäten, also um das „Wie", mithin insbesondere um die Zeitpunkte, zu denen Kündigungen ausgesprochen werden, und um etwaige Freistellungen, um die vollständige sofortige Betriebsstilllegung einerseits, die zeitlich gestreckte Stilllegung des Betriebs anderer-

seits. Der Betriebsrat soll die Möglichkeit haben, auf die endgültige Entscheidung des Verwalters im Interesse der von der Betriebsänderung betroffenen Arbeitnehmer einzuwirken, bevor der Verwalter vollendete Tatsachen schafft (**BAG** 14. 9. 1976 – 1 AZR 784/75, AP Nr 2 zu § 113 BetrVG 1972 [*Richardi*] = EzA § 113 BetrVG 1972 Nr 2 [*Schwerdtner*] = NJW 1977, 727; **BAG** 9. 7. 1985 – 1 AZR 323/83, AP Nr 13 zu § 113 BetrVG 1972 = NJW 1986, 2454 = NZA 1986, 100 = ZIP 1986, 45). Hat der Verwalter den Betrieb tatsächlich schon stillgelegt, ohne dass der Betriebsrat ordnungsgemäß eingeschaltet war, ist eine Mitwirkung im Verfahren über den Interessenausgleich sinnlos geworden (*Berscheid* WiPra 1996, 370, 373).

IV. Vorzeitige Betriebsänderung mit gerichtlicher Zustimmung

Aus der gesetzlichen Regelungssystematik der Vorschriften über die Interessenausgleichsverhandlungen folgt, dass der Insolvenzverwalter eine geplante Betriebsänderung nur durchführen kann, wenn 59
– entweder ein Interessenausgleich mit dem Betriebsrat gem § 112 Abs 1 BetrVG vereinbart worden ist,
– oder das Arbeitsgericht im Beschlussverfahren der Durchführung der Betriebsänderung gem § 122 Abs 2 zugestimmt hat.

Betriebsbedingt veranlasste Kündigungen oder Versetzungen, die sich als Vollzug (Durchführung) der 60 geplanten Betriebsänderung darstellen, können deshalb nur vorgenommen werden, wenn vor Beginn der Maßnahme eine der beiden Voraussetzungen vorliegt (**ArbG** Kaiserslautern 19. 12. 1996 AiB 1997, 179 [*Oberhofer*] = InVo 1997, 208 [*Hess/Weis*] = ZAP ERW 1997, 54 [*Berscheid*]; **ArbG** Hannover 4. 2. 1997 – 10 BVGa 1/97, InVo 1997, 209 [*Hess/Weis*] = ZAP ERW 1997, 54 [*Berscheid*] = ZIP 1997, 474; zust *Bichlmeier/Oberhofer* AiB 1997, 161, 165; *Berscheid* InVo 1997, 309, 310; *ders* ZIP 1997, 2206, 2207; H/W/F Hdb Kap 5 Rn 294; str **aA LAG** Niedersachsen 27. 3. 1997 – 16 a TaBV 18/97, KTS 1997, 603 = EWiR 1997, 685 [*Schaub*] = ZIP 1997, 1201).

1. Zulässigkeit des Antrags auf vorzeitige Betriebsänderung. Erscheint dem **Insolvenzverwalter** die 61 Anrufung der Einigungsstelle – insbesondere wegen des Bestellungsverfahrens nach § 98 ArbGG – zu langwierig, **kann** er die **Zustimmung** des Arbeitsgerichts **zur Betriebsänderung** vor Abschluss des Interessenausgleichsverfahrens, also ohne vorherige Durchführung eines Einigungsstellenverfahrens nach § 112 Abs 2 BetrVG (siehe zu Einzelheiten *Wienberg/Neumann* FS Fuchs, S 177, 196 ff), **beantragen**, wenn nicht
– innerhalb von drei Wochen nach *tatsächlichem* Verhandlungsbeginn oder
– innerhalb von drei Wochen nach *schriftlicher* Aufforderung zur Aufnahme von Verhandlungen ein Interessenausgleich nach § 112 BetrVG zustande kommt (§ 122 Abs 1).

Für den Antrag an das Arbeitsgericht müssen neben den **allgemeinen Voraussetzungen für das Be-** 62 **schlussverfahren** (§§ 80 ff ArbGG) die besonderen Verfahrensvoraussetzungen des § 122 Abs 1, nämlich
– rechtzeitige und umfassende Unterrichtung des Betriebsrats über die beabsichtigte Betriebsänderung und ihre Auswirkungen,
– Nichtzustandekommen eines Interessenausgleichs innerhalb von drei Wochen nach tatsächlichem Verhandlungsbeginn oder innerhalb von drei Wochen nach schriftlicher Aufforderung zur Aufnahme von Verhandlungen,
erfüllt sein, ansonsten ist der Antrag als unzulässig (so *Arend* ZInsO 1998, 303, 304; *Berscheid* ZInsO 1999, 52; KS-*Ennemann* S 1473, 1486 Rn 31; *Grunsky/Moll* Arbeitsrecht, Rn 306; K/P/B-*Moll* § 122 Rn 25; NR-*Hamacher* § 122 Rn 62; *Oetker/Friese* DZWIR 2001, 133, 135) und nicht etwa als unbegründet (so aber **ArbG** Berlin 26. 3. 1998 – 5 BV 5735/98, AiB 1999, 239 [*Oberhofer*] = DZWIR 1999, 242 [*Waas*] = ZInsO 1999, 51; *Bichlmeier/Engberding/Oberhofer* InsolvenzRHdb S 390; H/W/W § 122 Rn 206; *Zwanziger* Arbeitsrecht, § 122 Rn 13) abzuweisen.

Gleiches gilt dann, wenn der Insolvenzverwalter sich auch der Unterrichtung des Betriebsrats den (wei- 63 teren) Verhandlungen entzieht, indem er einfach die Drei-Wochen-Frist „aussitzt" (so wörtlich KS-*Ennemann* S 1473, 1486 Rn 32). Bei schriftlicher Aufforderung zu Verhandlungen kommt es für den Lauf der Frist nicht (mehr) auf den tatsächlichen Verhandlungsbeginn an, jedoch kann sich der Insolvenzverwalter den Verhandlungen nicht durch ständig neue Terminvorstellungen verweigern (*Bichlmeier/Oberhofer* AiB 1997, 161, 164; zust *Berscheid* ZAP ERW 1997, 54, 56) und so den Beratungen mit dem Betriebsrat entziehen (KS-*Ennemann* aaO; ähnl FK-*Eisenbeis* § 122 Rn 11 ff). Andererseits wird durch die alternative Antragsvoraussetzung, dass nämlich innerhalb von drei Wochen nach entweder tatsächlichem Verhandlungsbeginn oder aber schriftlicher Aufforderung zur Aufnahme von Verhandlungen ein Interessenausgleich nicht zustande kommt, sichergestellt, dass der Betriebsrat im Insolvenzverfahren nicht wie bislang möglich „auf Zeit spielt" (*Schrader* NZA 1997, 70, 73), indem er sich den Interessenausgleichsverhandlungen völlig entzieht oder zunächst ein mehrmonatig dauerndes Bestellungsverfahren gem § 76 Abs 2 S 2 und 3 BetrVG anstrengt (*Hess/Weis* InVo 1996, 309, 311).

Der Antrag nach § 122 Abs 1 S 1 ist nur zulässig, wenn der Insolvenzverwalter die **Betriebsänderun-** 64 **gen noch nicht durchgeführt** hat, da ansonsten das erforderliche Rechtsschutzinteresse für die begehrte Entscheidung fehlt (*Weis* HwB AR 1003 „Insolvenzarbeitsrecht" Rn 52; zust *Berscheid* InVo 1997, 309, 310; *Giesen* ZIP 1998, 142, 145; HK-*Linck* § 122 Rn 7).

65 **2. Notwendigkeit einer umfassenden Unterrichtung.** Die Verpflichtung zur Unterrichtung des Betriebsrats und zur Verhandlung mit ihm ergibt sich bereits aus § 111 S 1 BetrVG. Durch die Wiederholung der Verpflichtung, den Betriebsrat „rechtzeitig und umfassend" zu unterrichten (§ 122 Abs 1 S 1), wird sichergestellt, dass der Insolvenzverwalter das Beschlussverfahren nach § 122 nicht am Betriebsrat vorbei betreiben kann (so schon *Warrikoff* BB 1994, 2338, 2340; zust *Berscheid* InVo 1997, 309, 310; BKB-*Berscheid* PraxisArbR Teil 6 Rn 652; *Lakies* RdA 1997, 145, 148; *Schrader* NZA 1997, 70, 72; *Zwanziger* Arbeitsrecht, § 122 Rn 3).

66 a) **Adressat der Unterrichtung.** Die Drei-Wochen-Frist beginnt nur dann zu laufen, wenn der zuständige Betriebsrat unterrichtet worden ist und mit ihm die Beratungen aufgenommen worden sind oder er schriftlich zur Beratung aufgefordert worden ist (*Löwisch* RdA 1997, 80, 83; KS-*Ennemann* S 1473, 1484 Rn 29). Ist bspw eine Verlegung eines Betriebes und dessen Zusammenlegung mit einem anderen seiner Betriebe geplant, so ist der Gesamtbetriebsrat zuständig (**BAG** 24. 1. 1996 – 1 AZR 542/95, AP Nr 16 zu § 50 BetrVG 1972 = NZA 1996, 1107 = ZIP 1996, 1391; s zur Abgrenzung der Zuständigkeiten auch **BAG** 11. 11. 1998 – 4 ABR 40/97, AP Nr 18 zu § 50 BetrVG 1972 = NZA 1999, 1056). In die Sachkompetenz des Gesamtbetriebsrates nach § 50 Abs 1 BetrVG fallen vornehmlich mitbestimmungspflichtige Angelegenheiten im wirtschaftlichen Bereich, die das ganze Unternehmen oder mehrere Betriebe des Unternehmens betreffen (**LAG** Berlin 22. 6. 1998 – 9 TaBV 3/98, AR-Blattei ES 530.12 Nr 19 = AuA 1999, 234 [*Abeln*]). Betrifft eine Betriebsänderung Kleinbetriebe iSd § 111 S 1 BetrVG, die einem größeren Unternehmen angehören, besteht ein Mitbestimmungsrecht gem §§ 111ff BetrVG jedenfalls dann, wenn sich die wirtschaftliche Maßnahme betriebsübergreifend auf mehrere Betriebe des Unternehmens erstreckt und in die Zuständigkeit des Gesamtbetriebsrats fällt (**BAG** 8. 6. 1999 – 1 AZR 831/98, AP Nr 47 zu § 111 BetrVG 1972 = NZA 1999, 1168 = RdA 2001, 37 [*Richardi*] = SAE 2000, 169 [*Löwisch*] = ZIP 1999, 1898). Gleiches gilt für die Vereinbarung eines Interessenausgleichs, wenn von einem einheitlichen Personalabbau das ganze Unternehmen oder mehrere Betriebe des Unternehmens berührt sind (**BAG** 16. 8. 1983 – 1 AZR 544/81, AP Nr 5 zu § 50 BetrVG 1972 = NJW 1984, 2966 = SAE 1984, 334 [*Dütz*]). Bei Zweifeln über den zuständigen Verhandlungspartner genügt es allerdings, dass der an die Stelle des Unternehmers getretene Insolvenzverwalter in geeigneter Weise versucht, den richtigen Partner für Unterrichtung und Beratung zu finden. Er muss die in Betracht kommenden Arbeitnehmervertretungen zur Klärung der Zuständigkeitsfragen auffordern und dann mit dem ihm benannten Gremium verhandeln (*Löwisch* RdA 1997, 80, 83). Unterrichtet der Insolvenzverwalter bei Zuständigkeitszweifeln alle in Betracht kommenden Arbeitnehmervertretungen vollständig unter Vorlage der entsprechenden Unterlagen und fordert er sie schriftlich zur Beratung mit der Bitte um Klärung der Zuständigkeitsfrage auf, dann wird die Drei-Wochen-Frist des § 122 Abs 1 S 1 selbst dann in Gang gesetzt, wenn sich die beteiligten Arbeitnehmervertretungen nicht in vertretbarer Zeit über die Frage einigen können, welche von ihnen zuständig ist (KS-*Ennemann* S 1473, 1485 Rn 29).

67 b) **Form der Unterrichtung.** Die Verhandlungsfrist des § 122 Abs 1 S 1 beginnt nur dann zu laufen, wenn der Insolvenzverwalter den Betriebsrat gem § 111 S 1 BetrVG „rechtzeitig und umfassend unterrichtet" hat (*Bauer/Göpfert* DB 1997, 1464, 1467ff; *Berscheid* ZAP ERW 1997, 54, 55; *Meinel* DB 1997, 170, 171; *Neef* NZA 1997, 65, 67; *Oetker/Friese* DZWIR 2001, 133, 135). Diese Unterrichtung muss, wenn Massenentlassungen gem § 17 Abs 1 KSchG anstehen, gem § 17 Abs 2 KSchG schriftlich erfolgen (*Berscheid* ZAP ERW 1997, 54, 55; str aA *Bauer/Göpfert* DB 1997, 1464, 1465, die in dem Schriftformerfordernis nur eine Dokumentationsfunktion und keine Wirksamkeitsvoraussetzung sehen; *Löwisch* RdA 1997, 80, 83, der eine mündliche Unterrichtung für ausreichend hält), denn der Interessenausgleich soll eine gesonderte Unterrichtung des Betriebsrats entbehrlich machen und diese gem § 125 Abs 2 ersetzen (KS-*Ennemann* S 1473, 1483 Rn 26). Damit die Arbeitsgerichte erkennen können, dass es sich um ein „echtes" Verhandlungsangebot handelt, sollten dem Betriebsrat mit der Aufforderung zur Verhandlungsaufnahme die notwendigen Unterlagen überreicht und konkrete Beratungstermine vorgeschlagen werden, die nach Anzahl und Umfang dem jeweiligen Verhandlungsgegenstand angemessen sind (*Berscheid* InVo 1997, 309; zust KS-*Ennemann* S 1473, 1484 Rn 28). Die Frist läuft erst dann, wenn die schriftliche Aufforderung dem Betriebsrat im Sinne des § 130 BGB zugeht (siehe zur Unterrichtung *Rummel* DB 1997, 774, 775; ferner *Bauer/Göpfert* DB 1997, 1464, 1467ff mit Einzelbeispielen). Hierbei ist zu beachten, dass zur Entgegennahme von Erklärungen, die dem Betriebsrat gegenüber abzugeben sind, nur der Vorsitzende des Betriebsrats oder im Fall seiner Verhinderung sein Stellvertreter berechtigt ist (§ 26 Abs 3 S 2 BetrVG). Unterrichtet der Insolvenzverwalter ein sonstiges Betriebsratsmitglied, so bedient er sich damit eines Boten.

68 c) **Inhalt der Unterrichtung und Vorlage von Unterlagen.** Der allgemeine Hinweis auf das beantragte Insolvenzverfahren reicht zur Annahme einer umfassenden Unterrichtung nicht aus (**ArbG** Berlin 26. 3. 1998 AiB 1999, 239 [*Oberhofer*] = DZWIR 1999, 242 [*Waas*] = ZInsO 1999, 51 [*Berscheid*]). Die Unterrichtung ist nur dann *umfassend*, wenn die dem Betriebsrat mitgeteilten Umstände den Umfang und die zu erwartenden Auswirkungen der geplanten Maßnahme sowie die Gründe für deren Zweckmäßigkeit erkennen lassen (schon **BAG** 18. 7. 1972 – 1 AZR 189/72, AP Nr 10 zu § 72 BetrVG = NJW 1972, 2328). Dem Betriebsrat müssen auf sein Verlangen gem § 80 Abs 2 S 2 BetrVG die entsprechenden Un-

IV. Vorzeitige Betriebsänderung mit gerichtlicher Zustimmung **§§ 121, 122**

terlagen zur Verfügung gestellt werden (**BAG** 27. 6. 1989 – 1 ABR 19/88, AP Nr 37 zu § 80 BetrVG 1972 = NZA 1989, 929; **BAG** 9. 7. 1991 – 1 ABR 45/90, AP Nr 94 zu § 99 BetrVG 1972 = NZA 1992, 275), wenn er sich nur anhand dieser Unterlagen ein verlässliches Bild von der Personalplanung machen (**BAG** 19. 6. 1984 – 1 ABR 6/83, AP Nr 2 zu § 92 BetrVG 1972 [*Kraft*] = NJW 1985, 343 = NZA 1984, 329), mithin nur auf diese Art und Weise seinem Beratungsrecht Rechnung getragen werden kann (**LAG** München 6. 8. 1986 – 8 TaBV 34/86, LAGE § 92 BetrVG 1972 Nr 1). Erst wenn das geschehen ist, können die Beratungen beginnen und löst eine schriftliche Aufforderung zur Beratung den Lauf der Drei-Wochen-Frist aus (*Löwisch* RdA 1997, 80, 83). Allerdings kann der Betriebsrat den Fristbeginn nicht dadurch hinauszögern, dass er die Unterlagen erst verspätet verlangt. Aus dem Grundsatz der vertrauensvollen Zusammenarbeit (§ 2 Abs 1 BetrVG) ergibt sich, dass er dies unverzüglich, dh ohne schuldhaftes Zögern (§ 121 Abs 1 BGB), im Anschluss an die Unterrichtung durch den Unternehmer tun muss (*Löwisch* RdA 1997, 80, 83; KS-*Ennemann* S 1473, 1484 Rn 27; MK/*Löwisch*/ *Caspers* § 122 Rn 32). Entscheidend ist hier nicht, ob der Betriebsrat weitere Informationen fordert, sondern, ob er objektiv ausreichend unterrichtet ist (*Rummel* DB 1997, 774, 775; *Zwanziger* Arbeitsrecht, § 122 Rn 3). Der Betriebsrat hat nämlich keinen Anspruch auf Angabe solcher Daten, die für die Planung keine Rolle gespielt haben und ggf noch nicht einmal erstellt worden sind (**LAG** Hamm 5. 3. 1986 – 12 TaBV 164/85, NZA 1986, 651). Die Vorschrift des § 111 S 2 BetrVG wurde neu gefasst. Demnach kann der Betriebsrat nunmehr ausdrücklich einen Berater hinzuziehen.

3. Beginn der Drei-Wochen-Frist. Beginnt der Insolvenzverwalter erstmals nach Verfahrenseröffnung 69 die Interessenausgleichsverhandlungen mit dem Betriebsrat, so ist für ihn allein die Drei-Wochen-Frist des § 122 Abs 1 S 1 maßgebend (*Berscheid* ZIP 1997, 2206, 2207). Tritt der Insolvenzverwalter – und diese Thematik ist von besonderer Bedeutung – in die vom vorläufigen Insolvenzverwalter, auf den die Verwaltungs- und Verfügungsbefugnis über das Vermögen des Schuldners übergegangen ist (§ 22 Abs 1 iVm § 21 Abs 2 Nr 2 Alt 1), und in den übrigen Fällen vom Unternehmer (Schuldner) vor Verfahrenseröffnung begonnenen Interessenausgleichsverhandlungen zu einem Zeitpunkt ein, in dem die (bisherigen) Betriebspartner bereits länger als drei Wochen über die Betriebsänderung beraten haben, dann braucht er nicht weiter verhandeln, wenn er keine inhaltlichen Änderungen vornimmt, sondern kann sofort die Zustimmung des Arbeitsgerichts beantragen (*Berscheid* InVo 1997, 309, 310; zust **ArbG** Lingen 9. 7. 1999 – 2 BV 4/99, KTS 2000, 276 = ZInsO 1999, 656 = ZIP 1999, 1892; ferner *Annuß* NZI 1999, 344, 346; *Berscheid* BuW 1999, 112, 114; BKB-*Berscheid* PraxisArbR Teil 6 Rn 652; KS-*Ennemann* S 1473, 1483 Rn 24; FK-*Eisenbeis* § 122 Rn 13; H/W/F Hdb Kap 5 Rn 295; H/W/W §§ 121, 122 Rn 206c; HK-*Linck* § 122 Rn 4; **str** aA *Däubler/Klebe/Kittner* Anh §§ 111–113 BetrVG: § 121 InsO Rn 5; *Kittner/Däubler/Zwanziger* § 121 InsO Rn 5).

4. Antrag an das Arbeitsgericht. Kommt bei einer geplanten Betriebsänderung iSd § 111 BetrVG zwi- 70 schen Insolvenzverwalter und Betriebsrat der Interessenausgleich nach § 112 BetrVG nicht innerhalb dieser verkürzten Frist zustande, obwohl der Insolvenzverwalter den Betriebsrat rechtzeitig und umfassend unterrichtet hat, so kann der Insolvenzverwalter gem § 122 Abs 2 S 1 die Zustimmung des Arbeitsgerichts dazu beantragen, dass die Betriebsänderung durchgeführt wird, ohne dass das Verfahren nach § 112 Abs 2 BetrVG „vorangegangen" ist. Anders als vormals der Konkurs- bzw Gesamtvollstreckungsverwalter, der nach der bisherigen höchstrichterlichen Rechtsprechung (**BAG** 18. 12. 1984 – 1 AZR 176/82, AP Nr 11 zu § 113 BetrVG 1972 = NZA 1985, 400 = ZIP 1985, 633; **BAG** 9. 7. 1985 – 1 AZR 323/83, AP Nr 13 zu § 113 BetrVG 1972 = NJW 1986, 2454 = NZA 1986, 100 = ZIP 1986, 45; **BAG** 8. 11. 1988 – 1 AZR 687/87, AP Nr 18 zu § 113 BetrVG 1972 = NZA 1989, 278 = ZIP 1989, 256; **BAG** 3. 4. 1990 – 1 AZR 150/89, AP Nr 20 § 113 BetrVG 1972 = EzA § 113 BetrVG Nr 20 [*Uhlenbruck*] = KTS 1990, 657 = NZA 1990, 619 = ZIP 1990, 873; **str** aA *Kraft* SAE 1984, 257, 260;) bei einem Scheitern der Einigungsbemühungen mit dem Betriebsrat gehalten war, **zur Vermeidung von Ansprüchen auf Zahlung eines Nachteilsausgleichs** gem § 113 Abs 3 BetrVG **das für** den Versuch einer Einigung über **den Interessenausgleich vorgesehene Verfahren** (§ 112 Abs 1 bis 3 BetrVG) **voll auszuschöpfen und** von sich aus die Einigungsstelle anzurufen, braucht der Insolvenzverwalter dies heute nicht mehr zu tun, sondern kann nach Ablauf der dreiwöchigen Beratungs- und Verhandlungsfrist um gerichtliche Zustimmung zur vorzeitigen Durchführung der beabsichtigten Betriebsänderung nachsuchen.

a) Eilbedürftigkeit der beabsichtigten Betriebsänderung. Mit § 122 erhält der Insolvenzverwalter die 71 Möglichkeit, eine Betriebsänderung in der Insolvenz ohne vorheriges Einigungsstellenverfahren nach § 112 Abs 2 BetrVG durchzuführen, ohne dass Ansprüche auf Nachteilsausgleich entstehen, oder dass sogar Unterlassungsverfahren drohen. Der Gesetzgeber hat dem Insolvenzverwalter diese Möglichkeit eingeräumt, da nach dem Eintritt der Insolvenz häufig die unverzügliche Einstellung der Unternehmenstätigkeit erforderlich ist, um weitere Verluste zu vermeiden. Etwaige Sanierungschancen können entscheidend beeinträchtigt werden, wenn es nicht gelingt, einzelne unrentable Betriebe oder Betriebsteile des Unternehmens sofort stillzulegen (vgl Begr zu § 140 RegE – BR-Drs 1/92 S 153/154). § 122 bezweckt mithin eine Verkürzung des Interessenausgleichsverfahrens. Die Entscheidung des Arbeitsgerichts nach § 122 Abs 2 S 1 ergeht **nicht über die Frage des „Ob" der Betriebsänderung, sondern über die Frage des „Wann"** (vor Durchführung des Einigungsstellenverfahrens oder danach). Sie ist keine Zustimmung zu der geplanten Betriebsänderung. Es geht lediglich um den Zeitpunkt der Betriebsänderung, um die Eilbedürftigkeit der Umsetzung der Entscheidung des Insolvenzverwalters (**ArbG** Lingen 9. 7. 1999 – 2 BV 4/99, KTS 2000, 276 = ZInsO 1999, 656 = ZIP 1999, 1982; *Annuß* NZI 1999, 344, 346; *Arend* ZInsO 1998, 303, 304; *Bichlmeier/Oberhofer* AiB 1997, 161, 165; *Caspers* Personalabbau und Betriebsänderung, Rn 402; KS-*Ennemann* S 1473, 1485 Rn 30; *Giesen* ZIP 1998, 142, 144; *Lakies* RdA 1997, 145, 148 f; *ders* BB 1999, 206; *Lohkemper* KTS 1996, 1, 19; *R. Müller* DZWIR 1999, 221, 224; *Oetker/Friese* DZWIR 2001, 133, 137; *Rummel* DB 1997, 774, 775; *Schrader* NZA 1997, 70, 73; *Warrikoff* BB 1994, 2338, 2340). Das Arbeitsgericht hat insbesondere nicht darüber zu befinden, ob die geplante Betriebsänderung sinnvoll oder wirtschaftlich zweckmäßig ist (**ArbG** Lingen 9. 7. 1999 – 2 BV 4/99, KTS 2000, 276 = ZInsO 1999, 656 = ZIP 1999, 1982), sondern nur, ob die wirtschaftliche Lage des Unternehmens auch unter Berücksichtigung der sozialen Belange der Arbeitnehmer die alsbaldige Durchführung der Betriebsänderung erfordert. Das Arbeitsgericht hat dazu in einem ersten Schritt zu prüfen, ob die sofortige Durchführung der Betriebsänderung nach der wirtschaftlichen Lage des Schuldnerunternehmens isoliert betrachtet erforderlich ist, und bei Bejahung in einem zweiten Schritt die wirtschaftliche Lage des insolventen Unternehmens gegen die sozialen Belange der betroffenen Arbeitnehmer abzuwägen (**ArbG** Lingen 9. 7. 1999 – 2 BV 4/99, aaO; zust *Oetker/Friese* DZWIR 2001, 133, 137).

72 **b) Wirtschaftliche Lage des Schuldnerunternehmens.** Die „wirtschaftliche Lage" erfordert die gerichtliche Zustimmung, wenn die Weiterführung des Betriebes oder einzelner Betriebsteile zu weiteren erheblichen Verlusten für die Masse führen würde oder Veräußerungschancen nicht wahrgenommen werden können (*Löwisch* RdA 1997, 80, 85; zust *Berscheid* BuW 1999, 112, 114; *ders* Arbeitsverhältnisse, S 263 Rn 736; KS-*Ennemann* S 1473, 1487 Rn 34; MK/*Löwisch/Caspers* § 122 Rn 41; ausf *Caspers* Personalabbau und Betriebsänderung, Rn 402–407). Bei der Prüfung der wirtschaftlichen Lage des Unternehmens ist zu berücksichtigen, dass die gemeinschaftliche Befriedigung der Gläubiger weiterhin Hauptzweck des Insolvenzverfahrens ist, es also letztlich um deren Verwertungsinteresse geht (*Caspers* Personalabbau und Betriebsänderung, Rn 405; NR-*Hamacher* § 121 Rn 57; MK/*Löwisch/Caspers* § 122 Rn 40). Die Gläubigerinteressen bestehen darin, dass die Insolvenzmasse möglichst nicht geschmälert wird und möglichst vollständig zur Befriedigung der Gläubiger verwertet werden kann. Die Frage der Eilbedürftigkeit der Durchführung der Betriebsänderung hat sich deshalb nicht an den wirtschaftlichen Interessen eines werbenden Unternehmens, sondern an der Erhaltung der Insolvenzmasse zu orientieren (*Hohenstatt* NZA 1998, 846, 850; K/P/B-*Moll* § 122 Rn 30). Dies gilt auch für den Fall der Unternehmensfortführung (*Oetker/Friese* DZWIR 2001, 133, 137; **str aA** *Annuß* NZI 1999, 344, 347), wenn dazu bspw die Stilllegung eines Betriebsteils oder ein interessenausgleichspflichtiger Personalabbau zum Sanierungskonzept gehört, welches alsbald umgesetzt werden soll. Das Arbeitsgericht hat eine **Prognoseentscheidung** darüber zu treffen (so ausdrücklich **ArbG** Lingen 9. 7. 1999 – 2 BV 4/99, KTS 2000, 276 = ZInsO 1999, 656 = ZIP 1999, 1982), ob die von dem Insolvenzverwalter darzulegende wirtschaftliche Lage des Unternehmens auch unter Berücksichtigung der sozialen Belange der Arbeitnehmer es noch zulässt, dass mit der Durchführung der Betriebsänderung noch monatelang zugewartet wird. Hierbei muss der Insolvenzverwalter darlegen, welche künftigen Massebelastungen entstehen, wenn ein Einigungsstellenverfahren über den Interessenausgleich durchgeführt wird, deren Relation zur Insolvenzmasse aufzeigen und dem gegenüberstellen, welche Ersparnisse von einer vorzeitigen Durchführung der in Aussicht genommenen Betriebsänderung unter substantiierter Beschreibung der geplanten Maßnahme zu erwarten ist (**ArbG** Lingen 9. 7. 1999 aaO). Wenn die Fortführung des Betriebs ohne Betriebsänderung bis zur Durchführung des Verfahrens nach § 112 Abs 2 BetrVG zu einer nicht unerheblichen Schmälerung der Masse führt, erfordert die wirtschaftliche Lage des Unternehmens eine frühzeitige Betriebsänderung, so dass die gerichtliche Zustimmung zur vorzeitigen Durchführung der Betriebsänderung zu erteilen ist. Soweit der Betrieb nicht produktiv genug ist, seine laufenden Kosten einschließlich Personalkosten aus laufenden Einnahmen zu decken, ist von der Eilbedürftigkeit auszugehen (*Giesen* ZIP 1998, 142, 144 f; zust **ArbG** Lingen 9. 7. 1999 aaO; ähnlich: MK/*Löwisch/Caspers* § 122 Rn 43; K/P/B-*Moll* § 122 Rn 33; *Oetker/Friese* DZWIR 2001, 133, 137).

73 **c) Soziale Belange der Arbeitnehmer.** Berücksichtigung „sozialer Belange" der Arbeitnehmer ist die Chance, im Interessenausgleichsverfahren sozial verträgliche Lösungen zu finden (*Löwisch* RdA 1997, 80, 86; zust *Berscheid* BuW 1999, 112, 115; *ders* Arbeitsverhältnisse in der Insolvenz, S 263 Rn 736; KS-*Ennemann* S 1473, 1487 Rn 34; H/W/F Hdb Kap 5 Rn 267; ausf *Caspers* Personalabbau und Betriebsänderung, Rn 414, 415; K/P/B-*Moll* § 122 Rn 35, 36). Das Hinausschieben von Kündigungen durch Verfahrensverzögerungen ist außerhalb der Insolvenz für das Interessenaugleichs- und Einigungsstellenverfahren kennzeichnend. Für das Interessenausgleichsverfahren während der Insolvenz ist bezüglich der sozialen Belange der Arbeitnehmer festzustellen, dass es kein im Rahmen des § 122 relevanter sozialer Belang der Arbeitnehmer ist, dass die Durchführung des Einigungsstellenverfahrens die Realisierung der Betriebsänderung verzögert und infolgedessen auch die Kündigungstermine hinausgeschoben werden (**ArbG** Lingen 9. 7. 1999 – 2 BV 4/99, KTS 2000, 276 = ZInsO 1999, 656 = ZIP 1999,

IV. Vorzeitige Betriebsänderung mit gerichtlicher Zustimmung **§§ 121, 122**

1982; zust KS-*Ennemann* S 1473, 1487 Rn 34; K/P/B-*Moll* § 122 Rn 35 a; NR-*Hamacher* § 122 Rn 59; *Oetker/Friese* DZWIR 2001, 133, 138). Vielmehr muss der Betriebsrat darlegen, dass durch Vermittlung der Einigungsstelle sozial verträglichere Lösungen gefunden werden können. Hierzu muss der Betriebsrat **Alternativkonzepte** zu der geplanten Betriebsänderung vortragen, die die sozialen Belange der Arbeitnehmer besser berücksichtigen, ohne die wirtschaftliche Lage des Unternehmens unangemessen mehr zu strapazieren (so wörtlich **ArbG** Lingen 9. 7. 1999 aaO; zust K/P/B-*Moll*§ 122 Rn 36; *R. Müller* DZWIR 1999, 221, 224; *Oetker/Friese* DZWIR 2001, 133, 138).

    d) **Gefahr widersprechender Entscheidungen.** Kommt das Arbeitsgericht zu dem Ergebnis, dass die   74
wirtschaftliche Lage des Unternehmens auch unter Berücksichtigung der sozialen Belange der Arbeitnehmer ein Hinausschieben der Maßnahme bis zum Abschluss eines Einigungsstellenverfahrens nicht zulässt, dann hat es die Zustimmung zur vorzeitigen Durchführung der Betriebsänderung zu erteilen. Liegen die Voraussetzungen nicht vor, ist der Antrag als unbegründet abzuweisen. Die arbeitsgerichtliche Entscheidung kann sich auch auf die Zustimmung zu einem Teil der beabsichtigten Betriebsänderung beschränken, indem sie bspw zur Stilllegung der Produktionsabteilung erteilt und zur Serviceabteilung abgelehnt wird (*Löwisch* RdA 1997, 80, 86; zust KS-*Ennemann* S 1473, 1487 Rn 34). Mit Inkrafttreten der übrigen Vorschriften der Insolvenzordnung sind im Zusammenhang mit der Durchführung von Betriebsänderungen wegen fehlender gesetzlicher Abstimmung widersprechende Entscheidungen der Arbeitsgerichte nach § 122 Abs 2 und der Insolvenzgerichte nach § 158 Abs 2 nicht auszuschließen. Das liegt daran, dass bei den arbeitsrechtlichen Vorschriften der Insolvenzordnung nicht streng zwischen
- Maßnahmen *nach* Verfahrenseröffnung, aber *vor* dem Berichtstermin (§ 158),
- Maßnahmen *nach* dem Berichtstermin (§ 157)

unterschieden wird (so bereits im Vorfeld der Insolvenzrechtsreform *Berscheid* in: Hanau [Hrsg], Die Arbeitsgerichtsbarkeit, Festschrift zum 100-jährigen Bestehen des Deutschen Arbeitsgerichtsverbandes, 1994, S 405, 428; *ders* Arbeitsverhältnisse in der Insolvenz, S 263 Rn Rn 737; zust KS-*Ennemann* S 1473, 1488 Rn 36; FK-*Eisenbeis* § 122 Rn 7; H/W/F Hdb Kap 5 Rn 298; *Smid/R. Müller* § 122 Rn 2; str aA K/P/B-*Moll* § 122 Rn 34; *Oetker/Friese* DZWIR 2001, 133, 138). Die derzeitige Fassung des § 122 hat offenbar nur den letztgenannten Fall vor Augen. Für Betriebsänderungen, die erst **nach dem Berichtstermin** durchgeführt werden, gibt es nur eine Kontrolle durch das Arbeitsgericht; das Insolvenzgericht ist dann wegen der Gläubigerautonomie außen vor. Es **entscheidet nur (noch) das Arbeitsgericht** nach § 122 Abs 2 S 1.

    Will der Insolvenzverwalter **vor dem Berichtstermin** (§ 156) das Unternehmen des Schuldners mit   75
Zustimmung des Gläubigerausschusses stilllegen, dann kann das Insolvenzgericht auf Antrag des Schuldners dem Insolvenzverwalter die Durchführung der Maßnahme untersagen (§ 158 Abs 2). Geschieht dies nicht, müsste das Arbeitsgericht an die Zustimmung des Gläubigerausschusses bzw an die Entscheidung des Insolvenzgerichts gebunden sein, denn die „Zustimmung" nach § 158 ist die „unternehmerische" Desinvestitionsentscheidung, die auch ansonsten von den Gerichten für Arbeitssachen nicht auf Zweckmäßigkeit, sondern nur auf Willkür überprüft werden kann (**BAG** 30. 4. 1987 – 2 AZR 184/86, AP Nr 42 zu § 1 KSchG 1969 Betriebsbedingte Kündigung = NJW 1987, 3216 = NZA 1987, 776 = ZIP 1987, 1274; zuletzt **BAG** 17. 6. 1999 – 2 AZR 141/99, AP Nr 101 zu § 1 KSchG 1969 Betriebsbedingte Kündigung [*Ehmann/Krebber*] = NJ 1999, 665 [*Lakies*] = NJW 2000, 381 = NZA 1999, 1098 = ZIP 1999, 1721; **BAG** 17. 6. 1999 – 2 AZR 522/98, AP Nr 102 zu § 1 KSchG 1969 Betriebsbedingte Kündigung [*Ehmann/Krebber*] = NJW 2000, 378 = NZA 1999, 1095 = ZIP 1999, 1729; **BAG** 17. 6. 1999 – 2 AZR 456/98, AP Nr 103 zu § 1 KSchG 1969 Betriebsbedingte Kündigung = ZIP 1999, 1724).

    Das Problem liegt also darin, dass das Arbeitsgericht nach § 122 Abs 2 den (im Wesentlichen) **glei-**   76
chen Prüfungsmaßstab hat **wie das Insolvenzgericht** nach § 158 Abs 2 (*Berscheid* Arbeitsverhältnisse, S 263 Rn 737; KS-*Ennemann* S 1473, 1488 Rn 36; H/W/F Hdb Kap 5 Rn 298). Demgegenüber nimmt eine Gegenmeinung (K/P/B-*Moll* § 122 Rn 34; *Oetker/Friese* DZWIR 2001, 133, 138) an, das Insolvenzgericht entscheide nach § 158 Abs 2 über die Frage der Stilllegung, also über das „Ob", während das Arbeitsgericht nach § 122 Abs 2 über die Frage des „Wann" entscheide, nämlich, ob die Stilllegung mit oder ohne Einigungsstellenverfahren nach § 112 Abs 2 BetrVG durchgeführt werden könne. Dies ist nicht ganz richtig, denn beide Gerichte entscheiden nicht über die Frage des „Ob" der Stilllegung, sondern jeweils nur über die Frage des „Wann". So untersagt das Insolvenzgericht auf Antrag des Schuldners und nach Anhörung des Insolvenzverwalters nach § 158 Abs 2 die Stilllegung, *„wenn diese ohne eine erhebliche Verminderung der Insolvenzmasse bis zum Berichtstermin aufgeschoben werden kann"*. Dagegen erteilt das Arbeitsgericht nach § 122 Abs 2 die Zustimmung, *„wenn die wirtschaftliche Lage des Unternehmens auch unter Berücksichtigung der sozialen Belange der Arbeitnehmer erfordert, dass die Betriebsänderung ohne vorheriges Verfahren nach § 112 Abs 2 BetrVG durchgeführt wird"*. Mit anderen Worten, das **Insolvenzgericht** entscheidet über den „**Aufschub**" = **Nichtbeginn** der Stilllegung und das **Arbeitsgericht** über den **Nichtaufschub** = „**Beginn**" der Maßnahme. Untersagung bzw Gestattung laufen wirtschaftlich auf das nämliche Ergebnis hinaus: Es geht in beiden Fällen darum, dass die Insolvenzmasse – *„auch unter Berücksichtigung der sozialen Belange der Arbeitnehmer"* – möglichst

nicht geschmälert wird und möglichst vollständig zur Befriedigung der Gläubiger verwertet werden kann. Dass die Berücksichtigung *„sozialer Belange der Arbeitnehmer"* bei der Entscheidung der Arbeitsgerichte ausdrücklich vorgeschrieben ist, heißt nicht, dass die Insolvenzgerichte diesen Problemkreis bei ihrer Entscheidung außen vor lassen könnten und dürften. Es geht in aller Regel darum, ob wegen Auftragsmangel und der dennoch ständig anfallenden Löhne und Gehälter eine (Teil-)Stilllegung wirtschaftlich geboten ist oder nicht.

77 Hat das Insolvenzgericht den Antrag des Schuldners, dem Insolvenzverwalter die beabsichtigte (Teil-)Stilllegung zu untersagen, zurückgewiesen, dann steht allgemein und damit auch für das Arbeitsgericht fest, dass diese *nicht* ohne eine erhebliche Verminderung der Insolvenzmasse bis zum Berichtstermin aufgeschoben werden kann (§ 158 Abs 2). Für die arbeitsgerichtliche Entscheidung nach § 122 Abs 2 bleibt dann nur noch der Teilaspekt maßgeblich, ob der Insolvenzverwalter den Betriebsrat über die Betriebsänderung umfassend unterrichtet und die geplante Betriebsänderung mit dem Betriebsrat (bislang) erfolglos beraten hat oder nicht (*Warrikoff* BB 1994, 2338, 2340; ebenso *Berscheid* WiPra 1996, 370, 374; *ders* InVo 1997, 309, 311). Es kann im Falle der Abweisung nur noch eine formale, aber keine materielle Entscheidung mehr ergehen. Nach der „Nichtuntersagung" durch das Insolvenzgericht kann und darf eine evtl Nichtgestattung durch das Arbeitsgericht nicht damit begründet werden, die wirtschaftliche Lage des Schuldnerunternehmens müsse hinter den sozialen Belangen der Arbeitnehmer zurückstehen. Hat das Insolvenzgericht bereits dem Antrag des Schuldners entsprochen und dem Insolvenzverwalter die beabsichtigte (Teil-)Stilllegung untersagt, erübrigt sich eine Entscheidung des Arbeitsgerichts, denn eine positive Entscheidung dürfte der Insolvenzverwalter nicht durchführen, eben weil ihm insolvenzgerichtlich die Stilllegung untersagt ist.

78 Hat das Arbeitsgericht die Zustimmung zu der beabsichtigten (Teil-)Stilllegung mit der Begründung erteilt, die wirtschaftliche Lage des Schuldnerunternehmens erfordere auch unter Berücksichtigung der sozialen Belange der Arbeitnehmer ihre alsbaldige Durchführung, dann würde eine Entscheidung des Insolvenzgerichts, diese könne ohne eine erhebliche Verminderung der Insolvenzmasse bis zum Berichtstermin aufgeschoben werden, dazu in Widerspruch stehen. Hat das Arbeitsgericht die Zustimmung zu der beabsichtigten (Teil-)Stilllegung mit der Begründung versagt, die wirtschaftliche Lage des Schuldnerunternehmens müsse hinter den sozialen Belangen der Arbeitnehmer zurückstehen, dann würde eine Entscheidung des Insolvenzgerichts, diese könne *nicht* ohne eine erhebliche Verminderung der Insolvenzmasse bis zum Berichtstermin aufgeschoben werden, ins Leere gehen, denn der Insolvenzverwalter dürfte die notwendigen Entlassungen nicht vornehmen.

79 **5. Notwendigkeit des Weiterverhandelns nach Verfahrenseinleitung.** Nach dem Willen des Gesetzgebers bleibt das Recht des Insolvenzverwalters „unberührt" (§ 122 Abs 1 S 3), schon während des Beschlussverfahrens einen Interessenausgleich mit Namensliste nach § 125 zustande zu bringen oder einen Feststellungsantrag im sog präventiven Kündigungsverfahren nach § 126 zu stellen. Dabei ist zu beachten, dass bei alsbaldiger Anrufung der Einigungsstelle dieses Verfahren wegen der Terminlage bei den meisten Arbeitsgerichten schneller sein kann als das arbeitsgerichtliche Beschlussverfahren nach § 126 Abs 1 (*Berscheid* BuW 1999, 112, 115). Ein Weiterverhandeln ist aus der Sicht des Insolvenzverwalters wegen der Wirkungen der §§ 125 Abs 1, 128 Abs 2, aber auch aus der Sicht des Betriebsrats sinnvoll. Es muss für den Betriebsrat möglich sein, in den weiteren Verhandlungen zu erreichen, dass bspw statt 55 vom Insolvenzverwalter geplanten Entlassungen nur 45 vorgenommen, also 10 Kündigungen zurückgenommen oder ein Teil der zur Entlassung vorgesehenen Arbeitnehmer durch andere Arbeitnehmer, die nach Ansicht des Betriebsrats weniger schutzwürdig sind, ausgetauscht werden; dies ist wegen der kurzen Dauer der Kündigungsfristen des § 113 S 2 in der Regel machbar (Beispiel von *Berscheid* InVo 1997, 309, 315; zust KS-*Ennemann* S 1473, 1489 Rn 39; H/W/F Hdb Kap 5 Rn 299; *Smid/R. Müller* § 122 Rn 15). Es fragt sich allerdings, welche Wirkungen einem nachträglich zustande gekommenen Interessenausgleich mit Namensliste beizumessen sind. Die gesetzliche Regelung des § 122 Abs 1 S 3 ist in diesem Punkte in ihrer Tragweite zu ungenau und lückenhaft, sie lässt die aufgeworfene Rechtsfrage unbeantwortet. Die Wirkungen des § 125 Abs 1 bezüglich der Sozialauswahl können nach der derzeitigen Gesetzesfassung nur greifen, wenn der Interessenausgleich mit Namensliste *vor* Ausspruch der Kündigung zustande gekommen ist (**ArbG** Offenbach/Main 18. 6. 1997 – 3 Ca 694/96, AiB 1997, 728 [*Isensee*] = DB 1998, 926; **LAG** Rheinland-Pfalz 17. 10. 1997 – 9 Sa 401/97, LAGE § 1 KSchG Interessenausgleich Nr 2 = InVo 1998, 70 = ZAP ERW 1998, 19 [*Berscheid*]; *Berscheid* AktuellAR 1997, 247, 253; FK-*Eisenbeis* § 122 Rn 21; *Smid/R. Müller* § 122 Rn 15). Ist dies nicht der Fall, muss der Insolvenzverwalter das sog präventive Kündigungsverfahren nach § 126 betreiben (FK/*Eisenbeis* § 122 Rn 21).

V. Verfahrensrechtliche Regelungen des Zustimmungsverfahrens

80 Für das Verfahren zur gerichtlichen Zustimmung zur (vorzeitigen) Durchführung der vom Insolvenzverwalter beabsichtigten Betriebsänderung iSd § 111 BetrVG gelten die Vorschriften des Arbeitsgerichtsgesetzes über das Beschlussverfahren (§§ 80 ff ArbGG) entsprechend (§ 122 Abs 2 S 2 Hs 1). Beteiligte sind der Insolvenzverwalter und der Betriebsrat (§ 122 Abs 2 S 2 Hs 2). Die Arbeitnehmer, die

V. Verfahrensrechtliche Regelungen des Zustimmungsverfahrens §§ 121, 122

infolge der beabsichtigten Betriebsänderung entlassen werden sollen oder sonstige Nachteile erleiden werden, sind – anders als im Beschlussverfahren nach § 126 (siehe dazu **BAG** 29. 6. 2000 – 8 ABR 44/99, AP Nr 2 zu § 126 InsO = DZWIR 2001, 144 = KTS 2000, 659 = NZA 2000, 1180 = NZI 2000, 493 = ZInsO 2000, 664 = ZIP 2000, 1588) – nicht zu beteiligen (KS-*Ennemann* S 1473, 1490 Rn 43; *Grunsky/Moll* Arbeitsrecht und Insolvenz, Rn 308; K/P/B-*Moll* § 122 Rn 39).

1. Erstinstanzliches Beschlussverfahren. Zuständig ist das Arbeitsgericht, in dessen Bezirk der Betrieb 81 liegt, bzw bei einer Abschlusskompetenz des Gesamtbetriebsrats das Arbeitsgericht, in dessen Bezirk das Unternehmen seinen Sitz hat (§ 122 Abs 2 S 2 InsO iVm § 82 Abs 1 ArbGG). Dieser örtliche Gerichtsstand ist ein ausschließlicher und wird insbesondere durch § 19 a ZPO, wonach der allgemeine Gerichtsstand eines Insolvenzverwalters für Klagen, die sich auf die Insolvenzmasse beziehen, nach dem Sitz des Insolvenzgerichts bestimmt wird, nicht verdrängt (KS-*Ennemann* S 1473, 1490 Rn 43). Der Antrag ist nach Maßgabe des § 61 a Abs 3 bis 6 ArbGG vorrangig zu erledigen (§ 122 Abs 2 S 3). Das Arbeitsgericht erforscht den Sachverhalt im Rahmen der gestellten Anträge von Amts wegen und entscheidet nach Anhörung der Beteiligten, die an der Aufklärung des Sachverhalts mitzuwirken haben (§ 83 Abs 1 ArbGG), durch zu begründenden Beschluss (§ 84 ArbGG).

2. Rechtsbeschwerdeverfahren. Gegen den Beschluss des Arbeitsgerichts findet die Beschwerde (§ 87 82 ArbGG) an das Landesarbeitsgericht nicht statt (§ 122 Abs 3 S 1). Die Rechtsbeschwerde (§ 92 ArbGG) an das Bundesarbeitsgericht findet statt, wenn sie in dem Beschluss des Arbeitsgerichts zugelassen wird (§ 122 Abs 3 S 2 Hs 1). Durch die Verweisung auf § 72 Abs 2 und 3 ArbGG soll die Rechtseinheit sichergestellt werden, denn das Arbeitsgericht hat die Rechtsbeschwerde zuzulassen, wenn
– die Rechtssache grundsätzliche Bedeutung hat oder
– wenn es von einer Entscheidung des Bundesarbeitsgerichts abweichen will.

Das Bundesarbeitsgericht ist an die Zulassung der Rechtsbeschwerde gebunden (§ 122 Abs 3 S 2 83 Hs 2 InsO iVm § 72 Abs 3 ArbGG). Die Rechtsbeschwerde ist – abweichend von den allgemeinen Vorschriften der §§ 92 Abs 2 S 1, 74 Abs 1 S 1, 72 Abs 5 ArbGG iVm § 554 Abs 2 ZPO – innerhalb eines Monats nach Zustellung der in vollständiger Form abgefassten Entscheidung des Arbeitsgerichts beim Bundesarbeitsgericht einzulegen und zu begründen (§ 122 Abs 3 S 3). Es besteht Anwaltszwang (§ 11 Abs 2 ArbGG).

a) Zulassung durch das Arbeitsgericht. Solange eine Entscheidung des Bundesarbeitsgerichts in der 84 Rechtsfrage nicht ergangen ist, hat im „normalen" Beschlussverfahren das Landesarbeitsgericht die Rechtsbeschwerde zuzulassen, wenn es „von einer Entscheidung einer anderen Kammer desselben Landesarbeitsgerichts oder eines anderen Landesarbeitsgerichts abweicht und die Entscheidung auf dieser Abweichung beruht" (§ 92 Abs 1 S 2 iVm § 72 Abs 2 Nr 2 ArbGG). Da die Landesarbeitsgerichte in dem insolvenzrechtlichen Beschlussverfahren infolge des Ausschlusses der Beschwerde nach § 87 ArbGG nicht eingeschaltet werden können, fragt sich, ob das Arbeitsgericht die Rechtsbeschwerde (§ 92 ArbGG) an das Bundesarbeitsgericht zulassen muss, wenn es von einer Entscheidung einer anderen Kammer desselben Arbeitsgerichts oder eines anderen Arbeitsgerichts abweichen will. Diese Frage dürfte zu bejahen sein, denn nach der Verweisung soll § 72 Abs 2 ArbGG „entsprechend" gelten (*Bichlmeier/Engberding/Oberhofer* Insolvenzhandbuch S 390; *Bichlmeier/Oberhofer* AiB 1997, 161, 166; KS-*Ennemann* S 1473, 1491 Rn 47; *Smid/R. Müller* § 122 Rn 30; *Zwanziger* Arbeitsrecht, § 122 Rn 18; **str aA** K/P/B-*Moll* § 122 Rn 40, der lediglich auf eine Divergenz zu „obergerichtlichen" Entscheidungen abstellt; ferner *Rummel* DB 1997, 774, 775).

b) Keine Nichtzulassungsbeschwerde. Eine Zulassung der Rechtsbeschwerde (§ 92 ArbGG) wird nur 85 in Ausnahmefällen in Betracht kommen, weil die Tatfrage, ob in einem bestimmten Insolvenzverfahren Zeit für die Durchführung des Einigungsstellenverfahrens vorhanden ist oder nicht, kaum Fragen von grundsätzlicher Bedeutung berührt (KS-*Ennemann* S 1473, 1491 Rn 48; K/P/B-*Moll* § 122 Rn 40; *Lohkemper* KTS 1996, 1, 19; *Warrikoff* BB 1994, 2338, 2340 f). Da in § 122 Abs 3 weder auf § 92 a ArbGG noch auf § 72 a ArbGG verwiesen wird, scheidet eine Nichtzulassungsbeschwerde aus (KS-*Ennemann* S 1473, 1491 Rn 48; K/P/B-*Moll* § 122 Rn 41; *Lakies* RdA 1997, 145, 154; *ders* BB 1999, 206, 207; *Warrikoff* BB 1994, 2338, 2341). Eine entsprechende Anwendung der Regelungen über die Nichtzulassungsbeschwerde würde das gesamte Verfahren nach § 122 sinnlos machen (*Caspers* Personalabbau und Betriebsänderung, Rn 417; KS-*Ennemann* S 1473, 1491 Rn 48) und dem auf Verfahrensbeschleunigung abzielenden, in § 122 Abs 3 abschließend geregelten Rechtsmittelkonzept widersprechen (FK-*Eisenbeis* § 122 Rn 25; *v. Hoyningen-Huene/Linck* DB 1997, 41, 45 f; K/P/B-*Moll* § 122 Rn 41; *Lohkemper* KTS 1996, 1, 19; *Warrikoff* BB 1994, 2338, 2341; *Zwanziger* Arbeitsrecht, § 122 Rn 20; **str aA** *Bichlmeier/Oberhofer* AiB 1997, 161, 166). Das heißt im Ergebnis, dass gegen die Entscheidung des Arbeitsgerichts nach § 122 Abs 2 regelmäßig kein Rechtsmittel gegeben ist (KS-*Ennemann* S 1473, 1491 Rn 48).

3. Verfahrenserledigung durch Vergleichsabschluss. Die Beteiligten können, um das Verfahren ganz 86 oder zum Teil zu erledigen, zur Niederschrift des Arbeitsgerichts oder des Vorsitzenden einen Vergleich schließen, soweit sie über den Gegenstand des Vergleichs verfügen können (§ 83 a Abs 1 ArbGG). Da der Insolvenzverwalter – trotz Einleitung des Zustimmungsersetzungsverfahrens – einen Interessenausgleich nach § 125 Abs 1 zustande bringen (§ 122 Abs 1 S 3), also mit dem Betriebsrat weiterverhandeln kann (zum Weiterverhandeln *Berscheid* InVo 1997, 309, 315; *Arend* ZInsO 1998, 303, 306; *Smid/ R. Müller* § 122 Rn 15), um ggf in der Einigungsstelle (§ 112 Abs 3 BetrVG) einen Interessenausgleich abzuschließen, hat auch das Arbeitsgericht die Verpflichtung, hierauf hinzuwirken, damit die Betriebsänderung im Falle der Einigung sofort umgesetzt werden kann (KS-*Ennemann* S 1473, 1492 Rn 49). Kommt es vor der arbeitsgerichtlichen Entscheidung zum Abschluss eines Interessenausgleichs mit Namensliste, dann kann der Antrag entweder gem § 81 Abs 2 ArbGG zurückgenommen oder das Verfahren nach § 83 a Abs 2 ArbGG übereinstimmend für erledigt erklärt werden (*Oetker/Friese* DZWIR 2001, 133, 138: MK/*Löwisch/Caspers* § 122 Rn 51).

87 **4. Wirkung des Zustimmungsbeschlusses.** Die Entscheidung des Arbeitsgerichts nach § 122 Abs 2 S 1 ergeht nicht über die Frage des „Ob" der Betriebsänderung, sondern über die Frage des „Wann" (vor Durchführung des Einigungsstellenverfahrens oder danach). Sie ist keine Zustimmung zu der geplanten Betriebsänderung. Es geht lediglich um den Zeitpunkt der Betriebsänderung, um die Eilbedürftigkeit der Umsetzung der Entscheidung des Insolvenzverwalters. Das Arbeitsgericht hat insbesondere nicht darüber zu befinden, ob die geplante Betriebsänderung sinnvoll oder wirtschaftlich zweckmäßig ist. Erhält der Insolvenzverwalter durch Beschluss des Arbeitsgerichts gem § 84 ArbGG die beantragte Zustimmung zur vorzeitigen Durchführung der Betriebsänderung, so kann er die geplante Betriebsänderung ohne Einleitung oder Beendigung des Einigungsstellenverfahrens in die Tat umsetzen. Der Zustimmungsbeschluss hat Gestaltungswirkung und schließt Nachteilsausgleichsansprüche (§ 113 Abs 3 BetrVG) der betroffenen Arbeitnehmer aus (§ 122 Abs 1 S 2). Unabhängig von der ansonsten bestehenden Streitfrage hat der Betriebsrat auch keinen Anspruch auf Unterlassung der Betriebsänderung. Die Verpflichtung zur Aufstellung eines Sozialplans bleibt aber bestehen (*Bertram* Arbeits- und Sozialrecht, DAI-Skript 2001, S 64).

88 **a) Eintritt der Rechtskraft bei Zulassung der Rechtsbeschwerde.** Da gegen den Beschluss des Arbeitsgerichts nicht gem § 87 ArbGG die Beschwerde an das Landesarbeitsgericht stattfindet (§ 122 Abs 2 S 1), sondern nur die Rechtsbeschwerde an das Bundesarbeitsgericht gem § 92 ArbGG statthaft ist, wenn sie in dem Beschluss des Arbeitsgerichts zugelassen wird (§ 122 Abs 3 S 2), ähnelt die Rechtslage derjenigen, die außerhalb der Insolvenz bei der Anfechtung von Beschwerdeentscheidungen in Beschlussverfahren besteht. Beschlüsse im arbeitsgerichtlichen Verfahren zur Entscheidung betriebsverfassungsrechtlicher Fragen sind der formellen und materiellen Rechtskraft fähig. Die Zustimmung gilt erst als erteilt, wenn der nach § 84 ArbGG erlassene Beschluss des Arbeitsgerichts in Rechtskraft erwachsen ist, ohne dass im Falle der Zulassung der Rechtsbeschwerde die Wirkungen über eine Erklärung der vorläufigen Vollstreckbarkeit zeitlich vorgelagert werden können; vielmehr ist der Ausgang des Rechtsbeschwerdeverfahrens abzuwarten (*Grunsky/Moll* Arbeitsrecht, Rn 316; K/P/B-*Moll* § 122 Rn 38; ähnl FK-*Eisenbeis* § 122 Rn 25). Die Betriebsänderung darf erst danach in die Tat umgesetzt werden; ansonsten drohen Nachteilsausgleichsansprüche nach § 113 Abs 3 BetrVG.

89 **b) Eintritt der Rechtskraft bei Nichtzulassung der Rechtsbeschwerde.** Die Rechtskraftwirkungen im Beschlussverfahren bestimmen sich im Allgemeinen nach den für Urteilsverfahren geltenden Grundsätzen (**BAG** 20. 3. 1996 – 7 ABR 41/95, AP Nr 32 zu § 19 BetrVG 1972 [*Krause*] = NZA 1996, 1058; **BAG** 12. 2. 1997 – 7 ABR 36/96, ZBVR 1998, 10). Im Urteilsverfahren ist anerkannt, dass ein Berufungsurteil eines Landesarbeitsgerichts, welches die Revision nicht zugelassen hat, erst dann rechtskräftig wird, wenn die Frist des § 72 a ArbGG für die Nichtzulassungsbeschwerde abgelaufen ist (**BAG** 21. 3. 1991 – 2 AZR 577/90, AP Nr 49 zu § 615 BGB = NZA 1991, 726). Bei Übertragung dieser Grundsätze auf das Beschlussverfahren außerhalb der Insolvenz bedeutet dies, dass Beschwerdeentscheidungen der Landesarbeitsgerichte erst nach Ablauf der Frist des § 92 a ArbGG für die Nichtzulassungsbeschwerde bestandskräftig werden. Für das arbeitsgerichtliche Beschlussverfahren in der Insolvenz sieht das Gesetz für den Fall der Nichtzulassung der Rechtsbeschwerde keine Nichtzulassungsbeschwerde vor, so dass der **Beschluss des Arbeitsgerichts** in einem solchen Fall sofort **mit** der **Verkündung rechtskräftig** wird (*Rummel* DB 1997, 774, 775; ähnl *Arend* Personalabbau S 83; *Caspers* Personalabbau und Betriebsänderung, Rn 417; *Giesen* ZIP 1998, 142, 145; ErfK-*Hanau/Kania* §§ 112, 112a BetrVG Rn 10; MK/ *Löwisch/Caspers* § 122 Rn 55; *Kania* DZWIR 2000, 328, 329; *Schrader* NZA 1997, 70, 73; iE auch **BAG** 14. 8. 2001 – 2 ABN 20/01, BB 2001, 2535; str aA K/P/B-*Moll* § 122 Rn 38), denn dann existiert kein statthaftes Rechtsmittel iSd § 705 ZPO und das Beschlussverfahren ist endgültig abgeschlossen (*Oetker/Friese* DZWIR 2001, 133, 139). Eine dennoch eingelegte Nichtzulassungsbeschwerde an das Bundesarbeitsgericht oder gar eine nie statthafte Beschwerde an das Landesarbeitsgericht vermögen den Eintritt der Rechtskraft der arbeitsgerichtlichen Entscheidung nicht hinauszuzögern (MK/*Löwisch/Caspers* § 122 Rn 55; *Oetker/Friese* DZWIR 2001, 133, 139 f in Fn 80). Der Insolvenzverwalter braucht auch nicht erst die Zustellung des Beschlusses abzuwarten (so aber KS-*Ennemann* S 1473, 1492 Rn 48), sondern kann sofort mit der Durchführung der Betriebsänderung (sprich: der Einleitung des Anhörungsverfahrens zur Kündigung oder Versetzung der von der Betriebsänderung betroffenen Arbeitnehmer) beginnen.

5. Einstweilige Gestattungsverfügung. Nach Ablauf der Drei-Wochen-Frist des § 122 Abs 1 S 1 kann 90
der Insolvenzverwalter die beabsichtigte Betriebsänderung zwar nicht einfach einseitig vornehmen,
wohl aber – wie dargelegt – die gerichtliche Zustimmung des Arbeitsgerichts zu deren Durchführung
erzwingen. Das kann notfalls im Wege des einstweiligen Verfügungsverfahrens (§ 85 Abs 2 ArbGG) geschehen, weil auch insoweit der Insolvenzverwalter seine Rechte gem § 122 Abs 1 kurzfristig durchsetzen können muss (**ArbG Hannover** 4. 2. 1997 – 10 BVGa 1/97, InVo 1997, 209, 210 [*Hess/Weis*] = ZIP 1997, 474, 475; *Berscheid* Arbeitsverhältnisse, S 261 Rn 732; *ders* ZAP ERW 1997, 54, 56; *ders* BuW 1999, 112, 114; *Löwisch* RdA 1997, 80, 86; **str** aA *Arend* ZInsO 1998, 303, 305; *Däubler/Klebe/Kittner* Anh §§ 111–113 BetrVG: § 122 InsO Rn 13; *Kittner/Däubler/Zwanziger* § 122 InsO Rn 13; *Kocher* BB 1998, 213, 215 in Fn 34; *Schaub* EWiR 1997, 369, 370; *ders* DB 1999, 217, 226). Durch
die **Generalverweisung auf die Vorschriften des Arbeitsgerichtsgesetzes** über das Beschlussverfahren
wird nach der Beschluss-Empfehlung des Rechtsausschusses (BR-Drs 12/7302, S 171) zu § 140 RegE
auch auf die Regelungen des § 85 Abs 2 ArbGG Bezug genommen, so dass der Erlass einer einstweiligen Verfügung zulässig ist (KS-*Ennemann* S 1473, 1492 Rn 50; NR-*Hamacher* § 122 Rn 79).

Es wird angenommen, dass eine solche einstweilige Verfügung nur in seltenen Ausnahmefällen mög- 91
lich sei, weil durch sie die beantragte Hauptsacheentscheidung vorweggenommen und damit das Verfahren nach § 122 „vollständig auf den Kopf" gestellt werde (so wörtlich *Caspers* Personalabbau und
Betriebsänderung, Rn 424; zust *Arend* ZInsO 1998, 303, 305 ferner *Annuß* NZI 1999, 344, 347; FK-*Eisenbeis* § 122 Rn 27; *Giesen* ZIP 1998, 142, 145; HK-*Linck* § 122 Rn 14; K/P/B-*Moll* § 122 Rn 43; *Lakies* RdA 1997, 145, 153; *Zwanziger* Arbeitsrecht, § 122 Rn 26). So soll eine einstweilige Verfügung
nur in „extremen Ausnahmesituationen" zulässig sein (*Caspers* Personalabbau und Betriebsänderung,
Rn 425; MK/*Löwisch/Caspers* § 122 Rn 57; *Grunsky/Moll* Arbeitsrecht, Rn 314), wenn bspw ohne sofortige Durchführung der Betriebsänderung eine Einstellung des Insolvenzverfahrens nach § 207 Abs 1
droht, weil die Insolvenzmasse bei Durchführung des Hauptverfahrens so weit aufgezehrt würde, dass
eine die Kosten des Verfahrens deckende Masse nicht mehr vorhanden wäre (*Caspers* Personalabbau
und Betriebsänderung, Rn 426; K/P/B-*Moll* § 122 Rn 43; MK/*Löwisch/Caspers* § 122 Rn 58).

Nach der bisherigen höchstrichterlichen Rechtsprechung (**BAG** 18. 12. 1984 – 1 AZR 176/82, AP 92
Nr 11 zu § 113 BetrVG 1972 = NZA 1985, 400 = ZIP 1985, 633; **BAG** 9. 7. 1985 – 1 AZR 323/83, AP
Nr 13 zu § 113 BetrVG 1972 = NJW 1986, 2454 = NZA 1986, 100 = ZIP 1986, 45; **BAG** 8. 11. 1988 –
1 AZR 687/87, AP Nr 18 zu § 113 BetrVG 1972 = NZA 1989, 278 = ZIP 1989, 256; **BAG** 3. 4. 1990 –
1 AZR 150/89, AP Nr 20 § 113 BetrVG 1972 = EzA § 113 BetrVG Nr 20 [*Uhlenbruck*] = KTS 1990, 657
= NZA 1990, 619 = ZIP 1990, 873; **str** aA *Kraft* SAE 1984, 257, 260) durfte eine Betriebsänderung im
Sinne des § 111 BetrVG auch dann, wenn die Betriebsänderung in Konkursverfahren stattfand und
sie die notwendige Folge einer wirtschaftlichen Zwangslage war, erst durchgeführt werden, wenn ein Interessenausgleich zustande gekommen oder das für den Versuch einer Einigung über den Interessenausgleich vorgesehene Verfahren bis zur Einigungsstelle voll „ausgeschöpft" war; ansonsten drohten Nachteilsausgleichsansprüche gem § 113 Abs 3 BetrVG. Diese Rechtsprechung zu korrigieren, ist das erklärte
Ziel der Einführung des Zustimmungsersetzungsverfahrens nach § 122, denn „mit dem Ziel einer zügigen
Abwicklung des Insolvenzverfahrens ist diese Rechtslage nicht vereinbar", wie es in der Begründung zu
§ 140 RegE (BR-Drs 1/92, S 153) wörtlich heißt. Im Vordergrund der arbeitsgerichtlichen Entscheidung
nach § 122 steht nach dem Willen des Gesetzgebers, dem selbst „die Abkürzung des Weges zur Einigungsstelle durch § 139 des Entwurfs [= § 121 InsO] ... in diesem Zusammenhang nicht" ausreichend erschien
(BR-Drs 1/92, S 153), die Eilbedürftigkeit der geplanten Maßnahme. Dass die Eilbedürftigkeit nicht nur
in extremen Ausnahmefällen gegeben ist, wenn eine Einstellung des Insolvenzverfahrens mangels Masse
nach § 207 Abs 1 droht, zeigt bereits die Begründung des Regierungsentwurfs. Darin wird auf die Sanierungschancen abgestellt, die entscheidend beeinträchtigt werden können, „wenn es nicht gelingt, einzelne
unrentable Betriebe oder Betriebsteile des Unternehmens sofort stillzulegen" (BR-Drs 1/92, S 153). Das
Wort „sofort" spricht dafür, dass der Gesetzgeber es mit der Generalverweisung auf die Vorschriften des
Arbeitsgerichtsgesetzes über das Beschlussverfahren und damit auf die **Regelung über das einstweilige
Verfügungsverfahren** tatsächlich ernst gemeint hat und **uneingeschränkt zulassen** will. Denn wenn bereits
die Einstellung des Insolvenzverfahrens mangels Masse nach § 207 Abs 1 droht, dann ist alles zu spät (KS-*Ennemann* S 1473, 1493 Rn 53). Berücksichtigt man, dass manche Arbeitsgerichte einen Terminstand
zwischen Güte- und Kammerverhandlung von drei bis acht Monaten haben (so KS-*Ennemann* S 1473,
1494 Rn 53), dann lassen sich Zustimmungsverfahren nach § 122 nicht einfach irgendwo dazwischenschieben. Abhilfe bringt hier nur das einstweilige Verfügungsverfahren, weil auch insoweit der Insolvenzverwalter seine Rechte gem § 122 Abs 1 kurzfristig durchsetzen können muss (**ArbG Hannover** 4. 2. 1997
aaO).

VI. Probleme bei vorzeitigem Beginn der Betriebsänderung

Wird einem Antrag des Insolvenzverwalters durch Beschluss des Arbeitsgerichts nach § 122 Abs 2 93
stattgegeben, dann steht zugleich fest, dass der Betriebsrat keinen Anspruch auf Unterlassung der Betriebsänderung bis zum Abschluss des (fortzusetzenden) Interessenausgleichsverfahrens hat (*Arend*
ZInsO 1998, 303). Falls der Insolvenzverwalter nicht – was schon wegen der streitigen Rechtslage ohne-

hin ratsam ist – das Hauptsacheverfahren parallel zum einstweiligen Verfügungsverfahren anhängig gemacht hat, kann der Betriebsrat beantragen, dass das Arbeitsgericht dem Insolvenzverwalter gem § 85 Abs 1 S 2 ArbGG iVm §§ 936, 926 Abs 1 ZPO eine entsprechende Frist setzt. Im Hauptsacheverfahren nach § 122 Abs 2 kann auch eine in der Sache abweichende Entscheidung ergehen, da die einstweilige Verfügung insoweit keine Bindungswirkung iSd § 318 ZPO entfaltet. In allen diesen Fällen drohen dann Nachteilsausgleichsansprüche gem § 113 Abs 3 BetrVG (*Bertram* Arbeits- und Sozialrecht, DAI-Skript 2001, S 64; NR-*Hamacher* § 122 Rn 79; *Zwanziger* Arbeitsrecht, § 122 Rn 29). Diese ggf in Kauf zu nehmen, ist das Risiko des Insolvenzverwalters, der selbst abschätzen und entscheiden können muss, welches Verfahren er wählen will (*Arend* ZInsO 1998, 303, 306; zust KS-*Ennemann* S 1473, 1494 Rn 54).

94 Welche **Handlungsmöglichkeiten der Betriebsrat** zur Sicherung seiner Mitbestimmungsrechte hat, ist **umstritten**. Zu dem Themenkomplex exisitiert eine sehr uneinheitliche Rechtsprechung der Instanzgerichte. Teils wird angenommen, dass dem Betriebsrat im Interessenausgleichsverfahren gem §§ 111, 112 BetrVG kein erzwingbares Recht zustehe, die Durchführung einer vom Arbeitgeber/Insolvenzverwalter beabsichtigten Betriebsänderung gänzlich oder auch nur vorübergehend zu verhindern und dem Arbeitgeber/Insolvenzverwalter vor Abschluss eines Interessenausgleichs untersagen zu lassen, Kündigungen zum Zwecke der Durchführung einer Betriebsänderung zu erklären (ausf dazu ArbG Nürnberg v 20. 3. 1996 – 12 BVGa 6/96, EzA § 111 BetrVG 1972 Nr 32 = NZA-RR 1996, 411; zuletzt nur LAG Köln 30. 3. 2006 – 2 Ta 145/06, AE 2007, 78); siehe ferner die zahlreichen Nachweise bei*Richardi/Annuß* BetrVG, § 111 Rn 166), teils wurde angenommen, dass dem Betriebsrat ein Anspruch auf Beratung und Verhandlung über einen Interessenausgleich zustehe, der durch einen Unterlassungsanspruch gegenüber solchen Maßnahmen (Kündigungen) gestützt werde, mit denen die Betriebsänderung durchgeführt werden solle und die den Verhandlungsanspruch des Betriebsrats, der nach Durchführung der Betriebsänderung nicht mehr gegeben sei, zunichte mache (ausf dazu LAG Berlin v 7. 9. 1995 – 10 TaBV 5/95 und 9/95, LAGE § 111 BetrVG 1972 Nr 13; Schleswig-Holstein 20. 7. 2007 – 3 TaBVGa 1/07, NZA-RR 2008, 244; zuletzt LAG Hamm 21. 8. 2008, 13 TaBVGa 16/08, nv; siehe dazu Bissels, jurisPR-ArbR 48/2008, Anm 4; siehe ferner die zahlreichen Nachweise bei Richardi/*Annuß* § 111 Rn 166). Eine Entscheidung des **BAG** zu dieser Frage steht noch aus.

95 **1. Einstweilige Verfügung gegen vorzeitigen Beginn der Betriebsänderung.** Welcher dieser beiden Rechtsansichten zu folgen war, ist eine Frage, deren Antwort nach Einführung der Verhandlungsfristen des § 113 Abs 3 S 2 und 3 BetrVG durch Art 5 des Arbeitsrechtlichen Beschäftigungsförderungsgesetzes v 25. 9. 1996 (BGBl I S 1476) an sich der Vergangenheit angehörte (siehe dazu *Berscheid* InVo 1997, 309, 311 ff), nach deren Streichung durch das sog Korrekturgesetz v 19. 12. 1998 (BGBl I S 3843) wieder entbrannte (siehe **ArbG** Dresden 30. 11. 1999 – 17 BVGa 8/99, BB 2000, 363 = ZBVR 2000, 134; ArbG Nürnberg 17. 1. 2000 – 14 BVGa 1/00, BB 2000, 2100 [*Reiserer*]; ArbG Kiel 27. 7. 2000 – 1 BVGa 39 a/00, nv; LAG Erfurt 26. 9. 2000 – 1 TaBV 14/2000, LAGE § 111 BetrVG 1972 Nr 17).

96 Bei der Frage, ob dem Betriebsrat bei Verletzung der Mitbestimmungsrechte aus §§ 111, 112 BetrVG ein Unterlassungsanspruch zusteht oder nicht, ist streng zwischen der kollektivrechtlichen und der individualrechtlichen Ebene zu unterscheiden. § 113 Abs 3 BetrVG regelt nicht abschließend die Konsequenzen eines Verstoßes gegen diese Pflicht der Arbeitgebers/Insolvenzverwalters, sondern enthält lediglich eine Sanktion zugunsten der von der Betriebsänderung betroffenen Arbeitnehmer. Auf der kollektivrechtlichen Ebene sieht das Gesetz Einigungsversuche zwischen Insolvenzverwalter und Betriebsrat auf verschiedenen Stufen vor. Diese laufen leer, wenn der Insolvenzverwalter den Betrieb tatsächlich schon stillgelegt hat, ohne dass der Betriebsrat ordnungsgemäß eingeschaltet war, denn dann ist eine Mitwirkung im Verfahren über den Interessenausgleich sinnlos geworden (*Berscheid* WiPra 1996, 370, 373; ders InVo 1997, 309, 312; KS-*Ennemann* S 1473, 1497 Rn 61).

97 Ist ein Interessenausgleich zustande gekommen und weicht der Unternehmer hiervon ab, so kann der Betriebsrat nach der höchstrichterlichen Rechtsprechung (BAG 28. 8. 1991 – 7 ABR 72/90, AP Nr 2 zu § 85 ArbGG 1979 = NZA 1992, 41 = ZIP 1992, 950) nicht im Wege der einstweiligen Verfügung die Einhaltung des Interessenausgleichs erzwingen, weil es sich dem Arbeitgeber gegenüber lediglich um eine Naturalobligation handele. Ob sich angesichts der Regelungen des § 125 Abs 1 InsO und des § 323 Abs 2 UmwG die These, der Interessenausgleich sei nicht mehr als eine „Naturalobligation" und gebe dem Betriebsrat keinen gerichtlich durchsetzbaren Anspruch auf seine Einhaltung, in dieser Allgemeinheit überhaupt noch länger halten lässt (so LAG Düsseldorf 19. 11. 1996 – 8 TaBV 80/96, LAGE § 111 BetrVG 1972 Nr 41 = NZA-RR 1997, 297; zust *Schiefer* NZA 1997, 915, 919; ebenso *Willemsen/ Hohenstatt* NZA 1997, 345, 348 ff; str aA *Däubler* RdA 1995, 136, 141; zust *Berscheid* WiPra 1996, 354, 358; ders BuW 1997, 672, 677; *Zwanziger* Arbeitsrecht, § 122 Rn 3), braucht an dieser Stelle nicht abschließend geklärt zu werden. Es sind zwei unterschiedliche Problemkreise: In dem einen Fall geht es um die Frage, ob ein bereits zustande gekommener Interessenausgleich vereinbarungsgemäß durchgeführt wird, was sicherlich aus Sicht des Betriebsrats wichtig ist, jedoch ist die andere Frage, ob der Betriebsrat in dem erst zu vereinbarenden Interessenausgleich noch etwas bewegen kann, viel bedeutsamer. Es geht nämlich darum, ob die Betriebsänderung überhaupt (das „Ob") oder wie beabsichtigt oder in veränderter Form (das „Wie") durchgeführt wird (*Berscheid* InVo 1997, 309, 312; KS-*Ennemann* S 1473, 1498 Rn 62).

VI. Probleme bei vorzeitigem Beginn der Betriebsänderung §§ 121, 122

Der Gesetzgeber hat in § 113 Abs 3 BetrVG klargestellt, dass der Fall der Abweichung von einem gefundenen Interessenausgleich (§ 113 Abs 1 BetrVG) dem Fall gleichgestellt werden soll, dass ein solcher erst gar nicht versucht worden ist (**LAG** Hamburg 26. 6. 1997 – 6 TaBV 5/97, LAGE § 113 BetrVG 1972 Nr 6 = NZA-RR 1997, 296). Auch wenn die Beteiligungsrechte des Betriebsrats bei Betriebsänderungen schwächer ausgestaltet erscheinen als etwa im Bereich der §§ 87, 99 BetrVG, so erfordert der Versuch eines Interessenausgleichs iSv § 113 Abs 3 BetrVG eine „Verhandlung" mit dem (zuständigen) Betriebsrat (**BAG** 24. 1. 1996 – 1 AZR 542/95, AP Nr 16 zu § 50 BetrVG 1972 = NZA 1996, 1107 = ZIP 1996, 1391, NZA 1996, 1107 = ZIP 1996, 1391; zust *Berscheid* ZIP 1997, 1569, 1580; *Nielebock* AiB 1997, 88, 95). Der Unternehmer oder der Insolvenzverwalter löst die Nachteilsausgleichsansprüche des § 113 Abs 3 BetrVG aus, wenn er diese Verhandlungen mit dem Betriebsrat unterlässt. Als individualrechtlich gestaltete Sanktion ist dieser Nachteilsausgleich jedoch nicht geeignet, das Kollektivrecht des Betriebsrats zu sichern, denn der Anspruch des Betriebsrats auf Verhandlungen iSd § 111 S 1 BetrVG läuft nur dann nicht leer, wenn der Arbeitgeber/Insolvenzverwalter daran gehindert wird, vor Abschluss des Interessenausgleichsverfahrens die geplante Betriebsänderung vorzunehmen, insbesondere die vorgesehenen Kündigungen auszusprechen (**ArbG** Bremen 28. 9. 1995 – AE 1996, 27) oder beabsichtigte Versetzungen vorzunehmen. Deshalb ist **bei Verletzung der Mitbestimmungsrechte** aus §§ 111, 112 BetrVG ein **Unterlassungsanspruch des Betriebsrats** zu bejahen, und zwar auch in der Insolvenz des Unternehmens (**ArbG** Hannover 4. 2. 1997 – 10 BVGa 1/97, InVo 1997, 209 [*Hess/Weis*] = ZAP ERW 1997, 54 [*Berscheid*] = ZIP 1997, 474; zust KS-*Ennemann* S 1473, 1498 Rn 63; ebenso *Bertram* Arbeits- und Sozialrecht, DAI-Skript 2001, S 64; **str aA LAG** Niedersachsen 27. 3. 1997 – 16 a TaBV 18/97, KTS 1997, 603 = ZIP 1997, 1201; ebenso BKB-*Vetter* PraxisArbR Teil 6 Rn 748–751). Teilweise wird angenommen, dass seit Verstreichen der Umsetzungsfrist der Richtlinie 2002/14/EG am 23 3.2005 im Anwendungsbereich der Richtlinie gem **Art 4 Abs 4 lit e**) RL 2002/14/EG im Wege richtlinienkonformer Auslegung einen Unterlassungsanspruch anzuerkennen sei (Richardi/*Annuß* § 111 BetrVG Rn 168 mwN).

Aus der **gesetzlichen Regelungssystematik** der Vorschriften über die Interessenausgleichsverhandlungen (§§ 111–113 BetrVG, § 122 InsO) folgt für die Beachtung der Mitbestimmung in wirtschaftlichen Angelegenheiten (*Berscheid* InVo 1997, 309, 312; *ders* BuW 1999, 112, 114; *Bertram* Arbeits- und Sozialrecht, DAI-Skript 2001, S 63; KS-*Ennemann* S 1473, 1498 Rn 64), dass der Insolvenzverwalter eine geplante Betriebsänderung nur durchführen kann, wenn
– entweder ein Interessenausgleich mit dem Betriebsrat gem § 112 Abs 1 BetrVG vereinbart worden ist,
– oder das Arbeitsgericht im Beschlussverfahren der Durchführung der Betriebsänderung gem § 122 Abs 2 zugestimmt hat.

Betriebsbedingt veranlasste Kündigungen oder Versetzungen, die sich als Vollzug (Durchführung) der geplanten Betriebsänderung darstellen, können deshalb nur vorgenommen werden, wenn vor Beginn der Maßnahme eine der beiden Voraussetzungen vorliegt (**ArbG** Kaiserslautern 19. 12. 1996 – 7 BVGa 2493/96, AiB 1997, 179 [*Oberhofer*] = InVo 1997, 208 [*Hess/Weis*] = ZAP ERW 1997, 54 [*Berscheid*]; zust *Bichlmeier/Oberhofer* AiB 1997, 161, 165; *Berscheid* ZIP 1997, 2206, 2207; KS-*Ennemann* S 1473, 1499 Rn 65). Dem Betriebsrat steht – da der Gesetzgeber zum Schutz der Mitbestimmungsrechte des Betriebsrats in wirtschaftlichen Angelegenheiten kein besonderes Verfahren zur Verfügung gestellt hat – bis zum Zustandekommen eines Interessenausgleichs bzw bis zum Scheitern der Interessenausgleichsverhandlungen zur Sicherung seines Beratungs- und Verhandlungsanspruchs aus §§ 111, 112 BetrVG ein im Wege der einstweiligen Verfügung durchsetzbarer Anspruch auf Unterlassung betriebsbedingter Kündigungen oder Versetzungen zu (KS-*Ennemann* S 1473, 1499 Rn 66). Ein Anspruch auf Unterlassung von Kündigungen im Falle der Betriebsstilllegung ist allerdings dann nicht mehr gegeben, wenn die Betriebsstilllegung inzwischen durchgeführt ist (**LAG** Niedersachsen 27. 3. 1997 – 16a TaBV 18/97, KTS 1997, 603 = ZIP 1997, 1201). In einem solchen Falle drohen allerdings Nachteilsausgleichsansprüche der Arbeitnehmer gem § 113 Abs 3 BetrVG (KS-*Ennemann* S 1473, 1499 Rn 66).

2. Einstweilige Verfügung gegen sofortige Freisetzung von Arbeitnehmern. Für den Fall der Insolvenz kann ein insolvenzspezifisches Freistellungsrecht des Insolvenzverwalters bei reduziertem Beschäftigungsbedarf und zur Schonung der Masse bereits vor Ausspruch der Kündigungen in Betracht kommen (*Berscheid* Arbeitsverhältnisse, S 204 Rn 610). Der Gesetzgeber setzt das Bestehen eines Freistellungsrechts des Insolvenzverwalters voraus. Dies folgt aus den §§ 55 Abs 2, 209 Abs 2 Nr 3 InsO (**LAG** Hamm 27. 9. 2000 – 2 Sa 1178/00, LAGE § 55 InsO Nr 3 = NZI 2001, 499 = ZInsO 2001, 333 = ZIP 2001, 435; **LAG** Hamm 6. 9. 2001 – 4 Sa 1276/01, LAG Report 2001, 22 = ZInsO 2002, 45; zust *Hess* InVo 2001, 117, 122; *Pirscher* ZInsO 2001, 698, 699; *Weisemann* DZWIR 2001, 151, 152; **str aA** *Moll* EWiR 2001, 487, 488; *Oberhofer* ZInsO 2002, 21, 22). Kann der Insolvenzverwalter nicht alle Arbeitnehmer weiterbeschäftigen und will er deshalb einen Teil der Belegschaft sofort „freisetzen", also von der Arbeit freistellen. Die widerrufliche Freistellung von Arbeitnehmern eines schuldnerischen Betriebes stellt auch keine grundlegende, wesentliche Betriebsänderung iSd **§ 111** BetrVG dar (BAG, 30. 5. 2006 – 1 AZR 25/05, NZA 2006, 1122). Dies gilt jedenfalls dann, wenn der Betrieb kurz vor der endgültigen Betriebsstilllegung steht und zudem das Insolvenzverfahren masseunzulänglich ist (LAG Hamm 26.2 2007 – 10 TaBVGa 3/07, NZA 2007, 1010).Teilweise wird vertreten, dass die Freistellung von Arbeitnehmern als Einführung von Kurzarbeit ebenso mitbestimmungspflichtig wie die Auswahl des betroffenen Personenkreises sei (ArbG Siegen 3. 6. 1983 – 1 Ga 21/83, KTS 1983, 571 = ZIP 1983, 1117, 1118; zust KS-*Ennemann* S 1473, 1500 Rn 68). Bei der Freistellung von Arbeitnehmern sei die **Parallele zum Mitbestimmungsrecht des Betriebsrats bei** der Einführung von Kurzarbeit „augenfällig" (*Hess* InVo 2001, 117, 122). Höchstrichterlich wurde inzwischen entschieden, dass durch die Freistellung nicht die betriebsübliche Arbeitszeit berührt wird. Der Insolvenzverwalter stelle lediglich keinen Arbeitsplatz mehr zur Verfügung (**BAG** 11. 12. 2001 – 9 AZR 80/01, NZI 2002, 449 = ZIP 2002, 1261). Die Vorschrift des § 87 Abs 1 Nr 3 BetrVG spricht insoweit lediglich von einer „vorübergehenden" Verkürzung der betriebsüblichen Arbeitszeit. Eine solche ist hier jedoch nicht gegeben. Die Freistellung löst auch kein Mitbestimmungsrecht des Betriebsrats nach § 99 Abs 1 BetrVG aus, denn die Freistellung von Arbeitnehmern ist keine Versetzung iSd § 99 Abs 1 BetrVG. Sobald der Arbeitnehmer auf Grund der Freistellung seine bisherige Tätigkeit vollständig verliert, ohne dass eine andere Tätigkeiten an deren Stelle tritt, kann auch keine Versetzung iSd § **99 Abs 3** S 1 BetrVG vorliegen (**BAG** 11. 12. 2001 – 9 AZR 80/01, aaO; LAG Hamm 26. 2. 2007 – 10 TaBVGa 3/07, aaO).

102 Im Zweifel können die Betriebspartner dem Mitbestimmungsrecht nach § 87 Abs 1 Nr 3 BetrVG auch dadurch Genüge tun, indem sie **im Interessenausgleich die Freistellungsmöglichkeit** durch den Insolvenzverwalter **ausdrücklich regeln** (LAG Hamm 27. 9. 2000 – 2 Sa 1178/00, aaO). Setzt der Insolvenzverwalter jedoch die nicht mehr benötigten Arbeitnehmer ohne Zustimmung des Betriebsrats frei, läuft er Gefahr, dass sowohl der Betriebsrat (**ArbG** Berlin 9. 5. 1996 – 6 BVGa 14.940/96, ZAP ERW 1997, 62 [*Berscheid*]) als auch die Arbeitnehmer (**ArbG** Berlin 18. 6. 1996 – 9 Ga 17.108/96, ZAP ERW 1997, 62 [*Berscheid*]) dagegen mit einstweiligen Verfügungen vorgehen und die Mitbestimmungsrechte sichern lassen oder ihre Weiterbeschäftigung erstreiten. Der einzelne Arbeitnehmer hat auch im Insolvenzfall grundsätzlich einen allgemeinen Beschäftigungsanspruch (siehe dazu grundlegend **BAG** GS 27. 2. 1985 – GS 1/84, AP Nr 14 zu § 611 BGB Beschäftigungspflicht = EzA § 611 BGB Beschäftigungspflicht Nr 9 [*Gamillscheg*] = NJW 1985, 2968 = NZA 1985, 702 = ZIP 1985, 1214), den er bei mitbestimmungswidrigen Maßnahmen im Wege der einstweiligen Verfügung durchsetzen kann (**LAG** Hamm 1. 7. 1986 – 7 Sa 934/86, LAGE § 102 BetrVG 1972 Beschäftigungspflicht Nr 8; **LAG** Hamm 12. 12. 1986 – 16 Sa 1271/86, MDR 1987, 961, 962; **LAG** Hamm 24. 1. 1994 – 19 Sa 2029/93, AuR 1994, 310).

103 Will der Insolvenzverwalter, um eine erhebliche Verminderung der Insolvenzmasse zu vermeiden, einen Teil der Belegschaft sofort, also bereits vor Ablauf der Drei-Wochen-Frist des § 122 Abs 1 „freisetzen", sollte er im Zweifel zunächst den Betriebsrat ordnungsgemäß hierüber gem § 87 Abs 1 Nr 3 BetrVG unterrichten und um entsprechende Zustimmung ersuchen. Hat der Insolvenzverwalter alles getan, um eine Einigung mit dem Betriebsrat zu erzielen, dann kann man aus dem Grundsatz der „vertrauensvollen Zusammenarbeit" (§ 2 Abs 1 BetrVG) einen Anspruch des Insolvenzverwalters gegen den Betriebsrat auf Zustimmung zur vorläufigen Durchführung der Maßnahme ableiten (so allgemein *Löwisch* NZA 1996, 1009, 1016; s zur Problematik auch *Hanau* NZA 1996, 841, 845), damit die Insolvenzmasse nicht weiter vermindert und infolgedessen der Betrieb vollständig eingestellt werden muss (*Berscheid* ZAP ERW 1997, 62, 64; *ders* InVo 1997, 313; KS-*Ennemann* S 1473, 1500 Rn 70).

104 Verweigert der Betriebsrat seine Zustimmung zu der vorläufigen Maßnahme, so kann der Insolvenzverwalter – eben weil eine Einigung noch nicht erzielt oder durch Spruch der Einigungsstelle ersetzt ist – beim Arbeitsgericht im Wege der einstweiligen Verfügung gem § 85 Abs 2 ArbGG iVm §§ 935, 940 ZPO eine **vorläufige Regelung beantragen** (*Berscheid* InVo 1997, 309, 314; zust FK-*Eisenbeis* § 122 Rn 28; s auch *Löwisch* RdA 1996, 352, 353, der eine Ergänzung des § 87 Abs 2 BetrVG fordert). Diese kann so aussehen, dass ihm gestattet wird, bestimmte Arbeitnehmer bis zum Abschluss des Einigungsstellenverfahrens von der Arbeit freizustellen, und zwar vorbehaltlich einer späteren (ggf anderweitigen) Regelung durch Vereinbarung mit dem Betriebsrat oder durch Spruch der Einigungsstelle (*Berscheid* ZAP ERW 1997, 62, 64; zust KS-*Ennemann* S 1473, 1501 Rn 71).

VII. Nachteilsausgleich in der Insolvenz

105 Hält der Insolvenzverwalter das ihm durch §§ 111–112a BetrVG aufgegebene Verfahren nicht ein, so sieht das Gesetz in zwei Fällen vor, dass der Insolvenzverwalter als Sanktion für die Verletzung von Beteiligungspflichten im Zusammenhang mit Betriebsänderungen gegenüber den betroffenen Arbeitnehmern individualrechtlich nachteilsausgleichpflichtig wird und auf entsprechende Klage des einzelnen betroffenen Arbeitnehmers hin Abfindungen zu zahlen hat:
– der Insolvenzverwalter weicht ohne zwingenden Grund von einem mit dem Betriebsrat vereinbarten Interessenausgleich ab (§ 113 Abs 1 BetrVG),
– der Insolvenzverwalter führt eine geplante Betriebsänderung durch, ohne vorher informiert und die Verhandlungen über einen Interessenausgleich aufgenommen bzw seine Verpflichtung zu Verhandlungen mit dem Betriebsrat zeitlich ausgeschöpft zu haben (§ 113 Abs 3 BetrVG).

106 Die vorgenannten Sanktionen treten auch dann ein, wenn der Insolvenzverwalter **mit dem falschen Betriebsverfassungsorgan** einen Interessenausgleich **verhandelt** (und abschließt). War zB der Gesamtbetriebsrat zuständig und hat der Insolvenzverwalter in einem solchen Falle die mitbestimmungspflichtige

VII. Nachteilsausgleich in der Insolvenz §§ 121, 122

Betriebsänderung durchgeführt, nachdem er entweder mit den Einzelbetriebsräten verhandelt hat oder ohne einen Interessenausgleich mit dem Gesamtbetriebsrat versucht zu haben, so ist er gem § 113 Abs 3 iVm Abs 1 BetrVG verpflichtet, den Arbeitnehmern, die infolge der Betriebsänderung entlassen worden sind, eine Abfindung in entsprechender Anwendung von § 10 KSchG zu zahlen (**BAG** 8. 6. 1999 – 1 AZR 831/98, AP Nr 47 zu § 111 BetrVG 1972 = NZA 1999, 1168 = RdA 2001, 37 [*Richardi*] = SAE 2000, 169 [*Löwisch*] = ZIP 1999, 1898). § 113 Abs 3 BetrVG dient der Sanktion der unterlassenen Beteiligung des Betriebsrates; ausreichend ist der objektive Verstoß des Insolvenzverwalters (**BAG** 8. 6. 1999 – 1 AZR 831/98, aaO).

Das **Abweichen von** einem **Sozialplan** löst **keine Sanktion** iSd § 113 BetrVG aus. Die betroffen Arbeitnehmer können auf Erfüllung ihrer Ansprüche bestehen und diese ggf im arbeitsgerichtlichen Urteilsverfahren einklagen. Die Vorschriften des § 113 Abs 1 und 2 BetrVG über die Zahlung eines Nachteilsausgleiches finden auf andere Sachverhalte des Abweichens von einem Interessenausgleich keine analoge Anwendung (**LAG** Berlin 29. 1. 1996 – 9 Sa 109/95, NZA-RR 1996, 415). Ebenfalls nicht sanktioniert wird die Verletzung der Pflicht zur Erstattung einer Massenentlassungsanzeige gem § 17 Abs 3 KSchG (**BAG** 30. 3. 2004 – 1 AZR 7/03, AP BetrVG 1972 § 113 Nr 47). Eine Einigung über die Massenentlassung muss jedoch mit dem Betriebsrat nicht erzielt werden. Auch nach der Rechtsprechungsänderung, nach welcher unter dem Begriff der Entlassung nicht mehr die Beendigung des Arbeitsverhältnisses nach Ablauf der Kündigungsfrist, sondern den Ausspruch der Kündigung selbst versteht, ist aus der Konsultationspflicht nach **§ 17 Abs 2 S 2** KSchG keine Pflicht zur Verständigung über den Umfang und die Folgen der Massenentlassung abzuleiten, erforderlich und notwendig ist alleine die Unterrichtung und Beratung mit dem Betriebsrat (**BAG**, 21. 5. 2008 – 8 AZR 84/07, ZInsO 2008, 1153; **BAG** 13. 7. 2006 – 6 AZR 198/06, NZA 2007, 25 = AP Nr 22 zu § 17 KSchG 1969).

1. Abweichung von einem Interessenausgleich. Vereinbaren Insolvenzverwalter und Betriebsrat vor Durchführung einer Maßnahme, die sich als Betriebsänderung darstellt, schriftlich, in welcher Weise die wirtschaftlichen Nachteile der von dieser Maßnahme betroffenen Arbeitnehmer ausgeglichen oder gemildert werden sollen, so kann darin auch die Einigung der Betriebspartner darüber liegen, dass die Maßnahme wie geplant durchgeführt werden soll. Die Betroffenen haben in diesem Fall keinen Anspruch auf Nachteilsausgleich, weil es nicht an dem Versuch eines Interessenausgleichs fehlt (**BAG** 20. 4. 1994 – 10 AZR 186/93, AP Nr 27 zu § 113 BetrVG 1972 = NZA 1995, 89 = ZIP 1994, 1466).

Der Insolvenzverwalter muss einen mit dem Betriebsrat erzielten Interessenausgleich einhalten. Er darf nur aus zwingenden Gründen davon abweichen, wenn er nicht nach § 113 Abs 1 BetrVG nachteilsausgleichspflichtig werden will. „Zwingende Gründe", die ein Abweichen rechtfertigen, sind **regelmäßig nur** „**neue**" **Gesichtspunkte**, die beim Abschluss des Interessenausgleichs nicht oder nicht genügend berücksichtigt werden konnten, da sie zu diesem Zeitpunkt noch nicht vorlagen oder nicht erkennbar waren (*Richardi/Annuß* § 113 BetrVG Rn 15). Es muss sich mithin um Gründe handeln, die erst nachträglich entstanden oder bekannt geworden sind. Sie müssen so gravierend sein, dass sie keine andere Wahl lassen. Bei Einhaltung des vereinbarten Interessenausgleichs müsste außerhalb der Insolvenz der Bestand des Unternehmens gefährdet sein (BKB-*Berscheid* PraxisArbR Teil 6 Rn 659), in der Insolvenz muss es jedoch genügen, dass eine erhebliche Verminderung der Insolvenzmasse droht, die eine ordnungsgemäße Insolvenzabwicklung gefährdet oder gar zur Masseunlänglichkeit führt.

Kommt es zu einer **Nachteilsausgleichspflicht**, so hat der Insolvenzverwalter an entlassene Arbeitnehmer eine Abfindung entsprechend § 10 KSchG zu zahlen (§ 113 Abs 1 S 1 und S 2 BetrVG). Der Begriff „Entlassung" umfasst entsprechend § 112a Abs 1 S 2 BetrVG auch das aus Gründen der Betriebsänderung veranlasste Ausscheiden auf Grund von Aufhebungsverträgen und Eigenkündigungen (vgl auch **BAG** 14. 12. 2004 – 1 AZR 504/03, NZA 2005, 818). Auch Änderungskündigungen werden erfasst, wenn die Betroffenen das Änderungsangebot ablehnen (BKB-*Berscheid* PraxisArbR Teil 6 Rn 661). Eine Abfindung nach § 113 Abs 1 BetrVG kommt nicht in Betracht, wenn die Unwirksamkeit der Kündigung rechtskräftig festgestellt ist (**BAG** 31. 1. 1995 – 1 AZR 372/95, AP Nr 30 zu § 113 BetrVG 1972 = EzA § 72 ArbGG 1979 Nr 20 [*Vollkommer*] = NJW 1996, 2389 = NZA 1996, 499, ErfK/Kania, § 113 BetrVG Rn 5).

Die **Höhe der Abfindung** bemisst sich nach § 113 Abs 1 Hs 2 BetrVG iVm § 10 KSchG. Hiernach kann als Abfindung ein Betrag bis zu zwölf Monatsverdiensten festgesetzt werden (§ 10 Abs 1 KSchG). Hat der Arbeitnehmer das fünfzigste Lebensjahr vollendet und hat das Arbeitsverhältnis mindestens fünfzehn Jahre bestanden, so kann ein Betrag bis zu fünfzehn Monatsverdiensten, hat der Arbeitnehmer das fünfundfünfzigste Lebensjahr vollendet und hat das Arbeitsverhältnis mindestens zwanzig Jahre bestanden, so kann ein Betrag bis zu achtzehn Monatsverdiensten festgesetzt werden (§ 10 Abs 2 KSchG). Bei der Festsetzung der Abfindung hat das Gericht neben dem Lebensalter und der Dauer der Betriebszugehörigkeit die wirtschaftliche Lage des Unternehmens und die zu erwartende Dauer der Arbeitslosigkeit des Arbeitnehmers gebührend zu berücksichtigen (**BAG** 13. 6. 1989 – 1 ABR 14/88, AP Nr 3 zu § 112a BetrVG 1972 [*Willemsen*] = NZA 1989, 974 = ZIP 1989, 1487).

Der Abfindungsanspruch des Arbeitnehmers unterfällt allerdings **tariflichen Ausschlussfristen** (**BAG** 29. 11. 1983 – 1 AZR 523/82, AP Nr 10 zu § 113 BetrVG 1972 = NJW 1984, 1650 = SAE 1984, 257 [*Kraft*]). Hinsichtlich der Darlegungs- und Beweisbelastung gilt, dass der Arbeitnehmer darlegen und ggf nachweisen muss, dass es sich um eine Betriebsänderung handelt, die gem §§ 111, 112, 112a BetrVG interessenausgleichspflichtig gewesen ist, dass ein Interessenausgleich vorgelegen hat und dass der Insolvenzverwalter von diesem Interessenausgleich abgewichen ist. Der Insolvenzverwalter hat offen zu legen und ggf nachzuweisen, dass er aus zwingenden Gründen von dem Interessenausgleich abgewichen ist (BKB-*Berscheid* PraxisArbR Teil 6 Rn 664).

113 **2. Unzureichender Interessenausgleichsversuch.** Der § 113 Abs 3 BetrVG sieht vor, dass der Insolvenzverwalter als Sanktion für einen unterlassenen oder verspäteten Interessenausgleich den Arbeitnehmern, die entlassen werden oder andere wirtschaftliche Nachteile erleiden, individualrechtlich einen Nachteilsausgleich schuldet. Der Insolvenzverwalter hat den Betriebsrat nach § 111 S 1 BetrVG von der geplanten Betriebsänderung zu unterrichten und vor deren Durchführung einen Interessenausgleich, ggf unter Anrufung der Einigungsstelle, zu versuchen oder das Zustimmungsverfahren nach § 122 zu betreiben. Wird er erst im Zuge der Durchführung tätig oder unterbleibt jeder Versuch des Interessenausgleichs, löst das die Sanktion des § 113 Abs 3 BetrVG aus. Die Untätigkeit des Betriebsrats befreit den Insolvenzverwalter nicht von seiner Pflicht (BAG 26. 10. 2004 – 1 AZR 493/03, AP Nr 49 zu § 113 BetrVG 1972; **LAG** Berlin 8. 9. 1987 – 8 Sa 45/87, 8 Sa 48/87, LAGE § 112a BetrVG 1972 Nr 2 = NZA 1988, 327).

114 Ob ein Personalabbau als Betriebsänderung iSv § 111 S 3 Nr 1 BetrVG zu werten ist, hängt von der Zahl der beendeten Arbeitsverhältnisse ab. Dabei sind auch diejenigen Arbeitsverhältnisse mitzuzählen, die nur deshalb gekündigt werden müssen, weil die Arbeitnehmer dem Übergang auf einen Betriebsteilerwerber (§ 613a BGB) widersprochen haben und eine Beschäftigungsmöglichkeit im Restbetrieb nicht mehr besteht. Auch solche Arbeitnehmer haben Anspruch auf Nachteilsausgleich nach § 113 Abs 3 BetrVG, wenn der Insolvenzverwalter vor der Betriebsänderung keinen Interessenausgleich mit dem Betriebsrat versucht (**BAG** 10. 12. 1996 – 1 AZR 290/96, AP Nr 32 zu § 113 BetrVG 1972 = NZA 1997, 787 = WiB 1997, 933 [*Krauß*] = ZIP 1997, 1471).

115 Auch der Sequester hatte mit dem Betriebsrat über einen Interessenausgleich zu verhandeln, wenn er im Konkurs- oder Gesamtvollstreckungseröffnungsverfahren einen Betriebsteil stilllegte (**ArbG** Lörrach 7. 7. 1994 – 4 Ca 19/94, EWiR 1994, 807 [*Pape*]). Diese Grundsätze lassen sich auf die Fälle übertragen, in denen ein vorläufiger Insolvenzverwalter, auf den die Verwaltungs- und Verfügungsbefugnis über das Vermögen des Schuldners übergegangen ist oder der nach dem Inhalt des Bestellungsbeschlusses kündigungsbefugt ist (BKB-*Berscheid* PraxisArbR Teil 6 Rn 669), bestellt wird. Ansprüche auf Nachteilsausgleich nach § 113 Abs 3 BetrVG sind ferner gegeben, wenn der Insolvenzverwalter eine Betriebsänderung durchführt, ohne darüber mit dem Betriebsrat einen Interessenausgleich versucht zu haben (**BAG** 9. 7. 1985 – 1 AZR 323/83, AP Nr 13 zu § 113 BetrVG 1972 = NJW 1986, 2454 = NZA 1986, 100 = ZIP 1986, 45; **BAG** 13. 6. 1989 – 1 ABR 14/88, AP Nr 3 zu § 112a BetrVG 1972 [*Willemsen*] = NZA 1989, 974 = ZIP 1989, 1487), selbst wenn der Betriebsrat anlässlich der geplanten Betriebsänderung nach § 112a Abs 2 BetrVG einen Sozialplan nicht erzwingen kann (**BAG** 8. 11. 1988 – 1 AZR 721/87, AP Nr 48 zu § 112 BetrVG 1972 = KTS 1989, 430 = NZA 1989, 401 = ZIP 1989, 324). Der **Versuch eines Interessenausgleichs** iSd § 113 Abs 3 BetrVG ist durch den Insolvenzverwalter dann gemacht, wenn er alles in seiner Macht Stehende getan hat, um mit einem bei der Schuldnerin möglicherweise noch bestehenden Betriebsrat Verhandlungen über einen Interessenausgleich/Sozialplan aufzunehmen. Auf das objektive Bestehen eines Betriebsrates im Betrieb der Schuldnerin kommt es in einem solchen Falle dann nicht an, wenn der Insolvenzverwalter versucht hat, mit einem solchen möglicherweise bestehenden Betriebsrat in Verhandlungen einzutreten, ihm aber auf entsprechende Nachfragen auf Belegschaftsversammlungen mitgeteilt worden ist, es bestehe kein Betriebsrat und niemand sei bereit, Betriebsratstätigkeit aufzunehmen. Stellt sich später heraus, dass gleichwohl ein Betriebsrat bestanden hat, ist ein Anspruch des Arbeitnehmers auf Nachteilsausgleich unter den vorstehend genannten Voraussetzungen ausgeschlossen (**LAG** Düsseldorf 12. 10. 1990 – 4 Sa 890/90, LAGE § 113 BetrVG 1972 Nr 5 = AiB 1991, 155 [*Bichlmeier*]).

116 Die **Höhe der Abfindung** bemisst sich auch hier über die Verweisung in § 113 Abs 3 S 1 BetrVG nach § 113 Abs 1 Hs 2 BetrVG iVm § 10 KSchG. Bei der Festsetzung des Nachteilsausgleichs ist das Gericht nicht an § 112 Abs 5 S 2 Nr 2 BetrVG gebunden (**BAG** 10. 12. 1996 – 1 AZR 290/96, AP Nr 32 zu § 113 BetrVG 1972 = NZA 1997, 787 = WiB 1997, 933 [*Krauß*] = ZIP 1997, 1471; **BAG** 22. 11. 2001 – 1 AZR 97/01, BAGReport 2002, 251 = ZIP 2002, 817). Nachdem der Nachteilsausgleich nicht nur einen Schadensersatzanspruch darstellt, sondern auch das betriebsverfassungswidrige Verhalten des Arbeitgebers/Insolvenzverwalters sanktionieren soll, bleibt die wirtschaftliche Situation des Arbeitgeberbetriebes bei der Bestimmung der Höhe des Anspruches außer Betracht, weshalb sich ein Nachteilsausgleichsanspruch auch in der Insolvenz alleine nach den gesetzlichen Bestimmungen richtet (BAG 22. 7. 2003 – 1 AZR 541/02, NZA 2004, **93**, 95). Angesichts dieser Regelungen sind für die Nachteilsausgleichsansprüche gem § 113 Abs 3 iVm Abs 1 Hs 2 BetrVG und § 10 Abs 1 und 2 KSchG **bis zu 12 bzw 18 Monatsverdienste** anzusetzen, und zwar unter Anrechnung von Sozialplanansprüchen, aber ohne die Beschränkung des Gesamtbetrages auf ein Drittel der Insolvenzmasse und ohne anteilige Kürzung der einzelnen Forderungen (**LAG** Hamm 4. 12. 2003 – 4 Sa 1247/03, ZInsO 2004, 824). Die Regelungen des § 123 Abs 2 und 3 gelten nämlich nur für Sozialplansprüche und können auch nicht analog auf

die Nachteilsausgleichsansprüche angewendet werden (LAG Hamm 26. 8. 2004 – 4 Sa 1853/03, LAGReport 2005, 242).

Der Nachteilsausgleichsanspruch ist Masseforderung gem. § 55 Abs 1 Nr 1 InsO, wenn er durch einen betriebsverfassungsrechtlichen Pflichtenverstoß des Insolvenzverwalters nach Verfahrenseröffnung begründet worden ist. Sofern der Pflichtenverstoß noch im Insolvenzantragsverfahren oder noch vor Antrag durch das schuldnerische Unternehmen begangen worden ist, ist der Nachteilsausgleichsanspruch eine „einfache" Insolvenzforderung gem § 38 InsO) dar und entsprechend zu berichtigen (BAG 3. 4. 1990 – 1 AZR 150/89, NZA 1990, 619). Nach der Rechtsprechung des BAG ist eine Insolvenzforderung auch dann gegeben, wenn der Pflichtenverstoß mit Zustimmung des sog schwachen vorläufigen Insolvenzverwalters, begangen worden ist (BAG 4. 12. 2002 – 10 AZR 16/02, NZA 2003, 665). Hat der mit mit Verwaltungs- und Verfügungsbefugnis ausgestattete vorläufige starke Insolvenzverwalter den Anspruch begründet, d. h. die Betriebsänderung vorgenommen, dann sind die Nachteilsausgleichsansprüche als Masseverbindlichkeiten zu qualifizieren. 116a

Ansprüche von Arbeitnehmern nach § 113 Abs 3 iVm § 113 Abs 1 BetrVG iVm § 10 KSchG werden von tariflichen Ausschlussklauseln erfasst (BAG 18. 12. 1984 – 1 AZR 588/82, AP Nr 88 zu § 4 TVG Ausschlussfristen [A. *Zeuner*] = KTS 1985, 541 = NZA 1985, 396 = ZIP 1985, 754). Der Nachteilsausgleichsanspruch wird mit dem Ausscheiden des entlassenen Arbeitnehmers fällig. Folglich beginnt die tarifliche Ausschlussfrist zur schriftlichen Geltendmachung des Abfindungsanspruchs gegenüber dem Insolvenzverwalter bereits mit dem Ausscheiden des Arbeitnehmers aus dem Arbeitsverhältnis. Dabei ist auf das tatsächliche Ausscheiden des Arbeitnehmers aus dem Arbeitsverhältnis und nicht auf dessen rechtliche Beendigung abzustellen. Beginnt nämlich eine tarifliche Ausschlussfrist mit der Fälligkeit des Anspruches, so wird ein Anspruch auf Abfindung nach § 113 Abs 3 BetrVG auch dann mit der Beendigung des Arbeitsverhältnisses fällig, wenn über die Kündigung, die zur Beendigung des Arbeitsverhältnisses geführt hat, noch ein Kündigungsschutzprozess anhängig ist (BAG 3. 8. 1982 – 1 AZR 77/81, AP Nr 5 zu § 113 BetrVG 1972 = NJW 1983, 192). 117

§ 123 Umfang des Sozialplans

(1) In einem Sozialplan, der nach der Eröffnung des Insolvenzverfahrens aufgestellt wird, kann für den Ausgleich oder die Milderung der wirtschaftlichen Nachteile, die den Arbeitnehmern infolge der geplanten Betriebsänderung entstehen, ein Gesamtbetrag von bis zu zweieinhalb Monatsverdiensten (§ 10 Abs. 3 des Kündigungsschutzgesetzes) der von einer Entlassung betroffenen Arbeitnehmer vorgesehen werden.

(2) ¹Die Verbindlichkeiten aus einem solchen Sozialplan sind Masseverbindlichkeiten. ²Jedoch darf, wenn nicht ein Insolvenzplan zustande kommt, für die Berichtigung von Sozialplanforderungen nicht mehr als ein Drittel der Masse verwendet werden, die ohne einen Sozialplan für die Verteilung an die Insolvenzgläubiger zur Verfügung stünde. ³Übersteigt der Gesamtbetrag aller Sozialplanforderungen diese Grenze, so sind die einzelnen Forderungen anteilig zu kürzen.

(3) ¹Soft hinreichende Barmittel in der Masse vorhanden sind, soll der Insolvenzverwalter mit Zustimmung des Insolvenzgerichts Abschlagszahlungen auf die Sozialplanforderungen leisten. ²Eine Zwangsvollstreckung in die Masse wegen einer Sozialplanforderung ist unzulässig.

Sozialplan vor Verfahrenseröffnung
§ 124 Sozialplan vor Verfahrenseröffnung

(1) Ein Sozialplan, der vor der Eröffnung des Insolvenzverfahrens, jedoch nicht früher als drei Monate vor dem Eröffnungsantrag aufgestellt worden ist, kann sowohl vom Insolvenzverwalter als auch vom Betriebsrat widerrufen werden.

(2) Wird der Sozialplan widerrufen, so können die Arbeitnehmer, denen Forderungen aus dem Sozialplan zustanden, bei der Aufstellung eines Sozialplans im Insolvenzverfahren berücksichtigt werden.

(3) ¹Leistungen, die ein Arbeitnehmer vor der Eröffnung des Verfahrens auf seine Forderung aus dem widerrufenen Sozialplan erhalten hat, können nicht wegen des Widerrufs zurückgefordert werden. ²Bei der Aufstellung eines neuen Sozialplans sind derartige Leistungen an einen von einer Entlassung betroffenen Arbeitnehmer bei der Berechnung des Gesamtbetrags der Sozialplanforderungen nach § 123 Abs. 1 bis zur Höhe von zweieinhalb Monatsverdiensten abzusetzen.

Übersicht

	Rn
I. Allgemeines	1
II. Regelungen für den Sozialplan in der Insolvenz	4
1. Existenz eines verhandlungsfähigen Betriebsrats	5
2. Restmandat des existierenden Betriebsrats	8
3. Abgrenzung von interessenausgleichsund sozialplanpflichtigen Betriebsänderungen	9
a) Definition der Betriebsänderung	11

	Rn
b) Betriebsänderungen in Form von Personalreduzierungen	14
c) Betriebsänderung im Zusammenhang mit Betriebsübergang	16
4. Begrenzungen des Sozialplanvolumens	17
a) Überschreitung der „absoluten Obergrenze"	18
b) Überschreitung der „relativen Obergrenze"	21
III. Grundsätze für die Aufstellung von Sozialplänen	24
1. Festlegung von Abfindungszahlungen	25
2. Regelungsermessen der Betriebspartner	26
3. Kriterien für die Bemessung der Sozialplanleistungen	28
IV. Sozialplan inner- und außerhalb der „Rückgriffzeit" und im Insolvenzplanverfahren	31
1. Rang nicht widerrufener „insolvenznaher" Sozialpläne	32
2. Sozialplan außerhalb der „Rückgriffszeit"	35
3. Sozialplan im Insolvenzplanverfahren	38
V. Vollstreckung von Leistungen aus Sozialplänen	42

I. Allgemeines

1   § 141 Abs 1 und 3 RegE wurde in unveränderter Form als § 123 Abs 1 und 3 (BT-Drs 12/7302 S 51) und § 141 Abs 2 RegE auf Grund der Beschl-Empf des RechtsA redaktionell verändert als § 123 Abs 2 übernommen (siehe BT-Drs 12/7302, S 171); § 142 RegE wurde in unveränderter Form als § 124 in die Insolvenzordnung übernommen (BT-Drs 12/7302 S 51).

2   Die Vorschrift des § 123 über das Volumen des Sozialplans im Insolvenzverfahren knüpft an das Modell an, das die Kommission für Insolvenzrecht für das „Liquidationsverfahren" entwickelt hat (Leitsätze 4.1.1 bis 4. 1. 11 des Ersten Berichts) und das in einer geänderten, an die Systematik des geltenden Rechts angepassten Form bereits in das Gesetz über den Sozialplan v 20. 2. 1985 (BGBl I 1985 S 369) aufgenommen worden ist. Das sog **Sozialplangesetz**, das in den alten Bundesländern einschließlich des ehemaligen Westberlin (Geltungsbereich der Konkursordnung) galt, ist mit Wirkung vom 1. 1. 1999 durch die in den Kernpunkten inhaltsgleichen Regelungen der §§ 123 und 124 ersetzt worden. Zugleich sind auch die Sozialplanregelungen des § 17 Abs 3 Nr 1 Buchst c Hs 1 GesO, die in den neuen Bundesländern einschließlich des ehemaligen Ostberlin (Geltungsbereich der Gesamtvollstreckungsordnung) galten, außer Kraft getreten. Somit ist der Zustand geographischer Rechtszersplitterung in Deutschland beendet.

3   **Sozialpläne**, die vor der Eröffnung des Insolvenzverfahrens, jedoch **nicht früher als drei Monate vor dem Eröffnungsantrag aufgestellt** worden sind, sollen typischerweise bereits **Nachteile ausgleichen, die mit dem Eintritt der Insolvenz in Zusammenhang stehen**. Es erscheint daher angemessen, die durch solche Sozialpläne begünstigten Arbeitnehmer weitgehend den Arbeitnehmern gleichzustellen, denen Forderungen aus einem im Verfahren aufgestellten Sozialplan zustehen. Die Widerrufsmöglichkeit des § 124 für im insolvenznahen Zeitraum abgeschlossene Sozialpläne soll es ermöglichen, dass bei der Aufstellung des Sozialplans im Insolvenzverfahren die Leistungen an die bereits in einem früheren Sozialplan erfassten Arbeitnehmer unter besserer Berücksichtigung der wirtschaftlichen Lage des Unternehmens neu festgesetzt werden. Damit dient diese Regelung nicht zuletzt auch der Gleichbehandlung (*Oetker/Friese* DZWIR 2001, 265).

II. Regelungen für den Sozialplan in der Insolvenz

4   Die Vorschriften der §§ 123, 124 schaffen kein eigenständiges Rechtsinstitut eines „Insolvenzsozialplans" (*N/R/Hamacher* § 123 Rn 5 mwN), sondern knüpfen an die Regelungen über die **Beteiligung des Betriebsrats bei Betriebsänderungen** (§§ 111–113 BetrVG) an, die von der Rechtsprechung seit jeher (**BAG** 17. 9. 1974 – 1 AZR 16/74, AP Nr 1 zu § 113 BetrVG 1972 [*Uhlenbruck*] = NJW 1975, 182) auch **in der Insolvenz des Unternehmens** angewandt werden. Aus dem gesamten Regelwerk des Betriebsverfassungsgesetzes werden durch die am 1. 1. 1999 in Kraft getretene Insolvenzordnung lediglich Höhe und Rang der Sozialplanansprüche einer Sonderregelung unterworfen (§§ 123, 124). Alle anderen Bestimmungen bleiben im Wesentlichen unberührt, wenn man von der Regelung des § 121 betreffend die Einschaltung des Präsidenten des Landesarbeitsamtes zwecks Vermittlung absieht. Auch ein Insolvenzplan vermag – trotz der Regelungen der §§ 217, 254 Abs 1– die arbeitsrechtlichen Schutzbestimmungen nicht außer Kraft zu setzen (KS-*Schwerdtner* S 1605, 1606 Rn 1; *Boemke/Tietze*, DB 1999, 1389, 1390).

5   **1. Existenz eines verhandlungsfähigen Betriebsrats.** Die Beteiligungsrechte der §§ 111–113 BetrVG setzen die Existenz eines Betriebsrats voraus. Für betriebsratslose Betriebe kann der Sozialplan mit dem Gesamtbetriebsrat nur vereinbart werden, wenn die Betriebsänderung das gesamte Unternehmen betrifft und somit seine Zuständigkeit originär begründet ist gem § 50 Abs 1 S 1 BetrVG. Aus der Zuständigkeit des Gesamtbetriebsrats zum Abschluss des Interessenausgleichs folgt nicht notwendig seine Zuständigkeit für den Abschluss des Sozialplans *(BAG 11. 12. 2001 – 1 AZR 193/01, AP Nr 22 zu § 50 BetrVG 1952 = NZA 2002, 688 = DB 2002, 1276)*.

II. Regelungen für den Sozialplan in der Insolvenz **§§ 123, 124**

Wird in einem Betrieb ein Betriebsrat erst gewählt, nachdem sich der Arbeitgeber zur Stilllegung des 6
Betriebes entschlossen und mit der Stilllegung begonnen hat, so soll der Betriebsrat nach der höchstrichterlichen Rechtsprechung (**BAG** 20. 4. 1982 – 1 ABR 3/80, AP Nr 15 zu § 112 BetrVG 1972 = NJW 1982, 2334 = ZIP 1982, 982; BAG 28. 10. 1992 – 10 ABR 75/91, AP Nr 63 zu § 112 BetrVG 1972 = NZA 1993, 420 = ZIP 1993, 289) auch dann nicht die Vereinbarung eines Sozialplanes verlangen können, wenn dem Arbeitgeber im Zeitpunkt seines Entschlusses bekannt war, dass im Betrieb ein Betriebsrat gewählt werden soll. Anders müsse dies für künftige Sachverhalte gelten im Hinblick auf das neue Richtlinienrecht (so auch *Kocher* NZI 2003, 527, 528). Die Richtlinien 1998/59/EG sowie 2002/14/EG gewähren Informations- und Beratungsrechte der Arbeitnehmer lediglich Arbeitnehmervertretern nach den Vorschriften oder der Praxis der Mitgliedstaaten. Die Arbeitnehmer müssten demnach die Möglichkeit haben, in den Fällen, in denen die Richtlinien ihre Anhörung vorsähen „ad hoc" Vertreter zu bestellen. Betriebsänderungen iSd § 111 BetrVG gehören zu den Anhörungsfällen des Art 4 Abs 2 Buchst c RL 2002/14/EG. Eine Stilllegung fällt bereits unter Art 1 Buchst A RL 98/59/EG (Massenentlassungsrichtlinie).

Hat die Belegschaft ihren Willen zur Wahrnehmung von Anhörungsrechten bekundet, können ihr 6a
diese nicht deshalb versagt werden weil das nationale Recht kein „ad hoc" Verfahren kennt (so auch *Reichhold* NZA 2003, 295) Die Unterrichtungs- und Anhörungspflichten des Arbeitgebers müssten in dem oben genannten Fall auch dann wahrgenommen werden, wenn eine ständige Betriebsvertretung (noch) nicht existiert. Nach der neueren Rechtsprechung des BAG ist Voraussetzung für die Verpflichtung des Arbeitgebers zur Unterrichtung, zur Beratung und zum Versuch eines Interessenausgleichs, dass der Betriebsrat zu dem Zeitpunkt besteht, zu welchem der Arbeitgeber mit der Durchführung der Betriebsänderung beginnt. Ein erst während der Durchführung der Betriebsänderung gewählter Betriebsrat kann weder den Versuch eines Interessenausgleichs noch den Abschluss eines Sozialplans verlangen (BAG 18. 11. 2003 – 1 AZR 30/03, AP BetrVG 1972 § 112 Nr 162). Die Beteiligungsrechte des Betriebsrats nach §§ 111 ff BetrVG bei einer vom Insolvenzverwalter geplanten Betriebsänderung bestehen jedenfalls auch dann, wenn der Betriebsrat erst nach der Eröffnung des Insolvenzverfahrens gewählt wurde (BAG 18. 11. 2003, aaO).

Besteht in einem Betrieb mit in der Regel mehr als zwanzig wahlberechtigten Arbeitnehmern kein Be- 7
triebsrat, kann ein Sozialplan durch eine Vereinbarung zwischen dem Insolvenzverwalter und allen Arbeitnehmern des Betriebs nicht rechtswirksam zustande kommen (**BAG** 21. 9. 1999 – 9 AZR 912/98, AP Nr 1 zu § 1 SozplKonkG = NZA 2000, 662 = NZI 2000, 337 = ZInsO 2000, 568 = ZIP 2000, 846). Eine § 17 Abs 3 Nr 1 Buchst c Hs 2 GesO entsprechende Regelung über sonstige Abfindungsleistungen des Insolvenzverwalters, durch den auch ein „**Quasi-Sozialplan**" in betriebsratslosen Betrieben durch Vereinbarung zwischen dem Verwalter und den entlassenen Arbeitnehmern eine Legitimation erhielt, **gibt es in der Insolvenzordnung nicht**; diese vernünftige Regelung ist nicht übernommen worden. Der Insolvenzverwalter braucht in betriebsratslosen Betrieben zwar keine Interessenausgleichs- und Sozialplanverhandlungen zu führen, trägt aber das volle Risiko bei Stilllegungen von Betriebsteilen (§ 111 S 3 Nr 1 BetrVG) und einem anzeigepflichtigen Personalabbau nach § 17 Abs 1 KSchG sowohl im Bezug auf die Betriebsbedingtheit der Kündigung als auch hinsichtlich der Richtigkeit der getroffenen Sozialauswahl.

2. Restmandat des existierenden Betriebsrats. Geht ein Betrieb durch Stilllegung, Spaltung (besser: 8
Teilung) oder Zusammenlegung unter, so bleibt dessen Betriebsrat gem **§ 21 b** BetrVG so lange im Amt, wie dies zur Wahrnehmung der damit im Zusammenhang stehenden Mitwirkungs- und Mitbestimmungsrechte erforderlich ist. Die vom **BAG** in st Rspr (**BAG** 16. 6. 1987 – 1 AZR 528/85, AP Nr 19 zu § 111 BetrVG 1972 = NZA 1987, 671 = ZIP 1987, 1068; BAG 23. 11. 1988 – 7 AZR 121/88, AP Nr 77 zu § 613 a BGB = NZA 1989, 433) geschaffene Figur des **Restmandats** zur Sicherung der mit einer Betriebsstilllegung verbundenen Rechte des Betriebsrates ist damit gesetzlich anerkannt. Dieses **Restmandat** ist funktional bezogen auf alle im Zusammenhang mit der Stilllegung sich ergebenden betriebsverfassungsrechtlichen Mitbestimmungs- und Mitwirkungsrechte (siehe dazu näher **BAG** 12. 1. 2000 – 7 ABR 61/98, AP Nr 5 zu § 24 BetrVG 1972 = NZA 2000, 669 = ZInsO 2000, 464). Dazu gehören zB die Änderung eines bereits geltenden Sozialplans, solange dieser nicht vollständig abgewickelt ist (**BAG** 5. 10. 2000 – 1 AZR 48/00, NZA 2001, 849 = ZInsO 2001, 776), und die betriebsverfassungsrechtlichen Aufgaben, die sich daraus ergeben, dass trotz tatsächlicher Stilllegung des Betriebs noch nicht alle Arbeitsverhältnisse rechtlich beendet sind und einzelne Arbeitnehmer mit Abwicklungsarbeiten beschäftigt werden (**BAG** 14. 10. 1982 – 2 AZR 568/80, AP Nr 1 zu § 1 KSchG 1969 Konzern [Wiedemann] = NJW 1984, 381 = ZIP 1983, 1492; BAG 23. 11. 1988 – 7 AZR 121/88, AP Nr 77 zu § 613 a BGB = NZA 1989, 433). **Ansprech- und Verhandlungspartner** des Betriebsrats für das Restmandat ist der **Insolvenzverwalter**, der an die Stelle des bisherigen Arbeitgebers tritt.

3. Abgrenzung von interessenausgleichs- und sozialplanpflichtigen Betriebsänderungen. Die beiden 9
Rechtsinstitute Interessenausgleich und Sozialplan sind streng voneinander zu unterscheiden, da der Sozialplan grds gem § 112 Abs 4 BetrVG über die Einigungsstelle erzwingbar ist, der Interessenausgleich jedoch vom Arbeitgeber nur versucht werden muss

§§ 123, 124

– Der **Interessenausgleich** bezieht sich nur auf die Betriebsänderung, die damit verbundenen Maßnahmen und deren Durchführung, zB auf die Beschreibung der in zeitlichen Etappen durchzuführenden Stilllegung, der Interessenausgleich ist keine Betriebsvereinbarung.

– Der **Sozialplan**, der gem § 112 Abs 1 S 3 BetrVG die Wirkung einer Betriebsvereinbarung hat, regelt den Ausgleich oder die Milderung der wirtschaftlichen Nachteile, die für die Belegschaft infolge der Betriebsänderung eintreten.

10 Der Sozialplan ist eine Betriebsvereinbarung iSd BetrVG, jedoch eine **Betriebsvereinbarung besonderer Art** (BAG v 27. 8. 1975 – 4 AZR 454/74, AP Nr 2 zu § 112 BetrVG 1972 = EzA § 4 TVG Bergbau Nr 4) und bedarf der Schriftform (§ 112 Abs 1 S 1, 2 BetrVG). Die Wahrung der Schriftform ist Wirksamkeitsvoraussetzung iSd § 125 BGB. Die Ersetzung der schriftlichen Form durch die elektronische ist nicht zulässig (*Richardi* § 112 BetrVG Rn 78). Eine Besonderheit besteht nach § 112 Abs 1 S 4 BetrVG insoweit, als § 77 Abs 3 BetrVG keine Anwendung findet. Sozialpläne können daher auch Angelegenheiten regeln, die bereits tarifvertraglich, insbesondere durch Rationalisierungsschutzabkommen, geregelt sind. Im Übrigen gilt für den Sozialplan § 77 Abs 4 BetrVG. Voraussetzung für die Aufstellung eines Sozialplanes ist immer, dass der Arbeitgeber eine Betriebsänderung durchführt, an der der Betriebsrat nach den §§ 111 ff BetrVG zu beteiligen ist.

11 a) **Definition der Betriebsänderung.** Ob die Aufzählung des § 111 S 3 BetrVG abschließend ist oder nicht, ist umstritten. Als Betriebsänderungen, die interessenausgleichspflichtige Maßnahmen darstellen und unter Umständen zu anzeigepflichtigen Massenentlassungen führen, gelten:
– Einschränkung und Stilllegung des ganzen Betriebes oder von wesentlichen Betriebsteilen,
– Verlegung des ganzen Betriebes oder von wesentlichen Betriebsteilen,
– Zusammenschluss mit anderen Betrieben zu einem neuen Betrieb, Eingliederung in einen anderen Betrieb oder Teilung von Betrieben,
– grundlegende Änderungen der Betriebsorganisation, des Betriebszwecks oder der Betriebsanlagen,
– Einführung grundlegend neuer Arbeitsmethoden und Fertigungsverfahren,
– Personalabbau aus betrieblichen Gründen ohne Verringerung der sächlichen Betriebsmittel in der Größenordnung der Zahlen- und Prozentangaben des § 17 Abs 1 KSchG jedoch mit der Maßgabe, dass von den Personalabbau mindestens 5% der Belegschaft des Betriebes betroffen sind (**BAG** 2. 8. 1983 – 1 AZR 516/81, AP Nr 12 zu § 111 BetrVG 1972 = NJW 1984, 1781; **BAG** 8. 12. 1988 – 1 ABR 47/87, AP Nr 26 zu § 111 BetrVG 1972; **BAG** 7. 8. 1990 – 1 AZR 445/89, AP Nr 30 zu § 111 BetrVG 1972 = NZA 1991, 113 = ZIP 1990, 1426).

12 Der **Tatbestand des Personalabbaus** als interessenausgleichspflichtige Betriebseinschränkung iSd § 111 S 2 Nr 1 BetrVG ist durch die Rechtsprechung anerkannt worden, obgleich hiergegen im Schrifttum erhebliche Kritik geäußert wurde (*Heinze* NZA 1987, 41, 45 mwN; *Scherer* NZA 1989, 766). Werden die Grenzen des § 17 Abs 1 KSchG überschritten, aber die Grenzen des § 112a Abs 1 S 1 BetrVG nicht erreicht, so ist lediglich die Durchführung des Personalabbaus mit dem Betriebsrat zu beraten und ein Interessenausgleich herbeizuführen (§§ 111 S 1, 112 Abs 1 BetrVG). Nicht bei allen Betriebsänderungen iSv § 111 BetrVG kann der Betriebsrat einen Sozialplan durch die Anrufung der Einigungsstelle erzwingen. Erschöpft sich die Betriebsänderung allein in der Entlassung von Arbeitnehmern, so ist ein **Sozialplan** nur **erzwingbar**, wenn die **Grenzwerte des § 112a Abs 1 S 1 BetrVG überschritten** werden. Erst dann sind die Personalreduzierungen auch sozialplanpflichtig.

13 Die Eröffnung des Insolvenzverfahrens über das Vermögen des Unternehmens ist als solche keine Betriebsänderung. Der Betriebsrat hat demnach auch kein Beteiligungsrecht nach §§ 111, 112 BetrVG, wenn der Unternehmer den Insolvenzantrag stellt (*Richardi* § 111 BetrVG Rn 36 mwN).

14 b) **Betriebsänderungen in Form von Personalreduzierungen.** Wann eine Betriebsänderung in Form von Personalreduzierungen lediglich interessenausgleichspflichtig und wann sie auch sozialplanpflichtig ist, veranschaulicht die folgende Tabelle, wobei nach § 17 Abs 1 KSchG auf die Betriebsgröße, nach § 112a Abs 1 BetrVG auf die Unternehmensgröße abzustellen ist:

Größe nach Arbeitnehmerzahl	Interessenausgleichspflichtiger Personalabbau bei Ausscheiden von	sozialplanpflichtiger Personalabbau bei Ausscheiden von
21–59	6	20% der jeweiligen Zahl, aber mindestens 6 Arbeitnehmer
60–249	10% der jeweiligen Zahl oder mindestens 26 Arbeitnehmer	20% der jeweiligen Zahl oder mindestens 37 Arbeitnehmer
250–499	10% der jeweiligen Zahl oder mindestens 26 Arbeitnehmer	15% der jeweiligen Zahl oder mindestens 60 Arbeitnehmer
500 und mehr	5% der jeweiligen Zahl oder mindestens 30 Arbeitnehmer	10% der jeweiligen Zahl oder mindestens 60 Arbeitnehmer

II. Regelungen für den Sozialplan in der Insolvenz **§§ 123, 124**

Handelt es sich um Betriebsänderungen in Betrieben, die in den ersten vier Jahren seit ihrer Neugründung erfolgen, entfällt die Sozialplanpflicht (§ 112a Abs 2 S 1, 3 BetrVG). Ein Betriebserwerber kann selbst dann einen Personalabbau sozialplanfrei durchführen, wenn bei einer Betriebsänderung durch den Betriebsveräußerer der Betriebsrat einen Sozialplan hätte erzwingen können. Für die gesetzliche Ausnahme von der Sozialplanpflicht kommt es nicht auf das Alter des Betriebs, sondern auf das Alter des Unternehmens an. Jedoch kann die Inanspruchnahme des Privilegs aus § 112 Abs 2 S 1 BetrVG im Einzelfall rechtsmissbräuchlich sein, etwa wenn ein Betrieb in der Weise stillgelegt wird, dass er auf ein neu gegründetes Unternehmen übertragen wird und dann von diesem aufgelöst wird (BAG 13. 6. 1989 – 1 ABR 14/88, AP Nr 3 zu § 112a BetrVG 1972 [*Willemsen*] = NZA 1989, 974 = ZIP 1989, 1487; BAG 27. 6. 2006 – 1 ABR 18/05, NZA 2007, 106). 15

c) **Betriebsänderung im Zusammenhang mit Betriebsübergang.** § 613a BGB wird als Ersatz für die Nichtanwendung des § 111 BetrVG auf Betriebsinhaberwechsel angesehen, so dass der **Betriebsübergang für sich allein genommen keine sozialplanpflichtige Betriebsänderung** darstellt und damit im Allgemeinen nicht mitbestimmungspflichtig ist (BAG 21. 10. 1980 – 1 AZR 145/79, AP Nr 8 zu § 111 BetrVG 1972 [*Seiter*] = NJW 1981, 2599 = ZIP 1981, 420; BAG 17. 3. 1987 – 1 ABR 47/85, AP Nr 18 zu § 111 BetrVG 1972 = NZA 1987, 523 = ZIP 1987, 1005). Daher schließen in der Regel die Stilllegung eines Betriebes oder Betriebsteiles und dessen Übergang einander aus, denn sie lösen unterschiedliche Schutzregelungen zugunsten der Arbeitnehmer aus (BAG 23. 4. 1980 – 5 AZR 49/78, AP Nr 8 zu § 15 KSchG 1969 [*Meisel*] = NJW 1980, 2543 = ZIP 1980, 699; BAG 12. 2. 1987 – 2 AZR 247/86, AP Nr 67 zu § 613a BGB = NZA 1988, 170 = ZIP 1987, 1478; BAG 27. 7. 1994 – 7 ABR 37/93, NZA 1995, 222 = NJW 1995, 3270). Dies gilt auch bei einer **Betriebsveräußerung in der Insolvenz** (BAG 17. 1. 1980 – 3 AZR 160/79, AP Nr 18 zu § 613a BGB [*Heinze*] = NJW 1980, 1124 = ZIP 1980, 80 [*Henckel*]; BAG 26. 5. 1983 – 2 AZR 477/81, AP Nr 34 zu § 613a BGB [*Grunsky*] = EzA § 613a BGB Nr 34 = NJW 1984, 627 = ZIP 1984, 141 [*Hanau*]; BAG 27. 4. 1988 – 5 AZR 358/87, AP Nr 71 zu § 613a BGB = NZA 1988, 655 = ZIP 1988, 989; BAG 19. 10. 2004 – 9 AZR 647/03, AP Nr 5 zu § 55 InsO = ZIP 2005, 457; BAG 26. 4. 2007 – 8 AZR 612/06, NZA 2007, 1319 = NJOZ 2007, 5223). Daher ist ein auf Grund eines Beschlusses einer Einigungsstelle vereinbarter Sozialplan insoweit nichtig, als mit ihm tatsächliche oder mögliche Nachteile abgegolten werden sollen, die auf einem Betriebsübergang beruhen(LAG Baden-Württemberg 5. 11. 1998 – 9 TaBV 4/97, ZInsO 1999, 424). Ist ein Betriebsübergang iSd § 613a BGB mit Maßnahmen verbunden, die als solche einen der Tatbestände des § 111 S 3 Nr 1–5 BetrVG erfüllen, so stehen dem Betriebsrat die Beteiligungsrechte nach §§ 111, 112 BetrVG zu (**BAG 25. 1. 2000 – 1 ABR 1/99**, AP Nr 137 zu § 112 BetrVG 1972 = NZA 2000, 1069 = ZInsO 2000, 568 = ZIP 2000, 2039). 16

4. Begrenzungen des Sozialplanvolumens. Wie §§ 2, 4 SozplKonkG so sieht auch § 123 zwei Begrenzungen vor: Nach § 123 Abs 1 ergibt sich eine Begrenzung des Sozialplanvolumens auf die Summe von zweieinhalb Monatsverdiensten aller von einer Entlassung betroffenen Arbeitnehmer. Es handelt sich hierbei um eine „**absolute Obergrenze**" (wegen Einzelheiten KS-*Schwerdtner* S 1605, 1623 – 1632 Rn 48–78; *Oetker/Friese* DZWIR 2001, 265, 269 ff; *Schwarzburg* NZA 2009, 176). Nach § 123 Abs 2 ergibt sich eine weitere Begrenzung des Sozialplanvolumens auf ein Drittel der an die Insolvenzgläubiger verteilungsfähigen Masse. Hierbei handelt es sich um eine „**relative Obergrenze**" (wegen Einzelheiten KS-*Schwerdtner* S 1605, 1632 – 1635 Rn 79–90). 17

a) **Überschreitung der „absoluten Obergrenze".** Die Überschreitung der absoluten Obergrenze kann der Insolvenzverwalter – da es sich nicht *um eine Ermes*sensrichtlinie, sondern *eine zwingen*de gesetzliche, nämlich um eine „absolute Grenze" handelt – im Beschlussverfahren feststellen lassen, ohne an die Zwei-Wochen-Frist des § 76 Abs 5 S 4 BetrVG gebunden zu sein. Die Folge der Überschreitung der absoluten Höchstgrenze wird kontrovers diskutiert. Die Bandbreite der Meinungen reicht von Gesamtnichtigkeit mit der Erforderlichkeit, einen neuen Sozialplan zu vereinbaren bzw die Einigungsstelle einzuschalten, über die Einzelfallprüfung, ob der Sozialplan aufrechterhalten werden kann, und die anteilige Kürzung, wenn der Sozialplan eindeutig entsprechende **Verteilungsgrundsätze** erkennen lässt, bis hin zur Weitergeltung des Sozialplanes mit dem rechtlich zulässigen Volumen. Bestehen gewichtige Anhaltspunkte dafür, dass bei verringertem Gesamtvolumen andere Verteilungsgrundsätze gewählt worden wären, bleibt nur die Feststellung der Nichtigkeit mit der Folge, dass über den Sozialplan erneut verhandelt werden muss (siehe zum Sach- und Streitstand *Oetker/Friese* DZWIR 2001, 265, 271). Sprechen **keine Anhaltspunkte für andere Verteilungsgrundsätze**, dann folgt die Lösung aus einer entsprechenden Anwendung des § 140 BGB: Der Sozialplan ist in verringertem, sich innerhalb des § 123 Abs 1 bewegenden Volumens mit der Maßgabe aufrechtzuerhalten, dass die **vorgesehenen Sozialplanabfindungen proportional gekürzt** werden (*Annuß* NZI 1999, 344, 350; *Däubler/Kittner/Klebe* 23 InsO Rn 16 mwN; FK-*Eisenbeis* § 123 Rn 12; KPB-*Moll* §§ 123, 124 Rn 69 mwN; KS-*Schwerdtner* S 1605, 1629/30 Rn 68; str aA GK-BetrVG-*Fabricius* §§ 112, 112a Rn 178). Als Monatsverdienst gilt gem § 123 Abs 1 iVm § 10 Abs 3 KSchG, was dem Arbeitnehmer bei der für ihn maßgebenden regelmäßigen Arbeitszeit für den letzten Monat des Arbeitsverhältnisses an Geld und Sachbezügen zusteht. Hierzu zählen neben dem Bruttolohn oder Gehalt auch Zulagen(zB Schicht-, Akkordzulagen), der Wert 18 von Naturalleistungen, Tantiemen, Gratifikationen und zusätzliche Urlaubsgelder, da sie im weiteren Sinne Entgelt für die vom Arbeitnehmer erbrachte Arbeitsleistung darstellen und deshalb zu seinen Bezügen gehören. Jährliche Sonderzahlungen sind hierbei anteilig zu berechnen, so dass auf den betreffenden Monat nur ein entsprechender Bruchteil, idR ein Zwölftel, entfällt. Nicht zu berücksichtigen sind Leistungen, die keinen Entgeltcharakter haben, wie zB reiner Aufwendungsersatz für den Einsatz des privaten Pkws für Dienstfahrten oder Spesenpauschalen (ErfK-*Kiel* § 10 KSchG Rn 3; MKInsO-*Löwisch/Caspers* § 123 Rn 62).

19 Neben einem Ausscheiden auf Grund betriebsbedingter Kündigung gilt als Entlassung auch das vom Arbeitgeber oder vom Insolvenzverwalter aus Gründen der Betriebsänderung veranlasste **Ausscheiden von Arbeitnehmern auf Grund** von **Aufhebungsverträgen** und auf Grund von **Eigenkündigungen**. Eine Veranlassung in diesem Sinne liegt nur dann vor, wenn der Verwalter die Arbeitnehmer im Hinblick auf die Betriebsänderung bestimmt hat, selbst zu kündigen oder einen Aufhebungsvertrag zu schließen, um eine sonst notwendig werdende Kündigung zu vermeiden. Ein bloßer Hinweis auf die unsichere Lage des Unternehmens oder der Rat , sich eine neue Stelle zu suchen, soll hierbei nicht genügen (BAG 19. 7. 1995 – 10 AZR 885/94, NZA 1996, 271); für diese Arbeitnehmer sind mithin ebenfalls 2½ Monatsverdienste anzusetzen. Ohne Verletzung des Gleichbehandlungsgrundsatzes können die Betriebsparteien den Anspruch auf eine Sozialplanabfindung im Falle einer vom Arbeitgeber veranlassten Eigenkündigung des Arbeitnehmers an die Voraussetzung knüpfen, dass dem Arbeitnehmer zuvor ein – unzumutbares – Arbeitsplatzangebot gemacht wurde (BAG 13. 2. 2007 – 1 AZR 163/06, NZA 2007, 756). Wer selbst „vorzeitig" kündigt, geht ein Risiko ein. Die Betriebsparteien können bei der Aufstellung von Sozialplänen annehmen, dass Arbeitnehmer, die ihr Arbeitsverhältnis selbst „vorzeitig" vor einem Stichtag kündigen, durch die Betriebsänderung keine oder sehr viel geringere wirtschaftliche Nachteile als andere Arbeitnehmer erleiden, sie können deshalb von Sozialplanleistungen ausgeschlossen werden (*Matthes* jurisPR-ArbR 30/2007 Anm 2). Dagegen ist eine Sozialplanregelung mit dem Gebot der Gleichbehandlung der Belegschaftsangehörigen nicht vereinbar, die formal zwischen Arbeitgeber- und Arbeitnehmerkündigung unterscheidet und den generellen Anspruchsausschluss auf alle Arbeitnehmer vorsieht, die ihr Arbeitsverhältnis selbst gekündigt haben, eine solche Regelung verstößt gegen § 75 Abs 1 BetrVG (BAG 20. 5. 2008 – 1 AZR 203/07, NZA-RR 2008, 636; siehe dazu auch *Bertzbach* jurisPR-ArbR 3/2009 Anm 1).

20 Eine Entlassung auf Grund der geplanten Betriebsänderung liegt nicht vor, **wenn das Arbeitsverhältnis auf sonstige Weise** (Befristung, Anfechtung, Kündigung aus personen- oder betriebsbedingten Gründen) endet oder **beendet wird;** für diese Arbeitnehmer sind folglich keine 2½ Monatsverdienste anzusetzen; sie erhalten auch **keine Leistungen aus** dem **Sozialplan.** (Ob andere Nachteile, die bspw durch Versetzungen oder Änderungskündigungen, infolge derer die Arbeitnehmer nicht entlassen, sondern zu geänderten Bedingungen weiterbeschäftigt werden, entstehen, nach den Regelungen des § 123 ausgeglichen werden, ist umstritten (vgl *Fitting/NN* §§ 112, 112 a BetrVG Rn 277 mwN). Eine einschränkende Auslegung des Wortlauts des § 123 würde zu dem Ergebnis führen, dass auf „sonstige Nachteile" § 123 nicht anwendbar und damit die absolute Obergrenze nicht einschlägig wäre. Diese wiederum hätte zur Konsequenz, dass der Insolvenzverwalter eine freiwillige Sozialplanleistung gewährt, die als unzulässig, unwirksam und haftungsrelevant zu bewerten wäre. Es ist deshalb im Ergebnis von einer planwidrigen Gesetzeslücke auszugehen, die eine analoge Anwendung des § 123 Abs 1 rechtfertigt (*Fitting/NN* § 112, 112 a BetrVG Rn 277). § 123 ist dergestalt auszulegen, dass bei Betriebsänderungen sowohl die von einer Entlassung als auch die in sonstiger Weise konkret betroffenen Arbeitnehmer bei der Ermittlung des Sozialplanvolumens zu berücksichtigen sind (*Fitting/NN* aaO). Bei sog freiwilligen Sozialplänen ohne Sozialplanpflicht, zB in Kleinbetrieben mit in der Regel nicht mehr als zwanzig wahlberechtigten Arbeitnehmern, hingegen scheidet § 123 aus (KS-*Schwerdtner* S 1605, 1623 Rn 49; str aA *Däubler/Kittner/Klebe* § 123 InsO Rn 26).

21 **b) Überschreitung der „relativen Obergrenze".** Die relative Höchstgrenze führt dazu, dass für die Berichtigung der Sozialplanforderungen nicht mehr als ein Drittel der zur Verteilung stehenden Masse verwendet werden darf, die ohne einen Sozialplan für die Verteilung an die Insolvenzgläubiger zur Verfügung stünde. Werden wegen Betriebsteilschließungen mehrere Sozialpläne abgeschlossen, dann darf für die Berichtigung sämtlicher Sozialplanforderungen nach der vorgenannten Verteilungssperre ebenfalls nur ein Drittel der freien Insolvenzmasse verwendet werden. **Übersteigt** der **Gesamtbetrag aller Sozialplanforderungen die relative Obergrenze,** so sind die **einzelnen Forderungen anteilig zu kürzen** (§ 123 Abs 2 S 3). Die Forderungen der Arbeitnehmer bleiben materiell-rechtlich in voller Höhe bestehen, so dass der nicht berichtigte Teil nach Abschluss des Insolvenzverfahrens noch gegen den (ehemaligen) Arbeitgeber, den Insolvenzschuldner, gem §§ 215 Abs 2, 201 Abs 1 weiterverfolgt werden kann (KS-*Schwerdtner* S 1605, 1632 Rn 79, mwN).

22 Die praktische Handhabung bereitet Schwierigkeiten, denn der Umfang der Insolvenzmasse steht regelmäßig erst im Schlusstermin (§ 197) fest. Bis dahin soll der Insolvenzverwalter aus den vorhandenen Barmitteln mit Zustimmung des Insolvenzgerichts Abschlagszahlungen leisten (siehe dazu *Oetker/Friese* DZWIR 2001, 265, 273; KS-*Schwerdtner* S 1605, 1644–1646 Rn 110–115). Der Unsicherheit trägt das Gesetz Rechnung, indem es gem § 123 Abs 3 S 2 anordnet, dass eine Zwangsvollstreckung in die Masse wegen einer Sozialplanforderung unzulässig ist.

Fraglich ist, ob die einer Beschäftigungs- und Qualifizierungsgesellschaft, auch Transfergesellschaft 23
genannt, zur Verfügung gestellten Mittel auf die Quote gem § 123 Abs 2 S 2 InsO anzurechnen sind.
Dies ist zu verneinen, denn die Grenze von einem Drittel der Masse bezieht sich nur auf den Sozialplan.
Die **Schaffung einer Beschäftigungs- und Qualifizierungsgesellschaft** ist aber **nicht notwendig Bestandteil eines Sozialplans**. Allerdings ist es Verhandlungssache, ob und in welchem Umfang vom Insolvenzverwalter Mittel für eine Beschäftigungs- und Qualifizierungsgesellschaft zur Verfügung gestellt werden
und ob in diesem Fall das Sozialplanvolumen unter der Drittelgrenze des § 123 Abs 2 S 2 InsO bleibt.

III. Grundsätze für die Aufstellung von Sozialplänen

Der Sozialplan soll wirtschaftliche Nachteile ausgleichen oder mildern, die den Arbeitnehmern infol- 24
ge einer Betriebsänderung entstehen. Welche Leistungen ein Sozialplan vorsieht, hängt daher von der
Art der Betriebsänderung, ihrer Durchführung und den entstehenden Nachteilen ab (wegen Einzelheiten hinsichtlich der Kriterien KS-*Schwerdtner* S 1605, 1635 – 1643 Rn 91–108). Dabei eröffnet die zukunftsbezogene Ausgleichsfunktion von Sozialplänen den Betriebsparteien Beurteilungs- und Gestaltungsspielräume (vgl **BAG** 6. 11. 2007 – 1 AZR 960/06, AP Nr 190 zu § 112 BetrVG 1972; **BAG** 19. 2.
2008 – 1 AZR 1004/06, AP Nr 191 zu § 112 BetrVG 1972). Ein Beurteilungsspielraum besteht hinsichtlich der den Arbeitnehmern durch die Betriebsänderung voraussichtlich entstehenden wirtschaftlichen Nachteile. Ein Gestaltungsspielraum besteht beim Ausgleich oder der Abmilderung der von ihnen
prognostizierten Nachteile (**BAG** 11. 11. 2008 – 1 AZR 475/07, NZA 2009, 210). Nach der ständigen
Rechtsprechung des **BAG** haben die Betriebsparteien hierbei einen weiten Ermessensspielraum. Sie
können im Rahmen ihres Ermessens nach der Vermeidbarkeit der Nachteile unterscheiden und sind
nicht gehalten, alle denkbaren Nachteile zu entschädigen. Der ihnen zukommende Spielraum schließt
typisierende Gestaltungen ein. Allerdings müssen die Betriebsparteien hierbei den betriebsverfassungsrechtlichen Gleichbehandlungsgrundsatz es § 75 Abs 1 BetrVG sowie grundgesetzliche, gemeinschaftsrechtliche und einfachgesetzliche Diskriminierungsverbote beachten (so zuletzt **BAG** 11. 11. 2008 – 1
AZR 475/07, aaO).

1. Festlegung von Abfindungszahlungen. Für Arbeitnehmer, die ihren Arbeitsplatz verlieren, werden 25
regelmäßig **Abfindungszahlungen** vereinbart, die sich am Alter, an der Dauer der Betriebszugehörigkeit,
an der voraussichtlichen Arbeitslosigkeit, aber auch an anderen Kriterien orientieren können. Es ist zwar
im Allgemeinen üblich, Abfindungszahlungen nach Punktetabellen, in welche die Sozialdaten (Betriebszugehörigkeit, Lebensalter, Schwerbehinderung, Unterhaltspflichten etc) einfließen, zu berechnen, jedoch
müssen die Abfindungen nicht nach einer bestimmten Formel berechnet werden; die Betriebspartner
können, insbesondere in kleineren Betrieben, die Leistungen auch nach den ihnen bekannten Verhältnissen der betroffenen Arbeitnehmer individuell festlegen und für jeden Arbeitnehmer einzeln bestimmen,
welche Zahlungen sie erhalten sollen (**BAG** 12. 2. 1985 – 1 AZR 40/84, AP Nr 25 zu § 112 BetrVG 1972
= EzA § 112 BetrVG 1972 Nr 33 = NZA 1985, 717). Stellt ein Sozialplan für die Bemessung der Abfindung wegen des Arbeitsplatzverlustes auf die Dauer der Betriebszugehörigkeit ab, so zählen als Zeiten
der Betriebszugehörigkeit auch solche, in denen der Arbeitnehmer keine tatsächliche Arbeitsleistung erbracht hat, weil sein Arbeitsverhältnis etwa wegen Erziehungsurlaubs oder Wehrdienstleistung ruhte
(**BAG** 21. 10. 2003 – 1 AZR 407/02, AP Nr 163 zu § 112 BetrVG 1972 = ZInsO 2004, 288; siehe zum
Zusammenrechnen von Beschäftigungszeiten **LAG** Rheinland-Pfalz 2. 12. 1998 – 8 Sa 803/98, LAGE
§ 112 BetrVG 1972 Nr 47). Die Betriebspartner sind aus Gründen der praktikablen Durchführung einer
Sozialplanregelung befugt, die Zahlung eines **Abfindungszuschlags für unterhaltsberechtigte Kinder** davon abhängig zu machen, dass diese auf der Lohnsteuerkarte eingetragen sind. Eine solche Regelung verstößt nicht gegen den Gleichbehandlungsgrundsatz (**BAG** 12. 3. 1997 – 10 AZR 648/96, AP Nr 111 zu
§ 1 E12 BetrVG 1972 = EzA § 112 BetrVG 1972 Nr 93). Die Eintragung muss spätestens zum Zeitpunkt
der Fälligkeit der Sozialplanabfindung vorliegen, wenn der Sozialplan keine ausdrückliche Stichtagsregelung für den Nachweis unterhaltsberechtigter Kinder laut Lohnsteuerkarte enthält (**LAG** Hamm 15. 3.
2006 – 18 Sa 14/06, NZA-RR 2006, 572; **LAG** Hamm 15. 3. 2006 – 18/4 Sa 2038/05, EzA-SD 2006,
Nr 16 S 18). Bei der Bemessung einer Sozialplanabfindung können Zeiten der Teilzeit- und der Vollzeitbeschäftigung anteilig berücksichtigt werden (**BAG** 14. 8. 2001 – 1 AZR 760/00, AP Nr 142 Zu § 112
BetrVG 1972 = NZA 2002, 451 = ZInsO 2002, 94 = ZIP 2002, 94; **BAG** 13. 2. 2007 – 9 AZR
729/05, NZA 2007, 860). Eine Sozialplanregelung, nach der sich rechnerisch aus den Steigerungssätzen für Betriebszugehörigkeit, Lebensalter, Unterhaltsverpflichtungen und Schwerbehinderung ergebende Betrag, soweit er die Höchstgrenze übersteigt, an alle Arbeitnehmer gleichmäßig zu verteilen ist, begegnet keinen rechtlichen Bedenken, wenn wegen der besonders hohen Arbeitslosenquote in der Region
auch jüngere Arbeitnehmer Gefahr laufen, langfristig arbeitslos zu werden (**BAG** 23. 8. 1988 – 1 AZR
284/87, AP Nr 46 zu § 112 BetrVG 1972 [*Löwisch*] = NJW 1989, 480; **BAG** 25. 11. 1993 – 2 AZR
324/93, NZA 1994, 788). Auch wenn ein Arbeitnehmer unter den persönlichen Geltungsbereich eines
Sozialplanes fällt, besteht ein **Anspruch** auf Sozialplanleistungen **nur, wenn er wirtschaftliche Nachteile
erleidet, die durch die Betriebsänderung entstanden** sind, für die der Sozialplan abgeschlossen worden ist
(**LAG** Hamm 30. 7. 1997 – 18 Sa 429/97, NZA-RR 1998, 261).

26 **2. Regelungsermessen der Betriebspartner.** Nach der ständigen Rechtsprechung des **BAG** haben die **Betriebspartner** bei der Aufstellung eines Sozialplans grundsätzlich einen **weiten Ermesssensspielraum** für die Bestimmung des angemessenen Ausgleichs für die von der Betriebsänderung betroffenen Arbeitnehmer. Sie haben innerhalb der Grenzen von Recht und Billigkeit darüber zu befinden, ob, in welchem Umfang und in welcher Weise sie die wirtschaftlichen Nachteile der Arbeitnehmer **ausgleichen** oder **mildern** wollen. Sie können im Rahmen ihres Ermessens von einem Nachteilsausgleich auch gänzlich absehen und bei ihrer Regelung nach der Vermeidbarkeit der Nachteile unterscheiden. Die Betriebspartner sind insbesondere nicht gehalten, alle erdenkbaren Nachteile zu entschädigen. Der Inhalt des Sozialplans muss aber – nach ebenfalls ständiger Rechtsprechung – dem Normzweck von § 112 Abs 1 S 2 BetrVG entsprechen, die wirtschaftlichen Nachteile auszugleichen oder doch zu mildern, die den Arbeitnehmern infolge der geplanten Betriebsänderung entstehen (vgl nur **BAG** 14. 8. 2001 – 1 AZR 760/00, AP Nr 142 zu § 112 BetrVG 1972; **BAG** 24. 1. 2004 – 1 ABR 23/03, AP Nr 174 zu § 112 BetrVG 1972). Dies können sie in einer individualisierenden, aber auch in einer pauschalierenden Weise tun (**BAG** aaO). Die Betriebspartner haben neben der Funktion des Sozialplans und dem Normzweck des § 112 Abs 1 S 2 BetrVG zwingendes Gesetzesrecht und insbesondere den Gleichbehandlungsgrundsatz zu beachten (**BAG** 12. 11. 2002 – 1 AZR 58/02, AP Nr 155 zu § 112 BetrVG 1972).

27 Auch die **Einigungsstelle** hat grds einen weiten Ermessensspielraum bei der Entscheidung darüber, ob und in welchem Umfang sie die Nachteile einer Betriebsänderung für die betroffenen Arbeitnehmer ausgleichen will (**BAG** 24. 8. 2004 – 1 ABR 23/03, AP Nr 174 zu § 112 BetrVG 1972). Sie ist aber bei der Ermessensausübung nach § 76 Abs 5 S 3 BetrVG an die Grundsätze des § 75 Abs 1 BetrVG und im Fall der Aufstellung eines Sozialplans zudem an die **Vorgaben des § 112 Abs 5 BetrVG** gebunden. Danach hat die Einigungsstelle sowohl die sozialen Belange der betroffenen Arbeitnehmer zu berücksichtigen als auch auf die wirtschaftliche Vertretbarkeit ihrer Entscheidung auf das Unternehmen zu achten. Im Rahmen billigen Ermessens muss sie beim Ausgleich oder der Milderung wirtschaftlicher Nachteile Leistungen vorsehen, die in der Regel den Gegebenheiten des Einzelfalls Rechnung tragen (§ 112 Abs 5 S 2 Nr 1 BetrVG), und die Aussichten der betroffenen Arbeitnehmer auf dem Arbeitsmarkt berücksichtigen (§ 112 Abs 5 S 2 Nr 2 BetrVG). Bei der Bemessung des Gesamtbetrags der Sozialplanleistungen hat sie darauf zu achten, dass der Fortbestand des Unternehmens oder die nach der Durchführung der Betriebsänderung verbleibenden Arbeitsplätze nicht gefährdet werden (§ 112 Abs 5 S 2 Nr 3 BetrVG – siehe dazu näher **BAG** 6. 5. 2003 – 1 ABR 11/02, NZA 2002, 108).

28 **3. Kriterien für die Bemessung der Sozialplanleistungen.** Es ist zulässig, dass ein Sozialplan Arbeitnehmer von seinem Geltungsbereich ausnimmt, die vor dem Scheitern des Interessenausgleichs ihr Arbeitsverhältnis im Hinblick auf eine vom Arbeitgeber angekündigte Betriebsstilllegung selbst gekündigt haben. Entsprechende Stichtagsregelungen sind in Sozialplänen üblich und grds zulässig (**BAG** 30. 11. 1994 – 10 AZR 578/93, AP Nr 89 zu § 112 BetrVG 1972 = NZA 1995, 492 = ZIP 1995, 765; **BAG** 24. 1. 1996 – 10 AZR 155/95, AP Nr 98 zu § 112 BetrVG 1972 = NZA 1996, 834 = ZIP 1996, 685; **LAG** Köln 2. 11. 1999 – 13 Sa 477/99, AP Nr 134 zu § 112 BetrVG 1972 = NZA-RR 2000, 193; **LAG** Köln 22. 3. 2000 – 7 Sa 946/99, ZInsO 2000, 684). Auch ist es zulässig, Arbeitnehmer aus dem Geltungsbereich eines Sozialplanes herauszunehmen, die im Zeitpunkt des Inkrafttretens des Sozialplans, der in engem zeitlichen nahen Zusammenhang zum Abschluss des Interessenausgleichs steht, ihr Arbeitsverhältnis im Hinblick auf eine vom Arbeitgeber angekündigte Betriebsstilllegung selbst beendet haben (**BAG** 24. 1. 1996 – 10 AZR 155/95, AP Nr 98 zu § 112 BetrVG 1972 = NZA 1996, 834 = ZIP 1996, 685). Es ist nicht zu beanstanden, wenn die Betriebspartner bei der Zuerkennung von Ansprüchen auf eine Abfindung in einem Sozialplan unterscheiden zwischen Arbeitnehmern, denen infolge der Betriebsänderung gekündigt worden ist und solchen, die ihr Arbeitsverhältnis durch eine Eigenkündigung oder einen Aufhebungsvertrag beendet haben, es sei denn, die Eigenkündigung oder der Aufhebungsvertrag sind vom Arbeitgeber veranlasst worden. Eine Veranlassung in diesem Sinne liegt nur dann vor, wenn der Arbeitgeber den Arbeitnehmer im Hinblick auf eine konkret geplante Betriebsänderung bestimmt, selbst zu kündigen oder einen Aufhebungsvertrag zu schließen, umso eine sonst notwendig werdende Kündigung zu vermeiden. Ein bloßer Hinweis des Arbeitgebers auf eine unsichere Lage des Unternehmens, auf notwendig werdende Betriebsänderungen oder der Rat, sich eine neue Stelle zu suchen, genügt nicht (**BAG** 19. 7. 1995 – 10 AZR 885/94, NZA 1996, 271).

29 Es ist sachlich gerechtfertigt und verstößt nicht gegen § 75 BetrVG, wenn ein Sozialplan Arbeitnehmer von seinem Geltungsbereich ausnimmt, die zum Zeitpunkt der Auflösung des Arbeitsverhältnisses die Voraussetzungen für den übergangslosen Rentenbezug nach Beendigung des Anspruchs auf Arbeitslosengeld erfüllen (**BAG** 31. 7. 1996 – 10 AZR 45/96, AP Nr 103 zu § 112 BetrVG 1972 = NZA 1997, 165 = ZIP 1996, 1954; **LAG** Köln 25. 11. 1998 – 7 Sa 654/98, NZA-RR 1999, 588 = ZInsO 1999, 484) oder die wegen dauerhafter Erwerbsunfähigkeit ausscheiden (**LAG** Köln 1. 3. 2000 – 7 Sa 836/99, ZInsO 2000, 684). Gemeinschaftsrecht der EU steht einem Sozialplan nicht entgegen, der für Überbrückungsgeld eine unterschiedliche Altersregelung für Männer und Frauen enthält, wenn sich diese nach dem nationalen gesetzlichen System der vorzeitigen Alterspension in unterschiedlichen Situationen befinden (**EuGH** 9. 12. 2004 – C-19/02, BB 2005, 273 „Hlozek"). Betriebsparteien und Einigungsstelle können in Sozialplänen für Arbeitnehmer, die im Anschluss an die Beendigung des Arbeitsverhältnisses

Anspruch auf vorzeitige Altersrente haben oder vorgezogenes Altersruhegeld in Anspruch nehmen können, geringere Abfindungen vorsehen (BAG 11. 11. 2008 – 1 AZR 475/07, NZA 2009, 210) oder diese Arbeitnehmer von den Leistungen eines Sozialplans sogar auszuschließen (BAG 26. 7. 1988 – 1 AZR 156/87, NZA 1989, 25). Auch können sie geringere Abfindungen in Sozialplänen für Arbeitnehmer rentennaher Jahrgänge vorsehen, die nach einem relativ kurzen, vollständig oder überwiegend durch den Bezug von Arbeitslosengeld überbrückbaren Zeitraum Anspruch auf eine gesetzliche Altersrente haben (BAG 20. 1. 2009 – 1 AZR 740/07, EzA-SD 8/2009, S 14).

Nimmt ein Sozialplan zulässiger Weise von seinem Geltungsbereich solche Mitarbeiter aus, die einen angebotenen zumutbaren Arbeitsplatz ablehnen (siehe dazu BAG 19. 10. 1999 – 1 AZR 838/98, AP Nr 135 zu § 112 BetrVG 1972 = NZA 2000, 732 = ZIP 2000, 815; ferner LAG Köln 4. 12. 2000 – 8 Sa 914/00, NZA-RR 2001, 306 = ZInsO 2001, 1072), so gilt dies auch für den Fall, dass Arbeitnehmer dem Übergang ihres Arbeitsverhältnisses im Wege eines Betriebsüberganges nach § 613 a BGB widersprechen, denn die Weiterarbeit beim Betriebserwerber nach einem Betriebsübergang iSv § 613 a BGB ist dem Arbeitnehmer in der Regel zumutbar (BAG 5. 2. 1997 – 10 AZR 553/96, AP Nr 112 zu § 112 BetrVG 1972 [*Salje*] = NZA 1998, 158 = ZIP 1997, 1385). Wenn die Betriebspartner **widersprechende Arbeitnehmer** von Sozialplanleistungen gänzlich **ausschließen** wollen, ist es unerlässlich, dies dann **im Sozialplan** entsprechend **zum Ausdruck zu bringen** (BAG 15. 12. 1998 – 1 AZR 332/98, AP Nr 126 zu § 112 BetrVG 1972 = NZA 1999, 667 = ZIP 1999, 812; BAG 15. 12. 1998 – 1 AZR 333/98, ZInsO 1999, 361). Unzulässig ist es aber, einen Sozialplanspruch bei einem vorgesehenen **Betriebsübergang** vom Abschluss eines **Aufhebungsvertrags** mit dem Betriebsübernehmer abhängig zu machen (LAG Baden-Württemberg 16. 9. 1997 – 8 Sa 77/97, NZA-RR 1998, 358). Einflüsse auf die Bemessung von Sozialplanleistungen können sich auch aus dem AGG ergeben. Gem § 10 S 3 Nr 6 AGG ist eine **Differenzierung nach Alter oder Betriebszugehörigkeit** in Sozialplänen zulässig, welche die wesentlich vom Alter abhängenden Chancen auf dem Arbeitsmarkt durch die verhältnismäßig starke Betonung des Lebensalters erkennbar berücksichtigt. Demnach sind die Vermittlungschancen der Arbeitnehmer zu berücksichtigen, wobei sich eine nach Altersgruppen gestaffelte Bewertung anbietet. Sieht ein Sozialplan eine nach Lebensalter oder Betriebszugehörigkeit gestaffelte Abfindungsregelung vor, wonach für rentenberechtigte Arbeitnehmer Sozialplanleistungen reduziert oder ganz ausgeschlossen werden, ist die damit verbundene unterschiedliche Behandlung wegen Alters durch § 10 S 3 Nr 6 AGG gedeckt und ein Verstoß gegen das gemeinschaftsrechtliche Verbot der Altersdiskriminierung liegt insoweit nicht vor (BAG 26. 5. 2009 – 1 AZR 198/08, NZA 2009, 849).

IV. Sozialplan inner- und außerhalb der „Rückgriffszeit" und im Insolvenzplanverfahren

Ein Sozialplan, der vor der Eröffnung des Insolvenzverfahrens, jedoch nicht früher als drei Monate vor dem Eröffnungsantrag aufgestellt worden ist, kann sowohl vom Insolvenzverwalter als auch vom Betriebsrat widerrufen werden (§ 124 Abs 1); diese Regelung gilt für sog „insolvenznahe" Sozialpläne (siehe zum Ausdruck FK-*Eisenbeis* § 124 Rn 6) lex specialis zu § 120 (HK-*Linck* § 124 Rn 1; ebenso K/P/B-*Moll* § 120 Rn 16; KS-*Schwerdtner* S 1605, 1646 Rn 117). Für den Drei-Monats-Zeitraum maßgebend ist zum einen der Zeitpunkt der Einreichung des Insolvenzantrages beim Insolvenzgericht (vgl § 13) und zum anderen die Aufstellung des Sozialplans, mithin Einigung der Betriebsparteien und Unterzeichnung des Sozialplans (§ 112 Abs 1 BetrVG). Das Datum des Inkrafttretens des Sozialplans ist dagegen nicht relevant. Entscheidet die Einigungsstelle gem § 112 Abs 4 BetrVG, ist der Sozialplan aufgestellt, wenn der Spruch der Einigungsstelle gem § 76 Abs 3 S 3 BetrVG schriftlich niedergelegt und vom Vorsitzenden unterzeichnet ist (KS-*Schwerdtner* S 1605, 1648 Rn 126). Eine Begründung ist nicht erforderlich (BAG 8. 3. 1977 AP Nr 1 zu § 87 BetrVG Auszahlung). Das Widerrufsrecht ist voraussetzungslos, es bedarf keines Widerrufsgrundes (FK-*Eisenbeis* § 124 Rn 5; Hess § 124 Rn 2; HK-*Linck* § 124 Rn 3; N/R/*Hamacher* § 124 Rn 9; KS-*Schwerdtner* S 1605, 1647 Rn 119). Die Widerrufserklärung ist weder an eine Form gebunden noch zu begründen (KPB-*Moll* § 124 Rd n 92). § 124 sieht für die Ausübung des Widerrufsrechts keine Frist vor. Es kann aber verwirkt werden. Das nach allgemeinen Regeln neben dem Umstandsmoment erforderliche Zeitmoment kann nach Ablauf von über einem Jahr nach Insolvenzeintritt gegeben sein (LAG Köln 17. 10. 2002 – 5/4 TaBV 44/02, AP Nr 1 zu § 124 InsO = NZI 2003, 355). Der Insolvenzverwalter ist im Allgemeinen nur berechtigt, aber nicht verpflichtet, einen „insolvenznahen" Sozialplan zu **widerrufen** (FK-*Eisenbeis* § 124 Rn 6). Dies gilt auch dann wenn die Höchstgrenzen des § 123 Abs 1 (2½ Monatsverdienste pro betroffenen Arbeitnehmer) überschritten sind, da es sich bei Sozialplanforderungen aus einem „insolvenznahen" Sozialplan um Insolvenzforderungen gem § 38 handelt (*Warrikoff* BB 1994, 2338; KPB-*Moll* §§ 123, 124 Rn 92). Da § 124 Abs 1 nur auf den Zeitpunkt des Insolvenzantrags und der Aufstellung des Sozialplans abstellt, ist der Insolvenzverwalter auch dann zum Widerruf berechtigt, wenn er selbst ggf als vorläufiger Insolvenzverwalter mit oder ohne Verfügungsbefugnis an der Aufstellung des Soziaplans im Drei-Monats-Zeitraum mitgewirkt hat. Ist der Sozialplan unter den Grenzen des § 123 Abs 1 dotiert, ist für den Betriebsrat der Widerruf geboten (HK-*Linck* § 124 Rn 7). Bei der Aufstellung eines Sozialplans im Insolvenzverfahren können die Arbeitnehmer, denen Forderungen aus dem widerrufenen Sozialplan zustanden, berücksichtigt werden (§ 124 Abs 2). Abfindungen, die ein Arbeitnehmer vor der Eröffnung des Verfahrens auf seine Forderung aus dem widerrufenen Sozialplan erhalten hat, können nicht wegen des Widerrufs zurückgefordert werden (§ 124 Abs 3 S 1). In einem solchen Falle ist bei einem neuen Sozialplan das Volumen entsprechend niedriger festzusetzen (§ 124 Abs 3 S 2).

32　1. **Rang nicht widerrufener „insolvenznaher" Sozialpläne.** Das Gesetz regelt ausdrücklich in § 123 Abs 2 nur den Rang der **Forderungen aus einem Sozialplan**, der **nach Eröffnung** des Insolvenzverfahrens abgeschlossen wird; es handelt sich um **Masseforderungen.** Ist ein **Sozialplan früher als drei Monate vor dem Antrag auf Eröffnung** des Insolvenzverfahrens aufgestellt worden und sind Forderungen aus diesem Sozialplan im Zeitpunkt der Verfahrenseröffnung noch nicht berichtigt, so können diese Forderungen – und das ist unstreitig – im Verfahren nur als **Insolvenzforderungen** geltend gemacht werden. Hinsichtlich eines **Sozialplans**, der innerhalb von drei Monaten vor Eröffnung des Insolvenzverfahrens abgeschlossen wird, und damit **in der „Rückgriffszeit"** (siehe zum Ausdruck KPB-*Moll* §§ 123, 124 Rn 92) liegt, sieht das Gesetz in § 124 Abs 1 zwar eine Widerrufsmöglichkeit vor, regelt jedoch nicht ausdrücklich den **Rang der Forderungen** aus einem solchen Sozialplan. Die rangmäßige Einordnung von Ansprüchen **aus einem „insolvenznahen" Sozialplan** war streitig. Teils wurden sie als Masseverbindlichkeiten (**ArbG** Köln 12. 9. 2000 – 4 Ca 5308/00, ZInsO 2001, 287), teils als einfache Insolvenzforderungen iSd § 38 InsO (**LAG** Köln 2. 3. 2001 – 12 Sa 1467/00, ZInsO 2001, 919 = ZIP 2001, 1070) angesehen.

33　Sozialplanansprüche aus nicht widerrufenen insolvenznahen Sozialplänen sind als Insolvenzforderungen nach § 38 zu behandeln, falls nicht der Abschluss durch einen vorläufigen Insolvenzverwalter mit Verfügungsbefugnis iSv § 55 Abs 2 erfolgte (**BAG** 31. 7. 2002 – 10 AZR 275/01, NJW 2003, 989 = NZA 2002, 1332). Die Insolvenzordnung differenziert nur zwischen Insolvenzforderungen, die vor der Eröffnung des Insolvenzverfahrens entstanden sind, und Masseforderungen, die nach Maßgabe von § 55 Abs 1 nach der Eröffnung des Insolvenzverfahrens begründet werden. Folgerichtig bestimmt § 123 Abs 2 S 1, dass Ansprüche aus Sozialplänen, die nach Eröffnung des Insolvenzverfahrens abgeschlossen werden, Masseverbindlichkeiten sind. Für Ansprüche aus Sozialplänen, die vor der Eröffnung des Insolvenzverfahrens abgeschlossen wurden, fehlt eine entsprechende gesetzliche Anordnung in § 124. Deshalb sind Ansprüche aus solchen Sozialplänen nach der Grundregel des § 38 InsO grundsätzlich Insolvenzforderungen. Von dieser Grundregel kennt die Insolvenzordnung nur eine Ausnahme: Verbindlichkeiten, die ein vorläufiger Insolvenzverwalter mit Verfügungsbefugnis nach §§ 21 Abs 2 Nr 2, 22 (sog starker Insolvenzverwalter) vor Eröffnung des Insolvenzverfahrens begründet, gelten nach § 55 Abs 2 als Masseverbindlichkeiten. Sozialpläne, die ein starker Insolvenzverwalter vor der Eröffnung des Insolvenzverfahrens abschließt, sind deshalb kraft gesetzlicher Fiktion Masseverbindlichkeiten (**BAG** 31. 7. 2002 – 10 AZR 275/01, aaO; *N/R/Hamacher*, § 124 Rn 23).

34　Ansprüche aus insolvenznahen Sozialplänen sind auch nicht deshalb Masseforderungen nach § 55 Abs 1 Nr 1, weil sie durch Unterlassen des Widerrufs durch den Insolvenzverwalter begründet werden. Die Annahme einer solchen Konstruktion verbietet sich schon deshalb, weil die Forderungen bereits durch Abschluss des Sozialplans vor Eröffnung des Insolvenzverfahrens begründet worden sind. Ein Unterlassen eines Widerrufs nach § 124 Abs 1 kann bereits entstandene Forderungen nicht begründen. Darüber hinaus können Unterlassungen des Insolvenzverwalters überhaupt nur dann Masseverbindlichkeiten iSv § 55 Abs 1 Nr 1 begründen, wenn den Insolvenzverwalter eine Rechtspflicht zum Handeln trifft (K/P/B-*Moll*, §§ 123, 124 Rn 105). Eine Pflicht zum Widerruf eines Sozialplans ist in § 124 Abs 1 InsO für den Insolvenzverwalter aber ersichtlich nicht normiert (**BAG** 31. 7. 2002 – 10 AZR 275/01, aaO). Die in der **Vorauflage** (Rn 30, 31) **vertretene Gegenansicht**, dass Sozialplanforderungen aus einem „insolvenznahen" Sozialplan nach Maßgabe des § 123 Abs 2 als Masseverbindlichkeit zu erfüllen seien, **wird** hiermit **ausdrücklich aufgegeben.**

35　2. **Sozialplan außerhalb der „Rückgriffszeit".** Für Ansprüche auf Abfindungen aus einem Sozialplan, der früher als drei Monate vor dem Antrag auf Insolvenzeröffnung aufgestellt worden ist, gilt grundsätzlich das Gleiche wie für nicht widerrufene „insolvenznahe" Sozialpläne. Sie sind als Insolvenzforderungen nach § 38 InsO zu behandeln (**BAG** 31. 7. 2002 – 10 AZR 275/01, NJW 2003, 989 = NZA 2002, 1332).

36　Aus dem besonderen Regelungsgegenstand des Sozialplans, nämlich dem Ausgleich oder der Milderung der infolge einer Betriebsänderung entstehenden wirtschaftlichen Nachteile für die Belegschaft, ergibt sich, dass der Sozialplan – soweit nichts Gegenteiliges vereinbart ist – in der Regel nach § 77 Abs 5 BetrVG gekündigt werden kann (**BAG** 24. 3. 1981 – 1 AZR 805/78, AP Nr 12 zu § 112 BetrVG 1972 [*Hilger*] = KTS 1982, 266 = NJW 1982, 70 = SAE 1982, 76 [*Mayer-Maly*] = ZIP 1981, 1125). Für eine Kündbarkeit von „**insolvenzfernen**" Sozialplänen (siehe zum Ausdruck *N/R/Hamacher* § 124 Rn 24), die früher als drei Monate vor dem Antrag auf Insolvenzeröffnung und damit außerhalb der „Rückgriffszeit" des § 124 Abs 1 aufgestellt worden sind, gem § 120 Abs 1 S 1 besteht dann ein Bedürfnis, wenn sie entweder Dauerregelungen enthalten oder die zugrunde liegende Betriebsänderung noch nicht abgeschlossen ist. Im Fall des **Sozialplans mit Dauerregelung** wird eine **Kündbarkeit** auch außerhalb der Insolvenz **bejaht,** wobei Dauerregelungen nur solche Bestimmungen sind, nach denen ein bestimmter wirtschaftlicher Nachteil durch auf bestimmte oder unbestimmte Zeit laufende Leistungen

IV. Sozialplan inner- u. außerhalb d. „Rückgriffszeit" u. im Insolvenzplanverfahren **§§ 123, 124**

ausgeglichen oder gemildert werden soll (BAG 10. 8. 1994 – 10 ABR 61/93, NZA 1995, 314); falls im Sozialplan eine längere Kündigungsfrist als drei Monate vereinbart ist, besteht ein Bedürfnis für eine Anwendung des § 120 Abs 1 S 2 (KPB-*Moll* § 120 Rn 16; *Oetker/Friese* DZWIR 2001, 397, 400). Im Fall der **noch nicht vollständig abgeschlossenen Betriebsänderung** sind Sozialpläne – soweit nichts Gegenteiliges vereinbart ist – als Einzelfallregelungen im Allgemeinen nicht ordentlich kündbar; will der Insolvenzverwalter in einem solchen Fall gem § 113 Abs 1 S 2 mit der Höchstfrist von drei Monaten zum Monatsende nachkündigen, um die Kündigungsfrist abzukürzen oder den Kündigungstermin vorzuziehen, muss er auch die Möglichkeit haben, den bisherigen **Sozialplan gem § 120 Abs 1 S 2 zu kündigen** (K/P/B-*Moll* § 120 Rn 16; str aA *Oetker/Friese* DZWIR 2001, 397, 400).

Im Falle einer zulässigen **Kündigung eines Sozialplanes** wirken seine Regelungen nach, bis sie durch 37 eine neue Regelung ersetzt werden. Die **anpassende Regelung** kann auf Grund des anzupassenden Sozialplanes schon entstandene Ansprüche der Arbeitnehmer auch zu deren Ungunsten abändern. Für noch nicht entlassene Arbeitnehmer können sowohl das **Sozialplanvolumen gekürzt** als auch die **Verteilungsgrundsätze geändert** werden, denn insoweit gibt es keine „unverfallbare Anwartschaft". Insoweit genießen die Arbeitnehmer keinen Vertrauensschutz (BAG 10. 8. 1994 – 10 ABR 61/93, AP Nr 86 zu § 112 BetrVG 1972 [*v. Hoyningen-Huene*] = NZA 1995, 314 = ZIP 1995, 1037). Allerdings können Leistungen, die ein Arbeitnehmer vor der Eröffnung des Verfahrens auf seine Forderung aus dem gekündigten Sozialplan erhalten hat, nicht wegen der Kündigung zurückgefordert werden (§ 124 Abs 3 S 1 analog). Andererseits stehen sich die Arbeitnehmer in der Insolvenz besser, weil ihre Ansprüche im Falle der Abänderung nicht bloß Insolvenzforderungen, sondern Masseverbindlichkeiten sind.

3. Sozialplan im Insolvenzplanverfahren. Bei der Aufstellung des Plans durch den Insolvenzverwalter 38 wirkt neben dem Gläubigerausschuss, dem Sprecherausschuss der leitenden Angestellten und dem Schuldner auch der Betriebsrat beratend mit (§ 218 Abs 3). Wird der Insolvenzplan nicht zurückgewiesen, so leitet das Insolvenzgericht ihn den Vorgenannten, also auch dem Betriebsrat, zur Stellungnahme zu (§ 232 Abs 1 Nr 1). Schließlich sind zum Erörterungs- und Abstimmungstermin die vorgenannten Gremien einschließlich Betriebsrat besonders zu laden (§ 235 Abs 3). Bei der Abstimmung über den Plan sollen die Arbeitnehmer, wenn sie als Insolvenzgläubiger mit nicht unerheblichen Forderungen beteiligt sind, eine besondere Gruppe bilden (§ 222 Abs 3 S 1). Wegen des Anspruchsübergangs bei Insolvenzgeldzahlung (§ 183 Abs 1 SGB III iVm § 187 SGB III) und der Gleichwohlgewährung von Arbeitslosengeld (§ 143 Abs 3 SGB III iVm § 115 Abs 1 SGB X) gehören insoweit nicht die Arbeitnehmer selbst, sondern die Bundesagentur für Arbeit zum Kreis der abstimmungsberechtigten Insolvenzgläubiger (vgl für Insolvenzgeldzahlung MKInsO-*Eidenmüller* § 222, Rn 118; FK-*Jaffé* § 222, Rn 65 a). Nach § 9 Abs 4 S 1 BetrAVG kann, wenn im Insolvenzplan die Fortführung des Unternehmens des Schuldners oder eines seiner Betriebe vorgesehen ist, für den Pensions-Sicherungs-Verein als dem Träger der Insolvenzsicherung eine besondere Gruppe gebildet werden. Das Insolvenzgericht soll **vor** der Entscheidung über die **Planbestätigung** den Insolvenzverwalter, den Gläubigerausschuss und den Schuldner hören (§ 248 Abs 2). Eine **Anhörung des Betriebsrats ist im Gesetz nicht vorgesehen.** Dennoch kann das Insolvenzgericht den Betriebsrat anhören. Dies **erscheint** aus folgenden Gründen **tunlich zu sein:**

Sieht der Insolvenzplan bspw eine Betriebsänderung nach §§ 111, 112 a Abs 1 BetrVG vor, dann ist 39 der Personalabbau interessenausgleichs- und sozialplanpflichtig. Betriebsrat und Arbeitgeber können für noch nicht geplante, aber in groben Umrissen schon abschätzbare Betriebsänderungen einen **Sozialplan in Form einer freiwilligen Betriebsvereinbarung** aufstellen, ohne dass darin ein (unzulässiger) Verzicht auf künftige Mitbestimmungsrechte liegt (BAG 26. 8. 1997 – 1 ABR 12/97, AP Nr 117 zu § 112 BetrVG 1972 [*Meyer*] = NZA 1998, 216 = ZIP 1998, 1412; s zum vorsorglichen Sozialplan für den Fall der Ungewissheit, ob ein Betriebsübergang vorliegt oder nicht, BAG 1. 4. 1998 – 10 ABR 17/97, AP Nr 123 zu § 112 BetrVG 1972 = NZA 1998, 768 = ZIP 1998, 1199). Soweit ein solcher vorsorglicher Sozialplan wirksame Regelungen enthält, ist das Mitbestimmungsrecht des Betriebsrats nach § 112 BetrVG verbraucht, falls eine entsprechende Betriebsänderung später tatsächlich vorgenommen wird (BAG 26. 8. 1997 – 1 ABR 12/97, AP Nr 117 zu § 112 BetrVG 1972 [*Meyer*] = NZA 1998, 216 = ZIP 1998, 1412). Ob zumindest ein solcher **vorsorglicher Sozialplan** nebst einem entsprechenden Interessenausgleich vorliegt, darauf wird das Insolvenzgericht bei der Planbestätigung achten müssen.

Bestätigt das Insolvenzgericht den Insolvenzplan, ohne **dass** ein Interessenausgleich und/oder ein **So-** 40 **zialplan zustande gekommen** ist, **kann** der bereits **bestätigte, „unbedingte" Insolvenzplan nachträglich scheitern,** wenn wegen Verletzung der Mitbestimmungsrechte des Betriebsrats in größerem Umfang Nachteilsausgleichsansprüche auf die Insolvenzmasse zukommen, die im Insolvenzplan nicht enthalten sind, oder wenn die Einigungsstelle unter Hinweis auf § 123 Abs 2 S 2 ein höheres Sozialplanvolumen festlegt, als im Insolvenzplan vorgesehen ist. Es bleibt, wenn Interessenausgleich und/oder Sozialplan noch nicht vorliegen, nur der Weg über den sog „bedingten" Insolvenzplan (§ 249 S 1). Die Insolvenzgerichte dürfen die Frist, innerhalb derer die Voraussetzungen erfüllt sein müssen, nicht zu kurz bemessen, denn nach fruchtlosem Fristablauf ist die Bestätigung des Insolvenzplans von Amts wegen zu versagen (§ 249 S 2).

Ansonsten gibt es im Insolvenzplanverfahren die Besonderheit, dass bezüglich der Sozialpläne die 41 Regelung der „absoluten Obergrenze" in § 123 Abs 1, jedoch nicht der „relativen Obergrenze" in

§ 123 Abs 2 S 2, 3 zur Anwendung kommt (weitergehend *Oetker/Friese* DZWIR 2001, 265, 271 für nicht disponible absolute und relative Obergrenze sowie KS-*Schwerdtner* S 1605, 1634 Rn 87 für Unanwendbarkeit der absoluten und relativen Obergrenze bei Zustandekommens eines Insolvenzplans). Der Wortlaut des § 123 Abs 2, nicht jedoch des § 123 Abs 1, enthält eine ausdrückliche Einschränkung („wenn nicht …") für den Fall des Zustandekommens eines Sozialplans.

V. Vollstreckung von Leistungen aus Sozialplänen

42 Ist der **Sozialplan** vom endgültigen Insolvenzverwalter **nach Verfahrenseröffnung vereinbart** worden, dann gilt Folgendes: Sooft hinreichende Barmittel in der Masse vorhanden sind, soll der Insolvenzverwalter mit Zustimmung des Insolvenzgerichts Abschlagszahlungen auf die Sozialplanforderungen leisten (§ 123 Abs 3 S 1). Sowohl der Insolvenzverwalter als auch die Arbeitnehmer können beim Insolvenzgericht **Abschlagszahlungen** beantragen (KS-*Schwerdtner* S 1605, 1645 Rn 112). Aufgrund der Ausgestaltung als Soll-Vorschrift steht den Sozialplangläubigern grundsätzlich kein Anspruch auf Abschlagszahlungen zu. Eine Zwangsvollstreckung in die Masse wegen einer Sozialplanforderung ist unzulässig (§ 123 Abs 3 S 2). Obwohl es sich bei Sozialplanforderungen um Masseverbindlichkeiten handelt (§ 123 Abs 2 S 1), bewirkt die Verteilungssperre des § 123 Abs 2 S 2, dass die Sozialplangläubiger erst nach den übrigen Massegläubigern bedient werden können. Die Einordnung der Sozialplangläubiger als Massegläubiger hat immerhin den praktischen Vorteil, dass eine Anmeldung und Feststellung der Sozialplanforderungen entfällt.

43 Ist der **Sozialplan innerhalb der dreimonatigen „Rückgriffszeit"** vor Antragstellung vom Arbeitgeber oder vom vorläufigen Insolvenzverwalter ohne Verfügungsbefugnis iSv § 55 Abs 2 (sog schwacher Insolvenzverwalter) vor Verfahrenseröffnung **vereinbart** und nicht widerrufen worden, sind Ansprüche aus dem Sozialplan als Insolvenzforderungen nach § 38 zu behandeln (**BAG** 31. 7. 2002 – 10 AZR 275/01, NJW 2003, 989 = NZA 2002, 1332, unter Rn 29, 30).

44 Ist der **Sozialplan außerhalb der dreimonatigen „Rückgriffszeit"** vor Antragstellung vom Arbeitgeber oder vom vorläufigen Insolvenzverwalter ohne Verfügungsbefugnis iSv § 55 Abs 2 (sog schwacher Insolvenzverwalter) **vereinbart** worden, sind Ansprüche aus dem Sozialplan ebenfalls als Insolvenzforderungen nach § 38 InsO zu behandeln (**BAG** 31. 7. 2002 – 10 AZR 275/01, aaO). Für Insolvenzforderungen nach § 38 gilt Folgendes: Von der Eröffnung des Insolvenzverfahrens an richtet sich die Geltendmachung von noch nicht verfallenen Ansprüchen aus dem Arbeitsverhältnis ausschließlich nach den Vorschriften der Insolvenzordnung und nicht mehr nach tariflichen Ausschlussfristen, wenn es sich um Insolvenzforderungen handelt (**BAG** 18. 12. 1984 – 1 AZR 588/82, AP Nr 88 zu § 4 TVG Ausschlussfristen [*A. Zeuner*] = NZA 1985, 396 = ZIP 1985, 754). Die Insolvenzgläubiger haben ihre Forderungen schriftlich beim Insolvenzverwalter anzumelden (§ 174 Abs 1 S 1). Eine Forderungsanmeldung zur Insolvenztabelle durch einen Bevollmächtigten (zB durch Gewerkschaftssekretär oder einen Rechtsanwalt) ist nur mit schriftlicher Vollmacht möglich und ansonsten selbst dann von Amts wegen zurückzuweisen, wenn sie im Übrigen nicht widersprochen worden ist (**LG München II** 30. 3. 1992 – 7 T 1398/92, ZIP 1992, 789).

45 Die Anmeldung hat den Betrag und den Grund der Forderung zu enthalten (§ 174 Abs 2); ihr sollen die Urkunden, aus denen sich die Forderung ergibt, in Abdruck beigefügt werden (§ 174 Abs 1 S 2). Im Übrigen sind die Arbeitnehmerforderungen mit ihrem Bruttobetrag anzumelden. Der Insolvenzverwalter ist nicht verpflichtet, ihm vorab die hypothetische Höhe seines Abfindungsanspruchs mitzuteilen, wenn er seine Forderung selbst ausrechnen kann. Dies gilt auch dann, wenn im Sozialplan ein Punktwert angegeben ist, welcher sich bei Einbeziehung des klagenden Arbeitnehmers in den Kreis der Abfindungsberechtigten verändern könnte (**LAG Hamm** 25. 11. 1998 – 2 Sa 453/98, ZInsO 1999, 120; **LAG Hamm** 19. 1. 2000 – 2 Sa 426/99, ZInsO 2000, 520).

46 Auch ein vermeintlicher Abfindungsanspruch aus einem Sozialplan ist **zur Insolvenztabelle anzumelden**. Die vorausgegangene Anmeldung ist notwendige Prozessvoraussetzung für eine Feststellungsklage gegen den Insolvenzverwalter nach § 179. Für eine allgemeine Feststellungsklage (§ 256 Abs 1 ZPO), mit der das Bestehen einer Insolvenzforderung dem Grunde nach festgestellt werden soll, besteht neben der Klage nach § 179 kein Rechtsschutzinteresse. Das Fehlen des Feststellungsinteresses führt zur Prozessabweisung (**LAG Hamm** 19. 1. 2000 – 2 Sa 426/99, ZInsO 2000, 520). War die streitgegenständliche Forderung im Zeitpunkt der nach § 179 erhobenen Feststellungsklage noch nicht beim Insolvenzverwalter angemeldet – etwa weil die Sozialplanforderung bereits gegen den Schuldner (Arbeitgeber) eingeklagt worden war – und von diesem geprüft worden, so kann dieser Mangel noch nach Rechtshängigkeit behoben werden (**LAG Hamm** 22. 11. 1999 – 4 Sa 1414/99, ZInsO 2000, 55).

§ 125 Interessenausgleich und Kündigungsschutz

(1) ¹Ist eine Betriebsänderung (§ 111 des Betriebsverfassungsgesetzes) geplant und kommt zwischen Insolvenzverwalter und Betriebsrat ein Interessenausgleich zustande, in dem die Arbeitnehmer, denen gekündigt werden soll, namentlich bezeichnet sind, so ist § 1 des Kündigungsschutzgesetzes mit folgenden Maßgaben anzuwenden:

I. Allgemeines   § 125

1. es wird vermutet, daß die Kündigung der Arbeitsverhältnisse der bezeichneten Arbeitnehmer durch dringende betriebliche Erfordernisse, die einer Weiterbeschäftigung in diesem Betrieb oder einer Weiterbeschäftigung zu unveränderten Arbeitsbedingungen entgegenstehen, bedingt ist;
2. die soziale Auswahl der Arbeitnehmer kann nur im Hinblick auf die Dauer der Betriebszugehörigkeit, das Lebensalter und die Unterhaltspflichten und auch insoweit nur auf grobe Fehlerhaftigkeit nachgeprüft werden; sie ist nicht als grob fehlerhaft anzusehen, wenn eine ausgewogene Personalstruktur erhalten oder geschaffen wird.

²Satz 1 gilt nicht, soweit sich die Sachlage nach Zustandekommen des Interessenausgleichs wesentlich geändert hat.

(2) Der Interessenausgleich nach Absatz 1 ersetzt die Stellungnahme des Betriebsrats nach § 17 Abs. 3 Satz 2 des Kündigungsschutzgesetzes.

Übersicht

	Rn
I. Allgemeines	1
II. Wirkungen eines Interessenausgleichs mit Namensliste	6
1. Voraussetzungen der Beschränkung des Kündigungsschutzgesetzes	8
a) Wirksames Zustandekommen eines Interessenausgleichs	9
b) Kündigung wegen der zugrundeliegenden Betriebsänderung	17
c) Zuordnung der Arbeitnehmer zu einem bestimmten Betrieb oder Betriebsteil	20
d) Anforderungen an den Interessenausgleich und die „Namensliste"	23
2. Vermutung der Betriebsbedingtheit der Kündigungen	30
a) Umkehr der Darlegungs- und Beweislast	32
b) Wesentliche Änderung der Sachlage	36
c) Anforderungen an die (Gegen-)Darlegungs und Beweislast	42
3. Eingeschränkte Überprüfung der Sozialauswahl	46
a) Regelungsmöglichkeiten der Betriebspartner	51
b) Darlegungs- und Beweislast für die Sozialauswahl	56
aa) Auskunftspflicht des Insolvenzverwalters	57
bb) Beschränkung des gerichtlichen Prüfungsmaßstabes	61
c) Beschränkung der Auswahlkriterien	62
aa) Europarechtskonforme Auslegung von § 2 Abs 4 AGG und § 1 Abs 3 S 1 KSchG	63
bb) Gewichtung der sog „Grund- und Kerndaten"	66
cc) Berücksichtigung der Schwerbehinderteneigenschaft	72
d) Ausgewogene Altersstruktur als berechtigtes betriebliches Interesse	76
aa) Definition der ausgewogenen Alters- oder Personalstruktur	77
bb) Grundsätze für die Bildung von Altersgruppen	87
cc) Anwendungsbeispiele zur Schaffung einer ausgewogenen Altersstruktur	97
5. Wiedereinstellungsanspruch	105
III. Betriebsratsanhörung bei Massenentlassungen	106

I. Allgemeines

Die Regelungen des § 125, die die Personalanpassung über einen **Interessenausgleich mit Namensliste** betreffen, haben im bisherigen Vergleichs-, Konkurs- und Gesamtvollstreckungsrecht kein Vorbild. § 128 RegE wurde inhaltlich geändert als § 125 Abs 1 in die Insolvenzordnung übernommen und ein neuer Absatz 2 angefügt; die Änderungen des § 128 gehen auf die Beschl-Empf des RechtsA zurück (siehe BT-Drs 12/7302, S 171/172). Durch das Arbeitsrechtliche Beschäftigungsförderungsgesetz v 25. 9. 1996 (BGBl I S 1476) ist § 125 mit Wirkung vom 1. 10. 1996 im Geltungsbereich der Konkursordnung bis zum Inkrafttreten der Insolvenzordnung mit der Maßgabe vorzeitig in Kraft gesetzt worden, dass das Wort „Insolvenzverwalter" durch das Wort „Konkursverwalter" ersetzt worden ist (Art 6 ArbBeschFG iVm Art 13 ArbBeschFG). Art 1 ArbBeschFG hatte gleichzeitig weitere Neuregelungen gebracht, die Auswirkungen auf die Möglichkeiten einer Personalanpassung hatten, nämlich unter anderem in § 1 Abs 5 KSchG ebenfalls eine Regelung über den Interessenausgleich mit Namensliste. Diese Vorschrift ist durch das sog Korrekturgesetz v 19. 12. 1998 (BGBl I S 3843) zwar wieder gestrichen worden, jedoch kann die dazu ergangene Rechtsprechung zur Auslegung des § 125 herangezogen werden. 1

Allgemeine Betriebseinschränkungen oder -stilllegungen (§ 111 S 3 Nr 1 BetrVG [2001]) sind notwendigerweise mit Entlassungen, vielfach sogar mit Massenentlassungen verbunden. Aber auch die anderen Tatbestände des § 111 S 3 BetrVG [2001] können zu einem erheblichen Personalabbau führen (**BAG** 14. 2. 1978 – 1 AZR 154/76, AP Nr 60 zu Art 9 GG Arbeitskampf [*Konzen*] = NJW 1979, 233). Ob die Aufzählung des § 111 S 3 BetrVG [2001] abschließend ist oder nicht, ist umstritten. Als Betriebsänderung gilt über diese gesetzliche Regelung hinaus auch ein Personalabbau aus betrieblichen Gründen ohne Verringerung der sächlichen Betriebsmittel in der Größenordnung der Zahlen- und Prozentangaben des § 17 Abs 1 KSchG, aber mindestens 5% der Belegschaft des Betriebes (**BAG** 2. 8. 1983 2

– 1 AZR 516/81, AP Nr 12 zu § 111 BetrVG 1972 [Fabricius/Pottmeyer] = NJW 1984, 1781 = ZIP 1984, 359), und zwar ohne Beschränkung auf den Dreißig-Tage-Zeitraum (**BAG** 7. 8. 1990 – 1 AZR 445/89, AP Nr 30 zu § 111 BetrVG 1972 = NZA 1991, 113 = ZIP 1990, 1426). In Insolvenzverfahren sind häufig Betriebsänderungen erforderlich, die mit der Entlassung einer größeren Zahl von Arbeitnehmern verbunden sind. Die zügige Durchführung derartiger Betriebsänderungen darf – so die Gesetzesbegründung (BR-Drs 1/92 S 149) – nicht dadurch in Frage gestellt werden, dass der Insolvenzverwalter einer Fülle von langwierigen Kündigungsschutzprozessen ausgesetzt ist. Insbesondere muss verhindert werden, dass eine beabsichtigte, mit Rationalisierungsmaßnahmen verbundene Betriebsveräußerung daran scheitert, dass der potentielle Erwerber nicht übersehen kann, welche Arbeitsverhältnisse mit dem Betrieb auf ihn gem § 613a Abs 1 BGB übergehen würden.

3   Bei **Massenentlassungen** ist vielfach die **Sozialauswahl** problematisch, denn dringende betriebliche Erfordernisse bedingen zwar die Kündigung einer bestimmten Zahl von Arbeitnehmern, besagen aber noch nicht, welchen von mehreren in Betracht kommenden Arbeitnehmern zu kündigen ist. Stehen mehrere Arbeitnehmer für eine betriebsbedingte Kündigung zur Wahl, so ist auch bei Kündigungen im Insolvenzverfahren unter den in Betracht kommenden Arbeitnehmern eine Auswahl nach sozialen Gesichtspunkten zu treffen (§ 1 Abs 3 S 1 KSchG), also zu prüfen, welcher Arbeitnehmer durch die Kündigung weniger hart getroffen wird (**BAG** 20. 1. 1961 – 2 AZR 495/59, AP Nr 7 zu § 1 KSchG 1951 Betriebsbedingte Kündigung [A. Hueck] = NJW 1961, 940), dh welcher Arbeitnehmer auf seinen Arbeitsplatz am wenigsten angewiesen ist (**BAG** 19. 4. 1979 – 2 AZR 425/77, EzA § 1 KSchG Betriebsbedingte Kündigung Nr 11 [Herschel]). Nach § 1 Abs 3 KSchG ist in jedem Falle eine soziale Auswahl erforderlich, wenn vergleichbare Arbeitnehmer vorhanden sind (**BAG** 24. 2. 2000 – 8 AZR 180/99, AP Nr 7 zu § 1 KSchG 1969 Namensliste = NZA 2000, 785 = ZInsO 2000, 466). Das gilt auch bei dem Widerspruch des Arbeitnehmers gegen den Übergang seines Arbeitsverhältnisses auf den Erwerber eines Teilbetriebs (**BAG** 18. 3. 1999 – 8 AZR 190/98, AP Nr 41 zu § 1 KSchG 1969 Soziale Auswahl = NZA 1999, 870 = ZInsO 1999, 472 = ZIP 1999, 1537).

4   Das **Kündigungsschutzgesetz** war bislang **als reines Zweiparteiensystem konzipiert**, während es sich bei der Frage der richtigen **sozialen Auswahl** stets um eine **Mehrparteienbeziehung** handelt (A. Zeuner RdA 1989, 270, 272; zust Berscheid BuW 1997, 632; ders KS-InsO S 1395, 1425, Rn 66). Um zu einer besseren Berechenbarkeit der Zulässigkeit einer Kündigung für beide Seiten (Arbeitgeber und Arbeitnehmer) zu kommen, hatte das Arbeitsrechtliche Beschäftigungsförderungsgesetz v 25. 9. 1996 (BGBl I S 1476) zu einer Reihe von Änderungen des Kündigungsschutzrechts hinsichtlich der sozialen Auswahl der Arbeitnehmer geführt, die durch das sog Korrekturgesetz v 19. 12. 1998 (BGBl I S 3843) teilweise wieder zurückgenommen worden sind, in dem die Regelungen des § 1 Abs 3 KSchG wieder auf den Rechtszustand vor dem 1. 10. 1996 zurückgeführt und die Regelungen des § 1 Abs 5 KSchG gestrichen worden sind. Durch Art 1 Nr 1 Buchst a) und c) **GRAM** („Gesetz zu Reformen am Arbeitsmarkt" v 24. 12. 2003 – BGBl I S 3002) sind im Zuge der sog Arbeitsmarktreform mit Wirkung vom 1. 1. 2004 (Art 5 **GRAM**) die sozialen Grund- und Kerndaten für die Auswahl der zu kündigenden Arbeitnehmer um das Kriterium „Schwerbehinderung" erweitert und die Regelungen des § 1 Abs 3 und Abs 5 KSchG [1996] im Übrigen wortgleich wieder in Kraft gesetzt worden. Damit handelt es sich kündigungsrechtlich gesehen wohl kaum um eine zukunftsorientierte „Agenda 2010", sondern eher um eine rückwärtsgewandte „Agenda 1996" (Löwisch NZA 2003, 689).

5   Die vergleichbaren **Regelungen der Insolvenzordnung** und des Umwandlungsgesetzes sind dagegen **unverändert** geblieben. Die Regelungen der §§ 125 InsO und 323 UmwG gelten im eröffneten Insolvenzverfahren weiterhin uneingeschränkt. Den betroffenen Arbeitnehmern soll auch in der Insolvenz der Rechtsschutz gegen eine ungerechtfertigte Kündigung nicht genommen werden. Aber es war erforderlich, besondere Verfahren zur schnellen und gemeinschaftlichen Klärung der Wirksamkeit aller im Zusammenhang mit einer Betriebsänderung ausgesprochenen Kündigungen zu schaffen. Diesem Ziel dienen neben den Vorschriften der §§ 126 Abs 1, 128 Abs 1 InsO die Regelungen des § 125 Abs 1 InsO, die für den Fall der „Übertragenden Sanierung" durch § 128 Abs 2 InsO noch verstärkt werden. Kommt ein Interessenausgleich mit Namensliste der zu kündigenden Arbeitnehmer nicht zustande, hat der Insolvenzverwalter die Möglichkeit, das sog präventive Kündigungsverfahren nach § 126 InsO einzuleiten, welches Präjudizwirkung für die Einzelklagen der Arbeitnehmer hat (§ 127 Abs 1 InsO), deren Kündigungsschutzverfahren auf Antrag des Insolvenzverwalters bis zum rechtskräftigen Abschluss des Beschlussverfahrens nach § 126 Abs 1 InsO auszusetzen ist (§ 127 Abs 2 InsO). Das Kündigungsschutzgesetz gilt auch weiterhin in der Insolvenz des Arbeitgebers, aber das Kündigungsschutzrecht wird durch die Regelungen der §§ 125, 128 InsO, die für die Fälle des „**Verkaufsfähigmachen eines Betriebes**" (**BAG** 18. 7. 1996 – 8 AZR 127/94, AP Nr 147 zu § 613a BGB = NJW 1997, 611 = NZA 1997, 148 = ZIP 1996, 2028) im Zusammenhang gelesen werden müssen, erheblich modifiziert. Macht der Insolvenzverwalter von den Möglichkeiten, die ihm durch §§ 125–128 InsO eingeräumt werden, keinen Gebrauch oder kommt kein Interessenausgleich mit Namensliste zustande, verbleibt es bei der Anwendung der allgemeinen, unmodifizierten Kündigungsschutzvorschriften des § 1 Abs 2 und 3 KSchG.

II. Wirkungen eines Interessenausgleichs mit Namensliste

Den Insolvenzverwalter trifft keine Pflicht, mit dem Betriebsrat einen Interessenausgleich mit Namensliste abzuschließen. Kommt ein solcher Interessenausgleich nicht zustande, dann verbleibt es für die Überprüfbarkeit ausgesprochener Kündigungen des Insolvenzverwalters bei den allgemeinen Regelungen und Grundsätzen des Kündigungsschutzgesetzes (so bereits *Warrikoff* BB 1994, 2338, 2341; ebenso APS/*Dörner* § 125 InsO Rn 20; DKKW/*Däubler* § 125 InsO Rn 2; HK/*Linck* § 125 Rn 11; KDZ/*Däubler* § 125 InsO Rn 2; *Oetker/Friese* DZWIR 2001, 177), insbesondere bei der Darlegungs- und Beweislast des § 1 Abs 2 S 4 KSchG (LAG Hamm v 1. 4. 2004 – 4 Sa 1340/03, LAGReport 2005, 31). Kommt jedoch bei einer Betriebsänderung iSd § 111 BetrVG ein Interessenausgleich zustande, dann wirkt sich dieser bei namentlicher Benennung der zu kündigenden Arbeitnehmer wie folgt aus (*Berscheid* Insolvenzarbeitsrecht S 206 Rn 614; zust *Berscheid* Teil 12 Rn 156; *Hess* § 125 Rn 65; H/W/F Hdb Kap 5 Rn 270): 6
– Vermutung, dass die Kündigung der Arbeitsverhältnisse durch dringende betriebliche Erfordernisse bedingt ist (§ 125 Abs 1 S 1 Nr 1 InsO),
– Beschränkung der Überprüfbarkeit der sozialen Auswahl der gekündigten Arbeitnehmer auf grobe Fehlerhaftigkeit (§ 125 Abs 1 S 1 Nr 2 InsO),
– Vermutung, dass die Kündigung der Arbeitsverhältnisse nicht wegen eines Betriebsübergangs erfolgt ist (§ 128 Abs 2 InsO), falls der Betrieb in der Insolvenz seinen Inhaber wechselt,
– Beschränkung der Überprüfbarkeit der Zuordnung der Arbeitnehmer zu einem bestimmten Betrieb oder Betriebsteil auf grobe Fehlerhaftigkeit bei Betriebsteilung (§ 323 Abs 2 UmwG analog).

Einem **Interessenausgleich mit Namensliste**, der wirksam zustande gekommen sein muss, kommt die normative Wirkung einer Betriebsvereinbarung nach § 77 Abs 4 BetrVG zu. Die These, der Interessenausgleich sei nicht mehr als eine „Naturalobligation" (**BAG** 28. 8. 1991 – 7 ABR 72/90, AP Nr 2 zu § 85 ArbGG 1979 = NZA 1992, 41 = ZIP 1992, 950), lässt sich angesichts der Regelungen des § 1 Abs 5 KSchG [1996] = § 1 Abs 5 KSchG [2004] sowie des § 125 Abs 1 InsO und des § 323 Abs 2 UmwG in dieser Allgemeinheit nicht mehr länger halten (*Däubler* RdA 1995, 136, 141; zust *Berscheid* WiPra 1996, 354, 358; *ders* BuW 1997, 672, 677; KS-*Hanau/Berscheid* S 1541, 1572 Rn 63; *Zwanziger* Arbeitsrecht, Einl Rn 33; s zur Rechtsnatur auch *D. Gaul* Anm zu EzA § 111 BetrVG 1972 Nr 20; *Molkenbur/Schulte* DB 1995, 269; *Hess* AR-Blattei SD 915.6 Rn 10–13). Allerdings kann der Interessenausgleich weiterhin nicht durch Spruch der Einigungsstelle ersetzt werden (*Berscheid* MDR 1998, 816; s zu Reformvorschlägen BKBN/*Berscheid* Teil 12 Rn 157). Dennoch kann der Interessenausgleich mit Namensliste zum entscheidenden Instrumentarium für die Personalanpassung werden, wenn die Betriebspartner damit richtig umgehen können. 7

1. Voraussetzungen der Beschränkung des Kündigungsschutzgesetzes. Kommt bei einer Betriebsänderung iSd § 111 BetrVG ein Interessenausgleich mit namentlicher Benennung der zu kündigenden Arbeitnehmer zustande, dann beschränkt sich die Darlegungslast des Insolvenzverwalters auf die „Vermutungsbasis", nämlich die tatbestandlichen Voraussetzungen der Regelungen des § 125 Abs 1 InsO (so zu § 1 Abs 5 S 1 KSchG [1996] **LAG** Köln 1. 8. 1997 – 11 Sa 355/97, LAGE § 1 KSchG Interessenausgleich Nr 1 = BuW 1998, 198 [*Sander*] = NZA-RR 1998, 160 = ZAP ERW 1998, 46 [*Berscheid*]; bestätigt durch **BAG** 7. 5. 1998 – 2 AZR 55/98, AP Nr 1 zu § 1 KSchG 1969 Namensliste [*Schiefer*] = NZA 1998, 1110 = ZIP 1998, 1885; so zu § 125 Abs 1 InsO **LAG** Hamm 6. 7. 2000 – 4 Sa 233/00, ZInsO 2001, 336; **LAG** Hamm 6. 7. 2000 – 4 Sa 799/00, DZWIR 2001, 107, 111 [*Weisemann*] = ZInsO 2000, 569; ebenso *Berscheid* ZAP ERW 1998, 19; H/W/F Hdb Kap 5 Rn 271; HK/*Linck* § 125 Rn 25; *Moll* MDR 1997, 1038, 1039; *Schiefer* NZA 1997, 915, 917). Der Insolvenzverwalter muss mithin zunächst lediglich darlegen (**LAG** Hamm 2. 9. 1999 – 4 Sa 962/99, ZInsO 2000, 352; **LAG** Hamm 25. 11. 2004 – 4 Sa 1120/03, LAGE § 125 InsO Nr 5 = LAGReport 2005, 376, 378 = ZInsO 2005, 616; zust BKBN/*Berscheid* Teil 12 Rn 165): 8
– dass der Interessenausgleich wegen einer bestimmten Betriebsänderung rechtswirksam zustande gekommen ist,
– dass dem Arbeitnehmer wegen der diesem Interessenausgleich zugrunde liegenden Betriebsänderung gekündigt worden ist,
– ggf, dass der Arbeitnehmer in diesem Interessenausgleich dem betroffenen Betrieb oder Betriebsteil zugeordnet gewesen ist,
– dass der gekündigte Arbeitnehmer in diesem Interessenausgleich oder in einer Namensliste, die Bestandteil desselben ist, namentlich bezeichnet ist.

a) Wirksames Zustandekommen eines Interessenausgleichs. Die Anwendung des § 125 Abs 1 InsO setzt voraus, dass der Interessenausgleich wegen einer bestimmten Betriebsänderung iSd § 111 BetrVG rechtswirksam zustande gekommen ist und dass die Arbeitnehmer, denen gekündigt werden soll, namentlich bezeichnet sind. Den übrigen Inhalt des Interessenausgleichs und das Wie seines Zustandekommens lässt § 125 InsO offen (*Oetker/Friese* DZWIR 2001, 177, 178). Die Vorschrift knüpft an das System der §§ 111, 112 BetrVG an. Es handelt sich bei dem in § 125 Abs 1 InsO genannten Interessen- 9 ausgleich nicht um einen solchen „eigener oder neuer Art" (so aber *Arend* Personalabbau, S 90; ErfK/*Gallner* § 125 InsO Rn 2; *Hess* § 125 InsO Rn 6; *Lohkemper* KTS 1996, 1, 20; N/R/*Hamacher* § 125 InsO Rn 14; *Schrader* NZA 1997, 70, 73; *Warrikoff* BB 1994, 2338, 2341; *Zwanziger* Arbeitsrecht, § 125 InsO Rn 2), sondern um einen solchen iSd § 112 Abs 1 BetrVG, denn es gibt – wie die Bezugnahme auf § 111 BetrVG erkennen lässt – keine unterschiedlichen Begriffe oder Grundlagen für einen Interessenausgleich im Zusammenhang mit Betriebsänderungen inner- oder außerhalb der Insolvenz eines Unternehmens, sondern lediglich Interessenausgleiche mit unterschiedlichen Regelungsinhalten (BKBN/ *Berscheid* Teil 12 Rn 166; KPB-*Moll* § 125 InsO Rn 20; *Oetker/Friese* DZWIR 2001, 177, 178; *Giesen* ZIP 1998, 46, 50; *Lakies* RdA 1997, 145, 149; *Matthes* RdA 1999, 178. 180; *B. Preis* DB 1998, 1614, 1615).

10 Für das Zustandekommen gelten mit der Modifizierung durch § 121 InsO die Regelungen des § 112 Abs 1–3 BetrVG. Insbesondere muss der Insolvenzverwalter ihn mit dem zuständigen Betriebsrat abgeschlossen haben. In aller Regel ist der (örtliche) Betriebsrat zuständig. Plant der Insolvenzverwalter allerdings eine Verlegung eines Betriebes und dessen Zusammenlegung mit einem anderen seiner Betriebe, so ist der Gesamtbetriebsrat zuständig (**BAG** 24. 1. 1996 – 1 AZR 542/05, AP Nr 16 zu § 50 BetrVG 1972 = NZA 1996, 1107 = ZIP 1996, 1391; s auch **BAG** 8. 6. 1999 – 1 AZR 831/98, AP Nr 47 zu § 111 BetrVG 1972 = NZA 1999, 1168 = RdA 2001, 37 [*Richardi*] = ZIP 1999, 1898). Wenn sich die Betriebsänderung auf mehr als einen Betrieb oder mehr als ein Unternehmen eines Konzerns erstreckt, dann kann ein Interessenausgleich auch von unternehmensbezogenen Betriebsverfassungsorganen abgeschlossen werden. Andere Betriebsräte hingegen können keinen betriebsübergreifenden Interessenausgleich vereinbaren. Bei Zweifeln über den zuständigen Verhandlungspartner genügt es, dass der Insolvenzverwalter in geeigneter Weise versucht, den richtigen Partner für Unterrichtung und Beratung zu finden. Er muss die in Betracht kommenden Arbeitnehmervertretungen zur Klärung der Zuständigkeitsfragen auffordern und dann mit dem ihm benannten Betriebsrat verhandeln (*Löwisch* RdA 1997, 80, 83; zust *Berscheid* MDR 1998, 816, 817).

11 Der **Interessenausgleich** mit Namensliste **muss vor Ausspruch der Kündigungen zustande gekommen sein** (*Berscheid* MDR 1998, 816, 817; BKBN/*Berscheid* Teil 12 Rn 168; *Oetker/Friese* DZWIR 2001, 177, 178 mit zahlreichen Nachweisen in Fn 104 und Fn 105; str aA *Grunsky/Moll* Arbeitsrecht, S 89 Rn 365). Vereinbaren Betriebsrat und Insolvenzverwalter bei betriebsbedingten Kündigungen erst nach Ausspruch der Kündigungen und damit nach Beginn der Betriebsänderung eine Namensliste, so ist die gesetzliche Vermutung des § 125 Abs 1 S 1 Nr 1 InsO nicht erfüllt (so zu § 1 Abs 5 S 1 KSchG [1996] ArbG Offenbach/Main 18. 6. 1997 – 3 Ca 694/96, AiB 1997, 728 [*Isensee*] = DB 1998, 926; str aA ArbG Stralsund 13. 2. 1997 – 1 Ca 647/96, AuA 1998, 27 = ZAP ERW 1998, 67 [*Berscheid*]). Würde man Betriebsrat und Insolvenzverwalter die Möglichkeit eröffnen, bereits ausgesprochene Kündigungen durch einen nachträglichen Interessenausgleich zu sanktionieren, so führte dies nicht nur zu Rechtsunsicherheit und Rechtsunklarheit, sondern eröffnete zudem die Möglichkeit, vom Arbeitgeber geschaffene Fakten nachträglich zu sanktionieren (**LAG** Düsseldorf 29. 1. 1998 – 5/4 Sa 1914/97, InVo 1999, 12; **LAG** Düsseldorf 29. 1. 1998 – 5 Sa 1915/97, LAGE § 1 KSchG Interessenausgleich Nr 4).

12 Geht der Stilllegung eines Betriebes eine Betriebseinschränkung iSd § 111 S 3 Nr 1 BetrVG [2001] in Form eines bloßen Personalabbaus ohne Verringerung der sächlichen Betriebsmittel voraus, der sich über einen längeren Zeitraum erstreckt, so kann darin bereits eine Betriebsänderung liegen, wenn eine größere Anzahl von Arbeitnehmern betroffen ist. Richtschnur, wann erhebliche Teile der Belegschaft betroffen sind, sind die Zahlen und Prozentangaben in § 17 Abs 1 KSchG; für Großbetriebe sind die Voraussetzungen allerdings erst bei einem Personalabbau von 5% der Gesamtbelegschaft gegeben (so zu § 111 BetrVG aF [1972]: **BAG** 22. 1. 2004 – 2 AZR 111/02, AP Nr 1 zu § 112 BetrVG 1972 Namensliste = NZA 2006, 64). Erfolgt der **Personalabbau in Etappen**, so richtet sich die Zahl der regelmäßig beschäftigte Arbeitnehmer iSd § 111 BetrVG danach, wie sich der Personalabbau im Zeitablauf darstellt. Erweist er sich im Zeitpunkt des Stilllegungsbeschlusses rückblickend **als Vorstufe der Betriebsstilllegung**, die damit in der Form eines gleitenden Übergangs eingeleitet wurde, so bleibt er außer Betracht; maßgebend ist die ursprüngliche Beschäftigtenzahl (so zu § 111 BetrVG aF [1972]: **BAG** 9. 5. 1995 – 1 ABR 51/94, AP Nr 33 zu § 111 BetrVG 1972 = NZA 1996, 166 = ZIP 1995, 1762). Maßgeblich ist in einem solchen Fall die Gesamtzahl der Arbeitnehmer, die voraussichtlich, wenn auch in mehreren „Wellen", betroffen sein werden, sei es auch erst nach Ablauf mehrerer Monate; der Dreißig-Tage-Zeitraum nach § 17 Abs 1 KSchG ist hier nicht übertragbar. Erreichen die ersten „**Entlassungswellen**", für die ein Interessenausgleich mit Namensliste abgeschlossen ist, die erforderliche Gesamtzahl von mindestens 5% der Belegschaft, so wird die Vermutungswirkung des § 125 Abs 1 InsO ausnahmsweise nicht dadurch beeinträchtigt, dass weitere Entlassungswellen vorgesehen sind, für die noch keine Namensliste vorliegt (so § 1 Abs 5 KSchG [1996]: **BAG** 22. 1. 2004 – 2 AZR 111/02, AP Nr 1 zu § 112 BetrVG 1972 Namensliste = NZA 2006, 64).

12a Haben die Betriebsparteien nur einen Teil der aus ihrer Sicht zu einem bestimmten Termin zur Kündigung anstehenden Arbeitnehmer in die Namensliste aufgenommen (sog „**Teil-Namensliste**"), so darf diese als Ausnahme nur in Fällen anerkannt werden, in denen sie sich auf ein in sich geschlossenes unternehmerisches Konzept bezieht. Regelmäßig wird nur aus einer die unternehmerische Entscheidung insgesamt erfassenden Liste (sog „**Voll-Namensliste**") deutlich, wie sich die dem Interessenausgleich zugrunde liegende Betriebsänderung (§ 111 S 3 BetrVG) aus Sicht der Betriebsparteien auf die konkreten Beschäftigungsmöglichkeiten der Arbeitnehmer im Betrieb insgesamt auswirkt, welche Arbeitnehmer unter Beachtung sozialer Auswahlgesichtspunkte gekündigt werden müssen (und welche nicht) und ob die Betriebspartner bei der sozialen Auswahl ein von ihnen zugrunde gelegtes System, vor allem was die Bildung von Vergleichsgruppen anbelangt, durchgängig eingehalten haben (**BAG** 26. 3. 2009 – 2 AZR 296/07, NZA 2009, 1151). Der Gesetzeszweck und die an die **Namensliste** geknüpften Rechtsfolgen verlangen jedenfalls, dass in ihr **ausschließlich Arbeitnehmer bezeichnet** sind, die aus der **eigenen Sicht der Betriebsparteien aufgrund** der dem Interessenausgleich zugrunde liegenden Betriebsänderung iSd **§ 111 S 3 BetrVG zu dem geplanten Termin** zu kündigen sind. Auch darf das Zustandekommen der Einigung der Betriebsparteien nicht auf außerhalb des Gesetzeszwecks liegenden Erwägungen der Betriebsparteien beruhen. Nur unter diesen Voraussetzungen ist ausreichend sichergestellt, dass sich die Betriebsparteien in jeder Hinsicht bei der Erstellung der Namensliste mit der Betriebsnotwendigkeit der Kündigung der in ihr bezeichneten Arbeitnehmer befasst haben und sich Gedanken darüber gemacht haben, welche Arbeitnehmer als vergleichbar für eine Sozialauswahl in Betracht kommen, welche soziale Rangfolge zwischen ihnen besteht und wer aus der Sozialauswahl ausscheidet (**BAG** 26. 3. 2009 – 2 AZR 296/07, NZA 2009, 1151, mwN). Mithin ist eine „Teil-Namensliste", auch „**partielle Namensliste**" genannt, idR nicht geeignet, die Vermutungswirkung des § 125 Abs 1 S 1 Nr 1 und die Einschränkung des Prüfungsmaßstab des § 125 Abs 1 S 1 Nr 2 auszulösen (BKBN/*Berscheid* Teil 12 Rn 169). Eine Ausnahme wäre allenfalls in Fällen anzuerkennen, in denen sich die „Teil-Namensliste" auf ein in sich geschlossenes unternehmerisches Konzept bezieht (DKKW/*Däubler* § 112 a Rn 18 b und § 125 InsO Rn 8; *Gaul* BB 2004, 2686, 2688; str aA MK/*Löwisch*/*Caspers* § 125 Rnr. 80; *Kappenhagen* NZA 1998, 968; *Matthes* RdA 1999, 178; *Piehler* NZA 1998, 970, 972, die die Auffassung vertreten, der Gesetzeszweck, die Berechenbarkeit von Kündigungen bei Betriebsänderungen zu erhöhen, könne ohne Weiteres auch im Fall einer erfolgten endgültigen Verständigung der Betriebspartner auf eine so genannte „Teil-Namensliste" erreicht werden).

Die Betriebspartner können mithin **zeitlich gestaffelt** entsprechend den **geplanten „Entlassungswellen"** jeweils eine **vollständige Namensliste** aufstellen. Die Vermutungswirkung der Namensliste für weitere Maßnahmen, die erst in späteren Entlassungswellen durchgeführt werden sollen, treten dann zu den späteren Zeitpunkten ein, falls rechtzeitig vor den nächsten „Entlassungswellen" jeweils eine abschließende und vollständige Einigung der Betriebspartner über einen Interessenausgleich und eine vollständige Namensliste vorliegt. Hiernach ist es ganz allgemein zulässig, zunächst nur einen Interessenausgleich zu vereinbaren und erst später eine Namensliste aufzustellen, denn der Interessenausgleich **kann noch nach seinem Abschluss zeitnah um eine Namensliste ergänzt werden** (**BAG** 19. 6. 2007 – 2 AZR 304/06, AP Nr 16 zu § 1 KSchG 1969 Namensliste [*Wallner*] = NZA 2008, 103 = SAE 2008, 181, mwN in Rn 33; zust Wedde/*Lakies* § 125 InsO Rn 6). Bis zu welchem **Zeitpunkt** eine „zeitnahe" Ergänzung des Interessenausgleichs vorliegt, lässt sich **nicht** durch eine **starre Regelfrist** bestimmen. Entscheidend sind die Umstände des Einzelfalls, wie bspw die fortdauernden Verhandlungen der Betriebsparteien über die Erstellung einer Namensliste. Die Grenze bildet der Anspruch der Kündigungen (**BAG** 26. 3. 2009 – 2 AZR 296/97, NZA 2009, 1151, 1153 mwN). Die in der **Vorauflage** (Rn 15) vertretene Gegenansicht, die Namensliste müsse nicht vor Ausspruch der Kündigungen, sondern auch zeitgleich mit dem Interessenausgleich vereinbart werden, denn „im" Interessenausgleich geregelt könne nur das sein, was bei seinem Abschluss vorliege (so zu § 1 Abs 5 S 1 KSchG [1996] **LAG** Düsseldorf 25. 2. 1998 – 17/4 Sa 1788/97, LAGE § 1 KSchG Interessenausgleich Nr 9), **wird** hiermit **ausdrücklich aufgegeben**. Gleiches gilt für die weitere These, auch die namentliche Bezugnahme „in einem Interessenausgleich" für den Fall einer gesonderten Namensliste könne nur als zeitgleiche Einheit von Interessenausgleich und Namensliste verstanden werden.

Soll die Personalverminderung die Fortführung des Betriebs ermöglichen und hat sie für eine nicht unerhebliche Zeit zu einer Stabilisierung der Belegschaftsstärke auf niedrigerem Niveau geführt, so ergibt sich die Zahl der idR Beschäftigten aus der Belegschaftsstärke dieser Zwischenstufe. Von dieser ist dann auszugehen, wenn die Stilllegung des Betriebs später doch noch beschlossen wird, weil sich die an die Rationalisierung und die Personalreduzierung geknüpften Erwartungen nicht erfüllt haben (so zu § 111 BetrVG aF [1972]: **BAG** 9. 5. 1995 – 1 ABR 51/94, AP Nr 33 zu § 111 BetrVG 1972 = NZA 1996, 166 = ZIP 1995, 1762). Vielfach geraten Unternehmen erst nach einem erfolglosen Versuch einer „Fortführungssanierung" in den Strudel der Insolvenz. Der Insolvenzverwalter wird dann, wenn in der sich abzeichnenden Krise des Unternehmens, insbesondere kurz vor der Insolvenzantragstellung, vom Schuldner (Arbeitgeber) über einen Interessenausgleich mit oder ohne Namensliste ein Personalabbau in größerem Stil durchgeführt worden ist, sehr sorgfältig prüfen müssen, ob sich ein weiterer Personalabbau als Fortsetzung einer bereits eingeleiteten Maßnahme zur Personalreduzierung darstellt oder ob er nach einer fehlgeschlagenen Fortführungssanierung eine eigene Stilllegungsentscheidung treffen kann.

Dies kann von großer Bedeutung sein, wenn es einmal um die Frage geht, ob dem Betriebsrat die Beteiligungsrechte nach den §§ 111, 112 BetrVG überhaupt noch zustehen. Das ist nämlich dann nicht mehr der Fall, wenn sich der **Personalbestand des Betriebs** aufgrund der vom Schuldner durchgeführten **Rationalisierungs-** und Personalabbaumaßnahmen vor der Stilllegungsentscheidung des Insolvenzver-

§ 125

walters bei weniger als 21 Arbeitnehmern stabilisiert hatte (so zu § 111 BetrVG aF [1972]: BAG 9. 5. 1995 – 1 ABR 51/94, aaO; so zu § 111 BetrVG [2001]: BAG 16. 11. 2004 – 1 AZR 642/03, AP Nr 58 zu § 111 BetrVG 1972 = BAGReport 2005, 128 = ZIP 2005, 500), so dass ein Interessenausgleich mit Namensliste gem § 125 Abs 1 InsO nicht (mehr) in Betracht kommt. Geht der Insolvenzverwalter irrtümlich davon aus, dass dem mehrköpfigen Betriebsrat noch die Beteiligungsrechte gem §§ 111, 112 BetrVG zustehen, obwohl der Personalbestand auf unter 21 Arbeitnehmer abgesunken ist, und vereinbart er dennoch ein **Interessenausgleich mit Namensliste**, dann werden die **Rechtsfolgen des § 125 Abs 1 InsO nicht ausgelöst**.

16   Liegt der Personalbestand dagegen bei 21 oder mehr Arbeitnehmern oder hat zur Stilllegung ein **kontinuierlicher Personalabbau** stattgefunden, so erfüllt der Betrieb nach der Zahl der Arbeitnehmer weiterhin die Voraussetzungen für die Anwendung der §§ 111, 112 BetrVG. Verhandelt der Insolvenzverwalter in diesem Fall nicht mit dem Betriebsrat, weil er irrtümlich glaubt, dass der noch vom Schuldner in der Krise abgeschlossene Interessenausgleich reiche aus, dann kommen ihm die Wohltaten des schuldnerischen Interessenausgleichs mit Namensliste nach § 125 Abs 1 InsO nicht zugute und es drohen wegen Nichtverhandelns mit dem Betriebsrat zusätzlich **Nachteilsausgleichsansprüche** nach § 113 Abs 3 BetrVG (**BAG** 22. 7. 2003 – 1 AZR 541/02, AP Nr 42 zu § 113 BetrVG 1972 = NJW 2004, 875 = NZA 2004, 93 = NZI 2004, 99 = ZInsO 2004, 107 = ZIP 2003, 2216). Im Übrigen ist die **Abweichung vom Interessenausgleich** (§ 113 Abs 1 BetrVG) von der **Planung einer vollständig neuen Betriebsänderung** (§ 113 Abs 3 BetrVG) zu unterscheiden. Schließt der Insolvenzverwalter zunächst einen auf Fortführung des Betriebes mit reduzierter Belegschaft ausgerichteten Interessenausgleich, liegt eine neue Betriebsänderung iSd § 111 S 3 Nr 1 BetrVG [2001] vor, wenn er sich später entschließt, den Betrieb insgesamt stillzulegen. In diesem Fall werden sämtliche Beteiligungsrechte des Betriebsrats neu ausgelöst (**LAG** Hamm 26. 8. 2004 – 4 Sa 1853/03, LAGReport 2005, 242).

17   **b) Kündigung wegen der zugrunde liegenden Betriebsänderung.** Für das Vorliegen der Voraussetzungen der Vermutungswirkung in § 125 Abs 1 S 1 Nr 1 InsO kommt es, was die Betriebsänderung iSd § 111 S 3 BetrVG betrifft, ausschließlich auf eine nachgewiesene beabsichtigte Betriebsänderung an (**LAG** Düsseldorf 27. 9. 2001 – 11 Sa 782/01, LAGReport 2002, 125 = ZInsO 2002, 740). Die **Vermutungswirkungen** eines Interessenausgleichs mit namentlicher Benennung der Arbeitnehmer **gelten** dagegen **nicht, wenn den Arbeitnehmern** nicht aufgrund der geplanten Betriebsänderung, sondern **aufgrund anderer betrieblicher Gründe gekündigt werden soll** (ArbG Siegburg 17. 7. 1997 – 1 Ca 3510/96, MDR 1997, 1038 [*Moll*] = ZAP ERW 1998, 67 [*Berscheid*]; ebenso *Berscheid* BuW 1997, 831, 832; *ders* MDR 1998, 816, 817; *Oetker/Friese* DZWIR 2001, 177, 179 mwN in Fn 111). Da § 125 Abs 1 S 1 InsO auf § 111 BetrVG verweist, kommt ein Interessenausgleich mit Namensliste nur für Betriebe mit mehr als 20 wahlberechtigten Arbeitnehmer (§ 111 S 1 BetrVG) in Betracht (Gottwald/Heinze/*Bertram* § 107 Rn 87 mwN in Fn 187). § 125 InsO kann nicht auf Vorgänge erstreckt werden, die sich nicht als Betriebsänderung darstellen und damit außerhalb des Anwendungsbereichs des § 111 BetrVG liegen (**BAG** 6. 4. 2007 – 8 AZR 612/06, AP Nr 5 zu § 125 InsO = NZA 2007, 1319, unter Rn 31). Die Regelung des § 125 Abs 1 InsO gilt deshalb auch dann nicht, wenn es nur um die Kündigung einzelner Arbeitnehmer geht, ohne dass die Voraussetzungen für eine Betriebsänderung durch reinen Personalabbau gegeben sind (*Grunsky/Moll* Arbeitsrecht, S 85 Rn 353; zust BKBN/*Berscheid* Teil 12 Rn 174). Dies ist der Fall, wenn der geplante Personalabbau die die Zahlen und Prozentangaben in § 17 Abs 1 KSchG nicht erreicht (Gottwald/Heinze/*Bertram* § 107 Rn 87 mwN in Fn 186). Für einen Personalabbau über einen Interessenausgleich mit Namensliste muss dagegen die Schwelle der Sozialplanpflichtigkeit nach § 112 BetrVG nicht erreicht werden (ErfK/*Gallner* § 125 InsO Rn 3; SPV/*Vossen* Rn 2169a).

18   Die **Anwendung** des § 125 Abs 1 InsO **scheidet** des Weiteren **aus, wenn** zwischen den Betriebsparteien lediglich **ein freiwilliger Interessenausgleich vereinbart wurde** (so zu § 1 Abs 5 KSchG [1996] ArbG Wesel 28. 5. 1997 – 6 Ca 389/97, NZA-RR 1997, 341 = ZAP ERW 1998, 45 [*Berscheid*]; **ArbG** Senftenberg 5. 2. 1998 – 3 Ca 2923/97, NZA-RR 1998, 299; *Hohenstatt* NZA 1998, 846, 851; *Kohte* BB 1998, 946, 949; *Zwanziger* AuR 1997, 427; *ders* DB 1997, 2174, 2175; so zu § 1 Abs 5 KSchG [2004] H/W/K/ *Quecke* § 1 KSchG Rn 420; SPV/*Preis* Rn 1166e; TLL/*Benkert* § 1 KSchG Rn 911; so zu § 125 InsO BeckOK/*Plössner* § 125 InsO Rn 6; BKBN/*Berscheid* Teil 12 Rn 174; DKKW/*Däubler* § 125 InsO Rn 7; FK-*Eisenbeis* § 125 InsO Rn 2; Gottwald/Heinze/*Bertram* § 107 Rn 87; *Hess* § 125 InsO Rn 40; HK/ *Linck* § 125 InsO Rn 3; KDZ/*Däubler* § 125 InsO Rn 7; K/P/B/*Moll* § 125 InsO Rn 28; KR/*Weigand* § 125 InsO Rn 6; N/R/*Hamacher* § 125 InsO Rn 18; *Oetker/Friese* DZWIR 2001, 177; *Richardi* NZA 1999, 617, 618; SPV/*Vossen* Rn 2169a; TLL/*Benkert* § 125 InsO Rn 5; *Wedde/Lakies* § 125 InsO Rn 5; str aA *Giesen*, ZIP 1998, 46, 49, der die „Richtigkeitsgewähr" des Interessenausgleichs allein aus der Teilnahme des Betriebsrats folgert; ferner *Hess* § 125 InsO Rn 6 unter Hinweis auf die Regelung des § 323 Abs 2 InsO; *Hess* AR-Blattei SD 915.6 Rn 15; *Kappenhagen* NZA 1998, 968 ff; *Matthes* RdA 1999, 178, 179; *Schiefer* DB 1997, 1518, 1519; *ders* NZA 1997, 915, 917 f). Nach dem Wortlaut der Vorschrift ist zwar ausreichend, dass sich die Planung des Insolvenzverwalters auf eine Betriebsänderung iSv § 111 BetrVG bezieht, aber es muss sich um eine konkrete Betriebsänderung handeln, weil ein „Interessenausgleich auf Vorrat" nicht zulässig ist (**BAG** 19. 1. 1999 – 1 AZR 342/98, AP Nr 37 zu § 113 BetrVG 1972 [*Meyer*] = NZA 1999, 949 = ZInsO 1999, 544 = ZIP 1999, 1411; zust BKBN/*Berscheid*

Teil 12 Rn 174; ErfK/*Gallner* § 125 InsO Rn 3). Auch wenn es somit nicht auf das Vorliegen einer Betriebsänderung, sondern lediglich auf deren Planung ankommt (Gottwald/Heinze/*Bertram* § 107 Rn 28; *Heinze* NZA 1999, 57, 59; B. *Preis* DB 1998, 1614, 1616), muss die Planungsabsicht des Insolvenzverwalters noch bei Abschluss, dh bei der Unterzeichnung des Interessenausgleichs bestehen. Die Regelung des § 125 Abs 1 InsO ist deshalb nicht mehr anwendbar, wenn sich im Laufe der Interessenausgleichsverhandlungen die ursprünglich beabsichtigte Maßnahme qualitativ und quantitativ so verändert – sprich: verkleinert – hat, dass abweichend von der Planung zu Beginn der Verhandlungen im Zeitpunkt der Unterzeichnung des Interessenausgleichs im Ergebnis keine Betriebsänderung iSd § 111 BetrVG mehr vorliegt (*Oetker/Friese* DZWIR 2001, 177 f; str aA KDZ/*Däubler* § 125 InsO Rn 6; K/P/B/*Moll* § 125 InsO Rn 12; KR/*Weigand* § 125 InsO Rn 8; SPV/*Vossen* Rn 2169 a bei Fn 10). Spätere Änderungen bei der Durchführung der Maßnahme führen dagegen nur bei wesentlicher Änderung der Sachlage (§ 125 Abs 1 S 2 InsO) zum Wegfall der Modifikation im Kündigungsschutzprozess (*Oetker/Friese* DZWIR 2001, 177, 178).

Bei **Teileinschränkungen oder -stilllegungen eines Betriebes** (*Berscheid* ZAP ERW 1997, 109, 110; **19** ders MDR 1998, 816, 817) und bei einer Betriebseinschränkung, die sich in Form eines bloßen Personalabbaus ohne Verringerung der sächlichen Betriebsmittel in der Größenordnung der Zahlen und Prozentangaben des § 17 Abs 1 KSchG vollzieht, ist es notwendig, diese Art der Betriebsänderung und ihre Auswirkungen im Interessenausgleich selbst (etwa in einer Präambel) näher darzustellen. Soll zB bei einem Betrieb mit den Abteilungen Maschinenbau und Rohrbau letztere stillgelegt und sollen weitere Arbeitnehmer, die abteilungsübergreifend tätig waren, entlassen werden, dann muss im Interessenausgleich festgehalten werden, dass deren Entlassung eine Folge der Betriebsteilstilllegung ist. Wird nur die Stilllegung der Abteilung Rohrbau im Interessenausgleich erwähnt, lässt sich die Entlassung weiterer, nicht in dieser Abteilung tätiger Arbeitnehmer ansonsten nicht rechtfertigen. Die Vermutung der dringenden betrieblichen Erfordernisse für eine Kündigung im Insolvenzverfahren greift nicht, wenn der namentlich im Interessenausgleich bezeichnete Arbeitnehmer in einem Bereich beschäftigt ist, der nicht von der im Interessenausgleich geregelten Betriebsänderung erfasst wird (**ArbG** Braunschweig 23. 11. 2000 – 1 Ca 389/00, ZInsO 2001, 389). Es genügt nicht, dass Arbeitnehmer „bei Gelegenheit" einer Betriebsteilstilllegung entlassen werden; erforderlich ist vielmehr, dass sie „aus Anlass" derselben ihren Arbeitsplatz verlieren (**ArbG** Jena 15. 2. 2002 – 4 Ca 24/01, ZInsO 2002, 644). Es kommt im Rahmen von § 125 nicht darauf an, ob der konkrete Arbeitsplatz entfallen ist, sondern darauf, dass der Beschäftigungsbedarf bei einer Gruppe von vergleichbaren Arbeitnehmern teilweise entfallen ist, so dass die gesamte Gruppe an sich betroffen ist, auch wenn nur einzelne Arbeitsplätze entfallen (**BAG** 17. 11. 2005 – 6 AZR 118/05, NZA 2006, 370 = ZIP 2006, 918). Daher kann sich der Interessenausgleich nicht auf eine bloße Namensliste beschränken, ohne dass dieser zugleich eine Einigung über das „Ob" und „Wie" der zugrunde liegenden Betriebsänderung enthält (K/P/B/*Moll* § 122 InsO Rn 44 a; str aA *Caspers* Personalabbau und Betriebsänderung, S 186 Rn 427; *Oetker/Friese* DZWIR 2001, 177, 179 f; *Schrader* NZA 1997, 70, 73; *Warrikoff* BB 1994, 2338, 2341). § 125 Abs 1 S 1 InsO bestimmt, dass ein „Interessenausgleich" zustande gekommen sein muss. Aus der Bezugnahme auf § 111 BetrVG ist zu entnehmen, dass er nach Maßgabe des § 112 Abs 1 S 1 BetrVG zustande gekommen sein muss (K/P/B/*Moll* § 125 InsO Rn 23), was eine Beschränkung auf eine reine Namensliste ohne Einigung über die zugrunde liegende Betriebsänderung ausschließt.

c) **Zuordnung der Arbeitnehmer zu einem bestimmten Betrieb oder Betriebsteil.** Die Zuordnung der **20** Arbeitnehmer zu einem bestimmten Betrieb oder Betriebsteil kann problematisch sein, wenn der Personalabbau im Zusammenhang mit einer Veräußerung eines Betriebes oder Betriebsteils steht. Wird nicht der gesamte Betrieb übernommen, sondern werden nur einzelne Betriebsteile auf verschiedene Drittunternehmen übertragen, kommt es darauf an, ob das Arbeitsverhältnis einem übergehenden Betrieb oder Betriebsteil im Sinne von § 613 a Abs 1 S 1 BGB zugeordnet werden kann. Gleiches gilt bei der Veräußerung eines Betriebes von mehreren Betrieben desselben Unternehmens. Ist das Arbeitsverhältnis in den vorgenannten Varianten bei einem stillgelegten Betrieb bzw Betriebsteil angesiedelt, ist die Kündigung gemäß § 1 Abs 2 S 1 KSchG wegen Stilllegung dieses Betriebs oder Betriebsteils sozial gerechtfertigt (**LAG** Hamm 3. 9. 2003 – 2 Sa 331/03, ZInsO 2004, 820; **BAG** 25. 9. 2003 – 8 AZR 446/02, DZWiR 2004, 113 [*Bichlmeier*] = ZInsO 2004, 55). Bei der Zuordnung der Arbeitnehmer sind – wenn nur die Veräußerung eines von mehreren Betrieben desselben Unternehmens oder die Übertragung eines Betriebsteils infrage steht – zwei Fallgruppen zu unterscheiden (siehe dazu *Berscheid* MDR 1998, 816, 817; BKBN/*Berscheid* Teil 12 Rn 198; **LAG** Hamm 25. 11. 2004 – 4 Sa 1120/03, **LAGE** § 125 InsO Nr 5 = LAGReport 2005, 376 = ZInsO 2005, 616, zu 2.1. der Entscheidungsgründe):
– Arbeitnehmer, die abteilungs-, betriebs- oder betriebsteilübergreifend für alle oder mehrere zu trennenden Betriebe oder Betriebsteile tätig waren,
– Arbeitnehmer, die vor allem in der Produktion, aber auch im Verwaltungsbereich in einer bestimmten Abteilung oder einem bestimmten Betriebsteil tätig gewesen sind.

Ist ein Arbeitnehmer als Produktionsmitarbeiter einem bestimmten Betriebsteil zuzuordnen, über des- **21** sen Einschränkung sich der Interessenausgleich verhält, dann entstehen insoweit keine Probleme. Anders ist die Sach- und Rechtslage, wenn auch abteilungs-, betriebs- oder betriebsteilübergreifend tätige

Arbeitnehmer betroffen sind. Solche Arbeitsverhältnisse lassen sich nicht einem bestimmten Betriebsteil zuordnen, sie werden nicht von Art 3 Abs 1 RL 2001/23/EG und damit auch nicht von § 613a Abs 1 S 1 BGB erfasst, sie gehen daher nicht kraft Gesetzes über, weil eine Zuordnung zum veräußerten Betriebsteil nicht möglich ist (so schon **EuGH** 7. 2. 1985 – C-186/83, ZIP 1985, 828; ferner **BAG** 22. 1. 1998 – 8 AZR 358/95, ZInsO 1998, 237; **BAG** 21. 1. 1999 – 8 AZR 298/98, ZInsO 1999, 361; **BAG** 8. 8. 2002 – 8 AZR 583/01, NZA 2003, 315 = ZInsO 2003, 99). was nicht nur eine Betriebsteilveräußerung, sondern auch eine Betriebsteilstilllegung erschwert.

22 Führt außerhalb der Insolvenz eine Spaltung zugleich zu einer Betriebsteilung (bei einem bislang einheitlichen Betrieb verbleibt zB der Maschinenbau bei der übertragenden Gesellschaft und kommt der Rohrbau zur abgespaltenen oder ausgegliederten Gesellschaft), dann kann die Zuordnung der Arbeitnehmer nur auf grobe Fehlerhaftigkeit nachgeprüft werden, wenn die Betriebspartner einen Interessenausgleich vereinbaren, in dem diejenigen Arbeitnehmer namentlich bezeichnet werden, die nach der Spaltung einem bestimmten Betrieb oder Betriebsteil zugeordnet werden (§ 323 Abs 2 UmwG). Dabei ist eine zweistufige Vorgehensweise einzuhalten, nämlich in einem ersten Schritt die Zuordnung von Arbeitsplätzen zu dem vom Betriebsübergang betroffenen Betriebsteil und in einem zweiten Schritt die Besetzung der dem übergeleiteten Betriebsteil zugeordneten Arbeitsplätze mit Arbeitnehmern (**LAG** Niedersachsen 9. 12. 1997 – 13 Sa 703/97, AE 1998, 103). Bei einer Teileinschränkung eines Betriebes in der Insolvenz wird man ähnlich vorgehen müssen, wenn auch abteilungs-, betriebs- oder betriebsteilübergreifend tätige Arbeitnehmer entlassen werden sollen (*Berscheid* ZAP ERW 1998, 19, 20; *ders* MDR 1998, 816, 818; BKBN/*Berscheid* Teil 12 Rn 200). Hier kann die Zuordnung der Arbeitsverhältnisse durch **analoge Anwendung des § 323 Abs 2 UmwG** zufriedenstellend gelöst und das arbeitsgerichtliche Verfahren durch Beschränkung des Prüfungsmaßstabs auf grobe Fehlerhaftigkeit vereinfacht werden (siehe zur analogen Anwendung *Hohenstatt* NZA 1998, 846, 854; *Berscheid* ZAP ERW 1998, 94, 95; *ders* BuW 1999, 75, 78; KS-*Hanau*/*Berscheid* S 1541, 1572 Rn 63; H/W/F Hdb Kap 5 Rn 270; **str aA** zur Rechtslage außerhalb der Insolvenz **LAG** Sachsen-Anhalt 16. 3. 1999 – 8 Sa 589/98, NZA-RR 1999, 574 = ZInsO 1999, 424).

23 d) **Anforderungen an den Interessenausgleich und die „Namensliste".** Grundvoraussetzung für die Anwendung der Regelungen des § 125 Abs 1 S 1 Nr 1 InsO ist, dass die zu kündigenden Arbeitnehmer „im" Interessenausgleich, der schriftlich abgeschlossen sein muss (§ 112 Abs 1 S 1 BetrVG), oder in einer gesonderten Namensliste, die dessen Bestandteil sein muss, namentlich bezeichnet sind (§ 125 Abs 1 S 1 InsO). Die betroffenen, für die Kündigung vorgesehenen Arbeitnehmer müssen hinreichend individualisiert sein. Dies muss mindestens durch die Nennung ihrer Vor- und Nachnamen geschehen. Falls keine Verwechslungsgefahr besteht, soll zwar allein die Nennung des Nachnamens, ja sogar die eines Kose- oder Spitznamens genügen (*Willemsen*/*Annuß*, NJW 2004, 177, 180; TLL/*Benkert* § 1 KSchG Rn 918; **str aA** KDZ/*Däubler* § 125 InsO Rn 10; K/P/B/*Moll* § 125 InsO Rn 25; *Oetker*/*Friese* DZWIR 2001, 177, 179), jedoch kann dies allenfalls in überschaubaren kleineren oder mittleren Betriebseinheiten gelten, in denen noch klar sein dürfte, wer gemeint ist. Es ist auf jeden Fall ratsamer, stets den oder die Vornamen aufzuführen und auch das jeweilige Geburts- und Eintrittsdatum anzugeben, da diese Angaben für die Sozialauswahl benötigt werden und dem Betriebsrat in diesem Zusammenhang sowieso mitzuteilen sind. Bei Namensgleichheit stellen sie weitere Unterscheidungsmerkmale dar. Nur dann besteht die Gewähr, dass sich Betriebspartner im Einzelnen Gedanken über die soziale Auswahl jedes betroffenen Arbeitnehmers gemacht haben (ErfK/*Gallner* § 125 InsO Rn 6).

24 Das Erfordernis der namentlichen Bezeichnung schließt es aus, eine „**Negativliste**" anstelle der gesetzlich gebotenen „**Positivliste**" genügen zu lassen (**LAG** Sachsen 12. 7. 2005 – 7 Sa 892/04, nv; K/P/B/*Moll* § 125 InsO Rn 26; N/R/*Hamacher* § 125 InsO Rn 25; BKBN/*Berscheid* Teil 12 Rn 180; *Oetker*/*Friese* DZWIR 2001, 177, 179; SPV/*Preis* Rn 1166i; **str aA ArbG** Essen 6. 5. 1997 – 2 Ca 32/97, DB 1998, 925; KR-*Etzel* § 1 KSchG Rn 742c; *Schiefer* DB 1998, 925, 927). Der Gesetzeswortlaut des § 125 Abs 1 S 1 InsO ist eindeutig. Er fordert, dass die zu entlassenden Arbeitnehmer „in" dem Interessenausgleich „namentlich bezeichnet" werden. Es ist auch kein Interesse ersichtlich, dem Rechnung getragen werden müsste, um entgegen dem klaren Gesetzeswortlaut eine „Negativliste" ausreichen zu lassen. Ob nicht aus Praktikabilitätsgründen eine Negativliste als sinnvoll angesehen werden könnte oder müsste, ist unerheblich, weil das Gesetz auf ein anderes Tatbestandsmerkmal abstellt und bloße Praktikabilitätsgründe nicht ausreichen, um davon abzuweichen (K/P/B/*Moll* § 125 InsO Rn 26). Die Vermutungswirkungen des § 125 Abs 1 S 1 Nr 1 InsO greifen nicht und die Prüfung der Sozialauswahl ist – entgegen § 125 Abs 1 S 1 Nr 2 InsO – bei einer „Negativliste" als Namensliste nicht auf grobe Fehlerhaftigkeit beschränkt (so zu § 1 Abs 5 KSchG [2004] **LAG** Mecklenburg-Vorpommern 8. 3. 2007 – 1 Sa 277/06, nv), es verbleibt vielmehr bei der „normalen", abgestuften Darlegungs- und Beweislast (BKBN/*Berscheid* Teil 12 Rn 180). Wird eine ganze Abteilung oder ein Betriebsteil stillgelegt, ist die Namensliste durch die Angabe der Abteilung oder des Betriebsteils nicht entbehrlich (KR-*Etzel* § 1 KSchG Rn 742c; *Löwisch* RdA 1997, 80, 81; *Zwanziger* AuR 1997, 427). Eine andere Beurteilung ist auch dann nicht geboten, wenn ein Betrieb insgesamt stillgelegt, dh überhaupt kein Arbeitsplatz mehr aufrechterhalten wird (Gottwald/Heinze/*Bertram* § 107 Rn 92 bei Fn 198; NR-*Hamacher* § 125 InsO Rn 25). Zwar wird angenommen, es müsste als sinnlose Förmelei erscheinen, wenn alle Arbeit-

nehmer des Betriebs namentlich im Interessenausgleich aufgeführt werden müssten; es solle – weil Zweifel über die Betroffenen nicht möglich seien – in einem solchen Fall genügen, dass der Interessenausgleich den S enthält, dass alle Arbeitnehmer des Betriebs entlassen würden (KP-*Moll* § 125 InsO Rn 27; *Oetker/Friese* DZWIR 2001, 177, 179). Auch wenn sich das Problem der Sozialauswahl nicht stellt, kann die Anwendung des § 125 Abs 1 S 1 InsO auf die Stilllegung eines ganzen Betriebs und nicht nur einzelne Betriebsteile in der Praxis bedeutsam sein, weil die Vermutung des Vorliegens dringender betrieblicher Erfordernisse (Stilllegungssachverhalt, Weiterbeschäftigungsmöglichkeit in anderen Betrieben des Unternehmens) bestehen bleibt (NR-*Hamacher* § 125 InsO Rn 25). Dies gilt erst recht im Hinblick auf § 128 Abs 2 InsO für die „Übertragende Sanierung". Ein Interessenausgleich ohne Namensliste löst daher nicht die Vermutungswirkung des § 125 Abs 2 S 1 InsO aus (Gottwald/Heinze/ *Bertram* § 107 Rn 92 nach Fn 198).

Dem gesetzlichen Schriftformerfordernis (§ 112 Abs 1 S 1 BetrVG BetrVG iVm §§ 125, 126 BGB) ist **25** nur dann Genüge getan ist, wenn die Urkunde das gesamte Rechtsgeschäft, soweit es formbedürftig ist, enthält. Wird ein Interessenausgleich mit **Namensliste** eingereicht, so muss letztere ein äußeres Merkmal aufweisen, das sie als **Bestandteil des Interessenausgleichs** ausweist (**LAG** Hamm 23. 3. 2000 – 4 Sa 1554/99, ZInsO 2000, 571). Dabei ist zu unterscheiden, ob die Namensliste ist Text des Interessenausgleichs enthalten ist oder nicht und ob sie – falls sie als gesonderte Liste erstellt worden ist – unterzeichnet ist oder nicht. Ist die Namensliste Teil des Interessenausgleichstextes und besteht der Text des Interessenausgleichs selbst aus mehreren Blättern, so liegt eine einheitliche Urkunde iSd § 126 Abs 2 S 1 BGB allerdings schon dann vor, wenn sich aus dem Inhalt der Blätter deren Einheit – etwa aus laufender Paginierung, fortlaufender Nummerierung der einzelnen Bestimmungen, einheitlicher graphischer Gestaltung, inhaltlichem Zusammenhang des Textes oder vergleichbarer Merkmale – deren Zusammenhang zu einem einheitlichen Ganzen ergibt (so zur Schriftform beim Mietvertrag gem § 566 BGB aF OLG Naumburg 28. 1. 1997 – 11 U 11/96, NJ 1997, 543; **BGH** 24. 9. 1997 – XII ZR 234/95, NJW 1998, 58 = MDR 1998, 31 [*Sternel*] = ZIP 1997, 2085). Ist dies der Fall, so bedarf es zur Wahrung der Schriftform des § 112 Abs 1 S 1 BetrVG nicht zusätzlich der körperlichen Verbindung der einzelnen Blätter der Vereinbarung (*Berscheid* ZAP ERW 1998, 19, 20; KR-*Etzel* § 1 KSchG Rn 742a); die **Unterschrift** auf dem **letzten Blatt der Vertragsurkunde genügt** (**LAG** Hamm 23. 3. 2000 – 4 Sa 910/99, ZInsO 2000, 570). Nicht ausreichend und damit unzulässig ist eine **Oberschrift** statt Unterschrift (*Franke* ZMR 1998, 529, 534; s zum unwirksamen Widerruf eines Testaments durch Oberschrift **LG** München I 22. 5. 1997 – 16 T 18.326/96, FamRZ 1998, 1623), mit anderen Worten, die Unterschrift erfasst nicht den Text, der bspw. als „Nachtrag" unter ihr steht. Ein links oder rechts neben dem Urkundentext stehender Namenszug („**Nebenschrift**") ist keine Unterschrift (**BGH** 21. 1. 1992 – XI ZR 71/91, MDR 1992, 806 = NJW 1992, 829) und genügt nicht dem gesetzlichen Schriftformerfordernis. Die Unterschrift muss vielmehr unter der letzten Textzeile stehen.

Wegen des **Gebots der Urkundeneinheit** und wegen des **Formprinzips des Bezugnahmeverbots** (s **26** dazu *Sternel* MDR 1998, 33) genügt der einseitige Hinweis im Interessenausgleich, also eine bloße Bezugnahme, auf eine „**lose**" beigefügte „**Anlage 1**", die von den Betriebspartnern **nicht unterzeichnet** ist, ebenso wenig (so schon **LAG** Rheinland-Pfalz 17. 10. 1997 – 9 Sa 401/97, LAGE § 1 KSchG Interessenausgleich Nr 2 = InVo 1998, 70 = ZAP ERW 1998, 19 [*Berscheid*]) wie die Verwahrung der Namensliste in einer losen Plastikhülle innerhalb eines Ordners, die unter solchen Umständen problemlos ausgetauscht werden könnte (**BAG** 20. 5. 1999 – 2 AZR 278/98, ZInsO 2000, 351). Ergibt sich der volle Geschäftsinhalt nämlich erst durch die Hinzuziehung einer nicht unterzeichneten **Anlage**, so muss zur Erfüllung der Schriftform die ergänzende Urkunde mit der **Haupturkunde** zu einer **einheitlichen Urkunde zusammengebracht** sein, wobei die Verbindung einen Sinnzusammenhang erkennen lassen und erkennbar endgültig und dauerhaft gewollt sein muss. Dies ist der Fall, wenn die hergestellte Verbindung nur durch teilweise Substanzzerstörung oder mit Gewaltanwendung wieder aufgehoben werden kann, wie es beim Heften mit Faden, Anleimen oder **Zusammenfügen mittels Heftmaschine** der Fall ist (so grundlegend **BGH** 13. 11. 1963 AP Nr 1 zu § 126 BGB; zust **BAG** 11. 11. 1986 AP Nr 18 zu § 77 BetrVG 1972; so zu § 1 Abs 5 KSchG [1996] **BAG** 7. 5. 1998 – 2 AZR 55/98, AP Nr 1 zu § 1 KSchG 1969 Namensliste [*Schiefer*] = NZA 1998, 1110 = ZIP 1998, 1885; so zu § 125 Abs 1 InsO **BAG** 26. 4. 2007 – 8 AZR 695/05, AP Nr 4 zu § 125 InsO = NZA 2008, 72 = ZIP 2007, 2136, unter Rn 40); eine **Büroklammer genügt nicht** (**LAG** Rheinland-Pfalz 17. 10. 1997 – 9 Sa 401/97, LAGE § 1 KSchG Interessenausgleich Nr 2 = InVo 1998, 70 = ZAP ERW 1998, 19 [*Berscheid*]; zust APS/*Dörner* § 125 InsO Rn 21; APS/*Kiel* § 1 KSchG Rn 797; *Kohte* DB 1998, 946ff; KDZ/*Däubler* § 125 InsO Rn 11; TLL/*Benkert* § 1 KSchG Rn 917). Ist die nicht unterschriebene Namensliste mit dem Interessenausgleich mittels Heftmaschine fest verbunden, dann muss sie nicht ausdrücklich als Anlage zum Interessenausgleich bezeichnet und mit Ort und Datum versehen sein. Die Schriftstücke müssen allerdings bereits **im Augenblick der Unterzeichnung** als einheitliche Urkunde erkennbar sein; sie dürfen nicht erst nachträglich zusammengeheftet werden (**BAG** 6. 7. 2006 – 2 AZR 520/05, NZA 2007, 266 = ZIP 2006, 2329; str aA Vorauf Rn 26 unter Hinweis auf **LAG** Hamm 10. 3. 2000 – 10 Sa 1843/99, InVo 2000, 349 = ZInsO 2000, 467). Gleiches gilt, wenn die ursprünglich vorhandene Gesamturkunde zerstört worden ist, in dem die Heftklammern gelöst worden sind. Dass dies lediglich zwecks Kopierens geschehen sein soll und dass die losen Blätter danach wieder zusammengeheftet sind, ist unbeachtlich (LAG Hamm v 6. 7. 2000 – 4 Sa 233/00, ZInsO 2001, 336).

27 Eine fehlende feste Verbindung einer mehrseitigen Namensliste mit dem Interessenausgleich mittels Heftmaschine führt jedenfalls dann nicht zur Unwirksamkeit einer Kündigung nach § 125 S 1 BGB, wenn die einzelnen Seiten der Namensliste von den Personen, die den Interessenausgleich unterzeichnet haben, jeweils paraphiert worden sind und auch die Namensliste selbst von den Betriebspartnern unterzeichnet worden ist (so zu § 1 Abs 5 KSchG [1996] LAG Hamm 23. 3. 2000 – 4 Sa 1554/99, ZInsO 2000, 571; so zu § 125 InsO Hamm 6. 7. 2000 – 4 Sa 233/00, ZInsO 2001, 336). Wird nämlich die Namensliste getrennt vom Interessenausgleich erstellt, reicht es aus, wenn sie von den Betriebsparteien unterzeichnet und in ihr auf den Interessenausgleich oder im Interessenausgleich auf die Liste Bezug genommen ist (BAG 21. 2. 2002 – 2 AZR 581/00, BAGReport 2003, 16 = NZA 2002, 1360 = ZInsO 2002, 1103; BAG 22. 1. 2004 – 2 AZR 111/02, AP Nr 1 zu § 112 BetrVG 1972 Namensliste = NZA 2006, 64; BAG 19. 6. 2007 – 2 AZR 304/06, AP Nr 16 zu § 1 KSchG 1969 Namensliste [*Wallner*] = NZA 2008, 103 = SAE 2008, 181, mwN in Rn 32), falls dies bis zur Abgabe der Kündigungserklärungen geschieht (APS/*Kiel* § 1 KSchG Rn 785 e; Gottwald/Heinze/*Bertram* § 107 Rn 92 bei Fn 196; KR-Griebeling § 1 KSchG Rn 703 b; *Oetker/Friese* DZWIR 2001, 177, 178; TLL/*Benkert* § 1 KSchG Rn 915).

28 Die Namensliste muss im Interessenausgleich vereinbart sein, eine entsprechende Namensliste in einem (gleichzeitig abgeschlossenen) Sozialplan genügt nicht (*Lakies* NJ 1997, 121, 125; *ders* RdA 1997, 145, 149; zust *Berscheid* ZAP ERW 1997, 109, 110; *ders* BuW 1997, 672, 677; DKKW/*Däubler* § 125 InsO Rn 9; FK-*Eisenbeis* § 125 InsO Rn 4; KDZ/*Däubler* § 125 InsO Rn 9; Wedde/*Lakies* § 125 InsO Rn 6; str aA *Hess* § 125 InsO Rn 40; *Oetker/Friese* DZWIR 2001, 177, 179; *U. Preis* NJW 1996, 3369, 3372; *Schiefer* NZA 1997, 915, 917; *Stahlhacke/Preis* WiB 1996, 1025, 1032; wohl auch *Zwanziger* AuR 1997, 427, 428 bei Fn 14); K/P/B/*Moll* § 125 Rn 28), denn der Wortlaut des § 125 Abs 1 S 1 InsO stellt darauf ab, dass „zwischen Insolvenzverwalter und Betriebsrat ein Interessenausgleich zustande" kommt, und § 112 BetrVG trennt präzise zwischen Interessenausgleich und Sozialplan. Eine Ausdehnung des Regelungsgehalts des § 125 Abs 1 InsO ist jedenfalls dann nicht zulässig, wenn der Sozialplan nicht freiwillig vereinbart, sondern durch Spruch der Einigungsstelle festgelegt worden ist (*Ascheid* RdA 1997, 333, 342; ErfK/*Gallner* § 125 InsO Rn 4; *Fischermeier* NZA 1997, 1089, 1097), denn der Interessenausgleich ist nicht erzwingbar (§ 112 Abs 4 S 1 BetrVG). § 112 Abs 1 S 1 BetrVG fordert nicht, dass der Interessenausgleich in einer gesonderten Urkunde niedergelegt und als solcher ausdrücklich bezeichnet wird. Es ist in der Betriebspraxis vielfach üblich, Interessenausgleich und Sozialplan in einer Urkunde niederzulegen, diese auch nur als Sozialplan zu bezeichnen oder andere Überschriften zu wählen. Regelungen, die ihrem Inhalt eines Interessenausgleichs sein können, werden als Sozialplan bezeichnet (vgl BAG 17. 9. 1991 – 1 ABR 23/91, AP Nr 59 zu § 112 BetrVG 1972 = NZA 1992, 227 = ZIP 1992, 260), Einigungen, die ihrem Inhalt nach einen Sozialplan darstellen, werden auch Interessenausgleich genannt.

29 Vereinbaren die Betriebspartner vor Durchführung einer Maßnahme, die sich als Betriebsänderung darstellt, schriftlich in einem „Sozialplan", in welcher Weise die wirtschaftlichen Nachteile der von dieser Maßnahme betroffenen Arbeitnehmer ausgeglichen oder gemildert werden sollen, so kann darin auch die Einigung der Betriebspartner darüber liegen, dass diese Maßnahme so wie geplant durchgeführt werden soll. In einem solchen Fall ist – **entgegen der anders lautenden Bezeichnung** der Vereinbarung – von einem **Interessenausgleich auszugehen** (BAG 20. 4. 1994 – 10 AZR 186/93, AP Nr 27 zu § 113 BetrVG 1972 = NZA 1995, 89 = ZIP 1994, 1466). Zwar bedarf auch der Sozialplan zu seiner Wirksamkeit der Schriftform (§ 112 Abs 1 S 2 BetrVG), Gleiches gilt jedoch nicht für die Listen mit den für die Arbeitnehmer errechneten Sozialplanleistungen. Hier sind allein die Berechnungsformel und evtl Höchstbegrenzungen, die sich aus dem Text des Sozialplans ergeben müssen, maßgebend. Ist danach die Sozialplanabfindung höher als im Sozialplan ausgewiesen, dann entfaltet die Liste keinerlei Bindungswirkung, selbst wenn sie von den Betriebspartnern unterzeichnet wäre. Es handelt sich bei der **Verteilungsliste des § 112 BetrVG** und bei der **Entlassungsliste des § 125 InsO** mithin um unterschiedliche, nicht vergleichbare „Namenslisten".

30 **2. Vermutung der Betriebsbedingtheit der Kündigungen.** Bei den von § 125 Abs 1 InsO erfassten betriebsbedingten Kündigungen kann es sich sowohl um Beendigungskündigungen als auch um Änderungskündigungen handeln (*Oetker/Friese* DZWIR 2001, 177, 180 mit zahlreichen Nachweisen in Fn 126; ebenso zu § 1 KSchG [2004]: BAG 19. 6. 2007 – 2 AZR 304/06, AP Nr 16 zu § 1 KSchG 1969 Namensliste [*Wallner*] = NZA 2008, 103 = SAE 2008, 181; str aA *Kania* DZWIR 2000, 328, 329). Wird von beiden Kündigungsarten Gebrauch gemacht, dann ist neben der namentlichen Bezeichnung der betroffenen Arbeitnehmer jeweils auch die Kündigungsart anzugeben (*Oetker/Friese* DZWIR 2001, 177, 180 mit zahlreichen Nachweisen in Fn 127). Im Falle der Änderungskündigung ist darüber hinaus das Änderungsangebot in seinen wesentlichen Punkten aufzunehmen (*Grunsky/Moll* Arbeitsrecht, S 85 f Rn 355 mit Beispielen; *Oetker/Friese* DZWIR 2001, 177, 180). Der ins Auge gefasste neue Vertragsinhalt (zB Reduzierung des Arbeitsentgelts um X Euro oder X Prozent oder Streichung übertariflicher Leistungen, Versetzung an einen konkret bezeichneten anderen Arbeitsplatz in demselben Betrieb oder

in einen bestimmten anderen Betrieb des Unternehmens) sollte im Einzelnen beschrieben werden. Fehlende Angaben hierüber führen zwar nicht zur Unwirksamkeit des Interessenausgleichs, sind jedoch aus Gründen der Beweissicherung dringend geboten. Bestehen nämlich in einem späteren Kündigungsschutzprozess Zweifel, welche beabsichtigte Vertragsänderung der Einigung zwischen Insolvenzverwalter und Betriebsrat zugrunde lag, dann steht dieser Umstand der **Vermutungswirkung** des § 125 Abs 1 S 1 Nr 1 InsO entgegen (*Oetker/Friese* DZWIR 2001, 177, 180), denn in einem solchen Falle lässt sich mangels entsprechender Angaben im Interessenausgleich gerichtlich nicht überprüfen, ob die vorgeschlagene Änderung vom Arbeitnehmer billigerweise hingenommen werden muss (HK/*Linck* § 125 Rn 22; N/R/*Hamacher* § 125 Rn 28).

Die Wirkungen des § 125 Abs 1 InsO beziehen sich nur auf beriebsbedingte Kündigungen, nicht auch **31** auf personen- oder verhaltensbedingte Kündigungen (HK/*Linck* § 125 Rn 12; MK/*Löwisch/Caspers* § 125 Rn 70). Ist eine Betriebsänderung iSd § 111 BetrVG geplant und kommt zwischen Insolvenzverwalter und Betriebsrat ein Interessenausgleich zustande, in dem die zu kündigenden Arbeitnehmer namentlich und mit der jeweils zutreffenden Kündigungsart bezeichnet sind, so wird für die Anwendung von § 1 Abs 2 KSchG bzw des § 2 KSchG vermutet, dass die Kündigung der Arbeitsverhältnisse der bezeichneten Arbeitnehmer durch dringende betriebliche Erfordernisse, die
– im Falle einer **Beendigungskündigung** einer Weiterbeschäftigung in demselben Betrieb oder in einem anderen Betrieb desselben Unternehmens bzw
– im Falle einer **Änderungskündigung** einer Weiterbeschäftigung zu unveränderten Arbeitsbedingungen (einschließlich des Fehlens einer anderweitigen Beschäftigungsmöglichkeit)
entgegenstehen, bedingt ist (§ 125 Abs 1 S 1 Nr 1 InsO).

Die Vermutung betrifft sowohl den Wegfall der bisherigen als auch das Fehlen einer anderweitigen **32** Beschäftigungsmöglichkeit (*B. Preis* DB 1998, 1614, 1616) und bezieht sich über den insoweit engen Wortlaut hinaus nicht nur auf das Fehlen von Beschäftigungsmöglichkeiten im Betrieb, sondern auch auf fehlende Beschäftigungsmöglichkeiten im Unternehmen (so zu § 1 Abs 5 S 1 KSchG [2004] **BAG** 6. 9. 2007 – 2 AZR 671/06, AuA 2008, 241; **BAG** 6. 9. 2007 – 2 AZR 715/06, AP Nr 170 zu § 1 KSchG 1969 Betriebsbedingte Kündigung [*Schiefer*] = BB 2008, 727 [*Dornbusch*] = NZA 2008, 633, jeweils mzN zum Sach- und Streitstand in Rn 17–19). Aus dem engen Wortlaut des § 125 Abs 1 S 1 Nr 1 InsO wird zu Unrecht gefolgert, der Insolvenzverwalter habe vergleichbar dem Arbeitgeber außerhalb der Insolvenz darzulegen und zu beweisen, dass der gekündigte Arbeitnehmer auch nicht in einem anderen Betrieb desselben Unternehmens weiterbeschäftigt werden könne (so DKKW/*Däubler* § 125 InsO Rn 15; ErfK/*Gallner* § 125 InsO Rn 4; *Fischermeier* NZA 1997, 109, 1096, 1097; KR/*Weigand* § 125 InsO Rn 16; *Hohenstatt* NZA 1998, 846, 851; KDZ/*Däubler* § 125 InsO Rn 15; str aA *Bader* NZA 1996, 1125, 1133; APS/*Dörner* § 125 InsO Rn 22; HK/*Linck* § 125 Rn 20; K/P/B/*Moll* § 125 InsO Rn 36; *Lakies* RdA 1997, 145, 150; *ders* BB 1999, 206, 207; MK/*Löwisch/Caspers* § 125 Rn 84; *Oetker/Friese* DZWIR 2001, 177, 180), denn das Kündigungsschutzgesetz ist hinsichtlich der Weiterbeschäftigungspflicht des Arbeitgebers anerkanntermaßen unternehmensbezogen. Die Möglichkeit, den Arbeitnehmer in einem anderen Betrieb des Unternehmens weiterzubeschäftigen, ist deshalb auch dann nach der Generalklausel des § 1 Abs 2 S 1 KSchG zu berücksichtigen, wenn der Betriebsrat einer ordentlichen Kündigung deswegen nicht widersprochen hat (**BAG** 17. 5. 1984 – 2 AZR 109/83, AP Nr 21 zu § 1 KSchG 1969 Betriebsbedingte Kündigung [*v Hoyningen-Huene*] = NZA 1985, 489). Dieses normative Verständnis hat der Gesetzgeber mit der Übernahme des Wortlautes des § 1 Abs 2 S 1 KSchG in § 125 Abs 1 S 1 Nr 1 InsO in Bezug genommen (*Oetker/Friese* DZWIR 2001, 177, 180).

a) Umkehr der Darlegungs- und Beweislast. Die Vermutung des § 125 Abs 1 S 1 Nr 1 InsO stellt eine **32a** Rechts- und Tatsachenvermutung dar (*Ascheid* RdA 1997, 333, 343; K/P/B/*Moll* § 125 InsO Rn 36; *Oetker/Friese* DZWIR 2001, 177, 180). Sie hat Auswirkungen auf die Darlegungs- und Beweislast im Kündigungsschutzprozess, in dem nach bislang geltendem Recht der Insolvenzverwalter gem § 1 Abs 2 S 4 KSchG für das Vorliegen von dringenden betrieblichen Erfordernissen darlegungs- und beweispflichtig war (**BAG** 23. 3. 1984 – 7 AZR 407/82, AuR 1984, 154; **BAG** 23. 3. 1984 – 7 AZR 409/82, AP Nr 38 zu § 1 KSchG 1969 Betriebsbedingte Kündigung = ZIP 1984, 1524, 1525). Die Darlegungs- und Beweislast kehrt sich bei der **Beendigungkündigung** nunmehr um (**BAG** 7. 5. 1998 – 2 AZR 536/97, AP Nr 94 zu § 1 KSchG 1969 Betriebsbedingte Kündigung [*Schiefer*] = NZA 1998, 933 = ZIP 1998, 1809; **BAG** 2. 12. 1999 – 2 AZR 757/98, AP Nr 45 zu § 1 KSchG 1969 Soziale Auswahl = NZA 2000, 531 = ZInsO 2000, 411 = ZIP 2000, 676; **BAG** 13. 7. 2006 – 6 AZR 198/06, AP Nr 22 zu § 17 KSchG 1969 = NZA 2007, 25 = ZInsO 2007, 1060 = ZIP 2006, 2396; str aA *Zwanziger* Arbeitsrecht, § 125 InsO Rn 17, der die Darlegungs- und Beweislast für die Betriebsbedingtheit weiterhin beim Insolvenzverwalter belassen will).

Die Anwendung des § 125 Abs 1 S 1 Nr 1 InsO bei der Prüfung des Vorliegens dringender betrieblicher Erfordernisse besagt allein noch nichts darüber, ob die vorgeschlagene Änderung vom Arbeitnehmer auch billigerweise hingenommen werden muss. Jedenfalls dann, wenn der Interessenausgleich keinerlei inhaltliche Vorgaben bezüglich der vorgesehenen Änderungen des Arbeitsvertrags enthält, dürfte bei der **Änderungskündigung** eine Verschiebung der Darlegungs- und Beweislast zu Lasten des Arbeitnehmers, wie § 125 Abs 1 S 1 Nr 1 InsO sie vorsieht, kaum gerechtfertigt sein. **Nur wenn** die Betriebsparteien einzelne vorgesehene Änderungen in den Interessenausgleich mit aufgenommen haben, kann eine **Mitbeurteilung** des im Interessenausgleich enthaltenen Teils des Änderungsangebots **durch den Betriebsrat** stattgefunden haben und eine ausreichende Rechtfertigung für die **Vermutung** des § 125Abs 1 S 1 Nr 1 InsO auch **hinsichtlich des Änderungsangebots** vorliegen (so zu § 1 Abs 5 KSchG [2004] **BAG** 19. 6. 2007 – 2 AZR 304/06, AP Nr 16 zu § 1 KSchG 1969 Namensliste [*Wallner*] = NZA 2008, 103 = SAE 2008, 181, mwN in Rn 26).

34   Nunmehr hat der Arbeitnehmer mit dieser Maßgabe sowohl bei der Beendigungs- als auch bei der Änderungskündigung den bei widerlichen Vermutungen iSv § 46 Abs 2 ArbGG iVm § 292 S 1 ZPO offenen **Beweis des Gegenteils** als **Hauptbeweis** zu führen. Dazu reicht die bloße Erschütterung der gesetzlichen Vermutung durch den Beweis ihrer möglichen Unrichtigkeit nicht (**ArbG** Siegburg 17. 7. 1997 – 1 Ca 3510/96, MDR 1997, 1038 [*Moll*] = ZAP ERW 1998, 67 [*Berscheid*]). Der bei widerlichen Vermutungen offene Beweis des Gegenteils ist als Hauptbeweis erst dann geführt, wenn das Gericht vom Vorliegen eines Sachverhalts überzeugt ist, der das Gegenteil der Vermutung ergibt (**LAG** Hamm 6. 7. 2000 – 4 Sa 799/00, DZWIR 2001, 107 [*Weisemann*] = ZInsO 2000, 569). Dafür reicht die bloße Erschütterung der gesetzlichen Vermutung durch den Beweis ihrer möglichen Unrichtigkeit nicht aus (*Berscheid* MDR 1998, 842, 843). Der Arbeitnehmer hat vielmehr
– im Falle der Beendigungskündigung nachzuweisen, dass sein Arbeitsplatz trotz der durchgeführten Betriebsänderung noch vorhanden ist oder eine anderweitige Beschäftigungsmöglichkeit im selben Betrieb oder in einem anderen Betrieb desselben Unternehmens besteht (**LAG** Hamm 2. 9. 1999 – 4 Sa 962/99, ZInsO 2000, 352; **LAG** Hamm 25. 11. 2004 – 4 Sa 1120/03, **LAGE** § 125 InsO Nr 5 = LAGReport 2005, 376, 378 = ZInsO 2005, 616);
– im Falle der Änderungskündigung darzulegen, wie er sich eine anderweitige Weiterbeschäftigung vorstellt, die die Änderung der Arbeitsbedingungen überflüssig macht (so zur Zumutbarkeit eines Wohnortwechsel **BAG** 19. 6. 2007 – 2 AZR 304/06, AP Nr 16 zu § 1 KSchG 1969 Namensliste [*Wallner*] = NZA 2008, 103 = SAE 2008, 181, in Rn 39).

35   Begründet der Arbeitnehmer den Fortbestand des Beschäftigungsbedürfnisses mit verfahrenen Überstunden, der Beschäftigung von Leiharbeitnehmern und/oder erfolgten Neu- oder Wiedereinstellungen, so ist ein solches Vorbringen nur beachtlich, wenn die vorgenannten Umstände auch den Tätigkeitsbereich des gekündigten Arbeitnehmers betreffen (**LAG** Hamm 23. 3. 2000 – 4 Sa 1554/99, ZInsO 2000, 571) oder der Arbeitnehmer kraft Ausübung des Direktionsrechts in den anderen, beschäftigungsträchtigen Bereich versetzt werden könnte. Zu beachten ist allerdings, dass bei fehelnder Kenntnis und fehlender Kenntnismöglichkeit des Arbeitnehmers regelmäßig eine sekundäre Darlegungslast des Arbeitgebers besteht (**BAG** 6. 9. 2007 – 2 AZR 671/06, AuA 2008, 241; **BAG** 6. 9. 2007 – 2 AZR 715/06, AP Nr 170 zu § 1 KSchG 1969 Betriebsbedingte Kündigung [*Schiefer*] = BB 2008, 727 [*Dornbusch*] = NZA 2008, 633, jeweils mwN zum Sach- und Streitstand in Rn 38; **BAG** 3. 4. 2008 – 2 AZR 879/06, BB 2008, 2356 [*Wollschläger*] = NZA 2008, 1060, unter Rn 33).

36   **b) Wesentliche Änderung der Sachlage.** Sowohl bei der Beendigungs- als auch bei der Änderungskündigung kann der Arbeitnehmer der gesetzlichen Vermutung auch mit dem Vortrag beggegnen (**LAG** Hamm 2. 9. 1999 – 4 Sa 962/99, ZInsO 2000, 352; **LAG** Hamm 6. 7. 2000 – 4 Sa 799/00, DZWIR 2001, 107, 112 [*Weisemann*] = ZInsO 2000, 569; **LAG** Hamm 25. 11. 2004 – 4 Sa 1120/03, **LAGE** § 125 InsO Nr 5 = LAGReport 2005, 376, 378 = ZInsO 2005, 616), dass
– die **Betriebsänderung nicht wie geplant** und im Interessenausgleich zugrunde gelegt **durchgeführt** wird oder
– sich die **Sachlage** nach Zustandekommen des Interessenausgleichs **wesentlich geändert** hat (§ 125 Abs 1 S 2 InsO).

37   Es braucht daher nicht mehr auf die bisherige höchstrichterliche Rechtsprechung (vgl bspw **BAG** 29. 3. 1990 – 2 AZR 389/88, AP Nr 50 zu § 1 KSchG 1969 Betriebsbedingte Kündigung = NZA 1991, 181) zurückgegriffen zu werden (**LAG** Hamm 6. 7. 2000 – 4 Sa 799/00, DZWIR 2001, 107, 112 [*Weisemann*] mwN), nach der der Insolvenzverwalter im Rahmen des § 1 Abs 2 S 1 KSchG zu einer Weiterbeschäftigung des Arbeitnehmers auf einem anderen freien vergleichbaren (gleichwertigen) Arbeitsplatz oder auf einem freien Arbeitsplatz zu geänderten (schlechteren) Arbeitsbedingungen verpflichtet ist, wobei es beim Bestreiten des Vorhandenseins eines freien Arbeitsplatzes allerdings Sache des Arbeitnehmers ist, konkret aufzuzeigen, wie er sich eine anderweitige Beschäftigung vorstellt (**BAG** 24. 3. 1983 – 2 AZR 21/82, AP Nr 12 zu § 1 KSchG 1969 Betriebsbedingte Kündigung [*Meisel*] = ZIP 1983, 1105; **BAG** 10. 1. 1994 – 2 AZR 489/93, AP Nr 8 zu § 1 KSchG 1969 Konzern = NZA 1994, 653 = WiB 1994, 559 [*Braun*] = ZIP 1994, 966; **BAG** 19. 6. 2007 – 2 AZR 304/06, AP Nr 16 zu § 1 KSchG 1969 Namensliste [*Wallner*] = NZA 2008, 103 = SAE 2008, 181, in Rn 39).

38   Für das Vorliegen der Voraussetzungen des § 125 Abs 1 S 1 InsO kommt es, was die Betriebsänderung iSd § 111 BetrVG betrifft, ausschließlich auf eine nachgewiesene beabsichtigte Betriebsänderung an (LAG Düsseldorf v 27. 9. 2001 – 11 Sa 782/01, LAGReport 2002, 125 = ZInsO 2002, 740). Die Vermutung der Betriebsbedingtheit der Kündigung und die auf grobe Fehlerhaftigkeit beschränkte Nachprüfbarkeit entfallen nur, soweit sich die Sachlage nach Zustandekommen des Interessenausgleichs wesentlich geändert hat (§ 125 Abs 1 S 2 InsO). Eine „**wesentliche Änderung der Sachlage**" im

vorgenannten Sinne meint eine Änderung der Geschäftsgrundlage; sie ist nur wesentlich, wenn beide Betriebspartner oder einer von ihnen den Interessenausgleich ohne ernsthafte Zweifel in Kenntnis der späteren Änderung überhaupt nicht oder in einem entscheidungserheblichen Punkt nicht so abgeschlossen hätten (**LAG** Köln 1. 8. 1997 – 11 Sa 355/97, LAGE § 1 KSchG Interessenausgleich Nr 1 = BuW 1998, 198 [*Sander*] = NZA-RR 1998, 160 = ZAP ERW 1998, 46 [*Berscheid*]; **BAG** 21. 2. 2002 – 2 AZR 581/00, BAGReport 2003, 16 = NZA 2002, 1360 = ZInsO 2002, 1103). In der Sache handelt es sich um einen Anwendungsfall der Grundsätze des Wegfalls der Geschäftsgrundlage iSd § 313 BGB (so bereits *Bader* NZA 1996, 1125, 1133; zust **BAG** 21. 2. 2001 – 2 AZR 39/00, BAGReport 2001, 68 = ZInsO 2001, 1072 = ZIP 2001, 1825; **BAG** v 22. 1. 2004 – 2 AZR 111/02, NZA 2006, 64; **BAG** 12. 3. 2009 – 2 AZR 418/07, NZA 2009, 1023, 1024).

Die Grundlage eines Interessenausgleichs kann in erster Linie dann entfallen, wenn die Betriebsänderung, aufgrund deren die Kündigungen erfolgen sollen, nicht wie geplant und im Interessenausgleich zugrunde gelegt durchgeführt wird oder wesentlich weniger Mitarbeiter entlassen werden als im Interessenausgleich vorgesehen (**LAG** Schleswig-Holstein 22. 4. 1998 – 2 Sa 556/97, LAGE § 1 KSchG Interessenausgleich Nr 5). Ebenso liegt eine wesentliche Änderung vor, wenn der Interessenausgleich im Hinblick auf eine Betriebsstilllegung vereinbart worden ist und nach Abschluss des Interessenausgleiches, aber noch vor Ausspruch der einzelnen Kündigungen unerwartet ein Interessent den Betrieb erwirbt und fortführt (BeckOK/*Plössner* § 125 InsO Rn 32). Von einer **geplanten Stilllegung des Betriebes** kann gem § 125 Abs 1 InsO ausgegangen werden, wenn der Insolvenzverwalter seine Stilllegungsabsicht sowohl gegenüber den Beschäftigten als auch gegenüber dem Insolvenzgericht unmissverständlich äußert, mit dem Betriebsrat einen entsprechenden Interessenausgleich mit Namensliste abschließt, allen Arbeitnehmern kündigt, sie mit abnehmender Tendenz im Rahmen einer geplanten Auslaufproduktion weiterbeschäftigt und dem Arbeitsamt die Entlassung aller Arbeitnehmer mit der Begründung „Betriebsstilllegung" anzeigt. In diesem Fall **bleibt** die **Vermutungswirkung der Betriebsbedingtheit** der Kündigung auch dann **bestehen**, wenn ein beträchtlicher Teil der Arbeitnehmer (hier 83 von 180 Arbeitnehmern) **über** den geplanten **Abschluss der Auslaufproduktion** hinaus noch mit **befristeten Arbeitsverträgen weiterbeschäftigt** wird (LAG Hamm 12. 2. 2003 – 2 Sa 826/02, ZInsO 2004, 566, 569; zust SPV/*Vossen* Rn 2178 bei Fn 51; krit *Zwanziger* BB 2003, 630, 631).

Änderungen in Einzelfällen, die vielfach dadurch eintreten können, dass für die Kündigung nicht vorgesehene Arbeitnehmer nach Abschlag eines Interessenausgleichs mit Namensliste von sich aus, also freiwillig, aus dem Betrieb ausscheiden, können nicht als wesentliche Änderung der Sachlage angesehen werden (*Fischer* AuR 1998, 261, 267; Gottwald/Heinze/*Bertram* § 107 Rn 105; K/P/B/*Moll* § 125 InsO Rn 69; N/R/*Hamacher* § 125 InsO Rn 63; *Oetker/Friese* DZWIR 2001, 177, 182; *B. Preis* DB 1998, 1614, 1617; ebenso **LAG** Berlin-Brandenburg 13. 4. 2007 – 13 Sa 2208/06, LAGE § 1 KSchG Soziale Auswahl Nr 54; bestätigt von **BAG** 12. 3. 2009 – 2 AZR 418/07, NZA 2009, 1023, 1024; str aA *Heinze* NZA 1999, 57, 60; APS/*Dörner* § 125 InsO Rn 28; DKKW/*Däubler* § 125 InsO Rn 29; ErfK/*Gallner* § 125 InsO Rn 8; KDZ/*Däubler* § 125 InsO Rn 29; MK/*Löwisch/Casper* § 125 InsO Rn 102; *Zwanziger* AuR 1997, 427, 433). Deshalb reicht auch eine vom Insolvenzverwalter veranlasste geringfügige Erhöhung oder Verringerung der Anzahl der Kündigungen nicht aus (*Bader* NZA 1996, 1125, 1133; APS/*Kiel* § 1 KSchG Rn 807; ErfK/*Gallner* § 125 InsO Rn 18; Gottwald/Heinze/*Bertram* § 107 Rn 105; **BAG** 23. 10. 2008 – 2 AZR 163/07, BB 2009, 1758 = BeckRS 2009, 60407; str aA *Zwanziger* DB 1997, 2178, 2179; *Löwisch* BB 2004, 154, 156: „wesentlich" stets bei Veränderungen gegenüber der Namensliste). Zur Beantwortung der Frage, ob eine Erhöhung oder Verringerung der Anzahl der Kündigungen eine „wesentliche" Änderung der Sachlage darstellt, dürfte auch **auf die Größenordnung der Zahlen und Prozentangaben des § 17 Abs 1 KSchG abzustellen** sein (zust BeckOK/*Plössner* § 125 InsO Rn 29; Gottwald/Heinze/*Bertram* § 107 Rn 105; MK/*Löwisch/Casper* § 125 InsO Rn 101 in Fn 117). Dabei ist bei einer Betriebsänderung, die allein in einem Personalabbau aus betrieblichen Gründen ohne Verringerung der sächlichen besteht, zu beachten, dass bei einer Verringerung der Anzahl der Entlassungen weiterhin noch die nach § 112a Abs 1 BetrVG erforderliche Quote erreicht wird, da ansonsten keine Betriebsänderung mehr vorliegt, mithin der Interessenausgleich mit Namensliste keine Wirkungen mehr entfalten kann (Gottwald/Heinze/*Bertram* § 107 Rn 105; N/R/*Hamacher* § 125 InsO Rn 62; str aA K/P/B/*Moll* § 125 InsO Rn 12, der allein auf die Planung der Betriebsänderung zu Beginn der Interessenausgleichsverhandlungen abstellt; BeckOK/*Plössner* § 125 InsO Rn 29, der darauf abhebt, dass die Schwellenwerte des § 17 Abs 1 KSchG nicht mehr erreicht werden). Im Fall der Unterschreitung der Schwellenwerte des § 112a Abs 1 BetrVG wird bereits die Betriebsänderung nicht wie geplant und im Interessenausgleich zugrunde gelegt durchgeführt, sondern es wird von deren Durchführung abgesehen.

War die Kündigung im Zeitpunkt ihres Zugangs durch dringende betriebliche Erfordernisse bedingt, so ist sie wirksam, selbst wenn sich die Verhältnisse nachträglich objektiv ändern (vgl **BAG** 28. 4. 1988 – 2 AZR 623/87, AP Nr 74 zu § 613a BGB [*Hefermehl*] = NZA 1989, 265 = ZIP 1989, 326; **BAG** 19. 5. 1988 – 2 AZR 596/87, AP Nr 75 zu § 613a BGB = KTS 1989, 664 = NZA 1989, 461 = ZIP 1989, 1012). Ausgehend von diesen Grundsätzen erscheint es folgerichtig, den Anwendungsbereich des § 125 Abs 1 S 2 InsO auf die Fälle zu beschränken, in denen die wesentlichen **Änderungen der Sachlage** den Tätigkeitsbereich des entlassenen Arbeitnehmers betreffen und in der Zeit **zwischen Abschluss des Interessenausgleichs und Zugang der Kündigung** eintreten (so bereits zu § 1 Abs 5 S 3 KSchG [1996] **ArbG** Berlin 16. 4.

§ 125 Interessenausgleich und Kündigungsschutz

1997 – 69 Ca 49.520/96, ZAP ERW 1998, 45 [*Berscheid*]; ebenso zu § 125 InsO **ArbG** Aachen 6. 8. 1999 – 6 Ca 64/99, NZA-RR 2000, 420 = NZI 2000, 238 = ZInsO 2000, 175 = ZIP 2000, 202), denn danach gelten die Grundsätze des Wiedereinstellungsanspruchs (**LAG** Hamm 23. 3. 2000 – 4 Sa 1554/99, ZInsO 2000, 571; **BAG** 21. 2. 2001 – 2 AZR 39/00, BAGReport 2001, 68 = ZInsO 2001, 1072 = ZIP 2001, 1825; ebenso *Hess* AR-Blattei SD 915.6 Rn 74; N/R/*Hamacher* § 125 InsO Rn 65). Der Arbeitnehmer, der sich auf die wesentliche Änderung der Sachlage beruft, trägt für diesen Ausnahmefall die Darlegungs- und Beweislast (APS/*Dörner* § 125 InsO Rn 30; BeckOK/*Rolfs* § 1 KSchG Rn 454; *Hess* § 125 Rn 79; KR/*Weigand* § 125 InsO Rn 38; MK/*Löwisch*/*Casper* § 125 InsO Rn 106; SPV/*Vossen* 2178 a mwN in Fn 53; Wedde/*Lakies* § 125 InsO Rn 18). Verbleibende Zweifel gehen zu seinen Lasten (*Bader* NZA 1996, 1125, 1133; *Lakies* RdA 1997, 145, 150; *Löwisch* NZA 1996, 1009, 1011 f; BeckOK/*Plössner* § 125 InsO Rn 35; zust **LAG** Hamm 2. 9. 1999 – 4 Sa 962/99, ZInsO 2000, 352; 6. 7. 2000 DZWIR 2001, 107, 112 [*Weisemann*] = ZInsO 2009, 569).

42 c) **Anforderungen an die (Gegen-)Darlegungs- und Beweislast.** Liegt hinsichtlich einer konkreten, geplanten Betriebsänderung iSd § 111 BetrVG ein wirksamer Interessenausgleich nach § 112 Abs 1 BetrVG vor, so tritt die **Vermutungswirkung** des § 125 Abs 1 InsO für den Insolvenzverwalter ein. Stellt das Gesetz für das Vorhandensein bestimmter Tatsachen eine tatsächliche Vermutung auf, so ist der Beweis des Gegenteils zulässig (§ 292 S 1 ZPO), den der Arbeitnehmer nunmehr Hauptbeweis zu führen hat. Danach genügt es nicht, dass der Arbeitnehmer das Vorbringen des Insolvenzverwalters erschüttert, sondern er muss hinsichtlich der gesetzlichen Vermutung den Gegenbeweis erbringen (**LAG** Hamm 6. 7. 2000 – 4 Sa 799/00, DZWIR 2001, 107 [*Weisemann*] = ZInsO 2000, 569). Dieser gilt erst dann als geführt, wenn die Unwahrheit der behaupteten Tatsache voll bewiesen ist. Dazu ist ein substantiierter Tatsachenvortrag unter Beweis zu stellen. An den Vortrag des Arbeitnehmers sind dabei die gleichen Maßstäbe anzulegen, die die Rechtsprechung (**BAG** 7. 12. 1978 – 2 AZR 155/77, AP Nr 6 zu § 1 KSchG 1969 Betriebsbedingte Kündigung [*Reuter*] = NJW 1979, 1902; **BAG** 30. 5. 1985 – 2 AZR 321/84, AP Nr 24 zu § 1 KSchG 1969 Betriebsbedingte Kündigung [*V. Schmidt*] = NZA 1986, 155) für die Substantiierung des Arbeitgebervorbringens zum Vorliegen eines dringenden betrieblichen Erfordernisses aufgestellt hat (**ArbG** Wesel 28. 5. 1997 – 6 Ca 389/97, NZA-RR 1997, 341 = ZAP ERW 1998, 45 [*Berscheid*]; **LAG** Hamm 2. 9. 1999 – 4 Sa 962/99, ZInsO 2000, 352; BKBN/*Berscheid* Teil 12 Rn 190; *Hess* § 125 Rn 79; H/W/F Hdb Kap 5 Rn 274; *Schiefer* NZA 1997, 915, 916). Verbleibende Zweifel gehen auch hier zu seinen Lasten (**LAG** Hamm 2. 9. 1999 – 4 Sa 962/99, aaO; *Bader* NZA 1996, 1125, 1133; *Berscheid* BuW 1997, 831, 832; *ders* BuW 1999, 75, 76; *Lakies* RdA 1997, 145, 150; *ders* BB 1999, 206, 207; *Linck* AR-Blattei SD 1020.1.2 Rn 146; *Löwisch* NZA 1996, 1009, 1011 f; *ders* RdA 1997, 80, 81; *Oetker*/*Friese* DZWIR 2001, 177, 180; ebenso APS/*Kiel* § 1 KSchG Rn 809). Die Vermutung einer Absicht zu endgültiger Stilllegung des Betriebes ist bspw widerlegt, wenn sich im Kündigungsschutzprozess herausstellt, dass dem Insolvenzverwalter bereits vor Ausspruch der Kündigung ein Übernahmeangebot vorlag und der Interessenausgleich für den Fall eines Betriebsübergang die Verpflichtung zur Neuverhandlung vorsieht (**BAG** 29. 9. 2005 – 8 AZR 647/04, AP Nr 139 zu § 1 KSchG Betriebsbedingte Kündigung = DZWIR 2006, 461 [*Bichlmeier*] = NZA 2006, 720; zust APS/*Kiel* § 1 KSchG Rn 809).

43 Die Vermutungswirkung des § 125 Abs 1 S 1 Nr 1 InsO kann nur an die von Insolvenzverwalter und Betriebsrat gemeinsam zugrunde gelegte Betriebsänderung anknüpfen (**BAG** 24. 2. 2000 – 8 AZR 180/99, AP Nr 7 zu § 1 KSchG 1969 Namensliste = NZA 2000, 785 = ZInsO 2000, 466; ferner **LAG** Düsseldorf 27. 9. 2001 – 11 Sa 782/01, LAGReport 2002, 125). Deshalb ist es Sache des Insolvenzverwalters, den **Zusammenhang zwischen der Betriebsänderung und den Entlassungen** darzulegen (mit dieser Maßgabe zutreffend **ArbG** Bonn 5. 2. 1997 – 2 Ca 3268/96, EzA § 1 KSchG Interessenausgleich Nr 1 = BuW 1998, 196 [*Sander*] = DB 1997, 1517 [*Schiefer*] = ZAP ERW 1997, 109 [*Berscheid*]; ebenso **LAG** Hamm 2. 9. 1999 – 4 Sa 962/99, ZInsO 2000, 352; **LAG** Hamm 6. 7. 2000 – 4 Sa 799/00, DZWIR 2001, 107, 111 [*Weisemann*] = ZInsO 2000, 569; *Berscheid* MDR 1998, 816, 817; *B. Gaul* AuA 1998, 168; Gottwal/Heinze/*Bertram* § 107 Rn 95; *Kohte* BB 1998, 646, 649 bei Fn 53; *Oetker*/*Friese* DZWIR 2001, 177, 179). Dieser Kausalzusammenhang nimmt nicht an der Vermutungswirkung des § 125 Abs 1 S 1 Nr 1 InsO teil (**ArbG** Jena 15. 2. 2002 – 4 Ca 24/01, ZInsO 2002, 644). Der Beweis des Gegenteils iSv § 292 ZPO ist für die Klägerseite nur dann möglich, wenn der Umfang der Tatsachen, deren Richtigkeit gem § 125 Abs 1 S 1 Nr 1 InsO vermutet wird und die dringende betriebliche Erforderlichkeit der Kündigung belegen soll, konkret und nachvollziehbar im Interessenausgleich beschrieben ist (so zu § 1 Abs 5 S 1 KSchG [2004] **ArbG** Bocholt 14. 10. 2004 – 1 Ca 1735/04, ZInsO 2005, 728 [*Steudel*]), in dem dort das Sanierungskonzept samt seinen Folgewirkungen auf die Arbeitsplätze kurz dargestellt wird (**ArbG** Ludwigshafen 11. 3. 1997 – 1 Ca 3094/96, ARST 1997, 235 = AuR 1997, 416 = ZAP ERW 1997, 109 [*Berscheid*]; zust FK-*Eisenbeis* § 125 InsO Rn 3), was insbesondere bei Teileinschränkungen eines Betriebes notwendig ist (*Berscheid* ZAP ERW 1997, 109, 110).

44 Ergibt sich bereits aus dem Wortlaut des Interessenausgleichs, dass der Insolvenzverwalter die Auftrags- und Kostensituation mit dem Betriebsrat ausführlich erörtert hat, dann kommt es darauf, ob der Betriebsrat die insoweit vom Insolvenzverwalter aufgestellten Behauptungen selbständig überprüft hat, ebensowenig an wie darauf, ob der Betriebsrat die Rechtslage falsch eingeschätzt oder die tatsäch-

liche Situation verkannt hat. Solche Mängel liegen in der Sphäre des Betriebsrates und können sich grundsätzlich nicht zu Lasten des Insolvenzverwalters auswirken. Etwas anderes kann allenfalls dann gelten, wenn der Insolvenzverwalter dem Betriebsrat **bewusst falsche Informationen** hinsichtlich der Gründe für die geplante Betriebsänderung gibt (ArbG Wesel 28. 5. 1977 – 6 Ca 389/97, NZA-RR 1997, 341 = ZAP ERW 1998, 45 [*Berscheid*]) oder wenn der Insolvenzverwalter den Betriebsrat nicht „umfassend" iSv § 111 S 1 BetrVG unterrichtet, wenn er ihm bspw vorenthält, dass bei ihm drei Tage vor den Interessenausgleichsverhandlungen ein konkretes Übernahmeangebot eines in der Branche bekannten Investors eingegangen ist (LAG Hamm 25. 11. 2004 – 4 Sa 1120/03, LAGE § 125 InsO Nr 5 = LAGReport 2005, 376, 381 = ZInsO 2005, 616). Führt das Übernahmeangebot wenige Tage später zu konkreten Verhandlungen mit einer teilweisen Betriebsübernahme, dann spricht dies bereits gegen eine endgültige Stilllegungsabsicht, mithin besteht für eine aus §§ 125, 128 InsO folgende Vermutung kein Raum mehr (BAG 29. 9. 2005 – 8 AZR 647/04, AP Nr 139 zu § 1 KSchG 1969 Betriebsbedingte Kündigung = DZWIR 2006, 461 [*Bichlmeier*] = NZA 2006, 720, 723, unter Rn 27).

Da die Vermutung für das Vorliegen eines betriebsbedingten Kündigungsgrundes nicht für jedwede **45** Kündigung gilt, muss im Interessenausgleich für jeden betroffenen Arbeitnehmer angegeben werden, welche **Art der Kündigung** (Beendigungs- oder Änderungskündigung) für ihn vorgesehen ist (*Grunsky/Moll* Arbeitsrecht, Rn 355), jedenfalls wenn beide Arten zur Durchführung der Betriebsänderung geplant sind. Dies kann pauschal einleitend zu Beginn der Namensliste für ganze Gruppen von Arbeitnehmern geschehen.

3. Eingeschränkte Überprüfung der Sozialauswahl. Bei **Massenentlassungen** ist vielfach die **Sozial-** **46** **auswahl problematisch.** Wird mehreren Arbeitnehmern aus dringenden betrieblichen Gründen zur selben Zeit gekündigt, einem vergleichbaren Arbeitnehmer dagegen nicht, der erheblich weniger hart von der Kündigung betroffen wäre, so konnten sich nach der bisherigen höchstrichterlichen Rechtsprechung (BAG 18. 10. 1984 – 2 AZR 543/83, AP Nr 6 zu § 1 KSchG 1969 Soziale Auswahl [*Löwisch*] = NJW 1985, 2046 = NZA 1985, 423 = ZIP 1985, 953; BAG 18. 1. 1990 – 2 AZR 357/89, AP Nr 19 zu § 1 KSchG 1969 Soziale Auswahl = NZA 1990, 729) sämtliche gekündigten Arbeitnehmer auf diesen Auswahlfehler berufen, selbst wenn nur dieser eine Arbeitsplatz zwecks Weiterbeschäftigung frei gemacht werden konnte. Bei der Verwendung einer Punktetabelle führte ein Auswahlfehler selbst dann zu Unwirksamkeit der Kündigung, wenn dem sich auf die Fehlerhaftigkeit berufenden Arbeitnehmer auch bei ordnungsgemäßer Sozialauswahl zu kündigen gewesen wäre und der Fehler keinen Einfluss auf die Kündigung hatte (*Bröhl* BB 2005, 1050, 1055).

Diese Rechtsprechung hat Kritik erfahren, da der sog „Domino-Effekt" (vgl *Bitter/Kiel* RdA 1994, **47** 333, 358) bei unabdingbaren Massenentlassungen zum dem Ergebnis führt, dass zahlreiche Kündigungen sozial ungerechtfertigt sein können, wenn der Arbeitgeber/Insolvenzverwalter die soziale Auswahl in Bezug auf einen einzigen Arbeitnehmer fehlerhaft durchgeführt hat (BKBN/*Berscheid* Teil 12 Rn 244). Obwohl nur dieser eine Arbeitsplatz frei war bzw freizumachen war, bestand für den Arbeitgeber/Insolvenzverwalter idR auch keine Möglichkeit der nachträglichen Korrektur (s aber LAG Hamm 21. 8. 1997 – 4 Sa 166/97, LAGE § 102 BetrVG 1972 Nr 62; LAG Hamm 26. 11. 1998 – 4 Sa 34/98, BuW 1999, 560 = ZInsO 1999, 364). Die Domino-Theorie hat das BAG mit seiner Entscheidung v 9. 11. 2006 (– 2 AZR 812/05, AP Nr 87 zu § 1 KSchG 1969 Soziale Auswahl = NJW 2007, 2429 = NZA 2007, 549) nunmehr aufgegeben und desweiteren klargestellt, dass ein **Punktesystem keine individuelle Abschlussprüfung mehr** vorsehen, also die abschließende Entscheidung **nicht mehr** stets durch eine „**Handsteuerung**" erfolgen muss (so noch BAG 5. 12. 2002 – 2 AZR 549/01, AP Nr 59 zu § 1 KSchG 1969 Soziale Auswahl = BAGReport 2003, 195 = NZA 2003, 791, 794; BAG 6. 7. 2006 – 2 AZR 442/05, AP Nr 82 zu § 1 KSchG 1969 Soziale Auswahl = NZA 2007, 139, 145 Rn 60; ebenso LAG Niedersachsen 11. 6. 2001 – 5 Sa 1832/00, LAGE § 1 KSchG Soziale Auswahl Nr 37 = LAGReport 2001, 36 = ZInsO 2002, 48), und dass die ordnungsgemäße Durchführung des nach § 95 Abs 1 BetrVG für das Punktesystem erforderlichen **Mitbestimmungsverfahrens** ist **nicht Wirksamkeitsvoraussetzung** einer Kündigung ist, die unter Anwendung des Punkteschemas erfolgt ist (BAG 6. 7. 2006 – 2 AZR 443/05, AP Nr 48 zu § 95 BetrVG 1972 = NZA 2007, 197, 199 Rn 32).

Zwar stellt ein **Punkteschema für die Sozialauswahl** auch dann eine **nach § 95 Abs 1 BetrVG mitbe-** **48** **stimmungspflichtige Auswahlrichtlinie** dar, wenn es der Arbeitgeber/Insolvenzverwalter nicht generell auf alle künftigen, sondern nur auf konkret bevorstehende betriebsbedingte Kündigungen anwenden will (vgl BAG 26. 7. 2005 – 1 ABR 29/04, AP Nr 43 zu § 95 BetrVG 1972 = BAGReport 2005, 371, 373 = NZA 2005, 1372, 1373 Rn 22). Dies führt jedoch mangels einer § 102 Abs 1 S 3 BetrVG entsprechenden Norm nicht zur Unwirksamkeit der in Anwendung des – nicht mitbestimmten – Punktesystems ausgesprochenen Kündigung (BAG 6. 7. 2006 – 2 AZR 442/05, AP Nr 82 zu § 1 KSchG 1969 Soziale Auswahl = NZA 2007, 139, 141 Rn 32). Gerade das Fehlen einer solchen Unwirksamkeitsnorm ist einer der Gründe dafür, dem Betriebsrat einen **allgemeinen Unterlassungsanspruch** zu gewähren (BAG 26. 7. 2005 – 1 ABR 29/04, AP Nr 43 zu § 95 BetrVG 1972 = BAGReport 2005, 371, 374 = NZA 2005, 1372, 1374 Rn 31).

In Fällen, in denen der Arbeitgeber/Insolvenzverwalter die Sozialauswahl nur anhand eines – wenn **49** auch nicht mitbestimmten – im Übrigen aber zulässigen Punkteschemas vornimmt und er aufzeigen

§ 125

kann, dass der gekündigte Arbeitnehmer auch bei richtiger Erstellung der Rangliste anhand des Punktesystems zur Kündigung angestanden hätte, ist die Kündigung nicht mehr wegen fehlerhafter Sozialauswahl unwirksam, denn der Fehler ist für die Auswahl des gekündigten Arbeitnehmers nicht ursächlich geworden und die Sozialauswahl jedenfalls im Ergebnis „ausreichend" iSv § 1 Abs 3 S 1 KSchG. Diese Lösung entspricht auch der ständigen höchstrichterlichen Rechtsprechung, derzufolge es bei der Sozialauswahl **nicht** auf einen **fehlerfreien Auswahlvorgang, sondern** auf ein **ausreichendes Auswahlergebnis** ankommt (BAG 15. 6. 1989 – 21 AZR 580/88, AP Nr 18 zu § 1 KSchG 1969 Soziale Auswahl = NZA 1990, 226 = SAE 1990, 208 [*U. Preis*] = ZIP 1990, 1223; **BAG** 17. 1. 2002 – 2 AZR 15/01, ARST 2002, 182 = NJOZ 2002, 1617; **BAG** 2. 3. 2006 – 2 AZR 23/05, AP Nr 81 zu § 1 KSchG 1969 Soziale Auswahl = NZA 2006, 1350; LAG Hamm 21. 9. 2006 – 8 Sa 437/06, AuR 2008, 160).

50 Im Übrigen darf der Arbeitgeber/Insolvenzverwalter auf entsprechende Rüge des Arbeitnehmers im Prozess seinen Vortrag ergänzen, falls er bei der getroffenen Sozialauswahl bestimmte Arbeitnehmer übersehen oder nicht für vergleichbar gehalten und deshalb insoweit dem **Betriebsrat** die für die soziale Auswahl (**objektiv**) **erheblichen Umstände** zunächst nicht mitgeteilt hat, ohne dass darin ein nach § 102 Abs 1 BetrVG unzulässiges Nachschieben eines neuen Kündigungssachverhalts zu sehen wäre (**BAG** 7. 11. 1996 – 2 AZR 720/95, AuR 1997, 124 = BuW 1997, 319 = RzK III 1 b Nr 26; **BAG** 24. 2. 2000 – 8 AZR 145/99, AE 2000, 132 = ZInsO 2000, 568). In einem solchen Fall ist eine nachträgliche Mitteilung an den Betriebsrat nicht erforderlich, wenn es sich nach dem **Grundsatz der „subjektiven Determinierung"** (**BAG** 24. 2. 2000 – 8 AZR 167/99, AP Nr 47 zu § 1 KSchG 1969 Soziale Auswahl = NZA 2000, 764; **BAG** 24. 2. 2000 – 8 AZR 180/99, AP Nr 7 zu § 1 KSchG 1969 Namensliste = NZA 2000, 785 = ZInsO 2000, 466) nur um eine **Konkretisierung der Auswahlgründe** handelt (BAG 6. 7. 2006 – 2 AZR 442/05, AP Nr 82 zu § 1 KSchG 1969 Soziale Auswahl = NZA 2007, 139, 141 Rn 29; **BAG** 6. 7. 2006 – 2 AZR 443/05, AP Nr 48 zu § 95 BetrVG 1972 = NZA 2007, 197, 199 Rn 29). Unabhängig von diesen juristischen „Wohltaten" ist dem Insolvenzverwalter in jedem Fall zu empfehlen, ein Punkte- bzw Auswahlschema stets mit dem Betriebsrat zu vereinbaren, um das rechtliche Risiko bei dessen Verwendung überschaubar zu halten, denn zum Einen ist von der Verwendung eines „geheimen Punkteschemas" dringend abzuraten (APS/*Kiel* § 1 KSchG Rn 740) und zum Anderen umfasst die Beschränkung des Prüfungsmaßstabes auf grobe Fehlerhaftigkeit nur, was im Interessenausgleich tatsächlich geregelt ist.

51 a) **Regelungsmöglichkeiten der Betriebspartner.** Gegenüber einer Auswahlrichtlinie in einem Tarifvertrag oder in einer Betriebsvereinbarung, die Rahmencharakter hat, stellt der Interessenausgleich nach § 125 Abs 1 InsO die sozialverträgliche Umsetzung einer einzelnen Betriebsänderung dar. Kommt bei einer Betriebsänderung (§ 111 BetrVG) ein Interessenausgleich mit namentlicher Benennung der zu kündigenden Arbeitnehmer zustande, dann kann die soziale Auswahl nur noch auf grobe Fehlerhaftigkeit überprüft werden. Nachdem durch Art 1 Nr 1 Buchst a) und c) **GRAM** („Gesetz zu Reformen am ArbeitsMarkt" v 24. 12. 2003 – BGBl I S 3002) die sozialen Grund- und Kerndaten für die Auswahl der zu kündigenden Arbeitnehmer um das Kriterium „Schwerbehinderung" erweitert und die Regelungen des § 1 Abs 3 und Abs 5 KSchG [1996] im Übrigen wortgleich wieder in Kraft gesetzt worden sind, kann wieder auf Rechtsprechung und Schrifttum zu dieser Gesetzeslage bei der Auslegung von § 1 Abs 3 und Abs 5 KSchG [2004] zurückgegriffen werden. Durch die Neufassung des § 1 Abs 3 S 2 KSchG [2004] braucht der Insolvenzverwalter nicht mehr Arbeitnehmer in die soziale Auswahl einzubeziehen, deren Weiterbeschäftigung
– wegen ihrer Kenntnisse, Fähigkeiten und Leistungen oder
– zur Sicherung einer ausgewogenen Personalstruktur des Betriebes
„im berechtigten betrieblichen Interesse" liegt. Diese Arbeitnehmer fallen dann völlig aus dem Kreis der in die Sozialauswahl einzubeziehenden Arbeitnehmern heraus, so dass die eigentliche Sozialauswahl innerhalb des verbleibenden, kleineren Personenkreis vorzunehmen ist, denn durch die gesetzliche Neuregelung ist die Prüfungsreihenfolge geändert worden (so zu § 1 Abs 3 S 2 KSchG [1996]: *Berscheid* MDR 1998, 942, 944, mwN in Fn 63).

52 Nach bisherigem Recht (s dazu *v. Hoyningen-Huene* NZA 1994, 1009, 1016)
– war zuerst der Kreis der vergleichbaren, austauschbaren Arbeitnehmer zu bestimmen,
– waren ggf Altersgruppen zu bilden, innerhalb derer die Sozialauswahl durchgeführt wurde,
– hatte sodann die soziale Auswahl nach § 1 Abs 3 S 1 KSchG [1996] stattzufinden, und
– waren zuletzt nach § 1 Abs 3 S 2 KSchG [1996] die entgegenstehenden betriebstechnischen, wirtschaftliche oder sonstige berechtigten betrieblichen Bedürfnisse zu berücksichtigen.

53 Nach neuem Recht (*Berscheid* MDR 1998, 942, 945; BKBN/*Berscheid* Teil 12 Rn 207)
– ist zuerst der Kreis der vergleichbaren, austauschbaren Arbeitnehmer zu bestimmen,
– sind sodann die nach § 1 Abs 3 S 2 KSchG [2004] weiterzubeschäftigenden Arbeitnehmer herauszunehmen,
– sind ggf Altersgruppen zu bilden, innerhalb derer die Sozialauswahl durchgeführt wird, und
– hat zuletzt die soziale Auswahl nach § 1 Abs 3 S 1 KSchG [2004] stattzufinden.

54 Die Beschränkung der Überprüfung der vom Insolvenzverwalter getroffenen Sozialauswahl erstreckt sich auf sämtliche Bestandteile der Sozialauswahl, nämlich auf den auswahlrelevanten Personenkreis, auf

die Bildung von Altersgruppen, auf die Gewichtung der sozialen „Grund oder Kerndaten" und auch auf die Herausnahme die sog Leistungsträger. Die Frage, ob der Maßstab der „groben Fehlerhaftigkeit" beim Zustandekommen eines Interessenausgleichs mit Namensliste auch auf die Auswahl der „Leistungsträger" nach § 1 Abs 3 S 2 KSchG anzuwenden ist, war zu § 1 Abs 5 S 2 KSchG [1996] höchstrichterlich noch ausdrücklich offen gelassen worden (**BAG** 7. 5. 1998 – 2 AZR 536/97, AP Nr 94 zu § 1 KSchG 1969 Betriebsbedingte Kündigung [Schiefer] = NZA 1998, 933 = ZIP 1998, 1809; **BAG** 12. 4. 2002 – 2 AZR 706/00, AP Nr 56 zu § 1 KSchG 1969 Soziale Auswahl = BAGReport 2003, 12 = NZA 2003, 42). Sie ist bei § 125 Abs 1 S 1 Nr 2 InsO dahingehend beantwortet worden, dass hiermit die gesamte Sozialauswahl in jeder Hinsicht, also insbesondere auch die Bildung der auswahlrelevanten Gruppen erfasst wird (**BAG** 28. 8. 2003 – 2 AZR 368/02, AP Nr 1 zu § 125 InsO= NZA 2004, 432 = NZI 2004, 338 = ZIP 2004, 1271). § 125 Abs 1 InsO knüpft nämlich an eine konkrete Namensliste an und die – korrespondierende – Auskunftspflicht des Arbeitgebers/Insolvenzverwalters erstreckt sich auch auf die Altersstruktur und die Leistungsträgerregelung des § 1 Abs 3 S 2 KSchG. Die Festlegung des Kreises der in die Sozialauswahl einzubeziehenden Arbeitnehmer ist demnach Teil der sozialen Auswahl iSd § 125 Abs 1 S 1 Nr 2 InsO, deren Bestimmung nur auf grobe Fehler überprüft werden kann (**BAG** 17. 11. 2005 – 6 AZR 107/05, AP Nr 19 zu § 113 InsO = DZWIR 2006, 284 [Bichlmeier] = NZA 2006, 661 = ZInsO 2006, 724 = ZIP 2006, 774; zust Gottwald/Heinze/*Bertram* § 107 Rn 101 bei Fn 218; HK/*Linck* § 125 Rn 27; str aA *Zwanziger* § 125 Rn 33).

Infolge der **Beschränkung** der Überprüfung der getroffenen Sozialauswahl **auf grobe Fehlerhaftigkeit** **auf sämtliche Bestandteile der Sozialauswahl** können die Betriebspartner in einem Interessenausgleich mit Namensliste 55
- den auswahlrelevanten Personenkreis der austauschbaren und damit vergleichbaren Arbeitnehmer näher bestimmen (**Auswahlgruppen** – **BAG** 7. 5. 1998 – 2 AZR 536/97, AP Nr 94 zu § 1 KSchG 1969 Betriebsbedingte Kündigung; **BAG** 21. 2. 2002 – 2 AZR 581/00, BAGReport 2003, 16 = NZA 2002, 1360 = ZInsO 2002, 1103; **LAG** Hamm 12. 11. 2003 – 2 Sa 1232/03, LAGReport 2004, 243 = ZInsO 2004, 1097),
- die Nichteinbeziehung von Arbeitnehmern, deren Weiterbeschäftigung wegen ihrer Kenntnisse, Fähigkeiten und Leistungen im berechtigten betrieblichen Interesse liegt, konkretisieren (**Leistungsträgerregelung** – so bereits LAG Hamm 2. 9. 1999 – 4 Sa 962/99, ZInsO 2000, 352; **LAG** Hamm 5. 6. 2003 – 4/16 Sa 1976/02, DZWIR 2004, 153 [Weisemann] = LAGReport 2004, 132 [Graner] = NZA-RR 2004, 132 = ZInsO 2003, 1060); nunmehr auch **BAG** 17. 11. 2005 – 6 AZR 107/05, AP Nr 19 zu § 113 InsO = DZWIR 2006, 284 [Bichlmeier] = NZA 2006, 661 = ZInsO 2006, 724 = ZIP 2006, 774),
- verbindlich Altersgruppen bilden, innerhalb derer die Sozialauswahl durchgeführt wird (**Altersgruppenbildung** – LAG Hamm 2. 9. 1999 – 4 Sa 962/99, ZInsO 2000, 352; **BAG** 23. 11. 2000 – 2 AZR 533/99, AP Nr 114 zu § 1 KSchG 1969 Betriebsbedingte Kündigung; **LAG** Hamm 5. 6. 2003 – 4/16 Sa 1976/02, DZWIR 2004, 153 [*Weisemann*] = LAGReport 2004, 132 [*Graner*] = NZA-RR 2004, 132 = ZInsO 2003, 1060; **BAG** 28. 8. 2003 – 2 AZR 368/02, AP Nr 1 InsO= NZA 2004, 432 = NZI 2004, 338 = ZIP 2004, 1271), und
- die sozialen „Grund- oder Kerndaten" ggf mit einem Punkteschema gewichten (**Punktetabelle** – LAG Hamm 21. 8. 1997 – 4 Sa 166/97, LAGE § 102 BetrVG 1972 Nr 62; **LAG** Hamm 16. 3. 2000 – 4 Sa 747/99, ZInsO 2000, 571; **LAG** Hamm 16. 3. 2000 – 4 Sa 905/99, ZInsO 2000, 572; **LAG** Düsseldorf 17. 3. 2000 – 9/6 Sa 84/00, LAGE § 1 KSchG Soziale Auswahl Nr 32 = NZA-RR 2000, 421 = ZInsO 2001, 92; **LAG** Hamm 6. 7. 2000 – 4 Sa 233/00, ZInsO 2001, 336; **LAG** Hamm 6. 7. 2000 – 4 Sa 799/00, DZWIR 2001, 107 = ZInsO 2000, 569; **BAG** 5. 12. 2002 – 2 AZR 549/01, AP Nr 59 zu § 1 KSchG 1969 Soziale Auswahl).

b) **Darlegungs- und Beweislast für die Sozialauswahl.** Beim Zustandekommen eines Interessen- 56 ausgleichs, in dem die Arbeitnehmer, denen gekündigt werden soll, namentlich bezeichnet sind, kann die getroffene Sozialauswahl von den Gerichten für Arbeitssachen nur auf grobe Fehlerhaftigkeit hin überprüft werden. Die **Beschränkung des Prüfungsmaßstabes** auf grobe Fehlerhaftigkeit tritt nur ein, wenn der Interessenausgleich wirksam zustande gekommen ist. Für Inhalt und Zustandekommen des Interessenausgleichs mitsamt der Benennung der betroffenen Arbeitnehmer ist der Insolvenzverwalter darlegungs- und beweispflichtig (*Bader* NZA 1996, 1125, 1133; *Grunsky/Moll* Arbeitsrecht, Rn 281). Die Darlegungs- und Beweislast für die Fehlerhaftigkeit der Sozialauswahl liegt dagegen auch bei Massenentlassungen gem § 1 Abs 3 S 3 Hs 1 KSchG beim Arbeitnehmer, und zwar selbst dann, wenn diese die Folge einer Betriebsänderung nach §§ 111, 112 a BetrVG sind (*Bader* NZA 1996, 1125, 1133; *Berscheid* Arbeitsverhältnisse, S 213 Rn 630; *Giesen* ZfA 1997, 145, 175; Gottwald/Heinze/*Bertram* § 107 Rn 103 mwN in Fn 225; *Hess* AR-Blattei SD 915.6 Rn 57; HK/*Linck* § 125 Rn 37).

aa) **Auskunftspflicht des Insolvenzverwalters.** Zu beachten ist aber, dass der Insolvenzverwalter nicht 57 nur bei Einzelkündigungen, sondern auch bei Massenentlassungen dem Arbeitnehmer auf dessen Verlangen hin die Gründe anzugeben hat, die zu der getroffenen sozialen Auswahl geführt haben (§ 1 Abs 3 S 1 Hs 2 KSchG). Diese Auskunftspflicht führt zu einer abgestuften Verteilung der Darlegungslast zwischen Insolvenzverwalter und Arbeitnehmer (**BAG** 21. 2. 2002 – 2 AZR 581/00, BAGReport 2003, 16 = NZA 2002, 1360 = ZInsO 2002, 1103; **BAG** 17. 11. 2005 – 6 AZR 107/05, AP Nr 19 zu

§ 113 InsO = DZWIR 2006, 284 [*Bichlmeier*] = NZA 2006, 661 = ZInsO 2006, 724 = ZIP 2006, 774): Zur Erfüllung seiner substantiierten Darlegungslast, die er ohne **Auskunft des Insolvenzverwalters** erfüllen kann, muss der Arbeitnehmer unter Angabe der Sozialdaten die oder den Arbeitnehmer (namentlich) benennen, dem oder denen an seiner Stelle hätte gekündigt werden müssen (**BAG** 18. 10. 1984 – 2 AZR 543/83, AP Nr 6 zu § 1 KSchG 1969 Soziale Auswahl [*Löwisch*] = NJW 1985, 2046 = NZA 1985, 423 = ZIP 1985, 953). Soweit der Arbeitnehmer nicht in der Lage ist, zur sozialen Auswahl Stellung zu nehmen, und er deswegen den Insolvenzverwalter zur Mitteilung der Gründe auffordert, die ihn zu der Auswahl veranlasst haben, hat der Insolvenzverwalter als Folge seiner materiellen Auskunftspflicht gem § 1 Abs 3 S 1 Hs 2 KSchG substantiiert auch im Prozess vorzutragen (**ArbG** Hamburg 6. 7. 1998 – 21 Ca 65/98, NZA-RR 1999, 29). Diese sich aus der Mitteilungspflicht ergebende Vortragslast ist allerdings auf die subjektiven, vom Insolvenzverwalter tatsächlich angestellten Überlegungen beschränkt. Der Arbeitnehmer hat keinen Anspruch auf die vollständige Auflistung aller Sozialdaten aller objektiv vergleichbaren Arbeitnehmer (**BAG** 5. 12. 2002 – 2 AZR 697/01, AP Nr 60 zu § 1 KSchG 1969 Soziale Auswahl = NZA 2003, 849 = ZInsO 2003, 868 = ZIP 2003, 1766). Gibt der Insolvenzverwalter keine oder keine vollständige Auskunft, so kann der Arbeitnehmer bei fehlender eigener Kenntnis seiner aus § 1 Abs 3 KSchG iVm § 138 Abs 1 ZPO herzuleitenden Substantiierungspflicht, die Namen sozial stärkerer Arbeitnehmer zu nennen, nicht genügen. In diesen Fällen ist der der fehlenden Kenntnis des Arbeitnehmers entsprechende Vortrag, es seien sozial stärkere Arbeitnehmer als er vorhanden, schlüssig und ausreichend (**BAG** 18. 1. 2007 – 2 AZR 796/05, AP Nr 89 zu § 1 KSchG 1969 Soziale Auswahl). Erst wenn der Insolvenzverwalter seiner Auskunftspflicht ordnungsgemäß nachgekommen ist, trägt der Arbeitnehmer wieder die volle Darlegungslast für die Fehlerhaftigkeit der vorgenommenen Sozialauswahl (**BAG** 10. 2. 1999 – 2 AZR 716/98, AP Nr 40 zu § 1 KSchG 1969 = NZA 1999, 702 = ZInsO 1999, 543; **BAG** 17. 11. 2005 – 6 AZR 107/05, AP Nr 19 zu § 113 InsO = DZWIR 2006, 284 [*Bichlmeier*] = NZA 2006, 661 = ZInsO 2006, 724 = ZIP 2006, 774).

58 Der Prüfungsmaßstab der groben Fehlerhaftigkeit gem § 125 Abs 1 S 1 Nr 2 InsO ändert daran nichts (**BAG** 21. 2. 2002 – 2 AZR 581/00, BAGReport 2003, 16 = NZA 2002, 1360 = ZInsO 2002, 1103; **BAG** 17. 11. 2005 – 6 AZR 107/05, AP Nr 19 zu § 113 InsO = DZWIR 2006, 284 [*Bichlmeier*] = NZA 2006, 661 = ZInsO 2006, 724 = ZIP 2006, 774), denn „dieser Prüfungsmaßstab könnte erst dann Bedeutung erlangen, wenn es aufgrund entsprechenden Sachvortrags ... überhaupt etwas zu prüfen gäbe" (**BAG** 10. 2. 1999 – 2 AZR 715/98, ZInsO 1999, 543). Erst wenn der Insolvenzverwalter seiner durch die Aufforderung des Arbeitnehmers gem § 1 Abs 3 S 1 Hs 2 KSchG ausgelösten Auskunftspflicht nachgekommen ist, kann nach entsprechender (weiterer) Rüge durch den Arbeitnehmer geprüft werden, ob die Sozialauswahl einwandfrei ist oder ob ein festzustellender Mangel als ein leichter Fehler oder als grobe Fehlerhaftigkeit zu bewerten ist (**BAG** 21. 2. 2002 – 2 AZR 581/00, BAGReport 2003, 16 = NZA 2002, 1360 = ZInsO 2002, 1103).

59 Daraus folgt, dass wegen der Auskunftspflicht eine *bloße* Namensliste im Interessenausgleich zum (alleinigen) Nachweis einer ordnungsgemäßen Sozialauswahl *nicht* genügt! Es sind vielmehr – wie bei einer Auswahlrichtlinie nach § 95 BetrVG (**BAG** 15. 6. 1989 – 2 AZR 580/88, AP Nr 18 zu § 1 KSchG 1969 Soziale Auswahl = NZA 1990, 226 = SAE 1990, 208 [*U. Preis*] = ZIP 1990, 1223; **BAG** 18. 1. 1990 – 2 AZR 357/89, AP Nr 19 zu § 1 KSchG 1969 Soziale Auswahl = NZA 1990, 729) – die Auswahlgesichtspunkte iSd § 1 Abs 3 S 1 KSchG und die berechtigten betrieblichen Bedürfnisse (§ 1 Abs 3 S 2 KSchG) im Interessenausgleich mit der Folge der Beweiserleichterung niederzuschreiben, mit anderen Worten, auch bei einem wirksam zustande gekommenen Interessenausgleich mit Namensliste tritt eine **Beschränkung des gerichtlichen Prüfungsmaßstabes** auf grobe Fehlerhaftigkeit allerdings nur dann ein, wenn und soweit die einzelnen Punkte im Interessenausgleich auch tatsächlich geregelt sind. Die Beschränkung des Prüfungsmaßstabes **erfasst nur den Inhalt des Interessenausgleichs**, denn ohne entsprechende Angaben ist eine Überprüfung der Sozialauswahl auf „grobe Fehlerhaftigkeit" schlechterdings nicht möglich (*Berscheid* MDR 1998, 942, 946; *ders* ZInsO 1999, 511, 512). **Was nicht Bestandteil des Interessenausgleichs** mit Namensliste ist, **unterliegt dem allgemeinen Prüfungsmaßstab**; eine bloße Namensliste führt noch nicht zu einer Beschränkung des Prüfungsmaßstabs (so bereits *Berscheid* AnwBl 1995, 8, 15). Auch ein (bloßer) **Interessenausgleich ohne Namensliste** nach § 112 BetrVG **reicht für eine Beschränkung des** gerichtlichen **Prüfungsmaßstabes nicht** aus (LAG Düsseldorf 17. 3. 2000 – 9/6 Sa 84/00, LAGE § 1 KSchG Soziale Auswahl Nr 32 = NZA-RR 2000, 421 = ZInsO 2000, 92 [*Berscheid*]). Ist zwar ein Interessenausgleich mit Namensliste formal ordnungsgemäß zustande gekommen, aber zB der auswahlrelevante Personenkreis oder der Altersgruppeneinteilung nicht definiert, dann findet die Beschränkung des gerichtlichen Prüfungsmaßstabes auf grobe Fehlerhaftigkeit nicht statt. Gleiches gilt bei fehlender Niederlegung der Grundsätze für die Herausnahme von Leistungsträgern oder für die Gewichtung der sozialen „Grund- oder Kerndaten".

60 Mit anderen Worten, der Insolvenzverwalter muss die tatsächlichen Grundlagen, die zu der getroffenen Sozialauswahl geführt haben, transparent machen (BKBN/*Berscheid* Teil 12 Rn 270). Erfolgt auf die Rüge des Arbeitnehmers kein substantiierter Sachvortrag durch den Insolvenzverwalter, dann ist anzunehmen, dass die Sozialauswahl nicht zutreffend vorgenommen worden ist, mithin die Kündigung rechtsunwirksam ist (**ArbG** Ludwigshafen 11. 3. 1977 – 1 Ca 3094/96, ARST 1997, 235 = AuR 1997, 416 = ZAP ERW 1997, 109 [*Berscheid*]).

II. Wirkungen eines Interessenausgleichs mit Namensliste **§ 125**

bb) Beschränkung des gerichtlichen Prüfungsmaßstabes. Hat der Insolvenzverwalter seiner Auskunftspflicht Genüge getan, dann kann bei einem wirksam zustande gekommenen Interessenausgleich mit Namensliste die getroffene und mit dem Betriebsrat abgestimmte Sozialauswahl nur auf grobe Fehlerhaftigkeit überprüft werden. Mit der Beschränkung der gerichtlichen Kontrolle durch § 125 Abs 1 S 1 Nr 2 InsO auf „grobe Fehlerhaftigkeit" bei Zustandekommen eines Interessenausgleichs mit Namensliste wird zugleich der Prüfungsmaßstab gesenkt. Der Beurteilungsspielraum des Arbeitgebers bei der sozialen Auswahl nach § 1 Abs 3 KSchG wird zugunsten einer vom Insolvenzverwalter und Betriebsrat vereinbarten betrieblichen Gesamtlösung erweitert (**BAG** 28. 8. 2003 – 2 AZR 368/02, AP Nr 1 InsO= NZA 2004, 432 = NZI 2004, 338 = ZIP 2004, 1271; **BAG** 17. 11. 2005 – 6 AZR 107/05, AP Nr 19 zu § 113 InsO = DZWIR 2006, 284 [*Bichlmeier*] = NZA 2006, 661 = ZInsO 2006, 724 = ZIP 2006, 774 , unter Rn 26). **Grobe Fehlerhaftigkeit** ist bei einer Sozialauswahl in einem Interessenausgleich mit Namensliste anzunehmen (so auch BKBN/*Berscheid* Teil 12 Rn 265), wenn die Betriebspartner 61

– den **auswahlrelevanten Personenkreis** der austauschbaren und damit vergleichbaren Arbeitnehmer willkürlich bestimmt oder nach unsachlichen Gesichtspunkten eingegrenzt haben (**BAG** 28. 8. 2003 – 2 AZR 368/02, AP Nr 1 zu § 125 InsO = NZA 2004, 432 = NZI 2004, 338 = ZIP 2004, 1271), wenn also bei der Bestimmung des Kreises vergleichbarer Arbeitnehmer die Austauschbarkeit offensichtlich verkannt worden ist (**BAG** 17. 11. 2005 – 6 AZR 107/05, AP Nr 19 zu § 113 InsO = DZWIR 2006, 284 [*Bichlmeier*] = NZA 2006, 661 = ZInsO 2006, 724 = ZIP 2006, 774, unter Rn 30; s zur Austauschbarkeit näher Gottwald/Heinze/*Bertram* § 107 Rn 98 mzN in Fn 209–213),
– die erforderlichen Kenntnisse, Fähigkeiten und Leistungen der **herauszunehmenden Arbeitnehmer** nicht nach sachlichen Gesichtspunkten konkretisiert haben (**LAG** Hamm 2. 9. 1999 – 4 Sa 962/99, ZInsO 2000, 352), wenn also bei der Anwendung des Ausnahmetatbestands des § 1 Abs 3 S 2 KSchG die betrieblichen Interessen augenfällig überdehnt worden sind (*Bader* NZA 2004, 65; zust **BAG** 17. 11. 2005 – 6 AZR 107/05, AP Nr 19 zu § 113 InsO = DZWIR 2006, 284 [*Bichlmeier*] = NZA 2006, 661 = ZInsO 2006, 724 = ZIP 2006, 774, unter Rn 30),
– **Altersgruppen**, innerhalb derer die Sozialauswahl durchgeführt werden soll, in völlig wahllos aufeinander folgenden Zeitsprüngen (bspw wechselnd in 12er, 8er und 10er Jahresschritten) gebildet haben (**LAG** Hamm 5. 6. 2003 – 4/16 Sa 1976/02, DZWIR 2004, 153 [*Weisemann*] = LAGReport 2004, 132 [*Graner*] = NZA-RR 2004, 132 = ZInsO 2003, 1060),
– eines der **Sozialdaten** überhaupt nicht berücksichtigt oder ihm ein völlig ungenügendes Gewicht oder zusätzlichen Auswahlkriterien eine überhöhte Bewertung beigemessen haben (**BAG** 21. 1. 1999 – 2 AZR 624/98, AP Nr 3 zu § 1 KSchG 1969 Namensliste = NZA 1999, 866 = ZInsO 1999, 543; **BAG** 2. 12. 1999 – 2 AZR 757/98, AP Nr 45 zu § 1 KSchG 1969 Soziale Auswahl = NZA 2000, 531 = ZInsO 2000, 411 = ZIP 2000, 676; **LAG** Hamm 6. 7. 2000 – 4 Sa 799/00, DZWIR 2001, 107, 114 [*Weisemann*] = ZInsO 2000, 569).

c) Beschränkung der Auswahlkriterien. Hinsichtlich der Sozialauswahl bei betriebsbedingten Kündigungen hat der Gesetzgeber durch Art 1 Nr 1 Buchst a) GRAM („Gesetz zu Reformen am Arbeitsmarkt" v 24. 12. 2003 – BGBl I S 3002) die Kriterien, nach denen die Auswahl der zu kündigenden Arbeitnehmer getroffen werden soll, im allgemeinen Kündigungsschutzrecht um das Kriterium „Schwerbehinderung" erweitert und im Übrigen auf die bisherigen sozialen sog „Grund- oder Kerndaten" beschränkt (§ 1 Abs 3 S 1 KSchG [2004]), aber den Katalog des § 125 Abs 1 S 1 Nr 2 Hs 1 InsO unverändert gelassen. Diese Vorschrift ist jedoch dahingehend auszulegen, dass auch in der Insolvenz die „Schwerbehinderung" ein zu beachtender sozialer Gesichtspunkt darstellt (**LAG** Hamm 16. 5. 2007 – 2 Sa 1830/06, nv; Gottwald/Heinze/*Bertram* § 107 Rn 93+96; *Zwanziger* § 125 Rn 119; str aA *Boemke* NZI 2005, 209, 212; HK/*Linck* § 125 Rn 28; MK/*Löwisch*/*Caspers* § 125 Rn 89; *dies* § 126 Rn 2). Eine andere Auslegung würde zu bedenklichen Wertungswidersprüchen im Verhältnis zu § 1 Abs 5 S 2 KSchG [2004], der im direkten Kontext zu § 1 Abs 3 S 1 KSchG [2004] steht, führen. § 125 Abs 1 S 1 Nr 2 Hs 1 InsO ist demnach so zu lesen, dass bei Zustandekommen eines Interessenausgleichs mit Namensliste die soziale Auswahl der Arbeitnehmer nur (noch) im Hinblick auf die nunmehr vier sog Grund- oder Kerndaten:
– **Betriebszugehörigkeit**,
– **Lebensalter**,
– **Unterhaltsverpflichtungen** und
– **Schwerbehinderung**,
und auch insoweit lediglich auf grobe Fehlerhaftigkeit nachgeprüft werden kann. 62

aa) Europarechtskonforme Auslegung von § 2 Abs 4 AGG und § 1 Abs 3 S 1 KSchG. Die Berücksichtigung des Kriteriums „Lebensalter" bei der Sozialauswahl trug nach bisherigem Verständnis der Norm der Tatsache Rechnung, dass mit fortschreitendem Alter automatisch die soziale Schutzbedürftigkeit zunimmt (**BAG** 8. 8. 1985 – 2 AZR 464/84, NZA 1986, 679), da das Risiko für ältere Arbeitnehmer, keine Neuanstellung zu finden, nach empirischen Erhebungen (s dazu *Schmidt/Senne* RdA 2002, 80, 84) regelmäßig höher sei, als für jüngere Arbeitnehmer (**BAG** 24. 3. 1983 – 2 AZR 21/82, AP Nr 16 zu § 1 KSchG 1969 Betriebsbedingte Kündigung [*Meisel*] = ZIP 1983, 1105). Nunmehr darf es nach Art 2 63

Abs 2 iVm Art 1 RL 2000/78/EG v 27. 11. 2000 (ABl EG L 303 v 2. 12. 2000, S 16) keine unmittelbare oder mittelbare Diskriminierung wegen des Alters mehr geben. Diese Richtlinie ist zwar durch das AGG v 14. 8. 2006 (BGBl I S 1897) in das bundesdeutsche Recht umgesetzt worden, jedoch soll das AGG selbst im Kündigungsrecht unmittelbar keine Anwendung finden. Nach der in § 2 Abs 4 AGG geregelten **Bereichsausnahme** gelten für Kündigungen ausschließlich die Bestimmungen zum allgemeinen und besonderen Kündigungsschutz und damit nicht diejenigen des AGG. **§ 2 Abs 4 AGG** wird vielfach für **europarechtswidrig** gehalten, weil der **Geltungsbereich der Richtlinie** auch „die Beschäftigungs- und Arbeitsbedingungen, einschließlich der **Entlassungsbedingungen** und des Arbeitsentgelts" umfasst (Art 3 Abs 1 Buchst c RL 2000/78/EG). Umfang und Rechtsfolgen der angenommenen Europarechtswidrigkeit werden allerdings unterschiedlich beurteilt (s zum Meinungsstand *Hanau* ZIP 2007, 2381, 2387 ff). Das Meinungsspektrum reicht von der Unanwendbarkeit des § 2 Abs 4 AGG bei Kündigungen (vgl zB **ArbG** Osnabrück 5. 2. 2007 – 3 Ca 724/06, NZA 2007, 626, 628; **ArbG** Osnabrück 3. 7. 2007 – 3 Ca 199/07, LAGE § 2 AGG Nr 2 b = NZA 2007, 982, 984; *Bayreuther* DB 2006, 1842; HaKo-AGG/*Däubler/Bertzbach*, § 2 Rn 262), der teilweisen Anwendbarkeit, wobei einige Stimmen (*Sagan* NZA 2006, 1257, 1260) die Wirksamkeit der Kündigungen, andere eine Entschädigung nach dem AGG prüfen wollen (*Bauer/Göpfert/Krieger* § 2 AGG Rn 65 ff; *Diller/Krieger/Arnold* NZA 2006, 890; *Schrader* DB 2006, 2571, 2580; *Freckmann* BB 2007, 1049, 1051), bis hin zur uneingeschränkten Anwendbarkeit der Norm (*Löwisch* BB 2006, 2189, 2190).

64 Nach richtiger Auffassung ist die Herausnahme des allgemeinen und besonderen Kündigungsschutzes aus dem Anwendungsbereich des AGG im Grundsatz nicht zu beanstanden, denn der **Diskriminierungsschutz** kann im geltenden nationalen Recht durch eine richtlinienkonforme Auslegung derjenigen Normen, die den Schutz bei Kündigungen **gewährleisten**, erreicht werden (**LAG** Düsseldorf 16. 4. 2008 – 2 Sa 1/08, unter Rn 62 mwN; ebenso *Rolfs* NZA Beil 1/2008, S 8, 13 mwN in Fn 61; APS/*Kiel* § 1 KSchG Rn 718). Wenn der Gesetzgeber in Kenntnis der Anwendbarkeit der Rahmenrichtlinie auch auf Kündigungen die Umsetzung in nationales Recht vornimmt und dabei ausdrücklich regelt, dass für Kündigungen ausschließlich die Bestimmungen zum allgemeinen und besonderen Kündigungsschutz gelten, kann dieses nur bedeuten, dass er davon ausgeht, das KSchG enthalte für sich genommen bereits ausreichende Regelungen, die der umzusetzenden EG-Richtlinie entsprechen. Dies bedeutet weiterhin, dass **§ 1 Abs 3 KSchG** iVm § 2 Abs 4 AGG **richtlinienkonform auszulegen** ist und damit die Wertungen der Art 2 Abs 2 iVm Art 1 RL 2000//78 EG, die im AGG zum Ausdruck gekommen sind, auf das KSchG Anwendung finden (**LAG** Niedersachsen 13. 7. 2007 – 16 Sa 269/07, LAGE § 2 AGG Nr 3 = ZInsO 2008, 685, 686; **LAG** Niedersachsen 13. 7. 2007 – 16 Sa 274/07, ZIP 2008, 132, 133; **LAG** Düsseldorf 16. 4. 2008 – 2 Sa 1/08; **LAG** Niedersachsen 16. 5. 2008 – 16 Sa 1157/07 nv).

65 Das Lebensalter stellt weiterhin einen maßgeblichen Gesichtspunkt bei der Auswahl des zu kündigenden Arbeitnehmers dar, allerdings handelt es sich beim **Lebensalter** um eine **ambivalente Größe**; je nach Art der Tätigkeit und der Einstellung des betreffenden Arbeitgebers können ältere Arbeitnehmer sogar größere Vermittlungschancen besitzen als jüngere. Zwar ist es für ältere Arbeitnehmer zunehmend schwierig, auf dem Arbeitsmarkt eine neue Beschäftigung zu finden, so dass die Bedeutung des Lebensalters bei der derzeitigen Arbeitsmarktsituation zunächst kontinuierlich ansteigt (*Rolfs* NZA Beil 1/2008, S 8, 14 mwN in Fn 72). Andererseits ist nicht zu verkennen, dass jüngere Arbeitnehmer ihre Existenz erst aufbauen und zum Unterhalt ihrer Familien und der Ausbildung ihrer Kinder in besonderem Maße auf ein Erwerbseinkommen angewiesen sind, während ältere Menschen häufig nur noch einen überschaubaren Zeitraum bis zur **Rentenberechtigung** zu überbrücken haben (APS/*Kiel* § 1 KSchG Rn 717). Die Bedeutung des Auswahlkriteriums Lebensalter fällt mit zeitlicher Nähe zum Renteneintritt wieder ab, vorausgesetzt, der Arbeitnehmer ist für den Zwischenzeitraum durch Altersteilzeit oder den Bezug von Arbeitslosengeld sowie durch die Inanspruchnahme von Leistungen aus der gesetzlichen Renten- oder Arbeitslosenversicherung **nahtlos versorgt** (so bereits *U. Preis* RdA 1999, 311, 316; zust **LAG** Köln 17. 8. 2005 – 7 Sa 520/05, AE 2007, 155; **LAG** Berlin-Brandenburg 26. 7. 2007 – 14 Sa 508/07, AE 2008, 38; APS/*Kiel* § 1 KSchG Rn 718; BKBN/*Berscheid* Teil 12 Rn 243; *Rolfs* NZA Beil 1/2008, S 8, 14 mwN in Fn 74; str aA *Giesen* ZfA 1997, 145, 151; *Kopke* NJW 2006, 1040, 1041, der es als eine unmittelbare Diskriminierung wegen des Alters ansieht, wenn von zwei ansonsten vergleichbaren Arbeitnehmern der jüngere nur deshalb entlassen wird, weil er jünger ist).

66 **bb) Gewichtung der sog „Grund- und Kerndaten".** Weder der Gesetzeswortlaut noch die Gesetzesbegründung lassen konkrete Anhaltspunkte dafür erkennen, wie die nunmehr vier Sozialdaten Lebensalter, Betriebszugehörigkeit, Unterhaltspflichten und Schwerbehinderung gegeneinander zu gewichten sind. Dies bedeutet, dass gerade bei der Gewichtung der Sozialdaten der Beurteilung durch die Betriebspartner eine entscheidende Bedeutung zukommt. Nach der höchstrichterlichen Rechtsprechung kommt keinem der in dem Gesetz genannten Auswahlkriterien eine Priorität gegenüber den anderen zu (**BAG** 2. 6. 2005 – 2 AZR 480/04, AP Nr 75 zu § 1 KSchG 1969 Soziale Auswahl Nr 75 = NJW 2006, 315, 318 = NZA 2006, 207, 210; **BAG** 9. 11. 2006 – 2 AZR 812/05, AP Nr 87 zu § 1 KSchG 1969 Soziale Auswahl = NJW 2007, 2429 = NZA 2007, 549; ebenso **LAG** Hamm 4. 11. 2004 – 16 Sa 184/04, LAGReport 2005, 210, 212; **LAG** Niedersachsen 23. 5. 2005 – 5 Sa 198/05, LAGE § 1 KSchG Soziale

II. Wirkungen eines Interessenausgleichs mit Namensliste § 125

Auswahl Nr 50 = MDR 2005, 1176, 1177 = NZA-RR 2005, 584, 585; **LAG** Berlin-Brandenburg 26. 7. 2007 – 14 Sa 508/07, AE 2008, 38).

Fraglich ist, ob der Insolvenzverwalter heute überhaupt noch **weitere Auswahlgesichtspunkte** berücksichtigen darf, denn die soziale Auswahl der Arbeitnehmer kann nach dem Gesetzeswortlaut „nur im Hinblick auf die Dauer der Betriebszugehörigkeit, das Lebensalter und die Unterhaltspflichten ... nachgeprüft werden" (§ 125 Abs 1 S 1 Nr 2 Hs 1 InsO). Mit dem Wörtchen „nur" ist lediglich der gerichtliche Prüfungsmaßstab angesprochen. Dies schließt nicht aus, auch andere mit dem Arbeitsverhältnis in Zusammenhang stehende Gesichtspunkte zu berücksichtigen, wenn und solange den nunmehr vier „Grund- oder Kerndaten" angemessen Rechnung getragen ist (so zum bisherigen Recht K/P/B/*Moll* § 125 InsO Rn 48; N/R/*Hamacher* § 125 InsO 48; str aA *Lakies* RdA 1997, 145, 150; *Pauly* MDR 1997, 913; *Zwanziger* Arbeitsrecht, § 125 InsO Rn 20), denn der Insolvenzverwalter hat auch bei Zustandekommen eines Interessenausgleichs mit Namensliste bei der Sozialauswahl die vier Auswahlkriterien lediglich „ausreichend" zu berücksichtigen (§ 1 Abs 3 S 1 KSchG [2004]). Nur eine nicht ausreichende Berücksichtigung der „Grund- oder Kerndaten" führt zur Unwirksamkeit der Kündigung. Bei Berücksichtigung weiterer Auswahlkriterien läuft der Insolvenzverwalter allerdings Gefahr, dass die vier „Grund- oder Kerndaten" nicht angemessen berücksichtigt sind. Es ist ein bestimmtes Verhältnis der Merkmale zueinander gefordert, was wiederum bei Massenentlassungen praktisch zur Aufstellung von Punktetabellen oder zur Aufstellung von Maßstäben für den Ausschluss von Kündigungen zwingt, falls die zur Entlassung anstehenden Arbeitnehmer nicht hinsichtlich aller Merkmale sozial stärker sind als ihre Arbeitskollegen (*Etzel* FAZ Nr 203 v 21. 10. 1996, S 10; zust *Berscheid* BuW 1997, 672, 674; *ders* MDR 1998, 842, 845). 67

Im Rahmen einer Interessenabwägung konnten bislang bei Arbeitnehmern, die nur ± 5 Punkte auseinander lagen, weitere Gesichtspunkte wie zB Gesundheitsbeeinträchtigungen des Arbeitnehmers oder seiner Familienangehörigen ausschlaggebend sein (*Berscheid* AnwBl 1995, 8, 14; *Berthel/Berscheid* WPrax 1996, 2, 6). Eine solche **einzelfallbezogene, wertende Gesamtabwägung** ist bei Zustandekommen eines Interessenausgleichs mit Namensliste **nicht mehr notwendig** (*Berscheid* BuW 1997, 672, 674; **BAG** 9. 11. 2006 – 2 AZR 812/05, NJW 2007, 2429 = NZA 2007, 549, 552, unter Rn 29; str aA *Kittner* AuR 1997, 182, 186; K/P/B/*Moll* § 125 InsO Rn 53). Der dem Insolvenzverwalter vom Gesetz eingeräumte **Wertungsspielraum** führt dazu, dass **nur deutlich schutzwürdigere** Arbeitnehmer mit **Erfolg** die **Fehlerhaftigkeit** der **Sozialauswahl rügen** können (**BAG** v 5. 12. 2002 – 2 AZR 549/01, BAGReport 2003, 195 = NZA 2003, 791; **BAG** v 2. 6. 2005 – 2 AZR 480/04, NJW 2006, 315, 318 = NZA 2006, 207, 211). Der Insolvenzverwalter genügt seiner Pflicht, die gesetzlichen Kriterien ausreichend (§ 1 Abs 3 S 1 KSchG) bzw nicht grob fehlerhaft (§ 125 Abs 1 S 1 Nr 2 InsO) zu berücksichtigen bereits dann, wenn das Auswahlergebnis objektiv ausreichend bzw nicht grob fehlerhaft ist (st Rspr vgl **BAG** v 18. 10. 2006 – 2 AZR 473/05, AP KSchG 1969 § 1 Soziale Auswahl Nr 86 [*Wilhelm*] = NZA 2007, 504, 506, unter Rn 20; **BAG** v 9. 11. 2006 – 2 AZR 812/05, NJW 2007, 2429 = NZA 2007, 549, 552, unter Rn 19 mwN). 68

Eine Sozialauswahl ist nicht grob fehlerhaft, wenn der Punkteabstand angesichts der zugrunde liegenden Daten – (bspw.: 56 Punkte für klagende gekündigte Arbeitnehmerin, 54, 75 für die Konkurrentin) – marginal erscheint (**BAG** v 17. 1. 2008 – 2 AZR 405/06, NZA-RR 2008, 571, 573, unter Rn 21; str aA LAG Sachsen v 21. 9. 2000 – 6 Sa 153/00, NZA-RR 2001, 586, 588, das einen weiterbeschäftigten Arbeitnehmer mit 47 Punkten als sozial weniger schützenswert als den mit 47,5 Punkten bewerteten klagenden Arbeitnehmer ansah). Für das LAG Sachsen stellte sich die zu Ungunsten des klagenden Arbeitnehmers getroffene Kündigungsentscheidung als Verstoß gegen die nach § 95 BetrVG vereinbarte Auswahlrichtlinie dar, der – unabhängig vom Widerspruch des Betriebsrats – zur Unwirksamkeit der Kündigung führt (§ 1 Abs 2 S 1 Nr 1 Buchst a KSchG). Es wird angenommen, dass bei Anwendung eines mitbestimmten Punkteschemas die soziale Auswahl mit mathematischer Genauigkeit durchgeführt werden müsste (APS/Kiel, § 1 KSchG, Rn 737; SPV/Preis, KSchR, Rn 1155 bei Fn 831). Das **BAG** (aaO, unter Rn 20) geht davon aus, dass den Betriebspartnern durch § 1 Abs 5 S 2 KSchG 2004 (bzw § 125 Abs 1 S 1 Nr 2 InsO) ein weiter Spielraum bei der Sozialauswahl eingeräumt werden soll. Das Gesetz gehe davon aus, dass ua durch die Gegensätzlichkeit der von den Betriebspartnern vertretenen Interessen und durch die auf beiden Seiten vorhandene Kenntnis der betrieblichen Verhältnisse gewährleistet sei, dass dieser Spielraum angemessen und vernünftig genutzt werde. Nur wo dies nicht der Fall sei, sondern der vom Gesetzgeber gewährte Spielraum verlassen werde, so dass der Sache nach nicht mehr von einer „sozialen" Auswahl die Rede sein könne, dürfe grobe Fehlerhaftigkeit angenommen werden (BKBN/*Berscheid* Teil 12 Rn 251). 69

Demnach bestehen weder kündigungsrechtliche noch betriebsverfassungsrechtliche Bedenken, in einer Auswahlrichtlinie mittels eines Punkteschemas die soziale Rangfolg iSv § 1 Abs 3 S 1 KSchG 2004 vollständig und ohne den Vorbehalt einer „Handsteuerung" vorzunehmen (Quecke, RdA 2007, 335, 339). Dies gilt auch dann, wenn die Punktetabelle Teil eines Namenslistes ist. Darüberhinaus ist es betriebsverfassungsrechtlich zulässig, dass eine Auswahlrichtlinie dem (vorläufigen/endgültigen) Insolvenzverwalter einen gewissen Entscheidungsspielraum belässt. Die Grenze eines unzulässigen Verzichts des Betriebsrats auf die Ausübung seines Mitbestimmungsrechts ist bei „Auswahlrichtlinien" weit gesteckt (Quecke, aaO). Verbleibt dem (vorläufigen/endgültigen) Insolvenzverwalter ein Entscheidungs- 70 spielraum, ist seine Auswahlentscheidung allerdings insoweit nicht mehr privilegiert, sondern unterliegt dem strengeren Maßstab des § 1 Abs 3 S 1 KSchG 2004 (Quecke, aaO).

71 Anders ist die Sach- und Rechtslage zu beurteilen, wenn die Betriebspartner im Rahmen eines Interessenausgleichs mit Namenliste nach Auswertung der Sozialauswahl durch eine Punktetabelle einzelne Arbeitnehmer abweichend vom mathematischen Ergebnis auf die Namensliste setzen. Hier greift der Bewertungsspielraum des Insolvenzverwalters ein, wenn die Arbeitnehmer bei Staffelungen innerhalb einer ±-Fünf-Punkte-Gruppe liegen (*Berscheid* WiPra 1996, 354, 356). Je höher die nach einer Punktetabelle zustande kommende Punktzahl, desto größer ist die soziale Schutzbedürftigkeit. Allerdings ist der Insolvenzverwalter jedenfalls dann nicht gehalten, die mathematisch ermittelte Reihenfolge einzuhalten, falls die Betriebspartner die ±-Regelung im Interessenausgleich entsprechend dargestellt und die betroffenen Arbeitnehmer in die Namenliste aufgenommen haben. Trennen bei einer Auswahl anhand einer Punktetabelle den entlassenen Arbeitnehmer und den weiterbeschäftigten Arbeitnehmer nur fünf Sozialpunkte, so kann nicht von einer Fehlerhaftigkeit, geschweige denn groben Fehlerhaftigkeit der getroffenen Sozialauswahl iSd § 125 Abs 1 S 1 Nr 2 Hs 1 InsO die Rede sein. Selbst ohne Interessenausgleich mit Namenliste wäre die Sozialauswahl „ausreichend" (so zu § 1 Abs 5 S 2 KSchG [1996] **LAG** Hamm 16. 3. 2000 – 4 Sa 747/99, ZInsO 2000, 571; **str aA ArbG** Essen 30. 8. 2005 – 2 Ca 670/05, NZA-RR 2006, 77, 79, wonach nicht nur bei gleicher Punktzahl, sondern auch bei annähernd gleicher Punktzahl – zB bei einer Differenz von 1 bis 2 Punkten – eine *Einzelfallabwägung* erfolgen muss). Auch bei Zustandekommen eines Interessenausgleichs mit Namenliste hat der Insolvenzverwalter die Sozialdaten dann „nicht ausreichend" berücksichtigt, wenn er bei vergleichbaren Arbeitnehmern einen Arbeitnehmer vorzieht, der mehr als zehn Sozialpunkte schwächer ist als der gekündigte Arbeitnehmer (so zu § 1 Abs 5 S 2 KSchG [1996] **LAG** Hamm 16. 3. 2000 – 4 Sa 905/99, ZInsO 2000, 572). Die getroffene Sozialauswahl ist in einem solchen Falle „grob fehlerhaft" iSv § 125 Abs 1 S 1 Nr 2 Hs 1 InsO (BKBN/*Berscheid* Teil 12 Rn 253).

72 **bb) Berücksichtigung der Schwerbehinderteneigenschaft.** Der Insolvenzverwalter hat im Rahmen seines Bewertungsspielraumes auch die Schwerbehinderteneigenschaft oder die Bergmannversorgungsscheininhaberschaft der/des zu Entlassenden zu berücksichtigen (so K/P/B/*Moll* § 125 InsO Rn 50; **aA** Bader, NZA 1996, 1125, 1127). Schwerbehindert sind Menschen, wenn bei ihnen ein Grad der Behinderung von wenigstens 50 vorliegt (§ 2 Abs 2 SGB IX = vormals § 1 SchwbG). Ihnen gleichgestellt werden sollen Menschen mit einem Grad der Behinderung von weniger als 50, aber wenigstens 30, wenn die übrigen Anerkennungsvoraussetzungen erfüllt sind (§ 2 Abs 3 SGB IX = vormals § 2 Abs 1 SchwbG).

73 Für die Sozialauswahl ist zu beachten, dass diese im Kündigungsschutzgesetz und der **Schutz der Schwerbehinderten** bzw BVS-Inhaber gegen Kündigungen des Arbeitsverhältnisses im Sozialgesetzbuch – Neuntes Buch – bzw Bergmannversorgungsscheingesetz **abschließend geregelt** sind (*Bader*, NZA 1996, 1125, 1127; *Löwisch*, NZA 1996, 1009, 1010; *Berscheid*, WiPra 1996, 354, 355; **str aA** K/P/B/*Moll* § 125 InsO Rn 50); ansonsten wären Schwerbehinderte und BVS-Inhaber stets in die Sozialauswahl einzubeziehen. In die Auswahl nach § 1 Abs 3 S 1 KSchG sind aber nur solche Arbeitnehmer einzubeziehen, die aus demselben dringenden betrieblichen Erfordernis ebenfalls hätten entlassen werden können (**LAG** Köln 29. 9. 1993 – 7 Sa 241/93, LAGE § 1 KSchG Soziale Auswahl Nr 7). Daher scheiden aus dem auswahlrelevanten Personenkreis – trotz an sich bestehender Vergleichbarkeit – solche Arbeitnehmer aus, bei denen eine ordentliche arbeitgeberseitige Kündigung aufgrund Gesetzes ausgeschlossen ist, es sei denn, es liegt die behördliche Zustimmung vor (**LAG** Hamm 6. 7. 2000 – 4 Sa 233/00, ZInsO 2001, 336). Ob der Insolvenzverwalter die Zustimmung beantragt, liegt in seinem Ermessen, denn er darf den Sonderkündigungsschutz akzeptieren (**LAG** Hamm 6. 7. 2000 – 4 Sa 233/00, aaO mwN unter 2.2.4) und von einer Kündigung absehen, selbst wenn die Mindestbeschäftigungsquote für schwerbehinderte Menschen nach § 71 SGB IX im Schuldnerbetrieb überschritten ist (so allg APS/*Kiel* § 1 KSchG Rn 729). Ein aus dringenden betrieblichen Erfordernissen gekündigter Arbeitnehmer ohne besonderen Kündigungsschutz kann daher nicht mit Erfolg geltend machen, ein Arbeitnehmer mit besonderem Kündigungsschutz sei bei Anwendung der in § 1 Abs 3 KSchG genannten Auswahlkriterien sozial weniger schutzwürdig (**LAG** Hamm 23. 3. 2000 – 4 Sa 910/99, AE 2000, 193 = EWiR 2001, 439 [*Diller/Haußmann*] = ZInsO 2000, 570; s auch **LAG** Hamm 16. 5. 2007 – 2 Sa 1830/06).

74 Es ist rechtlich zulässig, dass der Insolvenzverwalter bei einigen schwerbehinderten Arbeitnehmern die Zustimmung zur Kündigung beantragt und bei anderen dagegen nicht, ohne dass dies gerichtlich überprüft werden kann (**LAG** Hamm 6. 7. 2000 – 4 Sa 233/00, aaO mwN unter 2.2.4). Dies erklärt sich aus der Regelung des § 89 Abs 3 SGB IX, der ohne inhaltliche Änderungen an die Stelle des § 19 Abs 3 SchwbG getreten ist. Nach dieser Vorschrift soll das Integrationsamt – wie die frühere Hauptfürsorgestelle nunmehr heißt – im eröffneten Insolvenzverfahren die Zustimmung erteilen, wenn

– der Schwerbehinderte in einem Interessenausgleich namentlich als einer der zu entlassenden Arbeitnehmer bezeichnet ist (§ 125 InsO),
– die Schwerbehindertenvertretung beim Zustandekommen des Interessenausgleichs gem § 95 Abs 2 SGB IX (vormals § 25 Abs 2 SchwbG) beteiligt worden ist,

– der Anteil der nach dem Interessenausgleich zu entlassenden Schwerbehinderten an der Zahl der beschäftigten Schwerbehinderten nicht größer ist als der Anteil der zu entlassenden übrigen Arbeitnehmer an der Zahl der beschäftigten übrigen Arbeitnehmer und
– die Gesamtzahl der Schwerbehinderten, die nach dem Interessenausgleich bei dem Arbeitgeber verbleiben sollen, zur Erfüllung der Verpflichtung nach § 71 SGB IX (vormals § 5 SchwbG) ausreicht.

Da der **Insolvenzverwalter** dies alles beachten muss, kann er nicht generell verpflichtet werden, alle Schwerbehinderten in die soziale Auswahl einzubeziehen. Er **hat nach freiem Ermessen** unter Tragung des entsprechenden Risikos **zu entscheiden**, wo er glaubt, die behördliche Zustimmung zu erhalten (LAG Hamm 6. 7. 2000 – 4 Sa 233/00, aaO). 75

d) **Ausgewogene Altersstruktur als berechtigtes betriebliches Interesse.** Nach der gesetzlichen Regelung des § 125 Abs 1 S 2 Nr 2 Hs 2 InsO kann das Interesse an einem „gesunden", „angemessenen" oder „zweckmäßigen" Altersaufbau (BAG 28. 9. 1961 – 2 AZR 428/60, AP Nr 1 zu § 1 KSchG 1951 Personenbedingte Kündigung [*Zöllner*]), sprich: an einer „ausgewogenen Altersstruktur" der Belegschaft, zwar nicht mehr ein dringendes betriebliches Erfordernis für eine Kündigung darstellen (siehe zum bisherigen Recht einerseits *Langanke* RdA 1993, 220; *Stindt* DB 1993, 1361, 1365, und andererseits *Bauer/Lingemann* NZA 1993, 625, 626), diese muss vielmehr aus anderen betriebsbedingten Gründen gerechtfertigt sein. Das Insolvenzrecht bestimmt dann aber für die soziale Auswahl, dass es nicht als grob fehlerhaft anzusehen ist, wenn eine ausgewogene Personalstruktur nicht nur „erhalten", sondern auch wenn sie erst „geschaffen" wird (§ 125 Abs 1 S 1 Nr 2 Hs 2 InsO). Es ist daher in der Unternehmensinsolvenz auch möglich, eine nach Leistungsstärke und Altersstruktur gleichwertige Belegschaft (erstmals) zu schaffen und damit **Versäumnisse bei der Einstellungspolitik** des Unternehmens zu **heilen** (*Berscheid* WiPra 1996, 370, 371; ErfK/*Gallner* § 125 InsO Rn 7; *Grunsky/Moll* Arbeitsrecht, Rn 360; *Lakies* NJ 1997, 121, 124; *ders* RdA 1997, 145, 150; *Löwisch* NZA 1996, 1009, 1017; *U. Preis* NJW 1996, 3369, 3378). 76

aa) **Definition der ausgewogenen Alters- oder Personalstruktur.** Zu der Frage, was unter „ausgewogener Alters- oder Personalstruktur" zu verstehen ist, hat der Gesetzgeber keine Vorgaben gemacht, so dass es weiterhin der Rechtsprechung vorbehalten bleibt, im Zusammenwirken mit der Wissenschaft geeignete Kriterien für diesen Begriff zu erarbeiten. Nicht nur bei Sanierungskonzepten in Insolvenzverfahren, sondern auch bei zahlreichen Rationalisierungskonzepten außerhalb der Insolvenz werden Organisationsänderungen vorgesehen, die zur Einsparung von Hierarchieebenen führen, indem zB die Abteilungsleiter- und/oder die Vorarbeiterebene wegfällt, oder aufgrund derer verschiedene Arbeitsplätze zu Positionsfamilien zusammengefasst werden. In solchen und ähnlichen Fällen ändert sich die Personalstruktur gravierend, was auch auf die Sozialauswahl durchschlagen muss (*Berscheid* BuW 1997, 632, 636; ferner *Sander* BuW 1997, 30, 35, der darauf hinweist, dass ein wirtschaftlich vernünftiges Verhältnis zwischen Führungskräften und Arbeitnehmern ohne Leitungsfunktion und ein wirtschaftlich effektives Verhältnis zwischen Produktionskräften und Verwaltungskräften herzustellen ist). Der Begriff „Personalstruktur" umfasst nicht nur das Alter der Belegschaft (Altersstruktur), sondern vor allem die Leistungsstärke und Qualifikation (vgl *Berthel/Berscheid* WPrax 1996, 2, 6 ff; *Sander* BuW 1997, 30, 35), daneben aber auch die gesamte Beschäftigungsstruktur (*Hess* AR-Blattei SD 915.6 Rn 59), nämlich Geschlechtsquote, Berufsrepräsentation, Schwerbehindertenquote und Teilzeitbeschäftigtenanteil (KS-*Berscheid* S 1395, 1415 Rn 48; Gottwald/Heinze/*Bertram* § 107 Rn 101 mwN in Fn 219; *Grunsky/Moll* Arbeitsrecht Rn 147; HK/*Linck* § 125 Rn 32–31; K/P/B/*Moll* § 125 InsO Rn 59; *Löwisch* NZA 1996, 1009, 1011; N/R/*Hamacher* § 125 InsO Rn 55; *Wlotzke* BB 1997, 414, 418). Anforderungsprofile der Arbeitsplätze und Qualifikationsprofile der Mitarbeiter sind in diesem Zusammenhang die beiden Bausteine, die für die gesamte betriebliche Personalarbeit an sich von grundlegender Bedeutung sind (*Berthel/Berscheid* WPrax 1996, 2, 7). Der **Begriff der Personalstruktur** in § 125 Abs 1 S 1 Nr 2 Hs 2 InsO ist nicht mit dem der Altersstruktur gleichzusetzen. Er ist im Hinblick auf die Gesetzesbegründung, nach der dem Schuldner oder dem Übernehmer ein funktions- und wettbewerbsfähiges Arbeitnehmerteam zur Verfügung stehen soll (BT-Drs 12/7302 S 172), in einem umfassenderen Sinn zu verstehen. Als weitere Aspekte einer Personalstruktur kommen zwar auch die Ausbildung und die Qualifikation der Arbeitnehmer und Arbeitnehmerinnen im Betrieb und damit die **Bildung entsprechender Qualifikationsgruppen** und Qualifikationsbereiche in Betracht (**BAG** 28. 8. 2003 – 2 AZR 368/02, AP Nr 1 zu § 125 InsO = NZA 2004, 432 = NZI 2004, 338, mzN unter Rn 36). 77

Mit der Wiedereinführung des § 1 Abs 3 S 2 KSchG hat der Gesetzgeber die Erhaltung einer ausgewogenen Personalstruktur ausdrücklich als ein berechtigtes betriebliches Interesse anerkannt. Dies trägt dem Umstand Rechnung, dass insbesondere **bei Massenentlassungen** die soziale Auswahl nur anhand der Kriterien Betriebszugehörigkeit, Lebensalter, Unterhaltspflichten und Schwerbehinderung des Arbeitnehmers dazu führen kann, dass sich die **bisherige Personalstruktur** des Betriebes **nachhaltig verschlechtert**. Vor allem die bisherige Altersstruktur der Belegschaft ändert sich in der Regel durch eine Sozialauswahl allein nach den Kriterien des § 1 Abs 3 S 1 KSchG 2004. Ohne die Ausnahmevorschrift des § 1 Abs 3 S 2 KSchG 2004 ließe sich daher bei der Kündigung eines erheblichen Teils der Arbeitnehmer eine den berechtigten betrieblichen Interessen zuwiderlaufende **Überalterung der Belegschaft** kaum vermeiden (so zu § 1 Abs 3 S 2 KSchG 1996 **BAG** 23. 11. 2000 – 2 AZR 533/99, AP Nr 114 zu 78

§ 1 KSchG 1969 Betriebsbedingte Kündigung [*Bütefisch*] = NJW 2001, 3282, 3284 = NZA 2001, 601, 603; so zu § 1 Abs 3 S 2 KSchG 1998 **BAG** 6. 7. 2006 – 2 AZR 442/05, AP Nr 82 zu § 1 KSchG 1969 Soziale Auswahl = NZA 2007, 139, 144 Rn 54; **BAG** 6. 7. 2006 – 2 AZR 443/05, AP Nr 48 zu § 95 BetrVG 1972 = NZA 2007, 197, 202 Rn 54; ebenso **BAG** v 9. 11. 2006 – 2 6. 9. 2007 – 2 AZR 387/06, NZA 2008, 405). Soweit der Interessenausgleich und die Namensliste bei der sozialen Auswahl auch auf einer Bildung von Altersgruppen beruhen, ist dies im Hinblick auf § 125 Abs 1 S 1 Nr 2 Hs 2 InsO, soweit es um die Erhaltung einer ausgewogenen Altersstruktur geht, unproblematisch (**BAG** 28. 8. 2003 – 2 AZR 368/02, AP Nr 1 zu § 125 InsO = NZA 2004, 432 = NZI 2004, 338). Die Auswahl nach Altersgruppen zur Erhaltung einer ausgewogenen Altersstruktur stellt auch keine ungerechtfertigte Diskriminierung iSd Art 2 Abs 2 iVm Art 1 RL 2000/78/EG v 27. 11. 2000 (ABl EG L 303 v 2. 12. 2000, S 16) dar (LAG Berlin-Brandenburg 13. 4. 2007 – 13 Sa 2208/06, LAGE § 1 KSchG Soziale Auswahl Nr 54), denn die Bildung von Altersgruppen ist regelmäßig nach § 10 S 1, S 2 AGG durch legitime Ziele gerechtfertigt, wenn sie bei Massenkündigungen aufgrund einer Betriebsänderung erfolgt (**BAG** 6. 11. 2008 – 2 AZR 523/07, DB 2009, 626 = NZA 2009, 361; **BAG** 6. 11. 2008 – 2 AZR 701/07, NZA 2008, 939).

79   Bei der Altersgruppenbildung geht es darum, dass eine **langfristige Personal- und Nachwuchsplanung** in einem Betrieb von nicht unerheblicher Bedeutung ist (siehe dazu *Berthel/Berscheid* WPrax 1996, 2, 3 mwN), denn bei einem Ausscheiden vieler älterer Arbeitnehmer in einem Jahr auf Grund der Überalterung einer Belegschaft müssen neue Personen eingearbeitet sein, damit der Betrieb ohne Reibungsverluste weiterlaufen kann. Hierbei geht es insbesondere auch um die Weitergabe von Erfahrungswissen der älteren Mitarbeiter an die jüngeren wie auch darum, dass der Ausbildungsstand jüngerer Arbeitnehmer vielfach aktueller ist und deshalb ein Austausch zwischen den jüngeren und älteren Mitarbeitern regelmäßig stattzufinden hat, damit optimale Kenntnisse vorhanden sind, um den Betrieb wirtschaftlich führen zu können. Schließlich ist beachtlich, dass **jüngere Arbeitnehmer** regelmäßig auch nur dann motiviert arbeiten werden, wenn **Aufstiegs- und Veränderungsmöglichkeiten** innerhalb bestimmbarer Zeiträume eröffnet werden und damit Weiterbildung im Betrieb stattfindet. Sind aber sämtliche Aufstiegsarbeitsplätze mit älteren Arbeitnehmern belegt, besteht für jüngere Arbeitnehmer im Allgemeinen keine erhöhte Motivation, sich im Betrieb weiter fortzubilden oder entsprechendes Engagement bei der Arbeit zu erbringen (**LAG** Niedersachsen 13. 7. 2007 – 16 Sa 269/07, LAGE § 2 AGG Nr 3 = ZInsO 2008, 685, 687; **LAG** Niedersachsen 13. 7. 2007 – 16 Sa 274/07, ZIP 2008, 132; **LAG** Niedersachsen 9. 11. 2007 – 16 Sa 311/07, NZA-RR 208, 348, 351). Desweiteren ist zu berücksichtigen, dass die Altersgruppenbildung gem. § 1 Abs 3 S 2 KSchG iVm § 1 Abs 3 S 1 KSchG 2004 bewirkte **Vorrang älterer Arbeitnehmer neutralisiert** und die Berücksichtigung des Alters bei der Auswahl der Arbeitnehmer teilweise beseitigt, so dass an die Anforderungen der Rechtfertigungsgründe keine erhöhten Anforderungen gestellt werden dürfen (**LAG** Niedersachsen aaO; **LAG** Berlin-Brandenburg 13. 4. 2007 – 13 Sa 2208/06, LAGE § 1 KSchG Soziale Auswahl Nr 54).

80   Das **BAG** hat zwischenzeitlich klargestellt, dass die Diskriminierungsverbote des AGG (§§ 1–10 AGG) zwar im Rahmen des Kündigungsschutzes nach dem KSchG anwendbar sind, so dass eine Kündigung, die gegen ein Diskriminierungsverbot verstößt, sozialwidrig und damit unwirksam sein kann, ohne dass dem § 2 Abs 4 AGG entgegensteht (**BAG** 6. 11. 2008 – 2 AZR 523/07, DB 2009. 626, mit ausf. Darstellung des Rn 28–41). Im Rahmen der Sozialauswahl dürfen aber sowohl Sozialpunkte für das Alter des Arbeitnehmers vergeben als auch Altersgruppen gebildet werden, ohne dass darin ein Verstoß gegen das Verbot der Altersdiskriminierung aus §§ 1, 10 AGG gesehen werden kann. Die insoweit gegebene Ungleichbehandlung wegen des Alters ist iSv § 10 S 1, S 2 AGG gerechtfertigt (**BAG** 6. 11. 2008 – 2 AZR 523/07, DB 2009, 626 = NZA 2009, 361, mwN in Rn 43–49):
– Die Zuteilung von **Alterspunkten** berücksichtigt die schlechteren Arbeitsmarktchancen älterer Arbeitnehmer und führt im Zusammenspiel mit den übrigen sozialen Gesichtspunkten wie etwa Betriebszugehörigkeit, Unterhalt und Schwerbehinderung nicht zu einer Überbewertung des Lebensalters (**BAG** 6. 11. 2008 – 2 AZR 523/07, DB 2009, 626 = NZA 2009, 361, mwN in Rn 46, 49).
– Die Bildung von **Altersgruppen** wirkt nicht nur zulässigerweise der Überalterung des Betriebs entgegen, sondern ebnet auch die bei Massenkündigungen etwa überschießenden Tendenzen der Bewertung des Lebensalters als Sozialdatum ein und wirkt so einer übermäßigen Belastung jüngerer Beschäftigter entgegen (**BAG** 6. 11. 2008 – 2 AZR 523/07, DB 2009, 626 = NZA 2009, 361, mzN in Rn 59). Der Arbeitgeber hätte ohne die Altersgruppenbildung zahlreichen jüngeren Arbeitnehmern gerade wegen ihres – jungen – Alters kündigen müssen.

81   Mit dieser Entscheidung setzt das **BAG** seine bisherige Rechtsprechung fort, wonach der Arbeitgeber außerhalb der Insolvenz und der Insolvenzverwalter im eröffneten Insolvenzverfahren bei der sozialen Auswahl den schmalen Weg zwischen einer zu geringen und einer zu starken Gewichtung des Alters und der Betriebszugehörigkeit finden müssen (vgl **BAG** 18. 10. 2006 – 2 AZR 473/05, AP KSchG 1969 § 1 Soziale Auswahl Nr 86 [*Wilhelm*] = NZA 2007, 504, 506; ferner **BAG** 9. 11. 2006 – 2 AZR 812/05, NJW 2007, 2429 = NZA 2007, 549, 552; **BAG** 17. 1. 2008 – 2 AZR 405/06, NZA-RR 2008, 571, 573). Die Berücksichtigung des Lebensalters – neben den übrigen Auswahlkriterien – im Punkteschema führt mit einer hinnehmbaren Unschärfe zur Einbeziehung individueller Arbeitsmarktchancen, ohne dass das Alter allein und damit gewissermaßen „abstrakt" die Auswahl beeinflussen würde. Dass

die Arbeitsmarktchancen auf diese Weise nicht rein individuell berücksichtigt werden, ist letztlich unvermeidbar: Jede mögliche Aussage über Chancen muss sich naturgemäß an Wahrscheinlichkeiten orientieren, die ihrerseits nicht ohne Berücksichtigung von Erfahrungswerten beurteilt werden können. Wenn also ein Erfahrungswert dahin besteht, dass mit steigendem Lebensalter die Vermittlungschance generell zu sinken pflegt, so könnte dieser Umstand auch bei strikt individueller **Bewertung von Arbeitsmarktchancen** nicht außer Betracht bleiben (BAG 19. 6. 2007 – 2 AZR 304/06, AP Nr 16 zu § 1 KSchG 1969 Namensliste = NZA 2008, 103, 107 Rn 45).

In der Insolvenz bietet § 125 Abs 1 S 1 Nr 2 Hs 2 InsO sogar die Chance, eine neue Personal- und Altersstruktur zu schaffen, die sogar mathematisch ausgewogen sein kann. Die Erfahrung langjährig beschäftigter älterer Arbeitnehmer ist genauso wichtig wie die Heranbildung eines guten Nachwuchses. Ein auf die Zukunft des Unternehmens und seine Arbeits- und Leistungsfähigkeit ausgerichteter betrieblicher „Lebensbaum" sollte ein „Nachwachsen" im Rahmen der Stammbelegschaft ermöglichen (*Sander* BuW 1997, 30, 35). „Ausgewogene Personalstruktur" bedeutet in dem hier verstandenen Sinne, dass nicht nur jüngere Arbeitnehmer im Betrieb verbleiben, also eine „olympiareife Mannschaft" gebildet wird, sondern dass ein „ausgewogenes" Verhältnis zwischen älteren und jüngeren Arbeitnehmern bestehen bleibt (*Schwedes* BB Beil 17/1996, 2, 4; *Stahlhacke/Preis* WiB 1996, 1025, 1031; zust *Berscheid* BuW 1997, 632, 637; *Sander* BuW 1997, 30, 35). Die Bildung einer „olympiareifen Mannschaft" ist keine Sicherung der bisherigen Personalstruktur des Betriebes, sondern Schaffung einer neuen, unausgewogenen Altersstruktur, und damit auch im Rahmen des § 125 Abs 1 S 1 Nr 2 Hs 2 InsO unzulässig (*Berscheid* Arbeitsverhältnisse Rn 662). **82**

Auch in der **Unternehmenskrise** kann auf zukunftsorientierte Qualifikationskriterien nicht verzichtet werden: Es sind **Arbeitnehmer mit „Entwicklungspotential"** notwendig, die ein Unternehmen in eine erfolgreiche Zukunft bringen sollen. Nimmt man solche Kriterien zu den vergangenheitsorientierten hinzu, die für „gegenwärtige Leistungen" definiert wurden, so gelangt man zu einem Portfolio der folgenden Gestalt, dessen vier Quadranten ein Grobraster für Leistungsgruppen darstellen (s dazu das Schaubild bei *Berthel/Berscheid* WPrax 1996, 2, 7, und *Berscheid* AnwBl 1995, 8, 15): **83**

84

Leistungs-
fähigkeit

hoch	Fachkraft	Spitzenkraft
niedrig	„Unkraft"	Nachwuchs
	niedrig	hoch

Leistungs-
potential

Im Rahmen von § 1 Abs 3 S 2 KSchG 2004 können auch Leistungsgesichtspunkte herangezogen bzw entsprechende Qualifikationsgruppen gebildet werden (BAG 28. 8. 2003 – 2 AZR 368/02, AP Nr 1 zu § 125 InsO = NZA 2004, 432 = NZI 2004, 338). Die Betriebswirtschaft stellt hierbei auf die in der Vergangenheit und Gegenwart gezeigte Leistungsfähigkeit und das für die Zukunft erwartete Leistungspotential ab und unterscheidet zwischen Spitzen-, Fach-, Nachwuchs- und „Un"kraft, wie das vorstehende Schaubild zeigt. Für Geschäfte mit Zukunftsproblemen sind vor allem solche Arbeitnehmer wichtig, die in die beiden rechten Quadranten einzuordnen sind, also diejenigen mit hohen „Entwicklungspotentialen". Für „Entwicklungspotentiale" spielen z.B. häufig Qualifikationen eine Rolle wie Kreativität, Risikofreudigkeit, Kommunikationsfähigkeit, Teamfähigkeit, Konfliktfähigkeit etc (*Berthel/Berscheid* aaO). **85**

Der **Schwerpunkt** der Diskussion liegt dennoch bei der **Festlegung der Maßstäbe für eine ausgewogene Altersstruktur** (KS-*Berscheid* S 1395, 1416, Rn 47). Wegen der Schwierigkeiten einer sachgerechten Handhabung, insbesondere der Bewertung der Anforderungs- und Qualifikationsprofile, führt der Aspekt der ausgewogenen Personalstruktur – wie mehr als 95% aller veröffentlichten Entscheidungen zeigen – im Ergebnis dazu, dass idR lediglich eine altersgruppenbezogene Sozialauswahl stattfindet (*Berscheid* Arbeitsverhältnisse, Rn 657; *Grunsky/Moll* Arbeitsrecht Rn 153; *U. Preis* NZA 1997, 1073, 1084; str aA *Giesen* ZfA 1997, 145, 155, der die Bildung von Altersgruppen für unzulässig hält). **86**

bb) Grundsätze für die Bildung von Altersgruppen. Die Personalanpassung kann gem § 1 Abs 3 S 2 KSchG 2004 außerhalb der Insolvenz und damit auch im **Insolvenzeröffnungsverfahren** lediglich zur „Erhaltung" der bisher vorhandenen Altersstruktur in allen Altersgruppen gleichmäßig erfolgen (**zB Verminderung linear um 20% oder 30%**), und zwar ausgehend von den tatsächlichen Verhältnissen in den einzelnen Altersgruppen, auch wenn diese bei einer Fünfereinteilung bspw wie folgt aussehen: **87**

88	bis 25 Jahren	von 25 bis 35 Jahren	von 35 bis 45 Jahren	von 45 bis 55 Jahren	über 55 Jahren
	15,0 ArbN	23,5 ArbN	18,0 ArbN	29,0 ArbN	34,0 ArbN
	12,50%	19,58%	15,42%	24,17%	28,33%
	3,0 ArbN	4,5 ArbN	3,5 ArbN	6,0 ArbN	7,0 ArbN
	4,5 ArbN	7,0 ArbN	5,5 ArbN	9,0 ArbN	10,0 ArbN

89　Im Insolvenzverfahren ist auch die „Schaffung" einer neuen Altersstruktur möglich. Dabei geht es nicht um den „Ausschluss" (so aber *Giesen*, ZfA 1997, 145, 155) oder um die „Herausnahme" (so N/R/*Hamacher* § 125 InsO Rn 55 a) einzelner Arbeitnehmer aus der Sozialauswahl, gemeint ist vielmehr, dass die soziale Auswahl von vornherein nur innerhalb von abstrakten Altersgruppen vorgenommen wird (so *Berscheid* AnwBl 1995, 8, 14; *ders* Arbeitsverhältnisse, Rn 659; *Berthel/Berscheid* WPrax 1996, 2, 6; *Grunsky/Moll* Arbeitsrecht Rn 157; *v. Hoyningen-Huene/Linck* DB 1997, 41, 42). Die Altersgruppen sind nicht für den gesamten Betrieb ohne Rücksicht auf die Vergleichbarkeit der Arbeitnehmer, sondern innerhalb des jeweils auswahlrelevanten Personenkreises zu bilden (LAG Hamm 28. 5. 1998 – 8 Sa 76/98, LAGE § 125 InsO Nr 1 = BuW 1998, 839 = ZInsO 1998, 236).

89a　Eine Ungleichbehandlung wegen Alters lässt Art 6 RL 2000/78/EG zu, wenn die Vorschriften, Kriterien oder Verfahren, die zu einer ungünstigeren Behandlung wegen des Alters führen, durch ein rechtmäßiges Ziel sachlich gerechtfertigt und die Mittel zur Erreichung dieses Ziels angemessen und erforderlich sind (**BAG 11. 4. 2006 – 9 AZR 528/05, NZA 2006, 1217**). Auch wenn damit sowohl die Schaffung als auch die Sicherung einer ausgewogenen Personalstruktur als legitimes Ziel iSd Art 6 RL 200/78/EG iVm § 10 S 1 AGG in Betracht kommen können, muss der Insolvenzverwalter im Prozess zunächst darlegen, welche konkrete Personalstruktur er schaffen (§ 125 Abs 1 S 1 Nr 2 InsO) oder erhalten (§ 1 Abs. 3 S 2 KSchG) will und aus welchen Gründen, denn andernfalls kann nicht überprüft werden, ob die Ungleichbehandlung durch das verfolgte Ziel gerechtfertigt werden kann (**BAG 22. 1. 2009 – 8 AZR 906/07, NZA 2009, 945, 950 Rn 59**).

90　Für die Altersgruppenbildung gibt es mehrere Modelle, bei denen teilweise Zweifel angebracht sind. Zur Schaffung einer ausgewogenen Personalstruktur, also einer altersmäßig „durchwachsenen" Belegschaft, könnte der jeweils auswahlrelevante Personenkreis im Rahmen des Interessenausgleichs

in drei Altersgruppen mit Arbeitnehmern (Dreiereinteilung):	in fünf Altersgruppen mit Arbeitnehmern (Fünfereinteilung):	in vier Altersgruppen mit Arbeitnehmern (Viererereinteilung):
– bis 35 Jahren, – von 35 bis 50 Jahren, – über 50 Jahren,	– bis 25 Jahren, – von 25 bis 35 Jahren, – von 35 bis 45 Jahren, – von 45 bis 55 Jahren, – über 55 Jahren,	– bis 25 Jahren, – von 25 bis 40 Jahren, – von 40 bis 55 Jahren, – über 55 Jahren,

eingeteilt werden (*Berscheid* AnwBl 1995, 8, 14; *ders* WPrax 1995, 83, 87, mwN; *ders* BuW 1997, 632, 636 f; *Berthel/Berscheid* WPrax 1996, 2, 6; zust *B. Gaul* AktuellAR 1996, 330, 333; *Hess* § 125 Rn 55; ähnlich MünchArbR-*Berkowsky* § 151 Rn 49, der einheitlich die zweite Staffelung zugrunde legt; ferner *Seidel* ZTR 1996, 449, 452; str aA *Trittin* AuR 1995, 51, der jede Minderung des Kündigungsschutzes für ältere Arbeitnehmer als verfassungswidrig ansieht). Der **Wechsel der Altersgruppe** vollzieht sich **am** jeweiligen **Geburtstag mit der Vollendung des** in der Staffelung angegebenen **Anfangs- bzw Endalters** (*Berscheid* BuW 1997, 632, 637), sofern die Betriebspartner nicht einen bestimmten Stichtag festlegen (BKBN/*Berscheid* Teil 12 Rn 232).

91　Eine bestimmte Staffelung wird durch das Gesetz nicht vorgeschrieben (KS-*Berscheid* S 1395, 1417 Rn 50). Eine **Fünfereinteilung** in Altersgruppen mit Arbeitnehmern (so KR-*Etzel* § 1 KSchG Rn 659; ebenso *Stahlhacke/Preis* WiB 1996, 1025, 1031)

– bis 30 Jahre, – von 30 bis 40 Jahre, – von 40 bis 50 Jahre, – von 50 bis 60 Jahre, – über 60 Jahre,

berücksichtigt einerseits nicht, dass Arbeitnehmer über 25 Jahre bei normalem Verlauf der Berufsausbildung nicht mehr zu den Berufsanfängern zählen, und lässt andererseits außer Acht, dass mit 55 Jahren die Altersteilzeit beginnt und auch tarifliche Vorruhestandsregelungen existieren (KS-*Berscheid* S 1395, 1417 Rn 50).

II. Wirkungen eines Interessenausgleichs mit Namensliste § 125

Seltener anzutreffen ist eine **Neunereinteilung** in Altersgruppen mit Arbeitnehmern bis 25, von 25 bis 30, von 30 bis 35, von 35 bis 40, von 40 bis 45, von 45 bis 50, von 50 bis 55, von 55 bis 60 und über 60 Jahre (siehe die Beispiele in **LAG** Frankfurt/Main 24. 6. 1999 3 Sa 1278/98, NZA-RR 2000, 74 = ZInsO 1999, 724; LAG Düsseldorf 17. 3. 2000 – 9/6 Sa 84/00, LAGE § 1 KSchG Soziale Auswahl Nr 32 = NZA-RR 2000, 421 = ZInsO 2000, 92 [*Berscheid*]; krit dazu *Seidel*, ZTR 1996, 449, 452, der eine Bildung von mehr als fünf Altersgruppen wegen der Gefahr der Manipulation als fragwürdig ansieht; hiergegen *Grunsky/Moll* Arbeitsrecht, Rn 156, die allein darauf abstellen, dass die Altersgruppen nach sachlichen Kriterien gebildet werden). Namentlich auf der Führungsebene oder bei kleinen auswahlrelevanten Personenkreisen bietet sich die **Dreiereinteilung** an (*Berthel/Berscheid* WPrax 1996, 2, 6; zust B. *Gaul* AktuellAR 1996, 330, 333). Lässt sich die Zahl der verbleibenden Arbeitnehmer weder durch drei noch durch fünf teilen, kommt auch eine **Vierereinteilung** in Betracht (*Berscheid* Arbeitsverhältnisse, Rn 659; *ders* BuW 1997, 632, 636 f). 92

Welche Prozentzahlen als „ausgewogen" anzusehen sind, hängt vielfach von der Anzahl der benötigten Arbeitnehmer und der vorhandenen Altersstruktur des Betriebes ab. Tabellarisch kann man dies etwa wie folgt darstellen (*Berscheid* Arbeitsverhältnisse Rn 665): 93

Dreiereinteilung mit Arbeitnehmern 94

bis 35 Jahre	von 35 bis 50 Jahre	über 50 Jahre
33 1/3 %	33 1/3 %	33 1/3 %
25 %	50 %	25 %
30 %	40 %	30 %

Viererereinteilung mit Arbeitnehmern 95

bis 25 Jahre	von 25 bis 40 Jahre	von 40 bis 55 Jahre	über 55 Jahre
25 %	25 %	25 %	25 %
20 %	30 %	30 %	20 %
15 %	35 %	35 %	15 %

Fünfereinteilung mit Arbeitnehmern 96

bis 25 Jahre	von 25 bis 35 Jahre	von 35 bis 45 Jahre	von 45 bis 55 Jahre	über 55 Jahre
20 %	20 %	20 %	20 %	20 %
17,5 %	20 %	25 %	20 %	17,5 %
15 %	20 %	30 %	20 %	15 %

dd) **Anwendungsbeispiele zur Schaffung einer ausgewogenen Altersstruktur.** Bei der Bildung von Altersgruppen wird eine bestimmte Staffelung durch das Gesetz nicht vorgeschrieben. Anders als hinsichtlich der Verwendung von Punktetabellen, muss keine einheitliche Altersgruppenbildung in allen auswahlrelevanten Personenkreisen vorgenommen werden. Die Betriebsparteien sind vielmehr hinsichtlich der Anzahl der zu bildenden Altersgruppen (Dreier-, Vierer- oder Fünfereinteilung) frei. Für die einzelnen auswahlrelevanten Personenkreise können unterschiedliche Altersgruppeneinteilungen vorgenommen werden. Es ist mithin nicht zu beanstanden, wenn bei einem Heizungs- und Sanitärunternehmen bei den Sanitärinstallateuren eine Viererereinteilung und bei den Heizungsmonteuren eine Dreiereinteilung für die Altersgruppenbildung ausgewählt worden ist (**LAG** Hamm 5. 6. 2003 – 4/16 Sa 1976/02, DZWIR 2004, 153 [*Weisemann*] = LAGReport 2004, 132 [*Graner*] = NZA-RR 2004, 132 = ZInsO 2003, 1060). Die Betriebsparteien können mithin – je nach der Zahl der in den einzelnen auswahlrelevanten Personenkreisen übrig bleibenden, also weiterzubeschäftigenden Arbeitnehmer – frei zwischen der Einteilung der Arbeitnehmer in drei, vier oder fünf Altersgruppen wählen, wie nachfolgende **Beispiele** (entlehnt aus BKBN/*Berscheid* Teil 12 Rn 238) zeigen mögen: 97

Legt man im gewerblichen Bereich oder bei den Angestellten nicht die gleiche Altersgruppenbildung zugrunde, hat man einen erhöhten Erklärungsbedarf. Dieser ist aber erfüllbar. Wenn bspw die Zahl der Schweißer **von 10 auf 6** reduziert werden soll, kann man die **Dreiereinteilung** zugrunde legen und in jeder Altersgruppe je 2 Schweißer (**jeweils 33 1/3 %**) – anhand einer Punktetabelle ausgewählt – weiterbeschäftigen. Ähnlich kann man vorgehen, wenn in einer Kfz-Werkstatt **9 von 13** Kfz-Mechaniker weiterbeschäftigt werden sollen. 98

Beschäftigt das Schuldnerunternehmen **bislang 11** Dreher, benötigt es aber **künftig 8** Dreher, dann kommt man mit der **Dreiereinteilung** weiter, wenn man – etwa unter Berücksichtigung des vorhandenen 99

Altersaufbaus – die Staffelung 25%/50%/25% wählt und die Dreher mit 2/4/2 auf die drei Gruppen verteilt. Man kann in diesem Falle aber auch die **Virerereinteilung** wählen und je 2 Dreher pro Gruppe (jeweils 25%) weiterbeschäftigen. Ebenso kann man vorgehen, wenn in einem Stahlwerk **16 von 26** Elektrikern weiterbeschäftigt werden sollen.

100 Wenn der Insolvenzverwalter im Betrieb **10 von 14** kaufmännischen Angestellten weiterbeschäftigen möchte, dann stehen für die Altersgruppenbildung, innerhalb derer die Sozialauswahl anhand einer Punktetabelle vorzunehmen wäre, gleich drei Varianten zur Verfügung: Man kann die **Dreiereinteilung** mit der Staffelung **30%/40%/30%** wählen und die kaufmännischen Angestellten mit 3/4/3 auf die drei Gruppen verteilen. Man kann aber auch die **Virerereinteilung** mit Staffelung 20%/30%/30%/20% wählen und die kaufmännischen Angestellten mit 2/3/3/2 auf die vier Gruppen verteilen. Schließlich kann man auch die **Fünfereinteilung** wählen und in jeder Gruppe je 2 kaufmännische Angestellte (jeweils 20%) weiterbeschäftigen.

101 Ähnlich kann man vorgehen, wenn in einem Textilunternehmen **10 von 16** Musternäherinnen weiterbeschäftigt werden sollen. Bei der Wahl der Gruppeneinteilung wird sich der Insolvenzverwalter an der vorhandenen Altersstruktur orientieren und überlegen, bei welcher Gruppeneinteilung die geringsten Verschiebungen notwendig sind bzw die wichtigsten „Know-how-Träger" weiterbeschäftigt werden können.

102 Sollen in einem Textilunternehmen **20 von 27** Näherinnen weiterbeschäftigt werden, dann stehen – je nach vorhandenem Altersaufbau – für die Altersgruppenbildung gleich vier Varianten zur Verfügung: Man kann die **Dreiereinteilung** mit der Staffelung **30%/40%/30%** wählen und die Näherinnen mit 6/8/6 auf die drei Gruppen verteilen. Man kann aber auch die **Virerereinteilung** mit Staffelung 20%/30%/30%/20% wählen und die Näherinnen mit 4/6/6/4 auf die vier Gruppen verteilen. Man kann auch die **Fünfereinteilung** wählen und in jeder Gruppe je 2 Näherinnen (jeweils 20%) weiterbeschäftigen. Schließlich kann man noch die **Fünfereinteilung** mit Staffelung 15%/20%/30%/20%/15% wählen und die Näherinnen mit 3/4/6/4/3 auf die fünf Gruppen verteilen.

103 Werden **60 von 101** Montagearbeiter weiterbeschäftigt, dann kommen – je nach vorhandenem Altersaufbau – in Betracht:
– die *Dreiereinteilung* mit je 20 Montagearbeitern (**jeweils 33⅓%**),
– die *Dreiereinteilung* mit **18/24/18** Montagearbeitern (**30%/40%/30%**),
– die *Dreiereinteilung* mit **15/30/15** Montagearbeitern (**25%/50%/25%**),
– die *Virerereinteilung* mit je 15 Montagearbeitern (**jeweils 25%**),
– die *Virerereinteilung* mit **12/18/18/12** Montagearbeitern (**20%/30%/30%/20%**),
– die *Fünfereinteilung* mit je 12 Montagearbeitern (**jeweils 20%**),
– die *Fünfereinteilung* mit **9/12/18/12/9** Montagearbeitern (**15%/20%/30%/20%/15%**).

104 Die Variationsmöglichkeiten für die Schaffung einer neuen, ausgewogenen Altersstruktur sind mithin vielfältig. Noch vielfältiger sind sie, wenn die konzeptionell und organisatorisch Möglichkeit besteht, nicht nur Vollzeit-, sondern auch Teilzeitkräfte einzusetzen. Der Insolvenzverwalter kann prüfen, bei welcher Gruppeneinteilung die wichtigsten „Know-how-Träger" weiterbeschäftigt werden können, und sich dann völlig frei für diese Staffelung entscheiden. Es ist dem Insolvenzverwalter allerdings verwehrt, eine völlig willkürliche Einteilung der Altersgruppen in 12er, 8er und 10er Jahresschritten wechselnd vorzunehmen, um so „zielgerichtet" zur Entlassung einzelner Arbeitnehmer zu gelangen (s dazu **LAG Hamm** 5. 6. 2003 – 4/16 Sa 1976/02, DZWIR 2004, 153 [*Weisemann*] = LAGReport 2004, 132 [*Graner*] = NZA-RR 2004, 132 = ZInsO 2003, 1060; so schon *Berscheid* BuW 1997, 632, 637; BKBN/*Berscheid* Teil 12 Rn 235; KS-*Berscheid* S 1395, 1418 Rn 51; ebenso HK/*Linck* § 125 Rn 33; N/R/*Hamacher* § 125 Rn 56; str aA *Grunsky/Moll* Arbeitsrecht Rn 156; *Hess* § 125 Rn 56; H/W/K/*Annuß* § 125 InsO Rn 35; *Zwanziger* § 125 Rn 58).

105 **5. Wiedereinstellungsanspruch des Arbeitnehmers.** Wird die Rechtsunwirksamkeit einer sozial ungerechtfertigten Kündigung nicht rechtzeitig geltend gemacht (§ 4 S 1 und S 2, §§ 5 und 6 KSchG), so gilt die Kündigung als von Anfang an rechtswirksam und ein vom Arbeitnehmer nach § 2 KSchG erklärter Vorbehalt erlischt (§ 7 KSchG). Gleiches gilt bei den sog „sonstigen" Unwirksamkeitsgründen, für die bis 31. 12. 2003 über § 113 Abs 2 InsO aF und ab 1. 1. 2004 über § 4 S 1 und S 2 KSchG [2004] ebenfalls die dreiwöchige Klagefrist gilt bzw gilt. Wird die Feststellungsklage rechtzeitig erhoben, so kommt es bei der Beurteilung, ob eine Kündigung sozialwidrig oder aus „sonstigen" Gründen rechtsunwirksam ist, an sich allein auf die Verhältnisse zum Zeitpunkt des Kündigungszugangs an (**BAG** 24. 3. 1983 – 2 AZR 21/82, AP Nr 16 zu § 1 KSchG 1969 Betriebsbedingte Kündigung [*Meisel*] = ZIP 1983, 1105; **BAG** 15. 8. 1984 – 7 AZR 536/82, AP Nr 16 zu § 1 KSchG 1969 Krankheit = NJW 1985, 2783 = NZA 1985, 357). Diese gefestigte Rechtsprechung wird außerhalb der Insolvenz in einigen Fällen durch Bejahung eines Wiedereinstellungsanspruchs aufgeweicht. Der Wiedereinstellungsanspruch, der auch im Insolvenzeröffnungsverfahren zum Tragen kommt, wird teils mit der nachwirkenden Fürsorgepflicht, teils mit dem Gesichtspunkt des Vertrauensschutzes begründet; Einzelheiten sind umstritten (*Bram/Rühl* NZA 1990, 753, 754, *v. Stein* RdA 1991, 85, 87 f; s zur Problematik näher *Preis/Steffan* DB 1998, 309 ff).

III. Betriebsratsanhörung bei Massenentlassungen

Der Interessenausgleich iSd § 125 Abs 1 S 1 Nr 1 InsO erleichtert die Massenentlassung, denn er ersetzt die Stellungnahme des Betriebsrats nach § 17 Abs 3 S 2 KSchG (§ 125 Abs 2 InsO). Der Insolvenzverwalter hat seiner schriftlichen Massenentlassungsanzeige gegenüber dem Arbeitsamt eine Ausfertigung des Interessenausgleichs mit Namensliste beizufügen. Aus der Regelung des § 125 Abs 2 InsO kann allerdings nicht gefolgert werden, dass der Insolvenzverwalter den Betriebsrat bei einer beabsichtigten Massenentlassung nicht mehr schriftlich gem § 17 Abs 2 S 1 KSchG über den sog Mussinhalt der Massenentlassungsanzeige zu unterrichten hätte (so aber *Kohls* ZInsO 1998, 220; N/R/*Hamacher* § 125 InsO Rn 69). Kommt es aus welchen Gründen auch immer nicht zu dem angestrebten Interessenausgleich mit Namensliste, könnte der Insolvenzverwalter ansonsten wegen fehlender Unterrichtung keine wirksame Massenentlassungsanzeige erstatten. Denn kommt ein Interessenausgleich mit Namensliste nicht zustande, gelten die allgemeinen Grundsätze des Kündigungsschutzgesetzes. Danach ist die Massenentlassungsanzeige nur dann wirksam, wenn ihr eine Stellungnahme des Betriebsrats beigefügt wird oder der Insolvenzverwalter glaubhaft macht, dass er den Betriebsrat mindestens zwei Wochen vor Erstattung der Anzeige unterrichtet hat (§ 17 Abs 3 S 3 KSchG). Da bei fehlender Unterrichtung des Betriebsrats vom Insolvenzverwalter weder die eine noch die andere Voraussetzung erfüllt werden kann, sind die Anzeige und die auf ihr beruhenden Entlassungen unwirksam, wenn sich der Arbeitnehmer auf den Fehler beruft (**BAG** 14. 8. 1986 – 2 AZR 683/85, RzK I 8 b Nr 8). Der Insolvenzverwalter ist daher gut beraten, den **Betriebsrat** auch dann **stets ordnungsgemäß gem § 17 Abs 2 KSchG schriftlich zu unterrichten**, wenn der Abschluss eines Interessenausgleichs mit Namensliste iSd § 125 InsO angestrebt wird. Nur im Falle seines Zustandekommens ersetzt er die Stellungnahme des Betriebsrats nach § 17 Abs 3 S 2 KSchG (§ 125 Abs 2 InsO). 107

Weder ein Interessenausgleich nach § 125 Abs 1 InsO noch ein solcher nach § 112 Abs 1 BetrVG entbindet den Insolvenzverwalter von der Betriebsratsanhörung zu den konkret auszusprechenden Kündigungen nach § 102 Abs 1 BetrVG (so zu § 1 Abs 5 KSchG [1996] vor allem **LAG** Düsseldorf 25. 2. 1998 – 17/4 Sa 1788/97, LAGE § 1 KSchG Interessenausgleich Nr 9; **LAG** Düsseldorf 21. 4. 1998 – 3/11/18 Sa 1968/97, LAGE § 102 BetrVG 1972 Nr 69; **BAG** 20. 5. 1999 – 2 AZR 532/98, AP Nr 5 zu § 1 KSchG 1969 Namensliste = NZA 1999, 1101 = ZInsO 1999, 601 = ZIP 1999, 1610; **BAG** 21. 2. 2002 – 2 AZR 581/00, BAGReport 2003, 16 = NZA 2002, 1360 = ZInsO 2002, 1103; zum Sach- und Streitstand siehe Vorauf. Rn 88 mwN), noch werden die (normalen) Anforderungen an die Informationspflicht herabgesetzt (**LAG** Hamm 21. 3. 2002 – 4 Sa 1746/01, LAGReport 2002, 214 = ZInsO 2002, 644). Gegen ein Redaktionsversehen spricht einerseits der Umkehrschluss aus dem Wortlaut des § 125 Abs 2 InsO, wonach der Interessenausgleich mit Namensliste die Stellungnahme des Betriebsrats nach § 17 Abs 3 S 2 KSchG ersetzt, und andererseits der unterschiedliche Regelungszweck beider Vorschriften (so zu § 1 Abs 5 S 4 KSchG [1996] **BAG** 20. 5. 1999 – 2 AZR 148/99, AP Nr 4 zu § 1 KSchG 1969 Namensliste = NZA 1999, 1039 = ZInsO 1999, 601 = ZIP 1999, 1647). 108

Das **Anhörungsverfahren nach § 102 BetrVG** kann allerdings in die Verhandlung über den Interessenausgleich nach §§ 111, 112 BetrVG aufgenommen und die abschließende Stellungnahme des Betriebsrats zu den Kündigungen kann festgehalten werden (so bereits **ArbG** Wesel 28. 5. 1997, NZA-RR 1997, 341 = ZAP ERW 1998, 45 [*Berscheid*]; **LAG** Düsseldorf 9. 10. 1997 – 13 Sa 996/97, DB 1998, 926; **BAG** 28. 8. 2003 – 2 AZR 377/02, AP Nr 134 zu § 102 BetrVG 1972 = ZInsO 2004, 288 = ZIP 2004, 525). Treffen Unterrichtungspflichten nach mehreren Vorschriften zusammen, ist es zulässig und häufig aus Zweckmäßigkeitsgründen angebracht, die einzelnen Verfahren zu verbinden, obwohl sie verschiedenen inhaltlichen Anforderungen unterliegen. Für den Betriebsrat muss aber deutlich werden, welche Verfahren der Arbeitgeber einleiten will und insbesondere, ob nur die Fristen des § 102 Abs 2 § 1 BetrVG, des § 99 Abs 3 BetrVG, des § 17 Abs 2 KSchG oder alle diese Fristen anlaufen und ob ein Interessenausgleich nach § 125 Abs 1 InsO mit Namensliste oder nach § 112 Abs 1 BetrVG ohne eine solche angestrebt wird. Soll die Unterrichtung in einem Akt geschehen, so muss die entsprechende Mitteilung, wenn die beabsichtigte Betriebsänderung iSd § 111 BetrVG, für die der Interessenausgleich mit Namensliste angestrebt wird, zu einer Massenentlassung iSd § 17 Abs 1 KSchG führt, wegen § 17 Abs 2 S 1 KSchG insgesamt schriftlich erfolgen und im Übrigen den jeweiligen gesetzlichen Anforderungen voll entsprechen (**BAG** 19. 8. 1975 AP Nr 5 zu § 102 BetrVG 1972 [*Herschel*]). Im Übrigen kann im **Interessenausgleich zum Ausdruck** gebracht werden, dass der Insolvenzverwalter gleichzeitig das Anhörungsverfahren bezüglich der in der Namensliste angegebenen Personen einleitet und der Betriebsrat hinsichtlich aller Kündigungen eine abschließende Stellungnahme abgibt (**LAG** Hamm 16. 1. 2002 – 2 Sa 1133/01, LAGReport 2002, 246 = ZInsO 2002, 644; **LAG** Hamm 24. 4. 2002 – 2 Sa 1847/01, LAGReport 2003, 117 = ZInsO 2002, 788; **LAG** Hamm 4. 6. 2002 – 4 Sa 81/02, LAGReport 2003, 14 = NZA-RR 2003, 293 = ZInsO 2003, 47; **LAG** Düsseldorf 23. 1. 2003 – 11/12 Sa 1057/02, LAGE § 125 InsO Nr 3 = ZIP 2003, 817; **LAG** Hamm 12. 2. 2003 – 2 Sa 826/02, ZInsO 2004, 566; **LAG** Hamm 1. 4. 2004 – 4 Sa 1340/03, LAGReport 2005, 31). Dabei ist den Reaktionsmöglichkeiten des Betriebsrats (Zustimmung zu den Kündigungen, abschließende Kenntnisnahme) Rechnung zu tragen (siehe dazu die Formulierungsvorschläge von *Bertram* NZI 2001, 625, 629; KS-*Griese*, S 1513, 1537/8 Rn 69; *Berscheid* jurisPR-ArbR 13/2004, Anm 3). 109

110　Nach dem **Grundsatz der „subjektiven Determinierung"** hat der Insolvenzverwalter dem Betriebsrat nur den aus seiner Sicht maßgeblichen Kündigungssachverhalt mitzuteilen. Der Betriebsrat ist immer dann ordnungsgemäß angehört worden, wenn der Insolvenzverwalter ihm die aus seiner Sicht tragenden Umstände für die Kündigung unterbreitet hat (**BAG** 11. 7. 1991 – 2 AZR 119/91, AP Nr 57 zu § 102 BetrVG 1972 = NZA 1992, 38; **BAG** 26. 10. 1995 – 2 AZR 1026/94, AP Nr 35 zu Art 20 EinigungsV = NZA 1996, 703). Der vorstehende Grundsatz der „subjektiven Determinierung" gilt auch für die notwendigen Angaben zur sozialen Auswahl (**BAG** 24. 2. 2000 – 8 AZR 167/99, AP Nr 47 zu § 1 KSchG 1969 Soziale Auswahl = NZA 2000, 764; **BAG** 24. 2. 2000 – 8 AZR 180/99, AP Nr 7 zu § 1 KSchG 1969 Namensliste = NZA 2000, 785 = ZInsO 2000, 466). Danach ist der Betriebsrat immer dann ordnungsgemäß angehört worden, wenn ihm der Insolvenzverwalter die aus seiner Sicht tragenden Umstände unterbreitet hat (**BAG** 15. 11. 1995 – 2 AZR 974/94, AP Nr 73 zu § 102 BetrVG 1972 = NJW 1996, 1556 = NZA 1996, 419 = WiB 1996, 492 [*Boemke*] = ZIP 1996, 648). Um keine Frage der subjektiven Determinierung handelt es sich aber, wenn der Insolvenzverwalter dem Betriebsrat den Sachverhalt bewusst irreführend schildert, damit sich die Kündigungsgründe als möglichst überzeugend darstellen, denn der Insolvenzverwalter setzt durch eine derartige Darstellung den Betriebsrat außerstande, sich ein zutreffendes Bild von den Gründen für die Kündigung zu machen (vgl **BAG** 22. 9. 1994 – 2 AZR 31/94, AP Nr 68 zu § 102 BetrVG 1972 = NJW 1995, 1854 = NZA 1995, 363 = WiB 1995, 340 [*Krauß*]; **BAG** 7. 11. 1996 – 2 AZR 720/95, AuR 1997, 124 = BuW 1997, 319). Dafür ist allerdings der Arbeitnehmer darlegungs- und beweispflichtig (**LAG** Hamm 6. 7. 2000 – 4 Sa 799/00, DZWIR 2001, 107, 111 [*Weisemann*] = ZInsO 2000, 569).

111　Für die Anhörung des Betriebsrats vor Ausspruch der Kündigungen nach § 102 BetrVG ist aber noch folgende Erleichterung zu beachten: Ist der Kündigungssachverhalt dem Betriebsrat nämlich schon aus den Verhandlungen über den Interessenausgleich bekannt, braucht er ihm bei der Anhörung nach § 102 Abs 1 BetrVG nicht mehr erneut mitgeteilt zu werden (**BAG** 20. 5. 1999 – 2 AZR 532/98, AP Nr 5 zu § 1 KSchG 1969 Namensliste = NZA 1999, 1101 = ZInsO 1999, 601 = ZIP 1999, 1610; **LAG** Hamm 6. 7. 2000 – 4 Sa 799/00, DZWIR 2001, 107, 110 [*Weisemann*] = ZInsO 2000, 569). Wenn aber derartige Vorkenntnisse bestritten werden, muss der Insolvenzverwalter diese allerdings im Prozess hinreichend konkret darlegen und gegebenenfalls beweisen (**LAG** Rheinland-Pfalz 27. 1. 2000 – 11 Sa 1062/99, AuR 2000, 195).

§ 126 Beschlußverfahren zum Kündigungsschutz

(1) ¹Hat der Betrieb keinen Betriebsrat oder kommt aus anderen Gründen innerhalb von drei Wochen nach Verhandlungsbeginn oder schriftlicher Aufforderung zur Aufnahme von Verhandlungen ein Interessenausgleich nach § 125 Abs. 1 nicht zustande, obwohl der Verwalter den Betriebsrat rechtzeitig und umfassend unterrichtet hat, so kann der Insolvenzverwalter beim Arbeitsgericht beantragen festzustellen, daß die Kündigung der Arbeitsverhältnisse bestimmter, im Antrag bezeichneter Arbeitnehmer durch dringende betriebliche Erfordernisse bedingt und sozial gerechtfertigt ist. ²Die soziale Auswahl der Arbeitnehmer kann nur im Hinblick auf die Dauer der Betriebszugehörigkeit, das Lebensalter und die Unterhaltspflichten nachgeprüft werden.

(2) ¹Die Vorschriften des Arbeitsgerichtsgesetzes über das Beschlußverfahren gelten entsprechend; Beteiligte sind der Insolvenzverwalter, der Betriebsrat und die bezeichneten Arbeitnehmer, soweit sie nicht mit der Beendigung der Arbeitsverhältnisse oder mit den geänderten Arbeitsbedingungen einverstanden sind. ²§ 122 Abs. 2 Satz 3, Abs. 3 gilt entsprechend.

(3) ¹Für die Kosten, die den Beteiligten im Verfahren des ersten Rechtszugs entstehen, gilt § 12a Abs. 1 Satz 1 und 2 des Arbeitsgerichtsgesetzes entsprechend. ²Im Verfahren vor dem Bundesarbeitsgericht gelten die Vorschriften der Zivilprozeßordnung über die Erstattung der Kosten des Rechtsstreits entsprechend.

§ 127 Klage des Arbeitnehmers

(1) ¹Kündigt der Insolvenzverwalter einem Arbeitnehmer, der in dem Antrag nach § 126 Abs. 1 bezeichnet ist, und erhebt der Arbeitnehmer Klage auf Feststellung, daß das Arbeitsverhältnis durch die Kündigung nicht aufgelöst oder die Änderung der Arbeitsbedingungen sozial ungerechtfertigt ist, so ist die rechtskräftige Entscheidung im Verfahren nach § 126 für die Parteien bindend. ²Dies gilt nicht, soweit sich die Sachlage nach dem Schluß der letzten mündlichen Verhandlung wesentlich geändert hat.

(2) Hat der Arbeitnehmer schon vor der Rechtskraft der Entscheidung im Verfahren nach § 126 Klage erhoben, so ist die Verhandlung über die Klage auf Antrag des Verwalters bis zu diesem Zeitpunkt auszusetzen.

I. Allgemeines **§§ 126, 127**

Übersicht

	Rn
I. Allgemeines	1
II. Antragsvoraussetzungen	5
1. Anwendungsbereich	6
2. Fehlgeschlagene Interessenausgleichsverhandlung	9
a) Adressat der Unterrichtung	11
b) Form der Unterrichtung	12
c) Ablauf der Drei-Wochen-Frist	13
d) Vorrang des Verfahrens nach § 122	14
III. Beschlussverfahren	15
1. Vortragslast des Insolvenzverwalters	16
a) Vortrag zur Zulässigkeit des Antrags	17
b) Vortrag zur Begründetheit des Antrags	19
c) Vortrag zur Kündigungsbefugnis	22
2. Soziale Auswahl der Arbeitnehmer	23
3. Verfahrensregelungen des sog präventiven Kündigungsverfahrens	27
a) Verfahrensbeteiligte	28
b) Entscheidung, Kosten und Rechtsmittel	34
IV. Bindungswirkung der Entscheidung für den Kündigungsschutzprozess	40
1. Bindung an positive wie negative Entscheidung	41
2. Prüfung des Vorliegens eines Betriebsübergangs	43
3. Offene Fragen im nachfolgenden Kündigungsschutzprozess	45

I. Allgemeines

Die Regelungen der §§ 126, 127, die das sog präventive Kündigungsverfahren *betreffen, haben im bisherigen Vergleichs-, Konkurs- und Gesamtvollstreckungsrecht kein Vorbild.* Es wurden § 129 Abs 1 und 2 RegE aufgrund der Beschl-Empf des RechtsA zu § 143 b (siehe BT-Drs 12/7302, S 172) inhaltlich verändert als § 126 Abs 1 und 2, § 129 Abs 3 RegE inhaltlich unverändert als § 126 Abs 3 und § 130 Abs 1 und 2 RegE aufgrund der Beschl-Empf des RechtsA zu § 143c (siehe BT-Drs 12/7302, S 172/173) inhaltlich verändert als § 127 Abs 1 und 2 in die Insolvenzordnung übernommen; die Regelung § 130 Abs 3 RegE über die Klagefrist wurde ersatzlos gestrichen. §§ 126, 127 sind mit Wirkung vom 1. 10. 1996 im Geltungsbereich der Konkursordnung bis zum Inkrafttreten der Insolvenzordnung mit der Maßgabe vorzeitig in Kraft gesetzt worden, dass das Wort „Insolvenzverwalter" durch das Wort „Konkursverwalter" ersetzt worden ist (Art 6 G v 25. 9. 1996 – BGBl I S 1476). 1

Plant der Insolvenzverwalter eine Betriebsänderung iSd § 111 BetrVG, die auch in einer erheblichen Personalreduzierung (Größenordnung der Zahlen und Prozentangaben des § 17 Abs 1 KSchG, aber mindestens 5% der Belegschaft des Betriebes) bestehen kann, hat er nach § 125 Abs 1 zusammen mit dem Betriebsrat die Möglichkeit, einen Interessenausgleich zustande zu bringen, in dem die Arbeitnehmer, die von der geplanten Betriebsänderung durch Beendigungs- oder Änderungskündigung betroffen sind, namentlich bezeichnet sind. Aufgrund eines solchen Interessenausgleichs mit Namensliste wird vermutet, dass die Kündigung der Arbeitsverhältnisse der in ihm benannten Arbeitnehmer betriebsbedingt ist und eine Weiterbeschäftigungsmöglichkeit nicht besteht (§ 125 Abs 1 S 1 Nr 1) und dass die Kündigung nicht wegen eines Betriebsübergangs erfolgt ist (§ 128 Abs 2), falls der Betrieb in der Insolvenz seinen Inhaber wechselt. Zugleich darf im Kündigungsschutzprozess die soziale Auswahl der Arbeitnehmer nur im Hinblick auf die nunmehr vier Grund- oder Kerndaten (s o § 125 Rn 62), nämlich Dauer der Betriebszugehörigkeit, Lebensalter, Unterhaltspflichten und Schwerbehinderung (s dazu **LAG Hamm** 16. 5. 2007 – 2 Sa 1830/06, BeckRS 2007, 46774 = LNR 2007, 39180) und auch insoweit nur auf grobe Fehlerhaftigkeit überprüft werden (§ 125 Abs 1 S 1 Nr 2) und bei Betriebsteilung wird die Überprüfbarkeit der Zuordnung der Arbeitnehmer zu einem bestimmten Betrieb oder Betriebsteil auf grobe Fehlerhaftigkeit beschränkt (§ 323 Abs 2 UmwG analog). 2

Kommt bei einer geplanten **Betriebsänderung** iSd § 111 BetrVG innerhalb von drei Wochen nach Verhandlungsbeginn oder schriftlicher Aufforderung zur Aufnahme von Verhandlungen ein **Interessenausgleich mit Namensliste** nach § 125 Abs 1 **nicht zustande** oder hat der Betrieb keinen Betriebsrat, so kann der Insolvenzverwalter gem § 126 Abs 1 S 1 beim Arbeitsgericht **im Beschlussverfahren** eine **Entscheidung zum Kündigungsschutz** mit dem Ziel herbeiführen, festzustellen, dass die Kündigung der Arbeitsverhältnisse bestimmter, im Antrag bezeichneter Arbeitnehmer durch dringende betriebliche Erfordernisse bedingt und sozial gerechtfertigt ist. 3

Damit ermöglicht § 126 in Ergänzung des § 125, die Wirkungen eines Interessenausgleichs mit Namensliste auch dann herzustellen, wenn es dem Insolvenzverwalter nicht gelingt, mit dem Betriebsrat in freien Verhandlungen einen Interessenausgleich mit Namensliste zustande zu bringen. Das Gleiche gilt, wenn der Betrieb keinen Betriebsrat hat oder der Betriebsrat sich trotz schriftlicher Aufforderung weigert, mit dem Insolvenzverwalter in Verhandlungen zu treten, weil er beispielsweise geltend macht, über die geplanten Betriebsänderungen noch gar nicht ordnungsgemäß unterrichtet worden zu sein (*Bertram* 4

Arbeits- und Sozialrecht DAI-Skript 2001, S 60). Die Vorschriften über das präventive Kündigungsverfahren, die im Falle einer Betriebsveräußerung noch durch die Regelungen des § 128 Abs 1 ergänzt werden, bilden zusammen mit §§ 125 Abs 1, 128 Abs 2 Instrumentarien zur Beschleunigung der Durchführung von Betriebsänderungen im Zeitraum der Insolvenz und sollen im Interesse der Masseerhaltung und -sicherung die Wirksamkeit der Kündigungen möglichst rasch und einheitlich entsprechend § 125 klären und langwierige Kündigungsschutzprozesse vermeiden (*Bertram* Arbeits- und Sozialrecht DAI-Skript 2001, S 60). Den Insolvenzverwalter trifft dabei jedoch keine Pflicht, im Verfahren nach §§ 125 Abs 1, 128 Abs 2 einerseits oder §§ 126, 127 andererseits vorzugehen. Sieht er davon ab, unterliegen die von ihm ausgesprochenen Kündigungen den allgemeinen Regelungen und Grundsätzen des Kündigungsschutzgesetzes (so bereits *Warrikoff* BB 1994, 2338, 2341; DKKW/*Däubler* § 125 InsO Rn 2; *Friese* ZInsO 2001, 350; KDZ/*Däubler* § 125 InsO Rn 2; *Oetker/Friese* DZWiR 2001, 177); dies gilt insbesondere hinsichtlich der Darlegungs- und Beweislast des § 1 Abs 2 S 4 KSchG.

II. Antragsvoraussetzungen

5   Für den Antrag an das Arbeitsgericht müssen neben den allgemeinen Voraussetzungen für das Beschlussverfahren (§§ 80 ff ArbGG) die besonderen Verfahrensvoraussetzungen des § 126 Abs 1 vorliegen. Liegen die besonderen Antragsvoraussetzungen des § 126 Abs 1 nicht vor, ist der Antrag des Insolvenzverwalters nicht als unbegründet, sondern als unzulässig abzuweisen, denn nur so wird klargestellt, dass eine Sachentscheidung darüber, ob der Insolvenzverwalter den im Antrag bezeichneten Arbeitnehmern wirksam gekündigt hat oder dennoch – also trotz Abweisung seines Antrags nach § 126 Abs 1 – kündigen kann, nicht getroffen worden ist (KS-*Ennemann* S 1473, 1503 Rn 78; *Zwanziger* Arbeitsrecht § 126 Rn 8).

6   **1. Anwendungsbereich.** Bei der Prüfung der besonderen Verfahrensvoraussetzungen ist zu unterscheiden, ob in dem Betrieb ein Betriebsrat existiert oder nicht. Ist kein Betriebsrat vorhanden, kann der Insolvenzverwalter den Antrag nach § 126 Abs 1 sofort und jederzeit unabhängig von Fristfragen stellen (*Warrikoff* BB 1994, 2338, 2342; zust *Berscheid* Arbeitsverhältnisse S 266 Rn 744; K/P/B/*Moll* § 126 Rn 16; ähnl HaKo/*Ahrendt* § 126 Rn 5; HK/*Linck* § 126 Rn 2; PK-H/W/F/*Schmidt* § 126 Rn 9).

7   Verbreitet wird angenommen, dass § 126 Abs 1 auch auf Vorgänge ausgedehnt werden könne, in denen ein Interessenausgleich iSd § 125 Abs 1 nicht möglich sei, so zB in Kleinbetrieben mit bis zu zwanzig Arbeitnehmern, da hier mit einem einköpfigen Betriebsrat nach der gesetzlichen Regelung mit Erfolg keine Interessenausgleichsverhandlung geführt werden könne (*Caspers* Personalabbau und Betriebsänderung Rn 242; ErfK-*Ascheid* § 126 Rn 1; DKKW/*Däubler* § 126 InsO Rn 7; *Grunsky/Moll* Arbeitsrecht Rn 372; HaKo/*Ahrendt* § 126 Rn 6; KDZ/*Däubler* § 126 InsO Rn 7; *Lakies* BB 1999, 206, 208; *Löwisch* RdA 1997, 80, 85; PK-H/W/F/*Schmidt* § 126 Rn 25; *Schrader* NZA 1997, 70, 76; *Warrikoff* BB 1994, 2338, 2342). Begründet wird dies damit, es mache keinen Sinn, das sog präventive Kündigungsverfahren zwar in betriebsratslosen Betrieben zuzulassen, es jedoch bei Betrieben unterhalb der Größenordnung des § 111 S 1 BetrVG, bei denen ein Betriebsrat vorhanden ist, nicht zuzulassen (*Kania* DStR 1996, 832, 835; *Lakies* RdA 1997, 145, 151). Teilweise wird die Regelung des § 126 Abs 1 auch auf alle Fälle betriebsbedingter Kündigungen angewendet, und zwar ohne Rücksicht darauf, ob eine Betriebsänderung iSd § 111 BetrVG vorliegt oder nicht (APS/*Dörner* InsO Rn 21; *Caspers* Personalabbau und Betriebsänderung Rn 242; KR-*Weigand* InsO Rn 52; *Löwisch* RdA 1997, 80, 85; *Tretow* Personalabbaumaßnahmen S 176).

8   Dieser Auffassung kann nicht gefolgt werden. Eine **Anwendung** der Regelung des § 126 Abs 1 **außerhalb des Anwendungsbereichs des § 111 BetrVG** (Betriebsänderungssachverhalt und Mindestgröße) – diese Frage ist höchstrichterlich ausdrücklich offen gelassen worden (vgl BAG 29. 6. 2000 – 8 ABR 44/99, AP Nr 2 zu § 126 InsO = NZA 2000, 1180 = NZI 2000, 495 = SAE 2002, 60 [*Bittner*] = ZInsO 2000, 664 = ZIP 2000, 1588) – kommt **nicht** in Betracht (*Zwanziger* Arbeitsrecht § 126 Rn 9; zust *Bichlmeier/Engberding/Oberhofer* S 452; FK/*Eisenbeis* § 126 Rn 4; KS-*Ennemann* S 1473, 1502 Rn 76; Rn 72–93; *Fischermeier* NZA 1997, 1089, 1099; *Hess* § 126 Rn 8 mzN zum Sach- und Streitstand; HK/*Linck* § 126 Rn 5; K/P/B/*Moll* § 126 Rn 11; *Lakies* NZI 2000, 345, 345; *R. Müller* DZWIR 1999, 221, 226; N/R/*Hamacher* § 126 Rn 8; str aA Gottwald/Heinze/*Bertram* § 107 Rn 111 mwN in Fn 247). Der Gesetzeswortlaut erwähnt die Voraussetzungen des § 111 BetrVG zwar nicht ausdrücklich, legt jedoch mit der Bezugnahme auf die Regelungen des § 125 Abs 1 mittelbar fest, dass eine Betriebsänderung iSd § 111 BetrVG geplant sein muss und zwischen Insolvenzverwalter und Betriebsrat ein Interessenausgleich hierüber „aus anderen Gründen" als das Nichtvorhandensein eines Betriebsrats nicht zustande gekommen sein darf (KS-*Ennemann* S 1473, 1502 Rn 76). Systematisch ergibt sich dies auch aus der Bezugnahme auf die Pflicht des Insolvenzverwalters, den Betriebsrat gem § 111 S 1 BetrVG „rechtzeitig und umfassend" über eine geplante Betriebsänderung iSd § 111 S 2 BetrVG zu unterrichten (*R. Müller* NZA 1998, 1315, 1319; zust N/R/*Hamacher* § 126 Rn 9). Das Beschlussverfahren nach § 126 Abs 1 hat gegenüber der Möglichkeit des § 125 Abs 1 **nur eine Auffangfunktion** (HaKo/*Ahrendt* § 126 Rn 6; K/P/B/*Moll* § 126 Rn 12; SPV/*Vossen* Rn 2181; *Zwanziger* Arbeitsrecht § 126 Rn 9; **str aA** MK/*Löwisch/Caspers* Rn 6; *Rieble* NZA 2007, 1393, 1395, 1396) für den Fall des

II. Antragsvoraussetzungen **§§ 126, 127**

Nichtzustandekommens des Interessenausgleichs. Beide Vorschriften haben entstehungsgeschichtlich und gesetzessystematisch denselben Anwendungsbereich (siehe dazu die Nachweise bei K/P/B/*Moll* § 126 Rn 12). Auch eine analoge Anwendung des § 126 Abs 1 in Betrieben mit weniger als 21 Arbeitnehmern kommt nicht in Betracht, weil Voraussetzung für das präventive Kündigungsverfahren stets das Vorliegen einer Betriebsänderung iSv § 111 BetrVG ist, woran es jedenfalls im Falle des bloßen Personalabbaus aufgrund der geringen Abbauzahlen regelmäßig fehlen wird (*Friese* ZInsO 2001, 351).

2. Fehlgeschlagene Interessenausgleichsverhandlung. Bei Vorhandensein eines Betriebsrats setzt der Antrag nach § 126 Abs 1 als besondere Verfahrensvoraussetzung voraus (*Schrader* NZA 1997, 70, 76; zust *Berscheid* Arbeitsverhältnisse S 266 Rn 744; KS-*Ennemann* S 1473, 1503 Rn 77), 9
– dass der Insolvenzverwalter den Betriebsrat rechtzeitig und umfassend nach § 111 S 1 BetrVG über die beabsichtigte Betriebsänderung unterrichtet hat und
– dass innerhalb von drei Wochen nach tatsächlichem Verhandlungsbeginn oder schriftlicher Aufforderung zur Aufnahme von Verhandlungen kein Interessenausgleich nach § 125 Abs 1 zustande gekommen ist.

Warum es nicht zu einem Abschluss eines Interessenausgleichs gekommen ist, spielt keine Rolle (KS-*Ennemann* S 1473, 1501 Rn 73; *Grunsky/Moll* Arbeitsrecht Rn 374). Das Verfahren kann auch dann eingeleitet werden, wenn in dem abgeschlossenen Interessenausgleich keine Namen von zu kündigenden Arbeitnehmern genannt sind, denn § 126 bezieht sich nur auf das **Nichtzustandekommen eines Interessenausgleichs nach § 125** und nicht auf einen solchen nach § 112 BetrVG (*Rummel* DB 1997, 774, 776; zust *Berscheid* AktuellAR 1997, 247, 254; KS-*Ennemann* S 1473, 1502 Rn 74; *Friese* ZInsO 2001, 351; *Giesen* ZIP 1998, 46, 51; *Hess* § 126 Rn 8). 10

a) Adressat der Unterrichtung. Die Verpflichtung zur Unterrichtung des Betriebsrats und zur Verhandlung mit ihm ergibt sich bereits aus § 111 S 1 BetrVG. Durch die Wiederholung der Verpflichtung, den Betriebsrat „rechtzeitig und umfassend" zu unterrichten (§ 126 Abs 1 S 1), wird sichergestellt, dass der Insolvenzverwalter das Beschlussverfahren nach § 126 nicht am Betriebsrat vorbei betreiben kann. Der Betriebsrat muss aufgrund der Beratungen und Verhandlungen noch Einwirkungsmöglichkeiten auf das „Ob" und das „Wie" der geplanten Betriebsänderung haben (K/P/B/*Moll* § 126 Rn 14). Die Drei-Wochen-Frist beginnt nur zu laufen, wenn der zuständige Betriebsrat unterrichtet worden ist und ihm die Beratungen aufgenommen worden sind oder er schriftlich zur Beratung aufgefordert worden ist. In aller Regel ist der (örtliche) Betriebsrat zuständig. Wenn sich die Betriebsänderung auf mehr als einen Betrieb oder mehr als ein Unternehmen eines Konzerns erstreckt, dann kann ein Interessenausgleich auch von unternehmensbezogenen Betriebsverfassungsorganen abgeschlossen werden. 11

b) Form der Unterrichtung. Die Verhandlungsfrist des § 126 Abs 1 S 1 beginnt nur dann zu laufen, wenn der Insolvenzverwalter den Betriebsrat gem § 111 S 1 BetrVG „rechtzeitig und umfassend unterrichtet" hat; diese Verfahrensvoraussetzung entspricht der des § 122 Abs 1 S 1 (N/R/*Hamacher* § 126 Rn 11). Die Unterrichtung muss, wenn Massenentlassungen gem § 17 Abs 1 KSchG anstehen, gem § 17 Abs 2 KSchG schriftlich erfolgen (*Berscheid* ZAP ERW 1997, 54, 55; str aA *Bauer/Göpfert* DB 1997, 1464, 1465, die in dem Schriftformerfordernis nur eine Dokumentationsfunktion und keine Wirksamkeitsvoraussetzung sehen; *Löwisch* RdA 1997, 80, 83, der eine mündliche Unterrichtung für ausreichend hält), denn der Interessenausgleich soll eine gesonderte Unterrichtung des Betriebsrats entbehrlich machen und diese gem § 125 Abs 2 ersetzen (KS-*Ennemann* S 1473, 1483 Rn 26). Gegenstand der Verhandlungen muss ein Interessenausgleich mit Namensliste sein, dh der Insolvenzverwalter muss dem Betriebsrat einen entsprechenden Verhandlungsentwurf vorlegen (N/R/*Hamacher* § 126 Rn 12; zust *Bertram* Arbeits- und Sozialrecht DAI-Skript 2001, S 61). 12

c) Ablauf der Drei-Wochen-Frist. Beginnt der Insolvenzverwalter erstmals nach Verfahrenseröffnung die Interessenausgleichsverhandlungen mit dem Betriebsrat, so ist für ihn die Drei-Wochen-Frist des § 126 Abs 1 S 1 maßgebend (*Berscheid* ZIP 1997, 2206, 2207). Diese läuft erst dann, wenn die schriftliche Aufforderung dem Betriebsrat im Sinne des § 130 BGB zugeht oder die Betriebspartner mit den Beratungen und Verhandlungen beginnen. Hierbei ist zu beachten, dass zur Entgegennahme von Erklärungen, die dem Betriebsrat gegenüber abzugeben sind, nur der Vorsitzende des Betriebsrats oder im Fall seiner Verhinderung sein Stellvertreter berechtigt ist (§ 26 Abs 3 S 2 BetrVG). Unterrichtet der Insolvenzverwalter ein sonstiges Betriebsratsmitglied, so bedient er sich damit eines Boten. Für Fristbeginn und Fristende gelten die §§ 187 Abs 1, 188 Abs 2 BGB. Scheitern die Verhandlungen über den Interessenausgleich mit Namensliste vor Ablauf der Drei-Wochen-Frist „eindeutig und endgültig", so kann der Insolvenzverwalter den Antrag nach § 126 Abs 1 bereits vorzeitig stellen, denn ein weiteres Zuwarten wäre sinnlos und widerspräche der besonderen Eilbedürftigkeit des präventiven Kündigungsverfahrens (so ausdrücklich *Lohkemper* KTS 1, 23; HK/*Linck* § 126 Rn 3; N/R/*Hamacher* § 126 Rn 13; *Zwanziger* Arbeitsrecht § 126 Rn 5; str aA H/W/K/*Annuß* § 126 Rn 2). Tritt der Insolvenzverwalter in die vom vorläufigen Insolvenzverwalter, auf den die Verwaltungs- und Verfügungsbefugnis über das Vermögen des Schuldners übergegangen ist (§ 22 Abs 1 iVm § 21 Abs 2 Nr 2 Alt 1), und in den übrigen Fällen vom Unternehmer (Schuldner) vor Verfahrenseröffnung begonnenen Interessenaus- 13 gleichsverhandlungen zu einem Zeitpunkt ein, in dem die (bisherigen) Betriebspartner bereits länger als drei Wochen über die Betriebsänderung beraten haben, dann braucht er, wenn er keine inhaltlichen Änderungen vornimmt, nicht weiter verhandeln, sondern kann sofort und vor Abschluss des Interessenausgleichs und Einigungsstellenverfahrens die Zustimmung des Arbeitsgerichts zur vorzeitigen Durchführung der Betriebsänderung nach § 121 Abs 1 beantragen (*Berscheid* InVo 1997, 309, 310; zust ArbG Lingen 9. 7. 1999 – 2 BV 4/99, KTS 2000, 276 = ZInsO 1999, 656 = ZIP 1999, 1982; ferner *Annuß* NZI 1999, 344, 346; *Berscheid* BuW 1999, 112, 114; KS-*Ennemann* S 1473, 1483 Rn 24; FK-*Eisenbeis* § 122 Rn 13; H/W/F Hdb Kap 5 Rn 295; str aA DKKW/*Däubler* § 121 InsO Rn 5; *Friese* ZInsO 2001, 352; KDZ/*Däubler* § 121 InsO Rn 5). Diese Grundsätze gelten auch für das präventive Kündigungsverfahren des § 126 Abs 1. Letztlich ist diese Streitfrage von eher akademischer Natur, sie hat keine praktischen Auswirkungen, weil kein Arbeitsgericht in der Lage sein dürfte, vor Ablauf der weiterlaufenden Drei-Wochen-Frist (sie wird nämlich durch das Antragsverfahren weder unterbrochen noch gehemmt) überhaupt Anhörungstermin anzuberaumen. Das Arbeitsgericht prüft nämlich im Anhörungstermin nach § 83 ArbGG nicht, ob bei Einleitung des Beschlussverfahrens, sondern zu diesem späteren Zeitpunkt die Drei-Wochen-Frist abgelaufen ist. Eine evtl vorzeitige Antragstellung wirkt sich nicht zuungunsten des Insolvenzverwalters aus, denn § 126 Abs 1 S 1 enthält kein strikt einzuhaltendes Ablauferfordernis (K/P/B/*Moll* § 126 Rn 18; zust *Friese* ZInsO 2001, 351).

14   d) **Vorrang des Verfahrens nach § 122.** Nach dem Willen des Gesetzgebers steht es dem Konkursverwalter zwar frei, die Entscheidung gemäss § 122 Abs 1 über die gerichtliche Zustimmung zur vorzeitigen Durchführung der Betriebsänderung nicht abzuwarten, sondern gleichzeitig mit dem Antrag nach § 122 Abs 1 auch den Feststellungsantrag nach § 126 Abs 1 zu stellen (§ 122 Abs 1 S 3), womit er Zeitverluste vermeidet (*Schrader* NZA 1997, 70, 76), jedoch muss dieses präventive Kündigungsverfahren des § 126 erfolglos bleiben, wenn der Antrag des Konkursverwalters nach § 122 Abs 1 S 1 zurückgewiesen wird. Dann nämlich darf die Betriebsänderung erst vorgenommen werden, wenn der Interessenausgleich zustande gekommen ist (*Berscheid* AktuellAR 1997, 247, 254; *ders* InVo 1997, 309, 314; zust KS-*Ennemann* S 1473, 1503 Rn 80; str aA K/P/B/*Moll* § 122 Rn 45, der die beiden Beschlussverfahren nach § 122 bzw § 126 für beliebig austauschbar hält; ebenso *Lakies* BB 1999, 206, 207). Sind die Kündigungen bereits ausgesprochen, dann drohen Nachteilsausgleichsansprüche gem § 113 Abs 3 BetrVG (KS-*Ennemann* S 1473, 1503 Rn 80).

III. Beschlussverfahren

15   Die Anwendung der Regelungen des § 126 Abs 1 wird auch nicht dadurch ausgeschlossen, dass die Betriebsänderung, die dem Feststellungsantrag zugrunde liegt, erst nach einer Veräußerung des Betriebes oder Betriebsteils durch den Insolvenzverwalter von dem Betriebserwerber durchgeführt werden soll (§ 128 Abs 1 S 1).

16   **1. Vortragslast des Insolvenzverwalters.** Der Insolvenzverwalter setzt in der Antragsschrift einen konkreten Tatsachenvortrag zur Zulässigkeit und zur Begründetheit des Antrags voraus. Dieser hängt zum einen davon ab, ob Beendigungs- oder Änderungskündigungen ausgesprochen werden sollen oder bereits ausgesprochen worden sind. Denn das präventive Kündigungsverfahren ist bei beiden Kündigungsarten möglich, wie sich aus § 126 Abs 2 S 1 Hs 2 ergibt (KS-*Ennemann* S 1473, 1503 Rn 79 mwN in Fn 176; ebenso HK/*Linck* § 126 Rn 7 mwN in Fn 22; PK-H/W/F/*Schmidt* § 126 Rn 7). Der Insolvenzverwalter kann sowohl schon erfolgte als auch erst geplante Beendigungs- bzw Änderungskündigungen in seiner Antragsschrift dem Arbeitsgericht zur Entscheidung vorlegen (**BAG** 29. 6. 2000 – 8 ABR 44/99, AP Nr 2 zu § 126 InsO = NZA 2000, 1180 = NZI 2000, 495 = SAE 2002, 60 [*Bittner*] = ZInsO 2000, 664 = ZIP 2000, 1588 mwN zum Sach- und Streitstand; str aA *Lakies* RdA 1997, 145, 154 f; *ders* BB 1999, 206, 209).

17   **a) Vortrag zur Zulässigkeit des Antrags.** Damit das Arbeitsgericht die Zulässigkeit seines Antrags überhaupt überprüfen kann, muss der Insolvenzverwalter in seiner Antragsschrift zu folgenden Punkten einen Tatsachenvortrag bringen (*Lakies* BB 1999, 206, 208; zust KS-*Ennemann* S 1473, 1504 Rn 81):
– geplante Betriebsänderung iSd § 111 S 3 BetrVG sowie
– entweder rechtzeitige und umfassende Unterrichtung des Betriebsrats (§ 111 S 1 BetrVG) und Nichtzustandekommen eines Interessenausgleichs mit Namensliste innerhalb von drei Wochen nach tatsächlichem Verhandlungsbeginn oder schriftlicher Aufforderung zur Verhandlungsaufnahme
– oder Mindestgröße des Betriebes von mehr als 20 wahlberechtigten Arbeitnehmern und Nichtvorhandensein eines Betriebsrats.

18   Die beiden mit „entweder ... oder" getrennten Punkte stehen in einem **Alternativverhältnis**. Haben die Betriebspartner einen Interessenausgleich mit Namensliste nach § 125 Abs 1 abgeschlossen, so ist ein späteres Beschlussverfahren zum Kündigungsschutz nach § 126 Abs 1 gleichwohl zulässig, wenn wegen einer weiteren Betriebsänderung ein Interessenausgleich mit Namensliste nicht zustande kommt (**BAG** 20. 1. 2000 – 2 ABR 30/99, AP Nr 1 zu § 126 InsO = NZA 2001, 170 = NZI 2000, 498 = ZInsO 2000, 684).

III. Beschlussverfahren §§ 126, 127

b) Vortrag zur Begründetheit des Antrags. Damit das Arbeitsgericht die Begründetheit seines Antrags 19 überprüfen kann, muss der Insolvenzverwalter in seiner Antragsschrift zu folgenden Punkten einen Tatsachenvortrag bringen (*Lakies* BB 1999, 206, 208; zust KS-*Ennemann* S 1473, 1504 Rn 82):
– dringendes betriebliches Erfordernis für die beabsichtigte Beendigungskündigung (§ 1 Abs 2 KSchG) bzw Änderungskündigung (§ 2 KSchG);
– Sanierungskonzept, falls der Betrieb „verkaufsfähig" gemacht werden soll oder die Kündigugnen aufgrund eines „Erwerberkonzeptes" vorgenommen werden sollen;
– Sozialdaten im Hinblick auf Betriebszugehörigkeit, Lebensalter, Unterhaltspflichten und evtl Schwerbehinderung sämtlicher Arbeitnehmer;
– auswahlrelevanter Personenkreis der austauschbaren und damit vergleichbaren Arbeitnehmer (**Auswahlgruppen**),
– Nichteinbeziehung von Arbeitnehmern, deren Weiterbeschäftigung wegen ihrer Kenntnisse, Fähigkeiten und Leistungen im berechtigten betrieblichen Interesse liegt (**Leistungsträgerregelung**),
– Grundsätze einer evtl Altersgruppenbildung;
– evtl Punkteschema für die Sozialauswahl oder sonstige Kriterien für die Sozialauswahl (Punktetabelle).

Der Insolvenzverwalter muss die Umstände darlegen, die ihn zu den betreffenden Beendigungs- bzw 20 Änderungskündigungen veranlasst haben bzw veranlassen, falls sie noch nicht ausgesprochen worden sein sollten. Sind die Kündigungen bereits ausgesprochen, sind auch die Kündigungsdaten anzugeben (*Friese* ZInsO 2001, 352). Der Insolvenzverwalter hat darzulegen, dass die Kündigung der im Antrag bezeichneten Arbeitnehmer durch dringende betriebliche Erfordernisse, die
– im Falle einer Beendigungskündigung einer Weiterbeschäftigung in diesem Betrieb oder in einem anderen Betrieb desselben Unternehmens bzw
– im Falle einer Änderungskündigung einer Weiterbeschäftigung zu unveränderten Arbeitsbedingungen (einschließlich des Fehlens einer anderweitigen Beschäftigungsmöglichkeit)
entgegenstehen, bedingt ist (*Ennemann* KS-InsO S 1473, 1504 Rn 83).

Der Insolvenzverwalter trägt bei einer Beendigungskündigung die **volle Darlegungs- und Beweislast** 21 gem § 1 Abs 2 S 4 KSchG (*Caspers* Personalabbau und Betriebsänderung Rn 256; *Grunsky/Moll* Rn 386; *Kania* DStR 1996, 832, 835; K/P/B/*Moll* § 126 Rn 28; *Lakies* RdA 1997, 145, 152 ff) und hat bei einer Änderungskündigung iSd § 2 KSchG neben der beabsichtigten Vertragsänderung auch das Änderungsangebot darzulegen (*Grunsky/Moll* Rn 380). Ein dringendes betriebliches Erfordernis kann insbesondere in dem ernstlichen und endgültigen Entschluss des Unternehmers liegen, die Betriebs- und Produktionsgemeinschaft für einen seiner Dauer nach unbestimmten, wirtschaftlich nicht unerheblichen Zeitraum aufzuheben (**BAG** 11. 3. 1998 – 2 AZR 414/97, AP Nr 43 zu § 111 BetrVG 1972 = NJW 1998, 3371 = NZA 1998, 879 = ZIP 1998, 1284; **BAG** 11. 3. 1998 – 2 AZR 415/97, ZInsO 1998, 191; **BAG** 11. 3. 1998 – 2 AZR 416/97, ZAP ERW 1998, 180 [*Bescheid*]). Die Arbeitsgerichte haben voll nachzuprüfen, ob eine derartige unternehmerische Entscheidung zur Betriebsstillegung tatsächlich vorliegt, wirksam getroffen wurde und durch ihre Umsetzung das Beschäftigungsbedürfnis für einzelne Arbeitnehmer entfallen ist (so ausdrücklich **BAG** 29. 6. 2000 – 8 ABR 44/99, AP Nr 2 zu § 126 InsO = NZA 2000, 1180 = NZI 2000, 495 = SAE 2002, 60 [*Bittner*] = ZInsO 2000, 664 = ZIP 2000, 1588 mit umfangreichen Darlegungen zur Vortragslast und zum Bestreiten mit Nichtwissen).

c) Vortrag zur Kündigungsbefugnis. In der Antragsschrift ist auch die Kündigungsbefugnis darzulegen. 22 Hierbei handelt es sich nicht um einen sonstigen Unwirksamkeitsgrund, der im Beschlussverfahren nach § 126 nicht zu prüfen ist. Vielmehr kann der Antrag nach Wortlaut sowie Sinn und Zweck des Gesetzes nur dann begründet sein, wenn er von dem kündigungsberechtigten Insolvenzverwalter gestellt wird. Wäre die Kündigung schon mangels Kündigungsberechtigung unheilbar unwirksam, bräuchte sie nicht mehr auf ihre soziale Rechtfertigung überprüft zu werden (**BAG** 29. 6. 2000 – 8 ABR 44/99, aaO). Hat der endgültige Insolvenzverwalter die Kündigungen ausgesprochen, kann die Kündigungsbefugnis ohne weiteres durch Vorlage des Bestellungsbeschlusses nachgewiesen werden. Mit Verfahrenseröffnung ist der Arbeitgeber (Schuldner) nämlich nicht mehr berechtigt, die Rechte und Pflichten aus dem Arbeitsverhältnis auszuüben. Vielmehr fällt die Wahrnehmung der die Arbeitsverhältnisse betreffenden Rechtshandlungen, also die Arbeitgeberfunktion, dem Insolvenzverwalter zu. Dies gilt insbesondere für die **Kündigungsberechtigung**, so dass eine Kündigung durch den Arbeitgeber nicht nur relativ, sondern absolut unwirksam wäre (*Berscheid* ZInsO 1998, 115, 118; *ders* BuW 1999, 33). Der Insolvenzverwalter ist nicht daran gehindert, sich bei Abgabe von Willenserklärungen durch einen Bevollmächtigten vertreten zu lassen, es ist jedoch folgende Unterscheidung vorzunehmen: Die Vorschriften über Bevollmächtigung und Vertretung (§§ 164 ff BGB) gelten uneingeschränkt, soweit der Insolvenzverwalter nur anstelle des Schuldners Rechtshandlungen vornimmt, dieser wegen § 80 nicht mehr selbst ausführen kann, wie zB der Ausspruch von Kündigungen (**BAG** 21. 7. 1988 – 2 AZR 75/88, AP Nr 17 zu § 1 KSchG 1969 Soziale Auswahl = KTS 1989, 422 = NZA 1989, 264 = ZIP 1989, 57). Eine vom Schuldner erteilte Vollmacht, die sich auf das zur Insolvenzmasse gehörende Vermögen bezieht, erlischt zwar durch die Eröffnung des Insolvenzverfahrens (§ 117 Abs 1), aber der endgültige Insolvenzverwalter kann neue Vollmachten erteilen (*Berscheid* Arbeitsverhältnisse S 48 Rn 148; FK-*Wegener* § 117 Rn 11; *K. Schmidt* BB 1989, 229, 234). Der Insolvenzverwalter kann sich durch weiterbeschäftigte betriebliche Bevollmächtigte wie bspw Personalleiter oder Betriebsleiter (**BAG** 22. 1. 1998 – 2 AZR 266/97, ZAP ERW 1998, 157 [*Berscheid*] = ZInsO 1998, 190; **BAG** 22. 1. 1998 – 2 AZR 267/97, AP Nr 11 zu § 174 BGB = KTS 1998, 499 = NZA 1998, 699 = ZIP 1998, 748) oder durch außerbetriebliche Bevollmächtigte wie zB durch einen Anwalt aus seiner Kanzlei (**LAG** Köln 31. 8. 2000 ZInsO 2001, 431 = ZIP 2001, 433) vertreten lassen.

23   **2. Soziale Auswahl der Arbeitnehmer.** Die soziale Auswahl der Arbeitnehmer kann vom Arbeitsgericht nur im Hinblick auf die Dauer der Betriebszugehörigkeit, das Lebensalter, Unterhaltspflichten und evtl Schwerbehinderung der Arbeitnehmer (s o § 125 Rn 62 und **LAG** Hamm 16. 5. 2007 – 2 Sa 1830/06, BeckRS 2007, 46774 = LNR 2007, 39180; ebenso FK/*Eisenbeis* § 126 Rn 10 a; str aA HK/*Linck* § 126 Rn 14; PK-H/W/F/*Schmidt* § 126 Rn 12) nachgeprüft werden (§ 126 Abs 1 S 2).

24   Es wird angenommen, der Insolvenzverwalter brauche nicht von sich aus zur sozialen Auswahl Stellung zu nehmen (§ 1 Abs 3 S 3 KSchG analog), es sei vielmehr Sache des Betriebsrats, die getroffene Sozialauswahl als fehlerhaft zu rügen und den Insolvenzverwalter aufzufordern, die Gründe mitzuteilen, die ihn zu der getroffenen Auswahl veranlasst haben; im Rahmen des sog abgestuften Systems der Darlegungs- und Beweislast, welche im Kündigungsschutzprozess für den Nachweis der Fehlerhaftigkeit der vom Arbeitgeber vorgenommenen sozialen Auswahl gelte, gehe dann erst die Darlegungslast auf den Insolvenzverwalter über (*Lohkemper* KTS 1996, 1, 13; zust *Caspers* Personalabbau und Betriebsänderung Rn 258; K/P/B/*Moll* § 126 Rn 31, 32). Wäre diese Ansicht zutreffend, dann müsste – vergleichbar den im Kündigungsschutzprozess geltenden Regeln (**BAG** 18. 10. 1984 – 2 AZR 543/83, AP Nr 6 zu § 1 KSchG 1969 Soziale Auswahl [*Löwisch*] = NJW 1985, 2046 = NZA 1985, 423 = ZIP 1985, 953; **BAG** 21. 7. 1988 – 2 AZR 75/88, AP Nr 17 zu § 1 KSchG 1969 Soziale Auswahl = KTS 1989, 422 = NZA 1989, 264; **BAG** 21. 7. 1988 – 2 AZR 82/88, ZIP 1989, 57; siehe auch *Dudenbostel* DB 1986, 1175 ff) – der Betriebsrat die Arbeitnehmer analog § 1 Abs 3 S 3 KSchG benennen, die als weniger schutzwürdig entlassen werden müssten. Diese Ansicht ist mit den durch die Regelungen der §§ 125 Abs 1 S 1 Nr 2, 126 Abs 1 S 2 verfolgten Zielen nicht zu vereinbaren; vielmehr ist für die Vortragslast des Insolvenzverwalters insoweit Folgendes zu beachten (*Berscheid* Arbeitsverhältnisse S 267 Rn 746; KS-*Ennemann* S 1473, 1506 Rn 87):

25   Während der Arbeitnehmer im Kündigungsschutzprozess nicht die Vorlage einer vollständigen Auflistung der Sozialdaten aller objektiv vergleichbaren Arbeitnehmer verlangen kann (**BAG** 5. 5. 1994 – 2 AZR 917/93, AP Nr 23 zu § 1 KSchG 1969 Soziale Auswahl [*Mummenhoff*] = NJW 1994, 3370 = NZA 1994, 1023 = ZIP 1994, 1716), hat der Insolvenzverwalter den Betriebsrat im Rahmen der Interessenausgleichsverhandlungen „rechtzeitig und umfassend zu unterrichten und die geplanten Betriebsänderungen mit dem Betriebsrat zu beraten" (§ 111 S 1 BetrVG). Gegenstand der Verhandlungen ist der Interessenausgleich mit Namensliste, den der **Insolvenzverwalter** mit dem Betriebsrat vereinbaren will. Er **muss** ihm deshalb einen entsprechenden **Verhandlungsentwurf vorlegen** (N/R/*Hamacher* § 126 Rn 12; zust *Bertram* Arbeits- und Sozialrecht DAI-Skript 2001, S 61). Da nämlich das Beschlussverfahren des § 126 an die Stelle des nicht zustande gekommenen Interessenausgleichs mit Namensliste iSd § 125 Abs 1 tritt und dessen Wirkungen nachträglich, aber mit Präjudizwirkung für den Kündigungsschutzprozess (§ 127 Abs 1 S 1) herbeiführen soll, trägt der Insolvenzverwalter die volle Darlegungs- und Beweislast (*Berscheid* AktuellAR 1997, 247, 255; *Lakies* BB 1999, 206, 208) für die von ihm im Vorfeld der erfolglosen Interessenausgleichsverhandlungen vorgeschlagene Sozialauswahl, deren Überprüfung nicht auf grobe Fehlerhaftigkeit beschränkt ist (*Lakies* RdA 1997, 145, 151; zust *Hess* § 126 Rn 14). Das Arbeitsgericht ist durch den eingeschränkten Untersuchungsgrundsatz von sich aus nicht legitimiert, die Sozialauswahl nach den Grundsätzen des § 83 Abs 1 und 2 ArbGG von Amts wegen zu ermitteln und neuen Streitstoff in das Verfahren einzuführen (KS-*Ennemann* S 1473, 1506 Rn 87; str aA *Zwanziger* Arbeitsrecht § 122 Rn 17), sondern darf nur im Sinne einer Konkretisierung und Vervollständigung des Vorbringens weitere Ermittlungen anstellen, den Beteiligten Auflagen machen, Urkunden beiziehen und Beteiligtenvernehmungen anordnen (FK-*Eisenbeis* § 126 Rn 9; ähnl *Smid/R. Müller* § 126 Rn 14).

26   Der Insolvenzverwalter muss – wenn er auf diese Problematik abstellen will – in seiner Antragsschrift auch darlegen und beweisen, dass ohne Schaffung oder Erhaltung einer nach Leistung und Alter ausgewogenen Personalstruktur (siehe dazu *Berthel/Berscheid* WPrax 1996, 2, 4 ff; *Berscheid* AktuellAR 1997, 230, 245 ff; *B. Gaul* AktuellAR 1996, 330, 333; *ders* AktuellAR 1997, 77, 81 ff) der Betrieb keine Überlebenschancen hat (*Schrader* NZA 1997, 70, 76; zust *Berscheid* Arbeitsverhältnisse Rn 746; KS-*Ennemann* S 1473, 1507 Rn 88). Soweit eine Gegenmeinung (Gottwald/Heinze/*Bertram* § 107 Rn 115; HK/*Linck* § 126 Rn 14; *Lakies* BB 1999, 206, 209; SPV/*Vossen* Rn 2186; *Warrikoff* BB 1994, 2338, 2343) die Ansicht vertritt, Abweichungen von der Sozialauswahl könnten nicht durch die **Schaffung einer ausgewogenen Personalstruktur** gerechtfertigt werden, weil eine dem § 125 Abs 1 Nr 2 Hs 2 entsprechende Verweisung in § 126 Abs 1 fehle, wird übersehen, dass das Beschlussverfahren des § 126 den nicht zustande gekommenen Interessenausgleich iSd § 125 Abs 1 ersetzen soll (KS-*Ennemann* S 1473, 1507 Rn 88). Lediglich eine Beschränkung der Prüfung auf grobe Fehlerhaftigkeit besteht – anders als bei § 125 Abs 1 S 1 Nr 2 – im präventiven Kündigungsverfahren nicht (*Friese* ZInsO 2001, 350, 353; *Kania* DZWIR 2000, 328, 330). Ziel und Zweck der gesetzlichen Regelung des § 126 ist es

zu verhindern, dass die Verhandlungen über den Interessenausgleich vom Betriebsrat überhaupt nicht aufgenommen oder verzögert werden (*Schaub* DB 1999, 217, 222).

3. Verfahrensregelungen des sog präventiven Kündigungsverfahrens. Für das präventive Kündigungsverfahren gelten die Vorschriften des Arbeitsgerichtsgesetzes über das Beschlussverfahren (§§ 80 ff ArbGG) entsprechend (§ 126 Abs 2 S 1 Hs 1). Für die Entscheidung über den Antrag nach § 126 Abs 1 S 1 ist das Arbeitsgericht zuständig, in dessen Bezirk der Betrieb liegt, bzw bei einer Abschlusskompetenz des Gesamtbetriebsrats das Arbeitsgericht, in dessen Bezirk das Unternehmen seinen Sitz hat (§ 126 Abs 2 S 1 Hs 2 InsO iVm § 82 Abs 1 ArbGG). Dieser örtliche Gerichtsstand ist ein ausschließlicher und wird insbesondere durch § 19a ZPO, wonach der allgemeine Gerichtsstand eines Insolvenzverwalters für Klagen, die sich auf die Insolvenzmasse beziehen, durch den Sitz des Insolvenzgerichts bestimmt wird, nicht verdrängt (*Friese* ZInsO 2001, 350, 352; *R. Müller* DZWIR 1998, 221, 224). 27

a) **Verfahrensbeteiligte.** Beteiligte eines solchen Beschlussverfahrens zum Kündigungsschutz sind gem § 126 Abs 2 S 1 Hs 2 der Insolvenzverwalter, der Betriebsrat und die im Antrag bezeichneten Arbeitnehmer, soweit sie nicht ihr Einverständnis mit der Beendigungs- oder Änderungskündigung kundgetan haben (**BAG** 29. 6. 2000 – 8 ABR 44/99, AP Nr 2 zu § 126 InsO = NZA 2000, 1180 = NZI 2000, 495 = SAE 2002, 60 [*Bittner*] = ZInsO 2000, 664 = ZIP 2000, 1588 mwN). Dies setzt voraus, dass der Insolvenzverwalter die ladungsfähigen Anschriften der zu beteiligenden Arbeitnehmer in seiner Antragsschrift angibt. Gem § 128 Abs 1 S 2 InsO ist auch der (mögliche) Erwerber des Betriebs Beteiligter. 28

Die **Beteiligtenstellung der Belegschaftsmitglieder** hängt also **von dem individuellen Verhalten** eines jeden Arbeitnehmers **ab** (*Grunsky* FS Lüke S 191, 199; N/R/*Hamacher* § 126 Rn 52). Dieser kann sich bspw noch im Beschlussverfahren mit der Kündigung einverstanden erklären. Insoweit ist nur streitig, ob er allein dadurch (so N/R/*Hamacher* § 126 Rn 23) oder durch einen ausdrücklich erklärten Klageverzicht (s dazu FK/*Eisenbeis* § 126 Rn 7) oder durch ein in dem Einverständnis zu sehendes prozessuales Anerkenntnis (*Caspers* Personalabbau und Betriebsänderung Rn 252; K/P/B/*Moll* § 126 Rn 48) oder durch einen Prozessvergleich (*Grunsky* FS Lüke aaO) seine Beteiligtenstellung verliert. Jedenfalls kann der einzelne Arbeitnehmer über den Streitgegenstand verfügen (**BAG** 29. 6. 2000 – 8 ABR 44/99, aaO). Dementsprechend kann das Beschlussverfahren bezüglich der einzelnen Arbeitnehmer unterschiedlich ausgehen (*Lakies* RdA 1997, 145, 152), sei es dass ein Fehler bei der nach § 126 Abs 1 S 2 zu prüfenden Sozialauswahl oder ein Teilbetriebsübergang vorliegt, von dem nur ein Teil der Arbeitnehmer betroffen ist (**BAG** 29. 6. 2000 – 8 ABR 44/99, aaO). Ob der Begriff „einfache Streitgenossen" (vgl nur *R. Müller* NZA 1998, 1315, 1320) zutreffend gewählt ist oder ob es sich lediglich um „Sammelverfahren" handelt (vgl *Schaub* DB 1999, 217, 222), kann dahinstehen. 29

Grunsky (FS Lüke aaO) weist zutreffend darauf hin, dass sich in vielen Fällen zeigen wird, dass weniger Kündigungen als zunächst beabsichtigt, ausgesprochen werden müssen, etwa weil nach Einreichung der Antragsschrift einige andere, nicht am Verfahren beteiligte Arbeitnehmer eigengekündigt haben oder mit ihnen Aufhebungsverträge geschlossen worden sind. Dann gerät der Verwalter genau in das Dilemma, das er mit dem Verfahren nach § 126 Abs 1 vermeiden wollte (so FK/*Eisenbeis* § 126 Rn 8): „Er muss nämlich eine Sozialauswahl unter denjenigen, die ursprünglich gekündigt werden sollten, treffen, um festzustellen zu können, welche Arbeitnehmer auf den anderweitig freigewordenen Arbeitsplätzen weiterbeschäftigt werden können. Dem kann dadurch begegnet werden, dass unter den zu kündigenden Arbeitnehmern sogleich im Antrag eine **Reihenfolge** festgelegt wird" (so wörtlich FK/*Eisenbeis* § 126 Rn 8). 30

Mit anderen Worten, es bestimmt der Insolvenzverwalter als Antragsteller allein, welche Arbeitnehmer in das Verfahren einzubeziehen sind (**BAG** 29. 6. 2000 – 8 ABR 44/99, aaO). Dies kann auch mittels eines **Hilfsantrags** geschehen (DKKW/*Däubler* § 126 Rn 11; FK-*Eisenbeis* § 126 Rn 8; *Friese* ZInsO 2001, 350, 353; *Grunsky* FS Lüke S 191, 197 ff; KDZ/*Däubler* § 126 InsO Rn 11; K/P/B/*Moll* § 126 Rn 49; *R. Müller* NZA 1998, 1315, 1320). Das Arbeitsgericht kann nicht alle Arbeitnehmer, die in ihren Rechten materiell betroffen sein könnten, ohne Antrag beteiligen (SPV/*Vossen* Rn 2186). Da die in einem Hilfsantrag bezeichneten Arbeitnehmer von Anfang an an dem Verfahren zu beteiligen sind, hat dies sicherlich keine Verfahrensvereinfachung bzw Verfahrensbeschleunigung zur Folge, so dass der Insolvenzverwalter gut beraten ist, zunächst die beabsichtigten Kündigungen auszusprechen. 31

Hat der Insolvenzverwalter die Beendigungs- oder Änderungskündigungen bereits vor Einleitung des Beschlussverfahrens nach § 126 Abs 1 ausgesprochen, so kann er **abwarten, ob die hiervon betroffenen Arbeitnehmer** gegen diese Kündigungen innerhalb der Drei-Wochen-Frist des § 4 S 1 und S 2 KSchG nF **Kündigungs- oder Änderungsschutzklage erheben**. Die Arbeitnehmer, deren Kündigung mangels Klageerhebung als rechtswirksam gilt (§ 7 KSchG), sind an dem Verfahren nach § 126 Abs 1 nicht beteiligt. Für den Fall, dass die Klagefrist erst nach Ablauf der Antragstellung für das Beschlussverfahren gem § 126 Abs 1 abläuft, ist ein bereits gestellter Feststellungsantrag zurückzunehmen, wenn sich alle betroffenen Arbeitnehmer mit der Beendigungs- oder Änderungskündigung einverstanden erklären, da für das präventive Kündigungsverfahren kein Rechtsschutzinteresse mehr besteht. Verbleibt ihr Antrag, ist der Antrag insoweit als unzulässig abzuweisen (**ArbG** Offenbach/M 17. 2. 2000 5 BV 23/99, ZInsO 2000, 684). Hat sich nur ein Teil der betroffenen Arbeitnehmer mit der Beendigungs- oder Änderungskündigung einverstanden erklärt, so scheiden diese Arbeitnehmer aus dem Beschluss- 32 verfahren aus (DKKW/*Däubler* § 126 InsO Rn 11; *Friese* ZInsO 2001, 350, 353; KDZ/*Däubler* § 126 InsO Rn 11; K/P/B/*Moll* § 126 Rn 48). Der Antrag ist – falls insoweit kein Teilvergleich geschlossen wird – vom Insolvenzverfahren insoweit zurückzunehmen oder für erledigt zu erklären. Das Beschlussverfahren ist vom Arbeitsgericht insoweit entweder durch Teilbeschluss oder im Rahmen des instanzbeendenden Beschlusses (§ 84 ArbGG) einzustellen.

33 **Im Falle der Betriebsveräußerung** ist auch der **Erwerber** des Betriebes **Beteiligter des Verfahrens** (§ 128 Abs 1 S 2), und zwar neben dem Insolvenzverwalter und nicht statt seiner (*Grunsky/Moll* Arbeitsrecht Rn 377). Ist der Betrieb schon vor Einleitung des Beschlussverfahrens veräußert worden, so ist der Antrag nach § 126 Abs 1 gleichwohl vom Insolvenzverwalter und nicht etwa vom Erwerber zu stellen (*Grunsky/Moll* aaO; **str aA** DKKW/*Däubler* § 128 InsO Rn 4, und KDZ/*Däubler* § 128 InsO Rn 4, die ein eigenes Antragsrecht des Erwerbers bejahen; ferner *Friese* ZInsO 2001, 350, 357, die ab dem Zeitpunkt des Übergangs der betrieblichen Leitungsmacht auf den Erwerber eine Antragsbefugnis des Insolvenzverwalters verneint). Erfolgt die Betriebsveräußerung im Laufe des Beschlussverfahrens, so ist der Erwerber ab diesem Zeitpunkt Beteiligter (*Grunsky/Moll* aaO; **str aA** *Tretow* ZInsO 2000, 309, 310, der annimmt, der Erwerber könne das Verfahren nach Betriebsübergang allein fortsetzen). Es wird angenommen, dass mit „Erwerber" nicht schon ein bloßer „Kaufinteressent" (*Bichlmeier/Engberding/Oberhofer* Insolvenzhandbuch S 532; *Dörner* NZA 1991, 94, 99; *Lakies* RdA 1997, 145, 155) gemeint sei. Der Begriff „Erwerber" könnte zwar nahe legen, dass der Betriebsübergang bereits stattgefunden haben müsse, jedoch würde dies die gesetzliche Regelung inhaltsleer machen (K/P/B/*Moll* § 128 Rn 24; KS-*Ennemann* S 1473, 1508 Rn 91), weil nach dem Übergang der Leitungsmacht der Insolvenzverwalter nicht mehr die Arbeitgeberfunktionen wahrnimmt und keine Situation mehr geklärt werden müsste, in der „die Betriebsänderung, die ... dem Feststellungsantrag zugrunde liegt, erst nach einer Betriebsveräußerung durchgeführt werden soll", wie es in § 128 Abs 1 S 1 heißt. Der Erwerber iSd § 128 Abs 1 S 2 ist mithin **auch der „Kaufinteressent"**, mit dem der Insolvenzverwalter in Verhandlungen steht *und* in dessen Interesse bzw aufgrund dessen Sanierungskonzept er das Beschlussverfahren betreibt (K/P/B/*Moll* § 128 Rn 24; KS-*Ennemann* S 1473, 1508 Rn 91; s zur Veräußerungskündigung mit Erwerberkonzept **BAG** 20. 3. 2003 – 8 AZR 97/02, DZWiR 2003, 374 [*Adam*] = NJW 2003, 3506 = NZA 2003, 1027 = SAE 2004, 173 [*Meyer*] = ZInsO 2003, 1057 = ZIP 2003, 1671; ferner *Sieger/Hasselbach* DB 1999, 430, 431 ff, mwN zum Sach- und Streitsstand; KS-*Hanau/Berscheid* S 1541, 1553/54 Rn 23, 24).

34 **b) Entscheidung, Kosten und Rechtsmittel.** Der Antrag ist nach Maßgabe des § 61a Abs 3 bis 6 ArbGG vorrangig zu erledigen (§ 126 Abs 2 S 2 iVm § 122 Abs 2 S 3). Das Arbeitsgericht erforscht den Sachverhalt im Rahmen der gestellten Anträge von Amts wegen und entscheidet nach Anhörung der Beteiligten, die an der Aufklärung des Sachverhalts mitzuwirken haben (§ 83 Abs 1 ArbGG), durch zu begründenden Beschluss (§ 84 ArbGG).

35 Für die Kosten, die den Beteiligten im Verfahren vor dem Arbeitsgericht entstehen, gilt § 12a Abs 1 S 1 und 2 ArbGG entsprechend (§ 126 Abs 3 S 1). Im Verfahren vor dem Bundesarbeitsgericht gelten die Vorschriften der §§ 91 ff ZPO über die Erstattung der Kosten des Rechtsstreits entsprechend (§ 126 Abs 3 S 2). Der Gegenstandswert für die Anwaltsgebühren ist gem § 42 Abs 4 GKG 2004 zu berechnen. **Die Kostenregelungen des § 126 Abs 3 lassen § 40 Abs 1 BetrVG unberührt**, so dass der Betriebsrat gegen den Insolvenzverwalter einen Erstattungs- und Freistellungsanspruch für die Anwaltskosten und die sonstigen Kosten hat, die ihm durch die Teilnahme an dem Beschlussverfahren entstehen. Der Anspruch ist Masseschuld iSd § 55 Abs 1 (*Caspers* Personalabbau und Betriebsänderung Rn 265; FK-*Eisenbeis* § 126 Rn 13; HK/*Linck* § 126 Rn 19; K/P/B/*Moll* § 126 Rn 52; *Lakies* RdA 1997, 145, 154; *ders*, BB 1999, 206, 209; *Smid/R. Müller* § 126 Rn 27), da das Beschlussverfahren und damit dessen Kosten durch Handlungen des Insolvenzverwalters verursacht werden.

36 Gegen den Beschluss des Arbeitsgerichts findet die Beschwerde (§ 87 ArbGG) an das Landesarbeitsgericht nicht statt (§ 126 Abs 2 S 2 iVm § 122 Abs 3 S 1 InsO), sondern nur die **Rechtsbeschwerde** (§ 92 ArbGG) **an das Bundesarbeitsgericht**, wenn sie in dem Beschluss des Arbeitsgerichts zugelassen wird (§ 126 Abs 2 S 2 iVm § 122 Abs 3 S 1 und 2 InsO). Das Arbeitsgericht hat die Rechtsbeschwerde gem § 126 Abs 2 S 2 iVm § 122 Abs 3 S 2 Hs 2 iVm § 72 Abs 2 ArbGG bei grundsätzlicher Bedeutung der Rechtssache oder Divergenz zuzulassen, wobei für die Divergenz mangels Entscheidungskompetenz der Landesarbeitsgerichte auf eine Abweichung von der Rechtsprechung anderer Arbeitsgerichte abzustellen ist, sofern es um spezifische Rechtsfragen der Anwendung des § 126 geht und eine höchstrichterliche Entscheidung noch nicht vorliegt (so *Friese* ZInsO 2001, 350, 354; ebenso *Bichlmeier/Oberhofer* AiB 1997, 161, 166; *Lakies* RdA 1997, 145, 154; *ders* NZI 2000, 345, 349; *R. Müller* NZA 1998, 1315, 1319; *Schrader* NZA 1997, 70, 73; **str aA** *Rummel* DB 1997, 774, 775). Handelt es sich um allgemeine Rechtsfragen, wie bspw die Abgrenzung von Betriebsstilllegung und Betriebsübergang, die Betriebsbedingtheit der Beendigungskündigung, die Anforderungen an ein wirksames Änderungsangebot, Fragen der Sozialauswahl etc, ist unverändert auf eine Divergenz zur Rechtsprechung der übergeordneten Landesarbeitsgerichte und des Bundesarbeitsgerichts abzustellen (*Friese* ZInsO 2001, 350, 354). Das Bundesarbeitsgericht ist an die Zulassung der Rechtsbeschwerde gebunden (§ 126 Abs 2 S 2 iVm § 122 Abs 3 S 2 Hs 2 iVm § 72 Abs 3 ArbGG).

IV. Bindungswirkung der Entscheidung für den Kündigungsschutzprozess **§§ 126, 127**

Die Rechtsbeschwerde ist – abweichend von den allgemeinen Vorschriften der §§ 92 Abs 2 S 1, 74 Abs 1 S 1, 72 Abs 5 ArbGG iVm § 554 Abs 2 ZPO – innerhalb eines Monats nach Zustellung der in vollständiger Form abgefassten Entscheidung des Arbeitsgerichts beim Bundesarbeitsgericht einzulegen und zu begründen (§ 126 Abs 2 S 2 iVm § 122 Abs 3 S 3 InsO). Ist der Sachverhalt nicht hinreichend aufgeklärt, ist anders als bei der Sprungrechtsbeschwerde eine Zurückverweisung an das Landesarbeitsgericht ausgeschlossen, da dieses in den Instanzenzug überhaupt nicht eingebunden und demnach auch nicht „übersprungen" werden kann. Eine Zurückverweisung ist daher nur an das Arbeitsgericht, da allerdings in entsprechender Anwendung von § 96 Abs 1 S 2 ArbGG iVm § 565 Abs 1 S 2 ZPO auch an eine andere Kammer des Arbeitsgerichts, möglich (**BAG** 20. 1. 2000 – 2 ABR 30/99, AP Nr 1 zu § 126 InsO = NZA 2001, 170 = NZI 2000, 498 = ZInsO 2000, 684). 37

Jeder der beteiligten **Arbeitnehmer kann selbstständig Rechtsbeschwerde einlegen**. Sieht er davon ab, wird der Beschluss des Arbeitsgerichts insoweit rechtskräftig, denn auch Beschlüsse im Beschlussverfahren sind der Rechtskraft fähig (**BAG** 20. 3. 1996 – 7 ABR 41/95, AP Nr 32 zu § 19 BetrVG 1972 [*Krause*] = NZA 1996, 1058; **BAG** 12. 2. 1997 – 7 ABR 36/96, ZBVR 1998, 10). Dies ergibt sich schon aus dem Wortlaut von § 85 Abs 1 S 1 ArbGG, in dem ausdrücklich von „rechtskräftigen" Beschlüssen die Rede ist (*Grunsky* Anm AP § 80 ArbGG 1979 Nr 2). Die Wirksamkeit der Kündigung des Arbeitsverhältnisses eines bestimmten Arbeitnehmers betrifft einen abgrenzbaren, der Rechtskraft selbstständig fähigen Teil des Beschlusses (**BAG** 29. 6. 2000 – 8 ABR 44/99, AP Nr 2 zu § 126 InsO = NZA 2000, 1180 = NZI 2000, 495 = SAE 2002, 60 [*Bittner*] = ZInsO 2000, 664 = ZIP 2000, 1588). In einem solchen Fall steht dann bei einem erfolgreichen Antrag des Insolvenzverwalters fest, dass die Kündigung dieses Arbeitsverhältnisses durch dringende betriebliche Erfordernisse bedingt und sozial gerechtfertigt ist (*Bertram* Arbeits- und Sozialrecht DAI-Skript 2001, S 61). 38

Hat das Arbeitsgericht die Rechtsbeschwerde zugelassen, wird der Beschluss nach § 126 Abs 1 InsO mit Ablauf der Rechtsbeschwerdefrist der §§ 74 Abs 1, 92 Abs 2 ArbGG rechtskräftig, wenn kein Beteiligter das Rechtsmittel eingelegt hat. Ist die Rechtsbeschwerde nicht zugelassen worden, wird der Beschluss mit seiner Verkündung rechtskräftig, weil das Gesetz für das arbeitsgerichtliche Beschlussverfahren in der Insolvenz im Fall der Nichtzulassung **keine Nichtzulassungsbeschwerde** vorsieht (*Rummel* DB 1997, 774, 775; *Friese* ZInsO 2001, 350, 354; str aA K/P/B/*Moll* § 127 Rn 10). Die zu § 72a ArbGG entwickelten Grundsätze (**BAG** 21. 3. 1991 – 2 AZR 577/90, AP Nr 49 zu § 615 BGB = NZA 1991, 726), die auf das normale Beschlussverfahren zu § 92a ArbGG zu übertragen sind, gelten nicht für das präventive Kündigungsverfahren des § 126 (**BAG** 19. 8. 2001 – 2 ABN 20/01, ZInsO 2001, 1071). 39

IV. Bindungswirkung der Entscheidung für den Kündigungsschutzprozess

Schon wegen der Dauer des Beschlussverfahrens nach § 126 Abs 1 empfiehlt es sich, zunächst die Kündigungen auszusprechen (*Berscheid* AktuellAR 1997, 247, 255; *Grunsky/Moll* Rn 402; K/P/B/*Moll* § 126 Rn 22; *Löwisch* NZA 1996, 1009, 1017). Dabei hat der Insolvenzverwalter darauf zu achten, dass er den Betriebsrat gem § 102 Abs 1 S 1 BetrVG vor jeder Kündigung anzuhören hat (*Berscheid* AktuellAR 1997, 247, 255). Hat der Arbeitnehmer gegen eine ihm gegenüber ausgesprochene Kündigung schon vor der Rechtskraft der Entscheidung im Verfahren nach § 126 Klage erhoben, so ist die Verhandlung über die Klage auf Antrag des Insolvenzverwalters bis zu diesem Zeitpunkt auszusetzen (§ 127 Abs 2). Das Beschlussverfahren zum Kündigungsschutz hat Vorrang vor dem einzelnen Kündigungsschutzprozess (*Berscheid*, WiPra 1996, 370, 373). 40

1. Bindung an positive wie negative Entscheidung. Kündigt der Insolvenzverwalter einem Arbeitnehmer, der in dem Antrag nach § 126 Abs 1 bezeichnet ist, und erhebt der Arbeitnehmer Klage auf Feststellung, dass das Arbeitsverhältnis durch die Kündigung nicht aufgelöst (§ 4 S 1 KSchG) oder die Änderung der Arbeitsbedingungen sozial ungerechtfertigt (§ 4 S 2 KSchG) ist, so ist die rechtskräftige Entscheidung im Verfahren nach § 126 für die Parteien bindend (§ 127 Abs 1 S 1), sofern sich die Sachlage nach dem Schluss der letzten mündlichen Verhandlung nicht wesentlich geändert hat (§ 127 Abs 1 S 2). Das Arbeitsgericht prüft deshalb im Kündigungsschutzprozess die Betriebsbedingtheit und soziale Rechtfertigung der Kündigung nicht bzw nicht mehr, sofern in dem Beschluss nach § 126 Abs 1 **positiv die Kündigung** des Arbeitnehmers **als betriebsbedingt** und sozial gerechtfertigt **festgestellt** wurde. Missachtet das Arbeitsgericht die Bindungswirkung des Feststellungsbeschlusses, liegt ein Rechtsfehler vor, den der Insolvenzverwalter mit den allgemeinen Rechtsmitteln geltend machen muss (*Friese* ZInsO 2001, 350, 354; K/P/B/*Moll* § 127 Rn 25). 41

Die arbeitsgerichtliche Entscheidung entfaltet nicht nur **Bindungswirkung**, wenn und soweit der Insolvenzverwalter mit seinem Antrag durchgedrungen ist (*Grunsky* FS Lüke, S 195; *Lakies* BB 1999, 206, 209; *Schrader* NZA 1997, 70, 77), vielmehr ist **auch eine negative Entscheidung**, mit der der Antrag des Insolvenzverwalters mit der Begründung zurückgewiesen wird, dass die Kündigung entweder aller oder bestimmter im Beschluss bezeichneter Arbeitnehmer nicht sozial gerechtfertigt ist, für den nachfolgenden Kündigungsschutzprozess bindend (ausf *Prütting* FS Uhlenbruck 2000, S 769, 777/8; ferner APS/*Dörner* InsO Rn 29; *Caspers* Personalabbau und Betriebsänderung Rn 270; KS-*Ennemann* 42

S 1473, 1510 Rn 96; FK-*Eisenbeis* § 127 Rn 4; *Friese* ZInsO 2001, 350, 355; *Giesen* ZIP 1998, 46, 54; HK/*Linck* § 126 Rn 18 und § 127 Rn 4; *Lakies* RdA 1997, 145, 154; *ders* BB 1999, 206, 209; *ders* NZI 2000, 345, 351; *Löwisch* RdA 1997, 80, 85; N/R/*Hamacher* § 127 Rn 4; PK-H/W/F/*Schmidt* § 127 Rn 14 mwN in Fn 16; *Tretow* Personalabbaumaßnahmen S 186; str aA *Grunsky* FS Lüke 1997, S 191, 195; *Grunsky/Moll* Arbeitsrecht Rn 391; K/P/B/*Moll* § 127 Rn 22; *Neef/Schrader* Arbeitsrechtliche Neuregelungen Rn 185; *Schrader* NZA 1997, 70, 77).

43 **2. Prüfung des Vorliegens eines Betriebsübergangs. Gleiches gilt** in beiden Varianten **im Falle der Betriebsveräußerung**, weil in § 128 Abs 1 S 1 auf die Vorschriften der §§ 126, 127 verwiesen wird. Die Anwendung der Regelungen des präventiven Kündigungsverfahrens nach § 126 Abs 1 wird nicht dadurch ausgeschlossen, dass die Betriebsänderung, die dem Feststellungsantrag zugrunde liegt, erst nach einer Veräußerung des Betriebes oder Betriebsteils durch den Insolvenzverwalter von dem Betriebserwerber durchgeführt werden soll (§ 128 Abs 1 S 1). In diesem Falle erstreckt sich die gerichtliche Feststellung nach § 126 Abs 1 S 1 auch darauf, dass die Kündigung der Arbeitsverhältnisse nicht „wegen" des Betriebsübergangs erfolgt (§ 128 Abs 2), denn das Arbeitsgericht überprüft, ob die Beendigungs- oder Änderungskündigungen „wegen" eines Betriebsübergangs erfolgt sind und damit gegen das Kündigungsverbot des § 613a Abs 4 BGB verstoßen (*Bertram* Arbeits- und Sozialrecht DAI-Skript 2001, S 62). Nach dem im Beschlussverfahren geltenden eingeschränkten Amtsermittlungsgrundsatz (R. *Müller* DZWIR 1999, 221, 224 f; *Lakies* RdA 1997, 145, 152) ist es nicht Aufgabe der Arbeitsgerichte, ohne ausreichenden Sachvortrag der Beteiligten von sich aus Überlegungen dazu anzustellen, ob ein nicht vorgetragener Sachverhalt geeignet wäre, bspw einen Teilbetriebsübergang anzunehmen. Es ist auch Sache der Arbeitnehmer, im Beschlussverfahren darzulegen, dass sie einem näher zu bestimmenden Betriebsteil angehörten (**BAG** 29. 6. 2000 – 8 ABR 44/99, aaO), denn der Übergang eines Arbeitsverhältnisses setzt voraus, dass der Arbeitnehmer dem übertragenen Betriebsteil zuzuordnen ist (**BAG** 11. 9. 1997 – 8 AZR 555/95, NJW 1998, 1253 = NZA 1998, 31 = ZIP 1998, 36).

44 Wird dem Antrag des Insolvenzverwalters nach § 126 Abs 1 iVm § 128 Abs 1 entsprochen, so wird die **Berufung auf das Kündigungsverbot des § 613a Abs 4 S 1 BGB** im Kündigungsschutzprozess **ausgeschlossen** (*Berscheid*, WiPra 1996, 370, 373; ebenso KS-*Ennemann* S 1473, 1505 Rn 84; *Giesen* ZIP 1998, 46, 54; K/P/B/*Moll* § 128 Rn 31; *Lakies* RdA 1997, 145, 155). Diese Entscheidung bedeutet zugleich, dass die Kündigungen der Arbeitsverhältnisse betriebsbedingt erfolgten, sozial gerechtfertigt sind und nicht wegen eines Betriebsübergangs (§ 128 Abs 2) vorgenommen wurden; diese Feststellung ist unwiderlegbar (HK/*Linck* § 128 Rn 5). Die gerichtliche Feststellung kommt je nachdem, wer gekündigt hat, dem Veräußerer oder dem Erwerber zugute (*Löwisch* RdA 1997, 80, 85).

45 **3. Offene Fragen im nachfolgenden Kündigungsschutzprozess.** Die Arbeitnehmer können sich bei einer dem Antrag des Insolvenzverwalters stattgebenden Entscheidung im Kündigungsschutzprozess nur noch darauf berufen (siehe dazu KS-*Ennemann* S 1473, 1510 Rn 97), dass
– die Anhörung des Betriebsrats vor Ausspruch der Beendigungs- bzw Änderungskündigung (§ 102 Abs 1 BetrVG bzw § 99 Abs 1 BetrVG) nicht ordnungsgemäß war,
– der Insolvenzverwalter gesetzliche (§ 15 Abs 3 BBiG oder § 9 Abs 3 S 2 MuSchG nF) oder tarifliche Formvorschriften für die Kündigungserklärung nicht beachtet hat,
– der Insolvenzverwalter die Massenentlassungsvorschriften (§§ 17, 18 KSchG) nicht beachtet hat,
– der Insolvenzverwalter den gesetzlichen Sonderkündigungsschutz (§ 18 BEEG = vormals § 18 BErzGG, § 9 MuSchG, § 5 PflegeZG, §§ 85, 91 SGB IX = vormals §§ 15, 21 SchwbG, § 11 BVSG Nds, § 11 BVSG NW, § 11 BVSG Saarland) nicht beachtet hat,
– der Insolvenzverwalter den Arbeitsplatzschutz bei Arbeitnehmern, welche Wehr-, Ersatz- oder vergleichbare Dienste ableisten (§ 2 ArbPlSchG, §§ 78 Abs 1 Nr 1, 15a ZDG und § 15 Abs 1 ASiG iVm § 2 ArbPlSchG), nicht beachtet hat,
– der Insolvenzverwalter den amtsbezogenen Kündigungsschutz zugunsten bestimmter Personengruppen (§ 9 Abs 3 ASiG; § 58 Abs 2, § 58d iVm § 58 Abs 2 BImSchG; § 55 Abs 3 KrW-/AbfG iVm § 58 Abs 2 BImSchG; § 4f Abs 3 BDSG) nicht beachtet hat,
– sich die Sachlage seit der letzten mündlichen Verhandlung im Beschlussverfahren wesentlich geändert hat (§ 127 Abs 1 S 2).

46 Das Beschlussverfahren nach §§ 126 Abs 1, 128 Abs 2 ersetzt zwar den eigentlichen Kündigungsschutzprozess in den meisten Fällen, jedoch kann die Berufung der Arbeitnehmer darauf, die Sachlage habe sich seit der letzten mündlichen Verhandlung im Beschlussverfahren wesentlich geändert (§ 127 Abs 1 S 2), genau das Gegenteil bewirken und zur Verlängerung der Kündigungsschutzverfahren beitragen (KS-*Ennemann* S 1473, 1510 Rn 98). Eine Änderung der Sachlage ist allerdings nur beachtlich, wenn sie die kündigungsrelevanten Umstände betrifft, weshalb es nicht genügt, dass bloß neue Beweismittel vorgelegt werden können (K/P/B/*Moll* § 127 Rn 33; *Zwanziger* Arbeitsrecht § 127 Rn 4). Die **Änderung des Kündigungssachverhalts** muss „**wesentlich**" sein, so dass es nicht ausreicht, wenn sich eine einzelne Kündigung möglicherweise anders darstellt (KS-*Ennemann* S 1473, 1511 Rn 98; str aA *Zwanziger* Arbeitsrecht § 127 Rn 2, der jede Änderung berücksichtigen will, wenn sie nach materiellem Recht den Kündigungsgrund beseitigt oder die Sozialauswahl beeinflusst), weil etwa ein Arbeitnehmer,

II. EG-rechtliche Vorgaben **§ 128**

dessen Weiterbeschäftigung vorgesehen war, ausgeschieden ist und deshalb ein im Antrag nach § 126 Abs 1 S 1 bezeichneter Arbeitnehmer nicht gekündigt werden müsste (Beispiel von K/P/B/Moll § 127 Rn 34). Es muss sich vielmehr um eine grundlegende Änderung handeln. Ein „klassisches" Beispiel stellt die **Betriebsnachfolge** statt einer Betriebsstillegung dar (K/P/B/Moll § 127 Rn 34; *Schrader* NZA 1997, 70, 77; *Zwanziger* Arbeitsrecht § 127 Rn 2), allerdings auch nur dann, wenn der Erwerber **nach der letzten mündlichen Verhandlung** im Beschlussverfahren nach § 126 gefunden wird (KS-*Ennemann* S 1473, 1511 Rn 98). Neben der „Übertragenden Sanierung" (Begriff geprägt von *K. Schmidt* ZIP 1980, 328, 336) kann auch eine geänderte Fortführungskonzeption – es wird bspw eine Betriebsabteilung weniger geschlossen oder bestimmte Produkte werden weiter produziert – dazu führen, dass bspw statt der Hälfte nur ein Drittel oder Viertel der Belegschaft entlassen werden muss (K/P/B/Moll § 127 Rn 34).

§ 128 Betriebsveräußerung

(1) ¹Die Anwendung der §§ 125 bis 127 wird nicht dadurch ausgeschlossen, daß die Betriebsänderung, die dem Interessenausgleich oder dem Feststellungsantrag zugrundeliegt, erst nach einer Betriebsveräußerung durchgeführt werden soll. ²An dem Verfahren nach § 126 ist der Erwerber des Betriebs beteiligt.

(2) Im Falle eines Betriebsübergangs erstreckt sich die Vermutung nach § 125 Abs. 1 Satz 1 Nr. 1 oder die gerichtliche Feststellung nach § 126 Abs. 1 Satz 1 auch darauf, daß die Kündigung der Arbeitsverhältnisse nicht wegen des Betriebsübergangs erfolgt.

Übersicht

	Rn
I. Allgemeines	1
II. EG-rechtliche Vorgaben	2
III. Betriebsübergang im Insolvenzverfahren	6
1. Kündigung mit und ohne Sanierungskonzept	8
a) Kündigung „wegen" eines Betriebsübergangs	11
b) Kündigung aus „anderen Gründen"	13
c) Kündigung bei Widerspruch	16
2. Änderungskündigung bei Betriebsübergang	20
3. Prävention durch Aufhebungsverträge	21
IV. Interessenausgleich bei Betriebsveräußerungen	24
1. Vermutung der Betriebsbedingtheit	25
2. Zuordnung der Arbeitnehmer	28
V. Wiedereinstellungsanspruch	32

I. Allgemeines

§ 131 RegE wurde aufgrund der Beschl-Empf des RechtsA zu § 143 d (siehe BT-Drs 12/7302, S 173) **1** lediglich redaktionell an die geänderten Verweisungsvorschriften angepasst und als § 128 in die InsO übernommen. § 128 ist mit Wirkung vom 1. 10. 1996 im Geltungsbereich der Konkursordnung bis zum Inkrafttreten der Insolvenzordnung vorzeitig in Kraft gesetzt worden (Art 6 G v 25. 9. 1996 – BGBl I S 1476). Ein besonderes Bedürfnis für eine rasche Klärung von Kündigungsschutzverfahren besteht häufig in dem Fall, dass eine Betriebsveräußerung geplant ist, bei der der Betrieb auf die Erfordernisse des Erwerbers umgestellt werden und ein Teil der Arbeitsplätze wegfallen soll. In diesem Fall soll der Insolvenzverwalter nicht darauf verwiesen werden, die Betriebsänderung selbst durchzuführen und den Betrieb erst anschließend zu veräußern. Die für Betriebsänderungen iSd § 111 BetrVG in der Insolvenzordnung vorgesehenen Erleichterungen und Modifikationen im Kündigungsschutz werden bei einer vom Insolvenzverwalter geplanten Betriebsveräußerung auch dann zur Verfügung gestellt, wenn diese Betriebsänderung nicht vom Insolvenzverwalter als Veräußerer, sondern erst nach dem Betriebsübergang vom Erwerber durchgeführt wird. Das Gesetz eröffnet auch in diesen Fällen das sog präventive Kündigungsverfahren des § 126 Abs 1 (§ 128 Abs 1 S 1) und räumt dem Erwerber im Beschlussverfahren vor dem Arbeitsgericht die Rechtsstellung eines Beteiligten ein (§ 128 Abs 1 S 2). Über § 128 Abs 2 werden im Falle eines Betriebsübergangs in der Insolvenz die Vermutungswirkungen des § 125 Abs 1 S 1 Nr 1 und die gerichtliche Feststellungen des § 126 S 1 dahingehend ausgedehnt, dass kein Verstoß gegen § 613a Abs 4 BGB vorliegt. Ein Arbeitnehmer, der aufgrund von § 125 oder § 126 nicht mehr in Frage stellen kann, dass die Kündigung im Sinne des § 1 Abs 2 S 1 KSchG betriebsbedingt ist, kann sich auch nicht mehr mit Erfolg darauf berufen, dass die Kündigung „wegen des Betriebsübergangs" erfolgt sei (Begr zu § 131 RegE – BR-Drs 1/92 S 150).

II. EG-rechtliche Vorgaben

Die Regelungen des § 128 haben im bisherigen Vergleichs-, Konkurs- und Gesamtvollstreckungsrecht **2** kein Vorbild. Um eine Sanierung der maroden Betriebe in den neuen Bundesländern überhaupt zu ermöglichen, war bestimmt, dass die Regelungen des § 613 a BGB gemäß Art 232 § 5 Abs 2 Nr 1 EGBGB bis 31. 12. 1998 (Art 32 Nr 3 EGInsO) bei einer Betriebsübertragung im Gesamtvollstreckungsverfahren keine Anwendung fanden. Zwar galt seit dem Beitritt ab 3. 10. 1990 die Richtlinie des Rates v 14. 2. 1977 (ABl 5. 3. 1977, Nr L 61 S 26) zur Angleichung der Rechtsvorschriften der Mitgliedstaaten über die Wahrung von Ansprüchen der Arbeitnehmer beim Übergang von Unternehmen, Betrieben oder Betriebsteilen mit ihren Regelungen über den Übergang der Arbeitsverhältnisse (Art 3 Abs 1 RL 77/187/ EWG) und das Verbot der Kündigung „wegen" dieses Übergangs (Art 4 Abs 1 RL 77/187/EWG); die Richtlinie verpflichtet die Mitgliedstaaten jedoch nicht, einen Übergang von Arbeitsverhältnissen anzuordnen, wenn ein Betrieb im Insolvenzverfahren veräußert wird und das Unternehmen zu dem von der Insolvenz betroffenen Vermögen gehört (**EuGH** 7. 2. 1985 – Rs C-135/83, KTS 1985, 479 = ZIP 1985, 824; **EuGH** 7. 2. 1985 – Rs C-179/83, EWiR 1985, 563 [*Seiter*]; bestätigt durch **EuGH** 25. 7. 1991 – Rs C-362/89, AP Nr 18 zu Art 177 EWG-Vertrag = KTS 1993, 73 = NZA 1993, 137 = ZIP 1993, 936; **EuGH** 7. 12. 1995 – Rs C-472/93, AP Nr 8 zu EWG-Richtlinie Nr 77/187 = KTS 1996, 379 = NZA 1996, 305 = WiB 1996, 744 [*Kania*]).

3   Die Regelung des Art 232 § 5 Abs 2 Nr 1 EGBGB verstieß weder gegen Art 1 Abs 1 RL 77/187/EWG noch gegen Art 3 Abs 1 GG (**LAG** Rostock 26. 3. 1997 – 1 Sa 348/96, LAGE § 613 a BGB Nr 62 = NZA-RR 1998, 149). Voraussetzung für die Anwendung dieses Ausnahmetatbestandes war, dass der Betriebsübergang im Gesamtvollstreckungsverfahren erfolgte. Die Regelung galt für (Gemein-)Schuldner mit Sitz im Beitrittsgebiet; es kam dabei auf den Sitz des Veräußerers an, der Sitz des Erwerbers war unbeachtlich. Die zeitlich befristete Suspendierung von § 613 a BGB erstreckte sich mithin auch auf die im Gesamtvollstreckungsverfahren vollzogenen Übertragungen solcher Betriebe oder Betriebsteile, die nicht in den neuen Bundesländern einschließlich des ehemaligen Ostberlin, sondern in den alten Bundesländern einschließlich des ehemaligen Westberlin lagen (**BAG** 19. 10. 2000 – 8 AZR 42/00, AP Nr 212 zu § 613 a BGB = NZA 2001, 252; **BAG** 19. 10. 2000 – 8 AZR 93/00, ZInsO 2001, 776).

4   Die **Nichtanwendung der sog Betriebsübergangsrichtlinie** v 14. 2. 1977 (ABl EG 5. 3. 1977 Nr L 61 S 26) **im Insolvenzfalle** ist vom Gerichtshof mit der „ernsthaften Gefährdung" der sozialen Ziele des Art 117 EGV und damit begründet worden, dass eine solche Anwendung sanierungsfeindlich wirken kann. Der europäische Gesetzgeber hat den Bedenken gegen die Anwendung der Betriebsübergangsrichtlinie auf Betriebsübertragungen in der Insolvenz Rechnung getragen und die Rechtsprechung des Gerichtshofs zum Anlass genommen, die bisherige Richtlinie zu ändern. Nach Art 4a RL 98/50/EG gelten die Art 3 und Art 4 RL 77/187/EWG generell nicht für Übergänge von Unternehmen, Betrieben oder Unternehmens- bzw Betriebsteilen, bei denen gegen den Veräußerer unter der Aufsicht einer zuständigen öffentlichen Stelle, worunter auch ein von einer zuständigen Behörde ermächtigter Insolvenzverwalter verstanden werden kann (KS-*Hanau/Berscheid* S 1541, 1547 Rn 11), ein Konkursverfahren oder ein entsprechendes Verfahren mit dem Ziel der Auflösung des Vermögens des Veräußerers eröffnet wurde, „sofern die Mitgliedstaaten nichts anderes vorsehen". Der Rat der Europäischen Union hielt es aus Gründen der Klarheit und Wirtschaftlichkeit für geboten, die bisherige Betriebsübergangsrichtlinie 77/187/EWG durch eine Neufassung vom 12. 3. 2001 zu ersetzen (ABl v 22. 3. 2001, Nr L 82/16 – RL 2001/23/EG). Zugleich wurden die Informations- und Konsultationsrechte der Arbeitnehmervertretungen verbessert. In Betrieben ohne Arbeitnehmervertretung müssen die Arbeitnehmer hingegen direkt über den bevorstehenden Betriebsübergang und seine Folgen informiert werden (Art 7 Abs 6 RL 2001/ 23/EG). Die Umsetzung in das nationale Recht ist mit Wirkung des 1. 4. 2002 durch Art 4 des „Gesetzes zur Änderung des Seemannsgesetzes und anderer Gesetze" v 23. 3. 2002 (BGBl I S 1163) geschehen (siehe dazu *Bauer/von Steinau-Steinrück* ZIP 2002, 457 ff; *Bonanni* ArbRB 2002, 19 ff; *Düwell* FA 2002, 107 ff; *Gaul/Otto* DB 2002, 634 ff; *Grobys* BB 2002, 726 ff; *Willemsen/Lembke* NJW 2002, 1159 ff; *Worzalla* NZA 2002, 353). Die Verpflichtung zur Unterrichtung der Arbeitnehmer ist in § 613 a Abs 5 BGB und das von der Rechtsprechung entwickelte Widerspruchsrecht der Arbeitnehmer in § 613 a Abs 6 BGB kodifiziert worden. Die Regelungen des Art 4a RL 98/50/EG sind nunmehr in Art 5 RL 2001/23/EG zu finden.

5   Damit stellt sich die Frage, ob die Vorschrift des § 613 a Abs 4 BGB bei einer „Übertragenden Sanierung" (Begriff geprägt von *K. Schmidt* ZIP 1980, 328, 336) in der Insolvenz weiterhin noch gilt oder auf solche Vorgänge nicht (mehr) anwendbar ist. Bei der Beantwortung dieser Frage ist zum einen zu berücksichtigen, dass § 613 a BGB, der – auch wenn dies vor Schaffung des § 324 UmwG nicht vollständig gelungen war (*Hanau* ZGR 1990, 548, 553 ff; str aA *Bräutigam* NJ 1991, 78) – die nationale Umsetzung der alten Betriebsübergangsrichtlinie RL 77/187/EWG darstellt. Zum anderen ist zu beachten, dass die Änderungs-Richtlinie bereits vorhandene bundesdeutsche Regelungen, die eine Anwendung des § 613 a BGB im Insolvenzverfahren vorsehen, unberührt lässt. Über § 128 InsO ist die Anwendung des § 613 a BGB in der Insolvenz vom Gesetzgeber vorausgesetzt und damit unter der Geltung der alten Betriebsübergangsrichtlinie RL 77/187/EWG anerkannt worden. **§ 128 InsO setzt denknotwendig die Anwendung des § 613 a BGB in der Insolvenz voraus**, denn bei Zustandekommen eines Interessenausgleichs mit Namensliste erstreckt sich die Vermutung nach § 125 Abs 1 S 1 Nr 1 InsO auch darauf, dass die Kündigung der Arbeitsverhältnisse nicht wegen des Betriebsübergangs erfolgt und damit kein Verstoß gegen § 613 a Abs 4 BGB vorliegt (**LAG** Hamm 4. 4. 2000 – 4 Sa 1220/99, DZWIR 2000, 244 [*Franzen*] = ZInsO 2000, 292). Solange der Gesetzgeber hier keine Änderung vornimmt, gilt

die Vorschrift § 613a BGB – trotz der Regelung des Art 5 RL 2001/23/EG – auch unter der neuen Betriebsübergangsrichtlinie für Betriebsveräußerungen in der Insolvenz fort (s zum Sach- und Streitstand Voraufl Rn 5). Allerdings werden die Gerichte für Arbeitssachen die Anwendung des § 613a BGB, der nur vor Kündigungen „wegen" Betriebsübergangs schützt (**BAG** 10. 12. 1998 – 8 AZR 324/97, Nr 185 zu § 613a BGB = NZA 1999, 422 = ZInsO 1999, 182 = ZIP 1999, 320 [*Hanau*]; **BAG** 21. 1. 1999 – 8 AZR 218/98, ZInsO 1999, 420 = ZIP 1999, 1572), in der Insolvenz im Lichte des Art 5 RL 2001/23/EG vornehmen müssen (so zu Art 4a RL 98/50/EG **LAG** Hamm 4. 4. 2000 – 4 Sa 1220/99, DZWiR 2000, 244 [*Franzen*] = ZInsO 2000, 292, unter Hinweis auf *Hanau* ZIP 1998, 1817, 1819, BKBN/ *Berscheid* Teil 12 Rn 192; KS-*Hanau/Berscheid* S 1541, 1548 Rn 13; weitergehend *Kempter* NZI 1999, 93, 94; **str aA** *Annuß* ZInsO 2001, 49; *Franzen* DZWIR 2000, 247, 250, der die europarechtliche Dimension für nicht so bedeutend hält, als dies die Leitsätze der Entscheidung vermuten lassen).

III. Betriebsübergang im Insolvenzverfahren

§ 613a BGB entfaltet seine Wirkungen in der Insolvenz nicht uneingeschränkt. Betriebsveräußerungen in der Insolvenz unterfallen als rechtsgeschäftliche „Einzelrechtsnachfolge" mit gewissen haftungsrechtlichen Einschränkungen für Ansprüche aus der Zeit vor Verfahrenseröffnung zugunsten des Erwerbers (**BAG** 17. 1. 1980 – 3 AZR 160/79, AP Nr 18 zu § 613a BGB [*Heinze*] = NJW 1980, 1124 = ZIP 1980, 80 [*Henckel*]; **BAG** 20. 11. 1984 – 3 AZR 584/83, AP Nr 38 zu § 613a BGB [*Willemsen*] = KTS 1985, 287 = NJW 1985, 1574 = NZA 1985, 393 = ZIP 1985, 561; **BAG** 27. 4. 1988 – 5 AZR 358/87, AP Nr 71 zu § 613a BGB = KTS 1988, 534 = NJW 1988, 3035 = NZA 1988, 655 = ZIP 1988, 989; **BAG** 8. 2. 1989 – 5 AZR 66/88, KTS 1990, 107; str aA **LAG** Hamm 17. 12. 1981 – 10 Sa 1381/80, NJW 1983, 242 = ZIP 1982, 991; **ArbG** Wetzlar 10. 4. 1995 – 1 Ca 630/94, ARST 1995, 250 = BB 1995, 1799 = KTS 1996, 120) hinsichtlich der Bestandsschutzfunktion aber vollumfänglich dem Anwendungsbereich des § 613a BGB. 6

Das Gesetz geht bei dem Betriebsübergang von einem beim Betriebsveräußerer **bereits vorhandenen Betrieb** aus (**BAG** 29. 11. 1988 – 3 AZR 250/87, AP Nr 7 zu § 1 BetrAVG Betriebsveräußerung = KTS 1989, 679 = NZA 1989, 425 = ZIP 1990, 1105; **BAG** 23. 7. 1991 – 3 AZR 366/90, AP Nr 11 zu § 1 BetrAVG Betriebsveräußerung = KTS 1992, 142 = NZA 1992, 217 = ZIP 1992, 49), nicht von einem erst durch Summierung der Ergebnisse von Einzelgeschäften beim Betriebserwerber neu zu schaffenden Betrieb. **Abgrenzungsprobleme** können in den Fällen auftreten, in denen Teilbereiche oder **Teilaufgaben ausgegliedert** oder Sachmittel veräußert werden. Auch hier muss der Betriebsteil vorher bereits vorhanden sein, denn es soll auch in solchen Fällen nicht ausreichen, wenn der Erwerber mit einzelnen, bislang nicht teilbetrieblich organisierten Betriebsmitteln erst einen Betrieb oder Betriebsteil gründet (KS-*Hanau/Berscheid* S 1541, 1551 Rn 19 mwN in Fn 68). Dies ist bedenklich, denn so könnte § 613a BGB bei organisatorisch zentralisierten, aber in verschiedene Teilaufgaben zerlegbaren Betrieben leicht umgangen werden (Erman/*Edenfeld* § 613a BGB Rn 15; *Hanau* ZIP 1994, 1038ff; *Lieb*, ZfA 1994, 229). Hier wird man darauf abstellen müssen, ob die Teilaufgabe – Gießerei, Schlosserei, Fuhrpark, Vertrieb – ohne weiteres herauslösbar ist und dauerhaft Gegenstand einer wirtschaftlichen Tätigkeit mit eigener Zielsetzung sein kann (*Hanau/Berscheid* aaO). Die Erscheinungsformen des Betriebsübergangs nach § 613a Abs 1 S 1 BGB sind vielschichtig und können im Rahmen dieser Abhandlung nicht dargestellt werden. Insoweit muss auf die zahlreichen systematischen Darstellungen im allg Schrifttum zu § 613a BGB verwiesen werden. 7

1. Kündigung mit und ohne Sanierungskonzept. Das Kündigungsverbot des § 613a Abs 4 BGB richtet sich sowohl gegen den Insolvenzverwalter als Betriebsveräußerer als auch gegen den Betriebserwerber als neuen Arbeitgeber (BKBN/*Berscheid* Teil 12 Rn 193). 8

Ein Verstoß gegen § 613a Abs 4 S 1 BGB ist nur anzunehmen, wenn allein die **Tatsache eines Betriebsübergangs der tragende Grund für die Kündigung** gewesen ist. Damit wird zum einen an das objektive Merkmal des Betriebsübergangs und zum anderen an das subjektive Kriterium des Kündigungsmotivs angeknüpft. Es genügt also nicht, dass der Betriebsübergang nur der äußerliche Anlass der Kündigung war, vielmehr muss das Motiv der Kündigung im Wesentlichen durch den beabsichtigten oder durchgeführten Betriebsinhaberwechsel bedingt sein. Gerade bei Kündigungen, die die Aufrechterhaltung eines notleidend gewordenen Betriebes mit verminderter Beschäftigtenzahl bezwecken, kann es vor allem in der Insolvenz zu einem Konflikt zwischen dem individuellen Bestandsschutzinteresse und dem Interesse an der Erhaltung der Betriebsorganisation kommen. Bei der Betriebsveräußerung im Zuge von Sanierungsbemühungen lassen sich drei Fallgruppen unterscheiden (KS-*Hanau/Berscheid* S 1541, 1552 Rn 21; zust H/W/F Hdb Kap 5 Rn 282): 9
– der Insolvenzverwalter trifft Sanierungsmaßnahmen, um den Betrieb wieder rentabel und damit „verkaufsfähig" zu machen,
– der Insolvenzverwalter trifft Sanierungsmaßnahmen in Abstimmung mit dem potentiellen Betriebserwerber,
– der Betriebserwerber nimmt nach der Betriebsübernahme die Sanierungsmaßnahmen selbst vor.

10   Die erste und die letzte Fallgruppe scheinen unproblematisch zu sein. Hier kann nicht davon ausgegangen werden, dass die Kündigungen aus Anlass des Betriebsübergangs erfolgen, wenn der Insolvenzverwalter **aufgrund eines nachvollziehbaren Sanierungskonzepts** eine Reduzierung des Personals bei einem überbesetzten Betrieb vornimmt oder wenn das Sanierungskonzept nach dem Betriebsübergang vom Betriebserwerber durchgeführt wird. Es handelt sich in beiden Fällen um betriebsbedingte Kündigungen, die nur zeitlich mit dem Betriebsübergang zusammenfallen (*Berscheid* AnwBl 1995, 8, 21; ausführlich dazu mit Fallbeispielen *Ascheid* NZA 1991, 873, 878 f; *Hanau* ZIP 1984, 141, 142 f; ferner *Henckel* ZGR 1984, 225, 234; *Hilger* ZGR 1984, 258, 260).

11   a) Kündigung „wegen" eines Betriebsübergangs. Problematisch ist wegen der Abgrenzungsschwierigkeiten die mittlere Fallgruppe. Nach der höchstrichterlichen Rechtsprechung (grundlegend **BAG** 26. 5. 1983 – 2 AZR 477/81, AP Nr 34 zu § 613 a BGB [*Grunsky*] = KTS 1984, 117 = NJW 1984, 627 = ZIP 1983, 1377; **BAG** 27. 9. 1984 – 2 AZR 309/83, AP Nr 39 zu § 613 a BGB = NJW 1986, 91 = NZA 1985, 493 = ZIP 1985, 698; **BAG** 31. 1. 1985 – 2 AZR 530/83, AP Nr 40 zu § 613 a BGB = NZA 1985, 593 = ZIP 1985, 1088; **BAG** 5. 12. 1985 – 2 AZR 3/85, AP Nr 47 zu § 613 a BGB = NZA 1986, 522 = ZIP 1986, 795; zust *Hillebrecht* ZIP 1985, 257, 263; str aA *Grunsky* ZIP 1992, 772, 776; *Hanau* ZIP 1984, 141, 143; KR-*Pfeiffer* § 613 a BGB Rn 113; *Loritz* RdA 1987, 65, 83; *Willemsen* ZIP 1983, 411, 416) liegt eine Kündigung „wegen" eines Betriebsüberganges dann vor, wenn das Motiv der Kündigung wesentlich durch den Betriebsinhaberwechsel bedingt ist, dh wenn der Betriebsübergang nicht nur der äußere Anlass, sondern der tragende Grund, also der Beweggrund für die Kündigung, gewesen ist, die den „Betriebsübergang" ausmachenden Tatsachen im Zeitpunkt des Zugangs der Kündigung entweder bereits feststehen oder zumindest „greifbare Formen" angenommen haben (**BAG** 22. 1. 1998 – 8 AZR 197/95, ZAP ERW 1998, 141 [*Berscheid*]; **BAG** 3. 9. 1998 – 8 AZR 306/97, NJW 1999, 1351 = NZA 1999, 147; **BAG** 18. 3. 1999 – 8 AZR 306/98, AP Nr 44 zu § 4 KSchG 1969 = NZA 1999, 706 = ZInsO 1999, 483 = ZIP 1999, 1223). Danach ist der Betriebsübergang bereits dann Kündigungsmotiv, wenn der Erwerber die Übernahme davon abhängig macht, dass das Arbeitsverhältnis zu einem bestimmten oder zu mehreren Arbeitnehmern vor Betriebsübergang wirksam gelöst wird (siehe zur Problematik näher *Annuß* BB 1998, 1582 ff; ferner **BAG** 20. 9. 2006 – 6 AZR 249/05, NZA 2007, 387 = ZIP 2007, 595). Dies mag für die Fälle gelten, in denen kein Sanierungskonzept vorgelegt werden kann. Beruhen die Entlassungen dagegen auf einem nachvollziehbaren, vom Betriebserwerber übernommenen Sanierungskonzept, dann sind die Kündigungen als betriebsbedingt anzusehen, und zwar unabhängig davon, ob der Insolvenzverwalter als Betriebsveräußerer das betriebswirtschaftliche Sanierungskonzept bei eigener Betriebsfortführung hätte verwirklichen können (*Hanau* ZIP 1984, 141, 144; zust H/W/F Hdb Kap 5 Rn 283; **BAG** 20. 3. 2003 – 8 AZR 97/02, BB 2003, 2180 [*Kappenhagen*] = DZWIR 2003, 374 [*Adam*] = NJW 2003, 3506 = NZA 2003, 1027 = SAE 2004, 173 [*Meyer*] = ZInsO 2003, 1057 = ZIP 2003, 1671; ferner ohne Beschränkung auf das Sanierungsinteresse *Vossen* BB 1984, 1557, 1559).

12   Betrachtet man § 613 a Abs 4 BGB mit seinen beiden Regelungstatbeständen wertungsmäßig als eine Einheit, ist maßgeblich, ob die Kündigungen – den Betriebsübergang weggedacht – als betriebsbedingte rechtswirksam sind, etwa weil sie unter den gegebenen Umständen das einzige Mittel zur Aufrechterhaltung und Weiterführung des Betriebes sind (*Hanau* KTS 1982, 625, 628 f; *Berscheid* BuW 1999, 75, 77; *Timm* ZIP 1983, 225, 228), also der Betrieb ohne diese Rationalisierungsmaßnahmen stillgelegt werden müsste (KS-*Hanau/Berscheid* S 1541, 1552 Rn 20). Mithin liegt eine Kündigung wegen des Betriebsübergangs (§ 613 a Abs 4 S 1 BGB) dann nicht vor, wenn sie der Rationalisierung (Verkleinerung) des Betriebs zur **Verbesserung der Verkaufschancen** dient, also ein zulässiges Verkaufsfähigmachen eines Betriebes darstellt (**BAG** 18. 7. 1996 – 8 AZR 127/94, AP Nr 147 zu § 613 a BGB = NJW 1997, 611 = NZA 1997, 148 = WiB 1997, 41 = ZIP 1996, 2028 = ZIP 1996, 2028). Sachliche Gründe für eine betriebsbedingte Kündigung sind auch organisatorische Maßnahmen zur Erhaltung und zur Fortführung des Betriebes. Werden vor oder nach Betriebsübergang Rationalisierungsmaßnahmen durchgeführt, kann hierauf eine betriebsbedingte Kündigung des Betriebsveräußerers bzw des Betriebserwerbers gestützt werden. Der § 613 a Abs 4 S 1 BGB schützt nicht vor Risiken, die sich jeweils unabhängig vom Betriebsübergang ergeben (Erman/*Edenfeld* § 613 a BGB Rn 109). Insofern ist auch eine Anpassung an die wirtschaftliche Lage und eine Sanierung eines Unternehmens im Rahmen eines Betriebsübergangs möglich (*Ascheid* NZA 1991, 873, 878, mwN in Fn 17).

12a Der Tatbestand des § 613 a Abs 4 S 1 BGB ist demnach immer dann, aber auch nur dann erfüllt, wenn eine Rechtfertigung der Kündigung aus anderen (§ 613 a Abs 4 S 2 BGB), nämlich wirtschaftlichen, technischen oder organisatorischen bzw personen- oder verhaltensbedingten Gründen ausscheidet (*Pietzko/Vogel* SAE 1991, 308, 311, mwN; *Commandeur* NZA 1991, 705, 707; *Berscheid* KGS, „Betriebsübergang/Betriebsinhaberwechsel" Rn 99; H/W/F Hdb Kap 5 Rn 284). Daher kann der Insolvenzverwalter solchen Arbeitnehmern, die noch keinen Kündigungsschutz haben, ohne gegen § 613 a Abs 4 BGB zu verstoßen, bereits dann kündigen, wenn er eine nachvollziehbare Begründung hat, die den Verdacht einer Kündigung „wegen" des Betriebsübergangs ausschließt (**LAG** Köln 3. 3. 1997 – 3 Sa 1063/96, LAGE § 613 a BGB Nr 59).

13   b) Kündigung aus „anderen Gründen". Wie sich aus § 15 Abs 4 KSchG ergibt, kann in der Krise des Unternehmens die **Betriebsstilllegung** als geradezu „klassischer" Fall (*Hillebrecht*, ZIP 1985, 257, 261)

eines berechtigten dringenden betrieblichen Erfordernisses **für eine betriebsbedingte Kündigung** angesehen werden; sie kann den ganzen Betrieb oder einen wesentlichen Betriebsteil betreffen. Die Betriebsstilllegung setzt den ernstlichen und endgültigen Entschluss voraus, die mit den Arbeitnehmern bestehende Betriebs- und Produktionsgemeinschaft für einen seiner Dauer nach unbestimmten, wirtschaftlich nicht unerheblichen Zeitraum aufzugeben (**BAG** 26. 2. 1987 – 2 AZR 768/05, AP Nr 59 zu § 613 a BGB [*Kraft*] = NZA 1987, 419 = ZIP 1987, 731), da ansonsten nur eine rechtlich unerhebliche Betriebspause oder Betriebsunterbrechung vorliegt, die nicht zur Kündigung berechtigt (**BAG** 7. 6. 1984 2 AZR 602/82, AP Nr 5 zu 22 KO = KTS 1984, 434 = NJW 1985, 1238 = NZA 1985, 121 = ZIP 1984, 1517). In Ausnahmefällen kann auch eine vorübergehende Schließung des Betriebes eine betriebsbedingte Kündigung rechtfertigen, wenn im Kündigungszeitpunkt der Wegfall der Beschäftigungsmöglichkeit mit großer Wahrscheinlichkeit für einen Zeitraum von 9–11 Monaten zu erwarten ist (**LAG** Berlin 17. 11. 1986 – 9 Sa 77/86, LAGE § 1 KSchG Betriebsbedingte Kündigung Nr 9; **BAG** 27. 4. 1995 – 8 AZR 200/94, WiPra 1996, 184 [*Berscheid*]; **BAG** 22. 5. 1997 – 8 AZR 118/96, ZInsO 1998, 93).

Im Falle einer Teil- oder Vollstilllegung ist der Arbeitgeber nicht gehalten, eine Kündigung erst nach deren Durchführung auszusprechen (**BAG** 22. 5. 1997 – 8 AZR 103/96, EzA § 613 a BGB Nr 157; **BAG** 22. 5. 1997 – 8 AZR 118/96, ZInsO 1998, 93). Vielmehr kann er die Kündigung wegen **beabsichtigter Stilllegung** wirksam bereits dann erklären, wenn die betrieblichen Umstände bereits „greifbare Formen" angenommen haben und eine vernünftige, betriebswirtschaftliche Betrachtung die Prognose rechtfertigt, dass der Arbeitnehmer bis zum Auslaufen der Kündigungsfrist entbehrt werden kann (**BAG** 25. 9. 1997 – 8 AZR 493/96, AP Nr 39 zu § 15 KSchG 1969 = KTS 1998, 487 = NZA 1998, 640 = ZAP ERW 1998, 114 [*Berscheid*] = ZIP 1998, 253; **BAG** 18. 1. 2001 – 2 AZR 167/00, ZInsO 2001, 822). Die „greifbaren Formen" können je nach den Umständen des Einzelfalles die Gründe für die Stilllegungsabsicht (**BAG** 19. 12. 1991 – 2 AZR 402/91, RzK I 5 c Nr 41) oder auch ihre Durchführungsformen betreffen (**BAG** 22. 1. 1998 – 8 AZR 775/96, AP Nr 174 zu § 613 a BGB = DZWIR 1998, 334 [*Franzen*] = NZA 1998, 638 = ZIP 1998, 924). 14

Maßgebend sind allein die Verhältnisse im Zeitpunkt des Zugangs der Kündigung, so dass trotz geplanter und eingeleiteter Betriebsstilllegung ein späterer Betriebsübergang ebenso unerheblich ist (**BAG** 28. 4. 1988 – 2 AZR 623/87, AP Nr 74 zu § 613 a BGB [*Hefermehl*] = NZA 1989, 265 = ZIP 1989, 326; **BAG** 10. 10. 1996 – 2 AZR 477/95, AP Nr 81 zu § 1 KSchG 1969 Betriebsbedingte Kündigung = NZA 1997, 251 = WiB 1997, 261 [*Schwarze*] = ZIP 1997, 122) wie umgekehrt (**BAG** 19. 5. 1988 – 2 AZR 596/87, AP Nr 75 zu § 613 a BGB = KTS 1989, 664 = NZA 1989, 461 = ZIP 1989, 1012; **BAG** 19. 6. 1991 – 2 AZR 127/91, AP Nr 53 zu § 1 KSchG 1969 Betriebsbedingte Kündigung = NZA 1991, 891 = ZIP 1991, 1374) das spätere Scheitern eines geplanten und eingeleiteten Betriebsübergangs. Wegen Betriebsstilllegung kann dagegen nicht gekündigt werden, wenn der Insolvenzverwalter noch in Verhandlungen mit einem oder mehreren potentiellen Erwerbern über die Veräußerung des Betriebes oder Betriebsteils steht (**BAG** 9. 2. 1994 – 2 AZR 666/93, AP Nr 105 zu § 613 a BGB = NJW 1995, 75 = NZA 1994, 686 = WPrax Heft 15/1994, S 12 [*Berscheid*] = ZIP 1994, 1041). 14a

Stilllegung eines Betriebes und dessen Übergang schließen sich systematisch aus, denn sie lösen unterschiedliche Schutzregelungen zugunsten der Arbeitnehmer aus (**BAG** 23. 4. 1980 – 5 AZR 49/78, AP Nr 8 zu § 15 KSchG 1969 [*Meisel*] = NJW 1980, 2543 = ZIP 1980, 669; **BAG** 12. 2. 1987 – 2 AZR 247/86, AP Nr 67 zu § 613 a BGB = NJW 1988, 900 = NZA 1988, 170 = ZIP 1987, 1478; **BAG** 27. 2. 1987 – 7 AZR 652/85, AP Nr 41 zu § 1 KSchG 1969 Betriebsbedingte Kündigung = NZA 1987, 700 = ZIP 1987, 1138; **BAG** 27. 7. 1994 – 7 ABR 37/93, AP Nr 118 zu § 613 a BGB [*Gussen*] = NZA 1995, 222 = WiB 1995, 338 [*Piltz*] = ZIP 1995, 235; zuletzt **BAG** 26. 4. 2007 – 8 AZR 695/05, NZA 2008, 72 = ZIP 2007, 2136). Allerdings steht der bloße Vorbehalt des Insolvenzverwalters, falls sich wider Erwarten in der Folgezeit doch noch eine Möglichkeit zur Betriebsveräußerung ergeben sollte, werde er die Chance dazu wahrnehmen, seiner ernsthaften und endgültigen Stilllegungsabsicht im Kündigungszeitpunkt nicht entgegen (**BAG** 7. 3. 1996 – 2 AZR 298/95, RzK I 5 f Nr 22; **LAG** Rheinland-Pfalz 18. 1. 2002 ZInsO 2002, 500; **LAG** Hamm 7. 7. 2004 – 2 Sa 175/04, LAGReport 2005, 56; zuletzt **BAG** 26. 4. 2007 – 8 AZR 695/05, NZA 2008, 72 = ZIP 2007, 2136 L 6; zuletzt BAG 26. 4. 2007 – 8 AZR 610/06, AP Nr 323 zu § 613 a BGB; **BAG** 26. 4. 2007 – 8 AZR 612/06, AP Nr 323 zu § 613 a BGB, EzA § 125 InsO Nr 6). 15

c) **Kündigung bei Widerspruch.** § 613 a Abs 1 S 1 BGB stellt eine gesetzlich vorgesehene Beendigung des Arbeitsverhältnisses dar, die mit dem gesetzlichen Übergang des unveränderten Arbeitsverhältnisses auf den neuen Betriebsinhaber verbunden ist (**BAG** 30. 10. 1986 – 2 AZR 101/85, AP Nr 55 zu § 613 a BGB [*Lüke*] = NZA 1987, 524 = ZIP 1987, 529). Will der Arbeitnehmer nicht, dass sein gekündigtes Arbeitsverhältnis auf den Erwerber übergeht, so kann er dem Übergang seines Arbeitsverhältnisses auf den Betriebserwerber widersprechen (siehe dazu grundlegend **BAG** 2. 10. 1974 – 5 AZR 504/73, AP Nr 1 zu § 613 a BGB [*Seiter*]). Ein Arbeitnehmer, der weder vom bisherigen Arbeitgeber noch vom neuen Inhaber rechtzeitig über den bevorstehenden Betriebsübergang unterrichtet wurde, wozu nach neuem Recht gem § 613 a Abs 5 BGB nF beide verpflichtet sind, kann – ohne rechtsmissbräuchlich zu handeln – noch nach Betriebsübergang sein Widerspruchsrecht ausüben. Dieser Widerspruch, der auf den Zeitpunkt des Betriebsübergangs zurückwirkt, kann sowohl dem Betriebsveräußerer als auch dem Be- 16

§ 128

triebserwerber gegenüber erklärt werden (**BAG** 21. 3. 1991 – 2 AZR 577/90, AP Nr 49 zu § 615 BGB = NZA 1991, 726; **BAG** 22. 4. 1993 – 2 AZR 50/92, AP Nr 103 zu § 613a BGB [*Moll*] = NJW 1994, 2245 = NZA 1994, 360 = ZIP 1994, 389; siehe dazu jetzt § 613a Abs 6 S 2 BGB nF). Hatte der Arbeitnehmer keine Kenntnis vom Betriebsübergang, musste er nach bisherigem Recht nach Erlangung der Kenntnis unverzüglich widersprechen. Die Erklärungsfrist betrug entsprechend den §§ 4, 7 KSchG drei Wochen (**BAG** 22. 4. 1993 – 2 AZR 313/92, AP Nr 102 zu § 613a BGB = NJW 1994, 2170 = NZA 1994, 357 = ZIP 1994, 391; **BAG** 25. 1. 2001 – 8 AZR 336/00, NZA 2001, 840 = ZInsO 2001, 872).

16a Nach neuem Recht (§ 613a Abs 6 S 1 BGB) muss der Arbeitnehmer seinen **Widerspruch innerhalb von einem Monat nach Zugang der Unterrichtung** (§ 613a Abs 5 BGB) **schriftlich** erklären. Eine einseitige Abkürzung der Monatsfrist durch den bisherigen Arbeitgeber oder den neuen Inhaber ist ausgeschlossen, denn § 613a Abs 6 S 1 BGB nF steht als zwingendes Recht – ebenso wie die arbeitsrechtlichen Klagefristen – nicht zur Disposition der Vertragsparteien (*Gaul/Otto* AktuellAR 2001, 314, 330). Da der bisherige Arbeitgeber oder der neue Inhaber die von einem Betriebsübergang betroffenen Arbeitnehmer *vor* dem Übergang in Textform zu unterrichten hat (§ 613a Abs 5 BGB), könnte man bei unvollständiger oder verspäteter Unterrichtung an ein zeitlich unbegrenztes Widerspruchsrecht denken, das nur nach den Grundsätzen der Verwirkung erlöschen würde (siehe dazu *Bauer/von Steinau-Steinrück* ZIP 2002, 457, 464; *Grobys* BB 2002, 726, 729). Es dürfte jedoch sach- und interessengerecht sein, weiterhin die bisherige höchstrichterliche Rechtsprechung anzuwenden und dem Arbeitnehmer abzuverlangen, innerhalb von einem Monat (die geänderte Frist folgt aus § 613a Abs 6 S 1 BGB nF) nach „sonstiger" Kenntniserlangung von den den Betriebsübergang ausmachenden tatsächlichen Umständen sein Widerspruchsrecht auszuüben. Wer die erste Lohn- oder Gehaltsabrechnung und -zahlung vom Erwerber erhält, muss sich innerhalb eines Monats schlüssig werden, ob er bei diesem weiterarbeiten oder lieber zum Veräußerer zurückkehren will. Diese Grundsätze gelten auch bei einer Betriebsveräußerung in der Insolvenz.

17 Der Arbeitnehmer muss den Widerspruch schriftlich erklären. Die **Schriftform der Widerspruchserklärung** erleichtert für den Arbeitnehmer und die beteiligten Arbeitgeber die Beweisführung darüber, ob der Arbeitnehmer tatsächlich widersprochen hat, wenn nach einem Betriebsübergang Streit darüber besteht, ob das Arbeitsverhältnis auf den neuen Inhaber übergegangen ist oder mit dem bisherigen Arbeitgeber weiterbesteht. Durch die erforderliche eigenhändige Unterzeichnung der Erklärung soll dem Arbeitnehmer die Bedeutung des Widerspruchs bewusst gemacht werden. Wie beim Schriftformerfordernis der Kündigung oder des Auflösungsvertrages nach § 623 BGB soll vor einer voreiligen Erklärung geschützt werden (**Warnfunktion**). Der Widerspruch gegen den Übergang des Arbeitsverhältnisses auf den neuen Inhaber kann nämlich für den Arbeitnehmer zum Verlust des Arbeitsplatzes führen, wenn für ihn beim bisherigen Arbeitgeber keine Beschäftigungsmöglichkeit mehr besteht und dieser im deshalb kündigt.

17a Es handelt sich in einem solchen Falle mithin um eine Kündigung „wegen des Betriebsüberganges", sondern „wegen des Widerspruchs" (*Berscheid* WPrax Heft 6/1994, S 3, 6) und der dadurch heraufbeschworenen fehlenden Beschäftigungsmöglichkeit im (Rest-)Betrieb (**BAG** 21. 3. 1996 – 2 AZR 559/95, AP Nr 81 zu § 102 BetrVG 1972 = NJW 1997, 410 = NZA 1996, 974 = WiB 1996, 1004 [*Brötzmann*] = ZIP 1996, 1560; **BAG** 24. 2. 2000 – 8 AZR 167/99, AP Nr 47 zu § 1 KSchG 1969 Soziale Auswahl = NZA 2000, 764). Geht der ganze Betrieb auf den Betriebserwerber über, so ist regelmäßig deshalb eine betriebsbedingte Kündigung sozial gerechtfertigt, weil eine Beschäftigungsmöglichkeit schon aus der gegebenen Sachlage nicht mehr besteht, so dass der Widerspruch ins Leere geht (**BAG** 20. 4. 1989 – 2 AZR 431/88, AP Nr 81 zu § 613a BGB [*Kreitner*] = NZA 1990, 32 = ZIP 1990, 120).

18 Bei einer **Betriebsteilveräußerung** ist zu **prüfen, ob die Verwendung des widersprechenden Arbeitnehmers im verbliebenen (Rest-)Betrieb möglich** ist. Ist dies nicht der Fall, ist eine ordentliche, fristgemäße Kündigung ohne weiteres sozial gerechtfertigt. Dies ist die Folge der Anerkennung eines „grundlosen" Widerspruchs durch die Rechtsprechung (**BAG** 15. 2. 1984 – 5 AZR 123/82, AP Nr 37 zu § 613a BGB [*Herschel*] = NZA 1984, 32). Darüber, ob er dem Übergang des Arbeitsverhältnisses widersprechen will, entscheidet danach allein der Arbeitnehmer. Er muss die Gründe und das mit einem Widerspruch verbundene Risiko eigenverantwortlich beurteilen. Geht ein Betriebsteil über, dann steht es zwar einem davon betroffenen Arbeitnehmer frei, dem Übergang seines Arbeitsverhältnisses ohne Angabe von Gründen zu widersprechen (vgl zuletzt **BAG** 19. 3. 1998 – 8 AZR 139/97, AP Nr 177 zu § 613a BGB [*Moll/Jacobi*] = NJW 1998, 3138 = NZA 1998, 750 = ZIP 1998, 1080), aber eine echte Wahlfreiheit des Arbeitnehmers kann nur einsetzen, wenn sie nicht zu Lasten eines – an sich unbeteiligten – Arbeitskollegen geht (**BAG** 18. 3. 1999 – 8 AZR 190/98, AP Nr 41 zu § 1 KSchG 1969 Soziale Auswahl = NJW 1999, 3508 = NZA 1999, 870 = ZInsO 1999, 472 = ZIP 1999, 1537; **BAG** 24. 2. 2000 – 8 AZR 145/99, AP Nr 47 zu § 1 KSchG 1969 Soziale Auswahl = AE 2000, 132 = ZInsO 2000, 568).

19 Nach § 1 Abs 3 KSchG ist in jedem Falle eine **soziale Auswahl erforderlich, wenn vergleichbare Arbeitnehmer vorhanden** sind. Das gilt auch bei dem Widerspruch des Arbeitnehmers gegen den Übergang seines Arbeitsverhältnisses auf den Erwerber eines Teilbetriebs (**BAG** 24. 2. 2000 – 8 AZR 180/99, AP Nr 7 zu § 1 KSchG 1969 Namensliste = NZA 2000, 785 = ZInsO 2000, 466). Bei der Prüfung der sozialen Gesichtspunkte sind die Gründe für den Widerspruch zu berücksichtigen. Je geringer die Unterschiede in der sozialen Schutzbedürftigkeit im Übrigen sind, desto gewichtiger müssen die Gründe des widersprechenden Arbeitnehmers sein. Nur wenn dieser einen baldigen Arbeitsplatzverlust oder eine baldige wesentliche Verschlechterung seiner Arbeitsbedingungen bei dem Erwerber zu befürchten hat, kann er einen Arbeitskollegen, der nicht ganz erheblich weniger schutzbedürftig ist, verdrängen (**BAG** 22. 3. 2001 – 8 AZR 565/00, AP Nr 119 zu § 1 KSchG 1969 Betriebsbedingte Kündigung = ZInsO 2001, 1176).

2. Änderungskündigung bei Betriebsübergang. Geht ein Betrieb oder Betriebsteil dadurch auf den **20** Erwerber über, dass dieser die Identität der wirtschaftlichen Einheit durch die Einstellung der organisierten Hauptbelegschaft und durch deren Einsatz auf ihren alten Arbeitsplätzen mit unveränderten Aufgaben vornimmt, so haben die gekündigten Arbeitnehmer einen Anspruch auf Fortsetzung des Arbeitsverhältnisses zu unveränderten Arbeitsbedingungen gegen den Betriebserwerber. Dies gilt auch dann, wenn der bisherige Betriebsinhaber keine Beendigungskündigung, sondern eine – wirksame – Änderungskündigung ausgesprochen und der Arbeitnehmer die geänderten Arbeitsbedingungen unter dem Vorbehalt der sozialen Rechtfertigung angenommen hat, denn das Kündigungsverbot des § 613a Abs 4 S 1 BGB gilt auch für die Änderungskündigung (**LAG** Hamm 5. 3. 1999 – 10 Sa 1961/98, InVo 1999, 380 = ZInsO 1999, 423). Diese ist aber nach allgemeinen Grundsätzen (**EuGH** 12. 11. 1992 – C-209/91, AP Nr 5 zu RL 77/187/EWG = NZA 1995, 475; **EuGH** 7. 3. 1996 – verb Rs C-171/94 und C-172/94, AP Nr 9 zu EWG-Richtlinie Nr 77/187 = DZWIR 1996, 415 = NJW 1996, 1199 = NZA 1996, 413 = WiB 1996, 742 [*J. Schmitt*] = ZIP 1996, 882) gem § 613a Abs 4 S 2 BGB iVm § 2 KSchG für den Fall möglich, dass **überhöhte Lohn- und Gehaltskosten** einer rentablen Weiterführung des Betriebes entgegenstehen. Gerade für die Fälle der sog „Übertragenden Sanierung" ist es oftmals notwendig, übertarifliche Leistungen abzubauen und insbesondere unterschiedliche Bezahlungen anzupassen, wenn der Erwerber in seinen Betrieben selbst nur nach Tarif bezahlt. Deshalb ist es bedenklich, wenn die Tatsache allein, dass mit einer Änderungskündigung eine Vereinheitlichung der materiellen Arbeitsbedingungen unter den Arbeitnehmern herbeigeführt werden soll, eine Änderungskündigung nicht rechtfertigen soll (aber **BAG** 28. 4. 1982 – 7 AZR 1139/79, AP Nr 3 zu § 2 KSchG 1969 [*Hoyningen-Huene*] = NJW 1982, 2686; krit dazu *Berger-Delhey* DB 1991, 1571, 1573). Ebenso bedenklich ist es, wenn bei der Prüfung, ob ein dringendes betriebliches Erfordernis zu einer Entgeltkürzung durch Änderungskündigung besteht, auf die wirtschaftliche Situation des Gesamtbetriebes, nicht eines unselbstständigen Betriebsteils abgestellt wird (**BAG** 20. 8. 1998 – 2 AZR 84/98, AP Nr 50 zu § 2 KSchG 1969 = NJW 1999, 1735 = NZA 1999, 255; **BAG** 12. 11. 1998 – 2 AZR 583/97, ZInsO 1999, 483; **BAG** 12. 11. 1998 – 2 AZR 91/98, AP Nr 51 zu § 2 KSchG 1969 = NJW 1999, 3577 = NZA 1999, 471 = ZIP 1999, 979), obwohl die ungleiche Entgeltstruktur nur in dieser Betriebsabteilung ist (KS-*Hanau/Berscheid* S 1541, 1558 Rn 33).

Die **Unrentabilität des Betriebs** kann zwar dann ein Grund für eine betriebsbedingte Änderungskündigung sein, wenn durch die Senkung der Personalkosten die Stilllegung des Betriebs oder die Reduzierung der Belegschaft verhindert werden kann und soll, jedoch ist die Forderung, es müsse eine „absolute" Gefahr für die Arbeitsplätze oder eine Existenzgefährdung des Arbeitgebers erkennbar sein (**BAG** 20. 3. 1986 – 2 AZR 294/85, AP Nr 14 zu § 2 KSchG 1969 = NZA 1986, 824; **BAG** 11. 10. 1989 – 2 AZR 61/89, AP Nr 47 zu § 1 KSchG 1969 Betriebsbedingte Kündigung [*Berger-Delhey*] = NZA 1990, 607 = ZIP 1990, 944), **für eine vernünftige Sanierungsmöglichkeit zu eng**; für eine Änderungskündigung müssen vielmehr triftige Rentabilitätsinteressen ausreichen (**LAG** Hamm 25. 7. 1986 – 16 Sa 2025/85, LAGE § 2 KSchG Nr 4; **LAG** Hamm 5. 9. 1986 – 16 Sa 2137/85, LAGE § 2 KSchG Nr 5; **LAG** Köln 15. 6. 1988 LAGE § 2 KSchG Nr 8; **LAG** Köln 30. 11. 1989 LAGE § 2 KSchG Nr 10), andernfalls das mildere Mittel der Änderungskündigung strengeren Kriterien als die Beendigungskündigung unterliegt (*Stahlhacke* DB 1994, 1361, 1468). **20a**

3. Prävention durch Aufhebungsverträge. Im Zuge eines Betriebsübergangs sind Aufhebungsverträge **21** grundsätzlich zulässig, denn die bestehenden Kündigungsbeschränkungen werden durch Aufhebungsverträge nicht (unzulässig) umgangen, sondern (zulässig) vermieden:

„*Wer nicht stiehlt, umgeht nicht § 242 StGB, sondern vermeidet ihn; wer nicht kündigt, sondern Aufhebungsverträge schließt, umgeht nicht die Kündigungsbeschränkungen, sondern vermeidet sie*" (*Hanau* ZIP 1998, 1817, 1821).

Etwas anderes gilt nach der höchstrichterlichen Rechtsprechung (**BAG** 28. 4. 1987, AP Nr 5 zu § 1 **22** BetrAVG Betriebsveräußerung = AR-Blattei „Betriebliche Altersversorgung VI: Entsch 48" [*Hanau*] = EzA § 613a BGB Nr 67 [*Willemsen*] = NZA 1988, 198 = ZIP 1988; **BAG** 11. 2. 1992 – 3 AZR 117/91, AP Nr 13 zu § 1 BetrAVG Betriebsveräußerung = KTS 1992, 658 = NJW 1993, 157 = NZA 1993, 20 = ZIP 1992, 1247), wenn die Arbeitnehmer mit dem Hinweis auf eine geplante Betriebsveräußerung und Arbeitsplatzgarantien des Betriebserwerbers veranlasst werden, ihre Arbeitsverhältnisse mit dem Insolvenzverwalter als Betriebsveräußerer selbst fristlos zu kündigen oder Auflösungsverträgen zuzustimmen, um dann mit dem Betriebserwerber neue Arbeitsverträge abschließen zu können (sog „**Lemgoer**

Modell"). Dies gilt auch für das modifizierte „Lemgoer Modell", bei dem die Arbeitnehmer erst dem Betriebsübergang widersprechen, danach ihr Arbeitsverhältnis durch Eigenkündigung oder Aufhebungsvertrag auflösen und dann unter einem neuen Arbeitsvertrag zu ungünstigeren Arbeitsbedingungen mit dem Betriebserwerber abschließen (*Ende* NZA 1994, 494, 495; KR-*Pfeiffer* § 613a BGB Rn 115a). Auch die Befristung eines Arbeitsvertrages, bei der wegen der geringen Zahl der im Betrieb beschäftigten Arbeitnehmer eine Umgehung des allgemeinen Kündigungsschutzes nicht in Betracht kommt, bedarf eines sachlichen Grundes, wenn sie zur **Umgehung des Kündigungsschutzes** nach § 613a Abs 4 S 1 BGB objektiv geeignet ist (**BAG** 2.12.1998 – 7 AZR 579/97, AP Nr 206 zu § 620 BGB = NZA 1999, 926 = ZInsO 1999, 483 = ZIP 1999, 1321).

22a In diesen Fällen handelt es sich im Ergebnis gar nicht um Aufhebungs-, sondern um Änderungs-, insbesondere Verzichtsverträge. Auch solche Verträge sind aber wirksam, wenn sie auf sachlichen Gründen beruhen, insbesondere wenn der Vertrag zur Sicherung der übrigen Arbeitsplätze erforderlich ist. Diese Grundsätze stehen nicht in Widerspruch zur Betriebsübergangsrichtlinie (*Hanau* ZIP 1998, 1817, 1821 in Fn 29), denn diese steht einer Änderung der Arbeitsbedingungen nicht entgegen, soweit das nationale Recht sie unabhängig vom Betriebsübergang zulässt (**EuGH** 10.2.1988 – C-324/86, EAS RL 77/187/EWG Art 1 Nr 4; **EuGH** 12.11.1992 – C-209/91, AP Nr 5 zu RL 77/187/EWG = NZA 1995, 47). Wenn es dem Arbeitnehmer völlig freisteht, ob er dem Übergang des Arbeitsverhältnisses widersprechen will oder nicht, und er lediglich die Gründe und das mit einem Widerspruch verbundene Risiko eigenverantwortlich beurteilen muss (**BAG** 15.2.1984 – 5 AZR 123/82, AP Nr 37 zu § 613a BGB [*Herschel*] = NZA 1984, 32), dann muss es ihm auch rechtlich möglich sein, frei über die Abänderung der materiellen Bedingungen zu entscheiden, unter denen er das Arbeitsverhältnis künftig bei dem Erwerber fortzusetzen bereit ist, zumal dann, wenn es lediglich um den Abbau von übertariflichen Lohn- und Gehaltsbestandteilen geht. Ansonsten würden nämlich an die Wirksamkeit eines Änderungsvertrages höhere Anforderungen gestellt als an Aufhebungsverträge (KS-*Hanau/Berscheid* S 1541, 1560 Rn 36).

23 Von den Änderungs- und Verzichtsverträgen werden Vereinbarungen unterschieden, die zwischen dem Arbeitnehmer und dem alten oder dem neuen Betriebsinhaber geschlossen werden und auf ein endgültiges Ausscheiden des Arbeitnehmers aus dem Betrieb, also auf die Beendigung des Arbeitsverhältnisses, gerichtet sind. Solche Verträge werden ohne Rücksicht auf ihre sachliche Berechtigung als wirksam angesehen, denn wenn der Arbeitnehmer durch Widerspruch verhindern kann, dass sein Arbeitsverhältnis auf den Betriebserwerber übergeht, dann hat er auch die **Möglichkeit**, sein **Arbeitsverhältnis einvernehmlich aufzuheben** (**BAG** 11.12.1997 – 8 AZR 654/95, NZA 1999, 262 = ZInsO 1998, 191; **BAG** 10.12.1998 – 8 AZR 324/97, AP Nr 185 zu § 613a BGB = NJW 1999, 3577 = NZA 1999, 422 = ZInsO 1999, 182 = ZIP 1999, 320 [*P. Hanau*]; **BAG** 21.1.1999 – 8 AZR 218/98, ZInsO 1999, 420 = ZIP 1999, 1572). Nur solche Verträge, die lediglich die Beseitigung der Kontinuität der Arbeitsverhältnisse bei gleichzeitigem Erhalt der Arbeitsplätze bezwecken, sind wegen objektiver Gesetzesumgehung nichtig, wenn die mit einer solchen Vertragsgestaltung verbundenen Verschlechterungen der Arbeitsbedingungen sachlich unberechtigt sind (KS-*Hanau/Berscheid* S 1541, 1561 Rn 37). Die Konsequenz, dass Vertragsveränderungen am § 613a BGB gemessen werden, Vertragsbeendigungen aber nicht, ist durchaus systemgerecht, entspricht sie doch dem allgemeinen Grundsatz, dass von zwingenden Recht abweichende Inhalte unzulässig sind, die einvernehmliche Beendigung des Arbeitsverhältnisses dagegen stets freisteht, und zwar auch bei Arbeitnehmern, die unter besonderem Kündigungsschutz stehen (*Hanau* ZIP 1999, 324, 325).

IV. Interessenausgleich bei Betriebsveräußerungen

24 Ist eine Betriebsänderung iSd § 111 BetrVG geplant und kommt zwischen Insolvenzverwalter und Betriebsrat ein Interessenausgleich zustande, in dem die zu entlassenden Arbeitnehmer, denen gekündigt werden soll, namentlich bezeichnet sind, so wird zum einen vermutet, dass die Kündigung der Arbeitsverhältnisse der bezeichneten Arbeitnehmer durch dringende betriebliche Erfordernisse, die einer Weiterbeschäftigung in diesem Betrieb entgegenstehen, bedingt ist (§ 125 Abs 1 S 1 Nr 1 InsO), und erstreckt sich zum anderen diese Vermutung auch darauf, dass die Kündigung der Arbeitsverhältnisse nicht wegen des Betriebsübergangs erfolgt (§ 128 Abs 2 InsO). Anwendungsbereich und Regelungsgehalt des § 128 sind umstritten. Während in § 613a Abs 1 S 1 BGB davon die Rede ist, dass „Betrieb oder Betriebsteil" durch Rechtsgeschäft auf einen anderen Inhaber übergeht, spricht § 128 Abs 2 nur vom „Betriebsübergang". Hieraus wird gefolgert, der Betriebsteilübergang sei bewusst ausgeschlossen worden (DKKW/*Däubler* § 128 InsO Rn 6; KDZ/*Däubler* § 128 InsO Rn 6; *Tretow* Personalabbau 1999, S 225; *ders* ZInsO 2000, 309, 312). Dieser Ansicht kann nicht gefolgt werden, denn eine Vollsanierung eines Unternehmens ist heute nur noch selten möglich, so dass die „Übertragende Teilsanierung" immer mehr an Bedeutung gewinnt. Es wird auch Sachverhalte des § 613a Abs 1 S 1 BGB erfasst, denn Ziel der Regelungen des § 128 Abs 2 ist es, die „Übertragende Teilsanierung" zu erleichtern (*Braun/Uhlenbruck* Unternehmensinsolvenz S 129; BKBN/*Berscheid* Teil 12 Rn 194; K/P/B/*Moll* § 128 Rn 20; *Lakies* RdA 1997, 145, 155; N/R/*Hamacher* § 128 Rn 63; *Stahlhacke/Preis* WiB 1996, 1025, 1034; *Zwanziger* Arbeitsrecht § 128 Rn 2). Mithin gilt die Vermutungswirkung des § 128 Abs 2 InsO

auch für ein Betriebsteilübergang (**LAG** Hamm 3. 9. 2003 – 2 Sa 331/03, ZInsO 2004, 820; zust *Fleddermann* ZInsO 2004, 793, 794 vor Fn 17). Entscheidend ist allein, dass sich der Betriebsteilübergang als (Teil-)Folge einer Betriebsänderung iSd § 111 BetrVG darstellt und deshalb ein Interessenausgleich mit Namensliste zustande gekommen ist (*Oetker/Friese* DZWIR 2001, 177, 185; zust BKBN/*Berscheid* Teil 12 Rn 194).

1. Vermutung der Betriebsbedingtheit. Für den Verstoß gegen das Kündigungsverbot ist der Arbeitnehmer, für die Rechtfertigung der Kündigung aus anderen Gründen der Insolvenzverwalter darlegungs- und beweispflichtig (**BAG** 31. 1. 1985 – 2 AZR 530/83, AP Nr 40 zu § 613 BGB = NZA 1985, 593 = ZIP 1985, 1088; **BAG** 5. 12. 1985 – 2 AZR 3/85, AP Nr 47 zu § 613 BGB = NZA 1986, 522 = ZIP 1986, 795). Stützt der Insolvenzverwalter die Kündigung auf Betriebsstilllegung und gelingt ihm ein entsprechender Nachweis nicht, ist die ausgesprochene Kündigung bereits nach § 1 Abs 2 S 1 KSchG rechtsunwirksam, so dass nicht geprüft werden muss, ob die Kündigung (auch) wegen des Betriebsübergangs ausgesprochen und daher gem § 613 a Abs 4 S 1 BGB oder wegen Umgehung dieser Norm rechtsunwirksam ist (**BAG** 27. 9. 1984 – 2 AZR 309/83, AP Nr 39 zu § 613 a BGB = NJW 1986, 91 = NZA 1985, 493 = ZIP 1985, 698). 25

Legt der Arbeitnehmer, der einen Übergang seines Arbeitsverhältnisses nach § 613 a BGB geltend macht, dar, dass der in Anspruch genommene Betriebserwerber die wesentlichen Betriebsmittel nach Einstellung des Geschäftsbetriebes des bisherigen Geschäftsinhabers verwendet, um nach kurzer Unterbrechung („Betriebspause") einen gleichartigen Geschäftsbetrieb zu führen, so spricht außerhalb des Insolvenzverfahrens der Beweis des ersten Anscheins dafür, dass dies aufgrund eines Rechtsgeschäfts iSd § 613 a BGB geschieht (**BAG** 15. 5. 1985 – 5 AZR 276/84, AP Nr 41 zu § 613 a BGB [*v. Hoyningen-Huene*] = NZA 1985, 736 = ZIP 1985, 1158). Bei Zustandekommen eines Interessenausgleichs mit Namensliste hilft diese Beweiserleichterung dem Arbeitnehmer bei einer Betriebsveräußerung im Insolvenzverfahren nicht (mehr), da er eine „**doppelte**" **Vermutung** zu entkräften hat (so bereits *Berscheid* AnwBl 1995, 8, 17; *ders* KS-InsO, S 1395, 1423 Rn 61; BKBN/*Berscheid* Teil 12 Rn 195; *Grunsky/ Moll* Arbeitsrecht und Insolvenz Rn 362; H/W/F Hdb Kap 5 Rn 285; *Hanau* ZIP 1998, 1817, 1819; KS-*Hanau*/*Berscheid* S 1541, 1563 Rn 42; HK-*Linck* § 128 Rn 3; N/R/*Hamacher* § 128 Rn 75; zust. **LAG** Hamm 4. 6. 2002, 4 Sa 57/02, LAGReport 2003, 31 = ZInsO 2003, 52; **LAG** Hamm 4. 6. 2002, 4 Sa 81/02, LAGReport 2003, 14 = NZA-RR 2003, 293 = ZInsO 2003, 47; **LAG** Düsseldorf 23. 1. 2003, 11/12 Sa 1057/02, LAGE § 125 InsO Nr 3 =ZInsO 2004, 402 = ZIP 2003, 817; **LAG** Hamm 27. 11. 2003 – 4 Sa 767/03, ZInsO 2004, 576; so nunmehr auch **BAG** 29. 9. 2005 – 8 AZR 647/04, DZWIR 2006, 461 = NZA 2006, 720, 722 unter Rn 27; str teilw aA *Tretow* ZInsO 2000, 309, 311; *Oetker/ Friese* DZWIR 2001, 177, 185): 26

– dass die Kündigung seines Arbeitsverhältnisses nicht wegen des Betriebsübergangs erfolgt ist (§ 128 Abs 2 InsO) und
– dass die Kündigung seines Arbeitsverhältnisses durch dringende betriebliche Erfordernisse bedingt ist (§ 125 Abs 1 S 1 Nr 1 InsO).

Mit anderen Worten, der Arbeitnehmer muss bei Zustandekommen eines Interessenausgleichs iSd § 125 InsO den Vollbeweis dafür erbringen, dass die Kündigung seines Arbeitsverhältnisses nicht auf einem Sanierungskonzept beruht, sondern einen Verstoß gegen § 613 a Abs 4 S 1 BGB darstellt (**LAG** Hamm 25. 11. 2004 – 4 Sa 1120/03, LAGE § 125 InsO Nr 5 = LAGReport 2005, 376, 378 = ZInsO 2005, 616). Wird das **Sanierungskonzept im Interessenausgleich** dargestellt, dürfte es kaum gelingen, das Gegenteil nachzuweisen (*Berscheid* ZInsO 1997, 159, 170; BKBN/*Berscheid* Teil 12 Rn 197). Hier müssten ansonsten Insolvenzverwalter und Betriebsrat konspirativ zusammenspielen (so bereits *Berscheid* AnwBl 1995, 8, 17). Bei Beendigungskündigungen ist im Übrigen zu beachten, dass es dem Insolvenzverwalter durchaus möglich ist, einen Betrieb „verkaufsfähig" zu machen (**BAG** 18. 7. 1996 – 8 AZR 127/94, AP Nr 147 zu § 613 a BGB = NJW 1997, 611 = NZA 1997, 148 = WiB 1997, 41 = ZIP 1996, 2028). § 128 iVm § 125 Abs 1 S 1 Nr 1 InsO ermöglicht Rationalisierungsplanungen im Vorgriff auf eine Betriebs(teil)veräußerung, bspw. auf Grund eines Erwerberkonzepts (**BAG** 20. 3. 2003 – 8 AZR 97/02, BB 2003, 2180 [*Kappenhagen*] = DZWIR 2003, 374 [*Adam*] = NJW 2003, 3506 = NZA 2003, 1027 = SAE 2004, 173 [*Meyer*] = ZInsO 2003, 1057 = ZIP 2003, 1671). Daher ist es möglich, die Teilstilllegung unrentabler Betriebsteile und die dadurch verursachte Massenentlassung über einen Interessenausgleich mit Namensliste „abzusichern" (**LAG** Hamm 4. 6. 2002 – 4 Sa 57/02, AR-Blattei ES 915 Nr 21 = LAGReport 2003, 31 = ZInsO 2003, 52; **LAG** Hamm 4. 6. 2002 – 4 Sa 81/02, AR-Blattei ES 915 Nr 22 = LAGReport 2003, 14 = NZA-RR 2003, 293 = ZInsO 2003, 47). 27

2. Zuordnung der Arbeitnehmer. Nach einer Betriebsteilveräußerung kommt es in der Insolvenz vielfach zu einer Stilllegung des restlichen Betriebes. Deshalb ist die Zuordnung der Arbeitnehmer zu den einzelnen (zu veräußernden bzw stillzulegenden) Betriebsteilen von besonderem Interesse. Bei der Zuordnung der Arbeitnehmer sind – wenn nur die Veräußerung eines von mehreren Betrieben desselben Unternehmens oder die Übertragung eines Betriebsteils infrage steht – zwei Fallgruppen zu unterscheiden (siehe dazu *Berscheid* MDR 1998, 816, 817; **LAG** Hamm 25. 11. 2004 – 4 Sa 1120/03, LAGE § 125 InsO Nr 5 = LAGReport 2005, 376 = ZInsO 2005, 616, zu 2.1. der Entscheidungsgründe): 28

– Arbeitnehmer, die abteilungs-, betriebs- oder betriebsteilübergreifend für alle oder mehrere zu trennenden Betriebe oder Betriebsteile tätig waren,
– Arbeitnehmer, die vor allem in der Produktion, aber auch im Verwaltungsbereich in einer bestimmten Abteilung oder einem bestimmten Betriebsteil tätig gewesen sind.

29 Für die Frage der Zuordnung der Arbeitnehmer zu einem Betriebsteil entstehen keine Probleme, wenn ein Arbeitnehmer als Mitarbeiter einem bestimmten Betriebsteil zuzuordnen ist. Die Arbeitsverhältnisse der abteilungs-, betriebs- oder betriebsteilübergreifend tätigen Arbeitnehmer werden nicht von Art 3 Abs 1 RL 2001/23/EG und damit auch nicht von § 613a Abs 1 S 1 BGB erfasst, sie gehen daher nicht kraft Gesetzes über, weil eine Zuordnung zum veräußerten Betriebsteil nicht möglich ist (so schon EuGH 7. 2. 1985 – C-186/83, ZIP 1985, 828; ferner **BAG** 13. 11. 1997 – 8 AZR 375/96, AP Nr 170 zu § 613a BGB = NJW 1998, 1883 = NZA 1998, 249 = NZG 1998, 305 = ZIP 1998, 344; **BAG** 13. 11. 1997 – 8 AZR 440/96, ZAP ERW 1998, 94 [*Bescheid*]; **BAG** 22. 1. 1998 – 8 AZR 358/95, ZAP ERW 1998, 190 [*Bescheid*] = ZInsO 1998, 237; **BAG** 21. 1. 1999 – 8 AZR 298/98, ZInsO 1999, 361). So sind zB Mitarbeiter der zentralen Verwaltung eines Autohauses mit mehreren Betriebsstätten nicht den einzelnen Betriebsstätten, sondern nur dem Betriebsteil Verwaltung zugeordnet. Bei einer Veräußerung der einzelnen Betriebsstätten gehen die Arbeitsverhältnisse der Mitarbeiter der Verwaltung nicht auf die Erwerber über; dies gilt auch für die Veräußerung der Betriebsstätte, an der die Verwaltung geführt wird (**LAG** Düsseldorf 14. 12. 2000 – 2 Sa 1333/00, ZInsO 2001, 869). Anders ist es bei Arbeitsverhältnissen von Arbeitnehmern aus abteilungs-, betriebs- oder betriebsteilübergreifenden Unternehmensbereichen, wenn ihre Tätigkeit ausschließlich oder überwiegend den übergehenden Betriebsteilen zugute kam und wenn für diese zentral tätigen Arbeitnehmer die Beschäftigungsmöglichkeit im verbleibenden zentralen Unternehmensbereich des Veräußerers infolge des Betriebsteilübergangs entfällt (**LAG** Köln 2. 3. 2001 – 11 Sa 1386/00, LAGE § 613a BGB Nr 80b = ZInsO 2001, 868). Weiter kann ein Bedürfnis bestehen, den Übergang eines Betriebes dadurch zu komplettieren, dass wegen Veränderung der Produktpalette einzelne Arbeitnehmer aus dem „Restbereich" mitgehen (*Berscheid* WiPra 1996, 370, 372; BKBN/*Berscheid* Teil 12 Rn 199).

30 Bei der **Aufteilung der abteilungs-, betriebs- oder betriebsteilübergreifend tätigen Arbeitnehmer** handelt es sich – wie in der Insolvenz – bei einer Betriebsteilveräußerung letztendlich um nichts anderes als um eine notwendige „**versetzungsähnliche Zuordnungsentscheidung**" (siehe zum Begriff und den Regelungstatbeständen und Rechtsfolgen *Lieb* ZfA 1994, 229, 242 ff; ferner *Gentges* RdA 1996, 265 ff; *Müller/Thüsing* ZIP 1997, 1869 ff), die unter Beachtung des § 315 Abs 1 BGB und § 1 Abs 3 KSchG getroffen werden muss (KS-*Hanau*/*Berscheid* S 1541, 1572 Rn 62; zust H/W/F Hdb Kap 5 Rn 288). Dabei ist eine zweistufige Vorgehensweise einzuhalten (**LAG** Niedersachsen 9. 12. 1997 – 13 Sa 703/97, AE 1998, 103 unter Hinweis auf *B. Gaul* AktuellAR 1995, 200 ff; zust *Berscheid* KS-InsO S 1395, 1424, Rn 64; BKBN/*Berscheid* Teil 12 Rn 200; H/W/F Hdb Kap 5 Rn 288; KS-*Hanau*/*Berscheid* S 1541, 1572 Rn 62; siehe auch **LAG** Hamm 18. 4. 1999 – 8 Sa 2302/97, BuW 1999, 798 = ZInsO 1999, 423), nämlich
– in einem ersten Schritt die **Zuordnung von Arbeitsplätzen** zu dem vom Betriebsübergang betroffenen Betriebsteil und
– in einem zweiten Schritt die **Besetzung der** dem übergeleiteten Betriebsteil **zugeordneten Arbeitsplätze** mit Arbeitnehmern.

31 Bei einer Teileinschränkung eines Betriebes wird man ähnlich vorgehen müssen (*Berscheid* ZAP ERW 1998, 94, 95; KS-*Hanau*/*Berscheid* S 1541, 1572 Rn 62), selbst wenn es anschließend nicht zu einer Betriebsveräußerung kommt (BKBN/*Berscheid* Teil 12 Rn 201). Es erscheint erwägenswert, den Betriebspartnern die Möglichkeit eines Interessenausgleichs mit Beschränkung der Überprüfungsmöglichkeit bei Namensliste entsprechend § 323 Abs 2 UmwG einzuräumen, wenn die Zuordnung zweifelhaft ist (*Hohenstatt* NZA 1998, 846, 854; zust *Berscheid* BuW 1999, 75, 78; H/W/F Hdb Kap 5 Rn 288; KS-*Hanau*/*Berscheid* S 1541, 1572 Rn 63; str aA zur Rechtslage außerhalb der Insolvenz **LAG** Sachsen-Anhalt 16. 3. 1999 – 8 Sa 589/98, NZA-RR 1999, 574 = ZInsO 1999, 424). Die Frage, ob die Regelungen im Interessenausgleich analog § 323 Abs 2 UmwG oder aber die Wirkungen des § 613a Abs 1 S 1 BGB vorgehen, lässt sich jedenfalls in der Insolvenz nicht mit einem Hinweis auf den zwingenden Charakter des § 613a BGB beantworten. Es geht eigentlich gar nicht um ein irgendwie geartetes Rangverhältnis und damit auch nicht um den Vorrang einer der genannten Regelungen. Die **Regelungen des § 323 Abs 2 UmwG stehen nicht in Widerspruch zu § 613a Abs 1 S 1 BGB**, sondern stellen nur eine gesetzliche Ausprägung dessen dar, was nach § 613a Abs 4 S 2 BGB kündigungs- und versetzungsrechtlich zulässig ist (KS-*Hanau*/*Berscheid* S 1541, 1575 Rn 67). Kommt in den Fällen der Betriebsteilstilllegung oder Betriebsteilveräußerung ein Interessenausgleich mit Namensliste zustande, dann kann die Zuordnung der Arbeitnehmer zu einem bestimmten Betrieb oder Betriebsteil in analoger Anwendung von § 323 Abs 2 UmwG nur auf grobe Fehlerhaftigkeit hin überprüft werden (BKBN/*Berscheid* Teil 12 Rn 201).

V. Wiedereinstellungsanspruch

32 Wird die Rechtsunwirksamkeit einer sozial ungerechtfertigten Kündigung nicht rechtzeitig geltend gemacht (§ 4 S 1, §§ 5 und 6 KSchG), so gilt die Kündigung als von Anfang an rechtswirksam und ein

V. Wiedereinstellungsanspruch § 128

vom Arbeitnehmer nach § 2 KSchG erklärter Vorbehalt erlischt (§ 7 KSchG). Wird die Kündigung „wegen" des Betriebsübergangs ausgesprochen, so ist sie nach § 613a Abs 4 S 1 BGB rechtsunwirksam. Es handelt sich hierbei um einen **sonstigen Unwirksamkeitsgrund** im Sinne des § 13 Abs 3 KSchG, der im Rechtsstreit gegen den neuen Arbeitgeber zu berücksichtigen ist und für dessen Geltendmachung im eröffneten Insolvenzverfahren vormals über § 113 Abs 2 InsO aF ebenfalls die dreiwöchige Klagefrist des § 4 S 1, 2 KSchG [1998] galt. Nachdem durch Art 4 Nr 2 GRAM die insolvenzrechtliche Klagefrist des § 113 Abs 2 InsO aF gestrichen und stattdessen durch Art 1 Nr 4 GRAM mit Wirkung vom 1. 1. 2004 (Art 5 GRAM) für Bestandsstreitigkeiten in § 4 S 1 KSchG [2004] eine **allgemeine Klagefrist** geschaffen worden ist, muss nunmehr jeder Arbeitnehmer – inner- wie außerhalb der Insolvenz – innerhalb von drei Wochen Feststellungsklage erheben, wenn er sich auf einen Verstoß gegen das Kündigungsverbot des § 613a Abs 4 S 1 BGB berufen will, ansonsten die Kündigung auch insoweit als rechtswirksam gilt (§ 7 Hs 1 KSchG iVm § 13 Abs 3 KSchG). Wird die Feststellungsklage rechtzeitig erhoben, so kommt es bei der Beurteilung, ob eine Kündigung sozialwidrig oder aus „sonstigen" Gründen rechtsunwirksam ist, an sich allein auf die Verhältnisse zum Zeitpunkt des Kündigungszugangs an (**BAG** 24. 3. 1983 – 2 AZR 21/82, AP Nr 16 zu § 1 KSchG 1969 Betriebsbedingte Kündigung [*Meisel*] = ZIP 1983, 1105; **BAG** 15. 8. 1984 – 7 AZR 536/82, AP Nr 16 zu § 1 KSchG 1969 Krankheit = NJW 1985, 2783 = NZA 1985, 357).

Diese gefestigte Rechtsprechung wird außerhalb der Insolvenz in einigen Fällen durch Bejahung eines Wiedereinstellungsanspruchs aufgeweicht. So wird ein Wiedereinstellungsanspruch bejaht, 32a
– wenn der Arbeitgeber sich zunächst entschieden hatte, eine Betriebsabteilung stillzulegen, sich dann aber noch während der Kündigungsfrist entschließt, die Betriebsabteilung mit einer geringeren Anzahl von Arbeitnehmern doch fortzuführen (**BAG** 4. 12. 1997 – 2 AZR 140/97, AP Nr 4 zu § 1 KSchG 1969 Wiedereinstellung = NJW 1998, 2379 = NZA 1998, 701; **BAG** 23. 2. 2000 – 7 AZR 891/98, AP Nr 9 zu § 1 KSchG 1969 Wiedereinstellung = NZA 2000, 894);
– wenn es nach Zugang der Kündigung wegen ursprünglich beabsichtigter Betriebsstilllegung noch während des Laufs der Kündigungsfrist zu einem Betriebsübergang auf einen neuen Betriebsinhaber kommt (**BAG** 27. 2. 1997 – 2 AZR 160/96, AP Nr 1 zu § 1 KSchG 1969 Wiedereinstellung = InVo 1997, 233 = KTS 1998, 130 = NJW 1997, 2257 = NZA 1997, 757 = WiB 1997, 872 [*Boemke*]; **BAG** 13. 11. 1997 – 8 AZR 295/95, AP Nr 169 zu § 613a BGB = NJW 1998, 1885 = NZA 1998, 251 = ZIP 1998, 167).

Das **BAG** billigt dem betriebsbedingt gekündigten Arbeitnehmer einen Wiedereinstellungsanspruch 32b nicht nur dann zu, wenn der eigentliche Kündigungsgrund nachträglich wegfällt, sondern auch dann, wenn sich bis zum Ablauf der Kündigungsfrist unvorhergesehen eine Weiterbeschäftigungsmöglichkeit ergibt (**BAG** 26. 6. 2000 – 7 AZR 904/98, NJW 2001, 1297 = NZA 2000, 1097 = ZIP 2000, 1781 [*Oetker*]). Können nicht alle Arbeitnehmer weiterbeschäftigt werden, so hat der Arbeitgeber bei der Auswahl der wiedereinzustellenden Arbeitnehmer soziale Gesichtspunkte (Lebensalter, Betriebszugehörigkeit, Unterhaltpflichten) zu berücksichtigen. Dabei kann der Schutz eines nicht wiedereingestellten Arbeitnehmers nicht weiter gehen, als wenn die wiederbesetzten Arbeitsplätze schon vor Ausspruch der Kündigung freigeworden wären. Wäre der nicht wiedereingestellte Arbeitnehmer in diesem Falle gleichwohl auf die Namensliste in einem Interessenausgleich gesetzt worden, kann die Sozialauswahl auch bei der Wiedereinstellung nur auf grobe Fehlerhaftigkeit hin überprüft werden (**BAG** 2. 12. 1999 – 2 AZR 757/98, AP Nr 45 zu § 1 KSchG 1969 Soziale Auswahl = NZA 2000, 531 = ZInsO 2000, 411 = ZIP 2000, 676).

Dem Wiedereinstellungsanspruch können berechtigte Interessen des Betriebes entgegenstehen. Diese 32c können auch darin bestehen, dass der in Betracht kommende Arbeitsplatz bereits wieder besetzt worden ist. Dem Arbeitgeber kann die Berufung auf das Fehlen eines freien Arbeitsplatzes aus dem in § 162 Abs 1 und 2 BGB normierten allgemeinen Rechtsgedanken verwehrt sein, wenn er diesen Zustand selbst treuwidrig herbeigeführt hat. Dies kann der Fall sein, wenn er einen freien geeigneten Arbeitsplatz in Kenntnis des Wiedereinstellungsverlangens anderweit besetzt hat (**BAG** 26. 6. 2000 – 7 AZR 904/98, NJW 2001, 129f7 = NZA 2000, 1097 = ZIP 2000, 1781 [*Oetker*]). In einem solchen Fall kommt außerdem ein auf Wiedereinstellung gerichteter Schadensersatzanspruch in Betracht (**BAG** 23. 2. 2000 – 7 AZR 891/98, AP Nr 9 zu § 1 KSchG 1969 Wiedereinstellung = NZA 2000, 894).

Die Rechtsprechung zum Wiedereinstellungsanspruch wird mit der Notwendigkeit, die deutsche Zi- 33 vilrechtsdogmatik und die europarechtlichen Vorgaben möglichst weitgehend zu vereinbaren, begründet (siehe wegen Einzelheiten *Boewer* NZA 1999, 1121 ff + 1177 ff; *Langenbucher* ZfA 1999, 299 ff; *Meinel/Bauer* RdA 1999, 575, 578 ff; *Nägele* BB 1998, 1686 ff; *Nicolai/Noack* ZfA 2000, 87 ff; *Oberhofer* RdA 2006, 92 ff; *Oetker* ZIP 2000, 643 ff; *Raab* RdA 2000, 147 ff; *Ricken* NZA 1998, 460 ff; *Schubert* ZIP 2002, 554 ff; ausf und krit zur dogmatischen Begründung und rechtlichen Ausgestaltung des Wiedereinstellungsanspruchs Gottwald/Heinze/*Bertram* § 105 Rn 85–97 mzN in Fn 228–268). Die Bejahung eines Wiedereinstellungsanspruchs ist danach das notwendige Korrektiv für die Zulässigkeit einer betriebsbedingten Kündigung wegen „beabsichtigter" Betriebsstilllegung (**LAG** Hamm 11. 11. 1998 – 2 Sa 1111/98, InVo 1999, 384 = NZA-RR 1999, 576 = ZInsO 1999, 302). Danach kommt ein Wiedereinstellungsanspruch in Betracht, wenn sich die der betriebsbedingten Kündigung zugrunde liegende Vorstellung des Arbeitgebers über die Weiterbeschäftigungsmöglichkeiten nachträglich als unzu-

§ 128

treffend herausstellt. Dazu muss sich zwischen dem Ausspruch der Kündigung und dem Ablauf der Kündigungsfrist unvorhergesehen eine Weiterbeschäftigungsmöglichkeit ergeben (BAG 25. 10. 2007 – 8 AZR 989/06, NZA 2008, 357 = ZInsO 2008, 687 unter Rn 19).

33a Entsteht die Weiterbeschäftigungsmöglichkeit erst nach Ablauf der Kündigungsfrist, findet bspw erst nach Ablauf der Frist einer insolvenzbedingten Kündigung ein Betriebsübergang statt, besteht idR kein Anspruch auf Wiedereinstellung bzw Fortsetzung des Arbeitsverhältnisses (BAG 13. 5. 2004 – 8 AZR 198/03, BAGReport 2004, 286 = ZInsO 2004, 876 = ZIP 2004, 1610; BAG 28. 10. 2004 – 8 AZR 199/04, DZWIR 2006, 110 = NZA 2005, 405). In Fällen allerdings, in denen die Betriebstätigkeit zwar nach der ursprünglichen Absicht des Insolvenzverwalters zum Ende der Höchstfrist des § 113 S 2 für die Kündigung der Belegschaft der Insolvenzschuldnerin eingestellt werden soll, der Betrieb tatsächlich aber „nahtlos" von einem Betriebserwerber fortgeführt wird, kann dieser sich nicht darauf berufen, er habe die Leitungsmacht über den Betrieb der Insolvenzschuldnerin erst nach Beendigung des Arbeitsverhältnisses übernommen (LAG Hamm 27. 3. 2003 – 4 Sa 189/02, LAGE § 1 KSchG Wiedereinstellungsanspruch Nr 5 = LAGReport 2004, 755 = NZA-RR 2003, 652 = ZInsO 2003, 868). Diese Grundsätze sind auch höchstrichterlich anerkannt. So hat 8. Senat des BAG einen Fortsetzungsanspruch der Arbeitnehmer gegenüber dem neuen Betriebsinhaber dann bejaht, wenn der Betriebsübergang zwar erst am Tag nach Ablauf der Kündigungsfrist stattfand, die Weiterbeschäftigungsmöglichkeit jedoch schon während des Laufs der Kündigungsfrist entstanden und die ursprünglich bei Ausspruch der Kündigung anzustellende Prognose dadurch bereits während des Laufs der Kündigungsfrist unzutreffend geworden war (BAG 25. 10. 2007 – 8 AZR 989/06, aaO unter Rn 24; BAG 21. 8. 2008 – 8 AZR 201/07, EzA § 613a BGB 2002 Nr 95 = EzA-SD 2008, Nr 26 S 7, 10). Weder der frühere noch der neue Betriebsinhaber können sich auf die Wirksamkeit der Kündigung berufen, wenn die an sich wirksame Kündigung noch während des Laufs der Kündigungsfrist durch einen Fortsetzungsanspruch korrigiert werden musste, weil mittlerweile Tatsachen entstanden sind, die die Prognose bei Kündigungsausspruch nachträglich als unzutreffend erscheinen lassen. Nichts anderes ergibt sich aus dem europäischen Recht (BAG 12. 11. 1998 – 8 AZR 265/97, AP Nr 5 zu § 1 KSchG 1969 Wiedereinstellung [Gussen] = NJW 1999, 1132 = NZA 1999, 311 = ZIP 1999, 670).

33b Es ist europarechtlich anerkannt, dass der Übergang der Arbeitsverträge und Arbeitsverhältnisse notwendigerweise zum Zeitpunkt des Übergangs des Unternehmens erfolgt und nicht nach Gutdünken des Veräußerers oder des Erwerbers auf einen späteren Zeitpunkt verlegt werden kann. Daraus folgt, „dass die zum Zeitpunkt des Übergangs eines Unternehmens zwischen dem Veräußerer und den bei dem übertragenen Unternehmen beschäftigten Arbeitnehmern bestehenden Arbeitsverträge und Arbeitsverhältnisse ipso iure allein aufgrund des Übergangs des Unternehmens vom Veräußerer auf den Erwerber übergehen, und zwar trotz des entgegenstehenden Willens des Veräußerers oder des Erwerbers und trotz der Weigerung des Erwerbers, seine Verpflichtungen zu erfüllen" (EuGH 14. 11. 1996 – Rs C-305/94, AP Nr 12 EWG-Richtlinie Nr 77/187). Grundsätzlich lässt sich daraus kein Anspruch auf Rückgängigmachung von Kündigungsfolgen und schon gar kein Übergang von bereits beendeten Arbeitsverhältnissen herleiten (Hanau ZIP 1999, 324, 325). Auch für den Fall der Sanierung des Betriebes lässt sich aus Art 3 und 4 RL 2001/23/EG kein über die Kündigungsfrist hinausgehender Wiedereinstellungsanspruch ableiten. Die Betriebsübergangsrichtlinie leitet nur Ansprüche aus bestehenden Arbeitsverhältnissen über, sie begründet keine neuen Ansprüche (BAG 13. 5. 2004 – 8 AZR 198/03, aaO Rn 35–37; BAG 28. 10. 2004 – 8 AZR 199/04, aaO Rn 30+31).

33c Liegt kein Verstoß gegen das Kündigungsverbot (Art 4 Abs 1 S 1 RL 2001/23/EG = § 613a Abs 4 S 1 BGB) vor, weil die Kündigung auf einem vernünftigen, nachvollziehbaren Sanierungskonzept beruht, besteht auch kein Bedürfnis, einen Wiedereinstellungsanspruch gegen den Betriebserwerber zu bejahen, eben weil sich die Rechtslage gerade in diesem Punkte nicht gegenüber dem Zeitpunkt des Zugangs der Kündigung geändert hat. Ansonsten würden die Regelungen der §§ 125 Abs 1, 128 Abs 2 InsO leer laufen (Berscheid ZInsO 1998, 159, 172; ders Arbeitsverhältnisse S 241 Rn 688; siehe zur Problematik Hanau ZIP 1998, 1817, 1819 f; Schubert ZIP 2002, 554, 560 ff) und wäre die durch § 113 Abs 2 InsO aF (jetzt: § 4 S 1 und S 2 KSchG 2004) erstrebte Rechtssicherheit beseitigt, zumindest aber gefährdet, wenn Wirksamkeit und Unangreifbarkeit von Kündigungen durch die Insolvenzverwalter dem Erwerber gar nichts nützen würden, weil er sich auch und gerade nach wirksamen Kündigungen Wiedereinstellungsansprüchen gegenüber sähe. Diese Gründe rechtfertigen es, den von der Rechtsprechung entwickelten Wiedereinstellungsanspruch bei Betriebsübergängen in der Insolvenz völlig auszuschließen (LAG Hamburg 20. 3. 2002 – 5 Sa 3/02, ZInsO 2003, 244 = ZIP 2003, 772; LAG Hessen 25. 1. 2001 – 11 Sa 908/99, ZInsO 2002, 48; LAG Hessen 27. 2. 2003 – 11 Sa 799/02, ZInsO 2003, 1060; Hanau ZIP 1998, 1817, 1820; Hess AR-Blattei SD 915.8 Rn 152; H/W/F Hdb Kap 5 Rn 289; KS-Hanau/Berscheid S 1541, 1579 Rn 74; str aA LAG Hamm 11. 11. 1998 – 2 Sa 1111/98, InVo 1999, 384 = NZA-RR 1999, 576 = ZInsO 1999, 302; Bertram Arbeits- und Sozialrecht DAI-Skript 2001, S 44; Raab RdA 2000, 147, 159/160).

34 Zumindest aber ist der Wiedereinstellungsanspruch in der Insolvenz zeitlich zu begrenzen: Die Voraussetzungen müssen für den Wiedereinstellungsanspruch innerhalb der Höchstfrist des § 113 Abs 2 InsO nF (= § 113 Abs 1 S 2 InsO aF) entstanden sein (LAG Hamm 4. 6. 2002 – 4 Sa 593/02, AR-Blattei ES 915 Nr 23 = LAGReport 2003, 31 = ZInsO 2003, 52; LAG Hamm 27. 3. 2003 – 4 Sa 189/02,

V. Wiedereinstellungsanspruch § 128

LAGE § 1 KSchG Wiedereinstellungsanspruch Nr 5 = LAGReport 2004, 755 = NZA-RR 2003, 652 = ZInsO 2003, 868; *Berscheid* MDR 1998, 1129, 1132; *Hess* AR-Blattei SD 915.6 Rn 75; *Schubert* ZIP 2002, 554, 563; str aA *Beckschulze* DB 1998, 417, 421; *Oberhofer* RdA 2006, 92, 97; *Ricken* NZA 1998, 460, 464). Bei Bejahung eines Wiedereinstellungsanspruchs, der auf einen nach Ablauf der gesetzlichen Höchstfrist entstandenen Sachverhalt gestützt wird, würden die Regelungen der §§ 125 Abs 1, 128 Abs 2 InsO leer laufen (*Berscheid* ZInsO 1998, 159, 172). Ein Wiedereinstellungsanspruch nach Ablauf der gesetzlichen Höchstfrist würde im Zuge einer teleologischen Extension die Interessen der gekündigten Arbeitnehmer einseitig bevorzugen (*Schubert* ZIP 2002, 554, 559) und damit den Vorstellungen des Gesetzgebers, dass er mit der Kündigungsfrist von höchstens drei Monaten zum Monatsende für die Kündigung von Dienstverhältnissen in der Insolvenz „einen Ausgleich zwischen den sozialen Belangen der Arbeitnehmer und sonstigen Dienstverpflichteten des insolventen Unternehmens sowie den Interessen der Insolvenzgläubiger an der Erhaltung der Masse als Grundlage ihrer Befriedigung" hat schaffen wollen (BT-Drs 12/7302, S 170), zuwider laufen (*Berscheid* BuW 1999, 75, 79).

Kommt es nach Zugang der Kündigung entgegen der ursprünglich beabsichtigten Betriebsstilllegung zu einem Betriebsübergang auf einen neuen Betriebsinhaber, so kann der Wiedereinstellungsanspruch – wenn überhaupt – dann aber nur gegen den Übernehmer gerichtet werden (**LAG** Hamm 4. 4. 2000 – 4 Sa 1220/99, DZWIR 2000, 244 [*Franzen*] = ZInsO 2000, 292). Sofern man – entgegen der hier vertretenen Auffassung – einen **Wiedereinstellungsanspruch** in der Insolvenz bejahen sollte, wird man von den Arbeitnehmern im Übrigen erwarten können, dass sie **innerhalb von einem Monat nach Kenntniserlangung** von den den Betriebsübergang ausmachenden tatsächlichen Umständen den Wiedereinstellungsanspruch **gegenüber dem Erwerber geltend machen** (so nunmehr auch **BAG** 25. 10. 2007 – 8 AZR 989/06, NZA 2008, 357 = ZInsO 2008, 687, unter Rn 33; **BAG** 21. 8. 2008 – 8 AZR 201/07, EzA § 613a BGB 2002 Nr 95 = EzA-SD 2008, Nr 26 S 7, 10). Im Hinblick auf die Interessenlage beim Veräußerer einerseits und beim Erwerber andererseits müssen die Zeitschranken für die Ausübung des Widerspruchsrechts bzw für die Geltendmachung des Fortsetzungsverlangens identisch sein, denn insofern besteht ein „Gleichklang" (**LAG** Hamm 11. 5. 2000 – 4 Sa 1469/99, DZWIR 2000, 457 [*Oetker*] = ZInsO 2001, 384). Die Heraufsetzung der von der Rechtsprechung entwickelten Geltendmachungsfrist von drei Wochen auf einen Monat folgt – im Hinblick auf den zuvor beschworenen Gleichklang – aus der Anhebung der Widerspruchsfrist durch § 613a Abs 6 S 1 BGB nF. Das Fortsetzungsverlangen ist gegenüber dem Betriebserwerber zu erklären und darf nicht von Bedingungen abhängig gemacht werden, deren Eintritt vom Betriebserwerber nicht beeinflusst werden kann (**BAG** 12. 11. 1998 – 8 AZR 265/97, AP Nr 5 zu § 1 KSchG 1969 Wiedereinstellung [*Gussen*] = NJW 1999, 1132 = NZA 1999, 311 = ZIP 1999, 670).

DRITTER TEIL. WIRKUNGEN DER ERÖFFNUNG DES INSOLVENZVERFAHRENS

Dritter Abschnitt. Insolvenzanfechtung

1   Der Abschnitt regelt das Recht der Anfechtung innerhalb des Insolvenzverfahrens. Mit der Insolvenzanfechtung soll der Bestand des den Gläubigern haftenden Schuldnervermögens dadurch wiederhergestellt werden, dass Vermögensverschiebungen rückgängig gemacht werden, die insbesondere in der Zeit der Krise vor der Verfahrenseröffnung zum Nachteil der Gläubiger vorgenommen worden sind. Im Gegensatz zum bislang geltenden Recht, wo die Insolvenzanfechtung dem Konkurs- und Gesamtvollstreckungsrecht vorbehalten war, bildet die Insolvenzanfechtung nunmehr ein **Institut des einheitlichen Insolvenzverfahrens**. Das frühere Vergleichsverfahren kannte demgegenüber lediglich die von den Anfechtungstatbeständen unabhängige Rückschlagsperre nach § 28 Abs 1 VglO, die zwangsvollstreckungsrechtlich erlangte Sicherungen hinfällig machte, die ein Gläubiger später als am 30. Tag vor der Stellung des Eröffnungsantrags erlangt hatte (jetzt § 88). Die Anwendbarkeit der Insolvenzanfechtung setzt die Eröffnung des Verfahrens voraus und ist unabhängig davon, ob das Verfahren der Liquidation des Schuldnervermögens nach den gesetzlichen Vorschriften dient oder auf der Grundlage eines Plans abgewickelt wird.

2   Als Kernstück der Neuregelung wurden die (übersichtlicher gefassten) **vier Haupttatbestände** des früheren Konkursrechts (§§ 29 ff KO) übernommen:
– die besondere Insolvenzanfechtung (§§ 130–132);
– die Anfechtung wegen vorsätzlicher Benachteiligung (§ 133; früher „Absichtsanfechtung");
– die Anfechtung wegen unentgeltlicher Leistung (§ 134; früher „Schenkungsanfechtung");
– die Anfechtung wegen Sicherung oder Befriedigung des Gläubigers eines (früher: kapitalersetzenden) Gesellschafterdarlehens (§ 135).

3   Gegenüber dem früheren Recht wurden mehrere wichtige Änderungen vorgenommen. Damit soll eine wirksamere Ausgestaltung des Anfechtungsrechts erreicht werden, das nach allgemeiner Auffassung zum früheren Recht die ihm vom Gesetzgeber zugedachte Aufgabe nur unvollkommen erfüllt hatte (dazu *Gessner/Rhode/Ziegert* zur „Praxis der Konkursabwicklung in der Bundesrepublik Deutschland" [Köln 1978], S 38; *Henckel* ZIP 1982, 391 ff; *Pfefferle* ZIP 1984, 147).

4   So wurden die subjektiven Tatbestandsvoraussetzungen zum Teil beseitigt. Im Übrigen wird ihr **Nachweis** durch die Gleichstellung der Kenntnis von Umständen, die zwingend auf die Kenntnis der Krisentatsachen „Zahlungsunfähigkeit" und „Eröffnungsantrag" schließen lassen, mit der Kenntnis dieser Tatsachen selbst erleichtert (§ 130 Abs 2). Eine gewisse Erleichterung für die Durchsetzbarkeit von Anfechtungsansprüchen bedeutet es auch, dass das Gesetz jetzt nicht mehr an die „Zahlungseinstellung" (so § 30 KO), sondern an die „Zahlungsunfähigkeit" anknüpft (Gottwald/*Huber* InsR HdB § 47 Rn 7; dazu im Übrigen unten § 130 Rn 32 ff). Die noch vom RegE vorgeschlagene weitergehende Gleichstellung der grob fahrlässigen Unkenntnis von diesen Tatsachen mit der Kenntnis der Krisentatsachen wurde allerdings im weiteren Gesetzgebungsverfahren fallen gelassen. Insbesondere gegenüber den in § 138 definierten „nahe stehenden Personen" wird der Nachweis zusätzlich durch eine Umkehr der Beweislast zu Ungunsten des Anfechtungsgegners erleichtert (siehe dazu § 130 Rn 67, § 131 Rn 40 f sowie § 133 Rn 33 ff).

5   Der **Zeitraum** vor Eröffnung des Insolvenzverfahrens, innerhalb dessen vorgenommene Rechtshandlungen der Anfechtung unterliegen, wurde gegenüber dem bislang geltenden Recht erweitert. Er wird nunmehr einheitlich von dem – zulässigen und begründeten – Antrag auf Eröffnung des Insolvenzverfahrens zurückgerechnet, und zwar unabhängig davon, ob der Antrag vom Schuldner oder von einem Gläubiger gestellt worden ist. Damit sollen die Nachteile vermieden werden, die sich aus den verschiedenen Anküpfungspunkten des bislang geltenden Rechts (Verfahrenseröffnung: § 31 Nr 2, §§ 32, 32 a Satz 2, § 33 KO, § 237 Abs 1 Satz 1 HGB; § 10 Abs 1 Nrn. 2 und 3 GesO; Zahlungseinstellung und Eröffnungsantrag: § 30 KO; § 10 Abs 1 Nr 4 GesO) ergaben. Denn durch eine Anknüpfung an die Verfahrenseröffnung könnte eine Anfechtung vereitelt werden, wenn sich das Eröffnungsverfahren lange hinzieht. Das wäre vor allem deshalb unbefriedigend, weil die Insolvenzgläubiger, deren Interesse die Insolvenzanfechtung dienen soll, keinen Einfluss auf die Dauer des Eröffnungsverfahrens nehmen können. Gegenüber einer alternativ denkbaren Anknüpfung der Berechnung des Anfechtungszeitraums von der Zahlungseinstellung an bietet die Anknüpfung an den Eröffnungsantrag den Vorteil der einfacheren Feststellbarkeit.

6   Die frühere Ausschlussfrist von einem Jahr seit Konkurseröffnung für die Geltendmachung von Anfechtungsansprüchen (§ 41 Abs 1 Satz 1 KO) wurde schließlich in Übereinstimmung mit § 10 Abs 2 GesO durch eine (zunächst) zweijährige Frist ersetzt, die als **Verjährungsfrist** ausgestaltet ist (§ 146

Dritter Abschnitt. Insolvenzanfechtung **Vor § 129 ff**

Abs 1 aF; inzwischen gelten auch insoweit die allgemeinen Verjährungsvorschriften). Auch durch diese Änderung soll die Durchsetzung von Anfechtungsansprüchen erleichtert werden.

§§ 129 ff werden ergänzt durch die Rückschlagsperre des § 88, die nach Vorbild der §§ 28, 87, 104 VglO durch **Zwangsvollstreckung** (etwas weiter § 7 Abs 3 Satz 1 GesO: alle Vollstreckungsmaßnahmen) erlangte Sicherheiten an dem zur Insolvenzmasse gehörenden Vermögen mit Eröffnung des Verfahrens und unabhängig von seinem Ausgang unwirksam werden lassen, wenn sie im letzten Monat vor dem Antrag auf Verfahrenseröffnung oder nach diesem Antrag erlangt wurden. Problematisch ist dabei, dass § 88 nicht Vollstreckungsmaßnahmen absonderungsberechtigter Gläubiger erfasst, auch wenn die Maßnahme dazu dient, sich Vorteile gegenüber anderen Absonderungsberechtigten zu verschaffen, oder durch Entzug des Sicherungsguts eine Unternehmensfortführung erschwert oder unmöglich gemacht wird (*Henckel* KS-InsO S 813, 818 ff). Die für die Zeit nach Verfahrenseröffnung bestehenden Beschränkungen (dazu oben § 11 Rn 9 ff) können damit unterlaufen werden. Im Zusammenhang mit den Anfechtungsvorschriften steht auch § 96 Abs 1 Nr 3, der eine **Aufrechnung** für unzulässig erklärt, wenn ein Insolvenzgläubiger die Aufrechnungslage durch eine anfechtbare Rechtshandlung erworben hat; die Rechtsprechung hat diese eigentlich nur im Verfahren greifende Norm auf vor Verfahrenseröffnung erlangte Aufrechnungslagen erstreckt (unten § 129 Rn 33, 75, § 130 Rn 11 ff sowie § 131 Rn 10). **7**

In inhaltlichem Zusammenhang mit dem Ausbau des Rechts der Insolvenzanfechtung steht die Aufhebung von § 419 BGB durch Art 33 Nr 16 EGInsO. Die scharfe Haftung des Vermögensübernehmers ist entbehrlich, seit die Vorschriften über die Anfechtung unentgeltlicher Verfügungen und vorsätzlicher Benachteiligungen der Gläubiger in angemessener Weise verschärft wurden (Begr RegE zum Dritten Abschnitt). Auf Vermögensübernahmen, die vor Inkrafttreten der InsO wirksam werden, ist daher § 419 BGB unverändert anzuwenden; Art 223a EGBGB idF von Art 1 Nr 4 des Änderungsgesetzes zur EG-InsO (EGInsOÄndG) vom 19. 12. 1998 (BGBl. I 3836) stellt dies ausdrücklich klar. **8**

Zwischen den einzelnen Anfechtungstatbeständen besteht kein Alternativverhältnis. Vielmehr nehmen die Anforderungen an den Nachweis einer Anfechtung ab mit der **zeitlichen Nähe** der Rechtshandlung zum Insolvenzverfahren, dem im Verhältnis zu den Insolvenzgläubigern kritischer zu beurteilenden **Inhalt des Geschäfts** und der **persönlichen Nähebeziehung** desjenigen, gegenüber dem die Rechtshandlung vorgenommen wurde (§ 138). Sie stehen also grundsätzlich in einem **Stufenverhältnis** zueinander. Das bedeutet, dass der Richter, wenn die behaupteten Voraussetzungen eines bestimmten Anfechtungstatbestandes nicht bewiesen werden können, von sich aus zu prüfen hat, ob die Rechtshandlung nicht wegen Verstoßes gegen einen anderen Anfechtungstatbestand mit anderen Nachweisanforderungen angreifbar ist. Wird also etwa eine Anfechtung auf inkongruente Deckung (§ 131) gestützt und kommt der Richter zu dem Ergebnis, dass es an den Voraussetzungen einer inkongruenten Deckung fehlt oder diese nicht nachgewiesen werden können, hat er zu prüfen, ob nicht (auch) die Voraussetzungen einer Anfechtung wegen kongruenter Deckung (§ 130) gegeben sind. Eine positive Feststellung der „kongruenten Deckung" ist dann aber nicht erforderlich (*Häsemeyer* Rn 21.46; *Henckel* KS-InsO S 813, 821). Gegebenenfalls bedarf es eines richterlichen Hinweises (§ 139 Abs 1, 2 ZPO), um entsprechenden Sachvortrag und Beweisanträge nachholen zu können. Auch das umgekehrte Vorgehen erscheint denkbar: so kann der Richter die Frage offen lassen, ob die Voraussetzungen einer inkongruenten Deckung gegeben sind, wenn auch die höheren Anforderungen an Kenntnis und Verfahrensnähe einer kongruenten Deckung gegeben sind. Problematisch ist dies allerdings dann, wenn etwa der Kenntnisnachweis eine Beweisaufnahme erforderlich macht; denn das würde dazu führen, dass Verfahrenskosten entstehen, die bei „relationsmäßig" richtiger Sachbehandlung nicht entstanden wären (§ 21 Abs 1 S 1 GKG). **9**

Zu graphischen Veranschaulichung der Systematik der Anfechtungstatbestände siehe MK/*Kirchhof*, vor § 129 ff Rn 95; Kurzüberblick auch bei *Staufenbiel* InsBüro 2006, 402, 2007, 2, 2007, 96. Zum Verhältnis der einzelnen Anfechtungstatbestände zueinander siehe unten Rn 129 Rn 90, § 130 Rn 1 ff, § 133 Rn 2, § 134 Rn 1, 3, § 135 Rn 6, § 136 Rn 2 sowie § 137 Rn 3. **10**

Die verschiedenen **Differenzierungskriterien** bilden einen ausgewogenen **Kompromiss** zwischen den Interessen des Schuldners, seiner (Insolvenz-) Gläubiger und den Verkehrsinteressen der auf eine Wirksamkeit von Geschäften mit dem Schuldner vertrauenden Dritten (teilweise kritisch und eine Überbetonung der Gläubigerinteressen konstatierend KP-*Paulus* § 129 Rn 4 ff und *passim*). Ein allgemeiner Grundsatz von zu Lasten der Masse restriktiven Auslegung lässt sich daher nicht vertreten (*Henckel*, FS Gerhardt, 2004, S 361, 377 f; abw KP*Paulus* § 129 Rn 10; *Paulus* FS Fischer, 2008, S 445, 450 ff). Die sich nicht auf den ersten Blick erschließenden Differenzierungskriterien eignen sich schlecht für eine „anfechtungssichere" Rechtsgestaltung im Vorfeld eines Insolvenzverfahrens. Doch ist gerade dies auch nicht beabsichtigt: Gestaltungen, die bewusst bis an die Grenzen einer (verschärften) Anfechtbarkeit herangeführt werden, will das Gesetz nicht fördern. Bei der nachträglichen Beurteilung von Rechtshandlungen im Vorfeld des eröffneten Insolvenzverfahrens ist aber andererseits Eile kaum geboten. Die – lange umstrittenen – **Rechtsfolgen** der Insolvenzanfechtung und die **verfahrensrechtlichen Fragen** ihrer Durchsetzung werden einheitlich in der Kommentierung von § 143 behandelt. **11**

§ 129 Grundsatz

Schrifttum:

12 *Allgayer*, Rechtsfolgen und Wirkungen der *Gläubigeranfechtung* 2000; *Biehl, Insider* im Insolvenzverfahren, 2000; *Bork*, Zahlungsverkehr in der Insolvenz, 2002; *ders*, Handbuch des Insolvenzanfechtungsrechts, 2006; *Bräuer*, Ausschluss der Insolvenzanfechtung bei Bargeschäften nach Maßgabe des § 142 InsO, 2006; *Burchard*, Die Insolvenzanfechtung im Dreieck, 2009; *Eckardt*, Die *Anfechtungsklage* wegen Gläubigerbenachteiligung, 1994; *Fridgen*, Die *Rechtsfolgen* der Insolvenzanfechtung, 2009; *Gerhardt*, Die systematische Einordnung der *Gläubigeranfechtung*, 1969; *Gerhardt/Kreft*, Aktuelle Probleme der Insolvenzanfechtung, 10. Aufl 2006; *Göpfert*, Anfechtbare Aufrechnungslagen im deutsch-amerikanischen Insolvenzrechtsverkehr, 1996; *Güther* Die Insolvenzanfechtung der Deckung von Altverbindlichkeiten, 2006 (dazu *Spliedt* DZWIR 2007, 87); *Kamlah*, Die Anfechtung in der Insolvenz von Unternehmen, dargestellt am deutschen und englischen Recht, 1995; *Kühnemund*, Die insolvenzrechtliche *Anfechtung von Prozesshandlungen* des Insolvenzschuldners nach der InsO, 1998; *Lind*, Zur Auslegung von § 133 InsO, insbesondere in dem System der Anfechtungstatbestände, 2006; *Peschke*, Die Insolvenz des Girokontoinhabers, 2005; *Tinnefeld*, Die Auf- und Verrechnungsmöglichkeit von Kreditinstituten zwischen Krise und Insolvenzverfahren bei debitorischer Kontoführung, 2006; *Ulrich*, Vertragsgestaltung im Hinblick auf die drohende Insolvenzanfechtung, 2009; *Zeuner*, Die *Anfechtung* in der Insolvenz, 2. Aufl 2007 (angegeben ist nur das abgekürzt zitierte Schrifttum von allgemeiner Bedeutung). Überblick über die **OLG-Rechtsprechung** zum Anfechtungsrecht bei *Zeuner* NZI 2007, 369; NZI 2008, 397; NZI 2009, 412.

§ 129 Grundsatz

(1) Rechtshandlungen, die vor der Eröffnung des Insolvenzverfahrens vorgenommen worden sind und die Insolvenzgläubiger benachteiligen, kann der Insolvenzverwalter nach Maßgabe der §§ 130 bis 146 anfechten.

(2) Eine Unterlassung steht einer Rechtshandlung gleich.

Frühere §§ 29 und 36 KO zusammengefasst. Neu sind der Hinweis auf das Erfordernis der Benachteiligungsabsicht in Abs 1 und der gesamte Abs 2.

Übersicht

	Rn
I. Allgemeines	1
1. Zweck und Rechtsnatur der Insolvenzanfechtung	1
a) Zweck der Insolvenzanfechtung	1
b) Rechtsnatur der Anfechtung	3
c) Lage vor einer Insolvenzanfechtung	5
d) Anfechtung nach allgemeinen Vorschriften	6
e) Rückgewähr nach allgemeinen Vorschriften	8
2. Anfechtungsberechtigter	9
a) Inhaberschaft des Anfechtungsrechts	9
b) Inhaltliche Reichweite	15
c) Übertragbarkeit des Anfechtungsrechts	18
d) Auswirkungen auf bereits erhobene Ansprüche	19
aa) Auswirkungen auf anhängige Anfechtungsprozesse	20
bb) Auswirkungen auf rechtskräftige Anfechtungsurteile	21
cc) Besonderheiten bei Gesetzeskonkurrenz	22
e) Erlöschen des Anfechtungsrechts	23
3. Auswirkungen der Anfechtbarkeit auf die Wirksamkeit der Rechtshandlungen und Verhältnis zu Aufrechnung, unerlaubter Handlung und zum Gesellschaftsrecht	27
a) Verhältnis zum Deliktsrecht	27
b) Anfechtungsnormen als Verbotsgesetze oder Sittenwidrigkeitstatbestand	29
c) Verhältnis zum Aufrechnungsverbot	33
d) Verhältnis zum Gesellschaftsrecht	34
4. Anfechtungsrecht der Nichtinsolvenzgläubiger	35
5. Besonderheiten bestimmter Insolvenzverfahren	39
a) Insolvenzplan	39
b) Eigenverwaltung	41
c) Vereinfachtes Insolvenzverfahren	42
d) Nachlassinsolvenzverfahren	44
6. Besonderheiten bestimmter Schuldner	45
a) Einlagenrückgewähr an den stillen Gesellschaften	45
b) Kredit- und Finanzdienstleistungsinstitute	46
7. Internationales Privatrecht und Rechtsvergleichung	47
8. Übergangsrecht	51
a) Allgemeines	51
b) Anwendungsbereich	52
aa) Vor Inkrafttreten der InsO beantragte Verfahren	52

I. Allgemeines

	Rn
bb) Teleologische Reduktion	55
cc) Analoge Anwendung auf § 32 b GmbHG aF	57
c) Anwendungsfälle	58
d) Beweislast	61
II. Anfechtbare Rechtshandlungen (Abs 1)	62
1. Begriff der Rechtshandlung	62
a) Allgemeines	62
b) Unterlassen (Abs 2)	64
2. Rechtsgeschäfte	66
a) Ein- und zweiseitige Rechtsgeschäfte	66
b) Mehrseitige Rechtsgeschäfte	67
c) Grund- und Erfüllungsgeschäfte	70
d) Teilanfechtung und zusammengesetzte Rechtshandlungen und Rechtsgeschäfte	72
e) Anfechtbarkeit und Nichtigkeit	76
aa) Grundsatz	76
bb) Scheingeschäfte	77
cc) Andere nichtige Rechtsgeschäfte	78
dd) Unwirksame Rechtshandlungen	79
3. Rechtshandlungen von gesetzlichen Vertretern und Bevollmächtigten	80
4. Rechtshandlungen von Gläubigern und Dritten	82
5. Mittelbare Zuwendungen	83
a) Grundsatz	83
b) Fehlender Anspruch gegen Mittelsperson	85
c) Zeitliche Voraussetzungen	86
d) Fehlender Vorteil der Mittelsperson	87
6. Verhältnis der Anfechtungsvorschriften zueinander	90
III. Erfordernis der Gläubigerbenachteiligung (Abs 1)	91
1. Begriff	91
2. Voraussetzungen	94
a) Bezug zum Schuldnervermögen	94
b) Erfordernis der Pfändbarkeit des Vermögensgegenstandes	98
c) Erfordernis der Verwertbarkeit des Vermögensgegenstandes	103
d) Rechtshandlungen mit Bezug zu fremdem Vermögen	105
e) Maßgeblichkeit der Gläubigergesamtheit	107
f) Insolvenzanfechtung gegenüber der Bundesagentur für Arbeit	111
g) Einzelfälle	113
aa) Vorliegen von Gläubigerbenachteiligung	113
bb) Keine Gläubigerbenachteiligung	119
3. Ursächlicher Zusammenhang	123
a) Unmittelbare Benachteiligung	124
b) Mittelbare Benachteiligung	127
c) Beseitigung der Benachteiligung	129
4. Beweislast	130

I. Allgemeines

1. Zweck und Rechtsnatur der Insolvenzanfechtung. a) Zweck der Insolvenzanfechtung. Während die §§ 80–91 für die Zeit nach Eröffnung des Insolvenzverfahrens eine Verkürzung der Aktivmasse und eine Vermehrung der Passivmasse zu verhindern suchen, geben die §§ 129–147 eine Handhabe, eine vor Eröffnung des Insolvenzverfahrens vorgenommene Schmälerung der Insolvenzmasse wieder zu korrigieren. Mittel hierzu ist die Anfechtung, ein dem Insolvenzrecht eigentümliches Rechtsinstitut; hierdurch soll zunächst die **gleichmäßige Befriedigung** der Insolvenzgläubiger schon für einen früheren Zeitpunkt als den der formellen Eröffnung des Insolvenzverfahrens (insoweit § 80 Abs 1) sichergestellt werden (**BGH** 12. 6. 1963 WM 1963, 748, 749 = KTS 1963, 177; **BGH** 25. 9. 1972 Z 59, 230, 232 = NJW 1972, 2084; *Häsemeyer* Rn 21.01 f); das betrifft vor allem die Vorschriften der besonderen Insolvenzanfechtung (§§ 130–132; dazu auch **BGH** 10. 2. 2005 IX ZR 211/02 NJW 2005, 1121, 1122 f; KP-*Paulus* § 129 Rn 4; *Schoppmeyer* NZI 2005, 185, 189). 1

Die Insolvenzanfechtung hat daneben den Zweck, **sachlich ungerechtfertigte Vermögensverschiebungen**, durch die die Insolvenzmasse verkürzt wurde, **rückgängig zu machen**; das betrifft böswillige Verminderungen des Schuldnervermögens, Schenkungen und und unsachlichen Entzug haftenden Eigenkapitals (§§ 133–136). Entsprechend dem Zweck der §§ 129 ff müssen nach Auffassung des **BGH** zum früheren Recht bei der Entscheidung, ob eine Anfechtung durchgreift und welchen Inhalt der auf ihr beruhende Rückgewähranspruch hat, die zugrundeliegenden Vorgänge stärker nach **wirtschaftlichen** als nach formalrechtlichen **Grundsätzen** betrachtet werden (**BGH** 14. 6. 1978 Z 72, 39, 41 = NJW 1978, 1921 = KTS 1979, 92 = LM § 37 KO Nr 9 *[Merz]*; vgl auch **BGH** 11. 11. 1954 WM 1955, 407, 409; **BGH** 23. 9. 1981 ZIP 1981, 1229 = KTS 1982, 222; *Heublein* ZIP 2000, 161, 169; weit Nachw in Kuhn/*Uhlenbruck* § 29 KO Rn 1). Wirtschaftliche Gesichtspunkte 2 sind allerdings keine subsumtionsfähigen Normen; sie können daher lediglich Hilfsmittel zur Erfassung der subsumierbaren Tatsachen sein (zutr. KP-*Paulus* § 129 Rn 14; Jaeger/*Henckel* § 129 Rn 8; siehe dazu auch unten Rn 75).

3   b) **Rechtsnatur der Anfechtung.** Das Anfechtungsrecht stellt einen unmittelbar aus dem gesetzlichen Tatbestand erwachsenden Anspruch auf Wiedererschließung der vereitelten Zugriffsmöglichkeit dar (**RG** 12. 12. 1939 Z 162, 218, 220 f). Es ist nur aus der Amtsstellung des Insolvenzverwalters heraus erklärbar (vgl **RG** 21. 2. 1928 Z 120, 189, 192). Damit ist es mehr als ein bloß technisches Mittel, um das Gläubigerinteresse am einfachsten zu wahren (so jedoch früher Jaeger/*Lent* vor § 29 KO Anm IV 3). Wie dies geschieht, hängt von der Frage der rechtlichen Qualifikation des Anfechtungsrechts ab, auf die daher erst in Zusammenhang mit den Rechtsfolgen der Insolvenzanfechtung intensiver eingegangen wird (unten § 143 Rn 1 ff).

4   Der Anfechtungsanspruch **entsteht** auf Grund der gesetzlichen Tatbestände als **Inhalt eines gesetzlichen Schuldverhältnisses** und nicht erst als Folge einer einseitigen Anfechtungserklärung, und zwar nach hM erst mit Eröffnung des Insolvenzverfahrens (st Rspr seit **RG** 29. 3. 1904 Z 58, 44, 47; 5. 6. 1931 Z 133, 46; **BGH** 3. 12. 1954 Z 15, 333, 337; weit Nachw in der 12. Aufl Rn 4). Der Anspruch entsteht auch dann erst mit der Eröffnung des Insolvenzverfahrens, wenn vorher eine Anfechtung nach dem AnfG möglich gewesen wäre (**BGH** 18. 5. 1995 NJW 1995, 2783 = ZIP 1995, 1204 = KTS 1995, 668 = JZ 1996, 527 [*Henckel*] = EWiR § 55 KO 3/95, 795 [*Gerhardt*] = WuB VI B. § 55 KO 1.96 [*Paulus*] [insoweit nicht in BGHZ 130, 38]; **BGH** 13. 12. 2007 IX ZR 116/06 ZIP 2008, 455 = ZInsO 2008, 276 = NZI 2008, 238). Nach Aufhebung von § 41 KO, der die klageweise Geltendmachung des Anfechtungsanspruchs vorsah, spricht aber viel dafür, auch schon ein Entstehen des Anfechtungsanspruchs mit der Rechtshandlung anzunehmen, das durch die Verfahrenseröffnung lediglich aufschiebend bedingt ist (Jaeger/*Henckel* § 143 Rn 103; KP-*Paulus* § 143 Rn 6, § 129 Rn 50, § 146 Rn 6; abw HK-*Kreft* § 129 Rn 82). Der Anfechtungsgegner kann nach § 144 Abs 2 die Rückgewähr seiner Gegenleistung aus der Masse verlangen, soweit sie noch unterscheidbar vorhanden ist oder soweit die Masse um ihren Wert bereichert ist. Im Übrigen lebt nach § 144 Abs 1 seine Forderung wieder auf; gleiches gilt für etwaige **Sicherungsrechte.**

5   c) **Lage vor einer Insolvenzanfechtung.** Vor einer etwaigen Anfechtung ist die Rechtshandlung wirksam, sofern sie nicht an sonstigen Mängeln – etwa der Unwirksamkeit nach bürgerlichem Recht (dazu sogleich Rn 6) – leidet. Anfechtbar erworbenes Eigentum berechtigt daher dazu, die mit dem Eigentum verbundenen Abwehrrechte (§§ 985, 894, 1004 BGB) in Anspruch zu nehmen; andererseits hat er auch die mit dem Eigentum verbundenen (auch öffentlich-rechtlichen) Pflichten und Lasten zu tragen (Kilger/*Karsten Schmidt* § 29 KO Anm 7). Doch ist ein erworbener Gegenstand mit dem aus § 143 folgenden Rückgewähranspruch belastet. Das gilt nach bislang herrschender Meinung auch für das Vollstreckungs- und Insolvenzrecht, so dass der Insolvenzverwalter im Falle der Pfändung des anfechtbar erworbenen Gegenstandes beim Anfechtungsgegner dort nicht nach § 771 ZPO vorgehen konnte (zur Kritik unten § 143 Rn 3a, 59, 72). Anfechtungsansprüche können, da nach hM noch nicht entstanden, auch in dem bereits vor Eröffnung des Insolvenzverfahrens aufzustellenden Überschuldungsstatus nicht berücksichtigt werden (KP-*Noack* GesellschaftsR Rn 73).

6   d) **Anfechtung nach allgemeinen Vorschriften.** Mit der **Anfechtung nach bürgerlichem Recht** (§§ 119 ff BGB) hat die Insolvenzanfechtung nach Zweck, Voraussetzung und Wirkung nichts gemein (**RG** 28. 6. 1904 LZ 1907, 837; **BGH** 31. 10. 1956 Z 22, 128, 134 = NJW 1957, 137 = MDR 1957, 216 [*Thieme*]). Insbesondere bedarf die Insolvenzanfechtung keiner besonderen Erklärung (**BGH** 20. 3. 1997 Z 135, 140 = NJW 1997, 1857 = ZIP 1997, 737 = EWiR § 37 KO 1/97, 943 [*Henckel*]; **BGH** 11. 12. 2003 ZIP 2004, 671 = ZInsO 2004, 149 = NZI 2004, 253, 254 = WuB VI C § 134 InsO 3.04 [*Hess*]). Die Möglichkeit zu einer Anfechtung nach bürgerlichem Recht wird auf der anderen Seite durch die Insolvenz auch nicht berührt. Gleiches gilt auch für die **gesellschaftsrechtliche Anfechtbarkeit von Beschlüssen** (§ 246 AktG; ggfls analog). In Betracht kommt also auch die Anfechtung des festgestellten Jahresabschlusses einer AG oder GmbH wegen inhaltlicher Mängel des Bilanzfeststellungsbeschlusses (hierzu **BGH** 1. 3. 1982 Z 83, 341 = NJW 1983, 42 = ZIP 1982, 1077 = LM § 42 GmbHG Nr 1 [*Brandes*]; Scholz/*Karsten Schmidt* § 46 GmbHG Rn 39). Und umgekehrt steht die Möglichkeit einer Anfechtung nach bürgerlichem Recht oder Gesellschaftsrecht der Zulässigkeit der Insolvenzanfechtung nicht entgegen.

7   Das bürgerlich-rechtliche Anfechtungsrecht wird während der Dauer des Insolvenzverfahrens vom Insolvenzverwalter bzw ihm gegenüber ausgeübt. Eine berechtigte Anfechtung hat auch die rückwirkende Kraft des § 142 BGB. Durch eine wirksame Anfechtung nach §§ 119 ff BGB wird die Insolvenzanfechtung aber gegenstandslos (Jaeger/*Henckel* § 129 Rn 265; näher unten Rn 76 ff).

8   e) **Rückgewähr nach allgemeinen Vorschriften.** Anfechtungsansprüche treten selbständig neben Rückgewähransprüche aus dem Bereicherungsrecht (**BGH** 22. 3. 2001 IX ZR 373/98 ZIP 2001, 889 = NZI 2001, 360 = EWiR 2001, 683 [*Eckardt*] = WuB VI B § 37 KO 1.01 [*Mohrbutter*] [KO]; **BGH** 11. 12. 2008 IX ZR 195/07 ZIP 2009, 186 = ZInsO 2009, 185 = NZI 2009, 103; MK/*Kirchhof* vor §§ 129 ff Rn 86; dazu auch unten Rn 62 und § 134 Rn 36). Der Anfechtungsanspruch ist auch von den **gesellschaftsrechtlichen Ansprüchen** auf Rückgewähr unzulässiger Einlagen- und/oder Dividendenzah-

lungen zu unterscheiden, die grundsätzlich neben ihm gegeben sind; dies wirkte sich früher insbesondere bei der Rückforderung der Rückzahlung kapitalersetzender Darlehen aus (dazu § 135 Rn 2 f).

2. Anfechtungsberechtigter. a) Inhaberschaft des Anfechtungsrechts. Das Recht der Anfechtung in der 9 Insolvenz kann nur vom Insolvenzverwalter und nicht von den Insolvenzgläubigern ausgeübt werden. Es entsteht daher nach hM (oben Rn 4) erst mit der Eröffnung des Insolvenzverfahrens in der Person des Insolvenzverwalters als Aktivum des Sondervermögens Insolvenzmasse (BGH 11. 6. 1992 Z 118, 375, 381 = NJW 1992, 2483 = ZIP 1992, 1005, 1007 ff = EWiR § 106 KO 4/92, 807 *[Gerhardt]*; LG Konstanz 25. 8. 1982 ZIP 1982, 1232). Gegen den Anspruch aus § 143 ist daher die Aufrechnung nicht mit einer Insolvenzforderung, wohl aber mit einer Forderung gegen die Masse möglich (dazu § 143 Rn 24). Wer mit den neueren Theorien den Insolvenzverwalter als Vertreter des Verfahrensschuldners ansieht, muss davon ausgehen, dass es sich beim Anfechtungsrecht um ein Recht des Verfahrensschuldners handelt (KP-*Paulus* § 143 Rn 5, § 129 Rn 54). Da das Anfechtungsrecht erst mit Verfahrenseröffnung entsteht, entsteht auch das Anfechtungsrecht nicht, wenn es etwa **mangels Masse** (§ 26) nicht zur Verfahrenseröffnung kommt (zu Recht kritisch dazu Kilger/*Karsten Schmidt* § 29 KO Anm 1 b). Für den Fall der späteren Verfahrenseinstellung mangels Masse (§ 207 Abs 1) gilt dies entsprechend: das Anfechtungsrecht entfällt. Doch sollte man im Hinblick auf die Möglichkeit einer **Nachtragsverteilung**, in der das Anfechtungsrecht jedenfalls wieder auflebt (MK/*Kirchhof* § 129 Rn 213; zu den damit verbundenen Fristfragen unten § 139 Rn 12), und der Fortsetzung einzelner Aufgaben des Insolvenzverwalters über die Verfahrensbeendigung hinaus Ausnahmen zulassen, wenn die Chancen einer Massemehrung durch Anfechtung (auch zugunsten der Massegläubiger) nach pflichtgemäßer Einschätzung des Insolvenzverwalters deren Risiken überwiegen (*Pape* ZIP 2001, 901, 902). Daher erlischt das Anfechtungsrecht erst recht nicht schon mit dem materiellen Eintritt der Massekostenarmut, mag der Insolvenzverwalter dann auch nicht mehr zur Verwertung von Massegegenständen verpflichtet sein (§ 207 Abs 3 Satz 2).

Das Anfechtungsrecht entfiel nach früher hM (zum früheren Streitstand 12. Aufl Rn 10) auch dann, 10 wenn im eröffneten Verfahren auf Grund **Masseunzulänglichkeit** (§ 208) die Insolvenzgläubiger keinen Vorteil aus einer Anfechtung mehr ziehen können (dazu auch unten Rn 109). Dem hat der BGH jedoch zu Recht widersprochen (BGH 19. 7. 2001 IX ZR 36/99 NJW-RR 2001, 1699, 1701 zu § 10 Abs 1 Nr 4 GesO [Nr 12]; BGH 28. 2. 2008 IX ZR 213/06 ZIP 2008, 701 = ZInsO 2008, 374 = NZI 2008, 297; zust. *Biehl/Bograkos* DZWIR 2002, 139 ff; *Gundlach/Frenzel/Schmidt* NZI 2004, 184 ff). Denn ausreichend ist, dass die angefochtene Rechtshandlung die Befriedigungsaussichten der Insolvenzgläubiger im Allgemeinen verkürzt hat. Zudem dient das an die Anzeige der Masseunzulänglichkeit anschließende Verfahren mittelbar den Interessen aller Gläubiger, weil die Befriedigung der Massegläubiger nur eine Vorstufe zur potentiellen späteren Befriedigung darstellt. Und schließlich widerspreche es dem Grundsatz der insolvenzrechtlichen Gleichbehandlung und damit dem Anfechtungszweck, einige Insolvenzgläubiger allein deshalb besser zu stellen, weil das Schuldnervermögen sogar „bis zur Bedeutungslosigkeit" vermindert worden sei.

Auch dem **vorläufigen Insolvenzverwalter** steht kein Anfechtungsrecht zu (BGH 22. 12. 1982 Z 86, 11 190, 195 = NJW 1983, 887 = ZIP 1983, 191 = KTS 1983, 283 = LM § 30 KO Nr 42 a *[Groß]*; BGH 18. 5. 1995 Z 130, 38 = NJW 1995, 2783 = ZIP 1995, 1204 = KTS 1995, 668 = JZ 1996, 527 *[Henckel]* = EWiR § 55 KO 3/95, 795 *[Gerhardt]* = WuB VI B. § 55 KO 1.96 *[Paulus]*; dazu auch *Schönfelder* WM 2007, 1489, 1493). Der Insolvenzverwalter hat also ein Anfechtungsmonopol. Nur er kann Klage, Einrede oder Gegeneinrede erheben (BGH 29. 11. 1989 Z 109, 240 = NJW 1990, 716 = ZIP 1990, 25, 28 = KTS 1990, 267 = EWiR § 9 AGBG 5/90, 215 *[M. Wolf]*). Grundsätzlich kann auch nur er den Anfechtungsgegner in Verzug setzen, auf den Anfechtungsanspruch verzichten, ihn erlassen oder sich über ihn vergleichen (unten Rn 23); vor allem aus Gründen des Vertrauensschutzes sind davon aber Ausnahmen zu machen, meist im Zusammenhang mit den sich aus einer Unternehmensfortführung ergebenden Notwendigkeiten (unten Rn 23, 40). Rechtshandlungen Dritter in Bezug auf den Anfechtungsanspruch sind andererseits auch nur gegen den Insolvenzverwalter möglich. Dies alles ist im Hinblick auf § 80 Abs 1 eigentlich selbstverständlich, wird aber durch § 129 Abs 1 im Anschluss an den früheren § 36 KO noch einmal ausdrücklich gesagt. Der durch das Anfechtungsmonopol des Insolvenzverwalters eingeschränkte Anwendungsbereich der §§ 129 ff wird nach neuem Recht aber dadurch erweitert, dass § 88 die früher nur im Vergleichsrecht vorhandene Rückschlagsperre in das einheitliche Insolvenzverfahren übernommen hat; nach dieser Norm werden innerhalb eines Monats vor dem Insolvenzantrag oder nach diesem Antrag durch Zwangsvollstreckung erlangte Sicherheiten mit Verfahrenseröffnung automatisch unwirksam, ohne dass es des Zutuns oder auch nur der Existenz eines Verwalters bedarf (zum Zusammenhang mit der Anfechtung, insbesondere zur Ausklammerung von Befriedigungen aus der Norm, *Jacoby* KTS 2005, 371, 372, 388; siehe auch vor §§ 129 ff Rn 7 und unten Rn 79; Einzelheiten im Übrigen bei § 88). In den Fällen der Eigenverwaltung ist der **Sachwalter** nach § 280 zur Anfechtung befugt (dazu unten Rn 41), im vereinfachten Insolvenzverfahren nach § 313 Abs 2 **jeder Insolvenzgläubiger** (dazu unten Rn 20, 25 f, 42).

Der **Insolvenzverwalter** übt das Anfechtungsrecht kraft Amtes im **Interesse der Insolvenzgläubiger** 12 aus; für die Zulässigkeit der Anfechtung kommt es also darauf an, ob im Falle ihrer erfolgreichen Durchführung zumindest auch Insolvenzgläubiger begünstigt werden (BGH 30. 10. 1967 Z 49, 11, 16

= NJW 1968, 300; **BGH** 10. 2. 1982 Z 83, 102 = NJW 1982, 1765 = ZIP 1982, 467, 468 = LM § 36 KO Nr 2 *[Merz]*; differenzierend *Karsten Schmidt* KTS 1984, 345, 398). Zu diesem Zweck wird auch der Schuldner (zunächst) wieder Eigentümer der nach § 143 zur Insolvenzmasse zurückzugewährenden Gegenstände (**RG** 21. 10. 1902 Z 52, 330, 333). Da das Ziel der Anfechtung in einer Vermehrung der Masse liegt, ist eine Freigabe des Anfechtungsanspruchs ausgeschlossen (Kilger/*Karsten Schmidt* § 36 KO Anm 1, 2). Der Insolvenzverwalter handelt also weder auf der Grundlage eigenen Rechts (so **RG** 21. 2. 1928 Z 120, 189, 192) noch als Vertreter des Schuldners (so die „Vertretertheorie") noch der Insolvenzgläubiger (so die frühere „Gläubigervertretungstheorie"). Die gegenteilige Auffassung von *Hess/Kropshofer* (§ 29 Rn 9), nach der der Schuldner selbst Inhaber des Anfechtungsanspruchs ist, vermag schon deswegen nicht zu überzeugen, weil zB die besondere Insolvenzanfechtung nur durch den Insolvenzverwalter geltend gemacht werden kann. Daher ist der **Schuldner** selbst auch weder innerhalb noch außerhalb des Insolvenzverfahrens befugt, eigene Rechtshandlungen oder gegen ihn gerichtete Rechtshandlungen seiner Gläubiger nach §§ 129 ff anzufechten (**BGH** 10. 2. 1982 Z 83, 102 = NJW 1982, 1765 = ZIP 1982, 467 = LM § 36 KO Nr 2 *[Merz]*). Möglich ist aber, dass der Insolvenzverwalter den Schuldner ermächtigt, die Anfechtung als Prozessstandschafter geltend zu machen (Gottwald/*Huber* InsR HdB § 51 Rn 3), zumal nach inzwischen wohl hM auch eine Abtretung oder Verpfändung des entstandenen Anfechtungsanspruchs möglich ist (dazu unten Rn 18 sowie § 143 Rn 5 a). Im Übrigen kann der Schuldner ebenso wie ein Insolvenzgläubiger im Anfechtungsprozess als Zeuge gehört werden (**RG** 30. 3. 1892 Z 29, 29; Kilger/*Karsten Schmidt* § 36 KO Anm 2).

13 Eine Anfechtung aus eigenem Recht ist – vom Fall des § 313 Abs 2 abgesehen – auch den **Insolvenzgläubigern verwehrt**, selbst wenn der Insolvenzverwalter die Anfechtung abgelehnt hat oder die Insolvenzgläubiger sich zu seiner Durchsetzung zusammenschließen (**RG** 5. 1. 1893 Z 30, 71, 74). Gleiches gilt für Gläubigerausschuss und Gläubigerversammlung. Auch im Feststellungsprozess nach § 179 ff können die einzelnen Gläubiger ihren Widerspruch nicht auf die Insolvenzanfechtung stützen (Kilger/*Karsten Schmidt* § 36 KO Anm 1). Möglich ist den Insolvenzgläubigern lediglich eine Beteiligung als Nebenintervenient am Anfechtungsrechtsstreit (**RG** 24. 4. 1891 JW 1891, 273); den Mitgliedern des Gläubigerausschusses ist diese Form der Beteiligung ebenso wie dem Verfahrensschuldner selbst jedoch verwehrt, da ihnen in dieser Eigenschaft das Interventionsinteresse fehlt (**RG** 14. 11. 1895 Z 36, 367). Der Nebenintervenient kann jedoch in einem Prozess, in dem der Insolvenzverwalter eine angemeldete Forderung aus einem anderen Grund bestreitet, nicht für diesen das Anfechtungsrecht ausüben. Das ist vielmehr auch dann allein Sache des Insolvenzverwalters (*Jaeger/Henckel* § 129 Rn 288). Früher war dem einzelnen Insolvenzgläubiger schließlich eine Anfechtung bezüglich solcher Rechtshandlungen möglich, die das **insolvenzfreie Vermögen des Schuldners** betreffen (§ 13 Abs 5 AnfG aF). Diese Regelung findet im neuen Anfechtungsrecht allerdings keine Entsprechung mehr: denn die InsO rechnet auch den Neuerwerb während des Verfahrens zur Insolvenzmasse (§ 35), und Handlungen, die sich auf unpfändbares Vermögen des Schuldners (§ 36) beziehen, unterliegen nicht der Anfechtung (Begr RegE zu §§ 16, 17, 18 AnfG). Zwar kann durch Freigabe auch jetzt noch pfändbares Vermögen in die Hände des Schuldners kommen, das dann nicht (mehr) in die Insolvenzmasse fällt; doch handelt es sich dabei regelmäßig um für die Masse nicht mehr verwertbare Gegenstände, so dass eine (denkbare) analoge Anwendung von § 13 Abs 5 AnfG aF keinen Sinn machen dürfte. Ist die Freigabe demgegenüber pflichtwidrig erfolgt, haftet der Verwalter nach § 60.

14 Aus der alleinigen Zuständigkeit des Insolvenzverwalters für die Anfechtung ergibt sich weiter, dass seine **Entscheidung**, das Anfechtungsrecht auszuüben, nur beschränkt **überprüfbar** ist. Insbesondere ist er nicht verpflichtet, die Führung eines aussichtsreichen Prozesses wegen eventueller Masseunzulänglichkeit zu unterlassen (**BGH** 26. 6. 2001 ZIP 2001, 1376, 1377 f; allgemein zur Pflicht und Befugnis des Verwalters, aussichtsreiche Prozesse für die Masse zu führen, **BGH** 28. 10. 1993 NJW 1994, 323, 324, 327 = ZIP 1993, 1886, 1887, 1891 f = KTS 1994, 218 = EWiR § 82 KO 2/94, 173 *[Braun]* [insoweit nicht in BGHZ 124, 27]). Allerdings kann für eine Klageerhebung nach § 160 Abs 2 Nr 3 die Zustimmung des Gläubigerausschusses erforderlich sein; deren Fehlen gibt dem Anfechtungsgegner aber keinen Einwand. Zudem kann die pflichtwidrige Erhebung einer Anfechtungsklage eine Haftung des Verwalters nach § 60 begründen, und zwar auch gegenüber dem Anfechtungsgegner (**OLG** Hamm 8. 6. 1995 ZIP 1995, 1436, 1437 = EWiR § 82 KO 1/95, 905 *[Braun]* für einen Ersatzanspruch gegenüber dem Anfechtungsgegner). Anders liegen die Dinge, wenn der Insolvenzverwalter eine Anfechtung unterlässt: hier können die einzelnen Gläubiger das Insolvenzgericht anrufen; damit haben sie aber nur Erfolg, wenn die Unterlassung der Anfechtung eine Pflichtwidrigkeit darstellt (§§ 58, 59). Zudem kann auch hierfür nach § 160 Abs 2 Nr 3 die Zustimmung des Gläubigerausschusses erforderlich sein.

15 **b) Inhaltliche Reichweite.** Das Anfechtungsrecht erstreckt sich grundsätzlich nur auf **vor Eröffnung des Insolvenzverfahrens** vorgenommene Rechtshandlungen (ausdrücklich § 129 Abs 1); dabei kommt es auf die Wirksamkeit des Eröffnungsbeschlusses (§ 27) an. § 147 macht aber eine **Ausnahme** für solche Rechtshandlungen, die nach §§ 81, 91 den Insolvenzgläubigern gegenüber wirksam sind (**RG** 28. 2. 1913 Z 81, 424, 427; Begr RegE zu § 129; **LG** Düsseldorf 24. 11. 1960 KTS 1961, 45, 46). Ebenso wie bei der Aufrechnung in der Insolvenz (**BGH** 2. 2. 1972 Z 58, 108, 113 = NJW 1972, 633) garantiert der Rechtserwerb nach § 91 Abs 2 nicht, dass der Erwerber den Gegenstand endgültig behalten darf.

I. Allgemeines **§ 129**

Dadurch kann auch ein nach § 91 Abs 2 **in der Insolvenz rechtswirksamer Erwerb** der Anfechtung nach den §§ 129 ff unterliegen. Auch in anderen Fällen, in denen nach Eröffnung des Verfahrens noch Rechtshandlungen zu Lasten der Masse wirksam werden können, ist spiegelbildlich die Anfechtung zu gestatten (zu einem solchen Fall *Hirte* FS Kreft [2004], S 307, 317 ff = ZInsO 2004, 1161, 1165 f [für Leistungen aus dem Vermögen von Tochtergesellschaften, über deren Vermögen kein Insolvenzverfahren eröffnet ist]; zu weiteren Fällen unten Rn 79). Anders liegen die Dinge bei einer wertpapier- (wechsel-)rechtlichen Anweisung, die innerhalb der Krise vorgenommen wurde, auf die eine Zahlung aber erst nach Eröffnung des Insolvenzverfahrens geleistet wurde (**BGH 29. 4. 1974 NJW 1974, 1336 = WM 1974, 570, 571 f**). Hier greift unmittelbar die Anfechtungsmöglichkeit der §§ 130 ff: da Anweisung und Leistung in ihrer Verbundenheit den anfechtbaren Zuwendungsakt darstellen, liegt die anfechtbare Rechtshandlung hier schon in der Erteilung der Anweisung (der Wechselhingabe). Zur anfechtungsrechtlichen Bedeutung der Anweisung in der Insolvenz des Schuldners *Burchard* Dreieck S 62 ff.

Soweit es um die Anfechtung von **Rechtshandlungen des Schuldners** geht, kommen nur die von ihm 16 selbst (oder seinen etwaigen Vertretern) vorgenommenen Rechtshandlungen als Grundlage einer Anfechtung in Betracht (siehe unten § 129 Rn 80 f). Handlungen von **Rechtsvorgängern** scheiden aus; das ist nur in Fällen der Gesamtrechtsnachfolge – etwa bei einer Verschmelzung oder bei der Nachlassinsolvenz – anders (HK-*Kreft* § 129 Rn 29 f). Sind etwa alle Geschäftsanteile an einer Personenhandelsgesellschaft von einer Kapitalgesellschaft übernommen worden und ist die Personengesellschaft damit erloschen, sind Ansprüche, die auf Grund anfechtbarer Rechtshandlungen der übernommenen und erloschenen Personenhandelsgesellschaft vor der Übernahme entstanden sind, im Interesse und zugunsten der Gläubiger der übernommenen Gesellschaft in der Insolvenz der übernehmenden Gesellschaft durch deren Insolvenzverwalter anfechtbar (**BGH 10. 5. 1978 Z 71, 296, 298 = NJW 1978, 1525 = KTS 1979, 76 = LM § 29 KO Nr 8** *[Merz]*; dazu auch § 145 Rn 12 f). Macht der Insolvenzverwalter einen Anfechtungsanspruch erkennbar in seiner Eigenschaft als Verwalter geltend, ist es nicht erforderlich, dass er ausdrücklich Leistung an die Insolvenzmasse verlangt; vielmehr genügt ein Antrag auf Leistung an ihn selbst (**BGH 11. 1. 1961 WM 1961, 387**); dazu MK/*Kirchhof* vor §§ 129 ff Rn 102 f.

Rechtshandlungen des Insolvenzverwalters selbst sind nicht anfechtbar. Der Insolvenzverwalter kann 17 aber von ihm selbst vor Eröffnung des Insolvenzverfahrens in seiner Eigenschaft als **vorläufiger Insolvenzverwalter** (§ 22) vorgenommene Rechtshandlungen anfechten (für den Sequester alten Rechts **BGH 22. 12. 1982 Z 86, 190, 195 = NJW 1983, 887 = ZIP 1983, 191 = KTS 1983, 283 = LM § 30 KO Nr 42 a** *[Groß]*; **BGH 30. 1. 1986 Z 97, 87 = NJW 1986, 1496 = ZIP 1986, 448 = KTS 1986, 333 = JZ 1986, 691** *[Henckel]* = EWiR § 17 KO 3/86, 387 *[Kilger]*; **BGH 11. 6. 1992 Z 118, 375 = NJW 1992, 2483** = ZIP 1992, 1005 = EWiR § 106 KO 4/92, 807 *[Gerhardt]*; weit Nachw in der 12. Aufl Rn 17; zum Vornahmezeitpunkt der Handlungen im Übrigen unten § 140). Das gilt allerdings nur dann, wenn dem Schuldner **kein allgemeines Verfügungsverbot** auferlegt wurde, er also grundsätzlich verwaltungs- und verfügungsbefugt bleibt (§ 22 Abs 2). Geht das Verwaltungs- und Verfügungsrecht demgegenüber auf den vorläufigen Insolvenzverwalter über (§ 22 Abs 1), ist seine Stellung, insbesondere im Hinblick auf die Möglichkeit, Masseverbindlichkeiten zu begründen (§ 55 Abs 2), bereits so sehr der des Insolvenzverwalters angenähert, dass eine Anfechtbarkeit seiner Rechtshandlungen – jedenfalls insofern als diese Masseverbindlichkeiten begründet haben – nicht mehr in Betracht kommt (**OLG Dresden 29. 1. 2004 13 U 2163/03 OLGR Dresden 2005, 564 = ZInsO 2005, 1221; AG Bielefeld 5. 1. 2005 15 C 779/04 DZWIR 2005, 167**; vgl weiter **AG Hamburg 6. 5. 2005.913 C 484/04 DZWIR 2005, 392**; *Binder* KTS 2006, 1, 7 f; *Flöther/Bräuer* DZWIR 2005, 441, 443 ff; Gottwald/*Huber* InsR HdB § 46 Rn 25; *Hess/Weis* AnfR § 130 InsO Rn 253; *Kirchhof* ZInsO 2000, 297 ff; *Häsemeyer* ZIP 1994, 418; HK-*Kreft* § 129 Rn 32; abw *Spliedt* ZInsO 2007, 405, 406). Hat der nur mit einem **Zustimmungsvorbehalt** ausgestattete vorläufige Insolvenzverwalter der Erfüllung von *Altverbindlichkeiten* zugestimmt, steht das einer Anfechtbarkeit demgegenüber nicht *per se* im Weg, weil seine Rechtsstellung nicht den Befugnissen des endgültigen Insolvenzverwalters derart angenähert ist; § 55 Abs 2 gilt nämlich für ihn nicht (**BGH 18. 7. 2002 IX ZR 195/01 Z 151, 353 = ZIP 2002, 1625 = NJW 2002, 3326 = ZInsO 2002, 819 = NZI 2002, 543 = WuB VI C § 55 InsO 1.03** *[Pape]* = EWiR 2002, 919 *[Spliedt]*; **BGH 13. 3. 2003 IX ZR 64/02 Z 154, 190 = ZIP 2003, 810 = NJW 2003, 1865 = ZInsO 2003, 417 = NZI 2003, 315 = WuB VI C § 55 InsO 2.03** *[Tetzlaff]* = EWiR 2003, 719 *[M. Huber]*; **BGH 9. 12. 2004 IX ZR 108/04 Z 161, 315 = NJW 2005, 1118, 1119 = ZIP 2005, 314 = ZInsO 2005, 209 = NZI 2005, 218** = EWiR 2005, 511 *[Marotzke]* = WuB VI A § 130 InsO 1.05 *[Jungmann]*; **BGH 15. 11. 2005 IX ZR 156/04 Z 165, 83 = NJW 2006, 1134 = ZIP 2006, 431 = ZInsO 2006, 208 = NZI 2006, 227** *[Leithaus]* = WuB VI A § 130 InsO 1.06 *[Binder]* = EWiR 2006, 349 *[Homann]*; **BGH 29. 11. 2007 IX ZR 165/05 ZIP 2008, 372 = ZInsO 2008, 209; BGH 26. 6. 2008 IX ZR 47/05 ZIP 2008, 1437 = ZInsO 2008, 803 = NZI 2008, 551** = EWiR 2008, 659 *[Schulz]*). Vielmehr ist danach zu differenzieren, ob durch die erteilte Zustimmung beim Empfänger ein Vertrauenstatbestand geschaffen wurde, so dass der Empfänger nach Treu und Glauben (§ 242 BGB) davon ausgehen durfte, ein nicht mehr entziehbares Rechts erhalten zu haben. Wurde ein solcher Vertrauenstatbestand geschaffen, ist die Anfechtung ausgeschlossen. Kein schutzwürdiges Vertrauen des Sozialversicherers als Gläubiger des vorläufigen Verwalters besteht bei der Zahlung von **Sozialversicherungsbeiträgen** durch den Schuldner mit Zustimmung des vorläufigen Insolvenzverwalters, da eine solche Zahlung nicht dem Zweck der vorläufigen

Insolvenzverwaltung dient, die Masse in ihrem Bestand zu sichern (**BGH** 9. 12. 2004 IX ZR 108/04 Z 161, 315 = NJW 2005, 1118, 1119 = ZIP 2005, 314 = ZInsO 2005, 209 = NZI 2005, 218 = EWiR 2005, 511 *[Marotzke]* = WuB VI A § 130 InsO 1.05 *[Jungmann]*; **BGH** 9. 6. 2005 IX ZR 152/03 ZIP 2005, 1243 = ZInsO 2005, 766 = NZI 2005, 497 = EWiR § 131 InsO 2/2005, 829 *[Paulus]* = WuB VI A § 131 InsO 1.05 *[Kirchhof]*; für Umsatzsteuerschulden früher schon **OLG** Köln 1. 7. 1992 NJW-RR 1992, 1382 = ZIP 1992, 1325 = KTS 1992, 564 = EWiR § 106 KO 5/92 *[Uhlenbruck]*; ebenso *Flöther/Bräuer* DZWIR 2005, 441, 444 ff; *Röpke/Rothe* NZI 2004, 430 ff; abw *Spliedt* ZInsO 2007, 405, 408). Bei sonstigen Erfüllungshandlungen fehlt es regelmäßig an einem schutzwürdigen Vertrauen, wenn diese der Erfüllung einer Altverbindlichkeit dient (**BGH** 29. 11. 2007 IX ZR 165/05 ZIP 2008, 372 = ZInsO 2008, 209; **BGH** 26. 6. 2008 IX ZR 47/05 ZIP 2008, 1437 = ZInsO 2008, 803 = NZI 2008, 551 = EWiR 2008, 659 *[Schulz]*). Steht die Erfüllung der Altverbindlichkeit hingegen in Zusammenhang mit noch zu erbringenden Leistungen des Gläubigers, begründet die Erteilung der Zustimmung grundsätzlich einen Vertrauenstatbestand, der die spätere Anfechtbarkeit ausschließt (**BGH** 9. 12. 2004 IX ZR 108/04 Z 161, 315 = NJW 2005, 1118, 1120 = ZIP 2005, 314 = ZInsO 2005, 209 = NZI 2005, 218 = EWiR 2005, 511 *[Marotzke]* = WuB VI A § 130 InsO 1.05 *[Jungmann]*; **BGH** 15. 12. 2005 IX ZR 156/04 Z 165, 283 = NJW 2006, 1134 = ZIP 2006, 431 = ZInsO 2006, 208 = NZI 2006, 227 *[Leithaus]* = WuB VI A § 130 InsO 1.06 *[Binder]* = EWiR 2006, 349 *[Homann]*; kritisch zu dieser Begründung *Binder* KTS 2006, 1, 25 ff: es gehe vielmehr um den Konflikt zwischen Sanierung und Liquidation, aaO, S 28 ff; *Bork* ZIP 2008, 1041, 1045). Besteht kein solcher Zusammenhang, ist die Anfechtung grundsätzlich weiterhin möglich (**BGH** 13. 3. 2003 IX ZR 64/02 Z 154, 190 = NJW 2003, 1865 = ZIP 2003, 810 = ZInsO 2003, 417 = NZI 2003, 315 = EWiR 2003, 719 *[Huber]* = DZWIR 2003, 291 *[Gundlach/Schirrmeister]* = WuB VI C § 55 InsO 2.03 *[Tetzlaff]*; **BGH** 9. 12. 2004 IX ZR 108/04 Z 161, 315 = NJW 2005, 1118, 1120 = ZIP 2005, 314 = ZInsO 2005, 209 = NZI 2005, 218 = EWiR 2005, 511 *[Marotzke]* = WuB VI A § 130 InsO 1.05 *[Jungmann]*; **BGH** 15. 12. 2005 IX ZR 156/04 Z 165, 283 = NJW 2006, 1134 = ZIP 2006, 431 = ZInsO 2006, 208 = NZI 2006, 227 *[Leithaus]* = WuB VI A § 130 InsO 1.06 *[Binder]* = EWiR 2006, 349 *[Homann]*; so wohl auch BAG 27. 10. 2004 10 AZR 123/04 E 122, 266 = NJW 2005, 1389, 1390 = ZIP 2005, 86 = ZInsO 2005, 388 = EWiR 2005, 511 *[Marotzke]*; *Franke/Böhme* DZWIR 2003, 494 ff; *Stiller* ZInsO 2005, 529 ff; zum Ganzen auch *Undritz* NZI 2007, 65, 67 f). Von beiden Grundsätzen gibt es Ausnahmen. Liegt der erste Fall vor, d. h. besteht ein Zusammenhang zwischen der Erfüllungszusage für Altverbindlichkeiten und noch zu erbringenden Leistungen des Gläubigers, ist ein Vertrauenstatbestand allerdings zu verneinen und die spätere Anfechtbarkeit zu bejahen, wenn der vorläufige Insolvenzverwalter sich die Anfechtung vorbehalten hat (**BGH** 13. 3. 2003 IX ZR 64/02 Z 154, 190 = NJW 2003, 1865, 1867 = ZIP 2003, 810 = ZInsO 2003, 417 = NZI 2003, 315 = EWiR 2003, 719 *[Huber]* = DZWIR 2003, 291 *[Gundlach/Schirrmeister]* = WuB VI C § 55 InsO 2.03 *[Tetzlaff]*; **BGH** 9. 12. 2004 IX ZR 108/04 Z 161, 315 = NJW 2005, 1118, 1120 = ZIP 2005, 314 = ZInsO 2005, 209 = NZI 2005, 218 = EWiR 2005, 511 *[Marotzke]* = WuB VI A § 130 InsO 1.05 *[Jungmann]*; **BGH** 9. 7. 2009 IX ZR 86/08; AG Hamburg 6. 5. 2005 913 C 484/04 DZWIR 2005, 392; *Gundlach/Frenzel/Schmidt* DZWIR 2005, 324 ff). Besteht kein Zusammenhang zwischen der Erfüllung der Altverbindlichkeit und einer noch zu erbringenden Leistung des Gläubigers, kann ausnahmsweise dennoch ein schutzwürdiger Vertrauenstatbestand begründet worden sein, der die Anfechtung ausschließt (**BGH** 15. 12. 2005 IX ZR 156/04 Z 165, 283 = NJW 2006, 1134 = ZIP 2006, 431 = ZInsO 2006, 208 = NZI 2006, 227 *[Leithaus]* = WuB VI A § 130 InsO 1.06 *[Binder]* = EWiR 2006, 349 *[Homann]*; zust. *Kesseler* ZInsO 2006, 530 ff). Das ist grundsätzlich dann der Fall, wenn der vorläufige Insolvenzverwalter der Handlung vorbehaltlos zugestimmt hat, der Vertragsschluss nach der Anordnung von Sicherungsmaßnahmen erfolgt ist und die Erfüllungszusage im Zusammenhang mit an das Schuldnerunternehmen zu erbringenden Leistungen steht. Ausnahmsweise ist ein Vertrauenstatbestand zu verneinen, wenn der Gläubiger die Zustimmung des vorläufigen Insolvenzverwalters nur auf Grund seiner wirtschaftlichen Machtstellung gegen einen zunächst erklärten Widerstand durchsetzen konnte (mit Blick auf diese Sachlage für die Notwendigkeit einer richterlichen Ermächtigung zur Annahme der Anfechtungsfestigkeit *A. Schmidt/Roth* ZInsO 2006, 177; abw *Spliedt* ZInsO 2007, 405, 410 ff [wegen der gleichwohl bestehenden Belieferungspflicht eines „mächtigen Anfechtungsgegners" aus kartell- und zivilrechtlichen Gründen]). Für diese Umstände, die als Ausnahme der Ausnahme dazu führen, dass eine Anfechtung zulässig ist, trägt der Insolvenzverwalter die Darlegungs- und Beweislast (**BGH** 15. 12. 2005 IX ZR 156/04 Z 165, 283 = NJW 2006, 1134 = ZIP 2006, 431 = ZInsO 2006, 208 = NZI 2006, 227 *[Leithaus]* = WuB VI A § 130 InsO 1.06 *[Binder]* = EWiR 2006, 349 *[Homann]*). Diese Grundsätze gelten unabhängig davon, ob der vorläufige und der spätere Insolvenzverwalter personenidentisch sind oder nicht, weil das Vertrauen nicht an die Person, sondern die Funktion des vorläufigen Insolvenzverwalters anknüpft (**BGH** 9. 12. 2004 IX ZR 108/04 Z 161, 315 = NJW 2005, 1118, 1120 = ZIP 2005, 314 = ZInsO 2005, 209 = NZI 2005, 218 = EWiR 2005, 511 *[Marotzke]* = WuB VI A § 130 InsO 1.05 *[Jungmann]*). Da die Möglichkeit der Begründung von Masseverbindlichkeiten das entscheidende Kriterium ist, wird man auch Rechtshandlungen eines schwachen vorläufigen Insolvenzverwalters von der Anfechtbarkeit ausschließen müssen, wenn dieser ausnahmsweise (§ 21 Abs 2 Nr 2) diese Befugnis doch hatte (*Kirchhof* ZInsO 2000, 297, 299 f; offengelassen von **BGH** 9. 12. 2004 IX ZR 108/04 Z 161, 315 = NJW 2005, 1118, 1120 = ZIP 2005, 314 =

I. Allgemeines
§ 129

ZInsO 2005, 209 = NZI 2005, 218 = EWiR 2005, 511 *[Marotzke]* = WuB VI A § 130 InsO 1.05 *[Jungmann]*). Nach den gleichen Grundsätzen kann eine Anfechtbarkeit auch zu verneinen sein, wenn der Insolvenzverwalter während seiner Bestellung zum vorläufigen Insolvenzverwalter bereits einen Verzicht auf die Anfechtung erklärt hat (**LG** Bremen 1. 2. 1991 ZIP 1991, 1224 = EWiR § 30 KO 3/91, 1001 *[Johlke]*; ebenso *Schönfelder* WM 2007, 1489, 1493; abw *Bork* ZIP 2006, 589, 594 ff). Da insolvenzzweckwidrige Handlungen des vorläufigen Insolvenzverwalters schon wegen fehlender Verfügungsmacht unwirksam sind (**BGH** 25. 4. 2002 IX ZR 313/99 Z 150, 353 = ZIP 2002, 1093 = NJW 2002, 2783 = ZInsO 2002, 577 = NZI 2002, 375 = WuB VI C § 103 InsO 1.03 *[Pape]* = EWiR 2003, 125 *[Tintelnot]*; **BGH** 25. 10. 2007 IX ZR 217/06 Z 174, 84 = NJW 2008, 63 = ZIP 2007, 2273 = ZInsO 2007, 1216 = NZI 2008, 27; **OLG** Dresden 29. 1. 2004 13 U 2163/03 OLGR Dresden 2005, 564 = ZInsO 2005, 1221), wird die Anfechtung hier in erster Linie dazu dienen, erzwungene Handlungen eines vorläufigen Insolvenzverwalters ungeschehen zu machen (Kilger/*Karsten Schmidt* § 30 KO Anm 13). Zudem dürfte es an den Voraussetzungen einer Anfechtung nach §§ 133–135 regelmäßig aus tatsächlichen Gründen fehlen. Im Falle der **Genehmigung von Abbuchungen im Einzugsermächtigungsverfahrens** richtet sich die Anfechtbarkeit auch nach diesen Grundsätzen (zum Wirksamkeitszeitpunkt in diesem Zusammenhang allgemein § 140 Rn 5B): Danach hat ein „**starker" vorläufiger Verwalter** die Rechtsmacht, Abbuchungen zu genehmigen und mithin wirkt gegen diesen auch die durch einen unterlassenen Widerruf nach Nr 7 Abs 3 AGB-Banken/AGB-Sparkassen eintretende Genehmigungsfiktion (insofern unstreitig: **BGH** 25. 10. 2007 IX ZR 217/06 Tz 24 f Z 174, 84 = NJW 2008, 63 = ZIP 2007, 2273 = ZInsO 2007, 1216 = NZI 2008, 27; **BGH** 29. 5. 2008 IX ZR 42/07 ZIP 2008, 1241 = ZInsO 2008, 749 = NZI 2008, 482 sowie **BGH** 10. 6. 2008 XI ZR 283/07 ZIP 2008, 1977 = NJW 2008, 3348 = ZInsO 2008, 1076 = EWiR 2008, 625 *[Keller]*). Ein vorläufiger Verwalter **ohne Zustimmungsvorbehalt** hat demgegenüber weder die Rechtsmacht, Abbuchungen zu genehmigen, noch wirkt eine in der Zeit der vorläufigen Verwaltung eintretende Genehmigungsfiktion zu Lasten der Masse. Im Fall des „**schwachen" vorläufigen Verwalters mit Zustimmungsvorbehalt** ist zwischen dem XI. und IX. BGH-Zivilsenat hingegen umstritten, ob zu dessen Lasten die Genehmigungsfiktion des Nr 7 Abs 3 AGB-Banken eingreifen kann (gegen eine Genehmigungsfiktion der **IX. Zs: BGH** 25. 10. 2007 IX ZR 217/06 Tz 24 f Z 174, 84 = NJW 2008, 63 = ZIP 2007, 2273 = ZInsO 2007, 1216 = NZI 2008, 27; **BGH** 29. 5. 2008 IX ZR 42/07 ZIP 2008, 1241 = ZInsO 2008, 749 = NZI 2008, 482 [dort auch zur denkbaren konkludenten Genehmigung]; **BGH** 2. 4. 2009 IX ZR 171/07 ZInsO 2009, 869; für Annahme einer Genehmigungsfiktion der **XI. Zs: BGH** 10. 6. 2008 XI ZR 283/07 ZIP 2008, 1977 = NJW 2008, 3348 = ZInsO 2008, 1076 = EWiR 2008, 625 *[Keller]*; dazu *Wagner* NZI 2008, 721 ff; ausführlich dazu oben § 22 Rn 208 b ff). Er ist allerdings berechtigt, die Genehmigung wirksam zu versagen (**BGH** 5. 2. 2009 IX ZR 78/07 ZIP 2009, 673 = ZInsO 2009, 659). Im Rahmen der Insolvenzanfechtung ist die Frage nach der Genehmigungswirkung insofern entscheidend, als eine wirksam erteilte Genehmigung – sei es ausdrücklich oder auf Grund unterlassenen Widerrufs – zwar anfechtbar ist, jedoch kann diese regelmäßig nicht gegenüber der kontoführenden Bank angefochten werden, sondern entsprechend den Grundsätzen der Anfechtung im Mehrpersonenverhältnis grds. nur gegenüber dem Leistungsempfänger – mithin dem abbuchenden Gläubiger; zu den Grundsätzen der Anfechtung bei Einschaltung einer Mittelsperson siehe unten Rn 83 ff. Die **ungenehmigter Lastschrifteinzug** stellt keine Rechtshandlung des Schuldners dar (**BGH** 25. 10. 2007 IX ZR 217/06 Z 174, 84 = NJW 2008, 63 = ZIP 2007, 2273 = ZInsO 2007, 1216 = NZI 2008, 27; **BGH** 16. 9. 2008 IX ZR 172/07 ZIP 2008, 1991 = NJW 2008, 3570 = ZInsO 2008, 1075 = NZI 2008, 685; **BGH** 5. 2. 2009 IX ZR 78/07 ZIP 2009, 673 = ZInsO 2009, 659). Allerdings kann der Schuldner im Falle eines schwachen vorläufigen Verwalters mit Zustimmungsvorbehalt weiterhin Überweisungsverträge mit seiner Bank abschließen, denn dabei handelt es sich um ein Verpflichtungsgeschäft, jedoch ist es der Bank mangels Genehmigung verwehrt, den Überweisungsbetrag in das Kontokorrent einzustellen (**BGH** 5. 2. 2009 IX ZR 78/07 ZIP 2009, 673 = ZInsO 2009, 659; *Peschke* Insolvenz des Girokontoinhabers S 168). Zum Lastschrifteinzug im Allgemeinen siehe § 130 Rn 17 ff.

c) Übertragbarkeit des Anfechtungsrechts. Das Anfechtungsrecht ist ein mit dem Amt des Insolvenzverwalters verbundenes Recht. Es ist daher nach hM unübertragbar (**RG** 5. 1. 1893 Z 30, 71, 75; **RG** 21. 9. 1909 Z 71, 418 = JW 1909, 657; **BGH** 10. 2. 1982 Z 83, 102, 105 = NJW 1982, 1765 = ZIP 1982, 467 = LM § 36 KO Nr 2 *[Merz]*) und unpfändbar. Diese bislang herrschende Auffassung hat freilich die nachteilige Folge, dass der Insolvenzverwalter es auch nicht durch Veräußerung verwerten kann (Kilger/*Karsten Schmidt* § 36 KO Anm 2). Für das einmal in der Person des Insolvenzverwalters entstandene Anfechtungsrecht in Form des konkreten Anfechtungsanspruchs ist das freilich nicht zwingend und sollte insoweit überdacht werden (ebenso *Eckardt* KTS 1993, 585; *Hanisch* IPRax 1983, 195, 198 [für treuhänderische Abtretung im Ausland belegener Ansprüche]; MK/*Kirchhof* § 129 Rn 216 ff; HK-*Kreft* § 129 Rn 90 f; *Köhn* NZI 2008, 412; *Kreft* ZInsO 1999, 370, 372 f; Kilger/*Karsten Schmidt* § 36 KO Anm 2, § 6 KO Anm 7 a; KP-*Paulus* § 129 Rn 8, § 129 Rn 54; HmbKomm-*Rogge* § 143 Rn 92). Wird in einem solchen Fall auf Grund der kausalen Vereinbarung, die der Abtretung zugrunde liegt, der Zessionar verpflichtet, das Zurückgewährte nach Abzug seiner Aufwendungen zur Masse abzuliefern, besteht die Gefahr einer Masseschmälerung nicht (vgl auch SchweizBG 7. 12. 1981 E 107

18

§ 129 *Grundsatz*

[1981] II 484 = ZIP 1982, 596; dazu *Hanisch* IPRax 1983, 195 ff; MK/*Kirchhof* § 129 Rn 216 ff; siehe auch unten Rn 24 aE und § 143 Rn 5A).

19   d) **Auswirkungen auf bereits erhobene Anfechtungsansprüche.** Die Eröffnung des Insolvenzverfahrens kann sich in verschiedener Weise auf bereits anhängige Anfechtungsansprüche nach dem AnfG auswirken.

20   aa) **Auswirkungen auf anhängige Anfechtungsprozesse.** Ein bei Eröffnung des Insolvenzverfahrens noch anhängiger Anfechtungsprozess eines nicht absonderungsberechtigten Gläubigers wird unterbrochen und kann vom Verwalter aufgenommen werden (§ 17 Abs 1 Satz 1 und 2 AnfG; vgl auch **RG** 5. 2. 1934 Z 143, 267; Jaeger/*Henckel* § 129 Rn 295; zur Ausnahme bei parallel mit dem Anfechtungsanspruch geltend gemachten Ansprüchen unten Rn 22). Dabei kann der Insolvenzverwalter wählen, ob er den unterbrochenen Prozess aufnehmen will oder nicht. Mit der Aufnahme ist der Klageantrag umzustellen und nach § 143 auf Rückgewähr zur Insolvenzmasse zu richten. Nach § 17 Abs 2 AnfG kann der Verwalter den Klageantrag auch unter Beachtung der §§ 143, 144, 146 InsO erweitern. Zugleich wird der Anspruch zu einem Masseanspruch (**BGH** 29. 11. 1989 Z 109, 240, 249 = NJW 1990, 716 = ZIP 1990, 25, 28 = KTS 1990, 267 = EWiR § 9 AGBG 5/90, 215 [*M. Wolf*]). Obsiegt der Verwalter, so sind dem Gläubiger aus dem Erstrittenen vorweg die Prozesskosten zu erstatten (§ 16 Abs 1 Satz 2 AnfG). Lehnt der Verwalter die Aufnahme des Rechtsstreits ab, so ist die Aufnahme durch jede Partei, aber nur hinsichtlich der Kosten zulässig (§ 17 Abs 3 Satz 1 AnfG). Die Kosten treffen den, der in der Hauptsache unterlegen sein würde (§ 91 ZPO). Ein Fall des § 91a ZPO liegt nicht vor, da es an seiner zwingenden Voraussetzung übereinstimmender Erledigungserklärungen fehlt. Durch die Ablehnung der Aufnahme wird das Recht des Verwalters, den Anfechtungsanspruch nach den Vorschriften der InsO geltend zu machen, nicht ausgeschlossen (§ 17 Abs 3 Satz 2 AnfG). Das alles gilt auch, wenn ein **Sachwalter** Träger des Anfechtungsrechts ist (§ 280) oder dieses im **vereinfachten Insolvenzverfahren** auf einen Insolvenzgläubiger übergeht (§ 313 Abs 2).

21   bb) **Auswirkungen auf rechtskräftige Anfechtungsurteile.** Hat ein Insolvenzgläubiger bereits vor Eröffnung des Insolvenzverfahrens ein **obsiegendes rechtskräftiges Urteil** erwirkt, aber noch nicht vollstreckt, steht die Weiterverfolgung des Anspruchs dem Verwalter zu (**RG** 22. 1. 1894 Z 32, 101, 104; Jaeger/*Henckel* § 129 Rn 301; Kilger/*Karsten Schmidt* § 36 KO Anm 3 e). Aufgrund der auf ihn als Rechtsnachfolger umzuschreibenden Vollstreckungsklausel (§ 727 ZPO) kann er jetzt die Rückgewähr zur Masse erzwingen (**RG** 24. 11. 1892 Z 30, 67, 70). Lautet der Titel auf Duldung der Zwangsvollstreckung in einen bestimmten Gegenstand, muss die Klausel umgeschrieben werden auf Herausgabe an den Verwalter (Jaeger/*Henckel* § 129 Rn 301). Der Gläubiger, der das Urteil erwirkt hat, hat Anspruch auf Kostenerstattung aus dem zur Masse Zurückgewährten, sofern die Kosten nicht tatsächlich vom Gegner erstattet werden. Soweit der Gläubiger aus dem Zurückzugewährenden eine Sicherung oder Befriedigung hinsichtlich seiner Forderung erlangt, findet auf deren Anfechtung § 130 entsprechende Anwendung (§ 16 Abs 2 AnfG). Vollstreckt der Gläubiger aus dem Urteil erst während des Insolvenzverfahrens, oder gewährt der Anfechtungsgegner in dieser Zeit zurück, steht das Zurückgewährte entsprechend §§ 89, 91 der Insolvenzmasse zu. Den erlangten Betrag abzüglich der Vollstreckungskosten hat er daher weiterzuleiten. Die Rechtskraft eines noch vor Eröffnung des Insolvenzverfahrens ausgesprochenen **abweisenden Urteils** wirkt sich nach § 325 Abs 1 ZPO gegenüber einer selbstständigen Anfechtungsklage des Insolvenzverwalters selbst dann nicht aus, wenn sie auf dem gleichen Anfechtungstatbestand gegründet wird (Jaeger/*Henckel* § 129 Rn 302).

22   cc) **Besonderheiten bei Gesetzeskonkurrenz.** Wurden mit der Klage eines Insolvenzgläubigers ein **Anfechtungsanspruch und ein Schadenersatzanspruch aus unerlaubter Handlung** (etwa wegen Vollstreckungsvereitelung) geltend gemacht, so wird das Verfahren nur hinsichtlich des Anfechtungsanspruchs und nicht auch wegen des erhobenen Schadenersatzanspruchs unterbrochen. Anders liegen die Dinge freilich, wenn die schadenstiftende Handlung zu einem Gesamtschaden der Insolvenzgläubiger (§ 92) geführt hat (dazu unten Rn 27 aE). Ein Gesamtschaden wird regelmäßig auch dann vorliegen, wenn der Gläubiger neben dem Anfechtungsanspruch noch weitere Ansprüche (zB aus Delikt) geltend macht und diese auf einem einheitlichen Lebenssachverhalt beruhen; in diesem Fall obliegt die Geltendmachung insgesamt dem Insolvenzverwalter (**BGH** 9. 12. 1999 IX ZR 102/97 Z 143, 246, 253 = NJW 2000, 1259, 1261 = ZIP 2000, 238, 241 = NZI 2000, 116 = KTS 2000, 123 = EWiR § 3 AnfG 1/2000, 1089 [*Höpfner*] [AnfG]; MK/*Kirchhof* § 129 Rn 204).

23   e) **Erlöschen des Anfechtungsrechts.** Das Anfechtungsrecht – genauer: der aus ihm entspringende Anfechtungsanspruch – erlischt zunächst durch (vollständige) **Erfüllung** (§§ 362 ff BGB). Auch **Erfüllungssurrogate** kommen in Betracht, insbesondere die **Aufrechnung** mit einem gegen die Masse gerichteten Anspruch (§ 389 BGB). Ein ausdrücklicher oder stillschweigender **Erlass** (§ 397 BGB) oder **Verzicht** des Verwalters auf das Anfechtungsrecht ist zulässig und führt ebenfalls zum Erlöschen des Anfechtungsrechts (**RG** 4. 7. 1902 Gruchot 48, 409, 415; **BGH** 14. 5. 1975 WM 1975, 534, 536 [insoweit nicht in BGHZ 64, 312 = NJW 1975, 1204, 1226 abgedruckt]; **BGH** 18. 5. 1995 ZIP 1995, 1204, 1205 = NJW 1995, 2783, 2784 = KTS 1995, 668 = JZ 1996, 527 [*Henckel*] = EWiR § 55 KO 3/95, 795 [*Gerhardt*] = WuB VI B. § 55 KO 1.96 [*Paulus*] [insoweit nicht in BGHZ 130, 38]; OLG Hamburg 27. 1. 1987 ZIP 1988,

I. Allgemeines § 129

927; mit Blick auf die Erfordernisse der Unternehmensfortführung zu enge Grenzen für einen Verzicht ziehend *Bork* ZIP 2006, 589, 590 ff). Er steht auch nach Beendigung des Insolvenzverfahrens einer Anfechtung durch einen einzelnen Gläubiger entgegen (§ 18 Abs 1 AnfG). Der Verzicht kann nach den allgemeinen rechtsgeschäftlichen Grundsätzen wegen Irrtums, Täuschung oder Drohung angefochten werden. Zudem kann er bei Missbrauch der Vertretungsmacht für die Masse, vor allem bei kollusivem Zusammenwirken mit dem Anfechtungsgegner, und bei evidenter Pflichtverletzung des Insolvenzverwalters unwirksam sein (Kilger/*Karsten Schmidt* § 36 KO Anm 1; zu eng *Bork* ZIP 2006, 589, 590 ff). **Kein Verzicht** liegt in der Abtretung von Ansprüchen des Schuldners an einen Dritten, wenn der Insolvenzverwalter bei der Abtretung keine Kenntnis von der Anfechtbarkeit hatte und diese ihm daher nicht bewusst war (OLG Hamburg 27. 1. 1987 ZIP 1988, 927 für Abtretung von Ansprüchen aus einem Girovertrag). Möglich ist auch ein **Vergleich** über den Anfechtungsanspruch (**BGH** 18. 5. 1995 Z 130, 38 = NJW 1995, 2783 = ZIP 1995, 1204 = KTS 1995, 668 = JZ 1996, 527 *[Henckel]* = EWiR § 55 KO 3/95, 795 *[Gerhardt]* = WuB VI B. § 55 KO 1.96 *[Paulus]*; *Bork* ZIP 2006, 589, 590 ff). Bei **Abtretung des Anfechtungsanspruchs** (zur Zulässigkeit oben Rn 18) kann der Zessionar ihn auch nach Beendigung des Insolvenzverfahrens weiter verfolgen, solange nicht die Abtretung unwirksam ist (HK-*Kreft* § 129 Rn 91). Eine **Entlassung** des Insolvenzverwalters (§ 59) führt zu einem Erlöschen des Anfechtungsrechts nur in der Person des konkreten Verwalters (missverständlich KP-*Paulus* § 129 Rn 52). Beim **Tod des Insolvenzverwalters** geht das Anfechtungsrecht allerdings in keinem Fall auf seine Erben über; auch seinem Nachfolger im Amt steht es nicht kraft Rechtsnachfolge, sondern kraft des von ihm ausgeübten Amtes zu.

Das Anfechtungsrecht erlischt in der Person des Verwalters durch **Beendigung des Insolvenzverfahrens**, falls dieses nach rechtskräftiger Bestätigung eines **Insolvenzplans** aufgehoben (§ 258; für den Zwangsvergleich alten Rechts **RG** 14. 3. 1882 Z 7, 35; **RG** 13. 7. 1904 Z 58, 414; **BGH** 10. 2. 1982 Z 83, 102 = NJW 1982, 1765 = ZIP 1982, 467, 468 = LM § 36 KO Nr 2 *[Merz]*), falls es sonst aufgehoben (§ 200) oder falls es eingestellt worden ist (§§ 207, 213). Ein Anfechtungsprozess erledigt sich also noch nicht durch bloße Bestätigung eines Insolvenzplans (§ 248). Ist in diesen Fällen noch ein Anfechtungsprozess anhängig, ist er in der Hauptsache erledigt und kann nur noch wegen des Kostenpunkts vom und gegen den Schuldner aufgenommen werden (**RG** 25. 3. 1930 Z 128, 66; **RG** 15. 3. 1932 Z 135, 347, 350; Jaeger/*Henckel* § 129 Rn 300). Denn dem Schuldner darf die durch § 91a ZPO gebotene Möglichkeit nicht verwehrt werden, eine ihm günstige Kostenentscheidung zu erwirken. Etwas anderes gilt nur dann, wenn dem Insolvenzverwalter in einem Insolvenzplan gestattet wurde, auch noch während der Zeit der **Überwachung des Insolvenzplans** einen bereits anhängigen Anfechtungsstreit **weiterzuführen** (§ 259 Abs 3 Satz 1; dazu unten Rn 40). Für **abgetretene Ansprüche** bedarf es einer solchen Ermächtigung nicht; sie ist aber aus Gründen der Klarstellung sinnvoll (HK-*Kreft* § 129 Rn 91). 24

Im Übrigen kann der Insolvenzverwalter ausnahmsweise nach Beendigung des Insolvenzverfahrens einen anhängigen Anfechtungsprozess fortführen oder neue Anfechtungsprozesse anhängig machen, wenn eine **Nachtragsverteilung** (§ 203) angeordnet oder bezüglich des mit der Anfechtung verfolgten Gegenstandes vorbehalten wird (**RG** 21. 4. 1936 JW 1936, 2927, 2928; **BGH** 10. 2. 1982 Z 83, 102, 103 = NJW 1982, 1765 = ZIP 1982, 467 = LM § 36 KO Nr 2 *[Merz]*; **BGH** 15. 6. 1992 NJW 1992, 2894, 2895 = ZIP 1992, 1152, 1153 = EWiR § 265 ZPO 1/92, 825 *[Fleck]*; LG Köln 1. 12. 1981 ZIP 1982, 337; Jaeger/*Henckel* § 129 Rn 299). Das ist aber nur in Bezug auf Gegenstände möglich, die den Insolvenzgläubigern haftungsrechtlich zugewiesen sind. Für das Anfechtungsrecht eines **Sachwalters** oder eines Insolvenzgläubigers im **vereinfachten Insolvenzverfahren** gelten diese Grenzen entsprechend (§§ 270 Abs 1 Satz 2, 304 Abs 1). 25

Nach Beendigung des Insolvenzverfahrens können Anfechtungsrechte, die dem Insolvenzverwalter zustanden, von den einzelnen Gläubigern **nach Maßgabe des Anfechtungsgesetzes verfolgt** werden; das bedeutet, dass dann nur noch die Anfechtungstatbestände des AnfG einschlägig sind und insbesondere nicht mehr diejenigen der „besonderen Insolvenzanfechtung" (§ 18 Abs 1 AnfG; vgl auch Jaeger/*Henckel* § 129 Rn 298; *Paulus* ZInsO 1999, 242, 243). Dies gilt insbesondere, wenn eine anfechtbare Rechtshandlung erst nach Aufhebung des Insolvenzverfahrens bekannt wird. Eine rechtskräftige Aberkennung des Anfechtungsrechts während des Insolvenzverfahrens wirkt dabei auch zu Lasten der Einzelgläubiger (§ 18 Abs 1 AnfG). Eine Aufnahme eines vom Insolvenzverwalter begonnenen insolvenzmäßigen Anfechtungsrechtsstreits durch Insolvenzgläubiger oder Schuldner scheidet aus. Zwar erwirbt der Schuldner mit Beendigung des Insolvenzverfahrens die Verwaltungs- und Verfügungsbefugnis über die Insolvenzmasse zurück; dazu gehört aber nicht das insolvenzmäßige Anfechtungsrecht, das untrennbar mit dem Amt des Insolvenzverwalters verbunden ist. Eine vom Insolvenzverwalter noch fortgeführte Klage ist (als wegen fehlender Aktivlegitimation unbegründet) abzuweisen (**BGH** 10. 2. 1982 Z 83, 102, 106 = NJW 1982, 1765 = ZIP 1982, 467, 468 = LM § 36 KO Nr 2 *[Merz]*). Anders wird man im **vereinfachten Insolvenzverfahren** entscheiden müssen, wenn ein Insolvenzgläubiger die dort ihm während des Verfahrens zustehende Anfechtungsmöglichkeit nach Verfahrensbeendigung weiterführt (zum vereinfachten Insolvenzverfahren siehe ansonsten unten Rn 42). Eine Einzelanfechtung scheidet aber aus in Bezug auf Ansprüche, die der Insolvenzverwalter **abgetreten** hatte (HK-*Kreft* § 129 Rn 91; zur Zulässigkeit dieses Vorgehens oben Rn 18). 26

§ 129 Grundsatz

27   3. **Auswirkungen der Anfechtbarkeit auf die Wirksamkeit der Rechtshandlungen und Verhältnis zu Aufrechnung, unerlaubter Handlung und zum Gesellschaftsrecht. a) Verhältnis zum Deliktsrecht.** Liegt nicht mehr als der bloße Anfechtungstatbestand vor, liegt in der anfechtbaren Rechtshandlung **keine unerlaubte Handlung** (§§ 823 ff BGB; **RG** 15. 12. 1903 Z 56, 229 ff; **RG** 28. 4. 1908 Z 69, 143, 146; **BGH** 31. 5. 1968 KTS 1969, 48, 49 mwN; **BGH** 5. 7. 1971 Z 56, 339, 355; **BGH** 29. 4. 1986 NJW-RR 1986, 991 = ZIP 1986, 787 = KTS 1986, 669 = EWiR § 38 KO 1/86, 707 *[Gerhardt]*; **BGH** 11. 1. 1990 NJW 1990, 990, 991 = ZIP 1990, 246 = KTS 1990, 460, 429 *[Werner]* = IPRax 1991, 162 *[Flessner/Schulz]* = EWiR Art 1 EuGVÜ 1/90, 257 *[Balz]*; **BGH** 9. 12. 1999 NJW 2000, 1259, 1263 = ZIP 2000, 238, 243 = NZI 2000, 116 = KTS 2000, 123 = EWiR § 3 AnfG 1/2000, 1089 *[Höpfner]* [insoweit nicht in BGHZ 143, 246]; **BAG** 16. 6. 1978 DB 1978, 1843, 1844; siehe dazu auch § 133 Rn 2). Gleichwohl kommt bei anfechtbarer Leistung an mehrere eine Anwendung von § 840 BGB in Betracht (dazu unten § 143 Rn 44; zur Anwendung von § 421 BGB unten § 145 Rn 15). Entsprechend handelt es sich bei den §§ 129 ff InsO auch nicht um Schutzgesetze iSv § 823 Abs 2 BGB (**RG** 20. 5. 1898 Z 74, 224, 226). Einer **deliktischen Natur** des Rückgewähranspruchs steht zunächst entgegen, dass sich die anfechtbare Rechtshandlung nicht zwingend gegen denjenigen richtet, dessen Interessen die Anfechtung dient (*Bork* ZIP 2008, 1041, 1046; *Kilger/Karsten Schmidt* § 29 KO Anm 5, § 37 KO Anm 6); eine solche Einordnung scheitert weiter daran, dass die Anfechtung selbst im Falle des § 133 vom Wissen des Empfängers abhängig ist. Allerdings kann neben dem eigentlichen Anfechtungstatbestand auch eine unerlaubte Handlung iS der §§ 823, 826 BGB vorliegen; dass setzt aber voraus, dass besondere erschwerende Umstände hinzukommen (vgl **BGH** 12. 11. 1953 LM § 393 BGB Nr 1; **BGH** 2. 7. 1958 KTS 1958, 184; **BGH** 13. 7. 1995 Z 130, 314, 330 ff = NJW 1995, 2846 = ZIP 1995, 1364 = EWiR § 11 AnfG 1/95, 845 *[Gerhardt]* = LM § 7 AnfG Nrn. 18/19 *[Eckardt]* [zu § 7 AnfG aF]; **BGH** 9. 5. 1996 NJW 1996, 2231, 2232 = ZIP 1996, 1178, 1179 = EWiR § 7 AnfG 1/96, 723 *[Gerhardt]*; **BGH** 9. 12. 1999 IX ZR 102/97 NJW 2000, 1259 = ZIP 2000, 238 = ZInsO 2000, 117 = NZI 2000, 116 = EWiR 2000, 1089 *[Höpfner]* = WuB VI D § 17 AnfG 1.00 [insoweit nicht in BGHZ 143, 246]; **BGH** 4. 7. 2000 NJW 2000, 3138, 3139 = ZIP 2000, 1539, 1540 = EWiR § 1 AnfG 1/01, 1 *[Eckardt]*; *Bork* ZIP 2008, 1041, 1046; HK-*Kreft* § 129 Rn 77; MK/*Kirchhof* vor §§ 129 ff Rn 87; zum Verhältnis von Anfechtbarkeit und Sittenwidrigkeit unten Rn 29 ff). Im Regelfall schließen die §§ 129 ff die §§ 823, 826 BGB freilich aus (vgl **BGH** 31. 5. 1968 KTS 1969, 48; möglicherweise weitergehend KP-*Paulus* § 129 Rn 39). Eine Ausnahme ist dementsprechend denkbar bei Eingriffen in absolut geschützte Rechtspositionen iSv § 823 Abs 1 BGB. Der Anspruch steht aber regelmäßig nur dem geschädigten Gläubiger zu. Liegt ausnahmsweise ein Gesamtschaden vor, stehen Anfechtungs- und Schadenersatzanspruch in freier Anspruchskonkurrenz (MK/*Kirchhof* vor §§ 129 ff InsO Rn 92; dazu bereits oben Rn 22 sowie unten § 92 Rn 7).

28   Die Anfechtungsansprüche schließen aber nicht **Schadenersatzansprüche** der Masse gegen den Schuldner selbst (**BGH** 13. 7. 1995 IX ZR 81/94 Z 130, 314, 331 = NJW 1995, 2846, 2850 = ZIP 1995, 1364 = KTS 1995, 709 = WuB VI D § 11 AnfG 1.96) oder gegen Dritte aus, insbesondere gegen den Geschäftsleiter einer juristischen Person wegen **Insolvenzverschleppung** oder wegen unerlaubter **Zahlungen nach Insolvenzreife** (§ 93 Abs 3 Nr 6 AktG, § 64 [früher Abs 2] GmbHG; dazu oben § 15 a Rn 23); allerdings kommen nur, wenn die Person als Rechtsnachfolger des Anfechtungsgegners nach § 145 in Anspruch genommen werden soll, Anfechtungsansprüche in Betracht (MK-*Kirchhof* vor §§ 129 ff InsO Rn 90); es gilt dann das oben unter Rn 27 Gesagte. Der Insolvenzverwalter kann ansonsten frei wählen, ob er die Anfechtungsansprüche geltend macht oder gegen den Geschäftsleiter vorgeht (**BGH** 18. 12. 1995 Z 131, 325, 328 = NJW 1996, 850 f = ZIP 1996, 420, 421 = KTS 1996, 272 = EWiR § 64 GmbHG 1/96, 459 *[Schulze-Osterloh]*; kritisch im Hinblick auf die damit verbundene Privilegierung der Anfechtungsgegner KP-*Paulus* § 129 Rn 41). Ebenso ist auch die **Verzögerung des Insolvenzantrages** keine von den §§ 129 ff erfasste Rechtshandlung, so dass statt dessen gegen die Geschäftsleiter aus unerlaubter Handlung vorgegangen werden kann (**BGH** 10. 2. 2005 IX ZR 211/02 Z 162, 143 = NJW 2005, 1121, 1124 = ZIP 2005, 494 = ZInsO 2005, 260 = NZI 2005, 215 = EWiR 2005, 607 *[Eckardt]* = WuB VI A § 133 InsO 1.05[*Urbanczyk]*; *Schoppmeyer* NZI 2005, 185, 193; zu den Auswirkungen auf die Fristberechnung unten § 139 Rn 10 aE; dazu auch unten Rn 65, 91). Entsprechend schließt auch die **hypothetische Anfechtbarkeit einer unterlassenen Leistung** des Schuldners an Fiskus oder Sozialversicherung nicht die deliktische Verantwortlichkeit der Geschäftsleiter des Schuldners aus (oben § 15 a Rn 52).

29   b) **Anfechtungsnormen als Verbotsgesetze oder Sittenwidrigkeitstatbestand.** Die §§ 129 ff sind **keine Verbotsgesetze** iSv § 134 BGB. Daher begründet die Anfechtbarkeit eines Rechtsgeschäfts für sich allein nicht dessen Nichtigkeit (**BGH** 26. 1. 1973 NJW 1973, 513 = KTS 1973, 182 [zu § 3 AnfG]; **BGH** 18. 2. 1993 NJW 1993, 1640 = ZIP 1993, 521 = KTS 1993, 427 = EWiR § 31 KO 2/93, 389 *[Paulus]*; **BGH** 4. 3. 1993 NJW 1993, 2041 = ZIP 1993, 602 = EWiR § 387 BGB 1/93, 553 *[Serick]*; **BGH** 20. 6. 1996 ZIP 1996, 1475 = KTS 1996, 545 = EWiR § 7 AnfG 2/96, 915 *[Gerhardt]*; **BGH** 21. 9. 2006 IX ZR 235/04 ZIP 2006, 2176 = ZInsO 2006, 1217 = NZI 2007, 42 = WuB VI A § 143 InsO 1.07 *[Kreft]*). Nur wenn über den zur Anfechtung ausreichenden Sachverhalt hinaus Umstände gegeben sind, die zusammen mit diesem Sachverhalt oder schon für sich allein die Anwendung einer dieser Bestimmungen rechtfertigen, sind daneben auch die Vorschriften über die Nichtigkeit bzw unerlaubte

I. Allgemeines **§ 129**

Handlung anwendbar (**RG** 19. 9. 1910 Z 74, 224, 226 f mwN; **BGH** 23. 5. 1951 LM § 839 BGB Nr 1; **BGH** 19. 3. 1998 Z 138, 291, 299 = NJW 1998, 2592 = ZIP 1998, 793, 795 = EWiR § 30 GmbHG 1/98, 699 *[Eckardt]*; **BGH** 7. 4. 2005 IX ZR 258/01 ZIP 2005, 1198 = ZInsO 2005, 596 = NJW-RR 2005, 1361 = WuB VI D § 845 ZPO 1.05 *[Walker/Kanzler]* [zu § 9 AnfG]; **BGH** 21. 9. 2006 IX ZR 235/04 ZIP 2006, 2176 = ZInsO 2006, 1217 = NZI 2007, 42 = WuB VI A § 143 InsO 1.07 *[Kreft]*; zu Einzelheiten unten Rn 76 ff).

Auch ist ein bloß anfechtbares Rechtsgeschäft **nicht ohne weiteres sittenwidrig** und nach § 138 Abs 1 BGB nichtig (**RG** 15. 12. 1903 Z 56, 229 ff; **RG** 6. 10. 1942 Z 170, 324, 328; **BGH** 5. 7. 1971 Z 56, 339, 355; **BGH** 9. 7. 1987 NJW-RR 1987, 1401 = ZIP 1987, 1062 = KTS 1987, 705; **BGH** 18. 2. 1993 NJW 1993, 1640, 1641 = ZIP 1993, 521 = KTS 1993, 427 = EWiR § 31 KO 2/93, 389 *[Paulus]*; **BGH** 20. 6. 1996 ZIP 1996, 1475 = KTS 1996, 545 = EWiR § 7 AnfG 2/96, 915 *[Gerhardt]*; **BGH** 7. 4. 2005 IX ZR 258/01 ZIP 2005, 1198 = ZInsO 2005, 596 = NJW-RR 2005, 1361 = WuB VI D § 845 ZPO 1.05 *[Walker/Kanzler]* [zu § 9 AnfG]; Einzelheiten bei MK/*Kirchhof* vor §§ 129 ff Rn 50 ff). Da die Anfechtungsvorschriften als Sonderregeln den §§ 134, 138 Abs 1 BGB vorgehen, tritt – sofern keine zusätzlichen Umstände vorliegen –, als ausschließlich vom Gesetzgeber gewollte Rechtsfolge die Anfechtbarkeit und nicht daneben Nichtigkeit ein (**BGH** 26. 1. 1973 NJW 1973, 513 = KTS 1973, 182 [zu § 3 AnfG]; **BGH** 19. 3. 1998 Z 138, 291.299 f. = NJW 1998, 2592, 2599 = ZIP 1998, 793, 801 = EWiR § 30 GmbHG 1/98, 699 *[Eckardt]*; **BGH** 23. 4. 2002 XI ZR 136/01 ZIP 2002, 1155 = NZI 2002, 430 = WuB VII A § 293 ZPO 1.02; **BGH** 7. 4. 2005 IX ZR 258/01 ZIP 2005, 1198 = ZInsO 2005, 596 = NJW-RR 2005, 1361 = WuB VI D § 845 ZPO 1.05 *[Walker/Kanzler]* [zu § 9 AnfG]; **BGH** 19. 4. 2007 IX ZR 59/06 NJW 2007, 2325 = ZIP 2007, 1120 = ZInsO 2007, 600 = NZI 2007, 462 = WuB VI A § 129 InsO 4.07 *[Kirchhof]*; **BAG** 16. 1. 1978 BB 1978, 1363 = AP § 30 KO Nr 4 *[Uhlenbruck]*; **BAG** 19. 1. 2006 6 AZR 529/04 E 117, 1 = ZIP 2006, 1366 = NZI 2007, 58; *Armbrüster* FS Canaris [2007], S 23, 28). Denn § 138 BGB reicht in seinen Rechtsfolgen (Erfassung auch des dinglichen Vollzugsgeschäfts) im Allgemeinen weiter (*Armbrüster* FS Canaris [2007], S 23, 24, 26 f). Eine Anwendung des § 138 BGB erfordert daher, dass auch das Geschäft selbst gegen die guten Sitten verstößt (kritisch allerdings *Canaris*, FS 100 Jahre Konkursordnung, S 73, 78; *Gerhardt*, ebda, S 111, 130). Ob solche zusätzlichen Umstände vorliegen, ist anhand einer Gesamtbetrachtung zu ermitteln: Sie liegen vor, wenn ein planmäßiges Zusammenwirken mit eingeweihten Helfern vorliegt, um das wesentliche pfändbare Vermögen vor dem Zugriff der Gläubiger zu retten (**BGH** 13. 7. 1995 IX ZR 81/94 Z 130, 314, 331 = NJW 1995, 2846, 2850 = ZIP 1995, 1364 = KTS 1995, 709 = WuB VI D § 11 AnfG 1.96; **BGH** 4. 2. 2005 V ZR 294/03 ZInsO 2005, 371; **BGH** 10. 2. 2005 IX ZR 211/02 Z 162, 143 = NJW 2005, 1121, 1124 = ZIP 2005, 494 = ZInsO 2005, 260 = NZI 2005, 215 = EWiR 2005, 607 *[Eckardt]* = EWiR 2005, 901 *[A. Henkel]* = WuB VI A § 133 InsO 1.05; siehe Jaeger/*Henckel* § 129 Rn 253 f). Nichtigkeit ist nicht schon deshalb anzunehmen, weil der Schuldner durch das anfechtbare Geschäft unterhaltsberechtigte Angehörige benachteiligen wollte (**BGH** 31. 5. 1968 KTS 1969, 48). Das gilt auch dann, wenn der Gläubiger zum Schuldner in nahen Familienbeziehungen stand und deshalb seine vom Schuldner beabsichtigte Benachteiligung besonders verwerflich erscheinen mag (**BGH** 26. 1. 1973 NJW 1973, 513 = KTS 1973, 182; *Armbrüster* FS Canaris [2007], S 23, 32 ff [auch zu weiteren Einzelfällen]). Zusätzliche Umstände sind auch dann erforderlich, wenn der Anfechtungstatbestand im konkreten Fall nicht voll erfüllt ist, solange das Rechtsgeschäft nur seiner Struktur nach der Anfechtung unterliegt (MK/*Kirchhof* vor § 129 ff Rn 54). Zur möglichen Sittenwidrigkeit **gesellschaftsrechtlicher Abfindungsklauseln** oben § 11 Rn 54 sowie zu deren Anfechtung unten § 134 Rn 39; zur Sittenwidrigkeit und Anfechtbarkeit von **Sicherungsübereignungen** unten Rn 78. Entsprechendes gilt für ein Verhalten, dass den Tatbestand eines **Insolvenzdelikts** nach §§ 283–283 d oder §§ 288, 289 StGB erfüllt: Nichtigkeit tritt – jedenfalls im Anwendungsbereich der §§ 129 ff – auch in diesen Fällen nur ein, wenn ein über den Tatbestand der §§ 129 ff hinausgehendes Verhalten vorliegt, da die §§ 129 ff die zivilrechtlich spezielleren Regelungen sind (**RG** 15. 12. 1903 Z 56, 229 ff; **RG** 28. 4. 1908 Z 69, 143, 146; **BGH** 4. 3. 1993 NJW 1993, 2041 = ZIP 1993, 602 = EWiR § 387 BGB 1/93, 553 *[Serick]*; **BGH** 9. 12. 1999 IX ZR 102/97 NJW 2000, 1259, 1263 = ZIP 2000, 238 = ZInsO 2000, 117 = NZI 2000, 116, 120 = EWiR 2000, 1089 *[Höpfner]* = WuB VI D § 17 AnfG 1.00 *[Pichler]* [insoweit nicht in BGHZ 143, 246]; Jaeger/ *Henckel* § 129 Rn 252; MK/*Kirchhof*, vor §§ 129 ff Rn 46). Stets sittenwidrig ist aber ein den Tatbestand des Kreditbetruges erfüllendes Verhalten (MK/*Kirchhof* vor §§ 129 ff Rn 60, 72). Sofern die §§ 129 ff InsO nicht einschlägig sind, ist § 134 BGB auf Straftatbestände nach den allgemeinen Regeln anwendbar. Wussten beide Teile um die Voraussetzungen einer Anfechtung wegen vorsätzlicher Benachteiligung, kann aber (auch) Sittenwidrigkeit gegeben sein (**BGH** 5. 10. 1989 NJW 1990, 1356). Und Nichtigkeit einer Sicherungsabtretung ist auch dann möglich, wenn sie mit einem nach § 137 Satz 1 BGB unwirksamen dinglich wirkenden Veräußerungsverbot verbunden wurde (**BGH** 18. 2. 1993 NJW 1993, 1640 = ZIP 1993, 521 = KTS 1993, 427 = EWiR § 31 KO 2/93, 389 *[Paulus]*).

Auch im Falle einer von **§ 850h Abs 1 oder Abs 2 ZPO** erfassten Tätigkeit liegen Sittenwidrigkeit und damit Nichtigkeit nur vor, wenn zusätzliche Umstände eintreten; ist dies nicht der Fall, kommt als speziellere Regelung im Fall des § 850h Abs 1 ZPO eine Schenkungsanfechtung gegenüber dem Dritten in Betracht (Jaeger/*Henckel* § 129 Rn 47). Bei unmittelbarer Anwendung des § 850h Abs 2 ZPO bedarf es einer Anfechtung an für sich nicht, sondern der Verwalter kann das angemessene Arbeitseinkommen

30

31

§ 129

direkt zur Masse beanspruchen. Es muss dem Insolvenzverwalter aber auch möglich sein, im Anfechtungswege das zur Masse zu ziehen, was ein Gläubiger im Wege der Einzelzwangsvollstreckung zu erlangen berechtigt wäre. In jedem Fall kann der Insolvenzverwalter somit vom Arbeitgeber den pfändbaren Teil der angemessenen Vergütung verlangen, und zwar nach neuem Recht (§ 35) auch noch in Bezug auf Lohnansprüche für die Zeit nach Eröffnung des Verfahrens; siehe auch unten Rn 96.

32 Die Anfechtung setzt zwar eigentlich die Wirksamkeit der Rechtshandlung voraus (dazu näher unten Rn 76 ff). Gleichwohl ist es unbedenklich, die Frage einer Unwirksamkeit von Rechtshandlungen nach den § 21 InsO, §§ 136, 135 BGB oder einer Nichtigkeit nach §§ 134, 138 BGB offenzulassen, weil die Feststellung der Unwirksamkeit oder Nichtigkeit mit Schwierigkeiten verbunden ist (so etwa **BGH** 11. 6. 1992 NJW 1992, 2483, 2484 = ZIP 1992, 1005, 1007 = EWiR § 106 KO 7/92, 907 *[Häsemeyer]*; **BGH** 18. 2. 1993 NJW 1993, 1640, 1641 = ZIP 1993, 521, 522 = KTS 1993, 427 = EWiR § 31 KO 2/93, 389 *[Paulus]* [inzident]; BAG 16. 1. 1978 BB 1978, 1363 = AP § 30 KO Nr 4 *[Uhlenbruck]*).

33 c) **Verhältnis zum Aufrechnungsverbot.** Insolvenzanfechtung und insolvenzrechtliches Aufrechnungsverbot stehen als Mittel, einem Insolvenzgläubiger eine Befriedigung nach Ausbruch und in Kenntnis der Krise zu verwehren, selbstständig nebeneinander (**OLG Frankfurt/ M.** 24. 11. 2005 1 U 19/05 OLGR Frankfurt 2006, 652 = ZIP 2005, 2325 = ZInsO 2006, 105 = NZI 2006, 241, 242). Inhaltlich ist eine Aufrechnung nach § 96 Abs 1 Nr 3 vor allem dann unzulässig, wenn ein Insolvenzgläubiger die Möglichkeit zur Aufrechnung (also die Aufrechnungslage) durch eine anfechtbare Rechtshandlung erlangt hat. Das betrifft etwa den Fall, dass sich ein Schuldner des Verfahrensschuldners erst in der kritischen Zeit zum Insolvenzgläubiger gemacht hat (*von Olshausen* ZIP 2003, 893; *Paulus* ZIP 1997, 569, 576) oder den umgekehrten Fall, in dem eine vorhandene Gläubigerstellung mit einer schuldrechtlichen Verpflichtung verknüpft wird (**BGH** 29. 6. 2004 IX ZR 195/03 Tz 17 Z 159, 388 = NJW 2004, 3118 = ZIP 2004, 1558 = ZInsO 2004, 852 = NZI 2004, 580 = WuB VI A § 95 InsO 1.05 *[Bartels]*; **BGH** 9. 2. 2006 ZIP 2006, 818 = NZI 2006, 345 = NJW-RR 2006, 1062 = WuB VI A § 96 InsO 1.06 *[Servatius]*). Das wurde schon nach altem Recht angenommen, obwohl der frühere § 55 Nr 3 KO deutlich enger gefasst war (**BGH** 2. 2. 1972 Z 58, 108, 113 = NJW 1972, 633; **BGH** 25. 9. 1972 Z 59, 230, 232 = NJW 1972, 2084; **BGH** 28. 9. 2000 Z 145, 245, 254 f = ZIP 2000, 2207, 2210 = NZI 2001, 23 = EWiR § 55 KO 2/2000, 1167 *[Paulus]*; siehe **BGH** 11. 12. 2008 IX ZR 195/07 ZIP 2009, 186 = ZInsO 2009, 185 = NZI 2009, 103 bzgl. des unter der KO noch gegebenen Wertungswiderspruchs zu § 814 BGB; weit Nachw in der 12. Aufl Rn 33; *Henckel*, Festschrift für Lüke, 1997, S 237, 239 ff; abw *Obermüller*, FS Bärmann [1975], S 709, 716 ff), siehe dazu § 130 Rn 11. Über den eindeutigen Fall des § 96 Abs 1 Nr 3 hinaus, nach dem nur eine Aufrechnung *nach* Verfahrenseröffnung für „unzulässig" erklärt wird, halten Rechtsprechung und hM es für ausreichend, dass vor Verfahrenseröffnung eine **Aufrechnungslage durch eine anfechtbare Rechtshandlung hergestellt** wurde, durch ihre Entstehen also insbesondere eine kongruente (§ 130) oder eine inkongruente Deckung (§ 131) gewährt wird bzw. die Möglichkeit dazu geschaffen wurde; die Aufrechnungserklärung ist daher heute als Rechtshandlung ohne Bedeutung (**BGH** 22. 7. 2004 IX ZR 270/03 NJW-RR 2005, 125 = ZIP 2004, 1912 = NZI 2004, 620 = EWiR 2005, 27 *[Gerhardt]* = WuB VI A § 96 InsO 1.05 *[Paulus/Zenker]*; **BGH** 28. 9. 2006 IX ZR 136/05 Z 169, 158 = NJW 2007, 278 = ZIP 2006, 2178 = EWiR § 146 InsO a. F. 1/2007, 19 *[Wazlawik]* = WuB VI A § 146 InsO 2.07 *[Rauhut]*; siehe dazu unten Rn 75, § 130 Rn 11 ff, § 131 Rn 10 sowie MK/*Kirchhof* § 129 Rn 15 mwN; *Obermüller* ZInsO 2009, 689 ff; zur Frage des Rechtswegs unter § 143 Rn 63; zur Anfechtung bei Aufrechnung im Dreipersonenverhältnis *Burchard* Dreieck S 258 f, 263 ff, 287 ff). Anders ist dies nur im Ausnahmefall einer *nur* für den Verfahrensschuldner bestehenden Aufrechnungsmöglichkeit (dazu *von Olshausen* KTS 2001, 45 ff). Die Zustimmung der Finanzbehörden zu einer Steueranmeldung ist bspw. eine anfechtbare Rechtshandlung, wenn dadurch eine Aufrechnungslage hergestellt worden ist (**LG Kiel** 17. 1. 2001 5 T 35/00 ZVI 2002, 419 f). So kann anfechtbare Rechtshandlung bspw. die Leistungserbringung durch den Schuldner sein, die die Aufrechnunglage durch **Werthaltigmachen** der Forderung hergestellt hat (unten Rn 71, 102, 110 C sowie § 131 Rn 16 und § 140 Rn 6). Je nach dem, ob durch das Entstehen der Aufrechnungslage zugunsten eines Insolvenzgläubigers eine kongruente oder inkongruente Deckung(smöglichkeit) gewährt wird, sind die Fristen und Beweisanforderungen an die Kenntnis unterschiedlich zu beurteilen. Zum praktisch wichtigsten Fall, der Befriedigung der kontoführenden Bank des Verfahrensschuldners durch Aufrechnung, unten § 130 Rn 14; zur Deckung durch Aufrechnung im Übrigen § 130 Rn 11 ff, § 131 Rn 10). Die **Rückgewähr** einer anfechtbar erlangten Aufrechnungslage vollzieht sich durch Geltendmachung der durch die anfechtbare Aufrechnung wegen § 96 Abs 1 Nr 3 nicht untergegangenen Forderung (unten § 143 Rn 15). § 146 Abs 1 gilt für die anfechtbare Erlangung einer Aufrechnungslage entsprechend (unten § 146 Rn 1, 4; abw *Dampf* KTS 1998, 145, 156; *von Olshausen* KTS 2001, 45 f). Eine Aufrechnungserklärung *nach* Eröffnung des Verfahrens hat ebenso wie in den Fällen des § 96 Abs 1 Nrn. 1 und 2 von vornherein keine Wirkung. Im Falle einer **gesellschaftsvertraglich vereinbarten Verrechnung** wird die Verrechnungslage bereits mit Abschluss des Gesellschaftsvertrages begründet (unten § 140 Rn 6, 17 B aE) und damit regelmäßig vor Eintritt der Krise, so dass es an einer anfechtbar begründeten Rechtshandlung fehlt (**BGH** 14. 12. 2006 IX ZR 194/05 Tz 14 Z 170, 206 = NJW 2007, 1067 = ZIP 2007, 383 = ZInsO 2007, 213 = NZI 2007, 222 = EWiR 2007, 343 *[Bork]* = WuB VI A

I. Allgemeines **§ 129**

§ 95 InsO 1.07 *[Servatius]*; so bereits zur KO **BGH** 9. 3. 2000 IX ZR 355/98 ZIP 2000, 757 = ZInsO 2000, 284 = NZI 2000, 308, 310 = EWiR 2000, 741*[W. Gerhardt]* = WuB VI B § 54 KO 1.00 *[Smid]*); siehe auch unten Rn 122 A).

d) Verhältnis zum Gesellschaftsrecht. Die gläubigerschützenden Vorschriften des Gesellschaftsrechts, **34** insbesondere die Normen zu Kapitalaufbringung und -erhaltung, stehen der Möglichkeit der Insolvenzanfechtung nicht entgegen (*Stoll* Garantiekapital und konzernspezifischer Gläubigerschutz [2007], S 303 ff; *Thole* KTS 2007, 293, 319 ff; in dieselbe Richtung *Mylich* ZGR 2009, 474, 477 ff; abw *Grigoleit*, Gesellschafterhaftung für interne Einflussnahme im Recht der GmbH, 2006, S 153 ff; dazu auch § 135 sowie zu einzelnen Anwendungsfällen unten Rn 8, 67 f, 113, § 130 Rn 30, § 133 Rn 17, 25, § 134 Rn 22, § 146 Rn 15).

4. Anfechtungsrecht der Nichtinsolvenzgläubiger. Gläubiger, die nicht Insolvenzgläubiger sind, konn- **35** ten nach § 13 Abs 5 AnfG 1879 Rechtshandlungen, die das insolvenzfreie Vermögen des Verfahrensschuldners betreffen, frei anfechten. Insolvenzgläubiger konnten hinsichtlich des insolvenzfreien Vermögens des Schuldners das Anfechtungsrecht nach § 13 Abs 5 AnfG 1879 geltend machen und trotz § 14 KO (jetzt § 89 InsO) in das insolvenzfreie Vermögen vollstrecken (zum alten Recht Jaeger/*Henckel* § 36 KO Rn 10; Kilger/*Karsten Schmidt* § 36 KO Anm 3 b). Da nach neuem Insolvenzrecht auch der Neuerwerb des Schuldners während des Verfahrens zur Insolvenzmasse gehört (§ 35), und Handlungen, die sich auf das unpfändbare Vermögen des Schuldners beziehen, nicht der Anfechtung unterliegen, hat der Gesetzgeber diese Möglichkeit im AnfG 1999 nicht mehr vorgesehen (Begr RegE zu §§ 16, 17, 18 AnfG; dazu bereits oben Rn 13).

Neugläubiger, also Gläubiger, deren Forderungen erst nach Eröffnung des Insolvenzverfahrens ent- **36** standen sind, können im Hinblick auf § 38 Gegenstände, die der Insolvenzverwalter mittels seines Anfechtungsrechts zur Masse zu ziehen sucht, nicht zu ihrer Befriedigung beanspruchen, solange sie nicht von ihm freigegeben wurden. **Gläubiger nachrangiger Insolvenzforderungen** (§ 39 Abs 1) sind nach neuem Recht – wenn auch nachrangige – Insolvenzgläubiger; sie haben daher kein Anfechtungsrecht nach dem AnfG.

Absonderungsberechtigte können Rechtshandlungen, die ihr Absonderungsrecht beeinträchtigen, **37** nach dem AnfG anfechten (**RG** 20. 4. 1915 Z 86, 365; **RG** 27. 5. 1927 Z 117, 160 = Gruchot 69, 511; **BGH** 29. 11. 1989 Z 109, 240 = NJW 1990, 716 = ZIP 1990, 25 = KTS 1990, 267 = EWiR § 9 AGBG 5/90, 215 *[M. Wolf]*; Jaeger/*Henckel* § 129 Rn 291; Kilger/*Karsten Schmidt* § 36 KO Anm 3 c). Der Absonderungsberechtigte kann das Anfechtungsrecht während des Insolvenzverfahrens auch gegenüber Veräußerungen ausüben, deren Wirksamkeit die Entstehung des Absonderungsrechts gehindert haben würde (**RG** 27. 5. 1927 Z 117, 160; Jaeger/*Henckel* § 129 Rn 291; Kilger/*Karsten Schmidt* § 36 KO Anm 3 c). Tritt ein Absonderungsberechtigter dem Insolvenzverwalter in einem Anfechtungsprozess als Streitgehilfe bei, so handelt es sich nicht um eine streitgenössische Nebenintervention nach §§ 69, 61 ZPO (**RG** 16. 4. 1889 JW 1889, 203); in der Streithilfe liegt kein Verzicht auf das Absonderungsrecht (**RG** 1. 10. 1920 Z 100, 87, 89). Der Geltendmachung des Anfechtungsanspruchs eines Absonderungsberechtigten steht nicht entgegen, dass der gleiche Anspruch bereits vom Insolvenzverwalter erhoben, jedoch rechtskräftig abgewiesen wurde (**RG** 6. 4. 1886 Z 16, 32). Unterwirft man allerdings das Absonderungsrecht, zumindest im Hinblick auf die Verwertungsbeiträge, der Insolvenzanfechtung (dazu unten Rn 110 A), wird man allerdings auch hier die Einzelanfechtung ausschließen müssen.

Die Finanzbehörde war nach Auffassung der Finanzgerichte zum alten Insolvenzrecht berechtigt, **38** Handlungen des Schuldners **außerhalb des Insolvenzverfahrens** auf Grund eines **unanfechtbaren Steuervorauszahlungsbescheides** anzufechten (**BFH** 8. 8. 1978 E 125, 500; **BFH** 31. 7. 1979 E 128, 338; **BFH** 2. 3. 1983 E 138, 10 = ZIP 1983, 727 = KTS 1983, 727; **BFH** 31. 5. 1983 E 138, 416 = NJW 1983, 2160 = ZIP 1983, 1122; **BFH** 10. 2. 1987 E 149, 204 = NJW 1988, 3174 = KTS 1987, 464 [Ls]; BVerwG 28. 6. 1990 NJW 1991, 242 = KTS 1990, 668; weit Nachw in der 12. Aufl § 143 Rn 60). Das ist im Insolvenzverfahren vor allen Dingen für Neugläubigeransprüche von Bedeutung. Die Anfechtung durfte jedoch nicht zur Befriedigung des Gläubigers führen, solange nicht die endgültige Steuerfestsetzung für den Vorauszahlungszeitraum nicht rechtskräftig geworden ist. Denn Steuervorauszahlungsbescheide sind zwar Vollstreckungstitel; sie stehen jedoch unter Vorbehalt ergangenen rechtskräftigen Urteilen gleich und können nur zu einer Sicherung führen (**BGH** 3. 3. 1976 Z 66, 91). Die Möglichkeit der Finanzbehörden, die Gläubigeranfechtung im Wege des Duldungsbescheids geltend zu machen, wurde der Finanzbehörde dann durch § 7 Abs 1 AnfG nF („gerichtlich geltend gemacht") verwehrt (dazu *Huber* ZIP 1998, 897, 902; abw *Claßen* DStR 1999, 72 ff; zur Unzulässigkeit dieses Vorgehens aus verfassungsrechtlichen Gründen für das alte Recht bereits *Gerhardt* ZIP 1983, 1301 ff). Bei dieser Rechtslage blieb es aber nur kurzzeitig: denn durch Art 17 Nr 14 des Gesetzes zur Bereinigung von steuerlichen Vorschriften vom 22. 12. 1999 (BGBl. I S 2601) wurde § 191 Abs 1 AO dahingehend ergänzt, dass den Finanzbehörden die Geltendmachung der Gläubigeranfechtung durch Verwaltungsakt (wieder) möglich ist (zur Kritik *Huber* ZIP 2000, 337 f).

5. Besonderheiten bestimmter Insolvenzverfahren. a) Insolvenzplan. Im Rahmen eines Insolvenzplans **39** können die Voraussetzungen, unter denen eine Anfechtung zulässig ist, modifiziert werden (Braun/

Hirte

Uhlenbruck Bd I S 353). Denn die Insolvenzanfechtung gehört zum Bereich der Verwertung der Insolvenzmasse, der nach der ausdrücklichen Bestimmung in § 217 zur Disposition der Planbeteiligten gestellt werden kann. So kann etwa ein (Prozess-)Vergleich mit einem Anfechtungsgegner vorgesehen werden, der seinerseits einen Erlass oder eine Stundung für eine Forderung gewährt (*Paulus* ZInsO 1999, 242, 243). Auch die Modalitäten der Rückgewähr können vertraglich modifiziert werden, wie auch inhaltliche Veränderungen des Anfechtungsanspruchs möglich sind. Festgelegt werden kann auch, dass der Insolvenzverwalter auch noch **während der Zeit der Überwachung** eines Insolvenzplans einen bereits anhängigen Anfechtungsrechtsstreit weiterführt (§ 259 Abs 3 Satz 1; für das alte Recht abw **RG** 15. 3. 1932 Z 135, 347, 350; **BGH** 10. 2. 1982 Z 83, 102 = NJW 1982, 1765 = ZIP 1982, 467 = LM § 36 KO Nr 2 [*Merz*]; vgl auch *Karsten Schmidt* KTS 1984, 345, 398). In diesem Fall wird der Rechtsstreit vorbehaltlich einer abweichenden Regelung im Insolvenzplan für Rechnung des Schuldners geführt (§ 259 Abs 3 Satz 2; zu den sonst greifenden Folgen oben Rn 24). Zugleich bleibt die Einzelgläubigeranfechtung trotz Aufhebung des Insolvenzverfahrens nach § 258 Abs 1 weiterhin unzulässig; § 18 AnfG ist insoweit dem Zweck des § 16 Abs 1 Satz 1 AnfG entsprechend teleologisch zu reduzieren (*Huber* ZIP 1998, 897, 904).

40 Als typisches Ergebnis eines Insolvenzplans erhält der Schuldner die Verfügungsgewalt über sein Unternehmen nach Aufhebung des Insolvenzverfahrens (§ 258 Abs 1) und quotaler Kürzung seiner Verbindlichkeiten zurück. Damit erhält der Schuldner selbst auch (teilweise) den Ertrag etwaiger Anfechtungsmaßnahmen. Das ist anders als nach altem (Vergleichs-)Recht, wo eine Anfechtung nicht vorsah (*Biehl* KTS 1999, 313 f; *ders* Insider S 107; KP-*Noack* GesellschaftsR Rn 174 f; von einem anderen Ausgangspunkt ausgehend noch *Häsemeyer* Rn 21.12: der Schuldner „selbst kann durch die Anfechtung auch nichts gewinnen"). Doch liegt darin kein Bruch mit den Prinzipien des Anfechtungsrechts; denn die mit einer Anfechtung in einem solchen Fall bezweckte und erfolgte Mehrung des Schuldnervermögens dient gleichzeitig auch den Gläubigerinteressen, die aus den Erlösen der Unternehmensfortführung befriedigt werden sollen (*Biehl* KTS 1999, 313 f; *Henckel* KS-InsO S 813, 816). Sind die Gläubiger mit diesem Resultat nicht einverstanden, steht es ihnen frei, die Zustimmung zu einem Insolvenzplan zu verweigern. Im Übrigen können sie im Rahmen des Plans danach differenzieren, dass der Schuldner nur solche Erträge der Anfechtung behalten darf, die zur Unternehmensfortführung erforderlich sind, oder – umgekehrt – solche Erträge der Anfechtung nicht behalten darf, die auf der Grundlage einer Anfechtung nach §§ 133, 134 erlangt wurden (*Henckel* KS-InsO S 813, 816; dazu auch *Paulus* ZInsO 1999, 242, 243).

41 **b) Eigenverwaltung.** Bei der Eigenverwaltung kann nur der Sachwalter *vor* Verfahrenseröffnung vorgenommene Rechtshandlungen nach §§ 129 ff anfechten (§ 280). Besonders hinzuweisen ist aber darauf, dass die das Anfechtungsrecht ergänzende Rückschlagsperre des § 88 nicht an das Vorhandensein eines Insolvenzverwalters gebunden ist. Eine Anfechtung von *nach* Verfahrenseröffnung vom Eigenverwalter selbst nach § 270 vorgenommenen gläubigerbenachteiligenden Rechtshandlungen soll im Hinblick auf Abs 1 ausgeschlossen sein; nur allgemeine zivilrechtliche Ansprüche (§§ 823 Abs 2, 826 BGB) kämen in Betracht (KP-*Paulus* § 129 Rn 18). Das ist zwar nur begrenzt überzeugend; doch die (denkbare) analoge Anwendung der §§ 129 ff auf Rechtshandlungen nach Verfahrenseröffnung wäre nur mit einer erheblichen Zahl von Anpassungen der Normen in Bezug auf Fristlauf und Kenntnis des anderen Teils möglich, die keinen Gewinn an Rechtsklarheit brächten.

42 **c) Vereinfachtes Insolvenzverfahren.** Im vereinfachten Insolvenzverfahren werden zwar die Rechte des Insolvenzverwalters grundsätzlich vom **Treuhänder** (§ 292) wahrgenommen (§ 313 Abs 1 Satz 1). Zur Anfechtung von Rechtshandlungen nach §§ 129 ff ist aber nach der gesetzlichen Lösung nicht der Treuhänder, sondern **jeder Insolvenzgläubiger** berechtigt (§ 313 Abs 2; sowie die Erläuterungen dort). Gemeint ist damit die Anfechtung nach §§ 129 ff, nicht die Gläubigeranfechtung außerhalb des Insolvenzverfahrens nach dem AnfG (*Huber* ZIP 1998, 897, 904). Daher kann er auch nur nach § 143 Abs 1 Satz 1 Rückgewähr zur Masse verlangen, was eine Verfolgung derartiger Anfechtungsrechte nicht gerade attraktiv macht (*Wagner* ZIP 1999, 689, 691). Eine zudem auf die echten Prozesskosten beschränkte Kostenerstattung kommt andererseits nach § 313 Abs 2 Satz 4 nur in Betracht, wenn die Gläubigerversammlung ihn zur Anfechtung beauftragt (*Wagner* ZIP 1999, 689, 691). Der anfechtende Insolvenzgläubiger hat aber nach dem Wortlaut des Gesetzes keine Möglichkeit, sich die für eine Anfechtung notwendigen Informationen vom Schuldner (oder vom Treuhänder) zu beschaffen; denn dem anfechtenden Insolvenzgläubiger gegenüber gilt § 97 nicht (zu Recht kritisch *Henckel* KS-InsO S 813, 854; *Wagner* ZIP 1999, 689, 693 f). Durch die Möglichkeit einer Anfechtung durch Insolvenzgläubiger ist die frühere Auffassung (**BGH** 10. 2. 1982 Z 83, 102, 105 = NJW 1982, 1765 = ZIP 1982, 467 = LM § 36 KO Nr 2 [*Merz*]) in Frage gestellt, das Anfechtungsrecht sei untrennbar mit der Person des Insolvenzverwalters verknüpft (HK-*Kreft* § 129 Rn 84). Die Geltendmachung der Unwirksamkeit von im letzten Monat vor Verfahrenseröffnung erlangten Zwangssicherungen (§ 88) obliegt ebenfalls dem einzelnen Insolvenzgläubiger, also nicht dem Treuhänder (*Wagner* ZIP 1999, 689, 694; abw *Henckel* KS-InsO S 813, 854). Die andernfalls schwer von der Anfechtungsbefugnis des Insolvenzgläubigers abzugrenzende Zuständigkeit würde zu ungelösten Abgrenzungsfragen führen; das gilt ebenso wie die Möglichkeit, dass eine vor Verfahrenseröffnung begonnene Einzelanfechtung nach Eröffnung von einem an-

I. Allgemeines **§ 129**

deren Insolvenzgläubiger als Insolvenzgläubiger fortgesetzt wird (*Henckel*, FS Gaul, 1997, S 199, 211, 214 f; *ders* KS-InsO S 813, 854). Die **Gläubigerversammlung** (BGH 19. 7. 2007 IX ZR 77/06 ZInsO 2007, 938 = NZI 2007, 732 = WuB VI A § 313 InsO 1.08 *[Vallender]*; nicht das Insolvenzgericht: *Fuchs* ZInsO 2002, 358, 360 f; abw *Gundlach/Frenzel/Schmidt* ZVI 2002, 5 ff [für den Fall, dass kein Gläubiger erscheint]) kann auch den Treuhänder oder einen Gläubiger mit der Durchsetzung von Anfechtungsansprüchen im Namen der Gemeinschaft beauftragen (ausdrücklich seit 1. Dezember 2001 § 313 Abs 2 Satz 3) mit der Folge, dass die Masse nach § 313 Abs 2 Satz 4 nF iSd (früher Satz 3) das Kostenrisiko zu tragen hat und alle Gläubiger an ein etwa ergehendes Urteil oder einen geschlossenen Vergleich gebunden sind (ebenso für das bis 1. Dezember 2001 geltende Recht bereits *Wagner* ZIP 1999, 689, 694 ff, 699 f). Siehe auch zur Fortführung nach Beendigung des Insolvenzverfahrens oben Rn 26.

Der Antrag auf Eröffnung eines Insolvenzverfahrens ruht allerdings im Falle des **Verbraucherinsolvenzverfahrens** (§§ 304 ff) bis zur Entscheidung über den mit dem Antrag oder unverzüglich danach vorzulegenden Schuldenbereinigungsplan (§ 306 Abs 1). In diesem Zeitraum ist eine Insolvenzanfechtung mangels Verfahrenseröffnung noch nicht möglich, und auch die Rückschlagsperre des § 88 greift noch nicht (*Henckel* KS-InsO S 813, 853 f). Das lässt sich bei Vorliegen von anfechtbaren Rechtshandlungen in nicht unerheblichem Umfang (typische Beispiele bei *Homann* DZWIR 2007, 94 ff) oder von Vollstreckungsmaßnahmen nur dadurch vermeiden, dass der Plan abgelehnt und das Verfahren eröffnet wird; das führt aber wegen § 312 Abs 3 zu dem widersprüchlichen Ergebnis, dass der Schuldner keinesfalls in einem Insolvenzplan eine schnellere Restschuldbefreiung erreichen kann, obwohl doch gerade zusätzlich realisierbare Vermögenswerte vorhanden sind (*Henckel* KS-InsO S 813, 854). **43**

d) **Nachlassinsolvenzverfahren.** Für das **Nachlassinsolvenzverfahren** kommen außer den §§ 130–135 die besonderen Anfechtungsbestimmungen der §§ 322, 328 in Betracht. Schuldner ist der Erbe als der Träger der in der Insolvenzmasse vereinten Vermögenswerte und Nachlassverbindlichkeiten; darum kommt es, soweit § 131 Benachteiligungsabsicht des Schuldners voraussetzt, für die Zeit nach dem Erbfall auf den Erben und dessen **Kenntnis** an. Bei Ausschlagung der Erbschaft ist der vorläufige Erbe maßgebend, wenn er die anfechtbare Rechtshandlung vorgenommen hat (BGH 16. 5. 1969 NJW 1969, 1349 = KTS 1970, 47). Bei der Nachlassinsolvenz rechnet die Zeit zwischen Erbfall und dem Antrag auf Eröffnung des Insolvenzverfahrens in die **Frist** des § 139 ein (dazu unten § 139 Rn 9); näher MK/*Kirchhof* vor §§ 129 ff Rn 100. **44**

6. **Besonderheiten bestimmter Schuldner.** a) **Einlagenrückgewähr an den stillen Gesellschafter.** Anfechtbar sind auch die Rückgewähr der Einlage eines stillen Gesellschafters und der Erlass seines Anteils an dem entstandenen Verlust. Dies ergibt sich heute aus § 136 (Einzelheiten s dort). § 237 HGB, der diesen Sachverhalt früher erfasste, wurde durch Art 40 Nr 17 EGInsO aufgehoben. **45**

b) **Kredit- und Finanzdienstleistungsinstitute.** In der Insolvenz eines privatrechtlichen Kredit- und Finanzdienstleistungsinstituts (= „Institute" iSd KWG; § 1 Abs 1 b KWG) berechtigen Geschäfte, die dieses Institut während eines vom Bundesaufsichtsamt für das Kreditwesen angeordneten Moratoriums für Rechnung eines Einlagensicherungsfonds ausführt, nicht zur Anfechtung nach den §§ 129 ff (*Knapp* NJW 1976, 873, 877; MK/*Kirchhof* vor §§ 129 ff Rn 106). Die nach §§ 132–134 und nach § 342 HGB vom Tag der Eröffnung des Insolvenzverfahrens an zu berechnenden Fristen sind vom Tag des Erlasses einer Maßnahme nach § 46 a Abs 1 KWG an zu berechnen (§ 46 c KWG; dazu unten § 139 Rn 8). Eine dem § 46 a Abs 1 KWG entsprechende Regelung gibt es im VAG nicht, so dass für die Fristen im Falle der Insolvenz eines Versicherungsunternehmens der Eröffnungsantrag maßgebend bleibt (MK/*Kirchhof* vor §§ 129 ff Rn 105). Insolvenzrechtlich nicht anfechtbar sind auch Übertragungen von Risikopositionen und Sicherheiten auf den **Finanzmarktstabilisierungsfonds** (Art 2 § 16 Abs 1 Gesetz zur Umsetzung eines Maßnahmenpakets zur Stabilisierung des Finanzmarktes (Finanzmarktstabilisierungsgesetz [FMStG]) vom 17. 10. 2008, BGBl. I S 1982). **46**

7. **Internationales Privatrecht und Rechtsvergleichung.** Ob eine Rechtshandlung mit Auslandsbezug wirksam ist, beurteilt sich nach dem auf die Rechtshandlung oder das Rechtsgeschäft nach EGBGB anwendbaren Sachrecht. Für die davon zu unterscheidende Frage, ob eine solche Rechtshandlung im Insolvenzverfahren anfechtbar ist, hat § 339 eine Regelung getroffen (Einzelheiten in der Kommentierung zu § 339). Danach wird in solchen Fällen die grundsätzliche **Maßgeblichkeit des** (inländischen) **Insolvenzstatuts** (§ 335) **eingeschränkt:** dem Anfechtungsgegner wird die Möglichkeit eröffnet nachzuweisen, dass für die Rechtshandlung das Recht eines anderen Staates maßgebend ist und die Rechtshandlung nach diesem Recht in keiner Weise (also auch nicht nach anderen als insolvenzanfechtungsrechtlichen Vorschriften) angreifbar ist (ausführlich unten zu § 339; krit *Häsemeyer* Rn 35.14, 35.17 b; *Thole* KTS 2007, 293, 333 [zu Art 13 EuInsVO]; aus diesem Grunde *de lege ferenda* für eine „Alternativanknüpfung" *Zeeck* ZInsO 2005, 281, 289 ff). Entsprechendes gilt für den spiegelbildlichen Fall einer Verfahrenseröffnung im Ausland: Hier ist einem inländischen Anfechtungsgegner der Nachweis eröffnet, dass die Rechtshandlung nach deutschem Insolvenz- oder Sachrecht nicht angreifbar wäre. **47**

48 Für den Bereich der **Europäischen Union** wird eine entsprechende Einrede der Rechtsbeständigkeit durch Art 13 der EU-Verordnung Nr 1346/2000 (EuInsVO) eröffnet, die am 31. Mai 2002 in Kraft getreten ist (dazu unten zu Art 13 EuInsVO). Von erheblicher Bedeutung ist freilich, dass der EuGH die internationale Zuständigkeit für Insolvenzanfechtungsklagen ungeachtet des anwendbaren Rechts im Staat der Verfahrenseröffnung annimmt (dazu näher unten § 143 Rn 71).

49 Zur Insolvenzanfechtung im **ausländischen und internationalen Recht**: *Beissenhirtz*, Die Insolvenzanfechtung in Deutschland und England, Berlin ua 2003; *Bruski*, Die Voraussetzung der Konkursanfechtung. Normprägende Prinzipien und Regelungsmöglichkeiten in rechtsvergleichender Betrachtung, Diss. Bonn 1990; *von Campe*, Insolvenzanfechtung in Deutschland und Frankreich, 1996; *Göpfert*, Anfechtbare Aufrechnungslagen im deutsch-amerikanischen Insolvenzrechtsverkehr, 1996; *Kamlah*, Die Anfechtung in der Insolvenz von Unternehmen, dargestellt am deutschen und englischen Recht, Frankfurt/M ua 1995; *König*, Die Anfechtung nach der Konkursordnung, 4. Aufl Wien 2009; *Kranemann*, Insolvenzanfechtung im deutschen Internationalen Insolvenzrecht und nach der Europäischen Insolvenzrechtsverordnung, 2002; *Möhlenbrock*, Die Gläubigeranfechtung im deutschen und spanischen Recht. Eine rechtsvergleichende Betrachtung der Gläubigeranfechtung innerhalb und außerhalb des Konkurses, Frankfurt/M ua 1996; *Niehus*, Die Insolvenzanfechtung in der Bundesrepublik Deutschland und den Vereinigten Staaten von Amerika, Diss. Köln 1999; *Steffek*, KTS 2007, 451 ff; *Zobl*, Fragen zur paulianischen Anfechtung [im Schweizer Recht], SJZ 96 (2000), 25 ff; zum österreichischen Recht *Gerhardt*, Gedanken zu Gemeinsamkeiten und Abweichungen zwischen dem österreichischen und dem deutschen Anfechtungsrecht, ZZP 99 (1986), 407 ff; *Hanisch*, Gründe und Wege für eine Neuregelung des internationalen Insolvenzrechts, Liechtensteinische Juristenzeitung 1982, S 65–73; *König*, Die Anfechtung nach der Konkursordnung, 3. Aufl Wien 2003.

50 Zu den Befugnissen eines **ausländischen Insolvenzverwalters** in Deutschland unten Art 4 EuInsVO Rn 34 ff sowie zu Art 18 EuInsVO.

51 8. **Übergangsrecht. a) Allgemeines.** Im Hinblick darauf, dass das neue Anfechtungsrecht im Vergleich zum bisher geltenden Recht der KO und GesO schärfere Regeln enthält, sieht Art 106 EGInsO eine besondere Übergangsregelung vor (zur Übergangsregelung anlässlich des Inkrafttretens des **MoMiG** siehe § 39 Rn 75, § 135 Rn 30). Auf vor dem 1. Januar 1999 vorgenommene Rechtshandlungen sollen die neuen Regeln danach nur anwendbar sein, wenn sie auch nach bisherigem Recht schon der Anfechtung unterlagen (zum Verhältnis von § 133 InsO zu § 10 Abs 1 Nr 4 GesO BGH 20. 12. 2007 IX ZR 93/06 ZIP 2008, 420 = ZInsO 2008, 273 = NZI 2008, 231 = WuB VI A § 133 InsO 2.88 *[Würdinger]*). Das ist eine **Ausnahme** von dem in Art 104 EGInsO formulierten Grundsatz, nach dem in diesen Fällen eigentlich insgesamt das neue Recht anwendbar wäre. Die Übergangsvorschrift des Art 106 EGInsO entspricht dem früheren § 9 EGKO und der Parallelvorschrift in § 20 AnfG nF. Sie soll sowohl die inhaltlichen wie auch die beweislastmäßigen als auch die Verschärfungen infolge verlängerter Anfechtungsfristen erfassen (arg. Begr RegE zu Art 106 EGInsO).

52 b) **Anwendungsbereich. aa) Vor Inkrafttreten der InsO beantragte Verfahren.** Art 106 **erfasst** freilich nur solche Verfahren, auf die die InsO jedenfalls grundsätzlich anwendbar ist. Das ist nicht der Fall für solche Verfahren, deren Eröffnung *vor* Inkrafttreten der InsO beantragt wurde (Art 103 Satz 1 EGInsO). Entsprechendes gilt für Anschlusskonkursverfahren, wenn der vorhergehende Vergleichsantrag vor dem 1. Januar 1999 gestellt wurde (Art 103 Satz 2 EGInsO). Auf den Zeitpunkt, in dem das Verfahren eröffnet wurde, kommt es dabei nicht an. In diesen Fällen bleibt es insgesamt bei der Anwendung des alten Rechts (HK-*Kreft* Art 106 EGInsO Rn 3; *Kreft* ZInsO 1999, 370); das hindert die Gerichte freilich nicht daran, das neue Recht schon in die Auslegung des alten Rechts einfließen zu lassen (näher unten Rn 52). Dabei entscheidet bei **mehreren Eröffnungsanträgen** derjenige, der tatsächlich zur Verfahrenseröffnung führte (*Kreft* ZInsO 1999, 370). § 139 Abs 2, der eine Rückrechnung der anfechtungsrechtlich relevanten Fristen auch von früher gestellten Anträgen vorsieht, kann nicht entsprechend herangezogen werden (HK-*Kreft* Art 106 EGInsO Rn 4).

53 Soweit Art 106 EGInsO danach grundsätzlich eingreift, also bei einem Verfahren nach neuem Recht, ist weitere Voraussetzung, dass es sich um eine Rechtshandlung handeln muss, die **vor dem 1. Januar 1999** vorgenommen wurde; das bestimmt sich hier grundsätzlich nach § 140 (HK-*Kreft* Art 106 EGInsO Rn 6; *Kreft* ZInsO 1999, 370). Das ist freilich dann anders, wenn das alte Recht für die Bestimmung des Zeitpunkts der Vornahme einer Rechtshandlung zu einem anderen Ergebnis kommen sollte und dies zu einem für den Anfechtungsgegner günstigeren (Sach-)Recht führt. Da 140 aber im Wesentlichen die schon früher geltenden Grundsätze kodifiziert hat (unten § 140 Rn 1), wird dies nur ausnahmsweise der Fall sein; möglich ist dies aber im Rahmen von § 140 Abs 2.

54 Altes Recht ist selbst in diesem Fall aber nur dann heranzuziehen, wenn es **günstiger** als das neue Recht ist (ausf., auch zu etwa gegen diesen Ansatz sprechenden Zweifeln auf der Grundlage des Wortlauts von Art 106 EGInsO, *Münch* FS Gerhardt [2004], S 621 ff, 646 f). Soweit das alte Recht ungünstiger war als das neue, bleibt es auch bei vor dem 1. Januar 1999 vorgenommenen Rechtshandlungen bei der Anwendung des neuen Rechts. Das gilt insbesondere für die frühere Dreißigjahresfrist des § 41 Abs 1 Satz 3 KO.

I. Allgemeines § 129

bb) Teleologische Reduktion. Als **Grund** für die Regelung des Art 106 EGInsO nennt der Gesetzgeber die Schutzwürdigkeit des Vertrauens beim Empfänger einer Leistung, die nach altem Recht nicht (oder weniger weitgehend) der Anfechtung ausgesetzt war, es aber nach neuem Recht wäre (Begr RegE zu Art 106 EGInsO). Diese Überlegungen treffen freilich nur zum Teil zu. Denn durch die – zudem verlängerte – Frist zwischen Verkündung der InsO und deren Inkrafttreten bestand zumindest in diesem Zeitraum kein schützenswertes Vertrauen der Empfänger anfechtbarer Leistungen (dazu BVerfG 22. 6. 1971 E 31, 222, 227; *Jarass/Pieroth*, GG [4. Aufl 1997], Art 20 Rn 52). Das spricht für eine teleologische Reduktion der Norm (zumindest) auf solche Rechtshandlungen, die vor der Verkündung der InsO am 18. Oktober 1994 (BGBl 1994 I, 2866) oder vor ihrem ursprünglich geplanten Inkrafttreten am 1. Januar 1997 vorgenommen wurden (ausführlicher bereits *Hirte* ZInsO 2001, 784, 785). 55

Unabhängig von diesen Überlegungen steht Art 106 EGInsO sicher nicht einer am neuen Recht orientierten Auslegung der Vorschriften von KO und GesO entgegen, wie auch bislang schon das neue Recht einschließlich der GesO die Auslegung von KO und VglO beeinflusst haben. Daher gibt es auch keine Sperrwirkung in dem Sinne, dass für eine im Zusammenhang von Art 106 EGInsO noch erforderlich werdende Auslegung des alten Rechts nur Rechtsprechung und Schrifttum berücksichtigt werden dürften, die aus der Zeit vor Inkrafttreten der InsO stammen (abw KP-*Paulus* § 129 Rn 57; *Münch* FS Gerhardt [2004], S 621, 623 ff). Andererseits ist klar, dass nicht allein der Gesetzeswortlaut von KO/GesO maßgeblich ist (insoweit zutreffend KP-*Paulus* § 129 Rn 57). 56

cc) Analoge Anwendung auf § 32 b GmbHG aF Mit diesen Maßgaben erfasste die Übergangsregelung im Übrigen grundsätzlich auch die Neufassung des durch das MoMiG inzwischen aufgehobenen § 32 b GmbHG (insoweit zutr. KP-*Noack* GesellschaftsR Rn 221 ff); denn dabei handelte es sich der Sache nach um eine Anfechtungsnorm (dazu unten § 135 Rn 15). Ob dies auch für die auf § 32 b GmbHG aF analog anzuwendende Ausschlussfrist des § 41 KO galt, war aber zweifelhaft. Zu berücksichtigen war nämlich, dass der Gesetzgeber bei der Neufassung von § 32 b GmbHG aF noch davon ausging, die relativ kurze Ausschlussfrist des § 41 KO sei auf ihn ebenso unanwendbar wie eine besondere Verjährungsfrist (Begr RegE zu Art 48 Nr 3 EGInsO); die kurz vor Verabschiedung der InsO geänderte Sichtweise des **BGH** (20. 9. 1993 Z 123, 289 = ZIP 1993, 1614, 1615 = KTS 1994, 105 = EWiR § 41 KO 2/93, 1217 [*Paulus*]) war vom Gesetzgeber daher offensichtlich nicht mehr berücksichtigt worden. Der Gesetzgeber der InsO war daher bei Einführung der Verjährungsregelung in § 32 b Satz 1 Hs 2 GmbHG aF von einer Besserstellung gegenüber dem alten Recht ausgegangen; damit erschien es unvereinbar, die im Regelfall deutlich kürzere Frist des § 41 KO analog auf der Grundlage des alten Übergangsrechts weiter anzuwenden. 57

c) Anwendungsfälle. Ob das alte Recht für vor dem 1. Januar 1999 vorgenommene Rechtshandlungen günstiger ist als das neue, bestimmt sich sowohl nach dem Inhalt der einzelnen Anfechtungsnorm, ihren beweislastmäßigen Voraussetzungen als auch den jeweils anwendbaren Anfechtungsfristen (*arg.* Begr RegE zu Art 106 EGInsO; *Münch* FS Gerhardt [2004], S 621, 623 ff). Der dazu erforderliche Vergleich von altem und neuem Recht erfordert eine **doppelte Prüfung** des gesamten Sachverhalts nach altem wie nach neuem Recht (HK-*Kreft* Art 106 EGInsO Rn 9). Dabei dürfen allerdings nicht nach Art der „Rosinentheorie" günstige Einzelelemente des alten Rechts mit günstigen Einzelelementen des neuen Rechts kombiniert werden; vielmehr ist die fragliche Rechtshandlung insgesamt sowohl nach altem und nach neuem Recht zu prüfen. Führt das Ergebnis der Prüfung dazu, dass das alte Recht günstiger wäre, ist dieses heranzuziehen. 58

Inhaltlich ist vor allem der Verzicht auf subjektive Tatbestandsvoraussetzungen zu nennen. **Beweislastmäßig** haben sich Verschärfungen insbesondere bei der Anfechtung von gegenüber nahe stehenden Personen vorgenommenen Rechtshandlungen ergeben (§ 139). Bezüglich der **Fristen** sind die Anknüpfung aller Fristen an den Eröffnungsantrag statt die Verfahrenseröffnung und die Verlängerung der Frist für die Schenkungsanfechtung auf vier Jahre zu nennen (§ 134; Begr RegE zu Art 106 EGInsO). 59

Zweifelhaft ist im Übrigen, ob zu den „günstigeren" Normen auch die Ausschlussfrist des § 41 KO zählt, die durch die **Verjährungsfrist** des § 146 InsO ersetzt wurde. Das ist zu verneinen (**BGH** 16. 11. 2006 IX ZR 239/04 ZIP 2007, 33 = ZInsO 2007, 31 = NZI 2007, 96 = NJW 2007, 436; ebenso Gottwald/*Huber* InsR HdB § 51 Rn 29 *Münch* FS Gerhardt [2004], S 621, 644): denn Verjährungs- und ähnliche Fristen gehören nicht zu den Normen, für die aus verfassungsrechtlichen Gründen in besonderem Maße Vertrauensschutz gefordert ist. Das ergibt sich jedenfalls aus der parallelen strafrechtlichen Judikatur des BVerfG (so zu Art 103 Abs 2 GG BVerfG 21. 2. 1969 E 25, 269, 287 ff = NJW 1969, 1059; BVerfG 31. 1. 2000 NJW 2000, 1554 f; *Hirte* ZInsO 2001, 784, 786). Dass der Gesetzgeber über verfassungsrechtlichen Vorgaben hier hinausgehen wollte, ist jedenfalls nicht ersichtlich. Hinzu kommt, dass die Verjährungsfrist des § 146 ebenso wie die Ausübungsfrist des früheren § 41 KO erst mit Verfahrenseröffnung beginnt und dass dieser Zeitpunkt in den Fällen des Art 106 EGInsO immer erst nach dem 31. Dezember 1998 liegt (HK-*Kreft* Art 106 EGInsO Rn 12). Auch spricht dafür der Wortlaut des Art 106 EGInsO, der sich nur auf die „Vorschriften [...] über die Anfechtung von Rechtshandlungen" bezieht, also nur auf die materiellrechtlichen Normen (ähnlich HK-*Kreft* Art 106 EGInsO Rn 12; *Kreft* ZInsO 1999, 370 f; abw KP-*Paulus* § 129 Rn 57). Im Übrigen, also bezüglich der Verjährung bleibt es damit ebenso bei der Regel des Art 104 EGInsO wie bezüglich der 60

§ 129

allgemeinen Anwendbarkeit des InsO-Verfahrensrechts (Zuständigkeiten etc). Für die Neufassung von § 32 b GmbHG gilt dieses Ergebnis bereits aus anderen Gründen (oben Rn 57).

61   **d) Beweislast.** Der Anfechtungsgegner trägt für das Vorliegen der tatsächlichen Voraussetzungen, die zur Anwendung von Art 106 EGInsO führen, die Beweislast. Denn es handelt sich um eine Ausnahmevorschrift gegenüber der Grundnorm des Art 104 EGInsO (HK-*Kreft* Art 106 EGInsO Rn 14).

II. Anfechtbare Rechtshandlungen (Abs 1)

62   **1. Begriff der Rechtshandlung. a) Allgemeines.** Der Begriff der Rechtshandlung ist wie schon im bisherigen Recht weit auszulegen (Begr RegE zu § 129; **BGH** 12. 2. 2004 IX ZR 98/03 NJW 2004, 1660 = ZIP 2004, 620 = ZInsO 2004, 342 = NZI 2004, 314 = EWiR 2004, 1141 *[Beutler]* = WuB VI C § 131 InsO 4.04). Rechtshandlung ist danach jedes von einem Willen getragene Handeln vor Eröffnung des Insolvenzverfahrens, das eine rechtliche Wirkung auslöst (**BGH** 5. 2. 2004 IX ZR 473/00 ZIP 2004, 917 = ZInsO 2004, 499 = NZI 2004, 374 = EWiR 2004, 771 *[Höpfner]* = WuB VI B § 30 Nr 2 KO 1.04 *[Paulus/Zenker]* [KO]; **BGH** 12. 2. 2004 IX ZR 98/03 NJW 2004, 1660 = ZIP 2004, 620 = ZInsO 2004, 342 = NZI 2004, 314 = EWiR 2004, 1141 *[Beutler]* = WuB VI C § 131 InsO 4.04; **BGH** 14. 12. 2006 IX ZR 102/03 Z 170, 196 = ZIP 2007, 191 = NJW 2007, 1588 = ZInsO 2007, 91 = NZI 2007, 158 = EWiR 2007, 185 *[Gundlach]* = WuB VI A § 91 InsO 1.07 *[Lüke/Ellke]*). Ob die Wirkung selbst gewollt ist, ist dabei unerheblich (**BGH** 12. 2. 2004 IX ZR 98/03 NJW 2004, 1660 = ZIP 2004, 620 = ZInsO 2004, 342 = NZI 2004, 314 = EWiR 2004, 1141 *[Beutler]* = WuB VI C § 131 InsO 4.04 *[Haertlein]*; MK/*Kichhof* § 129 Rn 7). Der Begriff der Rechtshandlung kann nach Auffassung des **BGH** auch **nicht** mit dem **bereicherungsrechtlichen Leistungsbegriff** gleichgesetzt werden (**BGH** 5. 2. 2004 IX ZR 473/00 ZIP 2004, 917 = ZInsO 2004, 499 = NZI 2004, 374 = EWiR 2004, 771 *[Höpfner]* = WuB VI B § 30 Nr 2 KO 1.04 *[Paulus/Zenker]* [KO]; MK/*Kirchhof* § 129 Rn 8). Leistet daher der spätere Insolvenzschuldner auf eine fremde Schuld, kann es sich dabei um eine Rechtshandlung sowohl gegenüber dem Gläubiger als auch gegenüber dem Schuldner der Verbindlichkeit handeln. Entsprechend können beide Anfechtungsgegner sein, allerdings orientiert sich die Anfechtung an den Grundsätzen der bereicherungsrechtlichen Rückabwicklung im Dreiecksverhältnis (siehe dazu unten Rn 83 ff, § 130 Rn 31, § 134 Rn 11 ff). Hinsichtlich der anfechtbaren Rechtshandlungen sind dabei **drei Gruppen** zu unterscheiden: 1. **Willenserklärungen** als Teil eines dinglichen oder obligatorischen **Rechtsgeschäfts**; 2. **Geschäftsähnliche Rechtshandlungen** als Äußerungen des auf einen tatsächlichen Erfolg gerichteten Willens, denen das Gesetz Rechtswirkungen beilegt, ohne dass der Wille auf einen Rechtserfolg gerichtet sein müsste, einschließlich der ihnen entsprechenden bewussten oder gewollten Unterlassungen; hierzu gehören etwa Mängelrügen und Mahnungen (siehe **BGH** 15. 10. 1975 WM 1975, 1182, 1184 = KTS 1976, 132; **BGH** 5. 2. 2004 IX ZR 473/00 ZIP 2004, 917 = ZInsO 2004, 499 = NZI 2004, 374 = EWiR 2004, 771 *[Höpfner]* = WuB VI B § 30 Nr 2 KO 1.04 *[Paulus/Zenker]* [KO]). Gleiches gilt für das Einbringen einer Sache, das zu einem Vermieterpfandrecht führt (**BGH** 14. 12. 2006 IX ZR 102/03 Z 170, 196 = ZIP 1007, 191 = NJW 2007, 1588 = ZInsO 2007, 91 = NZI 2007, 158 = EWiR 2007, 185 *[Gundlach]* = WuB VI A § 91 InsO 1.07 *[Lüke/Ellke]*), oder für den Einbau von Gegenständen in eine fremde Sache oder eine Verarbeitung iSv § 950 BGB (*Serick* ZIP 1982, 507, 509); ein Beispiel aus dem Gesellschaftsrecht bildet hier die nach § 34 Abs 2 GmbHG erforderliche Zustimmung des Gesellschafters zur Einziehung seines Geschäftsanteils (**RG** 8. 12. 1933 Z 142, 373, 377). Auch im Rahmen einer Verfahrenseinstellung nach § 153a StPO auferlegte Zahlungen sind anfechtbare geschäftsähnliche Handlungen (**BGH** 5. 6. 2008 IX ZR 17/07 NJW 2008, 2506 = ZIP 2008, 1291 = ZInsO 2008, 738 = NZI 2008, 488); siehe dazu Rn 117, § 132 Rn 4, 6. Auch **Realakte**, denen das Gesetz Rechtswirkungen beimisst, zählen zu den Rechtshandlungen (**BGH** 14. 12. 2006 IX ZR 102/03 Z 170, 196 = ZIP 1007, 191 = NJW 2007, 1588 = ZInsO 2007, 91 = NZI 2007, 158 = EWiR 2007, 185 *[Gundlach]* = WuB VI A § 91 InsO 1.07 *[Lüke/Ellke]*; **BGH** 29. 11. 2007 IX ZR 30/07 Z 174, 297 = NJW 2008, 430 = ZIP 2008, 183 = ZInsO 2008, 91 = NZI 2008, 89 = EWiR 2008, 187 *[Ries]* = WuB VI A § 130 InsO 2.08 *[Schönfelder]*; **BGH** 26. 6. 2008 IX ZR 144/05 ZIP 2008, 1435 = ZInsO 2008, 801 = NZI 2008, 539 = EWiR 2008, 689 *[Eckardt]*; **BGH** 9. 7. 2009 IX ZR 86/08 [Bierbrauen ist eine Rechtshandlung im anfechtungsrechtlichen Sinn]); Beispiele bei MK/*Kirchhof* § 129 Rn 22. 3. **Handlungen und Unterlassungen auf prozessrechtlichem Gebiet** (vgl MK/*Kirchhof* § 129 Rn 20; *Kühnemund*, Anfechtung von Prozesshandlungen, *passim*; *ders* KTS 1999, 25 ff; *Ulmer* ZIP 1984, 1163, 1169). Hierzu gehören neben Vollstreckungshandlungen (dazu **BGH** 21. 3. 2000 IX ZR 138/99 NZI 2000, 310 = NJW-RR 2000, 1215 = ZInsO 2000, 333 = ZIP 2000, 898 = KTS 2000, 409 = EWiR § 30 KO 1/2000, 687 *[Huber]*) und gerichtlichen Vermögensauseinandersetzungen auch andere auf der Entscheidung eines Gerichts beruhende Vermögensverschiebungen (Begr RegE zu § 129).

63   Voraussetzung aller drei Fallgruppen ist eine **Willensbetätigung**. Die Handlung eines Geschäftsunfähigen stellt daher grundsätzlich keine Rechtshandlung dar und ist deshalb nicht anfechtbar. Soweit die Handlung eines Geschäftsunfähigen auf der Grundlage eines natürlichen Willens aber formale Rechtswirkungen, etwa die Umschreibung eines Grundstücks oder die Eintragung einer Hypothek, erzeugt hat, können diese Wirkungen nicht nur durch Geltendmachung der Nichtigkeit der Handlung,

II. Anfechtbare Rechtshandlungen (Abs 1) § 129

sondern auch durch Anfechtung beseitigt werden (MK/Kirchhof § 129 Rn 31). Mangels Willensbetätigung keine (selbstständige) Rechtshandlung ist der Zuschlag in der Zwangsversteigerung (**BGH** 15. 5. 1986 NJW-RR 1986, 1115, 1116 = ZIP 1986, 926, 927 = EWiR § 3 AnfG 1/86, 747 *[W. Lüke]*; **BGH** 29. 6. 2004 IX ZR 258/02 Z 159, 397 = ZIP 2004, 1619 = NJW 2004, 2900 = EWiR 2005, 53 *[Stickelbrock]* = WuB VI D § 11 AnfG 1.04 *[Rimmelspacher/Luber]* [AnfG] [späterer Erwerb durch Zuschlag in der Zwangsversteigerung heilt einen früheren anfechtbaren Erwerb nicht]; zur Anfechtbarkeit von Vollstreckungshandlungen unten § 130 Rn 59 sowie § 133 Rn 8). Im Liegenschaftsrecht ist auch die Grundbucheintragung mangels Willensbetätigung keine Rechtshandlung; Rechtshandlung ist vielmehr der Eintragungsantrag (Jaeger/*Henckel* § 129 Rn 35; KP-*Paulus* § 129 Rn 13; *Wacke* ZZP 82 [1969], 377, 405). Davon zu unterscheiden ist der für die Anfechtung maßgebliche Zeitpunkt; dazu die Ausführungen bei § 140.

b) Unterlassen (Abs 2). Dem positiven Tun steht das Unterlassen gleich. Dies ordnet das Gesetz heute 64 in seinem Absatz 2 ausdrücklich an; auf eine Garantenstellung nach allgemeinen Regeln kommt es daher nicht an. Parallel zur hiesigen Neuregelung wurde auch § 132 Abs 2 mit demselben Ziel geändert (dazu § 132 Rn 12 f). Mit der Neuregelung wurde die schon auf der Grundlage der früheren KO allgemeine Ansicht in Rechtsprechung und Schrifttum kodifiziert, die sich gegen die Auffassung des historischen Gesetzgebers der KO gewandt hatte (Begr RegE zu § 129 aE). Da ausweislich der Gesetzesbegründung eine Abweichung von der bislang erfolgten und im Einzelnen differenzierenden Konkretisierung des Unterlassens durch Rechtsprechung und Schrifttum nicht beabsichtigt ist, kann darauf auch weiterhin zurückgegriffen werden. Das bedeutet zunächst, dass das Unterlassen einer Rechtshandlung grundsätzlich nur dann gleichsteht, wenn es wissentlich und willentlich geschieht (**BGH** 30. 4. 1959 WM 1959, 891 = KTS 1960, 38 = LM § 30 KO Nr 6; **BGH** 24. 10. 1996 ZIP 1996, 2080 = EWiR § 10 GesO 1/97, 33 *[Gerhardt]*; **BGH** 22. 12. 2005 IX ZR 190/02 Z 165, 343 = ZIP 2006, 243 = NJW 2006, 908 = ZInsO 2006, 140 = NZI 2006, 155 = WuB VI B § 3 AnfG 1.06 *[Kreft]* [AnfG] [zur unterlassenen Geltendmachung von Ansprüchen aus §§ 30 ff GmbHG]; **BGH** 2. 4. 2009 IX ZR 236/07 ZIP 2009, 1080 = ZInsO 2009, 1060 = NZI 2009, 429; HK-*Kreft* § 129 Rn 24; Jaeger/*Henckel* § 129 Rn 12; Kilger/*Karsten Schmidt* § 29 KO Anm 8). Dies gilt insbesondere für die Anfechtung wegen vorsätzlicher Benachteiligung (§ 133; zum Nachweis des Unterlassens der Durchsetzung gesellschaftsrechtlicher Einlageansprüche *Nöll* ZInsO 2005, 964, 969). Bei der Schenkungsanfechtung reicht demgegenüber aus, dass sich die Beteiligten über die Unentgeltlichkeit der Unterlassung einig sind (Jaeger/ *Henckel* § 129 Rn 21).

Als durch Unterlassen vorgenommene anfechtbare Rechtshandlungen kommen **materiellrechtlich** 65 insbesondere die Unterlassung oder Ablehnung eines Erwerbs (zu Einzelheiten und Ausnahmen unten Rn 99), die Unterlassung einer Irrtumsanfechtung (§ 142 BGB), die Nichtberufung auf einen Wegfall der Geschäftsgrundlage (KP-*Paulus* § 129 Rn 15), die Nichtunterbrechung einer Verjährungs- oder Ersitzungsfrist, die unterlassene Geltendmachung höherer Zinsen bei einem langfristigen Darlehen (**BGH** 21. 4. 1988 NJW 1989, 1037 = ZIP 1988, 725 = KTS 1988, 519 = EWiR § 29 KO 1/88, 699 *[Wellensiek]*) oder die Unterlassung der Erhebung eines Wechselprotests in Betracht. Ferner kann das Stehenlassen eines Darlehens oder die Nichtbeitreibung von Leistungen, die der Gesellschafter an seine Gesellschaft erbracht hat, ein anfechtbares Unterlassen darstellen (**BGH** 2. 4. 2009 IX ZR 236/07 ZIP 2009, 1080 = ZInsO 2009, 1060 = NZI 2009, 429); dazu ausführlich § 134 Rn 22. **Prozessrechtlich** können die Unterlassung des Widerspruchs gegen einen Mahnbescheid (§ 694 Abs 1 ZPO; **RG** 12. 12. 1916 JW 1917, 478 = WarnRspr 1917 Nr 70) oder einen Arrestbefehl (**RG** 20. 1. 1882 Z 6, 367), die Unterlassung des Einspruchs gegen ein Versäumnisurteil (**RG** 16. 10. 1913 JW 1914, 106; BayObLG 11. 1. 1887 SeuffArch 42 Nr 115), die Ermöglichung eines Versäumnisurteils oder (in jedem Verfahren) das unterlassene oder verspätete Vorbringen von Sachvortrag oder die unterlassene oder verspätete Erhebung bestehender Einreden und Einwendungen eine Rolle spielen (Jaeger/*Henckel* § 129 Rn 14, 19; *Kühnemund*, Anfechtung von Prozesshandlungen, S 121 ff; *ders* KTS 1999, 25, 27 ff). Anfechtbar ist uU auch die durch Versäumnisse des Insolvenzschuldners entstandene Präklusionslage in vom Verwalter nach §§ 85, 86 aufgenommenen Prozesssen (abw *Kühnemund* KTS 1999, 25 ff). Die Rechtskraft einer Entscheidung hindert die Anfechtung nicht (§ 141). **Unbewusste oder fahrlässige Unterlassungen** sind demgegenüber nicht anfechtbar, weil es an der zum Begriff der Rechtshandlung notwendigen Willensbetätigung fehlt. Keine durch Unterlassung ausgeführte Rechtshandlung liegt in der **Zahlungseinstellung** (zweifelnd auch KP-*Paulus* § 129 Rn 13; nicht abw **BGH** 18. 2. 1993 NJW 1993, 1640, 1641 = ZIP 1993, 521, 522 = KTS 1993, 427 = EWiR § 31 KO 2/93, 389 *[Paulus]* [da es um Anfechtung einer durch Zahlungseinstellung bedingten Abtretung ging, nicht um eine Anfechtung der Zahlungseinstellung selbst]). Denn hier geht es um eine wertende Betrachtung von Einzelhandlungen bzw -unterlassungen, die allein als Rechtshandlung in Betracht kommen können. Zudem würden sonst Rechtshandlung und insolvenzrechtliche Folge unzulässig miteinander vermengt: würde man anders entscheiden, müsste man nämlich auch die **Nicht-Stellung eines Insolvenzantrags** als Unterlassung einer Rechtshandlung qualifizieren (dies zu recht ablehnend: **BGH** 10. 2. 2005 IX ZR 211/02 Z 162, 143 = NJW 2005, 1121, 1124 = ZIP 2005, 494 = ZInsO 2005, 260 = NZI 2005, 215 = WuB VI A § 133 InsO 1.05 *[Urbanczyk]*; aA *Rendels* ZIP 2004, 1289, 1294 ff; siehe auch Rn 28, 91). **Zeitpunkt** oder Zeitraum einer Unterlassung ist derjenige, in dem oder während dessen die unterlassene Handlung wirksam hätte vorgenommen werden können (vgl § 140 Rn 4).

66   2. Rechtsgeschäfte. a) Ein- und zweiseitige Rechtsgeschäfte. Für das Anfechtungsrecht sind unter den Rechtshandlungen die Rechtsgeschäfte von besonderer Bedeutung. Das sind „Privatwillenserklärungen, gerichtet auf die Hervorbringung eines Rechtserfolges, welcher nach der Rechtsordnung deswegen eintritt, weil er gewollt ist" (Mot z BGB I, 126; RG 1. 5. 1908 Z 68, 322, 324). Unerheblich ist, ob sie ein- oder zweiseitig, entgeltlich oder unentgeltlich sind. Zu den Rechtsgeschäften gehören die **rechtsgeschäftlichen Verfügungen** (hierzu § 81 Rn 2) wie die Übereignung von Sachen, die Abtretung von Forderungen oder anderen Rechten einschließlich der Anwartschaftsrechte, die Verpfändung von Sachen oder Rechten, die Belastung von Grundstücken, die Einziehung von Forderungen, die Aufrechnung, der Verzicht, das Anerkenntnis oder der Erlass; auch der Erlass auf Grund eines Vergleich gehört hierher (*Huber* ZInsO 2008, 929). Erfasst ist auch die (bloß formelle) Übertragung auf einen Treuhänder (**BGH** 9. 12. 1993 Z 124, 298, 300 = NJW 1994, 726, 727 = ZIP 1994, 218, 219 = EWiR § 7 AnfG 1/94, 319 *[Canaris]*) oder die Ausübung einen Benennungsrechts (**BGH** 15. 10. 1975 WM 1975, 1182, 1184). Rechtshandlungen in diesem Sinne sind die **Kontosperre** (**BGH** 12. 2. 2004 IX ZR 98/03 NJW 2004, 1660 = ZIP 2004, 620 = ZInsO 2004, 342 = NZI 2004, 314 = EWiR 2004, 1141 *[Beutler]* = WuB VI C § 131 InsO 4.04) ebenso wie die Verrechnung von Gutschriften auf den Debetsaldo (**OLG Köln** 29. 9. 2004 2 U 1/04 ZIP 2005, 222 = NZI 2005, 112), die Genehmigung im Einzugsermächtigungsverfahren (**BGH** 25. 10. 2007 IX ZR 217/06 Z 174, 84 = NJW 2008, 63 = ZIP 2007, 2273 = ZInsO 2007, 1216 = NZI 2008, 27; **BGH** 29. 5. 2008 IX ZR 42/07 ZIP 2008, 1241 = ZInsO 2008, 749 = NZI 2008, 482; **BGH** 10. 6. 2008 XI ZR 283/07 ZIP 2008, 1977 = NJW 2008, 3348 = ZInsO 2008, 1076 = EWiR 2008, 625 *[Keller]*; hierzu *Werres* ZInsO 2008, 1065, 1066 ff), die Erbringung oder die Entgegennahme von Werkleistungen (**BGH** 22. 2. 2001 IX ZR 191/98 Z 147, 28, 35 = ZIP 2001, 1380 = NJW 2001, 3704 = ZInsO 2001, 708 = NZI 2001, 537 = EWiR 2001, 1107 *[Tintelnot]* = WuB VI B § 17 KO 3.02 *[KO]*; **BGH** 4. 10. 2001 IX ZR 207/00 ZIP 2001, 2055 = NZI 2002, 35 = EWiR 2002, 107 *[Rigol]* = WuB VI G § 2 GesO 1.02 *[Pape]*) sowie die zur Verfügungstellung von Arbeitskräften und Material (**OLG Frankfurt/ M** 24. 11. 2005 1 U 19/05 OLGR Frankfurt 2006, 652 = ZIP 2005, 2325 = ZInsO 2006, 105 = NZI 2006, 241, 242). Rechtshandlung ist auch die Inbesitznahme von Frachtgut, durch die ein gesetzliches Pfandrecht entsteht (**BGH** 18. 4. 2002 IX ZR 219/01 Z 150, 326 = ZIP 2002, 1204 = ZInsO 2002, 670 = NZI 2002, 485 = WuB VI C § 131 InsO 1.03 *[Smid]*; **BGH** 21. 4. 2005 IX ZR 24/04 ZIP 2005, 992 = ZInsO 2005, 648 = NZI 2005, 389 = EWiR 2005, 545 *[Gerhardt]* = WuB VI A § 129 InsO 4.05 *[Bartels]*). Die Veräußerung als Vertreter sowie die Aushändigung des Erlöses an den Vertretenen stellt aber keine Rechtshandlung dar (**BGH** 20. 12. 1984 WM 1985, 364, 365); weitere Beispiele bei MK/*Kirchhof* § 129 Rn 14 ff Auch **schuldrechtliche Verträge** können die Insolvenzgläubiger benachteiligen; das ist der Fall, wenn durch sie die Schuldenlast des Verfahrensschuldners vermehrt (**RG** 15. 5. 1891 Z 27, 130, 133; weitere Beispiele bei MK/*Kirchhof* § 129 Rn 11 ff), die Verwertbarkeit eines Gegenstands (etwa durch einen mehrjährigen Mietvertrag, vielleicht gar mit niedriger Miete) herabgesetzt oder eine Sache unter ihrem Wert verkauft wird. Anfechtbar können auch schuldrechtliche Verträge sein, durch die eine langfristige Vermögensbindung des Schuldners herbeigeführt wird. Ferner ist Rechtshandlung in diesem Sinne der **Abschluss eines Vergleichs** im Sinne von § 779 BGB (**BGH** 13. 5. 2004 IX ZR 128/01 ZIP 2004, 1370 = ZInsO 2004, 803 = NJW-RR 2004, 1534 = EWiR 2004, 1205 *[Bork]* [§ 3 AnfG aF]; **BGH** 9. 11. 2006 IX ZR 285/03 ZInsO 2006, 1322 = NZI 2007, 101 = ZIP 2006, 2391 = WuB VI A § 134 InsO 1.08 *[Pape]*; dazu *Gerhardt* KTS 2004, 195 ff). Rechtshandlung ist auch die Vereinbarung eines Rangrücktritts (offengelassen von **BGH** 2. 4. 2009 IX ZR 236/07 ZIP 2009, 1080 = ZInsO 2009, 1060 = NZI 2009, 429; dazu näher unten § 134 Rn 22). Rechtshandlung ist ferner die Kündigung oder einverständliche Aufhebung einer Patronatserklärung (**OLG München** 22. 7. 2004 19 U 1867/04 ZIP 2004.2102 [n. rkr.]). Auch ein **Arbeitsvertrag**, den der Schuldner als Arbeitgeber abgeschlossen hat, ist wie jeder andere Vertrag unter den Voraussetzungen des §§ 129 ff anfechtbar (Jaeger/*Henckel* § 129 Rn 48). Dies wird in der Praxis vielfach bei Arbeitsverträgen unter Familienangehörigen bedeutsam. In der Regel wird der Insolvenzverwalter hier allerdings über die Ablehnung der Erfüllung nach § 103 bzw die Kündigung nach § 113 oder § 850 h ZPO das gleiche Ergebnis erreichen. Anfechtbar kann auch die betriebliche Ruhegeldzusage an organschaftliche Vertreter einer Gesellschaft im Zeitpunkt der Krise sein. Zu anfechtbaren Rechtshandlungen im Rahmen **notarieller Amtsgeschäfte** siehe MK/*Kirchhof* vor §§ 129 ff Rn 96 ff. Bei einer Zahlung im Wege des **Lastschriftverfahrens** handelt es sich um eine einheitliche Rechtshandlung, die erst vorgenommen ist, wenn die Lastschrift eingelöst wurde und vom Schuldner nicht mehr rückgängig gemacht werden kann (**BGH** 19. 12. 2002 IX ZR 377/99 ZIP 2003, 488 = ZInsO 2003, 324 = NZI 2003, 253 = EWiR 2003, 427 *[Gerhardt]* [KO]; **OLG Köln** 5. 11. 2008 2 U 78/07 ZIP 2009, 232, 233), siehe dazu § 130 Rn 17 ff sowie § 140 Rn 5B.

67   b) **Mehrseitige Rechtsgeschäfte.** Als Rechtshandlungen anfechtbar sind auch Abschluss und Änderung von **Gesellschaftsverträgen.** Dazu kann das Ausscheiden eines Gesellschafters aus einer Gesellschaft durch gesellschaftsvertragliche Vereinbarung gehören (KP-*Paulus* § 129 Rn 12, was allerdings

entgegen ihm nicht aus **BGH** 26. 1. 1983 VIII ZR 257/81 Z 86, 340 ff = ZIP 1983, 334, 336 folgt; siehe näher Rn 30, 100, 122 A, § 134 Rn 28, 39). Zu den mehrseitigen Rechtsgeschäften gehören auch **Beschlüsse** von Gesellschaftsorganen einschließlich der Hauptversammlung. Von Bedeutung können hier vor allem Beschlüsse über die Feststellung des Jahresabschlusses oder die Ergebnisverwendung sein. Dazu soll (wegen Abs 2) auch ein unterlassener Beschluss über eine Kapitalerhöhung gehören können (*Paulus* ZIP 1996, 2141, 2147 f); doch scheitert dies in Bezug auf Kapitalerhöhungen für die Aktiengesellschaft daran, dass diese nach der Rechtsprechung des EuGH einen Beschluss der Hauptversammlung voraussetzen, und zwar selbst wenn die Kapitalerhöhung Sanierungszwecken dient (erstmals EuGH 30. 5. 1991 Slg. 1991-I, 2691, 2710 = ZIP 1991, 1488 = EuZW 1991, 604 [Karella und Karellas]; *Hirte* KapGesR Rn 6.16 mwN). Das dürfte auch dann gelten, wenn über die Anfechtung lediglich die Wirkung (§ 143) einer Kapitalerhöhung herbeigeführt werden soll. Für andere Gesellschaftsformen, insbesondere die GmbH, dürfte dies in Widerspruch zu dem auf den Kapitaleinsatz beschränkten Risiko der Gesellschafter stehen (§ 13 Abs 2 GmbHG).

Zu denken ist daher insbesondere an **Umwandlungsmaßnahmen** in der Krise; nach neuem Umwandlungsrecht können dabei besondere Gefahren von Abspaltungen ausgehen. Dabei sieht § 133 Abs 1 UmwG zwar eine gesamtschuldnerische Haftung aller beteiligten Rechtsträger für vor dem Wirksamwerden der Spaltung begründete Verbindlichkeiten vor; diese ist aber nach Zweck, persönlichen und zeitlichen Voraussetzungen und Rechtsfolgen anders ausgestaltet als die Anfechtung nach §§ 129 ff, die der Wiederherstellung der Haftungsmasse vor der angegriffenen Rechtshandlung dient; sie steht der Anfechtung damit keinesfalls entgegen (*Heckschen* ZInsO 2008, 824, 829; abw **OLG Jena** 3. 3. 1998 OLG-NL 1998, 160, 163 f [für Verhältnis von § 10 Abs 1 Nr 3 GesO zu § 11 SpTrUG], bestätigt durch Nichtannahmebeschluss **BGH** 2. 3. 2000 R DDR-GesO § 10 Abs 1 Anfechtungsgrund 2 SpTrUG § 11 Abs 1 Abspaltung 2; *Lwowski/Wunderlich* NZI 2008, 595, 596 ff [für Vorrang des gesellschaftsrechtlichen Gläubigerschutzes ab Zeitpunkt der Handelsregistereintragung]; *arg*. auch **BGH** 10. 5. 1978 Z 71, 296, 298 = NJW 1978, 1525 = KTS 1979, 76 = LM § 29 KO Nr 8 [*Merz*]). § 20 Abs 2 UmwG und seine Parallelregelungen steht der Insolvenzanfechtung hier ebenso wenig entgegen wie die Grundsätze der Kapitalerhaltung im vergleichbaren Fall der anfechtbaren Einlageleistung (dazu unten Rn 113). Auch ein Beschluss über eine **Sitzverlegung** kommt als Rechtshandlung in Betracht (*Paulus* ZInsO 1999, 242, 246; dazu auch unten § 143 Rn 9). Gleiches gilt für die **Änderung einer Firma** (**OLG Düsseldorf** 26. 10. 1988 ZIP 1989, 457, 458 = EWiR § 1 KO 2/89, 489 [*Schulz*]; *Karsten Schmidt* BB 1988, 5; *T. Schultze* DZWIR 2005, 56, 59). **Konzerninterne Transaktionen** dürften in aller Regel als Rechtshandlungen iSv Abs 1 anzusehen sein (*Paulus* ZIP 1996, 2141, 2146; MK/*Kirchhof* § 129 Rn 19). 68

Schließlich kann sich auch ein vor Eröffnung des Insolvenzverfahrens aufgestellter **Sozialplan** grundsätzlich als anfechtbares Rechtsgeschäft iSv § 129 darstellen (**LAG Hamm** 20. 1. 1982 ZIP 1982, 615, 617; *Hanau* ZfA 1974, 89, 113; *Schils* KTS 1976, 267, 279; *Willemsen* ZIP 1982, 649 ff). Das Gesetz über den Sozialplan im Konkurs- und Vergleichsverfahren vom 20. 2. 1985 (SozPlG) enthielt jedoch schon vor Inkrafttreten der InsO eine die Anfechtungsregeln verdrängende Sonderregelung, nach der bei innerhalb der letzten drei Monate vor dem Insolvenzantrag aufgestellten Sozialplänen deren Anfechtung fingiert wurde, soweit die Summe der darin zugesagten Leistungen größer als ein Gesamtbetrag von zweieinhalb Monatsverdiensten (dazu Kuhn/*Uhlenbruck* § 29 KO Rn 6 a, § 30 KO Rn 37). Sie wurde jetzt durch § 124 deutlich modifiziert. Danach kann ein Sozialplan, der nicht früher als drei Monate vor dem Antrag auf Eröffnung des Insolvenzverfahrens aufgestellt wurde, sowohl vom Insolvenzverwalter als auch vom Betriebsrat widerrufen werden (§ 124 Abs 1). Nach einem solchen Widerruf können die aus dem widerrufenen Sozialplan begünstigten Arbeitnehmer bei Aufstellung eines neuen Sozialplans im Insolvenzverfahren berücksichtigt werden (§ 124 Abs 2). Diese Möglichkeit ist an die Stelle der früheren Pflicht des Konkursverwalters getreten, einen neuen Sozialplan mit der notwendigen Folge einer Privilegierung der Arbeitnehmerforderungen nach § 61 Abs 1 Nr 1 KO aufzustellen (§ 4 SozPlG). Sie erlaubt dem Insolvenzverwalter zum einen eine Kürzung der Sozialplanleistungen gegenüber dem ursprünglich vereinbarten Sozialplan im Hinblick auf die weiter verschlechterte wirtschaftliche Situation, kann aber zum anderen den begünstigten Arbeitnehmern in einem bestimmten Umfang (§ 123) einen ungekürzten Anspruch gegen die Insolvenzmasse einräumen (Begr RegE zu § 124). Neben dem Widerruf bleibt aber die Möglichkeit einer Anfechtung nach §§ 130–132 auch für einen innerhalb der letzten drei Monate vor dem Eröffnungsantrag aufgestellten Sozialplan bestehen. Das ergibt sich heute eindeutig aus einem Umkehrschluss aus § 124 Abs 3 Satz 1, der nämlich eine Rückforderung von an Arbeitnehmer auf Grund eines widerrufenen Sozialplans vor Verfahrenseröffnung erbrachten Leistungen nur „wegen des Widerrufs" ausschließt; ausweislich der Gesetzesbegründung wird damit die Möglichkeit der Anfechtung gerade nicht ausgeschlossen (Begr RegE zu § 124; abw wohl HK-*Kreft* § 129 Rn 18 [der die Anfechtung für nicht erforderlich hält, wenn der Insolvenzverwalter den Widerruf erklärt]; siehe dazu auch § 132 Rn 2). Eine Anfechtung nach §§ 133 f ist darüber hinaus vor allem dann möglich, wenn ein Sozialplan früher als drei Monate vor dem Eröffnungsantrag aufgestellt wurde, ein Widerruf nach § 124 Abs 1 und eine Anfechtung nach §§ 130–132 also nicht mehr in Betracht kommen. Die Anfechtung kommt daher vor allem in Frage, wenn der Verfahrensschuldner in der Absicht der Gläubigerbenachteiligung handelte (§ 133). Streitig ist, ob auch ein durch Spruch der **Einigungs-** 69

§ 129

stelle zustande gekommener Sozialplan der Anfechtung unterliegt (so MK/*Kirchhof* § 129 Rn 13 mwN; abw *Hanau* ZfA 1974, 89, 114; *Willemsen* ZIP 1982, 449, 651 f). Anfechtbar kann hier die Unterlassung des Verfahrensschuldners sein, durch Einleitung eines arbeitsgerichtlichen Beschlussverfahrens den Spruch der Einigungsstelle überprüfen zu lassen (Jaeger/*Henckel* § 129 Rn 51). Die Anfechtung findet auch hinsichtlich **sozialplanähnlicher Vereinbarungen** statt (Jaeger/*Henckel* § 129 Rn 54).

70   c) **Grund- und Erfüllungsgeschäfte.** Anfechtbar sind sowohl Grund- als auch Erfüllungsgeschäfte. Denn der Anfechtung unterliegen nicht nur Rechtsgeschäfte und schon gar nicht nur schuldrechtliche Rechtsgeschäfte, sondern Rechtshandlungen bzw die auf ihnen beruhenden Zuwendungen (Kilger/*Karsten Schmidt* § 29 KO Anm 8). Und zugewandt wird durch das Erfüllungsgeschäft etwas anderes als durch das Grundgeschäft, nämlich der Gegenstand selbst und nicht bloß – wie beim Grundgeschäft – ein Anspruch (Kilger/*Karsten Schmidt* § 29 KO Anm 10). Auf Grund des Abstraktionsprinzips sind diese anfechtungsrechtlich regelmäßig gesondert zu beurteilen (**BGH** 11. 1. 2007 IX ZR 31/05 Z 170, 276 = NJW 2007, 1357 = ZIP 2007, 435 = ZInsO 2007, 269 = NZI 2007, 225 = EWiR 2007, 439 [*Göb*] = WuB VI A § 129 InsO 1.07 [*Kreft*] [für Ausstellung eines Schecks und seine Einlösung]; **BGH** 24. 5. 2007 IX ZR 105/05 ZIP 2007, 1274 = ZInsO 2007, 658 = NZI 2007, 452 = EWiR 2007, 667 [*Homann*] = WuB VI A § 140 InsO 2.08 [*Kreft*]; **BGH** 9. 10. 2008 IX ZR 138/06 Z 178, 171 = ZIP 2008, 2224 = NJW 2009, 225 = ZInsO 2008, 1275 = NZI 2009, 45 [zur isolierten Anfechtung einer Sicherung]; MK/*Kirchhof* § 129 Rn 57 mN der unter Geltung der KO teilweise abw Ansicht; HK-*Kreft* § 129 Rn 13). Folge ist vor allem, dass eine Kongruenz der Erfüllung verhindert wird. Zudem sind Erfüllungshandlungen häufig im Lichte des zugrunde liegenden Kausalgeschäfts zu beurteilen; so schlägt ein bei Abschluss des Verpflichtungsgeschäfts vorliegender Benachteiligungsvorsatz regelmäßig auf die Erfüllungshandlung durch (MK/*Kirchhof* § 129 Rn 62; HK-*Kreft* § 129 Rn 13). Ferner kann eine unentgeltlich begründete Verpflichtung auch im Falle ihrer Unanfechtbarkeit regelmäßig keine Entgeltlichkeit des Erfüllungsgeschäfts begründen (ausführlich MK/*Kichhof* § 129 Rn 61).

71   Eine isolierte Anfechtung des Grundgeschäfts führt dabei (nur) zu einem Rückforderungsrecht des auf seiner Grundlage Erlangten nach §§ 812 ff BGB. Andererseits hilft eine isolierte Anfechtung des Erfüllungsgeschäfts häufig nicht weiter: solange das Grundgeschäft wirksam bleibt, handelt es sich bei dessen Erfüllung um eine kongruente Deckung. Diese kann wiederum zur Annahme eines nach § 142 unanfechtbaren Bargeschäfts führen. Zudem lebt auch bei erfolgreicher Anfechtung nach § 144 Abs 1 die Gegenforderung wieder auf. Daher empfiehlt sich häufig eine gemeinsame Anfechtung von Verpflichtungs- und Erfüllungsgeschäft. Im Zweifel wird eine Klage daher als einheitliche Anfechtung auszulegen sein – dies jedenfalls dann, wenn Verpflichtungs- und Erfüllungsgeschäft eine Einheit bilden (MK/*Kirchhof* § 129 Rn 64). Allein das Erfüllungsgeschäft ist aber etwa dann anfechtbar, wenn eine Forderung lange vor Zahlungsunfähigkeit unanfechtbar begründet, aber innerhalb der kritischen Zeit des § 130 erfüllt wurde. Auch das **Werthaltigmachen** einer Forderung durch eine Erfüllungshandlung wie bspw. die Herstellung eines Werkes, die Übergabe der Kaufsache oder der Erbringung einer Dienstleistung, ist eine selbstständig anfechtbare Rechtshandlung (**BGH** 29. 11. 2007 IX ZR 30/07 Z 174, 297 = NJW 2008, 430 = ZIP 2008, 183 = ZInsO 2008, 91 = NZI 2008, 89 = EWiR 2008, 187 [*Ries*] = WuB VI A § 130 InsO 2.08 [*Schönfelder*]; **BGH** 29. 11. 2007 IX ZR 165/05 ZIP 2008, 372 = ZInsO 2008, 209; **BGH** 26. 6. 2008 IX ZR 144/05 ZIP 2008, 1435 = ZInsO 2008, 801 = NZI 2008, 539 = EWiR 2008, 689 [*Eckardt*]; **BGH** 26. 6. 2008 IX ZR 47/05 ZIP 2008, 1437 = ZInsO 2008, 803 = NZI 2008, 551 = EWiR 2008, 659 [*Schulz*]; *Eßbauer* ZInsO 2008, 598, 601; *Psadourakis* ZInsO 2009, 1039, 1044 [kritisch], 1047 f); siehe § 129 Rn 33 und zur Kongruenz des Werthaltigmachens siehe § 131 Rn 16. Auch im Fall des § 133 ist es möglich, dass nur das Erfüllungsgeschäft anfechtbar ist (**RG** 27. 3. 1888 Z 20, 180; **RG** 1. 2. 1889 Z 23, 9, 11; **RG** 15. 5. 1891 Z 27, 130, 133).

72   d) **Teilanfechtung und zusammengesetzte Rechtshandlungen und Rechtsgeschäfte.** Grundsätzlich kann nur das **ganze Rechtsgeschäft**, nicht nur eine einzelne Vertragsbestimmung angefochten werden (**BGH** 11. 11. 1993 IX ZR 257/92 Z 124, 76 = NJW 1994, 449 = ZIP 1994, 40 = EWiR 1994, 169 [*Haas*] = WuB VI B § 31 Nr 1 KO 1.94; **BGH** 19. 4. 2007 IX ZR 59/06 Tz 32 NJW 2007, 2325 = ZIP 2007, 1120 = ZInsO 2007, 600 = NZI 2007, 462 = WuB VI A § 129 InsO 4.07 [*Kirchhof*] [zu Erbbaurechtsverträgen, wobei im konkreten Fall Teilbarkeit gegeben war]; **BGH** 13. 3. 2008 IX ZB 39/05 ZIP 2008, 1028 = ZInsO 2008, 558 = NZI 2008, 428 = EWiR 2008, 501 [*Eckert*]; *Bax* = WuB VI A § 129 InsO 5.08 [*Blum*]; **OLG Köln** 25. 11. 1994 NJW-RR 1995, 609 = ZIP 1995, 138 = KTS 1995, 247 = EWiR § 30 KO 2/95, 79 [*Büttner*] [keine isolierte Anfechtbarkeit einer Kontokorrentabrede]; Jaeger/*Henckel* § 129 Rn 234 ff, offen gelassen in **BGH** 14. 5. 1975 WM 1975, 534, 536 [insoweit nicht in BGHZ 64, 312 = NJW 1975, 1226 abgedruckt]). Wie im gesamten Zivilrecht sind aber auch hier **Verpflichtungs- und Erfüllungsgeschäft zu unterscheiden.** Bei der Beteiligung des Schuldners an einer (Gesamthands-) Gemeinschaft, bei der er nicht ohne Mitwirkung der anderen verfügen kann, richtet sich die Anfechtung zwar nur gegen die Handlung des Schuldners; Folge ist aber die Gesamt-Unwirksamkeit der vorgenommenen Rechtshandlung, weil sie nicht ohne die anfechtbare Rechtshandlung des Schuldners erfolgen konnte (**BGH** 5. 12. 1991 Z 116, 222, 225 = NJW 1992, 830 = ZIP 1992, 109 = EWiR § 859 ZPO 1/92, 307 [*Henckel*]; **BGH** 5. 12. 1991 NJW 1992, 834 = ZIP 1992, 124 = KTS 1992, 243 =

II. Anfechtbare Rechtshandlungen (Abs 1) § 129

EWiR § 1 AnfG 1/92, 219 *[Gerhardt]*; HK-*Kreft* § 129 Rn 26). In dieser Situation kann das Problem auftauchen, dass eine Gemeinschaftshandlung für einen Verfahrensschuldner negativ und für ein anderes Gesamthandsmitglied, das Verfahrensschuldner eines anderen Verfahrens ist, positiv ist.

Eine im Ganzen vorgenommene Anfechtung kann im Übrigen nur **teilweise durchgreifen**, wenn nur 73 insoweit Gläubigerbenachteiligung vorliegt und das Rechtsgeschäft insofern teilbar ist (**BGH** 14. 5. 1975 Z 64, 312 = NJW 1975, 1226 = KTS 1975, 296; **BGH** 11. 6. 1980 Z 77, 250, 256 = NJW 1980, 1962 = ZIP 1980, 618 = KTS 1981, 84 = LM § 3 BRAGO Nr 9 *[Treier]*; **BGH** 13. 3. 2008 IX ZB 39/05 ZIP 2008, 1028 = ZInsO 2008, 558 = NZI 2008, 428 = EWiR 2008, 501 *[Eckert]* = WuB VI A § 129 InsO 5.08 *[Blum]* [verneint für eine mit einem Rückforderungsanspruch für den Fall der Insolvenz des Beschenkten belastete Schenkung]); siehe dazu auch § 129 Rn 113. Im Fall der gläubigerbenachteiligenden Vereinbarung eines Heimfallanspruchs in einem Erbbaurechtsvertrag soll eine Teilanfechtung aber in Betracht kommen, da der Erbbaurechtsvertrag nicht insgesamt rückabgewickelt werden könne, weil es im Beitrittsgebiet kein selbstständiges Gebäudeeigentum mehr gibt (**BGH** 19. 4. 2007 IX ZR 59/06 Tz 32 NJW 2007, 2325 = ZIP 2007, 1120 = ZInsO 2007, 600 = NZI 2007, 462 = WuB VI A § 129 InsO 4.07 *[Kirchhof]*); das wird man auf andere Fälle der rechtlichen Unmöglichkeit einer Rückabwicklung übertragen können. Allein die Unpraktikabilität vollständiger Rückabwicklung, wie wenn ein Unternehmen im Wege der übertragenden Sanierung unter Wert veräußert wurde, begründet jedoch noch nicht die Möglichkeit der Teilanfechtung (abw Kuhn/*Uhlenbruck* § 207 KO Rn 4: lediglich Wertausgleich).

Eine (echte) Teilanfechtung ist nur dann zulässig, wenn sich das Rechtsgeschäft in einzelne, voneinander unabhängige, **selbstständige Teile** zerlegen lässt (**RG** 2. 7. 1926 Z 114, 206, 210; **RG** 17. 9. 1937 74 JW 1937, 3241 *[Bley]* = HRR 1937, 1666; **BGH** 30. 6. 1959 Z 30, 238, 241 = NJW 1959, 1539 = KTS 1959, 171 = JZ 1959, 712 *[Böhle-Stamschräder]* = LM Nr 30 KO Nr 7 *[Artl]*; **BGH** 11. 6. 1980 Z 77, 250, 256 = NJW 1980, 1962 = ZIP 1980, 618 = KTS 1981, 84 = LM § 3 BRAGO Nr 9 *[Treier]*; **BGH** 11. 11. 1993 Z 124, 76 = NJW 1994, 449 = ZIP 1994, 40 = KTS 1994, 242 = EWiR § 31 KO 1/94, 169 *[Haas]*; **BGH** 12. 11. 1998 NJW 1999, 359 = ZIP 1998, 2165 = EWiR § 29 KO 1/99, 799 *[Gerhardt]* = LM 29 KO Nr 22 *[Eckardt]* [für einzelne nachteilige Klausel]; **BGH** 28. 9. 2000 Z 145, 245, 253 = ZIP 2000, 2207, 2209 = NZI 2001, 23 = EWiR § 55 KO 2/2000, 1167 *[Paulus]* [für zeitliche Aufteilung bei Nutzungsüberlassung]; **BGH** 19. 4. 2007 IX ZR 59/06 Tz 32 NJW 2007, 2325 = ZIP 2007, 1120 = ZInsO 2007, 600 = NZI 2007, 462 = WuB VI A § 129 InsO 4.07 *[Kirchhof]* [für einzelne nachteilige Klausel]; **OLG** Hamburg 26. 10. 1984 ZIP 1984, 1373, 1376; offenlassend **BGH** 14. 5. 1975 Z 64, 312 = NJW 1975, 1226 = KTS 1975, 296; abw **OLG** Hamm 3. 12. 1981 ZIP 1982, 722, 724 [für Abschluss einer Auferechnungsvereinbarung und hierauf erfolgter Aufrechnung]). Das gilt auch dann, wenn in einer Urkunde mehrere selbstständige Verträge zusammengefasst wurden. Wenn *mehrere Rechtsgeschäfte* in einer **einheitlichen Urkunde** zusammengefasst beurkundet wurden, *muss* andererseits auch jedes Rechtsgeschäft für sich besonders angefochten werden (zur Teilanfechtung bei Sicherheitenbestellungen siehe auch § 131 Rn 18).

Grds ist zu unterscheiden zwischen einaktigen und mehraktigen Rechtshandlungen sowie zwischen 75 mehreren anfechtungsrechtlich selbstständigen Rechtshandlungen und sog. Gesamtvorgängen. Bei einer aus mehreren Rechtsakten bestehenden (**zusammengesetzten oder mehraktigen**) **Rechtshandlung** ist für die Frage, ob es in zeitlicher Nähe zur Krise vorgenommen wurde, der Zeitpunkt maßgebend, in dem die rechtlichen Wirkungen des Rechtsgeschäfts eintreten. Das ergibt sich jetzt aus § 140; siehe daher die dortigen Ausführungen unter Rn 2. Bei **mehreren Rechtshandlungen** ist grds. jede Handlung auf ihre Anfechtbarkeit hin zu überprüfen (st Rspr; siehe nur **BGH** 21. 3. 2000 IX ZR 138/99 NZI 2000, 310 = NJW-RR 2000, 1215 = ZInsO 2000, 333 = ZIP 2000, 898 = KTS 2000, 409 = EWiR § 30 KO 1/2000, 687 *[Huber]* [KO]; **BGH** 7. 2. 2002 IX ZR 115/99 NJW 2002, 1574, 1575 = ZIP 2002, 489 = ZInsO 2002, 276 = NZI 2002, 255 *[GesO]*; **BGH** 20. 7. 2006 IX ZR 226/03 NZI 2006, 583 = ZIP 2006, 1639 = WuB VI A § 134 InsO 1.07 *[Servatius]*; **BGH** 11. 1. 2007 IX ZR 31/05 ZIP 170, 276 = NJW 2007, 1357 = ZIP 2007, 435 = ZInsO 2007, 269 = NZI 2007, 225 = EWiR 2007, 439 *[Göb]* = WuB VI A § 129 InsO 1.07 *[Kreft]*; **BGH** 24. 5. 2007 IX ZR 105/05 ZIP 2007, 1274 = ZInsO 2007, 658 = NZI 2007, 452 = EWiR 2007, 667 *[Homann]* = WuB VI A § 140 InsO 2.08 *[Kreft]*; **BGH** 12. 7. 2007 IX ZR 235/03 ZIP 2007, 2084 = ZInsO 2007, 1107 = NZI 2007, 718 [strenge Einzelsicht zugunsten der Masse]; **BGH** 16. 11. 2007 IX ZR 194/04 Z 174, 228 = ZIP 2008, 125 = ZInsO 2008, 106 = NJW 2008, 655 = NZI 2008, 163 = WuB VI A § 134 InsO 2.08 *[Blum]* = EWiR 2008, 211 *[Keller]*; **BGH** 16. 12. 2008 abrufbar unter www.juris.de [isolierte Anfechtung einer Nachtragsvereinbarung zu einem Kaufvertrag]). Dies gilt auch dann, wenn sie gleichzeitig vorgenommen wurden oder sich wirtschaftlich ergänzen (st. Rspr; siehe neben den vorgenannten **BGH** 9. 10. 2003 IX ZR 28/03 ZIP 2003, 2370 = NZI 2004, 82 = NJW-RR 2004, 846 = EWiR 2004, 241 *[Gundlach]*; **BGH** 2. 6. 2005 IX ZR 263/03 ZIP 2005, 1521 = ZInsO 2005, 884 = NZI 2005, 553 = EWiR 2006, 21 *[Beutler/Weissenfels]* = WuB VI A § 96 InsO 4.05 *[Servatius]*; **BGH** 9. 10. 2008 IX ZR 138/06 Z 178, 171 = ZIP 2008, 2224 = NJW 2009, 225 = ZInsO 2008, 1275 = NZI 2009, 45; MK/*Kirchhof* § 129 Rn 55). Dementsprechend sind die **Aufnahme eines Darlehens** und dessen Auszahlung an einen Dritten zwei getrennte Rechtshandlungen und zwar auch dann, wenn sie in unmittelbar zeitlichem Zusammenhang erfolgen (vgl **BGH** 7. 2. 2002 IX ZR 115/99 NJW 2002, 1574, 1575 = ZIP 2002, 489 = ZInsO 2002, 276 = NZI 2002,

255 [GesO]; **BGH** 27. 5. 2003 IX ZR 169/02 Tz 15 f Z 155, 75 = NJW 2003, 3347 = ZIP 2003, 1506 = ZInsO 2003, 764 = NZI 2003, 533 = EWiR 2003, 2097 *[Hölzle]* = WuB VI C § 133 InsO 1.03 *[Paulus/Zenker]*; MK/*Kirchhof* § 129 Rn 12). Unberücksichtigt bleiben aber Folgen, die nicht an die anzufechtende Rechtshandlung selber anknüpfen: eine **Vorteilsausgleichung** findet grundsätzlich nicht statt (siehe unten § 143 Rn 23). Ob eine Einzelbetrachtung ausscheiden muss, wenn für die Gläubiger zu keinem Zeitpunkt eine Vollstreckungsmöglichkeit in die zum Nachteil der Masse erloschene Kaufpreisforderung bestanden hat, da diese bereits mit dem Aufrechnungsrecht belastet entstanden ist, wurde vom **BGH** offengelassen (**BGH** 23. 10. 2008 IX ZR 202/07 ZIP 2008, 2272 = ZInsO 2008, 1269 = NZI 2009, 67 = EWiR 2009, 67 *[Holzer]* = WuB VI B § 11 AnfG 1.09 *[Hess]* [AnfG]; siehe dazu und zur Übernahme umfangreicher Nebenpflichten durch den Vertragspartner auch unten Rn 120 sowie sogleich). Allerdings darf andererseits auf Grund der weiten Auslegung des Begriffs der Rechtshandlung (siehe insofern oben Rn 62) eine einheitliche Vermögenszuwendung nicht zu Lasten der Masse aufgespalten werden. **Wirtschaftliche Erwägungen** rechtfertigen es daher unter besonderen, als zusätzliche Klammer wirkenden rechtlichen Voraussetzungen, mehrere an für sich selbstständige Rechtshandlungen zu einer Einheit zu verbinden, wenn erst mehrere an sich selbstständige Rechtshandlungen in ihrer Gesamtheit zu einer Beeinträchtigung des Schuldnervermögens geführt haben und diesem Vorgang ein zielgerichteter Wille des Schuldners zugrundelag (sog. **Gesamtvorgänge**); dies kann insbesondere bei **mittelbaren Zuwendungen** der Fall sein (**BGH** 7. 2. 2002 IX ZR 115/99 NJW 2002, 1574, 1575 = ZIP 2002, 489 = ZInsO 2002, 276 = NZI 2002, 255 [GesO]; vgl **BGH** 16. 11. 2007 IX ZR 194/04 Tz 28 Z 174, 228 = ZIP 2008, 125 = ZInsO 2008, 106 = NJW 2008, 655 = NZI 2008, 163 = WuB VI A § 134 InsO 2.08 *[Blum]* = EWiR 2008, 211 *[Keller]*; MK/*Kirchhof* § 129 Rn 65; kritisch zur „wirtschaftlichen Betrachtung" Jaeger/*Henckel* § 129 Rn 8; zu mittelbaren Zuwendungen siehe unten Rn 83 f). Der **BGH** beurteilt damit ein und denselben Vorgang unter Umständen einmal als selbstständige Rechtshandlung, einmal als Gesamtvorgang, um jeweils ein massefreundliches Ergebnis zu erreichen. Im Rahmen der Aufrechnung kommt es in erweiternder Auslegung von § 96 Abs 1 Nr 3 auf die **Herstellung der Aufrechnungslage** und nicht den Abschluss des Gesamtgeschäfts an (**BGH** 9. 10. 2003 IX ZR 28/03 ZIP 2003, 2370 = NZI 2004, 82 = NJW-RR 2004, 846 = EWiR 2004, 241 *[Gundlach]*; **BGH** 9. 2. 2006 ZIP 2006, 818 = NZI 2006, 345 = NJW-RR 2006, 1062 = WuB VI A § 96 InsO 1.06 *[Servatius]*; dazu oben Rn 33; unten § 130 Rn 10). Haben ein Gläubiger und der Schuldner einen Kaufvertrag geschlossen, durch den eine Aufrechnungslage zu Gunsten des Gläubigers geschaffen wurde, kann sich der Verwalter daher darauf beschränken, nur die Aufrechnungslage anzufechten, den Kaufvertrag an sich aber unangefochten zu lassen; dies gilt auch dann, wenn der Kaufvertrag nur zum Zwecke der Begründung der Aufrechnungslage geschlossen worden ist (**BGH** 22. 7. 2004 IX ZR 270/03 NJW-RR 2005, 125 = ZIP 2004, 1912 = NZI 2004, 620 = EWiR 2005, 27 *[Gerhardt]* = WuB VI A § 96 InsO 1.05 *[Paulus/Zenker]*; **BGH** 2. 6. 2005 IX ZR 263/03 ZIP 2005, 1521 = ZInsO 2005, 884 = NZI 2005, 553 = EWiR 2006, 21 *[Beutler/Weissenfels]*). Der Gläubiger muss dann die vereinbarte Gegenleistung in die Masse zahlen, selbst wenn diese überhöht ist; er kann sich nicht auf einen Wegfall der Geschäftsgrundlage berufen (**BGH** 22. 7. 2004 IX ZR 270/03 aaO [Ausnahme: Vertragsschluss diente allein dazu, dem Schuldner einer Forderung zu erlassen]; **BGH** 2. 6. 2005 IX ZR 263/03 aaO [für Übernahme umfangreicher Nebenpflichten]). Im Falle einer zu niedrigen Gegenleistung kann der Verwalter auch nur den Kaufvertrag anfechten (**BGH** 22. 7. 2004 IX ZR 270/03 NJW-RR 2005, 125 = ZIP 2004, 1912 = NZI 2004, 620 = EWiR 2005, 27 *[Gerhardt]* = WuB VI A § 96 InsO 1.05 *[Paulus/Zenker]*). Zum jeweiligen Vornahmezeitpunkt siehe insgesamt § 140 Rn 2. Löst eine Rechtshandlung **mehrere Rechtsfolgen** aus, ist deren jeweilige Anfechtbarkeit gesondert zu prüfen; eine Vorteilsanrechnung findet grds nicht statt (**BGH** 9. 7. 2009 IX ZR 86/08; **BGH** 6. 10. 2009 IX ZR 191/05 NJW 2009, 3362 – ZIP 2009 = ZInsO 2009, 2060; MK/*Kirchhof* § 129 Rn 56 a mit Beispielen; siehe auch § 143 Rn 5, 23). Das gilt auch, wenn eine Rechtshandlung Rechtswirkungen gegenüber **mehreren Personen** auslöst (zu den Rechtsfolgen in diesem Fall § 145 Rn 44; siehe zur Insolvenzanfechtung im Dreipersonenverhältnis auch unten Rn 83 ff). Zu einer differenzierenden Betrachtung im AnfG siehe **BGH** 23. 10. 2008 IX ZR 202/07 ZIP 2008, 2272 = ZInsO 2008, 1269 = NZI 2009, 67 = EWiR 2009, 67 *[Holzer]* = WuB VI B § 11 AnfG 1.09 *[Hess]*.

76 e) **Anfechtbarkeit und Nichtigkeit. aa) Grundsatz.** Die Nichtigkeit eines Rechtsgeschäfts schließt dessen Anfechtbarkeit eigentlich aus. Gleiches gilt für die Unwirksamkeit eines Rechtsgeschäfts auf Grund wirksamer bürgerlich-rechtlicher Anfechtung nach §§ 119 ff BGB. Denn die insolvenzrechtliche Anfechtbarkeit eines Rechtsgeschäfts setzt dessen Wirksamkeit voraus, und bei Unwirksamkeit eines Rechtsgeschäfts wird es im Allgemeinen an einer Gläubigerbenachteiligung fehlen (Jaeger/*Henckel* § 129 Rn 267 ff). Etwaige Zweifel könnten sich in diesem Fall durch die (allgemeine) Feststellungsklage ausräumen lassen. Gleichwohl wird es als zulässig angesehen, auch nichtige Rechtsgeschäfte insolvenzrechtlich anzufechten (**BGH** 22. 3. 2001 IX ZR 373/98 ZIP 2001, 889 = NZI 2001, 360 = EWiR 2001, 683 *[Eckardt]* = WuB VI B § 37 KO 1.01 *[Mohrbutter]* [zu § 32 KO]; BAG 19. 1. 2006 6 AZR 529/04 E 117, 1 = ZIP 2006, 1366 = NZI 2007, 58; KG 15. 10. 1931 JW 1932, 663; Häsemeyer ZIP 1994, 418, 423; MK/*Kirchhof* § 129 Rn 30; HK-*Kreft* § 129 Rn 23; Kilger/*Karsten Schmidt* § 29 KO Anm 6; differenzierend Jaeger/*Henckel* § 129 Rn 267 ff). Art 102 Abs 2 EGInsO bestätigt diese Sichtweise (KP-

II. Anfechtbare Rechtshandlungen (Abs 1) **§ 129**

Paulus § 129 Rn 39). Grund dafür sind zunächst die Unterschiede in der verfahrensrechtlichen Durchsetzung der beiden Ansprüche, vor allem bei der Beweislast. Denn die Nichtigkeit des Rechtsgeschäfts ist vom Insolvenzverwalter zu beweisen. Weiter ist zu berücksichtigen, dass nicht die Rechtshandlung selber, sondern die durch sie ausgelöste gläubigerbenachteiligende Wirkung Gegenstand der Anfechtung ist (**BGH** 21. 1. 1999 IX ZR 329/97 ZIP 1999, 406 = ZInsO 1999, 165 = NZI 1999, 152 = EWiR 1999, 465 *[Kranemann]* = WuB VI G § 10 GesO 3.99 *[Wittig]* [GesO]; **BGH** 5. 4. 2001 IX ZR 216/98 Z 147, 233, 237 = NJW 2001, 1940, 1941 = ZIP 2001, 885 = ZInsO 2001, 464 = NZI 2001, 357 = EWiR 2001, 883 *[Wagner]* = WuB VI B § 30 Nr 2 KO 3.02 *[Mohrbutter]* [KO]). So können selbst nichtige Rechtshandlungen zu einer Beeinträchtigung der Masse etwa in Form von Grundbucheintrag oder Besitzveränderungen geführt haben (**BGH** 11. 7. 1996 NJW 1996, 3147, 3148 = ZIP 1996, 1516 = EWiR § 1 AnfG 1/96, 771 *[Huber]* [AnfG aF]; **BGH** 22. 3. 2001 IX ZR 373/98 ZIP 2001, 889 = NZI 2001, 360 = EWiR 2001, 683 *[Eckardt]* = WuB VI B § 37 KO 1.01 *[Mohrbutter]* [zu § 32 KO]; **BAG** 19. 1. 2006 6 AZR 529/04 E 117, 1 = ZIP 2006, 1366 = NZI 2007, 58). Daher entfaltet umgekehrt die fehlende insolvenzrechtliche Anfechtbarkeit auch keine Sperrwirkung hinsichtlich der Annahme bürgerlichrechtlicher Nichtigkeit (*Armbrüster* FS Canaris [2007], S 23, 31). Schließlich kann der bereicherungsrechtliche Rückgewähranspruch im Falle von Sittenwidrigkeit nach § 817 S 2 BGB ausgeschlossen sein, da der Insolvenzverwalter grundsätzlich keine weitergehenden Rechte beanspruchen kann, als sie dem Verfahrensschuldner zustehen (Rechtsprechungsänderung in **BGH** 7. 12. 1988 IX ZR 93/87 Z 106, 169 = NJW 1989, 580 = ZIP 1989, 107 = EWiR 1989, 243 *[Baur]* = WuB IV A § 817 BGB 1.89 *[Johlke]*; noch anders **BGH** 21. 12. 1955 IV ZR 36/55 Z 19, 338; **BGH** 9. 11. 1961 VII ZR 158/60 NJW 1962, 483). Auf einen (zugleich vorliegenden) Anspruch aus Insolvenzanfechtung ist § 817 S 2 BGB hingegen nicht anwendbar (**BGH** 7. 12. 1988 IVb ZR 93/87 aaO; **BGH** 16. 7. 2009 IX ZR 53/08; **OLG** Celle 14. 8. 2003 13 W 65/03 ZInsO 2003, 803; dazu und zur Unanwendbarkeit von § 814 BGB siehe § 134 Rn 36). Der Insolvenzverwalter kann daher einen Rückgewähranspruch sowohl auf Insolvenzanfechtung wie auf die Nichtigkeit des Rechtsgeschäfts stützen; seit der Aufhebung von § 41 Abs 1 KO handelt es sich dabei nicht mehr um unterschiedliche Streitgegenstände, sondern nur noch um unterschiedliche Begründungen für denselben Anspruch (unten § 143 Rn 62). Welche Begründung das Ergebnis trägt, kann dann offen gelassen werden.

bb) Scheingeschäfte. Diese Überlegungen gelten vor allem auch für Scheingeschäfte. Denn bei der Übertragung einer beweglichen Sache nur zum Schein erschwert schon der Besitzwechsel den Zugriff des Insolvenzverwalters und begründet die Gefahr, dass die Sache an einen gutgläubigen Dritten weiterveräußert und so der Masse endgültig entzogen wird (**RG** 25. 10. 1910 JW 1911, 67). Der Scheinerwerber eines Grundstücks oder eines eingetragenen Rechts kann kraft seiner formalen Grundbuchstellung Verfügungen zugunsten eines gutgläubigen Dritten treffen (**RG** 14. 1. 1902 Z 50, 121, 123 [zur noch weitergehenden Rechtsmacht des Bucheigentümers nach dem Eigentumserwerbsgesetz vom 5. 5. 1872]; siehe auch unten Rn 115). Die zum Schein vorgenommene Abtretung einer Forderung berechtigt den Drittschuldner, dem der Verfahrensschuldner die Zession angezeigt hat, mit befreiender Wirkung an den Zessionar zu zahlen (§ 409 BGB). Aus einer Vollstreckungsunterwerfung (§ 794 Nr 5 ZPO), die über eine bloß zum Schein eingegangene Schuld errichtet worden ist, kann gepfändet werden. In allen diesen Fällen sind damit die Gläubiger durch das Scheingeschäft benachteiligt. Auch hier wird daher dem Insolvenzverwalter neben oder statt der Berufung auf die Nichtigkeit des Geschäfts dessen Anfechtung erlaubt (**RG** 9. 11. 1893 Z 32, 230; **RG** 8. 6. 1896 Z 37, 103; **RG** 14. 1. 1902 Z 50, 121, 122; **BGH** 11. 7. 1996 NJW 1996, 3147 = ZIP 1996, 1516 = EWiR § 1 AnfG 1/96, 771 *[Huber]*; krit *Jaeger/Henckel* § 129 Rn 267). Der Anfechtungsgegner kann sich insoweit nicht darauf berufen, das angefochtene Geschäft sei bloß ein Scheingeschäft. Wird durch ein Scheingeschäft ein anderes wirklich gewolltes Geschäft verdeckt, so ist das verdeckte Geschäft anfechtbar, wenn es die Gläubiger benachteiligt.

cc) Andere nichtige Rechtsgeschäfte. Auch bei anderen nichtigen Rechtsgeschäften, die schon rein tatsächlich eine die Gläubiger benachteiligende Wirkung zeitigen, kann statt oder neben der Nichtigkeit die Anfechtung geltend gemacht werden. Das gilt namentlich von Verträgen (Sicherungsübereignungen), durch die der Schuldner seiner **wirtschaftlichen Freiheit beraubt** wird (Knebelungsverträge) oder die zur Täuschung über die Kreditfähigkeit des Schuldners geeignet sind (Kredittäuschungs- oder -gefährdungsverträge); zur Sittenwidrigkeit bei Mobiliarsicherheiten ausführlich MK/*Kichhof* vor §§ 129 ff Rn 68 ff; weit Nachw auch in 12. Aufl Rn 78. Bei solchen Verträgen wird zwar der Beweis der Nichtigkeit leichter als bei anderen und insbesondere bei Scheingeschäften zu führen sein. Gleichwohl kann auch hier dem Insolvenzverwalter die Möglichkeit der Anfechtung nicht versagt werden. Anderseits kann bei einem *vor Insolvenzantragstellung* erfolgten **Widerspruch** eines Schuldners gegen die Belastung seines Kontos auf Grund einer berechtigten **Einzugsermächtigung** die Sittenwidrigkeit des Widerspruchs unabhängig von der Anfechtbarkeit der Befriedigung nach §§ 130, 131 geltend gemacht werden (**BGH** 15. 6. 1987 NJW 1987, 2370 = ZIP 1987, 900 = EWiR § 826 BGB 3/87, 779 *[Hüffer]*: Widerspruch wurde als sittenwidrig iSv § 826 BGB angesehen). Hingegen ist ein Widerspruch gegen eine im Einzugsermächtigungsverfahren erfolgte Kontobelastung durch den Schuldner oder durch den vorläufigen (schwachen) Verwalter nach Eintritt der Zahlungsunfähigkeit *während des Eröffnungsverfahrens* auch

77

78

§ 129 Grundsatz

dann nicht rechts- oder sittenwidrig, wenn dem Schuldner keine sachliche Einwendung gegen die Forderung zustand; denn eine solche Forderung ist im eröffneten Verfahren nur einfache Insolvenzforderung, so dass eine Befriedigung durch Genehmigung den Gläubigergleichbehandlungsgrundsatz verletzen würde (**BGH** 25. 10. 2007 **IX ZR** 217/06 Z 174, 84 = NJW 2008, 63 = ZIP 2007, 2273 = ZInsO 2007, 1216 = NZI 2008, 27; **BGH** 29. 5. 2008 **IX ZR** 42/07 ZIP 2008, 1241 = ZInsO 2008, 749 = NZI 2008, 482; abw **BGH** 10. 6. 2008 **XI ZR** 283/07 ZIP 2008, 1977 = NJW 2008, 3348 = ZInsO 2008, 1076 = EWiR 2008, 625 *[Keller]*; siehe außerdem § 129 Rn 17 und § 140 Rn 5).

79 dd) **Unwirksame Rechtshandlungen.** Auch die Unwirksamkeit einer Rechtshandlung hindert nicht deren Anfechtung. Darum kann zB eine schon nach § 88 unwirksame Vollstreckungsmaßnahme noch angefochten werden (**OLG** Stuttgart 8. 4. 1994 ZIP 1994, 722 = KTS 1994, 501 = EWiR § 30 KO 3/94, 589 *[Brehm]* = WuB § 30 Nr 1 KO 2.94 *[Hefermehl]*; **LG** Aachen 13. 4. 1951 MDR 1952, 368; *Häsemeyer* Rn 21.62 Fn 09; Kilger/*Karsten Schmidt* § 29 KO Anm 6). Eine Anfechtung wird allerdings meistens überflüssig sein, da zB die auf Grund eines allgemeinen Veräußerungsverbots nach den § 21 Abs 2 Nr 2, §§ 24, 81, 82 eingetretene Unwirksamkeit einen Anfechtungsprozess entbehrlich macht. Gleiches gilt für Rechtshandlungen, die **nach Verfahrenseröffnung** liegen und an sich schon wegen §§ 80 ff unwirksam sind. Eine Anfechtung kann hier dann von Interesse sein, wenn der Nachweis der Unwirksamkeit Schwierigkeiten bereitet (dazu auch oben Rn 32); § 129 Abs 1 ist daher nicht in dem Sinne als abschließend zu verstehen, dass er die Anfechtung nach Verfahrenseröffnung liegender Rechtshandlungen generell verböte (*Häsemeyer* Rn 21.32 f).

80 3. **Rechtshandlungen von gesetzlichen Vertretern und Bevollmächtigten.** Der eigenen Handlung des Verfahrensschuldners steht die seines gewillkürten oder gesetzlichen Vertreters gleich (§ 164 BGB). Rechtshandlungen von **Organen**, vertretungsberechtigten Gesellschaftern oder Liquidatoren sind Rechtshandlungen der von ihnen vertretenen juristischen Person oder Gesellschaft ohne Rechtspersönlichkeit (**BGH** 31. 10. 1956 Z 22, 128, 133 f = NJW 1957, 137 = MDR 1957, 216 *[Thieme]*; HK-*Kreft* § 129 Rn 27; siehe MK/*Kirchhof* § 129 Rn 40 f; vgl auch **BGH** 10. 2. 1971 Z 55, 307 ff = NJW 1971, 1702 = KTS 1971, 210 für Zurechnung der Kenntnis eines Treuhänders zum Gläubiger). Gleiches gilt für **uneigennützige Behördenhandlungen**, die als solche des Veranlassers behandelt werden (MK/*Kirchhof* § 129 Rn 47; Jaeger/*Henckel* § 129 Rn 35; zu Maßnahmen der Staatsanwaltschaft MK/*Kirchhof* § 129 Rn 47). Zur Anfechtbarkeit von Handlungen des **vorläufigen Insolvenzverwalters** oben Rn 17. Ein Rechtsgeschäft eines **Vertreters ohne Vertretungsmacht** wird zu einem Rechtsgeschäft des Vertretenen, wenn er es genehmigt (Jaeger/*Henckel* § 129 Rn 30). Vermindert die Rechtshandlung eines vollmachtlosen Vertreters das Schuldnervermögen, kann sie aber auch ohne eine solche Genehmigung anfechtbar sein (**BGH** 22. 3. 2001 IX ZR 373/98 ZIP 2001, 889 = NZI 2001, 360 = EWiR 2001, 683 *[Eckardt]* = WuB VI B § 37 KO 1.01 *[Mohrbutter]* [KO]); siehe oben § 129 Rn 76.

81 Rechtshandlungen eines **Ergänzungspflegers** sind solche des gesetzlichen Vertreters eines Minderjährigen, wenn der Pfleger zum Abschluss eines Rechtsgeschäfts bestellt wurde, das abzuschließen er selbst nach §§ 1629, 1795 BGB gehindert war (**BGH** 10. 10. 1965 Z 38, 65 = KTS 1962, 249). Auch sind Rechtshandlungen eines **Nachlasspflegers** solche der Erben, da er ihr Vertreter ist (**RG** 27. 11. 1922 Z 106, 46; **BGH** 10. 5. 1951 NJW 1951, 559). Der **Testamentsvollstrecker** übt ein Amt aus (**BGH** 19. 4. 1954 Z 13, 203, 205). Seine Rechtshandlungen sind in gleicher Weise anfechtbar wie die von Erben (vgl **BGH** 20. 10. 1965 NJW 1966, 730 = WM 1965, 1152; Jaeger/*Henckel* § 145 Rn 12). Zur Zurechnung von **Kenntnis und Benachteiligungsvorsatz** unten § 130 Rn 55 ff; siehe auch § 146 Rn 2B sowie § 133 Rn 27.

82 4. **Rechtshandlungen von Gläubigern und Dritten.** Anfechtbar sind Rechtshandlungen sowohl des Schuldners als auch der Gläubiger gegen den Schuldner wie auch sonstiger Dritter (Begr RegE zu § 129; **BGH** 20. 1. 2000 IX ZR 58/99 Z 143, 332 NJW 2000, 1117, 1118 = NZI 2000, 161 = ZIP 2000, 364, 365 = KTS 2000, 287 = EWiR § 10 GesO 7/2000, 573 *[Paulus] [GesO]*). Dabei wirkt auch beim Gläubiger das Handeln eines gesetzlichen oder gewillkürten Vertreters gegen den Gläubiger. Als Gläubigerhandlungen kommen namentlich **Zwangsvollstreckungen und Arrestvollziehungen** in Betracht, soweit sie zu einer Sicherung oder Befriedigung führen (**BGH** 25. 11. 1964 WM 1965, 14 f = KTS 1965, 36 [zu § 3 AnfG]; Jaeger/*Henckel* § 129 Rn 17); dies gilt auch für Pfändungsverfügungen des Finanzamtes (**BGH** 20. 1. 2000 IX ZR 58/99 Z 143, 332 NJW 2000, 1117 = NZI 2000, 161 = ZIP 2000, 364 = KTS 2000, 287 = EWiR § 10 GesO 7/2000, 573 *[Paulus]* [GesO]; **BGH** 10. 2. 2005 IX ZR 211/02 Z 162, 143 = NJW 2005, 1121 = ZIP 2005, 260 = ZInsO 2005, 494 = NZI 2005, 215). Gläubigerhandlungen sind im allgemeinen nur nach §§ 130–132 anfechtbar; jedoch können Zwangsvollstreckungen und Arrestvollziehungen eines Gläubigers auch nach § 133 anfechtbar sein, wenn sie im Zusammenwirken mit dem Verfahrensschuldner vorgenommen worden und deshalb als dessen Rechtshandlungen anzusehen sind (**RG** 12. 6. 1908 Z 69, 163; **RG** 11. 12. 1917 Z 91, 367, 368; **BGH** 30. 4. 1959 WM 1959, 891 = KTS 1960, 38 = LM § 30 KO Nr 6). Eine Rechtshandlung des Schuldners liegt nur dann vor, wenn diesem die Möglichkeit selbstbestimmten Handelns und damit eine echte Entscheidungsmöglichkeit verbleibt (siehe unten § 133 Rn 7 f). Die Anfechtbarkeit der Rechtshandlung eines Gläubigers entfällt nicht deshalb, weil sich die Rechtshandlung auf ein vollstreckbares Urteil oder einen anderen Vollstreckungstitel stützt (§ 141; **RG** 2. 6. 1880 Z 2, 374; **OLG** Braunschweig 11. 11. 1949 MDR

II. Anfechtbare Rechtshandlungen (Abs 1) **§ 129**

1950, 356 f [zum Verwaltungszwangsverfahren]; vgl auch *Nowack* KTS 1992, 161 ff). Im Rahmen der **Forderungspfändung** sind Pfändung und Überweisung einerseits sowie die Zahlung des Drittschuldners auf die gepfändete Forderung andererseits jeweils selbstständig anfechtbare Rechtshandlungen (**BGH** 21. 3. 2000 IX ZR 138/99 ZIP 2000, 898 = ZInsO 2000, 333 = NZI 2000, 310 = EWiR 2000, 687 *[Huber]* = WuB VI B § 30 Nr 2 KO 1.00 *[Paulus]* [KO]; **BGH** 20. 3. 2003 IX ZR 166/02 ZIP 2003, 808 = NJW 2003, 2171 = ZInsO 2003, 372 = NZI 2003, 320 = EWiR 2003, 533 *[Hölzle]* = WuB VI C § 140 InsO 1.03 *[Richrath]*); zum maßgeblichen Vornahmezeitpunkt siehe unten § 140 Rn 9. Das Erwirken eines **Vollstreckungstitels** kann zwar selbstständig angefochten werden, hat jedoch wegen § 141 keine eigenständige Bedeutung mehr (siehe § 141 Rn 3).

5. Mittelbare Zuwendungen. a) Grundsatz. Bei der Anfechtung von Rechtshandlungen im Dreiecks- 83 verhältnis gilt, dass Anfechtungsgegner der Dritte ist, wenn der Schuldner Bestandteile seines Vermögens mit Hilfe einer Mittelsperson an einen Dritten verschiebt, ohne zu dem Dritten in unmittelbare Rechtsbeziehungen zu treten (**mittelbare Zuwendungen**). Wirtschaftlich wird hier das Vermögen des Schuldners zugunsten des Dritterwerbers vermindert; anfechtungsrechtlich ist das gesamte Rechtsverhältnis so zu betrachten, als ob der Schuldner von der Mittelsperson und der Dritte unmittelbar vom Schuldner erworben hätte (**RG** 2. 10. 1931 Z 133, 290, 291 f; **BGH** 19. 3. 1980 NJW 1980, 1795 = ZIP 1980, 346, 347 *[AnfG]*; **BGH** 15. 12. 1994 NJW 1995, 1093 = ZIP 1995, 297 = KTS 1995, 314 = EWiR § 31 KO 1/95, 281 *[Johlke]*; **BGH** 9. 5. 1996 NJW 1996, 2231, 2233 = ZIP 1996, 1178, 1179 = EWiR § 7 AnfG 1/96, 723 *[Gerhardt]*; **BGH** 19. 3. 1998 NJW 1998, 2592, 2599 = ZIP 1998, 793, 801 = EWiR § 30 GmbHG 1/98, 699 *[Eckardt]* [insoweit nicht in BGHZ 138, 291]; **BGH** 16. 9. 1999 Z 142, 284, 287 = NJW 1999, 3636 f = NZI 1999, 448, 449 = ZIP 1999, 1764, 1766; **BGH** 7. 3. 2002 IX ZR 223/01 Z 150, 122 = NJW 2002, 1722 = ZIP 2002, 812 = ZInsO 2002, 426 = NZI 2002, 311 = EWiR 2002, 685 *[Ringstmeier]*; **BGH** 16. 11. 2007 IX ZR 194/04 Z 174, 228 = ZIP 2008, 125 = ZInsO 2008, 106 = NJW 2008, 655 = NZI 2008, 163 = WuB VI A § 134 InsO 2.08 *[Blum]* = EWiR 2008, 211 *[Keller]*; **BGH** 29. 11. 2007 IX ZR 121/06 Z 174, 314 = ZIP 2008, 190 = NJW 2008, 1067 = ZInsO 2008, 814 = NZI 2008, 167 = EWiR 2008, 505 *[Homann]*; **BGH** 28. 2. 2008 IX ZR 177/05 ZIP 2008, 650 = ZInsO 2008, 375 = NZI 2008, 302; **BGH** 9. 10. 2008 IX ZR 59/07 Tz 21 ZIP 2008, 2183 = NJW 2008, 3780 = ZInsO 2008, 1202 = NZI 2008, 733 = EWiR 2008, 755 *[Koza]*; **BGH** 19. 2. 2009 IX ZR 16/08 ZIP 2009, 769 = ZInsO 2009, 768 [keine mittelbare Zuwendung, sondern Leistungskette]; **BGH** 14. 5. 2009 IX ZR 63/08 ZIP 2009, 1235 = ZInsO 2009, 1254 = NZI 2009, 471 [keine mittelbare Zuwendung, sondern Leistungskette]; **BGH** 6. 10. 2009 IX ZR 191/05 NJW 2009, 3362 = ZIP 2009, 2009 = ZInsO 2009, 2060; *Berges* KTS 1961, 65 ff; *Kayser* WM 2007, 1 ff; *Kirstein/Sietz* ZInsO 2008, 761; *Lüke* ZIP 2001, 1, 7 ff; abw Begründung bei *Hassold*, Zur Leistung im Dreipersonenverhältnis [1981], S 216 ff; kritisch zur Begründung der Anfechtbarkeit Jaeger/Henckel § 130 Rn 45 ff; für die Vermutung des „Tarncharakters" solcher Geschäfte, wenn der Dritte nahe stehende Person iSv § 138 ist, *Biehl* Insider S 130; zur Anfechtbarkeit der Aufrechnung im Dreipersonenverhältnis *Burchard* Dreieck S 254, 258 ff, 263 ff, 291 ff). Zum Inhalt des Rückgewähranspruchs im Falle einer mittelbaren Zuwendung siehe § 143 Rn 22. Eine etwaige Gutgläubigkeit der eingeschalteten Mittelsperson steht dem Rückgewähranspruch ggü. dem Dritten nicht entgegen, wenn nur der vom Schuldner erwartete und gewollte Erfolg tatsächlich eingetreten ist (vgl auch **BGH** 24. 9. 1962 VIII ZR 18/62 Z 38, 44, 46). Für die Frage der **Kenntnis** von Krise oder Eröffnungsantrag kommt es auf die Kenntnis des Anfechtungsgegners und damit auf die des mittelbar Begünstigten an (**BGH** 19. 3. 1980 VIII ZR 195/79 NJW 1980, 1795 = ZIP 1980, 346, 347). Allerdings können Kenntnisse der Mittelsperson dem Anfechtungsgegner nach § 166 Abs. 1 BGB zurechenbar sein, wenn die entsprechenden Voraussetzungen vorliegen (**BGH** 12. 3. 2009 IX ZR 85/06 ZIP 2009, 726 = ZInsO 2009, 716 = NZI 2009, 384; siehe dazu unten § 130 Rn 55 ff). Ein klassisches Beispiel für eine Leistung im Dreipersonenverhältnis ist die **Anweisung auf Schuld**, bei der der Schuldner einen Drittschuldner anweist, die von diesem geschuldete Leistung statt an ihn an einen seiner Gläubiger zu erbringen (vgl **RG** 18. 5. 19.000 Z 46, 101, 103; **BGH** 16. 9. 1999 IX ZR 204/98 Z 142, 284 = NJW 1999, 3636 = NZI 1999, 448 = ZIP 1999, 1764; **BGH** 10. 5. 2007 IX ZR 146/05 ZIP 2007, 1162 = ZInsO 2007, 662 = NZI 2007, 456 = EWiR 2007, 471 *[Huber]* = WuB VI A § 131 InsO 5.07 *[Schönfelder]*; **BGH** 16. 11. 2007 IX ZR 194/04 Tz 25 Z 174, 228 = ZIP 2008, 125 = ZInsO 2008, 106 = NJW 2008, 655 = NZI 2008, 163 = WuB VI A § 134 InsO 2.08 *[Blum]* = EWiR 2008, 211 *[Keller]*; **BGH** 19. 3. 2009 IX ZR 39/08 ZIP 2009, 817 = ZInsO 2009, 828 = NZI 2009, 379; *Lüke* ZIP 2001, 1 ff; vgl auch **RG** 30. 4. 1901 Z 48, 148, 149 f; kritisch *Hassold*, Zur Leistung im Dreipersonenverhältnis, 1981, S 203 ff; siehe dazu auch § 134 Rn 11 ff sowie § 142 Rn 7). Zur Anfechtung im Falle der Schuldübernahme durch den oder zugunsten des Schuldners unten § 134 Rn 18. Ein weiterer Fall der Anweisung auf Schuld liegt vor, wenn der Schuldner auf Geheiß seines Gläubigers an dessen Gläubiger (Drittgläubiger) leistet (**Leistung auf fremde Schuld**): Leistungsempfänger und Anfechtungsgegner ist aus Sicht des Schuldners zunächst einmal nur der Gläubiger (**BGH** 5. 2. 2004 IX ZR 473/00 ZIP 2004, 917 = ZInsO 2004, 499 = NZI 2004, 374 = EWiR 2004, 771 *[Höpfner]* = WuB VI B § 30 Nr 2 KO 1.04 *[Paulus/Zenker]* [KO]). Etwas anderes gilt nur dann, wenn es sich aus Sicht des Drittgläubigers um eine unentgeltliche Leistung handelte, siehe dazu § 129 Rn 62, § 130 Rn 31, § 132 Rn 4 sowie § 134 Rn 18. Für den Fall, dass der

Schuldner an einen vom Gläubiger nach § 362 Abs. 2 BGB Empfangsberechtigten geleistet hat, ist der Gläubiger unmittelbarer Empfänger der Leistung (BGH 12. 3. 2009 IX ZR 85/06 ZIP 2009, 726 = ZInsO 2009, 716 = NZI 2009, 384; BGH 16. 7. 2009 IX ZR 53/08 abrufbar unter www.juris.de; siehe auch § 143 Rn 43). Für eine Anfechtung gegenüber dem Empfangsbeauftragten gelten die unter Rn 87 dargestellten Grundsätze entsprechend.

84 Der **Begriff der mittelbaren Zuwendung** wird uneinheitlich sowohl für Zuwendungen verwandt, bei denen die Zuwendung im Rahmen eines **Gesamtvorgangs** stattfindet, d. h. die Verminderung des Schuldnervermögens und die Zuwendung an den Dritten in zwei oder mehrere selbstständige Rechtshandlungen vorgenommen wird („echte" mittelbare Zuwendung) als auch für Zuwendungen, bei denen die Vermögensverschiebung durch eine **einzelne Rechtshandlung** im anfechtungsrechtlichen Sinn erfolgt; Letzteres ist der Fall, wenn durch die Rechtshandlung des Leistungsmittlers zugleich das Vermögen des Schuldners vermindert und das des Dritten vermehrt wird (zur Unterscheidung siehe MK/*Kichhof* § 139 Rn 53, 48 ff, 68). In beiden Fällen setzt die Anfechtung gegenüber dem Leistungsempfänger jedenfalls voraus, dass dieser erkennen konnte, dass es sich um eine Leistung des späteren Verfahrensschuldners an ihn handelte, während im Falle einer echten mittelbaren Zuwendung zusätzlich zu verlangen ist, dass die Minderung des Schuldnervermögens zugunsten des Vermögens des Dritten von Anfang an gewollt war (vgl insofern BGH 16. 9. 1999 IX ZR 204/98 Z 142, 284 = NJW 1999, 3636 = NZI 1999, 448, 449 = ZIP 1999, 1764 [KO]; BGH 16. 11. 2007 IX ZR 194/04 Tz 35 Z 174, 228 = ZIP 2008, 125 = ZInsO 2008, 106 = NJW 2008, 655 = NZI 2008, 163 = WuB VI A § 134 InsO 2.08 *[Blum]* = EWiR 2008, 211 *[Keller]*; BGH 29. 11. 2007 IX ZR 121/06 Z 174, 314 = ZIP 2008, 190 = NJW 2008, 1067 = NZI 2008, 814 = EWiR 2008, 505 *[Homann]*; BGH 28. 2. 2008 IX ZR 177/05 ZIP 2008, 650 = ZInsO 2008, 375 = NZI 2008, 302; BGH 9. 10. 2008 IX ZR 59/07 ZIP 2008, 2183 = NJW 2008, 3780 = ZInsO 2008, 1202 = NZI 2008, 733 = EWiR 2008, 755 *[Koza]*; BGH 19. 3. 2009 IX ZR 39/08 ZIP 2009, 817 = ZInsO 2009, 828 = NZI 2009, 379; MK/*Kirchhof* § 129 Rn 53, 68). Bei der Beurteilung kommt es dabei insbesondere nicht auf die wirtschaftlichen oder rechtlichen Grundlagen der Zahlungen an, sondern allein auf den vorgefassten und verwirklichten Plan, dem Dritten den Vermögenswert zuzuführen (BGH 9. 10. 2008 IX ZR 59/07 ZIP 2008, 2183 = NJW 2008, 3780 = ZInsO 2008, 1202 = NZI 2008, 733 = EWiR 2008, 755 *[Koza]*; BGH 19. 2. 2009 IX ZR 16/08 ZIP 2009, 769 = ZInsO 2009, 768 [iE aber für den konkreten Sachverhalt ablehnend]). Bei **Verträgen zugunsten Dritter** erfolgt die Anfechtung wie im Falle einer mittelbaren Zuwendung (dazu und zur Anfechtung bei **Lebensversicherungsverträgen** siehe § 134 Rn 14, 15 f sowie § 143 Rn 22). Gleiches gilt, wenn eine Zuwendung durch Begründung eines **Treuhandverhältnisses** erfolgen soll; zu diesen im Übrigen unten Rn 98, 105. Zur Abgrenzung der mittelbaren Zuwendung von der Anfechtung bei Rechtsnachfolge siehe § 145 Rn 22.

85 b) **Fehlender Anspruch gegen Mittelsperson.** Eine anfechtbare mittelbare Zuwendung kann vorliegen, ohne dass dem Schuldner gegen die Mittelsperson bereits ein Anspruch auf diejenige Leistung zustand, die dieser auf Geheiß des Schuldners in das Vermögen des begünstigten Dritten fließen ließ (RG 2. 10. 1931 Z 133, 290, 292; BGH 16. 11. 2007 IX ZR 194/04 Z 174, 228 = ZIP 2008, 125 = ZInsO 2008, 106 = NJW 2008, 655 = NZI 2008, 163 = WuB VI A § 134 InsO 2.08 *[Blum]* = EWiR 2008, 211 *[Keller]*; einschränkend BGH 14. 6. 1978 Z 72, 39 = NJW 1978, 1921 = KTS 1979, 92 = LM § 37 KO Nr 9 *[Merz]*). Handelt es sich allerdings um eine „Anweisung auf Kredit" durch die lediglich Gläubiger ausgewechselt werden, fehlt es an der Gläubigerbenachteiligung; dies ist der Fall, wenn dem Schuldner gegen den Angewiesenen kein pfändbarer Anspruch zustand, sondern es sich um eine freiwillige Drittleistung handelte (BGH 16. 10. 2008 IX ZR 147/07 ZIP 2008, 2182 = ZInsO 2008, 1200 = NZI 2009, 56 = EWiR 2009, 27 *[Klein]* [zur Zahlung eines nicht persönlich haftenden Gesellschafters]; dazu auch unten Rn 89; zur Relativierung des Erfordernisses eines pfändbaren Anspruchs durch den BGH aber jetzt § 130 Rn 15). Dementsprechend muss sich auch der zugewendete Vermögenswert zuvor noch nicht im Vermögen des Leistenden befunden haben, sondern es reicht aus, dass der Gegenwert für den geleisteten Gegenstand aus dem Vermögen des Leistenden stammt (BGH 16. 11. 2007 IX ZR 194/04 Z 174, 228 = ZIP 2008, 125 = ZInsO 2008, 106 = NJW 2008, 655 = NZI 2008, 163 = WuB VI A § 134 InsO 2.08 *[Blum]* = EWiR 2008, 211 *[Keller]*).

86 c) **Zeitliche Voraussetzungen.** Eine mittelbare Zuwendung unterliegt allerdings nur dann der Insolvenzanfechtung, wenn der sie einleitende, das Vermögen des Schuldners vermindernde Akt die **zeitlichen Voraussetzungen** des geltend gemachten Anfechtungsgrundes erfüllt (*Kuhn* KTS 1963, 65, 72; *ders* WM 1964, 998, 1003). Es genügt also grundsätzlich nicht, dass der Mittelsmann den Anfechtungsgegner innerhalb der entsprechenden Fristen befriedigt hat (*Berges* KTS 1961, 65, 68; *ders* KTS 1962, 245). Denn anders als bei mehraktigen Rechtshandlungen (dazu oben Rn 75) tritt hier die Vermögensverschiebung nicht erst mit dem zweiten Akt, der Befriedigung des Gläubigers, sondern bereits mit der Weggabe schuldnerischen Vermögens an den Mittelsmann ein – also früher (MK/*Kirchhof* § 140 Rn 22). Tritt die Minderung des Schuldnervermögens ausnahmsweise erst später ein, ist freilich dieser Zeitpunkt maßgebend (Kilger/*Karsten Schmidt* § 29 KO Anm 13). Insofern kann sich eine mittelbare Zuwendung auch von anderen zur Anfechtung berechtigenden Gesamtvorgängen unterscheiden: bei letzteren tritt die Gläubigerbenachteiligung regelmäßig erst durch das Zusammenwirken der

II. Anfechtbare Rechtshandlungen (Abs 1) § 129

Rechtshandlungen ein, während bei der mittelbaren Zuwendung die Vermögensverminderung und damit die Gläubigerbenachteiligung in der Regel bereits mit der Weggabe des Vermögensgegenstandes an die Mittelsperson erfolgt. Allerdings kann es auf Grund der durch die mittelbare Zuwendung geschaffenen, wirtschaftlichen Verknüpfung ausnahmsweise geboten sein, die gesamte Transaktion anfechtungsrechtlich als eine einheitliche Rechtshandlung zu bewerten, so dass es für die Anfechtbarkeit genügt, dass der Leistungsmittler den Vermögenswert innerhalb der Anfechtungsfrist dem Leistungsempfänger zugewandt hat (vgl **BGH** 9. 10. 2003 IX ZR 28/03 ZIP 2003, 2370 = NZI 2004, 82 = NJW-RR 2004, 846 = EWiR 2004, 241 *[Gundlach]*; **BGH** 16. 11. 2007 IX ZR 194/04 Tz 28 Z 174, 228 = ZIP 2008, 125 = ZInsO 2008, 106 = NJW 2008, 655 = NZI 2008, 163 = WuB VI A § 134 InsO 2.08 *[Blum]* = EWiR 2008, 211 *[Keller]*). Im Rahmen einer mittelbaren Zuwendung und/oder eines Gesamtvorganges kann daher die für die anfechtungsrechtlich relevanten Rechtshandlung das Hauptproblem sein; die Bestimmung deren Vornahmezeitpunktes richtet sich dann aber ganz normal nach § 140 InsO (siehe die Kommentierung dort sowie *Burchard* Dreieck S 59 ff).

d) Fehlender Vorteil der Mittelsperson. Erlangt die Mittelsperson durch das Geschäft keinen eigenen 87
Vorteil, so ist nur der Dritte Anfechtungsgegner (**RG** 20. 12. 1912 Z 81, 144; **RG** 4. 1. 1910 Gruchot 54, 1167; **RG** 6. 3. 1914 Gruchot 58, 1110). Im **bargeldlosen Zahlungsverkehr** ist dementsprechend regelmäßig nicht die Bank, sondern der Leistungsempfänger Anfechtungsgegner, sofern die Bank nur in ihrer Funktion als Zahlstelle gehandelt hat (**BGH** 7. 3. 2002 IX ZR 223/01 Z 150, 122 = NJW 2002, 1722 = ZIP 2002, 812 = ZInsO 2002, 426 = NZI 2002, 311 = EWiR 2002, 685 *[Ringstmeier]*; **BGH** 25. 10. 2007 IX ZR 217/06 Z 174, 84 = NJW 2008, 63 = ZIP 2007, 2273 = ZInsO 2007, 1216 = NZI 2008, 27; **BGH** 29. 5. 2008 IX ZR 42/07 ZIP 2008, 1241 = ZInsO 2008, 749 = NZI 2008, 482); siehe dazu ausführlich unten § 130 Rn 14 zur Kontokorrentverrechnung. Damit entspricht die Anfechtungsmöglichkeit der Zuordnung der Leistungsbeziehung und deren Rückabwicklung im Bereicherungsrecht (*Kayser* WM 2007, 1, 2; MK/*Kirchhof* § 129 Rn 49; siehe aber dazu auch oben Rn 62). Die mögliche Anfechtung ggü. dem Leistungsempfänger schließt insbesondere eine nach § 132 denkbare Anfechtung gegenüber dem Leistungsmittler aus (**BGH** 16. 9. 1999 Z 142, 284 = NJW 1999, 3636 = NZI 1999, 448 = ZIP 1999, 1764 [KO]; MK/*Kirchhof* § 129 Rn 49; vgl **BGH** 8. 12. 2005 IX ZR 182/01 Tz 7 NJW 2006, 1348 = ZIP 2006, 290 = ZInsO 2006, 94 = NZI 2006, 159 = WuB VI A § 131 InsO 4.06 *[Kirchhof]*; **BGH** 29. 11. 2007 IX ZR 121/06 Z 174, 314 = ZIP 2008, 190 = NJW 2008, 1067 = ZInsO 2008, 814 = NZI 2008, 167 = EWiR 2008, 505 *[Homann]*; siehe auch § 132 Rn 4). Darüber hinaus würde eine Anfechtung ggü. dem Leistungsmittler nach §§ 130, 131 häufig bereits an dessen fehlender Stellung als Insolvenzgläubiger scheitern (**BGH** 29. 11. 2007 IX ZR 121/06 Z 174, 314 = ZIP 2008, 190 = NJW 2008, 1067 = ZInsO 2008, 814 = NZI 2008, 167 = EWiR 2008, 505 *[Homann]*; aber **BGH** 19. 2. 2009 IX ZR 16/08 ZIP 2009, 769 = ZInsO 2009, 768 für den umgekehrten Fall, dass es an einer Gläubigerstellung des Leistungsempfängers fehlte); siehe zur Insolvenzgläubigerstellung unten § 130 Rn 25 ff, 31. Hingegen bleibt eine Anfechtung ggü. dem Leistungsmittler nach § 133 immer dann möglich, wenn dieser die Gläubigerbenachteiligungsabsicht des Schuldners kannte, denn dann erscheint dieser trotz einer möglicherweise drohenden doppelten Inanspruchnahme nicht schutzwürdig (**BGH** 29. 11. 2007 IX ZR 121/06 Z 174, 314 = ZIP 2008, 190 = NJW 2008, 1067 = ZInsO 2008, 814 = NZI 2008, 167 = EWiR 2008, 505 *[Homann]*; kritisch hierzu *Bork* ZIP 2008, 1041, 1048 f). Dies gilt auch dann, wenn dem Anfechtungsberechtigten auch gegen den Leistungsempfänger ein Anspruch aus § 133 InsO zusteht; in diesem Fall stehen die Anfechtungsansprüche gegen den Angewiesenen und den Zuwendungsempfänger gleichstufig nebeneinander, so dass eine Gesamtschuld nach § 426 Abs 1 BGB vorliegt (**BGH** 29. 11. 2007 IX ZR 121/06 Z 174, 314 = ZIP 2008, 190 = NJW 2008, 1067 = ZInsO 2008, 814 = NZI 2008, 167 = EWiR 2008, 505 *[Homann]*); siehe zur Anfechtung im Dreipersonenverhältnis ferner § 133 Rn 20, § 143 Rn 44.

Der Anfechtungsanspruch richtet sich hingegen auch gegen den **Leistungsmittler** (typischerweise 87A
Bank oder Sozialversicherer), wenn auch er und nicht bloß der Dritte einen Vorteil erlangt hat (**RG** 10. 5. 1927 Z 117, 86, 88; MK/*Kirchhof* § 129 Rn 49 a zu einer Anfechtbarkeit der Anweisung *Burchard* Dreieck S 84 ff). So kann die Zahlung des Verfahrensschuldners auf ein **debitorisch** geführtes Konto eines Dritten auch eine gegenüber dessen Bank anfechtbare Leistung sein (**BGH** 19. 3. 1998 NJW 1998, 2592, 2599 = ZIP 1998, 793, 801 = EWiR § 30 GmbHG 1/98, 699 *[Eckardt]* [insoweit nicht in BGHZ 138, 291]; **BGH** 9. 10. 2008 IX ZR 59/07 ZIP 2008, 2183 = NJW 2008, 3780 = ZInsO 2008, 1202 = NZI 2008, 733 = EWiR 2008, 755 *[Koza]*; *Lüke* ZIP 2001, 1, 2; MK/*Kirchhof* § 129 Rn 49 a; kritisch *Bork* ZIP 2008, 1041, 1048 f). Ferner waren – jedenfalls bis zur Reform des SGB (dazu unten Rn 105) – die gesetzlichen oder tarifvertraglichen **Einzugsstellen der Sozialversicherungsträger** hinsichtlich der eingezogenen Sozialversicherungsbeiträge Anfechtungsgegner. Denn sie sind nicht als bloße Zahlstelle und damit Mittelsperson anzusehen; dies gilt insbesondere auch für die fremdnützige Einziehung zu Gunsten anderer Sozialversicherungsträger, und zwar unabhängig davon, ob ein treuhänderischer Rechtsübergang erfolgt ist oder nur eine Einziehungsermächtigung erteilt wurde. Denn der Gesetzgeber hat ihre Stellung als Einzugsstelle so ausgestaltet, dass sie nach außen als Inhaber der Gesamtforderung auftreten können (**BGH** 12. 2. 2004 IX ZR 70/03 NJW 2004, 2163 = ZIP 2004, 862 = ZInsO 2004, 441 = NZI 2004, 379 = EWiR 2004, 713 *[Mitlehner]* = WuB VI C § 143

§ 129
Grundsatz

InsO 1.04 *[Bartels]*; BGH 21. 10. 2004 IX ZR 71/02 ZIP 2005, 38 = ZInsO 2004, 1359 = NZI 2005, 166 = EWiR 2005, 671 *[Eckardt]*; BGH 30. 3. 2006 IX ZR 84/05 ZIP 2006, 957 = NZI 2006, 399 = EWiR 2006, 469 *[A. Henkel]* = WuB VI A § 134 InsO 1.06 *[Kreft]*; siehe auch unten Rn 105 und § 130 Rn 25, § 142 Rn 6, 12 sowie § 143 Rn 43). Dies gilt entsprechend für die Erhebung von Steuern, die von der Einzugsstelle an einen anderen Rechtsträger abzuführen sind (**BGH** 11. 10. 2007 IX ZR 87/06 ZIP 2007, 2228 = ZInsO 2007, 1223 = NZI 2007, 721 = WuB VI A § 129 InsO 1.08 *[Smid]*). Eine nach **§ 48a Abs 1 Satz 2 EStG** geleistete Steuerabführung ist wie eine direkte Leistung des Steuerschuldners zu behandeln und kann in dessen Insolvenz gegenüber dem Finanzamt angefochten werden (BFH 13. 11. 2002 I B 147/02 E 201, 80 = ZIP 2003, 173 = ZInsO 2003, 76 = NZI 2003, 169). Ferner kann das der Leistung des Leistungsmittlers **zugrundeliegende Rechtsverhältnis** anfechtbar sein; so kann bspw. ein zwischen dem Schuldner und dem Leistungsmittler geschlossener Vergleich, auf dessen Grundlage die Zahlung an den Leistungsmittler erfolgte, nach § 133 oder § 134 der Anfechtung unterliegen (**BGH** 28. 2. 2008 IX ZR 177/05 ZIP 2008, 650 = ZInsO 2008, 375 = NZI 2008, 302). Kann demnach *auch* gegenüber dem Leistungsmittler angefochten werden, haften Leistungsmittler und Leistungsempfänger als **Gesamtschuldner** nach § 426 BGB (**BGH** 28. 2. 2008 IX ZR 177/05 ZIP 2008, 650 = ZInsO 2008, 375 = NZI 2008, 302; *Burchard* Dreieck S 106 ff; siehe dazu bereits Rn 87). § 426 BGB ist in dieser Konstellation entsprechend anwendbar, wenn der Leistungsempfänger wegen einer nach § 96 Abs 1 Nr 3 unwirksamen Verrechnung in Anspruch genommen wird (**BGH** 28. 2. 2008 IX ZR 177/05 ZIP 2008, 650 = ZInsO 2008, 375 = NZI 2008, 302).

87B   Im Falle der **Insolvenz des Leistungsmittlers** muss bzgl. der Anfechtbarkeit unterschieden werden: handelt es sich bei der geleisteten Sache um treuhänderisch gebundenes Vermögen des Anweisenden, scheidet eine Anfechtung aus (siehe unten § 129 Rn 98, 105 sowie § 47 Rn 33 ff). Fehlt es hingegen an einer treuhänderischen Bindung, ist grds. ausschließlich der Anweisende Anfechtungsgegner (MK/*Kirchhof* § 129 Rn 49; weitergehend *Burchard* Dreieck S 112 ff), es sei denn, die Zuwendung an den Dritten erfolgte unentgeltlich, in diesem Fall kann und muss direkt gegenüber dem Leistungsempfänger angefochten werden (siehe dazu unten § 134 Rn 18 zur Frage, wann in diesem Verhältnis Unentgeltlichkeit vorliegt). Davon abzugrenzen sind die Fälle, in denen dem späteren Schuldner von einem Dritten Geldmittel – sei es in Form eines Darlehens oder einer Schenkung – überlassen werden, um mit diesen Gläubiger zu befriedigen. In dieser Konstellation handelt es sich nicht um eine Leistung im Dreipersonenverhältnis mit dem Schuldner als Leistungsmittler, sondern der Schuldner selbst ist Leistender und die Zahlung erfolgt aus seinem eigenen Vermögen, so dass direkt gegenüber dem Leistungsempfänger angefochten werden kann (**BGH** 27. 5. 2003 IX ZR 169/02 Z 155, 75 = NJW 2003, 3347, 3348 = ZIP 2003, 1506 = ZInsO 2003, 764 = NZI 2003, 533 = EWiR 2003, 2097 *[Hölzle]* = WuB VI C § 133 InsO 1.03 *[Paulus/Zenker]*). Etwas anderes kann nur dann gelten, wenn die zur Verfügung gestellten Geldmittel treuhänderisch gebunden waren (siehe dazu unten Rn 98, 105).

87C   Im Fall einer **Doppelinsolvenz von Leistendem und Leistungsmittler** kann es zu einer Konkurrenz von Anfechtungsansprüchen des Leistenden aus Deckungsanfechtung einerseits sowie des Leistungsmittlers aus Schenkungsanfechtung andererseits kommen: in diesem Fall geht der Anfechtungsanspruch des Insolvenzverwalters des Leistenden regelmäßig dem des Leistungsmittlers vor (**BGH** 16. 11. 2007 IX ZR 194/04 Tz 34 Z 174, 228 = ZIP 2008, 125 = ZInsO 2008, 106 = NJW 2008, 655 = NZI 2008, 163 = WuB VI A § 134 InsO 2.08 *[Blum]* = EWiR 2008, 211 *[Keller]* dazu *Huber* NZI 2008, 149 ff; ausführlich auch *Burchard* Dreieck S 201 f sowie S 331 f). Dies gilt allerdings nur dann, wenn der Anfechtungsanspruch des Leistenden tatsächlich besteht und dieser rechtzeitig geltend gemacht worden ist; mögliche Anfechtbarkeit alleine genügt für einen Ausschluss nicht (**BGH** 16. 11. 2007 IX ZR 194/04, aaO). Grund für den Ausschluss des Anspruchs aus Schenkungsanfechtung zugunsten des Leistenden ist der Vorrang der Anfechtung im Valutaverhältnis, sofern beide Anfechtungsansprüche in diesem begründet sind; dies ist regelmäßig der Fall, da eine Anfechtungsmöglichkeit des Leistungsmittlers nach § 134 InsO die Wertlosigkeit der Forderung des Leistungsempfängers gegen den Leistenden voraussetzt (siehe insofern unten § 134 Rn 18). Zugleich indiziert die Wertlosigkeit der Forderung den Grund für den Anspruch des Leistenden aus Deckungsanfechtung gegen den Leistungsempfänger. Dieses Ergebnis rechtfertigt der **BGH** letztendlich mit der größeren Schutzwürdigkeit der Gläubiger des Leistenden, denn dadurch, dass der dem Leistungsempfänger zugewendete Vermögenswert ursprünglich dem Vermögen des Leistenden zuzuordnen war, lag seinerseits ein „echtes" Vermögensopfer vor, während es sich im Vermögen des Leistungsmittler nur um einen „Durchlaufposten" handelte (BGH 16. 11. 2007 IX ZR 194/04 aaO kritisch *Burchard* Dreieck S 224 ff). Mit dieser Rechtsprechung setzt der **BGH** seine Orientierung an den bereicherungsrechtlichen Grundsätzen der Rückabwicklung fort (siehe aber oben Rn 62). Selbstverständlich ist hingegen, dass eine doppelte Inanspruchnahme des Leistungsempfängers nicht in Betracht kommt, da ein Anfechtungsgegner nur das anfechtbar Erhaltene bzw dessen Wert zurückgewähren muss (siehe aber auch oben Rn 87). Ferner scheidet mangels einheitlicher Forderung sowohl eine Gesamt- als auch eine Teilgläubigerschaft zwischen Leistendem und Leistungsempfänger aus (**BGH** 16. 11. 2007 IX ZR 194/04 aaO).

87D   **Beispiele für Fälle der mittelbaren Zuwendung.** Schießt der Verfahrensschuldner dem in seinem Auftrag handelnden Akzeptanten eines von ihm gezogenen Wechsels die Mittel zur Einlösung des Papiers vor, so ist diese Zahlung das anfechtbare Rechtsgeschäft und Anfechtungsgegner derjenige

II. Anfechtbare Rechtshandlungen (Abs 1) **§ 129**

Wechselgläubiger, der die Zahlung (mittelbar aus dem Vermögen des Verfahrensschuldners) erhalten hat. Dagegen ist eine unmittelbare Zuwendung gegeben und darum die Anfechtung gegen den Akzeptanten zu richten, falls er den Wechsel aus eigenen Mitteln einlöst und die Wechselsumme vom Gemeinschuldner erstattet erhält; denn in diesem Fall hat er durch die Einlösung des Papiers einen Anspruch auf Auslagenersatz (§ 670 BGB) erworben und der Verfahrensschuldner hat diesen Anspruch befriedigt (**RG** 3. 4. 1895 Z 35, 26). Weist der Schuldner seine Bank an, ein ihm gewährtes Darlehen unmittelbar an einen Dritten auszuzahlen, handelt es sich um eine mittelbare Leistung des Schuldners an den Dritten (**BGH** 7. 6. 2001 IX ZR 195/00 ZIP 2001, 1248 = NZI 2001, 539; inwiefern eine Zweckbindung des Darlehens eine Gläubigerbenachteiligung ausschließen kann, siehe unten § 129 Rn 98); gewährt der Angewiesene durch seine Leistung an den begünstigten Dritten dagegen dem Verfahrensschuldner Kredit, so geht aus dem Aktivvermögen des Verfahrensschuldners nichts hinaus, weder unmittelbar noch mittelbar, und auch die Passivmasse wird nicht vermehrt, falls der Dritte Gläubiger des Verfahrensschuldners war, da in diesem Fall dem Angewiesenen statt des durch ihn befriedigten Gläubigers ein gleich hoher Betrag gegen den Verfahrensschuldner zusteht, so dass nur ein die Gläubiger nicht benachteiligender Austausch stattgefunden hat (**RG** 30. 4. 1901 Z 48, 148, 150 f; **BGH** 16. 10. 2008 IX ZR 147/07 ZIP 2008, 2182 = ZInsO 2008, 1200 = NZI 2009, 56 = EWiR 2009, 27 [*Klein*]). Beachte aber BGH 6. 10. 2009 IX ZR 191/05 NJW 2009, 3362 = ZIP 2009, 2009 = ZInsO 2009, 2060 z. V. b., wonach auch Leistungen aus einer nur geduldeten Kontoüberziehung anfechtbar sein können (dazu ausführlich unten § 130 Rn 15). Eine Übertragung auf die hier vorliegende Konstellation der Kreditgewährung durch einen sonstigen Dritten muss aber jedenfalls dann ausscheiden, wenn es dem kreditgewährenden Leistenden in erster Linie darauf ankam, dass der Anspruch des Gläubigers erfüllt wird und weniger auf die Begleichung der Verbindlichkeiten des späteren Schuldners. Jedenfalls anders – mit der Folge einer Anfechtbarkeit des Zahlungsauftrags in Verbindung mit seiner Ausführung – liegen die Dinge freilich, als der Angewiesene durch seine Leistung eine bessere Stellung in der Insolvenz erlangt hätte, als der befriedigte Gläubiger gehabt hätte, etwa weil er für seine Forderung ein Absonderungsrecht geltend machen kann (**RG** 20. 12. 1912 Z 81, 144; **BGH** 16. 10. 2008 IX ZR 147/07 ZIP 2008, 2182 = ZInsO 2008, 1200 = NZI 2009, 56 = EWiR 2009, 27 [*Klein*]); der Verfahrensschuldner tritt auf Veranlassung eines Gläubigers eine Forderung an dessen Gläubiger ab, da damit der Verfahrensschuldner seine Schuld tilgt, ohne dass etwas aus seinem Vermögen unmittelbar dem Gläubiger zufließt (**RG** 12. 6. 1900 JW 1900, 624); zahlt ein Auftraggeber entsprechend VOB/B an den Subunternehmer des insolventen Werkunternehmers handelt es sich um eine Leistung des Auftraggebers an den Subunternehmer und ist diesem gegenüber anfechtbar (**OLG** Dresden 11. 11. 1999 ZIP 1999, 2161, 2165 = EWiR § 16 VOB/B 1/2000, 253 [*C. Schmitz*] [die Möglichkeit der Direktzahlung nach § 16 Nr 6 VOB/B ersetzt insofern die Anweisung; bestätigt durch **BGH** 6. 6. 2002 IX ZR 425/99 ZInsO 2002, 766 [*KO*]; **BGH** 16. 10. 2008 ZIP 2008, 2324 = ZInsO 2008, 1322 = NZI 2009, 55 = EWiR 2009, 151 [*Huber*]; dazu *Lüke* ZIP 2001, 1 f; siehe auch unten § 131 Rn 8); der Verfahrensschuldner lässt das Entgelt für die Abtretung einer Grundschuld einem Dritten überweisen (**RG** 7. 7. 1933 WarnRspr 1933 Nr 157); der Verfahrenschuldner kauft ein Grundstück und vereinbart Auflassung an seine Ehefrau (**RG** 8. 2. 1899 Z 43, 83, 84; vgl auch **BGH** 14. 6. 1978 Z 72, 39, 42 = NJW 1978, 1921 = KTS 1979, 92 = LM § 37 KO Nr 9 [*Merz*]; dazu auch unten § 134 Rn 11); ein Schuldner begleicht seine Schuld in der Weise, dass er auf Anweisung des Verfahrensschuldners an dessen Schwiegervater eine ihm zustehende Hypothek abtritt (**RG** 29. 11. 1904 Z 59, 195, 196); ist durch Verfügung einer Erbengemeinschaft dem Gläubiger eines Miterben ein Vermögensgegenstand in Anrechnung auf dessen Erbteil zugewendet und dadurch der Reinanteil des Miterben an der Erbschaftsmasse verkürzt worden, kann der Insolvenzverwalter des Miterben Wertersatz vom Begünstigten verlangen (**BGH** 14. 6. 1978 Z 72, 39 ff = NJW 1978, 1921 = KTS 1979, 92 = LM § 37 KO Nr 9 [*Merz*]; vgl auch **BGH** 30. 4. 1992 Z 118, 151 = NJW 1992, 2026 = ZIP 1992, 781 = KTS 1992, 613 = EWiR § 237 KO 1/92, 589 [*Hanisch*]). Hält ein Treuhänder eine ihm vom Schuldner bestellte Grundschuld auf Grund einer Sicherungsabrede des Schuldners mit seinen Gläubigern für die Gläubiger des Schuldners, liegt darin eine Leistung an die Gläubiger, die dementsprechend auch Anfechtungsgegner sind (Kilger/*Karsten Schmidt* § 30 KO Anm 13). Eine mittelbare (ggfls unentgeltliche) Zuwendung ist auch anzunehmen, wenn der Schuldner an einen Angehörigen aus dem Vermögen einer OHG Geldleistungen erbringen lässt und bei der OHG dafür zum Ausgleich sein Kapitalkonto mit dem entsprechenden Betrag belastet wird (**BGH** 23. 11. 1981 ZIP 1982, 76 = KTS 1982, 410). Der spätere Verfahrensschuldner verhilft seiner Ehefrau nach Eintritt der Zahlungsunfähigkeit durch Aufwendung von eigenen Mitteln zum Erwerb eines Grundstücks oder zur Bezahlung eines Hausbaus; hier sind die Zahlungen des späteren Gemeinschuldners an den Grundstücksverkäufer oder an die Bauhandwerker mittelbare Zuwendungen an die Ehefrau (**BGH** 11. 11. 1954 WM 1955, 407; zu einer ähnlichen Konstellation **OLG** Düsseldorf 23. 5. 2002 12 U 49/00 ZInsO 2002, 769 [*AnfG*]).

Keine mittelbare Zuwendung liegt hingegen vor, wenn der spätere Verfahrensschuldner nach Eintritt der Zahlungsunfähigkeit sein Handelsgeschäft an einen Dritten mit dem Recht zur Firmenfortführung veräußert, und der Dritte vor und nach der Eröffnung des Insolvenzverfahrens die Altgläubiger des erworbenen Geschäfts befriedigt, denen er nach § 25 Abs 1 HGB haftet; hier liegt keine mittelbare Zuwendung darin, dass der spätere Verfahrensschuldner durch die Verwertung seines Geschäfts den Ge-

88

schäftsgläubigern den Vorteil verschafft, ohne Rücksicht auf seine Zahlungsunfähigkeit und das Insolvenzverfahren noch Deckung zu erlangen. Denn die Leistungen, die der neue Geschäftsinhaber an die alten Geschäftsgläubiger erst nach Eröffnung des Insolvenzverfahrens über das Vermögen des bisherigen Geschäftsinhabers bewirkt, beruhen auf einer gesetzlichen Pflicht und nicht auf der nur deklaratorischen Vertragsabrede zwischen Verfahrensschuldner und Drittem; der Rechtsgedanke des § 147 ist daher nicht mit der Begründung anwendbar, dass die anfechtbare Rechtshandlung durch die Geschäftsveräußerung in der Zeit zwischen Eintritt der Zahlungsunfähigkeit und Eröffnung des Insolvenzverfahrens wirksam eingeleitet sei und, weil vom neuen Geschäftsinhaber vollzogen, noch nach Eröffnung des Insolvenzverfahrens wirksam vollendet werden konnte (**BGH** 24. 9. 1962 Z 38, 46; dazu *Kuhn* KTS 1963, 65, 72 ff; *ders* WM 1964, 998, 1003 f; abw *Berges* KTS 1961, 65, 66 ff). Anfechtungsgegner ist daher der Unternehmenserwerber, die befriedigten Gläubiger nur dann, wenn sie Rechtsnachfolger des Erwerbers sind (§ 145 Abs 2).

89 Befriedigt ein **Kommanditist** den den Gläubigern der Gesellschaft zustehenden (und im Insolvenzverfahren vom Verwalter ausgeübten; § 171 Abs 1 HGB) Anspruch auf die ausstehende Einlage in der Krise durch Zahlung an einen Gläubiger, ist für die subjektiven Voraussetzungen der Anfechtbarkeit auf den Kommanditisten abzustellen, wobei aber häufig eine Zurechnung in Betracht kommen dürfte; Anfechtungsgegner ist aber der befriedigte Gläubiger (HK-*Kreft* § 129 Rn 34; vgl Jaeger/*Henckel* § 129 Rn 228). Gleiches gilt bei Zahlungen von **persönlich haftenden Gesellschaftern**, gegen die Gläubigeransprüche in der Insolvenz nach § 93 vom Verwalter verfolgt werden, solange nicht auch über das Vermögen des Gesellschafters ein Insolvenzverfahren eröffnet wurde; denn dann liegt die gleichmäßige Durchsetzung der Gläubigerrechte in Händen dessen Insolvenzverwalters (**BGH** 9. 10. 2008 IX ZR 138/06 Z 178, 171 = ZIP 2008, 2224 = NJW 2009, 225 = ZInsO 2008, 1275 = NZI 2009, 45; siehe § 93 Rn 44; siehe auch unten § 139 Rn 12). Auch für Zahlungen von **ersatzpflichtigen Organen** einer Aktiengesellschaft an einen Gläubiger der Gesellschaft nach §§ 93 Abs 5 Satz 1, 116, §§ 309 Abs 4 Satz 1, 317 Abs 4, 318 Abs 4 AktG kann sich eine solche Lage ergeben, wenn die Gesellschaft später insolvent wird (HK-*Kreft* § 129 Rn 34 aE; Jaeger/*Henckel* § 129 Rn 229).

90 **6. Verhältnis der Anfechtungsvorschriften zueinander.** Die mehreren Anfechtungsgründe der „besonderen Insolvenzanfechtung" (§§ 130–132), der Anfechtung wegen vorsätzlicher Benachteiligung („Absichtsanfechtung"; § 133) und der Anfechtung wegen unentgeltlicher Leistung („Schenkungsanfechtung"; § 134) sowie der Anfechtung nach § 135 stehen grundsätzlich selbstständig nebeneinander. Einerseits schließen sie sich nicht gegenseitig aus, andererseits bedeutet die Verneinung der Voraussetzung einer Anfechtungsnorm in einem konkreten Fall nicht schon, dass auch die anderen Anfechtungsnormen nicht anzuwenden sind (**BGH** 15. 3. 1972 Z 58, 240, 245 = NJW 1972, 870 = KTS 1972, 253, 255 = LM § 30 KO Nr 27 *[Mormann]*; **BGH** 30. 9. 1993 Z 123, 320 = NJW 1993, 3267 = ZIP 1993, 1653 = KTS 1994, 116 = LM § 30 KO Nr 55 *[Stürner]* = EWiR § 30 KO 2/94, 373 *[Henckel]*). Die „besondere Insolvenzanfechtung" der §§ 130, 131 regelt aber die Verschaffung einer Deckung durch einen Insolvenzgläubiger im Verhältnis zur Verschleuderungsanfechtung des § 132 abschließend (**BGH** 16. 9. 1999 IX ZR 204/98 Z 142, 284, 286 f = NJW 1999, 3636 = NZI 1999, 448, 449 = ZIP 1999, 1764, 1765 [KO]; abw *Lüke* ZIP 2001, 1, 2 ff mwN für den Fall, dass sich die Anfechtungstatbestände gegen verschiedene Personen richten; siehe unten § 132 Rn 1, 4). Eine **Schenkungsanfechtung** nach § 134 ist neben §§ 130, 131 nur ausnahmsweise möglich, nämlich dann, wenn die gesicherte oder befriedigte Verbindlichkeit unentgeltlich begründet worden war, sodass auch die Sicherung oder Befriedigung als unentgeltlich zu bewerten ist. Die Sicherung oder Befriedigung einer entgeltlich begründeten Verbindlichkeit ist hingegen (auch bei inkongruenten Leistungen) als entgeltlich zu bewerten, so dass eine Anfechtung nach § 134 nicht in Betracht kommt (MK/*Kirchhof* vor §§ 129 ff Rn 94, § 134 Rn 3 mwN; noch anders **BGH** 15. 3. 1972 Z 58, 240, 245 = NJW 1972, 870 = KTS 1972, 253, 255 = LM § 30 KO Nr 27 *[Mormann]* sowie 12. Aufl Rn 90; differenzierend Jaeger/*Henckel* § 129 Rn 250; zum Ganzen siehe auch unten § 134 Rn 3, 31). Und auch die beiden Grundtatbestände des § 130 und des § 131 schließen sich grundsätzlich gegenseitig aus. Allerdings kann auf § 130 zurückgegriffen werden, wenn die Inkongruenz einer Rechtshandlung nicht nachweisbar ist (oben § 130 Rn 5). Siehe außerdem oben vor §§ 129 ff Rn 9 f.

III. Erfordernis der Gläubigerbenachteiligung (Abs 1)

91 **1. Begriff.** Voraussetzung sämtlicher Anfechtungstatbestände ist, dass die Insolvenzgläubiger in ihrer Gesamtheit durch eine Rechtshandlung **objektiv benachteiligt** sind (RG 3. 2. 1905 Z 60, 107, 109; RG 28. 2. 1914 Z 84, 242, 254; **RG** 5. 11. 1918 Z 94, 305, 307; **BGH** 17. 11. 1958 Z 28, 344, 347 = MDR 1959, 106, 189 *[Pohle]* = LM § 30 KO Nr 3 *[Haager]*; **BGH** 26. 1. 1983 Z 86, 349, 354 f = ZIP 1983, 337 = NJW 1983, 1120 = KTS 1983, 297; **BGH** 21. 4. 1988 NJW 1989, 1037 = ZIP 1988, 725 = KTS 1988, 519 = EWiR § 29 KO 1/88, 699 *[Wellensiek]*; **BGH** 12. 11. 1992 NJW-RR 1993, 235 = ZIP 1993, 271 = KTS 1993, 248 = EWiR § 29 KO 1/93, 61 *[Gerhardt]*; weit Nachw in der 12. Aufl Rn 91). Diese Grundvoraussetzung jeder Anfechtung hebt das Gesetz jetzt ausdrücklich hervor. Die InsO versteht den Begriff der Gläubigerbenachteiligung nicht anders als das vorherige Recht (**BGH** 11. 4. 2002 IX ZR 211/01 NJW 2002, 2568 = ZIP 2002, 1159 = ZInsO 2002, 581 = NZI 2002, 378 = WuB VI C

III. Erfordernis der Gläubigerbenachteiligung (Abs 1)   **§ 129**

§ 131 InsO 3.02 *[Pape]*; **BGH** 27. 5. 2003 IX ZR 169/02 Z 155, 75 = NJW 2003, 3347, 3348 = ZIP 2003, 1506 = ZInsO 2003, 764 = NZI 2003, 533 = EWiR 2003, 2097 *[Hölzle]* = WuB VI C § 133 InsO 1.03 *[Paulus/Zenker]*). Eine Benachteiligung in diesem Sinne liegt vor, wenn die Befriedigung der Insolvenzgläubiger verkürzt (vermindert), vereitelt, erschwert, gefährdet oder verzögert wird (Begr RegE zu § 129). Es muss also festgestellt werden, dass sich die Befriedigung der Gläubiger im Falle des Unterbleibens der angefochtenen Handlung günstiger gestaltet hätte (st. Rspr; siehe nur **BGH** 4. 3. 1999 Z 141, 96, 106 = NJW 1999, 1549, 1552 = NZI 1999, 188 = ZIP 1999, 628, 631 = KTS 1999, 361 = EWiR § 32 KO 2/99, 509 *[Gerhardt]* sowie aktuell: **BGH** 20. 11. 2008 IX ZR 130/07 ZIP 2009, 83 = ZInsO 2009, 31 = NZI 2009, 105; **BGH** 16. 11. 2007 IX ZR 194/04 Z 174, 228 = ZIP 2008, 125 = ZInsO 2008, 106 = NJW 2008, 655 = NZI 2008, 163 = WuB VI A § 134 InsO 2.08 *[Blum]* = EWiR 2008, 211 *[Keller]*; verneinend **BGH** 17. 6. 1999 NJW 1999, 2969, 2970 = NZI 1999, 313 = ZIP 1999, 1269, 1271 = KTS 1999, 490 [insoweit nicht in BGHZ 142, 72] [da keine Erschwerung der Durchsetzung einer Forderung des Verfahrensschuldners]; weit Nachw in der 12. Aufl Rn 91); ein Benachteiligungsvorsatz ist nur für die Anfechtung nach § 133 erforderlich. Es ist daher nicht Zweck der Insolvenzanfechtung, der Masse Vermögensvorteile zu verschaffen, die sie ohne die anfechtbare Rechtshandlung nicht erlangt hätte (**BGH** 28. 5. 1971 WM 1971, 908; **BGH** 26. 1. 1983 Z 86, 340 = NJW 1983, 1123 = ZIP 1983, 334, 335 = JR 1983, 288 *[Damrau]*). So ist eine **verspätete Insolvenzantragstellung** als solche nicht anfechtbar, auch wenn sie zu einer Verkürzung denkbarer Anfechtungsansprüche geführt haben mag (**BGH** 10. 2. 2005 IX ZR 211/02 Z 162, 143 = NJW 2005, 1121, 1124 = ZIP 2005, 494 = ZInsO 2005, 260 = NZI 2005, 215 = EWiR 2005, 607 *[Eckardt]* = WuB VI A § 133 InsO 1.05 *[Urbanczyk]*; MK/*Kirchhof* § 129 Rn 6; siehe oben § 129 Rn 28, 65). Und insgesamt ist eine Gläubigerbenachteiligung ausgeschlossen, wenn die **Insolvenzmasse ausreicht**, um alle Gläubiger zu befriedigen (**RG** 5. 1. 1940 Z 162, 292, 293 f; **BGH** 29. 4. 1986 NJW-RR 1986, 991 = ZIP 1986, 787 = KTS 1986, 669, 670 = EWiR § 38 KO 1/86, 707 *[Gerhardt]*; **BGH** 19. 9. 1988 Z 105, 168, 187 f = NJW-RR 1989, 33 = ZIP 1988, 1248, 1254 = KTS 1989, 114 [wobei etwa noch später festzustellende Forderungen zu berücksichtigen sind]; **BGH** 12. 11. 1992 NJW-RR 1993, 235 = ZIP 1993, 271 = KTS 1993, 248 = EWiR § 29 KO 1/93, 61 *[Gerhardt]*).

Nach neuem Recht ausreichend ist auch eine Benachteiligung der **nachrangigen Insolvenzgläubiger** 92 (§ 39); praktische Bedeutung hat diese Erweiterung jedoch nur in dem Fall, dass *nur* die nachrangigen Insolvenzgläubiger benachteiligt wurden, was lediglich dann in Betracht kommt, wenn alle nicht nachrangigen Gläubiger befriedigt wurden (*Henckel* KS-InsO S 813, 821). Ob hier im Übrigen eine Benachteiligung vorliegt, richtet sich nach der früheren Rechtsprechung zu der Frage, ob eine Benachteiligung der bevorrechtigten Gläubiger alten Rechts auch zu einer Benachteiligung der gewöhnlichen Insolvenzgläubiger führt (HK-*Kreft* § 129 Rn 63; dazu unten Rn 108). Das gilt auch für das Verhältnis der einzelnen Stufen nachrangiger Insolvenzgläubiger zueinander.

Ob im Einzelfall eine Benachteiligung vorliegt, ist nach **wirtschaftlichen Gesichtspunkten** zu ent- 93 scheiden (**BGH** 9. 2. 1955 NJW 1955, 709 = KTS 1955, 139; **BGH** 3. 3. 1960 NJW 1960, 1011 = WM 1960, 381, 382; **BGH** 23. 9. 1981 ZIP 1981, 1229, 1231 = KTS 1982, 222; vgl auch **BGH** 20. 2. 1980 NJW 1980, 1580 = ZIP 1980, 250 = KTS 1980, 245 = LM § 29 KO Nr 8 *[Merz]*; **BGH** 12. 5. 1980 NJW 1980, 1964 = ZIP 1980, 425 = KTS 1980, 363; OLG Braunschweig 11. 11. 1949 MDR 1950, 356; *Heublein* ZIP 2000, 161, 169). Diese können freilich nur im Rahmen der gesetzlichen Vorschriften berücksichtigt werden; insbesondere findet keine **Vorteilsausgleichung** statt (vgl oben Rn 75 sowie unten § 143 Rn 23).

2. Voraussetzungen. a) Bezug zum Schuldnervermögen. Die benachteiligende Handlung muss sich auf 94 solche Vermögensgegenstände beziehen, die **bei Vornahme der beanstandeten Rechtshandlung** zum **Vermögen des späteren Schuldners** gehört haben; denn das Ziel der Anfechtung ist Rückgewähr nach § 143 (**BGH** 14. 6. 1978 Z 72, 39, 41 = NJW 1978, 1921 = KTS 1979, 92 = LM § 37 KO Nr 9 *[Merz]*; **BGH** 12. 5. 1980 NJW 1980, 1964 = ZIP 1980, 425 = KTS 1980, 363; **BGH** 11. 10. 1989 NJW-RR 1990, 142, 144 = ZIP 1989, 1611, 1613 = KTS 1990, 91 = EWiR § 3 AnfG 1/90, 7 *[Brehm]*; **BGH** 15. 12. 1994 NJW 1995, 1484, 1485 = ZIP 1995, 225, 227 = KTS 1995, 309 = EWiR § 2 GesO 2/95, 465 *[Uhlenbruck]* [für einen Gegenstand, dessen Massezugehörigkeit ständig die Einrede des § 821 BGB entgegenstand, daher verneinend]; abw zum Zeitpunkt KP-*Paulus* § 129 Rn 29 [Zeitpunkt der Verfahrenseröffnung]; zum Verbot, die Anfechtung zur Prüfung der Massezugehörigkeit zu missbrauchen, **BGH** 11. 7. 1991 NJW 1992, 624, 626 = ZIP 1991, 1014, 1017 = KTS 1991, 589 = EWiR § 30 KO 4/91, 1107 *[Flessner]*). Der **Begriff des „Vermögens"** ist dabei nicht wörtlich zu verstehen; entscheidend kommt es darauf an, was den Gläubigern als Haftungssubstrat zugewiesen ist. Die Gläubiger werden daher auch durch die Aufgabe einer gesicherten Rechtsposition wie insbesondere Anwartschaften, bedingten Ansprüchen oder Nutzungsrechten benachteiligt (KP-*Paulus* § 129 Rn 28; MK/*Kirchhof* § 129 Rn 80). Dementsprechend benachteiligt die Aufhebung einer **Rangrücktrittsvereinbarung** oder einer **Liquiditätszusage** die Gläubiger einer Gesellschaft (oben § 39 Rn 56, 71), während dem Begründen des Gläubiger *der Gesellschafter* benachteiligt (dazu § 134 Rn 22 sowie oben Rn 66); zum Vermögensbezug im Falle eigenkapitalersetzender Drittleistungen *Burchard* Dreieck S 234 ff. Da die Zugehörigkeit zum Schuldnervermögen entscheidet, fehlt es an einer Gläubigerbenachteiligung, wenn ein

§ 129

Dritter Schulden des Verfahrensschuldners tilgt; dies gilt allerdings nur dann, wenn durch die Leistung nicht zugleich eine Verbindlichkeit des Dritten ggü. dem Verfahrensschuldner getilgt wird, denn dies würde wiederum die Aktivmasse verringern oder Aufwendungs- oder Schadenersatzansprüche gegen den Schuldner begründen (**BGH** 17. 6. 2004 IX ZR 124/03 ZIP 2004, 1509 = ZInsO 2004, 856 = NZI 2004, 492 = EWiR 2004, 1043 *[Flitsch]* = WuB VI C § 129 InsO 2.04 *[Tetzlaff]* [für Zahlung einer Geschäftsführerin]; **BGH** 24. 5. 2007 IX ZR 105/05 ZIP 2007, 1274 = ZInsO 2007, 658 = NZI 2007, 452 = EWiR 2007, 667 *[Homann]* = WuB VI A § 140 InsO 2.08 *[Kreft]*; MK/*Kirchhof*, § 129 Rn 77; entsprechend für Sicherheitenbestellung aus dem Vermögen eines Dritten **BGH** 17. 6. 2004 IX ZR 124/03 ZIP 2004, 1509 = ZInsO 2004, 856 = NZI 2004, 492 = EWiR 2004, 1043 *[Flitsch]* = WuB VI C § 129 InsO 2.04 *[Tetzlaff]*; MK/*Kirchhof* § 129 Rn 78 a; anders zum ganzen *Burchard* Dreieck S 21 ff). Benachteiligend ist es daher, wenn der Verfahrensschuldner seinen Schuldner angewiesen hat, einen seiner Gläubiger zu befriedigen (**Anweisung auf Schuld**); denn dadurch wird der Masse die Forderung gegen den Schuldner entzogen, und der andere Gläubiger hat in Höhe dieser Schuld volle Befriedigung erlangt (**BGH** 29. 11. 2007 IX ZR 121/06 Z 174, 314 = ZIP 2008, 190 = NJW 2008, 1067 = ZInsO 2008, 814 = NZI 2008, 167 = EWiR 2008, 505 *[Homann]*); im Ergebnis liegen die Dinge daher wie bei einer Abtretung an den Gläubiger (**RG** 30. 4. 1901 Z 48, 148 ff). Benachteiligend kann eine Verrechnungsabrede sein, in der der Schuldner mit seinem Schuldner (unwiderruflich) vereinbart, an einen seiner Gläubiger zu zahlen (**BGH** 16. 9. 1999 Z 142, 284, 287 = NJW 1999, 3636 = NZI 1999, 448, 449 = ZIP 1999, 1764, 1766; abw **BGH** 17. 6. 1999 Z 142, 72, 75 = NJW 1999, 2969 = NZI 1999, 313 = ZIP 1999, 1269, 1270 = KTS 1999, 490, 492 [für den Fall bloßer Ermächtigung]; **BGH** 29. 11. 2007 IX ZR 121/06 Z 174, 314 = ZIP 2008, 190 = NJW 2008, 1067 = ZInsO 2008, 814 = NZI 2008, 167 = EWiR 2008, 505 *[Homann]*); *Lüke* ZIP 2001, 1, 5 f im Hinblick auf das automatische Erlöschen der Vereinbarung mit Verfahrenseröffnung). Zur Anfechtung im Dreiecksverhältnis siehe oben § 129 Rn 83 ff. Zugehörigkeit zum Schuldnervermögen ist auch zu bejahen, wenn der Dritte dem Schuldner Geldmittel unter Weisung seiner Gläubiger zur Verfügung stellt, ohne zugleich eine treuhänderische Bindung zu vereinbaren (**BGH** 27. 5. 2003 IX ZR 169/02 Z 155, 75 = NJW 2003, 3347 = ZIP 2003, 1506 = ZInsO 2003, 764 = NZI 2003, 533 = EWiR 2003, 2097 *[Hölzle]* = WuB VI C § 133 InsO 1.03 *[Paulus/Zenker]*; **BGH** 17. 6. 2004 IX ZR 124/03 ZIP 2004, 1509 = ZInsO 2004, 856 = NZI 2004, 492 = EWiR 2004, 1043 *[Flitsch]* = WuB VI C § 129 InsO 2.04 *[Tetzlaff]* [für das Vorliegen einer treuhänderischen Bindung]; MK/*Kirchhof* § 129 Rn 78 a; siehe dazu oben Rn 83 f, 98, 105 sowie § 47 Rn 33 ff). Hingegen berühren ein Rechtsgeschäft, dass in Wirklichkeit nicht besteht und nur infolge eines Irrtums als bestehend angenommen wird (**Putativgeschäft**), genauso wie Scheinrechte das Schuldnervermögen nicht (Jaeger/*Henckel* § 129 Rn 158; MK/*Kirchhof* § 129 Rn 108, 134). Auch die Eingehung einer **Naturalobligation** (Spielschuld, Ehemäklerschuld) benachteiligt die Gläubiger nicht, da sie nicht einklagbar ist; anfechtbar ist dagegen die Erfüllung einer solchen Schuld (§§ 130–134). Wohl aber kann die Ausübung eines **Options- oder Drittbenennungsrechts** die Insolvenzgläubiger benachteiligen (**BGH** 15. 10. 1975 WM 1975, 1182 = KTS 1976, 132 = LM §§ 1, 3 AnfG Nr 1). Wird eine **Pfändungs- und Überweisungsverfügung** nach § 361 Abs 2 Satz 1 Hs 1 AO ausgesetzt und erfolgt aus dem freigegebenen Konto eine Zahlung an den Gläubiger, handelt es sich um eine Zahlung aus dem Vermögen des Schuldners, die die Gläubiger benachteiligt; der Fortbestand des Pfändungspfandrechts als solchem ändert daran nichts (**BGH** 20. 11. 2008 IX ZR 130/07 ZIP 2009, 83 = ZInsO 2009, 31 = NZI 2009, 105).

95 Auch **Unternehmensveräußerungen** weisen den erforderlichen Bezug zum Schuldnervermögen auf; denn ein Unternehmen ist mehr als die Summe seiner Bestandteile, so dass der Gesamtvorgang die anfechtbare Rechtshandlung bildet (ausführlich Jaeger/*Henckel* § 129 Rn 71 ff; MK/*Kirchhof* § 129 Rn 94 mwN; *Karsten Schmidt* BB 1988, 5 ff; zur früher abw Ansicht [Anfechtung der einzelnen Übertragungsvorgänge] siehe 12. Aufl Rn 95). Gleiches gilt für die **Veräußerung einer Firma**, zumal diese nach § 23 HGB ohnehin nur zusammen mit dem Handelsgeschäft veräußerlich ist (**RG** 6. 4. 1894 Gruchot 38, 1184). Entsprechend kann die Aufgabe einer geschäftlichen **Marke** zu einer Gläubigerbenachteiligung führen (§ 29 Abs 3 MarkenG; MK/*Kirchhof* § 129 Rn 96). Im **Konzern** kann das Vermögen der Muttergesellschaft auch durch Rechtshandlungen auf der Ebene der Tochtergesellschaft beeinträchtigt werden (*Hirte* FS Kreft [2004], S 307, 316 f = ZInsO 2004, 1161, 1165; zust. *Wenner/Schuster* ZIP 2008, 1512, 1516 ff).

96 Unanfechtbar sind Rechtshandlungen, die sich auf die Verwendung der **Arbeitskraft** des Schuldners beziehen. Denn die Gläubiger haben keinen Rechtsanspruch darauf, dass der Schuldner *vor* Einleitung eines Insolvenzverfahrens seine Arbeitskraft zu ihren Gunsten verwertet (**RG** 3. 3. 1908 Z 69, 59, 63; **RG** 26. 1. 1909 Z 70, 226, 230; **BGH** 27. 11. 1963 WM 1964, 114, 115; **BGH** 11. 12. 1986 NJW 1987, 1268, 1269 = ZIP 1987, 305, 307 f = KTS 1987, 279 = EWiR § 3 AnfG 1/87, 209 *[Balz]*) oder sie ihnen zur Verfügung stellt (das ist im Hinblick auf die Restschuldbefreiung erst *nach* Beendigung eines Insolvenzverfahrens anders; § 295 Abs 1 Nr 1). Jedoch ist eine Ausnahme für den Fall anzuerkennen, dass der Schuldner vor Eröffnung des Insolvenzverfahrens sein **Arbeitseinkommen manipuliert** hat; in diesem Fall greift der Rechtsgedanke des § 850 h ZPO ein, siehe dazu ausführlich oben Rn 31. Gleiches gilt für die Wahl einer die Gläubiger **benachteiligenden Steuerklasse** (**BGH** 4. 10. 2005 VII ZB 26/05 ZInsO 2005, 1212 = NZI 2006, 114 = WuB VI D § 850 h ZPO 1.06 *[Walker]*). Darüber hinaus kann die Abtretung künftiger Lohnforderungen angefochten werden (MK/*Kirchhof* § 129 Rn 92).

III. Erfordernis der Gläubigerbenachteiligung (Abs 1) **§ 129**

Anfechtbar ist auch die **Veräußerung einer Praxis** eines Rechtsanwalts oder Arztes; denn nach heutigem Verständnis besitzen auch Anwalts- oder Arztpraxen einen *goodwill*, der sich maßgeblich auf den Veräußerungswert auswirkt (ebenso Jaeger/*Henckel* § 129 Rn 149; MK/*Kirchhof* § 129 Rn 93 mwN; abw **BGH** 27. 11. 1963 WM 1964, 114; dazu näher oben § 35 Rn 276 ff). Eine Anfechtung scheidet aber aus, wenn sich die Veräußerung als – nicht anfechtbare – Entscheidung zur Aufgabe der Erwerbstätigkeit darstellt und die Praxis keinen zugriffsfähigen Vermögenswert besitzt. 97

b) Erfordernis der Pfändbarkeit des Vermögensgegenstandes. Zur Gläubigerbenachteiligung gehört nach bislang h. A. weiter, dass sich die Rechtshandlung auf pfändbare Vermögensgegenstände beziehen muss (dazu ausführlich § 35 Rn 13 ff). Rechtshandlungen, die sich auf Vermögensgegenstände beziehen, die nicht der Zwangsvollstreckung unterliegen, benachteiligen die Insolvenzgläubiger nicht (**BGH** 8. 7. 1993 Z 123, 183, 185 = NJW 1993, 2876 = ZIP 1993, 1662 = EWiR § 852 ZPO 1/93, 1141 *[Gerhardt]*). Denn ein Vermögensgegenstand kann nur dann in anfechtbarer Weise dem Zugriff der Gläubiger entzogen werden, wenn er bei unveränderter Zugehörigkeit zum Schuldnervermögen dem Zugriff der Gläubiger offen gestanden hätte (**BGH** 25. 3. 1964 WM 1964, 505, 506 f). Bei Gegenständen, die nicht in die Masse fallen (§ 36), fehlt es daran. Den an diesem Paradigma geäußerten Zweifeln (etwa durch *Bitter* FS Karsten Schmidt, 2009, S 123, 136 ff) ist der **BGH** (6. 10. 2009 IX ZR 191/05 NJW 2009, 3362 = ZIP 2009, 2009 = ZInsO 2009, 2060) jetzt zu Recht gefolgt und hat bei der Befriedigung eines Gläubigers mit Mitteln aus einer nur geduldeten Kontoüberziehung, für die kein pfändbarer Anspruch gegen das Kreditinstitut bestand, Gläubigerbenachteiligung angenommen (dazu ausführlich § 130 Rn 15). Anfechtbar ist eine Rechtshandlung aber, wenn dadurch wie beim Kauf eines unpfändbaren Gegenstandes die Unpfändbarkeit gerade erst begründet wird (**BGH** 13. 7. 1995 Z 130, 314, 332 = NJW 1995, 2846 = ZIP 1995, 1364 = EWiR § 11 AnfG 1/95, 845 *[Gerhardt]* = LM § 7 AnfG Nrn 18/19 *[Eckardt]* [zu § 7 AnfG aF] [inzident]). Vereinbarte Zweckbindungen können nach § 851 Abs 1 ZPO die Unpfändbarkeit einer Forderung begründen und damit eine Gläubigerbenachteiligung ausschließen. **Interne Zweckvereinbarungen** sind anfechtungsrechtlich allerdings grundsätzlich unerheblich; so ist etwa der **Darlehensauszahlungsanspruch** pfändbar und damit Teil der Masse, mit der Folge, dass eine Leistung aus dem Kredit die Gläubiger benachteiligt (**BGH** 29. 3. 2001 IX ZR 34/00 Z 147, 193 = ZIP 2001, 825 = EWiR 2001, 599 *[Prütting/Stickelbrock]* = WuB VI E § 829 ZPO 1.01 *[Sonnenhol]*; **BGH** 25. 10. 2007 IX ZR 157/06 ZIP 2008, 131 = ZInsO 2008, 161 = NZI 2008, 180; **BGH** 10. 1. 2008 IX ZR 33/07 ZIP 2008, 467 = ZInsO 2008, 271 = NZI 2008, 233); dies gilt grundsätzlich auch dann, wenn dieser unter der Zweckbindung steht, den Darlehensbetrag einer bestimmten Person zu gewähren (**BGH** 7. 6. 2001 IX ZR 195/00 ZIP 2001, 1248 = NZI 2001, 539 = EWiR 2001, 1007 *[Gerhardt]* = WuB VI G § 10 GesO 3.01 *[Pape]*; **BGH** 7. 2. 2002 IX ZR 155/99 NJW 2002, 1574, 1575 = ZIP 2002, 489 = ZInsO 2002, 276 = NZI 2002, 255; **BGH** 27. 5. 2003 IX ZR 169/02 Z 155, 75 = NJW 2003, 3347 = ZIP 2003, 1506 = ZInsO 2003, 764 = NZI 2003, 533 = EWiR 2003, 2097 *[Hölzle]* = WuB VI C § 133 InsO 1.03 *[Paulus/Zenker]*; **BGH** 28. 2. 2008 IX ZR 213/06 ZIP 2008, 701 = ZInsO 2008, 374 = NZI 2008, 297). Ähnlich wie bei Schuldbefreiungsansprüchen tritt die Pfändbarkeit und damit die Massezugehörigkeit jedenfalls dann ein, wenn die Zweckbindung allein den Interessen des Dritten und nicht denen des Schuldners dient, denn sonst könnte der Schuldner allein dadurch Vermögenswerte unanfechtbar an Dritte weiterleiten, dass er eine Mittelsperson einschaltet und mit dieser eine auf den Dritten bezogene Zweckbindung vereinbart (**BGH** 7. 6. 2001 IX ZR 195/00 ZIP 2001, 1248, 1249 = NZI 2001, 539; **BGH** 16. 11. 2007 IX ZR 194/04 Z 174, 228 = ZIP 2008, 125 = ZInsO 2008, 106 = NJW 2008, 655 = NZI 2008, 163 = WuB VI A § 134 InsO 2.08 *[Blum]* = EWiR 2008, 211 *[Keller]*; vgl **BGH** 28. 2. 2008 IX ZR 213/06 ZIP 2008, 701 = ZInsO 2008, 374 = NZI 2008, 297). Eine Zweckbindung muss daher einen **treuhänderischen Charakter** mit den daran zu stellenden besonderen zusätzlichen Anforderungen (oben § 35 Rn 26 ff) haben, um den betroffenen Vermögenswert der Masse zu entziehen (**BGH** 7. 2. 2002 IX ZR 155/99 NJW 2002, 1574, 1575 f= ZIP 2002, 489 = ZInsO 2002, 276 = NZI 2002, 255; **BGH** 27. 5. 2003 IX ZR 169/02 Z 155, 75 = NJW 2003, 3347 = ZIP 2003, 1506 = ZInsO 2003, 764 = NZI 2003, 533 = EWiR 2003, 2097 *[Hölzle]* = WuB VI C § 133 InsO 1.03 *[Paulus/Zenker]*; **BGH** 16. 11. 2007 IX ZR 194/04 Z 174, 228 = ZIP 2008, 125 = ZInsO 2008, 106 = NJW 2008, 655 = NZI 2008, 163 = WuB VI A § 134 InsO 2.08 *[Blum]* = EWiR 2008, 211 *[Keller]*; verneint für widerrufliches Bezugsrecht bei einem Versicherungsvertrag durch **BGH** 18. 7. 2002 IX ZR 264/01 NJW 2002, 3253 = ZIP 2002, 1697 = NVersZ 2002, 495 = VersR 2002, 1294 = ZInsO 2002, 604 = ZInsO 2002, 878 = KTS 2003, 136 = WM 2002, 1852 [dazu auch oben § 35 Rn 207 ff]; **BGH** 28. 2. 2008 IX ZR 213/06 ZIP 2008, 701 = ZInsO 2008, 374 = NZI 2008, 297 [treuhänderische Bindung bei Zweckbindung zur Befriedigung eines anderen Gläubigers aber verneinend]; noch offen gelassen von **BGH** 7. 6. 2001 IX ZR 195/00 ZIP 2001, 1248 = NZI 2001, 539 = EWiR 2001, 1007 *[Gerhardt]* = WuB VI G § 10 GesO 3.01 *[Pape]*; dazu MK/*Kirchhof* § 129 Rn 108 b, 139 f; differenzierend zwischen anfänglicher und nachträglicher Zweckbindung *Burchard* Dreieck S 39 ff). Zu den Voraussetzungen einer treuhänderischen Bindung siehe unten Rn 105; zur Anfechtung im Rahmen mittelbarer Zuwendungen in der Insolvenz des Leistungsmittlers siehe oben Rn 87 B. Eine Gläubigerbenachteiligung soll aber ausscheiden, wenn ein Dritter im Außenverhältnis insolvenzfest und unmittelbar berechtigt ist oder die Bank bei anderweitiger Mittelverwendung ein Leistungsverweigerungsrecht hätte (MK/*Kirchhof* § 129 Rn 108 b). 98

99 Nicht anfechtbar ist daher die Ausschlagung eines **Angebots zum Vertragsschluss** (BGH 19. 4. 2007 IX ZR 79/05 ZIP 2007, 1118 = ZInsO 2007, 598 = NZI 2007, 403 = EWiR 2007, 601 *[Runkel]* [trotz Vorvertrages in Form eines „*letter of intent*" und schon erbrachter Teilleistungen; aber Anfechtbarkeit der Teilleistungen nach § 134]; abw MK/*Kirchhof* § 129 Rn 81); denn das Unterlassen eines künftigen, noch nicht bis zur beschlagsfähigen Anwartschaft gediehenen Erwerbs durch den Schuldner führt nicht zu einer Minderung des Schuldnervermögens (**BGH** 2. 4. 2009 IX ZR 236/07 ZIP 2009, 1080 = ZInsO 2009, 1060 = NZI 2009, 429). Dies gilt auch für die **Nichtannahme des Angebots zu einer Schenkung**, selbst wenn sie in der Absicht erfolgt, die Gläubiger zu benachteiligen (vgl Jaeger/*Henckel* § 129 Rn 24). Ebenso unterliegt der Verzicht des überlebenden Ehegatten auf sein bäuerliches Nutzungsrecht nicht der Insolvenzanfechtung (vgl **BGH** 25. 3. 1964 WM 1964, 505, 507). Auch sonst soll die **Ablehnung eines erst angetragenen Erwerbs** mangels Gläubigerbenachteiligung nicht anfechtbar sein. Denn das Gesetz verneint in § 517 BGB ausdrücklich den Zuwendungscharakter, wenn ein Schuldner zum Vorteil eines anderen einen Vermögenserwerb unterlässt oder auf ein angefallenes, aber noch nicht endgültig erworbenes Recht verzichtet oder eine Erbschaft oder ein Vermächtnis ausschlägt (siehe auch unten Rn 100). Anders liegen die Dinge freilich in jedem Fall bei der Nicht-Anmeldung eines wertvollen Patents, der Nicht-Kündigung eines langjährigen (Miet- oder Pacht-)Vertrages oder dem Abschluss eines Vertrages mit Kündigungsrecht für den Insolvenzfall und entschädigungslosem Eigentumsübergang auf einen Gläubiger (**BGH** 11. 11. 1993 Z 124, 76 = NJW 1994, 449 = ZIP 1994, 242 = EWiR § 31 KO 1/94, 169 *[Haas]*). Denn in diesen Fällen wird ein bereits bestehender Vermögenswert nicht realisiert. Der Verzicht auf eine **beschränkte persönliche Dienstbarkeit** ist mangels Pfändbarkeit unanfechtbar, sofern nicht die Ausübung einem anderen überlassen werden darf (§ 1092 Abs 1 BGB; § 857 Abs 3 ZPO; **BGH** 29. 9. 2006 V ZR 25/06 ZIP 2006, 2321 = ZInsO 2006, 1324 = WuB VI A § 81 InsO 1.07 *[Bartels]*; MK/*Kirchhof* § 129 Rn 84, 87).

100 Auch die **Annahme oder Ausschlagung einer Erbschaft** ist nach bislang hM wegen ihres höchstpersönlichen Charakters (§ 83 Abs 1 Satz 1) nicht anfechtbar, selbst wenn sie zur Gläubigerbenachteiligung erfolgen sollte (**BGH** 6. 5. 1997 NJW 1997, 2384 = ZIP 1997, 1302 = EWiR § 1 AnfG 1/97, 683 *[Gerhardt]*; HK-*Kreft* § 129 Rn 19; Jaeger/*Henckel* § 129 Rn 75; abw mit beachtlichen Argumenten *Bartels* KTS 2003, 41, 48 ff). Denn die Erbschaft geht zwar kraft Gesetzes mit dem Erbfall auf den berufenen Erben über, aber unbeschadet des Rechts sie auszuschlagen (§ 1942 BGB). Wird sie ausgeschlagen, gilt der Anfall als nicht erfolgt (§ 1953 Abs 1 BGB). Die Ausschlagung ist daher nicht die Aufgabe eines bereits erworbenen Rechts, sondern die Nichtannahme eines angetragenen Rechts. Das gleiche gilt für die Ausschlagung eines Vermächtnisses (§§ 2176, 2180 BGB), die Ablehnung der fortgesetzten Gütergemeinschaft (§ 83 Abs 1 Satz 2 InsO, § 1484 BGB) und den Erbverzicht (§ 2346 BGB). Auch die Nichtgeltendmachung des **Pflichtteils** oder der (teilweise) Verzicht auf ihn vor Eintritt der Pfändungsvoraussetzungen des § 852 Abs 1 ZPO ist nicht anfechtbar (**BGH** 6. 5. 1997 NJW 1997, 2384 = ZIP 1997, 1302 = EWiR § 1 AnfG 1/97, 683 *[Gerhardt]*; OLG Düsseldorf 5. 3. 1999 InVo 2000, 62, 63 f; *Bartels* KTS 2003, 41, 58 ff [unter Hinweis auf den im Vergleich zur Erbannahme und -ausschlagung belastenderen Charakter dieser Entscheidung]; HK-*Kreft* § 129 Rn 20; Jaeger/*Henckel* § 129 Rn 75). Ebenso dürften die Dinge für die in § 852 Abs 2 ZPO genannten Ansprüche des **Schenkers** auf Herausgabe des Geschenks wegen Verarmung (§ 528 BGB; vgl **BGH** 7. 11. 2006 X ZR 184/04 Z 169, 320 = NJW 2007, 60) und des Ehegatten auf **Zugewinnausgleich** (§ 1378 BGB) liegen (*Hannich*, Die Pfändungsbeschränkung des § 852 ZPO [1998], S 167 ff; HK-*Kreft* § 129 Rn 55). Gleiches gilt auch für den gegen den Schenker gerichteten Anspruch auf Rückforderung wegen Undanks (§ 530 BGB; OLG Hamm 15. 12. 1994 EWIR § 3 AnfG 2/95, 947 *[App]*). Beim **Ausscheiden aus einer Gesellschaft** ist nicht das Ausscheiden als solches, sondern die (zu geringe) Höhe des Abfindungsbetrages bzw dessen vertragliche Grundlage anfechtbar (unten Rn 122 A, § 134 Rn 39).

101 Handlungen, die sich auf den **Personenstand** beziehen, kommen für eine Anfechtung ebenfalls nicht in Betracht. Nicht anfechtbar sind daher Eheschließung, Scheidung, Annahme an Kindes Statt, Wohnsitzwechsel, die Begleichung von Unterhaltspflichten und ähnliches. Der Anfechtung ausgesetzt sind aber Eheverträge und andere Rechtsgeschäfte, die eine bestimmte personenrechtliche Beziehung lediglich voraussetzen (dazu aber auch § 133 Rn 24). Auch **Konzessionsrechte** unterliegen (soweit wie typischerweise personengebunden) nicht der Anfechtung, da sie höchstpersönliche Rechte sind (**RG** 2. 2. 1912 LZ 1912, 661 Nr 30; OLG Celle 2. 3. 1908 DJZ 1908, 1532).

102 Wird ein bei Vornahme der Rechtshandlung **unpfändbarer Gegenstand später beschlagsfähig**, können die Gläubiger mittelbar benachteiligt sein. Das gilt etwa für **Pflichtteilsansprüche**, da diese erst pfändbar sind, nachdem sie anerkannt oder rechtshängig geworden sind (§ 852 Abs 1 ZPO), vorher aber schon übertragen und verpfändet werden können (§ 2317 Abs 2 BGB); aus diesem Grunde ist deren Abtretung auch schon vor der Pfändbarkeit der Ansprüche anfechtbar (**BGH** 8. 7. 1993 Z 123, 183, 189 f = NJW 1993, 2876 = ZIP 1993, 1662 = EWiR § 852 ZPO 1/93, 1141 *[Gerhardt]* [für Pflichtteilsanspruch]; HK-*Kreft* § 129 Rn 55). Gleiches gilt für **Urheberrechte**, die nur unter bestimmten Voraussetzungen der Zwangsvollstreckung unterliegen (dazu § 35 Rn 248). Das **Erfinderrecht** gewährt demgegenüber schon vor der Anmeldung der Erfindung zum Patent oder Gebrauchsmuster einen rechtlichen Anspruch auf das Patent oder Gebrauchsmuster, der pfändbar ist und zur Insolvenzmasse gehört. Seine Abtretung bzw Veräußerung ist für die Gläubiger also auch schon vor der Anmeldung benachteiligend

III. Erfordernis der Gläubigerbenachteiligung (Abs 1) § 129

und deshalb anfechtbar (**BGH** 2. 4. 1998 NJW-RR 1998, 1057 = ZIP 1998, 830, 831 [für Geschmacksmuster]). Bei Sachen, deren Unpfändbarkeit wechselt, je nach dem, ob sie unentbehrlich, notwendig oder erforderlich sind (§ 811 ZPO), wird dagegen aus Gründen der Rechtssicherheit der Zeitpunkt der Vornahme der Rechtshandlung maßgebend sein müssen. Im Falle einer **Internet-Domain** unterfällt die Gesamtheit der schuldrechtlichen Ansprüche dem Insolvenzbeschlag, so dass Verfügungen über diese anfechtbar sein können (**BGH** 5. 7. 2005 VII ZB 5/05 NJW 2005, 3353 = EWiR 2005, 811 = WuB VI D § 857 ZPO 1.05 *[Brehm]*; MK/*Kirchhof* § 129 Rn 99). Unanfechtbar sind hingegen Rechtshandlungen in Bezug auf **Ansprüche, die auf Dienstleistungen** gerichtet sind, wenn diese höchstpersönlicher Natur sind (§§ 613 Satz 2, 399 BGB); dies ist im Zweifel anzunehmen, so dass sie dann nicht der Zwangsvollstreckung unterliegen (§ 851 ZPO) und damit auch nicht zur Insolvenzmasse gehören (§ 36 Abs 1). Anfechtbar ist aber ein Verzicht des Schuldners, das für die Dienste seines Arbeitnehmers erzielte oder erzielbare Entgelt zu verlangen (**BGH** 11. 12. 2003 IX ZR 336/01 ZIP 2004, 671 = ZInsO 2004, 149 = NZI 2004, 253, 254 = WuB VI C § 134 InsO 3.04 *[Hess]*; **BGH** 19. 4. 2007 IX ZR 79/05 ZIP 2007, 1118 = ZInsO 2007, 598 = NZI 2007, 403 = EWiR 2007, 601 *[Runkel]*; vgl **BGH** 26. 6. 2008 IX ZR 144/05 ZIP 2008, 1435 = ZInsO 2008, 801 = NZI 2008, 539 = EWiR 2008, 689 *[Eckardt]*). Ebenso ist anfechtbar die Zustimmung eines Arbeitnehmers dazu, seine Dienste zeitweise an einen Dritten zu erbringen (**BGH** 11. 12. 2003 IX ZR 336/01 ZIP 2004, 671 = ZInsO 2004, 149 = NZI 2004, 253, 254 = WuB VI C § 134 InsO 3.04 *[Hess]*; **BGH** 26. 6. 2008 IX ZR 144/05 ZIP 2008, 1435 = ZInsO 2008, 801 = NZI 2008, 539 = EWiR 2008, 689 *[Eckardt]*; siehe zur Abtretung *künftiger* Lohnforderungen § 140 Rn 19). Gläubigerbenachteiligend ist auch das **Werthaltigmachen** einer abgetretenen Forderung durch den Schuldner, die ansonsten durch den Sicherungszessionar nicht hätte verwertet werden können; dies gilt auch dann, wenn sich das Vermögen des Schuldners durch die erbrachte Leistung nicht vermindert hat und lediglich die Arbeitskraft von Arbeitnehmern des Schuldners eingesetzt wurde (**BGH** 26. 6. 2008 IX ZR 144/05 ZIP 2008, 1435 = ZInsO 2008, 801 = NZI 2008, 539 = EWiR 2008, 689 *[Eckardt]*). Entsprechendes gilt, wenn durch das Werthaltigmachen eine Aufrechnungslage zu Gunsten des Anfechtungsgegners hergestellt wurde, siehe bereits oben Rn 33.

c) **Erfordernis der Verwertbarkeit des Vermögensgegenstandes.** Gläubigerbenachteiligung ist nur gegeben, wenn sich die Rechtshandlung auf einen verwertbaren Vermögensgegenstand bezieht, dessen Verwertung für die Masse einen Vorteil zu erbringen geeignet ist. Unanfechtbar ist deshalb etwa die Weggabe eines wertlosen Gegenstands, der bei der Verwertung nichts einbringen würde (**BGH** 11. 12. 2003 IX ZR 336/01 ZIP 2004, 671 = ZInsO 2004, 149 = NZI 2004, 253, 254 = WuB VI C § 134 InsO 3.04 *[Hess]* mwN; HK-*Kreft* § 129 Rn 52; KP-*Paulus* § 129 Rn 30). Daher ist die Verfügung über voll (oder gar noch höher) **belastete Sachen oder Rechte** für die Insolvenzgläubiger nicht benachteiligend (**RG** 26. 1. 1886 Z 15, 62, 65; **RG** 16. 10. 1906 Z 64, 339 ff; **BGH** 20. 2. 1980 NJW 1980, 1580 = ZIP 1980, 250, 252 = KTS 1980, 245 = LM § 29 KO Nr 8 *[Merz]*; **BGH** 17. 12. 1998 NJW 1999, 1395 = ZIP 1999, 196 = EWiR § 3 AnfG 2/99, 673 *[Holzer]*; **BGH** 17. 6. 2004 IX ZR 124/03 ZIP 2004, 1509 = ZInsO 2004, 856 = NZI 2004, 492 = EWiR 2004, 1043 *[Flitsch]* = WuB VI C § 129 InsO 2.04 *[Tetzlaff]* [für den Fall, dass ein bereits unanfechtbar verpfändetes Konto erneut verpfändet wird]; **BGH** 5. 7. 2007 IX ZR 256/06 Z 173, 129 = ZIP 2007, 1816 = ZInsO 2007, 989 = NZI 2007, 650 = EWiR 2007, 149 *[Flitsch]* = WuB II C § 30 GmbHG 1.08 *[Ulmer]*; **BGH** 19. 5. 2009 IX ZR 129/06 ZIP 2009, 1285 = ZInsO 2009, 1249 = NZI 2009, 512 *[AnfG]*; **OLG** Hamburg 9. 5. 2001 ZIP 2001, 1332, 1333; **BFH** 14. 7. 1981 E 133, 501 = DB 1981, 2264; vgl auch **BGH** 16. 5. 1979 WM 1979, 776, 777; **BGH** 5. 12. 1986 NJW-RR 1986, 536 = ZIP 1986, 452 = KTS 1986, 310); siehe insofern auch unten Rn 110.

Voraussetzung für eine fehlende Gläubigerbenachteiligung ist dabei immer, dass der Insolvenzverwalter in der Zwangsversteigerung oder freihändigen Verwertung unter keinen Umständen mehr erlösen kann als die bestehenden Belastungen ausmachen; soweit bei Verfahrenseröffnung § 166 Abs 1 eingegriffen hätte, kommt es dabei auf den freihändiger Verwertung erzielbaren Erlös an (MK/*Kirchhof* § 129 Rn 152 a). Maßgebend für die Beurteilung der **Wertausschöpfung** ist dabei nicht der Nominalbetrag der Grundpfandrechte, sondern die tatsächliche Höhe der gesicherten Forderungen (**BGH** 24. 9. 1996 NJW 1996, 3341 = ZIP 1996, 1907 = EWiR § 3 AnfG 1/96, 1107 *[Paulus]*; **BGH** 17. 12. 1998 NJW 1999, 1395, 1396 = ZIP 1999, 196, 197 f = EWiR § 3 AnfG 2/99, 673 *[Holzer]*; **BGH** 23. 11. 2006 IX ZR 126/03 ZIP 2007, 588 = ZInsO 2007, 101 = NZI 2007, 169 = WuB § 1 AnfG 1.07 *[Kreft]* [AnfG] [abzgl. eines etwa nicht - mehr - valutierten Teils der Sicherheit]; **BGH** 19. 5. 2009 IX ZR 129/06 ZIP 2009, 1285 = ZInsO 2009, 1249 = NZI 2009, 512 *[AnfG]*; **OLG** Hamburg 9. 5. 2001 ZIP 2001, 1332, 1333; MK/*Kirchhof* § 129 Rn 154). Ferner sind nur anfechtungsfest entstandene Sicherungsrechte zu berücksichtigen (siehe unten Rn 110). Auch bei wertausschöpfend belasteten Grundstücken kann in der Einräumung einer **nachrangigen Grundschuld** eine Gläubigerbenachteiligung liegen, wenn diese Grundschuldposition einen relevanten Lästigkeitswert vermittelt, weil die anderen Gläubiger geneigt sein werden, dem Begünstigten seine Zustimmung zum freihändigen Verkauf abzukaufen – eine Möglichkeit, die im Falle der Rückübertragung der Grundschuld der Verwalter hätte (**OLG** Hamburg 9. 5. 2001 ZIP 2001, 1332, 1333). Bei Weggabe **mehrerer Grundstücke** kommt es auf die Belastung jedes einzelnen Grundstücks an (**BGH** 11. 7. 1996 NJW 1996, 3147, 3149 = ZIP 1996, 1516 = KTS 1996, 652 = EWiR § 1 AnfG 1/96, 771 *[Huber]* [zu § 7 AnfG aF]). Das alles gilt ganz entsprecnend für die Pfändung belasteter beweglicher Sachen oder Rechte oder die Eintragung von Zwangshypotheken zugunsten der Masse. Wenn aber eine der Belastungen nichtig oder weggefallen ist und die übrigen Belastungen den Wert des Gegenstandes nicht erschöpfen, liegt in der Verfügung über den Gegenstand eine unmittelbare Gläubigerbenachteiligung. Ist eine Belastung nichtig oder (wegen Irrtums oder Betrugs) anfechtbar, kann der Verwalter mit der Anfechtung nach §§ 119 ff BGB die Anfechtung nach §§ 129 ff verbinden (dazu oben Rn 6). Bei **nachträglichem Wegfall einer Belastung** kann aus den §§ 129 ff nur angefochten werden, soweit mittelbare Gläubigerbenachteiligung ausreicht (**BGH 23. 11. 2006 IX ZR 126/03 ZIP 2007, 588 = ZInsO 2007, 101 = NZI 2007, 169 = WuB § 1 AnfG 1.07 [Kreft] [AnfG]**). Löst der Erwerber der Sache die Belastung aus eigenen Mitteln ab, so begründet dies keinen Anfechtungsanspruch, weil ihm seine zur Pfandbefreiung gemachten Aufwendungen aus der Masse zu ersetzen wären (**BGH 23. 11. 2006 IX ZR 126/03 ZIP 2007, 588 = ZInsO 2007, 101 = NZI 2007, 169 = WuB § 1 AnfG 1.07 [Kreft] [AnfG]; § 143 Rn 39**). Wird ein an für sich wertausschöpfend belastetes Grundstück übertragen, werden dabei aber zugleich die bestehenden Belastungen vom Schuldner vertragsgemäß beseitigt, liegt trotz der Wertausschöpfung eine Gläubigerbenachteiligung vor, weil die Beseitigung der Belastungen das Schuldnervermögen belastet (**BGH 19. 5. 2009 IX ZR 129/06 ZIP 2009, 1285 = ZInsO 2009, 1249 = NZI 2009, 512 [AnfG]**). In diesem Fall scheidet eine Gläubigerbenachteiligung nach § 142 nur noch dann aus, wenn der Anfechtungsgegner unmittelbar eine gleichwertige Gegenleistung für die Übertragung des Grundstückes und die Übernahme der Belastungen erbracht hat (**BGH 19. 5. 2009 IX ZR 129/06 aaO**).

104   Gibt der Insolvenzverwalter einen Gegenstand wegen Überbelastung **frei**, kann er die Belastung nachträglich nicht mehr anfechten, weil es infolge der Freigabe an der Gläubigerbenachteiligung fehlt (**RG 3. 2. 1905 Z 60, 107, 109**; abw Kilger/*Karsten Schmidt* § 29 KO Anm 15, da dieses Vorgehen dem Insolvenzzweck zuwiderlaufen würde). Er kann sich aber bei der Freigabe eines Grundstücks das Recht der Anfechtung einer hypothekarischen Belastung vorbehalten, um sie für den Fall, dass sie zum Zuge kommt, als Eigentümergrundschuld für die Masse in Anspruch nehmen zu können.

105   d) **Rechtshandlungen mit Bezug zu fremdem Vermögen.** Betrifft die Rechtshandlung des Schuldners Gegenstände, die nicht zu seinem Vermögen gehören, hängt es von den Umständen ab, ob eine Gläubigerbenachteiligung vorliegt (**BGH 11. 11. 1954 WM 1955, 407, 409; BGH 14. 6. 1978 Z 72, 39 ff = NJW 1978, 1921 = KTS 1979, 92 = LM § 37 KO Nr 9 [Merz]; BGH 12. 5. 1980 NJW 1980, 1964 = ZIP 1980, 425, 426 = KTS 1980, 363**; dazu auch § 134 Rn 8). In der Herausgabe einer Sache, die hätte **ausgesondert** werden können, liegt daher keine Gläubigerbenachteiligung (**BAG 29. 7. 1967 E 20, 11, 15 = NJW 1967, 2425 = KTS 1967, 238 = AP § 29 KO Nr 1 [Weber]; BGH 11. 5. 2000 NJW 2000, 3777, 3778 = ZIP 2000, 1061, 1063 = NZI 2000, 422 = KTS 2000, 421 = EWiR § 30 KO 1/01, 177 [Johlke/Schröder]**). Bei der **Ablösung eines Aussonderungsrechts** durch eine wertausgleichende Zahlung liegen die Dinge ebenso (**BGH 3. 3. 1960 NJW 1960, 1011 (Ls) = WM 1960, 381, 382; BGH 11. 7. 1991 NJW 1992, 624, 626 = ZIP 1991, 1014, 1017 = KTS 1991, 589 = EWiR § 30 KO 4/91, 1107 [Flessner]; BGH 2. 4. 1998 NJW-RR 1998, 1057 = ZIP 1998, 830, 834; HK-*Kreft* § 129 Rn 60**). Dieselben Überlegungen gelten auch bei der Herausgabe von **Treugut**, das dem Schuldner überlassen war und das materiell nicht zu seinem Vermögen gehört (zu den Voraussetzungen der Insolvenzfestigkeit einer Treuhand oben § 47 Rn 33 ff; zu nicht-treuhänderischen Zweckbindungen siehe oben Rn 98). Nach bisheriger Rspr war der Arbeitgeber hinsichtlich der **Sozialversicherungsbeiträge** nicht als Treuhänder, sondern als primärer Schuldner anzusehen; Beitragszahlungen an die Sozialversicherungsträger waren daher anfechtbar, da sie aus seinem Vermögen und nicht dem der Arbeitnehmer erfolgen (**BGH 25. 10. 2001 IX ZR 17/01 Z 149, 100, 104 ff = NJW 2002, 512 = ZIP 2001, 2235 = ZInsO 2001, 1150 = NZI 2002, 88 = WuB VI G § 10 GesO 3.02 [Mankowski]; BGH 11. 4. 2002 IX ZR 211/01 NJW 2002, 2568 = ZIP 2002, 1159 = ZInsO 2002, 581 = NZI 2002, 378 = WuB VI C § 131 InsO 3.02 [Pape] = WuB VI C § 131 InsO 3.02 [Pape]; BGH 10. 7. 2003 IX ZR 89/02 NJW-RR 2003, 1632 = ZIP 2003, 1666 = ZInsO 2003, 755 = NZI 2003, 542 = WuB VI C § 131 InsO 5.03 [Mankowski] = DZWIR 2003, 515 [Flöther/Bräuer]; BGH 18. 4. 2005 II ZR 61/03 NJW 2005, 2546 = NZG 2005, 600 = ZIP 2005, 1026 = EWiR § 266 a StGB 2/05, 743 [Kuhn]; BGH 9. 6. 2005 IX ZR 152/03 ZIP 2005, 1243 = ZInsO 2005, 766 = NZI 2005, 497 = EWiR § 131 InsO 2/2005, 829 [Paulus] = WuB VI A § 131 InsO 1.05 [Kirchhof]; BGH 8. 12. 2005 IX ZR 182/01 NJW 2006, 1348 = ZIP 2006, 290 = ZInsO 2006, 94 = NZI 2006, 159 = WuB VI A § 131 InsO 4.06 [Kirchhof]**; zur nach Auffassung des VI. Zs. und des 5. Ss. gleichwohl weiterbestehenden Haftung und Strafbarkeit nach § 266 a StGB **BGH VI. Zs. 16. 5. 2000 Z 144, 311, 320 = NJW 2000, 2993, 2995 = ZIP 2000, 1339, 1342 = ZInsO 2001, 124 = EWiR § 266 a StGB 2/2000, 1123 [Marxen/Elsner]; BGH 5. Ss 9. 8. 2005 NJW 2005, 3650 = NZG 2005, 892 = ZIP 2005, 1678 f; Gross/Schork NZI 2004, 348**). Dies konnte anders zu beurteilen sein, wenn die Arbeitnehmer an bestimmten abzuführenden Werten im Wege eines Treuhandverhältnisses eine rechtlich geschützte Position erlangt hatten; das setzte zumindest eine Abrechnung und individualisierte Zuordnung der Guthaben in den Buchhaltungsunterlagen des Arbeitgebers voraus (**BGH 25. 10. 2001 IX ZR 17/01 Z 149, 100, 104 f = NJW 2002, 512 = ZIP 2001, 2235 = ZInsO 2001, 1150 = NZI 2002, 88 = WuB VI G § 10 GesO 3.02 [Mankowski]; BGH 11. 4. 2002 IX ZR 211/01 NJW 2002, 2568 = ZIP 2002, 1159 = ZInsO 2002, 581 = NZI 2002, 378 = WuB VI C § 131 InsO 3.02 [Pa-**

III. Erfordernis der Gläubigerbenachteiligung (Abs 1) § 129

pe]; **BGH** 9. 6. 2005 IX ZR 152/03 ZIP 2005, 1243 = ZInsO 2005, 766 = NZI 2005, 497 = EWiR § 131 InsO 2/2005, 829 *[Paulus]* = WuB VI A § 131 InsO 1.05 *[Kirchhof]*). Eine durch § 266 a StGB bewirkte Verstärkung des Zahlungsdrucks führte allerdings nicht zu einer Absonderung der Arbeitnehmeranteile vom Vermögen des Arbeitgebers (**BGH** 9. 6. 2005 IX ZR 152/03 ZIP 2005, 1243 = ZInsO 2005, 766 = NZI 2005, 497 = EWiR § 131 InsO 2/2005, 829 *[Paulus]* = WuB VI A § 131 InsO 1.05 *[Kirchhof]*). Ebenso stand die Strafvorschrift des § 266 a StGB einer Anfechtung nicht entgegen (**BGH** 18. 4. 2005 II ZR 61/03 NJW 2005, 2546 = ZIP 2005, 1026 = ZInsO 2005, 650 = NZI 2005, 447, 448 f = EWiR § 266 a StGB 2/05, 743 *[Kuhn]*; **BGH** 9. 6. 2005 IX ZR 152/03 ZIP 2005, 1243 = ZInsO 2005, 766 = NZI 2005, 497 = EWiR § 131 InsO 2/2005, 829 *[Paulus]* = WuB VI A § 131 InsO 1.05 *[Kirchhof]*; zur **Haftung der Geschäftsleiter** aus § 823 Abs 2 BGB iVm § 266 a StGB siehe § 15 a Rn 46 ff). Auch aus der Richtlinie 80/987/EWG zur Angleichung der Rechtsvorschriften der Mitgliedstaaten über den Schutz der Arbeitnehmer bei Zahlungsunfähigkeit des Arbeitgebers vom 28. Oktober 1980 (ABl. EG Nr L 283 v 28. 10. 1980, S 23 ff) konnte eine Sonderstellung der Sozialversicherungsträger im Rahmen der Insolvenzanfechtung nicht hergeleitet werden (**BGH** 3. 11. 2005 ZIP 2005, 2217 = ZInsO 2005, 1268 = WuB VI A § 131 InsO 3.06 *[Hess]*). Diese bislang geltende Rechtslage wollte der Gesetzgeber mWv 1. 1. 2008 durch § 28 e Abs 1 Satz 2 SGB IV nF in ihr **Gegenteil** verkehren: Danach gelten die *Arbeitnehmer*anteile zum Gesamtsozialversicherungsbeitrag als aus dem Vermögen des Beschäftigten erbracht (kritisch – und zugleich zweifelnd, ob die gesetzliche Regelung die erforderliche Treuhandstellung bewirkt – **LG Kiel** 23. 12. 2008 4 O 97/08 ZInsO 2009, 320 [m Anm *Köster/Maaß* NZI 2009, 305 f]; *Blank* ZInsO 2008, 1; *Bauer* ZInsO 2008, 119, 121 f; *Bork* ZIP 2008, 1041, 1043 f; *Bräuer* ZInsO 2008, 169 ff; *Bräuer/Otto* ZInsO 2009, 1894 f.; *Brinkmann/Luttmann* ZIP 2008, 901, 902 ff; *von der Heydt* ZInsO 2008, 178 ff; *Kreft* FS Samwer [2008], S 261, 268 ff; *Looff* DZWIR 2008, 270, 272 f; *Leithaus/H. Krings* NZI 2008, 393, 394 ff; *Meier* NZI 2008, 140 ff; *Sterzinger* NZI 2008, 221, 222 f; die Neuregelung verteidigend aber *Plagemann/Radtke-Schwenzer* ZIP 2009, 899 ff). Folge sollte sein, dass die entsprechenden Beträge nicht mehr der Anfechtung zugänglich sind (*Meier* NZI 2008, 140, 141). Der BGH ist dem jedoch nicht gefolgt und nimmt an, dass die entsprechenden Zahlungen jetzt mittelbare Zuwendungen an die Einzugsstellen sind (**BGH** 5. 11. 2009 IX ZR 233/08 Tz 13 ZIP 2009, 2301). Die Norm ist – als sachenrechtliche Regelung – im Übrigen erst auf solche Zahlungen anzuwenden, die nach dem 31. 12. 2007 erfolgt sind (**BGH** 27. 3. 2008 IX ZR 210/07 ZIP 2008, 747 = ZInsO 2008, 449 = NJW 2008, 1535 = NZI 2008, 293 = EWiR 2008, 313 *[Koza]*; **BGH** 20. 11. 2008 IX ZR 130/07 ZIP 2009, 83 = ZInsO 2009, 31 = NZI 2009, 105; **OLG** Hamburg 14. 3. 2008 1 U 19/07 ZIP 2008, 749; **LG** Hamburg 22. 1. 2008.303 O 359/07 ZIP 2008, 656 = ZInsO 2008, 277 [zust. *Bauer/Eßer* ZInsO 2008, 296 f]; *Bräuer* ZInsO 2008, 781, 782 ff; *Brinkmann/Luttmann* ZIP 2008, 901 ff; *Dahl* NZI 2008, 160; *von der Heydt* ZInsO 2008, 178, 183 f; *Koza* DZWIR 2008, 143 ff; *Sterzinger* NZI 2008, 221, 223; siehe im Übrigen auch oben Rn 87 A). Denselben Effekt – Ausschluss der Anfechtbarkeit – wollen die neue **Bauabzugssteuer** (§§ 48, 48 a–c EStG), die Verlagerung der **Umsatzsteuer-Schuldnerschaft** (§ 13 b UStG) und die Begründung der Gesamtschuldnerschaft für die Umsatzsteuer (§ 13 c UStG) dadurch erreichen, dass neben dem insolventen Schuldner dessen Abnehmer bzw der Leistungsempfänger zum Steuerschuldner erklärt wurde (näher dazu *Bauer* ZInsO 2008, 119, 120 f; *Maus* ZIP 2004, 1580 ff; *Molitor* ZInsO 2006, 84 ff; *Ries* ZInsO 2007, 650; abw für die Bauabzugssteuer *Heinze* DZWIR 2005, 282 f). Eine eigene Verbindlichkeit erfüllt der Arbeitgeber auch mit der Abführung des **Lohnsteueranteils** des Arbeitnehmers, zumal er dafür nach § 42 d EStG persönlich haftet (**BGH** 22. 1. 2004 IX ZR 39/03 Z 157, 350 = NJW 2004, 1444, 1446 = ZIP 2004, 513 = ZInsO 2004, 270 = NZI 2004, 206, 208 f = EWiR 2005, 827 *[Hözle]* = WuB VI E § 829 ZPO 2.04 *[Bitter]*; **BGH** 13. 5. 2004 IX ZR 190/03 ZIP 2004, 1512 = ZInsO 2004, 859 = NZI 2005, 692 = WuB VI C § 133 InsO 5.04; *Forstmann* ZInsO 2003, 114; *Gundlach/Frenzel/Schmidt* DStR 2002, 861 ff; *Kayser* ZIP 2007, 49, 52; HmbKomm/*Rogge* § 129 Rn 57; kritisch **BFH** 11. 8. 2005 VII B 244/04 E 210, 410 = ZIP 2005, 1797 = ZInsO 2005, 1105 = NJW 2005, 3807 = NZI 2006, 53; dazu *Sauer* ZInsO 2006, 1200 ff). Insbesondere begründet auch die Verpflichtung zur Führung eines Lohnkontos kein die Anfechtung ausschließendes Treuhandverhältnis (**BGH** 22. 1. 2004 IX ZR 39/03 Tz 33 Z 157, 350 aaO). Gibt der spätere Schuldner mit der Herausgabe einer fremden Sache eine ihm **eingeräumte Sicherheit auf**, so benachteiligt er damit seine Gläubiger. Dies ist auch bei der **Veräußerung von Treugut** vor Eröffnung des Verfahrens durch den späteren Schuldner möglich, wenn er den Gegenwert einzieht und an den Treugeber abführt; denn auch wenn der Treugeber in der Insolvenz des Treuhänders das Treugut aussondern kann, steht ihm doch wegen des vom Schuldner vor Eröffnung des Verfahrens eingezogenen Erlöses nur eine (einfache) Insolvenzforderung zu (**RG** 5. 11. 1918 Z 94, 305, 307). Ebenso liegt es, wenn der Schuldner als Verkaufskommissionär die Gegenleistung für die von ihm verkaufte **Kommissionsware** vor Eröffnung des Verfahrens eingezogen und an den Kommittenten abgeführt hat (**RG** aaO). Hat der Schuldner von der Erlaubnis, eine **geliehene Sache** für eigene Schuld zu verpfänden, Gebrauch gemacht, so ist, wenn sich der Pfandgläubiger aus dem Pfand befriedigt hat, zwar nicht die Aktivmasse zum Nachteil der Insolvenzgläubiger vermindert, da der Insolvenzverwalter die Sache für die Insolvenzmasse nicht hätte verwerten dürfen; aber die Passivmasse ist vermehrt, wenn auf den Eigentümer der Sache, dem nunmehr nur noch eine Insolvenzforderung zusteht, eine höhere Quote entfällt, als ohne Verpfändung auf ihn oder auf den Pfandgläubiger entfallen wäre (**RG** 6. 2.

§ 129

1896 Z 36, 161, 166 f). Die Genehmigung einer **Anteilsübertragung** betrifft nicht das Vermögen der Gesellschaft, sondern das ihrer Gesellschafter (KP-*Paulus* § 129 Rn 29 Fn 119 und oben § 11 Rn 55). Eine **Aufrechnung** durch den Anfechtungsgegner ist nicht anfechtbar, wenn die Hauptforderung des Verfahrensschuldners bereits vor Eröffnung des Insolvenzverfahrens abgetreten ist (**LG** Oldenburg 6. 3. 1987 NJW-RR 1987, 1402).

106   Hat der Schuldner eine ihm unter **Eigentumsvorbehalt** gelieferte Sache einem Dritten in der Weise übertragen, dass dieser Eigentümer geworden ist, so sind die Insolvenzgläubiger benachteiligt, wenn der Wert der Sache größer war als der noch offene Teil des Kaufpreises; denn dann hat er nicht bloß über fremdes Eigentum, sondern auch über die in der bedingten Übereignung ruhende Anwartschaft verfügt (**RG** 29. 10. 1907 Z 67, 20 ff). Ist dagegen auf die unter Eigentumsvorbehalt übergebene Kaufsache noch nichts bezahlt, ist die Veräußerung unanfechtbar, weil es dann an einer Gläubigerbenachteiligung fehlt; denn die Sache gehörte (noch) nicht zum Vermögen des Schuldners (**BGH** 5. 12. 1985 NJW-RR 1986, 536 = ZIP 1986, 452 = KTS 1986, 310 = EWiR § 29 KO 1/86, 279 [*Marotzke*]; abw **RG** 2. 5. 1933 Z 141, 89, 93; einschr Jaeger/*Henckel* § 129 Rn 179, der auch in diesem Fall eine Benachteiligung annehmen will, wenn der mit dem Vorbehaltsverkäufer vereinbarte Kaufpreis niedriger war als der Wert der Sache). Wenn eine vom Verfahrensschuldner zu **Sicherungszwecken abgetretene Forderung gepfändet** wurde, kommt eine Anfechtung nicht in Betracht, obwohl die Forderung wirtschaftlich dem Verfahrensschuldner zusteht; in Betracht kommt lediglich die Erhebung einer Drittwiderspruchsklage durch den Insolvenzverwalter (**LG** Berlin 25. 1. 1988 KTS 1989, 205). An einer Gläubigerbenachteiligung fehlt es auch, wenn der spätere Schuldner auf eine zu seinen Gunsten eingetragene **Hypothek** vor ihrer Valutierung verzichtet oder sie abtritt (**RG** 28. 2. 1902 Z 51, 43 ff; **RG** 22. 10. 1902 Z 52, 334, 339; **RG** 11. 3. 1905 Z 60, 259, 266). Zu Zahlungen im **Lastschriftverfahren** siehe unten § 130 Rn 17 f.

107   e) **Maßgeblichkeit der Gläubigergesamtheit.** Die Gesamtheit der Insolvenzgläubiger muss benachteiligt sein. Daher ist ohne Belang, ob die Rechtshandlung vom Standpunkt des Schuldners als vorteilhaftes oder als unvorteilhaftes Geschäft erscheint (**RG** 17. 3. 1885 Z 13, 298, 301; **RG** 6. 7. 1900 JW 1900, 651). Denn die Anfechtung dient ausschließlich der Vermehrung der Insolvenzmasse im Interesse der Insolvenzgläubiger und nicht persönlichen Belangen des Schuldners (**BGH** 17. 10. 1956 NJW 1956, 1920, 1921 = KTS 1956, 190). Ein **Austausch einzelner Gläubiger** (**RG** 30. 4. 1901 Z 48, 148, 150 f; **BGH** 7. 2. 2002 IX ZR 155/99 NJW 2002, 1574, 1576 = ZIP 2002, 489 = ZInsO 2002, 276 = NZI 2002, 255 [i.c. verneinend]; **BGH** 24. 5. 2007 IX ZR 105/05 ZIP 2007, 1274 = ZInsO 2007, 658 = NZI 2007, 452 = EWiR 2007, 667 [*Homann*] = WuB VI A § 140 InsO 2.08 [*Kreft*]; anders für den Fall einer inkongruenten Deckung **BGH** 15. 2. 1990 NJW 1990, 2687, 2688 = ZIP 1990, 459, 460 = KTS 1990, 477 = EWiR § 30 KO 1/90, 591 [*Hess*] [inzident]) oder einzelner schuldnerischer Zugriffsobjekte (**BGH** 28. 3. 1985 ZIP 1985, 816, 818 = KTS 1985, 679 = EWiR § 107 VglO 1/85, 617 [*Storz*] [inzident]; **BGH** 17. 6. 1999 NJW 1999, 3780, 3781 = NZI 1999, 361 = ZInsO 1999, 467 = ZIP 1999, 1271, 1273 = KTS 1999, 485 = EWiR § 30 KO 1/99, 801 [*Eckardt*] = WuB VI B. § 30 Nr 2 KO 1.02 [*Hirte/M. Groß*]) begründet daher regelmäßig keine Gläubigerbenachteiligung (näher sogleich Rn 110 f). Eine **Auswechslung von Gläubigern** ist jedenfalls dann benachteiligend, wenn der neue Gläubiger eine bevorzugtere Stellung einnimmt als der frühere Gläubiger, etwa weil der neue Gläubiger ein Absonderungsrecht an in seiner Hand befindlichen Vermögensgegenständen des Schuldners geltend machen kann (**RG** 20. 12. 1912 Z 81, 144 ff; **BGH** 16. 10. 2008 IX ZR 147/07 ZIP 2008, 2182 = ZInsO 2008, 1200 = NZI 2009, 56 = EWiR 2009, 27 [*Klein*]) oder die Forderung nicht voll valutierten Sicherheiten unterstellen kann (**BGH** 25. 9. 1972 Z 59, 230 = NJW 1972, 2084; **BGH** 30. 10. 1974 WM 1974, 1218; **BGH** 25. 6. 1975 WM 1975, 947; **BGH** 16. 10. 2008 ZIP 2008, 2324 = ZInsO 2008, 1322 = NZI 2009, 55 = EWiR 2009, 151 [*Huber*]; **BGH** 16. 10. 2008 IX ZR 147/07 ZIP 2008, 2182 = ZInsO 2008, 1200 = NZI 2009, 56 = EWiR 2009, 27 [*Klein*]; [für „Anweisung auf Kredit"] siehe dazu bereits oben Rn 87D). Sie ist aber auch dann benachteiligend, wenn der Insolvenzverwalter aus anderen Gründen die alte Forderung nicht in gleicher Weise hätte befriedigen müssen wie die neue (**BGH** 10. 7. 2008 IX ZR 142/07 WM 2008, 1606 [Umbuchung auf anderes, besser gesichertes Konto]). Vereinbart der Schuldner mit dem Gläubiger dessen Pflicht zur Kaufpreiszahlung durch eine Pflicht zur Übernahme von Verbindlichkeiten des Schuldners zu ersetzen, so benachteiligt das die Masse, da dieser der Anspruch auf den Kaufpreis entzogen wurde und sie durch die Befreiung von einer einzelnen Verbindlichkeit nur in Höhe der späteren Quote entlastet wurde (**BGH** 16. 12. 2008 IX ZR 72/06 abrufbar unter www.juris.de).

108   Auch eine **Benachteiligung einzelner Gläubiger** reicht nicht aus (**BGH** 28. 9. 1964 WM 1964, 1166; **BGH** 23. 9. 1981 ZIP 1981, 1230, 1231 = KTS 1982, 222). Das gilt selbst dann, wenn das Verhalten des Schuldners zu Schadenersatzansprüchen eines einzelnen Gläubigers nach § 826 BGB geführt hat. Dem Insolvenzverwalter ist es auch verwehrt, Einreden aus dem Rechtsverhältnis zwischen einem geschädigten Gläubiger und einem Dritten im Wege der Anfechtung geltend zu machen (**RG** 15. 11. 1930 JW 1931, 515, 518). Als ausreichend für eine Gläubigerbenachteiligung wurde nach altem Recht aber eine **Befriedigung bevorrechtigter Gläubiger** (**BGH** 24. 10. 1962 KTS 1962, 252, 254; **BGH** 16. 6. 1994 NJW 1994, 2893, 2894 = ZIP 1994, 1194 = EWiR § 3 KO 1/94, 1005 [*App*]) oder besser bevorrechtigter Gläubiger angesehen, solange nicht feststand, dass die Insolvenzmasse zur Befriedigung aller bevor-

III. Erfordernis der Gläubigerbenachteiligung (Abs 1) § 129

rechtigten Gläubiger ausreicht (**BGH** 7. 5. 1991 Z 114, 315 = NJW 1991, 2147 = ZIP 1991, 737, 742 *[Kreft]* = KTS 1991, 431 = EWiR § 29 KO 1/91, 697 *[App]*). Ebenso reichte eine ausschließliche Benachteiligung der nicht bevorrechtigten Gläubiger aus. Diese Rechtsprechung ist jetzt nur noch für die Frage von Bedeutung, ob nachrangige Insolvenzgläubiger benachteiligt sind (HK-*Kreft* § 129 Rn 63; dazu oben Rn 92). Eine ausschließliche Befriedigung oder Sicherung **nachrangiger Insolvenzgläubiger** begründet aber keine Benachteiligung der gewöhnlichen Insolvenzgläubiger, solange die Masse zu deren Befriedigung und zur Befriedigung etwaiger auf einer vorgehenden Stufe stehender nachrangiger Gläubiger reicht (OLG Jena 25. 11. 1998 ZInsO 1999, 111, 112; HK-*Kreft* § 129 Rn 63).

Auch die Benachteiligung von **Massegläubigern** iSv § 53, etwa durch Begleichung von Masseschulden, begründete nach bislang hM mangels Benachteiligung der Insolvenzgläubiger keine Anfechtbarkeit (**BGH** 11. 7. 1991 NJW 1992, 624, 626 = ZIP 1991, 1014, 1017 = KTS 1991, 589 = EWiR § 30 KO 4/91, 1107 *[Flessner]*; **BGH** 30. 4. 1992 Z 118, 151, 158 = NJW 1992, 2026 = ZIP 1992, 781, 783 = KTS 1992, 613 = EWiR § 237 KO 1/92, 589 *[Hanisch]* [inzident]; **BGH** 2. 4. 1998 NJW-RR 1998, 1057 = ZIP 1998, 830, 834). Schon für das alte Recht war dies im Hinblick darauf und insoweit anders gesehen worden, als bestimmte Konkursforderungen systemwidrig als Masseschulden behandelt worden waren (§ 59 Abs 1 Nr 3 KO; **BGH** 10. 12. 1980 Z 79, 124 = NJW 1981, 824 = ZIP 1981, 132 = KTS 1981, 231 = LM § 30 KO Nr 38 *[Hoffmann]*); das ist jetzt überholt. Lediglich in § 123 Abs 2 Satz 1 kennt das neue Recht für Verbindlichkeiten aus einem Verwaltersozialplan noch solche „unechten Masseverbindlichkeiten"; zu ihren Gunsten ist daher auch die Anfechtung möglich. Gleichwohl sollten die Vorschriften über die Insolvenzanfechtung entsprechend auf die Benachteiligung von Massegläubigern angewandt werden (abw KP-*Paulus* § 129 Rn 21 [wie hier aber für den Fall, dass sich die Beseitigung deren Benachteiligung zugunsten der Insolvenzgläubiger auswirkt]; *A. Schmidt* NZI 1999, 442, 443); das betrifft insbesondere den Fall der Masseunzulänglichkeit (dazu oben Rn 10). Als die Anfechtung begründend ist zudem nach neuerer Rechtsprechung jedenfalls eine Befriedigung von Massegläubigern bei Masseunzulänglichkeit anzusehen (oben Rn 59).

109

Keine Gläubigerbenachteiligung ist auch bei der **Befriedigung eines durch Absonderungsrechte** voll gesicherten Gläubigers anzunehmen, sofern das Absonderungsrecht selbst unanfechtbar entstanden war (dazu vor allem unten § 131 Rn 20, 21), denn dann handelt es sich um einen wirtschaftlich neutralen Vorgang (zuerst **RG** 13. 12. 1929 Z 126, 304, 307 f; aus der jüngeren Rspr **BGH** 1. 10. 2002 IX ZR 360/99 NJW 2003, 360 = ZIP 2002, 2182 = ZInsO 2002, 1136 = NZI 2003, 34 = EWiR 2003, 29 *[Huber]* = WuB VI B § 30 Nr 2 KO 1.03 *[Tetzlaff]* [KO] [für den Austausch von gleichwertigen Sicherheiten im Rahmen einer Globalzession]; **BGH** 20. 3. 2003 IX ZR 166/02 ZIP 2003, 808 = NJW 2003, 2171 = ZInsO 2003, 372 = NZI 2003, 320 = EWiR 2003, 533 *[Hölzle]* = WuB VI C § 140 InsO 1.03 *[Richrath]*; **BGH** 22. 1. 2004 IX ZR 39/03 Z 157, 350 = NJW 2004, 1444, 1446 = ZIP 2004, 513 = ZInsO 2004, 270 = NZI 2004, 206, 208 f = EWiR 2005, 827 *[Hözle]* = WuB VI E § 829 ZPO 2.04 *[Bitter]*; **BGH** 17. 2. 2004 IX ZR 135/03 ZIP 2004, 766 = ZInsO 2004, 387 = NZI 2004, 316 = EWiR 2004, 553 *[Bork]* = WuB VI G § 7 GesO 1.04 *[Soehring]* [GesO]; **BGH** 17. 6. 2004 IX ZR 124/03 ZIP 2004, 1509 = ZInsO 2004, 856 = NZI 2004, 492 = EWiR 2004, 1043 *[Flitsch]* = WuB VI C § 129 InsO 2.04 *[Tetzlaff]*; **BGH** 22. 7. 2004 IX ZR 270/03 NJW-RR 2005, 125, 126 f = ZIP 2004, 1912 = NZI 2004, 620 = EWiR 2005, 27 *[Gerhardt]* = WuB VI A § 96 InsO 1.05 *[Paulus/Zenker]*; **BGH** 23. 3. 2006 IX ZR 116/03 Z 167, 11 = NJW 2006, 1870 = ZIP 2006, 916 = ZInsO 2006, 553 = NZI 2006, 397 = EWiR 2006, 537 *[Eckardt]* = WuB VI A § 131 InsO 6.06 *[Kirchhof]*; **BGH** 9. 11. 2006 IX ZR 133/05 ZIP 2007, 35 = ZInsO 2006, 1321 = NZI 2007, 98 = EWiR 2007, 83 *[Neußner]* = WuB VI A § 140 InsO 1.07 *[Bartels]*; **BGH** 13. 3. 2007 XI ZR 383/06 ZIP 2007, 905 = NJW-RR 2007, 982 = EWiR 2007, 417 *[Toussaint]* = WuB I A 2 Nr 21 AGB-Sparkassen 1.07 *[Steppeler]*; **BGH** 29. 11. 2007 IX ZR 30/07 Z 174, 297 = NJW 2008, 430 = ZIP 2008, 183 = ZInsO 2008, 91 = NZI 2008, 89 = EWiR 2008, 187 *[Ries]* = WuB VI A § 130 InsO 2.08 *[Schönfelder]*; **BGH** 9. 7. 2009 IX ZR 86/08; weit Nachw in der 12. Aufl § 129 Rn 110, § 130 Rn 28); siehe dazu auch oben Rn 103 ff; zur **Kontosperre** unten Rn 113. Dies gilt jedenfalls dann, wenn die Zahlung nicht den Erlös überschreitet, den der Absonderungsberechtigte bei einer Verwertung der Sache oder Forderung hätte erzielen können (**BGH** 17. 6. 2004 IX ZR 124/03 ZIP 2004, 1509 = ZInsO 2004, 856 = NZI 2004, 492 = EWiR 2004, 1043 *[Flitsch]* = WuB VI C § 129 InsO 2.04 *[Tetzlaff]*; **BGH** 6. 4. 2006 IX ZR 185/04 ZIP 2006, 1009 = ZInsO 2006, 544 = NZI 2006, 403 = EWiR 2006, 501 *[Homann]* = WuB VI A § 129 InsO 1.06 *[Paulus]*; **BGH** 19. 3. 2009 IX ZR 39/08 ZIP 2009, 817 = ZInsO 2009, 828 = NZI 2009, 379). Für die anfechtungsrechtliche Beurteilung muss dabei auf den Zeitpunkt abgestellt werden, in dem die abgetretene künftige Forderung begründet worden ist (**BGH** 29. 11. 2007 IX ZR 30/07 Z 174, 297 = NJW 2008, 430 = ZIP 2008, 183 = ZInsO 2008, 91 = NZI 2008, 89 = EWiR 2008, 187 *[Ries]* = WuB VI A § 130 InsO 2.08 *[Schönfelder]*; dazu § 140 Rn 6, 6 A). So fehlt es an einer Gläubigerbenachteiligung, wenn sich ein Gläubiger eine von ihm unanfechtbar gepfändete Forderungen abtreten und auszahlen lässt (**BGH** 27. 11. 1974 WM 1975, 6) bzw wenn die Zahlung erfolgt ist, um die Aussetzung bzw Aufhebung der (selbst unanfechtbaren) Pfändung zu erreichen (**BGH** 10. 2. 2005 IX ZR 211/02 Z 162, 143 = NJW 2005, 1121, 1124 = ZIP 2005, 494 = ZInsO 2005, 260 = NZI 2005, 215 = EWiR 2005, 607 *[Eckardt]* = WuB VI A § 133 InsO 1.05 *[Urbanczyk]*) oder wenn die Zahlung aus einem mit einem zugunsten des Gläubigers bestehenden, unanfechtbaren Pfändungspfandrecht belasteten Guthaben er-

110

§ 129

Grundsatz

folgt (**BGH** 20. 3. 2003 IX ZR 166/02 ZIP 2003, 808 = NJW 2003, 2171 = ZInsO 2003, 372 = NZI 2003, 320 = EWiR 2003, 533 *[Hölzle]* = WuB VI C § 140 InsO 1.03 *[Richrath]*; **BGH** 25. 10. 2007 IX ZR 157/06 ZIP 2008, 131 = ZInsO 2008, 161 = NZI 2008, 180). Das alles gilt auch, wenn ein unanfechtbar durch eine Hypothek gesicherter Gläubiger die Zwangsvollstreckung in das belastete Grundstück betreibt. Löst der Verfahrensschuldner eine verpfändete Hypothek nach § 1223 Abs 2 BGB ein, so ist auch das nicht anfechtbar, weil der Hypothekengläubiger mit der Entgegennahme der Zahlung bloß etwas erhält, was er sich durch Verwertung der Hypothek anderweit hätte verschaffen können (**RG** 20. 3. 1917 Z 90, 69, 71). Denkbar ist aber eine Anfechtung gegenüber Absonderungsberechtigten nach §§ 132 ff, um Wertungswidersprüche im Hinblick auf § 166 InsO, § 30 d ZVG zu vermeiden (HK-*Kreft* § 130 Rn 9; KP-*Paulus* § 130 Rn 5; *Paulus* WM 2000, 2225, 2227). Anfechtbar kann schließlich eine Vollstreckung in andere Vermögensgegenstände des Verfahrensschuldners sein (**RG** 13. 12. 1929 Z 126, 304, 307). Sind Teile des Anlagevermögens eines Unternehmens zur Sicherheit übereignet und ist dem Sicherungsgeber des Recht eingeräumt worden, über die zur Sicherheit übereigneten Gegenstände gegen Vorausabtretung des Veräußerungserlöses zu verfügen, geht die Vorausabtretung mangels Bestimmbarkeit der Forderung ins Leere, wenn das Unternehmen als Ganzes verkauft wird; mithin rechtfertigt die Vorausabtretung nicht die Befriedigung des Sicherungsnehmers (**BGH** 19. 3. 2009 IX ZR 39/08 ZIP 2009, 817 = ZInsO 2009, 828 = NZI 2009, 379).

110a Keine Gläubigerbenachteiligung war für die **Herausgabe eines mit Absonderungsrechten belasteten Gegenstands** anzunehmen. Allerdings sind sicherungsübereignete Gegenstände sowie zur Sicherung abgetretene Forderungen trotz des Absonderungsrechts selbstständige, im Kern geschützte Vermögenswerte des Schuldners (**BGH** 5. 4. 2001 IX ZR 216/98 Z 147, 233, 237 = NJW 2001, 1940, 1941 = ZIP 2001, 885 = ZInsO 2001, 464 = NZI 2001, 357 = EWiR 2001, 883 *[Wagner]* = WuB VI B § 30 Nr 2 KO 3.02 *[Mohrbutter]* [KO]; **BGH** 17. 6. 2004 IX ZR 124/03 ZIP 2004, 1509 = ZInsO 2004, 856 = NZI 2004, 492 = EWiR 2004, 1043 *[Flitsch]* = WuB VI C § 129 InsO 2.04 *[Tetzlaff]*; **BGH** 2. 6. 2005 IX ZR 181/03 ZIP 2005, 1651 = ZInsO 2005, 932 = NZI 2005, 622 = EWiR 2005, 899 *[Gundlach]* = WuB VI A § 51 InsO 1.05 *[Tetzlaff]*; **BGH** 9. 2. 2006 ZIP 2006, 818 = NZI 2006, 345 = NJW-RR 2006, 1062 = WuB VI A § 96 InsO 1.06 *[Servatius]*; **BGH** 29. 3. 2007 IX ZR 27/06 ZIP 2007, 1126 = ZInsO 2007, 605 = NZI 2007, 394 = EWiR 2007, 537 *[Flitsch]* = WuB VI A § 170 InsO 1.08 *[Kreft]*). So ist der Schuldner bis zur Verwertung berechtigt, das Sicherungsgut auszulösen (**BGH** 29. 3. 2007 IX ZR 27/06 ZIP 2007, 1126 = ZInsO 2007, 605 = NZI 2007, 394 = EWiR 2007, 537 *[Flitsch]* = WuB VI A § 170 InsO 1.08 *[Kreft]*) und dem Verwalter steht im Rahmen des § 166 ein Verwertungsrecht zu (**BGH** 2. 6. 2005 IX ZR 181/03 ZIP 2005, 1651 = ZInsO 2005, 932 = NZI 2005, 622 = EWiR 2005, 899 *[Gundlach]* = WuB VI A § 51 InsO 1.05 *[Tetzlaff]*; **BGH** 9. 2. 2006 ZIP 2006, 818 = NZI 2006, 345 = NJW-RR 2006, 1062 = WuB VI A § 96 InsO 1.06 *[Servatius]*). Aus diesem Grund kann auch die Aufrechnung gegen eine an einen Dritten zur Sicherheit anfechtungsfest abgetretene Forderung die Gläubiger benachteiligen (**BGH** 9. 2. 2006 ZIP 2006, 818 = NZI 2006, 345 = NJW-RR 2006, 1062 = WuB VI A § 96 InsO 1.06 *[Servatius]*). Die Verneinung der Anfechtbarkeit ist daher insoweit problematisch, als ein absonderungsberechtigter Gläubiger *nach* Eröffnung des Insolvenzverfahrens einen Verfahrenskostenbeitrag (§§ 170, 171 InsO, § 10 Abs 1 Nr 1 a ZVG) zu leisten hätte und der Insolvenzverwalter während des Insolvenzverfahrens den Gegenstand weiter nutzen kann (*Henckel* KS-InsO S 813, 817 f; für Anfechtbarkeit daher *Häsemeyer* Rn 21.20; HK-*Kreft* § 129 Rn 60 [unter Hinweis auf die bei Gesamtverwertung erzielbaren höheren Erlöse]; zur Nicht-Anwendbarkeit, auch nicht im Wege von Analogie oder Vereinbarung, der §§ 170, 171 auf Aussonderungsberechtigte **LG** Braunschweig 12. 10. 2000 EWiR § 170 InsO 3/01, 279 *[Rendels]*). Allein die Tatsache, dass die **Kostenpauschalen** nicht erlangt werden können, führt allerdings noch nicht zur Gläubigerbenachteiligung (**BGH** 9. 10. 2003 IX ZR 28/03 NJW-RR 2004, 846, 847; **BGH** 20. 11. 2003 IX ZR 259/02 NJW-RR 2004, 340, 342 [für eigenmächtige Einziehung einer Forderung durch einen absonderungsberechtigten Gläubiger nach Aufdeckung der Abtretung und vor Insolvenzeröffnung]; **BGH** 22. 7. 2004 IX ZR 270/03 NJW-RR 2005, 125, 127 = ZIP 2004, 1912 = NZI 2004, 620 = EWiR 2005, 27 *[Gerhardt]* = WuB VI A § 96 InsO 1.05 *[Paulus/Zenker]*; **BGH** 23. 9. 2004 IX ZR 25/03 NZI 2005, 165, 166 [Verwertung von sicherungsübereigneten Sachen]; **BGH** 29. 3. 2007 IX ZR 27/06 ZIP 2007, 1126 = ZInsO 2007, 605 = NZI 2007, 394 = EWiR 2007, 537 *[Flitsch]* = WuB VI A § 170 InsO 1.08 *[Kreft]*; abw *Gundlach/Frenzel/Schmidt* NZI 2004, 305, 307). Mit diesen Pauschalen soll nämlich nur die Mehrvergütung ausgeglichen werden, die durch die Bearbeitung von Absonderungsrechten innerhalb des Insolvenzverfahrens anfällt. Entstehen solche Mehrkosten nicht, soll die Masse auch keinen Anspruch auf einen Kostenbeitrag haben (**BGH** 22. 7. 2004 IX ZR 270/03 NJW-RR 2005, 125, 127 = ZIP 2004, 1912 = NZI 2004, 620 = EWiR 2005, 27 *[Gerhardt]* = WuB VI A § 96 InsO 1.05 *[Paulus/Zenker]*; abw *Gundlach/Schirrmeister* NZI 2004, 622). Zwar hat die Masse im Falle einer sicherungshalber abgetretenen Forderung, die nach Verfahrenseröffnung durch direkte Leistungen an den absonderungsberechtigten Gläubiger getilgt wird, einen Anspruch auf die Feststellungskostenpauschale nach § 171 Abs 1 InsO, während für abgetretene Forderungen, die vor Verfahrenseröffnung getilgt werden, der Masse weder Feststellungs- noch Verwertungskosten zustehen (**BGH** 20. 2. 2003 IX ZR 81/02 Z 154, 72 = ZIP 2003, 632 = ZInsO 2003, 318 = NZI 2003, 259 = NJW 2003, 2240; HK/*Kreft* § 171 Rn 8; siehe dazu auch § 171 Rn 2 f sowie MK/*Kirchhof* § 129 Rn 109). Doch soll, wenn Absonderungsrechte schon vor

III. Erfordernis der Gläubigerbenachteiligung (Abs 1) **§ 129**

Verfahrenseröffnung weggefallen sind, weder ein Anspruch auf Ausgleich von Feststellungskosten noch ein solcher auf Ausgleich von Verwertungskosten entstehen, so dass jedenfalls insoweit auch keine zur Anfechtung berechtigende Gläubigerbenachteiligung vorliegen soll (**BGH** 9. 10. 2003 IX ZR 28/03 ZIP 2003, 2370 = NZI 2004, 82 = NJW-RR 2004, 846 = EWiR 2004, 241 *[Gundlach]*; HK/*Kreft* § 129 Rn 58; differenzierend MK/*Kirchhof* § 129 Rn 109). Letztlich lässt sich das Vorgehen der Rechtsprechung aber unter Vereinfachungsgesichtspunkten rechtfertigen. Das Verwertungsrecht des Verwalters ist ferner wirtschaftlich wertlos, wenn ein **Geldbetrag** oder ein Bankguthaben mit einem Absonderungsrecht belastet wurden und diese die Höhe der gesicherten Forderung nicht überschreiten (**BGH** 17. 6. 2004 IX ZR 124/03 ZIP 2004, 1509 = ZInsO 2004, 856 = NZI 2004, 492 = EWiR 2004, 1043 *[Flitsch]* = WuB VI C § 129 InsO 2.04 *[Tetzlaff]*; **BGH** 6. 4. 2006 IX ZR 185/04 ZIP 2006, 1009 = ZInsO 2006, 544 = NZI 2006, 403 = EWiR 2006, 501 *[Homann]* = WuB VI A § 129 InsO 1.06 *[Paulus]*). Eine Benachteiligung kommt allerdings dann in Betracht, wenn die zur Sicherheit übereignete Sache zwar vor Verfahrenseröffnung durch den Sicherungsnehmer in Besitz genommen wurde, aber die Verwertung erst nach Verfahrenseröffnung erfolgte, da in diesem Fall die Masse mit der **Umsatzsteuer** belastet wird; mithin liegt bzgl. der Umsatzsteuerbelastung eine durch die Inbesitznahme verursachte Gläubigerbenachteiligung vor (**BGH** 29. 3. 2007 IX ZR 27/06 ZIP 2007, 1126 = ZInsO 2007, 605 = NZI 2007, 394 = EWiR 2007, 537 *[Flitsch]* = WuB VI A § 170 InsO 1.08 *[Kreft]* [zugleich einen Anspruch aus § 170 Abs 2 analog bejahend]; vgl § 13 b Abs 1 Nr 2 UstG; krit dazu *Ries* ZInsO 2007, 650, 652).

Der Ausschluss der Anfechtbarkeit betrifft grundsätzlich auch **Absonderungsrechte an Forderungen**, 110b insbesondere für von einer **Globalzession** erfasste Forderungen (*Heublein* ZIP 2000, 161, 169f; *Steinhoff* ZIP 2000, 1141, 1147f); dabei ist freilich zu berücksichtigen, dass das Absonderungsrecht aus der Globalzession sich nicht auf Forderungsteile erstreckt, die an die Stelle von Gegenständen getreten sind, die dem Schuldner unter verlängertem Eigentumsvorbehalt geliefert wurden (siehe Jäger/*Henckel* § 129 Rn 259); zur Frage, was von einer Abtretung im Rahmen der „bankmäßigen Geschäftsverbindung" erfasst ist, **BGH** 18. 11. 2008 XI ZR 590/07 ZIP 2009, 117 = ZInsO 2009, 45; dazu auch § 131 Rn 16 aE. Hat der Schuldner daher Forderungen im Rahmen einer unanfechtbaren Globalzession zur Sicherheit an seine Bank abgetreten und zahlen Drittschuldner dieser Forderungen auf das Konto des Schuldners bei der Bank ein, werden die übrigen Insolvenzgläubiger grundsätzlich nicht benachteiligt. Die Zahlung gelangt vielmehr unmittelbar in das Vermögen des Kreditinstituts, welches diese auf Grund der Sicherheitsabtretung als wahre Berechtigte erhält und zwar auch dann, wenn die Abtretung nicht offen gelegt war (**BGH** 1. 10. 2002 IX ZR 360/99 NJW 2003, 360 = ZIP 2002, 2182 = ZInsO 2002, 1136 = NZI 2003, 34 = EWiR 2003, 29 *[Huber]* = WuB VI B § 30 Nr 2 KO 1.03 *[Tetzlaff]* [KO]; **BGH** 29. 11. 2007 IX ZR 30/07 Z 174, 297 = NJW 2008, 430 = ZIP 2008, 183 = ZInsO 2008, 91 = NZI 2008, 89 = EWiR 2008, 187 *[Ries]* = WuB VI A § 130 InsO 2.08 *[Schönfelder]*; **BGH** 26. 6. 2008 IX ZR 47/05 ZIP 2008, 1437 = ZInsO 2008, 803 = NZI 2008, 551 = EWiR 2008, 659 *[Schulz]*). Dadurch erlischt der als Sicherheit dienende Anspruch des Kreditinstituts gegen den Einzahlenden und zugleich entsteht ein Anspruch des Schuldners auf Herausgabe des Erlangten gemäß § 667 BGB gegen die Bank. An diesem wiederum entsteht zu Gunsten der Bank das Pfandrecht gemäß Nr 14 Abs 1 Satz 2 AGB-Banken (zum Pfandrecht gemäß Nr 14 AGB-Banken siehe außerdem § 130 Rn 21 sowie § 131 Rn 15 f). Damit handelt es sich um einen unmittelbaren **Austausch gleichwertiger Sicherheiten**, der die Insolvenzgläubiger nicht benachteiligt, weil er wirtschaftlich neutral ist (**BGH** 1. 10. 2002 IX ZR 360/99 NJW 2003, 360 = ZIP 2002, 2182 = ZInsO 2002, 1136 = NZI 2003, 34 = EWiR 2003, 29 *[Huber]* = WuB VI B § 30 Nr 2 KO 1.03 *[Tetzlaff]* [KO]; **BGH** 29. 11. 2007 IX ZR 30/07 Z 174, 297 = NJW 2008, 430 = ZIP 2008, 183 = ZInsO 2008, 89 = NZI 2008, 89 = EWiR 2008, 187 *[Ries]* = WuB VI A § 130 InsO 2.08 *[Schönfelder]*; **BGH** 28. 2. 2008 IX ZR 177/05 ZIP 2008, 650 = ZInsO 2008, 375 = NZI 2008, 302; **BGH** 26. 6. 2008 IX ZR 144/05 ZIP 2008, 1435 = ZInsO 2008, 801 = NZI 2008, 539 = EWiR 2008, 689 *[Eckardt]*; **BGH** 26. 6. 2008 IX ZR 47/05 ZIP 2008, 1437 = ZInsO 2008, 803 = NZI 2008, 551 = EWiR 2008, 659 *[Schulz]*; *Kuder* ZIP 2008, 289ff [mit Folgerungen für die Kreditpraxis S 293]; *Peschke* Insolvenz des Girokontoinhabers S 216ff; *Stapper/Jacobi* BB 2007, 2017, 2021ff; abw *Beiner/Luppe* NZI 2005, 15, 19ff; *Berger* NZI 2007, 566ff; *Feuerborn* ZIP 2002, 290, 293f; *Jacobi* ZIP 2006, 2351ff; *Jacoby* ZIP 2008, 385, 387ff; *Zenker* ZVI 2006, 327ff); zur Kongruenz des Forderungstauschs im Rahmen der Globalzession siehe § 131 Rn 16.

Generell gilt, dass ein **Austausch von gleichwertigen Sicherheiten** immer dann wirtschaftlich neutral 110c und daher unanfechtbar ist, wenn das ursprüngliche Sicherungsrecht **unanfechtbar entstanden** war und sich der Austausch unmittelbar, dh ohne einen zwischenzeitlichen dinglichen Rechtsverlust des Sicherungsnehmers vollzogen hat oder jedenfalls die Voraussetzungen einer zur Aussonderung berechtigenden Treuhand erfüllt waren (**BGH** 2. 6. 2005 IX ZR 181/03 ZIP 2005, 1651 = ZInsO 2005, 932 = NZI 2005, 622 = EWiR 2005, 899 *[Gundlach]* = WuB VI A § 51 InsO 1.05 *[Tetzlaff]*; **BGH** 24. 5. 2007 IX ZR 105/05 ZIP 2007, 1274 = ZInsO 2007, 658 = NZI 2007, 452 = EWiR 2007, 667 *[Homann]* = WuB VI A § 140 InsO 2.08 *[Kreft]*; **BGH** 5. 7. 2007 IX ZR 256/06 Z 173, 129 = ZIP 2007, 1816 = ZInsO 2007, 989 = NZI 2007, 650 = EWiR 2008, 149 *[Flitsch]* = WuB II C § 30 GmbHG 1.08 *[Ulmer]* [zum Austausch eines Grundpfandrechts gegen ein Sicherungsrecht am Veräußerungserlös]; **BGH** 21. 2. 2008 ZIP 2008, 703 = ZInsO 2008, 317 = NZI 2008, 304; **BGH** 10. 7. 2008 IX ZR 142/07 WM 2008, 1606

[Erwerb einer Forderung gegen den Schuldner nach § 774 BGB durch einen Bürgen]; siehe ferner unten Rn 120; zur Treuhand siehe oben Rn 98). Eine Bank ist daher auch während der Krise zur Verrechnung von Zahlungseingängen auf dem Schuldnerkonto mit ihr zur Sicherheit anfechtungsfest abgetretenen Forderungen berechtigt; maßgebend bleibt dann allein die Frage, ob ein Werthaltigmachen der abgetretenen Forderung durch den Schuldner anfechtbar sein kann (**BGH** 26. 6. 2008 IX ZR 144/05 ZIP 2008, 1435 = ZInsO 2008, 801 = NZI 2008, 539 = EWiR 2008, 689 *[Eckardt]*); zum Werthaltigmachen siehe oben Rn 33, 71, 102 sowie unten § 131 Rn 16, § 140 Rn 6. Ein unanfechtbarer Austausch von Sicherheiten scheidet hingegen aus, wenn der Schuldner eine sicherheitshalber abgetretene **Forderung unberechtigter Weise einzieht** und nachfolgend an den Sicherungsnehmer überweist und zu dessen Gunsten kein Ersatzabsonderungsrecht analog § 48 entstanden ist; denn in diesem Fall ist das Absonderungsrecht erloschen und der Schulder hatte an dem eingezogenen Forderungsbetrag ein dinglich unbelastetes Recht erlangt (**BGH** 19. 1. 2006 IX ZR 154/03 ZIP 2006, 959 = ZInsO 2006, 493 = NZI 2006, 700 = WuB VI A § 131 InsO 5.06 *[Kreft]*). Entsprechendes gilt, wenn der Schuldner die zur Sicherheit abgetretene Forderung auf Grund einer **Einziehungsermächtigung** einzieht und den Erlös an den Gläubiger weiterleitet (bspw im Rahmen eines verlängerten Eigentumsvorbehalts; **BGH** 6. 4. 2006 IX ZR 185/04 ZIP 2006, 1009 = ZInsO 2006, 544 = NZI 2006, 403 = EWiR 2006, 501 *[Homann]* = WuB VI A § 129 InsO 1.06 *[Paulus]*). An einem unanfechtbaren Austausch von Sicherheiten fehlt es ferner, wenn dem Anfechtungsgegner im Rahmen eines **Sicherheitenpoolvertrages** selber kein Absonderungsrecht zustand, sondern er lediglich einen schuldrechtlichen Anspruch auf Beteiligung an den im Pool vorhandenen Absonderungsrechten hatte (**BGH** 2. 6. 2005 IX ZR 181/03 ZIP 2005, 1651 = ZInsO 2005, 932 = NZI 2005, 622 = EWiR 2005, 899 *[Gundlach]* = WuB VI A § 51 InsO 1.05 *[Tetzlaff]*; **BGH** 21. 2. 2008 ZIP 2008, 703 = ZInsO 2008, 317 = NZI 2008, 304; siehe aber auch **BGH** 16. 10. 2008 IX ZR 183/06 Tz 57 NJW 2009, 1351 = ZIP 2009, 91 = ZInsO 2009, 87 = NZI 2009, 171 [treuhänderische Verwaltung schließt einen eigenen Anspruch auf abgesonderte Befriedigung nicht grds. aus]; Hinweise zu alternativen Gestaltungen bei *Schönfelder* ZInsO 2009, 270, 272 ff; zu Poolverträgen insgesamt siehe auch § 51 Rn 47 ff sowie zum Verwertungspool unten § 131 Rn 19). Zur Kongruenz bzw Inkongruenz von Globalzessionen siehe § 131 Rn 16 sowie aber auch § 140 Rn 6 A. Ein unanfechtbarer Sicherheitentausch kommt ferner nur dann in Betracht, wenn der Schuldner dafür kein zusätzliches Vermögen eingesetzt hat (**BGH** 28. 2. 2008 IX ZR 177/05 ZIP 2008, 650 = ZInsO 2008, 375 = NZI 2008, 302); dies darf allerdings nicht mit dem Problem des Werthaltigmachens einer zur Sicherheit abgetretenen Forderung verwechselt werden (siehe dazu unten § 131 Rn 16). An einem *gleichwertigen* Sicherheitentausch fehlt es, wenn der Gläubiger sich durch Aufrechnung gegen eine Forderung des Schuldners hätte befriedigen können und ihm stattdessen eine Forderung zur Sicherheit abgetreten wird: so entspricht die Befugnis zur Aufrechnung in der Insolvenz zwar wirtschaftlich einem Pfandrecht oder einer Sicherungszession, jedoch verbieten die systematischen Unterschiede eine Gleichbehandlung der Rechtsinstitute (**BGH** 12. 7. 2007 IX ZR 235/03 ZIP 2007, 2084 = ZInsO 2007, 1107 = NZI 2007, 718). Zweifelhaft ist die Rechtslage bei **Raumsicherungs- und Bassinverträgen**, wenn das Lager des späteren Verfahrensschuldners nach Eintritt der Krise aufgefüllt wird. Nach richtiger Meinung ist in entsprechender Anwendung der zur Globalrezession ergangenen Rechtsprechung (**BGH** 29. 11. 2007 IX ZR 30/07 Z 174, 297 = NJW 2008, 430 = ZIP 2008, 183 = ZInsO 2008, 91 = NZI 2008, 89 = EWiR 2008, 187 *[Ries]* = WuB VI A § 130 InsO 2.08 *[Schönfelder]*; dazu unten § 131 Rn 16) des Austausch der Waren oder Sachen als kongruent zu bewerten (*Kuder* ZIP 2008, 289, 293 f; zuvor bereits *Gerhardt* FS Fischer, 2008, S 149, 153 ff). Dies gilt jedenfalls dann, wenn die Auffüllung im normalen Geschäftsverlauf erfolgt ist. Maßgeblicher Vornahmezeitpunkt nach § 140 bleibt der Zeitpunkt der Einbringung in das Warenlager oder die Anbringung der Markierung, so dass insbes. eine Anfechtung nach § 130 weiter möglich ist. Darüber hinaus sollte angenommen werden, dass es an der Gläubigerbenachteiligung fehlt, sofern während der Krise nur eine Auswechselung, aber keine wertmäßige Erhöhung des Warenbestandes erfolgt ist (*Gerhardt* FS Fischer, 2008, S 149, 157; *Hirte*, demnächst in einer Festschrift; wohl anders **BGH** 29. 11. 2007 IX ZR 30/07 aaO). Zum **Factoring** siehe § 142 Rn 11 sowie MK/*Kirchhof* § 129 Rn 157.

111 f) **Insolvenzanfechtung gegenüber der Bundesagentur für Arbeit.** Nach § 184 Abs 1 Nr 2 SGB III begründen Ansprüche auf Arbeitsentgelt, die der Arbeitnehmer durch eine Rechtshandlung erworben hat, die nach den Vorschriften der §§ 129 ff angefochten werden könnten, keinen Anspruch auf Insolvenzgeld. Insolvenzgeld kann dabei nach § 184 Abs 1 Nr 2 Alt 1 SGB III zum einen versagt werden, wenn der Insolvenzverwalter die Anfechtung erklärt; ausreichend ist nach § 184 Abs 1 Nr 3 SGB III auch die Berufung auf ein Leistungsverweigerungsrecht (*Heilmann* KTS 1979, 251, 254 f). Die bloße Anfechtungsmöglichkeit oder die Möglichkeit, die Einrede der Anfechtbarkeit geltend zu machen, reichen nicht aus, sofern das Verfahren tatsächlich eröffnet wird. Hat daher der Insolvenzverwalter im **eröffneten Verfahren** den Vertrag mit dem Arbeitnehmer nicht angefochten, kann sich auch die Bundesagentur für Arbeit hierauf nicht berufen (*Heilmann* KTS 1979, 251, 254). Die erklärte Anfechtung oder Einrede gibt andererseits ein Leistungsverweigerungsrecht auch dann, wenn das Anfechtungsrecht selbst verjährt ist. Der Insolvenzverwalter ist daher gehalten, von seinem Anfechtungsrecht Gebrauch zu machen, wenn der Arbeitgeber nach Eintritt der Zahlungsunfähigkeit die Ansprüche seiner Arbeitnehmer ohne

III. Erfordernis der Gläubigerbenachteiligung (Abs 1) **§ 129**

Rechtsgrund oder ohne dass die Arbeitnehmer dafür eine höhere Gegenleistung erbringen müssen, erhöht hat, um ihnen dadurch ein höheres Insolvenzgeld zu verschaffen. Gleichzeitig hat der Insolvenzverwalter über die Ausschluss von Insolvenzgeld durch Angabe auf bzw Korrektur der Insolvenzgeldbescheinigung (Nr 3.1 DA zu § 184 SGB III) das zuständige Arbeitsamt zu unterrichten. Der Ausschluss vom Anspruch auf Insolvenzgeld tritt freilich kraft Gesetzes ein, ohne dass es einer Mitteilung des Arbeitsamtes gegenüber dem Arbeitnehmer bedürfte. Wurde Insolvenzgeld auf Grund anfechtbar begründeter Ansprüche gezahlt, ergibt sich daher ein Rückgewähranspruch (§ 184 Abs 2 SGB III). Insolvenzgeld kann bei anfechtbar erworbenen Lohnansprüchen zum zweiten auch versagt werden, wenn ein Insolvenzverfahren **nicht eröffnet** wurde: nach § 184 Abs 1 Nr 2 Alt 2 SGB III scheiden nämlich Ansprüche auf Arbeitsentgelt dann auch bzw insoweit aus, als die Rechtshandlung nach den §§ 129 ff angefochten werden **könnte.**

Da mit dem Antrag auf **Insolvenzgeld** die Ansprüche der Arbeitnehmer auf Arbeitsentgelt aber nach § 187 Satz 1 SGB III auf die Bundesagentur für Arbeit übergehen, findet die eigentlich gegen den Arbeitnehmer begründete Anfechtung hier gegen die Bundesagentur für Arbeit statt (§ 187 Satz 2 SGB III). Für den Anspruchsübergang und damit für den Wechsel des Anfechtungsgegners ist es dabei unerheblich, ob der Anspruch auf Arbeitslohn tatsächlich besteht oder – wie in Fällen des § 184 Abs 1 Nr 2 SGB III typischerweise – nur behauptet wird; ein Anspruchsübergang scheidet nur aus, wenn nicht einmal die entfernte Möglichkeit eines Anspruchs besteht (*Niesel/Roeder* § 187 SGB III Rn 2). § 184 Abs 1 Nr 2 SGB III bildet daher keinen eigenständigen Anfechtungsgrund; der Gläubigerwechsel vollzieht sich vielmehr außerhalb der Sphäre des Verfahrensschuldners und berührt nicht die Insolvenzmasse. § 187 Satz 2 SGB III gilt nicht für der Bundesagentur für Arbeit anfechtbar gewährte dingliche Sicherungen (*Eickmann* ZIP 1980, 1063, 1064). Ein Vertrauensschutz nach § 145 Abs 2 scheidet für die Bundesagentur für Arbeit aus (ebenso *Niesel/Roeder* § 187 SGB III Rn 7).

112

g) Einzelfälle. aa) **Vorliegen von Gläubigerbenachteiligung.** Eine Gläubigerbenachteiligung kann bestehen in einer **Verminderung** des dem Gläubigerzugriff unterworfenen **Aktivvermögens** (**RG** 20. 6. 1883 Z 10, 5, 9; **RG** 6. 2. 1896 Z 36, 161, 166; **RG** 20. 12. 1912 Z 81, 144, 145; **RG** 22. 3. 1918 JW 1919, 34; **BGH** 5. 12. 1985 NJW-RR 1986, 536, 538 = ZIP 1986, 452, 454 = KTS 1986, 310 = EWiR § 29 KO 1/86, 279 *[Marotzke]* [inzident]), aber auch in einer **Erschwerung der Zugriffsmöglichkeit** (**BGH** 4. 2. 1954 Z 12, 238, 240 ff – Ausnutzung eines Rangvorbehalts bei Hypothekenbestellung; **BGH** 4. 3. 1993 NJW 1993, 2041, 2042 = ZIP 1993, 602, 603 = EWiR § 387 BGB 1/93, 553 *[Serick]* – Vermögensübertragung von einem Treuhänder auf einen anderen; **BGH** 15. 12. 1994 Z 128, 184, 187 = NJW 1995, 659 = ZIP 1995, 134, 135 = KTS 1995, 304 = EWiR § 3 AnfG 1/95 *[Gerhardt]* = JZ 1995, 728, 731 *[Henckel]* [inzident], etwa durch Besitzverschiebung beweglicher Sachen (**RG** 25. 10. 1910 JW 1911, 67). Dazu kann auch die **Einlage** einer Sache in eine GmbH, etwa im Rahmen einer **Kapitalerhöhung,** gehören (**RG** 6. 7. 1889 Z 24, 14, 21 ff [AG]; **RG** 24. 5. 1910 Z 74, 16, 18 [GmbH]; **BGH** 15. 12. 1994 Z 128, 184, 189 = NJW 1995, 659 = ZIP 1995, 134, 136 = KTS 1995, 304 = EWiR § 3 AnfG 1/95 *[Gerhardt]* = JZ 1995, 728, 731 *[Henckel]*; *Hüttemann* GmbHR 2000, 357, 360 ff; MK/*Kirchhof* § 129 Rn 18; *Lwowski/Wunderlich* NZI 2008, 129 ff; abw *Hachenburg/Ulmer* § 2 GmbHG Rn 134 f; dazu auch oben § 11 Rn 58). Dabei treten – auch bei der Kapitalherabsetzung (*Mylich* ZGR 2009, 474, 498 f; insoweit abw *Lwowski/Wunderlich* NZI 2008, 595 ff) – die **Kapitalschutzvorschriften** des Gesellschaftsrechts hinter den mit der Insolvenzanfechtung bezweckten Schutz der Gesellschaftergläubiger zurück, da sie nur Auszahlungen an Gesellschafter, nicht auch solche an deren Gläubiger verbieten; das gilt erst recht, wenn man – wie hier (dazu unten § 143 Rn 1 ff) – von der haftungsrechtlichen Unwirksamkeit eines anfechtbaren Erwerbs ausgeht (*Hüttemann* GmbHR 2000, 357, 361; siehe auch § 134 Rn 22). Eine wesentliche Erschwerung der Zugriffsmöglichkeit – und damit wenigstens eine mittelbare Gläubigerbenachteiligung – liegt auch dann vor, wenn eine gegen die früheren Rechtsprechungsregeln zum Kapitalersatzrecht verstoßende Rückzahlung zwar einen Erstattungsanspruch gegen die Gesellschafter auslöst, dessen Durchsetzung aber – etwa durch Verlegung des Gesellschaftssitzes ins Ausland und stille Liquidation – wesentlich erschwert wird (**BGH** 22. 12. 2005 IX ZR 190/02 Z 165, 343 = ZIP 2006, 243 = NJW 2006, 908 = ZInsO 2006, 140 = NZI 2006, 155 = WuB VI B § 3 AnfG 1.06 *[Kreft]* [AnfG]). Die Gläubiger der Gesellschafter benachteiligend und damit anfechtbar ist nach der Rechtslage vor Inkrafttreten des MoMiG auch die Gewährung oder das Stehenlassen eines Gesellschafterdarlehens, welches dadurch mit Eigenkapital umqualifiziert wurde (**BGH** 2. 4. 2009 IX ZR 236/07 ZIP 2009, 1080 = ZInsO 2009, 1060 = NZI 2009, 429; siehe dazu näher § 134 Rn 22). Bei der **Weggabe eines Gegenstandes** kommt es auf die Dauer der Vermögenszugehörigkeit des Gegenstandes zum Schuldnervermögen nicht an (**BGH** 18. 5. 2000 NJW-RR 2001, 44 f = NZI 2000, 468 = ZIP 2000, 1550, 1551 = KTS 2000, 428 = EWiR § 1 AnfG 1/2000, 947 *[Paulus]*). Auch die Veräußerung einer Sache kann (mittelbar) benachteiligend sein, wenn der Schuldner einen ihren Wert übersteigende Gegenleistung versprochen erhält (**RG** 20. 6. 1883 Z 10, 5, 8; **RG** 4. 3. 1902 Z 51, 64, 65; weitere Beispiele Kuhn/*Uhlenbruck* § 29 KO Rn 32 aE). Die **Genehmigung einer Belastungsbuchung im Einzugsermächtigungsverfahren** wirkt gläubigerbenachteiligend, da diese zu einem endgültigen Abfluss des entsprechenden Geldbetrages aus dem Schuldnervermögen führt (**BGH** 4. 11. 2004 IX ZR 22/03 Z 161, 49 = NJW 2005, 675 = ZIP 2004, 2442 = ZInsO 2004, 1353 = NZI

113

2005, 99 = EWiR 2005, 121 *[Gundlach/Frenzel]* = WuB I D 2 Lastschriftverkehr 1.05 *[Jungmann]*; vgl OLG Karlsruhe 18. 1. 2007 12 U 185/06 **OLGR** Karlsruhe 2007, 238 = ZIP 2007, 286 = NZI 2008, 188 = EWiR 2007, 405 *[Schröder]*); zum Lastschriftverkehr siehe bereits oben § 129 Rn 17, 66 aE sowie § 130 Rn 17ff und § 140 Rn 5 B. Eine **Kontosperre** kann gläubigerbenachteiligend sein, da sie dazu dient, die spätere Verwertungsmöglichkeit des Pfandrechts sicherzustellen und dadurch der Bank ermöglicht, sich unter Ausschluss der anderen Gläubiger zu befriedigen (**BGH** 12. 2. 2004 IX ZR 98/03 NJW 2004, 1660 = ZIP 2004, 620 = ZInsO 2004, 342 = NZI 2004, 314 = EWiR 2004, 1141 *[Beutler]* = WuB VI C § 131 InsO 4.04; dazu im Übrigen § 129 Rn 66 und unten § 131 Rn 15). Sie ist insoweit nicht gläubigerbenachteiligend, als das Pfandrecht unanfechtbar entstanden ist, da sie in diesem Fall nur die Verwertung des Pfandrechts sichert; siehe insofern oben Rn 110. **Vertragsklauseln** eines ansonsten ausgewogenen Vertrages können gläubigerbenachteiligend sein, wenn sie gerade für den Fall der Insolvenz eines Teils für diesen nicht unerhebliche nachteilige Ausnahmen festschreiben, die zur Erreichung des Vertragszweckes nicht vorrangig geboten sind (**BGH** 11. 11. 1993 IX ZR 257/92 Z 124, 76 = NJW 1994, 449 = ZIP 1994, 40 = EWiR 1994, 169 *[Haas]* = WuB VI B § 31 Nr 1 KO 1.94; **BGH** 19. 4. 2007 IX ZR 59/06 Tz 22 NJW 2007, 2325 = ZIP 2007, 1120 = ZInsO 2007, 600 = NZI 2007, 462 = WuB VI A § 129 InsO 4.07 *[Kirchhof]*; **BGH** 13. 3. 2008 IX ZB 39/05 ZIP 2008, 1028 = ZInsO 2008, 558 = NZI 2008, 428 = EWiR 2008, 501 *[Eckert]* = WuB VI A § 129 InsO 5.08 *[Blum]* [ablehnend für einen Rückübertragungsanspruch in einem Schenkungsvertrag]; differenzierend zur Gläubigerbenachteiligung durch **Lösungsklauseln** für den Insolvenzfall *von* Wilmowsky ZIP 2007, 553, 556ff; *Wortberg* ZInsO 2003, 1032 ff; zur entsprechenden Frage bei **Gesellschaftsverträgen** oben § 11 Rn 54 und unten Rn 122A; zur Möglichkeit einer **Teilanfechtung** siehe Rn 72 ff).

114 Durch die Vorausabtretung einer erst nach Eintritt der Zahlungsunfähigkeit entstehenden Forderung werden die Gläubiger benachteiligt (**BGH** 30. 6. 1959 Z 30, 238 = NJW 1959, 1539 = KTS 1959, 171 = JZ 1959, 712 *[Böhle-Stamschräder]* = LM Nr 30 KO Nr 7 *[Artl]*; **BGH** 14. 5. 1975 Z 64, 312, 313 = NJW 1975, 1226 = KTS 1975, 296). Die **Abtretung eines aufschiebend bedingten Anspruchs** und die **Übertragung eines Anwartschaftsrechts** benachteiligt die Gläubiger, wenn nicht eine entsprechende Gegenleistung zur Masse gelangt, weil dies bereits Vermögenswerte sind (**RG** 17. 3. 1908 Z 67, 425, 430; **BGH** 15. 12. 1994 Z 128, 184, 188 = NJW 1995, 659 = ZIP 1995, 134, 135 = KTS 1995, 304 = EWiR § 3 AnfG 1/95 *[Gerhardt]* = JZ 1995, 728, 731 *[Henckel]*; zur Abtretung von Ansprüchen aus einer Direktversicherung der Arbeitnehmer für eine betriebliche Altersversorgung **LG** Ulm 10. 7. 1980 ZIP 1980, 751). Dabei wird die Vermögensänderung grds. bereits mit der Abtretung und nicht erst mit dem Eintritt der Bedingung bewirkt (siehe § 140 Rn 6). Dies gilt auch dann, wenn ein Verkäufer sein Eigentum aufschiebend bedingt auf den Käufer überträgt; denn dadurch entsteht ein Anwartschaftsrecht, was vom Verkäufer nicht mehr einseitig verhindert werden kann. Weiter kann Gläubigerbenachteiligung anzunehmen sein bei einer **Verzögerung der Befriedigung** (**BGH** 25. 3. 1964 WM 1964, 505, 506 f) oder bei einer **Erschwerung oder Verkürzung der Verwertbarkeit** eines Vermögensgegenstandes, etwa bei längerer Vermietung einer Sache zu einem Mietzins unter Wert. Wenn der spätere Schuldner einem Dritten ein langfristiges Darlehen zu einem geringeren als dem marktüblichen Zins gewährt, führt dies grundsätzlich zu einer Benachteiligung der Insolvenzgläubiger, da ihnen für die Laufzeit des Darlehens der übliche Zins entgeht (**BGH** 21. 4. 1988 NJW 1989, 1037 = ZIP 1988, 725 = KTS 1988, 519). Auch die Aufnahme eines Hypothekendarlehens, um einzelne besonders lästige Gläubiger zu befriedigen, stellt eine Gläubigerbenachteiligung dar (**OLG** Rostock 8. 6. 1916 OLGR 35, 246). Eine Gläubigerbenachteiligung kann darin liegen, dass Kreditmittel zur Befriedigung einzelner Gläubiger und nicht in anderer Weise zum Nutzen des Geschäftsbetriebs verwendet werden (**BGH** 15. 2. 1990 NJW 1990, 2687 = ZIP 1990, 459 = KTS 1990, 477 = EWiR § 30 KO 1/90, 591 *[Hess]*; **BGH** 7. 2. 2002 IX ZR 115/99 NJW 2002, 1574, 1575 = ZIP 2002, 489 = ZInsO 2002, 276 = NZI 2002, 255 [GesO]; *Kulzer/Müller* ZInsO 2002, 313). Gläubigerbenachteiligend ist auch die **Auf- oder Verrechnung** einer – bspw. auf Grund der drohenden Insolvenz des Schuldners – **minderwertigen Forderung** eines Gläubigers gegen eine vollwertige Forderung des Schuldners; denn der Masse entgeht die Differenz zwischen dem Nennwert ihrer Forderung und der seitens des Gläubigers zu erwartenden Quote (**BGH** 2. 6. 2005 IX ZR 263/03 ZIP 2005, 1521 = ZInsO 2005, 884 = NZI 2005, 553 = EWiR 2006, 21 *[Beutler/Weissenfels]* = WuB VI A § 96 InsO 4.05 *[Servatius]*).

115 Benachteiligend ist es, wenn der Schuldner an den gemeinschaftlichen Vertreter einzelner Gläubiger Forderungen zu dem Zwecke abtritt, den Erlös unter sich zu verteilen; Anfechtungsgegner ist hier im Fall einer Vollabtretung der Vertreter; denn dessen Funktion übersteigt die eines reinen Leistungsmittlers und zwar auch dann, wenn er selbst nicht bereichert ist; denn Bereicherung ist abgesehen vom Ausnahmefall des § 143 Abs 2 keine Anfechtungsvoraussetzung (**RG** 18. 11. 1910 JW 1911, 107 = WarnRspr 1911 Nr 49; **BGH** 3. 12. 1954 Z 15, 333, 337). Anders liegen die Dinge nur dann, wenn lediglich der freie Zugriff der Gläubiger verhindert, im Übrigen aber deren gleichmäßige Behandlung sichergestellt ist (**OLG** 20. 2. 1976 Hamm NJW 1976, 1983). Die Insolvenzgläubiger werden benachteiligt, wenn eine Bank gegen Abtretung der Lohnforderungen die Löhne an die Arbeitnehmer eines insolvenzreifen Unternehmens zahlt und dadurch erreicht, dass ihr übereignetes Sicherungsgut zu höherwertigen Waren weiterverarbeitet wird (**BAG** 24. 1. 1964 BB 1964, 640 und 699 = AP § 30 KO Nr 1 *[Weber]*). Eine Benachteiligung kann auch darin liegen, dass der spätere Verfahrensschuldner eine ihm

III. Erfordernis der Gläubigerbenachteiligung (Abs 1) **§ 129**

gegen einen Dritten zustehende Forderung durch Verrechnung zum Erlöschen bringt (**BGH** 2. 6. 1959 LM § 3 AnfG Nr 6), oder auf ein Wechselakzept verzichtet; das gilt auch für ein Blankoakzept, da es dem Nehmer regelmäßig das unwiderrufliche und auf den Insolvenzverwalter übergehende Recht verleiht, den Wechsel auszufüllen und zu begeben (**RG** 28. 3. 1894 Z 33, 44). Auch die Begründung einer **Eigentümergrundschuld** kann zu einer Gläubigerbenachteiligung führen: zwar können die Gläubiger zunächst noch auf diesen Vermögenswert zugreifen; das ändert sich aber, wenn sich die Eigentümergrundschuld später in einer Fremdgrundschuld umwandelt und die Gläubiger dadurch mittelbar benachteiligt werden (**BGH** 9. 5. 1996 NJW 1996, 2231, 2233 = ZIP 1996, 1178, 1179 = EWiR § 7 AnfG 1/96, 723 *[Gerhardt]*). Hat der Schuldner sein Grundstück nur zum **Schein** veräußert, jedoch die Eintragung des Erwerbers veranlasst, so liegt auch darin eine Gläubigerbenachteiligung; denn die Gläubiger des Schuldners können nun nach § 17 Abs 1 ZVG nicht mehr (unmittelbar) die Zwangsvollstreckung in das Grundstück betreiben (**RG** 14. 1. 1902 Z 50, 121, 123; siehe dazu auch oben Rn 77). Gläubigerbenachteiligend und damit anfechtbar ist ferner die Vereinbarung eines Heimfallanspruches in einem **Erbbaurechtsvertrag** für den Fall der bloßen Eröffnung eines Insolvenzverfahrens (**BGH** 19. 4. 2007 IX ZR 59/06 Tz 14 ff NJW 2007, 2325 = ZIP 2007, 1120 = ZInsO 2007, 600 = NZI 2007, 462 = WuB VI A § 129 InsO 4.07 *[Kirchhof]*; **BGH** 12. 6. 2008 IX ZB 220/07 ZIP 2008, 1384 = ZInsO 2008, 735 = NZI 2008, 490). An einer objektiven Gläubigerbenachteiligung fehlt es allerdings, wenn bereits kraft Gesetzes ein Anspruch auf den Heimfall bestand. Der **BGH** hat offengelassen, ob etwas anderes gelten kann, wenn der Erbbaurechtsvertrag eine angemessene Vergütung vorsieht (**BGH** 19. 4. 2007 IX ZR 59/06 Tz 17 NJW 2007, 2325 = ZIP 2007, 1120 = ZInsO 2007, 600 = NZI 2007, 462 = WuB VI A § 129 InsO 4.07 *[Kirchhof]*; dazu auch unten Rn 127 und § 143 Rn 14).

Eine Gläubigerbenachteiligung liegt auch in der unterlassenen Anmeldung eines wertvollen **Patents**, selbst wenn es an einem konkreten Begünstigten fehlen sollte (abw **OLG** Düsseldorf 18. 4. 1952 JZ 1952, 752 für den Verzicht auf ein Patent, das es hier an einer Anfechtungsgegner fehle [das aber über § 138 BGB zum selben Ergebnis gelangt]; KP-*Paulus* § 129 Rn 34; zur Anfechtbarkeit von Übertragung oder Veräußerung vor Anmeldung **BGH** 2. 4. 1998 NJW-RR 1998, 1057 = ZIP 1998, 830, 831 [für Geschmacksmuster] zum Patent auch oben Rn 99, 102 sowie § 143 Rn 28. Gläubigerbenachteiligend kann auch die Nicht-Kündigung eines langjährigen (**Miet- oder Pacht-)Vertrages** sein. Das gilt nach neuem Recht auch für **Beherrschungs- und Gewinnabführungsverträge,** da sie nicht mehr automatisch mit Eröffnung des Insolvenzverfahrens enden (dazu § 11 Rn 398). 116

Eine Gläubigerbenachteiligung kann auch in der **Vermehrung der Schuldenmasse** liegen (RG 15. 5. 1891 Z 27, 130, 133; RG 6. 2. 1896 Z 36, 161, 166; RG 20. 12. 1912 Z 81, 144, 145; **BGH** 11. 7. 1991 NJW 1992, 624, 627 = ZIP 1991, 1014, 1018 = KTS 1991, 589 = EWiR § 30 KO 4/91 *[Flessner]*). Benachteiligung ist gegeben, wenn der spätere Schuldner als Gesellschafter einer OHG bei deren Auflösung das Geschäft übernimmt, aber dem anderen Gesellschafter dafür, dass er seinen Gesellschaftsanteil als Darlehen stehen lässt, Maschinen und Warenvorräte zur Sicherung übereignet (**RG** 22. 3. 1918 JW 1919, 34). Auch der Abschluss eines Beratungsvertrages mit einem zur unentgeltlichen Beratung Verpflichteten stellt eine Benachteiligung dar (**BGH** 15. 12. 1994 NJW 1995, 1093 = ZIP 1995, 297 = EWiR § 31 KO 1/95, 281 *[Johlke]*). Auch die Eingehung **nachrangiger Verbindlichkeiten** (§ 39) unterliegt der Anfechtung, allerdings nur zugunsten nachrangiger Insolvenzgläubiger (dazu bereits oben Rn 92). Im Falle einer Zustimmung des Schuldners zu einer **Verfahrenseinstellung nach § 153 a StPO** tritt die Gläubigerbenachteiligung erst durch die Erbringung der auferlegten Zahlung ein, da es dem Schuldner bis dahin freisteht, ob er die auferlegten Zahlungen tatsächlich erbringt (**BGH** 5. 6. 2008 IX ZR 17/07 Tz 9 NJW 2008, 2506 = ZIP 2008, 1291 = ZInsO 2008, 738 = NZI 2008, 488). 117

Für **Vermögensübertragungen** (einschließlich Sicherungsübertragungen und „übertragender Sanierungen") wurde die Möglichkeit der Gläubigerbenachteiligung früher im Hinblick auf § 419 BGB teilweise verneint (**RG** 4. 3. 1902 Z 51, 64 ff). Dem wurde entgegengehalten, dass die Möglichkeit einer Haftung im Rahmen von § 419 BGB, § 25 HGB das Risiko einer Gläubigerbenachteiligung nicht ausschlösse (**BGH** 24. 10. 1962 KTS 1962, 252; *Jaeger/Henckel* § 29 KO Rn 219; *Kuhn/Uhlenbruck* § 29 KO Rn 29 a, 33/33 a). Richtigerweise kommt es vielmehr entscheidend auf die Angemessenheit der Gegenleistung an. Daher ist die Übertragung des Miteigentumsanteils an einem mit Grundpfandrechten belasteten Grundstück gläubigerbenachteiligend, wenn die gesicherten Forderungen hinter dem Nominalwert der Belastungen zurückbleiben (**BGH** 23. 2. 1984 Z 90, 207, 214 = NJW 1984, 1968 = ZIP 1984, 489 = LM § 2 AnfG Nr 8 *[Fuchs]* [auch bei voller Valutierung der Belastungen, wenn und soweit der Wert des Grundstücks diese übersteigt]; **BGH** 11. 10. 1984 NJW 1985, 388 [Ls] = ZIP 1984, 1536, 1538; **BGH** 10. 1. 1985 NJW 1985, 2031 [Ls] = ZIP 1985, 372, 374 = EWiR § 3 AnfG 1/85, 245 *[Gerhardt]* [zu § 7 AnfG aF]; HK-*Kreft* § 129 Rn 56). Das gilt für Unternehmensveräußerungen und nach Aufhebung von § 419 BGB erst recht; denn die Aufhebung von § 419 BGB wurde gerade mit der gleichzeitigen Verschärfung der Anfechtungsnormen begründet (Begr RegE zu Art 33 Nr 16 EGInsO; *Canaris* ZIP 1989, 1161, 1163). Und bei einer vor Eröffnung des Insolvenzverfahrens vollzogenen übertragenden Sanierung sind die Manipulationsmöglichkeiten im Hinblick darauf besonders groß, dass es bei der Preisfindung und der Auswahl des Vertragspartners weder einer Mitwirkung der Gläubiger noch einer Kontrolle des Insolvenzgerichts bedarf (KP-*Noack* GesellschaftsR Rn 170; *Karsten Schmidt,* in: Insol- 118 venzrecht im Umbruch, S 67, 80 ff; zur Verteidigung *Stürner* ZZP 94 [1981], 263, 285). Entsprechendes gilt für eine Vermögensübertragung auf einen Treuhänder zum Zwecke gleichmäßiger Befriedigung sämtlicher Gläubiger (**OLG** Celle 6. 5. 1932 JW 1933, 1146). Auch eine **Vertragsübernahme** kann sich als gläubigerbenachteiligend darstellen, wenn etwa langfristige Verträge mit einem erheblichen *goodwill* von dem notleidenden Unternehmen abgezogen und auf eine Auffanggesellschaft übertragen werden. Dies kommt auch bei Arbeitsverträgen in Betracht. Freilich kann sich hier das tatsächliche Problem stellen, dass der Insolvenzverwalter nicht über das Personal verfügt, die angefochtenen Verträge zu erfüllen, oder die Arbeitnehmer nicht für ihn tätig werden wollen.

119   bb) **Keine Gläubigerbenachteiligung** ist regelmäßig bei **Bargeschäften** gegeben (dazu ausführlich § 142). Bei Vorliegen eines solchen Bargeschäfts (§ 142) bleibt aber eine Anfechtung wegen vorsätzlicher Benachteiligung (§ 133; dazu § 142 Rn 3, 4) möglich. Zugleich schließt eine inkongruente Deckung das Vorliegen eines Bargeschäftes aus, so dass eine Anfechtung nach § 131 nicht durch § 142 ausgeschlossen werden kann (siehe § 142 Rn 4). Eine **Einzahlung von Bargeld** auf ein (nicht im Soll geführtes) Girokonto durch den Schuldner stellt regelmäßig keine Gläubigerbenachteiligung dar; anders können die Dinge aber liegen, wenn die Einzahlung erfolgt, um eine vorangegangene oder gleichzeitige Zahlungsanweisung auszuführen (**RG** 22. 1. 1900 Z 45, 110). Gläubigerbenachteiligung fehlt auch, wenn ein Gläubiger Befriedigung oder Deckung erhält, die nach der besonderen Fallgestaltung auch der **Insolvenzverwalter hätte gewähren müssen** (**BGH** 24. 11. 1959 WM 1960, 377 = KTS 1960, 55; **BGH** 24. 10. 1962 KTS 1962, 252, 253; **BGH** 28. 3. 1985 ZIP 1985, 816 = KTS 1985, 679 = EWiR § 107 VglO 1/85, 617 [*Storz*] [Duldungspflicht nach § 10 Abs 1 Nr 3 ZVG]; **BGH** 7. 5. 1991 Z 114, 315 = NJW 1991, 2147 = ZIP 1991, 737 [*Kreft*] = KTS 1991, 431 = EWiR § 29 KO 1/91, 697 [*App*]), oder wenn der Schuldner zur teilweisen Befriedigung eines Eigentumsvorbehaltsverkäufers seine Forderung gegen einen Abkäufer derselben Ware verwendet und der Vorbehaltsverkäufer in Höhe der empfangenen Zahlung auf sein Eigentum verzichtet (**BGH** 3. 3. 1960 NJW 1960, 1011 = WM 1960, 381). Gläubigerbenachteiligung wurde verneint, wenn die Kosten nach **§ 51 Abs 3 KWG** durch den späteren Schuldner gezahlt werden (KG 19. 9. 2000 NZI 2000, 537 = ZInsO 2000, 611). Eine **Stundung** als solche ist nicht gläubigerbenachteiligend (**BGH** 11. 1. 2007 IX ZR 31/05 Z 170, 276 = NJW 2007, 1357 = ZIP 2007, 435 = ZInsO 2007, 269 = NZI 2007, 225 = EWiR 2007, 439 [*Göb*] = WuB VI A § 129 InsO 1.07 [*Kreft*]). Gleiches gilt für den Abschluss einer **Schiedsvereinbarung** (**BGH** 20. 11. 2003 III ZB 24/03 ZInsO 2004, 88; *Berger* ZInsO 2009, 1033, 1035 f).

120   Es fehlt auch dann an einer Benachteiligung, wenn beim **verlängerten Eigentumsvorbehalt** die Forderung des Verkäufers aus dem Weiterverkauf an die Stelle der Vorbehaltssache tritt, sofern die Forderung den objektiven Wert der veräußerten Vorbehaltssache nicht übersteigt (**BGH** 14. 5. 1975 Z 64, 312, 314 ff = NJW 1975, 1226 = KTS 1975, 296; **BGH** 6. 4. 2000 NJW-RR 2000, 1154, 1156 = NZI 2000, 364 = ZIP 2000, 932, 934 = KTS 2000, 411 = EWiR § 10 GesO 1/01, 117 [*Huber*]); denn dann handelt es sich nur um einen nicht benachteiligenden Austausch von Sicherheiten (dazu oben Rn 110B f). Auch der **Austausch (unanfechtbar entstandener) dinglicher Sicherheiten** gegen andere gleichwertige dingliche Sicherheiten begründet keine Gläubigerbenachteiligung (**BGH** 1. 10. 2002 IX ZR 360/99 NJW 2003, 360 = ZIP 2002, 2182 = ZInsO 2002, 1136 = NZI 2003, 34 = EWiR 2003, 29 [*Huber*] = WuB VI A § 30 Nr 2 KO 1.03 [*Tetzlaff*] [KO]); siehe bereits § 129 Rn 110B aE, 110C. Sie fehlt daher auch beim Austausch eines unanfechtbar entstandenen Pfandrechts durch eine Sicherungsabtretung (**BGH** 21. 4. 2005 IX ZR 24/04 ZIP 2005, 992 = ZInsO 2005, 648 = NZI 2005, 389 = EWiR 2005, 545 [*Gerhardt*] = WuB VI A § 129 InsO 4.05 [*Bartels*]). Unter dieser Voraussetzung kann es auch bei der Herstellung einer **Aufrechnungslage** an der Anfechtbarkeit fehlen; Voraussetzung ist aber, dass die Parteien einvernehmlich das Gegengeschäft tätigen, um eine Aufrechnungslage hinsichtlich der ursprünglichen Forderung zu schaffen (**BGH** 22. 7. 2004 IX ZR 270/03 NJW-RR 2005, 125, 127 = ZIP 2004, 1912 = NZI 2004, 620 = EWiR 2005, 27 [*Gerhardt*] = WuB VI A § 96 InsO 1.05 [*Paulus/Zenker*]; dazu bereits oben Rn 33). Die **Übernahme umfangreicher Pflichten** des Verfahrensschuldners gegenüber Dritten durch den Vertragspartner schließt demgegenüber die Gläubigerbenachteiligung nicht aus, weil sie nicht allein Folge der anfechtbaren Handlung in Form der Herstellung der Aufrechnungslage ist (**BGH** 2. 6. 2005 IX ZR 263/03 ZIP 2005, 1521 = ZInsO 2005, 884 = NZI 2005, 553, 554 = EWiR 2006, 21 [*Beutler/Weissenfels*] = WuB VI A § 96 InsO 4.05 [*Servatius*]; dazu oben Rn 75 sowie § 143 Rn 23). Eine Benachteiligung scheidet im Falle der **Verwertung von Sicherungsgut** auch aus, wenn der spätere Schuldner Sicherungsgut für den Sicherungsnehmer in der Weise verwertet, dass er den Erwerbern die Eigenschaft als Sicherungsgut offenbart und erklärt, er nehme den Erlös nicht für sich, sondern für den Sicherungsnehmer entgegen, wenn dies auf einer Abrede mit dem Sicherungsnehmer beruht und er die eingenommenen Beträge wie erhalten an den Sicherungsnehmer abführt: denn dann wird dieser auf Grund antizipierten Besitzkonstituts ohne Durchgangserwerb des späteren Verfahrensschuldners Eigentümer des für das Sicherungsgut gezahlten Kaufpreises. Nicht anders ist es zu beurteilen, wenn der spätere Schuldner in dem Beispielsfall den Erlös für das Sicherungsgut auf ein Konto seines Namens überweisen lässt, das er dem Sicherungsnehmer vor der Verwertung des Sicherungsguts mit der Abrede übertragen hat, es solle nur noch zum Auffangen der Erlöse benutzt werden. Eine Gläubigerbenachteiligung scheidet auch dann aus, wenn der Eigentümer eines Grundstücks und die durch Grundpfandrech-

III. Erfordernis der Gläubigerbenachteiligung (Abs 1) § 129

te am Grundstück gesicherte Bank eine Ablösungsvereinbarung treffen, auf Grund derer der Eigentümer den Veräußerungserlös aus dem Grundstück (zum Teil) auf ein debitorisches Konto der späteren Verfahrensschuldnerin bei der Bank einzahlt und dadurch eine Verrechnungslage entsteht, die zu einer Rückführung des Saldos zu Gunsten der Bank führt (**BGH** 17. 6. 2004 IX ZR 124/03 ZIP 2004, 1509 = ZInsO 2004, 856 = NZI 2004, 492 = EWiR 2004, 1043 *[Flitsch]* = WuB VI C § 129 InsO 2.04 *[Tetzlaff]*; zur Kontokorrentverrechnung ausführlich § 130 Rn 14). Denn dabei handelt es sich um einen wirtschaftlich neutralen Vorgang. Benachteiligung scheidet auch aus, wenn die Rechtshandlung nur einen **Wechsel in der Person des Gläubigers** zur Folge hat, etwa wenn der Schuldner mit Mitteln, die ihm ein Dritter zur Verfügung gestellt hat und die bis zur Weiterzahlung dessen Eigentum geblieben sind, eine eigene Schuld bezahlt (**RG** 30. 4. 1901 Z 48, 148, 151; **RG** 15. 11. 1899 JW 1900, 16; ähnlich **BGH** 17. 6. 1999 NJW 1999, 2969, 2970 = NZI 1999, 313 = ZIP 1999, 1269, 1271 = KTS 1999, 490 [insoweit nicht in BGHZ 142, 72]; dazu auch oben Rn 98). Anders ist dies natürlich, wenn der neue Gläubiger eine stärkere Position innehat. Eine Gläubigerbenachteiligung soll auch dann ausscheiden, wenn sich die Handlung auf Mittel bezieht, die der Erfüllung einer Forderung des Schuldners dienen, wenn die Erfüllung fehlschlägt und die Forderung deshalb noch *werthaltig* fortbesteht (**BGH** 17. 6. 1999 NJW 1999, 3780, 3781 = NZI 1999, 361 = ZInsO 1999, 467 = ZIP 1999, 1271, 1273 = KTS 1999, 485 = EWiR § 30 KO 1/99, 801 *[Eckardt]* = WuB VI B. § 30 Nr 2 KO 1.02 m krit Anm *Hirte/M. Groß*). An einer Gläubigerbenachteiligung fehlt es ferner, wenn mehrere Gläubiger einen **Verwertungspoolvertrag** schließen, durch welchen sie insgesamt nicht mehr Rechte erhalten, als ihnen einzeln zugestanden hätten (MK/*Kirchhof* § 129 Rn 162); siehe aber oben Rn 110C. An der erforderlichen objektiven Benachteiligung fehlt es auch, wenn der durch Grundpfandrechte gesicherte Baukreditgeber den unfertigen Bau zu einem Preis erwirbt, der bei der Zwangsversteigerung des Grundstücks nicht erzielbar gewesen wäre. Hatte ein Vergleichsverwalter alten Rechts einem Vergleichsberater die angemessene Vergütung ausbezahlt, so konnte diese Zahlung im folgenden Anschlusskonkurs alten Rechts in der Regel weder angefochten noch wegen ungerechtfertigter Bereicherung zurückverlangt werden (**BGH** 28. 1. 1988 NJW-RR 1988, 571 = ZIP 1988, 324 = KTS 1988, 336 = EWiR § 25 VglO 1/88, 405 *[Brehm]*). Das soll im Hinblick auf die Vorleistungspflicht des Dienstverpflichteten und die dadurch bedingte Nähe solcher Geschäfte zum Bargeschäft auch nach neuem Recht für die Zahlung von **Honoraren für (gescheiterte) Sanierungsbemühungen** gelten (**OLG** Köln 30. 11. 2000 NZI 2001, 252, 253 = ZIP 2001, 251 f = EWiR § 30 KO 3/01, 489 *[Undritz]*; zum Ganzen *Kudbrink* BB 2008, 958 ff; *Kirchhof* ZInsO 2005, 340 ff) sowie § 132 Rn 9, § 133 Rn 21, § 142 Rn 8). Anders als in der Besitzaufgabe liegt in der **Aufgabe einer bloßen Scheinposition** keine Gläubigerbenachteiligung.

Nicht benachteiligend ist ferner eine **Verfügung** des Schuldners über die **Miet- und Pachtzinsen eines Grundstücks** zugunsten eines Grundpfandgläubigers; denn diese haben einen gesetzlichen Anspruch darauf, aus den Einkünften des Grundstücks vor den persönlichen Gläubigern befriedigt zu werden (§ 1123 BGB; **BGH** 9. 11. 2006 IX ZR 133/05 ZIP 2007, 35 = ZInsO 2006, 1321 = NZI 2007, 98 = EWiR 2007, 83 *[Neußner]* = WuB VI A § 140 InsO 1.07 *[Bartels]*; abw mit Blick auf die darin liegende Umgehung des Beschlagnahmeerfordernisses *Wazlawik* NZI 2007, 320 ff). Denn die Grundschuldhaftung begründet bereits *ex lege* und ohne Beschlagnahme ein gegenwärtiges Pfandrecht an den Miet-/Pachtforderungen, durch das ein Absonderungsrecht nach § 49 InsO entsteht (Einzelheiten bei § 49 Rn 13 a). Eine Sicherungszession der mithaftenden Forderungen sowie eine vor Eröffnung auf Grund der Sicherungszession erfolgte Einziehung und Verrechnung der Miet- oder Pachtzinsen benachteiligt die Gläubiger daher nicht. Nur soweit die Einkünfte aus dem Grundstück die Hypothekenforderungen übersteigen, kann die Verfügung hinsichtlich des Überschusses wegen Gläubigerbenachteiligung angefochten werden (**RG** 16. 10. 1906 Z 64, 339, 343; **BGH** 9. 11. 2006 IX ZR 133/05 ZIP 2007, 35 = ZInsO 2006, 1321 = NZI 2007, 98 = EWiR 2007, 83 *[Neußner]* = WuB VI A § 140 InsO 1.07 *[Bartels]*; vgl auch **RG** 19. 2. 1916 WarnRspr 1917 Nr 18). Wie bei anderen Absonderungsberechtigten ist der nicht benachteiligende Betrag nach neuem Recht aber um die Feststellungskostenpauschale zu vermindern (dazu oben Rn 110A). An einer Benachteiligung fehlt es, wenn ein Gläubiger die ihm **sicherungsweise übereigneten Gegenstände** wegen einer weiteren Forderung **pfändet**, aber die durch die Sicherungsübereignung gesicherte Forderung den Wert der Sicherungsgegenstände übersteigt (**RG** 9. 12. 1930 WarnRspr 1931 Nr 179). **Steuerzahlungen** können im Einzelfall der Erhaltung des Unternehmens und so den Gläubigern dienen; die deshalb fehlende Gläubigerbenachteiligung wird in einem solchen Fall auch nicht in Frage gestellt, wenn die Fortführung des Unternehmens später tatsächlich nur den Verlust erhöht hat (**OLG** Braunschweig 11. 11. 1949 MDR 1950, 356 [zur Zahlung von Vergnügungsteuer, die eine Betriebsfortführung ermöglicht]).

Im Falle der Begebung oder Übertragung eines **Wechsels oder Schecks** ist jedenfalls die Einlösung mittelbar gläubigerbenachteiligend, wenn diese aus einem Kontoguthaben oder aus einem dem Schuldner eingeräumten Kontokorrentkredit erfolgt (**OLG** Dresden 13 U 1797/01 OLGR Dresen 2007, 500 = ZIP 2007, 737); aber auch die Ausstellung kann bereits gläubigerbenachteiligend wirken, soweit sich aus dieser eine zusätzliche Verpflichtung (Art 9 WG; Art 12 SchG), eine verschärfte Haftung (Art 16, 17 WG; Art 21, 22 SchG) oder sonstige Nachteile ergeben, die sich im Einzelfall tatsächlich benachteiligend auswirken (**BGH** 2. 2. 2006 IX ZR 67/02 Z 166, 125 = NJW 2006, 1800 = ZIP 2006, 578 = ZInsO 2006, 322 = NZI 2006, 287 = WuB VI A § 135 InsO 2.06 *[Servatius]*; **BGH** 11. 1. 2007 IX ZR

121

122

§ 129

31/05 Z 170, 276 = NJW 2007, 1357 = ZIP 2007, 435 = ZInsO 2007, 269 = NZI 2007, 225 = EWiR 2007, 439 *[Göb]* = WuB VI A § 129 InsO 1.07 *[Kreft]* [offen lassend, inwiefern bereits auf den Zeitpunkt der Austellung abzustellen sein kann]; **BGH** 21. 6. 2007 IX ZR 231/04 NZI 2007, 517, 6518 = ZIP 2007, 1469 = WM 2007, 1616 = WuB VI A § 130 InsO 1.08 *[Kreft]*; MK/*Kirchhof* § 129 Rn 145; dazu *Mock* ZInsO 2007, 561; abw noch **RG** 7. 12. 1889 Z 26, 74 ff; **RG** 16. 5. 1904 Z 58, 141 ff [auf die Abstraktheit der neu begründeten wertpapiererechtlichen Forderung abstellend]). Die Gläubigerbenachteiligung soll dabei nur insoweit eintreten, als nicht eine Rückzahlung der Schecksumme nach anderweitiger Befriedigung erfolgt (**OLG Brandenburg** 3. 3. 1999 ZIP 1999, 1012, 1013 = KTS 2000, 78 = EWiR § 10 GesO 2/2000, 177 m krit Anm *Huber*, der darauf hinweist, dass eigentlich mit Scheckeinlösung die Forderung erloschen war, so dass die Zahlung durch den Dritten ohne Rechtsgrund erfolgte; mit der Rückzahlung entfiel daher die Anfechtbarkeit dieser zweiten, mittelbaren Zuwendung).

122A Keine Gläubigerbenachteiligung besteht bei einer **gesellschaftsvertraglichen Fortsetzungsklausel**, nach welcher ein Gesellschafter im Falle der Eröffnung des Insolvenzverfahrens aus der Gesellschaft ausscheidet und von den Gesellschaftern eine Auseinandersetzungsbilanz zum Stichtag des Ausscheidens zu erstellen ist, da eine solche Vereinbarung an der gesetzlichen Regelung der §§ 736, 738 BGB ausgerichtet ist (**BGH** 14. 12. 2006 IX ZR 194/05 Tz 14 Z 170, 206 = NJW 2007, 1067 = ZIP 2007, 383 = ZInsO 2007, 213 = NZI 2007, 222 = EWiR § 96 InsO 3/07, 343 *[Bork]* = WuB VI A § 95 InsO 1.07 *[Servatius]*; vgl bereits zur KO **BGH** 9. 3. 2000 IX ZR 355/98 ZIP 2000, 757 = ZInsO 2000, 284 = NZI 2000, 308, 310 = EWiR § 54 KO 1/00, 741 *[W. Gerhardt]* = WuB VI B § 54 KO 1.00). Das gilt auch für Leistungen, die der Schuldner noch während des Eröffnungsverfahrens an die Gesellschaft erbringt (offen für *nach* Ausscheiden erbrachte Leistungen), weil diese auch im Rahmen der insolvenzmäßigen Auseinandersetzung nur als unselbstständiger Rechnungsposten zu berücksichtigen sind. Das ist hinzunehmen, solange keine gesellschaftsvertragswidrige Beeinflussung der Auseinandersetzungsbilanz erfolgt (noch anders **OLG Frankfurt/M** 24. 11. 2008 1 U 19/05 **OLG** Frankfurt 2006, 652 = ZIP 2005, 2325 = ZInsO 2006, 105 = NZI 2006, 241, 243 = EWiR § 130 InsO 1/06, 149 *[T. Schultze]*). Damit gilt ein Vorrang der innergesellschaftlichen Auseinandersetzung vor den insolvenzrechtlichen Instrumenten, was auch durch § 84 Abs 1 klargestellt wird (dazu auch oben § 84 Rn 30).

123 **3. Ursächlicher Zusammenhang.** Es muss ein ursächlicher Zusammenhang zwischen der Rechtshandlung und der Gläubigerbenachteiligung bestehen. Das bedeutet, dass die Befriedigungsmöglichkeit der Gläubiger ohne die angefochtene Rechtshandlung hätte günstiger sein müssen (**BGH** 26. 1. 1983 Z 86, 349, 355 = KTS 1983, 297, 300 [insoweit nicht abgedruckt in NJW 1983, 1120 = ZIP 1983, 337]; **BGH** 20. 2. 1980 NJW 1980, 1580 = ZIP 1980, 250 = KTS 1980, 245 = LM § 29 KO Nr 8 *[Merz]*; **BGH** 11. 12. 1986 NJW 1987, 1268 = ZIP 1987, 305 = KTS 1987, 279 = EWiR § 3 AnfG 1/87, 209 *[Balz]*; **BGH** 11. 5. 1989 NJW-RR 1989, 1010 = ZIP 1989, 785, 786 = EWiR § 46 KO 3/89, 795 *[Stürner]*; **OLG Düsseldorf** 20. 6. 1985 ZIP 1985, 876 = KTS 1985, 733 = EWiR § 31 Nr 1 KO 1/85, 601 *[Westermann]*). Da es sich nicht um einen Schadenersatzanspruch handelt, der sich unter Umständen auch auf entfernte Folgen einer Handlung erstrecken kann, bedarf es nicht der Einschränkung durch die Adäquanztheorie (**BGH** 9. 12. 1999 Z 143, 246, 253 = NJW 2000, 1259, 1261 = ZIP 2000, 240, 241 = NZI 2000, 116 = KTS 2000, 123 = EWiR § 3 AnfG 1/2000, 1089 *[Höpfner]*; Gottwald/*Huber* InsR HdB § 46 Rn 50; abw Kilger/*Huber* § 1 AnfG Anm IV 7 b; allgemein dazu auch oben Rn 75 sowie unten § 143 Rn 23). Der ursächliche Zusammenhang wird durch **hypothetische anderweitige Geschehensabläufe** nicht in Frage gestellt (**BGH** 7. 6. 1988 Z 104, 355, 360 = NJW 1988, 3265 = ZIP 1988, 1060 = EWiR 2/88, 847 *[Brehm]*; **BGH** 21. 1. 1993 Z 121, 179 = NJW 1993, 663 = ZIP 1993, 208 = KTS 1993, 287 = EWiR § 3 AnfG 1/93, 427 *[Schott]*; **BGH** 11. 11. 1993 Z 124, 76, 79 ff = NJW 1994, 449, 450 f = ZIP 1994, 40, 42 f = KTS 1994, 242, 243 f = EWiR § 31 KO 1/94, 169 *[Haas]* [da sie im konkreten Fall keine Auswirkungen hatten!]; **BGH** 15. 12. 1994 Z 128, 184, 192 = NJW 1995, 659 = ZIP 1995, 134, 137 = KTS 1995, 304 = EWiR § 3 AnfG 1/95 *[Gerhardt]* = JZ 1995, 728, 731 *[Henckel]*; anders in der Begründung **BGH** 13. 3. 1997 ZIP 1997, 853, 854 = KTS 1997, 505 = EWiR § 10 GesO 6/97, 1131 *[Rattunde]* [Zugriffsmöglichkeit aus Rechtsgründen verneinend]; siehe **BGH** 11. 12. 2003 IX ZR 336/01 ZIP 2004, 671 = ZInsO 2004, 149 = NZI 2004, 253, 254 = WuB VI C § 134 InsO 3.04 *[Hess]* und **BGH** 16. 10. 2008 ZIP 2008, 2324 = ZInsO 2008, 1322 = NZI 2009, 55 = EWiR 2009, 151 *[Huber]* [zu ohne die anfechtbare Rechtshandlung eingetretenen Schadenersatzforderungen]; **BGH** 29. 6. 2004 IX ZR 258/02 Z 159, 397 = ZIP 2004, 1619 = NJW 2004, 2900 = EWiR 2005, 53 *[Stickelbrock]* = WuB VI D § 11 AnfG 1.04 *[Rimmelspacher/Luber]* [AnfG] [Anfechtbarkeit eines Erwerbs bleibt auch bei sich anschließendem Erwerb durch Zwangsversteigerung erhalten, aber offenlassend, inwiefern ein hypothetischer Kausalverlauf eine an sich gegebene Haftung ausschließen kann]; **BGH** 2. 6. 2005 IX ZR 263/03 ZIP 2005, 1521 = ZInsO 2005, 884 = NZI 2005, 553 = EWiR 2006, 21 *[Beutler/Weissenfels]* = WuB VI A § 96 InsO 4.05 *[Servatius]* [für Einwand, der Vertrag sei nur auf Grund insolvenzbeständiger Aufrechnungslage geschlossen worden]; **BGH** 9. 6. 2005 IX ZR 152/03 = ZIP 2005, 1243 = ZInsO 2005, 766 = NZI 2005, 497 = EWiR § 131 InsO 2/2005, 829 *[Paulus]* = WuB VI A § 131 InsO 1.05 *[Kirchhof]*; **BGH** 29. 9. 2005 IX ZR 184/04 ZIP 2005, 2025 = ZInsO 2005, 1160 = NZI 2005, 671 = EWiR 2006, 151 *[Eisner]* = WuB VI A § 131 InsO 2.06 *[Kirchhof]*; **BGH** 19. 4. 2007 IX ZR 59/06 Tz 23 NJW 2007, 2325 = ZIP 2007, 1120 = ZInsO 2007, 600 = NZI 2007,

III. Erfordernis der Gläubigerbenachteiligung (Abs 1) **§ 129**

462 = WuB VI A § 129 InsO 4.07 *[Kirchhof];* **BGH** 12. 7. 2007 IX ZR 235/03 ZIP 2007, 2084 = ZInsO 2007, 1107 = NZI 2007, 718; **BGH** 14. 5. 2009 IX ZR 63/08 ZIP 2009, 1235 = ZInsO 2009, 1254 = NZI 2009, 471 [Weggabe von – bei wirtschaftlicher Betrachtung – fremden Vermögenswerten]), kann durch sie aber auch regelmäßig nicht begründet werden (**BGH** 19. 4. 2007 IX ZR 199/03 ZIP 2007, 1164 = ZInsO 2007, 596 = NZI 2007, 404 = WuB VI A § 129 InsO 3.07 *[Hess];* dazu *H. Heinze* DZWIR 2007, 407 ff; abw *Burchard* Dreieck S 242 ff. 259 im Dreiecksverhältnis). Ob der Schuldner einen anfechtbar weggebenen Gegenstand auch sonst weggeben hätte, ist daher irrelevant (**BGH** 27. 3. 2008 IX ZR 210/07 ZIP 2008, 747 = ZInsO 2008, 449 = NJW 2008, 1535 = NZI 2008, 293 = EWiR 2008, 313 *[Koza]* [unerheblich, ob ein gewährtes Darlehen anderweitig verbraucht worden wäre]). Daher ist auch der Wegfall eines der Masse zustehenden Wahlrechts nach § 103 durch Anfechtung der Rechtshandlung unbeachtlich (**OLG Hamm** 20. 10. 1987 ZIP 1988, 588 = EWiR § 30 KO 1/88, 909 *[Ackmann]).* Für **real eingetretene Reserveursachen** (Blitzschlag oÄ) mag man aber anders entscheiden (KP-*Paulus* § 129 Rn 26 mwN; *von Olshausen* KTS 2001, 45, 52 f [für zunächst inkongruente, dann aber kongruente Aufrechnungslage]). Bei der Kausalität ist im Übrigen zwischen unmittelbarer und mittelbarer Benachteiligung zu unterscheiden.

a) **Unmittelbare Benachteiligung.** Sofern das Gesetz dies ausdrücklich bestimmt, nämlich in den Fällen der § 132 und des § 133 Abs 2, muss die Benachteiligung als **unmittelbare Folge** der vorgenommenen Rechtshandlung eintreten (**RG** 11. 2. 1927 Z 116, 134, 136; **RG** 20. 3. 1917 Z 90, 69, 73; **BGH** 17. 11. 1958 Z 28, 344, 347 = MDR 1959, 106, 189 *[Pohle]* = LM § 30 KO Nr 3 *[Haager];* **BGH** 13. 3. 1997 ZIP 1997, 853 = KTS 1997, 505 = EWiR § 10 GesO 6/97, 1131 *[Rattunde];* **BGH** 12. 7. 2007 IX ZR 235/03 ZIP 2007, 2084 = ZInsO 2007, 1107 = NZI 2007, 718). Zu berücksichtigen sind nur solche Folgen, die an die anzufechtende Rechtshandlung selbst anknüpfen, ohne dass es auf das Hinzutreten weiterer Umstände ankommt; eine unmittelbare Benachteiligung liegt daher vor, wenn die an den Schuldner erbrachte Gegenleistung objektiv nicht gleichwertig ist (**BGH** 13. 3. 2003 IX ZR 64/02 Z 154, 190 = NJW 2003, 1865 = ZIP 2003, 810 = WuB VI C § 55 InsO 2.03 *[Tetzlaff]* = EWiR § 132 InsO 1/2003, 719 *[Huber];* **BGH** 13. 3. 2003 IX ZR 56/02 ZIP 2003, 855 = ZInsO 2003, 420) oder überhaupt keine Gegenleistung erbracht wird (**BGH** 12. 7. 2007 IX ZR 235/03 ZIP 2007, 2084 = ZInsO 2007, 1107 = NZI 2007, 718). Verkauft der Schuldner eine Sache, so sind die Gläubiger unmittelbar durch den Kaufvertrag benachteiligt, wenn der vereinbarte Kaufpreis hinter dem Wert der Sache zurückbleibt (**BGH** 21. 5. 1980 NJW 1980, 1961 = ZIP 1980, 518 = KTS 1980, 371; **BGH** 5. 12. 1985 NJW-RR 1986, 536 = ZIP 1986, 452 = KTS 1986, 310 = EWiR § 29 KO 1/86, 279 *[Marotzke];* **BGH** 29. 4. 1986 NJW-RR 1986, 991 = ZIP 1986, 787, 788 = KTS 1986, 669 = EWiR § 38 KO 1/86, 707 *[Gerhardt];* **BGH** 18. 12. 2008 IX ZR 79/07 ZIP 2009, 573 = ZInsO 2009, 518 = NZI 2009, 239 [ein unübertragbares Nutzungsrecht an einem Grundstück begründet mangels Pfändbarkeit gemäß §§ 852, 857 ZPO keinen als Gegenleistung anzuerkennenden Wert]). Gleiches gilt für die Zustimmung des Schuldners als Sicherungsgeber zur Veräußerung von Sicherungsgut unter Preis (**BGH** 9. 1. 1997 NJW 1997, 1063, 1065 = ZIP 1997, 367 = KTS 1997, 264 = EWiR § 30 KO 4/97, 899 *[Henckel]).* Die Tatsache, dass der Kaufpreis oder die Kaufpreisforderung an die Stelle der veräußerten Sache tritt, stellt aber für sich allein noch keine Benachteiligung dar (**RG** 5. 2. 1891 Z 27, 98, 99; **RG** 20. 5. 1892 Z 29, 77, 79; **BGH** 9. 2. 1955 NJW 1955, 709 = KTS 1955, 139). Eine unmittelbare Benachteiligung liegt aber in der Eingehung eines Vertrages, durch den sich ein Vertragspartner des Gemeinschuldners verpflichtet, seinerseits einzelne Gläubiger des Verfahrensschuldners zu befriedigen; das Gleiche gilt von einem Vertrag, nach dem der Verfahrensschuldner das durch den Vertrag Erlangte zur Befriedigung eines einzelnen Gläubigers verwenden muss (**RG** 2. 1. 1903 Z 53, 234, 235; **BGH** 9. 2. 1955 NJW 1955, 709 = KTS 1955, 139; vgl auch **BGH** 19. 3. 1980 NJW 1980, 1795 = ZIP 1980, 346; **BGH** 23. 9. 1982 ZIP 1981, 1229 = KTS 1982, 222; **LG Frankfurt** 20. 9. 1994 ZIP 1994, 1794 = EWiR § 31 KO 2/94, 1211 *[Johlke];* zur Anweisung auf Schuld auch ausführlich oben Rn 83 ff). Auch die Sicherungsübereignung von Gegenständen mit höherem Wert als dem Betrag des zu besichernden Kredits stellt eine unmittelbare Benachteiligung dar (**BGH** 28. 9. 1964 WM 1964, 1166; **BGH** 4. 12. 1997 NJW 1998, 1561, 1563 f = ZIP 1998, 248, 251 = EWiR § 31 KO 1/98, 225 *[Gerhardt]).*

An einer **unmittelbaren Benachteiligung fehlt es** demgegenüber, wenn der Schuldner Vermögensstücke ohne entsprechende Gegenleistung zu einem Zeitpunkt weggibt, in dem er noch über hinreichende Mittel zur Befriedigung seiner sämtlichen Gläubiger verfügt (**RG** 19. 9. 1922 Recht 1923 Nr 230). Bei der Übertragung auch der Rückgewähransprüche auf Sicherheiten eines nur noch nominal wertausschöpfend belasteten Grundstücks ist aber die Grundstücksübertragung insgesamt anfechtbar (**BGH** 10. 1. 1985 NJW 1985, 2031 (Ls) = ZIP 1985, 372 = EWiR § 3 AnfG 1/85, 245 *[Gerhardt]* [zu § 7 AnfG aF]). Bei angemessener Besicherung benachteiligt die Gewährung eines **Sanierungskredits** die Gläubiger jedenfalls nicht unmittelbar, wenn die Erfolgsaussichten einer Sanierung nach fachkundiger Prüfung bejaht worden waren (**BGH** 4. 12. 1997 NJW 1998, 1561, 1563 f = ZIP 1998, 248, 251 = EWiR § 31 KO 1/98, 225 *[Gerhardt];* HK-*Kreft* § 129 Rn 47; *Jaeger/Henckel* § 142 Rn 42; *Paulus* BB 2001, 425, 426 ff; anders MK-*Kirchhof* § 129 Rn 168); denn ein Sanierungsversuch dient den Interessen der Gläubiger und nicht ihrer Benachteiligung (**RG** 18. 1. 1929 KuT 1929, 40; enger **OLG Hamm** 16. 4. 1996 ZIP 1996, 1140 = KTS 1996, 534 = EWiR § 31 KO 2/96, 991 *[Grub];* KP-*Paulus* § 129

124

125

§ 129

Rn 27: es fehlt nicht schon an der Gläubigerbenachteiligung, sondern an den subjektiven Anfechtungsvoraussetzungen; dazu auch unten § 132 Rn 9, § 133 Rn 21). Im Übrigen kann hier auch ein Bargeschäft vorliegen (dazu § 142 Rn 8). Zur Verwendung eines nicht mehr valutierten Teils einer Briefgrundschuld zur erneuten Kreditbeschaffung siehe MK/*Kirchhof* § 129 Rn 159 sowie unten § 140 Rn 7, 12. Anders liegen die Dinge jedoch, wenn ein Kreditinstitut auf Grund vertraglicher Zusage verpflichtet ist, einen Sanierungskredit zu gewähren und zugleich nicht das (AGB-)vertragliche Recht hat, Sicherheiten zu verlangen.

126 Wo das Gesetz unmittelbare Gläubigerbenachteiligung fordert, ist für die Frage des Vorliegens der Unmittelbarkeit im allgemeinen der **Zeitpunkt** maßgebend, in dem die rechtlichen Wirkungen der Rechtshandlung eintreten (§ 140 Abs 1; **RG** 14. 6. 1894 Z 33, 120, 123; **BGH** 6. 4. 1995 Z 129, 236, 242 = ZIP 1995, 1021, 1023 = EWiR § 10 GesO 2/95, 781 [Henckel] = LM § 10 Abs 1 Nr 1, 2 GesO Nr 8 *[Lüke]*; **BGH** 12. 7. 2007 IX ZR 235/03 ZIP 2007, 2084 = ZInsO 2007, 1107 = NZI 2007, 718). Bei mehraktigen Erwerbstatbeständen ist dabei allerdings nicht auf die Eintragung abzustellen, sondern auf den Zeitpunkt, in dem die übrigen Voraussetzungen für die Rechtsänderung vorliegen, die Willenserklärung des Schuldners bindend geworden ist und der andere Teil den Eintragungsantrag gestellt hat (§ 140 Abs 2). Deshalb fehlt es an einer Gläubigerbenachteiligung, wenn der spätere Verfahrensschuldner den Preis für ein Grundstück alsbald nach Kaufvertragsschluss voll erhalten hat, aber bis zur Umschreibung aus seinem Vermögen weggegeben hat (so früher bereits **RG** 11. 2. 1927 Z 116, 134, 135 ff; bestätigt durch **BGH** 15. 12. 1994 Z 128, 184, 187 = NJW 1995, 659, 660 = ZIP 1995, 134, 135 = KTS 1995, 304 = JZ 1995, 728, 729 *[Henckel]* = EWiR § 3 AnfG 1/95, 109 *[Gerhardt]*: dort iE aber anders, weil an die Stelle eines in eine GmbH eingelegten Grundstücks ein – schwerer verwertbarer – Gesellschaftsanteil getreten ist). Ebenso liegt es, wenn er die gegen eine Hypothekenbestellung erhaltene Darlehensvaluta vor Eintragung der Hypothek verausgabt hat (**BGH** 9. 2. 1955 NJW 1955, 709 = KTS 1955, 139). In diesen Fällen kommt es also nicht auf den Zeitpunkt des Vollzugs des dinglichen Rechtsgeschäfts im Grundbuch und die damit verbundene Werteinbuße an, sondern darauf, dass die Zahlung auf dem Vertragsschluss beruhte und beides zusammen zu der dinglichen Rechtsänderung führt (so zum alten Recht bereits Jaeger/*Henckel* § 29 KO Rn 98; Kilger/*Karsten Schmidt* § 29 KO Anm 19 b). Nach Eintritt der rechtlichen Wirksamkeit im Sinne des § 140 liegende Umstände sind daher im Hinblick auf ihre gläubigerbenachteiligende Wirkung rechtlich irrelevant, sofern sie nicht bereits Gegenstand der anzufechtenden Rechtshandlung waren (so bei **LG** Frankfurt 20. 9. 1994 ZIP 1994, 1794 = EWiR § 31 KO 2/94, 1211 *[Johlke]*).

127 b) **Mittelbare Benachteiligung.** Im Regelfall reicht schon eine **mittelbare Benachteiligung** der Insolvenzgläubiger aus (Begr RegE zu § 129; **BGH** 30. 9. 1993 Z 123, 320 = NJW 1993, 3267 = ZIP 1993, 1653, 1654 = KTS 1994, 116 = LM § 30 KO Nr 55 *[Stürner]* = EWiR § 30 KO 2/94, 373 *[Henckel]*; **BGH** 15. 12. 1994 Z 128, 184, 190 = NJW 1995, 659, 661 = ZIP 1995, 134, 136 = KTS 1995, 304 = JZ 1995, 728, 731 *[Henckel]* = EWiR § 3 AnfG 1/95, 109 *[Gerhardt]*; **BGH** 11. 7. 1996 NJW 1996, 3147, 3149 = ZIP 1996, 1516 = KTS 1996, 652 = EWiR § 1 AnfG 1/96, 771 *[M. Huber]* [zu § 7 AnfG aF]). Dies gilt in den Fällen der §§ 130, 131, 133 Abs 1, 134. Eine solche liegt dann vor, wenn die Gläubigerbenachteiligung nicht schon durch das Geschäft selbst, sondern erst durch einen außerhalb dieses Geschäfts liegenden Umstand verursacht wird (**RG** 14. 6. 1894 Z 33, 120, 123; **RG** 11. 2. 1927 Z 116.134, 137; **RG** 10. 5. 1927 Z 117, 86, 87; **RG** 18. 10. 1927 Recht 1928 Nr 148; **BGH** 3. 3. 1960 NJW 1960, 1011 = WM 1960, 381, 382; **BGH** 12. 11. 1992 NJW-RR 1993, 235 = ZIP 1993, 271 = KTS 1993, 248 = EWiR § 29 KO 1/93, 61 *[Gerhardt]*; **BGH** 24. 9. 1996 NJW 1996, 3341 = ZIP 1996, 1907 = EWiR § 3 AnfG 1/96, 1107 *[Paulus]*; **BGH** 9. 12. 1999 Z 143, 246, 253 f = NJW 2000, 1259, 1261 = ZIP 2000, 238, 241 = NZI 2000, 116 = KTS 2000, 123 = EWiR § 3 AnfG 1/2000, 1089 *[Höpfner]*; **BGH** 19. 4. 2007 IX ZR 59/06 Tz 15 NJW 2007, 2325 = ZIP 2007, 1120 = ZInsO 2007, 600 = NZI 2007, 462 = WuB VI A § 129 InsO 4.07 *[Kirchhof]* [st. Rspr]; dazu auch *Gerhardt* ZIP 1984, 397 ff; *H. Heinze* DZWIR 2007, 407 ff; Jaeger/*Henckel* § 129 Rn 118 ff). Sie ist etwa möglich, wenn zwar zur Zeit der Veräußerung eines Gegenstandes eine gleichwertige Gegenleistung in das Vermögen des Schuldners geflossen ist, dieser Gegenwert aber zur Zeit der Eröffnung des Insolvenzverfahrens nicht mehr vorhanden ist, sei es, dass er irgendwie in Verlust geraten ist, sei es, dass ihn der Schuldner zur Befriedigung einzelner Gläubiger oder für sich verwendet oder beiseite geschafft hat. Daher kann etwa die Veräußerung eines Grundstücks auch dann wegen vorsätzlicher Benachteiligung (§ 133) anfechtbar sein, wenn sie zwar zu einem angemessenen Preis erfolgte, wenn der Schuldner aber die dem anderen Teil bekannte Absicht hatte, das erlangte Geld dem Zugriff der Gläubiger zu entziehen (Begr RegE zu § 129). Eine mittelbare Gläubigerbenachteiligung kann auch damit begründet werden, dass der Wert des veräußerten Gegenstandes (zB bei Wertpapieren) nach der Veräußerung gestiegen ist. Sie liegt ferner vor, wenn durch die Vornahme der Rechtshandlung zwar eine Benachteiligung der damals vorhandenen Gläubiger nicht eingetreten ist, aber das bei Eröffnung des Insolvenzverfahrens vorhandene Vermögen nicht zur Befriedigung aller persönlichen Gläubiger ausreicht, weil sich mittlerweile die Aktiva vermindert oder die Schuldenlast erhöht hat. Auch persönliche Forderungen gegen den Verfahrensschuldner, die zur Zeit der Vornahme der Rechtshandlung noch nicht bestanden haben oder gar erst nach der Zahlungsunfähigkeit entstanden sind, können eine Anfechtung begründen (**RG** 26. 1.

III. Erfordernis der Gläubigerbenachteiligung (Abs 1) **§ 129**

1886 Z 15, 62, 63; **RG** 1. 5. 1890 Z 26, 11, 12 f). Mittelbare Benachteiligung ist auch gegeben, wenn der Weggabe von Vermögenswerten im wirtschaftlichen Ergebnis nicht der Zufluss einer adäquaten Gegenleistung (etwa Werklohn), sondern eine durch wirksame Aufrechnung erfolgte Tilgung einer Insolvenzforderung gegenüberstand (**BGH** 14. 12. 1983 Z 89, 189 = ZIP 1984, 190, 192 = KTS 1984, 284 = JZ 1984, 420 *[Baur]*). Eine mittelbare Benachteiligung liegt vor, wenn auf Grund der Eröffnung des Insolvenzverfahrens der Heimfall des Erbbaurechts verlangt werden kann (**BGH** 19. 4. 2007 IX ZR 59/06 Tz 14 f NJW 2007, 2325 = ZIP 2007, 1120 = ZInsO 2007, 600 = NZI 2007, 462 = WuB VI A § 129 InsO 4.07 *[Kirchhof]*; dazu *H. Heinze* DZWIR 2007, 407 ff). Auch die mittelbare Benachteiligung muss allerdings **kausal** auf die anfechtbare Rechtshandlung zurückzuführen sein (**BGH** 5. 12. 1985 NJW-RR 1986, 536, 538 = ZIP 1986, 452, 454 f = KTS 1986, 310 = EWiR § 29 KO 1/86, 279 *[Marotzke]*).

Maßgeblicher **Zeitpunkt** für die Beurteilung der Gläubigerbenachteiligung ist bei bloß mittelbarer **128** Benachteiligung der Zeitpunkt der letzten mündlichen Verhandlung der letzten Tatsacheninstanz (**RG** 3. 1. 1936 Z 150, 42, 45; **RG** 18. 10. 1927 Recht 1928 Nr 148; **BGH** 10. 12. 1962 WM 1963, 269; **BGH** 25. 6. 1975 WM 1975, 947, 948; **BGH** 12. 11. 1992 NJW-RR 1993, 235 = ZIP 1993, 271, 274 = KTS 1993, 248 = EWiR § 29 KO 1/93, 61 *[Gerhardt]*; **BGH** 24. 9. 1996 ZIP 1996, 1107 = EWiR § 3 AnfG 1/96, 1107 *[Paulus]*; **BGH** 24. 9. 1996 NJW 1996, 3341, 3342 = ZIP 1996, 1907, 1908 = EWiR § 3 AnfG 1/96, 1107 *[Paulus]*). Fehlt es dann an einer Gläubigerbenachteiligung, etwa infolge Beseitigung des nachteiligen Erfolges, ist der Anfechtung die Grundlage entzogen (**RG** 30. 10. 1885 Z 14, 311, 314; OLG Hamburg 26. 10. 1984 ZIP 1984, 1373, 1377). Wertsteigerungen einer Sicherheit, die auf das Entfallen vorrangiger Sicherungsrechte während des Insolvenzverfahrens zurückzuführen sind, sind ebenfalls zu berücksichtigen, sofern sie bis zum Schluss der mündlichen Verhandlung eingetreten sind (**BGH** 12. 11. 1992 NJW-RR 1993, 235 = ZIP 1993, 271, 274 = KTS 1993, 248 = EWiR § 29 KO 1/93, 61/*Gerhardt]*; **BGH** 11. 7. 1996 NJW 1996, 3147, 3149 = ZIP 1996, 1516, 1520 = KTS 1996, 652 = EWiR § 1 AnfG 1/96, 771 *[M. Huber]* [zu § 7 AnfG aF]; Jaeger/*Henckel* § 129 Rn 141). Auch die Frage einer wertausschöpfenden Belastung beurteilt sich im Zeitpunkt der letzten mündlichen Verhandlung (**BGH** 7. 5. 1987 WM 1987, 881, 882 [inzident]; **BGH** 12. 11. 1992 NJW-RR 1993, 235, 236 = ZIP 1993, 271, 273 = KTS 1993, 248 = EWiR § 29 KO 1/93, 61 *[Gerhardt]*; **BGH** 11. 7. 1996 NJW 1996, 3147, 3149 = ZIP 1996, 1516, 1520 = KTS 1996, 652 = EWiR § 1 AnfG 1/96, 771 *[M. Huber]* [zu § 7 AnfG aF]).

c) **Beseitigung der Benachteiligung.** Für die Anfechtung ist kein Raum mehr, wenn die Gläubigerbenachteiligung nachträglich vor der Anfechtung und ohne Belastung der Masse (KP-*Paulus* § 129 **129** Rn 28) wieder beseitigt worden ist (**RG** 7. 5. 1896 Z 37, 97). Erforderlich ist dabei allerdings eine eindeutige Zweckbestimmung der entsprechenden Leistung (**BGH** 12. 7. 2007 IX ZR 235/03 ZIP 2007, 2084 = ZInsO 2007, 1107 = NZI 2007, 718; MK/*Kirchhof* § 129 Rn 178).

4. Beweislast. Der Beweis der **Gläubigerbenachteiligung** und, wo vom Gesetz verlangt, ihre Unmittel- **130** barkeit, obliegt dem Insolvenzverwalter (**RG** 15. 6. 1897 Z 39, 89, 93 [AnfG]); **BGH** 24. 10. 1962 KTS 1962, 252; **BGH** 22. 12. 1971 Z 58, 20, 23 = LM § 31 KO Nr 6 *[Mormann]* [für Beweiserleichterung nach § 31 Nr 2 KO]; **BGH** 11. 6. 1980 Z 77, 250, 254 = NJW 1980, 1962 = ZIP 1980, 618 = KTS 1981, 84 = LM § 3 BRAGO Nr 9 *[Treier]*; **BGH** 15. 12. 1994 NJW 1995, 1093, 1095 = ZIP 1995, 297, 301 = KTS 1995, 314 = EWiR § 31 KO 1/95, 281 *[Johlke]*; **BGH** 6. 4. 1995 ZIP 1995, 1021, 1024 = EWiR § 10 GesO 2/95, 781 *[Henckel]* = LM § 10 Abs 1 Nr 1, 2 GesO Nr 8 *[Lüke]* [insoweit nicht in BGHZ 129, 236]; **BGH** 11. 5. 2000 NJW 2000, 3777, 3778 = ZIP 2000, 1061, 1063 = NZI 2000, 422 = KTS 2000, 421 = EWiR § 30 KO 1/01, 177 *[Johlke/Schröder]*; **BGH** 17. 6. 2004 IX ZR 124/03 ZIP 2004, 1509 = ZInsO 2004, 856 = NZI 2004, 492 = EWiR 2004, 1043 *[Flitsch]* = WuB VI C § 129 InsO 2.04 *[Tetzlaff]*). Dafür reichen Vortrag und gegebenenfalls Beweis der fehlenden Gegenleistung (**BGH** 24. 10. 1962 KTS 1962, 252, 254; **BGH** 3. 3. 1988 NJW-RR 1988, 827 [für mittelbare Benachteiligung im Zeitpunkt der letzten mündlichen Verhandlung]; **BGH** 11. 7. 1991 NJW 1992, 624, 627 = ZIP 1991, 1014, 1018 = KTS 1991, 589 = EWiR § 30 KO 4/91 *[Flessner]*; **BGH** 24. 9. 1996 NJW 1996, 3341, 3342 f = ZIP 1996, 1907, 1909 = EWiR § 3 AnfG 1/96, 1107 *[Paulus]* [ausreichend ist Darlegung, dass Zwangsvollstreckung in weggebenen Gegenstand nicht aussichtslos gewesen wäre]; abw KP-*Paulus* § 129 Rn 31 bezüglich des Nicht-Vorliegens eines Bargeschäfts). Einen Sonderfall betrifft **RG** 8. 4. 1910 Z 73, 220 ff: Dort wurde gegenüber der Anfechtung der Umschreibung eines Sparkassenbuchs eingewendet, die Sparbuchforderung sei schon vor Jahren abgetreten worden und der Anfechtungsgegner habe seither auch alle Einzahlungen mit eigenen Mitteln bewirkt; hierfür wurde der Anfechtungsgegner als beweispflichtig angesehen. Das Eingehen einer abstrakten Verbindlichkeit durch den Schuldner begründet keine Beweiserleichterung zugunsten des Insolvenzverwalters, da nicht angenommen werden kann, dass abstrakte Verbindlichkeiten typischerweise ohne ausgleichendes Kausalgeschäft vorgenommen werden (MK/*Kirchhof* § 129 Rn 229; zur Eingehung abstrakter Verbindlichkeiten siehe auch Rn 122).

Für die **nicht ausreichende Masse** gilt die Beweisbelastung des Insolvenzverwalters uneingeschränkt **131** freilich nur, wenn das Verfahren auf Antrag des Schuldners wegen **drohender Zahlungsunfähigkeit** (§ 18) eröffnet wurde (HK-*Kreft* § 129 Rn 64). Behauptet der Anfechtungsgegner, die Insolvenzmasse sei zulänglich, so trifft diesen jedenfalls im Falle einer Eröffnung des Insolvenzverfahrens wegen Überschuldung (§ 19) die Beweislast (**RG 5. 1. 1940 Z 162, 292 ff; BGH 29. 4. 1986 NJW-RR 1986, 991 = ZIP 1986, 787, 788 = KTS 1986, 669 = EWiR § 38 KO 1/86, 707 *[Gerhardt]*; BGH 11. 6. 1992 NJW 1992, 2485, 2486 = ZIP 1992, 1008, 1010 f = KTS 1992, 635 = EWiR § 106 KO 7/92, 907 *[Häsemeyer]*; BGH 12. 11. 1992 NJW-RR 1993, 235 = ZIP 1993, 271 = KTS 1993, 248 = EWiR § 29 KO 1/93, 61 *[Gerhardt]*; BGH 13. 3. 1997 ZIP 1997, 853, 854 = KTS 1997, 505 = EWiR § 10 GesO 6/97, 1131 *[Rattunde]*).** Aber auch bei Verfahrenseröffnung wegen **Zahlungsunfähigkeit** (§ 17) spricht zumindest der Anschein dafür, dass die Masse nicht zur Befriedigung aller Gläubigeransprüche ausreicht, so dass der Anfechtungsgegner dieses Indiz zu entkräften hat (**BGH 12. 11. 1992 NJW-RR 1993, 235 = ZIP 1993, 271 = KTS 1993, 248 = EWiR § 29 KO 1/93, 61 *[Gerhardt]*; BGH 13. 3. 1997 ZIP 1997, 853, 854 f = KTS 1997, 505 = EWiR § 10 GesO 6/97, 1131 *[Rattunde]*).** Der Beweis für eine **nicht wertausschöpfende Belastung** ist vom Verwalter zu führen; dabei ist für die Behauptung, der Erlös eines Grundstücks bei der Zwangsversteigerung reiche nicht aus oder allenfalls dazu, vorrangige Belastungen zu decken, grundsätzlich durch Sachverständige und nicht durch Zeugen Beweis anzutreten (**BGH 18. 3. 1993 NJW 1993, 1796, 1797 = ZIP 1993, 868, 869 = EWiR § 2 AnfG 2/93, 533 *[Muth]*).**

§ 130 Kongruente Deckung

(1) ¹Anfechtbar ist eine Rechtshandlung, die einem Insolvenzgläubiger eine Sicherung oder Befriedigung gewährt oder ermöglicht hat,
1. wenn sie in den letzten drei Monaten vor dem Antrag auf Eröffnung des Insolvenzverfahrens vorgenommen worden ist, wenn zur Zeit der Handlung der Schuldner zahlungsunfähig war und wenn der Gläubiger zu dieser Zeit die Zahlungsunfähigkeit kannte oder
2. wenn sie nach dem Eröffnungsantrag vorgenommen worden ist und wenn der Gläubiger zur Zeit der Handlung die Zahlungsunfähigkeit oder den Eröffnungsantrag kannte.
²Dies gilt nicht, soweit die Rechtshandlung auf einer Sicherungsvereinbarung beruht, die die Verpflichtung enthält, eine Finanzsicherheit, eine andere oder eine zusätzliche Finanzsicherheit im Sinne des § 1 Abs. 17 des Kreditwesengesetzes zu bestellen, um das in der Sicherungsvereinbarung festgelegte Verhältnis zwischen dem Wert der gesicherten Verbindlichkeiten und dem Wert der geleisteten Sicherheiten wiederherzustellen (Margensicherheit).

(2) Der Kenntnis der Zahlungsunfähigkeit oder des Eröffnungsantrags steht die Kenntnis von Umständen gleich, die zwingend auf die Zahlungsunfähigkeit oder den Eröffnungsantrag schließen lassen.

(3) Gegenüber einer Person, die dem Schuldner zur Zeit der Handlung nahestand (§ 138), wird vermutet, daß sie die Zahlungsunfähigkeit oder den Eröffnungsantrag kannte.

Frühere § 30 Nr 1 Fall 2, § 33 KO. Neu sind die Erstreckung auf Rechtshandlungen, die eine Deckung „ermöglichen", die Anknüpfung an die Zahlungsunfähigkeit, die geänderten Fristen und die Beweiserleichterungen in Abs 2 und 3. Vorläufer ist § 10 Abs 1 Nr 4 GesO. § 145 RegE mit Änderungen im Gesetzgebungsverfahren (Kenntnis statt grob fahrlässiger Unkenntnis). § 130 Abs 1 S 2 angefügt durch Art 1 Gesetz vom 5. 4. 2004 (BGBl I, S 502).

Übersicht

	Rn
I. Allgemeines	1
1. Zweck und System der besonderen Insolvenzanfechtung	1
2. Voraussetzungen	4
II. Anfechtbare Rechtshandlung (Abs 1 Satz 1)	5
1. Gewährung oder Ermöglichung von Sicherung oder Befriedigung	7
a) Befriedigungen	10
b) Sicherheiten	20
2. Insolvenzgläubiger	25
3. Ausnahme: Margensicherheit nach Abs 1 Satz 2	31
III. Vornahme der Rechtshandlung in der Krise (Abs 1 Satz 1 Nrn 1 und 2)	32
1. Zahlungsunfähigkeit	33
a) Voraussetzungen	33
b) Besonderes Insolvenzverfahren	36
2. Eröffnungsantrag	39
3. Vornahme in der Krise	41
a) Fristen	41
b) Einzelheiten	44
IV. Kenntnis der Krise (Abs 1 und 2)	49
1. Begriff der Kenntnis	51
2. Zeitpunkt der Kenntnis	53
3. Kenntnis bei Vertreterhandlungen	55
a) Stellvertreter	55
b) Boten	61
V. Beweislast (Abs 2 und 3)	65

II. Anfechtbare Rechtshandlung (Abs 1 Satz 1) § 130

I. Allgemeines

1. Zweck und System der besonderen Insolvenzanfechtung. Die „besondere Insolvenzanfechtung" 1 beruht auf dem Gedanken, dass von der Zahlungsunfähigkeit oder dem Eröffnungsantrag an das Vermögen des Schuldners der Allgemeinheit seiner persönlichen Gläubiger verfangen ist (BGH 15. 3. 1972 Z 58, 240, 242 f = NJW 1972, 870 = KTS 1972, 253, 255 = LM § 30 KO Nr 27 *[Mormann]*), und trägt dem Rechnung, dass sich der Schuldner von diesem Zeitpunkt an in einer Lage befindet, die man als **materielle Insolvenz** bezeichnen kann. „Besondere" Insolvenzanfechtung heißt es, weil die in §§ 130–132 geregelten Anfechtungstatbestände nur in der Insolvenz durchgreifen, also nicht etwa bei der Gläubigeranfechtung außerhalb eines Insolvenzverfahrens. Durch die besondere Insolvenzanfechtung soll verhindert werden, dass sich bei **Vorliegen einer Krise**, also bei materieller Insolvenz, einzelne Gläubiger noch Deckung verschaffen und dadurch das Prinzip der *par conditio creditorum* verletzen (BGH 15. 3. 1972 Z 58, 240 ff = NJW 1972, 870 = KTS 1972, 253, 255 = LM § 30 KO Nr 27 *[Mormann]*; BGH 25. 9. 1972 Z 59, 230, 232 = NJW 1972, 2084; BGH 30. 9. 1993 Z 123, 320 = NJW 1993, 3267 = ZIP 1993, 1653, 1654 = KTS 1994, 116 = LM § 30 KO Nr 55 *[Stürner]* = EWiR § 30 KO 2/94, 373 *[Henckel]*; *Canaris*, FS 100 Jahre Konkursordnung, S 73, 78; *Henckel* ZIP 1982, 391, 396).

§§ 130–132 stellen drei **dem Insolvenzrecht eigentümliche Anfechtungstatbestände** auf und suchen 2 dem Prinzip der gleichmäßigen Befriedigung aller Insolvenzgläubiger schon für einen früheren Zeitpunkt als den der formellen Eröffnung des Insolvenzverfahrens Geltung zu verschaffen, indem sie bestimmte Beeinträchtigungen der Insolvenzmasse, die nach Eintreten der **Zahlungsunfähigkeit** innerhalb bestimmter Fristen vor dem Eröffnungsantrag oder nach dem **Eröffnungsantrag** vorgenommen werden, der Anfechtung unterwerfen: wer sich in Kenntnis von Zahlungsunfähigkeit oder Eröffnungsantrag durch ein Rechtsgeschäft mit dem Schuldner, durch Zwangsvollstreckung oder Arrestvollziehung noch Sicherung oder Befriedigung gewähren lässt oder ermöglicht, kann das Erlangte nicht behalten dürfen; Gerechtigkeit und Billigkeit verlangen, dass das durch die anfechtbare Handlung aus dem Vermögen des Schuldners Weggebene zur Insolvenzmasse zurückgewährt wird. Soweit die anfechtbare Handlung zugleich eine **Gläubigerbegünstigung** darstellt, kommt auch eine Strafbarkeit des Verfahrensschuldners nach § 283 c StGB in Betracht; dazu auch oben § 129 Rn 30 sowie unten § 131 Rn 1.

Die frühere komplizierte Systematik des § 30 KO wurde durch die §§ 130–132 deutlich übersicht- 3 licher. Heute erfasst § 130 die kongruenten **Deckungsgeschäfte** (früher § 30 Nr 1 Hs 2 KO) und § 131 die inkongruenten Deckungen (früher § 30 Nr 2 KO), bei denen jeweils **mittelbare Gläubigerbenachteiligung** ausreicht. § 132 erfasst demgegenüber die **unmittelbar benachteiligenden Rechtsgeschäfte** (früher § 30 Nr 1 Hs 1 KO), deren Anfechtung in seinem Abs 2 auf bestimmte Rechtshandlungen erweitert wird. In allen Fällen bleibt die Anfechtbarkeit nach anderen Tatbeständen, insbesondere wegen vorsätzlicher Benachteiligung, unberührt (Begr RegE zu § 130).

2. Voraussetzungen. § 130 erlaubt die Anfechtung von Rechtshandlungen, die einem Insolvenzgläu- 4 biger **Sicherung oder Befriedigung gewährt oder ermöglicht** haben, wenn sie in der „Krise" vorgenommen wurden; davon ausgenommen sind nach dem später eingefügten Abs 1 Satz 2 sog. Margensicherheiten (dazu unten Rn 31A). Die genannte Krise wird vom Gesetz zum einen aus Vereinfachungsgründen, zum anderen wegen der Beschränkung der besonderen Insolvenzanfechtung auf das eröffnete Insolvenzverfahren, durch eine gewisse zeitliche Nähe zum Antrag auf Eröffnung des Insolvenzverfahrens charakterisiert. Dabei unterscheidet das Gesetz in Abs 1 S 1 Nrn. 1 und 2 weiter zwischen dem Eintritt der **Zahlungsunfähigkeit** und der **Stellung des Insolvenzantrags**. Die beiden Merkmale „Zahlungsunfähigkeit" (Abs 1 S 1 Nr 1) und „Eröffnungsantrag" (Abs 1 S 1 Nr 2) haben dabei selbstständige Bedeutung. Deshalb ist eine nach dem Eröffnungsantrag erfolgte Rechtshandlung auch dann anfechtbar, wenn Zahlungsunfähigkeit erst später eingetreten ist oder überhaupt nicht gegeben war, sofern das Verfahren allein wegen Überschuldung eröffnet worden ist (RG 9. 12. 1895 Z 36, 73). Schließlich muss der Anfechtungsgegner vom Vorliegen der Krise **Kenntnis** haben. Hierfür stellen die Absätze 2 und 3 ein differenziertes System der Beweiserleichterungen zur Verfügung. Daneben ist als Voraussetzung jeder Anfechtung das Erfordernis der **Gläubigerbenachteiligung** (§ 129 Abs 1) zu beachten.

II. Anfechtbare Rechtshandlung (Abs 1 Satz 1)

§ 130 betrifft wie § 131 Rechtshandlungen, die einem Insolvenzgläubiger Sicherung oder Befriedi- 5 gung gewähren oder ermöglichen. Es handelt sich um sog. **Deckungsgeschäfte**. § 130 erfasst dabei die „kongruenten Deckungen", während § 131 die „inkongruenten Deckungen" erfasst. Das ist nicht in der Weise als Alternative zu verstehen, dass eine Deckung entweder nur unter die eine oder die andere Norm fallen könne. Vielmehr bilden die kongruenten Deckungen insoweit den Oberbegriff, als es bei ihnen auf die Frage der Kongruenz oder Inkongruenz nicht ankommt (*Häsemeyer* Rn 21.46; *Henckel* KS-InsO S 813, 821; KP-*Paulus* § 130 Rn 12; MK/*Kirchhof* § 130 Rn 5, 6). Ein Insolvenzverwalter wird daher nach § 130 vorgehen, wenn Inkongruenz nicht feststeht oder nicht bewiesen werden kann, ein Nachweis der bei § 130 höheren Anforderungen an die Kenntnis aber möglich ist. Kongruente Deckungen (oder Deckungen ohne den zusätzlichen Nachweis der Inkongruenz) sind nur anfechtbar, wenn ein Insolvenzgläubiger solche Deckungen nach Zahlungsunfähigkeit oder nach Stellung des Insolvenzantrags erhalten hat und wenn ihm zu der Zeit, als die Handlung erfolgte, Zahlungsunfähigkeit oder Eröffnungsantrag bekannt waren. Inkongruente Deckungen können demgegenüber schon dann angefochten werden, wenn sie im letzten Monat vor dem Eröffnungsantrag vorgenommen wurden oder – im Falle der Zahlungsunfähigkeit des Schuldners oder des Vorliegens von dem Anfechtungsgegner bekannter Gläubigerbenachteiligung des Schuldners – wenn sie innerhalb des zweiten und dritten Monats vor dem Eröffnungsantrag oder nach diesem Antrag vorgenommen wurden. § 130 und § 131 unterscheiden sich zudem bezüglich der erforderlichen **Kenntnis des Anfechtungsgegners von der Krise**: während bei kongruenten Deckungen grundsätzlich Kenntnis des Anfechtungsgegners von der Krise – freilich mit Beweiserleichterungen – nachzuweisen ist, bedarf es bei Erhalt einer inkongruenten Deckung während des ersten Monats vor dem Eröffnungsantrag keiner Kenntnis und im Falle der Zahlungsunfähigkeit auch im zweiten und dritten Monat vor dem Eröffnungsantrag keiner Kenntnis der Krise; weiß der andere Teil um die Gläubigerbenachteiligung, ist im zweiten und dritten Monat vor dem Eröffnungsantrag Anfechtbarkeit auch gegeben, ohne dass Zahlungsunfähigkeit vorliegt, wobei auch hier Beweiserleichterungen greifen.

6   Im Folgenden werden zunächst die Gemeinsamkeiten der beiden Tatbestände der kongruenten und inkongruenten Deckungen dargestellt. Auf die Besonderheiten wird dann unter Rn 32 ff und § 131 Rn 28 ff eingegangen.

7   **1. Gewährung oder Ermöglichung von Sicherung oder Befriedigung.** § 130 setzt voraus, dass ein Insolvenzgläubiger (dazu Rn 25 ff) genau erhalten hat, was er zu beanspruchen hat. Eine solche Sicherung, Befriedigung oder deren Ermöglichung wird als kongruente Deckung bezeichnet. Ein Gläubiger, der die vertraglich geschuldete Leistung erhalten hat, muss grundsätzlich auch in der Insolvenz seines Vertragspartners darauf vertrauen dürfen, dass er die ihm zustehenden Leistungen behalten darf. Dieses Vertrauen verdient nur dann keinen Schutz, wenn er **Kenntnis von der Krise** hatte. Kenntnis der Gläubigerbenachteiligung ohne Kenntnis der Krise schadet nur im Fall des § 131 Abs 1 Nr 3.

8   Im Unterschied zu § 132 ist für eine Anfechtung nach §§ 130, 131 *keine Rechtshandlung des Schuldners* erforderlich und sie braucht nicht einmal von ihm veranlasst zu sein (**BGH** 2. 2. 1972 Z 58, 108, 110 = NJW 1972, 633; **BGH** 25. 6. 1975 WM 1975, 947, 948; **BGH** 21. 12. 1977 Z 70, 177 = NJW 1978, 758 = KTS 1978, 215 = LM § 30 KO Nr 33 *[Hoffmann]* = JR 1979, 24 *[Olzen]*); es kommt nur darauf an, dass durch sie ein Insolvenzgläubiger eine Deckung für seine Forderung erhalten hat (**BGH** 25. 9. 1972 Z 59, 230, 234 = NJW 1972, 2084; **BGH** 25. 6. 1975 WM 1975, 947, 948 [für inkongruente Deckungen]). Zudem erlauben §§ 130, 131 die Anfechtung bei **Rechtshandlungen aller Art**, während § 132 lediglich Rechtsgeschäfte und in seinem Abs 2 bestimmte gleichgestellte Rechtshandlungen für anfechtbar erklärt. Daher sind im Rahmen der §§ 130, 131 neben einseitigen und zweiseitigen Verträgen auch andere Rechtshandlungen anfechtbar, bei denen der Schuldner mitgewirkt hat, aber auch solche, die ein Dritter ohne seine Mitwirkung, ja sogar gegen seinen Willen vorgenommen hat, und solche, die er nicht einmal veranlasst hat (**RG** 21. 3. 1930 WarnRspr 1930 Nr 126; **BGH** KO § 31 Nr 4). Wegen der Einzelheiten siehe § 129 Rn 62 ff.

9   Weiter als das frühere Recht erfasst § 130 ebenso wie § 131 auch die bloße **Ermöglichung** einer Sicherung oder Befriedigung. Dabei ist vor allem an solche Rechtshandlungen gedacht, die wie etwa das **Anerkenntnis** (§ 307 ZPO) nicht selbst eine Deckung gewähren, aber zu einer solchen führen können (ausführlich *Henckel* KS-InsO S 813, 822). Ohne diese Erweiterung wäre in solchen Fällen nur eine Anfechtung wegen vorsätzlicher Benachteiligung nach § 133 mit hohen subjektiven Hürden möglich (Begr RegE zu § 130). Zum unter Erweiterten Bereich anfechtbarer Rechtshandlungen dürfte auch das **Geständnis** (§ 288 ZPO) zählen. „Ermöglichen" meint aber nicht nur diese prozessrechtlichen Gestaltungen, sondern alle Konstruktionen, in denen eine Rechtshandlung mit dem zumindest in Kauf genommenen Ziel vorgenommen wird, eine Sicherung oder Befriedigung zu erreichen (KP-*Paulus* § 130 Rn 12). So „ermöglicht" eine **Kündigung**, die zur Aufrechenbarkeit führt, eine Befriedigung (**BGH** 14. 5. 2009 IX ZR 63/08 ZIP 2009, 1235 = ZInsO 2009, 1254 = NZI 2009, 471; *Feuerborn* ZIP 2002, 290, 294; kritisch *Steinhoff* ZIP 2000, 1141, 1144 f). Ähnliches gilt bspw für eine **Kontosperre** (dazu bereits oben § 129 Rn 113) oder auch für den Gesellschafter, der seinen mit der Gesellschaft geschlossenen Nutzungsüberlassungsvertrag kündigt (dazu auch unten § 135 Rn 23).

10 a) **Befriedigungen.** Befriedigung meint die vollständige Erfüllung des Geschuldeten. Im Vordergrund der befriedigenden Deckungsgeschäfte stehen zunächst die **Erfüllungshandlungen** (RG 20. 3. 1917 Z 90, 69, 72), zu denen auch die Hinterlegung (§§ 372 ff BGB) und die Leistung an Erfüllungs Statt (§ 364 Abs 1 BGB) gehören.

11 Eine Deckung bildet auch die **Aufrechnung** mit der Forderung eines späteren Verfahrensschuldners; diese ist kongruent, wenn nicht im Falle der Eröffnung des Insolvenzverfahrens eine Aufrechnung nach §§ 94, 96 ausgeschlossen wäre, insbesondere nicht die Aufrechnungslage in anfechtbarer Weise hergestellt worden war (jetzt § 96 Abs 1 Nr 3; ausführlich *Gerhardt* KTS 2004, 195 ff; *Paulus* ZIP 1997, 569 ff; *Steinhoff* ZIP 2000, 1141, 1143; *von Olshausen* KTS 2001, 45, 48 ff; weit Nachw zum alten Recht in 12. Aufl Rn 11). Die **Rückgewähr der Aufrechnungslage** erfolgt durch Durchsetzung der ent-

II. Anfechtbare Rechtshandlung (Abs 1 Satz 1) § 130

sprechenden Forderung des Verfahrensschuldners unabhängig von der Gegenforderung bzw im spiegelbildlichen Fall durch Verteidigung gegen sie ohne Rücksicht auf die Aufrechenbarkeit (BGH 5. 4. 2001 IX ZR 216/98 Z 147, 233, 236 = ZIP 2001, 885 = ZInsO 2001, 464 = NZI 2001, 357 = EWiR 2001, 883 *[Wagner]* = WuB VI B § 30 Nr 2 KO 3.02 *[Mohrbutter]*; BGH 2. 6. 2005 IX ZR 263/03 ZIP 2005, 1521 = ZInsO 2005, 884 = NZI 2005, 553 f = EWiR 2006, 21 *[Beutler/Weissenfels]* = WuB VI A § 96 InsO 4.05 *[Servatius]*; *Gerhardt* KTS 2004, 195, 199 ff; Einzelheiten bei § 129 Rn 33 sowie § 143 Rn 15). Eine Aufrechnungserklärung *nach* Eröffnung des Verfahrens hat ebenso wie in den Fällen des § 96 Abs 1 Nrn. 1 und 2 von vornherein keine Wirkung. Für das „Clearing" im Interbankenverkehr enthält § 147 Abs 1 S 2 eine Sonderregelung (dazu unten § 147 Rn 2 f). Für die Frage, ob die **Aufrechnungslage anfechtbar** hergestellt wurde, ist entscheidend, ob der Gläubiger einen Anspruch auf die Vereinbarung hatte, die die Aufrechnungslage geschaffen hat (BGH 29. 6. 2004 IX ZR 195/03 Z 159, 388 = NJW 2004, 3118 = ZIP 2004, 1558 = ZInsO 2004, 852 = NZI 2004, 580 = WuB VI A § 95 InsO 1.05 *[Bartels]*; BGH 9. 2. 2006 ZIP 2006, 818 = NZI 2006, 345 = NJW-RR 2006, 1062 = WuB VI A § 96 InsO 1.06 *[Servatius]*; BGH 14. 6. 2007 IX ZR 56/06 NJW 2007, 2640 = ZIP 2007, 1507 = NZI 2007, 515 = EWiR 2008, 83 *[Eckert]* [für inkongruente Deckung]). Allein die Tatsache, dass die Aufrechnung in ihrer Wirkung der Erfüllung entspricht, begründet mithin wie bei sonstigen Erfüllungshandlungen noch keine kongruente Deckung. Kongruenz liegt regelmäßig vor, soweit die Ansprüche aus einem einheitlichen Vertrag erwachsen sind (BGH 9. 2. 2006 ZIP 2006, 818 = NZI 2006, 345 = NJW-RR 2006, 1062 = WuB VI A § 96 InsO 1.06 *[Servatius]*; *Fischer* ZIP 2004, 1679, 1683). Sie liegt ferner vor, wenn sich die Aufrechnungslage zugunsten einer **Sozialkasse** unmittelbar aus **tarifvertraglichen Rechtsvorschriften** ergeben hat; dies gilt allerdings nicht für die – sei sie auch tarifververträglich ermöglichte – Verrechnung einer Einzugsstelle der Sozialkassen mit Erstattungen anderer Kassen zugunsten des Schuldners (BGH 21. 10. 2004 IX ZR 71/02 ZIP 2005, 38 = ZInsO 2004, 1359 = NZI 2005, 166 = EWiR 2005, 671 *[Eckardt]*; dazu im Übrigen bereits § 129 Rn 87A). In Fällen von **Konzernverrechnungsklauseln** fehlt es demgegenüber zunächst an der für die Aufrechnungslage erforderlichen Gegenseitigkeit (dazu oben § 94 Rn 9). Mangels Bestimmtheit der Ansprüche und des Anfechtungsgegners schaffen solche Klauseln auch keinen konkreten, die Kongruenz einer in der kritischen Zeit erfolgten Verrechnung begründenden Anspruch auf Aufrechnung. Ein **Anwaltsvertrag** gibt keinen Anspruch auf Erfüllung des anwaltlichen Vergütungsanspruches durch Verrechnung mit eingezogenen Mandatenforderungen, mithin ist eine dadurch entstandene Aufrechnungslage inkongruent (BGH 14. 6. 2007 IX ZR 56/06 NJW 2007, 2640 = ZIP 2007, 1507 = NZI 2007, 515 = EWiR 2008, 83 *[Eckert]*; zum Ganzen *Kirchhof* ZInsO 2005, 340 ff).

Für das **alte Recht** war umstritten, ob bei der Anfechtung einer vor Verfahrenseröffnung anfechtbar 12 herbeigeführten Aufrechnungslage allein die Aufrechnungserklärung oder zugleich auch das zugrundeliegende Kausalgeschäft anzufechten sei; für letzteres sprach sich lange Zeit auch der BGH aus (zuletzt BGH 12. 11. 1998 NJW 1999, 359 = ZIP 1998, 2165 = LM § 29 KO Nr 22 *[Eckardt]*). Eine andere Tendenz zeigte sich aber bereits in einer Entscheidung des VII. Zs. nach Anfrage beim IX. Zs. (BGH 28. 9. 2000 Z 145, 245 = NJW 2001, 367 = ZIP 2000, 2207; BGH 22. 2. 2001 IX ZR 191/98 Z 147, 28, 35 = ZIP 2001, 1380 = NJW 2001, 3704 = ZInsO 2001, 708 = NZI 2001, 537 = EWiR 2001, 1107 *[Tintelnot]* = WuB VI B § 17 KO 3.02 *[KO]*. Auch der IX. Zs entschied schließlich, dass schon die Herstellung auch einer vorinsolvenzlichen Aufrechnungslage anfechtbar und deshalb als Folge der Anfechtung die Forderung aus dem ursprünglichen Vertrag ohne Rücksicht auf die Aufrechnung durchsetzbar sei und gab seine frühere entgegenstehende Rechtsprechung ausdrücklich auf (BGH 5. 4. 2001 Z 147, 233, 237 = NJW 2001, 1940, 1941). Dafür wird auch der heutige § 96 Abs 1 Nr 3 ins Feld geführt: es kommt danach heute allein darauf an, ob die Herstellung der **Aufrechnungslage** anfechtbar war (zur neueren Rspr siehe BGH 9. 10. 2003 NJW-RR 2004, 846, 846 f; BGH 1. 4. 2004 IX ZR 305/00 NZI 2004, 376, 378 f = ZIP 2004, 957 = EWiR § 31 KO 1/2004, 933 *[M. Huber]* = WuB VI C § 134 InsO 4.04 *[Kirchhof]* [KO]; BGH 22. 4. 2004 IX ZR 370/00 NZI 2004, 445; BGH 22. 7. 2004 IX ZR 270/03 NJW-RR 2005, 125, 126 = ZIP 2004, 1912 = NZI 2004, 620 = EWiR 2005, 27 *[Gerhardt]* = WuB VI A § 96 InsO 1.05 *[Paulus/Zenker]*; BGH 2. 6. 2005 IX ZR 263/03 ZIP 2005, 1521 = ZInsO 2005, 884 = NZI 2005, 553 = EWiR 2006, 21 *[Beutler/Weissenfels]* = WuB VI A § 96 InsO 4.05 *[Servatius]*; BGH 28. 2. 2008 IX ZR 177/05 ZIP 2008, 650 = ZInsO 2008, 375 = NZI 2008, 302; Jaeger/Henckel § 130 Rn 81; dazu auch § 129 Rn 33, mwN, 75).

Zu den Deckungsgeschäften gehören auch sonstige (zweiseitige) **Verrechnungen** (BGH 2. 2. 1972 Z 13 58, 108, 114 f = NJW 1972, 633; dazu auch *v. Usslar* BB 1980, 916 ff). Für Verrechnungen gilt das zur Aufrechnung Gesagte entsprechend (BGH 14. 12. 2006 IX ZR 194/05 Tz 18 Z 170, 206 = NJW 2007, 1067 = ZIP 2007, 383 = ZInsO 2007, 213 = NZI 2007, 222 = EWiR 2007, 343 *[Bork]* = WuB VI A § 95 InsO 1.07 *[Servatius]*; BGH 29. 11. 2007 IX ZR 30/07 Z 174, 297 = NJW 2008, 430 = ZIP 2008, 183 = ZInsO 2008, 91 = NZI 2008, 89 = EWiR 2008, 187 *[Ries]* = WuB VI A § 130 InsO 2.08 *[Schönfelder]*; BGH 28. 2. 2008 IX ZR 177/05 ZIP 2008, 650 = ZInsO 2008, 375 = NZI 2008, 302; BGH 26. 6. 2008 IX ZR 144/05 ZIP 2008, 1435 = ZInsO 2008, 801 = NZI 2008, 539 = EWiR 2008, 689 *[Eckardt]*; BGH 17. 7. 2008 IX ZR 148/07 ZIP 2008, 1593 = ZInsO 2008, 913 = NZI 2008, 547 = WuB VI A § 96 InsO 1.09 *[Würdinger]*; *Stapper/Jacobi* BB 2007, 2017, 2018). Zur Anfechtung von Verrechnungen im Rahmen des **Ausscheidens aus einer Gesellschaft** oben § 129 Rn 33, 122A.

§ 130 *Kongruente Deckung*

14 Nach **Eröffnung des Insolvenzverfahrens** besteht keine Möglichkeit zur **Kontokorrentverrechnung** mehr; die Unwirksamkeit des Girovertrages hat grundsätzlich auch die Unwirksamkeit des in der Gutschrift liegenden Schuldversprechens zur Folge (**BGH** 28. 10. 1957 WM 1957, 1574, 1575; **BGH** 7. 12. 1961 WM 1962, 263, 269; **OLG** Koblenz 29. 11. 1983 ZIP 1984, 164; *Stapper/Jacobi* BB 2007, 2017, 2018). Allerdings bleiben **Überweisungsverträge**, die vor Verfahrenseröffnung abgeschlossen wurden, wirksam (§ 116 Satz 3), so dass die Bank diese auch nach Verfahrenseröffnung noch zum Nachteil der Masse ausführen kann (**BGH** 5. 2. 2009 IX ZR 78/07 ZIP 2009, 673 = ZInsO 2009, 659; *Peschke* Insolvenz des Girokontoinhabers S. 99 ff; siehe dazu die Kommentierung zu § 116). Bis zur Eröffnung des Insolvenzverfahrens bleibt die Möglichkeit zur Kontokorrentverrechnung grds bestehen (**BGH** 14. 12. 2006 IX ZR 194/05 Tz 19 Z 170, 206 = NJW 2007, 1067 = ZIP 2007, 383 = ZInsO 2007, 213 = NZI 2007, 222 = EWiR 2007, 343 *[Bork]* = WuB VI A § 130 InsO 1.07 *[Servatius]*; **BGH** 25. 6. 2009 IX ZR 98/08 WM 2009, 1515 zVb; MK/*Kirchhof* § 129 Rn 39). Es ist umstritten, ob die Befugnis einer Bank zur Saldierung im Kontokorrent bereits mit Wirksamkeit eines **allgemeinen Verfügungsverbots** oder der Anordnung eines Zustimmungsvorbehalts nach § 21 Abs 1 Nr 2 erlischt (dafür MK/*Haarmeyer* § 21 Rn 57; *Jaeger/Gerhardt* § 22 Rn 63; abw *Bork* Zahlungsverkehr Rn 38 ff; *ders* FS Kirchhof [2003], S 57, 60; vgl **BGH** 20. 3. 1997 Z 135, 140 = NJW 1997, 1857 = ZIP 1997, 737 = KTS 1997, 510 [KO] [Pfändung künftiger Ansprüche aus einem Girovertrag] sowie **BGH** 25. 6. 2009 IX ZR 98/08 WM 2009, 1515 zVb; **BGH** 22. 10. 2009 IX ZR 90/08 sowie *Eckardt* ZIP 1997, 957 ff); siehe dazu auch oben § 21 Rn 20 f. Allerdings bleibt die Bank auch während des Eröffnungsverfahrens unabhängig von der Kontokorrentabrede zur Aufrechnung befugt, weil die §§ 95 f insofern eine abschließende Regelung enthalten (**BGH** 29. 6. 2004 IX ZR 195/03 Z 159, 388 = ZIP 2004, 1558 = NJW 2004, 3118 = ZInsO 2004, 852 = NZI 2004, 580 = WuB VI A § 95 InsO 1.05 *[Bartels]*; *Jaeger/Gerhardt* § 22 Rn 64), so dass sich der Streit regelmäßig nicht auswirkt, sondern es auf die Anfechtbarkeit der Aufrechnungslage ankommt. Anfechtungsrelevant sind daher alle vor Verfahrenseröffnung durchgeführten Verrechnungen: Sichert der spätere Verfahrensschuldner den Darlehen seiner Bank durch Abtretung einer Forderung und überweist der Schuldner der abgetretenen Forderung den Betrag in der inkriminierten Zeit auf ein eigenes **Konto des Schuldners bei der Bank**, die sodann den eingegangenen Betrag wegen der Sicherungsabrede mit offenen Forderungen gegen den Kreditnehmer verrechnet, so ist diese Verrechnung eine grundsätzlich anfechtbare Rechtshandlung; allerdings kann es an einer Gläubigerbenachteiligung fehlen, wenn die Forderungsabtretung unanfechtbar ist (dazu unten Rn 14 aE sowie oben § 129 Rn 110B). So gehören zu den Deckungsgeschäften mit Befriedigungswirkung **Gutschriften der Bank auf dem Bankkonto** des späteren Verfahrensschuldners, mit denen bewirkt wird, dass sich ein Debet des Kunden zugunsten der Bank verringert (**BGH** 2. 2. 1972 Z 58, 108, 110 = NJW 1972, 633; **BGH** 21. 12. 1977 Z 70, 177 = NJW 1978, 758 = KTS 1978, 215 = LM § 30 KO Nr 33 *[Hoffmann]* = JR 1979, 24 *[Olzen]*; **BGH** 9. 5. 1983 Z 87, 246 = NJW 1983, 2501 = ZIP 1983, 1056 = KTS 1983, 585; KG 15. 6. 1982 KTS 1983, 447; LG Köln 18. 3. 1958 KTS 1958, 94 f). Der für die Anfechtung maßgebliche Zeitpunkt liegt auch hier in der Entstehung der Verrechnungslage; das ist der Zeitpunkt, in dem die Inkassobank buchmäßige Deckung durch Einziehung einer Forderung erlangt (**BGH** 30. 4. 1992 Z 118, 171 = NJW 1992, 1960 = ZIP 1992, 778 = KTS 1992, 609 = LM § 30 KO Nr 54 *[Marly]* = EWiR § 30 KO 1/92, 683 *[Canaris]*; **BGH** 21. 12. 1977 Z 70, 177 = NJW 1978, 758 = KTS 1978, 215 = LM § 30 KO Nr 33 *[Hoffmann]* = JR 1979, 24 *[Olzen]*; **BGH** 7. 3. 2002 IX ZR 223/01 Z 150, 122 = NJW 2002, 1722 = ZIP 2002, 812 = ZInsO 2002, 426 = NZI 2002, 311 = EWiR 2002, 685 *[Ringstmeier]* = DZWIR 2002, 385 *[Dietrich]*; **BGH** 29. 11. 2007 IX ZR 30/07 Z 174, 297 = NJW 2008, 430 = ZIP 2008, 183 = ZInsO 2008, 91 = NZI 2008, 89 = EWiR 2008, 187 *[Ries]* = WuB VI A § 130 InsO 2.08 *[Schönfelder]*; MK/*Kirchhof* § 131 Rn 16; *Peschke* Insolvenz des Girokontoinhabers S 186 ff; dazu § 140 Rn 5B). Ob die Rückführung des debitorischen Saldos eines Kundenkontos – etwa durch **Verrechnung** von eingehenden Überweisungsaufträgen – nicht mehr kongruente, sondern inkongruente – und damit nach § 131 leichter anfechtbare – Deckung ist, hängt davon ab, ob die Bank zum jeweiligen Zeitpunkt der Herstellung der Verrechnungslage eine Rückführung verlangen konnte (**BGH** 13. 1. 2005 IX ZR 457/00 ZIP 2005, 585 = ZInsO 2005, 373 = EWiR 2005, 713 *[Höpfner]* [KO]; **BGH** 7. 5. 2009 IX ZR 140/08 ZIP 2009, 1124 = NJW 2009, 2307 = ZInsO 2009, 1124 = NZI 2009, 436; zur Fälligkeit ausführlich MK/*Kirchhof* § 131 Rn 44 f). So kann die Gewährung und Rückführung eines Überziehungskredits sogar die Annahme eines unanfechtbaren Bargeschäfts rechtfertigen (**BGH** 25. 2. 1999 NJW 1999, 3264, 3265 f] = ZIP 1999, 665 = KTS 1999, 357 = EWiR § 2 GesO 1/99, 789 *[Tappmeier]*; **BGH** 25. 1. 2001 IX ZR 6/00 NJW 2001, 1650, 1651 = ZIP 2001, 524, 525 = ZInsO 2001, 318 = NZI 2001, 247 = EWiR 2001, 321 *[Eckardt]* = WuB VI G § 10 GesO 1.01 *[Lwowski/Tetzlaff]* [GesO]; OLG Brandenburg 8. 12. 1999 NZI 2000, 325 = ZIP 2000, 366 (Ls) = EWiR § 10 GesO 5/2000, 493 *[Tappmeier]*; *Dampf* KTS 1998, 145, 165 f [mit zahlreichen Beispielen]; *Fischer* NZI 2000, 193, 197; *Heublein* ZIP 2000, 161, 170 f; *H. P. Westermann* KTS 1982, 165 ff; vgl im Übrigen unten § 142 Rn 10A, 14). Verrechnungen innerhalb eines fortbestehenden Kontokorrentverhältnisses stellen solange eine kongruente Deckung dar, wie die Bank vertragsgemäß handelt, d. h. den Schuldner weiter Verfügungen vornehmen lässt, einen vereinbarten Kreditrahmen offenhält und der Schuldner den Kredit tatsächlich in Anspruch nimmt (st. Rspr; **BGH** 7. 3. 2002 IX ZR 223/01 Z 150, 122 = NJW 2002, 1722 = ZIP 2002, 812 = ZInsO 2002, 426 = NZI 2002, 311 = EWiR

2002, 685 *[Ringstmeier]* = DZWIR 2002, 385 *[Dietrich]*; **BGH** 17. 6. 2004 IX ZR 2/01 ZIP 2004, 1464 = ZInsO 2004, 854 = NZI 2004, 491= EWiR 2005, 253 *[Eckardt]* sowie 2007, 757 *[Mitlehner]* = WuB VI G § 10 GesO 2.04 *[GesO]*; **BGH** 13. 1. 2005 IX ZR 457/00 ZIP 2005, 585 = ZInsO 2005, 373 = EWiR 2005, 713 *[Höpfner]* [KO]; **BGH** 15. 11. 2007 IX ZR 212/06 Tz 15 ZIP 2008, 235 = ZInsO 2008, 159 = NZI 2008, 184 = EWiR 2008, 629 *[Freudenberg]*; **BGH** 27. 3. 2008 IX ZR 29/07 NJW-Spezial 2008, 341; **OLG** Karlsruhe 4. 9. 2007 17 U 355/06 **OLGR** Karlsruhe 2008, 66 = ZIP 2007, 2367 = NZI 2008, 247 = EWiR 2008, 55 [mit abl Anm *Kolja*]; LG Rostock 16. 9. 2005 10 O 61/05 ZInsO 2006, 446 [Kongruenz auch dann noch, wenn der Schulder über das Konto auf Grund einer Pfändung eines Drittgläubigers nicht mehr über das Konto verfügen kann]; *Bruckhoff* NJW 2002, 3304, 3305; *Lwowski/Wunderlich* WM 2004, 1511, 1516; *Stiller* ZInsO 2002, 651, 655); in diesem Fall handelt es sich sogar um ein nach § 142 InsO unanfechtbares Bargeschäft; siehe dazu § 142 Rn 10A. Für die Kongruenz kommt es nicht darauf an, ob die Bank die Einzahlung auf ein bei ihr geführtes Konto hätte verlangen dürfen, solange und soweit die Annahme der Leistung nicht der Deckung einer eigenen Forderung der Bank dient, sondern einer vorwiegend fremdnützigen Erfüllung von Vertragspflichten gegenüber sachlich betroffenen Auftraggebern. Die Fremdnützigkeit der Erfüllung ist allerdings zu verneinen, soweit sich die Bank für die erfüllten Forderungen des Auftraggebers verbürgt hat (**BGH** 11. 10. 2007 IX ZR 195/04 ZIP 2008, 237 = ZInsO 2008, 163 = NZI 2008, 175 = WuB VI A § 142 InsO 1.08 *[Bitter/Rauch]*). Erst wenn die Bank Verfügungen des Schuldners nicht mehr in der vereinbarten Weise zulässt, ist die Verrechnung inkongruent, soweit dadurch im Ergebnis ihre Darlehensforderung durch die saldierten Gutschriften zurückgeführt wird (**BGH** 7. 3. 2002 IX ZR 223/01 Z 150, 122 = NJW 2002, 1722 = ZIP 2002, 812 = ZInsO 2002, 426 = NZI 2002, 311 = EWiR 2002, 685 *[Ringstmeier]* = DZWIR 2002, 385 *[Dietrich]*; **BGH** 17. 6. 2004 IX ZR 2/01 ZIP 2004, 1464 = ZInsO 2004, 854 = NZI 2004, 491= EWiR 2005, 253 *[Eckardt]* sowie 2007, 757 *[Mitlehner]* = WuB VI G § 10 GesO 2.04 *[GesO]*; **BGH** 11. 10. 2007 IX ZR 195/04 ZIP 2008, 237 = ZInsO 2008, 163 = NZI 2008, 175 = WuB VI A § 142 InsO 1.08 *[Bitter/Rauch]*; **BGH** 15. 11. 2007 IX ZR 212/06 Tz 17 ZIP 2008, 235 = ZInsO 2008, 159 = NZI 2008, 184 = EWiR 2008, 629 *[Freudenberg]*; **BGH** 27. 3. 2008 IX ZR 29/07 NJW-Spezial 2008, 341; **BGH** 7. 5. 2009 IX ZR 140/08 ZIP 2009, 1124 = NJW 2009, 2307 = ZInsO 2009, 1124 = NZI 2009, 436; **BGH** 26. 6. 2008 IX ZR 47/05 ZIP 2008, 1437 = ZInsO 2008, 803 = NZI 2008, 551 = EWiR 2008, 659 *[Schulz]*; OLG Karlsruhe 4. 9. 2007 17 U 355/06 = NZI 2008, 247; abw *Bork*, FS Kirchhof [2003], S 57, 62). Dies gilt auch, wenn die Bank sich vertragskonform verhält und es nur mangels Kontobelastungen des Schuldners zu einer Rückführung des Saldos gekommen ist (**BGH** 7. 5. 2009 IX ZR 140/08 ZIP 2009, 1124 = NJW 2009, 2307 = ZInsO 2009, 1124 = NZI 2009, 436). An Kongruenz fehlt es ferner, wenn die Aufrechnung mit Forderungen erfolgt, die nicht von der Kontokorrentbindung erfasst wurden (**BGH** 7. 5. 2009 IX ZR 22/08 ZInsO 2009, 1294 [Anfechtbare Aufrechnung mit einem eigenen Schadenersatzanspruch der Bank]). Entsprechend diesen Überlegungen – und mit Blick auf den durch das neue Überweisungsrecht eingeführten Anspruch auf Deckung (§ 675 Abs 1 Hs 1, §§ 669, 670 BGB) – kann die Bank jetzt auch die Verrechnung eines bestehenden Debetsaldos vornehmen, wenn sie zugleich mit einer Bareinzahlung einen ausgehenden **Überweisungsauftrag** annimmt und diesen ausführt (so bereits **BGH** 4. 4. 1979 Z 74, 129 = NJW 1979, 1461; noch abw *Obermüller* ZInsO 1999, 690, 691 f. mwN sowie 12. Aufl Rn 14). Führt die Bank den Überweisungsauftrag nicht aus und wird das eingezahlte Guthaben zur Rückführung des Debetsaldos verwandt, ohne dass der Bank ein fälliger Rückzahlungsanspruch zustand, ist die Verrechnungslage anfechtbar hergestellt worden. Die Zweckbindung der Einzahlung zur Ausführung der Überweisung macht die Verrechnung auch dann nicht inkongruent, wenn die Überweisung unterblieben ist, da es bei der Beurteilung der Kontokorrentverrechnung nicht auf eine Gegenüberstellung der einzelnen Saldoforderungen ankommt, sondern darauf, ob die Bank sich vertragsgemäß verhalten hat und es nicht zu einer nicht beanspruchbaren Rückführung des Saldos gekommen ist. Im Verhältnis zum Empfänger der Überweisung bildet die ausgeführte Überweisung diesem gegenüber eine mittelbare Zuwendung; sie ist grds. nur diesem gegenüber anfechtbar (**BGH** 7. 3. 2002 IX ZR 223/01 Z 150, 122 = NJW 2002, 1722 = ZIP 2002, 812 = ZInsO 2002, 426 = NZI 2002, 311 = EWiR 2002, 685 *[Ringstmeier]* = DZWIR 2002, 385 *[Dietrich]*; KG Berlin 28. 11. 2003 7 U 145/02 KGR Berlin 2004, 221 = ZInsO 2004, 394; KP-*Paulus* § 130 Rn 16a; *Obermüller* ZInsO 1999, 690, 692; *Obermüller*, InsRBankpraxis, Rn 3.9 a; *Peschke* Insolvenz des Kontoinhabers S 258 ff); siehe dazu ausführlich § 129 Rn 87 f. Eine (dann kongruente) **Rückführung eines Debetsaldos** kann demnach erst bei Fälligkeit, d. h. sofern keine Befristung vorliegt, erst nach berechtigter und wirksamer **Kündigung** verlangt werden (**BGH** 7. 3. 2002 IX ZR 223/01 Z 150, 122 = NJW 2002, 1722 = ZIP 2002, 812 = ZInsO 2002, 426 = NZI 2002, 311 = EWiR 2002, 685 *[Ringstmeier]* = DZWIR 2002, 385 *[Dietrich]*; **BGH** 1. 10. 2002 IX ZR 360/99 NJW 2003, 360 = ZIP 2002, 2182 = ZInsO 2002, 1136 = NZI 2003, 34 = EWiR 2003, 29 *[Huber]* = WuB VI B § 30 Nr 2 KO 1.03 *[Tetzlaff]* [KO]; **BGH** 7. 5. 2009 IX ZR 140/08 ZIP 2009, 1124 NJW 2009, 2307 = ZInsO 2009, 1124 = NZI 2009, 436; OLG Düsseldorf 11. 3. 2003 I-12 U 43/03 [zur stillschweigenden Verlängerung eines befristeten Kredits]; OLG Karlsruhe 4. 9. 2007 17 U 355/06 NZI 2008, 247; *Dampf* KTS 1998, 145, 158; enger *v. Usslar* BB 1980, 916, 918); zur **Anfechtbarkeit einer Kündigung** siehe § 131 Rn 13. Eine Kündigung nach Nr 19 AGB-Banken führt regelmäßig zu einem kongruenten Rückgewähranspruch; allerdings wird eine Kündigung aus wichtigem Grund

§ 130

nach § 19 Abs 3 oder 4 AGB-Banken häufig Kenntnis im Sinne von § 130 Abs 2 indizieren (MK/*Kirchhof* § 131 Rn 41 a). Eine **Kontosperre**, bei der nicht zugleich der gesamte Kredit zur Zahlung fällig gestellt wird, stellt aber keine Kündigung dar (**BGH** 1. 10. 2002 IX ZR 360/99 NJW 2003, 360 = ZIP 2002, 2182 = ZInsO 2002, 1136 = NZI 2003, 34 = EWiR 2003, 29 *[Huber]* = WuB VI B § 30 Nr 2 KO 1.03 *[Tetzlaff]* [KO]; **OLG** Karlsruhe 4. 9. 2007 17 U 355/06 **OLGR** Karlsruhe 2008, 66 = ZIP 2007, 2367 = NZI 2008, 247 = EWiR 2008, 55 [mit abl Anm *Kolja*]; siehe zur Kontosperre auch § 129 Rn 66, 113 sowie § 131 Rn 15). Die Ankündigung, künftig noch einzelne Kontobelastungen zu dulden, bildet regelmäßig keine Rücknahme einer zuvor erfolgten Kündigung (**BGH** IX ZR 6/00 25. 1. 2001 NJW 2001, 1650, 1651 = ZIP 2001, 524, 525; MK/*Kirchhof* § 131 Rn 44 a). Die Giro- oder Kontokorrentabrede verpflichtet die Bank zwar zu Annahme eingehender Gelder, stellt den Kredit aber nicht zur Rückzahlung fällig (**BGH** 17. 6. 1999 IX ZR 62/98 NJW 1999, 3780 = ZIP 1999, 1271 = ZInsO 1999, 467 = NZI 1999, 361 = EWiR 1999 *[Eckardt]* = WuB VI B § 30 Nr 2 KO 1.02 *[Hirte]* [KO]; **BGH** 7. 3. 2002 IX ZR 223/01 Z 150, 122 = NJW 2002, 1722 = ZIP 2002, 812 = ZInsO 2002, 426 = NZI 2002, 311 = EWiR 2002, 685 *[Ringstmeier]* = DZWIR 2002, 385 *[Dietrich]*; **BGH** 1. 10. 2002 IX ZR 360/99 NJW 2003, 360 = ZIP 2002, 2182 = ZInsO 2002, 1136 = NZI 2003, 34 = EWiR 2003, 29 *[Huber]* = WuB VI B § 30 Nr 2 KO 1.03 *[Tetzlaff]* [KO]; **BGH** 7. 5. 2009 IX ZR 140/08 ZIP 2009, 1124 = NJW 2009, 2307 = ZInsO 2009, 1124 = NZI 2009, 436). Ein Recht zu dessen endgültiger Rückführung gewährt sie sogar im Falle der vereinbarten Saldierung nicht (**BGH** 7. 3. 2002 IX ZR 223/01 Z 150, 122 = NJW 2002, 1722 = ZIP 2002, 812 = ZInsO 2002, 426 = NZI 2002, 311 = EWiR 2002, 685 *[Ringstmeier]* = DZWIR 2002, 385 *[Dietrich]*). Auch die Ankündigung, Eingänge zur Saldenreduzierung verwenden zu wollen, macht eine vorzeitige Rückführung nicht kongruent (**BGH** 1. 10. 2002 IX ZR 360/99 NJW 2003, 360 = ZIP 2002, 2182 = ZInsO 2002, 1136 = NZI 2003, 34 = EWiR 2003, 29 *[Huber]* = WuB VI B § 30 Nr 2 KO 1.03 *[Tetzlaff]* [KO]). Fehlt es an einer Kündigung, kann die Bank eine sofortige Rückzahlung nur verlangen, wenn gar kein Kreditvertrag geschlossen wurde, zB im Fall der **nicht genehmigten Überziehung** (**BGH** 13. 1. 2005 IX ZR 457/00 ZIP 2005, 585 = ZInsO 2005, 373 = EWiR 2005, 713 *[Höpfner]* [KO]; **BGH** 7. 5. 2009 IX ZR 140/08 ZIP 2009, 1124 = NJW 2009, 2307 = ZInsO 2009, 1124 = NZI 2009, 436; MK/*Kirchhof* § 131 Rn 44 a; dazu sogleich Rn 15). Die Anfechtung einer Verrechnung im Kontokorrent kann ferner im Falle einer Sicherungsabtretung ausgeschlossen sein, wenn den auf dem Schuldnerkonto eingegangenen Geldbeträgen Forderungen zugrundelagen, die anfechtungsfest an die Bank abgetreten worden waren und es sich daher nur um einen **Tausch gleichwertiger Sicherheiten** handelt (**BGH** 29. 11. 2007 IX ZR 30/07 Z 174, 297 = NJW 2008, 430 = ZIP 2008, 183 = ZInsO 2008, 91 = NZI 2008, 89 = EWiR 2008, 187 *[Ries]* = WuB VI A § 130 InsO 2.08 *[Schönfelder]*; **BGH** 26. 6. 2008 IX ZR 47/05 ZIP 2008, 1437 = ZInsO 2008, 803 = NZI 2008, 551 = EWiR 2008, 659 *[Schulz]*; OLG Karlsruhe 4. 9. 2007 17 U 355/06 NZI 2008, 247; *Peschke* Insolvenz des Girokontoinhabers S 216 ff); siehe dazu ausführlich § 129 Rn 110C sowie § 131 Rn 16. Weitergehend soll die Anfechtung einer Verrechnung dann ausgeschlossen sein, wenn die Aufrechnungslage im Rahmen einer langfristigen Geschäftsverbindung (*ordinary course of business*) entstanden ist (*Göpfert* Aufrechnungslagen S 31 ff [zum amerikanischen Recht], S 72 ff [zum deutschen Recht]; abw *Dampf* KTS 1998, 145, 169 ff; *Eckardt* ZIP 1999, 1417, 1423 f).

15   Bei Rückführung eines jederzeit fälligen **Überziehungskredits** ist entsprechend den vorstehenden Überlegungen daher kongruente Deckung anzunehmen (**BGH** 22. 1. 1998 Z 138, 40, 47 = NJW 1998, 1318 = ZIP 1998, 477, 479 = KTS 1998, 418; **BGH** 13. 1. 2005 IX ZR 457/00 ZIP 2005, 585 = ZInsO 2005, 373 = EWiR 2005, 713 *[Höpfner]* [KO]; KG Berlin 28. 11. 2003 7 U 145/02 KGR Berlin 2004, 221 = ZInsO 2004, 394; *Dampf* KTS 1998, 145, 158; *Heublein* ZIP 2000, 161, 166; *Kübler* BB 1976, 801, 802 f; *Obermüller* ZInsO 1998, 252, 256; *Steinhoff* ZIP 2000, 1141, 1144); das gilt selbst dann, wenn die Überweisung zu seiner Rückführung auf einem anderen als dem debitorischen Girokonto eingegangen ist, jedenfalls wenn sich die Bank mit der Umbuchung innerhalb ihrer vertraglichen Rechte gehalten hat (offengelassen von (**BGH** 21. 12. 1977 Z 70, 177, 183 = NJW 1978, 758 = KTS 1978, 215 = LM § 30 KO Nr 33 *[Hoffmann]* = JR 1979, 24 *[Olzen]*; siehe dazu § 131 Rn 5 somit zur evtl bereits fehlenden Gläubigerbenachteiligung oben § 129 Rn 107. Es hängt aber von den Umständen des Einzelfalls ab, ob in der Duldung der Überziehung eine stillschweigende Erweiterung der Kreditlinie liegt, bei der ein fälliger Anspruch auf Rückführung erst durch Kündigung entsteht, oder ob eine bloße Duldung und damit ein sofort fälliger Anspruch auf Rückführung besteht (**BGH** 17. 6. 1999 IX ZR 62/98 NJW 1999, 3780 = ZIP 1999, 1271 = ZInsO 1999, 467 = NZI 1999, 361 = EWiR 1999 *[Eckardt]* = WuB VI B § 30 Nr 2 KO 1.02 *[Hirte]* [KO]; **BGH** 25. 1. 2001 IX ZR 6/00 NJW 2001, 1650, 1651 f = ZIP 2001, 524, 526 = ZInsO 2001, 318 = NZI 2001, 247 = EWiR 2001, 321 *[Eckardt]* = WuB VI G § 10 GesO 1.01 *[Lwowski/Tetzlaff]* [GesO]; **BGH** 17. 6. 2004 IX ZR 2/01 ZIP 2004, 1464 = ZInsO 2004, 854 = NZI 2004, 491= EWiR 2005, 253 *[Eckardt]* sowie 2007, 757 *[Mitlehner]* = WuB VI G § 10 GesO 2.04 [GesO]; **BGH** 13. 1. 2005 IX ZR 457/00 ZIP 2005, 585 = ZInsO 2005, 373 = EWiR 2005, 713 *[Höpfner]* [KO]; KG Berlin 28. 11. 2003 7 U 145/02 KGR Berlin 2004, 221 = ZInsO 2004, 394; MK/*Kirchhof* § 131 Rn 44 a; *Peschke* Insolvenz des Girokontoinhabers S 203). Freilich begründet allein die bloße – auch mehrfache – Duldung noch keine stillschweigende Erweiterung der Kreditlinie (**BGH** 6. 10. 2009 IX ZR 191/05 NJW 2009, 3362 = ZIP 2009, 2009 = ZInsO 2009, 2060; MK/*Kirchhof* § 131 Rn 44 a mwN; abw *A. Henkel* ZInsO 2005, 469, 469 ff; *Stiller* ZInsO 2005, 72 ff;

Vendolsky ZIP 2005, 786, 787 f). Nicht nur eine geduldete Überziehung, sondern eine Kreditgewährung soll vorliegen, wenn die Bank den Schuldner über nur **vorläufige Gutschriften** einschränkungslos verfügen lässt (**BGH** 27. 3. 2008 IX ZR 210/07 ZIP 2008, 747 = ZInsO 2008, 449 = NJW 2008, 1535 = NZI 2008, 293 = EWiR 2008, 313 *[Koza]* [Nachweis, dass die einzelnen Gutschriften nicht nur vorläufiger Natur waren, ist dabei nicht erforderlich]). Keine Erweiterung der Kreditlinie liegt in der Regel vor, wenn die Bank dem Schuldner auf dem bereits überzogenen Konto Kredit gewährt; erlaubt die Bank hingegen dem Schuldner die Überziehung des Kontos, damit dieser einen bestimmten Gläubiger befriedigen kann, verschafft dies dem Schuldner einen Anspruch auf Kreditgewährung (**BGH** 28. 2. 2008 IX ZR 213/06 ZIP 2008, 701 = ZInsO 2008, 374 = NZI 2008, 297); siehe dazu oben § 129 Rn 98. Nach einer Änderung der Rechtsprechung stellt der BGH jetzt allerdings die Gläubigerbefriedigung aus einer nur geduldeten Kontoüberziehung der Befriedigung aus einem Dispositionskredit gleich (**BGH** 6. 10. 2009 IX ZR 191/05 NJW 2009, 3362 = ZIP 2009, 2009 = ZInsO 2009. 2060 unter Aufgabe von BGH 11. 1. 2007 IX ZR 31/05 Z 170. 276 = NJW 2007, 1357 = ZIP 2007, 435 = ZInsO 2007, 269 = NZI 2007, 225 = EWiR 2007, 439 *[Göb]* = WuB VI A § 129 InsQ 1.07 *[Kreft]* [dazu *Mock* ZInsO 2007, 561 ff.]; BGH 1. 2. 2007 IX ZB 248/05 ZIP 2007, 601 = ZInsO 2007, 323 = NZI 2007, 283 = EWiR 2007, 439 *[Göb]* = WuB VI A § 129 InsO 2.07 *[Schönfelder]*; BGH 25. 10. 2007 IX ZR 157/06 ZIP 2008, 131 = ZInsO 2008, 161 = NZI 2008, 180; BGH 28. 2. 2008 IX ZR 213/06 ZIP 2008, 701 = ZInsO 2008, 374 = NZI 2008, 297; zuvor berechtigte Grundsatzkritik bei *Bitter* FS Fischer, 2008, S. 15, 24 ff..; *ders.* FS Karsten Schmidt, 2009, S. 123, 124 ff.; *Marotzke* ZInsO 2007, 897 ff., weil dem Anfechtungsgegner das Innenverhältnis des Zahlenden zur Bank unbekannt sei; *Ringstmeier/Homann* ZInsO 2009, 607 ff.). Die Direktzahlung aus einer geduldeten Überziehung könne nicht anders behandelt werden, als wenn dem Schuldner die Geldmittel zunächst durch ein Darlehen überlassen und dann weiterverwendet wurden; denn die Gläubigerbenachteiligung liege gerade darin, dass die Kreditmittel nicht in das Vermögen des Schuldners gelangt sind, um dort für den allgemeinen Gläubigerzugriff zur Verfügung zu stehen (BGH 6. 10. 2009 IX ZR 191/05 aaO). Auf den fehlenden Anspruch gegen das Kreditinstitut und demnach auch auf die fehlende Pfändbarkeit kommt es wegen der gebotenen anfechtungsrechtlichen Einzelbetrachtung nicht an, und es kann auch nur durch eine Gleichbehandlung von geduldeter Überziehung und eingeräumtem Überziehungskredit eine Aushöhlung der Anfechtbarkeit durch eine aufgrund der bisherigen Rspr. möglicherweise fehlende Kenntnis von der Gläubigerbenachteiligung verhindert werden (BGH 6. 10. 2009 IX ZR 191/05 aaO). Insofern kommt auch im Bereich der Zahlung aus einer geduldeten Überziehung kein neutraler und daher unanfechtbarer Gläubigertausch mehr in Betracht (anders noch **BGH** 25. 10. 2007 IX ZR 157/06 ZIP 2008, 131 = ZInsO 2008, 161 = NZI 2008, 180; **BGH** 28. 2. 2008 IX ZR 213/06 ZIP 2008, 701 = ZInsO 2008, 374 = NZI 2008, 297). Die Frage nach der Inkongruenz der Rückführung eines Debetsaldos kann für den Zeitraum der Anfechtbarkeit nur einheitlich beantwortet werden (**BGH** 7. 3. 2002 IX ZR 223/01 Z 150, 122 = NJW 2002, 1722 = ZIP 2002, 812 = ZInsO 2002, 426 = NZI 2002, 311 = EWiR 2002, 685 *[Ringstmeier]* = DZWIR 2002, 385 *[Dietrich]*; **BGH** 15. 11. 2007 IX ZR 212/06 Tz 17 ZIP 2008, 235 = ZInsO 2008, 159 = NZI 2008, 184 = EWiR 2008, 629 *[Freudenberg]*). Es kommt hingegen nicht auf die höchste Inanspruchnahme des Kredits durch den Schuldner an (**BGH** 15. 11. 2007 IX ZR 212/06 Tz 17 ZIP 2008, 235 = ZInsO 2008, 159 = NZI 2008, 184 = EWiR 2008, 629 *[Freudenberg]*; **BGH** 27. 3. 2008 IX ZR 29/07 NJW-Spezial 2008, 341; entsprechend zum Bargeschäft bereits BGH 7. 3. 2002 IX ZR 223/01 Z 150, 122 = NJW 2002, 1722 = ZIP 2002, 812 = ZInsO 2002, 426 = NZI 2002, 311 = EWiR 2002, 685 *[Ringstmeier]* = DZWIR 2002, 385 *[Dietrich]*).

Die **Hingabe eines Wechsels oder Schecks** bei Fälligkeit ist kongruente Deckung (unten § 131 Rn 9, 14; siehe zur Gläubigerbenachteiligung in diesem Fall oben § 129 Rn 122). Auch die **Auszahlung der Wechselsumme** bei Fälligkeit des Wechsels stellt eine kongruente Deckung dar, da lediglich die bestehende Wechselverpflichtung erfüllt wird (**BGH** 2. 2. 2006 IX ZR 67/02 Z 166, 125 = NJW 2006, 1800 = ZIP 2006, 578 = ZInsO 2006, 322 = NZI 2006, 287 = WuB VI A § 135 InsO 2.06 *[Servatius]*; **BGH** 21. 6. 2007 IX ZR 231/04 NZI 2007, 517, 6518 = ZIP 2007, 1469 = WM 2007, 1616 = WuB VI A § 130 InsO 1.08 *[Kreft]*). Gleiches gilt für das **Scheckinkasso**. Wird ein Scheck vor der Krise eingereicht, kommt es für die Anfechtbarkeit der Verrechnung mit einem bestehenden Debetsaldo des späteren Verfahrensschuldners auf das Entstehen der Verrechnungslage an (oben § 129 Rn 33, 75 und § 130 Rn 13; vgl auch OLG Köln 3. 4. 1979 WM 1979, 1193 = KTS 1980, 69, 71; OLG Stuttgart 8. 7. 1980 ZIP 1980, 860; OLG Hamm 10. 3. 1992 ZIP 1992, 1565). Diese entsteht erst, wenn die bezogene Bank den Scheck durch Belastung des Ausstellerkontos eingelöst hat und dadurch die zunächst unter Vorbehalt erfolgten Gutschrift- und Belastungsbuchungen in der Girokette wirksam geworden sind (**BGH** 29. 9. 1986 NJW 1987, 317, 319 = ZIP 1986, 1537, 1540; **BGH** 30. 4. 1992 Z 118, 171, 177 = NJW 1992, 1960 = ZIP 1992, 778, 779 f = KTS 1992, 609 = LM § 30 KO Nr 54 *[Marly]* = EWiR § 30 KO 1/92, 683 *[Canaris]*; *Peschke* Insolvenz des Girokontoinhabers S 199; abw *Canaris*, FS 100 Jahre Konkursordnung, S 73, 86; *Obermüller* ZInsO 1998, 252, 257). Für die **Wechsel- und Scheckzahlung** enthält § 137 einen Ausnahmetatbestand, der dem Umstand Rechnung trägt, dass der Empfänger eine Wechsel- oder Scheckzahlung annehmen muss, um seine wechsel- oder scheckmäßigen Rückgriffsansprüche zu wahren (siehe dazu die Erläuterungen zu § 137). Zur Insolvenzanfechtung im Rahmen eines **Akkreditivs** bei Insolvenz des Begünstigten (Verkäufers) *Canaris* Bankvertragsrecht (3. Aufl 1988) Rn 1080 ff.

§ 130 Kongruente Deckung

17   Ähnlich liegen die Dinge im **Lastschriftverfahren:** Auch hier fungiert die Bank grds. nur als Zahlstelle und eine Anfechtung muss sich daher grds gegen den Lastschriftempfänger richten (MK/*Kirchhof* § 129 Rn 147). Eine Anfechtung gegenüber der Bank kommt hingegen vor allem dann in Betracht, wenn diese Zahlungeingänge zur Rückführung eines schuldnerischen Saldos verwandt hat. Ist der spätere Verfahrensschuldner Lastschriftempfänger, erhält dieser mit Einreichung der Lastschriften zunächst eine durch die Einlösung der Lastschrift seitens der Zahlstelle aufschiebend bedingte Gutschrift, die im Fall des Einzugsermächtigungsverfahrens zusätzlich durch den rechtzeitigen Widerspruch des Lastschriftschuldners auflösend bedingt ist, während die der Lastschrift zugrunde liegende Forderung dem Kreditinstitut sicherungshalber abgetreten wird. In der Gutschrift liegt eine Kreditgewährung seitens der Bank, so dass die Abtretung keine inkongruente Sicherung ist. Das Absonderungsrecht ist daher unanfechtbar, wenn die Lastschrift vor der Zahlungsunfähigkeit eingereicht wurde oder die Bank keine Kenntnis von der Krise des Kunden hatte (Jaeger/*Henckel* § 130 Rn 93). Ist die Lastschrift nach Eintritt der Krise oder deren Kenntnis seitens der Bank eingereicht worden, liegt ein unanfechtbares Bargeschäft vor, solange die Bank die Lastschrift nicht zur endgültigen Rückführung eines Schuldsaldos benutzt, sondern den Gegenwert dem Kunden zur Verfügung stellt (**BGH** 21. 12. 1977 Z 70, 177, 184, 186 = NJW 1978, 758 = KTS 1978, 215 = LM § 30 KO Nr 33 *[Hoffmann]* = JR 1979, 24 *[Olzen]*; **BGH** 7. 3. 2002 IX ZR 223/01 Z 150, 122 = NJW 2002, 1722 = ZIP 2002, 812 = ZInsO 2002, 426 = NZI 2002, 311 = EWiR 2002, 685 *[Ringstmeier]* = DZWIR 2002, 385 *[Dietrich]*; *Canaris*, FS 100 Jahre Konkursordnung, S 73, 87; *ders* Bankvertragsrecht Rn 653; *Kuhn* WM 1979, 746; *Obermüller* ZInsO 1998, 252, 258 f; *Paulus* ZIP 1997, 569, 576 Fn 69: der „Gesamtvorgang" von Erlangung der Aufrechnungslage und späterer Aufrechnungserklärung wie nach **BGH** 4. 5. 1995 Z 129, 336, 340 ff = NJW 1995, 1966, 1967 = ZIP 1995, 926, 927 f = EWiR § 55 KO 1/95, 691 *[Uhlenbruck]* entscheide wegen § 96 Abs 1 Nr 3 nicht mehr; dazu auch oben Rn 12). Hat der spätere Verfahrensschuldner seiner Bank entsprechend der vertraglichen Vereinbarung mit ihr Lastschriften gegen Kunden zum Einzug eingereicht, die seinem Konto gutgeschrieben wurden und wird dadurch der schuldnerische Saldo zurückgeführt, erhält die Bank durch den Eingang der Lastschriftbeträge eine kongruente Deckung, wenn die Bank den Verfahrensschuldner schon vor Eröffnung des Verfahrens aufgefordert hatte, eine Kreditüberziehung zurückzuführen oder wenn sie eine vertragliche Kreditlinie wirksam gekündigt hatte (siehe insofern Rn 14 f). Widerspricht der Insolvenzverwalter einer Belastung im Lastschriftverfahren rechtzeitig und befand sich das Konto im Debet, beschränkt sich der Anspruch gegen die Bank auf eine Korrektur der ungenehmigten Belastung – ein Auszahlungsanspruch besteht in diesem Fall nicht (**BGH** 5. 2. 2009 IX ZR 78/07 ZIP 2009, 673 = ZInsO 2009, 659); allgemein zur Anfechtung von Lastschriften *Wagner* NZI 2008, 401 ff.

18   Reicht der **Gläubiger** seiner Bank Lastschriften des Schuldners und späteren Verfahrensschuldners zum Einzug im **Abbuchungsverfahren** ein, schreibt diese den Gegenwert vorläufig gut und wird die Gutschrift mangels rechtzeitiger Rückgabe der Lastschrift durch die Schuldnerbank endgültig, bevor der Gläubiger Kenntnis von Zahlungsunfähigkeit bzw Insolvenzantragstellung seines Schuldners erhält, ist die Deckung nicht aus dem Vermögen des Verfahrensschuldners erfolgt. Verrechnet die Bank des Insolvenzschuldners die Lastschriftbeträge erst nach Eintritt der Zahlungsunfähigkeit mit zu seinen Gunsten eingegangenen Zahlungen, stellt dies gleichwohl keine dem bereits vor dem Zusammenbruch endgültig befriedigten Gläubiger zuzurechnende anfechtbare Rechtshandlung dar (**BGH** 12. 5. 1980 NJW 1980, 1964 = ZIP 1980, 425 = KTS 1980, 363; OLG Düsseldorf 20. 12. 1990 ZIP 1991, 330, 331 f; dazu *Canaris* ZIP 1980, 516 ff; Kilger/*Karsten Schmidt* § 30 KO Anm 14; *Obermüller* ZInsO 1998, 252, 258 f).

19   Nicht anfechtbar ist auch eine Stornobuchung in Ausübung des **Stornorechts** der Bank nach Nr 8 Abs 1 AGB-Banken, wenn die stornierte Gutschrift infolge eines Irrtums erfolgte und bis zum nächsten Rechnungsabschluss rückgängig gemacht wird (**BGH** 9. 10. 1974 Z 63, 87, 88; **BGH** 9. 5. 1983 Z 87, 246 = NJW 1983, 2501 = ZIP 1983, 1056 = KTS 1983, 585). Denn diese Maßnahme ist nur deklaratorischer Natur und daher keine Rechtshandlung (**BGH** 6. 5. 2003 XI ZR 283/02 ZIP 2003, 2021 = EWiR 2003, 817 *[Haertlein]*). Gleiches gilt für die Rückbelastung **nicht genehmigter Lastschriften** nach einem Widerspruch (**BGH** 1. 10. 2002 IX ZR 125/02 ZIP 2002, 2184 = ZInsO 2002, 1138 = NZI 2003, 33 = EWiR 2002, 1097 *[Bork]* = WuB VI C § 96 InsO 1.03; **BGH** 25. 10. 2007 IX ZR 217/06 Z 174, 84 = NJW 2008, 63 = ZIP 2007, 2273 = ZInsO 2007, 1216 = NZI 2008, 27; **BGH** 16. 9. 2008 IX ZR 172/07 ZIP 2008, 1991 = NJW 2008, 3570 = ZInsO 2008, 1075 = NZI 2008, 685; **BGH** 5. 2. 2009 IX ZR 78/07 ZIP 2009, 673 = ZInsO 2009, 659; OLG Köln 2. 11. 1990 WM 1991, 28, 29; LG Aachen 13. 3. 1990 NJW-RR 1991, 370; MK/*Kirchhof* § 129 Rn 108 a). Entsprechendes gilt für die Stornierung einer Scheckzahlung innerhalb der Frist des Nr 9 Abs 2 Satz 1 AGB-Banken (OLG Koblenz 10. 10. 2002 5 U 364/02 **OLGR** Koblenz 2003, 96 = ZIP 2001, 2091 = ZInsO 2002, 1036 = WuB VI C § 130 InsO 2.03 *[Steppeler]*).

20   b) **Sicherheiten.** Eine zweite Fallgruppe bildet die Gewährung oder Ermöglichung von **Sicherheiten.** Der Sache nach bildet dies nur einen Unterfall der Befriedigung; denn hier muss sich der Anspruch auf die Sicherheitsgewährung richten, um Kongruenz bejahen zu können (KP-*Paulus* § 130 Rn 10). Zu den Sicherheiten, deren Gewährung oder Ermöglichung zu einer kongruenten Deckung führen, gehören auch die **gesetzlichen Sicherungen** wie die Bauhandwerkersicherungshypothek (§§ 648, 648 a BGB). Al-

II. Anfechtbare Rechtshandlung (Abs 1 Satz 1) § 130

lerdings gibt § 648 a BGB selbst nur ein Leistungsverweigerungs- bzw Kündigungsrecht und keinen Anspruch auf eine Sicherheitenbestellung (BGH 10. 5. 2007 IX ZR 146/05 ZIP 2007, 1162 = ZInsO 2007, 662 = NZI 2007, 456 = EWiR 2007, 471 [*Huber*] = WuB VI A § 131 InsO 5.07 [*Schönfelder*]; MK-BGB/*Busche* § 648 a Rn 4); dieser entsteht erst durch eine Einigung des Bestellers mit dem Unternehmer über eine entsprechende Sicherheitenbestellung (MK/*Kirchhof* § 131 Rn 23). Wird eine Sicherheit ohne eine solche wenigstens konkludente Einigung bestellt, ist diese (jedenfalls schwach) inkongruent (BGH 18. 11. 2004 IX ZR 299/00 ZIP 2005, 769 = ZInsO 2005, 439 = NZI 2005, 329 = EWiR 2005, 763 [*Beutler*] [GesO]). Zum Vorliegen eines Bargeschäfts bei einer Sicherheitenbestellung nach § 648 a BGB siehe § 142 Rn 7, 9. Auch ein Anspruch auf Bestellung einer **Sicherheit nach §§ 22 Abs 1, 125 Satz 1 UmwG** iVm § 232 f BGB führt jedenfalls dann zu einer Kongruenz der Sicherheit, wenn die Ansprüche des Gläubigers gegen den übertragenden Rechtsträger gesichert waren und diese Sicherheit durch die Spaltung entfallen ist; die Wahlmöglichkeiten des Schuldners bei der Sicherheitengestellung stehen dem nicht entgegen (BGH 16. 10. 2008 IX ZR 183/06 NJW 2009, 1351 = ZIP 2009, 91 = ZInsO 2009, 87 = NZI 2009, 171).Weitere gesetzliche Sicherungsansprüche ergeben sich aus den §§ 1039, 1051, 1067, 2128 BGB. Auch das **gesetzliche Zurückbehaltungsrecht** des § 369 Abs 1 HGB begründet kongruente Deckung, wenn der Gegenstand des Zurückbehaltungsrechts in einer im Hinblick auf die drohende Insolvenz unverdächtigen Weise mit Willen des Schuldners bereits vor der Krise in den Besitz des Berechtigten gelangt ist (Jaeger/*Henckel* § 131 Rn 41). Ist der Anspruch auf Besitzübertragung erst während der Krise entstanden, kommt aber eine Anfechtung wegen inkongruenter Deckung in Betracht. **Gesetzliche Pfandrechte** wie das **Vermieterpfandrecht** oder das **Frachtführerpfandrecht** begründen zwar keinen Anspruch auf Sicherung iSv § 194 Abs 1 BGB; allerdings führt dies allein noch nicht zur Anfechtbarkeit wegen Inkongruenz, da diese automatisch entstehen und daher nicht den Verdacht einer einseitigen Bevorzugung begründen (BGH 18. 4. 2002 IX ZR 219/01 Z 150, 326 = ZIP 2002, 1204 = ZInsO 2002, 670 = NZI 2002, 485 = WuB VI C § 131 InsO 1.03 [*Smid*] [zu § 441 HGB]; BGH 21. 4. 2005 IX ZR 24/04 ZIP 2005, 992 = ZInsO 2005, 648 = NZI 2005, 389 = EWiR 2005, 545 [*Gerhardt*] = WuB VI A § 129 InsO 4.05 [*Bartels*]). Etwas anderes gilt erst, wenn etwa ein Mieter in der kritischen Zeit erhebliche Werte in die Räume einbringt, um sie über das Vermieterpfandrecht dem Gläubigerzugriff zu entziehen (Jaeger/*Henckel* § 131 Rn 41; mit Hinweis auf die praktischen Schwierigkeiten der Differenzierung MK/*Kirchhof* § 131 Rn 24). Im Falle der „**Transportpfandrechte**" (Frachtführer-, Spediteur- und Lagerpfandrecht) ist die erlangte Sicherung ferner nicht nur bzgl. konnexer Forderungen kongruent, sondern auch bzgl inkonnexer Forderungen (BGH 18. 4. 2002 IX ZR 219/01 Z 150, 326 = ZIP 2002, 1204 = ZInsO 2002, 670 = NZI 2002, 485 = WuB VI C § 131 InsO 1.03 [*Smid*]; BGH 21. 4. 2005 IX ZR 24/04 ZIP 2005, 992 = ZInsO 2005, 648 = NZI 2005, 389 = EWiR 2005, 545 [*Gerhardt*] = WuB VI A § 129 InsO 4.05 [*Bartels*]; *Didier* NZI 2003, 513, 520; krit *Leithaus* NZI 2005, 532, 533 [mit Hinweis, dass i. c. auch eine Anfechtung nach §§ 130, 133 möglich gewesen wäre]). Ferner erstreckt sich die Kongruenz auch auf die Sicherung oder Befriedigung aus einer als Surrogat für das Pfandrecht abgetretenen Werklohnforderung (BGH 21. 4. 2005 IX ZR 24/04 ZIP 2005, 992 = ZInsO 2005, 648 = NZI 2005, 389 = EWiR 2005, 545 [*Gerhardt*] = WuB VI A § 129 InsO 4.05 [*Bartels*]; ablehnend MK/*Kirchhof* § 131 Rn 24). Wird einem Vorleistungspflichtigen zur Ausräumung der Einrede aus **§ 321 BGB** Sicherheit gewährt, wird man diese wohl als inkongruent einordnen müssen; denn § 321 BGB selber gibt keinen Anspruch auf eine Sicherheitenbestellung und dies obwohl durch die Sicherheitenstellung das Leistungsverweigerungsrecht des **Vorleistungspflichtigen** entfällt: denn Grund für das Leistungsverweigerungsrecht ist allein die sich abzeichnende Krise des späteren Verfahrensschuldners (siehe dazu auch *Kornmeier* BB 1983, 1312 ff). Zur Sicherheitsleistung nach **§ 222 Satz 2 AO** siehe § 131 Rn 24.

21 Eine kongruente Deckung wird aber verneint, wenn eine Bank allein auf der Grundlage von Nr 13 AGB-Banken idF vom 1. 1. 1993 die **Gestellung bankmäßiger Sicherheiten** verlangt (BGH 15. 11. 1960 Z 33, 389, 393 = KTS 1961, 12; BGH 2. 7. 1969 NJW 1969, 1718 = KTS 1970, 50); entsprechendes gilt für ein nach Nr 14 AGB-Banken entstandenes Pfandrecht (siehe dazu § 129 Rn 110B sowie § 131 Rn 15 f mwN). Vielmehr ist im Einzelfall zu prüfen, ob die Bank für die betreffende Forderung eine Deckung auf dem Konto verlangen konnte oder nicht. Wird die Frage verneint, liegt eine inkongruente Sicherung mit der Folge leichterer Anfechtbarkeit nach § 131 vor. Inkongruent und damit ein Fall des § 131 ist immer die Deckung oder Gestellung von Sicherheiten bei einem **Raten-/Verbraucherkredit**, soweit die einzelnen Raten noch nicht fällig sind.

22 Eine kongruente Deckung bildet die **Vormerkung** zur Sicherung eines Eintragungsanspruchs; denn die Vormerkung setzt einen Eintragungsanspruch voraus und dient nur dem Schutz des eigentlich geschuldeten dinglichen Rechts durch eine seiner Eintragung vorangehende Grundbuchverlautbarung (BGH 21. 12. 1960 Z 34, 254, 258 = NJW 1961, 456 = LM § 30 KO Nr 9 [*v. Messner*]; abw *Häsemeyer* Rn 21.59). Die Wirkung des § 106 Abs 1 greift in der Insolvenz des Schuldners daher nur insoweit ein, als der der Vormerkung zugrundeliegende schuldrechtliche Anspruch vor der Krise und damit unanfechtbar entstanden ist; auch § 88 findet keine Anwendung. Kann der Gläubiger wegen § 91 Abs 1 etwa einen aufschiebend bedingten Anspruch nicht mehr erwerben, so geht die Vormerkung für den Insolvenzfall ins Leere; denn der Anspruch kann nicht mehr entstehen (dazu auch *Denck* NJW 1984, 1009, 1012).

§ 130

23 Deckungsgeschäfte sind ferner **Zwangsvollstreckungen und Arreste** (RG 6. 12. 1883 Z 10, 33, 34; BGH 3. 3. 1959 LM § 30 KO Nr 2a; BGH 26. 2. 1969 WM 1969, 374 = KTS 1969, 244 = LM § 31 KO Nr 4; OLG Braunschweig 11. 11. 1949 MDR 1950, 356, 357). Sie bilden aber grundsätzlich Fälle inkongruenter Deckung (abw vor allem KP-*Paulus* § 130 Rn 23, § 141 Rn 5; vgl im Übrigen unten § 131 Rn 20 [zur Sicherung]). Anders ist dies bei der **Pfändung eigener Gegenstände** (BGH 16. 3. 1995 NJW 1995, 1668, 1670 = ZIP 1995, 630, 634 = KTS 1995, 304 = EWiR § 138 BGB 2/95, 429 *[Gerhardt]*). Auch die Hypothek für eines der gesetzlichen Sicherungsrechte (oben Rn 20; BGH 21. 12. 1983 KTS 1984, 288) oder die für diese auf Grund eines Vollstreckungstitels nach § 885 Abs 1 BGB erlangte **Zwangsvormerkung** ist eine kongruente Deckung; denn der Umstand, dass eine Sicherung im Vollstreckungswege erlangt ist, zwingt auch hier nicht für sich allein zur verschärften Anfechtbarkeit nach § 131 (BGH 21. 12. 1960 Z 34, 254, 256f = NJW 1961, 456 = LM § 30 KO Nr 9 *[v. Messner]*; abw Jaeger/*Henckel* § 131 Rn 65ff).

24 Anfechtbar ist auch eine Sicherung oder Befriedigung, die ein Gläubiger durch **Einzelanfechtung** in Kenntnis von Zahlungsunfähigkeit oder Eröffnungsantrag erlangt hat (§ 16 Abs 2 AnfG; RG 24. 5. 1897 Z 39, 79, 83ff [unter Bezugnahme auf die Motive des AnfG]; BGH 26. 1. 1959 Z 29, 230, 234). Der Einzelanfechtungsgläubiger wird damit selbst zum Anfechtungsgegner.

25 2. **Insolvenzgläubiger**. Die Rechtshandlung muss *einem Insolvenzgläubiger* Sicherung oder Befriedigung gewährt oder ermöglicht haben. Wer zu den **Insolvenzgläubigern** gehört, bestimmt sich nach §§ 38, 39; auf die dortigen Erläuterungen wird daher verwiesen. Dazu gehören insbesondere auch die **Gläubiger gesetzlicher Ansprüche** wie der Steuerfiskus oder Sozialversicherungsträger (BGH 10. 1. 1985 NJW 1985, 1785 = ZIP 1985, 363f; BGH 7. 5. 1991 Z 114, 315, 320 = NJW 1991, 2147, 2148f = ZIP 1991, 737, 739f *[Kreft]* = KTS 1991, 431 = EWiR § 29 KO 1/91, 697 *[App]*; OLG Brandenburg 26. 11. 1998 ZIP 1999, 1015 = EWiR § 10 GesO 1/99, 125 *[Gerhardt]*; LG Braunschweig 10. 11. 1995 ZIP 1996, 35, 36 = EWiR § 29 KO 1/96, 77 *[Pape]*). Insbesondere sind auch die Einzugsstellen der Sozialversicherungsträger wie Insolvenzgläubiger zu behandeln (BGH 12. 2. 2004 IX ZR 70/03 NJW 2004, 2163 = ZIP 2004, 862 = ZInsO 2004, 441 = NZI 2004, 379 = EWiR 2004, 713 *[Mitlehner]* = WuB VI C § 143 InsO 1.04 *[Bartels]*; siehe dazu bereits oben § 129 Rn 87A mwN). Insolvenzgläubiger sind auch die **Arbeitnehmer** (AG Gera 9. 7. 2007 4 C 654/07 ZInsO 2007, 1000, 1001; zust. *Ries* ZInsO 2007, 1037ff); seit der Neufassung von § 28e SGB IV (dazu oben § 129 Rn 105) kann ihnen gegenüber auch die Einbuchung der Arbeitnehmeranteils des Gesamtsozialversicherungsbeitrags als Begründung eines fiktiven Aussonderungsrechts angefochten werden (*Brinkmann/Luttmann* ZIP 2008, 901, 905ff; *Meier* NZI 2008, 140, 142; abw *Plagemann/Radtke-Schwenzer* ZIP 2009, 899, 903). § 124 Abs 3 Satz 1 schließt die Rückforderungen von Leistungen aus, die auf der Grundlage eines vor Verfahrenseröffnung aufgestellten **Sozialplans** erbracht wurden, wenn dieser im Anschluss an die Verfahrenseröffnung widerrufen wurde; einer Anfechtung steht dies aber nicht entgegen (dazu oben § 129 Rn 69; abw KP-*Paulus* § 130 Rn 5 aE). Die Zustimmung eines (schwachen) vorläufigen Insolvenzverwalters hindert die Anfechtbarkeit andererseits nicht (oben § 129 Rn 17). Der Hauptgläubiger ist in der Insolvenz des **selbstschuldnerischen Bürgen** auf Grund seiner Bürgschaftsforderung Insolvenzgläubiger (BGH 9. 10. 2008 IX ZR 59/07 Tz 15 ZIP 2008, 2183 = NJW 2008, 3780 = ZInsO 2008, 1202 = NZI 2008, 733 = EWiR 2008, 755 *[Koza]*). Ein **Gesamtschuldner**, der gegen den Verfahrensschuldner einen potentiellen Ausgleichsanspruch aus § 426 BGB hat, ist auch dann Insolvenzgläubiger und damit möglicher Anfechtungsgegner, wenn er seinen Anspruch nach § 44 InsO im Verfahren nicht geltend machen kann (BGH 20. 7. 2006 IX ZR 44/05 ZIP 2006, 1591 = NZI 2006, 581 = NJW-RR 2006, 1718 = WuB VI A § 131 InsO 7.06 *[Kreft]*; dazu *Piekenbrock* NZI 2007, 384 [mit Bedenken gegen die Annahme einer Gläubigerbenachteiligung]).

26 Nicht zu den Insolvenzgläubigern gehören **Massegläubiger** der §§ 54, 55 (vgl BGH 15. 12. 2005 IX ZA 3/04 FamRZ 2006, 411 [keine Anfechtbarkeit der Vergütung des Nachlasspflegers]). Verbindlichkeiten, die durch Handlungen eines vorläufigen Insolvenzverwalters mit Verfügungsbefugnis begründet wurden (§ 55 Abs 2), berechtigen daher nicht zur Anfechtung (dazu auch oben § 129 Rn 17). Gleiches gilt für Rechtshandlungen des Schuldners, denen der vorläufige Insolvenzverwalter zugestimmt hat (BGH 10. 7. 1997 NJW 1997, 3028, 3029 = ZIP 1997, 1551, 1552 = KTS 1998, 104 = EWiR § 106 KO 2/97, 851 *[Uhlenbruck]*). Eine Gleichstellung bestimmter Massegläubiger mit Insolvenzgläubigern im Sinne der Anfechtungsvorschriften ist heute nicht mehr erforderlich (so für das alte Recht BGH 10. 12. 1980 Z 79, 124 = NJW 1981, 824 = ZIP 1981, 132 = KTS 1981, 231 = LM § 30 KO Nr 38 *[Hoffmann]*; ausführlich Kuhn/*Uhlenbruck* § 30 KO Rn 35); denn der Systembruch des früheren Rechts, einen Teil der Insolvenzgläubiger in § 59 Abs 1 Nr 3 KO als Massegläubiger zu qualifizieren, wurde im jetzt geltenden Recht beseitigt (siehe auch § 129 Rn 109). Der jetzige § 123 Abs 2 Satz 1, der Insolvenzforderungen aus einem Verwaltersozialplan durch die Qualifikation als Masseverbindlichkeiten privilegiert und dadurch zu „unechten Masseverbindlichkeiten" macht, bezieht sich nur auf nach Verfahrenseröffnung aufgestellte Sozialpläne. Kein Insolvenzgläubiger ist auch ein **Drittschuldner des Schuldners**, der auf dessen Weisung hin diesem geschuldete Leistung an einen Gläubiger des Verfahrensschuldners erbringt mit der Folge, dass gegenüber dem Drittschuldner eine Anfechtung nach §§ 130, 131 InsO ausscheidet (BGH 29. 11. 2007 IX ZR 121/06 Z 174, 314 = ZIP 2008, 190 = NJW 2008, 1067 = ZInsO 2008, 814 = NZI 2008, 167 = EWiR 2008, 505 *[Homann]*).

II. Anfechtbare Rechtshandlung (Abs 1 Satz 1) **§ 130**

Für eine Anwendung von § 130 reicht es aus, wenn die erfüllte oder gesicherte Forderung erst nach 27 Eintritt der Zahlungsunfähigkeit begründet wurde (**BGH** 9. 2. 1955 NJW 1955, 709 = KTS 1955, 139 f). Die Stellung als Insolvenzgläubiger muss aber schon **bei Vornahme des Deckungsakts** gegeben sein (**BGH** 3. 3. 1959 LM § 30 KO Nr 2 a). Erforderlich ist, dass die Begründung der Forderung rechtzeitig vor dem Deckungsakt erfolgt ist, so dass auch eine **künftige Forderung** genügt (**BGH** 26. 1. 1983 Z 86, 340, 347 = NJW 1983, 1123, 1125 = ZIP 1983, 334, 337; abw OLG Hamm 14. 7. 1982 ZIP 1982, 1343). Ausreichend ist daher auch, wenn der Anfechtungsgegner erst mit Erfüllungsablehnung durch den Insolvenzverwalter Insolvenzgläubiger und nicht Massegläubiger (§§ 103 Abs 2, 55 Abs 1 Nr 2) geworden ist (**BGH** 21. 12. 1983 KTS 1984, 288; **BGH** 14. 12. 1983 Z 89, 189 = ZIP 1984, 190 = KTS 1984, 284 = JZ 1984, 420 *[Baur]*; zur Zulässigkeit der Anfechtung von nach Verfahrenseröffnung vorgenommenen Rechtshandlungen oben § 129 Rn 79). Eine Begründung der Gläubigerstellung erst *im Zeitpunkt der Deckung* oder gar eine Sicherung *vor* Begründung der Gläubigerstellung reicht nicht, gleich ob eine kongruente oder inkongruente Deckung gewährt wird. Hier kommt nur eine Anfechtung nach §§ 132–134 in Betracht. Werden gleichzeitig bereits bestehende und zukünftige (dh noch nicht begründete) Ansprüche besichert, kommt eine Anfechtung nach § 130 f nur in Bezug auf die bereits bestehenden Ansprüche in Betracht. Lassen sich die Ansprüche nicht trennen, ist das Geschäft insgesamt anfechtbar, sofern nicht die Anfechtung des ganzen Geschäfts gegen Treu und Glauben verstößt (**RG** 8. 6. 1934 WarnRspr 1934 Nr 198; **OLG** Hamburg 26. 10. 1984 ZIP 1984, 1373 ff; vgl im Übrigen oben § 129 Rn 72 ff).

Aussonderungsberechtigte Gläubiger sind keine Insolvenzgläubiger (§ 47 Satz 1; dazu auch oben 28 § 129 Rn 105). Hingegen ist ein **absonderungsberechtigter** Gläubiger Insolvenzgläubiger, wenn und soweit er zugleich persönlicher Gläubiger des Schuldners ist (§ 52; **BGH** 6. 4. 2006 IX ZR 185/04 ZIP 2006, 1009 = ZInsO 2006, 544 = NZI 2006, 403 = EWiR 2006, 501 *[Homann]* = WuB VI A § 129 InsO 1.06 *[Paulus]*; **BGH** 29. 3. 2007 IX ZR 27/06 ZIP 2007, 1129 = ZInsO 2007, 605 = NZI 2007, 394 = EWiR 2007, 537 *[Flitsch]* = WuB VI A § 170 InsO 1.08 *[Kreft]*; **OLG** Frankfurt 22. 12. 1967 3 U 143/67 MDR 1968, 675 [KO]). Wird durch eine Rechtshandlung sowohl die Stellung als Absonderungsberechtigter sowie als Insolvenzgläubiger berührt, ist der Gläubiger daher auch in seiner Stellung als Insolvenzgläubiger betroffen und die Rechtshandlung ist grds nach §§ 130, 131 anfechtbar. Dies ist im Zweifel dann anzunehmen, wenn durch die Rechtshandlung die persönliche Schuld verringert werden sollte (**BGH** 29. 3. 2007 IX ZR 27/06 aaO; MK/*Kirchhof* § 130 Rn 18). Unabhängig von der Einordnung als Insolvenzgläubiger ist die Ablösung eines Absonderungsrechtes jedenfalls dann unanfechtbar, wenn der Rechtsinhaber aus dem Sicherungsrecht hätte Befriedigung verlangen können. Denn dann erhält der absonderungsberechtigte Gläubiger durch seine Befriedigung nicht mehr, als er auch im Insolvenzverfahren erhalten hätte (oben § 129 Rn 110).

Auch die Befriedigung von **Baugläubigern** ist nicht anfechtbar, soweit der Baugläubiger auch nach 29 der Eröffnung des Insolvenzverfahrens aus dem Baugeld hätte Befriedigung erlangen können. Nach § 1 des Gesetzes über die Sicherung von Bauforderungen vom 1. 6. 1909 (RGBl. 449) ist der Empfänger von Baugeld verpflichtet, dieses zur Befriedigung von Personen zu verwenden, die an der Herstellung des Baus beteiligt sind. Diese Zweckbindung ist jedoch nur dann insolvenzfest, wenn eine dingliche Berechtigung Dritter besteht oder die Voraussetzungen der Treuhand erfüllt sind (**OLG** Hamm 12. 12. 2006 27 U 98/06 OLGR Hamm 2007, 159 = ZIP 2007, 240 = ZInsO 2007, 331 = EWiR 2007, 441 *[von Gleichenstein]*; MK/*Kirchhof* § 129 Rn 106; abw Jaeger/*Henckel* § 130 Rn 31; sowie noch Uhlenbruck/*Hirte* 12. Aufl Rn 29). Der Anspruch auf Baugeld allein gibt keinen Anspruch auf Sicherheitenbestellung, so dass die Eintragung einer Sicherungshypothek in der kritischen Zeit grds. als inkongruente Deckung anfechtbar ist. Etwas anderes kann sich aber aus Vertrag oder aus §§ 648, 648a BGB ergeben, siehe dazu oben Rn 20 sowie § 142 Rn 7, 9.

Im Gegensatz zum früheren Recht (§ 63 KO) gehören zu den Insolvenzgläubigern aber die jetzt als 30 **nachrangige Insolvenzgläubiger** (§ 39) bezeichneten Personen (Begr RegE zu § 130). Deshalb kann jetzt auch die Zahlung von Geldbußen oder Zwangsgeldern angefochten werden (§ 39 Abs 1 Nr 3; **BGH** 5. 6. 2008 IX ZR 17/07 NJW 2008, 2506 = ZIP 2008, 1291 = ZInsO 2008, 738 = NZI 2008, 488; abw für das alte Recht **OLG** München 30. 11. 1978 KTS 1979, 327). Auch die Erfüllung von Naturalobligationen oder eines Schenkungsversprechens (§ 39 Abs 1 Nr 4) kann daher jetzt auch nach §§ 130, 131 anfechtbar sein und nicht nur nach §§ 132–134 (ebenso KP-*Paulus* § 130 Rn 5). Auch eine Anfechtung der Befriedigung von Gesellschafterdarlehen (§ 39 Abs 1 Nr 5) nach § 130 kommt grundsätzlich in Betracht, wenngleich dies wegen der subjektiven Anforderungen kaum Bedeutung erlangen dürfte; für diese ist daher in erster Linie auf § 135 zurückzugreifen.

Die Sicherung oder Befriedigung einer **fremden Schuld** ist nicht nach §§ 130, 131 anfechtbar, wenn 31 sich die Forderung des Gesicherten oder Befriedigten gegen einen anderen als den Verfahrensschuldner richtete, ihr Inhaber also nicht Insolvenzgläubiger werden konnte, und zwar auch dann wenn die Voraussetzungen der §§ 130, 131 im Übrigen vorliegen (**BGH** 5. 2. 2004 IX ZR 473/00 ZIP 2004, 917 = ZInsO 2004, 499 = NZI 2004, 374 = EWiR 2004, 771 *[Höpfner]* = WuB VI B § 30 Nr 2 KO 1.04 *[Paulus/Zenker]* [KO]; **BGH** 3. 3. 2005 IX ZR 441/00 Z 162, 276 = NJW 2005, 1867 f = ZIP 2005, 767 = ZInsO 2005, 431 = NZI 2005, 323 = EWiR § 32 KO 1/2005, 737 *[Haas/Panier]* = WuB VI C § 32 KO 1.05 *[Bartels]*; **BGH** 30. 3. 2006 IX ZR 84/05 ZIP 2006, 957 = NZI 2006, 399 = EWiR 2006,

469 [*A. Henkel*] = WuB VI A § 134 InsO 1.06 [*Kreft*]; **BGH** 5. 6. 2008 IX ZR 163/07 ZIP 2008, 1385 = ZInsO 2008, 811 = NZI 2008, 556; noch offengelassen in **BGH** 21. 5. 1980 NJW 1980, 1961 = ZIP 1980, 518, 520 = KTS 1980, 371; Jaeger/*Henckel* § 130 Rn 19; noch anders Uhlenbruck/*Hirte* 12. Aufl § 130 Rn 31). Die Anfechtung erfolgt stattdessen gegenüber dem Gläubiger des Verfahrensschuldners als Leistungsempfänger (siehe dazu oben § 129 Rn 83 aE). Etwas anderes gilt nur dann, wenn die Forderung des Drittgläubigers gegen seinen Schuldner nicht werthaltig war; in diesem Fall kann nach § 134 gegenüber dem unmittelbaren Leistungsempfänger angefochten werden (siehe dazu unten § 134 Rn 17 f; weitergehend *Burchard* Dreieck S 280 ff). Die Ablehnung einer weiten Auslegung des Begriffs des Insolvenzgläubigers durch den **BGH** steht letztendlich in Einklang mit der zur Anfechtung im Dreipersonenverhältnis entwickelten Systematik des **BGH** und erscheint insofern nur konsequent. Zur Frage, ob eine Anfechtung nach § 132 möglich ist, siehe dort § 132 Rn 4.

31A **3. Ausnahme: Margensicherheit nach Abs 1 Satz 2.** Abs 1 Satz 2 nimmt von der Anfechtbarkeit Rechtshandlungen aus, mit denen auf der Grundlage einer entsprechenden Sicherungsvereinbarung eine „Margensicherheit" oder eine andere oder zusätzliche solche Sicherheit gestellt wird. Mit der durch das „Gesetz zur Umsetzung der Richtlinie 2002/47/EG vom 6. Juni 2002 über Finanzsicherheiten und zur Änderung des Hypothekenbankgesetzes und anderer Gesetze" vom 5. 4. 2004 (BGBl I, S 502) angefügten Bestimmung werden im Einklang mit den Zielen der genannten EU-Finanzsicherheitenlinie Finanzsicherheiten von bestimmten Vorschriften des nationalen Insolvenzrechts ausgenommen, soweit diese der effektiven Verwertung einer Sicherheit im Wege stehen oder im Bankenverkehr praktizierte Verfahren, wie die bilaterale Aufrechnung infolge Beendigung *(„close out netting")* oder die Ersetzung bestehender bzw die Bereitstellung zusätzlicher Sicherheiten, in Frage stellen würden (Begr RegE, BT-Drucks 563/03, S 12; zum Ganzen auch *Ehricke* ZIP 2003, 1065 ff [zum DiskE]; *Kieper*, Abwicklungssysteme in der Insolvenz, das S 107 ff [dazu *Bruns* KTS 2005, 108 ff]; *ders* ZIP 2003, 1109 ff; *Paulus* ZBB 2002, 492, 493 f). Die genannten Margensicherheiten werden im Bankverkehr vereinbart, um Wertschwankungen geleisteter (Wertpapier-)Sicherheiten oder solche der besicherten Verbindlichkeit auszugleichen; vergleichbare Nachschussklauseln finden sich auch in den für Finanzmarktgeschäfte abgeschlossenen Rahmenverträgen der europäischen Bankenverbände (Begr RegE, BT-Drucks 563/03, S 19).

31B Würde eine solche Margensicherheit in der **Krise des Sicherungsgebers** geleistet, wäre dies als Fall der kongruenten Deckung nach Abs 1 Satz 1 anfechtbar, weil infolge des zeitlichen Auseinanderfallens von Leistung und Gegenleistung – anders als in den von der Finanzsicherheitenrichtlinie ebenfalls erfassten Fällen des Austauschs einer Sicherheit gegen eine gleichwertige Sicherheit – kein Bargeschäft iSv § 142 vorläge. In Übereinstimmung mit Art 8 Abs 3 der Finanzsicherheitenrichtlinie nimmt Abs 1 Satz 2 die Bestellung einer Finanzsicherheit oder einer zusätzlichen Finanzsicherheit daher von der Anfechtbarkeit wegen kongruenter Deckung aus, wenn die (zusätzliche) Bestellung vereinbarungsgemäß erfolgt, um Änderungen im Wert der Finanzsicherheit oder im Betrag der gesicherten Verbindlichkeit Rechnung zu tragen.

31C Nach Art 8 Abs 3 der Finanzsicherheitenrichtlinie ist neben den bereits genannten Fällen auch der **Austausch einer bereits bestellten Finanzsicherheit** gegen eine gleichwertige Sicherheit der Anfechtbarkeit zu entziehen; insoweit hat der deutsche Gesetzgeber von einer ausdrücklichen Regelung abgesehen, weil ein solcher Sicherheitenaustausch als echtes Bargeschäft schon nach § 142 nicht anfechtbar ist (Begr RegE, BT-Drucks 563/03, S 19). Eine in einem solchen Fall denkbare Absichtsanfechtung nach § 133 Abs 1 oder eine Anfechtung wegen inkongruenter Deckung nach § 131 bleibt daher möglich; auch die Richtlinie steht dem nicht entgegen. Bei einer Anfechtung der Bestellung einer Finanzsicherheit wegen inkongruenter Deckung soll § 131 allerdings im Lichte von § 130 Abs 1 Satz 2 nF auszulegen sein; es sollen daher insbesonder an die sich aus der Sicherungsvereinbarung ergebende Bestimmbarkeit der Sicherheit keine übertriebenen Anforderungen gestellt werden, um nicht das Regelungsziel der Finanzsicherheitenrichtlinie zu unterlaufen (so Begr RegE, BT-Drucks 563/03, S 19).

31D Abs 1 Satz 2 gilt nicht nur für das **Verhältnis von Banken** untereinander, sondern auch im **Verhältnis zwischen Bank und Kunden** (Begr RegE, BT-Drucks 563/03, S 13 f; krit hierzu *Ehricke* ZIP 2003, 1065, 1069 ff; *ders* ZIP 2003, 2141 f). Darin liegt zwar die Begründung bzw Verstärkung der insolvenzrechtlichen Vorzugsstellung von Banken; doch sprachen Wettbewerbsgründe – die gleiche Entwicklung auch auf anderen Finanzplätzen – dafür, diese nach Art 1 Abs 3 der Finanzsicherheitenrichtlinie zulässige Erweiterung des Anwendungsbereichs der Richtlinie auch für Deutschland zu übernehmen. Diese Erweiterung des Anwendungsbereichs wird auch nicht dadurch relativiert, dass der Begriff der „gesicherten Verbindlichkeiten", deren Besicherung nach Abs 1 Satz 2 privilegiert sind, mit Blick auf den Text der Finanzsicherheitenrichtlinie eng ausgelegt wird (dafür aber *Ehricke* ZIP 2003, 2141, 2142 ff; *ders* FAZ v 26. 11. 2003, Nr 275, S 25; *Flöther/Bräuer* DZWIR 2004, 89, 91; *Kieper* ZIP 2003, 1109, 1115 f). Denn es steht bzw stand dem deutschen Gesetzgeber auch insoweit frei, den Anwendungsbereich der Richtlinie zu erweitern, weil es sich insoweit um eine Frage des nicht koordinierten nationalen Insolvenzrechts handelt. Abs 1 Satz 2 privilegiert daher auch Globalzessionen und Rückzahlungsansprüche aus Gelddarlehen nach § 488 Abs 1 Satz 2 BGB (*Hölzle* ZIP 03, 2144, 2147 f; abw *Flöther/Bräuer* DZWIR 2004, 89 ff).

Inhaltliche Voraussetzung für das Eingreifen der Privilegierung ist das Vorliegen einer **Sicherungsvereinbarung**, die die Verpflichtung enthält, eine Finanzsicherheit, eine andere oder eine zusätzliche Finanzsicherheit im Sinne des § 1 Abs 17 KWG zu bestellen, um das in der Sicherungsvereinbarung festgelegte Verhältnis zwischen dem Wert der gesicherten Verbindlichkeiten und dem Wert der geleisteten Sicherheit wiederherzustellen (Margensicherheit). Erfasst ist damit nur die Bestellung *ergänzender* Sicherheiten, die den typischen Schwankungen des Werts der Sicherheiten und Sicherungsobjekte Rechnung tragen soll; die erstmalige Besicherung ebenso wie eine Veränderung der Sicherungsquote bleiben der Anfechtung zugänglich (die allerdings meist am Zeitablauf scheitern wird). Privilegiert ist zudem nur die Bestellung von Margensicherheiten in Form einer Finanzsicherheit iSv § 1 Abs 17 KWG; darunter versteht das Gesetz Barguthaben, Geldbeträge, Wertpapiere, Geldmarktinstrumente und sonstige Schuldscheindarlehen und damit Sicherheiten, die typischerweise nur von Kreditinstituten gestellt werden. 31E

III. Vornahme der Rechtshandlung in der Krise (Abs 1 Satz 1 Nrn 1 und 2)

Anfechtbar sind die Rechtshandlungen nur dann, wenn sie in der Krise vorgenommen wurden. Dies ist nach dem Gesetz nur der Fall, wenn der Schuldner im Zeitpunkt ihrer Vornahme zahlungsunfähig war oder bereits ein Antrag auf Eröffnung eines Insolvenzverfahrens gestellt war. Die Anknüpfung an die „Zahlungsunfähigkeit" ersetzt die frühere Anknüpfung an die „Zahlungseinstellung" und geht damit über das alte Recht hinaus (Begr RegE zu § 130). Um die genannten Voraussetzungen muss der Anfechtungsgegner wissen (dazu unten Rn 49 ff). Bei Anfechtung wegen Zahlungsunfähigkeit kommt eine zeitliche Grenze von drei Monaten vor dem Eröffnungsantrag hinzu. 32

1. Zahlungsunfähigkeit. a) Voraussetzungen. Der anfechtungsrechtliche Begriff der **Zahlungsunfähigkeit** ist identisch mit demjenigen in § 17 (*Breutigam/Tanz* ZIP 1998, 717, 718; *Häsemeyer* Rn 21.48). Andernfalls könnte die widersprüchliche Rechtsfolge eintreten, dass der Insolvenzantrag eines Gläubigers gegen den Schuldner zurückgewiesen, eine nunmehr im Weg der Einzelzwangsvollstreckung bewirkte Sicherung jedoch später als anfechtbar angesehen wird. Der Begriff der Zahlungsunfähigkeit sollte im Rahmen der §§ 130 ff aber auch nicht enger als bei § 17 verstanden werden (insoweit abw *Henckel* KS-InsO S 813, 823; Gottwald/*Huber* InsR HdB § 47 Rn 8 ff): denn dies würde zu dem wenig überzeugenden Ergebnis führen, dass trotz einer Verfahrenseröffnung wegen Zahlungsunfähigkeit eine auf dieselbe Tatsache gestützte Anfechtung ausschiede. Andererseits kommt es nicht darauf an, ob über das Vermögen des Schuldners tatsächlich ein Insolvenzverfahren eröffnet wurde, mag damit vielleicht auch gegen die Insolvenzantragspflicht nach § 15 a verstoßen worden sein (zutr. *Woitkewitsch* InVo 2005, 213, 214). An der Identität der Begriffe ist auch festzuhalten, obwohl der Begriff der Zahlungsunfähigkeit nach altem Recht in mehrfacher Hinsicht enger als nach neuem Recht verstanden wurde (aus diesem Grunde abw *Henckel* KS-InsO S 813, 823; Gottwald/*Huber* InsR HdB § 47 Rn 8 ff; wie hier *Paulus* ZInsO 1999, 242, 247 f; KP-*Paulus* § 130 Rn 27). Daher ist die Vermutung des § 17 Abs 2 S 2 im Rahmen von § 130 anzuwenden (BGH 20. 11. 2001 IX ZR 48/01 Z 149, 178, 184 = NJW 2002, 515 = ZIP 2002, 87 = ZInsO 2002, 29 = NZI 2002, 91 = EWiR 2002, 219 *[Wagner]* = WuB VI C § 139 InsO 1.02 *[Smid]* = DZWIR 2003, 110 *[Flöther/Bräuer]*; BGH 9. 1. 2003 IX ZR 175/02 ZIP 2003, 410 = ZInsO 2003, 180 = NZI 2003, 322 = WuB VI C § 130 InsO 1.03 *[Hess]* = EWiR 2003, 379 *[Hölzle]*; BGH 12. 10. 2006 IX ZR 228/03 ZIP 2006, 2222 = ZInsO 2006, 1210 = NZI 2007, 36 = EWiR 2007, 113 *[Wagner]* = WuB VI A § 130 InsO 1.07 *[Bruns]*; BGH 21. 6. 2007 IX ZR 231/04 NZI 2007, 517, 6518 = ZIP 2007, 1469 = WM 2007, 1616 = WuB VI A § 130 InsO 1.08 *[Kreft]*); im Übrigen wird auf die Erläuterungen zu § 17 verwiesen. Allerdings muss eine *Forderung*, deren Begleichung angefochten wird, schon bei der Feststellung, ob zu diesem Zeitpunkt bereits eine Zahlungsunfähigkeit bestand, mit berücksichtigt werden (BGH 14. 5. 2009 IX ZR 63/08 Tz 24 ZIP 2009, 1235 = ZInsO 2009, 1254 = NZI 2009, 471 zVb; RG 14. 3. 1919 Z 95, 152, 154; KP-*Paulus* § 130 Rn 27). **Drohende Zahlungsunfähigkeit** reicht allerdings nur als Voraussetzung zur Eröffnung des Insolvenzverfahrens (§ 18), begründet aber nicht automatisch die Anfechtbarkeit der nach diesem Zeitpunkt vorgenommenen Rechtshandlungen (HK-*Kreft* § 130 Rn 18; *Hirte*, in: RWS-Forum 10 [1998], S 145, 173 f; *Paulus* ZInsO 1999, 242, 247 f; abw *Breutigam/Tanz* ZIP 1998, 717, 719 f). Das ist selbstverständlich dort anders, wo das Gesetz wie in § 131 Abs 1 Nrn 1 und 3 nicht an die Zahlungsunfähigkeit anknüpft. 33

Überschuldung (§ 19) ist ebenfalls kein für die Feststellung der Zahlungsunfähigkeit erhebliches Moment (**RG** 28. 1. 1905 JW 1905, 157 [für die Zahlungseinstellung]). Ein Schuldner kann unfähig sein zu zahlen, obgleich er nicht überschuldet ist; so liegt es vor allem, wenn er außerstande ist, sein Aktivvermögen flüssig zu machen. Andererseits kann er trotz Überschuldung zahlungsfähig bleiben; das ist der Fall, wenn es ihm gelingt, mit Hilfe von Kredit oder durch Veräußerung von Aktiven die Mittel zur Befriedigung fälliger Gläubigerforderungen zu beschaffen. Entscheidend für die Nichteinbeziehung der Überschuldung ist vor allem die Tatsache, dass für einen Anfechtungsgegner die Überschuldung nicht beurteilbar ist; die Rechtsprechung hat daher unter dem früheren Recht auch eine Analogie abgelehnt (**BGH** 4. 11. 1964 WM 1965, 16; Jaeger/*Henckel* § 30 KO Rn 30; Kilger/ *Karsten Schmidt* § 30 KO Anm 5). 34

§ 130

35   Es kommt in entsprechender Anwendung von § 139 Abs 2 nur diejenige Zahlungsunfähigkeit in Betracht, die für die spätere Eröffnung des Insolvenzverfahrens **ursächlich** gewesen ist (**RG** 2. 10. 1908 Z 69, 254, 257; **RG** 19. 5. 1916 JW 1916, 1118; **RG** 28. 9. 1920 Z 100, 62, 65; bei einer **Zweitinsolvenz** diejenige, die zu dieser Insolvenz geführt hat: **RG** 8. 7. 1930 Z 129, 390, 393). Auch eine relativ lange Zeitspanne zwischen anfechtbarer Handlung und Eröffnung des Insolvenzverfahrens steht der Anfechtung wegen Zahlungsunfähigkeit nicht entgegen (**OLG Dresden** 27. 8. 1998 ZIP 1998, 1646 [Revision durch **BGH** 10. 2. 2000 NJW-RR 2000, 779 = ZIP 2000, 504 = EWiR § 10 GesO 4/2000, 491 *[Huber]* nicht angenommen]: ein Jahr [zu § 10 Abs 1 Nr 4 GesO, in dem – noch – keine Dreimonatsfrist vor dem Eröffnungsantrag galt]); das dürfte nach neuem Recht selbstverständlich sein. Bei Anfechtung einer Forderungsabsicherung ist die gesicherte Forderung in die Beurteilung, ob eine Zahlungseinstellung vorliegt, mit einzubeziehen (**BGH** 25. 9. 1997 NJW 1998, 607 = ZIP 1997, 1926; **BGH** 14. 5. 2009 IX ZR 63/08 Tz 24 ZIP 2009, 1235). Häufig wird es nämlich so sein, dass die Absicherung erst nach der für eine Zahlungseinstellung vorausgesetzten vergeblichen ernsthaften Zahlungsaufforderung verlangt wird. Hat der Schuldner die Zahlungsunfähigkeit dadurch wieder **beseitigt**, dass er seine Zahlungen im allgemeinen wieder aufgenommen hat, ist es dann aber erneut zur Zahlungsunfähigkeit, nun aber mit anschließender Eröffnung eines Insolvenzverfahrens, gekommen, so kann die Anfechtung nicht auf die erste Zahlungsunfähigkeit gestützt werden (**RG** 3. 6. 1931 WarnRspr 1931 Nr 151 = HRR 1932 Nr 151; Kilger/*Karsten Schmidt* § 30 KO Anm 6 c). Von einer Wiederaufnahme kann aber keine Rede sein, wenn die **Wiederaufnahme** der Zahlungen sich nur als vergeblicher Versuch darstellt (dazu oben § 17 Rn 30, 37 f, vgl auch § 139 Rn 12). Die Annahme des Anfechtungsgegners, die Zahlungen seien wirklich wieder aufgenommen worden, ändert hieran nichts (**RG** 19. 5. 1916 JW 1916, 1118; **OLG** Colmar 31. 1. 1906 OLGR 15, 230). Das gilt auch dann, wenn das Insolvenzverfahren durch rechtskräftige **Bestätigung eines Insolvenzplans** beendet wird. Eine zuvor bestehende Zahlungsunfähigkeit wird dadurch nur dann beseitigt, wenn der Insolvenzplan zu einer allgemeinen Wiederaufnahme der Zahlungen geführt hat (**BGH** 27. 5. 1963 KTS 1963, 170, 173 [zum Zwangsvergleich]). Unter diesen Voraussetzungen können auch Maßnahmen des vorläufigen Insolvenzverwalters anfechtbar sein (dazu oben § 129 Rn 17).

36   b) **Besondere Insolvenzverfahren.** Auch beim **Nachlassinsolvenzverfahren** kommt es für die Anfechtung nach §§ 130–132 auf den Zeitpunkt der Zahlungsunfähigkeit und nicht auf die ebenfalls einen Insolvenzgrund bildende Überschuldung an (§ 320 Satz 1; **RG** 6. 1. 1933 WarnRspr 1933 Nr 30; Kilger/*Karsten Schmidt* § 30 KO Anm 6 d). Das gleiche gilt für die Insolvenz über das Gesamtgut bei **fortgesetzter Gütergemeinschaft** (§ 332 iVm § 320 Satz 1; **RG** 28. 1. 1890 Z 25, 34, 38 = JW 1890, 83) und in allen Fällen, in denen die Überschuldung neben der Zahlungsunfähigkeit Insolvenzgrund ist. Eine Zahlungseinstellung des Erblassers gilt als solche des Verfahrensschuldners (**RG** 16. 2. 1912 LZ 1912, 461 Nr 33; **OLG** Dresden 5. 10. 1906 OLGR 15, 229).

37   Für die Anfechtung in der Insolvenz einer **Gesellschaft ohne Rechtspersönlichkeit** kommt es nur auf die Zahlungsunfähigkeit der Gesellschaft an (**RG** 6. 1. 1933 WarnRspr 1933 Nr 30); für die Anfechtung in der Insolvenz der Gesellschafter ist dagegen die Zahlungsunfähigkeit des Gesellschafters maßgebend (**OLG Hamburg** 18. 12. 1906 OLGR 15, 228). Führt ein Gesellschafter eine offene Handelsgesellschaft als Alleininhaber fort und wird er insolvent, so ist seine Zahlungsunfähigkeit maßgebend, mögen auch die angefochtenen Rechtshandlungen noch vor der Übernahme oder gegenüber der offenen Handelsgesellschaft vorgenommen worden sein (**RG** 28. 4. 1897 JW 1897, 307).

38   Beim **gegenständlich beschränkten Insolvenzverfahren**, also bei einem Insolvenzverfahren über das inländische Vermögen eines ausländischen Schuldners, der im Inland eine Zweigniederlassung hat (Art 102 Abs 3 Satz 1 EGInsO), ist für die Ermittlung des Beginns der Zahlungsunfähigkeit das Gesamtverhalten des Verfahrensschuldner im In- und Ausland zu berücksichtigen (**RG** 12. 5. 1914 WarnRspr 1915 Nr 63 [zur Zahlungseinstellung]). Ein solches Insolvenzverfahren ist ein Gesamtinsolvenzverfahren, in dem der ausländische Schuldner Verfahrensschuldner ist und auch die ausländischen Gläubiger Insolvenzgläubiger sind und das gesamte Inlandsvermögen umfasst, ohne Rücksicht darauf, ob es in oder außer Beziehung zur der inländischen Zweigniederlassung steht (**RG** aaO).

39   2. **Eröffnungsantrag.** Für die Anfechtbarkeit von Rechtshandlungen ist der Eröffnungsantrag (§ 13) ein selbständiger, von der Zahlungsunfähigkeit unabhängiger Zeitpunkt. Er tritt an die Stelle des früher insoweit maßgeblichen Zeitpunkts der Verfahrenseröffnung (Begr RegE zu § 130). Beim Eröffnungsantrag ist es – anders als bei Anfechtung wegen eingetretener Zahlungsunfähigkeit – unerheblich, ob der Antrag vom Schuldner gestellt und auf **drohende Zahlungsunfähigkeit** (§ 18) oder Überschuldung (§ 19) gestützt wird. Es spielt auch keine Rolle, ob der Eröffnungsgrund tatsächlich im Antragszeitpunkt vorliegt. Unerheblich ist auch, von wem, aus welchen Beweggründen und zu welchen Zwecken der Antrag gestellt worden ist, ob er die erforderliche Glaubhaftmachung (§ 14 Abs 1) bereits in ausreichender Weise enthält und welche Zeitspanne zwischen Antrag und Eröffnungsbeschluss liegt. Die (zunächst) fehlende Glaubhaftmachung schadet nur, wenn die Verfahrenseröffnung auf der Grundlage eines später eingereichten, bereits von Anfang an zulässigen Antrags erfolgt (§ 139 Abs 2). Bei einem **ausländischen Insolvenzverfahren**, das im Inland anerkennungsfähig ist, kann der im Ausland gestellte Insolvenzantrag für die Anwendbarkeit von § 130 genügen (**BGH** 11. 7. 1991 NJW 1992, 624, 626 = ZIP 1991, 1014, 1016 = KTS 1991, 589 = EWiR § 30 KO 4/91 *[Flessner]*).

IV. Kenntnis der Krise (Abs 1 und 2) **§ 130**

Eine **zeitliche Beschränkung**, wie sie Abs 1 Nr 1 für die Kenntnis der Zahlungsunfähigkeit vorsieht, 40
kennt das Gesetz für die Anfechtung der *nach* dem Eröffnungsantrag vorgenommenen Rechtshandlungen nicht (**RG** 16. 5. 1916 Z 88, 237; **BGH** 3. 7. 1984 NJW 1985, 200 = ZIP 1984, 978 = KTS 1984, 680 [zu § 33 KO]). Wurden mehrere Eröffnungsanträge gestellt, reicht die Kenntnis eines der Anträge; vgl im Übrigen § 139 Abs 2. Gegenüber der Anfechtung einer nach dem Eröffnungsantrag vorgenommenen Rechtshandlung kann der Anfechtungsgegner nicht geltend machen, die Zahlungsunfähigkeit sei erst nach Stellung des Insolvenzantrags oder gar erst nach Vornahme der Rechtshandlung eingetreten.

3. Vornahme in der Krise. a) Fristen. Die Rechtshandlung muss schließlich in der Krise vorgenommen 41
worden sein, um ihre Anfechtbarkeit zu begründen. Welcher Zeitraum in diesem Sinne zur Krise zu zählen ist, umschreibt das Gesetz in Abs 1 S 1 Nrn. 1 und 2 abschließend; zugleich ist dem Schuldner aus den oben Rn 4 genannten Gründen auch der Gegenbeweis verwehrt, bei Zahlungsunfähigkeit oder Stellung eines Insolvenzantrags hätte es am Vorliegen einer Krise gefehlt.

Die Krise im Sinne der anfechtungsrechtlichen Vorschriften (§§ 131, 132 enthalten insoweit inhalts- 42
gleiche Bestimmungen) beginnt mit dem Eintritt der (nicht bloß drohenden) Zahlungsunfähigkeit, soweit dieser Zeitpunkt „in den letzten **drei Monaten vor dem Antrag auf Eröffnung** des Insolvenzverfahrens" liegt. Diese Frist wird nach § 139 berechnet (Einzelheiten dort). In diesen Zeitraum muss die anzufechtende Rechtshandlung fallen (dazu sogleich Rn 44 ff sowie zum Vornahmezeitpunkt unten § 140), und der Gläubiger muss von der Zahlungsunfähigkeit Kenntnis haben (dazu unten Rn 49 ff).

Mit dem Stellen des Eröffnungsantrages verschärft sich die Krise. Auswirkungen hat das aber nur in- 43
soweit, als dem Nachweis der relevanten Kenntnis des Gläubigers erleichtert wird (Abs 1 S 1 Nr 2): denn von diesem Zeitpunkt an braucht er nicht mehr nur um die Zahlungsfähigkeit des Schuldners zu wissen, sondern ausreichend ist sein Wissen um das Vorliegen eines Eröffnungsantrages. Ob die relevante Rechtshandlung in die Frist fällt, bestimmt sich nach § 140. Ein Eröffnungsantrag liegt im Sinne von Abs 1 Satz 1 Nr 2 vor, wenn dieser bei Gericht eingegangen ist; dies ergibt sich aus § 139 Abs 1 Satz 1.

b) Einzelheiten. Bucht eine Bank eine vor Eintritt der Zahlungsunfähigkeit vorgenommene **Barein-** 44
zahlung des späteren Verfahrensschuldners erst nach Eintritt der Zahlungsunfähigkeit, entscheidet das Einzahlungsdatum; denn die Buchung hat nur deklaratorische Bedeutung und ist daher keine Rechtshandlung (**BGH** 4. 4. 1979 Z 74, 129 = NJW 1979, 1461; *Peschke* Insolvenz des Girokontoinhabers S 201 f; siehe auch § 140 Rn 5B). Auch die Wertstellung ist keine Rechtshandlung und daher für die Fristfrage irrelevant (**BGH** 21. 12. 1977 Z 70, 177, 181 = NJW 1978, 758 = KTS 1978, 215 = LM § 30 KO Nr 33 *[Hoffmann]* = JR 1979, 24 *[Olzen]*). Zum **Lastschriftverfahren** siehe oben Rn 17 f.

Zieht eine Bank einen vom Schuldner zur Verrechnung auf einem debitorischen Konto eingereichten 45
Kundenscheck ein, kommt es für die Anfechtbarkeit der **Verrechnung** auf den Zeitpunkt der Entstehung der Verrechnungslage an (**BGH** 30. 4. 1992 Z 118, 171 = NJW 1992, 1960 = ZIP 1992, 778 = KTS 1992, 609 = LM § 30 KO Nr 54 *[Marly]* = EWiR § 30 KO 1/92, 683 *[Canaris]* in Abweichung von BGH 21. 12. 1977 Z 70, 177 = NJW 1978, 758 = KTS 1978, 215 = LM § 30 KO Nr 33 *[Hoffmann]* = JR 1979, 24 *[Olzen]*; *Steinhoff* ZIP 2000, 1141, 1145).

Eine vor Eintritt der Zahlungsunfähigkeit vorgenommene **Kontopfändung** kann der Insolvenzverwal- 46
ter anfechten, soweit sie Beträge erfasst, die eingegangen sind, nachdem der Pfändungsgläubiger von der Zahlungsunfähigkeit Kenntnis erlangt hatte (**OLG München** 7. 7. 1988 ZIP 1988, 1269 = WuB VI B § 30 Nr 1 KO 2.89 *[Obermüller]* [für Zahlungseinstellung]). Bei der Pfändung des **Schlusssaldos** eines Kontokorrents entscheidet sich die Frage der Anfechtbarkeit nicht danach, ob die einzelne in das Kontokorrent eingestellte Forderung in der kritischen Zeit entstanden und in das Kontokorrent eingestellt worden ist, sondern nach dem Zeitpunkt des Entstehens des Schlusssaldos (siehe dazu § 140 Rn 6A).

Bei der **Abtretung künftiger Forderungen** bspw im Rahmen einer **Globalzession** ist der nach § 140 47
maßgebliche Vornahmezeitpunkt und damit der für die Kenntnis von Zahlungsunfähigkeit und/oder Eröffnungsantrag maßgebliche Zeitpunkt auch neuer BGH-Rspr der Zeitpunkt der Entstehung der Forderung und nicht der der Abtretung (siehe § 140 Rn 6A sowie § 131 Rn 16).

Die Zustellung einer **Pfändungsankündigung** hat nach § 845 Abs 2 ZPO die Wirkung eines Arrestes, 48
also nach § 930 ZPO die Wirkung einer Pfändung, falls dem Drittschuldner binnen drei Wochen ein Pfändungsbeschluss zugestellt wird. Die erste Zustellung bewirkt die Pfändung, erst die zweite macht sie endgültig. Es handelt sich nicht um einen zusammengesetzten Rechtsakt (dazu oben § 129 Rn 75). Daher kommt es nicht auf den Vornahmezeitpunkt der Pfändungsankündigung, sondern auf den der Hauptpfändung an (ausf. unten § 140 Rn 9).

IV. Kenntnis der Krise (Abs 1 und 2)

Voraussetzung einer erfolgreichen Anfechtung ist, dass der Gläubiger (in der Regel zugleich der An- 49
fechtungsgegner) im Zeitpunkt der Vornahme der Rechtshandlung Kenntnis von der Krise hatte. Das wird vom Gesetz in zweifacher Weise dadurch konkretisiert, dass die Kenntnis der Zahlungsunfähigkeit oder des Antrags auf Eröffnung eines Insolvenzverfahrens bezüglich des späteren Verfahrensschuldners als ausreichend angesehen werden. Das bedeutet einerseits, dass eine Krise ohne diese beiden

§ 130

Merkmale – etwa beim bloßen Vorliegen von Überschuldung oder drohender Zahlungsunfähigkeit – keine Anfechtbarkeit der in dieser Zeit vorgenommenen Rechtshandlungen nach § 130 begründet. Und es bedeutet andererseits, dass aus dem Vorliegen von Zahlungsunfähigkeit oder eines Eröffnungsantrages selbst dann das Vorliegen einer Krise im anfechtungsrechtlichen Sinne folgt, wenn das im Einzelfall einmal nicht gerechtfertigt erscheinen mag; das ist deshalb unbedenklich, weil zusätzliche Voraussetzung für das Entstehen der Insolvenzanfechtungsansprüche ist, dass ein Insolvenzverfahren eröffnet wird; daran aber dürfte es in solchen Fällen regelmäßig fehlen.

50 Der Forderung, die subjektiven Voraussetzungen der Anfechtungstatbestände in Form von Kenntnis und Benachteiligungsabsicht als historische Restbestände zu beseitigen (*Friedrich Weber*, KTS 1959, 80, 85; vgl auch *Canaris*, FS 100 Jahre Konkursordnung, S 73, 77 ff; *Gerhardt*, FS 100 Jahre Konkursordnung, S 111, 130; *ders* Gläubigeranfechtung S 83 ff; *Hanisch* ZZP 90, 1, 21 ff), hat der Gesetzgeber in der InsO zwar nicht im Ansatz, wohl aber im Ergebnis teilweise Rechnung getragen: denn jedenfalls bezüglich bestimmter Gläubiger (§ 138) nähert sich die vom Gesetz in § 130 Abs 3 statuierte Vermutung der Kenntnis dem geforderten objektiven Tatbestand an (vgl auch schon **BGH** 26. 1. 1983 Z 86, 349, 354 ff = NJW 1983, 1120 = ZIP 1983, 337 = KTS 1983, 297; ähnlich *Henckel* ZIP 1982, 391, 396). Im Rahmen von §§ 131, 132 gilt dies wegen der entsprechenden Regelungen in § 131 Abs 2 Satz 2 bzw der Verweisung in § 132 Abs 3 gleichermaßen.

51 **1. Begriff der Kenntnis.** § 130 fordert Kenntnis des Insolvenzgläubigers bezüglich der Zahlungsunfähigkeit (Abs 1 S 1 Nr 1) oder des Eröffnungsantrages (Abs 1 S 1 Nr 2) des späteren Verfahrensschuldners. Kenntnis heißt **positive Kenntnis**; Kennenmüssen reicht nicht (**BGH** 27. 3. 2008 IX ZR 98/07 Tz 8 ZIP 2008, 930 = NJW 2008, 2190 = NZI 2008, 366 = WuB VI A 3 130 InsO 4.08 *[Kirchhof]*). Die in Anlehnung an § 10 Abs 1 Nr 4 GesO ursprünglich vorgeschlagene Gleichstellung grob fahrlässiger Unkenntnis mit Kenntnis in § 145 Abs 1 RegE wurde vom Rechtsausschuss bewusst abgelehnt (Beschlussempfehlung Rechtsausschuss zu § 130). Nach altem Recht wurde sogar die Vermutung oder die Überzeugung von einer bevorstehenden Zahlungseinstellung oder die Befürchtung der Insolvenz nicht für ausreichend gehalten (**RG** 14. 3. 1919 Z 95, 152, 153; AG Wetzlar 31. 10. 1986 WM 1986, 1532; *Jaeger/Henckel* § 30 KO Rn 50). Selbst der bedingte Vorsatz, etwa dass der andere Teil mit dem Vorliegen einer Zahlungseinstellung rechnet und einen Vertrag auch für diesen Fall abschließt, wurde nicht als ausreichend angesehen (**RG** 8. 11. 1927 DJZ 1928, 318; RAG 2. 4. 1935 KuT 1935, 87; *Jaeger/Henckel* § 30 KO Rn 50; *Kilger/Karsten Schmidt* § 30 KO Anm 9; abw OLG Frankfurt 18. 5. 1904 OLGR 10, 219). Das ist nach der ausdrücklichen Anordnung in Abs 2 heute anders: Kenntnis von Zahlungsunfähigkeit und/oder Eröffnungsantrag ist vielmehr schon dann anzunehmen, wenn der begünstigte Insolvenzgläubiger die **Umstände kannte**, aus denen sich *zwingend* auf eines dieser Merkmale schließen lässt (**BGH** 12. 10. 2006 IX ZR 228/03 ZIP 2006, 2222 = ZInsO 2006, 1210 = NZI 2007, 36 = EWiR 2007, 113 *[Wagner]* = WuB VI A § 130 InsO 1.07 *[Bruns]*; in dieselbe Richtung schon **BGH** 27. 4. 1995 NJW 1995, 2103 = ZIP 1995, 929 = KTS 1995, 515 = EWiR § 30 KO 5/95, 689 *[Gerhardt]*; **BGH** 22. 1. 1998 Z 138, 40, 48 [dort aber nicht näher ausgeführt] = NJW 1998, 1318, 1320 = ZIP 1998, 477, 479 = KTS 1998, 418; zur groben Fahrlässigkeit OLG Brandenburg 2. 11. 1995 ZIP 1996, 142, 143 f = EWiR § 10 GesO 2/96, 167 *[Pape]*; *Kirchhof* ZInsO 1998, 3, 4; anders früher **RG** 14. 5. 1889 Z 23, 112, 115; **BGH** 18. 5. 1955 WM 1955, 1468, 1471; **OLG** Karlsruhe 16. 5. 1956 WM 1956, 1033, 1035). Diese Formulierung wurde vom Rechtsausschuss anstelle der ursprünglich vorgeschlagenen Gleichstellung von Kenntnis und grob fahrlässiger Unkenntnis gewählt und sollte wohl auf Druck vor allem der Kreditinstitute einen weniger strengen Maßstab umschreiben (ausführlich *Häsemeyer* Rn 21.50 [mit scharfer Kritik an der zu wenig weit reichenden Beweiserleichterung]; *Henckel* KS-InsO S 813, 824 f; *Paulus* WM 2000, 2225, 2228; *ders* ZBB 2002, 492, 494). Gleichwohl wurde zunächst dafür plädiert, sie sachlich doch der groben Fahrlässigkeit gleichzustellen (vgl **BGH** 20. 11. 2001 IX ZR 48/01 Tz 29 Z 149, 178, 184 = NJW 2002, 515 = ZIP 2002, 87 = ZInsO 2002, 29 = NZI 2002, 91 = EWiR 2002, 219 *[Wagner]* = WuB VI C § 139 InsO 1.02 *[Smid]* = DZWIR 2003, 110 *[Flöther/Bräuer]*; dafür *Heublein* ZIP 2000, 161, 167 f [mit Hinweisen zu den Erkenntnismöglichkeiten vor allem der Hausbank]; KP-*Paulus* § 130 Rn 33; *Paulus* WM 2000, 2225, 2228 [unter Hinweis auf die ohnehin aus § 18 KWG folgende besondere Prüfungspflicht der Banken bei Großkrediten]; abw *Dampf* KTS 1998, 145, 160 f; *Gottwald/Huber* InsR HdB § 47 Rn 26; *Obermüller* WM 1994, 1829, 1833). Im Zusammenhang mit der Anfechtung gegenüber Arbeitnehmern ist der **BGH** dem jedoch unter Verweis auf die Geschichte der Norm entgegengetreten, um im Ergebnis höhere Anforderungen an die erforderliche Kenntnis zu stellen (**BGH** 19. 2. 2009 IX ZR 62/08 Tz 14 ff Z 180, 63 = ZIP 2009, 726 = NJW 2009, 1202 = ZInsO 2009, 515 = NZI 2009, 228 = EWiR 2009, 275 *[Bork]*; dazu *Sander* ZInsO 2009, 702, 704 ff; ebenso zuvor *Bork* ZIP 2007, 2337, 2338; weiter zuvor in einem Ausnahmefall [mehrmonatiger Lohnrückstand] AG Gera 9. 7. 2007 4 C 654/07 ZInsO 2007, 1000, 1001).

52 Solange der andere Teil um die Zahlungsunfähigkeit weiß, **entfällt die erforderliche Kenntnis** nicht dadurch, dass er sich der Tragweite seines Wissens, also der Anfechtbarkeit der Rechtshandlung, nicht bewusst war (**RG** 23. 9. 1910 WarnRspr 1910 Nr 395). Daher kann sich, wer selbst einen Eröffnungsantrag stellt, regelmäßig nicht auf seine Unkenntnis berufen (**BGH** 14. 10. 1999 NJW 2000, 211, 212 f = ZIP 1999, 1977, 1978 = KTS 2000, 96 = EWiR § 10 GesO 1/2000, 83 *[Eckardt]*; **OLG** Hamm 7. 12.

IV. Kenntnis der Krise (Abs 1 und 2) **§ 130**

1995 ZIP 1996, 469 f = EWiR § 30 KO 1/96, 467 *[Pape]*; abw **OLG** Dresden 31. 1. 2001 ZIP 2001, 621, 623 = EWiR § 130 InsO 1/01, 635 *[Wienberg]*: Gläubiger kann sich auch dann auf fehlende Kenntnis berufen, wenn er in früheren Insolvenzantrag den Schuldner als „zahlungsunfähig" bezeichnet hatte). Bedeutungslos ist auch die Annahme des anderen Teils, der Schuldner werde seine Zahlungen wieder aufnehmen, wenn sich diese Annahme später als unzutreffend erweist (**RG** 19. 5. 1916 JW 1916, 1118). Die Kenntnis entfällt auch nicht durch die Annahme, das Verfahren sei inzwischen erledigt (**OLG** Stuttgart 2. 5. 1956 KTS 1957, 15 [zum Vergleichsverfahren]). Zu denken ist hier etwa an die Rücknahme des Eröffnungsantrages oder die Ablehnung der Eröffnung. Wird die Kenntnis der Zahlungsunfähigkeit nach Abs 2 auf Grund von Umständen vermutet, kommt ihr Wegfall nur in Betracht, wenn diese Umstände weggefallen sind und neue Tatsachen eingetreten sind, die Zweifel an dem Fortbestand der Zahlungsunfähigkeit rechtfertigen (**BGH** 27. 3. 2008 IX ZR 98/07 Tz 8 ZIP 2008, 930 = NJW 2008, 2190 = NZI 2008, 366 = WuB VI A 3 130 InsO 4.08 *[Kirchhof]*; siehe auch unten Rn 66).

2. **Zeitpunkt der Kenntnis.** Der Insolvenzgläubiger muss die erforderliche Kenntnis von Zahlungsunfähigkeit und/oder Eröffnungsantrag im **Zeitpunkt der Rechtshandlung** gehabt haben. Kenntnis bei Vollendung des Erwerbs reicht aus (**RG** 2. 5. 1916 Z 88, 216, 217; **BGH** 9. 2. 1955 NJW 1955, 709 = KTS 1955, 139; **BGH** 9. 10. 1958 KTS 1958, 187 = LM § 15 KO Nr 2; **BGH** 15. 1. 1964 Z 41, 17, 18 f = NJW 1964, 1277 = KTS 1964, 166 = LM § 30 KO Nrn 16/17 *[Mormann]*). Bei anfechtbarer Aufrechnung ist Kenntnis im Zeitpunkt des **Entstehens der Aufrechnungslage** erforderlich (FG Münster 10. 1. 1991 ZIP 1991, 1155 = EWiR § 30 KO 2/91, 699 *[Mohrbutter]*). Zur Pfändung siehe künftige Forderung bereits oben Rn 47 sowie unten § 140 Rn 8. Eine der Rechtshandlung **nachfolgende oder vorausgehende Kenntnis** schadet nicht (**BGH** 27. 3. 2008 IX ZR 98/07 Tz 8 ZIP 2008, 930 = NJW 2008, 2190 = NZI 2008, 366 = WuB VI A 3 130 InsO 4.08 *[Kirchhof]*; zur vorausgehenden Kenntnis aber bereits oben Rn 52 aE). 53

Bei Insolvenz eines **Scheckausstellers** ist für die Anfechtung der Zeitpunkt der Gutschrift und nicht derjenige der Hereinnahme maßgebend (**BGH** 30. 4. 1992 Z 118, 171 = NJW 1992, 1960 = ZIP 1992, 778 = KTS 1992, 609 = LM § 30 KO Nr 54 *[Marly]* = EWiR § 30 KO 1/92, 683 *[Canaris]*; abw **BGH** 21. 12. 1977 Z 70, 177 = NJW 1978, 758 = KTS 1978, 215 = LM § 30 KO Nr 33 *[Hoffmann]* = JR 1979, 24 *[Olzen]*; **OLG** Köln 3. 4. 1979 WM 1979, 1193 = KTS 1980, 69, 71; **OLG** Köln 29. 9. 1995 NJW-RR 1996, 1330 = ZIP 1995, 1684 = KTS 1996, 117 = EWiR § 106 KO 4/95, 1205 *[Uhlenbruck]*; siehe auch § 140 Rn 5B). Eine Ausnahme besteht aber in den Fällen, in denen das Kreditinstitut auf Grund besonderer Garantie (früher Eurocheck) zur Einlösung verpflichtet ist. Hier erlangt der Schecknehmer bereits mit der Begebung eine feste Rechtsposition und damit ein Anwartschaftsrecht (für den Wechsel **BGH** 29. 4. 1974 NJW 1974, 1336 = WM 1974, 570). Gleiches gilt im Fall der Kreditkartenzahlung. 54

3. **Kenntnis bei Vertreterhandlungen. a)** Hat für den Insolvenzgläubiger ein **Stellvertreter** gehandelt, so finden hinsichtlich der Kenntnis von Zahlungsunfähigkeit oder Eröffnungsantrag die Grundsätze des § 166 Abs 1 BGB Anwendung (**RG** 12. 5. 1908 Z 68, 374, 375 ff; **RG** 14. 6. 1912 Z 80, 1, 5; **RG** 14. 12. 1915 JW 1916, 317, 318; **BGH** 12. 3. 2009 IX ZR 85/06 ZIP 2009, 726 = ZInsO 2009, 716 = NZI 2009, 384 [Empfangsbeauftragte der Gläubigerin als Wissensvertreterin]; **OLG** Hamm 29. 1. 1914 OLGR 30, 350; zur Zurechnung von Vertreter*handlungen* oben § 129 Rn 80 f). Das gilt auch für den Fall des § 133, wo es seitens des Verfahrensschuldners nicht um ein Wissen, sondern um den Willen vorsätzlicher Benachteiligung geht (**RG** 28. 6. 1904 Z 58, 342, 347). Es kommt daher auf die Kenntnis bzw den Willen des Vertreters, nicht auf die des Vertretenen an (zu dann möglichen Regressansprüchen des Geschäftsherrn *Köhn* NZI 2008, 412, 413). Es genügt, wenn der allgemeine gesetzliche Vertreter die Krise gekannt hat, nicht dagegen der auf sein Betreiben bestellte Ergänzungspfleger (vgl **BGH** 10. 10. 1962 Z 38, 65 = KTS 1962, 249). 55

Handelt der Vertreter nach bestimmten **Weisungen** (etwa der Gesellschafter), kommen demgegenüber nach § 166 Abs 2 BGB Kenntnis oder Wille des vertretenen Verfahrensschuldners zur Anwendung (dazu auch *Köhn* NZI 2008, 412, 414). § 166 Abs 2 BGB findet auch dann Anwendung, wenn jemand für einen anderen ohne Vertretungsmacht gehandelt hat und der Vertretene das Geschäft nachträglich genehmigt. Nimmt jemand vollmachtlos für einen Gläubiger handelnd ein Pfand des Verfahrensschuldners an und genehmigt der Gläubiger dies später, so kommt es in entsprechender Anwendung von § 166 Abs 2 BGB darauf an, ob der Gläubiger bei Erteilung der Genehmigung die anfechtungsbegründenden Umstände (Zahlungsunfähigkeit, Benachteiligungsvorsatz) gekannt hat (**RG** 12. 5. 1908 Z 68, 374, 377). Ist aber die Rechtshandlung von einem **Minderjährigen** vorgenommen und von seinem gesetzlichen Vertreter genehmigt worden, kommt es für die Kenntnis der anfechtungsbegründenden Umstände allein auf die Person des Minderjährigen an (**RG** 11. 2. 1927 Z 116, 134, 138 f). Denn § 166 BGB setzt eine Willenserklärung des Vertreters voraus, und durch die Genehmigung wird die vom Minderjährigen abgegebene Erklärung nicht zu einer Erklärung seines gesetzlichen Vertreters. 56

Der Grundsatz der Wissenszurechnung gilt auch für die **Organmitglieder** juristischer Personen. Hier ist das Wissen eines Organmitglieds der juristischen Person zuzurechnen (**RG** 27. 10. 1931 Z 134, 33, 36; **BGH** 3. 3. 1956 Z 20, 149, 153 = NJW 1956, 869; **BGH** 23. 10. 1958 WM 1959, 81, 84). Deshalb 57

§ 130

genügt die Kenntnis auch eines Organmitglieds, das an dem Geschäft nicht mitgewirkt hat (**RG** 8. 2. 1935 JW 1935, 2044; **BGH** 17. 4. 1986 NJW-RR 1986, 848 = ZIP 1986, 720 = KTS 1986, 477, 481 = EWiR § 48 KO 1/86, 603 *[Reimer]*). Das gilt jedenfalls dann, wenn das Wissen typischerweise aktenmäßig festgehalten zu werden pflegt (dazu **BGH** 31. 1. 1996 NJW 1996, 1205 = ZIP 1996, 500 = EWiR § 166 BGB 1/96, 635 *[Pfeiffer]* = LM H. 6/1996 § 166 BGB Nr 35 *[Scheuch]* = DStR 1996, 1135 *[Goette]*; **BGH** 20. 11. 1995 NJW 1996, 1051 = ZIP 1996, 176 = EWiR § 123 BGB 1/96, 391 *[E. A. Kramer]* = DStR 1996, 309 *[Goette]* = LM H. 4/1996 § 123 BGB Nr 78; für frühere Organmitglieder **BGH** 2. 2. 1996 NJW 1996, 1339 = ZIP 1996, 548 = EWiR § 463 BGB 1/96, 585 *[Taupitz]*; *Hirte* KapGesR Rn 3.316 ff; enger KP-*Paulus* § 130 Rn 32). Erst recht gilt dies, wenn ein bösgläubiges Organmitglied ein gutgläubiges Organmitglied vorschiebt, um den Verdacht der Kenntnis von Zahlungsunfähigkeit oder Eröffnungsantrag oder – im Falle des § 131 Abs 1 Nr 3 - der Gläubigerbenachteiligung auszuschließen (**RG** 10. 7. 1931 JW 1932, 165). Auch bei den Gesellschaften ohne Rechtspersönlichkeit genügt die Kenntnis eines vertretungsberechtigten Gesellschafters im Zeitpunkt der Rechtshandlung (**RG** 24. 6. 1882 Z 9, 143, 145; **RG** 15. 6. 1911 JW 1911, 778; **BGH** 16. 2. 1961 Z 34, 293, 297 = NJW 1961, 1022 = KTS 1961, 90, 91). Das Wissen eines zur Vertretung nicht befugten Gesellschafters kann dagegen nicht als Wissen der Gesellschaft angesehen werden (**RG** 27. 11. 1914 LZ 1915, 290 Nr 23). Die Kenntnis des Gesellschafters einer AG oder GmbH reicht ebensowenig aus wie die eines Genossen bei einer Genossenschaft (**RG** 4. 1. 1938 HRR 1938 Nr 411). Selbst bei einer Einpersonengesellschaft kann das Wissen eines Gesellschafters nicht der Gesellschaft zugerechnet werden: doch dürfte an die Stelle einer solchen aus der Sicht des Korporationsrechts nicht haltbaren Zurechnung die Beweiserleichterung nach Abs 3 bzw § 131 Abs 2 Satz 2 treten. Für **Personengesellschaften** gelten diese Überlegungen entsprechend (KP-*Paulus* § 130 Rn 32). Bei **Gesamtvertretung**, insbesondere bei juristischen Personen und bei Gesellschaften ohne Rechtspersönlichkeit, genügt die Kenntnis oder im Rahmen von § 133 der Benachteiligungsvorsatz eines oder mehrerer Gesamtvertreter, selbst wenn der andere das Geschäft zum Abschluss gebracht hat (**RG** 27. 10. 1931 Z 134, 33, 36; **BGH** 3. 3. 1956 Z 20, 149 = NJW 1956, 869; *Tintelnot* JZ 1987, 795, 796).

58 Bei den **rechtsgeschäftlichen Vertretern** muss sich ein Unternehmen das Wissen des mit der Vermittlung von Geschäften betrauten Handelsvertreters, der für einen bestimmten Bereich bestellt ist, zurechnen lassen (**OLG** Frankfurt 1. 7. 1975 NJW 1976, 1355). Die Kenntnis eines Bankkassierers von der Zahlungsunfähigkeit des späteren Verfahrensschuldners ist der Bank auch ohne Unterrichtung ihrer Repräsentanten zuzurechnen (**BGH** 1. 3. 1984 NJW 1984, 1953 = ZIP 1984, 809 = KTS 1984, 426; **BGH** 1. 6. 1989 NJW 1989, 2879 = ZIP 1989, 1180; **BGH** 1. 6. 1989 ZIP 1989, 1184). Hat ein Insolvenzverwalter oder ein anderer Amtswalter für das von ihm verwaltete Vermögen als Insolvenzgläubiger ein anfechtbares Recht erlangt, ist nach der Amtstheorie die Kenntnis des handelnden Verwalters maßgebend. Zuzurechnen ist dem Anfechtungsgegner auch die Kenntnis eines **Vertrauensmanns**, der für ihn eine Kontrollfunktion beim Schuldner ausübt und insbesondere die Aufgabe hat, die Lage des Schuldners zu beobachten und seinen Auftraggeber ständig über die Entwicklung der Verhältnisse auf dem laufenden zu halten und notfalls Alarm zu schlagen (**BGH** 15. 1. 1964 Z 41, 17, 20 = NJW 1964, 1277 = KTS 1964, 166 = LM § 30 KO Nrn. 16/17 *[Mormann]*; **BGH** 25. 3. 1982 Z 83, 293, 296 f = NJW 1982, 1585, 1586 = ZIP 1982, 670, 671 *[Ehegatte]*). Obwohl der **Besitzdiener** nicht Stellvertreter ist, ist doch seine Kenntnis maßgebend, wenn ihn der Besitzherr im Rechtsverkehr selbstständig für sich hat handeln lassen und er im Rahmen der ihm zur freien Entscheidung zugewiesenen Tätigkeit den Besitz für den Besitzherrn erworben hat (**BGH** 9. 2. 1960 Z 32, 53; **BGH** 15. 1. 1964 Z 41, 17, 21 f = NJW 1964, 1277 = KTS 1964, 166 = LM § 30 KO Nrn. 16/17 *[Mormann]*).

59 Zurechnung der Kenntnis erfolgt auch beim **Prozessbevollmächtigten**, der Vollstreckungs- oder Arresthandlungen bewirkt hat (**RG** 4. 7. 1902 JW 1902, 444; **BGH** 22. 11. 1990 NJW 1991, 980 = ZIP 1991, 39 = EWiR § 30 KO 1/91, 277 *[Wellensiek/Oberle]*). Bei Vollstreckungshandlungen, die durch eine Sozietät erfolgen, kommt es auf die Kenntnis des sachbearbeitenden Anwalts an (**OLG** Celle 20. 3. 1981 ZIP 1981, 467). Ausreichend ist aber in jedem Fall die Kenntnis des Gläubigers, da der Prozessbevollmächtigte bei der Durchführung der Zwangsvollstreckung im Sinne von § 166 Abs 2 BGB nach Weisung seines Auftraggebers handelt (**RG** 14. 12. 1915 JW 1916, 317).

60 Wer die Briefhypothek in der Weise abtritt, dass der Abtretungsempfänger in der Abtretungsurkunde offen bleibt (Blankettabtretung), ermächtigt den Abtretungsempfänger zur Ausfüllung des Abtretungsurkunde (**RG** 29. 1. 1913 Z 81, 257, 258); die Abtretung ist daher im Insolvenz des Zedenten anfechtbar, wenn der Abtretungsempfänger bei Ausfüllung der Abtretungsurkunde die Zahlungsunfähigkeit kannte (**BGH** 31. 10. 1956 Z 22, 128 = NJW 1957, 137 = MDR 1957, 216 *[Thieme]*).

61 b) Keine Zurechnung findet beim **Boten** statt. Auch die Kenntnis eines vollmachtlosen Vermittlers ist unerheblich (**RG** 27. 11. 1912 WarnRspr 1913 Nr 86; dazu bereits oben Rn 56).

62 Der **Gerichtsvollzieher** ist kein rechtsgeschäftlicher Vertreter des Gläubigers (**RG** 2. 6. 1913 Z 82, 85; **OLG** München 27. 4. 1992 NJW-RR 1993, 106 = ZIP 1992, 787 = KTS 1992, 564 = EWiR 37 KO 1/92, 589 *[Hanisch]* = WuB § 30 Nr 2 KO 1.92 *[Hess]* [für Vollziehungsbeamten]; **LG** Oldenburg 6. 6. 1951 MDR 1951, 683); seine Kenntnis von Zahlungsunfähigkeit oder Eröffnungsantrag ist daher bedeutungslos (**RG** 4. 5. 1917 Z 90, 193; **RG** 14. 3. 1919 Z 95, 152, 154; **RG** 15. 12. 1911 JW 1912,

V. Beweislast (Abs 2 und 3) **§ 130**

306 f; **RG** 12. 5. 1914 WarnRspr 1915 Nr 274; *Fahland* ZZP 92 [1979], 432, 441; *Schilken*, Wissenszurechnung im Zivilrecht [1983], S 194 ff; *Schmid* ZIP 1985, 202 f). Deshalb kann auch eine vom Schuldner dem Gerichtsvollzieher gegenüber abgegebene Erklärung, dass er zahlungsunfähig sei, dem Gläubiger nicht schaden, wenn er hiervon nichts erfahren hat (**RG** 14. 3. 1919 Z 95, 152, 154). Das gilt auch bei der Empfangnahme freiwilliger Leistungen auf Grund von § 754 ZPO (dazu *Reinhard/Schmid* ZIP 1985, 202 f).

Auch die Kenntnis des **Vollstreckungsbeamten** ist unschädlich (**RG** 4. 5. 1917 Z 90, 193; **LG** Oldenburg 6. 6. 1951 MDR 1951, 683; abw FG Rheinland-Pfalz 29. 11. 1985 EFG 1986, 433 Nr 483). Die Kenntnis des Vollziehungsbeamten eines Finanzamts vom Vorliegen der Zahlungsunfähigkeit wird dem Finanzamt daher nicht zugerechnet. Anders ist dies jedoch bezüglich der möglichen Kenntnis des zuständigen Vollstreckungssachbearbeiters des Finanzamts (**OLG** München 27. 4. 1992 NJW-RR 1993, 106 = ZIP 1992, 787 = KTS 1992, 564 = EWiR 37 KO 1/92, 589 [*Hanisch*] = WuB § 30 Nr 2 KO 1.92 [*Hess*]). 63

Die Kenntnis eines vom Verfahrensschuldner bestellten **Treuhänders** ist nicht zuzurechnen (**BGH** 10. 2. 1971 Z 55, 307 = NJW 1971, 1702 = KTS 1971, 210). Richtet der Vermieter von Wohnraum, der entgegen § 551 Abs 3 S 2 BGB die ihm überlassene Kaution nicht getrennt von seinem Vermögen angelegt hatte, erst nach Eröffnung eines Insolvenzverfahrens für die Kaution ein Treuhandkonto ein, so ist im Rahmen der Insolvenzanfechtung nach § 130 dem Mieter die Kenntnis des Vermieters vom Eröffnungsantrag nicht zuzurechnen (**LG** München I 7. 9. 1988 ZIP 1989, 254, 255 = EWiR § 30 KO 1/89, 179 [*Eckert*]). 64

V. Beweislast (Abs 2 und 3)

Grundsätzlich hat der **Insolvenzverwalter** die objektiven und subjektiven Voraussetzungen einer Anfechtung nach § 130 darzulegen und zu beweisen. Er muss also beweisen: (1) die anfechtbare Rechtshandlung, also dass ein Gläubiger, der im späteren Insolvenzverfahren Insolvenzgläubiger geworden wäre, durch eine während der Krise vorgenommene Rechtshandlung Deckung oder Befriedigung erlangt hat oder sie ihm ermöglicht wurde; (2) die (mittelbare) Gläubigerbenachteiligung (dazu § 129 Rn 127); (3) die Vornahme der Rechtshandlung in der Krise; (4) und die Kenntnis des Anfechtungsgegners von der Krise bei Vornahme der Rechtshandlung (zu Einzelheiten des Indizienbeweises für die Zahlungsunfähigkeit **BGH** 12. 7. 2007 IX ZR 210/04 ZInsO 2007, 1046 = NZI 2007, 722 = EWiR 2007, 691 [*Frind*] = WuB VI A § 17 InsO 2.08 [*Mohrbutter*]). 65

Auch die Beweislast für die erforderliche **Kenntnis** liegt grundsätzlich beim Insolvenzverwalter (**BGH** 14. 12. 1983 Z 89, 189 = ZIP 1984, 190, 192 = KTS 1984, 284 = JZ 1984, 420 m krit Anm *Baur*; zum alten Recht auch *Gerth* BB 1978, 689; **OLG** Schleswig-Holstein 21. 6. 2002 – 1 U 208/01 DZWIR 2003, 514 [*Adam*]). Entsprechend dem Grundsatz, dass der Schuldner regelmäßig nicht gehalten ist, die Zahlungsunfähigkeit durch Aufnahme weiterer Kredite abzuwenden, braucht der Insolvenzverwalter nicht von sich aus die Möglichkeit einer weiteren Kreditaufnahme durch den Schuldner auszuräumen, solange der Anfechtungsgegner nicht konkrete Kreditmöglichkeiten aufzeigt (**BGH** 25. 9. 1997 NJW 1998, 607 = ZIP 1997, 1926; zum Nachweis der Zahlungsunfähigkeit auch **OLG** Düsseldorf 7. 8. 1996 WM 1997, 278, 281 f; *Hölzle* ZIP 2006, 101, 103). Den Beweis der Kenntnis kann der Insolvenzverwalter auch durch den Antrag auf Parteivernehmung (§§ 445 ff ZPO) führen, insbesondere über Tatsachen, die die Kenntnis ergeben könnten. Der Verfahrensschuldner kann demgegenüber über die Tatsache der Zahlungsunfähigkeit und über die Kenntnis des Gläubigers davon als Zeuge vernommen werden (**RG** 30. 3. 1892 Z 29, 29). Beruft sich der Anfechtungsgegner auf einen Wegfall der ursprünglich bestehenden Kenntnis der Zahlungsunfähigkeit, obliegt ihm diesbzgl. die Beweislast (**BGH** 27. 3. 2008 IX ZR 98/07 Tz 8 ZIP 2008, 930 = NJW 2008, 2190 = NZI 2008, 366 = WuB VI A 3 130 InsO 4.08 [*Kirchhof*]; siehe dazu auch schon oben Rn 52). 66

Die Beweisführung wird dem Insolvenzverwalter aber in zweifacher Weise **erleichtert**: Zum einen steht nach Abs 2 die Kenntnis von Umständen, die zwingend auf das Vorliegen von Zahlungsunfähigkeit oder des Eröffnungsantrages schließen lassen, der Kenntnis von Zahlungsunfähigkeit oder Eröffnungsantrag selbst gleich (etwa bei ständigem und zunehmenden Rückstand mit Steuerzahlungen **BGH** 9. 1. 2003 IX ZR 175/02 Tz 30 f ZIP 2003, 410 = ZInsO 2003, 180 = NZI 2003, 322 = WuB VI C § 130 InsO 1.03 [*Hess*] = EWiR 2003, 379 [*Hölzle*]; ausf. *Hölzle* ZIP 2006, 101, 104 ff; *Kuder* ZIP 2008, 289, 291 f; zur Kenntnis des Finanzamts von der Zahlungsunfähigkeit des Steuerschuldners **BFH** 11. 8. 2005 VII B 244/04 Tz 13 E 210, 410 ZIP 2005, 1797 = ZInsO 2005, 1105 = NJW 2005, 3807 = NZI 2006, 53; *Frotscher* BB 2006, 351, 352; *Nacke* DB 2006, 1182 f; *Viertelhausen*, InVo 2004, 345, 349; zur Kenntnis einer Krankenversicherung **BGH** 20. 11. 2001 IX ZR 48/01 Tz 29 f Z 149, 178 = NJW 2002, 515 = ZIP 2002, 87 = ZInsO 2002, 29 = NZI 2002, 91 = EWiR 2002, 219 [*Wagner*] = WuB VI C § 139 InsO 1.02 [*Smid*] = DZWIR 2003, 110 [*Flöther/Bräuer*]). Und zum zweiten wird nach Abs 3 gegenüber einer Person, die dem Schuldner zur Zeit der Rechtshandlung im Sinne von **§ 138 na-hestand**, die Kenntnis der Zahlungsunfähigkeit oder des Eröffnungsantrages vermutet. Das ist im Hinblick darauf gerechtfertigt, dass diese Personen besondere Informationsmöglichkeiten über die wirtschaftlichen Verhältnisse des Schuldners haben. Ihnen steht der Entlastungsbeweis offen, dass sie weder 67

Zahlungsunfähigkeit noch Eröffnungsantrag kannten (Begr RegE zu § 130). Gelingt einer nahe stehenden Person der Nachweis ihrer Unkenntnis, bleibt es entgegen der insoweit widersprüchlichen Gesetzesbegründung bei der allgemeinen Beweiserleichterung des Abs 2; auch gegenüber einer nahestehenden Person steht daher die Kenntnis von Umständen, die zwingend auf das Vorliegen von Zahlungsunfähigkeit oder des Eröffnungsantrages schließen lassen, der Kenntnis von Zahlungsunfähigkeit oder Eröffnungsantrag selbst gleich (*von Campe*, Insolvenzanfechtung in Deutschland und Frankreich, 1996, S 142 f; HK-*Kreft* § 130 Rn 37; KP-*Paulus* § 130 Rn 34; für eine Anwendung von Abs 3 auch auf diese [sonstigen] Umstände *Biehl* Insider S 149 f).

§ 131 Inkongruente Deckung

(1) Anfechtbar ist eine Rechtshandlung, die einem Insolvenzgläubiger eine Sicherung oder Befriedigung gewährt oder ermöglicht hat, die er nicht oder nicht in der Art oder nicht zu der Zeit zu beanspruchen hatte,
1. wenn die Handlung im letzten Monat vor dem Antrag auf Eröffnung des Insolvenzverfahrens oder nach diesem Antrag vorgenommen worden ist,
2. wenn die Handlung innerhalb des zweiten oder dritten Monats vor dem Eröffnungsantrag vorgenommen worden ist und der Schuldner zur Zeit der Handlung zahlungsunfähig war oder
3. wenn die Handlung innerhalb des zweiten oder dritten Monats vor dem Eröffnungsantrag vorgenommen worden ist und dem Gläubiger zur Zeit der Handlung bekannt war, daß sie die Insolvenzgläubiger benachteiligte.

(2) ¹Für die Anwendung des Absatzes 1 Nr. 3 steht der Kenntnis der Benachteiligung der Insolvenzgläubiger die Kenntnis von Umständen gleich, die zwingend auf die Benachteiligung schließen lassen. ²Gegenüber einer Person, die dem Schuldner zur Zeit der Handlung nahestand (§ 138), wird vermutet, daß sie die Benachteiligung der Insolvenzgläubiger kannte.

Frühere § 30 Nr 2, § 33 KO. Neu sind die Erstreckung auf Rechtshandlungen, die eine Deckung „ermöglichen", die Anknüpfung an die Zahlungsunfähigkeit, die geänderten Fristen und die Beweiserleichterungen in Abs 2. Vorläufer ist § 10 Abs 1 Nr 4 GesO. § 146 Abs 1 Nrn. 1 und 2 RegE ohne, § 146 Abs 1 Nr 3 RegE mit Änderungen im Gesetzgebungsverfahren (Kenntnis statt grob fahrlässiger Unkenntnis); Abs 2 im Gesetzgebungsverfahren eingefügt.

Übersicht

	Rn
I. Allgemeines	1
II. Anfechtbare Rechtshandlung (Abs 1 Nrn 1 und 2)	2
1. Gewährung oder Ermöglichung von Sicherung oder Befriedigung	2
a) Befriedigungen	4
aa) „Nicht zu beanspruchen"	4
bb) „Nicht in der Art zu beanspruchen"	7
cc) „Nicht zu der Zeit zu beanspruchen"	13
b) Sicherheiten	15
aa) Besonderer auf Sicherstellung gerichteter Anspruch	15
bb) Befriedigungsanspruch	20
cc) Auffüllen von Sicherheiten	23
dd) Gesetzliche Sicherungsrechte	24
ee) Sicherung mehrerer Forderungen	25
ff) Anspruch auf Sicherung	26
gg) Geringfügige Abweichungen	27
2. Vornahme in der Krise	28
3. Beweislast	33
III. Benachteiligung (Abs 1 Nr 3)	36
1. Begriff	36
2. Beweislast (Abs 2)	38
a) Kenntnis von der Benachteiligung	38
b) Beweisführung	40
c) „Nahe"stehen	43
d) Kenntnis von Vertretern	44

I. Allgemeines

1 Nach § 131 sind Rechtshandlungen anfechtbar, durch die einem Insolvenzgläubiger Sicherung oder Befriedigung gewährt oder ermöglicht wird, die er nicht oder nicht in der Art oder zu der Zeit zu beanspruchen hatte. Wie § 130 verfolgt § 131 das Ziel, die *par conditio creditorum* zu verwirklichen (dazu § 130 Rn 1 ff). Im Gegensatz zu § 130 geht es hier aber um die Anfechtung (so) nicht zu beanspruchender Deckungen: da dies allein schon ein Anlass ist, misstrauisch zu sein, verzichtet § 131 für die Deckungen auf die bei § 130 geforderte Kenntnis. Im Gegensatz zu § 130 steht § 131 damit bereits

der Schenkung „wertungsmäßig nahe" (*Henckel* ZIP 1982, 391, 396). Aus diesem Grunde ist § 131 weitgehend objektiv zu verstehen. Strafrechtliche Parallelnorm ist § 283 c StGB (dazu auch oben § 129 Rn 30).

II. Anfechtbare Rechtshandlung (Abs 1 Nrn 1 und 2)

1. Gewährung oder Ermöglichung von Sicherung oder Befriedigung. Voraussetzung für die Anwendbarkeit von § 131 ist zunächst ebenso wie bei § 130, dass eine Rechtshandlung vorliegt, die einem **Insolvenzgläubiger** Sicherung oder Befriedigung gewähren oder ermöglicht hat. Auch hier muss die Handlung daher zugunsten eines Insolvenzgläubigers erfolgt sein (dazu oben § 130 Rn 25 ff; nicht: *von* einem Insolvenzgläubiger; abw daher KP-*Paulus* § 131 Rn 2); und es muss selbstverständlich als allgemeine Voraussetzung jeder Anfechtung eine (mittelbare) Benachteiligung der Insolvenzgläubiger gegeben sein (dazu § 129 Rn 91 ff, § 130 Rn 3). Zu den Insolvenzgläubigern ist auch zu zählen, wer in der kritischen Zeit nur den Rechtsgrund für eine zuvor rechtsgrundlos erbrachte Leistung schafft (KP-*Paulus* § 131 Rn 2).

Entscheidender Unterschied zu § 130 ist aber, dass § 131 nur solche Sicherungen oder Befriedigungen erfasst, die dem Insolvenzgläubiger eine **inkongruente Deckung** gewähren oder ermöglichen, also Deckungen, auf die der Gläubiger keinen Anspruch hatte oder die er nicht in der Art oder zu der Zeit, in der sie erfolgten, zu beanspruchen hatte. Der Begriff „Sicherung oder Befriedigung dieser Art" ist im Interesse der Insolvenzgläubiger eng auszulegen (**BGH** 25. 9. 1952 KTS 1955, 15 = LM § 30 KO Nr 1 = BB 1952, 868 f *[Berges]*; **BGH** 15. 11. 1960 Z 33, 389, 393 = KTS 1961, 12). Ein Gläubiger, der eine ihm (so) nicht zustehende Leistung erhält, muss Verdacht schöpfen. Diese Inkongruenz muss zur Zeit der Sicherung oder Befriedigung vorhanden sein bzw zu dem Zeitpunkt, in dem dafür die Voraussetzungen geschaffen werden. Den höheren Anforderungen an die Rechtshandlung stehen geringere Anforderungen an die erforderliche Kenntnis des begünstigten Insolvenzgläubigers bezüglich der Krise gegenüber (dazu unten Rn 28).

a) Befriedigungen. aa) „Nicht zu beanspruchen". Eine Befriedigung, die ein Gläubiger nicht zu beanspruchen hat, ist kein Widerspruch. Denn es gibt Fälle, in denen jemand eine Forderung hat, er aber gleichwohl, wenn der Schuldner seine Rechte ausübt, keine Befriedigung erlangen kann. Das gilt von jeder Forderung, die einer dauernden **Einrede** (zB der Einrede der Verjährung) ausgesetzt ist. Das ist aber auch für Ansprüche aus Rechtsgeschäften anzunehmen, die zivilrechtlich wegen Irrtums, Täuschung oder Drohung **anfechtbar** sind (*Häsemeyer* Rn 21.57; differenzierend Jaeger/*Henckel* § 131 Rn 8; Kilger/*Karsten Schmidt* § 30 KO Anm 19 a). Für eine erfolgreich durch den Insolvenzverwalter durchgeführte Insolvenzanfechtung muss dasselbe gelten (NJW 1995, 1668, 1671 = ZIP 1995, 630, 631 = KTS 1995, 304 = EWiR § 138 BGB 2/95, 429 *[Gerhardt]*; KP-*Paulus* § 131 Rn 7). Auch wegen Formmangels **nichtige**, aber durch Erfüllung heilbare Rechtsgeschäfte sollen hierher gehören (§ 311 b Abs 1 Satz 2 BGB; § 15 Abs 4 Satz 2 GmbHG; RG 10. 12. 1894 JW 1895, 44; abw KP-*Paulus* § 131 Rn 2). Das ist zweifelhaft: keinesfalls gehören Ansprüche aus Geschäften hierher, die wie etwa Wucher- oder Scheingeschäfte ihrem Inhalt nach nichtig sind und deshalb keinen Anspruch begründen können (allgemein zum Verhältnis von Anfechtbarkeit und Nichtigkeit oben § 129 Rn 76 ff). Diese können aber nach 132 oder nach 133, 134 anfechtbar sein. Forderungen aus **Naturalobligationen** (Spiel, Wette, Differenzgeschäft) sind zwar nicht einklagbar und begründen darum nach § 38 keine Insolvenzforderungen; § 131 ist auf sie aber entsprechend anwendbar (dazu oben § 130 Rn 30; ebenso *Häsemeyer* Rn 21.57; HK-*Kreft* § 131 Rn 8 [direkt anwendbar]; Jaeger/*Henckel* § 131 Rn 8; abw Kuhn/Uhlenbruck § 30 KO Rn 46; KP-*Paulus* § 131 Rn 6). Auch die nicht kongruente Erfüllung nachrangiger Insolvenzverbindlichkeiten (§ 39) ist heute von § 131 erfasst (dazu oben § 130 Rn 30).

Für die Beurteilung, ob die Rückführung eines debitorischen Saldos auf einem Girokonto durch **Verrechnung** von Überweisungseingängen seitens der Bank eine inkongruente Deckung ist, kommt es darauf an, ob die Bank die Deckung zu diesem Zeitpunkt beanspruchen konnte. Entscheidend ist dabei die Art des Debets und des zugrundeliegenden Rechtsverhältnisses (Einzelheiten bei § 130 Rn 14). Die Rückführung eines jederzeit fälligen Überziehungskredits ist keine inkongruente Deckung (dazu oben § 130 Rn 14). Hatte die Bank dagegen mit ihrem Kunden die Vereinbarung getroffen, dass der Überziehungskredit für eine bestimmte Zeit zur Verfügung gestellt wird, stellt sich eine vorzeitige Rückführung als inkongruente Deckung dar (**BGH** 7. 3. 2002 IX ZR 223/01 Z 150, 122 = NJW 2002, 1722 = ZIP 2002, 812 = ZInsO 2002, 426 = NZI 2002, 311 = EWiR 2002, 685 *[Ringstmeier]* = DZWIR 2002, 385 *[Dietrich]*; *Heublein* ZIP 2000, 161, 166; enger *Dampf* KTS 1998, 145, 171 ff). Nimmt die Hausbank des späteren Verfahrensschuldners zum Zwecke der Saldierung Umbuchungen auf unterschiedlichen Konten vor, kann eine inkongruente Deckung gegeben sein, wenn die Bank ihre vertraglichen Rechte überschreitet (**BGH** 26. 3. 1984 Z 90, 381 = NJW 1984, 1893 = ZIP 1984, 572, 578 [vereinbarungswidrige Umbuchung von einem Sonderkonto auf das laufende Konto]; dazu auch § 130 Rn 15); jedoch wirds evtl. schon an der Gläubigerbenachteiligung fehlen (dazu oben § 129 Rn 107).

Inkongruenz stellt die **Bezahlung unentgeltlich erbrachter Leistungen** (BGH 15. 12. 1994 NJW 1995, 1093, 1094 = ZIP 1995, 297, 299 = KTS 1995, 314 = EWiR § 31 KO 1/95, 281 *[Johlke]*) oder die zu hohe Festsetzung einer **Kündigungsabfindung** dar (**OLG** Düsseldorf 13. 4. 1989 ZIP 1989, 1072,

1073 = EWiR § 30 KO 2/89, 609 [*Gerhardt*]). Bei der Insolvenz des Komplementärs einer KG kann der Insolvenzverwalter im Wege der Anfechtung die Rückgewähr solcher Zahlungen zur Insolvenzmasse verlangen, die der Komplementär und spätere Verfahrensschuldner als persönlicher Schuldner einer auf dem Grundstück eines Dritten eingetragenen Hypothek für diesen an Zins- und Tilgungsleistungen erbracht hat und für die er vom Grundstückseigentümer Ersatz verlangen kann; dies gilt selbst dann, wenn die Zahlungen auf Anweisung des Verfahrensschuldners aus Mitteln der KG bewirkt worden waren, sofern gleichzeitig das Gesellschafterkonto des Komplementärs in gleicher Höhe mit Privatentnahmen belastet worden war (**BGH** 23. 11. 1981 ZIP 1982, 76 = KTS 1982, 410).

7   bb) „**Nicht in der Art zu beanspruchen**". Nicht in der Art hat ein Gläubiger Befriedigung zu beanspruchen, wenn ihm anstelle dessen, was er zu fordern hat, etwas an **Erfüllungs Statt** oder **erfüllungshalber** gegeben wird (**BGH** 3. 4. 1968 KTS 1968, 235 = LM § 3 AnfG Nr 14; **OLG** Frankfurt 7. 2. 1997 ZIP 1997, 598, 599 = EWiR § 31 KO 1/97, 471 [*Pape*]). Hierher gehören die Fälle, dass statt Barzahlung Waren hingegeben werden (**BGH** 28. 5. 1971 WM 1971, 908, 909) oder eine Forderung abgetreten wird (**RG** 10. 5. 1940 WarnRspr 1940 Nr 112; **OLG** Schleswig 24. 11. 1981 ZIP 1982, 82; **OLG** Zweibrücken 8. 2. 1984 KTS 1984, 492 = WuB § 30 KO 1.85 [*Obermüller*]). Auch die **Hingabe von Kundenschecks** ist im allgemeinen inkongruente Deckung, weil der Gläubiger anstelle der Barzahlung eine Forderung des Verfahrensschuldners übertragen erhält (**RG** 23. 4. 1909 Z 71, 89, 91; **BGH** 28. 5. 1971 WM 1971, 908; **BGH** 30. 9. 1992 Z 118, 171 = NJW 1992, 1960, 1961 = ZIP 1992, 778, 780 = KTS 1992, 609 = EWiR § 30 KO 1/92, 683 [*Canaris*] = LM § 30 KO Nr 54 [*Marly*]; **BGH** 30. 9. 1993 Z 123, 320 = NJW 1993, 3267 = ZIP 1993, 1653 = KTS 1994, 116 = LM § 30 KO Nr 55 [*Stürner*] = EWiR § 30 KO 2/94, 373 [*Henckel*]; **BGH** 14. 5. 2009 IX ZR 63/08 ZIP 2009, 1235 = ZInsO 2009, 1254 = NZI 2009, 471; **BGH** 10. 10. 1961 St 16, 279 f = NJW 1962, 117; zur anfechtbaren Scheckübereignung an „den, den es angeht" **OLG** Stuttgart 8. 7. 1980 ZIP 1980, 860; **OLG** Stuttgart 3. 3. 1996 ZIP 1996, 1621 = KTS 1997, 68 = EWiR § 30 KO 4/96, 989 [*Pape*]; dazu auch unten Rn 14). Kongruenz kommt nur dann in Betracht, wenn die dem Scheck zugrunde liegende Kausalforderung unanfechtbar an den Gläubiger abgetreten und die unverzügliche Weitergabe der Kundenschecks vereinbart worden war (**BGH** 14. 5. 2009 IX ZR 63/08 aaO; zur Inkongruenz bei der Einreichung von Kundenschecks im Bankverkehr siehe auch unten Rn 15). Weiter zählt hierzu der Fall, dass der Verfahrensschuldner seinem Warenlieferanten die unbezahlten **Waren** zum Ausgleich der Kaufpreisforderung **zurückgibt**, es sei denn, dem Lieferanten stehet etwa auf Grund eines Eigentumsvorbehalts noch ein Aussonderungsrecht zu (**RG** 11. 7. 1893 Z 31, 134, 137; **RG** 29. 10. 1907 Z 67, 20 = SeuffArch 64 Nr 40). Wird die Ware dagegen nicht zur Deckung der Kaufpreisforderung zurückgegeben, sondern aufgrund eines ausgeübten Rücktrittsrechts, ist die Rückgewähr kongruent (**RG** 13. 3. 1931 WarnRspr 1931 Nr 92).

8   Inkongruenz in der Art der Leistung liegt auch vor, wenn ein Schuldner des Verfahrensschuldners dessen **Schuld befreiend übernimmt** (**RG** 18. 5. 1900 Z 46, 101; **BGH** 5. 7. 2007 IX ZR 256/06 Z 173, 129 = ZIP 2007, 1816 = ZInsO 2007, 989 = NZI 2007, 650 = EWiR 2008, 149 [*Flitsch*] = WuB II C § 30 GmbHG 1.08 [*Ulmer*]; anders *Burchard* Dreieck S 241ff, 251, die auch bzgl. der Drittleistung Kongruenz annimmt, wenn der Gläubiger vom verfahrensschuldner kongruent erworben hätte) oder wenn ein Dritter (Schuldner des Verfahrensschuldners) auf **Anweisung** des Verfahrensschuldners an einen Gläubiger zahlt (**BGH** 9. 1. 2003 IX ZR 85/02 NJW-RR 2003, 842, 844; **BGH** 8. 12. 2005 IX ZR 182/01 NJW 2006, 1348 = ZIP 2006, 290 = ZInsO 2006, 94 = NZI 2006, 159 = WuB VI A § 131 InsO 4.06 [*Kirchhof*]; **BGH** 10. 5. 2007 IX ZR 146/05 ZIP 2007, 1162 = ZInsO 2007, 662 = NZI 2007, 456 = EWiR 2007, 471 [*Huber*] = WuB VI A § 131 InsO 5.07 [*Schönfelder*] [Zahlung des Auftraggebers an den Subunternehmer auf Anweisung des Schuldners]; ebenso **BGH** 29. 11. 2007 IX ZR 121/06 Z 174, 314 = ZIP 2008, 190 = NJW 2008, 1067 = ZInsO 2008, 814 = NZI 2008, 167 = EWiR 2008, 505 [*Homann*]; ähnlich für den Fall einer Direktzahlung an den Subunternehmer auf Grund von § 16 Nr 6 VOB/B: **OLG** Dresden 11. 11. 1999 ZIP 1999, 2161, 2165 = EWiR § 16 VOB/B 1/2000, 253 [*C. Schmitz*] bestätigt durch **BGH** 6. 6. 2002 IX ZR 425/99 ZInsO 2002, 766 [KO]; **BGH** 16. 10. 2008 ZIP 2008, 2324 = ZInsO 2008, 1322 = NZI 2009, 55 = EWiR 2009, 151 [*Huber*]; abw. *Burchard* Dreieck S 78 ff) und der Empfänger keinen Anspruch auf eine solche mittelbare Zuwendung hatte; zur mittelbaren Zuwendung ausführlich oben § 129 Rn 83 ff. Insofern kann auch die Vorschrift des **§ 648 a BGB** keinen Anspruch auf eine solche Direktzahlung begründen (**BGH** 10. 5. 2007 IX ZR 146/05 ZIP 2007, 1162 = ZInsO 2007, 662 = NZI 2007, 456 = EWiR 2007, 471 [*Huber*] = WuB VI A § 131 InsO 5.07 [*Schönfelder*]; siehe dazu auch § 130 Rn 20 und § 142 Rn 7 und 9). Kongruenz kann aber dann vorliegen, wenn der Zahlung eine entsprechende **dreiseitige Absprache** zugrundelag (dazu auch § 142 Rn 9). Inkongruenz ist auch anzunehmen, wenn der Anspruch des mitarbeitenden **Ehegatten** auf Abgeltung seiner beruflichen Mitarbeit durch Übertragung bestimmter Vermögensgegenstände statt durch Zahlung befriedigt wird. Sie kann auch vorliegen, wenn ein Ehepartner im Rahmen der Auseinandersetzung einer Zugewinngemeinschaft Teile seines Geschäftsvermögens auf seine geschiedene Ehefrau überträgt; denn der Zugewinnausgleichsanspruch geht auf Zahlung (§ 1378 Abs 1 BGB; **BGH** 31. 10. 1962 WM 1962, 1369). Das gilt entsprechend für **Abfindungsansprüche** nach § 738 Abs 1 Satz 2 BGB oder § 131 Abs 3 HGB (KP-*Paulus* § 131 Rn 14; zum insoweit maßgeblichen Zeitpunkt § 140 Rn 17; dazu auch § 129 Rn 122A, § 134 Rn 39).

II. Anfechtbare Rechtshandlung (Abs 1 Nrn 1 und 2) § 131

Die **verkehrsübliche Zahlungsweise** durch Scheckausstellung, Überweisung auf ein Girokonto, An- 9
weisung oder Akzept des Schuldners oder im Rahmen des Lastschriftverfahrens fällt nicht unter § 131
(vgl **RG** 2. 10. 1917 LZ 1918, 770 Nr 21; **BGH** 21. 12. 1977 Z 70, 177, 183 = NJW 1978, 758, 759 =
KTS 1978, 215 = LM § 30 KO Nr 33 *[Hoffmann]* = JR 1979, 24 *[Olzen]*; **BGH** 30. 9. 1993 Z 123,
320, 324 = NJW 1993, 3267 = ZIP 1993, 1653, 1654 = KTS 1994, 116 = LM § 30 KO Nr 55 *[Stürner]*
= EWiR § 30 KO 2/94, 373 *[Henckel]*; **BGH** 2. 2. 2006 IX ZR 67/02 Z 166, 125 = NJW 2006, 1800 =
ZIP 2006, 578 = ZInsO 2006, 322 = NZI 2006, 287 = WuB VI A § 135 InsO 2.06 *[Servatius]*; **BGH**
12. 10. 2006 IX ZR 228/03 ZIP 2006, 2222 = ZInsO 2006, 1210 = NZI 2007, 36 = EWiR 2007, 113
[Wagner] = WuB VI A § 130 InsO 1.07 *[Bruns]*; **BGH** 21. 6. 2007 IX ZR 231/04 NZI 2007, 517, 6518
= ZIP 2007, 1469 = WM 2007, 1616 = WuB VI A § 130 InsO 1.07 *[Kreft]*; **BGH** 10. 6. 2008 XI ZR
283/07 ZIP 2008, 1977 = NJW 2008, 3348 = ZInsO 2008, 1076 = EWiR 2008, 625 *[Keller]*; OLG
Düsseldorf 21. 3. 1985 WM 1985, 1042; *Peschke* Insolvenz des Girokontoinhabers S 194f). Inkongruenz
wird auch nicht dadurch begründet, dass eine verkehrsübliche Zahlungsmethode durch eine andere
ersetzt wird (**BGH** 2. 2. 2006 IX ZR 67/02 Z 166, 125 = NJW 2006, 1800 = ZIP 2006, 578 =
ZInsO 2006, 322 = NZI 2006, 287 = WuB VI A § 135 InsO 2.06 *[Servatius]*; **BGH** 21. 6. 2007 IX ZR
231/04 NZI 2007, 517, 6518 = ZIP 2007, 1469 = WM 2007, 1616 = WuB VI A § 130 InsO 1.08
[Kreft]). Anders – da nicht verkehrsüblich – sollen die Dinge jedenfalls beim eigenen Wechsel liegen;
angesichts veränderter Zahlungsusancen dürfte dies (heute) auch für die Begebung eines gezogenen
Wechsels gelten. Zu den Zahlungsmethoden im Einzelnen siehe oben § 130 Rn 14ff.

Bei der **Aufrechnung** ist heute entscheidend, ob die Aufrechnungslage in anfechtbarer Weise entstan- 10
den ist (§ 96 Abs 1 Nr 3). So führt die Herstellung einer Aufrechnungslage zu einer inkongruenten Deckung,
wenn kein Anspruch auf die Schaffung einer Aufrechnungslage bestand, denn auch die Art und
Weise der Erfüllung kann eine inkongruente Deckung bewirken (**BGH** 29. 6. 2004 IX ZR 195/03 Z
159, 388 = NJW 2004, 3118 = ZIP 2004, 1558 = ZInsO 2004, 852 = NZI 2004, 580 = WuB VI A § 131
InsO 1.05 *[Bartels]*; für inkongruente Deckung als Regelfall *von Olshausen* KTS 2001, 45, 48 ff;
Peschke Insolvenz des Girokontoinhabers S 182; ebenso für das alte Recht **RG** 18. 9. 1934 WarnRspr
1935 Nr 13; **BGH** 1. 4. 2004 IX ZR 305/00 NZI 2004, 376, 378 f = ZIP 2004, 957 = EWiR § 31 KO
1/2004, 933 *[M. Huber]* = WuB VI C § 134 InsO 4.04 *[Kirchhof]* [KO]; **BGH** 9. 2. 2006 ZIP 2006,
818 = NZI 2006, 345 = NJW-RR 2006, 1062 = WuB VI A § 96 InsO 1.06 *[Servatius]*; *Jaeger* KuT
1929, 147; ausführlich oben § 129 Rn 33, § 130 Rn 11 ff).

Bei **Schadensersatzansprüchen** ist zwar nach dem Gesetz Naturalrestitution geschuldet (§ 249 BGB). 11
Gleichwohl kann nach der Verkehrsauffassung nicht nur in den Fällen, in denen sich der Anspruch von
Gesetzes wegen in einen Geldanspruch umwandelt (§ 251 BGB), von kongruenter Leistung ausgegangen
werden, wenn der Ausgleich in Geld erfolgt (**BGH** 31. 10. 1962 WM 1962, 1369; Kilger/*Karsten
Schmidt* § 30 KO Anm 19 b). Anders liegt dies im Umkehrfall bei einem schon auf Geld lautenden
Schadensersatzanspruch (§ 250 BGB), der *in natura* erfüllt wird (KP-*Paulus* § 131 Rn 14). Darf sich der
Schuldner durch eine **andere als die geschuldete Leistung** von seiner Schuld befreien (Ersetzungsbefugnis;
facultas alternativa), fehlt es an inkongruenter Deckung (**BGH** 29. 9. 2005 IX ZR 184/04 ZIP
2005, 2025 = ZInsO 2005, 1160 = NZI 2005, 671 = EWiR 2006, 151 *[Eisner]* = WuB VI A § 131 InsO
2.06 *[Kirchhof]*; **BGH** 29. 11. 2007 IX ZR 30/07 Z 174, 297 = NJW 2008, 430 = ZIP 2008, 183 =
ZInsO 2008, 91 = NZI 2008, 89 = EWiR 2008, 187 *[Ries]* = WuB VI A § 130 InsO 2.08 *[Schönfelder]*).
So liegt es etwa, wenn die Bank auf Grund einer Inkassovereinbarung verpflichtet ist, Forderungen ihres
Kunden einzuziehen und dem debitorischen Konto gutzuschreiben (**BGH** 21. 12. 1977 Z 70, 177,
183 = NJW 1978, 758 = KTS 1978, 215 = LM § 30 KO Nr 33 *[Hoffmann]* = JR 1979, 24 *[Olzen]*).
Ebenso liegt es, wenn eine Bank verpflichtet ist, Kundenwechsel zur Abdeckung des Kontos hereinzunehmen,
oder wenn im Darlehensgläubiger sich verpflichtet hat, Wertpapiere oder Wechsel zu seiner
Befriedigung anzunehmen (**RG** 23. 4. 1909 Z 71, 89, 91; **BGH** 21. 12. 1977 Z 70, 177, 183 = NJW
1978, 758 = KTS 1978, 215 = LM § 30 KO Nr 33 *[Hoffmann]* = JR 1979, 24 *[Olzen]*; *Kuhn* WM
1979, 746). Dies gilt allerdings nur dann, wenn die Ersetzungsbefugnis vor der kritischen Zeit begründet
worden ist und daher unverdächtig ist (**BGH** 29. 9. 2005 IX ZR 184/04 ZIP 2005, 2025 = ZInsO
2005, 1160 = NZI 2005, 671 = EWiR 2006, 151 *[Eisner]* = WuB VI A § 131 InsO 2.06 *[Kirchhof]*). Inkongruente
Leistung liegt auch nicht vor, wenn der Schuldner bei einer **Wahlschuld** (§ 262 BGB) die
eine oder die andere in seine Wahl gestellte Leistung bewirkt (**RG** 23. 4. 1909 Z 71, 89, 91; **BGH**
29. 11. 2007 IX ZR 30/07 Z 174, 297 = NJW 2008, 430 = ZIP 2008, 183 = ZInsO 2008, 91 = NZI
2008, 89 = EWiR 2008, 187 *[Ries]* = WuB VI A § 130 InsO 2.08 *[Schönfelder]*). Hat der Gläubiger das
Wahlrecht, greift § 131 deshalb nicht ein, weil er dann jede der zur Wahl gestellten Leistungen verlangen
kann.

Geringfügige Abweichungen von der Art der vertragsgemäßen Leistung bleiben außer Betracht. So 12
liegt, wenn dem Gläubiger in seinen Geschäftsräumen eine Holschuld erbracht wird, noch keine inkongruente
Deckung vor, wenn nicht besondere Umstände für eine Begünstigung sprechen (so auch Jaeger/
Henckel § 131 Rn 47). Zahlt der Schuldner auf sein Konto bei einem Kreditinstitut Geldbeträge in bar
ein und schließt die Bank sodann das Konto wegen Zahlungseinstellung ab, kann sie den eingezahlten
Betrag mit einem Debetsaldo verrechnen, wenn und soweit sie einen fälligen Anspruch auf Rückführung
hatte (dazu oben § 130 Rn 14). Die Bank agiert hingegen nur als Zahlstelle, wenn die Ein-

§ 131   *Inkongruente Deckung*

zahlung mit einem Überweisungsauftrag verbunden wird; Anfechtungsgegner ist dann grds nur der Überweisungsempfänger (**BGH** 4. 4. 1979 Z 74, 129 = NJW 1979, 1461). Unerheblich ist es auch, wenn bei bargeldlosen Überweisungen die Zeitspanne der Verfrühung die zu erwartende Dauer des Zahlungsvorgangs nicht nennenswert überschreitet (**BGH** 9. 6. 2005 IX ZR 152/03 ZIP 2005, 1243 = ZInsO 2005, 766 = NZI 2005, 497 = EWiR § 131 InsO 2/2005, 829 *[Paulus]* = WuB VI A § 131 InsO 1.05 *[Kirchhof]* [keine Inkongruenz, wenn die verfrühte Leistung die Rechtzeitigkeit der Zahlung sicherstellen sollte und im Falle einer Überweisung nicht mehr als fünf Tage vor Fälligkeit erfolgte; i.c. wurde die Kongruenz aus anderen Gründen abgelehnt; siehe dazu unten Rn 13]). Unschädlich ist schließlich auch die Einräumung einer Grundschuld anstelle einer Hypothek oder die Sicherungsübereignung/-abtretung anstelle einer Verpfändung (KP-*Paulus* § 131 Rn 14).

13   cc) „**Nicht zu der Zeit zu beanspruchen**". Nicht zu der Zeit hat ein Gläubiger Befriedigung zu beanspruchen, wenn eine Forderung noch **nicht fällig, betagt oder aufschiebend bedingt** ist (**OLG Köln** 22. 5. 1970 KTS 1971, 51, 52 mwN). Kann der Gläubiger die Leistung nicht vor einer bestimmten Zeit verlangen, der Schuldner sie aber bewirken, wie das regelmäßig der Fall ist (§ 271 Abs 2 BGB), so liegt inkongruente Deckung vor, obwohl der Gläubiger bei Ablehnung der vorzeitigen Leistung in Annahmeverzug gerät; denn der Gläubiger kann die Leistung im Zeitpunkt ihrer Vornahme noch nicht beanspruchen (**RG** 10. 12. 1897 JW 1898, 52; vgl auch **BGH** 14. 7. 1969 NJW 1969, 1719 = KTS 1970, 201; **BGH** 17. 6. 1999 NJW 1999, 3780, 3781 = NZI 1999, 361 = ZInsO 1999, 467 = ZIP 1999, 1271, 1272 = KTS 1999, 485 = EWiR § 30 KO 1/99, 801 *[Eckardt]* = WuB VI B. § 30 Nr 2 KO 1.02 *[Hirte/M. Groß]* [zur Verrechnung auf ungekündigtem Kontokorrentkonto]; **BGH** 9. 6. 2005 IX ZR 152/03 ZIP 2005, 1243 = ZInsO 2005, 766 = NZI 2005, 497 = EWiR § 131 InsO 2/2005, 829 *[Paulus]* = WuB VI A § 131 InsO 1.05 *[Kirchhof]* [zur Fälligkeit „spätestens am ..." im Sozialversicherungsrecht: Fälligkeit auch hier erst zum spätestmöglichen Zeitpunkt]; **LG Bochum** 7. 12. 2000 ZIP 2001, 87, 88 f = EWiR § 131 InsO 2/01, 485 *[Eckardt]*; **LG München I** 15. 3. 1995 ZIP 1995, 764, 766 = EWiR § 10 GesO 1/95, 581 *[Trutnau]*; *Steinhoff* ZIP 2000, 1141, 1144; abw **BGH** 25. 2. 1999 NJW 1999, 3264, 3265 f = ZIP 1999, 665 = KTS 1999, 357 = EWiR § 2 GesO 1/99, 789 *[Tappmeier]*). Das Recht des Gläubigers, die Leistung einfordern zu können, unterscheidet gerade kongruente von inkongruenten Rechtshandlungen. Führt der Gläubiger die Fälligkeit durch Kündigung oder in ähnlicher Weise herbei, ist für die Frage der Inkongruenz entscheidend, ob die **Kündigung** und eine etwaige Kündigungsfrist vor der Krise liegen bzw ob das Kündigungsrecht anfechtungsfest begründet worden war (**BGH** 14. 5. 2009 IX ZR 63/08 ZIP 2009, 1235 = ZInsO 2009, 1254 = NZI 2009, 471; Jaeger/*Henckel* § 131 Rn 28; MK/*Kirchhof* § 131 Rn 41 a; KP-*Paulus* § 131 Rn 16). Ist letzteres der Fall, kann auch eine in der Krise erfolgte Kündigung zu einer kongruenten Deckung führen, solange nicht der Kündigungsgrund anfechtbar herbeigeführt wurde. Wird die Fälligkeit allerdings durch eine **Kündigung des Schuldners** oder durch dessen Mitwirkung an einer **Vertragsaufhebung** herbeigeführt, handelt es sich bei einer erlangten Deckung um eine inkongruente Leistung (**BGH** 14. 5. 2009 IX ZR 63/08 aaO; zur Kündigung auch schon oben § 129 Rn 66 sowie § 130 Rn 9, 14). Bei **vorzeitiger Leistung** tritt die Frage auf, ob die Leistung in voller Höhe der Anfechtung unterliegt oder nur ein Zwischenzins. Zur Beantwortung dieser Frage ist einzuschätzen, ob dieselbe Schmälerung der Masse auch durch eine gesetzlich nicht missbilligte Rechtshandlung des Schuldners hätte herbeigeführt werden können und ob die Dauerhaftigkeit der Wirkung der angefochtenen Rechtshandlung mit dem Zweck der Anfechtungsvorschriften vereinbar ist (**BGH** 9. 6. 2005 IX ZR 152/03 ZIP 2005, 1243 = ZInsO 2005, 766 = NZI 2005, 497 = EWiR § 131 InsO 2/2005, 829 *[Paulus]* = WuB VI A § 131 InsO 1.05 *[Kirchhof]*). Zu § 10 Abs 1 Nr 2 GesO hatte der **BGH** bereits entschieden, dass nicht die gesamte Leistung der Anfechtung unterliegt, sondern lediglich der Zwischenzins (**BGH** 13. 3. 1997 ZIP 1997, 853 = KTS 1997, 505 = EWiR § 10 GesO 6/97, 1131 *[Rattunde]* [zu § 10 GesO]; abw Jaeger/*Henckel* § 30 KO Rn 217). Ob er diese Rechtsprechung auf § 131 InsO überträgt, hat der **BGH** ausdrücklich offengelassen, aber die Anfechtbarkeit der gesamten Leistung zumindest dann angenommen, wenn zwischen Leistung und Eintritt der Fälligkeit der Insolvenzantrag gestellt und ein Zustimmungsvorbehalt angeordnet worden ist, weil der Schuldner dann die Masseschmälerung selbst nicht in gesetzlich gebilligter Weise hätte herbeiführen können (**BGH** 9. 6. 2005 IX ZR 152/03 ZIP 2005, 1243 = ZInsO 2005, 766 = NZI 2005, 497 = EWiR § 131 InsO 2/2005, 829 *[Paulus]* = WuB VI A § 131 InsO 1.05 *[Kirchhof]*).

14   Die Vergütungsanspruch des **Anwalts** wird gem. § 8 Abs 1 RVG (zuvor: § 16 Satz 1 BRAGO) fällig, wenn die Angelegenheit beendigt ist. Der Vorschussanspruch entsteht mit Abschluss des Anwaltsvertrages gem. § 9 RVG (früher § 17 BRAGO), er erlischt jedoch mit Beendigung der Angelegenheit, mit der Folge, dass Vorschusszahlungen auf bereits abgeschlossene Angelegenheiten inkongruente Leistungen bilden (**BGH** 13. 4. 2006 IX ZR 158/05 Tz 25 f Z 167, 190 = NJW 2006, 2701 = ZIP 2006, 1261 = ZInsO 2006, 712 = NZI 2006, 469 = EWiR 2007, 117 *[Pape]* = WuBVI A § 133 InsO 1.06 *[Paulus]* [zur BRAGO]). Ein zugleich bestehender und möglicherweise auch bereits fälliger Vergütungsanspruch kann die Inkongruenz der Zahlung nicht beseitigen, sofern noch keine Berechnung nach § 10 Abs 1 RVG (früher § 18 Abs 1 BRAGO) erfolgt ist (**BGH** 13. 4. 2006 IX ZR 158/05 Tz 26 aaO). Zur Verrechnung des anwaltlichen Honoraranspruchs mit eingezogenen Mandantengeldern auch § 140 Rn 5, 19.

II. Anfechtbare Rechtshandlung (Abs 1 Nrn 1 und 2) § 131

b) Sicherheiten. aa) Anspruch auf Sicherung hat nur, wer einen **besonderen auf Sicherstellung gerich-** 15
teten Anspruch hat (BGH 25. 9. 1972 Z 59, 230 = NJW 1972, 2084; BGH 12. 11. 1992 NJW-RR 1993, 238 = ZIP 1993, 276 = KTS 1993, 240 = EWiR § 31 KO 1/93, 161 *[Onusseit]*; BGH 16. 10. 2008 IX ZR 183/06 NJW 2009, 1351 = ZIP 2009, 91 = ZInsO 2009, 87 = NZI 2009, 171 [Inkongruenz einer nachträglichen Sicherungsbestellung]). Dieser muss tatsächlich und wirksam vor der kritischen Zeit vereinbart worden sein (**BGH** 18. 4. 1991 NJW 1991, 2144 = ZIP 1991, 807, 809 f = KTS 1991, 424 = EWiR § 31 KO 1/91, 597 *[Gerhardt]*; **BGH** 2. 4. 1998 NJW-RR 1998, 1057 = ZIP 1998, 830, 835 = KTS 1998, 473 [inzident]). Die nachträgliche Besicherung eines Anspruchs wird auch nicht dadurch kongruent, dass der Anspruch an einen Dritten abgetreten und die Sicherung zeitgleich mit der Abtretung unmittelbar zugunsten des Dritten vereinbart wurde; denn es handelt sich um einen Gläubigerwechsel, der an dem Inhalt des Schuldverhältnisses nichts zu ändern vermag (vgl § 398 Satz 2 BGB; BGH 11. 3. 2004 IX ZR 160/02 ZIP 2004, 1060 = ZInsO 2004, 616 = NZI 2004, 372 = EWiR 2004, 769 *[Gerhardt]* = WuB VI C § 133 InsO 4.04 *[Cartano]*). An der Voraussetzung eines besonderen Sicherungsanspruchs fehlt es, wenn dieser nur aus **Allgemeinen Geschäftsbedingungen** (va **AGB-Banken**) folgt und sie so unbestimmt sind, dass sie keinen klagbaren Sicherungsanspruch geben (BGH 15. 11. 1960 Z 33, 389, 393 f = KTS 1961, 12; **BGH** 3. 4. 1968 KTS 1968, 235 = LM § 3 AnfG Nr 14; **BGH** 2. 7. 1969 NJW 1969, 1718 = KTS 1970, 50; **BGH** 18. 12. 1980 NJW 1981, 1363 = ZIP 1981, 144; **BGH** 30. 4. 1992 Z 118, 171, 178 = NJW 1992, 1960, 1661 = ZIP 1992, 778, 780 = KTS 1992, 609 = LM § 30 KO Nr 54 *[Marly]* = EWiR § 30 KO 1/92, 683 *[Canaris]*; **BGH** 12. 11. 1992 NJW-RR 1993, 238 = ZIP 1993, 276 = KTS 1993, 240 = EWiR § 31 KO 1/93, 161 *[Onusseit]*; **BGH** 11. 5. 1995 NJW 1995, 2348 = ZIP 1995, 1078, 1981 = KTS 1995, 663, 667 f = EWiR § 9 AGBG 6/95, 837 *[Knothe]*; **BGH** 5. 11. 1998 NZI 1999, 116 = ZIP 1999, 79 = KTS 1999, 217 = EWiR § 12 GesO 2/2000, 337 *[Johlke/Schröder]* [Bedingtheit oder künftiges Entstehen der zu sichernden Forderung schaden aber nicht]; **BGH** 3. 12. 1998 NJW 1999, 645, 646 = ZIP 1999, 76, 77 f = KTS 1999, 114 = EWiR § 10 GesO 2/99, 169 *[Haas]*; **BGH** 7. 3. 2002 IX ZR 223/01 Z 150, 122 = NJW 2002, 1722 = ZIP 2002, 812 = ZInsO 2002, 426 = NZI 2002, 311 = EWiR 2002, 685 *[Ringstmeier]* = DZWIR 2002, 385 *[Dietrich]* [zur Pfandrechtsbestellung nach Nr 14 Abs 1 AGB-Banken]; **BGH** 12. 2. 2004 IX ZR 98/03 NJW 2004, 1660 = ZIP 2004, 620 = ZInsO 2004, 342 = NZI 2004, 314 = EWiR 2004, 1141 *[Beutler]* = WuB VI C § 131 InsO 4.04; **BGH** 2. 6. 2005 IX ZR 181/03 ZIP 2005, 1651 = ZInsO 2005, 932 = NZI 2005, 622 = EWiR 2005, 899 *[Gundlach]* = WuB VI A § 51 InsO 1.05 *[Tetzlaff]*; **BGH** 29. 11. 2007 IX ZR 30/07 Z 174, 297 = NJW 2008, 430 = ZIP 2008, 183 = ZInsO 2008, 91 = NZI 2008, 89 = EWiR 2008, 187 *[Ries]* = WuB VI A § 130 InsO 2.08 *[Schönfelder]*; **BGH** 17. 7. 2008 IX ZR 148/07 ZIP 2008, 1593 = ZInsO 2008, 913 = NZI 2008, 547 = WuB VI A § 96 InsO 1.09 *[Würdinger]* [zur Pfandrechtsbestellung nach Nr 21 AGB-Sparkassen]; **BGH** 5. 2. 2009 IX ZR 78/07 ZIP 2009, 673 = ZInsO 2009, 659; KG 28. 11. 2003 7 U 145/02 KGR Berlin 2004, 221 = ZInsO 2004, 394; OLG Hamburg 26. 10. 1984 ZIP 1984, 1373; *Eckardt* ZIP 1999, 1417, 1419 f; *Feuerborn* ZIP 2002, 290, 292; *Kuhn* WM 1957, 151 f; MK/*Kirchhof* § 131 Rn 20, 39 ff; *Peschke* Insolvenz des Girokontoinhabers S 213: *Stiller* ZInsO 2002, 651, 652 f; abw *Scholz* NJW 1961, 2006); denn dann bleibt dem Schuldner die freie Wahl unter den in Betracht kommenden Sicherungsmitteln, so dass die gewährte Sicherheit keineswegs die auch geschuldete ist. Dies gilt auch dann, wenn Nr 14 Abs 1 AGB-Banken dahingehend ausgelegt wird, dass die Bank und der Schuldner sich nicht nur über die Pfandrechtsbestellung einig sind, sondern zugleich einen schuldrechtlichen Anspruch darauf begründen, denn auch in diesem Fall würde der Anspruch erst mit Entstehen der verpfändeten Forderung oder Besitzerlangung an der Sache konkretisiert (BGH 7. 3. 2002 IX ZR 223/01 Z 150, 122 = NJW 2002, 1722 = ZIP 2002, 812 = ZInsO 2002, 426 = NZI 2002, 311 = EWiR 2002, 685 *[Ringstmeier]* = DZWIR 2002, 385 *[Dietrich]*; *Stiller* ZInsO 2002, 651, 652 f; insoweit bestätigt durch BGH 29. 11. 2007 IX ZR 30/07 Tz 17 Z 174, 297 = NJW 2008, 430 = ZIP 2008, 183 = ZInsO 2008, 91 = NZI 2008, 89 = EWiR 2008, 187 *[Ries]* = WuB VI A § 130 InsO 2.08 *[Schönfelder]*); dies gilt entsprechend für Sicherheiten die nach **Nr 13 oder Nr 15 AGB-Banken** entstanden sind (BGH 3. 2. 1977 Z 69, 27 = NJW 1977, 1880; BGH 8. 3. 2007 IX ZR 127/05 Tz 17 f NJW 2007, 2324 = ZIP 2007, 924 = NZI 2007, 337 = EWiR 2007, 529 *[Henkel]* = WuB VI A § 131 InsO 1.07 *[Kirchhof]* [zu Nr 15 AGB-Banken]; BGH 29. 11. 2007 IX ZR 30/07 Tz 17 Z 174, 297 = NJW 2008, 430 = ZIP 2008, 183 = ZInsO 2008, 91 = NZI 2008, 89 = EWiR 2008, 187 *[Ries]* = WuB VI A § 130 InsO 2.08 *[Schönfelder]*). Reicht der Schuldner Kundenschecks bei seiner Bank ein, stellen das aus **Scheck** nach **Nr 15 Abs 2 AGB-Banken/Nr 21.1 AGB-Sparkassen** erlangte Sicherungseigentum der Bank sowie die vorgenommene Abtretung der zugrunde liegenden Kausalforderungen eine inkongruente Sicherung dar; etwas anderes dürfte gelten, wenn die dem Scheck zugrunde liegende Kausalforderung bereits an die Bank abgetreten war und der Schuldner sich zur unverzüglichen Hereingabe der Kundenschecks verpflichtet hatte (**BGH** 30. 4. 1992 Z 118, 171, 178 = NJW 1992, 1960 = ZIP 1992, 778, 780 = KTS 1992, 609 = LM § 30 KO Nr 54 *[Marly]* = EWiR § 30 KO 1/92, 683 *[Canaris]*; **BGH** 8. 3. 2007 IX ZR 127/05 Tz 15 ff NJW 2007, 2324 = ZIP 2007, 924 = NZI 2007, 337 = EWiR 2007, 529 *[Henkel]* = WuB VI A § 131 InsO 1.07 *[Kirchhof]* [zu Nr 15 Abs 2 AGB-Banken]; offen lassend **BGH** 14. 5. 2009 IX ZR 63/08 ZIP 2009, 1235 = ZInsO 2009, 1254 = NZI 2009, 471; OLG Köln 29. 9. 1995 NJW-RR 1996, 1330, 1331 = ZIP 1995, 1684, 1686 f = KTS 1996, 117 = EWiR § 106 KO 4/95, 1205 *[Uhlenbruck]*; *Bork* Zahlungsver-

kehr Rn 467; *Obermüller* ZInsO 1998, 252, 257f; dazu auch oben Rn 7). Anders liegen die Dinge bei der AGB-mäßigen Abtretung der einer Lastschriftgutschrift zugrunde liegenden Geschäftsforderungen (dazu oben § 130 Rn 17). An der einmal bestehenden Inkongruenz ändert sich auch dann nichts, wenn das Vermögen des Schuldners später schrumpft und zum Zeitpunkt der Sicherheitenbestellung nur noch ein werthaltiges Sicherungsobjekt vorhanden ist (BGH 3. 12. 1998 NJW 1999, 645 = ZIP 1999, 76 = KTS 1999, 114 = EWiR § 10 GesO 2/99, 169 *[Haas]*). Eine auf ein Pfandrecht der Bank gestützte **Kontosperre** ist inkongruent, soweit eine Befriedigung aus dem Pfandrecht seinerseits inkongruent wäre. Die Kontosperre ist aber nicht schon deshalb inkongruent, weil die Pfandreife noch nicht eingetreten ist, da es sich bei der Sperrung des Kontos nicht um eine Verwertungsmaßnahme handelt, sondern nur um eine Maßnahme zur Sicherstellung der Verwertung, deren Zulässigkeit sich aus § 1281 S 2 Hs 1 BGB ergibt (BGH 12. 2. 2004 IX ZR 98/03 NJW 2004, 1660 = ZIP 2004, 620 = ZInsO 2004, 342 = NZI 2004, 314 = EWiR 2004, 1141 *[Beutler]* = WuB VI C § 131 InsO 4.04). Sie ist hingegen inkongruent, wenn das Pfandrecht wie im Fall des **Nr 14 Abs 2 Satz 2 AGB-Banken** bzw Nr 21 Abs 3 Satz 3 AGB-Sparkassen zur Zeit der Kontosperre noch nicht besteht, da es Ansprüche erst ab deren Fälligkeit sichert und die Kontosperre vor dieser verfügt wird (BGH 18. 12. 2003 IX ZR 9/03 ZIP 2004, 324 = ZInsO 2004, 201 = NZI 2004, 248 = WuB I A 3 Nr 21 AGB-Sparkassen 1993 1.04 *[Rössner/Bolkart]* = EWiR 2004, 867 *[Höpfner]* [iE lehnte der BGH die Inkongruenz mangels Kausalität für die spätere Überweisung ab]). Lässt die Bank innerhalb des Monatszeitraums **Verfügungen über das Konto zu ihren Lasten** zu, gibt sie das an dem Guthaben zuvor entstandene Pfandrecht in entsprechender Höhe frei; steigt der Kontostand danach wieder an, wird ein neues wiederum inkongruentes Pfandrecht begründet (BGH 12. 2. 2004 IX ZR 98/03 NJW 2004, 1660 = ZIP 2004, 620 = ZInsO 2004, 342 = NZI 2004, 314 = EWiR 2004, 1141 *[Beutler]* = WuB VI C § 131 InsO 4.04; *Feuerborn* ZIP 2002, 290, 292f). Wurde aber ein Kredit von vornherein nur gegen gleichzeitige Stellung einer Sicherheit eingeräumt, so dass der Gläubiger damit einen konkreten vertraglichen Anspruch auf die Sicherheit hat, scheidet Inkongruenz aus (BGH 5. 11. 1964 KTS 1965, 30f = WM 1965, 85, 87); hier liegt vielmehr ein Bargeschäft vor, so dass es schon an der Gläubigerbenachteiligung fehlt (§ 142; dazu ausführlich *Eckardt* ZIP 1999, 1417, 1419ff). Im Übrigen ist die Frage, ob das Pfandrecht unanfechtbar entstanden ist, davon zu unterscheiden, ob spätere Verrechnungen im Kontokorrent ein Bargeschäft sein können (dazu unten § 142 Rn 10A). Bei der Anfechtung der Bestellung von **Finanzsicherheiten** iSd § 130 Abs 1 Satz 2 ist nach der Vorstellung des Gesetzgebers dem Gesetzeszweck dieser Bestimmung Rechnung zu tragen, und es sind deshalb keine übertriebenen Anforderungen an die Bestimmtheit der Sicherheit zu stellen (oben § 130 Rn 31A f).

16 Nach neuester **BGH** Rechtsprechung stellt allerdings nicht jede **Entstehung künftiger Rechte** eine inkongruente Deckung dar (BGH 29. 11. 2007 IX ZR 30/07 Z 174, 297 = NJW 2008, 430 = ZIP 2008, 183 = ZInsO 2008, 91 = NZI 2008, 89 = EWiR 2008, 187 *[Ries]* = WuB VI A § 130 InsO 2.08 *[Schönfelder]*; BGH 29. 11. 2007 IX ZR 165/05 ZIP 2008, 372 = ZInsO 2008, 209; BGH 26. 6. 2008 IX ZR 144/05 ZIP 2008, 1435 = ZInsO 2008, 801 = NZI 2008, 539 = EWiR 2008, 689 *[Eckardt]*; BGH 26. 6. 2008 IX ZR 47/05 ZIP 2008, 1437 = ZInsO 2008, 803 = NZI 2008, 551 = EWiR 2008, 659 *[Schulz]*; zust. *Eßbauer* ZInsO 2008, 598ff; *Kammel/Staps* NZI 2008, 143ff; *Psadourakis* ZInsO 2009, 1039ff; dazu auch *Cranshaw* DZWiR 2008, 221ff; zuvor in dieselbe Richtung *Mitlehner* ZIP 2007, 1925ff; *Runkel/Kuhlemann* ZInsO 2007, 1094ff; abw noch BGH 7. 3. 2002 IX ZR 223/01 Z 150, 122 = NJW 2002, 1722 = ZIP 2002, 812 = ZInsO 2002, 426 = NZI 2002, 311 = EWiR 2002, 685 *[Ringstmeier]*; BGH 2. 6. 2005 IX ZR 181/03 ZIP 2005, 1651 = ZInsO 2005, 932 = NZI 2005, 622 = EWiR 2005, 899 *[Gundlach]* = WuB VI A § 51 InsO 1.05 *[Tetzlaff]*). Danach kann eine **Globalzession** auch hinsichtlich künftiger Forderungen die Voraussetzungen einer kongruenten Deckung erfüllen, und zwar auch dann, wenn diese nicht von Anfang an identifizierbar waren. Denn anders als bei einem nach Nrn. 13 bis 15 AGB-Banken entstandenen Pfandrecht ist bei einer Globalzession die Begründung neuer Forderungen regelmäßig dem Belieben des Schuldners entzogen und der dingliche Übertragungstatbestand erfüllt, so dass der Umfang der auf den Sicherungsnehmer übergehenden Forderungen in abstrakter Form bereits rechtlich bindend festgelegt ist. Inkongruenz wird nach Ansicht des **BGH** auch nicht dadurch begründet, dass dem Schuldner ein gewisser Gestaltungsspielraum bzgl. der entstehenden künftigen Forderungen verbleibt. Der Grundsatz der Gläubigergleichbehandlung wird durch die Möglichkeit der Anfechtung nach § 130 sowie durch die Bestimmung des Entstehenszeitpunktes nach § 140 Abs 1 ausreichend berücksichtigt (siehe dazu § 140 Rn 6A). Allerdings stellt der Austausch der Forderungen kein Bargeschäft im Sinne des § 142 dar (siehe dort Rn 13). Die Kongruenz beim Entstehen künftiger Forderungen erstreckt sich ferner auf Leistungen, die diese Forderung werthaltig gemacht haben: So ist zwar insbesondere das nachträgliche **Werthaltigmachen einer Forderung** eine selbstständig anfechtbare Rechtshandlung (siehe oben § 129 Rn 71 sowie 33, 102, 110C sowie § 140 Rn 6), jedoch darf im Rahmen einer Globalzession das Entstehen der Forderung nicht als kongruent, die Wertauffüllung hingegen als inkongruent gewertet werden (BGH, 29. 11. 2007 IX ZR 30/07, aaO; BGH 28. 2. 2008 IX ZR 177/05 ZIP 2008, 650 = ZInsO 2008, 375 = NZI 2008, 302; krit. Heinze DZWiR 2008, 185ff). Der schon in der Sicherungsabrede vereinbarte **Austausch von Sicherheiten** ist keine inkongruente Deckung (ebenso *Eckardt* ZIP 1999, 1417, 1425; zu **Finanzsicherheiten** oben § 130 Rn 31A f); dies gilt auch für die Vorausabtretung künftiger Forderungen beim **verlängerten Eigentumsvorbehalt**

II. Anfechtbare Rechtshandlung (Abs 1 Nrn 1 und 2) § 131

(BGH 14. 5. 1975 Z 64, 312, 313 ff = NJW 1975, 1226 = KTS 1975, 296; allgemein für künftige Forderungen *Eckardt* ZIP 1999, 1417, 1419 f; siehe bereits § 129 Rn 120 sowie zum Vornahmezeitpunkt § 140 Rn 6A). Die neu gewählte Sicherheit kann ferner nach § 132 anfechtbar sein, wenn sie höherwertig ist als die zurückgegebene. Die **Sicherungsabtretung** einer Einlagenforderung gegen einen Kommanditisten kann eine inkongruente Sicherheit darstellen, wenn der Zessionar sie in Kenntnis der Wertlosigkeit der zu sichernden Forderung vornimmt (KG 7. 4. 1983 ZIP 1983, 593 = KTS 1983, 453). Unter § 131 kann auch eine **Abtretung** fallen, die sich ein übersicherter Gläubiger von einem anderen Gläubiger geben lässt und die nach der zwischen ihm und dem Verfahrensschuldner bestehenden Sicherungsabrede in den Deckungsbereich der Sicherung fällt (BGH 25. 9. 1972 Z 59, 230, 234 f = NJW 1972, 2084; zum Auffüllen von Sicherheiten ausführlich unten Rn 23). Auch eine Sicherungsübertragung, die ausschließlich für den Insolvenzfall vereinbart wird, ist als inkongruent anzusehen (BGH 18. 2. 1993 NJW 1993, 1640 = ZIP 1993, 521 = KTS 1993, 427 = EWiR § 31 KO 2/93, 389 *[Paulus]*; kritisch dazu *Häsemeyer* ZIP 1994, 418, 419; dazu auch § 140 Rn 17B). Eine Verpflichtung des Schuldners, die durch Forderungsabtretungen gesicherte Forderung des Gläubigers durch die laufend zu ergänzende Abtretung von Außenständen gesichert zu halten, erfasst nicht ohne weiteres auch eine Brandversicherungsforderung (BGH 12. 6. 1963 WM 1963, 748 = KTS 1963, 177, 178; zur Abtretung im „bankmäßigen Geschäftsverkehr" § 129 Rn 110B). Inkongruente Sicherheit ist auch die **Rückübereignung** der vom späteren Verfahrensschuldner erworbenen Kaufsache an den Verkäufer zur Sicherung der Kaufpreisschuld (BGH 24. 10. 1979 NJW 1980, 226 = ZIP 1980, 40).

Eine Anfechtung nach § 131 kommt in Betracht, wenn ein Kreditinstitut **Lohnforderungen von Ar-** 17 **beitnehmern**, die deren Arbeitgeber an drei aufeinander folgenden Zahlungsterminen nicht befriedigen konnte, den Arbeitnehmern zum Nennwert abkauft, um eine Betriebsfortführung und Wertsteigerung eigener Sicherungsrechte zu erreichen (BAG 24. 1. 1964 BB 1964, 640 und 699 = AP § 30 KO Nr 1 m krit Anm *Weber*, wobei das Gericht zusätzlich darauf abstellt, dass das Kreditinstitut die Lohnforderungen dann als Vorrechtsforderungen nach dem früheren § 61 Abs 1 Nr 1 KO geltend machte). Die Anfechtung wäre auch heutigem Recht allerdings gegen die Bundesagentur für Arbeit zu richten (dazu oben § 129 Rn 111). Inkongruente Deckung liegt auch vor, wenn ein Arbeitgeber die Rechte aus einer Versicherung, die zur Absicherung einer Versorgungszusage abgeschlossen wurde, dem begünstigten Arbeitnehmer unter der aufschiebenden Bedingung der Eröffnung eines Insolvenzverfahrens überträgt (BAG 16. 6. 1978 DB 1978, 1843 = AP § 30 KO Nr 4 *[Uhlenbruck]*). Zur Anfechtbarkeit von Leistungen unter einer **Bezugsberechtigung** auch § 134 Rn 15.

Inkongruente Deckung ist die nachträgliche Bestellung einer **Sicherheit für eine Bürgschaftsschuld** 18 des späteren Verfahrensschuldners gegenüber einem Insolvenzgläubiger. Das gleiche gilt, wenn der spätere Verfahrensschuldner eine Sicherung für die Hauptforderung einer von ihm übernommenen Bürgschaft bestellt (RG 6. 11. 1936 Z 152, 321, 323). Im Einzelfall kann in diesen Konstellationen außerdem Unwirksamkeit wegen **Übersicherung** gem §§ 138, 826 BGB gegeben sein (zum Verhältnis von Anfechtbarkeit und Unwirksamkeit oben § 129 Rn 76, 78). Eine inkongruente Sicherung liegt regelmäßig auch vor, wenn eine **Sicherungsübereignung** neben einem gewährten Neukredit auch sämtliche **Altverbindlichkeiten** des Gläubigers sichern soll. Geht aus den getroffenen Vereinbarungen nicht eindeutig hervor, dass die Sicherheit vorrangig die Rückzahlung des im Gegenzug gewährten Kredits abdecken soll, ist das gesamte Geschäft in vollem Umfang anfechtbar (BGH 12. 11. 1992 NJW-RR 1993, 235 = ZIP 1993, 271 = KTS 1993, 248 = EWiR § 29 KO 1/93, 61 *[Gerhardt]*; BGH 12. 11. 1992 NJW-RR 1993, 238, 240 = ZIP 1993, 276 = KTS 1993, 240 = EWiR § 31 KO 1/93, 161 *[Onusseit]*; **OLG** Köln 29. 4. 1994 ZIP 1994, 1461, 1464). Eine Teilanfechtung kommt hingegen dann in Betracht, wenn sich die gewährten Sicherheiten nach Art und Umfang den verschiedenen Ansprüchen zuordnen lassen (dazu im Übrigen unten Rn 25 sowie § 129 Rn 72 ff).

Nicht anfechtbar ist jedoch regelmäßig eine **Pool-Vereinbarung** der Sicherungsgläubiger („Verwer- 19 tungspool"), denn sie führt nicht zu einer Verminderung des Haftungsvermögens beim Schuldner, sondern räumt nur Beweisschwierigkeiten aus (BGH 10. 3. 1982 ZIP 1982, 543 = WM 1982, 482; BGH 12. 11. 1992 NJW-RR 1993, 235 = ZIP 1993, 271 = KTS 1993, 248 = EWiR § 29 KO 1/93, 61 *[Gerhardt]*; nach Zurückverweisung **OLG** Köln 29. 4. 1994 ZIP 1994, 1461 [Anfechtbarkeit wegen Ausdehnung der Besicherung auf die Pool-Mitglieder]); siehe dazu ausführlich § 47 Rn 59 ff sowie § 51 Rn 47 ff. zu Sicherheitenpools, also Pools, bei denen ein Sicherungsmittel von Anfang an für mehrere Gläubiger bestellt wurde, siehe außerdem § 129 Rn 110c. Enthält die Pool-Vereinbarung die wirksame Begründung eines Anspruchs auf Erweiterung der zu bestellenden Sicherheiten, so scheidet eine Anfechtung als inkongruent jedenfalls dann aus, wenn der Anspruch hinreichend bestimmt genug war.

bb) Der **Befriedigungsanspruch gibt keinen Anspruch auf Sicherung**; die Sicherung ist zur Befrie- 20 digung kein Minus, sondern ein Aliud (RG 6. 12. 1883 Z 10, 33, 36; BGH 21. 12. 1960 Z 34, 254, 258 = NJW 1961, 456 = LM § 30 KO Nr 9 *[v. Messner]*; BGH 2. 12. 1999 NJW 2000, 957, 958 = NZI 2000, 122 = ZIP 2000, 82, 83 = KTS 2000, 118 = EWiR § 10 GesO 3/2000, 291 *[Eckardt]* = WuB VI G. § 10 GesO 1.02 *[Hirte/M. Groß]*; BGH 1. 6. 2006 IX ZR 159/04 NZI 2006, 524 = ZIP 2006, 1362 = EWiR § 134 InsO 2/06, 663 *[Stiller]* = WuB VI A § 134 InsO 2.06 *[Würdinger]*). Auch ein **Anspruch aus unerlaubter Handlung** berechtigt nicht zur Sicherstellung (BGH 3. 3. 1959 LM § 30 KO Nr 2 a), es sei

§ 131

denn, der Schaden besteht in der Entziehung einer Sicherheit und die Wiederherstellung des früheren Zustandes ist möglich. Auch gewährt ein vollstreckbares, vor der kritischen Zeit erlangtes **Zahlungsurteil** keinen Anspruch auf Sicherung durch Pfändung oder eine sonstige Vollstreckungsmaßnahme (**RG** 28. 1. 1890 Z 25, 34, 40; **BGH** 21. 12. 1960 Z 34, 254, 256 = NJW 1961, 456 = LM § 30 KO Nr 9 [*v. Messner*]). Darum unterliegen die **Arresthypothek** und die auf Grund eines auf Zahlung einer Geldsumme lautenden vollstreckbaren Titels erwirkte **Sicherungshypothek** im Regelfall der Anfechtung nach § 131 (**BGH** 21. 12. 1960 Z 34, 254, 256 = NJW 1961, 456 = LM § 30 KO Nr 9 [*v. Messner*]). Auch ein vor der kritischen Zeit erwirkter **Arrestbefehl** begründet keinen Anspruch auf Sicherung (**RG** 29. 9. 1903 Z 55, 321, 322; **RG** 23. 1. 1912 Z 78, 331, 334; **BGH** 27. 11. 1974 WM 1975, 6; **OLG** München 28. 7. 1995 NJW-RR 1996, 1017 = KTS 1996, 444). Entsprechend sind Sicherheitsleistung oder Pfändung inkongruente Deckungen (**RG** 25. 6. 1897 Z 39, 122, 123). Auch eine durch **Zwangsvollstreckung** erlangte Deckung ist inkongruent (**RG** 2. 6. 1880 Z 2, 374, 376; **BGH** 27. 11. 1974 WM 1975, 6; **BGH** 21. 3. 2000 IX ZR 138/99 NZI 2000, 310 = NJW-RR 2000, 1215 = ZInsO 2000, 333 = ZIP 2000, 898 = KTS 2000, 409 = EWiR § 30 KO 1/2000, 687 [*Huber*]; **BGH** 7. 12. 2006 IX ZR 157/05 NZI 2007, 161 = ZIP 2007, 136 = ZInsO 2007, 99 = DB 2007, 396 [i.c. verneint für bloße Zustellung eines Vollstreckungsbescheids]; *Henckel* ZIP 1982, 391, 395; *Thole* DZWIR 2006, 191, 193; abw *KP-Paulus* § 130 Rn 23, § 141 Rn 5). Nachdem der BGH dies früher damit begründet hat, der Insolvenzgläubiger habe keinen Anspruch auf diese Art der Sicherung gehabt, stellt die Rechtsprechung nach grundlegendem Begründungswechsel nunmehr darauf ab, dass vom Zeitpunkt der materiellen Insolvenz an der Gleichbehandlungsgrundsatz das Prioritätsprinzip im Rahmen der Einzelzwangsvollstreckung verdrängt (st. Rspr seit **BGH** 9. 9. 1997 Z 136, 309, 313 = NJW 1997, 3445 = ZIP 1997, 1929 = EWiR § 30 KO 1/98, 37 [*Gerhardt*] = JZ 1998, 307 [*Münzberg*] [KO]; **BGH** 20. 11. 2001 IX ZR 159/00 ZIP 2002, 228; **BGH** 11. 4. 2002 IX ZR 211/01 NJW 2002, 2568 f = ZIP 2002, 1159 = ZInsO 2002, 581 = NZI 2002, 378 = WuB VI C § 131 InsO 3.02 [*Pape*]; **BGH** 20. 3. 2003 IX ZR 166/02 ZIP 2003, 808 = NJW 2003, 2171 = ZInsO 2003, 372 = NZI 2003, 320 = EWiR 2003, 533 [*Hölzle*] = WuB VI C § 140 InsO 1.03 [*Richrath*]; **BGH** 22. 1. 2004 IX ZR 39/03 Z 157, 350 = NJW 2004, 1444, 1446 = ZIP 2004, 513 = ZInsO 2004, 270 = NZI 2004, 206, 208 f = EWiR 2005, 827 [*Hözle*] = WuB VI E § 829 ZPO 2.04 [*Bitter*]; **BGH** 17. 2. 2004 IX ZR 135/03 ZIP 2004, 766 = ZInsO 2004, 387 = NZI 2004, 316 = EWiR 2004, 553 [*Bork*] = WuB VI G § 7 GesO 1.04 [*Soehring*] [GesO]; **BGH** 17. 2. 2004 IX ZR 318/01 ZIP 2004, 669 = ZInsO 2004, 385 = NZI 2005, 690 = EWiR 2004, 669 [*O'Sullivan*] = WuB VI E § 829 ZPO 3.04 [*Bitter*]; **BGH** 23. 3. 2006 IX ZR 116/03 Z 167, 11 = NJW 2006, 1870 = ZIP 2006, 916 = ZInsO 2006, 553 = NZI 2006, 397 = EWiR 2006, 537 [*Eckardt*] = WuB VI A § 131 InsO 6.06 [*Kirchhof*]; **BGH** 24. 5. 2007 IX ZR 105/05 ZIP 2007, 1274 = ZInsO 2007, 658 = NZI 2007, 452 = EWiR 2007, 667 [*Homann*] = WuB VI A § 140 InsO 2.08 [*Kreft*]; **BGH** 28. 2. 2008 IX ZR 213/06 ZIP 2008, 701 = ZInsO 2008, 374 = NZI 2008, 297; ebenso zuvor Uhlenbruck/*Hirte* 12. Aufl Rn 20; zum Gleichbehandlungsgrundsatz als tragendem Element der besonderen Insolvenzanfechtung oben § 130 Rn 1. – Zur angeblichen Verfassungswidrigkeit der neuen Rechtsprechung wegen Verstoßes gegen den Gewaltenteilungsgrundsatz und Art 3 Abs 1 GG **AG Kerpen** 8. 11. 2005 ZIP 2005, 2327; aufgehoben durch **LG Köln** 12. 4. 2006 ZInsO 2006, 839). Dies gilt auch dann, wenn die Vollstreckung auf einer öffentlich-rechtlichen **spezialgesetzlichen Ermächtigungsgrundlage** beruht (**BGH** 11. 10. 2007 IX ZR 87/06 ZIP 2007, 2228 = ZInsO 2007, 1223 = NZI 2007, 721 = WuB VI A § 129 InsO 1.08 [*Smid*] [Vollstreckung durch Finanzbehörden]). Wenn auch im Grundsatz weitgehende Einigkeit besteht, Zwangsvollstreckungsmaßnahmen während der materiellen Insolvenz als inkongruent einzustufen (a.A. *Foerste* NZI 2006, 6, 8 f; *Jacoby* KTS 2005, 371, 380 ff, 384 ff [keine Inkongruenz, wenn die Zwangsvollstreckung nur der Willensbeugung dient]; *Marotzke* ZInsO 2006, 7, 8; *Paulus*, FS Fischer, 2008, S 445, 456 ff), so besteht jedoch keine Einigkeit über die Begründung dieses Ergebnisses (Selbstbegünstigungstendenz: *Thole* DZWIR 2006, 191, 193; *ders* KTS 2007, 293, 325 f). Auch auf die **Pfändung baren Gelds** (§ 815 Abs 3 ZPO) soll § 131 anwendbar sein; das gilt nach Ansicht der Rechtsprechung auch dann, wenn der Gerichtsvollzieher das gepfändete Geld schon beim Vollstreckungsgläubiger abgeliefert hat (**BGH** 9. 9. 1997 Z 136, 309 = ZIP 1997, 1929 = EWiR § 30 KO 1/98, 37 [*Gerhardt*] = JZ 1998, 307 [*Münzberg*]; **AG Duisburg** 16. 3. 1999 ZIP 1999, 668 = EWiR § 30 KO 1/2000, 91 m krit Anm *Holzer*; *Jacoby* KTS 2005, 371, 390; Jaeger/*Henckel* § 131 Rn 51, 55; abw **OLG Celle** 20. 3. 1981 ZIP 1981, 467; *Kilger*/*Karsten Schmidt* § 30 KO Anm 20; *KP-Paulus* § 130 Rn 23, § 141 Rn 5; *Paulus* ZInsO 1999, 242, 248 f; *ders* ZInsO 2001, 241 ff). Denn es gebe keinen überzeugenden Grund, den Gläubiger einer Sachpfändung schlechter zu stellen als denjenigen, der unter dem Druck drohender Zwangsvollstreckung sein Geld erhält. Dagegen spricht freilich, dass der Gläubiger einer Barpfändung unter Umständen eine Befriedigung erhält, auf die er einen Anspruch hat; folgt man dem, würde insoweit nur § 88 eingreifen. Eine inkongruente Deckung ist auch die Eintragung einer **Sicherungszwangshypothek**. Entsprechend begründet ein während des Drei-Monats-Zeitraums wirksam gewordenes Pfändungspfandrecht ein anfechtungsfestes Absonderungsrecht (siehe unten Rn 21). Eine inkongruente Deckung bildet die **Vormerkung** zur Sicherung eines Eintragungsanspruchs nur, wenn der zu sichernde Anspruch innerhalb der letzten drei Monate vor Antragstellung entstanden ist (vgl im Übrigen oben § 130 Rn 22). **Vorpfändung** und Hauptpfändung sind Teil einer einheitlichen, wenn auch mehraktigen Rechtshandlung (oben § 130 Rn 48). Daher vermag eine vor der kritischen Zeit des § 131 InsO vorge-

II. Anfechtbare Rechtshandlung (Abs 1 Nrn 1 und 2) § 131

nommene Vorpfändung nicht die Kongruenz der später vorgenommenen Hauptpfändung zu begründen (dazu auch unten § 140 Rn 9). Zur Frage, ob Zwangsvollstreckungsmaßnahmen eine Handlung des chuldners darstellen und deshalb eine Anfechtung nach § 133 in Betracht kommt, siehe § 133 Rn 8.

Von den durch Zwangsvollstreckung erzwungenen Zahlungen zu unterscheiden ist der Fall, dass der Schuldner im kritischen Zeitraum zwar selbst an den Gläubiger leistet, dies aber nur unter dem Eindruck einer drohenden Zwangsvollstreckung tut (sog **Druckzahlungen**). Nach der Rechtsprechung des **BGH** gilt in diesem Fall nichts anderes, als wenn die Zwangsvollstreckung auch durchgeführt wird (st. Rspr; **BGH** 9. 9. 1997 Z 136, 309, 311 ff = NJW 1997, 3445 = ZIP 1997, 1929 = EWiR § 30 KO 1/98, 37 *[Gerhardt]* = JZ 1998, 307 *[Münzberg]*; **BGH** 20. 11. 2001 IX ZR 159/00 ZIP 2002, 228 = ZInsO 2002, 125, 126; **BGH** 7. 2. 2002 IX ZR 115/99 NJW 2002, 1574, 1575 = ZIP 2002, 489 = ZInsO 2002, 276 = NZI 2002, 255 *[GesO]*; **BGH** 11. 4. 2002 IX ZR 211/01 NJW 2002, 2568, 2569 = ZIP 2002, 1159 = ZInsO 2002, 581 = NZI 2002, 378 = WuB VI C § 131 InsO 3.02 *[Pape]*; **BGH** 15. 5. 2003 NJW-RR 2003, 1201 = ZIP 2003, 1304 = ZInsO 2003, 611 = NZI 2003, 433, 433 f = WuB VI C § 131 InsO 3.03 *[Paulus]*; **BGH** 8. 12. 2005 IX ZR 182/01 Tz 6 NJW 2006, 1348 = ZIP 2006, 290 = ZInsO 2006, 94 = NZI 2006, 159 = WuB VI A § 131 InsO 4.06 *[Kirchhof]* [zur drohenden Kontenpfändung]; **BGH** 11. 1. 2007 IX ZR 31/05 Z 170, 276 = NJW 2007, 1357 = ZIP 2007, 435 = ZInsO 2007, 269 = NZI 2007, 225 = EWiR 2007, 439 *[Göb]* = WuB VI A § 129 InsO 1.07 *[Kreft]*; **BGH** 28. 2. 2008 IX ZR 213/06 ZIP 2008, 701 = ZInsO 2008, 374 = NZI 2008, 297 [für den vergleichbaren Fall einer bereits begonnenen Zwangsvollstreckung]; **BGH** 20. 11. 2008 IX ZR 130/07 ZIP 2009, 83 = ZInsO 2009, 31 = NZI 2009, 105; **OLG Jena** 23. 8. 2000 ZIP 2000, 1734, 1735 = EWiR § 131 InsO 1/01, 83 *[Eckardt]*; **LG Bonn** 26. 11. 1996 ZIP 1997, 82 = KTS 1997, 237: Gläubiger hatte Schuldner mit vorläufigem Zahlungsverbot [§ 845 ZPO] an dessen Hausbank unter Druck gesetzt; *Flöther/Bräuer* DZWIR 2005, 441, 443 f [für Erfassung auch der Drohung mit Strafanzeige nach § 266 a StGB]; abw KP-*Paulus* § 130 Rn 24; zu Druckzahlungen siehe insbesondere auch § 133 Rn 8, 14). Für die Beurteilung der Anfechtbarkeit ist nicht wesentlich, ob die Zwangsvollstreckung bereits begonnen hat; § 131 stärkt allein die Stellung der Masse (**BGH** 11. 4. 2002 IX ZR 211/01 NJW 2002, 2568, 2569 = ZIP 2002, 1159 = ZInsO 2002, 581 = NZI 2002, 378 = WuB VI C § 131 InsO 3.02 *[Pape]*; **BGH** 15. 5. 2003 NJW-RR 2003, 1201 = ZIP 2003, 1304 = ZInsO 2003, 611 = NZI 2003, 433, 433 f = WuB VI C § 131 InsO 3.03 *[Paulus]*). Während die neue Rechtsprechung des **BGH** in der Literatur überwiegend auf Zustimmung gestoßen ist (insgesamt zustimmend *Flöther/Bräuer* ZInsO 2005, 1244 ff; *Kirchhof* ZInsO 2004, 1168 ff; *Kreft* DStR 2005, 1232, 1233; *Henckel*, FS Gerhardt, 2004, S 361), wird gegen die Ausdehnung auf Schuldnerleistungen, die allein durch die Androhung von Vollstreckungsmaßnahmen motiviert sind, eingewendet, dass die Gläubigerbefriedigung in diesen Fällen nicht durch das staatliche Zwangsverfahren bewirkt werde (*Gerhardt*, FS Kreft, 2004, S 267, 272 f, 276 f; *Thole* DZWIR 2006, 191, 193). Das alles gilt auch und gerade für Zahlungen des Schuldners als Arbeitgeber auf die **Pflichtbeiträge zur gesetzlichen Sozialversicherung** (**BGH** 25. 10. 2001 IX ZR 17/01 Z 149, 100 = NJW 2002, 512 = ZIP 2001, 2235 = ZInsO 2001, 1150 = NZI 2002, 88 = WuB VI G § 10 GesO 3.02 *[Mankowski]* [GesO]; **BGH** 10. 7. 2003 IX ZR 89/02 NJW-RR 2003, 1632 = ZIP 2003, 1666 = ZInsO 2003, 755 = NZI 2003, 542 = WuB VI C § 131 InsO 5.03 *[Mankowski]* = DZWIR 2003, 515 *[Flöther/Bräuer]* [KO]; **BGH** 9. 6. 2005 IX ZR 152/03 ZIP 2005, 1243 = ZInsO 2005, 766 = NZI 2005, 497 = EWiR § 131 InsO 2/2005, 829 *[Paulus]* = WuB VI A § 131 InsO 1.05 *[Kirchhof]*; **BGH** 8. 12. 2005 IX ZR 182/01 NJW 2006, 1348 = ZIP 2006, 290 = ZInsO 2006, 94 = NZI 2006, 159 = WuB VI A § 131 InsO 4.06 *[Kirchhof]*; **BGH** 11. 1. 2007 IX ZR 31/05 Z 170, 276 = NJW 2007, 1357 = ZIP 2007, 435 = ZInsO 2007, 269 = NZI 2007, 225 = EWiR 2007, 439 *[Göb]* = WuB VI A § 129 InsO 1.07 *[Kreft]*). Eine solche Zahlung wird auch nicht dadurch kongruent, dass es sich bei den Sozialversicherungsträgern um Zwangsgläubiger des Schuldners handelt und diese gesetzlich zur Einziehung verpflichtet sind (**BGH** 11. 1. 2007 IX ZR 31/05 Z 170, 276 = NJW 2007, 1357 = ZIP 2007, 435 = ZInsO 2007, 269 = NZI 2007, 225 = EWiR 2007, 439 *[Göb]* = WuB VI A § 129 InsO 1.07 *[Kreft]*). Allerdings gelten auf Grund der Neuregelung in § 28 e Abs 1 Satz 2 SGB IV die **Arbeitnehmeranteile** als aus dem Vermögen des Arbeitnehmers erbracht, so dass es nach der Vorstellung des Gesetzgebers bei deren Zahlung an einer Gläubigerbenachteiligung fehlt und daher eine Anfechtbarkeit ausscheidet; siehe dazu ausführlich oben § 129 Rn 105. Eine Leistung, die dem Inhalt des Schuldverhältnisses nicht entspricht und nicht mit Zwangsmitteln erlangt worden ist, die den einzelnen Gläubiger zur Durchsetzung seiner Ansprüche vom Gesetz zur Verfügung gestellt werden, erhält der Gläubiger auch dann, wenn der Schuldner nur leistet, weil der Gläubiger einen **Insolvenzantrag** gestellt hat bzw um den Gläubiger von der Stellung eines gezielt angedrohten Insolvenzantrags abzuhalten (unverbindliche Hinweise auf die Möglichkeit eines Insolvenzantrags reichen nicht); eine solche Leistung ist stets – auch außerhalb der gesetzlichen Krise – inkongruent (**BGH** 18. 12. 2003 Z 157, 242 = NJW 2004, 1385, 1386 = ZIP 2004, 319 = ZInsO 2004, 145 = WuB VI C § 133 InsO 2.04 *[Kirchhof]*; **BGH** 8. 12. 2005 IX ZR 182/01 NJW 2006, 1348 = ZIP 2006, 290 = ZInsO 2006, 94 = NZI 2006, 159 = WuB VI A § 131 InsO 4.06 *[Kirchhof]*; **BGH** 18. 6. 2009 IX ZR 7/07 ZIP 2009, 1434 = ZInsO 2009, 1394; *Flöther/Bräuer* ZInsO 2005, 1244 ff; *Kirchhof* ZInsO 2004, 1168, 1170 f; *Kreft* DStR 2005, 1232, 1234). Entsprechend der neuen Rechtsprechung des **BGH** zu Leistungen bei Androhung von Maßnahmen der Einzelzwangsvollstreckung muss auch hier ein Zurechnungszusammenhang zwischen

20A

§ 131

Androhung und Leistung bestehen, für den kein abstrakter zeitlicher Rahmen bestimmt werden kann. Leistungen auf eine fällige Forderung zur Vermeidung einer unmittelbar bevorstehenden Zwangsvollstreckung, die **vor dem Drei-Monats-Zeitraum** des § 131 erfolgen, sind wegen des nur in diesem Zeitraum das Prioritätsprinzip verdrängenden Gleichbehandlungsgrundsatzes nicht erfasst (**BGH** 27. 5. 2003 IX ZR 169/02 Z 155, 75 = NJW 2003, 3347, 3349 = ZIP 2003, 1506 = ZInsO 2003, 764 = NZI 2003, 533 = EWiR 2003, 2097 *[Hölzle]* = WuB VI C § 133 InsO 1.03 *[Paulus/Zenker]*; **BGH** 17. 7. 2003 IX ZR 272/02 NJW 2003, 3560, 3561 = ZIP 2003, 1799 = ZInsO 2003, 850 = NZI 2003, 597 *[Huber]* = WuB VI C § 133 InsO 1.04 *[Bartels/Clemens]*; *Kirchhof* ZInsO 2004, 1168, 1174; *Kreft* DStR 2005, 1232, 1233; krit *Huber* NZI 2003, 536; *ders* ZInsO 2003, 1025, 1030 f).

21 Ist eine Pfändung anfechtbar, gilt dies auch für die **Befriedigung** aus dem Pfand (**RG** 9. 12. 1886 Z 17, 26, 27 f; **RG** 7. 12. 1897 Z 40, 89, 91; **BGH** 26. 2. 1969 WM 1969, 374 = KTS 1969, 244 = LM § 31 KO Nr 4; **BGH** 22. 1. 2004 IX ZR 39/03 Z 157, 350 = NJW 2004, 1444, 1446 = ZIP 2004, 513 = ZInsO 2004, 270 = NZI 2004, 206, 208 f = EWiR 2005, 827 *[Hözle]* = WuB VI E § 829 ZPO 2.04 *[Bitter]*; **BGH** 17. 2. 2004 IX ZR 318/01 ZIP 2004, 669 = ZInsO 2004, 385 = NZI 2005, 690 = EWiR 2004, 669 *[O'Sullivan]* = WuB VI E § 829 ZPO 3.04 *[Bitter]*). Denn sonst wäre der Gläubiger in der Lage, durch schnelle Realisierung des Pfandrechts dessen Anfechtbarkeit zu beseitigen. Anders liegen die Dinge bei einer vor dem kritischen Zeitpunkt **unanfechtbar vorgenommenen Zwangsvollstreckung**; sie berechtigt auch noch nach Zahlungsunfähigkeit oder Eröffnungsantrag zu ihrer Befriedigung aus dem Pfand (**RG** 8. 7. 1885 Z 14, 80, 81; **RG** 9. 12. 1886 Z 17, 26, 27 f; **RG** 14. 5. 1889 Z 23, 112; **RG** 7. 12. 1897 Z 40, 89, 91); entsprechendes gilt für unanfechtbar entstandene Absonderungsrechte. Auch die zur **Abwendung der Versteigerung** geleistete Zahlung ist nicht nach den §§ 130 ff anfechtbar, wenn die Zahlung nicht den Wert der Sache übersteigt und die Pfändung zuvor unanfechtbar erfolgt ist; denn dann handelt es sich nur um eine die Gläubiger nicht benachteiligende Ablösung von Sicherheiten (zur Ablösung unanfechtbarer Absonderungsrechte siehe ausführlich oben § 129 Rn 110 ff).

22 Sicherungen, die im **letzten Monat** vor dem Eröffnungsantrag durch Zwangsvollstreckung erlangt wurden, werden *ipso iure* nach § 88 unwirksam. Einer Anfechtung bedarf es in einem solchen Fall nicht (Begr RegE zu § 131; **LG** Meiningen 10. 2. 2000 ZIP 2000, 416); ausgeschlossen ist sie aber auch nicht (vgl oben § 129 Rn 79). Das kommt etwa dann in Betracht, wenn die durch Zwangsvollstreckung erlangte Sicherheit bereits vor Verfahrenseröffnung verwertet wurde (HK-*Kreft* § 131 Rn 18).

23 cc) **Auffüllen von Sicherheiten.** Eine inkongruente Deckung erhält auch, wer fremde Forderungen gegen den späteren Verfahrensschuldner an sich zieht und unter eine freie, ihm zustehende, aber nicht valutierte Sicherheit einstellt (**BGH** 25. 9. 1972 Z 59, 230 = NJW 1972, 2084; **BGH** 30. 10. 1974 WM 1974, 1218; **BGH** 25. 6. 1975 WM 1975, 947; **BGH** 27. 6. 1979 NJW 1979, 2040 = KTS 1980, 52 [Auffüllen einer Kreditbürgschaft]). Wer also in Kenntnis der Zahlungsunfähigkeit des Schuldners Wechsel gegen diesen ankauft, handelt rechtsmissbräuchlich, wenn er die Wechselforderungen auf diese Weise „in Schutz nehmen" will (**BGH** 30. 10. 1974 WM 1974, 1218). Eine inkongruente Sicherung bildet es danach auch, wenn die einer Bank eingeräumte Grundschuld erst in der kritischen Zeit durch eine Wechseldiskontierung valutiert wird (**BGH** 25. 6. 1975 WM 1975, 947). Das gleiche gilt, wenn sich eine Bank in der Krise eines Kunden gegen diesen gerichtete Forderungen abtreten lässt, wenn sie nach Abrede mit dem Kunden berechtigt sein soll, sich aus einer von ihm bestellten Grundschuld auch wegen dieser hinzuerworbenen Forderungen zu befriedigen (**BGH** 25. 9. 1972 Z 59, 230, 234 f = NJW 1972, 2084).

24 dd) **Gesetzliche Sicherungsrechte** führen zu kongruenten Deckungen (dazu oben § 130 Rn 20). § 222 Satz 2 AO gibt keinen gesetzlichen Anspruch auf eine bestimmte Sicherung, sondern macht ihn von einer Vereinbarung zwischen Finanzamt und Steuerschuldner abhängig, die nur dann eine kongruente Deckung begründet, wenn sie vor der Krise getroffen wurde (bestätigt durch **BGH** 29. 9. 2005 IX ZR 184/04 ZIP 2005, 2025 = ZInsO 2005, 1160 = NZI 2005, 671 = EWiR 2006, 151 *[Eisner]* = WuB VI A § 131 InsO 2.06 *[Kirchhof]*; KP-*Paulus* § 130 Rn 8; abw *App* NJW 1985, 3001 f).

25 ee) **Sicherung mehrerer Forderungen.** Wird dieselbe Sicherheit innerhalb der kritischen Zeit sowohl für eine Forderung gestellt, für die kein Anspruch auf Sicherung bestand, als auch für eine solche, für die ein Sicherungsanspruch bestand, ist die Sicherung grundsätzlich nur im ganzen anfechtbar (vgl näher § 129 Rn 72 ff sowie bereits oben Rn 18. Davon ist nur dann eine Ausnahme zu machen, wenn dies wegen der Geringfügigkeit der in das Sicherungsgeschäft einbezogenen nicht sicherungsberechtigten Forderung gegen Treu und Glauben verstieße (*Serick* ZIP 1982, 507, 510). Eine **Teilanfechtung** kommt aber in Betracht, wenn sich das Sicherungsgeschäft in selbständige Teile zerlegen bzw zu bestimmten zu sichernden Ansprüchen zuordnen lässt (**OLG** Hamburg 26. 10. 1984 ZIP 1984, 1373, 1375; *Serick* ZIP 1982, 507, 510). Das ist etwa dann der Fall, wenn eine Sicherung zur vollen Deckung einer Forderung mit Sicherungsanspruch und einer solchen ohne Sicherheitsanspruch ausreicht und vereinbart ist, welcher Teil des Wertes der Sicherung auf die eine und welcher auf die andere Forderung entfällt (**RG** 2. 7. 1926 Z 114, 206, 210). Ist vereinbart, dass die Sicherheit in erster Linie zur Sicherung der Forderung mit dem Sicherungsanspruch dient, und reicht der Erlös nur zur Deckung dieser Forderung aus, so ist die ganze Sicherheitsleistung unanfechtbar; denn es fehlt an einer objektiven Benachteiligung der Insolvenzgläubiger (**RG** 2. 7. 1926 Z 114, 206, 210).

II. Anfechtbare Rechtshandlung (Abs 1 Nrn 1 und 2) § 131

ff) Der Anspruch auf Sicherung muss vor der kritischen Zeit **entstanden** (RG 17. 1. 1916 WarnRspr 26 1916 Nr 43; RG 2. 7. 1926 Z 114, 206, 209; BGH 3. 3. 1959 KTS 1959, 110 ff) oder während der kritischen Zeit gleichzeitig mit der Forderung (Kredit gegen Sicherung) begründet worden sein (RG 5. 7. 1929 WarnRspr 1929 Nr 164), sofern nicht der Grundsatz der Bardeckung eingreift (§ 142; BGH 5. 11. 1964 KTS 1965, 30, 31 = WM 1965, 84, 85, 87; BGH 26. 1. 1977 NJW 1977, 718; BGH 21. 12. 1977 Z 70, 177, 186 = NJW 1978, 758 = KTS 1978, 215 = LM § 30 KO Nr 33 *[Hoffmann]* = JR 1979, 24 *[Olzen]*). Hierfür genügt aber nicht, dass der Insolvenzgläubiger einen vertraglichen Anspruch darauf hatte, dass auch ihm von anderen Gläubigern abgetretene Forderungen an der Sicherung teilhaben sollen (BGH 25. 9. 1972 Z 59, 230, 235 f = NJW 1972, 2084).

gg) Geringfügige Abweichungen führen auch hier nicht zur Anfechtbarkeit. § 131 greift daher nicht 27 schon deshalb, weil bei einem Anspruch auf Pfandbestellung derselbe Gegenstand zur Sicherheit übereignet wird (RG 1. 10. 1909 JW 1909, 734); dafür spricht jetzt auch § 51 Nr 1. Unerheblich ist auch, wenn statt einer Hypothek eine Grundschuld in gleichem Rang bestellt wird; denn entscheidend ist nicht die Art des Grundpfandrechts, sondern dass ein Grundstück bis zu einer bestimmten Höhe und in bestimmtem Rang verpfändet werden sollte (RG 5. 11. 1932 WarnRspr 1933 Nr 18). Dies gilt auch im Rahmen von § 648 BGB (*Jacoby* ZIP 2008, 385, 387). Ebenso liegt es, wenn der Schuldner hypothekarische Sicherung zugesagt hat, dann aber das Grundstück vor der Eintragung der Hypothek zwangsversteigert wird und der Schuldner daraufhin den ihm zustehenden Überschuss des Versteigerungserlöses sicherungshalber an den Gläubiger abtritt (RG 5. 5. 1931 KuT 1931, 106). Inkongruenz wird auch nicht schon dadurch begründet, dass der Betrag einer vereinbarungsgemäß zur Sicherheit abgetretenen Forderung den der zu sichernden Forderung nur geringfügig übersteigt; da bei einer Einziehung der überschießende Betrag in einem solchen Fall dem Schuldner gebührt, wird der gesicherte Gläubiger nicht unzulässig bevorzugt (BGH 7. 6. 2001 IX ZR 134/00 ZIP 2001, 1250, 1251).

2. Vornahme in der Krise. Auch bei § 131 muss die Rechtshandlung in dem in Abs 1 Nrn. 1 bis 3 be- 28 schriebenen Zeitraum – auch als „Krise" bezeichnet – vorgenommen worden sein, um ihre Anfechtbarkeit zu begründen. Wann die Rechtshandlung vorgenommen ist, bestimmt sich nach § 140. Daher sind künftige Forderungen nur dann vor der Krise abgetreten, wenn sie auch vor der Krise entstanden sind (siehe unten § 140 Rn 6A). Im Gegensatz zu § 130 ist aber **keine Kenntnis der Krise** seitens des begünstigten Insolvenzgläubigers erforderlich. Im Fall des Abs 1 Nr 1 rechtfertigt die besondere Verdächtigkeit inkongruenten Erwerbs den Verzicht auf subjektive Voraussetzungen in der Person des Anfechtungsgegners; im Fall des Abs 1 Nr 2 wird die Kenntnis des Anfechtungsgegners von der Zahlungsunfähigkeit – so die Gesetzesbegründung – unwiderleglich vermutet (Begr RegE zu § 131). Das ist strenger als nach § 30 Nr 2 KO, wo dem Insolvenzgläubiger auch insoweit noch die Möglichkeit des Gegenbeweises offenstand. Diesen geringeren Anforderungen an den subjektiven Tatbestand stehen höhere Voraussetzungen auf der objektiven Seite – inkongruente statt kongruente Deckung – gegenüber.

Welcher Zeitraum im Sinne von § 131 zur Krise zu zählen ist, umschreibt das Gesetz in Abs 1 Nrn. 1 29 bis 3 abschließend; zugleich ist dem Schuldner aus den oben § 130 Rn 4 genannten Gründen auch der Gegenbeweis verwehrt, bei Zahlungsunfähigkeit oder Verschuldung hätte es am Vorliegen einer Krise gefehlt.

Die Krise im Sinne von § 131 beginnt typischerweise wie bei § 130 mit dem **Eintritt der Zahlungsun-** 30 **fähigkeit** soweit dieser Zeitpunkt „innerhalb des zweiten oder dritten Monats vor dem Eröffnungsantrag" liegt (Abs 1 Nr 2). Der Begriff der Zahlungsunfähigkeit entspricht dem bei § 17 (dazu oben § 130 Rn 33). Die Frist wird nach § 139 berechnet (Einzelheiten dort). In diesen Zeitraum muss die anzufechtende Rechtshandlung fallen (dazu § 130 Rn 41ff). Kenntnis des Gläubigers von der Zahlungsunfähigkeit ist nicht erforderlich.

Im Gegensatz zu § 130 erweitert § 131 Abs 1 Nr 1 aber die Anfechtungsmöglichkeiten für inkon- 31 gruente Deckungen schon **einen Monat vor Vorliegen eines Eröffnungsantrages**. Das gilt auch dann, wenn das Verfahren wegen drohender Zahlungsunfähigkeit (§ 18) eröffnet wird (kritisch KP-*Paulus* § 130 Rn 22). Das Vorliegen von Zahlungsunfähigkeit wird daher ab diesem Zeitpunkt unwiderleglich vermutet (Begr RegE zu § 131). Ein Eröffnungsantrag liegt im Sinne von Abs 1 Nr 1 vor, wenn dieser bei Gericht eingegangen ist; dies ergibt sich aus § 139 Abs 1 Satz 1. Die Monatsfrist wird nach § 139 berechnet (Einzelheiten dort). In diesen Zeitraum muss die anzufechtende Rechtshandlung fallen (dazu § 130 Rn 44 ff sowie die Kommentierung zu § 140). Kenntnis des Gläubigers vom Eröffnungsantrag ist auch hier nicht erforderlich. Die gegenüber dem alten Recht (§ 30 Nr 2 KO: zehn Tage vor Eröffnungsantrag oder Zahlungseinstellung) deutlich erweiterte Frist trägt der Tatsache Rechnung, dass sich der Schuldner regelmäßig schon vor dem Eröffnungsantrag bereits während einer gewissen Zeit in einer schwierigen Vermögenslage befindet. Wenn ein Gläubiger in diesem Zeitraum eine inkongruente Leistung erhält, berechtigt das zu dem dringenden Verdacht, dass die Absicht der Benachteiligung der übrigen Insolvenzgläubiger besteht. Insoweit ergänzt Abs 1 Nr 1 den nur auf Vollstreckungshandlungen beschränkten § 88, der ebenfalls ein automatisches Unwirksamwerden der innerhalb eines Monates vor dem Eröffnungsantrag erlangten Sicherheiten anordnet (*Henckel* KS-InsO S 813, 828). Im Gegensatz zum früheren Recht findet eine Erweiterung der Anfechtbarkeit (auch) vor dem Zeitpunkt des Eintritts der Zahlungsunfähigkeit (Zahlungseinstellung) nicht statt; dies ist angesichts der verlängerten Frist, ihrer Anknüpfung an die Stellung des Eröffnungsantrags statt an die Verfahrenseröffnung und der Schwierigkeit, den Beginn der Zahlungsunfähigkeit festzustellen, unbedenklich (ähnlich Begr RegE zu § 131; kritisch *Henckel* KS-InsO S 813, 828).

32 Fehlt es an der Zahlungsunfähigkeit, scheidet im zweiten und dritten Monat vor dem Eröffnungsantrag eine Anfechtung nach Abs 1 Nrn. 1 und 2 aus. Hier greift Abs 1 Nr 3 ein, aber nur unter der zusätzlichen Voraussetzung, dass dem durch die Rechtshandlung begünstigten Insolvenzgläubiger die **Benachteiligung der übrigen Insolvenzgläubiger (§ 129 Abs 1) bekannt** zur Zeit der Handlung (§ 140) war. Damit entspricht er bezüglich der Frist dem Abs 1 Nr 2, setzt aber zusätzlich Kenntnis voraus, die sogar über die Anforderungen des § 130 hinausgeht (Einzelheiten unten Rn 36 f).

33 **3. Beweislast.** Der Insolvenzverwalter hat zu beweisen, a) dass ein Gläubiger, der im späteren Insolvenzverfahren Insolvenzgläubiger geworden wäre, durch eine während der Krise vorgenommene Rechtshandlung eine inkongruente Deckung erlangt hat oder sie ihm ermöglicht wurde; b) dazu muss er im Falle des Abs 1 Nr 1 nur den Zeitpunkt der Stellung des Eröffnungsantrages und die Vornahme der Rechtshandlung innerhalb der Monatsfrist (BGH 27. 11. 1974 WM 1975, 6 [für Zahlungseinstellung]) sowie die fehlende Gleichwertigkeit beweisen (RG 19. 9. 1930 WarnRspr 1930 Nr 185; BGH 11. 6. 1980 Z 77, 250, 254 f = NJW 1980, 1962 = ZIP 1980, 618 = KTS 1981, 84 = LM § 3 BRAGO Nr 9 *[Treier]*; BGH 17. 12. 1998 NJW 1999, 1395 = ZIP 1999, 196 = EWiR § 3 AnfG 2/99, 673 *[Holzer]*); ausreichend dafür ist aber schon der Beweis der Unrichtigkeit der Behauptung, auf die der Anfechtungsgegner seinen Deckungsanspruch stützt (RG 19. 1. 1911 LZ 1911, 856 Nr 6); soweit die Rechtshandlung innerhalb des zweiten oder dritten Monats vor dem Eröffnungsantrag vorgenommen wurde (Abs 1 Nr 2), muss der Insolvenzverwalter zusätzlich das Vorliegen von Zahlungsunfähigkeit zum Zeitpunkt der Rechtshandlung beweisen; c) dass die übrigen Insolvenzgläubiger durch die Rechtshandlung unmittelbar oder mittelbar benachteiligt wurden (objektiver Tatbestand), was allerdings bei erfolgreichem Nachweis einer objektiv nicht gleichwertigen Gegenleistung vermutet wird (BGH 17. 12. 1998 NJW 1999, 1395 = ZIP 1999, 196 = EWiR § 3 AnfG 2/99, 673 *[Holzer]*); d) nur im Fall des Abs 1 Nr 3, dass dem begünstigten Insolvenzgläubiger die Tatsache der Gläubigerbenachteiligung durch die Rechtshandlung bekannt war (subjektiver Tatbestand); hier entfällt dafür der bei Abs 1 Nr 2 erforderliche Nachweis der Zahlungsunfähigkeit.

34 Stehen die Tatsache der Zahlungsunfähigkeit oder der Zeitpunkt ihres Eintritts nicht fest, muss der Insolvenzverwalter wie bei § 130 diesen Zeitpunkt zur Klagebegründung vortragen, und das Gericht muss in seinem Urteil eine Feststellung zur Zahlungsunfähigkeit treffen (dazu § 139 Rn 5 f).

35 Behauptet der Sicherungsnehmer gegenüber einer Anfechtung nach § 131, dass ihm die streitige Sache schon mit einem früheren Vertrag zur Sicherung übereignet worden sei, muss er dies beweisen (BGH 10. 4. 1957 WM 1957, 1097).

III. Benachteiligung (Abs 1 Nr 3)

36 **1. Begriff.** Auf Kenntnis des Insolvenzgläubigers von der Benachteiligung der übrigen Insolvenzgläubiger durch die angefochtene Rechtshandlung kommt es nur im Fall des Abs 1 Nr 3 an. Diese Kenntnis von der Benachteiligung tritt an die Stelle der früheren Begünstigungsabsicht (§ 30 Nr 2 KO). Sie ist identisch mit dem jetzt in § 129 Abs 1 als Voraussetzung jeder Insolvenzanfechtung genannten Erfordernis der Gläubigerbenachteiligung (Begr RegE zu § 131) und reicht damit weiter als die frühere Begünstigungsabsicht (zum unterschiedlichen Inhalt beider Merkmale auf der Grundlage des alten Rechts RG 20. 5. 1884 Z 11, 173, 177; RG 16. 3. 1911 JW 1911, 490). Sachlich handelt es sich um einen auf inkongruente Deckungen bezogenen Sonderfall der Anfechtung wegen vorsätzlicher Benachteiligung (§ 133; Begr RegE zu § 131; abw *Biehl* Insider S 154), freilich mit gegenüber dem alten Recht herabgesetzten Anforderungen (kritisch zu dieser auf Abs 1 Nr 3 beschränkten – und nicht auch § 133 erfassenden – Verschärfung *Henckel* KS-InsO S 813, 830 f).

37 Auf einen **Willen** des Verfahrensschuldners, einen Insolvenzgläubiger durch Gewährung der Befriedigung oder einer Sicherung oder deren Ermöglichung vor anderen zu bevorzugen (so noch BGH 3. 3. 1959 LM § 30 KO Nr 2a; BGH 13. 11. 1961 NJW 1962, 202 = WM 1961, 1369, 1371 = KTS 1962, 55 = LM § 30 KO Nr 12; BGH 15. 12. 1994 Z 128, 196, 202 = NJW 1995, 1090, 1092 = ZIP 1995, 293, 296 = KTS 1995, 449 = LM § 30 KO Nr 57 *[Gerhardt]* = EWiR § 30 KO 3/95, 279 *[Mennenöh]*; BGH 26. 6. 1997 NJW 1997, 3175 = ZIP 1997, 1509, 1510 = EWiR § 30 KO 3/97, 897 *[Huber]*), kommt es daher nicht mehr an. Dieser wird bei inkongruenten Deckungen durch Handlungen des Schuldners in der kritischen Zeit nunmehr vielmehr – so die Gesetzesbegründung – unwiderleglich vermutet, nachdem auch schon unter dem früheren Recht hier beträchtliche Beweiserleichterungen eingeräumt worden waren (Begr RegE zu § 131). Ausreichend ist jetzt vielmehr der Nachweis des objektiven Tatbestands der Gläubigerbenachteiligung durch eine inkongruente Deckung und deren Kenntnis seitens des begünstigten Insolvenzgläubigers.

38 **2. Beweislast (Abs 2).** a) Die Kenntnis des begünstigten Insolvenzgläubigers von der Benachteiligung ist **grundsätzlich vom Insolvenzverwalter** zu beweisen. Erforderlich ist Kenntnis; den Ansatz des RegE,

III. Benachteiligung (Abs 1 Nr 3) § 131

hier auch grob fahrlässige Unkenntnis ausreichen zu lassen, hat der Rechtsausschuss ausdrücklich zurückgewiesen (Beschlussempfehlung Rechtsausschuss zu § 131). Den Beweis der Kenntnis kann der Insolvenzverwalter auch durch den Antrag auf Parteivernehmung (§§ 445ff ZPO) führen, insbesondere über Tatsachen, die die Kenntnis ergeben könnten. Der Verfahrensschuldner kann demgegenüber über die Tatsache der Gläubigerbenachteiligung und über die Kenntnis des Gläubigers davon als Zeuge vernommen werden (**RG** 30. 3. 1892 Z 29, 29).

Vollzieht sich ein Erwerb durch mehrere Rechtsakte (zB durch Einigung und Eintragung), kommt 39 es für die Feststellung der Gläubigerbenachteiligung und der Kenntnis hiervon auf den Zeitpunkt an, in dem der den Erwerb vollendende Rechtsakt vorgenommen wird (zum alten Recht **BGH** 15. 1. 1964 Z 41, 17 = NJW 1964, 1277 = KTS 1964, 166 = LM § 30 KO Nrn. 16/17 [*Mormann*]; **BGH** 1. 3. 1984 NJW 1984, 1953 = ZIP 1984, 809 = KTS 1984, 426 [Bankkassierer]); vgl im Übrigen § 130 Rn 53ff.

b) Die **Beweisführung** wird dem Insolvenzverwalter hinsichtlich der Kenntnis des Insolvenzgläubigers 40 aber wie bei § 130 in zweifacher Weise **erleichtert**: Zum einen steht nach Abs 2 Satz 1 die Kenntnis von Umständen, die zwingend auf das Vorliegen von Benachteiligung schließen lassen, der Kenntnis der Benachteiligung selbst gleich. Der Gläubiger muss danach solche Tatsachen kennen, aus denen sich bei zutreffender rechtlicher Beurteilung zweifelsfrei ergibt, dass der Schuldner infolge seiner Liquiditäts- und Vermögenslage in absehbarer Zeit seine Zahlungspflichten nicht mehr in vollem Umfang erfüllen kann und dass dann Insolvenzgläubiger wenigstens teilweise leer ausgehen (**BGH** 18. 12. 2003 Z 157, 242 = NJW 2004, 1385, 1386 = ZIP 2004, 319 = ZInsO 2004, 145 = WuB VI C § 133 InsO 2.04 [*Kirchhof*] mwN [zum alten Recht]; *Hölzle* ZIP 2006, 101, 106ff; MK/*Kirchhof*, § 131 Rn 54; HK-*Kreft*, § 131 Rn 26). Wurde durch die Rechtshandlung ein dem Schuldner **nahestehender** Insolvenzgläubiger begünstigt, gehört zum zweiten nicht einmal die Kenntnis von der Gläubigerbenachteiligung (§ 129) zu den vom Insolvenzverwalter vorzutragenden Tatsachen; denn für sie besteht nach Abs 2 Satz 2 eine gesetzliche Vermutung, die der Anfechtungsgegner widerlegen muss (zur Begünstigungsabsicht alten Rechts **RG** 6. 12. 1883 Z 10, 33; **RG** 23. 1. 1912 Z 78, 331, 334; **BGH** 15. 11. 1960 Z 33, 389, 396 = KTS 1961, 12, 13; **BGH** 2. 7. 1969 NJW 1969, 1718 = KTS 1970, 50; **BGH** 28. 3. 1977 NJW 1977, 1884 = KTS 1977, 243). Diese beiden Aspekte der Beweislastumkehr sah der Gesetzgeber als durch die besondere Verdächtigkeit inkongruenter Deckungen als gerechtfertigt an (zum alten Recht *Henckel* ZIP 1982, 391, 395). Der Anfechtungsgegner muss also in diesem Fall beweisen, dass er nicht wusste, dass die angefochtene Rechtshandlung nicht zu einer Gläubigerbenachteiligung geführt hat. Das gilt unabhängig davon, von wem die Rechtshandlung vorgenommen wurde (vgl für den Nachweis der Begünstigungsabsicht nach altem Recht **BGH** 15. 12. 1994 Z 128, 196 = NJW 1995, 1090 = ZIP 1995, 293 = KTS 1995, 449 = LM § 30 KO Nr 57 [*Gerhardt*] = EWiR § 30 KO 3/95, 279 [*Mennenöh*]; **BGH** 18. 4. 1996 ZIP 1996, 1015 = EWiR § 30 KO 3/96, 709 [*Mennenöh*]; dazu *Niesert* BB 1996, 805ff). Verstöße gegen diese besonderen Beweisregeln begründen allerdings für sich allein noch keinen Verstoß gegen den allgemeinen Gleichheitsgrundsatz (zu § 30 Nr 2 KO BVerfG 15. 5. 1984 E 67, 90 = NJW 1984, 2147 = ZIP 1984, 1278).

An die Beweisführung sind dabei strenge Anforderungen zu stellen (zum alten Recht **BGH** 28. 3. 41 1977 NJW 1977, 1884 = KTS 1977, 243, 244; **BGH** 26. 3. 1984 Z 90, 381 = NJW 1984, 1893 = ZIP 1984, 572, 580; LAG Düsseldorf 24. 8. 1987 KTS 1988, 163; **OLG** Stuttgart 3. 3. 1996 ZIP 1996, 1621, 1623 = KTS 1997, 68 = EWiR § 30 KO 4/96, 989 [*Pape*]). Das ergibt sich nicht nur für die nahe stehenden Personen aus Abs 2 Satz 1: der nach altem Recht mögliche Einwand des Insolvenzgläubigers, er habe die Zahlungseinstellung „nicht zweifelsfrei erkannt" (**RG** 18. 2. 1930 KuT 1930, 99), dürfte auch nach neuem Recht nicht als Ausschluss der jetzt erforderlichen Kenntnis der Gläubigerbenachteiligung dienen können. Allerdings dürfte der Nachweis der Annahme ausreichen, der spätere Verfahrensschuldner sei zahlungsfähig gewesen und deshalb sei die Möglichkeit einer Schädigung anderer Gläubiger ausgeschlossen gewesen (für die Benachteiligungsabsicht alten Rechts **BGH** 2. 7. 1969 NJW 1969, 1718 = KTS 1970, 50; **BGH** 17. 6. 1999 NJW 1999, 3780, 3781 = NZI 1999, 361 = ZInsO 1999, 467 = ZIP 1999, 1271, 1272 = KTS 1999, 485 = EWiR § 30 KO 1/99, 801 [*Eckardt*] = WuB VI B. § 30 Nr 2 KO 1.02 [*Hirte*/*M. Groß*]). Anders als nach altem Recht liegt der Beweis der (Un-)Kenntnis von der Zahlungseinstellung nicht mehr auf einem ganz anderen Gebiet als der der (Un-)Kenntnis von der Begünstigungsabsicht, wie es für § 30 Nr 2 KO angenommen wurde (so **RG** 28. 10. 1930 WarnRspr 1931 Nr 180).

Hat der Schuldner aber Forderungen befriedigt, auf deren Erfüllung der Anfechtungsgegner Anspruch hatte, oder an ihn Leistungen erbracht, zu denen sich der Schuldner aufgrund einer vor der kritischen Zeit vereinbarten, irrig für wirksam erachteten Sicherungsabrede für verpflichtet hielt, sind an den Nachweis einer Kenntnis der Benachteiligung hohe Anforderungen zu stellen (so zur Benachteiligungsabsicht alten Rechts **BGH** 18. 4. 1991 NJW 1991, 2144 = ZIP 1991, 807 = KTS 1991, 424 = EWiR § 31 KO 1/91, 597 [*Gerhardt*]).

c) Stand der durch die Rechtshandlung begünstigte Insolvenzgläubiger dem **Schuldner nicht im Sinne** 43 von § 138 „nahe", hat der Insolvenzverwalter den (vollen) Beweis der Kenntnis der Gläubigerbenachteiligung zu erbringen, wobei ihm die Beweiserleichterung des Abs 2 Satz 1 zuteil wird. Darüber hinaus hilft ihm die Inkongruenz der Leistung als zu berücksichtigendes Beweisanzeichen nach § 286 ZPO (das allein freilich noch nicht die Annahme der Kenntnis erlaubt), wenn der Anfechtungsgegner bei Vornahme der Handlung wusste, dass sich der Schuldner in einer finanziell beengten Lage befand (**BGH** 18. 12. 2003 Z 157, 242 = NJW 2004, 1385, 1387 = ZIP 2004, 319 = ZInsO 2004, 145 = WuB VI C § 133 InsO 2.04 *[Kirchhof]*). Der **BGH** hat nunmehr diese noch zu § 31 Nr 1 KO entwickelte Rechtsprechung ausdrücklich auf das neue Recht übertragen (siehe ausführlich unten § 133 Rn 15 f; abw noch Uhlenbruck/*Hirte* 12. Aufl Rn 43 mwN). Im Hinblick auf die Beweiserleichterung bezüglich des Abs 1 Nr 3 ist der volle Nachweis der Kenntnis einer Gläubigerbenachteiligung (aber nicht mehr der „Benachteiligungsabsicht") etwa bei Rechtshandlungen erforderlich, die gegenüber Kreditinstituten als Insolvenzgläubigern vorgenommen wurden.

44 d) Kenntnis von **Vertretern** ist hier wie auch im Rahmen von § 130 nach den Grundsätzen des § 166 BGB zuzurechnen (dazu § 130 Rn 55 ff sowie **BGH** 15. 11. 1960 Z 33, 389, 396 ff = KTS 1961, 12).

§ 132 Unmittelbar nachteilige Rechtshandlungen

(1) Anfechtbar ist ein Rechtsgeschäft des Schuldners, das die Insolvenzgläubiger unmittelbar benachteiligt,
1. wenn es in den letzten drei Monaten vor dem Antrag auf Eröffnung des Insolvenzverfahrens vorgenommen worden ist, wenn zur Zeit des Rechtsgeschäfts der Schuldner zahlungsunfähig war und wenn der andere Teil zu dieser Zeit die Zahlungsunfähigkeit kannte oder
2. wenn es nach dem Eröffnungsantrag vorgenommen worden ist und wenn der andere Teil zur Zeit des Rechtsgeschäfts die Zahlungsunfähigkeit oder den Eröffnungsantrag kannte.

(2) Einem Rechtsgeschäft, das die Insolvenzgläubiger unmittelbar benachteiligt, steht eine andere Rechtshandlung des Schuldners gleich, durch die der Schuldner ein Recht verliert oder nicht mehr geltend machen kann oder durch die ein vermögensrechtlicher Anspruch gegen ihn erhalten oder durchsetzbar wird.

(3) § 130 Abs. 2 und 3 gilt entsprechend.

Frühere § 30 Nr 1 Fall 1, § 33 KO. Neu sind der Hinweis auf das Erfordernis der Benachteiligungsabsicht und das erweiterte Verständnis des Begriffs „Rechtsgeschäft" in Abs 1 sowie der gesamte Abs 2. Vorläufer ist § 10 Abs 1 Nr 4 GesO. § 147 Abs 2 und 3 RegE ohne, § 147 Abs 1 mit (Kenntnis statt grob fahrlässiger Unkenntnis) Änderungen im Gesetzgebungsverfahren.

I. Allgemeines

1 § 132 erklärt die in der kritischen Zeit **vorgenommenen** Rechtsgeschäfte für anfechtbar. Im Gegensatz zu §§ 130, 131 tritt also der durch das Rechtsgeschäft begünstigte Insolvenzgläubiger erst durch die Vornahme dieses anfechtbaren Rechtsgeschäfts in Rechtsbeziehungen zum späteren Verfahrensschuldner; bei §§ 130, 131 ging es demgegenüber um die mehr (§ 130) oder weniger (§ 131) korrekte Erfüllung von bereits in der kritischen Zeit eingegangenen Verbindlichkeiten (siehe dazu bereits oben § 129 Rn 90 sowie unten Rn 4). Im Gegensatz zu § 130 und § 131 erklärt § 132 in seinem Abs 1 nicht eine Rechtshandlung (egal wessen) für anfechtbar, sondern nur **Rechtsgeschäfte**, und zwar nur solche **des Schuldners**. Diese Rechtsgeschäfte müssen die Gläubiger zweitens **unmittelbar** – und nicht bloß mittelbar – benachteiligen; das wird mit dem Stichwort „Verschleuderungsanfechtung", „Masseverschleuderung" oder „krisenbedingter Schlussverkauf" (so *Henckel* ZIP 1982, 391, 393) umschrieben. Abs 2 unterstellt schließlich bei der **Unterlassung bestimmter Rechtshandlungen** von Gesetzes wegen eine **unmittelbare Gläubigerbenachteiligung**.

II. Anfechtbares Rechtsgeschäft (Abs 1)

2 **1. Rechtsgeschäft.** Zu den nach § 132 anfechtbaren Rechtsgeschäften gehören zunächst (zwei- und einseitige) Rechtsgeschäfte. Im Mittelpunkt stehen dabei die **Verträge**. In Betracht kommen hier Käufe über und Verkäufe unter Wert (**RG** 1. 5. 1908 JW 1908, 458 = LZ 1908, 787 Nr 4), Kaufverträge, die dem Käufer eine Aufrechnungsmöglichkeit eröffnen (**BGH** 26. 5. 1971 WM 1971, 908, 909), die Hingabe oder die Aufnahme von Darlehen zu unvorteilhaften Bedingungen, die Einräumung langfristiger Rechte etwa durch Miet- oder Pachtvertrag oder die Eingehung sonstiger langfristiger Verpflichtungen, soweit der Insolvenzverwalter daran nach §§ 103 ff gebunden ist (KP-*Paulus* § 132 Rn 14), die Übernahme von Bürgschaften, der Abschluss von Verträgen zugunsten Dritter (**RG** 2. 1. 1903 Z 53, 234, 235 [wobei nicht ganz klar ist, ob hier tatsächlich ein Schuldbeitritt vertraglich vereinbart wurde]; **BGH** 9. 2. 1955 NJW 1955, 709 = KTS 1955, 139), der Abschluss von Tauschverträgen über ungleichwertige Gegenstände, Schenkungen und sonstige unentgeltliche Verfügungen des Verfahrensschuldners. Auch der Abschluss von Verträgen mit angemessenem Preises fällt hierunter, wenn dadurch auch die Verpflichtung zur Erfüllung von Altschulden begründet wird, deren Erfüllung nicht (mehr) erzwungen

II. Anfechtbares Rechtsgeschäft (Abs 1) § 132

werden kann (**BGH** 13. 3. 2003 IX ZR 64/02 Z 154, 190, 194 f = NJW 2003, 1865 = ZIP 2003, 810 = WuB VI C § 55 InsO 2.03 *[Tetzlaff]* = EWiR § 132 InsO 1/2003, 719 *[Huber]*). Zu den in diesem Zusammenhang erfassten Verträgen gehört zudem auch ein vorweggenommenes Einverständnis des Sicherungsgebers mit jeder Verwertungsart des Sicherungsnehmers (**BGH** 9. 1. 1997 NJW 1997, 1063, 1065 = ZIP 1997, 367 = KTS 1997, 264 = EWiR § 30 KO 4/97, 899 *[Henckel]*), nicht aber die Eingehung einer Naturalobligation (dazu oben § 129 Rn 94). Auch eine **Betriebsvereinbarung** nach § 88 BetrVG stellt ein Rechtsgeschäft iSv § 132 dar (LAG München 5. 9. 1986 NZA 1987, 464 = ZIP 1987, 589 = KTS 1987, 670 = EWiR § 30 KO 3/87, 501 *[Balz]*). Für **Sozialpläne**, die innerhalb der letzten drei Monate vor dem Eröffnungsantrag aufgestellt wurden, enthält § 124 eine speziellere Regelung, durch die der Sozialplan widerrufen werden kann (KP-*Paulus* § 132 Rn 6: *Uhlenbruck* KTS 1985, 199, 203; näher *Willemsen* ZIP 1982, 649 ff). § 124 InsO schließt zwar eine Anfechtung auch nach § 132 nicht grds aus; jedoch wird für diese durch die Widerrufsmöglichkeit nach § 124 regelmäßig kein Bedürfnis mehr bestehen. Relevanter wird häufig eine Anfechtung von auf den Sozialplan erbrachten Leistungen nach §§ 130 f sein (siehe dazu bereits § 129 Rn 69).

Auch **Erfüllungshandlungen** gehören grundsätzlich hierher; dabei kommt es heute im Hinblick auf 3 Abs 2 nicht mehr darauf an, dass sie die Mitwirkung zweier Personen erfordern (so **RG** 11. 3. 1902 Z 51, 76; **RG** 20. 3. 1917 Z 90, 69, 72). So gehört eine Leistung, die der Verfahrensschuldner auf Grund gleichzeitig vertraglich gegebener Kreditzusage bewirkt, zu den Rechtsgeschäften im Sinne von § 132 (**RG** 30. 4. 1897 JW 1897, 368; folgt die Befriedigung nach, wäre diese anders als die Verpflichtung nur nach §§ 130 f anfechtbar, siehe dazu unten Rn 4). Dasselbe gilt von der Zahlung zur Ablösung eines Pfandes (§ 1223 Abs 2 BGB): Diese kann nach § 132 anfechtbar sein, wenn die Zahlung auf das Pfand und nicht zumindest auch auf die zugrunde liegende Forderung erfolgt ist; denn dann fehlt es an der für die Anfechtung nach §§ 130, 131 erforderlichen Befriedigung eines Insolvenzgläubigers (siehe dazu § 130 Rn 28; zum Vorrang von §§ 130, 131 siehe allgemein unten Rn 4); jedoch wird durch eine solche Zahlung das Absonderungsrecht des Pfandgläubigers beseitigt, so dass hier regelmäßig eine Erfordernis unmittelbarer Gläubigerbenachteiligung fehlen wird (**RG** 20. 3. 1917 Z 90, 69, 72 f). Zwar ist die Berechtigung der Befriedigung eines Absonderungsberechtigten vom Verwalter nach Verfahrenseröffnung zu überprüfen, was bei Befriedigung nach Verfahrenseröffnung durch den **Kostenbeitrag nach** §§ 170 Abs 1, 171 Abs 1 abgegolten würde; diese Kostenbeiträge sollen jedoch nicht der Anreicherung der Masse dienen, so dass ihr Entfallen keine relevante Masseschmälerung bewirkt (ebenso *Eckardt* ZIP 1999, 1734, 1739; *Henckel* KS-InsO S 813, 818 ff [im Hinblick auf die fehlende Stellung der Absonderungsberechtigten als Insolvenzgläubiger]; abw KP-*Paulus* § 132 Rn 8); zum Ganzen ausführlich § 129 Rn 110a. Ist das Absonderungsrecht anfechtbar entstanden, kommt eine Anfechtung der Sicherungsverpflichtung nach § 132 in Betracht, wenn diese zeitgleich mit Begründung der Forderung erfolgt ist und die Gläubiger unmittelbar benachteiligt hat (zur Anfechtung von Verpflichtungen siehe Rn 2).

Allerdings sind die §§ 130, 131 bezüglich der Erfüllungshandlungen oder Sicherungen *leges speciales*; 4 die Erfüllung von Verbindlichkeiten gegenüber Insolvenzgläubigern oder deren Sicherung gehört damit nicht hierher (Begr RegE zu § 132; **BGH** 17. 11. 1958 Z 28, 344, 346 = MDR 1959, 106, 189 *[Pohle]* = LM § 30 KO Nr 3 *[Haager]*; OLG Braunschweig 11. 11. 1949 MDR 1950, 356 [Zahlung von Steuerschulden]; *Huber* ZInsO 2008, 929, 931). Daher unterliegen der Abschluss von Vergleichen oder die Eingehung von Wechselverbindlichkeiten sowie der Abschluss von Erlass- und negativen Schuldanerkenntnisverträgen regelmäßig nicht der Anfechtung nach § 132. Bei zweiseitigen Verträgen unterliegen nur solche § 132, die der Schuldner noch nicht (voll) erfüllt hat (wohl auch HK-*Kreft* § 132 Rn 6). Die früher bei der Verschleuderungsanfechtung wichtigste Fallgruppe, die Befriedigung von im Konkurs nach § 63 KO ausgeschlossenen Forderungen, gehört nicht mehr dazu; denn diese Forderungen zählen jetzt nach § 39 zu den nachrangigen Insolvenzforderungen, und ihre Erfüllung ist damit auch von §§ 130, 131 erfasst (dazu oben § 131 Rn 4 sowie § 130 Rn 30). Denkbar ist eine Anfechtung, wenn durch die Erfüllung ein formnichtiger Vertrag zur Heilung gebracht wird (§§ 311 b Abs 1 Satz 2, 766 Satz 2 BGB; KP-*Paulus* § 132 Rn 5). Bei **Leistung auf eine fremde Schuld** durch den späteren Verfahrensschuldner kommt eine Anfechtung grds nur gegenüber dem Gläubiger des Schuldners als Leistungsempfänger in Betracht (Anfechtung dann nach §§ 130, 131, ggfls auch nach §§ 133, 134; dazu bereits oben § 130 Rn 31 sowie § 129 Rn 83 aE); nur falls eine Interessenabwägung ergibt, dass von der Abwicklung im Dreiecksverhältnis abgewichen werden sollte, ist eine Anfechtung nach § 132 auch gegenüber dem unmittelbaren Empfänger der Leistung möglich; denn diesem fehlt in dieser Konstellation die Insolvenzgläubigerstellung, so dass eine Anfechtung nach §§ 130 f nicht in Betracht kommt (**BGH** 5. 2. 2004 IX ZR 473/00 ZIP 2004, 917 = ZInsO 2004, 499 = NZI 2004, 374 = EWiR 2004, 771 *[Höpfner]* = WuB VI B § 30 Nr 2 KO 1.04 *[Paulus/Zenker]* [KO]; *Burchard* Dreieck S 280 ff; MK/*Kirchhof* § 132 Rn 5; siehe dazu auch § 134 Rn 17 f). **Zwangsvollstreckungen** sind dagegen keine Rechtsgeschäfte im Sinne von § 132. Eine nach **§ 153 a StPO** im Rahmen einer Verfahrenseinstellung auferlegte Zahlung stellt kein einseitiges Rechtsgeschäft dar; vielmehr handelt es sich um eine geschäftsähnliche Handlung, die nicht von § 132 erfasst wird (**BGH** 5. 6. 2008 IX ZR 17/07 NJW 2008, 2506 = ZIP 2008, 1291 = ZInsO 2008, 738 = NZI 2008, 488); dazu auch unten Rn 6.

Zu den Rechtsgeschäften iSv Abs 1 gehören aber heute auch die **Mahnung**, die **Kündigung**, der 5 **Rücktritt**, der **Widerruf** oder ein ohne Annahmeerklärung wirksamer **Verzicht**. Das ergibt sich aus dem

§ 132

Gesetz, wo jetzt von „vorgenommenen" statt von „eingegangenen" Rechtsgeschäften die Rede ist (Begr RegE zu § 132). Auch die **Aufrechnung** ist Rechtsgeschäft in diesem Sinne, jedoch kommt es nach § 96 Abs 1 Nr 3 nur noch auf die Herstellung der Aufrechnungslage an, so dass eine zusätzliche Anfechtung der Aufrechnungserklärung überflüssig ist (siehe dazu bereits § 129 Rn 33). Auf der Grundlage des alten Rechts wurde dies auch schon für ein **Einverständnis** zwischen Schuldner und Sicherungsnehmer bezüglich der Art und Weise der Verwertung von Sicherungsgut angenommen (**BGH** 9. 1. 1997 NJW 1997, 1063 = ZIP 1997, 367 = KTS 1997, 264 = EWiR § 30 KO 4/97, 899 *[Henckel]*).

6 Es muss sich um ein Rechtsgeschäft **des Schuldners** oder seines Vertreters handeln (dazu auch § 129 Rn 80f). Wurde das Geschäft durch einen Vertreter ohne Vertretungsmacht geschlossen, ist es dem Schuldner nur dann zuzurechnen, wenn es rückwirkend vom Schuldner genehmigt wurde; entscheidend ist der Zeitpunkt der Genehmigung. Auf die etwa erforderliche Genehmigung einer Behörde kommt es nicht an. Vom **BGH** offengelassen wurde die Frage, ob eine **Verfahrenseinstellung nach § 153a StPO** auf Grund der für diese erforderlichen Zustimmung des Schuldners als Rechtsgeschäft iSv § 132 gelten kann; denn es fehlt jedenfalls an einer unmittelbaren Gläubigerbenachteiligung, da diese erst durch die Zahlung an die Staatskasse eintritt (**BGH** 5. 6. 2008 IX ZR 17/07 NJW 2008, 2506 = ZIP 2008, 1291 = ZInsO 2008, 738 = NZI 2008, 488).

7 **Bereicherung** des Anfechtungsgegners ist hier – wie auch sonst bei der Anfechtung – nicht erforderlich. Daher kann ein Fall des § 132 auch vorliegen, ohne dass der Anfechtungsgegner einen persönlichen Vorteil aus dem Geschäft gezogen hat. So kann eine Forderungsabtretung an einen Treuhänder angefochten werden, die dazu dient, den Forderungserlös unter bestimmte Gläubiger des Verfahrensschuldners zu verteilen (**RG** 18. 11. 1910 JW 1911, 107 = WarnRspr 1911 Nr 49). Zur Rückgewähr siehe § 143 Rn 5.

8 **2. Unmittelbare Gläubigerbenachteiligung.** Im Gegensatz zu §§ 130, 131 verlangt § 132 eine **unmittelbare** Benachteiligung der Insolvenzgläubiger (dazu oben § 129 Rn 124ff). Das ergibt sich heute ausdrücklich aus dem Gesetz (zum alten Recht siehe die weit Nachw in 12. Aufl Rn 8).

9 Kern des Vorwurfs ist eine für die Insolvenzgläubiger **nachteilige Leistungsbewertung** (*Häsemeyer* Rn 21.27, 21.68f); sie begründet gleichzeitig das Vorliegen einer Gläubigerbenachteiligung (dazu oben § 129 Rn 91ff). Ob zu überhöhten Preisen gekauft oder unter Wert verkauft wurde, richtet sich nach dem objektiv zu ermittelnden Marktpreis. Dabei entscheidet der normale Marktpreis; Preisabweichungen auf Grund krisenbedingter Eilbedürftigkeit des abgeschlossenen Rechtsgeschäfts sind nicht zu berücksichtigen (**BGH** 13. 3. 2003 IX ZR 64/02 Z 154, 190 = NJW 2003, 1865 = ZIP 2003, 810 = WuB VI C § 55 InsO 2.03 *[Tetzlaff]* = EWiR § 132 InsO 1/2003, 719 *[Huber]*; **BGH** 13. 3. 2003 IX ZR 56/02 ZIP 2003, 855 = ZInsO 2003, 420 [beide für Fälle von Leistungsbereitschaft nur bei Bereitschaft zur Begleichung von Altschulden durch den vorläufigen Insolvenzverwalter]; abw KP-*Paulus* § 132 Rn 12). Denn vor diesem Risiko einer Verschleuderung der Insolvenzmasse will § 132 schützen. Das gilt etwa, wenn einem Berater im Zusammenhang mit einer Sanierung ein überhöhtes Honorar gezahlt wird (so in **BGH** 11. 6. 1980 Z 77, 250, 254f = NJW 1980, 1962 = ZIP 1980, 618 = KTS 1981, 84 = LM § 3 BRAGO Nr 9 *[Treier]*, dort auch zur Rechtsfolge: Teilanfechtung; zum Ganzen *Kirchhof* ZInsO 2005, 340, 342).

10 An einer Benachteiligung fehlt es vor allem, wenn der Verfahrensschuldner für seine Leistung unmittelbar eine gleichwertige Gegenleistung erhalten hat. Die Voraussetzungen eines solchen **Bargeschäfts** sind ausführlich bei § 142 dargestellt. Ist hier die Gegenleistung geringerwertig als die vom Schuldner erbrachte Leistung, empfiehlt es sich, auch das zugrundeliegende Kausalgeschäft anzufechten; dadurch wird verhindert, dass die Insolvenzforderung des Gläubigers nicht wieder auflebt (KP-*Paulus* § 132 Rn 11).

11 Sofern unmittelbare Benachteiligung vorliegt, können auch die Rückgewähr der Einlage an einen stillen Gesellschafter oder der Erlass seines Verlustanteils neben § 136 nach § 132 angefochten werden.

III. Gleichgestellte Rechtshandlungen (Abs 2)

12 Nach bisherigem Recht (§ 30 Nr 1 Fall 1 KO) wurde aus der Formulierung („wenn der dem anderen Teile [...], als er das Geschäft einging") gefolgert, dass einseitige Rechtshandlungen nicht zu den „Geschäften" zu rechnen seien (**RG** 12. 11. 1909 Z 72, 168, 171). Das ist schon nach der geänderten Formulierung in Abs 1 heute anders (dazu oben Rn 2, 5). Die ausdrückliche Bestimmung in Abs 2 betont dies noch einmal: zu den „Rechtsgeschäften" im Sinne von § 132 gehören vielmehr auch andere Rechtshandlungen des Schuldners, „durch die der Schuldner ein Recht verliert oder nicht mehr geltend machen kann oder durch die ein vermögensrechtlicher Anspruch gegen ihn erhalten oder durchsetzbar wird". Damit soll ein Auffangtatbestand für Rechtshandlungen geschaffen werden, die für die Gläubiger nachteilig sind, ohne von der Deckungsanfechtung nach §§ 130, 131 oder der Anfechtung wegen unmittelbarer Benachteiligung nach Abs 1 erfasst zu sein. Sie sollen nicht nur unter den strengen subjektiven Voraussetzungen der Anfechtung wegen vorsätzlicher Benachteiligung nach § 133 oder den häufig nicht gegebenen objektiven Voraussetzungen der Anfechtung wegen unentgeltlicher Leistung (§ 134) anfechtbar sein. Abs 2 schließt damit vor allem Lücken, die im früheren Konkursrecht bei der Anfechtung von Unterlassungen im Bereich der besonderen Konkursanfechtung bestanden (Begr RegE

zu § 132). Er ergänzt § 129 Abs 2 (KP-*Paulus* § 132 Rn 7; siehe dazu § 129 Rn 62 f). Der Sache handelt es sich bei Abs 2 um einen selbstständigen Tatbestand (*Häsemeyer* Rn 21.09, 21.72; *Henckel* KS-InsO S 813, 833). Gegenüber dem alten Recht bedeutet er eine beträchtliche Verschärfung, da die entsprechenden Sachverhalte früher nur mit der Absichtsanfechtung (jetzt § 133) erfasst werden konnten (krit dazu *Häsemeyer* Rn 21.37, 21.73).

Zu den von Abs 2 erfassten Rechtshandlungen gehören zunächst solche, durch die der Schuldner 13 „ein Recht verliert" (Alt 1). Hierzu gehören die **Unterlassung eines Protests** nach Wechsel- oder Scheckrecht, die den Verlust von Rechten bewirkt, oder die unterlassene Unterbrechung einer Ersitzungsfrist mit der Folge des Eigentumsverlusts (Begr RegE zu § 132 aE). Auch die Fälle, in denen ausnahmsweise ein Vertrag durch **Schweigen** zustandekommt, gehören dazu (KP-*Paulus* § 132 Rn 4). Rechtshandlungen, durch die der Schuldner „ein Recht nicht mehr geltend machen kann" (Alt 2), sind die **Unterlassung der Einlegung von Rechtsbehelfen** (Einspruch gegen Versäumnisurteil oder Vollstreckungsbescheid nach § 338 ZPO [iVm § 700 Abs 1 ZPO] oder Widerspruch gegen einen Mahnbescheid nach § 694 Abs 1 ZPO) mit der Folge des Prozessverlusts oder der Verjährungsunterbrechung mit der Folge des Anspruchsverlusts (Begr RegE zu § 132 aE). Ein „Anspruch [wird] erhalten" (Alt 3) durch rechtzeitige Anfechtung nach §§ 119 ff BGB oder deren Unterlassen, und er wird „durchsetzbar" (Alt 4) durch die unterlassene Erhebung der Einrede der Verjährung in einem Passivprozess (Begr RegE zu § 132 aE), durch eine Kündigung oder durch die Herbeiführung des Eintritts einer sich auf die Vermögenslage des Schuldners negativ auswirkenden Bedingung iSv § 158 BGB (KP-*Paulus* § 132 Rn 8). Nicht hierher gehört die Dereliktion nach § 959 BGB, weil es hier keinen anderen Teil gibt, dessen Kenntnis nach Abs 1 die Anfechtbarkeit begründen könnte (KP-*Paulus* § 132 Rn 8).

Auch im Rahmen des § 132 Abs 2 gilt, dass die negative Folge eine unmittelbare *Folge* der schuld- 14 nerischen Handlung darstellen muss (MK/*Kirchhof* § 132 Rn 22; siehe oben § 129 Rn 123, § 140 Rn 2). Eine unmittelbare *Gläubigerbenachteiligung* wird in den Fällen des Abs 2 – wie sich aus der Formulierung des Textes ergibt – hingegen von Gesetzes wegen unterstellt (Begr RegE zu § 132). Gemeint ist insoweit, dass **mittelbare Gläubigerbenachteiligung** ausreicht (HK-*Kreft* § 132 Rn 9; *Henckel* KS-InsO S 813, 833 f; MK/*Kirchhof* § 132 Rn 27; *Zeuner* Anfechtung S 119; abw KP-*Paulus* § 132 Rn 9). Es bedarf daher im Bereich des Abs 2 weder eines Nachweises der unmittelbaren Gläubigerbenachteiligung, noch ist dem Anfechtungsgegner der Einwand möglich, im Einzelfall fehle es an einer unmittelbaren Gläubigerbenachteiligung.

IV. Vornahme des Rechtsgeschäfts bzw der Rechtshandlung in der Krise (Abs 1 und 2)

Anfechtbar sind die Rechtsgeschäfte bzw in den Fällen des Abs 2 die Rechtshandlungen nur dann, 15 wenn sie in der Krise vorgenommen wurden. Dies ist nach dem Gesetz nur der Fall, wenn der Schuldner im Zeitpunkt ihrer Vornahme zahlungsunfähig war oder bereits ein Antrag auf Eröffnung eines Insolvenzverfahrens gestellt war. Um diese Voraussetzungen muss der Anfechtungsgegner wissen (dazu unten Rn 17 f). Bei Anfechtung wegen Zahlungsunfähigkeit kommt eine zeitliche Grenze von drei Monaten vor dem Eröffnungsantrag hinzu.

Bezüglich des Begriffs der Zahlungsunfähigkeit und der Frage, welcher Eröffnungsantrag entscheidet, 16 ergeben sich keine Besonderheiten gegenüber § 130; auf diese Ausführungen wird daher verwiesen (§ 130 Rn 33 ff, 39 f; enger für die Zahlungsunfähigkeit KP-*Paulus* § 132 Rn 6). Gleiches gilt für die Frage, ob das Rechtsgeschäft bzw im Fall des Abs 2 die Rechtshandlung im relevanten Zeitraum vorgenommen wurde (differenzierend *Burchard* Dreieck S 274 ff für Dreipersonenverhältnisse). Es gilt schließlich für die notwendige Kenntnis des anderen Teils von der Krise des Schuldners, die auch in den Fällen des Abs 2 verlangt wird; auch hier soll der durch die anzufechtende Rechtshandlung Begünstigte im Grundsatz auf deren Bestand vertrauen können (Begr RegE zu § 132; Einzelheiten bei § 130 Rn 49 ff). Abs 3 erklärt schließlich ausdrücklich auch die Beweiserleichterungsregeln des § 130 Abs 2 und 3 für entsprechend anwendbar (dazu § 130 Rn 65 ff).

V. Beweislast (Abs 3)

Grundsätzlich hat der **Insolvenzverwalter** die objektiven und subjektiven Voraussetzungen einer An- 17 fechtung nach § 130 darzulegen und zu beweisen. Er muss also beweisen: (1) das anfechtbare Rechtsgeschäft des Schuldners bzw im Fall des Abs 2 seine anfechtbare Rechtshandlung; (2) außer im Falle des Abs 2 (dazu oben Rn 14) die (unmittelbare) Gläubigerbenachteiligung (dazu § 129 Rn 124 ff); (3) die Vornahme von Rechtsgeschäft oder Rechtshandlung in der Krise; (4) und die Kenntnis des Anfechtungsgegners von der Krise (dazu § 130 Rn 49 ff).

Die Beweisführung wird dem Insolvenzverwalter aber in zweifacher Weise **erleichtert**: Zum einen 18 steht nach Abs 3 iVm § 130 Abs 2 die Kenntnis von Umständen, die zwingend auf das Vorliegen von Zahlungsunfähigkeit oder des Eröffnungsantrages schließen lassen, der Kenntnis von Zahlungsunfähigkeit oder Eröffnungsantrag selbst gleich. Und zum zweiten wird nach Abs 3 iVm § 130 Abs 3 gegenüber einer Person, die dem Schuldner zur Zeit der Rechtshandlung im Sinne von § 138 nahestand, die Kenntnis der Zahlungsunfähigkeit oder des Eröffnungsantrages vermutet (näher § 130 Rn 67).

§ 133 Vorsätzliche Benachteiligung

(1) ¹Anfechtbar ist eine Rechtshandlung, die der Schuldner in den letzten zehn Jahren vor dem Antrag auf Eröffnung des Insolvenzverfahrens oder nach diesem Antrag mit dem Vorsatz, seine Gläubiger zu benachteiligen, vorgenommen hat, wenn der andere Teil zur Zeit der Handlung den Vorsatz des Schuldners kannte. ²Diese Kenntnis wird vermutet, wenn der andere Teil wußte, daß die Zahlungsunfähigkeit des Schuldners drohte und daß die Handlung die Gläubiger benachteiligte.

(2) ¹Anfechtbar ist ein vom Schuldner mit einer nahestehenden Person (§ 138) geschlossener entgeltlicher Vertrag, durch den die Insolvenzgläubiger unmittelbar benachteiligt werden. ²Die Anfechtung ist ausgeschlossen, wenn der Vertrag früher als zwei Jahre vor dem Eröffnungsantrag geschlossen worden ist oder wenn dem anderen Teil zur Zeit des Vertragsschlusses ein Vorsatz des Schuldners, die Gläubiger zu benachteiligen, nicht bekannt war.

Frühere §§ 31 und 41 Abs 1 Satz 3 KO zusammengefasst; neu sind die Verwendung des Begriffs „Vorsatz" anstelle von „Absicht", die erweiterte Beweislastumkehr und die geänderten Fristen. Vorläufer sind § 10 Abs 1 Nrn. 1 und 2 GesO. § 148 Abs 1 RegE ohne, § 148 Abs 2 mit geringfügigen Änderungen im Gesetzgebungsverfahren.

Übersicht

	Rn
I. Allgemeines	1
II. Regelfall (Abs 1)	5
1. Rechtshandlung des Schuldners	7
2. Benachteiligung der Insolvenzgläubiger	11
3. Benachteiligungsvorsatz	12
a) Vorsatz des Schuldners	12
b) Inkongruenz	15
c) Kongruente Decke	18
d) Fehlgeschlagene Sanierungsversuche	21
e) Fehlender Benachteiligungsvorsatz	22
f) Maßgebender Zeitpunkt	23
g) Beteiligungsvorsatz trotz Fehlens von Gläubigern	24
4. Kenntnis des anderen Teils	25
a) Begriff	25
b) Zeitpunkt	26
c) Handeln eines Vertreters	27
5. Zeitmoment	26
6. Beweislast	29
a) Grundsatz	29
b) Beweiserleichterung nach Abs 1 Satz 2	31
III. Verträge mit nahe stehenden Personen (Abs 2)	33
1. Entgeltliche Verträge	34
2. Vertrag mit nahe stehender Person	38
3. Benachteiligung der Insolvenzgläubiger	39
4. Zeitmoment (Abs 2 Satz 2)	40
5. Beweislast	41

I. Allgemeines

1   Die Anfechtung wegen vorsätzlicher Benachteiligung (die frühere „Absichtsanfechtung") zerfällt in zwei aufeinander aufbauende Tatbestände (Überblick bei *Thole* KTS 2007, 293, 300 ff). Die Regelung deckt sich mit § 3 Abs 1 und 2 AnfG mit dem einzigen Unterschied, dass in § 3 Abs 2 AnfG die letzten beiden Jahre vom Zeitpunkt der Anfechtung, hier von der Eröffnung des Verfahrens zurückzurechnen sind. Die zu § 3 AnfG einschließlich seiner Vorgängerfassung ergangenen Entscheidungen können daher auch zu § 133 herangezogen werden (abw **RG** 7. 11. 1899 Z 45, 23, 28; **RG** 11. 3. 1902 Z 51, 76).

2   Im Gegensatz zu §§ 130–132 liegt bei § 133 der Schwerpunkt in der Beurteilung des inneren Tatbestandes (**RG** 5. 1. 1940 Z 162, 292, 297). Im Gegensatz zur besonderen Insolvenzanfechtung schützt § 133 daher auch nicht die Gleichbehandlung der Gläubiger, sondern nur deren Chancengleichheit bei der Befriedigung (ausf. *Schoppmeyer* NZI 2005, 185, 187 f; *ders* ZIP 2009, 600, 602; dazu auch *Jacoby* KTS 2005, 371, 397 ff). Beide Tatbestände des § 133 stellen allerdings **keine unerlaubte Handlung** dar. Die gegenteilige Auffassung des Reichsgerichts (**RG** 19. 9. 1910 Z 74, 224, 225 f; **RG** 28. 2. 1914 Z 84, 242, 253 [zu § 31 Nr 1 KO]) ist mit dem Zweck der Anfechtung, das Vermögen wirtschaftlich notleidender Schuldner vor Rechtshandlungen zu schützen, durch die die gleichmäßige Befriedigung aller Insolvenzgläubiger gefährdet wird, unvereinbar (**BGH** 25. 9. 1952 KTS 1955, 15 = LM § 30 KO Nr 1 = BB 1952, 868 f *[Berges]*).

II. Regelfall (Abs 1)

Wenn beim Abschluss eines Rechtsgeschäfts auf Seiten einer Partei ein dem anderen Teil bekannter 3
Vorsatz der Gläubigerbenachteiligung anzunehmen ist, führt dies regelmäßig nur zur Anfechtbarkeit,
nicht zur Nichtigkeit des Rechtsgeschäfts; für die Annahme von Nichtigkeit müssen noch besondere,
gravierende Umstände hinzukommen (**BGH** 9. 7. 1987 NJW-RR 1987, 1401 = ZIP 1987, 1062 =
KTS 1987, 705); siehe allgemein oben § 129 Rn 30. Der Grundsatz, dass beim bloßen Vorliegen eines
Anfechtungstatbestandes keine Nichtigkeit des Geschäfts anzunehmen ist, gilt auch im Falle des Abs 2,
wenn der Gläubiger zum Schuldner in nahen Familienbeziehungen steht und deshalb eine Benachteiligung der Insolvenzgläubiger besonders verwerflich erscheint (**BGH** 31. 5. 1968 KTS 1969, 48; dazu im
Übrigen oben § 129 Rn 76 ff).

Der Übergang von der Anfechtung aus Abs 1 zur Anfechtung aus Abs 2 und umgekehrt stellt keine 4
Klageänderung dar (zur verringerten Bedeutung dieser Frage unter Geltung der InsO unten § 146 Rn 7).

II. Regelfall (Abs 1)

Der Tatbestand des Abs 1 verlangt Rechtshandlungen, die der Schuldner mit dem dem anderen Teil 5
bekannten Vorsatz, seine Gläubiger zu benachteiligen, vorgenommen hat. Der Nachweis dieser Kenntnis wird heute durch Abs 1 Satz 2 erleichtert.

Abs 1 beruht auf der Erwägung, dass Rechtshandlungen keinen Schutz gegenüber den anderen Gläu- 6
bigern verdienen, die in einem dem Geschäftsgegner bekannten Absicht vorsätzlicher Benachteiligung
der Gläubiger vorgenommen werden (zum Regelungszweck allgemein *Fridgen* Rechtsfolgen S 3 ff). Das
gilt grundsätzlich **auch im Zusammenhang mit Bargeschäften (§ 142)**, soweit hierbei eine Gläubigerbenachteiligung wenigstens mittelbar eintreten kann (**BGH** 30. 9. 1993 Z 123, 320 = NJW 1993, 3267 =
ZIP 1993, 1653, 1654 = KTS 1994, 116 = LM § 30 KO Nr 55 *[Stürner]* = EWiR § 30 KO 2/94, 373
[Henckel]). Allerdings fehlt es regelmäßig an der Absicht des Schuldners, die Gläubiger vorsätzlich zu
benachteiligen, wenn der Schuldner eine kongruente Gegenleistung für eine von ihm empfangene Leistung erbringt, die der Fortführung des Unternehmens dient und damit den Gläubigern im allgemeinen
nützt (*Jacoby* KTS 2009, 3, 6 f; *Paulus* BB 2001, 425, 428 f). Davon kann insbesondere dann ausgegangen werden, wenn der vorläufige Insolvenzverwalter den Zahlungen zugestimmt hat (**BGH** 10. 7. 1997
ZIP 1997, 1551 = EWiR § 106 KO 2/97, 851 *[Uhlenbruck]*).

1. Rechtshandlung des Schuldners. Für die Anfechtung nach Abs 1 kommen Rechtshandlungen aller 7
Art in Betracht (dazu oben § 129 Rn 62 ff). Allerdings muss es sich hier um eine **Rechtshandlung des
Schuldners** handeln. Dazu reicht dessen bloße Mitwirkung aus (**BGH** 14. 6. 1978 Z 72, 39, 44 = NJW
1978, 1921 = KTS 1979, 92 = LM § 37 KO Nr 9 *[Merz]*; **BGH** 12. 5. 1980 NJW 1980, 1964 = ZIP
1980, 425, 426 = KTS 1980, 363; **BGH** 5. 7. 2007 IX ZR 256/06 Z 173, 129 = ZIP 2007, 1816 =
ZInsO 2007, 989 = NZI 2007, 650 = EWiR 2008, 149 *[Flitsch]* = WuB II C § 30 GmbHG 1.08 *[Ul-
mer]*; ebenso für Lastschriftzahlung **BGH** 19. 12. 2002 IX ZR 377/99 ZIP 2003, 488 = ZInsO 2003,
324 = NZI 2003, 253 = EWiR 2003, 427 *[Gerhardt]* [KO]; krit *Foerste* NZI 2006, 6, 8 f; *Jacoby*
KTS 2009, 3, 5, 9; für Verzicht auf das Erfordernis einer Mitwirkung des Schuldners *G. Brinkmann/
Luttmann* ZInsO 2007, 565 ff). Eine ausdrückliche Verabredung zwischen Schuldner und Gläubiger ist
nicht erforderlich; bewusstes Unterlassen genügt (§ 129 Abs 2), wenn sich daraus ein auf die Gläubigerbenachteiligung gerichteter Wille folgern lässt (**RG** 16. 10. 1913 JW 1914, 106). Die unterlassene
Stellung eines möglichen **Insolvenzantrags** wegen drohender Zahlungsunfähigkeit ist nicht als Unterlassung einer Rechtshandlung zu qualifizieren (siehe oben § 129 Rn 28, 65, 91; abw *Rendels*, ZIP 2004,
1289, 1294 ff; ders ZIP 2004, 2085, 2086; zu Recht enger *Bork* ZIP 2004, 1684, 1686; *Kreft* DStR
2005, 1192, 1196 f). Die **Vorausabtretung künftiger Forderungen** ist eine nach § 133 anfechtbare
Rechtshandlung des Schuldners, auch wenn die Entstehung der Forderung allein von einer Handlung
des Gläubigers abhängt; denn angefochten wird die Abtretung und nicht die Forderungsentstehung
(zum Vornahmezeitpunkt siehe § 140 Rn 6A).

Der Eigentumserwerb eines dem Schuldner gehörenden Grundstücks durch **Zuschlag in der Zwangs-** 8
versteigerung ist demgegenüber hier grundsätzlich unanfechtbar, da es an einer Handlung des Schuldners fehlt (**BGH** 15. 5. 1986 NJW-RR 1986, 1115 = ZIP 1986, 926 = EWiR § 3 AnfG 1/86, 747
[W. Lüke]; **BGH** 29. 6. 2004 IX ZR 258/02 Z 159, 397 = ZIP 2004, 1619 = NJW 2004, 2900 = EWiR
2005, 53 *[Stickelbrock]* = WuB VI D § 11 AnfG 1.04 *[Rimmelspacher/Luber]* [AnfG]). Bloße **Vollstreckungshandlungen** von Gläubigern ohne eine damit im Zusammenhang stehende vorsätzliche Rechtshandlung oder gleichstehende Unterlassung des Schuldners sind ebenfalls nicht nach § 133 anfechtbar
(**BGH** 27. 5. 2003 IX ZR 169/02 Z 155, 75 = NJW 2003, 3347, 3348 = ZIP 2003, 1506 = ZInsO
2003, 764 = NZI 2003, 533 = EWiR 2003, 2097 *[Hölzle]* = WuB VI C § 133 InsO 1.03 *[Paulus/
Zenker]*; **BGH** 17. 7. 2003 IX ZR 215/02 NJW-RR 2004, 342 = NZI 2004, 87 = ZIP 2003, 1900,
1901; **BGH** 29. 6. 2004 IX ZR 258/02 Z 159, 397 = ZIP 2004, 1619 = NJW 2004, 2900 = EWiR
2005, 53 *[Stickelbrock]* = WuB VI D § 11 AnfG 1.04 *[Rimmelspacher/Luber]* [AnfG]; **BGH** 10. 2. 2005
IX ZR 211/02 Z 162, 143 = NJW 2005, 1121, 1121 f, 1122 = ZIP 2005, 260 = ZInsO 2005, 494 =
NZI 2005, 215; *Bork* ZIP 2004, 1684; *Huber* ZInsO 2005, 628, 630; *Kreft* DStR 2005, 1192, 1195 f;
Schoppmeyer NZI 2005, 185, 190 f; *Stiller* ZInsO 2002, 793, 795; abw *Kreft* KTS 2004, 205, 216 ff

[früher]; *Rendels*, ZIP 2004, 1289, 1294 ff). Wohl aber gehören Vollstreckungshandlungen von Gläubigern dazu, wenn sie – gar kollusiv – im Einverständnis mit dem Schuldner vorgenommen werden (**BGH** 30. 4. 1959 WM 1959, 891, 893 = KTS 1960, 38 = LM § 30 KO Nr 6; **BGH** 25. 11. 1964 WM 1965, 14 = KTS 1965, 36 f) bzw eine wie auch immer geartete Mitwirkung des Schuldners stattgefunden hat (**BGH** 27. 5. 2003 IX ZR 169/02 Z 155, 75 = NJW 2003, 3347, 3348 = ZIP 2003, 1506 = ZInsO 2003, 764 = NZI 2003, 533 = EWiR 2003, 2097 *[Hölzle]* = WuB VI C § 133 InsO 1.03 *[Paulus/Zenker]*; **BGH** 25. 10. 2007 IX ZR 157/06 ZIP 2008, 131 = ZInsO 2008, 161 = NZI 2008, 180 [für den Fall einer Pfändung in eine offene Kreditlinie, denn der Dahrlehensanspruch entsteht erst durch Abruf durch den Schuldner]; **BGH** 19. 2. 2009 IX ZR 22/07 ZIP 2009, 728 = ZInsO 2009, 717 = NZI 2009, 312 [Scheckübergabe zur Vermeidung eines Pfändungsversuchs]). So liegen die Dinge etwa bei „**Druckzahlungen**" (**BGH** 27. 5. 2003 IX ZR 169/02 Z 155, 75, 80 = NJW 2003, 3347 = ZIP 2003, 1506 = ZInsO 2003, 764 = NZI 2003, 533 = EWiR 2003, 2097 *[Hölzle]* = WuB VI C § 133 InsO 1.03 *[Paulus/Zenker]*; **BGH** 17. 7. 2003 IX ZR 215/02 NJW-RR 2004, 342 = ZIP 2003, 1900 = NZI 2004, 87; **BGH** 13. 5. 2004 IX ZR 190/03 ZIP 2004, 1512 = ZInsO 2004, 859 = NZI 2005, 692, 692 f = WuB VI C § 133 InsO 5.04 *[Kirchhof]*; *Bork* ZIP 2004, 1684; *ders* ZIP 2008, 1041, 1048 [mit Kritik an der Widersprüchlichkeit des Ansatzes]; **BGH** 18. 6. 2009 IX ZR 7/07 ZIP 2009, 1434 = ZInsO 2009, 1394; *Kirchhof* ZInsO 2004, 1168, 1175; *Kreft* DStR 2005, 1192, 1196; *Stiller* ZInsO 2002, 793, 795; *Thole* DZWIR 2006, 191, 195; krit *Bauer* ZInsO 2004, 584 ff; *Foerste* NZI 2006, 6, 8 f; *Jacoby* KTS 2005, 371, 399 f; dazu näher oben § 131 Rn 20A). Gleiches gilt, wenn der Schuldner einem Vollstreckungstitel mit dem Vorsatz der Gläubigerbenachteiligung durch Anerkenntnis, Geständnis, Versäumung eines Termins, Nichteinlassung auf eine Klage oder Unterlassen des Widerspruchs gegen einen Mahnbescheid entstehen lässt (**RG** 12. 6. 1908 Z 69, 163, 165; **RG** 12. 12. 1916 JW 1917, 478 = WarnRspr 1917 Nr 70). Auch die Vollstreckung auf der Grundlage einer vom Schuldner ausgestellten vollstreckbaren Urkunde kann die Vollstreckungshandlung als eine solche des Schuldners erscheinen lassen (**RG** 10. 10. 1916 WarnRspr 1916 Nr 299). Dabei spielt es keine Rolle, ob der Gläubiger selbst oder sein Zessionar den Vollstreckungsakt vornimmt, wenn dies in Wahrnehmung der Belange des Gläubigers geschieht und geschehen soll (**RG** 14. 1. 1919 WarnRspr 1919 Nr 83). Wenn der Schuldner einem Absonderungsberechtigten zu einem vollstreckbaren Titel verhilft, liegt darin zwar eine Rechtshandlung des Schuldners, die neben die Zwangsvollstreckung tritt (**BGH** 27. 11. 1974 WM 1975, 6, 7; HK-*Kreft* § 133 Rn 6). Aber der Absonderungsberechtigte könnte seinen Anspruch auch gegen den Insolvenzverwalter durchsetzen. Damit fehlt es aber an einer Benachteiligung der Insolvenzgläubiger (**RG** 13. 12. 1929 Z 126, 304, 308; ausführlich dazu oben § 129 Rn 110B, 120); das gilt nach der Neufassung von § 28 e SGB IV möglicherweise auch hinsichtlich der Abführung der Arbeitnehmeranteile an die Sozialversicherungsträger (*Meier* NZI 2008, 140, 141 [Druckzahlungen „Tür und Tor geöffnet"]; dazu im Übrigen oben § 129 Rn 105).

9   Den Rechtshandlungen des Schuldners stehen die eines gesetzlichen oder gewillkürten **Vertreters** gleich; dann entscheidet dessen Vorsatz (dazu oben § 130 Rn 55 ff sowie § 129 Rn 80 f). Das gilt nach § 166 Abs 1 BGB auch für einen nicht weisungsabhängigen Vertreter, der bei der Rechtshandlung entscheidend mitgewirkt hat (**BGH** 6. 4. 1995 ZIP 1995, 1021, 1024 f = EWiR § 10 GesO 2/95, 781 *[Henckel]* = LM § 10 Abs 1 Nr 1, 2 GesO Nr 8 *[Lüke]* [insoweit nicht in BGHZ 129, 236]). Bei Weisungen wie nach §§ 71, 37 GmbHG entscheidet nach § 166 Abs 2 BGB der Vorsatz der Gesellschafter (**BGH** 1. 4. 2004 IX ZR 305/00 NZI 2004, 376, 378 f = ZIP 2004, 957 = EWiR § 31 KO 1/2004, 933 *[M. Huber]* = WuB VI C § 134 InsO 4.04 *[Kirchhof]* [KO]).

10 Nach altem Recht wurde die Anfechtung nicht dadurch ausgeschlossen, dass die Handlung in einem vorausgegangenen Vergleichsverfahren mit Zustimmung der Vertrauensperson vorgenommen wurde (**RG** 9. 1. 1923 Z 106, 163, 165; **RG** 7. 1. 1930 Z 127, 61, 62 f). Für Rechtshandlungen im Rahmen eines **Insolvenzplans** dürfte dies gleichermaßen gelten.

11 **2. Benachteiligung der Insolvenzgläubiger.** Durch die angefochtene Rechtshandlung müssen die Insolvenzgläubiger (objektiv) benachteiligt worden sein (dazu § 129 Rn 91 f). Dabei genügt hier im Gegensatz zu Abs 2 ein mittelbarer Zusammenhang zwischen der Rechtshandlung des späteren Verfahrensschuldners und der Benachteiligung der Insolvenzgläubiger (**BGH** 30. 9. 1993 Z 123, 320 = NJW 1993, 3267 = ZIP 1993, 1653, 1654 = KTS 1994, 116 = LM § 30 KO Nr 55 *[Stürner]* = EWiR § 30 KO 2/94, 373 *[Henckel]*; **BGH** 11. 11. 1993 Z 124, 76, 79 = NJW 1994, 449, 450 = ZIP 1994, 40, 41 = KTS 1994, 242, 243 = EWiR § 31 KO 1/94, 169 *[Haas]*; **BGH** 19. 4. 2007 IX ZR 59/06 Tz 15 NJW 2007, 2325 = ZIP 2007, 1120 = ZInsO 2007, 600 = NZI 2007, 462 = WuB VI A § 129 InsO 4.07 *[Kirchhof]*; Jaeger/*Henckel* § 133 Rn 15; Kilger/*Karsten Schmidt* § 31 KO Anm 8). Die Benachteiligung muss tatsächlich eingetreten und nicht nur gewollt gewesen sein (Jaeger/*Henckel* § 133 Rn 16).

12 **3. Benachteiligungsvorsatz. a) Vorsatz des Schuldners.** Für eine Anfechtung nach Abs 1 bedarf es vor allem neben dem allgemein für die Anfechtung wesentlichen objektiven Tatbestandsmerkmal der Gläubigerbenachteiligung (§ 129 Abs 1) des subjektiven Tatbestandsmerkmals einer in Bezug auf die Gläubigerbenachteiligung vorsätzlichen Vornahme der Rechtshandlung (**RG** 5. 1. 1940 Z 162, 292, 297). Die Notwendigkeit der Feststellung von Vorsatz dient insoweit dem Ausgleich des sehr weiten objektiven Tatbestandes (*Bork* ZIP 2008, 1041, 1046; *Jacoby* KTS 2005, 371, 397 ff; *ders* KTS 2009, 3, 12

II. Regelfall (Abs 1) § 133

[Beschränkung auf sozial inadäquate Vermögensverschiebungen]; *Thole* KTS 2007, 293, 303 ff [der deshalb für eine stärkere Herausarbeitung objektiver Tatbestände plädiert; S 313 ff, 324 ff]; zurückhaltend auch *Schoppmeyer* ZIP 2009, 600, 603 ff, 607 ff). Ausreichend für den erforderlichen Vorsatz des Schuldners war schon nach altem Recht ein auf den Erfolg der Benachteiligung der Gläubiger gerichteter Wille (**BGH** 29. 3. 1960 KTS 1960, 123 = WM 1960, 546, 547; **BGH** 2. 11. 1964 WM 1965, 14, 16; BAG 29. 7. 1967 E 20, 11, 20 f = NJW 1967, 2425 = KTS 1967, 238 = AP § 29 KO Nr 1 *[Weber]*; vgl auch **BGH** 26. 2. 1969 WM 1969, 374 = KTS 1969, 244 = LM § 31 KO Nr 4). Der von § 31 KO stattdessen verwendete **Begriff der „Absicht" wurde als irreführend angesehen** und schon früher im Sinne von bloßem *dolus eventualis* interpretiert (**BGH** 18. 4. 1991 NJW 1991, 2144 = ZIP 1991, 807, 808 = KTS 1991, 424 = EWiR § 31 KO 1/91, 597 *[Gerhardt]*).

Benachteiligungsvorsatz liegt vor, wenn der Schuldner bei Vornahme der Rechtshandlung die **Be- 13 nachteiligung der Gläubiger gewollt** oder sie jedenfalls als mutmaßliche Folge seines Handelns **erkannt und gebilligt** hat, sei es auch als sogar unerwünschte Nebenfolge eines anderen erstrebten Vorteils (st. Rspr; **BGH** 13. 4. 2006 IX ZR 158/05 Tz 14 Z 167, 190 = NJW 2006, 2701 = ZIP 2006, 1261 = ZInsO 2006, 712 = NZI 2006, 469 = EWiR 2007, 117 *[Pape]* = WuBVI A § 133 InsO 1.06 *[Paulus]*; **BGH** 19. 4. 2007 IX ZR 59/06 Tz 26 NJW 2007, 2325 = ZIP 2007, 1120 = ZInsO 2007, 600 = NZI 2007, 462 = WuB VI A § 129 InsO 4.07 *[Kirchhof]*; Bork ZIP 2004, 1684, 1687; **BGH** 29. 11. 2007 IX ZR 121/06 Z 174, 314 = ZIP 2008, 190 = NJW 2008, 1067 = ZInsO 2008, 814 = NZI 2008, 167 = EWiR 2008, 505 *[Homann]*; **BGH** 14. 2. 2008 ZIP 2008, 706 = ZInsO 2008, 378 = NZI 2008, 299; **BGH** 16. 10. 2008 IX ZR 183/06 NJW 2009, 1351 = ZIP 2009, 91 = ZInsO 2009, 87 = NZI 2009, 171; *Jacoby* KTS 2009, 3, 10; weit Nachw zum früheren Recht in der 12. Aufl Rn 12). Der Benachteiligungsvorsatz des Schuldners wird auch nicht dadurch ausgeschlossen, dass es ihm darauf angekommen ist, durch die Erfüllung einer Einstellungsauflage einer **Bestrafung** zu entgehen (**BGH** 5. 6. 2008 IX ZR 17/07 Tz 19 NJW 2008, 2506 = ZIP 2008, 1291 = ZInsO 2008, 738 = NZI 2008, 488). Für den Benachteiligungsvorsatz muss dementsprechend ein **Wollen** vorliegen, das vom Gericht festgestellt werden muss. Nicht erforderlich ist, dass die Gläubigerbenachteiligung Beweggrund, alleiniger oder überwiegender Zweck des Handelns gewesen ist; Motiv oder Anlass der Rechtshandlung können ein völlig anderer gewesen sein (so zum alten Recht **BGH** 4. 2. 1954 Z 12, 232, 238 = NJW 1954, 673 = JZ 1954, 388 *[Böhle-Stamschräder]*; **BGH** 11. 11. 1993 Z 124, 76, 81 f = NJW 1994, 449, 451 = ZIP 1994, 40, 44 = KTS 1994, 242, 248 = EWiR § 31 KO 1/94, 169 *[Haas]*; **BGH** 13. 3. 1997 ZIP 1997, 853, 855 = KTS 1997, 505, 507 = EWiR § 10 GesO 6/97, 1131 *[Rattunde]* [zu § 10 GesO]; OLG Brandenburg 26. 11. 1998 ZIP 1999, 1015 = EWiR § 10 GesO 1/99, 125 *[Gerhardt]* [Primärziel: Abwendung einer Strafbarkeit nach § 266 a StGB bei Geschäftsführer einer GmbH]; weit Nachw in der 12. Aufl Rn 12). Insbesondere muss sich der Vorsatz nicht auf die tatsächliche eingetretene Benachteiligung bezogen haben (**BGH** 10. 1. 2008 IX ZR 33/07 ZIP 2008, 467 = ZInsO 2008, 271 = NZI 2008, 233). Hat sich der Schuldner die Benachteiligung nur als möglich vorgestellt, so ist zu unterscheiden, ob er den Fall, dass sie nicht eintrete, erwartet und wünscht, oder ob er die **Benachteiligung in Kauf nimmt**, ohne sich durch diese Möglichkeit von seinem Handeln abhalten zu lassen. Im ersten Fall hat er die Benachteiligung nicht gewollt, im zweiten ist hingegen von Benachteiligungsvorsatz auszugehen (**BGH** 29. 3. 1960 KTS 1960, 123 = WM 1960, 546; **BGH** 26. 2. 1969 WM 1969, 374 = KTS 1969, 244, 247 = LM § 31 KO Nr 4; **BGH** 12. 11. 1992 NJW-RR 1993, 238 = ZIP 1993, 276, 280 = KTS 1993, 240 = EWiR § 31 KO 1/93, 161 *[Onusseit]*). Das erforderliche Wollen ist aber in der Regel schon dann zu bejahen, wenn der Schuldner die Schädigung anderer Gläubiger als **notwendige Folge** der einem Gläubiger gewährten Befriedigung oder Sicherung vorausgesehen hat (**BGH** 18. 12. 2008 IX ZR 79/07 ZIP 2009, 573 = ZInsO 2009, 518 = NZI 2009, 239). Benachteiligungsvorsatz liegt daher regelmäßig vor, wenn der Schuldner eine gläubigerbenachteiligende Vereinbarung nur für den Fall seiner Insolvenz abschließt (**BGH** 11. 11. 1993 Z 124, 76, 82 = NJW 1994, 449 = ZIP 1994, 40 = KTS 1994, 242 = EWiR § 31 KO 1/94, 169 *[Haas]*; **BGH** 19. 4. 2007 IX ZR 59/06 Tz 27 NJW 2007, 2325 = ZIP 2007, 1120 = ZInsO 2007, 600 = NZI 2007, 462 = WuB VI A § 129 InsO 4.07 *[Kirchhof]*). Benachteiligungsvorsatz lässt sich im Übrigen unbedenklich dann annehmen, wenn es dem Schuldner weniger auf die Erfüllung seiner Pflichten als darauf ankam, seinen übrigen Gläubigern Zugriffsobjekte zu entziehen (RG 4. 3. 1904 Z 57, 161, 163; **BGH** 4. 2. 1954 Z 12, 232, 237 f = NJW 1954, 673 f = JZ 1954, 388 f *[Böhle-Stamschräder]*; **BGH** 11. 1. 1961 WM 1961, 387, 389; **BGH** 14. 7. 1969 NJW 1969, 1719 = KTS 1970, 201, 202 [Rückzahlung eines Gesellschafterdarlehens begründet nicht automatisch Anfechtbarkeit nach § 133]; **BGH** 20. 6. 1996 ZIP 1996, 1475 = KTS 1996, 545 = EWiR § 7 AnfG 2/96, 915 *[Gerhardt]*; OLG Zweibrücken 9. 3. 1965 OLGZ 1965, 304, 309 f [Eheverträge]). Dieser Wille kann auch gegeben sein, selbst wenn der Schuldner davon überzeugt ist, dass seine Aktiven die Passiven übersteigen (**BGH** 11. 1. 1961 WM 1961, 387, 388; enger noch RG 5. 1. 1940 Z 162, 292, 297). Entsprechend schließt auch die Hoffnung des Schuldners, durch Steigerung seines Umsatzes in kommenden Jahren höhere Gewinne erzielen zu können, einen Benachteiligungsvorsatz nicht aus, wenn der Schuldner im vollen Bewusstsein handelt, möglicherweise seinen künftigen Zahlungsverpflichtungen nicht nachkommen zu können (**BGH** 29. 3. 1960 KTS 1960, 123 = WM 1960, 546, 547; **BGH** 15. 12. 1994 NJW 1995, 1093 = ZIP 1995, 297, 299 = KTS 1995, 314, 317 = EWiR § 31 KO 1/95, 281 *[Johlke]*; **BGH** 18. 11. 2004 IX ZR 299/00 ZIP

2005, 769 = ZInsO 2005, 439 = NZI 2005, 329 = EWiR 2005, 763 *[Beutler]* [kein Vorsatz bei Fehlen jeglicher Zahlungsschwäche]; **BGH** 8. 12. 2005 IX ZR 182/01 NJW 2006, 1348 = ZIP 2006, 290 = ZInsO 2006, 94 = NZI 2006, 159 = WuB VI A § 131 InsO 4.06 *[Kirchhof]*; **BGH** 21. 6. 2007 IX ZR 231/04 NZI 2007, 517, 6518 = ZIP 2007, 1469 = WM 2007, 1616 = WuB VI A § 130 InsO 1.08 *[Kreft]* [kein Vorsatz bei realistischen Sanierungsbemühungen]; *Thole* KTS 2007, 293, 307). Der Gläubigerbenachteiligungsvorsatz wird regelmäßig zu bejahen sein, wenn der Schuldner um seine Insolvenz weiß (**BGH** 16. 10. 2008 IX ZR 183/06 NJW 2009, 1351 = ZIP 2009, 91 = ZInsO 2009, 87 = NZI 2009, 171 [für den Fall der Kenntnis der Zahlungsunfähigkeit]; wohl noch anders zum alten Recht **BGH** 14. 7. 1969 NJW 1969, 1719 = KTS 1970, 201, 203; **BGH** 26. 3. 1984 NJW 1984, 1893, 1898 = ZIP 1984, 572, 579 [kein Vorsatz bei noch so schwacher Sanierungserwartung, insoweit nicht in BGHZ 90, 381]; **BGH** 18. 4. 1991 NJW 1991, 2144, 2145 = ZIP 1991, 807, 809 = KTS 1991, 424, 427 = EWiR § 31 KO 1/91, 597 *[Gerhardt]*; Uhlenbruck/*Hirte*, 12. Aufl § 133 Rn 13). So kann insbesondere aus dem Bewusstsein der Gläubigerbenachteiligung auf den Vorsatz der Benachteiligung geschlossen werden (**RG** 5. 3. 1937 HRR 1937, 834; **RG** 11. 4. 1930 JW 1930, 2055; HK-*Kreft* § 133 Rn 10; **BGH** 16. 10. 2008 IX ZR 183/06 NJW 2009, 1351 = ZIP 2009, 91 = ZInsO 2009, 87 = NZI 2009, 171; abw noch **RG** 27. 3. 1888 Z 20, 180; **RG** 14. 6. 1894 Z 33, 120, 124). Das gilt erst recht bei **unentgeltlichen Leistungen** (**BGH** 4. 2. 1954 Z 12, 232, 237 = NJW 1954, 673 f = JZ 1954, 388 f *[Böhle-Stamschräder]*; **BGH** 29. 3. 1960 KTS 1960, 123 = WM 1960, 546, 547 [für übermäßige Entnahmen aus dem Gesellschaftsvermögen]; **BGH** 15. 12. 1994 NJW 1995, 1093 = ZIP 1995, 297, 299 = KTS 1995, 314, 317 = EWiR § 31 KO 1/95, 281 *[Johlke]* [Gewährung einer Vergütung für seitens des Anfechtungsgegners unentgeltlich zu gewährende Leistung]) oder **inkongruenter Deckung** (dazu unten Rn 15). Auf welche konkrete Art und Weise die Benachteiligung eintritt, muss sich der Schuldner nicht vorgestellt haben (**BGH** 23. 5. 1985 ZIP 1985, 1008, 1010 = KTS 1986, 93 = EWiR § 3 AnfG 2/85, 537 *[Henckel]* [inzident]).

14   **Einzelfälle:** Benachteiligungsvorsatz ist regelmäßig auch gegeben, wenn die Hausbank ihren Schuldner in Kenntnis der Krise zwingt, auf Grund ihrer AGB Sicherheiten zu geben oder bestehende Sicherheiten erheblich zu erweitern. War aber der Anspruch auf Erweiterung des Sicherungszwecks für die aus dem Vermögen des Schuldners bestellten und zukünftig zu bestellenden Sicherheiten bereits längere Zeit vor Verfahrenseröffnung festgelegt oder hatte der Schuldner bereits vor der Krise in eine solche Erweiterung eingewilligt, fehlt es regelmäßig auch an einem Benachteiligungsvorsatz (**BGH** 12. 11. 1992 NJW-RR 1993, 235 = ZIP 1993, 271, 272 = KTS 1993, 248 = EWiR § 29 KO 1/93, 61 *[Gerhardt]*). Auch **Kontokorrentverrechnungen** können unter Abs 1 fallen, wenn sie mit dem Ziel erfolgen, für einen die Bank begünstigenden Zahlungseingang auf dem Girokonto zu sorgen (*Heublein* ZIP 2000, 161, 165; *Obermüller* ZInsO 1998, 252, 256; *Peschke* Insolvenz des Girokontoinhabers S 183). Benachteiligungsvorsatz liegt auch vor, wenn der spätere Schuldner als Mitglied einer Bau-Arbeitsgemeinschaft dem Bauherrn unmittelbar vor Stellung des Insolvenzantrags für ihn speziell angefertigte Betonfertigteile übereignet (**BGH** 23. 9. 1981 ZIP 1981, 1229, 1231 = KTS 1982, 222). Die Einräumung oder Sicherungsabtretung von Rückdeckungsversicherungen für betriebliche Versorgungsansprüche von Gesellschafter-Geschäftsführern, die diese auch und gerade für die Insolvenz der Gesellschaft sichern, kann nur dann die Annahme von Benachteiligungsvorsatz rechtfertigen, wenn die Vereinbarung erst in Hinblick auf die drohende Insolvenz oder bedingt für die Insolvenzantragstellung getroffen worden ist; denn auch Gesellschafter-Geschäftsführer handeln legitim, wenn sie – jedenfalls außerhalb der Krise – als Teil ihrer **Vergütung** eine **krisensichere Altersvorsorge** erhalten (**OLG Brandenburg** 13. 2. 2002 7 U 152/01 NZG 2002, 969, 970; siehe dazu auch *Beinert/Hennerkes/Binz/Rauser* DB 1980, 2323, 2326); zur Anfechtung von (un)widerruflichen Bezugsrechten aus Lebensversicherungen unten § 134 Rn 15. Zahlungen an einen „**Firmenbestatter**" erfolgen im Allgemeinen mit Benachteiligungsvorsatz (**BGH** 22. 12. 2005 IX ZR 190/02 Z 165, 343 = ZIP 2006, 243 = NJW 2006, 908 = ZInsO 2006, 140 = NZI 2006, 155 = WuB VI B § 3 AnfG 1.06 *[Kreft]* [AnfG]; **LG Berlin** 8. 3. 2006 ZInsO 2006, 720 = ZIP 2006, 862 ff [n rechtskr]). Auch bei Gründung einer **unterkapitalisierten Kapitalgesellschaft** ist Benachteiligungsvorsatz denkbar (*Paulus* ZIP 1996, 2141, 2146 f); er ist aber selbst dann noch nicht zu bejahen, wenn ein Gründer nahezu das gesamte Gesellschaftsvermögen zur Sicherheit überträgt und die Hoffnung, die Gründung werde erfolgreich sein, objektiv unberechtigt ist (**BGH** 5. 3. 2009 IX ZR 85/07 Tz 11 ff Z 180, 98 = ZIP 2009, 922 = NJW 2009, 1601 = ZInsO 2009, 873). In aller Regel ist vom Vorliegen von Benachteiligungsvorsatz auszugehen, wenn der Schuldner zur Vermeidung einer unmittelbar bevorstehenden Zwangsvollstreckung an einen Gläubiger leistet („**Druckzahlung**"), obwohl er weiß, dass er nicht mehr alle Gläubiger befriedigen kann und dass auf Grund seiner Zahlung an den einen alle anderen Gläubiger benachteiligt werden; dann kommt es ihm auf die Bevorzugung des einen Gläubigers an (**BGH** 17. 7. 2003 IX ZR 215/02 NJW-RR 2004, 342, 343 = ZIP 2003, 1900 = NZI 2004, 87 mwN; *Bork* ZIP 2004, 1684; abw *Jacoby* KTS 2005, 371, 399 f). Allerdings ist der Benachteiligungsvorsatz in diesen Fällen gesondert festzustellen, wenn die Zahlung vor der gesetzlichen Krise erfolgte (so zu Recht *Bork* ZIP 2004, 1684, 1689 f; *Huber* NZI 2003, 536; ders ZInsO 2003, 1025, 1030 f; *Jacoby* KTS 2009, 3, 14 ff [für teleologische Reduktion bei Schutzwürdigkeit des Anfechtungsgegners]; siehe aber auch **BGH** 18. 6. 2009 IX ZR 7/07 ZIP 2009, 1434 = ZInsO 2009, 1394 [Fortwirken der Indizwirkung der Inkongruenz, wenn der Pfändungsdruck von der Androhung, Insol-

II. Regelfall (Abs 1) § 133

venzantrag zu stellen, überlagert wird]). **Weitere Beispiele** von Einzelfällen bei KP-*Paulus* § 133 Rn 4; *Jacoby* KTS 2009, 3, 13; *Thole* KTS 2007, 293, 306 ff; siehe auch unten Rn 30).

b) Auch nach neuem Recht bildet die **Inkongruenz** nach Auffassung des **BGH** in der Regel ein starkes 15 Beweisanzeichen für die Benachteiligungsabsicht des Schuldners und die Kenntnis des Gläubigers hiervon, wobei zusätzliche Voraussetzung ist, dass zu dem Zeitpunkt, zu dem die Wirkungen der Rechtshandlung eingetreten sind, der Empfänger zumindest aus seiner Sicht Anlass hatte, an der Liquidität des Schuldners zu zweifeln (**BGH** 18. 12. 2003 Z 157, 242 = NJW 2004, 1385, 1387 = ZIP 2004, 319 = ZInsO 2004, 145 = WuB VI C § 133 InsO 2.04 *[Kirchhof]*; **BGH** 2. 2. 2006 IX ZR 67/02 Z 166, 125 = NJW 2006, 1800 = ZIP 2006, 578 = ZInsO 2006, 322 = NZI 2006, 287 = WuB VI A § 135 InsO 2.06 *[Servatius]*; **BGH** 29. 11. 2007 IX ZR 121/06 Z 174, 314 = ZIP 2008, 190 = NJW 2008, 1067 = ZInsO 2008, 814 = NZI 2008, 167 = EWiR 2008, 505 *[Homann]*; **BGH** 10. 1. 2008 IX ZR 33/07 ZIP 2008, 467 = ZInsO 2008, 271 = NZI 2008, 233 [für inkongruente Wechselbegebung; zugleich zur Erstreckung auf Erfüllung der zugrunde liegenden Verbindlichkeit]; **BGH** 16. 10. 2008 IX ZR 183/06 NJW 2009, 1351 = ZIP 2009, 91 = ZInsO 2009, 87 = NZI 2009, 171; **BGH** 18. 6. 2009 IX ZR 7/07 ZIP 2009, 1434 = ZInsO 2009, 1394 [Zahlungen aufgrund angedrohter Insolvenzanträge]; *Bork* ZIP 2004, 1684, 1688, 1689 f; *ders* ZIP 2008, 1041, 1045 f [zT kritisch]; *Jacoby* KTS 2009, 3, 5 f; *Kirchhof* ZInsO 1998, 3, 5; *Kreft* DStR 2005, 1232, 1233; *Thole* KTS 2007, 293, 302 ff; ansatzweise bereits **BGH** 21. 1. 1999 ZIP 1999, 406 = EWiR § 133 InsO 1/99, 465 *[Kranemann]*; zu nach neuem Recht zunächst bestehenden Zweifeln Uhlenbruck/*Hirte* 12. Aufl § 133 Rn 16); das entspricht der schon zum alten Recht hM (**BGH** 26. 3. 1984 Z 90, 381 = NJW 1984, 1893 = ZIP 1984, 572, 580; **BGH** 11. 11. 1993 Z 124, 76, 81 f = NJW 1994, 449, 451 f = ZIP 1994, 40, 44 = KTS 1994, 242, 248 = EWiR § 31 KO 1/94, 169 *[Haas]*; **BGH** 26. 6. 1997 NJW 1997, 3175, 3176 = ZIP 1997, 1509, 1510 = EWiR § 30 KO 3/97, 897 *[Huber]*; **BGH** 29. 4. 1999 NJW 1999, 3046, 3047 = NZI 1999, 268 f = ZIP 1999, 973 f = KTS 1999, 377 = EWiR § 31 KO 1/99, 957 *[Huber]*; **BGH** 2. 12. 1999 NJW 2000, 957, 958 = NZI 2000, 122 = ZIP 2000, 82 = KTS 2000, 118 = EWiR § 10 GesO 3/2000, 291 *[Eckardt]* = WuB VI G. § 10 GesO 1.02 *[Hirte/M. Groß]*; **BGH** 7. 6. 2001 IX ZR 134/00 ZIP 2001, 1250, 1251; m weit Nachw in der 12. Aufl Rn 15; zur Befriedigung bei fehlgeschlagenen Sanierungsversuchen unten Rn 21). Denn die tatsächliche Lebenserfahrung, dass der Gläubiger eine andere als die eigentlich geschuldete Leistung sehr oft nur dann fordern und annehmen wird, wenn er befürchtet, die geschuldete Leistung wegen Vermögensverfalls des Schuldners nicht mehr zu bekommen, sei unabhängig von der jeweiligen rechtlichen Ausgestaltung der Anfechtungstatbestände. Der Indizwirkung, die der Inkongruenz der Leistung zugemessen wird, stehe auch nicht die Vermutung des § 133 Abs 1 Satz 2 entgegen, weil der Gesetzgeber der InsO das Anfechtungsrecht verschärfen und das zivilprozessrechtliche Beweisrecht nicht eingreifen wollte. Dem ist mit der Maßgabe zu folgen, dass die Indizwirkung einer inkongruenten Deckung umso geringer ist, je länger die Handlung vor der Verfahrenseröffnung oder der Krise liegt (ebenso bereits *Hirte/M. Groß* WuB VI G. § 10 GesO 1.02; so auch **BGH** 18. 12. 2003 Z 157, 242 = NJW 2004, 1385, 1388 = ZIP 2004, 319 = ZInsO 2004, 145 = WuB VI C § 133 InsO 2.04 *[Kirchhof]* hinsichtlich der Kenntnis des Anfechtungsgegners; zum Parallelproblem für den Nachweis der Kenntnis des Anfechtungsgegners unten Rn 25, 31).

Das in der Gewährung einer inkongruenten Deckung liegende **Beweisanzeichen** für den Benach- 16 teiligungsvorsatz des Verfahrensschuldners sollte aber schon bislang in seiner Bedeutung **wesentlich herabgesetzt** sein, wenn die Inkongruenz nur gering ist (**BGH** 12. 11. 1992 NJW-RR 1993, 238 = ZIP 1993, 276 = KTS 1993, 240 = EWiR § 31 KO 1/93, 161 *[Onusseit]*; zum neuen Recht **BGH** 18. 11. 2004 IX ZR 299/00 ZIP 2005, 769 = ZInsO 2005, 439 = NZI 2005, 329 = EWiR 2005, 763 *[Beutler]* [eine nur schwache Inkongruenz kann das Beweisanzeichen auschließen]; **BGH** 16. 10. 2008 IX ZR 183/06 NJW 2009, 1351 = ZIP 2009, 91 = ZInsO 2009, 87 = NZI 2009, 171, *Bork* ZIP 2004, 1684, 1689). Zudem sollte es sich in jedem Fall nur um ein Beweisanzeichen handeln (**BGH** 2. 2. 1995 NJW-RR 1995, 766, 767). Es war als entkräftet anzusehen, wenn Umstände feststehen, die den Benachteiligungsvorsatz in Frage stellen (**BGH** 12. 11. 1992 NJW-RR 1993, 238 = ZIP 1993, 276, 280 = KTS 1993, 240 = EWiR § 31 KO 1/93, 161 *[Onusseit]*; zum neuen Recht **BGH** 16. 10. 2008 IX ZR 183/06 NJW 2009, 1351 = ZIP 2009, 91 = ZInsO 2009, 87 = NZI 2009, 171 [für Handlungen im Zusammenhang mit Sanierungskonzept]; vgl auch **BGH** 2. 6. 2005 IX ZR 217/02 NZI 2005, 678 *[AnfG]* [Indizwirkung entfällt, wenn der Schuldner bei Wirksamwerden der Rechtshandlung zweifelsfrei liquide war oder jedenfalls davon ausging, mit Sicherheit alle Gläubiger befriedigen zu können]; dazu auch unten Rn 30 aE).

In der **Veräußerung aller Geschäftsanteile einer GmbH** an einen Erwerber, der eine faktische „stille 17 Liquidation" durchführen soll, sah der **BGH** ein erhebliches Beweisanzeichen iSv § 3 Abs 1 AnfG (entsprechend § 133 InsO) dafür, dass die Durchsetzung von Erstattungsansprüchen gegen die Gesellschafter nach den Regeln des früheren Kapitalersatzrechts unterlassen werden soll; diese Erstattungsansprüche nach §§ 30, 31 GmbHG analog resultierten daraus, dass die Gesellschaft einem Gesellschafter vor der Veräußerung sämtlicher Anteile ein als kapitalsetzend zu qualifizierendes Darlehen zurückgezahlt hatte (**BGH** 22. 12. 2005 Z 165, 343 = NJW 2006, 908 = NZG 2006, 264 = ZIP 2006, 243, 244 ff [Vorinstanz **OLG** Hamm 4. 7. 2002 NZG 2002, 1064 = ZIP 2002, 2321]). Die **Sicherungsabtretung**

§ 133 Vorsätzliche Benachteiligung

einer **Einlageforderung** gegen einen Kommanditisten erfolgt mit Benachteiligungsvorsatz, wenn dem Zessionar in Kenntnis der Wertlosigkeit der zu sichernden Forderung mit der Abtretung eine inkongruente Deckung verschafft wurde (KG 7. 4. 1983 2 U 4599/82 ZIP 1983, 593 = KTS 1983, 453, 455 [insofern nicht aufgehoben durch BGH 28. 11. 1983 II ZR 94/83 ZIP 1984, 171 = NJW 1984, 874]). Zur Absicherung von **Betriebsrenten** wurde anstelle der Bildung von Rückstellungen in der Bilanz oder des Abschlusses einer Direktversicherung häufig Liquidität aus dem Arbeitgeber-Unternehmen abgezogen und auf eine zu diesem Zweck gegründete GmbH übertragen, die Anteile an einer Kapitalanlagegesellschaft erwarb. Die GmbH verpfändete sodann ihre Anteile an der Kapitalanlagegesellschaft an einen Dritten, der sich gegenüber den Arbeitnehmern für die Erfüllung der Pensionsansprüche verbürgte. Darin liegt zunächst im Hinblick auf die Übertragung der Vermögenswerte eine Gläubigerbenachteiligung. Erwirbt die Kapitalanlagegesellschaft auch Anteile am Arbeitgeber-Unternehmen oder dessen Kreditgebern, wird der Gesellschaft zudem Liquidität auf Kosten der Gläubiger entzogen. Da der Bürge dies weiß, haftet er nach § 145 Abs 2 Nr 1; denn ihm war zur Zeit des Erwerbs seines Absonderungsrechts die Anfechtbarkeit des Erwerbs der GmbH als Rechtsvorgängerin bekannt. Der Regressanspruch des Bürgen gegen das Arbeitgeber-Unternehmen könnte zudem nach § 44 a nicht geltend gemacht werden, da sie als indirektes Gesellschafterdarlehen zu qualifizieren ist. Auch **verdeckte Gewinnausschüttungen** können als Fälle vorsätzlicher Benachteiligung anzusehen sein (OFD Koblenz KTS 2001, 120 ff; krit *Mylich* ZGR 2009, 474, 479; allgemein zu Gewinnausschüttungen *Thole* KTS 2007, 293, 319 ff).

18 c) Benachteiligungsvorsatz kann auch bei **kongruenter Deckung** gegeben sein. Ausreichend ist heute (zu den früher höheren Vorsatzanforderungen 12. Aufl Rn 18 ff) bedingter Vorsatz, d. h. der Schuldner muss sich eine Benachteiligung der Insolvenzgläubiger als möglich vorgestellt und diese Möglichkeit billigend in Kauf genommen haben (siehe im Einzelnen oben Rn 13; zu den erhöhten Anforderungen an die Darlegung und den Beweis des Benachteiligungsvorsatzes in diesem Fall unten Rn 29). Der Schuldner nimmt eine Gläubigerbenachteiligung insbesondere dann billigend in Kauf, wenn er in Kenntnis seiner Zahlungsunfähigkeit noch einzelne Gläubiger befriedigt, um diese von der Stellung eines Insolvenzantrags abzuhalten (**BGH** 27. 5. 2003 IX ZR 169/02 Z 155, 75 = NJW 2003, 3347, 3349 = ZIP 2003, 1506 = ZInsO 2003, 764 = NZI 2003, 533 = EWiR 2003, 2097 *[Hölzle]* = WuB VI C § 133 InsO 1.03 *[Paulus/Zenker]*; **BGH** 17. 7. 2003 IX ZR 272/02 NJW 2003, 3560, 3561 = ZIP 2003, 1799 = ZInsO 2003, 850 = NZI 2003, 597 *(Huber)* = WuB VI C 3 133 InsO 1.04 *[Bartels/Clemens]*; **BGH** 13. 5. 2004 IX ZR 190/03 ZIP 2004, 1512 = ZInsO 2004, 859 = NZI 2005, 692, 693 = WuB VI C § 133 InsO 5.04 *[Kirchhof]*; **BGH** 8. 12. 2005 IX ZR 182/01 NJW 2006, 1348 = ZIP 2006, 290 = ZInsO 2006, 94 = NZI 2006, 159 = WuB VI A § 131 InsO 4.06 *[Kirchhof]*; **BGH** 24. 5. 2007 IX ZR 97/06 ZIP 2007, 1511 = ZInsO 2007, 819 = NZI 2007, 512 = WuB VI A § 133 InsO 1.07 *[Smid]*; *Bork* ZIP 2004, 1684, 1689 f; früher bereits **BGH** 14. 7. 1969 NJW 1969, 1719 = KTS 1970, 201; abw *Blum* ZInsO 2006, 807 ff; *Foerste* NZI 2006, 6 ff; *Jacoby* KTS 2009, 3, 6 f, 14 ff [für teleologische Reduktion bei Schutzwürdigkeit des Anfechtungsgegners]; *Schoppmeyer* ZIP 2009, 600, 603 ff, 607 ff).

19 Auch bei der Erfüllung von Verträgen dürfte Benachteiligungsvorsatz vor allem dann vorliegen, wenn der spätere Schuldner mit dem Gläubiger mit dem Ziel zusammengewirkt hat, den übrigen Gläubigern Zugriffsobjekte zu entziehen und es dem Schuldner nicht so sehr auf die Erfüllung seiner Vertragspflicht als vielmehr auf die Vereitelung der Ansprüche seiner übrigen Gläubiger ankam (**BGH** 14. 7. 1969 NJW 1969, 1719 = KTS 1970, 201 [Rückzahlung auch eines Gesellschafterdarlehens begründet nicht automatisch Anfechtbarkeit nach § 133]; **BGH** 26. 3. 1984 Z 90, 381 = NJW 1984, 1893 = ZIP 1984, 572, 580; für Lohnzahlungen daher verneinend **BGH** 19. 2. 2009 IX ZR 62/08 Tz 24 Z 180, 63 = ZIP 2009, 726 = NJW 2009, 1202 = ZInsO 2009, 515 = NZI 2009, 228 = EWiR 2009, 275 *[Bork]*; ebenso zuvor *Bork* ZIP 2007, 2337, 2339); ein **unlauteres Zusammenwirken** zwischen Schuldner und Gläubiger wird von der Rechtsprechung jetzt aber ausdrücklich nicht mehr gefordert (**BGH** 17. 7. 2003 IX ZR 272/02 NJW 2003, 3560, 3561 = ZIP 2003, 1799 = ZInsO 2003, 850 = NZI 2003, 597 *(Huber)* = WuB VI C 3 133 InsO 1.04 *[Bartels/Clemens]*; **BGH** 13. 5. 2004 IX ZR 190/03 ZIP 2004, 1512 = ZInsO 2004, 859 = NZI 2005, 692, 693 = WuB VI C § 133 InsO 5.04 *[Kirchhof]*; **BGH** 5. 6. 2008 IX ZR 17/07 Tz 20 NJW 2008, 2506 = ZIP 2008, 1291 = ZInsO 2008, 738 = NZI 2008, 488; *Bork* ZIP 2004, 1684, 1693; krit *Foerste* NZI 2006, 6 ff; *Paulus* FS Fischer, 2008, S 445, 456 ff). Benachteiligungsvorsatz liegt aber jedenfalls vor, wenn sich die Gesellschafter einer (unterkapitalisierten) GmbH deren Warenlager zur Absicherung ihrer Darlehensforderungen übereignen lassen (**OLG Celle** 13. 7. 1977 DB 1977, 1839; **OLG Karlsruhe** 12. 3. 1980 ZIP 1980, 260 [bei Zwischenschaltung ausländischer Gesellschaft]; *Thole* KTS 2007, 293, 319 ff, 328 f; enger *Grigoleit*, Gesellschafterhaftung für interne Einflussnahme im Recht der GmbH, 2006, S 163 ff [Spezialität der gesellschaftsrechtlichen Ausschüttungsregulungen]). Vorsätzlich benachteiligend kann es auch sein, wenn ein Schuldner mit einem Gläubiger verabredet, die Befriedigung anderer Gläubiger durch unnötige Prozesse hinauszuschieben, um dessen Forderung zuerst fällig werden zu lassen, oder wenn die geschuldete Leistung auf Grund anderer fraudulöser Kollusion von Gläubiger und Schuldner erbracht wird (**RG** 31. 5. 1886 Z 16, 27, 28 f; **RG** 4. 3. 1904 Z 57, 161, 163; **RG** 27. 4. 1928 Recht 1928 Nr 1691). Veräußert der Schuldner Gegenstände seines Vermögens zu einem angemessenen Preis, kann im Einzelfall darin

II. Regelfall (Abs 1) § 133

gleichwohl eine vorsätzliche Benachteiligung gesehen werden, wenn er den Veräußerungserlös seinen Gläubigern entziehen will (Jaeger/*Henckel* § 133 Rn 26) oder auch eine Betriebsfortführung zu Lasten der Gläubiger verhindert werden soll.

Im **Drei-Personenverhältnis** (dazu ausführlich oben § 129 Rn 83 ff) ist ein Benachteiligungsvorsatz 20 des Schuldners im Valuta- sowie im Deckungsverhältnis jedenfalls dann einheitlich zu bestimmen, wenn Vermögensminderung und -zuwendung durch einen einheitlichen Vorgang erfolgt sind (**BGH** 29. 11. 2007 IX ZR 121/06 Tz 33 Z 174, 314 = ZIP 2008, 190 = NJW 2008, 1067 = ZInsO 2008, 814 = NZI 2008, 167 = EWiR 2008, 505 [*Homann*]); bei Gesamtvorgängen dürfte Gleiches gelten. Hingegen gilt für die **Inkongruenz als Beweisanzeichen für den Benachteiligungsvorsatz**, dass diese im jeweiligen Verhältnis gesondert bestimmt werden muss: Ergibt sich der Benachteiligungsvorsatz aus einer Inkongruenz im Valutaverhältnis (zur Inkongruenz als Beweisanzeichen im Übrigen Rn 15, 30) wirkt dieses Beweisanzeichen nicht zu Lasten des Leistungsmittlers (**BGH** 29. 11. 2007 IX ZR 121/06 Tz 35 Z 174, 314 = ZIP 2008, 190 = NJW 2008, 1067 = ZInsO 2008, 814 = NZI 2008, 167 = EWiR 2008, 505 [*Homann*]; **BGH** 11. 12. 2008 IX ZR 194/07 ZInsO 2009, 143 = ZIP 2009, 228 = NZI 2009, 165; *Kirstein/Sietz* ZInsO 2008, 761, 762; zur Inkongruenz von mittelbaren Leistungen, siehe oben § 131 Rn 8). Denn der Angewiesene erfüllt selber lediglich seine Schuld und wird regelmäßig nicht informiert sein, welche Zuwendungen der Leistungsempfänger in welcher Art und Weise zu beanspruchen hatte.

d) Fehlgeschlagene Sanierungsversuche. Problematisch und umstritten ist der Benachteiligungsvorsatz 21 bei fehlgeschlagenen Sanierungsversuchen. Auch hier kann Benachteiligungsvorsatz vorliegen (**RG** 18. 10. 1910 LZ 1912, 152 Nr 30; **RG** 2. 7. 1929 KuT 1929, 151 = WarnRspr 1929 Nr 165; **BGH** 26. 3. 1984 NJW 1984, 1893, 1898 f = ZIP 1984, 572, 579 f [insoweit nicht in BGHZ 90, 381]; **BGH** 4. 12. 1997 ZIP 1998, 248, 252 = EWiR § 31 KO 1/98, 225 [*Gerhardt*]), gegebenenfalls auch nur bezüglich eines selbstständigen Teils eines Sanierungsabkommens (**RG** 17. 9. 1937 JW 1937, 3241 [*Bley*] = HRR 1937, 1666). Dabei schließt auch die Tatsache, dass der Schuldner offen zu Werke gegangen ist, einen Benachteiligungsvorsatz nicht aus (**BGH** 23. 5. 1985 ZIP 1985, 1008 = KTS 1986, 93 = EWiR § 3 AnfG 2/85, 537 [*Henckel*]; **OLG** Düsseldorf 30. 6. 1983 NJW 1983, 2887 = ZIP 1983, 786; *Flessner* ZIP 1981, 113 ff; *Hopt* ZHR 143 (1979), 139, 164 ff; *Mertens* ZHR 143 (1979), 174 ff; *Obermüller* ZIP 1980, 337 ff; *Rümker* ZHR 143 (1979), 195 ff; *ders* KTS 1981, 493 ff; *Westermann* KTS 1982, 165 ff; *ders* ZIP 1982, 379 ff; krit *Jacoby* KTS 2009, 3, 6). Das in einer **inkongruenten Deckung** liegende Beweisanzeichen für einen Benachteiligungsvorsatz im Sinne von Abs 1 ist dabei entkräftet, wenn die angefochtene Rechtshandlung im unmittelbaren Zusammenhang mit einem Sanierungskonzept stand, das mindestens in den Anfängen schon in die Tat umgesetzt war und ernsthafte Aussicht auf Erfolg hatte (**BGH** 12. 11. 1992 NJW-RR 1993, 238 = ZIP 1993, 276, 279 = KTS 1993, 240 = EWiR § 31 KO 1/93, 161 [*Onusseit*]; **BGH** 18. 4. 1991 NJW 1991, 2144 = ZIP 1991, 807, 809 = KTS 1991, 424 = EWiR § 31 KO 1/91, 597 [*Gerhardt*]). Ein Treuhand- und Sanierungsvertrag ist nicht anfechtbar, wenn er dem Ziel einer gleichmäßigen Befriedigung aller Gläubiger in einem sachlich ordnungsgemäßen und **wirtschaftlich billigenswerten Verfahren** objektiv entspricht (**OLG** Hamm 20. 2. 1976 NJW 1976, 1983; **OLG** Hamm 16. 4. 1996 ZIP 1996, 1140 = KTS 1996, 534 = EWiR § 31 KO 2/96, 991 [*Grub*]; **OLG** Koblenz 23. 11. 1962 KTS 1963, 55). In allen diesen Fällen schließen auch objektiv unzureichende Sanierungsmaßnahmen die Redlichkeit des Schuldners nicht aus, wenn der Schuldner dies bloß fahrlässig nicht erkannt hat (**BGH** 4. 12. 1997 ZIP 1998, 248 = EWiR § 31 KO 1/98, 225 [*Gerhardt*]; *Paulus* BB 2001, 425, 426 ff). Bei einem Überbrückungskredit kann eine Gläubigerbenachteiligungsabsicht auch schon dann ausgeschlossen sein, wenn er nicht die Anforderungen an Sanierungskredite erfüllt (HK-*Kreft* § 133 Rn 18). Im Übrigen haben ernsthafte Sanierungsbemühungen stets nur die (widerlegbare) Bedeutung eines Beweisanzeichens gegen einen Benachteiligungsvorsatz (dazu im Einzelnen oben § 129 Rn 120, 125 sowie unten § 132 Rn 9). Zu der Frage, wann Sanierungsbemühungen ein Bargeschäft sein können, siehe § 142 Rn 8, 10.

e) Fehlender Benachteiligungsvorsatz. Benachteiligungsvorsatz ist ausgeschlossen, wenn der Schuld- 22 ner aus den vorhandenen Geldmitteln den laufenden Unterhalt für sich und seine Familie gedeckt hat, mag er sich auch bewusst gewesen sein, dass er dadurch die Geldmittel seinen Gläubigern als Befriedigungsobjekt entzieht (**RG** 19. 5. 1905 JW 1905, 442; vgl aber auch **BGH** 11. 11. 1954 WM 1955, 407: Familiensicherung schließt Gläubigerbenachteiligung nicht grundsätzlich aus). Bei **Druckzahlungen** wird in der Regel Benachteiligungsvorsatz vorliegen (zu Einzelfällen oben Rn 14). Benachteiligungsvorsatz fehlt auch, wenn der Schuldner für die Ausarbeitung eines Insolvenzplans oder Sanierungskonzepts das angemessene Honorar bezahlt (dazu auch oben § 132 Rn 9) oder wenn er bei der Abtretung von Mietzinsen lediglich den Zweck verfolgt, aus dem Erlös die laufenden Lasten des Grundstücks zu begleichen und der Zwangsversteigerung vorzubeugen (**RG** 5. 1. 1915 LZ 1915, 629 Nr 29), oder wenn er Maßregeln trifft, um die vorzugsweise Befriedigung der Hypothekengläubiger aus den künftigen Mietzinsen vor dem Zugriff seiner persönlichen Gläubiger sicherzustellen (**RG** 16. 10. 1906 Z 64, 339, 343); es kann dann sogar bereits an einer Gläubigerbenachteiligungsabsicht fehlen (siehe dazu § 129 Rn 121). Auch eine starke Verminderung der Warenvorräte zum Zwecke der Schuldentilgung ist noch kein Indiz für einen Benachteiligungsvorsatz (**LG** Hagen 29. 3. 1990 ZIP 1990, 728). Ist der Schuldner zum Zeitpunkt der anfechtbaren Handlung auf Grund konkreter Vorstellungen davon überzeugt, **alle Gläubiger** in absehbarer Zeit **befriedigen zu können,** scheidet eine Benachteiligungsabsicht aus (BGH 4. 12. 1997 ZIP 1998, 248 = EWiR § 31 KO 1/98, 225 *[Gerhardt]*; **BGH** 29. 4. 1999 NJW 1999, 3046, 3047 = NZI 1999, 268 f = ZIP 1999, 973 f = KTS 1999, 377 = EWiR § 31 KO 1/99, 957 *[Huber]*; **BGH** 2. 12. 1999 NJW 2000, 957, 958 = NZI 2000, 122 = ZIP 2000, 82 = KTS 2000, 118 = EWiR § 10 GesO 3/2000, 291 *[Eckardt]* = WuB VI G. § 10 GesO 1.02 *[Hirte/M. Groß]*). Die Annahme vorsätzlicher Benachteiligung ist auch dann nicht ohne weiteres gerechtfertigt, wenn der Schuldner einen unwirksamen Kaufvertrag für wirksam hält und in der Annahme erfüllt, leisten zu müssen (RG 6. 3. 1931 WarnRspr 1931 Nr 91). Im Fall der bewussten Sicherung oder Befriedigung einer Nichtschuld handelt es sich um eine unentgeltliche Leistung, so dass der Benachteiligungsvorsatz indiziert ist (dazu oben Rn 13 aE); darüber hinaus kommt eine Anfechtung wegen unentgeltlicher Leistung in Betracht (siehe § 134 Rn 24, 35 f).

23   f) **Maßgebender Zeitpunkt.** Der Benachteiligungsvorsatz muss zur Zeit der Vornahme der angefochtenen Rechtshandlung („mit dem Vorsatz [...] vorgenommen") und, wenn es sich um ein Erfüllungsgeschäft handelt, zur Zeit der Vollendung der Erfüllung vorhanden sein (**RG** 2. 7. 1929 KuT 1929, 151, 152 = WarnRspr 1929 Nr 165; **BGH** 11. 1. 1961 WM 1961, 387; **BGH** 26. 3. 1984 Z 90, 381 = NJW 1984, 1893 = ZIP 1984, 572, 581; **BGH** 18. 2. 1993 NJW 1993, 1640, 1641 = ZIP 1993, 521 = KTS 1993, 427 = EWiR § 31 KO 2/93, 389 *[Paulus]*; **BGH** 23. 11. 1995 Z 131, 189, 196 f = NJW 1996, 461, 463 = ZIP 1996, 83, 85 = KTS 1996, 151 = EWiR 1/96, 119 *[Gerhardt]*; für die Bürgschaft bei Vertragsschluss **BGH** 29. 4. 1999 NJW 1999, 3046, 3047 = NZI 1999, 268 f = ZIP 1999, 973 f = KTS 1999, 377 = EWiR § 31 KO 1/99, 957 *[Huber]*). Bei **Grundstückgeschäften** kommt es darauf an, wann der Erwerber eine insolvenzfeste Rechtsposition erlangt hat. Hatte der Schuldner den Benachteiligungsvorsatz erst, nachdem die Voraussetzungen des § 878 BGB vorlagen, reicht dies nicht aus (Jaeger/Henckel § 133 Rn 46; wohl auch **BGH** 23. 11. 1995 Z 131, 189, 196 ff = NJW 1996, 461, 463 = ZIP 1996, 83, 85 = KTS 1996, 151 = EWiR 1/96, 119 *[Gerhardt]*). Bei **Vorausabtretung künftiger Forderungen** kommt es auf den Zeitpunkt an, in dem diese entstehen (§ 140 Abs 1); sie ist nach Abs 1 nur dann anfechtbar, wenn die Forderung durch eine Rechtshandlung des Abtretenden zwar vor dessen Zahlungseinstellung, aber zu einem Zeitpunkt entstanden ist, in dem der Abtretende bei gleichzeitiger Kenntnis des Abtretungsempfängers den Vorsatz hatte, seine übrigen Gläubiger zu benachteiligen (**BGH** 14. 5. 1975 Z 64, 312, 313 = NJW 1975, 1226 = KTS 1975, 296; **BGH** 11. 12. 1986 NJW 1987, 1268 = ZIP 1987, 305 = KTS 1987, 279 = EWiR § 3 AnfG 1/87, 209 *[Balz]*; zur Anfechtbarkeit der Sicherungsabtretung, wenn der Sicherungsnehmer erst bei Zahlungseinstellung des Sicherungsgebers über die abgetretene Forderung verfügen darf, **BGH** 18. 2. 1993 NJW 1993, 1640 = ZIP 1993, 521 = KTS 1993, 427 = EWiR § 31 KO 2/93, 389 *[Paulus]*). Auch beim **verlängerten Eigentumsvorbehalt** kommt es auf den Zeitpunkt des Entstehens der Forderung an; jedoch wird es meist schon an der objektiven Gläubigerbenachteiligung fehlen, so dass es auf einen evtl Vorsatz zumeist nicht ankommt (**BGH** 14. 5. 1975 Z 64, 312, 314 ff = NJW 1975, 1226 = KTS 1975, 296; siehe dazu bereits § 129 Rn 120). Für eine Verarbeitungsklausel im Rahmen des verlängerten Eigentumsvorbehalts gelten hier die gleichen Kriterien wie bei § 130 (§ 129 Rn 120). Im Rahmen einer **Globalzession** kommt es bzgl der Abtretung künftiger Forderungen ebenfalls auf den Entstehenszeitpunkt an; allerdings nimmt der BGH Kongruenz bzgl der Abtretungen und eines evtl. Werthaltigmachens an, so dass höhere Anforderungen an den Nachweis eines Benachteiligungsvorsatzes zu stellen sind (zur Behandlung der Globalzession siehe auch *Psadourakis* ZInsO 2009, 1039, 1047; siehe im Übrigen oben § 129 Rn 110, 110B, § 131 Rn 16 aE sowie unten § 140 Rn 6A).

24   g) **Benachteiligungsvorsatz trotz Fehlens von Gläubigern.** Hatte der Schuldner bei Vornahme der Rechtshandlung gar keine Gläubiger, wird er im Allgemeinen ohne Benachteiligungsvorsatz gehandelt haben; denn § 133 verlangt, dass der Schuldner „seine Gläubiger" benachteiligen will (**RG** 26. 1. 1886 Z 15, 62, 64; RG 29. 12. 1903 JW 1904, 152). Ausreichend ist ein Gläubiger. Gleichwohl kann auch bei Fehlen von Gläubigern in der kritischen Zeit Benachteiligungsvorsatz gegeben sein (**RG** 11. 12. 1936 DJ 1937 Nr 4730 = ZZP 60 [1936/37], 426; **BGH** 23. 5. 1985 ZIP 1985, 1008 = KTS 1986, 93 = EWiR § 3 AnfG 2/85, 537 *[Henckel]*); das ist der Fall, wenn der Schuldner die Absicht hatte, durch die Rechtshandlung seine **zukünftigen Gläubiger** zu benachteiligen. Das folgt daraus, dass der Benachteiligungsvorsatz nicht gegenüber bestimmten Gläubigern zu bestehen braucht (**RG** 1. 5. 1890 Z 26, 11, 13; **BGH** 28. 9. 1964 WM 1964, 1166; KP-*Paulus* § 133 Rn 7) und dass auch außerhalb des Insolvenzverfahrens (§ 3 Abs 1 AnfG) eine Rechtshandlung von jemandem, der zur Zeit ihrer Vornahme noch nicht ihr Gläubiger war, angefochten werden kann, wenn sie ihn benachteiligt (**RG** 26. 1. 1886 Z 15, 62, 64; **RG** 1. 5. 1890 Z 26, 11, 13; **RG** 5. 11. 1937 JW 1938, 464 = DJ 1937, 1934 f *[Vogels]*; **BGH** 28. 9. 1964 WM 1964, 1166; OLG Koblenz 23. 11. 1962 KTS 1963, 55, 56 f). Künftige Gläubiger können dagegen nicht den Abschluss von Güterrechtsverträgen als unentgeltliche Verfügung anfechten; denn sie haben kein Anrecht darauf, dass ein bestehender Güterstand für die Zukunft beibehalten wird und ihnen damit eine Zugriffsmöglichkeit eröffnet wird, die sie bei Fortbestand dieses Güterstands gehabt hätten (**BGH** 20. 10. 1971 Z 57, 123 = NJW 1972, 48, 49 = KTS 1972, 91); siehe dazu auch § 134 Rn 29 sowie § 129 Rn 101.

II. Regelfall (Abs 1) **§ 133**

4. Kenntnis des anderen Teils. a) Begriff. Wer durch die Rechtshandlung des Schuldners etwas zum 25
Nachteil der Gläubiger erworben hat, wird in § 133 „der andere Teil" genannt. Er braucht nicht Insolvenzgläubiger zu sein, muss aber von der vorsätzlichen Benachteiligung des Schuldners **positive Kenntnis** gehabt haben (**BGH** 26. 3. 1984 Z 90, 381 = NJW 1984, 1893 = ZIP 1984, 572, 581; **BGH** 17. 6. 1999 NJW 1999, 3780, 3782 = NZI 1999, 361 = ZInsO 1999, 467 = ZIP 1999, 1271, 1273 = KTS 1999, 485 = EWiR § 30 KO 1/99, 801 *[Eckardt]* = WuB VI B. § 30 Nr 2 KO 1.02 *[Hirte/ M. Groß]*). Seine Kenntnis ist spiegelbildlich in ähnlicher Weise zu beurteilen wie der Benachteiligungsvorsatz des Schuldners selbst (*Bork* ZIP 2004, 1684, 1692; HK-*Kreft* § 133 Rn 18; vgl auch **BGH** 29. 4. 1999 NJW 1999, 3046, 3047 = NZI 1999, 268 f = ZIP 1999, 973 f = KTS 1999, 377 = EWiR § 31 KO 1/99, 957 *[Huber]*). Ein eigener Benachteiligungsvorsatz des Anfechtungsgegners oder seine Mitwirkung am nachteiligen Erfolg sind daneben nicht erforderlich (**BGH** 23. 5. 1985 ZIP 1985, 1008 = KTS 1986, 93 = EWiR § 3 AnfG 2/85, 537 *[Henckel]*; inzident **BGH** 13. 7. 1995 Z 130, 314, 318 f = NJW 1995, 2846 = ZIP 1995, 1364 = EWiR § 11 AnfG 1/95, 845 *[Gerhardt]* = LM § 7 AnfG Nrn 18/19 *[Eckardt]* [zu § 7 AnfG aF]). Die Nachweiserleichterungen, die § 131 Abs 1 Nr 3 für einen Teilbereich der früheren Absichtsanfechtung vorgenommen hat, greifen hier nicht (kritisch dazu *Henckel* KS-InsO S 813, 830 f). Kennenmüssen reicht daher nicht. Es reicht aber wie beim Benachteiligungsvorsatz (dazu oben Rn 15 f) aus, wenn er die Umstände kennt, aus denen sich die Inkongruenz ergibt, die den Schluss auf die Kenntnis zulässt (**BGH** 2. 12. 1999 NJW 2000, 957, 958 = NZI 2000, 122 = ZIP 2000, 82 = KTS 2000, 118 = EWiR § 10 GesO 3/2000, 291 *[Eckardt]* = WuB VI G. § 10 GesO 1.02 *[Hirte/M. Groß]*; **BGH** 18. 12. 2003 Z 157, 242 = NJW 2004, 1385, 1387 = ZIP 2004, 319 = ZInsO 2004, 145 = WuB VI C § 133 InsO 2.04 *[Kirchhof]*; **BGH** 11. 3. 2004 IX ZR 160/02 ZIP 2004, 1060 = ZInsO 2004, 616 = NZI 2004, 372 = EWiR 2004, 769 *[Gerhardt]* = WuB VI C § 133 InsO 4.04 *[Cartano]* [Unerheblichkeit der richtigen rechtlichen Bewertung]; kritisch *Kirchhof* in: RWS-Forum Insolvenzrecht 2000 [2001], S 55, 64 ff; für Arbeitnehmer verneinend **BGH** 19. 2. 2009 IX ZR 62/08 Tz 14 ff Z 180, 63 = ZIP 2009, 726 = NJW 2009, 1202 = ZInsO 2009, 515 = NZI 2009, 228 = EWiR 2009, 275 *[Bork]*; **OLG Brandenburg** 13. 2. 2002 7 U 152/01 NZG 2002, 969, 971 [Geschäftsführer]; ebenso zuvor *Bork* ZIP 2007, 2337, 2339). Die Indizwirkung ist aber auch hier umso schwächer, je länger die Handlung vor der Verfahrenseröffnung liegt. Es ist nicht erforderlich, dass der andere Teil die Absicht gehabt hat, bei der Benachteiligung der Gläubiger selbst mitzuwirken. Andererseits können Vorsatz oder Absicht des anderen Teils, die Gläubiger zu benachteiligen, ohne den erforderlichen Vorsatz des Schuldners keine Anfechtbarkeit nach Abs 1 begründen (**RG** 10. 3. 1899 Z 43, 387, 392; **RG** 24. 6. 1898 JW 1898, 480 f; **RG** 26. 6. 1914 LZ 1914, 1895 Nr 11; **BGH** 23. 5. 1985 ZIP 1985, 1008 = KTS 1986, 93 = EWiR § 3 AnfG 2/85, 537 *[Henckel]*; *Jaeger/Henckel* § 133 Rn 47; *Kilger/Karsten Schmidt* § 31 KO Anm 4). Es genügt, wenn der andere im Allgemeinen um den Vorsatz gewusst hat; auf Detailkenntnisse kommt es nicht an (**BGH** 29. 11. 2007 IX ZR 121/06 Z 174, 314 = ZIP 2008, 190 = NJW 2008, 1067 = ZInsO 2008, 814 = NZI 2008, 167 = EWiR 2008, 505 *[Homann]*; abw. *Burchard* Dreieck S 82 ff). Der Abschluss eines Scheingeschäfts iSv § 117 BGB reicht zur Annahme der erforderlichen Kenntnis aus (**BGH** 11. 7. 1996 NJW 1996, 3147, 3149 = ZIP 1996, 1516, 1520 = KTS 1996, 652 = EWiR § 1 AnfG 1/96, 771 *[M. Huber]* [zu § 7 AnfG aF]). Bei Geschäften im Rahmen von **Sanierungen** ist auch beim Anfechtungsgegner nur dann die erforderliche Kenntnis zu verneinen, wenn sie aus der *Ex-ante*-Perspektive Erfolg versprechend waren (**BGH** 12. 11. 1992 NJW-RR 1993, 238, 241 = ZIP 1993, 276, 279 = KTS 1993, 240 = EWiR § 31 KO 1/93, 161 *[Onusseit]*; *Paulus* BB 2001, 425, 426 ff). Davon kann bei Durchführung einer mangelhaften Kapitalerhöhung ausgegangen werden, wenn gegenteilige Anhaltspunkte nicht erkennbar waren (**BGH** 17. 6. 1999 NJW 1999, 3780, 3782 = NZI 1999, 361 = ZInsO 1999, 467 = ZIP 1999, 1271, 1273 = KTS 1999, 485 = EWiR § 30 KO 1/99, 801 *[Eckardt]* = WuB VI B. § 30 Nr 2 KO 1.02 *[Hirte/M. Groß]*). In Fällen der Kollusion (§ 826 BGB) ist immer von Kenntnis des anderen Teils auszugehen.

b) Zeitpunkt. Die Kenntnis muss zur Zeit der Vornahme der Rechtshandlung vorhanden sein (**RG** 26
24. 2. 1925 LZ 1925, 870; **RG** 2. 7. 1929 KuT 1929, 151, 152 = WarnRspr 1929 Nr 165; **BGH** 12. 11. 1992 NJW-RR 1993, 235, 237 = ZIP 1993, 271, 275 = KTS 1993, 248, 254 = EWiR § 29 KO 1/93, 61 *[Gerhardt]*; **BGH** 19. 3. 1998 Z 138, 291, 308 = NJW 1998, 2592 = ZIP 1998, 793 = EWiR § 30 GmbHG 1/98, 699 *[Eckardt]*), bei einem aus mehreren Rechtsakten bestehenden Erwerb zu dem Zeitpunkt, in dem seine rechtlichen Wirkungen eintreten (vgl § 140 Abs 1 und die dortigen Ausführungen).

c) Handeln eines Vertreters. Handelte für den anderen Teil ein Vertreter, gilt grundsätzlich § 166 27
BGB, so dass außer beim Handeln auf Weisung dessen Kenntnis maßgeblich ist (**BGH** 15. 11. 1960 Z 33, 389 = KTS 1961, 12; **BGH** 10. 10. 1962 Z 38, 65 = KTS 1962, 249; **BGH** 1. 3. 1984 NJW 1984, 1953, 1954 = ZIP 1984, 809, 811 f = KTS 1984, 426; **BGH** 27. 4. 1995 NJW 1995, 2103, 2105 = ZIP 1995, 929, 931 = KTS 1995, 515 = EWiR § 30 KO 5/95, 689 *[Gerhardt]*; zur Zurechnung der Kenntnis der Staatsanwaltschaft zu Lasten der Staatskasse **BGH** 5. 6. 2008 IX ZR 17/07 Tz 22 f NJW 2008, 2506 = ZIP 2008, 1291 = ZInsO 2008, 738 = NZI 2008, 488). Das gilt in jedem Fall bei Insichgeschäften iSv § 181 BGB (**BGH** 25. 4. 1985 Z 94, 232, 237 = NJW 1985, 2407 = ZIP 1985, 690, 692). Über § 166 BGB hinaus kann aber auch die Kenntnis eines in der Geschäftsleitung des späteren Schuldners

§ 133

tätigen Vertrauensmannes des anderen Teils diesem zuzurechnen sein (**BGH** 15. 1. 1964 Z 41, 17, 18 = NJW 1964, 1277 = KTS 1964, 166 = LM § 30 KO Nrn 16/17 *[Mormann]*). Bei einer Genossenschaft kommt es nicht auf die Kenntnis der Genossen, sondern ausschließlich auf die der gesetzlichen Vertreter an (**RG** 4. 1. 1938 HRR 1938 Nr 411). Hat ein Schuldner seinem in der Geschäftsfähigkeit beschränkten Kind, für das ihm, dem schenkenden Schuldner, die elterliche Sorge oblag, mit Benachteiligungsvorsatz Vermögensgegenstände schenkweise übertragen, ist die Schenkung nicht nach Abs 1 anfechtbar, soweit das Kind die zum Erwerb erforderlichen Willenserklärungen selbst abgegeben (§ 107 BGB) und keine Kenntnis vom Benachteiligungsvorsatz des Schuldners hatte (**BGH** 25. 4. 1985 Z 94, 232 = NJW 1985, 2407 = ZIP 1985, 690); vgl im Übrigen oben § 129 Rn 80 f/§ 130 Rn 55 ff.

28   **5. Zeitmoment.** Eine Anfechtung nach Abs 1 kommt nur in Betracht, wenn die betreffende Rechtshandlung in den letzten zehn Jahren vor dem Antrag auf Eröffnung des Insolvenzverfahrens oder nach diesem Antrag vorgenommen wurde. Damit wurde die früher hierfür geltende Frist von dreißig Jahren (§ 41 Abs 1 Satz 3 KO) deutlich und bewusst verkürzt; eine längere Frist könne nicht mehr als zeitgemäß angesehen werden (Begr RegE zu § 133; auch gegenüber der Länge der jetzigen Frist kritisch *Häsemeyer* Rn 21.07, 21.78). Der Fristlauf knüpft jetzt aber im Gegensatz zum früheren § 41 Abs 1 Satz 3 KO nicht mehr an die Ausübung des Anfechtungsrechts, sondern an den Eröffnungsantrag an. Für die Berechnung der Frist gilt § 139. Ob mehraktige Erwerbstatbestände in die Frist fallen, bestimmt sich nach § 140.

29   **6. Beweislast. a) Grundsatz.** Der Insolvenzverwalter hat die benachteiligende Rechtshandlung (für die unmittelbare Gläubigerbenachteiligung **BGH** 6. 4. 1995 ZIP 1995, 1021, 1023, 1024 = EWiR § 10 GesO 2/95, 781 *[Henckel]* = LM § 10 Abs 1 Nr 1, 2 GesO Nr 8 *[Lüke]* [insoweit nicht in BGHZ 129, 236]), bei Vornahme einer solchen durch einen Dritten die Mitwirkung des Schuldners, deren Vornahme innerhalb des Zehnjahreszeitraums, den Benachteiligungsvorsatz des Schuldners, die Kenntnis des anderen Teils davon im Zeitpunkt der Vollendung der Rechtshandlung (**BGH** 13. 3. 1997 ZIP 1997, 853, 855 = KTS 1997, 505, 506 = EWiR § 10 GesO 6/97, 1131 *[Rattunde]* [zu § 10 Abs 1 Nr 2 GesO]) und die Kausalität zwischen Rechtshandlung und Schädigung der Insolvenzgläubiger zu beweisen (**BGH** 17. 7. 2003 IX ZR 272/02 NJW 2003, 3560, 3561 = ZIP 2003, 1799 = ZInsO 2003, 850 = NZI 2003, 597 *(Huber)* = WuB VI C 3 133 InsO 1.04 *[Bartels/Clemens]*; **BGH** 18. 12. 2008 IX ZR 79/07 ZIP 2009, 573 = ZInsO 2009, 518 = NZI 2009, 239). Dabei handelt es sich teilweise um schwer beweisbare „innere Tatsachen" (vgl auch **BGH** 31. 5. 1965 WM 1965, 917; BAG 29. 7. 1967 E 20, 11, 23 = NJW 1967, 2425 = KTS 1967, 238 = AP § 29 KO Nr 1 *[Weber]*). Gleichwohl hat der Gesetzgeber bewusst die Beweislast bezüglich des Benachteiligungsvorsatzes dem Insolvenzverwalter belassen (Begr RegE zu § 133). Beweisführung durch eidliche oder uneidliche Parteivernehmung nach §§ 445 ff ZPO ist möglich. Auch der Schuldner kann sowohl über seinen eigenen Benachteiligungsvorsatz als auch über die Kenntnis des anderen Teils als Zeuge vernommen werden (**RG** 30. 3. 1892 Z 29, 29).

30   Kannte der Schuldner im Zeitpunkt der Vornahme der Rechtshandlung seine **Zahlungsunfähigkeit** oder bestand hierfür zumindest ein wesentliches Indiz, geht der **BGH** in der Regel von einem Benachteiligungsvorsatz des Insolvenzschuldners aus (st. Rspr; **BGH** 27. 5. 2003 IX ZR 169/02 Z 155, 75, 84 = NJW 2003, 3347 = ZIP 2003, 1506 = ZInsO 2003, 764 = NZI 2003, 533 = EWiR 2003, 2097 *[Hölzle]* = WuB VI C § 133 InsO 1.03 *[Paulus/Zenker]*; **BGH** 13. 5. 2004 IX ZR 190/03 ZIP 2004, 1512 = ZInsO 2004, 859 = NZI 2005, 692, 693 = WuB VI C § 133 InsO 5.04 *[Kirchhof]*; **BGH** 13. 4. 2006 IX ZR 158/05 Tz 14 Z 167, 190 = NJW 2006, 2701 = ZIP 2006, 1261 = ZInsO 2006, 712 = NZI 2006, 469 = EWiR 2007, 117 *[Pape]* = WuBVI A § 133 InsO 1.06 *[Paulus]*; **BGH** 29. 11. 2007 IX ZR 121/06 Z 174, 314 = ZIP 2008, 190 = NJW 2008, 1067 = ZInsO 2008, 814 = NZI 2008, 167 = EWiR 2008, 505 *[Homann]*; **BGH** 5. 6. 2008 IX ZR 17/07 Tz 18 NJW 2008, 2506 = ZIP 2008, 1291 = ZInsO 2008, 738 = NZI 2008, 488; **BGH** 18. 12. 2008 IX ZR 79/07 ZIP 2009, 573 = ZInsO 2009, 518 = NZI 2009, 239; zur Vermutung des Fortwirkens eines bei Eingehung einer Verbindlichkeit oder Vereinbarung einer Sicherung bestehenden Benachteiligungsvorsatzes bis zum Zeitpunkt der Erfüllung **BGH** 10. 1. 2008 IX ZR 33/07 ZIP 2008, 467 = ZInsO 2008, 271 = NZI 2008, 233; krit zu den weit reichenden Vermutungen *Schoppmeyer* ZIP 2009, 600, 605 f). Dies gilt auch dann, wenn es sich um eine **kongruente Leistung** handelte; hier sind allerdings erhöhte Anforderungen an die Darlegung und den Beweis des Benachteiligungsvorsatzes zu stellen (**BGH** 13. 5. 2004 IX ZR 190/03 ZIP 2004, 1512 = ZInsO 2004, 859 = NZI 2005, 692, 693 = WuB VI C § 133 InsO 5.04 *[Kirchhof]*; **BGH** 24. 5. 2007 IX ZR 97/06 ZIP 2007, 1511 = ZInsO 2007, 819 = NZI 2007, 512 = WuB VI A § 133 InsO 1.07 *[Smid]*; **BGH** 20. 12. 2007 IX ZR 93/06 ZIP 2008, 420 = ZInsO 2008, 273 = NZI 2008, 231 = WuB VI A § 133 InsO 2.88 *[Würdinger]*). Der Benachteiligungsvorsatz ist ferner zu vermuten, wenn der Schuldner seine **drohende Zahlungsunfähigkeit** kannte: Das ergibt sich mittelbar aus Abs 1 Satz 2, wonach vermutet wird, dass der andere Teil den Benachteiligungsvorsatz kannte, wenn er wusste, dass die Zahlungsunfähigkeit des Schuldners drohte; für den Schuldner selber können aber keine strengeren Anforderungen gelten (**BGH** 13. 4. 2006 IX ZR 158/05 Tz 14 Z 167, 190 = NJW 2006, 2701 = ZIP 2006, 1261 = ZInsO 2006, 712 = NZI 2006, 469 = EWiR 2007, 117 *[Pape]* = WuBVI A § 133 InsO 1.06 *[Paulus]*; **BGH** 29. 11. 2007 IX ZR 121/06 Z 174, 314 = ZIP 2008, 190 = NJW 2008, 1067 = ZInsO

2008, 814 = NZI 2008, 167 = EWiR 2008, 505 *[Homann]*). Bei Kenntnis der Zahlungsunfähigkeit oder der drohenden Zahlungsfähigkeit fehlt es nur dann an einem Benachteiligungsvorsatz, wenn der Schuldner auf Grund konkreter Umstände mit einer baldigen Überwindung bzw Abwendung der Krise rechnen durfte (**BGH** 24. 5. 2007 IX ZR 97/06 ZIP 2007, 1511 = ZInsO 2007, 819 = NZI 2007, 512 = WuB VI A § 133 InsO 1.07 *[Smid]* mit weiteren Einzelheiten; **BGH** 18. 12. 2008 IX ZR 79/07 ZIP 2009, 573 = ZInsO 2009, 518 = NZI 2009, 239). Ein regelmäßiges Beweisanzeichen für einen Benachteiligungsvorsatz des Schuldners stellt dabei – allerdings nur innerhalb der gesetzlichen Krise – die **Inkongruenz der Leistung** dar (vgl aber **BGH** 18. 6. 2009 IX ZR 7/07 ZIP 2009, 1434 = ZInsO 2009, 1394 [Indizwirkung kann auch über den Drei-Monats-Zeitraum hinausgehen]; dazu im Übrigen oben Rn 15 f). Hiermit setzt sich der **BGH** über die Zweifel hinweg, diese schon unter dem früheren Recht entwickelten Überlegungen zur Beweiswürdigung auf das neue Recht zu übertragen, weil § 131 Abs 2 für einen Teil der von der Vorgängernorm des jetzigen § 133 Abs 1 erfassten Fälle deutlich weitergehende Beweiserleichterungen gewähre, so dass für die zum Teil deutlich vor dem Drei-Monats-Zeitraum liegenden Fälle des jetzigen § 133 Abs 1 derartige allgemeine Beweiserleichterungen – auch im Hinblick auf die besondere Beweiserleichterung nach Abs 1 Satz 2 – nicht mehr als gerechtfertigt erschienen (so etwa Uhlenbruck/*Hirte* 12. Aufl § 133 Rn 30 mwN).

b) Beweiserleichterung nach Abs 1 Satz 2. Unter den Voraussetzungen des Abs 1 Satz 2 wird die Kenntnis des anderen Teils vom Benachteiligungsvorsatz des Schuldners allerdings nach neuem Recht vermutet. Voraussetzung ist, dass der andere Teil wusste, dass die Zahlungsunfähigkeit des Schuldners drohte *und* dass die Handlung die Gläubiger benachteiligte. Ausreichend ist dann also schon die Kenntnis des anderen Teils vom objektiven Erscheinungsbild der Rechtshandlung, nicht (auch) von den zusätzlichen subjektiven Anforderungen. Diese Voraussetzungen sollen schon zu bejahen sein, wenn die Verbindlichkeiten des Schuldners bei dem späteren Anfechtungsgegner über einen längeren Zeitraum in beträchtlicher Höhe nicht ausgeglichen wurden und dem Anfechtungsgegner nach den Umständen bewusst ist, dass es noch weitere Gläubiger mit ungedeckten Ansprüchen gibt (**BGH** 17. 2. 2004 IX ZR 318/01 ZIP 2004, 669 = ZInsO 2004, 385 = NZI 2005, 690 = EWiR 2004, 669 *[O'Sullivan]* = WuB VI E § 829 ZPO 3.04 *[Bitter]*; **BGH** 13. 5. 2004 IX ZR 190/03 ZIP 2004, 1512 = ZInsO 2004, 859 = NZI 2005, 692, 693 = WuB VI C § 133 InsO 5.04 *[Kirchhof]*; **BGH** 24. 5. 2007 IX ZR 97/06 ZIP 2007, 1511 = ZInsO 2007, 819 = NZI 2007, 512 = WuB VI A § 133 InsO 1.07 *[Smid]*; **BGH** 20. 11. 2008 IX ZR 188/07 ZIP 2009, 189 = ZInsO 2009, 145 = NZI 2009, 168 = EWiR 2009, 213 *[A. Henkel]*; AG Kiel 25. 2. 2004.106 C 218/03 ZInsO 2004, 519 [für ein „isoliertes Gläubigerangebot"; dazu Forstmann ZInsO 2004, 546]; *Jacoby* KTS 2009, 3, 11 [mit der Forderung nach einem „eigenständigen Profil"]; *Thole* KTS 2007, 293, 309 f; zur Anwendbarkeit auf Sozialversicherungsträger *Stiller* ZInsO 2002, 793, 797 f; kritisch *Güther/Kohly* ZIP 2007, 1349, 1353). Diese niedrige Schwelle wird durch die vom **BGH** aufgestellte tatsächliche Vermutung noch weiter abgesenkt (siehe unten Rn 30, 32A). Das geht auf die Judikatur zum alten Recht zurück (RG 19. 11. 1901 JW 1902, 24; **BGH** 11. 1. 1961 WM 1961, 387, 389). Aber diese Rechtsprechung betraf andererseits nur bestimmte Tatbestände und nahm auch keine vollständige Beweislastumkehr vor (*Henckel* KS-InsO S 813, 839). Gleichwohl hat der **BGH** sie inzwischen auch auf das neue Recht übertragen (dazu oben Rn 15; für deren teilweise Weiter-Anwendung zuvor schon Gottwald/*Huber* InsR HdB § 48 Rn 13). Damit setzt der **BGH** auch hier seine anfechtungsfreundliche Rechtsprechung fort.

Kann der Insolvenzverwalter also nachweisen, dass der andere Teil um die drohende Zahlungsunfähigkeit des Schuldners (§ 18 Abs 2) wusste und er auch den gläubigerbenachteiligenden Charakter seiner Rechtshandlung kannte, hat der Anfechtungsgegner, um diese Vermutung zu widerlegen, den Beweis des Gegenteils zu führen (**BGH** 24. 5. 2007 IX ZR 97/06 ZIP 2007, 1511 = ZInsO 2007, 819 = NZI 2007, 512 = WuB VI A § 133 InsO 1.07 *[Smid]*; **BGH** 20. 11. 2008 IX ZR 188/07 ZIP 2009, 189 = ZInsO 2009, 145 = NZI 2009, 168 = EWiR 2009, 213 *[A. Henkel]*; HK-*Kreft* § 133 Rn 4; *Kirchhof* ZInsO 1998, 3, 5; etwa durch Vorlage von Quittungen über Zahlungen an alle anderen Gläubiger: **BGH** 20. 11. 2008 IX ZR 188/07 ZIP 2009, 189 = ZInsO 2009, 145 = NZI 2009, 168 = EWiR 2009, 213 *[A. Henkel]*). Beruft sich der Anfechtungsgegner auf den Wegfall einer zuvor bestehenden Zahlungsunfähigkeit des Schuldners im Zeitpunkt der Rechtshandlung, obliegt ihm auch dafür die Beweislast (**BGH** 20. 12. 2007 IX ZR 93/06 ZIP 2008, 420 = ZInsO 2008, 273 = NZI 2008, 231 = WuB VI A § 133 InsO 2.88 *[Würdinger]*).

Der **BGH** hat in neuer Rechtsprechung die Rechtsvermutung des Abs 1 S 2 um eine tatsächliche, vom Richter im Rahmen des § 286 ZPO zu berücksichtigende Vermutung dahingehend ergänzt, als Kenntnis vom Benachteiligungsvorsatz schon dann (widerleglich) vermutet werden soll, wenn der andere Teil die Umstände kannte, die zwingend auf – zumindest drohende – Zahlungsunfähigkeit schließen lassen, weil zu vermuten ist, dass er auch die Zahlungsunfähigkeit selbst kennt (**BGH** 17. 7. 2003 IX ZR 272/02 NJW 2003, 3560, 3561 = ZIP 2003, 1799 = ZInsO 2003, 850 = NZI 2003, 597 *(Huber)* = WuB VI C 3 133 InsO 1.04 *[Bartels/Clemens]*; **BGH** 12. 10. 2006 IX ZR 228/03 ZIP 2006, 2222 = ZInsO 2006, 1210 = NZI 2007, 36 = EWiR 2007, 113 *[Wagner]* = WuB VI A § 130 InsO 1.07 *[Bruns]*; **BGH** 24. 5. 2007 IX ZR 97/06 ZIP 2007, 1511 = ZInsO 2007, 819 = NZI 2007, 512 = WuB VI A § 133 InsO 1.07 *[Smid]*; **BGH** 29. 11. 2007 IX ZR 121/06 Z 174, 314 = ZIP 2008, 190 = NJW

2008, 1067 = ZInsO 2008, 814 = NZI 2008, 167 = EWiR 2008, 505 *[Homann]* [Mitteilung des Schuldners, über sein Konto nicht mehr verfügen zu können]; **BGH** 20. 11. 2008 IX ZR 188/07 ZIP 2009, 189 = ZInsO 2009, 145 = NZI 2009, 168 = EWiR 2009, 213 *[A. Henkel]*; dazu *Bork* ZIP 2004, 1684, 1692; *Hölzle* ZIP 2006, 101, 106 ff; *ders* ZIP 2007, 613, 616 ff; *Rendels,* ZIP 2004, 1289, 1296; *Stiller* ZInsO 2002, 793, 798 ff). Erst recht genügt es, wenn der Gläubiger Kenntnis von Umständen hatte, die zwingend auf eine Gläubigerbenachteiligung schließen lassen (**BGH** 17. 7. 2003 IX ZR 215/ 02 NJW-RR 2004, 342, 343 = ZIP 2003, 1900 = NZI 2004, 87). Die Kenntnis des anderen Teils vom Benachteiligungsvorsatz des Schuldners ist andererseits auch ein Indiz für ein Vorliegen von Benachteiligungsvorsatz beim Schulder selbst (*Bork* ZIP 2004, 1684, 1691 f).

III. Verträge mit nahe stehenden Personen (Abs 2)

33 Grund für die Regelung des Abs 2 ist die Erfahrung, dass nahe stehende Personen in der Regel die wirtschaftlichen Schwierigkeiten des späteren Schuldners kennen, daher seine Absichten leichter durchschauen und wegen ihrer wirtschaftlichen und persönlichen Verbundenheit eher bereit sind, mit ihm zum Schaden seiner Gläubiger Verträge abzuschließen; ihnen wird daher die Beweislast für die eigene Redlichkeit auferlegt (**BGH** 20. 10. 1965 NJW 1966, 730, 731 = WM 1965, 1152, 1153; ähnlich *Biehl* Insider S 126). Abs 2 enthält keinen selbstständigen Anfechtungstatbestand; denn sonst wäre er wie die §§ 130–132, 134 als selbstständige Norm kodifiziert worden (ebenso *Thole* KTS 2007, 293, 310; abw *Biehl* Insider S 157; *Gottwald/Huber* InsR HdB § 46 Rn 59). Schließlich ergibt sich auch aus Abs 2 Satz 2, dass es hier letztlich um eine Vorsatzanfechtung geht, allerdings mit umgekehrter Beweislast (beachtliche Kritik hieran bei *Thole* KTS 2007, 293, 311). Die strengere Voraussetzung der unmittelbaren Gläubigerbenachteiligung dürfte demgegenüber damit zu begründen sein, dass bei mittelbarer Benachteiligung die Beweislastumkehr unangemessen wäre, zumal es sich um entgeltliche Verträge handelt. Für eine Anfechtung nach Abs 2 müssen daher zunächst die Voraussetzungen des Abs 1 erfüllt sein. Zudem sind die in Abs 2 genannten Verträge mit nahe stehenden Personen auch nach Abs 1 anfechtbar (Jaeger/*Henckel* § 133 Rn 55; jetzt auch Kilger/*Karsten Schmidt* § 31 KO Anm 1). Abs 2 reduziert durch den in seinem Satz 2 vorgesehene Umkehr der Beweislast gegenüber Abs 1 lediglich den Umfang des erforderlichen Nachweises des Benachteiligungsvorsatzes.

34 **1. Entgeltliche Verträge.** Der Anfechtung aus Abs 2 unterliegen nur entgeltliche Verträge. Es scheiden also alle einseitigen Rechtsgeschäfte und unentgeltlichen Verfügungen des Schuldners aus. Anfechtbar können **schuldrechtliche** und besonders **dingliche Verträge** sein. Der Begriff des „Vertrages" im Sinne von Abs 2 ist weit auszulegen und ist im Sinne von Rechtshandlungen des Schuldners zu verstehen, die in Übereinstimmung mit dem Willen des anderen Teils vorgenommen wurden (Jaeger/*Henckel* § 133 Rn 59; KP-*Paulus* § 133 Rn 16).

35 Anfechtbar sind nur **Verträge des Schuldners** oder seines Vertreters (**RG** 10. 10. 1884 Z 12, 66, 69). Rechtshandlungen der nahe stehenden Personen berechtigen nicht zur Anfechtung nach Abs 2; handelt für den anderen Teil ein Vertreter, kommt es darauf an, ob die vertretene Person dem Schuldner im Sinne von § 138 nahesteht. Für die Frage der Kenntnis des anderen Teils vom Benachteiligungsvorsatz des Schuldners ist demgegenüber die Kenntnis des Vertreters entscheidend, sofern dieser nicht nach bestimmten Weisungen gehandelt hat (§ 166 BGB); dazu auch § 130 Rn 55 ff sowie § 129 Rn 80 f. **Entgeltlichkeit** liegt immer dann vor, wenn der Schuldner irgendeine Gegenleistung erhält; es genügt eine Zahlungserleichterung, Stundung, Kreditgewährung, Herabsetzung des Zinsfußes, Zurücknahme einer Kündigung; ein rein wirtschaftlicher Vorteil genügt allerdings nicht mehr (siehe dazu § 143 Rn 18). Das Merkmal der Entgeltlichkeit grenzt § 133 von § 134 ab; zur Abgrenzung von Entgeltlichkeit und Unentgeltlichkeit siehe daher in erster Linie die Ausführungen bei § 134 Rn 20 f.

36 Im Einzelnen sind zu nennen: Kauf-, Miet- und Pachtverträge (**RG** 11. 7. 1899 JW 1899, 540), Grundstücksübertragungen (**BGH** 22. 3. 1982 ZIP 1982, 856 = KTS 1982, 669), Teilungsverträge (**RG** 13. 7. 1888 JW 1888, 383), Leibrentenverträge (**RG** 18. 5. 1887 Gruchot 31, 1119, 1120), Güterrechtsverträge (**OLG** Zweibrücken 9. 3. 1965 OLGZ 1965, 304, 306, 308 f), Gesellschaftsverträge (**RG** 17. 11. 1914 Z 86, 28 = LZ 1915, 300 Nr 11). Ein Ehegatte, der ein Jahr vor Eröffnung des Insolvenzverfahrens über das Vermögen des anderen Ehegatten ein diesem gehörendes Grundstück erworben hat, kann der Anfechtung nach Abs 2 nicht entgegenhalten, es fehle an der Gläubigerbenachteiligung, weil er Aufwendungen für die Errichtung eines Wohnhauses auf dem Grundstück erbracht habe (**BGH** 22. 3. 1982 ZIP 1982, 856 = KTS 1982, 669). Beiträge zu Anschaffungen des Ehegatten sind nicht unentgeltlich, wenn die angeschafften Gegenstände wie z. B. Hausrat vom Schuldner mitbenutzt werden sollen. Weiter sind als **Sicherungsverträge** zu erwähnen die Eingehung von Wechselverbindlichkeiten (**RG** 7. 12. 1889 Z 26, 74; **RG** 21. 12. 1889 Z 26, 81 = SeuffArch 45 Nr 231), die Vollstreckungsunterwerfung (**RG** 8. 6. 1883 Z 9, 100, 103 = JW 1883, 196), Schuldanerkenntnisse (**RG** 10. 10. 1884 Z 12, 66), Pfand- und Hypothekenbestellungen (**RG** 24. 2. 1882 Z 6, 85; **RG** 21. 12. 1911 JW 1912, 307; **RG** 29. 1. 1915 LZ 1915, 637 Nr 8), (auch bloß zu Sicherungszwecken erfolgte) Übereignungen beweglicher oder unbeweglicher Sachen und Abtretungen (**RG** 15. 10. 1909 Gruchot 54, 623), die Hingabe

III. Verträge mit nahe stehenden Personen (Abs 2) § 133

an Zahlungs Statt (RG 4. 2. 1897 JW 1897, 170). Das Anerkenntnis einer eigenen, wirklich bestehenden Schuld ist in der Regel ein entgeltlicher Vertrag (RG 9. 11. 1905 Z 62, 38, 45). Die Bestellung eines Pfandes für eigene Schuld ist auch dann ein entgeltliches Geschäft, wenn eine Verpflichtung zur Sicherheitsleistung nicht bestand (RG 8. 6. 1883 Z 9, 100, 103 = JW 1883, 196; RG 3. 5. 1892 Z 29, 297, 300); das gilt insbesondere, wenn die Sicherung dazu dient, die Erfüllung in die Wege zu leiten (siehe zum Ganzen § 134 Rn 31). Die Unentgeltlichkeit der Besicherung einer fremden Verbindlichkeit kann nicht dadurch beseitigt werden, dass der Schuldner durch diese einen wirtschaftlichen Vorteil erlangt hat (noch anders BGH 19. 3. 1998 NJW 1998, 2592, 2599 (insoweit nicht in BGHZ 138, 291) = ZIP 1998, 793 = EWiR § 30 GmbHG 1/98, 699 *[Eckardt]* [für Leistungen zwischen Konzerngesellschaften]; ausführlich zum Ganzen § 134 Rn 18, 27).

Auch **kongruente Erfüllungsgeschäfte** kommen in Betracht, unabhängig davon, ob man die Erfüllung (§ 362 BGB) als Vertrag ansieht oder nicht; bei ihnen besteht das „Entgelt" in der Befreiung von der Schuld (RG 15. 5. 1891 Z 27, 130, 134; RG 8. 1. 1914 WarnRspr 1915 Nr 64; BGH 15. 2. 1990 NJW 1990, 2687 = ZIP 1990, 459 = KTS 1990, 477 = EWiR § 30 KO 1/90, 591 *[Hess]*; abw *Thole* KTS 2007, 293, 311). Auch die Erfüllung einer klaglosen Schuld gehört hierher (RG 7. 2. 1908 Z 67, 390, 392). **Zwangsvollstreckungsakte** fallen nicht unter Abs 2, da sie keine Verträge sind, es sei denn, sie sind im kollusiven Einvernehmen mit dem Schuldner vorgenommen worden (RG 1. 2. 1901 Z 47, 223, 224, 225; RG 11. 12. 1908 Z 70, 112 = LZ 1909, 692 Nr 12); die Vollstreckungsunterwerfung (§ 794 Nr 5 ZPO) kann freilich entgeltlicher Vertrag sein (RG 8. 6. 1883 Z 9, 100 = JW 1883, 196). 37

2. Vertrag mit nahe stehender Person. Anfechtbar nach Abs 2 sind nur entgeltliche Verträge mit „nahe stehenden Personen". Dieser Begriff ist gegenüber der früheren Gesetzesfassung deutlich erweitert und nunmehr in § 138 definiert; auf die dortigen Erläuterungen sei daher verwiesen. 38

3. Benachteiligung der Insolvenzgläubiger. Durch den Vertrag müssen die Insolvenzgläubiger (objektiv) benachteiligt worden sein (dazu § 129 Rn 91 ff). Voraussetzung ist hier aber im Gegensatz zu Abs 1 ein unmittelbarer Zusammenhang zwischen dem Vertragsschluss seitens des späteren Verfahrensschuldners und der Benachteiligung der Insolvenzgläubiger (RG 19. 9. 1922 Recht 1923 Nr 230; RG 9. 1. 1923 Z 106, 163, 166; BGH 28. 5. 1971 WM 1971, 908, 909; BGH 29. 4. 1986 NJW-RR 1986, 991 = ZIP 1986, 787, 788 = KTS 1986, 669 = EWiR § 38 KO 1/86, 707 *[Gerhardt]*; BGH 21. 4. 1988 NJW 1989, 1037, 1038 = ZIP 1988, 725, 726 = KTS 1988, 519 = EWiR § 29 KO 1/88, 699 *[Wellensiek]*; BGH 6. 4. 1995 ZIP 1995, 1021, 1022 ff = EWiR § 10 GeSO 2/95, 781 *[Henckel]* = LM § 10 Abs 1 Nr 1, 2 GesO Nr 8 *[Lüke]* [insoweit nicht in BGHZ 129, 236]; BGH 3. 2. 1997 ZIP 1997, 853, 854 = KTS 1997, 505, 506 = EWiR § 10 GeSO 6/97, 1131 *[Rattunde]* [zu § 10 Abs 1 Nr 2 GeSO]; Jaeger/ Henckel § 133 Rn 65; Kilger/*Karsten Schmidt* § 31 KO Anm 14; kritisch *Biehl* Insider S 157). Die Benachteiligung muss auch hier tatsächlich eingetreten und nicht nur gewollt gewesen sein. 39

4. Zeitmoment (Abs 2 Satz 2). Eine Anfechtung nach Abs 2 kommt nach dessen Satz 2 nur in Betracht, wenn der betreffende Vertrag nicht früher als zwei Jahre vor Eröffnung des Insolvenzverfahrens geschlossen wurde. Diese Frist wurde wegen der besonderen Verdächtigkeit der von Abs 2 erfassten Geschäfte gegenüber dem bisherigen Recht bewusst ausgedehnt (Begr RegE zu § 133 Abs 2). Um in den Zweijahreszeitraum zu fallen, muss der Vertragsschluss oder im Falle eines Erfüllungsgeschäfts der die Erfüllung vollendende Akt innerhalb dieser Frist liegen. Fehlt es an dieser Voraussetzung, bleibt eine Anfechtung nach Abs 1 und in deren engeren Grenzen nach §§ 130–132 möglich. Wegen der Berechnung der Frist wird auf die Ausführungen zu Abs 1 verwiesen (Rn 28). Dabei ist allerdings zu beachten, dass hier im Gegensatz zur entsprechenden Formulierung in Abs 1 nicht ein Vertragsschluss „in den letzten zwei Jahren" vor dem Antrag auf Eröffnung des Insolvenzverfahrens vorausgesetzt wird, sondern die Privilegierung erst ausscheidet, wenn der betreffende Vertrag nicht „früher als zwei Jahre" vor Eröffnung des Insolvenzverfahrens geschlossen wurde; die Frist ist damit exakt einen Tag länger. 40

5. Beweislast. Der Insolvenzverwalter hat den unmittelbar die Insolvenzgläubiger benachteiligenden Vertragsschluss (für die unmittelbare Gläubigerbenachteiligung BGH 6. 4. 1995 ZIP 1995, 1021, 1024 = EWiR § 10 GeSO 2/95, 781 *[Henckel]* = LM § 10 Abs 1 Nr 1, 2 GeSO Nr 8 *[Lüke]* [insoweit nicht in BGHZ 129, 236]), die Eigenschaft des Vertragspartners als „nahestehende Person" und die Kausalität zwischen Vertragsschluss und Schädigung zu beweisen. Aus der fehlenden Erwähnung des Gläubigerbenachteiligungsvorsatzes des Schuldners in § 133 Abs 2 Satz 1 ergibt sich, dass der Gläubigerbenachteiligungsvorsatz vermutet wird, so dass ein möglicher Gegenbeweis dem Anfechtungsgegner obliegt (BGH 22. 12. 1971 Z 58, 20, 22 f [KO]; BGH 20. 10. 2005 IX ZR 276/02 ZIP 2006, 387 = ZInsO 2006, 151 = NJW-RR 2006, 552 f [AnfG]; Jaeger/*Henckel*, § 133 Rn 55; MK/*Kirchhof* § 133 Rn 45; Hmb-Komm/*Rogge* § 133 Rn 48; noch anders Uhlenbruck/*Hirte* 12. Aufl Rn 41). 41

Da bei Verträgen, die der Schuldner in den letzten beiden Jahren vor dem Antrag auf Eröffnung des Insolvenzverfahrens mit nahe stehenden Personen geschlossen hat und durch die die Gläubiger unmittelbar benachteiligt werden, der Verdacht besteht, dass der Schuldner mit Benachteiligungsvorsatz ge- 42 handelt und der andere Teil davon Kenntnis hatte, legt Abs 2 Satz 2 im Übrigen dem Anfechtungsgegner den Beweis dafür auf, dass er zur Zeit des Vertragsschlusses keine Kenntnis vom Benachteiligungsvorsatz des Schuldners hatte (**RG** 5. 5. 1898 Z 41, 168, 170; **RG** 11. 3. 1902 Z 51, 76, 77; **BGH** 22. 12. 1971 Z 58, 20, 23 = LM § 31 KO Nr 6 *[Mormann]*; **BGH** 20. 10. 1965 NJW 1966, 730 = WM 1965, 1152, 1153). Die Feststellung fehlender Kenntnis des Benachteiligungsvorsatzes ist im Wesentlichen Frage der freien richterlichen Beweiswürdigung und als solche in der Revisionsinstanz grundsätzlich nicht nachprüfbar. Die Beweislastumkehr gilt auch für reine Erfüllungsgeschäfte; doch darf die Tatsache, dass es hier um die reine Erfüllung einer bestehenden Schuld geht, bei der Beweiswürdigung nicht außer Betracht bleiben (**RG** 11. 3. 1902 Z 51, 76; **RG** 13. 10. 1931 WarnRspr 1932 Nr 16).

43 Des Beweises der Nichtkenntnis eines Benachteiligungsvorsatzes bedarf es freilich dann nicht mehr, wenn feststeht, dass der Schuldner ohne Benachteiligungsvorsatz gehandelt hat (**RG** 4. 3. 1904 Z 57, 161). Zur Frage der Kenntnis des anderen Teils vom Benachteiligungsvorsatz kann auch der Schuldner selbst als Zeuge vernommen werden. Wird durch seine Aussage der Entlastungsbeweis nicht geführt, kann sich das Gericht aber keine volle Überzeugung bezüglich der Kenntnis des anderen Teils vom Benachteiligungsvorsatz des Schuldners bilden, dürfen weitere Beweisanträge nicht übergangen werden (**BGH** 22. 3. 1982 ZIP 1982, 856, 858 = KTS 1982, 669). Keineswegs reicht es aber aus zu behaupten, dass ein Zeuge, der von der den Benachteiligungsvorsatz indizierenden aussichtslosen Vermögenslage des Schuldners gewusst hat, den Anfechtungsgegner davon nicht in Kenntnis gesetzt habe (**LG** Frankfurt/M 24. 6. 1986 ZIP 1986, 993 = EWiR § 3 AnfG 3/86, 961 *[von Gerkan]*).

44 Schließlich braucht der Insolvenzverwalter auch nicht vorzutragen, dass der Vertragsschluss innerhalb des Zweijahreszeitraums erfolgt ist. Das ergibt sich nach neuem Recht ebenso wie für den Nachweis der fehlenden Kenntnis des Benachteiligungsvorsatzes seitens des anderen Teils aus der Formulierung in Abs 2 Satz 2. Damit soll der Gefahr betrügerischer Rückdatierungen von Verträgen vorgebeugt werden (Begr RegE zu § 133 Abs 2).

§ 134 Unentgeltliche Leistung

(1) Anfechtbar ist eine unentgeltliche Leistung des Schuldners, es sei denn, sie ist früher als vier Jahre vor dem Antrag auf Eröffnung des Insolvenzverfahrens vorgenommen worden.

(2) Richtet sich die Leistung auf ein gebräuchliches Gelegenheitsgeschenk geringen Werts, so ist sie nicht anfechtbar.

Früherer § 32 KO mit Beweislastumkehr und geänderten Fristen; neu sind die Verwendung des Begriffs „Leistung" anstelle von „Verfügung" und die engere Fassung von Abs 2. Vorläufer ist § 10 Abs 1 Nr 3 GesO. § 149 RegE ohne Änderungen im Gesetzgebungsverfahren.

Übersicht

	Rn
I. Allgemeines	1
II. Leistung des Schuldners (Abs 1)	4
1. Begriff	5
2. Einzelfälle	8
3. Mittelbare Leistungen	11
III. Unentgeltlichkeit der Leistung (Abs 1)	19
1. Allgemeines	20
2. Fehlende Unentgeltlichkeit	31
a) Erfüllung einer Verbindlichkeit	31
b) Entgelt	35
3. Abgrenzung zur Schenkung	37
4. Maßgebender Zeitpunkt	42
IV. Zeitmoment	43
V. Anfechtungsfreie Leistungen (Abs 2)	47
VI. Beweislast	51

I. Allgemeines

1 Die Anfechtung wegen unentgeltlicher Leistung (die frühere Schenkungsanfechtung) bezweckt nicht die Durchsetzung des Prinzips der gleichmäßigen Behandlung aller Insolvenzgläubiger, sondern gibt dem Insolvenzverwalter aus Billigkeitsgründen die Möglichkeit, unentgeltliche Leistungen unter bestimmten Voraussetzungen zugunsten der Insolvenzgläubiger zurückzufordern (**BGH** 15. 3. 1972 Z 58, 240, 243 = NJW 1972, 870 = KTS 1972, 253, 255 = LM § 30 KO Nr 27 *[Mormann]*; **BGH** 28. 2. 1991 Z 113, 393, 396 = NJW 1991, 1610, 1611 = ZIP 1991, 454 = KTS 1991, 415 = EWiR § 3 AnfG 2/91, 331 *[Gerhardt]*; **BGH** 25. 6. 1992 NJW 1992, 2421, 2422 f = ZIP 1992, 1089, 1092 = KTS 1993, 95 = EWiR § 3 AnfG 2/92, 92, 841 *[Assmann/Marotzke]*; Kayser WM 2007, 1). § 134 ist heute als einheitlicher Tatbestand konzipiert: die früher längere Haftung des Ehegatten (zwei Jahre vor Eröffnung des Konkursverfahrens) im Vergleich zur im Übrigen nur für Leistungen bis ein Jahr vor Verfahrenseröff-

II. Leistung des Schuldners (Abs 1)

nung möglichen Anfechtung wurde bewusst zugunsten einer einheitlich vierjährigen Frist, nunmehr zurückgerechnet vom Zeitpunkt des Antrags auf Verfahrenseröffnung, fallengelassen (Begr RegE zu § 134). Entsprechende Änderungen wurden im AnfG vorgenommen, so dass sie sich mit dessen Regelung – nunmehr § 4 AnfG – nach wie vor deckt. Die Rechtsprechung zu dieser Norm und ihren Vorgängervorschriften (§ 3 Nrn. 3 und 4 AnfG aF) ist daher auch zu § 134 verwendbar.

Grund für die Anfechtbarkeit unentgeltlicher Zuwendungen ist die bloße Tatsache der Unentgeltlichkeit der Leistung, ohne dass es subjektiver Tatbestandsvoraussetzungen bei Schuldner oder Anfechtungsgegner bedarf. Das entspricht den Regelungen im Bürgerlichen Recht im Übrigen, wo der unentgeltliche Erwerb ebenfalls schwächer als ein sonstiger Rechtserwerb ausgestaltet ist (vgl §§ 528, 816 Abs 1 Satz 2, 822, 988, 2287, 2329 BGB; *Prütting* KTS 2005, 253, 254). Auf der anderen Seite wird dadurch die Privatautonomie beträchtlich eingeschränkt (verfassungsrechtliche Bedenken gegen die Reichweite der Norm deshalb bei *Paulus* ZInsO 1999, 242 f, 245). Wer etwas unentgeltlich erhält, muss also damit rechnen, dass er den erlangten Gegenstand oder das erlangte Recht wieder herausgeben muss; das gilt auch für die Insolvenz des Schenkers bzw des unentgeltlich Leistenden, und zwar für eine nicht unbeträchtliche Zeitspanne. Geschützt ist der Anfechtungsgegner allerdings, wenn er **entreichert** ist (§ 143 Abs 2). Eine Anfechtung ist aber nicht deshalb ausgeschlossen, weil die Mittel des Leistenden im Zeitpunkt der Leistung noch zur Befriedigung aller Gläubiger reichten. Es genügt vielmehr **mittelbare Gläubigerbenachteiligung** (§ 129 Abs 1); ausreichend ist also, dass keine Gegenleistung ins Vermögen des Schuldners gelangt und sich die Insolvenzgläubiger nicht aus anderem Vermögen des Schuldners befriedigen konnten (**BGH** 15. 2. 1956 WM 1956, 703, 704 f; **BGH** 15. 10. 1975 WM 1975, 1182, 1184 = KTS 1976, 132, 133 f [inzident]); dazu im Einzelnen oben § 129 Rn 123 ff.

Unentgeltliche Leistungen, die der Schuldner **vor Beginn der Frist** vorgenommen hat, können nach § 133 Abs 1 anfechtbar sein. Auch schließt die Regelung des **Abs 2** nicht eine Anfechtung nach anderen Tatbeständen aus, was auf Grund des meist geringen Werts aber kaum praktische Bedeutung haben dürfte (MK/*Kirchhof* § 134 Rn 48 a). Eine gleichzeitige Anfechtbarkeit nach § 133 Abs 2 scheidet aber aus, da dieser Entgeltlichkeit voraussetzt. Eine Anfechtung einer Sicherung oder Befriedigung nach § 134 ist neben einer Anfechtung nach §§ 130, 131 möglich; jedoch wird es hier in der Regel an der Unentgeltlichkeit der Leistung fehlen, so dass aus diesem Grunde eine Anfechtung nach § 134 ausscheidet. So greifen für Leistungen, die in (**auch inkongruenter**) **Erfüllung einer Verbindlichkeit** erbracht wurden, nur die §§ 130, 131 ein, wenn die Verbindlichkeit entgeltlich begründet wurde; hingegen kann die Erfüllung einer *unentgeltlich* begründeten Verpflichtung sowohl nach den §§ 130 f als auch nach § 134 angefochten werden (noch anders **BGH** 15. 3. 1972 Z 58, 240, 241 = NJW 1972, 870 = KTS 1972, 253 = LM § 30 KO Nr 27 [*Mormann*] sowie 12. Aufl Rn 3; für Annahme von Spezialität nach LG Köln 19. 1. 2006 5 O 289/05 ZInsO 2006, 165; siehe dazu auch § 129 Rn 90 und zur Anfechtbarkeit im Einzelnen unten Rn 31 ff; zur Anfechtbarkeit des Schenkungsversprechens siehe Rn 38, 44). Die Anfechtung nach § 134 ist neben der Anfechtung aus § 136 Abs 1 zulässig (Mot. S 464, Prot. S 133 zur KO). Darum ist die Anfechtung des in den letzten vier Jahren vor dem Eröffnungsantrag unentgeltlich gewährten Erlasses des den **stillen Gesellschafter** treffenden Verlustanteils nicht deshalb ausgeschlossen, weil der Eröffnungsgrund erst nach der Vereinbarung eingetreten ist (§ 136 Abs 2).

II. Leistung des Schuldners (Abs 1)

Voraussetzung einer Anfechtung nach § 134 ist zunächst eine unentgeltliche „Leistung" des Schuldners.

1. Begriff. Der Begriff der unentgeltlichen „Leistung" ist weit zu verstehen. Schon nach altem Recht, als hier noch von „Verfügung" die Rede war, war anerkannt, dass dazu nicht bloß **Rechtsgeschäfte** zählen, durch die bestehende Rechte mit unmittelbarer Wirkung aufgehoben, übertragen, belastet oder verändert werden, sondern auch verpflichtende Rechtsgeschäfte **und bloße Rechtshandlungen** (**BGH** 15. 4. 1964 Z 41, 298, 299 = NJW 1964, 1960 = KTS 1964, 182 = LM § 32 KO Nr 2 [*Mormann*]; **BGH** 20. 10. 1971 Z 57, 123 = NJW 1972, 48 = KTS 1972, 91, 92; **BGH** 15. 10. 1975 WM 1975, 1182, 1184 = KTS 1976, 132, 133 f; **BGH** 28. 2. 1991 Z 113, 393, 396 = NJW 1991, 1610, 1611 = ZIP 1991, 454 = KTS 1991, 415 = EWiR § 3 AnfG 2/91, 331 [*Gerhardt*]; **BGH** 11. 12. 2003 IX ZR 336/01 ZIP 2004, 671 = ZInsO 2004, 149 = NZI 2004, 253, 254 = WuB VI C § 134 InsO 3.04 [*Hess*]; *Henckel* KS-InsO S 813, 840; kritisch zur Wahl des Begriffs „Leistung" *Häsemeyer* Rn 21.89; KP-*Paulus* § 134 Rn 4). Die Leistung muss allerdings **durch den Schuldner** erbracht worden sein.

Da nach neuem Recht eindeutig sämtliche Rechtsgeschäfte erfasst sind, gehören dazu auch die (allerdings wohl wenig relevante) Auftragserteilung (KP-*Paulus* § 134 Rn 5; dazu, freilich ohne Entscheidung, für das alte Recht **RG** 19. 2. 1918 Z 92, 227, 228) und die Erteilung einer Vollmacht (abw für das alte Recht **OLG Köln** 29. 6. 1988 ZIP 1988, 1203 = EWiR § 32 KO 1/88, 911 [*Marotzke*]). Im Übrigen ist erfasst auch die Aufgabe des Eigentums mit dem Zweck, einem anderen die Aneignung zu ermöglichen (Kilger/*Karsten Schmidt* § 32 KO Anm 2; zur Derelektion auch § 132 Rn 13). Aber auch jede sonstige einseitige Vermögensentäußerung wie der Verzicht auf ein Pfandrecht, einen Nießbrauch, eine Forderung (Erlass) oder deren Geltendmachung stellen Leistungen iSv § 134 dar (**RG** 7. 2. 1908 Z 67,

390, 392). Gleiches gilt für die Gebrauchsüberlassung (**OLG** Stuttgart 22. 9. 1986 NJW-RR 1987, 570, 571) oder die Überlassung von Arbeitnehmern (**BGH** 11. 12. 2003 IX ZR 336/01 NJW-RR 2004, 696 = ZIP 2004, 671 = WuB VI C § 134 InsO 3.04 *[Hess]*; dazu auch § 129 Rn 102 und unten Rn 26). Auch das **Unterlassen** (§ 129 Abs 2) eines Widerspruchs gegen einen Mahnbescheid, das Unterlassen einer Protesterhebung oder die Nichtunterbrechung einer Verjährungs-, Ersitzungs- oder Ausschlussfrist sind als „Leistungen" zu qualifizieren (**BGH** 15. 10. 1975 WM 1975, 1182, 1184 = KTS 1976, 132). Gleiches gilt für die unterlassene Einlassung auf eine unbegründete Klage, die zum Erlass eines Versäumnisurteils führt, oder die Errichtung einer Stiftung (**RG** 27. 6. 1881 Z 5, 138, 143; dazu auch unten Rn 38). Auch der Verzicht auf die Geltendmachung einer Forderung ist eine Leistung (**BGH** 16. 9. 1999 NJW 1999, 3636, 3637 = NZI 1999, 488 = ZIP 1999, 1764, 1767 [insoweit nicht in BGHZ 142, 284]). Der Gesetzgeber hat dieses weite Verständnis des Begriffs der „Leistung" jetzt bewusst bestätigt (Begr RegE zu § 134; dazu **BGH** 11. 12. 2003 ZIP 2004, 671 = ZInsO 2004, 149 = NZI 2004, 253). Entscheidend ist daher weniger eine „Leistung", sondern dass jemand durch eine Rechtshandlung des Schuldners „unentgeltlich begünstigt" wird (für diesen Terminus *Häsemeyer* Rn 21.89).

7   Nach § 322 wird die Erfüllung von Pflichtteilsansprüchen, Vermächtnissen oder Auflagen durch den **Erben** aus dem Nachlass wie eine unentgeltliche Leistung des Erben behandelt; damit kann im Nachlassinsolvenzverfahren so weit wie möglich die Lage wieder hergestellt werden, die zur Zeit des Erbfalls bestand (Begr RegE zu § 322).

8   2. Einzelfälle. Wendet der spätere Schuldner einem anderen Geld unentgeltlich zu, damit dieser mit dem Betrag ein Grundstück erwerbe, so kann je nach dem Inhalt der Abrede auch das Grundstück zugewendet und nach §§ 134, 143 an die Insolvenzmasse herauszugeben sein; denn zu einer Zuwendung gehört nicht, dass der **Gegenstand der Zuwendung** schon vor deren Vornahme Eigentum des Zuwendenden war (**RG** 19. 6. 1941 Z 167, 199, 202 f; **BGH** 29. 5. 1952 NJW 1952, 1171; **BGH** 11. 11. 1954 WM 1955, 407; vgl auch **BGH** 23. 11. 1981 ZIP 1982, 76 = KTS 1982, 410; **OLG** Hamburg 22. 11. 1984 KTS 1985, 556; **OLG** Celle 13. 7. 1962 KTS 1963, 51, 52). Bei einem **belasteten** Grundstück reduziert sich die Gläubigerbenachteiligung um den Umfang der Belastung (**BGH** 21. 1. 1993 Z 121, 179, 187 = NJW 1993, 663 = ZIP 1993, 208, 210 = KTS 1993, 287 = EWiR § 3 AnfG 1/93, 427 *[Schott]*; **BGH** 4. 3. 1999 Z 141, 96, 102 = NJW 1999, 1549, 1551 = NZI 1999, 188 = ZIP 1999, 628, 630 = KTS 1999, 361 = EWiR § 32 KO 2/99, 509 *[Gerhardt]*; zum Nachweis einer wertausschöpfenden Belastung **BGH** 24. 9. 1996 NJW 1996, 3341, 3342 f = ZIP 1996, 1907, 1909 = EWiR § 3 AnfG 1/96, 1107 *[Paulus]*).

9   Die Schenkung eines **Miteigentumsanteils** an einem Grundstück an den anderen Miteigentümer umfasst regelmäßig auch die darauf ruhenden Anteile an den nicht valutierten Grundschulden (**BGH** 10. 1. 1985 NJW 1985, 2031 = ZIP 1985, 372 = EWiR § 3 AnfG 1/85, 245 *[Gerhardt]* [zu § 7 AnfG aF]). Auch die **treuhänderische** Übertragung eines Vermögensgegenstands zum Zwecke der Schuldenregulierung stellt eine unentgeltliche Leistung dar (KP-*Paulus* § 134 Rn 23). Allerdings scheidet eine Anfechtung vor einer Verwertung hier in der Regel im Hinblick darauf aus, dass der Gegenstand noch zum Vermögen des Schuldners gehört (KP-*Holzer* § 35 Rn 88; KP-*Paulus* § 129 Rn 23). Die Übertragung an einen unentgeltigen Treuhänder zum Zwecke der Weiterübertragung ist gegenüber dem Treuhänder nicht anfechtbar, da dieser nichts für sich erlangt hat (**OLG** Celle 18. 5. 2006 13 U 120/03 ZIP 2006, 1878, 1880 = DB 2006, 1784). Wird der Gegenstand einem Dritten weitergegeben, handelt es sich um eine mittelbare Zuwendung an diesen (dazu ausführlich § 129 Rn 83 ff sowie unten Rn 11 ff). Das gilt auch bei Weitergabe an einen auch für die Gegenseite tätigen „Doppeltreuhänder" (**OLG** Karlsruhe 22. 11. 1990 Z 1992, 214, 215 f = ZIP 1991 43, 44 = EWiR § 3 AnfG 1/91, 13 *[Johlke]*).

10   Unentgeltliche Leistung ist auch die **Einreichung von Schecks** zur Gutschrift auf das Konto eines Dritten, wenn der Dritte dafür keine Gegenleistung erbringt (**BGH** 20. 12. 1984 WM 1985, 364, 365). Eine unentgeltliche Leistung an einen Dritten liegt auch vor, wenn der Schuldner **Vorarbeiten** im Rahmen eines avisierten Werkvertrages erbringt, dieser dann aber mit Einverständnis des Schuldners mit einem Dritten geschlossen wird und dieser den vollständigen Werklohn erhält (**BGH** 19. 4. 2007 IX ZR 79/05 ZIP 2007, 1118 = ZInsO 2007, 598 = NZI 2007, 403 = EWiR 2007, 601 *[Runkel]*; siehe auch § 129 Rn 96, 99).

11   3. Mittelbare Leistungen. Hat der Verfahrensschuldner vor Eröffnung des Verfahrens Bestandteile seines Vermögens mit Hilfe einer Mittelsperson einem Dritten zugewendet, ohne zu dem Dritten in unmittelbare Rechtsbeziehung zu treten, so ist der **mittelbare Empfänger** der anfechtbaren Leistung zur **Rückgewähr** verpflichtet (**BGH** 23. 11. 1981 ZIP 1982, 76 = KTS 1982, 410; **BGH** 15. 4. 1964 Z 41, 298, 302 f = NJW 1964, 1960 = KTS 1964, 182 = LM § 32 KO Nr 2 *[Mormann]* [inzident]; **BGH** 15. 12. 1982 NJW 1983, 1679 = ZIP 1983, 32; **BGH** 16. 6. 1994 NJW 1994, 2893, 2894 = ZIP 1994, 1194, 1197 = EWiR § 3 KO 1/94, 1005 *[App]* [inzident]; **BGH** 4. 3. 1999 Z 141, 96, 100 f = NJW 1999, 1549, 1550 = NZI 1999, 188 = ZIP 1999, 628, 630 = KTS 1999, 361 = EWiR § 32 KO 2/99, 509 *[Gerhardt]* [inzident]; **BGH** 16. 9. 1999 Z 142, 284, 287 = NJW 1999, 3636, 3637 = NZI 1999, 488 = ZIP 1999, 1764, 1766; **BGH** 7. 6. 2001 IX ZR 195/00 ZIP 2001, 1248, 1249 = NZI 2001, 539; vgl auch **BGH** 2. 2. 1955 LM § 3 AnfG Nr 2 = JR 1955, 384; **OLG** Nürnberg 4. 6. 1965 KTS 1966,

57; dazu *Kayser* WM 2007, 1 ff; *Lüke* ZIP 2001, 1, 7 ff); vgl oben § 129 Rn 83 ff. Das gilt heute auch für den Abschluss von Lebensversicherungen zugunsten Dritter (näher unten Rn 15). Ein Fall der mittelbaren Zuwendung liegt etwa vor, wenn der Schuldner eine ihm gehörige, der Zwangsvollstreckung unterliegende Sache mit der Abrede veräußert, dass die Gegenleistung nicht an ihn, sondern an einen anderen erbracht werden soll und er dem anderen auf diese Weise etwas (unentgeltlich) zuwendet (**BGH** 8. 10. 1955 LM § 138 BGB Cd Nr 4). Eine mittelbare Zuwendung liegt auch vor, wenn der spätere Schuldner ein Grundstück kauft und den Verkäufer anweist, es unmittelbar an seine Ehefrau aufzulassen (**RG** 8. 2. 1899 Z 43, 83, 84; **RG** 2. 4. 1909 LZ 1909, 693 f Nr 13; *Hassold*, Zur Leistung im Dreipersonenverhältnis [1981], S 203 ff). Nach hM ist dabei der Empfänger als Ersterwerber Anfechtungsgegner (*Berges* KTS 1961, 65, 68; früher auch *Jaeger/Henckel* § 40 KO Rn 27); nach der Durchgangstheorie hat die Anweisungsleistung die Wirkung einer Zuwendung des Angewiesenen an den Empfänger mit Durchgangserwerb des Anweisenden (*Hassold* aaO S 216 ff). Hat eine zur Weitergabe angewiesene Mittelsperson den weiterzugebenden Gegenstand noch nicht weitergegeben, kann der Angewiesene, obwohl möglicherweise selbst nicht bereichert, auf Grund § 134 zur Rückgewähr angehalten werden; der Angewiesene kann auch nach Weitergabe an den begünstigten Empfänger noch auf Wertersatz in Anspruch genommen werden, sofern die Anfechtung ggü ihm nicht ausgeschlossen ist (siehe § 129 Rn 87 f) und er nicht gutgläubig im Sinne von § 143 Abs 2 war (**RG** 19. 2. 1918 Z 92, 227, 228 f; *Bähr* JR 1972, 469).

Verträge zugunsten Dritter, mit denen der spätere Schuldner dem Dritten unentgeltlich eine Zuwendung macht, sind nach § 134 dem Dritten gegenüber in der Weise anfechtbar, dass er entweder den Anspruch oder das daraus Erlangte an die Insolvenzmasse herausgeben muss. Das gilt auch von unentgeltlichen Zuwendungen in Form von Einzahlungen auf ein auf den Namen des Begünstigten errichtetes Sparbuch, wenn der Namensträger zu einem mit dem Kreditinstitut vereinbarten Zeitpunkt einen unmittelbaren Anspruch auf Auszahlung des Guthabens haben soll (**RG** 8. 2. 1923 Z 106, 1). Gleiches gilt für die Anfechtung von Zuwendungen von Todes wegen (**RG** 8. 2. 1923 Z 106, 1, 2; *Jaeger/Henckel* § 134 Rn 45), etwa die unentgeltliche Zuwendung eines Wertpapierdepots dergestalt, dass der Zuwendende mit dem Kreditinstitut vereinbart, der Erwerb solle erst nach seinem Tode eintreten (**BGH** 29. 1. 1964 Z 41, 95, 96; **BGH** 30. 10. 1974 NJW 1975, 382, 383), oder für die schenkweise Zuwendung eines Geldbetrages dadurch, dass der Zuwendende einem Kreditinstitut den Auftrag erteilt, den Betrag erst nach seinem Tod zu Lasten seines Kontos auf das des Begünstigten zu überweisen oder ihm auszuzahlen (**BGH** 30. 10. 1974 NJW 1975, 382, 383). Weiter hierher gehören die Schenkung eines Lotterieloses (dazu unten Rn 38), Leibrentenverträge zugunsten Dritter, Schenkungen mit Auflage der Leistung an einen Dritten (§§ 525 ff BGB), der Gutsübernahmevertrag sowie der Unfallversicherungsvertrag zugunsten Dritter. Ob in diesen Fällen eine unentgeltliche Leistung vorliegt, beurteilt sich aus der Person des Anspruchsberechtigten (vgl *Jaeger/Henckel* § 134 Rn 42 f). 12

Ein Vertrag, durch den ein Arbeitnehmer den die Pfändungsfreigrenze übersteigenden Betrag seines Lohns oder Gehalts seinem Ehegatten oder einem anderen Dritten abgetreten hat, ist nach § 134 anfechtbar (oben § 129 Rn 31). Denn hier handelt es sich nicht um bloßen und nicht anfechtbaren Einkommensverzicht (dazu oben § 129 Rn 96); vielmehr wendet der Arbeitnehmer einen Teil seines Arbeitslohns unentgeltlich seiner Frau zu (*Hassold* aaO S 305, 312 f; abw früher *Jaeger/Henckel* § 32 KO Rn 33 aE). 13

Häufig bleibt bei den gerichtlichen Entscheidungen offen, ob ein Fall der **Anweisung** oder ein einfacher **Vertrag zugunsten Dritter** vorliegt, da die mittelbare Zuwendung des Versprechensempfängers an den Dritten beim Vertrag zugunsten Dritter anfechtungsrechtlich genauso behandelt wird wie die mittelbare Zuwendung des Anweisenden an den Empfänger (vgl **RG** 2. 1. 1903 Z 53, 234; *Hassold*, Zur Leistung im Dreipersonenverhältnis [1981], S 203 ff; MK/*Kirchhof* § 129 Rn 52; zur mittelbaren Zuwendung ausführlich § 129 Rn 83 ff. 14

Einen besonders wichtigen Fall der Verträge zugunsten Dritter bildet der Abschluss einer **Lebensversicherung** (hierzu *Elfring*, Drittwirkungen der Lebensversicherung, 2003; *Hasse*, Lebensversicherung und erbrechtliche Ausgleichsansprüche, 2005). Da der Lebensversicherungsvertrag als solcher entgeltlich ist, kann Unentgeltlichkeit grds. nur im Verhältnis zum bezugsberechtigten Dritten in Betracht kommen (MK/*Kirchhof* § 134 Rn 16). Ob **Unentgeltlichkeit** vorliegt, richtet sich dabei danach, ob der bezugsberechtigte Dritte für die Einräumung der Bezugsberechtigung eine Gegenleistung erbringen musste (zur Bestimmung der Unentgeltlichkeit im Dreipersonenverhältnis im Allgemeinen siehe unten Rn 18). Unentgeltlichkeit kann insbesondere dann entstehen, wenn das Bezugsrecht als Teil eines Arbeitsentgelts gewährt worden ist (dazu Rn 15 aE). **Anfechtbare** (und damit nach § 143 zurückzugewährende) **Leistung** des Schuldners ist nach neuer Rechtsprechung des **BGH** die im kritischen Zeitraum an den Bezugsberechtigten ausbezahlte Versicherungssumme und nicht die Prämienzahlungen. Mittelbare Leistungen sind anfechtungsrechtlich unmittelbaren Leistungen gleichgesetzt, so dass sie so zu behandeln sind, als habe die zwischengeschaltete Person (hier also der Versicherer) zunächst an den Schuldner geleistet und der Schuldner dann den Dritten befriedigt. Wird dies auf die vorliegende Konstellation übertragen, muss sich der Dritte so behandeln lassen, als hätte er die Versicherungssumme unmittelbar vom späteren Verfahrensschuldner erhalten (**BGH** 23. 10. 2003 IX ZR 252/01 Z 156, 350 = NJW 2004, 214, 215 = ZIP 2003, 2307 = ZInsO 2003, 1096 = WuB VI C § 134 InsO 1.04 [*Hess*]; 15

Armbrüster/Pilz KTS 2004, 481, 498 f; *Hasse* VersR 2005, 15, 23 f, 31; *ders* Lebensversicherung S 15 ff, 51 ff [dort jew auch zum Umfang des Anspruchs]; ebenso für Altersvorsorgeverträge *ders* VersR 2007, 870, 877; *Kayser* ZInsO 2004, 1321, 1324; *Lind/Stegmann* ZInsO 2004, 413, 416 f). Die gegensätzliche frühere Rechtsprechung, die noch auf das Reichsgericht zurückging, hat der **BGH** ausdrücklich aufgegeben (**BGH** 23. 10. 2003 IX ZR 252/01 Z 156, 350 = NJW 2004, 214, 215 = ZIP 2003, 2307 = ZInsO 2003, 1096 = WuB VI C § 134 InsO 1.04 *[Hess]*; dazu *Kayser* ZInsO 2004, 1321, 1324; *Lind/Stegmann* ZInsO 2004, 413 ff). Sie differenzierte danach, ob die Bezugsberechtigung schon bei Abschluss des Vertrages eingeräumt worden war oder ob der Versicherungsnehmer den Dritten erst nachträglich eingesetzt hatte. Im Fall einer anfänglichen Einsetzung sollten nur die in den kritischen Zeitraum fallenden Prämienzahlungen des Versicherungsnehmers anfechtbar und vom Bezugsberechtigten zu erstatten sein, da der Anspruch auf die Versicherungssumme dann nie Teil des Vermögens gewesen sei. Das Gleiche galt, wenn ein bei Abschluss benannter Bezugsberechtigter später ausgetauscht wurde. Bei einer nachträglichen Einsetzung hingegen sollte die Begünstigungserklärung des Versicherungsnehmers anfechtbar und der Bezugsberechtigte zur Rückgewähr des Anspruchs auf die bzw der Versicherungssumme selbst verpflichtet sein, allerdings selbstverständlich nur, wenn die Einsetzung innerhalb des Anfechtungszeitraums erfolgt war (**RG** 3. 6. 1902 Z 51, 403; **RG** 25. 3. 1930 Z 128, 187; 12. 1. 1937 Z 153, 220, 227 f; *Thiel* ZIP 2002, 1232, 1234 ff; abw *Hassold* aaO S 308; weit Nachweise bei *Armbrüster/Pilz* KTS 2004, 481, 495 ff und in der 12. Aufl Rn 15). Die neue Rechtsprechung differenziert nunmehr nicht mehr nach dem Zeitpunkt der Einräumung des Bezugsrechts, sondern danach, ob das eingeräumte **Bezugsrecht widerruflich** oder unwiderruflich ist. Handelt es sich um ein widerrufliches Bezugsrecht, ist die volle Versicherungssumme zurückzugewähren, wenn der Versicherungsfall innerhalb der Frist des § 134 eingetreten ist (*Hasse* VersR 2005, 15, 24; *ders* Lebensversicherung S 15 ff, 51 ff; *Lind/Stegmann* ZInsO 2004, 413, 418; MK/*Kirchhof* § 143 Rn 23 a). Denn entscheidende Rechtshandlung sei nicht die Einräumung dieser widerruflichen Bezugsberechtigung, sondern der Eintritt des Versicherungsfalls, da die Rechtswirkungen der Einsetzung erst mit Eintritt des Versicherungsfalls eintreten, weil der Versicherungsnehmer bei einem widerruflichen Bezugsrecht die Bezugsberechtigung jederzeit beseitigen kann (§ 159 Abs. 2 VVG; *arg.* § 140 Abs. 1 [dazu unten § 140 Rn 5C]; ebenso zum Recht vor dem Versicherungsvertrags-ReformG vgl RG 12. 1. 1937 Z 153, 220, 227; **BGH** 23. 10. 2003 IX ZR 252/01 aaO; *Armbrüster/Pilz* KTS 2004, 481, 497 f.; *Fischer* ZIP 2004, 1679, 1680; *Hasse* VersR 2005, 15, 31; *ders* VersR 2007, 870, 887; *Heilmann* KTS 1966, 79, 85; vgl *Westhelle/Micksch* ZIP 2003, 2054, 2056 ff [zur Arbeitnehmer – Direktversicherung]; ebenso für Altersvorsorgeverträge *Hasse* VersR 2007, 870, 877). Ist der Versicherungsfall noch nicht eingetreten, ist der Insolvenzverwalter bei einer **widerruflichen** Bezugsberechtigung berechtigt, das Bezugsrecht zu widerrufen (§ 159 Abs. 1 VVG; ebenso zum Recht vor dem Versicherungsvertrags-ReformG *Armbrüster/Pilz* KTS 2004, 481, 485; *Lind/Stegmann* ZInsO 2004, 413, 415; zum Widerruf bei Direktversicherungen zugunsten eines Arbeitnehmers *Westhelle/Micksch* ZIP 2003, 2054, 2056 ff). Für eine Anfechtung der Begünstigtenbezeichnung oder der Prämienzahlungen ist in diesem Fall kein Bedürfnis mehr (*Armbrüster/Pilz* KTS 2004, 481, 499; *Hasse* VersR 2005, 15, 32). Handelt es sich um ein **unwiderrufliches Bezugsrecht**, ist die Einräumung zwar grds, als unentgeltliche Leistung anfechtbar, jedoch kommt es auf den Zeitpunkt der Bezugsrechtseinsetzung an. Liegt dieser vor dem Vier-Jahres-Zeitraum des § 134, scheidet eine Anfechtung mithin aus. Anfechtbar gegenüber dem Bezugsberechtigten bleibt freilich die Prämienzahlung in kritischen Zeitraum, da sich das Vermögen des Schuldners durch die Prämienzahlungen weiter verringert und der Bezugsberechtigte insofern fortlaufend steigende Ansprüche erhält (*Armbrüster/Pilz* KTS 2004, 481, 500 f; *Hasse* VersR 2005, 15, 24; *Lind/Stegmann* ZInsO 2004, 413, 418 f; zur Anfechtung gegenüber der Versicherung, wenn der Schuldner die Prämien für einen dritten Versicherungsnehmer unentgeltlich entrichtet hat **OLG** Köln 14. 11. 2003 2 U 125/03 NZI 2004, 217 = ZInsO 2004, 554). Allerdings ist der Anspruch durch § 143 Abs 2 auf die Bereicherung des Bezugsberechtigten und damit auf die durch die konkrete Prämienzahlung erlangte Wertsteigerung beschränkt (dazu Jaeger/ Henckel § 134 Rn 54). Das (gegenüber § 103 InsO vorrangige) **Eintrittsrecht** des § 170 VVG gibt dem (widerruflich oder unwiderruflich) Bezugsberechtigten die Möglichkeit, im Falle der Insolvenz des Versicherungsnehmers in den Vertrag einzutreten, sofern er den Rückkaufswert der Versicherung zur Masse zahlt (*Armbrüster/Pilz* KTS 2004, 481, 487, 502 f; *Hasse* VersR 2005, 15, 33). Die hierzu erforderliche Zustimmung des Versicherungsnehmers unterliegt nicht der Anfechtung (*Armbrüster/Pilz* KTS 2004, 481, 503; *Hasse* VersR 2005, 15, 35; *Prahl* VersR 2005, 1036, 1039). Bei **arbeitsvertraglichen Direktversicherungen** scheidet **Unentgeltlichkeit** regelmäßig aus, da diese als Teil des Arbeitsentgelts anzusehen sind; dazu *Kayser* ZInsO 2004, 1321, 1325; *Westhelle/Micksch* ZIP 2003, 2054, 2057 ff. Im Falle einer durch Entgeltumwandlung nach § 1 Abs 2 Nr 3 BetrAVG finanzierten Lebensversicherung können die im kritischen Zeitraum geleisteten Prämienzahlungen in der Insolvenz des Arbeitgebers nach § 130 angefochten werden (**OLG** Karlsruhe 18. 1. 2007 12 U 185/06 NZI 2008, 188, 190 [für eine Anfechtung ggü dem Versicherungsunternehmen]; *Lind/Stegmann* ZInsO 2004, 413, 417; abw *Schäfer* NZI 2008, 151, 152 f). Kein unwiderrufliches Bezugsrecht begründet allerdings die Unverfallbarkeit nach § 1 b Abs 2 BetrAVG; ein Verstoß gegen die hier statuierte Unterlassungspflicht begründet nur Schadensersatzansprüche (*Armbrüster/Pilz* KTS 2004, 481, 491; *Kayser* ZInsO 2004, 1321, 1323; *Westhelle/Micksch* ZIP 2003, 2054, 2055; teilweise differenzierend *Löser* ZInsO 2008, 649, 652 ff [Un-

II. Leistung des Schuldners (Abs 1)
§ 134

widerruflichkeit im Falle der Sanierung]; zu einzelnen Gestaltungen siehe auch *Janca* ZInsO 2003, 449, 453).

Bei einer **gemischten Lebensversicherung**, die den Todes- wie auch den Erlebensfall berücksichtigt 16 und bei der im Erlebensfall die Versicherungssumme dem Versicherungsnehmer verbleiben soll, ist ebenfalls nach der Widerruflickeit der Bezugsberechtigung zu unterscheiden. Im Falle eines widerruflichen Bezugsrechts kann der Verwalter die Bezugsberechtigung vor dem Todesfall nach § 159 Abs 1 VVG widerrufen. Ist der Todesfall vor Eröffnung des Insolvenzverfahrens eingetreten, gelten die Überlegungen zum widerruflichen Bezugsrecht entsprechend; im Allgemeinen ist daher die Versicherungssumme zurückzugewähren. Bei unwiderruflichem Bezugrecht ist eine Anfechtung nach § 134 nur möglich, wenn die Einräumung des Bezugsrechts in die kritische Zeit fiel, im Übrigen nur wegen der Prämien (ausf *Armbrüster/Pilz* KTS 2004, 481, 484, 488 ff, 501; *Lind/Stegmann* ZInsO 2004, 413, 416 f).

Im Falle der **Anweisung auf Schuld** sowie bei der **Erfüllung, Übernahme oder Sicherung einer fremden** 17 **Schuld** kann eine unentgeltliche Leistung vorliegen (**RG** 17. 1. 1902 Z 50, 134, 137; **RG** 6. 6. 1902 Z 51, 412, 416) und zwar sowohl gegenüber dem Leistungsempfänger als auch gegenüber dem Anweisenden bzw ursprünglichen Schuldner (siehe zur Anfechtung von Leistungen im Drei-Personenverhältnis zunächst § 129 Rn 83 ff). Bei der Erfüllung einer fremden Schuld gilt, dass richtiger Anfechtungsgegner zunächst der ursprüngliche Schuldner der Forderung ist, denn er ist durch die Erfüllung von einer Schuld gegenüber seinem Gläubiger befreit worden (**BGH** 15. 4. 1964 VIII ZR 232/62 Z 41, 298 = NJW 1964, 1960 = KTS 1964, 182 = LM § 32 KO Nr 2 *[Mormann]*; **BGH** 15. 12. 1982 NJW 1983, 1679 = ZIP 1983, 32, 33; **BGH** 16. 6. 1994 NJW 1994, 2893 = ZIP 1994, 1194 = EWiR § 3 KO 1/94, 1005 *[App]*; **BGH** 5. 2. 2004 IX ZR 473/00 ZIP 2004, 917 = ZInsO 2004, 499 = NZI 2004, 374 = EWiR 2004, 771 *[Höpfner]* = WuB VI B § 30 Nr 2 KO 1.04 *[Paulus/Zenker] [KO]*; **BGH** 3. 3. 2005 IX ZR 441/00 Z 162, 276 = NJW 2005, 1867 f = ZIP 2005, 767 = ZInsO 2005, 431 = NZI 2005, 323 = EWiR § 32 KO 1/2005, 737 *[Haas/Panier]* = WuB VI C § 32 KO 1.05 *[Bartels]*; **BGH** 30. 3. 2006 IX ZR 84/05 ZIP 2006, 957 = NZI 2006, 399 = EWiR 2006, 469 *[A. Henkel]* = WuB VI A § 134 InsO 1.06 *[Kreft]*; *Henckel* KTS 2004, 1671, 1674; *Kayser* WM 2007, 1, 4 ff; *Prütting* KTS 2005, 253, 256 ff; zur Sicherung einer fremden Schuld siehe unten Rn 18 B). Unentgeltlichkeit liegt in diesem Verhältnis vor, wenn der spätere Insolvenzschuldner gegenüber dem dritten Schuldner nicht zur Erfüllung verpflichtet war oder – sofern eine entsprechende Verpflichtung bestand – diese unentgeltlich begründet worden ist, und er weder die Forderung des Gläubigers noch einen Abtretungsanspruch hierauf noch sonst ein Entgelt erwirbt (**BGH** 14. 11. 1979 ZIP 1980, 21 = KTS 1980, 144; **BGH** 23. 11. 1981 ZIP 1982, 76 = KTS 1982, 410; **BGH** 25. 6. 1992 NJW 1992, 2421 = ZIP 1992, 1089 = KTS 1993, 95 = EWiR § 3 AnfG 2/92, 92, 841 *[Assmann/Marotzke]*). Gleiches gilt, wenn er die Forderung zwar erwirbt, diese aber wertlos ist, denn der **Übergang einer wertlosen Forderung** kann die Leistung nicht ausgleichen (**RG** 27. 11. 1883 Z 10, 86, 87; **BGH** 15. 12. 1982 NJW 1983, 1679, 1680 = ZIP 1983, 32, 33; **BGH** 19. 3. 1998 Z 138, 291 = NJW 1998, 2593 = ZIP 1998, 793 = EWiR § 30 GmbHG 1/98, 699 *[Eckardt]* = DStR 1998, 1272 = DZWir 1998, 368 *[Becker-Eberhard]* [für Sicherheitenbestellung einer Tochter- zugunsten der Muttergesellschaft]; **OLG Köln** 24. 1. 2000 ZInsO 2000, 156, 157 [für Sicherheitenbestellung einer Tochter- zugunsten der Muttergesellschaft, da deren Verlustausgleichspflicht nicht zwingend zum Tragen kommt]; *Hirte* FS Kreft [2004], S 307, 308 f = ZInsO 2004, 1161, 1162; *Kayser* WM 2007, 1, 8; zust. *Wenner/Schuster* ZIP 2008, 1512, 1515 f). Dies entspricht der bereicherungsrechtlichen Abwicklung im Drei-Personenverhältnis; entsprechende Ansprüche können neben einem evtl. Anfechtungsanspruch geltend gemacht werden (**BGH** 3. 3. 2005 IX ZR 441/00 Z 162, 276 = NJW 2005, 1867 f = ZIP 2005, 767 = ZInsO 2005, 431 = NZI 2005, 323 = EWiR § 32 KO 1/2005, 737 *[Haas/Panier]* = WuB VI C § 32 KO 1.05 *[Bartels]*; dazu *Passage* ZInsO 2005, 971 ff; siehe dazu auch § 129 Rn 87 sowie § 129 Rn 62). Unentgeltlichkeit im Verhältnis zum urspr. Schuldner entfällt daher, wenn der Schuldner durch die Zuwendung an den Leistungsempfänger eine gegenüber dem urspr. Schuldner bestehende entgeltliche Schuld erfüllt (Fälle der **Anweisung auf Schuld**; **BGH** 15. 4. 1964 Z 41, 298, 302 = NJW 1964, 1960 = KTS 1964, 182 = LM § 32 KO Nr 2 *[Mormann]*; **BGH** 25. 6. 1992 NJW 1992, 2421, 2422 = ZIP 1992, 1089, 1092 = KTS 1993, 95 = EWiR § 3 AnfG 2/92, 92, 841 *[Assmann/Marotzke]*; **BGH** 24. 6. 1993 NJW-RR 1993, 1379, 1381 = ZIP 1993, 1170, 1173 = KTS 1993, 660 = EWiR § 415 ZPO 1/93, 933 *[Brehm/Berger]*; **BGH** 12. 12. 1996 NJW 1997, 866, 867 = ZIP 1997, 247 = KTS 1997, 151 = EWiR § 32 KO 1/97, 267 *[M. Huber]* = WuB VI B. § 32 Nr 1 KO 1.97 *[Paulus]*; **BGH** 4. 3. 1999 Z 141, 96, 99 f = NJW 1999, 1549 = NZI 1999, 188 = ZIP 1999, 268 = KTS 1999, 361 = EWiR § 32 KO 2/99, 628 *[Gerhardt]*; **BGH** 5. 12. 1991 NJW 1992, 834, 835 = ZIP 1992, 124, 126 = KTS 1992, 243 = EWiR § 1 AnfG 1/92, 219 *[Gerhardt]* [inzident]; siehe dazu auch oben § 129 Rn 83).

Um gegenüber dem **Zuwendungsempfänger gem. § 134 anfechten** zu können, kommt es nach der 18 Rechtsprechung des BGH darauf an, ob die erfüllte Forderung werthaltig und damit entgeltlich war; denn anders als im Zwei-Personenverhältnis kommt es für die Beurteilung der **Unentgeltlichkeit im Drei-Personenverhältnis** maßgeblich darauf an, ob der Gläubiger seinerseits eine Gegenleistung zu erbringen hatte, nicht jedoch ob der spätere Insolvenzschuldner einen Ausgleich für seine Leistung erhalten hat (**BGH** 25. 6. 1992 NJW 1992, 2421, 2422 = ZIP 1992, 1089, 1092 = KTS 1993, 95 = EWiR § 3 AnfG 2/92, 92, 841 *[Assmann/Marotzke] [KO]*; **BGH** 4. 3. 1999 Z 141, 96 = NJW 1999, 1549 = NZI 1999, 188 = ZIP 1999, 628 = KTS 1999, 361 = EWiR § 32 KO 2/99, 509 *[Gerhardt] [KO]*; **BGH**

§ 134   Unentgeltliche Leistung

3. 3. 2005 IX ZR 441/00 Z 162, 276 = NJW 2005, 1867 f = ZIP 2005, 767 = ZInsO 2005, 431 = NZI 2005, 323 = EWiR § 32 KO 1/2005, 737 *[Haas/Panier]* = WuB VI C § 32 KO 1.05 *[Bartels]*; **BGH 20. 7. 2006 IX ZR 226/03** NZI 2006, 583 = ZIP 2006, 1639 = WuB VI A § 134 InsO 1.07 *[Servatius]*; **BGH 19. 4. 2007 IX ZR 79/05** ZIP 2007, 1118 = ZInsO 2007, 598 = NZI 2007, 403 = EWiR 2007, 601 *[Runkel]*; **BGH 16. 11. 2007 IX ZR 194/04** Z 174, 228 = ZIP 2008, 125 = ZInsO 2008, 106 = NJW 2008, 655 = NZI 2008, 163 = WuB VI A § 134 InsO 2.08 *[Blum]* = EWiR 2008, 211 *[Keller]* [für die vergleichbare Situation der mittelbaren Zuwendung]; **BGH 6. 12. 2007 IX ZR 113/06** Tz 14 NJW 2008, 659 = ZIP 2008, 232 = ZInsO 2008, 101 = NZI 2008, 173; **BGH 5. 6. 2008 IX ZR 163/07** ZIP 2008, 1385 = ZInsO 2008, 811 = NZI 2008, 556; **BGH 11. 12. 2008 IX ZR 194/07** ZInsO 2009, 143 = ZIP 2009, 228 = NZI 2009, 165; **BGH 7. 5. 2009 IX ZR 71/08** ZIP 2009, 1122 = NJW 2009, 2065 = ZInsO 2009, 1056 = NZI 2009, 435; *Kayser* WM 2007, 1 ff; MK/*Kirchhof* § 134 Rn 31; *Passarge* ZInsO 2005, 971 ff; *Wittig* NZI 2005, 606, 607 abw. *Burchard* Dreieck S 308 ff, 316 ff sowie S 269 ff, 280 ff [zur Anfechtbarkeit gegenüber dem Zuwendungsempfänger nach S 132]). Dies folgt aus dem Rechtsgedanken, dass ein Empfänger weniger schutzwürdig ist, wenn er für den Erhalt einer Leistung keine Gegenleistung aufwenden musste. Der Gläubiger hat eine ausgleichende Gegenleistung erbracht, wenn seine Forderung werthaltig war, denn in diesem Fall verliert er durch die Zahlung – welche er nur bei Widerspruch seines Schuldners hätte ablehnen können (§ 267 Abs 2 BGB) – eine werthaltige Forderung. Ist hingegen die getilgte Forderung wirtschaftlich wertlos, ist der Gläubiger Leistungsempfänger und damit Anfechtungsgegner (**BGH 15. 4. 1964** Z 41, 298, 301 = NJW 1964, 1960 = KTS 1964, 182 = LM § 32 KO Nr 2 *[Mormann]*; **BGH 15. 12. 1982** NJW 1983, 1679, 1680 = ZIP 1983, 32, 33; **BGH 5. 2. 2004 IX ZR 473/00** ZIP 2004, 917 = ZInsO 2004, 499 = NZI 2004, 374 = EWiR 2004, 771 *[Höpfner]* = WuB VI B § 30 Nr 2 KO 1.04 *[Paulus/Zenker]* [KO]; **BGH 3. 3. 2005 IX ZR 441/00** Z 162, 276 = NJW 2005, 1867 f = ZIP 2005, 767 = ZInsO 2005, 431 = NZI 2005, 323 = EWiR § 32 KO 1/2005, 737 *[Haas/Panier]* = WuB VI C § 32 KO 1.05 *[Bartels]*; **BGH 30. 3. 2006 IX ZR 84/05** ZIP 2006, 957 = NZI 2006, 399 = EWiR 2006, 469 *[A. Henkel]* = WuB VI A § 134 InsO 1.06 *[Kreft]*; **BGH 16. 11. 2007 IX ZR 194/04** Z 174, 228 = ZIP 2008, 125 = ZInsO 2008, 106 = NJW 2008, 655 = NZI 2008, 163 = WuB VI A § 134 InsO 2.08 *[Blum]* = EWiR 2008, 211 *[Keller]*; **BGH 6. 12. 2007 IX ZR 113/06** Tz 14 NJW 2008, 659 = ZIP 2008, 232 = ZInsO 2008, 101 = NZI 2008, 173; **BGH 5. 6. 2008 IX ZR 163/07** ZIP 2008, 1385 = ZInsO 2008, 811 = NZI 2008, 556; **OLG Rostock 24. 11. 2003 3 U 111/03** ZInsO 2004, 555, 555 f [für die Leistung eines Komplementärs einer GmbH & Co KG]; *Gundlach/Frenzel/Schmidt*, InVo 2004, 485, 486 f; *Kayser* WM 2007, 1, 4 ff; *Passarge* ZInsO 2005, 971 ff; *Wittig* NZI 2005, 606, 607 [dort – S 609 – auch zur Frage, wann tatsächlich auf ein **Konto der Bank** als Voraussetzung einer Anfechtung ihr gegenüber geleistet wurde]; abw *Henckel* ZIP 2004, 1671, 1674; *Prütting* KTS 2005, 253, 259; *Wilk* NZI 2008, 407, 409 ff). Das gilt selbst dann, wenn der Gläubiger keine Kenntnis von der Wertlosigkeit seiner Forderung hatte (**BGH 3. 3. 2005 IX ZR 441/00** aaO; **BGH 30. 3. 2006** aaO). Zwar findet die Zahlung des späteren Verfahrensschuldners regelmäßig ihren Rechtsgrund im Deckungsverhältnis, also dem Rechtsverhältnis zwischen dem Schuldner der getilgten Verbindlichkeit und dem späteren Verfahrensschuldner; darauf kommt es für die Beurteilung der Anfechtbarkeit ggü. dem Zuwendungsempfänger allerdings nicht an, weil so wie der Erwerb einer wertlosen Forderung nicht als Ausgleich für die Bezahlung fremder Schuld angesehen werden kann, auch die Aufgabe einer wirtschaftlich wertlosen Forderung nicht als Gegenleistung des Gläubigers anzusehen ist (**RG 12. 10. 1896** Z 38, 6, 8; **BGH 15. 4. 1964** Z 41, 298 = NJW 1964, 1960 = KTS 1964, 182 = LM § 32 KO Nr 2 *[Mormann]*; **BGH 15. 12. 1982** NJW 1983, 1679 = ZIP 1983, 32; **BGH 3. 3. 2005 IX ZR 441/00** Z 162, 276 = NJW 2005, 1867 f = ZIP 2005, 767 = ZInsO 2005, 431 = NZI 2005, 323 = EWiR § 32 KO 1/2005, 737 *[Haas/Panier]* = WuB VI C § 32 KO 1.05 *[Bartels]*; **BGH 30. 3. 2006 IX ZR 84/05** ZIP 2006, 957 = NZI 2006, 399 = EWiR 2006, 469 *[A. Henkel]* = WuB VI A § 134 InsO 1.06 *[Kreft]*; **BGH 16. 11. 2007 IX ZR 194/04** Z 174, 228 = ZIP 2008, 125 = ZInsO 2008, 106 = NJW 2008, 655 = NZI 2008, 163 = WuB VI A § 134 InsO 2.08 *[Blum]* = EWiR 2008, 211 *[Keller]*; **BGH 6. 12. 2007 IX ZR 113/06** Tz 14 NJW 2008, 659 = ZIP 2008, 232 = ZInsO 2008, 101 = NZI 2008, 173; **BGH 5. 6. 2008 IX ZR 163/07** ZIP 2008, 1385 = ZInsO 2008, 811 = NZI 2008, 556; **BGH 7. 5. 2009 IX ZR 71/08** ZIP 2009, 1122 = NJW 2009, 2065 = ZInsO 2009, 1056 = NZI 2009, 435; kritisch zu diesem Ansatz Jaeger/*Henckel* § 134 Rn 25). Ferner wird Entgeltlichkeit nicht durch eine Vereinbarung zwischen Verfahrensschuldner und dem Schuldner der getilgten Forderung über die Erbringung der Leistung an dessen Gläubiger hergestellt, denn eine solche Vereinbarung macht diesen nicht gegenüber den Insolvenzgläubigern des Verfahrensschuldners schutzwürdig. So kann bspw. auch eine **Cash-Pool-Abrede** zwischen Forderungs- und Verfahrensschuldner keine Entgeltlichkeit der Leistung im Verhältnis Verfahrensschuldner/Leistungsempfänger begründen. Etwas anderes gilt nur dann, wenn der Gläubiger einen Anspruch gegen den späteren Insolvenzschuldner auf Erfüllung hatte (bspw auf Grund einer **Schuldübernahme** oder eines **Schuldbeitritts**): In diesem Fall beurteilt sich die Entgeltlichkeit bzw Unentgeltlichkeit der Leistung nach der zugrunde liegenden Verpflichtung (**BGH 3. 3. 2005 IX ZR 441/00** Z 162, 276 = NJW 2005, 1867 f = ZIP 2005, 767 = ZInsO 2005, 431 = NZI 2005, 323 = EWiR § 32 KO 1/2005, 737 *[Haas/Panier]* = WuB VI C § 32 KO 1.05 *[Bartels]*; **BGH 20. 7. 2006 IX ZR 226/03** NZI 2006, 583 = ZIP 2006, 1639 = WuB VI A § 134 InsO 1.07 *[Servatius]* [Schenkungsvertrag zwischen Insolvenzschuldner und Leistungsempfänger]; *Henckel* ZIP 2004, 1671,

II. Leistung des Schuldners (Abs 1) § 134

1673; *Wittig* NZI 2005, 606, 608 ff [auch bei von ihm gestellter Sachsicherheit]; Jaeger/*Henckel* § 134 Rn 24; zur Schuldübernahme ausführlich Jaeger/*Henckel* § 130 Rn 72). Im Falle einer **Schuldübernahme zugunsten des späteren Verfahrensschuldners** kann daher eine Anfechtung sowohl gegenüber dem von der Übernahme begünstigten Gläubiger als auch gegenüber dem Übernehmer in Betracht kommen. Dies wird insbesondere dann der Fall sein, wenn die vom Schuldner an den Übernehmer erbrachte oder zu erbringende Gegenleistung nicht dem Wert der übernommenen Forderung entspricht oder sonst die Masse benachteiligt worden ist (siehe ausführlich Jaeger/*Henckel* § 130 Rn 72 und § 132 Rn 31). Es handelt sich dann allerdings auch nicht mehr um einen Fall der Erfüllung einer *fremden* Schuld. Ferner genügt ein rein **wirtschaftliches eigenes Interesse** des Insolvenzschuldners **nicht**, um Entgeltlichkeit zu begründen (**BGH** 16. 11. 2007 IX ZR 194/04 Z 174, 228 = ZIP 2008, 125 = ZInsO 2008, 106 = NJW 2008, 655 = NZI 2008, 163 = WuB VI A § 134 InsO 2.08 *[Blum]* = EWiR 2008, 211 *[Keller]*; **BGH** 6. 12. 2007 IX ZR 113/06 Tz 14 NJW 2008, 659 = ZIP 2008, 232 = ZInsO 2008, 101 = NZI 2008, 173; **BGH** 5. 6. 2008 IX ZR 163/07 ZIP 2008, 1385 = ZInsO 2008, 811 = NZI 2008, 556; **BGH** 7. 5. 2009 IX ZR 71/08 ZIP 2009, 1122 = NJW 2009, 2065 = ZInsO 2009, 1056 = NZI 2009, 435; *Kagler* WM 2007, 1, 5, siehe aber auch S. 8; MK/*Kirchhof* § 134 Rn 31 a, 33 a; noch anders vgl **BGH** 19. 3. 1998 Z 138, 291 = NJW 1998, 2593 = ZIP 1998, 793 = EWiR § 30 GmbHG 1/98, 699 *[Eckardt]* = DStR 1998, 1272 = DZWir 1998, 368 *[Becker-Eberhard]* [für Sicherheitenbestellung einer Tochter- zugunsten der Muttergesellschaft]; siehe auch unten Rn 27 mwN). Insbesondere kann auch eine unternehmensvertragliche Verpflichtung, Verbindlichkeiten der Tochter zu begleichen, keine Entgeltlichkeit begründen (**BGH** 6. 12. 2007 IX ZR 113/06 Tz 16 NJW 2008, 659 = ZIP 2008, 232 = ZInsO 2008, 101 = NZI 2008, 173). Insofern können die gleichen Argumente angeführt werden, aufgrund derer eine Vorteilsanrechnung ausgeschlossen ist (siehe dazu ausf § 143 Rn 23). Ferner kann eine *frühere* Leistung des Gläubigers, welche eine Gegenleistung zu der durch den späteren Insolvenzschuldner beglichenen Forderung bildet, keine Entgeltlichkeit der Leistung des Insolvenzschuldners begründen, da allein auf den Zeitpunkt der Vollendung des Rechtserwerbs abzustellen ist (zB den Erhalt der Zahlung) (**BGH** 3. 3. 2005 IX ZR 441/00 Z 162, 276 = NJW 2005, 1867 f = ZIP 2005, 767 = ZInsO 2005, 431 = NZI 2005, 323 = EWiR § 32 KO 1/2005, 737 *[Haas/Panier]* = WuB VI C § 32 KO 1.05 *[Bartels]*; **BGH** 30. 3. 2006 IX ZR 84/05 ZIP 2006, 957 = NZI 2006, 399 = EWiR 2006, 469 *[A. Henkel]* = WuB VI A § 134 InsO 1.06 *[Kreft]*; **BGH** 1. 6. 2006 IX ZR 159/04 NZI 2006, 524 = ZIP 2006, 1362 = EWiR § 134 InsO 2/06, 663 *[Stiller]* = WuB VI A § 134 InsO 2.06 *[Würdinger]*; **BGH** 5. 6. 2008 IX ZR 163/07 ZIP 2008, 1385 = ZInsO 2008, 811 = NZI 2008, 556; **BGH** 7. 5. 2009 IX ZR 71/08 ZIP 2009, 1122 = NJW 2009, 2065 = ZInsO 2009, 1056 = NZI 2009, 435; *Wittig* NZI 2005, 606, 612). Im Falle einer bereits erbrachten Gegenleistung des Gläubigers kann daher für die Beurteilung der Unentgeltlichkeit nur auf die Werthaltigkeit der erfüllten Forderung abgestellt werden (abw. *Burchard* Dreieck S 310 ff). Zur Frage wann Wertlosigkeit vorliegt, siehe *Kayser* WM 2007, 1, 4 ff; MK/*Kirchhof* § 134 Rn 31 a; *Wittig* NZI 2005, 606, 608, 612. Diese Durchbrechung der bereicherungsrechtlichen Abwicklung im Dreieck rechtfertigt sich mit der mangelnden Schutzwürdigkeit des Gläubigers gegenüber den Insolvenzgläubigern: Ohne die Leistung des späteren Insolvenzschuldners hätte der Gläubiger seine Forderung nicht durchsetzen können; sie entspricht dem im Bereicherungsrecht anerkannten Durchgriff wegen Unentgeltlichkeit. Dies gilt selbst dann, wenn zwischen dem späteren Insolvenzschuldner und dem ursprünglichen Forderungsschuldner eine wirksame (entgeltliche) Verpflichtung zur Erfüllung der Forderung bestand (**BGH** 4. 3. 1999 Z 141, 96 = NJW 1999, 1549 = NZI 1999, 188 = ZIP 1999, 628 = KTS 1999, 361 = EWiR § 32 KO 2/99, 509 *[Gerhardt] [KO]*; **BGH** 3. 3. 2005 IX ZR 441/00 Z 162, 276 = NJW 2005, 1867 f = ZIP 2005, 767 = ZInsO 2005, 431 = NZI 2005, 323 = EWiR § 32 KO 1/2005, 737 *[Haas/Panier]* = WuB VI C § 32 KO 1.05 *[Bartels]*; siehe dazu auch § 129 Rn 83 sowie Rn 62). Etwas anderes kann gelten, wenn dem urspr. Forderungsschuldner ein pfändbarer Anspruch gegen den Insolvenzschuldner zustand; denn in diesem Umfang wäre die Forderung des Zuwendungsempfängers noch werthaltig gewesen (MK/*Kirchhof* § 134 Rn 31 a). Ferner gilt, dass Entgeltlichkeit vorliegt, wenn der Gläubiger noch zur Erbringung der Gegenleistung verpflichtet ist und er diese nach Leistung durch den späteren Insolvenzschuldner tatsächlich erbringt; dies gilt jedenfalls, sofern die erbrachte Gegenleistung werthaltig war. Dies gilt sogar dann, wenn der Leistungsempfänger zur Leistungserbringung verpflichtet war und sich dieser nicht hätte rechtmäßig entziehen können (**BGH** 5. 6. 2008 IX ZR 163/07 ZIP 2008, 1385 = ZInsO 2008, 811 = NZI 2008, 556 [Kfz-Versicherung]). Eine Ausnahme von der Anfechtbarkeit bei Unentgeltlichkeit im Zuwendungsverhältnis gilt nur, wenn es zu einer **Doppelinsolvenz von Leistendem und Leistungsmittler** gekommen ist: In diesem Fall ist ausnahmsweise auch bei Unentgeltlichkeit im Zuwendungsverhältnis das Valuta- und nicht das Zuwendungsverhältnis maßgeblich (**BGH** 16. 11. 2007 IX ZR 194/04 Tz 39 Z 174, 228 = ZIP 2008, 125 = ZInsO 2008, 106 = NJW 2008, 655 = NZI 2008, 163 = WuB VI A § 134 InsO 2.08 *[Blum]* = EWiR 2008, 211 *[Keller]*); siehe dazu ausführlich oben § 129 Rn 87C. Zur Behandlung der Doppelinsolvenz von Insolvenzschuldner und urspr. Forderungsschuldner siehe auch MK/*Kirchhof* § 134 Rn 31 b; *Burchard* Dreieck S 300 ff.

Tilgt ein vor der Insolvenz stehender Dritter die durch Bürgschaft gesicherte Schuld eines zahlungsunfähigen Schuldners mit der Abrede, die Bürgschaft solle entgegen § 774 Abs 1 Satz 1 BGB nicht auf ihn übergehen, so liegt, da der Dritte von niemandem einen Gegenwert erhalten soll, eine unentgeltliche 18A

Zuwendung vor: an den Bürgen, wenn er zahlungsfähig ist; an den Gläubiger, wenn auch vom Bürgen Zahlung nicht zu erlangen war, da der Gläubiger durch die Entgegennahme der Zahlung dann bloß eine wertlose Forderung aufgibt. Hat der Verfahrensschuldner als persönlicher Schuldner einer auf dem Grundstück eines Dritten eingetragenen Hypothek für diese Zins- und Tilgungsleistungen erbracht und kann er vom Grundstückseigentümer Ersatz verlangen, so hat er diesem zwar nichts unentgeltlich zugewendet; sein Insolvenzverwalter kann aber seinen Erstattungsanspruch geltend machen (**BGH** 14. 11. 1979 ZIP 1980, 21 = KTS 1980, 144, 146).

18B Für die Frage der Anfechtbarkeit bei der **Sicherung einer fremden Schuld** ist regelmäßig nicht das Valutaverhältnis zwischen Sicherungsgeber und ursprünglichem Schuldner maßgeblich, sondern das Zuwendungsverhältnis zwischen späterem Verfahrensschuldner (Sicherungsgeber) und Sicherungsnehmer (zum Ganzen *Kayser* WM 2007, 1, 3 ff; MK/*Kirchhof* § 134 Rn 33 a). Denn anders als bei der Befriedigung einer fremden Schuld greift der Vorrang der Anfechtung gegenüber dem urspr. Schuldner regelmäßig nicht ein (siehe dazu Rn 17): So ist die **Sicherung einer fremden Schuld** in der Insolvenz des Sicherungsgebers regelmäßig eine unentgeltliche Leistung zugunsten des Sicherungsnehmers, also des Gläubigers der zu sichernden Forderung, und daher diesem gegenüber anfechtbar, wenn der Sicherungsgeber dem Sicherungsnehmer gegenüber zur Bestellung der Sicherheit nicht verpflichtet war und keinen Gegenwert erlangt (**BGH** 23. 11. 1981 ZIP 1982, 76 = KTS 1982, 410, 414; **BGH** 15. 12. 1982 NJW 1983, 1679, 1680 = ZIP 1983, 32, 33 [inzident]; **BGH** 1. 6. 2006 IX ZR 159/04 NZI 2006, 524 = ZIP 2006, 1362 = EWiR § 134 InsO 2/06, 663 *[Stiller]* = WuB VI A § 134 InsO 2.06 *[Würdinger]*; LG Potsdam 3. 6. 1997 ZIP 1997, 1383, 1383 = EWiR § 10 GesO 5/97, 795 *[Pape]*; *Häsemeyer* ZIP 1994, 418, 421; *Kayser* WM 2007, 1, 3 ff). Dabei kann ein Entgelt, das zu einer abweichenden Beurteilung führt, auch darin liegen, dass der Schuldner von einer eigenen Verbindlichkeit befreit wird (**BGH** 25. 6. 1992 NJW 1992, 2421, 2422 = ZIP 1992, 1089, 1092 = KTS 1993, 95 = EWiR § 3 AnfG 2/92, 92, 841 *[Assmann/Marotzke]* [die sogar noch nach der Sicherheitenbestellung soll begründet werden können; hierzu kritisch *Häsemeyer* ZIP 1994, 418, 420]). Deshalb ist im Allgemeinen die anfängliche Drittbesicherung unproblematisch (**BGH** 11. 12. 2008 IX ZR 194/07 ZInsO 2009, 143 = ZIP 2009, 228 = NZI 2009, 165). Umgekehrt stellt bei der Nachbesicherung das **Stehenlassen einer Forderung**, die bereits nicht mehr durchsetzbar ist, kein ausreichendes Vermögensopfer des Sicherungsnehmers dar (**BGH** 1. 6. 2006 IX ZR 159/04 NZI 2006, 524 = ZIP 2006, 1362 = EWiR § 134 InsO 2/06, 663 *[Stiller]* = WuB VI A § 134 InsO 2.06 *[Würdinger]*; *Kayser* WM 2007, 1, 3 ff, 6; *Wittig* NZI 2005, 606, 612). Darüber hinaus nimmt der BGH im Einklang mit seiner Rspr. zu § 142 an, dass auch das Stehenlassen einer durchsetzbaren Forderung keine eine Nachbesicherung ausgleichende Gegenleistung darstellt, da der Schuldner durch das Stehenlassen keinen neuen Vermögenswert erhält (**BGH** 7. 5. 2009 IX ZR 71/08 ZIP 2009, 1122 = NJW 2009, 2065 = ZInsO 2009, 1056 = NZI 2009, 435); siehe auch § 142 Rn 13. Ein **rein wirtschaftliches Interesse** an der Sicherheitenbestellung lässt der **BGH** entgegen der früheren Rechtsprechung nicht mehr ausreichen (**BGH** 1. 6. 2006 IX ZR 159/04 NZI 2006, 524 = ZIP 2006, 1362 = EWiR § 134 InsO 2/06, 663 *[Stiller]* = WuB VI A § 134 InsO 2.06 *[Würdinger]*; dazu bereits oben Rn 18 mwN, 27). Nach neuer Rechtsprechung soll es nur noch auf Rechtsbeziehungen im Zuwendungsverhältnis zwischen Insolvenzschuldner und Gläubiger ankommen (zum Ganzen *Kayser* WM 2007, 1, 3 ff; MK/*Kirchhof* § 134 Rn 33 a). Daher reicht ein Interesse am Wohlergehen konzernverbundener Unternehmen untereinander nicht mehr aus (anders aber noch **BGH** 19. 3. 1998 Z 138, 291 = NJW 1998, 2592, 2599 [insoweit nicht in BGHZ] = ZIP 1998, 793 = EWiR § 30 GmbHG 1/98, 699 *[Eckardt]* = DStR 1998, 1272 = DZWir 1998, 368 *[Becker-Eberhard]* für Sicherheitenbestellung der Tochter- zugunsten der Muttergesellschaft; **BGH** 7. 5. 2009 IX ZR 71/08 ZIP 2009, 1122 = NJW 2009, 2065 = ZInsO 2009, 1056 = NZI 2009, 435). Diesem Umstand kommt nur noch eine Indizwirkung zu (**BGH** 1. 6. 2006 IX ZR 159/04 NZI 2006, 524 = ZIP 2006, 1362 = EWiR § 134 InsO 2/06, 663 *[Stiller]* = WuB VI A § 134 InsO 2.06 *[Würdinger]*).

III. Unentgeltlichkeit der Leistung (Abs 1)

19 Zweite wesentliche Voraussetzung ist, dass die Leistung des Schuldners „unentgeltlich" erfolgt sein muss.

20 **1. Allgemeines.** Eine unentgeltliche Leistung liegt vor, wenn einer Zuwendung nach dem Inhalt des Rechtsgeschäfts bzw der Leistung keine Gegenleistung gegenübersteht (st. Rspr; **RG** 9. 11. 1905 Z 62, 38, 44; **RG** 19. 2. 1918 Z 92, 227, 228; **BGH** 7. 6. 2001 IX ZR 195/00 ZIP 2001, 1248 = NZI 2001, 539 = EWiR 2001, 1007 *[Gerhardt]* = WuB VI G § 10 GesO 3.01 *[Pape]*; weit Nachw in der 12. Aufl Rn 20). Dafür, ob es an einem Gegenwert fehlt, ist zunächst der **objektive Sachverhalt** maßgebend (st. Rspr; **BGH** 3. 3. 2005 IX ZR 441/00 Z 162, 276 = NJW 2005, 1867, 1868 = ZIP 2005, 767 = ZInsO 2005, 431 = NZI 2005, 323 = EWiR § 32 KO 1/2005, 737 *[Haas/Panier]* = WuB VI C § 32 KO 1.05 *[Bartels]*; **BGH** 9. 11. 2006 IX ZR 285/03 ZInsO 2006, 1322 = NZI 2007, 101 = ZIP 2006, 2391 = WuB VI A § 134 InsO 1.08 *[Pape]*; **BGH** 5. 6. 2008 IX ZR 17/07 Tz 11 NJW 2008, 2506 = ZIP 2008, 1291 = ZInsO 2008, 738 = NZI 2008, 488; **OLG Hamm** 13. 11. 2001 27 U 96/01 BB 2002, 473, 474; weit Nachw in 12. Aufl Rn 20). Das gilt auch für die Frage, ob die vereinbarte Gegenleistung unangemessen ist, so dass auch in diesem Zusammenhang der objektive Wert der ausgetauschten Werte und

III. Unentgeltlichkeit der Leistung (Abs 1) **§ 134**

nicht die subjektiven Vorstellungen der Parteien maßgeblich sind (**BGH** 28. 2. 1991 Z 113, 393, 396 = NJW 1991, 1610, 1611 = ZIP 1991, 454, 455 = KTS 1991, 415 = EWiR § 3 AnfG 2/91, 331 *[Gerhardt]*; **BGH** 21. 1. 1993 Z 121, 179, 182 = NJW 1993, 663 = ZIP 1993, 208 = KTS 1993, 287 = EWiR § 3 AnfG 1/93, 427 *[Schott]*; **BGH** 24. 6. 1993 NJW-RR 1993, 1379, 1381 = ZIP 1993, 1170, 1173 = KTS 1993, 660 = EWiR § 415 ZPO 1/93, 933 *[Brehm/Berger]*; **BGH** 1. 4. 2004 IX ZR 305/00 NZI 2004, 376, 378 f = ZIP 2004, 957 = EWiR § 31 KO 1/2004, 933 *[M. Huber]* = WuB VI C § 134 InsO 4.04 *[Kirchhof]*). Für das objektive Fehlen einer Gegenleistung im **Zweipersonenverhältnis** genügt es, dass keine Gegenleistung in das Vermögen des Schuldners gelangt ist und sich die Insolvenzgläubiger nicht aus dem anderen im Insolvenzverfahren verteilbaren Vermögen des Schuldners befriedigen können (**BGH** 15. 2. 1956 WM 1956, 703; **LG** Köln 29. 8. 1989 ZIP 1990, 191 = EWiR § 32 KO 2/89, 1015 *[Johlke]*; Henckel ZIP 1990, 137 ff). Eine die Unentgeltlichkeit ausschließende Gegenleistung liegt aber auch dann vor, wenn der Schuldner Vermögenswerte aufgewendet hat, um sich eigene Rechtsgüter zu erhalten, so bspw. bei der Inanspruchnahme von Dienstleistungen eines Arztes oder Rechtsanwaltes, um Gefahren für seine Gesundheit, seine Freiheit oder sein Eigentum abzuwenden (**BGH** 5. 6. 2008 IX ZR 17/07 NJW 2008, 2506 = ZIP 2008, 1291 = ZInsO 2008, 738 = NZI 2008, 488 [für auferlegte Zahlungen im Rahmen einer Verfahrenseinstellung anch § 153 a StPO]). Zur Leistung im **Dreipersonenverhältnis** siehe ausführlich Rn 11 ff, 17 ff.

Fehlt es an der objektiven Gleichwertigkeit, ist die Frage nach der Entgeltlichkeit zusätzlich nach der **Parteiauffassung** zu beurteilen, also danach, ob die Beteiligten den Gegenwert als Entgelt angesehen haben (**RG** 9. 11. 1905 Z 62, 38, 44; 25. 11. 1940.165, 223, 224; **RG** 30. 6. 1914 Gruchot 59, 521 = LZ 1914, 1912 Nr 14; **BGH** 20. 10. 1971 Z 57, 123, 127 = NJW 1972, 48 = KTS 1972, 91; **BGH** 13. 3. 1978 Z 71, 61 = NJW 1978, 1326 = KTS 1978, 231; **BGH** 24. 6. 1993 NJW-RR 1993, 1379, 1381 = ZIP 1993, 1170, 1173 = KTS 1993, 660 = EWiR § 415 ZPO 1/93, 933 *[Brehm/Berger]*; **OLG** Karlsruhe 17. 9. 2003 1 U 167/02 NZI 2004, 31 = ZInsO 2003, 999; *Gundlach/Frenzel/Schmidt*, InVo 2004, 485, 486). Denn sonst würden die Grenzen zu dem allein objektiv anknüpfenden § 133 überschritten (*Häsemeyer* Rn 21.90 ff). Insofern ist also der wahre Wille der Parteien zu erforschen, so dass eine von einer Partei abhängige und von den Parteien als „Schenkung" bezeichnete Leistung nicht unentgeltlich ist; die Anfechtung nach § 134 hat daher insoweit auch eine subjektive Voraussetzung. Einer ausdrücklichen Einigung über die Unentgeltlichkeit bedarf es andererseits nicht (dazu unten Rn 37). Wegen der beschriebenen Anknüpfung an die Parteiauffassung sind Notverkäufe unter Preis keine unentgeltlichen Leistungen, sofern nicht der Hauptzweck die Freigebigkeit war. Bei der Beurteilung, ob ein vollwertiges Entgelt geleistet wird, steht den Beteiligten ein angemessener Beurteilungsspielraum zu (**BGH** 13. 3. 1978 Z 71, 61, 66 = NJW 1978, 1326 = KTS 1978, 231). Andererseits ist der Kauf einer wertlosen Sache oder der Erwerb einer wertlosen Forderung eine unentgeltliche Leistung, wenn die Wertlosigkeit mindestens dem Verfahrensschuldner bekannt war (**RG** 17. 1. 1902 Z 50, 134, 136; **RG** 9. 11. 1905 Z 62, 38, 45; **OLG** Hamm 13. 11. 2001 27 U 96/01 BB 2002, 473, 474 [Übernahme der Verteidigerkosten eines Dritten in bloßer Hoffnung, er werde sich erkenntlich zeigen]). Eine Anfechtung wegen unentgeltlicher Leistung scheidet aber aus, wenn der Gläubiger sich zwar in der Krise durch Sicherungsübereignung von Schuldnervermögen Deckung verschafft hat, die Beteiligten jedoch übereinstimmend davon ausgegangen waren, dass in einem **Zahlungsaufschub** eine gleichwertige Gegenleistung lag; etwas anderes gilt für das Stehenlassen (oben Rn 18B).

Die **synallagmatische Verknüpfung** von Leistung und Gegenleistung ist im allgemeinen erforderlich und genügend, um die sich gegenseitig versprochenen Leistungen als entgeltliche anzusehen (**RG** 30. 1. 1940 Z 163, 348, 356; **BGH** 15. 12. 1955 WM 1956, 353, 354; **BGH** 13. 3. 1978 Z 71, 61, 64 f = NJW 1978, 1326, 1326 f = KTS 1978, 231). Deswegen macht das bloße Ausbleiben der vereinbarten Gegenleistung die Leistung auch keineswegs zu einer unentgeltlichen; maßgebend sind vielmehr die getroffenen Abreden (**BGH** 21. 1. 1999 NJW 1999, 1033 = ZIP 1999, 316 = EWiR § 32 KO 1/99, 367 *[Gerhardt]*). Die nachträgliche Vereinbarung einer Gegenleistung hilft nicht (**BFH** 10. 2. 1987 E 149, 204, 209 f = NJW 1988, 3174 = KTS 1987, 464 [AnfG]), sofern sie nicht tatsächlich und unter den Voraussetzungen des § 142 erbracht wurde (KP-*Paulus* § 134 Rn 11). Wird nachträglich ein Rechtsgrund geschaffen, richtet sich die Anfechtbarkeit nach § 131 (KP-*Paulus* § 134 Rn 20). Leistung und Gegenleistung müssen hingegen nicht durch ein vertragliches Synallagma verknüpft sein, sondern es genügt bspw. auch eine freiwillige Leistung, wenn diese die aufschiebende Rechtsbedingung der Gegenleistung ist (**BGH** 5. 6. 2008 IX ZR 17/07 Tz 13 NJW 2008, 2506 = ZIP 2008, 1291 = ZInsO 2008, 738 = NZI 2008, 488 [Zahlung der Auflage, um Verfahrenseinstellung nach § 153 a StPO zu erreichen]). Die Gegenleistung kann auch darin liegen, dass der andere Teil eine Leistung mit Einverständnis des Schuldners an einen Dritten erbringt (dazu oben Rn 11, 17 ff). Bestellt eine GmbH & Co KG zur Sicherung der Einlagenrückzahlung eines ausscheidenden Kommanditisten eine Sicherungshypothek an einem Grundstück, das im Eigentum einer anderen Kommanditistin steht, kann der Insolvenzverwalter der GmbH & Co. KG die Hypothekenbestellung als unentgeltliche Leistung anfechten (**LG** Hamburg 22. 6. 1992 ZIP 1992, 1251 = EWiR § 32 KO 1/92, 1115 *[Grub]*). Die **Ausschüttung von Scheingewinnen** bildet eine unentgeltliche Leistung, da die Kapitalüberlassung alleine – anders als beim Darlehen – noch keinen Anspruch auf Gewinn gibt (**BGH** 29. 11. 1990 Z 113, 98 = NJW 1991, 560 = ZIP 1991, 35, 38 = KTS 1991, 292 = EWiR § 32 KO 1/91, 75 *[Ackmann]*; **BGH** 11. 12. 2008 IX ZR 195/07 ZIP 2009,

21

22

186 = ZInsO 2009, 185 = NZI 2009, 103 [Ausschüttungen iRe. Schneeballsystems]; **BGH** 2. 4. 2009 IX ZR 197/07 ZInsO 2009, 1202; **LG** Wiesbaden 9. 4. 1990 ZIP 1990, 596 = EWiR § 32 KO 2/90, 593 *[Wissmann]*; *Grigoleit*, Gesellschafterhaftung für interne Einflussnahme im Recht der GmbH, 2006, S 163 ff; abw **OLG** Köln 21. 2. 1990 ZIP 1990, 461 = EWiR § 32 KO 1/90, 389 *[Pape]* = WuB VI B § 32 Nr 1 KO 1.91 *[Sundermann]* [zu Unrecht auf die subjektiven Vorstellungen abstellend]; KP-*Paulus* § 129 Rn 36). Daran ändert auch ein ordnungsgemäß zustande gekommener Gewinnverwendungsbeschluss nichts (*Stoll* Garantiekapital und konzernspezifischer Gläubigerschutz [2007], S 309; abw **OLG** Düsseldorf 19. 1. 2006 I-6 U 2/05 GmbHR 2006, 535, 537 [inzident]; *Grigoleit*, Gesellschafterhaftung für interne Einflussnahme im Recht der GmbH, 2006, S 165 f; *Mylich* ZGR 2009, 474, 479 [etwas anders aber S 493 f für das verzögerte Zustandekommen eines Beschlusses]; zur isolierten Anfechtbarkeit des Gewinnverwendungsbeschlusses auch oben § 129 Rn 67). Die Lage ist nicht anders als im Bereich des **Verlustausgleichsanspruchs** nach § 302 AktG, wo Bilanzierungsentscheidungen zu Lasten der später insolventen Gesellschaft ebenfalls unbeachtlich sind (oben § 11 Rn 400). Das gilt erst recht für verdeckte Gewinnausschüttungen (dazu OFD Koblenz KTS 2001, 120 ff). Die Auszahlung korrekt ermittelter Gewinne führt schließlich nicht automatisch zur Verneinung der Unentgeltlichkeit in Bezug auf das Geschäft, durch das die Beteiligung an der Gesellschaft erworben wurde (KP-*Paulus* § 129 Rn 10 mit insofern unberechtigter Kritik an der vorstehenden Entscheidung des **BGH** v 29. 11. 1990, der sich zu dieser Frage nicht geäußert hat). Jedenfalls unentgeltlich erfolgen Ausschüttungen einer Stiftung an ihre Destinatäre (i.E. ebenso *Jakob* ZSt 2005, 99, 105 f [analoge Anwendung von § 134]). In einem noch zur Rechtslage vor Inkrafttreten des MoMiG ergangenen Urteil hat der **BGH** entschieden, dass das „**Stehenlassen**" eines Gesellschafterdarlehens, das durch die Kapitalersatzregeln zu Eigenkapital umqualifiziert worden ist, in der Insolvenz des Gesellschafters als unentgeltliche Leistung nach § 134 anfechtbar ist; denn durch das Stehenlassen verliert der Gesellschafter den wirtschaftlichen Wert seiner Forderung. Entsprechendes gilt für die eigenkapitalersetzende Darlehensgewährung (**BGH** 2. 4. 2009 IX ZR 236/07 ZIP 2009, 1080 = ZInsO 2009, 1060 = NZI 2009, 429). Nach neuem Recht (§ 39 Abs 1 Nr 5) muss dies entsprechend schon für die bloße Gewährung eines Darlehens durch einen Gesellschafter gelten. Im Einklang mit seiner bisherigen Rspr. zur Behandlung von Doppelinsolvenzen nahm der **BGH** zudem an, dass die Durchsetzungssperre des früheren Eigenkapitalersatzrechts eine Anfechtbarkeit im Falle der Doppelinsolvenz von Gesellschaft und Gesellschafter nicht ausschließt; denn sonst würden die Gesellschaftsgläubiger gegenüber den Gesellschaftergläubigern unzulässig bevorzugt (**BGH** 2. 4. 2009 IX ZR 236/07 aaO; vgl **BGH** 9. 10. 2008 IX ZR 138/06 Z 178, 171 = ZIP 2008, 2224 = NJW 2009, 225 = ZInsO 2008, 1275 = NZI 2009, 45). Insofern bewirke auch der Kapitalerhaltungsgrundsatz keinen Ausschluss der Anfechtbarkeit (**BGH** 2. 4. 2009 IX ZR 236/07 aaO); siehe dazu auch § 129 Rn 34, 113. Das dürfte nach neuem Recht anders sein, weil Gesellschafterdarlehen in ihrer Durchsetzbarkeit nicht mehr vollständig gesperrt sind, sondern nur der Nachranganordnung des § 39 Abs 1 Nr 5 unterliegen. Bedeutung behält die Aussage des **BGH** aber für die im Urteil offen gelassene Frage, ob die Vereinbarung eines **Rangrücktritts** mit bedingtem Forderungsverzicht ebenfalls als unentgeltliche Leistung anfechtbar sein kann; dies wird dementsprechend zu bejahen sein (dazu auch oben § 129 Rn 66, 94). Zum Eigenkapitalersatzeinwand siehe auch § 146 Rn 15. Der Verzicht auf den Pflichtteil ist in aller Regel keine Gegenleistung, die eine Leistung des Schuldners zu einer entgeltlichen macht (**BGH** 28. 2. 1991 Z 113, 393, 396 = NJW 1991, 1610, 1611 = ZIP 1991, 454 = KTS 1991, 415 = EWiR § 3 AnfG 2/91, 331 *[Gerhardt]* [zu § 3 AnfG aF]; abw KP-*Paulus* § 134 Rn 10; siehe dazu auch § 129 Rn 100, 102). Der **Verzicht** auf eine Grundschuld erfolgt unentgeltlich, wenn die gesicherte Forderung noch besteht (**OLG** Hamburg 8. 1. 1987 KTS 1987, 727); auch die Freistellung des Grundstückseigentümers von der – nachträglich unentgeltlich gewährten – Haftung aus einer Grundschuld trotz fortbestehenden Sicherungsgrundsatzes erfolgt unentgeltlich (**OLG** Hamburg 12. 6. 1987 ZIP 1989, 777). Ebenso wird die Unentgeltlichkeit nicht dadurch ausgeschlossen, dass ein steuerrechtlicher Tatbestand (zB Schenkungsteuerfreibetrag) aus Rechtsgründen beim Empfänger nicht eintritt (**BGH** 20. 7. 2006 IX ZR 226/03 NZI 2006, 583 = ZIP 2006, 1639 = WuB VI A § 134 InsO 1.07 *[Servatius]*).

23 Eine unentgeltliche Zuwendung kann auch darin liegen, dass der Schuldner Zins- und Tilgungszahlungen auf Grundpfandrechte erbringt, die auf einem Haus seiner Ehefrau ruhen (**BGH** 14. 11. 1979 ZIP 1980, 21 = KTS 1980, 144). Die **Mitarbeit der Ehefrau** im Rahmen des gesetzlichen Güterstands der Zugewinngemeinschaft verpflichtet den Ehemann nicht zur Beteiligung an während der Ehe angeschafften Vermögensgegenständen; eine solche Verpflichtung folgt insbesondere nicht aus der Unterhaltspflicht. Entsprechende Leistungen erfolgen daher unentgeltlich (**BGH** 13. 3. 1978 Z 71, 61, 71 = NJW 1978, 1326 = KTS 1978, 231; BFH 10. 2. 1987 E 149, 204 = NJW 1988, 3174 = KTS 1987, 464 [AnfG]). Unentgeltliche Leistung zwischen Ehegatten ist auch die unentgeltliche Gebrauchsüberlassung, wenn die entgeltliche Überlassung des Gegenstands üblich ist (**OLG** Stuttgart 22. 9. 1986 NJW-RR 1987, 570, 571).

24 Die **bewusste Bezahlung oder das Anerkenntnis oder die Sicherung einer Nichtschuld** bedeuten eine unentgeltliche Leistung, selbst wenn der Schuldner vor der Zahlung für die Schuld eine Sicherheit bestellt hatte (*Jaeger/Henckel* § 134 Rn 4, 40; zur Sicherung einer fremden Schuld siehe auch oben Rn 18B sowie Rn 31). Auch die Anerkennung einer unentgeltlich begründeten Schuld ist eine unentgeltli-

III. Unentgeltlichkeit der Leistung (Abs 1) § 134

che Leistung (RG 9. 11. 1905 Z 62, 38, 45). Dementsprechend ist auch eine Leistung auf eine Gewinnzusage nach § 661a BGB eine unentgeltliche Leistung (BGH 13. 3. 2008 IX ZR 117/07 ZIP 2008, 975 = ZInsO 2008, 505 = NZI 2008, 369). Bei der Erfüllung einer betagten Schuld kommt Unentgeltlichkeit nur in Bezug auf den Zwischenzins in Betracht (RG 10. 1. 1888 JW 1888, 103). Unentgeltlichkeit ist auch bei der Erfüllung einer **aufschiebend bedingten Verbindlichkeit** anzunehmen, weil vor Eintritt der Bedingung noch kein Anspruch auf die Leistung besteht; der nachträgliche Eintritt der Bedingung beseitigt allerdings die Anfechtbarkeit aus § 134, doch bleibt eine Anfechtung nach § 131 möglich.

Die Unentgeltlichkeit wird nicht dadurch ausgeschlossen, dass der Schuldner über den zugewendeten Betrag eine steuersparend berücksichtigungsfähige **Spendenquittung** erhält. Denn die Anerkennung einer Spendenquittung durch das Finanzamt setzt ja gerade voraus, dass die Leistung unentgeltlich für einen steuerlich förderungswürdigen Zweck erbracht wurde (BGH 10. 5. 1978 WM 1978, 671, insoweit in BGHZ 71, 296 = NJW 1978, 1525 = KTS 1979, 76 = LM § 29 KO Nr 8 *[Merz]* nicht abgedruckt). 25

Einen besonders häufigen Fall unentgeltlicher Vermögensminderung bildet die „Umschichtung" des Vermögens des späteren Verfahrensschuldners auf seinen Ehegatten durch **Übertragung der einzelnen Dienst-, Miet- und Pachtverträge**. Vor allem im Dienstleistungsgewerbe (Gastronomie, Gebäudereinigung) wird oftmals vom Ehegatten ein neues Unternehmen gegründet, das in die bestehenden vermögenswerten Verträge mit Zustimmung der jeweiligen Vertragspartner eintritt; hier leistet der Ehegatte typischerweise nichts dafür, dass er mit den Verträgen auch einen darüber hinausgehenden Unternehmenswert erhält (zur Anfechtbarkeit bei Arbeitnehmerüberlassung oben Rn 6). Eine Anfechtung scheitert hier freilich in der Praxis häufig daran, dass die früheren Vertragspartner des nunmehrigen Verfahrensschuldners (etwa Arbeitnehmer oder Reinigungskunden) weder mit dem Insolvenzverwalter noch mit dem an einem Erwerb des insolventen Alt-Unternehmens Interessierten weiter zusammenarbeiten wollen. 26

Die Unentgeltlichkeit wird nicht dadurch in Frage gestellt, dass der Leistende – selbst auf Grund eines vom Leistungsempfänger hervorgerufenen Irrtums – von Entgeltlichkeit ausging; auch **einseitige Vorstellungen des Leistenden** über mögliche wirtschaftliche Vorteile, die nicht in rechtlicher Abhängigkeit zu einer von ihm erbrachten Zuwendung stehen, stellen die Unentgeltlichkeit nicht in Frage (BGH 29. 11. 1990 Z 113, 98 = NJW 1991, 560 = ZIP 1991, 35, 36 = KTS 1991, 292 = EWiR § 32 KO 1/91, 75 *[Ackmann]*; BGH 29. 11. 1990 WM 1991, 331, 333; BGH 24. 6. 1993 NJW-RR 1993, 1379, 1381 = ZIP 1993, 1170, 1173 = KTS 1993, 660 = EWiR § 415 ZPO 1/93, 933 *[Brehm/Berger]*; BGH 30. 3. 2006 IX 84/05 NZI 2006, 399 = ZIP 2006, 957 = WuB VI A § 134 InsO 1.06 *[Kreft]* = EWiR § 134 InsO 1/2006, 469 *[A. Henkel]*; BGH 20. 7. 2006 IX ZR 226/03 NZI 2006, 583 = ZIP 2006, 1639 = WuB VI A § 134 InsO 1.07 *[Servatius]*; OLG Köln 24. 1. 2000 ZInsO 2000, 156, 157 [für Sicherheitenbestellung einer Tochter- zugunsten der Muttergesellschaft, da deren Verlustausgleichspflicht nicht zwingend zum Tragen kommt]; LG Wiesbaden 9. 4. 1990 ZIP 1990, 596 = EWiR § 32 KO 2/90, 593 *[Wissmann]*; abw OLG Köln 21. 2. 1990 ZIP 1990, 461 = EWiR § 32 KO 1/90, 389 *[Pape]* = WuB VI B § 32 Nr 1 KO 1.91 *[Sundermann]* [Vorinstanz zu BGH v 29. 11. 1990]; dazu bereits oben Rn 18). **Einseitige Vorstellungen des Empfängers** in Bezug auf die Unentgeltlichkeit sind unbeachtlich, weil das objektive Kriterium der Zurverfügungstellung der den Gläubigern zugewiesenen Masse nicht durch subjektive Kriterien aufgeweicht werden darf (BGH 11. 12. 2008 IX ZR 195/07 ZIP 2009, 186 = ZInsO 2009, 185 = NZI 2009, 103; dazu KP-*Paulus* § 134 Rn 17; HK-*Kreft* § 134 Rn 10 sowie die oben Rn 22 wiedergegebene Rechtsprechung zur Anfechtbarkeit einer Ausschüttung von Scheingewinnen). 27

Auch Vereinbarungen des Schuldners über einen **Zugewinnausgleich** zugunsten des anderen Ehegatten sind eine Leistung iSv § 134 (Jaeger/*Henckel* § 134 Rn 23). Das kommt etwa dann in Betracht, wenn die Ehegatten im relevanten Zeitraum Gütertrennung vereinbaren. Lässt sich der Schuldner nur deshalb scheiden, um eine gesetzliche Pflicht zum Ausgleich des Zugewinns zur Entstehung zu bringen und auf diese Weise einen Teil seines Haftungsvermögens den Insolvenzgläubigern zu entziehen, so unterliegt der Zugewinnausgleich im Falle einer späteren Insolvenz der Anfechtung (zur Anfechtung von Ehevertrügen *Holzapfel*, Ehegattenschenkungen und Gläubigerschutz, Bonn 1979, S 26 f). Gleiches gilt für Unterhaltszahlungen. Siehe auch oben Rn 23 sowie § 129 Rn 100 und § 131 Rn 8. Auch **sonstige Vermögensauseinandersetzungen** zwischen Ehegatten, Erben oder Gesellschaftern können sich als unentgeltliche Zuwendungen darstellen, wenn der andere Teil einen nicht gerechtfertigten (hohen) Anteil zum Nachteil des Schuldners erhalten hat (BGH 4. 12. 1992 ZIP 1993, 238 = KTS 1993, 265 [für vorzeitige Auszahlung eines Abfindungsguthabens]; abw KP-*Paulus* § 134 Rn 4; zum insoweit maßgeblichen Zeitpunkt § 140 Rn 17B). Unerheblich ist, in welcher Form die Auseinandersetzung durchgeführt wird, so dass neben Verträgen auch Schiedssprüche oder gerichtliche Entscheidungen erfasst werden. Die Frage der Gleichwertigkeit der Gegenleistung ist bei Auseinandersetzungsverträgen nicht allein nach objektiven Maßstäben, sondern vor allem vom Standpunkt der an der Auseinandersetzung Beteiligten zu beurteilen; ein Auseinandersetzungsvertrag ist daher nicht anfechtbar, wenn er den den Beteiligten zustehenden Bewertungsspielraum und die für diese Verträge maßgeblichen gesetzlichen Bestimmungen (zB §§ 1471ff oder §§ 736ff BGB) beachtet (BGH 20. 10. 1971 Z 57, 123 = NJW 1972, 48, 49 = KTS 1972, 91). 28

Güterrechtsverträge sind in gleicher Weise anfechtbar wie sonstige Verträge zwischen Ehegatten (BGH 20. 10. 1971 Z 57, 123 = NJW 1972, 48 = KTS 1972, 91). Anders liegt dies nur, wenn die Um- 29

§ 134   *Unentgeltliche Leistung*

wandlung des bisherigen Güterstandes auf einem gesetzlichen Grund beruht (§§ 1447, 1448, 1469, 1495 BGB). Bei der Anfechtbarkeit von Güterrechtsverträgen ist jedoch zu unterscheiden, ob bereits unmittelbar durch die Änderung des güterrechtlichen Status – und nicht erst durch die nachfolgende Auseinandersetzung – den Gläubigern Vermögensgegenstände entzogen und damit ihre Zugriffsmöglichkeiten verkürzt werden; im zweiten Fall unterliegt nur der Vollzug des Vertrages der Anfechtung (**BGH** 20. 10. 1971 Z 57, 123 = NJW 1972, 48 = KTS 1972, 91; bzgl künftiger Gläubiger siehe aber auch § 133 Rn 24). Kommt es zur **Umwandlung von Gesamteigentum** in Einzeleigentum, bevor eine Gesamtgutsverbindlichkeit berichtigt ist, fehlt es auch dann nicht an der immer (§ 129 Abs 1) erforderlichen Gläubigerbenachteiligung, wenn der Ehegatte des Verfahrensschuldners vor der Teilung noch nicht als Gesamtschuldner haftete, diese Haftung aber nach § 1480 BGB durch die Teilung begründet wurde. Denn der Insolvenzverwalter ist nicht berechtigt, seinerseits die Haftung aus § 1480 BGB geltend zu machen, weil dies das Recht eines Dritten ist (**OLG** Zweibrücken 9. 3. 1965 OLGZ 1965, 304, 307 f; *Bähr* JR 1972, 293 f).

30   Grundsätzlich kommt es bei **Zuwendungen an Ehegatten** weder darauf an, ob sie als Schenkungen zu qualifizieren sind oder ob ein Ehegatte für die Mitarbeit im Geschäft des anderen nach Abschluss eines Dienst- oder Arbeitsvertrages eine Vergütung verlangen könnte (vgl **BGH** 14. 12. 1966 Z 46, 385, 390; **BGH** 13. 3. 1978 Z 71, 61, 67 = NJW 1978, 1326 = KTS 1978, 231). Denn „unbenannte Zuwendungen" unter Ehegatten sind, auch wenn sie keine Schenkungen sind, im Hinblick auf § 1360 BGB grundsätzlich als unentgeltliche Leistungen iSv § 134 anzusehen, wenn sie ohne Gegenleistung erfolgen und nach dem Willen der Ehegatten als unentgeltlich angesehen werden (**BGH** 24. 3. 1983 Z 87, 145, 146 f = NJW 1983, 1611 f [zur Anwendbarkeit von § 530 BGB auf Zuwendungen unter Ehegatten]; **BGH** 17. 7. 2008 IX ZR 245/06 ZIP 2008, 2136 = ZInsO 2008, 910 = NZI 2008, 633 [AnfG]; **OLG** Celle 17. 10. 1989 NJW 1990, 720; **OLG** Hamm 29. 9. 1992 ZIP 1992, 1755 ff; **LG** Düsseldorf 26. 6. 1959 KTS 1961, 46; abw **BGH** 21. 1. 1999 NJW 1999, 1033 f = ZIP 1999, 316, 317 = EWiR § 32 KO 1/99, 367 [*Gerhardt*] [Unentgeltlichkeit aber nicht schon deshalb, weil vereinbarte Gegenleistung ausbleibt]). So ist etwa die Zuwendung an einen Ehegatten, um ihm für das Alter Rücklagen zu schaffen, nach § 134 anfechtbar (**BGH** 13. 3. 1978 Z 71, 61 = NJW 1978, 1326 = KTS 1978, 231). Daher hängt die Unentgeltlichkeit auch nicht davon ab, dass bestimmte steuerrechtliche Tatbestände (z. B. Schenkungssteuerfreibetrag) beim Empfänger eintreten (**BGH** 20. 7. 2006 IX ZR 226/03 NZI 2006, 583 = ZIP 2006, 1639 = WuB VI A § 134 InsO 1.07 [*Servatius*]). Aber die Übertragung des (Mit-)Eigentums an Haus oder Wohnung ist nicht nach § 134, sondern nach §§ 130, 131 anfechtbar, wenn sie von dem Ehegatten als Entgelt für geleistete Arbeit in Beruf oder Geschäft verstanden wird. Dagegen soll § 134 anzuwenden sein, wenn die Leistung als „Entgelt" für die Haushaltsführung oder die Betreuung der Kinder durch den nicht berufstätigen Ehegatten erfolgt (**BGH** 13. 3. 1978 Z 71, 61, 66 = NJW 1978, 1326 = KTS 1978, 231; **OLG** Hamburg 22. 11. 1984 KTS 1985, 556 [zu § 3 AnfG aF]). Das dürfte vor dem Hintergrund der rentenversicherungsrechtlichen Entscheidung, solche Zeiten Arbeitszeiten gleichzustellen, nicht mehr haltbar sein.

31   **2. Fehlende Unentgeltlichkeit. a) Erfüllung einer Verbindlichkeit.** Zu einer unentgeltlichen Leistung gehört, dass der Zuwendende eine Vermögensminderung erleidet. An der Unentgeltlichkeit fehlt es, wenn der Schuldner in Erfüllung einer rechtmäßigen (entgeltlich begründeten) **Verbindlichkeit** gehandelt hat; denn dann wird er von einer Verbindlichkeit gleicher Höhe, Art oder gleichen Werts frei (**BGH** 13. 3. 1978 Z 71, 61, 69 = NJW 1978, 1326 = KTS 1978, 231: selbst bei *nachträglicher* Vergütung für geleistete Arbeit; **BGH** 21. 5. 1987 WM 1987, 986, 988; **BGH** 15. 2. 1990 NJW 1990, 2687, 2688 = ZIP 1990, 459, 460 = KTS 1990, 477 = EWiR § 30 KO 1/90, 591 [*Hess*]). Das gilt auch für die Erfüllung einer gesetzlichen Verbindlichkeit. Ist allerdings die zugrundeliegende Verbindlichkeit **unentgeltlich begründet** worden, ist die Befriedigung ihrerseits unentgeltlich und damit anfechtbar. Im Falle einer *unbefriedigten* unentgeltlichen Verpflichtung wird es hingegen in der Regel an einer für eine Anfechtung notwendigen Gläubigerbenachteiligung fehlen, da sie nur eine nachrangige Insolvenzforderung iSv § 39 Abs 1 Nr 4 begründet (*Hirte* FS Kreft [2004], S 307, 312 f = ZInsO 2004, 1161, 1163); zur Gläubigerbenachteiligung bei der Eingehung nachrangiger Verbindlichkeiten siehe § 129 Rn 92, 117. Entsprechend ist auch die Sicherung einer unentgeltlich begründeten Verbindlichkeit unentgeltlich; so wird bspw ein Schenkungsversprechen auch durch eine Vormerkung nicht unanfechtbar (siehe dazu § 140 Rn 16). Unentgeltlichkeit ist nicht nur bei der Befriedigung eines Gläubigers einer *eigenen* entgeltlich begründeten Verpflichtung zu verneinen, sondern auch bei seiner **Sicherstellung** durch Pfand oder Hypothek (**RG** 17. 1. 1902 Z 50, 134, 137; **RG** 6. 7. 1922 Z 105, 246, 248; zum Ganzen kritisch MK/*Kirchhof* § 134 Rn 28 ff). Derartige Leistungen sind nur nach den spezielleren §§ 130, 131 anfechtbar (oben Rn 3). Auch die **nachträgliche** – und damit inkongruente – Bestellung einer Sicherheit für einen bereits gewährten eigenen Kredit erfolgt nicht unentgeltlich (**BGH** 12. 7. 1990 Z 112, 136 = NJW 1990, 2626 = ZIP 1990, 1088; **BGH** 22. 7. 2004 IX ZR 183/03 ZIP 2004, 1819 = ZInsO 2004, 967, 968 = NZI 2004, 623; **LG** Köln 12. 11. 1957 NJW 1958, 1296; *Wittig* NZI 2005, 606, 610 f), selbst wenn sie **freiwillig** erfolgt, da § 131 auch insoweit eine abschließende Sonderregelung enthält (**RG** 16. 4. 1903 Z 54, 282, 284; **BGH** 15. 3. 1972 Z 58, 240, 245 = NJW 1972, 870 = KTS 1972, 253, 255 = LM § 30 KO Nr 27 [*Mormann*]; *Bähr* JR 1972, 469). Selbst bei freiwilliger Hypothekenbestellung kann Unentgeltlichkeit zu verneinen sein (**RG** 24. 2. 1882 Z 6, 85; ebenso für ohne Gegenleistung

III. Unentgeltlichkeit der Leistung (Abs 1) § 134

bewilligte vollstreckbare Urkunde **RG** 8. 6. 1883 Z 9, 100, 103 = JW 1883, 196). Im Falle der Besicherung einer *fremden* Verbindlichkeit handelt es sich zumeist um eine Leistung im Dreipersonenverhältnis (siehe daher bereits oben Rn 18 f sowie MK/*Kirchhof* § 134 Rn 33 ff). Insbesondere genügt auch ein rein wirtschaftliches Interesse in der Regel nicht, um Entgeltlichkeit zu begründen (so noch **BGH** 19. 3. 1998 IX ZR 22/97 ZIP 1998, 793 = NJW 1998, 2592, 2599 [insoweit nicht in BGHZ]). Im Falle einer **gemeinsamen Verpflichtung** mehrerer ggü dem Zuwendungsempfänger liegt bei einer Leistung durch den späteren Insolvenzschuldner Unentgeltlichkeit ggü. den Mithaftenden dann vor, wenn auf einen Ausgleichs- oder Regressanspruch verzichtet wird, ohne dass von diesen eine entsprechende Gegenleistung erbracht wird (**BGH** 4. 3. 1999 IX ZR 63/98 Tz 10 Z 141, 96 = NJW 1999, 1549 = NZI 1999, 188 = ZIP 1999, 628 = KTS 1999, 361 = EWiR § 32 KO 2/99, 509 *[Gerhardt]* [KO]). Beim **Abschluss eines Vergleichs** ist fehlende Unentgeltlichkeit nur dann anzunehmen, wenn die Beseitigung tatsächlicher oder rechtlicher Unsicherheiten objektiv einen eigenen Vermögenswert darstellt. Insofern ist eine Unentgeltlichkeit anzunehmen, wenn sich das gegenseitige Nachgeben auf Umstände bezieht, die objektiv nicht ernsthaft in Zweifel gezogen werden können (**BGH** 9. 11. 2006 IX ZR 285/03 ZInsO 2006, 1322 = NZI 2007, 101 = ZIP 2006, 2391 = WuB VI A § 134 InsO 1.08 *[Pape]*; zuvor *Gerhardt* KTS 2004, 195, 197 ff). Die Erfüllung einer **Auflage nach § 153a StPO** ist keine unentgeltliche Leistung, da der Staat im Gegenzug auf die Durchsetzung seines Strafanspruchs verzichtet (**BGH** 5. 6. 2008 IX ZR 17/07 NJW 2008, 2506 = ZIP 2008, 1291 = ZInsO 2008, 738 = NZI 2008, 488).

Auch **Weihnachts-** oder sonstige **Gratifikationen** werden nicht unentgeltlich, sondern als – möglicherweise freiwillige – Gegenleistung für erbrachte Dienste gewährt (BAG 29. 6. 1954 E 1, 36; differenzierend *Häsemeyer* ZIP 1994, 418, 422). Das ist insbesondere bei längerfristigen Arbeitsverträgen der Fall (**RG** 30. 9. 1929 Z 125, 380, 383; RG 11. 12. 1925 JW 1927, 1190 [zu §§ 3, 4 AnfG]). Nur wenn – was im normalen Arbeitsverhältnis nicht vorkommen dürfte – die Zahlung lediglich einem Dankgefühl entspricht und auch in diesem Sinne angenommen wurde, handelt es sich um eine unentgeltliche Leistung (RG 7. 2. 1919 Z 94, 322, 324; RG 30. 9. 1929 Z 125, 380, 383; **BGH** 12. 12. 1996 NJW 1997, 866 = ZIP 1997, 247 = KTS 1997, 151 = EWiR § 32 KO 1/97, 267 *[M. Huber]* = WuB VI B. § 32 Nr 1 KO 1.97 *[Paulus]*; OLG Nürnberg 7. 3. 1996 ZIP 1996, 794 = EWiR § 32 KO 2/96, 567 *[Wissmann]*; LG Frankfurt 30. 11. 1995 ZIP 1996, 88). Wenig überzeugend allerdings ist die ebenfalls im Urteil vom 12. 12. 1996 vertretene Auffassung des **BGH**, auch eine vom Alleingesellschafter des Arbeitgebers erbrachte Gratifikation sei – mit Blick auf die Schutzwürdigkeit der Empfänger – keine unentgeltliche Zuwendung. Besteht ein Anspruch auf die Gratifikation, sei es aus Tarifvertrag, Betriebsvereinbarung oder auch bloß aus betrieblicher Übung, scheidet Unentgeltlichkeit schon deshalb aus, weil der Arbeitgeber zu der Leistung verpflichtet war. **Überhöhte Kündigungsabfindungen** (OLG Düsseldorf 13. 4. 1989 ZIP 1989, 1072 = EWiR § 30 KO 2/89, 609 *[Gerhardt]*; dazu *Gerhardt* ZIP 1991, 273 ff) können aber ebenso wie andere atypische Leistungen anfechtbar sein (LAG Hamm 26. 11. 1997 ZIP 1998, 920, 922 [für rückwirkende Zubilligung vertraglich ausgeschlossener Überstundenabgeltung]).

Auch die einem Arbeitnehmer zugesagte **Betriebsrente** ist nicht nur eine Leistung arbeitgeberischer Fürsorge, sondern hat Entgeltcharakter (RAG 11. 11. 1933 JW 1934, 377; BAG 12. 3. 1965 E 17, 120, 124; BAG 4. 7. 1969 E 22, 105, 110 = NJW 1970, 964; *Westhelle/Micksch* ZIP 2003, 2054, 2057 ff); das gilt auch, wenn die Zusage erst nach Beendigung des Dienstverhältnisses (**RG** 21. 7. 1936 JW 1936, 3453) oder der Witwe des Arbeitnehmers (RAG 11. 11. 1933 JW 1934, 377) erteilt wird. In diesen Fällen kann eine Anfechtung nach § 131 in Betracht kommen. Gleiches gilt, wenn ein Arbeitgeber einem Arbeitnehmer eine **Lebensversicherung** überträgt, die er zur Rückdeckung einer ihm (dem Arbeitgeber) erteilten Versorgungszusage mit sich als Bezugsberechtigtem abgeschlossen hatte (BAG 13. 9. 1965 AP § 242 BGB Nr 102 – Ruhegehalt; BAG 29. 7. 1967 E 20, 11, 23 = NJW 1967, 2425 = KTS 1967, 238 = AP § 29 KO Nr 1 *[Weber]*; OLG Brandenburg 13. 2. 2002 7 U 152/01 NZG 2002, 969, 970). Unentgeltlich und damit nicht nur nach § 133, sondern auch nach § 134 anfechtbar ist aber eine Ruhegeldzusage aber, wenn sie nur im Hinblick auf die drohende Insolvenz gegeben wird, um die Gläubiger (typischerweise zugunsten des Gesellschafter-Geschäftsführers) zu benachteiligen; das gilt vor allem auch für die unangemessene Erhöhung von Ruhegeldzusagen (enger Jaeger/*Henckel* § 134 Rn 22, der Unentgeltlichkeit nur annimmt, wenn sich Versprechender und Begünstigter einig sind, dass das Ruhegehalt durch die erbrachten Dienste nicht verdient war); zur fehlenden Aussonderungsfähigkeit von Ansprüchen aus einer Direktversicherung oben § 129 Rn 15 aE.

Entgeltlichkeit ist beim **Anerkenntnis** einer bestehenden Schuld anzunehmen. Das gilt auch für die Erfüllung einer **auflösend bedingten Verbindlichkeit**: denn tritt die auflösende Bedingung ein, kann die Leistung zurückgefordert werden. Auch die Erfüllung einer **klaglosen Schuld** (verjährte Schuld, Spiel- oder Wettschuld [**BGH** 29. 11. 1990 Z 113, 98, 101 = NJW 1991, 560 = ZIP 1991, 35, 37 = KTS 1991, 292 = EWiR § 32 KO 1/91, 75 *[Ackmann]*], Ehemaklerlohn, Differenzgeschäft) ist eine entgeltliche Leistung; denn der Parteiwille ist auf Erfüllung und nicht auf unentgeltliche Zuwendung gerichtet (RG 19. 2. 1897 JW 1897, 189).

b) Entgelt. An der Unentgeltlichkeit fehlt es weiter dann, wenn ein Entgelt in das Vermögen des Schuldners fließt oder ein Anspruch darauf besteht. Der Begriff des Entgelts ist nicht in dem formalrechtlichen Sinn von Leistung und Gegenleistung aufzufassen. Allein die Tatsache, dass der Schuldner

§ 134 *Unentgeltliche Leistung*

aus der Leistung einen irgendwie gearteten – etwa gesellschaftlichen – Vorteil erlangt, macht diese aber noch nicht zu einer entgeltlichen Leistung (vgl auch Jaeger/*Henckel* § 134 Rn 9). Daher sind Werbegeschenke (sofern nicht Abs 2 eingreift) regelmäßig unentgeltliche Leistungen, solange nicht feststeht, wann und welche Leistung der andere Teil zu erbringen hat (KP-*Paulus* § 134 Rn 10; ohne Einschränkung *Siemon* BB 1991, 81, 82 f). Sponsorenleistungen sind daher als entgeltliche anzusehen (KP-*Paulus* § 134 Rn 30), selbst wenn es sich nicht um einen gegenseitigen Vertrag handeln sollte. Auch bei Bestechungsgeldern kann durchaus Entgeltcharakter vorliegen (abw wohl KP-*Paulus* § 134 Rn 10). Ein rein wirtschaftliches Interesse genügt aber nicht, um Entgeltlichkeit zu begründen (so noch **RG** 19. 5. 1905 JW 1905, 442; **RG** 10. 3. 1913 JW 1913, 608 = LZ 1913, 562 Nr 8; **RG** 25. 11. 1940 Z 165, 223, 224; siehe dazu ausführlich oben Rn 18, 27). Die Erfüllung einer Bewährungsauflage ist nicht unentgeltlich (*Ahrens* NZI 2001, 456 ff; abw *Brömmekamp* ZIP 2001, 951, 952 f).

36 Voraussetzung der Entgeltlichkeit ist eine auf dem Parteiwillen beruhende kausale Verknüpfung von Leistung und Gegenleistung (KP-*Paulus* § 134 Rn 13). Deshalb ist auch die **rechtsgrundlose Leistung** nicht allgemein der unentgeltlichen gleichzustellen (*Paulus* ZInsO 1999, 242, 248). Im Falle einer *unbewusst* rechtsgrundlosen Leistung (bspw aufgrund eines unerkannt unwirksamen Kaufvertrages) wird aber in der Regel dennoch Unentgeltlichkeit iSv § 134 anzunehmen sein, da die subjektiven Vorstellungen der Parteien über die fehlende objektive Gegenleistung nicht hinweg helfen können (so wohl LG Köln 13. 2. 2006 5 O 289/05 ZInsO 2006, 165; siehe auch oben Rn 20 f). Wohl noch anders war dies in der Rspr des Reichsgerichts, nach der Unentgeltlichkeit auch dann zu verneinen war, wenn der Schuldner eine gesetzliche Verpflichtung zur Leistung **irrtümlich angenommen** hat. Auch die Anerkennung einer solchen Schuld sollte ebenso wie die Sicherung einer vermeintlichen Schuld keine unentgeltliche Leistung darstellen (**RG** 30. 6. 1914 Gruchot 59, 521 = LZ 1914, 1912 Nr. 14). Bei **bewusster Leistung auf eine Nichtschuld,** bei der grundsätzlich eine Rückforderung (auch) nach §§ 812 ff BGB möglich ist, fehlt es hingegen unstreitig an der Entgeltlichkeit (**LG Köln** 29. 8. 1989 ZIP 1990, 191 = EWiR § 32 KO 2/89, 1015 *[Johlke]*; **LG Köln** 19. 1. 2006 5 O 289/05 ZInsO 2006, 165). Der Insolvenzverwalter kann (soweit Unentgeltlichkeit angenommen wird) den Anfechtungsanspruch neben dem Bereicherungsanspruch geltend machen; allerdings wird die Anfechtbarkeit in Hinblick auf § 143 Abs 2 selten zu einem über den Bereicherungsanspruch hinausgehendem Ergebnis führen (zum allgemein zivilrechtlichen Streit, ob eine rechtsgrundlose mit einer unentgeltlichen Leistung gleichgesetzt werden kann, Palandt/*Sprau* § 816 Rn 16). Scheidet ein Bereicherungsanspruch des Verfahrensschuldners nach § 814 BGB aus, ist auch dem Insolvenzverwalter ein solcher Anspruch versagt, selbst wenn die Leistung unentgeltlich erfolgt sein sollte (**BGH** 7. 12. 1988 NJW 1989, 580 = ZIP 1989, 107 = KTS 1989, 409; **BGH** 29. 11. 1990 Z 113, 98 = NJW 1991, 560 = ZIP 1991, 35, 36 = KTS 1991, 292 = EWiR § 32 KO 1/91, 75 *[Ackmann]*; **BGH** 11. 12. 2008 IX ZR 195/07 ZIP 2009, 186 = ZInsO 2009, 185 = NZI 2009, 103 [Ausschüttungen iRe Schneeballsystems]; vgl auch **OLG Köln** 21. 2. 1990 ZIP 1990, 461 = EWiR § 32 KO 1/90, 389 *[Pape]* = WuB VI B § 32 Nr 1 KO 1.91 *[Sundermann]*). Diese Einschränkung gilt aber nur für den bereicherungsrechtlichen Anspruch, nicht auch für den Rückforderungsanspruch aus § 143 InsO, denn dies ist ein originär gesetzlicher Anspruch, der dem Insolvenzverwalter, nicht aber dem Leistenden zusteht und dessen Ausschluss durch § 814 BGB stünde im Widerspruch zum Grundsatz der Gläubigergleichbehandlung und der geringen Schutzwürdigkeit des unentgeltlichen Erwerbs unter der Insolvenzordnung (**BGH** 11. 12. 2008 IX ZR 195/07 ZIP 2009, 186 = ZInsO 2009, 185 = NZI 2009, 103 [Ausschüttungen iRe Schneeballsystems]; **BGH** 16. 7. 2009 IX ZR 53/08; Jaeger/*Henckel* § 134 Rn 13 f; MK/*Kirchhof* § 134 Rn 22, 45; noch anders unter der KO: **BGH** 29. 11. 1990 Z 113, 98, 103 = NJW 1991, 560 = ZIP 1991, 35, 78 = KTS 1991, 292 = EWiR § 32 KO 1/91, 75 *[Ackmann]*). Der Schutz des Gläubigers wird hier durch § 143 Abs 2 InsO und ggfls. auch § 242 BGB ausreichend gewährt (**BGH** 11. 12. 2008 IX ZR 195/07 aaO [keine Aufrechnungsmöglichkeit auf Grund von § 242 BGB bzgl des Schadensersatzanspruches aus einem Schneeballsystem]). Mit Hinweis auf die noch geringere Schutzwürdigkeit des Empfängers hat der BGH konsequenterweise auch eine Anwendung von **§ 817 Satz 2 BGB** auf den anfechtungsrechtlichen Rückgewähranspruch abgelehnt (**BGH** 16. 7. 2009 IX ZR 53/08 abrufbar unter www.juris.de; siehe dazu bereits § 129 Rn 76).

37 **3. Abgrenzung zur Schenkung.** Die unentgeltliche Leistung erfordert keine Bereicherung des anderen Teils und keine Einigung über die Unentgeltlichkeit der Zuwendung (so schon zum alten Recht **RG** 19. 2. 1918 Z 92, 227, 228; **RG** 10. 3. 1913 JW 1913, 608 = LZ 1913, 562 Nr 8). Hierin unterscheidet sie sich von der Schenkung (**BGH** 13. 3. 1978 Z 71, 61 = NJW 1978, 1326 = KTS 1978, 231; **BGH** 29. 11. 1990 Z 113, 98, 103 = NJW 1991, 560 = ZIP 1991, 35, 37 = KTS 1991, 292 = EWiR § 32 KO 1/91, 75 *[Ackmann]*; **BGH** 29. 11. 1990 WM 1991, 331, 332 f; **LG Dresden** 12. 2. 2001 – 11 O 0130/01 EV ZInsO 2002, 140, 141; *Beck* ZInsO 2002, 516 f). Den umfassenderen Charakter des Begriffs der „unentgeltlichen Leistung" hat der Gesetzgeber auch durch bewussten Verzicht auf den Begriff der „Schenkungsanfechtung" deutlich machen wollen (Begr RegE zu § 134). Daher können unentgeltliche Leistungen des Schuldners an seinen Ehegatten, auch wenn sie nicht als Schenkung iSv § 516 BGB zu qualifizieren sind (so **BGH** 27. 11. 1991 Z 116, 167 = NJW 1992, 564; **BGH** 27. 11. 1991 Z 116, 178 = NJW 1992, 558), gleichwohl als unentgeltliche Leistungen der Anfechtung nach § 134 un-

III. Unentgeltlichkeit der Leistung (Abs 1) § 134

terliegen. Entscheidend ist, ob der leistende (spätere) Schuldner von seinem Ehegatten keinen oder keinen adäquaten Ausgleich für seine Zuwendung erhalten hat.

Echte **Schenkungen** sind daher eine Unterart der unentgeltlichen Leistung und fallen **stets unter** 38 § 134. Unerheblich sind auch die Absicht des Zuwendenden, den Empfänger zu begünstigen, sowie seine Vermögenslage zum Zeitpunkt der Zuwendung. Auch ein nicht erfüllter Schenkungsvertrag kann dabei wegen § 39 Abs 1 Nr 4 gläubigerbenachteiligend sein (*von Campe*, Insolvenzanfechtung in Deutschland und Frankreich, 1996, S 203; abw KP-*Paulus* § 134 Rn 5; dazu im Übrigen oben Rn 31 und § 129 Rn 117, 92). Auch die Errichtung einer **Stiftung** ist als unentgeltliche Leistung nach Abs 1 anfechtbar (LG Baden-Baden 16. 6. 2005 ZSt 2005, 218; *Hirte* FS Werner [2009], S 222, 234 ff; *G. Roth/Knof* KTS 2009, 163, 182 ff; abw *Hinz*, Die Haftung der Stiftung für Verbindlichkeiten des Stifters [1996], S 42 ff; *Jakob* ZSt 2005, 99, 101 ff). Unentgeltliche Leistung iSv § 134 ist bei einer Schenkung nach der neugefassten Begriffsbildung des Abs 1 eindeutig auch das **Schenkungsversprechen** (§ 518 BGB); daher besteht keine Notwendigkeit mehr, erst dessen Erfüllung gemeinsam mit dem Versprechen bzw den Vollzug einer Handschenkung als anfechtbare unentgeltliche Leistung zu behandeln (KP-*Paulus* § 134 Rn 5; anders noch **BGH** 24. 3. 1988 NJW-RR 1988, 841 = ZIP 1988, 585, 586 = KTS 1988, 511, 512 = EWiR § 24 KO 1/88, 697 [*Pape*]; Gottwald/*Huber* InsR HdB § 49 Rn 16). Auch das Stiftungsgeschäft kann daher heute als selbstständig anfechtbar angesehen werden (anders für das alte Recht Kilger/*Karsten Schmidt* § 32 KO Anm 2). Auch Zwangsverfügungen zum Zwecke der Durchsetzung eines Schenkungsversprechens und die Aufrechnung des Anfechtungsgegners mit der Forderung aus einem solchen Versprechen sind Leistungen iSv § 134 (*Henckel* KS-InsO S 813, 840). Zu den Schenkungen gehört auch die Schenkung eines Lotterieloses, das Gewinn bringt. Anfechtbar ist hier die Schenkung des Loses; zurückzugewähren ist der volle Gewinn als Wertersatz für das nicht mehr rückgewährbare Los (unten § 143 Rn 25 ff).

Die **gemischte Schenkung**, die aus einem unentgeltlichen und einem entgeltlichen Bestandteil besteht, 39 unterliegt der Anfechtung nach § 134, wenn der Hauptzweck des Geschäfts auf Freigebigkeit gerichtet ist (**RG** 15. 12. 1920 Z 101, 99; **BGH** 30. 9. 1954 NJW 1955, 20), insbesondere Leistung und Gegenleistung in einem krassen Missverhältnis zueinander stehen (**BGH** 20. 10. 1971 Z 57, 123 = NJW 1972, 48, 49 = KTS 1972, 91; KP-*Paulus* § 134 Rn 15). Das gilt unabhängig davon, ob der Gegenstand des Geschäfts teilbar ist (z. B. Geld) oder unteilbar (z. B. ein lebendes Tier). Bei teilbaren Gegenständen richtet sich der Rückgewähranspruch auf den unentgeltlichen Teil (**RG** 27. 6. 1935 Z 148, 236, 240), bei unteilbaren auf den Gegenstand selbst nur dann, wenn der unentgeltliche Charakter des Geschäfts überwiegt (**BGH** 23. 5. 1959 Z 30, 120; **BGH** 27. 11. 1952 NJW 1953, 501; KP-*Paulus* § 134 Rn 10 [wobei allerdings bei dem von ihm gebrachten Beispiel fraglich ist, ob überhaupt ein wechselbezügliches Geschäft auch in Bezug auf die Gewinne vorliegt]; anders OGH 18. 11. 1948 Z 1, 259, 261 f; OGH 19. 5. 1949 Z 2, 160, 165), sonst auf den Differenzbetrag. Die uneingeschränkte Anwendung dieser Grundsätze führt nicht immer zu angemessenen und gerechten Ergebnissen (vgl auch **RG** 27. 6. 1935 Z 148, 236, 240; **OLG** Nürnberg 4. 6. 1965 KTS 1966, 57, 60; dazu auch *Eckardt* ZInsO 2004, 888, 895). Bei gemischten Schenkungen wird man daher dem anderen Teil das Recht einräumen müssen, durch Zahlung des – anfechtbaren – Differenzbetrages den Rückgewähranspruch des Insolvenzverwalters abzuwenden (Jaeger/*Henckel* § 134 Rn 29). Die Rückgewähr des ganzen Gegenstandes bringt den Insolvenzverwalter nicht selten in Verlegenheit, da er gezwungen ist, Zug um Zug die Gegenleistung zurückzugewähren. **Abfindungsklauseln** in Gesellschaftsverträgen, die eine Abfindung ausschließlich für den Fall einer Kündigung durch einen Gläubiger oder für die Eröffnung des Insolvenzverfahrens ausschließen oder beschränken, sind unwirksam (dazu § 11 Rn 54). Im Übrigen kommt eine Anfechtung nach § 134 in Betracht, wenn sie sich nicht mehr als Gegenleistung für die gesellschaftsrechtlichen Vertragspflichten ansehen lassen (dazu oben § 129 Rn 122A; siehe im Übrigen **RG** 22. 3. 1918 JW 1919, 34, 35; *Armbrüster* FS Canaris [2007], S 23, 36 ff; KP-*Noack* GesellschaftsR Rn 486; zum maßgeblichen Zeitpunkt § 140 Rn 17B aE).

Anfechtbar sind auch **verdeckte (verschleierte) Schenkungen** (RG 6. 4. 1892 Z 29, 265, 266; **RG** 2. 5. 40 1908 Z 68, 326; **RG** 7. 2. 1920 Z 98, 124). Bei ihnen wird nur zum Schein ein entgeltliches Geschäft abgeschlossen. In einem solchen Fall ist nach § 117 Abs 2 BGB das vorgespiegelte entgeltliche Geschäft nichtig, während das verdeckte unentgeltliche nach § 134 anfechtbar ist. Die **Schenkung unter Auflage** ist hinsichtlich der gesamten Zuwendung unentgeltlich (**RG** 8. 11. 1922 Z 105, 305, 308; etwas enger **RG** 19. 2. 1918 Z 92, 227, 229 [für Zuwendung zur Befriedigung Dritter]; KP-*Paulus* § 134 Rn 24: Abzug des Wertes der Auflage). Auch der Hofübergabevertrag stellt eine Schenkung unter Auflage dar, wenn sich der Übernehmer verpflichtet, den übergebenden Eltern einen ausreichenden Lebensunterhalt zu gewähren und die Geschwister abzufinden (so – freilich nicht im Zusammenhang mit der Anfechtung – OLG Bamberg 3. 11. 1948 NJW 1949, 788; **BGH** 30. 1. 1970 WM 1970, 391). Für den Regelfall kann aber davon ausgegangen werden, dass der Übernehmer den Hof zumindest teilweise im Wege der vorweggenommenen Erbfolge unentgeltlich übernehmen soll.

Die von einem Elternteil einem **Kind gewährte Ausstattung** galt nach bislang wohl hM nicht als 41 Schenkung (§ 1624 BGB) und war auch im Sinne von § 134 nicht als unentgeltliche Zuwendung anzusehen, wenn sie den Umständen nach das den Vermögensverhältnissen des Elternteils entsprechende Maß nicht überstieg (RG 26. 1. 1916 JW 1916, 588; Jaeger/*Henckel* § 134 Rn 62; Palandt/*Diederichsen*

§ 1624 BGB Rn 3; abw KP-*Paulus* § 134 Rn 29; MK-BGB/*Hinz* § 1624 BGB Rn 1; Staudinger/*Coester* § 1624 BGB Rn 4). Daran ist jetzt nur noch mit der Maßgabe festzuhalten, dass auf die (guten) Vermögensverhältnisse der Eltern nicht mehr abgestellt werden darf. Auch hier sind – wie aus Abs 2 deutlich wird (dazu unten Rn 47) – nur „geringwertige" Leistungen vollständig privilegiert. Dieses Maß übersteigende Ausstattungen sind daher heute als Schenkungen anzusehen. Eine übermäßige Ausstattung ist aber oftmals teilweise Ausgleich für eine über § 1619 BGB hinausgehende langjährige Mitarbeit im elterlichen Betrieb oder auf dem elterlichen Hof (BGH 11. 6. 1965 FamRZ 1965, 430). Was von anderen als den Eltern ausstattungsweise gewährt wird, dürfte nach heutiger Anschauung als unentgeltliche Zuwendung anzusehen sein, auch wenn nach dem Willen der Beteiligten oder wenigstens nach der Auffassung des Empfängers Eheschließung und Ausstattungsversprechen im Verhältnis von Leistung und Gegenleistung standen (Jaeger/*Henckel* § 134 Rn 62; abw noch RG 11. 1. 1906 Z 62, 273; RG 26. 1. 1916 JW 1916, 588; differenzierend zwischen den Ehegatten RG 13. 12. 1912 JW 1913, 278).

42   **4. Maßgebender Zeitpunkt.** Die Frage, ob eine entgeltliche oder unentgeltliche Leistung vorliegt, ist nach den Umständen im Zeitpunkt der Vornahme des Kausalgeschäfts zu beurteilen (RG 17. 1. 1902 Z 50, 134, 136; BGH 15. 12. 1982 NJW 1983, 1679, 1680 = ZIP 1983, 32, 33; BGH 24. 6. 1993 NJW-RR 1993, 1379, 1381 = ZIP 1993, 1170, 1173 = KTS 1993, 660 = EWiR § 415 ZPO 1/93, 933 [*Brehm/Berger*]; OLG Köln 29. 6. 1988 ZIP 1988, 1203 = EWiR § 32 KO 1/88, 911 [*Marotzke*] [bei Vollmacht soll der Zeitpunkt der Ausnutzung entscheiden, was durch die Erfassung auch des Rechtsgeschäfts als anfechtbare Handlung überholt ist; dazu oben Rn 6]; kritisch im Hinblick auf die dadurch unterlaufene Parteiautonomie KP-*Paulus* § 134 Rn 14). Maßgeblich ist der Zeitpunkt der Vollendung des Rechtserwerbs (BGH 15. 1. 1964 Z 41, 17, 19; BGH 3. 3. 2005 IX ZR 441/00 Z 162, 276 = NJW 2005, 1867, 1868 = ZIP 2005, 767 = ZInsO 2005, 431 = NZI 2005, 323 = EWiR § 32 KO 1/2005, 737 [*Haas/Panier*] = WuB VI C § 32 KO 1.05 [*Bartels*]; BGH 30. 3. 2006 IX ZR 84/05 ZIP 2006, 957 = NZI 2006, 399 = EWiR 2006, 469 [*A. Henkel*] = WuB VI A § 134 InsO 1.06 [*Kreft*]; BGH 1. 6. 2006 IX ZR 159/04 NZI 2006, 524 = ZIP 2006, 1362 = EWiR § 134 InsO 2/06, 663 [*Stiller*] = WuB VI A § 134 InsO 2.06 [*Würdinger*]; BGH 5. 6. 2008 IX ZR 163/07 ZIP 2008, 1385 = ZInsO 2008, 811 = NZI 2008, 556). Bei Grundstücksgeschäften entscheidet der Zeitpunkt der Eintragungsanträge (§ 140 Abs 2); eine Vormerkung hilft aber über den Schenkungscharakter nicht hinweg (vgl § 140 Rn 16). Andererseits begründet die spätere Entwertung eines erworbenen Gegenstandes nicht die Anfechtbarkeit des Geschäfts (BFH 10. 2. 1987 E 149, 204 = NJW 1988, 3174 = KTS 1987, 464 [*AnfG*]). Und umgekehrt kann eine unentgeltliche Leistung nicht durch **nachträgliche Vereinbarung** der Beteiligten in eine entgeltliche umgewandelt werden. Dies gilt insbesondere für Leistungen des Schuldners an seinen Ehegatten (BFH 10. 2. 1987 E 149, 204 = NJW 1988, 3174 = KTS 1987, 464 [*AnfG*]).

IV. Zeitmoment

43   Unentgeltliche Leistungen des Schuldners sind nur anfechtbar, wenn sie innerhalb der letzten vier Jahre vor dem Antrag auf Eröffnung des Insolvenzverfahrens vorgenommen wurden. Grund für die Ausdehnung der Frist gegenüber § 133 ist die geringere Bestandskraft des unentgeltlichen Erwerbs; die Ausdehnung des Zeitraums hat zugleich die frühere Sonderregelung für Schenkungen an Ehegatten (§ 32 Nr 2 KO) entbehrlich gemacht (Begr RegE zu § 134). Auch wird jetzt an den Antrag auf Eröffnung und nicht an die Eröffnung des Verfahrens selbst angeknüpft. Wegen der Berechnung der Frist wird auf § 139 verwiesen (vgl auch BGH 15. 2. 1956 WM 1956, 703; BGH 12. 1. 1972 WM 1972, 363; OLG Nürnberg 4. 6. 1965 KTS 1966, 57, 62).

44   Nach altem Recht wurde bei Schenkungen der **Zeitpunkt des Vollzugs der Schenkung** als maßgeblich angesehen; wurde das Geschenkversprechen vor der Frist erteilt, sollte dies unerheblich sein (RG 11. 12. 1936 DJ 1937 Nr 4730 = ZZP 60 [1936/37], 426; BGH 24. 3. 1988 NJW-RR 1988, 841 = ZIP 1988, 585, 586 = KTS 1988, 511, 512 = EWiR § 24 KO 1/88, 697 [*Pape*]; BGH 15. 2. 1956 WM 1956, 703, 704; OLG Köln 29. 6. 1988 ZIP 1988, 1203 = EWiR § 32 KO 1/88, 911 [*Marotzke*]: bei postmortaler Vollmacht kam es auf deren Ausnutzung an). Da wegen der geänderten Formulierung nunmehr auch das Schenkungsversprechen selbstständig anfechtbar ist (dazu oben Rn 38), könnte man annehmen, dass jetzt auch der Abschluss des Schenkungsvertrages innerhalb der Vierjahresfrist liegen muss. Das würde jedoch jedenfalls dem Gesetzeszweck widersprechen, der mit der geänderten Begriffsbildung die Schenkungsanfechtung erweitern und nicht einschränken wollte. Daher reicht es aus, wenn die Erfüllung innerhalb der Vierjahresfrist liegt. Nur ein Schenkungsversprechen, dessen Erfüllung erzwungen worden ist, muss selbst innerhalb der Frist erteilt worden sein. Eine andere Frage ist, auf welchen Zeitpunkt für die Beurteilung der Unentgeltlichkeit abzustellen ist; hier entscheidet der Vertragsschluss (oben Rn 42).

45   Wird ein **Wechsel** unentgeltlich zugewendet, so kommt es darauf an, ob seine Hingabe in die Frist fällt, nicht eine etwaige Prolongation (RG 16. 9. 1911 Z 77, 49, 51). Zur Problematik der Berücksichtigung hypothetischer Kausalverläufe im Anfechtungsrecht BGH 23. 2. 1984 ZIP 1984, 489 m krit

Anm *Gerhardt* ZIP 1984, 397, 398 ff; zur Anfechtung hypothetischer Kausalverläufe im Übrigen oben § 129 Rn 123.

Streitig ist, ob eine Anfechtung nach § 134 noch möglich ist, wenn vor der Vierjahresfrist eine **Vor-** 46 **merkung** zugunsten des unentgeltlich Begünstigten (Beschenkten) eingetragen worden ist, die Eigentumsumschreibung aber erst in der kritischen Zeit erfolgt (bejahend **BGH** 24. 3. 1988 NJW-RR 1988, 841 = ZIP 1988, 585 = KTS 1988, 511 = EWiR § 24 KO 1/88, 697 *[Pape]*; Jaeger/*Henckel* § 134 Rn 65; MK/*Kirchhof* § 129 Rn 61 sowie § 140 Rn 46; verneinend OLG Bremen 10. 4. 1987 ZIP 1987, 1067; *Gerhardt* ZIP 1988, 749 ff; KP-*Paulus* § 134 Rn 30). Gegen eine Anfechtbarkeit spricht § 140 Abs 2 Satz 2, wonach der maßgebende Zeitpunkt (spätestens) der der Eintragung der Vormerkung ist. Jedoch muss ein insolvenzfester Anspruch auf Eintragung der dinglichen Rechtsänderung bestehen; fehlt es an diesem, kann gar nichts mehr zugunsten des Anfechtungsgegners angefochten werden kann, besteht auch kein vormerkungsfähiger Anspruch mehr (siehe auch § 140 Rn 16). Ein Anspruch aus einem Schenkungsversprechen ist aber auch nach neuem Recht (§ 39 Abs 1 Nr 4) gegen die Insolvenzmasse nur insoweit durchsetzbar, nachdem die übrigen Insolvenzgläubiger befriedigt wurden; darüber hinaus ändern auch die §§ 103, 106 nichts an an der durch § 39 Abs 1 Nr 4 angeordneten Nachrangigkeit.

V. Anfechtungsfreie Leistungen (Abs 2)

Nach Abs 2 sind Leistungen der Anfechtung entzogen, die sich „auf ein gebräuchliches Gelegenheits- 47 geschenk geringen Werts" richten. Darunter sind **unentgeltliche Zuwendungen** zu verstehen, die der Verkehrssitte gemäß aus bestimmten Anlässen (Weihnachten, Neujahr, Ostern, Geburts- und Namenstag, Besuch, Jubiläum, Taufe, Kommunion, Konfirmation, Jugendweihe, Verlobung, Hochzeit) üblich sind oder zu wohltätigen oder gemeinnützigen Zwecken gegeben werden. Auch Leistungen an den Ehegatten fallen darunter (RG 9. 4. 1929 Z 124, 59). Darauf, dass es sich um **Geschenke** im Rechtssinne der §§ 516 ff BGB handelt (so wohl KP-*Paulus* § 134 Rn 32), kommt es nicht an. Denn das würde die Privilegierung des Abs 2 ohne erkennbare Notwendigkeit gegenüber dem weiten Leistungsbegriff des Abs 1 einschränken. Auch **Spenden** an politische Parteien *können* darunter fallen (*Aden* BB 1985, 366, 369; Jaeger/*Henckel* § 134 Rn 60 Kilger/*Karsten Schmidt* § 32 KO Anm 4; abw *Hess/Weis* AnfR § 134 InsO Rn 482), ebenso solche anlässlich öffentlicher Sammlungen.

Anfechtungsfrei sind derartige Leistungen aber nur unter drei einschränkenden Voraussetzungen. 48 Zunächst muss es sich um ein „gebräuchliches" Gelegenheitsgeschenk handeln. Das bedeutet zweierlei: zum einen darf das Geschenk nicht das den Verhältnissen des Gebers entsprechende, bei solchen Gelegenheiten übliche Maß übersteigen. Das übliche Maß ist relativ: an die Üblichkeit ist bei begüterten Maßstäben ein anderer Maßstab als bei weniger begüterten anzulegen; dabei ist für die Feststellung der Üblichkeit auf den Zeitpunkt der Leistungserbringung abzustellen (RG 9. 4. 1929 Z 124, 59; *Henckel* KS-InsO S 813, 841; HK-*Kreft* § 134 Rn 17 f [gegen relativen Maßstab iR von Abs 2]; recht weitreichend KP-*Paulus* § 134 Rn 32 aE: 0,3% des Vermögens). Der Wert der Leistung muss zweitens zum Schenkungsanlass in einem vertretbaren Verhältnis stehen (*Aden* BB 1985, 366 ff). Hierin liegt eine absolute Grenze: es ist nicht gebräuchlich, zum Geburtstag Häuser zu verschenken. Und schließlich sind unabhängig von diesen Grenzen drittens nur Gelegenheitsgeschenke „geringen Werts" freigestellt. Damit wollte der Gesetzgeber bewusst der bisweilen sehr weiten Auslegung des Begriffs „gebräuchliches Gelegenheitsgeschenk" in § 32 KO einen Riegel vorschieben (Begr RegE zu § 134).

Für das alte Recht wurde darüber hinaus vertreten, dass Schenkungen, die einer sittlichen Pflicht 49 oder einer auf den Anstand zu nehmenden Rücksicht entsprachen, in entsprechender Anwendung von §§ 534, 814 BGB der Anfechtung entzogen seien (RG 30. 9. 1929 Z 125, 380; BFHE 138, 416 = ZIP 1983, 1122). Dem ist nach neuem Recht nur noch für die „Anstandsschenkungen" zu folgen, die sich allerdings mit dem Begriff der „gebräuchlichen Gelegenheitsgeschenke" decken dürften. Zu beachten ist freilich die zusätzliche Grenze des „geringen Werts". Für eine Freistellung auch etwa sittlich gebotener Schenkungen, zu denen die Unterstützung bedürftiger naher, aber nicht unterhaltsberechtigter Verwandter wie etwa von Geschwistern oder Leistungen an den nichtehelichen Lebensgefährten gerechnet wurden (Jaeger/*Henckel* § 134 Rn 62; zweifelnd jetzt auch Kilger/*Karsten Schmidt* § 32 KO Anm 4), ist nach neuem Recht kein Raum mehr (ebenso für Lebensversicherungen *Hasse* VersR 2005, 15, 26; *ders*, Lebensversicherung, S 23 f). Denn der Gesetzgeber hat mit der gegenüber dem alten Recht eingeschränkten Formulierung von § 134 deutlich gemacht, dass er die anfechtungsrechtliche Privilegierung von Schenkungen eingeschränkt wissen möchte. Die als „sittlich gebotene Schenkungen" bezeichneten Leistungen dürften zudem weder „gebräuchlich" noch „Gelegenheits"-Geschenke" sein; auf die Geringwertigkeitsgrenze kommt es daher insoweit gar nicht an.

Ebensowenig wie sie in die Insolvenzmasse fallen (§ 36 Abs 1 InsO iVm § 851 Abs 1 ZPO, § 399 50 Alt 1 BGB), begründen Rückforderungsrechte wegen Verarmung des Schenkers (§ 528 ff BGB), wegen Undanks (§§ 530 ff BGB) oder wegen Auflösung des Verlöbnisses (§ 1301 BGB) nicht die Anfechtbarkeit der Zuwendung nach § 134 (für Geschenke in der Ehe ist heute nur noch eine Anrechnung auf die Ausgleichsforderung des Zugewinns vorgesehen; § 1380 Abs 1 BGB).

VI. Beweislast

51   Beweispflichtig für die Leistung und deren Unentgeltlichkeit ist der Insolvenzverwalter (**BGH** 30. 9. 1954 NJW 1955, 20; **BGH** 25. 6. 1992 NJW 1992, 2421, 2422 = ZIP 1992, 1089, 1092 = KTS 1993, 95 = EWiR § 3 AnfG 2/92, 92, 841 *[Assmann/Marotzke]*; insbesondere zur Unentgeltlichkeit BGH 21. 1. 1999 NJW 1999, 1033 = ZIP 1999, 316, 317 = EWiR § 32 KO 1/99, 367 *[Gerhardt]*; **BGH** 30. 3. 2006 IX ZR 84/05 ZIP 2006, 957 = NZI 2006, 399 = EWiR 2006, 469 *[A. Henkel]* = WuB VI A § 134 InsO 1.06 *[Kreft]*; *Kayser* WM 2007, 1, 7; *Wittig* NZI 2005, 606, 608). Soweit die Unentgeltlichkeit von der Wertlosigkeit einer Forderung abhängt, muss der Insolvenzverwalter auch diese beweisen (**BGH** 30. 3. 2006 IX ZR 84/05 NZI 2006, 399 = ZIP 2006, 957 = EWiR § 134 InsO 1/06, 469 *[A. Henkel]* = WuB VI A § 134 InsO 1.06 *[Kreft]*). Darüber hinaus hat er wie bei allen Anfechtungstatbeständen die Gläubigerbenachteiligung darzulegen und zu beweisen (§ 129 Abs 1). Der Insolvenzverwalter braucht aber nicht vorzutragen, dass die Leistung innerhalb der Vierjahreszeitraums erfolgt ist. Das ergibt sich nach neuem Recht aus der Formulierung in Abs 2 aE Damit soll wie bei § 133 der Gefahr betrügerischer Rückdatierungen von Urkunden vorgebeugt werden (Begr RegE zu § 134; zu anderen Vorschlägen Kuhn/*Uhlenbruck* § 32 KO Rn 22).

52   Bei einer unentgeltlichen Leistung an einen **Ehegatten** greift zusätzlich zugunsten des Insolvenzverwalters die Vermutung des § 1362 Abs 1 BGB ein, wenn der Ehegatte des Schuldners behauptet, es liege keine unentgeltliche Leistung an ihn vor, weil er als Entgelt bewegliche Sachen hingegeben habe, die zuvor in seinem (Mit-)Eigentum gestanden hätten (**RG** 9. 7. 1912 Z 80, 62, 64; **RG** 3. 2. 1928 Z 120, 107, 109 f; **BGH** 30. 9. 1954 NJW 1955, 20). Für **nichteheliche Lebensgemeinschaften** gilt dies im Hinblick auf die jedenfalls im Insolvenzrecht durch § 138 Abs 1 Nr 3 vollzogene Gleichstellung entsprechend, so dass die Anwendung der Vermutung auch nicht gegen Art 3 Abs 2, 6 Abs 1 GG verstößt. Im Übrigen gebietet es die Lebenserfahrung nicht, bei einer auf den Schutz vor Gläubigern abzielenden Vermögensverschiebung zwischen Ehegatten stets anzunehmen, dass jede rechtliche Bindung des begünstigten Ehegatten fehle, die erhaltenen Vermögenswerte zurückzuübertragen (**BGH** 8. 3. 1965 WM 1965, 664, 666).

§ 135 Gesellschafterdarlehen

(1) Anfechtbar ist eine Rechtshandlung, die für die Forderung eines Gesellschafters auf Rückgewähr eines Darlehens im Sinne des § 39 Abs. 1 Nr. 5 oder für eine gleichgestellte Forderung
1. Sicherung gewährt hat, wenn die Handlung in den letzten zehn Jahren vor dem Antrag auf Eröffnung des Insolvenzverfahrens oder nach diesem Antrag vorgenommen worden ist, oder
2. Befriedigung gewährt hat, wenn die Handlung im letzten Jahr vor dem Eröffnungsantrag oder nach diesem Antrag vorgenommen worden ist.

(2) Anfechtbar ist eine Rechtshandlung, mit der eine Gesellschaft einem Dritten für eine Forderung auf Rückgewähr eines Darlehens innerhalb der in Absatz 1 Nr. 2 genannten Fristen Befriedigung gewährt hat, wenn ein Gesellschafter für die Forderung eine Sicherheit bestellt hatte oder als Bürge haftete; dies gilt sinngemäß für Leistungen auf Forderungen, die einem Darlehen wirtschaftlich entsprechen.

(3) ¹Wurde dem Schuldner von einem Gesellschafter ein Gegenstand zum Gebrauch oder zur Ausübung überlassen, so kann der Aussonderungsanspruch während der Dauer des Insolvenzverfahrens, höchstens aber für eine Zeit von einem Jahr ab der Eröffnung des Insolvenzverfahrens nicht geltend gemacht werden, wenn der Gegenstand für die Fortführung des Unternehmens des Schuldners von erheblicher Bedeutung ist. ²Für den Gebrauch oder die Ausübung des Gegenstandes gebührt dem Gesellschafter ein Ausgleich; bei der Berechnung ist der Durchschnitt der im letzten Jahr vor Verfahrenseröffnung geleisteten Vergütung in Ansatz zu bringen, bei kürzerer Dauer der Überlassung ist der Durchschnitt während dieses Zeitraums maßgebend.

(4) § 39 Abs. 4 und 5 gilt entsprechend.

Frühere §§ 32 a, 41 Abs 1 Satz 3 KO. § 150 RegE ohne Änderungen im Gesetzgebungsverfahren; Abs 1und 2 neu gefasst und Abs 3 und 4 angefügt durch Art 9 Nr 8 MoMiG vom 23. 10. 2008 (BGBl. I, S 2026) mWv 1. 11. 2008.

Übersicht

	Rn
I. Allgemeines	1
1. Rechtsprechungs-, Novellenregeln und MoMiG	2
2. Verhältnis zu anderen Anfechtungsvorschriften	6
II. Anfechtung der Befriedigung oder Sicherung eines Gesellschafters (Abs 1)	7
1. Anfechtbare Befriedigung (Abs 1 Nr 2)	11
2. Anfechtbare Sicherung (Abs 1 Nr 1)	13
3. Rechtsfolgen	14
III. Anfechtung der Befriedigung einer gesellschafterbesicherten Drittforderung (Abs 2)	15

I. Allgemeines **§ 135**

	Rn
IV. Beweislast	20
V. Nutzungsüberlassung (Abs 3)	21
VI. Gerichtsstand	28
VII. Übergangsvorschrift	30

I. Allgemeines

Gesellschafterdarlehen als Finanzierungsmittel eines Unternehmen sind in bestimmten Fällen wirt- 1
schaftlich sinnvoll und geboten. Als Grund zu nennen ist zum einen das kostspielige und zeitraubende Verfahren einer Kapitalerhöhung, zum anderen die in den Grenzen der verdeckten Gewinnausschüttung zulässige Abzugsfähigkeit der von der Gesellschaft gezahlten Darlehenszinsen bei der (steuerlichen) Gewinnermittlung (dazu *Goette* ZHR 162 [1998], 223, 225 f). Tritt jedoch ein Gesellschafter seiner Gesellschaft zugleich als Gläubiger gegenüber, führt dies zu einer Denaturierung des allgemeinen Gläubigerschutzes. Der Schutz deren Interessen aber geht, da es hier um den Schutz von Außenseitern des Unternehmens geht, dem Schutz der Gesellschafter vor (*Wiedemann* GesR S 515). Denn die Gläubiger sind nicht am Gewinn des Unternehmens beteiligt. Gesellschafter, die im Hinblick auf die Gewinnchancen Kapital in ein Unternehmen investieren, müssen daher daran gehindert werden, dass sie sich in der späteren Insolvenz gleichberechtigt in die Reihe der Gläubiger einstellen.

1. Rechtsprechungs-, Novellenregeln und MoMiG. Die Rechtsprechung hat daher schon sehr früh die 2
Möglichkeit einer Geltendmachung von Gesellschafterdarlehen in der Insolvenz in mehreren grundlegenden Entscheidungen verneint, indem sie sie analog §§ 30, 31 GmbHG **als haftendes Eigenkapital qualifizierte** (**BGH** 14. 12. 1959 Z 31, 258, 268 ff [Luft-Taxi]; **BGH** 24. 3. 1980 II ZR 213/77 Z 76, 326, 328 ff = NJW 1980, 1524 = KTS 1980, 346; **BGH** 21. 9. 1981 II ZR 104/80 Z 81, 311, 314 ff = NJW 1982, 383 = ZIP 1981, 1200 = LM § 30 GmbHG Nr 14 a *[Fleck]*; **BGH** 28. 9. 1981 II ZR 223/80 Z 81, 365 = NJW 1982, 386 = ZIP 1981, 1332 = LM § 30 GmbHG Nr 30 *[Brandes]*). Denn die Gesellschafter hätten ihrer Gesellschaft statt Fremdkapital Eigenkapital zur Verfügung stellen müssen, was zur Bezeichnung als „kapitalersetzende" Gesellschafterdarlehen führte. Daraus wurden ein Rückzahlungsverbot und das Gebot abgeleitet, etwa verbotswidrig geleistete Zahlungen wieder in die Gesellschaftskasse zu erstatten. Aus **Sicherheiten**, die für eine solche Leistung **von der Gesellschaft** gestellt worden waren, wurde dem Gesellschafter die Befriedigung verwehrt (**BGH** 26. 11. 1979 II ZR 104/77 Z 75, 334, 338 = NJW 1980, 592 = ZIP 1980, 115; **BGH** 13. 7. 1981 II ZR 256/79 Z 81, 252, 262 = ZIP 1981, 974). Ausgeschlossen war auch eine **Aufrechnung** mit der Forderung des Gesellschafters gegen eine zur Insolvenzmasse gehörende Forderung (**BGH** 21. 9. 1981 II ZR 104/80 Z 81, 311, 314 = NJW 1982, 383 = ZIP 1981, 1200 = LM § 30 GmbHG Nr 14a *[Fleck]*; **BGH** 26. 3. 1984 II ZR 14/84 Z 90, 370, 374 = ZIP 1984, 698 = NJW 1984, 1891; **BGH** 20. 9. 1982 II ZR 186/81 NJW 1983, 220 = ZIP 1982, 1320; **OLG** München 16. 12. 1987 15 U 3748/87 ZIP 1989, 322).

Diese Rechtsprechung war so überzeugend, dass sie vom Gesetzgeber im Rahmen der GmbH-Novelle 3
1980 in Form der §§ 32a, 32b GmbHG (§ 32b KO später § 135 InsO aF], § 3b AnfG [später § 6 AnfG aF], § 172a HGB) – allerdings nur für die GmbH – rezipiert wurde (dazu *Karsten Schmidt* GesR § 18 III 4, S 529 ff; *ders* ZIP 1993, 161; *Wiedemann* GesR I, S 568 f; *ders* GroßK, vor § 182 AktG, Rn 11 ff). Gleichwohl blieb die vom Gesetzgeber gewählte Lösung in mehreren zentralen Punkten – vor allem bei den Rechtsfolgen – hinter dem bis dahin praktizierten Ansatz der Rechtsprechung zurück (dazu 12. Aufl Rn 5). Um den durch die Rechtsprechung bereits erreichten – und teilweise weitergehenden – Standard nicht aufzugeben, entschied der Bundesgerichtshof, dass die §§ 32a, 32b GmbHG (die „Novellenregeln") *neben* den bereits analog §§ 30, 31 GmbHG (die „Rechtsprechungsregeln") entwickelten Schutz treten sollten (**BGH** 26. 3. 1984 Z 90, 370, 380 = ZIP 1984, 698 = NJW 1984, 1891 [GmbH]; **BGH** 26. 3. 1984 Z 90, 381, 385 = NJW 1984, 1893 = ZIP 1984, 572 [Beton- und Monierbau]; **BGH** 8. 7. 1985 Z 95, 188, 192 = NJW 1985, 2947 = ZIP 1985, 1198; **BGH** 6. 5. 1985 NJW 1985, 2719 = ZIP 1985, 1075, 1076; **BGH** 26. 6. 2000 NJW 2000, 3278 = ZIP 2000, 1489 f = DStR 2000, 1524 *[Goette]* = ZInsO 2000, 498 = NZI 2000, 528 = NZG 2000, 1029 = EWiR § 30 GmbHG 1/01, 19 *[von Gerkan]*; **OLG** München 20. 8. 1990 GmbHR 1991, 530). Im Ergebnis existierten daher **zwei** in den genannten Punkten **unterschiedliche Systeme** zur Erfassung „kapitalersetzender" Gesellschafterdarlehen nebeneinander. Die „Rechtsprechungslösung" war dabei mit Abstand und auch nach Inkrafttreten der InsO die wichtigere.

Durch das **MoMiG** hat sich der Gesetzgeber aber jetzt nochmals ausdrücklich zu den Novellenregeln 4
bekannt und – rechtstechnisch ein Unikum – die „Rechtsprechungsregeln" zu den kapitalersetzenden Gesellschafterdarlehen durch § 57 Abs 1 Satz 4 AktG nF, § 30 Abs 1 Satz 3 GmbHG nF ausdrücklich abgeschafft (kritisch zu dieser „Retourkutsche", weil sie der Rechtsprechung auch eine sinnvolle Weiterentwicklung verböte, *Bork* ZGR 2007, 250, 263 ff). Da diese aber von der Rechtsprechung unter anderem deshalb nicht aufgegeben worden waren, weil sie auch außerhalb eines Insolvenzverfahrens Anwendung fanden, kompensierte der Gesetzgeber deren „Aufhebung" zusätzlich durch eine Stärkung des Einzelgläubiger-Anfechtungsrechts (dazu *Haas* ZInsO 2007, 617, 625 f) Hier wird vor allem die

Hirte

Frist des § 6 AnfG dadurch ausgedehnt, dass die Anfechtungsfristen jetzt von der Erlangung eines vollstreckbaren Schuldtitels an zurückgerechnet werden (kritisch hierzu *Eidenmüller* FS Canaris [2007], S 49, 66 f).

5 § 135 ist wie sein Vorgänger § 32 a KO Teil der Novellenregeln. Nach der heute zentralen Norm des § 39 Abs 1 Nr 5 ist der Gläubiger eines Gesellschafterdarlehens oder der Forderung aus einer wirtschaftlich entsprechenden Rechtshandlung mit seinem Rückforderungsanspruch in der Insolvenz **nachrangiger Insolvenzgläubiger**. Er ist daher nicht mehr wie nach § 32 a Abs 1 GmbHG aF und den „Rechtsprechungsregeln" ganz von einer Teilnahme am Konkurs- bzw Insolvenzverfahren ausgeschlossen; daraus folgt unter anderem, dass er als Gläubiger auch Insolvenzantrag stellen kann (§ 13 Abs 1). Wurde ein Gesellschafterdarlehen **vor Eröffnung des Insolvenzverfahrens** (§ 129 Abs 1) **zurückgezahlt oder dafür eine Sicherung gewährt**, wird § 39 Abs 1 Nr 5 durch § 135 Abs 1 ergänzt, indem dies nach Maßgabe des § 135 Abs 1 angefochten werden kann (*Krolop* ZIP 2007, 1738, 1739: Sonderfall inkonguenter Deckung). **Tilgungsleistungen auf Darlehensforderungen von Gesellschaftern** stellen entsprechend dem neuen Ansatz aber keine iSv § 30 Abs 1 Satz 1 GmbHG verbotenen Auszahlungen mehr dar; Rückzahlungen von Gesellschafterdarlehen sind daher nach neuem Recht im Grundsatz unkritisch, wenn sie vor den im Vergleich zu den Verjährungsvorschriften für Kapitalrückzahlungen kürzeren Fristen des § 135 Abs 1 erfolgt sind (gegen eine weitere Verlängerung der Frist, solange sie als unwiderlegliche Vermutung ausgestaltet ist, *Haas* ZInsO 2007, 617, 622; *Huber/Habersack* BB 2006, 1, 5 f; *Kleindiek* ZGR 2006, 335, 358 f; abw *Altmeppen* NJW 2005, 1911, 1914 [zwei Jahre]; *Bayer/Graff* DStR 2006, 1654, 1655 f [zwei Jahre]; *Gehrlein* BB 2008, 846, 852 [unter Verweis auf *Bitter*: Anknüpfung an Insolvenzreife statt -antragstellung]; *Hirte* Vortrag auf dem 66. DJT [2007], S P 11, P 32).

6 **2. Verhältnis zu anderen Anfechtungsvorschriften.** Neben der Anfechtung nach § 135 InsO ist nach allgemeiner Meinung die zeitlich weiter zurück greifende **Vorsatzanfechtung** nach § 133 (va Abs 2) InsO möglich, sofern deren Voraussetzungen (die vor allem hinsichtlich der Notwendigkeit unmittelbarer Gläubigerbenachteiligung über § 135 InsO hinausgehen) vorliegen (*Dahl/Schmitz* NZG 2009, 325, 327, 330 [zu den Schwierigkeiten des Vorsatznachweises im Falle des Abs 2 S 328]; *Eidenmüller* FS Canaris [2007], S 49, 66; *Gehrlein* BB 2008, 846, 853; allgemein auch *Hirte* Vortrag auf dem 66. DJT [2007], S P 11, P 34; abw *Bayer/Graff* DStR 2006, 1654, 1657 f; siehe im Übrigen oben § 129 Rn 90, 124). Hinsichtlich der Befriedigung oder Sicherung der Forderung eines Gesellschafters auf Rückgewähr eines Darlehens im Sinne des § 39 Abs 1 Nr 5 oder für eine gleichgestellte Forderung geht § 135 aber der **Deckungsanfechtung** nach §§ 130, 131 vor (ebenso *Henckel* KS-InsO S 813, 822; *KP-Noack* GesellschaftsR Rn 219; abw *Häsemeyer* Rn 30.60, 30.62, der § 135 Abs 1 Nr 1 wegen der gleich langen Frist als Sonderfall des § 133 Abs 1 ansieht; siehe auch § 39 Rn 47). Eine Paralellregelung für die Anfechtung von Gesellschafterdarlehen **außerhalb** des Insolvenzverfahrens bilden §§ 6, 6 a AnfG.

II. Anfechtung der Befriedigung oder Sicherung eines Gesellschafters (Abs 1)

7 Rechtshandlungen, die dem Gläubiger eines Gesellschafterdarlehens oder einer gleichgestellten Forderung Sicherung oder Befriedigung gewähren, unterliegen der Anfechtung nach Abs 1, wenn sie in den in Nrn. 1 und 2 genannten Fristen vor dem Eröffnungsantrag oder nach diesem Antrag vorgenommen wurden. Erfasst sind dabei nur Forderungen eines Gesellschafters aus einem **Gesellschafterdarlehen oder einer gleichgestellten Forderung**, nicht auch Forderungen Dritter; insoweit gilt Abs 2 (unten Rn 15 ff). Bezüglich des Vorliegens eines Gesellschafterdarlehens entspricht der Anwendungsbereich von Abs 1 demjenigen des § 39 Abs 1 Nr 5 (dazu oben § 39 Rn 36 ff); auf einen „kapitalersetzenden" Charakter des Darlehens kommt es daher nicht mehr an. Daher sind nach der Vorstellung des Gesetzes sämtliche Befriedigungen oder Sicherungen jedweder Gesellschafterdarlehen innerhalb der kritischen Zeit anfechtbar, selbst wenn im Einzelfall die Insolvenz etwa durch ein plötzliches externes Ereignis verursacht sein sollte; Vorschläge, die darin liegende Härte durch eine Regelung nach dem Vorbild von § 136 Abs 2 InsO zu vermeiden (*Haas* Gutachten E zum 66. DJT [2006], S E 80; *ders* ZInsO 2007, 617, 621 f; *Krolop* ZIP 2007, 1738, 1744; ähnlich *Burg/Poertzgen* ZInsO 2008, 473, 475 ff; *Eidenmüller* FS Canaris [2007], S 49, 64) sind nicht Gesetz geworden (*Dahl/Schmitz* NZG 2009, 325, 327). Gesellschafter müssen also ein „Frühwarnsystem" einrichten, um ihre Darlehen sicher vor der gesetzlich vermuteten Krise abzuziehen (so *Kallmeyer* DB 2007, 2755, 2758). Wie bei § 39 InsO sind aber auch hier Leistungen auf Forderungen erfasst, die einem Darlehen wirtschaftlich entsprechen (dazu § 39 Rn 38; kritisch zum abw RefE *Eidenmüller* FS Canaris [2007], S 49, 62 f). Dazu gehört aber nicht die Begleichung der laufenden **Zinsansprüche**; Zahlungen hierauf können aber einen Erstattungsanspruch nach § 92 Abs 2 Satz 3 AktG, § 64 Satz 3 GmbHG begründen. Nach **Abs 4** greifen schließlich auch die Vorschriften über den **persönlichen Anwendungsbereich** in § 39 Abs 4 Satz 1, über das **Sanierungsprivileg** des § 39 Abs 4 Satz 2 und das **Kleinbeteiligtenprivileg** des § 39 Abs 5. Schädlich ist es bei Letzterem, wenn ein Gesellschafter irgendwann während der relevanten Fristen die Kleinbeteiligtenschwelle überschritten hat (oben § 39 Rn 73).

II. Anfechtung der Befriedigung oder Sicherung eines Gesellschafters (Abs 1) § 135

Die Vereinbarung eines **Rangrücktritts** schließt ein Eingreifen von § 135 aber aus, da sich die Norm 8 nur auf Gesellschafterdarlehen im Sinne von § 39 Abs 1 Nr 5 (einschließlich der Privilegierungen nach § 39 Abs 4 und 5) bezieht (siehe auch oben § 39 Rn 52 ff). Das hindert die Anfechtbarkeit aber nicht grundsätzlich; denn dadurch bleibt die Forderung gleichwohl – wenn auch nachrangige – Insolvenzforderung (Begr RegE zu § 135 aE; Einzelheiten bei § 39 Rn 1 ff). Wegen des dann nicht mehr anwendbaren § 135 können jetzt aber §§ 130, 131 eingreifen (dazu oben Rn 6). Eine solche Anfechtung kann aber in jedem Fall nur eine Benachteiligung der nicht nachrangigen Insolvenzgläubiger verhindern (KP-*Paulus* § 135 Rn 4). Denkbar ist auch ein Eingreifen von § 136 Abs 2 (dazu § 136 Rn 5).

Die **Fristen** sind nach § 139 zu berechnen; ob die Rechtshandlung in die Frist fällt, bestimmt sich 9 nach § 140. § 135 erfasst damit nur den Fall, dass auf die Darlehens- oder gleichgestellte Forderung eines Gesellschafters im Vorfeld der Insolvenz noch etwas geleistet wurde (zur Ergänzungsfunktion des § 135 BGH 19. 9. 1996 Z 133, 298, 305 = NJW 1996, 3203 = KTS 1996, 574 = LM § 32 a GmbHG Nr 26 [*Roth*]). Er tritt damit neben die Nachranganordnung des § 39 Abs 1 Nr 5 für vor der Insolvenz noch nicht zurückgeführte Gesellschafterdarlehen (die heute vollständig an die Stelle der früher parallel greifenden gesellschaftsrechtlichen Rückforderungsansprüche nach § 31 GmbHG bzw § 62 Abs 1 AktG getreten ist). Tilgungsleistungen vor den genannten Fristen sind nach neuem Recht im Grundsatz unbedenklich (dazu oben Rn 5). Dabei reicht für die Anfechtbarkeit aus, dass ein Dritter, der zunächst nur Darlehensgeber war, innerhalb der relevanten Fristen Gesellschafter geworden ist (oben § 39 Rn 45); scheidet ein Gesellschafter vor Verfahrenseröffnung aus, ist er andererseits noch erfasst, wenn er in der kritischen Zeit Tilgungs- oder Sicherheitsleistungen erhalten hat (oben § 39 Rn 45).

Der Begriff der **Rechtshandlung**, mit der dem Gläubiger Sicherung oder Befriedigung gewährt wird, 10 ist entsprechend dem Normzweck weit auszulegen (BGH 15. 10. 1975 WM 1975, 1182, 1184). Es genügt jedes vermögenswirksame Handeln und Unterlassen; auch Zwangsvollstreckungsmaßnahmen reichen aus (MK/*Stodolkowitz/Bergmann* Rn 74). Auf die Mitwirkung des Verfahrensschuldners kommt es wie bei §§ 130, 131 nicht an (siehe oben § 130 Rn 8) nicht an. Auch das Vorliegen eines vollstreckbaren Titels schadet nicht (§ 141). Immer muss aber eine **Gläubigerbenachteiligung** vorliegen (§ 129 Abs 1; BGH 19. 9. 1988 Z 105, 168, 187 = NJW-RR 1989, 33 = ZIP 1988, 1248 = KTS 1989, 114; BGH 2. 2. 2006 ZIP 2006, 483 = ZInsO 2006, 254 = NZI 2006, 232; OLG Hamburg 24. 7. 1987 NJW-RR 1988, 46 = ZIP 1987, 977, 988 = GmbHR 1988, 141, 147 = EWiR § 32 a GmbHG 1/87, 165 [*Fleck*]). Dabei reicht mittelbare Gläubigerbenachteiligung aus (BGH 19. 9. 1996 Z 133, 298, 306 = NJW 1996, 3203 = ZIP 1996, 1996, 574 = EWiR § 32 a GmbHG 2/96, 1087 [*Fleck*] = LM § 32 a GmbHG Nr 26 [*Roth*]). Gläubigerbenachteiligung scheidet vor allem aus, wenn der befriedigte Gesellschafter voll besichert war (oben § 129 Rn 105, 110 ff); in diesem Fall ist aber zu prüfen, ob nicht die Sicherung nach Nr 1 anfechtbar ist. Insbesondere in Fällen des Cash Pooling werden die Voraussetzungen eines **Bargeschäfts** (§ 142) vorliegen, wenn und soweit dem von einer Mutter- an ihre Tochtergesellschaft gewährten Darlehen die Möglichkeit gegenübersteht, dass umgekehrt die Mutter- bei ihrer Tochtergesellschaft Kredit aufnimmt (*Klinck/Gärtner* NZI 2008, 457, 460 f; dazu im Übrigen unten § 142 Rn 3, 10). Gesellschafterforderungen oder gleichgestellte Leistungen umfassen nach heutigem Recht nicht mehr nur solche im Bereich des GmbH-Rechts (dazu oben § 39 Rn 58).

1. Anfechtbare Befriedigung (Abs 1 Nr 2). Die Befriedigung des Rückforderungsanspruchs ist anfechtbar, wenn die zu ihr führende Rechtshandlung **im letzten Jahr** vor dem Eröffnungsantrag oder 11 nach diesem Antrag vorgenommen wurde. Voraussetzung ist aber auch, dass es sich im Zeitpunkt der Befriedigung um ein Gesellschafterdarlehen oder eine gleichgestellte Forderung (oben Rn 7) handelte. Anfechtbar ist auch die Befriedigung von Nebenforderungen wie Zinsen (sofern es sich insoweit überhaupt um eine Gesellschafterdarlehensforderung handelt); das Gleiche gilt – nach Umwandlung einer Gesellschafterhilfe in eine stille Einlage – auch für Gewinnanteile (BGH 8. 11. 2004 NZI 2005, 283 = DStR 2005, 117 = ZIP 2005, 82 mwN). Befriedigung im Sinne der Nr 2 ist nicht nur die Rückzahlung des Darlehens, sondern es gehören auch alle **Erfüllungssurrogate** wie Leistung an Erfüllungs Statt oder erfüllungshalber, Hinterlegung, Aufrechnung oder Verrechnung sowie die Befriedigung durch Zwangsvollstreckung hierher. Dementsprechend bildet auch die Verrechnung von „aufsteigenden" Gesellschafterdarlehen im Rahmen des Cash Pooling eine Befriedigung und nicht etwa eine – länger anfechtbare – Sicherung nach Nr 1 (*Hamann* NZI 2008, 667 ff; zweifelnd *Klinck/Gärtner* NZI 2008, 457, 459 ff). Auch die Aufhebung einer „harten" Patronatserklärung stellt eine Befriedigung in diesem Sinne dar (OLG München 22. 7. 2004 ZInsO 2004, 1040; dazu *Paul* ZInsO 2004, 1327 ff). Für die Durchsetzung des Anfechtungsanspruchs gelten die allgemeinen Grundsätze.

Im Falle einer Rückzahlung des Darlehens **an einen Dritten** vor Eröffnung des Insolvenzverfah- 12 rens folgt aus Abs 1 keine Verpflichtung des Dritten, einen Ausgleich in die Insolvenzmasse zu leisten. Eine solche Verpflichtung zur Herausgabe kann sich aber aus Abs 2 iVm § 143 Abs 3 (früher § 32 b GmbHG) gegenüber dem durch eine solche Darlehensrückzahlung begünstigten Gesellschafter ergeben (Einzelheiten unten Rn 21 ff). Eine Anfechtung der Darlehensrückzahlung gegenüber dem Dritten ist aber unter Umständen nach §§ 130, 131, 133 möglich.

13   **2. Anfechtbare Sicherung (Abs 1 Nr 1).** Rechtshandlungen, die dem Gläubiger eines Gesellschafterdarlehens oder einer gleichgestellten Forderung Sicherung gewähren, sind nach Nr 1 anfechtbar, wenn die zu ihnen führende Rechtshandlung in den **letzten zehn Jahren** vor dem Eröffnungsantrag oder nach diesem Antrag vorgenommen wurde. Bei mehraktigen Rechtshandlungen ist der letzte Teilakt maßgeblich (§ 140 Abs 1). Der Begriff der Sicherheitsleistung entspricht dem im Rahmen von §§ 130, 131. Anfechtbar sind auch Sicherungen für Regressforderungen des Gesellschafters (**BGH** 27. 11. 1989 ZIP 1990, 95, 96 = KTS 1990, 255). Dabei ist ausreichend, dass der besicherte Kredit im Zeitpunkt der Anfechtung die Voraussetzungen des § 39 Abs 1 Nr 5 (unter Beachtung der Ausnahmevorschriften der § 39 Abs 4 und 5) erfüllt; sie müssen also noch nicht im Zeitpunkt der Sicherung vorgelegen haben (zur entsprechenden Frage [kapitalsetzender Charakter] für das vor dem MoMiG geltende Recht **BGH** 19. 9. 1988 Z 105, 168, 187 = NJW-RR 1989, 33 = ZIP 1988, 1248, 1254 = KTS 1989, 114; Jaeger/*Henckel* § 135 Rn 10; KP*Paulus* § 135 Rn 28).

14   **3. Rechtsfolgen.** Der Gesellschafter muss den Betrag, der ihm wegen seiner Darlehensforderung Befriedigung gewährt hat, nach § 143 Abs 1 Satz 1 zur Insolvenzmasse zurückgewähren. Seine eigene Forderung lebt dadurch nach § 144 Abs 1 wieder auf, allerdings nur mit dem vor Verfahrenseröffnung bestehenden Rang (§ 39 Abs 1 Nr 5). Im Falle einer anfechtbaren Sicherheitenbestellung geht der Rückgewähranspruch auf deren Unwirksamkeit gegenüber Insolvenzgläubigern und Insolvenzverwalter (unten § 143 Rn 12).

III. Anfechtung der Befriedigung einer gesellschafterbesicherten Drittforderung (Abs 2)

15   Hat ein **Dritter** einer Gesellschaft ein **Darlehen gewährt** und hat ihm ein **Gesellschafter** für die Rückgewähr des Darlehens eine **Sicherheit bestellt** oder sich dafür verbürgt, handelt es sich nach § 39 Abs 1 Nr 5 aE (früher § 32a Abs 2 Satz 1 GmbHG) um ein einer Darlehensgewährung durch einen Gesellschafter wirtschaftlich entsprechendes Vorgehen. In diesem Fall kann der Dritte nach § 44a im Insolvenzverfahren nur für den Betrag anteilsmäßige Befriedigung aus der Insolvenzmasse verlangen, mit dem er bei der Inanspruchnahme des Bürgen oder der Sicherheit ausgefallen ist. Abs 2 erfasst in diesem Zusammenhang den Fall, dass die Gesellschaft ein solches gesellschafterbesichertes Drittdarlehen vor dem Antrag auf Eröffnung des Insolvenzverfahrens oder nach diesem Antrag zurückgezahlt hat und unterwirft die Zahlung der Anfechtung, weil dadurch der Gesellschafter von seiner Sicherheit frei wird. Gegenstand der Insolvenzanfechtung ist damit die Befreiung des sichernden Gesellschafters (*Karsten Schmidt* BB 2008, 1966, 1969). Die Norm führt die früher in § 32b GmbHG enthaltene Regelung fort, die trotz ihrer Verortung im Gesellschaftsrecht immer schon als echter Anfechtungstatbestand angesehen wurde (Begr RegE zu Art 48 Nr 3 EGInsO [= § 32b Satz 1 GmbHG nF]; 12. Aufl § 135 Rn 44; *Karsten Schmidt* ZIP 1999, 1821, 1822; abw KP-*Paulus* § 135 Rn 37: „anfechtungsähnlich"). Schon auf § 32b GmbHG fand auch § 146 InsO entsprechende Anwendung. Das ordnete das Gesetz zuletzt ausdrücklich in § 32b Hs 2 GmbHG an, entsprach aber auch schon der hM zum noch früheren Recht (**BGH** 20. 9. 1993 Z 123, 289, 291 = ZIP 1993, 1614 = KTS 1994, 105 = EWiR § 41 KO 2/93, 1217 [*Paulus*]). – Zur Erstreckung der Übergangsregelung des Art 106 EGInsO (auch) auf § 32b GmbHG idF des EGInsO oben § 129 Rn 57.

16   Abs 2 betrifft **Darlehen** oder darlehensähnliche Leistungen (Abs 2 Hs 2) eines **Dritten**, der nicht zum Personenkreis des § 39 Abs 5 Nr 1 – einschließlich dessen und seiner Vorgängernormen Erweiterungen durch die Rechtsprechung – gehört, dessen Forderung iSv § 44a (früher § 32a Abs 2 GmbHG) durch einen Gesellschafter oder einen diesem wirtschaftlich gleichgestellten Dritten abgesichert worden ist. Der Begriff des Darlehens oder der diesem wirtschaftlich entsprechenden Leistung ist wie bei § 39 Abs 1 Nr 5 zu verstehen (dazu § 39 Rn 36 ff). Im Gegensatz zu Abs 1 liegt die Schmälerung des Gesellschaftsvermögens im Falle des Abs 2 nicht in einer Leistung oder Sicherung seitens der Gesellschaft gegenüber dem Gesellschafter, sondern im **Freiwerden einer Sicherheit** des Gesellschafters durch Leistung an den dritten Gläubiger (*Altmeppen* NJW 2008, 3601, 3607; für eine entsprechende Anwendung auf die Befriedigung dritter Gläubiger im Wege der „Klimapflege" auch ohne vorherige Ausreichung eines Darlehens *Hölzle* ZIP 2003, 1376, 1382 f).

17   Voraussetzung ist eine **Rückzahlung** im letzten Jahr vor dem Eröffnungsantrag oder nach diesem Antrag (zur Kritik an der Kürze der Frist *Häsemeyer* Rn 30.60). Die Frist ist auch hier nach § 139 zu berechnen; ob die Rückzahlung in der Frist erfolgt ist, bestimmt sich entsprechend § 140. Der Begriff der Rückzahlung ist weit zu fassen. Er umfasst jede wirtschaftlich zu Lasten der Gesellschaft gehende Befriedigung des Kreditgebers (Scholz/*Karsten Schmidt* §§ 32a, 32b GmbHG Rn 80). Die Befriedigung muss aber in jedem Fall durch eine Rechtshandlung iSv § 129 Abs 1 erfolgen. Darunter fällt auch die Zwangsvollstreckung (§ 141) oder im Falle der Doppelbesicherung die Verwertung einer von der Gesellschaft bestellten Sicherheit, die neben eine Gesellschaftersicherheit tritt (**BGH** 19. 11. 1984 NJW 1985, 858 = ZIP 1985, 158 = KTS 1985, 317 = EWiR § 32a GmbHG 1/85, 105 [*Kübler*]; **BGH** 28. 9. 1987 NJW 1988, 824 = ZIP 1987, 1541 = EWiR § 31 GmbHG 1/88, 67 [*Fleck*]). Erfasst werden auch hier Erfüllungssurrogate wie die Aufrechnung, wenn sie zu Lasten des Gesellschaftsvermögens gehen. Die Bestellung einer weiteren Sicherheit durch die Gesellschaft oder der Austausch einer Gesellschafter-

V. Nutzungsüberlassung (Abs 3) § 135

gegen eine Gesellschaftssicherheit reichen für eine Anfechtung nach Abs 2 allerdings nicht aus; es kommt aber einer Anfechtung nach den allgemeinen Vorschriften in Betracht. Durch die Leistung der Gesellschaft muss die Sicherheit schließlich frei geworden sein, was unter Umständen nicht der Fall ist, wenn die Gesellschaft nur einen Teilbetrag des Kredits zurückgeführt hat (**BGH** 2. 4. 1990 NJW 1990, 2260 = ZIP 1990, 642); dann kommt eine Teilanfechtung in Betracht.

Eine Anfechtung nach § 135 Abs 2 (früher § 32a Abs 2 GmbHG) scheidet aus, wenn der Dritte *vor* 18 Eröffnung des Insolvenzverfahrens auf die Sicherheit **verzichtet** hat (OLG Hamburg 25. 5. 1990 ZIP 1990, 1262 = EWiR § 32a GmbHG § 32a GmbHG 5/90, 1095 [*Gehling*]; *Fastrich* NJW 1983, 260, 263f; Jaeger/*Henckel* § 32a KO Rn 49). Anders als nach früherem Recht (MK/*Kirchhof* § 135 Rn 86; Scholz/*Karsten Schmidt* §§ 32a, 32b GmbHG Rn 174; *Karsten Schmidt* ZIP 1981, 689, 693; *ders* ZIP 1999, 1821, 1826: für einen Verzicht des Gläubigers auf die Sicherheit *nach* Eintritt der „Krise") begründet ein solcher Verzicht auch keinen Erstattungsanspruch der Gesellschaft gegen den Gesellschafter, da in diesem Vorgehen kein einer Kapitalrückzahlung vergleichbarer Vorgang mehr zu sehen ist (zum alten Recht noch *Piekenbrock* NZI 2007, 384, 386). Die in dem Verzicht liegende Rechtshandlung, die mit Blick auf die entfallende Anwendung von § 44a zu einer Verbesserung der Position des Dritten führt, begründet schon deshalb keine Anfechtungsmöglichkeit, weil es an einer Rechtshandlung des Schuldners fehlt; zudem wird der Dritte ohnehin nur dann verzichten, wenn der Gesellschafter vermögenslos ist. In dieser Konstellation würde eine Anwendung von § 44a die Berücksichtigung der vollen Forderung im Insolvenzverfahren ohnehin nur hinauszögern, im Ergebnis aber keine Besserstellung der Gläubiger bewirken.

Bezüglich der **Rechtsfolgen** der Anfechtung enthält § 143 Abs 3 eine dem Dreiecksverhältnis Rechnung tragende Sonderregelung (unten § 143 Rn 56A ff). 19

IV. Beweislast

Der **Insolvenzverwalter** hat grundsätzlich die Gewährung eines Gesellschafterdarlehens bzw einer 20 wirtschaftlich entsprechenden Forderung zu beweisen (**BGH** 14. 11. 1988 NJW 1989, 1219 = ZIP 1989, 93, 94 = EWiR § 30 GmbHG 1/89, 369 [*Martens*]; **BGH** 24. 4. 1989 NJW-RR 1989, 1372; **BGH** 7. 3. 2005 NZI 2005, 351 = NJW-RR 2005, 766 = ZIP 2005, 807). Auch hat er die Gewährung einer Sicherung oder Befriedigung innerhalb der Anfechtungsfristen zu beweisen. Schließlich obliegt ihm – wie allgemein (dazu oben § 129 Rn 130f) – der Nachweis des Vorliegens von Gläubigerbenachteiligung. Auf den früher auch erforderlichen (Negativ-)Beweis der Kreditunwürdigkeit der Gesellschaft (zur eingeschränkten Beweislast des Verwalters in diesem Punkt **BGH** 17. 11. 1997 NJW 1998, 1143 = ZIP 1998, 243 = EWiR § 32a GmbHG 2/98, 179 [*von Gerkan*] = DStR 1998, 426 [*Goette*] im Anschluss an **BGH** 4. 12. 1995 NJW 1996, 720 = ZIP 1996, 275 = EWiR § 32b GmbHG 2/96, 217 [*Fleck*] = DStR 1996, 553 [*Goette*]) kommt es jetzt nicht mehr an (weit weit Nachw in der 12. Aufl Rn 50). Der **Gesellschafter** hat schließlich nachzuweisen, dass die Masse auch ohne die Anfechtung zur Befriedigung aller Insolvenzgläubiger ausreicht (**BGH** 19. 9. 1988 Z 105, 168, 187 = ZIP 1988, 1248, 1254 = NJW-RR 1989, 33; dazu im Übrigen oben § 129 Rn 131).

V. Nutzungsüberlassung (Abs 3)

Entgegen dem Konzept des MoMiG-Regierungsentwurfs (Begr RegE, BT-Drucks 16/6140, S 56) hat 21 der Rechtsausschuss in § 135 Abs 3 InsO eine Regelung geschaffen, mit der die Rechtsprechung zur **kapitalersetzenden Nutzungsüberlassung** (grundlegend BGH 16. 10. 1989 Z 109, 55 = ZIP 1989, 1542 = NJW 1990, 516 = EWiR § 32a GmbHG 1/90 [*Fabritius*] = LM § 32a GmbHG Nr 6 [Lagergrundstück I]; weit Nachw bei *Hirte*, Kapitalgesellschaftsrecht (5. Aufl 2006), Rn 5.138 ff und Uhlenbruck/*Hirte* 12. Aufl Rn 23f) jedenfalls teilweise fortgeführt wird (dazu Begr Beschlussempfehlung und Bericht des Rechtsausschusses, BT-Drucks 16/9737, S 59; zu entsprechenden Forderungen zuvor *Hirte* ZInsO 2008, 146, 149). Konzeptionell hat sich die Neuregelung jedoch vollständig vom bisherigen Ansatz gelöst; sie ist zudem sachlich nicht Gegenstand des Anfechtungsrechts (*Marotzke* ZInsO 2008, 1281, 1283; *Karsten Schmidt* DB 2008, 1727, 1732). Nach Abs 3 kann der Aussonderungsanspruch (§ 47 InsO) eines **Gesellschafters** im Hinblick auf einen Gegenstand, den er der Schuldner-Gesellschaft zum Gebrauch oder zur Ausübung überlassen hat, während der Dauer des Insolvenzverfahrens, höchstens aber für ein Jahr ab Eröffnung des Verfahrens, nicht geltend gemacht werden, wenn der Gegenstand für die Fortführung des Unternehmens des Schuldners von erheblicher Bedeutung ist (Satz 1). Mit der an das österreichische Recht (§ 26a österreichische KO) angelehnten Regelung soll sichergestellt werden, dass der Zweck des Insolvenzverfahrens nicht dadurch unterlaufen wird, dass der Masse für die Unternehmensfortführung wesentliche Gegenstände entzogen werden (*arg.* auch § 166 Abs 1; zu dessen Reichweite ausführlich *Hirte/Knof* WM 2008, 7, 49, 51 ff; zum Bedeutungsverlust des Besitzbegriffs in diesem Zusammenhang auch *Uhlenbruck* ZInsO 2008, 114, 116; abw *Ch. Berger* ZIP 2007, 1533, 1536. – Für ein funktionales Verständnis von § 166 jetzt auch *Hirte*, FS Gero Fischer [2008], S 239, 244 ff); diese Unterlassungspflicht folgt nach Auffassung des Rechtsausschusses zugleich auch aus der Treuepflicht der Gesellschafter (Begr Beschlussempfehlung und Bericht des Rechtsausschusses, BT-Drucks 16/9737, S 59). Mit Blick auf das Ziel der Norm ist es auch unbedenklich, einem Gesellschafter verbundene oder ihm nahe stehende Personen (dazu oben § 39 Rn 41 ff) in den Anwendungsbereich einzubeziehen (abw [freilich bedauernd] *Dahl/Schmitz* NZG 2009, 325, 329; *Spliedt* ZIP 2009, 149, 156). Andererseits gilt die Neuregelung sicher nicht zu Lasten von **Erwerbern** eines Gegenstandes, den ein Gesellschafter der Gesellschaft überlassen hatte, solange die Veräußerung vor Verfahrenseröffnung stattgefunden hat. Ein gesellschaftsrechtlicher Wertersatzanspruch gegen den Gesellschafter scheidet schon deshalb aus, weil nach neuem Recht kein eigenkapitalersetzendes Nutzungsrecht mehr besteht. Eine Anfechtung ist nur nach allgemeinen Vorschriften (vor allem § 113) möglich. Die ordnungsgemäß geleisteten Mietzahlungen sind nach neuem Recht schon gegenüber dem Gesellschafter und daher erst recht gegenüber einem Erwerber nicht anfechtbar; auf § 566 BGB braucht insoweit nicht mehr abgestellt zu werden (so zum alten Recht noch BGH 2. 2. 2006 IX ZR 82/02 ZInsO 2006, 371 [zu § 571 BGB aF/§ 135 InsO aF]; zu gestundeten Mietzinsforderungen unten Rn 27). Die Regelung führt systematisch die für das Eröffnungsverfahren geltende, ebenfalls neue Regelung des § 21 Abs 2 Nr 5 fort. Innerhalb der vorgesehenen Jahresfrist – so die Annahme des Gesetzgebers – wird es dem Insolvenzverwalter regelmäßig gelingen, eine Vereinbarung zu erreichen, die eine Fortsetzung des schuldnerischen Unternehmens ermöglicht. Vor diesem Hintergrund dürfte es für den besonderen Nutzungsanspruch nach Abs 3 nicht darauf ankommen, ob hinsichtlich des weiter zu nutzenden Gegenstandes schon im Zeitpunkt der Verfahrenseröffnung eine erhebliche Bedeutung für die Fortführung des schuldnerischen Unternehmens zu bejahen ist (enger wohl *Karsten Schmidt* DB 2008, 1727, 1734: Beweislast dafür beim Verwalter); ausreichend ist vielmehr eine abstrakte erhebliche Bedeutung, so dass Abs 3 auch greift, wenn das Unternehmen letztlich liquidiert wird, zumal auch hier die Möglichkeit einer Gesamtverwertung regelmäßig vorteilhaft für die Masse ist. Die beabsichtigte Weiternutzung hat der Verwalter dem Gesellschafter unverzüglich anzuzeigen; zudem kann der Gesellschafter den Verwalter entsprechend § 103 Abs 2 Satz 2 zu einer Erklärung darüber auffordern, ob er vom Recht nach Abs 3 Gebrauch machen will (ähnlich *Karsten Schmidt* DB 2008, 1727, 1734). Der Verwalter ist aber nicht verpflichtet, sich bei Ausübung seines Rechts auf eine bestimmte Frist der Nutzung festzulegen; will er die Nutzung beenden, muss er dies dem Gesellschafter aber in Anlehnung an die Fristen der §§ 103 ff InsO vorher mitteilen (ähnlich *Karsten Schmidt* DB 2008, 1727, 1734). Während des Zeitraums der Nutzung des Gegenstandes durch den Verwalter hat der Gesellschafter diesen in dem Umfang zu unterhalten und zu warten, wie er sich aus dem der Nutzungsüberlassung zugrundeliegenden Vertrag ergibt; das gilt selbst dann, wenn er dafür nach Satz 2 keinen Ausgleich erhalten sollte.

22 Ist ein von einem Gesellschafter seiner Gesellschaft zur Nutzung überlassenes Grundstück mit **dinglichen Sicherheiten** belastet, endet das Recht der Gesellschaft, den Gegenstand nach Abs 3 zu nutzen, in entsprechender Anwendung von §§ 146 ff (§§ 148, 152 Abs 2) ZVG, §§ 1123, 1124 Abs 2 BGB mit dem Wirksamwerden des im Wege der Zwangsverwaltung erlassenen Beschlagnahmebeschlusses; eines weiteren Tätigwerdens des Zwangsverwalters bedarf es dabei nicht. Die zum früheren Recht entwickelten Grundsätze gelten insoweit fort (ebenso *Dahl/Schmitz* NZG 2009, 325, 331; *Fischer/Knees* ZInsO 2009, 745, 747 ff; zuvor **BGH** 7. 12. 1998 Z 140, 147 = ZIP 1999, 65, 66 f = NJW 1999, 577 = EWiR § 32 a GmbHG 1/2000, 31 *[von Gerkan]* = DStR 1999, 35 *[Goette]* [Druckhaus]; **BGH** 31. 1. 2000 NJW-RR 2000, 925 = ZIP 2000, 455 = NZI 2000, 211 = KTS 2000, 296). Nach Wirksamwerden eines Beschlagnahmebeschlusses kann die Gesellschaft bzw deren Insolvenzverwalter das belastete Grundstück daher nur noch in den (engeren) Grenzen des § 1124 Abs 2 BGB unentgeltlich nutzen. Vielmehr muss sie bzw ihr Insolvenzverwalter wie ein Dritter den (vollen) Miet-/Pachtzins an den Zwangsverwalter entrichten, will sie bzw ihr Insolvenzverwalter es weiter nutzen. Da der Gesellschafter andererseits gegenüber dem Insolvenzverwalter verpflichtet ist, das Grundstück für den in Abs 3 genannten Zeitraum der Masse zu den nachstehenden Bedingungen zur Verfügung zu stellen, muss er dem Insolvenzverwalter die Differenz zwischen der Vergütung nach Abs 3 und dem etwa zu zahlenden Miet-/Pachtzins erstatten (abw *Dahl/Schmitz* NZG 2009, 325, 331). Das gilt auch dann, wenn der Insolvenzverwalter das Grundstück an den Zwangsverwalter vor Ablauf der Mietzeit herausgibt. Der Ersatzanspruch setzt aber voraus, dass der Insolvenzverwalter das Grundstück, hätte er es nicht herausgegeben, tatsächlich hätte nutzen können, sei es auch bloß durch seine Untervermietung (zum Ganzen **BGH** 31. 1. 2005 II ZR 240/02 NZG 2005, 180 = ZIP 2005, 484 = EWiR § 32 a GmbHG 1/05, 355 *[Herbst/Flitsch]* mwN). Diese Überlegungen gelten im Fall der **Insolvenz eines Gesellschafters** entsprechend (*Dahl/Schmitz* NZG 2009, 325, 331; abw *Henkel* ZInsO 2006, 1013 ff mwN; *Göcke/Henkel* ZInsO 2009, 170, 172 ff).

23 Für den Gebrauch des Gegenstandes oder seine Nutzung steht dem Gesellschafter ein **Ausgleich** zu (die Gesetzesformulierung ist missglückt: die „Ausübung eines Gegenstandes" gibt es nicht; gemeint ist die – ebenfalls erfasste – „Ausübung" von Rechten); für dessen Berechnung ist der Durchschnitt der im letzten Jahr vor Verfahrenseröffnung geleisteten Vergütung in Ansatz zu bringen, während bei kürzerer Dauer der Überlassung auf den Durchschnitt während dieses Zeitraums abzustellen ist (Satz 2). Entscheidend ist dabei die **tatsächlich geleistete Vergütung**: Hat der Gesellschafter in dem relevanten Zeitraum seinen Anspruch selbst nicht durchgesetzt, wird ihm zugemutet, ihn auch während des Insolvenzverfahrens nicht geltend machen zu können (Begr Beschlussempfehlung und Bericht des

V. Nutzungsüberlassung (Abs 3) § 135

Rechtsausschusses, BT-Drucks 16/9737, S 59). Letzteres gleicht der Rückschlagsperre des § 88, freilich mit umgekehrten Vorzeichen: So wie dort in kritischer Zeit erlangte Sicherheiten unwirksam werden, werden hier Ansprüche für undurchsetzbar erklärt, weil sie schon in der kritischen Zeit nicht wirklich durchgeführt wurden. Die Regelung insgesamt bildet demgegenüber eine Modifikation gegenüber den nach neuem Recht grundsätzlich auch auf die Nutzungsüberlassung durch einen Gesellschafter anwendbaren §§ 103 ff; denn §§ 55 Abs 1 Nr 2, 103, 108 setzen eine echte synallagmatische Leistungsbeziehung voraus, während die Nutzungsüberlassung durch einen Gesellschafter – jedenfalls auch – um der Mitgliedschaft willen, also *causa societatis*, vereinbart wird (zuvor in dieselbe Richtung *Hirte* ZInsO 2008, 146, 149; ähnlich auf der Grundlage des RefE auch *Knof* ZInsO 2007, 125, 130). Deshalb dürfte auch dann auf die tatsächlich vor Verfahrenseröffnung gezahlte Vergütung abzustellen sein, wenn der Verwalter – was die Ausnahme bleiben dürfte – vom Erfüllungswahlrecht Gebrauch macht bzw beide Seiten auf das Sonderkündigungsrecht verzichten; die Rechtsfolgen der §§ 103 ff (insbesondere die Pflicht zur Zahlung der vereinbarten Vergütung) greifen also erst nach Ablauf der Jahresfrist und nicht etwa *ad hoc* nach Erklärung der positiven Erfüllungswahl (ebenso *Dahl/Schmitz* NZG 2009, 325, 329; *Marotzke* ZInsO 2008, 1281, 1291; *Spliedt* ZIP 2009, 149, 158 [insoweit weiter, als er dem Gesellschafter die Geltendmachung einer etwaigen Differenz als nachrangige Insolvenzforderung zugesteht]). Ist die tatsächliche Vergütung überhöht gewesen, kann eine Anfechtung sowohl der ihr zugrundeliegenden Vereinbarung wie der Zahlung in Betracht kommen. Die Anfechtbarkeit des Mietzinsanspruchs kann der Verwalter dem Gesellschafter auch einredeweise entgegenhalten, wenn er diesen geltend macht (*Dahl/Schmitz* NZG 2009, 325, 330). Mietzinszahlungen, die anfechtbar sind, sind für die Festlegung der Vergütungshöhe nicht zu berücksichtigen (*Dahl/Schmitz* NZG 2009, 325, 330; *Marotzke* ZInsO 2008, 1281, 1284, 1287). Eine Anfechtung nach §§ 130, 131 wegen Ermöglichung einer Befriedigung (dazu im Übrigen oben § 130 Rn 9) ist auch möglich, wenn der der Nutzungsüberlassung zugrundeliegende Vertrag in der kritischen Zeit vor Verfahrenseröffnung gekündigt wurde (ebenso *Karsten Schmidt* DB 2008, 1727, 1734). Denkbar ist zudem die Anfechtung einer etwaigen Kündigung des Nutzungsverhältnisses durch einen Gesellschafter (*Spliedt* ZIP 2009, 149, 158 f; *Marotzke* ZInsO 2008, 1281, 1285; zur praktisch geringen Bedeutung einer solchen Anfechtung *Dahl/Schmitz* NZG 2009, 325, 330). Als **zeitlichen Anknüpfungspunkt** wählt das Gesetz die Verfahrenseröffnung; nach dem Wortlaut des Gesetzes erscheint es daher möglich, durch Nichtzahlung der Vergütung während des Eröffnungsverfahrens den später *qua* Gesetz geschuldeten Ausgleich zu reduzieren. Eine solche Auslegung widerspräche jedoch dem Zweck des Gesetzes, dass für den Ausgleich den durch die Insolvenzlage noch nicht beeinflussten Geschäftsverkehr mit der Gesellschafter zugrunde legen will. Daher ist im Wege teleologischer Auslegung und im Einklang mit der auch sonst im Anfechtungsrecht üblichen Systematik für die Berechnung nicht auf den Zeitpunkt der Verfahrenseröffnung, sondern auf denjenigen der Antragstellung abzustellen (*Dahl/Schmitz* NZG 2009, 325, 330; *Spliedt* ZIP 2009, 149, 157). Mit Blick auf den Zusammenhang der Ausgleichsregelung des Abs 3 Satz 2 mit der Aussonderungssperre des Satzes 1 dürfte ein Ausgleichsanspruch ausscheiden, wenn der in der Masse befindliche Gegenstand – etwa mangels Kündigungsmöglichkeit der Beteiligten – gar nicht ausgesondert werden könnte (*Marotzke* ZInsO 2008, 1281, 1288 f [„Ausgleich für nichts"]); kündigt in einem solchen Fall der Gesellschafter, etwa wegen Verzuges (was seit Inkrafttreten des MoMiG möglich ist), greift die Aussonderungssperre und damit die Ausgleichsregelung ab diesem Zeitpunkt.

Liegen nach Meinung des Gesellschafters die Voraussetzungen des Abs 3 nicht vor, muss er nach § 47 vorgehen und in der Regel **Leistungsklage** auf Herausgabe des Gegenstandes, den der Verwalter weiter nutzen will, bzw auf Zahlung des vereinbarten Mietzinses erheben. Der Insolvenzverwalter hat dann zu beweisen, dass die Voraussetzungen des Abs 3 als eines Ausnahmetatbestandes vorliegen. 24

Um einen Gleichlauf mit dem Anwendungsbereich der Regelungen zu Gesellschafterdarlehen und gleichgestellten Forderungen sowie mit dem Sanierungs- und Kleinbeteiligtenprivileg zu erreichen, verweist der neue **Abs 4** auf die ebenfalls neuen § 39 Abs 4 und 5 (Begr Beschlussempfehlung und Bericht des Rechtsausschusses, BT-Drucks 16/9737, S 59; dazu oben § 39 Rn 58 ff). Hinsichtlich der Nutzungsüberlassung macht dieser Verweis freilich wenig Sinn, nachdem der Gesetzgeber sie eigentlich aus dem Kontext des früheren Kapitalersatzrechts lösen wollte (zutr. *Altmeppen*, NJW 2008, 3601, 3607; *Dahl/Schmitz*, NZG 2009, 325, 328). 25

Unabhängig von dieser auf das Insolvenzverfahren bezogenen Sonderregelung sind hinsichtlich des der Überlassung des Gegenstandes zugrundeliegenden Vertrages jetzt die §§ 103 ff anwendbar (*Dahl/Schmitz* NZG 2009, 325, 329; *Hirte* ZInsO 2008, 146, 149 [mit dem Hinweis, dass damit etwa eine Überlassung über den Einjahres-Zeitraum hinaus erzwungen werden kann]; damit greift vor allem das **Sonderkündigungsrecht des § 109** ein (so Begr Beschlussempfehlung und Bericht des Rechtsausschusses, BT-Drucks 16/9737, S 59 [dort ohne Angabe der normativen Anknüpfung]; *Huber/Habersack*, in: ZGR-Sonderheft 17 „Das Kapital der Aktiengesellschaft in Europa" [2006], S 370, 426). Insoweit hat sich gegenüber dem Regierungsentwurf nichts geändert, wohl aber gegenüber dem bisherigen Recht, das die §§ 103 ff mit Blick auf den gesellschaftsrechtlichen Charakter der Nutzungsüberlassung gerade nicht für anwendbar hielt (**BGH** 11. 7. 1994 Z 127, 1, 10; ähnlich **BGH** 11. 7. 1994 Z 127, 17, 26). Schadenersatzansprüche des Gesellschafters auf Grund der Kündigung bilden gewöhnliche Insolvenzforderungen (*Dahl/Schmitz* NZG 2009, 325, 329; *Spliedt* ZIP 2009, 149, 158). Durch den neuen 26

Abs 4 hat der Verwalter damit jetzt die Wahl, ob er vom „vollständigen" Wahlrecht Gebrauch macht oder nur auf den eingeschränkten insolvenzrechtlichen Nutzungsanspruch nach § 135 Abs 3 zurückgreift (*Karsten Schmidt* DB 2008, 1727, 1732 f). Aber es gibt jetzt – anders als nach bislang geltendem Recht – keine Möglichkeit des Insolvenzverwalters, den Gegenstand für länger als ein Jahr nach Verfahrenseröffnung in der Masse zu halten bzw sich insoweit vom Gesellschafter das Nutzungsrecht „abkaufen" zu lassen. Insoweit können die zum Regierungsentwurf angestellten Überlegungen nach wie vor Bedeutung erlangen, dass in der entgeltlichen Nutzungsüberlassung eine mittelbare Gläubigerschädigung liege und die insoweit in der kritischen Zeit geleisteten Zahlungen daher der Anfechtung nach § 135 unterliegen müssten, sofern die allgemeinen Voraussetzungen des § 129 Abs 1 gegeben sind; § 142 stehe dem nicht entgegen, weil die Privilegierung auf den Gesellschafter als „Insider" nicht passe (*Haas* ZInsO 2007, 617, 624; ähnlich *Bork* ZGR 2007, 250, 266 f; abw *Gehrlein* BB 2008, 846, 851; *Habersack* ZIP 2007, 2145, 2150 f).

27 Der für die Überlassung des Gegenstandes *nach* Verfahrenseröffnung geschuldete Ausgleich nach § 135 Abs 3 Satz 2 stellt ebenso wie ein (ggfls wieder auflebender) Anspruch auf Mietzins, der bis zum Wirksamwerden einer etwaigen Kündigung geschuldet ist, eine **Masseverbindlichkeit** dar (§ 55 Abs 1 Nr 1 oder Nr 2; Begr Beschlussempfehlung und Bericht des Rechtsausschusses, BT-Drucks 16/9737, S 59). Hinsichtlich *rückständiger* Entgeltforderungen (Mietzins) gilt demgegenüber in jedem Fall § 39 Abs 1 Nr 5 (*Dahl/Schmitz* NZG 2009, 325, 329; *Gehrlein* Konzern 2007, 771, 787; *Haas* ZInsO 2007, 617, 623; *Habersack* ZIP 2007, 2145, 2150; *Karsten Schmidt* DB 2008, 1727, 1732), und geleistete Zahlungen können – wie angedeutet (oben Rn 7) – nach § 135 Abs. 1 Nr. 2 angefochten werden, solange nicht § 142 eingreift (*Dahl/Schmitz* NZG 2009, 325, 329; *Habersack* ZIP 2007, 2145, 2150). Wie die §§ 103 ff bildet auch Abs 3 **zwingendes Recht** (*Karsten Schmidt* DB 2008, 1727, 1734).

VI. Gerichtsstand

28 Wegen der Lösung des Rechts der Gesellschafterdarlehen vom Recht der (gesellschaftsrechtlichen) Kapitalaufbringung durch das MoMiG war zweifelhaft geworden, ob daraus resultierende Ansprüche noch am Gerichtsstand der Mitgliedschaft (§ 22 ZPO) geltend gemacht werden dürfen; möglicherweise wäre auf den – bei den Gesellschaftern typischerweise unterschiedlichen – allgemeinen Gerichtsstand des Darlehensgebers abzustellen gewesen (für eine Anwendung von § 22 ZPO auch auf die Anfechtungsvorschriften unter dem bislang geltenden Recht **OLG** Karlsruhe 20. 1. 1998 ZIP 1998, 1005, 1006 = NZG 1998, 349 = EWiR § 22 ZPO 1/98, 571 *[Mankowski]*; abw **OLG** München 27. 7. 2006 ZIP 2006, 2402 = GmbHR 2006, 1153 [n rechtskr]; *Haas*, NZI 2002, 457, 466; *Schwarz* NZI 2002, 290, 294 f). Diesen Bedenken hat der Rechtsausschuss durch eine Änderung des § 22 ZPO Rechnung getragen, nach der auch Klagen des Insolvenzverwalters gegen die Gesellschafter – also ohne dass es auf deren Rechtsgrund ankäme – am **Gerichtsstand der Mitgliedschaft** erhoben werden dürfen (vgl Begr Beschlussempfehlung und Bericht des Rechtsausschusses, BT-Drucks 16/9737, S 58; im Anschluss an [ua] *Habersack* ZIP 2007, 2145, 2152; *Hirte* Vortrag auf dem 66. DJT [2007], S P 11, P 34 f; zur wahrscheinlich begrenzten Reichweite dieses Gerichtsstandes [Erfassung nur von Anfechtungen auf der Grundlage von § 135] *Mylich* ZGR 2009, 474, 480).

29 Angesichts der neueren Rechtsprechung des EuGH (dazu unten § 143 Rn 71) gilt dies uneingeschränkt auch für die **internationale Zuständigkeit** (für die *gesellschaftsrechtliche* Eigenkapitalersatzklage des Insolvenzverwalters gegen einen Gesellschafter mit Sitz im Ausland früher bereits auf der Grundlage von Art 5 Nr 1 EuGVVO [früher Art 5 Nr 1 EuGVÜ] **OLG** Jena 5. 8. 1998 NZG 1999, 34 = ZIP 1998, 1496 [n rechtskr]; ebenso für das LugÜbk **OLG** München 27. 7. 2006 ZIP 2006, 2402 = GmbHR 2006, 1153 [n rechtskr]; *Schwarz* NZI 2002, 290, 297 f).

VII. Übergangsvorschrift

30 Nach Art 103 d EGInsO sind die durch das MoMiG geänderten bzw eingefügten neuen Vorschriften auf solche Insolvenzverfahren anwendbar, die nach Inkrafttreten des MoMiG eröffnet wurden (Satz 1); umgekehrt bleibt es für vorher eröffnete Verfahren bei der Anwendung des bislang geltenden Rechts (Satz 2). Das entspricht der Lage im Rahmen der Neuregelung von § 39; auf die dortigen Ausführungen zu den Zweifelsfragen der Übergangsregelung wird daher verwiesen (§ 39 Rn 7). Die entsprechenden Ausführungen aus der 12. Aufl dieses Werkes werden deshalb auf der Homepage des Verfassers (http://www.uni-hamburg.de/fachbereiche-einrichtungen/handelsrecht/hirte.html) in bis zum Inkrafttreten des MoMiG aktualisierter Form zur Verfügung gestellt.

§ 136 Stille Gesellschaft

(1) ¹Anfechtbar ist eine Rechtshandlung, durch die einem stillen Gesellschafter die Einlage ganz oder teilweise zurückgewährt oder sein Anteil an dem entstandenen Verlust ganz oder teilweise erlassen wird, wenn die zugrundeliegende Vereinbarung im letzten Jahr vor dem Antrag auf Eröffnung des Insolvenzverfahrens über das Vermögen des Inhabers des Handelsgeschäfts oder

nach diesem Antrag getroffen worden ist. ²Dies gilt auch dann, wenn im Zusammenhang mit der Vereinbarung die stille Gesellschaft aufgelöst worden ist.

(2) Die Anfechtung ist ausgeschlossen, wenn ein Eröffnungsgrund erst nach der Vereinbarung eingetreten ist.

Früherer § 237 HGB. § 151 RegE ohne Änderungen im Gesetzgebungsverfahren.

I. Allgemeines

Anfechtbar ist auch die Rückgewähr der Einlage eines stillen Gesellschafters oder der Erlass seines 1 Anteils am entstandenen Verlust, sofern dies durch Vereinbarung in der in Abs 1 normierten kritischen Zeit geschieht. Für die Anfechtung reicht hier wegen der besonderen gesellschaftsrechtlichen Beziehungen zwischen dem Inhaber des Handelsgeschäfts und dem stillen Gesellschafter allein die Erfüllung des objektiven Tatbestandes; insbesondere bedarf es keines Benachteiligungsvorsatzes (Begr RegE zu § 136; **RG** 16. 6. 1900 II 132/00 JW 1900, 621; *Landsmann* Die stille Gesellschaft in der Insolvenz [2007], S 167). Die Norm findet ihren Ursprung darin, dass die Einlage des stillen Gesellschafters nicht Darlehens-, sondern Eigenkapitalcharakter hat (**BGH** 24. 2. 1969 II ZR 123/67 Z 51, 350, 353). Diese formale Unterscheidung bringt es allerdings mit sich, dass sie im Verhältnis zu § 135 Unstimmigkeiten aufweist, die einerseits für eine Abschaffung von § 136 ins Feld geführt werden (so *Florstedt* ZInsO 2007, 914 ff), teilweise für eine erweiternde Anwendung von Gedanken des § 136 auch auf die Fälle des § 135 (dazu unten Rn 5).

§ 136 schließt eine Anfechtung nach allen anderen Anfechtungstatbeständen nicht aus. So können 2 Rückgewähr der Einlage oder der Erlass eines Verlustanteils als unmittelbar nachteiliges Rechtsgeschäft (§ 132) oder als unentgeltliche Leistung (§ 134) anfechtbar sein, wenn die dort aufgestellten (auch subjektiven) Voraussetzungen vorliegen (Begr RegE zu § 136). In Betracht kommt auch die Vorsatzanfechtung (§ 133), insbesondere nachdem das Vorliegen von „Vorsatz" und die Anforderungen an seinen Nachweis deutlich herabgesetzt wurden (*Rohlfing/Wegener/Oettler* ZIP 2008, 865, 868). Neben § 136 kommt schließlich eine Anwendung von § 135 Abs 1 in Betracht, wenn die Anfechtung der Rückzahlung eines Darlehens in Rede steht, das durch einen atypischen stillen Gesellschafter oder im Rahmen einer Kapitalgesellschaft & Still gewährt wurde (*Mock* DStR 2008, 1645, 1647 ff).

§ 136 kann nicht im Gesellschaftsvertrag abbedungen werden (MK-HGB/*Karsten Schmidt* Anh. 3 § 236 HGB Rn 5). Das dürfte jetzt nach der aus systematischen Gründen erfolgten Herausnahme der Norm aus dem HGB in die InsO (Begr RegE zu § 136) selbstverständlich sein (zum alten Recht **RG** 10. 10. 1890 II 155/90 Z 27, 13, 19). Ebenso selbstverständlich dürfte heute sein, dass § 136 ebenso wie die übrigen Anfechtungstatbestände lediglich einen schuldrechtlichen Rückgewähranspruch nach § 143 begründet, nicht aber – jedenfalls nicht bei alleiniger Verwirklichung von § 136 – eine Nichtigkeit der Einlagenrückgewähr (ebenso zum alten Recht **BGH** 29. 6. 1970 WM 1971, 183, 184).

Da § 136 einen **besonderen Fall der Anfechtung** darstellt, setzt er wie auch sonst im Anfechtungs- 4 recht Aktivlegitimation des Insolvenzverwalters voraus; er kommt daher nur bei Schädigung des Schuldners oder der zur gemeinsamen Befriedigung dienenden Insolvenzmasse in Betracht (**BGH** 28. 1. 1986 VI ZR 201/84 NJW 1986, 1174 f = ZIP 1986, 378, 380 f [für Ansprüche aus § 826 BGB]; Baumbach/*Hopt* § 236 HGB Rn 6). § 136 verlangt wie alle Anfechtungstatbestände eine Benachteiligung der Insolvenzgläubiger (§ 129 Abs 1), wobei mittelbare Benachteiligung ausreicht (MK-HGB/*Karsten Schmidt* Anh § 236 HGB Rn 12). Wie auch sonst im Anfechtungsrecht liegt kein Verstoß gegen § 136 nicht zur Nichtigkeit des Rechtsgeschäfts, sondern verpflichtet den Empfänger lediglich zur Rückgewähr (**BGH** 29. 6. 1970 WM 1971, 183). Nach erfolgter Rückgewähr ist der (typische) stille Gesellschafter nicht gehindert, seinen Auszahlungsanspruch nach § 236 HGB nunmehr zur Tabelle anzumelden. Beim atypischen stillen Gesellschafter ist eine Anwendung von § 236 HGB demgegenüber ausgeschlossen (Röhricht/v. Westphalen/*von Gerkan/Mock* § 236 Rn 13 f), so dass eine Forderungsanmeldung ausscheidet.

II. Voraussetzungen (Abs 1)

Anfechtbare Rechtshandlung ist die Rückgewähr der Einlage an einen stillen Gesellschafter oder der 5 Erlass seiner Verlustbeteiligung. Voraussetzung ist damit zunächst das Vorliegen einer **stillen Gesellschaft** im Anfechtungszeitraum, so dass diese bei der Eröffnung des Insolvenzverfahrens über das Vermögen des Geschäftsinhabers nicht mehr bestehen muss. Auch auf eine nach den Grundsätzen über die fehlerhafte Gesellschaft (noch) wirksame stille Gesellschaft findet § 136 Anwendung (**BGH** 29. 6. 1970 II ZR 158/69 Z 55, 5, 8 f = NJW 1971, 375 = BB 1971, 101; **OLG Hamm** 2. 3. 1999 27 U 266/98 NJW-RR 1999, 1415, 1416 f = NZI 1999, 271 = ZIP 1999, 1530, 1533 f = EWiR § 237 HGB 1/99, 655 [*Dauner-Lieb*]; zur Anwendung der Grundsätze der fehlerhaften Gesellschaft vgl Röhricht/v. Westphalen/*von Gerkan/Mock* § 230 Rn 14 ff mwN). Anders ist dies bei einer nichtigen Gesellschaft (*Landsmann* Die stille Gesellschaft in der Insolvenz [2007], S 167 f); begründen lässt sich das damit, dass sonst – auch zu Lasten des vermeintlich stillen Gesellschafters – die Wertungen unterlaufen werden könnten, die zur Annahme der Nichtigkeit der Gesellschaft führen. Umstritten ist, ob die in § 136

§ 136 *Stille Gesellschaft*

normierte erleichterte Anfechtbarkeit auf Unterbeteiligungsverhältnisse und auf **langfristige Fremdfinanzierungen** von Unternehmen analog angewandt werden kann (dazu MK-HGB/*Karsten Schmidt* Anh. § 236 HGB Rn 30 ff; zustimmend *Krolop* ZIP 2007, 1738, 1741 ff; *Landsmann* aaO S 180 ff). Dem wird überwiegend entgegengehalten, dass es bei echten Kreditverhältnissen an der gesellschaftsrechtlichen Nähe des Kreditgebers zum Unternehmen fehle, die den Grund für die erleichterte Anfechtbarkeit darstellt (**OLG** Hamm 4. 4. 2000 27 U 154/99 NZI 2000, 544 [§ 237 HGB aF]; **OLG Schleswig** 18. 2. 2000 1 U 97/99 NZG 2000, 1176, 1177 [nachgehend und diese Frage offen lassend **BGH** 27. 11. 2000 II ZR 218/00 NZI 2001, 201 = ZIP 2001, 243]; **OLG** Dresden 8. 9. 1999 19 U 101/99 NZG 2000, 302 [§ 237 HGB aF]; MK/*Stodolkowitz/Bergmann* § 136 Rn 8). Zu berücksichtigen ist freilich, dass die stille Gesellschaft insgesamt eher als qualifiziertes Kreditverhältnis anzusehen ist denn als gesellschaftsrechtliche Organisation (ausführlich *Landsmann* aaO S 25 ff; *Schön* ZGR 1993, 210 ff). Partiarische Darlehen dürften damit bereits unmittelbar § 136 unterfallen (abw **OLG** Dresden 8. 9. 1999 19 U 101/99 NZG 2000, 302 [§ 237 HGB aF]), und auch für vergleichbare langfristige Kreditfinanzierungen erscheint eine analoge Anwendung der Norm nahe liegend (*Krolop* ZIP 2007, 1738, 1741 ff; *Landsmann* aaO S 180 ff).

6   **Rückgewähr** der Einlage umfasst auch deren Sicherung durch Verpfändung, Sicherungsübereignung oder sonstige Bestellung von Sicherheiten, die dem Dritten ein Absonderungsrecht gewähren (**RG** 1. 5. 1914 II 21/14 Z 84, 434, 436; **BGH** 29. 6. 1970 WM 1971, 183, 184; HK-*Kreft* § 136 Rn 9); denn auch dadurch wird der Zugriff anderer Gläubiger beeinträchtigt. Keine Rückgewähr bildet die Auszahlung eines Gewinnanteils, auf den der stille Gesellschafter einen Anspruch hat, soweit dieser nicht nach § 232 Abs 2 HGB zur Abdeckung entstandener Verluste zu verwenden war (Röhricht/v. Westphalen/*von Gerkan/Mock* § 236 Rn 21). Dies gilt ebenso für die Umwandlung der Einlage in ein (normales) Darlehen; denn das würde mit Blick auf die Fristgrenzen der Norm ein nicht zu bewältigendes Missbrauchspotential begründen (*Landsmann* aaO S 169 f mwN; aA aber *Mylich* ZGR 2009, 474, 500; Staub/*Zutt* § 237 Rn 16). Entscheidend ist vielmehr die tatsächliche Auszahlung. Anders ist dies aber, wenn die Forderung eines atypischen stillen Gesellschafters in eine Darlehensforderung umgewandelt wird (insoweit zutreffend *Landsmann* aaO S 170); da hier aber vor der Umwandlung überhaupt keine (qualifizierte) Darlehensforderung vorliegt (oben § 11 Rn 390), ist der Anwendungsbereich von § 136 schon aus diesem Grunde verschlossen. Für die anfechtungsmäßige Rückgewähr einer stillen Beteiligung, die als kapitalersetzende Gesellschafterleistung zu qualifizieren ist, gilt § 135 InsO (*Mock* DStR 2008, 1645, 1647 ff). Keine Rückgewähr einer Einlage stellt es dar, wenn eine noch **nicht geleistete Einlage** erlassen wird (*Landsmann* aaO S 172; MK-HGB/*Karsten Schmidt* Anh. § 236 HGB Rn 15; MK/*Stodolkowitz/Bergmann* § 136 Rn 2).

7   Anfechtungsgrund ist zum zweiten der **Erlass einer Verlustbeteiligung**, freilich nur insoweit, als die Einlage zur Deckung eines *entstandenen* Verlusts benötigt wird (§ 236 Abs 2 HGB). In beiden Fällen kommt es nicht darauf an, ob Rückgewähr oder Erlass vor oder bei Auflösung der stillen Gesellschaft stattgefunden haben (Abs 1 Satz 2). Die Vereinbarung einer Rückgewähr kann damit also auch in vorzeitiger Auflösung der stillen Gesellschaft liegen, wenn diese vertraglich nicht vorgesehen war (Baumbach/*Hopt* § 236 HGB Rn 7, deutlicher noch Baumbach/*Hopt* 29. Aufl § 237 HGB Rn 2). Für einen **unterjährigen Erlass** der Verlustbeteiligung ist keine Aufstellung eines Zwischenabschlusses erforderlich (so aber MK-HGB/*Karsten Schmidt* Anh. § 236 HGB Rn 17, der bei dessen Fehlen ein Wirksamwerden des Erlasses erst mit dem nächsten Bilanzstichtag annimmt). Denn das widerspräche der gesetzlichen Regelung (HK-*Kreft* § 136 Rn 10; MK/*Stodolkowitz/Bergmann* § 136 Rn 21); Schwierigkeiten bei der Berechnung des Umfangs der demgemäß erlassenen Verlustbeteiligung sind dadurch freilich nicht ausgeschlossen (*Landsmann* aaO S 172).

8   Voraussetzung ist weiter, dass die anfechtbaren Maßnahmen auf Grund einer im letzten Jahr vor dem Insolvenzantrag (§ 139) oder nach diesem Antrag zwischen dem Inhaber des Handelsgeschäfts und dem stillen Gesellschafter getroffenen **Vereinbarung** erfolgen. Entscheidend ist der Zeitpunkt der Vereinbarung, nicht der der Rechtshandlung. Die früher diskutierte Frage, ob eine solche Vereinbarung auch bei kapitalersetzenden Gesellschafterleistungen zu fordern ist (verneinend MK-HGB/*Karsten Schmidt* Anh. § 236 HGB Rn 34 f), kann auf Grund der in diesen Fällen nach § 135 Abs 1 nF erweiterten Anfechtungsmöglichkeit nunmehr dahinstehen (*Mock* DStR 2008, 1645, 1647 ff). § 140 gilt entsprechend für die Frage, wann die rechtlichen Wirkungen *der Vereinbarung* eingetreten sind (HK-*Kreft* § 136 Rn 8). § 136 gilt auch, wenn die Rückgewähr auf Grund des Gesellschaftsvertrages selbst erfolgt (**RG** 1. 5. 1914 II 21/14 Z 84, 434, 438), auch wenn er erst während des letzten Jahres vor Eröffnung des Insolvenzverfahrens geschlossen wurde; denn dann fehlt es an einer (zusätzlichen) „Vereinbarung".

9   An einer Vereinbarung fehlt es auch, wenn die Einlage **unabhängig vom freien Willen des Geschäftsinhabers** zurückgewährt werden muss, wie dies bei einer vom Schuldner nicht manipulierten Kündigung der stillen Gesellschaft der Fall ist (**BGH** 27. 11. 2000 II ZR 218/00 NJW 2001, 1270 = ZIP 2001, 243 = NZI 2001, 201 = WuB IV C § 23 AGBG 1.01 [*Wackerbarth*]; **OLG** Stuttgart 16. 6. 1999 20 U 5/99 **OLGR** Stuttgart 1999, 285 = NZG 2000, 93, 94 f; **OLG** Oldenburg 20. 5. 1999 1 U 24/99 NZG 1999, 896, 897 [*Michalski/Schuldenburg*]; HK-*Kreft* § 136 Rn 7). Das gilt auch bei der Kündigung aus wichtigem Grund oder wegen Täuschung beim Vertragsschluss (**BGH** 29. 6. 1970 II ZR 158/69 Z 55, 5, 10 = NJW 1971, 375, 377; **BGH** 29. 6. 1992 II ZR 284/91 NJW 1992, 2696 = ZIP 1992,

I. Grundsatz (Abs 1)

1552 = EWiR § 230 HGB 1/92, 1111 *[Blaurock]*; **BGH** 27. 11. 2000 II ZR 218/00 NJW 2001, 1270 = ZIP 2001, 243 = NZI 2001, 201 = WuB IV C § 23 AGBG 1.01 *[Wackerbarth]*; OLG Stuttgart 16. 6. 1999 20 U 5/99 **OLGR** Stuttgart 1999, 285 = NZG 2000, 93, 94 f; OLG München 23. 7. 1999 15 U 2827/99 NZG 2000, 92, 93 = NZI 2000, 180; OLG Hamm 2. 3. 1999 27 U 257/98 NJW-RR 1999, 1415 = NZI 1999, 271 = ZIP 1999, 1530, 1533 f = EWiR § 237 HGB 1/99, 655 *[Dauner-Lieb]*; Landsmann aaO S 173; zum Ganzen auch *Rohlfing/Wegener/Oettler* ZIP 2008, 865, 867 f). Ein ausdrückliches Berufen auf das Kündigungsrecht ist nicht erforderlich (**BGH** 27. 11. 2000 II ZR 218/00 NJW 2001, 1270 = ZIP 2001, 243 = NZI 2001, 201 = WuB IV C § 23 AGBG 1.01 *[Wackerbarth]*). Es gilt auch dann, wenn der das Kündigungsrecht beinhaltende Gesellschaftsvertrag erst während des letzten Jahres vor Eröffnung des Insolvenzverfahrens geschlossen wurde (**RG** 1. 5. 1914 II 21/14 Z 84, 434, 438; **OLG** Oldenburg 20. 5. 1999 1 U 24/99 NZG 1999, 896, 897 f *[Michalski/Schuldenburg]*). Auch eine nach der Kündigung geschlossene „Auflösungsvereinbarung" begründet keine Anfechtbarkeit, solange sie nur konkretisiert, was der Stille auch ohne die Vereinbarung auf Grund der Kündigungsregelung im ursprünglichen Vertrag erhalten hätte (**BGH** 27. 11. 2000 II ZR 218/00 NJW 2001, 1270 = NZI 2001, 201 = ZIP 2001, 243).

Im Rahmen von § 143 **zurückzugewähren** ist der gesamte dem Stillen gewährte Vorteil (*Landsmann* aaO S 176; MK/*Stodolkowitz/Bergmann* § 136 Rn 16); der Stille kann sodann seinerseits den seinen Verlustanteil übersteigenden Betrag als Insolvenzforderung anmelden (dazu bereits oben Rn 4 sowie § 11 Rn 386). Eine Beschränkung der Rückgewährforderung auf den nach § 236 Abs 2 HGB von ihm zu tragenden Verlust findet nicht statt (so KP-*Paulus* § 136 Rn 9), weil darin eine ungerechtfertigte Privilegierung des Stillen läge. Der Insolvenzverwalter hat Rückgewähr oder Erlass sowie Abschluss der Vereinbarung innerhalb der Jahresfrist zu **beweisen**. 10

III. Ausnahme (Abs 2)

Eine Anfechtung nach Abs 1 ist allerdings ausgeschlossen, wenn der **Eröffnungsgrund** – nicht der Eröffnungsantrag – erst **nach der Vereinbarung eingetreten** ist (Abs 2; abw zum alten Recht **BGH** 1. 3. 1982 II ZR 23/81 Z 83, 341, 346 = NJW 1983, 42, 44 = ZIP 1982, 1077). Diese Regelung präzisiert den früheren § 237 Abs 2 HGB (Begr RegE zu § 136). Nach diesem war eine Anfechtung nach § 237 Abs 1 HGB ausgeschlossen, „wenn der Konkurs in Umständen seinen Grund hat, die erst nach der Vereinbarung der Rückgewähr oder des Erlasses eingetreten sind"; unklar war, wann der Konkurs hier „seinen Grund" in Umständen nach der Vereinbarung hatte. Das neue Recht bedeutet freilich insoweit eine gewisse Einschränkung der Anfechtbarkeit gegenüber dem bislang geltenden Recht; denn für den Ausschluss der Anfechtbarkeit wird jetzt an einen früheren Zeitpunkt angeknüpft (HK-*Kreft* § 136 Rn 3; *Landsmann* aaO S 177). Zum Eröffnungsgrund, der erst nach der Vereinbarung eingetreten sein darf, um eine Anfechtung auszuschließen, gehört nach neuem Recht auch die bloß drohende Zahlungsunfähigkeit (§ 18; KP-*Noack* GesellschaftsR Rn 672; KP-*Paulus* § 136 Rn 8; MK-HGB/*Karsten Schmidt* Anh. § 236 HGB Rn 23). 11

Beweispflichtig für den Ausnahmetatbestand des Abs 2 ist der stille Gesellschafter (HK-*Kreft* § 136 Rn 11; KP-*Paulus* § 136 Rn 10; *Schneider* BB 1952, 533, 536; *Karsten Schmidt* KTS 1977, 1, 65, 67). 12

§ 137 Wechsel- und Scheckzahlungen

(1) Wechselzahlungen des Schuldners können nicht auf Grund des § 130 vom Empfänger zurückgefordert werden, wenn nach Wechselrecht der Empfänger bei einer Verweigerung der Annahme der Zahlung den Wechselanspruch gegen andere Wechselverpflichtete verloren hätte.

(2) ¹Die gezahlte Wechselsumme ist jedoch vom letzten Rückgriffsverpflichteten oder, wenn dieser den Wechsel für Rechnung eines Dritten begeben hatte, von dem Dritten zu erstatten, wenn der letzte Rückgriffsverpflichtete oder der Dritte zu der Zeit, als er den Wechsel begab oder begeben ließ, die Zahlungsunfähigkeit des Schuldners oder den Eröffnungsantrag kannte. ²§ 130 Abs. 2 und 3 gilt entsprechend.

(3) Die Absätze 1 und 2 gelten entsprechend für Scheckzahlungen des Schuldners.

Früherer § 34 KO. § 152 Abs 1, 3 RegE ohne, § 152 Abs 2 mit geringfügigen Änderungen im Gesetzgebungsverfahren.

I. Grundsatz (Abs 1)

§ 137 trägt der Tatsache Rechnung, dass ein Wechselgläubiger, der sich weigert, die ihm rechtzeitig angebotene Zahlung anzunehmen, keinen Wechselprotest erheben darf und mangels Protesterhebung das Rückgriffsrecht verliert (Art 43 ff, 77 WG). Für diesen Fall enthält die Norm eine Ausnahme von § 130, wenn der spätere Verfahrensschuldner einen ihm bei Fälligkeit zur Zahlung vorgelegten Wechsel bezahlt (kritisch *Häsemeyer* Rn 21.54, der allerdings bei seinen Alternativvorschlägen übersieht, dass WG und ScheckG internationales Einheitsrecht sind). Die Vorschrift gilt daher sowohl für den Wech- 1 selgläubiger und den Prokuraindossatar (Art 18 WG) wie für die Zahlung eines Domiziliaten (Art 27 WG) und nach Maßgabe des Art 61 WG für die Ehrenzahlung, sofern der spätere Verfahrensschuldner durch die wechselmäßige Leistung einen Insolvenzgläubiger befriedigt hat. Voraussetzung ist weiterhin, dass der Schuldner den Wechsel nicht als Aussteller des gezogenen Wechsel eingelöst haben darf (**BGH** 21. 6. 2007 IX ZR 231/04 NZI 2007, 517, 6518 = ZIP 2007, 1469 = WM 2007, 1616 = WuB VI A § 130 InsO 1.08 *[Kreft]*). § 137 erfasst grundsätzlich nur die Barzahlung und dieser gleichgestellte Zahlungsarten (HK-*Kreft* § 137 Rn 5; zur verkehrsüblichen Zahlungsweisen oben § 131 Rn 9). Die Aufrechnung des Schuldners gegen die Wechselforderung steht der Zahlung gleich (RG 3. 5. 1904 Z 58, 105, 109). § 137 gilt schließlich auch für Teilzahlungen des Schuldners. Schließlich findet § 137 keine Anwendung auf andere Wertpapiere, weil diesen die Garantiefunktion fehlt (MK/*Kirchhof* § 137 Rn 4).

2 § 137 gilt dagegen nicht für eine Zahlung *nach* Protesterhebung; denn hier ist das Rückgriffsrecht schon gesichert. Er gilt auch nicht nach Ablauf der Protestfrist, da dann der Rückgriffsanspruch bereits verloren ist. Und er gilt schließlich nicht, wenn der Verfahrensschuldner der einzige Rückgriffsverpflichtete war, da dann ein Rückgriffsrecht gar nicht in Frage kommt (RG 15. 10. 1897 Z 40, 40, 41). Auch im Falle des Protesterlasses (Art 46 Abs 1, Abs 3 Satz 1 Hs 1 WG) gilt er nicht; denn dann fehlt es an der von § 137 vorausgesetzten Zwangslage, da der Inhaber die Zahlung ablehnen konnte (HK-*Kreft* § 137 Rn 7; Jaeger/*Henckel* § 137 Rn 9, 27). § 137 betrifft lediglich Wechsel- und Scheckzahlungen des Verfahrensschuldners und ist nur Spezialvorschrift zu § 130. Eine Anfechtung aus § 131 (zB bei Zahlung vor Fälligkeit, Leistung an Erfüllungs Statt) ist daher nicht ausgeschlossen (MK/*Kirchhof* § 137 Rn 3). Unzulässig ist auch die entsprechende Anwendung auf den Fall der Anfechtung nach § 133 einer durch Bürgschaft gesicherten Forderung (BGH 24. 10. 1973 NJW 1974, 57 = KTS 1974, 96; KP-*Paulus* § 137 Rn 2).

3 Durch § 137 ist nur die Anfechtung des reinen **Erfüllungsgeschäfts** ausgeschlossen. Sowohl eine Anfechtung des Verpflichtungsgeschäfts als auch eine Anfechtung der Begründung der Wechselverbindlichkeit bleiben möglich, sofern die entsprechenden objektiven (zeitlichen) und subjektiven Voraussetzungen vorliegen (HK-*Kreft* § 137 Rn 8; MK/*Kirchhof* § 137 Rn 10).

II. Ausschluss von Missbrauchsmöglichkeiten (Abs 2)

4 Der Erstattungsanspruch nach Abs 2 ist ein besonderer Anfechtungsanspruch, der sich unmittelbar gegen den richtet, der aus dem benachteiligenden Vorgang etwas erlangt hat. Er ist damit Ausdruck des anfechtungsrechtlichen Prinzips, dass die Benachteiligung des Gläubigers von demjenigen ausgeglichen werden muss, der infolge des benachteiligenden Vorgangs etwas erlangt hat, hier die Deckung seiner Wechselforderung. Abs 2 enthält deshalb eine zweckgerechte Anpassung der Normen der besonderen Insolvenzanfechtung an das Wechselrecht, die auch dann greift, wenn der letzte Regresspflichtige ohne Benachteiligungsvorsatz handelte und lediglich Kenntnis von der Krise hatte (Jaeger/*Henckel* § 137 Rn 18).

5 Abs 2 sucht der missbräuchlichen Ausnutzung der im Interesse der Verkehrssicherheit geschaffenen Ausnahmebestimmung des Abs 1 entgegenzuwirken. Es soll verhindert werden, dass sich ein Gläubiger dadurch, dass er einen in Kenntnis der Zahlungsunfähigkeit oder des Eröffnungsantrags gezogenen Wechsel verkauft und der Verfahrensschuldner dann das Papier einlöst, eine unanfechtbare Befriedigung für seine Forderung gegen den Verfahrensschuldner verschafft (Mot zur KO, in: *Hahn*, Die gesamten Materialien zu den Reichsjustizgesetzen, Bd IV [1881], S 146; Jaeger/*Henckel* § 137 Rn 18).

6 Abs 2 gibt dem Insolvenzverwalter gegen den, der bei Protesterhebung mangels Zahlung letzten Endes hätte zahlen müssen, einen Anspruch auf Erstattung der Wechselsumme nebst Zinsen und Kosten (bei Teilzahlung des Teilbetrages), falls dem Rückgriffsschuldner zu der Zeit, **als er den Wechsel begab**, Zahlungsunfähigkeit des Schuldners (§ 17; nicht auch drohende: § 18) oder der Eröffnungsantrag bekannt waren. Letzter Rückgriffsverpflichteter ist derjenige, bei dem die Reihe der Garanten beim Rücklauf des Wechsels endet; dies ist bei einem auf den Schuldner gezogenen Wechsel der Aussteller und bei einem vom Schuldner ausgestellten eigenen Wechsel der erste Nehmer. Ist dieser letzte Rückgriffsschuldner insolvent, eröffnet Abs 2 keinen Anspruch gegen einen etwaigen anderen Rückgriffsschuldner (Jaeger/*Henckel* § 134 Rn 20). Der direkte Erstattungsanspruch des Abs 2 greift aber nur dann ein, wenn an sich die Voraussetzungen des Abs 1 vorliegen; im Übrigen muss unmittelbar gegenüber dem Zahlungsempfänger angefochten werden, und dem Insolvenzverwalter steht daneben kein Erstattungsanspruch gegen den letzten Rückgriffsschuldner zu (RG 15. 10. 1897 Z 40, 40, 41; HK-*Kreft* § 137 Rn 4; Kilger/*Karsten Schmidt* § 34 KO Anm 2). Die Verweisung des Abs 2 Satz 2 auf § 130 Abs 2 und 3 soll bewirken, dass der Beweis der Kenntnis des Rückgriffsschuldners von Zahlungsunfähigkeit oder Eröffnungsantrag erleichtert wird, bei nahe stehenden Personen durch die Vermutung des § 130 Abs 3 (Begr RegE zu § 137). Wegen der Einzelheiten wird insoweit auf die Ausführungen zu § 130 Rn 49 ff, 65 ff verwiesen. Bei Begleichung des Erstattungsanspruchs leben die Ansprüche des Rückgriffsverpflichteten gegen dessen Vormänner entsprechend § 144 wieder auf (KP-*Paulus* § 137 Rn 4).

7 Ist der Wechsel für **Rechnung eines Dritten** begeben worden, so richtet sich der Ersatzanspruch gegen ihn. Die Kenntnis des letzten Rückgriffsverpflichteten von der Zahlungsunfähigkeit des Schuldners oder

Eröffnungsantrag ist dem Dritten entsprechend § 166 Abs 1 BGB zuzurechnen (Jaeger/*Henckel* § 134 Rn 23).

III. Anwendung auf Scheckzahlungen (Abs 3)

Abs 3 dehnt die Vorschriften der Abs 1 und 2 auf Scheckzahlungen aus. Erfasst ist dabei nur die 8 Zahlung durch den Bezogenen, also ein Kreditinstitut (Art 3, 54 ScheckG; Jaeger/*Henckel* § 134 Rn 25; Kilger/*Karsten Schmidt* § 34 KO Anm 3). Abs 3 spielt daher nur in der Insolvenz von Kreditinstituten eine Rolle und ist deswegen wenig bedeutsam. Auch wenn der erste Schecknehmer den Scheck an einen Dritten weitergibt und sodann insolvent wird, ist der zweite Schecknehmer nicht etwa durch Abs 3 geschützt, wenn er vom ersten Nehmer nunmehr eine Zahlung erhält; denn ein Verlust der Rückgriffsansprüche gegen den Aussteller droht ihm nur, wenn der Bezogene – also das Kreditinstitut – die Leistung verweigert, nicht aber bei Leistungsverweigerung durch einen Rückgriffsverpflichteten (Jaeger/ *Henckel* § 137 Rn 25; abw Kuhn/*Uhlenbruck* § 34 KO Rn 3; *Häsemeyer* Rn 21.54).

Beim **Verrechnungsscheck** gilt auch die Gutschrift als Zahlung (Art 39 Abs 2 Satz 2 ScheckG); auch 9 sie ist daher der Anfechtung nach § 130 entzogen. Dies gilt auch für die **Gutschrift eines Barschecks**, da die mit Einverständnis des Empfängers geleistete Girozahlung der Barzahlung gleichsteht (Kilger/ *Karsten Schmidt* § 34 KO Anm 3).

Besteht wie beim früheren Scheckkartenscheck oder beim bestätigten Bundesbankscheck eine 10 **Einlösungspflicht** der Bank aus anderem als scheckrechtlichem Grund, ist Abs 3 nicht anwendbar. Eine Anfechtung entfällt bei Eröffnung des Insolvenzverfahrens über das Vermögen des Ausstellers jedoch meist schon deshalb, weil der Gläubiger bereits mit der Begebung des Schecks eine feste Rechtsposition im Sinne eines Anwartschaftsrechts erlangt hat (für den angenommenen Wechsel BGH 29. 4. 1974 NJW 1974, 1336 = WM 1974, 570, 571).

IV. Beweislast

Der Insolvenzverwalter hat zunächst die Anfechtbarkeit der Wechselzahlung zu beweisen. Bei einer 11 auf § 130 gestützten Anfechtung kann sich der Anfechtungsgegner dadurch der Anfechtung entziehen, dass er die Voraussetzungen des Abs 1 nachweist. Im Rahmen von Abs 2 gelten die Beweislastregelungen des § 130 (oben § 130 Rn 65 ff) mit der Maßgabe, dass an die Stelle des Anfechtungsgegners der Erstattungspflichtige tritt; dieser hat gegebenenfalls auch darzulegen und zu beweisen, dass er den Wechsel für einen Dritten begeben hatte (KP-*Paulus* § 137 Rn 4). Für Scheckzahlungen gelten auch diese Regelungen entsprechend (Abs 3).

§ 138 Nahestehende Personen

(1) Ist der Schuldner eine natürliche Person, so sind nahestehende Personen:
1. der Ehegatte des Schuldners, auch wenn die Ehe erst nach der Rechtshandlung geschlossen oder im letzten Jahr vor der Handlung aufgelöst worden ist;
1 a. der Lebenspartner des Schuldners, auch wenn die Lebenspartnerschaft erst nach der Rechtshandlung eingegangen oder im letzten Jahr vor der Handlung aufgelöst worden ist;
2. Verwandte des Schuldners oder des in Nummer 1 bezeichneten Ehegatten oder des in Nummer 1 a bezeichneten Lebenspartners in auf- und absteigender Linie und voll- und halbbürtige Geschwister des Schuldners oder des in Nummer 1 bezeichneten Ehegatten oder des in Nummer 1 a bezeichneten Lebenspartners sowie die Ehegatten oder Lebenspartner dieser Personen;
3. Personen, die in häuslicher Gemeinschaft mit dem Schuldner leben oder im letzten Jahr vor der Handlung in häuslicher Gemeinschaft mit dem Schuldner gelebt haben sowie Personen, die sich auf Grund einer dienstvertraglichen Verbindung zum Schuldner über dessen wirtschaftliche Verhältnisse unterrichten können;
4. eine juristische Person oder eine Gesellschaft ohne Rechtspersönlichkeit, wenn der Schuldner oder eine der in den Nummern 1 bis 3 genannten Personen Mitglied des Vertretungs- oder Aufsichtsorgans, persönlich haftender Gesellschafter oder zu mehr als einem Viertel an deren Kapital beteiligt ist oder auf Grund einer vergleichbaren gesellschaftsrechtlichen oder dienstvertraglichen Verbindung die Möglichkeit hat, sich über die wirtschaftlichen Verhältnisse des Schuldners zu unterrichten.

(2) Ist der Schuldner eine juristische Person oder eine Gesellschaft ohne Rechtspersönlichkeit, so sind nahestehende Personen:
1. die Mitglieder des Vertretungs- oder Aufsichtsorgans und persönlich haftende Gesellschafter des Schuldners sowie Personen, die zu mehr als einem Viertel am Kapital des Schuldners beteiligt sind;
2. eine Person oder eine Gesellschaft, die auf Grund einer vergleichbaren gesellschaftsrechtlichen oder dienstvertraglichen Verbindung zum Schuldner die Möglichkeit haben, sich über dessen wirtschaftliche Verhältnisse zu unterrichten;

3. eine Person, die zu einer der in Nummer 1 oder 2 bezeichneten Personen in einer in Absatz 1 bezeichneten persönlichen Verbindung steht; dies gilt nicht, soweit die in Nummer 1 oder 2 bezeichneten Personen kraft Gesetzes in den Angelegenheiten des Schuldners zur Verschwiegenheit verpflichtet sind.

Frühere § 31 Nr 2 KO, §§ 108 Abs 2, 4 Abs 2 VglO verallgemeinert und erweitert. Vorläufer sind § 10 Abs 2 Nrn. 2 und 3 GesO. §§ 153–155 RegE im Gesetzgebungsverfahren zusammengefasst; § 155 Nr 2 RegE gestrichen. Abs 1 Nr 1a eingefügt mWv 1. 8. 2001 durch Art 3 § 17 des Gesetzes zur Beendigung der Diskriminierung gleichgeschlechtlicher Gemeinschaften: Lebenspartnerschaften v 16. 2. 2001 (BGBl. I S 266). Abs 1 Nr 3 geändert und Abs 1 Nr 4 angefügt durch Art 1 Nr 19 Gesetz zur Vereinfachung des Insolvenzverfahrens v 13. 4. 2007 (BGBl. I S 509).

Übersicht

	Rn
I. Allgemeines	1
II. Nahe Angehörige (Abs 1)	3
1. Ehegatte (Nr 1)	3
2. Lebenspartner (Nr 1 a)	5
3. Verwandte (Nr 2)	7
4. Häusliche Gemeinschaft und dienstvertragliche Verbindung zum Schuldner (Nr 3)	11
5. Gesellschaftsrechtliche Verbindungen (Nr 4)	12B
III. Gesellschaftsrechtlich nahe stehende Personen (Abs 2)	13
1. Statusbezogene Insider (Nr 1)	14
a) Mitglieder des Vertretungs- oder Aufsichtsorgans	13
b) Persönlich haftende Gesellschafter des Schuldners	17
c) Am Kapital des Schuldners beteiligte Personen	20
aa) Kapitalbeteiligung mit einem Viertel	20
bb) Kritik	23
cc) Mittelbare Beteiligungen	30
2. Insider auf Grund vergleichbarer gesellschaftsrechtlicher oder dienstvertraglicher Verbindung zum Schuldner (Nr 2)	34
a) Gemeinsame Tatbestandsmerkmale	36
b) Vergleichbare gesellschaftsrechtliche Verbindung zum Schuldner	39
aa) Herrschende Unternehmen	39
bb) Beteiligung nahe stehender Personen an Gesellschaften	43
cc) Gesellschafter untereinander	44
dd) Schlichte Gesellschafterstellung	46
c) Dienstvertragliche Verbindung zum Schuldner	47
3. Nahestehende Personen von gesellschaftsrechtlichen Insidern (Nr 3)	49
4. Ehemalige Insider?	54

I. Allgemeines

1 Eine Reihe von Vorschriften des Gesetzes enthält den Begriff der „nahe stehenden Personen" im Zusammenhang mit Beweislastregeln (§ 130 Abs 3, § 131 Abs 2 Satz 2, § 132 Abs 3, § 137 Abs 2 Satz 2) oder auch als Tatbestandsvoraussetzung (§ 133 Abs 2, § 162 Abs 1 Nr 1). Gemeint sind Personen, die zur Zeit der anfechtbaren Handlung aus persönlichen, gesellschaftsrechtlichen oder ähnlichen Gründen eine besondere Informationsmöglichkeit über die wirtschaftlichen Verhältnisse des Schuldners hatten (abw *Biehl* Insider S 9 ff, der die Einbeziehung der persönlich nahe stehenden Personen nur mit deren Unterstützungsbereitschaft gegenüber dem Schuldner begründet). Aus diesem Grunde ist bei Vermögensverschiebungen zu ihnen oder im Zusammenwirken mit ihnen ein besonderes Misstrauen angebracht (zur Vereinbarkeit der Qualifikation von Ehegatten und Verwandten als nahe stehende Personen mit Art 3, 6 GG *Biehl* Insider S 16 ff). Welche Geschäfte möglicherweise anfechtbar sind, lässt sich bei Kapitalgesellschaften seit Inkrafttreten des BilMoG aus dem Anhang des Jahresabschlusses entnehmen (§ 285 Nr 21 HGB). Der Begriff der „nahe stehenden Personen" ersetzt und erweitert den des „nahen Angehörigen" im Sinne von § 31 Nr 2 KO, §§ 108 Abs 2, 4 Abs 2 VglO; im Vorgriff auf die Insolvenzrechtsreform wurde er bereits in § 10 Abs 1 Nrn. 2 und 3 GesO aufgenommen. Die Erweiterung des Begriffs der „nahe stehenden Personen" um die Fälle des Abs 2 bedeutet auch eine bewusste Erstreckung der bislang nur für „nahe Angehörige" geltenden strengeren Beweislastregeln in § 133 auf den Personenkreis des Abs 2 (Begr RegE zu § 133 Abs 2; für eine Erweiterung der Vorschrift *Biehl* Insider S 166 ff).

2 Zu den „nahe stehenden Personen" sind sachlich auch noch die Adressaten einer Anfechtung nach §§ 135, 136 zu rechnen, für die das Gesetz aber eine Sonderregelung durch Verweis auf die gesellschaftsrechtliche Begriffsbildung enthält. Unabhängig vom Vorliegen der Näheeigenschaft im Sinne von § 138 können Nähebeziehungen zum Schuldner als verdachtserregender Umstand im Rahmen von § 286 ZPO berücksichtigt werden (*Kirchhof* ZInsO 2001, 825, 826). Nachlass oder Gesamtgut einer (fortgesetzten) Gütergemeinschaft sind als Schuldner iSv Abs 1 anzusehen (*Biehl* Insider S 64 f; KP-*Paulus* § 138 Rn 3).

II. Nahe Angehörige (Abs 1)

1. Ehegatte (Nr 1). Nahestehende Person ist der Ehegatte des Schuldners. Dies gilt nach der ausdrücklichen gesetzlichen Anordnung auch dann, wenn die Ehe erst nach der relevanten Rechtshandlung geschlossen wurde (zur verfassungsrechtlichen Unbedenklichkeit dieser gegenüber der nichtehelichen Lebensgemeinschaft schärferen Regelung KP-*Paulus* § 138 Rn 5). Ob die Ehe wirksam geschlossen wurde, richtet sich bei Ehen mit Auslandsberührung nach dem nach Art 13 Abs 1 EGBGB anwendbaren Sachrecht (*Biehl* Insider S 66). Nach deutschem Eherecht begründet auch eine aufhebbare Ehe das Näheverhältnis nach Nr 1. Nichtige Ehen kommen nur noch bei Auslandsberührung in Betracht (*Biehl* Insider S 67); doch wird in solchen Fällen häufig Nr 3 eingreifen. Entscheidend für die Beurteilung, ob eine Ehe vorliegt, ist der Zeitpunkt der letzten mündlichen Verhandlung in der Tatsacheninstanz. 3

Nach neuem Recht sind auch frühere Ehegatten nahe stehende Personen, wenn die Ehe erst im letzten Jahr vor der Rechtshandlung aufgelöst wurde. Der Zeitpunkt der Vornahme der Rechtshandlung bestimmt sich dabei nach § 140 (teilweise differenzierend *Biehl* Insider S 138 ff). Ob Auflösung oder Nichtigkeit innerhalb Jahresfrist vor der Vornahme der Rechtshandlung eingetreten sind, ist analog § 139 zu bestimmen (*Biehl* Insider S 134 f); entscheidend für die Auflösungswirkung einer deutschem Ehestatut unterliegenden Ehe ist dabei der Zeitpunkt, in dem das gerichtliche Gestaltungsurteil rechtskräftig wird (KP-*Paulus* § 138 Rn 6). Bei Tod oder Todeserklärung entscheidet dieser Zeitpunkt (*Biehl* Insider S 68). Mit der Einbeziehung früherer Ehegatten wird der nach altem Recht bestehende Wertungswiderspruch beseitigt, dass eine Anfechtung gegenüber Verwandten des geschiedenen Ehegatten unbeschränkt, gegenüber ihm selbst aber nur während des Laufs der Ehe erleichtert war (Begr RegE zu § 153 RegE). Eine Auflösung der Ehe führt daher erst nach Ablauf dieses Zeitraums auch zur Beendigung des insolvenzrechtlichen Näheverhältnisses. Eine weitergehende Erstreckung der insolvenzrechtlichen Privilegierung wird nicht als erforderlich angesehen, da nach Ablauf eines Jahres typischerweise die erleichterten Informationsmöglichkeiten des früheren Ehegatten entfallen sind (Begr RegE zu § 153 RegE). Keinesfalls wird – wie schon nach altem Recht – die Eigenschaft als nahe stehende Person durch bloßes Getrenntleben von Ehegatten beendet (*Biehl* Insider S 68); das ergibt sich heute abgesehen von der Nachwirkung einer früheren Ehe in Nr 1 vor allem aus der neuen Nr 3. 4

2. Lebenspartner (Nr 1 a). Nahestehende Person ist auch der Lebenspartner des Schuldners. Für ihn gilt bezüglich des Zeitraums, in dem die Lebenspartnerschaft die Eigenschaft als nahe stehende Person begründet, ganz dasselbe wie für den Ehepartner. Auf die Ausführungen oben Rn 3 f kann daher verwiesen werden. Verwandte des Lebenspartners gelten demgegenüber nach Auffassung des Gesetzgebers, nicht als nahe stehende Personen weil er Nr 2 nicht an die Einfügung von Nr 1a angepasst hat; ob die darin liegende Privilegierung mit Art 4 GG vereinbar ist, lässt sich bezweifeln (*Biehl* ZInsO 2003, 543 f). 5

Auf gleichgeschlechtliche Partnerschaften, bei denen ein der Eheschließung vergleichbares Registrierungsverfahren im Ausland vor Inkrafttreten der Nr 1 a am 1. August 2001 stattgefunden hat, ist Nr 1 entsprechend anzuwenden. Ob eine solche Partnerschaft bei nach Art 13 Abs 1 EGBGB im Inland einer Ehe gleichstehen würde bzw -gestanden hätte, ist dabei ohne Bedeutung. 6

3. Verwandte (Nr 2). Für das **Verwandtschaftsverhältnis** sind die Bestimmungen des Bürgerlichen Gesetzbuchs maßgebend. Der dies früher regelnde Art 51 EGBGB braucht nach neuem Recht nicht mehr für diese Selbstverständlichkeit herangezogen zu werden (*Biehl* Insider S 65). Vom Näheverhältnis der Nr 2 erfasst sind dabei sowohl Verwandte des Schuldners als auch solche seines Ehegatten, und zwar sowohl in aufsteigender (Aszedenten: Eltern, Großeltern) als auch in absteigender (Deszedenten: Kinder, Enkelkinder) Linie. Gleiches gilt für Adoptivkinder und deren Abkömmlinge sowie für Adoptiveltern und deren Vorfahren (§ 1754 BGB). Bei der Adoption Volljähriger erstreckt sich die Nähebeziehung allerdings nicht auf dessen Verwandte (§ 1770 Abs 1 BGB); denn hier wird typischerweise nicht auch eine Nähebeziehung zu den Verwandten des Adoptierten begründet (*Biehl* Insider S 71; abw KP-*Paulus* § 138 Rn 7). Schwägerschaft (§ 1590 BGB), nicht aber Schwippschwägerschaft reicht heute ebenfalls aus (*Jaeger/Henckel* § 138 Rn 10). Nach Wegfall des § 1589 Abs 2 BGB (aufgehoben durch Art 1 Nr 3 NEhelG) besteht Verwandtschaft auch zwischen dem nichtehelichen Kind und seinem Vater sowie dessen Verwandten. Das gilt nach Art 12 § 1 NEhelG auch für die vor Inkrafttreten dieses Gesetzes Geborenen. Wird das nichteheliche Kind auf Antrag des Vaters für ehelich erklärt (§ 1723 BGB), so erstrecken sich jetzt diese Wirkungen auch auf die Verwandten des Vaters, da § 1737 BGB weggefallen ist. 7

Weiter sind die **voll- und halbbürtigen Geschwister** des Schuldners und seines Ehegatten „nahe stehend". Mehrere nichteheliche Kinder derselben Mutter und desselben Vaters sind dabei vollbürtige Geschwister; halbbürtige Geschwister sind solche, die nur einen Elternteil gemeinsam haben. Nicht erfasst sind allerdings die sonstigen Personen, mit denen nach § 1589 BGB Verwandtschaft besteht, also insbesondere Onkel, Tanten, Nichten und Neffen (zu Recht kritisch *Biehl* Insider S 72 f). 8

Verwandte und Geschwister des Ehegatten des Schuldners sowie deren Ehegatten bleiben auch dann noch nahe stehende Personen, wenn die Ehe des Schuldners mit seinem Ehegatten aufgelöst wurde. Das wurde auch früher schon so gesehen, führte aber nach altem Recht zu dem Widerspruch, dass Verträge des Schuldners mit seinem eigenen Ehegatten nur bis zur Auflösung der Ehe insolvenzrechtlich benach- 9 teiligt wurden, während solche mit dessen Verwandten unbefristet der erleichterten Anfechtbarkeit unterlagen und somit schlechter gestellt wurden als der frühere Ehegatte selbst (**RG** 23. 3. 1906 Z 63, 92; Kuhn/*Uhlenbruck* § 31 KO Rn 22). Dieser Widerspruch wurde dadurch beseitigt, dass einerseits in Nr 1 die erleichterte Anfechtbarkeit auch für Rechtshandlungen gegenüber dem früheren Ehegatten eingeführt wurde, andererseits Nr 2 aber für den Begriff des Ehegatten jetzt auf die Begriffsbestimmung der Nr 1 verweist (dies übersieht *Biehl* Insider S 69). Damit wird die erleichterte Anfechtbarkeit gegenüber Verwandten des früheren Ehegatten zwar beibehalten, aber auf den gleichen Nachwirkungszeitraum wie bei ihm selbst beschränkt (Begr RegE zu § 153 RegE).

10   Andererseits muss bei den Ehegatten der vorgenannten Personen im Gegensatz zu Nr 1 die Ehe bereits im Zeitpunkt der Rechtshandlung bestanden haben (**RG** 23. 3. 1906 Z 63, 92, 96; **OLG** Hamm 18. 10. 2007 27 U 213/06 **OLGR** Hamm 2008, 292 = ZInsO 2008, 457), und die Auflösung dieser Ehen hat – ebenfalls im Gegensatz zu Nr 1 – keine insolvenzrechtliche Nachwirkung (*Biehl* Insider S 143 f).

11   **4. Häusliche Gemeinschaft und dienstvertragliche Verbindung zum Schuldner (Nr 3).** Nach neuem Recht sind auch in häuslicher Gemeinschaft mit dem Schuldner lebende Personen als „nahe stehend" zu qualifizieren. Insbesondere begründet also die nichteheliche Lebensgemeinschaft (zu deren Voraussetzungen **OLG** Hamm 22. 12. 1998 NJW-RR 1999, 1233 f) ein insolvenzrechtlich relevantes Näheverhältnis (abw für das alte Recht Kuhn/*Uhlenbruck* § 31 KO Rn 21 aE). Nr 3 ist aber nicht auf die nichteheliche Lebensgemeinschaft beschränkt; vielmehr sind auch andere häusliche Gemeinschaften wie (nicht eingetragene) gleichgeschlechtliche Partnerschaften, die Aufnahme von Pflegekindern oder klösterliche Gemeinschaften erfasst (ausf. *Biehl* Insider S 74 ff). Eine bloße Wohngemeinschaft reicht dagegen nicht aus, wenn und weil mit ihr nicht der Informationsvorsprung vermittelt wird, der Grund für die Regelung des Nr 3 ist.

12   Wie bei Nr 2 die Verwandtschaft muss die häusliche Gemeinschaft im Zeitpunkt der Rechtshandlung bereits bestanden haben; die Begründung einer häuslichen Gemeinschaft nach der Rechtshandlung reicht also nicht. Andererseits ist auch im Falle der Nr 3 ist die erleichterte Anfechtbarkeit aus den gleichen Gründen wie bei Ehegatten und dessen Verwandten und Geschwistern zeitlich beschränkt; das entspricht Nr 1.

12A   Durch das Gesetz zur Vereinfachung des Insolvenzverfahrens wurde Nr 3 auf solche Personen erstreckt, „die sich auf Grund einer dienstvertraglichen Verbindung zum Schuldner über dessen wirtschaftliche Verhältnisse unterrichten können". Damit sollte eine insoweit zuvor bestehende Regelungslücke geschlossen werden (Begr RegE zu Abs 1 Nr 3 nF, BT-Drucks 16/3227, S 20; dazu *Biehl* ZInsO 2003, 543, 545); denn dienstvertragliche Verbindungen begründeten nach dem Wortlaut des Gesetzes (Abs 2 Nr 2) zuvor nur zu Gesellschaften, nicht aber zu natürlichen Personen eine Nähebeziehung. Entsprechend diesem Regelungsanliegen der ergänzten Nr 3 können die zu Abs 2 Nr 2 bislang angestellten Erwägungen jetzt auch auf Abs 1 Nr 3 übertragen werden (dazu unten Rn 47 f).

12B   **5. Gesellschaftsrechtliche Verbindungen (Nr 4).** Eine bislang bestehende Regelungslücke schließt auch die ebenfalls durch das Gesetz zur Vereinfachung des Insolvenzverfahrens eingefügte Nr 4 (Begr RegE zu Abs 1 Nr 3 nF, BT-Drucks 16/3227, S 20; zur Vorgeschichte *Biehl* ZInsO 2003, 543, 544 f). Denn zuvor hatte das Gesetz in Abs 2 nur festgelegt, wer im Verhältnis zu einer Gesellschaft als nahe stehend galt, nicht aber welche Gesellschaften im Verhältnis zu einer insolventen natürlichen Person als nahe stehend anzusehen wären. Allerdings war schon unter dem bislang geltenden Recht überwiegend davon ausgegangen worden, dass auch in diesem Fall – im Anschluss an die Rechtsprechung aus der Zeit vor Inkrafttreten der InsO – gleichermaßen von einer Nähebeziehung auszugehen sei (**BGH** 12. 12. 1985 Z 96, 352, 356 = NJW 1986, 1047 = ZIP 1986, 170 = EWiR § 31 KO 1/86, 177 [*Gerhardt*] = WuB VI B § 31 Nr 2 KO 1.86 [*Uhlenbruck*]; *Fridgen* ZInsO 2004, 1341 f [II]; weit Nachw in der 12. Aufl Rn 43; dies ist va für Verfahren von Relevanz, die vor dem 1. 7. 2007 eröffnet wurden und daher nach Art 103c Abs 1 EGInsO noch § 138 aF unterfallen). Die Neuregelung bestätigt damit gewissermaßen dieses Verständnis und legt andererseits klare Grenzen fest, von denen an bzw bis zu denen eine Nähebeziehung anzunehmen ist.

12C   Dementsprechend ist jetzt im Verhältis zu einer natürlichen Person als Schuldner auch eine (auch ausländische) **juristische Person oder Gesellschaft ohne Rechtspersönlichkeit** als nahe stehend anzusehen, wenn der Schuldner Mitglied ihres Vertretungs- oder Aufsichtsorgans ist, persönlich haftender Gesellschafter ist oder zu mehr als einem Viertel an ihrem Kapital beteiligt ist; die für die Feststellung einer Nähebeziehung zu einer juristischen Person oder Gesellschaft ohne Rechtspersönlichkeit angestellten Überlegungen (sogleich Rn 13 ff) gelten insoweit spiegelbildlich. Entsprechend Abs 2 Nr 3 für den Umkehrfall reicht es auch aus, wenn nicht der Schuldner selbst, sondern eine ihm nach Abs 1 Nrn. 1 bis 3 nahe stehende Person in einer der beschriebenen Arten Einfluss auf eine Gesellschaft hat oder an ihr beteiligt ist. Entgegen früheren Entwürfen des Gesetzes wird nicht ausdrücklich verlangt, dass die natürliche Person auf Grund ihrer Stellung die Möglichkeit haben muss, Einfluss auf „deren Geschäftsführung" (= die Geschäftsführung der juristischen Person bzw der Gesellschaft ohne Rechtspersönlichkeit) zu nehmen; das wurde bewusst als zu eng fallen gelassen (*Biehl* ZInsO 2003, 543, 545). Nach der 2. Alt der Nr 4 ist es für die Annahme einer Nähebeziehung zudem ausreichend,

III. Gesellschaftsrechtlich nahe stehende Personen (Abs 2) § 138

dass eine (auch ausländische) juristische Person oder Gesellschaft ohne Rechtspersönlichkeit auf Grund einer einer Beteiligung **vergleichbaren gesellschaftsrechtlichen oder dienstvertraglichen Verbindung** die Möglichkeit hat, sich über die wirtschaftlichen Verhältnisse des Schuldners zu unterrichten. Das erschließt sich freilich nur schwer aus dem Gesetzestext, dem nur mit Mühe zu entnehmen ist, dass mit dem zweiten „oder" ein gänzlich neuer Fall angesprochen wird und nicht nur eine weitere Variante der Einfluss- bzw Einblicksmöglichkeiten des Schuldners gegenüber juristischen Personen oder Gesellschaften ohne Rechtspersönlichkeit (zur Textkritik auch *Bork* ZIP 2008, 1041, 1042); hilfreich wäre es, wenn dies durch Einfügung des Wortes „diese" deutlich gemacht würde. Hinsichtlich der Anforderungen, die an das Vorliegen einer solchen vergleichbaren Verbindung zu stellen sind, kann im Übrigen auch hier auf die Überlegungen zum spiegelbildlichen Fall einer Nähebeziehung zu einer insolventen juristischen Person oder Gesellschaft ohne Rechtspersönlichkeit verwiesen werden (unten Rn 47 f).

III. Gesellschaftsrechtlich nahe stehende Personen (Abs 2)

Im Gegensatz zur differenzierenden Lösung des Abs 1 muss die Nähebeziehung in den Fällen des Abs 2 immer im Zeitpunkt der Vornahme der Rechtshandlung (§ 140) bestanden haben (*Henckel* KS-InsO S 813, 844 Rn 67; HK-*Kreft* § 138 Rn 12; dazu auch *Biehl* Insider S 138 ff mit Kritik hinsichtlich Abs 2 Nrn. 1 und 2 S 171 ff). 13

1. Statusbezogene Insider (Nr 1). a) Mitglieder des Vertretungs- oder Aufsichtsorgans. Als nahe stehende Personen von juristischen Personen und Gesellschaften ohne Rechtspersönlichkeit sind zunächst die Mitglieder ihres Vertretungs- oder Aufsichtsorgans anzusehen. Das wurde nach früherem Recht für Organmitglieder, die nicht zugleich Gesellschafter sind, überwiegend anders gesehen (Kuhn/*Uhlenbruck* § 31 KO Rn 26 mwN; anders aber bereits LAG Hamm 29. 4. 1986 ZIP 1986, 1262 = KTS 1987, 76 = EWiR § 3 AnfG 2/86, 959 [*Brehm*]). Mitglieder des Vertretungs- oder Aufsichtsorgans sind die Vorstands- oder Aufsichtsratsmitglieder einer AG, eines Vereins, einer Genossenschaft einer Stiftung und die Geschäftsführer einer GmbH (oder auch einer EWIV!). Auch etwaige „stellvertretende" Vorstandsmitglieder oder Geschäftsführer gehören dazu (*Hirte* ZInsO 1999, 429; KP-*Noack* GesellschaftsR Rn 16 unter Verweis auf BGH 10. 11. 1997 NJW 1998, 1071 = ZIP 1998, 152 = LM H 5/1998 § 10 GmbHG Nr 3 [*Noack*]). Auf die Wirksamkeit der Organbestellung kommt es nicht an; entscheidend ist, dass die Tätigkeiten tatsächlich ausgeübt werden, so dass auch „faktische Organe" dazu zählen. Muss die GmbH nach den Mitbestimmungsgesetzen einen Aufsichtsrat bilden, gehören auch dessen Mitglieder zu den „Mitgliedern des Aufsichtsorgans". Wegen der identischen Interessenlage ist aber die Anwendung von Nr 1 auch auf einen freiwilligen Aufsichtsrat oder ein anderes mit Aufsichtsbefugnissen ausgestattetes Kontrollgremium (Beirat, Verwaltungsrat) geboten (Begr RegE zu § 154 RegE). Ein reines „Honoratiorengremium" gehört daher nicht hierher (KP-*Noack* GesellschaftsR Rn 17); das wird man freilich insoweit ergänzen müssen, dass es nicht den Eindruck eines Überwachungsorgans hervorrufen darf. Kein „Aufsichtsorgan" bildet bei der GmbH allerdings die Gesellschafterversammlung. Diese sich aus § 138 Abs 2 Nr 1 ergebenden Grundsätze gelten auch bei ausländischen Gesellschaften und supranationalen Gesellschaftsformen. 14

Gesellschaften ohne Rechtspersönlichkeit haben im Hinblick auf das dort bestehende Prinzip der Selbstorganschaft mit Ausnahme der EWIV von Gesetzes wegen kein Vertretungs- oder Aufsichts- „Organ". Gleichwohl können auch dort, insbesondere in Publikums-Kommanditgesellschaften, auf gesellschaftsvertraglicher Grundlage Aufsichtsgremien bestehen; auf diese ist Nr 1 ebenfalls anwendbar. 15

Nr 1 begründet die Eigenschaft als nahe stehende Person nur für das Organmitglied selbst. Mitglieder von Aufsichtsräten und ähnlichen Überwachungsorganen werden freilich häufig mehr oder weniger formal von Dritten entsandt. Das gilt etwa für den „Bankenvertreter im Aufsichtsrat" (dazu *Paulus* WM 2000, 2225 ff), aber auch für auf Grund ausdrücklicher satzungsmäßiger Bestimmung entsandte Aufsichtsratsmitglieder (für die AG § 101 Abs 2 AktG). Ob die Nähebeziehung dann auch auf solche Dritte auszudehnen ist, ergibt sich nicht aus Nr 1, sondern aus dem Gesellschaftsrecht. Maßgeblich ist dabei, dass das Organmitglied „seiner" Gesellschaft zur Verschwiegenheit verpflichtet ist (§§ 93 Abs 1 Satz 2, 116 AktG; dazu *Hirte* KapGesR Rn 3.46, 3.203 ff), ohne dass dafür Abs 2 Nr 3 Hs 2 herangezogen werden müsste; die Begründung einer Nähebeziehung zu den entsendenden Dritten scheidet demgemäß aus. Die genannte Verschwiegenheitspflicht besteht auch noch nach dem Zeitpunkt, in dem Insolvenzantrag gestellt werden muss. Denn zum einen trifft die Insolvenzantragspflicht die Geschäftsleiter, nicht die Mitglieder eines Überwachungsorgans, und zum anderen ist unabhängig davon das gesellschaftsinterne Willensbildungsverfahren vorrangig (abw daher *Paulus* WM 2000, 2225, 2226). Allein die „Entsendung" kann daher den Entsendenden nicht zur nahe stehenden Person machen. Möglich ist aber, dass das Entsenden eines Aufsichtsratsmitglieds *neben* einer gesellschaftsrechtlichen Beteiligung eine Nähebeziehung begründet (dazu unten Rn 20 f); da dies als Indiz für Einflussnahme angesehen wird, kommt es insoweit zudem nicht auf die Frage an, ob schon eine Insolvenzantragspflicht bestand. Sicher keine Nähebeziehung besteht zwischen den einzelnen Mitgliedern eines Vertretungs- oder Aufsichtsorgans (*Ropohl* NZI 2006, 425, 431). 16

§ 138

17 **b) Persönlich haftende Gesellschafter des Schuldners.** Nahestehende Personen im Verhältnis zu einer Gesellschaft als Schuldnerin eines Insolvenzverfahrens sind auch deren persönlich haftende Gesellschafter. Das kommt nur bei Gesellschaften ohne Rechtspersönlichkeit in Betracht. Es wurde auch für das alte Recht in entsprechender Anwendung von § 31 Nr 2 KO bereits so gesehen (**RG** 21. 2. 1899 Z 43, 104, 105 ff; **BGH** 16. 2. 1961 Z 34, 293, 297 = NJW 1961, 1022; **BGH** 12. 12. 1985 Z 96, 352, 357 = NJW 1986, 1047 = ZIP 1986, 170 = EWiR § 31 KO 1/86, 177 [*Gerhardt*] = WuB VI B § 31 Nr 2 KO 1.86 [*Uhlenbruck*]; Kuhn/*Uhlenbruck* § 31 KO Rn 23 mwN). Eindeutig erfasst sind damit die Komplementäre der OHG und KG sowie die Gesellschafter einer BGB-Gesellschaft. Eine KG und ihre Komplementär-GmbH sind daher im Verhältnis zueinander nahe stehende Personen (zum alten Recht bereits **OLG** Hamm 22. 4. 1986 ZIP 1986, 1478 = EWiR § 31 KO 2/86, 1225 [*Gerhardt*] [mit zusätzlicher Begründung]; **OLG** Hamm 12. 6. 1990 NJW-RR 1991, 293 = ZIP 1990, 1355 = EWiR § 31 KO 1/90, 1009 [*Mohrbutter*] = WuB VI B § 31 Nr 2 KO 1.91 [*Uhlenbruck*]; *Biehl* Insider S 84; Kuhn/*Uhlenbruck* § 31 KO Rn 25). Auf das Vorliegen von Vertretungsmacht beim persönlich haftenden Gesellschafter kommt es dabei nicht an. Ebenso hierzu zählen auch die Mitreeder einer Partenreederei (ausdrücklich Begr RegE § 154 Abs 1 Nr 1 Hs 3 RegE). Etwaige interne Freistellungsvereinbarungen bleiben dabei unberücksichtigt.

18 Ist eine **juristische Person persönlich haftender Gesellschafter** in einer Gesellschaft ohne Rechtspersönlichkeit, sollten nach dem RegE auch die Mitglieder des Vertretungs- oder Aufsichtsorgans dieser juristischen Person sowie die an deren Kapital mit mehr als einem Viertel beteiligten Gesellschafter als nahe stehend anzusehen sein (Begr RegE zu § 154 Abs 1 Nr 2 RegE). Da die vom Rechtsausschuss vorgenommene textliche Straffung der §§ 153–155 RegE eine sachliche Änderung in diesem Punkt nicht vornehmen wollte, ist dies auch jetzt noch anzunehmen (i.E. ebenso *Ropohl* NZI 2006, 425, 432).

19 Andere Gesellschafter von Gesellschaften ohne Rechtspersönlichkeit, insbesondere **Kommanditisten**, sind nach dem Wortlaut des Gesetzes nur dann erfasst, wenn sie an deren Kapital zu mehr als einem Viertel beteiligt sind. Das ist gegen die noch überwiegende Meinung von früheren Recht, die insoweit zwischen Komplementären und Kommanditisten keinen grundlegenden Unterschied machen wollte (zum alten Recht Jaeger/*Henckel* § 31 KO Rn 34; Kilger/*Karsten Schmidt* § 31 KO Anm 13; *Lent* KTS 1958, 129, 131; Kuhn/*Uhlenbruck* § 31 KO Rn 23; offen lassend **BGH** 12. 12. 1985 Z 96, 352, 357 = NJW 1986, 1047 = ZIP 1986, 170 = EWiR § 31 KO 1/86, 177 [*Gerhardt*] = WuB VI B § 31 Nr 2 KO 1.86 [*Uhlenbruck*]; **BGH** 27. 11. 1989 NJW 1990, 980 = ZIP 1990, 95 = KTS 1990, 254). Lediglich bei Publikumskommanditgesellschaften sollte die Angehörigeneigenschaft von Kommanditisten zu verneinen gewesen sein (*Fehl* ZGR 1978, 725 ff; Jaeger/*Henckel* § 31 KO Rn 34 aE). Auch ein **stiller Gesellschafter** ist nicht allein im Hinblick auf seine Gewinn- und/oder Verlustbeteiligung (§ 231 HGB) als Insider zu qualifizieren (*Ropohl* NZI 2006, 425, 431 f).

20 **c) Am Kapital des Schuldners beteiligte Personen. aa) Kapitalbeteiligung mit einem Viertel.** Nahestehende Personen im Verhältnis zu *sämtlichen Gesellschaften* sind auch solche (natürlichen oder juristischen) Personen, die am Kapital des Schuldners zu *mehr als einem Viertel* beteiligt sind. Das wurde für Gesellschafter, die einen *bestimmenden Einfluss* in der juristischen Person haben, in entsprechender Anwendung von § 31 Nr 2 KO und für die GmbH des § 108 Abs 2 VglO auch nach altem Recht schon so gesehen (**BGH** 22. 12. 1971 Z 58, 20, 23 = LM § 31 KO Nr 6 [*Mormann*]; Kuhn/*Uhlenbruck* § 31 KO Rn 24; ausführlich *Ehricke* KTS 1996, 209 ff; weit Nachw in der 12. Aufl Rn 20). § 10 GesO hat die Rechtsprechung demgegenüber schon unter Heranziehung von § 138 Abs 2 Nr 1 InsO konkretisiert, also für die Eigenschaft als „nahe stehende Person" die Beteiligung von mehr als einem Viertel am Kapital verlangt (**BGH** 23. 11. 1995 Z 131, 189, 192 = NJW 1996, 461 = ZIP 1996, 83, 84 = KTS 1996, 151, 153 = EWiR § 31 KO 1/96, 119 [*Gerhardt*]). Persönlich haftende Gesellschafter einer KG oder GmbH & Co KG können auch unter dem Gesichtspunkt der Kapitalbeteiligung als nahe stehende Personen zu qualifizieren sein, wenn sie eine Beteiligung an der Gesellschaft in dem erforderlichen Umfang halten (*Holzer* WiB 1997, 729, 732; *Uhlenbruck* GmbHR 1995, 195, 208 f).

21 Das Gesetz erfasst von seinem *Wortlaut* her damit jetzt nur noch solche Personen, die „zu mehr als einem Viertel am Kapital des Schuldners beteiligt sind". Begründet wird dies für das Aktienrecht damit, dass die mit einer solchen Beteiligung verbundene Sperrminorität dem Aktionär eine besondere Informationsmöglichkeit biete, die über das Auskunftsrecht des § 131 AktG hinausgehe. Hingewiesen wird auch auf die Mitteilungspflichten der §§ 20 ff AktG, die dem Insolvenzverwalter ermöglichten, die betreffenden Aktionäre festzustellen (Begr RegE zu § 154 Abs 1 Nr 1 RegE). Enger als nach früherem Recht ist die Lage auch für GmbH-Gesellschafter; denn auch diese sollen anders als nach § 108 Abs 2 VglO nur noch dann als Insider qualifiziert werden können, wenn sie mit mehr als einem Viertel am Kapital des Schuldners beteiligt sind. Als Grund wird hier genannt, dass ansonsten die besondere Informationsmöglichkeit im Sinne der Anfechtungsnormen nicht allgemein angenommen werden könne (Begr RegE zu § 154 Abs 1 Nr 1 RegE).

22 Freilich ist die jetzige Formulierung in anderer Hinsicht – wenn auch wohl unbewusst – gegenüber dem RegE erweitert worden. Denn die Qualifikation als Insider auf Grund Kapitalbeteiligung ist jetzt bei allen juristischen Personen und Gesellschaften ohne Rechtspersönlichkeit möglich und nicht mehr nur, wie noch in § 154 Abs 1 Nr 1 Hs 2 RegE nur bei AG, KGaA und GmbH. Das führt vor allem zu

III. Gesellschaftsrechtlich nahe stehende Personen (Abs 2) § 138

einer Erfassung maßgeblich beteiligter Kommanditisten (ausdrücklich Begr RegE zu § 154 Abs 1 Nr 2 RegE), die allerdings nach altem Recht schon in deutlich weitergehendem Umfang als Insider angesehen wurden (vgl zuvor Rn 19).

bb) Kritik. Diese Überlegungen gingen teilweise schon im Zeitpunkt ihrer Formulierung von falschen gesellschaftsrechtlichen Voraussetzungen aus, zum Teil sind sie durch die zwischenzeitlich eingetretene Rechtsentwicklung überholt (vgl bereits *Hirte* ZInsO 1999, 429, 430 ff). 23

Der vom Gesetzgeber gewählte Anknüpfungspunkt ist dabei zunächst in seiner Allgemeinheit insoweit überholt, als die *Differenzierung zwischen geschlossenen und Publikumsgesellschaften*, wie sie zuvor bereits für Kommanditisten praktiziert worden war, nicht beibehalten wurde. § 3 Abs 2 AktG zeigt inzwischen mit großer Deutlichkeit, dass hier unterschiedliche Maßstäbe angebracht sind. Das kann im Rahmen von § 138 nicht anders sein (wie hier *Ehricke* KTS 1996, 209, 216, 227; Zweifel auch bei *Häsemeyer* Rn 21.36; abw *Biehl* Insider S 80 f; *Kirchhof* ZInsO 2001, 825, 827; KP-*Paulus* § 138 Rn 19; *Paulus* WM 2000, 2225, 2226). 24

Für die **geschlossene GmbH** ist der seinerzeitige gesetzgeberische Hinweis, dass bei einer Beteiligung von einem Viertel oder weniger am Stammkapital des Schuldners von einer geringen Beteiligung ohne besondere Informationsmöglichkeit ausgegangen werden müsse, kaum nachvollziehbar. Denn das Gesetz räumt in § 50 Abs 1 GmbHG schon einer mit nur zehn Prozent am Stammkapital beteiligten Minderheit das Recht zur Einberufung einer Gesellschafterversammlung ein. Auch geht es heute in § 32 a Abs 3 Satz 2 GmbHG davon aus, dass eine Privilegierung in bezug auf die Nachranganordnung von Gesellschafterdarlehen erst bei einer Beteiligung von zehn Prozent oder weniger am Stammkapital eingreifen soll (zu dieser Regelung im Übrigen § 135 Rn 7 sowie § 39 Rn 72 ff). Schon für die gesetzestypische GmbH hätte die Insiderstellung daher – jedenfalls heute – systematisch korrekt von einer zehnprozentigen oder größeren Beteiligung am Stammkapital an angenommen werden müssen. Hinzu kommt, dass die Informationsmöglichkeiten eines geringer beteiligten Minderheitsgesellschafters im Einzelfall auf Grund statutarischer (etwa Mehrstimmrechte) oder neben die Satzung tretender schuldrechtlicher Regelungen auch deutlich weiter reichen können als im Falle des § 50 Abs 1 GmbHG (ähnlich *Ehricke* KTS 1996, 209, 216, 225). Derartige Fälle dürften andererseits nach Wortlaut und Systematik des § 138 Abs 2 kaum unter dessen Nr 2 subsumierbar sein. Eine am Zweck des Abs 2 Nr 1 orientierte Auslegung spricht daher dafür, dessen Nr 1 dem gesellschaftsrechtlichen Zusammenhang entsprechend schon ab einer Beteiligung von zehn Prozent am Stammkapital eingreifen zu lassen; darüber hinaus wird man im Einzelfall auch eine noch geringere Beteiligung für ausreichend halten müssen, wenn der Gesellschafter aus gesellschaftsrechtlichen oder anderen Gründen über privilegierte Informationsmöglichkeiten verfügt. Diese Überlegungen müssen nach dem vorher gesagten gleichermaßen auch für die *geschlossene AG* und andere geschlossene Gesellschaften gelten. 25

Für die **Publikumsgesellschaft** liegen die Dinge etwas anders Freilich bedarf es insoweit zunächst nochmals des Hinweises, dass die AG nicht automatisch eine Publikumsgesellschaft bildet (der Hinweis des Gesetzgebers der InsO, der Insolvenzverwalter könne auf §§ 20 ff AktG zurückgreifen, um die Aktionäre der Gesellschaft zu ermitteln, deutet auf eine solche Fehlvorstellung hin). Für solche Publikumsgesellschaften ist es zwar vom Ansatz her richtig, erst ab einer höheren Beteiligung eine Insiderstellung anzunehmen. Vertretbar erschien es jedenfalls zur Zeit der Beratung der InsO auch, hiervon – wie dies unausgesprochen wohl auch der InsO-Gesetzgeber getan hat – in Anknüpfung an die Beton- und Monierbau- Entscheidung (**BGH** 26. 3. 1984 Z 90, 381, 390 = NJW 1984, 1893 = ZIP 1984, 572) erst dann auszugehen, wenn der Gesellschafter über eine Sperrminorität verfügt. Diese Bezugnahme ist jedoch ebenfalls unvollständig, als der InsO-Gesetzgeber es anders als das genannte Urteil unterlassen hat, bei statutarischen oder sonstigen schuldrechtlichen Regelungen, die schon unterhalb dieser Grenze entsprechende Informationsmöglichkeiten eröffnen, gleichwohl eine Insiderstellung anzunehmen (**BGH** 26. 3. 1984 Z 90, 381, 383 ff = NJW 1984, 1893 = ZIP 1984, 572, 575). Gleiches müsste im Übrigen für schuldrechtliche Gesellschaftervereinbarungen gelten (ebenso KP-*Noack* GesellschaftsR Rn 24). 26

Die jüngere kapitalmarktrechtliche Entwicklung ist jedoch in mehreren Punkten weiter gegangen. Denn zum einen hat der **BGH** im VW-Urteil anerkannt, dass es für die Möglichkeiten der Beherrschung einer Publikums-Aktiengesellschaft entscheidend auf die Hauptversammlungspräsenzen ankommt (**BGH** 17. 3. 1997 Z 135, 107 = NJW 1997, 1855 = ZIP 1997, 887 = WuB II A. § 312 AktG 1.97 [*Hirte*] = LM H 10/1997 § 17 AktG 1965 Nr 12 [*Heidenhain*] = EWiR § 312 AktG 1/97, 681 [*Westermann*]). Zum zweiten hat der Gesetzgeber in § 38 Abs 1 Nr 2 b) bis d) [früher § 13 Abs 1 Nr 2] WpHG für die wertpapierrechtlichen Insiderstrafbarkeit entscheidend auf die Kausalität der Beteiligung für die Insiderkenntnisse („auf Grund") statt auf einen bestimmten Umfang der Beteiligung am Kapital abgestellt. Und schließlich hat der Gesetzgeber in § 21 Abs 1 WpHG zu erkennen gegeben, dass schon eine Beteiligung von nur 3% an einer börsennotierten Aktiengesellschaft eine relevante und damit meldepflichtige Größenordnung bildet. Dabei wird zudem wie auch in zahlreichen weiteren auf europäisches Recht zurückgehenden Bestimmungen auf den Umfang der Stimmrechte und nicht auf die Kapitalbeteiligung abgestellt, mögen diese auch typischerweise gleich groß sein. Eine Übertragung der beiden vorgestellten Wertungen auf § 138 Abs 2 würde daher auch bei Publikums-Aktiengesellschaften dazu 27

§ 138

führen, eine Insiderstellung schon bei einer deutlich geringeren als der gesetzlich festgelegten Grenze anzunehmen.

28 Eine teleologische Auslegung von Abs 2 Nr 1 im Lichte der seit Beratung der InsO eingetretenen gesellschaftsrechtlichen Entwicklung spricht daher zuächst für eine generelle Absenkung der für die Annahme einer Insiderstellung maßgeblichen Kapitalschwelle in dem vorgeschlagenen Rahmen (so für das Kapitalersatzrecht schon *Hirte*, in: RWS-Forum 10 [1998], S 145, 164 f; zu dieser Parallele auch *Ehricke* KTS 1996, 209, 216 Fn. 26). Sie spricht weiter dafür, eine Insiderstellung auf Grund gesellschaftsrechtlicher Beteiligung auch unterhalb der gesetzlich normierten Kapitalbeteiligung anzunehmen, wenn sich besondere Informationsmöglichkeiten eines Minderheitsgesellschafters aus vom Gesetz abweichenden statutarischen oder sonstigen schuldrechtlichen Regelungen ergeben (ebenso *Ropohl* ZInsO 2006, 425, 427 f [der diese dann unter die von ihm als Auffangtatbestand verstandene Nr 2 subsumieren will]; abw *Ehricke* KTS 1996, 209, 222 f: eindeutiger Wortlaut der Vorschrift). Entscheidend sollte hier wie in § 38 WpHG sein, dass die Kenntnisse „*auf Grund*" der Kapitalbeteiligung, gegebenenfalls unter Hinzukommen weiterer Faktoren, erlangt wurden. Der hier vorgeschlagenen Auslegung steht der Wortlaut des § 138 nicht entgegen; denn er spricht nur davon, dass die in Abs 2 Nrn. 1 bis 3 bezeichneten Personen „nahe stehende Personen" sind, nicht aber, dass *nur* diese „nahe stehende Personen" sind. Auch heißt es in der Gesetzesbegründung bezüglich des GmbH-Rechts, dass unterhalb der gesetzlich kodifizierten Schwelle die besondere Informationsmöglichkeit im Sinne der Anfechtungsnormen nicht *allgemein* angenommen werden könne (Begr RegE zu § 154 Abs 1 Nr 1 RegE); eine Ausdehnung mindestens im Einzelfall scheint von daher fast schon geboten.

29 Der Einwand, eine gegenüber dem Gesetzestext erweiternde Auslegung komme insbesondere bei den Anfechtungsvorschriften nicht in Betracht (so KP-*Paulus* § 138 Rn 1, § 129 Rn 10; *Paulus* FS Fischer, 2008, S 445, 454 ff), greift dabei nicht. Denn zum einen ist seit dem Erlass der hier relevanten Vorschriften inzwischen schon eine beträchtliche Zeitspanne verstrichen, und zum anderen ist der Gesetzgeber selbst von manchen der hier vorgreiflichen gesellschaftsrechtlichen Positionen zwischenzeitlich abgerückt. Hinzu kommt, dass auch von Vertretern der Gegenansicht die Möglichkeit bejaht wird, eine Wissenszurechnung zu Lasten von geringer beteiligten Gesellschaftern vorzunehmen (so KP-*Paulus* § 138 Rn 16 aE, der Banken oder Zulieferern das Wissen ihrer Vertreter im Aufsichtsrat zurechnen will). Doch wäre damit zum einen der falsche Anknüpfungspunkt gewählt (Person statt Beteiligung), zum zweiten fehlt die erforderliche Vorhersehbarkeit, und zum dritten könnte sie in Extremfällen noch weiter reichen als der hier vorgeschlagene Ansatz. Schließlich würde ein Festhalten am Wortlaut des § 138 dazu führen, dass bei der Anfechtung der Sicherung oder Befriedigung von Gesellschafter-Darlehen ein anderer Standard eingriffe als bei der Anordnung ihrer Nachrangigkeit (dazu oben § 39 Rn 40 ff).

30 cc) **Mittelbare Beteiligungen.** Bei der Berechnung der relevanten Beteiligungsschwelle sind auch mittelbare Beteiligungen zu berücksichtigen. Das hatte § 154 Abs 2 RegE ausdrücklich angeordnet, und die straffere Fassung der jetzigen Norm wollte daran nichts ändern (Begr Rechtsausschuss zu § 138). Danach sollte eine Beteiligung im Sinne der (jetzigen) Nr 1 auch dann anzunehmen sein, wenn „ein von der Person abhängiges Unternehmen oder ein Dritter für Rechnung der Person oder des abhängigen Unternehmens am Schuldner beteiligt ist."

31 Daher kann etwa ein Aktionär, mit weniger als der relevanten Grenze – nach dem Wortlaut des Gesetzes ein Viertel des Grundkapitals – am Schuldner beteiligt ist, gleichwohl als nahe stehende Person angesehen werden, wenn neben ihm noch ein von ihm abhängiges Unternehmen am Schuldner beteiligt ist und dadurch die relevante Grenze überschritten wird. Für die Abhängigkeit ausreichend ist der Mehrheitsbesitz der Anteile (§ 16 AktG); auf die Unternehmenseigenschaft des Inhabers kommt es dabei nicht an (so ausdrücklich Begr RegE zu § 154 Abs 2 RegE; in dieselbe Richtung **BGH** 17. 3. 1997 Z 135, 107 = NJW 1997, 1855 = ZIP 1997, 887 [VW]; KP-*Noack* GesellschaftsR Rn 26).

32 Ist eine GmbH Gesellschafterin einer Personengesellschaft, so können danach auch sämtliche Gesellschafter der GmbH nahe stehende Personen (auch) der Personengesellschaft sein, wenn sie jeweils die erforderlichen Beteiligungsgrenzen erreichen.

33 dd) **Partenreederei.** Nach § 154 Abs 1 Nr 1 Hs 3 RegE sollte bei der Partenreederei neben den Mitreedern als persönlich haftenden Gesellschaftern auch der Korrespondentreeder, der nicht zu den Mitreedern gehört (§ 492 Abs 1 Satz 2 HGB), als nahe stehende Person angesehen werden. Daran wollte die jetzt straffere Fassung des Gesetzes nichts ändern. Doch dürfte er angesichts seiner einem Prokuristen vergleichbaren Stellung (§ 493 HGB) eher als Insider kraft Dienstvertrags (Nr 2) anzusehen sein.

34 **2. Insider auf Grund vergleichbarer gesellschaftsrechtlicher oder dienstvertraglicher Verbindung zum Schuldner (Nr 2).** Während bei Nr 1 die Insiderstellung ohne weitere Prüfung angenommen wird, verlangt Nr 2 für die Annahme einer Insiderstellung zusätzlich, dass sich die betreffende Person oder Gesellschaft auf Grund einer bestimmten Stellung im oder zum Schuldner über dessen wirtschaftliche Verhältnisse unterrichten kann.

35 Nr 2 deckt sich weitgehend mit § 155 Nr 1 RegE. Diese Norm hatte neben die „gesellschaftsrechtlich nahe stehenden Personen" des § 154 RegE einen allgemeinen Tatbestand der „sonstigen nahe stehenden

III. Gesellschaftsrechtlich nahe stehende Personen (Abs 2) § 138

Personen" gesetzt; unter dessen Nr 1 waren solche Personen zu verstehen, die auf Grund ihrer Tätigkeit im Unternehmen des Schuldners die Möglichkeit hatten, sich über dessen wirtschaftliche Verhältnisse zu unterrichten. Daneben soll Nr 2 Fälle „vergleichbarer gesellschaftsrechtlicher Verbindung" zum Schuldner erfassen, zu denen auch die Unternehmensverbindungen zu zählen sein sollen (Begr Rechtsausschuss zu § 138); die jetzige Fassung ist freilich enger als die ursprünglich in § 154 Abs 1 Nr 3 RegE vorgeschlagene (hierzu *Ropohl* NZI 2006, 425, 429). Dieser gesetzgeberische Wille, die weiteren in § 154 RegE erfassten gesellschaftsrechtlichen Verbindungen nicht gesondert zu regeln, spricht auch dafür, den Begriff „vergleichbar" allein auf die „gesellschaftsrechtliche Verbindung" zu beziehen. Nr 2 ist aber andererseits vom Gesetzgeber ausdrücklich offen ausgestaltet worden, um im Wege der Analogie eine Erweiterung des Insiderbegriffs über den Wortlaut des Gesetzes hinaus zu ermöglichen, wenn auch bei anderen Sachverhalten ein vergleichbarer Informationsvorsprung festzustellen ist (*Biehl* Insider S 87 ff).

a) Gemeinsame Tatbestandsmerkmale. Voraussetzung ist zunächst eine **besondere gesellschaftsrechtliche oder dienstvertragliche Verbindung** zum Schuldner (dazu sogleich Rn 39 ff und 47 f). Aufgrund dieser Stellung muss ihr Inhaber die *Möglichkeit* haben, sich über die wirtschaftlichen Verhältnisse des Schuldners zu unterrichten. „Möglichkeit" setzt nicht voraus, dass der Inhaber der Stellung diese auch tatsächlich ausgenutzt hat. 36

Die Unterrichtungsmöglichkeit muss „auf Grund" der Stellung gegeben sein. Bloß zufällige Informationsmöglichkeiten oder tatsächlich erworbene Kenntnisse reichen mithin nicht aus. Das entspricht der Lage bei den Primärinsidern des Wertpapierrechts (§ 13 Abs 1 Nrn. 2 und 3 WpHG). Die entsprechenden Überlegungen und Kommentierungen können daher auch hier herangezogen werden. Die darin liegende Beweisbelastung des Insolvenzverwalters hinsichtlich des Nachweises der Möglichkeit der Unterrichtung ist aber problematisch (*Biehl* Insider S 96 ff). 37

Insider nach Nr 2 können nicht nur natürliche Personen, sondern auch *juristische Personen* oder – sofern sie nicht schon juristische Personen sind – *Gesellschaften* sein (ebenso HK-*Kreft* § 138 Rn 15, 19). In diesem Fall ist für die Frage, ob sie in der Lage ist, sich über die wirtschaftlichen Verhältnisse des Schuldners zu unterrichten, § 166 Abs 1 BGB entsprechend anzuwenden. Es kommt also auf die Unterrichtungsmöglichkeit der – nicht notwendig organschaftlichen – Vertreter der juristischen Person oder Gesellschaft an (für einen „Betriebsführer" mit einer an die Stellung eines Geschäftsführers angelehnten Stellung bejahend **BGH** 6. 4. 1995 Z 129, 236, 245 = DtZ 1995, 285 = ZIP 1995, 1021 = KTS 1995, 498 = EWiR § 10 GesO 2/95, 781 [*Henckel*] = LM § 10 Abs 1 Nr 1, 2 GesO Nr 8 [*Lüke*]). Jedenfalls auf dieser Grundlage kann auch der Geschäftsführer einer Komplementär-GmbH unmittelbar als Insider auch im Verhältnis zur Kommanditgesellschaft angesehen werden (*Ropohl* NZI 2006, 425, 432). In den Fällen der Nr 2 brauchen im Übrigen die handelnden Vertreter nicht unbedingt mit den Vertretern der juristischen Person oder Gesellschaft identisch zu sein, die über die Unterrichtungsmöglichkeit verfügen (zur Parallelfrage bei der Zurechnung tatsächlich vorhandenen Wissens **BGH** 31. 1. 1996 NJW 1996, 1205 = ZIP 1996, 500 = EWiR § 166 BGB 1/96, 635 [*Pfeiffer*] = LM H. 6/ 1996 § 166 BGB Nr 35 [*Scheuch*] = DStR 1996, 1135 [*Goette*]; **BGH** 20. 11. 1995 NJW 1996, 1051 = ZIP 1996, 176 = EWiR § 123 BGB 1/96, 391 [*E.A. Kramer*] = DStR 1996, 309 [*Goette*]; *Hirte* KapGesR Rn 3.316 ff). 38

b) Vergleichbare gesellschaftsrechtliche Verbindung zum Schuldner. aa) Herrschende Unternehmen. Zu den vergleichbaren gesellschaftsrechtlichen Verbindungen ist insbesondere die Stellung als herrschendes Unternehmen iSv § 17 Abs 1 AktG zu rechnen (ebenso *Biehl* Insider S 83; *Ehricke* KTS 1996, 209, 218 f). Das wird anders als in § 154 Abs 1 Nr 3 RegE zwar nicht mehr ausdrücklich vom Gesetz gesagt. Doch soll diese Situation – wie der Rechtsausschuss ausdrücklich betont hat – nunmehr nach Nr 2 zu beurteilen sein. Daher kommt es jetzt zusätzlich darauf an, ob das herrschende Unternehmen die Möglichkeit hatte, sich über die wirtschaftlichen Verhältnisse des Schuldners zu unterrichten. Eine solche Möglichkeit soll allerdings – wie der Rechtsausschuss ebenfalls klargestellt hat – im Verhältnis von herrschendem zu abhängigem Unternehmen regelmäßig gegeben sein. 39

Die Eigenschaft als herrschendes Unternehmen wird im Falle einer – schon von Nr 1 erfassten – Mehrheitsbeteiligung (§ 16 Abs 1 AktG) vermutet (§ 17 Abs 2 AktG). Insolvenzrechtlich sind daher nur die Fälle von Bedeutung, in denen sich Abhängigkeit nicht auf Grund einer schon unter Nr 1 fallenden Mehrheitsbeteiligung oder – was überwiegend verneint wird – ganz ohne gesellschaftsrechtlich vermittelte Einflussnahme ergibt (ebenso *Ropohl* NZI 2006, 425, 426 f; zum Streitstand im Übrigen *Hirte* KapGesR 8.63 mwN; *Oechsler* ZGR 1997, 464 ff). Als Fall besonders intensiver Abhängigkeit gehören hierher auch die konzernmäßig abhängigen Unternehmen (§ 18 Abs 1 Satz 3 AktG). Gleiches gilt daher nach § 18 Abs 1 Satz 2 AktG für den Partner eines Beherrschungsvertrages (§ 291 AktG) oder für eingegliederte Unternehmen (§ 319 AktG); insolvenzrechtlich wird dies aber wiederum nur in dem Ausnahmefall Bedeutung erlangen, dass ein Beherrschungsvertrag mit einem Unternehmen geschlossen wurde, an dem keine oder nur eine geringfügige gesellschaftsrechtliche Beteiligung besteht. Für die *Treuhandanstalt* (heute: Bundesanstalt für vereinigungsbedingte Sonderaufgaben) kommt eine Qualifikation als nahe stehende Person aber wegen § 28 a Satz 1 EGAktG nicht in Betracht (abw *Haarmeyer/ Wutzke/Förster* § 10 GesO Rn 64; *Hess/Weis* AnfR § 138 InsO Rn 700); denn trotz ihrer einfluss- 40 reichen Stellung wollte der Gesetzgeber auf die Treuhandanstalt eine Anwendung der Vorschriften über herrschende Unternehmen einschließlich deren Rechtsfolgen bewusst ausschließen (zur Zulässigkeit dieses Vorgehens *Hirte* ZInsO 1999, 429, 433 mwN; zur Parallelproblematik bei § 56e DMBilG ebenso OLG Dresden 4. 8. 1994 ZIP 1994, 1393 (rkr. nach Nichtannahme der Revision wegen mangelnder grundsätzlicher Bedeutung und mangelnder Erfolgsaussicht [**BGH** 4. 10. 1995 DB 1995, 2518]); OLG Brandenburg 3. 7. 1996 ZIP 1996, 1295 = EWiR § 56e DMBilG 1/97, 787 *(von Gerkan)*).

41 § 154 Abs 1 Nr 3 RegE hatte zu den nahe stehenden Personen auch alle „Unternehmen [gezählt], die von dem Schuldner abhängig sind oder *von denen* der Schuldner [iSv § 17 AktG] abhängig ist" (Hervorh v Verf). Denn auch hier sei die Vermutung begründet, „dass dem abhängigen Unternehmen die wirtschaftliche Lage des Schuldners [auch ohne Vorliegen eines Konzerns iSv § 18 AktG] im wesentlichen bekannt ist". Der Rechtsausschuss hat mit der bereits erwähnten Änderung die generelle Annahme einer Nähebeziehung auch „von unten nach oben" ausdrücklich abgelehnt. Dem mag man für gesetzeskonform geführte (einfache) Abhängigkeitsverhältnisse folgen. In Fällen qualifizierter faktischer Abhängigkeit und erst recht bei Vorliegen eines Vertragskonzerns liegen die Dinge jedoch anders Zu denken ist etwa an Fälle eines zentralisierten *cash managements*. Eine Qualifikation des abhängigen Unternehmens als im Verhältnis zum herrschenden Unternehmen nahe stehende Person ist in diesen Fällen daher geboten – und trotz der geänderten Gesetzesfassung auch möglich (ebenso *Biehl* Insider S 83; *Ehricke* KTS 1996, 209, 222; HK-*Kreft* § 138 Rn 16; *Kirchhof* ZInsO 2001, 825, 828; abw *Ropohl* NZI 2006, 425, 428f). Denn nach der Begründung des Rechtsausschusses zur Gesetz gewordenen Fassung ist diese Situation nunmehr nach Nr 2 zu beurteilen, was insbesondere bedeutet, dass seitens der nahe stehenden Person die Möglichkeit bestehen muss, sich über die wirtschaftlichen Verhältnisse des Schuldners zu unterrichten. Das soll zwar „regelmäßig" nur im umgekehrten Fall möglich sein; ausgeschlossen ist es damit aber nicht. Gerade in Fällen einheitlicher Leitung (§ 18 Abs 1 AktG) wird daher auch das abhängige im Verhältnis zum herrschenden Unternehmen als nahe stehend angesehen werden können.

42 Eine OHG und eine GmbH gelten untereinander als nahe Angehörige, wenn die Gesellschafter der OHG zugleich Gesellschafter der GmbH sind (**BGH** 22. 12. 1971 Z 58, 20 = LM § 31 KO Nr 6 *[Mormann]*; **BGH** 17. 9. 1975 NJW 1975, 2193, 2194 = KTS 1976, 127; **BGH** 21. 6. 2007 IX ZR 231/04 NZI 2007, 517, 518 = ZIP 2007, 1469 = WM 2007, 1616 = WuB VI A § 130 InsO 1.08 *[Kreft]*; HK-*Kreft* § 138 Rn 17; Kilger/*Karsten Schmidt* § 31 KO Anm 13; *Kirchhof* ZInsO 2001, 825, 830; *Plander* GmbHR 1972, 121 ff).

43 **bb) Beteiligung nahe stehender Personen an Gesellschaften.** Trotz der Neufassung von Abs 1 (dazu oben Rn 123f) ist unverändert der Fall nicht von Abs 2 erfasst, dass ein *Schuldner iSv Abs 2* Verträge mit einer juristischen Person oder Gesellschaft ohne Rechtspersönlichkeit geschlossen hat, *an der* eine ihm nahe stehende Person beteiligt ist. Auch hier wird man gleichwohl nach wie vor von einer Nähebeziehung auszugehen haben (so schon 12. Aufl Rn 43 mwN). Voraussetzung ist dabei, dass die einem Schuldner im Sinne von Abs 2 (juristische Person oder Gesellschaft ohne Rechtspersönlichkeit) nahe stehende Person ihrerseits in entsprechender Anwendung von Abs 1 Nr 4 einer anderen juristischen Person oder Gesellschaft ohne Rechtspersönlichkeit nahesteht.

44 **cc) Gesellschafter untereinander.** Für das frühere Recht wurde eine Nähebeziehung aber verneint, was das Verhältnis der Gesellschafter zueinander angeht (**BGH** 17. 9. 1975 NJW 1975, 2193, 2194f = KTS 1976, 127 [zu § 3 AnfG]; im Hinblick auf Rechtssicherheit auch zustimmend *Plander* GmbHR 1972, 121, 123; *Uhlenbruck* GmbHR 1986, 109, 111; *Holzer* WiB 1997, 729, 732; zum Ganzen *Killinger*, Insolvenzanfechtung gegen Insider, 1991). Daran wollte der Gesetzgeber selbst für das Verhältnis abhängiger Unternehmen zueinander festhalten, weil hier nicht unterstellt werden könne, dass ein Unternehmen eine besondere Informationsmöglichkeit über die wirtschaftlichen Verhältnisse eines anderen hat (Begr RegE zu § 154 Abs 1 Nr 3 RegE; *Ehricke* KTS 1996, 209, 219ff [mit anderer Begründung]; KP-*Paulus* § 138 Rn 2 aE, 17; *Ropohl* NZI 2006, 425, 429f, 430f; *Uhlenbruck* GmbHR 1995, 195, 209). Für das Verhältnis (einfacher) Gesellschafter zueinander muss dies im Gegenschluss erst recht gelten.

45 Gleichwohl sind auch hier Fragezeichen angebracht (ebenso *Ehricke* KTS 1996, 209, 219ff). Denn mit der stärkeren Herausarbeitung von Rücksichtnahme- und Treuepflichten selbst im Verhältnis der Kapitalgesellschafter zueinander (**BGH** 1. 2. 1988 Z 103, 184 = NJW 1988, 1579 = ZIP 1988, 301 = JZ 1989, 443, 446 *[Wiedemann]* = EWiR § 262 AktG 1/88, 529 *[Drygala]* [Linotype]; **BGH** 20. 3. 1995 Z 129, 136 = NJW 1995, 1739 = ZIP 1995, 819, 1416 *[Gerd Müller]* = EWiR § 135 AktG 1/95, 525 *[Rittner]* = WiB 1995, 548 *[Wilte]* [Girmes]) setzt die gesellschaftsrechtliche Rechtsprechung eine Nähebeziehung auch zwischen Gesellschaftern voraus; dies kann insolvenzrechtlich nicht unberücksichtigt bleiben. Jedenfalls dann, wenn Gesellschafter im Verhältnis zur Gesellschaft nach Nr 1 als nahe stehende Personen anzusehen sind, sollte eine solche Nähebeziehung daher auch im Verhältnis zu den Mitgesellschaftern angenommen werden können.

46 **dd) Schlichte Gesellschafterstellung.** Nicht zu den vergleichbaren gesellschaftsrechtlichen Verbindungen zum Schuldner rechnet allerdings die bloße Gesellschafterstellung, wenn der nach Abs 2 Nr 1

III. Gesellschaftsrechtlich nahe stehende Personen (Abs 2) **§ 138**

(in der hier favorisierten Auslegung) erforderliche Beteiligungsumfang nicht erreicht wird (ebenso **BGH** 23. 11. 1995 Z 131, 189, 193 = NJW 1996, 461 = ZIP 1996, 83, 85 = KTS 1996, 151 = EWiR 1/96, 119 *[Gerhardt]*; abw *Ehricke* KTS 1996, 209, 224; *Holzer* WiB 1997, 729, 732).

c) **Dienstvertragliche Verbindung zum Schuldner.** Eine Stellung, die im Einzelfall zur Annahme einer 47 Insidereigenschaft führen kann, kann sich auch aus einer dienstvertraglichen Verbindung zum Schuldner ergeben (zur Kritik aus der sich aus der Formulierung des Gesetzes ergebenden Beweisbelastung des Insolvenzverwalters für das Vorliegen dieser Eigenschaft *Biehl* ZInsO 2003, 543, 546 f). Dazu sollen ausweislich der Gesetzesbegründung Personen gehören, die durch ihre „Tätigkeit *innerhalb* des Unternehmens, z. B. als dessen Prokurist, eine besondere Informationsmöglichkeit über seine wirtschaftlichen Verhältnisse haben." Der von der Gesetzesbegründung hergestellte Bezug zum *Unternehmen* – und nicht nur zu juristischen Personen und Gesellschaften ohne Rechtspersönlichkeit – sprach schon vor der Neufassung von Abs 1 Nr 3 dafür (dazu jetzt im Übrigen oben Rn 12A), eine Zurechnung kraft dienstvertraglicher Verbindung auch zu Schuldnern in Form natürlicher Personen vorzunehmen, wenn sie Unternehmenträger sind, insbesondere also zu Kaufleuten und Freiberuflern (ähnlich *Biehl* Insider S 78 f). Sachlich erfasst sind unter Zugrundelegung der Gesetzesbegründung vor allem leitende Angestellte in den für die Beurteilung der Finanzlage des Unternehmens wesentlichen Abteilungen eines Unternehmens; auf den Umfang der Vertretungsmacht – Prokura oder Handlungsvollmacht – kommt es dabei nicht entscheidend an. Eine Insidereigenschaft dürfte dabei besonders dann zu bejahen sein, wenn der Dienst- (oder Arbeits-)Vertrag im Hinblick auf eine gleichzeitig vorliegende Gesellschafterstellung geschlossen wurde, die für sich allein aber noch kein Näheverhältnis nach Nr 1 begründet. *Externe* Wirtschaftsberater (dazu **BGH** 30. 1. 1997 ZIP 1997, 513, 516 = KTS 1997, 292, 296) gehören aber nach der Gesetzesbegründung ebenso wenig hierher wie die Hausbank des Schuldners, seine Zulieferer und Kunden (ebenso HK-*Kreft* § 138 Rn 18; zu Recht kritisch *Biehl* Insider S 91 ff, 169 f, *ders* ZInsO 2008, 543, 545, der *de lege ferenda* auf geschäftliche Beziehungen und innerbetriebliche Verbindung abstellen will). Entsprechend wurde auch bei einem sehr umfassenden Mandat eines für den Schuldner tätigen Rechtsanwalts dessen Insidereigenschaft verneint; denn es fehle an der erforderlichen Tätigkeit innerhalb des Schuldners (**BGH** 11. 12. 1997 ZIP 1998, 247 = EWiR § 10 GesO 4/98, 315 *[Pape]*). Ob der vom Gesetz geforderte Dienstvertrag vorliegt, ist im Übrigen Tatfrage.

Der beschriebene Ansatz des Gesetzes ist freilich enger als der Wortlaut der Nr 2, nach dem grund- 48 sätzlich jede dienstvertragliche Beziehung zum Schuldner ausreichen würde, wenn sie die entsprechenden Kenntnisse vermitteln kann (tendenziell ebenso *Haarmeyer/Wutzke/Förster* § 10 GesO Rn 63 c). Auch hier spricht die Parallelnorm des § 38 Abs 1 Nr 2 c) WpHG für ein weiteres Verständnis der Bestimmung. Daher ist etwa ein Abschlussprüfer als Insider anzusehen; denn bei ihm ist die Möglichkeit zur Unterrichtung über die wirtschaftlichen Verhältnisse des Schuldners in sogar besonders weitgehendem Maße zu bejahen. Gleiches gilt für Anwälte, Steuerberater und ähnliche Personen, zumal diesen heute auch im Bereich der öffentlich-rechtlichen Vorschriften gegen die Verschleierung von Finanztransaktionen (Geldwäsche) schärfere Pflichten auferlegt werden (vgl § 3 Abs 1 Satz 2 GwG; ähnlich für den buchführenden Steuerberater mit Dauermandat *Kirchhof* ZInsO 2001, 825, 829). Auch bei Banken können diese Voraussetzungen vorliegen, jedenfalls wenn sie nach §§ 18, 21 KWG besondere Überwachungspflichten im Hinblick die Vergabe von Großkrediten haben *und* ihnen dazu entsprechende Einblicksmöglichkeiten eröffnet werden (ähnlich *Paulus* WM 2000, 2225, 2227, der dies als Gefahr sieht; zu Möglichkeiten der Banken, diese Einordnung zu verhindern, *Himmelsbach/Achsnick* NZI 2003, 255, 256 ff). Die notwendigen Grenzen sind in allen diesen Fällen im Rahmen von Nr 3 Hs 2 zu ziehen, indem bei diesen Personen nicht automatisch auch die persönlich nahe stehenden Personen nach Abs 1 zu Insidern im Verhältnis zur Gesellschaft oder juristischen Person werden.

3. **Nahestehende Personen von gesellschaftsrechtlichen Insidern (Nr 3).** Vereinfacht ist die Anfech- 49 tung auch gegenüber solchen Personen, die mit den gesellschaftsrechtlichen und sonstigen Insidern (Abs 2 Nrn 1 oder 2) in einer Verbindung nach Abs 1 stehen, also mit ihnen verheiratet oder verwandt sind oder mit ihnen in häuslicher Gemeinschaft leben. Erfasst werden also Personen, denen eine besondere Informationsmöglichkeit durch andere Personen vermittelt wird. Das betrifft nur natürliche Personen (*Biehl* Insider S 100; HK-*Kreft* § 138 Rn 20). Auch dies wurde schon nach altem Recht so gesehen, allerdings nicht für Verwandte von Organmitgliedern nach Nr 1 (Kuhn/*Uhlenbruck* § 31 KO Rn 23 ff, 26). Wann „Verwandtschaft" in diesem Sinne zu bejahen ist, richtet sich nach den ausführlichen Bestimmungen des Abs 1 (dazu oben Rn 7 ff).

Die Vermittlung der Eigenschaft als nahe stehende Person muss jedoch nach Auffassung der Gesetzes- 50 begründung eingeschränkt werden (Begr RegE zu § 155 Nr 3 RegE). Bei Personen, die kraft Gesetzes in Angelegenheiten der juristischen Personen oder der Gesellschaft zur Verschwiegenheit verpflichtet sind, könne nicht unterstellt werden, dass sie diese Pflicht durch Weitergabe von Kenntnissen verletzt haben, die auf ihrer besonderen Informationsmöglichkeit beruhen und der Verschwiegenheit unterliegen; das soll vor allem für Vorstands- und Aufsichtsratsmitglieder einer Aktiengesellschaft auf Grund der gesetzlichen und strafbewehrten Verschwiegenheitspflicht nach § 93 Abs 1 Satz 2, § 116 Satz 2 AktG iVm § 404 AktG gelten (Begr RegE zu § 155 Nr 3 RegE). Für den GmbH-Geschäftsführer müsste entsprechendes im Hinblick auf § 85 GmbHG gelten. Voraussetzung ist aber in jedem Fall, dass die für die

Anfechtung relevanten Informationen den Geheimhaltungsvorschriften unterliegen und die Verschwiegenheitspflicht tatsächlich eingehalten wurde (**OLG Düsseldorf 18. 11. 2004 12 U 45/04 ZInsO 2005, 215**).

51 Die Vermutung der Annahme gesetzestreuen Verhaltens im Vorfeld von Insolvenzverfahren ist freilich auch bei diesem Personenkreis nicht gerade lebensnah (zur Verteidigung jedoch KP-*Paulus* § 139 Rn 24; *Paulus* FS Fischer, 2008, S 445, 454 ff). Richtig allerdings ist, dass in Form der Strafbarkeit in solchen Fällen zusätzliche Sanktionen für die Weitergabe von Informationen greifen können. Doch schützen die genannten Normen nach ganz herrschender Ansicht nur die Gesellschaft und die Aktionäre, nicht dagegen die Gläubiger und die Arbeitnehmer (GroßK/*Otto* § 404 AktG Rn 2; Scholz/*Tiedemann* § 85 GmbHG Rn 2). Auch lässt sich die Herausnahme der genannten Personen aus dem Kreis der Insider nur begründen, wenn die Verschwiegenheitspflichten auch tatsächlich eingehalten wurden (*Biehl* Insider S 101; *Kirchhof* ZInsO 2001, 825, 830). Gerechtfertigt ist sie auch nicht, wenn die für die Anfechtung relevanten Informationen nicht den Geheimhaltungsvorschriften unterliegen (*Biehl* Insider S 101). Eine Ausnahme von der Vermittlung einer Insiderstellung lässt sich daher in solchen Fällen entgegen der Gesetzesbegründung nicht rechtfertigen. Und sicher nicht privilegiert sind die zur Verschwiegenheit verpflichteten Personen, wenn sie selbst Empfänger anfechtbarer Leistungen waren (*Kirchhof* ZInsO 2001, 825, 830).

52 Diese restriktive Auslegung führt aber nicht etwa zu einem Leerlaufen von Nr 3 Hs 2. Denn eindeutig erfasst von der Ausnahmevorschrift des Nr 3 Hs 2 sind alle anderen Berufsangehörigen, die kraft Gesetzes zur Verschwiegenheit in Angelegenheiten des Schuldners verpflichtet sind, also vor allem Rechtsanwälte, Steuerberater und Wirtschaftsprüfer (Begr RegE zu § 155 Nr 3 RegE: „vor allem" Vorstands- und Aufsichtsratsmitglieder). Dabei wird nicht verkannt, dass deren Einbeziehung unter Nr 2 umstritten ist (dazu oben Rn 48). Keinesfalls erfasst ist freilich der beim Schuldner angestellte Syndikusanwalt; denn der Schuldner ist in diesem Fall nicht sein Mandant, sondern sein Arbeitgeber.

53 Nicht ausreichend für die Ausnahme des Nr 3 Hs 2 ist eine vertraglich vereinbarte Verschwiegenheitspflicht (ebenso *Hess/Weis* AnfR § 138 InsO Rn 487 f). Gleiches gilt für gesellschaftsvertragliche oder satzungsmäßige Verschwiegenheitsregelungen zu Lasten der Gesellschafter.

54 **4. Ehemalige Insider?.** § 155 Nr 2 RegE hatte auch noch solche Personen als Insider ansehen wollen, bei denen eine der in den jetzigen Nrn. 1 oder 2 „bezeichneten Verbindungen zum Schuldner im letzten Jahr vor der Rechtshandlung weggefallen ist, sofern die Möglichkeit, sich über die wirtschaftlichen Verhältnisse zu unterrichten, zur Zeit der Handlung fortbestand." Damit sollte der früher bereits in § 108 Abs 2 VglO für ausgeschiedene GmbH-Gesellschafter normierte Grundsatz auf alle Insider erstreckt werden.

55 Diese Formulierung wurde vom Rechtsausschuss jedoch als zu weitgehend empfunden, so dass sie bewusst keinen Eingang ins Gesetz gefunden hat (Begr Rechtsausschuss zu § 138). Der Sache nach bedeutet dies aber nicht nur die Ablehnung einer Erweiterung, sondern sogar eine – wenig überzeugende – Einschränkung des Insiderbegriffs gegenüber dem bislang geltenden Recht (ebenso *Biehl* Insider S 171 ff; *ders* ZInsO 2008, 543, 546). Widersprüche ergeben sich zudem zu § 101 Abs 1 Satz 2 und Abs 2 InsO, die die Auskunfts- und Mitwirkungspflichten einer Gesellschaft als Schuldnerin auch auf bestimmte ehemalige Organmitglieder und Angestellte erstrecken. Richtigerweise hätte die mit zunehmendem Zeitablauf nach einem Ausscheiden typischerweise fehlende Kausalität der Stellung zum Schuldner für etwaige Informationsmöglichkeiten das entscheidende und alleinige Begrenzungskriterium sein müssen; auf eine zusätzliche zeitliche Grenze hätte dann vollständig verzichtet werden können.

§ 139 Berechnung der Fristen vor dem Eröffnungsantrag

(1) ¹Die in den §§ 88, 130 bis 136 bestimmten Fristen beginnen mit dem Anfang des Tages, der durch seine Zahl dem Tag entspricht, an dem der Antrag auf Eröffnung des Insolvenzverfahrens beim Insolvenzgericht eingegangen ist. ²Fehlt ein solcher Tag, so beginnt die Frist mit dem Anfang des folgenden Tages.

(2) ¹Sind mehrere Eröffnungsanträge gestellt worden, so ist der erste zulässige und begründete Antrag maßgeblich, auch wenn das Verfahren auf Grund eines späteren Antrags eröffnet worden ist. ²Ein rechtskräftig abgewiesener Antrag wird nur berücksichtigt, wenn er mangels Masse abgewiesen worden ist.

§§ 156 Abs 2 RegE ohne, § 156 Abs 1 RegE mit redaktionellen Änderungen im Gesetzgebungsverfahren.

I. Allgemeines

1 Abs 1 enthält für die Berechnung des Anfechtungszeitraums klarstellende Regeln, die sich an § 187 Abs 1, § 188 Abs 2, 3 BGB anlehnen. Von den im BGB geregelten Fristen, die an sich über § 4 und § 222 Abs 1 ZPO auch für die InsO gelten würden, unterscheiden sie sich dadurch, dass es dort um

II. Fristberechnung (Abs 1) § 139

vorwärtslaufende Fristen geht, während hier Rückrechnungen in Rede stehen. Die Fristen des § 139 gelten auch außerhalb des Kapitels über die Insolvenzanfechtung (einschl. § 96 Abs 1 Nr 3) für den in § 88 bestimmten Zeitraum. Auch auf andere Fälle rückzurechnender Fristen sind die Vorschriften entsprechend anzuwenden. Abs 2 enthält Regeln für den Fall, dass mehrere Eröffnungsanträge nacheinander gestellt wurden. Auf § 138 Abs 1 Nrn. 1 und 3 ist § 139 InsO entsprechend anzuwenden (oben § 138 Rn 4).

II. Fristberechnung (Abs 1)

1. Allgemeines. Bei den in §§ 88, 130–136 bestimmten Fristen handelt es sich um materiellrechtliche, 2 nicht um prozessuale Fristen (**RG** 13. 12. 1932 Z 139, 110, 111 [zu § 33 KO]). Sie haben die Bedeutung einer klagebegründenden Tatsache (**RG** 1. 2. 1887 Z 17, 70, 71; **BGH** 7. 4. 1982 NJW 1982, 2003 = ZIP 1982, 717, 718 = KTS 1982, 672). Ihre Einhaltung ist eine Voraussetzung der Anfechtung. Die Fristen sind keine Verjährungsfristen; deshalb finden die Bestimmungen des BGB über Hemmung und Neubeginn von Verjährungsfristen (§§ 203 ff BGB) keine Anwendung (für das alte Recht **RG** 13. 12. 1932 Z 139, 110, 111 f); § 146 Abs 1 gilt ebenfalls nicht. § 193 BGB ist unanwendbar, so dass unerheblich ist, ob die Fristen an einem Sonn- oder Feiertag beginnen (Jaeger/*Henckel* § 139 InsO Rn 8; Kilger/ *Karsten Schmidt* § 31 KO Anm 15). Auch § 222 Abs 2 ZPO findet keine Anwendung (**RG** 9. 11. 1886 Z 17, 328, 330; **RG** 11. 3. 1898 JW 1898, 247). Eine Wiedereinsetzung entsprechend §§ 233 ff ZPO ist nicht möglich (MK/*Kirchhof* § 139 Rn 7).

Nach Abs 1 beginnen die Fristen grundsätzlich mit dem Anfang des Tages, der durch seine Zahl dem 3 Tag entspricht, an dem der Antrag auf Eröffnung des Insolvenzverfahrens beim Insolvenzgericht eingegangen ist (Abs 1 Satz 1). Gemeint ist damit selbstverständlich der Antrag, der zu dem Verfahren geführt hat, innerhalb dessen jetzt die Anfechtung vorgenommen wird (KP-*Paulus* § 139 Rn 3). Wurde also am 12. Juni 2009 Insolvenzantrag gestellt, beginnen die Dreimonatsfristen der §§ 130–132 am 12. März 2009, die Monatsfrist der §§ 130, 131 am 12. Mai 2009. Anders liegen die Dinge dann, wenn ein Tag mit einer entsprechenden Zahlenbezeichnung fehlt; hier beginnt die Frist mit dem Beginn des folgenden Tages (Abs 1 Satz 2). Das ist dann der Fall, wenn die Frist von einem der letzten Tage eines Monats zurückzurechnen ist auf einen Monat, der eine geringere Zahl von Tagen hat. Wurde also etwa am 31. Dezember 2008 Insolvenzantrag gestellt, beginnt die Dreimonatsfrist am 1. Oktober 2008 – und nicht am 30. September 2008. Das gilt – ganz ähnlich § 188 Abs 3 BGB – auch für Eingangsdaten zwischen den 29. und dem 31. März, obwohl dann bei Rückrechnungen auf den 1. März nur eine kürzere Frist als 30 Tage zur Anwendung kommt (KP-*Paulus* § 139 Rn 8). Ob eine Rechtshandlung oder ein Rechtsgeschäft in diesen Zeitraum fällt, beurteilt sich nach § 140.

Der Antrag muss nach §§ 13 bis 16 **zulässig und begründet** sein; dabei genügt es wenn Zulässigkeit 4 und Begründetheit im Zeitpunkt des Eröffnungsbeschlusses vorliegen; dies gilt auch in Hinblick auf das Vorliegen eines Eröffnungsgrundes (MK/*Kirchhof* § 139 Rn 9); zum Vorliegen der Zahlungsunfähigkeit als selbstständiger Anfechtungsvoraussetzung unten Rn 6 sowie § 130 Rn 30 ff. Dabei ist es unerheblich, auf welchen der Eröffnungsgründe der Antrag gestützt wurde oder wie viel Zeit zwischen Antragstellung und Eröffnung vergangen ist (**BGH** 13. 4. 2006 IX ZR 158/05 Z 167, 190 Tz 12 = NJW 2006, 2701 = ZIP 2006, 1261 = ZInsO 2006, 712 = NZI 2006, 469 = EWiR 2007, 117 *[Pape]* = WuB VI A § 133 InsO 1.06 *[Paulus]*; **BGH** 15. 11. 2007 IX ZR 212/06 Tz.13 ZIP 2008, 235 = ZInsO 2008, 159 = NZI 2008, 184 = EWiR 2008, 629 *[Freudenberg]*; MK/*Kirchhof* § 139 Rn 8, 9; siehe auch **OLG** Schleswig 26. 9. 2003 1 U 168/02 OLGR Schleswig 2004, 45 = ZInsO 200, 100 [unbemerkt noch anhängiges Eröffnungsverfahren]). Es schadet auch nicht, wenn das Verfahren erst in der Beschwerdeinstanz eröffnet wird (MK/*Kirchhof* § 139 Rn 9). Wurde der Insolvenzantrag bei einem unzuständigen Gericht gestellt und wird er durch die Verweisung an das zuständige Gericht zulässig, so ist für die Fristberechnung der Eingang beim zuerst angerufenen unzuständigen Gericht maßgeblich (**RG** 27. 1. 1931 Z 131, 197, 202; **LG** Bonn 30. 11. 2005 1 O 324/05 NZI 2006, 110 [n rkr]; MK/*Kirchhof* § 139 Rn 9; HK-*Kreft* § 139 Rn 6 aE). Ein unzulässiger/unbegründeter Antrag kann dann maßgeblich sein, wenn auf diesen hin das Verfahren rechtskräftig (§ 34 Abs 2) eröffnet wird; denn durch einen rechtskräftigen Eröffnungsbeschluss werden evtl. Mängel im Eröffnungsverfahren geheilt (MK/*Kirchhof* § 139 Rn 10), so bspw., wenn ein unzuständiges Gericht ein Verfahren rechtskräftig eröffnet (**BGH** 22. 1. 1998 Z 138, 40, 44 ff = NJW 1998, 1318, 1319 = ZIP 1998, 477, 478 = KTS 1998, 418, 420; in diese Richtung auch **BGH** 14. 1. 1991 Z 113, 216, 218 für Eröffnung des Verfahrens über das Vermögen einer seinerzeit noch nicht selbstständig insolvenzfähigen BGB-Gesellschaft sowie § 27 Rn 19 ff mwN). Dabei ist das Prozessgericht im Anfechtungsstreit nur dann an die Feststellung des Insolvenzgerichts gebunden, wenn der früheste Antrag zugleich derjenige war, der zur Eröffnung geführt hat, während die Zulässigkeit und Begründetheit früherer Anträge, die nicht zur Eröffnung geführt haben, vom Prozessgericht selber geprüft werden (MK/*Kirchhof* § 139 Rn 8, 10). Im Falle einer **Konzerninsolvenz** (dazu allgemein oben § 11 Rn 394 ff) ist für jeden Schuldner der jeweils maßgebliche Antrag gesondert zu bestimmen (MK/*Kirchhof* § 139 Rn 5). Ein im **Ausland** gestellter Antrag, der zur Eröffnung eines ausländischen Insolvenzverfahrens mit universellem Geltungsanspruch geführt hat, ist maßgeblich, wenn es nach § 343 InsO anerkennungsfähig bzw nach Art 16, 26

EuInsVO automatisch anerkannt wird (MK/*Kirchhof* § 139 Rn 5), und dies unabhängig davon, ob zu einem späteren Zeitpunkt ein Sekundärinsolvenzverfahren nach §§ 357f InsO bzw Art 27ff EuInsVO eröffnet wird. Wird dagegen ein selbstständiges Partikularverfahren über das Inlandsvermögen nach §§ 354ff InsO eröffnet, ist der zu diesem führende Antrag maßgeblich. Bei mehreren Anträgen findet Abs 2 entsprechende Anwendung.

5 2. **Feststellung des Zeitpunkts des Eingangs des Eröffnungsantrags und des Eintritts der Zahlungsunfähigkeit.** Im Hinblick auf die Fristläufe vor dem **Eröffnungsantrag** muss ein **Urteil**, das einer Anfechtungsklage stattgibt, den Zeitpunkt genau **feststellen**, in dem der Eröffnungsantrag beim Insolvenzgericht eingegangen ist (ebenso zum alten Recht für den Zeitpunkt der Verfahrenseröffnung BGH 7. 4. 1982 NJW 1982, 2003 = ZIP 1982, 717 = KTS 1982, 672).

6 Gleiches gilt in den Fällen, in denen es für die Anfechtbarkeit einer Rechtshandlung auf die Kenntnis des Insolvenzgläubigers von der **Zahlungsunfähigkeit** ankommt. Dabei reicht es aus, dass das Gericht den Zeitpunkt bestimmt, von dem an *jedenfalls* Zahlungsunfähigkeit vorgelegen hat (ebenso für das nicht verwirklichte Feststellungsverfahren § 157 Abs 1 Satz 2 Hs 1 RegE). Der Zeitpunkt ist vom Insolvenzverwalter zur Klagebegründung vorzutragen und gegebenenfalls zu beweisen (Begr RegE zu § 157 RegE).

7 Um die in unterschiedlichen Anfechtungsprozessen mangels identischer Streitgegenstände mögliche unterschiedliche Feststellung dieses Zeitpunkts zu vermeiden, hatte § 157 RegE ein besonderes Feststellungsverfahren vorgesehen, in dem auf Antrag des Insolvenzverwalters der Zeitpunkt der Zahlungsunfähigkeit vom Insolvenzgericht festgestellt werden sollte. Damit sollte zugleich der einzelne Anfechtungsprozess entlastet und im Hinblick darauf, dass die sonst möglicherweise notwendigen mehrfachen Beweisaufnahmen über den Zeitpunkt der Zahlungsunfähigkeit entbehrlich würden, die Durchsetzung von Anfechtungsansprüchen erleichtert werden (Begr RegE zu § 157 RegE). Der Rechtsausschuss hat das – zugegebenermaßen – kompliziert scheinende Verfahren nicht übernommen und darauf verwiesen, dass eine Vermeidung von Divergenzen und die beabsichtigte Kostenentlastung auch durch **Musterprozesse** erreicht werden könnten (Begr Rechtsausschuss zu §§ 157, 158; dazu *Gerhardt*, in: FS Brandner, 1996, S 605, 618f; zum Musterprozess auch *Hirte* ZZP 104 [1991], 11, 55f). Das ist insofern bedauerlich, als damit eine Möglichkeit versäumt wurde, in einem begrenzten Teilbereich weitere Erfahrungen mit kollektiver Rechtsdurchsetzung zu sammeln, wie sie im Ausland weit verbreiteter ist. Gerade das Insolvenzrecht, für das die gemeinschaftliche Durchsetzung der Interessen einer großen Zahl Beteiligter charakteristisch ist, hätte sich hierfür angeboten. Denn die klageweise Durchsetzung von Ansprüchen durch den Insolvenzverwalter entspricht der Sache nach der vor allem in den USA verbreiteten „Sammelklage".

8 3. **Besonderheiten bei Kredit- und Finanzdienstleistungsinstituten.** Für Kredit- und Finanzdienstleistungsinstitute (= „Institute" iSd KWG; § 1 Abs 1b KWG) gilt gemäß § 46c KWG, dass die nach §§ 88, 130–136 InsO laufenden Fristen vom Tage des Erlasses einer Maßnahme nach § 46a Abs 1 KWG an zu berechnen sind. Die Fristen, die sonst vom Zeitpunkt des Antrags auf Eröffnung eines Insolvenzverfahrens an zurückzurechnen sind, sind im Falle der Anordnung eines Moratoriums also von diesem Zeitpunkt an zu berechnen. Dadurch soll verhindert werden, dass bei einer späteren Eröffnung des Insolvenzverfahrens Anfechtungsfristen verstreichen, obwohl die Gläubiger nach § 46a Abs 1 Satz 4 KWG Rechtshandlungen nicht nach dem Anfechtungsgesetz anfechten können, solange Maßnahmen im Rahmen des Moratoriums angeordnet sind. Da die InsO für die rückgerechneten Fristen auf den Antrag auf Verfahrenseröffnung und nicht mehr auf die Verfahrenseröffnung selbst abstellt, stimmt diese Überlegung jedoch nicht mehr. Insbesondere wenn ein (Fremd-)Antrag *vor* der Anordnung eines Moratoriums gestellt wird, könnten sich die rückgerechneten Fristen der gesetzgeberischen Intention zuwider verkürzen. Man wird daher § 46c KWG so lesen müssen, dass für die Fristberechnung auf den Erlass eines Moratoriums nur dann abzustellen ist, wenn nicht ein Insolvenzantrag früher gestellt wurde.

9 4. **Besonderheiten bei der Nachlassinsolvenz.** Der Tod des Schuldners nach Antragstellung bewirkt ohne weiteres die Überleitung des Eröffnungsverfahrens in das Nachlassinsolvenzverfahren; damit bleibt der ursprüngliche Antrag auch für die Anfechtung im Rahmen des Nachlassinsolvenzverfahrens maßgeblich (**BGH 22. 1. 2004 IX ZR 39/03 Z 157, 350 = NJW 2004, 1444, 1446 = ZIP 2004, 513 = ZInsO 2004, 270 = NZI 2004, 206, 208f = EWiR 2005, 827 [*Hözle*] = WuB VI E § 829 ZPO 2.04 [*Bitter*]; BGH 12. 2. 2004 IX ZR 146/03**). Bei der Nachlassinsolvenz wird die Frist des Abs 1 nicht um die Zeit zwischen Erbfall und dem Antrag auf Eröffnung des Insolvenzverfahrens verlängert. Denn nach § 316 Abs 1 InsO kann der Nachlassgläubiger schon vor Annahme der Erbschaft die Eröffnung des Nachlassinsolvenzverfahrens erreichen.

III. Maßgeblicher Zeitpunkt bei mehreren Eröffnungsanträgen (Abs 2)

10 1. **Grundsatz (Abs 2 Satz 1).** Bisweilen kommt es vor, dass zu verschiedenen Zeitpunkten und von verschiedenen Seiten Insolvenzanträge gestellt werden. Das ist vor allem dann von Bedeutung, wenn ein später gestellter Antrag im Gegensatz zu früheren Anträgen ohne weitere Ermittlungen entscheidungs-

III. Maßgeblicher Zeitpunkt bei mehreren Eröffnungsanträgen (Abs 2) § 139

reif ist (Begr RegE zu § 139 Abs 2). Für die Verfahrenseröffnung ist es dabei unerheblich, auf welchen Antrag hin das Verfahren eröffnet wird. Insbesondere spielt es keine Rolle, ob schon früher gestellte Anträge zulässig und begründet waren. Ganz anders lägen die Dinge ohne die Regelung des Abs 2 bei der Fristberechnung für die Anfechtbarkeit von Rechtshandlungen. Wäre das Verfahren schon auf Grund eines früheren zulässigen und begründeten Antrags eröffnet worden, wären auch die für die Anfechtbarkeit maßgeblichen Fristen von diesem Tag an zurückzurechnen. Dies ordnet Abs 2 im Interesse einer möglichst weiten Vorverlagerung der Anfechtbarkeit von Rechtshandlungen daher ausdrücklich an. Für die Rückrechnung der Fristen zur Bestimmung der (verschärften) Anfechtbarkeit einer Rechtshandlung kommt es daher nicht darauf an, auf welchen Insolvenzantrag das Verfahren tatsächlich eröffnet wurde; entscheidend ist vielmehr nach Abs 2 Satz 2 der erste zulässige und begründete Antrag (**BGH** 22. 3. 2007 IX ZB 208/05 abrufbar über www.juris.de; **BGH** 2. 4. 2009 IX ZR 145/08 ZIP 2009, 921; ebenso für das alte Recht bereits **RG** 19. 1. 1911 LZ 1911, 856 Nr 6; anders aber **RG** 16. 5. 1916 Z 88, 237). Dessen Vorliegen und seinen Zeitpunkt hat der Insolvenzverwalter zu beweisen (KP-*Paulus* § 139 Rn 5). Ein (pflichtwidrig) unterlassener Insolvenzantrag oder eine – selbst schuldhafte – Verzögerung der Antragstellung ist aus Gründen der Rechtssicherheit und -klarheit im Rahmen der Fristberechnung bedeutungslos (**BGH** 10. 2. 2005 IX ZR 211/02 Z 162, 143 = NJW 2005, 1121 = ZIP 2005, 494 = ZInsO 2005, 260 = NZI 2005, 215 = EWiR 2005, 607 *[Eckardt]* = WuB VI A § 133 InsO 1.05 *[Urbanczyk]*; **BGH** 8. 12. 2005 IX ZR 182/01 Tz 6 NJW 2006, 1348 = ZIP 2006, 290 = ZInsO 2006, 94 = NZI 2006, 159 = WuB VI A § 131 InsO 4.06 *[Kirchhof]*; siehe dazu auch § 129 Rn 28; sie kann aber zu Ansprüchen gegen die Organe führen (oben § 15 a Rn 19 ff).

§ 158 RegE hatte ebenso wie für die Feststellung des Zeitpunkts der Zahlungsunfähigkeit ein besonderes Verfahren zur Feststellung dieses Antrags vorgesehen; der Rechtsausschuss hat dies aus denselben Gründen wie dort nicht in das Gesetz aufgenommen (Begr Rechtsausschuss zu §§ 157, 158; vgl im Übrigen oben Rn 7). Das Gericht hat daher im streitigen Anfechtungsprozess den für die Rückrechnung der Fristen maßgeblichen Eröffnungsantrag ausdrücklich **festzustellen**; insoweit gilt das gleiche wie für die Feststellung des Zeitpunkts der Zahlungsunfähigkeit. Soweit es auf die **Kenntnis** des Insolvenzantrags ankommt, reicht dabei die Kenntnis eines der Anträge; auch hier kommt es also nicht darauf an, dass der Gläubiger Kenntnis von dem Antrag hatte, auf den hin schließlich das Verfahren eröffnet wurde. 11

2. Grenzen. Das alles gilt freilich nur, solange es sich um **dieselbe Insolvenz** handelt; sobald sich der Schuldner erholt hat, büßt ein früher einmal gestellter Insolvenzantrag die Wirkung einer Vorverlagerung nach Abs 2 ein (**BGH** 15. 11. 2007 IX ZR 212/06 Tz.11 ZIP 2008, 235 = ZInsO 2008, 159 = NZI 2008, 184 = EWiR 2008, 629 *[Freudenberg]*; *Henckel* KS-InsO S 813, 847; KP-*Paulus* § 139 Rn 4). Den fehlenden Zusammenhang wird der Anfechtungsgegner allerdings mindestens solange beweisen müssen, als eine nachhaltige Erholung zumindest zweifelhaft ist; dies wird eingeschränkt durch eine sekundäre Beweislast des sachnäheren Insolvenzverwalters (**OLG** Schleswig-Holstein 3. 11. 2006 1 U 120/06 ZInsO 2006, 1224 [insoweit in der Revison nicht aufgehoben]). Abs 2 erfasst dabei nach Ansicht des **BGH** eindeutig auch einen Zeitraum von drei bis vier Jahren zwischen zwei Insolvenzanträgen (**BGH** 15. 11. 2007 IX ZR 212/06 Tz 13 ZIP 2008, 235 = ZInsO 2008, 159 = NZI 2008, 184 = EWiR 2008, 629 *[Freudenberg]*). Auch wenn ein Eröffnungsantrag **rechtskräftig abgewiesen** wurde (§ 34 Abs 2), büßt er die ihm in Abs 2 zugedachte Wirkung ein. Dies war schon nach altem Recht so gesehen worden (dazu 12. Aufl Rn 12), und der Gesetzgeber hat nicht zu erkennen gegeben, dass er daran nicht mehr festhalten wolle (zur InsO nun **BGH** 15. 11. 2007 IX ZR 212/06 Tz.13 ZIP 2008, 235 = ZInsO 2008, 159 = NZI 2008, 184 = EWiR 2008, 629 *[Freudenberg]*). Dies gilt auch dann, wenn die Abweisung zu Unrecht erfolgte (MK/*Kirchhof* § 139 Rn 11). Gleiches gilt für den Fall der **Zurücknahme** (§ 13 Abs 2) oder **Erledigung** eines Antrags (§ 4 InsO, § 91a ZPO; **BGH** 20. 11. 2001 IX ZR 48/01 Z 149, 178 = NJW 2002, 515 = ZIP 2002, 87 = ZInsO 2002, 29 = NZI 2002, 91 = EWiR 2002, 219 *[Wagner]* = WuB VI C § 139 InsO 1.02 *[Smid]* = DZWIR 2003, 110 *[Flöther/Bräuer]*; **BGH** 22. 1. 2004 IX ZR 39/03 Z 157, 350 = NJW 2004, 1444, 1446 = ZIP 2004, 513 = ZInsO 2004, 270 = NZI 2004, 206, 208 f = EWiR 2005, 827 *[Hözle]* = WuB VI E § 829 ZPO 2.04 *[Bitter]*; **BGH** 8. 12. 2005 IX ZR 182/01 Tz 6 NJW 2006, 1348 = ZIP 2006, 290 = ZInsO 2006, 94 = NZI 2006, 159 = WuB VI A § 131 InsO 4.06 *[Kirchhof]*; zu früheren Zweifeln für den Fall der Erledigung 12. Aufl Rn 12; HmbKomm/*Rogge* § 139 Rn 13; *Smid* InVo 2002, 41, 43 ff; *Zeuner* Anfechtung S 205 ff; abw für den Fall sich überlappender Anträge *Biebinger* ZInsO 2008, 1188, 1193 Fn). Im Falle der Erledigung bleibt der Antrag allerdings dann maßgeblich, wenn trotz Erledigungserklärung die Antragsvoraussetzungen noch bestehen (**BGH** 2. 4. 2009 IX ZR 145/08 ZIP 2009, 921, 922 = ZInsO 2009, 870). Der ansonsten insoweit bestehenden Missbrauchsgefahr kann zudem mit den Vorschriften des § 133 InsO und des § 826 BGB begegnet werden (**BGH** 20. 11. 2001 IX ZR 48/01 Z 149, 178 = NJW 2002, 515 = ZIP 2002, 87 = ZInsO 2002, 29 = NZI 2002, 91 = EWiR 2002, 219 *[Wagner]* = WuB VI C § 139 InsO 1.02 *[Smid]* = DZWIR 2003, 110 *[Flöther/Bräuer]*; MK/*Kirchhof* § 139 Rn 9a). Auch wenn ein bereits eröffnetes **Insolvenzverfahren eingestellt oder aufgehoben** und später auf Grund eines neuen Antrags ein neues Verfahren eröffnet wird, sind die Anträge, die für das erste Verfahren maßgeblich waren, nicht mehr zu berücksichtigen (**BGH** 27. 7. 2006 IX ZB 204/04 Z 169, 17 Tz 28 = NJW 2006, 3553 = ZIP 2006, 1957 = ZInsO 2006, 1051 = 12

NZI 2006, 693 = EWiR 2007, 17 *[Bruns]* = WuB VI A § 16 InsO 1.07 *[Wagner]*). Entsprechendes gilt im Falle der Nichtigkeit des Eröffnungsbeschlusses (etwa wegen fehlender Unterschrift des Richters; hierzu **BGH** 23. 10. 1997 IX ZR 249/96 Z 137, 49 = ZIP 1997, 2126 = NJW 1998, 609 = EWiR 1998, 175 *[Uhlenbruck]* = WuB VI G § 10 GesO 2.98 *[Pape]*). Durch diesen wird ein zugrunde liegender unzulässiger oder unbegründeter Antrag nicht geheilt, mithin kann dieser keinen Anknüpfungspunkt für die Fristberechnung bilden, auch wenn später auf Grund eines neuen Antrags ein neues Verfahren eingeleitet wird. Der Nachweis der Nichtigkeit des Eröffnungsbeschlusses obliegt dem Anfechtungsgegner (MK/*Kirchhof* § 139 Rn 10). Im Falle der Anfechtung im Rahmen einer **Nachtragsverteilung** handelt es sich um eine Fortsetzung des ursprünglichen Verfahrens, so dass die früheren Anträge maßgeblich bleiben (MK/*Kirchhof* § 139 Rn 5; zur Anfechtung in der Nachtragsverteilung siehe § 129 Rn 9). Ähnliches gilt bei der **Doppelinsolvenz** von Gesellschaft und Gesellschafter; hier ist im Hinblick auf § 93 bzgl der Anfechtung einer Leistung des Gesellschafters an Gesellschaftsgläubiger vor Eröffnung des Verfahrens über die Gesellschaft durch den Insolvenzverwalter des Gesellschafters ausnahmsweise auf den gemäß § 139 maßgeblichen Antrag über das Gesellschaftsvermögen abzustellen, sofern dieser dem Antrag auf Eröffnung über das Gesellschaftervermögen vorausgegangen ist (**BGH** 9. 10. 2008 IX ZR 138/06 Z 178, 171 = ZIP 2008, 2224 = NJW 2009, 225 = ZInsO 2008, 1275 = NZI 2009, 45). Dadurch kann verhindert werden, dass einem anfechtungsrechtlichen Rückgewähranspruch durch einen Antrag auf Eröffnung des Insolvenzverfahrens über das Vermögen eines Gesellschafters nachträglich der Boden entzogen wird (siehe zur Doppelinsolvenz auch § 129 Rn 87C, 89).

13   Von dem (unausgesprochenen) Grundsatz, dass ein rechtskräftig abgewiesener Antrag nicht mehr zu berücksichtigen ist, macht Abs 2 Satz 2 freilich eine wichtige Ausnahme. Ein früherer rechtskräftig abgewiesener Antrag wird nämlich dann nicht unbeachtlich, wenn er **mangels Masse** abgewiesen worden ist (§ 26). Das gilt jedoch nur dann, wenn die Abweisung *allein* aus diesem Grund erfolgt (Begr RegE zu § 139 Abs 2). Im Übrigen muss er daher ebenfalls zulässig und begründet gewesen sein. Diese Voraussetzungen hat im Anfechtungsstreit das Prozessgericht zu überprüfen, wobei es sich aber grundsätzlich auf den Beschluss des Erstgerichts stützen kann, ohne jedoch an dessen Feststellungen gebunden zu sein, da dieses i. d. R. einen Antrag nur dann mangels Masse abweisen wird, wenn es zuvor die Zulässigkeit und Begründetheit des Antrags im Übrigen bejaht hat (**OLG** Schleswig-Holstein 3. 11. 2006 1 U 120/06 ZInsO 2006, 1224 [insoweit in der Revison nicht aufgehoben]; HmbKomm/*Rogge* § 139 Rn 12; HK-*Kreft* § 139 Rn 11; enger MK/*Kirchhof* § 139 Rn 12, der stets eine Prüfung der Zulässigkeit fordert). Vor allem für die Zulässigkeitsprüfung wird man dabei aber keine besonderen Feststellungen seitens des über den Erstantrag entscheidenden Gerichts verlangen müssen; so dürften auch etwaige Zweifel an der Prozessfähigkeit des Antragstellers im Erstverfahren unerheblich sein, solange nur die Abweisung des Antrags mangels Masse erfolgt ist (überzeugend *Henckel* KS-InsO S 813, 846 f). Durch Abs 2 Satz 2 werden auch noch solche Handlungen von der besonderen Insolvenzanfechtung erfasst, die der Schuldner in den letzten drei Monaten vor einem zunächst mangels kostendeckender Masse abgewiesenen Antrag vorgenommen hat. Eine spätere Verfahrenseröffnung auf Grund eines neuen Antrags kommt hier insbesondere dann in Betracht, wenn bei dem späteren Antrag ein Verfahrenskostenvorschuss nach § 26 Abs 1 Satz 2 eingezahlt wurde oder das Insolvenzgericht die Masselosigkeit danach anders beurteilt. Auch hier kommt es auf die zwischen der Abweisung und der späteren Eröffnung vergangene Zeit nicht an, soweit es sich um dieselbe Insolvenz handelt (**BGH** 15. 11. 2007 IX ZR 212/06 Tz.11 ZIP 2008, 235 = ZInsO 2008, 159 = NZI 2008, 184 = EWiR 2008, 629 *[Freudenberg]*; vgl BGH 27. 3. 2008 IX ZR 98/07 Tz 8 ZIP 2008, 930 = NJW 2008, 2190 = NZI 2008, 366 = WuB VI A 3 130 InsO 4.08 *[Kirchhof]* [für einen Zeitraum von über zwei Jahren]; **BGH** 20. 3. 2008 IX ZR 2/07 ZIP 2008, 796 = ZInsO 2008, 451 = NZI 2008, 363 = WuB VI A § 129 InsO 4.08 *[Hess]* [für einen Zeitraum von gut drei Jahren]). Der Beweis des zwischenzeitlichen Wegfalls des Eröffnungsgrundes obliegt dem Anfechtungsgegner (MK/*Kirchhof* § 139 Rn 12).

§ 140 Zeitpunkt der Vornahme einer Rechtshandlung

(1) Eine Rechtshandlung gilt als in dem Zeitpunkt vorgenommen, in dem ihre rechtlichen Wirkungen eintreten.

(2) ¹Ist für das Wirksamwerden eines Rechtsgeschäfts eine Eintragung im Grundbuch, im Schiffsregister, im Schiffsbauregister oder im Register für Pfandrechte an Luftfahrzeugen erforderlich, so gilt das Rechtsgeschäft als vorgenommen, sobald die übrigen Voraussetzungen für das Wirksamwerden erfüllt sind, die Willenserklärung des Schuldners für ihn bindend geworden ist und der andere Teil den Antrag auf Eintragung der Rechtsänderung gestellt hat. ²Ist der Antrag auf Eintragung einer Vormerkung zur Sicherung des Anspruchs auf die Rechtsänderung gestellt worden, so gilt Satz 1 mit der Maßgabe, daß dieser Antrag an die Stelle des Antrags auf Eintragung der Rechtsänderung tritt.

(3) Bei einer bedingten oder befristeten Rechtshandlung bleibt der Eintritt der Bedingung oder des Termins außer Betracht.

Früherer § 10 Abs 3 GesO entspricht Abs 2. § 159 RegE ohne Änderungen im Gesetzgebungsverfahren.

I. Allgemeines

Der Zeitpunkt, in dem eine Rechtshandlung „vorgenommen" wurde, ist im Rahmen der Anfechtungstatbestände von besonderer Bedeutung. Er wird in dieser Vorschrift näher bestimmt. Gemeinsamer Grundgedanke aller Absätze ist dabei, dass der Zeitpunkt entscheidet, in dem durch die Rechtshandlung eine Rechtsposition begründet worden ist, die im Falle der Eröffnung eines Insolvenzverfahrens beachtet werden müsste (Begr RegE zu § 140; ausf. *Rainer Eckert* Probleme der Bestimmung des für die Insolvenzanfechtung relevanten Zeitpunktes nach § 140 InsO, 2003). Das frühere Konkursrecht kannte keine ausdrückliche Regelung, die § 140 entsprechen würde. § 10 Abs 3 GesO enthielt demgegenüber eine dem heutigen § 140 Abs 2 entsprechende Regelung; Rechtsprechung und Schrifttum zu dieser Regelung können daher auch zur Auslegung der neuen Norm herangezogen werden.

II. Grundsatz (Abs 1)

Eine Rechtshandlung gilt nach dem in Abs 1 niedergelegten Grundsatz in dem Zeitpunkt als vorgenommen, in dem die Rechtswirkungen der Handlung eintreten. Diese treten in der Regel ein, wenn alle Anforderungen erfüllt sind, durch welche ein Rechtsverhältnis nach der Rechtsordnung begründet, geändert oder aufgehoben wird (**BGH** 23. 3. 2006 IX ZR 116/03 Z 167, 11 = NJW 2006, 1870 = ZIP 2006, 916 = ZInsO 2006, 553 = NZI 2006, 397 = EWiR 2006, 537 *[Eckardt]* = WuB VI A § 131 InsO 6.06 *[Kirchhof]*; MK/*Kirchhof* § 140 Rn 3 f). Abzustellen ist auf die unmittelbar eintretenden rechtlichen Wirkungen, die zu einer Verkürzung des Schuldnervermögens führen, dabei ist weder entscheidend, wann und ob die Rechtshandlung im Einzelfall wirksam wird oder ist (vgl KP-*Paulus* § 140 Rn 3; kritisch zu diesem Grundsatz in Bezug auf nahe stehende Personen *Biehl* Insider S 138 ff; zur Anfechtung unwirksamer Rechtshandlungen oben § 129 Rn 76 ff); vielmehr kommt es darauf an, wann die Gläubigerbenachteiligung eintritt (**BGH** 23. 10. 2003 IX ZR 252/01 Z 156, 350 = NJW 2004, 214, 215 = ZIP 2003, 2307 = ZInsO 2003, 1096 = WuB VI C § 134 InsO 1.04 *[Hess]*; **BGH** 14. 12. 2006 IX ZR 102/03 Z 170, 196 = ZIP 2007, 191 = NJW 2007, 1588 = ZInsO 2007, 91 = NZI 2007, 158 = EWiR 2007, 185 *[Gundlach]* = WuB VI A § 91 InsO 1.07 *[Lüke/Ellke]*; **BGH** 24. 5. 2007 IX ZR 105/05 ZIP 2007, 1274 = ZInsO 2007, 658 = NZI 2007, 452 = EWiR 2007, 667 *[Homann]* = WuB VI A § 140 InsO 2.08 *[Kreft]*; **BGH** 9. 7. 2009 IX ZR 86/08; differenzierend MK/*Kirchhof* § 140 Rn 5 sowie *Burchard* Dreieck S 58). Zum relevanten Zeitpunkt bei mittelbarer Gläubigerbenachteiligung oben § 129 Rn 128. Auch auf den Eintritt erhoffter weiterer Rechtswirkungen, die keine unmittelbare Rechtsfolge der vorgenommenen Rechtshandlungen sind, so bspw. auf die Erfüllung des Verpflichtungsgeschäfts (**OLG Rostock** 13. 2. 2003 3 W 5/03 **OLGR** Rostock 2003, 275 = ZIP 2003, 1007 = ZInsO 2004, 46 [n rkr]), kommt es nicht an (dazu auch § 143 Rn 13 und § 129 Rn 123). **Einaktige Rechtshandlungen** sind mit Abschluss des Aktes vorgenommen, dies gilt auch dann, wenn sie wie die Anfechtung nach § 142 BGB oder die Genehmigung nach § 184 Abs 1 BGB Rückwirkung entfalten (KP-*Paulus* § 140 Rn 5); zur Aufrechnung siehe unten § 140 Rn 3. Eine **mehraktige Rechtshandlung** gilt hingegen erst dann als vorgenommen, wenn der letzte zur Wirksamkeit erforderliche Teilakt erfolgt ist (**BGH** 22. 7. 2004 IX ZR 183/03 ZIP 2004, 1819 = ZInsO 2004, 967 = NZI 2004, 623 = EWiR 2005, 29 *[Holzer]* = WuB VI A § 134 InsO 1.05 *[Pape]*; **BGH** 14. 12. 2006 IX ZR 102/03 Z 170, 196 = ZIP 2007, 191 = NJW 2007, 1588 = ZInsO 2007, 91 = NZI 2007, 158 = EWiR 2007, 185 *[Gundlach]* = WuB VI A § 91 InsO 1.07 *[Lüke/Ellke]*; *Fischer* ZIP 2004, 1679, 1683). Das war – vom Fall des Abs 2 abgesehen – auch die allgemeine Ansicht zum bislang geltenden Recht (**RG** 2. 5. 1916 Z 88, 216, 217; **BGH** 15. 1. 1964 Z 41, 17, 18 = NJW 1964, 1277 = KTS 1964, 166 = LM § 30 KO Nrn. 16/17 *[Mormann]*; weit Nachw in der 12. Aufl Rn 2). Mit Abs 1 wird die Anfechtbarkeit bei mehraktigen Rechtshandlungen und insbesondere Rechtsgeschäften erleichtert; zugleich wird möglichen Umgehungen der Anfechtungsnormen durch „zeitliche Streckung" von Rechtshandlungen ein Riegel vorgeschoben. Bei **mehreren Rechtshandlungen** ist der Vornahmezeitpunkt grds. für jede Rechtshandlung gesondert zu bestimmen: abzustellen ist auf die Rechtshandlung, die zu einer Beeinträchtigung des Schuldnervermögens geführt hat (siehe dazu oben § 129 Rn 75). Handelt es sich hingegen um einen einheitlich zu beurteilenden **Gesamtvorgang,** ist auf den Abschluss der letzten Rechtshandlung abzustellen; siehe dazu ebenfalls § 129 Rn 75. Gesamtvorgang in diesem Sinne kann bspw. das Herstellen einer Aufrechnungslage (dazu unten Rn 3) oder das Ermöglichen einer Sicherung oder Befriedigung sein, sofern dafür mehrere Rechtshandlungen erforderlich waren (**BGH** 11. 12. 2008 IX ZR 194/07 ZInsO 2009, 143 = ZIP 2009, 228 = NZI 2009, 165 [für zwei exklusiv konkurrierende Sicherheiten]; MK/*Kirchhof* § 140 Rn 21). Besteht die Handlung im **Ermöglichen** einer Sicherung oder Befriedigung (§§ 130, 131), kommt es darauf an, ob bereits dieses „Ermöglichen" gläubigerbenachteiligende Wirkung hat (so beim rechtsgeschäftlichen Anerkenntnis nach § 781 BGB, weil dies unmittelbar die Beweislage des Anerkennenden verschlechtert); sind zur Gläubigerbenachteiligung weitere zusätzliche Akte erforderlich (wie beim prozessualen Anerkenntnis wegen der zusätzlichen Erfordernisse eines Anerkenntnisurteils) und handelt es sich daher um einen Gesamtvorgang, ist erst dieser Zeitpunkt maßgeblich (*Henckel* KS-InsO S 813, 848; abw MK/*Kirchhof* § 140 Rn 20 [schon der Antrag]; KP-*Paulus* § 140 Rn 6). Zur Abgrenzung zwischen einaktigen, mehraktigen, mehreren Rechtshandlungen und Gesamtvorgängen siehe wiederum

§ 140 *Zeitpunkt der Vornahme einer Rechtshandlung*

§ 129 Rn 75. Zur anfechtungsrechtlich entscheidenden Rechtshandlung und dem damit verbundenen Vornahmezeitpunkt bei einer **mittelbaren Zuwendung** siehe § 129 Rn 86 sowie MK/*Kirchhof* § 140 Rn 22 und *Burchard* Dreieck S 59 ff (für den Fall der Insolvenz des Anweisenden).

3   Ein Rechtsgeschäft, dessen Wirksamkeit die Parteien von der **Zustimmung eines Dritten** abhängig gemacht haben, gilt erst dann als vorgenommen, wenn diese Zustimmung erteilt ist. Ein Rechtsgeschäft, dessen Wirksamkeit von einer privatrechtlichen **Genehmigung** abhängt, ist erst vollendet, wenn die Genehmigung wirksam wird; denn sie schließt, wenn auch rückwirkend (§ 184 Abs 1 BGB), den Erwerbsvorgang erst ab (**RG** 2. 5. 1916 Z 88, 216, 217; **BGH** 20. 9. 1978 NJW 1979, 102 [zu § 3 AnfG]); zum unmittelbaren zeitlichen Zusammenhang bzgl der Genehmigung im Einzugsermächtigungsverfahren beim Bargeschäft siehe aber § 142 Rn 14. Bei postmortaler **Vollmacht** kommt es auf deren Ausnutzung an (**OLG Köln** 29. 6. 1988 ZIP 1988, 1203 = EWiR § 32 KO 1/88, 911 *[Marotzke]*. Bei einem Rechtsgeschäft, das zu seiner Wirksamkeit einer **öffentlichrechtlichen Genehmigung** bedarf, ist bei einer rückwirkenden Genehmigung hingegen der Vertragsschluss – jedenfalls sofern dieser bindend war – und nicht der Zeitpunkt der Erteilung der Genehmigung maßgeblich (**BGH** 9. 10. 1958 II ZR 229/57 KTS 1958, 187 = LM § 15 KO Nr 2 [devisenrechtliche Genehmigung]; Jaeger/*Henckel* § 140 Rn 38; MK/*Kirchhof* § 140 Rn 8; ausf. zur Ratio [Fehlen gesicherter Rechtsposition] *Christiansen* KTS 2003, 353, 369 ff [dort auch denkbaren Ausnahmen]). Ein **Steuererstattungsanspruch** entsteht nach § 168 Satz 2 AO erst, wenn die Finanzbehörde der Steueranmeldung zustimmt, die zu dem Erstattungsanspruch führt (**LG Kiel** 17. 1. 2001 5 T 35/00 ZVI 2002, 419 f; MK/*Kirchhof* § 140 Rn 11 c). Anders liegen die Dinge bei der **Aufrechnung**; da hier der letzte Teilakt in Form der Aufrechnungserklärung nach §§ 94 ff auch noch nach Verfahrenseröffnung vorgenommen werden darf, ist die für die Anfechtbarkeit maßgebliche Rechtshandlung grundsätzlich die Herstellung der Aufrechnungslage (**BGH** 29. 6. 2004 IX ZR 195/03 Z 159, 388 = NJW 2004, 3118 = ZIP 2004, 1558 = ZInsO 2004, 852 = NZI 2004, 580 = WuB VI A § 95 InsO 1.05 *[Bartels]*; **BGH** 2. 6. 2005 IX ZR 263/03 ZIP 2005, 1521 = ZInsO 2005, 884 = NZI 2005, 553 = EWiR 2006, 21 *[Beutler/Weissenfels]*; **BGH** 14. 6. 2007 IX ZR 56/06 NJW 2007, 2640 = ZIP 2007, 1507 = NZI 2007, 515 = EWiR 2008, 83 *[Eckert]*; **BGH** 29. 11. 2007 IX ZR 30/07 Z 174, 297 = NJW 2008, 430 = ZIP 2008, 183 = ZInsO 2008, 91 = NZI 2008, 89 = EWiR 2008, 187 *[Ries]* = WuB VI A § 130 InsO 2.08 *[Schönfelder]* [Verrechnung im Kontokorrent]; **BGH** 26. 6. 2008 IX ZR 144/05 ZIP 2008, 1435 = ZInsO 2008, 801 = NZI 2008, 539 = EWiR 2008, 689 *[Eckardt]* [Verrechnung im Kontokorrent]; **BGH** 26. 6. 2008 IX ZR 47/05 ZIP 2008, 1437 = ZInsO 2008, 803 = NZI 2008, 551 = EWiR 2008, 659 *[Schulz]* [Verrechnung im Kontokorrent]; **BGH** 17. 7. 2008 IX ZR 148/07 ZIP 2008, 1593 = ZInsO 2008, 913 = NZI 2008, 547 = WuB VI A § 96 InsO 1.09 *[Würdinger]*; *Fischer* ZIP 2004, 1679, 1683; KP-*Paulus* § 140 Rn 5; *von Olshausen* KTS 2001, 45, 48 ff). Die Aufrechnungslage ist grundsätzlich hergestellt und die Rechtshandlung damit vorgenommen im Sinne des Abs 1, sobald alle Voraussetzungen des § 387 BGB erfüllt sind (MK/*Kirchhof* § 140 Rn 11 b), d. h. insbesondere muss die Gegenforderung vollwirksam und fällig, die Hauptforderung jedenfalls erfüllbar sein (Palandt/*Grüneberg* § 387 BGB Rn 11 f; siehe MK/*Kirchhof* § 140 Rn 11 b zur erleichterten Aufrechenbarkeit unter § 54 KO); auf die Aufrechnungserklärung kommt es hingegen nicht an (vgl § 96 Abs 1 Nr 3). Ein abweichender Vornahmezeitpunkt kann sich allerdings aus Abs 3 ergeben (**BGH** 11. 11. 2004 IX ZR 237/03 ZIP 2005, 181 = ZInsO 2005, 94 = NZI 2005, 164 = EWiR 2007, 667 *[Homann]* = WuB VI A § 96 InsO 2.05 *[Kammel]*), siehe dazu unten Rn 17. Bei der Herstellung einer Aufrechnungslage handelt es sich um eine mehraktige Rechtshandlung, so dass für den Vornahmezeitpunkt auf den letzten Teilakt abzustellen ist. Dabei ist es unerheblich, ob die Forderung des Schuldners oder die des Insolvenzgläubigers früher entstanden oder fällig geworden ist (**BGH** 29. 6. 2004 IX ZR 195/03, aaO; **BGH** 11. 11. 2004 IX ZR 237/03, aaO; **BGH** 14. 6. 2007 IX ZR 56/06, aaO [für Aufrechnung mit anwaltlicher Honorarforderung]; **BGH** 29. 11. 2007 IX ZR 30/07, aaO; **BGH** 28. 2. 2008 IX ZR 177/05 ZIP 2008, 650 = ZInsO 2008, 375 = NZI 2008, 302; **BGH** 26. 6. 2008 IX ZR 47/05 ZIP 2008, 1437 = ZInsO 2008, 803 = NZI 2008, 551 = EWiR 2008, 659 *[Schulz]*; MK/*Kirchhof* § 140 Rn 11 b). Die Aufrechnungslage kann dabei sowohl durch die Begründung einer Verbindlichkeit eines Gläubigers gegenüber dem Schuldner geschaffen werden (vgl bspw. **BGH** 22. 4. 2004 IX ZR 370/00 ZIP 2004, 1160 = ZInsO 2004, 739 = NZI 2004, 445 = EWiR 2004, 977 *[Eckardt]* = WuB VI § 131 InsO 5.04 *[Hess]*; **BGH** 2. 6. 2005 IX ZR 263/03 ZIP 2005, 1521 = ZInsO 2005, 884 = NZI 2005, 553 = EWiR 2006, 21 *[Beutler/Weissenfels]*; MK/*Kirchhof* § 140 Rn 11 b) oder dadurch, dass ein Schuldner des späteren Insolvenzschuldners eine Forderung gegen diesen erlangt (MK/*Kirchhof* § 140 Rn 11 b), so dass der Abschluss dieser Rechtshandlungen den für die Anfechtung der Herstellung der Aufrechnungslage jeweils maßgeblichen Zeitpunkt bilden. Letzter Teilakt in diesem Sinne kann auch das **Werthaltigmachen** einer Forderung des Gläubigers durch Leistungserbringung des Schuldners sein, denn erst dadurch wird eine Befriedigungsmöglichkeit durch Aufrechnung geschaffen (**BGH** 4. 10. 2001 IX ZR 207/00 ZIP 2001. 2055 = NZI 2002, 35 = EWiR 2002, 107 *[Rigol]* = WuB V G § 2 GesO 1.02 *[Pape]* [GesO] [für Leistungserbringung im Eröffnungsverfahren]; *Bork* ZIP 2008, 1041, 1045; *Fischer* ZIP 2004.1679, 1683; MK/*Kirchhof* § 140 Rn 7; zum Werthaltigmachen siehe außerdem unten Rn 6 sowie § 129 Rn 71). Bei der Frage nach der Anfechtbarkeit einer **Kontokorrentverrechnung** ist auf den Zeitpunkt abzustellen, in dem die Bank buchmäßige Deckung erlangt hat, denn in diesem Moment entsteht der Anspruch gegen

II. Grundsatz (Abs 1)　　　　　　　　　　　　　　　　　　　　　　　　　　　　§ **140**

die Bank aus § 667 BGB und damit ein zur Verrechnung geeigneter Anspruch (**BGH** 28. 2. 2008 IX ZR 177/05 ZIP 2008, 650 = ZInsO 2008, 375 = NZI 2008, 302; *Obermüller*, InsRBankpraxis, 7. Aufl Köln 2007, Rn 3.95; *Peschke* Insolvenz des Girokontoinhabers S 197f); siehe dazu § 130 Rn 14, § 142 Rn 10A (zum Vorliegen eines Bargeschäfts) sowie unten Rn 5B. Entsprechendes gilt beim Dokumenteninkasso oder **Lastschrifteinzug** einer Bank im Auftrag des späteren Verfahrensschuldners für die Aufrechnungslage zu Gunsten der Bank (MK/*Kirchhof* § 129 Rn 11 c aE).

Bei einer **Unterlassung** (§ 129 Abs 2) gelten die rechtlichen Wirkungen frühestens als in dem Zeit- 4 punkt eingetreten, in dem die Rechtsfolgen der Unterlassung nicht mehr durch eine Handlung abgewendet werden können. Indem auf die Rechtsfolgen der Unterlassung abgestellt wird, kommt es nicht darauf an, wann die unter normalen Umständen erwartete positive Handlung noch möglich gewesen wäre (HK-*Kreft* § 140 Rn 5; KP-*Paulus* § 140 Rn 7). Liegt das Unterlassen im Verstreichenlassen einer Frist, bspw. der Verjährungsfrist nach §§ 195 ff BGB oder der Anfechtungsfrist nach §§ 121, 124 BGB, ist Vornahmezeitpunkt der Zeitpunkt des Fristablaufs (MK/*Kirchhof* § 140 Rn 19).

1. Schuldrechtliche Rechtshandlungen. Schuldrechtliche Verpflichtungsgeschäfte, die durch **Angebot** 5 **und Annahme** zustande kommen, sind mit Annahme vorgenommen im Sinne des § 140 Abs 1 InsO (BAG 19. 1. 2006 6 AZR 529/04 E 117, 1 = ZIP 2006, 1366 = NZI 2007, 58; siehe MK/*Kirchhof* § 140 Rn 9). Dies gilt grundsätzlich für den gesamten Vertragsinhalt und gemäß Abs 3 auch für bedingte oder befristete Verträge (MK/*Kirchhof* § 140 Rn 9). Auf Fälligkeit oder Durchsetzbarkeit kommt es nicht an. Auch im Falle der **Verträge zugunsten Dritter** sind diese regelmäßig mit Annahme vorgenommen; ist der Dritte zunächst unbestimmt, ist maßgeblicher Vornahmezeitpunkt der Zeitpunkt, in dem dieser individualisiert wird (HmbKomm/*Rogge* § 140 Rn 12 b; MK/*Kirchhof* § 140 Rn 9). Entsprechend ist eine **Bürgschaft** mit Annahme der (formgerechten) Bürgschaftserklärung vorgenommen (**BGH** 29. 4. 1999 IX ZR 163/98 NJW 1999, 3046 = ZIP 1999, 973 = NZI 1999, 268 = EWiR 1999, 957 [*Huber*] [KO]; HmbKomm/*Rogge* § 140 Rn 5); etwas anderes gilt nur dann, wenn die zu sichernde Forderung noch nicht entstanden ist, in diesem Fall, entsteht die Bürgschaftsverpflichtung erst mit Entstehen der Forderung. Demzufolge entsteht eine Bürgschaftsverpflichtung für ein Darlehen, das in mehreren Teilzahlungen ausgezahlt wird, erst bei jeweiliger Auszahlung und nur bis zur Höhe der erfolgten Inanspruchnahme (MK/*Kirchhof* § 140 Rn 9). Zum Vornahmezeitpunkt eines Rechtsgeschäfts iSv § 132 im Falle einer Fremdschuldtilgung *Burchard* Dreieck S 99 ff, 274 ff. Der **Herausgabeanspruch aus** § **667 BGB** entsteht (anders als der Honoraranspruch; dazu unten Rn 19) erst, wenn der Beauftragte tatsächlich Vermögenswerte erlangt hat und nicht bereits mit Begründung eines allgemeinen Auftragsverhältnisses; denn der Eingang von Vermögenswerten ist keine Bedingung, sondern Inhalt des Rechtsgeschäfts selber (siehe **BGH** 14. 6. 2007 IX ZR 56/06 NJW 2007, 2640 = ZIP 2007, 1507 = NZI 2007, 515 = EWiR 2008, 83 [*Eckert*] [für den Anspruch eines Mandanten gegen den Rechtsanwalt auf Herausgabe eingezogener Gelder]), so dass eine Vorverlagerung des maßgeblichen Zeitpunktes durch Abs 3 InsO nicht in Betracht kommt. Ein durch den Erfolg bedingter Anspruch und eine damit verbundene Vorverlagerung des maßgeblichen Zeitpunkts nach Abs 3 soll dann in Betracht kommen, wenn ein auf eine bestimmte Maßnahme konkretisierter Auftrag vorliegt (MK/*Kirchhof* § 140 Rn 11c).

Ansprüche auf **künftige Mietzinsen** sind befristete Ansprüche nach §§ 163, 158 BGB und entste- 5A hen jeweils mit Beginn der jeweiligen Nutzungszeitraums; jedoch bleibt nach Abs 3 die Befristung außer Betracht, so dass es auf den Abschluss des Mietvertrages ankommt (ausführlich unten Rn 18). Der Vornahmezeitpunkt bei der *Abtretung* künftiger Mietzinsansprüche richtet sich hingegen nach Abs 1 (siehe unten Rn 6A, 18 aE). Gleiches gilt für Ansprüche aus **Dienst- und Arbeitsverträgen** (unten Rn 6A, 19). Eine **Kaufoption** im Miet- oder Leasingvertrag ist erst mit Ausübung des Optionsrechts vorgenommen (**BGH** 14. 12. 1989 IX ZR 283/88 Z 109, 368 = NJW 1990, 1113 = ZIP 1990, 180 = EWiR 1990, 173 [*Ackmann*] = WuB VI B § 21 KO 1.90 [*Ulrich/Irmen*] [KO]; MK/*Kirchhof* § 140 Rn 9b). Hingegen entstehen Ansprüche auf (**künftige**) **Leasingraten** bereits mit Abschluss des Leasingvertrages als betagte Forderungen, da sie zugleich ein Entgelt für die vorweg erbrachte Finanzierungsleistung darstellen (**BGH** 14. 12. 1989 IX ZR 283/88 Z 109, 368 = NJW 1990, 1113 = ZIP 1990, 180 = EWiR 1990, 173 [*Ackmann*] = WuB VI B § 21 KO 1.90 [*Ulrich/Irmen*] [KO]; *Christiansen* KTS 2003, 353, 374 [mit zT abw Begr.]; MK/*Kirchhof* § 140 Rn 9b; Palandt/*Heinrichs* § 163 Rn 2). Vornahmezeitpunkt ist daher nach Abs 1 auch bzgl. künftiger Leasingraten der Abschluss des Leasingvertrages; auf Abs 3 kommt es – anders als bei mietvertraglichen Ansprüchen – insofern nicht an. Denn anders als bei einem Mietvertrag werden im Leasingvertrag, um den Finanzierungszweck zu gewährleisten, regelmäßig eine feste Dauer der Mietzeit sowie die Fälligkeit und Höhe der Leasingraten bestimmt sowie Kündigungsmöglichkeiten während der Grundmietzeit ausgeschlossen mit der Folge, dass Leasingraten rechtlich so festgelegt sind, dass sie als betagte und nicht als befristete Forderungen zu behandeln sind (**BGH** 14. 12. 1989 IX ZR 283/88 Z 109, 368 = NJW 1990, 1113 = ZIP 1990, 180 = EWiR 1990, 173 [*Ackmann*] = WuB VI B § 21 KO 1.90 [*Ulrich/Irmen*] [KO]). Im Umkehrschluss bedeutet dies aber auch, dass Ansprüche aus einer Vertragsverlängerung über die Grundmietzeit hinaus den Regeln über Mietzinsansprüche unterliegen, denn dann fehlt es an einem übergeordneten Finanzierungszweck (MK/*Kirchhof* § 140 Rn 9b; so aber **BGH** 14. 12. 1989 IX ZR 283/88 Z 109, 368 = NJW 1990, 1113 = ZIP 1990, 180 = EWiR 1990, 173 [*Ackmann*] = WuB VI B § 21 KO 1.90 [*Ulrich/*

§ 140   *Zeitpunkt der Vornahme einer Rechtshandlung*

Irmen] [KO]; offengelassen von **BGH** 3. 6. 1992 VIII ZR 138/91 Z 118, 282 = NJW 1992, 2150 = ZIP 1992, 930 = EWiR 1992, 759 *[von Westphalen]* = WuB IV A § 419 BGB 2.93 *[Emmerich]* [zu § 419 BGB aF]). Eine **Treuhandvereinbarung** gilt erst in dem Moment als „vorgenommen", in dem das Treugut entsteht, da erst in diesem Moment eine insolvenzfeste Rechtsposition des Anfechtungsgegners entstehen kann (**BGH** 24. 5. 2007 IX ZR 105/05 ZIP 2007, 1274 = ZInsO 2007, 658 = NZI 2007, 452 = EWiR 2007, 667 *[Homann]* = WuB VI A § 140 InsO 2.08 *[Kreft]*).

5B   Bei einer **Überweisung** kommt es nicht auf den Zeitpunkt der Auftragserteilung, sondern darauf an, wann der Anspruch auf die Gutschrift entsteht (**BGH** 20. 6. 2002 IX ZR 177/99 ZIP 2002, 1408 = ZInsO 2002, 721 = NZI 2002, 486 = WuB VI B § 30 Nr 2 KO 4.02 *[Paulus]* [KO]; **BGH** 18. 7. 2002 IX ZR 480/00 NJW 2002, 3252 = ZIP 2002, 1540 = ZInsO 2002, 876 = NZI 2002, 602 = WuB VI B § 30 Nr 1 KO 1.03 *[Hefermehl]* [KO]; **BGH** 18. 12. 2003 IX ZR 9/03 ZIP 2004, 324 = NZI 2004, 248; **BGH** 9. 6. 2005 IX ZR 152/03 ZIP 2005, 1243 = ZInsO 2005, 766 = NZI 2005, 497 = EWiR § 131 InsO 2/2005, 829 *[Paulus]* = WuB VI A § 131 InsO 1.05 *[Kirchhof]*; MK/*Kirchhof*, § 140 Rn 11; *Peschke* Insolvenz des Girokontoinhabers S 197 f); die Gutschrift selbst ist im Hinblick auf ihren bloß deklaratorischen Charakter dagegen nicht maßgeblich (**BGH** 17. 4. 1986 NJW-RR 1986, 848 = ZIP 1986, 720, 723 = KTS 1986, 477 = EWiR § 48 KO 1/86, 603 *[Reimer]*; *Steinhoff* ZIP 2000, 1141, 1145; MK/*Kirchhof*, § 140 Rn 11). Der Anspruch auf Gutschrift entsteht bei institutsfremden Überweisungen, sobald der Überweisungsbetrag an das Kreditinstitut des Begünstigten übermittelt wurde, bei institutsinternen Überweisungen mit der Belastungsbuchung auf dem Konto des Schuldners (**BGH** 20. 6. 2002 IX ZR 177/99 ZIP 2002, 1408 = ZInsO 2002, 721 = NZI 2002, 486 = WuB VI B § 30 Nr 2 KO 4.02 *[Paulus]* [KO]; **BGH** 15. 3. 2005 XI ZR 338/03 NJW 2005, 1771 = ZIP 2005, 894 = EWiR 2005, 537 *[Lang]* = WuB I D 1 Überweisungsverkehr 2.05 *[Woldter]*; *Obermüller*, InsRBankpraxis, Rn 3.82; Palandt/*Sprau*, § 676 f BGB Rn 11; weiter differenzierend MK/*Kirchhof* § 140 Rn 11). Wird im Fall der institutsinternen Überweisung der Überweisungsvorgang im Wege des **Online-Bankings** ausgelöst, steht die Abbuchung unter dem Vorbehalt der Nachdisposition durch die Bank und setzt daher eine über das Zustandekommen des Überweisungsvertrags hinausgehende konkludente Äußerung des Kreditinstituts voraus, die Kontobelastung zuzulassen (**BGH** 15. 3. 2005 XI ZR 338/03 Tz 21 NJW 2005, 1771 = ZIP 2005, 894 = EWiR 2005, 537 *[Lang]* = WuB I D 1 Überweisungsverkehr 2.05 *[Woldter]* [offen lassend, inwiefern die Nachdisposition fristgebunden ist]; ausf. MK-BGB/*Casper* § 676 f Rn 10). Die seit dem 1. 1. 2002 bestehende Kündigungsmöglichkeit des Überweisungsvertrages nach § 676 a Abs 3, 4 BGB besteht im Falle der institutsfremden Überweisung nur bis zu dem Zeitpunkt, in dem der Überweisungsbetrag der Empfängerbank zur Verfügung gestellt wurde (**BGH** 5. 12. 2006 XI ZR 21/06 Z 170, 121 Tz 21 = NJW 2007, 914 = ZIP 2007, 319 = EWiR 2007, 301 *[Binder]*), so dass sich aus dieser kein späterer Vornahmezeitpunkt ergeben kann. Allenfalls im Falle einer institutsinternen Überweisung kann auf Grund der bis zur Gutschrift auf dem Konto des Empfängers fortbestehenden Kündigungsmöglichkeit der Bank nach § 676 a Abs 3 Satz 1 Hs 2 BGB auf den späteren Zeitpunkt der Gutschrift abzustellen sein (MK-BGB/*Casper* § 676 a Rn 40). Ein noch früherer Vornahmezeitpunkt kann sich ergeben, wenn die Überweisung im Rahmen eines Zahlungsverkehrssystems abgewickelt wird und dadurch die Überweisung bereits zu einem früheren Zeitpunkt nicht mehr rückgängig gemacht werden kann (§ 676 a Abs 3 Satz 2 BGB). Bei einer Zahlung im Wege des **Lastschriftverfahrens** handelt es sich um eine einheitliche Rechtshandlung, die erst vorgenommen ist, wenn die Lastschrift eingelöst wurde und vom Schuldner nicht mehr rückgängig gemacht werden kann (**BGH** 19. 12. 2002 IX ZR 377/99 ZIP 2003, 488 = ZInsO 2003, 324 = NZI 2003, 253 = EWiR 2003, 427 *[Gerhardt]* [KO]; dabei muss unterschieden werden: Beim (seltenen) **Abbuchungsverfahren** beauftragt der Zahlungspflichtige seine Bank, von einem bestimmten Gläubiger eingereichte Lastschriften zu Lasten seines Kontos einzulösen; der eingezogene Betrag ist dem Gläubiger nicht bereits mit vorläufiger Gutschrift zugewandt, sondern erst mit wirksamer Einlösung der Lastschrift durch die Zahlstelle. Eine wirksame Einlösung setzt die Belastung des Kontos nach Maßgabe des Nr 9 Abs 2 AGB-Banken/AGB-Sparkassen voraus, wonach die Belastungsbuchung nach zwei Bankarbeitstagen unwiderruflich wird, sowie einen Einlösungswillen der Bank, der sich bspw im Bereitstellen des Kontoauszugs äußern kann (**BGH** 19. 12. 2002 IX ZR 377/99 ZIP 2003, 488 = ZInsO 2003, 324 = NZI 2003, 253 = EWiR 2003, 427 *[Gerhardt]* [KO]; HmbKomm/*Rogge* § 140 Rn 10; MK/*Kirchhof* § 140 Rn 11 mwN). Es kommt hingegen nicht auf die Verrechnung der abgebuchten Beträge durch die Schuldnerbank an (**BGH** 12. 5. 1980 NJW 1980, 1964 = ZIP 1980, 425 = KTS 1980, 363 [KO]); dazu auch § 130 Rn 18). Im Fall des (üblichen) **Einzugsermächtigungsverfahrens**, bei dem der Schuldner den Gläubiger ermächtigt, bestimmte Beträge zu Lasten seines Kontos einzuziehen, ist auf Grund der vom BGH in st Rspr vertretenen Genehmigungstheorie (zuletzt **BGH** 25. 10. 2007 IX ZR 217/06 Z 174, 84 Tz 12 = NJW 2008, 63 = ZIP 2007, 2273 = ZInsO 2007, 1216 = NZI 2008, 27; **BGH** 10. 6. 2008 XI ZR 283/07 ZIP 2008, 1977 = NJW 2008, 3348 = ZInsO 2008, 1076 = EWiR 2008, 625 *[Keller]*) anfechtungsrechtlich maßgeblicher Zeitpunkt erst die Genehmigung der Kontobelastung durch den Schuldner (**BGH** 19. 12. 2002 IX ZR 377/99, aaO; **BGH** 4. 11. 2004 IX ZR 22/03 Z 161, 49 = NJW 2005, 675 = ZIP 2004, 2442 = ZInsO 2004, 1353 = NZI 2005, 99 = EWiR 2005, 121 *[Gundlach/Frenzel]* = WuB I D 2 Lastschriftverkehr 1.05 *[Jungmann]*; **BGH** 25. 10. 2007 IX ZR 217/06 Tz 12 Z 174, 84 = NJW 2008, 63 = ZIP 2007, 2273 = ZInsO 2007, 1216 = NZI 2008, 27; *Christiansen*

II. Grundsatz (Abs 1) **§ 140**

KTS 2003, 353, 382 f; *Fischer* ZIP 2004, 1679, 1681). Denn anders als beim Abbuchungsverfahren ist erst durch die Genehmigung der Kontobelastung die Forderung des Gläubigers erfüllt und damit das Schuldnervermögen verkürzt, so dass auch erst mit der Genehmigung der Erwerbsvorgang abgeschlossen ist (**BGH** 4. 11. 2004 IX ZR 22/03 Z 161, 49 = NJW 2005, 675 = ZIP 2004, 2442 = ZInsO 2004, 1353 = NZI 2005, 99 = EWiR 2005, 121 *[Gundlach/Frenzel]* = WuB I D 2 Lastschriftverkehr 1.05 *[Jungmann]*; **BGH** 25. 10. 2007 IX ZR 217/06 Z 174, 84 Tz 13 = NJW 2008, 63 = ZIP 2007, 2273 = ZInsO 2007, 1216 = NZI 2008, 27; Jaeger/MK/*Kirchhof* § 140 Rn 11, 50 a). Die Genehmigung ist insbesondere keine auflösende Bedingung im Sinne des Abs 3, dazu unten Rn 17. Der Gläubiger hat vielmehr weiterhin einen Erfüllungsanspruch, der nunmehr auf Genehmigung der Belastung gerichtet ist und mit Verfahrenseröffnung zu einer Insolvenzforderung wird; entsprechendes gilt für den Aufwendungsersatzanspruch der kontoführenden Bank nach § 684 Satz 2 BGB (siehe dazu oben § 129 Rn 110B sowie § 130 Rn 17). Der Genehmigung gleichgestellt ist durch Nr 7 Abs 3 AGB-Banken/Nr 7 Abs 4 AGB-Sparkassen das Ausbleiben eines **Widerspruchs** innerhalb von sechs Wochen nach Rechnungsabschluss (**BGH** 6. 6. 2000 XI ZR 258/99 Z 144, 349 = NJW 2000, 2667 = ZIP 2000, 1379 = EWiR 2000, 959 *[Koller]*; **BGH** 25. 10. 2007 IX ZR 217/06 Z 174, 84 = NJW 2008, 63 = ZIP 2007, 2273 = ZInsO 2007, 1216 = NZI 2008, 27; **BGH** 10. 6. 2008 XI ZR 283/07 ZIP 2008, 1977 = NJW 2008, 3348 = ZInsO 2008, 1076 = EWiR 2008, 625 *[Keller]*; MK/*Kirchhof* § 140 Rn 11 mwN). Dies ist daher regelmäßig der für die Anfechtung maßgebliche Zeitpunkt, da in der Regel keine ausdrückliche Genehmigung erfolgt sein wird. Ob eine während des Eröffnungsverfahrens ablaufende Widerspruchsfrist Wirkungen entfalten kann, hängt von der Art der vorläufigen Verwaltung ab (siehe dazu ausführlich § 129 Rn 17). Abweichend hiervon ist für die Frage, ob im Rahmen eines Bargeschäfts die Gegenleistung in ausreichend engem zeitlichen Zusammenhang erbracht wurde, auf den **Zeitpunkt des Lastschrifteinzugs** abzustellen (**BGH** 29. 5. 2008 IX ZR 42/07 ZIP 2008, 1241 = ZInsO 2008, 749 = NZI 2008, 482; **BGH** 10. 6. 2008 XI ZR 283/07 ZIP 2008, 1977 = NJW 2008, 3348 = ZInsO 2008, 1076 = EWiR 2008, 625 *[Keller]*; **BGH** 2. 4. 2009 IX ZR 171/07 ZInsO 2009, 869; krit *Werres* ZInsO 2008, 1065, 1066 ff); siehe dazu unten § 142 Rn 14. Bei **Barzahlungen** kommt es auf die sachenrechtliche Übereignung an; eine nachfolgende Verbuchung der Einzahlung auf einem Konto hat auch hier allenfalls deklaratorische Bedeutung (**BGH** 4. 4. 1979 Z 74, 129 = NJW 1979, 1461; MK/*Kirchhof*, § 140 Rn 10). Bei **Teilzahlungen** handelt es sich um selbstständige Rechtshandlungen, mithin ist für jede einzelne Zahlung der Vornahmezeitpunkt gesondert zu bestimmen (**OLG** Karlsruhe 17. 9. 2003 1 U 167/02 OLGR Karlsruhe 2004, 17 = ZInsO 2003, 999 = NZI 2004, 31 [insofern nicht aufgehoben durch **BGH** 20. 7. 2006 IX ZR 227/03]; MK/*Kirchhof*, § 140 Rn 10). Bei der **Ausstellung eines Wechsels** oder dessen Annahme kommt es für die Anfechtung der **Wechselverbindlichkeit** grundsätzlich auf die Begebung der unterzeichneten Urkunde an (**BGH** 29. 4. 1974 NJW 1974, 1336 = KTS 1974, 232; MK/*Kirchhof* § 140 Rn 9 a mwN). Etwas anderes gilt gemäß Art 2 Abs 1, Art 1 WG, wenn der Wechsel unvollständig war: In diesem Fall ist wegen Art 10 WG der Zeitpunkt der Vervollständigung entscheidend (MK/*Kirchhof* § 140 Rn 9 a). Für die **Übertragung** eines Wechsels ist entsprechend der Tag des Erwerbs maßgebend (**BGH** 20. 4. 1970 Z 54, 1, 2). Entsprechendes gilt für die Anfechtung einer **Scheckverbindlichkeit** (MK/*Kirchhof* § 140 Rn 9 a; *Mock* ZInsO 2007, 561, 562). Allerdings wird häufig erst die Erfüllung der Scheckverbindlichkeit gläubigerbenachteiligend sein; auch die Ausstellung kann daher nur dann abgestellt werden, wenn dadurch eine zusätzliche Verpflichtung begründet worden ist, die sich auch tatsächlich ausgewirkt hat (**BGH** 11. 1. 2007 IX ZR 31/05 Z 170, 276 = NJW 2007, 1357 = ZIP 2007, 435 = ZInsO 2007, 269 = NZI 2007, 225 = WuB VI A § 129 InsO 1.07 *[Kreft]*; MK/*Kirchhof* § 140 Rn 11a m. w.N; siehe dazu im Übrigen oben § 129 Rn 122). Bei der **Hereinnahme eines Schecks oder Wechsels** kommt es auf die Einlösung durch die bezogene Bank an (**BGH** 11. 1. 2007 IX ZR 31/05 Z 170, 276 = NJW 2007, 1357 = ZIP 2007, 435 = ZInsO 2007, 269 = NZI 2007, 225 = WuB VI A § 129 InsO 1.07 *[Kreft]*; **BGH** 12. 10. 2006 IX ZR 228/03 ZIP 2006, 2222 = ZInsO 2006, 1210 = NZI 2007, 36 = EWiR 2007, 123 *[Wagner]* = WuB VI A § 130 InsO 1.07 *[Bruns]*; **BGH** 21. 6. 2007 IX ZR 231/04 NZI 2007, 517, 6518 = ZIP 2007, 1469 = WM 2007, 1616 = WuB VI A § 130 InsO 1.08 *[Kreft]*; **BGH** 14. 5. 2009 IX ZR 63/08 ZIP 2009, 1235 = ZInsO 2009, 1254 = NZI 2009, 471); zur Einlösung siehe Nr 9 AGB-Banken/-Sparkassen. Eine unter **Vorbehalt des Eingangs** erteilte Gutschrift im Rahmen des Lastschrift- oder Scheckeinzugsverfahrens stellt ferner keinen bedingten Erwerb da, auf den Abs 3 Anwendung finden würde, sondern eine Kreditgewährung (MK/*Kirchhof* § 140 Rn 51a; *Peschke* Insolvenz des Girokontoinhabers S 200). Bei einer **Anweisung** nach § 783 BGB liegt der Vornahmezeitpunkt nicht vor der Annahme gegenüber dem Anweisungsempfänger (§ 784 BGB) bzw dem Bewirken der Leistung an diesen, da bis dahin nach § 790 BGB ein Widerrufsrecht des Anweisenden besteht und es daher an einer gesicherten Rechtsposition des Anweisungsempfängers fehlt (**BGH** 8. 10. 1998 IX ZR 337/97 ZIP 1998, 2008 = ZInsO 1998, 395 = NZI 1998, 118 = EWiR 1998, 1131 *[Gerhardt]* [GesO]; **OLG** Bamberg 7. 1. 2004 3 U 81/03 ZInsO 2004, 620 [n rkr]; MK/*Kirchhof* § 140 Rn 9 a differenzierend *Burchard* Dreieck S 104 ff).

Bei einer **widerruflichen Bezugsberechtigung** nach § 159 Abs 1 VVG wird das Recht auf Leistung erst **5C** mit dem Versicherungsfall erworben (§ 159 Abs 2 VVG), so dass auch erst der Eintritt des Versicherungsfalls der nach Abs 1 maßgebliche Zeitpunkt ist; dies gilt auch für die Rechtslage unter § 166 VVG aF (**BGH** 23. 10. 2003 IX ZR 252/01 Z 156, 350 = NJW 2004, 214, 215 = ZIP 2003, 2307 = ZInsO

§ 140

2003, 1096 = WuB VI C § 134 InsO 1.04 *[Hess]*). Die widerrufliche Bezugsberechtigung ist insbesondere nur eine Erwerbsaussicht, so dass der Eintritt des Versicherungsfalles keine Bedingung oder Befristung im Sinne des Abs 3 ist. Im Fall einer **unwiderruflichen Bezugsberechtigung** wird das Recht auf Leistung gem. § 159 Abs 3 VVG nF hingegen bereits mit Bezeichnung als Bezugsberechtigter erlangt; damit handelt es sich in diesem Fall bei dem Eintritt des Versicherungsfalles um eine Bedingung im Sinne des Abs 3 (zu Einzelheiten oben § 134 Rn 15).

6   Die **Abtretung einer bestehenden Forderung** ist mit Vollendung der Abtretung – in der Regel also mit Annahme des Abtretungsangebots – vorgenommen (**BGH** 12. 7. 2007 IX ZR 235/03 ZIP 2007, 2084 = ZInsO 2007, 1107 = NZI 2007, 718), insbesondere setzt die Abtretung keine Offenlegung voraus. Die Anfechtung einer unbedingten **Abtretung einer bedingten oder befristeten Forderung** richtet sich nach Abs 1, da Abs 3 nur eingreift, wenn die anzufechtende Rechtshandlung selber bedingt oder befristet ist (MK/*Kirchhof* § 140 Rn 50 b). Daher richtet sich bspw der Vornahmezeitpunkt bei der *Abtretung* eines *auflösend bedingten* Rückübertragungsanspruches aus einer Sicherungsübereignung nach § 140 Abs 1, während der Vornahmezeitpunkt des Rückübertragungsanspruches nach § 140 Abs 3 bestimmt wird (dazu unten Rn 17A sowie sogleich). Im Rahmen von § 140 Abs 1 kommt es nach der Rspr des **BGH** für die Bestimmung des Vornahmezeitpunktes entscheidend darauf an, wann der Gläubiger eine gesicherte Rechtsposition erlangt hat, die ihm nicht mehr entzogen werden kann und nicht von der freien Entscheidung des Schuldners oder eines Dritten abhängt (**BGH** 17. 11. 2005 IX ZR 162/04 ZIP 2006, 87 = ZInsO 2006, 35 = NJW 2006, 915 = NZI 2006, 229 = EWiR 2006, 119 *[Bärenz]* = WuB VI A § 91 InO 1.06 *[Bartels]*; **BGH** 11. 12. 2008 IX ZR 194/07 ZInsO 2009, 143 = ZIP 2009, 228 = NZI 2009, 165; MK/*Kirchhof* § 140 Rn 13). Der Zessionar einer aufschiebend bedingten Forderung ist durch die Vorschriften der §§ 160 ff BGB geschützt, so dass er bereits im Zeitpunkt der Abtretung eine geschützte Rechtsposition erlangt hat. So schützt § 161 Abs 1 Satz 2 BGB ausdrücklich auch vor Verfügungen des Insolvenzverwalters. Mithin ist maßgeblicher Vornahmezeitpunkt nach Abs 1 grds der Zeitpunkt der Abtretung. Dies gilt nicht, sofern die Forderung unter einer Potestativbedingung steht: in diesem Fall fehlt es an einer gesicherten Rechtsposition im Zeitpunkt der Abtretung und daher ist maßgeblicher Zeitpunkt erst der Eintritt der Bedingung. An einer gesicherten Rechtsposition fehlt es demnach bspw im Falle der Abtretung eines vom Rücktritt eines Dritten abhängigen Kaufpreisrückzahlungsanspruches (**BGH** 11. 12. 2008 IX ZR 194/07 ZInsO 2009, 143 = ZIP 2009, 228 = NZI 2009, 165 [im konkreten Fall hatte der Gläubiger allerdings durch die gleichzeitige Begründung einer Grundschuld, die ihre Wirkung alternativ zu dem Rückzahlungsanspruch entfaltete, eine insgesamt gesicherte Rechtsposition erlangt]), mit der Folge, dass maßgeblicher Zeitpunkt erst der des Rücktrittes ist. Erfordert die Abtretung für ihre Wirksamkeit ausnahmsweise eine Anzeige – zB gemäß § 46 Abs 2 AO oder § 13 Abs 3 ALB – ist die Abtretung erst mit Zugang der Anzeige vorgenommen (**BGH** 30. 11. 1977 VIII ZR 26/76 Z 70, 75, 77 = NJW 1978, 642 [KO]; **OLG** Köln 19. 5. 2003 2 W 37/03 OLGR Köln 2003, 370 = NZI 2003, 555 [n rkr]; MK/*Kirchhof* § 140 Rn 13). Für den Fall der Abtretung des auflösend bedingten Rückübertragungsanspruches aus einer Sicherungsübereignung wird man eine gesicherte Rechtsposition des Gläubigers verneinen müssen, da das Entstehen des Rückübertragungsanspruches maßgeblich davon abhängt, dass der Schuldner seinen Verpflichtungen ggü dem ursprünglichen Sicherungsnehmer nachkommt (abw. OLG Hamburg 11 U 181/81 ZIP 1981, 1353). Ist der Rückübertragungsanspruch nicht auflösend bedingt, sondern handelt es sich wie regelmäßig nur um einen schuldrechtlichen Rückgewähranspruch, steht die Abtretung einer künftigen Forderung in Rede, bei der Vornahmezeitpunkt erst das Entstehen des Anspruches sein kann (dazu unten Rn 6A). Die **Fälligkeit der abgetretenen Forderung** ist für den Vornahmezeitpunkt nach § 140 unerheblich (vgl MK/*Kirchhof* § 140 Rn 17). Im Falle des **Werthaltigmachens** (bspw. durch Erbringung der Leistung durch den Werkunternehmer) einer bestehenden, bereits zuvor abgetretenen Forderung kann das Werthaltigmachen als selbstständige Rechtshandlung angefochten werden; maßgeblicher Vornahmezeitpunkt ist dann der (spätere) Zeitpunkt, in dem der Wert der Forderung erhöht worden ist, in der Regel also der Zeitpunkt der Leistungserbringung (**BGH** 14. 12. 2006 IX ZR 102/03 Z 170, 196 = ZIP 2007, 191 = NJW 2007, 1588 = ZInsO 2007, 91 = NZI 2007, 158 = EWiR 2007, 185 *[Gundlach]* = WuB VI A § 91 InsO 1.07 *[Lüke/Ellke]*; **BGH** 29. 11. 2007 IX ZR 30/07 Z 174, 297 = NJW 2008, 430 = ZIP 2008, 183 = ZInsO 2008, 91 = NZI 2008, 89 = EWiR 2008, 187 *[Ries]* = WuB VI A § 130 InsO 2.08 *[Schönfelder]*; **BGH** 29. 11. 2007 IX ZR 165/05 ZIP 2008, 372 = ZInsO 2008, 209; **BGH** 26. 6. 2008 IX ZR 144/05 ZIP 2008, 1435 = ZInsO 2008, 801 = NZI 2008, 539 = EWiR 2008, 689 *[Eckardt]*; *Bork* ZIP 2008, 1041, 1045; *Jacoby* ZIP 2008, 385, 386 f; *Jaeger/Henckel* § 140 Rn 6; *Kuder* ZIP 2008, 289, 290 f; *Stapper/Jacobi* BB 2007, 2017, 2019 f; siehe bereits oben Rn 3 sowie § 129 Rn 71, 102, 110 und § 131 Rn 16). Auf das Werthaltigmachen soll aber bei einer gesellschaftsvertraglichen Verrechnung im Rahmen einer ARGE dann nicht abzustellen sein, wenn die Parteien sich bei wertender Betrachtung vertragsgerecht verhalten und daher keine künstliche Aufrechnungslage geschaffen haben; denn der Anspruch des Gesellschafters auf Zahlung des Auseinandersetzungsguthabens gehöre zu den bereits mit Abschluss des Gesellschaftsvertrages geschützten Ansprüchen (**BGH** 14. 12. 2006 IX ZR 194/05 Z 170, 206 = NJW 2007, 1067 = ZIP 2007, 383 = ZInsO 2007, 213 = NZI 2007, 222 = EWiR 2007, 343 *[Bork]* = WuB VI A § 95 InsO 1.07 *[Servatius]*). Entsprechend war in dem Fall auf die Vereinbarung der gesellschaftsrechtlichen Verrechnung im Gesellschaftsvertrag

II. Grundsatz (Abs 1) § 140

abzustellen, ohne dass eine Anfechtung der einzelnen in das Kontokorrent eingestellten Forderungen oder zugrunde liegenden Leistungen möglich gewesen wäre (BGH 14. 12. 2006 IX ZR 194/05 aaO).

Die **Abtretung einer künftigen Forderung** ist hingegen erst mit der Entstehung dieser Forderung vorgenommen (st. Rspr; vgl früher bereits BGH 30. 6. 1959 Z 30, 238, 239 f = NJW 1959, 1539 = KTS 1959, 171 = JZ 1959, 712 *[Böhle-Stamschräder]* = LM Nr 30 KO Nr 7 *[Artl]*; BGH 20. 3. 2003 IX ZR 166/02 ZIP 2003, 808 = NJW 2003, 2171 = ZInsO 2003, 372 = NZI 2003, 320 = EWiR 2003, 533 *[Hölzle]* = WuB VI C § 140 InsO 1.03 *[Richrath]*; BGH 22. 7. 2004 IX ZR 183/03 ZIP 2004, 1819 = ZInsO 2004, 967 = NZI 2004, 623 = EWiR 2005, 29 *[Holzer]* = WuB VI A § 134 InsO 1.05 *[Pape]*; BGH 11. 5. 2006 IX ZR 247/03 Z 167, 363 = NJW 2006, 2485 = ZIP 2006, 1254 = ZInsO 2006, 708 = NZI 2006, 457 = WuB VI A § 114 InsO 1.06 *[Meller-Hannich]*; BGH 14. 12. 2006 IX ZR 102/03 Z 170, 196 = ZIP 2007, 191 = NJW 2007, 1588 = ZInsO 2007, 91 = NZI 2007, 158 = EWiR 2007, 185 *[Gundlach]* = WuB VI A § 91 InsO 1.07 *[Lüke/Ellke]*; BGH 29. 11. 2007 IX ZR 30/07 Z 174, 297 = NJW 2008, 430 = ZIP 2008, 183 = ZInsO 2008, 91 = NZI 2008, 89 = EWiR 2008, 187 *[Ries]* = WuB VI A § 130 InsO 2.08 *[Schönfelder]*; BGH 26. 6. 2008 IX ZR 144/05 ZIP 2008, 1435 = ZInsO 2008, 801 = NZI 2008, 539 = EWiR 2008, 689 *[Eckardt]*; *Christiansen* KTS 2003, 353, 360 ff [mit zT abw Begr]; Jaeger/*Henckel* § 140 Rn 9; *Kirchhof* ZInsO 2004, 465, 468; MK/*Kirchhof* § 140 Rn 14 mwN. Zwar ist die Verfügung bereits mit Vornahme der Abtretung beendet, der Rechtsübergang tritt aber erst mit Entstehen der Forderung ein (BGH 30. 1. 1997 IX ZR 89/96 ZIP 1997, 513 = WuB VI G § 10 GesO 4.97 *[Mankowski]* [GesO]; siehe auch Palandt/*Grüneberg* § 398 BGB Rn 11), so dass auch erst in diesem Moment eine Verkürzung des Schuldnervermögens eintritt (Jaeger/*Henckel* § 140 Rn 5). Dies gilt trotz der nun vom BGH angenommenen Kongruenz und der damit verbundenen Beschränkung auf die Anfechtung nach § 130 weiterhin auch für die Abtretung künftiger Forderungen im Rahmen einer **Globalzession**: auch dort ist maßgeblicher Zeitpunkt das Entstehen der Forderung oder – sofern dies nachfolgt – das Werthaltigmachen (BGH 29. 11. 2007 IX ZR 30/07 Tz. 13 Z 174, 297 = NJW 2008, 430 = ZIP 2008, 183 = ZInsO 2008, 91 = NZI 2008, 89 = EWiR 2008, 187 *[Ries]* = WuB VI A § 130 InsO 2.08 *[Schönfelder]*; näher oben § 131 Rn 16; zur Abtretung des Rückübertragungsanspruchs als einer Sicherungsübereignung siehe oben Rn 6). Entsprechend kommt es auch bei der Vorausabtretung künftiger Forderungen im Rahmen eines **verlängerten Eigentumsvorbehalts** auf das Entstehen der Forderung an (BGH 14. 5. 1975 Z 64, 312, 313 = NJW 1975, 1226 = KTS 1975, 296). Allerdings wird in der Regel ein unanfechtbarer Austausch von Sicherheiten vorliegen; siehe § 129 Rn 120). Im Falle der Abtretung **künftiger Mietzinsen** ist die Abtretung dementsprechend jeweils erst mit Entstehen der einzelnen Mietzinsforderungen jeweils zu Beginn des jeweiligen Nutzungszeitraums vorgenommen; Gleiches gilt bei Abtretung künftiger **dienstvertraglicher Ansprüche**; denn der dienstvertragliche Anspruch entsteht mit Vertragsschluss. Daher scheidet auch eine Anwendung von Abs 3 aus, siehe unten Rn 18 f. Entsprechendes gilt für die **Pfändung künftiger dienstvertraglicher Ansprüche**; dies wird auch nicht durch § 114 Abs 3 ausgeschlossen, da diese Vorschrift nur eine Ausnahme zu § 91 Abs 1 bildet, nicht aber die Anfechtungsvorschriften verdrängt (BGH 26. 6. 2008 IX ZR 87/07 ZIP 2008, 1488 = ZInsO 2008, 806 = NZI 2008, 563 = EWiR 2008, 569 *[Koza]*; BGH 17. 7. 2008 IX ZR 203/07 ZVI 2008, 433–434) und auch aus § 832 ZPO kann kein anderer Schluss gezogen werden (BGH 17. 7. 2008 IX ZR 203/07 ZVI 2008, 433); zur Anfechtung bei Absonderungsrechten nach §§ 110, 114 *Mitlehner* NZI 2008, 724 ff. Die **Saldoforderung aus einem Kontokorrent** entsteht erst mit Beendigung des Kontokorrents, so dass eine vorangegangene Abtretung auch erst dann vorgenommen ist (BGH 22. 10. 2009 IX ZR 90/08; MK/*Kirchhof* § 140 Rn 14); auf die einzelnen im Kontokorrent eingestellten Forderungen kommt es hingegen grds. nicht an, da diese durch die Kontokorrentbindung ihre Selbstständigkeit verlieren. Enztsprechendes gilt für die Pfändung des Schlusssaldos (siehe dazu bereits § 130 Rn 46). Wird nun das Kontokorrent durch die Eröffnung des Insolvenzverfahrens beendet, fällt die Entstehung des Schlusssaldos in den Anwendungsbereich von § 91 und der Folge, dass die vorausgegangene Abtretung unwirksam ist (BGH 25. 6. 2009 IX ZR 98/08 NJW 2009, 2677 = ZInsO 2009, 1492 = NZI 2009, 599 = WM 2009, 1515 in Abweichung von BGH 7. 12. 1977 Z 70, 86, 94 = NJW 1978, 538 = KTS 1978, 215 und entgegen *Serick*, Bd V, § 67 V, S 636 ff; siehe zum Streitstand auch 12. Aufl § 130 Rn 45 sowie § 21 Rn 19. Bei der **Abtretung einer künftigen Forderung, die während des Eröffnungsverfahrens entstanden** ist, ist für die Frage der **Wirksamkeit** der Abtretung auf den Abtretungszeitpunkt und nicht auf den Entstehenszeitpunkt der Forderung abzustellen mit der Folge, dass die Abtretung trotz der Anordnung eines allgemeinen Verfügungsverbotes oder Zustimmungsvorbehaltes nach §§ 21 Abs 2 Satz 1 Nr 2, 24, 81 wirksam ist; sie bleibt allerdings anfechtbar, da maßgeblich Anfechtungszeitpunkt auch in diesem Fall der Entstehungszeitpunkt der Forderung ist (BGH 22. 10. 2009 IX ZR 90/08; die Entscheidung bestätigt BGH 20. 3. 1997 IX ZR 71/96 Z 135, 140 = NJW 1997, 1857 = ZIP 1997, 737 = KTS 1997, 510 [Pfändung künftiger Ansprüche aus einem Girovertrag]; vgl BGH 29. 11. 2007 IX ZR 30/07 Tz 27 Z 174, 297 = NJW 2008, 430 = ZIP 2008, 183 = ZInsO 2008, 91 = NZI 2008, 89 = EWiR 2008, 187 *[Ries]* = WuB VI A § 130 InsO 2.08 *[Schönfelder]*); offengelassen vom BGH 25. 6. 2009 IX ZR 98/08); zur Wirksamkeit der Kontokorrentalrechte im Eröffnungsverfahren § 130 Rn 14 sowie (noch anders) § 24 Rn 4 sowie zur Anfechtbarkeit oben Rn 6 A am Anfang und unten Rn 6 B.

6A

6B Auch bei der (häufig AGB-mäßigen) **Vorausverpfändung künftiger Forderungen** kommt es allein auf den Zeitpunkt der Forderungsentstehung an; Entsprechendes gilt für die **Pfändung einer künftigen Forderung** (**BGH** 19. 3. 1998 NJW 1998, 2592, 2597 = ZIP 1998, 793 = EWiR § 30 GmbHG 1/98, 699 *[Eckardt]* [insoweit nicht in BGHZ 138, 291]; **BGH** 6. 4. 2000 NJW-RR 2000, 1154, 1156 = ZIP 2000, 932, 934 = KTS 2000, 411 = EWiR § 10 GesO 1/01, 117 *[Huber]*; **BGH** 22. 1. 2004 IX ZR 39/03 Z 157, 350 = NJW 2004, 1444, 1446 = ZIP 2004, 513 = ZInsO 2004, 270 = NZI 2004, 206, 208 f = EWiR 2005, 827 *[Hözle]* = WuB VI E § 829 ZPO 2.04 *[Bitter]*; **BGH** 26. 6. 2008 IX ZR 87/07 ZIP 2008, 1488 = ZInsO 2008, 806 = NZI 2008, 563 = EWiR 2008, 569 *[Koza]* [Pfändungs- und Einziehungsverfügung des Finanzamtes]; **BFH** 12. 4. 2005 VII R 7/03 E 209, 34 = ZIP 2005, 1182 = ZInsO 2005, 888 = NZI 2005, 569; *Heublein* ZIP 2000, 161, 170); siehe auch oben § 130 Rn 48. Bei der Pfändung eines künftigen Bankguthabens kommt es daher auf das Entstehen des Guthabens an. Entsteht die im Voraus abgetretene, verpfändete oder gepfändete Forderung nach Verfahrenseröffnung, scheitert ein Rechtserwerb an § 91 Abs 1 (dazu § 91 Rn 17 f; sowie oben Rn 6A); entsteht die Forderung in anfechtbarer Zeit, kann die Vorausverfügung insgesamt angefochten werden (**BGH** 20. 3. 2003 IX ZR 166/02 ZIP 2003, 808 = NJW 2003, 2171 = ZInsO 2003, 372 = NZI 2003, 320 = EWiR 2003, 533 *[Hölzle]* = WuB VI C § 140 InsO 1.03 *[Richrath]*). Die Entstehung der künftigen Forderung ist insbesondere keine rechtsgeschäftliche Bedingung der sie betreffenden Rechtshandlung und daher keine Bedingung im Sinne des Abs 3 (**BGH** 20. 3. 2003 IX ZR 166/02, aaO; **BGH** 14. 6. 2007 IX ZR 56/06 NJW 2007, 2640 = ZIP 2007, 1507 = NZI 2007, 515 = EWiR 2008, 83 *[Eckert]*; **BGH** 26. 6. 2008 IX ZR 87/07 ZIP 2008, 1488 = ZInsO 2008, 806 = NZI 2008, 563 = EWiR 2008, 569 *[Koza]*; so auch **BFH** 12. 4. 2005 VII R 7/03 E 209, 34 = ZIP 2005, 1182 = ZInsO 2005, 888 = NZI 2005, 569; siehe unten Rn 17B). Erfasst eine Pfändungsverfügung (auch) die **offene Kreditlinie**, handelt es sich diesbzgl um die Pfändung einer künftigen Forderung, denn im Rahmen des Dispositionskredit entsteht der Anspruch auf Auszahlung erst mit Abruf der jeweiligen Summe durch den Kunden und der damit einhergehenden Annahme des Darlehensangebotes; damit kann die Pfändung aber erst mit Abruf Wirkung entfalten, so dass auch dies erst der nach Abs 1 maßgebliche Zeitpunkt ist (**BGH** 25. 10. 2007 IX ZR 157/06 ZIP 2008, 131 = ZInsO 2008, 161 = NZI 2008, 180).

7 2. **Sachenrechtliche Rechtshandlungen.** Für die **Eigentumsübertragung** nach § 929 BGB müssen Einigung und Übergabe vorhanden sein. Im Falle einer **Sicherungsübereignung** gelten insofern keine Besonderheiten; daher kommt es bei Sicherungsübereignung eines Warenlagers auf die Einbringung der Sachen an (*Kirchhof* ZInsO 2004, 465, 468). Das alles gilt auch, wenn die Sache zunächst auf einen Treuhänder übertragen wird (MK/*Kirchhof* § 140 Rn 12). Bei Übereignung einer **künftigen Sache** ist relevanter Zeitpunkt der des Entstehens der Sache. Gleiches gilt für die Bestellung eines **Pfandrechts** an Sachen oder bestehenden Rechten; hier entscheidet neben der Einigung über die Pfandrechtsbestellung die Übergabe der Sache. Nach der Rechtsprechung zum alten Recht wurde eine **Pfandrechtsbestellung an einem bestehenden Recht für eine künftige Forderung** – ohne Rücksicht auf den Zeitpunkt des Entstehens der Forderung – mit der Einigung über die Verpfändung und der Übergabe der Pfandsache an den Pfandgläubiger wirksam (**BGH** 26. 1. 1983 Z 86, 340, 346 f = ZIP 1983, 334 = NJW 1983, 1123 = JR 1983, 290 *[Damrau]* = LM § 30 KO Nr 41 *[Merz]*; krit *Berger* NZI 2007, 566 ff; weit Nachw in 12. Aufl Rn 7). Ob dies unter Geltung der InsO immer noch gelten kann oder ob nicht vielmehr auf den Zeitpunkt des Entstehens der Forderung abzustellen ist, ist bislang ungeklärt; für eine Anknüpfung an diesen späteren Zeitpunkt spricht, dass die Verkürzung des schuldnerischen Vermögens erst mit der Entstehung der zu sichernden Forderung eintritt (noch offengelassen von **BGH** 14. 12. 2006 IX ZR 102/03 Z 170, 196 = ZIP 2007, 191 = NJW 2007, 1588 = ZInsO 2007, 91 = NZI 2007, 158 = EWiR 2007, 185 *[Gundlach]* = WuB VI A § 91 InsO 1.07 *[Lüke/Ellke]*; für den früheren Zeitpunkt wohl **BGH** 13. 3. 2007 XI ZR 383/06 Tz 19 ZIP 2007, 905 = NJW-RR 2007, 982 = EWiR 2007, 417 *[Toussaint]* = WuB I A 2 Nr 21 AGB-Sparkassen 1.07 *[Steppeler]* [in Bezug auf die Erstreckung des von einer Komplementär-GmbH gestellten Pfandrechts auf die Haftung nach §§ 128, 161 Abs 2 HGB]; vgl auch § 1204 Abs 2 BGB; abw MK/*Kirchhof* § 140 Rn 15; dazu im Übrigen oben Rn 6A; zum darin gegenüber der bisherigen Auslegung von Abs 1 liegenden Systembruch ausf *Jacoby* ZIP 2008, 385, 386). Bei einer **Pfandrechtsbestellung an einer gegenwärtigen Forderung für eine bedingte Forderung** ist nach Abs 1 grds. auf den Zeitpunkt der Pfandrechtsbestellung abzustellen, denn in diesem Moment ist das Pfandrecht entstanden und damit die Verkürzung des Schuldnervermögens eingetreten. Ferner kann eine bedingte Forderung nicht schlechter behandelt werden als eine künftige. Zuletzt entspricht diese Auffassung der Rspr zur Entstehung von Vermieterpfandrecht und von Forderungspfandrechten im Grundschuldhaftungsverband bzgl. der künftigen Mietzinsforderungen. So ist für die Entstehung des **Vermieterpfandrechts** auf die Einbringung der Sachen abzustellen (§ 562 BGB), da in diesem Augenblick das Pfandrecht entsteht (**BGH** 14. 12. 2006 IX ZR 102/03 Z 170, 196 = ZIP 2007, 191 = NJW 2007, 1588 = ZInsO 2007, 91 = NZI 2007, 158 = EWiR 2007, 185 *[Gundlach]* = WuB VI A § 91 InsO 1.07 *[Lüke/Ellke]*); dies gilt auch für künftige Mietzinsansprüche (siehe zu Mietzinsansprüchen unten Rn 18). Für die Bestellung von **Grundpfandrechten** kann es nach Abs 2 Satz 1 jetzt auf die Stellung des Antrages auf Eintragung ankommen; nach altem Recht wurde insoweit auf die Eintragung im Grund-

II. Grundsatz (Abs 1) **§ 140**

buch abgestellt (**BGH** 15. 12. 1982 NJW 1983, 1679 = ZIP 1983, 32, 33 = KTS 1983, 131; **BGH** 9. 1. 1997 ZIP 1997, 423 = KTS 1997, 258 = VIZ 1997, 251 = WiB 1997, 469 *[Scheid/Voigt]* = EWiR § 10 GesO 7/97, 1133 *[Eckardt]* [zu § 10 Abs 3 GesO]; MK/*Kirchhof* § 140 Rn 2 mwN; siehe unten Rn 11 ff). Die Übertragung einer **Briefhypothek/Briefgrundschuld** erfolgt idR durch Einigung, schriftliche Abtretungserklärung und Briefübergabe (§§ 1154 Abs 1, 1192 BGB). In diesem Fall bestimmt sich der Vornahmezeitpunkt nach Abs 1; dies gilt auch für den Fall einer zusätzlichen Eintragung der Abtretung ins Grundbuch, da diese nur deklaratorische Wirkungen hat (MK/*Kirchhof* § 140 Rn 28; HmbKomm/*Rogge* § 140 Rn 22). Das Geschäft ist vollendet, wenn Abtretungserklärung und Briefübergabe vorliegen (**RG** 3. 6. 1931 WarnRspr 1931, Nr 151 = HRR 1932, Nr 151). Die Briefübergabe kann aber wie im Rahmen der Grundpfandrechtsbestellung durch eine entsprechende Aushändigungsvereinbarung ersetzt werden (§§ 1154 Abs 1 Satz 1 Hs 2, § 1117 Abs. 2 BGB) mit der Folge, dass Vornahmezeitpunkt derjenige ist, in dem Abtretungserklärung und Aushändigungsvereinbarung vorliegen (siehe zur Aushändigungsvereinbarung auch unten Rn 12). Wird die **schriftliche Abtretungserklärung durch Eintragung ersetzt** (§§ 1154 Abs 1, 2, 873 Abs 1 Alt 3, § 1192 BGB), ist der relevante Vornahmezeitpunkt nach Abs 2 zu bestimmen, sofern die Briefübergabe vor dem Antrag auf Eintragung erfolgt oder sie durch eine Aushändigungsvereinbarung nach § 1117 Abs 2 BGB ersetzt worden ist und alle sonstigen Eintragungsvoraussetzunegn vorliegen (siehe insofern unten Rn 12). Hängt der **Erwerb einer Hypothek** noch von der **Entstehung der Forderung** ab, so bestimmt wegen § 1163 BGB die Entstehung der Forderung den Zeitpunkt, in dem die Voraussetzungen der Insolvenzanfechtung vorliegen müssen – Abs 2 greift dann nicht ein; dies gilt jedenfalls dann, wenn die Forderung nur durch eine Rechtshandlung begründet werden kann (**OLG** Köln 19. 10. 1978 KTS 1979, 323). Zum **kaufmännischen Zurückbehaltungsrecht** MK/*Kirchhof* § 140 Rn 16.

Da die **Verpfändung einer Forderung** erst wirksam ist, wenn der Gläubiger sie dem Schuldner angezeigt hat (§ 1280 BGB), muss die erforderliche Kenntnis des Pfandgläubigers – abgesehen von der Entstehung der Forderung – aber erst zur Zeit dieser Anzeige vorhanden sein (**RG** 17. 2. 1902 JW 1902, 185). Bei **Pfändung einer künftigen Forderung** entscheidet wie bei deren Abtretung (oben Rn 6 A) nicht der Zeitpunkt der Pfändung, sondern derjenige, in dem die Forderung entsteht (**BGH** 19. 3. 1998 NJW 1998, 2592, 2597 = ZIP 1998, 793 = EWiR § 30 GmbHG 1/98, 699 *[Eckardt]* [insoweit nicht in BGHZ 138, 291]; **LG** Braunschweig 10. 11. 1995 ZIP 1996, 35 = KTS 1996, 258 = EWiR § 29 KO 1/96, 77 *[Pape]*; *Eckardt* ZIP 1999, 1417, 1419 f, 1425; *Steinhoff* ZIP 2000, 1141, 1148). Bei den im Girovertrag üblicherweise vereinbarten **Bankpfandrechten** an Guthaben des Verfahrensschuldners ist der maßgebliche Zeitpunkt der Zeitpunkt des Entstehens des Anspruchs auf die Gutschrift; das ist regelmäßig dann der Fall, wenn die Bank das Geld ihrerseits erhalten hat (**BGH** 24. 10. 1996 ZIP 1996, 2080 = KTS 1997, 118 = EWiR § 10 GesO 1/97, 33 *[Gerhardt]*; **BGH** 2. 6. 2005 IX ZR 181/03 ZIP 2005, 1651 = ZInsO 2005, 932 = NZI 2005, 622 = EWiR 2005, 899 *[Gundlach]* = WuB VI A § 51 InsO 1.05 *[Tetzlaff]*; **BGH** 8. 3. 2007 IX ZR 127/05 Tz 16 NJW 2007, 2324 = ZIP 2007, 924 = NZI 2007, 337 = EWiR 2007, 529 *[Henkel]* = WuB VI A § 131 InsO 1.07 *[Kirchhof]*; **BGH** 29. 11. 2007 IX ZR 30/07 Z 174, 297 = NJW 2008, 430 = ZIP 2008, 183 = ZInsO 2008, 91 = NZI 2008, 89 = EWiR 2008, 187 *[Ries]* = WuB VI A § 130 InsO 2.08 *[Schönfelder]*; MK/*Kirchhof* § 140 Rn 15). Bei einer Sicherungsübereignung nach **Nr 15 Abs 1 AGB-Banken** kommt es auf die Einreichung des Schecks oder Wechsels an, zugleich geht in diesem Zeitpunkt nach Nr 15 Abs 2 AGB-Banken die zugrunde liegende Forderung über (**BGH** 8. 3. 2007 IX ZR 127/05 Tz 11, 17 NJW 2007, 2324 = ZIP 2007, 924 = NZI 2007, 337 = EWiR 2007, 529 *[Henkel]* = WuB VI A § 131 InsO 1.07 *[Kirchhof]*; *Peschke* Insolvenz des Girokontoinhabers S 221). Bei der **Pfändung einer „offenen Kreditlinie"**, also in Ansprüche des Schuldners gegen seine Bank aus einem zu seiner Disposition stehenden Kredit, entsteht das Pfandrecht erst, wenn und soweit der Schuldner den Kredit abruft (**BGH** 29. 3. 2001 IX ZR 34/00 Z 147, 193 = NJW 2001, 1937; **BGH** 22. 1. 2004 IX ZR 39/03 NJW 2004, 1444, 1445; **BGH** 17. 2. 2004 IX ZR 135/03 ZIP 2004, 766 = ZInsO 2004, 387 = NZI 2004, 316 = EWiR 2004, 553 *[Bork]* = WuB VI G § 7 GesO 1.04 *[Soehring]* [GesO]; *Fischer* ZIP 2004, 1679, 1681; iE ebenso *Christiansen* KTS 2003, 353, 364 ff [für Potestativbedingungen]).

3. Vollstreckungsmaßnahmen. Zwangsvollstreckungsmaßnahmen sind spätestens mit der Auskehr des Verwertungserlöses vorgenommen, allerdings ist regelmäßig bereits die Vollendung der Pfändung maßgeblicher Zeitpunkt, da ein unanfechtbar entstandenes Pfandrecht ein Recht auf abgesonderte Befriedigung gewährt (**BGH** 21. 3. 2000 IX ZR 138/99 ZIP 2000, 898 = ZInsO 2000, 333 = NZI 2000, 310 = EWiR 2000, 687 *[Huber]* = WuB VI B § 30 Nr 2 KO 1.00 *[Paulus]* [KO]; MK/*Kirchhof* § 140 Rn 17 mwN; siehe oben § 129 Rn 110 ff. Eine **Vollstreckungshandlung** ist erst vollendet, wenn der Gläubiger Vollstreckungsantrag gestellt oder die Vollstreckungshandlung vorgenommen hat; die Erwirkung des Vollstreckungstitels reicht also nicht (**RG** 1. 2. 1901 Z 47, 223, 225; **RG** 10. 10. 1916 WarnRspr 1916 Nr 299). Die **Sachpfändung** ist regelmäßig – sofern alle sonstigen Wirksamkeitsvoraussetzungen vorliegen – mit der Inbesitznahme durch den Gerichtsvollzieher nach §§ 808, 826 ZPO vorgenommen (MK/*Kirchhof* § 140 Rn 17). Bei **Zwangshypotheken** kommt es auf die Eintragung an (MK/*Kirchhof* § 129 Rn 17); § 140 Abs 2 gilt hier gerade nicht (siehe unten Rn 13). Bei der **Kontopfändung** entscheidet der Eingang der Gutschrift (**OLG** München 7. 7. 1988 ZIP 1988, 1269 = WuB VI B § 30

Nr 1 KO 2.89 *[Obermüller]*; siehe im Übrigen oben Rn 5B). Bei allen **Forderungspfändungen** bedarf es zudem der Zustellung des Pfändungsbeschlusses an den Drittschuldner (§ 829 Abs 3 ZPO; § 309 Abs 2 Satz 1 AO), so dass dies regelmäßig der nach Abs 1 maßgebliche Zeitpunkt ist (**BGH** 22. 1. 2004 IX ZR 39/03 Z 157, 350 = NJW 2004, 1444, 1446 = ZIP 2004, 513 = ZInsO 2004, 270 = NZI 2004, 206, 208 f = EWiR 2005, 827 *[Hözle]* = WuB VI E § 829 ZPO 2.04 *[Bitter]*; **BGH** 10. 2. 2005 IX ZR 211/02 Z 162, 143 = NJW 2005, 1121 = ZIP 2005, 494 = ZInsO 2005, 260 = NZI 2005, 215 = EWiR 2005, 607 *[Eckardt]* = WuB VI A § 133 InsO 1.05 *[Urbanczyk]*; **BGH** 26. 6. 2008 IX ZR 87/07 ZIP 2008, 1488 = ZInsO 2008, 806 = NZI 2008, 563 = EWiR 2008, 569 *[Koza]*; **BFH** 12. 4. 2005 VII R 7/03 E 209, 34 = ZIP 2005, 1182 = ZInsO 2005, 888 = NZI 2005, 569). Entsprechendes gilt für eine **Pfändungs- und Einziehungsverfügung** des Finanzamtes (**BGH** 26. 6. 2008 IX ZR 87/07 ZIP 2008, 1488 = ZInsO 2008, 806 = NZI 2008, 563 = EWiR 2008, 569 *[Koza]*). Entsteht die gepfändete Forderung erst **künftig**, gelten die Überlegungen oben Rn 6B, 8 entsprechend. Bei der **Vorpfändung** (§ 845 ZPO) kommt es nicht auf den Vornahmezeitpunkt der Pfändungsankündigung, sondern auf den der Hauptpfändung an, da es sich um eine einheitliche mehrtaktige Rechtshandlung handelt und das Bewirken der Hauptpfändung innerhalb eines Monats nach Pfändungsankündigung Wirksamkeitsvoraussetzung der Vorpfändung ist, so dass die Vorpfändung ihre Wirkung zugleich mit Anfechtung der Hauptpfändung verliert; insbesondere ist das Ausbleiben der Hauptpfändung keine Bedingung im Sinne von Abs 3, da dieser nur rechtsgeschäftliche Bedingungen erfasst (§ 845 Abs 2 ZPO; **BGH** 23. 3. 2006 IX ZR 116/03 Z 167, 11 = NJW 2006, 1870 = ZIP 2006, 916 = ZInsO 2006, 553 = NZI 2006, 397 = EWiR 2006, 537 *[Eckardt]* = WuB VI A § 131 InsO 6.06 *[Kirchhof]*; **BGH** 9. 11. 2006 IX ZR 88/05 abrufbar unter www.beck-online.de; Jaeger/*Henckel* § 140 Rn 19; MK/*Kirchhof* § 140 Rn 18; abw noch **RG** 15. 5. 1936 Z 151, 265; Uhlenbruck/*Hirte* 12. Aufl Rn 9 mwN, § 130 Rn 48; zur Vorpfändung siehe auch § 130 Rn 48). Auf eine selbstständige Anfechtung der Vorpfändung kommt es daher nicht an (differenzierend MK/*Kirchhof* § 131 Rn 28 sowie § 140 Rn 18). Daneben kann uU die (automatisch wirkende) Rückschlagsperre des § 88 zur Anwendung kommen.

10 **4. Beweislast.** Der Insolvenzverwalter hat zu beweisen, dass die rechtlichen Wirkungen einer Rechtshandlung nach Abs 1 innerhalb der Anfechtungsfrist eingetreten sind. Denn das ist eine anspruchsbegründende Tatsache (KP-*Paulus* § 140 Rn 12). Wer sich dagegen auf die Vorverlagerung des Vornahmezeitpunkts nach den Ausnahmevorschriften der Abs 2 oder 3 beruft, muss das Vorliegen dieser Voraussetzungen beweisen (MK/*Kirchhof* § 140 Rn 54).

III. Ausnahme für eintragungspflichtige Rechtsgeschäfte (Abs 2)

11 **1. Zeitpunkt bindender Einigung und Eintragungsantrag des anderen Teils (Satz 1). a) Regelfall.** Der in Abs 1 niedergelegte Grundsatz galt nach früher hM auch für Grundstücks- und ähnliche Geschäfte, zu denen außer einer Willenserklärung noch die Eintragung im Grundbuch oder einem anderen Register gehört. Folgt die Eintragung der Einigung nach, so sollte sie der die Vermögensänderung vollendende Akt sein. Nach dieser früher hM sollte damit zugleich der Zeitpunkt der Eintragung dafür maßgebend sein, ob die Vermögensverschiebung in die kritische Frist fällt und ob dem Erwerber die Zahlungsunfähigkeit, der Eröffnungsantrag oder der Benachteiligungsvorsatz des Schuldners bekannt waren (**RG** 9. 5. 1902 Z 51, 284, 287; **BGH** 18. 5. 2000 NJW-RR 2001, 44 f = ZIP 2000, 1550, 1552 = KTS 2000, 428 = EWiR § 1 AnfG 1/2000, 947 *[Paulus]*; weit Nachw in der 12. Aufl Rn 11). Das sollte auch dann gelten, wenn die **Grundbucheintragung erst nach der Eröffnung des Insolvenzverfahrens** vorgenommen wird, aber nach den § 878 BGB, § 91 Abs 2 InsO gleichwohl gegenüber den Insolvenzgläubigern wirksam ist, weil die vom Schuldner abgegebene Einigungserklärung vor Verlust seiner Verfügungsbefugnis bindend geworden und der Eintragungsantrag vor Eröffnung des Insolvenzverfahrens gestellt worden ist (**RG** 20. 4. 1883 Z 9, 66, 70; **BGH** 15. 1. 1964 Z 41, 17, 18 ff = NJW 1964, 1277 = KTS 1964, 166 = LM § 30 KO Nrn. 16/17 *[Mormann]*; weit Nachw in der 12. Aufl Rn 11). Mit dieser Anknüpfung war teilweise ein Ausgleich für die als zu kurz empfundenen Anfechtungsfristen bezweckt (*Kirchhof* ZInsO 1998, 3, 6). Der Gesetzgeber der InsO hat sich der schon früher an dieser Auffassung geäußerten Kritik durch die Ausnahmeregelung des Abs 2 ausdrücklich angeschlossen (Begr RegE zu § 140 Abs 2). Er hat dem darüber hinaus dadurch Rechnung getragen, dass er § 878 BGB in § 147 Abs 1 InsO nicht erwähnt hat (dazu unten § 147 Rn 5 ff).

12 Deshalb ist jetzt für das in der Eintragung in das Grundbuch oder ein vergleichbares Register liegende letzte Teilstück einer Verfügung über Grundstücks- oder ähnliche Rechte auf den **Zeitpunkt der Einreichung des Eintragungsantrags** abzustellen. Dieser Zeitpunkt lässt sich durch Einsichtnahme in die entsprechenden Akten leicht feststellen (Begr RegE zu § 140 Abs 2 aE). Entscheidend ist daher für eine Anfechtbarkeit im Rahmen von § 147 Abs 1 nicht die Vollendung des Erwerbs, sondern der Zeitpunkt, in dem der Erwerber eine **insolvenzfeste Rechtsposition** erlangt (§ 140 Abs 2 Satz 1). Das ist der Fall, wenn alle übrigen Voraussetzungen für das Rechtsgeschäft vorliegen, die Willenserklärung für den Schuldner bindend geworden ist (§ 873 Abs 2 BGB, § 3 Abs 2 SchiffsRG, § 5 Abs 2 Lfzg**RG**) und der andere Teil den Antrag auf Eintragung der Rechtsänderung gestellt hat (**BGH** 18. 12. 1967 Z 49, 197, 200 = NJW 1968, 493; **BGH** 23. 11. 1995 Z 131, 189 = NJW 1996, 461 = ZIP 1996, 83 = KTS 96, 151 = EWiR § 10 GesO 1/96, 119 *[Gerhardt]* [zu § 10 Abs 3 GesO]; **BGH** 9. 1. 1997

III. Ausnahme für eintragungspflichtige Rechtsgeschäfte (Abs 2) § 140

ZIP 1997, 423 = KTS 1997, 258 = VIZ 1997, 251 = WiB 1997, 469 *[Scheid/Voigt]* = EWiR § 10 GesO 7/97, 1133 *[Eckardt]* [zu § 10 Abs 3 GesO]; **BGH** 3. 12. 1998 NJW 1999, 645, 646 = ZIP 1999, 76, 77 f = KTS 1999, 114 = EWiR § 10 GesO 2/99, 169 *[Haas]*; **BGH** 2. 2. 2006 IX ZR 67/02 Z 166, 125, 133 = NZI 2006, 287 = ZIP 2006, 578 = WuB VI A § 135 InsO 2.06 *[Servatius]*; Christiansen KTS 2003, 353, 359). Damit hat der Schuldner (so Begr RegE; richtig: der „andere Teil") bereits eine gesicherte Rechtsposition, die auch durch die Eröffnung des Insolvenzverfahrens nicht mehr beeinträchtigt werden kann (§ 878 BGB, § 3 Abs 3 SchiffsRG, § 5 Abs 3 LfzgRG). Wenn diese Voraussetzungen vor Eröffnung des Insolvenzverfahrens vorlagen und der Begünstigte bei Eintritt aller Voraussetzungen dieser Vorschrift die für die Anfechtung erforderliche Kenntnis nicht hatte, ist ein Erwerb daher nicht nach §§ 130–132 anfechtbar. Auf Abs 2 kann daher bspw. nicht abgestellt werden, wenn (ausnahmsweise) die dingliche Einigung der Eintragung nachfolgt; dann ist der Zeitpunkt der Einigung für die Kenntnis von Zahlungsunfähigkeit oder Eröffnungsantrag maßgebend. Als **Eintragungsantrag des anderen Teils** gilt dabei auch ein Antrag, den der Notar im Namen des anderen Teils oder im Namen beider Beteiligter stellt; denn auch nach seiner solchen Antragstellung kann die Eintragung nicht mehr einseitig vom Schuldner oder dessen Insolvenzverwalter verhindert werden (vgl aber **BGH** 19. 5. 2009 IX ZR 129/06 ZIP 2009, 1285 = ZInsO 2009, 1249 = NZI 2009, 512 [AnfG] [keine gesicherte Rechtsposition, da der Notar bevollmächtigt war, den Antrag wieder zurückzuziehen]). Ein Antrag des Notars in eigenem Namen nur auf Grundlage des § 15 GBO genügt den Anforderungen des Abs 2 hingegen nicht, da der Notar diesen gem § 24 Abs 3 BNotO auch ohne Zustimmung des Antragsberechtigten zurücknehmen kann (vgl **BGH** 26. 4. 2001 IX ZR 53/00 NJW 2001, 2477 = ZIP 2001, 933 = ZInsO 2001, 508 = NZI 2001, 418 = EWiR 2001, 695 *[Marotzke]* [GesO]; MK/*Kirchhof* § 140 Rn 41). Fehlt es einem der erforderlichen Teilakte, bleibt es bei der Anwendbarkeit von Abs 1 (**BGH** 9. 1. 1997 ZIP 1997, 423, 424 = KTS 1997, 258 = VIZ 1997, 251 = WiB 1997, 469 *[Scheid/Voigt]* = EWiR § 10 GesO 7/97, 1133 *[Eckardt]*; **BGH** 5. 2. 1998 ZIP 1998, 513, 514 = KTS 1998, 422 f = EWiR § 10 GesO 5/98, 697 *[Paulus]*). Die **Bestellung einer Briefhypothek/Briefgrundschuld** erfolgt durch Einigung und Eintragung sowie Übergabe des Briefes (§§ 1116 f, 873, 1192 BGB). Damit fällt die Bestellung zwar grds. in den Anwendungsbereich von Abs 2; jedoch muss in der Konstellation des gesetzlichen Regelfalles nach § 1117 Abs 1 Satz 1 BGB nach der Eintragung noch der Brief übergeben werden mit der Folge, dass beim Antrag auf Eintragung nicht alle Wirksamkeitsvoraussetzungen vorliegen und sich der Anfechtungszeitpunkt daher nicht nach Abs 2 sondern nach Abs 1 bestimmt. Abs 2 greift aber dann ein, wenn – sofern alle sonstigen Eintragungsvoraussetzungen vorliegen – die Briefübergabe durch eine **Aushändigungsvereinbarung nach § 1117 Abs 2 BGB** ersetzt worden ist; denn dann erfolgt der Grundpfandrechtserwerb bereits mit Eintragung, so dass im Zeitpunkt des Eintragungsantrages alle zur Wirksamkeit erforderlichen Voraussetzungen vorliegen (vgl Palandt/*Bassenge* § 1117 Rn 3, 5). Eine Ersetzung der Briefübergabe durch **Besitzkonstitut nach §§ 1117 Abs 1 Satz 2, 930 BGB** genügt für eine Anwendbarkeit des Abs 2 jedoch nicht, da sich der Rechtserwerb in diesem Fall erst mit Besitzerlangung durch den Eigentümer vollzieht (vgl Palandt/*Bassenge* § 1117 Rn 2; MK/*Eickmann* § 1117 BGB Rn 16). Auch für den Fall, dass die Briefübergabe nach §§ 1117 Abs 1 Satz 2, 931 BGB durch die Abtretung des Herausgabeanspruchs aus § 60 GBO ersetzt wurde, wird man annehmen müssen, dass der Zeitpunkt der Abtretung erst mit Entstehung des Briefes wirkt, so dass auch erst dieser Zeitpunkt (bzw. eine evtl. später erfolgende Eintragung) der dann nach Abs 1 relevante Vornahmezeitpunkt sein kann (vgl MK/*Eickmann* § 1117 BGB Rn 17). Bei **Bestellung oder Übertragung einer Buchhypothek oder -grundschuld** ist der Antrag auf Eintragung der nach Abs 2 maßgebliche Zeitpunkt; es gilt zu beachten, dass im Rahmen der Buchpfandrechtsbestellung auch die Einigung über die Ausschließung der Brieferteilung vorliegen muss (vgl Palandt/*Bassenge* § 1116 Rn 3). Zur Übertragung von Briefpfandrechten siehe oben Rn 7.

b) Ausnahmefall. Abs 2 gilt nur für von den Partnern des Rechtsgeschäfts beantragte Rechtsänderungen, nicht aber für **Eintragungen, die im Zwangswege erfolgen** (MK/*Kirchhof* § 129 Rn 24; abw *Häsemeyer* Rn 21.49; zum alten Recht *Gerhardt* ZIP 1988, 749 ff; Jaeger/*Henckel* § 30 KO Rn 102). Für diese greift aber § 88, ohne dass allerdings Abs 2 dabei analog angewendet werden kann (**LG Bonn** 2. 12. 2003 4 T 519/03 ZIP 2004, 1374, 1375 = EWiR § 88 InsO 1/2004, 861 *[Gerhardt]*). 13

c) Beweislast. Die Beweislast für die Voraussetzungen des Abs 2 trägt der Begünstigte (**BGH** 5. 2. 1998 ZIP 1998, 513 = KTS 1998, 422 = EWiR § 10 GesO 5/98, 697 *[Paulus]*; **BGH** 26. 4. 2001 IX ZR 53/00 NJW 2001, 2477 = ZIP 2001, 933 = ZInsO 2001, 508 = NZI 2001, 418 = EWiR 2001, 695 *[Marotzke]* [GesO]; ausführlich MK/*Kirchhof* § 140 Rn 54 f). 14

2. Vormerkung (Satz 2). Ist das vorzunehmende Rechtsgeschäft durch eine Vormerkung abgesichert, wird der relevante Zeitpunkt noch weiter vorverlagert. In diesem Fall kommt es nämlich nach Abs 2 Satz 2 auf den Zeitpunkt an, in dem die Vormerkung beantragt wird. Voraussetzung für die (noch weitere) Vorverlagerung ist auch hier, dass der Antrag durch den anderen Teil oder durch den Notar gestellt wurde (**BGH** 2. 2. 2006 IX ZR 67/02 Z 166, 125 = NJW 2006, 1800 = ZIP 2006, 578 = ZInsO 2006, 322 = NZI 2006, 287 = WuB VI A § 135 InsO 2.06 *[Servatius]*). Auf den Zeitpunkt der Eintragung selbst kommt es naturgemäß auch hier nicht an. 15

16   Die Vormerkung ändert freilich nichts an der rechtlichen Natur des durch sie gesicherten Anspruchs. Voraussetzung für die Vorverlagerung ist daher ein bestehender insolvenzfester Anspruch; dieser kann allerdings bedingt oder befristet sein (MK/*Kirchhof* § 140 Rn 46). **Künftige Ansprüche** werden erfasst, wenn die Entstehung des Anspruches nur noch vom Willen des künftigen Anspruchsinhabers abhängt (§ 873 BGB; **BGH** 14. 9. 2001 V ZR 231/00 Z 149, 1 = ZIP 2001, 2008 = ZInsO 2001, 1056 = NJW 2002, 213 = NZI 2002, 30 = WuB IV A § 883 BGB 1.02 *[Wagner/Kreidt]*; **BGH** 9. 3. 2006 IX ZR 11/05 Z 166, 319 = ZIP 2006, 1141 = ZInsO 2006, 599 = NZI 2006, 395; siehe dazu auch bereits *Denck* NJW 1984, 1009, 1012 f [KO]). Ein Schenkungsanspruch bleibt auch dann anfechtbar, wenn er durch Vormerkung gesichert wurde (**BGH** 24. 3. 1988 NJW-RR 1988, 841 = ZIP 1988, 585 = KTS 1988, 511 = EWiR § 24 KO 1/88, 697 *[Pape]*; krit *Gerhardt* ZIP 1988, 749 ff; abw die Vorinstanzen **LG** Bremen 25. 9. 1986 ZIP 1987, 249 = KTS 1987, 239; **OLG** Bremen 10. 4. 1987 ZIP 1987, 1067; siehe dazu § 134 Rn 31, 42, § 143 Rn 7).

IV. Bedingung und Befristung (Abs 3)

17   Bei der Bedingung oder Befristung einer Rechtshandlung kommt es nicht auf den Eintritt der Bedingung oder des Termins an, sondern auf den **Abschluss der rechtsbegründenden Tatumstände** (Begr RegE zu § 140 Abs 3; **BGH** 29. 6. 2004 IX ZR 195/03 Z 159, 388 = NJW 2004, 3118 = ZIP 2004, 1558 = ZInsO 2004, 852 = NZI 2004, 580 = WuB VI A § 95 InsO 1.05 *[Bartels]*; **BGH** 17. 11. 2005 IX ZR 162/04 ZIP 2006, 87 = ZInsO 2006, 35 = NJW 2006, 915 = NZI 2006, 229 = EWiR 2006, 119 *[Bärenz]* = WuB VI A § 91 InO 1.06 *[Bartels]*; **BGH** 14. 12. 2006 IX ZR 102/03 Z 170, 196 = ZIP 2007, 191 = NJW 2007, 1588 = ZInsO 2007, 91 = NZI 2007, 158 = EWiR 2007, 185 *[Gundlach]* = WuB VI A § 91 InsO 1.07 *[Lüke/Ellke]*; **BGH** 14. 6. 2007 IX ZR 56/06 NJW 2007, 2640 = ZIP 2007, 1507 = NZI 2007, 515 = EWiR 2008, 83 *[Eckert]*). Der Vornahmezeitpunkt der fraglichen Rechtshandlung ist daher nach Abs 1, 2 zu bestimmen, mit der Maßgabe, dass sie so zu behandeln ist, als wäre sie unbedingt oder unbefristet (MK/*Kirchhof* § 140 Rn 50). Hingegen ist Abs 3 nicht für die Frage heranzuziehen, welche Auswirkungen die Bedingung oder Befristung eines Rechtsgeschäfts hat, das Gegenstand einer selbst nicht bedingten oder befristeten Rechtshandlung ist (Jaeger/*Henckel* § 140 Rn 9; MK/*Kirchhof* § 140 Rn 50 b; dazu im Übrigen oben Rn 6). Abs 3 entspricht der Regelung, dass bedingte und befristete Forderungen im Insolvenzverfahren schon vor Eintritt der Bedingung oder des Termins geltend gemacht werden können (§§ 41, 42; krit zu dieser Begr. *Christiansen* KTS 2003, 353, 356 ff). Wichtiger erscheint aber, dass bedingte oder befristete Erwerbe durch §§ 161 Abs 1 Satz 2, 163 BGB auch vor Eintritt der Bedingung oder Ablauf der Frist schon vor Verfügungen – auch solcher des Insolvenzverwalters – geschützt sind und deshalb **insolvenzfeste Anwartschaftsrechte** begründen (**BGH** 14. 6. 2007 IX ZR 56/06 NJW 2007, 2640 = ZIP 2007, 1507 = NZI 2007, 515 = EWiR 2008, 83 *[Eckert]*; *Henckel* KS-InsO S 813, 848 f; MK/*Kirchhof* § 140 Rn 51; zT abw Begr. bei *Christiansen* KTS 2003, 353, 356 ff). Daher können für die Wirksamkeit erforderliche **Genehmigungen** des Schuldners (Potestativbedingungen) keine Bedingungen im Sinne des Abs 3 sein (**BGH** 25. 10. 2007 IX ZR 217/06 Z 174, 84 Tz 15 = NJW 2008, 63 = ZIP 2007, 2273 = ZInsO 2007, 1216 = NZI 2008, 27; vgl auch **BGH** 17. 11. 2005 IX ZR 162/04 ZIP 2006, 87 = ZInsO 2006, 35 = NJW 2006, 915 = NZI 2006, 229 = EWiR 2006, 119 *[Bärenz]* = WuB VI A § 91 InO 1.06 *[Bartels]*; MK/*Kirchhof* § 140 Rn 50 a; ebenso *Christiansen* KTS 2003, 353, 364 ff); zum Vornahmezeitpunkt bei rückwirkenden Genehmigungen siehe bereits oben Rn 3. Entsprechend §§ 158, 163 BGB erfasst Abs 3 nur **rechtsgeschäftlich** vereinbarte Bedingungen oder Befristungen (**BGH** 20. 3. 2003 IX ZR 166/02 ZIP 2003, 808 = NJW 2003, 2171 = ZInsO 2003, 372 = NZI 2003, 320 = EWiR 2003, 533 *[Hölzle]* = WuB VI C § 140 InsO 1.03 *[Richrath]*; **BGH** 23. 3. 2006 IX ZR 116/03 Z 167, 11 = NJW 2006, 1870 = ZIP 2006, 916 = ZInsO 2006, 553 = NZI 2006, 397 = EWiR 2006, 537 *[Eckardt]* = WuB VI A § 131 InsO 6.06 *[Kirchhof]*; **BGH** 14. 12. 2006 IX ZR 102/03 Z 170, 196 = ZIP 2007, 191 = NJW 2007, 1588 = ZInsO 2007, 91 = NZI 2007, 158 = EWiR 2007, 185 *[Gundlach]* = WuB VI A § 91 InsO 1.07 *[Lüke/Ellke]* [mit entsprechender Anwendung auf das Vermieterpfandrecht]; *Christiansen* KTS 2003, 353, 368 ff; *Henckel* KS-InsO S 813, 848 f; MK/*Kirchhof* § 140 Rn 50 a). Im Fall einer **auflösenden Bedingung** wird Abs 3 bedeutsam, wenn dadurch ein Rechtsverlust des Schuldners eintritt, der durch die Vorverlagerung nicht mehr selbstständig anfechtbar ist (*Christiansen* KTS 2003, 353, 378 f [unter Hinweis auf die mögliche Abspaltung der Bedingung]; MK/*Kirchhof* § 140 Rn 51 b). Im Falle der **Aufrechnung gegen eine aufschiebend bedingte oder eine befristete Forderung** ist – soweit die Aufrechnungslage durch Rechtsgeschäft begründet wurde – für die Frage der Anfechtbarkeit der Herstellung der Aufrechnungslage auf den Zeitpunkt abzustellen, in dem der Rechtsgrund für das Gegenseitigkeitsverhältnis gelegt wurde; der Zeitpunkt des Bedingungseintritts bezüglich der einen Forderung bleibt nach Abs 3 außer Betracht (**BGH** 29. 6. 2004 IX ZR 195/03 Z 159, 388 = NJW 2004, 3118 = ZIP 2004, 1558 = ZInsO 2004, 852 = NZI 2004, 580 = WuB VI A § 95 InsO 1.05 *[Bartels]* [zum Provisionsanspruch des Handelsvertreters nach § 87a Abs 1 Satz 1 HGB]; **BGH** 14. 6. 2007 IX ZR 56/06 NJW 2007, 2640 = ZIP 2007, 1507 = NZI 2007, 515 = EWiR 2008, 83 *[Eckert]* [i.c. fehlte es allerdings an einer bedingten Forderung]; *Fischer* ZIP 2004, 1679, 1683; MK/*Kirchhof* § 129 Rn 50 b; kritisch zur Begründung *Christiansen* InVo 2005, 126, 129 ff [entscheidend sei – allgemeiner – die Entstehung der

IV. Bedingung und Befristung (Abs 3) § 140

Aufrechnunglage]). § 95 Abs 1 Satz 3 gilt aber auch in diesem Fall. Die **bedingte Abtretung einer künftigen oder bedingten Forderung** unterliegt bzgl. der Abtretung zwar Abs 3, jedoch kann der Vornahmezeitpunkt frühestens das Entstehen der abgetretenen Forderung sein, da ansonsten die bedingte Abtretung früher wirken würde als die sofort wirksame (MK/*Kirchhof* § 140 Rn 50 a; siehe im Übrigen oben Rn 6 f).

Eine **Bedingung** im Sinne des Abs 3 stellt der Verkauf unter **Eigentumsvorbehalt** dar, und zwar auch im Falle des erweiterten oder verlängerten Vorbehalts (MK/*Kirchhof* § 140 Rn 51 a). Der Anspruch auf Rückgewähr im Rahmen einer **Sicherungsübereignung oder Sicherungszession** entsteht aber nicht bereits bei Abschluss des Sicherungsvertrages, sondern erst mit Wegfall des Sicherungszweckes (MK/*Kirchhof*, § 140 Rn 50 a); etwas anderes gilt nur im Fall einer explizit auflösend bedingt gestellten Sicherheit (MK/*Kirchhof*, § 140 Rn 50 a). Nur im letzteren Fall bestimmt sich der Vornahmezeitpunkt nach Abs 3: danach bleibt der Eintritt der Bedingung außer Betracht, so dass der Rückübertragungsanspruch bereits mit Abschluss des Sicherungsvertrages entstanden ist (für den Fall eines nur schuldrechtlichen Rückübertragungsanspruches sowie zur Abtretung des Anspruchs bereits oben Rn 6 f). Ein Anspruch auf Erstattung eines Guthabens aus einer **Betriebskostenvorauszahlung** ist im Sinne des Abs 3 bedingt durch den Ablauf des Abrechnungszeitraums und Vorliegen einer tatsächlichen Überzahlung, so dass Vornahmezeitpunkt bereits der Abschluss des Mietvertrages ist (**BGH** 11. 11. 2004 IX ZR 237/03 ZIP 2005, 181 = ZInsO 2005, 94 = NZI 2005, 164 = EWiR 2007, 667 *[Homann]* = WuB VI A § 96 InsO 2.05 *[Kammel]*). Zur Anwendbarkeit des Abs 3 bei widerruflicher und unwiderruflicher **Bezugsberechtigung** bei einem Versicherungsvertrag siehe bereits oben unter Rn 5C sowie § 134 Rn 15.

Keine Bedingung im Sinne des Abs 3, § 158 BGB ist die „**Rechtsbedingung**". Daher ist etwa die Annahme eines Vertragsangebotes nicht von Abs 3 erfasst (MK/*Kirchhof* § 140 Rn 50 a). Genauso werden Umstände, die die Fälligkeit (diese ist für den Vornahmezeitpunkt allerdings grds unerheblich; siehe oben Rn 6) oder Durchsetzbarkeit einer Forderung betreffen, sowie Rechtsfolgen auf Grund tatsächlicher Veränderungen nicht von Abs 3 erfasst (MK/*Kirchhof* § 140 Rn 50 a). Daher sind etwa auch „Zufallsbedingungen" oder die im Ermessen eines Dritten stehende Zustimmung zu einem Rechtsgeschäft keine Bedingungen in diesem Sinne (*Christiansen* KTS 2003, 353, 362 f). Auch der **Herausgabeanspruch aus § 667 BGB** steht nicht unter der Bedingung, dass der Auftragnehmer etwas erlangt (oben Rn 5). Die auf Grund einer **Einzugsermächtigung** erteilte Gutschrift ist nicht durch die Widerspruchsmöglichkeit des Schuldners auflösend bedingt bzw die Genehmigung des Schuldners keine aufschiebende Bedingung im Sinne des Abs 3 (oben Rn 17). Genauso ist die unter dem **Vorbehalt des Eingangs** gewährte Gutschrift nicht bedingt im Sinne des Abs 3, sondern eine Kreditgewährung (MK/*Kirchhof*, § 140 Rn 51 a). Das **Ausbleiben der Hauptpfändung** ist keine Bedingung im Sinne des Abs 3 (siehe oben Rn 9 sowie § 130 Rn 48). Auch keine Bedingung im Sinne des Abs 3 ist der **Eintritt des Insolvenzfalles** (BAG 19. 1. 2006 6 AZR 529/04 E 117, 1 = ZIP 2006, 1366 = NZI 2007, 58; OLG Frankfurt/M 24. 11. 2008 1 U 19/05 OLGR Frankfurt 2006, 652 = ZIP 2005, 2325 = ZInsO 2006, 105 = NZI 2006, 241, 243; Jaeger/*Henckel* § 140 Rn 51; MK/*Kirchhof* § 140 Rn 52 mwN; abw HmbKomm/*Rogge* § 140 Rn 34; *Huhn/H. Bayer* ZIP 2003, 1965 ff); denn dadurch könnten die Anfechtungsmöglichkeiten so stark begrenzt bzw sogar ausgeschlossen werden, dass die Gläubigergleichbehandlung gefährdet wäre (MK/*Kirchhof* § 140 Rn 52). Auch auf **künftige Forderungen** findet Abs 3 keine Anwendung (**BGH** 14. 6. 2007 IX ZR 56/06 NJW 2007, 2640 = ZIP 2007, 1507 = NZI 2007, 515 = EWiR 2008, 83 *[Eckert]*). Entsprechend entstehen **Ansprüche von Gesellschaftern auf Zahlung der Abfindung oder des Auseinandersetzungsguthabens** im Kern bereits mit Abschluss des Gesellschaftsvertrages (**BGH** 9. 3. 2000 IX ZR 355/98 ZIP 2000, 757 = ZInsO 2000, 284 = NZI 2000, 308, 310 = EWiR 2000, 741 *[W. Gerhardt]* = WuB VI B § 54 KO 1.00 *[Smid]* [KO]) und stehen unter der (unbeachtlichen) Rechtsbedingung des Ausscheidens des Gesellschafters oder der Auflösung der Gesellschaft (vgl **BGH** 29. 6. 2004 IX ZR 147/03 Z 160, 1 = ZIP 2004, 1608 = ZInsO 2004, 921 = NZI 2004, 583 = EWiR 2005, 509 *[Fliegner]* = WuB VI A § 95 InsO 1.05 *[Bartels]*; **BGH** 14. 12. 2006 IX ZR 194/05 Z 170, 206 = NJW 2007, 1067 = ZIP 2007, 383 = ZInsO 2007, 213 = NZI 2007, 222 = EWiR 2007, 343 *[Bork]* = WuB VI A § 95 InsO 1.07 *[Servatius]*; dazu oben § 11 Rn 54 und § 129 Rn 67, 122A).

Befristete Rechtshandlungen sind solche im Sinne des § 163 BGB. Dazu gehört auch die **Kündigung** auf einen zukünftigen Termin (Begr RegE zu § 140 Abs 3); sie gilt mit Zugang der Kündigungserklärung als vorgenommen (MK/*Kirchhof* § 140 Rn 53). Die periodische Saldierung beim **Kontokorrent** ist eine Befristung (MK/*Kirchhof* § 140 Rn 53); siehe auch oben Rn 6 A aE. **Mietzinsforderungen** entstehen nach § 163 BGB befristet jeweils mit Beginn der Periode, für die der Mietzins geschuldet ist (**BGH** 30. 1. 1997 IX ZR 89/96 ZIP 1997, 513 = WuB VI G § 10 GesO 4.97 *[Mankowski]* [GesO]; **BGH** 11. 11. 2004 IX ZR 237/03 ZIP 2005, 181 = ZInsO 2005, 94 = NZI 2005, 164 = EWiR 2007, 667 *[Homann]* = WuB VI A § 96 InsO 2.05 *[Kammel]*; **BGH** 2. 6. 2005 IX ZR 263/03 ZIP 2005, 1521 = ZInsO 2005, 884 = NZI 2005, 553 = EWiR 2006, 21 *[Beutler/Weissenfels]* = WuB VI A § 96 InsO 4.05 *[Servatius]*; **BGH** 14. 6. 2007 IX ZR 56/06 NJW 2007, 2640 = ZIP 2007, 1507 = NZI 2007, 515 = EWiR 2008, 83 *[Eckert]*; **BGH** 9. 11. 2006 IX ZR 133/05 ZIP 2007, 35 = ZInsO 2006, 1321 = NZI 2007, 98 = EWiR 2007, 83 *[Neußner]* = WuB VI A § 140 InsO 1.07 *[Bartels]*; **BGH** 14. 12. 2006 IX ZR 102/03 Z 170, 196 = ZIP

17A

17B

18

§ 141 Vollstreckbarer Titel

2007, 191 = NJW 2007, 1588 = ZInsO 2007, 91 = NZI 2007, 158 = EWiR 2007, 185 *[Gundlach]* = WuB VI A § 91 InsO 1.07 *[Lüke/Ellke]*; **BGH** 21. 12. 2006 IX ZR 7/06 ZIP 2007, 239 = ZInsO 2007, 90 = NZI 2007, 164 = EWiR 2007, 381 *[Beutler/Bierbach]*; *Bräuer* ZInsO 2006, 742 ff; *Christiansen* KTS 2003, 353, 375 [mit abw Begr]; *Dobmeier* NZI 2006, 144, 146 ff; MK/*Kirchhof* § 140 Rn 9 b mwN; Palandt/*Heinrichs* § 163 BGB Rn 2); mithin ist der Vornahmezeitpunkt nach Abs 3 der Abschluss des Mietvertrages. Auf das **Vermieterpfandrecht** ist Abs 3 zwar unmittelbar nicht anwendbar; jedoch darf das den Mietzinsanspruch sichernde Vermieterpfandrecht nicht in weiterem Umfang der Insolvenzanfechtung unterliegen als eine mögliche Erfüllung der Mietzinsansprüche durch den Schuldner; daher entsteht das Vermieterpfandrecht auch für künftige Forderungen bereits mit Einbringung der Sachen (**BGH** 14. 12. 2006 IX ZR 102/03 Z 170, 196 = ZIP 2007, 191 = NJW 2007, 1588 = ZInsO 2007, 91 = NZI 2007, 158 = EWiR 2007, 185 *[Gundlach]* = WuB VI A § 91 InsO 1.07 *[Lüke/Ellke]*; abw Jaeger/*Henckel* § 140 Rn 18). Als Folge entsteht ein Absonderungsrecht nach Abs 2 auch bzgl. Mietzinsforderungen, die erst während des Eröffnungsverfahrens entstehen (**BGH** 14. 12. 2006 IX ZR 102/03, aaO). Der **Haftungsverband eines Grundpfandrechts** nach § 1123 BGB erfasst von der Entstehung des Grundpfandrechts an auch künftige Miet- oder Pachtforderungen (vgl **BGH** 9. 11. 2006 IX ZR 133/05 ZIP 2007, 35 = ZInsO 2006, 1321 = NZI 2007, 98 = EWiR 2007, 83 *[Neußner]* = WuB VI A § 140 InsO 1.07 *[Bartels]*; MK/*Kirchhof* § 140 Rn 50 b sowie oben § 129 Rn 121). Abs 3 greift nicht, wenn die (unmittelbare) **Abtretung von künftigen Mietzinsforderungen** angefochten wird; dann bleibt Abs 1 maßgeblich: die Abtretung ist erst mit Entstehung der abgetretenen Forderung vollendet (**BGH** 30. 1. 1997 IX ZR 89/96 ZIP 1997, 513 = WuB VI G § 10 GesO 4.97 *[Mankowski]* [GesO]; **BGH** 2. 6. 2005 IX ZR 263/03 ZIP 2005, 1521 = ZInsO 2005, 884 = NZI 2005, 553 = EWiR 2006, 21 *[Beutler/Weissenfels]* = WuB VI A § 96 InsO 4.05 *[Servatius]*; **BGH** 9. 11. 2006 IX ZR 133/05 ZIP 2007, 35 = ZInsO 2006, 1321 = NZI 2007, 98 = EWiR 2007, 83 *[Neußner]* = WuB VI A § 140 InsO 1.07 *[Bartels]*; siehe oben Rn 6A).

19 Auch der Anspruch auf **Vergütung für Dienstleistungen** entsteht nicht vor der Dienstleistung, da der Vertrag durch Kündigung beendet werden kann und der Arbeitnehmer die ihm obliegende Leistung verweigern kann, ohne dass Gründe zur Lohnfortzahlung vorliegen (**BGH** 11. 5. 2006 IX ZR 247/03 Z 167, 363 = NJW 2006, 2485 = ZIP 2006, 1254 = ZInsO 2006, 708 = NZI 2006, 457 = WuB VI A § 114 InsO 1.06 *[Meller-Hannich]* [variable Forderung des Kassenarztes gegen die kassenärztliche Vereinigung]; **BGH** 26. 6. 2008 IX ZR 87/07 ZIP 2008, 1488 = ZInsO 2008, 806 = NZI 2008, 563 = EWiR 2008, 569 *[Koza]*; **BGH** 17. 7. 2008 IX ZR 203/07 ZVI 2008, 433; *Dobmeier*, NZI 2006, 144, 146 ff; *Flöther/Bräuer* NZI 2006, 136, 143 f; MK/*Kirchhof* § 140 Rn 14; offengelassen für Leistung gegen Festhonorar von **BGH** 29. 6. 2004 IX ZR 195/03 Z 159, 388 = NJW 2004, 3118 = ZIP 2004, 1558 = ZInsO 2004, 852 = NZI 2004, 580 = WuB VI A § 95 InsO 1.05 *[Bartels]*; MK/*Kirchhof* § 140 Rn 9 c). Es handelt sich aber wie bei dem Anspruch auf Mietzinsen um einen befristeten Anspruch, so dass nach Abs 3 auf den Vertragsschluss abzustellen ist. Das Erlangen von Vermögenswerten im Rahmen eines Herausgabeanspruches nach § 667 BGB ist hingegen keine Bedingung iSv Abs 3; das Entstehen richtet sich nach Abs 1 (dazu oben Rn 5). Demgegenüber entsteht der **Honoraranspruch eines Anwalts** (OLG Rostock 18. 4. 2005 3 U 139/04 OLGR Rostock 2005, 682 = NZI 2006, 107 [n rkr]; KG 2. 3. 2006 19 U 35/05 KGR Berlin 2006, 874 = ZIP 2006, 2001 = EWiR 2006, 765 *[Homann]*; insoweit nicht aufgehoben durch **BGH** 14. 6. 2007 IX ZR 56/06 NJW 2007, 2640 = ZIP 2007, 1507 = NZI 2007, 515 = EWiR 2008, 83 *[Eckert]*) bereits mit Vertragsschluss. Zum Vornahmezeitpunkt beim **Leasing** siehe oben Rn 5A; zur Anfechtung der Abtretung von dienstvertraglichen Ansprüchen oben Rn 6A.

§ 141 Vollstreckbarer Titel

Die Anfechtung wird nicht dadurch ausgeschlossen, daß für die Rechtshandlung ein vollstreckbarer Schuldtitel erlangt oder daß die Handlung durch Zwangsvollstreckung erwirkt worden ist.

Früherer § 35 KO. § 160 RegE ohne Änderungen im Gesetzgebungsverfahren.

I. Allgemeines

1 Die Anfechtung wird nicht dadurch ausgeschlossen, dass die anzufechtende Rechtshandlung durch einen Vollstreckungstitel, der sogar in einem rechtskräftigen Urteil bestehen kann, gedeckt ist (1. Alt) oder mit Hilfe der staatlichen Vollstreckungsorgane tatsächlich vorgenommen worden ist (2. Alt). Das gilt, obwohl die neu in § 88 normierte Rückschlagsperre das automatische Unwirksamwerden der Zwangsvollstreckungsmaßnahmen von Insolvenzgläubigern anordnet, die innerhalb des letzten Monats vor dem Antrag auf Eröffnung des Insolvenzverfahrens oder nach diesem Antrag erlangt wurden (ausf. *Jacoby* KTS 2005, 371 ff, 387 f). Die Mitwirkung eines Gerichts, einer Behörde oder eines Notars an der Erlangung des Titels für eine Rechtshandlung oder bei einer Vollstreckungshandlung hindert eine Anfechtung also nicht. Gegenüber einer Anfechtungsklage des Insolvenzverwalters kann sich der

II. Voraussetzungen § 142

Anfechtungsgegner weder darauf berufen, dass er für die angefochtene Rechtshandlung einen Titel zur Seite hat, noch darauf, dass die Handlung in einem Vollstreckungsakt besteht. Das gilt unabhängig davon, ob der Schuldner dem Gläubiger zu dem Titel oder Pfändungspfandrecht in einer zu beanstandenden Weise verholfen hat oder ob der Gläubiger ganz ohne Zutun des Schuldners dazu gekommen ist. Eine etwa bestehende Anfechtbarkeit des mittels Zwangsvollstreckung durchzusetzenden Anspruchs wird durch den Erwerb eines Titels erst recht nicht beseitigt. Voraussetzung ist aber immer, dass der Titel sich auf die anfechtbare Handlungspflicht bezieht (KP-*Paulus* § 141 Rn 3).

II. Voraussetzungen

1. Vollstreckbare Titel. Vollstreckbare Titel sind rechtskräftige oder für vorläufig vollstreckbar erklärte Urteile (§ 704 Abs 1 ZPO), vollstreckbar erklärte Schiedssprüche, Vollstreckungsbescheide, gerichtliche Vergleiche, Kostenfestsetzungsbeschlüsse, gerichtliche Entscheidungen, gegen die die Beschwerde gegeben ist, gerichtliche oder notarielle Urkunden nach § 794 Abs 1 Nr 5 ZPO, der Zuschlagsbeschluss im Zwangsversteigerungsverfahren (§ 93 ZVG), der Auszug aus der Tabelle über eine festgestellte Forderung (§ 201 Abs 2), Notarkostenrechnungen (§ 155 KostO), Arrestbefehle und einstweilige Verfügungen (§§ 928, 936 ZPO). Dem Vorhandensein eines vollstreckbaren Schuldtitels steht es gleich, dass eine Forderung im Verwaltungszwangsverfahren vollstreckt werden darf (vorausgesetzt in **BGH** 15. 12. 1994 Z 128, 196 = NJW 1995, 1090 = ZIP 1995, 293 = KTS 1995, 449 = LM § 30 KO Nr 57 *[Gerhardt]* = EWiR § 30 KO 3/95, 279 *[Mennenöh]*). 2

Ein Vollstreckungstitel als solcher ist nicht anfechtbar; anfechtbar sind jedoch Rechtshandlungen des Schuldners oder des Gläubigers, die zu einer Erlangung des Titels geführt oder deren Inhalt beeinflusst haben oder – wie die Vollstreckung – unter Ausnutzung des Titels vorgenommen wurden (Jaeger/*Henckel* § 141 Rn 6; Kilger/*Karsten Schmidt* § 35 KO Anm 2; MK/*Kirchhof* § 141 Rn, 5; HK-*Kreft* § 141 Rn 2). Der **Erwerb** eines Titels an sich stellt aber, wenn die Forderung unanfechtbar entstanden ist, keine Gläubigerbenachteiligung dar (**BGH** 11. 7. 1991 NJW 1992, 624 = ZIP 1991, 1014 = KTS 1991, 589 = EWiR § 30 KO 4/91, 1107 *[Flessner]* [Erwerb eines Arrestbefehls]; MK/*Kirchhof* § 141 Rn 7), sondern diese entsteht erst in Verbindung mit einer Vollstreckungsmaßnahme (anders *Zeuner* Anfechtung S 26, der darauf abstellt, dass der Titelerwerb eine Sicherung ermöglicht und daher bereits nach §§ 130, 131 anfechtbar sei). 3

Hat der Schuldner einem Gläubiger durch betrügerisches Zusammenwirken einen Schuldtitel für eine erdichtete Forderung verschafft, so bildet das betrügerische Übereinkommen in Verbindung mit seiner prozessualen Geltendmachung den Gegenstand der Anfechtung (**RG** 27. 2. 1906 JW 1906, 234). Die Gläubigerbenachteiligung liegt dann schon in der Vermehrung der Passivmasse. Solche Übereinkommen können, wenn sie nach Eintritt der Zahlungsunfähigkeit oder dem Eröffnungsantrag vorgenommen worden sind, auch aus § 132 anfechtbar sein. In Fällen der Begründung von Scheinansprüchen erzeugt bereits der Kollusionsakt als solcher den Rückgewähranspruch. 4

2. Vollstreckungshandlungen. Durch § 141 wird klargestellt, dass zu den Rechtshandlungen, die nach §§ 130 ff anfechtbar sind, auch die Vollstreckungsakte gehören, die ein Insolvenzgläubiger auf Grund eines vollstreckbaren Schuldtitels zur Sicherung oder Befriedigung seiner Forderung erwirkt hat. Als Vollstreckungshandlung ist auch die Vollziehung eines Arrestes oder einer einstweiligen Verfügung anzusehen (Begr RegE zu § 141); der ursprüngliche § 12 RegE hatte dies sogar ausdrücklich klargestellt. 5

Die Anfechtung richtet sich in diesen Fällen **gegen die Vollstreckungshandlung** als solche. Unerheblich ist, ob die durch die Vollstreckung gesicherte oder befriedigte Forderung anfechtbar erworben worden war. Hat sich der Gläubiger einer unanfechtbar erworbenen Forderung ein Pfändungspfandrecht verschafft, so kann also nur die Vollstreckungshandlung nach § 130 oder § 131 angefochten werden. Eine Anfechtung der Vollstreckungshandlung wird allerdings regelmäßig wegen fehlender Gläubigerbenachteiligung ausscheiden, wenn das Pfändungspfandrecht unanfechtbar erlangt wurde (siehe dazu § 129 Rn 110). Hat der Gläubiger schon die Forderung anfechtbar erworben, so kann auch das Kausalgeschäft nach §§ 130, 132, 133 angefochten werden. Eine Anfechtung der Vollstreckungshandlung nach § 133 kommt regelmäßig nicht in Betracht, da hier eine Rechtshandlung des Schuldners verlangt wird; anders liegen die Dinge, wenn der Schuldner mit dem Gläubiger bekannten Benachteiligungsvorsatz die Vollstreckung durch Mitwirkung ermöglicht oder begünstigt hat und die Vollstreckung daher (auch) als seine eigene Rechtshandlung erscheint (dazu oben § 133 Rn 8). 6

§ 142 Bargeschäft

Eine Leistung des Schuldners, für die unmittelbar eine gleichwertige Gegenleistung in sein Vermögen gelangt, ist nur anfechtbar, wenn die Voraussetzungen des § 133 Abs. 1 gegeben sind.

§ 161 RegE ohne Änderungen im Gesetzgebungsverfahren.

§ 142

I. Allgemeines

1   Wäre eine Anfechtung schon möglich, selbst wenn der Schuldner in der Krise Geschäfte tätigt, durch die wertäquivalente Gegenleistungen in sein Vermögen fließen, wäre ihm praktisch jegliche Handlungsfreiheit genommen. Das ist wirtschaftlich nicht erwünscht, weil der Schuldner in der Krise sonst auch von der Teilnahme an verkehrsüblichen Umsatzgeschäften ausgeschlossen wäre (Begr RegE zu § 142; BGH 26. 1. 1977 NJW 1977, 718; BGH 7. 3. 2002 IX ZR 223/01 Z 150, 122 = NJW 2002, 1722 = ZIP 2002, 812 = ZInsO 2002, 426 = NZI 2002, 311 = EWiR 2002, 685 *[Ringstmeier]* = DZWIR 2002, 385 *[Dietrich]*; BGH 1. 10. 2002 IX ZR 360/99 NJW 2003, 360 = ZIP 2002, 2182 = ZInsO 2002, 1136 = NZI 2003, 34 = EWiR 2003, 29 *[Huber]* = WuB VI B § 30 Nr 2 KO 1.03 *[Tetzlaff]* [KO]; BGH 19. 12. 2002 IX ZR 377/99 ZIP 2003, 488 = ZInsO 2003, 324 = NZI 2003, 253 = EWiR 2003, 427 *[Gerhardt]* [KO]; BGH 13. 4. 2006 IX ZR 158/05 Tz 30 Z 167, 190 = NJW 2006, 2701 = ZIP 2006, 1261 = ZInsO 2006, 712 = NZI 2006, 469 = EWiR 2007, 117 *[Pape]* = WuB VI A § 133 InsO 1.06 *[Paulus]*; *Jaeger* LZ 1915, 767; *ders* JW 1915, 1253, 1254; *Eckardt* ZIP 1999, 1417, 1421 f).

2   Damit ist der früher teilweise vertretene Begründungsansatz, Bargeschäfte müssten deshalb privilegiert werden, weil es bei ihnen nicht um die Befriedigung bereits entstandener Forderungen gehe, überholt (so RG 28. 9. 1920 Z 100, 62, 64; RG 26. 4. 1932 Z 136, 152, 158 f; BGH 9. 2. 1955 NJW 1955, 709 = KTS 1955, 139; BGH 21. 12. 1977 Z 70, 177 = NJW 1978, 758 = KTS 1978, 215 = LM § 30 KO Nr 33 *[Hoffmann]* = JR 1979, 24 *[Olzen]*; weit Nachw in der 12. Aufl Rn 2). Er war auch früher schon unrichtig: denn auch Bargeschäfte setzen eine zu erfüllende Schuld voraus, mag diese auch erst kurz vor der Erfüllung entstanden sein.

3   § 142 kodifiziert deshalb den schon im früheren Recht geltenden Grundsatz, dass Bargeschäfte keine Benachteiligung der Gläubiger darstellen und dass deshalb jedenfalls eine Anfechtung kongruenter Deckungen (§ 130) und eine Anfechtung wegen unmittelbarer Benachteiligung (§ 132) ausscheiden. Gleiches gilt heute auch für die Anfechtung nach § 135, insbesondere im Rahmen des Cash Pooling (dazu oben § 135 Rn 10). Sowohl der Abschluss als auch die Erfüllung eines Bargeschäfts sind daher anfechtungsneutral. Hingegen wird eine Anfechtung nach § 131 nicht berührt, da nach st Rspr Bargeschäfte nur bei kongruenten Deckungen in Betracht kommen (dazu unten Rn 4). Die Benachteiligung der Insolvenzgläubiger, die auch beim Bargeschäft in der Leistung des Schuldners liegt, bleibt bei diesem außer Betracht, da sie durch die Gegenleistung wieder ausgeglichen wird, so dass es im Ergebnis nur zu einer Vermögensumschichtung gekommen ist (RG 28. 9. 1920 Z 100, 62, 64; RG 26. 4. 1932 Z 136, 152, 158 f; BGH 9. 2. 1955 NJW 1955, 709 = KTS 1955, 139; BGH 17. 11. 1958 Z 28, 344 = MDR 1959, 106, 189 *[Pohle]* = LM § 30 KO Nr 3 *[Haager]*; BGH 26. 1. 1977 NJW 1977, 718 = LM § 30 KO Nr 31; BGH 21. 5. 1980 NJW 1980, 1961 = ZIP 1980, 518, 519 = KTS 1980, 371; BGH 30. 9. 1993 Z 123, 320 = NJW 1993, 3267 = ZIP 1993, 1653 = KTS 1994, 116 = LM § 30 KO Nr 55 *[Stürner]* = EWiR § 30 KO 2/94, 373 *[Henckel]* [Hauptfall: § 130]; BGH 19. 12. 2002 IX ZR 377/99 ZIP 2003, 488 = ZInsO 2003, 324 = NZI 2003, 253 = EWiR 2003, 427 *[Gerhardt]* [KO]; BGH 17. 6. 2004 IX ZR 2/01 ZIP 2004, 1464 = ZInsO 2004, 854 = NZI 2004, 491 = EWiR 2005, 253 *[Eckardt]* = WuB VI G § 10 GesO 2.04 *[GesO]*; BGH 9. 6. 2005 IX ZR 152/03 ZIP 2005, 1243 = ZInsO 2005, 766 = NZI 2005, 497 = EWiR § 131 InsO 2/2005, 829 *[Paulus]* = WuB VI A § 131 InsO 1.05 *[Kirchhof]*; OLG Hamburg 26. 10. 1984 ZIP 1984, 1373). Anders liegen die Fälle bei der **Anfechtung wegen vorsätzlicher Benachteiligung nach § 133**: da hier auch eine bloß mittelbare Benachteiligung des Insolvenzgläubiger ausreicht, kann sie andererseits durch eine gleichwertige Gegenleistung nicht kompensiert werden (dazu oben § 133 Rn 6; vgl auch oben § 129 Rn 119). Allerdings wird bei einer für ein Bargeschäft erforderlichen kongruenten Leistung der dafür erforderliche Vorsatz in der Regel fernliegen (**BGH 10. 7. 1997 NJW 1997, 3028, 3029 = ZIP 1997, 1551, 1553 = KTS 1998, 104 = EWiR § 106 KO 2/97, 851 *[Uhlenbruck]* [zu § 106 KO]** [dazu auch unten Rn 16 f]; für restriktive Auslegung der Ausnahmeregel des § 133 demgegenüber KP-*Paulus* § 142 Rn 14; *Paulus* FS Fischer, 2008, S 445, 453 f). Soweit zwischen Leistung und Gegenleistung eine Differenz zu Lasten der Masse besteht, fehlt es schon an den Voraussetzungen eines Bargeschäfts (KP-*Paulus* § 142 Rn 15 aE gegen *Gerhardt*, in: FS Brandner, 1996, S 605, 611, der hier einen Zugriff über § 132 ermöglichen will).

4   Der **Begriff des Bargeschäfts**, nicht aber die jetzt kodifizierten Voraussetzungen der Ausnahme von der Anfechtbarkeit, wurde vor Inkrafttreten des Insolvenzordnung teilweise weiter verstanden, nämlich im Sinne der unmittelbar benachteiligenden Rechtsgeschäfte (jetzt § 132), von denen die Bargeschäfte des jetzigen § 142 nur einen Ausschnitt bilden (vgl Kuhn/*Uhlenbruck* § 30 KO Rn 22 ff, etwa Rn 23 a: „Bargeschäfte, bei denen der Gemeinschuldner keine gleichwertige Gegenleistung erhält, sind der [Anfechtung] unterworfen"; zur Begriffsbildung auch *Karsten Schmidt* WM 1983, 490, 493; *Eckardt* ZIP 1999, 1417, 1421 f). Das ist bei der Heranziehung von Rechtsprechung und Schrifttum zum alten Recht zu berücksichtigen. **Inkongruente Leistungen** sind niemals eine Bardeckung und können daher nicht nur nach § 133, sondern auch nach § 131 angefochten werden, denn es besteht weder rechtlich noch wirtschaftlich ein Anlass, Umsatzgeschäfte in der Krise zu privilegieren, die anders als vereinbart abgewickelt werden (**BGH 13. 4. 2006 IX ZR 158/05 Tz 28 Z 167, 190 = NJW 2006, 2701 = ZIP 2006, 1261 = ZInsO 2006, 712 = NZI 2006, 469 = EWiR 2007, 117 *[Pape]* = WuB VI A**

II. Voraussetzungen

§ 133 InsO 1.06 *[Paulus]*; **BGH** 8. 3. 2007 IX ZR 127/05 Tz 22 NJW 2007, 2324 = ZIP 2007, 924 = NZI 2007, 337 = EWiR 2007, 529 *[Henkel]* = WuB VI A § 131 InsO 1.07 *[Kirchhof]*; **BGH** 10. 5. 2007 IX ZR 146/05 ZIP 2007, 1162 = ZInsO 2007, 662 = NZI 2007, 456 = EWiR 2007, 471 *[Huber]* = WuB VI A § 131 InsO 5.07 *[Schönfelder]*; **BGH** 15. 11. 2007 IX ZR 212/06 Tz 15 ZIP 2008, 235 = ZInsO 2008, 159 = NZI 2008, 184 = EWiR 2008, 629 *[Freudenberg]*; vgl auch MK/*Kirchhof* § 142 Rn 7 mwN; ebenso zuvor Uhlenbruck/*Hirte* § 142 Rn 4 mwN; abw *Lwowski/Wunderlich* WM 2004, 1511, 1512 f).

II. Voraussetzungen

Ein Bargeschäft liegt vor, wenn der Schuldner in engem zeitlichen Zusammenhang mit seiner Leistung auf Grund einer Vereinbarung mit dem Anfechtungsgegner eine gleichwertige Gegenleistung erhalten hat (st Rspr; **BGH** 9. 6. 2005 IX ZR 152/03 ZIP 2005, 1243 = ZInsO 2005, 766 = NZI 2005, 497 = EWiR § 131 InsO 2/2005, 829 *[Paulus]* = WuB VI A § 131 InsO 1.05 *[Kirchhof]*). Die Aufspaltung eines einheitlichen Austauschverhältnisses ist dabei nicht möglich (MK/*Kirchhof* § 142 Rn 12). Als Leistung oder Gegenleistung kommt jeder wirtschaftliche Wert in Betracht; unschädlich ist auch, dass die Leistung vom vorläufigen Insolvenzverwalter erbracht wurde (**BGH** 18. 7. 2002 IX ZR 195/01 Z 151, 353, 369 f = NJW 2002, 3326= ZIP 2002, 1625 = WuB VI C § 55 InsO 1.03 *[Pape]* = EWiR § 55 InsO 5/2002, 919 *[Spliedt]*; **LG** Bad Kreuznach 2. 3. 2005 3 O 152/04 NZI 2006, 45; **BGH** 10. 6. 2008 XI ZR 283/07 ZIP 2008, 1977 = NJW 2008, 3348 = ZInsO 2008, 1076 = EWiR 2008, 625 *[Keller]*). Voraussetzungen für die Annahme eines Bargeschäfts sind im Übrigen: 5

1. Verknüpfung von Leistung und Gegenleistung durch Parteivereinbarung. Leistung und Gegenleistung müssen durch Parteivereinbarung miteinander verknüpft sein. Das wird durch die Worte „für die" zum Ausdruck gebracht (Begr RegE zu § 142; **BGH** 6. 4. 2006 IX ZR 185/04 NZI 2006, 403, 404 = ZIP 2006, 1009 = WuB VI A § 129 InsO 1.06 *[Paulus]*). Privilegiert sind nur Vereinbarungen im Verhältnis zwischen Verfahrensschuldner und Anfechtungsgegner (KP-*Paulus* § 142 Rn 4), wobei die Vereinbarungen in Dreiecksverhältnissen dann dem jeweiligen Valuta- und Deckungsverhältnis zu entnehmen sind (MK-*Kirchhof* § 142 Rn 5). Allerdings braucht es sich nicht notwendig um eine rechtsgeschäftliche Vereinbarung zu handeln (KP-*Paulus* § 142 Rn 3). In Betracht kommen bspw. **gesetzliche Abwicklungsverhältnisse**, bei denen in dem Rücktritt oder der ungerechtfertigten Bereicherung eine Zug-um-Zug Leistung vorgesehen ist (Jaeger/*Henckel* § 142 Rn 8). Die sozialversicherungsrechtliche Verpflichtung zur Entrichtung der Beiträge an die Einzugsstelle stellt aber keine solche Vereinbarung dar (**BGH** 9. 6. 2005 IX ZR 152/03 ZIP 2005, 1243 = ZInsO 2005, 766 = NZI 2005, 497 = EWiR § 131 InsO 2/2005, 829 *[Paulus]* = WuB VI A § 131 InsO 1.05 *[Kirchhof]*; *Flöther/Bräuer* DZWIR 2005, 441, 444; dazu auch unten Rn 12). Daran ändert auch die neue Regelung des § 28 e Abs 1 Satz 2 SGB IV nichts, weil sie nur das Merkmal der Gläubigerbenachteiligung entfallen lassen will (oben § 129 Rn 105). Genauso fehlt es bei der **Abführung der Lohnsteuer durch den Arbeitgeber** an das Finanzamt an einer Parteivereinbarung (**BGH** 22. 1. 2004 IX ZR 39/03 Z 157, 350 = NJW 2004, 1444, 1446 = ZIP 2004, 513 = ZInsO 2004, 270 = NZI 2004, 206, 208 f = EWiR 2005, 827 *[Hözle]* = WuB VI E § 829 ZPO 2.04 *[Bitter]*; *Frotscher* BB 2006, 351, 353 ff; HK/*Kreft* § 142 Rn 4; *Kayser* ZIP 2007, 49, 52 f; *Remmert/Horn* NZG 2006, 881, 882 f; anders aber **BFH** 21. 12. 1998 VII B 175/98 BFH/NV 1999, 745 = EWiR 2005, 827 *[Hölzle]*; offengelassen in **BFH** 11. 8. 2005 VII B 244/04 E 210, 410 ZIP 2005, 1797 = ZInsO 2005, 1105 = NJW 2005, 3807 = NZI 2006, 53 sowie **BFH** 5. 6. 2007 VII B 65/05 E 217, 233 = ZIP 2007, 1856 = EWiR 2007, 675 *[Erdmann]*). Wegen der erforderlichen Verknüpfung durch Parteivereinbarung stellt eine Leistung, die nicht der Parteivereinbarung entspricht, keine Bardeckung mehr dar (**BGH** 30. 9. 1992 Z 118, 171, 173 = NJW 1992, 1960, 1961 = ZIP 1992, 778, 780 = KTS 1992, 609 = EWiR § 30 KO 1/92, 683 *[Canaris]* = LM § 30 KO Nr 54 *[Marly]*; **BGH** 30. 9. 1993 Z 123, 320 = NJW 1993, 3267 = ZIP 1993, 1653, 1655 = KTS 1994, 116 = LM § 30 KO Nr 55 *[Stürner]* = EWiR § 30 KO 2/94, 373 *[Henckel]*). **Maßgebender Zeitpunkt** für das Vorliegen eines Bargeschäfts ist derjenige, in dem die zeitlich erste Leistung eines Vertragsteils erbracht wird: bis dahin können die Parteien ihre Vereinbarung noch abändern ohne deren Charakter als Bargeschäft zu gefährden (**BGH** 10. 5. 2007 IX ZR 146/05 ZIP 2007, 1162 = ZInsO 2007, 662 = NZI 2007, 456 = EWiR 2007, 471 *[Huber]* = WuB VI A § 131 InsO 5.07 *[Schönfelder]*; MK/*Kirchhof* § 142 Rn 8). 6

2. Gleichwertigkeit von Leistung und Gegenleistung. Leistung und Gegenleistung müssen **gleichwertig** sein. Selbstverständlich darf die in die Masse fließende Leistung auch höherwertig sein als die herausfließende (KP-*Paulus* § 142 Rn 8). Entscheidend ist dabei wie auch sonst bei der Gläubigerbenachteiligung die **objektive Gleichwertigkeit** (Begr RegE zu § 142; **BGH** 26. 1. 1977 NJW 1977, 718; **BGH** 7. 3. 2002 IX ZR 223/01 Z 150, 122 = NJW 2002, 1722 = ZIP 2002, 812 = ZInsO 2002, 426 = NZI 2002, 311 = EWiR 2002, 685 *[Ringstmeier]* = DZWIR 2002, 385 *[Dietrich]*; KP-*Paulus* § 142 Rn 9; *Lwowski/Wunderlich* WM 2004, 1511, 1513 f). Unerheblich ist also, ob sich die Parteien das geleistete Entgelt als rechtlich gleichwertig vorgestellt haben. An der Gleichwertigkeit fehlt es nicht schon, wenn die Leistung an den Verfahrensschuldner in barem Geld besteht und darum leichter verschleudert werden kann oder wenn die Gegenleistung an den Verfahrensschuldner (im notwendigen zeitlichen Zu- 7 sammenhang) vorgeleistet wurde und daher zum Zeitpunkt der Leistungserbringung durch ihn nicht mehr vorhanden ist (Begr RegE zu § 142; **BGH** 9. 2. 1955 NJW 1955, 709 = KTS 1955, 139; **BGH** 26. 1. 1977 NJW 1977, 718; **BGH** 21. 5. 1980 NJW 1980, 1961 = ZIP 1980, 518 = KTS 1980, 371; **BGH** 30. 9. 1993 Z 123, 320 = NJW 1993, 3267 = ZIP 1993, 1653 = KTS 1994, 116 = LM § 30 KO Nr 55 *[Stürner]* = EWiR § 30 KO 2/94, 373 *[Henckel]*; **BGH** 15. 12. 1994 Z 128, 184, 187 = NJW 1995, 659, 660 = ZIP 1995, 134, 135 = KTS 1995, 304 = JZ 1995, 728 *[Henckel]* = EWiR § 3 AnfG 1/95, 109 *[Gerhardt]*; **BGH** 6. 4. 1995 Z 129, 236, 240 = ZIP 1995, 1021 = EWiR § 10 GesO 2/95, 781 *[Henckel]* = LM § 10 Abs 1 Nr 1, 2 GesO Nr 8 *[Lüke]*; **OLG** Hamburg 26. 10. 1984 ZIP 1984, 1373; **OLG** Köln 16. 3. 1962 MDR 1962, 997; *Eckardt* ZInsO 2004, 888, 892 f). Gleichwertigkeit fehlt bei Bezahlung rückständiger Stromlieferungen (**BGH** 30. 1. 1986 Z 97, 87, 94 = NJW 1986, 1496 = ZIP 1986, 448, 451 = KTS 1986, 333, 337 = JZ 1986, 691 *[Henckel]* = EWiR § 17 KO 3/86, 387 *[Kilger]*). Bei **Verträgen zugunsten Dritter** ist für die Bestimmung der Gleichwertigkeit auf den Leistungsaustausch im Deckungsverhältnis abzustellen (MK/*Kirchhof* § 142 Rn 5). Gleichwertigkeit ist danach etwa dann anzunehmen, wenn der Schuldner seinen (Dritt-)Schuldner anweist, an den Lieferanten zu zahlen, der daraufhin dem Wert der Zahlung entsprechendes Material an den Schuldner liefert (**OLG** Koblenz 16. 2. 2006 5 U 1394/05 ZInsO 2006, 657 = IBR 2006, 202). Ferner kann eine **mehrseitige Vereinbarung** zwischen Auftraggeber, Besteller, Subunternehmer und Hauptunternehmer, nach welcher der Subunternehmer sich bereiterklärt, die von ihm geschuldete Leistung gegen unmittelbare Zahlung durch den Auftraggeber unter Verzicht auf ein ansonsten bestehendes Leistungsverweigerungsrecht aus § 648 a BGB unmittelbar an den Auftraggeber zu erbringen, die Kongruenz und damit den Bargeschäftscharakter einer mittelbaren Zuwendung begründen (**BGH** 10. 5. 2007 IX ZR 146/05 ZIP 2007, 1162 = ZInsO 2007, 662 = NZI 2007, 456 = EWiR 2007, 471 *[Huber]* = WuB VI A § 131 InsO 5.07 *[Schönfelder]*; dazu auch § 130 Rn 20). Zum **Wert eines Pfandes** siehe **BGH** 21. 4. 2005 IX ZR 24/04 ZIP 2005, 992 = ZInsO 2005, 648 = NZI 2005, 389 = EWiR 2005, 545 *(Gerhardt)* = WuB VI A § 129 InsO 4.05 *[Bartels]* (Abtretung der Werklohnforderung gegen Aufgabe des Frachtführerpfandrechts).

8   Die Bezahlung des **Honorars für einen Antrag auf Eröffnung eines Insolvenzverfahrens**, wenn dieser mit dem Vorschlag eines Insolvenzplans verbunden wird (§ 218 Abs 1 Satz 2), oder für einen anderen **Sanierungsversuch** stellt ein Bargeschäft dar, wenn das angemessene Honorar versprochen und gezahlt wird und die gewünschte Arbeit nicht erkennbar von vornherein aussichtslos ist (**BGH** 18. 7. 2002 IX ZR 480/00 NJW 2002, 3252 f = ZIP 2002, 1540 = WuB VI B § 30 Nr 1 KO 1.03 *[Hefermehl]* [iE aber ablehnend]; **BGH** 6. 12. 2007 IX ZR 113/06 Tz 23 NJW 2008, 659 = ZIP 2008, 232 = ZInsO 2008, 101 = NZI 2008, 173; für Vergleichsanträge alten Rechts bzw für Sanierungsversuche **RG** 5. 1. 1940 Z 162, 292, 295 f; **BGH** 17. 11. 1958 Z 28, 344 = MDR 1959, 106, 189 *[Pohle]* = LM § 30 KO Nr 3 *[Haager]*; **BGH** 11. 6. 1980 Z 77, 250, 256 = NJW 1980, 1962 = ZIP 1980, 618 = KTS 1981, 84 = LM § 3 BRAGO Nr 9 *[Treier]*; **BGH** 28. 1. 1988 NJW-RR 1988, 571 = ZIP 1988, 324 = KTS 1988, 336 = EWiR § 25 VglO 1/88, 405 *[Brehm]*; *Heidbrink* BB 2008, 958 ff; *Uhlenbruck* BB 2003, 1185; abw **RG** 26. 4. 1932 Z 136, 152, 158 ff; **LG** Hamburg 31. 1. 1934 JW 1934, 781); siehe zum erforderlichen zeitlichen Zusammenhang unten Rn 13 ff. Dass die entfaltete Tätigkeit nutzlos geblieben ist, ist unerheblich; denn Bargeschäfte können nicht nur bei Sachwertgeschäften gegeben sein. Auch eine Honorarvereinbarung mit einem Rechtsanwalt ist durchaus zulässig und stellt bei angemessener Höhe den Charakter eines Bargeschäfts nicht in Frage (Kilger/*Karsten Schmidt* § 30 KO Anm 8: Angemessenheit bis zum Zehnfachen der gesetzlichen Gebühren; KP-*Paulus* § 129 Rn 38). Die Gleichwertigkeit von Honorar und Beratungsleistung hat das Gericht im Anfechtungsstreit zwar festzustellen; es braucht dazu aber kein Gutachten der Rechtsanwaltskammer einzuholen (**BGH** 11. 6. 1980 Z 77, 250, 256 = NJW 1980, 1962 = ZIP 1980, 618 = KTS 1981, 84 = LM § 3 BRAGO Nr 9 *[Treier]*; offen lassend **BGH** 6. 12. 2007 IX ZR 113/06 Tz 26 NJW 2008, 659 = ZIP 2008, 232 = ZInsO 2008, 101 = NZI 2008, 173). Ist das Honorar nur teilweise angemessen, so ist jedenfalls dann, wenn das zur Erfüllung Geleistete teilbar ist, nur der nicht angemessene Teil der Vergütung zur Masse zurückzugewähren (**BGH** 11. 6. 1980 Z 77, 250, 256 = NJW 1980, 1962 = ZIP 1980, 618 = KTS 1981, 84 = LM § 3 BRAGO Nr 9 *[Treier]*).

9   Bardeckung kann auch anzunehmen sein, wenn eine Leistung Zug um Zug gegen eine ausreichende **Sicherheit** gewährt wird (**BGH** 9. 2. 1955 NJW 1955, 709 = KTS 1955, 139 f [einmonatige Verzögerung bei Hypothekenbestellung schadet dabei nicht]; **OLG** Hamburg 30. 4. 1954 DB 1954, 576; **OLG** Köln 16. 3. 1962 MDR 1962, 997). Dies kommt auch bei einem in der Krise neu gewährten Kredit in Betracht (**BGH** 26. 1. 1977 NJW 1977, 718). Siehe zur Sicherheitenbestellung sowie zum Verzicht auf das Zurückbehaltungsrecht aus § 648 a BGB bereits oben Rn 7 sowie § 130 Rn 20).

10 Der Begriff des Bargeschäfts gewinnt vor allem auch im Rahmen von **Sanierungskrediten** Bedeutung (dazu auch oben § 129 Rn 120 sowie § 130 Rn 27 und § 132 Rn 9). Auch hier ist die Anfechtung ausgeschlossen, wenn Kreditgewährung und Sicherung gleichwertig sind. Selbst das Scheitern der Sanierung macht vom späteren Verfahrensschuldner bestellte Sicherheiten unter dieser Voraussetzung nicht anfechtbar, auch wenn zum Zeitpunkt der Eröffnung des Insolvenzverfahrens der Darlehensbetrag nicht mehr vorhanden ist (**BGH** 17. 11. 1958 Z 28, 344, 347 f = MDR 1959, 106, 189 *[Pohle]* = LM § 30 KO Nr 3 *[Haager]*; *Canaris*, FS Einhundert Jahre Konkursordnung, S 73, 82 ff; *Paulus* BB 2001, 425, 428 f; *Westermann* KTS 1982, 165, 167 ff). Problematisch ist aber die Beurteilung der Gleichwertigkeit. Sie soll bei Sicherheiten für Sanierungskredite trotz Vorliegens der Krise dann gegeben

II. Voraussetzungen § 142

sein, wenn die Sicherheit wertmäßig den Betrag des Kredits nicht wesentlich überschreitet. Ein Bargeschäft ist demgegenüber ausgeschlossen und eine Anfechtung möglich, wenn der Wert der Sicherheiten in keinem vernünftigen Verhältnis zur Höhe des Kredits steht oder wenn durch die Sicherheiten auch andere Verbindlichkeiten als der Sanierungskredit abgedeckt werden sollen (so für Globalzessionen **BGH** 9. 7. 1953 Z 10, 228; **BGH** 26. 3. 1984 Z 90, 381 = NJW 1984, 1893 = ZIP 1984, 572, 580; **OLG** Schleswig 2. 10. 1981 WM 1982, 25; *Obermüller* ZIP 1980, 1059; *Karsten Schmidt* WM 1983, 490, 494). Zweifelhaft ist allerdings, ob das Kreditinstitut, das einen Sanierungskredit gewährt hat, mit nach Eintritt der Krise erfolgenden Eingängen noch unanfechtbar aufrechnen kann. Das ist aber allenfalls dann möglich, wenn bei der Kreditzusage ausdrücklich vereinbart wurde, dass Zahlungseingänge den Kredit zurückführen sollen (**OLG** Hamburg 26. 10. 1984 ZIP 1984, 1373; abw *Canaris*, FS Einhundert Jahre Konkursordnung, S 73, 82 f).

Ein Bargeschäft kann auch bei **Gut- und Lastschriften auf einem *debitorisch* geführten Girokonto** 10A vorliegen (siehe insoweit auch die Nachweise bei § 130 Rn 14 sowie MK/*Kirchhof* § 142 Rn 5, 13 a, 18 a). Die für ein Bargeschäft erforderliche Grundlage des Leistungsaustauschs liegt in dem Girovertrag bzw. der Kontokorrentabrede (**BGH** 25. 2. 1999 XI ZR 353/98 NJW 1999, 3264, 3266 = ZIP 1999, 665 = KTS 1999, 357 = EWiR § 2 GesO 1/99, 789 *[Tappmeier]*; **BGH** 11. 10. 2007 IX ZR 195/04 Tz 9 ZIP 2008, 237 = ZInsO 2008, 163 = NZI 2008, 175 = WuB VI A § 142 InsO 1.08 *[Bitter/Rauch]*). Im Rahmen des Kontokorrentvertrages ist Leistung die Gutschrift, während die erneute (in Anspruch genommene) Möglichkeit des Schuldners, über den eingeräumten Kredit frei zu verfügen, gleichwertige Gegenleistung iSv § 142 ist; sogar die Erfüllung eines Zahlungsversprechens ist eine gesonderte Leistung im anfechtungsrechtlichen Sinn (**BGH** 7. 3. 2002 IX ZR 223/01 Z 150, 122 = NJW 2002, 1722 = ZIP 2002, 812 = ZInsO 2002, 426 = NZI 2002, 311 = EWiR 2002, 685 *[Ringstmeier]* = DZWIR 2002, 385 *[Dietrich]*; **BGH** 1. 10. 2002 IX ZR 360/99 NJW 2003, 360 = ZIP 2002, 2182 = ZInsO 2002, 1136 = NZI 2003, 34 = EWiR 2003, 29 *[Huber]* = WuB VI B § 30 Nr 2 KO 1.03 *[Tetzlaff]* [KO]). Dabei ist es für die Annahme eines Bargeschäfts unerheblich, ob die vereinbarte Kreditlinie auch ohne die Verrechnung nie überschritten worden wäre (**BGH** 7. 3. 2002 IX ZR 223/01 Z 150, 122 = NJW 2002, 1722 = ZIP 2002, 812 = ZInsO 2002, 426 = NZI 2002, 311 = EWiR 2002, 685 *[Ringstmeier]* = DZWIR 2002, 385 *[Dietrich]*; **BGH** 6. 2. 2003 IX ZR 449/99 ZIP 2003, 675 = ZInsO 2003, 374 = NZI 2003, 319 = EWiR 2003, 475 *[Gerhardt]* = WuB VI G § 2 GesO 1.03 *[Smid]* [GesO]; *Bruckhoff* NJW 2002, 3304, 3306; *Stiller* ZInsO 2002, 651, 658 f; noch offengelassen von **BGH** 25. 2. 1999 IX ZR 353/98 NJW 1999, 3264 = ZIP 1999, 665 = ZInsO 1999, 289 = NZI 1999, 194 = EWiR 1999, 789 *[Tappmeier]* = WuB VI G § 2 GesO 2.99 *[Smid]*; abw **LG** Bochum 7. 12. 2000 ZIP 2001, 87, 88 f; *Spliedt* ZInsO 2002, 208 ff). Gleichwertigkeit im Kontokorrentvertrag setzt daher nicht voraus, dass die weitergehende Erwartung der Bank besteht, den Kunden über künftig eingegangene Beträge oder im Hinblick auf konkret bevorstehende Eingänge gleichsam als „Zahlstelle" wieder verfügen zu lassen oder dass die Bank bewusst auf einen Widerruf seines Kreditversprechens verzichtet oder dazu wegen Verschlechterung des Schuldnervermögens berechtigt gewesen wäre, sondern es genügt, wenn sie den Kunden innerhalb des Kreditrahmens vereinbarungsgemäß verfügen lässt; denn der Bank sollen keine Nachteile daraus erwachsen, dass sie dem Schuldner in der Krise Liquidität zukommen lässt und dadurch möglicherweise sogar die Eröffnung des Insolvenzverfahrens verhindert werden kann (**BGH** 7. 3. 2002 IX ZR 223/01 Z 150, 122 = NJW 2002, 1722 = ZIP 2002, 812 = ZInsO 2002, 426 = NZI 2002, 311 = EWiR 2002, 685 *[Ringstmeier]* = DZWIR 2002, 385 *[Dietrich]*; **BGH** 17. 6. 2004 IX ZR 124/03 ZIP 2004, 1509 = ZInsO 2004, 856 = NZI 2004, 492 = EWiR 2004, 1043 *[Flitsch]* = WuB VI C § 129 InsO 2.04; noch anders **LG** Bochum 7. 12. 2000 ZIP 2001, 87, 88 f = EWiR § 131 InsO 2/01, 485 *[Eckardt]*; vgl **BGH** 1. 10. 2002 IX ZR 360/99 NJW 2003, 360 = ZIP 2002, 2182 = ZInsO 2002, 1136 = NZI 2003, 34 = EWiR 2003, 29 *[Huber]* = WuB VI B § 30 Nr 2 KO 1.03 *[Tetzlaff]* [KO]). Ein Bargeschäft kann daher auch dann noch vorliegen, wenn die Bank nicht mehr alle Überweisungen zugelassen hat, sondern nur noch ausgewählte Verfügungen im Ausgleich gegen verrechnete Eingänge ausführt (**BGH** 1. 10. 2002 IX ZR 360/99 NJW 2003, 360 = ZIP 2002, 2182 = ZInsO 2002, 1136 = NZI 2003, 34 = EWiR 2003, 29 *[Huber]* = WuB VI B § 30 Nr 2 KO 1.03 *[Tetzlaff]* [KO]). Auf welcher Grundlage die Bank einzelne Buchungen (vertragsgemäß) einbezogen hat – in Betracht kommen insbesondere Schecks, Wechsel oder Lastschriften – ist unerheblich (vgl **BGH** 21. 4. 2005 IX ZR 23/03 [unv] mwN MK/*Kirchhof*, § 142 Rn 13 a). Eine besondere, zweiseitige Absprache über jede einzelne Gutschrift ist hingegen nicht notwendig, denn durch die Kontokorrentabrede sind die Buchungen hinreichend miteinander verknüpft (**BGH** 25. 2. 1999 XI ZR 353/98 NJW 1999, 3264, 3266 = ZIP 1999, 665, 668 = KTS 1999, 357 = EWiR § 2 GesO 1/99, 789 *[Tappmeier]*; **BGH** 7. 3. 2002 IX ZR 223/01 Z 150, 122 = NJW 2002, 1722 = ZIP 2002, 812 = ZInsO 2002, 426 = NZI 2002, 311 = EWiR 2002, 685 *[Ringstmeier]* = DZWIR 2002, 385 *[Dietrich]*; vgl **BGH** 1. 10. 2002 IX ZR 360/99 NJW 2003, 360 = ZIP 2002, 2182 = ZInsO 2002, 1136 = NZI 2003, 34 = EWiR 2003, 29 *[Huber]* = WuB VI B § 30 Nr 2 KO 1.03 *[Tetzlaff]* [KO]). Im Falle eines konkludenten Einverständnisses mit einer Kontoüberziehung handelt es sich daher auch dabei um ein Bargeschäft (MK/*Kirchhof* § 142 Rn 13 a). Erforderlich ist aber zusätzlich, dass sie in einem engen zeitlichen Zusammenhang stehen; siehe dazu näher unten Rn 14). Überschreiten im von der Anfechtung umfassten Zeitraum die Haben- die Sollbuchungen und wird dadurch das Sollsaldo zurückgeführt, fehlt es bzgl. des Überschusses an der

Hirte 1977

Gleichwertigkeit, so dass diesbezgl. eine Anfechtung möglich ist (**BGH** 25. 1. 2001 IX ZR 6/00 NJW 2001, 1650, 1651 f = ZIP 2001, 524, 526 = ZInsO 2001, 318 = NZI 2001, 247 = EWiR 2001, 321 *[Eckardt]* = WuB VI G § 10 GesO 1.01 *[Lwowski/Tetzlaff]* [GesO]; **BGH** 7. 3. 2002 IX ZR 223/01 Z 150, 122 = NJW 2002, 1722 = ZIP 2002, 812 = ZInsO 2002, 426 = NZI 2002, 311 = EWiR 2002, 685 *[Ringstmeier]* = DZWIR 2002, 385 *[Dietrich]*; **BGH** 1. 10. 2002 IX ZR 360/99 NJW 2003, 360 = ZIP 2002, 2182 = ZInsO 2002, 1136 = NZI 2003, 34 = EWiR 2003, 29 *[Huber]* = WuB VI B § 30 Nr 2 KO 1.03 *[Tetzlaff]* [KO]; vgl **BGH** 24. 5. 2005 IX ZR 46/02 NZI 2005, 630; **BGH** 11. 10. 2007 IX ZR 195/04 Tz 6 ZIP 2008, 237 = ZInsO 2008, 163 = NZI 2008, 175 = WuB VI A § 142 InsO 1.08 *[Bitter/Rauch]*; **BGH** 15. 11. 2007 IX ZR 212/06 Tz.15 ZIP 2008, 235 = ZInsO 2008, 159 = NZI 2008, 184 = EWiR 2008, 629 *[Freudenberg]*; **BGH** 27. 3. 2008 IX ZR 29/07 NJW-Spezial 2008, 341; **BGH** 7. 5. 2009 IX ZR 140/08 ZIP 2009, 1124 = NJW 2009, 2307 = ZInsO 2009, 1124 = NZI 2009, 436 [Inkongruenz der Saldorückführung]; MK/*Kirchhof* § 142 Rn 13 b); siehe dazu § 130 Rn 14. Fehlende Gleichwertigkeit bedeutet allerdings nicht, dass die Verrechnung nicht kongruent gewesen sein kann, so dass nur eine Anfechtung nach § 130, nicht aber nach § 131 möglich ist. Dabei kommt es nicht auf die höchste Inanspruchnahme des Kredits durch den Schuldner im Zeitraum der Anfechtbarkeit an, denn von im Kontokorrent üblichen Schwankungen hängt die Annahme eines Bargeschäfts nicht ab (**BGH** 7. 3. 2002 IX ZR 223/01 Z 150, 122 = NJW 2002, 1722 = ZIP 2002, 812 = ZInsO 2002, 426 = NZI 2002, 311 = EWiR 2002, 685 *[Ringstmeier]* = DZWIR 2002, 385 *[Dietrich]* mit Korrekturbeschluss **BGH** 6. 4. 2006 IX ZR 107/05 [unv.]). Für die Frage der Anfechtbarkeit ist vielmehr auf den gesamten von der Anfechtung erfassten Zeitraum abzustellen und nicht auf die einzelnen Gut- oder Lastschriften (**BGH** 25. 1. 2001 IX ZR 6/00 NJW 2001, 1650, 1651 f = ZIP 2001, 524, 526 = ZInsO 2001, 318 = NZI 2001, 247 = EWiR 2001, 321 *[Eckardt]* = WuB VI G § 10 GesO 1.01 *[Lwowski/Tetzlaff]* [GesO]; **BGH** 27. 3. 2008 IX ZR 29/07 NJW-Spezial 2008, 341; KG Berlin 29. 11. 2001 8 U 5537/00 KGR Berlin 2002, 61 = ZInsO 2002, 324 [GesO]). Auch kommt es nicht auf die zeitliche Abfolge von Belastung und Gutschrift an (**BGH** 25. 2. 1999 XI ZR 353/98 NJW 1999, 3264, 3266 = ZIP 1999, 665, 668 = KTS 1999, 357 = EWiR § 2 GesO 1/99, 789 *[Tappmeier]* [GesO]; **BGH** 25. 1. 2001 IX ZR 6/00 NJW 2001, 1650, 1651 f = ZIP 2001, 524, 526 = ZInsO 2001, 318 = NZI 2001, 247 = EWiR 2001, 321 *[Eckardt]* = WuB VI G § 10 GesO 1.01 *[Lwowski/Tetzlaff]* [GesO]; **BGH** 7. 3. 2002 IX ZR 223/01 Z 150, 122 = NJW 2002, 1722 = ZIP 2002, 812 = ZInsO 2002, 426 = NZI 2002, 311 = EWiR 2002, 685 *[Ringstmeier]* = DZWIR 2002, 385 *[Dietrich]*; **BGH** 27. 3. 2008 IX ZR 29/07 NJW-Spezial 2008, 341; KG Berlin 29. 11. 2001 8 U 5537/00 KGR Berlin 2002, 61 = ZInsO 2002, 324 [GesO]; abw *Peschke* Insolvenz des Girokontoinhabers S 243 ff). An einem unanfechtbaren Bargeschäft fehlt es demnach, wenn eine Verrechnung zur Tilgung einer eigenen Forderung der Bank erfolgt (**BGH** 7. 3. 2002 IX ZR 223/01 Z 150, 122 = NJW 2002, 1722 = ZIP 2002, 812 = ZInsO 2002, 426 = NZI 2002, 311 = EWiR 2002, 685 *[Ringstmeier]* = DZWIR 2002, 385 *[Dietrich]*; **BGH** 17. 6. 2004 IX ZR 124/03 ZIP 2004, 1509 = ZInsO 2004, 856 = NZI 2004, 492 = EWiR 2004, 1043 *[Flitsch]* = WuB VI C § 129 InsO 2.04; **BGH** 24. 5. 2005 IX ZR 46/02 NZI 2005, 630; **BGH** 11. 10. 2007 IX ZR 195/04 Tz 6 ZIP 2008, 237 = ZInsO 2008, 163 = NZI 2008, 175 = WuB VI A § 142 InsO 1.08 *[Bitter/Rauch]*; **BGH** 26. 6. 2008 IX ZR 47/05 ZIP 2008, 1437 = ZInsO 2008, 803 = NZI 2008, 551 = EWiR 2008, 659 *[Schulz]*; **BGH** 7. 5. 2009 IX ZR 140/08 ZIP 2009, 1124 = NJW 2009, 2307 = ZInsO 2009, 1124 = NZI 2009, 436 [Einstellung eines Rückgriffsanspruchs aus der Inanspruchnahme wegen einer Bürgschaft ist keine unanfechtbare Bardeckung]; OLG Köln 29. 9. 2004 2 U 1/04 ZIP 2005, 222 = NZI 2005, 112; **BGH** 5. 2. 2009 IX ZR 78/07 ZIP 2009, 673 = ZInsO 2009, 659 [für die Rückgriffsforderung aus einer Bürgschaft]). Etwas anderes soll allerdings für die Verrechnung derjenigen eigenen, fälligen Kosten- und Zinsansprüche gelten, die der Bank speziell aus der Weiterführung der Kontoverbindung im fraglichen Zeitraum gebühren (KG Berlin 28. 11. 2003 7 U 145/02 KGR Berlin 2004, 221 = ZInsO 2004, 394; MK/*Kirchhof* § 142 Rn 13 b; vgl **BGH** 17. 6. 2004 IX ZR 2/01 ZIP 2004, 1464 = ZInsO 2004, 854 = NZI 2004, 491 = EWiR 2005, 253 *[Eckardt]* = WuB VI G § 10 GesO 2.04 [GesO]). Bislang offengelassen wurde die Frage, ob die so eben dargestellten Grundsätze auch auf ein im **Haben** geführtes **Konto** anwendbar sind, da Sollbuchungen auf einem solchen Konto keine Kreditgewährung darstellen (**BGH** 12. 2. 2004 IX ZR 98/03 NJW 2004, 1660 = ZIP 2004, 620 = ZInsO 2004, 342 = NZI 2004, 314 = EWiR 2004, 1141 *[Beutler]* = WuB VI C § 131 InsO 4.04; bejahend **OLG** Rostock 21. 8. 2003 1 U 197/01 OLGR Rostock 2003, 543 = ZIP 2003, 1805; ablehnend MK/*Kirchhof* § 142 Rn 13 b). In diesem Fall lässt die Bank den Schuldner nur über vorhandenes Guthaben verfügen, dies stellt aber gerade keine für ein Bargeschäft erforderliche unmittelbare Gegenleistung dar, so dass die Anfechtung nicht nach § 142 ausgeschlossen ist (*Bräuer,* Ausschluss der Insolvenzanfechtung bei Bargeschäften nach Maßgabe des § 142 InsO [2006], S 132; MK/*Kirchhof* § 142 Rn 13 b). Allerdings würde in diesen Fällen die Anfechtung gegenüber dem Empfänger der Anfechtung gegenüber der Bank vorgehen; siehe § 130 Rn 14 sowie § 129 Rn 87. Die vorstehenden Überlegungen gelten auch für die Gewährung von **Gesellschafterdarlehen** im Rahmen des Cash Pooling (dazu oben § 135 Rn 10); nicht privilegiert ist aber eine konzernweite Verrechnung auch mit anderen Gesellschaften als dem unmittelbaren Vertragspartner (*Lwowski/Wunderlich* WM 2004, 1511, 1517 f). Der **Austausch einer bereits bestellten Finanzsicherheit** gegen eine gleichwertige Sicherheit stellt ebenfalls ein Bargeschäft dar (ausführlich oben § 130 Rn 31C).

II. Voraussetzungen   § 142

Zu den Bargeschäften gehört nach hM auch das **echte Factoring,** da dem Anschlusskunden hier der 11
volle Gegenwert der Forderung gutgebracht wird, so dass eine Gläubigerbenachteiligung ausscheidet (**OLG** Bremen 24. 4. 1980 ZIP 1980, 539, 543; *Heidland* KTS 1970, 165, 174). Auch hier ist unerheblich, ob sich die Gegenleistung des Factors im Zeitpunkt der Eröffnung des Insolvenzverfahrens noch in der Insolvenzmasse befindet. Auch der iHv 10% übliche Sicherungseinbehalt, der einem Sperrkonto zugeführt wird, steht der Annahme eines Bargeschäfts nicht entgegen. Denn auch ohne das Factoring würde dem Anschlusskunden der entsprechende Betrag erst bei Fälligkeit der Forderung zur Verfügung stehen. Zahlt der Schuldner, wird aber auch der Einbehalt frei und sofort dem Kunden gutgeschrieben. Da die Beträge auf dem Sperrkonto zudem bis zu ihrer Umbuchung banküblich verzinst werden, kommt es auch insoweit zu keiner Gläubigerbenachteiligung. Dementsprechend schließt der Einbehalt weder die Unmittelbarkeit noch die Gleichwertigkeit aus. Probleme bereiten nur die Fälle, in denen der Factor zwar die Kundenforderungen zu angemessenen Bedingungen hereinnimmt, aber gegen den Anspruch des Anschlusskunden auf Gutschrift des Factoringerlöses mit Rückgriffsforderungen aus früheren Geschäften aufrechnet bzw die Gutschrift zur Rückführung eines debitorischen Kontos verwendet. Das kann bei Vorliegen der übrigen Voraussetzungen des § 130 eine Anfechtbarkeit wegen kongruenter Deckung begründen. Auch das unechte Factoring ist – sofern die Bedingungen angemessen sind – als Bargeschäft zu qualifizieren (MK/*Kirchhof* § 142 Rn 13 d). Auch ein **Mietverhältnis** stellt ein Bargeschäft dar, wenn der Mietgebrauch gegen Mietzinszahlung gewährt wird und der Leistungstausch in zeitlich und tatsächlich unmittelbarem Zusammenhang erfolgt (**BGH** 10. 6. 2008 XI ZR 283/07 ZIP 2008, 1977 = NJW 2008, 3348 = ZInsO 2008, 1076 = EWiR 2008, 625 *[Keller]*); dies ist der Fall bei monatlicher Mietzinszahlung (**BGH** 2. 2. 2006 IX ZR 67/02 Z 166, 125 = NJW 2006, 1800 = ZIP 2006, 578 = ZInsO 2006, 322 = NZI 2006, 287 = WuB VI A § 135 InsO 2.06 *[Servatius]*). Gleiches gilt für die Zahlung von **Leasingraten** (**BGH** 10. 6. 2008 XI ZR 283/07 ZIP 2008, 1977 = NJW 2008, 3348 = ZInsO 2008, 1076 = EWiR 2008, 625 *[Keller]*). Schließlich ist auch der ordnungsgemäß abgewickelte Leistungsaustausch in einem **Arbeitsverhältnis** ein Bargeschäft (*Bork* ZIP 2007, 2337, 2338 f; *Sauer* ZInsO 2006, 1200, 1203; unerheblich gewesen in **BGH** 19. 2. 2009 IX ZR 62/08 Tz 12 ff Z 180, 63 = ZIP 2009, 726 = NJW 2009, 1202 = ZInsO 2009, 515 = NZI 2009, 228 = EWiR 2009, 275 *[Bork]*).

Die Gegenleistung muss in das **Vermögen** des Schuldners gelangt sein. Eine **Vorteilsausgleichung** 12
scheidet schon deshalb aus, weil das Gesetz nur eine Leistung privilegiert, „für die" unmittelbar eine Gegenleistung in das Vermögen des Schuldners gelangt (KP-*Paulus* § 142 Rn 16; dazu auch unten § 143 Rn 23). Ob sie im Vermögen des Schuldners – etwa wegen der Beschränkungen des § 811 Abs 1 ZPO – in gleicher Weise dem Haftungszugriff unterliegt wie die durch die Rechtshandlung des Schuldners ausgeschiedene Leistung, ist unerheblich; der Gleichwertigkeit steht dies nicht entgegen (KP-*Paulus* § 142 Rn 11). Keine dem Gläubigerzugriff zur Verfügung stehende Gegenleistung gelangt bei der **Abführung von Sozialversicherungsbeiträgen** in das Vermögen des Schuldners. Denn die durch das kassenärztliche Versicherungssystem bereitgestellten Leistungen bereichern nicht die Masse, und die Gegenleistung der Arbeitnehmer in Form ihrer Arbeitsleistung stammt nicht vom Anfechtungsgegner (**BGH** 9. 6. 2005 IX ZR 152/03 ZIP 2005, 1243 = ZInsO 2005, 766 = NZI 2005, 497= EWiR § 131 InsO 2/2005, 829 *[Paulus]* = WuB VI A § 131 InsO 1.05 *[Kirchhof]*; **BGH** 8. 12. 2005 IX ZR 182/01 NJW 2006, 1348 = ZIP 2006, 290 = ZInsO 2006, 94 = NZI 2006, 159 = WuB VI A § 131 InsO 4.06 *[Kirchhof]*; siehe bereits oben Rn 6).

3. Zeitlicher Zusammenhang von Leistung und Gegenleistung. Schließlich muss zwischen Leistung 13
und Gegenleistung ein **enger zeitlicher Zusammenhang** bestehen. Das folgt aus dem Wort „unmittelbar". Jegliches Kreditieren gegenüber dem Schuldner schließt daher die Annahme eines Bargeschäfts aus (**BGH** 13. 4. 2006 IX ZR 158/05 Tz 33 Z 167, 190 = NJW 2006, 2701 = ZIP 2006, 1261 = ZInsO 2006, 712 = NZI 2006, 469 = EWiR 2007, 117 *[Pape]* = WuB VI A § 133 InsO 1.06 *[Paulus]*; OLG Hamm 14. 6. 2005 27 U 85/04 ZIP 2006, 433 = ZInsO 2006, 776 von **BGH** 9. 11. 2006 IX ZR 133/05 ZIP 2007, 35 = ZInsO 2006, 1321 = NZI 2007, 98 = EWiR 2007, 83 *[Neußner]* = WuB VI A § 140 InsO 1.07 *[Bartels]* ohne weiteren Ausführungen bestätigt]; *Eckardt* ZInsO 2004, 888, 892 f; *Lwowski/Wunderlich* WM 2004, 1511, 1514 f; siehe aber unten Rn 14), vor allem wenn der Neukredit und die Neubesicherung dieses Kredits im Schuldnervermögen dazu dient, nicht oder nicht genügend abgesicherte Altkredite des Kreditgebers abzulösen. Auch ein Zahlungsaufschub durch **Stundung** schließt die Annahme eines unmittelbaren zeitlichen Zusammenhangs aus (**BGH** 19. 12. 2002 IX ZR 377/99 ZIP 2003, 488 = ZInsO 2003, 324 = NZI 2003, 253 = EWiR 2003, 427 *[Gerhardt]* [KO]). Ferner stellt das **Stehenlassen einer Darlehensforderung** keine ausgleichende Gegenleistung dar, weil allein damit dem Schuldner kein neuer Vermögenswert zugeführt wird (**BGH** 29. 11. 2007 IX ZR 30/07 Z 174, 297 = NJW 2008, 430 = ZIP 2008, 183 = ZInsO 2008, 91 = NZI 2008, 89 = EWiR 2008, 187 *[Ries]* = WuB VI A § 130 InsO 2.08 *[Schönfelder]*; siehe dazu auch § 134 Rn 18B. Aus diesem Grund stellt der Austausch von Sicherungen im Rahmen einer **Globalzession** regelmäßig kein Bargeschäft dar; insbesondere besteht im Rahmen einer Globalzession kein für ein Bargeschäft ausreichender Zusammenhang zwischen den ausscheidenden und den hinzukommenden Forderungen, denn der Erwerb der neuen Forderung erfolgt unabhängig vom Bestand der vorhandenen Forderungen (**BGH** 29. 11.

§ 142 Bargeschäft

2007 IX ZR 30/07 Z 174, 297 = NJW 2008, 430 = ZIP 2008, 183 = ZInsO 2008, 91 = NZI 2008, 89 = EWiR 2008, 187 *[Ries]* = WuB VI A § 130 InsO 2.08 *[Schönfelder]*; bestätigt in BGH 26. 6. 2008 IX ZR 47/05 ZIP 2008, 1437 = ZInsO 2008, 803 = NZI 2008, 551 = EWiR 2008, 659 *[Schulz]*; Bork ZIP 2008, 1041, 1045; Eßbauer ZInsO 2008, 598, 601 f; abw Kuder ZInsO 2006, 1065, 1069 ff). Insofern kann der Forderungstausch im Rahmen einer Globalzession nicht mit der Situation im Rahmen einer Kontokorrentverrechnung gleichgesetzt werden. Zur Anfechtung wegen kongruenter Deckung siehe § 131 Rn 16.

14 Allerdings steht ein **gewisser zeitlicher Abstand** zwischen den einzelnen Akten eines Leistungsaustauschs der Annahme eines Bargeschäfts (noch) nicht entgegen (BGH 17. 11. 1958 Z 28, 344, 347 = MDR 1959, 106, 189 *[Pohle]* = LM § 30 KO Nr 3 *[Haager]*; BGH 21. 12. 1977 Z 70, 177 = NJW 1978, 758 = KTS 1978, 215 = LM § 30 KO Nr 33 *[Hoffmann]* = JR 1979, 24 *[Olzen]*; BGH 13. 4. 2006 IX ZR 158/05 Tz 31 Z 167, 190 = NJW 2006, 2701 = ZIP 2006, 1261 = ZInsO 2006, 712 = NZI 2006, 469 = EWiR 2007, 117 *[Pape]* = WuB VI A § 133 InsO 1.06 *[Paulus]*; BGH 29. 5. 2008 IX ZR 42/07 ZIP 2008, 1241 = ZInsO 2008, 749 = NZI 2008, 482; OLG Düsseldorf 4. 6. 1982 ZIP 1982, 860; OLG Köln 16. 3. 1962 MDR 1962, 997). Ist der Wille der Beteiligten ernstlich auf Barzahlung gerichtet, kann daher auch eine kurze Zahlungsverzögerung den Charakter als Bargeschäft noch nicht in Frage stellen (RG 18. 1. 1929 KuT 1929, 40; KG 21. 10. 1927 KuT 1928, 47; vgl auch RG 26. 4. 1932 Z 136, 152; BGH 9. 2. 1955 NJW 1955, 709 = KTS 1955, 139; BGH 21. 5. 1980 NJW 1980, 1961 = ZIP 1980, 518 = KTS 1980, 371, 372). Auch ein Zug-um-Zug Zahlung ist nicht erforderlich (BGH 13. 4. 2006 IX ZR 158/05 Tz 31 Z 167, 190 = NJW 2006, 2701 = ZIP 2006, 1261 = ZInsO 2006, 712 = NZI 2006, 469 = EWiR 2007, 117 *[Pape]* = WuB VI A § 133 InsO 1.06 *[Paulus]*). Die Abgrenzung zwischen einer nicht von § 142 InsO erfassten Kreditgewährung und einer nur geringfügigen Verzögerung des Leistungsaustausches, die der Annahme eines Bargeschäfts nicht entgegensteht, ist eine Frage des Einzelfalles (BGH 19. 12. 2002 IX ZR 377/99 ZIP 2003, 488 = ZInsO 2003, 324 = NZI 2003, 253 = EWiR 2003, 427 *[Gerhardt]* [KO]; BGH 29. 5. 2008 IX ZR 42/07 ZIP 2008, 1241 = ZInsO 2008, 749 = NZI 2008, 482); zur **Vorleistung** siehe auch Rn 15. Selbst die Abrede kurzfristiger Nachlieferung braucht nicht unbedingt gegen ein Bargeschäft zu sprechen. Ein Bargeschäft ist auch nicht ausgeschlossen, wenn zwischen Lieferung, Rechnungsstellung und Scheckbegebung ein Zeitraum von ca zwei Wochen liegt (BGH 21. 5. 1980 NJW 1980, 1961 = ZIP 1980, 518 = KTS 1980, 371; OLG Düsseldorf 4. 6. 1982 ZIP 1982, 860). Ob das für alle Kaufverträge gelten kann, ist aber unsicher (HK-*Kreft* § 142 Rn 5). Entscheidend sind die im Lieferbereich üblichen Zahlungsbräuche und eine „wirtschaftliche Einheitsbetrachtung" (BGH 9. 2. 1955 NJW 1955, 709 = KTS 1955, 139; BGH 26. 1. 1977 NJW 1977, 718; BGH 13. 4. 2006 IX ZR 158/05 Tz 31 Z 167, 190 = NJW 2006, 2701 = ZIP 2006, 1261 = ZInsO 2006, 712 = NZI 2006, 469 = EWiR 2007, 117 *[Pape]* = WuB VI A § 133 InsO 1.06 *[Paulus]*; OLG Düsseldorf 4. 6. 1982 ZIP 1982, 860; Karsten Schmidt WM 1983, 490, 493; kritisch KP-*Paulus* § 142 Rn 5). Canaris (FS Einhundert Jahre Konkursordnung, S 73, 82 ff) und ihm folgend Karsten Schmidt (WM 1983, 490, 494) wollten daher unter dem alten Recht ganz auf das Zeitmoment bei der Beurteilung des Bargeschäfts verzichten, da der zeitliche Zusammenhang nicht zu seinen tatbestandsmäßigen Voraussetzungen gehöre. Der Bundesgerichtshof war bislang bei der Beurteilung des zeitlichen Zusammenhangs zwischen Lieferung und Leistung bei **Warenlieferungen** noch relativ streng (BGH 21. 5. 1980 NJW 1980, 1961 = ZIP 1980, 518 = KTS 1980, 371; Karsten Schmidt WM 1983, 490, 493). Eine Zeitspanne von einer Woche zwischen Lieferung und Zahlung ist danach jedenfalls nicht zu lang, um ein Bargeschäft anzunehmen (BGH 29. 5. 2008 IX ZR 42/07 ZIP 2008, 1241 = ZInsO 2008, 749 = NZI 2008, 482; anders für einen Zeitraum von mehr als 30 Tagen BGH 21. 6. 2007 IX ZR 231/04 NZI 2007, 517, 6518 = ZIP 2007, 1469 = WM 2007, 1616 = WuB VI A § 130 InsO 1.08 *[Kreft]*). Bei Nutzung des Einzugsermächtigungsverfahren ist für die Bestimmung des zeitlichen Zusammenhangs auf den **Zeitpunkt des Lastschrifteinzugs** abzustellen und nicht auf den Zeitpunkt der Genehmigung der Abbuchung, da bereits im Zeitpunkt des Lastschrifteinzugs der Zahlungsvorgang faktisch – und mit Genehmigung der Abbuchung auf Grund deren Rückwirkung nach § 184 Abs 1 BGB auch rechtlich – abgeschlossen ist (BGH 29. 5. 2008 IX ZR 42/07 ZIP 2008, 1241 = ZInsO 2008, 749 = NZI 2008, 482; BGH 10. 6. 2008 XI ZR 283/07 ZIP 2008, 1977 = NJW 2008, 3348 = ZInsO 2008, 1076 = EWiR 2008, 625 *[Keller]*; BGH 2. 4. 2009 IX ZR 171/07 ZInsO 2009, 869 [Leasingvertrag]; aA Jaeger/*Henckel* § 142 Rn 16; *Zeuner* Anfechtung S 51; *Werres* ZInsO 2008, 1065, 1066 ff; siehe dazu oben § 140 Rn 5B). Großzügiger verfährt die Rechtsprechung bei **Kreditgeschäften** (BGH 17. 11. 1958 Z 28, 344 = MDR 1959, 106, 189 *[Pohle]* = LM § 30 KO Nr 3 *[Haager]*; BGH 26. 1. 1977 NJW 1977, 718; BGH 21. 12. 1977 Z 70, 177 = NJW 1978, 758 = KTS 1978, 215 = LM § 30 KO Nr 33 *[Hoffmann]* = JR 1979, 24 *[Olzen]*; BGH 27. 9. 1984 WM 1984, 1430). Hier kann Bardeckung anzunehmen sein, wenn jemand dem späteren Verfahrensschuldner einen Betrag darlehensweise mit der Abrede überlässt, zur Absicherung der Rückzahlungsforderung eine Hypothek zu bestellen, was der Darlehensschuldner auch tut, aber gleichwohl erst einen Monat später im Grundbuch vollzogen wird (BGH 9. 2. 1955 NJW 1955, 709 = KTS 1955, 139; BGH 26. 1. 1977 NJW 1977, 718, 719). Ebenso kann ein unmittelbarer Leistungsaustausch angenommen werden, wenn ein im Grundbuch noch nicht Eingetragener verspricht, eine Grundschuld eintragen zu lassen, die hierzu notwendigen Maßnahmen sofort in die Wege leitet und dem Darlehensgeber eine dem § 29 GBO entspre-

II. Voraussetzungen   **§ 142**

chende Eintragungsbewilligung aushändigt, die Eintragung der Grundschuld aber wegen des Erfordernisses der Voreintragung (§ 39 GBO) erst zweieinhalb Monate nach der Vereinbarung von Darlehensgeber und Darlehensnehmer vorgenommen wird (**BGH** 26. 1. 1977 NJW 1977, 718, 719; **BGH** 27. 9. 1984 WM 1984, 1430; OLG Hamburg 26. 10. 1984 ZIP 1984, 1373). Das ergibt sich heute auch aus § 140 Abs 2 (KP-*Paulus* § 142 Rn 6). Ein Zeitraum von sechs Monaten zwischen Darlehensgewährung und der Abtretung einer Grundschuld zu Sicherungszwecken ist aber zu lang (**OLG Brandenburg** 21. 3. 2002 8 U 71/01 ZIP 2002, 1902 = ZInsO 2002, 929). Bei der Abtretung künftiger Forderungen ist ein Bargeschäft nur dann anzunehmen, wenn die Forderungen innerhalb von zwei Wochen entstehen (**OLG Hamm** 14. 6. 2005 27 U 85/04 ZIP 2006, 433 = ZInsO 2006, 776). Bei der Saldierung von **Soll- und Habenbuchungen im Rahmen eines debitorisch geführten Kontos** hat der BGH den erforderlichen unmittelbaren Leistungsaustausch jedenfalls dann als gegeben angesehen, wenn zwischen den Buchungen weniger als zwei Wochen vergehen (**BGH** 25. 2. 1999 IX ZR 353/98 NJW 1999, 3264, 3266 = ZIP 1999, 665, 668 = ZInsO 1999, 289 = NZI 1999, 194 = EWiR 1999, 789 *[Tappmeier]* = WuB VI G § 2 GesO 2.99 *[Smid]*; [die Zwischenräume unterschritten hier allerdings stets eine Woche]); **BGH** 25. 1. 2001 IX ZR 6/00 NJW 2001, 1650, 1651 f = ZIP 2001, 524, 526 = ZInsO 2001, 318 = NZI 2001, 247 = EWiR 2001, 321 *[Eckardt]* = WuB VI G § 10 GesO 1.01 *[Lwowski/Tetzlaff]* [GesO] [offen lassend für einen Zeitraum von einem Monat]; **BGH** 7. 3. 2002 IX ZR 223/01 Z 150, 122 = NJW 2002, 1722 = ZIP 2002, 812 = ZInsO 2002, 426 = NZI 2002, 311 = EWiR 2002, 685 *[Ringstmeier]* = DZWIR 2002, 385 *[Dietrich]*; **BGH** 17. 6. 2004 IX ZR 2/01 ZIP 2004, 1464 = ZInsO 2004, 854 = NZI 2004, 491 = EWiR 2005, 253 *[Eckardt]* = WuB VI G § 10 GesO 2.04 [GesO]; dazu auch *de Bra* NZI 1999, 249, 253 f; *Heublein* ZIP 2000, 161, 171; *Steinhoff* ZIP 2000, 1141, 1148 ff); die Abrechnungsperiode des Kontokorrents ist insoweit kein geeigneter Maßstab (**BGH** 25. 1. 2001 IX ZR 6/00 NJW 2001, 1650, 1651 f = ZIP 2001, 524, 526 = ZInsO 2001, 318 = NZI 2001, 247 = EWiR 2001, 321 *[Eckardt]* = WuB VI G § 10 GesO 1.01 *[Lwowski/Tetzlaff]*; abw *Tappmeier* EWiR § 10 GesO 5/2000, 493, 494 zu OLG Brandenburg 8. 12. 1999 NZI 2000, 325 = ZIP 2000, 366 [Ls]). Die Obergrenze sollte bei etwa einem Monat liegen (MK/*Kirchhof* § 142 Rn 18 a); stets zu lang ist aber jedenfalls ein Zeitraum von drei Monaten zwischen den Buchungen (**BGH** 25. 1. 2001 IX ZR 6/00 NJW 2001, 1650, 1651 f = ZIP 2001, 524, 526 = ZInsO 2001, 318 = NZI 2001, 247 = EWiR 2001, 321 *[Eckardt]* = WuB VI G § 10 GesO 1.01 *[Lwowski/Tetzlaff]* [GesO]; eine sechswöchige Genehmigungsfrist für zu lang haltend auch **LG Oldenburg** 7. 9. 2006 1 S 861/05 NZI 2007, 53). Abzustellen iat auf den gesamten von der Anfechtung erfassten Zeitraum (MK/*Kirchhof* § 142 Rn 18 a). Auch eine länger andauernde Vertragsbeziehung im Rahmen eines **Dienst- oder Werkverhältnisses**, so zB bei der Beauftragung eines Rechtsanwalts oder Steuerberaters, kann ein Bargeschäft sein (**BGH** 13. 4. 2006 IX ZR 158/05 Tz 32 Z 167, 190 = NJW 2006, 2701 = ZIP 2006, 1261 = ZInsO 2006, 712 = NZI 2006, 469 = EWiR 2007, 117 *[Pape]* = WuB VI A § 133 InsO 1.06 *[Paulus]*; **BGH** 6. 12. 2007 IX ZR 113/06 Tz 20 NJW 2008, 659 = ZIP 2008, 232 = ZInsO 2008, 101 = NZI 2008, 173; *Bork* ZIP 2008, 1041, 1046). Jedoch gilt bei längerfristigen **Vorleistungen**, dass diese nicht unter die Bargeschäftsprivilegierung fallen und zwar auch dann nicht, wenn es sich nicht um eine Stundung oder sonstige Kreditierung handelt. Bei längeren Vertragsbeziehungen ist daher zu verlangen, dass Leistungen und Gegenleistungen zeitlich oder gegenständlich teilbar sind und zeitnah entweder in Teilen oder abschnittsweise ausgetauscht worden sind. So fehlt es an einem unmittelbaren Leistungsaustausch, wenn zwischen Beginn der **anwaltlichen Tätigkeit** und der Gegenleistung mehr als 30 Tage liegen (**BGH** 13. 4. 2006 IX ZR 158/05 Tz 35 Z 167, 190 = NJW 2006, 2701 = ZIP 2006, 1261 = ZInsO 2006, 712 = NZI 2006, 469 = EWiR 2007, 117 *[Pape]* = WuB VI A § 133 InsO 1.06 *[Paulus]*; **BGH** 6. 12. 2007 IX ZR 113/06 Tz 20 NJW 2008, 659 = ZIP 2008, 232 = ZInsO 2008, 101 = NZI 2008, 173; **BGH** 18. 9. 2008 IX ZR 134/05 NZG 2008, 902); Entsprechendes gilt für die Tätigkeit eines **Wirtschaftsprüfers** (**BGH** 12. 10. 2006 IX ZR 228/03 ZIP 2006, 2222 = ZInsO 2006, 1210 = NZI 2007, 36 = EWiR 2007, 113 *[Wagner]* = WuB VI A § 130 InsO 1.07 *[Bruns]*). Zugleich wird die Bargeschäftsausnahme überschritten, wenn der Anwalt einen Vorschuss geltendmacht, der eine wertäquivalente Vergütung für die jeweils nächsten 30 Tage überschreitet (**BGH** 13. 4. 2006 IX ZR 158/05 Tz 36 aaO; **BGH** 6. 12. 2007 IX ZR 113/06 Tz 20 aaO [bzgl der Ausarbeitung eines Insolvenzplanes]; **BGH** 18. 9. 2008 IX ZR 134/05 NZG 2008, 902). Bei **Dauerschuldverhältnissen** entscheidet nicht der Abstand zwischen Vertragsschluss und Zahlung, sondern derjenige zum vorher festgelegten Termin (**BGH** 18. 7. 2002 IX ZR 195/01 Z 151, 353, 370 f = NJW 2002, 3326 = ZIP 2002, 1625). Eine Leistung zwei Monate nach Fälligkeit ist daher kein Bargeschäft mehr (**BGH** 18. 7. 2002 IX ZR 480/00 NJW 2002, 3252 f = ZIP 2002, 1540 = WuB VI B § 30 Nr 1 KO 1.03 *[Hefermehl]*; hierzu *H. Meyer* DZWIR 2003, 6 ff). Bei fehlender Vereinbarung von Fälligkeitsterminen scheidet ein Bargeschäft schon bei einer Zahlung von mehr als 30 Tagen nach der Leistung aus (**BGH** 13. 4. 2006 IX ZR 158/05 Z 167, 190, 201 f = NZI 2006, 469 = ZIP 2006, 1261 = WuB VI A § 133 InsO 1.06 *[Paulus]* = EWiR § 131 InsO 1/2007, 117 *[Pape]*).

Hat der **Schuldner vorgeleistet**, spricht eine **verzögerte Erbringung der Gegenleistung** aber gegen die 15
Annahme eines Bargeschäfts: denn der Schuldner konnte nicht wie geplant mit der versprochenen Gegenleistung arbeiten; Anfechtung sollte daher möglich sein (bestätigt durch **BGH** 13. 4. 2006 IX ZR 158/05 Tz 28 Z 167, 190 = NJW 2006, 2701 = ZIP 2006, 1261 = ZInsO 2006, 712 = NZI 2006, 469 = EWiR 2007, 117 *[Pape]* = WuB VI A § 133 InsO 1.06 *[Paulus]*; **BGH** 10. 5. 2007 IX ZR 146/05 ZIP

2007, 1162 = ZInsO 2007, 662 = NZI 2007, 456 = EWiR 2007, 471 *[Huber]* = WuB VI A § 131 InsO 5.07 *[Schönfelder]*; HK-*Kreft* § 142 Rn 6; abw *Henckel* in: Insolvenzrecht im Umbruch, 1991, S 239, 251; *Lwowski/Wunderlich* WM 2004, 1511, 1514f [für Verzögerungen, die nicht aus der Schuldnersphäre resultieren]). Für eine Vorleistung des Schuldners gelten daher die gleichen zeitlichen Grundsätze wie für Vorleistungen des Anfechtungsgegners (**BGH** 13. 4. 2006 IX ZR 158/05 Tz 28 Z 167, 190 = NJW 2006, 2701 = ZIP 2006, 1261 = ZInsO 2006, 712 = NZI 2006, 469 = EWiR 2007, 117 *[Pape]* = WuB VI A § 133 InsO 1.06 *[Paulus]*). Ferner können Vorleistungen des Schuldners nur unter die Bargeschäftsausnahme fallen, wenn der Anspruchsgegner einen Anspruch auf den Vorschuss hatte (etwa nach § 614 BGB; **BGH** 13. 4. 2006 IX ZR 158/05 Tz 28 Z 167, 190 = NJW 2006, 2701 = ZIP 2006, 1261 = ZInsO 2006, 712 = NZI 2006, 469 = EWiR 2007, 117 *[Pape]* = WuB VI A § 133 InsO 1.06 *[Paulus]*; KP-*Paulus* § 142 Rn 7); zum Mietverhältnis oben Rn 11.

16 **4. Beweislast.** Nach allgemeinen zivilprozessualen Beweisgrundsätzen obliegt es dem Anfechtungsgegner, den positiven Nachweis einer unmittelbar erbrachten, gleichwertigen Gegenleistung zu erbringen, was die Durchsetzung von Anfechtungsansprüchen deutlich erleichtert (so zur KO **BGH** 1. 10. 2002 IX ZR 360/99 NJW 2003, 360 = ZIP 2002, 2182 = ZInsO 2002, 1136 = NZI 2003, 34 = EWiR 2003, 29 *[Huber]* = WuB VI B § 30 Nr 2 KO 1.03 *[Tetzlaff]* ebenso für das neue Recht KP-*Paulus* § 142 Rn 17; *Paulus* ZInsO 1999, 242, 247).

17 Obwohl § 133 Abs 2 nicht genannt ist, ist jedenfalls die darin enthaltene Beweislastregel als in der Verweisung des § 142 mit eingeschlossen anzusehen (*Lwowski/Wunderlich* WM 2004, 1511, 1515; abw Gottwald/*Huber* InsR HdB § 46 Rn 59); denn § 133 Abs 2 bildet keinen selbstständigen Tatbestand (dazu oben § 133 Rn 33). Bei mit **nahe stehenden Personen** geschlossenen entgeltlichen Verträgen ist der Insolvenzverwalter daher in jedem Fall auch im Falle einer Bardeckung nicht darauf angewiesen, den Vorsatz des Schuldners und die Kenntnis der nahe stehenden Person zu beweisen (*Henckel* KS-InsO S 813, 835). Im Hinblick auf die auch bei Bargeschäften erforderliche Gleichwertigkeit der Gegenleistung kann es aber an einer Gläubigerbenachteiligung fehlen.

§ 143 Rechtsfolgen

(1) ¹Was durch die anfechtbare Handlung aus dem Vermögen des Schuldners veräußert, weggegeben oder aufgegeben ist, muß zur Insolvenzmasse zurückgewährt werden. ²Die Vorschriften über die Rechtsfolgen einer ungerechtfertigten Bereicherung, bei der dem Empfänger der Mangel des rechtlichen Grundes bekannt ist, gelten entsprechend.

(2) ¹Der Empfänger einer unentgeltlichen Leistung hat diese nur zurückzugewähren, soweit er durch sie bereichert ist. ²Dies gilt nicht, sobald er weiß oder den Umständen nach wissen muß, daß die unentgeltliche Leistung die Gläubiger benachteiligt.

(3) ¹Im Fall der Anfechtung nach § 135 Abs. 2 hat der Gesellschafter, der die Sicherheit bestellt hatte oder als Bürge haftete, die dem Dritten gewährte Leistung zur Insolvenzmasse zu erstatten. ²Die Verpflichtung besteht nur bis zur Höhe des Betrags, mit dem der Gesellschafter als Bürge haftete oder der dem Wert der von ihm bestellten Sicherheit im Zeitpunkt der Rückgewähr des Darlehens oder der Leistung auf die gleichgestellte Forderung entspricht. ³Der Gesellschafter wird von der Verpflichtung frei, wenn er die Gegenstände, die dem Gläubiger als Sicherheit gedient hatten, der Insolvenzmasse zur Verfügung stellt.

Früherer § 37 KO. Neu sind die beiden Sätze 2. § 162 RegE ohne Änderungen im Gesetzgebungsverfahren. Abs 3 angefügt durch Art 9 Nr 9 MoMiG vom 23. 10. 2008 (BGBl. I, S 2026) mWv 1. 11. 2008.

Übersicht

	Rn
I. Allgemeines	1
1. „Dingliche" und „Schuldrechtliche" Theorie	1
2. „Haftungsrechtliche Theorie"	3
3. Aus- oder Absonderungsrecht in der Insolvenz des Anfechtungsgegners	4
4. Wirkung zugunsten der Insolvenzgläubiger	4B
II. Inhalt der Rückgewährpflicht (Abs 1)	5
1. Grundsatz	5
a) Veräußerungsvorgänge	6
b) Pfandrechts- und Hypothekenbestellungen	12
c) Erlöschen von Rechten	14
d) Unterlassungen	17
e) Umfang des Rückgewähranspruchs	19
2. Erfordernis der Massezugehörigkeit	20
3. Keine Vorteilsausgleichung und keine Aufrechnung	23
4. Wertersatz bei Unmöglichkeit der Rückgewähr	25
a) Grundsatz	25
b) Umfang des Wertersatzanspruchs	28

I. Allgemeines § 143

	Rn
5. Nutzungen	34
6. Werterhöhungen und -minderungen	37
III. Durchführung der Rückgewähr	42
1. Rückgewährschuldner	42
2. Auskunftspflicht	45
3. Rückgewähr zur Insolvenzmasse	47
IV. Privilegierung der Empfänger unentgeltlicher Leistungen (Abs 2)	49
1. Voraussetzungen	50
2. Umfang des Anspruchs	53
3. Beweislast	55
V. Rückgewähr bei gesellschafterbesicherten Drittdarlehen (Abs 3)	56A
VI. Verfahrensrechtliche Fragen	57
1. Allgemeines	57
2. Klageart	58
3. Klageänderung	62
4. Zuständigkeit	63
a) Rechtsweg und funktionelle Zuständigkeit	63
b) Sachliche Zuständigkeit	67
c) Örtliche Zuständigkeit	69
d) Gerichtsstand bei Anfechtung einer Pfändung	72
e) Gerichtsstand der belegenen Sache	75
5. Hinweis- und Aufklärungspflicht	76
6. Urteil	77
7. Kosten	78
a) Kostentragung	78
b) Prozesskostenhilfe	80
8. Sicherung des Anspruchs	82

I. Allgemeines

1. „Dingliche" und „Schuldrechtliche" Theorie. Wie die Rechtsfolge der Anfechtung einzuordnen ist, 1 ist (oder war?) Gegenstand eines seit Jahrzehnten bestehenden Streits. Nach der **Dinglichkeitslehre** (*Hellwig* ZZP 26 [1899], 474, 478) sollte die Anfechtung die Nichtigkeit der Rechtshandlung zur Folge haben und diese *ex tunc* (dinglich) beseitigen. Das findet im Gesetz keine Stütze und führt zu unannehmbaren und unbilligen Ergebnissen (**RG** 11. 12. 1917 Z 91, 367, 369 f). Dies gilt selbst dann, wenn man die dingliche Wirkung auf eine relative Unwirksamkeit beschränken würde (so *Marotzke* KTS 1987, 1, 5; *ders* ZG 1989, 138, 141; iE auch *Nowack* KTS 1992, 161, 175). § 143 Abs 1 Satz 1 charakterisiert nach Auffassung der **herrschenden Meinung** den Anfechtungsanspruch demgegenüber als einen **schuldrechtlichen Anspruch** auf Rückgewähr, der bei übereigneten Sachen auf Rückübereignung geht. Bei Ausübung des Anfechtungsrechts wird daher nicht ein Gestaltungsrecht ausgeübt, sondern dieser bereits bestehende schuldrechtliche Anspruch auf Rückgewähr geltend gemacht (**BGH** 29. 4. 1986 IX ZR 145/85 NJW-RR 1986, 991 = ZIP 1986, 787, 790 = KTS 1986, 669 = EWiR § 38 KO 1/86, 707 [*Gerhardt*]; mwN; **BGH** 29. 4. 1986 IX ZR 163/85 Z 98, 6, 9 = NJW 1986, 2252 = ZIP 1986, 928 [AnfG] mwN; **BGH** 5. 2. 1987 Z 100, 36, 42 = NJW 1987, 1703 = ZIP 1987, 601 = KTS 1987, 295 = JR 1987, 410 [*Gerhardt*] = EWiR § 11 AnfG 1/87, 427 [*Henckel*]; **BGH** 9. 7. 1987 Z 101, 286, 288 = NJW 1987, 2821 = ZIP 1987, 1132 = KTS 1988, 125; **BGH** 1. 12. 1988 Z 106, 127, 129 = NJW 1989, 985 = ZIP 1989, 48 = KTS 1989, 406 = EWiR § 41 KO 1/89, 183 [*Ackmann*]; **BGH** 11. 1. 1990 NJW 1990, 990 = ZIP 1990, 246 = KTS 1990, 460, 429 [*Werner*] = IPRax 1991, 162 [*Flessner/Schulz*] = EWiR Art 1 EuGVÜ 1/90, 257 [*Balz*]; **BGH** 15. 12. 1994 Z 128, 184, 194 = NJW 1995, 659, 662 = ZIP 1995, 134, 138; **BGH** 20. 3. 1997 Z 135, 140, 149 = NJW 1997, 1857 = ZIP 1997, 737 = EWiR § 37 KO 1/97, 943 [*Henckel*]; **BGH** 21. 9. 2006 IX ZR 235/04 NJW-RR 2007, 121 = ZIP 2006, 2176 = ZInsO 2006, 1217 = NZI 2007, 42 = WuB VI A § 143 InsO 1.07 [*Kreft*]; **BGH** 24. 5. 2007 IX ZR 105/05 ZIP 2007, 1274 = ZInsO 2007, 658 = NZI 2007, 452 = EWiR 2007, 667 [*Homann*] = WuB VI A § 140 InsO 2.08 [*Kreft*]; zuvor **RG** 11. 12. 1917 Z 91, 367, 369; **RG** 24. 9. 1921 Z 103, 113, 121; **BGH** 3. 12. 1954 Z 15, 333, 337; **BGH** 31. 10. 1956 Z 22, 128, 134 = NJW 1957, 137 = MDR 1957, 216 [*Thieme*]; weit Nachw in der 12. Aufl § 129 Rn 134; dazu *Häsemeyer* Rn 21.7b; HK-*Kreft* § 129 Rn 69; Jaeger/*Henckel* § 143 Rn 3 ff). Deshalb ist der Insolvenzverwalter, der einen vom späteren Verfahrensschuldner abgeschlossenen **gegenseitigen Vertrag** nach den §§ 129 ff angefochten hat, insolvenzrechtlich nicht gehindert, von der Verfolgung des Rückgewähranspruchs abzusehen und nach § 103 Erfüllung des Vertrages zu verlangen (**BGH** 25. 4. 1962 NJW 1962, 1200, 1201 = KTS 1962, 166). Im umgekehrten Fall, dass der Verwalter zunächst die Erfüllung des Vertrages verlangt hat, ist eine spätere Anfechtung aber wegen unzulässigen Widerrufs ausgeschlossen (MK/*Kirchhof* § 143 Rn 16 a [mit weiteren Details zur Abwicklung gegenseitiger Verträge]; HmbKomm/*Rogge* § 143 Rn 105). Wegen seines schuldrechtlichen Charakters kann der Insolvenzverwalter auch die Ausübung des Anspruchs an **Bedingungen** knüpfen (KP-*Paulus* § 143 Rn 2). Die Tatsache, dass § 143 einen „Anspruch" auf Rückgewähr einräumt, heißt allerdings nicht, dass die Anfechtung immer nur auf der Grundlage eines An-

§ 143

spruchs durchgesetzt werden könnte. Vielmehr kommt auch die schlichte (einredeweise) **Berufung auf die Unwirksamkeit anfechtbarer Rechtshandlungen** in Betracht, etwa bei prozessrechtlichen Handlungen (vgl § 146 Abs 2; KP-*Paulus* § 143 Rn 3 f). Eine (ausdrückliche) „Geltendmachung" des Anfechtungsanspruchs ist in allen diesen Fällen ebenso wenig erforderlich wie die Benennung bestimmter Anfechtungstatbestände (**BGH** 19. 3. 1992 Z 117, 374, 380 f = ZIP 1992, 629, 631 = KTS 1992, 451 = EWiR § 41 KO 1/92, 687 *[Uhlenbruck]*; **BGH** 30. 9. 1993 Z 123, 320, 322 = NJW 1993, 3267 = ZIP 1993, 1653 = KTS 1994, 116 = LM § 30 KO Nr 55 *[Stürner]* = EWiR § 30 KO 2/94, 373 *[Henckel]*; **BGH** 20. 3. 1997 Z 135, 140 = NJW 1997, 1857 = ZIP 1997, 737 = KTS 1997, 510 = EWiR § 37 KO 1/97, 943 *[Henckel]*; **BGH** 11. 12. 2003 IX ZR 336/01 ZIP 2004, 671 = ZInsO 2004, 149 = NZI 2004, 253, 254 = WuB VI C § 134 InsO 3.04 *[Hess]*; **BGH** 13. 12. 2007 IX ZR 116/06 ZIP 2008, 455 = ZInsO 2008, 276 = NZI 2008, 238; **BGH** 5. 6. 2008 IX ZR 17/07 NJW 2008, 2506 = ZIP 2008, 1291 = ZInsO 2008, 738 = NZI 2008, 488; **BGH** 21. 2. 2008 IX ZR 209/06 ZIP 2008, 888 = ZInsO 2008, 508 = NZI 2008, 372; **BGH** 17. 7. 2008 IX ZR 148/07 ZIP 2008, 1593 = ZInsO 2008, 913 = NZI 2008, 547 = WuB VI A § 96 InsO 1.09 *[Würdinger]*; *Eckardt* ZIP 1997, 957, 965 f). Der Rückgewähranspruch **entsteht** nach bislang bestehender Auffassung des **BGH** frühestens mit der Eröffnung des Insolvenzverfahrens (näher oben § 129 Rn 4). Davon zu unterscheiden ist die Frage, wann eine Verjährungshemmung oder -unterbrechung des Anfechtungsanspruches eintritt (**BGH** 21. 2. 2008 IX ZR 209/06 ZIP 2008, 888 = ZInsO 2008, 508 = NZI 2008, 372; MK/*Kirchhof* § 129 Rn 194); siehe dazu die Kommentierung zu § 146.

2   Der Rückgewähranpruch ist aber **kein Anspruch aus ungerechtfertigter Bereicherung** (so aber *Blomeyer* JZ 1955, 287; *von Caemmerer*, FS Rabel, Bd. 1 [1954], S 333, 367 f; *Gerhardt* Gläubigeranfechtung S 162 ff). Denn er setzt keine grundlose Bereicherung des Anfechtungsgegners voraus; vielmehr geht er auf das, was aus der Insolvenzmasse herausgelangt ist (**BGH** 29. 1. 1964 Z 41, 98, 103 = NJW 1964, 1319 = KTS 1964, 230 = LM § 102 VglO Nr 1 *[Krüger/Nieland]*; **BGH** 13. 3. 1978 Z 71, 61, 63 = NJW 1978, 1326 = KTS 1978, 231). Auch seine Wirkungen entsprechen nur im Fall ausdrücklicher gesetzlicher Anordnung (etwa in § 143 Abs 2) denen der §§ 812 ff BGB (**BGH** 3. 12. 1954 Z 15, 333, 337; **BGH** 29. 1. 1964 Z 41, 98, 103 f = NJW 1964, 1319, 1321 = KTS 1964, 230, 233 = LM § 102 VglO Nr 1 *[Krüger/Nieland]*). Auch fehlt es sowohl an einem Eingriffsobjekt als auch an einem Eingriffstatbestand (so zutreffend *Wacke* ZZP 83 [1970], 418 ff). Daher entspricht auch die insolvenzrechtliche Rückabwicklung nicht notwendigerweise der bereicherungsrechtlichen (siehe § 129 Rn 62, 87 und unten Rn 19). Auch bildet die Anfechtung **keinen deliktischen Anspruch** (oben § 129 Rn 27). Zum Verhältnis von Anfechtbarkeit und Nichtigkeit oben § 129 Rn 76. Die Ansprüche aus Insolvenzanfechtung treten dabei selbstständig neben sonstige Ansprüche (siehe § 129 Rn 8, 27).

3   2. **„Haftungsrechtliche Theorie"**. Nach der Theorie von der **haftungsrechtlichen Unwirksamkeit** gehört ein anfechtbar veräußerter Gegenstand haftungsrechtlich-dinglich zur Insolvenzmasse, hinsichtlich der übrigen Funktionen des subjektiven Rechts aber zum Anfechtungsgegner. Denn die Zuordnung eines Gegenstands im Rahmen subjektiver Rechte braucht nicht einheitlich zu sein; vielmehr könne nach den unterschiedlichen Funktionen der Zuordnung differenziert werden (*G. Paulus* AcP 155 [1956], 277, 299 ff, 319 ff; *Biehl* KTS 1999, 313, 317 ff; *ders* Insider S 113; *Eckardt* Anfechtungsklage S 30 ff, 37 ff; *Jaeger/Henckel* § 143 Rn 23 ff; *ders* JuS 1985, 836, 841; *ders*, in: Insolvenzrecht im Umbruch, 1991, S 239 f; KP-*Paulus* § 143 Rn 9, § 129 Rn 48; *Kilger/Karsten Schmidt* § 29 KO Anm 7, § 37 KO Anm 1 a; *Karsten Schmidt* JuS 1970, 545, 548; *ders* JZ 1987, 889 ff; *ders* JZ 1990, 619 ff; *Bork* Einf S 102; KPB-*Bork* vor § 129 Rn 5 ff; *von Campe*, Insolvenzanfechtung in Deutschland und Frankreich, 1996, S 259 ff; *Costede/Kaehler* ZZP 84 [1971], 395, 401; *Häsemeyer* Rn 21.11 ff, 21.14 ff; *Holzer* WiB 1997, 729, 730; *Kühnemund* KTS 1999, 25, 34 ff; *Marotzke* ebda [je nach Einordnung]; *Wacke* ZZP 83 [1970], 418, 434; ebenso die frühere Rechtsprechung des **RG** 9. 5. 1887 Z 18, 393, 394; dem folgend **RG** 25. 3. 1958 NJW 1958, 914, 915 und jetzt **BGH** 18. 5. 1995 NJW 1995, 2783, 2784 = ZIP 1995, 1204, 1206 = KTS 1995, 668 = JZ 1996, 527 *[Henckel]* = EWiR § 55 KO 3/95, 795 *[Gerhardt]* = WuB VI B. § 55 KO 1.96 *[Paulus]* [insoweit nicht in BGHZ 130, 38]).

3A   Der Sache nach wird die schuldrechtliche Theorie durch die haftungsrechtliche Theorie im Hinblick auf eine bessere Verwirklichung der Ziele des Insolvenzverfahrens modifiziert. Deshalb braucht der Insolvenzverwalter einen schuldrechtlichen Verschaffungsanspruch auf Rückübereignung nur dann, wenn er ohne diesen den anfechtbar erworbenen Gegenstand nicht verwerten kann. Gegen die haftungsrechtliche Theorie wird eingewandt, dass die Insolvenzanfechtung die Vollstreckungsbefugnis nicht auf Gegenstände ausdehnen kann, die nicht zur Insolvenzmasse gehören; der Insolvenzverwalter könne nicht in die durch die anfechtbare Rechtshandlung in fremdes Vermögen übergegangenen Gegenstände vollstrecken; diese seien vielmehr nach § 143 Abs 1 zurückzugewähren und nicht bloß herauszugeben und fielen daher erst anschließend in die Insolvenzmasse. Eine auf die Wertzuordnung bezogene „haftungsrechtliche Unwirksamkeit" – so wird weiter kritisiert – sei unserer Rechtsordnung fremd, da sie nur eine Unterscheidung von absoluter und relativer Unwirksamkeit von Rechtserwerben kennt. Weiter wird kritisiert, dass sich bereicherungsrechtliche und haftungsrechtliche Theorie mit den von *Paulus* und *Gerhardt* gezogenen praktischen Folgerungen (*Gerhardt* Gläubigeranfechtung S 326 ff) letztlich doch wie eine dingliche Unwirksamkeit auswirkten, was mit ihrer These vom bereicherungsrechtlichen

I. Allgemeines § 143

Charakter der Insolvenzanfechtung nicht vereinbar sei (*Habscheid* NJW 1971, 792). Der entscheidende Unterschied der haftungsrechtlichen Theorie zu den rein schuldrechtlichen Theorien liegt dabei darin, dass der Insolvenzverwalter die Haftungsunterworfenheit des zurückzugewährenden Gegenstandes auch schon vor seiner Rückübertragung geltend machen kann; insbesondere in der Insolvenz des Anfechtungsgegners führt sie zur Annahme eines Aussonderungsrechts oder bei Zwangsvollstreckung in den geschuldeten Gegenstand zur Anwendbarkeit von § 771 ZPO (*G. Paulus* AcP 155 [1956], 277, 336ff; *Biehl* KTS 1999, 313, 320f; *ders* Insider S 115; *Gerhardt* Gläubigeranfechtung S 334; *ders* ZIP 2004, 1675, 1676). Mit der sogleich noch anzusprechenden Judikatur (unten Rn 4), in der der **BGH** dem Anfechtungsberechtigten in der Insolvenz des Anfechtungsgegners ein Aussonderungsrecht zugestanden hat, hat sich dieser der Sache nach (wenngleich nicht ausdrücklich) der haftungsrechtlichen Theorie angeschlossen (*Eckardt* KTS 2005, 15, 29f; *Gerhardt* ZIP 2004, 1675, 1677f; zur früher abw Meinung 12. Aufl § 129 Rn 137); „entschieden" ist der Streit dadurch freilich nicht (*Eckardt* KTS 2005, 15, 17).

Die vorgestellte Kritik an der „haftungsrechtlichen Theorie" vermag im Ergebnis nicht zu überzeugen. Denn es ist keineswegs zwingend, dass ein nur schuldrechtlicher Anspruch nicht auch „dingliche" Wirkungen erzeugen kann (HK-*Kreft* § 129 Rn 72; *Kreft* ZInsO 1999, 370, 372; zur „Janusköpfigkeit" des Anfechtungsanspruchs auch *Gerhardt* Gläubigeranfechtung S 275). Dass das neue Recht die früher in § 29 KO enthaltenen Worte „als den Konkursgläubigern gegenüber unwirksam" nicht übernommen hat, steht diesem Ansatz ebenfalls nicht entgegen. Denn damit wollte der Gesetzgeber nur klarstellen, dass die Anfechtbarkeit einer Rechtshandlung nicht zur relativen Unwirksamkeit eines auf ihr basierenden Erwerbs führt, sondern *im Regelfall (!)* einen obligatorischen Rückgewähranspruch begründet (Begr RegE zu § 129 Abs 1). Das aber steht nicht in Widerspruch zum Ansatz der „haftungsrechtlichen Theorie". Eine weitergehende Stellungnahme zum Streit um die dogmatische Einordnung der Anfechtung wollte der Gesetzgeber der InsO zudem bewusst vermieden wissen (Begr RegE zu § 129 Abs 1; *Gerhardt* ZIP 2004, 1675, 1675f; abw *Kreft* ZInsO 1999, 370, 371: dem Gesetz liegt die schuldrechtliche Theorie zugrunde). Zwar sind die schuldrechtliche Lösung des Rückgewähranspruchs in § 143 Abs 1 und die für schuldrechtliche Ansprüche charakteristische Verjährungsregelung Indizien für eine Entscheidung zugunsten der schuldrechtlichen Lösung (HK-*Kreft* § 129 Rn 69; *Holzer* WiB 1997, 729, 730f); doch steht auch dies dem „haftungsrechtlichen Ansatz" als einer Spielart der schuldrechtlichen Theorie nicht entgegen. Zudem bleibt es für Sekundäransprüche nach § 143 Abs 2 auch nach diesem Ansatz bei einem rein schuldrechtlichen Anspruch.

3. Aus- oder Absonderungsrecht in der Insolvenz des Anfechtungsgegners. Der Anfechtungsanspruch **4** begründet nach inzwischen hM in der Insolvenz des Anfechtungsgegners ein **Aussonderungsrecht** (BGH 23. 10. 2003 IX ZR 252/01 Z 156, 350 = NJW 2004, 214 = ZIP 2003, 2307 = ZInsO 2003, 1096 = WuB VI C § 134 InsO 1.04 [*Hess*]; BGH 9. 10. 2008 IX ZR 138/06 Z 178, 171 = ZIP 2008, 2224 = NJW 2009, 225 = ZInsO 2008, 1275 = NZI 2009, 45; BGH 2. 4. 2009 IX ZR 236/07 ZIP 2009, 1080 = ZInsO 2009, 1060 = NZI 2009, 429; iE zust *Eckardt* KTS 2005, 15, 18ff, 41ff [auch für die Einzelgläubigeranfechtung]; *Gerhardt* ZIP 2004, 1675, 1677f; zuvor *Gerhardt* Gläubigeranfechtung S 334; *Haas/Müller* ZIP 2003, 49, 55ff; Jaeger/*Henckel* § 47 Rn 116; KP/*Paulus* § 143 Rn 33; MK/*Ganter* § 47 Rn 346; *Nerlich/Römermann* § 129 Rn 10; *G. Paulus* AcP 155 [1956], 277, 336ff; Uhlenbruck/*Hirte* 12. Aufl § 129 Rn 140; angedeutet bereits in **BGH** 24. 6. 2003 Z 155, 199 = NJW 2003, 3345; zur früher abw Ansicht siehe die Nachw in der 12. Aufl § 129 Rn 139). Dabei wird zur Begründung richtigerweise nicht (mehr) auf die Einordnung des Anfechtungsanspruchs als rein schuldrechtlichem Anspruch abgestellt, sondern auf die Frage, welchem Vermögen der Gegenstand nach Inhalt und Zweck der gesetzlichen Regelung im maßgeblichen Zeitpunkt zuzuordnen ist; diese in der Regel durch dingliche Vorschriften beantwortete Frage kann bei Betrachtung nach dem Normzweck durch schuldrechtliche Ansprüche modifiziert werden (krit zu dieser nicht ausreichenden Begründung *Eckardt* KTS 2005, 15, 29f; *Gerhardt* ZIP 2004, 1675, 1677f). Ergänzend zieht der **BGH** § 145 Abs 1 zur Unterstützung dieses Ergebnisses heran. Durch diese Vorschrift habe der Gesetzgeber zum Ausdruck gebracht, dass die Zuordnung zur Haftungsmasse des Schuldners sich auch gegenüber wirksamen Erwerbsvorgängen durchsetzen soll (krit hierzu *Eckardt* KTS 2005, 15, 35; *Gerhardt* ZIP 2004, 1675, 1678).

Handelt es sich um anfechtbare Belastungen, führt das Anfechtungsrecht zu einem **Absonderungs- 4A recht** (§§ 49ff). Ist eine Rückgewähr in Natur unmöglich, kommt ein Ersatzaussonderungsrecht nach § 48 in Betracht, wenn für den weggegebenen Gegenstand ein erlangtes Surrogat noch unterscheidbar in der Masse vorhanden ist (HmbKomm/*Rogge* § 143 Rn 87; siehe zu den Einzelheiten die Kommentierung bei § 48; zu den aussonderbaren Surrogaten siehe auch unten Rn 31). Ist der Gegenstand bzw. das Surrogat nicht mehr unterscheidbar vorhanden und besteht daher nur noch ein auf Wertersatz gerichteter Zahlungsanspruch nach § 143 Abs 1 S 1 in Verbindung mit §§ 819 Abs 1, 818 Abs 4, 292, 989 BGB (*Eckardt* KTS 2005, 15, 43ff), begründet dieser kein Ersatzaussonderungsrecht, sondern nur eine einfache Insolvenzforderung (**BGH** 24. 6. 2003 Z 155, 199, 200ff = NJW 2003, 3345; BGH 23. 10. 2003 IX ZR 252/01 Z 156, 350 = NJW 2004, 214, 215 = ZIP 2003, 2307 = ZInsO 2003, 1096 = WuB VI C § 134 InsO 1.04 [*Hess*]; *Eckardt* KTS 2005, 15, 46). Gleiches gilt, wenn – wie bei Geldzahlungen

§ 143

Rechtsfolgen

in der Regel – von Anfang an nur ein entspr. Wertersatzanspruch bestand (siehe dazu § 47 Rn 6). Denkbar ist aber ein Bereicherungsanspruch gegen die Masse (§ 55 Abs 1 Nr 3; *Eckardt* KTS 2005, 15, 46).

4B   **4. Wirkung zugunsten der Insolvenzgläubiger.** Die Anfechtung einer Rechtshandlung wirkt nur zugunsten der Insolvenzgläubiger (**OLG Hamm** 25. 6. 1976 MDR 1977, 668, 669). Gegenüber dem Verfahrensschuldner und gegenüber Dritten, die an ihrer Beseitigung ein Interesse hätten, bleibt die Handlung rechtswirksam (**RG** 5. 12. 1887 Z 20, 29, 30; **RG** 11. 12. 1917 Z 91, 367, 370). Beseitigt wird die gläubigerbenachteiligende Wirkung der Rechtshandlung, nicht die Rechtshandlung selber – auch wenn diese in der Regel zusammenfallen werden (**BGH** 9. 7. 2009 IX ZR 86/08). Daher bleibt etwa ein zwischen dem Schuldner und dem Anfechtungsgegner als Käufer geschlossener **Kaufvertrag** auch nach erfolgreicher Anfechtung bestehen; dem Anfechtungsgegner, der die Kaufsache zur Insolvenzmasse zurückgewährt, verbleibt deshalb der Gewährleistungsanspruch (§ 434 BGB) gegen den Verfahrensschuldner persönlich (**RG** 14. 3. 1882 Z 7, 35; **RG** 2. 1. 1893 Z 30, 402, 404); dem gegen den Schuldner persönlich bestehenden Gewährleistungsanspruch wird aber im Regelfall § 442 BGB entgegenstehen, da die Anfechtungsgründe der §§ 130, 132 Kenntnis des anderen Teils voraussetzen (*Jaeger/Henckel* § 144 Rn 37). Hat ein Dritter einen vom Verfahrensschuldner anfechtbar veräußerten Gegenstand in der Annahme gepfändet, er gehöre dem Verfahrensschuldner, so wird die Pfändung nicht dadurch wirksam, dass der Gegenstand nach Anfechtung der Veräußerung zur Insolvenzmasse zurückgewährt wird (**RG** 11. 3. 1890 Z 25, 63 f; siehe dazu unten Rn 11). Wird das Insolvenzverfahren durch rechtskräftige Bestätigung eines **Insolvenzplans beendet** und befindet sich der zurückgewährte Gegenstand noch in der Masse, so kann der Anfechtungsgegner Rückübereignung beanspruchen; eine bei Beendigung des Insolvenzverfahrens noch bestehende anfechtbare Pfändung bleibt wirksam und setzt sich gegenüber dem Verfahrensschuldner und nachgehenden Pfändungspfandgläubigern durch (**OLG Marienwerder** 4. 11. 1910 OLGR 23, 304).

II. Inhalt der Rückgewährpflicht (Abs 1)

5   **1. Grundsatz.** Zurückzugewähren ist das, was durch die anfechtbare Rechtshandlung dem Vermögen des Schuldners **entzogen** worden ist, und nicht das, was in das Vermögen des Anfechtungsgegners gelangt ist (**BGH** 11. 11. 1954 WM 1955, 407 = LM § 37 KO Nr 3; **BGH** 15. 10. 1969 NJW 1970, 44, 46 = KTS 1970, 293; **BGH** 13. 3. 1978 Z 71, 61, 63 = NJW 1978, 1326 = KTS 1978, 231; **BGH** 24. 5. 2007 IX ZR 105/05 ZIP 2007, 1274 = ZInsO 2007, 658 = NZI 2007, 452 = EWiR 2007, 667 [*Homann*] = WuB VI A § 140 InsO 2.08 [*Kreft*]); damit unterscheidet sich das Anfechtungsrecht grundlegend vom Bereicherungsrecht. Die Insolvenzmasse muss in die Lage versetzt werden, in der sie sich befinden würde, wenn die anfechtbare Rechtshandlung unterblieben wäre (st Rspr; **RG** 18. 5. 1886 Z 16, 23; **RG** 2. 7. 1926 Z 114, 206, 211; **BGH** 3. 12. 1954 Z 15, 333, 337; **BGH** 19. 4. 2007 IX ZR 59/06 Tz 31 NJW 2007, 2325 = ZIP 2007, 1120 = ZInsO 2007, 600 = NZI 2007, 462 = WuB VI A § 129 InsO 4.07). Daraus folgt, dass die Rückgewähr grundsätzlich „in natura" zu erfolgen hat (Begr RegE zu § 143; **BGH** 13. 3. 1978 Z 71, 61, 63 = NJW 1978, 1326 = KTS 1978, 231; **BGH** 24. 5. 2005 IX ZR 77/03 NZI 2005, 453). Zum Anspruchsinhalt ausführlich *Fridgen* Rechtsfolgen, S 22 ff.

5A   Über den Anfechtungsanspruch – nicht das Anfechtungs„stamm"recht – kann der Insolvenzverwalter **frei verfügen**. Er kann ihn daher insbesondere abtreten, ihn erlassen oder seine inhaltliche Ausgestaltung regeln; entsprechend kann er auch ge- oder verpfändet werden (*Eckardt* KTS 1993, 585; *Fridgen* Rechtsfolgen S 128 ff; KP-*Paulus* § 143 Rn 8, § 129 Rn 54; HK-*Kreft* § 129 Rn 91; *Köhn* NZI 2008, 412; *Kreft* ZInsO 1999, 370, 372 f; HmbKomm/*Rogge* § 143 Rn 92; abw die bislang hM [dazu oben § 129 Rn 18]). Auch eine Abtretung an den Schuldner ist möglich ((noch mit KP ausbauen)). Das gilt gleichermaßen für den Anspruch auf Naturalrückgewähr nach Abs 1 Satz 1, Abs 2 wie für den Wertersatzanspruch nach Abs 1 Satz 2. Auch vertragliche Regelungen zur inhaltlichen Ausgestaltung kommen in Betracht (*Kirchhof* WM 1996, Beil. 2, S 18, 31); so kann etwa gleich Wertersatz statt Rückgewähr in Natur vereinbart werden (dazu unten Rn 26).

5B   Voraussetzung ist allerdings bei allen diesen Maßnahmen, dass sie mit dem Insolvenzzweck vereinbar sein müssen. An einen **Verzicht oder Vergleich** sind daher strenge Anforderungen zu stellen. Insbesondere muss in Anlehnung an §§ 93 Abs 5 Satz 3, 309 Abs 4 Satz 4, 310 Abs 4, 317 Abs 4, 318 Abs 4 AktG, § 34 Abs 5 Satz 2 GenG die Zustimmung von Gläubigerausschuss bzw -versammlung eingeholt werden; das gilt insbesondere, solange die Zulässigkeit eines solchen Vorgehens ungesichert ist. Die erforderliche Zustimmung kann allerdings auch mit inhaltlichen und umfangmäßigen Maßgaben vorab erteilt werden. Beachtet der Insolvenzverwalter diese inhaltlichen und formalen Schranken nicht, haftet er (§ 60); im Extremfall kommt auch seine Entlassung in Betracht (§ 59). Daher sollte der Insolvenzverwalter schon von sich aus das Insolvenzgericht unterrichten (arg. § 58 Abs 1; HK-*Kreft* § 129 Rn 91; *Kreft* ZInsO 1999, 370, 372 f).

6   **a) Veräußerungsvorgänge.** Eine anfechtbar seitens des Schuldners **veräußerte Sache** ist mithin an den Verfahrensschuldner zurückzuübereignen; sie wird wieder Eigentum des Schuldners, um der Befriedigung der Insolvenzgläubiger zu dienen (**RG** 21. 10. 1902 Z 52, 330, 333). Ebenso ist ein Anwartschaftsrecht zurückzuübertragen (MK/*Kirchhof* § 143 Rn 28). Ein Anspruch auf Übereignung besteht auch dann, wenn eine Sache durch **Abtretung des Übereignungsanspruchs** seitens des Verfahrensschuldners in das Eigentum des Anfechtungsgegners gelangt ist (**BGH** 14. 6. 1978 Z 72, 39, 42 ff = NJW 1978, 1921 = KTS 1979, 92 = LM § 37 KO Nr 9 *[Merz]* [für mittelbare Zuwendung nur, wenn Schuldner selbst Anspruch auf Übertragung des Gegenstandes hatte]; **BGH** 5. 12. 1991 NJW 1992, 834, 835 = ZIP 1992, 124, 126 = KTS 1992, 243 = EWiR § 1 AnfG 1/92, 219 *[Gerhardt]* [zu § 7 AnfG aF]; **BGH** 5. 12. 1991 Z 116, 222, 226 = NJW 1992, 830 = ZIP 1992, 109 = EWiR § 859 ZPO 1/92, 307 *[Henckel]*). Der Insolvenzverwalter kann sich aber solange auf die schlichte **Unbeachtlichkeit der Veräußerung** berufen, wie sich die Sache noch im Besitz des Schuldners befindet (**BGH** 24. 10. 1979 NJW 1980, 226 = ZIP 1980, 40). Gleiches gilt für den Fall der Sicherungsübereignung (KP-*Paulus* § 143 Rn 13). Entsprechend kann ein Anfechtungsgegner nicht im Wege der Drittwiderspruchsklage (§ 771 ZPO) gegen die Pfändung eines in der Masse befindlichen Gegenstandes durch einen Massegläubiger vorgehen (**BGH** 5. 2. 1987 Z 100, 36, 43 = NJW 1987, 1703 = ZIP 1987, 601, 604 = KTS 1987, 653 = JR 1987, 410 *[Gerhardt]* = EWiR § 11 AnfG 1/87, 427 *[Henckel]*; *Eckardt* KTS 2005, 15, 50 f; Jaeger/*Henckel* § 143 Rn 90; KP-*Paulus* § 143 Rn 32; dazu näher unten Rn 59). Der vom Schuldner anfechtbar auf einen Dritten übertragener **Besitz** muss demgegenüber nach § 854 BGB auf die Insolvenzmasse zurückübertragen werden. Ein **Grundstück** ist rückaufzulassen, und der Verfahrensschuldner ist im Grundbuch wieder als Eigentümer einzutragen; darin hat der Anfechtungsgegner einzuwilligen (**BGH** 22. 3. 1982 ZIP 1982, 856, 857 = KTS 1982, 669; instruktiv auch **BGH** 13. 3. 1978 Z 71, 61 = NJW 1978, 1326 = KTS 1978, 231); eine bloße Grundbuchberichtigung scheidet aus. Der Insolvenzverwalter hat dabei für die gleichzeitige Eintragung des Insolvenzvermerks Sorge zu tragen. War das rückzugewährende Grundstück zum Zeitpunkt der anfechtbaren Veräußerung belastet, so ist das Grundstück mit der Belastung zurückzugewähren. Anders liegen die Dinge mangels Gläubigerbenachteiligung, wenn das Grundstück schon im Zeitpunkt der Veräußerung wertausschöpfend belastet war (dazu § 129 Rn 103 f). Im Übrigen kann der Rückgewähranspruch auch darauf gehen, ein anfechtbar erworbenes Grundstück von **Belastungen** wie einem Wohnrecht oder einem Nießbrauch freizumachen, die der Anfechtungsgegner vorgenommen hat (**RG** 16. 2. 1904 Z 57, 27, 28 ff; siehe dazu unten Rn 13). Wenn wegen des Erfordernisses der **Zustimmung eines Dritten** Unvermögen gegeben ist, ist freilich nur Wertersatz geschuldet (**BGH** 29. 4. 1986 NJW-RR 1986, 991, 992 = ZIP 1986, 787, 791 = KTS 1986, 669, 674 = EWiR § 38 KO 1/86, 707 *[Gerhardt]*; dazu unten Rn 25). Bei Belastungen kommt unter Umständen auch ein Vorgehen nach § 145 Abs 2 gegen den Rechtsnachfolger in Betracht (unten § 145 Rn 18 ff). Hat der Anfechtungsgegner das Grundstück erst durch eine anfechtbare Handlung und anschließend durch **Zuschlag in der Zwangsversteigerung** erlangt, wird der ursprünglich anfechtbare Erwerb nicht durch den Zuschlag geheilt: darüber hinaus verwandelt sich auf Grund der Anfechtbarkeit bestehender Anspruch nach § 143 nicht in einen Wertersatzanspruch; denn der Anfechtungsgegner ist weder rechtlich noch tatsächlich gehindert das Grundstück zurückzugewähren (**BGH** 29. 6. 2004 IX ZR 258/02 Z 159, 397 = ZIP 2004, 1619 = NJW 2004, 2900 = EWiR 2005, 53 *[Stickelbrock]* = WuB VI D § 11 AnfG 1.04 *[Rimmelspacher/Luber]* [AnfG]; zum Zuschlag in der Zwangsversteigerung siehe auch § 129 Rn 63, § 141 Rn 2 sowie § 145 Rn 18). **Geldleistungen** müssen zurückgezahlt werden. Das gilt auch für Gewinnausschüttungen von Gesellschaften; doch konkurrieren die Anfechtungstatbestände hier mit den gesellschaftsrechtlichen Anspruchsgrundlagen; dabei wird der Anfechtungsanspruch nicht durch die Kapitalerhaltungsvorschriften beschränkt (siehe § 129 Rn 34). Wurde Geld anfechtbar zum Erwerb eines Grundstücks gegeben, kann nur die Rückgewähr der Geldleistungen, nicht aber das Grundstück selbst beansprucht werden; denn es hat dem Schuldner nie gehört (**BGH** 11. 11. 1954 WM 1955, 407 = LM § 37 KO Nr 3). Wird der Verkauf eines **Warenlagers** angefochten, kann wegen der noch vorhandenen Waren Herausgabe, wegen der veräußerten Ware nur Wertersatz in Geld beansprucht werden; ein Anspruch auf Lieferung gleichartiger Waren ist, auch wenn es sich um vertretbare Sachen (§ 91 BGB) handelt, ausgeschlossen (**RG** 21. 10. 1932 Z 138, 84). Vom Erwerber zur Ergänzung des Warenlagers neu angeschaffte Waren unterliegen nicht der Rückgewährpflicht (**RG** 1. 5. 1908 JW 1908, 458 = LZ 1908, 787 Nr 4). Bei der anfechtbaren Erbringung von **Dienst- oder Werkleistungen** scheidet eine Rückgewähr meist aus, so dass insofern nur Wertersatz in Betracht kommt. Dies gilt auch bei der **Überlassung von Arbeitnehmern** (**BGH** 11. 12. 2003 IX ZR 336/01 NZI 2004, 253 = ZIP 2004, 671 = WuB VI C § 134 InsO 3.04 *[Hess]*).

Bei anfechtbarer **Begründung einer Forderung** kann der Gläubiger diese nicht geltend machen, und der Insolvenzverwalter kann ihre Erfüllung einredeweise ablehnen. Zum Verhältnis bei Erfüllungsverlangen und Anfechtung bei einem gegenseitigen Vertrag siehe bereits oben Rn 1. Die Möglichkeit der Erfüllungsablehnung greift auch dann, wenn eine anfechtbar begründete Forderung durch eine **Vormerkung** gesichert ist (**BGH** 11. 7. 1996 NJW 1996, 3147, 3150 = ZIP 1996, 1516 = KTS 1996, 652 = EWiR § 1 AnfG 1/96, 771 *[M. Huber]* [zu § 7 AnfG aF; inzident]; Kilger/*Karsten Schmidt* § 37 KO Anm 2), da die Vormerkung keinen Einfluss auf die „anfechtungsrechtliche Qualität" des Anspruchs hat. War für eine rechtsunwirksam begründete schuldrechtliche Verpflichtung eine Vormerkung im Grundbuch zugunsten des Gläubigers eingetragen, scheidet eine Anfechtung aus, da unmittelbar § 91 eingreift; denn es fehlt an einem Anspruch, und der Schuldner kann sich in der Insolvenz nicht mehr hinsichtlich seines Grundvermögens neu verpflichten. Steht einer anfechtbar eingetragenen

§ 143 *Rechtsfolgen*

Vormerkung die dauernde Einrede der Anfechtbarkeit entgegen, kann der Insolvenzverwalter Löschung der Vormerkung verlangen (vgl auch *Denck* NJW 1984, 1009 ff; KP-*Paulus* § 143 Rn 16).

8 Hat der Eigentümer eines **Grundstücksbruchteils** den Rest des Grundstücks auf anfechtbare Weise erlangt, so geht der Anspruch auf Rückgewähr des Bruchteils (**BGH** 23. 2. 1984 Z 90, 207, 214 = NJW 1984, 1968 = ZIP 1984, 489 = LM § 2 AnfG Nr 8 *[Fuchs]*; **BGH** 10. 1. 1985 NJW 1985, 2031 = ZIP 1985, 372 = EWiR § 3 AnfG 1/85, 245 *[Gerhardt]* [zu § 7 AnfG aF]; **OLG** Köln 20. 10. 1983 MDR 1984, 939 [AnfG]; *Gerhardt* ZIP 1984, 397, 400; MK/*Kirchhof* § 143 Rn 33). Für andere Bruchteilsberechtigungen gilt dies entsprechend. Bei anfechtbar erworbenen Miteigentumsanteilen kann der Insolvenzverwalter aber auch die Rechte geltend machen, die dem anfechtungsberechtigten Gläubiger nach AnfG zustehen; er kann also sogleich die Zwangsvollstreckung in den Anteil betreiben (*Allgayer* Gläubigeranfechtung Rn 547 ff; HK/*Kreft* § 143 Rn 11; ausführlich Jaeger/*Henckel* § 143 Rn 63 ff). Daher kann er auch auf Duldung der Zwangsvollstreckung in das gesamte Grundstück (bzw den vergrößerten Miteigentumsanteil) klagen; er kann dann den Teil des Vollstreckungserlöses, der dem Verfahrensschuldner ohne die anfechtbare Handlung zugestanden hätte, zur Masse ziehen (**BGH** 23. 2. 1984 Z 90, 207, 214 ff = NJW 1984, 1968 = ZIP 1984, 489 = LM § 2 AnfG Nr 8 *[Fuchs]*; **BGH** 10. 1. 1985 NJW 1985, 2031 = ZIP 1985, 372 = EWiR § 3 AnfG 1/85, 245 *[Gerhardt]* [zu § 7 AnfG aF]; MK/*Kirchhof* § 143 Rn 33; HK-*Kreft* § 143 Rn 12; *Häsemeyer* ZIP 1994, 418, 424; zum Vorgehen bei der Anfechtung der Übertragung eines Miteigentumsanteils *J. Wilhelm/H. Wilhelm* ZIP 1999, 267 ff). Das gilt auch dann, wenn die Miteigentümer das gesamte Grundstück veräußert haben (**BGH** 6. 4. 2000 BGHR § 7 AnfG [14]; HK-*Kreft* § 143 Rn 12; abw Kilger/*Huber* § 9 AnfG Anm III.3).

9 Auch das **Unternehmen** als solches kann Gegenstand eines Insolvenzanfechtungsanspruchs sein und damit zurückgewährt werden müssen. Hier ist im Zweifel das verkaufte Unternehmen zurückzugewähren und nicht nur dessen einzelne Unternehmensbestandteile. Ist das nicht möglich, muss Wertersatz geleistet werden (*Karsten Schmidt* BB 1988, 5 ff; KP-*Paulus* § 143 Rn 17; abw **BGH** 24. 10. 1962 KTS 1962, 252; *Hess/Weis* AnfR § 143 InsO Rn 753: Rückübertragung der einzelnen, der Zwangsvollstreckung zugänglichen Unternehmensbestandteile). Bei anfechtbarer Aufgabe einer **Firma** ist die aufgegebene Firmierung wiederherzustellen; die Befugnis des Insolvenzverwalters zur Firmenänderung ist vom Registergericht zu prüfen (**OLG** Düsseldorf 26. 10. 1988 ZIP 1989, 457). Bei anfechtbarer **Sitzverlegung** ist diese rückgängig zu machen (abw KP-*Paulus* § 143 Rn 17: nur Wertersatz im Hinblick auf den [angeblich] zu hohen Aufwand einer tatsächlichen Rückänderung). Wurde eine **Umwandlung** angefochten, ist sie vor Vollzug zu unterlassen, anschließend rückgängig zu machen.

10 Eine anfechtbar auf einen Dritten **übertragene Forderung** ist zurückzuübertragen (**BGH** 4. 5. 1970 KTS 1971, 31, 32; **BGH** 1. 12. 1988 Z 106, 127.129 = NJW 1989, 985 = ZIP 1989, 48 = KTS 1989, 406 = EWiR § 41 KO 1/89, 183 *[Ackmann]*; **BGH** 21. 9. 2006 IX ZR 235/04 ZIP 2006, 2176 = ZInsO 2006, 1217 = NZI 2007, 42 = WuB VI A § 143 InsO 1.07 *[Kreft]*); zuvor kann sie vom Insolvenzverwalter eingezogen werden. Eine Ausnahme gilt nach § 166 Abs 2 für zur Sicherheit abgetretene Forderungen. Dabei erfasst die Anfechtung einer Forderungsabtretung, die mit anderen Abtretungen in einer einzigen Erklärung zusammengefasst ist, nur diese eine Forderung und nicht das ganze Abtretungsgeschäft (**LG** Bonn 4. 3. 1969 NJW 1969, 1722). Eine Abtretungsurkunde ist an den Insolvenzverwalter herauszugeben (**OLG** Brandenburg 26. 2. 1998 ZIP 1998, 1367 = EWiR § 10 GesO 7/98, 839 *[App]*). Solange die Forderung nicht zurückabgetreten wurde und noch ein vollstreckbares Urteil nach § 894 ZPO vorliegt, bleibt der Anfechtungsgegner aktivlegitimiert und kann die Forderung gegen den Drittschuldner durchsetzen; im Fall der wirksamen Erfüllung durch den Drittschuldner besteht dann ein Wertersatzanspruch nach § 143 Abs 1 S 2 InsO, §§ 819 Abs 1, 818 Abs 4, 292 Abs 1, 989 BGB (**BGH** 21. 9. 2006 IX ZR 235/04 ZIP 2006, 2176 = ZInsO 2006, 1217 = NZI 2007, 42 = WuB VI A § 143 InsO 1.07 *[Kreft]*; **BGH** 12. 7. 2007 IX ZR 235/03 ZIP 2007, 2084 = ZInsO 2007, 1107 = NZI 2007, 718). Bei der anfechtbaren Einziehung einer Forderung geht der Rückgewähranspruch auf Erstattung des eingezogenen Betrages (**RG** 5. 6. 1931 Z 133, 46, 49 = JW 1931, 2110; **RG** 3. 6. 1910 JW 1910, 761). Entsprechendes gilt, wenn der Drittschuldner mit der zedierten Forderung aufgerechnet hat (**RG** 3. 5. 1904 Z 58, 105, 107; **BGH** 26. 1. 1983 NJW 1983, 1120 = ZIP 1983, 337 = KTS 1983, 560). Auf den eingezogenen Betrag geht die Anfechtung auch dann, wenn der mit der Einziehung Beauftragte den eingezogenen Betrag nicht abgeliefert, sondern etwa unterschlagen oder verloren hat (**RG** 23. 3. 1888 Bolze 5 Nr 337 b). Bei Weiterveräußerung der Forderung hat der Anfechtungsgegner auch dann den Forderungsbetrag zurückzugewähren, wenn er einen anderen Gegenwert erhalten hat (**RG** 23. 5. 1890 Bolze 10 Nr 263). Eine vorzeitige Befriedigung berechtigt aber nicht zur anfechtungsrechtlichen Rückgewähr der Hauptschuld (**BGH** 13. 3. 1997 ZIP 1997, 853 = KTS 1997, 505, 506 = EWiR § 10 GesO 6/97, 1131 *[Rattunde]*). Hat der Verfahrensschuldner Forderungen in anfechtbarer Weise abgetreten, sie aber im Auftrag des neuen Gläubigers eingezogen und die empfangenen Beträge an den Gläubiger abgeführt, so ist die Abtretung die anfechtbare Rechtshandlung (**RG** 5. 6. 1931 Z 133, 46). Bei anfechtbarer Übertragung eines **Geschmacksmusterrechts** kann der Insolvenzverwalter den Anspruch auf Prioritätseinräumung nach § 10 c Abs 3 GeschmG geltend machen (**BGH** 2. 4. 1998 NJW-RR 1998, 1057 = ZIP 1998, 833). **Anteilsübertragungen** sind in der Weise rückgängig zu machen, dass der Geschäftsanteil, die Aktie oder der Personengesellschaftsanteil in die Masse zurückzuübertragen ist; eine etwa gesellschaftsvertraglich erforderliche Zustimmungspflicht der Mitgesellschaf-

II. Inhalt der Rückgewährpflicht (Abs 1)   § 143

ter entfällt im Hinblick auf den Vorrang des Gläubigerschutzes (iE ebenso Kilger/*Karsten Schmidt* § 37 KO Anm 2). Beim Ausscheiden von Gesellschaftern fehlt es demgegenüber anders als bei der Festlegung des Abfindungsanspruchs regelmäßig an einer Gläubigerbenachteiligung (dazu oben § 129 Rn 67, 122 a). Bei anfechtbarer **Schuldübernahme** durch den Schuldner hat der Insolvenzverwalter gegen den von seiner Schuld befreiten Anfechtungsgegner bei befreiender Schuldübernahme den vollen Zahlungsanspruch; bei nicht befreiender Schuldübernahme hat er einen Zahlungsanspruch erst nach eigener Zahlung (zur Anfechtung der Genehmigung einer Schuldübernahme auch **OLG** Nürnberg 29. 11. 1966 KTS 1967, 170, 171); zur Schuldübernahme ansonsten § 134 Rn 18. Bei einer **Bürgschaft** ist die Bürgschaftsurkunde auch dann zurückzugewähren, wenn die durch die Bürgschaft gesicherte Forderung zwischenzeitlich an einen Dritten abgetreten wurde (**BGH** 24. 5. 2005 IX ZR 77/03 NZI 2005, 453). Ist die Begründung einer **Treuhand** anfechtbar, muss diese Position aufgegeben werden, so dass eine Auszahlung in die Masse erfolgen kann (**BGH** 24. 5. 2007 IX ZR 105/05 ZIP 2007, 1274 = ZInsO 2007, 658 = NZI 2007, 452 = EWiR 2007, 667 [*Homann*] = WuB VI A § 140 InsO 2.08 [*Kreft*]).

Zwischenzeitliche Verfügungen des Verfahrensschuldners über die anfechtbar veräußerte Sache und insbesondere Zwangsvollstreckungsmaßnahmen aus der Zeit vor Eröffnung des Insolvenzverfahrens leben im Falle der Rückgewähr der anfechtbar übertragenen Gegenstände nicht wieder auf. Und wenn eine Forderungspfändung vor Eröffnung des Insolvenzverfahrens ins Leere ging, weil die Forderung vom Verfahrensschuldner vorher abgetreten war, wird sie nicht dadurch wirksam, dass die Abtretung angefochten wird; vielmehr bedarf es einer erneuten Pfändung und Überweisung auf Grund des im Anfechtungsprozess gegen den Abtretungsempfänger ergangenen Urteils (**BGH** 5. 2. 1987 Z 100, 36, 42 f = NJW 1987, 1703 = ZIP 1987, 601 = KTS 1987, 653 = JR 1987, 410 [*Gerhardt*] = EWiR § 11 AnfG 1/87, 427 [*Henckel*]; *Eckardt* KTS 2005, 15, 50 f; abw *Karsten Schmidt* JZ 1987, 889 ff). 11

b) **Pfandrechts- und Hypothekenbestellungen.** Bei anfechtbarer **Pfandbestellung** oder Pfändung geht der Rückgewähranspruch auf Unwirksamkeit des Pfandrechts gegenüber Insolvenzgläubigern und Insolvenzverwalter. Der Pfandrechtsgläubiger hat auf das Pfandrecht oder bei Sicherungsrechten (§ 51 Nr 1) auf das „pfandrechtsartige Befriedigungsrecht" zu verzichten oder es zurückabzutreten (vgl auch **AG** München 7. 10. 1969 KTS 1970, 238); das Pfandgut hat er herauszugeben (**LG** Mönchengladbach 17. 4. 1991 EWiR 37 KO 1/92, 69 [*Johlke*]). Der Insolvenzverwalter kann die Belastung nicht selbst geltend machen. Ist eine gepfändete Forderung eingezogen und der Betrag hinterlegt worden, geht der Rückgewähranspruch auf Einwilligung in die Auszahlung des hinterlegten Betrages (**RG** 11. 12. 1917 Z 91, 367, 371). Bei zwangsweise erlangten Sicherungen kann mit den prozessrechtlichen Rechtsbehelfen vorgegangen werden, wenn man der haftungsrechtlichen Theorie folgt (*Häsemeyer* Rn 21.16; KP-*Paulus* § 143 Rn 30; unten Rn 13, 72 sowie oben Rn 1 ff). Im Übrigen ist Klage auf Rückgewähr zu erheben. 12

Wird eine **Hypothekenbestellung** oder **-übertragung** angefochten, haben die nachrangig eingetragenen Hypothekengläubiger keinen Anspruch aufzurücken (**RG** 11. 12. 1917 Z 91, 367, 370; **RG** 14. 5. 1929 KuT 1929, 122). Die Rückgewähr einer **Hypothekenbestellung** kann entweder in der Weise beansprucht werden, dass der Hypothekengläubiger die Hypothek überträgt oder auf die Hypothek verzichtet mit der Folge, dass die Hypothek Eigentümergrundschuld wird (§ 1168 BGB; nach **BGH** 3. 12. 1998 NJW 1999, 645, 646 = ZIP 1999, 76, 77 = KTS 1999, 114 = EWiR § 10 GesO 2/99, 169 [*Haas*] bei Vorhandensein nachrangiger Eintragungen vorrangig), oder durch Bewilligung der Löschung mit der Folge, dass nacheingetragene Hypothekengläubiger vorrücken (**RG** 22. 1. 1909 JW 1909, 142; **LG** Düsseldorf 24. 11. 1960 KTS 1961, 45), oder dadurch, dass der Hypothekengläubiger den im Zwangsversteigerungsverfahren auf ihn entfallenden **Versteigerungserlös** der Insolvenzmasse überlässt (vgl **RG** 24. 6. 1902 Z 52, 82, 85); entsprechendes gilt bei sonstigen Zwangsversteigerungen. Dasselbe gilt, wenn von mehreren gleichrangigen Belastungen nur eine angefochten ist (**RG** 11. 12. 1917 Z 91, 367, 370). Dabei ist der Übergang vom Löschungsanspruch zum Anspruch auf Überlassung des Versteigerungserlöses nach § 264 Nr 2 ZPO nicht als Klageänderung anzusehen (**RG** 24. 6. 1902 Z 52, 82; **RG** 22. 1. 1909 JW 1909, 142). Ein **Rangrücktritt** reicht hier anders als bei der Einzelanfechtung in der Regel nicht aus (KP-*Paulus* § 143 Rn 21). Wird die Forderung, da im geringsten Gebot stehend, durch Übernahme berichtigt, kommt nur Wertersatz in Betracht (Kilger/*Karsten Schmidt* § 37 KO Anm 2). Betreibt der Gläubiger die Zwangsvollstreckung des anfechtbar belasteten Grundstücks, ist die Rückgewähr mit der Vollstreckungsgegenklage (§ 767 Abs 1 ZPO) mit dem Ziel zu verfolgen, dass der Anfechtungsgegner von seinem Recht gegenüber dem Insolvenzverwalter keinen Gebrauch machen darf (**RG** 29. 1. 1901 Z 47, 216, 222; **RG** 11. 12. 1908 Z 70, 112 = LZ 1909, 692 Nr 12; **BGH** 2. 7. 1958 KTS 1958, 184). Macht der Gläubiger einer vom Schuldner anfechtbar abgetretenen bisherigen Eigentümergrundschuld diese in das zur Insolvenzmasse gehörende Grundstück mittels vollstreckbarer Urkunde geltend, kann der Insolvenzverwalter mit der Vollstreckungsgegenklage vorgehen (**BGH** 31. 10. 1956 Z 22, 128 = NJW 1957, 137 = MDR 1957, 216 [*Thieme*]; **BGH** 13. 7. 1995 Z 130, 314, 323 ff = NJW 1995, 2846 = ZIP 1995, 1364 = EWiR § 11 AnfG 1/95, 845 [*Gerhardt*] = LM § 7 AnfG Nrn. 18/19 [*Eckardt*] [zu § 7 AnfG aF]; zur Vollstreckungsabwehrklage siehe auch Rn 28, 59). 13

c) **Erlöschen von Rechten.** Wurde eine Forderung – durch Erfüllung, Aufrechnung oder sonstwie – anfechtbar **getilgt**, geht der Rückgewähranspruch auf Leistung unter Missachtung des Erfüllungsein- 14

§ 143

wandes. Bei anfechtbarer Einziehung einer Lastschrift kann Rückzahlung des eingezogenen Betrages verlangt werden (**OLG** Düsseldorf 20. 12. 1990 ZIP 1991, 330). Ist der **Verzicht auf eine Forderung** oder ein Recht anfechtbar, so ist das Recht wiederherzustellen (**BGH** 13. 5. 2004 IX ZR 128/01 NJW-RR 2004, 1534 = ZIP 2004, 1370); falls eine erlassene Forderung fällig ist, kann unmittelbar Zahlung verlangt werden (**RG** 4. 11. 1896 Gruchot 41, 1103, 1107; **RG** 28. 6. 1904 LZ 1907, 837, 839; *Gerhardt* Gläubigeranfechtung S 326 ff; Jaeger/*Henckel* § 143 Rn 42; *von Olshausen* KTS 2001, 45, 58 ff [für durch Aufrechnung erloschene Forderung]). Eine ausdrückliche Neubegründung der Forderung ist nicht erforderlich. Auch bei der anfechtbaren Begründung eines **Heimfallanspruchs bezüglich eines Erbbaurechts** führt die Anfechtung unmittelbar zu einer fehlenden Rechtswirkung gegenüber der Masse, so dass das Erbbaurecht nach den übrigen Bestimmungen weiter ausgeübt werden kann (**BGH** 19. 4. 2007 IX ZR 59/06 NJW 2007, 2325 = ZIP 2007, 1120 = WuB VI A § 129 InsO 4.07 [*Kirchhof*]). Sind **zwischenzeitlich** Dritte in die Position des Gläubigers eingerückt, ist Wertersatz zu leisten, sofern diese nicht selbst nach § 145 zum Rangrücktritt angehalten werden können (KP-*Paulus* § 143 Rn 28 mwN). War anfechtbar **hinterlegt** worden, geht der Rückgewähranspruch auf Einwilligung des Anfechtungsgegners in die Auszahlung (**RG** 11. 12. 1917 Z 91, 367, 371; KP-*Paulus* § 143 Rn 26).

15 Für die **Aufrechnung** statuiert § 96 Abs 1 Nr 3 eine Modifikation gegenüber § 143, wenn ein Insolvenzgläubiger die Aufrechnungslage durch eine anfechtbare Handlung erlangt hat oder er – was zu ergänzen ist – durch eine anfechtbare Rechtshandlung Insolvenzgläubiger wurde (vgl oben § 129 Rn 33 mwN). In diesen Fällen ist nach dem Gesetz eine Aufrechnung nach Verfahrenseröffnung „unzulässig"; nach Meinung der Rechtsprechung folgt daraus aber zudem, dass eine etwa vorher erklärte Aufrechnung *ex lege* wirkungslos ist, wenn die Aufrechnungslage innerhalb der Fristen und unter den Voraussetzungen der §§ 130 ff zustande gekommen ist (**BGH** 29. 6. 2004 IX ZR 195/03 Z 159, 388 = NJW 2004, 3118 = ZIP 2004, 1558 = ZInsO 2004, 852 = NZI 2004, 580 = WuB VI A § 95 InsO 1.05 [*Bartels*]; **BGH** 11. 11. 2004 IX ZR 237/03 ZIP 2005, 181 = ZInsO 2005, 94 = NZI 2005, 164 = EWiR 2007, 667 [*Homann*] = WuB VI A § 96 InsO 2.05 [*Kammel*]; **BGH** 28. 9. 2006 IX ZR 136/05 Z 169, 158 = NJW 2007, 278, 280 = ZIP 2006, 2178 = EWiR § 146 InsO aF 1/2007, 19 [*Wazlawik*] = WuB VI A § 146 InsO 2.07 [*Rauhut*]; **BGH** 28. 2. 2008 IX ZR 177/05 ZIP 2008, 650 = ZInsO 2008, 375 = NZI 2008, 302 [Verrechnung]; **BGH** 12. 7. 2007 IX ZR 120/04 ZIP 2007, 1467 = ZInsO 2007, 813 = NZI 2007, 582 = WuB VI A § 96 InsO 5.07 [*Bitter*]; **BGH** 26. 6. 2008 IX ZR 144/05 ZIP 2008, 1435 = ZInsO 2008, 801 = NZI 2008, 539 = EWiR 2008, 689 [*Eckardt*]; **BGH** 17. 7. 2008 IX ZR 148/07 ZIP 2008, 1593 = ZInsO 2008, 913 = NZI 2008, 547 = WuB VI A § 96 InsO 1.09 [*Würdinger*]; **BGH** 5. 2. 2009 IX ZR 78/07 ZIP 2009, 673 = ZInsO 2009, 659 [Verrechnung im Kontokorrent]; *Holzer* DStR 1998, 1268, 1271; *Paulus* ZIP 1997, 569, 576; abw *Kreft* KTS 2004, 185, 199 ff). Freilich muss der Insolvenzverwalter – soweit erforderlich – im Streitfall den Beweis der Kenntnis des Anfechtungsgegners auch hier erbringen. Dabei ist nach § 96 Abs 1 Nr 3 darauf abzustellen, ob die Aufrechnungslage in anfechtbarer Weise begründet wurde; schon dies führt zur Unzulässigkeit der Aufrechnung (siehe § 130 Rn 12). Die Anfechtung der Herstellung der Aufrechnungslage gibt einen Anspruch auf **Rückgewähr der Aufrechnungslage**, mit der Folge, dass die Forderungen wieder unabhängig voneinander durchsetzbar werden (**BGH** 2. 6. 2005 IX ZR 263/03 ZIP 2005, 1521 = ZInsO 2005, 884 = NZI 2005, 553 = EWiR 2006, 21 [*Beutler/Weissenfels*]). Dem Aufrechnungseinwand des Anfechtungsgegners ist dabei mit dem Gegeneinwand seiner anfechtungsbedingten Unwirksamkeit zu begegnen (**BGH** 9. 10. 2003 IX ZR 28/03 NZI 2004, 82, 82 f = ZIP 2003, 2370 = EWiR § 129 InsO 1/2004, 241 [*Beutler/Vogel*]; **BGH** 22. 7. 2004 NJW-RR 2005, 125, 126 = ZIP 2004, 1912 = NZI 2004, 620; **BGH** 2. 6. 2005 IX ZB 235/04 NZI 2005, 499 = ZIP 2005, 1334 = WuB VI A § 96 InsO 3.05 [*Kreft*]; **BGH** 28. 9. 2006 IX ZR 136/05 Z 169, 158 = NJW 2007, 278, 280 = ZIP 2006, 2178 = EWiR § 146 InsO aF 1/2007, 19 [*Wazlawik*] = WuB VI A § 146 InsO 2.07 [*Rauhut*]; *Huber* ZInsO 2009, 566 ff; *Stapper/Jacobi* BB 2007, 2017, 2018 [unter Hinweis auf den Widerspruch zur Lage bei echter Aufrechnung]; krit *Ries* ZInsO 2005, 848 ff [Möglichkeit der Rückgewährklage daneben]; *Zenker* NZI 2006, 16 ff; *ders* ZInsO 2007, 142 ff [kritisch zu den Folgen für den Rechtsweg]). Ähnliches gilt, wenn sich der Anfechtungsgegner auf eine fehlende Gläubigerbenachteiligung der anfechtbaren Rechtshandlung beruft, weil er auf Grund einer früheren Rechtshandlung bereits eine unanfechtbare Rechtsposition innegehabt habe, die durch die anfechtbare Rechtshandlung lediglich manifestiert worden sei; hier braucht der Insolvenzverwalter nicht die frühere Rechtshandlung nicht gesondert anzufechten, sondern deren Anfechtbarkeit ist lediglich als Vorfrage zu prüfen (**BGH** 17. 7. 2008 IX ZR 148/07 ZIP 2008, 1593 = ZInsO 2008, 913 = NZI 2008, 547 = WuB VI A § 96 InsO 1.09 [*Würdinger*]); siehe auch § 146 Rn 1, 14 ff; zum Rechtsweg unten Rn 63. Eine **Sonderregelung für Verrechnungen zwischen Kreditinstituten** enthält § 147 Abs 1 Satz 2; hier wird der Grundsatz der „Naturalrestitution" des Abs 1 Satz 1 vollständig durch einen Wertersatzanspruch ersetzt (dazu unten § 147 Rn 2 f). Bei Anfechtung einer **Verwertungsvereinbarung** zwischen Verfahrensschuldner und Sicherungsnehmer muss sich der Sicherungsnehmer so behandeln lassen, als habe der Schuldner seine Zustimmung zur Verwertung nicht erteilt (**BGH** 9. 1. 1997 NJW 1997, 1063 = ZIP 1997, 367 = KTS 1997, 264 = EWiR § 30 KO 4/97, 899 [*Henckel*]). Die Aufrechnung einer abgetretenen oder zur Einziehung überwiesenen Forderung mit einer Gegenforderung des Drittschuldners lässt sich durch

II. Inhalt der Rückgewährpflicht (Abs 1)

Anfechtung der Zession oder Pfändung nicht wieder rückgängig machen; hier ist Wertersatz zu leisten (RG 3. 5. 1904 Z 58, 105, 107; vgl auch BGH 26. 1. 1983 Z 86, 349 ff = ZIP 1983, 337 = NJW 1983, 1120 = KTS 1983, 297).

Bei anfechtbaren **Prozesshandlungen** bleiben die daraufhin ergehenden gerichtlichen Entscheidungen wirksam. Daher ist bei einem anfechtbaren Prozessvergleich eine erneute Klage zu erheben (*Huber* ZInsO 2008, 929, 932; siehe auch *Kreft* KTS 2004, 195, 201 f). Aus einem gegen die Masse gerichteten Titel ist aber eine Vollstreckung gegen die Masse unzulässig (KP-*Paulus* § 143 Rn 29); ihr kann der Insolvenzverwalter die Einrede der Anfechtbarkeit entgegenhalten. Das gilt auch für titulierte Aus- und Absonderungsansprüche (KP-*Paulus* § 143 Rn 29). Entsprechendes gilt schließlich für die Anmeldung anfechtbarer Forderungen im Verfahren; hier muss der Insolvenzverwalter nach § 176 bestreiten (KP-*Paulus* § 143 Rn 29). Ist die anfechtbare Prozesshandlung in einem **Rechtsstreit mit einem Dritten** verwirklicht worden, bleibt nur ein Wertersatzanspruch. Im Falle eines **Vergleichs** kann dieser keine Wirksamkeit entfalten, sofern entweder der Vergleich oder die zugrunde liegende Forderung anfechtbar ist (**BGH** 9. 11. 2006 IX ZR 285/03 NZI 2007, 101 = ZIP 2006, 2391 = WuB VI A § 134 InsO 1.08 [*Pape*]).

16

d) **Unterlassungen.** Besteht die anfechtbare Rechtshandlung in einer Unterlassung, so kann die Rückgewähr darin bestehen, es so anzusehen, als sei die unterlassene Rechtshandlung vorgenommen (Jaeger/ *Henckel* § 143 Rn 73; KP-*Paulus* § 143 Rn 28). Der Rückgewähranspruch bei anfechtbarer Unterlassung richtet sich auf Rückgewähr des durch die Unterlassung Erlangten. Wenn etwa der Anfechtungsgegner infolge unterlassener Unterbrechung der Ersitzungsfrist Eigentum zum Nachteil des Verfahrensschuldners und der Masse erworben hat, ist das ersessene Eigentum zurückzugewähren. Typischerweise wird aber der Rückgewähranspruch im Ersatz des Wertes dessen bestehen müssen, was der Masse durch die Unterlassung entgangen ist.

17

Schwierigkeiten bereitet freilich die Übertragung dieser Grundsätze auf die Unterlassung **prozessrechtlicher Handlungen**; denn hier kann der Anfechtungsgegner auf eine für ihn günstige Verfahrensposition nicht kraft eigenen Rechts verzichten oder sie zurückgewähren (*Kühnemund* KTS 1999, 25, 32 ff, 38 f). Hier ist stattdessen das Gericht verpflichtet, die Nachholung anfechtbar unterlassenen Vortrags zuzulassen und darüber gegebenenfalls in einem Zwischenstreit zu entscheiden (*Kühnemund* KTS 1999, 25, 39, 44 ff; *Häsemeyer* Rn 21.16). Ist bei einem Passivprozess unterlassen worden, die **Verjährungseinrede** zu erheben, ist zu unterscheiden: Bei rechtskräftig festgestellter Forderung muss der Insolvenzverwalter der Anmeldung zur Tabelle widersprechen; ein Gegenstand, der durch Nichterhebung der zulässigen Verjährungseinrede erlangt wurde, ist zur Insolvenzmasse zurückzugewähren; ansonsten kann der Verwalter die unterlassene Rechtshandlung nach Aufnahme des Prozesses im laufenden Verfahren vornehmen, ohne dass ihm Präklusionsvorschriften entgegengehalten werden können. Im Aktivprozess kann der Insolvenzverwalter, solange das Anfechtungsrecht nicht nach § 146 verjährt ist, in solchen Fällen die verjährte Forderung einklagen und sich gegen die Einrede der Verjährung mit der Anfechtbarkeit der Unterlassung verteidigen.

18

e) **Umfang des Rückgewähranspruchs.** Die Rückgewährpflicht des Abs 1 bemisst sich grundsätzlich nicht nach Bereicherungsgrundsätzen, sondern nach dem Verlust, den die Insolvenzmasse durch die anfechtbare Rechtshandlung erlitten hat (**RG** 2. 7. 1926 Z 114, 206, 211); sie kann über das Erlangte hinausgehen, und sie ist unabhängig vom Fortbestand einer Bereicherung (**BGH** 29. 1. 1964 Z 41, 98, 103 = NJW 1964, 1319, 1321 = KTS 1964, 230, 233 = LM § 102 VglO Nr 1 [*Krüger-Nieland*]). § 818 BGB gilt grundsätzlich nicht (**OLG** Hamm 16. 4. 1996 ZIP 1996, 1140, 1141 = KTS 1996, 534 = EWiR § 31 KO 2/96, 991 [*Grub*]). Auch die Grundsätze der Kapitalerhaltung bei den Kapitalgesellschaften stehen einem Rückgewähranspruch nach Anfechtung der Einlageleistung eines Gesellschafter-Schuldners nicht entgegen (**BGH** 15. 12. 1994 Z 128, 184 = ZIP 1995, 134 = KTS 1995, 304 = EWiR § 3 AnfG 1/95 [*Gerhardt*] = JZ 1995, 728, 731 [*Henckel*]: GmbH; dazu näher oben § 129 Rn 34). Zur Ersatzfähigkeit von **Verzugsschäden** unten Rn 33.

19

2. Erfordernis der Massezugehörigkeit. Zurückzugewähren ist nur, was ohne die anfechtbare Rechtshandlung zur Insolvenzmasse gehören würde. Denn es soll eine Gläubigerbenachteiligung wieder gutgemacht und das zurückgewährt werden, was durch die anfechtbare Rechtshandlung dem Vermögen des Schuldners entzogen worden ist. Deshalb berechtigt die Veräußerung einer vom Schuldner unter Eigentumsvorbehalt gekauften und unbezahlt gelassenen Sache den Verwalter nicht zur Anfechtung; denn der Rückgewähranspruch, der das Ziel der Anfechtung ist, wäre hier auf einen Vermögensgegenstand gerichtet, der noch nicht dem Schuldner gehört hat (**RG** 2. 5. 1933 Z 141, 89, 93). Hat sich der Schuldner dagegen des ihm beim Eigentumsvorbehaltskauf zustehenden Anwartschaftsrechts in anfechtbarer Weise entledigt, so kann der Verwalter diesen Vermögenswert, weil aus dem Vermögen des Schuldners weggegeben, herausverlangen. Die Vorausabtretung im Rahmen einer **Globalzession** unterliegt deswegen vielfach der Insolvenzanfechtung, weil der Rechtserwerb sich mit Entstehung der Forderung, also oftmals in der Krise, vollzieht, und der Zessionar die Situation des Schuldners kennt; nach neuerer **BGH**-Rechtsprechung sind die entsprechenden Abtretungen aber im Allgemeinen nicht mehr inkongruent (dazu oben § 131 Rn 16).

20

21 Maßgebend ist das **Vermögen des Schuldners**. Damit ist selbstverständlich nur das haftende Vermögen iSv §§ 35, 36 gemeint (KP-*Paulus* § 143 Rn 55). Es reicht aber unter Umständen aus, wenn der Schuldner einen schuldrechtlichen Anspruch auf Verschaffung der Sache hat (**BGH** 18. 5. 2000 NJW-RR 2001, 44 f = ZIP 2000, 1550, 1552 = KTS 2000, 428 = EWiR § 1 AnfG 1/2000, 947 *[Paulus]*). Wegen des erforderlichen Bezuges zum Schuldnervermögen können in der Insolvenz des Vermögensübernehmers nicht Rechtshandlungen angefochten werden, durch die der Veräußerer das übertragene Vermögen vor der Veräußerung vermindert hatte; aus dem gleichen Grund sind Rechtshandlungen einer offenen Handelsgesellschaft, deren Vermögen einer ihrer Gesellschafter mit Aktiven und Passiven übernommen hatte, in dessen Insolvenz nicht anfechtbar (**BGH** 22. 6. 1955 WM 1955, 1195 = KTS 1956, 46; abw aus Billigkeitsgründen *Bötticher* MDR 1956, 88; *ders* MDR 1962, 610). Allerdings kann der Gesamtvorgang der Veräußerung eine anfechtbare Handlung darstellen; eine Anfechtung könnte jedoch nur durch den Insolvenzverwalter über das Vermögen des Übertragenden erfolgen, was bei der typischerweise bestehenden Vermögenslosigkeit des Übertragenden anlässlich eines solchen Vorgangs die Einzahlung eines erheblichen Massekostenvorschusses erforderlich machen würde. Anderes soll für den Fall der Insolvenz einer übernehmenden Gesellschaft gelten, wenn diese durch die Übernahme erloschen ist oder noch nicht befriedigte Gläubiger der übernommenen Gesellschaft vorhanden sind; hier wurde dem Insolvenzverwalter erlaubt, auch Rechtshandlungen der übernommenen (Personenhandels-)Gesellschaft anzufechten (**BGH** 10. 5. 1978 Z 71, 296 = NJW 1978, 1525 = KTS 1979, 76 = LM § 29 KO Nr 8 *[Merz]*).

22 Bei **mittelbarer anfechtbarer Zuwendung** aus dem Vermögen des Verfahrensschuldners geht der Rückgewähranspruch regelmäßig dann nicht auf den Gegenstand, den der Anfechtungsgegner auf Veranlassung des Schuldners von einem Dritten erhalten hat, wenn der Schuldner selbst zuvor keinen Rechtsanspruch auf diesen Gegenstand hatte; hier kommt lediglich Wertersatz in Betracht (**BGH** 14. 6. 1978 Z 72, 39, 42 ff = NJW 1978, 1921 = KTS 1979, 92 = LM § 37 KO Nr 9 *[Merz]*; *Lüke* ZIP 2001, 1, 8; KP-*Paulus* § 143 Rn 12). Maßgeblich ist im Übrigen auch bei der mittelbaren Zuwendung dasjenige, was durch die anfechtbare Rechtshandlung dem Vermögen des Schuldners entzogen wurde (**BGH** 2. 2. 1955 LM § 3 AnfG Nr 2 = JR 1955, 384; vgl aber auch **OLG** Celle 13. 7. 1962 KTS 1963, 50 ff). Wurde ein vom Schuldner ausgestellter **Wechsel** vom Anfechtungsgegner bei einer Bank diskontiert, bezieht sich der Rückgewähranspruch (nur) auf die dem Schuldner im Wechselregresswege entzogenen Vermögenswerte, da die Masse auch nur in dieser Höhe geschmälert wurde (**OLG** Hamm 12. 6. 1990 12. 6. 1990 NJW-RR 1991, 293 = ZIP 1990, 1355 = EWiR § 31 KO 1/90, 1009 *[Mohrbutter]* = WuB VI B § 31 Nr 2 KO 1.91 *[Uhlenbruck]*). Diese Grundsätze gelten auch bei einer anfechtbaren Zuwendung des Bezugsrechts auf eine **Lebensversicherung**; im Falle der Einräumung eines bloß widerruflichen Bezugsrechts führt dies nach dem Todesfall zu einer Rückgewährpflicht hinsichtlich der gesamten Versicherungssumme (*Hasse* VersR 2005, 15, 24; *ders* Lebensversicherung S 15 ff, 51 ff; *Lind/Stegmann* ZInsO 2004, 413, 418; MK/*Kirchhof* § 143 Rn 23 a; zum Ganzen im Übrigen oben § 134 Rn 15).

23 3. **Keine Vorteilsausgleichung und keine Aufrechnung.** Eine **Vorteilsausgleichung** findet nicht statt, weil der Anfechtungsanspruch kein Schadenersatzanspruch ist (**RG** 1. 10. 1920 Z 100, 87, 90; **BGH** 25. 9. 1952 KTS 1955, 15 = LM § 30 KO Nr 1 = BB 1952, 868 f *[Berges]*; **BGH** 24. 10. 1962 KTS 1962, 252, 253; **BGH** 15. 10. 1969 NJW 1970, 44 = KTS 1970, 293, 295; **BGH** 30. 1. 1986 Z 97, 87, 95 = NJW 1986, 1496 = ZIP 1986, 448 = KTS 1986, 333 = JZ 1986, 691 *[Henckel]* = EWiR § 17 KO 3/86, 387 *[Kilger]*; **BGH** 19. 12. 2002 IX ZR 377/99 ZIP 2003, 488 = ZInsO 2003, 324 = NZI 2003, 253 = EWiR 2003, 427 *[Gerhardt]* [KO]; **BGH** 2. 6. 2005 IX ZR 263/03 ZIP 2005, 1521 = ZInsO 2005, 884 = NZI 2005, 553 = EWiR 2006, 21 *[Beutler/Weissenfels]* [im Zusammenhang mit Herstellung einer Aufrechnungslage: keine Berücksichtigung bewusst übernommener Nebenpflichten]; **BGH** 20. 7. 2006 IX ZR 226/03 NZI 2006, 583 = ZIP 2006, 1639 = WuB VI A § 134 InsO 1.07 *[Servatius]*; **BGH** 12. 7. 2007 IX ZR 235/03 ZIP 2007, 2084 = ZInsO 2007, 1107 = NZI 2007, 718; **BGH** 16. 11. 2007 IX ZR 194/04 Z 174, 228 = ZIP 2008, 125 = ZInsO 2008, 106 = NJW 2008, 655 = NZI 2008, 163 = WuB VI A § 134 InsO 2.08 *[Blum]* = EWiR 2008, 211 *[Keller]*; **BGH** 9. 7. 2009 IX ZR 86/08; differenzierend Jaeger/*Henckel* § 143 Rn 164; anders wohl **BGH** 3. 3. 1960 NJW 1960, 381 = WM 1960, 381; zu den Widersprüchen der gesetzlichen Regelung *Eckardt* ZInsO 2004, 888 ff). Inhalt und Umfang des Rückgewähranspruchs werden deshalb nicht dadurch beeinflusst, dass eine die Insolvenzgläubiger benachteiligende Rechtshandlung in adäquatem ursächlichem Zusammenhang mit anderen Ereignissen der Insolvenzmasse auch Vorteile gebracht hat, die nicht die Gegenleistung für die durch die Handlung bewirkte Vermögensminderung darstellen (**BGH** 25. 9. 1952 KTS 1955, 15 = LM § 30 KO Nr 1 = BB 1952, 868 f *[Berges]*; **BGH** 28. 9. 1964 WM 1964, 1166, 1167; **BGH** 15. 10. 1969 NJW 1970, 44, 46 = KTS 1970, 293, 295; **BGH** 12. 7. 2007 IX ZR 235/03 ZIP 2007, 2084 = ZInsO 2007, 1107 = NZI 2007, 718; **BGH** 9. 7. 2009 IX ZR 86/08 [durch Bierbrauen entstandene Sachhaftung für die Biersteuer kann nicht mit der durch das Brauen erzielten Wertschöpfung saldiert werden]; zum erforderlichen ursächlichen Zusammenhang siehe aber § 129 Rn 123; zur Frage, ob eine vom Insolvenzverwalter als vorläufigem Verwalter vorgenommene Rechtshandlung der Anfechtung unterliegt, oben § 129 Rn 17). Auch hat der **BGH** – ohne auf die Vorteilsausgleichung ausdrücklich einzu-

II. Inhalt der Rückgewährpflicht (Abs 1) § 143

gehen – entschieden, dass die Anfechtbarkeit ausgeschlossen sein kann, wenn sich die anfechtbare Rechtshandlung auf Mittel bezieht, die der Erfüllung einer Forderung des Schuldners dienten, wenn die Erfüllung fehlgeschlagen ist, die Forderung also noch *werthaltig* ist (**BGH** 17. 6. 1999 NJW 1999, 3780, 3781 = NZI 1999, 361 = ZInsO 1999, 467 = ZIP 1999, 1271, 1273 = KTS 1999, 485 = EWiR § 30 KO 1/99, 801 *[Eckardt]* = WuB VI B. § 30 Nr 2 KO 1.02 *[Hirte/M. Groß]*). Das Verbot der Vorteilsausgleichung schließt nicht aus, dass der Anfechtungsgegner die Rückgewähr seiner Gegenleistung aus der Insolvenzmasse verlangen kann, soweit diese noch unterscheidbar vorhanden ist oder soweit die Masse um ihren Wert bereichert ist (§ 144 Abs 2); das kommt insbesondere bei § 132 Abs 1 in Betracht (*Häsemeyer* Rn 21.71). Entsprechend der Wertung im Rahmen von § 64 (früher Abs 2) GmbHG (dazu oben § 15 a Rn 21) ist dies einem nach § 143 Abs 1 Satz 2 auf Wertersatz in Anspruch genommenen GmbH-Geschäftsführer im Urteil vorzubehalten (**OLG** Schleswig 10. 4. 2003 ZIP 2003, 856). Dagegen kann ein weitergehender Anspruch auf Erstattung der Gegenleistung nur als einfache Insolvenzforderung zur Tabelle angemeldet werden. Soweit der Empfänger einer anfechtbaren Leistung das Empfangene zurückerstattet, lebt seine Forderung wieder auf (§ 144 Abs 1). Entsprechend dem Ausschluss der Vorteilsanrechnung kann auch die Unentgeltlichkeit nicht durch einen sonstigen wirtschaftlichen Vorteil ausgeschlossen werden (siehe dazu § 134 Rn 18).

Auch die **Aufrechnung** der anfechtungsrechtlichen Rückgewährschuld mit einer Forderung des Anfechtungsgegners gegen den Verfahrensschuldner ist unzulässig, wenn der Anfechtungsgegner Insolvenzgläubiger ist, da die Rückgewährschuld erst nach Eröffnung des Insolvenzverfahrens entsteht (§ 96 Abs 1 Nr 1; **RG** WarnRspr 1927 Nr 101; **BGH** 3. 12. 1954 Z 15, 333, 337; **BGH** 15. 2. 1956 WM 1956, 703, 706; **BGH** 23. 11. 1981 ZIP 1982, 76, 78 = KTS 1982, 410, 415; **BGH** 17. 4. 1986 NJW-RR 1986, 848 = ZIP 1986, 720 = KTS 1986, 477 = EWiR § 48 KO 1/86, 603 *[Reimer]*; **OLG** Nürnberg 1. 7. 1976 Z 1977, 253 = NJW 1977, 589; mit abw Begründung *Jaeger/Henckel* § 143 Rn 185; dazu § 129 Rn 4). Dabei kommt es nicht darauf an, ob der Anfechtungsgegner im Verteilungsverfahren den geschuldeten Betrag zurückerhalten wird (**BGH** 11. 6. 1992 NJW 1992, 2485 = ZIP 1992, 1008 = KTS 1992, 635 = EWiR § 106 KO 7/92, 907 *[Häsemeyer]*). Gegen den anfechtungsrechtlichen Wertersatzanspruch ist jedoch eine Aufrechnung mit einem **Masseanspruch** zulässig, sofern die Masse nicht unzulänglich ist (**BGH** 17. 4. 1986 NJW-RR 1986, 848, 850 = ZIP 1986, 720, 724 = KTS 1986, 477 = EWiR § 48 KO 1/86, 603 *[Reimer]*; **BGH** 11. 5. 2000 NJW 2000, 3777, 3781 = ZIP 2000, 1061, 1066 = NZI 2000, 422 = KTS 2000, 421 = EWiR § 30 KO 1/01, 177 *[Johlke/Schröder]*, HK-*Kreft* § 143 Rn 24; differenzierend *Jaeger/Henckel* § 143 Rn 186; abw **OLG** Nürnberg 1. 7. 1976 Z 1977, 253 = NJW 1977, 589). Das gilt insbesondere für den nach neuem Recht eingeräumten Verwendungsersatzanspruch nach § 994 Abs 2 iVm §§ 683, 684 BGB (dazu unten Rn 38). Hat sich der Anfechtungsgegner im Zusammenhang mit der anfechtbaren Rechtshandlung des Insolvenzgläubigers nach § 826 BGB schadensersatzpflichtig gemacht und schuldet er sowohl nach § 143 wie nach § 251 BGB Geld, so ist die Aufrechnung gegenüber beiden Ansprüchen nach § 393 BGB ausgeschlossen (**BGH** 28. 10. 1953 LM § 393 BGB Nr 1). Bei Ansprüchen aus § 144 Abs 2 kommt ein **Zurückbehaltungsrecht** des Anfechtungsgegners in Betracht (**BGH** 29. 4. 1986 NJW-RR 1986, 991 = ZIP 1986, 787, 790 = KTS 1986, 669 = EWiR § 38 KO 1/86, 707 *[Gerhardt]*; dazu § 144 Rn 12).

4. Wertersatz bei Unmöglichkeit der Rückgewähr. a) Grundsatz. Bei Unmöglichkeit der Rückgewähr in Natur ist grundsätzlich der volle Wert dessen zu ersetzen, was durch die angefochtene Rechtshandlung des Schuldners veräußert, weggegeben oder aufgegeben wurde (**RG** 1. 12. 1903 Z 56, 194, 196; **RG** 14. 6. 1912 Z 80, 1, 4; **BGH** 15. 10. 1969 NJW 1970, 44 = KTS 1970, 293; **BGH** 14. 6. 1978 Z 72, 39 = NJW 1978, 1921 = KTS 1979, 92 = LM § 37 KO Nr 9 *[Merz]*; **BGH** 20. 2. 1980 NJW 1980, 1580 = ZIP 1980, 250, 251 = KTS 1980, 245 = LM § 29 KO Nr 8 *[Merz]*). Gleiches gilt für den Fall, dass einer Rückgewähr unverhältnismäßige Schwierigkeiten im Wege stehen. Denn nur durch den Anspruch auf (vollen) Wertersatz kommt der Insolvenzmasse zu dem, was dem Vermögen des Schuldners durch die anfechtbare Handlung entzogen worden ist. Im **Sonderfall** des § 147 Satz 2 wird primär Wertersatz geschuldet (dazu unten § 147 Rn 2).

Der Anfechtungsanspruch ist **kein Alternativanspruch**; er geht nicht entweder auf Rückgewähr in Natur oder auf Wertersatz (MK/*Kirchhof* § 143 Rn 82). Ein Anspruch auf Wertersatz besteht vielmehr nur, wenn Rückgewähr in Natur nicht erreicht werden kann (**BGH** 29. 6. 2004 IX ZR 258/02 Z 159, 397 = ZIP 2004, 1619 = NJW 2004, 2900 = EWiR 2005, 53 *[Stickelbrock]* = WuB VI D § 11 AnfG 1.04 *[Rimmelspacher/Luber]* [AnfG]; **BGH** 17. 7. 2008 IX ZR 245/06 ZIP 2008, 2136 = ZInsO 2008, 910 = NZI 2008, 633 [AnfG]). Der Wertersatzanspruch ist daher auch kein Schadensersatzanspruch wegen Verzugs (**BGH** 6. 7. 1989 NJW-RR 1990, 318 = KTS 1989, 877). Der Insolvenzverwalter hat daher nicht die Wahl, ob er Wertersatz oder den Gegenstand zurückverlangen will (**BGH** 15. 10. 1969 NJW 1970, 44 = KTS 1970, 293, 294; **BGH** 29. 4. 1986 NJW-RR 1986, 991 = ZIP 1986, 787, 788 f = KTS 1986, 669 = EWiR § 38 KO 1/86, 707 *[Gerhardt]*; **BGH** 23. 10. 2008 IX ZR 202/07 ZIP 2008, 2272 = ZInsO 2008, 1269 = NZI 2009, 67 = EWiR 2009, 67 *[Holzer]* = WuB VI B § 11 AnfG 1.09 *[Hess]* [AnfG]). Eine vergleichsweise **abweichende Regelung** ist dadurch freilich nicht ausgeschlossen (**BGH** 18. 5. 1995 Z 130, 38 = NJW 1995, 2783 = ZIP 1995, 1204, 1205 = KTS 1995, 668 = JZ 1996, 527 *[Henckel]* = EWiR § 55 KO 3/95, 795 *[Gerhardt]* = WuB VI B. § 55 KO 1.96 *[Paulus]*; KP-*Paulus*

§ 143 Rn 8). Da der Wertersatzanspruch kein Alternativanspruch ist, kann er auch unbeschadet der Rechtskraft eines bereits auf Rückgewähr gerichteten Urteils in einem zweiten Prozess geltend gemacht werden, wenn die Rückgewähr zwischenzeitlich unmöglich geworden ist (**BGH** 15. 10. 1969 NJW 1970, 44 = KTS 1970, 293).

27 Wurde eine anfechtbar erworbene Sache oder Forderung **weiterveräußert**, schließt dies nicht notwendig den Anspruch auf Rückgewähr aus, da sie dem Anfechtungsgegner gleichwohl noch möglich sein kann (abw *Gerhardt* Gläubigeranfechtung S 237; *Jaeger/Henckel* § 143 Rn 122). Dieser Grundsatz findet auch bei der Weiterleitung empfangener Beitragszahlungen an Versicherungsträger durch sozialrechtliche Einzugsstellen Anwendung (**OLG Koblenz** 27. 1. 2005 2 U 690/04 ZInsO 2005, 324, 328 [Revisionsentscheidung ohne Bedeutung für diese Frage]; **OLG Koblenz** 8. 3. 2005 3 U 984/04 ZIP 2005, 540, 542; **OLG Stuttgart** 13. 1. 2005 2 U 164/04 ZIP 2005, 1837, 1841 = ZInsO 2005, 942 = EWiR § 129 InsO 3/2005, 479 *[Spliedt]*; dazu § 129 Rn 87A). Auch für den Fall, dass sich der Rückgewähranspruch nach § 145 gegen einen **Rechtsnachfolger** richtet, wird der Ersterwerber nicht frei (**OLG Rostock** 26. 2. 2007 3 U 96/06 ZIP 2007, 1073 [insoweit nicht aufgehoben durch **BGH** 9. 10. 2008 IX ZR 59/07 ZIP 2008, 2183 = NJW 2008, 3780 = ZInsO 2008, 1202 = NZI 2008, 733 = EWiR 2008, 755 *[Koza]*]). Für den Fall der **Unmöglichkeit** der Herausgabe stehen dem Insolvenzverwalter die Rechtsbehelfe aus § 283 BGB (**BGH** 29. 4. 1986 NJW-RR 1986, 991 = ZIP 1986, 787, 787, 791 = KTS 1986, 669 = EWiR § 38 KO 1/86, 707 *[Gerhardt]*; **OLG Stuttgart** 22. 2. 2005 10 U 242/04 ZIP 2005, 588, 590 = KTS 2006, 323) oder § 259, 255 Abs 2 ZPO zur Verfügung, indem er entweder ein Urteil auf Rückgabe erwirkt und dann vom Anfechtungsgegner nach Fristsetzung Wertersatz für die Leistung fordert oder den Anspruch auf Wertersatz für den Fall, dass der Gegenstand selbst nicht binnen einer vom Gericht zu bestimmenden Frist zurückgewährt wird, in einer Klage verbindet. Steht die Unmöglichkeit der Herausgabe fest, kann der Insolvenzverwalter wählen, ob er vom Erstempfänger Wertersatz (**RG** 27. 10. 1890 Z 27, 21, 23; **RG** 6. 12. 1894 Z 34, 404, 406) oder vom Rechtsnachfolger unter den Voraussetzungen des § 145 Herausgabe oder Wertersatz verlangen soll (**RG** 27. 10. 1890 Z 27, 21, 23). Er darf diese Rechte nebeneinander oder nacheinander geltend machen (**RG** 20. 10. 1886 Z 19, 26 = JW 1886, 348; **RG** 9. 12. 1882 Gruchot 27, 1140; **RG** 12. 11. 1891 Gruchot 36, 464). Kann aber der Empfänger eine Sache deshalb nicht mehr zurückgewähren, weil sie zugunsten von Gläubigern des Verfahrensschuldners versteigert worden ist, so haftet er nicht auf Wertersatz (**RG** 12. 2. 1904 Gruchot 49, 123, 128).

28 **b) Umfang des Wertersatzspruchs.** Auch der Wertersatzanspruch geht auf das, was dem Vermögen des Verfahrensschuldners durch die anfechtbare Handlung entzogen wurde, und – abgesehen von Abs 2 – nicht auf das, was in das Vermögen des Anfechtungsgegners gelangt ist (**BGH** 15. 10. 1969 NJW 1970, 44, 46 = KTS 1970, 293, 295). Dem steht auch der neue Abs 1 Satz 2 nicht entgegen, der für den Wertersatzanspruch ausdrücklich nur bezüglich der „Rechtsfolgen" auf die Haftung eines bösgläubigen Bereicherungsschuldners (§ 819 Abs 1 BGB) verweist (**BGH** 13. 12. 2007 IX ZR 116/06 ZIP 2008, 455 = ZInsO 2008, 276 = NZI 2008, 238); eine (fortbestehende) Bereicherung des Anfechtungsgegners führt daher jedenfalls solange nicht zu einem Wertersatzanspruch, als der Masse nichts entzogen wurde (iE ebenso KP-*Paulus* § 143 Rn 57). Zu ersetzen ist der **Wert**, den der Gegenstand zur Zeit der letzten mündlichen Verhandlung der letzten Tatsacheninstanz gehabt hätte, wenn er im Besitz des Verfahrensschuldners verblieben wäre; denn das ist der Wert, den er bei einer Verwertung durch den Insolvenzverwalter gehabt hätte (**RG** 9. 1. 1923 Z 106, 163, 166; **BGH** 15. 10. 1969 NJW 1970, 44, 46 = KTS 1970, 293, 295; **BGH** 28. 5. 1971 WM 1971, 908, 909; **BGH** 20. 2. 1980 NJW 1980, 1580 = ZIP 1980, 250, 252 = KTS 1980, 245 = LM § 29 KO Nr 8 *[Merz]*; **BGH** 14. 12. 1983 Z 89, 189, 197 = ZIP 1984, 190, 192 = KTS 1984, 284 = JZ 1984, 420 *[Baur]*; **BGH** 9. 7. 1987 Z 101, 286 = NJW 1987, 2821 = ZIP 1987, 1132 = KTS 1988, 125 = EWiR § 37 KO 2/87, 1009 *[Balz]*). Deswegen ist bei anfechtbar erworbenen Patenten neben dem bloßen Wertersatz auch Schadenersatz wegen Vorenthaltung zu leisten (**OLG Celle** 19. 3. 1999 ZIP 1999, 848 = EWiR § 37 KO 1/2000, 303 *[Huber]*, das allerdings abweichend von der hM auf die Klageerhebung abstellt). Ist eine Rückgewähr bereits bei Eröffnung des Insolvenzverfahrens unmöglich, wurde wegen der früher üblichen Qualifikation des Anspruchs als schadenersatzrechtlich dieser Zeitpunkt als entscheidend angesehen (**BGH** 9. 7. 1987 Z 101, 286, 289 = NJW 1987, 2821 = ZIP 1987, 1132 = KTS 1988, 125 = EWiR § 37 KO 2/87, 1009 *[Balz]*; abw *Gerhardt* ZIP 1987, 1429 f). Das ist jetzt im Hinblick auf § 143 Abs 1 Satz 2 nur noch schwer haltbar; abzustellen ist vielmehr auf den Zeitpunkt der letzten mündlichen Verhandlung (*Balz* und *Gerhardt*, ebda; *Zeuner* Anfechtung S 231; Zweifel an der Fortgeltung der bisherigen Judikatur auch bei HK-*Kreft* § 143 Rn 22). Gelingt es dem Gläubiger einer anfechtbaren Pfändung, die Pfandsache noch vor Eröffnung des Insolvenzverfahrens zu versilbern, muss er den **Vollstreckungserlös** als Ersatz für den der Insolvenzmasse entzogenen Vollstreckungsgegenstand an den Insolvenzverwalter auskehren (**BGH** 26. 2. 1969 WM 1969, 374 = KTS 1969, 244, 246 = LM § 31 KO Nr 4; siehe dazu auch Rn 13, 59). Der Wertersatzanspruch ist nicht auf den Kaufpreis beschränkt, den der Anfechtungsgegner bei einer Weiterveräußerung erzielt hat, oder auf den Erlös, den er bei einer Zwangsversteigerung erzielen konnte (**RG** 12. 1. 1893 Z 30, 85, 88; **RG** 2. 7. 1926 Z 114, 206, 211; **BGH** 18. 5. 1955 WM 1955, 1468, 1471; **BGH** 24. 10. 1962 KTS 1962, 252; **BGH** 15. 10. 1969 NJW 1970, 44, 46 = KTS 1970, 293, 295;

II. Inhalt der Rückgewährpflicht (Abs 1) § 143

BGH 20. 2. 1980 NJW 1980, 1580, 1581 = ZIP 1980, 250 = KTS 1980, 245 = LM § 29 KO Nr 8 *[Merz]*; **OLG** Karlsruhe 12. 3. 1980 ZIP 1980, 260; **OLG** Schleswig 2. 10. 1981 WM 1982, 25). Das gilt auch, wenn die anfechtbare Handlung in der Sicherungsübereignung von Waren bestand, die der spätere Verfahrensschuldner für Rechnung des Sicherungsgläubigers verkaufen durfte. Andererseits hat die Masse keinen Anspruch auf einen bei der Weiterveräußerung erzielten **Mehrerlös** (**RG** 27. 10. 1890 Z 27, 21, 24; **RG** 26. 1. 1909 Z 70, 226, 233).

Als Wertersatz für ein anfechtbar **geschenktes Bankguthaben,** mit dem der Beschenkte freiwillig einen 29 Gläubiger des Schenkers befriedigt hat, kann Zahlung des Betrages verlangt werden, über den das Guthaben lautete (**BGH** 15. 10. 1969 NJW 1970, 44 = KTS 1970, 293). Hat eine Bank einen **Inkassoscheck** mit Kreditforderungen in Kenntnis der Zahlungseinstellung verrechnet, hat sie bei Einlösung des Schecks den verrechneten Betrag herauszugeben (**OLG** Köln 3. 4. 1979 WM 1979, 1193 = KTS 1980, 69). Hatte der Verfahrensschuldner seiner Ehefrau Bauleistungen erbracht, die zurückzugewähren sind, so sind die für die **Bauleistungen** aufgenommenen Grundpfandrechte entsprechend den Anteilen der Eheleute zu verteilen und in Abzug zu bringen (**BGH** 13. 3. 1978 Z 71, 61 = NJW 1978, 1326 = KTS 1978, 231; vgl auch **BGH** 14. 6. 1978 Z 72, 39 = NJW 1978, 1921 = KTS 1979, 92 = LM § 37 KO Nr 9 *[Merz]*). Ist durch die Verfügung einer Erbengemeinschaft dem Gläubiger eines Miterben ein **Vermögensgegenstand in Anrechnung auf dessen Erbteil** zugewendet und dadurch der Reinanteil des Miterben an der Erbschaft verkürzt worden, kann der Insolvenzverwalter über das Vermögen des Miterben bei Vorliegen der sonstigen Voraussetzungen Wertersatz vom Begünstigten verlangen (**BGH** 14. 6. 1978 Z 72, 39 = NJW 1978, 1921 = KTS 1979, 92 = LM § 37 KO Nr 9 *[Merz]*). Hat der Verfahrensschuldner einen Miterbteil einem anderen Erben in der Weise übertragen, dass sich das Erbe in einer Hand vereinigt, ist eine Rückübertragung ebenfalls unmöglich und Wertersatz zu leisten; denn dadurch ist der gleiche Rechtszustand wie bei ursprünglichem Anfall an einen Alleinerben entstanden (**OLG** Düsseldorf 11. 11. 1976 NJW 1977, 1828).

Etwas anderes kann aber dann gelten, wenn der Nachlass nur aus einem Grundstück besteht (**BGH** 30 19. 3. 1992 NJW-RR 1992, 733 = ZIP 1992, 558 = KTS 1992, 444 = EWiR § 7 AnfG 1/92, 531 *[Gerhardt]*). Das gilt auch bei einer nur aus dem Schuldner und einem Dritten bestehenden BGB-Gesellschaft, der (im Wesentlichen) ein einziger Vermögengegenstand gehört, den diese anfechtbar an einen anderen Dritten veräußert. Hier kann der Insolvenzverwalter des Schuldner-Gesellschafters den Erwerber wie nach dem AnfG auf Duldung der Zwangsvollstreckung in Anspruch nehmen, um den Teil des Versteigerungserlöses herauszuverlangen, der ihm im Falle der Auseinandersetzung der Gesellschaft als Mitgesellschafter ohne die anfechtbare Handlung zugestanden hätte (**BGH** 5. 12. 1991 Z 116, 222, 232 = NJW 1992, 830 = ZIP 1992, 109 = EWiR § 859 ZPO 1/92, 307 *[Henckel]*; **BGH** 5. 12. 1991 NJW 1992, 834 = ZIP 1992, 124, 125 = EWiR § 1 AnfG 1/92, 219 *[Gerhardt]*; *Gerhardt* JZ 1992, 724; HK-*Kreft* § 143 Rn 13).

Eine (rechtsgeschäftliche) **Surrogation** des Erlöses oder der mit dem Erlös angeschafften Sachen war 31 den Anfechtungsvorschriften früher unbekannt (**RG** 26. 1. 1909 Z 70, 226, 233; **RG** 26. 5. 1909 LZ 1909, 864 Nr 7). Der Anfechtungsgegner konnte sich daher von dem Anspruch auf Ersatz des vollen Wertes nicht durch das Angebot der Herausgabe des Erlöses oder der damit angeschafften Sachen befreien (**RG** 20. 10. 1899 Z 44, 92, 94); auch bei anfechtbarer Zwangsversteigerung war die Höhe des Zuschlags ist unmittelbar maßgebend für den Umfang des Wertersatzes (Kilger/*Karsten Schmidt* § 37 KO Anm 8). Der Insolvenzverwalter konnte sich aber schon bislang mit dem Erlös an Erfüllungs Statt begnügen. Bei der nichtrechtsgeschäftlichen Surrogation wurde es demgegenüber schon früher als mit dem Zweck der Anfechtungsvorschriften vereinbar angesehen, den Anfechtungsgegner infolge eines von ihm nicht verschuldeten Untergangs der Sache nicht besser zu stellen, als wenn die Sache noch vorhanden wäre; für einen Schadensersatzanspruch gegen den Schädiger oder die Versicherung griff daher § 818 Abs 1 BGB ein (Jaeger/*Henckel* § 37 KO Rn 125). Nach neuem Recht greift hier über Abs 1 Satz 2, §§ 819 Abs 1, 818 Abs 4 BGB auch in den Fall § 285 BGB (*Breutigam/Tanz* ZIP 1998, 717, 725; *Eckardt* KTS 2005, 15, 45; kritisch MK/*Kirchhof* § 143 Rn 72; abw *von Campe*, Insolvenzanfechtung in Deutschland und Frankreich, 1996, S 291 f [einschränkend hinsichtlich rechtsgeschäftlicher Surrogation]: trotz Verweises auf § 285 BGB nur nicht-rechtsgeschäftliche Surrogation; HK-*Kreft* § 143 Rn 21: Verweis auch auf § 818 Abs 1–3 BGB [§ 143 Abs 1 Satz 2 verweist aber nur auf die „*Rechtsfolgen*" einer ungerechtfertigten Bereicherung, bei der dem Empfänger der Mangel des rechtlichen Grundes bekannt ist"]; daher andererseits HK-*Kreft* § 129 Rn 79; offengelassen für rechtsgeschäftliche Surrogate: **BGH** 23. 10. 2008 IX ZR 202/07 ZIP 2008, 2272 = ZInsO 2008, 1269 = NZI 2009, 67 = EWiR 2009, 67 *[Holzer]* = WuB VI B § 11 AnfG 1.09 *[Hess]* [AnfG]; ablehnend für rechtsgeschäftliche Surrogate Jaeger/*Henckel* § 143 Rn 151). Für den anfechtbar weggegebenen Vermögensgegenstand erhaltene nicht rechtsgeschäftliche Surrogate sind daher in jedem Fall in vollem Umfang auch dann herauszugeben, wenn sie den Wert des Vermögensgegenstands übersteigen. Ist der Anfechtungsgegner ebenfalls insolvent, steht dem Insolvenzverwalter daher ein Ersatzaussonderungsrecht nach § 48 zu (siehe dazu bereits oben Rn 4A; vgl auch die Kommentierung zu § 48).

Der Anfechtungsgegner schuldet den Wertersatz bei Untergang des erlangten Gegenstandes bzw Un- 32 vermögen seiner Rückgabe nur noch dann, wenn ihn ein **Verschulden** trifft (§§ 819 Abs 1, 818 Abs 4, 292 Abs 1, 990, 989 BGB; zum Hintergrund Begr RegE zu § 143 und 12. Aufl Rn 32). Deshalb würde

§ 143 *Rechtsfolgen*

auch ein Wertersatz des Anfechtungsgegners für die aus Rechtsgründen unmögliche (dazu oben Rn 18) Rückgewähr der Vorteile aus einer günstigen Prozesssituation wegen anfechtbar vorgenommener oder unterlassener Prozesshandlungen ausscheiden (*Kühnemund* KTS 1999, 25, 39).

33   Ein (weiterer) Vorenthaltungsschaden ist vom Anfechtungsgegner erst zu ersetzen, wenn der Insolvenzverwalter den Anfechtungsgegner in **Verzug** gesetzt hat (§ 286 Abs 1 BGB; **RG** 23. 11. 1915 LZ 1916, 402 Nr 17; **BGH** 20. 12. 1967 WM 1968, 407, 409). Ein solcher Anspruch wird auch durch den neuen Abs 1 Satz 2 nicht ausgeschlossen, wie sich aus dem über § 819 Abs 1 BGB mittelbar in Bezug genommenen § 990 Abs 2 BGB ergibt (**OLG** Stuttgart 13. 1. 2005 2 U 164/04 ZIP 2005, 1837, 1841 = ZInsO 2005, 942 = EWiR § 129 InsO 3/2005, 479 *[Spliedt]*). Dabei müssen aber die spezifischen Voraussetzungen des Verzugs gerade für den Rückgewähranspruch vorliegen. Die verzugsbedingte Schadenersatzpflicht hat insbesondere dann Bedeutung, wenn der entstandene Schaden die gezogenen oder zu ziehenden Nutzungen übersteigt (MK/*Kirchhof* § 143 Rn 58). Die **Verzugs- und Rechtshängigkeitszinsen** berechnen sich nach § 288 BGB nF. Nach altem Recht betrugen sie, auch wenn die anfechtbare Handlung ein beiderseitiges Handelsgeschäft war, nur vier Prozent, da der Anfechtungsanspruch keine Forderung aus einem Handelsgeschäft ist (§§ 246, 288 BGB aF; **RG** 8. 4. 1902 JW 1902, 273 = Gruchot 46, 1111; **BGH** 11. 1. 1961 WM 1961, 387, 389 f).

34   **5. Nutzungen.** Zum Rückgewähranspruch gehören auch alle aus dem empfangenen Gegenstand tatsächlich gezogenen **Nutzungen einschließlich der Früchte** (§§ 100, 99 BGB). Das ergibt sich jetzt aus dem Verweis von Abs 1 Satz 2 auf § 987 Abs 1 BGB. Enthält das anfechtbar erworbene Stammrecht ein Bezugsrecht, so erstreckt sich die Rückgewährpflicht daher auf die jungen Mitgliedschaftsrechte, mögen sie auch vom Schuldner bezahlt worden sein. Können Nutzungen – wie bei anderen Nutzungen als Früchten (§ 99 BGB) typischerweise – nicht mehr in Natur zurückgewährt werden, ist der Anfechtungsgegner zum **Wertersatz** verpflichtet. Bei **tatsächlich gezogenen Nutzungen** greift diese Ersatzpflicht auch dann, wenn sie nur dadurch erzielt werden konnten, dass der Anfechtungsgegner eine ihm gehörende Sache mitbenutzt hat, und dies selbst dann, wenn das anfechtbar Erlangte für den Verfahrensschuldner wertlos war (**RG** 19. 10. 1937 JW 1937, 3243). Auch kommt es anders als nach altem Recht nicht darauf, ob der Verfahrensschuldner sie selbst auch gezogen hätte; das ist hinzunehmen (*Henckel* KS-InsO S 813, 850; abw *Breutigam/Tanz* ZIP 1998, 717, 723 f; KP-*Paulus* § 143 Rn 57). Für **nicht gezogene Nutzungen** ist der Anfechtungsgegner nach neuem Recht allerdings insoweit verantwortlich, als er es **schuldhaft** unterlässt, die in ordnungsmäßigem Geschäftsgang möglichen Nutzungen zu ziehen (§ 987 Abs 2 BGB); ob der Schuldner sie selbst gezogen hätte, spielt also keine Rolle. Insoweit ist das neue Recht weiter als das alte Recht, dass das dem Gläubiger haftende Vermögen allenfalls in den Zustand zurückversetzte, in dem es sich ohne die angefochtene Rechtshandlung befunden hätte; das ist hinzunehmen (*Henckel* KS-InsO S 813, 850; abw *Breutigam/Tanz* ZIP 1998, 717, 723 f). Eine Begrenzung im Vergleich zum alten Recht ergibt sich aber insoweit, als Wertersatz nur für nicht gezogene Nutzungen zu leisten ist, die der Gegenstand gewährt hätte, wenn er nicht aus dem Vermögen des Schuldners ausgeschieden wäre (**RG** 8. 11. 1889 Z 24, 141, 145; **RG** 14. 6. 1912 Z 80, 1, 4). Ein **weitergehender Ersatzanspruch** auch für Nutzungen, die der Verfahrensschuldner über das Maß des § 987 Abs 2 BGB hinaus gezogen hätte, kann sich bei Verzug mit der Rückgewährpflichtung nach §§ 990 Abs 2, 286 Abs 1, 252 BGB ergeben. Wird Wertersatz für eine **nichtfruchttragende Sache** verlangt, können Zinsen nur vom Tage des Verzugs oder der Rechtshängigkeit an beansprucht werden (**RG** 8. 11. 1889 Z 24, 141, 145; dazu oben Rn 33).

35   Bei einer anfechtbaren **Weggabe von Geld** umfasst der Rückgewähranspruch nach §§ 990 Abs 1, 987 Abs 2 BGB auch die **marktüblichen Zinsen als Nutzungen von der Weggabe** an (**BGH** 1. 2. 2007 IX ZR 96/04 Z 171, 38 = NZI 2007, 230 = ZIP 2007, 488 = WuB VI A § 143 InsO 1.08 *[Kreft]* = EWiR § 129 InsO 3/2007, 441 *[v. Gleichenstein]*; krit *Bork* ZIP 2008, 1041, 1047); es kommt also nicht darauf an, dass es auch für den Schuldner oder für die Masse verzinslich angelegt worden wäre (so noch **RG** 5. 6. 1931 Z 133, 46 = JW 1931, 2110). Dies ergibt sich daraus, dass das Anfechtungsrecht schon mit der Verwirklichung des jeweiligen Anfechtungstatbestandes entsteht und die Gläubiger bereits vor Eröffnung des Insolvenzverfahrens nach § 11 Abs 1 Satz 2 AnfG entsprechende Nutzungen hätten ziehen können. Unabhängig davon erstreckt sich die Herausgabepflicht auch auf die tatsächlich vom Anfechtungsgegner erwirtschafteten Zinsen (zum Ganzen MK/*Kirchhof* § 143 Rn 63). Beweispflichtig, insbesondere für die Höhe des Zinssatzes, ist der Insolvenzverwalter (nach **OLG** Brandenburg 26. 11. 1998 ZIP 1999, 1015 = EWiR § 10 GesO 1/99, 125 *[Gerhardt]* kann aber jedenfalls der gesetzliche Zinssatz verlangt werden). Für die Zeit ab Verfahrenseröffnung sind allerdings Zinsen in Höhe von fünf Prozentpunkten über dem Basiszinssatz nach §§ 819 Abs 1, 818 Abs 4, 291, 288 Abs 1 Satz 2 BGB zu zahlen (**BGH** 1. 2. 2007 IX ZR 96/04 aaO unter teilweiser Aufgabe von **BGH** 23. 3. 2006 IX ZR 116/03 Z 167, 11, 19 = NZI 2006, 397 = ZIP 2006, 916; **BGH** 13. 12. 2007 IX ZR 116/06 ZIP 2008, 455 = ZInsO 2008, 276 = NZI 2008, 238). § 288 Abs 2 BGB gilt insofern nicht (**OLG** München 22. 7. 2004 19 U 1867/04 ZIP 2004, 2102 = ZInsO 2004, 1040).

36   Nur die **Rückgewähr von Nutzungen** kann beansprucht werden, wenn lediglich die Gewährung von Nutzungen eingeräumt worden war (bei Verpachtung, Bestellung eines Nießbrauchs oder Einräumung

II. Inhalt der Rückgewährpflicht (Abs 1) § 143

des Zinsgewinnungsrechts) oder, falls auch der nutzbare Gegenstand selbst weggegeben worden war, wenn das Recht zum Fruchtbezug schon vor der Veräußerung ausschließlich dem Gläubigerzugriff unterlag (zB bei einer Vorerbschaft nach § 2115 BGB; **RG** 14. 6. 1912 Z 80, 1, 8; **RG** 16. 10. 1906 Z 64, 339; **RG** 9. 7. 1909 JW 1909, 505). Hier sind die Nutzungen allerdings nur insoweit zu ersetzen, als sie auch im Vermögen des Schuldners hätten gezogen werden können.

6. Werterhöhungen und -minderungen. Aus dem Prinzip, dass die Masse in die Lage zurückzuversetzen ist, in der sie sich ohne die anfechtbare Handlung befunden hätte, folgt, dass Werterhöhungen, die der zurückzugewährende Gegenstand in der Hand des Empfängers erfahren hat, grundsätzlich der Masse gebühren (**BGH** 24. 9. 1996 NJW 1996, 3341 = ZIP 1996, 1907 = EWiR § 3 AnfG 1/96, 1107 *[Paulus]* [zu § 3 AnfG]). Etwas anderes gilt für solche Werterhöhungen, die beim Schuldner selbst nicht eingetreten wären. Wertminderungen fallen andererseits dem Empfänger zur Last, nach neuem Recht aber nur dann, wenn sie – was der Insolvenzverwalter zu beweisen hat – vom Anfechtungsgegner zu vertreten sind (nur für Haftungsmilderung bei Zufälligkeiten, von denen der Gegenstand auch beim Schuldner betroffen worden wäre, noch **RG** 18. 5. 1886 Z 16, 23, 26; **RG** 16. 2. 1904 Z 57, 27, 28). 37

Werterhöhungen, die durch Arbeit oder Aufwendungen des Anfechtungsschuldners entstanden sind, dürfen nicht zu einer ungerechtfertigten Bereicherung der Masse führen (**RG** 18. 5. 1886 Z 16, 23, 26; **RG** 16. 2. 1904 Z 57, 27, 28; **RG** 26. 11. 1912 LZ 1913, 239, 241 Nr 12; **BGH** 27. 3. 1984 NJW 1984, 2890 = ZIP 1984, 753 [zu § 7 AnfG]; **BGH** 18. 4. 1991 NJW 1991, 2144, 2146 = ZIP 1991, 807 = KTS 1991, 424 = EWiR § 31 KO 1/91, 597 *[Gerhardt]*; **BGH** 27. 2. 1992 NJW 1992, 1829, 1830 = ZIP 1992, 493, 494 = KTS 1992, 434 = EWiR § 37 KO 2/92, 377 *[Smid]*; **BGH** 11. 7. 1996 NJW 1996, 3147, 3150 = ZIP 1996, 1516 = KTS 1996, 652 = EWiR § 1 AnfG 1/96, 771 *[M. Huber]* [zu § 7 AnfG aF]; **BGH** 24. 9. 1996 NJW 1996, 3341, 3342 = ZIP 1996, 1907 = EWiR § 3 AnfG 1/96, 1107 *[Paulus]* [zu § 3 AnfG]; **BGH** 23. 11. 1995 Z 131, 189, 199 = NJW 1996, 461 = ZIP 1996, 83 = KTS 96, 151 = EWiR § 10 GesO 1/96, 119 *[Gerhardt]* [zu § 10 Abs 3 GesO]). Dem Anfechtungsgegner steht daher ein Anspruch auf Ersatz seiner werterhöhenden Verwendungen als Masseanspruch nach § 55 Abs 1 Nr 3 zu. Der Verweis des neuen Abs 1 Satz 2 auf §§ 819 Abs 1, 818 Abs 4, 292 Abs 1, 990, 994 Abs 2 BGB begrenzt ihn allerdings (klarstellend) auf den Ersatz **notwendiger Verwendungen**; und auch deren Ersatz kann nach §§ 994 Abs 2, 683, 684 BGB nur verlangt werden, wenn die Verwendungen dem wirklichen oder mutmaßlichen Willen des Schuldners oder der Masse entsprechen (*Breutigam/Tanz* ZIP 1998, 717, 724; HK-*Kreft* § 143 Rn 19 stellt auf den Willen der Insolvenzgläubiger bzw des Insolvenzverwalters ab). Danach sind dem Anfechtungsgegner insbesondere solche Aufwendungen zu ersetzen, die zur Erfüllung des Rückgewähranspruchs erforderlich waren und die ohne die anfechtbare Rechtshandlung von der Masse zu tragen gewesen wären (**BGH** 27. 2. 1992 NJW 1992, 1829 = ZIP 1992, 493 = KTS 1992, 434 = EWiR § 37 KO 2/92, 377 *[Smid]* [für Zahlung des Restkaufpreises an einen Vorverkäufer]; verneint von **BGH** IX ZR 204/05 ZIP 2007, 696 [kein Ersatz von Prozesskosten des Anfechtungsgegners, die nicht zu einer Werterhöhung geführt haben]). Ihm sind schließlich auch nicht werterhöhende Aufwendungen zu erstatten, die auch der Schuldner hätte vornehmen müssen (zB Grundsteuern, Hypothekenzinsen, notwendige Unterhaltskosten; Versicherungsprämien, Aufwendungen zur Ablösung von Pfandrechten; **BGH** 18. 4. 1991 NJW 1991, 2144, 2146 = ZIP 1991, 807 = KTS 1991, 424 = EWiR § 31 KO 1/91, 597 *[Gerhardt]*); § 994 Abs 1 Satz 2 BGB greift wegen §§ 990, 987 Abs 1 BGB nicht ein. Untergegangene eigene Rechte des Anfechtungsschuldners an dem empfangenen Gegenstand leben mit der Rückgewähr wieder auf (**RG** 10. 3. 1888 Z 20, 157, 160; **RG** 17. 12. 1901 JW 1902, 95). Hatte der Schuldner anfechtbar Aktien weggegeben und sind diese im Kurs gestiegen, so ist im Fall der Unmöglichkeit der Rückgewähr deren Zeitwert zu ersetzen. Ein Anspruch auf die Gegenleistung lebt nach § 144 Abs 1 wieder auf. Aufwendungen wie Eintragungs- oder Zwangsvollstreckungskosten, die im Zusammenhang mit dem anfechtbaren Erwerb entstanden sind, sind jedoch nie zu erstatten. Dieser wieder auflebende Anspruch schließt zwar das Anfechtungsrecht nicht aus, gibt dem Gegner aber ein **Zurückbehaltungsrecht** nach § 273 Abs 2 BGB, sofern die anfechtbare Handlung nicht zugleich eine unerlaubte Handlung darstellt (**RG** 28. 2. 1914 Z 84, 242, 253; **BAG** 29. 7. 1967 E 20, 11, 23 = NJW 1967, 2425 = KTS 1967, 238 = AP § 29 KO Nr 1 *[Weber]*; abw **RG** 27. 11. 1928 HRR 29, 655 [nur Bereicherungsanspruch, wenn Verwertung Mehrerlös gibt]; **KG** 22. 1. 1930 JW 1932, 181 *[Neukirch]*). Unter dieser Voraussetzung ist der Anspruch auch aufrechenbar (HK-*Kreft* § 143 Rn 24). 38

Wertminderungen, die den Gegenstand nicht auch dann betroffen hätten, wenn er beim Schuldner verblieben wäre, hatte der Anfechtungsgegner nach früherem Recht ohne Rücksicht darauf zu ersetzen, ob er sie verschuldet hatte oder nicht und ob er bösgläubig war oder nicht (**RG** 8. 11. 1889 Z 24, 141). Der Anfechtungsgegner konnte sich also nicht darauf berufen, dass die herauszugebende Sache ohne sein Verschulden untergegangen sei oder dass er sie weit unter Wert verkauft oder gar verschenkt habe (**BGH** 15. 10. 1969 NJW 1970, 44 = KTS 1970, 293; krit *Gerhardt* ZIP 1987, 1429 ff). Belastungen, die der Anfechtungsgegner vorgenommen hatte, musste er in jedem Fall beseitigen (**RG** 17. 12. 1901 JW 1902, 95). Nach neuem Recht gilt dies nur noch dann, wenn die Wertminderung bzw Verschlechterung des zurückzugewährenden Gegenstandes auf ein **Verschulden** des Anfechtungsgegners zurückzuführen ist (Abs 1 Satz 2 iVm §§ 819 Abs 1, 818 Abs 4, 292 Abs 1, 990, 989 BGB). 39

§ 143

40 Zwischen der angefochtenen Rechtshandlung und der Verkürzung des Gläubigerzugriffs muss aber in jedem Fall ein **ursächlicher Zusammenhang** bestehen. An einer Verkürzung des Gläubigerzugriffs fehlt es auch, wenn feststeht, dass auch ohne in anfechtbarer Weise vorgenommene Bauleistung an einem im Miteigentum von Verfahrensschuldner und Anfechtungsgegner stehendem Grundstück für die Gläubiger keine höhere Verteilungsmasse zur Verfügung gestanden hätte (**BGH** 20. 10. 1980 WM 1980, 409).

41 [unbesetzt]

III. Durchführung der Rückgewähr

42 **1. Rückgewährschuldner.** Anfechtungsschuldner kann – vom Rechtsnachfolger (§ 145) abgesehen – nur sein, wer etwas anfechtbar aus dem Vermögen des Verfahrensschuldners erlangt hat. Denn es ist das aus dem Vermögen des Schuldners Veräußerte, Auf- oder Weggebene zur Insolvenzmasse zurückzugewähren. Bei Anfechtung einer **Forderungsabtretung** ergibt sich daher kein unmittelbarer Anspruch des Insolvenzverwalters gegen den Drittschuldner; vielmehr ist zunächst die Abtretung anzufechten, um dann mittels Pfändungs- und Überweisungsbeschluss vorgehen zu können und erst zuletzt die Forderung – gegebenenfalls klageweise – beim Drittschuldner einzuziehen (**RG** 28. 6. 1905 Z 61, 150, 151 ff; dazu bereits oben Rn 10). Tilgt der Schuldner des späteren Verfahrensschuldners berechtigter- und unanfechtbarer Weise seine Schuld durch Zahlung an dessen Bank und wird dadurch zugleich ein dem späteren Verfahrensschuldner gewährter Kredit zurückgeführt, so erlischt damit zwar zugleich auch eine **Bürgschaft**, die ein Dritter gegenüber der Bank für diesen Kredit übernommen hatte; der Bürge erlangt hierdurch jedoch einen Vorteil. Doch stammt dieser Vorteil nicht aus dem Vermögen des späteren Verfahrensschuldners (**BGH** 24. 10. 1973 NJW 1974, 57 = KTS 1974, 96). Anders liegen die Dinge, wenn der Gläubiger einer unanfechtbaren Forderung in anfechtbarer Weise befriedigt wird; denn dann lebt bei Anfechtung die Forderung dieses Gläubigers und damit auch die Bürgschaft wieder auf (zur isolierten Anfechtung des Erfüllungsgeschäfts auch § 129 Rn 70 f).

43 Bei einer **mittelbaren Zuwendung** ist regelmäßig der mittelbare Empfänger, nicht die Mittelsperson Rückgewährschuldner (oben § 129 Rn 83 ff). Daher sind auch **Treuhänder**, die uneigennützig fremdes Vermögen verwalten, regelmäßig nicht selbst Anfechtungsgegner, sondern der aus der Treuhand Begünstigte (MK/*Kirchhof* § 143 Rn 5). Hat der Schuldner im Rahmen eines **Empfangsauftrages** des Anfechtungsgegners nach § 362 Abs 2 BGB an einen Dritten geleistet, ist der Anfechtungsgegner unmittelbarer Empfänger der Leistung und damit Rückgewährschuldner iSv Abs 1 (**BGH** 12. 3. 2009 IX ZR 85/06 ZIP 2009, 726 = ZInsO 2009, 716 = NZI 2009, 384; **BGH** 16. 7. 2009 IX ZR 53/08). Der Rückgewähranspruch richtet sich dagegen auch gegen die Mittelsperson, wenn auch sie und nicht bloß der Dritte einen Vorteil erlangt hat (oben § 129 Rn 87A). Daher sind insbesondere die Einzugsstellen der **Sozialkassen** Anfechtungsgegner, und zwar nicht nur bzgl. der eigennützig eingezogenen Beiträge, sondern auch bzgl. der für andere Sozialträger fremdnützig eingezogenen Beiträge und ohne dass es auf die Ausgestaltung des Innenverhältnisses zwischen den beteiligten Trägern ankommt. Die Einzugsstelle ist ferner Anfechtungsgegnerin bzgl. angefallener Vollstreckungskosten, sofern sie Vollstreckungsbehörde war (**BGH** 12. 2. 2004 IX ZR 70/03 NJW 2004, 2163 = ZIP 2004, 862 = ZInsO 2004, 441 = NZI 2004, 379 = EWiR 2004, 713 *[Mitlehner]* = WuB VI C § 143 InsO 1.04 *[Bartels]*; MK/*Kirchhof* § 143 Rn 5 a mwN; siehe auch oben § 129 Rn 87A, 105). Sollte die Mittelsperson das ihr anfechtbar übertragene Vermögen – etwa an bestimmte Gläubiger – weiter übertragen, ist das aber noch nicht geschehen, bleibt die Mittelsperson Anfechtungsgegner (**RG** 18. 11. 1910 JW 1911, 107 = WarnRspr 1911 Nr 49; vgl auch **RG** 19. 2. 1918 Z 92, 227).

44 Wird ein anfechtbares Rechtsgeschäft **mit mehreren Personen** abgeschlossen, so haften sie als Gesamtschuldner auf Rückgewähr (§ 421 BGB; **BGH** 29. 4. 1999 NJW 1999, 3046, 3047 = NZI 1999, 268 f = ZIP 1999, 973 f = KTS 1999, 377 = EWiR § 31 KO 1/99, 957 *[Huber]*: wie Gesamtschuldner [für Bank, die infolge Zahlung an den Anfechtungsgegner einen Rückgriffsanspruch gegen Verfahrensschuldner erworben hätte, wenn sie zugleich als Bürgin gezahlt hätte]; zu den daraus resultierenden Ausgleichspflichten *Köhn* NZI 2008, 412; anders **RG** 8. 11. 1889 Z 24, 141, 144). § 840 BGB gilt entsprechend. Gesamtschuld ist auch anzunehmen, wenn die Rechtshandlung Rechtswirkungen gegenüber mehreren Personen auslöst und hinsichtlich aller die Anfechtungsvoraussetzung erfüllt sind (**BGH** 29. 11. 2007 IX ZR 165/05 ZIP 2008, 372 = ZInsO 2008, 209; vgl **BGH** 29. 11. 2007 IX ZR 121/06 Z 174, 314 = ZIP 2008, 190 = NJW 2008, 1067 = ZInsO 2008, 814 = NZI 2008, 167 = EWiR 2008, 505 *[Homann]*; **BGH** 26. 6. 2008 IX ZR 144/05 ZIP 2008, 1435 = ZInsO 2008, 801 = NZI 2008, 539 = EWiR 2008, 689 *[Eckardt]*; **BGH** 26. 6. 2008 IX ZR 47/05 ZIP 2008, 1437 = ZInsO 2008, 803 = NZI 2008, 551 = EWiR 2008, 659 *[Schulz]* [für Werthaltigmachen]; *Kirstein/Sietz* ZInsO 2008, 761, 763 f, 768 [für Verpflichtung der Bank im Innenverhältnis]; *Psadourakis* ZInsO 2009, 1039, 1045 [für Verpflichtung der Bank im Innenverhältnis]). Jeder haftet auch dann aufs Ganze, wenn eine unteilbare Leistung zurückzugewähren ist; gleiches gilt im Fall des § 145 Abs 1, wenn die Erben des Empfängers Rückgewährschuldner sind.

45 **2. Auskunftspflicht.** Der Insolvenzverwalter hat gegen den Anfechtungsgegner auf Grund des Rückgewährschuldverhältnisses in Verbindung mit § 242 BGB einen Anspruch auf Auskunftserteilung (**RG**

III. Durchführung der Rückgewähr § 143

3. 1. 1936 Z 150, 42, 44; **BGH** 18. 1. 1978 NJW 1978, 1002 = KTS 1978, 220; **BGH** 6. 6. 1979 Z 74, 379 = NJW 1979, 1832 = LM § 75 KO Nr 1 *[Merz]*; **BGH** 15. 1. 1987 NJW 1987, 1812 = ZIP 1987, 244 = KTS 1987, 290 = EWiR § 37 KO 1/87, 273 *[Balz]*; zusammenfassend *Gundlach/Frenzel/Schmidt* DStR 2002, 1910 ff [subsidiär gegenüber §§ 97, 98]; zu Auskunftspflichten des Schuldners nach §§ 97 ff und dazu in diesem Zusammenhang plastisch *Paulus* ZInsO 1999, 242, 244; zu möglichen Auskunftsansprüchen nach dem Informationsfreiheitsgesetz [IFG] *Schmittmann/Kupka* Insbüro 2009, 83 ff). Die Tatsache, dass der Dritte nur möglicherweise zur anfechtungsrechtlichen Rückgewähr verpflichtet ist, reicht nicht aus; vielmehr muss der Anspruch dem Grunde nach bereits feststehen (**BGH** 18. 6. 1998 NJW 1998, 2969, 2970 = ZIP 1998, 1539, 1540 = KTS 1998, 600 = EWiR § 857 ZPO 1/98, 815 *[Schuschke]*; vgl auch **OLG** Zweibrücken 9. 3. 1965 OLGZ 65, 304, 310; **OLG** Neustadt 16. 10. 1964 MDR 1965, 293). Das setzt voraus, dass der Verwalter den Sachverhalt für den Anfechtungsanspruch darlegt und notfalls beweist (**BGH** 11. 5. 2000 NJW 2000, 3777, 3778 = ZIP 2000, 1061, 1063 = NZI 2000, 422 = KTS 2000, 421 = EWiR § 30 KO 1/01, 177 *[Johlke/Schröder]*). Es darf nur noch um Bestimmung von Art und Umfang des Anspruchs gehen (**BGH** 21. 1. 1999 NJW 1999, 1033, 1034 = ZIP 1999, 316, 317 = EWiR § 32 KO 1/99, 367 *[Gerhardt]*). Eine allgemeine Auskunftspflicht hinsichtlich eines möglicherweise anfechtbaren Vermögenserwerbs etwa seitens der Ehefrau des Verfahrensschuldners besteht nicht (**BGH** 18. 1. 1978 NJW 1978, 1002 = KTS 1978, 220; **BGH** 6. 6. 1979 Z 74, 379 = NJW 1979, 1832 = LM § 75 KO Nr 1 *[Merz]*; **BGH** 7. 2. 2008 IX ZB 137/07 ZIP 2008, 565 = ZInsO 2008, 320 = NZI 2008, 240 = EWiR 2008, 369 *[Büttner]*). Anders liegen die Dinge nur, wenn ein Auskunftsanspruch vertraglich vereinbart wurde (**BGH** 7. 12. 1977 Z 70, 86, 88 = NJW 1978, 538). Insgesamt gelten dieselben Grundsätze, wie sie die Rechtsprechung für die Fälle entwickelt hat, in denen der Berechtigte in entschuldbarer Weise über Bestehen oder Umfang seines Rechtes im Ungewissen ist und der Verpflichtete die zur Beseitigung der Ungewissheit erforderlichen Auskünfte unschwer geben kann (**RG** 4. 5. 1923 Z 108, 1, 7; **BGH** 28. 10. 1953 Z 10, 385, 387; **BGH** 6. 2. 1962 NJW 1962, 731; **BGH** 20. 1. 1971 Z 55, 201, 202).

Daneben treten die von Amts wegen bestehenden Aufklärungsmöglichkeiten des Insolvenzgerichts über § 5 Abs 1. Es ist aber zweifelhaft, ob das Insolvenzgericht hier auf Anregung des Verwalters den Anfechtungsgegner als Zeugen über Tatsachen vernehmen kann, die für die Führung eines Anfechtungsprozesses hilfreich sind. Dagegen spricht, dass der Anfechtungsgegner im Anfechtungsprozess als Partei nicht auszusagen brauchte (*Janca* NZI 2003, 188 f). Daher darf über eine Vernehmung seitens des Insolvenzgerichts das Beweisergebnis des Anfechtungsprozesses nicht vorweggenommen werden; unter Umständen besteht daher ein Zeugnisverweigerungsrecht des (potentiellen) Anfechtungsgegners nach § 384 Abs 1 Nr 1 ZPO. Und auch ein Auskunftsanspruch gegen den Anfechtungsgegner steht ihm in diesem Falle nicht zu (**BGH** 15. 1. 1987 NJW 1987, 1812 = ZIP 1987, 244 = KTS 1987, 290 = EWiR § 37 KO 1/87, 273 *[Balz]*; abw Vorinstanz **OLG** Stuttgart 12. 12. 1985 ZIP 1986, 386). Möglich ist aber eine Einsichtnahme in die Akten des Gerichtsvollziehers hinsichtlich der gegen den Schuldner ausgebrachten Pfändungen (*Janca* NZI 2003, 188 f). 46

3. Rückgewähr zur Insolvenzmasse. Die **Rückgewähr hat zur Insolvenzmasse**, also an den Insolvenzverwalter, zu erfolgen (**RG** 19. 1. 1893 Z 30, 90; **BGH** 13. 3. 1978 Z 71, 61, 63 = NJW 1978, 1326 = KTS 1978, 231). Insoweit gelten die allgemeinen Regelungen der §§ 362 ff BGB. Dabei begründet jede einzelne Anfechtung ein selbstständiges Rückgewährverhältnis (**BGH** 3. 5. 2007 IX ZR 16/06 NJW 2008, 292, 295 = ZIP 2007, 1326 = WuB VI B § 4 AnfG 1.07 *[Tetzlaff]* = EWiR § 4 AnfG 1/2007, 579 *[Wazlawik]*). Die **Kosten** der Rückgewähr einschließlich einer eventuell erforderlichen Grundbucheintragung fallen dem Anfechtungsgegner zur Last. Nach erhaltener Rückgewähr ist der Insolvenzverwalter verpflichtet, beim Finanzamt einen gegebenenfalls in Anspruch genommenen Vorsteuerabzug zu berichtigen (**BGH** 15. 12. 1994 NJW 1995, 1093 = ZIP 1995, 297, 301 = KTS 1995, 314 = EWiR § 31 KO 1/95, 281 *[Johlke]*). Veräußerte Gegenstände sind so zurückzugewähren, dass sie der Insolvenzverwalter im Interesse der Masse verwalten und frei über sie verfügen kann (**BGH** 10. 5. 1978 Z 71, 296 = NJW 1978, 1525, 1526 = KTS 1979, 76 = LM § 29 KO Nr 8 *[Merz]*; **BGH** 20. 2. 1980 NJW 1980, 1580, 1581 = ZIP 1980, 250 = KTS 1980, 245 = LM § 29 KO Nr 8 *[Merz]*). Das bedeutet, dass nicht wie bei § 11 AnfG nur **Duldung der Zwangsvollstreckung** verlangt werden könnte, wie das Reichsgericht meinte (**RG** 29. 10. 1907 Z 67, 20, 22). Eine Duldungsklage ist freilich möglich, und sie ist sinnvoll, wenn der Insolvenzverwalter ein anfechtbar veräußertes Grundstück für die Masse zur Zwangsversteigerung bringen will (**RG** 6. 11. 1903 Z 56, 142; **RG** 29. 10. 1907 Z 67, 20, 22; **OLG** Zweibrücken 9. 3. 1965 OLGZ 65, 304, 310 ff; HK-*Kreft* § 143 Rn 6); zu einer weiteren Ausnahme **OLG** Hamm 29. 9. 1992 ZIP 1992, 1755: Grundstückswert übersteigt Finanzbedarf der Masse wahrscheinlich; hier reicht zur Befriedigung eine Vollstreckung in das Grundstück, und der Anfechtungsgegner kann auch mitsteigern. 47

Keine Rückgewähr zur Insolvenzmasse findet statt, wenn der Insolvenzverwalter erfolgreich eine Vereinbarung anficht, die zur **Zahlung von Insolvenzgeld** geführt hat. Das insoweit Geleistete ist, weil vom Arbeitsamt gezahlt (§ 327 Abs 3 SGB III) oder dem Insolvenzverwalter zur Verfügung gestellt (§ 320 Abs 2 SGB III), der Bundesagentur für Arbeit zu erstatten (§ 184 Abs 2 SGB III). Eine gegen den Arbeitnehmer begründete Anfechtung ist nach Stellung des Antrags auf Insolvenzgeld gegen die 48

Bundesagentur zu richten (§ 187 Satz 2 SGB III). § 184 Abs 1 Nr 2 SGB III schafft keinen neuen Anfechtungsgrund (dazu oben § 129 Rn 111).

IV. Privilegierung der Empfänger unentgeltlicher Leistungen (Abs 2)

49 Abs 2 beschränkt die Rückgewährpflicht des nicht bösgläubigen Empfängers einer unentgeltlichen Leistung. Ist der Empfänger bösgläubig, bleibt es bei der Anwendbarkeit von Abs 1.

50 **1. Voraussetzungen.** Die Anwendbarkeit von Abs 2 beschränkt sich auf die Fälle des § 134, was allerdings die Anfechtung gegen Rechtsnachfolger nach § 145 Abs 2 Nr 3 (**BGH** 10. 1. 2002 IX ZR 61/ 99 NJW 2002, 1342, 1343 f = ZInsO 2002, 223) und § 322 mit einschließt. Liegt zugleich einer der Fälle der §§ 130–133 vor, ist Abs 2 unanwendbar (**OLG Rostock** 17. 12. 2007 3 U 99/07 **OLGR Rostock** 2008, 261 = ZIP 2008, 568 = NZI 2008, 438 = EWiR 2008, 339 *[Dörrscheidt]*). Denn die Privilegierung des Abs 2 ist nicht gerechtfertigt, wenn gleichzeitig mehr als nur der unentgeltliche Erwerb die Anfechtbarkeit begründet.

51 Der Empfänger darf in Ansehung der Anfechtbarkeit nicht bösgläubig sein. Das definiert das Gesetz nunmehr in seinem Abs 2 Satz 2. Danach schließt die Kenntnis der Anfechtungstatsachen den guten Glauben aus; ausreichend ist nach dem Wortlaut der Norm aber auch fahrlässige Unkenntnis (§ 122 Abs 2 BGB), nämlich wenn der Anfechtungsgegner „den Umständen nach wissen muss[te], dass die unentgeltliche Leistung die Gläubiger benachteiligte" (offengelassen von **BGH** 12. 6. 2008 IX ZA 11/07 abrufbar unter www.juris.de; ebenso KP-*Paulus* § 143 Rn 63; MK/*Kirchhof* § 143 Rn 107; für grobe Fahrlässigkeit hingegen HK-InsO/*Kreft* § 143 Rn 29 ff). Das sollte als über das bislang geltende Recht hinausgehend verstanden werden, das den „gutgläubigen" Empfänger privilegierte und dazu nur den aus grober Fahrlässigkeit unwissenden Anfechtungsgegner zählte (dazu Kuhn/*Uhlenbruck* § 37 KO Rn 36; Kilger/*Karsten Schmidt* § 37 KO Anm 13 b). Durch die geänderte Beweislastverteilung wird dies jedoch mehr als ausgeglichen (dazu unten Rn 55 f). Zudem ist zweifelhaft, ob der in der Formulierung des Abs 2 Satz 2 liegende Verweis auf § 122 Abs 2 BGB nicht ein Redaktionsversehen darstellt; denn in mehreren Parallelnormen wurde ein ähnlicher Standard im Verlaufe des Gesetzgebungsverfahrens durch die Formulierung ersetzt, dass Kenntnis von Umständen erforderlich sei, die „zwingend" auf die Kenntnis der Krise schließen lassen (§ 130 Abs 2; dazu *Gerhardt*, in: FS Brandner, 1996, S 605, 608; *Holzer* WiB 1997, 729, 736). Teilweise wird er daher nur als „ungewöhnlicher Ausdruck" für grobe Fahrlässigkeit angesehen (*Henckel* KS-InsO S 813, 851; für ein Festhalten am früher geltenden Standard auch HK-*Kreft* § 143 Rn 30 ff).

52 Nach wie vor kommt es aber wesentlich auf die Kenntnis oder (nach dem Wortlaut mindestens) fahrlässige **Unkenntnis der Gläubigerbenachteiligung** und nicht so sehr auf die Rechtsfolge der Anfechtbarkeit einer unentgeltlichen Leistung an (**BGH** 15. 2. 1956 WM 1956, 703, 705). Entscheidend ist aber die Kenntnis der Umstände, aus denen die Gläubigerbenachteiligung durch die Freigiebigkeit folgt (HK-*Kreft* § 143 Rn 31; vgl **OLG Rostock** 17. 12. 2007 3 U 99/07 OLGR Rostock 2008, 261 = ZIP 2008, 568 = NZI 2008, 438 = EWiR 2008, 339 *[Dörrscheidt]*). Bösgläubigkeit muss nicht nur beim Empfang der Leistung, sondern bis zu dem Zeitpunkt ausgeschlossen sein, in dem das Empfangene aus seinem Vermögen wieder hinausgegangen ist (**RG** 19. 2. 1918 Z 92, 227, 229; **OLG** Hamburg 22. 11. 1984 KTS 1985, 556; **OLG** Rostock 17. 12. 2007 3 U 99/07 OLGR Rostock 2008, 261 = ZIP 2008, 568 = NZI 2008, 438 = EWiR 2008, 339 *[Dörrscheidt]*). Vom Zeitpunkt des Eintritts der Rechtshängigkeit (§ 818 Abs 4 BGB) oder der Bösgläubigkeit an scheidet eine Privilegierung aus (**BGH** 15. 2. 1956 WM 1956, 703, 705 f). Dann kommt es nach neuem Recht § 819 BGB zwar nicht direkt, wohl aber über den Verweis des neuen Abs 1 Satz 2 zur Anwendung.

53 **2. Umfang des Anspruchs.** Aus Billigkeitsgründen hat der gutgläubige Empfänger einer unentgeltlichen Leistung das Empfangene nur insoweit zurückzugewähren, als er noch **bereichert** ist. Aber auch in diesem Fall wird der Anfechtungsanspruch nicht zu einem Bereicherungsanspruch. Nur der Umfang der Bereicherung richtet sich nach den Bereicherungsvorschriften (Jaeger/*Henckel* § 143 Rn 153, 158 ff; vgl aber auch *Gerhardt* Gläubigeranfechtung S 334 ff; *Paulus* AcP 155 [1956], 277, 345 ff).

54 Der nicht bösgläubige Empfänger hat nur das **Erlangte** herauszugeben. Die Herausgabepflicht erstreckt sich dann nach § 818 Abs 1 BGB auf die (tatsächlich) gezogenen Nutzungen und auf das, was der Empfänger auf Grund eines anfechtbar erlangten Rechts oder als Ersatz für Zerstörung, Beschädigung oder Entziehung des Empfangenen erworben hat (Versicherungssumme, Enteignungsentschädigung). Sämtliche Verwendungen auf die Sache führen zu einer Minderung der Bereicherung. Ist der Empfänger zur Herausgabe des Erlangten außerstande, so hat er dessen Wert zu ersetzen (§ 818 Abs 2 BGB) und nicht den durch die Veräußerung des Erlangten erzielten Erlös herauszugeben (**BGH** 8. 1. 1959 Z 29, 157, 160 = NJW 1959, 668 = LM § 816 BGB Nr 8 *[Rietschel]*). Die Verpflichtung zu Herausgabe oder Wertersatz ist ausgeschlossen, soweit der Empfänger nicht mehr bereichert ist (§ 818 Abs 3 BGB). Er muss dabei gegenrechnen, was er an notwendigen Ausgaben durch Verwendung des Empfangenen erspart hat (**RG** 18. 3. 1910 LZ 1910, 558, 559; **OLG Rostock** 17. 12. 2007 3 U 99/07 OLGR Rostock 2008, 261 = ZIP 2008, 568 = NZI 2008, 438 = EWiR 2008, 339 *[Dörrscheidt]*). Die Bereicherung ist nicht entfallen, wenn eine politische Partei eine Spende für Wahlkampfzwecke aus-

VI. Verfahrensrechtliche Fragen § 143

gegeben hat; das gilt jedenfalls dann, wenn die Partei damit Aufwendungen aus anderen bzw eigenen Mitteln erspart hat oder entsprechende Wahlkampfkostenerstattung erhalten hat (Jaeger/*Henckel* § 143 Rn 160; Kilger/*Karsten Schmidt* § 37 KO Anm 13 b). Im Gegensatz zu sonstigen Anfechtungsgegnern haftet der nicht bösgläubige Empfänger einer unentgeltlichen Leistung nicht für die **schuldhafte Verschlechterung** oder die schuldhafte Unmöglichkeit der Rückgewähr – etwa durch unentgeltliche Weitergabe – des erhaltenen Gegenstandes. Ebenso entfällt eine Ersatzpflicht für schuldhaft nicht gezogene Nutzungen. Hat der nicht bösgläubige Leistungsempfänger, dem Zweck der Zuwendung entsprechend, Schulden des Schuldners berichtigt, ist er nicht ersatzpflichtig (**RG** 19. 2. 1918 Z 92, 227, 229; **BGH** 15. 10. 1969 NJW 1970, 44 = KTS 1970, 293, 294).

3. Beweislast. Der Insolvenzverwalter hat zunächst zu beweisen, dass der Anfechtungsgegner in der 55 kritischen Zeit eine unentgeltliche Leistung oder eine Zuwendung iSv § 322 erhalten hat. Auch die Beweislast für Bösgläubigkeit und deren Beginn trifft den Insolvenzverwalter (unrichtig Hess/*Weis* AnfR § 143 InsO Rn 761). Das ergibt sich heute aus der Formulierung von Abs 2 Satz 2 (Begr RegE zu § 143; **OLG Rostock** 17. 12. 2007 3 U 99/07 **OLGR** Rostock 2008, 261 = ZIP 2008, 568 = NZI 2008, 438 = EWiR 2008, 339 *[Dörrscheidt]*). Es widerspricht dem nach altem Recht geltenden Grundsatz, dass insoweit der Anfechtungsgegner beweispflichtig sei (**RG** 19. 2. 1918 Z 92, 227, 229; **BGH** 11. 11. 1954 WM 1955, 407, 412; **BGH** 15. 10. 1969 NJW 1970, 44, 46 = KTS 1970, 293). Angesichts der Tatsache, dass Bösgläubigkeit schon bei fahrlässiger Unkenntnis von der Gläubigerbenachteiligung angenommen wird, soll die Stellung des Anfechtungsgegners nicht auch noch durch die Beweislast erschwert werden (Begr RegE zu § 143).

Eine **Beweislastumkehr** bei nahe stehenden Personen (§ 138) als Empfängern findet sich im Gesetz 56 nicht (offengelassen von **BGH** 12. 6. 2008 IX ZA 11/07 abrufbar unter www.juris.de befürwortend **OLG Düsseldorf** 31. 5. 2001 12 U 195/00 OLGR Düsseldorf 2002, 107 = NZI 2001, 477 [zu § 11 Abs 2 AnfG]; abw **OLG Rostock** 17. 12. 2007 3 U 99/07 OLGR Rostock 2008, 261 = ZIP 2008, 568 = NZI 2008, 438 = EWiR 2008, 339 *[Dörrscheidt]*). Doch kann dies im Rahmen der Beweiswürdigung berücksichtigt werden (HK-*Kreft* § 143 Rn 34). Im Übrigen kommt es darauf nicht an, wenn auch eine Anfechtung nach anderen Normen, etwa § 133 oder § 132, möglich ist. Dem Anfechtungsgegner obliegt im Übrigen der Beweis dafür, dass eine Rückgewähr in Natur unmöglich ist und dass er nicht mehr bereichert ist (§ 818 Abs 3 BGB).

V. Rückgewähr bei gesellschafterbesicherten Drittdarlehen (Abs 3)

Der durch das MoMiG eingefügte Abs 3 (zurückgehend auf § 32 b GmbHG) trägt der Tatsache 56A Rechnung, dass im Falle eines gesellschafterbesicherten Drittdarlehens der Empfänger der Rückzahlung und der wirtschaftlich Begünstigte verschieden sind. Daher wird nicht dem Empfänger, sondern dem durch die Rückzahlung begünstigten **Gesellschafter** die Verpflichtung zur Rückerstattung auferlegt (Satz 1); denn eine von ihm gestellte Sicherheit ist bei Rückzahlung zurückzugewähren bzw seine Bürgschaftsverpflichtung entfällt. Gegenstand der Anfechtung ist damit die durch die Zahlung bewirkte Befreiung des sichernden Gesellschafters (*Karsten Schmidt* BB 2008, 1966, 1969). Freilich kann die Befriedigung des Kreditgebers nach den allgemeinen Regeln der §§ 129 ff anfechtbar sein.

Zu **erstatten** ist grundsätzlich der gesamte an den Dritten zurückgezahlte Betrag, also das Kapital 56B zuzüglich der Zinsen und Kosten. Bei Teilrückzahlung des Darlehens oder nur anteiligem Freiwerden der Sicherheit beschränkt sich der Erstattungsanspruch auf diesen Teilbetrag. Eine **Höchstgrenze** für die Rückzahlungspflicht normiert Satz 2. Danach beschränkt sich der Anspruch im Fall der Bürgschaft oder einer ihr gleichzustellenden persönlichen Sicherung auf den Betrag der Bürgschaft oder der ihr entsprechenden Zahlungsverpflichtung des Gesellschafters. Unter diesem Gesichtspunkt kann eine Erstattungspflicht gegebenenfalls Zinsen und Kosten nicht oder nur beschränkt umfassen. Eine zweite Obergrenze ergibt sich aus dem Wert der Sicherheit, den diese im Zeitpunkt der Darlehensrückzahlung hatte.

Der Gesellschafter kann sich von der Ersatzpflicht im Wege der Ersetzungsbefugnis **befreien**, indem 56C er der Gesellschaft die durch die Rückzahlung freigewordenen Sicherungsgegenstände zur Befriedigung der Gläubiger zur Verfügung stellt (Satz 3). Ein Anspruch der Gesellschaft auf Überlassung der Sicherheit besteht nicht (**BGH** 14. 10. 1985 NJW 1986, 429 = NJW-RR 1986, 257 = KTS 1986, 115). Die Gesellschaft bzw deren Insolvenzverwalter ist im Übrigen nur insoweit zu deren Verwertung befugt, wie sie als Sicherheit dienen sollten (Baumbach/*Hueck/Fastrich* § 32 b GmbHG Rn 5; Scholz/*Karsten Schmidt* §§ 32 a, 32 b GmbHG Rn 170).

VI. Verfahrensrechtliche Fragen

1. Allgemeines. Anspruchsinhaber ist der Insolvenzverwalter als Partei kraft Amtes; anders ist dies 57 nur bei der Eigenverwaltung, wo der Sachwalter das Anfechtungsrecht auszuüben hat (§ 280), und im vereinfachten Insolvenzverfahren, wo es jedem Insolvenzgläubiger zusteht (§ 313 Abs 2). Damit steht im Regelinsolvenzverfahren dem Insolvenzverwalter in seiner Eigenschaft als Anspruchsinhaber nicht

§ 143 *Rechtsfolgen*

nur die Ausübung des Anfechtungsrechts und der Rückgewähranspruch, sondern auch das Klagerecht selbst zu. Er handelt freilich für die Masse und damit für den Verfahrensschuldner (*Häsemeyer* Rn 15.02 ff; referierend auch Kilger/*Karsten Schmidt* § 37 KO Anm 1 b; *ders* KTS 1984, 345, 380). Folgt man der „Vertretertheorie", ist mithin der Verfahrensschuldner auch Anspruchsinhaber. Nach Erlöschen seines Amtes ist der Insolvenzverwalter für die Beendigung eines Anfechtungsprozesses weiterhin prozessführungsbefugt, wenn eine Nachtragsverteilung nach §§ 203, 205 oder eine Fortsetzung unter § 259 Abs 3 in Betracht kommt (KP-*Paulus* § 143 Rn 42). Zur Möglichkeit der Prozessstandschaft oder einer (treuhänderischen) Abtretung des Klagerechts oben Rn 5A, § 129 Rn 9 ff, 12, 18; zu den prozessualen Anforderungen an eine Fortsetzung des Anfechtungsprozesses in gewillkürter Prozessstandsschaft nach § 259 Abs 3 BGH 7. 7. 2008 II ZR 26/07 ZIP 2008, 2094 = ZInsO 2008, 1017 = NZI 2008, 561; ausführlich § 259 Rn 15 ff.

58   2. **Klageart.** Die Anfechtungsklage ist **Leistungs-, nicht Gestaltungsklage**. Nach früherem Recht wurde im Hinblick auf die Ausschlussfrist des § 41 Abs 1 KO überwiegend angenommen, die Anfechtung könne nicht durch formlose Anfechtungserklärung, sondern *nur* durch **Klage oder Widerklage** (auch Replik: RG 2. 11. 1887 Z 19, 202 ff) bzw **Mahnbescheid** geltend gemacht werden (RG 22. 10. 1902 Z 52, 334, 343; RG 19. 3. 1919 Z 95, 224, 225; RG 28. 9. 1928 JW 1929, 367; BGH 14. 7. 1960 NJW 1960, 1952 = KTS 1961, 39). Das ist nach neuem Recht sicher anders; vielmehr kann der Anspruch heute in jeder Form geltend gemacht werden; der Verwalter kann sich vielmehr – auch bei Verrechnungen – unmittelbar auf die Unwirksamkeit der Rechtshandlung berufen (siehe dazu oben Rn 15). Die Insolvenzanfechtungsklage begründet daher auch nicht etwa einen besonderen Streitgegenstand (*Zenker* NJW 2008, 1039, 1040). Eine Klage kann allerdings nach wie vor zur Hemmung der Verjährung erforderlich sein (Einzelheiten in der Kommentierung zu § 146).

59   Die Anfechtung erfasst nur das, was Gegenstand des Klageantrags oder der Einrede ist (vgl aber auch BGH 19. 10. 1983 KTS 1984, 110); daher ist bei einer mehrere Forderungen umfassenden Abtretung nur diejenige Forderung, deren Rückabtretung der Insolvenzverwalter klageweise verlangt, und nicht das ganze Zessionsgeschäft angefochten (LG Bonn 4. 3. 1969 NJW 1969, 1722). Auch die **Feststellungsklage** ist zur Anfechtung geeignet, wenn die Voraussetzungen des § 256 ZPO gegeben sind (RG 5. 6. 1931 Z 133, 46, 49; BGH 16. 3. 1995 NJW 1995, 1668, 1671 = ZIP 1995, 630, 635 = KTS 1995, 304 = EWiR § 138 BGB 2/95, 429 [*Gerhardt*]). Sie kommt daher insbesondere in den Fällen in Betracht, in denen eine Verpflichtung der Masse anfechtbar begründet wurde und der Insolvenzverwalter nicht eine Inanspruchnahme durch den Anfechtungsgegner abwarten will, gegen die er sich mit Einrede nach § 146 Abs 2 zur Wehr setzen könnte. Auch in Fällen der Weiterveräußerung kann ein Feststellungsinteresse bestehen (BGH 23. 11. 1995 ZIP 1996, 184 = EWiR § 41 KO 1/96, 269 [*Mauer*]; OLG Düsseldorf 12. 1. 1995 ZIP 1996, 185; KP-*Paulus* § 143 Rn 43). Nur ausnahmsweise ist trotz der Möglichkeit einer Leistungsklage eine Feststellungsklage zulässig, wenn schon ein Feststellungsurteil zur endgültigen Streitbeilegung führt und erwartet werden kann, dass der Beklagte auf den Feststellungsanspruch hin leisten wird (BGH 14. 12. 2006 IX ZR 102/03 Z 170, 196 = ZIP 2007, 191 = NJW 2007, 1588 = ZInsO 2007, 91 = NZI 2007, 158 = EWiR 2007, 185 [*Gundlach*] = WuB VI A § 91 InsO 1.07 [*Lüke/Ellke*] [Klage gegen den Verwalter auf Feststellung eines unanfechtbaren Vermieterpfandrechts]; BGH 24. 5. 2007 IX ZR 105/05 ZIP 2007, 1274 = ZInsO 2007, 658 = NZI 2007, 452 = EWiR 2007, 667 [*Homann*] = WuB VI A § 140 InsO 2.08 [*Kreft*]). Unter den Voraussetzungen des § 256 ZPO hat der **Anfechtungsgegner** die Möglichkeit, auf Feststellung des Nichtbestehens des Anfechtungsanspruchs zu klagen („negative Feststellungsklage"; RG 22. 9. 1911 Z 77, 65, 69). Ein Feststellungsinteresse ist auch dann zu bejahen, wenn durch die Anfechtung gegenüber dem Ersterwerber der Wertersatzanspruch fristwahrend gesichert werden soll, falls der Rückgewähranspruch gegen den Zweiterwerber zweifelhaft ist (OLG Düsseldorf 26. 1. 1995 ZIP 1996, 185, bestätigt durch BGH 23. 11. 1995 ZIP 1996, 184 = EWiR § 41 KO 1/96, 269 [*Mauer*]). Angefochten werden kann auch durch **Vollstreckungsgegenklage** (§ 767 ZPO), wenn der Anfechtungsgegner das in anfechtbarer Weise erlangte Recht auf Grund eines vor Eröffnung des Insolvenzverfahrens erwirkten Vollstreckungstitels geltend macht (BGH 31. 10. 1956 Z 22, 128, 134 = NJW 1957, 137 = MDR 1957, 216 [*Thieme*]); dabei ist auch die Möglichkeit einer vorläufigen Einstellung der Zwangsvollstreckung nach den §§ 769, 770 ZPO gegeben (siehe dazu bereits oben Rn 13, 28). Streitig ist, ob die Anfechtung auch im Wege der **Drittwiderspruchsklage** (§ 771 ZPO) geltend gemacht werden kann. Auf der Grundlage der neueren Rechtsprechung des BGH zu der Frage, ob das Anfechtungsrecht in der Insolvenz des Anfechtungsgegners zur Aussonderung berechtigt (oben Rn 4 f), wird man dies zu bejahen haben (*Eckardt* KTS 2005, 15, 47 f; früher schon RG 9. 5. 1887 Z 18, 393 ff; RG 14. 12. 1909 JW 1910, 114; ebenso KG 16. 10. 1931 KuT 1932, 81; KG 25. 3. 1958 NJW 1958, 914; *Blomeyer* KTS 1976, 81 ff [AnfG]; *Fridgen* Rechtsfolgen S 73 ff; *Paulus* AcP 155 [1956], 277, 336; *Karsten Schmidt* JZ 1990, 619 ff unter Verweis auf die „seit über einhundert Jahren herrschende Praxis"; zur früher abw Meinung iÜ 12. Aufl Rn 59). Schon zuvor hatte die Frage dadurch an praktischer Relevanz verloren, dass der BGH mit Hilfe einer „anfechtungsrechtlichen Begründung" (*Kreft* ZInsO 1999, 370, 371) zu einem ähnlichen Ergebnis gelangte: auch in der Drittwiderspruchsklage sollte die Erhebung einer auf die Anfechtung gestützten Klage auf Rückgewähr gesehen werden können

VI. Verfahrensrechtliche Fragen § 143

(**BGH** 20. 3. 1997 Z 135, 140, 149 f = NJW 1997, 1857, 1859 = ZIP 1997, 737, 739 f = KTS 1997, 510 = EWiR § 37 KO 1/97, 943 *[Henckel]*; *Kreft* ZInsO 1999, 370, 371 f). Der Übergang vom Rückgewähr- zum Erfüllungsanspruch ist möglich (dazu oben Rn 1). Auch die **Anfechtung einer Pfändung** in einen massezugehörigen Gegenstand ist nach § 771 ZPO geltend zu machen (KG 25. 3. 1958 NJW 1958, 914; *Eckardt* KTS 2005, 15, 49 f; abw **BGH** 11. 1. 1990 NJW 1990, 990, 992 = ZIP 1990, 246 = KTS 1990, 429 *[Wenner]* = IPRax 1991, 162 *[Flessner/Schulz]* = EWiR Art 1 EuGVÜ 1/90, 257 *[Balz]*; *Lent* JR 1958, 303). Das gilt auch dann, wenn der gepfändete Gegenstand im Zeitpunkt der Vornahme der Pfändung noch nicht zum Vermögen des Vollstreckungsschuldners gehörte und die Pfändung *vor* Eröffnung des Insolvenzverfahrens vorgenommen wurde (abw **BGH** 3. 12. 1954 Z 15, 333, 337). Lehnt man einen Rückgriff auf § 771 ZPO ab, wäre die Anfechtung der Pfändung unter den Voraussetzungen des § 145 Abs 2 Nr 1 möglich. Darüber hinaus wird vertreten, dass eine Anfechtung unabhängig von der Kenntnis entsprechend § 145 Abs 2 *Nr 3* möglich sein soll (HK-*Kreft* § 129 Rn 74; *Kreft* ZInsO 1999, 370, 371 f; abw KP-*Paulus* § 143 Rn 31; *Eckardt* KTS 2005, 15, 37 ff).

BFH und BVerwG haben auch eine (**Einzel-)Gläubigeranfechtung** durch einen **verwaltungs- oder finanzbehördlichen Duldungsbescheid**, also durch Verwaltungsakt, und damit eine Fristwahrung über die Fälle der Geltendmachung durch Klage oder Einrede hinaus anerkannt (oben § 129 Rn 38). Gegenüber einer drohenden Gläubigeranfechtung durch Duldungsbescheid ist nach **BGH** (29. 11. 1990 NJW 1991, 1061 = ZIP 1991, 113 = KTS 1991, 289) die negative Feststellungsklage möglich. Bis zur Unanfechtbarkeit des Duldungsbescheids sind die Zivilgerichte nicht an die im Bescheid getroffene Regelung gebunden (**BGH** 25. 10. 1990 Z 112, 363 = NJW 1991, 700 = ZIP 1990, 1591 = KTS 1991, 154). Ein von der Finanzverwaltung nur *mündlich* angeordneter dinglicher Arrest und darauf gestützte Vollstreckungsmaßnahmen sind jedoch nichtig (**BGH** 7. 5. 1991 Z 114, 315 = NJW 1991, 2147 = ZIP 1991, 737 *[Kreft]* = KTS 1991, 431 = EWiR § 29 KO 1/91, 697 *[App]*). Nach LAG Hamm (20. 1. 1982 ZIP 1982, 615) kann die Insolvenzanfechtung auch durch **mündliche Erklärung im Anhörungstermin** gegenüber dem Betriebsrat erfolgen, wenn der Betriebsrat in dem Verfahren Feststellung der Wirksamkeit des **Sozialplans** begehrt (abw *Willemsen* ZIP 1982, 649, 650). Jedenfalls ist bei Anfechtung eines Sozialplans der einzelne Arbeitnehmer Anfechtungsgegner, der eine Forderung nach § 112 BetrVG erhält; dem einzelnen Arbeitnehmer gegenüber ist der Insolvenzverwalter auch zur Erhebung der Anfechtungseinrede nach § 146 Abs 2 berechtigt (*Willemsen* ZIP 1982, 649, 650).

Der **Antrag** der Anfechtungsklage ist dabei auf Rückgewähr zur Insolvenzmasse zu richten (zur Ausnahme des § 184 SGB III oben Rn 48, § 129 Rn 111). Es ist aber unschädlich, wenn ein Insolvenzverwalter, der erkennbar in dieser Eigenschaft eine Insolvenzanfechtung geltend macht, auf Leistung an sich selbst klagt (**BGH** 11. 1. 1961 WM 1961, 387, 389). Auch ist der Richter verpflichtet, einen Sachverhalt selbst dann unter anfechtungsrechtlichen Gesichtspunkten zu prüfen, wenn dies nicht ausdrücklich beantragt wurde, das Klagebegehren des Verwalters aber im Ergebnis auf eine solche Rechtsfolge hinausläuft und er einen Sachverhalt vorträgt, der möglicherweise die Merkmale eines Anfechtungstatbestandes erfüllt (**BGH** 26. 10. 2000 NJW 2001, 517, 519 = ZIP 2001, 33, 35; **BGH** 21. 2. 2008 IX ZR 209/06 ZIP 2008, 888 = ZInsO 2008, 508 = NZI 2008, 372). Bei Grundstücken ist aber die Auflassung an den Schuldner und dessen Eintragung in das Grundbuch zu beantragen, da die Insolvenzmasse mangels Rechtspersönlichkeit nicht Eigentümerin werden und daher auch nicht im Grundbuch eingetragen werden kann (Gottwald/*Huber* InsR HdB § 51 Rn 23). Im Übrigen ergibt sich der Antrag aus der Art und Weise, wie die Rückgewähr zu erfolgen hat.

3. Klageänderung. Im Gegensatz zum früheren Recht – und dort im Hinblick auf die früher als Ausschlussfrist ausgestaltete Frist des § 41 Abs 1 KO (unten § 146 Rn 1B) – stellt es keine Klageänderung mehr dar, wenn von der Anfechtung aus einem der Tatbestände der §§ 130 ff auf einen anderen der Tatbestände übergegangen werden soll (*arg.* **BGH** 21. 2. 2008 IX ZR 209/06 ZIP 2008, 888 = ZInsO 2008, 508 = NZI 2008, 372: es reicht aus, das Begehren auf einen Sachverhalt zu stützen, der geeignet sein kann, die Voraussetzungen einer Anfechtungsnorm zu erfüllen; dazu auch oben § 129 Rn 76; zur früheren Abgrenzungsdiskussion 12. Aufl Rn 62). Klageänderung ist aber der Übergang von einem der Tatbestände der §§ 130 ff auf einen der Tatbestände des § 145 Abs 2 (**RG** 21. 2. 1928 Z 120, 189 ff); denn in diesem Fall erfolgt zugleich ein gewillkürter Parteiwechsel. Eine Klageänderung liegt auch dann vor, wenn eine zunächst ausschließlich auf Insolvenzanfechtung gestützte Klage auf einen Anspruch aus § 816 Abs 2 BGB umgestellt wird (**BGH** 16. 9. 2008 IX ZR 172/07 ZIP 2008, 1991 = NJW 2008, 3570 = ZInsO 2008, 1075 = NZI 2008, 685).

4. Zuständigkeit. a) Rechtsweg und funktionelle Zuständigkeit. Der Anfechtungsstreit ist eine bürgerlich-rechtliche Streitigkeit iSv § 13 GVG, auch wenn die anfechtbare Rechtshandlung anderen Rechtsgebieten zuzurechnen ist (**BGH** 7. 5. 1991 Z 114, 315 = NJW 1991, 2147 = ZIP 1991, 737 *[Kreft]* = KTS 1991, 431 = EWiR § 29 KO 1/91, 697 *[App]*; **BGH** 2. 6. 2005 NJW-RR 2005, 1138 = ZIP 2005, 1334 = NZI 2005, 499; KG 22. 3. 1996 ZIP 1996, 1097; OLG Brandenburg 26. 11. 1998 ZIP 1999, 1015, 1016 = EWiR § 10 GesO 1/99, 125 *[Gerhardt]*; OLG Hamm 4. 4. 2003 27 W 2/03 DZWIR 2003, 385 *[App]*; *App* DZWIR 2002, 217, 218; abw für Steuer-, Sozial- und öffentliches Recht *Flies* KTS 1995, 411 ff). Zwar fällt der Insolvenzverwalter als Partei kraft Amtes unter § 2 Abs 4 ArbGG, aber nur dann, wenn er einen Anspruch geltend macht, der außerhalb des Insolvenzverfahrens vom

Rechtsträger als Partner des **Arbeitsverhältnisses** hätte erhoben werden können. Der anfechtungsrechtliche Rückgewähranspruch kommt nach § 143 aber erst mit der Eröffnung des Insolvenzverfahrens zur Entstehung und besteht nur für die Dauer des Insolvenzverfahrens. Er hat seine Grundlage daher nicht im Arbeitsverhältnis (§ 2 Abs 1 Nr 3 ArbGG), sondern in der anfechtbaren Rechtshandlung. Daher ist auch bei Anfechtung von Leistungen an Arbeitnehmern der ordentliche Rechtsweg gegeben (BGH 2. 4. 2009 IX ZB 182/08 ZIP 2009, 825 [Vorlage an GmS]; KG 22. 3. 1996 ZIP 1996, 1097 = KTS 1996, 534; *Kirchhof* ZInsO 2008, 1293 ff; *Kreft* ZInsO 2009, 578 ff; abw BAG 27. 2. 2008 5 AZB 43/07 E [demnächst] = ZIP 2008, 667 = ZInsO 2008, 391 f = NZI 2008, 455 = EWiR 2008, 641 *[Stiller]*; BAG 31. 3. 2009 5 AZB 98/08 Tz 7 ZIP 2009, 831; BAG 15. 7. 2009 GuS-OGB 1/09). Diese ist auch keine mit dem Arbeitsverhältnis in Zusammenhang stehende unerlaubte Handlung (LAG Schleswig-Holstein 18. 7. 1995 ZIP 1995, 1756 = KTS 1996, 260 = EWiR § 2 ArbGG 1/95, 1157 *[Barth]*; ArbG Rheine 5. 6. 1967 AP § 30 KO Nr 2; *Hess/Weis* AnfR § 143 InsO Rn 761a; *Weber* in Anm zu BAG 29. 7. 1967 AP § 29 KO Nr 1, Bl. 169, 174 = E 20, 11, 23 = NJW 1967, 2425 = KTS 1967, 238; abw BAG 16. 6. 1978 DB 1978, 1843 = AP § 30 KO Nr 4 *[Uhlenbruck]*, das ungeprüft und ohne jede Auseinandersetzung die arbeitsgerichtliche Zuständigkeit unterstellt). Wird die Unwirksamkeit einer **Aufrechnung** nach § 96 Abs 1 Nr 3 geltend gemacht, bedarf es keiner Geltendmachung der Anfechtung durch Klage auf Rückgewähr nach § 143 InsO (oben Rn 15), sondern unmittelbar einer Klage gerichtet auf Zahlung der zunächst durch Aufrechnung untergegangenen Hauptforderung, bei der die Vorschriften der §§ 129 ff inzident zu prüfen sind; der Rechtsweg ergibt sich daher aus der Rechtsnatur der Hauptforderung (BGH 2. 6. 2005 IX ZB 235/04 ZIP 2005, 1334 = ZInsO 2005, 707 = NZI 2005, 499 = WuB VI A § 96 InsO 3.05 *[Kreft]*; BGH 21. 9. 2006 IX ZR 89/05 ZIP 2006, 2234 = ZInsO 2006, 1219 = NZI 2007, 103 = WuB VI A § 96 InsO 2.07 *[Pape]*; BGH 28. 9. 2006 IX ZR 136/05 Z 169, 158 = NJW 2007, 278 = ZIP 2006, 2178 = EWiR § 146 InsO aF 1/2007, 19 *[Wazlawik]* = WuB VI A § 146 InsO 2.07 *[Rauhut]*; abw *Ries* ZInsO 2005, 848, 850 ff [für Nebeneinander von § 96 Abs 1 Nr 3 und 143]; siehe dazu auch unten § 146 Rn 1, 4. Gleiches gilt für die Anfechtung eines **Vergleichs** nach § 779 BGB (*Kreft* KTS 2004, 195, 201 f).

64 Im Normalfall entscheidet das ordentliche Gericht auch, ob die öffentliche Hand durch eine **öffentlich-rechtliche Rechtshandlung** wegen öffentlich-rechtlicher Steuer- oder Abgabenforderungen eine nach der Insolvenzordnung anfechtbare Sicherung oder Befriedigung erlangt hat (BGH 7. 5. 1991 Z 114, 315 = NJW 1991, 2147 = ZIP 1991, 737 *[Kreft]* = KTS 1991, 431 = EWiR § 29 KO 1/91, 697 *[App]*; OLG Braunschweig 11. 11. 1949 MDR 1950, 356; FG Münster 10. 1. 1991 ZIP 1991, 1155 = EWiR § 30 KO 2/91, 699 *[Mohrbutter]*; abw *Flies* KTS 1995, 411 ff). Allerdings bindet ein wirksamer Verwaltungsakt auch die ordentlichen Gerichte mit der Folge, dass die Anfechtbarkeit eines zugrunde liegenden Sachverhaltes nur vor den jeweiligen Fachgerichten geltend gemacht werden kann (BGH 21. 9. 2006 IX ZR 89/05 ZIP 2006, 2234 = ZInsO 2006, 1219 = NZI 2007, 103 = WuB VI A § 96 InsO 2.07 *[Pape]* [Abrechnungsbescheid, durch den ein Vorsteuervergütungsanspruch durch Aufrechnung erloschen ist]; zum Ganzen auch Rn 60).

65 Die **Kammern für Handelssachen** (§§ 94, 95 GVG) sind für Anfechtungsklagen nicht zuständig, selbst wenn es sich bei dem angefochtenen Geschäft um ein Handelsgeschäft handelte (RG 23. 5. 1919 Z 96, 53, 57; BGH 9. 7. 1987 Z 101, 286, 289 = NJW 1987, 2821 = ZIP 1987, 1132 = KTS 1988, 125 = EWiR § 37 KO 2/87, 1009 *[Balz]*; abw zuletzt LG München I 29. 6. 1999 EWiR § 95 GKG 1/99, 845 *[C. Schmitz]*; LG Köln 18. 4. 2001 21 O 39/01 DB 2001, 1714 f = DZWIR 2002, 217 *[App]*). Eine vom Schuldner vor Verfahrenseröffnung geschlossene **Gerichtsstandsvereinbarung** erfasst eine Anfechtungsklage nicht.

66 Auch eine vom Schuldner vor Eröffnung des Insolvenzverfahrens getroffene **Schiedsabrede** gilt nach bislang hA nicht für Anfechtungsklagen (BGH 17. 10. 1956 NJW 1956, 1920 = KTS 1956, 190; BGH 28. 2. 1957 Z 24, 15 = NJW 1957, 791 = KTS 1957, 93; BGH 20. 11. 2003 III ZB 24/03 ZInsO 2004, 88; BGH 17. 1. 2008 III ZB 11/07 Tz 17 ZIP 2008, 478, 480 [dort auch zur Geltendmachung der Einrede der Insolvenzanfechtung im Schiedsverfahren]; LG Paderborn 8. 8. 1980 ZIP 1980, 967; *Berger* ZInsO 2009, 1033, 1036 f; Jaeger/Henckel § 143 Rn 174). Daran wird man für das neue Schiedsverfahrensrecht nicht festhalten können; denn nach § 1030 Abs 1 ZPO kommt es für die Zulässigkeit einer Schiedsgerichtsvereinbarung nicht mehr auf die Vergleichsfähigkeit des Anspruchs an (ebenso *Paulus* ZInsO 1999, 242, 244 f; KP-*Paulus* § 143 Rn 41; zur nach hier vertretener Auffassung zudem bestehenden Vergleichsfähigkeit; abw *Heidbrink/von der Groeben* ZIP 2006, 265, 266). Dass eine vom Schuldner vor Verfahrenseröffnung getroffene Schiedsabrede auch Anfechtungsansprüche umfasst, dürfte demgegenüber relativ eindeutig sein (zweifelnd demgegenüber KP-*Paulus* § 143 Rn 41; insgesamt abw HK-*Kreft* § 129 Rn 101; *Heidbrink/von der Groeben* ZIP 2006, 265, 267). Denn nachdem sich das neue Insolvenzrecht eindeutig gegen eine deliktsrechtliche Qualifikation dieser Ansrpüche ausgesprochen hat (oben Rn 2, 66), zeigt sich noch deutlicher, dass es sich um eine Fortsetzung des ursprünglichen Schuldverhältnisses handelt; diesen Zusammenhang belegt auch § 144. Wenn man eine Bindung des Verwalters verneint, ist er aber jedenfalls berechtigt, sich auf eine vorinsolvenzlich geschlossene Schiedsvereinbarung zu berufen (*Heidbrink/von der Groeben* ZIP 2006, 265, 267 f). In jedem Fall zulässig sind Schieds- und Gerichtsstandstandsvereinbarungen, die der Insolvenzverwalter selbst über den Anfechtungsanspruch abschließt; das folgt nicht erst aus dem neuen

VI. Verfahrensrechtliche Fragen § 143

Schiedsverfahrensrecht, sondern vor allem daraus, dass sich der Insolvenzverwalter auch über den Anspruch vergleichen darf (dazu oben § 129 Rn 23; HK-*Kreft* § 129 Rn 101).

b) Sachliche Zuständigkeit. Die sachliche Zuständigkeit richtet sich nach dem Wert des Streitgegenstandes. Er ist gleich dem Interesse, das die Insolvenzgläubiger an der Beseitigung der Nachteile haben, die durch die angefochtene Rechtshandlung für die Insolvenzmasse entstanden sind (RG 6. 6. 1894 Z 34, 404 ff), und nach freiem Ermessen festzusetzen (§ 3 ZPO), wenn **Rückgewähr in Natur** begehrt wird (RG 26. 6. 1936 Z 151, 319, 320) oder eine Forderungsabtretung angefochten wird (OLG München 26. 2. 1926 ZZP 51 [1926], 274). Wird **Wertersatz** gefordert, so ist die geforderte Geldsumme der Streitwert; mitgeforderte Zinsen sind nicht zu berücksichtigen (§ 4 Abs 1 ZPO; RG 22. 1. 1929 KuT 1929, 41). Ist der Anfechtungsanspruch auf Rückgewähr eines Grundstücks gerichtet, so bildet der Wert des Grundstücks nach Abzug seiner unangefochtenen Belastungen den Streitwert (RG 24. 4. 1936 Z 151, 167, 168; RG 26. 6. 1936 Z 151, 319, 320; RG 20. 6. 1933 LZ 1933, 1210). Dasselbe gilt, wenn eine bewegliche Sache herausverlangt wird, die mit Pfandrechten belastet ist. Maßgebend ist der Sachwert zur Zeit der Klageerhebung (§ 4 Abs 1 ZPO). 67

Bei **Anfechtung einer Pfändung** ist Gegenstand des Streits das Pfandrecht (§ 6 ZPO). Ist der Wert der Pfandsache geringer als die Forderung, so bestimmt sich der Streitwert nach dem Wert des Pfandes, sonst nach dem Betrag der Forderung (§ 6 Satz 2 ZPO; RG 15. 1. 1929 KuT 1929, 25). Der Wert des Pfandes ist unter Abzug der darauf ruhenden Belastungen zu schätzen (RG 26. 6. 1936 Z 151, 319, 320). 68

c) Örtliche Zuständigkeit. Örtlich zuständig ist das Gericht des allgemeinen Gerichtsstandes des Anfechtungsschuldners (§§ 13 ff ZPO; OLG Köln 6. 6. 1997 ZIP 1998, 74, 75 = KTS 1998, 204 = EWiR Art 5 EuGVÜ 1/98, 269 [*Mankowski*]; LG Trier 9. 12. 1954 BB 1955, 139 mwN). Für Klagen gegen Gesellschafter ist auch der Gerichtsstand der **Mitgliedschaft** (§ 22 ZPO) möglich, wobei es heute nicht mehr darauf ankommt, ob die Rechtsgrundlage des Anspruchs im Gesellschaftsrecht liegt (oben § 135 Rn 28 f). Daneben kommen die **besonderen Gerichtsstände** des Aufenthaltsortes (§ 20 ZPO), der Niederlassung (§ 21 ZPO) und des Ortes inländischen Vermögens (§ 23 ZPO) in Betracht. Nicht gegeben ist demgegenüber der Gerichtsstand des Erfüllungsorts (§ 29 ZPO; BGH 17. 10. 1956 NJW 1956, 1920, 1921 = KTS 1956, 190). Denn Gegenstand des Anfechtungsstreits ist eine gesetzliche Verpflichtung (RG 2. 1. 1893 Z 30, 402 ff). Auch der Gerichtsstand der unerlaubten Handlung (§ 32 ZPO) findet keine Anwendung (unten Rn 70). Das bedeutet, dass für Anfechtungsprozesse eine Vielzahl unterschiedlicher örtlicher Zuständigkeiten bestehen kann, die die Gefahr divergierenden Entscheidungen begründet (zur Kritik *Hirte* Vortrag auf dem 66. DJT [2007], S P 11, P 34 f mwN). Überlegungen, über § 19 a ZPO hinaus einen besonderen Gerichtsstand am Prozessgericht des Sitzes des Insolvenzgerichts einzuführen, haben sich aber bislang ebenso wenig durchsetzen können wie der weniger weit reichende Vorschlag in § 157 RegE, zumindest die Feststellung des Zeitpunkts der Zahlungsunfähigkeit beim Insolvenzgericht zu konzentrieren (dazu oben § 139 Rn 7). 69

Eine **Konzentration** ist auch nicht auf der Grundlage von Überlegungen des RG möglich. Dieses hatte nämlich für Anfechtungsansprüche, die sich auf § 31 Nr 1 oder Nr 2 KO (jetzt §§ 130–132 InsO) gründeten, angenommen, sie könnten auch bei dem Gericht verfolgt werden, in dessen Bezirk die Rechtshandlung vorgenommen worden war (§ 32 ZPO), da Verstöße gegen diese beiden Vorschriften stets die Natur einer unerlaubten Handlung in sich trügen (RG 28. 6. 1888 Z 21, 420, 425 [VZS]; RG 28. 2. 1914 Z 84, 242, 253). Das ist jedoch unrichtig: denn § 31 KO setzte nicht einmal eine Handlung des Anfechtungsgegners voraus und begründete daher erst recht nicht die zwingende Annahme eines Delikts (früher *Jaeger*/*Henckel* § 37 KO Rn 141; *Kilger*/*Karsten Schmidt* § 29 KO Anm 22). Sollte dies im konkreten Fall anders sein, kommt selbstverständlich auch § 32 ZPO zum Zuge. Für §§ 30, 32 KO (= §§ 130–132, 134 InsO) nahm daher auch das RG zu Recht an, dass die bloße Verwirklichung des Anfechtungstatbestands nicht zugleich eine unerlaubte Handlung darstelle (RG 21. 6. 1888 Z 21, 420, 425; RG 28. 2. 1914 Z 84, 242, 253). Aber selbst bei Anfechtung wegen vorsätzlicher Benachteiligung (§ 133) liegt darin noch keine unerlaubte Handlung mit der entsprechenden Folge für den Gerichtsstand (OLG Köln 6. 6. 1997 ZIP 1998, 74, 75 = KTS 1998, 204 = EWiR Art 5 EuGVÜ 1/98, 269 [*Mankowski*]; HK-*Kreft* § 129 Rn 98). Eine örtliche Konzentration von Verfahren kommt daher bislang nur auf freiwilliger Grundlage, insbesondere durch *vom Insolvenzverwalter* geschlossene **Gerichtsstandsvereinbarungen** in Betracht. 70

Auf der Grundlage von Art 3 EuInsVO hat der EuGH demgegenüber jetzt für die **internationale Zuständigkeit** eine *vis attractiva concursus* bei den Gerichten des Staates angenommen, in dessen Gebiet das Insolvenzverfahren eröffnet wurde (EuGH 12. 2. 2009 C-339/07 NZI 2009, 199 = ZIP 2009, 427 = ZInsO 2009, 493 [Deko Marty Belgium]; dazu *Mörsdorf-Schulte* ZIP 2009, 1456 ff; in diese Richtung zuvor der Vorlagebeschluss BGH 21. 6. 2007 IX ZR 39/06 ZIP 2007, 1415 [*Klöhn/Berner*]; vorher ebenso *Paulus* ZInsO 2006, 295, 298; *Ringe* ZInsO 2006, 700 ff; *Thole* ZIP 2006, 1383, 1385 ff; *Willemer*, Vis attractiva concursus und die Europäische Insolvenzverordnung [2006], S 90 ff, 180 ff; *Zeuner/Elsner* DZWIR 2009, 1 ff; abw zuvor OLG Frankfurt/Main, ZIP 2006, 769, 771 = EWiR Art 3 EuInsVO 5/06, 237 [*Hinkel/Flitsch*]). Auf der Grundlage der Rechtsprechung des EuGH hat der BGH jetzt angenommen, dass in Fällen der internationalen Zuständigkeit deutscher Gerichte 71

§ 143 Rechtsfolgen

entsprechend § 19a ZPO hilfsweise das sachlich zuständige Streitgericht für den Sitz des eröffnenden Insolvenzgerichts ausschließlich örtlich zuständig ist (**BGH** 19. 5. 2009 IX ZR 39/06 Tz 20 ff ZIP 2009, 1287 [Deko Marty Belgium]; abw *Mock* ZInsO 2009, 470 ff). Anfechtungsklagen des Insolvenzverwalters fallen demgegenüber nicht unter das **Europäische Gerichtsstands- und Vollstreckungsübereinkommen** (**BGH** 11. 1. 1990 NJW 1990, 990 = ZIP 1990, 246 = KTS 1990, 429 [*Wenner*] = IPRax 1991, 162 [*Flessner/Schulz*] = EWiR Art 1 EuGVÜ 1/90, 257 [*Balz*]; dazu auch *H. Schmidt* EuZW 1990, 219 ff). Gleiches gilt für das **Lugano-Übereinkommen** (**OLG** Köln 6. 6. 1997 ZIP 1998, 74 = KTS 1998, 204 = EWiR Art 5 EuGVÜ 1/98, 269 [*Mankowski*]).

72   d) **Gerichtsstand bei Anfechtung einer Pfändung.** Sieht man mit der neueren Rechtsprechung des **BGH** (und der früheren des **RG**) den Anfechtungsanspruch als ein die Veräußerung hinderndes Recht im Sinne von § 771 ZPO an und erstreckt man dies auf die Anfechtung einer Pfändung (dazu oben Rn 59), ist für eine Klage, mit der eine Pfändung angefochten wird, ausschließlich das Gericht zuständig sei, in desen Bezirk die Zwangsvollstreckung erfolgt ist (§§ 771 Abs 1, 802 ZPO; *Eckardt* KTS 2005, 15, 50; Jaeger/*Henckel* § 143 Rn 165); das gilt auch dann, wenn der Pfandgegenstand veräußert und der Erlös hinterlegt worden ist. Gleiches gilt nach den §§ 767 Abs 1, 797 Abs 5, 802 ZPO, wenn gegen einen vor Eröffnung des Insolvenzverfahrens erlangten Titel im Wege der Vollstreckungsabwehrklage (§ 767 ZPO) vorgegangen wird.

73   [unbesetzt]
74   [unbesetzt]

75   e) **Gerichtsstand der belegenen Sache.** Für die Anfechtung der Löschung einer Hypothek ist nicht das Gericht zuständig, in dessen Bezirk das betroffene Grundstück liegt (§ 24 ZPO), sondern das des Wohnsitzes des Anfechtungsgegners (KG 23. 3. 1926 JW 1926, 1595; abw **RG** 15. 12. 1885 Z 15, 386; **RG** 25. 10. 1887 Z 20, 403; HK-*Kreft* § 129 Rn 98; Kilger/*Karsten Schmidt* § 29 KO Anm 22). Das gilt auch dann, wenn der Insolvenzverwalter auf Verzicht einer dinglichen Belastung klagt oder den Rückgewähranspruch nach § 143 Abs 1 geltend macht (**OLG** Hamburg 28. 12. 1956 BB 1957, 274; **LG** Itzehoe 24. 3. 1983 MDR 1983, 673; abw die wohl hM: *Baumbach/Lauterbach/Albers/Hartmann* § 24 ZPO, Rn 9; Zöller/*Vollkommer* § 24 ZPO, Rn 13; Jaeger/*Henckel* § 143 Rn 171). Denn der Rückgewähranspruch stellt auch hier einen schuldrechtlichen Verschaffungsanspruch und keinen dinglichen Anspruch dar.

76   **5. Hinweis- und Aufklärungspflicht.** Angesichts der Unklarheiten bei der rechtlichen Einordnung des Rückgewähranspruchs (oben Rn 1) und deren Folgen trifft den Richter insbesondere im Rahmen der korrekten Formulierung zweckdienlicher Anträge in besonderem Maße eine Hinweis- und Aufklärungspflicht auf der Grundlage von § 139 ZPO (KP-*Paulus* § 143 Rn 48). Zum Umfang der Aufklärungspflicht des Tatrichters, wenn der Anfechtungsgegner behauptet, die inkongruente Deckung im Zusammenhang mit Sanierungsmaßnahmen erhalten zu haben, an denen er maßgeblich mitgewirkt hat, **BGH** 12. 11. 1992 NJW-RR 1993, 238 = ZIP 1993, 276, 280 = KTS 1993, 240 = EWiR § 31 KO 1/93, 161 (*Onusseit*).

77   **6. Urteil.** Mit Blick auf die Maßgeblichkeit des **Eröffnungsantrages** und des Zeitpunktes, ab wann **Zahlungsunfähigkeit** vorgelegen haben muss, für eine erfolgreiche Anfechtung muss ein Urteil, das einer Anfechtungsklage stattgibt, diese Zeitpunkte genau **feststellen** (oben § 139 Rn 5). Der Erlass eines **Grundurteils** (§ 304 ZPO) ist zulässig, wenn Wertersatz beansprucht wird (**RG** 21. 10. 1932 Z 138, 84, 86; **BGH** 15. 12. 1994 NJW 1995, 1093, 1095 = ZIP 1995, 297, 300 = KTS 1995, 314 = EWiR § 31 KO 1/95, 281 [*Johlke*]), nicht dagegen bei der Klage auf Rückgewähr (**RG** 31. 5. 1910 Z 73, 426, 428). Ein **Feststellungsurteil** ist möglich, soweit eine Feststellungsklage zulässig ist (dazu oben Rn 59). Der Urteilstenor kann nicht auf „Rückgewähr in Natur oder Wertersatz" lauten; denn die Zuerkennung von Wertersatz setzt voraus, dass eine Rückgewähr in Natur nicht möglich ist (oben Rn 26). Ein **Zurückbehaltungsrecht** hinsichtlich eines Verwendungsersatzanspruchs ist, wenn er geltend gemacht wurde, bei der Tenorierung zu berücksichtigen (**BGH** 23. 11. 1995 Z 131, 189, 199 = NJW 1996, 461 = ZIP 1996, 83, 88 = KTS 96, 151 = EWiR § 10 GesO 1/96, 119 [*Gerhardt*] [zu § 10 Abs 3 GesO]).

78   **7. Kosten.** a) Die **Kostentragung** richtet sich nach §§ 91 ff ZPO. Der Insolvenzverwalter haftet im Fall seines Unterliegens beschränkt auf die Masse, der Anfechtungsgegner haftet mit seinem ganzen Vermögen (Kilger/*Karsten Schmidt* § 37 KO Anm 15). Sofern nicht besondere Umstände vorliegen, hat der Insolvenzverwalter vor Erhebung der Anfechtungsklage den Anfechtungsgegner zur Rückgewähr aufzufordern; unterlässt er dies und erkennt der Anfechtungsgegner sofort an, so sind ihm die Kosten des Verfahrens aufzuerlegen (§ 93 ZPO; **BGH** 28. 9. 2006 IX ZB 232/04 ZIP 2007, 95 = ZInsO 2006, 1164 [Sozialversicherungsträger hält sich vor Klageerhebung alle Verteidigungsmöglichkeiten offen]; **OLG** Bamberg 20. 7. 1971 KTS 1972, 196; KP-*Paulus* § 143 Rn 49, 40 aE; *Vendolsky* ZIP 2005, 786). Die Vornahme der anfechtbaren Rechtshandlung ist dabei für sich genommen noch keine Veranlassung iSv § 93 ZPO (**OLG** Schleswig 16. 11. 1976 MDR 1977, 321; abw **OLG** Bamberg 20. 7. 1991 KTS 1972, 196; Kilger/*Huber* § 7 AnfG Anm III.12; offen lassend **OLG** Hamm 26. 9. 1995 ZIP 1996,

VI. Verfahrensrechtliche Fragen § 143

718 = EWiR § 93 ZPO 1/96, 479 *[Grub]*). Das Gebot, dem Verwalter im Falle eines sofortigen Anerkenntnisses seitens des Anfechtungsgegners die Kosten aufzuerlegen, gilt erst recht, als anders als nach altem Recht der drohende Ablauf der seinerzeit als Ausschlussfrist ausgestalteten Anfechtungsfrist des § 41 Abs 1 KO nicht mehr zur Klage zwingt; die bislang sehr restriktive Anwendung von § 93 ZPO, nach der der Anfechtungsgegner allein durch die anfechtbare Handlung Anlass zur Klage gegeben haben sollte, dürfte daher nicht mehr angezeigt sein (so noch für das alte Recht **LG Gotha** 2. 3. 1928 JW 1928, 1889; **LG Kaiserslautern** 8. 3. 1972 KTS 1972, 201; **OLG Düsseldorf** 12. 3. 1984 ZIP 1984, 1381; zu Recht weniger scharf jetzt **BGH** 1. 2. 2007 IX ZB 248/05 ZIP 2007, 601 = ZInsO 2007, 323 = NZI 2007, 283 = EWiR 2007, 439 *[Göb]* = WuB VI A § 129 InsO 2.07 *[Schönfelder]*). Doch ist auch jetzt noch gerichtliche Geltendmachung nach § 209 BGB erforderlich, wenn ein Anerkenntnis iSv § 208 BGB nicht erfolgt.

Fällt der Gegenstand der Anfechtungsklage (etwa eine Grundschuld wegen Ausfalls bei der Zwangsversteigerung) wider Erwarten weg und wird deshalb der für den Anfechtungsgegner aussichtslose Rechtsstreit für **in der Hauptsache erledigt** erklärt, so sind die Kosten nach § 91 a ZPO dem Beklagten aufzuerlegen (**BGH** 20. 10. 1971 WM 1971, 1443; vgl auch *Wosgien*, Konkurs und Erledigung in der Hauptsache [1984]). Auch wenn der Anfechtungsbeklagte nach Klageerhebung seiner Rückgewährpflicht Genüge getan hat, ist der Rechtsstreit in der Hauptsache erledigt und sind dem Beklagten nach § 91 a ZPO die Kosten aufzuerlegen (**OLG Köln** 26. 10. 1993 ZIP 1993, 1804). § 91 a ZPO findet auch dann Anwendung, wenn das Insolvenzverfahren eingestellt (§§ 207, 213) oder aufgehoben wird (§ 200), und zwar auch im Falle eines Insolvenzplans mit der daraufhin erfolgenden Aufhebung des Verfahrens (§ 258); Einzelheiten bei § 129 Rn 39 f. 79

b) Zur Finanzierung eines Anfechtungsrechtsstreits kann der Insolvenzverwalter **Prozesskostenhilfe** nach §§ 114 ff ZPO beantragen (bejahend **BGH** 15. 1. 1998 NJW 1998, 1229 = ZIP 1998, 297 = KTS 1998, 279 = EWiR § 116 ZPO 1/98, 239 *[Uhlenbruck]*; **BGH** 22. 3. 2001 ZIP 2001, 893, 894 [inzident, da Verjährungsunterbrechung einer Beschwerde gegen verweigerten PKH-Antrag bejahend]; **BGH** 18. 9. 2003 ZIP 2003, 2036 = ZInsO 2003, 941 = NZI 2004, 26, 27; **OLG Düsseldorf** 13. 2. 1997 OLGR 1997, 193, 195 = GmbHR 1997, 350, 352 = EWiR § 41 KO 1/97, 759 *[Pape]* [inzident, da Verjährungsunterbrechung durch PKH-Antrag bejahend]; **LG Hamburg** 20. 11. 1998 EWiR § 116 ZPO 6/99, 1141 *[Paulus]*; im konkreten Fall ablehnend **BGH** 24. 3. 1998 Z 138, 188, 189 ff = NJW 1998, 1868, 1869 = ZIP 1998, 789 = KTS 1998, 458 = EWiR § 116 ZPO 3/98, 1007 *[Holzer]*; *Uhlenbruck* KTS 1988, 435 ff; *Pape* ZIP 1990, 1529 ff). Der Antrag ist bei Vorliegen der übrigen Voraussetzungen auch noch nach **Anzeige der Masseunzulänglichkeit** möglich; denn auch dann bleibt der Verwalter verpfichtet, das zur Insolvenzmasse gehörende Vermögen zu verwalten und mithin auch Anfechtungsansprüche durchzusetzen (**BGH** 18. 9. 2003 IX ZB 460/02 ZIP 2003, 2036 = ZInsO 2003, 941 = NZI 2004, 26, 27; **BGH** 28. 2. 2008 IX ZB 147/07 ZIP 2008, 944 = ZInsO 2008, 37 = NZI 2008, 431; **BGH** 16. 7. 2009 IX ZB 221/08 ZIP 2009, 1591). Nach Eintritt von **Massekostenarmut** ist der Insolvenzverwalter hingegen nicht mehr verpflichtet, Anfechtungsansprüche durchzusetzen (§ 207 Abs 1 Satz 2) mit der Folge, dass auch Prozesskostenhilfe nicht mehr bewilligt werden kann (**BGH** 16. 7. 2009 IX ZB 221/08 ZIP 2009, 1591; noch offengelassen von **BGH** 28. 2. 2008 IX ZB 147/07 ZIP 2008, 944 = ZInsO 2008, 37 = NZI 2008, 43). 80

Im Übrigen kommt es wie auch sonst bei Streitigkeiten des Insolvenzverwalters darauf an, ob die Insolvenzgläubiger als die **wirtschaftlich Beteiligten** (§ 116 Satz 1 Nr 1 ZPO) nicht zur Finanzierung des Rechtsstreits in der Lage sind. Wirtschaftlich beteiligt sind diejenigen Gläubiger des Schuldners, die bei einem erfolgreichen Abschluss des (konkreten) Rechtsstreits wenigstens mit einer teilweisen Befriedigung ihrer Ansprüche rechnen können (dazu näher oben § 4 Rn 24; § 80 Rn 116 ff; weit Nachw auch in der 12. Aufl Rn 81). 81

8. **Sicherung des Anspruchs.** Der auf Rückgewähr gerichtete Anfechtungsanspruch kann bei Rückforderung in Natur durch **einstweilige Verfügung** (einschließlich einer Verfügungsbeschränkung; **RG** 9. 5. 1905 Z 60, 423, 424; **RG** 5. 11. 1907 Z 67, 39; *Gaul* KTS 2007, 133, 176), der Wertersatzanspruch durch **dinglichen oder persönlichen Arrest** gesichert werden (**RG** 5. 11. 1907 Z 67, 39; **OLG Frankfurt** 3. 1. 1907 LZ 1908, 174; **OLG Frankfurt** 8. 7. 1975 BB 1975, 1279; **OLG Düsseldorf** 11. 11. 1976 NJW 1977, 1828 [zu § 3 AnfG]; **OLG Colmar** 13. 11. 1911 LZ 1912, 172/173 Nr 4; **AG München** 7. 10. 1969 KTS 1970, 238, 239; *Gaul* KTS 2007, 133, 177; *J. Wilhelm/H. Wilhelm* ZIP 1999, 267 ff). Eine Einstellung der Zwangsvollstreckung kommt nur in Betracht, falls das Anfechtungsrecht durch Vollstreckungsgegenklage ausgeübt werden kann (dazu oben Rn 13, 59). 82

Der Anspruch auf Rückübertragung oder Löschung eines im Grundbuch eingetragenen Rechts kann auch durch eine **Vormerkung** gesichert werden (§§ 883, 885 BGB, § 935 ZPO), weil es sich um einen schuldrechtlichen Eintragungsanspruch handelt; dabei greift die Erleichterung, dass eine Gefährdung des zu sichernden Anspruchs nicht glaubhaft zu machen ist (§ 885 Abs 1 Satz 2 BGB; **LG Chemnitz** 17. 12. 1998 3 O 5130/98 ZIP 1999, 496, 497 = EWiR § 37 KO 1/99, 1017 *[Eckardt]*; *Gaul* KTS 2007, 133, 176). Das ist anders bei der Anfechtung außerhalb des Insolvenzverfahrens (**RG** 9. 5. 1905 Z 60, 423, 425; **RG** 5. 11. 1907 Z 67, 39, 41; **RG** 18. 5. 1909 Z 71, 176, 178; **RG** 2. 11. 1908 83

WarnRspr 1909 Nr 104; zur Kritik *Gaul* KTS 2007, 133, 141 ff; ausf. *J. Wilhelm/H. Wilhelm* ZIP 1999, 267 ff). Die Vormerkung ist aber nur einschlägig, wenn der Verwalter das Grundstück selbst verwerten will; macht er statt durch Rückübereignung die Anfechtung durch Duldungsklage geltend und damit im Wege der Zwangsvollstreckung wegen Geldforderungen, ist die Sicherung durch Arrest zu bewirken (*Gaul* KTS 2007, 133, 177). Die Eintragung eines Widerspruchs gegen die Richtigkeit des Grundbuchs (§§ 892, 894 BGB) ist dagegen nicht zulässig, da das Grundbuch nicht unrichtig ist (**RG** 5. 11. 1907 Z 67, 39, 41; **RG** 18. 5. 1909 Z 71, 176, 178).

§ 144 Ansprüche des Anfechtungsgegners

(1) Gewährt der Empfänger einer anfechtbaren Leistung das Erlangte zurück, so lebt seine Forderung wieder auf.

(2) ¹Eine Gegenleistung ist aus der Insolvenzmasse zu erstatten, soweit sie in dieser noch unterscheidbar vorhanden ist oder soweit die Masse um ihren Wert bereichert ist. ²Darüber hinaus kann der Empfänger der anfechtbaren Leistung die Forderung auf Rückgewähr der Gegenleistung nur als Insolvenzgläubiger geltend machen.

Frühere §§ 39, 38 KO. § 163 RegE ohne Änderungen im Gesetzgebungsverfahren.

I. Wiederaufleben von Forderungen (Abs 1)

1   Abs 1 ergänzt § 143 bezüglich der Wirkungen der Anfechtbarkeit für den Fall, dass lediglich das Erfüllungsgeschäft anfechtbar war (Jaeger/*Henckel* § 144 Rn 2; Kilger/*Karsten Schmidt* § 39 KO Anm 1).

2   Da Abs 1 mit § 12 AnfG im Wesentlichen übereinstimmt, ist die zu dieser Norm ergangene Rechtsprechung auch hier verwertbar.

3   **1. Wirkung auf die Forderung.** Ist der Gläubiger einer unanfechtbaren **Forderung** in anfechtbarer Weise befriedigt worden, lebt seine Forderung bis zum Betrag des Zurückgewährten **rückwirkend wieder auf** (**OLG Brandenburg** 9. 3. 2004 11 U 95/03 ZInsO 2004, 504, 506). Abs 1 betrifft damit nur reine Erfüllungsgeschäfte. Davon erfasst sind auch die Leistung an Erfüllung Statt oder die erzwungene Leistung (MK/*Kirchhof* § 144 Rn 6). Das Empfangene muss tatsächlich zurückgewährt worden sein; die Erklärung des Anfechtungsgegners, er wolle zurückgewähren, reicht also nicht. Die Forderung lebt in der Form wieder auf, in der sie einmal bestanden hat, unter einer bedingte Forderung also als bedingte. Für den Versicherer leben dabei seine Rechte auf Leistungsverweigerung und Kündigung nach § 38 Abs 2 und 3 VVG wieder auf (MK/*Kirchhof* § 144 Rn 9). Nach ihrem Wiederaufleben kann die Forderung als Insolvenzforderung angemeldet werden, wenn sie ohne ihr Erlöschen als Insolvenzforderung anmeldbar gewesen wäre. Das gilt heute auch für die erstattungsfähigen Zinsen (§§ 38, 39 Abs 1 Nr 1). Eine Anmeldung ist aber auch schon vor der Rückgewähr möglich, insbesondere bei Streit über die Berechtigung des Anfechtungsanspruchs. Die Forderung ist dann als durch die tatsächliche Rückgewähr aufschiebend bedingt anzumelden (arg. § 77 Abs 3 Nr 1; dazu KP-*Paulus* § 144 Rn 4).

4   Die **Verjährungsfrist** ist während des Zeitraums, während dessen die Forderung erfüllt war, gehemmt (§ 206 BGB); eine etwa schon vorher eingetretene Verjährung bleibt daher bestehen. Für das Wiederaufleben kommt es auf die Durchsetzbarkeit der Forderung in der Insolvenz aber nicht an, so dass auch nicht einklagbare Forderungen oder Ansprüche auf die Erfüllung von Schenkungsversprechen – sofern sie nur wirksam begründet wurden (§ 518 BGB) – wieder aufleben (**LG Bremen** 25. 9. 1986 ZIP 1987, 249 = KTS 1987, 239; bestätigt durch **OLG** Bremen 10. 4. 1987 ZIP 1987, 1067 = EWiR § 39 KO 1/87, 801 [*Reimer*]; abw in der Revision **BGH** 24. 3. 1988 NJW-RR 1988, 841 = ZIP 1988, 585 = KTS 1988, 511 = EWiR § 24 KO 1/88, 697 [*Pape*] [selbst für vormerkungsgesicherten Schenkungsanspruch]; Kilger/*Karsten Schmidt* § 39 KO Anm 1; KP-*Paulus* § 144 Rn 3). Allerdings können sie in der Insolvenz nach § 39 Abs 1 Nr 4 nur als nachrangige Insolvenzforderungen geltend gemacht werden. Entsprechendes gilt für die Rückgewähr der Befriedigung von Gesellschafterdarlehensforderungen; sie leben nur im Rang des § 39 Abs 1 Nr 5 wieder auf.

5   Auch bei einer **mittelbaren Zuwendung** kann es zum Wiederaufleben einer Forderung kommen. Hat der Schuldner einen seiner Abkäufer veranlasst, den Kaufpreis an jemanden zu zahlen, der in unanfechtbarer Weise eine Forderung gegen ihn, den Verfahrensschuldner, erworben hat, lebt diese Forderung wieder auf, wenn ihr Inhaber das darauf als Erfüllung Empfangene an die Insolvenzmasse abführt.

6   Die wieder auflebende Forderung braucht sich auch **nicht gegen den Verfahrensschuldner** zu richten, so dass insbesondere auch Leistungen im Dreiecksverhältnis erfasst werden (MK/*Kirchhof* § 144 Rn 7). Hat der Verfahrensschuldner als Bürge oder Mitschuldner oder auf Anweisung eine Schuld getilgt, so lebt mit der Rückgewähr der Erfüllung der Forderung des befriedigten Gläubigers gegen den Hauptschuldner, die Mitschuldner oder den Anweisenden wieder auf (**RG** 10. 3. 1888 Z 20, 157, 160). Auch bei Erfüllung des Erstattungsanspruchs nach § 137 Abs 2 gilt § 144 entsprechend (oben § 137 Rn 6).

2. Neben- und Sicherungsrechte. Alle mit der Forderung verbunden gewesenen Neben- und Sicherungsrechte (Pfandrechte, Hypotheken, Bürgschaften, Vertragsstrafen) treten ebenfalls rückwirkend wieder in Kraft, sofern sie unanfechtbar entstanden waren (**RG** 12. 2. 1881 Z 3, 208; **BGH** 24. 10. 1973 NJW 1974, 57 = KTS 1974, 96; Begr RegE zu § 144). Dies gilt grundsätzlich gleichermaßen für akzessorische und nichtakzessorische Sicherheiten (MK/*Kirchhof* § 144 Rn 10 c f). Da letztere nicht am Anfechtungsprozess beteiligt sind, kann insofern allerdings für die Neubegründung eine entsprechende Willenserklärung und ggf. ein Realakt notwendig sein (**OLG** Frankfurt/Main 25. 11. 2003 9 U 127/02, NZI 2004, 267 = ZIP 2004, 271 = EWiR § 144 InsO 1/2004, 563 *[Wagemann]*; **OLG** Brandenburg 9. 3. 2004 11 U 95/03, ZInsO 2004, 504, 506). Die Beweislast für die erfolgte Bestellung von Sicherheiten trägt derjenige, der daraus Rechte ableiten will (MK/*Kirchhof* § 144 Rn 21). Eine gelöschte Hypothek ist im Wege der Grundbuchberichtigung wieder einzutragen. Ist dies nicht möglich, weil das Grundstück mittlerweile veräußert oder anderweitig belastet wurde, hat der Anfechtungsgegner einen Masseanspruch nach § 55 Abs 1 Nr 3. Im Übrigen genießt der Erwerber einer Sicherheit Gutglaubensschutz nach den allgemeinen Regeln (MK/*Kirchhof* § 144 Rn 11). Auch ein Absonderungsrecht wird wiederhergestellt. Schließlich tritt trotz § 96 Abs 1 Nr 2 auch die **Aufrechnungsbefugnis** wieder in Kraft, allerdings nicht gegenüber dem Rückgewähranspruch nach § 143. Die vermeintlich durch Aufrechnung erloschene Forderung ist als Insolvenzforderung anzumelden, und zwar bedingt schon ab dem Zeitpunkt, in dem sich der Verwalter auf die Unwirksamkeit der Aufrechnung beruft (*von Olshausen* KTS 2001, 45, 61 ff). Urkunden, die über die Forderung bestanden (Wechsel, Scheck, Hypothekenbrief), sind zurückzugeben oder – falls vernichtet – wiederherzustellen (**OLG** Brandenburg 9. 3. 2004 11 U 95/03 ZInsO 2004, 504, 506). Zwischenzeitlich erfallene Früchte gebühren dem Gläubiger. Ein automatisches Wiederaufleben ist allerdings ausgeschlossen, wenn das betreffende Sicherungsrecht nach Empfang der Leistung rechtsgeschäftlich aufgehoben wurde; eine solche Maßnahmen kann aber unter dem Aspekt des Wegfalls der Geschäftsgrundlage (§ 313 BGB) rückgängig zu machen sein (MK/*Kirchhof* § 144 Rn 10 a). Schließlich erfasst § 144 auch **Sicherungsrechte von Dritten** (**OLG** Frankfurt/Main 25. 11. 2003 9 U 127/02, NZI 2004, 267 = ZIP 2004, 271 = EWiR § 144 InsO 1/2004, 563 *[Wagemann]*; MK/*Kirchhof* § 144 Rn 10 b).

II. Anspruch auf die Gegenleistung (Abs 2)

Ziel der Anfechtung ist nicht eine ungerechtfertigte Bereicherung der Masse. Deshalb ist dem Anfechtungsgegner nach Abs 2 die von ihm erbrachte Gegenleistung zu erstatten, sofern sie noch in der Masse vorhanden ist. Rechtsgrund dieses Erstattungsanspruchs ist ungerechtfertigte Bereicherung (*Eckardt* ZInsO 2004, 888, 890; Jaeger/*Henckel* § 144 Rn 3, 24; ähnlich Kilger/*Karsten Schmidt* § 38 KO Anm 1). Daher finden auf den Anspruch auch §§ 818, 819 BGB Anwendung; für den Umfang der Bereicherung entscheidet der Zeitpunkt des Rückgewährvollzugs.

Abs 2 findet nur Anwendung auf die Anfechtung **schuldrechtlicher gegenseitiger Rechtsgeschäfte** (§§ 132, 133), die wegen des Inhalts der beiderseitigen Verpflichtungen die Insolvenzgläubiger unmittelbar benachteiligt haben (**RG** 11. 3. 1910 LZ 1910, 862 Nr 6; Jaeger/*Henckel* § 144 Rn 4, 23; *Marotzke*, Gegenseitige Verträge in Konkurs und Vergleich, 2. Aufl 1998, S 343 Rn 7.125 [aber bei isolierter Anfechtung von Erfüllungsgeschäften Rückgewähranspruch insoweit, als der Gegenstand der Kondiktion nach oder Zug um Zug gegen Vornahme der angefochtenen Erfüllungshandlung geleistet wurde]; abw *Häsemeyer* JuS 1986, 851, 855). Bei der isolierten Anfechtung von Erfüllungshandlungen ist deren Gegenleistung in der Schuldbefreiung zu sehen, für deren „Erstattung" Abs 1 eine abschließende Regelung trifft (Kilger/*Karsten Schmidt* § 38 KO Anm 1). Mangels Gegenleistung kommt Abs 2 in den Fällen unentgeltlicher Leistung (§ 134) nicht in Betracht.

1. Gegenleistung. Als Gegenleistung ist nicht bloß das eigentliche Entgelt, sondern alles anzusehen, was der Anfechtungsgegner auf Grund des Anfechtungstatbestandes hingegeben hat. Als Gegenleistung ist auch die Hypothek anzusehen, die ein Grundeigentümer dem Verfahrensschuldner zur Sicherung der Ersatzforderung für die Befriedigung eines seiner Hypothekengläubiger bestellt hat (**RG** 23. 2. 1909 Gruchot 53, 1129, 1132). Ebenso kann die Begleichung der Umsatzsteuer durch einen Factor nach § 13 c UStG eine Gegenleistung sein (MK/*Kirchhof* § 144 Rn 14). Als Gegenleistung ist dagegen nicht das Darlehen anzusehen, für das der Schuldner eine Sicherheit gegeben hat, wenn das Sicherungsgeschäft vom Insolvenzverwalter angefochten wird. Bei gemischter Schenkung eines unteilbaren Gegenstandes ist, falls der unentgeltliche Charakter des Geschäfts überwiegt und darum der Gegenstand selbst herauszugeben ist, das Teilentgelt die Gegenleistung.

2. Masseanspruch (Abs 2 Satz 1). Der Anspruch auf die Gegenleistung ist entgegen den Motiven zur KO kein Aussonderungs-, sondern ein Masseanspruch nach § 55 Abs 1 Nr 3, wenn die Gegenleistung oder ihr Wert in die Masse gelangt ist und sich zur Zeit der Rückgewähr der angefochtenen Leistung noch ganz oder zum Teil **unterscheidbar in der Masse** befindet (**RG** 20. 1. 1885 Z 13, 5, 7; *Eckardt*

ZInsO 2004, 888, 891; Jaeger/*Henckel* § 144 Rn 24; Kilger/*Karsten Schmidt* § 38 KO Anm 2; abw mit beachtlichen Gründen für die Festlegung des Zeitpunkts, auf den es für den Einwand der Entreicherung ankommt, auf die Verfahrenseröffnung KP-*Paulus* § 144 Rn 7). Auch (jedenfalls nicht-rechtsgeschäftliche) Surrogate sind von der Herausgabepflicht umfasst (KP-*Paulus* § 144 Rn 6; vgl im Übrigen oben § 143 Rn 31). Der **Anspruch entsteht** erst mit Vollzug der Rückgewähr seitens des Anfechtungsgegners (hM; **BGH** 29. 4. 1986 NJW-RR 1986, 991 = ZIP 1986, 787 = KTS 1986, 669 = EWiR § 38 KO 1/86, 707 [*Gerhardt*]; Kilger/*Karsten Schmidt* § 38 KO Anm 3; abw Jaeger/*Henckel* § 144 Rn 24: schon vorher, bedingt durch Eröffnung des Insolvenzverfahrens und Rückgewähr des Geschuldeten zur Masse nach § 143). Jedenfalls eine Anmeldung unter der Bedingung der Rückgewähr ist aber auch schon vor der Rückgewähr möglich (oben Rn 3). Die Beweislast hinsichtlich der noch bestehenden Bereicherung der Masse trägt der Anfechtungsgegner (*Hess/Weis* AnfR § 144 InsO Rn 777). Im Falle anwaltlicher Dienstleistungen fehlt es bei Stellung des Insolvenzantrags an einer Bereicherung der Masse, wenn der Schuldner diesen auch ohne Hinzuziehung des anwaltlichen Beraters hätte stellen können (**BGH** 6. 12. 2007 IX ZR 113/06 Tz 25 NJW 2008, 659 = ZIP 2008, 232 = ZInsO 2008, 101 = NZI 2008, 173).

12   a) **Zurückbehaltungsrecht.** Der Rückgewähranspruch und der Erstattungsanspruch bilden daher zwar kein einheitliches, Zug um Zug zu erfüllendes Schuldverhältnis. Dem Anfechtungsgegner steht aber das Zurückbehaltungsrecht des § 273 BGB zu (**BGH** 29. 4. 1986 NJW-RR 1986, 991 = ZIP 1986, 787 = KTS 1986, 669 = EWiR § 38 KO 1/86, 707 [*Gerhardt*]; **BGH** 11. 5. 2000 NJW 2000, 3777, 3778 = ZIP 2000, 1061, 1066 = NZI 2000, 422 = KTS 2000, 421 = EWiR § 30 KO 1/01, 177 [*Johlke/Schröder*]; HK-*Kreft* § 144 Rn 6; Jaeger/*Henckel* § 144 Rn 29; Kilger/*Karsten Schmidt* § 38 KO Anm 2, 3), da der Erstattungsanspruch mit der Rückgewähr fällig wird und auf demselben rechtlichen Verhältnis wie der Rückgewähranspruch beruht; denn hierzu genügt ein solcher natürlicher und wirtschaftlicher Zusammenhang, dass es gegen Treu und Glauben verstoßen würde, wenn der eine Anspruch ohne Rücksicht auf den anderen verwirklicht werden könnte (**RG** 29. 11. 1927 Z 118, 295; **RG** 27. 5. 1938 Z 158, 6, 14; **BGH** 22. 2. 1967 Z 47, 157, 167). Die Geltendmachung des Zurückbehaltungsrechts führt nach § 274 BGB zur Zug-um-Zug-Verurteilung. Anders liegen die Dinge nach dem Rechtsgedanken des § 393 BGB nur dann, wenn der gegen den Anfechtungsgegner gerichtete Anspruch ausnahmsweise auch auf einer vorsätzlich begangenen unerlaubten Handlung beruht (**BGH** 29. 4. 1986 NJW-RR 1986, 991, 993 = ZIP 1986, 787, 790 = KTS 1986, 669 = EWiR § 38 KO 1/86, 707 [*Gerhardt*]; KP-*Paulus* § 144 Rn 8).

13   b) **Verrechnung.** Geht der Rückgewähranspruch auf Wertersatz (§ 143 Rn 25), so ist nur im Fall der Aufrechnung auf die Differenz beider Ansprüche zu erkennen (dazu oben § 143 Rn 24). Die bereicherungsrechtliche Saldotheorie findet gerade keine Anwendung, da der Rückgewähranspruch aus § 143 und derjenige aus § 144 Abs 2 kein einheitliches Schuldverhältnis bilden (**BGH** 12. 1. 2006 III ZR 138/05 JA 2006, 564, 565; vgl auch MK/*Kirchhof* § 144 Rn 16).

14   3. **Insolvenzforderung (Abs 2 Satz 2).** Soweit sich die Gegenleistung nicht in der Insolvenzmasse befindet und die Masse auch nicht um ihren Wert bereichert ist, hat der Anfechtungsgegner nach Abs 2 Satz 2 nur eine Insolvenzforderung (**RG** 22. 11. 1902 JW 1903, 27). Da dieser Anspruch erst mit Eröffnung des Insolvenzverfahrens entsteht, würde es sich eigentlich nicht um eine Insolvenzforderung iSv § 38 handeln; das Gesetz musste diese Qualifikation vornehmen und damit die Erweiterung des Kreises der Insolvenzgläubiger gegenüber § 38 daher ausdrücklich vornehmen.

15   Wegen dieser Forderung steht dem Anfechtungsgegner **kein Zurückbehaltungsrecht** zu (**BGH** 29. 4. 1986 NJW-RR 1986, 991 = ZIP 1986, 787 = KTS 1986, 669 = EWiR § 38 KO 1/86, 707 [*Gerhardt*]; Jaeger/*Henckel* § 144 Rn 33), da sie nur auf die Insolvenzdividende gerichtet ist. Der Anfechtungsgegner muss sie vielmehr anmelden, und da der Anspruch als ein durch den Ausgang der Anfechtungsklage bedingter schon mit deren Erhebung entstanden ist, kann er bereits während des Anfechtungsprozesses angemeldet werden. Auch eine Aufrechnung scheidet aus.

16   4. **Verhältnis zu § 145.** Der Erstattungsanspruch des Abs 2 steht nur dem zu, der die Gegenleistung erbracht hat, sowie dessen Erben (§ 145 Abs 1). Ein Sonderrechtsnachfolger (§ 145 Abs 2) kann die Gegenleistung, die er dem Empfänger der anfechtbaren Leistung bewirkt hat, nicht gegen die Insolvenzmasse geltend machen; er muss sich an seinen Vormann halten (**RG** 13. 5. 1897 JW 1897, 346). Der Nachmann kann sich jedoch, auch wenn ihm sein Vormann zur Gewährleistung verpflichtet ist, dessen Rechte als Massegläubiger nach Abs 2 Satz 1 oder als Insolvenzgläubiger nach Abs 2 Satz 2 abtreten lassen oder sie pfänden und sich zur Einziehung überweisen lassen (Jaeger/*Henckel* § 144 Rn 35; Kilger/*Karsten Schmidt* § 38 KO Anm 5).

17   Leistet der Anfechtungsgegner im Rahmen und auf Grund einer Gläubigeranfechtung nach § 11 AnfG und tritt der Insolvenzverwalter in den Anfechtungsprozess ein und nutzt die Ergebnisse des Prozesses, so wird mit dem Eintritt bzw der Übernahme Abs 2 anwendbar (Jaeger/*Henckel* § 144 Rn 36; Kilger/*Karsten Schmidt* § 38 KO Anm 6).

§ 145 Anfechtung gegen Rechtsnachfolger

(1) Die Anfechtbarkeit kann gegen den Erben oder einen anderen Gesamtrechtsnachfolger des Anfechtungsgegners geltend gemacht werden.

(2) Gegen einen sonstigen Rechtsnachfolger kann die Anfechtbarkeit geltend gemacht werden:
1. wenn dem Rechtsnachfolger zur Zeit seines Erwerbs die Umstände bekannt waren, welche die Anfechtbarkeit des Erwerbs seines Rechtsvorgängers begründen;
2. wenn der Rechtsnachfolger zur Zeit seines Erwerbs zu den Personen gehörte, die dem Schuldner nahestehen (§ 138), es sei denn, daß ihm zu dieser Zeit die Umstände unbekannt waren, welche die Anfechtbarkeit des Erwerbs seines Rechtsvorgängers begründen;
3. wenn dem Rechtsnachfolger das Erlangte unentgeltlich zugewendet worden ist.

Früherer § 40 KO ohne dessen Abs 3. § 164 Abs 1 und Abs 2 Nrn. 1 und 3 RegE ohne Änderungen, Abs 2 Nr 2 mit geringfügigen Änderungen im Gesetzgebungsverfahren.

Übersicht

	Rn
I. Allgemeines	1
II. Anfechtung bei Gesamtrechtsnachfolge (Abs 1)	4
1. Erbfolge	4
2. Andere Fälle der Gesamtrechtsnachfolge	6
3. Anfechtung vor der Gesamtrechtsnachfolge vorgenommener Rechtshandlungen	12
III. Anfechtung bei Sonderrechtsnachfolge (Abs 2)	14
1. Begriff der (Sonder-)Rechtsnachfolge	18
2. Begründete Anfechtung gegen Ersterwerber	23
3. Persönliche Voraussetzungen (Abs 2 Nrn 1–3)	26
a) Kenntnis	27
b) Beweislast	30
IV. Rechtsnachfolger von Rechtsnachfolgern	34

I. Allgemeines

§ 145 dehnt die Anfechtbarkeit eines Erwerbs auf den Rechtsnachfolger des Leistungsempfängers **1** aus. Er unterscheidet zwischen Gesamtrechtsnachfolge (Abs 1) und Sonderrechtsnachfolge (Abs 2). Der Gesamtrechtsnachfolger haftet gleich seinem Rechtsvorgänger auf Rückgewähr, gleich ob ihm zur Zeit des Eintritts der Nachfolge die Anfechtbarkeit des Erwerbs seines Vorgängers bekannt war oder nicht. Im Fall der Sonderrechtsnachfolge kann sich der Insolvenzverwalter dagegen nach wie vor an den ersten Empfänger des Gegenstandes halten; der Sonderrechtsnachfolger ist daher nur dann zur Rückgewähr verpflichtet, wenn er bei seinem Erwerb die Anfechtbarkeit des Erwerbs des Rechtsvorgängers kannte oder wenn er selbst unentgeltlich erworben hat. Abs 1 und 2 sprechen bewusst im Anschluss an *Henckel*, in: Insolvenzrecht im Umbruch, 1991, S 239, 253 von Anfechtbarkeit (nicht Anfechtungsanspruch). Daher kann einem Rechtsnachfolger auch die Anfechtbarkeit in anderer Weise als durch Durchsetzung des Anfechtungsanspruchs (vgl dazu § 146 Abs 2) entgegengehalten werden (HK-*Kreft* § 145 Rn 3). Keine Anwendung findet § 145, wenn schon dem Ersterwerber die Rückgewähr vor Eintritt der Rechtsnachfolge unmöglich geworden ist (BGH 24. 6. 2003 IX ZR 228/02 Z 155, 199, 203 f = NJW 2003, 3345, 3346 f = ZIP 2003, 1554 = EWiR § 48 InsO 1/2004, 347 *[Haas/Müller]*). Eine Anwendung auf **Geldsummenschulden** ist daher nicht möglich (MK/*Kirchhof* § 145 Rn 3).

Nach § 187 Satz 2 SGB III greift eine gegenüber einem Arbeitnehmer begründete Anfechtung auch **2** gegenüber der **Bundesagentur für Arbeit** durch, auf die Ansprüche auf Arbeitsentgelt nach § 187 Satz 1 SGB III mit der Stellung des Antrags auf Insolvenzgeld übergegangen sind (dazu auch oben § 129 Rn 111). Keine Anwendung findet § 187 Satz 2 SGB III dagegen hinsichtlich anfechtbar gewährter (inkongruenter) Sicherheiten, die auf die Bundesagentur für Arbeit übergegangen sind (für analoge Anwendung *Eickmann* ZIP 1980, 1063, 1064). Der Vertrauensschutz des Abs 2 scheidet für die Bundesagentur für Arbeit aus.

Da § 145 mit § 15 AnfG (ohne dessen Abs 3) übereinstimmt, ist die zu § 15 AnfG ergangene Recht- **3** sprechung auch hier verwertbar. Wird eine zunächst auf §§ 130–135 gestützte Anfechtung später auf § 145 Abs 2 gestützt, liegt darin eine **Klageänderung** (RG 21. 2. 1928 Z 120, 189, 191); freilich ist diese Frage mit Blick auf die Umgestaltung der früheren Ausschlussfrist des § 41 Abs 1 KO in eine Verjährungsfrist heute nur noch von beschränkter Bedeutung (unten § 146 Rn 1B).

II. Anfechtung bei Gesamtrechtsnachfolge (Abs 1)

1. Erbfolge. Nach § 1967 BGB haftet der Erbe für alle Nachlassverbindlichkeiten. Dazu gehört auch **4** die Pflicht zur Rückgewähr anfechtbar erworbener Gegenstände. Der Erbe tritt daher ohne weiteres und ohne Rücksicht darauf, ob ihm die Anfechtbarkeit des Erwerbs seines Erblassers bekannt war, als Anfechtungsgegner an dessen Stelle. Die besondere Hervorhebung der Erbenhaftung in Abs 1 ist daher eigentlich überflüssig und nur historisch zu erklären (**BGH** 19. 3. 1981 Z 80, 205, 211 = NJW 1981, 1446; abw KP-*Paulus* § 145 Rn 2, 15 mit dem Hinweis darauf, dass Anfechtbarkeit und Anfechtungsanspruch zu unterscheiden sind). Dabei ist auch gleichgültig, ob die Erbenhaftung bei Eröffnung des Insolvenzverfahrens bereits gegen den Erblasser geltend gemacht war oder nicht oder ob der Erbe unbeschränkt oder beschränkt haftet. Für den Umfang der Haftung des Erben und für die Durchsetzung der vererbten Verbindlichkeit gelten daher die allgemeinen Bestimmungen der §§ 1975 ff, 2058 ff BGB. Der Erbe kann die Beschränkung seiner Haftung nur geltend machen, wenn ihm dies im Urteil vorbehalten wurde (§§ 780, 785 ZPO). **Mehrere Erben** haften nach Maßgabe der §§ 2058 ff BGB. Der **Nacherbe** haftet erst vom Eintritt der Nacherbfolge an (§ 2139 BGB); zuvor haftet nur der Vorerbe. Der unbeschränkt haftende **Vorerbe** haftet aber nach § 2145 Abs 1 Satz 1 BGB weiter, soweit der nur beschränkt haftende Nacherbe nicht haftet (Jaeger/*Henckel* § 145 Rn 16; Kilger/*Karsten Schmidt* § 40 KO Anm 1). Die Rückgewährpflicht des Erwerbers eines **Miterbenanteils** ist die gleiche wie die des Erben; der Erwerber geht also einem Gläubiger der Erbengemeinschaft nicht vor (RG 9. 2. 1905 Z 60, 126, 131).

5   **Stirbt der Rechtsnachfolger,** gegen den die Anfechtung nach Abs 1 oder Abs 2 begründet war, so haften seine Erben. Hat der Schuldner selbst den Anfechtungsgegner beerbt, so ist zu differenzieren je nachdem, ob die Erbschaft vor der Insolvenz des Erben angefallen ist (§ 1942 BGB) oder erst nach Eröffnung des Insolvenzverfahrens. Bei Erbanfall vor Eröffnung des Insolvenzverfahrens fällt der Anfechtungsgegenstand in die Insolvenzmasse (§ 35) und der Rückgewähranspruch erlischt durch Konfusion; er kann aber bei Beschränkung der Erbenhaftung nach §§ 1975 ff BGB wieder aufleben (HK-*Kreft* § 145 Rn 4; Kilger/*Karsten Schmidt* § 40 KO Anm 1). Im Nachlassinsolvenzverfahren (§§ 315 ff) kann dem Insolvenzverwalter dann ein Aussonderungsrecht (§ 47), ein Ersatzaussonderungsrecht (§ 48) oder ein Bereicherungsanspruch gegen die Masse zustehen (§ 55 Abs 1 Nr 3). Bei Anfall der Erbschaft nach Eröffnung des Insolvenzverfahrens handelte es sich zwar nach altem Recht um insolvenzfreies Vermögen des Schuldners; gleichwohl wurde schon damals § 145 für anwendbar gehalten (früher Jaeger/*Henckel* § 40 KO Rn 16–18). Jetzt ist im Hinblick auf § 35 die Lage ebenso wie bei einem Erbanfall vor Eröffnung des Insolvenzverfahrens (ebenso HK-*Kreft* § 145 Rn 4).

6   **2. Andere Fälle der Gesamtrechtsnachfolge.** Nach ausdrücklicher gesetzlicher Anordnung gilt Abs 1 heute auch für alle anderen Fälle der Gesamtrechtsnachfolge. Das war trotz des engeren Wortlauts von § 40 Abs 1 KO auch für das alte Recht schon anerkannt (Kuhn/*Uhlenbruck* § 40 KO Rn 3 mwN).

7   Abs 1 gilt danach insbesondere in den Fällen der Verschmelzung, Spaltung und Ausgliederung nach dem UmwG, und zwar auch in Fällen bloß partieller Gesamtrechtsnachfolge (MK/*Kirchhof* § 145 Rn 14). Die umwandlungsrechtlichen Sonderregelungen zum Gläubigerschutz, insbesondere § 22 UmwG und die Forthaftung des früheren Rechtsträgers neben dem Rechtsnachfolger, stehen einer Anwendung von Abs 1 nicht entgegen (Begr RegE zu § 144; ebenso für das Verhältnis zum früheren § 419 BGB **RG** 26. 1. 1909 Z 70, 226; **BGH** 24. 10. 1962 KTS 1962, 252; **BGH** 27. 11. 1963 WM 1964, 11; iE ebenso *Petersen* NZG 2001, 836, 837 f; dazu auch oben § 11 Rn 51). Denn Ziel der Anfechtung ist die Wiedererschließung der ursprünglich den Gläubigern eines Unternehmens zur Verfügung stehenden Haftungsmasse.

8   Abs 1 gilt darüber hinaus auch in allen den Fällen, in denen zwar keine Gesamtrechtsnachfolge vorliegt, aber kraft Gesetzes die Verbindlichkeiten des Ersterwerbers auf einen Rechtsnachfolger übergehen; dabei spielt keine Rolle, ob der Veräußerer noch weiter haftet (Begr RegE zu § 144). Daher gilt Abs 1 auch beim Anfall des Vermögens eines aufgelösten Vereins an den Fiskus (§§ 45, 46 BGB), bei der Begründung der Gütergemeinschaft (§§ 1415 ff BGB) und der Fortsetzung der Gütergemeinschaft (§§ 1483 ff BGB), beim Erbschaftskauf (§§ 2382, 2385 BGB), bei der Fortführung des Handelsgeschäfts unter der bisherigen Firma (§ 25 HGB) sowie bei der Verstaatlichung von Gesellschaften (ebenso *Häsemeyer* Rn 21.98; abw für § 25 HGB zum alten Recht Kilger/*Karsten Schmidt* § 40 KO Anm 2 a; abw und differenzierend für § 25 HGB und den Fall des Erbschaftsverkaufs Jaeger/*Henckel* § 145 Rn 20 f). Gesamtrechtsnachfolge ist auch anzunehmen, wenn sich bei einer Personengesellschaft alle Anteile in einer Hand vereinigen und die Gesellschaft dadurch erlischt (**BGH** 10. 5. 1978 Z 71, 296 = NJW 1978, 1525 = LM § 29 KO Nr 8 [*Merz*]; Kilger/*Karsten Schmidt* § 40 KO Anm 2 a). Bis zur Aufhebung von § 419 BGB war Gesamtrechtsnachfolge auch bei der vertraglichen Vermögensübernahme anzunehmen.

9   Wie eine Gesamtrechtsnachfolge behandelt wird auch die Eröffnung des Insolvenzverfahrens über das Vermögen des Anfechtungsgegners, so dass die Anfechtbarkeit nach Abs 1 geltend gemacht werden kann. Das führt dazu, dass dem Insolvenzverwalter in der Insolvenz des Anfechtungsgegners ein Aussonderungsrecht bzw – bei anfechtbarer Belastung – ein Absonderungsrecht zusteht (HK-*Kreft* § 145 Rn 5, § 129 Rn 72; Kilger/*Karsten Schmidt* § 29 KO Anm 7; *Kreft* ZInsO 1999, 370, 372; abw **BGH** 11. 1. 1990 NJW 1990, 990, 991 = ZIP 1990, 246, 247 f = KTS 1990, 429 [*Wenner*] = IPrax 1991, 162 [*Flessner/Schulz*] = EWiR Art 1 EuGVÜ 1/90, 257 [*Balz*]).

10 **Keine Fälle der Gesamtrechtsnachfolge** sind der Formwechsel nach §§ 190 ff UmwG und die „Umwandlung" der Vor-AG bzw -GmbH in die fertige juristische Person; denn in diesen Fällen bleibt die Identität des Rechtsträgers gewahrt (Kilger/*Karsten Schmidt* § 40 KO Anm 2 a).

Ersterwerber und Rechtsnachfolger können an ihrem jeweiligen Gerichtsstand **verklagt** werden. Es 11
handelt sich bei Ihnen nicht um notwendige Streitgenossen. Der Gesamtrechtsnachfolger wird in einen
anhängigen Anfechtungsrechtsstreit mit dem Erwerber einbezogen. Ein gegen den Ersterwerber ergangenes Urteil muss der Gesamtrechtsnachfolger nach den allgemeinen Regeln gegen sich geltend lassen
(zum Ganzen MK/*Kirchhof* § 145 Rn 38).

3. Anfechtung vor der Gesamtrechtsnachfolge vorgenommener Rechtshandlungen. In der Insolvenz 12
des Rechtsnachfolgers können Handlungen des veräußernden **Rechtsvorgängers** eines Vermögens, durch
die dieser das übertragene Vermögen vor der Veräußerung zu Lasten seiner Gläubiger verkürzt hat,
grundsätzlich nicht im Wege der Insolvenzanfechtung angefochten werden (**BGH 22. 6. 1955 WM
1955, 1195 = KTS 1956, 46**). Sie müssen von Gläubigern des Rechtsvorgängers vielmehr im Wege der
Einzelanfechtung zurückgeholt werden. Davon sieht das Gesetz nur für Nachlass- und ähnliche Insolvenzverfahren Ausnahmen vor (§§ 315ff, 332, 333ff; HK-*Kreft* § 129 Rn 29).

Der beschriebene Grundsatz ist nur für den Fall überzeugend, dass der Veräußerer lediglich ein 13
Aktivum weggegeben hat (*Bötticher* MDR 1956, 88). Etwas anderes gilt aber, wenn die Insolvenz des
Übernehmers zugleich auch die Gesamtheit aller vermögenswerten Rechte des in ihm aufgegangenen
Rechtsträgers erfasst und dieser sodann erlischt (**BGH 10. 5. 1978 Z 71, 296 = NJW 1978, 1525 = LM
§ 29 KO Nr 8 [*Merz*]**; Kilger/*Karsten Schmidt* § 40 KO Anm 2 b). In diesem Fall muss der Insolvenzverwalter über das Vermögen des Erwerbers auch die Rechtshandlungen des übertragenden Rechtsträgers anfechten können, da er für das gesamte Vermögen nun einheitlich verantwortlich ist. Der Insolvenzverwalter über das Vermögen des Erwerbers hat dann eine **Sondermasse** zu bilden, aus der die
Gläubiger der übernommenen Gesellschaft zu befriedigen sind (HK-*Kreft* § 129 Rn 30; siehe im
übrigen § 35 Rn 57). Unbefriedigend ist daran nur, dass es einmal im Belieben des Verwalters steht, im
Wege der Anfechtung die Bildung einer Sondermasse für die Gläubiger der übernommenen Gesellschaft
zu veranlassen, zum anderen, dass die Gläubiger keine Möglichkeit haben, im Wege der Anfechtung
außerhalb des Insolvenzverfahrens zur Eröffnung eines Sonderinsolvenzverfahrens zu gelangen. Denn
mit einer Anfechtung nach dem AnfG wird die Verschmelzung als solche nicht beseitigt, so dass die
veräußerten Geschäftsanteile trotz Anfechtbarkeit weiter zum Vermögens des Erwerbers gehören;
zudem begründete nach bislang hM (zur inzwischen wohl herrschenden abw Auffassung oben § 143
Rn 3 f) ein nach § 11 AnfG entstehendes Rückgewährschuldverhältnis für die Gläubiger des verschmolzenen Gesellschaftsvermögens kein Aussonderungsrecht, sondern nur eine nach § 45 verfolgbare
Insolvenzforderung, wenn die übernehmende Gesellschaft insolvent wird.

III. Anfechtung bei Sonderrechtsnachfolge (Abs 2)

Der Sonderrechtsnachfolger ist selbst Rückgewährschuldner, wenn ihm zur Zeit seines Erwerbs die 14
Umstände bekannt waren, die die Anfechtbarkeit des Erwerbs seines Rechtsvorgängers begründen
(Nrn 1 und 2), oder wenn er unentgeltlich erworben hat (Nr 3). Der Sonderrechtsnachfolger haftet
nicht anstelle seines Rechtsvorgängers, sondern neben ihm (**BGH 15. 10. 1969 NJW 1970, 44, 46 =
KTS 1970, 293, 294 f**). Es handelt sich daher auch nicht um eine Erstreckung der Unwirksamkeit auf
einen Dritten, sondern um die Entstehung eines neuen Anspruchs in seiner Person (KP-*Paulus* § 145
Rn 1). Auch der Inhalt des gegen den Rechtsnachfolger gerichteten Anspruchs kann ein anderer sein.
Der Insolvenzverwalter hat daher die **Wahl**, ob er den Anfechtungsanspruch nur gegen den Ersterwerber, nur gegen den Rechtsnachfolger oder gegen beide gemeinschaftlich (**RG 9. 12. 1882 Gruchot
27, 1140**) oder nacheinander (**RG 27. 10. 1890 Z 27, 21, 23; RG 12. 11. 1891 Gruchot 36, 464**)
geltend machen will. Die Anfechtung gegen den Sonderrechtsnachfolger lässt die Haftung des
Ersterwerbers nicht erlöschen (**BGH 15. 10. 1969 NJW 1970, 44 = KTS 1970, 293**).

In den Fällen des Abs 2 Nrn 1 und 2 haftet der Rechtsnachfolger nach Maßgabe des § 143 auf Rück- 15
gewähr insoweit, als sein Erwerb reicht. Dieser braucht sich nicht mit dem Erwerb des Rechtsvorgängers zu decken. Sofern aber feststeht, dass der Rechtsnachfolger nichts mehr herausgeben kann,
kann auch der Ersterwerber nur noch zu Wertersatz und nicht mehr zu Herausgabe verurteilt werden.
Das gilt auch dann, wenn die Rückgabe in Natur seitens des Ersterwerbers von der (nicht erteilten)
Zustimmung eines (partiellen) Rechtsnachfolgers abhängig ist (in diese Richtung **BGH 29. 4. 1986
NJW-RR 1986, 991 = ZIP 1986, 787 = KTS 1986, 669 = EWiR § 38 KO 1/86, 707 [*Gerhardt*]**: „Bedenken" gegen Verurteilung des Ersterwerbers). Soweit sich die Rückgewährverbindlichkeiten des Ersterwerbers und seines Rechtsnachfolgers wie im Falle von Wertersatzansprüchen decken, haften sie gesamtschuldnerisch (§ 421 BGB); auch §§ 422–425 BGB finden Anwendung (*von Campe*, Insolvenzanfechtung in Deutschland und Frankreich, 1996, S 88; Jaeger/*Henckel* § 145 Rn 70).

Erstattung seiner **Gegenleistung** kann der Sonderrechtsnachfolger nur von seinem Rechtsvorgänger 16
verlangen. § 144 Abs 1 gilt allerdings entsprechend (Kilger/*Karsten Schmidt* § 40 KO Anm 9; abw HK-
Kreft § 145 Rn 10). Nach anderer Auffassung ist der Rechtsvorgänger verpflichtet, nach § 280 BGB
Schadenersatz zu leisten oder bei einer Verpflichtung zur Sicherheitsleistung eine andere Sicherheit zu
stellen, wenn diese nicht auf einen bestimmten Sicherungsgegenstand beschränkt war (Jaeger/*Henckel*

§ 145 Rn 71); nach wieder anderer Auffassung folgt der Ersattungsanspruch den Regeln über den Gesamtschuldnerausgleich (*Köhn* NZI 2008, 412, 415).

17 Ersterwerber und Rechtsnachfolger können an ihrem jeweiligen Gerichtsstand **verklagt** werden. Es handelt sich bei ihnen nicht um notwendige Streitgenossen. Der Eintritt der Einzelrechtsnachfolge nach Rechtshängigkeit führt nicht zur Anwendung von § 265 ZPO, weil der Anfechtungsanspruch gegen den Rechtsnachfolger nicht mit dem gegen den Ersterwerber identisch ist. Somit kann das gegen den Vorgänger ergangene Urteil auch nicht auf den Einzelrechtsnachfolger nach §§ 325, 727 ZPO umgeschrieben werden (zum Ganzen MK/*Kirchhof* § 145 Rn 38). Ein rechtskräftiges Urteil über die Zu- oder Aberkennung des Anfechtungsanspruchs gegenüber einem Anfechtungsgegner hat daher keine Rechtswirkungen gegenüber sonstigen Rückgewährmitschuldnern (Kilger/*Karsten Schmidt* § 40 KO Anm 9; krit Jaeger/*Henckel* § 145 Rn 76; vgl auch RG 15. 5. 1908 LZ 1908, 786, 787 Nr 3).

18 **1. Begriff der (Sonder-)Rechtsnachfolge.** Sonderrechtsnachfolge liegt zunächst bei **Weiterübertragung des anfechtbar Erworbenen** in derselben Gestalt und mit demselben Inhalt vor, etwa wenn ein anfechtbar erworbenes Pfandrecht abgetreten wird (**RG** 9. 11. 1894 Z 34, 59; **BGH** 9. 10. 2008 IX ZR 59/07 ZIP 2008, 2183 = NJW 2008, 3780 = ZInsO 2008, 1202 = NZI 2008, 733 = EWiR 2008, 755 [*Koza*]; OLG Kiel 28. 11. 1908 OLGR 19, 208). Sie kommt aber auch in Betracht bei der Bestellung eines beschränkten Rechts am anfechtbar erworbenen Gegenstand (Pfandrecht, Hypothek, Nießbrauch; **RG** 11. 4. 1883 Z 9, 84; **RG** 14. 6. 1912 Z 80, 1, 4; **BGH** 13. 7. 1995 Z 130, 314, 317 = NJW 1995, 2846 = ZIP 1995, 1364 = EWiR § 11 AnfG 1/95, 845 [*Gerhardt*] = LM § 7 AnfG Nrn. 18/19 [*Eckardt*] [zu § 7 AnfG aF]) oder bei der Abzweigung besonderer, aus dem anfechtbar erworbenen Recht erwachsender Befugnisse (**BGH** 26. 1. 1959 Z 29, 230, 233 f: Rangänderung; vgl auch **BGH** 5. 2. 1987 Z 100, 36, 40 = NJW 1987, 1703 = ZIP 1987, 601 = KTS 1987, 295 = JR 1987, 410 [*Gerhardt*] = EWiR § 11 AnfG 1/87, 427 [*Henckel*]). Eine Rechtsnachfolge bei der Weitergabe von **Bargeld** ist lediglich dann anzunehmen, wenn die anfechtbar übertragenen Geldscheine selbst weitergegeben werden. Insofern scheidet eine Einzelrechtsnachfolge bei der Einzahlung auf ein debitorisches Konto bei einer Bank aus (**BGH** 9. 10. 2008 IX ZR 59/07 Tz 11 ZIP 2008, 2183 = NJW 2008, 3780 = ZInsO 2008, 1202 = NZI 2008, 733 = EWiR 2008, 755 [*Koza*]; dazu auch oben Rn 1). Es genügt auch nicht, dass der Gegenwert noch unterscheidbar vorhanden ist, vielmehr führt eine Kontokorrentverrechnung zum Erlöschen der entsprechenden Forderungen und damit zum Ausschluss der Rechtsnachfolge; daran ändert sich auch durch das an dem jeweiligen Konto bestehende Pfandrecht der Bank nicht (**BGH** 9. 10. 2008 IX ZR 59/07 Tz 13 ZIP 2008, 2183 = NJW 2008, 3780 = ZInsO 2008, 1202 = NZI 2008, 733 = EWiR 2008, 755 [*Koza*]). Etwas anderes gilt allerdings, wenn der Empfänger eines anfechtbar begebenen **Schecks** diesen über das Konto einer anderen Person zu deren Gunsten einziehen lässt (**BGH** 10. 1. 2002 IX ZR 61/99 NJW 2002, 1342, 1343 = ZInsO 2002, 223 = WuB VI G § 10 GesO 4.02 [*Hess*] = EWiR § 10 GesO 4/2002, 251 [*Marotzke*]; zum Ganzen MK/*Kirchhof* § 145 Rn 18). Bedeutungslos ist es, ob der Rechtsübergang auf rechtsgeschäftlicher Verfügung, Zwangsvollstreckung (**RG** 24. 5. 1897 Z 39, 79, 83; *Karsten Schmidt* JZ 1987, 889, 892), obrigkeitlicher Weisung oder Gesetz beruht (**RG** 14. 6. 1912 Z 80, 1, 4). Gleichgültig ist auch, ob er vor oder nach Eröffnung des Insolvenzverfahrens stattgefunden hat (**RG** 9. 11. 1894 Z 34, 59, 62). **Originärer** Erwerb durch Fund, Ersitzung, Verbindung, Vermischung, Verarbeitung, Aneignung, Zuschlag in der Zwangsversteigerung ist jedoch keine Rechtsnachfolge (abw mit guten Gründen Kilger/*Karsten Schmidt* § 40 KO Anm 4; zum Zuschlag in der Zwangsversteigerung siehe § 129 Rn 63 sowie § 133 Rn 8, § 143 Rn 6 und § 141 Rn 2). Unbeachtlich ist schließlich die **fehlende Wirksamkeit des Erwerbs,** soweit jedenfalls dadurch ein Rechtsschein zugunsten des Erwerbers begründet wird (MK/*Kirchhof* § 145 Rn 17a). Dies gilt insbesondere für das Scheingeschäft (§ 117 BGB) und den Erwerb von Nichtberechtigten.

19 Abs 2 ist auf Fälle zugeschnitten, in denen der Anfechtungsgegner sein Recht *nur* auf Rechtsnachfolge stützt. Beruht etwa der Erwerb eines Forderungsrechts gegen den Verfahrensschuldner auf zwei verschiedenen Geschäften, von denen das eine mit dem Verfahrensschuldner, das andere mit dem Schuldner selbst geschlossen wurde, ist der Vertrag mit dem Schuldner maßgebend (**RG** 16. 9. 1911 Z 77, 49, 51).

20 Rechtsnachfolger ist der **Gläubiger,** der an dem von seinem Schuldner anfechtbar erworbenen Gegenstand ein Pfändungspfandrecht erlangt hat (**RG** 24. 5. 1897 Z 39, 79, 83; krit *Eckardt* KTS 2005, 15, 37ff und oben § 143 Rn 59); Rechtsnachfolge kann auch für ein Kreditinstitut anzunehmen sein, das eine eigenkapitalersetzende Sicherheit von einem Gesellschafter weitergegeben bekommt (KG 28. 10. 1997 GmbHR 1998, 938, 940; dazu *Kersting* GmbHR 1998, 915ff). Rechtsnachfolger ist der **Wechselindossatar** in bezug auf den Indossanten (**RG** 18. 1. 1889 SeuffArch. 45 Nr 154; vgl auch **RG** 5. 12. 1913 JW 1914, 304 = LZ 1914, 586 Nr 15). Ein Gläubiger, der anfechtbare Geldforderungen durch Pfändung und Überweisung zur Einziehung erwirbt, ist Rechtsnachfolger iSv Abs 2. Sonderrechtsnachfolger ist auch derjenige, dem vom Ersterwerber der **Besitz** an einer anfechtbar erworbenen Sache, wenn auch auf vertraglicher Grundlage überlassen wurde (Jaeger/*Henckel* § 145 Rn 32). Hat der Verfahrensschuldner den **Nießbrauch** an einem Hausgrundstück bestellt und dann einem Dritten mit Zustimmung des Nießbrauchers Mietforderungen des Hauses abgetreten, so ist der Dritte Rechtsnachfolger des Nießbrauchers (**RG** 2. 5. 1916 Z 88, 216). Rechtsnachfolger ist der **Bürge,** der den Gläubiger

III. Anfechtung bei Sonderrechtsnachfolge (Abs 2) § 145

befriedigt und auf den nach §§ 774, 412, 401 BGB mit der Hauptforderung ein dafür anfechtbar erworbenes Pfandrecht übergeht, nicht aber der Bürge, dessen Bürgschaft durch eine nicht anfechtbare Leistung des späteren Verfahrensschuldners an den Gläubiger erloschen ist (**BGH 24. 10. 1973 NJW 1974, 57 = KTS 1974, 96**). Schließlich ist der **Vermächtnisnehmer** Rechtsnachfolger in bezug auf einen vom Erblasser anfechtbar erworbenen Gegenstand (Kilger/*Karsten Schmidt* § 40 KO Anm 3; abw Jaeger/*Henckel* § 145 Rn 35; KP-*Paulus* § 145 Rn 9). Sonderrechtsnachfolger ist auch, wer gutgläubig aus der Hand dessen erwirbt, der den Gegenstand auf Grund anfechtbaren Scheingeschäfts erlangt hat; sie ist auch beim **Erwerb vom Nichtberechtigten** nach §§ 892, 932 ff BGB gegeben (**RG 5. 12. 1913 JW 1914, 304 = LZ 1914, 586 Nr 15**). Auch der **Schuldner** selbst kann Rechtsnachfolger sein (**BGH 13. 7. 1995 Z 130, 314, 317 = NJW 1995, 2846 = ZIP 1995, 1364 = EWiR § 11 AnfG 1/95, 845** [*Gerhardt*] = LM § 7 AnfG Nrn. 18/19 [*Eckardt*] [zu § 7 AnfG aF]).

21 Zu **verneinen** ist Sonderrechtsnachfolge im Hinblick auf die Sonderregelung des § 16 Abs 2 AnfG für den Gläubiger, der in Kenntnis der Zahlungsunfähigkeit oder des Eröffnungsantrags durch **Einzelanfechtung** Sicherung oder Befriedigung (§ 130) erlangt hat (**RG 24. 5. 1897 Z 39, 79; RG 6. 7. 1915 LZ 1915, 1529**); ein solcher Erwerb ist unmittelbar über § 130 und nicht über Abs 2 anfechtbar. Der **Schuldner einer anfechtbar abgetretenen Forderung** ist nicht Rechtsnachfolger des Zessionars; ihm gegenüber kann daher die Anfechtbarkeit der Abtretung nicht geltend gemacht werden (**RG 28. 6. 1905 Z 61, 150; BGH 5. 2. 1987 Z 100, 36, 40 = NJW 1987, 1703 = ZIP 1987, 601 = KTS 1987, 295 = JR 1987, 410** [*Gerhardt*] = **EWiR § 11 AnfG 1/87, 427** [*Henckel*]). Wird der anfechtbar erworbene Gegenstand veräußert und der **Erlös** einem Dritten ausgehändigt, so ist der Dritte nicht Rechtsnachfolger (**RG 18. 1. 1889 SeuffArch. 45 Nr 154**); anders liegt es aber, wenn der Dritte anfechtbar übereignete Geldstücke weiterübereignet erhält (**RG 19. 9. 1922 Recht 1923, 63 f** [allerdings begründet dies allein noch keine Kenntnis der Gläubigerbenachteiligung]). Beteiligt sich der spätere Schuldner an der **Gründung einer Kapitalgesellschaft**, so ist die juristische Person hinsichtlich der Pflichteinzahlungen Ersterwerberin (und nicht bloß Rechtsnachfolgerin), mögen diese auch an die Vorgesellschaft geleistet worden sein; denn die Vorgesellschaft ist mit der später entstehenden Kapitalgesellschaft identisch (**BGH 13. 10. 1954 Z 15, 66, 67; BGH 12. 7. 1956 Z 21, 242, 246 = NJW 1956, 1435**). Das gleiche gilt für die Erbringung einer Stammeinlage durch den Mitgründer einer GmbH (**RG 24. 5. 1910 Z 74, 16, 18**).

22 Rechtsnachfolge und **mittelbare Zuwendung** schließen sich aus; erstere setzt einen Zwischenerwerb zu eigenem Recht voraus, während bei letzterer die Mittelsperson nur dem Verfahrensschuldner gehörige Gegenstände an einen Dritten übermittelt, so dass der Dritte dann Ersterwerber ist (**RG 4. 2. 1908 WarnRspr 1908 Nr 346; BGH 10. 1. 2002 IX ZR 61/99 NJW 2002, 1342, 1343 = ZInsO 2002, 223 = WuB VI G § 10 GesO 4.02** [*Hess*] = **EWiR § 10 GesO 4/2002, 251** [*Marotzke*] [GesO]; abw *Hassold*, Zur Leistung im Dreipersonenverhältnis, 1981, S 204 ff, 216 ff: Leistung des Angewiesenen und Durchgangserwerb des Anweisenden). Im Falle einer Leistung des Schuldners an einen nach § 362 Abs 2 BGB empfangsberechtigten Dritten ist der Gläubiger unmittelbarer Empfänger der Schuldnerleistung; auf eine Rechtsnachfolge iSv Abs 2 kommt es nicht an (**BGH 12. 3. 2009 IX ZR 85/06 ZIP 2009, 726 = ZInsO 2009, 716 = NZI 2009, 384; BGH 16. 7. 2009 IX ZR 53/08**). Siehe zum Rückgewährschuldner bei der mittelbaren Zuwendung § 129 Rn 83 ff sowie § 143 Rn 42 ff.

23 **2. Begründete Anfechtung gegen Ersterwerber.** Die Anfechtung muss gegen den ersten Erwerber begründet sein (**RG 22. 6. 1909 Z 71, 353; RG 24. 9. 1921 Z 103, 113, 117**). Auch die Gläubigerbenachteiligung muss fortdauern (**BGH 13. 7. 1995 Z 130, 314, 320 = NJW 1995, 2846 = ZIP 1995, 1364 = EWiR § 11 AnfG 1/95, 845** [*Gerhardt*] = **LM § 7 AnfG Nrn. 18/19** [*Eckardt*] [zu § 7 AnfG aF]). Rechtzeitige gerichtliche Geltendmachung gegen den Ersterwerber für den Fall, dass die Ausschlussfrist des früheren § 41 Abs 1 KO wird gegen den Zweiterwerber beachtet wird, ist aber nicht mehr erforderlich (so für das alte Recht **RG 24. 9. 1921 Z 103, 113, 121**). Daher kommt es auch nicht darauf an, ob der Anfechtungsanspruch gegen den ersten Erwerber verjährt ist (abw HK-*Kreft* § 145 Rn 9, andererseits aber § 146 Rn 9).

24 Die **Rechtskraft** eines Urteils, das die Anfechtung gegen den Ersterwerber für begründet erklärt, wirkt nicht gegen den Sonderrechtsnachfolger (**RG 24. 9. 1921 Z 103, 113, 121**). Das folgt daraus, dass die beklagte Partei in den beiden Rechtsstreitigkeiten nicht identisch ist. Auch die §§ 265, 325, 727 ZPO finden keine Anwendung, wenn die Rechtsnachfolge erst nach Rechtshängigkeit des Anfechtungsprozesses gegen den Ersterwerber eingetreten ist; denn Gegenstand des Anfechtungsprozesses ist ein schuldrechtlicher Verschaffungsanspruch, und bei einem bloß schuldrechtlichen Anspruch gegen den Eigentümer ist der herausverlangte Gegenstand keine „im Streit befangene Sache" iSv § 265 ZPO (**RG 17. 1. 1891 Z 27, 237, 239; OLG Köln 11. 7. 1991 ZIP 1991, 1369**). Der Prozessrichter hat daher in einem Rechtsstreit gegen den Rechtsnachfolger selbstständig zu prüfen und zu entscheiden, ob die Anfechtung gegen den Ersterwerber begründet ist.

25 Der Anspruch **verjährt** selbstständig in der Frist des § 146 Abs 1. Die gerichtliche Geltendmachung des Anspruchs gegen den Ersterwerber hemmt nicht (auch) die Verjährung im Verhältnis zum Zweiterwerber (so für die frühere Ausschlussfrist des § 41 Abs 1 KO **BGH 23. 11. 1995 ZIP 1996, 184 = EWiR § 41 KO 1/96, 269** [*Maurer*]).

§ 145

26 **3. Persönliche Voraussetzungen (Abs 2 Nrn 1–3).** In der Person des Sonderrechtsnachfolgers muss einer der Tatbestände des Abs 2 Nrn 1–3 verwirklicht sein. Bei entgeltlichem Erwerb muss der Rechtsnachfolger die Umstände kennen, die die Anfechtbarkeit des Erwerbs des Rechtsvorgängers begründen (Nrn 1 und 2).

27 a) **Kenntnis.** Danach begründet beim **entgeltlichen Erwerb** allein die Kenntnis der Umstände, die die Anfechtbarkeit des Vorerwerbs begründen, auch die Anfechtbarkeit gegen den Rechtsnachfolger. Es genügt, wenn der Rechtsnachfolger zur Zeit des Erwerbs die Tatsachen kennt, aus denen sich die Anfechtbarkeit des Ersterwerbs nach §§ 130 ff ergibt (dazu KG 28. 10. 1997 GmbHR 1998, 938, 940 [Kenntnis erheblicher Überbewertung des Sicherungsgegenstandes in einem Gutachten reicht aus, um auf kapitalersetzenden Charakter des dafür gewährten Darlehens schließen zu können]; *Kersting* GmbHR 1998, 915, 918). Dagegen ist nicht erforderlich, dass sich der Rechtsnachfolger auch der Anfechtungsfolge bewusst war. Maßgebend für die Kenntnis ist der Zeitpunkt des Erwerbs des Rechtsnachfolgers (**BGH** 2. 2. 2006 IX ZR 67/02 Z 166, 125 = NZI 2006, 287 = ZIP 2006, 578 = WuB VI A § 135 InsO 2.06 *[Servatius]*; **RG** 16. 9. 1910 Z 74, 181). Das gilt auch für den Fall, dass der Vorerwerb der Schenkungsanfechtung (§ 134) unterliegt und der Beschenkte den Gegenstand entgeltlich weiterveräußert hat an jemanden, der von den Umständen, die die Schenkungsanfechtung begründen, also lediglich von der Unentgeltlichkeit, Kenntnis hatte (abw Gottwald/*Huber* InsR HdB § 51 Rn 54). Hier läuft der Erwerber Gefahr, den Kaufgegenstand an den Insolvenzverwalter zu verlieren und den Kaufpreis von seinem Geschäftspartner nicht zurückerlangen zu können. Gleichwohl hat der Gesetzgeber auch für diesen Fall die Anforderungen an die erforderliche Kenntnis nicht verschärft (Begr RegE zu § 145; enger Kuhn/*Uhlenbruck* § 40 KO Rn 16). Der für die Kenntnis maßgebliche Zeitpunkt des Erwerbs ist auch hier nach § 140 InsO zu bestimmen (**BGH** 2. 2. 2006 IX ZR 67/02 Z 166, 125 = NJW 2006, 1800 = ZIP 2006, 578 = ZInsO 2006, 322 = NZI 2006, 287 = WuB VI A § 135 InsO 2.06 *[Servatius]*); dabei handelt es sich um eine entsprechende Anwendung von § 140, da es hier nicht um die anfechtbare Rechtshandlung selbst geht.

28 Der **unentgeltliche Erwerb** des Rechtsvorgängers ist auch anfechtbar, ohne dass der Rechtsnachfolger Kenntnis von den Umständen hatte, die die Anfechtbarkeit des Erwerbs des Ersterwerbers begründeten. Kauft also jemand ein Bild und sagt ihm der Verkäufer, er habe es vor kurzer Zeit von seinem Onkel als Geschenk erhalten, so kennt er die Umstände des Erwerbs seines Rechtsvorgängers und muss damit rechnen, dass Schenkungen immer innerhalb der Vierjahresfrist des § 134 im Wege der Anfechtung vom Beschenkten zurückverlangt werden können. Die Zahlung des vollen Kaufpreises schützt also den Käufer auch hier nicht vor der Herausgabepflicht; ihm verbleiben aber (Rechts-)Mängelgewährleistungsansprüche (§§ 433–435, 440 Abs 1 BGB), jedenfalls aber Bereicherungsansprüche (§ 812 Abs 1 Satz 1 Alt 2 BGB) gegen den Verkäufer. Eine Privilegierung dieses zweiten Erwerbsvorgangs analog § 142 findet nicht statt. Der **BGH** hat Abs 2 Nr 3 schon früher auf den Pfändungspfandgläubiger entsprechend angewandt mit der Folge, dass eine Anfechtung ihm gegenüber nicht an die persönlichen Voraussetzungen des Abs 2 Nr 1 gebunden war (HK-*Kreft* § 129 Rn 74; *Kreft* ZInsO 1999, 370, 371 f; *Karsten Schmidt* JZ 1987, 889, 892; *ders* JZ 1990, 619, 622). Das führte schon bislang zu einem vergleichbaren Ergebnis, als wenn gegen den Pfändungspfandgläubiger mit Hilfe von § 771 ZPO vorgegangen werden könnte (dazu oben § 143 Rn 59).

29 Allerdings ist die Haftung eines nicht bösgläubigen unentgeltlichen Sonderrechtsnachfolgers auf den Umfang der Bereicherung beschränkt (dazu oben § 143 Rn 49 ff). Das ergab sich früher aus § 40 Abs 3 KO, während es sich jetzt unmittelbar aus § 143 Abs 2 ergibt (Begr RegE zu § 145). Dabei ist gleichgültig, aus welchem Rechtsgrund der Vorerwerb anfechtbar ist. Der gute Glaube muss dabei noch in dem Zeitpunkt vorliegen, in dem die Unmöglichkeit der Rückgewähr eingetreten ist (oben § 143 Rn 52).

30 b) **Beweislast.** Der Insolvenzverwalter hat zunächst in allen Fällen des Abs 2 die grundsätzliche Beweislast dafür, dass der Ersterwerb anfechtbar war (**RG** 24. 9. 1921 Z 103, 113, 117). Dabei kommen ihm die in §§ 130–135 normierten Beweiserleichterungen entsprechend zugute (**BGH** 27. 11. 1968 KTS 1969, 97, 100).

31 Im Fall des Abs 2 Nr 1 muss der Insolvenzverwalter darüber hinaus nachweisen, dass der Rechtsnachfolger die **Tatsachen** gekannt hat, denen zufolge der Erwerb des **Ersterwerbers anfechtbar** war (**BGH** 27. 11. 1968 KTS 1969, 97). Bei nach § 133 anfechtbarem Vorerwerb hat der Insolvenzverwalter also zu beweisen, dass der Ersterwerber den Benachteiligungsvorsatz des Schuldners gekannt hat *und* dass dem Anfechtungsgegner als Zweiterwerber zum Zeitpunkt seines Erwerbs diese Kenntnis seines Vorerwerbers bekannt war (**RG** 16. 9. 1910 Z 74, 181).

32 Ist der Rechtsnachfolger eine **nahestehende Person** (§ 138), muss diese ihre Unkenntnis nachweisen (Abs 2 Nr 2). Der Insolvenzverwalter hat jedoch zu beweisen, dass der Rechtsnachfolger zum Personenkreis des § 138 gehört (**RG** 22. 6. 1909 Z 71, 353, 354; dazu auch *Biehl* Insider S 136). Die Zeitschranke des § 133 Abs 2 Satz 2 gilt nicht. Die Nähebeziehung nach § 138 muss zum Verfahrensschuldner, nicht zu einem Rechtsvorgänger bestehen (**RG** 2. 11. 1887 Z 19, 202; **RG** 24. 9. 1921 Z 103, 113, 116 f). Maßgebend ist auch insoweit der Zeitpunkt des Rechtserwerbs des Rechtsnachfolgers (§ 140 entsprechend). Der bloße Erwerb von einer nahestehenden Person führt dagegen zu Recht nicht zu einer erleichterten Anfechtung (*Biehl* Insider S 137).

I. Allgemeines

Im Fall des Abs 2 Nr 3 hat der Insolvenzverwalter den **unentgeltlichen Erwerb** des Anfechtungsgegners nachzuweisen. In entsprechender Anwendung von § 134 Abs 2 sind dabei solche Leistungen freigestellt, die sich auf ein gebräuchliches Gelegenheitsgeschenk geringen Werts richten; derartige unentgeltliche Leistungen begründen daher keine Anfechtbarkeit gegen den Sonderrechtsnachfolger. Diese Ausnahme dürfte allerdings wegen des jetzt enger gefassten § 134 Abs 2 (dazu oben § 134 Rn 47 ff) nur geringe Bedeutung haben. Will der Insolvenzverwalter den unentgeltlichen Sonderrechtsnachfolger auf mehr als das Erlangte (§ 143 Abs 2) in Anspruch nehmen, trifft ihn nach neuem Recht auch hier die Beweislast für die dazu erforderliche Bösgläubigkeit und deren Beginn (oben § 143 Rn 51 ff). 33

IV. Rechtsnachfolger von Rechtsnachfolgern

Nicht ausdrücklich geregelt, aber selbstverständlich zu bejahen ist auch eine Anfechtung gegenüber Rechtsnachfolgern von Rechtsnachfolgern. Voraussetzung ist aber immer, dass bei wiederholter Rechtsnachfolge – abgesehen von der Anfechtbarkeit gegenüber dem Ersterwerber – gegen sämtliche Zwischenerwerber die Anfechtbarkeit begründet war (**BGH 24. 10. 1973 NJW 1974, 57 = KTS 1974, 96**). Soweit die Anfechtbarkeit gegen den Rechtsnachfolger Kenntnis von den Umständen verlangt, aus denen sich die Anfechtbarkeit des Vorerwerbs ergibt (Abs 2 Nrn. 1 und 2), muss der Rechtsnachfolger die Tatsachen kennen, aus denen sich die Anfechtbarkeit des Ersterwerbs ergibt, und auch die Umstände, aus denen gegen die Zwischenerwerber die Anfechtung nach Abs 2 begründet war. Ist die Anfechtung gegen einen der Zwischenerwerber unbegründet, so ist sie es auch gegen sämtliche weiteren Rechtsnachfolger, mögen sie um die Anfechtbarkeit des Ersterwerbs oder eines früheren Nachfolgeerwerbs gewusst haben oder nicht. Die Anfechtungsgründe gegen den Ersterwerber und gegen seine Rechtsnachfolger brauchen aber nicht identisch zu sein (**RG 24. 9. 1921 Z 103, 113, 117**). Die **Beweislast** dafür, dass die Anfechtung auch gegen die übrigen Vorerwerber begründet ist, trifft auch hier den Insolvenzverwalter (**RG 24. 9. 1921 Z 103, 113, 117**). 34

§ 146 Verjährung des Anfechtungsanspruchs

(1) Die Verjährung des Anfechtungsanspruchs richtet sich nach den Regelungen über die regelmäßige Verjährung nach dem Bürgerlichen Gesetzbuch.

(2) Auch wenn der Anfechtungsanspruch verjährt ist, kann der Insolvenzverwalter die Erfüllung einer Leistungspflicht verweigern, die auf einer anfechtbaren Handlung beruht.

Früherer § 41 KO grundlegend umgestaltet. Vorläufer ist § 10 Abs 2 GesO. § 165 Abs 1 RegE ohne Änderungen und Abs 3 RegE mit geringfügigen Änderungen im Gesetzgebungsverfahren; § 165 Abs 2 RegE entfallen. Abs 1 neu gefasst durch Gesetz zur Anpassung von Verjährungsvorschriften an das Gesetz zur Modernisierung des Schuldrechts vom 9. 12. 2004 (BGBl. I, S 3214) mWv 15. 12. 2004.

I. Allgemeines

Während die §§ 130–135 genannten Fristen vor Eröffnung des Insolvenzverfahrens liegen, normiert Abs 1 eine **Verjährungsfrist** für die Durchsetzung des Anfechtungsanspruchs, die erst nach Eröffnung des Insolvenzverfahrens beginnt. Die Vorschrift verweist seit ihrer Neufassung auf die Regelungen über die regelmäßige Verjährung nach dem BGB. Durch diesen Verweis werden § 195 und § 199 BGB in Bezug genommen. Die Frist beträgt nach § 195 BGB drei Jahre. Sie wurde damit gegenüber der alten Fassung von Abs 1 (zwei Jahre) deutlich verlängert (dazu *Huber* ZInsO 2005, 190). Eine weitere Ausdehnung folgt daraus, dass der Beginn der Verjährung jetzt nicht mehr statisch auf die Eröffnung des Insolvenzverfahrens gelegt wird, sondern sie nach § 199 Abs 1 BGB mit dem Schluss des Jahres beginnt, „in dem der Anspruch entstanden ist" (Nr 1) und „der Gläubiger von den den Anspruch begründenden Umständen und der Person des Schuldners Kenntnis erlangt oder ohne grobe Fahrlässigkeit erlangen müsste" (Nr 2) (dazu Rn 2). Neu ist auch, dass für die Verjährung des Insolvenzanfechtungsanspruchs nun eine Höchstfrist gilt. Sie beträgt zehn Jahre und beginnt mit der Entstehung des Anspruchs, wobei es auf ein subjektives Element hierbei nicht ankommt (§ 199 Abs 4 BGB). Da der Anfechtungsanspruch kein Schadenersatzanspruch ist, gilt § 199 Abs 4 BGB und nicht etwa Abs 3. Die Höchstfrist kann in der Praxis nur bei einem länger als zehn Jahre dauernden Insolvenzverfahren Bedeutung erlangen, weil ein nicht geltend gemachter Insolvenzanfechtungsanspruch mit Beendigung des Insolvenzverfahrens erlischt (vgl § 18 Abs 1 AnfG). Nach § 146 unterliegt unmittelbar zwar nur der Anfechtungsanspruch der Verjährung; er gilt jedoch entsprechend auch bei **unmittelbar gestaltenden Rechtsveränderungen** auf Grund der Insolvenzanfechtung (MK/*Kirchhof* § 146 Rn 5). Dies gilt insbesondere für die Aufrechnung nach § 96 Abs 1 Nr 3 (**BGH 28. 9. 2006 IX ZR 136/05 Z 169, 158 = NJW 2007, 278 = ZIP 2006, 2178 = EWiR § 146 InsO aF 1/2007, 19 [*Wazlawik*] = WuB VI A § 146 InsO 2.07 [*Rauhut*]; krit zur Begründung des BGH]; BGH 12. 7. 2007 IX ZR 120/04 NZI 2007, 582 = ZIP 2007, 1467 [*Bitter*]; BGH 17. 7. 2008 IX ZR 148/07 ZIP 2008, 1593 = ZInsO 2008, 913 = NZI 2008, 547 = WuB VI A § 96 InsO 1.09 [*Würdinger*]; hierzu *Huber* ZInsO 2009, 566, 568 ff; *Peters* KTS 2008, 295, 300 f; krit *Bork* ZIP 2008, 1041, 1047**). Mithin muss der 1

§ 146

Verwalter die (anfechtbar) aufgerechnete Forderung sowie die Anfechtbarkeit der Aufrechnungslage vor Ablauf der Frist des Abs 1 gerichtlich geltend machen (**BGH** 17. 7. 2008 IX ZR 148/07 aaO; siehe oben § 143 Rn 63). Hingegen muss die Anfechtbarkeit weiterer der Anfechtung der Aufrechnungslage entgegenstehender Rechte nicht bereits mit Klageerhebung geltend gemacht werden; sondern diese sind als Vorfrage der Anfechtung zu prüfen und können ggfls über das Verweigerungsrecht des Abs 2 beachtlich sein (**BGH** 17. 7. 2008 IX ZR 148/07 aaO; siehe dazu auch unten Rn 14). Schließlich normiert § 146 eine **abschließende zeitliche Begrenzung des Anfechtungsrechts**, so dass zusätzliche arbeits-, tarif- oder speditionsrechtliche Verfallsklauseln oder Ausschlussfristen unbeachtlich sind (BAG 19. 11. 2003 10 AZR 110/03 E 108, 367 = NJW 2004, 1196 = ZIP 2004, 229 = EWiR § 131 InsO 1/ 2004, 299 [*Reichold*]; OLG Brandenburg 3. 3. 1999 7 U 229/98 ZIP 1999, 1012, 1015 = EWiR 2000, 177 [*Huber*]); LAG Hamm 26. 11. 1997 14 Sa1240/97 ZIP 1998, 920, 921). **Kürzere Verjährungsfristen** eines etwa durchzusetzenden Anspruchs werden aber nicht verdrängt (*Peters* KTS 2008, 295, 298 f).

1A Der **zeitliche Anwendungsbereich** der Neuregelung ist Art 229 § 12 EGBGB zu entnehmen. Nach dessen Abs 1 gilt Art 229 § 6 EGBGB für die Bestimmung des Übergangsrechts entsprechend. Das Übergangsrecht stellt sich wie folgt dar: Vor dem 15. 12. 2004 nach altem Recht verjährte Ansprüche bleiben verjährt. Für die zu diesem Zeitpunkt noch nicht verjährten Ansprüche gilt grundsätzlich neues Recht. Allerdings findet über Art 229 § 6 Abs 3 EGBGB § 6 Abs 1 S 1 EGBGB doch die alte Verjährungsfrist Anwendung, da diese kürzer war als die des neuen Rechts. Verjährungsbeginn, Hemmung, Ablaufhemmung und Neubeginn der Verjährung bestimmen sich in diesem Fall ebenfalls nach altem Recht (K/P/*Paulus* § 146 Rn 2 b). Das neue Verjährungsrecht hat damit nur für am 15. 12. 2004 oder später eröffnete Insolvenzverfahren Bedeutung.

1B Die Verjährungsregelung der InsO ersetzt die frühere, nach dem Vorbild von § 124 BGB gestaltete Ausschlussfrist des § 41 Abs 1 KO (dazu Kuhn/*Uhlenbruck* § 41 KO Rn 1 f). Diese Qualifikation lag darin begründet, dass die Verfasser der Konkursnovelle von 1898 davon ausgegangen waren, die Anfechtung von Rechtshandlungen wegen Gläubigerbenachteiligung stelle keinen Anspruch iSv § 194 Abs 1 BGB, sondern nur eine einseitige Willenserklärung dar, die den Anspruch zur Entstehung bringe. Diese Auffassung war allerdings schon nach altem Recht unzutreffend (vgl Kuhn/*Uhlenbruck* § 29 KO Rn 43). Vielmehr entsteht der Anfechtungsanspruch nicht erst als Folge einer Anfechtungserklärung, sondern knüpft an die Verwirklichung eines der gesetzlichen Tatbestände an (**RG** 5. 6. 1931 Z 133, 46, 48) und entsteht jedenfalls mit Eröffnung des Insolvenzverfahrens (**BGH** 3. 12. 1954 Z 15, 333, 337). Die InsO kehrt damit zum Rechtszustand der (ursprünglichen) Konkursordnung von 1877 zurück, in der die Frist ebenfalls als Verjährungsfrist ausgestaltet war (Begr RegE zu § 146). Dies kann allerdings zu einer Verlängerung der Verfahren führen, deren Verkürzung der frühere § 41 KO (auch) bezweckt hatte (HK-*Kreft* § 146 Rn 2). Für die Anfechtung nach dem AnfG wurde die Umgestaltung in eine Verjährungsfrist jedoch nicht vorgenommen; insoweit ist es beim alten Rechtszustand geblieben (§ 7 Abs 1 und 2 AnfG). Schon mit Inkrafttreten der InsO wurde zudem die Frist wie schon in § 10 Abs 2 GesO von einem Jahr auf zwei Jahre verlängert (zum Übergangsrecht im Übrigen oben § 129 Rn 60).

II. Verjährungsfrist (Abs 1)

2   **1. Rechtslage seit dem 15. Dezember 2004.** Die Frist **beginnt** nach § 199 Abs 1 BGB mit dem Schluss des Jahres, in dem der Anspruch entstanden ist (Nr 1) und der Gläubiger von den den Anspruch begründenden Umständen und der Person des Schuldners Kenntnis erlangt oder ohne grobe Fahrlässigkeit erlangen müsste (Nr 2). Auf den Zeitpunkt der Eröffnung des Insolvenzverfahrens kommt es nur noch mittelbar insofern an, als zu diesem Zeitpunkt der Anfechtungsanspruch entsteht (näher unten Rn 2A). Neben diese objektive Voraussetzung tritt nach neuem Recht zusätzlich die subjektive Voraussetzung, dass der Gläubiger von Umständen und Person des Schuldners Kenntnis erlangt bzw ohne grob fahrlässig nicht erlangt haben muss (näher unten Rn 2B). Durch die Verweisung auf § 199 BGB ist der Verjährungsbeginn wesentlich unsicherer geworden. Während nach altem Recht der leicht feststellbare Zeitpunkt der Eröffnung des Insolvenzverfahrens maßgeblich war, birgt nun insbesondere das subjektive Kriterium Streitpotenzial.

2A   **a) Entstehen des Anfechtungsanspruchs.** Der Anfechtungsanspruch entsteht auf Grund der gesetzlichen Tatbestände als Inhalt eines gesetzlichen Schuldverhältnisses, und zwar nach bislang hM erst mit Eröffnung des Insolvenzverfahrens (ebenso in diesem Zsammenhang KP-*Paulus* § 146 Rn 2 a); nach Aufhebung von § 41 KO, der die klageweise Geltendmachung des Anfechtungsanspruchs vorsah, spricht aber viel dafür, auch ein Entstehen des Anfechtungsanspruchs mit der Rechtshandlung anzunehmen, das durch die Verfahrenseröffnung lediglich aufschiebend bedingt ist (oben § 129 Rn 4). Das führt allerdings nicht zu einem früheren Beginn des Laufs der Verjährungsfrist; denn die Verjährung beginnt bei einem bedingten Anspruch erst mit Eintritt der Bedingung und nicht schon mit der Entstehung des Anspruchs (MK-BGB/*Grothe* § 199 Rn 6). Die bisher eher theoretische Frage, wann der Anfechtungsanspruch entsteht, ist daher hier ohne praktische Bedeutung.

II. Verjährungsfrist (Abs 1) **§ 146**

b) Kenntniserlangung durch Gläubiger des Anspruchs. Ähnlich wie die Frage, wann der Anfechtungs- 2B
anspruch entsteht, wirkt sich hier die Frage aus, wer überhaupt Gläubiger des Anfechtungsanspruchs ist
(dazu oben § 129 Rn 9). Das ist nach hM der Insolvenzverwalter, so dass für die Frage, ob Kenntnis
von dem Anspruch besteht, auf seine Kenntnis abzustellen ist; er ist daher gehalten zu dokumentieren,
wann er von einzelnen Anfechtungsansprüchen Kenntnis erlangt (KP-*Paulus* § 146 Rn 2 a; *Huber*
ZInsO 2005, 190, 192). Zudem gelten für ihn die höheren, berufsbezogenen Standards bezüglich der
Ermittlung möglicher Ansprüche (*Peters* KTS 2008, 295, 302). Die **Kenntnis des Insolvenzschuldners**
ist für den Insolvenzverwalter grundsätzlich unbeachtlich, da insofern keine Wissenszurechnung erfolgt
(ausführlich MK/*Kirchhof* § 146 Rn 8 c). Abzustellen ist auf diese Kenntnis allerdings hinsichtlich der
Verjährung einer Forderung, die Gegenstand der Anfechtung ist (*Peters* KTS 2008, 295, 303, dort
[S 304 f] auch zu den Möglichkeiten der Verjährungshemmung solcher gegen Dritte gerichteter Forderungen).

c) Die **Frist** beginnt mit dem Schluss des Jahres, in dem der Anspruch entstanden ist (§ 199 Abs 1 3
BGB). Entscheidend ist dabei der im Eröffnungsbeschluss bezeichnete Tag (**BGH** 17. 2. 2004 IX ZR
135/03 NZI 2004, 316 = ZIP 2004, 766 = EWiR § 5 GesO 1/2004, 553 [*Bork*] = WuB VI G § 7 GesO
1.04 [*Soehring*]). Bei einem auf 0.00 Uhr lautenden Eröffnungsbeschluss ist die jeweilige Tagesangabe
entscheidend (**BGH** 13. 1. 2005 IX ZR 33/04 NZI 2005, 225 = ZIP 2005, 310 = WuB VI A § 146 InsO
1.05 [*Kreft*]). Die Rechtskraft des Eröffnungsbeschlusses ist unerheblich. Mit Blick auf die
ausdrückliche Bezugnahme auf die „regelmäßige" Verjährung beträgt die **Länge** der Frist **drei Jahre**
(§ 195 BGB). Im Falle der Rechtsnachfolge ist unter Umständen noch die Anrechnungsfrist des § 198
BGB zu berücksichtigen (KP-*Paulus* § 146 Rn 2 a). Da es sich bei dem Anfechtungsanspruch nicht um
einen Schadenersatzanspruch handelt, verjährt er ohne Rücksicht auf Kenntnis oder grob fahrlässige
Unkenntnis **spätestens zehn Jahre** nach seiner Entstehung (zu dieser oben Rn 1; § 199 Abs 4 BGB).

2. Rechtslage vor dem 15. Dezember 2004. Nach altem InsO-Recht, das zum größten Teil noch für 4
alle vor dem 15. Dezember 2004 eröffneten Insolvenzverfahren gilt (Art 229 § 12 Abs 1 Satz 1 Nr 4
iVm § 6 EGBGB), begann die Verjährungsfrist am Tag des Eröffnungsbeschlusses (§ 27 InsO; KG 6. 9.
2002 7 U 336/01 ZIP 2003, 589, 590 = EWiR 2003, 777 [*Wessel*]; *Kirchhof* WM 2002, 2037 [nicht
erst am Jahresende]; zu einem möglichen späteren Beginn bei der entsprechenden Anwendbarkeit iR
von § 32 b GmbHG aF *Kellner/Lind* ZInsO 2006, 413 ff) und betrug zwei Jahre. Dies galt auch dann,
wenn gegen den Beschluss Rechtsmittel eingelegt worden waren und diese erst zu einem späteren
Zeitpunkt zurückgewiesen wurden (§ 34 Abs 2). Für die Berechnung der Frist galten nach § 4 iVm
§ 222 ZPO die §§ 187–193 BGB, so dass sich der Fristbeginn nach § 187 Abs 1 BGB (nicht § 187
Abs 2 BGB) richtete, selbst wenn als Eröffnungszeitpunkt 0:00 Uhr angegeben war (**BGH** 13. 1. 2005
IX ZR 33/04 ZIP 2005, 310, 311; *Munz* ZInsO 2003, 602 f; Uhlenbruck/*Hirte* 146 Rn 4; abw *Onusseit* ZInsO 2003, 404 f). Die Länge der Frist konnte durch vertragliche Vereinbarungen nicht abgeändert werden (**OLG Brandenburg** 3. 3. 1999 7 U 229/98 OLGR Brandenburg 1999, 292 = ZIP 1999,
1012 = NZI 1999, 314 = EWiR 2000, 177 [*Huber*] [GesO]). Wurde eine an sich auch während des Insolvenzverfahrens zulässige Aufrechnung in anfechtbarer Weise vor der Verfahrenseröffnung herbeigeführt (**BGH** 2. 2. 1972 Z 58, 108, 113 = NJW 1972, 633), griff § 96 Abs 1 Nr 3, der die Aufrechnung generell ausschließt. Unter Geltung der KO wurde ein Lauf der Verjährungsfrist erst ab dem
Zugang der Aufrechnungserklärung angenommen, da andernfalls der Anfechtungsgegner durch Verzögerung der Aufrechnung auch die Anfechtung verzögern könnte (**BGH** 26. 1. 1983 Z 86, 349 = ZIP
1983, 337 = NJW 1983, 1120 = KTS 1983, 297). Daran war wegen der verlängerten Frist der InsO in
ihrer zunächst geltenden Fassung nicht festzuhalten (ebenso KP-*Paulus* § 146 Rn 3). Erstreckten sich
anfechtbare Rechtsgeschäfte über einen gewissen Zeitraum, so war für die Fristberechnung auf den
Zeitpunkt abzustellen, in dem sie ihre rechtliche Wirkung erlangten (§ 140 Abs 1). War ausnahmsweise
eine Rechtshandlung nach Verfahrenseröffnung anfechtbar, lief die Verjährungsfrist erst ab dem Zeitpunkt der Rechtshandlung (§ 147 Abs 2 aF und die dortigen Erläuterungen). Bei Grundstücksgeschäften konnte die anfechtbare Handlung daher erst mit der Grundbucheintragung vollendet sein (**BGH**
31. 10. 1962 WM 1962, 1369, 1371; **BGH** 20. 10. 1965 NJW 1966, 730).

3. Lauf der Verjährungsfrist. Auf den Lauf der Verjährungsfrist des Anfechtungsanspruchs sind heute 5
die Regelungen des BGB über Hemmung und Neubeginn (früher Unterbrechung) der Verjährung unmittelbar anwendbar (**BGH** 8. 2. 1996 NJW 1996, 1351 = ZIP 1996, 552 = EWiR § 295 ZPO 1/96,
429 [*van Bühren*]). Der begrifflich an die Stelle der Unterbrechung getretene **Neubeginn** der Verjährung
kommt nur noch in den von § 212 BGB vorgesehenen Fällen in Betracht, also dem Anerkenntnis seitens
des Schuldners wie bereits nach § 208 BGB aF (§ 212 Abs 1 Nr 1 BGB nF) oder der Vornahme oder
Beantragung einer gerichtlichen bzw behördlichen Vollstreckungshandlung (§ 212 Abs 1 Nr 2 BGB nF).
Die Maßnahmen, die nach früherem Recht eine Unterbrechung der Verjährung bewirkten, führen nach
neuem Recht nur noch zu einer **Hemmung**. Außerprozessual führen nur Verhandlungen des Insolvenzverwalters mit dem Schuldner über den Anspruch (§ 203 BGB) zu einer Hemmung (hierzu *Kirchhof*
WM 2002, 2037, 2038 f). Hemmung tritt im Übrigen ein durch Erhebung der Klage, die Zustellung

eines Mahnbescheids oder die Geltendmachung der Prozessaufrechnung (§ 204 Abs 1 Nr 1, 3, 5); diese müssen nicht besonders auf die Insolvenzanfechtung gestützt werden (*Zenker* NJW 2008, 1039, 1041). Für Hemmung genügt es, wenn der Verwalter vor Gericht erkennen lässt, dass er das Ziel verfolgt, den vom Anfechtungsgegner erworbenen Gegenstand wieder der Masse zuzuführen und er dieses Begehren auf einen Sachverhalt stützt, der geeignet sein kann, die Voraussetzungen einer Anfechtungsnorm zu erfüllen, und er die anfechtbare(n) Rechtshandlung(en) erkennen lässt (**BGH 21. 2. 2008 IX ZR 209/06 ZIP 2008, 888 = ZInsO 2008, 508 = NZI 2008, 372**; dazu auch oben § 129 Rn 7 b, § 133 Rn 4, § 143 Rn 62). Dabei schadet es nicht, wenn der Verwalter sich nur auf die „Einrede der Anfechtbarkeit" beruft, obwohl es einer aktiven Anfechtung bedurft hätte (**BGH 21. 2. 2008 IX ZR 209/06 ZIP 2008, 888 = ZInsO 2008, 508 = NZI 2008, 372**; dazu auch oben § 129 Rn 76, § 133 Rn 4, § 143 Rn 62). Im Zweifel hat das Gericht auf eine Klarstellung gemäß § 139 Abs 1 Satz 2 ZPO hinzuwirken, welche auch noch nach Fristablauf des § 146 Abs 1 möglich ist, solange kein neuer oder wesentlich veränderter Sachverhalt als Klagegrund nachgeschoben wird (**BGH 21. 2. 2008 IX ZR 209/06 ZIP 2008, 888 = ZInsO 2008, 508 = NZI 2008, 372**; zu § 146 Abs 1 aF). Dabei ist die Widerklage der Prozess-Aufrechnung vorzuziehen, da der Aufrechnungseinwand im Falle der Klageabweisung seine Wirksamkeit verliert und damit die Verjährungshemmung hinfällig wird. Ausreichend ist hier auch eine Widerklage oder eine Feststellungsklage. Nicht zu einer Hemmung der Verjährung führt nach hM freilich der Antrag, die Veräußerung gepfändeter Gegenstände für unzulässig zu erklären (§ 772 ZPO), wenn nicht zugleich der Rückgewähranspruch nach § 143 geltend gemacht wird (**BGH 1. 3. 1982 Z 83, 158 = NJW 1982, 2074 = ZIP 1982, 464, 466 = LM § 41 KO Nr 7** *[Hoffmann]* [für die Unterbrechung nach altem Recht]; Jaeger/*Henckel* § 146 Rn 21). Unabhängig von der inzwischen herrschenden neueren Auffassung (oben § 143 Rn 59, 1 ff) hemmt auch die **Erhebung einer Drittwiderspruchsklage** (§ 771 ZPO) die Verjährungsfrist; denn sie ist allenfalls unbegründet, nicht aber unzulässig; selbst eine unzulässige Klage führt aber zur Verjährungshemmung (**BGH 2. 7. 1998 NJW 1998, 3488 = ZIP 1998, 1801; BGH 27. 2. 2003 NJW-RR 2003, 784** [für die Unterbrechung nach altem Recht]; Jaeger/*Henckel* § 146 Rn 21; Palandt-*Heinrichs* § 204 Rn 5; enger MK/*Kirchhof* § 146 Rn 15 a [Klage muss in letzter mündlicher Verhandlung der Tatsacheninstanz zulässig und begründet sein]). Nach § 167 ZPO tritt die hemmende Wirkung bereits bei Eingang des Klage- bzw Mahnbescheidsantrags ein, wenn dessen Zustellung demnächst erfolgt.

6   Soweit man eine **Abtretung des Anfechtungsanspruchs** für zulässig hält (oben § 129 Rn 18, § 143 Rn 5A), wirkt ein Neubeginn der Verjährungsfrist seitens des Insolvenzverwalters auch zugunsten des Zessionars; wird der Anspruch aber vor Neubeginn der Verjährungsfrist abgetreten, läuft die Verjährungsfrist nicht neu (HK-*Kreft* § 146 Rn 10 für die Unterbrechung nach altem Recht).

7   Bei **Teilklagen** beginnt die Frist nur bezüglich des eingeklagten Teilanspruchs neu (**RG 15. 5. 1917 WarnRspr 1917 Nr 225**). **Klageerweiterungen und -änderungen** bewirken einen Fristneubeginn erst ab dem Zeitpunkt ihrer Vornahme (großzügige Auslegung des „erfolgten Klagevortrags" für das Recht der KO bei **BGH 19. 3. 1992 Z 117, 374, 381 = ZIP 1992, 629, 631 = KTS 1992, 451 = EWiR § 41 KO 1/92, 687** *[Uhlenbruck]*). Die gerichtliche Geltendmachung des Herausgabeanspruchs bewirkt dabei auch einen Neubeginn der Verjährungsfrist bezüglich des Wertersatzanspruchs (**BGH 12. 11. 1998 NJW 1999, 359, 360 = ZIP 1998, 2165 = EWiR § 29 KO 1/99, 799** *[Gerhardt]* = **LM § 29 KO Nr 22** *[Eckardt]*; **BGH 17. 7. 2008 IX ZR 245/06 ZIP 2008, 2136 = ZInsO 2008, 910 = NZI 2008, 633** [AnfG]). Dies gilt auch für den umgekehrten Fall, dass vom zunächst geltend gemachten Wertersatzanspruch auf den Primäranspruch umgestellt wird (**BGH 17. 7. 2008 IX ZR 245/06 ebda**; MK/*Kirchhof* § 146 Rn 15 c). Anders als unter Geltung der KO sind Klageänderungen aber nach Ablauf der Frist nicht schlechthin unzulässig (ebenso bereits in einem Einzelfall **RG 31. 5. 1921 Z 102, 380, 382 f**); die Frage, ob der Übergang von einem Anfechtungstatbestand auf einen anderen eine Klageänderung darstellt (oben § 143 Rn 62; siehe auch § 133 Rn 4), hat sich damit weitgehend erledigt.

8   Beim **Verwalterwechsel** endet die Verjährungsfrist nach den jetzt direkt anwendbaren §§ 210, 211 BGB nicht vor Ablauf von sechs Monaten seit Ernennung des neuen Insolvenzverwalters (zur KO ebenso bereits **OLG Saarbrücken 14. 11. 1967 NJW 1968, 709 = KTS 1968, 182**). Anders als nach dem Recht der KO kann die Berufung des Anfechtungsgegners auf den Ablauf der Verjährungsfrist jetzt im Einzelfall auch gegen **Treu und Glauben** (§ 242 BGB) verstoßen (Begr RegE zu § 146; **BGH 21. 3. 2000 NZI 2000, 310 = NJW-RR 2000, 1215 = ZInsO 2000, 333 = ZIP 2000, 898, 899 = KTS 2000, 409 = EWiR § 30 KO 1/2000, 687** *[Huber]*).

III. Leistungsverweigerungsrecht (Abs 2)

9   **1. Allgemeines.** Der Insolvenzverwalter hat, wenn durch die anfechtbare Handlung eine Leistungspflicht des Schuldners begründet worden ist, ein Leistungsverweigerungsrecht auch dann, wenn sein Anfechtungsanspruch nach Abs 1 verjährt ist.

10   **2. Zu verweigernde Leistungspflicht.** Dem Insolvenzverwalter steht die Einrede der Anfechtung gegen jeden Anspruch zu, der auf der anfechtbaren Handlung beruht. Dazu gehören auch sachenrechtliche Leistungspflichten und nicht nur solche, die schon vor Verfahrenseröffnung gegen den Schuldner be-

III. Leistungsverweigerungsrecht (Abs 2) § 146

standen haben (Begr RegE zu § 146). Es genügt vielmehr, dass die Pflicht infolge der Verfahrenseröffnung durch eine Maßnahme des Insolvenzverwalters entstanden ist (RG 20. 2. 1914 Z 84, 225, 227). So kann etwa die Erfüllung von Aus- und Absonderungsansprüchen auf der Grundlage von Abs 2 verweigert werden (RG 2. 12. 1905 Z 62, 197, 200; RG 19. 3. 1919 Z 95, 224, 226; RG 25. 10. 1929 HRR 1930, 249; BGH 17. 7. 2008 IX ZR 148/07 ZIP 2008, 1593 = ZInsO 2008, 913 = NZI 2008, 547 = WuB VI A § 96 InsO 1.09 [*Würdinger*]; OLG Karlsruhe 12. 3. 1980 ZIP 1980, 260). Gleiches gilt für die auf Grund anfechtbarer Sicherungsabtretung oder -übereignung durch den Insolvenzverwalter erzielten bzw eingezogenen Beträge (BGH 30. 6. 1959 Z 30, 238 = NJW 1959, 1539 = KTS 1959, 171 = JZ 1959, 712 [*Böhle-Stamschräder*] = LM Nr 30 KO Nr 7 [*Artl*]; BGH 2. 7. 1959 Z 30, 248 = LM § 41 KO Nr 2 [*Artl*]; ferner BGH 5. 11. 1964 KTS 1965, 30 = WM 1965, 84, 86 f; LG Bonn 4. 1. 1969 NJW 1969, 1722) oder für den Erlös aus der Verwertung eines Pfandes durch den Insolvenzverwalter (RG 20. 2. 1914 Z 84, 225, 227). Auch die Freigabe von anfechtbar erlangten Anwartschaftsrechten des Arbeitnehmers aus einem unwiderruflichen Lebensversicherungs-Bezugsrecht kann verweigert werden (OLG Düsseldorf 5. 7. 1996 ZIP 1996, 1476 = KTS 1997, 68 = EWiR § 1 BetrAVG 2/96, 823 [*Griebeling*]).

3. Zusammenhang zwischen anfechtbarer Handlung und Leistungspflicht. Abs 2 gibt das Leistungsverweigerungsrecht gegenüber einer Leistungspflicht, die „auf einer anfechtbaren Handlung beruht". Abs 2 greift daher sicher dann ein, wenn die Erfüllung einer anfechtbar begründeten Schuld begehrt wird (RG 15. 1. 1904 Z 56, 313, 315). Dazu wurde nach altem Recht auch die Geltendmachung von Verpflichtungen aus einem anfechtbar begründeten Sozialplan gerechnet (LAG München 5. 9. 1986 NZA 1987, 464 = ZIP 1987, 589 = KTS 1987, 670 = EWiR § 30 KO 3/87, 501 [*Balz*]). Für das geforderte „Beruhen" ist es aber nicht erforderlich, dass die Verpflichtung des Schuldners allein durch die anfechtbare Handlung begründet wurde. Ausreichend ist vielmehr, dass die anfechtbare Handlung *ein* Tatbestandsmerkmal des gegen den Insolvenzverwalter erhobenen Anspruchs ist (RG 20. 2. 1914 Z 84, 225; BGH 30. 6. 1959 Z 30, 238, 239 = NJW 1959, 1539 = KTS 1959, 171 = JZ 1959, 712 [*Böhle-Stamschräder*] = LM § 30 KO Nr 7 [*Artl*]; BGH 4. 5. 1970 KTS 1971, 31, 33). Das folgt heute aus der Formulierung der Norm, nach der eine Leistungspflicht (schon) dann verweigert werden kann, wenn sie auf einer anfechtbaren Handlung „beruht" und nicht – wie früher in § 41 Abs 2 KO – durch sie „begründet" wurde (Begr RegE zu § 146). Es folgt aber weiterhin auch aus Sinn und Zweck des § 146: Denn Abs 1 begrenzt die zeitliche Durchsetzbarkeit des Anfechtungsanspruchs bloß deshalb, weil Mängel des angefochtenen Rechtsgeschäfts aus Gründen der Rechtssicherheit nicht ohne Rücksicht auf die seit der Vornahme des Geschäfts verflossene Zeit geltend gemacht werden sollen; dieser Gesichtspunkt greift allerdings dann nicht, wenn sich der Insolvenzverwalter einredeweise auf die Anfechtung beruft. Deshalb braucht er den Anfechtungsanspruch nicht geltend zu machen, wenn er Vermögenswerte, die er in seinem Besitz hat und die ein Dritter ihm streitig macht, der Insolvenzmasse erhalten will. Er kann es vielmehr dem Dritten überlassen, seine Ansprüche gegen die Insolvenzmasse gerichtlich geltend zu machen, ohne befürchten zu müssen, dass sein Anfechtungsanspruch verloren geht, wenn die Verjährungsfrist abgelaufen ist (für das alte Recht RG 20. 2. 1914 Z 84, 225, 228; OLG Karlsruhe 12. 3. 1980 ZIP 1980, 260, 262). Abs 2 greift aber nicht ein, wenn der Anspruch des Anfechtungsgegners eine andere Rechtsgrundlage als die anfechtbare Handlung hat (BGH 2. 7. 1959 Z 30, 248, 254 = LM § 41 KO Nr 2 [*Artl*]).

Eine allgemeine Umschreibung, wann eine Leistungspflicht „auf einer anfechtbaren Handlung beruht", ist schwer möglich (so zum alten Recht BGH 1. 3. 1982 Z 83, 158, 159 = NJW 1982, 2074 = ZIP 1982, 464, 466 = LM § 41 KO Nr 7 [*Hoffmann*]). Sicher einen Fall des Abs 2 bildet es aber, wenn der Insolvenzverwalter eine vom Schuldner anfechtbar abgetretene Forderung mit Wirkung gegen den Zessionar (§ 407 BGB) einzieht und deshalb aus § 816 Abs 2 BGB belangt wird (BGH 4. 5. 1970 KTS 1971, 31, 34). Denn dann verteidigt der Insolvenzverwalter ausschließlich den Besitzstand, der der Insolvenzmasse auf Grund der Anfechtung gebührt.

Die Einrede des Abs 2 steht dem Insolvenzverwalter nicht zu, wenn der Verfahrensschuldner eine Forderung wirksam **abgetreten** hatte (für Abtretung des Pflichteinlageanspruchs einer Kommanditgesellschaft BGH 28. 11. 1983 NJW 1984, 874 = ZIP 1984, 171 = KTS 1984, 627 [dazu auch oben § 35 Rn 395]; OLG Düsseldorf 22. 5. 1990 ZIP 1990, 1013 = EWiR § 41 KO 2/90, 799 [*Gerhardt*] [für Klage des Zessionars auf Einwilligung in die Auszahlung des hinterlegten Betrags]).

4. Geltendmachung. Nach Ablauf der Verjährungsfrist kann der Anfechtungsanspruch nur noch **einredeweise** geltend gemacht werden (vgl auch BGH 4. 5. 1970 KTS 1971, 31, 33 f). In ihren Wirkungen ist die Einrede aber auf den Anfechtungsgegner beschränkt, so dass sie im Verhältnis zu Dritten keine Wirkung haben kann (BGH 7. 4. 2005 IX ZR 258/01 NJW-RR 2005, 1361, 1363 = ZIP 2005, 1198 = WuB VI D § 845 ZPO 1.05 [*Walker/Kanzler*] [zu § 9 AnfG]). Wegen der Umgestaltung der Ausschlussfrist in eine Verjährungsfrist ist nach neuem Recht aber auch eine Aufrechnung mit dem Anfechtungsanspruch in den Grenzen des § 390 Satz 2 BGB nicht ausgeschlossen (abw zum alten Recht BGH 7. 6. 2001 ZIP 2001, 1250, 1252). Eine angriffsweise Durchsetzung des Anspruchs würde diesem insoweit auch durch die Neufassung unveränderten Sinn des Abs 2 widersprechen. Die Einrede muss vielmehr darauf abzielen, die Masse zu verteidigen, also einen zur Masse gehörenden Gegenstand für die Masse zu erhalten (**BGH** 17. 7. 2008 IX ZR 148/07 ZIP 2008, 1593 = ZInsO 2008, 913 = NZI 2008, 547 = WuB VI A § 96 InsO 1.09 *[Würdinger]*; **BGH** 2. 4. 2009 IX ZR 236/07 ZIP 2009, 1080 = ZInsO 2009, 1060 = NZI 2009, 429). Hatte der spätere Schuldner in anfechtbarer Weise eine Grundschuld bestellt und verjährt der Anfechtungsanspruch nach Abs 1, kann der Insolvenzverwalter daher den Verzicht auf die Grundschuld oder ihre Löschung nicht unter Hinweis auf Abs 2 verlangen (**OLG Hamm** 25. 6. 1976 MDR 1977, 668; HK-*Kreft* § 146 Rn 15). Er kann allerdings nach Abs 2 einer Vermutung widersprechen, solange das Verfahren noch nicht beendet ist und das Grundstück nicht freigegeben wurde. Allerdings kann das Leistungsverweigerungsrecht des Abs 2 auch durch **Klage** geltend gemacht werden, soweit dies nicht angriffsweise geschieht. Auf die Parteirolle kommt es nicht an (**BGH** 28. 11. 1983 NJW 1984, 874; **BGH** 17. 7. 2008 IX ZR 148/07 NZI 2008, 547 ; **BGH** 2. 4. 2009 IX ZR 236/07 NZI 2009, 429). So kann der Insolvenzverwalter auf Feststellung des Nichtbestehens eines gegen ihn gerichteten Absonderungsrechts klagen, wenn die gepfändete Sache beim Schuldner belassen worden war (**RG** 29. 3. 1919 Z 95, 224; **BGH** 25. 10. 1972 Z 59, 353 = NJW 1973, 100 = LM § 41 KO Nr 5 *[Hoffmann]*; **BGH** 1. 3. 1982 Z 83, 158, 161 = NJW 1982, 2074 = ZIP 1982, 464 = LM § 41 KO Nr 7 *[Hoffmann]*). Auch die anfechtungsweise im Verteilungstermin einer Zwangsversteigerung erhobene Widerspruch gegen eine Hypothek und die anschließende Widerspruchsklage ist zulässig (**RG** 19. 3. 1919 Z 95, 224). Für die **Geltendmachung der Einrede** genügt jede – auch konkludente – Willensäußerung, durch die der Verwalter zum Ausdruck bringt, dass er die Leistung unter Hinweis auf die durch den anfechtbaren Sachverhalt verursachte Gläubigerbenachteiligung verweigert (**BGH** 17. 7. 2008 IX ZR 148/07 NZI 2008, 547 = WuB VI A § 96 InsO 1.09 *[Würdinger]*; MK/*Kirchhof* § 146 Rn 51; siehe dazu oben § 143 Rn 1).

15 Möglich ist dem Insolvenzverwalter auch, bei der klageweisen Durchsetzung einer Forderung dem Einwand des Beklagten, die Forderung sei erlassen oder gestundet worden, die Anfechtbarkeit von Erlass bzw Stundung entgegenzuhalten (so auch **BGH** 2. 4. 2009 IX ZR 236/07 ZIP 2009, 1080 = ZInsO 2009, 1060 = NZI 2009, 429 [Einrede der Anfechtbarkeit der Umqualifizierung der Forderung eines Gesellschafters in Eigenkapital iRe einer Tabellenfeststellungsklage]). Denn auch hier geht es nur um den Erhalt von Forderungen, nicht aber darum, etwas der Masse bereits verloren Gegangenes wieder zurückzuerlangen (HK-*Kreft* § 146 Rn 15; Jaeger/*Henckel* § 146 Rn 73; abw **BGH** 26. 5. 1971 WM 1971, 908, 909; **BGH** 12. 11. 1998 NJW 1999, 359).

16 Unter Berufung auf Abs 2 aber keine Klage möglich, um einen auf Grund anfechtbarer Rechtshandlung gezahlten und **hinterlegten** Betrag der Insolvenzmasse zuzuführen; denn dann verlangt der Insolvenzverwalter im Ergebnis die Rückgewähr des vom Anfechtungsgegner Erlangten zur Insolvenzmasse, was ihm nach Ablauf der Verjährungsfrist durch Abs 1 gerade versagt ist (**BGH** 25. 10. 1972 Z 59, 353, 355 = NJW 1973, 100 = LM § 41 KO Nr 5 *[Hoffmann]*; abw **LG Bonn** 4. 3. 1969 NJW 1969, 1722; differenzierend Jaeger/*Henckel* § 146 Rn 81 ff; offen lassend jetzt auch **BGH** 19. 9. 1996 Z 133, 298, 307 = NJW 1996, 3203, 3205 = KTS 1996, 574 = LM § 32a GmbHG Nr 26 *[Roth]*) für den Fall, dass der Insolvenzverwalter ohne Einwilligung des Anfechtungsgegners über den hinterlegten Gegenstand verfügen kann; *Mohrbutter* KTS 1973, 176).

17 Der Insolvenzverwalter ist auch nicht berechtigt, in einem Prozess, der gegen einen Dritten gerichtet ist, als **Nebenintervenient** verteidigungsweise die Einrede des Abs 2 geltend zu machen; denn der Nebenintervenient ist nur berechtigt, solche Verteidigungsmittel vorzubringen, die auch der von ihm unterstützten Partei zustehen (**BGH** 1. 12. 1988 Z 106, 127 = ZIP 1989, 48; **OLG Hamm** 5. 11. 1985 ZIP 1986, 725 = EWiR § 41 KO 1/86, 495 *[Henckel]*; *Bork* JR 1989, 494, 497; abw *Gerhardt* KTS 1984, 177 ff).

§ 147 Rechtshandlungen nach Verfahrenseröffnung

¹Eine Rechtshandlung, die nach der Eröffnung des Insolvenzverfahrens vorgenommen worden ist und die nach § 81 Abs. 3 Satz 2, §§ 892, 893 des Bürgerlichen Gesetzbuchs, §§ 16, 17 des Gesetzes über Rechte an eingetragenen Schiffen und Schiffsbauwerken und §§ 16, 17 des Gesetzes über Rechte an Luftfahrzeugen wirksam ist, kann nach den Vorschriften angefochten werden, die für die Anfechtung einer vor der Verfahrenseröffnung vorgenommenen Rechtshandlung gelten.
²Satz 1 findet auf die den in § 96 Abs. 2 genannten Ansprüchen und Leistungen zugrunde liegenden Rechtshandlungen mit der Maßgabe Anwendung, dass durch die Anfechtung nicht die Verrechnung einschließlich des Saldenausgleichs rückgängig gemacht wird oder die betreffenden Zahlungsaufträge, Aufträge zwischen Zahlungsdienstleistern oder zwischengestalteten Stellen oder Aufträge zur Übertragung von Wertpapieren unwirksam werden.

Früherer § 42 KO. § 166 RegE ohne Änderungen im Gesetzgebungsverfahren. Satz 2 des ursprgl. Abs 1 eingefügt durch Art 1 Nr 2 des Gesetzes zur Änderung insolvenzrechtlicher und kreditwesenrechtlicher Gesetze vom 8. 12. 1999 (BGBl. I S 2384). Satz 1 und Satz 2 (des früheren Abs 1) geändert durch Gesetz vom 5. 4. 2004 mWv 9. 4. 2004 (BGBl. I, S 502). Satz 2 erneut geändert durch Art 8 Abs 7 Gesetz vom 29. 7. 2009 (BGBl I S 2355). Früherer Abs 2 aufgehoben durch Gesetz vom 9. 12. 2004 mWv 15. 12. 2004 (BGBl. I, S 3214).

I. Anfechtbarkeit bei gestreckten Erwerbstatbeständen

1. Grundsatz (Satz 1). Anfechtbar sind nicht nur vor Eröffnung des Insolvenzverfahrens liegende Rechtshandlungen, sondern in den Fällen der § 81 Abs 3 Satz 2 InsO, §§ 892, 893 BGB, §§ 16, 17 SchiffsRG, §§ 16, 17 LfzgRG auch solche, die den Insolvenzgläubigern gegenüber wirksam sind, obwohl sie erst nach Verfahrenseröffnung vorgenommen wurden (**RG** 28. 2. 1913 Z 81, 424, 426). Dabei handelt es sich zum einen um Fälle des **gutgläubigen Erwerbs** unbeweglicher Sachen (oder wie bei Schiffen und Luftfahrzeugen ebenso behandelter), der sich zu Lasten der Insolvenzmasse noch vollziehen kann, obwohl über das Vermögen des Veräußerers zwischenzeitlich das Insolvenzverfahren eröffnet wurde (§§ 81 Abs 1 Satz 2, 91 Abs 2); nicht erfasst ist allerdings der Löschungsanspruch aus § 1179 a BGB (**OLG Köln** 22. 12. 2004 ZIP 2005, 1038 = ZInsO 2005, 268; MK/*Kirchhof* § 147 Rn 12). Durch Gesetz vom 9. 12. 2004 (BGBl. I, S 3214) wurde dem in Umsetzung von Art 8 Abs 2 der EU-Finanzsicherheitenrichtlinie in § 81 Abs 3 Satz 2 der Fall gleichgestellt, dass der Verfahrensschuldner am Tag der Verfahrenseröffnung über eine **Finanzsicherheit** iSd § 1 Abs 17 KWG verfügt (dazu auch oben § 130 Rn 31 A f); im Gegensatz zu den erstgenannten Fällen ist die nach Eröffnung des Insolvenzverfahrens erfolgende Verfügung hier aber nur wirksam, wenn der andere Teil nachweist, dass er die Eröffnung des Verfahrens weder kannte noch kennen musste. Entsprechend § 147 zu behandeln ist auch der Fall, dass im **Konzern** eine Rechtshandlung auf der Ebene der Tochtergesellschaft noch Wirksamkeit erlangen kann, nachdem über das Vermögen der Muttergesellschaft bereits ein Insolvenzverfahren eröffnet wurde (*Hirte* FS Kreft [2004], S 307, 317 ff = ZInsO 2004, 1161, 1165 f; dazu auch oben § 129 Rn 15, 79).

1

Der **gute Glaube** an die Richtigkeit einer Grundbucheintragung entzieht einen Erwerb nach den §§ 892, 893 BGB also nicht der Anfechtbarkeit; ganz entsprechend hat die **dingliche Wirksamkeit der Verfügung über eine Finanzsicherheit** nach § 81 Abs 3 Satz 2 keinen Ausschluss der Anfechtbarkeit zur Folge. Denn die Wirksamkeit des Erwerbs auf Grund des guten Glaubens an die Richtigkeit der Grundbucheintragung (im Falle der §§ 892, 893 BGB) bzw an die Nicht-Eröffnung eines Insolvenzverfahrens (im Falle des § 81 Abs 3 Satz 2) schließt eine Kenntnis von Zahlungsunfähigkeit oder Eröffnungsantrag nicht aus. Andererseits ist die Wirksamkeit eines Geschäfts Voraussetzung der Anfechtung. Um solche auf Grund des Gutglaubensschutzes dinglich wirksame Erwerbe gleichwohl der Anfechtungsmöglichkeit zu unterwerfen, normiert Abs 1 eine Abweichung von der allgemeinen Bestimmung des § 129 Abs 1, nach der Gegenstand der Anfechtung nur Rechtshandlungen *vor* Eröffnung des Insolvenzverfahrens sein können. Als **Anfechtungsgrund** kommen dabei alle Fälle der §§ 130–136 in Betracht, wobei die dort genannten Fristen unberücksichtigt bleiben: denn hier geht es ja um *nach* Eröffnung des Insolvenzverfahrens vorgenommene Rechtshandlungen (zur Belehrungspflicht des Notars im Hinblick auf die Insolvenzanfechtung *Röll* DNotZ 1976, 453 ff). Auch bei den **Rechtsfolgen** der §§ 143–146 ergeben sich keine Unterschiede; gleiches gilt schließlich für die **Definitionsnormen** der §§ 138, 140–142.

1A

2. Rechtsfolge bei Verrechnung in Clearingsystemen (Satz 2). Satz 2 (urspgl Abs 1 Satz 2) wurde durch Art 1 Nr 2 des Gesetzes zur Änderung insolvenzrechtlicher und kreditwesenrechtlicher Gesetze vom 8. 12. 1999 (BGBl. I S 2381) in Umsetzung der Richtlinie 98/26/EG des Europäischen Parlaments und des Rates über die Wirksamkeit von Abrechnungen in Zahlungs- sowie Wertpapierliefer- und -abrechnungssystemen vom 19. 3. 1998 (ABl. EG Nr L 166 vom 11. 6. 1998, S 45) eingefügt (dazu zusammenfassend *Hasselbach* ZIP 1997, 1491 ff). Er ergänzt den in § 96 Abs 2 nF angeordneten Schutz der in § 1 Abs 16 KWG (früher § 96 Abs 2 Sätze 2 und 3 InsO) genannten Zahlungssysteme, indem er die **Rechtsfolgen** einer Anfechtung modifiziert (Begr RegE zu Art 1 Nr 2, BT-Drucks 14/1539, S 11); an die Stelle einer Rückabwicklung der riesigen Zahl der beim „Clearing" im Interbankenverkehr saldierten Ansprüche aus Überweisungs-, Zahlungs- und Übertragungsverträgen tritt ein Wertersatzanspruch (dazu oben § 143 Rn 25 ff). Systematisch gehört er damit insoweit zu § 143. § 96 Abs 2 verleiht jedoch auch (aber nicht nur) Verrechnungen Bestandskraft, die *nach* der Eröffnung des Insolvenzverfahrens stattgefunden haben, sofern sie nur spätestens am Tag der Verfahrenseröffnung vorgenommen werden; durch Gesetz vom 9. 12. 2004 (BGBl. I, S 3214) wurde § 96 insoweit erweitert, als nunmehr auch Verfügungen des Sicherungsnehmers in Form einer Aufrechnung oder Verrechnung im Beendigungsfall nicht den Beschränkungen der §§ 95 Abs 1 Satz 3, 96 Abs 1 unterliegen (Einzelheiten oben § 96 Rn 72 ff). Grund ist die Schwierigkeit, bei der großen Zahl der zu verrechnenden Ansprüche und Leistungen in den Clearingsystemen eine exakte Trennung von vor und nach Verfahrenseröffnung (vgl in diesem Zusammenhang § 27 Abs 2 Nr 3, Abs 3) durchgeführten Verrechnungen vorzunehmen. Satz 2 ordnet zugleich die Anfechtbarkeit dieser Verrechnungen an, die nach § 129 Abs 1 sonst nicht möglich wäre; insoweit begründet Satz 2 wie Satz 1 eine **Erweiterung** der Anfechtbarkeit gegenüber §§ 129 ff dar. Das erklärt seine systematische Stellung. Doch gilt auch für die Anfechtbarkeit solcher nach der Verfahrenseröffnung vorgenommener Rechtshandlungen die beschriebene Modifikation der Rechtsfolge gegenüber § 143.

2

Sachlich erfasst Satz 2 in erster Linie **Ansprüche zwischen Kredit- und ähnlichen Instituten**, da nach Art 2 a–f der Richtlinie 98/26/EG nur diese an den genannten Zahlungssystemen teilnehmen kön-

3

nen (KP-*Paulus* § 147 Rn 5 a; KP-*Paulus* § 96 Rn 60 c). Daneben können auch Dritte betroffen sein, wenn diese wegen des besonderen Privilegs nicht auf Sicherheiten zurückgreifen können und gegebenenfalls die Schmälerung des Vermögens eines insolvent gewordenen Teilnehmers hinnehmen müssen.

4   **3. Beginn der Verjährungsfrist (ursprgl. Abs 2).** Durch den früheren Abs 2 wurde der Beginn der Verjährungsfrist für Fälle des Abs 1 dem späteren Vollzug der anfechtbaren Rechtshandlung angepasst. Die Frist des § 146 Abs 1 lief daher erst ab dem Zeitpunkt, in dem die rechtlichen Wirkungen der Handlung eintreten (§ 140 Abs 1); da dieser Zeitpunkt hier erst nach Eröffnung des Insolvenzverfahrens liegt, führte der frühere Abs 2 zu einer entsprechenden Verlängerung der Verjährungsfrist gegenüber § 146 Abs 1. Für bedingte oder befristete Rechtshandlungen war § 140 Abs 3 entsprechend anzuwenden (HK-*Kreft* § 147 Rn 8). Die Vorschrift ist jetzt nur noch anwendbar, soweit sich die Verjährung ausnahmsweise nach dem ursprünglichen InsO-Recht richtet; im Übrigen hat sich die Problematik dadurch erledigt, dass die Verjährung nach der Neufassung von § 146 grundsätzlich nur noch kenntnisabhängig läuft (dazu oben § 146 Rn 2, 2B).

II. Keine entsprechende Anwendbarkeit auf § 878 BGB

5   **1. Grundsatz.** Nach früher hM (etwa Kilger/*Karsten Schmidt* § 42 KO Anm 2) galt die Vorläufervorschrift des § 147 auch für Erwerbe, die sich zwar erst nach Eröffnung des Insolvenzverfahrens vollziehen, die aber auf Verfügungen beruhen, die die Voraussetzungen der § 878 BGB, § 3 Abs 3 SchiffsRG, § 5 Abs 5 LfzgRG erfüllen (dazu oben § 129 Rn 15). Dem war schon früher von verschiedener Seite widersprochen worden; denn der Erwerber eines Grundstücksrechts ist nach bindender Einigung (§ 873 Abs 2 BGB) und Stellung des Eintragungsantrags beim Grundbuchamt Inhaber eines Anwartschaftsrechts, das durch die Eröffnung des Insolvenzverfahrens über das Vermögen des Veräußerers nicht mehr beeinträchtigt werden kann (**BGH** 18. 12. 1967 Z 49, 197, 200 = NJW 1968, 493; **BGH** 30. 4. 1982 Z 83, 395, 399 = NJW 1982, 1639, 1640; **BGH** 1. 12. 1988 Z 106, 108, 109 aE = NJW 1989, 1093 = ZIP 1989, 166, 167 = EWiR § 857 ZPO 1/89, 413 [*Münzberg*]; **BGH** 30. 4. 1982 Z 83, 395, 399 = NJW 1982, 1639, 1640; MK-BGB/*Wacke* § 873 BGB Rn 43, § 878 BGB Rn 22 [dort auch zur Frage, ob das Grundbuchamt trotz Kenntnis von der Verfahrenseröffnung eintragen *muss*], § 892 BGB Rn 70).

6   Aus den § 91 Abs 2 InsO, § 878 BGB folgt, dass sich trotz Eröffnung des Insolvenzverfahrens in bestimmten Fällen und unter bestimmten Umständen noch ein Rechtserwerb vollenden kann, und zwar unabhängig davon, ob der Erwerber zu diesem Zeitpunkt die Verfahrenseröffnung gekannt hat oder nicht. Es wäre widersprüchlich und mit § 91 InsO nicht zu vereinbaren, einerseits das Anwartschaftsrechts für insolvenzfest zu erklären, andererseits aber den Rechtserwerb, der sich ungeachtet der Verfahrenseröffnung und ungeachtet von Gut- oder Bösgläubigkeit vollzieht, der Anfechtung zu unterwerfen (*Gerhardt* ZIP 1988, 749, 753; *Jaeger/Henckel* § 147 Rn 13, § 140 Rn 41 ff; *Reinicke* NJW 1967, 1249, 1252 ff; *Wacke* ZZP 82 [1969], 377, 396 ff; MK-BGB/*Wacke* § 892 BGB Rn 70, § 878 BGB Rn 24; *Wörbelauer* DNotZ 1965, 588 ff). Denn im Gegensatz zu § 892 BGB dient § 878 BGB nicht dem Verkehrsschutz, der sich auf den öffentlichen Glauben des Grundbuchs gründet. Diese Auffassung hat sich der Gesetzgeber nunmehr durch bewusste Nichtaufnahme von § 878 BGB in Text des neuen Abs 1 ausdrücklich zu Eigen gemacht (Begr RegE zu § 147).

7   Maßgebend für die Anfechtung und die Kenntnis des Anfechtungsgegners ist daher in den Fällen des § 878 BGB immer der Zeitpunkt, in dem die Voraussetzungen des § 878 BGB abschließend vorliegen. Das wird in § 140 Abs 2 jetzt ausdrücklich festgelegt.

8   **2. Ausnahme.** Die im Grundsatz berechtigte Ausklammerung von § 878 BGB aus § 147 geht aber in einem Punkt zu weit. Denn sie schließt eine Anfechtung auch in den Fällen aus, in denen nicht (auch) der Gläubiger, sondern (nur) der Schuldner einen Eintragungsantrag gestellt hat und ein Anwartschaftsrecht zugunsten des Gläubigers daher gar nicht entstanden ist.

9   Eine Anfechtung nach § 140 Abs 2 wäre in diesem Fall nicht möglich: denn er ist von seinem Wortlaut nur auf solche Rechtserwerbe anwendbar, in denen nicht der Schuldner, sondern der Gläubiger („der andere Teil") den Eintragungsantrag vor Verfahrenseröffnung stellt. Bei einer Antragstellung durch den Schuldner griffe daher eigentlich § 140 Abs 1 ein; da der Rechtserwerb erst nach Verfahrenseröffnung (mit Eintragung) vollendet wäre und § 129 Abs 1 nur eine Anfechtung von *vor* Verfahrenseröffnung vorgenommenen Rechtshandlungen gestattet, könnte er nur nach der Ausnahmevorschrift des § 147 anfechtbar sein (**BGH** 9. 1. 1997 ZIP 1997, 423 = KTS 1997, 258 = VIZ 1997, 251 = WiB 1997, 469 [*Scheid/Voigt*] = EWiR § 10 GesO 7/97, 1133 [*Eckardt*] [zu § 10 Abs 3 GesO]). Da § 147 jedoch § 878 BGB nicht erwähnt, scheint diese Rechtshandlung gar nicht anfechtbar zu sein. Damit aber würde ein auf einem (alleinigen) Schuldnerantrag beruhender Rechtserwerb besser behandelt als der auf einem Erwerberantrag beruhende. Das lässt sich nur dadurch erklären, dass der Gesetzgeber bei der bewussten Nicht-Erwähnung von § 878 BGB irrtümlich davon ausging, der Erwerber sei in jedem Falle Inhaber eines Anwartschaftsrechts.

III. Anwendbarkeit auf den Erwerb von Schiffen und Luftfahrzeugen § 147

Dieser dem erklärten Gesetzeszweck des § 147 und des § 140 Abs 2 zuwiderlaufende Wertungswiderspruch lässt sich nur in der Weise lösen, dass § 147 insoweit auch auf die Fälle des § 878 BGB angewandt wird, als der Eintragungsantrag *allein* vom Schuldner gestellt wurde (ebenso *Breutigam/Tanz* ZIP 1998, 717, 721 ff; *Eckardt* EWiR § 10 GesO 7/97, 1133, 1134; *Gottwald/Huber* InsR HdB § 46 Rn 31; HK-*Kreft* § 147 Rn 5; MK/*Kirchhof* § 147 Rn 7). Bedeutung erlangt dies allerdings nur, wenn der Schuldner nicht von der grundsätzlich noch bestehenden (§ 31 GBO) Möglichkeit einer Rücknahme des Antrags Gebrauch macht hat (*Raebel* ZInsO 2002, 954 f). Als Alternative zu dieser berichtigenden Auslegung von § 147 käme auch eine korrigierende Auslegung von § 140 Abs 2 dergestalt in Betracht, dass es dort entgegen dem Wortlaut nicht darauf ankommt, wer den Eintragungsantrag stellt (so *Bork* Einf S 100 f Rn 211; *Häsemeyer* Rn 21.32; *Jauernig/Berger* Zwangsvollstreckungs- und Insolvenzrecht § 51 Rn 33; *Raebel* ZInsO 2002, 954, 956 [für den Fall, dass eine Antragsrücknahme nicht mehr möglich ist]; *Scherer* ZIP 2002, 341, 345 f). Das aber würde dem gesetzgeberischen Konzept der §§ 129 ff widersprechen, den für die Vornahme einer Rechtshandlung maßgeblichen Zeitpunkt im Zweifel nach hinten zu schieben, um die Anfechtungsmöglichkeiten zu erweitern (so vor allem § 140 Abs 1); § 140 Abs 2 bildet eine eng umrissene und damit nicht analogiefähige Ausnahme von diesem Ansatz.

III. Anwendbarkeit auf den Erwerb von Schiffen und Luftfahrzeugen

Für den Erwerb von Rechten an Schiffen und Luftfahrzeugen gelten diese Überlegungen entsprechend, auch in bezug auf die Anfechtungsfestigkeit eines Erwerbs auf der Grundlage eines bindenden Anwartschaftsrechts entsprechend § 878 BGB.

VIERTER TEIL. VERWALTUNG UND VERWERTUNG DER INSOLVENZMASSE

Erster Abschnitt. Sicherung der Insolvenzmasse

§ 148 Übernahme der Insolvenzmasse

(1) Nach der Eröffnung des Insolvenzverfahrens hat der Insolvenzverwalter das gesamte zur Insolvenzmasse gehörende Vermögen sofort in Besitz und Verwaltung zu nehmen.

(2) ¹Der Verwalter kann auf Grund einer vollstreckbaren Ausfertigung des Eröffnungsbeschlusses die Herausgabe der Sachen, die sich im Gewahrsam des Schuldners befinden, im Wege der Zwangsvollstreckung durchsetzen. ²§ 766 der Zivilprozeßordnung gilt mit der Maßgabe, daß an die Stelle des Vollstreckungsgerichts das Insolvenzgericht tritt.

Übersicht

	Rn
I. Allgemeines	1
II. Begriff der Insolvenzmasse	2
1. „Altvermögen" als „Istmasse"	2
2. Neuvermögen des Schuldners	4
III. Die Inbesitznahme der Insolvenzmasse	7
1. Die Pflicht zur sofortigen Besitzergreifung	7
2. Verbot des eigenmächtigen Vorgehens	9
3. Mitwirkungspflichten des Schuldners und der organschaftlichen Vertreter eines Schuldnerunternehmens	10
4. Die Besitzstellung des Insolvenzverwalters	11
5. Besitz eines Dritten	13
6. Insolvenzbeschlag und strafgerichtliche Beschlagnahmeanordnung	15
a) Beschlagnahme nach Verfahrenseröffnung	16
b) Besitz Dritter und Normenkollision	17
c) Beschlagnahme vor Verfahrenseröffnung	18
d) Konkurrenzen	19
e) Steuerliche Beschlagnahme	20
7. Auslandsvermögen des Schuldners	24
8. Besitz bei Verwalterwechsel	27
IV. Herausgabevollstreckung (§ 148 Abs 2)	28
1. Der Eröffnungsbeschluss als Vollstreckungstitel	28
2. Die Herausgabevollstreckung bei beweglichen Sachen	30
3. Die Räumungsvollstreckung	31
4. Rechtsmittel (§ 148 Abs 2 S 2)	34
V. Die Pflicht zur Verwaltung der Insolvenzmasse	35
1. Verwaltungspflicht als Sicherungspflicht	35
2. Versicherungspflicht	36
3. Spezielle Handlungspflichten	37
4. Bankrechtliche Pflichten	38
5. Betriebsstilllegung und Gesellschafterrechte	39
6. Betriebsfortführung im eröffneten Verfahren	40
a) Prognosepflicht	40
b) Unternehmerische Pflichten	41
c) Ständige Prüfung der Fortführungspflicht	42
d) Pflichten gegenüber Sicherungsgläubigern	43
e) Die Fortführung eines Sportvereins	44
f) Die Fortführung einer freiberuflichen Praxis	45

I. Allgemeines

1 Die in § 148 Abs 1 geregelte Pflicht des Insolvenzverwalters, die Gegenstände der Insolvenzmasse (§ 35) in Besitz und Verwaltung zu nehmen, entspricht der früheren Regelung in § 117 Abs 1 KO (vgl auch § 8 Abs 2 GesO). Die Regelung erscheint auf den ersten Blick einfach zu handhaben. Die Praxis sieht jedoch so aus, dass der Insolvenzverwalter zunächst einmal das **gesamte Schuldnervermögen**, die sogen **Ist-Masse**, in Besitz nimmt. Die Ist-Masse ist sodann von ihm zur sogen Soll-Masse (Teilungsmasse) zu bereinigen, was wegen der notwendigen Prüfung idR einige Zeit in Anspruch nimmt. So gehört zB ein unter EV gelieferter Gegenstand nicht zur Insolvenzmasse. Da die Rechtslage aber meist erst auf Grund der Prüfung der Kauf- und Rechnungsunterlagen festgestellt werden kann, hat der Insol-

II. Begriff der Insolvenzmasse

venzverwalter zunächst einmal auch diese Gegenstände in Besitz und Verwaltung zu nehmen. § 148 Abs 1 postuliert also einen Rechtszustand, der in praxi in zwei Stufen verläuft: Zunächst hat der Verwalter die gesamte Ist-Masse in Besitz zu nehmen. Sodann hat er die **Ist-Masse zur Soll-Masse zu berichtigen** mit der Folge, dass die Besitzschutzansprüche und Rechte der §§ 858 ff BGB zB für den EV-Lieferanten nicht eingreifen, denn der Verwalter, der zunächst die Ist-Masse in Besitz nimmt, begeht keine verbotene Eigenmacht iSv § 858 BGB. Auf die bisherige Literatur und Rechtsprechung zu § 117 Abs 1 KO kann auch für das neue Recht zurückgegriffen werden.

II. Begriff der Insolvenzmasse

1. **„Altvermögen" als „Istmasse".** Die Bildung der Teilungsmasse liegt in der Hand des Insolvenzverwalters, der dabei nach eigenem, pflichtgemäßem Ermessen vorzugehen hat. Es hängt nicht von seinem Belieben ab, ob, wann und in welchem Umfang er von dem Vermögen des Schuldners Besitz ergreifen will. Vielmehr ist er verpflichtet, das gesamte dem Insolvenzbeschlag unterliegende, ihm bekannt gewordene Vermögen des Insolvenzschuldners **sofort in Besitz zu nehmen**. Auf die Besitzergreifung solcher Gegenstände darf er verzichten, die für ihn erkennbar nicht massezugehörig sind, für die Masse keinen Wert haben oder die wegen ihrer Belastung mit Absonderungsrechten keinen Überschuss für die Masse versprechen (RGZ 52, 51; RGZ 60, 109; RGZ 79, 29; RGZ 94, 55). Wie bereits oben festgestellt wurde, erfasst der Insolvenzbeschlag zunächst einmal die gesamte **„Ist-Masse"**. Nach zutreffender Feststellung von *Häsemeyer* (InsR Rn 9.06) bezeichnet man die Insolvenzmasse idR der Legaldefinition in den §§ 35, 36 Abs 1 auch als **„Soll-Masse"**, um „deutlich zu machen, dass es sich um einen Rechtsbegriff handelt, der erst noch in die Wirklichkeit umgesetzt werden muss: Durch Sammlung, Sichtung und Feststellung aller Gegenstände oder subjektiven Rechte, welche die Masse ausmachen sollen" (vgl auch *Jaeger/Henckel* § 1 KO Rn 5). Maßgeblich für die Besitzergreifung nach § 148 Abs 1 sind zunächst einmal die **äußeren Vermögens- und Besitzverhältnisse** des Schuldners bzw Schuldnerunternehmens zum Zeitpunkt der Verfahrenseröffnung. Der Schuldner muss jedoch **unmittelbarer Besitzer sein** (§ 854 Abs 1 BGB). Nach zutreffender Feststellung bei K/P/B/*Holzer* (§ 148 Rn 9) genügen mittelbarer Besitz (§ 868 BGB) oder eine Besitzdienerschaft des Schuldners (§ 855 BGB) nicht. Deshalb ist nach zutref Feststellung von *Häsemeyer* (InsR Rn 13.01) der Begriff „Insolvenzmasse" in „einem umfassenden, auf die tatsächlichen Verhältnisse bei Amtsantritt des Verwalters bezogenen Sinne zu verstehen". Man könnte auch von einer **„vorläufigen Insolvenzmasse"** sprechen, die auch ungewisse, jedoch sicherungsbedürftige Rechte einschließt, selbst wenn sie sich im Rahmen der Insolvenzbereinigung als massefremd erweisen sollten. Folge: Der Insolvenzverwalter ist berechtigt, auch solche Gegenstände in Besitz zu nehmen, deren **Massezugehörigkeit zweifelhaft** ist. Handelt es sich dagegen um **erkennbar massefremde Gegenstände**, sollte er diese nur in Besitz nehmen, wenn ein Sicherungsbedürfnis besteht (vgl BGHZ 127, 156, 161; K/P/B/*Holzer* § 148 Rn 9; *Gundlach/Frenzel/Schmidt* NZI 2001, 350, 252; *Jaeger/Weber* § 117 KO Rn 5; BerlKo-*Kießling* § 148 Rn 8). Zu den Massegegenständen gehört auch **ausländisches Schuldnervermögen** (vgl unten zu III. 7 Rn 24–26; *Prütting* ZIP 1996, 1277, 1278; HK-*Irschlinger* § 148 Rn 2). Betreibt der Schuldner ein Handelsunternehmen, so hat der Verwalter das gesamte Unternehmen mit allen Vermögenswerten in Besitz zu nehmen, auch wenn sie nicht der Zwangsvollstreckung unterliegen, wie zB ein Know-how (K/U § 117 K Rn 1; K/P/B/*Holzer* § 148 Rn 4).

Zur Insolvenzmasse **gehören körperliche Gegenstände, Forderungen, Rechte des Schuldners** und **Urkunden**, wie zB Sparkassenbücher, Wertpapiere, Hypotheken-, Grund- und Rentenschuldbriefe, Wechsel und Patentschriften. Urkunden, aus denen der Schuldner keine Rechte mehr herleiten kann, braucht der Verwalter für die Masse nicht in Besitz zu nehmen (*Jaeger/Henckel* § 1 KO Rn 61). Dagegen hat er **Geschäftsbücher** des Schuldners (§ 36 Abs 2 Nr 1) selbst dann in Besitz zu nehmen, wenn sie auf Datenträgern gespeichert sind (K/P/B/*Holzer* § 148 Rn 8; N/R/*Andres* § 148 Rn 13). Bei **Rechten und Forderungen** scheidet eine körperliche Inbesitznahme aus. Diese unterliegen jedoch wie körperliche Gegenstände ebenfalls dem Insolvenzbeschlag (K/P/B/*Lüke* § 35 Rn 81 ff; K/P/B/*Holzer* § 148 Rn 12). Insoweit kann auf die **Kommentierung zu § 35** verwiesen werden. Zu **kapitalersetzenden Gesellschafterdarlehen** s nunmehr § 39 Abs 4. Auch unter **Eigentumsvorbehalt** gelieferte Ware sowie **Kommissionsware** hat der Verwalter in Besitz und Verwaltung zu nehmen. Zum **Herausgabeanspruch des Leasinggebers** nach Vertragskündigung gegen den nicht besitzenden Insolvenzverwalter des Leasingnehmers vgl OLG Frankfurt ZIP 1991, 1505.

2. **Neuvermögen des Schuldners.** Da das Neuvermögen des Schuldners gem § 35 zur Insolvenzmasse gehört, hat der Verwalter dieses mit dem Entstehen in Besitz und Verwaltung zu nehmen (HK-*Kreft* § 148 Rn 5). Ist der Schuldner eine **natürliche Person**, so ist § 114 zu beachten, wonach die Abtretung von Forderungen aus einem Dienstverhältnis nur für eine begrenzte Zeit wirksam ist. Die pfändbaren Bezüge aus dem Dienstverhältnis sind zur Masse zu ziehen. Gleiches gilt für Einkünfte aus freiberuflicher Tätigkeit. Die unpfändbaren Teile der Bezüge sind dem Schuldner zu belassen. Unproblematisch sind im eröffneten Insolvenzverfahren die Zuordnungskriterien bei **Neuerwerb und Surrogation**. Problematisch ist dagegen die Zuordnung von Aktiva und Passiva in den Fällen, in denen der Schuldner trotz eröffneten Insolvenzverfahrens unter neuer Firmenbezeichnung weiterarbeitet und einen neuen

Betrieb aufbaut. Die **Arbeitskraft des Schuldners** wird nach allgemeiner Meinung nicht vom Insolvenzbeschlag erfasst (RGZ 142, 291, 295; *Jaeger/Henckel* § 1 KO Rn 144). Zutreffend weist *Häsemeyer* (InsR Rn 9.25) darauf hin, dass die Einbeziehung des Neuerwerbs das Insolvenzverfahren mit zahlreichen Folgefragen belastet. Wie werden zB Lieferanten geschützt, deren Leistungen unmittelbar in die Insolvenzmasse fließen, obgleich sie sich mit ihren Ansprüchen, da sie nur mit dem Schuldner kontrahiert haben, an das insolvenzfreie nicht der Zwangsvollstreckung unterworfene (§ 89) Schuldnervermögen halten können?

5   Die **Entscheidungsbefugnis über Neuerwerb** liegt grundsätzlich beim Schuldner, vor allem wenn es sich um eine natürliche Person handelt, die über das Restschuldbefreiungsverfahren einen kompletten Schulderlass anstrebt (vgl auch *Windel* KTS 1995, 367, 378 ff; *Häsemeyer* InsR Rn 9.26). Die **Neuregelungen in § 35 Abs 2 u 3 durch das Gesetz zur Vereinfachung des Insolvenzverfahrens v 13. 4. 2007** (BGBl 2007, I 509) haben insoweit für den Schuldner eine Erleichterung gebracht. Hieran schließt sich die weitere Frage an, ob der Schuldner mit der Eingehung neuer Verbindlichkeiten und dem Abschluss neuer Geschäfte die Masse mit Verbindlichkeiten, vor allem auch Umsatzsteuerforderungen, belasten kann. Nimmt der Verwalter eine Sache nur in Besitz, um ihre Massezugehörigkeit und Verwertbarkeit zu überprüfen, hat der Verwalter trotzdem **vertragliche Erhaltungspflichten** und die **allgemeine Verkehrssicherungspflicht** zu erfüllen (BGHZ 150, 305 = ZIP 2002, 1043, 1045). Soweit das öffentliche Ordnungsrecht die **Verantwortlichkeit** an die **tatsächliche Gewalt** oder **tatsächliche Sachherrschaft** knüpft, wie etwa § 4 Abs 3 S 1 BBodSchG, wird der Verwalter bereits **mit der Besitzergreifung ordnungspflichtig**, selbst wenn diese nur der Sicherung dient (BVerwG ZIP 2004, 2145, 2147; *MüKo-Füchsl/Weishäupl* § 148 Rn 12). Das Problem kann mit der sofortigen Freigabe des Gegenstandes aus der Masse nicht gelöst werden, da ohnehin umstritten ist, ob sich der Verwalter durch eine solche Freigabe den verwaltungsrechtlichen Pflichten entziehen kann (vgl BVerwG v 5. 10. 2005, ZInsO 2006, 495; BVerwG v 23. 9. 2004, ZIP 2004, 1206 = ZInsO 2004, 1206, dazu *Nickert/Nickert* InsBüro 2004, 355; BayVGH v 4. 5. 2005, ZInsO 2006, 496; Freigabe bis zur Bestandskraft des Verwaltungsaktes BVerwG ZIP 2004, 2145, 2147 ff). Richtig ist, dass der Schuldner die Masse nur insoweit verpflichten kann, als der Insolvenzverwalter punktuell dem Geschäft zustimmt (*Windel* KTS 1995, 367, 397). Im Fall des Grundstückserwerbs durch den Schuldner wird aber das Grundstück automatisch Teil der Insolvenzmasse iSv § 35.

6   In der Literatur wird dem Verwalter teilweise die Kompetenz zuerkannt, den **Erwerb mit Wirkung für die Masse** entsprechend § 333 BGB mit Wirkung ex tunc zurückzuweisen (so *Windel* KTS 1995, 367, 405; *Häsemeyer* InsR Rn 9.26). Die Folge wäre, dass zB das vom Schuldner erworbene belastete Grundstück niemals in die Insolvenzmasse gelangt ist. Erhält der Schuldner Ersatz für den Entzug oder die Beschädigung eines ihm gehörenden Gegenstandes, so fällt sowohl der Anspruch als auch der Ersatz als solcher als Neuvermögen gem § 35 in die Insolvenzmasse. Erbringt ein Dritter Leistungen, die mit der Erbringung in die Insolvenzmasse fallen, erscheint es unbillig, den Leistenden auf das insolvenzfreie Schuldnervermögen zu verweisen. Die frühere Streitfrage, ob die durch eine weitere Betätigung des Schuldners anfallende **Umsatzsteuer** zu den Masseverbindlichkeiten iSv § 55 Abs 1 zählt, ist inzwischen in verneinendem Sinne entschieden (BFH v 7. 4. 2005, ZIP 2005, 1376 = ZInsO 2005, 774 m Anm *Schmittmann*; ebenso FG Thüringen ZInsO 2004, 392 m Anm *Alter*).

III. Die Inbesitznahme der Insolvenzmasse

7   **1. Die Pflicht zur sofortigen Besitzergreifung.** Der Insolvenzverwalter ist verpflichtet, nach Eröffnung des Verfahrens das gesamte zur Insolvenzmasse (§ 35) gehörige Schuldnervermögen **sofort** in Besitz und Verwaltung zu nehmen (BGH v 4. 6. 1996, ZIP 1996, 1307; K/P/B/*Holzer* § 148 Rn 5; *Häsemeyer* InsR Rn 13.01; BerlKo-*Kießling* § 148 Rn 10; MüKo-*Füchsl/Weishäupl* § 148 Rn 24). Der Insolvenzverwalter hat bei Vermeidung seiner Haftung nach § 60 seine Befugnisse, die ihm § 80 Abs 1 einräumt, sofort in die Tat umzusetzen, um eine Minderung der Haftungsmasse durch Handlungen des Schuldners oder der Gläubiger zu verhindern. Auch die Einziehung und notfalls gerichtliche Durchsetzung von **Forderungen** gehört zu den insolvenzspezifischen Pflichten des Insolvenzverwalters. Dies gilt jedenfalls dann, wenn die Prozessführung hinreichende Erfolgsaussichten hat, wirtschaftlich vertretbar ist und eine Vollstreckung nicht ausgeschlossen erscheint (*Bork* ZIP 2005, 1120). An Sachen (§ 90 BGB) hat er sich die tatsächliche Gewalt zu verschaffen (§ 854 BGB). Die Inbesitznahme erfordert **nicht erst eine gründliche Prüfung** der Zugehörigkeit der Sachen zur Insolvenzmasse (Soll-Masse). Vielmehr erlaubt schon der unmittelbare Besitz des Schuldners den Zugriff durch den Insolvenzverwalter (*Häsemeyer* InsR Rn 13.02). Der Verwalter ist nicht nur berechtigt, sondern verpflichtet, auch solche Sachen in Besitz zu nehmen, deren **Massezugehörigkeit zweifelhaft** ist. In der Literatur (vgl *Jaeger/Weber* § 117 KO Rn 5) wird teilweise die Auffassung vertreten, dass gegen eine Inbesitznahme spricht, wenn es sich um offenbar massefremde Sachen handelt und die Inbesitznahme mit den Kosten einer Aussonderung belastet werden könnte (so auch *Häsemeyer* InsR Rn 13.02). Dem ist entgegenzuhalten, dass der Insolvenzverwalter vor allem bei Betriebsfortführung verpflichtet ist, zunächst einmal sämtliche Sachen, die sich im Besitz des Schuldners befinden, in Besitz zu nehmen. Die Herausgabe ist später eine Sache der Bereinigung der Ist-Masse zur Soll-Masse. Handelt es sich um **aussonderungsfähige Gegenstände**, so greift eine

III. Die Inbesitznahme der Insolvenzmasse § 148

persönliche Haftung nach § 60 ein, wenn der Verwalter nicht wenigstens für die **Sicherstellung des aussonderungsfähigen Guts** sorgt (*Häsemeyer* InsR Rn 13.02; str aA FK-*Wegener* § 148 Rn 4; MüKo-*Füchsl/Weishäupl* § 148 Rn 12; s auch **OLG** Hamburg ZIP 1996, 386; *Barnert* KTS 2005, 413, 434 ff). Eine Ausnahme gilt jedoch, wenn der Verwalter den aussonderungsberechtigten Gläubiger auffordert, die Sachen abzuholen, und dieser der Aufforderung nicht oder nur mit erheblicher Verzögerung nachkommt. Jedenfalls t ist davon auszugehen, dass der Insolvenzverwalter auch Gegenstände, die der **Aussonderung** unterliegen (§ 47), zunächst einmal in Besitz zu nehmen hat, wie sich auch aus der Regelung in § 107 Abs 2 ergibt.

Unterlässt es der Verwalter, werthaltige **Gegenstände in Besitz zu nehmen**, obgleich diese erkennbar unter den Begriff der Insolvenzmasse (§ 35) fallen, macht er sich bei Verschulden **schadenersatzpflichtig** nach § 60 Abs 1 S 1 (K/P/B/*Holzer* § 148 Rn 5). Das gilt auch für die Sicherstellung aussonderungsfähiger Gegenstände (*Häsemeyer* InsR Rn 13.02). Gleiches gilt, wenn er die Masse **nicht rechtzeitig** in Besitz nimmt. **Rechte**, insbesondere Forderungen, beschränkte dingliche Rechte oder Immaterialgüterrechte sind durch geeignete Maßnahmen zu schützen, so hat er zB die über Rechte ausgestellten **Urkunden** sofort in Besitz zu nehmen (N/R/*Andres* § 148 Rn 11; K/P/B/*Holzer* § 148 Rn 8; zur Einbeziehung von Forderungen s *Bork* ZIP 2005, 1120; FK-*Wegener* § 148 Rn 4 a). Das gilt auch für Legitimationspapiere, wie zB Sparbücher und Grundpfandrechte, sowie für Geschäftsbücher des Schuldners (§ 36 Abs 2 Nr 1). Um eine sofortige Inbesitznahme zu ermöglichen, sollte das Gericht den Verwalter von der Verfahrenseröffnung telefonisch unterrichten und ihm den Eröffnungsbeschluss per Fax übermitteln (K/P/B/*Holzer* § 148 Rn 7). Die Pflicht zur sofortigen Besitzergreifung erstreckt sich auf das gesamte dem Insolvenzbeschlag unterliegende Schuldnervermögen, also auch auf **Neuvermögen des Schuldners bzw Schuldnerunternehmens**. Vor allem wenn ein Schuldnerunternehmen fortgeführt wird, hat der Verwalter an den neu erworbenen Gegenständen des Anlage- und Umlaufvermögens des Schuldnerunternehmens Besitz zu ergreifen. Lediglich im Rahmen der **Eigenverwaltung** behält der Schuldner bzw das Schuldnerunternehmen den Besitz und geht dieser nicht etwa auf den Sachwalter über.

2. Verbot des eigenmächtigen Vorgehens. Eigenmächtiges Vorgehen hinsichtlich der Inbesitznahme ist dem Insolvenzverwalter nicht gestattet. Er übt daher verbotene Eigenmacht (§ 858 Abs 1 BGB) aus, wenn er dem Schuldner bzw Schuldnerunternehmen den Besitz wider dessen Willen gewaltsam entzieht. Dem kann sich der Schuldner mit Gewalt widersetzen (§ 859 Abs 1 BGB). **Gewaltanwendung** durch den Insolvenzverwalter ist also nicht gestattet. Vielmehr hat sich der Verwalter den Besitz auf Grund der gesetzlichen Möglichkeiten der Vollstreckung zu verschaffen. § 148 Abs 1 gestattet keine eigenmächtige Besitzergreifung (*Jaeger/Weber* § 117 KO Rn 12; K/P/B/*Holzer* § 148 Rn 10).

3. Mitwirkungspflichten des Schuldners und der organschaftlichen Vertreter eines Schuldnerunternehmens. Auch im Rahmen der Besitzergreifung spielt die in § 97 Abs 2 festgelegte Mitwirkungspflicht des Schuldners vor allem bei **Auslandsvermögens** eine große Rolle, sofern dieses nach dem dortigen Recht der Zwangsvollstreckung unterliegt (*Braun/Dithmar* § 148 Rn 4; HK-*Depré* § 148 Rn 2; BerlKo-*Kießling* § 148 Rn 84–86). Wichtig ist vor allem auch die **Auskunftspflicht des Schuldners** oder seiner organschaftlichen Vertreter nach § 97 Abs 1 S 1, denn die Inbesitznahme ausländischen Schuldnervermögens setzt zunächst einmal voraus, dass der Verwalter Kenntnis davon erhält, wo sich ausländisches Schuldnervermögen befindet. Die Mitwirkung des Schuldners und seiner organschaftlichen Vertreter bei der Inbesitznahme ausländischen und inländischen Vermögens kann mit den **Zwangsmaßnahmen** des § 98 Abs 2 durchgesetzt werden (vgl auch N/R/*Andres* § 148 Rn 20). Die Mitwirkungspflicht umfasst auch die Verpflichtung, dem Verwalter gegebenenfalls **Vollmacht zu erteilen**, die ihn berechtigt, ausländisches Schuldnervermögen in Besitz zu nehmen. Die Grundsätze für die Vollmachterteilung und Verwertung von Auslandsvermögen gelten insoweit entsprechend (vgl auch BGHZ 68, 16 = NJW 1977, 900 = KTS 1977, 171; **OLG** Koblenz ZIP 1993, 844; **OLG** Köln ZIP 1986, 658 = WM 1986, 682; *Hanisch* ZIP 1980, 170 ff; *ders* ZIP 1983, 1289, 1295; *Merz* ZIP 1983, 136, 139; N/R/*Andres* § 148 Rn 20, 21; K/P/B/*Lüke* § 97 Rn 9; HK-*Kreft* § 148 Rn 2). Hiergegen bestehen keine verfassungsrechtlichen Bedenken (**BVerfG** ZIP 1986, 1336). Zur Regelung in Art 18 Abs 152 EuInsVO s MüKo-*Füchsl/Weishäupl* § 148 Rn 23.

4. Die Besitzstellung des Insolvenzverwalters. Durch die Besitzergreifung erlangt der Insolvenzverwalter nach hM den **unmittelbaren Besitz** an der Insolvenzmasse als **Fremdbesitz** iSv § 868 BGB (**BVerwG** NJW 1962, 979; *Jaeger/Henckel* § 6 KO Rn 47; BerlKo-*Kießling* § 148 Rn 14; *Jaeger/Weber* § 117 KO Rn 6; K/P/B/*Holzer* § 148 Rn 11). Der Insolvenzschuldner ist dagegen **mittelbarer Eigenbesitzer** (*Jaeger/Henckel* § 6 KO Rn 47; *Kilger/K. Schmidt* § 117 KO Anm 3; K/P/B/*Holzer* § 148 Rn 11). Dem Insolvenzverwalter stehen demgemäß die **Besitzschutzrechte** nach §§ 859 ff, 1007 BGB zu (BerlKo-*Kießling* § 148 Rn 18; *Kilger/K. Schmidt* § 117 KO Anm 5).

Vertraut der Insolvenzverwalter dem Schuldner **Sachen** an, die zur Insolvenzmasse (§ 35) gehören, so ändert sich am unmittelbaren Besitz des Verwalters nichts. Der Schuldner übt dann nur gleich einem Besitzdiener, den den Anweisungen des Besitzers Folge zu leisten hat (§ 855 BGB), die tatsächliche Gewalt für den Insolvenzverwalter aus (N/R/*Andres* § 148 Rn 31; HaKo-*Jarchow* § 148 Rn 14; *Hess*

§ 148 Rn 21; *Smid* § 148 Rn 7; BerlKo-*Kießling* § 148 Rn 22). Zum Eigenbesitz als Voraussetzung eines gutgläubigen Rechtserwerbs vgl *Jaeger/Henckel* § 6 KO Rn 48; BerlKo-*Kießling* § 148 Rn 22. **Hinterlegt der Verwalter** für Rechnung der Insolvenzmasse **Wertpapiere** bei einem Kreditinstitut, so ist dieses unmittelbarer Besitzer. Es übt den Besitz unmittelbar für den Insolvenzschuldner aus (§ 868 BGB). Doch stehen dem Insolvenzverwalter gem § 80 Abs 1 die sich aus dem mittelbaren Besitz des Insolvenzschuldners ergebenden Rechte zu (*Kilger/K. Schmidt* § 117 KO Anm 3). Der durch den Eigenbesitz des Insolvenzschuldners vermittelte Rechtserwerb nach den Vorschriften der §§ 900, 927, 937 ff, 955 ff BGB fließt unmittelbar in die Insolvenzmasse (*Jaeger/Weber* § 117 KO Rn 11; *Kilger/K. Schmidt* § 117 KO Anm 3; vgl auch N/R/*Andres* § 148 Rn 32). Gleiches gilt für einen **Neuerwerb** des Schuldners, der gem § 35 ebenfalls in die Insolvenzmasse fällt und eine entsprechende Besitzstellung des Verwalters begründet (N/R/*Andres* § 148 Rn 32). Belässt der Insolvenzverwalter einzelne Vermögensgegenstände, wie zB Wohnungseinrichtungsgegenstände, die der Zwangsvollstreckung unterliegen, weiter in der **gemeinsamen Wohnung des Schuldners und seines Ehegatten**, so üben beide Ehepartner gemeinsam den Besitz aus. Zutreffend weisen jedoch N/R/*Andres* (§ 148 Rn 33) darauf hin, dass die Vermutung des § 1362 Abs 1 BGB auch für den Fall eingreift, dass Gläubiger der Ehefrau des Schuldners aus einem gegen die Ehefrau gerichteten Titel vollstrecken. Dem Verwalter steht solchenfalls nur die **Widerspruchsklage** nach § 771 ZPO zu, wenn nicht das Fehlen der Voraussetzungen des § 739 ZPO gerügt wird (vgl **LG Münster** DGVZ 1978, 136; N/R/*Andres* § 148 Rn 33). Deshalb wird in der Literatur im Hinblick auf die Folgen des § 1362 Abs 1 BGB dem Verwalter angeraten, sofern ihm eine Verschuldung des anderen Ehegatten bekannt ist, in Ausübung seiner Befugnisse nach den §§ 80 Abs 1, 148 Abs 1 die Gegenstände in Alleinbesitz zu nehmen (vgl auch **LG Frankenthal** MDR 1985, 64; N/R/*Andres* § 148 Rn 33). Die Vorschriften der §§ 1362 BGB, 739 ZPO gelten nunmehr auch für die Partner einer **eingetragenen Lebensgemeinschaft** (§ 8 Abs 1 S 1, 2 LPartG), aber nicht für sonstige nichteheliche Lebensgemeinschaften (**BGH** v 14. 12. 2006, ZIP 2007, 352; EWiR 2007, 171 [*Ahrens*]). **Forderungen** gehen nicht erst mit Anzeige gegenüber dem Drittschuldner in den Besitz des Verwalters über (so aber FK-*Wegener* § 148 Rn 4 a), sondern automatisch mit Verfahrenseröffnung nach § 80 Abs 1.

13   **5. Besitz eines Dritten.** Oftmals befinden sich Gegenstände, die zur Insolvenzmasse (§ 35) gehören, im Besitz eines Dritten. Weigert sich der Dritte, die Gegenstände zur Masse herauszugeben, ist der **Verwalter auf den Weg der Klage angewiesen**, da der Eröffnungsbeschluss Dritten gegenüber keinen zur Wegnahme im Zwangsvollstreckungswege geeigneten Titel bildet (**OLG Düsseldorf** v 3. 6. 1965, NJW 1965, 2409; **OLG Düsseldorf** ZIP 1982, 471 = KTS 1983, 145; *Hess* § 148 Rn 20; N/R/*Andres* § 148 Rn 24). Hiervon zu unterscheiden sind Fälle, in denen der Dritte gesetzlicher Vertreter oder ein Besitzdiener des Schuldners bzw Schuldnerunternehmens ist. Einem **Steuerberater** oder einer Stelle, die mit der Verbuchung der Geschäftsvorfälle beim Schuldner beauftragt ist, zB DATEV-Stelle, steht hinsichtlich der zur Buchhaltung gehörenden Geschäftsunterlagen wegen rückständiger Vergütungsansprüche aus dem Vertragsverhältnis **kein Zurückbehaltungsrecht gegenüber dem Insolvenzverwalter** zu, denn die Unterlagen sind nicht selbst Gegenstand des Geschäftsbesorgungsvertrages gewesen, der mit der Verfahrenseröffnung gem § 116 erloschen ist (**OLG Stuttgart** v 1. 12. 1981, ZIP 1982, 80, 81; **OLG Düsseldorf** v 27. 1. 1977, NJW 1977, 1201; **OLG Düsseldorf** ZIP 1982, 303, 306; **OLG Düsseldorf** ZIP 1982, 471; **LG Düsseldorf** ZIP 1982, 303, 306; **LG Köln** NZI 2004, 671). Danach kann an **Geschäftsunterlagen**, die sich bei einem **Steuerberater, Rechtsanwalt, Wirtschaftsprüfer**, vereidigten Buchprüfer oder Buchhalter befinden, **kein Zurückbehaltungsrecht** geltend gemacht werden (vgl auch **OLG Hamburg** ZInsO 2005, 550; FK-*Wegener* § 148 Rn 17; *Hess* § 148 Rn 17; N/R/*Andres* § 148 Rn 25, 26). Ein Anspruch des Insolvenzverwalters gegen einen **Steuerberater** des Schuldnerunternehmens auf Herausgabe der **Hauptabschlussübersicht** besteht dagegen nicht. Insoweit handelt es sich um das **Ergebnis originärer Steuerberatertätigkeit** (**BGH** NJW 1989, 1216 = ZIP 1988, 1474; *Schroer* Teil II INF 14/ 2001, 438, 440). Weigert sich ein Steuerberater, die DATEV-Buchhaltungsausdrucke an den Verwalter herauszugeben, so kann er hierzu im Wege der **einstweiligen Verfügung** nach § 940 ZPO gezwungen werden (**OLG Düsseldorf** ZIP 1982, 471 = KTS 1983, 145; **OLG Hamm** v 4. 8. 1987, ZIP 1987, 1330; **LG Essen** ZIP 1996, 1878, differenzierend *Schroer* INF 2001, 404 ff u 438 ff). Bestehen die Geschäftsbücher aus verschiedenen Einzelteilen, zB Journalabrechnungen, Summen- und Saldenlisten oder Kontoblättern, und wird an Einzelteilen **Eigentumsvorbehalt** geltend gemacht, steht dies der Inbesitznahme der Bücher durch den Insolvenzverwalter im Hinblick auf § 93 BGB nicht entgegen (**KG** KTS 1973, 70; N/R/*Andres* § 148 Rn 25). Das **Zurückbehaltungsrecht des § 273** hat grundsätzlich im Insolvenzverfahren **keinen Bestand** (**BGH** v 20. 1. 1965, WM 1965, 408, 409; **BGH** ZIP 1995, 225, 227; *Kilger/K. Schmidt* § 49 KO Anm 8; *Gottwald/Gottwald* InsRHdb § 42 Rn 51). Auch ein **vertraglich vereinbartes Zurückbehaltungsrecht** gewährt kein Absonderungsrecht nach § 51 Nr 2 (RGZ 77, 436; FK-*Joneleit/Imberger* § 51 Rn 29; *Hess* § 51 Rn 36; *Gottwald/Gottwald* InsRHdb § 42 Rn 49). Der Insolvenzverwalter ist deshalb nach § 148 Abs 1 S 1 verpflichtet, alle Gegenstände zur Masse zu ziehen, an denen ein Zurückbehaltungsrecht bestand, das mit der Verfahrenseröffnung hinfällig geworden ist (**BGH** WM 1965, 408, 410 f = KTS 1965, 155; *Gottwald/Gottwald* InsRHdb § 42 Rn 48). Der **Rechtsanwalt kann seine Handakten** nicht etwa wegen rückständiger Gebühren und Auslagen gegenüber dem Insolvenzverwalter über das Vermögen seines Auftraggebers zurückbehalten, denn das Zu-

rückbehaltungsrecht greift allenfalls für **Arbeitsergebnisse** ein, nicht dagegen für Mandantenunterlagen (**BGH** ZIP 1990, 48; **AG** München v 28. 2. 1969, KTS 1969, 190; N/R/*Andres* § 148 Rn 24; *Gottwald/ Gottwald* InsRHdb § 42 Rn 51). Ein **Steuerberater** hat kein Zurückbehaltungsrecht wegen seines Honorars an Buchhaltungsunterlagen oder Computerlisten, die er mittels EDV erstellt hat (**OLG** Düsseldorf ZIP 1982, 471; **OLG** Stuttgart ZIP 1982, 80; **LG** Cottbus ZInsO 2002, 635; **LG** Essen ZIP 1996, 1878; *Hess* § 51 Rn 37; *Gottwald/Gottwald* InsRHdb § 42 Rn 51). Auch auf Festplatte oder Disketten gespeicherte Daten hat er herauszugeben bzw in ihre Übertragung an den Insolvenzverwalter einzuwilligen (*Gottwald/Gottwald* InsRHdb § 42 Rn 51; MüKo-*Füchsl/Weishäupl* § 148 Rn 16).

Etwas anderes gilt für **Zurückbehaltungsrechte wegen nützlicher Verwendung** auf die zurückbehaltene Sache, die ein Absonderungsrecht nach § 51 Nr 2 begründen. Das Zurückbehaltungsrecht nach § 273 Abs 1 BGB begründet als persönliches Recht weder ein Absonderungs- noch ein Aussonderungsrecht. Ein solches kann auch nicht durch Vereinbarung zwischen Kreditgeber und Schuldner an dessen Geschäftsunterlagen begründet werden (*Gottwald/Gottwald* InsRHdb § 42 Rn 51; MüKo-*Ganter* § 51 Rn 242). **Kaufmännische Zurückbehaltungsrechte** nach den §§ 369–372 HGB sind durch § 51 Nr 3 Pfandrechten gleichgestellt. Festzustellen ist, dass ein **Zurückbehaltungsrecht gegenüber dem Insolvenzverwalter** allenfalls in den Fällen besteht, in denen der Rechtsanwalt, Steuerberater, vereidigte Buchprüfer oder Buchhalter eine **originäre eigene Leistung** für den Insolvenzschuldner erbracht haben, wie zB die **Erstellung einer Bilanz**. In einem solchen Fall sind herauszugeben allenfalls die Unterlagen, die zur Erstellung der Bilanz erforderlich waren, nicht dagegen die Bilanz selbst. Im Übrigen stellt das Zurückbehaltungsrecht ein **Zwangsmittel zur Durchsetzung einer eigenen Forderung dar**, das im Insolvenzverfahren nach Auffassung des BGH grundsätzlich nicht zugelassen werden kann (**BGH** v 15. 12. 1994, ZIP 1995, 225, 227; *Huber* BB 1964, 731, 733; *Henckel* ZZP 99 [1986], 419, 424). 14

6. Insolvenzbeschlag und strafgerichtliche Beschlagnahmeanordnung. Oftmals trifft der Insolvenzbeschlag vor allem der Geschäftsbücher und des Besitzrechtes des Insolvenzverwalters nach § 148 Abs 1 zusammen mit der **Beschlagnahme nach § 98 StPO**, wenn zB der Verdacht strafbarer Handlungen, wie zB des Bankrotts nach den §§ 283, 283a StGB oder strafbarer Handlungen nach §§ 15a InsO, 84 GmbHG, besteht (vgl *Uhlenbruck* KTS 1967, 9 ff; N/R/*Andres* § 148 Rn 27). Im Extremfall wäre es möglich, dass eine strafrichterliche Beschlagnahmeanordnung nach § 98 StPO im Steuerstrafverfahren und auf Antrag der zuständigen Staatsanwaltschaft durch das Gericht erfolgt. Die Rechte und Pflichten der Beteiligten richten sich insoweit nach der StPO bzw nach § 393 Abs 1 S 1 AO. Mit der Insolvenzeröffnung verlangt der Insolvenzverwalter die Herausgabe der Geschäftsbücher und sonstigen Unterlagen, die nach § 98 StPO beschlagnahmt worden sind. Es stellt sich in diesem Fall die Frage, ob der Insolvenzverwalter die Herausgabe von der StA verlangen kann. Zu den **Konkurrenzproblemen** werden in der Literatur **unterschiedliche Auffassungen** vertreten (vgl hierzu den Überblick bei *Haarmeyer*, Beschlagnahme S 11 ff Rn 20 ff; *Breuer* KTS 1995, 1 ff; *Kilger* FS Merz S 254, 281; *Schäfer* KTS 1991, 23, 27; SK-*Rudolphi* § 94 StPO Rn 21; *Bittmann* Insolvenzstrafrecht § 1 Rn 265 ff). Auch die Rechtsprechung ist uneinheitlich (**OLG** Stuttgart wistra 1984, 240, 241; **OLG** Koblenz NJW 1985, 2038; **VG** Berlin ZIP 1993, 469). Es geht letztlich um die Frage, wem das **Besitzrecht an den beschlagnahmten Schuldnerunterlagen** zusteht, wenn über das Vermögen des Schuldners bzw Schuldnerunternehmens das Insolvenzverfahren eröffnet wird. 15

Im Einzelnen ist zu unterscheiden: a) Beschlagnahme nach Verfahrenseröffnung. Ist der Besitz zum Zeitpunkt der Beschlagnahme bereits auf den Insolvenzverwalter nach § 148 Abs 1 übergegangen, so hat das **Besitzrecht des Insolvenzverwalters absoluten Vorrang** vor dem Sicherungsinteresse der Strafverfolgungsbehörden (**LG** Potsdam ZInsO 2007, 1162, 1163 m Anm *Brüsseler*; *Haarmeyer* Beschlagnahme Rn 248 ff; N/R/*Andres* § 148 Rn 27; str aA **OLG** Stuttgart wistra 1984, 240; MüKo-*Füchsl/Weishäupl* § 148 Rn 14; *Bittmann* wistra 2001, 175 ff; ders Insolvenzstrafrecht § 1 Rn 265 ff; *Schäfer* KTS 1991, 23, 27; *Meyer-Goßner* § 94 StPO Rn 20; *Tröndle/Fischer* § 94 StPO Rn 12; SK-*Rudolphi* § 93 StPO Rn 21 ff; vgl auch *Schäfer* wistra 1985, 209). Nach zutr Feststellung des **LG** Düsseldorf v 22. 5. 2001 (NZI 2001, 488) handelt es sich bei der Beschlagnahme einer beweglichen Sache um ein **relatives Veräußerungsverbot zugunsten des Staates** (§ 136 BGB), das nach § 80 Abs 2 S 1 im Insolvenzverfahren keine Wirkung hat. Der Insolvenzverwalter kann wegen des absoluten Vorrangs der Insolvenzabwicklung die Herausgabe der in seinem Besitz befindlichen Unterlagen verweigern. Die Ermittlungen der Strafverfolgungsbehörde werden auch hierdurch nicht ungebührlich beeinträchtigt, weil die StA berechtigt ist, zum Zwecke der Aufklärung von Straftatbeständen **Ablichtungen von Geschäftsbüchern und sonstigen Unterlagen** des Schuldners – wenn auch auf ihre Kosten – zu verlangen oder **Einsicht in die Geschäftsunterlagen** zu nehmen (str aA **OLG** Stuttgart wistra 1984, 240; *Schäfer* KTS 1991, 23, 27). Weigert sich der Insolvenzverwalter unberechtigt, Ablichtungen oder eine Einsichtnahme durch die Strafverfolgungsbehörden zuzulassen, so besteht die Möglichkeit, ihn über das Insolvenzgericht im Aufsichtswege nach § 58 hierzu anzuhalten. Die Beschlagnahme nach § 94 Abs 1 StPO als Sonderform der Sicherstellung ist eine staatliche Zwangsmaßnahme zu Erlangung und Sicherung von Beweisen. Ihr Zweck ist es, den Beweisgegenstand für die Prüfung der strafbaren Handlung und im Prozess für die Beweisführung vorsorglich in amtlichen Gewahrsam zu nehmen, um eine Beweisvereitelung zu verhindern und die Verfahrensdurchführung zu sichern. Die Maßnahmen nach § 94 StPO ein- 16 schließlich der Editionspflicht nach § 95 Abs 1 StPO müssen dem Zweck einer **erlaubten Beweisführung** dienen und unterstehen wie jede Ermittlungstätigkeit der Strafverfolgungsbehörde dem Grundsatz der **Verhältnismäßigkeit der Mittel** (*Haarmeyer* Beschlagnahme Rn 219).

17 b) **Besitz Dritter und Normenkollision.** Handelt es sich um Gegenstände, die im Besitz Dritter stehen, ist eine strafprozessuale Beschlagnahme unzulässig, wenn sich die Ermittlungen gegen den Schuldner bzw das Schuldnerunternehmen richten. Handelt es sich um Sachen, die der Insolvenzverwalter aus der **Insolvenzmasse freigegeben** hat, stünde einer Beschlagnahme nach § 94 StPO nichts entgegen. Jedoch sind die freigegebenen Gegenstände meist für die Strafverfolgungsbehörden ohne Interesse. Gegen den Insolvenzverwalter sind weder Sanktionen nach § 95 Abs 2 StPO möglich noch kann eine Durchsuchung nach § 103 StPO angeordnet werden, wenn sich die Geschäftsunterlagen des Schuldners bzw Schuldnerunternehmens im Verwalterbüro befinden (str aA LG Ulm NJW 2007, 2056; LG Potsdam ZInsO 2007, 1162 m Anm *Brüsseler*). Bei der **Kollision von Normen des Insolvenzrechts** mit denen des allgemeinen Rechts gehen die Normen des Insolvenzrechts als speziellere denen des allgemeinen Rechts vor (*Haarmeyer*, Beschlagnahme Rn 396; N/R/*Andres* § 148 Rn 27). Eine hoheitliche Vollstreckung in das insolvenzbefangene Schuldnervermögen kommt für die Dauer des Insolvenzverfahrens nicht in Betracht. Die §§ 94, 95 StPO finden gegenüber dem Insolvenzverwalter, der das Schuldnervermögen nach § 148 in Besitz genommen hat, keine Anwendung, weil durch diese Art amtlicher Verwahrung der Sicherungszweck der §§ 94, 95 StPO bereits erfüllt ist. Weigert sich der Insolvenzverwalter, Geschäftsunterlagen des Schuldners an die StA herauszugeben, so ist die **Weigerung der Herausgabe** durch das **Beschlagnahmeverbot gerechtfertigt**. § 95 StPO findet keine Anwendung, so dass bei Weigerung der Herausgabe durch den Insolvenzverwalter Zwangsmaßnahmen gegen ihn unzulässig sind, weil er nach § 148 Abs 1 zum Besitz berechtigt ist, seine Weigerung also rechtmäßig ist. Insoweit fehlt es bereits an den rechtlichen Voraussetzungen für die Anordnung von Zwangsmaßnahmen zur Durchsetzung strafprozessualer Maßnahmen (vgl auch *Haarmeyer*, Beschlagnahme Rn 269 S 144).

18 c) **Beschlagnahme vor Verfahrenseröffnung.** Waren die Geschäftsunterlagen des Schuldners bzw Schuldnerunternehmens bereits **vor Insolvenzeröffnung beschlagnahmt** worden, so ist der Insolvenzverwalter wegen des absoluten Vorrangs der Insolvenzabwicklung vor dem strafrechtlichen Sicherungsbedürfnis berechtigt, von der Strafverfolgungsbehörde die **Aufhebung der Beschlagnahmeanordnung** und die **Herausgabe der beschlagnahmten Unterlagen** zu verlangen (einschränkend MüKo-*Füchsl/Weishäupl* § 148 Rn 14; str aA *Bittmann* wistra 2001, 175 ff; *Bittmann* Insolvenzstrafrecht § 1 Rn 268; BerlKo-*Kießling* § 148 Rn 20). Durch die Eröffnung des Insolvenzverfahrens wird das gesamte zur Insolvenzmasse (§ 35) gehörende Schuldnervermögen einschließlich der Geschäftsunterlagen beschlagnahmt. Zutreffend der Hinweis von *Breuer* (KTS 1995, 1, 6), dass der Insolvenzbeschlag gegenüber den strafprozessualen Beschlagnahmen umfassender ist. Da nach § 148 Abs 1 der Insolvenzverwalter verpflichtet ist, sich den Besitz an den Geschäftsunterlagen des Insolvenzschuldners zu verschaffen, entfällt mit der Verfahrenseröffnung gleichzeitig auch das für eine strafprozessuale Beschlagnahme erforderliche Sicherungsbedürfnis. Im Übrigen geht das **insolvenzrechtliche Verteilungsverfahren** der verteilungsmäßigen Rangfolge der StPO (§§ 111g, 111h StPO) ebenso vor wie das insolvenzrechtliche Verwertungsrecht nach § 159 InsO einer Notveräußerung beschlagnahmter Gegenstände nach § 111l StPO. Hat der Verletzte gegen den Beschuldigten einen Titel erwirkt, kann er beim Richter, der für die Beschlagnahme zuständig war, nach § 111g Abs 2 S 1 StPO beantragen, die Zwangsvollstreckung oder Arrestvollziehung in die sichergestellten Vermögenswerte zuzulassen, wenn er glaubhaft machen kann, dass der Anspruch aus der Straftat erwachsen ist (§ 111g Abs 2 S 3 StPO). Einer gerichtlichen Zulassung der Zwangsvollstreckung steht im eröffneten Insolvenzverfahren aber das Vollstreckungsverbot des § 89 entgegen. **Zurückgewinnungshilfen** nach § 111g StPO unterliegen aber als Maßnahmen der Einzelzwangsvollstreckung dem Vollstreckungsverbot nach § 89 (LG Köln v 21. 2. 2006, ZIP 2006, 2059; AG Moers v 14. 11. 2001 ZInsO 2001, 1118).

19 d) **Konkurrenzen.** Die Frage nach den **Ausschüttungskonkurrenzen** ist dahingehend zu beantworten, dass einer Pfändung nach Insolvenzeröffnung das Vollstreckungsverbot des § 89 entgegensteht. Erfolgt die Pfändung durch den Verletzten im Insolvenzeröffnungsverfahren über das Vermögen des Beschuldigten nach **Untersagung oder einstweiliger Einstellung der Zwangsvollstreckung** gem § 21 Abs 2 Nr 3, so wirkt die Einstellung gem § 775 Nr 2 ZPO, die Untersagung gem § 775 Nr 1 ZPO (HK-*Kirchhof* § 21 Rn 41). Erfolgte dagegen die Pfändung durch den Verletzten vor Einstellung oder Untersagung der Zwangsvollstreckung, so erlangt der Verletzte ein **absonderungsfähiges Pfändungspfandrecht** nach § 50 Abs 1 (Einzelheiten bei *Breuer* KTS 1995, 1, 10 ff zum alten Recht). Gleiches gilt für die **Postbeschlagnahme** (§ 99 StPO) und für die **Durchsicht von Papieren** (§ 110 StPO). Soweit Gegenstände oder andere Vermögenswerte nach § 111b StPO **zum Zwecke der Sicherstellung** beschlagnahmt worden sind, hat diese Beschlagnahme nach § 111c Abs 5 StPO die Wirkung eines relativen Veräußerungsverbots iSv § 136 BGB. Nach § 80 Abs 2 verliert diese sicherstellende Beschlagnahme mit der Eröffnung des Insolvenzverfahrens ihre Wirkung, und zwar unabhängig davon, in wessen Interesse das Veräußerungsverbot besteht (vgl *Schäfer* KTS 1991, 23, 24; *Haarmeyer*, Beschlagnahme Rn 134). Folge: Nach § 110b StPO beschlagnahmte Gegenstände oder Vermögenswerte fallen mit dem Zeitpunkt der Insolvenzeröffnung

III. Die Inbesitznahme der Insolvenzmasse § 148

in die Insolvenzmasse, so dass der Verwalter deren Herausgabe verlangen kann. Ein Konkurrenzproblem besteht insoweit ebensowenig wie in den Fällen einer **Vermögensbeschlagnahme** nach § 111 p StPO für zu erwartende Vermögensstrafen. Die Regelung des § 443 Abs 1 S 2 StPO erstreckt sich ebenso wie die Regelung in § 35 InsO auch auf künftiges Vermögen des Beschuldigten, das ihm nach der Beschlagnahme zufällt, also auch auf den insolvenzrechtlichen Neuerwerb. Die Beschlagnahme hat solchenfalls die **Wirkung eines absoluten Veräußerungsverbots** iSv § 134 BGB (*Kilger/K. Schmidt* § 13 KO Anm 1 a; *Haarmeyer*, Beschlagnahme Rn 135; *Kleinknecht/Meyer-Goßner* § 292 StPO Rn 1). Gleichwohl entfaltet dieses für den Fall der Eröffnung eines Insolvenzverfahrens keinerlei Wirkung gegenüber den Insolvenzgläubigern und dem Insolvenzverwalter, obwohl § 148 absolute Veräußerungsverbote nicht umfasst. Die Beschlagnahmemaßnahmen dienen ua dazu, das spätere Teilhaben des Beschuldigten an der Hauptverhandlung zu erzwingen, indem sie bereits frühzeitig sein Vermögen mit Beschlag belegen. Die Vermögensbeschlagnahme durch die Insolvenzeröffnung macht diese Sicherungsmaßnahme überflüssig. Eine Herausgabepflicht des Insolvenzverwalters gegenüber der StA besteht selbst dann nicht, wenn die Verfahrensabwicklung mehrere Jahre dauert (**OLG** Stuttgart wistra 1984, 240). **Ausnahme**: Die Unterlagen werden im Rahmen der Insolvenzabwicklung nicht mehr benötigt, weil zB die Verfahrensaufhebung nur noch von dem Ausgang eines Prozesses abhängig ist.

e) **Steuerliche Beschlagnahme.** Vorstehende Feststellungen gelten auch, wenn die **Beschlagnahme auf Veranlassung der Steuerbehörde** erfolgt (N/R/*Andres* § 148 Rn 27). Eine zugunsten des FA erfolgte Beschlagnahme führt nicht zu einem Besitzrecht der Steuerbehörde an den Geschäftsunterlagen eines Schuldnerunternehmens. Vielmehr sind auch solchenfalls die Unterlagen an den Insolvenzverwalter herauszugeben. Befinden sich **Geschäftsunterlagen beim Steuerberater des Schuldners**, so ist dieser durch das Zeugnisverweigerungsrecht nach § 53 StPO geschützt. Nach § 97 StPO unterliegen nicht der Beschlagnahme schriftliche Mitteilungen zwischen dem Beschuldigten und dem Steuerberater, Aufzeichnungen, die der Steuerberater über die ihm von dem Beschuldigten anvertrauten Mitteilungen und über andere Umstände gemacht hat, auf die sich das Zeugnisverweigerungsrecht erstreckt, sowie andere Gegenstände, auf die sich das Zeugnisverweigerungsrecht des Steuerberaters erstreckt. Dieses umfassende Recht des Steuerberaters hat ein **umfassendes Beschlagnahmeverbot** zur Folge, was gleichzeitig auch eine Durchsuchung der Steuerberaterpraxis ausschließt. Allerdings gilt gem § 97 Abs 2 StPO das **Beschlagnahmeverbot** nur dann, wenn sich die Gegenstände **im Gewahrsam des Steuerberaters** befinden. Die Frage, ob und in welchem Umfang Unterlagen des Schuldners bei einem Steuerberater außerhalb des Insolvenzverfahrens beschlagnahmt werden können, wenn dieser nicht einer Straftat oder der Beteiligung an einem Insolvenzdelikt verdächtig ist, ist umstritten (vgl *Hartung*, Insolvenzbedrohte und insolvente Mandanten, 1990 Rn 375 ff). So gehören zB nach hM Bilanz- und Buchführungsunterlagen nicht zu den beschlagnahmefreien Gegenständen (vgl **LG** Darmstadt NStZ 1988, 286; **LG** München wistra 1985, 41; **LG** Stuttgart wistra 1985, 41; **LG** Braunschweig NJW 1978, 2108; *Weyand/Diversy*, Insolvenzdelikte S 155; *Hefendehl* wistra 2008, 1, 8; *Richter* wistra 2000, 1, 4; einschränkend **LG** Berlin NJW 1977, 725; **LG** Heilbronn DStR 1980, 698; **LG** München wistra 1988, 326; str aA **LG** Aachen MDR 1981, 160; **LG** Köln BB 1974, 1549; **LG** München NJW 1984, 1191). Gleichgültig, wie man diese Frage entscheidet, steht der **Besitz an solchen Unterlagen** mit der Eröffnung des Insolvenzverfahrens über das Vermögen des Beschuldigten **ausschließlich dem Insolvenzverwalter** gem § 148 Abs 1 zu. Wie bereits oben zu Rn 13 dargestellt wurde, hat der Steuerberater gegenüber dem Insolvenzverwalter an diesen Sachen kein Zurückbehaltungsrecht nach § 273 BGB.

Die Herausgabepflicht wird auch nicht dadurch tangiert, dass sich die **Ermittlungen gegen den Steuerberater** richten, der die Buchführungsunterlagen und Bilanzen in Besitz hat. Etwas anderes gilt auch nicht, wenn der Tatbestand des **Beiseiteschaffens** iSv § 283 Abs 1 Nr 1 StGB erfüllt ist und **Teilnahmehandlungen des Steuerberaters** in Betracht kommen, weil die Unterlagen deswegen in den Besitz des Steuerberaters verbracht worden sind, um sie der Kenntnis des Insolvenzverwalters zu entziehen. Die Beschlagnahme ist zwar in diesen Fällen zulässig, jedoch sind die Unterlagen an den Insolvenzverwalter herauszugeben. Nach dem Wortlaut des § 97 Abs 2 S 3 StPO greift die **Beschlagnahmefreiheit nicht ein**, wenn der **Steuerberater einer Teilnahmehandlung** verdächtig ist. Die Beschlagnahmefreiheit ist auch dann nicht gegeben, wenn der Steuerberater selbst als Täter eines Delikts, wie zB eines Betruges oder einer Falschbilanzierung, verdächtig ist, da dann bei diesem Verdächtigen durchsucht und beschlagnahmt werden kann, wie bei jedem anderen Verdächtigen auch (*Hartung*, Insolvenzbedrohte und insolvente Mandanten Rn 380). Die beschlagnahmten Sachen sind aber an den Insolvenzverwalter auszuhändigen. Der Beschlagnahmebeschluss wird jedenfalls durch die Eröffnung des Insolvenzverfahrens über das Vermögen des Mandanten nicht hinfällig, obgleich auch insoweit die Vorschrift des § 148 Abs 1 den sonstigen gerichtlichen Anordnungen vorgeht.

Auch eine **Beschlagnahme nach § 76 Abs 3 AO** durch die **Finanzbehörde** hindert die Inbesitznahme durch den Insolvenzverwalter nicht. Vor allem wenn die Beschlagnahme darin besteht, dem Schuldner, der die Waren im Gewahrsam hat, die Verfügung zu verbieten (§ 76 Abs 3 S 2 AO), begründet bereits die Anordnung eines allgemeinen Verfügungsverbots nach § 21 Abs 2 Nr 2 ein Besitzrecht des sogen „starken" vorläufigen Insolvenzverwalters. Dies gilt erst recht für das eröffnete Verfahren für das Besitzrecht des Verwalters nach § 148 Abs 1.

23 **f) Akteneinsichtsrecht.** Der Vorrang des Besitzrechts des Insolvenzverwalters führt nicht etwa dazu, dass die Strafverfolgungsbehörden keinen Einblick in die Schuldnerunterlagen nehmen dürfen. Vielmehr ist der Insolvenzverwalter verpflichtet, sowohl der **Steuerbehörde** als auch den **Strafverfolgungsbehörden Einsicht** in die bei ihm befindlichen Insolvenzakten zu gestatten (s MüKo-*Füchsl/Weishäupl* § 148 Rn 14). Zur Beschlagnahme von Behördenakten gem § 96 StPO auch *Walter* NJW 1978, 868; **LG** Darmstadt NJW 1978, 901; **LG** Wuppertal NJW 1978, 902. Das **Einsichtsrecht der StA und der Steuerbehörden** richtet sich nicht nach § 110 StPO, sondern nach allgemeinen Grundsätzen über das Akteneinsichtsrecht des Gläubigers. Für die StA gelten zudem die allgemeinen Grundsätze der **Amtshilfe.** Jedoch kann die Strafverfolgungsbehörde vom Verwalter nicht verlangen, Ablichtungen der gesamten Geschäftsunterlagen des Schuldners oder Schuldnerunternehmens zum Zwecke strafrechtlicher Ermittlungen zu fertigen. Der Verwalter ist lediglich verpflichtet, den Strafverfolgungsbehörden den Zutritt zu den Unterlagen zu verschaffen und ihnen die erforderlichen Ermittlungen zu ermöglichen.

24 **7. Auslandsvermögen des Schuldners.** Entsprechend dem nach §§ 35, 36 geltenden Universalitätsprinzip hat der Insolvenzverwalter nicht nur das inländische zur Insolvenzmasse gehörige Vermögen des Schuldners in Besitz zu nehmen, sondern auch das im Ausland befindliche bzw belegene Schuldnervermögen (BGHZ 68, 16 = NJW 1977, 900 = KTS 1977, 171; **BGH** NJW 1985, 2897; HK-*Kreft* § 148 Rn 2; FK-*Wegener* § 148 Rn 15; MüKo-*Füchsl/Weishäupl* § 148 Rn 17 ff; *Serick* FS Möhring 1965, 127, 128 f; *Hanisch* ZIP 1980, 170; *ders* IPRax 1983, 195; *ders* ZIP 1983, 1289, 1295; *Merz* ZIP 1983, 136, 139; *Prütting* ZIP 1996, 1277, 1278; K/P/B/*Holzer* § 148 Rn 4; BerlKo-*Kießling* § 148 Rn 84–86; N/R/*Andres* § 148 Rn 21). Der **BGH** hat den **Universalitätsanspruch des inländischen Insolvenzverfahrens** in seinen bahnbrechenden Entscheidungen vom 13. 7. 1983 (ZIP 1983, 961 = NJW 1983, 2147) und vom 11. 7. 1985 (BGHZ 95, 256) besonders herausgestellt und betont, dass es nicht darauf ankommt, ob ein vom Verwalter erwirkter Vollstreckungstitel, mit dem er Auslandsvermögen zur Masse ziehen will, im Ausland auch tatsächlich durchgesetzt werden kann. Die **EG-Verordnung über Insolvenzverfahren** Nr 1346/2000 v 29. 5. 2000 (ABl L 160 v 30. 6. 2000, 1 = NZI 2000, 407 ff) sieht in Art 20 vor, dass ein Gläubiger, der nach Eröffnung eines Insolvenzverfahrens nach Art 3 Abs 1 auf irgendeine Weise, insbesondere durch Zwangsvollstreckung, vollständig oder teilweise aus einem Gegenstand der Masse befriedigt wird, der in einem anderen Mitgliedstaat belegen ist, vorbehaltlich der Art 5 und 7 **das Erlangte an den Verwalter herauszugeben** hat. Zur Wahrung der Gleichbehandlung der Gläubiger nimmt ein Gläubiger, der in einem Insolvenzverfahren eine Quote auf seine Forderung erlangt hat, an der Verteilung im Rahmen eines anderen Verfahrens erst dann teil, wenn die Gläubiger gleichen Ranges oder gleicher Gruppenzugehörigkeit in diesem anderen Verfahren die gleiche Quote erlangt haben (Art 20 Abs 2 der VO). S auch die Kommentierung zu EuInsVO Art 20 [Lüer] Rn 3 ff.

25 Obgleich die Vollstreckung einzelner Gläubiger durch das inländische Recht nicht untersagt ist, sieht Art 18 Abs 1 S 1 EuInsVO vor, dass ein Verwalter, der durch ein nach Art 3 Abs 1 zuständiges Gericht bestellt worden ist, **im Gebiet eines anderen Mitgliedstaates alle Befugnisse ausüben darf,** die ihm nach dem Recht des Staates der Verfahrenseröffnung zustehen, solange in dem anderen Staat nicht ein weiteres Insolvenzverfahren eröffnet ist oder eine gegenteilige Sicherungsmaßnahme auf einen Antrag auf Eröffnung eines Insolvenzverfahrens hin ergriffen worden ist. Der Verwalter kann insbesondere vorbehaltlich der Art 5 und 7 EuInsVO die zur Masse gehörenden Gegenstände aus dem Gebiet des Mitgliedsstaats entfernen, in dem sich die Gegenstände befinden (Art 18 Abs 1 S 2 EuInsVO). Im Übrigen darf der Verwalter, der durch ein nach Art 3 Abs 2 EuInsVO zuständiges Gericht bestellt worden ist, **in jedem anderen Mitgliedstaat gerichtlich und außergerichtlich** geltend machen, dass ein beweglicher Gegenstand nach der Eröffnung des Insolvenzverfahrens aus dem Gebiet des Staates der Verfahrenseröffnung in das Gebiet dieses Mitgliedstaats verbracht worden ist (Art 18 Abs 2 S 1 EuInsVO). S auch die Kommentierung zu Art 18 EuInsVO [Lüer].

26 Nach Art 8 Abs 1 des *„Vertrages zwischen der Bundesrepublik Deutschland und der Republik Österreich auf dem Gebiete des Konkurs- und Vergleichs-(Ausgleichs-)Rechts"* v 25. 5. 1979 (ZIP 1980, 483 ff) hat der Masseverwalter (Insolvenzverwalter) im anderen Vertragsstaat die gleichen Befugnisse wie in dem Vertragsstaat, in dem das Konkursgericht (Insolvenzgericht) seinen Sitz hat. Der Verwalter ist auch berechtigt, auf Grund einer mit der Bestätigung der Rechtskraft versehenen Ausfertigung des Eröffnungsbeschlusses das im anderen Vertragsstaat befindliche Vermögen des Schuldners im Wege der Zwangsvollstreckung in Besitz zu nehmen und zu verwerten (Art 8 Abs 2 des Abkommens). Im Übrigen richtet sich die Inbesitznahme ausländischen Vermögens eines inländischen Insolvenzschuldners bzw Schuldnerunternehmens nach dem ausländischen Statut. Vgl auch *Lüer*, Art 102 Abs 3 EGInsO – eine verpasste Chance – in: FS Uhlenbruck S 843 ff. Der Schuldner bzw der organschaftliche Vertreter eines Schuldnerunternehmens ist im Rahmen seiner **Mitarbeitspflicht** nach § 97 Abs 2 verpflichtet, dem Insolvenzverwalter eine **ordnungsgemäße Vollmacht oder Genehmigung** zur Inbesitznahme und Verwertung des in einem anderen Staat belegenen Vermögens zu erteilen (BGH v 18. 9. 2003, NZI 2004, 21 = ZIP 2003, 2123; **OLG** Koblenz ZIP 1993, 844; **OLG** Köln ZIP 1986, 658; FK-*Wimmer* EGInsO Art 102 Rn 424; N/R/*Mincke* Art 102 EGInsO Rn 152 ff; *A. Trunk* Internationales Insolvenzrecht 1998 S 157 f; *Gottwald/Gottwald* InsRHdb § 128 Rn 42).

8. Besitz bei Verwalterwechsel. Umstritten ist der Besitzübergang, wenn ein Wechsel in der Person des 27
Insolvenzverwalters stattfindet. Nach einer Literaturmeinung bedarf es der Besitzübertragung nach
§ 854 Abs 2 BGB, wenn ein Wechsel in der Person des Insolvenzverwalters eintritt (*Hess* § 148 Rn 23;
Mohrbutter/Ernestus Hdb 7. Aufl Rn III.28). Nach anderer Meinung bedarf es nach vorheriger Inbesitznahme des Schuldnervermögens durch den früheren Verwalter zwar der Besitzübertragung auf den
neuen Verwalter, jedoch geht die an die Sachherrschaft geknüpfte Besitzstellung mit dem Verwalterwechsel über, ohne dass die besondere Besitzergreifung erforderlich ist (N/R/*Andres* § 148 Rn 34; wohl
auch *Palandt/Bassenge* § 857 BGB Rn 1). Nach der **hM** ist die Vorschrift des § 857 BGB auf die Entstehung bloßer Verwaltungsrechte, wie zB Insolvenzverwalter, nicht anzuwenden, da sie nur ein Recht
auf Einräumung des Besitzes (§ 148 Abs 1), nicht aber die Stellung als Besitzer begründen (MüKo-*Joost*
§ 857 BGB Rn 14). Zu unterscheiden ist in Fällen des Verwalterwechsels zwischen Besitz und Übergang
der Sachherrschaft auf den neuen Verwalter. Das Insolvenzverfahren verträgt grundsätzlich keine **besitzlose Interimszeit**. Wird der Verwalter abgelöst und ein neuer Insolvenzverwalter bestellt, so geht mit der
Annahme des Amtes durch den neuen Verwalter der **Besitz an der Insolvenzmasse auf diesen über**, ohne
dass es eines besonderen Übertragungsaktes bedarf (BerlKo-*Kießling* § 148 Rn 30). Der Besitz fällt nicht
etwa an den Insolvenzschuldner zurück. Jedoch hat der neue Insolvenzverwalter **den Besitz an den Gegenständen der Insolvenzmasse** zu ergreifen. Hierzu ist die Verschaffung der tatsächlichen Sachherrschaft über die Insolvenzmasse erforderlich. Da mit der Annahme des Amtes zugleich auch die **Verwal-
tungs- und Verfügungsbefugnis** hinsichtlich der Insolvenzmasse auf den neuen Verwalter übergeht (§ 80
Abs 1), stellt sich die Inbesitznahme der Masse durch den neuen Verwalter lediglich als Ausübung der
tatsächlichen Sachherrschaft dar. Der Besitzübergang als solcher erfolgt kraft Gesetzes und **bedarf keines Übertragungsaktes** nach § 854 Abs 2 BGB. Beim **Tod eines Verwalters** geht der Besitz zunächst auf
die Erben über, die kein Recht zum Besitz haben (§ 857 BGB). Der neue Verwalter hat ein Recht zur
Herausgabe (MüKo-*Füchsl/Weishäupl* § 148 Rn 32; N/R/*Andres* § 148 Rn 35; *Hess* § 148 Rn 23; str
aA BerlKo-*Kießling* § 148 Rn 30).

IV. Herausgabevollstreckung (§ 148 Abs 2)

1. Der Eröffnungsbeschluss als Vollstreckungstitel. Gibt der Insolvenzschuldner die zur Masse ge- 28
hörigen Sachen nicht freiwillig heraus, so ist der Insolvenzverwalter berechtigt, einen Gerichtsvollzieher mit der Wegnahme zu beauftragen (§ 90 GVGA). Die **vollstreckbare Ausfertigung des Eröffnungsbeschlusses** bildet den **Herausgabetitel** iSv § 794 Abs 1 Nr 3 ZPO (vgl **BGH** v 21. 9. 2006, ZIP 2006,
2008; BGHZ 12, 380, 389; **BGH** NJW 1962, 1392; *Hess* § 148 Rn 10; HK-*Kreft* § 148 Rn 8;
Kilger/K. Schmidt § 117 KO Anm 2 a; BerlKo-*Kießling* § 148 Rn 31; N/R/*Andres* § 148 Rn 39; K/P/B/
Holzer § 148 Rn 14; *Uhlenbruck* DGVZ 1980, 161, 167; *Noack* KTS 1955, 170, 171). Die früher teilweise vertretene gegenteilige Auffassung (LG Stuttgart NJW 1952, 1421; LG Hannover DGVZ 1954,
9; *Jaeger/Weber* § 117 KO Rn 14; *Pohle* MDR 1960, 964) dürfte durch die Neuregelung in § 148
Abs 2 überholt sein. Die **Vollstreckungsgegenstände** brauchen im Eröffnungsbeschluss nicht näher bezeichnet zu werden (LG Düsseldorf KTS 1957, 143; MüKo-*Füchsl/Weishäupl* § 148 Rn 63; *Hess* § 148
Rn 16). Vollstreckungstitel ist nach § 148 Abs 2 S 1 nunmehr die **vollstreckbare Ausfertigung des Eröffnungsbeschlusses**. Der Eröffnungsbeschluss muss aber mit einer **Vollstreckungsklausel** versehen werden (§§ 795, 724 Abs 1 ZPO, die vom Insolvenzgericht erteilt wird (§ 797 Abs 1 ZPO iVm §§ 2 Abs 1,
27 InsO).

Der Eröffnungsbeschluss ist **kein geeigneter Vollstreckungstitel**, um die Herausgabe massezugehö- 29
riger Sachen **von einem Dritten zu erzwingen** (OLG Nürnberg NZI 2006, 44; **OLG Düsseldorf**
NJW 1965, 2409). Weigert sich ein Dritter, Sachen des Insolvenzschuldners, die zum insolvenzbefangenen Schuldnervermögen gehören, herauszugeben, so ist der Insolvenzverwalter auf den Weg der
Klage angewiesen, da der Eröffnungsbeschluss gegenüber Dritten keinen zur Wegnahme im Zwangsvollstreckungswege geeigneten Titel bildet (BerlKo-*Kießling* § 148 Rn 38). Einem Steuerberater oder
einer Stelle, die mit der Verbuchung der Geschäftsvorfälle beim Insolvenzschuldner beauftragt ist,
wie zB eine DATEV-Stelle, steht hinsichtlich der zur Buchhaltung gehörenden Geschäftsunterlagen wegen rückständiger Vergütungsansprüche aus dem Vertragsverhältnis **kein Zurückbehaltungsrecht**
gegenüber dem Insolvenzverwalter zu, denn die Unterlagen werden für die Erstellung eines Vermögensstatus und die Bearbeitung der Debitorenliste im Interesse der Gläubiger benötigt (vgl **OLG
Celle** ZInsO 2005, 550; **OLG Düsseldorf** ZIP 1982, 471; **OLG Stuttgart** ZIP 1982, 80; vgl auch oben
zu III. 5.). War der Schuldner schon im Besitz eines vollstreckbaren Herausgabetitels, so hat der Verwalter den Titel gem § 727 ZPO auf sich umschreiben zu lassen. In den übrigen Fällen hat er Herausgabeklage zu erheben und kann erst auf Grund eines Titels gegen den Dritten vollstrecken. Der
Ehegatte des Insolvenzschuldners bzw sein **Lebenspartner** als eingetragener Lebensgemeinschaft gilt
nicht als „Dritter". Die Vorschriften der §§ 1362 BGB, 739 ZPO finden Anwendung (HaKo-*Jarchow*
§ 148 Rn 15; BerlKo-*Breutigam* § 148 Rn 18). Die Vermutung des § 1362 Abs 1 BGB greift auch ein,
wenn die Herausgabevollstreckung durch den Insolvenzverwalter gegen den anderen Ehegatten erfolgt.

30 **2. Die Herausgabevollstreckung bei beweglichen Sachen.** Wie bereits oben zu 1. dargestellt wurde, erfolgt die Herausgabevollstreckung bei beweglichen Sachen unter **Zuhilfenahme des Gerichtsvollziehers** in entsprechender Anwendung der §§ 883, 885 ZPO. Gem § 148 Abs 2 stellt die vollstreckbare Ausfertigung des Eröffnungsbeschlusses den Herausgabetitel dar. Nach früherem Recht war im Hinblick auf die Entscheidung des **BVerfG** v 3. 4. 1979 (NJW 1979, 1539) umstritten, ob der Verwalter oder der beauftragte Gerichtsvollzieher berechtigt war, ohne zusätzliche richterliche Anordnung Privat- oder Geschäftsräume des Schuldners zu betreten. Die bejahende Auffassung stützte ihre Meinung auf Art 13 Abs 2 GG (vgl **LG Kaiserslautern** v 20. 2. 1981 DGVZ 1981, 87; E. *Schneider* NJW 1980, 2377, 2379; *Bischof* ZIP 1983, 522, 525; *Baur/Stürner* II Rn 6.15 u Rn 10.26; vgl zum Meinungsstand K/U § 117 KO Rn 6 a). Auch für **die InsO** wird in der Literatur von einer **Mindermeinung** noch die Auffassung vertreten, für die **Durchsuchung oder Räumung von Wohnräumen des Schuldners** bedürfe es im Hinblick auf die Rechtsprechung des Bundesverfassungsgerichts zu Art 13 Abs 2 GG der Insolvenzverwalter bzw Gerichtsvollzieher einer besonderen Anordnung des Insolvenzgerichts entsprechend § 758 a ZPO (so zB *Jauernig/Berger* § 43 III 1 Rn 8; *Häsemeyer* InsR Rn 13.04; MüKo-*Füchsl/Weishäupl* § 148 Rn 66). Entsprechend der schon für das alte Recht vertretenen hM (vgl *Kilger/K. Schmidt* § 117 KO Anm 2) wird jedoch für die InsO von der **überwiegenden Literaturmeinung** die Auffassung vertreten, dass es eines **besonderen Durchsuchungsbeschlusses** in diesen Fällen **nicht bedarf** (K/P/B/*Holzer* § 148 Rn 18; *Uhlenbruck*, Das neue Insolvenzrecht, S 504; N/R/*Andres* § 148 Rn 43; *Hess* § 148 Rn 12; *Smid* § 148 Rn 4; HK-*Depré* § 148 Rn 8; BerlKo-*Kießling* § 148 Rn 34; *Graf-Schlicker/Kalkmann* § 148 Rn 16; FK-*Wegener* § 148 Rn 12; H/W/F Hdb 5/77). Zutreffend wird bei K/P/B/*Holzer* (§ 148 Rn 18) darauf hingewiesen, dass der Gesetzgeber sich, wie sich aus der Begründung des Regierungsentwurfs (BT-Drucks 12/2443, S 170) ergebe, für die früher hM entschieden hat, dass die Herausgabevollstreckung auch die Ermächtigung enthält, die Schuldnerwohnung zu durchsuchen und Gegenstände wegzunehmen. In der Begr RegE zu § 167 (§ 148 InsO; abgedr bei K/P/B Das neue Insolvenzrecht S 269) heißt es: „Der Eröffnungsbeschluss berechtigt den Verwalter und den von ihm beauftragten Gerichtsvollzieher auch dazu, die Wohnung des Schuldners zu betreten, um Gegenstände der Insolvenzmasse in Besitz zu nehmen; einer zusätzlichen richterlichen Anordnung bedarf es insoweit nicht." Verfassungsrechtliche Bedenken gegen diese gesetzgeberische Entscheidung bestehen nicht, zumal der Eröffnungsbeschluss bereits dem Verwalter mit der Annahme des Amtes den rechtlichen Besitz an den Gegenständen verschafft und der Zugriff lediglich die Verschaffung der tatsächlichen Sachherrschaft bedeutet.

31 **3. Die Räumungsvollstreckung.** Wie bereits oben zu 2. festgestellt wurde, bedarf es auch für die Räumungsvollstreckung keiner besonderen Durchsuchungsanordnung nach Art 13 Abs 2 GG (§ 758 a ZPO). Die vollstreckbare Ausfertigung des Eröffnungsbeschlusses stellt gleichzeitig einen **Räumungstitel** dar, der nach § 885 ZPO vollstreckt wird (**LG Düsseldorf** KTS 1963, 58; N/R/*Andres* § 148 Rn 46; BerlKo-*Kießling* § 148 Rn 33; FK-*Wegener* § 148 Rn 13; *Braun/Dithmar* § 148 Rn 8; K/P/B/*Holzer* § 148 Rn 17; *Kilger/K. Schmidt* § 117 KO Anm 2 a; str aA *Häsemeyer* InsR Rn 13.4, der analog § 761 ZPO eine besondere richterliche Anordnung verlangt). Der vollstreckbar erklärte Eröffnungsbeschluss berechtigt den Insolvenzverwalter und den von ihm beauftragten Gerichtsvollzieher, die Privat- und Geschäftsräume des Insolvenzschuldners zu betreten (*Kilger/K. Schmidt* § 117 KO Anm 2 a; *Noack* KTS 1955, 170; FK-*Wegener* § 148 Rn 13). Streitig ist, ob dem Insolvenzschuldner gem § 721 ZPO **eine Räumungsfrist** eingeräumt werden kann (bejahend *Schmidt/Futterer* NJW 1968, 143; *Kilger/ K. Schmidt* § 117 KO Anm 2 a; verneinend *Burkhardt* NJW 1968, 687; BerlKo-*Kießling* § 148 Rn 33; N/R/*Andres* § 148 Rn 46; FK-*Wegener* § 148 Rn 13; *Hess* § 148 Rn 20; MüKo-*Füchsl/Weishäupl* § 148 Rn 72). Die Zuständigkeiten des Prozessgerichts werden durch die Unterbrechungswirkung des § 240 ZPO für das eröffnete Verfahren grundsätzlich aufgehoben. Das Prozessgericht kann gem § 721 Abs 3 ZPO auch nicht etwa die **Räumungsfrist auf Antrag verlängern**. Vielmehr kann **Vollstreckungsschutz** dem Schuldner und seiner Familie allenfalls über § 765 a ZPO gewährt werden (vgl *Buche* MDR 1972, 195; *Kilger/K. Schmidt* § 117 KO Anm 2 a; BerlKo-*Kießling* § 148 Rn 33; FK-*Wegener* § 148 Rn 13; N/R/*Andres* § 148 Rn 46). Die Zwangsräumung auf Grund des Eröffnungsbeschlusses ist auch bei **Mietwohnungen** möglich, wenn das Mietrecht des Schuldners für die Masse verwertet werden soll. So vor allem, wenn das Mietverhältnis gekündigt und der Insolvenzverwalter zur Herausgabe der Mietwohnung an den Vermieter verpflichtet ist (str aA *Jaeger/Weber* § 117 KO Rn 14 a). Nach *Jaeger/Weber* (§ 117 KO Rn 14 a) ist eine **Räumungsanordnung des Insolvenzgerichts** zu verlangen. Das Insolvenzgericht hat die Räumungsanordnung zu erlassen, wenn der Insolvenzverwalter nachweist, dass einer der Fälle gegeben ist, in denen seine Besitzergreifung im Interesse der Masse notwendig ist. Durch die Rückgabe der Mieträume wird der Insolvenzverwalter nicht von der Verpflichtung frei, die Miete bis zum Auslauf des Mietverhältnisses zu entrichten (**OLG Düsseldorf** KTS 1968, 189; N/R/*Andres* § 148 Rn 47).

32 Umstritten ist, ob aus dem für vollstreckbar erklärten Insolvenzeröffnungsbeschluss auch die **Räumungsvollstreckung gegen den Ehegatten des Insolvenzschuldners** betrieben werden kann (bejahend **OLG Hamm** NJW 1956, 1681; **OLG Köln** NJW 1958, 598; **OLG Frankfurt** MDR 1969, 852; **AG Stuttgart** DGVZ 1983, 190). Bei **Mietwohnungen** ist zu differenzieren, je nachdem, ob der Schuldner alleiniger Mieter ist oder beide Ehegatten das Mietverhältnis abgeschlossen haben oder ob nur der andere Ehegatte oder jeder Ehegatte für sich einen eigenen Mietvertrag abgeschlossen haben. Sind **beide Ehegatten Vertragspartner des Vermieters**, so ist ein Räumungstitel gegen beide erforderlich (**BGH** v 25. 6. 2004, BGHZ 159, 383, 386; **LG** Trier NZI 2005, 563 = ZInsO 2005, 780; FK-*Wegener* § 148 Rn 14; FK-*Wegener* § 148 Rn 14; BerlKo-*Breutigam* § 148 Rn 18; N/R/*Andres* § 148 Rn 48; *Zöller/Stöber* § 885 ZPO Rn 6; *Baumbach/Lauterbach/Albers/Hartmann* § 885 ZPO Rn 13 f). Nach der neueren Rechtsprechung des **BGH** kann der Gläubiger in der Einzelzwangsvollstreckung aus einem Räumungstitel gegen den Mieter einer Wohnung nicht gegen einen im Titel nicht aufgeführten Dritten vollstrecken, wenn dieser Mitbesitzer ist (**BGH** v 25. 6. 2004, NJW 2004, 3041; ähnlich **LG** Trier ZInsO 2005, 780 für § 148 Abs 2). Gegenüber **verheirateten Schuldnern** und **Lebenspartnern** nach dem LPartG (§ 8 Abs 1) greift zugunsten des Verwalters die Vermutung der §§ 739 ZPO, 1362 BGB ein (*Smid* § 148 Rn 5; str aA BerlKo-*Kießling* § 148 Rn 36). Sind **beide Ehegatten Mieter**, hat jeder Ehegatte einen eigenen Mietvertrag oder ist allein der andere Ehegatte Mieter, so ist ein eigenständiger Räumungstitel gegen den Ehegatten erforderlich (N/R/*Andres* § 148 Rn 48). Vorstehendes gilt aber nicht für **Wohngemeinschaften** oder **nichteheliche Lebensgemeinschaften**, soweit nicht das LPartG eingreift. Jedoch kann auch ein **nichtehelicher Lebensgefährte** (Lebenspartner) Mitbesitzer der Mieträume sein, was bei Vermietung an beide regelmäßig der Fall sein dürfte. In diesen Fällen muss der Vollstreckungstitel auf **beide Partner lauten** (BGHZ 159, 383, 385 ff; *Zöller/Stöber* § 885 ZPO Rn 10). Wurde der nichteheliche Lebenspartner später in die Räume des schuldnerischen Mieters aufgenommen, so kann er bei Erlaubnis des Vermieters nach § 549 Abs 2 BGB Mitbesitzer der Wohnräume sein. Solchenfalls verlangt die Herausgabevollstreckung einen Vollstreckungstitel gegen beide (BGHZ 159, 383, 385 ff; **OLG** Düsseldorf DGVZ 1998, 140; **KG** NJW-RR 1994, 713; **OLG** Köln MDR 1997, 782; *Zöller/Stöber* § 885 ZPO Rn 10). Bloße Mitbenutzung des Lebenspartners begründet allerdings noch keinen Mitbesitz. Handelt es sich um eine **eingetragene Lebenspartnerschaft**, so gelten im Hinblick auf §§ 739 ZPO, 8 LPartG die gleichen Grundsätze wie für verheiratete Schuldner. Hat der Gerichtsvollzieher nach den vorgefundenen Umständen von der alleinigen Sachherrschaft des Insolvenzschuldners auszugehen, so reicht der Räumungstitel gegen diesen für die Räumungsvollstreckung aus. Es ist Sache des Lebenspartners, ein nicht erkennbares Entgegenstehen des Besitzrechts im Wege des § 766 ZPO beim Insolvenzgericht geltend zu machen.

Der **Untermieter** nutzt die von ihm gemieteten Räume nicht gemeinsam mit dem Mieter. Der Insolvenzverwalter benötigt deshalb gegen ihn einen besonderen Vollstreckungstitel (BGHZ 159, 383, 385 = NJW-RR 2003, 1450 = MDR 2004, 53; *Zöller/Stöber* § 885 ZPO Rn 12; vgl auch **OLG** Celle NJW-RR 1988, 913). Bei **Wohngemeinschaften** ist zu unterscheiden: Ist der Schuldner Mieter und haben die anderen Bewohner den Status eines Untermieters und Alleingewahrsam an bestimmten Räumen, so ist ein Titel gegen die Untermieter erforderlich. Ansonsten genügt ein Titel gegen den Mieter (MüKo-*Schilken* § 885 ZPO Rn 11; *Schilken* DGVZ 1988, 57; N/R/*Andres* § 148 Rn 48; BerlKo-*Kießling* § 148 Rn 36). Nach anderer Auffassung ist ein Räumungstitel gegen jede Person der dauernden Wohngemeinschaft oder nichtehelichen Lebensgemeinschaft erforderlich (*Baur/Stürner* II Rn 6.32; *Pawlowski* DGVZ 1988, 97).

4. Rechtsmittel (§ 148 Abs 2 S 2). Nach § 148 Abs 2 S 2 gilt § 766 ZPO mit der Maßgabe, dass an 34 die Stelle des Vollstreckungsgerichts das **Insolvenzgericht** tritt (**BGH** v 5. 2. 2004, ZIP 2004, 732; **BGH** v 6. 5. 2004, ZIP 2004, 1379; **BGH** v 12. 1. 2006, ZIP 2006, 340; **BGH** v 21. 9. 2006 – IX ZB 127/05, ZIP 2006, 2008). **Weigert sich der Gerichtsvollzieher**, den Vollstreckungsauftrag des Verwalters durchzuführen, so ist gem § 766 ZPO die Erinnerung an das Insolvenzgericht gegeben. Daneben kommt eine **Dienstaufsichtsbeschwerde** in Betracht. **Einwendungen des Schuldners** bzw der organschaftlichen Vertreter des Schuldnerunternehmens gegen die Art und Weise der Zwangsvollstreckung sind ebenfalls im Wege der **Erinnerung** nach § 766 ZPO zu rügen. Wegen der Sachnähe entscheidet in Abweichung von § 764 ZPO nicht das Vollstreckungsgericht, sondern das Insolvenzgericht (**BGH** v 21. 9. 2006, ZIP 2006, 2008). So zB, wenn sich der Schuldner auf Insolvenzfreiheit infolge Pfändungshindernissen beruft (§§ 811, 812 ZPO, 36 InsO). Über die Erinnerung entscheidet in funktioneller Zuständigkeit der Insolvenzrichter gem §§ 148 Abs 2 S 2 InsO, 20 Nr 17a RPflG (*Häsemeyer* InsR Rn 13.04; str aA BerlKo-*Kießling* § 148 Rn 40; wie hier auch K/P/B/*Lüke* § 148 Rn 19). Gegen die Entscheidung des Insolvenzgerichts findet die **sofortige Beschwerde** statt (**BGH** v 21. 9. 2006, ZIP 2006, 2008). Die **Rechtsbeschwerde** gegen die Entscheidung des Beschwerdegerichts findet nur auf **Zulassung des Beschwerdegerichts** statt (§ 574 As 1 S 1 Nr 2 ZPO; vgl **BGH** ZIP 2004, 732). Ein Streit über die Massezugehörigkeit eines Vermögensgegenstandes wird nicht vom Insolvenzgericht entschieden, sondern vom allgemeinen Prozessgericht (**BGH** NJW 1962, 1392; *Kilger/K. Schmidt* § 117 KO Anm 2a; MüKo-*Füchsl/Weishäupl* § 148 Rn 74; FK-*Wegener* § 148 Rn 18; N/R/*Andres* § 148 Rn 50).

V. Die Pflicht zur Verwaltung der Insolvenzmasse

1. Verwaltungspflicht als Sicherungspflicht. Nach § 148 Abs 1 hat der Insolvenzverwalter das zur 35 Insolvenzmasse gehörende Schuldnervermögen nicht nur in Besitz, sondern auch **in Verwaltung zu nehmen**. Die Verwaltung umfasst den Schutz, die Feststellung der Masse, die Wahrnehmung der Masserechte sowie die Bereinigung der sogen Ist-Masse zur sogen Soll-Masse, die letztlich Gegenstand der Verwertung ist. Verwaltung ist primär **Sicherung der Insolvenzmasse**. Der Begriff der Verwaltung ist jedoch weit zu fassen. Er schließt zB nicht aus, dass der Verwalter im Rahmen der Massesicherung berechtigt ist, leicht verderbliche Ware zu veräußern oder Gegenstände, die für die Masse wertlos sind, aus dem Insolvenzbeschlag freizugeben. Die **Sicherung der Insolvenzmasse** erfordert zunächst einmal die Aufzeichnung der Masse sowie die Aufstellung eines Inventars und einer Vermögensübersicht. Die massezugehörigen Gegenstände sind nicht nur festzustellen, sondern im Einzelnen unter Wertangabe aufzuzeichnen (§ 151 Abs 1). Auf Antrag des Verwalters kann allerdings das Insolvenzgericht gestatten, dass die Aufstellung des Verzeichnisses unterbleibt (§ 151 Abs 3 S 1). Daneben kommt je nach Erforderlichkeit eine Siegelung von Lagerräumen des Schuldnerunternehmens in Betracht (§ 150). Weiterhin hat der Verwalter auf Grund des Rechnungswesens im Schuldnerunternehmen und der Auskünfte des Schuldners sowie seiner organschaftlichen Vertreter ein **Gläubigerverzeichnis zu erstellen** (§ 152). Schließlich gehört zu seinen Verwaltungspflichten die **Erstellung eines Vermögensstatus** nach § 153, der wiederum als Grundlage für die Entscheidung der Gläubigerversammlung nach § 157 erforderlich ist (H/W/F Hdb 5/80; *Häsemeyer* InsR Rn 13.06). Da der Verwalter nach § 152 Abs 2 S 1 in dem Gläubigerverzeichnis die absonderungsberechtigten Gläubiger und die einzelnen Rangklassen der nachrangigen Insolvenzgläubiger gesondert aufzuführen hat, gehört auch die Feststellung von Aus- und Absonderungsrechten sowie die Nachrangigkeit einzelner Gläubigerforderungen zur Verwaltungstätigkeit. Die Verzeichnisse sind nach *Häsemeyer* (InsR Rn 13.06) auf der Geschäftsstelle des Insolvenzgerichts auszulegen. Der Schuldner sowie die organschaftlichen Vertreter des Schuldnerunternehmens haben den Verwalter bei seiner Verwaltungstätigkeit gem § 97 Abs 2 zu unterstützen. Dritte trifft eine solche Verpflichtung nur, soweit ihnen das Gesetz Anzeigepflichten auferlegt (§ 28).

36 **2. Versicherungspflicht.** Zur Sicherung der Insolvenzmasse gehört auch die unverzügliche **Überprüfung der Versicherungsverträge** (BGHZ 105, 230, 237; MüKo-*Füchsl/Weishäupl* § 148 Rn 42; *Neufeld* in Mohrbutter/Ringstmeier Hdb § 28 Rn 106 ff; *Homann/Neufeld* ZInsO 2005, 741; vgl auch BGHZ 105, 230 = ZIP 1988, 1411). Oftmals sind die Versicherungsprämien vom Schuldner oder Schuldnerunternehmen nicht bezahlt worden. Fehlen **notwendige Versicherungen**, wie zB Brand-, Wasser- oder sonstige Schadensversicherungen für Gebäude oder bewegliche Massegegenstände sowie eine Diebstahlsversicherung, so hat der Verwalter erforderlichenfalls diese Versicherungen auf Kosten der Masse neu abzuschließen. Notwendig sein kann auch der Abschluss einer **zusätzlichen Versicherung**, wenn wertvolle Gegenstände zur Insolvenzmasse gehören (**OLG Köln** KTS 1982, 648 = ZIP 1982, 977; BerlKo-*Kießling* § 148 Rn 52). Liegt ein **Schadenfall** vor, hat der Verwalter im Rahmen der Verwaltung die sich aus den Versicherungsverträgen ergebenden Ersatzansprüche zur Masse zu ziehen (*Jaeger/Henckel* § 1 KO Rn 131, 132). Zur Haftung des Verwalters bei Unterversicherung s **OLG Brandenburg** ZInsO 2003, 852. In diesen Fällen sollte er den Versicherungsvertrag nicht kündigen (vgl auch *Häsemeyer* InsR Rn 13.08). Im Einzelnen hat der Verwalter bei Abschluss neuer Versicherungen das Risiko des Schadeneintritts und die mutmaßliche Schadenhöhe gegen die Belastung der Insolvenzmasse mit den Versicherungsprämien abzuwägen (**OLG Köln** ZIP 1982, 977; *Häsemeyer* InsR Rn 13.08).

37 **3. Spezielle Handlungspflichten.** Die Handlungspflichten des Insolvenzverwalters können einmal gegenüber der Gläubigergesamtheit bestehen, wie zB nach §§ 66, 148 ff. Oder sie bestehen als spezielle Handlungspflichten gegenüber einzelnen Beteiligten (*Häsemeyer* InsR Rn 13.09). Betreffen diese Rechtsverhältnisse die Insolvenzmasse, so hat der Verwalter auch unvertretbare Handlungen vorzunehmen (*Jaeger/Henckel* § 3 KO Rn 24; *Häsemeyer* InsR Rn 13.09). Zu den speziellen Pflichten gehören ua die **privatrechtlichen Auskunfts- und Rechnungslegungspflichten** des Verwalters (Einzelheiten bei *Häsemeyer* InsR Rn 13.10). Da der Insolvenzverwalter zugleich auch in die Position des Arbeitgebers einrückt, hat er sämtliche **arbeits- und sozialrechtlichen Pflichten** zu erfüllen, die im Rahmen der Unternehmensabwicklung oder Betriebsfortführung anfallen. Dazu gehören Unterrichtungspflichten gegenüber dem Betriebsrat ebenso wie die **Erteilung von Zeugnissen** an Arbeitnehmer (**BAG** KTS 1975, 122; **BAG** KTS 1991, 452), Anzeige-, Melde- und Auskunftspflichten gegenüber Trägern der Sozialversicherung nach den §§ 28 a SGB IV, 316 SGB III (*Häsemeyer* InsR Rn 13.11), die Kontrolle der Belegschaft, die Veranlassung der Bewachung des Schuldnerbetriebes etc. Erforderlichenfalls sind die Schlüssel zu Betriebsräumen oder Fabrikhallen auszutauschen.

38 **4. Bankrechtliche Pflichten.** Banken, mit denen der Schuldner in Geschäftsverbindung steht, sind von der Verfahrenseröffnung zu unterrichten. Der Verwalter kann Schuldnergelder über neu eröffnete Fremdkonten oder Eigenkonten verwalten. Er ist aber auch berechtigt, schuldnerische Bankkonten während des Verfahrens als Fremdkonten weiterzuführen (*Kießling* NZI 2006, 440 f; *Marotzke* FS Henckel S 579, 585 f; str aA **BGH** NJW 1995, 1483). Belastungsbuchungen im Rahmen des **Lastschriftverfahrens** muss der Verwalter fristgerecht (vorbehaltlich einer Genehmigung innerhalb von sechs Wochen nach § 7 Abs 3 AGB Banken) widersprechen. Der Widerspruch gegen Lastschriften ist selbst dann zulässig und erforderlich, wenn keine sachlichen Einwendungen gegen die eingezogenen Forderungen erhoben werden (vgl **BGH** ZIP 2007, 2273; **BGH** ZIP 2008, 1977; **BGH** NJW 2005, 875; **OLG**

V. Die Pflicht zur Verwaltung der Insolvenzmasse **§ 148**

Köln ZIP 2009, 232; HK-*Kayser* § 82 Rn 28 ff; *Nobbe* WM 2009, 1537 ff; BerlKo-*Kießling* § 148 Rn 57; MüKo-*Füchsl/Weishäupl* § 148 Rn 53).

5. Betriebsstilllegung und Gesellschafterrechte. Will der Insolvenzverwalter vor dem Berichtstermin **39** das **Schuldnerunternehmen stilllegen**, so hat er die Zustimmung des Gläubigerausschusses einzuholen (§ 158 Abs 1). Ist kein Gläubigerausschuss bestellt worden, hat er vor der Stilllegung den Schuldner zu unterrichten (§ 158 Abs 2 S 1). Gehören zum Schuldnervermögen **Gesellschaftsanteile**, so sind die vermögensmäßigen und mitverwaltungsmäßigen Rechte, wie zB Stimmrechte aus Kapitalgesellschaftsanteilen, vom Insolvenzverwalter geltend zu machen (BerlKo-*Kießling* § 148 Rn 58). Soweit es sich um **Gesellschaftsanteile an einer Personengesellschaft** handelt, hat der Verwalter den Auseinandersetzungsanspruch bzw den vermögensrechtlichen Anspruch aus der Liquidation geltend zu machen (BerlKo-*Kießling* § 148 Rn 59, 60).

6. Betriebsfortführung im eröffneten Verfahren. a) Prognosepflicht. Die Unternehmensfortführung im **40** Insolvenzverfahren bis zur Beschlussfassung durch die Gläubigerversammlung (§ 157), aber auch nach einer Entscheidung der Gläubigerversammlung über eine Unternehmensfortführung stellt an den Insolvenzverwalter besondere Anforderungen, vor allem wenn er mit der **Ausarbeitung oder Durchführung eines Insolvenzplans** betraut ist (vgl grundlegend *Mönning*, Betriebsfortführung; *Riering*, Die Betriebsfortführung durch den Konkursverwalter, 1987; *Baumgartner*, Fortführung eines Unternehmens nach Konkurseröffnung, 1987; *Chalupsky/Ennöckl*, Unternehmensfortführung im Konkurs, Wien 1985; *Ph. Grub*, Tätigkeiten und Haftungsrisiken des Insolvenzverwalters bei Unternehmensfortführung, Diss Regensburg 1996; *Reheusser*, Unternehmensfortführung durch den Konkursverwalter, Diss Regensburg 1985; *Wellensiek*, Probleme der Betriebsfortführung in der Insolvenz FS *Uhlenbruck* S 199). Im Rahmen der Betriebsfortführung im eröffneten Verfahren trifft den Verwalter die Pflicht, fortlaufend zu prüfen, ob die Fortführung des Unternehmens noch mit den Interessen der Gläubiger zu vereinbaren ist. Hierzu sind für die voraussichtliche Zeit der Betriebsfortführung Finanz- und Ergebnispläne (Liquiditätsplan, Plan-Gewinn- und Verlustrecht) zu erstellen sowie fortlaufend den tatsächlichen Entwicklungen anzupassen (*Mönning*, Betriebsfortführung Rn 777 ff, 785 f; *Wellensiek* FS *Uhlenbruck* S 199, 211; BerlKo-*Kießling* § 148 Rn 66; MüKo-*Füchsl/Weishäupl* § 148 Rn 57).

b) Unternehmerische Pflichten. Führt der Insolvenzverwalter das Schuldnerunternehmen im Rahmen **41** des Insolvenzverfahrens fort, so sind an ihn **die gleichen Anforderungen** zu stellen wie an jeden sonstigen Insolvenzschuldner oder organschaftlichen Vertreter des Unternehmens (eingehend BerlKo-*Kießling* § 148 Rn 68–72). Das gilt nicht nur für Verträge und Einkäufe, sondern auch für die Beschaffung zusätzlicher Liquidität und die Benutzung bzw Verwertung von Sicherungsgut. Wenn auch der Insolvenzverwalter durch die Geschäftsführung nicht **Kaufmann iS des HGB** wird, so übt er gleichwohl Kaufmannstätigkeit aus, so dass für Neugeschäfte die Vorschriften der §§ 343 f HGB entsprechende Anwendung finden (**BGH ZIP 1987, 584 = WM 1987, 592**). Führt der Verwalter ein Arbeitsverhältnis mit einem Arbeitnehmer fort, dem eine **betriebliche Altersversorgung** zugesagt worden ist, so kann die **Versorgungsanwartschaft** im Laufe des eröffneten Verfahrens **unverfallbar** werden und auf diese Weise ein Rechtsanspruch auf die Versorgungsleistung entstehen. Die nach Eröffnung des Insolvenzverfahrens zeitanteilig erdiente Rente ist Masseschuld iSv 55 (vgl **BAG AP Nr 18 zu § 1 BetrAVG m Anm** *Uhlenbruck*). Unerheblich ist für die Unternehmensfortführung, ob im Einzelfall **Mitbewerber am Markt** durch die Unternehmensfortführung geschädigt werden. Wenn behauptet wird, Insolvenzverwalter ruinierten mit Niedrigkalkulationen oftmals den Markt, so ist dies ein Problem, das nur vom Gesetzgeber gelöst werden kann. Wettbewerbsrechtlich ist es grundsätzlich nicht zu beanstanden, wenn der Verwalter, der das Schuldnerunternehmen fortführt, in **Werbeanzeigen** für das laufende Geschäft nicht auf die Insolvenzeröffnung hinweist (**BGH ZIP 1989, 937 = NJW-RR 1989, 1263**). Der besonderen Situation des Verwalters ist im Rahmen der Prüfung der §§ 7, 8 UWG Rechnung zu tragen. Maßstab ist der regelmäßige Geschäftsverkehr eines Unternehmens in der Insolvenz. Im Hinblick auf das in § 159 normierte Gebot, die Abwicklung unverzüglich durchzuführen, ist oftmals ein kurzfristiger **freihändiger Ausverkauf** erforderlich (**BGH v 11. 5. 2006, ZIP 2006, 648 = ZInsO 2006, 1208**). Die Grenzen zwischen Verwaltung und Verwertung sind fließend. Zur Verwaltung gehören auch **Unterlassungspflichten**. So hat der Verwalter darauf zu achten, dass nicht eine vor Verfahrenseröffnung bestehende **Patentverletzung** fortgesetzt wird. Bei weiterer Patentverletzung haftet der Verwalter unmittelbar aus § 47 PatG (**BGH KTS 1976, 48 = NJW 1975, 1669**).

c) Ständige Prüfung der Fortführungsfähigkeit. Der Verwalter darf **keine Geschäfte mit Neugläubi- 42 gern** eingehen, die durch die Insolvenzmasse oder durch weitere Eingänge nicht gedeckt sind. Decken die laufenden Einnahmen nicht mehr die Ausgaben, ist eine weitere Betriebsfortführung nur noch dann gerechtfertigt, wenn der Verwalter davon ausgehen kann, dass das Unternehmen später zu einem Preis veräußert werden kann, der abzüglich der aufgelaufenen Verluste den Zerschlagungswert der Masse übersteigt (*Wellensiek* FS *Uhlenbruck* S 199, 212; *Mönning*, Betriebsfortführung Rn 177 f). Beschließt die **Gläubigerversammlung** eigenverantwortlich über die Fortführung des Schuldnerunternehmens, so entbindet dieser Beschluss den Verwalter nicht von der Verpflichtung, jederzeit zu **prüfen**, ob die weitere Unternehmensfortführung die Masse schmälert und damit den gemeinsamen Interessen der Insolvenzgläubiger zuwiderläuft (MüKo-*Füchsl/Weishäupl* § 148 Rn 56; BerlKo-*Kießling* § 148 Rn 67). Bejahendenfalls hat er unverzüglich die Anberaumung einer **besonderen Gläubigerversammlung** bei Gericht anzuregen, die über die weitere Geschäftsfortführung zu beschließen hat. Zur **Analyse der Fortführungsfähigkeit** s *Wellensiek* FS *Uhlenbruck* S 199, 212 ff. Zur Verwaltung gehört auch die **Erfüllung der handels- und steuerrechtlichen Pflichten** nach den §§ 155 InsO, 34 AO. Einzelheiten hierzu in der Kommentierung zu § 80. Ohne auf weitere Einzelheiten an dieser Stelle einzugehen ist festzustellen, dass unter den Begriff der Verwaltung sämtliche Pflichten fallen, die der Verwalter nicht nur gegenüber den Gläubigern und dem Gericht, sondern auch gegenüber Dritten zu erfüllen hat. Hierzu gehören auch die Rechnungslegungspflichten nach § 155 sowie die steuerlichen Pflichten nach der AO. Eine Ausnahme gilt lediglich für die **Eigenverwaltung**, weil insoweit für den Schuldner bzw das Schuldnerunternehmen die Pflichten nur insoweit erweitert werden, als den Besonderheiten des Insolvenzverfahrens Rechnung zu tragen ist, wie zB bei der Beachtung von Aus- und Absonderungsrechten (vgl auch N/R/*Andres* § 148 Rn 36–38; H/W/F Hdb 5/84 ff; *Häsemeyer* InsR Rn 13.06 ff).

43   d) **Pflichten gegenüber Sicherungsgläubigern.** Auch die **Nutzung des Sicherungsguts** durch den Insolvenzverwalter gehört zur Verwaltung. Der Insolvenzverwalter ist zu jeder Form der Nutzung des Sicherungsgutes berechtigt, die an einem der gesetzlich vorgegebenen Verfahrensziele ausgerichtet ist (*Mönning* FS *Uhlenbruck* S 239, 259). Das bloße Liegenlassen eines sicherungsübereigneten Gegenstandes kann eine zweckgerichtete Form der Nutzung darstellen, wenn sich im Rahmen eines Liquidationsverfahrens eine sich bereits abzeichnende bessere Verwertungsmöglichkeit abgewartet werden soll (vgl K/P/B/*Kemper* § 172 Rn 3; H/W/F Hdb 5/288; *Mönning* FS *Uhlenbruck* S 259; N/R/*Becker* § 172 Rn 6 ff). Da – wie oben bereits dargestellt wurde – der Begriff der „Insolvenzmasse" in § 148 Abs 1 zunächst die sogen „Ist-Masse" erfasst, treffen den Verwalter im Rahmen der Verwaltung auch sämtliche Sicherungspflichten hinsichtlich der Gegenstände, an denen ein Aus- oder Absonderungsrecht besteht. Allerdings kommt es für eine **Haftung des Insolvenzverwalters** gegenüber Absonderungsberechtigten im Einzelfall darauf an, ob der Verwalter unmittelbaren Besitz an den Sachen erlangt hat. Besitz ohne Sachherrschaft führt nicht zur Haftung. Die tatsächliche Sachherrschaft entsteht erst mit der Besitzergreifung durch den Verwalter. Nach **OLG** Hamburg (Urt v 14. 12. 1995, ZIP 1996, 386, 387) begeht der Insolvenzverwalter auch keine Pflichtverletzung, wenn er darauf verzichtet, mit Absonderungsrechten belastete Gerätschaften, die zur Betriebsfortführung benötigt werden, in unmittelbaren Besitz zu nehmen. Dies ist keineswegs unzweifelhaft. Die Pflicht zur Inbesitznahme und Sicherung von Sicherungsgut kann auch dadurch verletzt werden, dass der Verwalter es unterlässt, sich den unmittelbaren Besitz zu verschaffen, oder sich diesen verspätet verschafft.

44   e) **Die Fortführung eines Sportvereins.** Ein besonderes Problem der Unternehmensfortführung durch den Insolvenzverwalter stellt sich im Insolvenzverfahren über das Vermögen eines Sportvereins (s *Walker* KTS 2003, 169; *Zeuner/Nauen* Zum Lizenzligaverein NZI 2009, 213; *Haas* NZI 2003, 177). Auch der nicht rechtsfähige Verein ist gem § 11 Abs 1 S 2 insolvenzfähig (vgl § 11 Rn 229 [*Hirte*]). Der Insolvenzverwalter ist berechtigt, den Verein zeitweise unter Aufrechterhaltung des Spielbetriebs weiterzuführen. Zu den Auswirkungen der Insolvenzeröffnung (Konkurseröffnung) auf die Vereinslizenz und die Spielerlizenzen sowie zur Fortführung des Vereins und Spielertransfers durch den Insolvenzverwalter *J. Wertenbruch* ZIP 1993, 1292 ff; *Reichert*, Rechtsfragen beim Konkurs von Sportvereinen mit Profi- und Amateurabteilung, in: *Grunsky* (Hrsg), Der Sportverein in der wirtschaftlichen Krise, 1990, S 1 ff; *Uhlenbruck*, Konkursrechtliche Probleme des Sportvereins, FS *Merz* 1992, S 581 ff. Zur Wertbemessung für ein Teilnahmerecht von Mannschaften am sportlichen Wettbewerb einer Bundesliga **BGH** Urt v 22. 3. 2001 ZIP 2001, 889 = WM 2001, 1005. Bei **Bundesligavereinen** kann der Lizenzspieler während des Insolvenzverfahrens ohne Mitwirkung des Insolvenzverwalters und des Vereinsvorstandes zu einem anderen Verein überwechseln (s auch *Adolphsen* KTS 2005, 53, 71 f; *Walker* KTS 2003, 169, 183 ff; *Haas* NZI 2003, 177 ff). Der Insolvenzverwalter erhält jedoch eine **Transferentschädigung**. Die Abtretungsverbote des DVB-Lizenzspielerstatuts sind nach Auffassung von *Wertenbruch* (ZIP 1993, 1292, 1298) wegen unangemessener Benachteiligung der Bundesligavereine nichtig. Vgl auch *F. Kebekus*, Alternativen zur Rechtsform des Idealvereins im Bundesdeutschen Lizenzfußball, 1991.

45   f) **Die Fortführung einer freiberuflichen Praxis.** Die Fortführung der Praxis eines Freiberuflers nach Insolvenzeröffnung über das Vermögen des Inhabers wirft ebenfalls besondere Probleme auf (*Schick* NJW 1990, 2359, 2360 f). Wie bereits zu § 35 dargelegt wurde, gehört auch die freiberufliche Praxis zur Insolvenzmasse (*Uhlenbruck* FS *Henckel* 1995 S 877 ff). Vom Insolvenzbeschlag der Praxis eines Freiberuflers zu unterscheiden ist jedoch die Frage, ob der Freiberufler als solcher trotz Anordnung von Sicherungsmaßnahmen oder der Verfahrenseröffnung über sein Vermögen berechtigt ist, die Praxis oder ein Notariat einstweilen weiterzuführen, um auf diese Weise ein Restschuldbefreiungsverfahren nach den §§ 286 ff anzustreben. Einkünfte, die ein selbständig tätiger Schuldner nach Eröffnung des Verfahrens erzielt, gehören in vollem Umfang, ohne einen Abzug beruflich bedingter Ausgaben, zur Insolvenzmasse. Der Schuldner kann gem § 850i ZPO beantragen, dass ihm von seinen durch Vergütungs-

I. Allgemeines

ansprüche gegen Dritte erzielten Einkünfte ein **pfändungsfreier Anteil** belassen wird (BGH v 5. 4. 2006, ZVI 2007, 78; BGH v 5. 2. 2004, ZVI 2004, 732; BGH ZVI 2004, 625; BGH ZVI 2006, 58). Hat der Schuldner (Arzt) Forderungen auf Vergütung gegen die **Kassenärztliche Vereinigung** abgetreten oder verpfändet, so ist eine solche Verfügung unwirksam, soweit sie sich auf Ansprüche bezieht, die auf nach Eröffnung des Insolvenzverfahrens erbrachten ärztlichen Leistungen beruhen (BGH v 11. 5. 2006, ZIP 2006, 1254 = ZInsO 2006, 708).

Seit dem Inkrafttreten des **Gesetzes zur Vereinfachung des Insolvenzverfahrens** am 1. 7. 2007 kann der Insolvenzverwalter gegenüber dem freiberuflich tätigen Schuldner erklären, ob Vermögen aus der selbständigen Tätigkeit **zur Insolvenzmasse gehört** und ob Ansprüche aus dieser Tätigkeit im Insolvenzverfahren geltend gemacht werden können (§ 35 Abs 2). § 295 Abs 2 gilt entsprechend. Der Insolvenzverwalter hat demgemäß eine Prognose anzustellen, ob die schuldnerische Tätigkeit die Masse mehrt oder nicht. Krit zu dieser Regelung *Andres/Pape* NZI 2005, 141, 145 f; *Grote/Pape* ZInsO 2004, 993, 997; *Schmerbach/Wegener* ZInsO 2006, 400, 406; *Runkel* ZVI 2007, 45, 53. Will der Insolvenzverwalter selbst eine Freiberuflerpraxis fortführen, muss er sich entweder der Hilfe des Schuldners als Praxisinhaber bedienen, wenn er selbst nicht die persönliche Qualifikation aufweist, oder, wenn er die Qualifikation hat, kann er mit Zustimmung des Schuldners die Praxis fortführen (s auch *Kluth* NJW 2002, 186 ff; ferner die Kommentierung zu § 35 Rn 90 ff). Gleiches gilt für die **Fortführung einer Apotheke** (§ 36 Abs 2 Nr 2). Den Gläubigern ist idR mehr damit gedient, wenn der Freiberufler imstande ist, weiterzuarbeiten und einen Teil seiner Schulden im Rahmen eines Restschuldbefreiungsverfahrens abzuarbeiten. Ein Recht darauf, die Praxis weiterführen zu dürfen, hat der Freiberufler allerdings nicht. Die Frage der Zugehörigkeit von Ansprüchen aus selbständiger Tätigkeit des Schuldners zur Insolvenzmasse ist durch die Regelung in § 35 Abs 2 u 3 seit dem 1. 7. 2007 geklärt.

§ 149 Wertgegenstände

(1) ¹Der Gläubigerausschuß kann bestimmen, bei welcher Stelle und zu welchen Bedingungen Geld, Wertpapiere und Kostbarkeiten hinterlegt oder angelegt werden sollen. ²Ist kein Gläubigerausschuß bestellt oder hat der Gläubigerausschuß noch keinen Beschluß gefaßt, so kann das Insolvenzgericht entsprechendes anordnen.

(2) Die Gläubigerversammlung kann abweichende Regelungen beschließen.

Übersicht

	Rn
I. Allgemeines	1
II. Entscheidungszuständigkeit	3
1. Bestimmung durch den Gläubigerausschuss (§ 149 Abs 1 S 1)	4
2. Bestimmungsrecht des Insolvenzgerichts (§ 149 Abs 1 S 2)	5
3. Bestimmung durch die Gläubigerversammlung (§ 149 Abs 2)	6
III. Gegenstände der Hinterlegung oder Anlegung	7
1. Die Verwahrung und Anlegung von Geldern	8
2. Kostbarkeiten	9
3. Wertpapiere	10
IV. Die Art und Weise der Hinterlegung	11
1. Die Verwahrung von Geldern oder Kostbarkeiten auf Anderkonten oder in Anderdepots	12
2. Die Hinterlegung von Geld und Abschlagsteuer	16
3. Die Unabdingbarkeit des § 149	18
V. Erlangung der Eigenschaft als Hinterlegungsstelle	19
1. Bestimmung eines Kreditinstituts als Hinterlegungsstelle	19
2. Pflichten des Kreditinstituts als Hinterlegungsstelle	20
3. Haftung des Kreditinstituts als Hinterlegungsstelle	21
4. Haftungsrechtliche Mitverantwortung Dritter	23
5. Besonderheiten in der Genossenschaftsinsolvenz	24
VI. Verwalterkonten und Bankgeheimnis	25
VII. Verfügungen nach Verfahrensbeendigung	30

I. Allgemeines

§ 149 fasst die früheren Vorschriften der §§ 129 Abs 2, 132 Abs 1, 137 KO ohne wesentliche inhaltliche Änderungen zusammen, was zur Folge hat, dass im **Insolvenzeröffnungsverfahren** das Insolvenzgericht zu entscheiden hat, da in diesem Verfahrensstadium noch kein Gläubigerausschuss bestellt ist. Die früher in Abs 2 normierte Mitunterzeichnung von Quittungen durch ein Gläubigerausschussmitglied ist durch das Gesetz zur Vereinfachung des Insolvenzverfahrens vom 13. 4. 2007 (BGBl I 2007 S 509) mit Wirkung zum 1. 7. 2007 ersatzlos gestrichen worden. Damit sind die praktischen Schwierigkeiten beseitigt, die durch die früher in Abs 2 normierte Mitzeichnungspflicht eines Mitglieds des Gläubigeraus-

§ 149

schusses verursacht wurden. Gleichzeitig sind mit dem Wegfall des Abs 2 auch die besonderen Haftungsrisiken der Kreditinstitute im Hinblick auf die Prüfung der alleinigen Berechtigung des Insolvenzverwalters, über hinterlegte Gelder zu verfügen, entfallen (vgl *Braun/Dithmar* § 149 Rn 2; MüKo-*Füchsl/Weishäupl* § 149 Rn 1; BerlKo-*Kießling* § 149 Rn 2).

2 Bei **Unternehmensfortführung durch den Insolvenzverwalter** findet § 149 Abs 1 **keine Anwendung** (*Kreft* FS Merz S 313, 327; BerlKo-*Kießling* § 149 Rn 8; str aA LG Freiburg ZIP 1983, 1098, 1099; K/P/B/*Holzer* § 149 Rn 13; HaKo-*Jarchow* § 149 Rn 21). Solchenfalls werden die Mitwirkungsrechte der Gläubiger durch die §§ 157, 69, 160, 217 ff geregelt. Durch eine Hinterlegung würde der mit der Betriebsfortführung zwangsläufig verbundene Bargeldverkehr erheblich erschwert.

II. Entscheidungszuständigkeit

3 § 149 bringt in Abs 1 eine Staffelung der Entscheidungszuständigkeiten, wobei festzustellen ist, dass die Verantwortung für die Anlegung und Verwahrung von Geld und Wertsachen grundsätzlich beim Insolvenzverwalter liegt, der verpflichtet ist, die Vermögenswerte im Interesse der Gläubiger optimal anzulegen.

4 **1. Bestimmung durch den Gläubigerausschuss (§ 149 Abs 1 S 1).** Die Aufgaben des Gläubigerausschusses sind in § 69 festgelegt. § 148 Abs 1 S 1 konkretisiert eine dieser Aufgaben dahingehend, dass der Gläubigerausschuss bestimmen kann, bei welcher Stelle und bei welchen Bedingungen Geld, Wertpapiere oder Kostbarkeiten des Schuldners hinterlegt oder angelegt werden sollen. Es handelt sich um ein **Mitwirkungsrecht**, nicht dagegen um eine Mitwirkungspflicht. Der Gläubigerausschuss kann es im Einzelfall dem Verwalter überlassen, wo er zur Insolvenzmasse gehöriges Geld anlegt und wo er Wertgegenstände deponiert (K/P/B/*Holzer* § 149 Rn 12; FK-*Wegener* § 149 Rn 1). Der Gesetzgeber hat die **Primärzuständigkeit des Insolvenzverwalters** für die Hinterlegung vorgesehen. Diese Primärzuständigkeit wird jedoch beseitigt, wenn ein Gläubigerausschuss die Anordnung trifft oder, falls ein solcher nicht bestellt ist oder noch keinen Beschluss gefasst hat, das Gericht eine entsprechende Anordnung nach § 149 Abs 1 S 2 trifft. Ist ein Gläubigerausschuss gem § 67 eingesetzt worden, so kann dieser die Art und Weise der Hinterlegung sowie die Hinterlegungsstelle bestimmen. Macht er von diesem Recht keinen Gebrauch, bleibt es Sache des Insolvenzverwalters zu entscheiden, ob, wo und wie er Geld oder Wertpapiere anlegt bzw hinterlegt. In der Praxis hat es sich als zweckmäßig erwiesen, es bei der Primärzuständigkeit des Insolvenzverwalters zu belassen und lediglich zu **kontrollieren**, wo und wie er das Geld angelegt und die Wertpapiere oder Kostbarkeiten deponiert hat (vgl auch N/R/*Andres* § 149 Rn 3; FK-*Wegener* § 149 Rn 3).

5 **2. Bestimmungsrecht des Insolvenzgerichts (§ 149 Abs 1 S 2).** Ist kein Gläubigerausschuss bestellt oder hat dieser noch keinen Beschluss gefasst, so ist das Insolvenzgericht gem § 149 Abs 1 S 2 berechtigt anzuordnen, wo und unter welchen Bedingungen Geld, Wertpapiere und Kostbarkeiten vom Verwalter hinterlegt werden sollen. Nach K/P/B/*Holzer* (§ 140 Rn 10) ist hierzu ein **formloser Antrag** des Verwalters notwendig, den das Gericht nach pflichtgemäßem Ermessen zu überprüfen hat. Dies entspricht nicht der Intention des Gesetzgebers: Macht das Gericht von seinem Bestimmungsrecht keinen Gebrauch, entscheidet der Verwalter nach eigenem pflichtgemäßen Ermessen. Er ist nicht verpflichtet, bei Gericht einen Antrag zu stellen (BerlKo-*Kießling* § 149 Rn 16; *Braun/Dithmar* § 149 Rn 1; HaKo-*Jarchow* § 149 Rn 16). Macht das Insolvenzgericht von seinem Bestimmungsrecht nach § 149 Abs 1 S 2 Gebrauch, entscheidet es durch unanfechtbaren Beschluss. Hat der Rechtspfleger entschieden, so findet gem § 11 Abs 2 S 1 RPflG binnen der für die sofortige Beschwerde geltenden Frist die **Erinnerung** statt (BerlKo-*Kießling* § 149 Rn 16).

6 **3. Bestimmung durch die Gläubigerversammlung (§ 149 Abs 2).** Die Gläubigerversammlung ist als oberstes Organ der Selbstverwaltung gem § 149 Abs 2 berechtigt, abweichende Regelungen zu beschließen. Dieses Recht umfasst nicht nur die Befugnis, bei fehlender Bestimmung durch Gläubigerausschuss oder Gericht die Hinterlegungsart und Hinterlegungsstelle zu bestimmen, sondern auch das Recht, eine gerichtlich oder durch den Gläubigerausschuss angeordnete Hinterlegung abzuändern und eine andere Form der Hinterlegung anzuordnen oder eine andere Hinterlegungsstelle zu bestimmen (MüKo-*Füchsl/Weishäupl* § 149 Rn 10; BerlKo-*Kießling* § 149 Rn 26).

III. Gegenstände der Hinterlegung oder Anlegung

7 § 149 Abs 1 S 1 spricht als Hinterlegungsstand von Geld, Wertpapieren und Kostbarkeiten. Gemeint ist generell jede Art von Wertgegenständen, die wegen ihres Wertes und der Gefahr eines Diebstahls der besonderen Verwahrung bedürfen.

IV. Die Art und Weise der Hinterlegung § 149

1. Die Verwahrung und Anlegung von Geldern. Die Verwahrung und Anlegung von Geldern spielt 8
sowohl im Eröffnungsverfahren als auch im eröffneten Verfahren oftmals eine große Rolle. Zum Geldbegriff iSv § 149 gehört auch **Buchgeld** oder **Giralgeld** (MüKo-*Füchsl/Weishäupl* § 149 Rn 5; *Hintzen/ Förster* Rpfleger 2001, 399 f; HaKo-*Jarchow* § 149 Rn 5; str aA *Kießling* NZI 2006, 440, 445 f; BerlKo-*Kießling* § 149 Rn 5). Schwierigkeiten bereitet in der Praxis aber die Abgrenzung der Hinterlegung nach § 149 von dem laufenden Geldverkehr, der vor allem bei Unternehmensfortführung eine bedeutende Rolle spielt. Hinterlegungsanordnungen dürfen die Liquidität des Schuldnerunternehmens nicht in unangemessener Weise beschränken. Deshalb wird in der **Literatur** teilweise die Auffassung vertreten, **keine Hinterlegung iSv § 149** sei die durch **Beschluss der Gläubigerversammlung** an den Insolvenzverwalter gerichtete Anweisung, die eingehenden Gelder bei einer Bank oder Sparkasse zu den üblichen Bedingungen anzulegen bzw eingehende Gelder auf das vom Insolvenzverwalter bezeichnete Konto zu nehmen; ferner die Gestaltung, Kostbarkeiten in ein Anderdepot zu verbringen (so zB *Hess* § 149 Rn 8; K/P/B/*Holzer* § 149 Rn 7; *Hess/Weis* InVo 1997, 1, 3). **Dieser Auffassung kann nicht gefolgt werden.** Wie bereits eingangs festgestellt wurde, hat der Gesetzgeber in § 149 die früheren §§ 129 Abs 2 S 1, 129 Abs 2 S 2, 132 Abs 1 KO in einer Vorschrift zusammengefasst. Nach § 132 Abs 1 KO hatte die erste Gläubigerversammlung über die Hinterlegung von Geldern und Wertgegenständen zu entscheiden. Die Rechtslage gegenüber dem früheren Recht hat sich nur insoweit geändert, als die Gläubigerversammlung nicht mehr verpflichtet ist, über die Hinterlegung nach § 149 Abs 3 zu entscheiden. Erfolgt die Bestimmung, dass eingehende Gelder auf das vom Verwalter bezeichnete Anderkonto zu nehmen sind, so ist hiermit **die Hinterlegungsstelle festgelegt** und darf der Verwalter nicht ohne weiteres **neue Massekonten einrichten** oder das **Kreditinstitut wechseln** (str aA K/P/B/*Holzer* § 149 Rn 7; *Braun/Dithmar* § 149 Rn 8; N/R/*Andres* § 149 Rn 12; *Hess* § 149 Rn 12). Nicht selten stellt sich die Frage, wie noch nicht zur Ausschüttung anstehende Beträge **angelegt** werden sollen. Auch hier hat der Verwalter grundsätzlich die nicht immer günstigste, doch sicherste Anlageform zu wählen. Auf keinen Fall ist es ihm gestattet, ohne Zustimmung der Gläubigerversammlung oder des Gläubigerausschusses die Gelder in **spekulative Objekte** zu investieren. Auch **Geld in ausländischer Währung** fällt unter § 149 Abs 1 S 1. Ist eine Übernahme auf inländische Konten oder eine Anlage nicht möglich, sind ausländische Gelder wie Kostbarkeiten zu behandeln (K/P/B/*Holzer* § 149 Rn 2).

2. Kostbarkeiten. Kostbarkeiten iSv § 149 Abs 1 S 1 sind Gegenstände, deren Wert im Vergleich zu 9
ihrem Umfang und ihrem Gewicht besonders hoch ist (**KG Rpfleger 1976, 316**; MüKo-*Füchsl/Weishäupl* § 149 Rn 7; BerlKo-*Kießling* § 149 Rn 12). Hierzu zählen insbesondere Gold- und Silbersachen, Edelsteine, Kunstwerke und Bücher. Keine Kostbarkeiten sind dagegen Pelzmäntel, Videokassetten oder lebende Tiere, auch wenn diese wertvoll sind (MüKo-*Füchsl/Weishäupl* § 149 Rn 7). Kostbare Pelze können jedoch im Einzelfall ebenso darunter fallen wie eine wertvolle Briefmarken- oder Münzsammlung (*Kilger/K. Schmidt* § 129 KO Anm 3).

3. Wertpapiere. Wertpapiere sind Urkunden, bei denen die Ausübung des Rechts mit dem Besitz am 10
Papier untrennbar verbunden ist. Der Begriff der Wertpapiere in § 149 Abs 1 S 1 erfasst jedoch nicht nur Wertpapiere ieS, sondern auch Legitimationspapiere iSv § 808 BGB, wie zB Sparkassenbücher, Hypotheken- und Grundschuldbriefe, die zwar keine Wertpapiere iSd Hinterlegungsrechts sind, aber als **Urkunden** hinterlegungsfähig sind (BerlKo-*Kießling* § 149 Rn 11; K/P/B/*Holzer* § 149 Rn 4; *Kilger/ K. Schmidt* § 129 KO Anm 3). Unter den Begriff der Wertpapiere fallen auch Versicherungspolicen und sonstige Urkunden, die einen Wert verbriefen (vgl auch *Jaeger/Weber* § 129 KO Rn 11; *Hess* § 149 Rn 5; K/P/B/*Holzer* § 149 Rn 4).

IV. Die Art und Weise der Hinterlegung

Die Hinterlegung im insolvenzrechtlichen Sinne ist **keine Hinterlegung iSv §§ 372 ff BGB** (FK- 11
Wegener § 149 Rn 1 a; str aA *Voigt-Salus/Pape* bei Mohrbutter/Ringstmeier Hdb § 21 Rn 113). Gemeint ist eine Hinterlegung im untechnischen Sinne, dh eine Sicherstellung des Gegenstandes oder Betrages gegen unbefugte Verfügungen Dritter, aber auch unbefugte Entnahmen des Insolvenzverwalters. Deshalb haben Gläubigerausschuss, Gläubigerversammlung und Insolvenzgericht in der **Auswahl der Hinterlegungsstelle freie Hand.** Die Hinterlegung findet idR bei Banken oder Sparkassen statt. Wertpapiere werden in ein Depot genommen. Handelt es sich um nicht verbriefte Namensaktien, was inzwischen die Regel ist, so ist dafür Sorge zu tragen, dass im Aktienbuch eingetragene Aktien nicht übertragen werden können. Vom vorläufigen Insolvenzverwalter im Eröffnungsverfahren eingerichtete **Sonderkonten** sind keine Hinterlegungsstellen nach § 149. Sie können auch nicht durch den Beschluss der Gläubigerversammlung dazu umqualifiziert werden (**BGH ZIP 2007, 2279, 2280**). Hat die Gläubigerversammlung oder der Gläubigerausschuss eine Hinterlegungsstelle ausgewählt, verstößt eine Anweisung des Verwalters, nach der die bei der Hinterlegungsstelle eingezahlten Gelder nunmehr an eine andere Bank übertragen werden sollen, gegen § 149 (*Obermüller* InsR Bankpraxis Rn 2.144). Da der **Insolvenzverwalter** nicht berechtigt ist, die Hinterlegungsstelle auszuwählen, ist er ebenfalls nicht berechtigt, Gelder von der durch die Gläubigerversammlung bestimmten Hinterlegungsstelle abzuziehen,

um sie bei einem anderen Institut zinsgünstiger anzulegen (vgl auch **LG** Freiburg ZIP 1983, 1098). Die Bank als Hinterlegungsstelle ist demgemäß berechtigt und verpflichtet, sich einer solchen Verfügung des Insolvenzverwalters zu widersetzen (*Obermüller* InsR Bankpraxis Rn 2.144).

12   **1. Die Verwahrung von Geldern oder Kostbarkeiten auf Anderkonten oder in Anderdepots.** Über **Wertpapiere in Sonderverwahrung** (Streifbanddepot) oder über Wertpapiere in einem **Girosammeldepot** kann der Schuldner ohnehin nicht mehr verfügen. Da der Schuldner bzw das Schuldnerunternehmen gem § 80 Abs 1 ohnehin nicht über Geld, Wertpapiere oder Kostbarkeiten verfügen können, geht es letztlich nur darum, die Masse vor unbefugtem Zugriff zu schützen. In der Literatur wird teilweise die Auffassung vertreten, der Insolvenzverwalter könne Gelder auf **Anderkonten** und in **Anderdepots** anlegen (*Uhlenbruck* KTS 1970, 187; *Kilger/K. Schmidt* § 129 KO Anm 4). Die Einrichtung solcher Konten kann aber nicht befürwortet werden, da sie, wenn es noch zur Bestimmung einer Hinterlegungsstelle kommt, dem Insolvenzverwalter unnötig die Möglichkeit einer zweckfremden Verwendung von Massewerten verschaffen. Es erscheint daher richtig, wenn die **Bankbedingungen für Anderkonten** derartige Konten zur Anlegung von insolvenzbefangenen Geldern oder Wertpapieren für ungeeignet erklären. Hinzu kommt, dass bei der Anlegung der Gelder auf einem „Anderkonto" der Insolvenzverwalter den **Einreden aus dem Deckungsverhältnis** ausgesetzt bleibt (**OLG** Köln ZIP 1980, 972, 974). Schon deshalb ist es ratsam, ein **Insolvenzkonto** unter Bezeichnung des Verfahrens als **Sonderkonto** anzulegen (**BGH** NJW-RR 1988, 1259 = ZIP 1988, 1136 = KTS 1988, 762; *Voigt-Salus/Pape* bei Mohrbutter/ Ringstmeier Hdb § 21 Rn 115–124). Bei einem **Insolvenzsonderkonto** für die Masse handelt der Insolvenzverwalter nicht als Vollrechtstreuhänder, sondern als Ermächtigungstreuhänder (**BGH** v 15. 12. 1994, ZIP 1995, 225; **BGH** v 19. 5. 1988, ZIP 1988, 1136 = WM 1988, 1222, 1223; *Voigt-Salus/Pape* bei Mohrbutter/Ringstmeier Hdb § 21 Rn 122; *Obermüller* InsR Bankpraxis Rn 2.15 a; vgl auch *Graf von Westphalen* EWiR 1988, 939; *Hess* WuB VI B. § 82 KO 4.88).

13   Das auf dem **Anderkonto** befindliche Vermögen steht **formal dem Treuhänder** zu und wird fiduziarisch für den Treugeber als wirtschaftlich Berechtigten verwaltet. Privatgläubiger des Treuhänders können dessen Auszahlungsanspruch gegen die Bank gem § 829 ZPO durch Zustellung eines entsprechenden Beschlusses an die Bank als Drittschuldner pfänden lassen. Es ist Sache des Treugebers, durch Erhebung der Drittwiderspruchsklage den Vollstreckungszugriff abzuwehren (vgl auch **LG** Köln NJW-RR 1987, 1365; *Voigt-Salus/Pape* bei Mohrbutter/Ringstmeier Hdb § 21 Rn 119). Der Inhaber des Anderkontos kann im Übrigen nicht daran gehindert werden, entgegen den treuhänderischen Bindungen zugunsten seiner Privatgläubiger über das Guthaben zu verfügen. Bei **Tod des Anderkontoinhabers** oder bei **Verwalterwechsel** kann der neu bestellte Insolvenzverwalter nicht sofort nach Amtsübernahme über das Konto verfügen. Vielmehr muss er erst einen Herausgabeanspruch gegen den Abwickler geltend machen (*Obermüller* InsR Bankpraxis Rn 2.151 a). Zahlt ein Drittschuldner auf Grund einer Anordnung des Insolvenzgerichts einen Entgeltbetrag auf ein vom **vorläufigen Insolvenzverwalter eingerichtetes Anderkonto** ein und wird dieses Treuhandkonto nach Insolvenzeröffnung als Hinterlegungskonto aufrecht erhalten, so verbleibt das Guthaben im Treuhandvermögen des Insolvenzverwalters persönlich. Es wird nicht Teil der Insolvenzmasse (**BGH** v 20. 9. 2007, NZI 2008, 39). Schließlich können **Anderkonten** nur von anderkontenfähigen Personen, namentlich Rechtsanwälten, Notaren, Angehörigen der öffentlich bestellten wirtschaftsprüfenden und wirtschafts- und steuerberatenden Berufe sowie für Patentanwälte eingerichtet werden (vgl *Hellner* FS Nielsen 1996 S 29; *Obermüller* InsR Bankpraxis Rn 2.34 u 2.88; *Hellner*, Geschäftsbedingungen für Anderkonten, 1963; K/U § 137 KO Rn 1 a). Anderkonten stellen eine Unterart der offenen Treuhandkonten dar (*Canaris* NJW 1973, 833). Sie sind offene Vollrechtstreuhandkonten, aus denen ausschließlich der kontoeröffnende Rechtsanwalt, Patentanwalt, Notar, Wirtschaftsprüfer, Steuerberater oder Treuhänder persönlich gegenüber der Bank verpflichtet ist (**BGH** v 5. 11. 1953, WM 1955, 372). **Der Insolvenzverwalter als Amtsperson** gehört ohne die besondere Qualifikation nicht zu dem Personenkreis, dem die Einrichtung eines Anderkontos gestattet ist.

14   Geschützter ist die Masse, wenn der **Verwalter ein Sonderkonto einrichtet.** Weil es der Masse zusteht, können Privatgläubiger des Verwalters nicht in das Konto vollstrecken (vgl auch *Hintzen/Förster* Rpfleger 2001, 399, 400; *Voigt-Salus/Pape* bei Mohrbutter/Ringstmeier Hdb § 21 Rn 121). Trotzdem wird in Literatur und Praxis überwiegend die Auffassung vertreten, der Insolvenzverwalter, der die Voraussetzungen für die Einrichtung eines Anderkontos erfüllt, sei berechtigt, **Gelder auf ein auf seinen Namen lautendes Anderkonto oder Anderdepot** zu nehmen (*Hess* § 149 Rn 9, 10; N/R/*Andres* § 149 Rn 13; *Kießling* NZI 2006, 440; *Braun/Dithmar* § 149 Rn 7; MüKo-*Füchsl/Weishäupl* § 149 Rn 12–17; *Hess/Weis* InVo 1997, 1, 3). Auch *G. Kreft* (FS Merz S 313, 318, 326) hält die Einrichtung eines Anderkontos als Vollrechtstreuhandkonto für zulässig, wenn der Insolvenzverwalter die Voraussetzungen erfüllt. K/P/B/*Holzer* (§ 149 Rn 8) meinen dagegen, Rechtsanwälte, Patentanwälte, Notare, Wirtschaftsprüfer und Steuerberater als Insolvenzverwalter kämen ihrer Verpflichtung aus § 149 Abs 1 „durch die Anlage von Geldern auf **Anderkonten** auf ihren Namen mit der zusätzlichen Bezeichnung als **Sonderkonto für die Insolvenzmasse** nach" (vgl auch *Uhlenbruck* KTS 1970, 187, 188; *Kreft* FS Merz S 313, 318 f; *Kilger/K. Schmidt* § 129 KO Anm 4). In der Literatur wird teilweise darauf hingewiesen, das **Anderkonto als eine Unterart des offenen Treuhandkontos** biete schon im Hin-

IV. Die Art und Weise der Hinterlegung **§ 149**

blick auf das Standesrecht der betreffenden Berufsgruppen ausreichende Gewähr für eine ordnungsgemäße Verwaltung (N/R/*Andres* § 149 Rn 13; K/P/B/*Holzer* § 149 Rn 8; MüKo-*Füchsl/Weishäupl* § 149 Rn 12–19).

Trotzdem ist daran festzuhalten, dass schon im Hinblick auf die Tatsache, dass bei Anlegung der 15 Gelder auf einem Anderkonto der Insolvenzverwalter den **Einreden aus dem Deckungsverhältnis** ausgesetzt bleibt, dem **Insolvenzkonto als Sonderkonto** der Vorzug zu geben ist (vgl AG Hamburg ZInsO 2004, 1270; 2003, 816; *Pape/Uhlenbruck* ZIP 2005, 419; *Pape* ZInsO 2004, 243; *Kirchhof* FS Kreft S 359; HaKo-*Jarchow* § 149 Rn 11; *Frind* ZInsO 2003, 778; 2004, 470; K/P/B/*Holzer* § 149 Rn 9). Dabei ist allerdings im Hinblick auf die BGH-Rechtsprechung **zum Erhalt der Bereicherungseinrede der Bank** gegenüber dem Anspruch des Verwalters auf Auszahlung des Guthabens der Masse auch auf einem Sonderkonto (BGH ZIP 1995, 225 = WM 1995, 352 m Anm *Uhlenbruck* EWiR 1995, 465) darauf zu achten, dass dieses Konto nicht bei einer Bank eingerichtet wird, die schon in Vertragsbeziehungen zum Insolvenzschuldner stand. Grundsätzlich kann die **Zulässigkeit eines Anderkontos** nach § 149 wohl nicht bezweifelt werden (BGH v 19. 5. 1988, ZIP 1988, 1136 = KTS 1988, 762). Es **überwiegen aber die Bedenken,** die gegen ein Anderkonto bestehen. Dies sind nicht nur die Schwierigkeiten bei einem Verwalterwechsel, sondern die Bank darf dem Insolvenzgericht nicht ohne weiteres Auskunft über das Anderkonto erteilen, da Kontoinhaber der Verwalter persönlich ist und daher diesem gegenüber das Bankgeheimnis zu wahren ist. Die Interessen der Gläubiger sind besser geschützt, wenn der Verwalter ein **Sonderkonto** einrichtet. Dieses steht formal der Masse zu. Verfügt der Verwalter über Guthaben auf einem Sonderkonto zugunsten eines Privatgläubigers, kommt eine Haftung nach § 60 in Betracht. Zudem können sich Ersatzansprüche nach den §§ 823 Abs 2 BGB, 266 StGB ergeben (zutr *Voigt-Salus/Pape* bei Mohrbutter/Ringstmeier Hdb § 21 Rn 121). Ablehnend auch FK-*Wegener* § 149 Rn 6; N/R/*Andres* § 149 Rn 13; HaKo-*Jarchow* § 149 Rn 10. Umfassend zur Problematik *Kießling* NZI 2006, 440 ff.

2. Die Hinterlegung von Geld und Abgeltungssteuer. Der Verwalter hat eingehende Gelder möglichst 16 gläubigergünstig anzulegen. Das bedeutet aber nicht, dass der Insolvenzverwalter bei Bestimmung der Hinterlegungsstelle durch den Gläubigerausschuss, die Gläubigerversammlung oder das Gericht berechtigt ist, von sich aus angelegte Gelder von einem Kreditinstitut auf ein anderes zu übertragen, weil dort die Gelder zinsgünstiger angelegt werden können (K/U § 137 KO Rn 1 d; vgl auch LG Freiburg ZIP 1983, 1098). Die Hinterlegungsstelle ist demgemäß nicht nur berechtigt, sondern auch verpflichtet, sich einer gegen die Bestimmung des § 149 Abs 1 verstoßende Verfügung des Insolvenzverwalters zu erwehren. Führt die Bank oder Sparkasse die Übertragung der Konten trotzdem aus, wird sie zwar von ihrer Schuld gegenüber der Insolvenzmasse nicht befreit (§ 149 Abs 2 S 2); sie kann jedoch von dem Insolvenzverwalter bzw den Mitgliedern des Gläubigerausschusses wegen deren Pflichtverletzung gegebenenfalls Schadenersatz verlangen (**BGH** v 30. 1. 1962, WM 1962, 349; *Obermüller* InsR Bankpraxis Rn 2.146). Es genügt jedoch, wenn der Insolvenzverwalter nachträglich eine von einem Gläubigerausschussmitglied unterzeichnete Quittung beibringt oder wenn die abdisponierten Werte tatsächlich für die Masse verwendet werden (**BGH** WM 1962, 349; *Hellner*, Bank-Betrieb 1962, 93; *Obermüller* InsR Bankpraxis Rn 2.146).

Am 1. Januar 2009 ist die **Abgeltungssteuer auf Kapitalerträge** eingeführt worden. Der Steuersatz be- 17 trägt für alle in- und ausländischen Kapitalerträge einheitlich 25 Prozent zzgl 5,5 Prozent Solidaritätszuschlag. Die Bank nimmt auch bei Verwalterkonten den Steuerabzug für Kapitalerträge vor, gleichgültig, ob es sich um ein Ander- oder Sonderkonto handelt. Wirtschaftlich ist der Insolvenzschuldner Eigentümer des Kontoguthabens (BerlKo-*Kießling* § 149 Rn 45). Um die Abgeltungssteuer zu vermeiden, wird in der Literatur teilweise empfohlen, größere Geldbeträge des Schuldners **im Ausland anzulegen** (HaKo-*Jarchow* § 149 Rn 12; *Obermüller* InsR Bankpraxis Rn 2.155; K/P/B/*Holzer* § 149 Rn 14). Zahlreiche Insolvenzverwalter sind inzwischen dazu übergegangen, **Insolvenzanderkonten** mit oder ohne Zustimmung des Gläubigerausschusses bzw der Gläubigerversammlung auf **Konten ausländischer Niederlassungen inländischer Banken** zu übertragen. Ob die Zustimmung der Gläubigerversammlung erforderlich ist, ist umstritten (bejahend K/P/B/*Holzer* § 149 Rn 14; verneinend HaKo-*Jarchow* § 149 Rn 12). Der Insolvenzverwalter kann weder einen eigenen Freistellungsauftrag erteilen noch eine **Nichtveranlagungsbescheinigung** gem § 44a EStG erlangen (BFH ZIP 1995, 661, 662; HaKo-*Jarchow* § 149 Rn 14; **str aA** K/P/B/*Holzer* § 149 Rn 16). Bei insolventen **Personengesellschaften** wird die einbehaltene Abgeltungssteuer als Einnahme der Personengesellschaft und als Entnahme ihrer Gesellschafter behandelt (HaKo-*Jarchow* § 149 Rn 15). Ist der **Abgeltungssteuerbetrag** höher als die individuelle Steuerschuld, so entsteht ein Steuererstattungsanspruch des Gesellschafters. Diese ist nach § 812 Abs 1 S 1 BGB an die Masse herauszugeben (vgl auch LG Freiburg ZIP 1999, 2063; MüKo-*Füchsl/Weishäupl* § 149 Rn 24; BerlKo-*Kießling* § 149 Rn 45). Bei **Masseamut** kann es wegen der Einbehaltung der Abgeltungssteuer zu einer ungerechtfertigten Bevorzugung des Fiskus kommen. Je nach Zeitpunkt des Eintritts der Masseamut hat entweder die Bank den **Einbehalt der Abgeltungssteuer** zu unterlassen oder das Finanzamt den ungerechtfertigten Zufluss an die Insolvenzmasse zu erstatten (*Obermüller* InsR Bankpraxis Rn 2.154; BerlKo-*Kießling* § 149 Rn 46; HaKo-*Jarchow* § 149 Rn 13). Durch § 44 EStG kann nicht etwa in die Verteilungsordnung des § 209 eingegriffen werden.

§ 149   *Wertgegenstände*

Die Einbehaltung von Zinsabschlagsteuer als Vorauszahlung darf nicht zu einer weiteren Bevorrechtigung des Fiskus führen.

18 **3. Die Unabdingbarkeit des § 149.** § 149 ist zwingendes Recht. Die Vorschrift kann grundsätzlich nicht abbedungen werden (RGZ 54, 212; RGZ 80, 37, 38). Wohl aber kann die Vorschrift durch Beschluss der Gläubigerversammlung außer Kraft gesetzt oder abgeschwächt werden (*Jaeger/Weber* § 137 KO Rn 1, 4; *Hess* § 149 Rn 17).

V. Erlangung der Eigenschaft als Hinterlegungsstelle

19 **1. Bestimmung eines Kreditinstituts als Hinterlegungsstelle.** Eine zur Hinterlegungsstelle von Insolvenzgeldern, Wertpapieren oder Kostbarkeiten bestimmte Bank, Sparkasse oder sonstige Stelle wird, falls das Konto auf den Namen der Insolvenzmasse eröffnet worden ist, schon dadurch zur Hinterlegungsstelle iSv § 149, dass sie vom Gericht, durch Beschluss des Gläubigerausschusses oder durch die Gläubigerversammlung hierzu bestimmt worden ist. Diese für das Geldinstitut uU äußerst harte **Wirkung tritt kraft Gesetzes ein** (*Hess* § 149 Rn 18). Einer ausdrücklichen Vereinbarung bedarf es hierzu nicht. Dagegen wird die Eigenschaft der Bank als Hinterlegungsstelle mit der Rechtsfolge des § 149 nicht schon dadurch begründet, dass ein Insolvenzverwalter Geld, Wertpapiere oder Kostbarkeiten der Insolvenzmasse bei einem Kreditinstitut hinterlegt (**BGH NJW 1962, 2203**). Das folgt daraus, dass der Insolvenzverwalter grundsätzlich allein über die Masse verfügen kann und dass sich hieran auch nichts ändert, wenn er massezugehöriges Vermögen bei einem Geldinstitut hinterlegt oder anlegt, auch wenn ein Gläubigerausschuss bestellt worden ist. Die **Bank** sollte sich in diesen Fällen nur **erkundigen, ob sie zur Hinterlegungsstelle bestimmt** worden ist und ob Abhebungen des Insolvenzverwalters von der Zustimmung bzw Gegenzeichnung des Gläubigerausschusses abhängig gemacht sind (vgl *Obermüller* InsR Bankpraxis Rn 2.147). Es ist nicht einmal die **Mitteilung** oder **Kenntnis der gerichtlichen Anordnung** oder des Beschlusses des Gläubigerausschusses bzw der Gläubigerversammlung notwendig, da das Gesetz ein solches Erfordernis nicht aufstellt. Nur wenn das Konto ausnahmsweise nicht auf den Namen der Insolvenzmasse errichtet ist, ist die **Kenntnis von der Bestimmung zur Hinterlegungsstelle** erforderlich. Auf die Art der Kenntniserlangung kommt es nicht an. War wenigstens erkennbar, dass es sich um die Anlegung von Mitteln einer Insolvenzmasse handelt, ist das Geldinstitut wie eine Hinterlegungsstelle zu behandeln und unterliegt der vollen **Haftung**. Die Haftung ist vor allem zu bejahen, wenn die **Umstände des Einzelfalles** ergeben, dass das Kreditinstitut auf Grund der vorliegenden Umstände hätte Erkundigungen einziehen müssen, und wenn es diese **Erkundigungspflicht** verletzt hat (**RG** v 5. 7. 1912, RGZ 80, 37; RGZ 143, 263, 267). Nach hM muss eine Bank, die Wertgegenstände des Schuldners verwahrt, ohne weiteres davon ausgehen, dass sie zur Hinterlegungsstelle bestimmt wird (vgl *Hellner*, Bank-Betrieb 1962, 92 ff; *Obermüller* InsR Bankpraxis Rn 2.147; vgl auch **RG** v 5. 7. 1912, RGZ 80, 37). Als Hinterlegungsstelle kommen vorzugsweise, aber nicht ausschließlich **mündelsichere Kreditinstitute** (§ 1807 Abs 1 Nr 5 BGB), also öffentliche Sparkassen, die von der Landesbehörde für mündelsicher erklärt worden sind, und Kreditinstitute, die einer ausreichenden Sicherungseinrichtung angehören, in Betracht (*Obermüller* InsR Bankpraxis Rn 2.143). Die mündelsichere Anlage ist aber angesichts der umfassenden Sicherungen der Einlagen nicht mehr erforderlich (vgl Gesetz zur Umsetzung der EG-Einlagensicherungsrichtlinien und der EG-Anlegerentschädigungsrichtlinie v 16. Juli 1998 [BGBl I, 1842]; Verordnung über die Beiträge zur Entschädigungseinrichtung deutscher Banken GmbH v 10. Juli 1999 [BGBl I, 1540]; ferner der 1976 geschaffene Einlagensicherungsfonds des Bundesverbandes deutscher Banken eV). Trotzdem ist es nur in Ausnahmefällen gerechtfertigt, die **Hausbank des Schuldners bzw Schuldnerunternehmens** als Hinterlegungsstelle zu bestimmen (str aA *Obermüller* InsR Bankpraxis Rn 2.143). Nach FK-*Wegener* (§ 149 Rn 3) wird sich die Praxis auch davon leiten lassen, dass Institute, mit denen eine Auseinandersetzung im Rahmen des Verfahrens zu erwarten ist, als Hinterlegungsstelle ausscheiden.

20 **2. Pflichten des Kreditinstituts als Hinterlegungsstelle.** Das zur Hinterlegungsstelle bestimmte Kreditinstitut ist Beteiligter iSv §§ 60, 61, 71. Es ist weiterhin Erfüllungsgehilfe für die Durchführung des Insolvenzverfahrens (**RG** v 26. 3. 1933, RGZ 140, 185; *Obermüller* InsR Bankpraxis Rn 2.145). Das Kreditinstitut hat auf Grund der besonderen Rechtsstellung darauf zu achten, dass der Insolvenzverwalter seinen Pflichten bei Verfügungen über Guthaben nachkommt (vgl auch *Hellner*, Bank-Betrieb 1962, 92 ff). Es ist verpflichtet, das **Insolvenzgericht zu informieren**, wenn der Verwalter entgegen der Bestimmung nach § 149 Abs 1 versucht, Gelder auf Konten anderer Kreditinstitute zu verlagern. Die Bank ist nicht nur berechtigt, sondern als Hinterlegungsstelle auch verpflichtet, sich einer gegen die Bestimmung des § 149 Abs 1 verstoßenden Verfügung des Verwalters zu widersetzen (s auch oben zu Rn 8, 11, 16). Auch wenn der Verwalter zwecks Vermeidung der Abgeltungsteuer **Gelder bei einer ausländischen Niederlassung der inländischen Bank** anlegen will, hat er eine Entscheidung herbeizuführen, wenn vorher die inländische Niederlassung durch den Gläubigerausschuss, die Gläubigerversammlung oder das Gericht zur Hinterlegungsstelle bestimmt worden ist. Liegt keine solche Bestimmung vor, ist allerdings die Verlagerung – im Rahmen des gesetzlich Zulässigen – in sein pflichtgemäßes Ermessen

V. Erlangung der Eigenschaft als Hinterlegungsstelle   § 149

gestellt. Im Rahmen eines **Insolvenzplanverfahrens** (§§ 217 ff) enden die Pflichten des Kreditinstituts als Hinterlegungsstelle mit der **Aufhebung des Insolvenzverfahrens** (§ 258). Auch wenn die **Überwachung der Planerfüllung** (§ 260) vorgesehen ist und die Ämter der Mitglieder des Gläubigerausschusses und des Verwalters weiterbestehen (§ 261 Abs 1 S 2), endet mit der Aufhebung des Verfahrens auch die Eigenschaft des Kreditinstituts als Hinterlegungsstelle, wenn nicht der Insolvenzplan ausdrücklich etwas anderes vorsieht. Im Rahmen der **Eigenverwaltung** (§§ 270 ff) greift die Vorschrift des § 149 grundsätzlich nicht ein. Nach § 275 Abs 2 kann der **Sachwalter** vom Schuldner nur verlangen, dass alle **eingehenden Gelder nur vom Sachwalter entgegengenommen** und Zahlungen nur vom Sachwalter geleistet werden. In diesem Fall kommt eine entsprechende Anwendung des § 149 in Betracht. Grundsätzlich ist der Sachwalter berechtigt, die Gelder nach seinem pflichtgemäßen Ermessen optimal zu hinterlegen bzw anzulegen. Bestimmen Gläubigerausschuss, Gläubigerversammlung oder das Insolvenzgericht eine **bestimmte Art der Hinterlegung oder Anlegung** von Geldern oder Wertpapieren, so hat sich der Sachwalter an diese Bestimmung zu halten. Macht er von seinem Recht nach § 275 Abs 2 keinen Gebrauch, so ist der Schuldner bzw das Schuldnerunternehmen berechtigt, die ursprünglichen Konten beizubehalten und eingehende Gelder auf diese Konten zu nehmen.

3. Haftung des Kreditinstituts als Hinterlegungsstelle. Hinsichtlich der Anforderungen, die an ein 21 Kreditinstitut in seiner Eigenschaft als Hinterlegungsstelle zu stellen sind, müssen **strenge Maßstäbe** angelegt werden (Einzelheiten bei *Hellner* Bank-Betrieb 1962, 92 ff). So muss sich die Bank ua vergewissern, ob sie auf Grund einer Beschlussfassung oder Anordnung nach § 149 Abs 1 zur Hinterlegungsstelle bestimmt worden ist (RGZ 143, 263, 267; *Hellner*, Bank-Betrieb 1962, 92 ff; N/R/*Andres* § 149 Rn 13; *Obermüller* InsR Bankpraxis Rn 2.147; *Kilger/K. Schmidt* § 137 KO Anm 1; FK-*Wegener* § 149 Rn 7). Dagegen hat sie sich nicht zu vergewissern, ob der Verwalter zu der betreffenden Abhebung, wenn es sich um eine besonders bedeutsame Rechtshandlung iSv § 160 handelt, die Zustimmung des Gläubigerausschusses oder der Gläubigerversammlung eingeholt hat. Die **Bank als Hinterlegungsstelle wird von ihrer Haftung frei**, wenn der Gläubigerausschuss die Verfügung des Verwalters nachträglich genehmigt oder wenn die abdisponierten Werte tatsächlich für die Masse verwendet worden sind (**BGH** WM 1962, 349; *Hellner* Bank-Betrieb 1962, 92, 93; *Obermüller* InsR Bankpraxis Rn 2.146; vgl auch *Uhlenbruck/Obermüller*, Insolvenzrecht und Insolvenzpraxis für die Kreditwirtschaft, WM-Script 100, S 71 f). Vor der Übertragung von Geldern auf ein **Anderkonto** hat sich die Bank zu vergewissern, dass der **Saldo korrekt ermittelt** worden ist (*Obermüller* InsR Bankpraxis Rn 2.152). Sie hat Fehlbuchungen aufzudecken und zu prüfen, ob noch ein Risiko besteht, dass Schecks oder Lastschriften, die der Kunde zum Einzug eingereicht hat, noch unbezahlt zurückgegeben werden können. Führt der Insolvenzverwalter das Anderkonto bei derselben Bank wie die Schuldnerkonten, so kann sie bei fehlerhaft ermitteltem Guthaben der Auszahlungsforderung die **Einrede der ungerechtfertigten Bereicherung** entgegenhalten. Die Einrede muss sich nach *Obermüller* (InsR Bankpraxis Rn 2.153) der Verwalter auch dann entgegenhalten lassen, wenn er die Übertragung auf das Anderkonto schon im Eröffnungsverfahren **als vorläufiger Verwalter** veranlasst hat (so auch **BGH** v 15. 12. 1994, WM 1995, 352). Auf seine formale Rechtsposition als Treuhänder für das Anderkontoguthaben kann sich der Verwalter nicht berufen (vgl auch **OLG** Köln v 19. 9. 1980, ZIP 1980, 972). Bei Nichtbeachtung des § 149 wird die Hinterlegungsstelle gegenüber der Insolvenzmasse nicht frei, wenn der Verwalter die abgehobenen Gelder veruntreut (RGZ 80, 37, 38). Eine Haftung tritt vor allem ein bei **offensichtlich insolvenzzweckwidrigem** Handeln des Verwalters (s **OLG** Celle ZIP 2006, 1364, 1365; BerlKo-*Kießling* § 149 Rn 23; *Obermüller* InsR Bankpraxis Rn 2.147 b).

Für das **Insolvenzplanverfahren** nach den §§ 217 ff gilt grundsätzlich nichts anderes. Ein vom Insol- 22 venzverwalter abgeschlossener Bankvertrag, die Einrichtung neuer Konten auf den Namen des insolventen Unternehmens und die Depotverwahrung von Wertpapieren werden durch das Insolvenzplanverfahren nicht berührt (*Obermüller* InsR Bankpraxis Rn 2.156). Allerdings hat die Bank zu beachten, dass mit der Bestätigung des Insolvenzplans das Verfahren nach § 258 Abs 1 aufgehoben wird und der Schuldner die volle Verfügungsberechtigung wieder erwirbt. Dabei ist zu berücksichtigen, dass nach § 261 Abs 1 im Rahmen der **Überwachung der Planerfüllung** (§ 260) die Ämter des Verwalters und der Mitglieder des Gläubigerausschusses nicht erlöschen. Bleiben Verwalter und Gläubigerausschuss für die Zeit der Überwachung noch im Amt, so hat dies nicht zur Folge, dass die Bank weiterhin Hinterlegungsstelle iSv § 149 bleibt. Sie kann vielmehr davon ausgehen, dass mit Aufhebung des Verfahrens (§ 258) auch ihre Funktion als Hinterlegungsstelle beendet ist. Allerdings kann der Insolvenzplan etwas anderes vorsehen. Hierüber ist die Bank jedoch zu informieren und ihr der Insolvenzplan zu übermitteln.

4. Haftungsrechtliche Mitverantwortung Dritter. Neben der Haftung des Kreditinstituts als Hinter- 23 gungsstelle kommt eine Haftung des Insolvenzverwalters in Betracht, wenn er schuldhaft den Bestimmungen durch Gläubigerausschuss, Gläubigerversammlung oder der Anordnung des Gerichts über die Hinterlegung zuwiderhandelt. Verletzt er diese Pflicht, kann er auch gegenüber der Hinterlegungsstelle im Einzelfall schadenersatzpflichtig sein (RGZ 140, 182; BerlKo-*Kießling* § 149 Rn 23; HaKo-*Jarchow* § 149 Rn 29; N/R/*Andres* § 149 Rn 18). Das gilt auch, wenn primär die Hinterlegungsstelle auf Schadenersatz in Anspruch genommen wird und nunmehr berechtigt ist, gegen den Insolvenzverwalter Re-

§ 149

gress zu nehmen. Bei gleichzeitiger Haftung von Hinterlegungsstelle und Mitgliedern des Gläubigerausschusses besteht kein echtes Gesamtschuldverhältnis (**RG** v 7. 11. 1935, RGZ 149, 182, 186; *Kilger/ K. Schmidt* § 137 KO Anm 1; *Hess* § 149 Rn 19; Ha*Ko-Jarchow* § 149 Rn 30). Der Geschädigte hat somit die Wahl, gegen wen er vorgeht. Der **Kassierer oder Angestellter einer Hinterlegungsstelle** ist dieser gegenüber nicht zum Schadensersatz verpflichtet, wenn er die Bestimmung der Bank zur Hinterlegungsstelle nach § 149 nicht kannte. Es ist Sache der Leitungsorgane, die Angestellten entsprechend zu belehren (**OLG** Königsberg Recht 1936, 1151; *Jaeger/Weber* § 137 KO Rn 2; N/R/*Andres* § 149 Rn 16).

24   **5. Besonderheiten in der Genossenschaftsinsolvenz.** Im Insolvenzverfahren über das Vermögen einer eingetragenen Genossenschaft (eG) sind gem § 110 GenG die **eingezogenen Vorschüsse** nach Maßgabe des § 149 zu hinterlegen oder anzulegen. Die eingegangenen Vorschüsse können grundsätzlich erst nach Vollstreckbarkeitserklärung der Nachschussberechnung (§ 114 GenG) ausgeschüttet werden. Eine Ausnahme hierzu findet sich in § 115a GenG. Bis zur vollständigen Verwertung der Insolvenzmasse muss demgemäß mit dem Vollzug der Schlussverteilung gewartet werden. Bis dahin sind die eingegangenen Vorschüsse zu hinterlegen oder anzulegen (zur Nachschusspflicht in die Insolvenz vgl K/P/B/*Noack* InsO GesellschaftsR Rn 603 ff; *Terbrack*, Die Genossenschaftsinsolvenz nach der InsO, 1999; *K. Schmidt*, Genossenschaftsrechtliche Nachschusspflicht bei Massearmut und Masselosigkeit, KTS 1997, 339 ff). Eine **Hinterlegung von Geldern** kommt nur kurzfristig in Betracht. Bei länger andauerndem Verfahren sind die Vorschussgelder zinsbringend anzulegen, wie zB durch Festgeld oder leicht verwertbare Wertpapiere (*Beuthin* § 110 GenG Rn 1). Auch hier gelten die vorstehenden Grundsätze für die **Art der Hinterlegungsstelle**.

VI. Verwalterkonten und Bankgeheimnis

25   Richtet der Insolvenzverwalter bei einer Bank ein Treuhandsonderkonto oder ein Anderkonto ein, so ist mit der Aufnahme der Geschäftsverbindung zwischen ihm und der Bank ein allgemeiner Rahmenvertrag, ein sogen Bankvertrag, zustande gekommen, dessen Inhalt ua durch die Allgemeinen Geschäftsbedingungen (AGB-Banken) bestimmt wird. Der mit dem Schuldner bzw Schuldnerunternehmen bestehende Bankvertrag endet mit der Eröffnung des Insolvenzverfahrens nach §§ 116, 115. Es handelt sich demgemäß um ein **Verwalterkonto**, wenn auch **mit treuhänderischem Charakter**. Nach den AGB-Banken ist das Kreditinstitut zur Verschwiegenheit über alle kundenbezogenen Tatsachen und Wertungen verpflichtet, von denen es Kenntnis erlangt (**Bankgeheimnis**). S auch *P. Wech* Das Bankgeheimnis, 2009; *Stephan* Das Bankgeheimnis im Insolvenzverfahren WM 2009, 241 ff. Informationen über den Kunden bzw dessen Konten oder Depots darf die Bank nur weitergeben, wenn gesetzliche Bestimmungen dieses gebieten oder wenn der Kunde einwilligt oder die Bank zur **Erteilung der Bankauskunft** befugt ist. Die Verpflichtung zur Wahrung des Bankgeheimnisses besteht jedoch **nicht gegenüber dem Insolvenzgericht**, wenn das Kreditinstitut als Hinterlegungsstelle bestimmt worden ist (*Frege/ Keller/Riedel* HRP Rn 1117; N/R/*Andres* § 149 Rn 12; str aA *Hess* § 149 Rn 20). Nach *Hess* (§ 149 Rn 20) besteht nur die Möglichkeit, dass das Insolvenzgericht dem Insolvenzverwalter im Aufsichtswege (§ 58) aufgibt, die Bank von der Geheimhaltungspflicht zu befreien, so dass die Verfügungen des Insolvenzverwalters effizient überwacht werden können.

26   Der Streit, ob das **Bankgeheimnis auch gegenüber dem Insolvenzgericht** gilt, ist alt. Der *Rheinische Sparkassen- und Giroverband* hat in einem Schreiben vom 28. 2. 1984 an die Kreissparkasse Köln die Auffassung vertreten, dass ebenso wie bei der Verschwiegenheitspflicht des Wirtschaftsprüfers oder Steuerberaters das Kreditinstitut durch den Konkursverwalter (Insolvenzverwalter) von seiner Verpflichtung zur Wahrung des Bankgeheimnisses entbunden werden muss. **Diese Auffassung ist unzutreffend.** In den Fällen einer Bestimmung zur Hinterlegungsstelle nach § 149 Abs 1 besteht eine Verpflichtung zur Wahrung des Bankgeheimnisses ebensowenig wie gegenüber den Mitgliedern des Gläubigerausschusses, die den Verwalter nach § 69 S 1 nicht nur zu unterstützen, sondern auch zu überwachen haben. Wird ein Kreditinstitut nach § 149 zur Hinterlegungsstelle bestimmt, so nimmt es im Rahmen der Hinterlegung **quasi-amtliche Funktionen** wahr, die sowohl auskunftsmäßig als auch haftungsmäßig Unterschiede zum Schuldnerkonto aufweisen, das nach § 80 Abs 1 auf den Verwalter übergeht oder vom Verwalter außerhalb der Hinterlegung als Ander- oder Sonderkonto eingerichtet wird (so zutr *Frege/Keller/Riedel* HRP Rn 1117). Die Bestimmung der Hinterlegungsstelle soll gerade die Masse sichern und eine Überwachung des Verwalters erleichtern. Sie wird durch eine Überwachung zur **Beteiligten des Insolvenzverfahrens** iSv §§ 60, 61, 71 (BGH NJW 1962, 869; FK-*Wegener* § 149 Rn 6a; HaKo-*Jarchow* § 149 Rn 22; *Braun/Dithmar* § 149 Rn 6: „Erfüllungsgehilfe"; str aA BerlKo-*Kießling* § 149 Rn 21). Die gegenteilige Auffassung kommt zu dem widersinnigen Ergebnis, dass derjenige, der überwacht werden soll, über Art und Umfang der Überwachung letztlich entscheidet. Auch der *Deutsche Sparkassen- und Giroverband* vertritt den Standpunkt, die Aufsicht sei durch die in § 58 genannten aufsichtsrechtlichen Zwangsmaßnahmen gewährleistet. Entspreche der Insolvenzverwalter dem Verlangen des Insolvenzgerichts auf Befreiung des Kreditinstituts von der Schweigepflicht nicht, müsse dieses nach § 58 Abs 2 vorgehen.

In der Tat sagt § 149 über das **Verhältnis zwischen Bank und den Organen des Insolvenzverfahrens** 27
nichts aus. Richtig ist auch, dass für den subjektiven Umfang des Bankgeheimnisses grundsätzlich der
Vertrag zwischen Insolvenzverwalter und Bank (Bankvertrag) maßgeblich sein muss (vgl auch *Canaris*,
BankvertragsR Rn I, 54 s auch *Wech*, Das Bankgeheimnis, Struktur, Inhalt und Grenzen einer zivilrechtlichen Schutzpflicht, 2009; *K. Stephan* WM 2009, 241 ff). Jedoch spricht das objektive Interesse
idR für eine **Beschränkung des Bankgeheimnisses.** Der **BGH** (Urt v 11. 12. 1967, NJW 1968, 701 f) hat
festgestellt, dass sich die **Kassenprüfungspflicht des Gläubigerausschusses** nicht auf Barbestände beschränkt, sondern sich auch auf die Konten des Insolvenzverwalters erstreckt. Zuzugeben ist, dass
sich aus dieser Entscheidung nicht zwingend ergibt, dass nach Auffassung des BGH das Insolvenzgericht darüber hinaus auch unmittelbar und selbständig von den Kreditinstituten, mit denen der Insolvenzverwalter zusammenarbeitet, Auskunft verlangen kann.

Die Lösung ist wie folgt zu suchen: Soweit die Bank nicht als Hinterlegungsstelle handelt, wie zB im 28
Insolvenzeröffnungsverfahren, ist sie nicht nur hinsichtlich der Schuldnerkonten, sondern auch hinsichtlich der Konten, über die ein sog starker vorläufiger Verwalter die Verwaltungs- und Verfügungsbefugnis nach § 22 hat, an das Bankgeheimnis gebunden. Nach § 22 Abs 3 S 3 kann der **vorläufige starke Insolvenzverwalter** aber vom Schuldner nach §§ 101 Abs 1, 97 Abs 2 verlangen, dass er das Kreditinstitut
von der Verschwiegenheitspflicht entbindet (vgl *Vallender* FS Uhlenbruck 2000 S 133 ff; *Stephan* WM
2009, 241, 244). Nach anderer Meinung kann der starke vorläufige Insolvenzverwalter auf Grund
seiner Verfügungsbefugnis das Kreditinstitut selbst vom Bankgeheimnis befreien (MüKo-*Gauder* § 5
Rn 30; MüKo-*Passauer/Stephan* § 97 Rn 28; *Uhlenbruck* FS Runkel 2009). Gleiches gilt im **eröffneten Verfahren,** soweit ein Kreditinstitut nicht als Hinterlegungsstelle nach § 149 bestimmt worden ist.
Insoweit greift aber § 80 Abs 1 ein mit der Folge, dass der **Insolvenzverwalter berechtigt** und verpflichtet ist, die **Bank von dem Bankgeheimnis zu befreien.** Hierzu kann er nur mit den Aufsichtsmitteln des
§ 58 Abs 2 angehalten werden. Ist dagegen das Kreditinstitut zur Hinterlegungsstelle bestimmt worden,
handelt der Verwalter beim Abschluss von Ander- oder Sonderkonten zwar als Vertragspartner der
Bank, jedoch im wirtschaftlichen Interesse der Insolvenzmasse bzw der beteiligten Gläubiger mit der
Folge, dass das Bankgeheimnis hinter das öffentliche Verfahrensinteresse zurückzutreten hat. Obwohl
der Insolvenzverwalter im eigenen Namen tätig wird, verlangt deshalb auch die **Bundesanstalt für Finanzdienstleistungsaufsicht,** dass bei der Eröffnung von Insolvenzkonten nicht nur der Verwalter sich
legitimieren muss, sondern dass auch der Insolvenzschuldner als wirtschaftlich Berechtigter anzugeben
ist. Als Begründung wird angeführt, dass in diesen Fällen der Verwalter für fremde Rechnung, nämlich
für die Masse handelt (s *Obermüller* InsR Bankpraxis Rn 2.155 a unter Hinweis auf ein Schreiben des
Bundesaufsichtsamts für das Kreditwesen v 10. 5. 1999 – Z5B410.

Zur Beseitigung dieser Probleme schlägt die Kommission zur Vorauswahl und Bestellung von In- 29
solvenzverwalterInnen sowie Transparenz, Aufsicht und Kontrolle in Insolvenzverfahren (sog „Uhlenbruck-Kommission") (NZI 2007, 507 = ZInsO 2007, 760 = ZIP 2007, 1532) in D VII der Empfehlungen vor, dass der Insolvenzverwalter dem Insolvenzgericht bei **jeder Neubestellung eine Bescheinigung erteilt,** mit der er die Banken auch für künftig zu eröffnende Verfahrenskonten von dem
Bankgeheimnis befreit. Dem Gesetzgeber wird die Prüfung anheim gestellt, ob die Banken von Gesetzes
wegen in einem Insolvenzfall von der Schweigepflicht entbunden werden könnten. Im Übrigen sei es
Aufgabe der Gläubiger, im Rahmen der Bestellung und Beauftragung eines Gläubigerausschusses eine
besondere Überprüfung der Konten, zB durch Online-Einsicht zu beschließen. Der Verwalter ist solchenfalls verpflichtet, die Online-Einsicht zu ermöglichen. Ob der Gesetzgeber diesem Vorschlag folgen wird oder die Erklärung der Befreiung von dem Bankgeheimnis seitens des Insolvenzverwalters auf
freiwilliger Basis erfolgt, bleibt nach Feststellung von *Stephan* (WM 2009, 241, 247) „mit Spannung
abzuwarten".

VII. Verfügungen nach Verfahrensbeendigung

Nach Beendigung des Verfahrens ist der Schuldner der Bank gegenüber wieder in vollem Umfang be- 30
rechtigt, über Konten und Depots zu verfügen. Da die Aufsichtspflicht nach § 58 Abs 3 auch hinsichtlich der Durchsetzung von Herausgabepflichten eines entlassenen Verwalters gilt, stellt sich die Frage,
ob der entlassene Verwalter ebenfalls verpflichtet ist, die Bank von der Verschwiegenheitspflicht zu befreien. Die Frage ist zu verneinen. Es ist Aufgabe des neuen Verwalters, die entsprechenden Erklärungen
abzugeben.

§ 150 Siegelung

¹Der Insolvenzverwalter kann zur Sicherung der Sachen, die zur Insolvenzmasse gehören,
durch den Gerichtsvollzieher oder eine andere dazu gesetzlich ermächtigte Person Siegel anbringen lassen. ²Das Protokoll über eine Siegelung oder Entsiegelung hat der Verwalter auf der Geschäftsstelle zur Einsicht der Beteiligten niederzulegen.

I. Allgemeines

1 Der Insolvenzverwalter hat das Recht, die zur Insolvenzmasse (§ 35) gehörenden Sachen, soweit sie nicht nach § 149 hinterlegt oder angelegt werden, siegeln zu lassen. Die Siegelung kann sich besonders empfehlen bei Sicherstellung von Geschäftspapieren des Schuldners oder seines Rechnungswesens, wenn die Gefahr der Manipulation besteht. Der Verwalter kann von dem Siegelungsrecht nach eigenem pflichtgemäßen Ermessen Gebrauch machen. Einer gerichtlichen Anordnung bedarf es nicht (K/U KO § 122 Rn 1). Ergeht gleichwohl auf Veranlassung des Verwalters ein die Siegelung anordnender Beschluss des Insolvenzgerichts, so hat dieser nur deklaratorische Bedeutung. Das Insolvenzgericht kann als Aufsichtsbehörde (§ 58) den Verwalter zur Siegelung anhalten, wenn ihre Unterlassung sich als Pflichtwidrigkeit erweist. Dagegen steht es dem Insolvenzgericht nicht zu, die Zweckmäßigkeit nachzuprüfen, wenn der Verwalter siegeln lässt. Die Siegelung ist eine **Sicherungsmaßnahme** der Insolvenzverwaltung und kein Vollstreckungsakt (vgl BGH NJW 1962, 1392). Einwendungen, die das vom Gerichtsvollzieher zu beobachtende Verfahren betreffen, können deshalb nicht im Wege der Vollstreckungserinnerung (§ 766 ZPO) beim Insolvenzgericht vorgebracht werden (*Holzer* DGVZ 2002, 147, 151; BerlKo-*Kießling* § 150 Rn 17; HaKo-*Jarchow* § 180 Rn 9; **str aA** LG Berlin KTS 1963, 58; Voraufl; MüKo-*Füchsl/Weißhäuptl* § 150 Rn 7).

II. Durchführung

2 Siegelung (und Entsiegelung) erfolgen im Auftrag des Verwalters durch den **Gerichtsvollzieher oder eine andere dazu gesetzlich ermächtigte Person.** Andere gesetzlich ermächtigte Personen können beispielsweise Notare und Urkundsbeamte der Geschäftsstellen der Amtsgerichte sein. Soweit eine Zuständigkeit des Gerichtsvollziehers nach Landesrecht gegeben ist, wird diese nach Art 31 GG durch § 150 Abs 1 verdrängt. Für die Siegelung ist nunmehr bundeseinheitlich der Gerichtsvollzieher zuständig. Nach Landesrecht bestehende Zuständigkeiten anderer Personen bleiben hingegen unberührt (K/P/*Holzer* § 150 Rn 7). Gehört der Verwalter dem Personenkreis gem Abs 1 Satz 1 an, kann er die Siegelung selbst vornehmen. Schlüssel zu versiegelten Räumen und Behältnissen sind dem Insolvenzverwalter, nicht dem Gericht, auszuhändigen (*Jaeger/Weber* KO § 122 Rn 2).

III. Entsprechende Anwendung auf den vorläufigen Insolvenzverwalter

3 Der im Insolvenzeröffnungsverfahren bestellte vorläufige Verwalter, auf den die allgemeine Verwaltungs- und Verfügungsbefugnis gem § 22 Abs 1 übergegangen ist, ist ebenso wie der Insolvenzverwalter berechtigt, Vermögensgegenstände des Schuldners entsprechend § 150 siegeln zu lassen, wenn dies zur Sicherung und Feststellung des dem künftigen Insolvenzbeschlag unterfallenden Schuldnervermögens erforderlich ist (LG Baden-Baden ZIP 1983, 345; BerlKo-*Kießling* § 150 Rn 3). Die Siegelung bedarf keiner besonderen Anordnung durch das Insolvenzgericht. Vielmehr hat der vorläufige Insolvenzverwalter die Entscheidung nach pflichtgemäßem Ermessen zu treffen.

IV. Strafrechtlicher Schutz

4 Die gesiegelten Sachen sind durch die Strafvorschrift des § 136 StGB (Siegelbruch) geschützt. Personen, die ein im Rahmen des Insolvenzverfahrens angebrachtes dienstliches Siegel beschädigen, ablösen oder unkenntlich machen, werden mit Freiheitsstrafe bis zu einem Jahr oder mit Geldstrafe bestraft (§ 136 Abs 1, 2 StGB). Während die Insolvenzbeschlagnahme auch ohne Besitzergreifung durch den Insolvenzverwalter zu einer Strafbarkeit nach § 136 Abs 1 StGB führt, wenn der Schuldner eine dem Insolvenzbeschlag unterliegende Sache zerstört, beschädigt, unbrauchbar macht oder in anderer Weise ganz oder zum Teil der Vollstreckung (Verstrickungsbruch) entzieht, liegt bei zusätzlichem Siegelbruch Idealkonkurrenz zwischen § 136 Abs 1 und Abs 2 StGB vor (Schönke/Schröder/*Cramer/Sternberg-Lieben* § 136 StGB Anm 35).

V. Entsiegelung

5 Die Abnahme der Siegel geschieht auf Anordnung des Insolvenzverwalters, der die Siegelung veranlasst hat. Bei der Abnahme der Siegel ist zu untersuchen, ob die in dem Siegelungsprotokoll angegebenen Siegel noch vorhanden und unverletzt sind. Der Befund ist in einer Niederschrift festzustellen. Die Niederschrift ist dem Insolvenzverwalter zu übermitteln (**Muster** einer Entsiegelung bei *Fiege/Keller/Riedel* HRP Rn 1342).

VI. Protokoll

6 Die mit der Siegelung oder Entsiegelung beauftragte Person hat hierüber ein Protokoll zu erstellen. Das Protokoll ist in Urschrift von dem Insolvenzverwalter auf der Geschäftsstelle des Insolvenzgerichts

II. Zeitpunkt der Aufzeichnung § 151

zur Einsicht der Beteiligten niederzulegen. Aussonderungsberechtigte gehören nicht zu den Beteiligten, wohl aber Absonderungsberechtigte, soweit ihnen der Schuldner auch persönlich haftet (§ 52 Satz 1). Die Einsichtnahme kann auch durch einen bevollmächtigten Vertreter erfolgen. Die Beteiligten können sich auf ihre Kosten Abschriften erteilen lassen (§ 299 Abs 1 ZPO; *Jaeger/Weber* KO § 124 Rn 4; *Kilger/K. Schmidt* KO § 124 Rn 7). **Muster** eines Siegelungsprotokolls bei *Fiege/Keller/Riedel* HRP Rn 1340.

VII. Kosten

Die Kosten der Siegelung und Entsiegelung sind Masseverbindlichkeiten gem § 55 Abs 1 Nr 1. Wird 7 der Gerichtsvollzieher mit Siegelung und Entsiegelung beauftragt, so richtet sich seine Gebühr nach dem Wert der versiegelten Gegenstände. Siegelung und Entsiegelung gelten hierbei als eine Angelegenheit (vgl im Einzelnen *Delhaes*, KTS 1987, 597, 601).

VIII. Rechtsmittel

Die Vorschrift sieht ein Rechtsmittel gegen die Siegelung nicht vor. Die sofortige Beschwerde ist deshalb unzulässig (§ 6 Abs 1). Gegen den Verwalter kann nur auf dem Zivilrechtsweg vorgegangen werden (K/P/*Holzer*, § 150 Rn 12; BerlKo-*Kießling* § 150 Rn 16), zB auf Herausgabe eines in dem versiegelten Raum befindlichen Gegenstandes. 8

§ 151 Verzeichnis der Massegegenstände

(1) ¹Der Insolvenzverwalter hat ein Verzeichnis der einzelnen Gegenstände der Insolvenzmasse aufzustellen. ²Der Schuldner ist hinzuzuziehen, wenn dies ohne eine nachteilige Verzögerung möglich ist.

(2) ¹Bei jedem Gegenstand ist dessen Wert anzugeben. ²Hängt der Wert davon ab, ob das Unternehmen fortgeführt oder stillgelegt wird, sind beide Werte anzugeben. ³Besonders schwierige Bewertungen können einem Sachverständigen übertragen werden.

(3) ¹Auf Antrag des Verwalters kann das Insolvenzgericht gestatten, daß die Aufstellung des Verzeichnisses unterbleibt; der Antrag ist zu begründen. ²Ist ein Gläubigerausschuß bestellt, so kann der Verwalter den Antrag nur mit Zustimmung des Gläubigerausschusses stellen.

I. Allgemeines

Nach der Begründung zu § 170 RegE (*Uhlenbruck*, S 507) ist das Verzeichnis der Massegegenstände 1 zusammen mit dem Gläubigerverzeichnis (§ 152) Grundlage für die Vermögensübersicht (§ 153), die den Insolvenzgläubigern eine **Beurteilung der Vermögenslage des Schuldners** ermöglichen soll. Das Verzeichnis dient aber auch der **Kontrolle des Verwalters** (*Uhlenbruck* KO § 123 Rn 1; K/P/*Holzer* § 151 Rn 1; N/R/*Andres* § 151 Rn 3; FK-*Wegener* § 151 Rn 1; *Möhlmann*, DStR 1999, 163; ebenso wohl auch *Mitlehner*, ZIP 2000, 1825). Der Verwalter muss – wie jeder Verwalter fremden Vermögens – jederzeit, spätestens bei der Beendigung seines Amtes (§ 66), Rechenschaft über den Verbleib der einzelnen Massegegenstände geben können. Hierzu ist er nur in der Lage, wenn er bei seiner Amtsübernahme den Bestand an Vermögenswerten genau erfasst hat, das heißt also Anfangs- und Endbestand der Massegegenstände miteinander verglichen werden können. Ein in dieser Form geführtes Masseverzeichnis erlaubt dem Insolvenzgericht auch die **Prüfung der Vollständigkeit der Masseverwertung** iSv § 196 Abs 1 (es war schon nach *Levy*, Konkursrecht, 2. Aufl, 1926, S 75, eine der beiden wesentlichen Aufgaben des Gerichts zu prüfen, ob sämtliche verwertbaren Vermögensgegenstände verwertet sind). Schließlich liefern sowohl das Verzeichnis der Massegegenstände (§ 151) als auch das Gläubigerverzeichnis (§ 152) Informationen, auf die auch für die Erstellung der handelsrechtlichen Eröffnungsbilanz zurückgegriffen werden kann (IDW RH HFA 1.010, FN 8/2008, 309). Der mehrfache Zweck der Vorschrift (Information der Gläubiger, insolvenzspezifische und **externe Rechnungslegung** des Verwalters) erfordert die mengen- und wertmäßige Bezifferung der Massegegenstände, wobei die Mengenangaben möglichst zutreffend sein sollen, die Wertangaben hingegen stets nur Schätz- oder Prognosewerte sein können. Jede im Insolvenzverfahren durchzuführende Bestandsaufnahme hat den **handelsrechtlichen Grundsätzen ordnungsmäßiger Inventur** (Klarheit, Nachprüfbarkeit, Dokumentation, Vollständigkeit, Wahrheit, Richtigkeit, Willkürfreiheit, Einzelerfassung) zu entsprechen (IDW FN 8/2008, 310).

II. Zeitpunkt der Aufzeichnung

Im Gegensatz zu § 153 („Zeitpunkt der Eröffnung des Insolvenzverfahrens") ist in § 151 kein bestimmter Zeitpunkt für die Aufzeichnung der Massegegenstände vorgeschrieben. Wegen seiner Funktion als Grundlage der Vermögensübersicht sollte aber auch das Verzeichnis der Massegegenstände erstmals auf den **Zeitpunkt der Eröffnung des Insolvenzverfahrens** aufgestellt werden. Hat der vorläufi- 2 ge Insolvenzverwalter bereits ein Verzeichnis der Massegegenstände erstellt oder mit seiner Erstellung begonnen, so sind dessen Ergebnisse auf den Zeitpunkt der Insolvenzeröffnung zu aktualisieren.

III. Aufzeichnung der Massegegenstände

3 1. **Grundsatz der Vollständigkeit.** Der Begriff der „Massegegenstände" im Sinne der Vorschrift entspricht grundsätzlich dem Begriff der „Insolvenzmasse" gem § 35. Zu erfassen ist also das gesamte Vermögen, das dem Schuldner zur Zeit der Eröffnung des Verfahrens gehört und das er während des Verfahrens erlangt (**Vollständigkeitsgrundsatz**). Darüberhinaus sind allerdings auch einzelne unpfändbare Gegenstände zu inventarisieren, die gem. § 36 Abs 2 der Insolvenzmasse zugerechnet werden. Die Erfassung des Neuerwerbs in einer ersten Inventur scheidet schon begrifflich aus; der (spätere) Neuerwerb ist in Zwischenrechnungen zu erfassen. **Das Masseverzeichnis ist umfassender als das Inventar nach § 240 HGB.** In das Masseverzeichnis sind auch solche Gegenstände aufzunehmen, die nicht inventarpflichtig, also keine Vermögensgegenstände iSv § 240 HGB (steuerrechtlich = Wirtschaftsgüter) sind oder Rechte und Ansprüche des Schuldners, die in einer Bilanz nach Handels- und Steuerrecht nicht aktiviert werden dürfen, zB immaterielle Vermögensgegenstände des Anlagevermögens, die nicht entgeltlich erworben wurden (§ 248 Abs 2 HGB), begründete Ansprüche aus einer insolvenzrechtlichen Anfechtung (§ 130 ff) oder aus schwebenden Geschäften. Der **Grundsatz der Vollständigkeit** verlangt die Inventarisierung aller Gegenstände, die einen realisierbaren Vermögenswert darstellen oder darstellen können. Vorsichtshalber sollen aber auch solche Gegenstände inventarisiert werden, die wegen fehlender wirtschaftlicher Verwertbarkeit voraussichtlich wieder aus der Masse frei gegeben werden (IDW FN 8/2008, 311). Aus der Begründung zu § 170 RegE (*Uhlenbruck*, S 507) ist zu schließen, dass auch solche Forderungen aufgezeichnet werden sollen, die dem Grunde und der Höhe nach noch ungewiss sind, denn es wird ausdrücklich die Aufzeichnung von Ansprüchen verlangt, die sich aus den Vorschriften über die Insolvenzanfechtung ergeben. Der Grad der Gewissheit über die Realisierung solcher Ansprüche wird allerdings an geeigneter Stelle im Masseverzeichnis zu vermerken sein. Zu erfassen sind auch Massegegenstände, die sich nicht im Besitz des Verwalters befinden. Kann der Verwalter die nicht in seinem Besitz befindlichen Sachen nicht von dem Besitzer zur Verwertung herausverlangen, so hat der Besitzer ihm aber die Besichtigung der Sachen nach den §§ 809, 811 BGB zu gestatten. Bei den Forderungen ist, wenn sie zweifelhaft, uneinbringlich, bedingt oder betagt sind, ein entsprechender Vermerk zu machen (*Uhlenbruck* KO § 124 Rn 1). **Mit Absonderungsrechten belastete Gegenstände** zählen zur Masse und sind als solche im Masseverzeichnis aufzuführen. Unterlässt der Verwalter schuldhaft eine Aufzeichnung oder Kenntlichmachung von Sicherungsrechten und wird das Sicherungsgut im schuldnerischen Unternehmen verarbeitet, veräußert oder sonst verwertet, kommen Schadensersatzansprüche nach § 61 gegen ihn in Betracht (vgl *Serick* Bd III § 35 I 2 a S 271 f; Bd V § 62 II 4 a S 347 ff; zur Kollision von Sicherungsrechten verschiedener Gläubiger s *Henckel*, Aktuelle Probleme der Warenlieferanten beim Kundeninsolvenz, RWS-Skript Nr 125 S 65 ff. Vgl auch **BGH** ZIP 1990, 1091 = KTS 1990, 465; **OLG** Düsseldorf ZIP 1988, 450; **OLG** Celle ZIP 1988, 384; **OLG** Köln NJW 1991, 2570). **Aussonderungsfähige Gegenstände** gehören nicht zur Insolvenzmasse (§ 47) und sind deshalb auch nicht zwingend im Verzeichnis der Massegegenstände auszuweisen (*str aA IDW* FN 8/2008, 311). Es bleibt dem Verwalter unbenommen, zur Information der Beteiligten das Verzeichnis um die aussonderungsfähigen Gegenstände zu erweitern (BerlKo-*Breutigam* § 151 Rn 4).

4 2. **Grundsatz der Einzelaufzeichnung.** Zu dem **Grundsatz der Vollständigkeit** des Masseverzeichnisses tritt, wie beim Inventar gem § 240 HGB, der **Grundsatz der Einzelaufzeichnung**. Vom **Grundsatz der Einzelaufzeichnung** darf bei **gleichartigen und annähernd gleichwertigen Gegenständen** abgewichen werden. Es besteht jedenfalls keine Veranlassung, an das Masseverzeichnis strengere Anforderungen zu stellen als an das Inventar gem 240 HGB. § 240 Abs 4 HGB lässt als Ausnahme von der Einzelaufzeichnung die **Gruppenbewertung** zu. Danach können **gleichartige** Gegenstände des Vorratsvermögens sowie andere gleichartige und annähernd **gleichwertige** bewegliche Vermögensgegenstände des Anlagevermögens jeweils zu einer Gruppe zusammengefasst werden. Gleichartigkeit bestimmt sich nach Warengattung oder Funktion und setzt zusätzlich annähernde Wertgleichheit voraus. Für diese Vermögensgegenstände gilt dann der gewogene Durchschnitt. Es bestehen auch keine Bedenken, die handels- und steuerrechtlich zulässigen **Inventurvereinfachungsverfahren** (vgl § 241 HGB) auf die Erfassung und Bewertung der Massegegenstände anzuwenden. § 241 Abs 1 HGB erlaubt bspw das Stichprobenverfahren, soweit es den Grundsätzen ordnungsmäßiger Buchführung entspricht. Die jährliche körperliche Bestandsaufnahme der beweglichen Anlagegegenstände braucht für steuerliche Zwecke nicht durchgeführt zu werden, wenn jeder Zugang und jeder Abgang laufend in das Bestandsverzeichnis eingetragen wird und die am Bilanzstichtag vorhandenen Gegenstände des beweglichen Anlagevermögens aufgrund des fortlaufend geführten Bestandsverzeichnisses ermittelt werden können (Abschn 31 EStR). Auch die Inventur der Vorräte braucht nicht am Bilanzstichtag vorgenommen zu werden. Sie muss aber zeitnah – in der Regel innerhalb einer Frist von zehn Tagen vor oder nach dem Bilanzstichtag – durchgeführt werden. Dabei muss sichergestellt sein, dass die Bestandsveränderungen zwischen dem Bilanzstichtag und dem Tag der Bestandsaufnahme anhand von Belegen oder Aufzeichnungen ordnungsgemäß be-

IV. Bewertung der Massegegenstände § 151

rücksichtigt werden (Abschn 30 EStR). Soweit auf eine Einzelaufzeichnung der Massegegenstände nicht verzichtet werden kann, sind die Gegenstände **genau** zu bezeichnen (Begr zu § 170 RegE in: *Uhlenbruck*, S 507). Die Bezeichnung des einzelnen Gegenstandes muss so konkret sein, dass er identifizierbar und von anderen unterscheidbar ist. Geeignete Unterscheidungsmerkmale sind vor allem Herstellerangaben (Maschinennummer, Seriennummer, Fahrgestellnummer, evtl Baujahr), bei Grundstücken die Nummer des Grundbuchblatts, bei Kraftfahrzeugen das amtliche Kennzeichen. Die Forderung nach Genauigkeit der Bezeichnung steigt naturgemäß mit dem Wert des Gegenstands.

IV. Bewertung der Massegegenstände

1. Grundsätze der Bewertung. Auch für die Bewertung der Massegegenstände gelten die Grundsätze der **Vollständigkeit und Einzelbewertung**. Abweichungen sind unter den in Abschn III. 2. bezeichneten Umständen zulässig. 5

2. Die „mehrdimensionale Bilanz". Hinsichtlich des Wertansatzes unterscheidet der Gesetzgeber zwischen Stilllegungs- und Fortführungswerten („mehrdimensionale Bilanz", *Heni* ZInsO 1999, 609). Unterscheiden sich die **Stilllegungswerte** von den **Fortführungswerten**, so sind beide Werte anzugeben (Abs 2 Satz 2). Die von dem Gesetzgeber mit der Forderung nach Angabe beider Werte verfolgte Absicht ist leicht zu erkennen: Sie soll den Gläubigern die Entscheidung über das Schicksal des Schuldners erleichtern. Die Gläubiger sollen in die Lage versetzt werden, im Zweifel der Verfahrensvariante mit dem jeweils höheren Wert den Vorzug zu geben. Die Idee des Gesetzgebers klingt zwar bestechend einfach; sie ist aber in der Praxis nicht so einfach umzusetzen. Dies gilt auch für einen Sachverständigen, der zulässigerweise (Abs 2 Satz 2) von dem Verwalter bei besonders schwierigen Bewertungsfällen hinzugezogen werden darf. 6

3. Ermittlung von Stilllegungswerten. Stilllegungswerte sind nicht auf den Zeitpunkt der Insolvenzeröffnung, sondern auf den **voraussichtlichen tatsächlichen Stilllegungszeitpunkt** zu ermitteln. Der voraussichtliche Stilllegungszeitpunkt richtet sich nach den tatsächlichen betrieblichen Möglichkeiten. Verfügt der Verwalter über alle erforderlichen Produktionsmittel, so wird er denjenigen **Stilllegungszeitpunkt** zu wählen haben, der der Insolvenzmasse das bestmögliche Ergebnis verspricht. Es ist seine Pflicht, die vorhandenen personellen, räumlichen und maschinellen Kapazitäten zu nutzen, dh die Entstehung von Leerkosten (ungenutzten Fixkosten) möglichst zu vermeiden. Verfügt der Verwalter über diese Kapazitäten nicht, zB weil qualifizierte Mitarbeiter das Unternehmen kurzfristig verlassen, so wird eine rasche Stilllegung unvermeidbar sein. In anderen Fällen kann es möglich sein, den Stilllegungszeitpunkt so lange hinauszuschieben, bis die unfertigen Arbeiten fertig gestellt und ggf schon fakturiert sind. Je nach Stilllegungszeitpunkt wird der Stilllegungswert der Gegenstände des Umlaufvermögens also ein völlig anderer sein. Erlauben die Produktionsbedingungen eine zielgerichtete „Ausproduktion", so können an die Stelle wertloser unfertiger Arbeiten werthaltige Forderungen aus Lieferungen und Leistungen treten. Der Verwalter hat denjenigen Stilllegungswert im Masseverzeichnis anzugeben, der nach seiner Liquidationsstrategie zu erwarten ist. 7

4. Ermittlung von Fortführungswerten. Die (zeitlich begrenzte) „**Ausproduktion**" ist keine „Fortführung" im Sinne des § 151. Unter dem Begriff der Fortführung ist vielmehr die **dauerhafte Fortsetzung der Unternehmenstätigkeit** zu verstehen, sei es durch die übertragende Sanierung oder die Sanierung des insolventen Unternehmensträgers. Die Angabe von Fortführungswerten ist nur in den Fällen erforderlich, in denen „die Möglichkeit der Fortführung des Unternehmens besteht und zu einer unterschiedlichen Bewertung von Vermögensgegenständen führt" (Begr zu § 170 RegE, *Uhlenbruck* S 507). Nur in diesen Fällen sind Einzelveräußerungswerte und Fortführungswerte nebeneinander anzugeben (Begr zu § 170 RegE, *Uhlenbruck* S 507). Die Unterscheidung in der Begründung zum Regierungsentwurf zwischen „**Einzel**"veräußerungswerten und Fortführungswerten, also der Verzicht auf den Begriffsbestandteil „Einzel" bei den Fortführungswerten, lässt den Schluss zu, dass der Gesetzgeber bei der Angabe von Fortführungswerten auf die Einzelbewertung verzichten will. Ein solcher Schluss trägt auch dem Anliegen der Praxis Rechnung (*Möhlmann*, DStR 1999, 1999, 163, 164; *Förster* ZInsO 1999, 609; *ders* ZInsO 2000, 21; *Heni* ZInsO 1999, 609 ff; *Höffner* ZIP 1999, 2088 ff; *Richter* ZInsO 2000, 206; *Mitlehner* ZIP 2000, 1825 ff; *Fischer-Böhnlein/Körner* BB 2001, 191). Die Ermittlung von Fortführungswerten nach dem **Ertragswert- bzw Discounted-Cash-Flow-Verfahren** wird allein aus dem Grund ausscheiden, dass es noch kein schlüssiges Sanierungskonzept im Zeitpunkt der Erstellung des Masseverzeichnisses noch nicht gibt. Die Nettozuflüsse des Unternehmens nach Durchführung von Sanierungsmaßnahmen sind also noch nicht zu beziffern. Im Übrigen lassen sich aussagefähige Fortführungswerte in der Regel, zB in Form von **Kaufpreisangeboten von Übernahmeinteressenten**, nur für das ganze Unternehmen oder für Unternehmensteile, nicht aber für einzelne Massegegenstände (zB Bürostuhl) ermitteln. Sicherlich ist der Wert einer Maschine in dem an seinem bisherigen Standort fortgeführten Unternehmen allein deshalb höher als ihr Stilllegungs-(Zerschlagungs-)wert, weil keine Demontage-, Transport- und Remontagekosten anfallen. Die Addition solcher Einzel-Fortführungswerte muss aber nicht zwangsläufig den Gesamt-Fortführungswert des Unternehmens oder Unternehmensteils ergeben, weil 8 übergeordnete Überlegungen einen höheren oder auch niedrigeren Gesamt-Fortführungswert (Kaufpreis) zur Folge haben können. Die Fortführung insolventer oder sanierungsbedürftiger Unternehmen ist nicht selten mit zahlreichen Risiken, zB aus § 613a BGB, verbunden, die die Kaufpreisvorstellung des Übernahmeinteressenten unter die Summe der Einzel-Fortführungswerte, häufig sogar unter die Summe der Einzel-Stilllegungswerte, sinken lassen können. Die **betriebswirtschaftliche Grundregel**, dass der Fortführungs- oder going-concern-Wert eines Unternehmens höher ist als sein Liquidationswert, wird in der Unternehmensinsolvenz nicht selten in das Gegenteil verkehrt. Der Ansatz von Einzel-Fortführungswerten in dem Masseverzeichnis erfüllt also nicht dessen Zweck, die Entscheidungsfindung der Gläubiger bezüglich Liquidation oder Fortführung des Unternehmens zu erleichtern (*Heni* ZInsO 1999, 609, 610; *Pink*, Insolvenzrechnungslegung, S 81, 82; *Braun/ Uhlenbruck*, Unternehmensinsolvenz, S 531). Er ist auch für die Kontrolle des Verwalters nicht erforderlich, so dass aus diesen Gründen auf ihn verzichtet werden kann. Unverzichtbar ist die Angabe des Einzel-Fortführungswertes allein in den Fällen des § 152 Abs 2 Satz 3 (s dort).

V. Hinzuziehung des Schuldners

9   Der Schuldner ist nur dann hinzuzuziehen, wenn die Aufzeichnung dadurch nicht verzögert wird. Ist er durch Abwesenheit, Krankheit oder aus einem sonstigen Grunde verhindert, an der Aufzeichnung teilzunehmen, so findet die Aufzeichnung ohne ihn statt. Auf Verlegung des Termins hat er keinen Anspruch.

VI. Verzicht auf die Aufstellung des Verzeichnisses

10   Auf Antrag des Verwalters kann die Aufstellung des Verzeichnisses unterbleiben (Abs 3). Der Gesetzgeber wird bei dieser Vorschrift diejenigen Fälle im Auge gehabt haben, in denen bereits zuverlässige Aufzeichnungen des Insolvenzschuldners selbst vorliegen. Dem Verwalter sollte die Arbeit der körperlichen Bestandsaufnahme erspart werden. Der Vorschlag des Gesetzgebers geht aber ins Leere. Bildet der Verwalter in der Vermögensübersicht (§ 153) beispielsweise die Position „Betriebs- und Geschäftsausstattung", so muss er wissen, wie sich diese Position zusammensetzt. Anders können in der laufenden Buchführung Anlagenabgänge nicht zutreffend vermerkt werden. Die Einzelaufzeichnung bleibt ihm also tatsächlich nicht erspart. Darf er wegen der Zuverlässigkeit der Aufzeichnungen des Schuldners auf eine eigene körperliche Bestandsaufnahme verzichten, so wird es ihm auch nur wenig Mühe bereiten, die Aufzeichnungen des Schuldners in die Form des Masseverzeichnisses gem § 151 zu bringen. Dies ist bei der Entscheidung über einen Antrag des Verwalters nach Abs 3 zu bedenken. Darüber hinaus erschwert ein vollständiger Verzicht auf eine Einzelaufstellung der Massegegenstände auch die Kontrolle des Verwalters bezüglich seiner Verwertungstätigkeit. Eine Ausnahme besteht in den Fällen, in denen das Unternehmen als Ganzes verkauft werden kann (*Veit*, Konkursrechnungslegung, S 74).

VII. Verstoß gegen die Aufzeichnungspflichten

11   Unterlässt es der Insolvenzverwalter schuldhaft, die Masse aufzuzeichnen, so ist das Insolvenzgericht in Ausübung seiner **Aufsichtspflicht** (§ 58) verpflichtet, gegen ihn nach vorheriger **Androhung ein Zwangsgeld** festzusetzen (§ 58 Abs 2). In schwerwiegenden Fällen ist nach *Klasmeyer/Kübler* (BB 1978, 369, 373) eine Amtsenthebung (§ 59) möglich.

§ 152 Gläubigerverzeichnis

(1) Der Insolvenzverwalter hat ein Verzeichnis aller Gläubiger des Schuldners aufzustellen, die ihm aus den Büchern und Geschäftspapieren des Schuldners, durch sonstige Angaben des Schuldners, durch die Anmeldung ihrer Forderungen oder auf andere Weise bekannt geworden sind.

(2) ¹In dem Verzeichnis sind die absonderungsberechtigten Gläubiger und die einzelnen Rangklassen der nachrangigen Insolvenzgläubiger gesondert aufzuführen. ²Bei jedem Gläubiger sind die Anschrift sowie der Grund und der Betrag seiner Forderung anzugeben. ³Bei den absonderungsberechtigten Gläubigern sind zusätzlich der Gegenstand, an dem das Absonderungsrecht besteht, und die Höhe des mutmaßlichen Ausfalls zu bezeichnen; § 151 Abs. 2 Satz 2 gilt entsprechend.

(3) ¹Weiter ist anzugeben, welche Möglichkeiten der Aufrechnung bestehen. ²Die Höhe der Masseverbindlichkeiten im Falle einer zügigen Verwertung des Vermögens des Schuldners ist zu schätzen.

I. Allgemeines

1   Das Gläubigerverzeichnis ist das Gegenstück zum Masseverzeichnis (§ 151). Der Zweck des Verzeichnisses der Massegegenstände besteht darin, einen möglichst vollständigen Überblick über das Ver-

V. Aufrechnungslagen **§ 152**

mögen des Schuldners zu verschaffen, das zur Befriedigung der Gläubiger zur Verfügung steht. Das Gläubigerverzeichnis soll die diesem Vermögen „gegenüberstehenden" Belastungen und Verbindlichkeiten des Schuldners so vollständig wie möglich aufzeigen (Begr zu § 171 RegE, *Uhlenbruck* S 509). Ein Vergleich der Belastungen und Verbindlichkeiten mit dem verfügbaren Vermögen ergibt die (quotalen) **Befriedigungsaussichten der Gläubiger.** Das Gläubigerverzeichnis hat keine Bedeutung für die Tabelle (§ 175) und das Verteilungsverzeichnis (§ 188). Das Gläubigerverzeichnis wird zur Unterrichtung der Gläubiger im Berichtstermin erstellt; Tabelle und Verteilungsverzeichnis sind Grundlagen der Schlussverteilung.

II. Grundsatz der Vollständigkeit

Der Verwalter hat auf den Zeitpunkt der Insolvenzeröffnung ein Verzeichnis aller ihm bekannten 2 Gläubiger des Schuldners zu erstellen. Gläubiger im Sinne dieser Vorschrift sind nicht nur die **Insolvenzgläubiger** (§ 38), sondern auch die **absonderungsberechtigten Gläubiger** (§§ 49 ff) und die **Massegläubiger** (§ 55). Nach der Gesetzesbegründung (Begr zu § 171 RegE, *Uhlenbruck* S 509) können lediglich die aussonderungsberechtigten Gläubiger bei der Aufstellung des Gläubigerverzeichnisses außer Betracht bleiben. Sind allerdings im Verzeichnis der Massegegenstände (§ 151) auszusondernde Gegenstände wegen der unsicheren Rechtslage erfasst, so hat im Gläubigerverzeichnis ein entsprechender Ausweis bei der Ermittlung der Schuldenmasse zu erfolgen (IDW FN 8/2008, 316). Soweit die Masseverbindlichkeiten bei Verfahrenseröffnung noch nicht feststehen, sind sie zu schätzen (Abs 3 Satz 2). Die Forderung nach Aufnahme der vorrangig zu befriedigenden absonderungsberechtigten Gläubiger (§§ 49 ff) und der im Zeitpunkt der Insolvenzeröffnung bereits bekannten und später noch zu erwartenden Massegläubiger (§ 53) in das Masseverzeichnis verdeutlicht die Absicht des Gesetzgebers, aus einem Vergleich des Vermögens des Schuldners gem Masseverzeichnis (§ 151) mit den Verbindlichkeiten gem Gläubigerverzeichnis die **Befriedigungsaussichten der Insolvenzgläubiger** in Erfahrung zu bringen. Aus der beispielhaften Aufzählung der Informationsquellen des Verwalters in Abs 1 ist zu schließen, dass der Verwalter bei der Verzeichniserstellung „mit größter Sorgfalt" (K/P/*Holzer* § 152 Rn 3) vorzugehen hat. Ihm obliegt eine **eigenständige Ermittlungspflicht** (KS-*Naumann*, in: KS-InsO S 439 Rn 19). Über § 98 kann der Schuldner verpflichtet werden, die Richtigkeit und Vollständigkeit des Gläubigerverzeichnisses an Eides statt zu versichern.

III. Inhalt des Verzeichnisses

Das Verzeichnis soll alle „Gläubiger des Schuldners" enthalten. „Gläubiger" im Sinne dieser Vorschrift sind alle, die Ansprüche an den Schuldner auf Geld oder Geldeswert geltend machen und geltend machen können. **Absonderungsberechtigte Gläubiger** sind auch dann zu erfassen, wenn ihnen keine persönlichen Forderungen gegen den Schuldner zustehen. Kann bei **verlängertem Eigentumsvorbehalt** das Absonderungsrecht nicht eindeutig einem Gläubiger zugeordnet werden, wir zunächst im Verzeichnis der Massegegenstände (§ 151) beim betroffenen Gegenstand im Wege des Bruttoausweises die Gesamtheit der Rechte aus verlängertem Eigentumsvorbehalt als Drittrecht vermerkt (IDW FN 8/2008, 316). Die Forderungen der Gläubiger sind unabhängig davon in das Verzeichnis einzustellen, ob der Schuldner ihre Berechtigung ganz oder teilweise bestreitet. Der **Informationszweck des Gläubigerverzeichnisses** gebietet es, auch solche Verbindlichkeiten zu berücksichtigen, die dem Grund und der Höhe nach noch ungewiss sind und für die handelsrechtlich Rückstellungen zu bilden sind (§ 249 HGB), zB drohende Verluste aus schwebenden Geschäften oder konkrete Gewährleistungsrisiken.

IV. Gliederung des Verzeichnisses

Abs 2 schreibt vor, die Gläubiger in drei Gruppen aufzulisten: Insolvenzgläubiger, absonderungsberechtigte Gläubiger und nachrangige Gläubiger. Bei den nachrangigen Gläubigern sind zusätzlich die Rangklassen des § 39 Abs 1 zu beachten. Die **Massegläubiger** bilden eine vierte Gruppe. Neben der für jeden Gläubiger geforderten Angabe von Forderungsgrund und -betrag sind bei den absonderungsberechtigten Gläubigern zusätzlich Angaben zu dem Gegenstand zu machen, an dem das Absonderungsrecht besteht, und die Höhe des mutmaßlichen Ausfalls zu bezeichnen. Weil die Höhe des Ausfalls von dem Verwertungserlös des Sicherungsgutes und die Höhe des Verwertungserlöses nach Meinung des Gesetzgebers davon abhängen kann, ob das Unternehmen stillgelegt oder fortgeführt wird (§ 151 Abs 2 Satz 2), ist der voraussichtliche Ausfall bei konkreten Fortführungsmöglichkeiten sowohl für den Liquidationsfall als auch für den Fall der Unternehmensfortführung zu berechnen.

V. Aufrechnungslagen

Aufrechnungslagen sind gesondert anzugeben, weil sie ebenso wie Absonderungsansprüche zu einer 5 vollen Befriedigung der Gläubiger führen können (Begr zu § 171 RegE, *Uhlenbruck* S 509). Die Forderung nach gesonderter Angabe der Aufrechnungslagen verbietet die Saldierung von Aufrechnungsmöglichkeiten mit den Verbindlichkeiten gegenüber den aufrechnungsberechtigten Gläubigern.

VI. Masseverbindlichkeiten

6 Abs 3 Satz 2 verpflichtet den Verwalter, zusätzlich zu den bereits bekannten Masseverbindlichkeiten die neu entstehenden Masseverbindlichkeiten für den Fall einer zügigen Verwertung zu schätzen. Die Masseverbindlichkeiten gem § 55 Abs 1 Nr 2 und § 55 Abs 2 sind bei Insolvenzeröffnung bekannt. Zu schätzen sind also ggf diejenigen Masseverbindlichkeiten, die als Folge einer „zügigen Verwertung des Vermögens des Schuldners" neu entstehen (§ 55 Abs 1 Nr 1). **Typische Masseverbindlichkeiten** infolge der Massewertung sind beispielsweise Umsatzsteuern oder Ausgaben für Material, Energie und Personal zur Fertigstellung unfertiger Arbeiten. Werden diese geschätzten Masseverbindlichkeiten in das Gläubigerverzeichnis eingestellt, so darf der Ansatz des mit diesen Ausgaben geschaffenen Mehrwertes im Masseverzeichnis nicht übersehen werden. Im Masseverzeichnis wäre also statt des Wertes der unfertigen Arbeiten der Wert der fertig gestellten Waren auszuweisen, sonst ergäbe die Gegenüberstellung von Vermögen und Verbindlichkeiten des Schuldners im Vermögensverzeichnis (§ 153) ein schiefes Bild. Sind die fertig gestellten Arbeiten im maßgeblichen Zeitpunkt (Stilllegungszeitpunkt, vgl § 151 Abschn II) bereits verkauft, aber noch nicht bezahlt, so ist die Inventarposition „Forderungen aus Lieferungen und Leistungen" die Gegenposition zu den geschätzten Masseverbindlichkeiten. Ist die Ware bezahlt, tritt an die Stelle der Forderung das Bank- oder Kassenguthaben. **Keine Masseverbindlichkeiten** sind nach fast ausschließlicher Literaturmeinung (KS-*Landfermann* S 172, Rn 40; *Eickmann*, in: Heidelberger Kommentar zur Insolvenzordnung, Heidelberg 1999, § 81 Rn 3; *Runkel*, in: FS Uhlenbruck, S 323, 327 f; ebenso *Windel*, KTS 1995, 367, 397, der eine Verpflichtung der Masse nur für den Fall annimmt, dass der Verwalter dem Geschäft punktuell zustimmt) diejenigen Verbindlichkeiten, die durch den Schuldner im Zusammenhang mit dem **Neuerwerb** von Vermögensgegenständen begründet werden (zB Kraftfahrzeugsteuer beim Neuerwerb eines Kraftfahrzeugs). Zwar wird auch der Neuerwerb von dem Insolvenzverwalter verwaltet (§§ 35, 80 Abs 1); die mit dem Neuerwerb zusammenhängenden Verbindlichkeiten sollen nach der zuvor zitierten Literaturmeinung aber auch keine Masseverbindlichkeiten gem § 55 Abs 1 Satz 1 Alt 1 („... in anderer Weise durch die Verwaltung...") sein.

§ 153 Vermögensübersicht

(1) ¹Der Insolvenzverwalter hat auf den Zeitpunkt der Eröffnung des Insolvenzverfahrens eine geordnete Übersicht aufzustellen, in der die Gegenstände der Insolvenzmasse und die Verbindlichkeiten des Schuldners aufgeführt und einander gegenübergestellt werden. ²Für die Bewertung der Gegenstände gilt § 151 Abs. 2 entsprechend, für die Gliederung der Verbindlichkeiten § 152 Abs. 2 Satz 1.

(2) ¹Nach der Aufstellung der Vermögensübersicht kann das Insolvenzgericht auf Antrag des Verwalters oder eines Gläubigers dem Schuldner aufgeben, die Vollständigkeit der Vermögensübersicht eidesstattlich zu versichern. ²Die §§ 98, 101 Abs. 1 Satz 1, 2 gelten entsprechend.

I. Allgemeines

1 Das Vermögensverzeichnis wird in Abs 1 Satz 1 der Vorschrift als „geordnete Übersicht" bezeichnet, in der das Vermögen und die Verbindlichkeiten des Schuldners „ähnlich wie in einer Bilanz" (Begr zu § 172 RegE, *Uhlenbruck* S 510) zusammenzufassen und gegenüberzustellen sind. Der Bezug in der Gesetzesbegründung auf die „Bilanz" kann nur insoweit von Bedeutung sein, als die Bilanz in § 242 Abs 1 HGB als ein „das Verhältnis seines Vermögens und seiner Schulden darstellender Abschluss" des Kaufmanns definiert wird. Im Übrigen sind **die handels- und steuerrechtlichen Vorschriften zum Inhalt und zur Gliederung der Bilanz ohne jede Bedeutung**. Es gibt also auch nicht etwa die Verpflichtung, auf einer linken Blattseite das Vermögen und auf der rechten die Verbindlichkeiten aufzuführen. Die Bezeichnung der Vermögensübersicht als „Insolvenzeröffnungsbilanz" (K/P/*Holzer* § 153 Rn 1) ist deshalb nicht zutreffend. Die Vermögensübersicht als „geordnete Übersicht" der Vermögenswerte und der Verbindlichkeiten des Schuldners soll den Gläubigern einen Überblick über die wirtschaftlichen Verhältnisse des Schuldners zum Zeitpunkt der Insolvenzeröffnung geben und das voraussichtliche wirtschaftliche Ergebnis des Insolvenzverfahrens für jeden einzelnen Gläubiger erkennen lassen. Inhalt und Gliederung des Verzeichnisses haben sich, soweit sie nicht durch die §§ 151 Abs 2, 152 Abs 2 Satz 1 (Abs 1 Satz 2) geregelt werden, allein nach dieser Forderung zu richten. Der Verwalter genügt diesen Anforderungen, wenn er Masseverzeichnis (§ 151) und Gläubigerverzeichnis (§ 152) in die Form der von Abs 1 geforderten „geordneten Übersicht" bringt. Die Wertansätze in der Vermögensübersicht orientieren sich an den Wertansätzen im Vermögens- und im Masseverzeichnis; durch den Zeitablauf neu gewonnene Erkenntnisse (**wertaufhellende und wertbegründende Tatsachen**) sind zu berücksichtigen (IDW FN 8/2008, 317). Der zulässige Verzicht auf die Beachtung handels- und steuerrechtlicher Bilanzierungsvorschriften bedeutet nicht, dass der Verwalter sich an diese Vorschriften, soweit sie der Sache dienen, nicht anlehnen kann. Dies gilt beispielsweise für das handelsrechtliche **Gliederungsschema der Bilanz**

II. Eidesstattliche Versicherung des Schuldners

(§ 266 HGB). Die Verwendung dieses Schemas hat den Vorteil, an die Erfassung von Vermögensgegenständen und Schulden erinnert zu werden. Dies gilt umso mehr, wenn die Buchwerte der letzten Bilanz als Erinnerungs- oder Anhaltswerte in das Vermögensverzeichnis übernommen werden.

II. Eidesstattliche Versicherung des Schuldners

1. Allgemeines. Die Möglichkeiten des Insolvenzverwalters, die Insolvenzmasse vollständig in Erfahrung zu bringen, sind beschränkt. Dies gilt umso mehr, je geringer der Aussagewert der Buchführung und anderer Aufzeichnungen und je weniger Verlass auf die Auskünfte des Schuldners (§ 97 Abs 1) ist. Bestehen Zweifel an der Vollständigkeit und Richtigkeit des Vermögens und der Schulden, so können die Gläubiger oder der Verwalter bei dem Insolvenzgericht beantragen, den Schuldner die Vollständigkeit des Vermögensverzeichnisses an Eides statt zu versichern. Das Gericht entscheidet über den Antrag nach pflichtgemäßem Ermessen (K/P/*Holzer* § 153 Rn 30). Hohe Anforderungen sind an die Erforderlichkeit der eidesstattlichen Versicherung nicht zu stellen (K/P/*Lüke* § 98 Rn 3; str aA FK-*App* § 98 Rn 2, der konkrete Anhaltspunkte für die Unwahrheit der Auskünfte des Schuldners verlangt). Für Einzelheiten ist die Zivilprozessordnung maßgebend (KS-*Landfermann* S 189 Rn 87). Eine Eintragung in die Schuldnerkartei erfolgt aufgrund der Versicherung nicht. Wegen Einzelheiten vgl die Kommentierung zu § 98.

2. Voraussetzungen der eidesstattlichen Versicherung. Voraussetzungen sind die Vorlage des Vermögensverzeichnisses und ein zulässiger Antrag. **Antragsberechtigt** sind der Verwalter und jeder Gläubiger (Insolvenzgläubiger, Massegläubiger). **Aussonderungsberechtigte** haben das Antragsrecht nicht; **Absonderungsberechtigte** nur, wenn sie auch Insolvenzgläubiger sind. Die Forderung des antragstellenden Gläubigers muss bereits angemeldet, braucht aber nicht festgestellt zu sein (K/U § 125 Rn 2; *Jaeger/Weber* KO § 125 Rn 2). Der Schuldner ist berechtigt, durch Widerspruch gemäß § 900 Abs 4 ZPO den Antragsteller zum Nachweis seiner Forderung zu zwingen. Das Gericht hat dann zu entscheiden. Hält es den Nachweis des Bestehens der Forderung nicht für erbracht, so weist es den Antrag ab. Die Anordnung der eV durch den Richter ist nicht anfechtbar (§ 6); gegen die Anordnung durch den Rechtspfleger ist die befristete Erinnerung (§ 11 Abs 2 S 1 RPflG) statthaft.

3. Die zur Eidesleistung Verpflichteten. Die Verpflichtung zur Abgabe der eidesstattlichen Versicherung obliegt nur dem Schuldner, nicht seinen Angehörigen und Angestellten (**RG** Gruchot 47, 915). Die eidesstattliche Versicherung geben für die nicht prozessfähigen Schuldner die **gesetzlichen Vertreter** ab, für Schuldner, die keine natürliche Person sind, die Mitglieder des Vertretungs- oder Aufsichtsorgans und die vertretungsberechtigten persönlich haftenden Gesellschafter des Schuldners, im Nachlassinsolvenzverfahren der Erbe. Ein Vorstandsmitglied kann sich der Verpflichtung nicht durch **Scheinrücktritt** von seinem Amt entziehen (**OLG** Nürnberg JW 1930, 3783). Zur Abgabe der eidesstattlichen Versicherung sind auch diejenigen organschaftlichen Vertreter verpflichtet, die nicht früher als zwei Jahre vor dem Antrag auf Eröffnung des Insolvenzverfahrens ausgeschieden sind (§§ 153 Abs 2, 101 Abs 1). Eine **Kündigung des Dienstverhältnisses des organschaftlichen Vertreters durch den Insolvenzverwalter** bringt die verfahrensrechtliche Pflicht nicht in Fortfall. Hat die Gesellschaft keinen organschaftlichen Vertreter und sind die in den letzten zwei Jahren vor Insolvenzantragstellung ausgeschiedenen organschaftlichen Vertreter nicht mehr in Erfahrung zu bringen, so hat das Registergericht einen **Notgeschäftsführer** oder **Notvorstand** zu bestellen (K/U § 125 Rn 3). Bei einer **Mehrheit von gesetzlichen Vertretern** ist zwar grundsätzlich jeder auskunftspflichtig, jedoch trifft grundsätzlich denjenigen gesetzlichen Vertreter die Pflicht, dem die Verwaltung des Vermögens oder die Betreuung der Vermögensangelegenheiten obliegt. Der Gegenvormund (§ 1792 BGB) ist demgemäß nicht zur Eidesleistung verpflichtet. Von der Vertretung ausgeschlossene Gesellschafter sind ebenfalls zur eidesstattlichen Versicherung verpflichtet. Doch werden sie im Regelfall kaum jemals imstande sein, die Richtigkeit des Inventars oder der Bilanz zu versichern. In der Insolvenz **der GmbH & Co KG** obliegt die Verpflichtung den Geschäftsführern der GmbH bzw den organschaftlichen Vertretern der zur Vertretung der Gesellschaft ermächtigten Gesellschafter und den Liquidatoren (K/U § 125 Rn 3). Verpflichtet zur Eidesleistung nach § 153 Abs 2 ist im Regelfall der Geschäftsführer der Komplementär-GmbH. Die **Eidespflicht des einzelnen Geschäftsführers** oder **Liquidators** kann nur so weit gehen wie sein Kenntnisstand. Hat der Geschäftsführer als Mitgeschäftsführer lediglich den Produktionsbereich betreut und keine kaufmännischen Aufgaben wahrgenommen, so darf von ihm nicht verlangt werden, zB die Richtigkeit der Bilanz zu versichern. Wohl aber ist er imstande, die Richtigkeit und Vollständigkeit des Inventars an Eides statt zu versichern (*Uhlenbruck*, GmbH & Co KG S 591).

4. Der Inhalt der eidesstattlichen Versicherung. Der Inhalt der eidesstattlichen Versicherung des § 153 Abs 2 deckt sich nicht mit dem des § 807 ZPO. Während sich die eidesstattliche Versicherung nach § 807 ZPO auf das gesamte Vermögen des Schuldners zur Zeit ihrer Abgabe bezieht (BGHSt 3, 310), beschränkt sich die eidesstattliche Versicherung nach § 153 Abs 2 auf das zur Insolvenzmasse gehörige Vermögen (Gottwald/*Eickmann* InsRHdb § 30 Rn 19). Völlig **wertlose Gegenstände** brauchen aber nicht angegeben zu werden (BGHSt DB 1953, 39). Die Versicherung erfasst auch Anfechtungslagen, die dem Aktivvermögen zuzurechnen sind (**RG HRR 1938, 564; BGHSt 3, 310; str aA** BayObLG 32, 2229). Auch **die Richtigkeit der Passivmasse** ist zu versichern (Begr zu § 172 RegE in *Uhlenbruck* S 510; **str aA** *Hess* InsO § 153 Rn 16). Dagegen erlaubt es die Vorschrift nicht, den Schuldner die Vollständigkeit sonstiger Auskünfte wie zB über einzelne Geschäftsvorfälle eidesstattlich versichern zu lassen (K/U § 125 Rn 4). Der Schuldner ist nicht verpflichtet, insolvenzfreies **Vermögen** zu offenbaren (**RGSt 66, 152; RG HRR 1938, 564; BGHSt 3, 310**). Die eidesstattliche Versicherung gemäß § 807 ZPO kann nicht gefordert werden. Die zwingenden Vorschriften der §§ 87, 89 stehen einer **eidesstattlichen Versicherung nach § 807 ZPO während der Dauer des Insolvenzverfahrens** entgegen (K/U § 125 Rn 4). Die Versicherung nach § 807 ZPO kann jedoch nach Aufhebung des Konkursverfahrens verlangt werden. **Aussonderungsrechte** sind insoweit anzugeben und zu versichern, als **Anwartschaftsrechte** entstanden sind, die zur Insolvenzmasse gehören. Die eidesstattliche Versicherung nach § 153 Abs 3 wird zweckmäßig dahin gefasst: „Über die strafrechtlichen Folgen der Abgabe einer falschen eidesstattlichen Versicherung belehrt erkläre ich, dass mir andere als die in dem Vermögensverzeichnis aufgeführten Vermögensgegenstände und Schulden nicht bekannt sind."

7   5. Verfahren. a) Zuständigkeit. Ausschließlich zuständig zur Abnahme der eidesstattlichen Versicherung ist das Insolvenzgericht als solches, nicht mehr entspr § 125 KO das allgemeine Vollstreckungsgericht. Der Antragsteller braucht nur die Bestimmung eines Termins zur Abnahme der eidesstattlichen Versicherung zu beantragen und nicht selbst zu laden. Terminbestimmung und Ladung werden dem Schuldner und dem Antragsteller von Amts wegen zugestellt (§§ 497, 329 Abs 3 ZPO). Das Verfahren ist **nicht öffentlich**. Es handelt sich um keine Sitzung eines erkennenden Gerichts. Der Schuldner ist über den Umfang seiner Erklärungspflicht und über den Zweck des Verfahrens zu belehren (Gottwald/ *Eickmann* InsRHdb § 30 Rn 19).

8   b) Widerspruch. Der Geladene kann seine Verpflichtung zur Abgabe der eidesstattlichen Versicherung bestreiten, etwa weil er nicht der Insolvenzschuldner oder dessen Vertreter sei oder eine Voraussetzung für die eidesstattliche Versicherung fehle. Dagegen kann der Schuldner einen Widerspruch gegen die Abnahme der eidesstattlichen Versicherung nicht darauf gründen, die dem Inventar zugrunde liegende Aufzeichnung der Massegegenstände oder dieses selbst sei nicht ordnungsgemäß oder nicht vollständig errichtet worden, denn es ist im Rahmen des § 153 Abs 2 gerade die Aufgabe des Schuldners, das vom Insolvenzverwalter aufgestellte Vermögensverzeichnis zu vervollständigen und zu ergänzen. **Wiederholung des Eides** nach § 153 Abs 2 kann nur einmal im Verfahren verlangt werden. Die eidesstattliche Versicherung ist auch noch nach Aufhebung des Verfahrens im Rahmen einer **Nachtragsverteilung** (§ 203) möglich.

9   c) Rechtsmittel. Gegen den Beschluss, der den Antrag auf Abgabe der eidesstattlichen Versicherung ablehnt, steht dem Antragsteller wegen § 6 Abs 1 ein Rechtsmittel nicht zu. Zum Rechtsmittel des Schuldners s Rn 4. Bleibt der Gemeinschuldner dem Termin unentschuldigt fern, so entscheidet der Richter über die **Anordnung von Haft** (§ 98 Abs 2, § 4 Abs 2 S 2 RPflG). Gleiches gilt, wenn der Gemeinschuldner sich grundlos weigert, die eidesstattliche Versicherung abzugeben.

10 d) Kosten. Für das Verfahren zur Abnahme der eidesstattlichen Versicherung einschließlich des Verfahrens über den Antrag, Haft anzuordnen (§ 901 ZPO), werden gem Teil 4 II.2. des Kostenverzeichnisses besondere Gebühren nicht erhoben. Die Kosten der Haft des Insolvenzschuldners fallen, wenn der Verwalter den Haftantrag gestellt hat, der Masse als Massekosten (§ 54 Nr 1) zur Last; dem Gläubiger, wenn er den Antrag gestellt hat; er hat sie auch vorzuschießen.

11 6. Strafbarkeit einer falschen Versicherung an Eides statt. Die vom Schuldner zur Bekräftigung seiner Angaben gemachten eidesstattlichen Versicherungen sind gem § 156 StGB strafbewehrt (Einzelheiten bei Richter KTS 1985, 443 ff). § 156 StGB setzt voraus, dass der Täter vor einer zur Abnahme der Versicherung an Eides statt **zuständigen Behörde** eine solche Versicherung falsch abgibt oder unter Berufung auf eine solche Versicherung falsch aussagt.

§ 154 Niederlegung in der Geschäftsstelle

Das Verzeichnis der Massegegenstände, das Gläubigerverzeichnis und die Vermögensübersicht sind spätestens eine Woche vor dem Berichtstermin in der Geschäftsstelle zur Einsicht der Beteiligten niederzulegen.

I. Allgemeines

1   Die Vorschrift entspricht weitgehend den früheren Regelungen in den §§ 124 KO, 22 Abs 3 VglO. § 154 dient der **Verfahrensbeschleunigung**. Sie soll es ermöglichen, sich noch rechtzeitig vor dem Berichtstermin (§ 156) über die Vermögensverhältnisse des Schuldners bzw Schuldnerunternehmens zu informieren. Vorzulegen sind das **Masseverzeichnis** (§ 151), das **Gläubigerverzeichnis** (§ 152) und die

III. Der Ausschluss individueller Auskunftspflichten § 154

Vermögensübersicht (§ 153). Die Unterlagen sind spätestens eine Woche vor dem Berichtstermin (§ 156) auf der Geschäftsstelle des Insolvenzgerichts niederzulegen. Dh, dass der Verwalter die Verzeichnisse nach §§ 151–153 idR binnen der ersten vier bis fünf Wochen nach Verfahrenseröffnung fertigzustellen hat. Dies lässt sich angesichts des desolaten Rechnungswesens des Schuldnerunternehmens nicht immer bewerkstelligen (vgl auch BerlKo-*Breutigam* § 154 Rn 1; *Risse* KTS 1994, 465, 467 f; *Bork*, Einf Rn 363). Vgl auch die Checkliste zur Beschaffung von Basisinformationen für eine Unternehmenssanierung bei *Gross* S 699 ff. Einzelheiten zu den einzureichenden Unterlagen bei K/U § 124 KO Rn 1, 2.

Das Gesetz stellt nunmehr klar, **zu welchem Zeitpunkt** der Verwalter die Unterlagen auf der Gerichtsstelle zur Einsicht der Beteiligten niederzulegen hat. Die zum alten Recht bestehende Streitfrage, ob der Verwalter zB das Inventar bis zur Gläubigerversammlung vorzulegen hat oder ob dieses auch später vorgelegt werden kann (vgl K/U § 124 KO Rn 1 a; *Uhlenbruck/Delhaes* HRP Rn 628 ff; *Veit*, Die Konkursrechnungslegung, 1982, 76 f; *Klasmeyer/Kübler* BB 1978, 369, 373); dürfte damit erledigt sein (so auch BerlKo-*Breutigam* § 154 Rn 1). Die Niederlegungspflicht (Offenlegungspflicht) erstreckt sich nur auf die in § 154 bezeichneten Unterlagen. Geschäftsunterlagen und das Rechnungswesen des Schuldners bzw Schuldnerunternehmens sind nicht vorzulegen (*Jaeger/Weber* § 124 KO Rn 5; K/U § 124 KO Rn 3; K/P/*Holzer* § 154 Rn 1). Die Niederlegung auf der Geschäftsstelle des Insolvenzgerichts dient dazu, allen am Verfahren Beteiligten zu ermöglichen, sich vor dem Berichtstermin über die Vermögensverhältnisse des Schuldners zu unterrichten (Begr RegE zu § 173, abgedr bei *Uhlenbruck* S 510). Nach N/R/*Andres* (§ 154 Rn 1) löst der frühe Zeitpunkt Probleme aus (vgl auch Gottwald/Klopp/Kluth InsRHdb § 22 Rn 37). Der Verwalter soll möglichst gesichertes und aktuelles Zahlenmaterial vorlegen. Zwar sei ihm gestattet, vorläufige Angaben zu machen, andererseits werde der verantwortungsvolle Verwalter bemüht sein, „die Ermittlungsergebnisse so realistisch wie möglich zu berichten". Vor allem in Großverfahren ist der Verwalter oftmals nur imstande, **vorläufiges Zahlenmaterial** zu präsentieren. Obgleich dies in § 154 nicht erwähnt ist, ist auch ein **vorbereiteter Insolvenzplan** (prepackaged plan), den der Schuldner eingereicht hat, ebenfalls auf der Geschäftsstelle niederzulegen. Dies ist nicht zuletzt deswegen erforderlich, weil die Gläubiger, wenn auch nicht über den Insolvenzplan, so doch über die Unternehmensfortführung aufgrund der Planvorgaben nach § 157 zu entscheiden haben.

II. Einsichtnahme

Die auf der Geschäftsstelle niedergelegten Unterlagen werden Bestandteil der Gerichtsakte (*Kilger/K. Schmidt* § 135 KO Anm 7). Zur Einsichtnahme berechtigt sind die „**Beteiligten**". Der Beteiligtenbegriff ist weit zu fassen. Entgegen einer früher vielfach vertretenen gegenteiligen Auffassung gehören zu den Beteiligten auch die **Aus- und Absonderungsberechtigten**. Für letztere ergibt sich dies schon, soweit der Schuldner ihnen auch persönlich haftet, aus § 52 S 1. Auch ein aussonderungsberechtigter Gläubiger kann im Einzelfall Interesse daran haben, durch Einsichtnahme in die Vermögensübersicht festzustellen, ob der auszusondernde Gegenstand darin aufgeführt ist und ob sein Aussonderungsrecht kenntlich gemacht ist. Die Einsichtnahme kann auch durch einen **bevollmächtigten Vertreter** erfolgen (§ 4 iVm § 299 Abs 1 ZPO; *Jaeger/Weber* § 124 KO Rn 4; K/U § 124 KO Rn 4; N/R/*Andres* § 154 Rn 2). **Abschriften aus dem Gläubigerverzeichnis** können verweigert werden, wenn sie dazu benutzt werden sollen, zB bei den geschädigten Gläubigern für den Abschluss einer Kreditversicherung zu werben oder die Anschriften der Mitgläubiger zur Gewinnung neuer Kunden bzw Lieferanten zu missbrauchen und hierdurch den Goodwill-Wert der Schuldnerunternehmung zu beeinträchtigen. Im Einzelfall kann auch das **öffentliche Interesse** wie zB der Zusammenbruch einer Bank dazu führen, dass die Einsicht in die Gläubigerlisten durch das Insolvenzgericht ausgeschlossen wird. Dies gilt vor allem, wenn, wie im Vergleichsverfahren über das Vermögen der Herstatt-Bank, die Offenlegung der Verluste anderer Kreditinstitute in ihrer Eigenschaft als Gläubiger die Gefahr mit sich bringt, dass ein „Sturm auf die Schalter" anderer Banken einsetzt. Wird das **Gläubigerverzeichnis von der Einsichtnahme ausgenommen**, hat dies durch begründeten gerichtlichen Beschluss zu erfolgen. Es müssen für den Ausschluss im Einzelfall gewichtige Gründe vorliegen, die nicht nur in der Person eines einzelnen Gläubigers oder des Schuldnerunternehmens liegen, sondern das öffentliche Interesse berühren. Vgl auch zur Problematik *Jaeger/Weber* § 124 KO Rn 4; K/U § 124 KO Rn 4.

III. Der Ausschluss individueller Auskunftspflichten

Die in § 154 geregelte Offenlegungspflicht des Insolvenzverwalters hat zur Folge, dass der Verwalter gegenüber einzelnen Gläubigern vor diesem Zeitpunkt grundsätzlich nicht zur Auskunftserteilung über den Verfahrensstand verpflichtet ist. Der Verwalter erfüllt seine Auskunftspflicht gegenüber den Beteiligten durch die Niederlegung des Gläubigerverzeichnisses, des Inventars und der Vermögensübersicht nach § 154 und Berichterstattung in der ersten Gläubigerversammlung (§ 156). Zu **weiterer Berichterstattung** ist er gegenüber Gläubigern und sonstigen Beteiligten nicht verpflichtet.

§ 155 Handels- und steuerrechtliche Rechnungslegung

(1) ¹Handels- und steuerrechtliche Pflichten des Schuldners zur Buchführung und zur Rechnungslegung bleiben unberührt. ²In bezug auf die Insolvenzmasse hat der Insolvenzverwalter diese Pflichten zu erfüllen.

(2) ¹Mit der Eröffnung des Insolvenzverfahrens beginnt ein neues Geschäftsjahr. ²Jedoch wird die Zeit bis zum Berichtstermin in gesetzliche Fristen für die Aufstellung oder die Offenlegung eines Jahresabschlusses nicht eingerechnet.

(3) ¹Für die Bestellung des Abschlußprüfers im Insolvenzverfahren gilt § 318 des Handelsgesetzbuchs mit der Maßgabe, daß die Bestellung ausschließlich durch das Registergericht auf Antrag des Verwalters erfolgt. ²Ist für das Geschäftsjahr vor der Eröffnung des Verfahrens bereits ein Abschlußprüfer bestellt, so wird die Wirksamkeit dieser Bestellung durch die Eröffnung nicht berührt.

Übersicht

	Rn
I. Allgemeines	1
II. Die handels- und steuerrechtlichen Pflichten des Schuldners zur Buchführung und zur Rechnungslegung	2
1. Die handelsrechtlichen Pflichten des Schuldners	2
a) Der buchführungs- und rechnungslegungspflichtige Personenkreis	2
b) Der Pflichtenumfang	3
c) Rechnungslegung nach den International Financial Accounting Standards (IFRS)	4
2. Die steuerrechtlichen Pflichten des Schuldners	6
a) Allgemeines	6
b) Der buchführungs- und rechnungslegungspflichtige Personenkreis	8
III. Die Erfüllung der handels- und steuerrechtlichen Pflichten des Schuldners zur Buchführung und zur Rechnungslegung durch den Insolvenzverwalter	
1. Der verpflichtete Personenkreis	9
2. Besonderheiten der Buchführungs- und Rechnungslegungspflichten des Insolvenzverwalters	10
a) Allgemeines	10
b) Beschränkung der Buchführungs- und Rechnungslegungspflichten auf die Insolvenzmasse	11
c) Anwendung der allgemeinen Bilanzierungs- und Bewertungsgrundsätze	12
d) Offenlegung von Jahresabschlüssen und anderen Unterlagen	14
3. Buchführung und Rechnungslegung bei Masseunzulänglichkeit	15
IV. Beginn eines neuen Geschäftsjahres (§ 155 Abs 2)	16
1. Allgemeines	16
2. Schlussbilanz der werbenden Gesellschaft	17
3. Eröffnungsbilanz der insolventen Gesellschaft	18
4. Schlussbilanz der insolventen Gesellschaft	20
5. Konzernabschlüsse in der Insolvenz	21
V. Bestellung von Abschlussprüfern (§ 155 Abs 3)	24

I. Allgemeines

1   Die Konkursordnung enthielt keine Vorschriften, die den Konkursverwalter zur **externen Rechnungslegung** verpflichteten. Für den Konkurszweck reichte die Erfassung der laufenden pagatorischen Geschäftsvorfälle durch eine Einnahmen-/Ausgaben-Rechnung (**interne Rechnungslegung**) aus. Gleichwohl wurde auch schon der Konkursverwalter handels- und steuerrechtlich als verpflichtet angesehen, unter Beachtung der Grundsätze ordnungsmäßiger Buchführung **Bücher zu führen und Jahresabschlüsse** zu erstellen (RFH v 22. 6. 1938, RStBl. 1938, 669; RFH v 5. 3. 1940, RStBl 1940, 716; BFH v 8. 6. 1972, BStBl II 1972, 784; BGHZ 74, 316 = NJW 1979, 2212; **BGH** ZIP 1980, 25; *Uhlenbruck*, GmbH & Co KG, S 528 ff, 788; *K. Schmidt*, Liquidationsbilanzen und Konkursbilanzen, S 76; *Kilger/K. Schmidt* Insolvenzgesetze § 124 Rn 1 a; *Hundertmark* BB 1967, 409; *Kilger/Nitze* ZIP 1988, 857 ff; *Pelka/Niemann*, Bilanzierung Rn 2, 16; *Klasmeyer/Kübler* BB 1978, 369 ff; *Braun* ZIP 1997, 1013; *Pink*, Insolvenzrechnungslegung, S 1, 89 ff; *Kraemer/Pink* Fach 2 Kap 16 Rn 2, 83 mit Rechtsprechungsnachweisen, *ders* ZIP 1997, 177, 180). § 140 AO verpflichtete den Insolvenzverwalter auch bisher schon zur **Buchführung und Rechnungslegung nach anderen Gesetzen als den Steuergesetzen**, soweit diese für die Besteuerung von Bedeutung sind (vgl *Tipke/Kruse* AO § 140 Rn 2 bis 7; *Pink*, Insolvenzrechnungslegung, S 178 ff). Soweit bisher eine **Gesetzeslücke** angenommen wurde (*Heni* WPg 1990, 93, 97), ist sie nun durch § 155 Abs 1 geschlossen worden: § 155 Abs 1 stellt klar, dass die Vorschriften der InsO über die insolvenzrechtliche Rechnungslegung (§§ 66, 151, 152, 153) die handels- und steuerrechtlichen Pflichten des Schuldners zur Buchführung und zur Rechnungslegung (**externe Rechnungslegung**) unbe-

rührt lassen. Wenn der Gesetzgeber den Begriff „unberührt" verwendet (§ 155 Abs 1 S 1, Begr. zu § 174 RegE, BR-Drucks 1/92 S 172/173), dann heißt das nichts anderes, als dass die insolvenzrechtlichen Rechnungslegungsvorschriften die Buchführungs- und Rechnungslegungsvorschriften nach Handels- und Steuerrecht nicht ersetzen können. Mit dieser ausdrücklichen Abgrenzung der internen von den externen Rechnungslegungspflichten hat der Gesetzgeber die von *K. Schmidt* begründete sogenannte **duale Betrachtungsweise** (*K. Schmidt*, Liquidationsbilanzen S 78; *Kilger/K. Schmidt* Insolvenzgesetze § 124 Rn 1 b; *Kraemer-Pink* Fach 2 Kap 16 Rn 3; *Braun* ZIP 1997, 1013; *Weisang* BB 1998, 1149) in die InsO übernommen (K/P/*Kübler* § 155 Rn 8; KS-*K. Schmidt* S 1213, Rn 31). § 155 regelt nur Buchführungs- und Rechnungslegungspflichten. **Steuererklärungspflichten** des Schuldners oder des Insolvenzverwalters können aus § 155 nicht abgeleitet werden. Rechtliche Grundlage für die Steuererklärungspflicht des Verwalters ist allein § 35 Abs 3 iVm Abs 1 AO. Der Gesetzgeber hat es unterlassen, **öffentlich-rechtliche Pflichten** als insolvenzrechtliche Pflichten zu normieren, obwohl ihm bekannt war oder bekannt gewesen sein muss, dass insbes. BFH und BVerwG schon lange Zeit vor der Novellierung des Insolvenzrechts und immer wieder den Konkursverwalter zur Erfüllung öffentlich-rechtlicher Pflichten angehalten haben (vgl u. a. **BFH** v 23. 8. 1994, VII R 143/92, ZIP 1994, 1969; **BVerwG** v 20. 1. 1984, 4 C 37/80, ZIP 1984, 1071; **BVerwG** v 22. 10. 1998, 7 C 38/97, ZIP 1998, 2167).

Das Institut der Wirtschaftsprüfer in Deutschland eV (IDW) hat in den Fachnachrichten (FN) Nr 08/2008 S 331 ff. den Rechnungslegungshinweis „Externe (handelsrechtliche) Rechnungslegung im Insolvenzverfahren" (IDW RH HFA 1.012) veröffentlicht. Die in diesem Hinweis beschriebenen Rechnungslegungspflichten werden von Wirtschaftsprüfern bei der Erstellung der externen (handelsrechtlichen) Rechnungslegung sowie bei deren Prüfung zugrunde gelegt.

II. Die handels- und steuerrechtlichen Pflichten des Schuldners zur Buchführung und zur Rechnungslegung

1. Die handelsrechtlichen Pflichten des Schuldners. a) Der buchführungs- und rechnungslegungspflichtige Personenkreis. Nicht jeder Schuldner iSv § 155 ist buchführungs- und rechnungslegungspflichtig. Nach § 238 HGB gelten diese Pflichten vielmehr nur für **Kaufleute**. Kaufleute sind der Istkaufmann (§ 1 HGB), der **Kannkaufmann** (§ 2 HGB), der **Kannkaufmann**, der Land- und Forstwirtschaft betreibt (§ 3 HGB), der **Kannkaufmann kraft Eintragung im Handelsregister** (§ 4 HGB) sowie die **Handelsgesellschaften** (Formkaufleute, § 6 HGB). Der **Begriff des Kaufmanns** ist in § 1 HGB definiert: Danach ist derjenige Kaufmann, der ein Handelsgewerbe betreibt. **Handelsgewerbe** ist nach § 1 Abs 2 HGB jeder Gewerbebetrieb, es sei denn, dass das Unternehmen nach Art oder Umfang einen in kaufmännischer Weise eingerichteten Geschäftsbetrieb nicht erfordert. Ob ein Unternehmen nach Art oder Umfang einen in kaufmännischer Weise eingerichteten Geschäftsbetrieb erfordert, lässt sich nicht pauschal sondern nur nach dem Gesamtbild der Verhältnisse beurteilen. Dabei geht § 238 HGB von der Vermutung zu Gunsten der Kaufmannseigenschaft aus, die im Einzelfall widerlegt werden kann. Bei der Beurteilung, ob ein nach Art oder Umfang in kaufmännischer Weise eingerichteten Geschäftsbetrieb vorliegt, können die Höhe des Vermögens, die Umsatzhöhe, die Anzahl der Lieferanten, die Anzahl der Mitarbeiter, die räumliche Ausdehnung des Unternehmens und vieles andere mehr von Bedeutung sein. Kann die Vermutung der Kaufmannseigenschaft widerlegt werden, so liegt ein Kleingewerbebetrieb vor, der zwar nicht der handelsrechtlichen, möglicherweise aber, wenn die Voraussetzungen des § 141 AO erfüllt sind, der steuerrechtlichen Buchführungspflicht unterliegt. Handelsgesellschaften iSv § 6 HGB sind Personenhandelsgesellschaften (OHG und KG) und Kapitalgesellschaften (GmbH, AG, KGaA). Die Genossenschaften sind durch § 17 Abs 2 GenG als Kaufleute definiert.

b) Der Pflichtenumfang (Allgemeine Buchführungspflichten, Die Erstellung von Jahresabschlüssen, Die Erstellung von Anhängen und Lageberichten, Beachtung der Ansatz- und Bewertungsvorschriften, Prüfung durch Abschlussprüfer, Offenlegungspflichten, Aufbewahrungspflichten).

Die **allgemeinen Buchführungspflichten** für alle Kaufleute ergeben sich aus § 238 HGB. § 240 HGB verpflichtet den Kaufmann zur **Inventarisierung** seines Vermögens und seiner Schulden sowohl zu Beginn seines Handelsgewerbes als auch für den Schluss eines jeden Geschäftsjahres. Jeder Kaufmann hat ferner unter Beachtung der allgemeinen Bewertungsgrundsätze (§ 252 HGB) zu Beginn seines Handelsgewerbes und für den Schluss eines jeden Geschäftsjahres eine Bilanz und eine Gewinn- und Verlustrechnung (**Jahresabschluss**) aufzustellen (§ 242 HGB). Kapitalgesellschaften haben den Jahresabschluss (§ 242 HGB) um einen **Anhang** (§§ 284 ff HGB) zu erweitern und einen **Lagebericht** (§ 2899 HGB) aufzustellen. **Kleine Kapitalgesellschaften** (§ 267 Abs 1) brauchen den Lagebericht nicht aufzustellen; sie dürfen den Jahresabschluss auch später aufstellen, wenn dies einem ordnungsgemäßen Geschäftsgang entspricht, jedoch innerhalb der ersten sechs Monate des Geschäftsjahres. Ergänzende Vorschriften für **Konzerne** ergeben sich aus den §§ 290 ff HGB. Die Jahresabschlüsse und Lageberichte von Kapitalgesellschaften und Konzernen sind durch einen Abschlussprüfer zu prüfen. Ohne **Prüfung** können die Jahresabschlüsse nicht festgestellt werden (§ 316 HGB). § 257 HGB regelt die Aufbewahrungspflichten der Kaufleute für bestimmte Unterlagen. Zu den handelsrechtlichen Buchführungs- und Rechnungslegungspflichten des Schuldners gehört auch die **Offenlegung von Jahresabschlüssen und anderer**

Unterlagen. Die Offenlegungsvorschriften für Kapitalgesellschaften sind im vierten Unterabschnitt des zweiten Abschnittes (§§ 325–328) des HGB zusammengefasst. Ergänzende Vorschriften finden sich in § 339 HGB für Genossenschaften, in § 340l HGB für Kreditinstitute und in § 341l HGB für Versicherungsunternehmen. Die §§ 9 und 12 PublG regeln die Offenlegungspflichten anderer Unternehmen und Konzerne. Das Verfahren der Offenlegung von Jahres- und Konzernabschlüssen sowie der übrigen offenlegungspflichtigen Unterlagen ist durch das am 1. Januar 2007 in Kraft getretene „Gesetz über elektronische Handelsregister und Genossenschaftsregister sowie das Unternehmensregister" (EHUG vom 10. 11. 2006, BGBl I S 2553) vollständig neu geregelt worden. Während die Einreichung der Unterlagen in der Vergangenheit in Papierform zum Handelsregister des Sitzes der Gesellschaft erfolgte, ist nunmehr für nach dem 31. 12. 2005 beginnende Geschäftsjahre die Einreichung in elektronischer Form beim Betreiber des elektronischen Handelsregisters vorgeschrieben.

4 c) **Rechnungslegung nach den International Financial Accounting Standards (IFRS).** Die IFRS sind eine Sammlung von Regeln für die Rechnungslegung betriebswirtschaftlicher Unternehmen. Rechtsverbindlichkeit erlangten die IFRS erst durch ihre Anerkennung durch die Europäische Kommission. Die EU-Kommission hat mit Verordnung vom 29. September 2003 alle internationalen Rechnungslegungsstandards, die am 14. September 2002 vorlagen, mit Ausnahme von IAS 32 und IAS 39, sowie die entsprechenden Interpretationen übernommen. Diese EU-Verordnung ist in allen ihren Teilen verbindlich und gilt unmittelbar in jedem Mitgliedstaat; damit wurden die Standards automatisch zu **nationalem Recht.** Der Insolvenzverwalter hat dieses Recht, das Teil des Handelsrechts iSv § 155 geworden ist (§ 315a HGB), zu beachten (vgl *Kebekus,* ZGR 2008, 275; *Hirte,* ZRG 2008, 284). Nach der Verordnung (EG) Nr 1606/2002 vom 19. Juli 2002 (ABl EG L 243/1 v 11. September 2002) haben Gesellschaften, die dem Recht eines Mitgliedstaats unterliegen und deren Wertpapiere zum Handel in einem geregelten Markt in einem der Mitgliedstaaten zugelassen sind (**kapitalmarktorientierte Unternehmen**), ihre konsolidierten Abschlüsse für Geschäftsjahre, die am oder nach dem 1. Januar 2005 beginnen, nach IFRS aufzustellen (vgl § 315a HGB). Der deutsche Gesetzgeber hat mit dem Bilanzrechtsreformgesetz (BilReG, BGBl I 2004, 3166) die Verpflichtung zur Anwendung der IFRS auch auf die Unternehmen ausgedehnt, deren Wertpapiere zwar noch nicht gehandelt werden, die sich aber im Zulassungsprozess befinden. **Alle anderen Unternehmen** können ihren Konzernabschluss freiwillig nach IFRS aufstellen. Außerdem ist es diesen Unternehmen gestattet, ergänzend zu ihrem HGB-Jahresabschluss einen zusätzlich freiwillig erstellten IFRS-Einzelabschluss im Bundesanzeiger zu veröffentlichen. Von den IFRS **nicht** zwingend erfasst werden also Konzernabschlüsse nicht kapitalmarktorientierter Unternehmen, Einzelabschlüsse kapitalmarktorientierter Unternehmen und Einzelabschlüsse anderer Unternehmen. Diese bleiben nach Lage der Dinge zunächst bei den jeweils nationalen Regelungen, obwohl die Verordnung den Mitgliedsstaaten freie Hand für eigene Regelungen lässt. Allerdings beziehen sich inzwischen immer mehr Rechtsvorschriften ausdrücklich auf die IFRS. So wird in § 12 Abs 1 des Gesetzes über deutsche Immobilien Aktiengesellschaften mit börsennotierten Anteilen (**REIT-Gesetz,** REITG) vom 28. Mai 2007 bei der Bewertung ihres Grundvermögens Immobilien-Aktiengesellschaften ausdrücklich auf IAS 40 verwiesen. IAS 40 wird damit für eine bestimmte Branche schon vor der allgemeinverbindlichen Einführung angeordnet. Die IFRS werden – jedenfalls in bestimmten Neuregelungen – inzwischen auch vom deutschen Steuerrecht vorausgesetzt. So betrifft der durch die **Unternehmenssteuerreform 2008** in das Einkommensteuerrecht eingefügte § 4h EStG die sogenannte „Zinsschranke"; sie soll konzerninterne Darlehensgestaltungen unattraktiv machen, in denen durch hochverzinste konzerninterne Darlehen Gewinne aus dem Hochsteuerland Deutschland heraus in Niedrigsteuergebiete verschoben werden. Die Regelung enthält Vorschriften zur Bemessung der Eigenkapitalquote, die die IFRS verbindlich vorschreiben (§ 4h Abs 2 Satz 5 EStG).

5 Nach dem am 21. 5. 2008 von dem Bundeskabinett beschlossenen Entwurf eines **Gesetzes zur Modernisierung des Bilanzrechts (BilMoG)** soll das HGB-Bilanzrecht auf Dauer beibehalten und für den Wettbewerb mit den internationalen Rechnungslegungsstandards gestärkt werden. Der handelsrechtliche Jahresabschluss soll die Grundlage der Gewinnausschüttung und der steuerlichen Gewinnermittlung bleiben. Nach dem Gesetzesentwurf werden mittelständische Einzelkaufleute, die nur einen kleinen Geschäftsbetrieb unterhalten, von der handelsrechtlichen Buchführungs- und Bilanzierungspflicht befreit. Für Kapitalgesellschaften wie AG und GmbH werden ebenfalls Befreiungen und Erleichterungen bei der Bilanzierung vorgesehen.

6 **2. Die steuerrechtlichen Pflichten des Schuldners zur Buchführung und Rechnungslegung. a) Allgemeines.** Die **steuerrechtlichen Buchführungs- und Aufzeichnungspflichten** sind in den §§ 140 bis 148 AO geregelt. § 140 AO bestimmt als Generalnorm, dass, wer nach anderen Gesetzen als den Steuergesetzen Bücher und Aufzeichnungen zu führen hat, die für die Besteuerung von Bedeutung sind, die Verpflichtungen, die ihm nach den anderen Gesetzen obliegen, auch für die Besteuerung zu erfüllen hat. Diese **abgeleiteten** Buchführungs- und Aufzeichnungspflichten stehen gleichberechtigt neben den durch §§ 141, 143 und 144 normierten **originären** Buchführungs- und Aufzeichnungspflichten (*Tipke/Kruse* AO vor § 140 Rn 2a). Die Begriffe „Bücher" und „Aufzeichnungen" sind in den §§ 140 ff AO nicht näher bestimmt. Nach allgemeiner Literaturmeinung (*Tipke/Kruse* AO vor § 140 Rn 4; Hübschmann/

III. Die Erfüllung der Pflichten des Schuldners zur Buchführung und zur Rechnungslegung § 155

Hepp/Spitaler/*Trzaskalik* AO vor § 140 Rn 8) knüpfen die Vorschriften an den Sprachgebrauch des Handelsrechts an. Danach umfasst der Begriff der Bücher die Handelsbücher iSd §§ 238 ff HGB und die diesen entsprechenden Aufzeichnungen von Nichtkaufleuten. Die (übrigen) Aufzeichnungen (Erklärungen über Geschäftsvorfälle) haben ergänzende Funktion. Inventare, Jahresabschlüsse und Lageberichte gehören nach der Formulierung von § 147 Abs 1 Nr 1 AO nicht zu den Büchern und zu Aufzeichnungen (vgl auch §§ 239 ff HGB). Die **Bilanzierungspflicht** – für den speziellen Bereich der Einkommensteuer und der Körperschaftsteuer – ergibt sich aus § 5 Abs 1 EStG iVm § 242 HGB. Die **Steuerbilanz** ist hiernach als **abgeleitete Handelsbilanz** zu begreifen (vgl *Herrmann/Heuer/Raupach* § 5 EStG, Rn 49 b; Kirchhof/Söhn/*Mathiak* EStG § 5 Rn A 27 ff; *Knobbe-Keuk*, Bilanz- und Unternehmenssteuerrecht, Köln 1993, 17 ff. Zur Diskussion um die Trennung von Handels- und Steuerbilanz vgl *Herrmann/Heuer/Raupach* EStG § 5 Rn 49 b).

Die **Steuererklärungspflichten** des Insolvenzschuldners werden des Insolvenzverwalters werden von 7
§ 155 nicht erfasst (so auch K/P/*Kübler* § 155 Rn 83; FK-*Boochs* Rn 435; *Hess* § 155 Rn 186 ff; vgl auch Begr zu § 174 RegE, BR-Drucks 1/92 S 172/173; str aA N/R/*Andres* § 155 Rn 31, 34). Nur die Steuergesetze bestimmen, wer zur Abgabe einer Steuererklärung verpflichtet ist (§ 149 Abs 1 Satz 1 AO). Die Steuererklärungspflichten (§§ 149 ff AO) des Insolvenzverwalters ergeben sich nach wie vor allein aus seiner **Rechtsstellung als Vermögensverwalter** iSv § 34 Abs 3 AO.

b) Der buchführungs- und rechnungslegungspflichtige Personenkreis. Nach § 141 AO sind gewerb- 8
liche **Unternehmer** sowie **Land- und Forstwirte** buchführungspflichtig, wenn sie **bestimmte Größenmerkmale** (§ 141 Abs 1 AO) erfüllen und die Finanzbehörde den Unternehmer (oder Land- und Forstwirt) auf die Buchführungspflicht hingewiesen hat. Die Buchführungspflicht bewirkt, dass die Vorschriften der §§ 238 HGB ff. und insbesondere die **Grundsätze ordnungsmäßiger Buchführung** (GoB) zu beachten sind. § 141 AO findet keine Anwendung, wenn sich eine Buchführungspflicht bereits aus § 140 AO bzw §§ 238 ff. HGB ergibt. § 141 AO gilt also nicht für die Formkaufleute des § 6 HGB, die nach § 17 Abs 2 GenG als Kaufleute geltenden Genossenschaften sowie diejenigen Kaufleute, deren Unternehmen nach Art und Umfang einen in kaufmännischer Weise eingerichteten Geschäftsbetrieb erfordern oder deren Unternehmen im Handelsregister eingetragen sind. Von § 141 AO erfasst werden also neben nicht nach anderen Gesetzen buchführungspflichtigen Land- und Forstwirten grundsätzlich nur gewerbliche Einzel-Unternehmer und bestimmte Personengesellschaften (zB gewerbliche Gesellschaften bürgerlichen Rechts), die weder einen in kaufmännischer Weise eingerichteten Geschäftsbetrieb haben, noch im Handelsregister eingetragen sind und die ihren Gewinn nicht nach § 4 Abs 3 EStG ermittelt haben. Streitig ist, ob sich die Buchführungspflicht einer Personengesellschaft auch auf das Sonderbetriebsvermögen ihrer Gesellschafter bezieht (zustimmend AEAO zu § 141 Nr 1 AO, ablehnend ua *Tipke/Kruse* zu § 141 AO Tz 3). Die **Buchführungspflicht entsteht** mit Beginn des Wirtschaftsjahres, das der Bekanntgabe der Mitteilung nach § 141 Abs 2 AO folgt. Die Mitteilung der Finanzbehörde über die Buchführungspflicht nach § 141 AO ist ein Verwaltungsakt im Sinne des § 118 AO und kann unabhängig von sonstigen Verwaltungsakten (zB Steuerbescheiden) erfolgen. Die **Buchführungspflicht endet** mit Ablauf des Wirtschaftsjahres, das auf das Wirtschaftsjahr folgt, in dem die Finanzbehörde feststellt, dass die Voraussetzungen für eine Buchführungspflicht nicht mehr erfüllt sind (§ 141 Abs 2 S 2 AO). Die §§ 142–144 AO ergänzen die Vorschriften nach § 141 AO bezüglich der Land- und Forstwirte sowie des Wareneingangs und des Warenausgangs. § 147 normiert eigene steuerrechtliche Aufbewahrungsvorschriften.

III. Die Erfüllung der handels- und steuerrechtlichen Pflichten des Schuldners zur Buchführung und zur Rechnungslegung durch den Insolvenzverwalter

1. Der verpflichtete Personenkreis. Die handels- und steuerrechtlichen Buchführungs- und Rech- 9
nungslegungsvorschriften des Schuldners sind, soweit sie die Insolvenzmasse betreffen, vom Insolvenzverwalter zu erfüllen. Voraussetzungen für die Anwendung der Norm sind also die Bestellung eines Insolvenzverwalters und die Entstehung einer Insolvenzmasse im rechtlichen Sinn. Insolvenzverwalter im Sinne dieser Vorschrift sind der vom Gericht ernannte (§ 27 Abs 1 Satz 1) und der von der ersten Gläubigerversammlung gewählte (§ 57) Verwalter. Der **vorläufige Insolvenzverwalter** wird zwar auch von dem Insolvenzgericht bestellt (§ 21 Abs 2 Nr 1); er ist aber allein deshalb nicht nach § 155 verpflichtet, weil es vor Eröffnung des Insolvenzverfahrens eine Insolvenzmasse im Rechtssinn (§ 35) nicht gibt. Der Umfang seiner Verfügungsbefugnis (§§ 21, 22) ist unerheblich. Bei **Eigenverwaltung** (§§ 270 ff) ist der Schuldner zur Rechnungslegung nach § 155 verpflichtet (§ 281 Abs 3 Satz 1). Im sog **Verbraucherinsolvenzverfahren** (§§ 304 ff) werden die Aufgaben des Insolvenzverwalters von dem **Treuhänder** wahrgenommen (§ 313 Abs 1 Satz 1). Für diesen gelten nach der ausdrücklichen Gesetzesanweisung (§ 313 Abs 1 Satz 3) die §§ 56 bis 66 entsprechend. § 66 regelt die (insolvenzrechtliche) Rechnungslegung. Hätte der Gesetzgeber den Treuhänder auch zur handels- und steuerrechtlichen Rechnungslegung verpflichten wollen, so wäre ein entsprechender Hinweis (in § 313 Abs 1 Satz 3) notwendig gewesen. Der Treuhänder kann also nicht dem nach § 155 verpflichteten Personenkreis zugerechnet werden. Wird das Insolvenzverfahren nach rechtskräftiger Bestätigung des **Insolvenzplans** aufgehoben (§§ 258 Abs 1),

§ 155

so erhält der Schuldner das Recht zurück, über die Insolvenzmasse frei zu verfügen (259 Abs 1 Satz 2). Der Insolvenzbeschlag (§ 35) erlischt. Die Verpflichtung zur handels- und steuerrechtlichen Rechnungslegung entfällt ab diesem Zeitpunkt auch für denjenigen Insolvenzverwalter, dessen Amt nicht mit der Aufhebung des Verfahrens endet (259 Abs 1 Satz 1), sondern der mit der **Überwachung der Planerfüllung** beauftragt wird (§ 261 Abs 1 Satz 1).

10 2. **Besonderheiten der Buchführungs- und Rechnungslegungspflichten des Insolvenzverwalters. a) Allgemeines.** Der Umfang der Buchführungs- und Rechnungslegungspflichten. Der Insolvenzverwalter tritt bezüglich dieser Pflichten, soweit sie die Insolvenzmasse betreffen, **an die Stelle des Insolvenzschuldners**. Sein Pflichtenumfang kann deshalb nicht größer oder kleiner sein als derjenige des Insolvenzschuldners. Die Buchführungs- und Rechnungslegungspflichten des Insolvenzverwalters entfällt nicht, wenn das schuldnerische Unternehmen eingestellt (stillgelegt) worden ist oder werden soll. Das entspräche auch nicht der bisherigen Rechtslage. Nach § 71 Abs 3 GmbHG und § 270 Abs 3 AktG kann im Fall der Liquidation unter Umständen von der Prüfung des Jahresabschlusses und des Lageberichts durch einen Abschlussprüfer befreit werden. Daraus folgt im Umkehrschluss, dass der Jahresabschluss trotz Liquidation der Kapitalgesellschaft aufzustellen ist. Diese Vorschriften sollen nach der Gesetzesbegründung zur InsO auf Insolvenzfälle entsprechend angewendet werden (s OLG München ZIP *2008*, 219 = WM 2008, 542 mwN; Schmidt-Räntsch, Insolvenzordnung mit Einführungsgesetz, 1995 § 155 Rn 1; im Ergebnis ebenso Grashoff, NZI 2008, 65, 67). Die Einstellung des Geschäftsbetriebs nach Insolvenzeröffnung rechtfertigt lediglich den Ansatz von Liquidationswerten statt Fortführungswerten in der Handelsbilanz (Begründung RegE zu § 174 InsO, *Uhlenbruck* S 511), nicht jedoch den Verzicht auf Buchführung und Rechnungslegung. Die Buchführungs- und Rechnungslegungspflichten sind **sowohl in handelsrechtlicher als auch in steuerrechtlicher Hinsicht verfahrensunabhängig**, dh abstrakt (str aA Smid/*Smid/Rattunde* InsO § 155 Rn 13). Das heißt nicht, dass im Einzelfall Befreiungen von den Pflichten oder wenigstens Erleichterungen gewährt werden können, wenn die Einhaltung der durch die Steuergesetze begründeten Buchführungs-, Aufzeichnungs- und Aufbewahrungspflichten Härten mit sich bringt, und die Besteuerung durch die Erleichterung nicht beeinträchtigt wird (§§ 148, 162 Abs 2 AO).

11 b) **Beschränkung auf die Insolvenzmasse.** Die handels- und steuerrechtlichen Buchführungs- und Rechnungslegungsvorschriften des Schuldners sind, soweit sie die Insolvenzmasse betreffen, vom Insolvenzverwalter zu erfüllen Die **Beschränkung der Pflichten des Insolvenzverwalters auf die Insolvenzmasse** lässt erkennen, dass es nach den Vorstellungen des Gesetzgebers auch anderes, nicht vom Insolvenzbeschlag erfasstes (insolvenzfreies) Vermögen geben kann. Für dieses insolvenzfreie Vermögen soll der Insolvenzverwalter nach dem klaren Gesetzestext nicht buchführungspflichtig sein (**LG Bonn** v 16. 5. 2008, 11 T 52/07, ZInsO 2008, 630). Eine „Insolvenzmasse" kann es begriffsnotwendig erst ab Insolvenzeröffnung geben. Sie umfasst das Vermögen des Schuldners, das ihm zur Zeit der Verfahrenseröffnung gehört und das er während des Verfahrens erlangt. Nach § 38 dient diese Insolvenzmasse zur persönlichen Befriedigung der Gläubiger des Schuldners. Es ist angemessen, die externe Rechnungslegungspflicht bezüglich dieses Vermögens zum Schutz der aus seiner Verwertung zu befriedigenden Gläubiger dem Insolvenzverwalter zu übertragen. Etwas anderes muss für dasjenige Vermögen gelten, das dem Schuldner zur Zeit der Insolvenzeröffnung nicht oder nicht mehr gehörte, das also insolvenzfreies Vermögen oder solches Vermögen sein kann, das vom Schuldner vor Verfahrenseröffnung veräußert wurde. Für solches Vermögen kann der Insolvenzverwalter nach dem Wortlaut des § 155 Abs 1 nicht rechnungslegungspflichtig sein. Auch aus der Regierungsbegründung (Begr. zu § 174 RegE, in: *Uhlenbruck*, Das neue Insolvenzrecht, S 511) lässt sich kein Hinweis auf eine solche Pflicht des Verwalters ersehen. Die gegenteilige Rechtsprechung (**LG** Frankfurt, Beschl v 32 T 12/05, 4. 9. 2006, NZI 2007, 294; **OLG** München, Beschl. v 10. 8. 2005, 31 Wx 61/05, ZInsO 2005, 1278) begründet, soweit sie sich nicht auf öffentlich-rechtliche Pflichten des Verwalters stützt, ihre Auffassung allein dadurch, dass sie die überwiegende Literaturmeinung (MünchKomm-*Füchsl-Weishäupl*, § 155 InsO, Rn 4; Frankfurter Kommentar – *Boochs*, 3. Aufl, § 155 InsO, Rn 19, Baumbach/Hueck – *Schulze-Osterloh*, GmbH-Gesetz, 18. Auflage 2006 § 64 Rn 68) zitiert, nach der Besitz der Buchhaltungsunterlagen den Verwalter zur Rechnungslegung auch für Jahre vor Insolvenzeröffnung verpflichtet. Der Besitz der Buchhaltungsunterlagen allein kann aber kein Grund für eine derartige Ausweitung der Verwalterpflichten sein. Die Pflicht zur Inbesitznahme und Verwaltung der Insolvenzmasse (§ 148 InsO) verwehrt es dem Verwalter nicht, dem Schuldner die Buchhaltungsunterlagen für die Zwecke der Rechnungslegung für die Jahre vor Insolvenzeröffnung vorübergehend auszuhändigen (so auch **BFH**, Urt. v 23. 8. 1994 – VII R 143/92, ZIP 1994, 1969; **FG** Brandenburg, Urt v 12. 5. 2004, 1 K 2447/01, ZInsO 2004, 331). Das IDW stellt eine Verpflichtung des Insolvenzverwalters zur handels- und steuerrechtlichen Buchführung auch für Zeiträume vor Insolvenzeröffnung fest, ohne allerdings die Verpflichtung zu begründen (IDW, FN 8/2008, S 332). Der Bezug auf die Insolvenzmasse begrenzt auch die Dauer der Buchführungs- und Rechnungslegungspflichten des Insolvenzverwalters: Der **Insolvenzverwalter ist statt des Insolvenzschuldners** so lange zur Buchführung und Rechnungslegung verpflichtet, wie seine Amtstätigkeit andauert und er das Verwaltungs- und Verfügungsrecht über die Insolvenzmasse (§ 80) hat. Seine Amtstätigkeit beginnt (erst) mit der Insolvenzeröffnung (s auch FK-*Boochs* § 155 Rz 5).

III. Die Erfüllung der Pflichten des Schuldners zur Buchführung und zur Rechnungslegung **§ 155**

Nicht nachvollziehen ist deshalb, dass das IDW (FN 8/2008, 333) die Verpflichtung des Insolvenzverwalters zur Erstellung des letzten Jahresabschlusses der werbenden Gesellschaft (Rumpfgeschäftsjahr, endend am Tag vor der Insolvenzeröffnung) aus § 80 InsO ableitet.

c) Anwendung der allgemeinen Bilanzierungs- und Bewertungsgrundsätze. Die Eröffnung des Insolvenzverfahrens berührt grundsätzlich nicht die allgemeinen Bilanzierungs- und Bewertungsgrundsätze des Handels- und Steuerrechts. Insbesondere treten die gesellschaftsrechtlichen Rechnungslegungsvorschriften der §§ 270 AktG, 71 GmbHG nicht an die Stelle der handels- und steuerrechtlichen Rechnungslegungsvorschriften treten Nach der hier vertretenen Auffassung finden die **gesellschaftsrechtlichen Rechnungslegungsvorschriften** für die Abwicklung der Kapitalgesellschaft allenfalls ergänzende Anwendung (so auch *Kunz/Mundt* DStR 1997, 664 ff; *Scherrer/Heni*, Liquidationsrechnungslegung, S 32). Die gesellschaftsrechtlichen Rechnungslegungsvorschriften unterstellen, dass nach der Auflösung der Gesellschaft die Abwicklung stattfindet. Die Abwicklung der Aktiengesellschaft findet nicht statt, wenn nach der Auflösung das Insolvenzverfahren über ihr Vermögen eröffnet wurde (§ 264 Abs 1 AktG). Weil alle Handelsgesellschaften auch nach ihrer Auflösung Kaufmann iSd HGB bleiben, bestehen die Buchführungs- und Inventaraufstellungspflichten (§§ 238 bis 241 HGB) unverändert fort. Die abwicklungs- bzw liquidationsspezifischen gesellschaftsrechtlichen Rechnungslegungsvorschriften ergeben sich nicht aus dem Abwicklungs- bzw Liquidationsstatus der Gesellschaft, sondern aus dem Auftrag der Liquidatoren als Verwalter fremden Vermögens gegenüber den Gesellschaftern (*Förschle/Deubert* in: Budde/Förschle Sonderbilanzen, S 646). Deshalb regeln die §§ 270 AktG, 71 GmbH auch die Pflichten der Abwickler bzw der Liquidatoren, nicht die der Gesellschaft selbst. Der Insolvenzverwalter ist weder Abwickler noch Liquidator iSd der gesellschaftsrechtlichen Rechnungslegungsvorschriften. Der Insolvenzverwalter kann diese Vorschriften allerdings insoweit anwenden, wie dort vorgesehen ist, dass das Registergericht von der Prüfung des Jahresabschlusses und des Lageberichts durch einen Abschlussprüfer befreien kann (Begr RegE zu § 174 in *Balz/Landfermann*, S 263). Die Anwendung der gesellschaftsrechtlichen Rechnungslegungsvorschriften für die Abwicklung bzw Liquidation in der Insolvenz scheidet auch deshalb aus, weil die Insolvenzeröffnung nicht, wie die Auflösung der Kapitalgesellschaften, zwingend die Liquidation des Schuldners zur Folge hat. Vielmehr ist der Erhalt des schuldnerischen Unternehmens eines der Ziele der InsO (§ 1 S 1). Will der Insolvenzverwalter das Unternehmen stilllegen, so bedarf er hierzu der ausdrücklichen Zustimmung des Insolvenzgerichts oder des Gläubigerausschusses (§§ 22 Abs 1 Nr 2, 157 S 1, 158). **Die Insolvenzeröffnung entspricht also keineswegs grundsätzlich dem Liquidationsbeginn.**

Die Insolvenz ist allerdings als ansatz-, bewertungs- und ausweisrelevanter Tatbestand im Rahmen der handels- und steuerrechtlichen Bilanzierung und Bewertung zu würdigen (IDW FN 8/2008, 336). Die allgemeinen handels- und steuerrechtlichen Bewertungsvorschriften sind vom Grundsatz der Fortführung der Unternehmenstätigkeit (**Going Concern-Prämisse**) geprägt (§ 252 Abs 1 Nr 2 HGB). Nach den Vorstellungen des Gesetzgebers (Begr. zu § 174 RegE, Uhlenbruck, Das neue Insolvenzrecht, S 511) hat der Insolvenzverwalter jedoch zu prüfen, ob nach den Gegebenheiten des Einzelfalls in der Handelsbilanz das vorhandene Vermögen mit Fortführungs- oder Liquidationswerten anzusetzen ist. Nach seiner Auffassung werden nach Insolvenzeröffnung Liquidationswerte anzusetzen sein, wenn der Geschäftsbetrieb sofort eingestellt wird. Fortführungswerte sollen angesetzt werden, wenn der Insolvenzverwalter das Unternehmen auf Grund eines Beschlusses der Gläubigerversammlung fortführt. Nach Auffassung des IDW (FN 8/2008, 334) ist das Unternehmenskonzept des Insolvenzverwalters Grundlage für die Beurteilung, ob Fortführungs- oder Liquidationswerte zutreffend sind. Auch wenn eine Fortführung des Unternehmens unwahrscheinlich ist oder ausscheidet, hat eine **Umgliederung des Anlagevermögens in Umlaufvermögen** grundsätzlich zu unterbleiben. Es gibt keinen Bilanzierungsgrundsatz, der bei absehbarer Veräußerung die Umgliederung von Anlagevermögen in Umlaufvermögen vorsieht (*Heni* ZInsO 2008, 998). Eine solche Umgliederung würde auch der Auffassung des IDW widersprechen, weil sie „zu Informationsverlusten und damit zu einem Verstoß gegen den Grundsatz der Bilanzklarheit führen" würde *IDW RS HFA 17*, Wpg 2006, 43). Steuerrechtlich gilt nichts anderes: Nach EStR R 6.1 bleibt ein Wirtschaftsgut des Anlagevermögens auch dann noch Anlagevermögen, wenn seine Veräußerung geplant ist oder sogar unmittelbar bevorsteht. Bezüglich der **Verbindlichkeiten** hat der **BFH** zwar in ständiger Rechtssprechung entschieden, dass Verbindlichkeiten nicht (mehr) passiviert werden dürfen, wenn sie keine wirtschaftliche Belastung darstellen, der Schuldner also nicht an Sicherheit grenzender Wahrscheinlichkeit nicht mehr mit einer Inanspruchnahme durch den Gläubiger rechnen muss (vgl **BFH** v 22. 11. 1988, BStBl II 1989, 359). Jedoch rechtfertigt die Tatsache allein, dass der Schuldner die Verbindlichkeiten mangels ausreichenden Vermögens nicht oder nicht teilweise tilgen kann, nicht die Annahme einer fehlenden wirtschaftlichen Belastung (**BFH** v 9. 2. 1993, BStBl II 1993, 1770). Weil Gläubiger ihre Forderungen auch noch Aufhebung eines Insolvenzverfahrens geltend machen können (§ 201), ist eine wirtschaftliche Belastung des Schuldners solange anzunehmen, wie die Verbindlichkeiten nicht tatsächlich erlöschen (**OFD Münster** v 21. 1. 2005, BB 2006, 153). Eine Verbindlichkeit, mit der der Gläubiger im Rang hinter die Forderungen der anderen Gläubiger zurücktritt (Rangrücktrittsvereinbarung), ist weiterhin zu passivieren und nicht etwa wie ein Forderungsverzicht gewinnerhöhend aufzulösen (**BFH** v 10. 11. 2005, BStBl II 2006, 618).

12

13

14 **d) Offenlegung von Jahresabschlüssen und andere Unterlagen.** Die handelsrechtlichen Pflichten des Schuldners zur Offenlegung von Jahresabschlüssen und andere Unterlagen sind, soweit sie die Insolvenzmasse betreffen, vom Insolvenzverwalter zu erfüllen (*Undritz/Zak/Vogel* DZWIR 2008, 353; *Pink/Fluhme* ZInsO 2008, 817; *Holzer* ZVI 2007, 401; *Krieg* BB 2008, 1161; *Grashoff* NZI 2008, 65 *str aA* LG Bonn, 22. 4. 2008, 11 T 28/07, ZIP 2008, 1082; *Weitzmann* ZInsO 2008, 662; s dazu näher § 11 Rn 105 a). Die Offenlegungsvorschriften für Kapitalgesellschaften sind im vierten Unterabschnitt des zweiten Abschnittes (§§ 325–328) des HGB zusammengefasst. Ergänzende Vorschriften finden sich in § 339 HGB für Genossenschaften, in § 3401 HGB für Kreditinstitute und in § 3411 HGB für Versicherungsunternehmen. Die §§ 9 und 12 PublG regeln die Offenlegungspflichten anderer Unternehmen und Konzerne. Das Verfahren der Offenlegung von Jahres- und Konzernabschlüssen sowie der übrigen offenlegungspflichtigen Unterlagen ist durch das am 1. Januar 2007 in Kraft getretene „Gesetz über elektronische Handelsregister und Genossenschaftsregister sowie das Unternehmensregister" (EHUG vom 10. 11. 2006, BGBl I S 2553) vollständig neu geregelt worden. Während die Einreichung der Unterlagen in der Vergangenheit in Papierform zum Handelsregister des Sitzes der Gesellschaft erfolgte, ist nunmehr für nach dem 31. 12. 2005 beginnende Geschäftsjahre die Einreichung in elektronischer Form beim Betreiber des elektronischen Handelsregisters vorgeschrieben. Der Kreis der offenlegungspflichtigen Unternehmen wird durch das EHUG nicht verändert. Das EHUG ändert auch nichts daran, welche Unterlagen die Unternehmen zur Veröffentlichung einreichen müssen. Die Unterlagen von Kapitalgesellschaften sind spätestens vor Ablauf des neunten Monats des dem Abschlussstichtag nachfolgenden Geschäftsjahrs einzureichen; für eingetragene Genossenschaften gilt die Pflicht zur unverzüglichen Einreichung. Um den Verwalter jedoch in der Eingangsphase des Insolvenzverfahrens „nicht allzu stark zu belasten" (Begr zu § 174 RegE, *Uhlenbruck*, 512), sieht § 155 Abs 2 S 1 vor, dass in die gesetzlichen Fristen für die Aufstellung und Offenlegung eines Jahresabschlusses die Zeit bis zum Berichtstermin nicht eingerechnet wird. Mit anderen Worten verlängern sich die gesetzlichen Fristen um die Zeit von der Insolvenzeröffnung bis zum Berichtstermin. Bei **Verstößen gegen die Publizitätspflicht** drohen seit dem 1. Januar 2007 spürbare **Sanktionen.** Wenn die Unterlagen nicht rechtzeitig oder unvollständig beim elektronischen Bundesanzeiger eingehen, leitet das Bundesamt für Justiz von Amts wegen ein **Ordnungsgeldverfahren** ein. Ordnungsgeld kann sowohl gegen die Gesellschaft als auch gegen die Mitglieder des vertretungsberechtigten Organs festsetzen werden (§ 335 Abs 1, 2 HGB, § 21 PublG)). Im Insolvenzverfahren verliert das Ordnungsgeldverfahren an Wirkung: Der Insolvenzverwalter ist nicht vertretungsberechtigtes Organ der Kapitalgesellschaft; weder kann ihm die Ordnungsgeldverfügung gegen die Kapitalgesellschaft zugestellt werden noch kann sie ihn persönlich treffen. Weil aber die Offenlegungspflicht als Pflicht nach § 155 eine insolvenzrechtliche Pflicht ist, kann (oder muss) das Insolvenzgericht ihn ggf. durch die Androhung von Zwangsgeld (§ 58 Abs 2) zur Pflichterfüllung anhalten.

15 **3. Buchführung und Rechnungslegung bei Masseunzulänglichkeit.** In der einzigen bisher bekannten Gerichtsentscheidung zur Rechnungslegungspflicht des Insolvenzverwalters bei Massearmut hat das LG Hagen (**LG Hagen**, Beschl. v 11. 5. 2007 – 24 T 2/07, ZInsO 2007, 895) den Verwalter zwar nicht von seiner Pflicht zur Aufstellung des Jahresabschlusses und zu dessen Offenlegung in massearmen Verfahren entbunden, ihn aber von einem Verschulden an der Nichterfüllung seiner Pflichten frei gesprochen. Das Gericht folgt der ganz überwiegenden Auffassung in Rechtsprechung und Literatur, dass es sachgerechter Amtsführung entspricht, für Tätigkeiten, die besondere Kenntnisse erfordern oder über die allgemein mit einer Tätigkeit verbundenen Arbeitsaufwand hinausgehen, einen Fachmann einzusetzen) für die Beschäftigung eines Steuerberaters (**BGH**, Beschl. v 22. 7. 2004 – IX ZB 161/03, ZIP 2004, 1717). Dieser Auffassung ist in Bezug auf die Erstellung von Buchführung und Rechnungslegung uneingeschränkt zuzustimmen. Eine Buchführung, bestehend aus dem System und den Handelsbüchern, bildet zusammen mit dem Inventar die Grundlage für den jährlich aufzustellenden Abschluss, der zusammenfassend über die Vermögens- und Ertragslage des Unternehmens unterrichtet. Die Buchführung soll ordnungsgemäß und so beschaffen sein, dass sie einem sachverständigen Dritten innerhalb angemessener Zeit einen Überblick über die Geschäftsvorfälle und über die Lage des Unternehmens vermitteln kann (§ 238 Abs 1, 2 HGB). Sachverständige Dritte sind idR Buchhalter, Bilanzbuchhalter, Wirtschaftsprüfer, vereidigte Buchprüfer, Angehörige der steuerberatenden Berufe und Außenprüfer (Beck'scher Bilanzkommentar-*Hense/Klein*, § 238 Rn 66). Rechtsanwälte gehören nicht zu den sachverständigen Dritten iSv § 238 HGB. Von ihnen können ausreichende Kenntnisse über die Erstellung einer aussagefähigen Buchführung nicht erwartet werden. Auch der Erwerb besonderer theoretischer Kenntnisse gem. § 4 der Fachanwaltsordnung (in der Fassung vom 1. 1. 2008) in Form von 60 Zeitstunden für das Erlernen betriebswirtschaftlicher Grundlagen macht aus einem Rechtsanwalt noch keinen Steuerberater oder Wirtschaftsprüfer. Aber selbst „sachverständige Dritte" als Insolvenzverwalter bleiben von der Pflicht zur Buchführung und Rechnungslegung frei, wenn die Masse nicht ausreicht, sie für diese außerordentliche Leistung angemessene zu entlohnen. Die Pflicht zur Leistungserbringung muss mit einem rechtlich durchsetzbaren Anspruch auf eine angemessene Vergütung verbunden sein. Nach Auffassung des BGH lässt es sich grundsätzlich nicht mit Art 12 Abs 1 GG vereinbaren, den Verwalter in erheblichem Umfang beruflich in Anspruch zu nehmen, ohne ihm eine angemessene finanzielle Entschädigung zu gewähren (**BGH**, Beschl v 22. 7. 2004 – IX ZB 161/03, ZIP 2004, 1717, 1720). Wenn der BFH nach wie vor (zuletzt mit Beschl v 19. 11. 2007, BFH/NV 2008, 334) die Auffassung vertritt, der Insolvenzverwalter habe auch dann einen Steuerberater mit der Erstellung von Jahresabschlüssen zu beauftragen, wenn die Masse zur Begleichung der hierfür entstehenden Kosten nicht ausreicht, kann dem im Hinblick auf seinen verfassungsrechtlichen Anspruch auf eine angemessene Vergütung für seine Pflicht zur Leistungserbringung nicht gefolgt werden. Der **BFH** begründete seine Auffassung u. a. damit, dass die Steuererklärungspflicht des Insolvenzverwalters als öffentlich-rechtliche Pflicht der ordnungsgemäßen Abwicklung des Besteuerungsverfahrens und nicht nur dem fiskalischen Interesse der Finanzverwaltung als Konkursgläubiger diene. Auch das IDW verlangt in seinem Rechnungslegungshinweis zur „externen (handelsrechtlichen) Rechnungslegung im Insolvenzverfahren" (IDW RH HFA 1.012, FN 8/2008, 331, 336), dass der Insolvenzverwalter seine Rechnungslegungspflichten auch bei Massearmut zu erfüllen habe, weil diese Pflicht eine öffentlich-rechtliche Pflicht sei, der der Verwalter sich nicht entziehen könne. Aber auch die Erfüllung öffentlich-rechtlicher Pflichten kann ohne angemessene Gegenleistung nicht verlangt werden. Öffentlich-rechtliche Pflichten des Verwalters sind in der InsO nicht geregelt. Es ist nicht ersichtlich, dass ein Gericht oder gar Literaturmeinungen dem Insolvenzverwalter Pflichten auferlegen können, die seinen in der InsO klar geregelten Pflichtenkreis übersteigen und für deren Erfüllung in der InsO auch keine Vergütung vorgesehen ist.

IV. Beginn eines neuen Geschäftsjahres

1. Allgemeines. Nach § 155 Abs 2 Satz 1 beginnt mit der Eröffnung des Insolvenzverfahrens ein neues 16 Geschäftsjahr. Für das neue Geschäftsjahr gilt – wie für alle folgende Geschäftsjahre – eine Höchstdauer von 12 Monaten (§ 240 Abs 2 S 2 HGB). Der Beginn eines neuen Geschäftsjahres führt regelmäßig zur Entstehung von **Rumpfgeschäftsjahren**. Das vor Insolvenzeröffnung abzuschließende Geschäftsjahr ist (fast) immer ein Rumpfgeschäftsjahr. Ein weiteres Rumpfgeschäftsjahr kann für die Zeit zwischen dem letzten Bilanzstichtag im Insolvenzverfahren und dem Tag der Beendigung des Insolvenzverfahrens entstehen. Ein Rumpfgeschäftsjahr ist auch zu bilden, wenn zum ursprünglichen Geschäftsjahresrhytmus zurück gekehrt werden soll. Hierfür ist ein **einfacher Gesellschafterbeschluss** erforderlich; ein satzungsändernder Beschluss ist nicht erforderlich, weil durch einen entsprechenden Gesellschafterbeschluss die ursprüngliche Satzungsbestimmung wieder hergestellt wird (IDW FN 8/2008, 333).

2. Schlussbilanz der werbenden Gesellschaft. Aus der Anordnung des Beginns eines neuen Geschäfts- 17 jahres (§ 155 Abs 2) folgt, dass auf den Tag vor Insolvenzeröffnung eine **Schlussbilanz** des werbenden Unternehmens aufzustellen ist. Diese Schlussbilanz ist um eine Gewinn- und Verlustrechnung sowie einen Anhang und ggf. einen Lagebericht zu ergänzen (IDW FN 8/2008, 333). Nach der hier vertretenen Auffassung ist die **Schlussbilanz für das vorinsolvenzliche Rumpfgeschäftsjahr** nicht von dem Insolvenzverwalter zu erstellen (*Fischer-Böhnlein/Körner* BB 2001, 191, 194; str aA K/P/*Kübler* § 155 Rn 44; *Kunz/Mundt* DStR 1997, 620, 624; *IDW* FN 8/2008, 333). Seine Rechnungslegungsverpflichtung beginnt mit der Insolvenzeröffnung und endet mit der Aufhebung des Verfahrens. Für die Schlussbilanz gelten die allgemeinen Bilanzierungsregeln des HGB. **Insolvenzspezifische Ansprüche und Verpflichtungen** (zB Anfechtungsansprüche nach §§ 129 ff) sind in dieser Schlussbilanz nicht anzusetzen (IDW FN 8/2008, 333). Andere Verpflichtungen als Folge der Aufgabe der Going Concern-Prämisse können allerdings in der Schlussbilanz zu berücksichtigen sein (IDW FN 8/2008, 333). Nach Meinung des IDW (FN 8/2008, 334) kann in der Regel nicht von einer Unternehmensfortführung auszugehen sein. Grundlage für die Bilanzierungs- und Bewertungsansätze in der Schlussbilanz soll das Unternehmenskonzept des Insolvenzverwalters sein. Der Jahresabschluss der werbenden Gesellschaft ist nach § 243 Abs 3 HGB „innerhalb der einem ordnungsgemäßen Geschäftsgang entsprechenden Zeit aufzustellen". Bei Kapitalgesellschaften (mit Ausnahme kleiner Kapitalgesellschaften) beträgt die Frist drei Monate (§ 264 Abs 1 S 2 HGB). Die Fristverlängerung des § 155 Abs 2 S 2 kommt für die Schlussbilanz der werbenden Gesellschaft nicht in Betracht.

3. Eröffnungsbilanz der insolventen Gesellschaft. Grundlage der auf den Tag der Insolvenzeröffnung 18 zu erstellenden Bilanz (**Eröffnungsbilanz**) ist eine vom Insolvenzverwalter zu erstellende umfassende **Stichtagsinventur** als körperliche Bestandsaufnahme (IDW FN 8/2008, 334). Die Inventur sollte mit dem Verzeichnis der Massegegenstände (§ 151) und dem Gläubigerverzeichnis (§ 152) abgestimmt werden. Insolvenzspezifische Ansprüche und Verpflichtungen sind erstmals in dieser Eröffnungsbilanz anzusetzen. Im Übrigen richten sich Bilanzierung und Bewertung nach dem Unternehmenskonzept des Insolvenzverwalters, das die gesamte Bandbreite zwischen der Fortführung und der Liquidation des ganzen Unternehmens und von Unternehmensteilen umfassen kann. Ist die Liquidation des Unternehmens bzw der Gesellschaft geplant, so sind nach dem Rechnungslegungshinweis IDW RH HFA 1.012 (FN 8/2008, 334) **Einzelveräußerungswerte** anzusetzen. Eine Bewertung über die fortgeführten Anschaffungs- oder Herstellungskosten ist danach nicht zulässig. Diese Feststellung ist insoweit von Bedeutung, als damit der **Grundsatz des Bilanzzusammenhangs** (§ 252 Abs 1 Nr 1 HGB) aufgegeben wird. Der Grundsatz des Bilanzzusammenhangs (der Bilanzidentität) ist eine zwingende Voraussetzung der vollständigen Erfassung des Totalerfolgs der Gesellschaft vom Zeitpunkt ihrer Gründung bis zu ihrer Vollbeendigung (*Klein*, Handelsrechtliche Rechnungslegung im Insolvenzverfahren, Düsseldorf 2004, S 354). Für die **Fälle der Abwicklung und der Insolvenz** wird allerdings zu Recht angenommen, dass sie „begründete Ausnahmefälle" iSv § 252 Abs 2 HGB sein können (so etwa *Bühling*, Rechnungslegung, 1977, S 599; *Förster*, Liquidationsbilanz, 1992, S 128; *Scherrer/Heni*, Rechnungslegung, 1992, S 802; *Pink*, Insolvenzrechnungslegung, 1995, S 118; *Müller/Gelhausen*, Rechnungslegungspflicht, 1997, S 701; *Fischer-Böhnlein/Körner*, Rechnungslegung, 2001, S 195). Die Ermittlung des Totalerfolgs wird bei Aufgabe des Grundsatzes des Bilanzzusammenhangs verhindert, wenn nach (zunächst) geplanter Liquidation das Unternehmen doch noch fortgeführt wird. Dieser Fall wird aber in der Praxis eine Ausnahme sein. Eher tritt der Umkehrfall ein. Der Aufgabe des Grundsatzes des Bilanzzusammenhanges ist deshalb für den Fall der geplanten Liquidation des schuldnerischen Unternehmens zuzustimmen. Die sorgfältige Begründung der Aufgabe des Grundsatzes sollte Bestandteil des **Erläuterungsberichtes zur Eröffnungsbilanz** (§ 270 Abs 1 AktG, § 71 Abs 1 GmbHG) sein. Eine Erläuterung sämtlicher Posten der Eröffnungsbilanz wird nicht für erforderlich gehalten. Der Erläuterungsbericht sollte aber Ausführungen zum Verfahrensstand, zur erwarteten Dauer des Verfahrens sowie zu den geplanten bzw bereits ergriffenen Maßnahmen enthalten (IDW FN 8/2008, 335). Die Frist für die Erstellung der Eröffnungsbilanz beträgt bei Kapitalgesellschaften (mit Ausnahme kleiner Kapitalgesellschaften) drei Monate (§ 264 Abs 1 HGB); die Frist verlängert sich um die Zeit von der Verfahrenseröffnung bis zum Berichtstermin (§ 156). Die insolvenzrechtliche Rechnungslegung (§§ 151, 152, 153) soll Vorrang vor der Buchführung und Rechnungslegung nach Handels- und Steuerrecht haben.

19   Beginnt mit Insolvenzeröffnung ein neues Geschäftsjahr, so entsteht regelmäßig ein vom Kalenderjahr **abweichendes Wirtschaftsjahr**. Gem § 4a Abs 1 Satz 1 Nr 2 Satz 2 EStG ist die Umstellung eines Wirtschaftsjahrs steuerlich nur wirksam, wenn sie im Einvernehmen mit dem Finanzamt vorgenommen wird. Nach der Begründung zu § 174 RegE (BR-Drucks 1/92, 173, *Uhlenbruck*, S 512) ist die **Zustimmung der Finanzverwaltung** als ermessensgerecht anzusehen, also regelmäßig zu erteilen. Eine Zustimmung wird allerdings im Fall des § 155 Abs 2 gar nicht für erforderlich gehalten, weil die Umstellung aufgrund einer zwingenden gesetzlichen Vorschrift erfolgt (Gottwald/*Klopp/Kluth/Frotscher* InsRHdb § 22 Rn 82).

20   **4. Schlussbilanz der insolventen Gesellschaft.** Nach zutreffender Auffassung des IDW (FN 8/2008, 335) hat der Insolvenzverwalter auf den Tag der Aufhebung (§ 200) oder Einstellung des Insolvenzverfahrens (§ 207 ff) eine Schlussbilanz (einschl. Gewinn- und Verlustrechnung sowie ggf Anhang und Lagebericht) aufzustellen. Dieses IDW leitet diese Verpflichtung des Verwalters aus den allgemeinen Rechnungsregeln der § 155 iVm § 238 HGB ab, denen zufolge keine Periode innerhalb der Gesellschaftsexistenz ohne handelsrechtliche Rechnungslegung bleiben darf (s auch K/P-*Kübler* § 155 Rz 44; *Pink* ZIP 1997, 177; *Weisang* BB 1998, 1749). Wird das Unternehmen nach Aufhebung des Insolvenzverfahrens fortgeführt, so sind – nach Auffassung des IDW, aaO – die zuständigen Organe des Unternehmens an Stelle des Insolvenzverwalters zur Erstellung der Schlussbilanz verpflichtet.

21   **5. Konzernabschlüsse.** Stehen in einem Konzern die Unternehmen unter der einheitlichen Leitung einer Kapitalgesellschaft (Mutterunternehmen) mit Sitz im Inland und gehört dem Mutterunternehmen eine Beteiligung nach § 271 Abs 1 HGB an dem oder den anderen unter der einheitlichen Leitung stehenden Unternehmen (Tochterunternehmen), so haben die gesetzlichen Vertreter des Mutterunternehmens in den ersten fünf Monaten des Konzerngeschäftsjahrs für das vergangene Konzerngeschäftsjahr einen **Konzernabschluss** und einen **Konzernlagebericht** aufzustellen. Ist das Mutterunternehmen eine Kapitalgesellschaft im Sinn des § 325 Abs 4 Satz 1 HGB und nicht zugleich im Sinn des § 327a HGB, sind der Konzernabschluss sowie der Konzernlagebericht in den ersten vier Monaten des Konzerngeschäftsjahrs für das vergangene Konzerngeschäftsjahr aufzustellen (§ 290 Abs 1 HGB). Der Insolvenzverwalter des Mutterunternehmens hat in jedem Einzelfall zu prüfen, ob die Voraussetzungen für eine Konzernrechnungslegung, nämlich **einheitliche Leitung gem. § 290 Abs 1 HGB** oder **Controlling gem. § 290 Abs 2 HGB** vorliegen. Liegen die beiden Voraussetzungen vor, dann hat er nach den Konzernrechnungslegungsvorschriften (§§ 290 ff HGB, § 11 PublG) zum Zeitpunkt der Verfahrenseröffnung sowie für die Dauer des Insolvenzverfahrens zu den verschiedenen Abschlussstichtagen Konzernabschlüsse und ggf. Konzernlageberichte aufzustellen, es sei denn, dass Befreiungstatbestände gem. §§ 291 (befreiende Wirkung von EU/EWR-Konzernabschlüssen), 293 (größenabhängige Erleichterungen) HGB oder gesetzliche Verbote oder Wahlrechte gem. § 296 HGB (Verzicht auf die Einbeziehung von Tochterunternehmen in den Konzernabschluss) Anwendung finden. Der Insolvenzverwalter des Mutterunternehmens hat zu prüfen, ob er im Interesse seiner Insolvenzmasse von den gesetzlichen Befreiungstatbeständen oder den Wahlrechten Gebrauch macht. Größenabhängige Erleichterungen kann er beispielsweise durch Verkäufe oder Abwertungen erreichen (IDW FN 8/2008, S 336). Der Verzicht auf die Einbeziehung eines Tochternehmens gem. § 296 Abs 1 Nr 1 HGB kann im Insolvenzverfahren rechtlich zulässig sein, weil erhebliche und andauernde Beschränkungen die Rechts des Mutterunternehmens in bezug auf das Vermögen oder die Geschäftsführung des Tochterunternehmens nachhaltig beeinträchtigen.

V. Die Bestellung von Abschlussprüfern § 155

Die beiden Voraussetzungen für eine Konzernrechnungslegung (einheitliche Leitung gem § 290 Abs 1 22
HGB oder Controlling gem § 290 Abs 2 HGB) liegen insbesondere dann **nicht** vor, wenn das Insolvenzgericht für die Konzernmutter und die Konzerntöchter **verschiedene Insolvenzverwalter** bestellt hat (IDW FN 8/2008, 335). Gleiches gilt nach zutreffender Auffassung des Instituts der Wirtschaftsprüfer in Deutschland eV (IDW FN 8/2008, 335), wenn das Konzernmutterunternehmen nicht mehr die Möglichkeit hat, die Verwaltungs-, Leitungs- und Aufsichtsorgane zu bestellen oder einen beherrschenden Einfluss aufgrund eines abgeschlossenen Beherrschungsvertrages auszuüben. Auch dann, wenn der Insolvenzverwalter des Mutterunternehmens die Stimmrechtsmehrheit in der Insolvenz des Tochterunternehmens nur noch beschränkt ausüben kann, entfällt die Verpflichtung der Einbeziehung dieses Tochterunternehmens in einen Konzernabschluss.

Nach der Verordnung (EG) Nr 1606/2002 vom 19. Juli 2002 (ABl EG L 243/1 v 11. September 23
2002) haben Gesellschaften, die dem Recht eines Mitgliedstaats unterliegen und deren Wertpapiere zum Handel in einem geregelten Markt in einem der Mitgliedstaaten zugelassen sind (kapitalmarktorientierte Unternehmen), ihre konsolidierten Abschlüsse für Geschäftsjahre, die am oder nach dem 1. Januar 2005 beginnen, nach den „International Financial Accounting Standards" (**IFRS**) aufzustellen (§ 315a HGB). Der deutsche Gesetzgeber hat mit dem Bilanzrechtsreformgesetz (BilReG) die Verpflichtung zur Anwendung der IFRS auch auf die Unternehmen ausgedehnt, deren Wertpapiere zwar noch nicht gehandelt werden, die sich aber im Zulassungsprozess befinden. **Alle anderen Unternehmen** können ihren Konzernabschluss freiwillig nach IFRS aufstellen. Außerdem ist es diesen Unternehmen gestattet, ergänzend zu ihrem HGB-Jahresabschluss einen zusätzlichen freiwillig erstellten IFRS-Einzelabschluss im Bundesanzeiger zu veröffentlichen. Von den IFRS **nicht** zwingend erfasst werden also Konzernabschlüsse nicht kapitalmarktorientierter Unternehmen, Einzelabschlüsse kapitalmarktorientierter Unternehmen und Einzelabschlüsse anderer Unternehmen. Diese unterliegen nach Lage der Dinge zunächst den jeweils nationalen Regelungen.

V. Die Bestellung von Abschlussprüfern

Der Jahresabschluss und der Lagebericht von Kapitalgesellschaften, die nicht klein iSv § 267 Abs 1 24
HGB sind, sind von einem **Abschlussprüfer** zu prüfen. Ohne Prüfung kann der Jahresabschluss nicht festgestellt werden (§ 316 Abs 2 HGB). Die **Feststellungskompetenz für den Jahresabschluss** liegt beim Insolvenzverwalter (IDW FN 8/2008, 333). Prüfungspflichtig sind auch die Eröffnungsbilanz des § 155 Abs 2, der erläuternde Bericht zur Eröffnungsbilanz, die Zwischenabschlüsse einschl. Anhängen und Lageberichten, die Schlussbilanz der insolventen Gesellschaft, Konzernabschlüsse und Konzernlageberichte (IDW FN 8/2008, 336, 337). Die für die Bestellung und Abberufung der Abschlussprüfer zuständigen Gesellschaftsorgane sind in § 318 HGB aufgeführt. Für die Bestellung des Abschlussprüfers im Insolvenzverfahren gilt § 318 HGB allerdings mit der Maßgabe, dass die Bestellung ausschließlich durch das Registergericht auf Antrag des Verwalters erfolgt (§ 155 Abs 3 S 1). Bei Bestellung durch das Registergericht bestimmt sich der Geschäftswert nach § 30 Abs 2 KostO; die EG-Richtlinie betreffend die indirekten Steuern auf die Ansammlung von Kapital ist dabei nicht anwendbar (**OLG Zweibrücken**, Beschl. v 2. 10. 2006, 3 W 178/06, ZIP 2006, 2100). Ist für das (Rumpf-)Geschäftsjahr vor der Eröffnung des Insolvenzverfahrens bereits ein Abschlussprüfer bestellt, so bleibt es bei dieser Bestellung (§ 155 Abs 3 S 2). Das dem Insolvenzverwalter in § 155 Abs 3 S 1 eingeräumte Antragsrecht bezieht sich also nur auf diejenigen Fälle, in welchen ein Abschlussprüfer für das mit der Insolvenzeröffnung beginnende neue Geschäftsjahr bestellt werden soll oder bezüglich des davor liegenden und durch die Insolvenzeröffnung vorzeitig beendeten Rumpfgeschäftsjahres eine Bestellung des Abschlussprüfers durch die Gesellschaftsorgane noch nicht oder nicht in wirksamer Weise erfolgt war. Insoweit enthält § 155 Abs 3 S 2 bezüglich der Tätigkeit des bereits bestellten Abschlussprüfers zugleich eine gesetzliche Durchbrechung der insolvenzrechtlichen Grundregel (§ 115), wonach zuvor erteilte Aufträge und Geschäftsbesorgungsverträge mit der Insolvenzeröffnung erlöschen (**OLG Frankfurt**, Beschl v 4. 12. 2003 – 20 W 232/03, ZInsO 2004, 95).

Der Insolvenzverwalter kann beantragen, ihn von der Pflicht zur Prüfung des Jahresabschlusses 25
durch einen Abschlussprüfer zu befreien (s dazu auch oben § 11 Rn 105a). §§ 270 Abs 3 AktG und 71 Abs 3 GmbHG sehen in Abwicklungsfällen eine Befreiung von der Prüfung des Jahresabschlusses und des Lageberichtes vor, wenn die Verhältnisse der Gesellschaft so überschaubar sind, dass eine Prüfung im Interesse der Gläubiger und Gesellschafter nicht geboten erscheint. Diese Voraussetzungen können im Insolvenzverfahren um so mehr gegeben sein, als der Insolvenzverwalter umfangreiche insolvenzrechtliche Rechnungslegungspflichten hat (§§ 66, 151–153) und für die Erfüllung dieser Pflichten gegenüber dem Insolvenzgericht, der Gläubigerversammlung und ggf. einem Gläubigerausschuss verantwortlich ist (vgl auch **LG Dresden** v 22. 11. 1994 ZIP 1995, 233). Die verfahrensspezifischen insolvenzrechtlichen Rechnungslegungsvorschriften sind dazu angetan, die Verhältnisse der schuldnerischen Gesellschaft für die Verfahrensbeteiligten überschaubar darzustellen, als ein handelsrechtlicher oder steuerrechtlicher Jahresabschluss (so auch *Paulus*, EWiR 2005, 261; *str aA Jundt*, WPK Magazin 2007, 41). Nach Auffassung des IDW (RH HFA 1.012, FN 8/2008, 337) wird eine Befreiung von der Prüfungspflicht insbesondere zum Ende der Abwicklung möglich sein, wenn der größte Teil der Vermö-

gensgegenstände verwertet ist. Bei einer **Unternehmensfortführung** hält das IDW eine Befreiung von der Prüfungspflicht nicht für angemessen. Für die Entscheidung über den **Befreiungsantrag** ist entweder das Registergericht oder das Insolvenzgericht zuständig. Soweit ersichtlich, werden in Rechtsprechung und Literatur ausschließlich diese beiden Möglichkeiten in Erwägung gezogen, wobei die fast einhellige Auffassung eine Zuständigkeit der Registerabteilung des Amtsgerichts begründet sieht (OLG Hamm, Beschl v 12. 12. 2006, 15 W 189/06, ZInsO 2007, 380; zustimmend *Voß*, EWiR 2007, 351).

Zweiter Abschnitt. Entscheidung über die Verwertung

§ 156 Berichtstermin

(1) ¹Im Berichtstermin hat der Insolvenzverwalter über die wirtschaftliche Lage des Schuldners und ihre Ursachen zu berichten. ²Er hat darzulegen, ob Aussichten bestehen, das Unternehmen des Schuldners im ganzen oder in Teilen zu erhalten, welche Möglichkeiten für einen Insolvenzplan bestehen und welche Auswirkungen jeweils für die Befriedigung der Gläubiger eintreten würden.

(2) ¹Dem Schuldner, dem Gläubigerausschuß, dem Betriebsrat und dem Sprecherausschuß der leitenden Angestellten ist im Berichtstermin Gelegenheit zu geben, zu dem Bericht des Verwalters Stellung zu nehmen. ²Ist der Schuldner Handels- oder Gewerbetreibender oder Landwirt, so kann auch der zuständigen amtlichen Berufsvertretung der Industrie, des Handels, des Handwerks oder der Landwirtschaft im Termin Gelegenheit zur Äußerung gegeben werden.

I. Allgemeines

1   Die Vorschrift entspricht den früheren §§ 131 KO, 40 Abs 3 VglO. Der neu eingeführte Berichtstermin bringt letztlich keine wesentliche Änderung gegenüber dem früheren Recht. Er garantiert lediglich, dass der umfassenden Gläubigerautonomie Rechnung getragen wird und die Gläubigerversammlung über das Verfahrensziel entscheidet. Der Berichtstermin ist zeitpunktmäßig die **erste Möglichkeit** der **Gläubiger, auf den Verfahrensgang Einfluss zu nehmen.** Berücksichtigt man die Dauer des Eröffnungsverfahrens und den möglichen Zeitraum von der Verfahrenseröffnung bis zum Berichtstermin (§ 29 Abs 1 Nr 1: bis zu drei Monaten), so wird deutlich, dass der Gesetzgeber die Gläubiger im Eröffnungsverfahren weitgehend von einem Einfluss auf den Verfahrensgang ausgeschlossen hat, wenn nicht gem § 67 vom Gericht ein vorläufiger Gläubigerausschuss eingesetzt wird, dem die Befugnisse nach § 158 zustehen. Unter Berücksichtigung der Tatsache, dass von der Antragstellung bis zum Eröffnungstermin nicht selten drei bis sechs Monate vergehen können, erscheint der Zeitpunkt für die Entscheidungsbefugnisse der Gläubigerversammlung reichlich spät, da vor allem **Sanierungsentscheidungen** bereits zu einem frühen Zeitpunkt getroffen werden müssen (so auch K/P/B/*Onusseit* § 156 Rn 2 a). Das **Verbraucherinsolvenzverfahren** kennt überhaupt keinen Berichtstermin. Nach § 312 Abs 1 wird in Abweichung von § 29 lediglich ein Prüfungstermin bestimmt. Im Rahmen der **Eigenverwaltung nach den §§ 270 ff** obliegen die Berichtspflichten des Verwalters gem § 281 Abs 2 dem Schuldner. Der Sachwalter ist lediglich zur Prüfung der wirtschaftlichen Situation des Schuldners bzw der Schuldnerunternehmung gem § 274 Abs 2 S 1 verpflichtet und hat in entsprechender Anwendung des § 156 Abs 1 S 1 hierüber der Gläubigerversammlung zu berichten.

2   Es fehlt eine dem § 68 VglO entsprechende Vorschrift, wonach der **Schuldner und der Verwalter** im Vergleichstermin **persönlich erscheinen** mussten. Die Rechtslage hat sich jedoch für Schuldner gegenüber dem früheren Recht nicht geändert, denn diese Pflichten sind in § 97 festgelegt, die über § 101 Abs 1 auch auf organschaftliche Vertreter und Personen Anwendung finden, die nicht früher als zwei Jahre vor dem Antrag auf Eröffnung des Insolvenzverfahrens aus der Schuldnerposition oder der Position eines organschaftlichen Vertreters ausgeschieden sind. Ganz überwiegend wird aus der Berichtspflicht des § 156 geschlossen, dass **der Verwalter im Berichtstermin persönlich zu erscheinen** hat, weil er berichten muss (MüKo-*Görg* § 156 Rn 23; K/P/B/*Onusseit* § 156 Rn 7 a; FK-*Wegener* § 149 Rn 2; *Braun/Dithmar* § 156 Rn 3; *Graf-Schlicker/Mäusezahl* § 156 Rn 9; *Graeber* NZI 2003, 569, 575). Eine **neuere Auffassung** stellt das angebliche **Dogma eines persönlichen Anwesenheitszwangs in Frage**, vor allem, wenn plötzliche Erkrankungen oder unerwartete Verhinderungen einer persönlichen Anwesenheit des Verwalters im Berichtstermin entgegenstehen (so zB K/P/B/*Onusseit* § 156 Rn 7 a). *Voigt-Salus/Pape* (bei Mohrbutter/Ringstmeier Hdb § 21 Rn 190–197) meinen, „auch andere in Relation wichtigere Verpflichtungen" könnten der Anwesenheit eines Verwalters entgegenstehen. So zB, wenn er in einem neuen großen Verfahren präsent sein müsse, um wichtige Verhandlungen zu führen. Ein Nachdenken über den Zwang der persönlichen Anwesenheit sei vor allem vor dem Hintergrund der veränderten Struktur der Insolvenzverfahren nötig. Der hohe Anteil von Kleinstverfahren, die oft nur durch die Stundung der Kosten zur Eröffnung gelangen, binde bei einer ausnahmslosen Präsenzpflicht den Verwalter in nicht hinnehmbaren Umfang mit Terminen in Verfahren, die weder für die Gläubiger noch für ihn wirtschaftlich interessant seien. Trotzdem ist daran festzuhalten, dass der Verwalter im Berichtstermin per-

II. Der Berichtstermin § 156

sönlich zu erscheinen hat. Eine **Vertretung** ist nur in extremen Ausnahmefällen zulässig, wie zB bei Einverständnis aller Gläubiger oder wenn die Verschiebung der Gläubigerversammlung offensichtlich verfahrensschädlich ist und ein Vertreter auf Grund seiner Informiertheit die Auskünfte zu erteilen vermag (K/P/B/*Onusseit* § 156 Rn 7 a; s auch unten zu Rn 5).

II. Der Berichtstermin

1. Bestimmung des Berichtstermins. Der Berichtstermin ist die **erste Gläubigerversammlung**. Zwar 3
bestimmt § 29 Abs 1 Nr 1 hinsichtlich des Berichtstermins, dass er **nicht über sechs Wochen** angesetzt werden soll und **nicht über drei Monate** hinaus angesetzt werden darf; jedoch gelten im Übrigen die für die Einberufung und Durchführung der Gläubigerversammlung geltenden allgemeinen Vorschriften der §§ 74 ff. Gem § 29 Abs 2 kann der Berichtstermin mit dem Prüfungstermin verbunden werden. Insoweit verkürzen sich die Fristen, als gem § 29 Abs 1 Nr 2 der Zeitraum zwischen dem Auflauf der Anmeldefrist und dem Prüfungstermin mindestens eine Woche und höchstens zwei Monate betragen soll. Wie für jede andere Gläubigerversammlung gilt somit auch für den Berichtstermin, dass die Einberufung einer früheren Gläubigerversammlung nach § 75 erzwungen werden kann (K/P/B/*Onusseit* § 156 Rn 3; MüKo-*Görg* § 156 Rn 4). Die Gläubigerversammlung wird vom Insolvenzgericht geleitet (§ 76 Abs 1). Für die **Beschlussfassung** gilt § 76 Abs 2 und für die Feststellung des Stimmrechts § 77, jedoch mit der Einschränkung, dass zum Zeitpunkt des Berichtstermins ein Prüfungstermin noch nicht stattgefunden hat und daher nicht nur auf angemeldete Forderungen, sondern auch auf geltend gemachte Forderungen abgestellt werden muss. Insoweit entscheidet das Gericht über das Stimmrecht, soweit sich nicht im Berichtstermin der Verwalter und die erschienenen stimmberechtigten Gläubiger über das Stimmrecht geeinigt haben (§ 77 Abs 2 S 2). Auch greift für den Berichtstermin bereits die Vorschrift des § 78 ein, wonach das Insolvenzgericht berechtigt ist, einen Beschluss der Gläubigerversammlung, der dem gemeinsamen Interesse der Insolvenzgläubiger widerspricht, auf Antrag aufzuheben.

2. Form und Inhalt der Einberufung. Da die Terminsbestimmung für den Berichtstermin im Eröff- 4
nungsbeschluss (§ 27) erfolgt, sind abweichend von § 74 die Formerfordernisse des § 30 zu beachten. Die Terminsbestimmung wird, da im Eröffnungsbeschluss enthalten (§ 29 Abs 1), **öffentlich bekannt gemacht** und im Bundesanzeiger auszugsweise veröffentlicht. Den Gläubigern ist gem § 30 Abs 2 der Eröffnungsbeschluss und damit auch die Terminsbestimmung **besonders zuzustellen** (§ 8), wobei § 9 Abs 3 Anwendung findet. Gem § 74 Abs 2 S 1 hat der Eröffnungsbeschluss die **Zeit,** den **Ort** und die **Tagesordnung** der Gläubigerversammlung zu enthalten. Streitig ist allerdings, ob eine Bezugnahme auf gesetzliche Vorschriften wie etwa § 157, der **zwingende Tagesordnungspunkte** enthält, zulässig ist (bejahend LG Freiburg v 13. 7. 1983, ZIP 1983, 1098; *Uhlenbruck* Rpfleger 1983, 493; verneinend BGH ZInsO 2008, 1030; *Kübler* ZIP 1983, 1100; *Jaeger/Weber* § 98 KO Rn 1; *Kilger/K. Schmidt* § 98 KO Anm 1; K/P/B/*Onusseit* § 156 Rn 5). Richtig ist, dass das Insolvenzgericht eine Beschlussfassung über einen nicht öffentlich bekannt gemachten Gegenstand der Tagesordnung nicht zulassen darf (LG Saarbrücken ZIP 2008, 1031, 1032). Eine **Ausnahme** ist aber zuzulassen, wenn es sich um Gegenstände der Beschlussfassung handelt, die gesetzlich auf die Tagesordnung gehören, wie in der ersten Gläubigerversammlung über die Bestellung eines Gläubigerausschusses (§ 67) oder um **unwesentliche Entscheidungen**, wie zB die abweichende Hinterlegung bzw Anlegung von Geldern oder Kostbarkeiten (§ 149 Abs 3). Hatte zB der Gläubigerausschuss bereits nach Eröffnung des Verfahrens die schuldnerische Hausbank zur Hinterlegungsstelle bestimmt, kann die Gläubigerversammlung nach § 149 Abs 3 eine abweichende Entscheidung treffen, ohne dass dies als Tagesordnungspunkt angekündigt worden ist. Oftmals stellt sich wegen der absoluten Priorität der Verwalterentscheidung in dieser Frage erst in der Gläubigerversammlung heraus, dass eine abweichende Regelung getroffen werden muss. Solche nicht angekündigten Tagesordnungspunkte können nicht ohne weiteres als nichtig angesehen werden (anders MüKo-*Görg* § 156 Rn 5). Auch sind zB **nicht angekündigte Beschlüsse wirksam**, wenn sämtliche Verfahrensbeteiligten anwesend sind und keiner der Beschlussfassung widerspricht, also niemand den Mangel des nicht angekündigten Tagesordnungspunkts rügt (K/P/B/*Onusseit* § 156 Rn 6; MüKo-*Görg* § 156 Rn 5). Es gibt zahlreiche mögliche Beschlussfassungen in der Gläubigerversammlung, die vom Gericht nicht vorhergesehen und deshalb auch nicht auf die Tagesordnung gesetzt werden können. So zB kann der **Antrag auf Entlassung des Insolvenzverwalters** nach § 59 Abs 1 S 2 gestellt werden oder gem § 57 S 1 im Berichtstermin ein anderer Insolvenzverwalter gewählt werden. Müsste ein solcher Tagesordnungspunkt veröffentlicht werden, würde es entsprechende Anträge nur provozieren. Richtig ist allerdings, dass die **wesentlichen Gegenstände der Beschlussfassung**, wie sie in § 157 festgelegt sind, in die Tagesordnung genommen werden müssen. Im Übrigen genügt es, dass die öffentliche Bekanntmachung die Gegenstände der Tagesordnung und damit der Beschlussfassung in **ihrem wesentlichen Inhalt** angibt. Allgemeine Andeutungen, wie zB „Verwertung der Masse", „Genehmigung von Anträgen des Verwalters" genügen allerdings den Anforderungen nicht. Die Problematik wird letztlich weitgehend dadurch entschärft, dass § 9 Abs 1 S 1 eine **auszugsweise öffentliche Bekanntmachung** zulässt, die gem § 9 Abs 3 zum Nachweis der Zustellung an alle Beteiligten genügt, auch wenn die InsO daneben eine besondere Zustellung vorschreibt (K/P/B/*Onusseit* § 156 Rn 6). Wegen der **Gefahr einer**

§ 156

Nichtigkeit sollte die Tagesordnung jedenfalls so vollständig wie möglich sein. Für **nach dem 30. Juni 2007 eröffnete Insolvenzverfahren** haben die Gerichte zu beachten, dass die Gläubiger der Ladung zum ersten Berichtstermin auf die Möglichkeit der Zustimmungsfiktion nach § 160 Abs 1 S 3 hinzuweisen sind (K/P/B/*Onusseit* § 156 Rn 6 a; *Schmerbach/Wegener* ZInsO 2006, 400, 408).

5 **3. Der Verwalterbericht. a) Form des Berichts.** Zwar schreibt § 156 Abs 1 keine besondere Form für den Bericht vor. Aus der gesetzlichen Regelung ergibt sich jedoch Folgendes: Einmal hat der **Verwalter im Termin persönlich anwesend** zu sein (s oben zu Rn 1); zum anderen hat er seinen **Bericht mündlich** zu erstatten. Richtig ist zwar die Feststellung bei N/R/*Balthasar* (§ 156 Rn 30), dass das Gesetz eine darüber hinausgehende **schriftliche Ausfertigung** des Berichts nicht vorsieht. Eine solche Regelung war aber auch überflüssig, denn § 58 Abs 1 S 2 sieht vor, dass das **Gericht jederzeit einzelne Auskünfte oder einen Bericht über den Sachstand und die Geschäftsführung** vom Verwalter verlangen kann. Aber auch wenn das Gericht eine solche Anordnung nicht trifft, liegt die **schriftliche Berichterstattung im ureigensten Interesse des Verwalters**, denn er erspart sich mit der **Niederlegung eines schriftlichen Berichts** neben den Verzeichnissen nach den §§ 151, 152, 153 eine Menge Fragen, die ihm ansonsten in der Gläubigerversammlung (Berichtstermin) gestellt werden. Deshalb wird mit Recht in der Literatur empfohlen, dass der Bericht, zumindest in Form einer Zusammenfassung der wesentlichen Eckdaten, für die Gläubiger **in schriftlicher Form bei Sitzungsbeginn vorliegen** sollte (H/W/F Hdb 6/72; *Kilger/K. Schmidt* § 131 KO Anm 1; FK-*Wegener* § 156 Rn 7; HK-*Flessner* § 156 Rn 5; MüKo-*Görg* § 156 Rn 25; HaKo-*Decker* § 156 Rn 3; *Andres/Leithaus* § 156 Rn 4; *Graf-Schlicker/Mäusezahl* § 156 Rn 3; *Hess* § 156 Rn 7; K/P/B/*Onusseit* § 156 Rn 7). Der **schriftliche Bericht** wird gem § 4 InsO iVm § 160 Abs 3, 5 ZPO Bestandteil des gerichtlichen Protokolls und ist diesem als Anlage beizufügen. Letztlich wird es dem Urkundsbeamten der Geschäftsstelle (Service-Einheit) kaum jemals möglich sein, im Berichtstermin den gesamten Verwalterbericht wörtlich festzuhalten. Die Verfahrensbeteiligten haben jedoch keinen Anspruch auf Übersendung von Abschriften, bevor der schriftliche Bericht nicht Bestandteil der Akten geworden ist. Nach zutr Feststellung bei K/P/B/*Onusseit* (§ 156 Rn 7) ist es allerdings vielfach hilfreich, **Abschriften des Berichts** vor allem an die Großgläubiger zu übersenden. Ohne einen schriftlichen Bericht wird zudem der Verwalter vor allem in Großverfahren kaum imstande sein, einen detaillierten mündlichen Bericht zu liefern (vgl auch HK-*Flessner* § 156 Rn 5, der die Befugnis zur Anordnung schriftlicher Berichtspflicht aus § 411 Abs 1 ZPO analog herleiten will). Angesichts der Möglichkeiten, sich in dem Medium **Internet** zu präsentieren, stellt sich die Frage, ob es zulässig ist, den **Verwalterbericht in das Internet einzustellen**. Diese Frage ist angesichts der gesetzlichen Regelung der Nichtöffentlichkeit der Gläubigerversammlungen und der begrenzten Akteneinsicht letztlich zu verneinen, obgleich der Verwalterbericht auf diese Weise unzweifelhaft den Gläubigern leichter zugänglich ist. Überlegt wird in der Praxis auch, ob es möglicherweise unterschiedliche Berichte geben sollte, einen für das Gericht und einen für das Internet. Eine **Einstellung des Verwalterberichts ins Internet ist dagegen zulässig**, wenn nur die berechtigten Gläubiger über eine an sie vergebene PIN Zugang haben (K/P/B/*Onusseit* § 156 Rn 7).

6 **b) Darstellung der wirtschaftlichen Situation des Schuldners.** Der Insolvenzverwalter hat in seinem Bericht die wirtschaftliche Situation des Schuldners bzw Schuldnerunternehmens eingehend darzustellen. Neben einer **Analyse der wirtschaftlichen Situation** des Schuldnerunternehmens ist zugleich auch die **rechtliche Situation** darzustellen, wenngleich dies vom Gesetz nicht ausdrücklich gefordert wird (so auch BerlKo-*Undritz/Fiebig* § 156 Rn 5/6). Zum **Inhalt des Berichts** s *Smid* § 156 Rn 2; *Möhlmann* NZI 1999, 433; *Hess* § 156 Rn 2; *Hess/Weis* NZI 1999, 482, 485; MüKo-*Görg* § 156 Rn 8 ff; K/P/B/*Onusseit* § 156 Rn 8a; BerlKo-*Undritz/Fiebig* § 156 Rn 11). Zur **Darstellung der wirtschaftlichen Lage** zählt die Erläuterung der aktuellen Vermögens- und Ertragslage, der bisher getroffenen Maßnahmen des Insolvenzgerichts und des – vorläufigen – Insolvenzverwalters. Die Geschäftsentwicklung seit Antragstellung, die getroffenen unternehmerischen Maßnahmen sowie Gesellschaftsverhältnisse und Beteiligungen oder konzernmäßige Verbindungen sind ebenso zu erörtern wie mögliche Anfechtungslagen. Dabei hat sich nach Auffassung des **BGH** (Urt v 18. 10. 1994, ZIP 1994, 1963) der Insolvenzverwalter in seinem Bericht gegenüber der Gläubigerversammlung jeglicher **ehrverletzender Äußerungen** zu enthalten. Allerdings reicht der bloße Hinweis des Verwalters auf ein mögliches Anfechtungsrecht nach Auffassung des BGH nicht aus, um die Äußerung als Prozessvorbereitung iS dieser Grundsätze erscheinen zu lassen. Zutreffend ist diese Entscheidung von *Pape* (ZIP 1995, 1660 ff) kritisiert worden. Wenn in allen Fällen, in denen über die Möglichkeiten einer Insolvenzanfechtung nach den §§ 129 ff berichtet wird, der Insolvenzverwalter damit rechnen muss, wegen der von ihm erhobenen Tatsachenbehauptungen, auf die er das Anfechtungsrecht stützt, auf Widerruf oder Unterlassung in Anspruch genommen zu werden, wird ihm nach *Pape* die „sachgerechte Ausübung der Anfechtungsbefugnis zumindest erheblich erschwert". Die Gefahr bestünde immer in den Fällen, in denen der Anfechtungstatbestand zB zugleich den Straftatbestand einer **Gläubigerbegünstigung** (§ 283 c StGB) enthält. Jede Darlegung von Haftungstatbeständen, wie zB der Insolvenzverschleppung nach § 15 a GmbHG, impliziert zugleich den strafrechtlichen Vorwurf des § 15 a Abs 4, 5 GmbHG. Der Bericht in der ersten Gläubigerversammlung erfolgt unter dem Zeitdruck des gerade eröffneten Verfahrens. Wenn vom Verwalter im Hinblick auf

diesen Termin verlangt wird, sich auf solche Äußerungen zu beschränken, die einer nachträglichen Prüfung nach § 192 StGB standhalten, so fordert der **BGH** nach zutr Feststellung von *Pape* „fast Unmögliches". S auch K/P/B/*Onusseit* § 156 Rn 11.

Im Wesentlichen entspricht die Darstellung der wirtschaftlichen Situation eines Schuldnerunternehmens dem **Lagebericht iSv § 289 HGB.** Zur Darstellung der wirtschaftlichen Lage gehört auch die **Erläuterung der rechtlichen Situation** des Schuldners (Rechtsform, Gründung, Gesellschafter, Geschäftsführer, Prokura, Kapital, Sitz, Gegenstand des Unternehmens, Firma etc.). Vgl BerlKo-*Undritz/Fiebig* § 156 Rn 5/6. Der Verwalter hat weiterhin einen Überblick über die bei der Übernahme des Amts vorgefundene **betriebliche Struktur** zu geben. **Aktiva und Passiva** sind anhand des Masseverzeichnisses (§ 151), des Gläubigerverzeichnisses (§ 152) und der Vermögensübersicht (§ 153) einschließlich der Darstellung von Aus- und Absonderungsrechten ebenso zu erläutern wie die **bisher ergriffenen Maßnahmen** der Vermögenssicherung und Betriebsfortführung (BerlKo-*Undritz/Fiebig* § 156 Rn 9/10; HaKo-*Decker* § 156 Rn 4; K/P/B/*Onusseit* § 156 Rn 8 a). 7

c) **Bericht über die Ursachen der Krise.** Besondere Bedeutung kommt im Rahmen der Berichterstattung den Ursachen der Insolvenz zu. Nur wenn die Ursachen erkannt sind, lässt sich beurteilen, ob sie beseitigt werden können und eine nachhaltige Sanierung des Schuldnerunternehmens möglich ist. Hierzu ist eine betriebswirtschaftliche Analyse erforderlich. Handelt es sich um **externe Krisenursachen**, also um Veränderungen am Markt, konjunkturelle Zyklen oder Folgen eines technologischen Wandels, so ist hierzu ebenso zu berichten wie über **unternehmensinterne Krisenursachen**, wie zB Managementfehler oder Fehler im Produktions- oder Finanzbereich. Nur eine eingehende Schwachstellenanalyse kann Grundlage für die Beurteilung der Sanierungsfähigkeit sein (*Uhlenbruck* KTS 1981, 513, 539). Unternehmerische Fehlentscheidungen sowie Defizite im Produktions- bzw Leistungsbereich und der Verwaltung sind offenzulegen. Nur eine **eingehende Analyse der Insolvenzursachen** setzt die Gläubigerversammlung in die Lage, die nach § 157 erforderliche Entscheidung über den Fortgang des Verfahrens zu treffen. Zu den einzelnen Krisenursachen und aktuellen Krisenszenarien s auch *Maus* bei K. Schmidt/Uhlenbruck, Die GmbH in Krise, 4. Aufl 2009 Rn 1.11–1.15 S 5 f. 8

d) **Darstellung der Sanierungsaussichten.** Nach § 156 Abs 1 S 2 hat der Verwalter im Berichtstermin darzulegen, ob Aussichten bestehen, das Schuldnerunternehmen im Ganzen oder in Teilen zu erhalten. Der Verwalter hat die **fortführende oder übertragende Sanierung** als Alternative zur Liquidation zu erörtern und gegebenenfalls einen **Sanierungsplan** vorzulegen (s auch MüKo-*Görg* § 156 Rn 16 ff). Das Sanierungsgutachten enthält die systematische und nachvollziehbare Beschreibung des Weges, die das Unternehmen einer Gesundung zuführen sollen. Dazu gehört auch die Entwicklung eines **Sanierungskonzepts** (Einzelheiten bei *PJ. Groß*; Die Prüfung der Sanierungsfähigkeit im Rahmen der Insolvenzordnung, WP-Kammer-Mitteilungen Sonderheft Dez 1997 S 61, 69 ff). Bei der Darstellung der Sanierungsaussichten und der Vorstellung eines Sanierungskonzepts wird sich der Insolvenzverwalter idR an die IDW-Anforderungen an Sanierungskonzepte (IDW-Fachnachrichten 1991, S 319 ff) halten. Vgl auch *Braun/Uhlenbruck* Unternehmensinsolvenz S 546 ff. Da der Verwalterbericht die Grundlage für die Entscheidung der Gläubigerversammlung über den Fortgang des Verfahrens nach § 157 ist, sind auch **Alternativszenarien der Liquidation** sowie **der Fortführung** des Schuldnerunternehmens darzulegen (BerlKo-*Undritz/Fiebig* § 156 Rn 11). Bei der **Darstellung der Sanierungsaussicht** hat der Verwalter zu berücksichtigen, dass Sanierungskonzepte zwangsläufig prognostischen Charakter haben. Der vorzulegende **Liquiditätsplan** muss auf sorgfältig ermittelten Daten beruhen (vgl auch MüKo-*Görg* § 156 Rn 17). Für den Fall der Unternehmensfortführung ist vor allem zu berücksichtigen, dass zunächst eine **Einigung mit den Sicherungsgläubigern** erfolgt, damit die Fortführung der Produktion gewährleistet ist (BerlKo-*Undritz/Fiebig* § 156 Rn 12). 9

e) **Erörterung der Möglichkeiten eines Insolvenzplans.** Der Inhalt des Insolvenzplans deckt sich idR mit dem Sanierungskonzept (vgl *Braun/Uhlenbruck* Unternehmensinsolvenz S 544 ff). Liegt kein sogen „prepackaged plan" vor, hat der Verwalter eigene Vorstellungen zu entwickeln, wie die Sanierung durch ein Insolvenzplanverfahren zu erreichen ist. Es empfiehlt sich insoweit, **bereits im Berichtstermin einen Insolvenzplan vorzulegen**, der die wichtigsten Eckdaten enthält (BerlKo-*Undritz/Fiebig* § 156 Rn 8 a; N/R/*Balthasar* § 156 Rn 25, 26). Zwingend ist die Vorlage eines Insolvenzplans aber nicht (§ 218 Abs 1). Es genügt, dass der Verwalter die wesentlichen Eckdaten bzw groben Strukturen eines möglichen Insolvenzplans darstellt und erläutert (K/P/B/*Onusseit* § 156 Rn 8 a; MüKo-*Görg* § 156 Rn 19). Da der Insolvenzplan auch die Liquidation des Unternehmens vorsehen kann, ist auch darzustellen, warum im Einzelfall die planmäßige Liquidation nach den §§ 217 ff in Betracht zu ziehen ist. In der Literatur wird ein solcher Insolvenzplan als „wenig praxisnah" und „unrealistisch" bezeichnet (vgl *Warrikoff* KTS 1996, 489, 500; N/R/*Balthasar* § 156 Rn 25). Dies ist unzutreffend, denn im Einzelfall kann die **langfristige Liquidation** eines Schuldnerunternehmens für die Gläubiger günstiger sein als die sofortige Zerschlagung. 10

f) **Die Auswirkungen des jeweiligen Verfahrensziels auf die Befriedigung der Gläubiger.** Schließlich hat der Verwalter in seinem Bericht darzulegen, wie sich Liquidation, fortführende oder übertragende Sanierung oder ein Insolvenzplanverfahren auf die Befriedigung der Gläubiger bzw Gläubigergruppen 11 auswirken. Stehen sich die Gläubiger für den Fall der sofortigen Liquidation besser als durch ein beabsichtigtes Insolvenzplanverfahren, so hat der Verwalter auch hierauf hinzuweisen. Legt er die Eckdaten eines von ihm für möglich gehaltenen Insolvenzplans dar, hat er gleichzeitig auch Auskunft darüber zu geben, welche **Opfer von den Gläubigern**, den **Absonderungsberechtigten** und letztlich auch von den **Gesellschaftern** zu bringen sind. Ist eine erfolgreiche Sanierung auf Grund Insolvenzplans nur iVm einer **Kapitalerhöhung** möglich, ist das Ergebnis der Verhandlungen mit den Gesellschaftern darzulegen und auch die Aufnahme neuer Gesellschafter zu erörtern. Letztlich müssen die Gläubiger über das Verfahrensziel entscheiden (§ 157 S 1). Eine solche Entscheidung erfordert die eingehende Darlegung der verschiedenen Abwicklungsarten und der hieraus resultierenden Befriedigungsmöglichkeiten der Gläubiger. Auch die aus- und absonderungsberechtigten Gläubiger müssen wissen, ob und in welchem Umfang sie von einer Realisierung ihrer Rechte Abstand zu nehmen haben, um eine erfolgreiche Unternehmensfortführung zu gewährleisten. Ist eine Gläubigerbank nicht bereit, von der Zwangsversteigerung des Betriebsgrundstücks auf Grund ihrer dinglichen Sicherheiten Abstand zu nehmen, ist eine Sanierung idR aussichtslos.

12   Nach zutreffender Feststellung von *Möhlmann* (Berichterstattung S 175) müssen die **alternativen Verfahrensarten** (Verfahrensziele) vom Insolvenzverwalter im Hinblick auf ihre Eignung und Anwendbarkeit untersucht werden. Insoweit gelte es, Erwägungen zur Ermittlung der Liquidation, Übertragungs- und Reorganisationswerte anzustellen. Dies nicht zuletzt auch deswegen, weil die Gläubigerversammlung die Möglichkeit haben muss, auf Grund des Verwalterberichtes die für sie **günstigste Verfahrensart** zu wählen. Erforderlich ist insoweit der Bericht über **die Ermittlung des Liquidationswertes des Schuldnerunternehmens** und die voraussichtliche Quote, die die Gläubiger für den Fall der Liquidation zu erwarten haben (*Möhlmann*, Berichterstattung S 175 f; BerlKo-*Undritz/Fiebig* § 156 Rn 11; MüKo-*Görg* § 156 Rn 22; N/R/*Balthasar* § 156 Rn 27). Besteht die Möglichkeit einer **übertragenden Sanierung** (vgl zum Begriff *K. Schmidt* ZIP 1980, 328 ff; *ders* Gutachten D z 54. DJT 1982 S 83), hat der Verwalter nicht nur die wirtschaftlichen Folgen, sondern vor allem auch die rechtlichen Voraussetzungen für die Übertragung der Assets auf einen neuen Rechtsträger darzulegen. Hier ist es für die Gläubiger von entscheidender Bedeutung, ob sie Befriedigung aus dem Verkaufserlös erhalten oder an den künftigen Überschüssen der Auffanggesellschaft beteiligt werden (vgl *Möhlmann*, Berichterstattung S 177). Schließlich sind bei Vorliegen der Voraussetzungen noch **Überlegungen zur Ermittlung des Reorganisationswertes** anzustellen. Die Gläubiger wollen bei **fortführender Sanierung** wissen, welche Vorteile diese Sanierungsart gegenüber der Liquidation für die Befriedigung ihrer Forderungen bringt. Weiterhin hat der Verwalter zu berichten, auf welche Weise die Unternehmenssanierung durchzuführen ist und ob hierzu die Gläubigerversammlung ihn mit der Erstellung eines Insolvenzplans beauftragen sollte (Einzelheiten bei *Möhlmann*, Berichterstattung S 178 ff; *Krystek*, Unternehmungskrisen 1987 S 216).

13   **g) Verwalterbericht mit Empfehlung des Verfahrensziels.** Zur VglO 1935 wurde allgemein die Auffassung vertreten, dass sich der Verwalter grundsätzlich der Empfehlung für die Annahme eines Vergleichsvorschlags zu enthalten habe. Dies hat sich für das Recht der InsO geändert. In der Begr RegE zu § 175 (§ 156 InsO; abgedr bei K/P/B Das neue Insolvenzrecht S 379) heißt es, der Verwalter habe in seinem Bericht die Frage zu behandeln, „ob sich anstelle der Abwicklung nach den gesetzlichen Regeln die Aufstellung eines Plans empfiehlt". Die Formulierung lässt zwar nicht den Schluss zu, dass der Verwalter selbst eine **persönliche Empfehlung** aussprechen soll, jedoch soll er berechtigt sein, darzustellen, welches Verfahrensziel sich für die Gläubiger empfiehlt, also für diese zu einer optimalen Befriedigung führt. Die Berichterstattung hat letztlich maßgeblichen Einfluss auf die Entscheidung der Gläubiger, was allerdings für den Verwalter nicht ohne Haftungsgefahren ist. **Nicht gefolgt** werden kann aber der Auffassung von *Möhlmann* (Berichterstattung S 183 f), dass der Verwalter abschließend die Verwertungsform mit dem höchsten Befriedigungspotential empfiehlt. Auch nach der InsO sollte sich der Verwalter darauf beschränken, die für die Entscheidungsfindung der Gläubiger maßgeblichen Tatsachen zu berichten und die voraussichtlichen Ergebnisse der einzelnen Verfahrensarten darzustellen. Aus haftungsrechtlichen Gründen ist ihm jedoch nicht zu empfehlen, eine bestimmte Art der Abwicklung zu favorisieren und eine Empfehlung auszusprechen. Er sollte, wie es der Regelung des § 157 S 1 entspricht, die Entscheidung der Gläubigerversammlung überlassen.

III. Auskunftspflichten des Verwalters gegenüber einzelnen Verfahrensbeteiligten

14   In § 156 ist hinsichtlich der **Auskunftspflicht gegenüber einzelnen Verfahrensbeteiligten** nichts gesagt. Hieraus wird in der Literatur teilweise geschlossen, die Berichtspflicht des § 156 ersetze die Auskunftspflicht des Verwalters gegenüber einzelnen Gläubigern (so zB *Hess* § 156 Rn 14; N/R/*Balthasar* § 156 Rn 34). Richtig daran ist, dass die **Berichterstattung im Termin** die Pflicht zur Erteilung von Einzelauskünften an Gläubiger und sonstige Verfahrensbeteiligten ersetzt. Wer nicht im Termin erscheint, hat keinen Anspruch darauf, dass ihm der Verwalter gegenüber nochmals individuell Bericht erstattet (**BGH KTS 1974, 106**). Dies heißt aber nicht, dass der Verwalter nicht verpflichtet ist, **im Berichtstermin Einzelauskünfte** zu erteilen, wenn die Frage allgemein den Gläubigerinteressen dient und die Gläubigerversammlung die Frage zulässt (MüKo-*Görg* § 156 Rn 26). Zutreffend der Hinweis bei

K/P/B/*Onusseit* (§ 156 Rn 10), dass die **Gläubigerversammlung** über den Bericht hinaus vom Verwalter auch im Berichtstermin weitere einzelne Auskünfte nach § 79 S 1 verlangen kann (HaKo-*Decker* § 156 Rn 9). Auch **Aussonderungsberechtigte** (§ 47) können Auskunft gem § 242 BGB verlangen (*Heeseler* ZInsO 2001, 873, 880; HaKo-*Decker* § 157 Rn 9). Auch trifft es zu, dass Auskunftsansprüche den **absonderungsberechtigten Gläubigern** (§ 167) zustehen. Würde aber die Vielzahl der Auskunftsanfragen dieser Berechtigten den **Ablauf des Berichtstermins erheblich stören bzw verzögern,** wird man den Verwalter oder das Gericht für berechtigt ansehen müssen, die Auskunft Begehrenden aufzufordern, die Auskunftsansprüche außerhalb des Berichtstermins geltend zu machen. Unberührt bleiben auch einzelvertragliche oder sonstige materiellrechtliche Auskunftsansprüche (*Jaeger/Gerhardt* § 60 Rn 93; K/P/B/ *Onusseit* § 156 Rn 10). Die **Gesellschafter der Insolvenzschuldnerin** verlieren mit Verfahrenseröffnung ihre Kontrollrechte und haben keine korrespondierenden Auskunftsansprüche aus § 51a GmbHG (BayObLG ZInsO 2005, 816). **Keine Pflicht zur Auskunftserteilung** besteht, wenn die Auskunft der Vorbereitung der Geltendmachung eines Ersatzanspruchs gegen den GmbH-Geschäftsführer oder Dritte dient und nicht auf Befriedigung als Insolvenzforderung aus der Masse (§ 38) gerichtet ist (**BGH v 2. 6. 2005,** ZIP 2005, 1325 = ZInsO 2005, 770; N/R/*Balthasar* § 156 Rn 39). Den **Informationsanspruch des Kommanditisten nach § 166 Abs 3 HGB** kann der Verwalter durch Gestattung der Einsichtnahme in die Geschäftsunterlagen erfüllen (**OLG Zweibrücken** ZInsO 006, 1171). Darüber hinaus ist das Gericht gem § 58 Abs 1 S 2 berechtigt, vom Verwalter einzelne Auskünfte und einen Bericht über den Sachstand und die Geschäftsführung zu verlangen. Auf Antrag einzelner Gläubiger kann also das Insolvenzgericht im Berichtstermin anordnen, dass der Verwalter **über bestimmte Vorgänge** zu berichten oder Auskünfte zu erteilen hat. Das folgt nicht zuletzt auch aus § 143 iVm § 242 BGB (BGHZ 74, 379; **BGH** WM 1978, 373) sowie aus § 167 Abs 1 S 1 und § 79. Ein **unmittelbares Fragerecht des einzelnen Gläubigers** besteht zwar nicht (s **BGH** KTS 1974, 106; *Pape* Gläubigerbeteiligung Rn 253); jedoch wird man, wenn das Gericht die Frage zulässt, den Verwalter entsprechend § 58 Abs 1 S 2 für verpflichtet halten, die Frage zu beantworten. Neben der oben geschilderten **Gefahr ehrverletzender Äußerungen** (vgl auch K/P/B/*Onusseit* § 156 Rn 11) besteht oftmals die Gefahr, dass die Information dazu dient oder geeignet ist, sachdienliche Abwicklungsmaßnahmen zu verhindern oder zu erschweren. Deshalb wird man den Verwalter als berechtigt ansehen müssen, im Rahmen seiner Berichtspflicht **Einzeltatsachen zu verschweigen** und **Einzelauskünfte zu verweigern,** wenn dies die ordnungsgemäße Verfahrensabwicklung erfordert. So kann zB die Frage, ob eine Insolvenzanfechtung gegenüber der Hausbank beabsichtigt sei, uU ebenso verweigert werden wie die Frage nach dem Namen eines Interessenten für die Übernahme des Unternehmens. Wird das Gläubigerverzeichnis zB von der Akteneinsicht ausgeschlossen, ist der Verwalter nicht verpflichtet, über die Insolvenzverluste einzelner Gläubiger in diesem Verfahren zu berichten.

IV. Anhörung sonstiger Dritter (§ 156 Abs 2)

1. Das Recht zur Stellungnahme. Nach der Begr RegE zu § 175 (§ 156 InsO; abgedr bei *Balz/ Landfermann* = K/P/B, Das neue Insolvenzrecht S 380 = *Uhlenbruck,* Das neue Insolvenzrecht, S 513) dient es der umfassenden Unterrichtung der Gläubiger im Berichtstermin, dass der Schuldner, der Gläubigerausschuss, der Betriebsrat und der Sprecherausschuss leitender Angestellter zu dem Bericht des Verwalters zu hören sind. Damit wird dem Schuldner bzw den organschaftlichen Vertretern des Schuldnerunternehmens, dem Gläubigerausschuss, Betriebsrat und Sprecherausschuss ein Recht eingeräumt, auf die Entscheidungen der Gläubiger mittels eigener Stellungnahme einzuwirken. Hieraus folgt zunächst, dass die in § 156 Abs 2 genannten Personen und Organe bzw Gremien berechtigt sind, an dem **Berichtstermin teilzunehmen** (N/R/*Balthasar* § 156 Rn 41). Zwar ist es auch zulässig, dass der Verwalter dem Schuldner, den organschaftlichen Vertretern und den sonstigen zur Stellungnahme Berechtigten den **schriftlichen Bericht** zwecks Stellungnahme zuleitet; die Formulierung „im Berichtstermin" besagt aber, dass der Gesetzgeber von der Anwesenheit der zur Stellungnahme Berechtigten ausgeht. Nach altem Recht war umstritten, ob insoweit ein **Mitwirkungsrecht des Betriebsrats** bestand (vgl K/U § 132 KO Rn 2 b). Auch nach der InsO hat der **Betriebsrat** im Rahmen der **Beschlussfassung der Gläubigerversammlung** weder ein Mitwirkungs- noch ein Mitbestimmungsrecht. Die Entscheidung, ob das Schuldnerunternehmen stillgelegt oder vorläufig fortgeführt wird (§ 157 S 1), ist ausschließlich der Gläubigerversammlung vorbehalten. Die **Mitbestimmung und Mitwirkung des Betriebsrats** greift erst im eröffneten Verfahren nach Maßgabe der § 120 ff ein. In der Praxis empfiehlt es sich, dem zur Stellungnahme Berechtigten den **schriftlichen Bericht** rechtzeitig zuzuleiten, damit eine Stellungnahme vorbereitet werden kann. Zwingend ist dies nicht. Der Verwalter muss aber damit rechnen, dass bei nicht rechtzeitiger Unterrichtung der Betriebsrat bzw seine Mitglieder den Antrag auf **Vertagung der Gläubigerversammlung** stellen, wobei sich dann die weitere Frage stellt, ob der vertagte Termin noch die „erste Gläubigerversammlung" (Berichtstermin) ist. Im Übrigen liegt eine Stellungnahme der Berechtigten vor allem bei fortführender Sanierung zugleich auch im Interesse sämtlicher Beteiligten (vgl auch K/P/B/ *Onusseit* § 156 Rn 18).

Ebenso wie in § 156 Abs 2 S 1 den dort Genannten ein **Recht zur Stellungnahme** eingeräumt ist, bedeutet die **Gelegenheit zur Äußerung** in § 156 Abs 2 S 2 nichts anderes, als dass die zuständige amtliche

Berufsvertretung der Industrie, des Handels, des Handwerks oder der Landwirtschaft einmal **im Termin ein Recht zu Anwesenheit** hat (str aA N/R/*Balthasar* § 156 Rn 43); zum andern aber, dass diese nicht verpflichtet ist, sich zum Verwalterbericht zu äußern. Sowohl das Recht zur Stellungnahme als auch das Recht zur Äußerung bestehen grundsätzlich in einem **Rederecht im Berichtstermin** (K/P/B/*Onusseit* § 156 Rn 19). Dies schließt aber nicht aus, dass sich die Berechtigten darauf beschränken, eine **schriftliche Stellungnahme** abzugeben, die vom Insolvenzgericht bzw dem Sitzungsleiter zu verlesen ist. Das Gericht ist verpflichtet, Gelegenheit zur Stellungnahme und zur Äußerung zu geben. Die Berechtigten sind dagegen nicht verpflichtet, von diesem Recht Gebrauch zu machen.

17   **2. Fortdauer der Anhörungspflicht bei Vertagung.** Nimmt ein Berechtigter sein Recht zur Stellungnahme oder Äußerung im Berichtstermin nicht wahr oder ist er außerstande, eine Stellungnahme abzugeben, so kommt eine Vertagung des Berichtstermins von Amts wegen nicht in Betracht (K/P/B/*Onusseit* § 156 Rn 19). Wird der Berichtstermin jedoch auf Antrag (§ 75) vertagt, weil zB der Verwalterbericht unvollständig ist oder aus sonstigen Gründen der Nachbesserung bedarf, so greift das Anhörungsrecht auch für den vertagten Termin ein, denn es handelt sich auch bei dem zweiten Termin um einen Berichtstermin. Im Übrigen hat die Äußerung der Berufsvertretung lediglich **informatorischen Charakter** und ist weder für die Gläubigerversammlung noch für das Insolvenzgericht bindend.

V. Rechtsmittel

18   Verweigert das Insolvenzgericht die in § 156 Abs 2 vorgesehene Stellungnahme oder Äußerung, so ist hiergegen ein Rechtsmittel gem § 6 Abs 1 nicht gegeben (K/P/B/*Onusseit* § 156 Rn 26; N/R/*Balthasar* § 156 Rn 42). Vgl auch T. *Kaehne*, Die Anfechtung sitzungspolizeilicher Maßnahmen, 2000. Die unberechtigte Verweigerung der Gelegenheit zur Stellungnahme oder Äußerung im Berichtstermin macht die nach § 157 gefassten Beschlüsse nicht unwirksam (*Smid* § 156 Rn 10). Leitet der Rechtspfleger den Berichtstermin, so gilt zwar auch der Grundsatz, dass **verfahrensleitende und verfahrensfördernde Maßnahmen**, die keine selbständige Bedeutung haben, dh nicht in die Rechte der Verfahrensbeteiligten oder Dritter eingreifen, nicht der Erinnerung unterliegen; entscheidet jedoch der Rechtspfleger durch – mündlich begründeten – Beschluss über die Verweigerung des Rechts zur Stellungnahme oder zur Äußerung, so ist hiergegen die **Erinnerung** nach § 11 RPflG gegeben, über die der Insolvenzrichter zu entscheiden hat. Im Übrigen greifen **die Grundsätze über die Amtshaftung** nach Art 34 GG iVm § 839 BGB ein, soweit das Anhörungsrecht auch dem Schutz der Berechtigten selbst dient, was beim Schuldner bzw den organschaftlichen Vertretern eines Schuldnerunternehmens regelmäßig der Fall ist (vgl auch N/R/*Balthasar* § 156 Rn 42). Schließlich kommt noch die **Dienstaufsichtsbeschwerde** an den zuständigen Amtsgerichtspräsidenten bzw Amtsgerichtsdirektor in Betracht.

§ 157 Entscheidung über den Fortgang des Verfahrens

¹Die Gläubigerversammlung beschließt im Berichtstermin, ob das Unternehmen des Schuldners stillgelegt oder vorläufig fortgeführt werden soll. ²Sie kann den Verwalter beauftragen, einen Insolvenzplan auszuarbeiten, und ihm das Ziel des Plans vorgeben. ³Sie kann ihre Entscheidungen in späteren Terminen ändern.

Übersicht

	Rn
I. Allgemeines	1
II. Beschlussfassung der Gläubigerversammlung	2
III. Beschlussfassung über das Verfahrensziel	5
1. Die Verfahrensziele	5
2. Stilllegung und Liquidation des Schuldnerunternehmens	6
3. Übertragende Sanierung	7
4. Vollständige oder teilweise Fortführung des Schuldnerunternehmens	10
5. Planerstellung durch den Verwalter mit Zielvorgabe	12
6. Sonstige Gegenstände der Beschlussfassung	15
7. Besonderheiten bei Freiberuflern und Gewerbetreibenden	16
IV. Ausschluss der Arbeitnehmerbeteiligung	20
V. Übertragung der Beschlusskompetenzen auf andere Verfahrensorgane	21
VI. Aufhebung und Abänderung von Beschlüssen (§ 157 S 3)	31
VII. Ausschluss von Rechtsmitteln	32

I. Allgemeines

1   Der Gesetzgeber hat der InsO die **Entscheidung über das Verfahrensziel** ausschließlich in die Hand der Gläubiger gelegt. So heißt es ua in der Allgem Begr RegE (abgedr bei *Uhlenbruck*, Das neue Insolvenzrecht, S 235 f = K/P/B, Das neue Insolvenzrecht S 96), nicht nur die Entscheidung über die Form

II. Beschlussfassung der Gläubigerversammlung § 157

und die Art der Masseverwertung, sondern auch die Entscheidungen über die Gestaltung des Verfahrens, insbesondere über die Fortführung des Schuldnerunternehmens und über die Verfahrensdauer, müssten stets unter Unsicherheit getroffen werden. Sie seien immer risikoreich. „In der Marktwirtschaft muss grundsätzlich das Urteil derjenigen Person maßgeblich sein, deren Vermögenswerte auf dem Spiel stehen und die deshalb die Folgen von Fehlern zu tragen haben." Daraus ergebe sich die grundsätzliche Forderung, dass nicht nur der Ausgang, sondern auch der **Gang des Insolvenzverfahrens** von den Beteiligten, und zwar nach Maßgabe des Wertes ihrer in das Verfahren einbezogenen Rechte, bestimmt werden müsse. Das Insolvenzgericht sei lediglich als Sachwalter gemeiner, im Insolvenzverfahren nicht repräsentierter wirtschaftlicher oder sozialer Interessen anzusehen. Es sei im Wesentlichen **„Hüter der Rechtmäßigkeit des Verfahrens"**. Dabei hat der Gesetzgeber keineswegs verkannt, dass „in wirtschaftlichen Angelegenheiten die Mehrheit prinzipiell nicht mehr recht hat als die Minderheit". Entsprechend der marktwirtschaftlichen Orientierung des Gesetzes vertraut der Gesetzgeber darauf, dass die einzelwirtschaftlich rationalen Entscheidungen auch zu gesamtwirtschaftlich sinnvollen Ergebnissen führen (vgl RegE, BT-Drucks 12/2443, S 76 ff; N/R/*Balthasar* § 157 Rn 6; vgl auch *Henckel* KTS 1989, 477, 481 ff; *Uhlenbruck* KTS 1992, 499 ff. *Eidenmüller* (Unternehmenssanierung S 61) hat die Frage aufgeworfen, „ob es nicht sinnvoll gewesen wäre, den Berichtstermin zeitlich näher an den Eröffnungsbeschluss heranzurücken mit der Folge, dass die Unterrichtung der Gläubiger ebenso wie ihre Entscheidung über den Fortgang des Verfahrens noch früher hätten erfolgen können". Richtig ist, dass mit der Regelung in den §§ 29 Abs 1 Nr 1, 157 S 1 das Verfahrensziel – Sanierung, Liquidation oder übertragende Sanierung – zunächst bis zu drei Monaten von der Verfahrenseröffnung an offen bleibt. Angesichts der Tatsache, dass der Berichtstermin grundsätzlich nicht später als sechs Wochen nach Verfahrenseröffnung stattfinden soll und dass die **Drei-Monats-Frist als Ausnahmeregelung** konzipiert ist, dürfte die Frist zu kurz sein, um ein schlüssiges Sanierungskonzept auszuarbeiten und der Gläubigerversammlung darzulegen (vgl auch *Braun/Uhlenbruck* Unternehmensinsolvenz S 571; *Eidenmüller* Unternehmenssanierung S 61). In umfangreichen Unternehmensinsolvenzen wird es meist unumgänglich sein, die Drei-Monats-Frist voll auszuschöpfen (*Eidenmüller* Unternehmenssanierung S 61), um die entsprechenden Vorarbeiten zu bewältigen, die eine sachgerechte Entscheidung der Gläubigerversammlung gewährleisten. Der Gesetzgeber hat das Problem gesehen und deshalb in § 157 S 3 vorgesehen, dass die Gläubigerversammlung ihre Entscheidungen in späteren Terminen ändern kann.

II. Beschlussfassung der Gläubigerversammlung

Im Berichtstermin entscheidet die Gläubigerversammlung nicht zwangsläufig über das endgültige 2
Verfahrensziel (*Möhlmann*, Berichterstattung S 191). Vielmehr befinden die Gläubiger zunächst darüber, ob das Unternehmen sofort liquidiert werden soll oder ob eine einstweilige Fortführung in Betracht kommt. Letzterer Entschluss endet nach *Möhlmann* (Berichterstattung S 191) „im Verlauf des Verfahrens je nach Verwertungsart in **gestreckter Liquidation, übertragender Sanierung** oder **Reorganisation**". § 157 sagt über die **Beschlussfähigkeit der Versammlung** ebensowenig aus wie § 76 Abs 2. Obgleich die InsO keine ausdrückliche Regelung enthält, hat das Insolvenzgericht im Berichtstermin zunächst die **Beschlussfähigkeit der Gläubigerversammlung** festzustellen. Die Beschlussfähigkeit der Gläubigerversammlung hängt nicht von einer Mindestzahl anwesender oder wirksam vertretener Gläubiger ab (*v. Huntemann/Graf Brockdorff/Buck* Kap 10 Rn 62; N/R/*Delhaes* § 76 Rn 3; H/W/F Hdb 6/60; *Frege/Keller/Riedel* HRP Rn 1286; s auch LG Köln ZIP 1997, 2053; LG Neuruppin ZIP 1997, 2130; *Ehricke* NZI 2000, 57, 58). Auch für die InsO gilt, dass die **Gläubigerversammlung beschlussfähig** ist, wenn nur **ein Gläubiger** erschienen ist, der stimmberechtigt ist und den Willen hat, an der Gläubigerversammlung teilzunehmen (*Ehricke* NZI 2000, 57, 58; HK-*Eickmann* § 76 Rn 5). Beschlussunfähigkeit ist gegeben, wenn der einzige erschienene Gläubiger vom Stimmrecht ausgeschlossen ist (LG Frankenthal ZIP 1993, 378; HK-*Eickmann* § 76 Rn 5). Nimmt an einer ordnungsgemäß einberufenen Gläubigerversammlung **niemand teil**, so ist die Gläubigerversammlung **beschlussunfähig** und ist diese Beschlussunfähigkeit vom Sitzungsleiter zu Protokoll festzustellen (HK-*Eickmann* § 76 Rn 5; H/W/F Hdb 6/60; *Smid* § 76 Rn 9; *Huntemann/Graf Brockdorff/Buck* Kap 10 Rn 62; *Ehricke* NZI 2000, 57, 60).

Umstritten ist, ob das **Insolvenzgericht berechtigt ist**, in Fällen der Beschlussunfähigkeit nach eigenem 3
pflichtgemäßen Ermessen **das Verfahrensziel zu bestimmen (bejahend** LG Frankenthal ZIP 1993, 378; *Hess* § 76 Rn 23; *Kilger/K. Schmidt* § 94 KO Anm 2; H/W/F Hdb 6/60; **verneinend** OLG Koblenz v 20. 2. 1989, ZIP 1989, 660; HK-*Eickmann* § 76 Rn 5; *Pape* ZInsO 1999, 305, 306; ders Rpfleger 1993, 430 ff; *Eickmann* EWiR 1990, 723; **differenzierend** K/P/B/*Kübler* § 76 Rn 23; *Ehricke* NZI 2000, 57, 60). Zutreffend wird für die InsO in der Literatur eine **Differenzierung** der Befugnisse des Insolvenzgerichts je nach den Beschlussgegenständen vorgenommen (K/P/B/*Kübler* § 76 Rn 23; *Huntemann/Graf Brockdorff/Buck* Kap 10 Rn 63; *Ehricke* NZI 2000, 57, 60). Ohne hier auf Einzelheiten einzugehen ist festzustellen, dass Beschlüsse der Gläubigerversammlung im Berichtstermin hinsichtlich des Insolvenzverwalters und des Gläubigerausschusses nicht durch das Gericht ersetzt werden können, weil das Nichterscheinen der Gläubiger zeigt, dass diese auf eine Mitwirkung verzichten und es bei dem zum Zeitpunkt der Verfahrenseröffnung bestehenden Zustand verbleiben soll (*Ehricke* NZI 2000, 57,

60). Auch bei **Entscheidungen über die Verwertung der Insolvenzmasse** wirkt sich nach zutreffender Feststellung von *Ehricke* (NZI 2000, 57, 61) eine Passivität der Gläubiger nur scheinbar auf den Verfahrensablauf blockierend aus. Der Verwalter ist berechtigt, da sich wegen § 164 die fehlenden Genehmigungen allenfalls im Innenverhältnis auswirken, die erforderlichen Maßnahmen nach pflichtgemäßem Ermessen selbst zu treffen (K/P/B/*Kübler* § 76 Rn 23; *Ehricke* NZI 2000, 57, 61).

4   **Zustimmungen zu besonders bedeutsamen Rechtshandlungen** gelten bei **Beschlussunfähigkeit** der Gläubigerversammlung als erteilt (§ 160 Abs 1 S 3). Wenn kein Gläubiger im Berichtstermin erscheint, so besagt dies letztlich nichts anderes, als dass die **Gläubiger auf ihr Selbstverwaltungsrecht verzichten** und die Bestimmung des Verfahrensziels ebenso wie die Abwicklung dem pflichtgemäßen Ermessen des Insolvenzverwalters überlassen. Es besteht keine Verpflichtung zu einer erneuten Einberufung der Gläubigerversammlung (*Frege/Keller/Riedel* HRP Rn 1286). Das **Insolvenzgericht ist in keinem Fall befugt**, sein eigenes pflichtgemäßes Ermessen an die Stelle der von der Gläubigerversammlung zu treffenden Beschlüsse zu setzen. Eine andere Frage ist die, ob die Gläubigerversammlung berechtigt ist, einzelne **Kompetenzen** auf das Insolvenzgericht zu übertragen (s unten zu Rn 24). Im Übrigen gelten für die Beschlussfassung einer beschlussfähigen Gläubigerversammlung die Vorschriften der §§ 76, 77. Zu beachten ist im Berichtstermin, dass nach § 57 S 2 für die **Wahl eines anderen Insolvenzverwalters** eine **qualifizierte Mehrheit** erforderlich ist. Eine andere Person ist als Insolvenzverwalter nur dann gewählt, wenn neben der in § 76 Abs 2 genannten Mehrheit auch die Mehrheit der abstimmenden Gläubiger für sie gestimmt hat. Einzelheiten s Kommentierung zu § 76.

III. Beschlussfassung über das Verfahrensziel

5   **1. Die Verfahrensziele.** Nach § 1 S 1 dient das Insolvenzverfahren dazu, die Gläubiger eines Schuldners gemeinschaftlich zu befriedigen, indem das Vermögen des Schuldners verwertet und der Erlös verteilt oder in einem Insolvenzplan eine abweichende Regelung insbesondere zum Erhalt des Unternehmens getroffen wird. Die InsO hat sich für einen **Gleichrang von Liquidation, übertragender Sanierung und fortführender Sanierung** des Schuldners entschieden. In der Allgem Begr RegE (abgedr bei *Balz/Landfermann*, S 143 = *Uhlenbruck*, Das neue Insolvenzrecht, S 232 = K/P/B, Das neue Insolvenzrecht S& 129; 93 f = *Schmidt-Räntsch*, InsO S 17) heißt es, es gebe „wirtschaftspolitisch keine Gründe, die Sanierung des Schuldners generell vor der übertragenden Sanierung des Unternehmens zu bevorzugen oder auch nur irgendeine Art der Sanierung stets und überall der Zerschlagungsliquidation vorzuziehen". Auf einen **gesetzlichen Typenzwang der Verwertungsarten**, insbesondere auf ein normatives Sanierungsleitbild, hat der Gesetzgeber bewusst verzichtet. Jede von den Beteiligten angestrebte und legitimierte Art der Masseverwertung sei zuzulassen. Sogar im Falle der Masseunzulänglichkeit könne die Sanierung wirtschaftlicher sein als eine Liquidation. Nach § 157 S 3 kann das Verfahrensziel in späteren Terminen jederzeit geändert werden.

6   **2. Stilllegung und Liquidation des Schuldnerunternehmens.** Eine sofortige Stilllegung wird die Gläubigerversammlung idR beschließen, wenn der errechnete Liquidationswert über den Werten der alternativen Verwertungsformen liegt (vgl *Bartke*, Zur Bedeutung des Liquidationswertes als Wertuntergrenze, in: BFuP Heft 5/81, S 393 ff; *Möhlmann*, Berichterstattung S 191). Problematisch ist die Entscheidung für die Gläubiger dann, wenn die Wertdifferenzen hinsichtlich der einzelnen Verfahrens- bzw Abwicklungsarten knapp sind oder verschiedene Gläubiger oder Gläubigergruppen zu unterschiedlichen Ergebnissen kommen (vgl zB *Eisenführ/Weber*, Rationales Entscheiden, 2. Aufl 1994 S 199 ff; *Möhlmann*, Berichterstattung S 192). Solchenfalls hat jeder Gläubiger sein Risiko persönlich einzuschätzen und seine Entscheidung davon abhängig zu machen. Auch nach dem Inkrafttreten der InsO ist die Betriebsstilllegung und Liquidation des Schuldnerunternehmens die Regel. Die Gläubigerversammlung ist aber auch berechtigt, eine **Teilstilllegung** zu beschließen, wie zB die Aufgabe unrentabler Niederlassungen oder die Einstellung verlustbringender Produktionsstätten (K/P/B/*Onusseit* § 157 Rn 3). Zu beachten ist, dass die **Stilllegungs- und Liquidationsentscheidung** regelmäßig zur unverzüglichen Verwertung durch den Insolvenzverwalter nach § 159 führt (*Möhlmann*, Berichterstattung S 192; K/P/B/*Onusseit* § 157 Rn 4). Die sofortige Stilllegung und Liquidation führt idR zu **weiteren Verlusten**, da Halberzeugnisse nicht weiter verarbeitet werden, Verträge nicht fortgesetzt werden und sämtliche Arbeitnehmer in die Sozialplanregelung des § 123 einzubeziehen sind. Um solche Verluste zu vermeiden, kann die Liquidation auch im Rahmen eines **Insolvenzplans** durchgeführt werden (zur sukzessiven Stilllegung s auch HaKo-*Decker* § 157 Rn 6). Echte Hilfe kann in diesem Entscheidungsprozess nur die Betriebswirtschaftslehre bringen. Allerdings kann auf das Fingerspitzengefühl für wirtschaftliche Sachverhalte auch in diesem Entscheidungsbereich nicht verzichtet werden. Absolut sichere Fortführungsprognosen gibt es noch weniger als absolut sichere Prognosen hinsichtlich der Insolvenzquote bei einer Liquidation des Schuldnerunternehmens.

7   **3. Übertragende Sanierung.** Die Gläubigerversammlung kann auch beschließen, dass die „Unternehmensverwertung" im Wege einer übertragenden Sanierung erfolgt. Der Begriff „**übertragende Sanierung**" stammt von *K. Schmidt* (ZIP 1980, 336; *ders* Wege S 143; *ders* Gutachten D z 54. DJT D 84;

III. Beschlussfassung über das Verfahrensziel **§ 157**

ders in: *D. Leipold* [Hrsg], Insolvenzrecht im Umbruch S 67 ff). *K. Schmidt* (bei *Leipold* S 75 ff) unterscheidet zutreffend zwischen der **übertragenden Sanierung im Insolvenzverfahren**, der Unternehmensveräußerung auf der Grundlage eines Insolvenzplans und der **Unternehmensveräußerung durch den Insolvenzverwalter**. Zur übertragenden Sanierung s auch *Falk/Schäfer* ZIP 2004, 1337 ff; *Hagebusch/Oberle* NZI 2006, 618; *Fröhlich/Köchling* ZInsO 2005, 1121; *Noack/Bunke* KTS 2005, 129; *Bitter/Rauhut* KS I 2007, 197 u 258; *Noack* FS Röhricht 2005 S 455; *Karsten Schmidt* bei K. Schmidt/Uhlenbruck, Die GmbH in Krise 4. Aufl 2009 Rn 2.133 ff; *Zipperer* NZI 2008, 206. Die **übertragende Sanierung** bedarf nach § 160 Abs 2 Nr 1 der Zustimmung der Gläubigerversammlung. In der Praxis fehlt der Gläubigerversammlung nicht selten die Beschlussfähigkeit, weil ein Großteil der Gläubiger nicht erscheint. Der durch das Gesetz zur Vereinfachung des Insolvenzverfahrens v 13. 4. 2007 (BGBl I S 509) eingefügte § 160 Abs 1 S 3 **fingiert in diesen Fällen die Zustimmung**. Der Verkauf an eine besonders interessierte Person („Insider") setzt nach § 162 die Zustimmung der Gläubigerversammlung voraus, um einer missbräuchlichen Preisgestaltung vorzubeugen. Als „besonders interessierte Person" gilt ua, wer dem Schuldner persönlich nahe steht, insbesondere mit ihm verwandt ist oder eine leitende Stellung bekleidet (§ 138). Neben den „Insidern" unterliegt auch die sog **Eigenbeteiligung dem Zustimmungserfordernis des** § 162 (vgl *Bitter/Rauhut* KSI 2007, 258, 259; *Vallender* GmbHR 2004, 644; *Falk/Schäfer* ZIP 2004, 1339 f). Hat der Insolvenzverwalter das Unternehmen bereits **vor dem Berichtstermin veräußert** (§ 158 Abs 1), hat die Gläubigerversammlung nunmehr im Berichtstermin diese Veräußerung zu sanktionieren. Nicht vernachlässigt werden darf die Gefahr einer **Altlasten-Erwerberhaftung**. Soweit nach § 4 Abs 3 BBodSchG der Inhaber der tatsächlichen Gewalt oder nach dem Kreislaufwirtschafts- und Abfallgesetz der Abfallbenutzer verantwortlich ist, kann die Übernahme von Betriebsgrundstücken bzw von nicht entsorgtem Umlaufvermögen den Erwerber der ordnungsrechtlichen Verantwortung unterwerfen (vgl BVerwG v 22. 7. 2004, ZIP 2004, 1766, 1767; *K. Schmidt* in K. Schmidt / Uhlenbruck, Die GmbH in Krise Rn 2.135).

Zur **Unternehmensveräußerung im Insolvenzeröffnungsverfahren** und die damit verbundenen haftungs- **8** rechtlichen und anfechtungsrechtlichen Risiken s *Vallender* bei K. Schmidt/Uhlenbruck, Die GmbH in Krise Rn 5.403 ff. Die **Geltung des § 25 HGB**, wonach der Erwerber des Handelsgeschäfts, das unter der bisherigen Firma fortgeführt wird, grundsätzlich für alle betrieblichen Verbindlichkeiten des früheren Inhabers haftet, ist nach höchstrichterlicher Rechtsprechung **im eröffneten Verfahren ausgeschlossen** (BGHZ 104, 151, 153; BAG NJW 1996, 1984). Ausgeschlossen ist nach § 75 Abs 2 AO insoweit auch die Haftung des Unternehmenserwerbers für Steuerverbindlichkeiten nach § 75 AO. Zur **Problematik des § 613 a BGB** bei Verwertungsentscheidungen der Gläubiger im Insolvenzverfahren s auch *Drukarczyk*, Unternehmen und Insolvenz S 367 ff. **Einzelheiten zur übertragenden Sanierung im eröffneten Verfahren** *K. Schmidt* in K. Schmidt/Uhlenbruck, Die GmbH in Krise Rn 7.99 ff. **Im Insolvenzplanverfahren** kann die übertragende Sanierung ein zulässiges und zweckmäßiges insolvenzrechtliches Instrument sein (*Braun/Uhlenbruck* Unternehmensinsolvenz S 400 f, 563 f, 656 f; *K. Schmidt* in K. Schmidt/Uhlenbruck, Die GmbH in Krise, Rn 7.100; *Wellensiek* NZI 2002, 233; *Zipperer* NZI 2008, 206). Insbesondere ist im Fall der übertragenden Sanierung zu beachten, dass nicht der Unternehmensträger saniert werden, sondern das Unternehmen zu Sanierungszwecken aus der Insolvenzmasse herausgelöst werden soll (*K. Schmidt* in K. Schmidt/Uhlenbruck, Die GmbH in Krise, Rn 7.100; MüKo-*Eilenberger* § 220 Rn 56; *Zipperer* NZI 2008, 206, 207 f).

Um die **Rechtswirkungen des § 613 a BGB** bei der übertragenden Sanierung zu vermeiden, werden in **9** der Praxis oftmals die Arbeitnehmer in eine **Beschäftigungs- und Qualifizierungsgesellschaft (Transfergesellschaft)** überführt und von dort teilweise durch den Erwerber übernommen (vgl BAG ZIP 2006, 148; *Gaul/Otto* ZIP 2006, 644; *Krieger/Fischinger* NJW 2007, 2289; *Bichelmeier* DZWIR 2006, 239; *Klein/Humberg* ZVI 2007, 54; *Ehlers* NWB F 25 S 3809 u F 22 S 191; *Stück* MDR 2005, 361; *Praß/Sämisch* ZInsO 2004, 1284). Der Einsatz einer BQG (Transfergesellschaft) im Zusammenhang mit Personalanpassungsmaßnahmen kann zwar ein sinnvolles Instrument darstellen, um arbeits- und sozialversicherungsrechtliche Probleme der Beendigung von Arbeitsverhältnissen zu lösen. Der Mehraufwand für das betroffene Unternehmen lohnt sich aber nach Feststellung von *Gaul/Otto* (ZIP 2006, 644, 648) nur, wenn das personalpolitische Ziel mit dem herkömmlichen Instrumentarium nicht erreicht wird oder nicht finanzierbar ist. Vgl auch HaKo-*Decker* § 157 Rn 10. Die Transfergesellschaften sollen ausschließlich die von der Arbeitslosigkeit bedrohten Mitarbeiter qualifizieren und in neue Arbeitsplätze vermitteln. Die Mitarbeiter einer Transfergesellschaft beziehen für höchstens ein Jahr 60 Prozent (Kinderlose) oder 67 Prozent (Eltern) ihres letzten Nettogehalts, das sog **Transferkurzarbeitergeld**. Kritiker dieses Modells beanstanden, dass die Transfergesellschaften nur ein Weg seien, um überzähligen Mitarbeitern den Kündigungsschutz abzukaufen. Die Beschäftigen würden in der Gesellschaft oft nur verwaltet, denn vor allem in einer Wirtschaftskrise fehlten die offenen Stellen.

4. Vollständige oder teilweise Fortführung des Schuldnerunternehmens. Die Stilllegungsentscheidung **10** der Gläubigerversammlung kann sich auf Teilbereiche wie zB unrentable Niederlassungen beschränken. Im Übrigen kann die Gläubigerversammlung beschließen, dass das Schuldnerunternehmen vorläufig fortgeführt werden soll. Die Fortführung ist oftmals nur eine **zeitweilige Unternehmensfortführung**, die der Fertigstellung von Halbfertigerzeugnissen und der Erfüllung der vom Schuldner eingegangenen Verbindlichkeiten dient (K/P/B/*Onusseit* § 157 Rn 3; MüKo-*Görg* § 157 Rn 10). Die Entscheidung kann aber auch **eine dauerhafte Betriebsfortführung** vorsehen mit dem Ziel einer endgültigen Unternehmenssanierung (N/R/*Balthasar* § 157 Rn 9). Zutreffend weist *Möhlmann (in: Prütting*, Insolvenzrecht 1996, RWS-Forum 9 S 43, 66) darauf hin, dass die mit der Fortführung verbundenen **Risiken** nicht unterschätzt werden dürfen (vgl auch *Mönning* Betriebsfortführung; *Uhlenbruck* FS *Hanisch* S 281, 285). Die **Gläubigerversammlung** kann den Schuldner bzw die Gesellschafter eines Schuldnerunternehmens nicht zur **Fortführung des Unternehmens zwingen** (MüKo-*Görg* § 157 Rn 12). Beschließt die Gläubigerversammlung, den **Betrieb stillzulegen**, so führt dies zur unverzüglichen Verwertung des Schuldnervermögens nach § 159. Ein vor dem Beschluss der Gläubigerversammlung vorgelegter Insolvenzplan wird damit hinfällig (MüKo-*Görg* § 157 Rn 8; K/P/B/*Onusseit* § 157 Rn 4).

11   Jede **Unternehmensfortführung in der Insolvenz** setzt nicht nur die konzeptionelle Absicherung sowie eingehende Planrechnungen voraus, sondern auch **ausreichende Liquidität**, wenn keine Möglichkeiten der Fremdfinanzierung bestehen. Als besonders störanfällig erweisen sich im Rahmen der Weiterführung **Lizenzen, Konzessionen** und sonstige Erlaubnisse, die für die Weiterführung des Unternehmens unbedingt erforderlich sind. Gleiches gilt, wenn das Unternehmen von einem oder nur wenigen Kunden oder Lieferanten abhängig ist. In solchen Fällen ist die Weiterbelieferung bzw weitere Abnahme der Produkte sicherzustellen (Einzelheiten bei *Mönning*, in: *Prütting*, RWS- Forum 9 S 43 ff; *ders* Betriebsfortführung in der Insolvenz Rn 1164 ff u Rn 1296 ff mit einer eingehenden **Darstellung der möglichen Störpotentiale**). Die **Belastung der Fortführung mit Altlasten** (vgl *Mönning* Betriebsfortführung Rn 1366 ff) hat bei der Entscheidung der Gläubigerversammlung ebenso Berücksichtigung zu finden wie die **Qualitätssicherung, Produkthaftung** und **Gewährleistung** (*Mönning* Betriebsfortführung Rn 1376 ff). Zur Betriebsfortführung durch den Insolvenzverwalter vgl auch *Riering*, Die Betriebsfortführung durch den Konkursverwalter, 1987; *Baumgartner*, Fortführung eines Unternehmens nach Konkurseröffnung, Freiburg (Schweiz) 1987; *Chalupsky/Ennöckel*; Unternehmensfortführung im Konkurs, Wien 1985; *Reheusser*, Unternehmensfortführung durch den Konkursverwalter, Diss Regensburg 1985. Festzustellen ist, dass über die vorbezeichnete Literatur hinaus auch vor allem die **betriebswirtschaftliche Literatur** zur Prüfung der Sanierungsfähigkeit von Unternehmen für die Entscheidung der Gläubigerversammlung herangezogen werden kann. Vgl zB *Kayser*, Sanierung oder Auflösung, 1983; *Marschdorf*, Unternehmensverwertung im Vorfeld und im Rahmen gerichtlicher Insolvenzverfahren, 1984; *Becker*, Die Sanierungsfähigkeit der Unternehmung, 1986; *Wegmann*, Die Sanierungsprüfung, 1987; *Brandstätter*, Die Prüfung der Sanierungsfähigkeit notleidender Unternehmen, 1993; *Peemöller*, Die Prüfung eines leistungswirtschaftlichen Sanierungskonzepts, BB 1995, 2311 ff.

12   **5. Planerstellung durch den Verwalter mit Zielvorgabe.** Nach § 218 Abs 1 S 1 sind zur Vorlage eines Insolvenzplans an das Insolvenzgericht der Insolvenzverwalter und der Schuldner berechtigt (MüKo-*Görg* § 157 Rn 16; *Uhlenbruck* GmbH 1995, 195, 209). Selbst wenn der Insolvenzverwalter von seinem Planinitiativrecht keinen Gebrauch macht, kann die Gläubigerversammlung ihn gem § 157 S 2 beauftragen, einen **Insolvenzplan auszuarbeiten** und ihm das Ziel des Plans vorgeben. Die Gläubigerversammlung selbst ist ebensowenig wie der einzelne Gläubiger berechtigt, einen solchen Plan vorzulegen. Das Planziel orientiert sich in Regelfall an dem Bericht des Insolvenzverwalters. Möglich ist es aber auch, dass der Insolvenzverwalter von einem Insolvenzplan abrät, die Gläubigerversammlung jedoch anders entscheidet. Die Gläubigerversammlung kann also „dem Verwalter die Vorlage eines konkreten Insolvenzplans oktroyieren" (zum Plan bei Selbständigen *Tetzlaff* ZInsO 2005, 393, 395). Aufgrund ihrer Entscheidungskompetenz kann die Gläubigerversammlung aber auch dem Verwalter **untersagen**, einen Insolvenzplan auszuarbeiten (str aA K/P/B/*Onusseit* § 157 Rn 16, wonach ein Alternativplan des Verwalters auch in diesem Fall zulässig ist). Richtig ist, dass der Verwalter neben dem Insolvenzplan, den er im Auftrag der Gläubigerversammlung auszuarbeiten hat, kraft des eigenen Initiativrechts **keinen Alternativplan** vorlegen darf, da er an die Beschlussfassung der Gläubigerversammlung gebunden ist (HK-*Flessner* § 157 Rn 5 u § 218 Rn 12; str aA *Warrikoff* KTS 1997, 530 f; *Hess* § 218 Rn 58; N/R/*Braun* § 218 Rn 32 ff; s auch unten zu Rn 14). Eine klare Abgrenzung lässt sich jedoch nicht immer durchführen. Ist der Verwalter der Auffassung, dass einzelne Zielvorgaben und Anweisungen der Gläubigerversammlung einer gerichtlichen Überprüfung nach § 231 nicht standhalten, wird man ihn als berechtigt ansehen müssen, ohne Einschaltung der Gläubigerversammlung die notwendigen Korrekturen vorzunehmen. Hatte er bereits vor dem Berichtstermin einen eigenen Insolvenzplan vorgelegt, der von der Gläubigerversammlung abgelehnt wurde, so ist er an die neuen Zielvorgaben der Gläubigerversammlung gebunden.

13   Bei **konkurrierenden Insolvenzplänen** des Schuldners und des Insolvenzverwalters entscheidet die Gläubigerversammlung. Zutreffend wird bei K/P/B/*Onusseit* (§ 157 Rn 16) darauf hingewiesen, dass es durchaus denkbar ist, dass im Einzelfall **drei Insolvenzpläne miteinander konkurrieren** (s auch MüKo-*Görg* § 157 Rn 16). Der von der **Gläubigerversammlung** mit Planziel vorgegebene Insolvenzplan hat **absoluten Vorrang** vor einem vom Schuldner oder Insolvenzverwalter vorgelegten Insolvenzplan. Hier sind aber mögliche Variationen denkbar. So kann zB die Gläubigerversammlung sich Vorstellungen des vom Schuldnerunternehmen vorgelegten Insolvenzplans zu Eigen machen, Teile des vom Verwalter vorgelegten Plans als Planzielvorstellung übernehmen und den Verwalter anweisen, hieraus einen besonde-

III. Beschlussfassung über das Verfahrensziel **§ 157**

ren Insolvenzplan zu erstellen, der wesentliche Elemente der beiden vorgelegten Pläne enthält. In der Literatur ist die Frage aufgeworfen worden, ob die Gläubigerversammlung dem Insolvenzverwalter für einen von ihm zu erarbeitenden Plan **inhaltlich Vorgaben** machen und etwa einen von ihrer Mehrheit getragenen Plan zur Vorlage oktroyieren kann (vgl *Smid* WM 1996, 1249, 1252). Bei *Braun/ Uhlenbruck* (Unternehmensinsolvenz S 663 f) wird darauf hingewiesen, dass eine derartige Befugnis dem Gesetzeswortlaut nicht zu entnehmen ist. Es mag dahinstehen, ob § 157 S 2 der Gläubigerversammlung als oberstem Selbstverwaltungsorgan verbietet, **inhaltliche Vorgaben zu machen und Gestaltungsmaßnahmen vorzuschreiben** (so *Braun/Uhlenbruck* Unternehmensinsolvenz S 363). Richtig ist, dass dem Verwalter in eigener Verantwortung die Entscheidung über Wege und Maßnahmen verbleibt, wie er das Ziel erreichen will. Grundsätzlich obliegt, wie sich schon aus der Formulierung „auszuarbeiten" ergibt, die **inhaltliche Ausgestaltung des Insolvenzplans** auch bei Zielvorgabe durch die Gläubigerversammlung **dem Insolvenzverwalter**. Dies schließt aber nicht aus, dass die Gläubigerversammlung neben einer **generellen Zielvorgabe** auch **inhaltliche Vorgaben** macht, an die sich der Verwalter zu halten hat. Solche inhaltlichen Vorgaben werden wohl die Ausnahme bleiben, weil Einzelheiten des Insolvenzplans nach Sinn und Zweck des § 157 iVm § 218 gerade vom Insolvenzverwalter ausgearbeitet werden sollen. Diesem muss man die notwendige Sachkunde zutrauen, um die Zielvorstellung der Gläubigerversammlung in ein konkretes Konzept umzusetzen (vgl auch K/P/B/*Onusseit* § 157 Rn 17; K/P/B/ *Otte* § 218 Rn 14; *Häsemeyer* InsR Rn 28.11; *Eidenmüller* Der Insolvenzplan als Vertrag, in: *Schenk/ Schmidtchen/Streit* [Hrsg], Jahrbuch für Neue Politische Ökonomie, 1996 S 164 ff).

Im Fall der **Eigenverwaltung** (§§ 270 ff) kann die Gläubigerversammlung den **Schuldner** oder den **Sachwalter** gem §§ 157 S 2, 284 Abs 1 S 1 beauftragen, einen Insolvenzplan auszuarbeiten, wobei zweifelhaft ist, ob auch dem Schuldner bzw Schuldnerunternehmen das **Planziel** vorgegeben werden kann (vgl *Eidenmüller*, Unternehmenssanierung S 54). Bei der Eigenverwaltung ist es grundsätzlich Sache des Schuldners, entweder einen „**prepackaged plan**" mit Antragstellung vorzulegen oder einen solchen im Berichtstermin zu präsentieren. Die Gläubigerversammlung ist berechtigt, dem Schuldner im Rahmen der Eigenverwaltung aufzugeben, einen Insolvenzplan zur Realisierung des Sanierungskonzepts auszuarbeiten (*Smid/Rattunde* Der Insolvenzplan 2. Aufl 2005 Rn 3.14; str aA *Happe* Die Rechtsnatur des Insolvenzplans 2004 S 97, 98). Sie ist aber im Zweifel **nicht berechtigt**, dem eigenverwaltenden Schuldner oder Schuldnerunternehmen **das Planziel vorzugeben**. Im Rahmen des „Wettbewerbs um die beste Verwertungsart" wird es idR maximal **zwei vorgelegte Insolvenzpläne** geben: Einen des Schuldners und einen des Verwalters. Beauftragt die Gläubigerversammlung den Verwalter mit der Ausarbeitung eines Plans, darf dieser daneben keinen originären Verwalterplan vorlegen, der von den Zielvorstellungen der Gläubigerversammlung abweicht (*Eidenmüller*, Der Insolvenzplan als Vertrag, in: Jahrbuch für Neue Politische Ökonomie, 1996, S 164, 174 f; K/P/B/*Otte* § 218 Rn 31 Fn 45; *Smid/Rattunde* Der Insolvenzplan Rn 3.5 S 88; str aA *Warrikoff* KTS 1997, 527, 530 f; *Smid* WM 1996, 1249, 1254; *Braun/Uhlenbruck* Unternehmensinsolvenz S 474). Beauftragt die Gläubigerversammlung den **Schuldner oder Sachwalter im Rahmen der Eigenverwaltung** mit der Ausarbeitung eines Insolvenzplans, hält *Eidenmüller* (Unternehmenssanierung, S 65) eine Zielvorgabe für zulässig, obgleich § 284 keine entsprechende Regelung enthält. Dem kann ebenso wenig gefolgt werden wie der Auffassung von *Warrikoff* (KTS 1997, 527, 532), dass dem **Sachwalter** ein Planvorlagerecht analog § 218 Abs 1 S 1 zusteht. Wie bereits festgestellt wurde, kann die Gläubigerversammlung dem Schuldner oder Schuldnerunternehmen aufgeben, einen Plan zu erstellen, ihm nicht jedoch das Ziel vorgeben. Der Fall dürfte weitgehend auch theoretisch sein, denn der Schuldner wird im Rahmen der Eigenverwaltung im Vorfeld des Berichtstermins vor allem mit den Großgläubigern abklären, ob seine Planvorstellungen Aussicht haben, angenommen zu werden. Offen ist die Frage, welches Schicksal das originäre Planvorlagerecht des Schuldners erleidet, wenn die Gläubigerversammlung ihn mit der Planausarbeitung beauftragt. Lässt man bei Eigenverwaltung eine **Planzielvorgabe der Gläubigerversammlung** zu, ist es dem Schuldner unbenommen, zusätzlich einen eigenen Plan vorzulegen. Auch diejenigen, die den Sachwalter für berechtigt halten, mit der Planaufstellung betraut zu werden, müssen zwangsläufig ein „simultanes Planvorlagerecht" bejahen (vgl *Eidenmüller* Unternehmenssanierung S 66). Einzelheiten hierzu in der Kommentierung zu den §§ 217 ff.

6. Sonstige Gegenstände der Beschlussfassung. § 157 regelt nur die Kompetenz der Gläubigerversammlung zur Entscheidung über Stilllegung oder Fortführung des Betriebes und die Erstellung eines Insolvenzplans. Daneben kann die Gläubigerversammlung alle Beschlüsse fassen, die in ihre Kompetenz fallen, wie zB die Entscheidung über die Einsetzung eines Gläubigerausschusses (§ 67 Abs 1) oder die Anlage von Geldern bzw die Hinterlegung von Geld, Wertpapieren und Kostbarkeiten (§ 149 Abs 3). Besondere praktische Bedeutung hat die **Beschlussfassung über besondere Berichtspflichten des Verwalters**. Die Gläubigerversammlung kann beschließen, dass der Verwalter in bestimmten Zeiträumen, zB monatlich, vierteljährlich, halbjährlich oder jährlich, ihr oder einem Gläubigerausschuss weiteren Bericht zu erstatten hat. Die Gläubigerversammlung ist auch berechtigt, **Rechnungslegungspflichten** festzulegen. Weiterhin kann sie beschließen, in welcher Form der Bericht erstattet werden muss, insbesondere, ob er **mündlich** oder **schriftlich** zu erstatten ist. Kommt der Verwalter dieser Berichterstattungs- und Rechnungslegungsfrist nicht oder nicht pünktlich nach, kann das Insolvenzgericht im Aufsichtswege gem § 58 Abs 2 die Erfüllung dieser Pflichten durch Zwangsgeld erzwingen. Diese zusätzlichen Berichts- und Rechnungslegungspflichten sind keineswegs identisch mit der Rechnungslegungspflicht nach § 155 (*K. Schmidt*, Liquidationsbilanzen S 78). Insoweit handelt es sich um eine **besondere Rechenschaftspflicht des Insolvenzverwalters**, die ihm auf Grund der Entscheidung der Gläubigerversammlung obliegt. Demgemäß ist allgemein anerkannt, dass die Zwischenrechnungslegung allein der Rechenschaft des Verwalters und nicht der Rechnungslegung des Schuldnerunternehmens dient (vgl auch *Jaeger/Weber* § 132 KO Rn 2; *K. Schmidt*, Liquidationsbilanzen S 78).

16   7. **Besonderheiten bei Freiberuflern und Gewerbetreibenden.** Grundsätzlich ist eine Fortführung der Praxis eines Freiberuflers nur möglich, wenn der Insolvenzverwalter die fachliche Qualifikation besitzt. Zwar fällt, wie zu § 35 dargestellt ist, auch die **freiberufliche Praxis** eines Arztes, Rechtsanwalts, Steuerberaters, Zahnarztes oder vereidigten Buchprüfers bzw Wirtschaftsprüfers in die Insolvenzmasse (vgl *Schick* NJW 1990, 2360; *Uhlenbruck* FS *Henckel* 1995 S 877 ff), jedoch ist der Verwalter ohne die entsprechende Qualifikation nicht berechtigt, die Praxis oder ein Notariat einstweilen weiterzuführen. S auch *D. Maier* Die Insolvenz des Rechtsanwalts, 2008; *van Zwoll/Mai/Eckardt/Rehborn* Die Arztpraxis in Krise und Insolvenz, 2007. Auch die Gläubigerversammlung kann einen **Freiberufler nicht zwingen**, im Insolvenzverfahren unter Aufsicht des Insolvenzverwalters seine **Praxis fortzuführen**. Es ist ihm zwar unbenommen, an anderer Stelle eine neue Praxis zu eröffnen (*Tetzlaff* ZInsO 2005, 393; HaKo-*Decker* § 157 Rn 12). Er muss aber damit rechnen, dass die dort erzielten Einkünfte vom Verwalter zur Masse gezogen werden. Die **Fortführung einer freiberuflichen Praxis** geht nicht ohne Zustimmung und Mitwirkung des Schuldners (vgl auch BFH v 22. 3. 1994, ZIP 1994, 1283; K/P/B/*Onusseit* § 157 Rn 7; *Uhlenbruck* FS *Henckel* S 891 f). Zum Umgang mit unkooperativen Schuldnern s *Tetzlaff* ZVI 2004, 2, 4. Hat die Gläubigerversammlung nicht die Stilllegung beschlossen, kann der Verwalter nach Meinung des **BGH** (BGH v 20. 3. 2003, ZVI 2003, 170) dem Schuldner die zur Fortführung seiner selbständigen Tätigkeit erforderlichen Mittel aus der Masse zur Verfügung stellen. Dies dürfte nach K/P/B/*Onusseit* (§ 157 Rn 8) aber nur zulässig sein, wenn die Tätigkeit „prognostisch im Ergebnis zu einer Besserstellung der Gläubiger führt" (so auch *Tetzlaff* ZInsO 2005, 393, 394).

17   Bei **Wegfall der Erlaubnis bzw Approbation oder Zulassung** (§§ 3 Abs 1 S 1 Nr 2, 5 Abs 1 S 2, Abs 2 BÄO, § 11 Nr 4 ÄAppO) bleibt der Gläubigerversammlung keine andere Möglichkeit, als die Liquidation zu beschließen. In der Praxis kommt es aber nur in Ausnahmefällen zur Bejahung der Unwürdigkeit oder der Unzuverlässigkeit im Falle des Vermögensverfalls (N/R/*Wittkowski* § 80 Rn 21; MüKo-Ott/*Vuia* § 80 Rn 18). Dies ist nicht zuletzt auch im Hinblick auf die Möglichkeit einer Restschuldbefreiung gerechtfertigt (s auch *Kluth* NJW 2002, 186). Gleiches gilt für die **Insolvenz eines Apothekers**. Im Regelfall wird der Freiberufler ein erhebliches Interesse daran haben, die Praxis oder Apotheke fortzuführen, um später über ein Restschuldbefreiungsverfahren nach den §§ 286 ff von seinen Schulden freizukommen. Gerade in diesen Fällen bietet sich das Rechtsinstitut der **Eigenverwaltung** (§§ 270 ff) an. Die Gläubigerversammlung kann aber auch beschließen, dass der Freiberufler unter der Aufsicht des Insolvenzverwalters seine Praxis fortsetzt und im Rahmen des Restschuldbefreiungsverfahrens bestimmte Beträge an ihn zwecks Verteilung an die Gläubiger abführt (s auch *Uhlenbruck* ZVI 2002, 49). Möglich ist auch, dass der Freiberufler, wenn er die Voraussetzungen für die Eröffnung eines Regelinsolvenzverfahrens erfüllt, einen **Insolvenzplan** vorlegt, der entweder die Übertragung der Praxis auf ein Erwerberteam zB in der Rechtsform einer GmbH vorsieht oder eine bestimmte Quote für die Gläubiger, die der Freiberufler-Schuldner mit Hilfe einer Bank finanziert. Eine solche Finanzierung ist auch für die Bank mit keinem besonderen Risiko verbunden, weil nach § 227 Abs 1, wenn im Insolvenzplan nichts anderes bestimmt ist, der Schuldner mit der im gestaltenden Teil vorgesehenen Befriedigung der Insolvenzgläubiger von seinen restlichen Verbindlichkeiten gegenüber diesen Gläubigern befreit wird. Der Insolvenzplan hat gegenüber dem Restschuldbefreiungsverfahren den Vorteil, dass die Schuldbefreiung rascher erreicht wird und der Freiberufler frühzeitig wieder in den Stand versetzt wird, für eigene Rechnung weiter zu arbeiten. Schwierigkeiten ergeben sich allerdings, wenn zB die künftigen Forderungen eines Arztes bereits an die Kassenärztliche Vereinigung abgetreten worden sind (s **BGH** v 11. 5. 2006, NZI 2006, 457; **BGH** v 9. 1. 1997, NJW 1997, 2453; *Uhlenbruck* ZVI 2002, 49). Vgl auch K/P/B/*Onusseit* § 157 Rn 8.

18   Durch das **Gesetz zur Vereinfachung des Insolvenzverfahrens** v 13. 4. 2007 (BGBl 2007 I S 509), in Kraft seit dem 1. 7. 2007, ist in § 35 ein **neuer Absatz 2** eingefügt worden (vgl K/P/B/*Holzer* § 35 Rn 107 ff). Danach kann der Insolvenzverwalter bei Ausübung einer selbständigen Tätigkeit des Schuldners oder der Absicht hierzu diesem gegenüber erklären, ob Vermögen aus der selbständigen Tätigkeit zur Insolvenzmasse gehört und ob Ansprüche aus dieser Tätigkeit im Insolvenzverfahren geltend gemacht werden können. Die gesetzliche Neuregelung erleichtert zwar in Fällen der selbständigen Tätigkeit des Schuldners die Abgrenzung der Masseverbindlichkeiten von den gegen das neue Vermögen gerichteten Forderungen sowie eine sinnvolle Unternehmensplanung durch den Schuldner; jedoch beseitigt er nach zutr Feststellung von *Onusseit* (K/P/B/*Onusseit* § 157 Rn 8 a) die allgemeinen Probleme der Fortführung einer freiberuflichen Praxis im Insolvenzverfahren nicht.

19   Bei **Gewerbetreibenden** ist eine Unternehmensfortführung im Insolvenzverfahren nur möglich, wenn die Gewerbeerlaubnis nicht entzogen worden ist und auf Grund des Insolvenzverfahrens nicht entzogen

wird (Einzelheiten bei K/P/B/*Onusseit* § 157 Rn 9ff). Zur **Entziehung der Gewerbeerlaubnis** s auch VG Gießen ZIP 2003, 1763; *Antoni* NZI 2003, 246 ff; *Hattwig* ZInsO 2003, 646 ff.

IV. Ausschluss der Arbeitnehmerbeteiligung

Im eröffneten Insolvenzverfahren gilt das Betriebsverfassungsrecht weiter und der Verwalter tritt an die Stelle des Unternehmers (Arbeitgebers). Der Gesetzgeber der InsO geht davon aus, dass Beschlussfassung durch die Gläubigerversammlung eine **unternehmerische Entscheidung** ist, bei der die Arbeitnehmer allenfalls in ihrer Eigenschaft als Gläubiger auf die Beschlussfassung Einfluss zu nehmen vermögen. Erst die **Ausführung der Beschlüsse** der Gläubigerversammlung durch den Insolvenzverwalter löst Mitwirkungsrechte und Mitbestimmungsrechte des Betriebsrats nach den §§ 121, 122 InsO, §§ 111–113 BetrVG aus. Der Gesetzgeber hat dem Betriebsrat und dem Sprecherausschuss der leitenden Angestellten im Berichtstermin in § 156 Abs 2 S 1 lediglich ein **Recht zur Stellungnahme** eingeräumt, nicht dagegen ein Mitwirkungsrecht (K/P/B/*Onusseit* § 157 Rn 32, 33). Selbst wenn die Planzielvorgabe eine Betriebsstilllegung oder Betriebsänderung vorsieht, greifen Mitwirkungsrechte des Betriebsrats nicht ein (MüKo-*Görg* § 157 Rn 24–26; K/P/B/*Onusseit* § 157 Rn 31–36). Vielmehr folgen seine Rechte aus den §§ 218 Abs, 232 Abs 1 Nr und § 235 Abs 3 (K/P/B/*Onusseit* § 157 Rn 34). Die **unternehmerische Entscheidung** der Gläubigerversammlung hinsichtlich des Verfahrensziels erfordert keine Beteiligung des Betriebsrats, wohl aber die Umsetzung der im Berichtstermin gefassten Beschlüsse.

20

V. Übertragung der Beschlusskompetenzen auf andere Verfahrensorgane

Der einzige Fall, in dem das Gericht berechtigt ist, eine Anordnung zu treffen, wenn kein Gläubigerausschuss bestellt ist oder der Gläubigerausschuss noch keinen Beschluss gefasst hat, ist die **Bestimmung der Hinterlegungsstelle** für Geld, Wertpapiere und Kostbarkeiten nach § 149 Abs 1 S 2. Erscheint im Berichtstermin niemand, ist das Insolvenzgericht nicht befugt, seine Entscheidung an die Stelle derjenigen der Gläubigerversammlung zu setzen (vgl **OLG Koblenz** ZIP 1989, 660; *Pape* ZInsO 1999, 305, 306; *ders* Rpfleger 1993, 430 ff; *ders* EWiR 1993, 480; *ders* Gläubigerbeteiligung Rn 258; *Kilger/ K. Schmidt* §§ 133, 134 KO Anm 1; str aA LG Frankenthal ZIP 1993, 378; *Hess* § 76 Rn 23; H/W/F Hdb 6/60). Erscheint kein Gläubiger im Berichtstermin, geben die Gläubiger damit zu erkennen, dass sie es bei der **gesetzlichen Regelabwicklung** belassen wollen. Erscheint in der Gläubigerversammlung niemand, so heißt dies nicht, dass die Gläubiger damit für den Fall einer Verfahrenseinstellung nach § 207 auf die in § 207 Abs 2 vorgeschriebene Anhörung verzichten und die **Entscheidung dem Insolvenzgericht überlassen** wollen (*Ehricke* NZI 2000, 57, 61). Zutreffend weisen K/P/B/*Onusseit* (§ 157 Rn 24) darauf hin, dass es für die **Entscheidungskompetenz des Gerichts** an einer gesetzlichen Zuweisung fehlt (so auch *Pape* Gläubigerbeteiligung Rn 259; N/R/*Balthasar* § 157 Rn 19 ff).

21

Machen die Gläubiger von ihrer gesetzlich eingeräumten Gläubigerautonomie im Einzelfall keinen Gebrauch, hat dies zur Folge, dass der **Insolvenzverwalter** die Abwicklung nach **eigenem pflichtgemäßen Ermessen** durchzuführen hat. In einer Gläubigerversammlung, in der kein stimmberechtigter Gläubiger teilnimmt, ist nach zutreffender Feststellung von *Ehricke* (NZI 2000, 57, 62) das Insolvenzgericht nicht berechtigt, Beschlüsse, die in die Zuständigkeit der Gläubigerversammlung fallen, durch eigene Beschlüsse zu ersetzen (s auch oben zu Rn 3). Nach der **seit dem 1. Juli 2007 geltenden Neufassung des § 160 Abs 1** greift bei **Beschlussunfähigkeit der Gläubigerversammlung** die Fiktion des § 160 Abs 1 S 3 ein. Danach gilt die Zustimmung zu den in § 160 Abs 2 genannten Maßnahmen als erteilt. Allerdings sind die Gläubiger bei der Einladung zur Gläubigerversammlung hierauf hinzuweisen. Eine ganz andere Frage ist die, ob eine **beschlussfähige Gläubigerversammlung** berechtigt ist, Entscheidungen, die in ihre Beschlusskompetenz fallen, auf sonstige Organe des Insolvenzverfahrens, vor allem auf das Insolvenzgericht, zu übertragen oder auf eine **Anhörung zu verzichten** (vgl *Pape* Rpfleger 1993, 430 ff; K/P/B/ *Onusseit* § 157 Rn 20–25).

22

Die Frage, ob die Gläubigerversammlung in ihre Zuständigkeit fallende **Entscheidungen delegieren** kann oder ob sie **andere Organe des Verfahrens ermächtigen** kann, erforderliche Genehmigungen zu erteilen, war für das alte Recht heftig umstritten und bleibt auch für das neue Recht streitig (vgl **OLG Celle** v 4. 10. 1993, Rpfleger 1994, 124; **OLG Koblenz** ZIP 1989, 660; **LG Frankenthal** ZIP 1993, 378; **LG Wuppertal** KTS 1958, 45, 47; K/U § 94 KO Rn 2 u § 114 KO Rn 14 d; *Pape* Rpfleger 1993, 430; *Kilger/K. Schmidt* § 132 KO Anm 1; *Warrikoff* KTS 1996, 489; *Ehricke* NZI 2000, 57, 62; K/P/B/ *Onusseit* § 157 Rn 22; N/R/*Balthasar* § 157 Rn 22; MüKo-*Görg* § 157 Rn 20). Festzustellen ist, dass Entscheidungen der Gläubigerversammlung nicht pauschal auf das Insolvenzgericht, den Gläubigerausschuss oder den Verwalter übertragen werden können. So kann zB die **Gewährung von Unterhalt aus der Insolvenzmasse** (§ 100) und die **Entscheidung über das Verfahrensziel** (§ 157) nicht vom Gericht getroffen werden, wenn die Gläubigerversammlung keine Entscheidung trifft oder treffen kann, weil niemand in der Gläubigerversammlung erschienen ist. Bei dringendem Unterhaltsbedarf für den Schuldner und seiner Familie greift bei Nichtentscheidung die Vorschrift des § 100 Abs 2 S 1 ein, wonach **der Insolvenzverwalter** berechtigt ist, dem Schuldner den notwendigen Unterhalt zu gewähren.

23

24 Diese **Zuständigkeitsfrage** ist aber nicht identisch mit der Frage der **Zulässigkeit einer Delegation von Entscheidungen** (K/P/B/*Onusseit* § 157 Rn 21). Bei der Frage der Delegationsbefugnis geht es allein darum, ob die Gläubigerversammlung den Gläubigerausschuss, den Insolvenzverwalter, das Insolvenzgericht oder gar einen sonstigen Dritten ermächtigen kann, nicht nur ihre Interessen, sondern auch ihre **Entscheidungsbefugnisse zumindest teilweise wahrzunehmen** (vgl OLG Celle Rpfleger 1994, 124). *Ehricke* (NZI 2000, 57, 62): „Nirgendwo in der InsO ist abzuleiten, dass eine solche Ermächtigung unzulässig ist. Es ist vielmehr gerade Ausdruck der Gläubigerautonomie, dass die Gläubiger die Befugnis übertragen können, statt ihrer bestimmte Entscheidungen zu treffen." Eine Ausnahme von der Übertragung der Entscheidungsbefugnis auf das Insolvenzgericht will *Ehricke* nur dann bejahen, wenn es durch die Ermächtigung zu Interessenkonflikten kommen würde. Nach *Pape* (Gläubigerbeteiligung Rn 262) können **Kompetenzen der Gläubigerversammlung in keinem Fall auf das Gericht** verlagert werden, weil das Gericht außerhalb seines gesetzlich geregelten Wirkungskreises zur Einflussnahme auf die Verfahrensabwicklung gerade nicht berufen sei (s auch LG Göttingen ZIP 1997, 1039; K/P/B/*Onusseit* § 157 Rn 22; MüKo-*Görg* § 157 Rn 21; HK-*Flessner* § 157 Rn 15; HaKo-*Decker* § 157 Rn 14). Das ist zu eng gesehen. Die Auffassung von *Ehricke* ist richtig. **Unzulässig** und gegen den Grundsatz der Gläubigerautonomie verstoßend wäre es, wenn die Gläubigerversammlung dem Insolvenzgericht **sämtliche Entscheidungsbefugnisse** übertragen würde, die zB § 157 der Gläubigerversammlung zuweist. Zulässig dürfte es aber sein, die Genehmigung für die Veräußerung eines Grundstückes an eine bestimmte Bedingung zu knüpfen und die Feststellung des Eintritts der Bedingung dem Insolvenzgericht zu übertragen (s auch LG Frankenthal ZIP 1993, 378; *Pape* RPfleger 1993, 430; FK-*Wegener* § 157 Rn 7; *Ehricke* NZI 2000, 57, 62 und unten zu Rn 17, 18). S auch unten zu Rn 29.

25 Keineswegs ausgeschlossen ist es auch, dem **Insolvenzverwalter** teilweise Entscheidungsbefugnisse zu übertragen, wie zB die Entscheidung, bei Scheitern des Insolvenzplans das Verfahrensziel eigenverantwortlich auf die Liquidation umzustellen. Hierdurch können spätere Entscheidungen nach § 157 S 3 vermieden werden. In der Praxis spricht man von sog „**Vorratsbeschlüssen**" (MüKo-*Görg* § 157 Rn 22). Gleiches gilt für eine **Generalermächtigung zu besonders bedeutsamen Rechtshandlungen** iSv § 160, 162 (N/R/*Balthasar* § 157 Rn 19). Allerdings begegnet die **generelle Übertragung der Entscheidungskompetenz** auf den Verwalter rechtlichen Bedenken, weil damit die gesetzliche Aufgabenerteilung ebenso wie die gesetzlichen Kontrollmechanismen außer Kraft gesetzt würden (*Ehricke* NZI 2000, 57, 62; *Heukamp* ZInsO 2007, 57, 60; FK-*Wegener* § 157 Rn 6). Unbedenklich ist dagegen die weitgehende **Delegation von Aufgaben auf den Gläubigerausschuss** (*Heukamp* ZInsO 2007, 57, 59; *Hess* § 157 Rn 11; MüKo-*Görg* § 157 Rn 20; FK-*Wegener* § 157 Rn 6).

26 Für **nach dem 30. Juni 2007** eröffnete Insolvenzverfahren gilt die durch das Gesetz zur Vereinfachung des Insolvenzverfahrens eingeführte Änderung des § 160 Abs 1 S 3. Ist die einberufene Gläubigerversammlung **beschlussunfähig** und ist **kein Gläubigerausschuss bestellt**, so gilt nach § 160 Abs 1 S 3 **die Zustimmung als erteilt**. Auf diese Folgen sind die Gläubiger bei der Einladung zur Gläubigerversammlung hinzuweisen. **Beschlussunfähigkeit** liegt vor, wenn trotz ordnungsgemäßer Ladung und entsprechendem Hinweis keine Beschlussfassung (§ 76 Abs 2) möglich ist, weil kein stimmberechtigter Gläubiger (§ 77 Abs 1) erscheint. Die nunmehr geltende **gesetzliche Fiktion** einer erteilten Zustimmung beschleunigt die Verfahrensabwicklung und beendet den Meinungsstreit darüber, wie in solchen Fällen zu verfahren ist (*Schmerbach/Wegener* ZInsO 2006, 400, 408; HaKo-*Wegener* § 160 Rn 3). Die bei **Beschlussunfähigkeit der Gläubigerversammlung** eingreifende Fiktion des § 160 Abs 1 S 3 löst zwar nicht die Frage, auf wen und in welchem Umfang die beschlussfähige Gläubigerversammlung **Entscheidungskompetenzen delegieren kann**; sie zeigt jedoch, dass, wenn die Gläubiger ihre Rechte nicht wahrnehmen, die Entscheidungsbefugnisse im Zweifel **dem Insolvenzverwalter** zuwachsen (MüKo-*Görg* § 157 Rn 23).

27 Ist die **Gläubigerversammlung beschlussfähig** und greift nicht die Fiktion des § 160 Abs 1 S 3 ein, so gilt Gleiches, wenn der Verwalter im Berichtstermin darlegt, dass er gezwungen ist, einen **Rechtsstreit mit erheblichem Streitwert** anhängig zu machen oder aufzunehmen, wenn nicht eine vergleichsweise Beilegung zur Vermeidung eines solchen Rechtsstreits erfolgt. Der Gläubigerversammlung ist es aber unbenommen, für eine **vergleichsweise Regelung Mindestkonditionen** festzulegen und im Übrigen den Verwalter zu ermächtigen, ohne besondere Zustimmung den Vergleich abzuschließen (vgl auch OLG Celle Rpfleger1994, 124; *Ehricke* NZI 2000, 57, 62). Das Gesetz lässt auch **Kombinationsmöglichkeiten** offen. So kann zB die Gläubigerversammlung beschließen, dass dem Insolvenzverwalter die Entscheidung nach § 100 Abs 1 übertragen wird, ob und in welchem Umfang dem Schuldner und seiner Familie Unterhalt aus der Insolvenzmasse gewährt werden soll. Darüber hinaus kann angeordnet werden, dass die Entscheidung des Verwalters von der Zustimmung des Insolvenzgerichts abhängig gemacht wird.

28 Die **Gläubigerversammlung** ist berechtigt, **auf gesetzliche Anhörungsrechte zu verzichten**. So kann bereits im Berichtstermin in Fällen drohender Masselosigkeit auf die nach § 207 Abs 2 vorgeschriebene **Anhörung der Gläubigerversammlung** verzichtet werden, wenn bereits zu diesem Zeitpunkt feststeht, dass kein Gläubiger gewillt ist, bei Masselosigkeit das Verfahren weiter zu finanzieren (str aA *Pape* Gläubigerbeteiligung Rn 263; FK-*Wegener* § 157 Rn 7; K/P/B/*Pape* § 207 Rn 21; H/W/F Hdb Rn 8/118). Der **Anhörungsverzicht ist keine Delegation** von Rechten der Gläubigerversammlung, auch wenn

in Gläubigerversammlungsprotokollen oftmals der Vermerk zu finden ist, dass die Entscheidung über die Verfahrenseinstellung dem Gericht überlassen wird. Dieses ist bei Einstellung mangels Masse gem § 207 Abs 1 S 1 ohnehin für die Einstellungsentscheidung ausschließlich zuständig. Einzelheiten bei *Pape* ZIP 1990, 1251 ff; *ders*, Die ausgefallene Gläubigerversammlung, Rpfleger 1993, 430 ff; *Ehricke* NZI 2000, 57 ff; eingehend auch N/R/*Balthasar* § 157 Rn 15–20; *Hegmanns*, Gläubigerausschuss, S 51 ff. Zutreffend weisen N/R/*Balthasar* (§ 157 Rn 20) darauf hin, dass bei Verlagerung der Entscheidungsbefugnisse auf den Insolvenzverwalter, sei es ausdrücklich oder durch Desinteresse, dem Gericht **erhöhte Aufsichtspflichten** nach § 58 obliegen.

Eine **Übertragung von Verwertungsentscheidungen auf das Gericht** durch die Gläubigerversammlung 29 ist schlechthin ausgeschlossen und mit der Rechtsstellung des Insolvenzgerichts als „Hüter der Gesetzmäßigkeit des Verfahrens" nicht vereinbar. Das Insolvenzgericht entscheidet ausschließlich **verfahrensrechtliche Fragen**, wohingegen die Gläubigerversammlung, der Gläubigerausschuss und hilfsweise der Verwalter **wirtschaftliche Entscheidungen** treffen (vgl K/P/B/*Onusseit* § 157 Rn 24; MüKo-*Görg* § 157 Rn 23; *Ehricke* NZI 2000, 57, 61 f; *Pape* Rpfleger 1993, 430, 432; N/R/*Balthasar* § 157 Rn 20). Nachdrücklich ist festzustellen, dass **das Insolvenzgericht mit Ausnahme zB der Feststellung eines Bedingungseintritts nicht berechtigt ist, anstelle der Gläubigerversammlung im Beschlusswege deren Entscheidung zu ersetzen** (*Pape* Rpfleger 1993, 430; N/R/*Balthasar* § 157 Rn 20; FK-*Wegener* § 157 Rn 7; MüKo-*Görg* § 157 Rn 21). Zeigt die Gläubigerversammlung Desinteresse, indem kein Gläubiger im Berichtstermin erscheint, so heißt das nichts anderes, als dass dem Insolvenzverwalter die Entscheidung über die optimale Art der Verfahrensabwicklung überlassen wird.

Fehl geht die Argumentation des **LG** Frankenthal (Beschl v 10. 2. 1993, ZIP 1993, 378), wonach An- 30 ordnungen der Rechtspflegerin, die dem Verwalter gestattet, weitere Konten für eingehende Gelder zu errichten und weiteren Bericht nach Aufforderung des Gerichts zu erstatten, die Gläubiger nicht belasten und dem Fortgang des Verfahrens dienen und somit sachlich gerechtfertigt sind. Die InsO sieht solche **Entscheidungskompetenzen für den Rechtspfleger** ebenso wenig vor wie für den Richter, der sich das Verfahren vorbehält. Lediglich im Hinblick auf die Hinterlegung hätte die Entscheidung des LG Frankenthal wegen der Regelung in § 149 Abs 1 S 2 auch für die InsO Bestand.

VI. Aufhebung und Abänderung von Beschlüssen (§ 157 S 3)

Entscheidungen, die die Gläubigerversammlung nach den §§ 157, 159 getroffen hat, kann sie jeder- 31 zeit in einem späteren Termin ändern (§ 157 S 3). Diese Regelung war erforderlich, weil sich oftmals durch nicht vorhersehbare Umstände herausstellt, dass das im Berichtstermin beschlossene Verfahrensziel nicht oder jedenfalls nicht auf die vorgesehene Art und Weise erreicht werden kann. Kommt in der ersten Gläubigerversammlung über einen Tagesordnungspunkt ein Beschluss nicht zustande, so kann auch in einer späteren Gläubigerversammlung erstmals über diesen Punkt entschieden werden (K/P/B/*Onusseit* § 157 Rn 26; MüKo-*Görg* § 157 Rn 19). Oft stellt sich nach der Entscheidung über die vorläufige Fortführung des Schuldnerunternehmens heraus, dass die für die Fortführung benötigte Liquidität nicht beschafft werden kann. In solchen Fällen ist es der Gläubigerversammlung möglich, ihre **ursprüngliche Entscheidung** zur Fortführung der einstweiligen Unternehmensfortführung **abzuändern** und die Stilllegung zu beschließen. Zutreffend weisen K/P/B/*Onusseit* (§ 157 Rn 26) darauf hin, dass hiervon auch der Beschluss, **keinen Planauftrag zu erteilen**, erfasst wird. Dies folgt schon aus der praktischen Erwägung, dass nicht selten im eröffneten Verfahren Möglichkeiten einer übertragenden Sanierung erkennbar werden, die jedoch sinnvoll durch einen Insolvenzplan bewirkt werden soll, der die Überwachung der Planerfüllung nach § 260 Abs 3 ermöglicht. Soweit nicht das Gesetz eine **Beschlussfassung nur für die erste Gläubigerversammlung** vorsieht, wie zB die Wahl eines anderen Insolvenzverwalters nach § 57 S 1, können grundsätzlich **Beschlüsse** in weiteren Gläubigerversammlungen nachgeholt oder abgeändert werden (vgl OLG Naumburg v 26. 5. 2000, ZIP 2000, 1394; *Pape* EWiR 2000, 683). § 157 gilt insoweit nicht.

VII. Ausschluss von Rechtsmitteln

Anders als bei gerichtlichen Beschlüssen ist der Beschluss der Gläubigerversammlung **nicht rechtsmit-** 32 **telfähig**. Hat im konkreten Verfahren der **Rechtspfleger** entschieden, ist der Beschluss allerdings mit der **Erinnerung** nach § 11 Abs 2 RPflG angreifbar (*Graf-Schlicker*/*Mäusezahl* § 157 Rn 5). Eine **gerichtliche Prüfungskompetenz** – ähnlich wie früher §§ 79 Nr 4 VglO, 188 Abs 1 Nr 1 KO – sieht auch die InsO in § 78 Abs 1 vor, macht jedoch die Aufhebung, wenn ein Beschluss der Gläubigerversammlung dem gemeinsamen Interesse der Insolvenzgläubiger widerspricht, von einem **Antrag** eines absonderungsberechtigten Gläubigers, eines nicht nachrangigen Insolvenzgläubigers oder des Insolvenzverwalters abhängig (MüKo-*Görg* § 157 Rn 17). Weiterhin muss der Antrag bereits in der Gläubigerversammlung gestellt werden. Soweit ein solcher Antrag nicht gestellt oder als unzulässig zurückgewiesen wird, ist der **Verwalter an die Beschlüsse der Gläubigerversammlung gebunden** und hat diese nach Maßgabe der Beschlussfassung in die Praxis umzusetzen (K/P/B/*Onusseit* § 157 Rn 27). Im äußersten Fall bleibt dem Verwalter nur die Möglichkeit, seine **Entlassung zu beantragen**. IdR reicht es aus, dass der Verwalter, der zB die Beauftragung durch die Gläubigerversammlung, einen Insolvenzplan auszuarbeiten, für wenig sinnvoll oder aussichtslos hält, weiteres aussagekräftiges Zahlenmaterial erarbeitet und einer erneut einberufenen Gläubigerversammlung vorlegt, die sodann berechtigt ist, ihre Entscheidung abzuändern. Nach der InsO hat das Gericht keine Möglichkeit mehr, den Beschluss der Gläubigerversammlung auf seine Rechtmäßigkeit hin zu überprüfen und wegen Rechtsmissbrauchs aufzuheben, wenn nicht ein Antrag nach § 78 gestellt wird (K/P/B/*Onusseit* § 157 Rn 28). **Wirtschaftlich unsinnige Entscheidungen** der Gläubigerversammlung darf das Gericht ohne entsprechenden Antrag weder aufheben noch deren Ausführung untersagen. In der Allgem Begr des Regierungsentwurfs (*Balz/Landfermann* S 145) heißt es, in wirtschaftlichen Angelegenheiten habe die Mehrheit prinzipiell nicht mehr recht als die Minderheit. Mehrheitsentscheidungen garantierten nicht das wirtschaftliche Optimum. Die Gläubigerautonomie räumt der Gläubigerversammlung auch das Recht ein, **wirtschaftlich falsche Entscheidungen** zu treffen. So ist zB die Stilllegungsentscheidung nach Auffassung des BGH „in erster Linie" Sache der Gläubigerversammlung (BGH v 21. 9. 2006, ZVI 2006, 80). Ein dem gemeinsamen Interesse der Insolvenzgläubiger widersprechender Beschluss der Gläubigerversammlung ist zwar rechtswidrig, jedoch nicht ipso iure nichtig (K/P/B/*Kübler* § 78 Rn 11). Davon zu unterscheiden sind **nichtige Beschlüsse der Gläubigerversammlung**, die ipso iure unverbindlich sind und keiner Aufhebung bedürfen. Ein Aufhebungsbeschluss des Insolvenzgerichts hätte lediglich deklaratorische Bedeutung (K/P/B/*Kübler* § 78 Rn 14).

§ 158 Maßnahmen vor der Entscheidung

(1) Will der Insolvenzverwalter vor dem Berichtstermin das Unternehmen des Schuldners stilllegen oder veräußern, so hat er die Zustimmung des Gläubigerausschusses einzuholen, wenn ein solcher bestellt ist.

(2) ¹Vor der Beschlußfassung des Gläubigerausschusses oder, wenn ein solcher nicht bestellt ist, vor der Stilllegung oder Veräußerung des Unternehmens hat der Verwalter den Schuldner zu unterrichten. ²Das Insolvenzgericht untersagt auf Antrag des Schuldners und nach Anhörung des Verwalters die Stilllegung oder Veräußerung, wenn diese ohne eine erhebliche Verminderung der Insolvenzmasse bis zum Berichtstermin aufgeschoben werden kann.

I. Allgemeines

1   Grundsätzlich ist gem § 157 das schuldnerische Unternehmen bis zur Entscheidung der Gläubigerversammlung vom Insolvenzverwalter fortzuführen. Ebenso wie sich im Insolvenzeröffnungsverfahren bei Fortführung des Unternehmens durch den vorläufigen Insolvenzverwalter die in § 22 Abs 1 S 2 Nr 2 vorgesehene einstweilige Unternehmensfortführung als für die Gläubiger unzumutbar darstellt, weil die Fortführung zu einer erheblichen Verminderung des Haftungsvermögens führt, regelt § 158 die **Unternehmensstilllegung**, wenn sich in der Zeit von der Eröffnung bis zum Berichtstermin herausstellt, dass die Stilllegung aus wirtschaftlichen Gründen zwingend und unaufschiebbar geboten ist. Seit dem am 1. 7. 2007 in Kraft getretenen „Gesetz zur Vereinfachung des Insolvenzverfahrens" vom 13. 4. 2007 (BGBl I S 509) wird durch § 158 auch die **Veräußerung des Unternehmens vor dem Berichtstermin** erfasst. Einzelheiten unten zu Rn 8. Während im Eröffnungsverfahren § 22 Abs 1 S 2 Nr 2 die Stilllegung von einer Zustimmung des Insolvenzgerichts abhängig macht, weil ein Gläubigerorgan in diesem Verfahrensstadium noch nicht besteht, greift nach Eröffnung des Verfahrens der Grundsatz der Gläubigerautonomie ein, dh der **Gläubigerausschuss hat seine Zustimmung zu einer vorzeitigen Betriebsstilllegung zu erteilen**. Da nach zutreffender Feststellung von *Mönning* (Betriebsfortführung Rn 1599) die „sofortige Stilllegung **eine organisierte Form der Wertevernichtung** bedeuten kann, wenn vorhandene Chancen zur zumindest temporären Fortführung eines Geschäftsbetriebs nicht genutzt werden", hat der Gesetzgeber zusätzlich ein Vetorecht des Schuldners bzw Schuldnerunternehmens eingebaut, um die Entscheidung bis zum Berichtstermin aufzuschieben. Andererseits ist schnelles und konsequentes Handeln dann unverzichtbar, wenn sich der Misserfolg der einstweiligen Betriebsfortführung abzeichnet und hohe Verluste zulasten der Gläubiger drohen. Dann gilt das Prinzip: „Der erste Verlust ist der geringste" (*Mönning*, Betriebsfortführung Rn 1429). Für **Großinsolvenzen gelten allerdings besondere Regeln**, weil die Störpotentiale geringer sind und die Beteiligten eher bereit sind, Partikularinteressen zurückzustellen (*Mönning*, Betriebsfortführung Rn 1450). Zutreffend weist *Wellensiek* (FS Uhlenbruck S 199, 211) darauf hin, dass die Voraussetzungen für eine Betriebsstilllegung gegenüber der Rechtslage im Eröffnungsverfahren herabgesetzt worden sind. Dies rechtfertige sich daraus, dass im eröffneten Verfahren das Bestandsschutzinteresse des Schuldners an der Erhaltung seines Geschäftsbetriebes vermindert und durch das Interesse der Gläubiger an der Haftungsverwirklichung verdrängt werde.

2   **Zu beachten** haben Verwalter und Gläubigerausschuss immer, dass eine **Betriebsstilllegung oder Veräußerung vor dem Berichtstermin** immer zu Maßnahmen führt, die später durch eine anders lautende Entscheidung der Gläubigerversammlung **nicht mehr rückgängig zu machen** sind. Ist der Betrieb einmal eingestellt, so ist diese Einstellung meist endgültig. Deshalb sollte die vorzeitige Stilllegung nur in den Fällen erfolgen, in denen die weitere Fortführung des Schuldnerunternehmens wirtschaftlich unsinnig

II. Stilllegung des Unternehmens (§ 158 Abs 1) § 158

wäre und zu erheblichen Einbußen der Gläubiger führen würde. Eine **Unternehmensveräußerung vor dem Berichtstermin** ist auch **ohne Beteiligung der Gläubiger** zulässig, es sei denn, es wurde **vorläufiger Gläubigerausschuss** bestellt (krit hierzu HK-*Flessner* § 158 Rn 4). Die gesetzliche Erweiterung der Stilllegungsbefugnis auf die Unternehmensveräußerung wird damit begründet, dass sich oftmals nach Verfahrenseröffnung, aber vor dem Berichtstermin, Möglichkeiten ergeben, das schuldnerische Unternehmen als Ganzes zu veräußern. Die Vorschrift erfasst wie § 160 auch die **Veräußerung von Unternehmensteilen**, nicht dagegen die Veräußerung von Unternehmensanteilen. Veräußert werden können vom Verwalter nur die **Assets**. Die Zulässigkeit einer Veräußerung vor dem Berichtstermin dient vor allem dem Bedürfnis, eine **übertragende Sanierung** kurzfristig umzusetzen (FK-*Wegener* § 158 Rn 1; *Graf-Schlicker* ZIP 2002, 1166, 1173; *Graf-Schlicker/Rennert* ZInsO 2002, 563, 565; BerlKo-*Undritz/Fiebig* § 158 Rn 9). Stimmt der Gläubigerausschuss der Unternehmensveräußerung nicht zu, so bleibt dem Verwalter nur, eine **vorgezogene Gläubigerversammlung** nach § 75 Abs 1 Nr 1 zu beantragen. Nach BerlKo-*Undritz/Fiebig* (§ 158 Rn 11) ist es aber unwahrscheinlich, dass eine so einberufene Gläubigerversammlung anders votiert als der Gläubigerausschuss. Zur Unternehmensveräußerung zwischen Insolvenzeröffnung und Berichtstermin s auch *Spieker* NZI 2002, 472 ff. Die Vorschrift des § 164 findet auf die Fälle der Stilllegung oder Veräußerung ohne Zustimmung oder entgegen der gerichtlichen Untersagung entsprechende Anwendung (**BGH** ZIP 1995, 290, 291 zu § 15 GesO; HaKo-*Decker* § 158 Rn 7; KS-*Heidland* S 711 Rn 53; K/P/B/*Onusseit* § 158 Rn 4).

II. Stilllegung des Unternehmens (§ 158 Abs 1)

1. Der Unternehmensbegriff. Der Gesetzgeber hat in § 158 bewusst auf das „Unternehmen" und 3 nicht auf den „Betrieb" des Schuldners abgestellt. Zwar ist der Rechtsbegriff „Unternehmen" nach Feststellung von *K. Schmidt* (Handelsrecht § 4 I 2 a S 65) „auch im Handelsrecht noch nicht zu einer klar definierbaren Kategorie geworden"; die Begriffsbestimmung erlaubte es aber, das Unternehmen nicht nur als wirtschaftliche Einheit zu begreifen, sondern zugleich auch als **rechtliche Einheit** (*K. Schmidt* Handelsrecht § 4 II 1 S 69 f; *ders* Gesellschaftsrecht § 31 II 1; *ders* AG 1994, 189; *Zöllner* ZGR 1976, 1 ff). Unternehmen iSv § 158 Abs 1 ist jede selbständige wirtschaftliche Tätigkeit. Der Begriff umfasst alle gewerblichen, freiberuflichen und auch künstlerischen Tätigkeiten, und zwar unabhängig von der Rechtsform, in der sie ausgeübt werden (N/R/*Balthasar* § 158 Rn 7). Deshalb fällt unter den **Unternehmensbegriff** iSv § 158 auch der **Betrieb, Betriebsteil oder Teilbetrieb** des Schuldners (vgl auch *K. Schmidt* in: Einhundert Jahre Konkursordnung, S 247 ff; *ders* ZIP 1985, 713 ff; MüKo-*Görg* § 158 Rn 5; HaKo-*Decker* § 158 Rn 2). Da sich die Fortführung sowohl auf den Betrieb als produzierende Wirtschaftseinheit als auch auf den Unternehmensträger als rechtliche Unternehmenseinheit bezieht, bedarf es der Klarstellung, dass sich die Entscheidung über die „Unternehmensstilllegung" idR auf die **Betriebsstilllegung** bezieht, denn hier werden durch Weiterarbeiten die Verluste erwirtschaftet (vgl auch N/R/*Balthasar* § 158 Rn 8). Die Vorschrift des § 158 Abs 1 erfasst nicht nur den **gesamten Schuldnerbetrieb**, sondern auch **Betriebsteile** und **Teilbetriebe**. Hieraus folgt, dass die Zustimmung des Gläubigerausschusses auch einzuholen ist, wenn der Insolvenzverwalter beabsichtigt, **Teilbetriebe** oder **Betriebsteile** des Schuldnerunternehmens stillzulegen (N/R/*Balthasar* § 158 Rn 9).

2. Die Stilllegung. Die Betriebsstilllegung orientiert sich auch bei den Begriffen „**Teil- oder Vollstill-** 4 **legung**" weitgehend an den arbeitsrechtlichen Begriffen, die im Rahmen des Kündigungsrechts entwickelt worden sind (vgl KS-*Hanau/Berscheid* S 1541, 1555 ff Rn 28 ff; *Gottwald/Heinze* InsRHdb § 104 Rn 98–104 m zahlr Rechtsprechung). **Betriebsstilllegung im insolvenzrechtlichen Sinne bedeutet Einstellung des ganzen oder teilweisen Betriebes** eines Schuldnerunternehmens. Die Stilllegung braucht und kann nicht endgültig sein, weil die Gläubigerversammlung gem § 157 im Berichtstermin anders entscheiden kann. Unternehmensstilllegung bedeutet also idR **Einstellung der Produktionstätigkeit** (vgl auch N/R/*Balthasar* § 158 Rn 10; MüKo-*Görg* § 158 Rn 6; HaKo-*Decker* § 158 Rn 3; FK-*Wegener* § 158 Rn 2). Unternehmensstilllegung bedeutet nicht, dass dem Insolvenzverwalter jedes weitere rechtsgeschäftliche Handeln im Hinblick auf das Schuldnerunternehmen untersagt wäre. Vielmehr hat der Verwalter, wenn die Stilllegung genehmigt wird, sämtliche im Rahmen der Stilllegung erforderlichen Rechtshandlungen vorzunehmen (N/R/*Balthasar* § 158 Rn 10). *Kirchhof* (ZInsO 1999, 436 ff) unterscheidet zwischen „**Verwaltung**" und „**Verwertung**". Richtig ist, dass der Verkauf von Unternehmensprodukten aus der Betriebsfortführung nicht gegen das Verwertungsverbot verstößt. Es trifft auch zu, dass im Rahmen der Stilllegung und Auslaufproduktion **bestimmte Verwertungsmaßnahmen** in Bezug auf das Umlaufvermögen unverzichtbar sind (vgl auch *Förster* ZInsO 2000, 141). Hierzu gehört vor allem der **Forderungseinzug**. Solange die Stilllegungsentscheidung nicht getroffen ist, handelt es sich insoweit um Maßnahmen der „Verwaltung". Nach Stilllegung des Betriebes kommt nur noch eine Verwertung von Umlaufvermögen in Betracht, wobei die Verwertungsbefugnis des Verwalters nicht auf die Fälle der „Gefahr im Verzug" beschränkt ist. Ist Gefahr im Verzug, was nicht nur für verderbliche Ware gilt, sondern auch für saisonbedingte Ware, wird man den Verwalter für berechtigt ansehen müssen, nach Stilllegung des Betriebes Notverkäufe hinsichtlich des Umlaufvermögens vorzunehmen.

5 **3. Stilllegungsgründe.** Anders als in § 22 Abs 1 S 2 Nr 2 sieht § 158 Abs 1 **keine besonderen Stilllegungsgründe** vor (vgl *Wellensiek* FS *Uhlenbruck* S 199, 211; N/R/*Balthasar* § 158 Rn 12). Dies heißt aber nicht, dass der Insolvenzverwalter gegenüber dem Gläubigerausschuss keine Gründe vorzutragen hat, die die Unternehmensstilllegung (Betriebsstilllegung) im Einzelfall rechtfertigen. Ohne solche Gründe wird ohnehin der Gläubigerausschuss eine solche Zustimmung nicht erteilen. Die Stilllegung kann sowohl aus **wirtschaftlichen als auch aus rechtlichen Gründen** erfolgen (Einzelheiten bei N/R/ *Balthasar* § 158 Rn 13–17; MüKo-*Görg* § 158 Rn 10–15; *Plate* KTS 1981, 325 ff; *Riering*, Betriebsfortführung S 51 ff). Nicht ausreichend ist allein der Umstand, dass das Unternehmen **kostenunterdeckend arbeitet** (HaKo-*Decker* § 158 Rn 4; str aA OLG Karlsruhe ZInsO 2003, 229, 230). Entscheidend ist immer, ob durch die Unternehmensfortführung die **Befriedigungschancen der Gläubiger nicht unerheblich geschmälert** werden. Die gesetzliche Wertung in § 158 Abs 2 Satz 2 gilt auch für die Entscheidung des Insolvenzverwalters (MüKo-*Görg* § 158 Rn 12; *Andres/Leithaus* § 158 Rn 3; K/P/B/*Onusseit* § 158 Rn 6). Bereits zusammengebrochene Betriebsstrukturen lassen sich meist nicht wieder herstellen (*Mönning*, Betriebsfortführung Rn 310). Hatte das Insolvenzgericht **im Eröffnungsverfahren** dem vorläufigen Insolvenzverwalter die gem § 22 Abs 1 S 2 Nr 2 notwendige **Zustimmung zur Betriebsstilllegung** versagt, so wird der Verwalter mit Verfahrenseröffnung unverzüglich versuchen müssen, die Zustimmung des Gläubigerausschusses nach § 158 Abs 1 zu erlangen. Vielfach aber stellt sich mit Verfahrenseröffnung erst heraus, dass Lieferanten und Abnehmer abspringen, das ohnehin angeschlagene Management eines Unternehmens dem demoralisierten Inhaber nicht mehr mitmachen oder es an der dringend benötigten Liquidität fehlt. Bestehen Aussichten, das Unternehmen als Ganzes in der Insolvenz zu veräußern oder auf eine Fortführungsgesellschaft zu übertragen, so kann dies auch eine zeitweilig **unwirtschaftliche Unternehmensfortführung** rechtfertigen (HaKo-*Decker* § 158 Rn 4).

6 **Rechtliche Stilllegungsgründe** sind gegeben, wenn dem Verwalter auf Grund rechtlicher Vorschriften untersagt ist, das Schuldnerunternehmen fortzuführen. Dies kann durch den Wegfall einer Betriebserlaubnis, einer Konzession oder Approbation ebenso bedingt sein wie durch das Fehlen einer fachlichen Qualifikation oder besonderen Zulassung (N/R/*Balthasar* § 158 Rn 15, 16; *Tetzlaff* InsO 2005, 393, 399 f; MüKo-*Görg* § 158 Rn 10; *Uhlenbruck* FS Henckel S 877, 884 ff). Wird dem Schuldnerunternehmen die für den Betrieb erforderliche **Gewerbeerlaubnis** unanfechtbar entzogen, kommt ebenfalls eine Fortführung nicht mehr in Betracht (N/R/*Balthasar* § 158 Rn 17).

7 Eine **freiberufliche Praxis** kann der Verwalter nur fortführen, wenn der Schuldner zur Weiterarbeit bereit ist. Er ist nicht verpflichtet, für die Masse tätig zu werden. Ein Interesse zur Weiterarbeit besteht aber, wenn die Aussicht besteht, durch ein Restschuldbefreiungsverfahren nach den §§ 286 ff eine Schuldbefreiung zu erlangen. Ein Güterverkehrsunternehmen kann der Verwalter nicht mehr fortführen, wenn die Erlaubnis nach Verfahrenseröffnung unanfechtbar zurückgenommen worden ist (BVerwG MDR 1970, 80; *Schick* NJW 1990, 2359, 2360 f; *Jaeger/Henckel* § 1 KO Rn 12). Nach Auffassung des **BGH** (ZIP 1987, 115, 118) **hat der Verwalter sofort zu liquidieren,** sobald feststeht, dass er bei einer Fortführung erwachsende Masseverbindlichkeiten nicht wird tilgen können, der Betrieb also nicht wenigstens seinen Aufwand erwirtschaften kann (vgl auch *K. Schmidt* KTS 1976, 191; *ders* NJW 1987, 812 ff). Zu den **haftungsrechtlichen Aspekten** s K/P/B/*Onusseit* § 158 Rn 6 b; BerlKo-*Undritz/Fiebig* § 158 Rn 7; MüKo-*Görg* § 158 Rn 13. K/P/B/*Onusseit* (§ 158 Rn 6 a) stellen für die Unternehmensstilllegung auf eine **erhebliche Verminderung der Insolvenzmasse** ab. Dieses Kriterium ist allerdings nicht allein ausschlaggebend. Vielmehr reicht es aus, dass der Verwalter erkennt, dass die bisherigen Voraussetzungen für eine einstweilige Unternehmensfortführung nicht mehr gegeben sind und eine weitere Fortführung bis zum Berichtstermin **wirtschaftlich sinnlos** ist. Richtig ist, dass dabei zu prüfen ist, ob durch eine weitere **Verschiebung des Stilllegungszeitpunktes** erhebliche Kosten zulasten der Masse anfallen und mit einer Veräußerung des Schuldnerunternehmens nicht zu rechnen ist.

III. Unternehmensveräußerung

8 Die Veräußerung des Unternehmens ist keine Stilllegung (*Marotzke*, Das Unternehmen, Rn 122; FK-*Wegener* § 158 Rn 3). Oftmals wird schon von Interessenten im Eröffnungsverfahren, aber auch nach Verfahrenseröffnung, Interesse an einem möglichst raschen Erwerb des Unternehmens bekundet. Vor allem auch **übertragende Sanierungen** verlangen rasche Entscheidungen und vertragen kein mehrmonatiges Zuwarten bis zur Entscheidung der Gläubigerversammlung im Berichtstermin (*Graf-Schlicker/ Remmert* ZInsO 2002, 563, 565; HaKo-*Decker* § 158 Rn 5; MüKo-*Görg* § 158 Rn 8; BerlKo-*Undritz/ Fiebig* § 158 Rn 9). Ein **schneller Übergang auf einen Erwerber** dient nicht nur dem Erhaltungsinteresse, sondern vermeidet oftmals auch weitere verfahrensbedingte Verluste (*Pannen/Riedemann* NZI 2006, 193, 195; *Sternal* NZI 2006, 185, 192; FK-*Wegener* § 158 Rn 3). Der Übernehmer des Unternehmens braucht schließlich auch **Rechtssicherheit,** um dringend notwendige Investitionen zu tätigen (vgl auch *Schmerbach/Wegener* ZInsO 2006, 400, 407; BerlKo-*Undritz/Fiebig* § 158 Rn 9; HaKo-*Decker* § 158 Rn 5). Die durch das **Gesetz zur Vereinfachung des Insolvenzverfahrens** v 13. 4. 2007 (BGBl 2007 I S 509) erfolgte Einbeziehung der **Unternehmensveräußerung** in die Vorschrift des § 158 erlaubt es nunmehr dem Insolvenzverwalter, das Schuldnerunternehmen oder Unternehmensteile bereits vor dem Berichtstermin zu veräußern, wenn sich hierdurch die optimale Möglichkeit einer Masseverwertung er-

III. Unternehmensveräußerung § 158

gibt. Die Erweiterung des § 158 um die Befugnis zur Veräußerung vor dem Berichtstermin bringt einen **zeitlichen Vorteil** von bis zu drei Monaten gegenüber dem früheren Recht. Die Regelung ist in der Praxis allgemein begrüßt worden, zumal der Gesetzgeber der Veräußerungsbefugnis des vorläufigen Verwalters im Insolvenzeröffnungsverfahren eine Absage erteilt hat.

1. Stilllegung oder Veräußerung ohne Gläubigerausschuss. Hat das Gericht gem § 67 Abs 1 vor der 9 ersten Gläubigerversammlung keinen Gläubigerausschuss eingesetzt, so entscheidet über die gebotene Betriebsstilllegung der Verwalter in **eigener Zuständigkeit nach pflichtgemäßem Ermessen** (K/P/B/ *Onusseit* § 158 Rn 6). Anders als im Eröffnungsverfahren beim sogen „starken" vorläufigen Insolvenzverwalter ist das Insolvenzgericht nicht zustimmungsbefugt. Ist kein Gläubigerausschuss bestellt, gilt zunächst der Grundsatz, dass das Schuldnerunternehmen bis zum Berichtstermin zunächst fortzuführen ist. Lässt sich absehen, dass die Insolvenzmasse bei Fortführung des Unternehmens bis zum Berichtstermin durch weitere Verluste zulasten der Gläubiger nicht unerheblich gemindert wird oder ergibt sich eine günstige Veräußerungsmöglichkeit, ist der Verwalter zur Stilllegung oder Veräußerung ebenso berechtigt wie in den Fällen, in denen er unter Berücksichtigung des Neumassegläubigerprivilegs des § 209 Abs 1 Nr 2 Gefahr läuft, wegen nicht ausreichender Masse nach § 61 S 1 zu haften, wobei der Ausnahmetatbestand des § 61 S 2 nicht eingreift, weil er die Situation erkannt hat (vgl **BGH** v 4. 12. 1986, ZIP 1987, 115, 118; HaKo-*Decker* § 158 Rn 4; *K. Schmidt* NJW 1987, 812, 814; K/P/B/ *Onusseit* § 158 Rn 6 b m Angabe der Vielzahl entspr Gerichtsentscheidungen in Fn 45). In diesen Fällen empfiehlt es sich, dass der Verwalter bei Gericht anregt, gem § 67 einen Gläubigerausschuss einzusetzen, damit dieser die notwendige Zustimmung erteilt (eingehend hierzu HaKo-*Decker* § 158 Rn 7). Einen Rechtsanspruch hierauf hat der Verwalter nicht. Er hat aber den Schuldner über die beabsichtigte Stilllegung zu **informieren** (FK-*Wegener* § 158 Rn 8).

2. Stilllegung und Veräußerung mit Zustimmung des Gläubigerausschusses. Hat das Gericht nach 10 § 67 Abs 1 einen Gläubigerausschuss eingesetzt, so hat der Verwalter gem § 158 Abs 1 dessen Zustimmung zur Stilllegung des Unternehmens einzuholen. Die Zustimmung ist **vor der Stilllegung** einzuholen (K/P/B/*Onusseit* § 158 Rn 7; N/R/*Balthasar* § 158 Rn 18). Die Zustimmung erfolgt auf Grund eines Beschlusses des Gläubigerausschusses, der den Anforderungen des § 72 zu genügen hat (FK-*Wegener* § 158 Rn 7; K/P/B/*Onusseit* § 158 Rn 7). Zustimmungserfordernis bedeutet nicht Zustimmungsersetzung. Der Gläubigerausschuss kann nicht über die Unternehmensstilllegung beschließen, sondern nur über die Erteilung der Zustimmung (K/P/B/*Onusseit* § 158 Rn 7; *Braun/Dithmar* § 158 Rn 2; str aA *Hess/Pape* InsO Rn 752). Aus dem **Erfordernis der Zustimmung** folgt, dass der Insolvenzverwalter von sich aus die Zustimmung einzuholen hat. Dabei sind dem Gläubigerausschuss die erforderlichen Informationen zu erteilen und entsprechende Unterlagen vorzulegen, damit dieser eine sachgerechte Entscheidung zu treffen vermag. Äußert sich der Gläubigerausschuss bis zum Berichtstermin nicht, ist hierin die **Verweigerung der Zustimmung** zu sehen (K/P/B/*Onusseit* § 158 Rn 8; HaKo-*Decker* § 158 Rn 7). Das Schweigen des Ausschusses bedeutet nicht etwa, dass er dem Verwalter die Entscheidung überlässt. Zweifelhaft ist, ob der Verwalter bei Schweigen des Ausschusses oder bei ausdrücklicher Verweigerung der Zustimmung „die Stilllegung im Rahmen seines pflichtgemäßen Ermessens auf eigenes Risiko" treffen darf (so K/P/B/*Onusseit* § 158 Rn 8). Solchenfalls tauscht der Verwalter das Haftungsrisiko nach den §§ 60, 61 gegen ein anderes Haftungsrisiko ein (krit K/P/B/ *Onusseit* § 158 Rn 8 a). Deshalb ist ihm zu empfehlen, bis zum Berichtstermin die Produktion auslaufen zu lassen und eventuelle Geschäftspartner darauf aufmerksam zu machen, dass er möglicherweise außerstande ist, Neuverbindlichkeiten als Masseverbindlichkeiten zu begleichen. Klärt er Vertragspartner über das Risiko auf und begründet er keine **weiteren gewillkürten Masseverbindlichkeiten**, so kommt eine persönliche Haftung nach den §§ 60, 61 kaum jemals in Betracht. Jedenfalls sind die Haftungsgefahren bei weiterer Unternehmensfortführung nicht größer als bei einer sofortigen Stilllegung des Unternehmens. Ist die Stilllegung oder Veräußerung **ohne Zustimmung des Gläubigerausschusses** erfolgt, so lässt sich diese Maßnahme meist nicht mehr korrigieren (FK-*Wegener* § 158 Rn 7). Im **Außenverhältnis** berührt die fehlende Zustimmung des Gläubigerausschusses die Wirksamkeit von Handlungen des Verwalters aber nicht (BGH ZIP 1995, 290; FK-*Wegener* § 158 Rn 7). § 164 findet insoweit entsprechende Anwendung (HaKo-*Decker* § 158 Rn 7; K/P/B/*Onusseit* § 158 Rn 4).

3. Keine Beteiligung des Betriebsrats. Sowohl für das Insolvenzeröffnungsverfahren als auch für das 11 eröffnete Verfahren wird überwiegend in der Literatur die Auffassung vertreten, der Betriebsrat sei gem § 111 S 2 Nr 1 BetrVG zu beteiligen, wobei im eröffneten Verfahren die Erleichterungen der §§ 121, 122 eingreifen (so zB *Pohlmann* Befugnisse Rn 159–165; MüKo-*Görg* § 158 Rn 17; HK-*Flessner* § 158 Rn 7; HK-*Kirchhof* 22 Rn 12; K/P/B/*Onusseit* § 158 Rn 10; FK-*Wegener* § 158 Rn 5; vgl auch *Uhlenbruck* KTS 1973, 88 ff; *Berscheid* ZIP 1997, 1578 ff; ferner ArbG Lingen v 9. 7. 1999, ZIP 1999, 1892, 1895). Richtig ist an der hM, dass der Insolvenzverwalter auch im eröffneten Verfahren grundsätzlich die **Mitbestimmungsrechte des Betriebsrats** nach §§ 111 ff BetrVG einzuhalten hat, wenn er Betriebsänderungen wie etwa eine Betriebsstilllegung beabsichtigt und ein Betriebsrat vorhanden ist. Ebenso wie bei § 157 ist jedoch zu unterscheiden zwischen der **unternehmerischen Entscheidungskom-**

petenz, die im Fall des Insolvenzverfahrens auf die Gläubigerversammlung oder den Insolvenzverwalter übertragen ist, und der **Durchführung der beschlossenen Maßnahmen**. Richtig ist auch, dass an die **rechtzeitige und umfassende Unterrichtung des Betriebsrats** durch den Insolvenzverwalter die gleichen Anforderungen zu stellen sind wie an die Unterrichtung des Betriebsrats durch den Unternehmer nach § 111 S 2 BetrVG. Während die **Gläubigerversammlung** ihre Entscheidung im Berichtstermin ohne Mitwirkung der Arbeitnehmer trifft, stellt sich die Frage, ob der Insolvenzverwalter, wenn er die Entscheidung trifft, in seiner Funktion als Arbeitgeber die Vorschriften der §§ 111 ff BetrVG einzuhalten hat. Dies ist **entgegen der hM für die Erlangung der Zustimmung des Gläubigerausschusses** zu verneinen. Auch der Gläubigerausschuss ist nicht verpflichtet, im Rahmen seiner Zustimmungsentscheidung den Betriebsrat einzuschalten. Nach K/P/B/*Onusseit* (§ 158 Rn 10) greifen die **Rechte des Betriebsrats** nach der Rechtsprechung des **BAG** ein, sobald der Insolvenzverwalter „den ernstlichen und endgültigen Beschluss gefasst hat, die Betriebs- und Produktionsgemeinschaft zwischen ihm und den Arbeitnehmern für einen seiner Dauer nach unbestimmten, wirtschaftlich nicht unerheblichen Zeitraum aufzugeben". Diese Auffassung überzeugt schon deswegen, weil sie zutreffend zwischen der Beschlussfassung und der Ausführung trennt (str aA K/P/B/*Onusseit* § 158 Rn 10; HK-*Flessner* § 158 Rn 8). Die Entscheidung des Insolvenzverwalters über die Betriebsstilllegung ist die **Vorwegnahme der Entscheidung der Gläubigerversammlung** nach § 157. Sie ist vorläufiger Art und wird im Berichtstermin entweder bestätigt oder korrigiert. Die Entscheidung des **ArbG** Lingen v 9. 7. 1999 (ZIP 1999, 1892 ff) zeigt, dass die Beachtung der Rechte des Betriebsrats nach den §§ 111 ff BetrVG zu erheblichen Verzögerungen führen kann. Eine solche Verzögerung verträgt aber die Entscheidung über die sofortige Betriebsstilllegung nicht. Eine andere Frage ist, ob der Verwalter den Betriebsrat rechtzeitig über die Einholung der Zustimmung des Gläubigerausschusses informieren sollte.

12 Die **Ausführung der Betriebsstilllegung bzw die Umsetzung der Entscheidung des Insolvenzverwalters** verlangt dagegen die Beachtung der §§ 111 ff BetrVG. Stellt der Verwalter mit Zustimmung des Gläubigerausschusses aus zwingenden wirtschaftlichen Gründen den Betrieb sofort ein und stellt er die Arbeitnehmer frei, würde die Einhaltung eines Verfahrens nach § 122 schon wegen der Drei-Wochen-Frist des § 122 Abs 1 S 1 zu einer für sämtliche Beteiligten unzumutbaren Verzögerung der Betriebsstilllegung führen. Zudem ist die Betriebsstilllegung durch den Verwalter eine **vorläufige Maßnahme**. Erst wenn im Berichtstermin die Gläubigerversammlung entschieden hat und der Verwalter beginnt, die Stilllegungs- oder Veräußerungsentscheidung umzusetzen, greift das Verfahren nach § 122 ein. Zutreffend weist *Heinze* (*Gottwald/Heinze* InsRHdb 2 Aufl § 106 Rn 47) darauf hin, dass die Mitwirkung und Mitbestimmung des Betriebsrats gem den §§ 111 ff BetrVG auch im Insolvenzverfahren eingreift, andererseits aber über die Stilllegung des Unternehmens gem §§ 157 Abs 1 S 1, 158 Abs 1 die Gläubigerversammlung bzw der Insolvenzverwalter mit Zustimmung des Gläubigerausschusses entscheidet. Rechtlich seien diese Mitwirkungstatbestände zwar strikt zu trennen, gleichwohl sei in der Praxis nicht zu verkennen, „dass eine Verzahnung auf Grund einer Beteiligung des Betriebsrates im Gläubigerausschuss oder in der Gläubigerversammlung die Umsetzung der insolvenzspezifischen Ziele zu erleichtern vermag". *Heinze* (aaO Rn 48) betont nachdrücklich die **„Trennungslinie zwischen Betriebsverfassungsrecht und Insolvenzrecht"**. Während allein die Gläubigerorgane über die Betriebsstilllegung aus wirtschaftlichen, insolvenzspezifischen Gründen zu entscheiden hätten, würden den Insolvenzverwalter in Wahrnehmung der abgeleiteten Arbeitgeberfunktion und folglich in konsequenter Ausführung der wirtschaftlichen Entscheidungen von Gläubigerausschuss und Gläubigerversammlung die Rechtsfolgen treffen, die das Betriebsverfassungsrecht seinerseits im Falle der Betriebsstilllegung vorsieht. Nicht konsequent aber ist die Folgerung, da der Insolvenzverwalter für die Durchführung der Betriebsänderung zuständig sei und bleibe, habe er „in Wahrnehmung der abgeleiteten Arbeitgeberfunktionen die Mitwirkungs- und Mitbestimmungsrechte des Betriebsrates strikt zu achten, die Herbeiführung eines Interessenausgleichs zu versuchen und einen Sozialplan – notfalls mittels Spruchs der Einigungsstelle – abzuschließen". Diese Auffassung übersieht, dass der Insolvenzverwalter bei seiner Entscheidung nach § 158 nicht in seiner Eigenschaft als Arbeitgeber entscheidet, sondern **stellvertretend für die allein zuständige Gläubigerversammlung**. Demgemäß entscheidet der Verwalter über die Frage, **ob der Betrieb stillgelegt wird**, in alleiniger Zuständigkeit ohne Beteiligung des Betriebsrats. Hinsichtlich der Frage, **wie die Betriebsstilllegung durchzuführen ist**, ist der Betriebsrat einzuschalten und ein Interessenausgleich nach § 111 BetrVG herbeizuführen (so auch FK-*Wegener* § 158 Rn 5). Die hM übersieht, dass es sich bei der Stilllegung vor dem Berichtstermin um eine schnell zu treffende Entscheidung handelt, die keinen Aufschub verträgt (vgl auch *Marotzke*, Das Unternehmen in der Insolvenz 2000 Rn 17, 41, 56, 122; HK-*Flessner* § 158 Rn 1).

13 Die **Veräußerung des gesamten Unternehmens ist keine Betriebsänderung** iSv § 111 BetrVG. Nach § 613 a Abs 5 BGB ist in allen Fällen eine Unternehmensveräußerung, also auch bei der übertragenden Sanierung, neben dem neuen Inhaber auch der **Insolvenzverwalter** in seiner Eigenschaft als Arbeitgeber verpflichtet, die von einem Übergang betroffenen Arbeitnehmer vor dem Übergang **in Textform zu unterrichten** über den Zeitpunkt des geplanten Übergangs, den Grund, die rechtlichen, wirtschaftlichen und sozialen Folgen sowie hinsichtlich der in Aussicht genommenen Maßnahmen. Hierdurch soll den Arbeitnehmern eine qualifizierte Entscheidung ermöglicht werden, ob sie den Arbeitgeberwechsel hinnehmen oder ihr Recht ausüben, dem Betriebsübergang zu widersprechen. Die Ausübung des Wider-

IV. Untersagung der Stilllegung/Veräußerung (§ 158 Abs 2) § 158

spruchsrecht bei übertragender Sanierung in der Insolvenz kann allerdings mit dem Risiko verbunden sein, dass der Insolvenzverwalter das Arbeitsverhältnis betriebsbedingt wegen Wegfalls der Arbeitsplätze kündigt (*Gottwald/Heintze/Bertram* InsRHdb § 105 Rn 58).

IV. Untersagung der Stilllegung/Veräußerung (§ 158 Abs 2)

1. Unterrichtung des Schuldners (§ 158 Abs 2 S 1). Der Insolvenzverwalter hat gem § 158 Abs 2 S 1 14
vor der Beschlussfassung des Gläubigerausschusses oder, wenn ein solcher nicht bestellt ist, vor der Stilllegung oder Veräußerung des Unternehmens den Schuldner oder die organschaftlichen Vertreter des Schuldnerunternehmens zu unterrichten. Die Unterrichtung ist an keine bestimmte Form gebunden (MüKo-*Görg* § 158 Rn 18). Sie kann **mündlich oder schriftlich** erfolgen (N/R/*Balthasar* § 158 Rn 20; K/P/B/*Onusseit* § 158 Rn 9; FK-*Wegener* § 158 Rn 4). Die Benachrichtigung des Schuldners dient dazu, ihm die Gelegenheit zu geben, rechtzeitig einen Antrag nach § 158 Abs 2 S 2 zu stellen (BerlKo-*Undritz/Fiebig* § 158 Rn 13; K/P/B/*Onusseit* § 158 Rn 9). Die Unterrichtung des Schuldners oder seiner organschaftlichen Vertreter hat **so rechtzeitig zu erfolgen**, dass ihnen genügend Zeit bleibt, den Untersagungsantrag ausreichend zu begründen (N/R/*Balthasar* § 158 Rn 20). Eine Unterrichtung kurz vor Stilllegung stellt den Schuldner bzw seine organschaftlichen Vertreter vor vollendete Tatsachen und ist unzulässig, obgleich bei Eilbedürftigkeit die Belange des Verfahrens Vorrang vor dem Informationsbedürfnis des Schuldners haben. Bei der **Nachlassinsolvenz** sind die Erben zu unterrichten (N/R/*Balthasar* § 158 Rn 21; *Jaeger/Weber* § 135 KO Rn 1). Unterlässt der Insolvenzverwalter die Mitteilung, so wird die Rechtswirksamkeit der Unternehmensstilllegung hierdurch nicht berührt. Bei mehrköpfiger organschaftlicher Vertretung genügt die Unterrichtung eines organschaftlichen Vertreters. Dagegen sind bei einer **Gesellschaft ohne Rechtspersönlichkeit** sämtliche Gesellschafter oder Partner, im Fall der Führungslosigkeit jeder GmbH-Gesellschafter zu informieren. Eine **weitere Unterrichtspflicht des Betriebsrats** kann sich aus den §§ 121, 122 InsO, 111 ff BetrVG ergeben. Nach Auffassung von N/R/*Balthasar* (§ 158 Rn 22) kann **analog §§ 10 Abs 1 S 1, 161 S 1 die Unterrichtung des Schuldners unterbleiben**, wenn diese zu einem erheblichen Aufschub der Entscheidung führen würde (MüKo-*Görg* § 158 Rn 19; *Andres/Leithaus* § 158 Rn 7; K/P/B/*Onusseit* § 158 Rn 9; einschränkend HaKo-*Decker* § 158 Rn 8).

2. Untersagungsantrag des Schuldners (§ 158 Abs 2 S 2). Nach § 158 Abs 2 S 2 kann der Schuldner 15
oder ein organschaftlicher Vertreter des Schuldnerunternehmens den Antrag beim Insolvenzgericht stellen, dem Verwalter die Stilllegung zu untersagen. Die Antragstellung ist auch zulässig, wenn der Insolvenzverwalter den Schuldner noch nicht unterrichtet, sondern dieser lediglich von der beabsichtigten Stilllegung erfahren hat (K/P/B/*Onusseit* § 158 Rn 11). Das Antragsrecht steht ausschließlich dem Schuldner zu und nicht etwa den Gläubigern. Auch dem Gericht steht ein Recht auf amtswegige Untersagung ohne Schuldnerantrag nicht zu (K/P/B/*Onusseit* § 158 Rn 11). Bei **mehrköpfiger organschaftlicher Vertretung** steht das Antragsrecht jedem einzelnen vertretungsberechtigten Gesellschafter oder Organ zu. Bei einer Gesellschaft ohne Rechtspersönlichkeit oder bei einer KG aA ist jeder persönlich haftende Gesellschafter sowie jeder Abwickler berechtigt, den Antrag zu stellen. Der Antrag muss **nicht begründet** werden, so dass auch eine Glaubhaftmachung entsprechend § 15 Abs 2 S 1 oder eine Anhörung der übrigen Mitglieder des Vertretungsorgans, persönlich haftender Gesellschafter oder Abwickler nach § 15 Abs 2 S 2 ausscheidet.

3. Anhörung des Insolvenzverwalters. Wird der Antrag auf Untersagung der Stilllegung oder Ver- 16
äußerung in zulässiger Weise gestellt, so hat das Gericht den Verwalter nach § 158 Abs 2 S 2 anzuhören. Im Rahmen der Anhörung kann der Verwalter geltend machen, dass der Antrag unzulässig ist oder dass die **beabsichtigte Stilllegung bzw Veräußerung keinen Aufschub** verträgt. Wenn der Antrag des Schuldners auch nicht zu begründen ist, so empfiehlt es sich doch, in dem Antrag darzulegen, warum die Stilllegung ohne wesentlichen Verlust für die Gläubiger bis zum Berichtstermin aufgeschoben werden kann. In jedem Fall hat der Verwalter zu der vom Gericht zu entscheidenden Frage Stellung zu nehmen, ob ein Aufschieben der Betriebsstilllegung oder Veräußerung **ohne eine erhebliche Verminderung der Insolvenzmasse** bis zum Berichtstermin unter Berücksichtigung sowohl der Gläubiger- als auch der Schuldnerinteressen wirtschaftlich vertretbar ist (*Hess* § 158 Rn 2; BerlKo-*Undritz/Fiebig* § 158 Rn 14; K/P/B/*Onusseit* § 158 Rn 13, 14). **Die Anhörung des Verwalters** ist nicht nur Gewährung rechtlichen Gehörs, sondern zugleich auch Grundlage für die gerichtliche Entscheidung, so dass der Verwalter im Rahmen der Anhörung auch Argumente vorzutragen hat, die für eine sofortige Betriebsstilllegung oder Unternehmensveräußerung und eine Zurückweisung des Schuldnerantrags sprechen. Je gründlicher die Stellungnahme im Rahmen der Anhörung, umso geringer ist die Haftungsgefahr (§§ 60, 61). Die Anhörung des Verwalters kann **mündlich** erfolgen. Für die Praxis empfiehlt sich jedoch eine **schriftliche Stellungnahme**, damit eine Überprüfung der Rechtspflegerentscheidung durch den Insolvenzrichter möglich ist.

4. Gerichtliche Untersagungsentscheidung (§ 158 Abs 2 S 2). Das Gericht entscheidet nach Anhörung 17
des Verwalters durch Beschluss über den Antrag des Schuldners auf Untersagung der Stilllegung oder Ver-

äußerung. Es hat **kein eigenes Vetorecht** gegenüber Maßnahmen des Verwalters (K/P/B/*Onusseit* § 158 Rn 11). Der Beschluss lautet entweder auf Zurückweisung als unzulässig, unbegründet oder auf Untersagung der Unternehmens- oder Betriebsstilllegung bzw Veräußerung. Die Stilllegungs- bzw Veräußerungsentscheidung des Verwalters ist als solche nicht zu überprüfen (FK-*Wegener* § 158 Rn 9). Vielmehr hat das Gericht allein darüber zu befinden, ob die Fortsetzung des Unternehmens bis zum Berichtstermin ohne eine erhebliche Verminderung der Insolvenzmasse aufgeschoben werden kann. Die Tatsache, dass der Gläubigerausschuss der Stilllegung zugestimmt hat, hindert die Untersagung nicht (HK-*Flessner* § 158 Rn 5). Die Beurteilung, ob eine Untersagung der Stilllegung oder Veräußerung zu einer **erheblichen Verminderung der Insolvenzmasse** führt, liegt im **pflichtgemäßen Ermessen des Gerichts**. Feste Maßstäbe, wie sie zB bei BerlKo-*Undritz/Fiebig* (§ 158 Rn 14) mit „circa 10 Prozent der Insolvenzmasse" vorgeschlagen werden, sieht das Gesetz nicht vor, können auch nicht empfohlen werden, da es immer auf die Umstände des Einzelfalles ankommt. Eine **begrenzte Schädigung der Gläubiger**, die zwangsläufig mit der einstweiligen Unternehmensfortführung verbunden ist, nimmt das Gesetz bewusst in Kauf (N/R/*Balthasar* § 158 Rn 24). Der Begriff „**Verminderung der Insolvenzmasse**" ist nicht so zu verstehen, dass durch die einstweilige Fortführung bis zum Berichtstermin erhebliche Masseverbindlichkeiten anfallen und dadurch die Masse geschmälert wird. Vielmehr kommt es letztlich auf die **Befriedigungsquote** an (zutr N/R/*Balthasar* § 158 Rn 24; K/P/B/*Onusseit* § 158 Rn 14; MüKo-*Görg* § 158 Rn 22). Können die bis zum Berichtstermin eingetretenen erheblichen Verluste durch eine spätere günstige Veräußerung des Unternehmens oder eine übertragende Sanierung oder durch ein Insolvenzplanverfahren voraussichtlich ausgeglichen werden, kann das Gericht die Stilllegung untersagen, obgleich durch die Fortführung zunächst die Masse erheblich reduziert wird. Entscheidend ist letztlich eine **Gesamtbetrachtungsweise**. Ist absehbar, dass auch die Gläubigerversammlung für eine Betriebsstilllegung votieren wird, sollte das Gericht von einer Untersagung Abstand nehmen; soziale Gesichtspunkte, wie zB Arbeitnehmerinteressen, haben dabei außer Betracht zu bleiben. Auch spielen Verluste, die auf Grund eines Fortführungsbeschlusses der Gläubigerversammlung nach § 157 entstehen, bei der gerichtlichen Entscheidung keine Rolle (K/P/B/*Onusseit* § 158 Rn 14; vgl auch *Haberhauer/Meeh* DStR 1995, 1442 ff; N/R/*Balthasar* § 158 Rn 24). Richtig ist, dass insoweit auch die Amtsermittlungspflichten des § 5 eingreifen (FK-*Wegener* § 158 Rn 5); mit Recht wird aber bei N/R/*Balthasar* (§ 158 Rn 25) darauf hingewiesen, dass das Gericht nicht verpflichtet ist, sich von der Notwendigkeit der einstweiligen Fortführung zu überzeugen und möglicherweise einen Sachverständigen einzuschalten. Das Gericht hat wegen der Eilbedürftigkeit auf Grund der vom Verwalter und vom Schuldner vorgetragenen Gründe zu entscheiden.

18 Hatte der Verwalter das **Schuldnerunternehmen bereits eingestellt**, so umfasst das Recht, die Stilllegung zu untersagen, zugleich auch das Recht, den Verwalter zur **Wiederaufnahme der Geschäfte** anzuweisen (N/R/*Balthasar* § 158 Rn 26). Das Gericht hat bei seiner Entscheidung auch zu berücksichtigen, dass ein einmal stillgelegtes Unternehmen nur unter größten Schwierigkeiten wieder fortgeführt werden kann. Ist die Produktion einmal eingestellt, erfordert es einen unverhältnismäßigen finanziellen und personellen Aufwand, diese wieder aufzunehmen, zumal wertvolle Fachkräfte das Unternehmen zu diesem Zeitpunkt oftmals bereits verlassen haben.

V. Rechtsmittel

19 Ein Rechtsmittel ist weder gegen die Versagung der Stilllegung noch bei Zurückweisung des Schuldnerantrags gegeben (K/P/B/*Onusseit* § 158 Rn 15). Gleiches gilt, wenn der Betrieb bereits vom Verwalter eingestellt war und das Gericht die sofortige Fortsetzung der Geschäftstätigkeit anordnet (*Jaeger/Weber* § 130 KO Rn 3; K/P/B/*Onusseit* § 158 Rn 15). Hat der **Rechtspfleger entschieden**, so steht dem Insolvenzverwalter gegen den Untersagungsbeschluss bzw den Beschluss auf Wiedereröffnung der Geschäftstätigkeit die **befristete Erinnerung** nach § 11 Abs 2 S 1 RPflG zu. Wird der Antrag des Schuldners zurückgewiesen, ist dieser zur Einlegung der **befristeten Erinnerung** nach § 11a 2 S 1 RPflG berechtigt. In allen Fällen darf der Rechtspfleger seiner Entscheidung nicht abhelfen (§ 11 Abs 2 S 2 RPflG). Die Erinnerung muss binnen **zwei Wochen** nach der Verkündung bzw Zustellung der gerichtlichen Entscheidung entspr §§ 6 Abs 2 InsO, 569 Abs 1 S 1 ZPO eingelegt werden (vgl auch BerlKo-*Undritz/Fiebig* § 158 Rn 17; HaKo-*Decker* § 158 Rn 11; *Braun/Dithmar* § 158 Rn 8; FK-*Wegener* § 158 Rn 13; N/R/*Balthasar* § 158 Rn 27; K/P/B/*Onusseit* § 158 Rn 15).

VI. Beschränkte zeitliche Geltung des Beschlusses

20 Die gerichtliche Entscheidung, die den Schuldnerantrag zurückweist oder die Stilllegung untersagt, ist zeitlich begrenzt. Sie gilt nur bis zur Beschlussfassung der Gläubigerversammlung im Berichtstermin nach § 157. Fasst die Gläubigerversammlung im Berichtstermin keinen Beschluss über das Verfahrensziel, so tritt, wie bereits bei § 157 dargestellt wurde, an die Stelle der Entscheidung der Gläubigerversammlung das pflichtgemäße Ermessen des Insolvenzverwalters hinsichtlich der weiteren Verfahrensabwicklung (so auch K/P/B/*Onusseit* § 158 Rn 16). Der Gerichtsbeschluss, der vor dem Berichtstermin nach § 158 die Stilllegung untersagt hatte, bindet den Verwalter ab dem Zeitpunkt der Gläubigerversammlung nicht mehr.

VII. Rechtsfolgen eines Verstoßes gegen § 158

Erteilt der **Gläubigerausschuss** seine Zustimmung zur Betriebsstilllegung nach § 158 Abs 1, so kommt bei fehlerhafter Zustimmung eine Haftung nach § 71 in Betracht, wenn die Mitglieder des Gläubigerausschusses schuldhaft die **Fortführungschancen unzulänglich geprüft** haben. Etwas anderes gilt, wenn der Insolvenzverwalter den Gläubigerausschuss unzulänglich über die Fortführungsmöglichkeiten und die Notwendigkeit einer sofortigen Betriebsstilllegung informiert hat. Insoweit geht die Haftung des Insolvenzverwalters nach § 60 der Haftung des Gläubigerausschusses nach § 71 vor (vgl N/R/*Balthasar* § 158 Rn 28–30). Unterlässt es der Verwalter schuldhaft, die Zustimmung des Gläubigerausschusses überhaupt einzuholen, haftet er nach § 60 auf den Betrag, um den sich die Insolvenzmasse durch die Fortführung bis zum Berichtstermin bzw durch eine voreilige Unternehmensveräußerung vermindert hat. Pflichtwidrig ist es auch iSv § 60 Abs 1 S 1, wenn der Verwalter die gesetzlich vorgeschriebene **Unterrichtung des Schuldners** unterlässt. Im Schadenersatzprozess ist aber nachzuweisen, dass die trotz der Gesetzesverletzung wirksame Betriebsstilllegung oder Veräußerung zu einem Schaden des Schuldners bzw des Schuldnerunternehmens geführt hat. Dies ist nur dann zu bejahen, wenn das Zivilgericht zu dem Ergebnis kommt, dass die pflichtgemäße Entscheidung des Insolvenzgerichts auf eine Untersagung der Betriebsstilllegung bzw Unternehmensveräußerung gelautet hätte (vgl BGH ZIP 1985, 693, 694; N/R/*Balthasar* § 158 Rn 29; *Vallender* ZIP 1997, 345, 351). Bei **unterlassener Anhörung des Schuldners** bzw seiner organschaftlichen Vertreter kommt ein **Schadenersatzanspruch der Gläubiger** nicht in Betracht, da § 158 Abs 2 ausschließlich dem Schutz des Schuldners dient und nicht der Gläubiger (N/R/*Balthasar* § 158 Rn 30). Bei **fehlerhaftem Untersagungsbeschluss des Gerichts** kommt eine **Staatshaftung** nach Art 34 GG, § 839 BGB in Betracht. Die Haftung greift nur gegenüber dem Schuldner ein, da § 158 Abs 2 ausschließlich dem Schuldnerschutz dient. Da sich das Gericht wegen der Eilbedürftigkeit der Anordnung lediglich auf die Informationen des Insolvenzverwalters und des Schuldners stützen kann, ist eine Haftung nur möglich, wenn die beabsichtigte Entscheidung des Verwalters **erkennbar fehlerhaft** gewesen ist (N/R/*Balthasar* § 158 Rn 31). Zudem fällt dem Schuldner bei einer Rechtspflegerentscheidung **Mitverschulden** zur Last (§ 254 BGB), wenn er es unterlassen hat, rechtzeitig Erinnerung einzulegen. 21

§ 159 Verwertung der Insolvenzmasse

Nach dem Berichtstermin hat der Insolvenzverwalter unverzüglich das zur Insolvenzmasse gehörende Vermögen zu verwerten, soweit die Beschlüsse der Gläubigerversammlung nicht entgegenstehen.

Übersicht

	Rn
I. Allgemeines	1
II. Verwertungspflicht und zeitweise Unternehmensfortführung	2
III. Art und Weise der Verwertung	3
1. Freihändiger Verkauf	4
2. Verwertung nach Maßgabe der Vorschriften über die Zwangsvollstreckung	5
3. Die Verwertung von Forderungen und sonstigen Rechten	6
4. Die Verwertung im Wege des Pfandverkaufs	9
5. Die Verwertung von Grundstücken und Grundstücksrechten	12
IV. Keine Pflicht zur eigenhändigen Verwertung	17
V. Sonderfälle der Masseverwertung	19
1. Insolvenzausverkäufe	19
2. Verwertung von Auslandsvermögen	20
3. Die Veräußerung des Schuldnerunternehmens	22
4. Verwertung der Firma	23
5. Die Verwertung von Miteigentum und Erbbaurechten	26
6. Die Veräußerung von Geschäftsbüchern	27
7. Die Verwertung von Arbeitnehmererfindungen	30
8. Die Verwertung einer freiberuflichen Praxis	31
9. Die Verwertung von Gesellschaftsanteilen	34
10. Verwertung kapitalersetzender Nutzungsüberlassungen	36
11. Abwicklung eines Sportvereins	39
12. Verwertung nach Insolvenzplan	40
13. Verwertungsregelungen durch Insolvenzverwaltungsvertrag	43
VI. Die Pflicht zur unverzüglichen Verwertung	44
1. Verwertung vor dem Berichtstermin	44
2. Verwertung nach dem Berichtstermin	45
VII. Aussetzung der Verwertung	46
VIII. Die übertragende Sanierung als Verwertungsform	47
IX. Verwertungsauftrag und Rechte Dritter	49
X. Mitbestimmungsrechte der Arbeitnehmer	52

	Rn
XI. Verwertungsbeschränkungen	53
1. Gesetzliche Grenzen des Verwertungsauftrags	53
2. Entgegenstehende Beschlüsse der Gläubigerversammlung	54
3. Strafgerichtliche Beschlagnahme und Verwertungsrecht	58
XII. Verwertung von Vorkaufsrechten	59
XIII. Verwertung durch Freigabe	60
XIV. Mitwirkungspflichten des Schuldners	64
XV. Steuerliche Folgen der Verwertung	65
XVI. Die Verwertung im vereinfachten Verfahren (§§ 311 ff)	67
1. Verwertung durch den Treuhänder (§ 313 Abs 1 S 1)	67
2. Verwertungsbefugnisse der Gläubiger (§ 313 Abs 3 S 2)	68

I. Allgemeines

1   Die Vorschrift unterscheidet sich von den früheren §§ 117 Abs 1 KO, 8 Abs 2 GesO dadurch, dass die Verwertung erst nach dem Berichtstermin zulässig ist, weil der Gesetzgeber der Gläubigerversammlung das Recht eingeräumt hat, gem § 157 über das Verfahrensziel und damit über den Beginn und die Modalitäten der Verwertung zu beschließen (s *Marotzke* Das Unternehmen in der Insolvenz Rn 58 ff u Rn 122 ff). Die Pflicht zur Inbesitznahme und Verwaltung der Insolvenzmasse ist nunmehr in § 148 Abs 1 geregelt. Maßgeblich für die **Art der Verwertung** ist somit die **Vorgabe der Gläubigerversammlung**, die beschließen kann, dass entweder das Schuldnerunternehmen stillgelegt wird oder vorläufig fortgeführt werden soll (§ 157 S 1). Auch ohne dass die Gläubigerversammlung ihn ausdrücklich dazu auffordert, hat der Insolvenzverwalter die Insolvenzmasse (§ 35) unverzüglich zu verwerten, soweit die Beschlüsse der Gläubigerversammlung nicht entgegenstehen. So kann der Beschluss der Gläubigerversammlung zB vorsehen, dass das Unternehmen als Ganzes im Wege der übertragenden Sanierung auf einen neuen Rechtsträger übertragen wird. Diese Übertragung ist die stärkste Form der Liquidationsverwertung. Soweit im Übrigen die Gläubigerversammlung nach § 157 eine **andere Art der Haftungsverwirklichung** beschließt, wie zB die fortführende Sanierung, greift die Vorschrift des § 159 nicht ein. Sie regelt nur den Fall, dass entweder die Liquidation beschlossen wird oder die Gläubigerversammlung keinen Beschluss über die Art und Weise der Verwertung trifft. Die **Liquidationsverwertung** ist der Regelfall der insolvenzmäßigen Haftungsverwirklichung, die in den §§ 159–173 geregelt ist.

II. Verwertungspflicht und zeitweise Unternehmensfortführung

2   Grundsätzlich hat der Insolvenzverwalter nicht nur im Eröffnungsverfahren, sondern auch im eröffneten Verfahren bis zum Berichtstermin das Unternehmen einstweilen fortzuführen (*Marotzke* Das Unternehmen Rn 14, 17, 53 ff). Bis zum Berichtstermin besteht somit ein „**Verwertungsmoratorium**" (*Häsemeyer* InsR Rn 13.34). Will der Insolvenzverwalter das Schuldnerunternehmen vor dem Berichtstermin stilllegen, hat er gem § 158 Abs 1 die Zustimmung des Gläubigerausschusses einzuholen und, wenn ein solcher nicht bestellt ist, den Schuldner zu unterrichten (§ 158 Abs 2 S 1). Unzulässig wäre es, das Unternehmen über Jahre hinweg fortzuführen und die Verwertung aus Spekulationsgründen aufzuschieben. Unzulässig wäre es auch, auf die unverzügliche Verwertung deswegen zu verzichten, weil der Verwalter auf steigende Marktpreise hofft (N/R/*Balthasar* § 159 Rn 9). Es stellt sich als schuldhaftes Verhalten dar, wenn der Verwalter zulasten der Gläubiger auf Marktpreisänderungen spekuliert (vgl **BGH** v 22.1. 1985, ZIP 1985, 423 = EWiR 1985, 313 [*Kübler*]; MüKo-*Görg* § 159 Rn 8; N/R/*Balthasar* § 159 Rn 9; K/P/B/*Onusseit* § 159 Rn 4b; *Mönning*, Betriebsfortführung Rn 696; *Uhlenbruck* FS Hanisch S 281, 286).

III. Die Art und Weise der Verwertung

3   Über die Art und Weise der Verwertung sagt das Gesetz nichts aus, jedoch enthält die InsO in den §§ 165–173 besondere Vorschriften hinsichtlich der **Verwertung unbeweglicher Gegenstände** und der **Verwertung beweglicher Gegenstände**, an denen ein Absonderungsrecht besteht (vgl auch *Häcker*, Abgesonderte Befriedigung aus Rechten, 2000). Im Übrigen beschränkt sich die InsO in den §§ 160–64 auf bestimmte **Zustimmungserfordernisse** im Hinblick auf besonders bedeutsame Verwertungshandlungen des Insolvenzverwalters. Weiterhin gilt, dass der Verwalter grundsätzlich **sämtliche Möglichkeiten optimaler Verwertung** auszuschöpfen hat (vgl **OLG Düsseldorf** KTS 1973, 271, 272; *Jaeger/Weber* § 117 KO Rn 17; *Kilger/K. Schmidt* § 117 KO Anm 4; N/R/*Balthasar* § 159 Rn 6; BerlKo-*Breutigam* § 159 Rn 6; H/W/F Hdb 5/298). Die Verwertung durch den Insolvenzverwalter ist **keine Zerschlagung** des Schuldnervermögens. Sie besteht auch nicht in einer Verwertung um jeden Preis. Vielmehr hat sich der Verwalter bei Verwertungshandlungen von **kaufmännischen Prinzipien** leiten zu lassen, wobei die Interessen der Verfahrensbeteiligten zu berücksichtigen sind (H/W/F Hdb 5/299). Der Verwalter hat **diejenige Verwertungsart** zu wählen, die im Einzelfall unter Ausnutzung der zeitlichen und örtlichen Marktlage in vertretbarer Zeit den besten Erlös verspricht. **Ausproduktion** und sonstige kurzfristige

III. Die Art und Weise der Verwertung § 159

Unternehmensfortführung sind keineswegs ausgeschlossen (MüKo-*Görg* § 159 Rn 6 f; K/P/B/*Onusseit* § 159 Rn 5). Im Rahmen der Verwertung sind die **Gläubigerinteressen vorrangig** gegenüber den **Arbeitnehmerinteressen** (str aA H/W/F Hdb 5/300). Die **Interessen der Arbeitnehmer** sind dadurch ausreichend gewahrt, dass der Insolvenzverwalter im Rahmen der Umsetzung der Gläubigerversammlungsbeschlüsse die Mitwirkungs- und Mitbestimmungsrechte nach den §§ 120 ff InsO, 111 ff BetrVG einzuhalten hat (vgl hierzu unten zu Ziff X Rn 52). Auch nach der InsO bleibt vorrangiges Ziel eines Insolvenzverfahrens die **optimale Haftungsverwirklichung**, wenn auch unter Knappheitsbedingungen (*Eidenmüller* Unternehmenssanierung S 18). Die Aufgabe des Verwalters besteht deshalb vornehmlich darin, die zur Verfügung stehende Soll-Masse (Insolvenzmasse) möglichst zu maximieren und damit die Befriedigungschancen für die Gesamtheit der Gläubiger zu optimieren (*W. Henckel FS Merz* 1992 S 197, 202; *Eidenmüller* aaO S 18). Die **Art und Weise der Verwertung** ist aber gleichzeitig durch unternehmensinterne Notwendigkeiten geprägt. So kann zB die **Notwendigkeit einer kurzfristigen Liquiditätsbeschaffung** die rasche Verwertung von Gegenständen des Anlage- und Umlaufvermögens notwendig machen. Dies gilt selbst dann, wenn die Gläubigerversammlung die **Fortführung des Unternehmens** beschlossen hat. Auch in diesem Fall ist es dem Insolvenzverwalter neben der Betriebsfortführung oder in der Zeit der Aufstellung eines Insolvenzplans unbenommen, nicht benötigte Gegenstände des Betriebsvermögens zu veräußern, um dem Unternehmen die zum Überleben notwendige Liquidität zu verschaffen. Die Gläubigerversammlung kann dem Verwalter eine **bestimmte Verwertungsart vorschreiben**, was nicht nur durch § 159 gerechtfertigt ist, sondern auch durch die Regelungen in den §§ 160 ff.

1. Freihändiger Verkauf. Grundsätzlich erfolgt die Verwertung vor allem des Umlaufvermögens eines 4 Schuldnerunternehmens durch freihändigen Verkauf. Der Insolvenzverwalter ist aber auch berechtigt, die **Verwertung über die Zwangsvollstreckung** oder die Vorschriften über den **Pfandverkauf** zu betreiben (*Braun/Dithmar* § 159 Rn 4). Auch die **Verwertung beweglicher Gegenstände**, an denen ein Absonderungsrecht besteht, erfolgt im Wege des freihändigen Verkaufs, wenn der Verwalter die Sache in seinem Besitz hat (§ 166 Abs 1). Die **Verwertung von Forderungen** des Schuldners wird durch Einziehung betrieben. Der Verwalter ist berechtigt, eine Forderung, die der Schuldner zur Sicherung eines Anspruchs abgetreten hat, gem § 166 Abs 2 einzuziehen oder in anderer Weise zu verwerten. Die **freihändige Verwertung** erfolgt idR durch **Veräußerung** der Sache. Risiken entstehen für den Verwalter allerdings aus den zwingenden Gewährleistungsregelungen des Schuldrechts (*Wittig* ZInsO 2003, 629, 635). Diese Risiken kann der Verwalter aber durch die Verwertung im Rahmen einer **öffentlichen Versteigerung** vermeiden (§ 474 Abs 1 S 2 BGB). Die Praxis hilft sich oftmals mit Vereinbarung eines **Gewährleistungsausschlusses** (**BGH NZI** 2000, 73 = ZInsO 2000, 238 [Ls]; BerlKo-*Breutigam* § 159 Rn 5). Der Insolvenzverwalter ist im Rahmen der §§ 165 ff auch berechtigt, mit **Absonderungsrechten** belastete, bewegliche Vermögensgegenstände zu verwerten, wenn er diese in Besitz hat (§ 166). Im Übrigen sind die §§ 167 ff, 172 zu beachten. Fällt ein Vermögensgegenstand, der sich im Besitz des Verwalters befindet, nicht in die Insolvenzmasse (§ 35), so besteht **kein Verwertungsrecht des Verwalters**. Der Dritte ist aussonderungsberechtigt (§ 47). Die zur Sicherung abgetretene Forderung zieht er ein, indem er bei Fälligkeit Leistung an sich bzw die Masse verlangt. Der Verwalter ist aber auch berechtigt, eine dem Schuldner zustehende oder zur Sicherheit abgetretene Forderung freihändig zu veräußern. Bei der Verwertung von Sicherungsgut hat er nicht nur die Interessen der Insolvenzgläubiger, sondern auch diejenigen der Absonderungsberechtigten zu beachten. Für die **Verwertung von unbeweglichen Massegegenständen** (Grundstücken) greift die Sondervorschrift des § 165 ein. S die Kommentierung unten zu Rn 12 ff.

2. Verwertung nach Maßgabe der Vorschriften über die Zwangsvollstreckung. Neben der Befugnis 5 zum freihändigen Verkauf steht dem Verwalter das Recht zu, die Verwertung durch **Zwangsversteigerung** oder **Zwangsverwaltung** zu betreiben, auch wenn an dem Gegenstand ein Absonderungsrecht besteht. Der **freihändige Verkauf** hat den Vorzug, billiger zu sein. Er ermöglicht häufig eine bessere Verwertung als diejenige nach den Vorschriften über die Zwangsvollstreckung. Ein Nachteil besteht darin, dass die auf der Sache ruhenden Lasten auf den Erwerber mit übergehen, es sei denn, dass dieser in Ansehung der Lastenfreiheit gutgläubig ist (§ 936 BGB; RGZ 58, 16; RGZ 62, 232). Bei der **Verwertung von beweglichen Sachen nach Maßgabe der Vorschriften über die Zwangsvollstreckung** gelten die Bestimmungen der §§ 814, 816 Abs 1–4, 817, 817 a, 819 ff, 825, 872 ZPO. Für die **Verwertung im Wege des Pfandverkaufs** finden die Vorschriften der §§ 1233 Abs 1, 1235 – 1240 BGB Anwendung. Ob eine nach § 1245 BGB vor Verfahrenseröffnung getroffene Vereinbarung zwischen dem Schuldner und dem Gläubiger auch für den Insolvenzverwalter gilt, ist im Hinblick auf die Regelung in § 119 zumindest zweifelhaft geworden. Bei der Verwertung im Wege der Zwangsvollstreckung erübrigt sich eine Pfändung, da der Insolvenzbeschlag die Pfändung selbst und der Insolvenzverwalter ein im öffentlichen Interesse zur Verwaltung und Verwertung befugter Amtswalter ist. Die **Verwertung von beweglichen Sachen** vollzieht sich idR in der Art, dass der Verwalter einen **Gerichtsvollzieher** mit der Veräußerung der Sachen nach Maßgabe der §§ 814 ff, 872 ZPO beauftragt. Die Vorschrift des § 825 ZPO findet keine Anwendung, so dass die Verwertung ohne gerichtliche Anordnung auch **in anderer Weise, an einem anderen Ort** oder dass gem § 383 BGB die Versteigerung durch eine **andere Person** als den Gerichtsvollzieher vorgenommen werden kann. Es muss nur ein **öffentlich bestellter Versteigerer** sein (FK-*Wegener* § 159 Rn 3; s auch *Ringstmeier/Homann* ZIP 2002, 505, 508). Die Frist des § 816 Abs 1 ZPO braucht nicht beachtet zu werden. Die Anweisung des Verwalters zur sofortigen Versteigerung ersetzt die in dieser Vorschrift vorgesehene Einigung, da der Verwalter zugleich auch für den Insolvenzschuldner handelt. Ist die Reihenfolge der Berechtigten streitig, so kann es zur **Hinterlegung des Erlöses** mit anschließendem Verteilungsverfahren kommen (§§ 872 ff ZPO).

6   **3. Die Verwertung von Forderungen und sonstigen Rechten.** Soll eine Forderung des Schuldners, an der Pfandrechte bestehen, nach Maßgabe der Vorschriften über die Zwangsvollstreckung vom Insolvenzverwalter veräußert werden, so bedarf es ebenfalls nicht der Pfändung der Forderung. Eine solche wäre auch zwecklos, da durch sie nur dem Drittschuldner verboten wird, an den Schuldner zu zahlen, und an den Schuldner das Gebot erlassen wird, sich jeder Verfügung über die Forderung, insbesondere der Einziehung, zu enthalten. Die **Verpfändung einer Forderung** (§§ 1279 ff BGB) und das Pfändungspfandrecht an einer Forderung unterfallen nicht dem § 166 Abs 2 (LG Tübingen v 17. 11. 2000, NZI 2001, 263; K/P/B/*Kemper* § 166 Rn 9; krit *Leipold/Gottwald* S 197, 199; für analoge Anwendung des § 166 Abs 2 *Marotzke* ZZP 109 [1996], 429, 448). Da die Wirksamkeit des Vertragspfandrechts an einer Forderung gem § 1280 BGB idR die Anzeige der Verpfändung an den Schuldner der verpfändeten Forderung voraussetzt, muss dieser von vornherein damit rechnen, von dem Gläubiger in Anspruch genommen zu werden (zutr HK-*Landfermann* § 166 Rn 17; K/P/B/*Kemper* § 166 Rn 9). Bei einer angezeigten „Sicherungsabtretung" bleibt nach HK-*Landfermann* (§ 166 Rn 18) nur der Ausweg, die Umdeutung in eine Forderungsverpfändung zu prüfen.

7   Der Gesetzgeber hat die Frage, wem die Verwertungsbefugnis von **Gegenständen, an denen ein Absonderungsrecht** besteht, in § 166 nur für bewegliche Sachen und für sicherungsübertragene Forderungen (§ 166 Abs 2) geregelt. In diesen Fällen steht die Verwertungsbefugnis unzweifelhaft dem Verwalter zu. Für **alle sonstigen Rechte und Sicherungsformen** ist keine Regelung getroffen worden. Einzelheiten **unten zu IX Rn 49 ff.** Analog anzuwenden ist die Vorschrift des § 166 Abs 2 allein auf das gesetzliche Pfandrecht des § 233 BGB sowie auf das kaufmännische Zurückbehaltungsrecht (§§ 369–372 HGB). Handelt es sich um eine „unbewusste Lücke" des Gesetzes, wäre darüber hinaus zwar auch bei gepfändeten Rechten, beim gesetzlichen Pfandrecht des Kommissionärs, beim Einziehungs- und beim Befriedigungsrecht des Kommissionärs (§§ 398, 399 HGB), bei § 77 S 2, § 157 VVG und bei § 888 S 2 HGB eine analoge Anwendung denkbar, jedoch fehlt es an einer „Vergleichbarkeit der Sachlagen, so dass die analoge Anwendung im Ergebnis ausscheidet" (*R. Häcker*, Abgesonderte Befriedigung aus Rechten, Rn 1054). Nach zutreffender Auffassung von *Häcker* (aaO Rn 218) ist § 166 Abs 2 entsprechend seinem Wortlaut auf **Geld- und sonstige Forderungen** anwendbar.

8   Hinsichtlich **sonstiger Rechte und Sicherungsformen** weist § 166 Abs 1 eine Lücke auf, die dem Gesetzgeber nicht bewusst war. Im Hinblick auf Sinn und Zweck der §§ 166 Abs 1 und 172, der die Chancen für eine Betriebsfortführung oder übertragende Sanierung erhalten will, wird man deshalb eine **analoge Anwendung der §§ 166 Abs 1, 172** für zulässig halten müssen. Die Folge ist, dass der Verwalter zur Verwertung und Benutzung derjenigen mit Absonderungsrechten belasteten Gegenstände befugt ist, „die wegen ihrer Zugehörigkeit zur technisch-organisatorischen Einheit des schuldnerischen Unternehmens zur Fortführung oder (übertragender) Sanierung erforderlich und daher betriebsnotwendig sind" (*Häcker*, Abgesonderte Befriedigung aus Rechten, Rn 226 ff u Rn 1055). Soweit § 166 Abs 1 auf sonstige Rechte analog anwendbar ist, spielt das Besitzerfordernis dieser Vorschrift keine Rolle. Vgl auch die Kommentierung zu § 166. Zum Verwertungsrecht von **Immaterialgüterrechten** s *Berger* FS Kirchhof S 1, 11; *Freudenberg* Zwangsvollstreckung in Persönlichkeitsrechte 2006 S 148 ff; *Wallner* NZI 2002, 70; *Hoffmann* ZInsO 2003, 732; *Brandt* NZI 2001, 337; *Amelung* in Kraemer/Vallender/Vogelsang Hdb Fach 2 Kap 19 Rn 142 ff.

9   **4. Die Verwertung im Wege des Pfandverkaufs.** Für die Verwertung im Wege des Pfandverkaufs sind die Vorschriften der §§ 1233 Abs 1, 1235–1240 BGB maßgebend. Die Androhung des Verkaufs (§ 1234 BGB) ist nicht erforderlich, da der Verwalter die Interessen sowohl der Insolvenzgläubiger wie auch des Schuldners wahrnimmt. Aus dem gleichen Grund kommt auch eine Benachrichtigung des Eigentümers über Ort und Zeit der Versteigerung (§ 1237 BGB) nicht in Betracht. Jedoch bedarf es der Benachrichtigung Dritter, denen Rechte an dem Pfand zustehen (*Jaeger/Weber* § 127 KO Rn 12, 17; K/U § 127 KO Rn 7). Gem § 1245 BGB kann eine **abweichende Art des Pfandverkaufs**, insbesondere die **freihändige Veräußerung durch den Insolvenzverwalter**, vereinbart werden (*Jaeger/Weber* § 127 KO Rn 8 aE). Eine solche Veräußerung hat die gleichen Wirkungen wie der Pfandverkauf. Die Sache geht demgemäß lastenfrei auf den Erwerber über und der Pfandgläubiger kann seine Rechte nur auf den Erlös geltend machen. Das gilt auch dann, wenn der Erlös als Streitmasse zwischen der Insolvenzmasse und einem Dritten, der Eigentum an der verkauften Sache für sich in Anspruch nimmt, hinterlegt worden ist (RGZ 84, 69; *Jaeger/Weber* § 127 KO Rn 16, 18).

10   Bei der **Veräußerung gepfändeter Sachen** muss der Verwalter vom Gerichtsvollzieher die Pfandsiegel entfernen lassen, um die öffentlich-rechtliche Vollstreckung zu beseitigen (HK-*Landfermann* § 166 Rn 14). Zutreffend aber der Hinweis bei K/P/B/*Kemper* (§ 166 Rn 11), dass die Aufhebung der Verstri-

III. Die Art und Weise der Verwertung **§ 159**

ckung durch den Gerichtsvollzieher unter Mitwirkung des gesicherten Gläubigers zum Erlöschen des Pfändungspfandrechts führen würde. Damit ginge das Absonderungsrecht des Gläubigers verloren. Deshalb hat *Bork* (FS *Gaul* S 71, 80) vorgeschlagen, dem Insolvenzverwalter die Verwertung der gepfändeten Sache nur auf Grund einer Anordnung des Vollstreckungsgerichts nach § 825 ZPO zu erlauben. Es wurde oben bereits darauf hingewiesen, dass § 825 ZPO keine Anwendung findet, zumal hierdurch die Grenzen zwischen Insolvenzrecht und Einzelvollstreckungsrecht verwischt würden (vgl auch HK-*Landfermann* § 166 Rn 15).

Den unbeweglichen Sachen sind zuzurechnen **grundstücksgleiche Rechte**, Schiffe, Schiffsbauwerke (§§ 864, 865 ZPO) und Luftfahrzeuge (K/P/B/*Kemper* § 165 Rn 3; *Kraemer/Amelung* Fach 6 Kap 20 Rn 123). Das Absonderungsrecht eines Gläubigers auf Grund eines Grundpfandrechts steht weder einer Zwangsversteigerung (§ 165) entgegen noch der freihändigen Veräußerung. Ist zugunsten eines Dritten eine **Vormerkung** im Grundbuch eingetragen, so kann der durch die Vormerkung Gesicherte vom Insolvenzverwalter nach § 106 Abs 1 Erfüllung verlangen. Beim **freihändigen Verkauf von Immobilien** ist der Insolvenzverwalter berechtigt, gem § 9 UStG zur Regelbesteuerung zu optieren (vgl *Onusseit/Kunz*, Steuern Rn 444 ff; *Amelung* in Kraemer/Vallender/Vogelsang Hdb Bd 1 Fach 2 Kap 19 Rn 117). Ist beim Schuldnerunternehmen die Umsatzsteuer auf die Anschaffungs- und Herstellungskosten für das Grundstück einschließlich der wesentlichen Bestandteile als Vorsteuer in Abzug gebracht worden, ist der Verwalter zur Option verpflichtet. In einem umsatzsteuerfreien Verkauf liegt eine Änderung der Verwendungsverhältnisse iSv § 15 a UStG mit der Folge, dass bei der Anschaffung oder Herstellung des Gebäudes vom Finanzamt erstattete Vorsteuer an das Finanzamt zurückzuzahlen ist (vgl auch *Amelung* in Kraemer/Vallender/Vogelsang Hdb Bd 1 Fach 2 Kap 19 Rn 117). Eine Option zur Umsatzbesteuerung besteht zugunsten des Insolvenzverwalters auch bei der Verwertung durch Zwangsversteigerung. Zur Zahlung der Umsatzsteuer ist gem § 18 Abs 8 Nr 3 UStG iVm § 51 Abs 1 Nr 32 UStDV im Wege des Abzugsverfahrens der Ersteher verpflichtet (*Amelung* in Kraemer/Vallender/Vogelsang Hdb Bd 1 Fach 2 Kap 19 Rn 118). **11**

5. Die Verwertung von Grundstücken und Grundstücksrechten. Bei der Verwertung von Grundstücken hat der Insolvenzverwalter die Wahl, ob er das Grundstück freihändig veräußern will, was uU auch durch einen Makler geschehen kann, oder ob er den Weg der Zwangsversteigerung beschreiten will (§ 165). Einzelheiten bei *Lwowski/Tetzlaff* WM 1999, *Wolff* ZIP 1980, 417 ff; *Gerhardt* ZIP 1980, 165 ff; *Muth* ZIP 1999, 945 ff; *Stöber* NZI 1998, 105 ff. Die **Zwangsversteigerung** bietet sich besonders in den Fällen an, in denen es darum geht, Gewährleistungsansprüche der Erwerber auszuschließen (§ 56 S 3 ZVG). Im Zweifel wird der Insolvenzverwalter versuchen müssen, Grundstücke freihändig zu verwerten (H/W/F Hdb 5/301; *Wobst* MDR 1991, 697 ff). Ist das Grundstück mit **Grundpfandrechten belastet**, müssen die gesicherten Gläubiger an der freihändigen Veräußerung interessiert sein, da diese oftmals höhere Erlöse bringt und die mit der Zwangsversteigerung verbundene Zeitverzögerung sowie der Kostenaufwand vermieden werden können (*Jaeger/Weber* § 126 KO Rn 1; *Lwowski/Tetzlaff* WM 1999, 2336, 2337). Die Gläubiger können im Berichtstermin (§ 157) dem Verwalter die freihändige Veräußerung aufgeben. Fehlt es an einem solchen Beschluss der Gläubigerversammlung und weigert sich der Insolvenzverwalter, einen freihändigen Verkauf durchzuführen, bleibt nur die Möglichkeit der **Einberufung einer neuen Gläubigerversammlung**. Erscheint niemand, greift die Fiktion des § 160 Abs 1 S 3 Halbs 1 ein. Bei belasteten Grundstücken ist der Erwerber oftmals an einem lastenfreien Erwerb interessiert. Die gesicherten Gläubiger geben deshalb idR Löschungsbewilligungen hinsichtlich ihrer Grundpfandrechte ab und erhalten im Gegenzug eine der Rangklasse ihrer Grundpfandrechte entsprechende Beteiligung am Veräußerungserlös entsprechend dem ZVG (BGH WM 1977, 17, 18; *Gerhardt*, Grundpfandrechte Rn 146; *Lwowski/Tetzlaff* WM 1999, 2336, 2337). Zur **Verwertung von Wohnungseigentum** zu der Insolvenz s *Vallender* NZI 2004, 401, 404 ff. **12**

Weigern sich nachrangige Grundpfandgläubiger, die vom Verwalter verlangten **Löschungsbewilligungen** abzugeben, oder sind sie zur Abgabe einer Löschungsbewilligung nur gegen hohe Ablösesumme für ihre oft wertlosen Rechte bereit, so bleibt dem Insolvenzverwalter nichts anderes übrig, als den **Weg des Zwangsversteigerungsverfahrens** zu wählen. In der Zwangsversteigerung droht dem nicht zustimmenden Gläubiger der völlige Verlust seiner Rechte, wenn der Verwalter oder ein vorrangiger Grundpfandgläubiger aus einer rangbesseren Position die Zwangsversteigerung betreibt und deshalb das nachrangige Grundpfandrecht nicht in das geringste Gebot fällt. *Lwowski/Tetzlaff* (WM 1999, 2336, 2337): „In der Regel wird in der Praxis aber so verfahren, dass sich die nachrangigen Grundpfandgläubiger gegen Zahlung eines Betrages von wenigen Tausend Euro (sogen ‚Lästigkeitsprämie') bewegen lassen, eine Löschung ihrer Rechte vorzunehmen" (aA BGH v 20. 3. 2008 – IX ZR 68/06, NZI 2008, 365, der die Vereinbarung einer Geldleistung für die Löschung einer sog Schornsteinhypothek wegen Insolvenzzweckwidrigkeit für nichtig hält). Für den **Fall des freihändigen Verkaufs** eines Grundstücks verlangt der Insolvenzverwalter oftmals von den gesicherten Gläubigern einen Anteil am Verkaufserlös für die Masse. Dies ist über den Verfahrensbeitrag vom Zubehör (§ 10 Abs 1 Nr 1 a ZVG) hinaus nur gerechtfertigt, wenn für den Insolvenzverwalter mit der Verwertung nicht unerheblicher Aufwand verbunden war (*Lwowski/Tetzlaff* WM 1999, 2336, 2337). **Gibt der Insolvenzverwalter** wegen der Höhe der Belastungen **das Grundstück aus der Masse frei**, kann die Verwertung **13**

§ 159

durch die Grundpfandgläubiger nur noch im Wege der Zwangsversteigerung oder Zwangsverwaltung erfolgen, wenn nicht der Schuldner mit den Gläubigern kooperiert. Handelt es sich bei dem Schuldnerunternehmen um eine Gesellschaft, sind die Grundpfandgläubiger gezwungen, erforderlichenfalls einen Liquidator für die insolvenzfreien Vermögensgegenstände der schuldnerischen Gesellschaft auf ihre Kosten bestellen zu lassen.

14   Bei **freihändiger Veräußerung von Grundstücken** hat der Verwalter jedoch die **Zustimmung des Gläubigerausschusses** oder der **Gläubigerversammlung** nach § 160 Abs 2 S 1 einzuholen. Das Zustimmungserfordernis entfällt, wenn er die Verwertung im Wege der Zwangsversteigerung oder Zwangsverwaltung betreibt (§ 165). Bevor der Verwalter ein Grundstück aus der Insolvenzmasse freigibt, hat er die eingetragenen Grundpfandrechte auf ihre Valutierung und etwaige Rückforderungsansprüche sowie auf Abtretungen und Pfändungen solcher Ansprüche zu überprüfen (*H. Müller* KTS 1962, 201 ff). Meist sind allerdings zugunsten nachrangiger Grundpfandgläubiger Löschungsvormerkungen eingetragen. Zur Verwertung nicht oder nicht voll valutierter Grundpfandrechte auf Ehegattengrundstücken im Insolvenzverfahren über das Vermögen eines Ehegatten vgl *H. Müller* KTS 1970, 180 ff.

15   Besondere Vorsicht ist geboten bei der **Verwertung von Grundstückszubehör** (vgl N/R/*Balthasar* § 159 Rn 13; FK-*Wegener* § 159 Rn 14; *Hess* § 159 Rn 17; *Lwowski/Tetzlaff* 1999, 2336, 2337, 2346 f. S auch die Kommentierung zu § 49 Rn 14–16. Zu den steuerlichen Fragen bei der Verwertung von Grundstücken s *Zimmermann* NZI 1998, 57 ff; *Frotscher* Besteuerung S 226; *Obermüller*, Insolvenzrecht Rn 6.386; *Wenzel* BuB 4/2787; *Lwowski/Tetzlaff* WM 1999, 2336, 2348). **Grundstückszubehör** haftet den Grundpfandrechtsgläubigern gem § 1120 BGB, soweit es nicht im Rahmen einer ordnungsgemäßen Wirtschaft veräußert wird (**BGH** v 2. 11. 1982, WM 1983, 306; FK-*Wegener* § 159 Rn 14). Die **Betriebsstilllegung führt nicht zur Enthaftung des Zubehörs** (BGH v 25. 6. 1971, BGHZ 56, 298, 299; **BGH** v 21. 3. 1973, BGHZ 60, 267, 269 f = KTS 1973, 256 = NJW 1973, 997; *Jaeger/Henckel* § 49 Rn 47; *Braun/Dithmar* § 159 Rn 5; FK-*Wegener* § 159 Rn 14; *Gundlach* DZWIR 1998, 485, 486 Fn 12). Entscheidend ist immer, ob der Insolvenzverwalter das den Grundpfandgläubigern haftende Zubehör in den **Grenzen einer ordnungsmäßigen Wirtschaft** veräußert (§ 1122 Abs 2 BGB). Von einer solchen kann aber nicht die Rede sein, wenn der Verwalter zum Zwecke der Gläubigerbefriedigung Zubehörstücke verwertet. **Ausnahme:** Der Betrieb wird durch den Insolvenzverwalter zeitweise fortgeführt. Werden im Rahmen der Fortführung wegen notwendig werdender betrieblicher Umstellungen Zubehörteile veräußert, so kann dies durchaus einer ordnungsgemäßen Bewirtschaftung entsprechen (Einzelheiten bei *Jaeger/Henckel* § 49 Rn 48). Wird Grundstückszubehör vor Beschlagnahme des Grundstücks vom Insolvenzverwalter veräußert, so ist es zwar aus der dinglichen Haftung frei geworden; der durch die Veräußerung erzielte Erlös ist jedoch vom Insolvenzverwalter an die Grundpfandrechtsgläubiger auszuhändigen (BGHZ 60, 267 = NJW 1973, 997; RGZ 69, 85, 91; *Jaeger/Henckel* § 4 KO Rn 9; *Gundlach* DZWIR 1998, 485, 487; FK-*Wegener* § 159 Rn 14; str aA OLG Karlsruhe KTS 1972, 107, 110). Entscheidend ist immer, ob eine Enthaftung nach § 1121 Abs 1 BGB oder nach § 1122 BGB erfolgt. Unbedenklich ist, wenn der Insolvenzverwalter Zubehörteile veräußert und vom Grundstück entfernt, um diese durch **Neuanschaffungen** zu ersetzen oder weil das Zubehör entbehrlich ist (FK-*Wegener* § 159 Rn 14). Der vom Insolvenzverwalter für vor einer Beschlagnahme veräußertes Zubehör erzielte Erlös wird nicht automatisch Surrogat des Zubehörs (*Jaeger/Henckel* § 4 KO Rn 9). Nur wenn der Insolvenzverwalter die Gebote einer ordnungsmäßigen Bewirtschaftung verletzt, trifft ihn gegenüber den Grundpfandrechtsgläubigern die Herausgabepflicht hinsichtlich des Erlöses. Die **schuldhafte Entfernung** massezugehöriger Zubehörstücke vom Grundstück unter Missachtung der Regeln einer ordnungsmäßigen Wirtschaft stellt sich nach zutreffender, wenn auch nicht unbestrittener Auffassung von *W. Henckel* (Pflichten S 41; *Jaeger/Henckel* § 49 Rn 48) als eine Verletzung des Grundpfandrechts und damit eines sonstigen Rechts iSv § 823 Abs 2 BGB dar, denn die §§ 1134, 1135 BGB sind Schutzgesetze iSv dieser Vorschrift. Der **Schadensersatzanspruch** ist **Masseverbindlichkeit** iSv § 55 Abs 1 Nr 1.

16   Wird neben dem Insolvenzverfahren das **Zwangsversteigerungsverfahren** über ein Schuldnergrundstück (zB Betriebsgrundstück) betrieben, so geht grundsätzlich das Insolvenzverfahren dem Zwangsversteigerungs- oder Zwangsverwaltungsverfahren vor. Schon im Eröffnungsverfahren hat der vorläufige Insolvenzverwalter gem § 30 d Abs 4 ZVG den Antrag zu stellen, die **Zwangsversteigerung einstweilen einzustellen**, wenn er glaubhaft machen kann, dass die einstweilige Einstellung zur Verhütung nachteiliger Veränderungen in der Vermögenslage des Schuldners oder des Schuldnerunternehmens erforderlich ist (vgl *Stöber* NZI 1998, 105, 108 ff). Diese Voraussetzungen sind bis zur Entscheidung über das Verfahrensziel (§ 157) durch die erste Gläubigerversammlung, aber auch in Fällen der Unternehmensfortführung oder des Insolvenzplanverfahrens fast immer gegeben. Auch im eröffneten Verfahren ist gem § 30 d Abs 1 ZVG auf Antrag des Insolvenzverwalters die **Zwangsversteigerung einstweilen einzustellen**, wenn der Berichtstermin nach § 29 Abs 1 Nr 1 noch bevorsteht, das Grundstück für eine Fortführung des Unternehmens oder für die Vorbereitung der Veräußerung eines Betriebes oder einer Sachgesamtheit von Gegenständen benötigt wird oder die Durchführung der Versteigerung oder die Durchführung eines vorgelegten Insolvenzplans gefährdet würde oder in sonstiger Weise durch die Versteigerung die angemessene Verwertung der Insolvenzmasse wesentlich erschwert würde. Diese Voraussetzungen liegen im Regelfall vor. Für die Zwangsverwaltung gilt insoweit § 153 b Abs 1 ZVG. Danach ist auf Antrag des

V. Sonderfälle der Masseverwertung § 159

Insolvenzverwalters im eröffneten Verfahren die vollständige oder teilweise Einstellung der Zwangsverwaltung anzuordnen, wenn der Insolvenzverwalter glaubhaft macht, dass durch die Fortsetzung der Zwangsverwaltung eine wirtschaftlich sinnvolle Nutzung der Insolvenzmasse wesentlich erschwert wird. Allerdings ist gem § 153b Abs 2 ZVG die Einstellung mit der Auflage anzuordnen, dass die Nachteile, die dem betreibenden Gläubiger aus der Einstellung erwachsen, durch laufende Zahlungen aus der Insolvenzmasse ausgeglichen werden.

IV. Keine Pflicht zur eigenhändigen Verwertung

Grundsätzlich hat der Verwalter die Insolvenzmasse eigenhändig zu verwerten bzw die Verwertung 17 selbst zu betreiben. Dies schließt jedoch nicht aus, dass er im Einzelfall, vor allem in Großverfahren, die Verwertung auf Hilfskräfte oder gar Dritte überträgt. So ist es in der Praxis durchaus üblich, dass der Insolvenzverwalter einen **Versteigerer** einschaltet, der die Versteigerung der Insolvenzmasse professionell übernimmt (BGH v 22. 9. 2005, ZIP 2005, 1974; BGH v 11. 11. 2004, ZP 2005, 36; OLG Düsseldorf ZIP 1988, 855; LAG Schleswig ZIP 1988, 250; *Eickmann* KTS 1986, 197, 202; N/R/*Balthasar* § 159 Rn 8; MüKo-*Görg* § 159 Rn 9; FK-*Wegener* § 159 Rn 7; K/P/B/*Onusseit* § 159 Rn 5). Dabei ist es rechtlich unbedenklich, dass dem Auktionator ein gewisser Prozentsatz des Versteigerungserlöses als Vergütung zufließt. Die **professionelle Verwertung** durch einen berufsmäßigen Versteigerer bringt für die Masse meist Erlöse, die weit über den Erlösen liegen, die der Verwalter erzielen könnte, so dass eine Minderung der Teilungsmasse nicht eintritt (vgl N/R/*Balthasar* § 159 Rn 8).

Nicht unbedenklich erscheint allerdings die teilweise zu beobachtende Praxis von Insolvenzverwaltern, die Verwertung über sogen **Verwertungs-Gesellschaften** zu betreiben, an denen sie selbst oder ihr Ehegatte beteiligt sind. Gleiches gilt für die Veräußerung von Grundstücken über das **Maklerbüro des Ehegatten** (N/R/*Balthasar* § 159 Rn 8; FK-*Wegener* § 159 Rn 7). Zwar hat der **BGH** (Urt v 24. 1. 1991, ZIP 1991, 324) festgestellt, dass das Insolvenzrecht materiell nicht etwa die wirtschaftliche Beteiligung eines Verwalters auch auf der Seite seines Vertragspartners verbietet. Eine ausdrückliche gesetzliche Regelung über die Ausschließung oder Befangenheit des Insolvenzverwalters fehle. Schließe der Verwalter mit einer Gesellschaft, an der er selbst beteiligt ist, einen Vertrag ab, so sei dieser **nicht ohne weiteres nichtig.** Vielmehr könne die Einschaltung einer rechtlich selbständigen, aber vom Verwalter wirtschaftlich abhängigen Organisation unter Umständen der Masse sogar Vorteile bringen. Die bloß theoretische **Möglichkeit des Missbrauchs** der Rechtsform der GmbH durch einen Alleingesellschafter oder eine sie wirtschaftlich beherrschende natürliche Person reiche für den Durchgriff gegen diese nicht aus. Ein Vertrag, durch den der Verwalter die Masse gegenüber einer **juristischen Person verpflichtet, an der er selbst rechtlich oder wirtschaftlich maßgeblich beteiligt ist,** sei nicht allein deswegen unwirksam. Vielmehr habe der Verwalter von sich aus dem Insolvenzgericht **rechtzeitig einen Sachverhalt unmissverständlich anzuzeigen,** der die ernsthafte Besorgnis rechtfertigt, dass er an der Amtsführung verhindert ist (s auch *Ringstmeier* in Mohrbutter/Ringstmeier/Hell § 23 Rn 56). Dieser Entscheidung kann für den Fall der **Verwertungs-GmbH**, an der der Insolvenzverwalter oder ein Angehöriger des Insolvenzverwalters beteiligt ist, nicht gefolgt werden, denn sie bürdet dem Insolvenzgericht eine **zusätzliche erhöhte Aufsichtspflicht nach § 58** auf, der es kaum jemals in ausreichendem Maße Rechnung tragen kann. Besteht die – wenn auch theoretische – Möglichkeit des Missbrauchs der GmbH durch einen Alleingesellschafter-Insolvenzverwalter, so ist es für den Richter oder Rechtspfleger unzumutbar, fortwährend sämtliche Verträge zwischen Verwalter und GmbH zu überprüfen, ob sie gegen ein gesetzliches Verbot verstoßen oder ob der Inhalt rechtsmissbräuchlich ist. Deshalb ist den Insolvenzverwaltern dringend anzuraten, von der **Einschaltung einer sogen „Insolvenzverwalter-GmbH"** Abstand zu nehmen. Rechtlich zulässig ist es dagegen, vor allem bei Großinsolvenzen **Hilfskräfte** im Rahmen der Insolvenzabwicklung und Verwertung der Insolvenzmasse einzuschalten (LG Stendal ZIP 2000, 982). Unzulässig ist aber die **Erteilung einer Generalvollmacht** an einen Dritten, die Verwertung der gesamten Insolvenzmasse eigenverantwortlich zu übernehmen. Insoweit handelt es sich um höchstpersönliche Pflichten des Verwalters, die weder speziell noch generell auf einen Dritten übertragen werden können.

V. Sonderfälle der Masseverwertung

1. Insolvenzausverkäufe. Der Verwalter darf zum Zwecke der Masseverwertung auch **Warenbestände** 19 **unter Preis** verkaufen, selbst wenn dies dem Schuldner vertraglich unter Vertragsstrafe verboten war (RGZ 35, 31; FK-*Wegener* § 159 Rn 4; *Kilger/K. Schmidt* § 117 KO Anm 4; MüKo-*Ott/Vuia* § 80 Rn 116ff; K/P/B/*Onusseit* § 159 Rn 24). Auch eine persönliche Verwertungsschranke und Preisbindungen, denen sich der Schuldner unterworfen hat, binden den Insolvenzverwalter nicht (*Jaeger/Weber* § 117 KO Rn 17; *Hess* § 159 Rn 11). Zur **Werbung** mit Verkauf aus der Insolvenzmasse s auch EuGH v 25. 3. 2004, ZIP 2004, 823. Für **Insolvenzausverkäufe** durch den Verwalter gelten seit der **Liberalisierung des Wettbewerbsrechts** im Jahr 2004 nur noch die Katalogtatbestände der unlauteren Wettbewerbs nach § 3 UWG und das Verbot der Irreführung nach § 4 UWG. Insolvenzwarenverkäufe unterliegen nicht mehr den Einschränkungen über **Sonderveranstaltungen** (*Ringstmeier* in Mohrbutter/Ringstmeier Hdb § 23 Rn 51; FK-*Wegener* § 159 Rn 4; MüKo-*Ott/Vuia* § 80 Rn 116; K/P/B/*Onusseit*

§ 159

§ 159 Rn 21 ff). Die Beschränkungen nach dem UWG in seiner bis zum 7. 7. 2004 geltenden Fassung sind damit ebenso entfallen wie die in der Voraufl dargestellten Beschränkungen nach den §§ 6–8 UWG. Zur alten Rechtslage s **BGH** v 11. 5. 2006, ZIP 2006, 1208; K/P/B/*Onusseit* § 159 Rn 21–23. Nach dem seit 8. 7. 2004 geltenden **neuen Wettbewerbsrecht** (BGBl I, S 1404) sind **Insolvenzausverkäufe nach den allgemeinen gesetzlichen Rahmenbedingungen zulässig**, dh der Verwalter hat die §§ 134, 138 BGB zu beachten. Insolvenzausverkäufe unterliegen nur noch den in der Generalklausel des § 3 UWG festgelegten Schranken und dem **allgemeinen Irreführungsverbot** des § 5 Abs 4 UWG. So untersagt § 5 Abs 2 Nr 2 UWG **irreführende Angaben** mit der Folge, dass die **Werbung mit „Insolvenzausverkauf"** zwingend voraussetzt, dass die Maßnahme der Liquidation des Schuldnerunternehmens dient, zumindest auf Anordnung des (vorläufigen) Insolvenzverwalters erfolgt (LG Heilbronn WRP 2006, 620 [Ls]; *Hefermehl/Köhler/Bornkamm* § 5 UWG Rn 6.4; K/P/B/*Onusseit* § 159 Rn 23 a). Letztlich darf der **Grund des Räumungsverkaufs** nicht verschleiert werden (s auch *Köhler* NJW 2004, 2121, 2126; *Ringstmeier* in Mohrbutter/Ringstmeier Hdb § 23 Rn 51). Kein nach § 3 UWG **unzulässiges Dumping** liegt vor, wenn der Insolvenzverwalter Gegenstände unter Einkaufspreis oder unter Herstellungspreis verkauft (MüKo-*Görg* § 159 Rn 15). Auch liegt keine gezielte Wettbewerbsbehinderung iSv § 4 Abs 10 UWG vor, selbst wenn Wettbewerber des Schuldnerunternehmens dadurch Umsatzrückgänge erleiden. Ein **Nachschieben von Ware**, die nicht aus der Insolvenzmasse stammt, ist unzulässig (§ 5 UWG; MüKo-*Ott/Vuia* § 80 Rn 117). Der Verwalter handelt nicht zum Zwecke des Wettbewerbs, sondern ausschließlich im Verwertungsinteresse der Masse (MüKo-*Görg* § 159 Rn 15; FK-*Wegener* § 159 Rn 6). Der Insolvenzverwalter ist an **Preisbindungsvereinbarungen** des Schuldners nicht gebunden (FK-*Wegener* § 159 Rn 6; MüKo-*Görg* § 159 Rn 15; K/P/B/*Onusseit* § 159 Rn 24; *Ringstmeier* in Mohrbutter/Ringstmeier Hdb § 23 Rn 51). Für den Insolvenzverwalter unbeachtlich sind gem § 512 BGB zugunsten Dritter bestehende **Vorkaufsrechte** an Gegenständen der Insolvenzmasse. Dingliche Vorkaufsrechte sind aber gem § 198 Abs 1 S 2 bei freihändigem Verkauf ebenso insolvenzfest wie das **Vorkaufsrecht des Arbeitnehmers nach § 27 ArbnEfG** (MüKo-*Görg* § 159 Rn 16; K/P/B/*Onusseit* § 159 Rn 13; N/R/*Balthasar* § 159 Rn 16). Auch ansonsten ist der Verwalter an **vertragliche Wettbewerbsbeschränkungen**, **Preisbindungen** und sonstige **Unterlassungspflichten** des Schuldners nicht gebunden (*Ringstmeier* in Mohrbutter/Ringstmeier Hdb § 23 Rn 51). Zum früheren Recht s auch **BGH** v 11. 5. 2006, ZIP 2006, 1208 = ZInsO 2006, 648.

20 2. Verwertung von Auslandsvermögen. Nach § 148 obliegt es dem inländischen Insolvenzverwalter, auch das ausländische Schuldnervermögen in Besitz und Verwaltung zu nehmen (OLG Koblenz v 30. 3. 1993, ZIP 1993, 844; LG Köln ZIP 1997, 2161, 2162; K/P/B/*Onusseit* § 159 Rn 27). Auch die Pflicht zur Verwertung des Schuldnervermögens erstreckt sich auf das ausländische Vermögen des Schuldners. Allerdings ist dabei das **Recht des Belegenheitsstaates** zu beachten (BGHZ 68, 16, 17 f; *Hanisch* ZIP 1992, 1225, 1236; K/P/B/*Kemper* Art 102 EGInsO Rn 195). Ob der Verwalter berechtigt ist, Schuldnervermögen im Ausland zu verwerten oder der inländischen Masse zuzuführen, richtet sich nach dem Recht des ausländischen Staates, in dem sich das Schuldnervermögen befindet. Soweit einem Insolvenzverwalter nach ausländischem Recht verwehrt ist, in seiner amtlichen Eigenschaft auf dort belegenes Schuldnervermögen zuzugreifen, ist der Schuldner berechtigt, über dieses Vermögen zu verfügen, solange dort kein Parallelverfahren eröffnet ist (vgl *Wenner* in Mohrbutter/Ringstmeier Hdb § 20 Rn 82 ff; *Gottwald/Gottwald* InsRHdb § 129 Rn 34 f u § 130 Rn 44 f, 50). Nach der InsO gehört auch das Auslandsvermögen des inländischen Schuldners zur Insolvenzmasse. Der deutsche Insolvenzverwalter ist entspr verpflichtet, alle rechtlich zulässigen Anstrengungen zu unternehmen, um Auslandsvermögen zur Masse zu ziehen und zu verwerten (§§ 148, 159; *Gottwald/Gottwald* InsRHdb § 130 Rn 41). Ob das ausländische Schuldnervermögen tatsächlich zur inländischen Masse gezogen werden kann, hängt vom Recht des Belegenheitsstaates ab (*Gottwald/Gottwald* InsRHdb 130 Rn 42). Der Verwalter kann jedoch versuchen, die Verwertung ohne Rechtshilfe ausländischer Stellen mittelbar auf zivilrechtlichem Wege zu erreichen. Hierbei hat der **Schuldner oder Schuldnervertreter den Verwalter gem § 97 Abs 2 (§ 101 Abs 1 S 1) zu unterstützen** (vgl die Kommentierung unten zu XIV.; ferner K/?/B/*Onusseit* § 159 Rn 27; K/P/B/*Kemper* Art 102 EGInsO Rn 196 ff; FK-*Wimmer* Art 102 EGInsO Rn 424; *Hess* Art 102 EGInsO Rn 131; N/R/*Mincke* Art 102 EGInsO Rn 152 ff). So ist der Schuldner bzw organschaftliche Vertreter eines Schuldnerunternehmens verpflichtet, dem Verwalter eine **ordnungsgemäße Vollmacht oder Genehmigung** zur Einziehung des in einem anderen Staat belegenen Vermögens zu erteilen (**BGH** v 18. 9. 2003, NZI 2004, 21 = ZIP 2003, 2123; OLG Koblenz ZIP 1993, 844; OLG Köln ZIP 1986, 658 = WM 1986, 682; K/P/B/*Kemper* Art 102 EGInsO Rn 197; *Wenner* in Mohrbutter/Ringstmeier Hdb § 20 Rn 101). Das gilt vor allem, wenn der Belegenheitsstaat des ausländischen Vermögens die inländische Insolvenzeröffnung nicht anerkennt. So ist der Schuldner oder der organschaftliche Schuldnervertreter gem §§ 101 Abs 1, 97 Abs 2 verpflichtet, die **zur Verwertung oder Rückführung ausländischen Vermögens erforderlichen Erklärungen** abzugeben und entsprechende Urkunden an den Verwalter auszuhändigen. Zur Mitwirkungspflicht iSv § 97 Abs 2 (§ 100 Abs 1) gehört auch die **Erteilung einer Vollmacht** an den Verwalter, die diesen **ermächtigt, Auskünfte** über im Ausland befindliches Vermögen zu erhalten und darüber zu verfügen (vgl **BGH** NZI 2004, 21; OLG Köln v 29. 4. 1986, ZIP 1986, 658; OLG Koblenz ZIP 1993, 844; LG Köln ZIP 1997, 989, 990;

V. Sonderfälle der Masseverwertung **§ 159**

LG Köln ZIP 1997, 2161, 2162). Zur **erkauften Freigabe** von Auslandsvermögen s MüKo-*Görg* § 159 Rn 10.

Erkennt ein internationales Insolvenzabkommen oder das Recht des Belegenheitsstaates die **Wirkun- 21 gen des inländischen Insolvenzverfahrens an**, so ist der Verwalter berechtigt, im Ausland belegenes Schuldnervermögen entweder dort zu verwerten oder zur Masse zu ziehen. Weigert sich der Schuldner, entsprechende Vollmachten zu erteilen, kann ihn der Verwalter auf Grund der §§ 97 Abs 2, 98 auf Abgabe der notwendigen Erklärungen verklagen und das Urteil, das die fiktive Abgabe der Willenserklärung bewirkt, im Ausland vollstreckbar erklären lassen (**LG Köln ZIP 1997, 2161, 2162;** *Gottwald/Gottwald* InsRHdb § 130 Rn 47; K/P/B/*Kemper* Art 102 EGInsO Rn 198; K/P/B/*Onusseit* § 159 Rn 28; *Wenner* in Mohrbutter/Ringstmeier Hdb § 20 Rn 105; str aA N/R/*Balthasar* § 159 Rn 11). Vgl auch die Kommentierung zu § 97. Kommt der Schuldner oder der organschaftliche Vertreter eines Schuldnerunternehmens der zur Realisierung von Auslandsvermögen erforderlichen Mitwirkung nach § 97 Abs 2 nicht nach, ist darüber hinaus das Gericht berechtigt, auf Anregung des Verwalters **Zwangsmaßnahmen nach § 98** anzuordnen (vgl auch K/P/B/*Onusseit* § 159 Rn 28). Weigert sich **der Schuldner** oder organschaftliche Vertreter, die zur Realisierung ausländischen Vermögens erforderliche Vollmacht zu erteilen, kann dies wegen masseschädigenden Verhaltens einen **Schadensersatzanspruch nach § 826 BGB** auslösen (vgl OLG Köln v 28. 11. 1997, ZIP 1998, 113, 114; LG Köln ZIP 1997, 989, 990; *Paulus* ZIP 1998, 977, 978). Innerhalb der EU darf der Verwalter **im Ausland keine Zwangsmittel** anwenden, auch wenn er nach seinem Heimatrecht entsprechende Befugnisse hätte (*Gottwald/Gottwald* InsRHdb § 130 Rn 46). Erleichterungen hinsichtlich der **Verwertung von Auslandsvermögen** sieht die VO des Rates der Europäischen Union Nr 1346/2000 v 29. 5. 2000 (ABl L 160 v 30. 6. 2000, 1 = NZI 2000, 407) in Art 18 Abs 1 vor: Der Verwalter, der durch ein nach Art 3 Abs 1 zuständiges Gericht bestellt worden ist, darf im Gebiet eines anderen Mitgliedstaats alle Befugnisse ausüben, die ihm nach dem Recht des Staates der Verfahrenseröffnung zustehen, solange in dem anderen Staat nicht ein weiteres Insolvenzverfahren eröffnet oder eine gegenteilige Sicherungsmaßnahme auf einen Antrag auf Eröffnung eines Insolvenzverfahrens hin ergriffen worden ist. Nach Art 18 Abs 1 S 2 kann der Verwalter insbesondere vorbehaltlich der Art 5 und 7 die zur Masse gehörenden Gegenstände aus dem Gebiet des Mitgliedstaates entfernen, in dem sich die Gegenstände befinden. S auch unten die Kommentierung zu Art 18 EuInsVO *[Lüer]*.

3. Die Veräußerung des Schuldnerunternehmens. Die stärkste Form der Verwertung ist die Veräuße- 22 rung des Schuldnervermögens als Gesamtheit (*Schwehr* Die Probleme bei der Verwertung des insolventen Unternehmens durch den Verkauf als Ganzes, 2001; HK-*Flessner* § 159 Rn 10; BerlKo-*Breutigam* § 159 Rn 21 ff). Zur **übertragenden Sanierung** s unten zu VIII. Rn 47, 48 und die **Kommentierung zu § 157 Rn 6**. Die Übertragung erfolgt meist im Wege des **Unternehmenskaufs** (vgl *Beisel/Klumpp*, Der Unternehmenskauf Rn 139; *Hess* § 159 Rn 25 ff; BerlKo-*Breutigam* § 159 Rn 21 ff). Zu unterscheiden ist hier der **Beteiligungserwerb** (share deal), bei dem die Geschäftsanteile des Schuldnerunternehmens verkauft werden, die nicht zur Insolvenzmasse gehören, sondern den Gesellschaftern zustehen, und die **Betriebsveräußerung** (asset deal). Bei letzterem werden sämtliche Vermögensgegenstände des Unternehmens einschließlich eines gesondert im Kaufpreis berücksichtigten Unternehmenswerts als Einheit verkauft (BerlKo-*Breutigam* § 159 Rn 23; *Beisel/Klumpp* Der Unternehmenskauf Rn 139 ff). Der **share deal** hat den Nachteil, dass mit der Übertragung der Gesellschaftsanteile gleichzeitig auch die Vermögensgegenstände (assets) auf den Erwerber übergehen. Die Konsequenz, dass auch der Erlös den Gesellschaftern und nicht den Insolvenzgläubigern zufließt (so BerlKo-*Breutigam* § 159 Rn 23), lässt sich mit dem Grundgedanken der Gesamtvollstreckung nicht vereinbaren. Der Regelfall der Veräußerung ist somit der **asset deal**. Für die Feststellung des **Unternehmenswertes** gelten die allgemeinen Grundsätze, die in der BWL für die Unternehmensbewertung entwickelt worden sind (Einzelheiten bei *Hess* § 159 Rn 29–75). Dabei sind die Besonderheiten zu berücksichtigen, die für die **Bewertung insolventer Unternehmen** eingreifen (*Hess* § 159 Rn 71–75; WP-Hdb-*Gross* 11. Aufl Bd II F Rn 444 ff; *Wellensiek* WM 1999, 405, 409 ff). Der Unternehmenswert wird sich meist am **Liquidationswert** zu orientieren haben, der sich aus dem Barwert der aus einem bestimmten Abwicklungskonzept des Unternehmens resultierenden finanziellen Überschüsse ergibt. Einzelheiten zur Unternehmensbewertung in WP-Hdb 11. Aufl Bd II A Rn 1 ff.

4. Verwertung der Firma. Wie bereits in der Kommentierung zu § 35 VIII. 2. b Rn 275 und X. 1. a 23 Rn 379 festgestellt wurde, ist die Firma Teil der Insolvenzmasse iSv § 35 (*Jaeger/Henckel* § 1 KO Rn 15; *Bokelmann* KTS 1982, 27, 35; N/R/*Andres* § 35 Rn 76; MüKo-*Lwowski* § 35 Rn 484–488; BerlKo-*Amelung/Wagner* § 35 Rn 21–27; str aA K/P/B/*Holzer* § 35 Rn 71 ff; *Kern* BB 1999, 1717, 1719 f). Entgegen älterer Auffassungen in Literatur und Rechtsprechung ist heute anzunehmen, dass auch die **Firma selbständig verwertbar** ist, selbst wenn das Unternehmen als solches liquidiert wird. Mit Urteil v 27. 9. 1982 (BGHZ 85, 221 = NJW 1983, 755 = ZIP 1983, 193) hat der BGH in Anlehnung an die Gedanken von *K. Schmidt* (Wege S 72 ff, 242; *K. Schmidt/W. Schulz* ZIP 1982, 1015) die **Massezugehörigkeit der Firma** generell bejaht (vgl auch *K. Schmidt*, Handelsrecht S 349 ff). Bei der Verwertungsbefugnis der Firmenbezeichnung nimmt allerdings der BGH eine Güterabwägung vor: Stets sei zu

§ 159

prüfen, inwieweit der durch die Namenswahl verbleibende personale Bezug die vermögensrechtlichen Interessen an einer freien Verwertung der Firma überwiegt (vgl auch *Raffel; Emmrich,* Das Firmenrecht im Konkurs, 1992; ferner die Kommentierung zu § 35 Rn 379). Das Argument von W. *Henckel* (*Jaeger/Henckel* § 1 KO Rn 15), dass es dem Schuldner nicht zuzumuten ist, dass ihm ein anderes Unternehmen am gleichen Ort und unter seinem Namen Konkurrenz macht, ist durch das Handelsrechtsreformgesetz 1998 weitgehend entfallen (vgl *Uhlenbruck* ZIP 2000, 401 ff). Nach zutreffender Feststellung von *K. Schmidt* (Handelsrecht § 12 Abs 1 Nr 3 c S 351) ist die bisher auf § 18 HGB aF gestützte gegenteilige Annahme **bei einem Einzelkaufmann überholt** (vgl auch *Schwerdling,* Die Stellung des Insolvenzverwalters nach neuem Insolvenz- und Handelsrecht unter besonderer Berücksichtigung des Firmenrechts, 2000; K/P/B/*Noack* InsO GesellschaftsR Rn 474 f; *Uhlenbruck* ZIP 2000, 401 ff; vgl auch *Steinbeck* NZG 1999, 133).

24 Die **Veräußerbarkeit der Firma ohne Zustimmung des Inhabers** gilt nicht nur für eine originär geführte Firma, sondern auch für die **Veräußerung einer abgeleiteten Firma,** dh einer Firma, bei der der Erwerber den Namen des früheren Firmeninhabers übernommen hat (*Schwerdling,* Insolvenzverwalter S 96). Eine **Ausnahme** ist nur für die Fälle anzuerkennen, in denen der Schuldner eine abgeleitete Firma führt und der frühere Firmeninhaber mit ihm vereinbart hatte, dass die Weiterveräußerung der Firma an Dritte nicht ohne seine Zustimmung erfolgen darf. Solche Vereinbarungen sind nicht etwa im Hinblick auf § 119 unwirksam, sondern binden auch den Insolvenzverwalter (*Emmrich,* Firmenrecht S 106 ff; *Schwerdling,* Die Stellung des Insolvenzverwalters S 98; str aA *Bokelmann* KTS 1982, 27, 57). Die Liberalisierung des Firmenrechts durch das **Handelsrechtsreformgesetz** v 22. 6. 1998 (BGBl I S 1474) eröffnet dem Schuldner ausreichende **Möglichkeiten, eine zugkräftige neue Firma für einen ökonomischen Neuanfang** zu bilden. Die früheren Argumente gegen ein Verwertungsrecht des Insolvenzverwalters bei Einzelfirmen lassen sich nicht mehr aufrechterhalten (*Steinbeck* NZG 1999, 133, 136 ff; MüKo-*Lwowski* § 35 Rn 496; str aA *Kern* BB 1999, 1717, 1719). Die Gläubigerinteressen haben Vorrang vor den Interessen des insolventen Einzelkaufmanns (MüKo-*Lwowski/Peters* § 35 Rn 497; *Steinbeck* NZG 1999, 133 ff; *Uhlenbruck* ZIP 2000, 401 ff). Nach BerlKo-*Amelung/Wagner* (§ 35 Rn 23) soll dies nur gelten, wenn das insolvente Unternehmen vor dem Inkrafttreten des Handelsregisterreformgesetzes, also vor dem 1. 7. 1998, in das Handelsregister eingetragen wurde (so auch MüKo-*Lwowski/Peters* § 35 Rn 499; *Steinbeck* NZG 1999, 133, 139).

25 Vorstehendes gilt ebenso für die **Firma einer Gesellschaft ohne Rechtspersönlichkeit iSv § 11 Abs 2 Nr 1.** Auch hier greifen die Argumente der Schutzwürdigkeit des Persönlichkeitsrechts der Gesellschafter nicht mehr ein. Mit der **Einbringung des Familiennamens** in die Firma hat auch der Gesellschafter einer Personengesellschaft, Partenreederei oder einer Europäischen Wirtschaftlichen Interessenvereinigung sein Namensrecht kommerzialisiert, muss also damit rechnen, dass der Insolvenzverwalter das Unternehmen mit der Firma veräußert oder auf eine Übernahmegesellschaft im Wege der übertragenden Sanierung überträgt (vgl MüKo-*Lwowski/Peters* § 35 Rn 502; *Bokelmann* KTS 1982, 53 ff; MüKo-*Bokelmann* § 22 HGB Rn 57; *Schwerdling,* Insolvenzverwalter S 103, 106). Eine Differenzierung für Personengesellschaften, die vor oder nach dem Inkrafttreten des Handelrechtsreformgesetzes eingetragen wurden, findet nicht statt (MüKo-*Lwowski/Peters* § 35 Rn 503; str aA *Steinbeck* NZG 1999, 133, 139; BerlKo-*Amelung/Wagner* § 35 Rn 23). Auch hier gilt die **Ausnahme,** dass der namensgebende Gesellschafter die uneingeschränkte Weiterverwendung seines Namens von einem **unveränderten Gesellschafterbestand** abhängig gemacht hat. Solche Vereinbarungen sind zulässig (BGHZ 85, 221, 224; BGHZ 58, 323, 326; OLG Frankfurt ZIP 1982, 336) und sind auch für den Insolvenzverwalter verbindlich (so *Schwerdling,* Die Stellung des Insolvenzverwalters S 105; str aA *Bokelmann* KTS 1982, 27, 57). Im Hinblick auf eine insolvenzmäßige Firmenverwertung ist somit die Vereinbarung des Ausschlusses der Übertragung für den Gesellschafter einer Personenhandelsgesellschaft günstiger als für den Einzelkaufmann. Bei der **GmbH & Co KG** bedarf der Insolvenzverwalter für eine Firmenveräußerung keiner Zustimmung der namensgebenden Gesellschafter. Wer seinen Familiennamen einer kapitalistisch ausgestalteten Personengesellschaft zur Verfügung stellt und damit kommerzialisiert, muss damit rechnen, dass auch für den Fall der Insolvenz ein **Verwertungsrecht des Insolvenzverwalters** besteht (vgl BGHZ 109, 364, 367; OLG Düsseldorf NJW 1980, 1284; OLG Koblenz NJW 1992, 2102; OLG Hamm NJW 1982, 586; *K. Schmidt* HandelsR S 354; MüKo-*Lwowski/Peters* § 35 Rn 503).

26 **5. Die Verwertung von Miteigentum und Erbbaurechten.** Will der Verwalter Gegenstände verwerten, an denen Miteigentum des Schuldners besteht, so bedarf er gem § 747 Abs 1 S 1 BGB der Zustimmung des Miteigentümers (**BGH** WM 1958, 900; N/R/*Balthasar* § 159 Rn 14; K/P/B/*Onusseit* § 159 Rn 9). Im Übrigen ist nur der Miteigentumsanteil des Schuldners veräußerbar (§ 747 S 2 BGB). Gehört ein **Erbbaurecht** des Schuldners zur Insolvenzmasse, so ist für eine Veräußerung durch den Insolvenzverwalter die Zustimmung des Grundstückseigentümers gem § 8 ErbbaurechtsVO erforderlich (K/P/B/ *Onusseit* § 159 Rn 9). Wird die Zustimmung grundlos verweigert, ist der Verwalter berechtigt, den Antrag nach § 7 Abs 3 ErbbaurechtsVO zu stellen.

27 **6. Die Veräußerung von Geschäftsbüchern.** Die Geschäftsbücher des Schuldners gehören gem § 36 Abs 2 Nr 2 zur Insolvenzmasse. § 36 Abs 2 Nr 1 enthält insoweit eine Ausnahme zu § 811 Abs 1 Nr 11

V. Sonderfälle der Masseverwertung § 159

ZPO. Unerheblich ist es dabei, ob der Schuldner handels- oder steuerrechtlich zur Führung von Büchern verpflichtet ist. Zu den Geschäftsbüchern (Geschäftsunterlagen) gehören sämtliche der Rechnungslegung dienenden Unterlagen sowie alle Aufzeichnungen und Verzeichnisse, die im Unternehmen des Schuldners geführt werden, also auch **Kundendateien, Abonnentenverzeichnisse** oder **Adressenverzeichnisse** (OLG Saarbrücken v 8. 11. 2000, NZI 2000, 41). Unerheblich ist es auch, ob es sich um körperliche oder im Wege elektronischer Datenverarbeitung erstellte Unterlagen handelt (K/P/B/*Onusseit* § 159 Rn 10). Das Verwertungsrecht des Verwalters erstreckt sich auch auf nicht kaufmännisch geführte Bücher einschließlich der dazugehörigen Korrespondenz sowie Einnahmen- und Ausgabenaufstellung, Arbeitsaufzeichnungen, Aufzeichnungen über die Außenstände, Rechnungen und Quittungen sowie sonstige Belege (K/P/B/*Holzer* § 36 Rn 30). Da der Gesetzgeber die Veräußerungsbeschränkung des § 117 Abs 2 KO nicht in § 159 übernommen hat, können **Geschäftsbücher auch ohne das Unternehmen des Schuldners** veräußert werden. (OLG Saarbrücken ZIP 2001, 164, 165 = NZI 2000, 41; MüKo-*Görg* § 159 Rn 4; K/P/B/*Onusseit* § 159 Rn 10; FK-*Wegener* § 159 Rn 11). Eine Veräußerung etwa als Altpapier ist allerdings nach wie vor unzulässig (K/P/B/*Onusseit* § 159 Rn 10). Auch bei Veräußerung von Geschäftsunterlagen bleiben die **Aufbewahrungspflichten** handels- und steuerrechtlicher Art weiter bestehen (vgl §§ 257 HGB, 147 AO). Die Veräußerung ist insoweit zulässig, als die Aufbewahrung durch Dritte ebenfalls zulässig ist oder die Unterlagen auf Bildträgern oder sonstigen Datenträgern gespeichert werden dürfen (K/P/B/*Onusseit* § 159 Rn 10).

Die Geschäftsunterlagen sind **nach Beendigung des Verfahrens** an den Schuldner bzw das Schuldnerunternehmen **zurückzugeben**. Der Schuldner bzw die Organe des Schuldnerunternehmens sind grundsätzlich zur **Rücknahme verpflichtet** (OLG Hamm v 3. 7. 1964, NJW 1964, 2355; K/P/B/*Onusseit* § 159 Rn 11). Die Rücknahme kann jedoch außer bei Aktiengesellschaften **nicht durch Zwangsgelder erzwungen** werden (LG Hannover KTS 1973, 191 m Anm *Skrotzki*). Bei **beschränkt haftenden Gesellschaften** des Handelsrechts trifft die **gesetzliche Aufbewahrungspflicht** (§§ 74 Abs 2 GmbHG, 273 Abs 2 AktG, 147 AO) hinsichtlich der Geschäftsunterlagen nach Verfahrensaufhebung oder Verfahrenseinstellung grundsätzlich den Vorstand oder die Geschäftsführung bzw den jeweiligen Liquidator (OLG Hamm v 3. 7. 1964, NJW 1964, 2355; OLG Stuttgart v 3. 1. 1984, ZIP 1984, 1385; *Jaeger/Weber* § 117 KO Rn 19; *Kilger/K. Schmidt* § 117 KO Anm 6 a). Nach OLG Stuttgart (v 3. 1. 1984, ZIP 1984, 1385) kann der nach Einstellung des Insolvenzverfahrens mangels Masse zwischen dem Verwalter und der Gesellschaft entstehende **Streit über die Verwahrungspflicht** nicht im Verfahren nach § 74 GmbHG, §§ 148, 146 FGG entschieden werden. Nach § 74 Abs 2 S 1 GmbHG sind die Liquidatoren lediglich verpflichtet, für die nach § 74 Abs 2 vorgeschriebene Aufbewahrung der Bücher und Schriften der Gesellschaft Sorge zu tragen (*Scholz/K. Schmidt* § 74 GmbHG Rn 29; *Baumbach/Hueck/Schulze-Osterloh* § 74 GmbHG Rn 10). Kommt es zu einem Insolvenzverfahren, so kann sich die Verpflichtung nach § 74 Abs 2 S 1 GmbHG allenfalls im Rahmen einer Nachtragsliquidation ergeben.

Für die Praxis ist festzustellen, dass sich vor allem bei **juristischen Personen** nach Aufhebung des Insolvenzverfahrens und **Vollbeendigung der Gesellschaft** meist niemand mehr bereit findet, die Unterlagen der Gesellschaft unentgeltlich zu verwahren (anders *Kalter* KTS 1960, 63, 69). Den Übernahmeanspruch kann der Insolvenzverwalter bei Weigerung oder unbekanntem Aufenthalt des Schuldners bzw der (ehemaligen) organschaftlichen Vertreter nur **im Prozessweg** durchsetzen (K/P/B/*Onusseit* § 159 Rn 11; *Pape* in Mohrbutter/Ringstmeier § 12 Rn 63). Die Auffassung, dass nach Information des Finanzamts und der zuständigen Staatsanwaltschaft von der beabsichtigten Vernichtung der Verwalter berechtigt ist, sämtliche Unterlagen bis auf die Personalunterlagen des Schuldnerunternehmens nach vorheriger Androhung zu **makulieren** oder **sonstwie zu verwerten** (*Skrotzki* KTS 1973, 192), lässt sich für die InsO nicht aufrechterhalten. Vielmehr empfiehlt es sich, **in der Schlussbilanz Rückstellungen zu bilden**, um nach Aufhebung des Verfahrens die Kosten für die Verwahrung für die Zeit der gesetzlichen Aufbewahrungspflichten abzudecken (K/P/B/*Onusseit* § 159 Rn 11). Bedenklich ist die zu beobachtende Praxis, dass Insolvenzverwalter eine **Verwahrungs-GmbH** gründen, an der sie oder Angehörige beteiligt sind, wobei allerdings die Gefahr eines Interessenkonflikts wegen der Aufhebung des Verfahrens kaum noch besteht. Im Zweifel sind die Unterlagen, wenn der Schuldner oder die organschaftlichen Vertreter eines Schuldnerunternehmens nicht mehr imstande sind, für die Aufbewahrung der Geschäftsunterlagen zu sorgen, vom Verwalter **bei einem Dritten einzulagern**. Die Kosten für die Aufbewahrung sind der Masse zu entnehmen. Übernimmt der Verwalter selbst die Verwahrung, wird ihm eine zusätzliche Vergütung zu bewilligen sein. K/P/B/*Onusseit* (§ 159 Rn 12): „Im Falle der Massearmut bleiben nur pragmatische Lösungen."

7. Die Verwertung von Arbeitnehmererfindungen. Eine vom Insolvenzschuldner als Arbeitgeber nach den §§ 6, 7 Abs 1 ArbnErfG in Anspruch genommene Diensterfindung des Arbeitnehmers gehört zur Insolvenzmasse mit der Folge, dass der Insolvenzverwalter berechtigt ist, sie allein oder mit dem Geschäftsbetrieb zu verwerten (K/P/B/*Onusseit* § 159 Rn 13; N/R/*Balthasar* § 159 Rn 16). Hat der Schuldner die Diensterfindung nicht oder nur teilweise oder eingeschränkt in Anspruch genommen, so wird sie nicht vom Insolvenzbeschlag erfasst. Nutzt aber der Verwalter im Rahmen der einstweiligen oder endgültigen Betriebsfortführung die Diensterfindung entweder als vorläufiger oder nach Verfahrenseröffnung als endgültiger Verwalter, so schuldet er dem Arbeitnehmer eine **angemessene Vergütung**

nach § 10 Abs 1 ArbnErfG als Masseverbindlichkeit iSv § 55 Abs 1 Nr 1 (*Paul* KTS 2005, 445, 446 f). Für die Inanspruchnahme **nach Verfahrenseröffnung** gilt § 27 Nr 1 ArbnErfG und greift die Vergütungspflicht nach § 9 ArbnErfG ein (vgl K/P/B/*Onusseit* § 159 Rn 13; N/R/*Balthasar* § 159 Rn 17). **Veräußert** der Verwalter die Diensterfindung **zusammen mit dem Unternehmen**, so tritt der Erwerber in die Vergütungspflicht des Arbeitgebers bzw Verwalters gem § 27 Abs 1 ArbnErfG ein (N/R/*Balthasar* § 159 Rn 18). **Veräußert** dagegen der Verwalter die **Diensterfindung ohne das Unternehmen**, so hat er das dem Arbeitnehmer nach § 27 Nr 2 ArbnErfG zustehende **Vorkaufsrecht** zu beachten (K/P/B/*Onusseit* § 159 Rn 14). Übt der Arbeitnehmer das Vorkaufsrecht aus, ist er berechtigt, rückständige Vergütungsansprüche gegen den Kaufpreis zu verrechnen (N/R/*Balthasar* § 159 Rn 19, K/P/B/*Onusseit* § 159 Rn 14). Hatte der Arbeitnehmer vor Verfahrenseröffnung bereits eine **einmalige Abgeltung** erhalten, so ist die Abfindungspflicht des Verwalters ausgeschlossen (K/P/B/*Onusseit* § 159 Rn 14). Nutzt der Verwalter im Schuldnerunternehmen die Diensterfindung des Arbeitnehmers weiter, so hat er für die Benutzung eine angemessene Vergütung aus der Insolvenzmasse zu zahlen (§ 27 Nr 3 ArbnErfG). Diese stellt eine Masseverbindlichkeit iSv § 55 Abs 1 Nr 1 dar. Hat der Insolvenzverwalter **für die Diensterfindung keine Verwendung** und ist diese nicht zu veräußern, so kann der Arbeitnehmer die Übertragung der Erfindung gegen Erstattung der Übertragungskosten verlangen (§§ 27 Nr 4, 16 ArbnErfG). Hat der Insolvenzverwalter nicht die Absicht, die Diensterfindung zu verwerten, so hat er dem Arbeitnehmer hiervon **Mitteilung** zu machen. Bestehen noch Ansprüche des Arbeitnehmers auf Vergütung wegen früherer Inanspruchnahme, so ist er berechtigt, gegen den Anspruch auf Kostenerstattung des Verwalters aufzurechnen (§ 27 Nr 4 S 2 ArbnErfG). Gleiches gilt für die **Verwertung von technischen Verbesserungsvorschlägen** nach §§ 3, 2 ArbnErfG (K/P/B/*Onusseit* § 159 Rn 17). Für **Nutzungen vor Verfahrenseröffnung** ist zu differenzieren, ob die Nutzung durch den sogen „starken" Insolvenzverwalter erfolgt oder durch den Schuldner. Im ersteren Fall begründet die Nutzung Masseverbindlichkeiten nach § 55 Abs 2 S 1.

31   8. **Die Verwertung einer freiberuflichen Praxis.** Wie bereits in der Kommentierung zu § 35 XIII. 3. Rn 276, 277) nachgewiesen wurde, gehört auch die Praxis eines Freiberuflers in die Insolvenzmasse. Die Verwertung der Praxis eines Steuerberaters, Wirtschaftsprüfers, Rechtsanwalts oder Arztes stößt auf ähnliche Schwierigkeiten wie die **Fortführung der Praxis durch den Insolvenzverwalter** (vgl hierzu die Kommentierung zu § 157 III. 7 Rn 16 u zu § 35 XIII. 3. Rn 276; *Vallender* FS Metzeler 2003 S 21 ff; *v. Zwoll/Mai/Eckardt/Rehborn* Die Arztpraxis in Krise und Insolvenz 2007 Rn 404 ff; *D. Maier* Die Insolvenz des Rechtsanwalts 2008 S 97 ff; *Kluth* NJW 2002, 186). Da es dem Insolvenzverwalter regelmäßig an der erforderlichen spezifischen Berufsqualifikation und Zulassung fehlt, ist er grundsätzlich außerstande, die freiberufliche Praxis eines Schuldners zeitweise fortzuführen (vgl *Uhlenbruck*, Die Verwertung einer freiberuflichen Praxis durch den Insolvenzverwalter, FS *Henckel* S 878 ff). Bei der Verwertung ergeben sich Schwierigkeiten vor allem im Hinblick auf die **berufsspezifische Schweigepflicht des Freiberuflers**. So darf der Verwalter Praxisunterlagen, vor allem **Krankenunterlagen eines Arztes**, die der ärztlichen Schweigepflicht unterliegen, ohne Zustimmung der Patienten bzw Klienten nicht auf Dritte übertragen (zur Übertragung einer Patientenkartei vgl BGH v 25. 3. 1993, ZIP 1993, 923; BGH v 10. 7. 1991, NJW 1991, 2955; BGH v 11. 12. 1991, NJW 1992, 737; K/P/B/*Onusseit* § 159 Rn 19; N/R/*Balthasar* § 159 Rn 23). Nach AG Köln (NZI 2004, 155) steht allerdings die **ärztliche Schweigepflicht** der Verpflichtung des Schuldners aus § 97, Namen und Anschriften von Privatpatienten zu nennen, nicht entgegen. Die **Praxisunterlagen** eines Arztes, Rechtsanwalts, Wirtschaftsprüfers, Steuerberaters oder vereidigten Buchprüfers, die dem Berufsgeheimnis unterliegen, zählen zwar ebenfalls gem § 36 Abs 2 Nr 2 zur Insolvenzmasse iSv § 35; soweit jedoch insolvenzrechtliche oder berufsrechtliche bzw strafrechtliche Regelungen (§§ 203, 204 StGB) in Konkurrenz treten, gehen die allgemeinen Regelungen dem Insolvenzrecht vor (*Schick* NJW 1990, 2359, 2360). *Schick* (NJW 1990, 2359, 2361) meint, der Freiberufler könne seine bisherige Tätigkeit überhaupt nur dann fortführen, wenn ihm der Insolvenzverwalter etwa die Nutzung der Patienten- oder Mandantenkartei, in die er selbst nicht Einsicht nehmen darf, gestatte. Das ist nicht richtig. Der Verwalter darf zwar in die Patientenkartei eines Arztes keine Einsicht nehmen, andererseits muss es ihm möglich sein, wie beim Verkauf einer Arztpraxis durch den Arzt mit Zustimmung der Patienten die **Patientenkartei auf einen anderen Übernehmer der Praxis zu übertragen** (*Uhlenbruck* FS *Henckel* S 877, 886 ff; *Amelung* in Kraemer/Vallender/Vogelsang Hdb Bd 1 Fach 2 Kap 19 Rn 139).

32   Bislang hat sich der **BGH** hinsichtlich der Frage, **in welcher Form der Patient** der Übergabe seiner Krankenunterlagen an den Praxisnachfolger des behandelnden Arztes zustimmen muss, nicht festgelegt. Handelt es sich um elektronisch abgespeicherte Behandlungsunterlagen, so ergibt sich nach Auffassung des BGH aber das Erfordernis einer **schriftlichen Zustimmung des Patienten** (§ 4 Abs 2 S 2 BDSG), wenn die Übergabe an den Praxisnachfolger als „Übermittlung" iSv § 3 Abs 5 BDSG anzusehen ist (vgl *Roßnagel* NJW 1989, 2303, 2304; *Rieger* MedR 1992, 147, 148). Nichts anderes gilt für die Patientenunterlagen, die manuell geführt werden. Es erscheint praktikabel, dass der Insolvenzverwalter trotz Veräußerung der Arztpraxis den alleinigen Gewahrsam an den gesamten Patientenunterlagen behält. Dabei kann die Patienten- oder Klientenkartei des Freiberuflers verschlossen in den vom Übernehmer nunmehr genutzten Praxisräumen verbleiben. Setzen Patienten bzw Klienten die Behandlung bzw das

V. Sonderfälle der Masseverwertung § 159

Vertragsverhältnis fort, so ist hierin das Einverständnis zu sehen, dass der Erwerber in die Unterlagen Einsicht nimmt. Allerdings muss im Praxisübernahmevertrag mit dem Erwerber ein **Besitzmittlungsverhältnis** vereinbart werden. Eine **weitere Möglichkeit** besteht darin, dass der Verwalter als Praxisveräußerer dem Übernehmer den **verschlossenen Aktenschrank** mit den persönlichen Unterlagen der Patienten oder Klienten übergibt. Der Erwerber erhält den Schlüssel zu diesem Schrank, verpflichtet sich jedoch im Praxisübernahmevertrag, die Unterlagen für den Veräußerer zu verwahren und diese nur in Anwesenheit der Patienten bzw Klienten, die bei ihm als Praxisnachfolger erscheinen und das Vertragsverhältnis fortsetzen, herauszunehmen und in seine neu angelegte Kartei umzusortieren (so auch *Rieger* MedR 1992, 147, 150). In der Praxis wird auch **folgender „Trick"** empfohlen: Der künftige Praxisübernehmer wird zunächst für eine begrenzte Zeit als Mitarbeiter bzw Partner des Veräußerers tätig. Die Zustimmung der Patienten zur Behandlung durch ihn umfasst die konkludente Zustimmung zur Einsicht in die Krankenunterlagen mit der Folge, dass bei dem Übergang eine zusätzliche Zustimmung zur Überlassung von Patientenunterlagen entbehrlich ist (s *v. Zwoll/Mai/Eckardt/Rehborn* Die Arztpraxis in Krise und Insolvenz Rn 415; *Bange* ZInsO 2006, 362, 364; vgl auch **BGH** ZIP 2005, 218). Vielfach wird der Freiberufler die Möglichkeit wahrnehmen, entweder über ein Restschuldbefreiungsverfahren nach den §§ 286ff oder über einen **Insolvenzplan** gem § 227 eine Restschuldbefreiung zu erreichen. In letzterem Fall bedarf es der Entscheidung der Gläubigerversammlung nach § 157, dass der Freiberufler unter Aufsicht des Insolvenzverwalters seine Praxis zeitweise fortführt (vgl auch *Uhlenbruck* FS *Henckel* S 877, 890 ff; *Uhlenbruck* ZVI 2002, 49 ff).

Für **nach dem 30. Juni 2007** eröffnete Verfahren ist bei freiberuflich oder sonst selbständig tätigen 33 Schuldnern die **Neuregelung in § 35 Abs 2 u 3** zu berücksichtigen. Danach kann der Insolvenzverwalter gegenüber dem Schuldner erklären, ob Vermögen aus der selbständigen Tätigkeit zur Insolvenzmasse gehört und ob Ansprüche aus dieser Tätigkeit im Insolvenzverfahren geltend gemacht werden können. Die Erklärung ist gegenüber dem Gericht anzuzeigen (§ 35 Abs 3 S 1).

9. **Die Verwertung von Gesellschaftsanteilen.** Nicht selten gehört zum Schuldnervermögen und damit 34 zur Insolvenzmasse der Anteil an einer Gesellschaft. Soweit die Anteile verbrieft sind, wie zB in Form von Aktien, ist die Verwertung unproblematisch. Bei Personengesellschaften, aber auch bei der GmbH ist oftmals durch eine **Vinkulierungsklausel** die Übertragung und damit auch die Verwertung von der Genehmigung der Geschäftsführer oder der Gesellschafter abhängig. Nach § 15 Abs 1 GmbHG sind Gesellschaftsanteile veräußerlich (s *Scholz/Winter/Seibt* § 15 GmbHG Rn 254 ff). Sieht der Gesellschaftsvertrag gem § 34 GmbHG vor, dass für den Fall der Eröffnung des Insolvenzverfahrens über das Vermögen eines Gesellschafters der Geschäftsanteil **eingezogen werden** kann, hat der Insolvenzverwalter die **Einziehungsklausel auf Nichtigkeit** zu überprüfen, wenn sie eine Einziehung **ohne Entgelt** vorsieht (vgl hierzu BGHZ 144, 365, 367; *K. Schmidt*, Gesellschaftsrecht § 35 III. 1. c; *Lutter* in *Lutter/Hommelhoff* § 34 GmbHG Rn 94, 62; *Scholz/H. P. Westermann* § 34 GmbHG Rn 14 u Rn 30; *Baumbach/Hueck/Fastrich* § 34 GmbHG Rn 30; *Altmeppen* in Roth/Altmeppen § 34 GmbHG Rn 53). Das Einziehungsentgelt darf nicht gezielt zum Nachteil der Gläubiger, also nicht speziell für den Insolvenzfall ausgeschlossen worden sein (*Niemeier*, Rechtsstatsachen und Rechtsfragen der Einziehung von GmbH-Anteilen, 1982 S 72ff; *Rowedder/Bergmann* in Rowedder/Schmidt-Leithoff § 34 Rn 30ff; *Priester* GmbHR 1976, 5ff; *Ulmer* § 34 GmbHG Rn 95; *K. Schmidt* GesellschaftsR § 35 III. 1. d u § 50 IV 2.6 aa S 1485). Nach ständiger Rechtsprechung ist eine Satzungsbestimmung, die die **Einziehung eines Geschäftsanteils** für den Fall der Anteilspfändung oder des Insolvenzverfahrens über das Vermögen seines Inhabers **gegen nicht vollwertiges Entgelt zulässt, nichtig** (RGZ 142, 373; BGHZ 144, 365, 366f; BGHZ 32, 151; *K. Schmidt* GesellschaftsR § 35 III. 1.d u § 50 IV. 2.c aa; *Altmeppen* in Roth/Altmeppen § 34 GmbHG Rn 53). Bei **einer Personengesellschaft** ist eine Vereinbarung, durch die das Recht des Gesellschafters, die Auflösung der Gesellschaft zu verlangen, ausgeschlossen oder eingeschränkt wird, nichtig. Andererseits kann der Gesellschaftsvertrag bei der Personengesellschaft die Ausschließung von Gesellschaftern erleichtern, also Gründe und Verfahren abweichend vom Gesetz regeln (*Baumbach/Hopt* § 131 Rn 60). Die **Insolvenz eines Gesellschafters** führt nach § 131 Abs 3 Nr 2 HGB mangels abweichender vertraglicher Bestimmungen zum **Ausscheiden des Gesellschafters**. Bei der **Kommanditgesellschaft** führt nur die Insolvenz eines persönlich haftenden Gesellschafters zum Ausscheiden (§§ 161 Abs 2, 131 Abs 3 S 1 Nr 2). Zum Ausscheiden bedarf es keiner Erklärung der übrigen Gesellschafter gegenüber dem Insolvenzverwalter (*Baumbach/Hopt* § 131 HGB Rn 22).

Die **Verwertung des Gesellschaftsanteils** durch den Insolvenzverwalter erfolgt idR durch Veräußerung. 35 Im Insolvenzverfahren über das Vermögen des Gesellschafters übt der Insolvenzverwalter die Rechte des insolventen Gesellschafters aus, also auch die Stimmrechte (*Bayer* in *Lutter/Hommelhoff* § 15 GmbHG Rn 88; *Scholz/Winter* § 15 GmbHG Rn 209; *Bergmann* ZInsO 2004, 225; *Baumbach/Hueck/Fastrich* § 15 GmbHG Rn 63). Im Rahmen der Verwertung ist der **Insolvenzverwalter nicht an die Schranken aus § 15 Abs 5 GmbHG gebunden** (*Michalski/Ebbing* § 15 GmbHG Rn 251; *Altmeppen* in Roth/Altmeppen § 15 GmbHG Rn 64; str aA *Bayer* in Lutter/Hommelhoff § 15 Rn 88; *Liebscher/Lübke* ZIP 2004, 241, 248 ff). Auch schuldrechtliche Vorkaufsrechte (§ 471 BGB) greifen nicht ein. Umstritten ist, ob die Satzung für den Fall der Gesellschafterinsolvenz ein **Ruhen der Gesellschafterrechte** vorsehen kann (so *Scholz/Winter* § 15 GmbHG Rn 209; vgl auch *Rowedder/Bergmann* in Rowedder/Schmidt-Leithoff § 15 GmbHG Rn 150 ff). Bei der **Veräußerung eines GmbH-Anteils** hat der Insolvenzverwalter die Vorschriften der §§ 15 Abs 3, 4, 16 GmbHG zu beachten (*Lutter/Hommelhoff/Bayer* § 15 GmbHG Rn 88; *Scholz/Winter* § 15 GmbHG Rn 209 b; *Altmeppen* in Roth/Altmeppen § 15 GmbHG Rn 64). Im Falle der **Eigenverwaltung** ist der Gesellschafter berechtigt, seinen Gesellschaftsanteil mit Zustimmung des Sachwalters selbst zu verkaufen. Da es sich auch insoweit nicht um eine freiwillige Veräußerung, sondern um einen Akt der Zwangsvollstreckung handelt, entfalten Abtretungsbeschränkungen keine Wirksamkeit (*Scholz/Winter* § 15 GmbHG Rn 209 b; *Rowedder/Bergmann* in Rowedder/Schmidt-Leithoff § 15 GmbHG Rn 156). Sieht die Satzung vor, dass Gesellschaftsanteile für den Fall der Gesellschafterinsolvenz von den übrigen Gesellschaftern unter Fortführung der Gesellschaft übernommen werden, hat der Insolvenzverwalter das **Abfindungsguthaben** des Insolvenzschuldners auf Grund einer Abschichtungsbilanz festzustellen. Der Auseinandersetzungsanspruch fällt in die Insolvenzmasse. Die Aufnahme der Anteilsübertragung in einen **Insolvenzplan** (§ 254 Abs 1 S 2) ersetzt die Formerfordernisse des § 15 Abs 3, 4 GmbHG (*Bayer* in Lutter/Hommelhoff § 15 GmbHG Rn 88), s auch unten zu Rn 42 die **Vinkulierung von Gesellschaftsanteilen** hindert eine Veräußerung durch den Verwalter nicht (*Vallender* GmbHR 2004, 642, 649).

36 **10. Verwertung kapitalersetzender Nutzungsüberlassungen.** Eine besondere Art der Verwertung ist die **Nutzung von Massegegenständen**, etwa durch Vermietung, Verpachtung oder Einräumung eines Nießbrauchs (HK-*Flessner* § 159 Rn 2). Diese Art von „Verwertung" kam bis zum 31. 10. 2008 vor allem in Betracht bei **eigenkapitalersetzenden Leistungen** (§ 32 a GmbHG aF), die in Form einer unentgeltlichen Überlassung der Nutzung von Sachen, die im Eigentum eines Gesellschafters stehen, erfolgt sind. Hatte zB der Gesellschafter einer GmbH dieser ein Grundstück mit eigenkapitalersetzender Wirkung überlassen, erlangte bei Insolvenz der Gesellschaft der Insolvenzverwalter das Recht auf eine **unentgeltliche Nutzung des Überlassungsobjektes** für die vereinbarte oder sonst übliche Dauer der Überlassung (BGHZ 127, 1, 7 ff = ZIP 1994, 1261, 1264; BGHZ 127, 17, 21 ff). Nach Auffassung des **BGH** (v 31. 1. 2000, NZI 2000, 211; BGHZ 140, 147 = NJW 1999, 577; v 11. 7. 1994, BGHZ 127, 1 ff; v 11. 7. 1994, BGHZ 117, 17 ff; **OLG** Köln NZG 1998, 828 m Anm *Eckardt*) war bei kapitalersetzenden Grundstücksüberlassungen der Insolvenzverwalter berechtigt, dass der Schuldner bzw das Schuldnerunternehmen das Grundstück zugunsten der Insolvenzmasse durch Weiterbenutzung innerhalb des Gesellschaftsunternehmens oder durch anderweitige Verpachtung oder Vermietung verwertet (vgl auch *K. Schmidt*, Gesellschaftsrecht § 37 IV S 1158 ff; *Scholz/K. Schmidt* §§ 32 a/b GmbHG Rn 131; *Lutter/Hommelhoff* 16. Aufl §§ 32 a/b GmbHG Rn 138 ff).

37 **Mit dem Inkrafttreten des MoMiG am 1. 11. 2008** (BGBl I 2008, S 2026) sind die früheren §§ 32 a/b GmbHG ersatzlos weggefallen. Da die Überleitungsvorschrift des Art 103 d S 1 EGInsO auf die **Nutzungsüberlassung** nach neuem Recht nicht anwendbar ist, weil es im Bereich des § 135 Abs 1 keine insolvenzrechtlichen Vorschriften gibt, die weiter gelten könnten, gilt statt dessen die Vorschrift des § 135 Abs 3. Wurde dem Schuldner von einem Gesellschafter ein Gegenstand zum Gebrauch oder zur Ausübung überlassen, so kann der **Aussonderungsanspruch während der Dauer des Insolvenzverfahrens, höchstens aber für eine Zeit von einem Jahr** ab Eröffnung des Insolvenzverfahrens nicht geltend gemacht werden, wenn der Gegenstand für die Fortführung des Schuldnerunternehmens von erheblicher Bedeutung ist. Nach § 135 Abs 3 S 2 gebührt dem Gesellschafter ein Ausgleich für den Gebrauch oder die Ausübung des Gegenstandes. Die Umstellung von der eigenkapitalersetzenden Nutzungsüberlassung auf die Nutzungsüberlassung nach § 135 Abs 3 ist **mit Wirkung zum 1. 11. 2008** erfolgt, und zwar in jeder Lage des Insolvenzverfahrens, unabhängig davon, ob es bereits eröffnet worden war oder sich noch im Eröffnungsstadium befand (*Holzer* ZIP 2009, 206, 208). Die Nutzungsmöglichkeit für den Insolvenzverwalter wird damit nicht vollständig entfallen. Sie wird nunmehr grundsätzlich **nicht mehr unentgeltlich** gewährt. Einzelheiten s die Kommentierung zu § 135 sowie *Römermann* NZI 2008, 641, 644 f; *K. Schmidt* DB 2008, 1727 ff; *Gundlach/Frenzel/Strandmann* NZI 2008, 647, 651; *Altmeppen* NJW 2008, 3601, 3602; *K. Schmidt* in K. Schmidt/Uhlenbruck, Die GmbH in Krise, 4. Aufl 2009 Rn 2.104 ff S 198 ff.

38 Da die **vertraglichen Bindungen** zwischen Gesellschafter und der insolventen Gesellschaft durch § 135 Abs 3 nicht angesprochen werden, steht es dem Insolvenzverwalter frei, bei **Miet- und Pachtverträgen** von seinem **Sonderkündigungsrecht** Gebrauch zu machen. Er kann dann den Gegenstand bis zum Ablauf der Ein-Jahres-Frist nutzen, wenn auch gegen ein **angemessenes Entgelt** (*Altmeppen* in Roth/Altmeppen Anh §§ 32 a, b GmbHG Rn 72; str aA *Hirte* ZInsO 2008, 689, 693; *Gundlach/Frenzel/Strandmann* NZI 2008, 647, 651; *K. Schmidt* DB 2008, 1727, 1734). Die Regelung in § 135 Abs 3 erfasst auch **Lizenzen, die zur Ausübung überlassen wurden** (*Gundlach/Frenzel/Strandmann* NZI 2008, 647, 651). Das Gesetz zwingt den Verwalter nicht, die auf ein Jahr begrenzte Nutzungsdauer auszuschöpfen oder sich auch nur bei der Ausübung des Optionsrechts auf eine bestimmte Nutzungsdauer festzulegen (*K. Schmidt* DB 2008, 1727, 1734). Richtig ist, dass die Regelung in § 135 Abs 3 **kein Anfechtungstatbestand** ist. Sie steht vielmehr in sachlichem Zusammenhang mit den Regeln der §§ 103, 108 ff über die Erfüllung oder Nichterfüllung gegenseitiger Verträge (*K. Schmidt* in K. Schmidt/Uhlenbruck, Die GmbH in Krise, Rn 2.108; vgl auch *Altmeppen* NJW 2008, 3601 ff). Zu beachten ist, dass der Gesellschafter den Gegenstand **nicht mehr kostenlos** der Insolvenzmasse überlassen muss (zur Alt-

V. Sonderfälle der Masseverwertung **§ 159**

meppen in Roth/Altmeppen Anh §§ 32 a, b GmbHG Rn 72; anders wohl *Römermann* NZI 2008, 641, 645). Setzt der Insolvenzverwalter das Rechtsverhältnis fort, so ist der **Miet- oder Pachtzinsanspruch** bzw das **Leasing- oder Lizenzentgelt** von der Verfahreneröffnung an **Masseverbindlichkeit iSv § 55**. Ungeklärt ist bislang die Rechtslage, wenn die **Nutzungsüberlassung vor der Verfahrenseröffnung beendet** wurde. Aus dem Wortlaut des § 135 Abs 3 lässt sich nichts herleiten. Jedoch spricht der Zweck der Norm und ihre Begründung aus der Treuepflicht des Gesellschafters dafür, dass der Verwalter vom Gesellschafter in einem solchen Fall die **Wiederüberlassung** verlangen kann (*K. Schmidt* in K. Schmidt/Uhlenbruck, Die GmbH in Krise, Rn 2.108, S 191; ders DB 2008, 1727, 1734). Es steht zu befürchten, dass Gesellschafter versuchen, kurz vor Insolvenzeröffnung die der Gesellschaft überlassenen Gegenstände wieder an sich zu bringen, um den Folgen des § 135 Abs 3 zu entgehen. Sie müssen jedoch mit einer Anfechtung entspr Rechtshandlungen durch den Insolvenzverwalter rechnen.

11. Abwicklung eines Sportvereins. Besondere Schwierigkeiten macht auch die insolvenzrechtliche **39** Verwertung des Vermögens von Sportvereinen (s *Haas* NZI 2003, 177 ff; *Zeuner/Nauen* NZI 2009, 219 ff; *Adolphsen* KTS 2005, 53 ff; *Kreißig*, Der Sportverein in Krise und Insolvenz 2004; *Uhlenbruck*, Konkursrechtliche Probleme des Sportvereins, FS Merz 1992 S 581 ff; *Grunsky* [Hrsg], Der Sportverein in der wirtschaftlichen Krise, Heidelberg 1990; *Wertenbruch*, Der Lizenzspieler als Gläubigersicherheit im Konkurs eines Vereins der Fußball-Bundesligen, ZIP 1993, 1292 ff). Mit der Insolvenzeröffnung verliert der Sportverein die Befugnis, sein zur Insolvenzmasse (§ 35) gehöriges Vermögen zu verwalten und über dieses zu verfügen (§ 80 Abs 1). An die Stelle des Vorstandes tritt der Insolvenzverwalter. Der Verein wird gem § 42 Abs 1 S 1 BGB durch die Eröffnung des Insolvenzverfahrens aufgelöst. Durch die Satzung kann allerdings bestimmt werden, dass der Verein in solchen Fällen als nicht rechtsfähiger Verein fortbesteht (§ 42 Abs 1 S 3 BGB). Zur Zulässigkeit von **Insolvenzklauseln** in den Satzungen der Sportverbände s *Walker* KTS 2003, 169 ff. Der Insolvenzverwalter hat auf Grund seiner Verwaltungsbefugnis den gesamten Verein auch die Möglichkeit, den Spielbetrieb bis zur Entscheidung der Gläubigerversammlung im Berichtstermin (§ 157) aufrechtzuerhalten (so wohl auch *Walker* KTS 2003, 169, 184 f). Soweit **Arbeitsverhältnisse** bestehen, tritt er in die Rechte und Pflichten des Vereins als Arbeitgeber ein (**BAG** NJW 1979, 774, 775; *Uhlenbruck* FS Merz S 588; *Andres* bei *Grunsky*, Der Sportverein in der wirtschaftlichen Krise, S 35, 37 ff). Wegen der satzungsmäßigen Insolvenzklauseln sind jedoch Besonderheiten zu beachten, die oftmals auch einem **Insolvenzplanverfahren** entgegenstehen. S auch *F. Kebekus*, Alternativen zur Rechtsform des Idealvereins im Bundesdeutschen Lizenzfußball, 1991 sowie die Kommentierung zu § 148 Rn 44.

12. Verwertung nach Insolvenzplan. Grundsätzlich hat der Insolvenzverwalter das Schuldnervermö- **40** gen in Besitz zu nehmen, die Ist-Masse zur Soll-Masse zu bereinigen und die Soll-Masse unter Berücksichtigung der Absonderungsrechte (§§ 167–169, 172) zu verwerten sowie den Erlös an die Gläubiger zu verteilen. Eine Alternative ist der **Schuldenbereinigungsplan** iSv § 305 Abs 1 Nr 4, der mit der Annahme durch die Gläubiger die Wirkung eines Prozessvergleichs iSv § 794 Abs 1 Nr 1 ZPO hat (§ 308 Abs 1 S 2). Der Schuldenbereinigungsplan kann bei natürlichen Personen ua vorsehen, dass eine Verwertung des Schuldnervermögens ganz oder teilweise unterbleibt und der Schuldner durch Fortführung seiner Tätigkeit die notwendigen Gelder aufbringt, seine Gläubiger entsprechend der Planvorgabe zu befriedigen.

Eine weitere Verwertungsalternative ist der **Insolvenzplan** (§§ 217 ff), der nicht nur die Liquidation **41** vorsehen kann, sondern auch den Verkauf des schuldnerischen Unternehmens als Ganzes (übertragende Sanierung) oder die fortführende Sanierung des Schuldnerunternehmens bzw des insolventen Rechtsträgers (vgl KS-*Maus* S 931, 934 Rn 10). Soweit die Durchführung eines vorgelegten Insolvenzplans durch Fortsetzung der Verwertung und Verteilung der Insolvenzmasse gefährdet würde, ordnet das Insolvenzgericht gem § 233 S 1 auf Antrag des Schuldners oder des Insolvenzverwalters die **Aussetzung der Verwertung und Verteilung** an. Wird die Aussetzung vom Gericht angeordnet, hat der Verwalter die Verwertung einzustellen und jegliche Verwertungshandlungen zu unterlassen, bis die Gläubigerversammlung das Verfahrensziel nach § 157 festlegt oder das Gericht die Aussetzung gem § 233 S 2 aufhebt. Beschließt die Gläubigerversammlung, dass die Verwertung der Insolvenzmasse nach Maßgabe eines Insolvenzplans erfolgen soll, so ist der Insolvenzverwalter nicht an die gesetzlichen Verwertungsvorschriften der InsO gebunden. Vielmehr hat er die Verwertung oder Nichtverwertung an den Beschlüssen der Gläubigerversammlung zu orientieren. Bei der **Liquidation auf Grund eines Insolvenzplans** ist zu beachten, dass die Liquidation sofort (unverzüglich) oder erst nach zeitweiliger Unternehmensfortführung erfolgen kann (KS-*Maus* S 934 Rn 14). Der Insolvenzplan kann vorsehen, dass der Insolvenzverwalter das Unternehmen saniert und nach erfolgter Sanierung so lange fortführt, bis aus den laufenden Erträgen eine vollständige Befriedigung der Gläubigerforderungen erfolgt ist. Erst danach wird das Unternehmen ganz oder teilweise liquidiert bzw veräußert (vgl Begr RegE, BR-Drucks 1/92, S 91, abgedr bei *Uhlenbruck*, Das neue Insolvenzrecht, S 254). Man spricht in solchen Fällen von einem „**Stufenplan**". Diese Alternative kann nach Feststellung von KS-*Maus* S 935 Rn 14) von Interesse sein, „wenn die insolvente Gesellschaft hohe Verlustvorträge hat, so dass zunächst keine Ertragsteuerzahlungen die Teilungsmasse schmälern". Wird dem Insolvenzplan die **Bestätigung rechtskräftig ver-**

§ 159

sagt, so wird die **Aussetzung der Verwertungspflicht hinfällig** und ist der Verwalter zur Verwertung verpflichtet. Zur Aussetzung der Verwertung gem § 233 S 1 s BerlKo-*Breutigam* § 159 Rn 52 f).

42 Im Rahmen der **Eigenverwaltung** nach den §§ 270 ff hat der **Sachwalter** grundsätzlich **kein eigenes Verwertungsrecht**. Er hat lediglich die Geschäftsführung des Schuldners bzw Schuldnerunternehmens zu überwachen (§ 274 Abs 2) und bei der Begründung von Verbindlichkeiten, die nicht zum gewöhnlichen Geschäftsbetrieb gehören, durch Zustimmung oder Ablehnung mitzuwirken (§ 275 Abs 1). Der Sachwalter kann vom Schuldner verlangen, dass alle eingehenden Gelder nur von ihm entgegengenommen und Zahlungen nur von ihm geleistet werden (§ 275 Abs 2). Diese Kassenführung ist aber keine eigentliche Verwertungshandlung. Der Insolvenzverwalter bzw die Gesellschafter haben für die Veräußerung die **Zustimmung des Gläubigerausschusses einzuholen** (§§ 160 Abs 1, 2 Nr 1, 276). Ein Verstoß hiergegen berührt die Wirksamkeit aber nicht (§§ 164, 276). **Enthält der rechtskräftig bestätigte Insolvenzplan** die Willenserklärung eines Beteiligten über die **Abtretung des Gesellschaftsanteils** oder über die Verpflichtung hierzu, so ersetzt er insoweit die Formen des § 15 Abs 3, 4 (§ 254 Abs 1; *Scholz/Winter* § 15 GmbHG Rn 209 b). S auch oben zu Rn 35. Hat der Gesellschafter seinen Geschäftsanteil bereits vor Verfahrenseröffnung abgetreten, steht dem Verwalter kein Verwertungsrecht zu. Er hat aber zu prüfen, ob die Veräußerung nach den §§ 129 ff anfechtbar ist. War der Geschäftsanteil **vor Insolvenzeröffnung** bereits abgetreten, der Erwerber aber noch nicht angemeldet, so ist der Insolvenzverwalter nicht zur Anmeldung befugt, weil der Gesellschaftsanteil nicht in die Masse gefallen ist (*Scholz/Winter* § 16 Rn 48; str aA OLG Düsseldorf GmbHR 1996, 443, 446; *Michalski/Ebbing* § 16 Rn 65).

43 **13. Verwertungsregelungen durch Insolvenzverwaltungsvertrag.** H. *Eidenmüller* (Unternehmenssanierung S 961 ff; *ders*, Jahrbuch für Neue Politische Ökonomie, 2000, S 81 ff; ders ZZP 114 [2001], 3) leitet aus der Pflicht des Insolvenzverwalters zur optimalen Verwertung zugleich auch die Verpflichtung her, vor allem bei grenzüberschreitenden Insolvenzen zwecks **Koordination der Verfahrensabwicklungen** im Interesse der Gläubiger **Insolvenzverwaltungsverträge** abzuschließen. Ausgangspunkt ist für *Eidenmüller* die optimale Haftungsverwirklichung als Ziel des Insolvenzrechts (§ 1 S 1). Der ökonomische Zweck einer Verfahrenskoordination liege darin, die insgesamt zur Verfügung stehende Haftungsmasse zu maximieren. Durch Verfahrenskoordination könnten alle beteiligten Gläubiger besser gestellt werden, als sie bei unkoordinierten Verfahren stünden. Eine Verringerung der Haftungsmasse in einem Verfahren könne durch Kompensationszahlungen an das andere Verfahren ausgeglichen werden. Solche Insolvenzverwaltungsverträge bieten sich nicht nur bei grenzüberschreitenden Insolvenzen an, sondern vor allem auch bei Konzerninsolvenzen im Inland. Der Gesetzgeber hat das Konzerninsolvenzrecht in der InsO nicht geregelt. Es bleibt bei einer Vielzahl örtlicher Zuständigkeiten, Verfahren und Insolvenzverwaltern auch in den Fällen, in denen die Unternehmen durch gemeinsame Verwaltung eng verbunden sind. Als **Inhalte eines Insolvenzverwaltungsvertrages** kommen nach *Eidenmüller* in Betracht: Vornahme von Verwertungshandlungen, wie zB die Veräußerung von Beteiligungen, die Ausübung von Stimmrechten, die Abstimmung von Insolvenzplänen, die Ausübung des Wahlrechts bei gegenseitigen Verträgen, Kündigungen, Geltendmachung von Anfechtungsansprüchen, Kreditaufnahme und Sicherheitenbestellung sowie die Stellung weiterer Insolvenzanträge. Partner des Insolvenzverwaltungsvertrages sind nicht die Insolvenzgerichte oder der Schuldner, sondern ausschließlich die Insolvenzverwalter. Allerdings sieht *Eidenmüller* für den Abschluss solcher Insolvenzverwaltungsverträge gem § 159 im eröffneten Verfahren die **Zustimmung des Gläubigerausschusses** nach § 160 Abs 1 S 1 vor. Gegenstand des Insolvenzverwaltungsvertrages kann auch die **Festlegung von Kooperationspflichten** der Insolvenzverwalter sein. Soweit eine Maximierung der Haftungsmasse es erfordert, können Kooperationspflichten bestehen zB als Informationspflichten oder der Pflicht zur Einräumung von Zustimmungsbefugnissen. Regeln über Kooperation sind bereits in Art 25–27 des UNCITRAL-Model LAW on CROSS-BORDER INSOLVENCY (1997) enthalten und in der EU-VO über Insolvenzverfahren, wo es in Art 31 Abs 2 heißt: „Vorbehaltlich der für die einzelnen Verfahren geltenden Vorschriften sind der Verwalter des Hauptinsolvenzverfahrens und die Verwalter des Sekundärinsolvenzverfahrens zur gegenseitigen Zusammenarbeit verpflichtet." Der **Insolvenzverwaltungsvertrag** ist nach *Eidenmüller* (Unternehmenssanierung S 537 f u S 925 f) ein **öffentlich-rechtlicher Vertrag** mit prozessvertraglichen und materiell-rechtlichen Elementen. Als Gedankenexperiment führt er den Beispielsfall „Maxwell Communication Cooperation" im englisch-deutschen Verhältnis an. Das Hauptinsolvenzverfahren war in England eröffnet worden, das Sekundärinsolvenzverfahren in Deutschland. Nach *Eidenmüller* ist der deutsche Verwalter gem Art 31 Abs 2 EU-VO bzw § 159 InsO zum Abschluss eines Insolvenzverwaltungsvertrages berechtigt und ggf verpflichtet. S auch die Kommentierung unten zu Art 31 EuInsVO Rn 7 ff *[Lüer]*.

VI. Die Pflicht zur unverzüglichen Verwertung

44 **1. Verwertung vor dem Berichtstermin.** Der Insolvenzverwalter hat eine möglichst rasche Befriedigung der Gläubiger anzustreben (BGH ZIP 1987, 115, 117). Dies rechtfertigt eine möglichst frühzeitige Verwertung, auch wenn bei einigem Zuwarten noch ein höherer Erlös erzielt werden könnte (BerlKo-*Breutigam* § 159 Rn 42 ff; *Bork*, Einf Rn 292; *Häsemeyer* InsR Rn 13.36). Es gilt im Insolvenzverfah-

VI. Die Pflicht zur unverzüglichen Verwertung § 159

ren der Grundsatz: „Wer schnell gibt, gibt doppelt!" Dieser Grundsatz rechtfertigt aber nicht jede **Verwertung vor dem Berichtstermin**. Der Verwalter hat übereilte Veräußerungen zu vermeiden (vgl **BHG** ZIP 1985, 423; **OLG** München NZI 1998, 84, bestätigt durch **BGH** v 7. 5. 1998 – IX ZR 143/97; K/P/B/*Onusseit* § 159 Rn 4 b). Im Einzelfall ist zu unterscheiden zwischen der **eigentlichen Verwertung** und **normalen Geschäften im Rahmen der Unternehmensfortführung** (Verwaltung). Da der Verwalter das Unternehmen idR bis zum Berichtstermin fortzuführen hat, wird man ihn als berechtigt ansehen müssen, **normale Verkäufe, die einer ordnungsmäßigen Geschäftsführung entsprechen**, vorzunehmen. Insoweit handelt es sich nicht um Verwertungsmaßnahmen iSv § 159. Zulässig ist auch der **Selbsthilfeverkauf durch den Insolvenzverwalter** (vgl *Jauernig* ZIP 1980, 410 ff; *Eickmann*, Aus der Praxis der Konkursverwaltung, RWS-Skript Nr 88 S 21; *Henckel* RWS-Skript Nr 125 S 132; *Uhlenbruck*, Gläubigerberatung in der Insolvenz, S 332 u S 454; K/P/B/*Onusseit* § 159 Rn 4 a). Handelt es sich um **verderbliche Ware**, ist der Insolvenzverwalter nach den §§ 383, 385 BGB bzw nach den §§ 373, 379, 388 HGB berechtigt und uU sogar verpflichtet, den Selbsthilfeverkauf unverzüglich vor dem Berichtstermin durchzuführen (*Jauernig* ZIP 1980, 410 ff; *Kilger*/K. *Schmidt* § 127 KO Anm 5 d; KS-*Uhlenbruck* InsO S 352 Rn 29). Es gelten insoweit die gleichen Grundsätze wie für die **Verwertungsbefugnis des vorläufigen Insolvenzverwalters** (vgl *Gerhardt* ZIP 1982, 1, 7; *Koch*, Die Sequestration im Konkurseröffnungsverfahren, 1982 S 145; *Uhlenbruck* KTS 1990, 15, 28; *ders* KS S 325, 353 Rn 30; *Pape* ZIP 1994, 89, 91; *Vallender* in: Henckel/Kreft [Hrsg], InsR 1998 S 71, 79; *ders* DStR 2034, 2037; *ders* DZWIR 1999, 265, 270; *Pohlmann*, Befugnisse Rn 388; *Hess* § 22 Rn 188 ff; *Thiemann* Masseverwaltung S 253 Rn 366). Anders als den vorläufigen Insolvenzverwalter wird man **den endgültigen Insolvenzverwalter** vor dem Berichtstermin als befugt ansehen dürfen, nicht für die Betriebsfortführung benötigte **Gegenstände des Anlage- und Umlaufvermögens zu veräußern**, um die für die Fortführung notwendige Liquidität zu erhalten. Die **Einziehung von Forderungen** des Schuldners gegen Dritte durch den Insolvenzverwalter stellt **keine Masseverwertung** im eigentlichen Sinne dar (*Vallender* in: Henckel/Kreft [Hrsg], InsR 1998 S 77). Den Gläubigern wird durch den Forderungseinzug kein Haftungsobjekt gegenständlich entzogen. Vielmehr dient die Einziehung von fälligen Forderungen der Bereinigung der sogen Ist-Masse zur sogen Soll-Masse. § 166 Abs 2 sieht zwar die Einziehung einer zur Sicherung abgetretenen Forderung als Verwertungsmaßnahme an, jedoch würde sich der Verwalter einer Haftung nach § 60 aussetzen, wenn er eine fällige Forderung vor dem Berichtstermin nicht einzieht. Es empfiehlt sich auch nicht, bei Verwertungshandlungen nach Anlage- oder Umlaufvermögen zu unterscheiden (so aber BerlKo-*Breutigam* § 159 Rn 49). Es können durchaus nicht mehr benötigte **Gegenstände des Anlagevermögens** vom Verwalter veräußert werden, um die für die Fortführung bis zum Berichtstermin erforderliche Liquidität zu beschaffen (K/P/B/*Onusseit* § 159 Rn 4 a; *Kirchhof* ZInsO 1999, 436, 437). Im Rahmen der einstweiligen Betriebsfortführung sind der Verbrauch von Roh-, Hilfs- und Betriebsstoffen sowie Veräußerungen aus dem Warenlager unverzichtbar (BerlKo-*Breutigam* § 159 Rn 46). Will der Verwalter vor dem Berichtstermin das **Unternehmen des Schuldners stilllegen** oder **veräußern**, so greift § 158 ein. Ist das Unternehmen bereits durch den Schuldner oder den Verwalter nach § 158 stillgelegt worden, kann die Veräußerung des Anlagevermögens zulässig sein, wenn die Rückgängigmachung der Stilllegung außer Zweifel steht (K/P/B/*Onusseit* § 159 Rn 4 a). Veräußerungen vor dem Berichtstermin dürfen aber niemals dazu führen, dass der Gläubigerversammlung ein **Fortführungsbeschluss unmöglich gemacht** wird (K/P/B/*Onusseit* § 159 Rn 4 a).

2. Verwertung nach dem Berichtstermin. Die Verwertung nach dem Berichtstermin hat **unverzüglich** 45 zu erfolgen. Unverzüglich heißt nicht etwa „sofort", sondern **„ohne schuldhaftes Zögern"** (§ 121 Abs 1 BGB). Hat die Gläubigerversammlung die Betriebsstilllegung und Liquidation des Schuldnerunternehmens nach § 157 beschlossen, darf nach der InsO der Verwalter das Schuldnerunternehmen nicht mehr **über Jahre hinweg fortführen**. Richtig ist, dass nicht nur in der betriebswirtschaftlichen Literatur, sondern auch im Insolvenzrecht allgemein anerkannt ist, dass die **zeitweilige Betriebsfortführung** im Insolvenzverfahren gegenüber einer sofortigen Wertezerschlagung **erhebliche Vorteile** hat (vgl *Kretschmer* KTS 1977, 137 ff, 143 f; *Berges* KTS 1956, 113; *Stüdemann* FS Einhundert Jahre Konkursordnung, S 401, 413 ff; *Hanisch*, Rechtszuständigkeit der Konkursmasse, 1973 S 115 ff; *Bötticher* ZZP 77 [1964], 55, 63). Auch trifft es zu, dass **auf Zeit angelegte Betriebsfortführungen der wirtschaftlich sinnvollen Liquidation** des Schuldnerunternehmens dienen können (vgl *Riering*, Die Betriebsfortführung durch den Konkursverwalter, 1987 S 144 ff; K. *Schmidt*, Wege S 159 ff). Die InsO hat jedoch die Entscheidung über das Verfahrensziel § 157 in die Hände der **Gläubigerversammlung** gelegt. Diese allein entscheidet, ob das Schuldnerunternehmen **vorläufig fortgeführt werden soll** (§ 157 S 1). Deshalb ist der Verwalter nicht mehr berechtigt, ein Schuldnerunternehmen in der Insolvenz trotz Liquidationsanordnung über Jahre hinweg fortzuführen. Verzögerungen der Verwertung sind auch nicht in Erwartung steigender Marktpreise zulässig (K/P/B/*Onusseit* § 159 Rn 4 b). Andererseits können **übereilte Verwertungsmaßnahmen** zu einer Haftung des Insolvenzverwalters nach § 60 führen (**BGH** v 22. 1. 1985, ZIP 1985, 423 = EWiR 1985, 313 [*Kübler*]). Führt die **sofortige Verwertung** zu erheblichen Einbußen, darf der Verwalter angemessene Zeit mit der Verwertung zuwarten. Dies rechtfertigt aber nicht ein spekulatives Hoffen auf Marktpreisänderungen (N/R/*Balthasar* § 159 Rn 9). Ist entweder die Verwertung gem § 233 S 1 wegen Vorlage eines Insolvenzplans ausgesetzt oder wird die Bestätigung eines Insolvenzplans (§ 248) rechtskräftig versagt, so beginnt die Verwertungspflicht des Verwalters mit der Aufhebung der Verwertungsaussetzung (§ 233 S 2) bzw mit der Rechtskraft des Beschlusses, durch den die Bestätigung des Insolvenzplans versagt wird (vgl BerlKo-*Breutigam* § 159 Rn 52, 53).

VII. Aussetzung der Verwertung

46　Die Verwertungspflicht des Insolvenzverwalters nach § 159 erfährt Einschränkungen durch die Beschlüsse der Gläubigerversammlung (§§ 159, 157). Da § 159 nur an die Beschlüsse der Gläubigerversammlung anknüpft, würde das in § 218 Abs 1 S 1 gesetzlich geregelte Planinitiativrecht des Schuldners und des Verwalters ausgehöhlt, wenn die Masseverwertung ohne Rücksicht auf einen von ihnen vorgelegten Plan durchgesetzt werden müsste (K/P/B/*Onusseit* § 159 Rn 31; *Gottwald/Braun* InsRHdb § 68 Rn 19). Durch eine unverzügliche und zügige Verwertung der Insolvenzmasse werden uU Fakten geschaffen, die die regelabweichende Durchführung auf Grund eines Insolvenzplans unmöglich machen (*Gottwald/Braun* InsRHdb § 68 Rn 19). In diesen Fällen ordnet das Gericht auf **Antrag** des Schuldners oder des Insolvenzverwalters gem § 233 S 1 die **Aussetzung der Verwertung** an. Ordnet das Gericht die Aussetzung an, so hat der Verwalter von Verwertungsmaßnahmen abzusehen, bis entweder die Gläubigerversammlung über einen Insolvenzplan beschlossen oder das Insolvenzgericht die Aussetzung nach § 233 S 2 aufgehoben hat (K/P/B/*Onusseit* § 159 Rn 31; *Gottwald/Braun* InsRHdb § 68 Rn 20–23; vgl auch N/R/*Braun* § 233 Rn 2). § 233 S 1 ist eine **Ergänzung der §§ 157, 159**, die dem Insolvenzverwalter die Verwertung uU schon verbieten, wenn die Gläubigerversammlung ihm den Auftrag zur Ausarbeitung eines Insolvenzplans erteilt oder aus anderem Grunde die vorläufige Unternehmensfortführung beschlossen hat (HK-*Flessner* § 233 Rn 2).

VIII. Die übertragende Sanierung als Verwertungsform

47　Verwertung iSv § 159 ist auch die **übertragende Sanierung** (zum Begriff *K. Schmidt* ZIP 1980, 337; *ders* Gutachten D z 54. DJT 1982 S D 83 f u S D 110 f; *ders* ZGR 1986, 198; *ders*, Wege S 138, 141 ff; *K. Schmidt* in K. Schmidt/Uhlenbruck, Die GmbH in Krise Rn 2.133). Das Unternehmen wird zum Zerschlagungswert auf einen neuen Träger, wie zB auf eine Auffanggesellschaft, übertragen und von den Altverbindlichkeiten entlastet. **Einzelheiten zur übertragenden Sanierung in der Kommentierung zu § 157 Rn 6.** Die sofortige Unternehmensveräußerung im Wege der übertragenden Sanierung ist in der Praxis zurzeit häufiger als die Sanierung mittels Insolvenzplan (vgl *Kammel* NZI 2000, 102 ff; *Smid* NZI 2000, 454). Der Kaufpreis für das übertragene Schuldnerunternehmen wird als Verwertungserlös an die Gläubiger des bisherigen Unternehmensträgers quotenmäßig nach Maßgabe der InsO verteilt (*Bork* Einf Rn 375). Der bisherige Unternehmensträger wird im Rahmen des Insolvenzverfahrens liquidiert. Der Insolvenzverwalter darf sich nicht ohne weiteres mit dem Zerschlagungswert begnügen. Vielmehr muss er versuchen, eine **Annäherung an den Fortführungswert** des Schuldnerunternehmens zu erreichen.

48　Zu beachten hat der Verwalter im Rahmen der übertragenden Sanierung die **Mitwirkungsrechte des Gläubigerausschusses und der Gläubigerversammlung.** Droht im Einzelfall eine Veräußerung unter Wert, kann das Insolvenzgericht gem § 163 Abs 1 auf Antrag des Schuldners bzw organschaftlichen Vertreters des Schuldnerunternehmens oder einer in § 75 Abs 1 Nr 3 bezeichneten Mehrzahl von Gläubigern und nach Anhörung des Insolvenzverwalters anordnen, dass die geplante Veräußerung nur mit **Zustimmung der Gläubigerversammlung** zulässig ist. Allerdings muss der Antragsteller mit den Mitteln des § 294 ZPO glaubhaft machen, dass eine Veräußerung an einen anderen Erwerber für die Insolvenzmasse günstiger wäre. Nach Feststellung von *Bork* (Einf Rn 380) ist besondere Skepsis angebracht, wenn das Unternehmen ganz oder teilweise an **besonders Interessierte** veräußert werden soll (Einzelheiten hierzu in der Kommentierung zu § 162).

IX. Verwertungsauftrag und Rechte Dritter

49　Der Verwertungsauftrag des § 159 bezieht sich auf das gesamte zur Insolvenzmasse (§ 35) gehörige Schuldnervermögen. Bei besonders bedeutsamen Rechtshandlungen, Betriebsveräußerung an besonders Interessierte und unter Wert hat der Verwalter die Zustimmung der Gläubigerversammlung bzw des Gläubigerausschusses nach den §§ 160, 162, 163 einzuholen. Da der Gesetzgeber in § 166 auch die **beweglichen Gegenstände** in die Verwalterverwertung einbezogen hat, an denen ein **Absonderungsrecht besteht,** und ebenso zur Sicherung eines Anspruchs abgetretene Forderungen, bezieht sich das Verwertungsrecht, wenn auch die Durchführung nach den §§ 166 ff zu erfolgen hat, auch auf diese Gegenstände und Forderungen. Insoweit stellt § 166 eine Erweiterung der in § 159 geregelten Verwertungsbefugnisse dar. Befindet sich die Sache zum Zeitpunkt der Verfahrenseröffnung (vorübergehend) **im Besitz eines Dritten,** der sein Besitzrecht vom Schuldner ableitet, zB bei einem vom Schuldner bezahlten Lagerhalter, zur Reparatur bei einem Werkstattunternehmer oder bei einem Mieter oder Leasingnehmer des Schuldners, so genügt auch der **mittelbare Besitz des Schuldners**, um ein Verwertungsrecht des Verwalters zu begründen (*Gottwald/Gottwald* InsRHdb § 42 Rn 110; FK-*Wegener* § 166 Rn 4; *Bork* FS Gaul S 71, 75). Bis zum Berichtstermin (§ 156) darf der **Verwalter Sicherungsgut uneingeschränkt nutzen.** Allerdings muss er vom Berichtstermin an laufend die geschuldeten Zinsen aus der Insolvenzmasse zahlen (§ 169 S 1). Nach § 172 Abs 2 S 1 darf der Verwalter **eine bewegliche Sache, an der ein Absonderungsrecht besteht, nur vermischen** oder verarbeiten, soweit dadurch die Sicherung des absonderungsberechtigten Gläubigers nicht beeinträchtigt wird. Etwas anderes gilt, wenn der Absonderungsberechtigte die **Verarbeitungsermächtigung widerrufen** hat. Der Insolvenzverwalter darf Sicherungsgut ohne Gestattung durch den Gläubiger **nicht verbrauchen** (MüKo-*Lwowski* § 172 Rn 44; *Gottwald/Gottwald* InsRHdb § 42 Rn 121). Ein Verbrauch ist nur gegen Bezahlung der gesicherten Forderung oder Vereinbarung einer Ersatzsicherheit im Einzelfall zulässig. Der Verwalter ist nicht berechtigt, zum Zwecke der Betriebsfortführung Sicherungsgut zu veräußern. Veräußert er trotzdem, hat er den Erlös unverzüglich an den Sicherungsgläubiger auszukehren.

Zur **Verwertung von Gegenständen, die der Aussonderung unterliegen** (§ 47), ist der Insolvenzverwalter grundsätzlich nicht befugt, da diese nicht in das Verfahren einbezogen werden. Es stellt sich aber die Frage der **Weitergeltung der Weiterveräußerungsermächtigung** bei Lieferung unter Eigentumsvorbehalt. Die Frage, ob eine Weiterveräußerungsermächtigung mit Zahlungseinstellung oder Insolvenzeröffnung erlischt, war schon für das frühere Recht heftig umstritten (vgl *Moritz*, Die Rechte des Vorbehaltsverkäufers nach § 46 KO im Konkurs des Käufers, S 41 f; *Smid/Gundlach* § 48 Rn 37 ff; *Gundlach* KTS 2000, 307 ff). Zu beachten ist, dass die Weiterveräußerung im eröffneten Insolvenzverfahren beim verlängerten EV dazu führt, dass der Verkäufer anstelle des Aussonderungsrechts lediglich ein Absonderungsrecht an der Kaufpreisforderung erwirbt (*Gottwald/Gottwald* InsRHdb § 43 Rn 30). Das Sicherungsinteresse beim verlängerten EV ist vor und nach Insolvenzeröffnung aber letztlich das Gleiche. Wendet man in diesen Fällen den § 91 an, kann der EV-Lieferant an der aus der Veräußerung resultierenden Forderung kein Absonderungsrecht erwerben (so *Moritz*, Die Rechte des Vorbehaltsverkäufers S 42; *Kuhn* WM 1972, 209; *Heidland* KTS 1960, 18). Zutreffend weist *Gundlach* (KTS 2000, 307, 326) aber darauf hin, dass § 91 lediglich der Sicherung der Aktivmasse und damit dem Schutz der Insolvenzgläubiger dient. Erwerbstatbestände zu vereiteln, die außerhalb dieses Zweckes liegen, sei dementsprechend nicht unter § 91 zu fassen (so auch FK-*App* § 91 Rn 7).

Folgt man der Auffassung, dass mit Verfahrenseröffnung die **Weiterveräußerungsermächtigung automatisch erlischt** (so zB BGH NJW 1953, 218; *Kuhn* WM 1972, 209; MüKo-*Ganter* § 47 Rn 145), so ist der Verwalter nicht befugt, den unter EV gelieferten Gegenstand zu veräußern. Insoweit bestünde wegen des Aussonderungsrechts nach § 47 ein **Verwertungsverbot.** Eine Betriebsfortführung wäre aber unmöglich, wenn die unter verlängertem eV erworbenen Waren nicht mehr weiter veräußert werden dürften. Die Weiterveräußerungsermächtigung ist deshalb dahingehend auszulegen, dass der Verwalter zwar veräußern kann, den Erlös jedoch nicht mehr für den Schuldner vereinnahmen darf, sondern für den Sicherungsnehmer separieren muss (so für den vorl Verwalter MüKo-*Ganter* § 47 Rn 145). S auch die Kommentierung zu § 47 Rn 17 *[Brinkmann]*. Eine andere Frage ist dagegen, ob die mit der Vereinbarung eines verlängerten EV eingehende **Einziehungsermächtigung erlischt.** Auch bei der Auslegung des Umfangs der Einziehungsermächtigung ist das berechtigte Sicherungsinteresse des Vorbehaltsverkäufers zu beachten (*Smid/Gundlach* § 48 Rn 47; *Gundlach* KTS 2000, 307, 328). Würde die Einziehungsermächtigung im Insolvenzverfahren fortgelten, würde der Vorbehaltsverkäufer das Absonderungsrecht verlieren, da dieses im eröffneten Verfahren nicht mehr entstehen kann. Auch ein Ersatzaussonderungsrecht stünde ihm nicht zu, da der Insolvenzverwalter berechtigt war, die Forderung einzuziehen. Geht man dagegen davon aus, dass die Einziehungsermächtigung mit Verfahrenseröffnung erloschen war, steht dem Vorbehaltsverkäufer hinsichtlich der Forderung als Surrogat ein Ersatzaussonderungsrecht nach § 48 zu (vgl *Gundlach* KTS 2000, 307, 328; *Smid/Gundlach* § 48 Rn 47; vgl auch *Serick* Bd V S 456; *Dopfer*, Verlängerter und erweiterter Eigentumsvorbehalt im Vergleichsverfahren des Vorbehaltskäufers, S 142; *Henckel*, Aktuelle Probleme des Warenlieferanten im Kundenkonkurs, 2. Aufl S 102; *Marotzke*, Gegenseitige Verträge, 2. Aufl S 111 sowie oben zu § 47 Rn 19). Im Ergebnis ist festzustellen, dass sich der Verwertungsauftrag des Verwalters auch auf Gegenstände erstreckt, die der Aussonderung (§ 47) unterliegen, wenn schuldrechtlich die Weiterveräußerungs- oder Weiterverarbeitungsermächtigung auch im Insolvenzverfahren fortgilt und der Dritte hinsichtlich seines Anspruchs ausreichend abgesichert ist. Entsteht durch die Verwertung des Aussonderungsgegenstandes durch den Insolvenzverwalter ein Absonderungsrecht, ist der Absonderungsberechtigte nicht verpflichtet, einen Verfahrensbeitrag iSv §§ 170, 171 zu leisten.

X. Mitbestimmungsrechte der Arbeitnehmer

Wie bereits zu § 157 Rn 20 dargestellt wurde, greifen für die Umsetzung der Beschlüsse der Gläubigerversammlung durch den Insolvenzverwalter die Mitwirkungs- und Mitbestimmungsrechte der Arbeitnehmer nach den §§ 120 ff InsO, 111 ff BetrVG in vollem Umfang ein. Der Insolvenzverwalter hat inhaltlich unverändert und gegenständlich umfassend die betriebsverfassungsrechtlichen Rechte und Pflichten des Arbeitgebers wahrzunehmen (*Gottwald/Heinze/Bertram* InsRHdb § 107 Rn 20 ff). Bei Betriebsstilllegung oder Betriebsübergang finden die Mitbestimmungsrechte des Betriebsrats gem § 613a Abs 1 BGB uneingeschränkt Anwendung (*Gottwald/Heinze/Bertram* InsRHdb § 107 Rn 28 ff). Auch bei der **übertragenden Sanierung** bleibt es dabei, dass die betriebsverfassungsrechtlichen Rechte und Pflichten hinsichtlich des übergegangenen Betriebes auf den neuen Betriebsinhaber übergehen (Einzelheiten KS-*Hanau/Berscheid* S 1541 ff). Allerdings bildet der Betriebsübergang als solcher grundsätzlich keinen eigenständigen Mitwirkungs- und Mitbestimmungsrechte auslösenden Tatbestand, solange er noch nicht die Tatbestandsmerkmale einer Betriebsänderung erfüllt (vgl **BAG** AP Nr 6, 8 u 18 zu § 111 BetrVG; *Gottwald/Heinze/Bertram* InsRHdb § 107 Rn 38; BerlKo-*Breutigam* § 159 Rn 19, 20). Wird ein bisher **betriebsratsloser Betrieb vom Verwalter stillgelegt**, so kann ein erst während der Durchführung der Betriebsstilllegung gewählter Betriebsrat idR die Aufstellung eines Sozialplans nicht mehr verlangen, weil er zum Zeitpunkt des Entstehens der Beteiligungsrechte noch nicht existent gewesen ist (BAG v 20. 4. 1982, NJW 1982, 2334 = ZIP 1982, 982; BAG v 28. 10. 1992, NZA 1993, 430 = ZIP 1993, 289). Da der Insolvenzverwalter im Rahmen der **Umsetzung der Beschlüsse der Gläubigerversammlung** die Beteiligungsrechte des Betriebsrats uneingeschränkt zu beachten hat, gilt dies auch für die Mitbestimmungsrechte nach den §§ 87–91, 92–102 BetrVG.

XI. Verwertungsbeschränkungen

53   **1. Gesetzliche Grenzen des Verwertungsauftrags.** Dem Verwalter sind bei der Verwertung Grenzen gesetzt. So ist es ihm zB untersagt, die **Insolvenzmasse zu verschleudern**. Weiterhin ist es ihm durch § 450 Abs 2 iVm Abs 1 BGB untersagt, Gegenstände der Masse für sich persönlich oder durch einen anderen noch als Vertreter eines anderen zu erwerben. Da ihm insolvenzzweckwidrige Handlungen schlechthin untersagt sind, hat er auch **masseschädigende Veräußerungen** sonstiger Art zu unterlassen. So darf er zB Massegegenstände nicht etwa an gute Freunde verschenken. **Insolvenzzweckwidrige Handlungen sind schlechthin nichtig.** Unzweckmäßige oder masseschädigende Handlungen dagegen verpflichten zum Schadenersatz nach § 60 (BerlKo-*Breutigam* § 159 Rn 34–37). Eine drohende Wertminderung kann im Einzelfall den Verwalter verpflichten, die **Verwertung sofort vorzunehmen**. Vor allem im Rahmen von **Insolvenzausverkäufen** ist der Verwalter an die Vorschriften des UWG gebunden. Dagegen braucht er **persönliche Verwertungsschranken**, denen sich der Schuldner unterworfen hat, nicht zu beachten (K/P/B/*Onusseit* § 159 Rn 24; *Ringstmeier* in Mohrbutter/Ringstmeier Hdb § 23 Rn 51; MüKo-*Görg* § 159 Rn 15; Einzelheiten oben zu V Ziff 1 Rn 19). Verwertungshindernisse bestehen auch bei der **Verwertung der Praxis eines Freiberuflers**. Der Abtretung von Forderungen aus dem Mandanten- oder Patientenverhältnis steht die Strafvorschrift des § 203 StGB ebenso entgegen wie die **Nichtigkeit von Verträgen**, die den Verkauf von der Schweigepflicht unterliegenden Unterlagen von Freiberuflern zum Gegenstand haben (vgl **BGH** v 25. 3. 1993, ZIP 1993, 923; **BGH** NJW 1992, 737; K/P/B/*Onusseit* § 159 Rn 19). S auch oben zu V. 8. Rn 31.

54   **2. Entgegenstehende Beschlüsse der Gläubigerversammlung.** Die Verwertungspflicht des Insolvenzverwalters nach § 159 besteht nur, soweit Beschlüsse der Gläubigerversammlung nicht entgegenstehen (K/P/B/*Onusseit* § 159 Rn 6; MüKo-*Görg* § 159 Rn 18). Welche Verwertung des Schuldnervermögens am sinnvollsten ist und zu einer optimalen Haftungsverwirklichung führt, bestimmt die Gläubigerversammlung (§ 157). Das Gesetz bietet den Beteiligten sämtliche Verwertungsarten gleichrangig an. Sogar im Fall der Masseunzulänglichkeit kann die Sanierung wirtschaftlicher sein als eine Liquidation (vgl Allgem Begr InsO, BR-Drucks 1/92 I. 3. a) bb), abgedr bei *Uhlenbruck*, Das neue Insolvenzrecht, S 233). Die **Gläubigerversammlung**, deren Beschlüsse für den Insolvenzverwalter **verbindlich** sind, trifft die **Entscheidung über das Verfahrensziel** (vgl K/P/B/*Onusseit* § 159 Rn 7; N/R/*Balthasar* § 159 Rn 26). Es kommt nicht darauf an, ob der Insolvenzverwalter die Entscheidung der Gläubigerversammlung für vernünftig oder wirtschaftlich vertretbar hält. Nach Auffassung des Gesetzgebers muss in der Marktwirtschaft grundsätzlich das Urteil derjenigen Personen maßgeblich sein, deren Vermögenswerte auf dem Spiel stehen und die deshalb die Folgen von Fehlern zu tragen haben. Der Insolvenzverwalter darf nicht etwa als Gegenspieler der privaten Beteiligten auftreten. Seine Aufgabe ist es einerseits, die Interessen der Beteiligten, insbesondere der Gläubiger, zu wahren, andererseits aber auch die Verwertung bzw Betriebsfortführung nach Weisung der Gläubigerversammlung durchzuführen. An **rechtsmissbräuchliche Beschlüsse** der Gläubigerversammlung ist der Verwalter aber nicht gebunden (K/P/B/*Onusseit* § 159 Rn 7 u § 157 Rn 28; N/R/*Balthasar* § 159 Rn 28). Trifft die Gläubigerversammlung im Berichtstermin keine Entscheidung, hat der Insolvenzverwalter die Masse so günstig wie möglich zu verwerten (HK-*Flessner* § 159 Rn 7).

55   Die **Gläubigerversammlung** kann dem Verwalter aufgeben, zunächst einmal das Schuldnerunternehmen vorläufig fortzuführen und einen **Insolvenzplan auszuarbeiten**. Sie ist befugt, dem Verwalter die einstweilige Liquidation zu untersagen (H/W/F Hdb 6/87; K/P/B/*Onusseit* § 159 Rn 6). Der Verwalter darf Beschlüssen der Gläubigerversammlung keine Folge leisten, wenn zwar die Mehrheit eine Stilllegung und Zerschlagung des Schuldnerunternehmens nur deshalb beschließt, weil sie einen unliebsamen

XI. Verwertungsbeschränkungen § 159

Konkurrenten beseitigen will (MüKo-*Görg* § 159 Rn 22). **Nicht zu beachten** sind ebenfalls Beschlüsse, durch deren Ausführungen der Verwalter sich einem **erheblichen Haftungsrisiko** nach § 61 aussetzen würde (MüKo-*Görg* § 159 Rn 23; K/P/B/*Onusseit* § 159 Rn 8). Die Gläubigerversammlung kann jederzeit ihren Beschluss, der das Verfahrensziel festlegt, ändern. Beauftragt die Gläubigerversammlung den Verwalter mit der **Ausarbeitung eines Insolvenzplans**, liegt hierin die **konkludente Untersagung der sofortigen Verwertung**. Stellt sich im Rahmen der einstweiligen Betriebsfortführung heraus, dass ein Insolvenzplan nicht durchführbar und eine sofortige Stilllegung geboten ist, hat der Insolvenzverwalter das Gericht zu informieren. Dieses hat unverzüglich eine Gläubigerversammlung einzuberufen, die berechtigt ist, gem § 157 S 3 ihre frühere Entscheidung zu revidieren. Dieses Verfahren ist in der Praxis regelmäßig zu umständlich und zu teuer. Deshalb kann die Gläubigerversammlung die **Beschlusskompetenz auf einen Gläubigerausschuss** im Berichtstermin **übertragen** (K/P/B/*Onusseit* § 157 Rn 20, 21; § 159 Rn 8).

Zulässig ist es auch, dass die Gläubigerversammlung den Verwalter beauftragt, den Schuldnerbetrieb einstweilen fortzuführen und die **Aussichten einer Sanierung** zu prüfen, ihn aber gleichzeitig ermächtigt, bei Undurchführbarkeit den **Betrieb stillzulegen** und mit der Liquidationsverwertung zu beginnen. Letztlich kann die Gläubigerversammlung jede Art der Verwertung beschließen, auch wenn sie für den Verwalter unwirtschaftlich erscheint. 56

Bei **Verstoß gegen die Verwertungsvorgaben** der Gläubigerversammlung hat das Gericht im Aufsichtswege gegen den Verwalter nach § 58 einzuschreiten. Grundsätzlich sind Verwertungshandlungen des Insolvenzverwalters, die gegen die beschlussmäßigen Vorgaben der Gläubigerversammlung (§ 157) verstoßen, wirksam. Für das Außenverhältnis gilt § 164 entspr (MüKo-*Görg* § 159 Rn 21). Eine Ausnahme gilt nur für offensichtlich insolvenzzweckwidrige „Verwertungsmaßnahmen" des Insolvenzverwalters, wie zB Schenkungen aus der Masse, die wegen evidenter Insolvenzzweckwidrigkeit nichtig sind (vgl *Spickhoff* KTS 2000, 15 ff). Auch sonstige „Verwertungshandlungen" können unter zwei Voraussetzungen nichtig sein: einmal wenn eine **schuldhafte Pflichtverletzung** des Insolvenzverwalters vorliegt, zum andern wenn entweder die **Evidenz dieser Pflichtwidrigkeit** für andere Beteiligte gegeben ist oder zumindest grobe Fahrlässigkeit des Geschäftsgegners in Bezug auf die entsprechende Pflichtverletzung des Verwalters zu bejahen ist (so *Spickhoff* KTS 2000, 15, 36). 57

3. Strafgerichtliche Beschlagnahme und Verwertungsrecht. Ebenso wie die vorrangige Befriedigung von Ansprüchen des Verletzten bei Arrest gem § 111h StPO nicht in Betracht kommt, wenn ein Insolvenzverfahren über das Vermögen des Täters eröffnet worden ist, scheidet auch eine **Notveräußerung beschlagnahmter oder gepfändeter Gegenstände** nach § 111l StPO aus. Nach § 111l Abs 1 S 1 StPO dürfen Gegenstände, die nach § 111c StPO beschlagnahmt worden sind, sowie Gegenstände, die auf Grund eines Arrestes (§ 111d StPO) gepfändet worden sind, vor der Rechtskraft des Urteils veräußert werden, wenn ihr Verderb oder eine wesentliche Minderung des Wertes droht oder die Aufbewahrung, Pflege oder Erhaltung mit unverhältnismäßig großen Kosten oder Schwierigkeiten verbunden ist. Der Erlös tritt an die Stelle der Gegenstände (§ 111l Abs 1 S 2 StPO). Ist **kein Insolvenzverfahren** über das Vermögen des Beschuldigten eröffnet, wird gem § 111l Abs 5 S 1 StPO die Notveräußerung nach den Vorschriften der ZPO über die Verwertung einer gepfändeten Sache durchgeführt. Das **strafprozessuale Verwertungsrecht** hat ebenso **Nachrang hinter dem Verwertungsrecht des Insolvenzverwalters** wie der **dingliche Arrest** und die **Vermögensbeschlagnahme** nach den §§ 111o, 111p StPO gegenüber der Beschlagswirkung des § 80 (Einzelheiten in der Kommentierung zu § 148 Rn 15–19). Ebenso wie eine vertraglich vereinbarte Verwertungsbefugnis von Gegenständen, die der Absonderung unterliegen, die Verwertungsbefugnis des Insolvenzverwalters nicht ausschließt, haben auch die Verwertungsbefugnisse nach der StPO Nachrang hinter den Verwertungsbefugnissen des Insolvenzverwalters nach § 159 (vgl auch *W. Breuer*, Beschlagnahme- und Ausschüttungskonkurrenzen bei parallel laufenden Straf- und Konkursverfahren, KTS 1995, 1 ff). Soweit allerdings im Zuge einer **sicherstellenden Beschlagnahme** nach den §§ 111b ff StPO Pfändungsakte von verletzten Gläubigern in das beschlagnahmte Vermögen ausgebracht worden sind, haben diese, soweit sie vor Verfahrenseröffnung erfolgt sind, zu einem **absonderungskräftigen Pfändungspfandrecht** geführt. Nach Verfahrenseröffnung ist der Erwerb eines solchen Pfändungspfandrechts wegen §§ 89, 91 ausgeschlossen. Wie bereits in der Kommentierung zu § 148 III.5 Rn 15 ff dargelegt wurde, gehen im Fall der **Kollision von Normen des Insolvenzrechts mit denen des allgemeinen Rechts** die Normen des Insolvenzrechts als speziellere denen des allgemeinen Rechts vor (vgl *Haarmeyer*, Beschlagnahme Rn 396; N/R/*Andres* § 148 Rn 27). Die §§ 94, 95 StPO finden gegenüber dem Insolvenzverwalter, der das Schuldnervermögen gem § 149 in Besitz genommen hat, keine Anwendung, weil durch diese Art amtlicher Verwahrung der Sicherungszweck der §§ 94, 95 StPO bereits erfüllt ist. Will der Insolvenzverwalter allerdings **Geschäftsunterlagen des Schuldners oder Schuldnerunternehmens**, die für die strafrechtlichen Ermittlungen von Bedeutung sind, **an Dritte veräußern**, so ist der Strafverfolgungsbehörde ebenso wie der Steuerbehörde vor der Veräußerung die Möglichkeit zu geben, Einsicht in die Unterlagen zu nehmen und Ablichtungen zu fertigen. Beabsichtigt der Verwalter, beschlagnahmte oder beschlagnahmefähige Gegenstände des Schuldnervermögens **freizugeben**, ist es der Strafverfolgungsbehörde unbenommen, für den Fall der Freigabe einen gerichtlichen Beschlagnahmebeschluss zu erwirken. 58

XII. Verwertung von Vorkaufsrechten

59 **Schuldrechtliche Vorkaufsrechte** sind bei der Verwertung von Massegegenständen gem § 471 BGB ausgeschlossen (K/P/B/*Onusseit* § 159 Rn 25). Ob dies auch gilt, wenn das Vorkaufsrecht durch eine Vormerkung gesichert ist, ist streitig (bejahend MüKo-*Westermann* § 512 BGB Rn 1; verneinend *Stöber* NJW 1988, 3121 ff). Der Ausschluss gilt nur, wenn der Verkauf, auf den sich das Vorkaufsrecht bezieht, durch den Insolvenzverwalter erfolgt. Bei **gesetzlichen Vorkaufsrechten** ist zu beachten, dass das Gesetz in einigen Vorschriften die Verbindlichkeit auch für den Insolvenzverwalter anordnet, wie zB in § 27 ArbnErfG. Da § 11 RSiedlG bereits zum 1. 2. 1962 aufhoben worden und gem § 4 RSiedlG das gesetzliche Vorkaufsrecht eines Siedlungsunternehmens nur noch bei Veräußerung bestimmter landwirtschaftlicher Grundstücke durch Kaufvertrag gilt, greift § 471 BGB nicht ein, da § 8 RSiedlG auf diese Vorschrift nicht verweist (K/P/B/*Onusseit* § 159 Rn 25; MüKo-*Görg* § 159 Rn 16; vgl auch *Stöber* NJW 1988, 3121, 3123). Das **Vorkaufsrecht nach § 24 BauGB** ist durch die Verweisung in § 28 Abs 2 BauGB auf § 471 BGB bei freihändigen Veräußerungen durch den Insolvenzverwalter ausgeschlossen (K/P/B/*Onusseit* § 159 Rn 25). Etwas anders gilt für das **dingliche Vorkaufsrecht** gem § 1098 Abs 1 S 2 BGB nicht dagegen des **Mieters** aus § 577 BGB (vgl **BGH** NJW 1999, 2044, 2045; Palandt/*Weidenkaff* § 471 BGB Rn 2, § 577 BGB Rn 4). Danach kann das Vorkaufsrecht auch dann ausgeübt werden, wenn das Grundstück von dem Insolvenzverwalter aus freier Hand verkauft wird. Betreibt allerdings der Verwalter die Verwertung des Grundstücks nach § 165 durch Zwangsversteigerung nach den §§ 172 ZVG ff, so greift § 471 BGB ein mit der Folge, dass das Vorkaufsrecht ausgeschlossen ist, denn der Verkauf erfolgt im Wege der Zwangsvollstreckung (K/P/B/*Onusseit* § 159f 26). Zur Verwertbarkeit und Verwertung von Rückforderungsansprüchen von Grundschulden, die auf Massegrundstücken lasten, vgl *H. Müller* KTS 1962, 201.

XIII. Verwertung durch Freigabe

60 Eine besondere Art der Verwertung ist die Freigabe aus der Insolvenzmasse. Der Insolvenzverwalter ist bei hoher Belastung des schuldnerischen Grundstücks mit Grundpfandrechten berechtigt, auf die Verwertung zu verzichten und das Grundstück aus der Masse **freizugeben**. Ob eine solche Freigabe bei **beschränkt haftenden Gesellschaften** zulässig ist, ist umstritten, da zB nach Auffassung von *K. Schmidt* eine beschränkt haftende Gesellschaft kein insolvenzfreies Vermögen haben kann (*K. Schmidt* Wege S 73 ff; ders KTS 1984, 345, 366; 1988, 1, 6 f; ders, ZIP 1997, 1441 ff; ders in K. Schmidt/Uhlenbruck, Die GmbH in Krise 4. Aufl 2009 Rn 7.19; *Jaeger/Müller* § 35 Rn 148). Die **hM und Rechtsprechung** lässt eine Freigabe auch im **Insolvenzverfahren über das Vermögen einer juristischen Person** zu (BGH v 21. 3. 2005, NZI 2005, 387; BGH v 5. 7. 2001, NZI 2001, 531; BVerwG v 23. 9. 2004, NZI 2005, 51; OLG Naumburg NZI 2000, 322; OLG Rostock NZI 2001, 96; K/P/B/*Lüke* § 80 Rn 9 ff; N/R/*Andres* § 36 Rn 48 ff; Pape/Uhlenbruck InsR Rn 494; *Smid* § 80 Rn 30; *Uhlenbruck* KTS 2004, 275; Runkel FS *Uhlenbruck* 2000 S 315, 317; HK-*Eickmann* § 35 Rn 47; *Vallender* in K. Schmidt/Uhlenbruck, Die GmbH in Krise Rn 7.18). Die **Insolvenzverwaltungspraxis** macht von der **Möglichkeit der echten Freigabe** oftmals Gebrauch, um die Masse von kostenträchtigen, insbesondere polizeirechtswidrigen Gegenständen, wie zB kontaminiertem Erdreich, zu befreien (vgl **BVerwG** v 20. 1. 1984, ZIP 1984, 772; *Petersen* NJW 1992, 1202, 1205 f; *v. Wilmowsky* ZIP 1997, 1445; *Westphal* Umweltschutz; *Lwowski/Tetzlaff* WM 1998, 1509 Fn 3; *K. Schmidt* in K. Schmidt/Uhlenbruck, Die GmbH in Krise Rn 7.21 ff). Der Insolvenzverwalter kann nach § 80 Rn 134 ff u § 35 Rn 305. Der Insolvenzverwalter kann nach § 4 Abs 3 S 1 BBodSchG als Inhaber der tatsächlichen Gewalt für die Sanierung von massezugehörigen Grundstücken herangezogen werden, die bereits vor der Eröffnung des Insolvenzverfahrens kontaminiert waren. Eine solche Verpflichtung ist eine Masseverbindlichkeit iSv § 55 Abs 1 Nr 1 (**BVerwG** v 23. 9. 2004, ZIP 2004, 2145 = ZInsO 2004, 1206). Hat der Insolvenzverwalter die **kontaminierten Grundstücke aus der Masse freigegeben**, darf er allerdings nicht mehr nach § 4 Abs 3 S 1 BBodSchG für deren Sanierung in Anspruch genommen werden; ebenso wenig ist § 4 Abs 3 S 4 Halbs 2 BBodSchG entspr anwendbar (BVerwG ZInsO 2004, 1206; s auch *Nickert/Nickert* InsBürO 2004, 355). Die Freigabeerklärung des Insolvenzverwalters in Bezug auf **Abfälle** kann seine Ordnungspflicht entfallen lassen. Die Freigabeerklärung entfaltet aber keine Wirkungen auf seine Ordnungspflicht, wenn sich trotz der Freigabeerklärung an den faktischen Besitzverhältnissen nichts ändert, also die Freigabeerklärung folgenlos bleibt (**BVerwG** v 5. 10. 2005, ZInsO 2006, 495; BayVGH ZInsO 2006, 496).

61 Bei der **echten Freigabe** eines Gegenstandes aus der Insolvenzmasse erlangt der Schuldner die freie Verfügungsbefugnis zurück. Der **Gegenstand wird insolvenzfreies Vermögen** (vgl BGH NJW 2005, 2015, 2016; BGHZ 127, 156 = NJW 1994, 3232; BGH ZIP 1994, 1700, 1702; MüKo-*Görg* § 159 Rn 10, 11; *Uhlenbruck* KTS 2004, 275 ff; K/P/B/*Onusseit* § 159 Rn 30; FK-*Wegener* § 159 Rn 17; vgl auch die Kommentierung zu § 35 Rn 305). Bei der **echten Freigabe** fällt die Verfügungsbefugnis und damit zugleich auch die **Verwertungsbefugnis** an den Schuldner zurück. Bei der **unechten Freigabe** gibt

XIII. Verwertung durch Freigabe § 159

der Verwalter einen massefremden Gegenstand dem Aussonderungsberechtigten frei. Er erkennt damit eine bereits bestehende Rechtslage an. Die Freigabe hat nur deklaratorische Wirkung (*Baur/Stürner* II Rn 12.2; *Jaeger/Henckel* § 6 KO Rn 19). Bei der **modifizierten Freigabe** muss die Freigabeerklärung zugleich einen Verzicht auf die Massezugehörigkeit entfalten (RGZ 60, 108 f; *Jaeger/Henckel* § 6 KO Rn 19; K/U § 1 KO Rn 5 f; *Kuhn* KTS 1963, 70; HK-*Eickmann* § 35 Rn 49; K/P/B/*Holzer* § 35 Rn 26; HaKo-*Lüdtke* § 35 Rn 62). Als modifizierte Freigabe ist auch die **erkaufte Freigabe** durch den Insolvenzverwalter anzusehen. Hier verwertet der Insolvenzverwalter Massegegenstände dadurch, dass er sie dem Insolvenzschuldner gegen insolvenzfreies Vermögen oder gegen Zahlung eines bestimmten Betrages in die Insolvenzmasse überlässt. Gegenstand eines solchen Vertrages sind nicht Sachen oder Rechte, da diese bereits dem Schuldner bzw Schuldnerunternehmen gehören, sondern lediglich die **Freigabeerklärung**. Darum sind die Vorschriften über den Gutglaubensschutz unanwendbar (K/P/B/ *Onusseit* § 159 Rn 30; FK-*Wegener* § 159 Rn 17). Der gute Glaube des Schuldners, der Gegenstand gehöre zur Insolvenzmasse, wird demgemäß nicht geschützt (*Jaeger/Weber* § 117 KO Rn 18; *Jaeger/ Henckel* § 6 KO Rn 25; *Kalter* KTS 1975, 10 f; str aA *Erdmann* KTS 1967, 107 ff). Aus der Pflicht des Insolvenzverwalters, die Interessen des Schuldners angemessen zu berücksichtigen und eine Verschleuderung der Masse zu verhindern, hat bereits das Reichsgericht hergeleitet, dass einem Angebot des Schuldners, die Masse oder zumindest einen Gegenstand der Masse durch Zahlung abzulösen, nachzugehen ist und ihm Gelegenheit zu einem konkreten Angebot gegeben werden muss (vgl **RG** KuT 1933, 166; RGZ 152, 125, 127; **BGH** ZIP 1985, 423, 425; *Vallender* ZIP 1997, 345, 347; FK-*Kohte* § 314 Rn 11).

Im **vereinfachten Insolvenzverfahren** sieht § 314 Abs 1 S 1 ausdrücklich vor, dass auf Antrag des 62 Treuhänders das Insolvenzgericht anordnet, dass von der **Verwertung der Insolvenzmasse ganz oder teilweise abgesehen** wird. In diesem Fall ist dem Schuldner aufzugeben, binnen einer vom Gericht zu setzenden Frist an den Treuhänder einen Betrag zu zahlen, der dem Wert der Masse entspricht, die an die Insolvenzgläubiger zu verteilen wäre (§ 314 Abs 1 S 2). Hier geht das Gesetz von einem „**Abkaufen der Masse**" (erkaufte Freigabe) aus. Von der Anordnung soll gem § 314 Abs 1 S 3 nur abgesehen werden, wenn die Verwertung der Insolvenzmasse insbesondere im Interesse der Gläubiger geboten erscheint (vgl auch FK-*Kohte* § 314 Rn 12). Der Schuldner zahlt bei der erkauften Freigabe Entgelt in sein eigenes Vermögen (nach der Organtheorie in fremdes Vermögen), das der Tilgung seiner eigenen Forderungen dient (s auch die Kommentierung zu § 314 Rn 6, 7 [*Vallender*]).

Eine besondere Form der Verwertung ist auch die **Übertragung der Verwertung von Sicherungsgut** 63 **auf einen Verwertungspool**. Beim Verwertungspool handelt es sich letztlich um einen Sicherheitenpool, der sich vom sogen Bankenpool dadurch unterscheidet, dass er nicht auf Lieferanten und Kreditgläubiger beschränkt ist, sondern als **gemischter Pool** von Eigentumsvorbehaltslieferanten, Sicherungseigentümern und Kreditversicherungen gebildet wird, um die Sicherheiten gemeinsam unter treuhänderischer Führung eines Poolführers zu verwerten (s *Burgermeister* Der Sicherheitenpool im Insolvenzrecht 2. Aufl 1996; *Berner* Sicherheitenpools der Lieferanten inkl Banken im Insolvenzverfahren, 2006). Der **Sicherheitenverwertungspool** hat hinsichtlich der Absonderungsrechte durch die Regelung in den §§ 166 ff keineswegs seine Bedeutung verloren. Das Verwertungsrecht an beweglichen Sachen, an denen Absonderungsrechte bestehen, geht zwar gem § 166 Abs 1 ebenso wie die Berechtigung zum Einzug von Forderungen (§ 166 Abs 2) auf den Insolvenzverwalter über. Ein Verwertungspool hat jedoch die Möglichkeit, gem § 168 Abs 1 S 2 den Insolvenzverwalter auf eine andere, für die Gläubiger günstigere Möglichkeit der Verwertung hinzuweisen. Die **andere Verwertungsmöglichkeit** kann nach § 168 Abs 3 S 1 darin bestehen, dass der Pool die Gegenstände, an denen Absonderungsrechte bestehen, selbst übernimmt. Dabei ist eine Verwertungsmöglichkeit auch dann günstiger, wenn Kosten eingespart werden (§ 168 Abs 3 S 2). Das Verwertungsrecht des Insolvenzverwalters an Gegenständen mit Absonderungsrechten, die sich in seinem Besitz befinden, erfordert **seine Zustimmung**, wenn die Poolvereinbarung eine Sicherheitenverwertung durch den Pool vorsieht. Bleibt das Verwertungsrecht in der Person des Verwalters bestehen und dient der Pool lediglich der Überwindung von Beweisschwierigkeiten, so ist das Einverständnis des Verwalters zur Poolbildung entbehrlich (*Berner* Sicherheitenpools S 99). Möglich ist auch, dass der **Sicherheitenpool dem Insolvenzverwalter das Sicherungsgut gegen Zahlung eines bestimmten Betrages „abkauft"**. Dies hat zur Folge, dass mit der Befriedigung in Höhe der vereinbarten Quote sämtliche Forderungen der Lieferanten oder sonstigen Sicherungsgläubiger gegenüber der Insolvenzmasse erlöschen. Die Poolmitglieder scheiden als Gläubiger aus dem Insolvenzverfahren aus. Sie regeln die Verteilung der aus der Verwertung erzielten Erlöse im Innenverhältnis durch vertragliche Vereinbarung. Die **Zulässigkeit der Verwertung durch einen Gläubigerpool** ergibt sich aus § 170 Abs 2, wonach bei Überlassung der Verwertung von Sicherungsgut an einen Dritten dieser aus dem von ihm erzielten Verwertungserlös einen Betrag in Höhe der Kosten der Feststellung sowie des Umsatzsteuerbetrages (§ 171 Abs 2 S 3) vorweg an die Masse abzuführen hat. Schließlich kann der Insolvenzverwalter zusammen mit den Sicherungsgläubigern einen **Verwertungspool** bilden (vgl *Burgermeister*, Sicherheitenpool S 250 ff; *Gottwald/Gottwald* InsRHdb § 44 Rn 33; *Weitnauer* FS Baur 1981 S 709 ff; *Jauernig* ZIP 1980, 318 ff; *Uhlenbruck*, Gläubigerberatung S 346). **Einzelheiten zur Poolbildung** im Insolvenzverfahren in der Kommentierung zu § 51 VI. Rn 46 ff [*Brinkmann*] und zum Verwertungspool VI. 7. a Rn 64 dort.

XIV. Mitwirkungspflichten des Schuldners

64 Den Schuldner bzw die organschaftlichen Vertreter eines Schuldnerunternehmens treffen im Rahmen der Verwertung der Insolvenzmasse nicht nur Auskunfts-, sondern auch **Mitwirkungspflichten** nach § 97 Abs 2. Nach § 97 Abs 3 S 1 ist der Schuldner bzw der Schuldnervertreter verpflichtet, sich auf Anordnung des Gerichts jederzeit zur Verfügung zu stellen, um seine Auskunfts- und Mitwirkungspflichten zu erfüllen. Über die aktive Mitwirkungspflicht hinaus treffen den Schuldner oder den organschaftlichen Vertreter eines Schuldnerunternehmens **Unterlassungspflichten**. So hat der Schuldner nach § 97 Abs 3 S 2 Handlungen zu unterlassen, die der Erfüllung seiner Mitwirkungspflichten zuwiderlaufen. Dies bedeutet letztlich nichts anderes, als dass der Schuldner alle Handlungen zu unterlassen hat, die dem Insolvenzverwalter die Verwertung der Insolvenzmasse erschweren oder gar unmöglich machen. Hierzu gehört einmal, dass der Schuldner in seiner Person nicht vorsätzlich eine Situation schafft, die es ihm unmöglich macht, seiner Mitwirkungspflicht nach § 97 Abs 2 nachzukommen. Auch darf er nicht etwa im Ausland Anweisungen erteilen, dort belegenes Vermögen an den Insolvenzverwalter nicht herauszugeben oder die Realisierung von Grundvermögen zu torpedieren. Die **aktive Mitwirkungspflicht** ergibt sich unmittelbar aus § 97 Abs 2, wonach der Schuldner den Verwalter bei der Erfüllung seiner Aufgaben zu unterstützen hat. Einzelheiten in der Kommentierung zu § 97 und oben zu V. 2. Rn 20.

XV. Steuerliche Folgen der Verwertung

65 Veräußert der Insolvenzverwalter Vermögensgegenstände aus der Insolvenzmasse, so können durch die Verwertung Gewinne durch **Aufdeckung stiller Reserven** entstehen. Soweit die Wertsteigerungen, die zur Bildung der stillen Reserven geführt haben, nach Verfahrenseröffnung eingetreten sind, gehört die hieraus entstehende Einkommensteuer zu den „sonstigen Masseverbindlichkeiten" iSv § 55 Abs 1 Nr 1 (*Gottwald/Frotscher* InsRHdb § 121 Rn 27). Nach Auffassung des **BFH** (BStBl III 1964, 70; BFH BStBl II 1984, 602; BFH BStBl II 1998, 705; **BFH**/NV 1994, 477) zählt auch die aus der Aufdeckung stiller Reserven, die vor Eröffnung des Insolvenzverfahrens gebildet wurden, resultierende Einkommensteuer zu den Massekosten iSv § 58 Nr 2 KO und damit heute zu den **sonstigen Masseverbindlichkeiten** iSv § 55 Abs 1 Nr 1 (vgl auch *Hübschmann/Hepp/Spitaler/Beermann* § 251 AO Rn 153; *Beermann/Neumann*, Steuerliches Verfahrensrecht § 251 AO Rn 36; *Tipke/Kruse* § 251 AO Rn 23 c). Die **Rechtsprechung des BFH** hat in der Literatur erhebliche Kritik erfahren (vgl *Classen* BB 1985, 50; *Onusseit* ZIP 1986, 77; *Maus* ZIP 1993, 745; *ders*, 2. Aufl S 110; *Onusseit/Kunz*, Steuern 2. Aufl S 163 ff; *Hess* § 55 Rn 324, 557–559). Nach Auffassung des BFH kommt es nicht auf die Wertsteigerung durch Handlungen des Schuldners vor Verfahrenseröffnung an, sondern ausschließlich auf die **Verwertungshandlung des Insolvenzverwalters**, der den Gewinn tatsächlich realisiert. Der BFH hält es auf Grund des **Gewinnrealisierungsprinzips** für entscheidend, zu welchem Zeitpunkt der Gewinn nach steuerbilanzrechtlichen Grundsätzen realisiert worden ist. Da dieser Zeitpunkt nach Eröffnung des Insolvenzverfahrens liegt, wenn der Verwalter verwertet, sind die Steuern nach Auffassung des BFH **Masseverbindlichkeiten**. Die InsO hat die zum früheren Recht bestehende Streitfrage nicht geregelt. Das alte Problem ist damit zugleich das neue. Nach der hM werden die stillen Reserven auch im Insolvenzverfahren erst mit der Veräußerung von Vermögensgegenständen realisiert. Somit ist die Einkommensteuer auf die stillen Reserven Masseverbindlichkeit iSv § 55 Abs 1 Nr 1.

66 Zutreffend weist *Frotscher* (Besteuerung S 122; *Gottwald/Frotscher* InsRHdb § 121 Rn 29) darauf hin, dass „die gewichtigeren Gründe für die Einordnung der Einkommensteuerforderung als **Insolvenzforderung**" sprechen. Der Akt der Gewinnrealisierung sei maßgebend nur für das steuerrechtliche Entstehen der Einkommensteuerforderung. Insolvenzrechtlich sei dieser Zeitpunkt jedoch nicht entscheidend, sondern nur, ob die Vermögensmehrung eine sachliche Beziehung zu dem Vermögen vor oder nach Verfahrenseröffnung aufweise. Dieser Auffassung ist zu folgen (vgl auch *Onusseit* ZIP 1986, 77; *Bringewat/Waza/Grawe*, Insolvenzen und Steuern Rn 674). Soweit **stille Reserven zum Zeitpunkt der Verfahrenseröffnung bereits vorhanden** waren, handelt es sich um Gewinne, die wirtschaftlich bereits erzielt waren, jedoch nur für den Fall der Verwertung bzw Veräußerung der Besteuerung unterworfen sind. Der Akt der **Aufdeckung stiller Reserven** ist nur steuerrechtlich, nicht dagegen insolvenzrechtlich relevant (*Frotscher* Besteuerung S 122; s auch *Hess* § 55 Rn 559). Insolvenzrechtlich ist allein entscheidend, **wann der Rechtsgrund für die Steuerforderung** gelegt worden ist. Liegt dieser Rechtsgrund vor Verfahrenseröffnung, stellt sich die Realisierung der stillen Reserven durch den Insolvenzverwalter lediglich als **auslösendes Moment** für die Fälligkeit der Forderung dar, so dass es sich nach insolvenzrechtlicher Beurteilung (§ 38) bei dem durch die Aufdeckung stiller Reserven entstehenden Teil der Steuerforderung lediglich um eine Insolvenzforderung handelt, die zur Tabelle anzumelden ist (*Jaeger/Henckel* § 3 KO Rn 74; *Onusseit* ZIP 1986, 77; *Bringewat/Waza/Grawe* Insolvenzen und Steuern Rn 674; *Frotscher* Besteuerung S 123; *Maus* S 110 ff; *Gottwald/Frotscher* InsRHdb § 121 Rn 29). Zur **steuerlichen Zurechnung bei Personengesellschaften** s *Vortmann* in Mohrbutter/Ringstmeier Hdb § 31 Rn 120. Zu den **umsatzsteuerlichen Folgen der Sicherheitenverwertung** s die Kommentierung zu § 171 Rn 5 ff.

XVI. Die Verwertung im vereinfachten Verfahren (§§ 311 ff)

1. Verwertung durch den Treuhänder (§ 313 Abs 1 S 1). Dem Treuhänder obliegen im vereinfachten 67 Insolvenzverfahren nach § 313 Abs 1 S 1 die Aufgaben des Insolvenzverwalters. Auch der Treuhänder hat nach § 159 die Verwertung der Insolvenzmasse nach pflichtgemäßem Ermessen durchzuführen (FK-*Kohte* § 313 Rn 21–27). Allerdings gelten, ohne dass dies im Gesetz zum Ausdruck gekommen ist, für die Verwertung der Masse im Verbraucherinsolvenzverfahren gewisse Einschränkungen. So ist zB das in § 160 Abs 1 geregelte **Zustimmungserfordernis** mit dem Ziel der §§ 311 ff, das Verfahren zu vereinfachen und kostengünstig zu gestalten, nicht zu vereinbaren (FK-*Kohte* § 313 Rn 21). Die in § 160 Abs 2 aufgeführten besonders bedeutsamen Rechtshandlungen werden im vereinfachten Verfahren kaum aktuell werden. Trotz der grundsätzlichen verfahrensökonomischen Bedenken ist daran festzuhalten, dass die **Zustimmung der Gläubigerversammlung** zu besonders bedeutsamen Rechtshandlungen iSv §§ 160–163 auch bei Verwertung der Masse im vereinfachten Verfahren einzuholen ist. Andernfalls würde auch der **Schuldnerschutz des § 161** leer laufen (FK-*Kohte* § 313 Rn 22). Nach zutreffender Feststellung von *Kohte* (FK-*Kohte* § 313 Rn 25) besteht zumindest in den Fällen, in denen der Verkehrswert bei der Verwertung nachhaltig unterschritten wird, eine vorherige Informationspflicht des Treuhänders, denn der Schuldner könne nur durch Maßnahmen der gerichtlichen Aufsicht (§ 58) geschützt werden, wenn der Treuhänder wichtige und problematische Entscheidungen vorher angezeigt hat (vgl auch BGHZ 113, 262, 276 ff = NJW 1991, 982, 985).

2. Verwertungsbefugnisse der Gläubiger (§ 313 Abs 3 S 2). § 313 Abs 3 S 2 weist die Verwertung der 68 Gegenstände des Schuldnervermögens, an denen Pfandrechte oder andere Absonderungsrechte bestehen, dem Gläubiger zu. Die Vorschriften der §§ 166–169 über das Verwertungsrecht des Verwalters bei den „besitzlosen Mobiliarsicherheiten" finden somit keine Anwendung. Auch greifen die Vorschriften über die Kostenbeiträge (§§ 170, 171) nicht ein (*Wittig* WM 1998, 218; HK-*Landfermann* § 313 Rn 10). Auch für die Übertragung des Verwertungsrechts durch das Gericht entspr § 173 Abs 2 ist im vereinfachten Verfahren kein Raum (**AG Leipzig** DZWIR 2000, 216 m zust Anm *Gundlach*; HK-*Landfermann* § 313 Rn 10). Die Regelung, die **dem Treuhänder zugleich auch das Recht nimmt, die Zwangsversteigerung eines Grundstücks** zu betreiben, hat in der Literatur heftige Kritik erfahren (*W. Henckel* FS *Gaul* 1997 S 209; *Vallender* NZI 2000, 148 ff; *Pape* ZInsO 2000, 268). *Landfermann* (HK-*Landfermann* § 313 Rn 13) hält die Kritik von *Henckel* „rechtspolitisch" für berechtigt. Gegenüber den Vorschlägen für eine einschränkende, den Wortlaut außer Acht lassende Auslegung des § 313 Abs 3 (so zB *Vallender* NZI 2000, 148, 151) weist *Landfermann* darauf hin, dass den Bedürfnissen der Praxis auf andere Weise entsprochen werden kann. Bei Immobilien dürfe § 313 Abs 3 das Recht des Treuhänders zu einer freihändigen Veräußerung, die die Rechte der Grundpfandgläubiger bestehen lässt, nicht antasten. Die Vorschrift betreffe „erkennbar nur die besonderen, in den §§ 165 ff angesprochenen Rechte des Insolvenzverwalters zur Realisierung von Sicherheiten, nicht dessen allgemeine Verwertungsbefugnis nach § 159". Im Übrigen könne ein Übererlös sowohl bei Mobilien als auch bei Immobilien dadurch zur Masse gezogen werden, dass der Treuhänder die Belastung ablöst und den Gegenstand anschließend lastenfrei veräußert. Einzelheiten hierzu in der Kommentierung zu § 313 [*Vallender*].

§ 160 Besonders bedeutsame Rechtshandlungen

(1) ¹Der Insolvenzverwalter hat die Zustimmung des Gläubigerausschusses einzuholen, wenn er Rechtshandlungen vornehmen will, die für das Insolvenzverfahren von besonderer Bedeutung sind. ²Ist ein Gläubigerausschuß nicht bestellt, so ist die Zustimmung der Gläubigerversammlung einzuholen. ³Ist die einberufene Gläubigerversammlung beschlussunfähig, gilt die Zustimmung als erteilt; auf diese Folgen sind die Gläubiger bei der Einladung zur Gläubigerversammlung hinzuweisen.

(2) Die Zustimmung nach Absatz 1 ist insbesondere erforderlich,
1. wenn das Unternehmen oder ein Betrieb, das Warenlager im ganzen, ein unbeweglicher Gegenstand aus freier Hand, die Beteiligung des Schuldners an einem anderen Unternehmen, die der Herstellung einer dauernden Verbindung zu diesem Unternehmen dienen soll, oder das Recht auf den Bezug wiederkehrender Einkünfte veräußert werden soll;
2. wenn ein Darlehen aufgenommen werden soll, das die Insolvenzmasse erheblich belasten würde;
3. wenn ein Rechtsstreit mit erheblichem Streitwert anhängig gemacht oder aufgenommen, die Aufnahme eines solchen Rechtsstreits abgelehnt oder zur Beilegung oder zur Vermeidung eines solchen Rechtsstreits ein Vergleich oder ein Schiedsvertrag geschlossen werden soll.

§ 160 Besonders bedeutsame Rechtshandlungen

Übersicht

	Rn
I. Allgemeines	1
II. Zustimmungskompetenzen	2
1. Primärkompetenz des Gläubigerausschusses	2
2. Sekundärkompetenz der Gläubigerversammlung	3
3. Die Zustimmungsfiktion (Abs 1 S 3)	4
III. Art und Weise der Zustimmung	5
1. Zustimmungsbeschluss	5
2. Die nachträgliche Zustimmung (Genehmigung)	6
3. Generelle Zustimmung	7
4. Widerruf der Zustimmung	9
IV. Verweigerung der Zustimmung	10
V. Bindung des Insolvenzverwalters an die erteilte Zustimmung	11
VI. Rechtshandlungen des Verwalters ohne Zustimmung	12
VII. Aufhebung des Zustimmungsbeschlusses der Gläubigerversammlung	13
VIII. Besonders bedeutsame Rechtshandlungen (§ 160 Abs 1 S 1)	14
IX. Gesetzliche Beispiele zustimmungsbedürftiger Rechtshandlungen (§ 160 Abs 2)	19
1. Bedeutsame Veräußerungen (Abs 2 Nr 1)	20
2. Aufnahme von Darlehen (§ 160 Abs 2 Nr 2)	26
3. Rechtsstreitigkeiten (§ 160 Abs 2 Nr 3)	27
X. Streit über das Zustimmungserfordernis	28
XI. Haftung bei Verstoß gegen § 160	29
XII. Genehmigungserfordernis in der Eigenverwaltung	30

I. Allgemeines

1 Die Vorschrift entspricht den früheren §§ 133 Nr 2, 134 KO. Sie ist jedoch flexibler gefasst, indem sie in Abs 1 S 1 zunächst einmal grundsätzlich festlegt, dass der Insolvenzverwalter die Zustimmung des Gläubigerausschusses einzuholen hat, wenn er Rechtshandlungen vornehmen will, die für das Insolvenzverfahren von besonderer Bedeutung sind. § 160 Abs 2 enthält nur eine **beispielhafte Aufzählung** solcher Rechtshandlungen. Im Übrigen schließt die Vorschrift nicht aus, dass der Insolvenzverwalter durch einen Beschluss der Gläubigerversammlung verpflichtet werden kann, auch bei Vorhandensein eines Gläubigerausschusses bestimmte Rechtshandlungen, wie zB eine Unternehmensveräußerung, nur mit Zustimmung der Gläubigerversammlung vorzunehmen (vgl Begr zu § 179 RegE, BR-Drucks 1/92 S 174, abgedr bei *Uhlenbruck*, Das neue Insolvenzrecht, S 517 = *Balz/Landfermann* S 404). Die Vorschrift soll gewährleisten, dass die Gläubiger auf Grund ihrer umfassenden Gläubigerautonomie ständig an den wesentlichen Entscheidungsprozessen bei der Insolvenzabwicklung beteiligt werden, und zwar unabhängig von den Zielvorgaben des § 157 (s auch *Pape* NZI 2006, 65 ff). Die primäre Anbindung an die Zustimmung des Gläubigerausschusses beruht darauf, dass das Verfahren flexibel gestaltet und Zeitverzögerungen vermieden werden sollen. Erst wenn ein **Gläubigerausschuss nicht bestellt** ist, muss die **Zustimmung der Gläubigerversammlung** eingeholt werden (§ 160 Abs 1 S 2). Schon nach früherem Recht hat es sich aber insoweit eingebürgert, dass die Gläubigerversammlung, soweit besonders bedeutsame Rechtshandlungen absehbar waren, **bereits im Vorhinein die Zustimmung** zu den Rechtshandlungen des Verwalters **erteilt** hat. Wollte man zu jeder besonders bedeutsamen Rechtshandlung iSv § 160 eine besondere Gläubigerversammlung einberufen, würde das Verfahren nicht nur schwerfällig, sondern auch für die Gläubiger viel zu teuer. Deshalb gilt auch für **alle nach dem 1. Juli 2007 eröffneten Insolvenzverfahren** die Regelung des § 160 Abs 1 S 3, wonach die **Zustimmung als erteilt gilt**, wenn die einberufene **Gläubigerversammlung beschlussunfähig** ist (vgl *Sternal* NZI 2006, 185 ff; *Schmerbach* ZInsO 2006, 400 ff; *Pannen* NZI 2006, 193 ff). Die Vorschrift dient zunächst einmal der Verfahrenskontrolle, dh die Gläubiger werden durch das Zustimmungserfordernis in die Lage versetzt, permanent zu kontrollieren, ob der Insolvenzverwalter die im Berichtstermin festgelegten Verfahrensziele verfolgt. Zudem dient die Vorschrift dem Schutz der Gläubiger vor eigenmächtigen Entscheidungen des Verwalters im Rahmen der Insolvenzabwicklung (N/R/*Balthasar* § 160 Rn 3; *Haberhauer/Meeh* DStR 1995, 2005 ff; K/P/B/*Onusseit* § 160 Rn 1, 2; s auch oben die § 157 Rn 22). Dadurch, dass § 160 in Abs 1 eine Generalklausel enthält, die in Abs 2 durch Einzeltatbestände ergänzt wird, ist im Einzelfall festzustellen, ob es sich um eine zustimmungsbedürftige Rechtshandlung handelt oder nicht. Der Gläubigerversammlung ist es unbenommen, weitere zustimmungsbedürftige Rechtshandlungen im Beschlusswege festzulegen.

II. Zustimmungskompetenzen

2 **1. Primärkompetenz des Gläubigerausschusses.** Zwecks Verfahrensbeschleunigung und Verbilligung des Verfahrens hat der Gesetzgeber in § 160 Abs 1 S 1 die Primärkompetenz des Gläubigerausschusses festgelegt. Ist also ein Gläubigerausschuss bestellt, ist dieser für die Erteilung der Zustimmung

II. Zustimmungskompetenzen **§ 160**

zuständig. Von dieser Primärzuständigkeit des Gläubigerausschusses hat der Gesetzgeber wiederum Ausnahmen gemacht, wenn eine Betriebsveräußerung an besonders Interessierte (§ 162) erfolgen soll oder auf Anordnung des Gerichts darüber entschieden werden soll, dass die geplante Betriebsveräußerung unter Wert (§ 163 Abs 1) zulässig ist. In allen übrigen Fällen genügt es, dass der Gläubigerausschuss die Zustimmung erteilt oder versagt. Aus § 160 Abs 1 S 1 folgt, dass Rechtshandlungen des Insolvenzverwalters, die nicht von besonderer Bedeutung sind, keiner Zustimmung des Gläubigerausschusses bedürfen und auch von diesem nicht verhindert werden können (K/P/B/*Onusseit* § 160 Rn 4).

2. Sekundärkompetenz der Gläubigerversammlung. Nach § 160 Abs 1 S 2 steht der Gläubigerversammlung lediglich eine Sekundärkompetenz gegenüber einem Gläubigerausschuss zu (**LG Göttingen** v 15. 5. 2000 NZI 2000, 491, 492; MüKo-*Görg* § 160 Rn 31; *Vallender* GmbHR 2004, 643, 644; K/P/B/*Onusseit* § 160 Rn 5). Die Gläubigerversammlung ist aber berechtigt, sich die **Alleinkompetenz** für die Zustimmung zu besonders bedeutsamen Rechtshandlungen des Insolvenzverwalters vorzubehalten. Einmal kann sie generell davon absehen, überhaupt einen Gläubigerausschuss zu bestellen. Damit ist sie gem § 160 Abs 1 S 2 ausschließlich für die Erteilung der Zustimmungen zuständig. Sie kann sich aber als oberstes Entscheidungsorgan der Gläubigerselbstverwaltung entweder die alleinige Kompetenz für sämtliche Rechtshandlungen des § 160 vorbehalten, auch wenn ein Gläubigerausschuss bestellt ist. Weiterhin ist sie berechtigt, dem bestellten und gewählten Gläubigerausschuss **einzelne Zustimmungskompetenzen zu entziehen**, indem sie entweder den Verwalter verpflichtet, unmittelbar zu allen oder einigen unter § 160 fallenden Rechtshandlungen ihre Zustimmung einzuholen, oder den Gläubigerausschuss verpflichtet, zu einzelnen Rechtshandlungen des Verwalters die Zustimmung nicht ohne ausdrückliche Billigung der Gläubigerversammlung zu treffen. Die Frage, ob der Gläubigerversammlung eine **Ersetzungskompetenz** dahingehend zusteht, dass sie als oberstes Selbstverwaltungsorgan der Gläubiger einen **Beschluss des Gläubigerausschusses zu ersetzen berechtigt** ist, ist in der Literatur umstritten (vgl die eingehende Darstellung bei *Hegmanns*, Der Gläubigerausschuss S 51 ff; *Heukamp* ZInsO 2007, 57 ff). Nach **zutreffender** Feststellung von *F. Neumann* (Gläubigerautonomie S 469) steht die Entscheidung des Gläubigerausschusses „unter dem Vorbehalt einer abweichenden Entscheidung der Gläubigerversammlung". Nimmt man die Kompetenz der Gläubigerversammlung als oberstes Selbstverwaltungsorgan ernst, muss sie ungeachtet der Bestellung eines Gläubigerausschusses berechtigt sein, in der ersten oder einer folgenden Gläubigerversammlung bereits die Zustimmung zu besonders bedeutsamen Rechtshandlungen des Insolvenzverwalters zu erteilen. Die **primäre Kompetenzzuweisung** an den Gläubigerausschuss in § 160 Abs 1 S 1 soll lediglich der Verfahrensbeschleunigung dienen und der Vermeidung verfahrensverzögernder häufiger Gläubigerversammlungen. Die absolute Priorität der Entscheidungsbefugnis der Gläubigerversammlung wird durch diese Kompetenzzuweisung nicht berührt (**aA** *Pape* Gläubigerbeteiligung Rn 332 S 179). Die Folge ist, dass eine **Ersetzungskompetenz der Gläubigerversammlung** zu bejahen ist mit der weiteren Konsequenz, dass die Gläubigerversammlung berechtigt ist, Gläubigerausschussbeschlüsse abzuändern bzw deren Durchführung zu untersagen (so auch K/P/B/*Onusseit* § 160 Rn 5; MüKo-*Görg* § 160 Rn 31; **str aA** *Pape* Gläubigerbeteiligung Rn 332 S 149; instruktiv auch *Heukamp* ZInsO 2007, 57 ff). Sie hat auch das Recht zur **direkten Ersetzung eines Gläubigerausschussbeschlusses**, wenn sie sich die Zustimmungsbefugnis ausdrücklich vorbehält oder die Entscheidung im Einzelfall an sich zieht (vgl auch K/P/B/*Onusseit* § 160 Rn 5; *Vallender* GmbHR 2004, 643, 644; *Hegmanns*, Gläubigerausschuss S 55 ff; **str aA** LG Göttingen ZInsO 2000, 350; FK-*Wegener* § 160 Rn 17). Wie noch darzustellen sein wird, kann die Gläubigerversammlung im Einzelfall dem Insolvenzverwalter **generell die Genehmigung** zur Vornahme der in § 160 genannten Rechtshandlungen erteilen (s auch unten zu Rn 7; zur Delegationsberechtigung s § 157 Rn 23, 24). Wird ein solcher Beschluss in der Gläubigerversammlung gefasst, erübrigt sich die spätere Einzelzustimmung durch den Gläubigerausschuss. Die Gläubigerversammlung ist auch berechtigt, die Zustimmung zu erteilen, obgleich der Ausschuss sie verweigert hatte (K/P/B/*Onusseit* § 160 Rn 5). Auch die Formulierung in § 161 S 2 („sofern nicht die Gläubigerversammlung ihre Zustimmung erteilt hat") zeigt, dass der Gesetzgeber von einem **absoluten Vorrang der Gläubigerversammlungsbeschlüsse** ausgeht. Gleiches folgt aus §§ 162, 163. Verweigert der Gläubigerausschuss dem Insolvenzverwalter zu einzelnen Rechtshandlungen die Zustimmung, so ist die Gläubigerversammlung als berechtigt anzusehen, durch Kompetenzbeschränkung des Gläubigerausschusses den Insolvenzverwalter vom Erfordernis der Zustimmung des Gläubigerausschusses zu befreien (*Hegmanns*, Gläubigerausschuss S 60). Andererseits kann der Gläubigerausschuss Beschlüsse der Gläubigerversammlung nicht ersetzen (*Hegmanns*, Gläubigerausschuss S 63 f).

3. Die Zustimmungsfiktion (Abs 1 S 3). Ist die einberufene Gläubigerversammlung **beschlussunfähig**, so gilt für **nach dem 1. Juli 2007** eröffnete Verfahren die durch das Vereinfachungsgesetz v 13. 4. 2007 (BGBl I S 509) eingeführte Vorschrift des § 160 Abs 1 S 3. Die Zustimmung nach § 160 gilt als erteilt, worauf die Gläubiger bei der Einladung zur Gläubigerversammlung hinzuweisen sind. Die Fiktion greift auch, wenn der Hinweis unterblieben ist (K/P/B/*Onusseit* § 160 Rn 7). Die Fiktion greift nur ein, wenn die Gläubigerversammlung nach den §§ 74, 75 ordnungsgemäß einberufen worden ist (K/P/B/

§ 160

Onusseit § 160 Rn 7; *Flitsch* BB 2006, 1805, 1809). Vgl auch *Sternal* NZI 2006, 185 ff; *Schmerbach* ZInsO 2006, 400 ff; *Pannen* NZI 2006, 193 ff; MüKo-*Görg* § 160 Rn 33.

III. Art und Weise der Zustimmung

5   1. **Zustimmungsbeschluss.** Zustimmung iSv § 160 ist die **vorherige Zustimmung** (Einwilligung) iSv § 183 S 1 BGB. Die Zustimmung wird herbeigeführt durch mehrheitlichen Beschluss des Gläubigerausschusses (§ 72). Sie setzt eine **vollständige und zutreffende** Information des Ausschusses durch den Verwalter voraus (**BGH ZIP 1985, 423**). Ist ein entsprechender Beschluss mit der Mehrheit der abgegebenen Stimmen der Gläubigerausschussmitglieder gefasst worden, wird die Zustimmung dem Insolvenzverwalter mitgeteilt. Der Ausschuss ist nicht berechtigt, von sich aus die Vornahme einer Verwertungshandlung zu beschließen (K/P/B/*Onusseit* § 160 Rn 4). Ist kein Gläubigerausschuss bestellt worden, muss die **Zustimmung der Gläubigerversammlung im Beschlusswege** herbeigeführt werden. Nach § 76 Abs 1 1. Halbs kommt ein Beschluss der Gläubigerversammlung zustande, wenn die Summe der Forderungsbeträge der zustimmenden Gläubiger mehr als die Hälfte der Summe der Forderungsbeträge der abstimmenden Gläubiger beträgt. Zur Gefahr einer Großgläubigerhypertrophie s. *Marotzke* ZIP 2001, 173 f. Das Abstimmungsergebnis ist sowohl bei einer Gläubigerausschusssitzung als auch in der Gläubigerversammlung zu protokollieren und gegenüber dem Insolvenzverwalter, der die Zustimmung erbeten hat, als Zustimmung oder Verweigerung der Zustimmung mitzuteilen.

6   2. **Die nachträgliche Zustimmung (Genehmigung).** Umstritten ist, ob die nachträgliche Zustimmung (Genehmigung) gem § 184 Abs 1 BGB dem Zustimmungserfordernis des § 160 im Einzelfall genügen kann (bejahend *Hess* § 160 Rn 14; FK-*Wegener* § 160 Rn 12, 13; HK-*Flessner* § 160 Rn 12; verneinend K/P/B/*Onusseit* § 160 Rn 3; H/W/F Hdb 5/345; N/R/*Balthasar* § 160 Rn 12). Die Streitfrage hat wenig praktische Relevanz, weil gem § 164 durch einen Verstoß gegen die §§ 160–163 die Wirksamkeit der Handlung des Insolvenzverwalters nicht berührt wird. Die „rückwirkende Kraft" der Genehmigung hat allenfalls insoweit Bedeutung, als im Innenverhältnis zu den Verfahrensbeteiligten hierdurch eine Schadensersatzpflicht des Insolvenzverwalters ausscheidet (vgl **OLG Koblenz** v 26. 2. 1962, KTS 1962, 123, K/P/B/*Onusseit* § 160 Rn 3; *Pape* Gläubigerbeteiligung Rn 340). Die Genehmigung führt weiterhin dazu, dass das Insolvenzgericht nach Erteilung keine Zwangsgelder nach § 58 Abs 2 festsetzen und wegen Nichteinholung der Genehmigung auch keine Entlassung des Verwalters herbeiführen darf (vgl **LG Mainz** Rpfleger 1986, 490; FK-*Wegener* § 160 Rn 12). Eine Verwalterhaftung wird aber durch die Genehmigung nicht ausgeschlossen (**BGH ZIP 1985, 423**; **OLG Bamberg** NJW 1953, 109; FK-*Wegener* § 160 Rn 13). In vielen Fällen, vor allem wenn kein Gläubigerausschuss besteht, wird der Insolvenzverwalter gezwungen sein, wegen Eilbedürftigkeit die Rechtshandlung sofort vorzunehmen. Dabei hat er, um die Haftung wegen eigenmächtigen Handels (§ 60) zu vermeiden, die rechtliche Möglichkeit, das Geschäft unter der aufschiebenden Bedingung der nachfolgenden Zustimmung des Gläubigerausschusses oder der Gläubigerversammlung abzuschließen (*Hess* § 160 Rn 15; MüKo-*Görg* § 160 Rn 16; K/P/B/*Onusseit* § 160 Rn 3).

7   3. **Generelle Zustimmung.** Die Zustimmung zu den in § 160 genannten Rechtshandlungen kann nach hM auch von der Gläubigerversammlung im Berichtstermin, ebenso aber vom Gläubigerausschuss generell erteilt werden (K/P/B/*Onusseit* § 160 Rn 8; FK-*Wegener* § 160 Rn 15; *Jaeger/Weber* §§ 133, 134 KO Rn 4; MüKo-*Görg* § 160 Rn 30; HK-*Flessner* § 160 Rn 12 für bestimmte Fallgruppen; *Braun/Dithmar* § 160 Rn 3; einschränkend *Uhlenbruck* ZIP 2002, 1373, 1379; MüKo-*Görg* § 160 Rn 30; *Heukamp* ZInsO 2007, 57, 60; str aA N/R/*Balthasar* § 160 Rn 18 u Rn 22). Zu sogen **Vorratsbeschlüssen** s auch oben zu § 157 Rn 25. Ist ein Gläubigerausschuss nicht bestellt, empfiehlt es sich für die Gläubigerversammlung, bereits im Berichtstermin die Entscheidung über die **Zustimmung zu absehbaren bedeutsamen Rechtshandlungen** iSv § 160 zu erteilen. Dies gilt vor allem für die Fälle, in denen der Insolvenzverwalter gem § 156 bereits über aussichtsreiche Anfechtungslagen oder die Möglichkeit der Veräußerung des Unternehmens oder von Betriebsteilen berichten kann.

8   Ein **besonderes Haftungsrisiko** birgt die **generelle Zustimmung des Gläubigerausschusses** zu den besonders bedeutsamen Rechtshandlungen iSv § 160. Nach Auffassung von *Balthasar* (N/R § 160 Rn 18) stellt die **generelle Zustimmung des Gläubigerausschusses** „eine pflichtwidrige Verweigerung der übernommenen Aufgaben" dar (so auch MüKo-*Görg* § 160 Rn 30; zweifelnd K/P/B/*Onusseit* § 160 Rn 8). Der Gläubigerausschuss wird sich immer bewusst bleiben müssen, dass seine Mitglieder für die Erfüllung der ihnen obliegenden Pflichten allen Beteiligten verantwortlich sind (§ 71) und dass er sich durch die Erteilung einer allgemeinen Zustimmung seinen gesetzlichen Aufgaben entzieht (MüKo-*Görg* § 160 Rn 31; N/R/*Balthasar* § 160 Rn 20). Eine generelle Zustimmung ist idR mit der Überwachungsaufgaben des Gläubigerausschusses (69) nicht zu vereinbaren und begründet im Haftungsfall den Anscheinsbeweis dafür, dass die schädigende Rechtshandlung bei Notwendigkeit einer ordnungsgemäßen Zustimmung unterblieben wäre (vgl **RGZ 154, 291, 297; BGHZ 49, 121, 123, 124; BGHZ 124, 86, 98**; N/R/*Balthasar* § 160 Rn 20). Eine generelle Zustimmung des Gläubigerausschusses entbindet die Mit-

VI. Rechtshandlungen des Verwalters ohne Zustimmung **§ 160**

glieder nicht etwa von der Verpflichtung nach § 69 S 1, den Insolvenzverwalter bei seiner Geschäftsführung zu unterstützen und zu überwachen.

4. Widerruf der Zustimmung. Die Zustimmung sowohl der Gläubigerversammlung als auch des 9
Gläubigerausschusses zu einem Rechtsgeschäft kann bis zu dessen Abschluss jederzeit widerrufen werden (K/P/B/*Onusseit* § 160 Rn 7 a; BerlKo-*Undritz/Fiebig* § 160 Rn 6). Die trotz Widerrufs ausgeführte Rechtshandlung des Insolvenzverwalters ist im Außenverhältnis wirksam (*Hess* § 160 Rn 13; N/R/*Balthasar* § 160 Rn 24; FK-*Wegener* § 160 Rn 13). Auch der **teilweise Widerruf** einer generell erteilten Zustimmung ist zulässig. So kann sich nachträglich die Gläubigerversammlung oder der Gläubigerausschuss vorbehalten, dass der Verwalter das Unternehmen oder den Betrieb als Ganzes nur mit seiner Zustimmung veräußern darf.

IV. Verweigerung der Zustimmung

Die Gläubigerversammlung oder der Gläubigerausschuss sind nicht verpflichtet, die Zustimmung zu 10
besonders bedeutsamen Rechtshandlungen iSv § 160 zu erteilen. Wird die Zustimmung zu einer Rechtshandlung versagt, ist diese Versagung für den Verwalter im **Innenverhältnis zwar nicht bindend** (*Pape* NZI 2006, 65, 67; MüKo-*Görg* § 160 Rn 27; str aA K/P/B/*Onusseit* § 160 Rn 4), führt aber idR zu einer **Haftungsfreistellung** (K/P/B/*Onusseit* § 160 Rn 4; MüKo-*Görg* § 160 Rn 28). Hier ist aber für den Verwalter trotzdem Vorsicht geboten. Verweigert der Gläubigerausschuss die Zustimmung zu einem besonders bedeutsamen Rechtsgeschäft iSv § 160 aus Gründen, die dem Gesamtinteresse der Gläubigerschaft zuwiderlaufen, so wird man den Insolvenzverwalter für verpflichtet halten müssen, die Gläubigerversammlung anzurufen, um deren Zustimmung als oberstes Selbstverwaltungsorgan zu erreichen (so wohl auch N/R/*Balthasar* § 160 Rn 19). Auch dem Gläubigerausschuss kann im Einzelfall das Recht zustehen, wegen der Bedeutung der Angelegenheit die Entscheidung einer besonderen Gläubigerversammlung zu überlassen (N/R/*Balthasar* § 160 Rn 20; str aA MüKo-*Görg* § 160 Rn 31; K/P/B/*Onusseit* § 160 Rn 5). Ist die Gläubigerversammlung zustimmungsbefugt und ist diese trotz ordnungsgemäßer Einberufung **beschlussunfähig**, so greift die **Fiktion des § 160 Abs 1 S 3 Halbs 2** ein mit der Folge, dass die **Zustimmung als erteilt gilt**. Die in der InsO festgelegten Kompetenzen verbieten es auch, dass eine Gläubigerversammlung ihre Zustimmungskompetenz nach § 160 auf das Insolvenzgericht überträgt (N/R/*Balthasar* § 157 Rn 16). Wenn die Gläubigerversammlung die Zustimmung zu einem vom Insolvenzverwalter zu führenden Rechtsstreit verweigert, der (vorläufige) Gläubigerausschuss die nach § 160 II Nr 3 erforderliche Zustimmung aber erteilt, ist die nicht erteilte Zustimmung der Gläubigerversammlung maßgeblich (K/P/B/*Onusseit* § 160 Rn 12; str aA LG Göttingen v 15. 5. 2000 NZI 2000, 491). Nur wenn ein Gläubigerausschuss nicht bestellt ist, ist die Zustimmung der Gläubigerversammlung einzuholen (§ 160 Abs 1 S 2) und greift die Fiktion des § 160 Abs 1 S 3 Halbs 2 an.

V. Bindung des Insolvenzverwalters an die erteilte Zustimmung

Die Zustimmung des Gläubigerausschusses oder der Gläubigerversammlung bedeutet lediglich, dass 11
der Insolvenzverwalter berechtigt ist, die Rechtshandlung iSv § 160 vorzunehmen. Das hat aber keineswegs zur Folge, dass der Verwalter nunmehr auch verpflichtet ist, die Rechtshandlung vorzunehmen bzw das genehmigte Rechtsgeschäft durchzuführen (K/P/B/*Onusseit* § 160 Rn 4; N/R/*Balthasar* § 160 Rn 12). Eine Ausnahme gilt für **Eil- oder Notmaßnahmen** zwecks Vermeidung einer Masseschädigung (*Braun/Dithmar* § 160 Rn 5). Auch **eine erteilte Zustimmung** entbindet den Insolvenzverwalter nicht schlechthin von seiner eigenen **haftungsrechtlichen Verantwortung** (vgl **BGH** v 22. 1. 1985, ZIP 1985, 423, 425; **OLG Bamberg** v 24. 9. 1952, NJW 1953, 109; **LG Mainz** v 12. 11. 1974, KTS 1975, 245, 246; FK-*Wegener* § 161 Rn 13). Festzustellen ist, dass die Zustimmungsbefugnis nicht etwa einem **Weisungsrecht** der Gläubigerversammlung oder des Gläubigerausschusses gleichzusetzen ist (*Pape* NZI 2006, 65, 68 f). Die Gläubigerversammlung bestimmt gem § 157 lediglich das Verfahrensziel. Der Gläubigerausschuss hat gem § 69 S 1 den Verwalter bei seiner Geschäftsführung zu unterstützen und zu überwachen. Ein Weisungsrecht und damit eine Bindungswirkung ist aber hieraus nicht herzuleiten. Vielmehr hat auch bei Erteilung oder Verweigerung der Zustimmung der Verwalter **eigenverantwortlich zu prüfen**, ob die genehmigte Rechtshandlung auch durchgeführt wird (*Pape* NZI 2006, 65, 69; K/P/B/*Onusseit* § 160 Rn 4). Im Einzelfall kann es die Veränderung der konkreten Situation erfordern, von der geplanten Maßnahme Abstand zu nehmen. Zur Bindung des Konkursverwalters (Insolvenzverwalters) an die vom Gläubigerausschuss erteilte Zustimmung vgl auch *Hegmanns*, Gläubigerausschuss S 67 ff.

VI. Rechtshandlungen des Verwalters ohne Zustimmung

Nimmt der Insolvenzverwalter Rechtshandlungen vor, die gem § 160 der Zustimmung des Gläubi- 12
gerausschusses oder der Gläubigerversammlung bedürfen, und unterlässt er es schuldhaft, diese Zu-

stimmung einzuholen oder rechtzeitig einzuholen, sind im Außenverhältnis die **Rechtshandlungen wirksam** (§ 164). Vgl **BGH** v 5. 1. 1995, WiB 1995, 559 m Anm *Voigt* = DtZ 1995, 169; MüKo-*Görg* § 160 Rn 35. Unterlässt es der Insolvenzverwalter generell oder teilweise, die gesetzlich vorgeschriebenen Zustimmungen der Gläubigergremien einzuholen, ist der Gläubigerausschuss verpflichtet, gerichtliche **Zwangsmaßnahmen** nach § 58 Abs 2 anzuregen. So kann das Gericht nach vorheriger Androhung Zwangsgeld gegen ihn festsetzen (§ 58 Abs 2 S 1). Der Gläubigerausschuss hat darüber hinaus gem § 59 Abs 1 S 2 das Recht, beim Insolvenzgericht die **Entlassung des Verwalters** aus wichtigem Grund zu beantragen. Dies gilt auch für die Fälle, in denen die Gläubigerversammlung weitere zustimmungsbedürftige Rechtshandlungen festgelegt hat und der Verwalter hiergegen schuldhaft verstößt (Einzelheiten bei *Hegmanns*, Gläubigerausschuss S 74 ff). Missachtet ein Insolvenzverwalter die gesetzlich vorgesehenen Rechte von Gläubigerversammlung oder Gläubigerausschuss, ist das Insolvenzgericht verpflichtet, von Amts wegen einzuschreiten und im Wege der Aufsicht (§ 58) den Verwalter zur Erfüllung seiner Pflichten anzuhalten. Falls erforderlich, kommt auch eine amtswegige Entlassung nach § 59 Abs 1 in Betracht.

VII. Aufhebung des Zustimmungsbeschlusses der Gläubigerversammlung

13   Widerspricht ein Zustimmungsbeschluss der Gläubigerversammlung zu Rechtshandlungen des Verwalters iSv § 160 dem gemeinsamen Interesse der Insolvenzgläubiger, so hat das Insolvenzgericht den Beschluss gem § 78 Abs 1 aufzuheben, wenn ein absonderungsberechtigter Gläubiger, ein nicht nachrangiger Insolvenzgläubiger oder der Insolvenzverwalter dies in der Gläubigerversammlung beantragt. Der Fall dürfte wenig praktische Bedeutung haben, da zwingende Voraussetzung für eine Aufhebung des Beschlusses ist, dass der **Antrag in einer Gläubigerversammlung gestellt** wird (vgl *Hegmanns*, Gläubigerausschuss S 90 ff). Eine Kontrollbefugnis des Gerichts hinsichtlich der Beschlüsse des Gläubigerausschusses besteht nicht. Der Gläubigerausschuss untersteht weder der Aufsicht noch der Weisung des Insolvenzgerichts. Stimmt der Gläubigerausschuss einem erkennbar pflichtwidrigen Rechtsgeschäft des Insolvenzverwalters zu, hat das Insolvenzgericht nur die Möglichkeit, im Rahmen der Aufsicht über § 58 auf den Insolvenzverwalter einzuwirken und ihn anzuhalten, das Rechtsgeschäft nicht abzuschließen. Meist aber werden solche insolvenzzweckwidrigen Rechtsgeschäfte dem Gericht nicht oder allenfalls zu spät bekannt. Zu beachten ist allerdings, dass **offensichtlich insolvenzzweckwidrige Rechtshandlungen** nichtig sind und demgemäß auch nach außen hin keine Rechtswirkungen entfalten (vgl *Spickhoff* KTS 2000, 15 ff). Umstritten, aber letztlich zu bejahen ist die Frage, ob die Gläubigerversammlung berechtigt ist, einen Zustimmungsbeschluss des Gläubigerausschusses aufzuheben oder die Zustimmung zu widerrufen.

VIII. Besonders bedeutsame Rechtshandlungen
(§ 160 Abs 1 S 1)

14   Nach der Generalklausel des § 160 Abs 1 S 1 hat der Insolvenzverwalter die Zustimmung des Gläubigerausschusses einzuholen, wenn er Rechtshandlungen vornehmen will, die für das Insolvenzverfahren von besonderer Bedeutung sind. Was eine **besonders bedeutsame Rechtshandlung** im Einzelnen ist, hat das Gesetz nicht geregelt. Dies ermöglicht es einerseits, die Zustimmungspflicht der Bedeutung und den Bedürfnissen des Einzelfalles anzupassen und es sogar der Gläubigerversammlung zu überlassen, im Einzelfall den Begriff der zustimmungsbedürftigen Rechtshandlungen durch Beschluss festzulegen (s auch *Uhlenbruck* WM 1999, 1197, 1204). Andererseits aber besteht für die Insolvenzverwalter bis auf die in § 160 Abs 2 genannten Tatbestände **weitgehende Rechtsunsicherheit** darüber, wann sie eine Zustimmung des Gläubigerausschusses oder der Gläubigerversammlung einzuholen haben (vgl N/R/*Balthasar* § 160 Rn 7; FK-*Wegener* § 160 Rn 2; K/P/B/*Onusseit* § 160 Rn 9, 9a, 19). Anders als in § 133 Nr 2 KO hat der Gesetzgeber der InsO von einer **Wertgrenze** abgesehen. Jede Wertgrenze und jeder absolute Maßstab ist insoweit von Übel und birgt erhebliche Haftungsgefahren für den Verwalter, was der Gesetzgeber gerade vermeiden wollte. Deshalb ist der Auffassung nicht zu folgen, wonach ein Rechtsgeschäft oder eine Maßnahme nicht der Genehmigung bedarf, die **weniger als 10 Prozent der Masse** betrifft oder über 25.000 bis 50.000 Euro ausmacht (so aber H/W/F Hdb 5/346; BerlKo-*Undritz/Fiebig* § 160 Rn 19; wie hier auch *Pape* NZI 2006, 65, 68). Zutreffend wird bei HK-*Flessner* (§ 160 Rn 2) darauf hingewiesen, dass sich mit quantitativen Kriterien nicht beurteilen lässt, ob eine Rechtshandlung im Hinblick auf das angestrebte Verfahrensziel besonders bedeutsam ist.

15   Nach Feststellung von K/P/B/*Onusseit* (§ 160 Rn 9) ersetzen zB **Annahme und Bestätigung des Insolvenzplans** die Zustimmung der Gläubigerversammlung. Das Insolvenzplanverfahren, das zB eine übertragende Sanierung vorsieht, ist ein Sonderverfahren, bei dem § 160 grundsätzlich nicht zur Anwendung kommt. Wird über einen Insolvenzplan abgestimmt und dieser vom Gericht bestätigt, erfolgt die Abwicklung nach Maßgabe des Plans mit Zustimmung der Mehrheit der Gläubiger, so dass die Planabwicklung Genehmigungen nach § 160 überflüssig macht. Dagegen hat der Gläubigerausschuss nach § 231 Abs 2 seine Zustimmung zu erteilen, wenn der Verwalter die **Zurückweisung eines neuen Plans**

des Schuldners nach Ablehnung bzw Nichtbestätigung des ersten Plans beantragt. Eine Zustimmung ist auch in den Fällen des § 233 S 2 erforderlich.

Die **Zustimmungspflicht nach § 160 Abs 1** beurteilt sich allein nach Bedeutung und Tragweite der 16 einzelnen Rechtshandlung des Insolvenzverwalters. Von besonderer Bedeutung ist eine Rechtshandlung immer dann, wenn sie sich **erheblich auf den Massebestand auswirkt** und gleichzeitig **Haftungsrisiken für den Verwalter** birgt. So ist die Übernahme einer Bürgschaft zulasten der Masse regelmäßig zustimmungspflichtig, es sei denn, die Bürgschaftssumme sei im Verhältnis zur Masse völlig unbedeutend (FK-*Wegener* § 160 Rn 3). Nicht jede **Freigabe** eines Gegenstandes aus der Masse oder die **Anerkennung eines Aus- oder Absonderungsrechts** stellt sich als bedeutsame Rechtshandlung dar. Vielmehr muss sich die Maßnahme auf das Verfahren und die Verfahrensabwicklung in wirtschaftlicher Hinsicht maßgeblich auswirken (H/W/F Hdb 5/346). Von besonderer Bedeutung ist regelmäßig die **Entscheidung über eine Betriebsstilllegung** oder der **Abschluss eines Sozialplans**. Im Einzelnen kommt es darauf an, wie sich die einzelne Rechtshandlung auf die Verfahrensabwicklung und letztlich auch auf die Quote auswirkt, die die Gläubiger erhalten. Bei **risikoreichen Rechtsgeschäften** wird der Verwalter schon zwecks Vermeidung der eigenen Haftung nach § 60 ein Interesse daran haben, die Zustimmung des Gläubigerausschusses oder der Gläubigerversammlung herbeizuführen.

Zustimmungsbedürftig sind alle Rechtsgeschäfte, die von einer normalen Verwertung abweichen oder 17 mit einem **besonderen Risiko** behaftet sind. Keinesfalls darf eine übertriebene Ausdehnung des Begriffs der bedeutsamen Rechtshandlung dazu führen, dass der Insolvenzverwalter an einer zügigen und optimalen Verfahrensabwicklung gehindert wird. Letztlich liegt die Beurteilung der Zustimmungsbedürftigkeit oftmals auch beim Verwalter. Der erfahrene und „mutige" Verwalter wird weitgehend das Zustimmungserfordernis verneinen, während der unerfahrene Verwalter sich auf die Zustimmung des Gläubigerausschusses verlässt. Die in der **Literatur** (vgl *Hess* § 160 Rn 35; K/P/B/*Onusseit* § 160 Rn 20; MüKo-*Görg* § 160 Rn 23, 24; *Pape* NZI 2006, 65, 68) **beispielhaft angeführten bedeutsamen Rechtshandlungen** sind keineswegs zwingend (wie zB eine Erfüllung von Rechtsgeschäften, Schuldübernahmen, Übernahme einer Bürgschaft, Verpfändung beweglicher Gegenstände, dingliche Belastung von Grundstücken, endgültiger Grundstückserwerb, Erwerb von Grundstücksrechten, die Anerkennung von Aus- und Absonderungsrechten sowie von Masseansprüchen sowie die Veräußerung von Forderungen durch entgeltliche Abtretung oder Belastung). Nach Auffassung von *Onusseit* (K/P/B/*Onusseit* § 160 Rn 20) kommen als **besonders bedeutsame Rechtshandlungen** ua noch in Betracht die Veräußerung eines nicht von Abs 2 Nr 1 erfassten, dennoch aber für die Fortführung des Schuldnerunternehmens erforderlichen Gegenstandes, der Erwerb von Wirtschaftsgütern mit erheblichem Wert, die Freigabe von massezugehörigen Gegenständen an den Schuldner sowie Entscheidungen über die Frage des Erfüllungsbegehrens nach §§ 103 ff und das Einlegen von Rechtsmitteln. Bedeutsam ist auch die Frage des Erfüllungsbegehrens nach §§ 103 ff, In-Sich-Geschäfte des Verwalters sowie die **Stilllegung des Unternehmens** nach einer zunächst unbefristeten Fortführung und der **Abschluss eines Insolvenzverwaltungsvertrages** (zu letzterem *Hess/Laukemann/Seagon* IPrax 2007, 89, 97; K/P/B/*Onusseit* § 160 Rn 20; MüKo-*Görg* § 160 Rn 24; *Pape* NZI 2006, 65, 68).

Die **zustimmungsbedürftigen Rechtshandlungen** iSv § 160 Abs 1 S 1 lassen sich jedoch nicht gene- 18 rell festlegen, sondern sind jeweils von Art und Umfang des Verfahrens abhängig. Die Zustimmungsbedürftigkeit der Anerkennung von Aus- und Absonderungsrechten würde die Verfahrensabwicklung schwerfällig machen und behindern. Auch kommt es im Einzelfall darauf an, ob das Unternehmen liquidiert oder fortgeführt wird. Bei Unternehmensfortführung im Insolvenzverfahren wird man die Zustimmung beim Erwerb von Wirtschaftsgütern, die für die Fortführung benötigt werden, selbst dann nicht fordern können, wenn die Wirtschaftsgüter im Einzelfall einen **erheblichen Wert** haben. In der Literatur wird zutreffend gefordert, dass der Insolvenzverwalter, da die Grenzen fließend sind, in „enger Abstimmung mit dem Gläubigerausschuss agieren" sollte (K/P/B/*Onusseit* § 160 Rn 19). Vor allem in Großinsolvenzen gehört die **Anerkennung von Aus- und Absonderungsrechten** sowie **von Masseverbindlichkeiten** zu den täglichen Geschäften des Insolvenzverwalters, die der Zustimmung nicht bedürfen.

IX. Gesetzliche Beispiele zustimmungsbedürftiger Rechtshandlungen (§ 160 Abs 2)

In § 160 Abs 2 hat der Gesetzgeber beispielhaft Tatbestände aufgeführt, die als zustimmungsbedürf- 19 tige Rechtshandlungen ohne weitere Prüfung ihrer Bedeutsamkeit der Zustimmung bedürfen.

1. Bedeutsame Veräußerungen (Abs 2 Nr 1). Die Zustimmung des Gläubigerausschusses oder der 20 Gläubigerversammlung ist nach § 160 Abs 2 Nr 1 insbesondere erforderlich, wenn das **Unternehmen** oder ein **Betrieb**, das **Warenlager im Ganzen**, ein **unbeweglicher Gegenstand** aus freier Hand, die Beteiligung des Schuldners an einem anderen Unternehmen, der Herstellung einer dauernden Verbindung zu diesem Unternehmen dienen soll, oder das Recht auf den Bezug wiederkehrender Einkünfte veräußert werden soll. Bei den vorgenannten Rechtshandlungen handelt es sich um Maßnahmen, die außerhalb einer gewöhnlichen Insolvenzverwaltung liegen. Der **Begriff des Unternehmens**, der im Gesetz nicht definiert ist, orientiert sich ebenso wie der **Begriff des Betriebes** an betriebswirtschaftlichen Kriterien (vgl K/P/B/*Onusseit* § 160 Rn 10; N/R/*Balthasar* § 160 Rn 31; O. *Spieker* Die Unternehmensveräußerung in der Insolvenz: ein Beitrag zu den Möglichkeiten der Unternehmensverwertung sowie zu den besonders bedeutsamen Rechtshandlungen im Sinne der §§ 160 ff InsO, Diss Bonn 2001; MüKo-*Görg* § 160 Rn 13; HaKo-*Decker* § 160 Rn 6; siehe auch die **Kommentierung zu § 162 Rn 2 u 3**). Es handelt sich um ein organisatorisches Gebilde bzw um eine Wirtschaftseinheit, die aus einer Vielzahl von beweglichen und unbeweglichen Wirtschaftsgütern besteht, die im Rahmen der Verwertung einzeln zu übertragen sind, wenn nicht die Gesellschaftsanteile als solche übertragen werden. Die Gesellschaftsanteile als solche gehören aber nicht zur Insolvenzmasse iSv § 35, sondern bleiben Eigentum der Gesellschafter. Auch die **Veräußerung eines Unternehmensteils** bedarf der Zustimmung nach § 160 Abs 2 Nr 1 (K/P/B/*Onusseit* § 160 Rn 12). Gleiches gilt für die **Veräußerung des Betriebs oder eines Betriebsteils**. Der Begriff des Betriebes oder Betriebsteils wird als organisatorische Einheit oftmals im arbeitsrechtlichen Sinne verstanden (so zB K/P/B/*Onusseit* § 160 Rn 13 in Anknüpfung an § 613a BGB; MüKo-*Görg* § 160 Rn 14). Letztlich ist es gleich, ob man im gesellschaftsrechtlichen Sinne von Unternehmen oder im arbeitsrechtlichen Sinne von „Betrieb" spricht. Bei beiden handelt es sich um eine organisatorische Einheit, die im Fall der Insolvenz durch Veräußerung verwertet werden kann. Ursprünglich stellte § 185 des Regierungsentwurfs (BT-Drucks 12/2443 S 176) klar, dass der Veräußerung eines Betriebs die Veräußerung eines Unternehmens im Ganzen oder eines mehrerer Betriebe umfassenden Unternehmensteils gleichsteht. Zur Abgrenzung von „Betrieb" und „Unternehmen" (s auch MüKo-*Görg* § 160 Rn 13, 14; K/P/B/*Onusseit* § 160 Rn 10–13; *Joost* Betrieb und Unternehmen als Grundbegriffe im Arbeitsrecht, 1988, S 33 ff; FK-*Wegener* § 158 Rn 2).

21 Für Verfahren, die **vor dem 1. Juli 2007 eröffnet** worden sind, greift die Vorschrift des § 160 Abs 2 Nr 1 auch für **Unternehmensveräußerungen vor dem Berichtstermin** ein, da § 158 aF nur die Stilllegung, nicht aber die Veräußerung des Unternehmens erfasst. Für **nach dem 30. Juni 2007 eröffnete Verfahren** haben dagegen die Regelungen des § 158 nF Vorrang (K/P/B/*Onusseit* § 160 Rn 11a u § 158 Rn 18).

22 **Zustimmungspflichtig** ist auch die Veräußerung eines **Warenlagers im Ganzen**. Nicht zustimmungspflichtig ist der Ausverkauf oder der sukzessive Abverkauf (K/P/B/*Onusseit* § 160 Rn 14; N/R/*Balthasar* § 160 Rn 33; MüKo-*Görg* § 160 Rn 15). Besteht das Warenlager aus verderblicher Ware oder gefährlichen Produkten, wie zB Feuerwerkskörpern, deren Sicherheit nicht mehr garantiert werden kann, so ist der Verwalter berechtigt, das Lager auch ohne vorherige Zustimmung (Einwilligung) des Gläubigerausschusses zu verkaufen, wenn die Herbeiführung der Zustimmung das Geschäft verzögern oder vereiteln würde (N/R/*Balthasar* § 160 Rn 34; K/P/B/*Onusseit* § 160 Rn 3). In solchen Fällen hat der Insolvenzverwalter jedoch die Genehmigung nachzuholen.

23 Der **Verkauf eines unbeweglichen Gegenstandes aus freier Hand** bedarf der Zustimmung, nicht dagegen die Zwangsversteigerung nach den § 165 iVm §§ 172 ff ZVG (K/P/B/*Onusseit* § 160 Rn 15; N/R/*Balthasar* § 160 Rn 35; HK-*Flessner* § 160 Rn 6). **Zustimmungsfrei** ist auch die **freiwillige öffentliche Versteigerung** (*Jaeger/Weber* §§ 133, 134 KO Rn 13; *Braun/Dithmar* § 160 Rn 12; MüKo-*Görg* § 160 Rn 17; *Marotzke* ZInsO 2002, 501 ff; HaKo-*Decker* § 160 Rn 7; FK-*Wegener* § 160 Rn 4; N/R/*Balthasar* § 160 Rn 36). Hier ist ähnlich wie bei der Zwangsversteigerung Gewähr gegeben, dass ein angemessener Wert erzielt wird (MüKo-*Görg* § 160 Rn 17; HK-*Flessner* § 160 Rn 6).

24 **Zustimmungsbedürftig** ist auch die Veräußerung von **Anteilen an Kapital- und Personengesellschaften**. Eine Beteiligung liegt nur vor, wenn die Anteile an einem Unternehmen bestehen (MüKo-*Görg* § 160 Rn 18; BerlKo-*Undritz/Fiebig* § 160 Rn 11; HaKo-*Decker* § 160 Rn 8; K/P/B/*Onusseit* § 160 Rn 16). Auf die Rechtsform, die das Beteiligungsunternehmen hat, kommt es nicht an. Es handelt sich um Anteile iSv § 271 Abs 1 S 1 HGB, wobei es nicht entscheidend ist, ob die Anteile in Wertpapieren verbrieft sind. Bei den Beteiligungen handelt es sich um Mitgliedschaftsrechte, die sowohl Vermögensrechte als auch Verwaltungsrechte umfassen, wie zB das Stimmrecht, Informations- und Mitspracherecht. Beteiligungen sind Aktien, GmbH-Anteile, Komplementär- und Kommanditeinlagen sowie die stille Beteiligung, wenn im Innenverhältnis Mitverwaltungs- und Mitspracherechte eingeräumt worden sind. Eine **Beteiligung iSv § 160 Abs 2 Nr 1 liegt nicht vor**, wenn der Anteilsbesitz lediglich der Geldanlage dient. Vielmehr muss die Beteiligung dem Zweck dienen, eine dauernde Verbindung zwischen dem Schuldnerunternehmen und dem Unternehmen, an dem Anteile gehalten werden, zu schaffen (vgl auch K/P/B/*Onusseit* § 160 Rn 16; N/R/*Balthasar* § 160 Rn 28). Eine Beteiligung in diesem Sinne liegt gem § 271 Abs 1 S 3 HGB idR vor, wenn die Anteile **mehr als 20 Prozent** des Nennkapitals der anderen Gesellschaft ausmachen (FK-*Wegener* § 160 Rn 6; K/P/B/*Onusseit* § 160 Rn 16). Zur **Verwertung von Gesellschaftsanteilen** s auch die Kommentierung zu § 159 Rn 34.

25 **Zustimmungsbedürftig** ist auch die Veräußerung eines **Rechts auf Bezug wiederkehrender Einkünfte** (§ 160 Abs 2 Nr 1). Erfasst werden hiervon vor allem Nießbrauchsrechte und Rentenansprüche (K/P/B/*Onusseit* § 160 Rn 16a; MüKo-*Görg* § 160 Rn 19; N/R/*Balthasar* § 160 Rn 39). Zutreffend weist *Balthasar* (N/R/*Balthasar* § 160 Rn 39) darauf hin, dass es wenig sinnvoll war, die Veräußerung dieser Rechte auf Bezug wiederkehrender Einkünfte von der Zustimmung abhängig zu machen, da heute eine solche Veräußerung weder ungewöhnlich noch riskant ist. Der Verwalter wird diese Rechte idR zu ihrem abgezinsten Barwert veräußern, was kaum mit Risiko verbunden sein dürfte.

2. Aufnahme von Darlehen (§ 160 Abs 2 Nr 2). Der Tatbestand entspricht dem früheren § 134 Nr 2 26
KO. Nach § 160 Abs 2 Nr 2 ist nunmehr die Darlehensaufnahme zustimmungsbedürftig, und zwar nur
unter der Voraussetzung, dass die **Darlehensaufnahme die Insolvenzmasse erheblich belasten** würde
(K/P/B/*Onusseit* § 160 Rn 7; N/R/*Balthasar* § 160 Rn 40ff; *Hess* § 160 Rn 29; HK-*Flessner* § 160
Rn 17). **Kriterien**, wann eine erhebliche Massebelastung vorliegt, sind bislang nicht erarbeitet worden.
Feste Maßstäbe lassen sich auch schwerlich aufstellen (s auch *Pape* NZI 2006, 65, 68; FK-*Wegener*
§ 160 Rn 7; MüKo-*Görg* § 160 Rn 20). Maßgeblich sind die finanziellen Verhältnisse des Unternehmens im Einzelfall. Für die **Erheblichkeit der Darlehensaufnahme** bietet sich an, auf die Möglichkeit der
alsbaldigen Tilgung aus dem kurzfristig zu erwartenden Liquiditätsrückfluss abzustellen (MüKo-*Görg*
§ 160 Rn 20; BerlKo-*Undritz/Fiebig* § 160 Rn 13; vgl auch FK-*Wegener* § 160 Rn 7; N/R/*Balthasar*
§ 160 Rn 41). **Kleinere Darlehensaufnahmen** im Interesse einer zügigen Verfahrensabwicklung sind
nicht zustimmungspflichtig (N/R/*Balthasar* § 160 Rn 41). Eine **erhebliche Belastung der Insolvenzmasse**
ist gegeben, wenn durch die Aufnahme des Darlehens zwar Liquidität geschaffen, andererseits aber die
Verwertung von Anlage- und Umlaufvermögen auf längere Zeit blockiert wird, weil Sicherheiten aus
dem freien Massevermögen gestellt werden. Kann ein Darlehen aus betrieblichen Mitteln oder sonstigen Einnahmen innerhalb weniger Wochen zurückgezahlt werden, bedarf es keiner Zustimmung (N/R/
Balthasar § 160 Rn 41). Der Insolvenzverwalter wird oftmals schon im eigenen Interesse den Gläubigerausschuss bzw die Gläubigerversammlung um Zustimmung ersuchen, denn er haftet nach § 61,
wenn er erkennen konnte, dass die Masse voraussichtlich zur Rückzahlung der Kredite nicht ausreichen
würde (s auch FK-*Wegener* § 160 Rn 7, wonach sich zunächst der Verwalter Darlehen immer genehmigen lassen sollte). Die **Zustimmung** vermag ihn zwar allenfalls **im Innenverhältnis zu enthaften**, jedoch
kommt im **Außenverhältnis** uU eine **gesamtschuldnerische Haftung** mit den Mitgliedern des Gläubigerausschusses in Betracht. Nicht anwendbar ist die Vorschrift auf **Kredite**, die im Rahmen des
Insolvenzplanverfahrens gem § 264 gewährt oder stehen gelassen werden. Insoweit ist dem Gläubigerschutz dadurch Genüge getan, dass der Kreditrahmen im gestaltenden Teil des Insolvenzplans festgelegt wird und die Gläubiger über den Plan abstimmen. Für die Eigenverwaltung gilt § 160 Abs 2
Nr 2 entsprechend.

3. Rechtsstreitigkeiten (§ 160 Abs 2 Nr 3). Der Insolvenzverwalter hat die Zustimmung des Gläubi- 27
gerausschusses und, wenn ein solcher nicht bestellt ist, die Zustimmung der Gläubigerversammlung
einzuholen, wenn er einen Rechtsstreit mit **erheblichem Streitwert** anhängig machen oder aufnehmen
will, die Aufnahme eines solchen Rechtsstreits abgelehnt oder zur Beilegung oder zur Vermeidung eines
solchen Rechtsstreits ein Vergleich oder ein Schiedsvertrag geschlossen werden soll (§ 160 Abs 2 Nr 3).
Im Gegensatz zur KO (§ 133 Nr 2 KO) wird die Aufnahme von Rechtsstreitigkeiten nicht mehr von
einem festen Streitwert abhängig gemacht. Was im Einzelfall ein „erheblicher Streitwert" ist, richtet sich
nach dem Umfang des Insolvenzverfahrens, der vorhandenen Masse und dem Risiko, denn der Insolvenzverwalter eines massearmen Verfahrens darf keine Prozesse aufnehmen, die mangels Kostendeckung in der Masse ausschließlich dem Gegner das Kostenrisiko des Rechtsstreits aufbürden (MüKo-
Görg § 160 Rn 21; K/P/B/*Onusseit* § 160 Rn 18). Mit der Ablehnung der Aufnahme kann zugleich
eine Masseschmälerung verbunden sein (*Jaeger/Weber* §§ 133, 134 KO Rn 10). Bei **Passivprozessen** ist
die Ablehnung gem § 86 Abs 2 ohne Kostenlast nur möglich, wenn der Verwalter den Anspruch sofort
anerkennt mit der Folge, dass der Gegner einen Anspruch auf Erstattung der Kosten des Rechtsstreits
nur als Insolvenzgläubiger (§ 38) geltend machen kann (§ 86 Abs 2). Der Abschluss eines **gerichtlichen
oder außergerichtlichen Vergleichs** fällt ebenfalls unter § 160 Abs 2 Nr 3 (N/R/*Balthasar* § 160 Rn 45;
FK-*Wegener* § 160 Rn 10). Auch der Abschluss eines **Schiedsvertrages** nach den §§ 1025 ff ZPO bedarf
der Zustimmung nach § 160 Abs 2 Nr 3. Jedoch muss der Schiedsvertrag einen erheblichen Streitwert
betreffen (FK-*Wegener* § 160 Rn 11). Handelt es sich dagegen um ein außergerichtliches **Schlichtungsverfahren** oder ein Verfahren im Rahmen der **Mediation**, findet § 160 Abs 2 Nr 3 keine Anwendung.
Gleiches gilt für den **Abschluss eines Sozialplans**, jedoch kann dieser eine Rechtshandlung von besonderer Bedeutung iSv § 160 Abs 1 S 1 sein (FK-*Wegener* § 160 Rn 10; MüKo-*Görg* ! 160 Rn 22; K/P/B/
Onusseit § 160 Rn 18).

X. Streit über das Zustimmungserfordernis

Die gesetzliche Flexibilität der Regelung in § 160 Abs 1 S 1 hat den Nachteil, dass es im Einzelfall zu 28
unterschiedlichen Meinungen zwischen Gläubigerausschuss und Verwalter über die Frage kommen
kann, ob eine Rechtshandlung für das Insolvenzverfahren von besonderer Bedeutung ist. Bei Zuständigkeit der Gläubigerversammlung ist dies unproblematisch, weil diese berechtigt ist, genehmigungspflichtige Rechtshandlungen über den Rahmen des § 160 festzulegen. Vor allem in Großinsolvenzen
kommt es nicht selten zu Kontroversen zwischen Insolvenzverwalter und Gläubigerausschuss über genehmigungspflichtige Rechtshandlungen. Für den Streitfall sind **zwei Vorgehensweisen** möglich: Einmal
kann der Gläubigerausschuss **das Insolvenzgericht anrufen** mit dem Ersuchen, gegen den Verwalter im
Aufsichtswege nach § 58 vorzugehen. Da das Gericht ein pflichtwidriges Verhalten des Verwalters fest-

§ 161 Vorläufige Untersagung der Rechtshandlung

zustellen hat, hat es gleichzeitig auch die Vorfrage zu prüfen, ob eine genehmigungspflichtige Rechtshandlung vorliegt. Vertretbar ist aber auch die Auffassung, dass grundsätzlich die Gläubiger über die Art und Weise der Verwertung entscheiden. Nimmt man die Gläubigerautonomie ernst, muss auch der Gläubigerausschuss im Einzelfall das Recht haben zu entscheiden, ob eine Rechtshandlung des Insolvenzverwalters für das Verfahren von besonderer Bedeutung ist (str aA K/P/B/*Onusseit* § 160 Rn 8 a). Insoweit gilt der Gläubigerausschuss als Repräsentant der Gläubigerversammlung.

XI. Haftung bei Verstoß gegen § 160

29 Versäumt es der Insolvenzverwalter schuldhaft, die nach § 160 gebotene Zustimmung des Gläubigerausschusses oder der Gläubigerversammlung einzuholen, kommt seine Haftung nach § 60 Abs 1 in Betracht (vgl auch MüKo-*Görg* § 160 Rn 35; N/R/*Balthasar* § 160 Rn 24). Schon die Nichtbeachtung des Zustimmungserfordernisses stellt sich als Pflichtwidrigkeit dar (N/R/*Balthasar* § 160 Rn 24). Zweifelhaft ist allerdings, ob es für das Verschulden nicht darauf ankommt, ob der Verwalter die Zustimmungspflicht erkannt hat (so N/R/*Balthasar* § 160 Rn 24). Anders als im Rahmen sonstiger Haftung des Insolvenzverwalters nach § 60 **erlaubt die Flexibilität der Vorschrift des § 60 Abs 1 S 1 unterschiedliche Wertungen**, so dass für eine Haftung festgestellt werden muss, ob die Fehleinschätzung im Einzelfall **schuldhaft** gewesen ist. Etwas anderes gilt, wenn sich der Insolvenzverwalter entweder vorsätzlich über Entscheidungen der Gläubigerorgane hinwegsetzt oder es bewusst unterlässt, seinen gesetzlichen Pflichten nach § 160 nachzukommen. Insoweit kann eine Haftung im Innenverhältnis begründet sein. Aber selbst die Zustimmung des Gläubigerausschusses führt nicht in allen Fällen zur Enthaftung des Insolvenzverwalters (OLG Bamberg NJW 1953, 109; *Hess* § 160 Rn 18). Vielmehr hat er auch in Fällen der Zustimmung immer die Prüfung vorzunehmen, ob die genehmigte Rechtshandlung letztlich auch eine optimale Verwertungsmaßnahme darstellt. Verneinendenfalls hat er von der Durchführung der genehmigten Rechtshandlung Abstand zu nehmen (MüKo-*Görg* § 160 Rn 36). Gleiches gilt, wenn er schuldhaft gegenüber dem Gläubigerausschuss die **Sach- und Rechtslage unrichtig oder unvollständig dargestellt** hat mit der Folge, dass die Zustimmung auf Grund der falschen Darstellung erteilt worden ist (BGH WM 1985, 422, 424; *Hegmanns*, Gläubigerausschuss S 71 ff; N/R/*Balthasar* § 160 Rn 15; FK-*Wegener* § 160 Rn 16). Stimmt der Gläubigerausschuss einem erkennbar **insolvenzzweckwidrigen Rechtsgeschäft** des Insolvenzverwalters zu, haftet er neben dem Insolvenzverwalter nach § 71 (*Hess* § 160 Rn 17). In der Regel ist es schwer nachzuweisen, dass den Insolvenzverwalter Fahrlässigkeit trifft, wenn der Maßnahme ein erfahrener Gläubigerausschuss zugestimmt hat (vgl RAG KuT 1934, 54, 55 r Sp; *Hegmanns*, Gläubigerausschuss S 73). Dies gilt vor allem, wenn sich sowohl der Gläubigerausschuss als auch der Verwalter über die Zustimmungsbedürftigkeit einer Maßnahme geirrt haben. In allen Fällen fehlender Zustimmung des Gläubigerausschusses ist zu prüfen, ob die Mitglieder den Insolvenzverwalter bei seiner Geschäftsführung ordnungsgemäß überwacht haben (§ 69 S 1).

XII. Genehmigungserfordernis in der Eigenverwaltung

30 Hat das Insolvenzgericht Eigenverwaltung unter Aufsicht eines Sachwalters angeordnet, ist der Schuldner verpflichtet, zu den für das Verfahren besonders bedeutsamen Rechtshandlungen iSv § 160 die Zustimmung des Gläubigerausschusses bzw. der Gläubigerversammlung einzuholen (§ 276 S 1). Nach § 276 S 2 gelten die §§ 160 Abs 1 S 2, Abs 2, 161 S 2 und § 164 entsprechend. Vgl die Kommentierung zu § 276.

§ 161 Vorläufige Untersagung der Rechtshandlung

¹In den Fällen des § 160 hat der Insolvenzverwalter vor der Beschlußfassung des Gläubigerausschusses oder der Gläubigerversammlung den Schuldner zu unterrichten, wenn dies ohne nachteilige Verzögerung möglich ist. ²Sofern nicht die Gläubigerversammlung ihre Zustimmung erteilt hat, kann das Insolvenzgericht auf Antrag des Schuldners oder einer in § 75 Abs. 1 Nr. 3 bezeichneten Mehrzahl von Gläubigern und nach Anhörung des Verwalters die Vornahme der Rechtshandlung vorläufig untersagen und eine Gläubigerversammlung einberufen, die über die Vornahme beschließt.

I. Allgemeines

1 Die Vorschrift orientiert sich an dem früheren § 135 KO, wonach der Schuldner immer zu unterrichten war, während nunmehr die vorherige Unterrichtung nur erforderlich ist, wenn dies ohne nachteilige Verzögerung möglich ist (§ 161 Abs 1 S 1). Die Vorschrift dient dem **Schutz des Schuldners**. Dieser soll Gelegenheit erhalten, seine – abweichende – Auffassung gegenüber dem Insolvenzverwalter darzulegen. Er kann bei dem Insolvenzgericht beantragen, dass anstelle des primär nach § 160 Abs 1

III. Vorläufige Untersagung der Rechtshandlung § 161

S 1 zuständigen Gläubigerausschusses nunmehr das oberste Selbstverwaltungsorgan, die Gläubigerversammlung, über die Zweckmäßigkeit der Rechtshandlung entscheidet. Um auch dem Gläubigerschutz gerecht zu werden, kann die vorläufige Untersagung auch auf Antrag der in § 75 Abs 1 Nr 3 bezeichneten Mehrzahl von Gläubigern erfolgen. Damit werden die Rechte der Gläubigerversammlung im Verhältnis zum Gläubigerausschuss wesentlich gestärkt.

II. Unterrichtungspflicht

Nach § 161 S 1 hat der Insolvenzverwalter vor der Beschlussfassung des Gläubigerausschusses oder der Gläubigerversammlung den Schuldner zu unterrichten, dh zu informieren, wenn dies ohne nachteilige Verzögerung möglich ist. Über die Art und Weise der Unterrichtung sagt das Gesetz ebenso wenig wie über den Zeitpunkt. Die Information ist nicht an eine **Form oder Frist** gebunden, kann also auch mündlich erfolgen (K/P/B/*Onusseit* § 161 Rn 3a; *Braun/Dithmar* § 161 Rn 2) Ist der Schuldner keine natürliche Person, sind die **organschaftlichen Vertreter** zu informieren. Die Unterrichtung hat so zu erfolgen, dass der Schuldner oder Schuldnervertreter über den wesentlichen Inhalt und Umfang der beabsichtigten Rechtshandlung informiert wird. Sie muss ihm ermöglichen, Gegenvorschläge zu machen oder die Aussetzung zu beantragen (K/P/B/*Onusseit* § 161 Rn 3; N/R/*Balthasar* § 161 Rn 6). Die Unterrichtung des Schuldners hat in gleicher Weise zu erfolgen wie die Einholung der Zustimmung des Gläubigerausschusses oder der Gläubigerversammlung nach § 160 Abs 1. Sie muss grundsätzlich zeitlich so früh erfolgen, dass dem Schuldner bzw Schuldnerunternehmen die Möglichkeit bleibt, von dem Recht des § 161 S 2 Gebrauch zu machen. Die **Unterrichtung des Schuldners** oder seiner Vertreter kann **ausnahmsweise dann unterbleiben**, wenn hierdurch eine **gläubigernachteilige Verzögerung** eintreten würde (K/P/B/*Onusseit* § 161 Rn 3). Diese tritt regelmäßig ein, wenn der Schuldner sich im Ausland aufhält oder sein Aufenthalt unbekannt ist. Insoweit findet die Vorschrift des § 10 Abs 1 entsprechende Anwendung. Deshalb soll gem § 10 Abs 1 S 2 entsprechend ein Vertreter oder Angehöriger des Schuldners unterrichtet werden (K/P/B/*Onusseit* § 161 Rn 3). Im Übrigen kann der Insolvenzverwalter in diesen Fällen auf eine **Unterrichtung des Schuldners ganz verzichten.** Das soll auch dann gelten, wenn von dieser Unterrichtung des Schuldners **gravierende Nachteile** zu erwarten sind zB weil der Erwerber auf Geheimhaltung besteht (N/R/*Balthasar* § 161 Rn 9; str aA K/P/B/*Onusseit* § 160 Rn 3). Bei der **führungslosen Gesellschaft** sind die Gesellschafter zu unterrichten. Der Verwalter darf die Unterrichtung nicht etwa deshalb unterlassen oder verzögern, weil er fürchtet, der Schuldner werde den Antrag auf einstweilige Untersagung der Vornahme der Rechtshandlung stellen (N/R/*Balthasar* § 161 Rn 8). Umfangreiche Ermittlungen nach dem zurzeit nicht bekannten Aufenthaltsort des Schuldners oder des organschaftlichen Vertreters eines Schuldnerunternehmens sind dem Verwalter nicht zumutbar (FK-*Wegener* § 161 Rn 2). Die Unterrichtungspflicht bezieht sich nicht auf die Gläubiger. Diese haben über den Gläubigerausschuss die Möglichkeit, sich über die beabsichtigten bedeutsamen Rechtshandlungen des Verwalters zu informieren.

III. Vorläufige Untersagung der Rechtshandlung

1. Antragsrecht. Die vorläufige Untersagung einer besonders bedeutsamen Rechtshandlung des Insolvenzverwalters trotz Genehmigung durch den Gläubigerausschuss setzt einen **Antrag des Schuldners** oder einer in § 75 Abs 1 Nr 3 bezeichneten **Mehrzahl von Gläubigern** voraus. Antragsberechtigt sind somit mindestens fünf absonderungsberechtigte Gläubiger oder nicht nachrangige Gläubiger, deren Absonderungsrecht und Forderungen nach der Schätzung des Insolvenzgerichts zusammen ein Fünftel der Summe erreichen, die sich aus dem Wert aller Absonderungsrechte und den Forderungsbeträgen aller nicht nachrangigen Insolvenzgläubiger ergibt. Das Gesetz verlangt somit ein **Mindestquorum von 20 Prozent** der Forderungen oder Absonderungsrechte. Hierdurch soll das Verfahren vor missbräuchlicher Antragstellung geschützt werden (N/R/*Balthasar* § 161 Rn 12). Das Gesetz sieht **keine Form** für den Antrag vor. Jedoch muss der Antrag die **Untersagungsgründe** enthalten (N/R/*Balthasar* § 161 Rn 13; **str aA** K/P/B/*Onusseit* § 161 Rn 4, die aber gleichwohl eine Begründung empfehlen). Stellen Gläubiger den Antrag, sind die Voraussetzungen des § 75 Abs 1 Nr 3 glaubhaft zu machen (H/W/F Hdb 5/348; N/R/*Balthasar* § 161 Rn 13). Die Angaben werden vom Gericht auf Grund der vom Insolvenzverwalter geführten Tabelle überprüft. Bei **juristischen Personen** wird das Antragsrecht analog §§ 10 Abs 2, 15 Abs 1 von den organschaftlichen Vertretern ausgeübt (N/R/*Balthasar* § 161 Rn 12). Es genügt, wenn der Antrag von einem Mitglied des Vertretungsorgans gestellt wird, bei einer Gesellschaft ohne Rechtspersönlichkeit oder bei einer Kommanditgesellschaft auf Aktien von einem persönlich haftenden Gesellschafter oder Abwickler. § 15 Abs 2 findet keine analoge Anwendung. Der Schuldner kann seinen Antrag zunächst damit begründen, der Insolvenzverwalter habe es unterlassen, ihn, obwohl erreichbar, gem § 161 S 1 von der beabsichtigten Maßnahme zu unterrichten (H/W/F Hdb 5/348). Die **Gläubiger** sind vom Insolvenzverwalter nicht gem § 161 S 1 zu unterrichten. Trotzdem kann im Einzelfall der Antrag auf vorläufige Untersagung von Gläubigern mit der Begründung gestellt werden, der Verwalter habe vom Schuldner nach Information erarbeitete Gegenvorschläge ihnen nicht zur Kenntnis gebracht (so auch N/R/*Balthasar* § 161 Rn 7).

§ 161

4   **2. Vorherige Zustimmung der Gläubigerversammlung.** Oberstes Selbstverwaltungsorgan ist die Gläubigerversammlung. Hat diese bereits entweder generell zB im Berichtstermin (§ 157) oder speziell nach § 160 Abs 1 S 2 ihre Zustimmung erteilt, scheidet die Untersagung der beabsichtigten Rechtshandlung ohnehin aus und ist ein Antrag nach § 161 S 2 als unzulässig zurückzuweisen. Die Vorschrift betrifft damit nur Fälle, in denen nach § 160 Abs 1 S 1 der **Gläubigerausschuss** die Zustimmung zu besonders bedeutsamen Rechtshandlungen des Insolvenzverwalters erteilt hat (N/R/*Balthasar* § 161 Rn 15; *Jaeger/Weber* § 135 KO Rn 2; str aA K/P/B/*Onusseit* § 161 Rn 4a). Der Zweck der Vorschrift besteht darin, sicherzustellen, dass die geplante und vom Gläubigerausschuss genehmigte Rechtshandlung dem Interesse aller Gläubiger entspricht. Weiterhin soll die Möglichkeit geschaffen werden, Fehlentscheidungen des Gläubigerausschusses durch die Gläubigerversammlung zu korrigieren.

5   **3. Untersagungsgründe.** Nicht der Antrag allein reicht aus, um die Untersagungsverfügung des Insolvenzgerichts zu rechtfertigen. Vielmehr muss, was auch im Antrag dargetan werden sollte, ein Grund vorliegen, der die Untersagung der beabsichtigten Rechtshandlung des Verwalters rechtfertigt. Ein solcher Grund ist schon gegeben, wenn Zweifel hinsichtlich der Rechtmäßigkeit der Maßnahme bestehen oder im Antrag dargelegt wird, dass die genehmigte Maßnahme wirtschaftlich unzweckmäßig oder gar insolvenzzweckwidrig ist. Entgegen H/W/F (Hdb 5/349) entscheidet das Gericht nicht nur über die **Rechtmäßigkeit der Antragstellung.** Vielmehr kann es im Vorgriff auf die Entscheidung der Gläubigerversammlung und zur Vermeidung einer Masseschädigung auch die **wirtschaftliche Zweckmäßigkeit** der Maßnahme überprüfen (N/R/*Balthasar* § 161 Rn 16; MüKo-*Görg* § 161 Rn 11; HaKo-*Decker* § 161 Rn 5; K/P/B/*Onusseit* § 161 Rn 5 a; str aA BerlKo-*Undritz/Fiebig* § 161 Rn 5; FK-*Wegener* § 161 Rn 5; HK-*Flessner* § 161 Rn 4; *Andres/Leithaus* § 161 Rn 6). Nicht gefolgt werden kann der Auffassung bei HK-*Flessner* (§ 161 Rn 4), wonach entgegen dem Wortlaut des Gesetzes („kann") das Gericht bei einem Antrag des Schuldners **kein Ermessen** hat, ob es die Vornahme der Rechtshandlung vorläufig untersagt. Für den Gläubigerantrag kann dies nicht etwa aus § 75 Abs 1 Nr 3 hergeleitet werden, denn die Einberufung der Gläubigerversammlung ist lediglich die Folge der vorläufigen Untersagung, um dieser Gelegenheit zu geben, endgültig über Genehmigung oder Nichtgenehmigung zu entscheiden. Insoweit gehen die **Kompetenzen des Gerichts** weiter als die der Aufsicht nach § 58. Allein die Antragstellung wird niemals genügen, um eine einstweilige Untersagung zu rechtfertigen, wohl aber die Gefahr, dass durch die geplante Maßnahme entweder die Masse geschädigt wird oder die Rechtshandlung wirtschaftlich unvernünftig ist. Dem Gericht bleibt es dabei nicht erspart, die durch die vorläufige Untersagung entstehenden **Verzögerungsschäden** gegenüber den Nachteilen einer möglichen Unzweckmäßigkeit oder Unwirtschaftlichkeit abzuwägen (N/R/*Balthasar* § 161 Rn 16). Ein Versagungsgrund ist letztlich immer gegeben, wenn die bei Durchführung der genehmigten Maßnahme **drohenden Nachteile größer sind als der Schaden**, der durch eine zeitweise Aussetzung der Rechtshandlung entsteht (N/R/ *Balthasar* § 161 Rn 16; H/W/F Hdb 5/349). Kein Untersagungsgrund ist, wenn behauptet wird, der Insolvenzverwalter habe nicht sämtliche Verwertungsmöglichkeiten ausgeschöpft. Solchenfalls müsste dargetan werden, dass eine bessere Verwertungsmöglichkeit besteht.

6   **4. Keine Untersagung bereits durchgeführter Maßnahmen.** Die vorläufige Untersagung von Maßnahmen des Insolvenzverwalters nach § 161 S 2 kommt nicht mehr in Betracht, wenn der Insolvenzverwalter die vom Gläubigerausschuss genehmigte Maßnahme bereits durchgeführt hat (vgl *Hilzinger* ZInsO 1999, 560 ff; *Hess* § 161 Rn 10; K/P/B/*Onusseit* § 161 Rn 5 b). Entscheidend ist immer, ob die **Rechtshandlung formell wirksam** geworden ist, dh ob alle zu ihrer Wirksamkeit erforderlichen Handlungen vorgenommen worden sind. Ist eine Rechtshandlung nicht mehr rückgängig zu machen, läuft die Antragstellung nach § 161 ins Leere. Sind Rechtshandlungen, die für das Insolvenzverfahren von besonderer Bedeutung sind, bereits während des Eröffnungsverfahrens vorbereitet worden und werden sie erst nach Eröffnung des Verfahrens durchgeführt, wie zB eine Betriebsveräußerung, so können diese Maßnahmen Gegenstand einer Genehmigung nach §§ 160, 162 sein (*Hilzinger* ZInsO 1999, 560, 561). Allerdings erübrigt sich das Problem bei **Veräußerung des Schuldnerunternehmens** oder beim **Verkauf von Warenbeständen** meist dadurch, dass der Insolvenzverwalter gem § 156 im Berichtstermin berichtet und die Gläubigerversammlung die Zustimmung erteilt, so dass eine Einschaltung des Gläubigerausschusses nach § 160 Abs 1 S 1 nicht mehr in Betracht kommt. Von praktischer Relevanz ist aber zB der Fall, dass der Insolvenzverwalter mit Genehmigung des Gläubigerausschusses einen gerichtlichen oder außergerichtlichen Vergleich zwecks Vermeidung oder Beilegung eines Rechtsstreits schließt, der ihm ein **befristetes Widerrufsrecht** einräumt. Hier ist die genehmigte Rechtshandlung bereits durchgeführt, jedoch zu fragen, ob das Gericht im Wege der vorläufigen Untersagung nach § 161 S 2 den Widerruf anordnen kann. Da die Frage zu bejahen ist, sollte jegliche genehmigte Vereinbarung unter dem Vorbehalt abgeschlossen werden, dass nicht ein Antrag nach § 161 S 2 gestellt wird.

7   **5. Anhörung des Insolvenzverwalters.** Das Gericht ist verpflichtet, vor der Entscheidung über die vorläufige Untersagung der Rechtshandlung den Verwalter anzuhören (§ 161 S 2). Ob es sich hier um ei-

III. Vorläufige Untersagung der Rechtshandlung   § 161

nen Fall des Anspruchs auf rechtliches Gehör handelt (so H/W/F Hdb 5/350), ist zweifelhaft, denn in Rechte des Verwalters wird nicht eingegriffen (so aber auch N/R/*Balthasar* § 161 Rn 17). Die Anhörung des Verwalters dient letztlich einer sachgerechten Entscheidung des Insolvenzgerichts. Der Verwalter hat im Wege der Anhörung die Möglichkeit, die Gründe für die Vornahme der Rechtshandlung darzulegen und die von den Antragstellern vorgebrachten Versagungsgründe zu entkräften. Es ist ihm aber auch unbenommen, dem Gericht im Rahmen der Anhörung mitzuteilen, dass er von der geplanten Maßnahme Abstand nimmt. In diesem Fall hat sich der Antrag erledigt und braucht das Gericht keine Entscheidung zu treffen (H/W/F Hdb 5/350).

6. Untersagungsbeschluss. Das Gericht entscheidet über den Antrag auf Untersagung der Vornahme einer Rechtshandlung des Insolvenzverwalters durch **Beschluss**. Der Beschluss ist dem oder den Antragstellern und dem Insolvenzverwalter **zuzustellen** (N/R/*Balthasar* § 161 Rn 18; MüKo-*Görg* § 161 Rn 13; *Braun/Dithmar* § 161 Rn 6). Es handelt sich nicht um eine verfahrensleitende Maßnahme (str aA H/W/F Hdb 5/350; unklar N/R/*Balthasar* § 161 Rn 19, 20). Das Gericht entscheidet auch durch Beschluss, wenn der Antrag zurückgewiesen wird. Absichtserklärungen des Verwalters, er werde die ursprünglich geplante Maßnahme bis zur nächsten Gläubigerversammlung nicht durchführen, reichen für eine Abstandnahme von einer Entscheidung nicht aus (N/R/*Balthasar* § 161 Rn 19). Das Gericht hat auch in einem solchen Fall durch Beschluss zu entscheiden. 8

7. Einberufung einer Gläubigerversammlung. Gibt das Gericht dem Antrag auf vorläufige Untersagung der Vornahme der geplanten Rechtshandlung statt, so hat es gem § 161 S 2 eine Gläubigerversammlung einzuberufen, die über die Vornahme oder Nichtvornahme beschließt. **Hinsichtlich der Einberufung** der Gläubigerversammlung hat das Gericht **keinen Ermessensspielraum**. Hatte allerdings die Gläubigerversammlung bereits auf Grund genereller Zustimmung oder besonderer Genehmigung nach § 160 Abs 1 S 2 zugestimmt, braucht keine neue Gläubigerversammlung einberufen zu werden. Vielmehr ist – wie oben bereits dargestellt – der Antrag als unzulässig zurückzuweisen, da eine erneute Entscheidung der Gläubigerversammlung im Gesetz nicht vorgesehen ist. Der Antrag nach § 161 S 1 kann in diesen Fällen auch nicht als Antrag auf Aufhebung des generellen Zustimmungsbeschlusses nach § 78 Abs 1 angesehen werden. In diesen Fällen bleibt dem Gericht nur die Möglichkeit, im Aufsichtswege (§ 58) gegen die Maßnahmen des Verwalters einzuschreiten. 9

Beschließt das Gericht die vorläufige Untersagung der Rechtshandlung des Verwalters, so hat dieser **Beschluss aufschiebende Wirkung**, bis die Gläubigerversammlung entschieden hat. Dem Verwalter ist es untersagt, die geplante Maßnahme vor der anzuberaumenden Gläubigerversammlung durchzuführen. Mit der Entscheidung der Gläubigerversammlung verliert der gerichtliche Beschluss seine Wirkungen. Stimmt die Gläubigerversammlung der vom Insolvenzverwalter beabsichtigten und vom Gläubigerausschuss genehmigten Maßnahme zu, so verliert der Untersagungsbeschluss seine Wirksamkeit, ohne dass es einer Aufhebung bedarf (N/R/*Balthasar* § 161 Rn 21). Der Verwalter ist mit der Wirksamkeit des Beschlusses der Gläubigerversammlung berechtigt, die beabsichtigte Maßnahme durchzuführen. Eine Aufhebung des Beschlusses der Gläubigerversammlung nach § 78 scheidet in diesen Fällen aus. Auch kann hinsichtlich der genehmigten Maßnahme kein neuer Untersagungsantrag gestellt werden (N/R/*Balthasar* § 161 Rn 21). 10

Die **Einberufung der Gläubigerversammlung** hat für den Fall der vorläufigen Untersagung binnen **angemessener Frist** zu erfolgen. Welche Frist im Einzelfall angemessen ist, bestimmt sich nach der wirtschaftlichen Bedeutung der Maßnahme und der Dringlichkeit (N/R/*Balthasar* § 161 Rn 22). Die vorgeschlagene zeitliche Orientierung für die Terminierung bei dringenden Maßnahmen an § 75 Abs 2 ist keineswegs verbindlich. Die Gläubiger müssen ausreichend Zeit haben, sich über die geplante Maßnahme zu informieren, um zu einer sachgerechten Entscheidung zu gelangen. Die Terminsbestimmung für eine Gläubigerversammlung ist, um eine wirksame Ladung herbeiführen zu können, gem § 74 Abs 2 iVm § 9 mit Zeit, Ort und Tagesordnung in dem für die öffentlichen Bekanntmachungen bestimmten Blatt öffentlich bekannt zu machen (vgl auch KS-*Bernsen* S 1843, 1852 Rn 25–27). 11

8. Rechtsmittel. Gegen die Entscheidung des Insolvenzgerichts über die vorläufige Untersagung der Rechtshandlungen eines Insolvenzverwalters ist gem § 6 Abs 1 ein Rechtsmittel nicht gegeben (MüKo-*Görg* § 161 Rn 16; BerlKo-*Undritz/Fiebig* § 161 Rn 5; TK-*Wegener* § 161 Rn 8). Hat der Rechtspfleger entschieden, ist die **Erinnerung** nach § 11 RPflG statthaft, da kraft ausdrücklicher gesetzlicher Vorschrift gegen die richterliche Entscheidung kein Rechtsmittel gegeben ist. Nimmt man mit einem Teil der Literatur an, es handele sich bei der vorläufigen Untersagung lediglich um eine **verfahrensleitende gerichtliche Maßnahme**, der keinerlei rechtlich selbständige Bedeutung zukommt (so zB H/W/F Hdb 5/350; N/R/*Balthasar* § 161 Rn 20), ist auch die Erinnerung unstatthaft. Nach wohl richtiger Meinung steht sowohl dem Schuldner als auch dem antragstellenden Gläubiger die **befristete Erinnerung** gem § 11 Abs 2 S 1 RPflG zu (so auch K/P/B/*Onusseit* § 161 Rn 6; FK-*Wegener* § 161 Rn 8; MüKo-*Görg* § 161 Rn 16; *Hess* § 161 Rn 7). Der Rechtspfleger darf seiner Entscheidung nicht abhelfen (§ 11 Abs 2 S 2 RPflG). 12

13 **9. Rechtsfolgen des Verstoßes gegen § 161.** Verstößt der Insolvenzverwalter gegen die Entscheidung des Insolvenzgerichts, die die Vornahme der Rechtshandlung vorläufig untersagt, so ist diese im Außenverhältnis trotzdem wirksam (K/P/B/*Onusseit* § 161 Rn 7; MüKo-*Görg* § 161 Rn 6; FK-*Wegener* § 161 Rn 10). Der Insolvenzverwalter haftet jedoch, wenn er schuldhaft die Maßnahme trotzdem durchgeführt hat, den Gläubigern im Innenverhältnis auf Schadenersatz. Der Anspruch ist gem § 93 von einem neuen Insolvenzverwalter oder einem Sonderverwalter geltend zu machen. **Verweigert dagegen das Insolvenzgericht die Beschlussfassung** über die Untersagung einer vom Gläubigerausschuss genehmigten Rechtshandlung, so kommt eine **Staatshaftung** nach Art 34 GG iVm § 839 BGB in Betracht (N/R/*Balthasar* § 161 Rn 25; K/P/B/*Onusseit* § 161 Rn 7). Insoweit greift das Spruchrichterprivileg des § 839 Abs 2 S 1 BGB nicht ein, denn es handelt sich nicht um einen Urteilsspruch. Eine Staatshaftung greift jedoch nur ein, wenn für das Gericht erkennbare Tatsachen den Verdacht hätten aufdrängen müssen, dass es sich insoweit um eine unzweckmäßige Verwaltermaßnahme handelt, oder wenn der Verdacht geäußert worden ist, dass Mitglieder des Gläubigerausschusses im Zusammenwirken mit dem Insolvenzverwalter die Masse durch diese Maßnahme schädigen wollten.

§ 162 Betriebsveräußerung an besonders Interessierte

(1) Die Veräußerung des Unternehmens oder eines Betriebs ist nur mit Zustimmung der Gläubigerversammlung zulässig, wenn der Erwerber oder eine Person, die an seinem Kapital zu mindestens einem Fünftel beteiligt ist,
1. zu den Personen gehört, die dem Schuldner nahestehen (§ 138),
2. ein absonderungsberechtigter Gläubiger oder ein nicht nachrangiger Insolvenzgläubiger ist, dessen Absonderungsrechte und Forderungen nach der Schätzung des Insolvenzgerichts zusammen ein Fünftel der Summe erreichen, die sich aus dem Wert aller Absonderungsrechte und den Forderungsbeträgen aller nicht nachrangigen Insolvenzgläubiger ergibt.

(2) Eine Person ist auch insoweit im Sinne des Absatzes 1 am Erwerber beteiligt, als ein von der Person abhängiges Unternehmen oder ein Dritter für Rechnung der Person oder des abhängigen Unternehmens am Erwerber beteiligt ist.

I. Allgemeines

1 Eine dem § 162 entsprechende Vorschrift hat es in den früheren Insolvenzgesetzen nicht gegeben. Bekannt sind jedoch aus der Praxis Fälle, in denen bestimmte Erwerber oder am Erwerber maßgeblich beteiligte Personen auf Grund ihrer besonderen Informationsmöglichkeiten als Gläubiger oder Gläubigerausschussmitglieder das Unternehmen, den Betrieb oder Betriebsteile des Schuldners zu Preisen erworben haben, die nicht dem regulären Marktpreis entsprachen (s auch **OLG München NZI 1998**, 84, 85). Durch das Erfordernis der Zustimmung der Gläubigerversammlung soll in den Fällen, in denen ein besonderes Interesse des Erwerbers besteht oder vom Gesetz vermutet wird, sichergestellt werden, dass das Unternehmen, der Betrieb oder Betriebsteile zu einem **angemessenen Preis** übertragen werden (krit zur gesetzlichen Regelung *Gundlach/Frenzel/Jahn* ZInsO 2008, 360). Dies gilt nicht zuletzt auch für sogen **Auffang- oder Sanierungsgesellschaften**, auf die das Anlage- und Umlaufvermögen des Schuldnerunternehmens im Wege der **übertragenden Sanierung** übertragen werden soll und an dem die Gesellschafter des insolventen Unternehmens wiederum maßgeblich beteiligt sind (s auch N/R/*Balthasar* § 162 Rn 3, 4). Die Vorschrift soll verhindern, dass bei der **Veräußerung an sogen „Insider"** das Unternehmen zu einem **unangemessenen Preis**, der dem Marktpreis nicht entspricht, veräußert wird. Die Vorschrift gilt nicht für die Übertragung des Unternehmens oder Betriebes auf Grund eines **Insolvenzplans**, da über einen solchen ohnehin mit den Mehrheiten des § 244 in der Gläubigerversammlung abgestimmt werden muss (§ 235 Abs 1 S 1). Handelt es sich bei dem Erwerber um eine **nahe stehende Person** iSv § 138 oder einen maßgeblich am Schuldner- und Erwerberunternehmen **beteiligten Gläubiger**, so liegt die Vermutung nahe, dass werthaltige Gegenstände und Forderungen des Schuldnerunternehmens entweder verschwiegen oder untergewertet werden, um den Kaufpreis zu drücken. Gerade bei Insidern ist die Gefahr groß, dass stille Reserven verschwiegen werden, so dass der Kaufpreis, der letztlich geboten wird, in keinem Verhältnis zu dem echten Unternehmenswert steht (Einzelheiten bei *K. Schmidt*, Die übertragende Sanierung in: *D. Leipold* [Hrsg], Insolvenzrecht im Umbruch 1991, S 67, 75 f; KS-*Balz* S 3, 18 Rn 48). Vielfach kommt § 162 bei Unternehmens-/Betriebsveräußerungen nicht zur Anwendung, weil der Verwalter gezwungen ist, schon am Tag nach der Insolvenzeröffnung die Übertragung vorzunehmen, um eine nahtlose, verlustfreie Weiterproduktion zu ermöglichen. Eine sofortige Übertragung ist meist sogar Kaufbedingung. Zu diesem Zeitpunkt steht eine Gläubigerversammlung noch nicht zur Verfügung, sodass der Verwalter eigenverantwortlich zu entscheiden hat, ob die Unternehmensveräußerung für die Masse günstig ist (s auch *Gundlach/Frenzel/Jahn* ZInsO 2008, 360, 362).

II. Begriff des Unternehmens

Der Rechtsbegriff „Unternehmen" ist weder im Zivil- noch im Handelsrecht zu einer klar definierbaren Kategorie geworden (vgl *K. Schmidt* Gesellschaftsrecht § 4 I 2 a). Nach gängiger Definition ist ein **Unternehmen** eine organisatorische Einheit, die bestimmt wird durch den wirtschaftlichen oder ideellen Zweck, dem ein Betrieb oder mehrere organisatorisch verbundene Betriebe desselben Unternehmens dienen (*Palandt/Putzo* Einf vor § 611 BGB Rn 15). Einen allgemeinen Rechtsbegriff „Unternehmen" gibt es nicht (so *K. Schmidt* Gesellschaftsrecht § 4 I. 1. a m umf Literatur auf S 63). Das Unternehmen stellt sich jedoch als eine wirtschaftliche Einheit, die **Gegenstand eines Veräußerungsvertrages** sein kann (vgl *Beisel/Klumpp* Der Unternehmenskauf Rn 134; *Hess* § 159 Rn 25, 26; MüKo-*Görg* § 160 Rn 13; s auch K/P/B/*Onusseit* § 160 Rn 10, 13 u § 161 Rn 3). Das Unternehmen als Inbegriff von Vermögenswerten rechtlicher und tatsächlicher Art erfasst auch **Zweigniederlassungen (Filialen)**, wenn diese nicht als Sondervermögen selbst insolvenzfähig sind (*K. Schmidt* Gesellschaftsrecht § 4 III. 2. a). Der Begriff des Unternehmens ist nicht identisch mit dem früheren Begriff des „Geschäfts" in den §§ 117, 129, 130, 132, 134 Nr 1 KO, denn dieser umfasst nur aktive, nicht dagegen auch passive Vermögensbestandteile (*Jaeger/Henckel* § 1 KO Rn 8). Das Insolvenzverfahren umfasst das Unternehmen als Ganzes. Das Unternehmen bleibt auch im Insolvenzverfahren getrennt vom **Unternehmensträger** (vgl *K. Schmidt* Gesellschaftsrecht § 4 IV. 2. a). Das Unternehmen als solches fällt in die Insolvenzmasse (§ 35), nicht dagegen die Gesellschaftsanteile (*Mönning*, Betriebsfortführung in der Insolvenz Rn 5). Nach zutreffender Feststellung von *K. Schmidt* (Wege S 70) besteht im Gesellschaftsinsolvenzverfahren Kongruenz zwischen Gesellschaftsvermögen, Unternehmensvermögen und Masse (vgl auch *Jaeger/Henckel* § 1 KO Rn 8; *Raffel* Die Verwertbarkeit der Firma im Konkurs 1995 S 8 ff; *Heilmann* BB 1988, 1546, 1547). Der **Erwerb des Unternehmens** kann im Wege des Beteiligungserwerbs bzw Anteilerwerbs (share deal) oder durch Übertragung der sogen „assets", der einzelnen im Eigentum des Unternehmens stehenden **Gegenstände** (asset deal), erfolgen (vgl *Beisel/Klumpp* Der Unternehmenskauf Rn 139 ff; *Hess* § 159 Rn 27; *Hess* SanierungsHdb 4. Aufl 2009 Kap 13 Rn 77 ff). Zutreffend weist *Onusseit* (K/P/B/*Onusseit* § 161 Rn 3) darauf hin, dass der „share deal" von § 162 nicht erfasst wird. Der Erwerb eines Handelsunternehmens aus der Hand des Insolvenzverwalters schließt die Anwendbarkeit von § 25 Abs 1 HGB aus(**BAG** v 20. 9. 2006, NZI 2007, 252). **Zum Unternehmenskauf in der Insolvenz** s auch *Piepenburg* Unternehmenskauf in Krise und Insolvenz, FS Greiner 2005 S 271 ff; *Vallender* GmbHR 2004, 543 ff u 642 ff; *van Betteray/Gass* BB 2004, 2309 ff; *Tretow* ZInsO 2000, 309 ff; *Kammel* NZI 2000, 102 ff; zu arbeitsrechtlichen Aspekten einer Betriebsveräußerung in der Insolvenz *Danko/Cramer* BB 2004, 9 ff; zum Erwerb subventionierter Unternehmen s *Töpfer/Wutler* ZIP 2003, 1677 ff; *Ehricke* ZInsO 2005, 516 ff. Zur **Bewertung des Unternehmens**, die für die Zustimmung der Gläubigerversammlung oftmals von entscheidender Bedeutung ist, vgl die Kommentierung bei *Hess* zu § 159 Rn 29–75. Zur **Bestimmung des Kaufpreises** s *van Betteray/Gass* BB 2004, 2309, 2314. Eine Unternehmensveräußerung liegt auch vor, wenn **Unternehmensteile** vom Insolvenzverwalter veräußert werden. Das Zustimmungserfordernis ergibt sich in solchen Fällen meist daraus, dass die Veräußerung von Unternehmensteilen zugleich die Veräußerung von Betrieben ist (vgl K/P/B/*Onusseit* § 160 Rn 12).

III. Begriff des Betriebes

Der Begriff des Betriebes wird allgemein arbeitsrechtlich verstanden und knüpft an § 613a BGB an (vgl Begr RegE zu § 185, BR-Drucks 1/92 S 176, abgedr bei *Uhlenbruck*, Das neue Insolvenzrecht, S 523 = K/P/B RWS-Dok 18, Bd I S 607; MüKo-*Görg* § 160 Rn 14; K/P/B/*Onusseit* § 160 Rn 13; Berl-Ko-*Undritz/Fiebig* § 162 Rn 2; HaKo-*Decker* § 162 Rn 2; N/R/*Balthasar* § 162 Rn 7; *Hess* SanierungsHdb 4. Aufl 2009 Kap 15 Rn 3). § 162 Abs 1 stellt klar, dass die Veräußerung eines Betriebes der Veräußerung des Unternehmens im Ganzen oder eines mehrere Betriebe umfassenden Unternehmensteils gleich steht. Auch die **Veräußerung von Betriebsteilen** oder **Teilbetrieben** unterfällt § 162 Abs 1, wobei der Begriff ähnlich § 613a BGB eine zusammenhängende Einheit von Betriebsmitteln voraussetzt, wie sie bei einer selbständigen Betriebsabteilung gegeben ist (Begr RegE zu § 185, BT-Drucks 12/2443 S 176, abgedr bei *Uhlenbruck*, Das neue Insolvenzrecht, S 523). Nach Feststellung von *Heinze* (*Gottwald/Heinze/Bertram* InsRHdb § 105 Rn 14) versteht man nach überwiegender Ansicht „unter einem Betrieb iSd § 613a BGB eine organisatorische Einheit, innerhalb deren ein Arbeitgeber in Gemeinschaft mit seinen Mitarbeitern unter Zuhilfenahme von sächlichen und immateriellen Mitteln bestimmte arbeitstechnische Zwecke fortgesetzt verfolgt" (vgl auch **BAG** AP Nr 58, 118, 174, 186 zu § 613a BGB; ErfKom-*Preis* § 613a BGB Rn 5). Dieser Betriebsbegriff wird den europarechtlichen Vorgaben (Art 1 I b der Betriebsübergangsrichtlinie 2001/23 EG) nicht mehr gerecht (*Gottwald/Heinze/Bertram* InsRHdb § 105 Rn 15; *Bertram* in Kraemer/Vallender/Vogelsang Hdb Fach 6 Kap 3 Rn 117 ff). Umstrittener ist der **Begriff des Betriebsteils**. Die Veräußerung eines Betriebsteils liegt vor, wenn es sich innerhalb des Betriebes um eine arbeitsorganisatorisch eigenständige Einheit des Betriebes handelt, mit der arbeitstechnische Zwecke selbständig verfolgt werden können (**BAG** NZA 2000, 144;

K/P/B/*Onusseit* § 160 Rn 13; *Gottwald/Heinze/Bertram* InsRHdb § 105 Rn 28). Der arbeitsorganisatorische Tätigkeitsbereich verschiedener Betriebsgruppen innerhalb eines Betriebes kann regelmäßig jeweils für sich ein eigenständiger Betriebsteil sein (*Gottwald/Heinze/Bertram* InsRHdb § 105 Rn 28, 29). Das gilt auch für verschiedene gegenseitig aufeinander bezogene Fabrikationsanlagen, die jedoch jeweils für sich arbeitsorganisatorisch oder arbeitstechnisch eigenständig sind (*Gottwald/Heinze* InsRHdb § 104 Rn 13 unter Bezugnahme auf die Rechtsprechung des EuGH in Rn 14). Wann im Einzelfall der **Übergang des Betriebes oder Betriebsteils** vorliegt, ist in der arbeitsrechtlichen Literatur umstritten. Für § 162 InsO kommt es primär auf die „**Veräußerung**", also auf das dem Übergang zugrunde liegende schuldrechtliche Verhältnis an. Der vom Insolvenzverwalter beabsichtigte Vertrag muss die Veräußerung des Betriebes oder Betriebsteils auf einen anderen Inhaber zum Gegenstand haben. Dabei kann die Veräußerung eines Betriebsteils bereits dann vorliegen, wenn eine größere Maschinenanlage übergeht. Bei Produktionsbetrieben ist auf die objektiv gegebene, inhaltlich weiterbestehende Möglichkeit der Fortführung des arbeitstechnischen, wirtschaftlichen Zwecks der Produktion abzustellen (**BAG** AP Nr 42, 43, 55 zu § 613 a BGB; *Heinze* DB 1980, 205, 208; *Gottwald/Heinze/Bertram* InsRHdb § 105 Rn 29).

IV. Veräußerung

4   Zustimmungspflichtig ist lediglich die Veräußerung des Unternehmens oder Betriebes, nicht dagegen andere Formen der Betriebsübertragung, wie zB eine Betriebsverpachtung oder die Nießbrauchbestellung (weitergehend BerlKo-*Undritz/Fiebig* § 162 Rn 3). Veräußerung iSv § 162 ist idR der **Verkauf** des Unternehmens oder des Betriebes.

V. Erwerb durch „Insider"

5   Wegen der Manipulationsanfälligkeit und der fehlenden Sicherung der Marktpreisbildung hat der Gesetzgeber den Erwerb des Unternehmens, des Betriebes sowie Unternehmens- und Betriebsteilen nicht an die Zustimmung des Gläubigerausschusses geknüpft, sondern er verlangt die **Zustimmung der Gläubigerversammlung**, wenn es sich bei dem Erwerber um einen sogen „Insider" handelt, also jemand, bei dem die Gefahr gegeben ist, dass er nicht den regulären, dem Marktpreis entsprechenden, Kaufpreis zahlt (s auch *Fröhlich/Köchling* ZInsO 2003, 923; dies ZInsO 2005, 1128). Man unterscheidet zwischen dem „**Informationsinsider**" und dem „**Verfahrensinsider**" (N/R/*Balthasar* § 162 Rn 9–15; MüKo-*Görg* § 162 Rn 6; K/P/B/*Onusseit* § 162 Rn 6). Informationsinsider sind die dem Schuldner nahe stehende Personen iSv § 138. **Verfahrensinsider** sind die Erwerber, die gleichzeitig absonderungsberechtigte Gläubiger oder nicht nachrangige Gläubiger sind (§ 162 Abs 1 Nr 2), und wegen der Höhe der Forderung oder des Absonderungsrechts maßgeblichen Einfluss auf die Entscheidung ausüben können (N/R/*Balthasar* § 162 Rn 13). Der Erwerber ist „Insider" oder „besonders Interessierter", wenn er selbst das Unternehmen oder den Betrieb erwirbt oder eine Person ist, die an dem Kapital der erwerbenden Gesellschaft mit zumindest einem Fünftel, also mit **mindestens 20 Prozent des Nennkapitals**, beteiligt ist, und/oder die Voraussetzungen des § 162 Abs 1 Nr 1 oder Nr 2 erfüllt. Für Gläubiger wird die Eigenschaft als „Insider" an eine **bestimmte Mindesthöhe der Forderung (20 Prozent)** oder des Wertes des Absonderungsrechts (**Quote von mehr als ein Fünftel**) gebunden (§ 162 Abs 1 Nr 2). Als „verdächtig" und besonders interessiert gilt auch eine Person oder eine Gesellschaft, die auf Grund einer vergleichbaren gesellschaftsrechtlichen oder dienstvertraglichen Verbindung zum Schuldner die Möglichkeit hat, sich über dessen wirtschaftliche Verhältnisse zu unterrichten (§ 138 Abs 2 Nr 2), sowie eine Person, die zu einer der in § 138 Abs 2 Nr 1 oder 2 bezeichneten Personen in einem **Verwandtschaftsverhältnis** steht oder in **häuslicher Gemeinschaft** lebt. § 162 Abs 2 erstreckt den Insiderbegriff über die Regelung des Abs 1 hinaus auf Personen, die am Erwerber beteiligt sind. Als ein **von der Person abhängiges Unternehmen** gilt auch ein Unternehmen, wenn es sich um ein **konzernmäßiges Abhängigkeitsverhältnis** im Sinne der §§ 16–18 AktG handelt (N/R/*Balthasar* § 162 Rn 16–19; K/P/B/*Onusseit* § 162 Rn 5; *Hess* § 162 Rn 15; BerlKo-*Undritz/Fiebig* § 162 Rn 7, 8; *Smid* § 162 Rn 6). Unter den Begriff „Person" fallen dabei grundsätzlich nicht nur natürliche, sondern auch **juristische Personen** sowie sonstige Gesellschaften (HK-*Kreft* § 138 Rn 14). Hinsichtlich der Beteiligungen iSv § 162 Abs 2 spricht man auch von sogen „**mittelbaren Insidern**" (N/R/*Balthasar* § 162 Rn 20; MüKo-*Görg* § 162 Rn 11–15). Durch die Regelung in § 162 Abs 2 soll auch bei mittelbaren Beteiligungen am Kapital des Erwerbers durch die Zustimmung der Gläubiger verhindert werden, dass durch Aufspaltung oder Verschiebung von Beteiligungen die Prüfung durch die Gläubigerversammlung umgangen wird (HK-*Flessner* § 162 Rn 6). Ein vom „Insider" abhängiges Unternehmen iSv § 17 Abs 2 AktG liegt immer vor, wenn der „Insider" am zwischengeschalteten Unternehmen eine **Mehrheitsbeteiligung iSv § 16 Abs 1 AktG** hält oder Organ der Erwerbergesellschaft ist (*Falk/Schäfer* ZIP 2004, 37; *Bitter/Rauhut* KS I 2007, 259; FK-*Flessner* § 162 Rn 3). Es genügt ein **Beherrschungsvertrag** iSv § 18 Abs 1 S 2 AktG mit entsprechender Einflussmöglichkeit (N/R/*Balthasar* § 162 Rn 19). **Nicht dagegen wird der Fall erfasst**, dass das herrschende oder ein anderes abhängiges Unternehmen des herrschenden Unternehmens den Betrieb oder Betriebsteil übernimmt und ein weiteres abhängiges Unternehmen unter den Insiderbegriff des § 160

Abs 1 Nr 2 fällt (K/P/B/*Onusseit* § 162 Rn 5; MüKo-*Görg* § 162 Rn 15; BerlKo-*Undritz/Fiebig* § 162 Rn 12). Es besteht kein Bedürfnis, weitere Fälle dem Anwendungsbereich des § 162 zu unterwerfen (MüKo-*Görg* § 162 Rn 15; K/P/B/*Onusseit* § 162 Rn 5; BerlKo-*Undritz/Fiebig* § 162 Rn 12; str aA N/R/Balthasar § 162 Rn 22; *Andres* in Leithaus/Andres § 162 Rn 8).

Ist eine **weitere Person am Kapital des Erwerbers beteiligt**, die ein von der Anteilsinhaberin abhängiges Unternehmen ist, so wird nach zutreffender Feststellung von *Flessner* (HK-*Flessner* § 162 Rn 7) der Anteil des abhängigen Unternehmens der Anteilsinhaberin zugerechnet. Schließlich wird durch § 162 Abs 2 3. Altern sichergestellt, dass die Zustimmung nicht durch **Zwischenschaltung eines Treuhänders** umgangen wird (N/R/*Balthasar* § 162 Rn 20; MüKo-*Görg* § 162 Rn 13; K/P/B/*Onusseit* § 162 Rn 5; *Smid* § 162 Rn 6; BerlKo-*Undritz/Fiebig* § 162 Rn 12). Der vierte Fall des § 162 Abs 2 3. Alternative erfasst die **Kombination aus der zweiten und dritten Fallalternative** der Vorschrift. Diese „**Strohmannlösung**" sieht so aus, dass bei der Beteiligung eines Dritten am Erwerber, der für Rechnung eines vom Insider abhängigen Unternehmens handelt, nunmehr ein „**dreistufiges Beteiligungsverhältnis**" entsteht, in dem in der ersten Stufe ein Treuhänder am Erwerb beteiligt ist, der in der zweiten Stufe auf Weisung eines Unternehmens handelt, das in der dritten Stufe von einem Insider gem § 17 AktG abhängt (N/R/*Balthasar* § 162 Rn 21; MüKo-*Görg* § 162 Rn 11–15). 6

VI. Veräußerung an maßgebliche Gläubiger (§ 162 Abs 1 Nr 2)

Die Zustimmung der Gläubigerversammlung ist nicht nur in den Fällen erforderlich, in denen der Erwerber zu den nahe stehenden Personen iSv § 138 zählt (§ 162 Abs 1 Nr 1), sondern auch, wenn der Erwerber ein **absonderungsberechtigter Gläubiger** oder ein **nicht nachrangiger Insolvenzgläubiger** ist, der wegen der Höhe seiner Forderung oder seines Absonderungsrechts **maßgeblichen Einfluss auf die Verwertungsentscheidung** des Verwalters nehmen kann (N/R/*Balthasar* § 162 Rn 13; K/P/B/*Onusseit* § 162 Rn 6; BerlKo-*Undritz/Fiebig* § 162 Rn 6; MüKo-*Görg* § 162 Rn 8). Der Gesetzgeber hat die Schwelle für das Zustimmungserfordernis entsprechend § 75 Abs 1 Nr 3 bei **einem Fünftel** aller nicht nachrangigen Forderungen und des Wertes aller Absonderungsrechte festgemacht. Diese lässt sich allerdings nicht immer genau feststellen, sondern ist **vom Insolvenzgericht zu schätzen** (K/P/B/*Onusseit* § 162 Rn 6; HK-*Flessner* § 162 Rn 5). Zutreffend weist *Onusseit* (K/P/B/*Onusseit* § 162 Rn 6) darauf hin, dass die Regelung in ihrer Durchführung Schwierigkeiten bereiten kann, da der Verwalter auf die Schätzung des Insolvenzgerichts angewiesen sei, um das Vorliegen der Voraussetzungen des § 162 Abs 1 Nr 2 sicher beurteilen zu können. Das Insolvenzgericht ist verpflichtet, die **Schätzung nach Aufforderung durch den Verwalter** vorzunehmen und ihm das Ergebnis mitzuteilen (K/P/B/*Onusseit* § 162 Rn 6; MüKo-*Görg* § 162 Rn 9; s auch unten zu Rn 8). Soll das Schuldnerunternehmen oder der Betrieb bzw der Betriebsteil an eine **Mehrheit von Erwerbern** veräußert werden, die „Insider" sind, so müssen die Summen der Absonderungsrechte und/oder Forderungen zusammengezählt werden, denn es liegt auch bei einem Zusammenschluss mehrerer Erwerber die gesetzliche Vermutung nahe, dass nicht der Marktpreis erzielt wird (K/P/B/*Onusseit* § 162 Rn 6; MüKo-*Görg* § 162 Rn 10; BerlKo-*Undritz/Fiebig* § 162 Rn 6; N/R/*Balthasar* § 162 Rn 14). Das gilt vor allem für den Fall, wo mehrere Gesellschafter des Schuldnerunternehmens an der Auffanggesellschaft beteiligt sind, die das Unternehmen oder den Betrieb übernimmt. 7

VII. Das Zustimmungsverfahren

Das Zustimmungsverfahren ist kompliziert ausgestaltet, weil der Gesetzgeber in § 162 Abs 1 Nr 2 die Beurteilung, ob der Erwerber **maßgeblicher Gläubiger** iS dieser Vorschrift ist, von der „**Schätzung des Insolvenzgerichts**" abhängig macht (krit *Gundlach/Frenzel/Jahn* ZInsO 2008, 360 ff). Die Zustimmung ist **vorherige Zustimmung**. Eine **nachträgliche Genehmigung** reicht aber auch aus (MüKo-*Görg* § 162 Rn 16; str aA K/P/B/*Onusseit* § 162 Rn 7). Verfahrensmäßig ist wie folgt vorzugehen: Der Insolvenzverwalter hat dem Gericht von der Veräußerungsabsicht und der Person des interessierten Erwerbers Mitteilung zu machen. Man wird ihn für verpflichtet ansehen müssen, dem Gericht darzulegen, dass die Absonderungsrechte oder Forderungen des Erwerbers ein Fünftel des Wertes aller Absonderungsrechte und des Betrages aller nicht nachrangigen Forderungen ausmachen. Aufgrund dieser Angaben, die das Insolvenzgericht nachzuprüfen hat, hat dieses eine **Schätzung** vorzunehmen, ob die Voraussetzungen des § 162 Abs 1 Nr 2 vorliegen. Besitzt der in Aussicht genommene Erwerber mehrere nicht nachrangige Forderungen gegen den Schuldner, so werden diese ins Verhältnis zu der Summe aller Insolvenzforderungen gesetzt. Hat der Gläubiger sowohl Forderungen als auch Absonderungsrechte, so sind die Werte zu addieren (BerlKo-*Undritz/Fiebig* § 162 Rn 6). In allen Fällen ist die Summe bzw der Wert der Absonderungsrechte in Relation zur Summe aller sonstigen Forderungen und Absonderungsrechte zu setzen. Erreicht die **Quote 20 Prozent** der Summe der sonstigen Absonderungsrechte und Forderungen, teilt das Gericht dem Verwalter mit, dass für die Veräußerung die Zustimmung der Gläubigerversammlung erforderlich ist. Nunmehr kann der Insolvenzverwalter gem § 75 Abs 1 Nr 1 den **Antrag auf Einberufung einer Gläubigerversammlung** stellen (MüKo-*Görg* § 162 Rn 17; FK-*Wegener* § 162 Rn 5; 8

HK-*Flessner* § 162 Rn 8; str aA K/P/B/*Onusseit*, der das Gericht für verpflichtet hält, die Zustimmung herbeizuführen). Diesem Antrag hat das Insolvenzgericht im Zweifel zu entsprechen. Hat der Insolvenzverwalter von sich aus die Voraussetzungen des § 162 Abs 1 Nr 2 bejaht und stellt er nunmehr den Antrag nach § 75 Abs 1 Nr 1, eine Gläubigerversammlung mit dem Tagesordnungspunkt „Zustimmung zur Betriebsveräußerung an einen besonders interessierten Erwerber" einzuberufen, so kann das Gericht den Antrag ablehnen mit der Begründung, dass die Voraussetzungen für die Zustimmung der Gläubigerversammlung zur beabsichtigten Veräußerung nicht gegeben sind. So zB, wenn die Gläubigerversammlung den Gläubigerausschuss ermächtigt und dieser die Zustimmung bereits erteilt habe (K/P/B/*Onusseit* § 162 Rn 7; MüKo-*Görg* § 162 Rn 18).

9   **Gegen den ablehnenden Beschluss** steht dem Insolvenzverwalter das Rechtsmittel der **sofortigen Beschwerde** nach § 75 Abs 3 zu (K/P/B/*Onusseit* § 162 Rn 7; *Braun/Dithmar* § 162 Rn 7). Macht der Insolvenzverwalter Anstalten, das Unternehmen, den Betrieb oder Teile derselben an einen Erwerber zu veräußern, bei dem die Zustimmungserfordernisse des § 162 gegeben sind, bleibt dem Insolvenzgericht nur die Möglichkeit, **im Wege der gerichtlichen Aufsicht** nach § 58 gegen den Verwalter vorzugehen (K/P/B/*Onusseit* § 162 Rn 7). Wird das Gericht nicht von Verfahrensbeteiligten informiert, erfährt es aber meist nichts von einer beabsichtigten Betriebsveräußerung an einen „Insider". Erteilt die Gläubigerversammlung die Zustimmung im Termin oder verweigert sie ihre Zustimmung durch Beschluss, hat das Gericht nur die Möglichkeit, unter den strengen Voraussetzungen des § 78 Abs 1 den Beschluss aufzuheben, wenn er dem gemeinsamen Interesse der Insolvenzgläubiger widerspricht. Verstößt der Insolvenzverwalter gegen § 162 oder nimmt das Gericht irrtümlich an, dass die Voraussetzungen für eine Zustimmungsbedürftigkeit nicht vorliegen, wird durch die dennoch erfolgte Veräußerung die Wirksamkeit des Geschäfts nicht berührt (§ 164). Für **nach dem 1. Juli 2007** eröffnete Verfahren gilt für **beschlussunfähige Gläubigerversammlungen**, dass gem § 160 Abs 1 S 3 die Zustimmung als erteilt gilt (K/P/B/*Onusseit* § 162 Rn 9; HaKo-*Decker* § 162 Rn 7).

§ 163 Betriebsveräußerung unter Wert

(1) Auf Antrag des Schuldners oder einer in § 75 Abs. 1 Nr. 3 bezeichneten Mehrzahl von Gläubigern und nach Anhörung des Insolvenzverwalters kann das Insolvenzgericht anordnen, daß die geplante Veräußerung des Unternehmens oder eines Betriebs nur mit Zustimmung der Gläubigerversammlung zulässig ist, wenn der Antragsteller glaubhaft macht, daß eine Veräußerung an einen anderen Erwerber für die Insolvenzmasse günstiger wäre.

(2) Sind dem Antragsteller durch den Antrag Kosten entstanden, so ist er berechtigt, die Erstattung dieser Kosten aus der Insolvenzmasse zu verlangen, sobald die Anordnung des Gerichts ergangen ist.

I. Allgemeines

1   Nach § 160 Abs 2 Nr 1 genügt für die Veräußerung des Unternehmens oder eines Betriebes durch den Insolvenzverwalter die Zustimmung des Gläubigerausschusses nach § 160 Abs 1 S 1. Ebenso wie § 162 regelt § 163 den Sonderfall der **Betriebsveräußerung unter Wert**, der allerdings nur eingreift, wenn entsprechende Anträge gestellt werden und die Glaubhaftmachung erfolgt, dass eine Veräußerung an einen anderen Erwerber für die Insolvenzmasse günstiger wäre (§ 163 Abs 1). Die Bindung an einen Antrag und eine entsprechende Anordnung des Insolvenzgerichts ist bereits in den §§ 160, 161 geregelt ist und keiner besonderen Normierung bedurft hätte (K/P/B/*Onusseit* § 163 Rn 2; *Smid* § 163 Rn 1; FK-*Wegener* § 163 Rn 1). Der Rechtsausschuss hat offenbar übersehen, dass mit dem Wegfall der ursprünglichen Betriebsveräußerung unter Wert auf Grundlage eines Insolvenzplans der ursprüngliche Regelungsgehalt der Vorschrift entfallen ist (vgl auch *Leipold/K. Schmidt* S 67, 75 ff). Der Rechtsausschuss hat entsprechend der Betriebsveräußerung an Insider auch die Zulässigkeit der Betriebsveräußerung unter Wert von der Aufstellung eines Insolvenzplans abgekoppelt und der Zustimmung der Gläubigerversammlung unterstellt. Dabei stand das Interesse an der Gerichtsentlastung und der Verfahrensvereinfachung im Vordergrund (vgl Ausschussbericht zu § 182 RegE, abgedr bei *Balz/Landfermann* S 408).

II. Der Begriff des Minderwerts

2   Zwar lautet die Überschrift zu § 163 „Betriebsveräußerung unter Wert", jedoch meint das Gesetz etwas anderes. Die Gesamtbewertung von Unternehmen gehört zu den schwierigsten Problemen der Betriebswirtschaftslehre. In Wissenschaft und Praxis sind eine Vielzahl von Bewertungsmethoden entwickelt worden, von denen nur das Substanzwertverfahren, das Ertragswertverfahren, Mittelwertverfahren und das Stuttgarter Verfahren erwähnt werden sollen (vgl *Hess* Sanierungshandbuch 4. Aufl 2009 Kap 13 Rn 236 ff; *Hess* § 159 Rn 30 ff u § 159 Rn 39 ff; *Picot* Unternehmenskauf und Restrukturierung 3. Aufl 2004 Teil I Rn 64, 65; *Kreplin* in Nerlich/Kreplin, Sanierung und Insolvenz 2006 § 15 Rn 12; *Jobsky* in: *Buth/Hermanns* [Hrsg], Restrukturierung – Sanierung – Insolvenz 2. Aufl 2004 § 17

III. Formelle Voraussetzungen für das Zustimmungserfordernis § 163

Rn 46 ff; WP-Hdb 1998 Bd II A Rn 1 ff). Der Unternehmenswert, verstanden als Zukunftserfolgswert, wird überwiegend nach dem **Ertragswertverfahren** oder nach dem international vorherrschenden **Discounted-Cash-flow-Verfahren** (DCF-Verfahren) ermittelt. „Unter Wert" iSv § 163 heißt nicht „unter erzielbarem Preis", also unter Marktpreis. Vielmehr zeigt die Regelung in § 163 Abs 1, dass es weder um den objektiven Unternehmenswert geht noch um den am Markt und im Wettbewerb erzielbaren Veräußerungspreis. Würde es auf den objektiven Unternehmenswert ankommen, wären Insolvenzunternehmen oftmals über Jahre oder Jahrzehnte hinweg nicht zu veräußern, weil der Markt an dem Erwerb von Insolvenzunternehmen grundsätzlich nicht interessiert ist. Letztlich geht es nur um die Frage, ob das Unternehmen oder der Betrieb oder Unternehmens- bzw Betriebsteile **im Einzelfall günstiger veräußert** werden können, weil ein konkreter Anbieter einen Preis bietet, der für die Insolvenzmasse günstiger ist als der Preis, der von dem vom Insolvenzverwalter in Aussicht genommenen Erwerber gezahlt wird. Es genügt keineswegs die Behauptung, dass irgendeine andere Art der Verwertung, etwa der stückweisen Veräußerung der Masse, günstiger wäre (HK-*Flessner* § 163 Rn 2). Es reicht auch nicht aus, dass der andere Interessent einen **höheren Kaufpreis** bietet. Vielmehr hängt die Beurteilung der günstigeren Verwertungsmöglichkeit auch von den sonstigen Umständen und Konditionen ab, wie zB Zahlungsweise des Kaufpreises, Bonität des Erwerbers, Übernahme von Arbeitnehmern oder günstigere Regelungen hinsichtlich der Beseitigung von Altlasten (K/P/B/*Onusseit* § 163 Rn 3; N/R/*Balthasar* § 163 Rn 10; *Hess* § 163 Rn 2). Die Veräußerung muss **für die Insolvenzgläubiger (Insolvenzmasse)** günstiger sein, nicht dagegen für den Schuldner, sodass auch bessere Sanierungschancen für das Schuldnerunternehmen oder günstige Fortführungsaspekte nur beachtlich sind, wenn sie auch der Masse zugute kommen (K/P/B/*Onusseit* § 163 Rn 3 b; *Braun/Dithmar* § 163 Rn 5; BerlKo-*Undritz/Fiebig* § 163 Rn 6).

III. Formelle Voraussetzungen für das Zustimmungserfordernis

Während die §§ 158, 160, 162 das Zustimmungserfordernis an objektive Kriterien anknüpfen, ist die Anordnung des Gerichts, dass die geplante Veräußerung des Unternehmens oder eines Betriebes nur mit Zustimmung der Gläubigerversammlung zulässig ist, an bestimmte formelle Voraussetzungen gebunden, die in § 163 Abs 1 festgelegt sind. **3**

1. Antragserfordernis. Eine Anordnung des Gerichts nach § 163 Abs 1 ist nur möglich, wenn der Schuldner oder eine Gläubigermehrheit iSv § 75 Abs 1 Nr 3 beim Insolvenzgericht einen Antrag auf Anordnung stellen, dass die geplante Veräußerung nur mit Zustimmung der Gläubigerversammlung zulässig ist. Der Antrag kann **formlos** gestellt werden. Er ist **nicht an eine Frist** gebunden (FK-*Wegener* § 163 Rn 2; BerlKo-*Undritz/Fiebig* § 163 Rn 3; MüKo-*Görg* § 163 Rn 8: Schriftlichkeit zweckmäßig). Die Einhaltung eines Mindestquorums nach § 75 Abs 1 Nr 3 soll verhindern, dass von einzelnen Gläubigern durch entsprechende Anträge die Verfahrensabwicklung verzögert werden kann. Wird ein Schuldnerunternehmen durch mehrere Organe vertreten, ist zur Antragstellung jedes Mitglied des Organs, bei einer Gesellschaft ohne Rechtspersönlichkeit oder bei einer Kommanditgesellschaft auf Aktien jeder persönlich haftende Gesellschafter, sowie jeder Abwickler berechtigt (§ 15 Abs 1). Die Vorschrift des § 15 Abs 2 findet keine entsprechende Anwendung, da gem § 163 Abs 1 der Antragsteller ohnehin glaubhaft zu machen hat, dass eine Veräußerung an einen anderen Erwerber für die Insolvenzmasse günstiger wäre. Hatte der Gläubigerausschuss bereits die nach § 160 erforderliche Zustimmung erteilt, empfiehlt es sich, den Antrag um einen solchen nach § 161 zu ergänzen (BerlKo-*Undritz/Fiebig* § 163 Rn 4). **4**

2. Glaubhaftmachung der günstigeren Verwertungsmöglichkeit. Nach § 163 Abs 1 hat der Antragsteller mit den Mitteln des § 294 ZPO glaubhaft zu machen, dass eine Veräußerung an einen anderen Erwerber für die Insolvenzmasse günstiger wäre. Der Antragsteller muss demgemäß die **überwiegende Wahrscheinlichkeit** darlegen, dass eine alternative Veräußerung des Unternehmens oder Betriebes günstiger ist. Hierzu genügt es nicht, dass eine „abstrakt beschriebene Veräußerungsalternative behauptet wird" (HK-*Flessner* § 163 Rn 2; HaKo-*Dithmar* § 163 Rn 3). Vielmehr muss der Antragsteller dem Gericht **konkret darlegen und glaubhaft machen,** dass ein **bestimmter Interessent bereit ist,** für das Unternehmen oder den Betrieb bzw Unternehmens- oder Betriebsteile einen höheren Preis oder günstigere Konditionen zu bieten, die zu einer Anreicherung der Masse oder zu einer Entlastung der Passivmasse führen (BerlKo-*Undritz/Fiebig* § 163 Rn 5; N/R/*Balthasar* § 163 Rn 15; HK-*Flessner* § 163 Rn 2, 3). Gutachten von Sachverständigen, wie zB Wirtschaftsprüfern, Steuerberatern, Rechtsanwälten oder vereidigten Buchprüfern zum Unternehmenswert scheiden in der Regel aus, weil sie allenfalls belegen, dass der Marktpreis oder objektive Unternehmenswert höher ist als der gebotene Kaufpreis. Dies reicht aber für die Anwendung des § 163 Abs 1 nicht aus. Vielmehr muss der Antragsteller darlegen und mit den Mitteln des § 294 ZPO glaubhaft machen, dass eine **konkrete Veräußerungsmöglichkeit besteht,** die zu einer günstigeren Verwertung des Unternehmens oder Betriebes führt, weil entweder der Kaufpreis höher ist oder die Konditionen günstiger sind. Keinesfalls reicht es aus, dass nachgewiesen wird, dass die Veräußerung an **irgendeinen anderen Erwerber** für die Insolvenzmasse günstiger sein könnte. **5**

Im Zweifel ist der Interessent und potentielle Erwerber **namentlich zu benennen** (HK-*Flessner* § 163 Rn 2; K/P/B/*Onusseit* § 163 Rn 6; MüKo-*Görg* § 163 Rn 9). Nicht ausreichend dürfte sein, dass der Antragsteller glaubhaft macht, der Verkaufspreis des Unternehmens oder Betriebes würde hinter den Einzelveräußerungswerten im Vermögensverzeichnis (§ 151) deutlich zurückbleiben (so aber H/W/F Hdb 5/353; N/R/*Balthasar* § 163 Rn 12). Das Gesetz stellt in § 163 Abs 1 auf die Gesamtveräußerung an einen **anderen Erwerber** ab und lässt keine Entscheidung über eine sonstige Verwertungsmöglichkeit, wie zB zur Einzelveräußerung, zu. Insoweit bietet die Vorschrift des § 160 Abs 2 Nr 1 hinreichenden Schutz für die Gläubiger gegen eine Verschleuderung durch Gesamtveräußerung.

6   **3. Anhörung des Insolvenzverwalters.** Da das Gericht mit der beabsichtigten Anordnung der Zustimmung der Gläubigerversammlung in die verfahrensrechtliche Stellung des Insolvenzverwalters eingreift, ist diesem vor der Anordnung **rechtliches Gehör** zu gewähren (N/R/*Balthasar* § 163 Rn 13; BerlKo-*Undritz/Fiebig* § 163 Rn 9; *Smid* § 163 Rn 5). Die Anhörung empfiehlt sich schon deswegen, weil das Gericht durch die Anhörung und eventuelle Gegenargumente des Verwalters die Voraussetzungen für eine ausgewogene Entscheidung schafft (BerlKo-*Breutigam* § 163 Rn 6).

IV. Materielle Prüfung durch das Insolvenzgericht

7   Sind die formalen Voraussetzungen gegeben, hat das Gericht zu entscheiden, ob es die geplante Veräußerung des Unternehmens oder des Betriebes von der Zustimmung der Gläubigerversammlung abhängig macht. Die Glaubhaftmachung entbindet das Gericht nicht von der Prüfung, sich die für die Entscheidung erforderliche Überzeugung zu verschaffen, ob im konkreten Fall eine alternative Veräußerung des Unternehmens günstiger erscheint. Hierzu hat das **Gericht sämtliche glaubhaft gemachten Faktoren gegeneinander abzuwägen** und sich auch über die Bonität des anderen Erwerbers zu informieren. Ein geringer Kaufpreis, der sofort gezahlt wird, kann im Einzelfall günstiger sein als eine langfristig angelegte Ratenzahlung (FK-*Wegener* § 163 Rn 3). Für die Entscheidung hat das Gericht sämtliche Kriterien zu berücksichtigen, wie zB die Höhe des Kaufpreises, Stundungsvereinbarungen, Konditionen, die Bonität des Erwerbers, günstigere Regelungen hinsichtlich der Beseitigung von Altlasten, Übernahme von Arbeitnehmern sowie Fälligkeit des Kaufpreises einschließlich der Haftungsregelungen. **Nicht berücksichtigen** darf das Gericht alternative Verwertungsmöglichkeiten, die weder vom Verwalter noch vom Antragsteller aufgezeigt worden sind (N/R/*Balthasar* § 163 Rn 15; str aA H/W/F Hdb 553). Zweifelhaft ist aber, ob die Prüfung des Gerichts auf eine „Überprüfung der angegriffenen Maßnahme anhand der vom Antragsteller gemachten Angaben zu beschränken" ist (so N/R/*Balthasar* § 163 Rn 15). Richtig ist lediglich, dass das Insolvenzgericht keine **umfangreichen Ermittlungen** anzustellen hat, ob die aufgezeigte alternative Verwertungsmöglichkeit auch tatsächlich günstiger ist. Keineswegs darf es sich aber darauf beschränken, seiner Entscheidung die glaubhaft gemachten Tatsachen zugrunde zu legen. Vielmehr hat das Gericht **zu prüfen und notfalls im Wege der Amtsermittlungen** (§ 5) festzustellen, ob es sich bei der glaubhaft gemachten alternativen Verwertungsmöglichkeit tatsächlich um eine günstigere handelt (K/P/B/*Onusseit* § 163 Rn 6 b; str aA *Graf-Schlicker/Mäusezahl* § 163 Rn 5; N/R/*Balthasar* § 163 Rn 15). Hierbei ist den vom Verwalter geltend gemachten Argumenten Rechnung zu tragen. Notfalls hat das Gericht einen Sachverständigen zu beauftragen, der zB die Bonität des vom Antragsteller benannten Erwerbers kurzfristig überprüft. Im Zweifel und aus Gründen der Haftungsvermeidung (Art 34 GG, § 839 BGB) sollte das Gericht anordnen, dass die Veräußerung des Unternehmens oder Betriebes nur mit Zustimmung der Gläubigerversammlung zulässig ist.

V. Gerichtliche Entscheidung

8   Das Gericht entscheidet durch Beschluss, dass entweder der Antrag zurückgewiesen wird oder dass die vom Insolvenzverwalter vorgesehene Veräußerung des Unternehmens oder Betriebes nur mit Zustimmung der Gläubigerversammlung zulässig ist. Hatte die **Gläubigerversammlung bereits zugestimmt**, so fehlt es am **Rechtsschutzinteresse für den Antrag** und ist der Antrag als unzulässig zurückzuweisen (MüKo-*Görg* § 163 Rn 11; str aA BerlKo-*Undritz/Fiebig* § 163 Rn 8 für den Fall, dass sich die alternative Veräußerungsmöglichkeit erst nach Beschlussfassung ergeben hat). Das Gericht hat auf Antrag des Insolvenzverwalters (§ 75 Abs 1 Nr 1) oder von Amts wegen eine Gläubigerversammlung einzuberufen, die entweder die Zustimmung erteilt oder ablehnt. Der gerichtliche Beschluss ist grundsätzlich unanfechtbar (§ 6 Abs 1). Hat der Rechtspfleger oder die Rechtspflegerin entschieden, ist die **befristete Erinnerung** statthaft, da im Fall der richterlichen Entscheidung kein Rechtsmittel gegeben wäre (§ 11 Abs 2 RPflG).

VI. Rechtswirkungen eines Verstoßes gegen § 163 Abs 1

9   Durch die Anordnung des Gerichts, dass die Veräußerung nur mit Zustimmung der Gläubigerversammlung erfolgen darf, wird der Verwalter nicht gehindert, die Veräußerung trotzdem vorzunehmen

III. Keine Sanktionierung insolvenzzweckwidriger Rechtshandlungen § 164

(N/R/*Balthasar* § 163 Rn 18). Die Veräußerung wird in ihrer Wirksamkeit durch die fehlende Zustimmung der Gläubigerversammlung nicht berührt. Das Insolvenzgericht hat aber die Möglichkeit, die Veräußerung nach § 161 S 2 zu untersagen (H/W/F Hdb 5/354; K/P/B/*Onusseit* § 163 Rn 6). Wird die Anordnung des Zustimmungserfordernisses durch die Gläubigerversammlung abgelehnt, ist das Insolvenzgericht berechtigt, eine Entscheidung nach § 161 zu treffen, wenn die Voraussetzungen der Vorschrift gegeben sind (K/P/B/*Onusseit* § 163 Rn 6; FK-*Wegener* § 163 Rn 6; H/W/F Hdb 5/351; str aA HK-*Flessner* § 163 Rn 6).

VII. Kostenerstattungspflicht (Abs 2)

Mit der Antragstellung und Glaubhaftmachung einer günstigeren Verwertungsmöglichkeit sind regelmäßig Kosten verbunden. Der Antragsteller wird häufig einen Sachverständigen oder Rechtsanwalt bzw Wirtschaftsprüfer konsultieren. Hat der Antrag Erfolg, billigt § 163 Abs 2 dem Antragsteller einen **Kostenerstattungsanspruch** gegen die Insolvenzmasse zu. Dieser wird fällig, sobald die Anordnung des Gerichts nach § 163 Abs 1 ergangen ist. Erstattungsfähig sind sämtliche Kosten, die durch den Antrag nach § 163 Abs 1 entstanden sind, also zB Rechtsanwaltsgebühren, Sachverständigenkosten sowie sämtliche sonstigen Aufwendungen für die Stellung des Antrags (K/P/B/*Onusseit* § 163 Rn 7; N/R/*Balthasar* § 163 Rn 19; MüKo-*Görg* § 163 Rn 17). Der Antragsteller hat auch dann einen Anspruch auf Kostenerstattung, wenn die Gläubigerversammlung der vom Insolvenzverwalter geplanten Veräußerung zustimmt (H/W/F Hdb 5/355; N/R/*Balthasar* § 163 Rn 19). **Nicht erstattungsfähig** sind Kosten, die anlässlich der Ermittlung der günstigeren Veräußerungsmöglichkeit entstehen, wie zB die Kosten einer Einschaltung von Maklerfirmen für die Ermittlung eines anderen Erwerbers oder die Kosten für das Erwerbskonzept des neuen Erwerbers (K/P/B/*Onusseit* § 163 Rn 7). Der Streit über Umfang und Höhe der Kostenerstattungspflicht ist vor dem Zivilgericht auszutragen (K/P/B/*Onusseit* § 163 Rn 8; FK-*Wegener* § 163 Rn 7).

10

§ 164 Wirksamkeit der Handlung

Durch einen Verstoß gegen die §§ 160 bis 163 wird die Wirksamkeit der Handlung des Insolvenzverwalters nicht berührt.

I. Allgemeines

Die Vorschrift entspricht dem früheren § 136 KO. Ihr Zweck besteht darin, im Interesse des Rechtsverkehrs klarzustellen, dass ein Verstoß gegen die §§ 160–163 keine Außenwirkung hat. Im Außenverhältnis gegenüber Dritten sind die ohne Zustimmung vorgenommenen Rechtshandlungen des Verwalters wirksam.

1

II. Wirksamkeit zustimmungspflichtiger Rechtshandlungen

§ 164 schützt den Rechtsverkehr im Außenverhältnis dadurch, dass er Rechtshandlungen des Insolvenzverwalters auch dann für wirksam erklärt, wenn die Zustimmung nicht eingeholt worden ist oder der Verwalter sogar entgegen der ausdrücklichen Verweigerung der Zustimmung durch den Gläubigerausschuss oder die Gläubigerversammlung handelt (BerlKo-*Undritz/Fiebig* § 164 Rn 1 a). Selbst wenn der Geschäftspartner **Kenntnis von der fehlenden Zustimmung** hat, ist das Veräußerungsgeschäft wirksam, denn ein guter Glaube an die Verfügungsbefugnis des Verwalters ist nicht erforderlich (KG OLGZ 35, 259; *Braun/Dithmar* § 164 Rn 2; K/P/B/*Onusseit* § 164 Rn 3; MüKo-*Görg* § 164 Rn 3). Grundsätzlich kann sich somit der Rechtsverkehr auf die Wirksamkeit des Handelns eines Insolvenzverwalters verlassen. Der Vertragspartner braucht nicht etwa die interne Situation zu überprüfen, also ob im Einzelfall auch dem Zustimmungserfordernis Genüge getan ist. Die fehlende Zustimmung hat auch **keine prozessualen Auswirkungen**, wenn der Insolvenzverwalter trotzdem einen Rechtsstreit von erheblichem Wert anhängig macht, diesen aufnimmt oder die Aufnahme ablehnt (N/R/*Balthasar* § 164 Rn 5). Die fehlende Zustimmung kann deshalb in einem vom Verwalter anhängig gemachten Rechtsstreit vom Gegner nicht mit der Behauptung gerügt werden, es fehle an dessen Prozessführungsbefugnis (KG OLGZ 35, 259, 260; N/R/*Balthasar* § 164 Rn 4). Auch darf das Grundbuchamt die Eintragung des Grundstückserwerbers nicht unter Berufung auf die fehlende Zustimmung nach § 160 Abs 2 Nr 1 verweigern (MüKo-*Görg* § 164 Rn 4; K/P/B/*Onusseit* § 164 Rn 3).

2

III. Keine Sanktionierung insolvenzzweckwidriger Rechtshandlungen

§ 164 gilt nicht für Rechtshandlungen des Insolvenzverwalters, die sich als **evident insolvenzzweckwidrig** darstellen (K/P/B/*Onusseit* § 164 Rn 2; N/R/*Balthasar* § 164 Rn 5; *Kilger/K. Schmidt* § 136 KO

3

Anm 3; HaKo-*Decker* § 164 Rn 4; BerlKo-*Undritz/Fiebig* § 164 Rn 3). Schenkungen des Insolvenzverwalters aus der Insolvenzmasse, gesetz- oder insolvenzplanwidrige Bevorzugungen einzelner Gläubiger oder Zahlungen auf nicht angemeldete Forderungen sind **nichtig** (K/P/B/*Onusseit* § 164 Rn 2). Voraussetzung für die Nichtigkeit ist immer, dass ein über die Verletzung der Zustimmungspflicht hinausgehender schuldhafter Verstoß gegen gesetzliche Vorschriften oder Verwalterpflichten gegeben ist (N/R/*Balthasar* § 164 Rn 5). **Nichtigkeit eines ohne Zustimmung vorgenommenen Rechtsgeschäfts** kann zB vorliegen, wenn der Verwalter und der Erwerber kollusiv zum Nachteil der Masse handeln (N/R/*Balthasar* § 164 Rn 6; *Hess* § 164 Rn 5–11; MüKo-*Görg* § 164 Rn 6). Gleiches gilt für Zahlungen an einen Gläubiger, die diesen unter Verstoß gegen gesetzliche Vorschriften gegenüber anderen Gläubigern bevorzugen (RG v 13. 3. 1889, RGZ 23, 54, 62) oder die ungerechtfertigte Anerkennung von Aussonderungs- oder Absonderungsrechten (**BGH** v 8. 12. 1954, WM 1955, 312). Letzterenfalls ist aber kollusives Verhalten zum Schaden der Masse erforderlich (*Lent* KTS 1957, 27, 29; *Hess* § 164 Rn 8). Einzelheiten bei *A. Spickhoff*, Insolvenzzweckwidrige Rechtshandlungen des Insolvenzverwalters, KTS 2000, 15 ff; **BGH** NZI 2002, 375.

IV. Rechtshandlungen unter Zustimmungsvorbehalt

4   Die Verwertung der Masse hat idR rasch zu erfolgen. In der Praxis behilft sich der Insolvenzverwalter oftmals damit, dass er das genehmigungspflichtige Rechtsgeschäft unter der aufschiebenden Bedingung der Zustimmung des Gläubigerausschusses oder der Gläubigerversammlung abschließt. Auch ein **Vertragsabschluss unter Vorbehalt** ist Vertragsabschluss unter aufschiebender Bedingung von § 158 BGB (BerlKo-*Undritz/Fiebig* § 164 Rn 3 b; N/R/*Balthasar* § 164 Rn 7; FK-*Wegener* § 164 Rn 3). Möglich ist auch, dass sich der Insolvenzverwalter ein **Rücktrittsrecht** für den Fall vorbehält, dass die Zustimmung nicht erteilt wird. Die Vereinbarung eines solchen Rücktrittsrechts empfiehlt sich vor allem in den Fällen, die bedingungsfeindlich sind, wie zB die Auflassung (vgl N/R/*Balthasar* § 164 Rn 7; *Hess* § 164 Rn 4; FK-*Wegener* § 164 Rn 3). Der Insolvenzverwalter kann sich gegenüber einem Dritten nicht darauf berufen, er habe das Rechtsgeschäft ohne die erforderliche Zustimmung nach den §§ 160–163 abgeschlossen, um von einem für die Masse ungünstigen Geschäft freizukommen (**BGH** v 5. 1. 1995, ZIP 1995, 290; OLG Koblenz v 26. 2. 1962, KTS 1962, 123).

Dritter Abschnitt. Gegenstände mit Absonderungsrechten

§ 165 Verwertung unbeweglicher Gegenstände

Der Insolvenzverwalter kann beim zuständigen Gericht die Zwangsversteigerung oder die Zwangsverwaltung eines unbeweglichen Gegenstands der Insolvenzmasse betreiben, auch wenn an dem Gegenstand ein Absonderungsrecht besteht.

Übersicht

	Rn
I. Allgemeines	1
II. Verwertung unbeweglicher Gegenstände der Insolvenzmasse	2
1. Unbeweglicher Gegenstand der Insolvenzmasse	2
2. Bei Verfahrenseröffnung laufendes Vollstreckungsverfahren	3
3. Freihändige Veräußerung des Massegrundstücks	4
4. Zwangshypothek im Insolvenzeröffnungsverfahren	5
5. Versteigerung durch einen absonderungsberechtigten Gläubiger	6
6. Versteigerung durch einen Massegläubiger	7
7. Das Betreibungsrecht des Insolvenzverwalters (§§ 172 ff ZVG)	8
a) Antrag des Insolvenzverwalters	8
b) Verfahrensrechtliche Stellung des Insolvenzverwalters	9
c) Verfahrensbeteiligung des Insolvenzschuldners	10
d) Zustellungen	11
e) Belastung des Grundstücks mit einer Auflassungsvormerkung	12
f) Beschlagnahme des Grundstücks	13
g) Das geringste Gebot	14
III. Verfahrensbeitrag dinglich gesicherter Gläubiger	15
IV. Beschwerde gegen den Zuschlag	16
V. Kosten des Zwangsversteigerungsverfahrens	17
VI. Vollstreckungsschutzanträge des (vorläufigen) Insolvenzverwalters	18
1. Einstweilige Einstellung im Insolvenzeröffnungsverfahren	18
2. Die einstweilige Einstellung im eröffneten Insolvenzverfahren	19
VII. Steuerfragen	20
VIII. Insolvenzverfahren und Zwangsverwaltung	21
1. Die Zwangsverwaltung eines Massegrundstücks	21

II. Verwertung unbeweglicher Gegenstände der Insolvenzmasse § 165

Rn
2. Kollisionslagen zwischen Insolvenzverwalter und Zwangsverwalter 22
3. Einstweilige Einstellung der Zwangsverwaltung 23
4. Zwangsverwaltung und eigenkapitalersetzende Nutzungsüberlassung 24

I. Allgemeines

Nach W *Gerhardt* (Grundpfandrechte im Insolvenzverfahren, RWS-Skript 35 11. Aufl 2005 Rn 208) 1
gibt es **vier verschiedene Fälle der Zwangsversteigerung** eines Massegrundstücks: 1. Die Zwangsversteigerung auf Antrag des Verwalters (§ 165 InsO, §§ 172 ff ZVG), 2. die Zwangsversteigerung auf Antrag eines persönlichen Insolvenzgläubigers vor Verfahrenseröffnung (§ 80 Abs 2 S 2), 3. die Zwangsversteigerung auf Antrag eines Absonderungsberechtigten (§ 49), 4. die Zwangsversteigerung auf Antrag eines Massegläubigers aufgrund eines gegen den Insolvenzverwalter erwirkten Titels. Eine Besonderheit liegt darin, dass die Zwangsversteigerung auf Antrag des Verwalters und auf Antrag eines Gläubigers zusammentreffen können. § 165 betrifft nur den ersten Fall, also die Zwangsversteigerung auf Antrag des Verwalters. Die Vorschrift entspricht dem früheren § 126 KO. Sachlich gehört die Vorschrift in den Ersten Abschnitt des Vierten Teils (§§ 148 ff; zutr N/R/*Becker* vor § 165 Rn 2). § 165 regelt, wie sich aus der Formulierung „auch wenn" im 2. Halbsatz ergibt, nicht nur die Verwertung von Immobilien, an denen ein Absonderungsrecht besteht, sondern schlechthin die Verwertung von unbeweglichem Vermögen durch den Insolvenzverwalter. Die Norm ist allerdings nicht so eng zu sehen, dass die freihändige Veräußerung von Grundstücken durch den Insolvenzverwalter dadurch ausgeschlossen ist. § 165 regelt auch nicht die **abgesonderte Befriedigung eines Gläubigers** aus unbeweglichen Gegenständen des Schuldnervermögens. Insoweit verweist § 49 auf das ZVG. Absonderungsberechtigte an unbeweglichen Gegenständen des Schuldnervermögens können somit ihr Recht durch Zwangsversteigerung (§§ 15, 16, 27 ZVG) oder Zwangsverwaltung (§§ 146 ff ZVG), bei Schiffen und Luftfahrzeugen nur durch Zwangsversteigerung (§§ 162 ff, 170 a, 171 a ff ZVG) geltend machen (*Gottwald/Gottwald* InsRHdb § 42 Rn 75). Zu den Risiken der Immobilienverwertung für die Masse *Raab* DZWIR 2006, 234.

II. Verwertung unbeweglicher Gegenstände der Insolvenzmasse

1. Unbeweglicher Gegenstand der Insolvenzmasse. Unbewegliche Gegenstände der Insolvenzmasse 2
sind Gegenstände, die der Zwangsvollstreckung in das unbewegliche Vermögen unterliegen (vgl § 49 Rn 10 ff). Befinden sich in der Insolvenzmasse **Grundstücksanteile**, so hat der Insolvenzverwalter die Wahl, ob er nach den §§ 172 ff ZVG die Zwangsversteigerung des Anteils oder die Teilungsversteigerung nach den §§ 180 ff ZVG betreiben will (vgl RGZ 42, 85, 89; BerlKo-*Breutigam* § 165 Rn 2). Die Befugnis zur Verwertung von Bruchteilen besteht neben der Möglichkeit, nach §§ 180 ff ZVG die Zwangsversteigerung des gesamten Gegenstandes zwecks Auseinandersetzung der Gemeinschaft zu betreiben (N/R/*Becker* § 165 Rn 4). Der unbewegliche Gegenstand muss **Bestandteil der Insolvenzmasse** (§ 35) sein, also dem Schuldner zum Zeitpunkt der Verfahrenseröffnung gehören oder vom Schuldner nach Verfahrenseröffnung erworben worden sein. Das Verwertungsrecht des Verwalters besteht nur, wenn er auch die **tatsächliche Gewalt** über das Grundstück hat (K/P/B/*Flöther* § 165 Rn 5). Bei Weigerung des Schuldners, ihm den Besitz an dem Grundstück einzuräumen, kann der Insolvenzverwalter aufgrund der vollstreckbaren Ausfertigung des Eröffnungsbeschlusses (§§ 148 Abs 2, 27) die Räumungsvollstreckung betreiben, § 885 ZPO. Die Tatsache, dass an einem Grundstück ein **Absonderungsrecht** (§ 49) besteht, hindert gem § 165 die Verwertung durch den Insolvenzverwalter nicht (K/P/B/*Flöther* § 165 Rn 2).

2. Bei Verfahrenseröffnung laufendes Vollstreckungsverfahren. Ein zum Zeitpunkt der Eröffnung des 3
Insolvenzverfahrens bereits laufendes Vollstreckungsverfahren bleibt wirksam und wird nicht etwa gem § 240 ZPO unterbrochen (§§ 22, 15, 19 ZVG, § 80 Abs 2 InsO; FK-*Wegener* § 165 Rn 6; *Gottwald/Gottwald* InsRHdb § 42 Rn 75; *Stöber* NZI 1998, 105, 106; N/R/*Becker* § 165 Rn 40). Etwas anderes gilt für ein vom Schuldner **zwecks Aufhebung einer Gemeinschaft** beantragtes Zwangsversteigerungsverfahren (§§ 22 Abs 1 S 1, 80 Abs 1, 148 Abs 1) oder wenn der Schuldner im Rahmen eines **Nachlassinsolvenzverfahrens** die Zwangsversteigerung einer zum Nachlass gehörenden Immobilie als beschränkt haftender Erbe beantragt hatte (§ 175 Abs 1 S 1, Abs 2 ZVG), bevor das Nachlassinsolvenzverfahren (§§ 315 ff) eröffnet wurde (§ 178 Abs 2 ZVG; N/R/*Becker* § 165 Rn 39). In den übrigen Fällen des nicht unterbrochenen Zwangsversteigerungsverfahrens kann das Verfahren ohne Umschreibung des Titels weitergeführt werden (*Mohrbutter* KTS 1958, 81; *Gottwald/Gottwald* InsRHdb § 42 Rn 75; *Stöber* § 15 ZVG Rn 23.4). Zwingende Voraussetzung für die Fortsetzung des Verfahrens ist jedoch, dass die **Beschlagnahme wirksam geworden ist**, dh der Beschluss über die Anordnung der Zwangsversteigerung dem Schuldner vor Verfahrenseröffnung bereits zugestellt oder der Versteigerungsvermerk im Grundbuch eingetragen worden ist (FK-*Wegener* § 165 Rn 6). Wird das Insolvenzver-

fahren **vor Zustellung des Beschlusses** über die Anordnung der Zwangsversteigerung oder nach Eingang des Ersuchens um Eintragung des Zwangsversteigerungsvermerks eröffnet, so kann der Zwangsversteigerungsvermerk nicht mehr eingetragen werden, wenn die Zwangsversteigerung aufgrund eines persönlichen Schuldtitels betrieben wird, denn insoweit steht § 89 entgegen (*Dassler/Schiffhauer/ Hintzen/Engels/Rellermeyer* § 22 Rn 6; *Eickmann* KTS 1974, 202). Etwas anderes gilt aber, wenn ein **absonderungsberechtigter Gläubiger** das Zwangsversteigerungsverfahren betreibt, denn dieser kann gem § 49 auch nach Verfahrenseröffnung die Vollstreckung in das Schuldnergrundstück betreiben (FK-*Wegener* § 165 Rn 7). Hatte der **persönliche Schuldner** mit seinem Vollstreckungsgesuch bereits **vor Verfahrenseröffnung** die **Beschlagnahme** des Grundstücks bewirkt, so wird er mit der Beschlagnahme gem § 10 Abs 1 Nr 5 ZVG Befriedigungsberechtigter und hat gleichzeitig ein Absonderungsrecht erworben, das ihn zur Weiterführung der Zwangsversteigerung berechtigt (N/R/*Becker* § 165 Rn 41). **Nach Verfahrenseröffnung** nützt aber dem persönlichen Gläubiger die Weiterbetreibung der Zwangsvollstreckung nur dann, wenn nicht die **Rückschlagsperre** des § 88 eingreift. Hat er die Beschlagnahme des Grundstücks zu seinen Gunsten innerhalb eines Monats vor Verfahrenseröffnung erwirkt, steht ihm kein insolvenzfestes Recht auf Befriedigung aus dem Grundstück zu, da die Rückschlagsperre des § 88 eingreift (*Vallender* Rpfleger 1997, 353, 354; *Gottwald/Gottwald* InsRHdb § 42 Rn 76; N/R/*Becker* § 165 Rn 42). Selbst bei früherem Erwerb eines Absonderungsrechts muss der Gläubiger allerdings damit rechnen, dass der Insolvenzverwalter das Absonderungsrecht nach §§ 129 ff anficht.

4   **3. Freihändige Veräußerung des Massegrundstücks.** Der Insolvenzverwalter ist nicht gezwungen, ein Massegrundstück im Wege der Zwangsversteigerung zu verwerten (*Wessel* DZWIR 2009, 112, 113). Vielmehr ist er gem § 159 bis zum Beginn der Versteigerung berechtigt, Grundstücke und Grundstücksanteile **freihändig zu verwerten**, soweit nicht gesetzliche oder vertragliche Bindungen entgegenstehen (BFH v 18. 8. 05 – V R 31/04, NZI 2006, 55; *Stöber* § 172 ZVG Rn 3; *Marotzke* ZZP 109 [1996], 429, 451; *d'Avoine* NZI 2008, 17). In den Grenzen einer ordnungsgemäßen Wirtschaft ist der Verwalter auch berechtigt, **Grundstückszubehör** zu veräußern (*Uhlenbruck* ZAP Fach 14 S 249, 253), das dadurch gem § 1122 Abs 2 BGB von der Haftung für das Grundpfandrecht frei wird. Findet im Rahmen der freihändigen Veräußerung des Grundstücks keine Umschuldung statt, setzt sich das Absonderungsrecht des gesicherten Gläubigers an dem Veräußerungserlös fort (BGH v 10. 3. 1967, BGHZ 47, 181, 183). Der Erlösanteil ist in Höhe der gesicherten Forderung vom Verwalter nach § 170 analog an den auch durch ein Mobiliarsicherungsrecht („Doppelsicherung") gesicherten Gläubiger auszukehren (*Tetzlaff* ZInsO 2004, 522, 523). Zu beachten ist, dass die freihändige Verwertung des Grundstücks durch den Insolvenzverwalter der **Mitwirkung des Gläubigerausschusses oder der Gläubigerversammlung** nach § 160 Abs 1, Abs 2 Nr 1 bedarf (vgl auch N/R/*Becker* § 165 Rn 19). Das Fehlen der Zustimmung berührt allerdings die Wirksamkeit der Maßnahme nicht. Zu den vor Beschlussfassung zu treffenden **Absprachen mit dem Grundpfandgläubiger** *Raab* DZWIR 2006, 234, 235. Gerade bei Finanzinvestoren, die die Kredite durch Abtretung erworben haben, mangelt es insoweit oft an Kooperationsbereitschaft (*Niering*, NZI 2008, 146, 148).

5   **4. Zwangshypothek im Insolvenzeröffnungsverfahren.** Erwirkt ein persönlicher Gläubiger nach dem Antrag auf Eröffnung des Insolvenzverfahrens über das Vermögen des Schuldners eine Zwangshypothek an dem zur späteren Insolvenzmasse gehörenden Grundstück, so war für die GesO umstritten, ob gem § 7 Abs 3 GesO vor Verfahrenseröffnung eingeleitete, aber noch nicht abgeschlossene Vollstreckungsmaßnahmen zugunsten einzelner Gläubiger ihre Wirksamkeit verlieren. Nach der Rechtsprechung des IX. Senats (BGHZ 130, 347, 349 ff = EWiR 1995, 881 [*Walker*]; BGH v 15. 7. 1999, ZIP 1999, 1490) verliert auch eine im Eröffnungsverfahren erwirkte Zwangshypothek mit Verfahrenseröffnung ihre Wirksamkeit (str aA *Gerhardt* Grundpfandrechte Rn 247 a). Nach *W Gerhardt* (Grundpfandrechte Rn 247 a) sieht die InsO in § 21 Abs 2 Nr 3 als Sicherungsmaßnahme die Anordnung einer Vollstreckungssperre vor, allerdings nur hinsichtlich beweglicher Gegenstände. Für Grundstücke sei nur im eröffneten Zwangsversteigerungsverfahren und wohl auch bei einer Zwangsverwaltung die **einstweilige Einstellung** im Insolvenzeröffnungsverfahren nach § 30 d Abs 4 ZVG vorgesehen (*Tetzlaff* ZInsO 2004, 521). Die Eintragung einer Zwangshypothek könne dadurch nicht erfasst werden (vgl auch *Gerhardt* in: Insolvenzrecht 1998, RWS-Forum 14, S 219 ff). Die Streitfrage hat wenig praktische Bedeutung, weil jedenfalls die durch Zwangsvollstreckung erlangte Zwangshypothek der Rückschlagsperre des § 88 unterfällt. Nach *W Gerhardt* (Grundpfandrechte Rn 247 c) bezieht sich § 88 nicht nur auf die Sicherung eines Insolvenzgläubigers durch Eintragung einer Zwangshypothek. Erfasst sei die **Sicherungshypothek**, die durch Zwangsvollstreckung eines entsprechenden schuldrechtlichen Anspruchs in der relevanten Frist eingetragen sei. Musterbeispiel sei die Bauhandwerkersicherungshypothek nach § 648 BGB. Nach *Gerhardt* (Grundpfandrechte Rn 247 d) erscheint es fraglich, ob für die sogen **Entstehungsfrist** – also die Feststellung, dass der relevante Erwerb in die Monatsfrist des § 88 fällt – unter den Voraussetzungen des § 878 BGB die Antragstellung oder der letzte Erwerbsakt, idR also der Vollzug durch die Eintragung maßgeblich ist. Für Letzteres spreche jedenfalls der Wortlaut der Norm, der auf das **Erlangen der Sicherung** abstellt (so auch BerlKo-*Breutigam* § 88 Rn 13). Da sich die Rückschlagsperre letztlich als „objektivierte Form der Anfechtungsvoraussetzungen darstellt", ist nach

II. Verwertung unbeweglicher Gegenstände der Insolvenzmasse § 165

Auffassung von *Gerhardt* § 140 Abs 2 auch für die Berechnung der Entstehungsfrist des § 88 anzuwenden, so dass es auf die Antragstellung ankommt.

5. Versteigerung durch einen absonderungsberechtigten Gläubiger. Ein Absonderungsberechtigter 6 kann gem § 49 die Zwangsversteigerung eines Massegrundstücks auch betreiben, wenn die Beschlagnahme zur Zeit der Verfahrenseröffnung noch nicht wirksam geworden ist. Insoweit ist die Rechtslage anders als bei dem Antrag eines persönlichen Gläubigers. Auch kann der Antrag erst **nach Verfahrenseröffnung** gestellt werden. Da der Insolvenzverwalter und der absonderungsberechtigte Gläubiger sich hinsichtlich der Initiative zur Zwangsverwertung von Massegrundstücken gleichberechtigt und unabhängig gegenüberstehen, kann es zu Parallelanträgen kommen (*Gerhardt* Grundpfandrechte Rn 249). Für die Zwangsversteigerung auf Antrag eines Absonderungsberechtigten ist jedoch ein **vollstreckbarer Titel gegen den Insolvenzverwalter** erforderlich (*Gerhardt* Grundpfandrechte Rn 250; *Stöber* NZI 1998, 104, 107). Ein Titel gegen den Insolvenzschuldner kann nach Anhörung auf den Verwalter umgeschrieben werden (§§ 727, 730 ZPO siehe § 49 Rn 28). Er muss jedoch dem Insolvenzverwalter gesondert zugestellt werden (§ 750 Abs 2 ZPO).

6. Versteigerung durch einen Massegläubiger. Die Zwangsversteigerung eines Massegrundstücks 7 kann im eröffneten Insolvenzverfahren auch von einem Massegläubiger (§§ 53 ff) betrieben werden. Allerdings ist Voraussetzung, dass der Massegläubiger einen Titel gegen den Insolvenzverwalter erwirkt hat (**RG** v 26. 6. 1905, RGZ 61, 259, 261; *Gerhardt* Grundpfandrechte Rn 251). Zu beachten ist aber, dass § 90 ein **beschränktes Vollstreckungsverbot** für bestimmte Masseverbindlichkeiten für die Dauer von **sechs Monaten** vorsieht. § 90 gilt auch für die Immobiliarvollstreckung (*Gerhardt* Grundpfandrechte Rn 251).

7. Das Betreibungsrecht des Insolvenzverwalters (§§ 172 ff ZVG). a) Antrag des Insolvenzverwalters. 8 Unabhängig von einem Gläubigerantrag ist der Insolvenzverwalter berechtigt, gem §§ 165 InsO, 172 ff ZVG die Zwangsversteigerung oder Zwangsverwaltung des Schuldnergrundstücks zum Zwecke der Verwertung zu betreiben. Hierzu bedarf er **keines Titels** (K/P/B/*Flöther* § 165 Rn 10). Der Verwalter entscheidet nach **pflichtgemäßem Ermessen**, welche Art der Verwertung er vornimmt (*Gerhardt* Grundpfandrechte Rn 213). In der Praxis sind Zwangsversteigerungsanträge des Insolvenzverwalters selten, da die freihändige Veräußerung des Massegrundstücks meist bessere Verwertungsergebnisse bringt (vgl *Marotzke* ZZP 109 [1996], 429, 451; *Raab* DZWIR 2006, 234, 235; *Gottwald/Gottwald* InsRHdb § 42 Rn 88; *Lwowski/Tetzlaff* WM 1999, 2336). Die **Vorteile einer Zwangsversteigerung** können in dem Ausschluss der Gewährleistung (§ 56 ZVG), im Wegfall einzelner öffentlich-rechtlicher Genehmigungen, in der Nichtausübbarkeit des dinglichen Vorkaufsrechts (§ 1098 Abs 1 S 2 BGB) sowie in dem Erlöschen nachrangiger Grundpfandrechte (§ 52 Abs 1 S 2 ZVG) liegen (so *Gottwald/Gottwald* InsRHdb § 42 Rn 88). Auch wenn bereits ein Verfahren nach § 172 ZVG anhängig ist, ist der Insolvenzverwalter noch zur **freihändigen Veräußerung** berechtigt (*Stöber* § 172 ZVG Rn 3.1e; *Gerhardt* Grundpfandrechte Rn 213). Absonderungsberechtigte können den Antrag des Verwalters nach § 165 weder erzwingen noch verhindern (*Gottwald/Gottwald* InsRHdb § 42 Rn 88; *Steiner/Eickmann* § 172 ZVG Rn 2). Sie sind berechtigt, neben dem Verwalterantrag selbst einen Antrag auf Zwangsversteigerung des Massegrundstücks zu stellen. Der Versteigerungsantrag des Verwalters nach § 165 ist auch zulässig, wenn ein **gewöhnliches Versteigerungsverfahren bereits anhängig** ist. *Gottwald/Gottwald* (InsRHdb § 42 Rn 90): „Vollstreckungsversteigerung und Insolvenzverwalterversteigerung sind grundsätzlich unabhängige Verfahren." Zutreffend aber der Hinweis von *Gottwald* (*Gottwald/Gottwald* InsRHdb § 42 Rn 90), dass es zumindest zweckmäßig ist, das Vollstreckungsverfahren zuerst durchzuführen (so auch *Steiner/Eickmann* § 172 ZVG Rn 33; *Stöber* § 172 ZVG Rn 7.4). Ein Vollstreckungsgläubiger ist nicht gehindert, einem Verfahren nach § 172 ZVG ebenso beizutreten wie der Insolvenzverwalter einer Vollstreckungsversteigerung nach § 27 ZVG (MüKo-*Lwowski/Tetzlaff* § 165 Rn 141; *Gottwald/Gottwald* InsRHdb § 42 Rn 90; *Muth* ZIP 1999, 945, 950; **str** aA *Steiner/Eickmann* § 172 ZVG Rn 31; *Dassler/Schiffhauer/Hintzen/Engels/Rellermeyer* § 172 ZVG Rn 13; *Stöber* § 172 ZVG Rn 7.1). Auch kann der Verwalter einem Verfahren beitreten, das bereits vor Verfahrenseröffnung von einem persönlichen Gläubiger eingeleitet worden ist (*Gerhardt* Grundpfandrechte Rn 226; *Muth* ZIP 1999, 945, 950; **str** aA *Steiner/Eickmann* § 172 ZVG Rn 32; *Dassler/Schiffhauer/Hintzen/Engels/Rellermeyer* § 172 ZVG Rn 13; *Stöber* § 172 ZVG Rn 7.1 u 7.3).

Hat der Insolvenzverwalter das Massegrundstück aus der Masse **freigegeben** (vgl § 49 Rn 9a), so 8a ist der Antrag nach § 165 unzulässig, da das Grundstück insolvenzfreies Vermögen des Insolvenzschuldners geworden ist mit der Folge, dass ein Verfahren nach § 172 ZVG ausscheidet (*Gottwald/Gottwald* InsRHdb § 42 Rn 91; *Stöber* § 172 ZVG Rn 3.4). Ist bereits ein Zwangsversteigerungsverfahren anhängig, wird die **Freigabe nicht von Amts wegen berücksichtigt** (*Gottwald/Gottwald* InsRHdb § 42 Rn 91). Der Insolvenzschuldner hat nur die Möglichkeit, gegen die Fortsetzung des Verfahrens nach den § 37 Nr 5 ZVG, §§ 769, 771 ZPO vorzugehen (*Stöber* § 172 ZVG Rn 3.4; FK-*Wegener* § 165 Rn 3).

§ 165

9   **b) Verfahrensrechtliche Stellung des Insolvenzverwalters.** Der Insolvenzverwalter ist in dem Verfahren nach § 172 ZVG gleichzeitig betreibender Gläubiger und Vollstreckungsschuldner (*Smid/Depré* § 165 Rn 9; *Stöber* § 172 ZVG Rn 3.2; *Gottwald/Gottwald* InsRHdb § 42 Rn 92). Er hat zusätzlich die Interessen der Gläubigergesamtheit wahrzunehmen (*Gerhardt* Grundpfandrechte Rn 216; vgl auch *Worm* KTS 1961, 119).

10 **c) Verfahrensbeteiligung des Insolvenzschuldners.** Nach hM gilt der Insolvenzschuldner nicht als Beteiligter iSv § 9 ZVG (*Gerhardt* Grundpfandrechte Rn 217).

11 **d) Zustellungen.** Der Anordnungsbeschluss wird dem Insolvenzverwalter von Amts wegen (§ 3 ZVG) zugestellt (§ 172 S 2 ZVG). Umstritten ist, ob **Zustellungen an den Schuldner** erfolgen sollen, obgleich er nicht Beteiligter iSv § 9 ZVG ist. In der Literatur wird jedoch eine Zustellung an den Schuldner empfohlen, weil er durch die Einstellung des Insolvenzverfahrens oder die Freigabe des Grundstücks aus der Masse in die Lage versetzt werden kann, das Zwangsversteigerungsverfahren fortzusetzen (K/P/B/*Flöther* § 165 Rn 11; *Stöber* § 172 ZVG Rn 3.3; *Gottwald/Gottwald* InsRHdb § 42 Rn 94; *Dassler/Schiffhauer/Hintzen/Engels/Rellermeyer* § 172 ZVG Rn 13).

12 **e) Belastung des Grundstücks mit einer Auflassungsvormerkung.** Ist das Massegrundstück mit einer Auflassungsvormerkung belastet, so scheiden sämtliche Verwertungsmöglichkeiten, wie zB Zwangsversteigerung oder freihändige Veräußerung, aus (*Knobbe-Keuk* NJW 1968, 476, 480; *Gerhardt* Grundpfandrechte Rn 220). Der Insolvenzverwalter hat das Grundstück an den Auflassungsberechtigten gegen Zahlung des mit dem Insolvenzschuldner vereinbarten Kaufpreises zu übertragen.

13 **f) Beschlagnahme des Grundstücks.** Der auf Antrag des Insolvenzverwalters die Zwangsversteigerung anordnende Beschluss hat entgegen § 20 Abs 1 ZVG **nicht die Wirkung der Beschlagnahme** des Grundstücks (§ 173 S 1 ZVG), weil der Insolvenzverwalter als Antragsteller auch die Stellung des betreibenden Gläubigers hat, zu dessen Gunsten die Beschlagnahme wirken würde (K/P/B/*Flöther* § 165 Rn 12; *Gerhardt* Grundpfandrechte Rn 223). Eine Ausnahme gilt nur nach § 173 S 2 ZVG. Der Anordnungsbeschluss hat auch nicht die Wirkung eines Veräußerungsverbots (§§ 23, 24 ZVG, §§ 1121, 1122 BGB). Der Verwalter verliert somit trotz Anordnung der Zwangsversteigerung nicht die Befugnis zur freihändigen Veräußerung. Vielmehr behält er diese Möglichkeit bis zum Beginn der Versteigerung (s o Rn 4; *Gerhardt* Grundpfandrechte Rn 224). Tritt allerdings ein absonderungsberechtigter Grundpfandgläubiger dem Verfahren bei, gilt etwas anderes (§ 27 ZVG). In diesem Fall wirkt die Beschlagnahme mit Zustellung an den Verwalter als Veräußerungsverbot auch gegenüber dem Insolvenzverwalter.

14 **g) Das geringste Gebot.** Da die absonderungsberechtigten Gläubiger ein Recht auf vorzugsweise Befriedigung haben (§ 49), können ihre Rechte grundsätzlich nicht durch eine vom Insolvenzverwalter betriebene Zwangsversteigerung beeinträchtigt werden. Sie sind daher bei der **Feststellung des geringsten Gebots** nach § 44 ZVG zu berücksichtigen. In das geringste Gebot fallen somit die Kosten des Verfahrens (§ 109 ZVG), die Ansprüche nach § 10 Abs 1 Nr 1–3 ZVG sowie sämtliche dinglichen Rechte (§ 10 Abs 1 Nr 4 ZVG). IdR kommt ein sehr hohes geringstes Gebot zustande, was dazu führt, dass das Grundstück im Wege der Zwangsversteigerung nicht verwertet werden kann (vgl *Smid/Depré* § 165 Rn 17). Der Verfahren betreibende Insolvenzverwalter nimmt die Rangstelle eines persönlichen Gläubigers ein (§ 10 Abs 1 Nr 5 ZVG; vgl auch *Steiner/Eickmann* § 174 ZVG Rn 3, 4; *Gerhardt* Grundpfandrechte Rn 227), wenn er nicht nach § 174a ZVG vorgeht. Damit besteht die Gefahr, dass die Absonderungsberechtigten den Nachweis ihres Ausfalls (§§ 52, 190, 192) nicht führen können. Deshalb sieht das Gesetz in § 174 ZVG die Möglichkeit eines **Doppelausgebots** vor. Jeder Gläubiger kann gem § 174 ZVG beantragen, dass im geringsten Gebot nur die seinem Anspruch vorgehenden Rechte berücksichtigt und das Grundstück auch auf diese Weise ausgeboten wird (*Vallender* Rpfleger 1997, 353, 354; HK-*Landfermann* § 165 Rn 9; *Gottwald/Gottwald* InsRHdb § 42 Rn 96; *Gerhardt* Grundpfandrechte Rn 227, 228; *Smid/Depré* § 165 Rn 17ff). Das Grundstück ist sowohl nach gewöhnlichen Grundsätzen auszubieten als auch mit der vom Gläubiger beantragten Abweichung, bei der nur die dem antragstellenden Gläubiger vorgehenden Rechte in das geringste Gebot aufgenommen werden (vgl *Stöber* § 174 ZVG Rn 3.9; *Smid/Depré* § 165 Rn 21). Werden auf beide Ausgebote Gebote abgegeben, so ist in Abweichung von § 81 ZVG der Zuschlag grundsätzlich auf das Ausgebot nach § 174 ZVG zu erteilen (vgl *Gerhardt* Grundpfandrechte Rn 231; *Stöber* § 174 ZVG Rn 3.11; K/P/B/*Flöther* § 165 Rn 15). Mit dem Zuschlag auf das abweichende Gebot nach § 174 ZVG ist für den antragstellenden Gläubiger der Ausfall hinsichtlich seiner Forderung feststellbar. Erreicht allerdings im Falle des Antrags nach § 174 ZVG das Gebot nicht die 7/10-Grenze, so kann der Verwalter oder ein nachrangiger Gläubiger den **Antrag auf Versagung des Zuschlags** nach § 74a ZVG stellen (vgl **BVerfG** v 23. 7. 1992, Rpfleger 1993, 32 = EWiR 1992, 1093 [*Hintzen*]; *Stöber* § 174a ZVG Rn 2.1).

14a Nach § 174a ZVG kann auch der **Insolvenzverwalter ein Doppelausgebot verlangen**, und zwar dahingehend, dass auch bei der Feststellung des geringsten Gebots nur die den Ansprüchen aus § 10 Abs 1 Nr 1a ZVG vorgehenden Rechte berücksichtigt werden. Die Vorschrift des § 174a ZVG steht im Zusammenhang mit § 10 Abs 1 Nr 1a ZVG (vgl auch K/P/B/*Flöther* § 165 Rn 16; HK-*Land-*

fermann § 165 Rn 10; *Gottwald/Gottwald* InsRHdb § 42 Rn 97; *Smid/Depré* § 165 Rn 22–24). Voraussetzung ist lediglich ein Kostenerstattungsantrag nach § 10 Abs 1 Nr 1 a ZVG (*Gerhardt* Grundpfandrechte Rn 231; HK-*Landfermann* § 165 Rn 10). § 174 a ZVG führt ebenso wie § 174 ZVG zwingend zu einem Doppelausgebot (*Smid/Depré* § 165 Rn 24). Haben mehrere Gläubiger den Antrag nach § 174 ZVG gestellt, so ist der Antrag des Bestberechtigten maßgebend (*Gottwald/Gottwald* InsRHdb § 42 Rn 96). Der Zuschlag ist dann auf die Ausbietung gem § 174 ZVG zu erteilen (vgl *Muth* ZIP 1999, 945, 950 ff; *Mohrbutter/Vortmann* Hdb Rn VI.233). Voraussetzung ist, dass für das Insolvenzverfahren ein Verwalter bestellt ist. Im Verfahren der Eigenverwaltung nach den §§ 270 ff und im vereinfachten Insolvenzverfahren nach den §§ 311 ff greift § 10 Abs 1 Nr 1 a ZVG nicht ein (K/P/B/*Flöther* § 165 Rn 17). Schwierigkeiten ergeben sich zum einen dadurch, dass sich die Zwangsversteigerung auf **bewegliche Gegenstände** erstrecken muss (K/P/B/*Flöther* § 165 Rn 18), zum andern müssen für die Feststellung dieser beweglichen Gegenstände **Kosten** angefallen sein, deren Höhe selten konkret beziffert werden kann (s u Rn 15; Einzelheiten bei K/P/B/*Flöther* § 165 Rn 19; *Mohrbutter* ZIP 1985, 1461, 1462; *Smid/Depré* § 165 Rn 23). Das Doppelausgebot gem § 174 a ZVG erfolgt nur auf **Antrag des Insolvenzverwalters**. Der Antrag ist bis zum Schluss des Versteigerungstermins zulässig. Der Erwerber wird, wenn der Zuschlag auf das Gebot nach § 174 a ZVG erteilt wird, Eigentümer eines unbelasteten Grundstücks. Bei der Zwangsversteigerung auf Antrag des Insolvenzverwalters ist ein Grundstück oder Erbbaurecht auf Antrag des Verwalters unter den Voraussetzungen des § 174 a ZVG in der Weise auszubieten, dass im Wesentlichen nur noch die Kosten des Verfahrens (§ 109 ZVG) gedeckt sein müssen. Sämtliche auf dem Grundstück oder Erbbaurecht lastenden Rechte erlöschen mit der Erteilung des Zuschlags nach diesem Ausgebot. Das hat zur Folge, dass selbst eine **erstrangige Auflassungsvormerkung** ihre Insolvenzfestigkeit ebenso verliert wie eine nach ihrem Inhalt versteigerungsfeste Erbbauzins-Reallast. An diesem Ergebnis hat *Stöber* (NJW 2000, 3600 ff) Kritik geübt und diese „nicht ausgereifte Regelung" als „äußerst fragwürdig" bezeichnet. Für die Insolvenzverwalter erweist sich allerdings die Feststellung des geringsten Gebots nach § 174 a ZVG als interessante Möglichkeit für die Verwertung eines zur Insolvenzmasse gehörenden Grundstücks oder Erbbaurechts. Dem Verwalter wird mit der Möglichkeit des Antrags nach § 174 a ZVG zudem ein wirksames Druckmittel gegenüber den auf dem Grundstück gesicherten Gläubigern verschafft. *Stöber* (NJW 2000, 3600, 3604) hat allerdings auch auf die Gefahren beim Insolvenzverwalterantrag hingewiesen. Er kommt zu dem Ergebnis, dass die Vorschrift des § 174 a ZVG „durch und durch misslungen" ist. Der Verwalter kann durch die Regelung wenigstens erreichen, dass die **Feststellungskosten in Höhe von vier Prozent des Zubehörwertes** für die Masse gewonnen werden können (HK-*Landfermann* § 165 Rn 10). Die Gläubiger haben immerhin die Möglichkeit, den Verlust ihrer Rechte an dem Grundstück dadurch abzuwenden, dass sie den Kostenerstattungsanspruch ablösen (N/R/*Becker* § 165 Rn 13; HK-*Landfermann* § 165 Rn 10; K/P/B/*Flöther* § 165 Rn 21).

III. Verfahrensbeitrag dinglich gesicherter Gläubiger

Gem § 171 Abs 2 haben absonderungsberechtigte Gläubiger, die an beweglichen Gegenständen des Schuldnervermögens gesichert sind, einen **Verfahrensbeitrag** in Höhe einer „Feststellungspauschale" von vier Prozent und einer „Verwertungspauschale" von fünf Prozent zu zahlen. Wegen der Zubehörhaftung, die sich ebenfalls auf bewegliche Gegenstände erstreckt, sieht § 10 Abs 1 Nr 1 a ZVG vor, dass von den beweglichen Gegenständen, auf die sich die Zwangsversteigerung erstreckt, eine **Feststellungspauschale in Höhe von vier Prozent** zu erheben ist. Dieses Recht ist als ein Anspruch der Insolvenzmasse mit Rangklasse 1 in § 10 ZVG ausgewiesen. Der Prozentsatz orientiert sich an der im Wertgutachten (vgl § 174 a Abs 5 S 2 ZVG) gesondert ausgewiesenen **Wertberechnung für bewegliche Gegenstände**, auf die sich die Versteigerung erstreckt (vgl *Gerhardt* Grundpfandrechte Rn 220 a; *Wenzel* NZI 1999, 101, 103; *Kirchhof* Leitfaden S 106; N/R/*Becker* § 165 Rn 30; HK-*Landfermann* § 165 Rn 10). Der Anspruch nach § 10 Abs 1 Nr 1 a ZVG wird aufgrund des Deckungsgrundsatzes nach rechtzeitiger Anmeldung bei jeder sonstigen Ausgebotsart in das geringste Bargebot aufgenommen (*Muth* ZIP 1999, 945, 953). Er geht damit den Ansprüchen der gesicherten Gläubiger vor. Die Feststellungspauschale nach § 10 Abs 1 Nr 1 a ZVG ist nur zu erheben, wenn ein **Insolvenzverwalter** eingesetzt ist. Zur Kritik an der gesetzlichen Neuregelung in den §§ 10 Abs 1 Nr 1 a, 174 a ZVG vgl *Muth* ZIP 1999, 945 ff; *Marotzke* ZZP 109 [1996], 429 ff; *Gottwald/Gottwald* InsRHdb § 42 Rn 97; *Stöber* NJW 2000, 3600 ff. Unbefriedigend ist vor allem, dass der Kostenbeitrag nicht auf alle Grundpfandrechtsgläubiger anteilsmäßig umgelegt wird, sondern den nachrangig gesicherten Gläubiger trifft, der ansonsten aus der Grundstücksversteigerung noch eine Befriedigung erhalten hätte (vgl auch *Kirchhof* Leitfaden S 106).

IV. Beschwerde gegen den Zuschlag

Der Insolvenzverwalter kann anstelle des Insolvenzschuldners Beschwerde nach §§ 95 ff ZVG gegen den Zuschlagsbeschluss einlegen, da er gem § 80 das Verwaltungs- und Verfügungsrecht hinsichtlich des zur Insolvenzmasse gehörenden Schuldnervermögens ausübt (*Gottwald/Gottwald* InsRHdb § 42 Rn 98). Der Insolvenzverwalter kann auch die Versagung des Zuschlags beantragen, wenn der Gläubiger in der Zwangsversteigerung mit Sicherheit für sein Recht keine Befriedigung erlangen wird (*Wolff* ZIP 1980, 417, 421). Dem Insolvenzverwalter steht jedoch nicht das Recht zu, **nach § 74a ZVG die Versagung des Zuschlags** wegen Nichterreichung der ⁷⁄₁₀-Wertgrenze zu beantragen, denn weder der Vollstreckungsschuldner noch die betreibenden Gläubiger, deren Stellung der Verwalter wahrnimmt, haben ein solches Antragsrecht (LG Göttingen DB 1955, 1138; *Kilger/K. Schmidt* § 126 KO Anm 3; *Mohrbutter* KTS 1958, 84; *ders* KTS 1968, 61; *Jaeger/Weber* § 126 KO Rn 14 a). Das gilt in einem gegen den Insolvenzverwalter betriebenen Versteigerungsverfahren auch dann, wenn einzelne Insolvenzgläubiger zu den Beteiligten iSv § 74a ZVG gehören (LG Göttingen DB 1955, 1138). In einem **von ihm selbst betriebenen Zwangsversteigerungsverfahren** kann der Insolvenzverwalter aber eine drohende Verschleuderung verhindern und die Versagung des Zuschlags erreichen, indem er den Versteigerungsantrag zurücknimmt oder die einstweilige Einstellung oder Aufhebung des Versteigerungstermins bewilligt (§§ 29, 30, 33 ZVG). Dagegen steht dem Insolvenzverwalter das **Antragsrecht nach § 74a ZVG** zu, wenn eine innerhalb der ⁷⁄₁₀-Wertgrenze liegende **Eigentümergrundschuld des Insolvenzschuldners** vom Ausfall bedroht ist (*Steiner/Eickmann* § 74a ZVG Rn 10). In die Insolvenzmasse fällt nur der **Überschuss des Versteigerungserlöses**, der nach Berichtigung der Kosten, der Ansprüche aus § 10 Nr 1–3 ZVG, der Hypotheken und sonstigen dinglichen Lasten verbleibt, sowie der Betrag, der auf eine Eigentümergrundschuld des Insolvenzschuldners entfällt (*Gerhardt* Grundpfandrechte Rn 240). **Gegen den Teilungsplan** kann der Insolvenzverwalter **Widerspruch** erheben (§ 115 ZVG), und zwar nicht nur, wenn er die Hebung für die Masse beansprucht, sondern auch dann, wenn die Insolvenzmasse ein rechtliches Interesse daran hat, dass die Hebung statt an den im Verteilungsplan genannten Gläubiger einem anderen ausgefolgt wird, der sich sonst als Insolvenzgläubiger an die Masse halten würde (*Gerhardt* Grundpfandrechte Rn 240).

V. Kosten des Zwangsversteigerungsverfahrens

17   Für die vom Insolvenzverwalter betriebene Zwangsversteigerung oder Zwangsverwaltung eines zur Insolvenzmasse gehörenden Grundstücks oder Grundstücksrechts werden die für die Zwangsvollstreckung anfallenden Gebühren erhoben. Die entstehenden Gerichtskosten sind Masseverbindlichkeiten iSv § 55 Abs 1 Nr 1. Die Gebühr für den Zuschlag gehört allerdings nicht dazu, denn diese hat gem § 58 ZVG der Ersteher zu tragen. Die Kosten des Zwangsversteigerungs- und Zwangsverwaltungsverfahrens sind vorweg aus dem Versteigerungserlös zu entnehmen (§ 109 ZVG). Sie berechnen sich nach den §§ 28–30 ZVG iVm Nr 5100ff KostVerz.

VI. Vollstreckungsschutzanträge des (vorläufigen) Insolvenzverwalters

18   **1. Einstweilige Einstellung im Insolvenzeröffnungsverfahren.** Die Schutzanträge des Insolvenzverwalters in der Zwangsversteigerung sind durch Art 20 EGInsO wesentlich neu gestaltet worden. Schon für das **Eröffnungsverfahren** sieht § 30d Abs 4 ZVG vor, dass, wenn vor Verfahrenseröffnung ein **vorläufiger Verwalter bestellt** worden ist, auf dessen Antrag die Zwangsversteigerung einstweilen einzustellen ist, wenn glaubhaft gemacht wird, dass die einstweilige Einstellung zur Verhütung nachteiliger Veränderungen in der Vermögenslage des Schuldners erforderlich ist. Das Gesetz unterscheidet nicht zwischen dem sogen „starken" und dem sogen „schwachen" vorläufigen Verwalter. Zwingende Voraussetzung ist aber die Bestellung eines **vorläufigen Insolvenzverwalters** nach § 21 Abs 2 Nr 1 InsO und ein Antrag nach § 30d Abs 4 ZVG. Eine Einstellung der Zwangsversteigerung von Amts wegen erfolgt nicht (K/P/B/*Flöther* § 165 Rn 33). Voraussetzung für die einstweilige Einstellung der Zwangsversteigerung im Eröffnungsverfahren ist weiterhin, dass die Einstellung zur **Verhütung nachteiliger Veränderungen** in der Vermögenslage des Schuldners oder Schuldnerunternehmens erforderlich ist (Einzelheiten bei K/P/B/*Flöther* § 165 Rn 34). § 30d Abs 4 ZVG sieht allerdings keine einstweilige Einstellung des **Zwangsverwaltungsverfahrens** vor. Scheint es schon wenig Sinn zu machen, die Einstellung der Zwangsversteigerung im Eröffnungsverfahren ebenso wie für das eröffnete Verfahren in die Zuständigkeit des Vollstreckungsgerichts zurückzuverlagern (vgl *Häsemeyer* InsR Rn 7.39; *Vallender* ZIP 1997, 1993, 1996), so dürfte es rechtlich sogar bedenklich sein, den Vollstreckungsschutz **nur auf bereits eröffnete Zwangsversteigerungsverfahren** zu beschränken (zutr *Gerhardt* Insolvenzrecht 1998, RWS-Forum 14, S 223). Schließlich weist *W Gerhardt* zu Recht darauf hin, dass die gesetzliche Neuregelung zur Folge hat, dass die Immobiliarvollstreckung in Gestalt einer **Zwangshypothek** überhaupt nicht betroffen ist, insoweit also kein Vollstreckungsschutz besteht (RWS-Forum 14, S 223; *ders* Grundpfandrechte Rn 247a; vgl auch *Uhlenbruck* KTS 1994, 169, 176). In der Tat greift der Vollstreckungsschutz des § 30d Abs 4 ZVG nur **nach Beschlagnahme** des Grundstücks, also mit der Zustellung des Anordnungs- oder Beitrittsbeschlusses an den Schuldner (§§ 22, 27 ZVG) oder mit Eingang des Ersuchens um Eintragung des Zwangsversteigerungsvermerks beim Grundbuchamt, sofern die Zustellung demnächst erfolgt (§ 22 ZVG; vgl auch *Gerhardt* Grundpfandrechte Rn 242). Um zu verhindern, dass es nach wie vor möglich ist, dass ein Gläubiger im Insolvenzeröffnungsverfahren die Möglichkeit hat, die Eintra-

gung einer Zwangshypothek zu beantragen bzw eine solche zu erlangen, sollte erwogen werden, im Wege der Erweiterung des § 21 Abs 2 Nr 3 dem Gericht die Möglichkeit zu geben, **Zwangsvollstreckungen der Gläubiger in das unbewegliche Vermögen zu untersagen** (so *Gerhardt* RWS-Forum 14, S 223 f). Allerdings unterfällt eine durch Zwangsvollstreckungsmaßnahme erlangte Sicherungszwangshypothek der Rückschlagsperre gem § 88, wenn sie innerhalb eines Monats vor Verfahrenseröffnung erlangt worden ist. Zweifelhaft ist, ob für die **Bestimmung des Entstehungszeitpunkts** zur Feststellung, ob der relevante Erwerb in die Monatsfrist des § 88 fällt, der Zeitpunkt Antragstellung nach § 878 BGB oder der letzte Erwerbsakt, idR also der Vollzug durch die Eintragung, maßgeblich ist. Für Letzteres spricht nach Auffassung von *Gerhardt* (Grundpfandrechte Rn 247 d) der Wortlaut der Norm, der auf das Erlangen der Sicherung abstellt (so auch BerlKo-*Blersch* § 88 Rn 13). Da sich die Rückschlagsperre nach *W. Gerhardt* (Grundpfandrechte Rn 247 d) „letztlich als objektivierte Form der Anfechtungsvoraussetzungen darstellt", ist § 140 Abs 2 auch für die Berechnung der Entstehungsfrist des § 88 anzuwenden (o Rn 5). Greift die Rückschlagsperre ein, so wird die entstandene Zwangssicherungshypothek als Fremdrecht mit der Eröffnung des Insolvenzverfahrens unwirksam und zur Eigentümergrundschuld. Das Grundbuch wird dadurch unrichtig. Die Berichtigung ist durch Bezugnahme auf den Eröffnungsbeschluss gem § 22 GBO zu korrigieren (vgl BayObLG v 15. 6. 2000, ZIP 2000, 1263).

2. Die einstweilige Einstellung im eröffneten Insolvenzverfahren. Die einstweilige Einstellung der Zwangsvollstreckung auf Antrag des Insolvenzverwalters ist nunmehr in den §§ 30 d ff ZVG geregelt. Zweifelhaft, doch wohl zu bejahen ist die Frage, ob eine **einstweilige Einstellung auf Antrag des Schuldners** nach § 30 a ZVG in Betracht kommt, wenn der Verwalter die Zwangsversteigerung beantragt. Bei einem Gläubigerantrag findet die Vorschrift des § 30 a ZVG Anwendung. Bei Eigenverwaltung steht die Antragsbefugnis dem Sachwalter gem § 270 Abs 1 S 2 zu. Nach hM ist der Verwalter zudem berechtigt, einen Einstellungsantrag nach § 765 a ZPO zu stellen (**OLG Braunschweig** v 5. 9. 1967, NJW 1968, 164; **OLG Hamm** 1977, 50; FK-*Wegener* § 165 Rn 11; *Gottwald*/*Gottwald* InsRHdb § 42 Rn 79). Der Schuldner kann bei Suzidgefahr berechtigt sein, einen Antrag nach § 765 a ZPO zu stellen (**BGH** v 18. 12. 2008 – V ZB 57/08, NJW 2009, 1283; siehe aber BVerfGE 51, 405).

19

Der Insolvenzverwalter kann gem § 30 d Abs 1 ZVG die **einstweilige Einstellung der Zwangsversteigerung** verlangen, wenn (1) der Berichtstermin noch bevorsteht, (2) das Grundstück nach dem Berichtstermin zur Fortführung oder zur Vorbereitung einer Betriebsveräußerung (übertragende Sanierung) benötigt wird; (3) die Versteigerung die Durchführung eines Insolvenzplans gefährden würde oder (4) die Versteigerung die Verwertung der Masse sonst wesentlich erschweren würde (**LG Ulm** ZIP 1980, 477; *Tetzlaff* ZInsO 2004, 521). Gem § 30 d Abs 1 S 2 ZVG ist der **Antrag abzulehnen**, wenn die einstweilige Einstellung dem betroffenen Gläubiger wirtschaftlich nicht zumutbar ist. Dabei ist der Nachteil für den betreibenden Gläubiger mit den Interessen der Gläubigergesamtheit abzuwägen (K/P/B/*Flöther* § 165 Rn 31; *Gottwald*/*Gottwald* InsRHdb § 42 Rn 79; *Stöber* NZI 1998, 105, 108; *Wenzel* NZI 1999, 101, 102; *Lwowski*/*Tetzlaff* WM 1999, 2336, 2340).

19a

Die einstweilige Einstellung der Zwangsversteigerung dauert an, bis sie auf Antrag des Gläubigers aufgehoben wird (*Stöber* NZI 1998, 105, 110; *Gottwald*/*Gottwald* InsRHdb § 42 Rn 79). Die einstweilige Einstellung ist auf Antrag des Gläubigers gem § 30 f ZVG aufzuheben, wenn (1) die Voraussetzungen für die Einstellung fortgefallen sind, (2) die Auflagen nach § 30 e ZVG nicht beachtet werden oder (3) der Insolvenzverwalter bzw im Fall des § 30 d Abs 2 ZVG der Schuldner, dessen Insolvenzplan abgelehnt worden ist, zustimmt. Im Übrigen ist die Zwangsversteigerung auf **Antrag des Schuldners bzw der organschaftlichen Vertreter eines Schuldnerunternehmens** einzustellen, wenn diese einen Insolvenzplan vorgelegt haben, der nicht gem § 231 von Amts wegen zurückgewiesen wurde (§ 30 d Abs 2 ZVG). Wird im eröffneten Verfahren auf Antrag des Insolvenzverwalters die Zwangsversteigerung einstweilen eingestellt, so ist die Einstellung gem § 30 e Abs 1 ZVG mit der Auflage anzuordnen, dass dem betreibenden Gläubiger für die Zeit **nach dem Berichtstermin laufend die geschuldeten Zinsen** binnen zwei Wochen nach Eintritt der Fälligkeit aus der Insolvenzmasse gezahlt werden (vgl K/P/B/*Flöther* § 165 Rn 37; *Gottwald*/*Gottwald* InsRHdb § 42 Rn 84; FK-*Wegener* § 165 Rn 10; HK-*Landfermann* § 165 Rn 11). Umstritten ist die **Höhe des Zinssatzes**. Nach **LG** Göttingen (Beschl v 27. 1. 2000, ZInsO 2000, 163) richten sich die zu zahlenden Zinsen nach dem zugrunde liegenden Schuldverhältnis und nicht nach dem dinglichen Zinsrahmen, der im Grundbuch eingetragen ist. Im Übrigen richtet sich die Zinszahlung nur nach dem Kapitalbetrag, aus dem der Gläubiger die Zwangsversteigerung betreibt (str aA *Hintzen* ZInsO 2000, 205). Nach Auffassung von *Hintzen* ist dagegen der dingliche Zinsrahmen maßgeblich, und zwar in voller Höhe des Grundschuldbetrages. Der Auffassung des LG Göttingen ist zuzustimmen (**LG Stade** Rpfleger 2002, 472; so auch *Gerhardt* Grundpfandrechte Rn 234 b; *Gottwald*/*Gottwald* InsRHdb § 42 Rn 82; *Tetzlaff* ZInsO 2004, 521, 522). Die **Höhe der Zinsen** richtet sich also nach dem Vertrag zwischen dem Gläubiger und dem Schuldner. Hilfsweise gilt der gesetzliche Verzugszins. Zu bezahlen sind jedoch nur Zinsen. Eine Tilgung findet nicht statt (*Vallender* Rpfleger 1997, 353, 355; K/P/B/*Flöther* § 165 Rn 38; *Gottwald*/*Gottwald* InsRHdb § 42 Rn 84). Nach § 30 e Abs 2 ZVG können auch **weitere laufende Zahlungen** aus der Insolvenzmasse während der Dauer der einstweiligen Einstellung der Zwangsversteigerung beantragt werden, wenn das **Grundstück für die Insolvenzmasse genutzt** wird (Einzelheiten bei K/P/B/*Flöther* § 165 Rn 43, 44). Tritt

19b

infolge der Nutzung ein **Wertverlust** am Grundstück selbst oder am Zubehör ein, so ist zusätzlich auf Antrag des Gläubigers von der Einstellung an ein **Ausgleich für Wertverluste** durch laufende Zahlungen gem § 30 e Abs 2 ZVG zu leisten (vgl *Hintzen* Rpfleger 1999, 256, 260; K/P/B/*Flöther* § 165 Rn 45; *Gottwald/Gottwald* InsRHdb § 42 Rn 83; *Lwowski/Tetzlaff* WM 1999, 2336, 2341). Die laufenden Zahlungen sind vom Zeitpunkt der Einstellung der Zwangsversteigerung an zu leisten (*Vallender* Rpfleger 1997, 353, 355). Der Ausgleich für Wertverluste wird vom Vollstreckungsgericht angeordnet. Die Zins- und Ausgleichsansprüche stellen **Masseverbindlichkeiten** iSv **§ 55 Abs 1 Nr 1** dar, die aus der Masse zu bezahlen sind. Gem § 30 e Abs 3 ZVG brauchen **Zinsen und Wertausgleich nicht gezahlt zu werden**, wenn, wie zB bei sogen Schornsteinhypotheken, mit einer Befriedigung der Gläubiger aus dem Versteigerungserlös nicht zu rechnen ist. Anhaltspunkt für die Höhe des Erlöses ist der nach § 74 Abs 5 ZVG festgestellte Verkehrswert (*Vallender* Rpfleger 1997, 353, 355). Bei einer zu erwartenden **Teilbefriedigung** orientiert sich die Zinspflicht an dem Teilbetrag (K/P/B/*Flöther* § 165 Rn 40; *Wenzel* NZI 1999, 101, 103).

19c Erbringt der Verwalter eine der ihm gesetzlich auferlegten Zahlungen nicht, so ist der Gläubiger gem § 30 f ZVG berechtigt, die **Fortsetzung des Zwangsversteigerungsverfahrens** zu beantragen. Dies kommt nach § 30 e Abs 3 ZVG allerdings nur in Betracht, soweit nach der Höhe der Forderung sowie dem Wert und der sonstigen Belastung des Grundstücks mit einer Befriedigung des Gläubigers aus dem Versteigerungserlös zu rechnen ist.

VII. Steuerfragen

20 Kommt es zur Versteigerung des Massegrundstücks, so bewirkt der Schuldner in dem Zwangsversteigerungsverfahren eine Leistung (§ 1 Abs 1 Nr 1 UStG) an den Ersteher (**BFH** v 19. 12. 1985, ZIP 1996, 991). Der Grundstücksumsatz unterliegt der Grunderwerbsteuer (§ 1 a Abs 1 Nr 4 GrEStG) mit der Folge der Umsatzsteuerfreiheit nach § 4 Nr 9 a UStG. Grunderwerbsteuerpflichtig ist der Meistbietende (§ 13 Nr 4 GrEStG). Das **Meistgebot ist** ein **Nettobetrag** (**BGH** v 3. 4. 2003 – IX ZR 93/02, ZIP 2003, 1109, Einzelheiten bei *Tetzlaff* ZInsO 2004, 521, 524). Veräußert der Insolvenzverwalter das **Massegrundstück** freihändig, so fällt in gleicher Weise Grunderwerbsteuer an im Rahmen einer sonstigen vertraglichen Veräußerung (vgl *Welzel* ZIP 1998, 1823, 1828 f). Die bei der Verwertung des Grundstücks samt Zubehör auf das Zubehör entfallende Umsatzsteuer geht zulasten der Masse. Sie ist nicht etwa vorab dem Erlös zu entnehmen und an das Finanzamt abzuführen. Vielmehr fließt der Versteigerungserlös ungeschmälert dem Gläubiger zu, woran auch § 51 Abs 1 S 1 Nr 3 UStDV nichts ändert. Veräußert der Insolvenzverwalter das Zubehör unabhängig von dem Grundstück, ist nur ein Umsatz gegeben. Zur Umsatzsteuer bei Zwangsversteigerung im Insolvenzverfahren vgl auch K/P/B/*Flöther* § 165 Rn 53, 54; *Obermüller* WM 1994, 1829; *ders* InsRBankpraxis 7. Aufl Rn 6.389 a; *Marotzke* ZZP 109 (1996), 429, 466 f.

VIII. Insolvenzverfahren und Zwangsverwaltung

21 **1. Die Zwangsverwaltung eines Massegrundstücks.** Beim Zusammentreffen von Insolvenzverfahren und Zwangsverwaltung sind nach *W Gerhardt* (Grundpfandrechte, Rn 252) wieder **vier verfahrensrechtliche Möglichkeiten** zu unterscheiden: (1) Der **absonderungsberechtigte Grundpfandrechtsgläubiger** kann die Zwangsverwaltung unabhängig von der Eröffnung des Insolvenzverfahrens beantragen. Bei der Beschlagnahme vor Insolvenzeröffnung (§ 22 ZVG) wird das laufende Zwangsverwaltungsverfahren durch die Insolvenzeröffnung nicht gem § 240 ZPO unterbrochen, sondern gegen den Insolvenzverwalter fortgesetzt (*Mohrbutter* KTS 1956, 107, 108; *Gerhardt* Grundpfandrechte Rn 254; K/P/B/*Flöther* § 165 Rn 55). Will ein **absonderungsberechtigter Grundpfandgläubiger** eine Beschlagnahme des Grundstücks nach Insolvenzeröffnung herbeiführen, bedarf es eines **dinglichen Titels** gegen den Insolvenzverwalter. Hatte der Gläubiger einen Titel gegen den Schuldner, so ist Titelumschreibung auf den Insolvenzverwalter erforderlich (*Tetzlaff* ZInsO 2004, 521, 522). (2) Ein **persönlicher Gläubiger** erwirbt dadurch, dass er die Beschlagnahme des Grundstücks vor Verfahrenseröffnung gem §§ 20, 22, 151 ZVG herbeiführt, ein Absonderungsrecht iSv § 49. Voraussetzung ist entweder die Zustellung des Anordnungsbeschlusses an den Schuldner oder die Eintragung eines Zwangsverwaltungsvermerks bzw der Eingang des Eintragungsantrags beim Grundbuchamt, sofern die Eintragung demnächst erfolgt (vgl *Dassler/Schiffhauer/Hintzen/Engels/Rellermeyer* § 22 ZVG Rn 6; *J. Mohrbutter* KTS 1956, 107, 108 bei Fn 53; *Gerhardt* Grundpfandrechte Rn 242 u 256). Darüber hinaus kommen nach *Gerhardt* (Grundpfandrechte Rn 256) zusätzlich die beiden Besonderheiten aus § 151 ZVG in Betracht, nämlich die **Besitzerlangung des Zwangsverwalters** am Grundstück sowie die **Zustellung eines Beitrittsbeschlusses** (nicht des Anordnungsbeschlusses) an den Zwangsverwalter gem § 151 ZVG (vgl *Eickmann* ZIP 1986, 1517, 1518; *Gerhardt* Grundpfandrechte Rn 256). (3) Auch ein **Massegläubiger** ist berechtigt, aufgrund eines gegen den Insolvenzverwalter erwirkten Titels im Wege der Zwangsvollstreckung Sicherung und Befriedigung aus den Massegegenständen zu erlangen, also auch die **Zwangsverwaltung eines Massegrundstücks** zu betreiben. Nach zutreffender Auffassung von *Gerhardt* (Grundpfandrechte Rn 257) kann ein infolge der Beschlagnahmewirkung zugunsten des Massegläubigers entstandenes Ab-

sonderungsrecht (§ 49) selbst dann später nicht entzogen werden, wenn sich herausstellt, dass die Masse zur Berichtigung der noch ausstehenden Masseansprüche nicht ausreicht und der Verteilungsschlüssel des § 209 eingreift (zum alten Recht RGZ 135, 197, 205; *J. Mohrbutter* KTS 1956, 107, 108 und Fn 4; K/U § 126 KO Rn 8 e; für das neue Rechte *Gerhardt* Grundpfandrechte Rn 257). (4) Schließlich kann der **Insolvenzverwalter** gem § 165 InsO iVm §§ 172, 173 ZVG die Zwangsverwaltung eines Massegrundstücks betreiben oder einem bereits anhängigen Zwangsverwaltungsverfahren beitreten (*Gerhardt* Grundpfandrechte Rn 258; *J. Mohrbutter*, Hdb des ges Vollstreckungs- und Insolvenzrechts, S 901). Zum **Zusammentreffen von Insolvenzverfahren und Zwangsverwaltung** vgl auch *Eickmann* ZIP 1986, 1517; *Mohrbutter/Mohrbutter* Hdb Rn VIII.82; *Stöber* § 172 ZVG Rn 8.5; K/P/B/*Flöther* § 165 Rn 55; N/R/*Becker* § 165 Rn 10–15. Nach Feststellung von *Mohrbutter* (NZA 1985, 105) entsteht mit der Anordnung der Zwangsverwaltung eine **Sondermasse**, deren Umfang sich aus der Beschlagnahme (§ 148 ZVG) ergibt. Insoweit ist der Zwangsverwalter berechtigt und verpflichtet, einen auf dem Grundstück eingerichteten Gewerbebetrieb fortzuführen. Zutreffend weist *W Gerhardt* (Grundpfandrechte Rn 258) darauf hin, dass der Insolvenzverwalter einen Antrag auf Zwangsverwaltung **nur ausnahmsweise** stellen wird, wenn die Bildung der **Sondermasse** mit Rücksicht auf den Umfang des Verfahrens, zB zur Sicherstellung laufender Einnahmen aus einem nicht im Gerichtsbezirk liegenden, bisher vom Schuldner selbst geführten Nebenbetrieb angebracht erscheint (vgl auch *Mohrbutter* Hdb des ges Vollstreckungs- und Insolvenzrechts S 901; *Mohrbutter* NZA 1985, 105). Wird aufgrund eines Grundpfandrechts über das Grundstück des Insolvenzschuldners die Zwangsverwaltung angeordnet, so gebühren die Mietzinsen nicht dem Insolvenzverwalter, sondern dem Zwangsverwalter. Das gilt auch dann, wenn der Mietvertrag erst nach Eröffnung des Insolvenzverfahrens vom Insolvenzverwalter abgeschlossen worden ist (so OLG Brandenburg v 14. 1. 1999, ZIP 1999, 1533 für die Gesamtvollstreckung).

2. Kollisionslagen zwischen Insolvenzverwalter und Zwangsverwalter. Wird zunächst das Insolvenzverfahren eröffnet und später die Zwangsverwaltung angeordnet, so entzieht der Verwaltungsbeschlag dem Schuldner bzw dem Insolvenzverwalter das Verwaltungsrecht nach § 80 und damit zugleich auch das Recht zur Nutzung des Grundstücks (§ 148 Abs 2 ZVG). Der Zwangsverwalter ist berechtigt, sich gem § 150 ZVG im Wege der Einzelzwangsvollstreckung in den Besitz des Grundstücks zu setzen. Die Maßnahmen richten sich nach den §§ 885, 892 ZPO (vgl *Gerhardt* Grundpfandrechte Rn 262). Wird zeitlich früher die **Zwangsverwaltung** angeordnet und später das Insolvenzverfahren über das Vermögen des Schuldner-Eigentümers eröffnet, so wird durch die Insolvenzeröffnung das Besitzrecht des Zwangsverwalters nach §§ 150, 148 ZVG nicht berührt. Der Insolvenzverwalter ist nicht berechtigt, aufgrund des Eröffnungsbeschlusses dem Zwangsverwalter den Grundbesitz zu entziehen (*Gerhardt* Grundpfandrechte Rn 263), hierzu bedarf es einer einstweiligen Einstellung nach § 153 b ZVG (s u). Aufgrund der **Beschlagnahmewirkung** nach den §§ 20 Abs 2, 148 Abs 1 iVm § 21 Abs 1, 2 ZVG ist der Zwangsverwalter berechtigt, die Betriebseinrichtung des Schuldnerunternehmens zu benutzen, die Miete oder Pacht einzuziehen und aus den Einkünften der Zwangsverwaltung die dinglich gesicherten Gläubiger zu befriedigen. Soweit es sich um **Zubehör des Grundstückes** handelt, erstreckt sich die Zwangsverwaltung auch auf das Zubehör. Erfolgt eine Veräußerung und Entfernung durch den Insolvenzverwalter nach der Beschlagnahme des Grundstücks, haben die Grundpfandrechtsgläubiger Ersatzabsonderungsansprüche nach § 48 analog an der Gegenleistung (*Eickmann* ZIP 1986, 1517, 1520). Ist die **Zubehöreigenschaft** streitig, so ist über den materiell-rechtlichen Streit eine Entscheidung des Prozessgerichts herbeizuführen (*Eickmann* ZIP 1986, 1517, 1522; *Gerhardt* Grundpfandrechte Rn 264). Trotz möglicher Leistungsklage genügt idR eine **Feststellungsklage nach § 256 ZPO** (*Gerhardt* Grundpfandrechte Rn 265). Zur Konkurrenz in der Prozessführungsbefugnis über Mietzinsforderungen vgl BGH v 12. 3. 1986, NJW 1986, 3206 = ZIP 1986, 583 = EWiR 1986, 523 [*Gerhardt*]; *Wrobel* KTS 1995, 19. Beschließt die Gläubigerversammlung gem § 157 Abs 1 S 1 die Stilllegung des Schuldnerunternehmens, so ist der Zwangsverwalter an diesen Beschluss gebunden. Zwar hat er grundsätzlich im Rahmen der Zwangsverwaltung den gewerblichen Betrieb des Schuldners auf dem Grundstück für Rechnung der Zwangsverwaltungsmasse fortzusetzen, jedoch geht der Beschluss der Gläubigerversammlung der Zwangsverwaltung vor (vgl auch *Eickmann* ZIP 1986, 1517, 1523; *Gerhardt* Grundpfandrechte Rn 270, 271). Zur **Haftungskonkurrenz zwischen Zwangsverwalter und Insolvenzverwalter** siehe *Gerhardt* Grundpfandrechte Rn 280–283.

3. Einstweilige Einstellung der Zwangsverwaltung. § 153 b ZVG eröffnet die Möglichkeit zur vollständigen oder teilweisen Einstellung der Zwangsverwaltung, wenn der antragstellende Insolvenzverwalter glaubhaft macht, dass durch die Fortsetzung der Zwangsverwaltung eine wirtschaftlich sinnvolle Nutzung der Insolvenzmasse wesentlich erschwert würde (K/P/B/*Flöther* § 165 Rn 57, 58; *Gottwald/Gottwald* InsRHdb § 42 Rn 86; *Vallender* Rpfleger 1997, 353, 355). Grundsätzlich soll also der Insolvenzverwaltung vor der Zwangsverwaltung Vorrang eingeräumt und die Fortführung des Betriebes des Schuldners ermöglicht werden (*Gottwald/Gottwald* InsRHdb § 42 Rn 86; *Städtler*, Grundpfandrechte in der Insolvenz, 1998, S 238; *Wenzel* NZI 1999, 101, 103). Durch die Fortsetzung der Zwangsverwaltung während des Insolvenzverfahrens muss die **wirtschaftlich sinnvolle Nutzung** der Insolvenzmasse wesentlich erschwert werden, was zB der Fall ist, wenn die Zwangsverwaltung dem in der ersten Gläubigerversammlung gem § 157 festgelegten Verfahrensziel widerspricht (vgl auch K/P/B/*Flöther* § 165 Rn 57). Oder wenn wegen der Fortführung der Zwangsverwaltung ein Insolvenzplanverfahren zu scheitern droht bzw eine übertragende Sanierung des Schuldnerunternehmens nicht erfolgen kann (Einzelheiten bei K/P/B/*Flöther* § 165 Rn 58). Die Tatsachen, aus denen sich ergibt, dass die Fortführung der Zwangsverwaltung zu einer wesentlichen Erschwerung der sinnvollen Nutzung der Insolvenzmasse führt, hat der Insolvenzverwalter gem § 294 ZPO glaubhaft zu machen (K/P/B/*Flöther* § 165 Rn 58). Gem § 153 b Abs 2 ZVG ist die Einstellung mit der Auflage anzuordnen, dass die Nachteile, die dem betreibenden Gläubiger aus der Einstellung erwachsen, durch **laufende Zahlungen aus der Insolvenzmasse** ausgeglichen werden. Die Höhe der Ausgleichszahlungen richtet sich nach den durch die Vermietung oder Verpachtung des Grundstücks an Dritte nachweislich erzielbaren Entgelten (*Hess/Obermüller*, Die Rechtsstellung der Verfahrensbeteiligten nach der Insolvenzordnung, 1995 Rn 1221; *Vallender* Rpfleger 1997, 353, 355; *Stöber* § 155 ZVG Rn 6 ff; K/P/B/*Flöther* § 165 Rn 60, 61). Weiterhin hat der Insolvenzverwalter aus der Masse einen durch die **Nutzung eintretenden Wertverlust** nach § 30 e Abs 2 ZVG auszugleichen. Ob sich bei verhältnismäßig kurzer Nutzungszeit ein solcher Wertverlust allerdings überhaupt feststellen lässt und wie dieser berechnet werden kann, ist dem Gesetz nicht zu entnehmen (*Kirchhof* Leitfaden S 104). Hieraus kann ein erhebliches Kostenrisiko für den Verwalter erwachsen (*Niering* NZI 2008, 146, 147). Ein Ausweg ist die sog „kalte Zwangsverwaltung" (§ 49 Rn 31). Dieses Verfahren, bei dem ohne formelle Durchführung eines Zwangsverwaltungsverfahrens vom Insolvenzverwalter laufend Beträge zur Befriedigung aus Nutzungen an den Berechtigten abgeführt werden, setzt die Kooperationsbereitschaft des Gläubigers voraus. Hieran fehlt es gerade bei an Private-equity Unternehmen verkauften Krediten oft (*Niering* NZI 2008, 146, 147). Die Pflicht zur Zinszahlung setzt bei **Einstellung der Zwangsversteigerung** erst nach dem Berichtstermin ein, so dass es für die gesicherten Gläubiger günstig sein dürfte, neben der Zwangsversteigerung immer auch die Zwangsverwaltung zu beantragen, da hier die Ausgleichspflicht sofort einsetzt (*Kirchhof* Leitfaden S 104). Nach **§ 153 c** kann auf Antrag des betreibenden Gläubigers die **Einstellung der Zwangsverwaltung aufgehoben** werden, wenn ihre Voraussetzungen entfallen sind, der Verwalter den Nachteilsausgleich nicht bezahlt oder wenn er der Aufhebung zustimmt (§ 153 c Abs 1 ZVG; Einzelheiten bei K/P/B/*Flöther* § 165 Rn 62). Eine **Kostenbeteiligung der Grundpfandrechtsgläubiger** ist für die Zwangsverwaltung nicht vorgesehen. Sie ist nach Feststellung von *Gottwald* auch entbehrlich, da die Kosten des Zwangsverwalters den Erlösen (Nutzungen) ohnehin gem § 155 Abs 1 ZVG vorab entnommen werden (*Gottwald/Gottwald* InsRHdb § 42 Rn 86. *Becker* (N/R/*Becker* § 165 Rn 35, 36) hält es angesichts einer „planwidrigen Regelungslücke des Gesetzes gerechtfertigt", die Vorschrift des § 10 Abs 1 Nr 1 a ZVG auch auf die Fälle der Zwangsverwaltung analog anzuwenden, das dazu zunächst kein Kostenausgleich stattfindet, bevor die Ränge nach §§ 10 Abs 1 Nr 2 ff, 155 Abs 2 S 2 ZVG bedient werden. Der **vorläufige Insolvenzverwalter** hat keine Möglichkeit ein Zwangsverwaltungsverfahren einstweilig einstellen zu lassen (*Niering* NZI 2008, 146, 147).

24　**4. Zwangsverwaltung und Nutzungsüberlassung durch einen Gesellschafter in der Gesellschaftsinsolvenz.** Siehe zur neuen Rechtslage unter Geltung des MoMiG wie zum alten Recht § 49 Rn 56 f.

§ 166 Verwertung beweglicher Gegenstände

(1) Der Insolvenzverwalter darf eine bewegliche Sache, an der ein Absonderungsrecht besteht, freihändig verwerten, wenn er die Sache in seinem Besitz hat.

(2) Der Verwalter darf eine Forderung, die der Schuldner zur Sicherung eines Anspruchs abgetreten hat, einziehen oder in anderer Weise verwerten.

(3) Die Absätze 1 und 2 finden keine Anwendung
1. auf Gegenstände, an denen eine Sicherheit zu Gunsten des Teilnehmers eines Systems nach § 1 Abs. 16 des Kreditwesengesetzes zur Sicherung seiner Ansprüche aus dem System besteht,
2. auf Gegenstände, an denen eine Sicherheit zu Gunsten der Zentralbank eines Mitgliedstaats der Europäischen Union oder Vertragsstaats des Europäischen Wirtschaftsraums oder zu Gunsten der Europäischen Zentralbank besteht, und
3. auf eine Finanzsicherheit im Sinne des § 1 Abs. 17 des Kreditwesengesetzes.

Übersicht

	Rn
I. Allgemeines	1
II. Verwertung beweglicher Sachen (§ 166 Abs 1	2
1. Bewegliche Sachen	2
2. Bestehen eines Absonderungsrechts	3

I. Allgemeines **§ 166**

	Rn
3. Besitz des Verwalters	4
4. Zeitpunkt der Verwertung	8
5. Art der Verwertung	9
III. Nutzung des Sicherungsguts durch den Verwalter	12
IV. Verwertung von zur Sicherheit abgetretenen Forderungen (§ 166 Abs 2)	13
1. Sicherungsabtretung von Forderungen	13
2. Sonstige Rechte als Sicherheiten	14
3. Art der Verwertung	15
4. Rechtsfolgen für Forderungsinhaber und Drittschuldner	16
V. Verwertungsrecht des Gläubigers bei Abrechnungssystemen und Finanzsicherheiten (§ 166 Abs 3)	17
1. Abrechnungssysteme iSv § 1 Abs 16 KWG (§ 166 Abs 3 Nr 1)	18
2. Sicherheiten zu Gunsten von Zentralbanken, Nr 2	19
3. Finanzsicherheiten iSv § 1 Abs 17 KWG, Nr 3	20
VI. Verwertungsrecht des Verwalters im Insolvenzeröffnungsverfahren	21

I. Allgemeines

§ 166 regelt die Verwertung von beweglichen Sachen, an denen ein Absonderungsrecht besteht, und ergänzt damit die Vorschriften der §§ 49, 50. Abs 3 wurde angefügt durch das Gesetz zur Umsetzung der Finanzsicherheitenrichtlinie (2002/47/EG) v 5. 4. 2004 BGBl I 502. Die vielfach anzutreffende Behauptung, § 166 kehre die bisherige Regelung in § 127 KO in ihr Gegenteil um, trifft nicht zu. Schon § 127 Abs 1 S 1 KO sah ein **grundsätzliches Verwertungsrecht des Verwalters** vor (s *Gerhardt* Gedächtnisschrift f Peter Arens 1993 S 127 ff). Da aber § 127 Abs 2 S 1 KO Vereinbarungen zuließ, wonach der Gläubiger befugt war, sich aus dem Gegenstand ohne gerichtliches Verfahren zu befriedigen, machte die Praxis von dieser Möglichkeit Gebrauch und vereinbarte fast durchgängig ein **Selbstverwertungsrecht des Gläubigers**. Auch soweit die Gläubiger, denen ein rechtsgeschäftliches Pfandrecht zustand, nach den Vorschriften des BGB bzw HGB (§§ 1221, 1224, 1228, 1233 Abs 1, §§ 1234–1240, 1245, 1257 BGB, §§ 368, 398, 399, 407 Abs 2, §§ 419, 411, 623 Abs 3, 627 Abs 2 HGB) befugt waren, sich aus den verpfändeten Gegenständen ohne gerichtliches Verfahren zu befriedigen, wurde die Ausnahmevorschrift des § 127 Abs 2 S 1 KO zum Regelfall.

1

Nach der InsO führt die Verfahrenseröffnung nunmehr zu einem **Verwertungsstopp** für die absonderungsberechtigten Gläubiger. Das Verwertungsrecht geht gem § 166 auf den Insolvenzverwalter über. Nur in den Ausnahmefällen des § 173 bleibt der Gläubiger zur Verwertung des Sicherungsguts berechtigt (zu vollstreckungsrechtlichen und prozessualen Folgen s *Smid* ZInsO 2001, 433 ff). **§ 166 ist zwingend**, so dass das Verwertungsrecht des Verwalters auch nicht durch Abreden zwischen Schuldner und Gläubiger abbedungen werden kann (**BGH** v 24. 3. 2009 – IX ZR 112/08, ZIP 2009, 768). Allerdings sieht § 168 Abs 3 vor, dass der **Gläubiger den Gegenstand selbst übernehmen** und verwerten kann, wenn er eine günstigere Verwertungsmöglichkeit anbietet. Die Übertragung der Verwertungsbefugnis auf den Insolvenzverwalter – **bei der Eigenverwaltung** auf den Schuldner (§ 282) – hat den Vorteil, dass die Gläubiger gehindert sind, nach der Verfahrenseröffnung ohne Rücksicht auf die Fortführungsmöglichkeiten des Schuldnerbetriebs ihr Sicherungseigentum herauszuholen und zur Sicherheit abgetretene Forderungen zu verwerten. Soweit das Verwertungsrecht des Insolvenzverwalters eingreift, ist ein Verwertungsrecht der Gläubiger grundsätzlich ausgeschlossen. Das Verbote der Selbstverwertung wird als **Schutzgesetz** zu Gunsten der Gläubigergesamtheit gesehen. Ein Verstoß gegen § 166 durch den Gläubiger kann daher **Schadensersatzansprüche nach § 823 Abs 2 BGB** auslösen. Im Übrigen führt eine **Verletzung des Verwertungsrechts des Verwalters**, die zum Nichtanfall der Verwertungskostenpauschale des § 171 Abs 2 führt, weder unter diesem Gesichtspunkt zu einem Bereicherungsanspruch, noch ist diese allein deswegen anfechtbar nach §§ 129 ff (**BGH** v 20. 11. 03 – IX ZR 259/02, ZIP 2004, 42 = NZI 2004, 137 m Anm *Leithaus*). Zur Rechtsstellung des Absonderungsberechtigten im Fall der Verwertung eines Gegenstandes gem §§ 166 ff s *Gundlach/Frenzel/Schmidt* ZInsO 2001, 537 ff; *dies* zur Verwertungsbefugnis nach den §§ 166 ff NZI 2001, 119 ff.

1a

§ 166 Abs 2 räumt dem Verwalter die Möglichkeit ein, **zur Sicherheit abgetretene Forderungen** zu verwerten, was idR durch Einziehung erfolgt. Zur Einschaltung Dritter in den Verwertungsvorgang *Donath* ZInsO 2008, 1364. Der Verwalter ist nicht verpflichtet, von seinem Verwertungsrecht Gebrauch zu machen. Wie sich aus § 170 Abs 2 ergibt, kann er im Einzelfall die Verwertung eines Gegenstandes, an dem ein Absonderungsrecht besteht, dem Gläubiger überlassen. Dieser hat jedoch aus dem von ihm erzielten Verwertungserlös den Verfahrenskostenbeitrag nach § 171 zu entrichten.

1b

Eine **Ausnahme von der grundsätzlichen Verwertungsbefugnis des Verwalters** sieht § 173 vor, der in Fällen eingreift, die nicht von § 166 erfasst werden, wie zB beim Verwertungsrecht des Gläubigers bei vertraglich verpfändeten beweglichen Sachen (vgl *Lwowski/Heyn* WM 1998, 473, 474; *Smid* WM 1999, 1141; *Zimmermann* NZI 1998, 57; *Niesert* InVo 1998, 85; *Marotzke* ZZP 109 [1996], 429 ff; *Andersen/Freihalter/Niesert*, Aus- und Absonderungsrechte in der Insolvenz Rn 491 ff). Auch im **ver-**

1c

einfachen Insolvenzverfahren nach den §§ 311 ff steht das Verwertungsrecht hinsichtlich der mit Absonderungsrechten belasteten Gegenstände gem § 313 Abs 3 S 2 dem absonderungsberechtigten Gläubiger selbst zu.

1d Die Übertragung des Verwertungsrechts hinsichtlich besitzloser Mobiliarsicherheiten auf den Insolvenzverwalter ist nach zutreffender Feststellung von *Leipold/Gottwald* (1991 S 199) „**das unbestrittene Kernstück der Reform der Mobiliarsicherheiten**". Zutreffend weist *Landfermann* (HK-*Landfermann* § 166 Rn 5–7) darauf hin, dass die Neuregelung in den §§ 166 ff **drei wesentliche Vorteile** für eine effiziente Durchführung des Insolvenzverfahrens hat: Einmal wird das Schuldnerunternehmen zusammengehalten und damit die Fortführungs- und Sanierungschancen verbessert. Weiterhin wird die Verwertung von Sicherungsgut praktisch erleichtert, wenn der Verwalter, der sich bereits im Besitz der Sache befindet, die Verwertung übernimmt. Und schließlich ist das Verwertungsrecht des Verwalters ein angemessenes „technisches Hilfsmittel", um die Kostenbeteiligung der Gläubiger durchzusetzen. *Landfermann*: „Verwertet der Verwalter selbst, so kann er die Kosten vom Erlös abziehen, bevor er diesen an den Gläubiger aushändigt." Inzwischen hat sich gezeigt, dass sich insbesondere auf Seite der Kreditwirtschaft die befürchteten Einschnitte in die Recht der absonderungsberechtigten Gläubiger „in Grenzen" halten (*Lwowski/Tetzlaff* FS Fischer S 365, 367. Dieser Aussage widerspricht es freilich, wenn dieselben Autoren von einer „entscheidenden Entwertung" der Mobiliarsicherheiten durch die Verwertungsbefugnis des Verwalter sprechen, aaO S 367). Zu einer Renaissance der nicht dem Verwertungsrecht des Verwalters unterliegenden Pfandrechte ist es denn auch nicht gekommen (*Ganter* WM 2006, 1081). Insbesondere ist es irreführend, wenn man die mangelnde Ansetzbarkeit der Mobiliarsicherheiten im Rahmen von **Basel II** außerhalb des IRB-Ansatzes mit dem Verwertungsrecht des Verwalters in Zusammenhang bringt (so aber *Lwowski/Tetzlaff* FS Fischer S 365, 367). Ob dem Gläubiger ein Selbstverwertungsrecht zusteht ist für die Ansetzbarkeit unbeachtlich. Ebensowenig wie Sicherungsabtretungen können außerhalb des IRB Ansatzes Forderungsverpfändungen risikomindernd angesetzt werden.

II. Verwertung beweglicher Sachen (§ 166 Abs 1)

2 **1. Bewegliche Sachen.** Die Vorschrift des § 166 Abs 1 bezieht sich nur auf bewegliche Sachen. Hierzu zählen auch **Order- und Inhaberpapiere** (§§ 1292, 1293 BGB), so dass es bei der Verwertung der in ihnen verkörperten Rechte grdsl auf den Besitz an der Urkunde ankommt (*Chr Berger* ZIP 2007, 1533, 1534; *Hirte/Knof* WM 2008, 49, 50; *Uhlenbruck* ZInsO 2008, 114) Eine Sache gilt als beweglich, wenn sie der Mobiliarpfändung unterliegt. Demgemäß scheiden für eine Verwertung nach § 166 Abs 1 bewegliche Sachen aus, die im **Haftungsverband eines Grundstücks** stehen. Sachen, die gem §§ 1120, 1192 BGB als **Erzeugnisse, Bestandteile oder Zubehör** eines Grundstücks für eine Hypothek oder Grundschuld haften, werden daher nicht von § 166 erfasst (HK-*Landfermann* § 166 Rn 11). Diese Gegenstände werden idR zusammen mit dem Grundstück nach den Vorschriften über die Verwertung unbeweglicher Gegenstände (§ 165) verwertet werden (vgl *Marotzke* ZZP 109 [1996], 429, 445 ff). Veräußert der Insolvenzverwalter **vor Beschlagnahme** Zubehör außerhalb der Grenzen einer ordnungsgemäßen Wirtschaft – insbesondere nach Betriebsstilllegung – so erlischt gem des § 1121 Abs 1 BGB das Absonderungsrecht der Grundpfandgläubigers. Die Gläubiger erwerben die Schadensersatzforderung gegen die Masse aus §§ 1135, 823 Abs 1 BGB mit dem Rang einer Masseforderung iSv § 55 (so *Bork* FS *Gaul* 1997 S 71, 88) sowie ggf einen Anspruch aus § 60 gegen den Insolvenzverwalter. Etwas anderes gilt bei einer Enthaftung nach § 1122 Abs 1 BGB, wenn die Enthaftung **innerhalb der Grenzen einer ordnungsgemäßen Wirtschaft** erfolgt.

3 **2. Bestehen eines Absonderungsrechts.** Die Verwertungsbefugnis des Insolvenzverwalters nach § 166 besteht nur an beweglichen Sachen, an denen der Gläubiger wirksam ein **Absonderungsrecht** erworben und die der Verwalter in seinem Besitz hat. Ob dem Gläubiger ein Absonderungsrecht zusteht, beurteilt sich nach den §§ 50, 51. Zur Absonderung berechtigen ua rechtsgeschäftliche Pfandrechte (§ 50 Abs 1), durch Pfändung erlangte Pfandrechte (§ 50 Abs 1; s hierzu die Kritik von *Jauernig* FS Uhlenbruck S 3, 15), gesetzliche Pfandrechte, wie zB das Vermieterpfandrecht (§ 50 Abs 1), Sicherungseigentum (§ 51 Nr 1), Sicherungszessionen (§ 51 Nr 1), Zurückbehaltungsrechte wegen nützlicher Verwendungen (§ 51 Nr 2), handelsrechtliche Zurückbehaltungsrechte (§ 51 Nr 3) sowie bestimmte öffentlich-rechtliche Ansprüche (§ 51 Nr 4). Der **einfache Eigentumsvorbehalt** fällt nicht unter § 166 (N/R/*Becker* § 166 Rn 14; BerlKo-*Breutigam* § 166 Rn 26; HK-*Landfermann* § 166 Rn 12; *Mitlehner* Mobiliarsicherheiten Rn 195), da der Vorbehaltseigentümer hier zur **Aussonderung** nach § 47 berechtigt ist (§ 47 Rn 17). (Zu beachten ist aber, dass der aussonderungsberechtigte EV-Gläubiger gem § 107 Abs 2 bis nach dem Berichtstermin verpflichtet ist, den Aussonderungsgegenstand in der Masse zu belassen, weil der Verwalter erst nach dem Berichtstermin verpflichtet ist, von seinem Wahlrecht nach § 103 Gebrauch zu machen.) § 166 ist aber anwendbar auf **Erweiterungs- und Verlängerungsformen des Eigentumsvorbehalts**, soweit diese lediglich ein **Absonderungsrecht** gewähren (s § 51 Rn 18 ff; BerlKo-*Breutigam* § 166 Rn 27; *Gaul* ZInsO 2000, 256, 259; N/R/*Becker* § 166 Rn 14). Da beim **erweiterten oder verlängerten Eigentumsvorbehalt** die Sicherung der Forderung im Vordergrund steht, hat der Gläubiger jedenfalls in

II. Verwertung beweglicher Sachen (§ 166 Abs 1) **§ 166**

den Fällen, in denen der mit dem Vorbehalt ursprünglich gesicherte Anspruch bereits durch einen anderen Anspruch ersetzt worden ist bzw die mit dem Vorbehalt überlassene Sache zwischenzeitlich verarbeitet worden ist, lediglich ein Absonderungsrecht, welches dem § 166 unterfällt (vgl *Gaul* ZInsO 2000, 256, 259). Zur **Verwertung von Drittsicherheiten** im Insolvenzverfahren s *Obermüller* NZI 2001, 225 ff. Zum **Absonderungsrecht des Fiskus** gem § 76 AO s *Bähr/Smid* InVo 2000, 401 ff; *Frotscher*, Besteuerung S 69.

3. Besitz des Verwalters. Die bewegliche Sache muss sich im Besitz des Insolvenzverwalters befinden. **4** Der Wortlaut des § 166 ist insoweit ungenau. Zum Zeitpunkt der Verfahrenseröffnung hat, sofern er nicht bereits als sogen „starker" vorläufiger Verwalter tätig gewesen ist, nicht der Verwalter, sondern der Schuldner Besitz an den Sachen. Gem § 148 Abs 1 hat der Insolvenzverwalter zunächst einmal das Schuldnervermögen in Besitz und Verwaltung zu nehmen. Deshalb ist § 166 Abs 1 so zu lesen, dass es auf den **Besitz des Insolvenzschuldners oder des vorläufigen Insolvenzverwalters** bei Verfahrenseröffnung ankommt (**BGH** v 16. 11. 06 – IX ZR 135/05, NJW-RR 2007, 490 = KTS 2008, 89 m Anm *Uhlenbruck*; *Häsemeyer* InsR Rn 13.47; HK-*Landfermann* § 166 Rn 9; *Gottwald/Gottwald* InsRHdb § 42 Rn 109; *Marotzke* ZZP 109 [1996], 429, 443; *Funk*, Die Sicherungsübereignung in Einzelzwangsvollstreckung und Insolvenz, 1998 S 76). Entscheidend ist daher, ob der **Insolvenzschuldner oder der vorläufige Verwalter bei Verfahrenseröffnung Besitzer** des Sicherungsguts war. Unproblematisch ist ein Verwertungsrecht bei **unmittelbarem Besitz**, § 854 BGB, zu bejahen. Die ganz hM bejaht ein Verwertungsrecht darüber hinaus auch dann, wenn der Schuldner den Dritten das Sicherungsgut aus betrieblichen Gründen entgeltlich überlassen hatte, so dass er nur **mittelbaren Besitz** hatte (**BGH** v 16. 2. 06 – IX ZR 26/05, BGHZ 166, 215 = ZIP 2006, 814). Entsprechend ist ein Verwertungsrecht des Verwalters dann gegeben, wenn sich die Sache zum Zeitpunkt der Verfahrenseröffnung im Besitz eines Dritten befindet, der sein Besitzrecht vom Schuldner aufgrund eines Besitzmittlungsverhältnisses ableitet, wie zB bei einem kurzfristigen Mietverhältnis (zu Leasing u Rn 4 a) oder wenn der Gegenstand einem Werkunternehmer zur Reparatur gegeben worden ist (HK-*Landfermann* § 166 Rn 14; *Gottwald/Gottwald* InsRHdb § 42 Rn 110; N/R/*Becker* § 166 Rn 17). Daher darf der Verwalter auch Rohstoffe, die das Schuldnerunternehmen zB bei einem Lagerhalter eingelagert hatte, ebenso verwerten wie Fahrzeuge, die vom Schuldner in gemieteten Garagen eingestellt worden sind (HK-*Landfermann* § 166 Rn 14). Man wird darüber hinaus eine Verwertungsberechtigung immer dann bejahen müssen, wenn durch die Aufgabe des unmittelbaren Besitzes die Zugehörigkeit der Sache zum **schuldnerischen Unternehmen als schutzwürdiger wirtschaftlicher Einheit im Sinne eines „technisch-organisatorischen Verbunds"** nicht endgültig aufgehoben wurde (vgl *Uhlenbruck* KTS 2008, 93; *Bork* EWiR 2007, 119). Insofern ist bei § 166 Abs 1 eine rein begriffliche Argumentation zu vermeiden, die sich ausschließlich am Besitzbegriff des § 854 ff BGB orientierte (vgl *Uhlenbruck* ZInsO 2008, 114, 116). Auch *Lwowski/Tetzlaff* (FS Fischer 365, 376) wollen bei nur mittelbarem Besitz des Verwalters „anhand der ratio des § 166 Abs 1 im Einzelfall" ermitteln, ob ein Verwertungsrecht des Verwalters besteht. *Hirte* (FS Fischer S 239, 242; *Hirte/Knof* WM 2008, 49, 51 für in einer **Globalurkunde verbriefte Aktien**) beschreibt das Tatbestandsmerkmal des Besitzes bei § 166 Abs 1 als Anknüpfungspunkt für eine „(Regel-)Vermutung" (ähnlich *Uhlenbruck* ZInsO 2008, 114, 116) und als „Wertungskürzel" (*Hirte/Knof* WM 2008, 49, 53). Er spricht sich daher für eine „teleologisch-funktionale Betrachtung des Besitzbegriffs" aus. Bei einer streng besitzrechtlichen Betrachtungsweise müsste man das Verwertungsrecht des Verwalters bei Globalurkunden in Sammelverwahrung verneinen, da der Hinterleger hier mangels eines Herausgabeanspruchs nicht einmal mittelbaren Besitz hat (*Einsele* WM 2000, 7, 11).

Die Verwertungsberechtigung des Verwalters endet nicht dadurch, dass es dem absonderungsberechtigten Gläubiger nach Verfahrenseröffnung gelingt, den unmittelbaren Besitzer zur Aufgabe seines Besitzmittlungswillens zu bewegen (**BGH** v 16. 11. 06 – IX ZR 135/05, NJW-RR 2007, 490 = KTS 2008, 89 m Anm *Uhlenbruck*). Die Entscheidung v 16. 11. 2006 überzeugt schon deshalb, weil es auf den Besitz zum Zeitpunkt der Verfahrenseröffnung ankommt, so dass ein späterer Fortfall des Besitzmittlungswillens unbeachtlich ist (*Gundlach/Frenzel/Schirrmeister* NZI 2006, 327). Ob eine Änderung des Besitzmittlungswillens auch dann unerheblich ist, wenn die Aufgabe des Besitzmittlungswillens und die entsprechende Veranlassung durch den Gläubiger vor Verfahrenseröffnung lagen, ist noch nicht entschieden. Jedenfalls lässt sich dann das Verwertungsrecht nicht mehr auf § 242 BGB und den Gedanken des *dolo petit* stützen (vgl zu dieser Konstruktion *Ganter* ZInsO 2006, 841, 847). Richtigerweise ist dem Verwalter in dieser Situation ein Verwertungsrecht dann zuzusprechen, wenn der Verlust des mittelbaren Besitzes im Sinne von § 868 BGB nur auf dem weitgehend innerem Tatbestand der Aufgabe des Besitzmittlungswillens beruht und sich nicht äußerlich etwa dadurch manifestiert, dass der unmittelbare Besitzer dem Schuldner die Herausgabe endgültig mit Verweis auf den absonderungsberechtigten Gläubiger als Oberbesitzer verweigert. Es muss ein (äußerer) Umstand vorliegen, durch den der Gegenstand endgültig tatsächlich aus dem durch § 166 Abs 1 geschützten Vermögensverbund ausscheidet. **4a**

Dass das Merkmal des Besitzes iR des § 166 Abs 1 nicht ohne weiteres mit Besitz im Sinne der **4b** §§ 854 ff BGB gleich gesetzt werden kann, zeigt sich auch bei der Frage des Verwertungsrechts hinsichtlich **sicherungsübereigneter Leasinggegenstände** in der **Insolvenz des Leasinggebers**. Der BGH bejaht

§ 166

die Berechtigung des Verwalters zur Verwertung des Leasingguts, weil der Insolvenzverwalter jedenfalls sicherungsübereignete Gegenstände, die der Schuldner gewerblich einem Dritten gegen Entgelt überlassen hat, regelmäßig sowohl für eine Unternehmensfortführung als auch für eine geordnete Abwicklung benötige (**BGH** v 16. 2. 06 – IX ZR 26/05, BGHZ 166, 215 = ZIP 2006, 814; HK-*Landfermann* § 166 Rn 16; *Klinck* KTS 2007, 37, 39 f). Dem wird im Ergebnis zu Recht entgegen gehalten, dass sich Leasinggegenstände typischerweise längerfristig im Besitz des Leasingnehmers befinden, so dass eine schutzwürdige wirtschaftliche Einheit – trotz des mittelbaren Besitzes – insoweit gerade nicht bestünde (*Zahn* ZIP 2007, 365; *Obermüller* InsR Rn 7.54; krit auch *Ganter* ZInsO 2006, 841, 846; *Lwowski/Tetzlaff* FS Fischer S 365, 372; aA *Marotzke* ZZP 96, 429, 443). Festzuhalten ist zunächst, dass auch der BGH nicht bereits den bloßen mittelbaren Besitz genügen lässt (anders *Bork* FS Gaul 71, 72 ff; *ders* EWiR 2008, 119; *Mitlehner* Mobiliarsicherheiten Rn 557, nach denen der mittelbare Besitz stets genügt, solange nicht der Gläubiger besitzrechtlich näher an der Sache ist als der Verwalter). Der Sicherungsgegenstand muss vielmehr so in das Vermögen des Schuldners integriert sein, dass eine schutzwürdige wirtschaftliche Einheit im Sinne eines „technisch-organisatorischen Verbunds" besteht. Bei Leasinggegenständen ist zu beachten, dass wegen § 108 Abs 1 S 1 die Leasingverträge insolvenzfest sind (*Primozic*, NZI 08, 465), so dass eine Verwertung des Leasingguts ohnehin erst nach dem Ende des Leasingvertrages in Frage kommt (HK-*Marotzke* § 108 Rn 22). Dies gilt unabhängig davon, ob man dem Verwalter oder dem Sicherungseigentümer das Verwertungsrecht zuspricht. Nach dem Ende des Leasingvertrages lässt sich aber unter keinem Gesichtspunkt die von der ratio des § 166 geforderte Integration in das schuldnerische Vermögen bejahen. Denn entweder übt der Leasingnehmer die Kaufoption aus oder er gibt die Sache zurück, wobei das Leasingunternehmen, dann typischerweise die Sache sofort verwertet. Eine Integration des Leasinggegenstands in das schuldnerische Unternehmen als funktionaler Einheit findet somit zu keinem Zeitpunkt statt. Auch ist nicht erkennbar, wieso die Abwicklung des Leasingunternehmens erschwert werden sollte, wenn die refinanzierende Bank selbst verwerten darf. Daher ist es durch den Normzweck des § 166 nicht geboten, dem Verwalter ein Verwertungsrecht zuzusprechen.

4c In der Praxis ist zu beobachten, dass wegen des Verwertungsrechts des Verwalters nach § 166 die Sicherungsgläubiger „vorsorglich" Sicherungsgut **vor Einleitung eines Insolvenzverfahrens in Besitz nehmen,** um das Verwertungsrecht und zugleich die gesetzliche Kostenpauschale (§ 171) zu unterlaufen. Zur Verhinderung eines solchen Vorgehens kann das Insolvenzgericht im Eröffnungsverfahren eine Anordnung nach § 21 Abs 2 Nr 5 erlassen, die schon im Eröffnungsverfahren zu einem Verwertungsstopp für die absonderungsberechtigten Gläubiger führt. Verstößt der Gläubiger gegen die Anordnung, ist die Besitzentziehung rechtswidrig, so dass der Verwalter Rückgabe der Sache verlangen kann. Im Übrigen kann sich der Verwalter den unmittelbaren Besitz nach §§ 858, 861 BGB verschaffen, indem er nachweist, dass der Schuldner den unmittelbaren Besitz nicht freiwillig aufgegeben hat oder die Inbesitznahme durch die Sicherungsgläubiger erst zur Auflösung der betrieblichen Strukturen geführt hat mit der Folge, dass eine **insolvenzzweckwidrige Besitzentziehung** vorliegt (*Mönning* FS Uhlenbruck S 242; vgl auch *Gottwald/Gottwald* InsRHdb § 42 Rn 112; *Niesert* InVo 1998, 141, 144; *Kirchhof*, Leitfaden S 92).

5 Teilweise wird in der Literatur auf die **stärkere Berechtigung zum Besitz** abgestellt (*Bork* FS Gaul S 71, 74 f; BerlKo-*Breutigam* § 166 Rn 13). Soweit Schuldner oder Verwalter ein Besitzverhältnis niedrigeren Grades zur Sache innehat als der Absonderungsberechtigte, liege die Berechtigung beim Gläubiger, andernfalls beim Insolvenzverwalter (so auch *Chr Berger* WM 2009, 577, 583 für die Verwertung verpfändeter Aktien). Bei gleichstufigem Mitbesitz soll danach im Interesse der Gläubigergemeinschaft der Verwalter zum Zuge kommen (BerlKo-*Breutigam* § 166 Rn 30; vgl auch N/R/*Becker* § 166 Rn 19). Zu den einzelnen Gründen, die für oder gegen eine Einbeziehung des mittelbaren Besitzes in den Anwendungsbereich von § 166 Abs 1 sprechen, s *Gaul* ZInsO 2000, 256, 261 f.

6 Letztlich ist auch eine **Ausnahme vom Besitzerfordernis** des § 166 Abs 1 für die Fälle anzuerkennen, in denen Sicherungsgut dem Schuldner **gegen seinen Willen** weggenommen worden ist oder zu dessen Weggabe er sich – wenn auch irrigerweise – gezwungen sah, weil etwa ein Sicherungsgläubiger die Herausgabe des Sicherungsguts vom Schuldner verlangt hatte (KS-*Klasmeyer/Elsner/Ringstmeier* S 1087 Rn 17).

7 Das Verwertungsrecht nach § 166 Abs 1 erstreckt sich auch auf **Gegenstände,** deren Besitz sich der Verwalter **im Wege der Insolvenzanfechtung** nach den §§ 129 ff wieder verschafft (vgl auch § 88 Abs 3 des Referentenentwurfs und § 199 RegE, abgedr bei *Uhlenbruck*, Das neue Insolvenzrecht, S 530; KS-*Klasmeyer/Elsner/Ringstmeier* S 1087 Rn 17; *Niesert* in: Andersen/Freihalter [Hrsg], Aus- und Absonderungsrechte Rn 498–500). § 188 Abs 1 des Referentenentwurfs sah ebenso wie § 199 RegE vor, dass der Insolvenzverwalter berechtigt war, beim Insolvenzgericht eine Herausgabe- bzw Rückgabeanordnung zu beantragen. Diese Regelung ist deswegen nicht in die InsO übernommen worden, weil der Rechtsausschuss das Insolvenzgericht entlasten wollte und sie für entbehrlich hielt (vgl *Uhlenbruck*, Das neue Insolvenzrecht, S 530). Keineswegs kann hieraus der Schluss gezogen werden, dem Insolvenzverwalter verblieben nur etwaige Rückgabeansprüche aus Insolvenzanfechtung nach den §§ 129 ff oder Bereicherungsansprüche nach §§ 812 ff BGB. Vielmehr ist der Insolvenzverwalter berechtigt, einen dem Insolvenzschuldner zustehenden **Besitzanspruch nach § 861 Abs 1 BGB** geltend zu machen,

II. Verwertung beweglicher Sachen (§ 166 Abs 1) **§ 166**

um mit dem Besitz das Verwertungsrecht nach § 166 Abs 1 wiederzuerlangen (*Gottwald/Gottwald* InsRHdb § 42 Rn 112; *Häsemeyer* InsR Rn 13.47; *Smid* WM 1999, 1141, 1153). Die Inbesitznahme durch den absonderungsberechtigten Gläubiger kann allerdings nicht allein mit der Begründung angefochten werden, dass der Masse die Kostenbeiträge nach § 171 entgingen. Da diese Pauschalen nur der Masse durch die Feststellung und Verwertung entstehende Kosten kompensieren sollen, resultiert hieraus keine Gläubigerbenachteiligung iSv § 129 (**BGH** v 23. 9. 04 – IX ZR 25/03, ZIP 2005, 40 = NZI 2005, 165).

Hatte der Schuldner bzw das Schuldnerunternehmen dem Sicherungsgläubiger **bereits vor Verfahrenseröffnung** den Besitz an dem sicherungsübereigneten Gegenstand übertragen, wird angenommen, dass diese Gegenstände für die Fortführung des Betriebes nicht mehr benötigt werden, da sie nicht mehr in einem technisch-organisatorischen Verbund mit dem Schuldnervermögen stehen. In diesen Fällen ist ausschließlich der Insolvenzgläubiger zur Verwertung berechtigt, Kostenbeiträge fallen nicht an (**BGH** v 20. 11. 03 – IX ZR 259/02, ZIP 2004, 42 = NZI 2004, 137 m Anm *Leithaus*; *Mönning* FS *Uhlenbruck* S 239, 242). 7a

4. Zeitpunkt der Verwertung. Das Verwertungsrecht des Verwalters nach § 166 Abs 1 entsteht mit der **Eröffnung des Insolvenzverfahrens**. Der vorläufige Insolvenzverwalter ist grundsätzlich nicht berechtigt, Sicherungsgut zu verwerten (**BGH** v 20. 2. 03 – IX ZR 81/02, BGHZ 154, 72 = ZIP 2003, 632 = NJW 2003, 2240; auch zu den Ausnahmen *Haarmeyer* FS *Kreft* 279). Allerdings bringt auch die **Einziehung einer Forderung durch den vorläufigen Verwalter** im Eröffnungsverfahren die Kostenpauschalen nach §§ 170, 171 gem **§ 21 Abs 2 Nr 5** aE zur Entstehung. Der Verwalter entscheidet über den Zeitpunkt der Verwertung nach pflichtgemäßem Ermessen. Bis zum Berichtstermin (§ 156) darf er das Sicherungsgut nicht nur behalten, sondern auch benutzen (vgl unten Rn 12). § 159, wonach der Insolvenzverwalter unmittelbar nach dem Berichtstermin das zur Insolvenzmasse gehörende Vermögen zu verwerten hat, soweit nicht Beschlüsse der Gläubigerversammlung entgegenstehen, greift nicht für die Verwertung von Gegenständen, die mit Absonderungsrechten belastet sind (*Niesert* in: *Andersen/Freihalter* [Hrsg], Aus- und Absonderungsrechte Rn 508). Das Verwertungsrecht nach § 166 greift nicht erst nach dem Berichtstermin ein, sondern besteht bereits mit Verfahrenseröffnung. Das folgt auch aus § 170 Abs 2, wonach der Verwalter statt der Verwertung auch die Freigabe des Gegenstandes aus der Insolvenzmasse wählen kann. Allerdings wird der Insolvenzverwalter im eigenen Interesse eine gebotene Verwertung von Sicherungsgut nicht allzu lange hinauszögern, da der gesicherte Gläubiger gem § 169 Anspruch auf Erstattung von Zinsen für die Zeit bis zur Verwertung hat. Diese Verpflichtung besteht unabhängig von einer Nutzung des Gegenstandes, so dass die Masse uU mit Zinsen belastet wird, ohne dass ihr eine entsprechende Gegenleistung zufließt (*Niesert* in: *Andersen/Freihalter* [Hrsg], Aus- und Absonderungsrechte Rn 509; vgl auch KS-*Klasmeyer/Elsner/ Ringstmeier* S 1087 f Rn 19, 20). 8

5. Art der Verwertung. Bei Verwertungshandlungen hat der Verwalter sowohl die Interessen der absonderungsberechtigten Gläubiger als auch der Gesamtgläubigerschaft zu beachten. Soweit die Betriebsfortführung beabsichtigt ist, darf er auch das Schuldnerinteresse nicht unberücksichtigt lassen. „Verwertung" im Sinne der §§ 166 ff sind nur Handlungen, die den **Substanzwert des Gegenstands** realisieren wie etwa die Veräußerung oder der Verbrauch. Nicht erfasst ist somit die Fruchtziehung etwa durch entgeltliche, auf Zeit begrenzte Nutzungsüberlassung Form von Vermietung oder Verpachtung des Sicherungsgegenstands (**BGH** v 13. 7. 06 – IX ZR 57/05, NZI 2006, 587). Der Insolvenzverwalter ist aber nicht an eine bestimmte Form der Verwertung gebunden. § 166 Abs 1 gestattet ihm die **freihändige Verwertung**. Zutreffend weist *Niesert* (in: *Andersen/Freihalter* [Hrsg], Aus- und Absonderungsrechte Rn 501; *ders* InVo 1998, 141, 144) darauf hin, dass der Verwalter nicht Eigentümer ist. Mit dem Abschluss des Sicherungsübereignungsvertrages ist das Eigentum auf den Sicherungsnehmer übergegangen mit der Folge, dass der Schuldner zur Übertragung des Eigentums an einen Dritten nicht mehr imstande war. Der Insolvenzverwalter, der gem § 80 in die Rechtsposition des Schuldners einrückt, kann demgemäß keine weitergehenden Rechte haben, ist also ebenfalls außerstande, das Eigentum auf einen Kaufinteressenten zu übertragen (KS-*Klasmeyer/Elsner/Ringstmeier* S 1088 Rn 21). Darüber hilft § 166 Abs 1 hinweg, der dem Insolvenzverwalter **die Rechtsmacht für eine Übertragung des Eigentums** (Verfügungsbefugnis) zubilligt, ohne dass dies ausdrücklich erwähnt wird. Nach richtiger Meinung ist § 166 Abs 1 eine **Veräußerungsermächtigung** iSv § 185 BGB und, § 166 Abs 2 eine **Einziehungsermächtigung** für abgetretene Forderungen (KS-*Klasmeyer/Elsner/Ringstmeier* S 1088 Rn 21; *Niesert* InVo 1998, 141, 144). § 166 hat insoweit eine **Ermächtigungswirkung**. Im Übrigen erfolgt die Veräußerung des Sicherungsguts zwar freihändig, ist jedoch, wie die §§ 167, 168 zeigen, an bestimmten formale Voraussetzungen gebunden. 9

Veräußert der Verwalter eine bewegliche Sache, an der ein Absonderungsrecht besteht, so erlangt der Erwerber **lastenfreies Eigentum** (HK-*Landfermann* § 166 Rn 18). Das Verwertungsrecht des Verwalters nach § 166 Abs 1 besteht auch für **gepfändete Sachen** des Schuldners, wenn der Gerichtsvollzieher sie zum Zeitpunkt der Verfahrenseröffnung noch in Besitz des Schuldners gelassen hat (vgl § 808 Abs 2 S 1 ZPO; K/P/B/*Kemper* § 166 Rn 6; *Obermüller* InsR Rn 6.319; *Gottwald/Gottwald* InsRHdb § 42 10

§ 166

Rn 103; str aA *Smid* WM 1999, 1141, 1144). Zutreffend ist die Auffassung von *Jauernig* (§ 45 IV 2 b), wonach in § 166 Abs 1 eine dem Verwalter unmittelbar vom Gesetz gestattete andere Verwertungsmöglichkeit (ohne Antrag) eingeräumt wird (§ 825 ZPO). Die Verstrickung und das Pfändungspfandrecht erlöschen erst durch die freihändige Veräußerung. Der Veräußerungserlös tritt an die Stelle der gepfändeten Sache und wird damit vom Insolvenzbeschlag erfasst, aber nicht verstrickt (*Jauernig* § 45 IV 2 b). Für den freihändigen Verkauf durch den Insolvenzverwalter bedarf es wegen der unmittelbaren Gestattung der freihändigen Veräußerung in § 166 Abs 1 **keiner Einzelanordnung des Gerichtsvollziehers** entsprechend § 825 Abs 1 S 1 ZPO (str aA *Bork* FS *Gaul* S 80; wohl auch *Gottwald/Gottwald* InsRHdb § 42 Rn 111). Allerdings ist der Verwalter verpflichtet, den Pfändungspfandgläubiger entspr § 825 Abs 1 S 2 ZPO zu unterrichten, wozu er gem § 168 ohnehin verpflichtet ist. Zutreffend weist *Landfermann* (HK-*Landfermann* § 166 Rn 22) darauf hin, dass mit einer Anordnung des Vollstreckungsgerichts nach § 825 ZPO zwar eine Brücke zwischen Insolvenzrecht und Einzelzwangsvollstreckungsrecht geschlagen wird, es aber wenig praxisgerecht ist, zu verlangen, dass dem Verwalter die ihm schon kraft Gesetzes zustehende Verwertungsbefugnis (§ 166 Abs 1) noch einmal durch eine „ihrem Inhalt nach vorgegebene" Gerichtsentscheidung übertragen werden soll. Eine **Entfernung der Pfandsiegel** durch den Gerichtsvollzieher sollte nicht vorgenommen werden, da hierdurch die Verstrickung und mit ihr das Absonderungsrecht erlöschen würden (*Jauernig* § 45 IV 2 b; *Bork* FS *Gaul* S 80; aA HK-*Landfermann* § 166 Rn 21).

11 Der Verwalter ist berechtigt, den unmittelbaren Besitz an einer nicht benötigten Sache aufzugeben (Freigabe) und damit gem § 173 Abs 1 die Verwertung dem Gläubiger zu überlassen (N/R/*Becker* § 166 Rn 22). Zu beachten ist aber, dass gem § 170 Abs 2 der Gläubiger aus dem von ihm erzielten Verwertungserlös die Kosten der Feststellung sowie den Umsatzsteuerbetrag nach § 171 Abs 2 S 3 vorweg an die Masse abzuführen hat. Eine **unberechtigte Verwertung von Sicherungsgut durch den Schuldner** nach Verfahrenseröffnung ist gem § 81 Abs 1 S 1 absolut unwirksam. Der Verwalter kann entweder entsprechend § 185 Abs 2 BGB die Verfügung und das zugrunde liegende Verpflichtungsgeschäft genehmigen. Oder er kann unter Berufung auf die Unwirksamkeit gem § 985 BGB die Herausgabe der Sache verlangen und diese selbst verwerten, wenn ihm die Eigenverwertung günstiger erscheint (BerlKo-*Breutigam* § 166 Rn 18, 19).

III. Nutzung des Sicherungsguts durch den Verwalter

12 Bis zur Verwertung darf der Insolvenzverwalter die bewegliche Sache, an der ein Absonderungsrecht besteht, für die Masse nutzen (*Gottwald/Gottwald* InsRHdb § 42 Rn 117; vgl auch *R. D. Mönning*, Verwertung und Nutzung von Gegenständen mit Absonderungsrechten, FS *Uhlenbruck* 2000 S 239, 259 ff; *Häcker* ZIP 2001, 995). Im Einzelfall hat der Verwalter abzuwägen, ob die weitere Nutzung wegen der **Pflicht zur Zahlung der geschuldeten Zinsen** nach § 169 Abs 1 S 1 für die Masse vorteilhaft ist (*Gottwald/Gottwald* InsRHdb § 42 Rn 115). Hatte das Gericht bereits durch eine Anordnung nach § 21 die Verwertung des Sicherungsguts untersagt, so sind die Zinsen spätestens drei Monate ab Erlass des Anordnungsbeschlusses zu zahlen (§ 169 Abs 1 S 2). Das Insolvenzgericht ist berechtigt, auch einen früheren Zeitpunkt für die Zinszahlung festzulegen (K/P/B/*Flöther* § 169 Rn 12). Die Zinszahlungspflicht entsteht unabhängig davon, ob der Verwalter den Gegenstand nutzt oder nicht. **Verzögert die Nutzung des Sicherungsguts** die Verwertung oder führt die Nutzung zu einem Wertverlust, gewährt die InsO dem Sicherungsgläubiger kompensatorische Rechte, die ihn so stellen, wie er im Falle einer sofortigen Verwertung stehen würde (*Mönning* FS *Uhlenbruck* S 259). Zur Verwertungs- und Benutzungsbefugnis des Verwalters bei zur Sicherung übertragenen **gewerblichen Schutzrechten** s *Häcker* ZIP 2001, 995. Fortführungs- und Sanierungsentscheidungen, die erst im Berichtstermin gem § 157 getroffen werden, gehen nicht zulasten des absonderungsberechtigten Gläubigers. Er ist zwar gezwungen, eine Nutzung des Sicherungsguts im Rahmen einer ordnungsgemäßen Bewirtschaftung hinzunehmen, nicht aber eine Entwertung (*Mönning* FS *Uhlenbruck* S 239, 259; HK-*Landfermann* § 172 Rn 4; N/R/*Becker* § 172 Rn 14). Der Verwalter muss grundsätzlich an einer raschen Verwertung oder Überlassung der Verwertung an den Gläubiger interessiert sein, wenn die Nutzung keinen Ertrag für die Masse bringt (*Niesert* InVo 1998, 141, 145; *Gottwald/Gottwald* InsRHdb § 42 Rn 115). Die Zinslauffrist kann vom Insolvenzverwalter nicht willkürlich verlängert werden. Allerdings kann in einem Insolvenzplan hinsichtlich der Verzinsung eine abweichende Regelung getroffen werden (§§ 223 Abs 2, 254 Abs 1). Der Insolvenzverwalter ist **zu jeder Form der Nutzung des Sicherungsguts berechtigt**, die an einem gesetzlich vorgegebenen Verfahrensziele orientiert ist (*Mönning* FS *Uhlenbruck* S 239, 259). Allerdings muss der Verwalter Sinn und Zweck der Nutzung von Sicherungsgut plausibel belegen können und andernfalls unverzüglich mit der Verwertung oder Freigabe beginnen (vgl zur Nutzung auch N/R/*Becker* § 172 Rn 6–11; ferner die Kommentierung zu § 172).

IV. Verwertung von zur Sicherheit abgetretenen Forderungen (§ 166 Abs 2)

13 **1. Sicherungsabtretung von Forderungen.** § 166 Abs 2 trifft für Forderungen, die der Schuldner einem Gläubiger vor Verfahrenseröffnung abgetreten hatte, eine dem § 166 Abs 1 vergleichbare Rege-

IV. Verwertung von zur Sicherheit abgetretenen Forderungen (§ 166 Abs 2) **§ 166**

lung. Der Verwalter hat das Recht, solche Forderungen einzuziehen oder in sonstiger Weise zu verwerten (*Szalai* ZInsO 2009, 1177ff; *Mitlehner* ZIP 2001, 677ff). Mit Verfahrenseröffnung verliert der Absonderungsberechtigte ein Einziehungsrecht (BGHZ 166, 215, 218 v 16. 2. 2006 IX ZR 76/05). Der Drittschuldner kann nach diesem Zeitpunkt den in den Grenzen der §§ 408, 407 I BGB, § 82 I 1 InsO befreiend an den Absonderungsberechtigten leisten (**BGH v 23. 4. 2009 – IX ZR 65/08, ZIP 2009, 1075 = NJW 2009, 2304**). Die Forderung erlischt auch nicht dadurch, dass der Absonderungsberechtigte sie an den Drittschuldner nach Verfahrenseröffnung abtritt (**BGH v 23. 4. 2009 – IX ZR 19/08, NZI 2009, 428 = ZIP 2009, 1077**). Die Vereinigung von Schuldner- und Gläubigerposition führt hier ausnahmsweise nicht zum Erlöschen der Schuld, da sonst das Einziehungsrecht des Verwalters umgangen würde. Auch dem **Nachlass-Insolvenzverwalter** steht das Verwertungsrecht zu (**KG v 13. 8. 2001 ZIP 2001, 2012** m Anm *Häcker* EWiR 2002, 27 f). Das Einziehungsrecht nach § 166 Abs 2 gilt auch, wenn der Schuldner die Forderung zur Sicherheit der Verbindlichkeit eines Dritten abgetreten hatte, er also nicht persönlich für die gesicherte Schuld haftete (**BGH v 11. 12. 08 – IX ZR 194/07, ZIP 2009, 143 = WM 2009, 237**). § 191 Abs 2 RegE sah ein Einziehungsrecht des Verwalters nur für solche Sicherungsabtretungen vor, die dem Drittschuldner gegenüber nicht angezeigt worden waren. Diese Differenzierung hat die InsO nicht übernommen. Nunmehr erstreckt sich die Verwertungsbefugnis des Verwalters auch auf Abtretungen, deren Vornahme dem Drittschuldner angezeigt wurde, da die Prüfung der fehlenden Anzeige als Voraussetzung der Verwertung zu erheblichen praktischen Schwierigkeiten führen würde (**BGH v 1. 7. 02 – IX ZR 262/01, NJW 02, 3475 = ZIP 2002, 1630**). Auf **verpfändete Forderungen** findet § 166 Abs 2 keine entspr Anwendung. Vielmehr darf der Pfandgläubiger die verpfändete Forderung nach Eintritt der Pfandreife gem § 173 Abs 1 selbst verwerten (**BGH v 1. 7. 02 – IX ZR 262/01, NJW 2002, 3475 = ZIP 2002, 1630; BGH v 7. 4. 05 IX ZR 138/04, NZI 2005, 384**; rechtspolitisch kritisch *Chr. Berger* FS Fischer S 1, 4). Allerdings ist gem § 1280 BGB materiellrechtlich die **Offenlegung der Verpfändung** erforderlich. Vor Eintritt der Pfandreife liegt das Einziehungsrecht allerdings allein beim Insolvenzverwalter (**BGH v 7. 4. 05 IX ZR 138/04, NZI 2005, 384**; insbes zu **Lebensversicherungen** *Güther/Kohly* ZIP 2006, 1229, 1234; *Rhein/Lasser* NZI 2007, 153).

§ 166 Abs 2 überträgt die Verfügungsbefugnis hinsichtlich der sicherungshalber abgetretenen Forderung auf den Insolvenzverwalter. Hieraus ergibt sich, dass (nur) diesem die Einziehungsbefugnis zusteht und er auch im Wege einer gesetzlichen Prozessstandschaft die Prozessführungsbefugnis über die betroffenen Ansprüche besitzt (*Chr Berger* FS Fischer S 1, 10). Zugleich ist der Gläubiger von der Geltendmachung ausgeschlossen. § 166 Abs 2 kommt insofern eine **Sperr- und Ermächtigungswirkung zu** (ähnlich *Chr Berger* KTS 2007, 433, 436ff). **13a**

Das Verwertungsrecht des Verwalters erstreckt sich nur auf solche Forderungen, die zum Zeitpunkt **13b** der Verfahrenseröffnung noch Bestand hatten. Forderungen, die **vor Verfahrenseröffnung** eingezogen worden sind, und ein durch die Verwertung erzielter Erlös werden nicht von dem Verwertungsrecht rückwirkend erfasst (*Niesert* in: *Andersen/Freihalter* [Hrsg], Aus- und Absonderungsrechte Rn 503). Der gesicherte Gläubiger, der vor Verfahrenseröffnung oder vor Erlass eines allgemeinen Veräußerungsverbots im Eröffnungsverfahren die Forderung eingezogen hatte, darf den Erlös in vollem Umfang behalten, auch die Feststellungspauschale nach § 171 Abs 1 fällt nicht an (**BGH v 20. 2. 03 – IX ZR 81/02, BGHZ 154, 72 = ZIP 2003, 632 = NJW 2003, 2240**). Zu beachten ist allerdings , dass nach § 21 Abs 2 Nr 5 gesicherten Gläubigern die Verwertung ihres Absonderungsrechts auch schon im Eröffnungsverfahren untersagt werden kann. Durch eine solche Anordnung wird das in § 166 Abs 2 liegende Einziehungs- und Verwertungsverbot auch schon für das Eröffnungsverfahren aktiviert, s u Rn 21. Ist dagegen die Verwertung der Forderung zum Zeitpunkt der Verfahrenseröffnung oder der Anordnung eines Verbots nach § 21 Abs 2 Nr 5 noch nicht beendet, so darf sie durch den Gläubiger nicht fortgesetzt werden. Vom Gläubiger bereits begonnene Verfahren werden allerdings nicht nach § 240 ZPO durch die Verfahrenseröffnung unterbrochen. Denn die Vorschrift setzt voraus, dass über das Vermögen einer Partei das Insolvenzverfahren eröffnet wurde, was im Streit zwischen Sicherungsgläubiger und Drittschuldner nicht der Fall ist. Der absonderungsberechtigte Gläubiger führt daher den Prozess als Prozessstandschafter für den Verwalter fort und hat die Klage auf Leistung an diesen umzustellen (*Rückert*, Einwirkung des Insolvenzverfahrens auf schwebende Prozesse, S 69 Fn 388; *Lüke* FS Fischer S 353, 358; str aA *Chr Berger* FS Fischer S 1, 12 für analoge Anwendung des § 240). § 240 gilt allerdings, wenn der Schuldner vor Verfahrenseröffnung die Zahlungsklage erhoben hatte (*Chr Berger* FS Fischer S 1, 11). Hat der Drittschuldner den Betrag vor Verfahrenseröffnung nach § 378 BGB unter Verzicht auf die Rücknahme hinterlegt, so ist die Forderung erloschen, so dass ein Recht des Verwalters am hinterlegten Erlös aus § 166 Abs 2 ebenso wenig in Frage kommt wie Kostenbeiträge des absonderungsberechtigten Gläubigers (**BGH v 17. 11. 05 – IX ZR 174/04, NZI 2006, 178 = EWiR 2006, 375** [*Heublein*]). Auch **Bereicherungsansprüche** des Gläubigers aus § 816 Abs 2, die zwar in der Sicherungsabtretung wurzeln, aber nicht das Surrogat der gesicherten Forderung sind, werden von § 166 Abs 2 nicht erfasst (**BGH v 15. 5. 03 – IX ZR 218/02, NJW-RR 2003, 1490 = ZIP 2003, 1256; BGH v 25. 9. 03 – IX ZR 213/03, NZI 2004, 29**).

Besteht kein Einziehungsrecht des Verwalters nach § 166 Abs 2, etwa weil er auf dieses Recht ver- **13c** zichtet hat, oder ist dieses zweifelhaft, kann der Zessionar dem Verwalter eine **rechtsgeschäftliche Ein-**

§ 166

ziehungsbefugnis erteilen, um Zweifel an der Prozessführungsbefugnis des Verwalters im Prozess mit dem Forderungsschuldner auszuschließen (**BGH** v 27. 3. 08 – IX ZR 65/06, ZIP 2008, 929). Kann der Kreditgeber die Forderung selbst einziehen, erspart er sich den Verfahrensbeitrag für die Verwertungskosten nach § 171 Abs 1 (vgl *Niesert* in: *Andersen/Freihalter* [Hrsg], Aus- und Absonderungsrechte Rn 505).

14 **2. Sonstige Rechte als Sicherheiten.** Gesetzlich geregelt ist das Verwertungsrecht des Insolvenzverwalters in § 166 Abs 2 nur für **sicherungsübertragene Forderungen**. Die InsO enthält keine Regelung, wem die Verwertungsbefugnis hinsichtlich sonstiger der Zwangsvollstreckung unterliegenden Rechte zukommt, wenn diese mit Absonderungsrechten belastet sind. Unter den Begriff der **sonstigen Rechte** fallen zB **Erbteile, Immaterialgüterrechte, Mitgliedschaftsrechte, Geschäftsanteile, Marken, Patente, Urheberrechte oder Computerprogramme** (vgl *R. Häcker*, Abgesonderte Befriedigung aus Rechten, 2001; *Wallner* ZInsO 1999, 453 ff). In der Literatur wird zum Teil angenommen, dass sich der Gesetzgeber nur nicht vollständig bewusst gewesen sei, dass auch bzw erst recht hinsichtlich solcher Rechte ein Bedürfnis für ein Verwertungsrecht des Verwalters bestünde. Nach Ansicht von *Wallner* (ZInsO 1999, 453 ff) hat der Gesetzgeber dagegen eine **deutliche Entscheidung gegen ein Verwertungsrecht des Verwalters** getroffen, so dass auch Sinn und Zweck des Gesetzes keine abweichende Beurteilung rechtfertigten (ebenso *Chr. Berger* ZIP 2007, 1533, 1536). Dem ist in letzter Zeit vor allem *Hirte* (FS Fischer S 239, 250; siehe auch *Hirte/Knof* WM 2008, 49, 52 ff) unter Analyse der Gesetzgebungsgeschichte und unter Berufung auf *Häcker* (Abgesonderte Befriedigung aus Rechten) entgegengetreten. Auch *Marotzke* (ZZP 109 [1996], 429, 450) plädiert **für ein Verwertungsrecht des Verwalters**, da die sonstigen Rechte vom Gesetzgeber unberücksichtigt geblieben seien und dies nicht für einen Ausschluss der Verwertungsbefugnis des Verwalters, sondern dafür spreche, dass an dem bisherigen Rechtszustand der KO nichts geändert werden sollte (*Chr. Berger* ZIP 2007, 1533, 1537 hat freilich gezeigt, dass dieses Argument für Inhaber- und Orderpapiere nicht greift, da diese unter der KO vom Gläubiger verwertet werden konnten. Für eine analoge Anwendung des § 166 auf sonstige Rechte auch N/R/*Becker* § 166 Rn 34 ff; *Lüke* FS Fischer S 353, 356; K/B/P/*Flöther* § 166 Rn 14; für Lizenzen *Chr Berger* FS Kirchhof S 1, 11; *Mitlehner* Mobiliarsicherheiten Rn 560). *Landfermann* (HK-*Landfermann* § 166 Rn 30) hält den Befürwortern einer Analogie entgegen, dass die in der Literatur vorgebrachten Argumente nicht ausreichten, „die vom Gesetzgeber bewusst gezogenen Grenzen von Verwertungsrecht und Kostenbeiträgen zu überspringen" (so auch *Wallner* ZInsO 1999, 453 ff). *Häcker* (Abgesonderte Befriedigung aus Rechten Rn 472 ff u Rn 705 ff) will im Einzelfall **differenzieren**. Im Hinblick auf den Zweck des § 166 Abs 1 und des § 172, der in der Erhaltung der Chancen der Betriebsfortführung und übertragender Sanierung des Schuldnerunternehmens besteht, handele es sich um eine unbewusste Gesetzeslücke soweit es um Rechte gehe, die für die Fortführung des Betriebes und die (übertragende) Sanierung notwendig seien (so auch *Lüke* FS Fischer S 353, 356). In analoger Anwendung der §§ 166, 172 sei deshalb der Verwalter zur Verwertung und Benutzung all derjenigen mit Absonderungsrechten belasteten Gegenstände befugt, „die wegen ihrer Zugehörigkeit zur technisch-organisatorischen Einheit des schuldnerischen Unternehmens zur Fortführung oder übertragenden Sanierung erforderlich und daher betriebsnotwendig" seien (*Häcker* Rn 1055). Es handele sich dabei ua um jeweils sicherungsübertragene, verpfändete oder gepfändete **Anwartschaftsrechte** oder Miteigentumsanteile an beweglichen Sachen im Besitz des Verwalters, **Beteiligungen an anderen GmbHs oder Aktiengesellschaften** (vgl auch *Tetzlaff* ZInsO 2007, 478, 482), **Immaterialgüterrechte** (einschließlich ihrer Lizenzen und Anwartschaften, vgl *Marotzke* ZInsO 2008, 1108, 1117). Soweit § 166 Abs 1 auf solche Rechte analog anwendbar ist, spielt nach Auffassung von *Häcker* (Rn 1056) das Besitzerfordernis dieser Vorschrift keine weitere Rolle. Eine Ausnahme gelte allein bei Anwartschaftsrechten und Miteigentumsanteilen an beweglichen Sachen. Hier sei der Verwalter zur Verwertung des Anwartschaftsrechts oder des Miteigentumsanteils nur berechtigt, wenn er die zugrunde liegende bewegliche Sache in seinem Besitz habe. Richtig ist an dieser Auffassung, dass im Einzelfall, wie zB im Fall eines **verpfändeten Markenrechts**, ein Bedürfnis dafür bestehen kann, die Marke zunächst im Verbund des insolventen Unternehmens zu halten (vgl *Lwowski/Hoes* WM 1999, 771, 776; HK-*Landfermann* § 166 Rn 19). Zutreffend weist *Landfermann* (HK-*Landfermann* § 166 Rn 19) aber darauf hin, dass die Feststellung der Wirksamkeit der Verpfändung schwierig sein kann, so dass auch ein Abzug von Feststellungskosten gerechtfertigt erscheinen könnte. Ob die von *Marotzke* (ZZP 109 [1996], 449 ff), *Wallner* (ZInsO 1999, 154 f) und *Häcker* (Abgesonderte Befriedigung aus Rechten) aufgezeigten Gesichtspunkte ausreichen, um eine Analogie des § 166 bei der abgesonderten Befriedigung aus sonstigen Rechten zu rechtfertigen, ist von der Rechtsprechung noch nicht entschieden. Sollte dieser Weg beschritten werden, läge freilich im Hinblick auf den eher an der Praktikabilität ausgerichteten Regelungszweck des § 166 Abs 2 (die für die Einziehung benötigten Unterlagen befinden sich im Besitz des Verwalters, vgl *Chr Berger* ZIP 2007, 1533, 1537) eine **Analogie zu § 166 Abs 1** näher, da dessen ratio der Schutz der Einbindung des Sicherungsgegenstands in das Vermögen des Schuldners ist, der mit der Erstreckung auf sonstige Rechte erreicht werden soll (so auch *Hirte* FS Fischer S 239, 244; *Hirte/Knof* WM 2008, 49, 54 für mittels Globalurkunde verbriefter **Inhaberaktien**; ähnlich *Uhlenbruck* ZInsO 2008, 114; aA *Chr Berger* ZIP 2007, 133; *ders* WM 2009, 577, 584).

V. Verwertungsrecht des Gläubigers bei Abrechnungssystemen und Finanzsicherheiten **§ 166**

3. Art der Verwertung. Die Verwertung von zur Sicherheit abgetretenen Forderungen durch den Insolvenzverwalter erfolgt idR durch **Einziehung des Betrages** zur Insolvenzmasse. Der Insolvenzverwalter ist aber berechtigt, die Forderung auch in **anderer Weise zu verwerten**, wie zB durch Verkauf oder Abtretung, zB an ein Factoring-Institut (FK-*Wegener* § 166 Rn 7; *Gottwald/Gottwald* InsRHdb § 42 Rn 125; *Bork*, Einf Rn 238; HK-*Landfermann* § 166 Rn 31; *Pape* NZI 2000, 301). Eine Mitteilungspflicht wie bei beweglichen Sachen besteht für den Insolvenzverwalter bei der Einziehung dieser Forderungen nicht (*Niesert* InVo 1998, 141, 146). Schon aus Haftungsgründen wird aber der Verwalter den Forderungseinzug dokumentieren. Der Verwalter ist auch berechtigt, die Forderung dem absonderungsberechtigten Gläubiger zur Verwertung gem § 170 **Abs 2** zu überlassen (*Gottwald/Gottwald* InsRHdb § 42 Rn 125; *Niesert* InVo 1998, 141, 146; vgl *Bilgary*, Die Stellung der Banken und Sicherungsgläubiger im neuen Insolvenzrecht FS *H-W Bayer* 1998, S 9, 30). Zu anderen Möglichkeiten der Verwertung s N/R/*Becker* § 166 Rn 53 ff. Maßnahmen der **Zwangsverwertung** nach § 829 ZPO stehen dem Verwalter dagegen nicht offen, da ihm die InsO ein freihändiges Verwertungsrecht zugesteht (FK-*Wegener* § 166 Rn 7; N/R/*Becker* § 166 Rn 55).

15

4. Rechtsfolgen für Forderungsinhaber und Drittschuldner. Durch den Übergang der Einziehungsbefugnis auf den Verwalter nach § 166 Abs 2 verliert zugleich der Sicherungszessionar die Verfügungs- und Einziehungsbefugnis hinsichtlich der ihm abgetretenen Forderung. Dies ergibt sich auch aus einem Umkehrschluss aus § 173 (**BGH** v 20. 2. 03 – IX ZR 81/02, ZIP 2003, 632; *Pape* NZI 2000, 301, 303; *Lüke* FS Fischer S 353, 356). Zuzustimmen ist *Pape*, dass § 166 Abs 2 nicht nur eine gesetzliche Ermächtigung des Verwalters enthält, die Forderung einzuziehen. Sie schließt vielmehr zugleich den Zessionar von der Einziehung seiner Forderung aus, wenn dieser von seinem Einziehungsrecht bis zur Verfahrenseröffnung keinen Gebraucht gemacht hat (**KG** v 13. 8. 2001 – 12 U 5843/00, ZIP 2001, 2012; *Pape* NZI 2000, 301, 302). Ebenso verliert der Gläubiger die Befugnis die Forderung durch Übertragung an einen Dritten zu übertragen (*Lüke* FS Fischer S 353, 360). Für den Drittschuldner folgt aus dem Einziehungsrecht des Verwalters, dass er nach Verfahrenseröffnung **vorbehaltlich des § 82 nicht mehr mit schuldbefreiender Wirkung** an den Zessionar leisten kann (*Chr Berger* FS Fischer S 1, 6). Leistet er trotzdem an den Zessionar, muss er damit rechnen, vom Insolvenzverwalter ein weiteres Mal in Anspruch genommen zu werden. Dies gilt insbesondere dann, wenn der Drittschuldner von der Verfahrenseröffnung wusste. In analoger Anwendung des § 82 wirkt die der Leistung des Drittschuldners dann befreiend, wenn er hinsichtlich der Verfahrenseröffnung gutgläubig war (**BGH** 23. 4. 09 IX ZR 65/08 ZIP 2009, 1075 = NJW 2009, 2304; K/B/P/*Flöther* § 166 Rn 17, für die Anwendung von § 407 BGB *Lüke* FS Fischer S 353, 357).

16

V. Verwertungsrecht des Gläubigers bei Abrechnungssystemen und Finanzsicherheiten (Abs 3)

Der durch das Gesetz v 5. 4. 2004, BGBl I 502 geschaffene Abs 3 sieht Ausnahmen vom Verwertungsrecht des Verwalters für bestimmte Kreditsicherheiten vor allem im Bereich des Interbankenverkehrs vor. Hierzu zählen neben den früher von Abs 2 S 2 aF erfassten Sicherungsrechten von Teilnehmern an **Abrechnungssystemen** iSv § 1 Abs 16 KWG (Nr 1), **Sicherheiten zu Gunsten von Zentralbanken** (Nr 2) auch **Finanzsicherheiten** iSv § 1 Abs 17 KWG (Nr 3).

17

1. Abrechnungssysteme nach § 1 Abs 16 KWG (§ 166 Abs 3 Nr 1). Die Verwertungsbefugnis des Insolvenzverwalters erfasst nach Abs 3 Nr 1 nicht solche Sicherheiten, die zu Gunsten eines Teilnehmers eines **Abrechnungssystems** iSv § 1 Abs 16 KWG bestellt worden sind. Diese auf Art 9 Abs 1 der Finalitätsrichtlinie 98/26 EG v 19. 5. 1998 (ABl EG Nr L 166/45) über die Wirksamkeit von Abrechnungen in Zahlungs- sowie Wertpapierliefer- und Abrechnungssystemen beruhende Freistellung vom Verwertungsrecht des Insolvenzverwalters, gewährleistet, dass Teilnehmer an derartigen Abrechnungssystemen die ihnen in diesem Rahmen bestellten Sicherheiten selbst verwerten dürfen. Die erfassten Abrechnungssysteme hat der deutsche Gesetzgeber in § 1 Abs 16 KWG definiert. Die Vorschrift verweist auf Art 2 a) der Finalitätsrichtlinie. Hiernach ist ein „System" eine förmliche Vereinbarung, die ohne Mitrechnung einer etwaigen Verrechnungsstelle, zentralen Vertragspartei oder Clearingstelle oder eines etwaigen indirekten Teilnehmers zwischen mindestens drei Teilnehmern getroffen wurde und gemeinsame Regeln und vereinheitlichte Vorgaben für die Ausführung von Zahlungs- bzw Übertragungsaufträgen zwischen den Teilnehmern vorsieht (zur Erweiterungsbedürftigkeit dieser Definition siehe die Stellungnahme der Europäischen Zentralbank v 7. 8. 2008 (C 216/01)). Da Teilnehmer solcher Systeme nur Banken sein können, besitzt die Regelung nur für den Interbankenverkehr Bedeutung. Das mit solchen Netting- oder Clearing- Systemen verbundene, erhebliche Systemrisiko soll durch den besonderen Schutz dieser System bei der Insolvenz eines Teilnehmers vermindert werden. Neben dem Ausschluss der Verwertungsbefugnis des Verwalters nach § 166 Abs 3 Nr 1 wird dieser Schutz von Abrechnungssystemen durch § 96 Abs 2 umgesetzt, der die Verrechnungsmöglichkeiten innerhalb dieser Systeme schützt (*Obermüller* ZIP 2003, 2339).

18

19 **2. Sicherheiten zu Gunsten von Zentralbanken, Nr 2.** Ebenfalls vom Verwertungsrecht des Verwalters ausgenommen sind solche Gegenstände, an denen zu Gunsten der Europäischen Zentralbank oder einer Zentralbank eines EWR-Staats oder eines EU-Mitglieds eine Sicherheit bestellt wurde. Von dieser Regelung sind vor allem Wertpapierpensionsgeschäfte betroffen, für die durch Nr 2 sichergestellt ist, dass das Verwertungsrecht bezüglich der in Pension gegebenen Wertpapiere auch bei Insolvenz des Pensionsgebers bei der Zentralbank liegt.

20 **3. Finanzsicherheiten, Nr 3.** Auch sog Finanzsicherheiten sind von einem etwaigen Verwertungsrecht des Verwalters aus Abs 1 od 2 gem Abs 3 Nr 3 ausgenommen (*Wimmer* ZInsO 2004, 1; *Kieper* ZInsO 2003, 1109; *Westrik* ZVglRWiss 105 (2006), 325). Die Regelung beruht auf Art 4 der **Finanzsicherheitenrichtlinie** (2002/47 EG), der vorsieht, dass im Verwertungs- bzw Beendigungsfall der Sicherungsnehmer jede in Form eines beschränkten dinglichen Sicherungsrechts bestellte Finanzsicherheit vereinbarungsgemäß eigenständig verwerten kann. Die Definition des Begriffs der Finanzsicherheit ergibt sich für das deutsche Recht aus § 1 Abs 17 KWG, der auf Art 1 Abs 4 a) iVm Art 2 a), e) der Finanzsicherheitenrichtlinie beruht (*Kollmann*, WM 2004, 1012, 1014). Danach sind taugliche Sicherungsgegenstände für Finanzsicherheiten **Barguthaben, Geldbeträge, Wertpapiere, Geldmarktinstrumente sowie sonstige Schuldscheindarlehen.** Damit eine Finanzsicherheit vorliegt, müssen entsprechende Gegenstände als Sicherheit im Rahmen eines **Geschäfts zwischen öffentlich-rechtlichen Körperschaften, Zentralbanken, beaufsichtigten Finanzinstituten** (zB Banken und Versicherungen) oder **zentralen Vertragsparteien** (vgl Art 2c der Finalitätsrichtlinie, 98/26 EG), **Verrechnungs-** und **Clearingstellen** verwendet werden. Auch entsprechende Geschäfte von **sonstigen juristischen Personen** sowie Einzelkaufleuten und Personengesellschaften sind vom Anwendungsbereich nach deutschem Recht erfasst, sofern die andere Vertragspartei in die vorgenannte Gruppe fällt. Dieser weite Anwendungsbereich ist scharf kritisiert worden (*Ehricke* ZIP 2003, 1065; *Meyer/Rein* NZI 2004, 367; *Hölzle* ZIP 2003, 2144). Ob allerdings Abs 3 Nr 3 nur klarstellende Funktion hat (so *Kollmann*, WM 2004, 1012, 1023), ist str und hängt maßgeblich davon ab, ob man überhaupt Unternehmensbeteiligungen dem Verwertungsrecht des Verwalters unterwirft, siehe oben Rn 14. Allerdings sind Geschäfte von Nicht-Finanzinstituten nur dann erfasst, wenn die Sicherheit der Besicherung von Verbindlichkeiten aus Geschäften dient, die Finanzinstrumente betreffen, sog „Finanzgeschäfte" (vgl *Ehricke* ZIP 2003, 2141, 2144). Darüber hinaus sind eigene Anteile des Sicherungsgebers oder Anteile an verbundenen Unternehmen keine Finanzsicherheiten. **Das gewöhnliche Darlehen an ein Unternehmen, das mit der Verpfändung von Wertpapieren besichert wird, fällt daher nicht unter Abs 3 Nr 3.**

VI. Verwertungsrecht des Verwalters im Insolvenzeröffnungsverfahren

21 Da die §§ 166 ff vorbehaltlich **§ 21 Abs 2 Nr 5** (hierzu *Büchler* ZInsO 2008, 719) nur im eröffneten Insolvenzverfahren Anwendung finden und der Insolvenzverwalter gem § 159 erst nach dem Berichtstermin das zur Insolvenzmasse gehörige Schuldnervermögen zu verwerten hat, ist davon auszugehen, dass ein vorläufiger Insolvenzverwalter nicht berechtigt ist, im Eröffnungsverfahren Sicherungsgut zu verwerten (*Mönning* FS *Uhlenbruck* S 239, 247; KS-*Klasmeyer/Elsner/Ringstmeier* S 1095 Rn 52; *Haarmeyer* FS Kreft S 279). Ausnahmen können bei Gefahr im Verzuge bestehen. Aus einer rechtswidrigen Verwertung durch den vorläufigen Insolvenzverwalter erlangt die Masse keine Ansprüche auf die Kostenpauschalen nach §§ 170, 171 (**BGH** v 20. 2. 03 – IX ZR 81/02, BGHZ 154, 72 = ZIP 2003, 632 = NJW 2003, 2240). Dem vorläufigen Insolvenzverwalter steht aber ein **Nutzungsrecht am Sicherungsgut** zu, wenn das Gericht Anordnungen nach § 21 Abs 2 Nr 5 trifft, die den Verwalter zur Nutzung solcher Gegenstände berechtigen, die zur Fortführung des Unternehmens von erheblicher Bedeutung sind (§ 21 Rn 38 a). Das Insolvenzgericht kann **Maßnahmen der Herausgabevollstreckung** gegen den Schuldner nach § 21 Abs 2 Nr 3 untersagen oder einstweilen einstellen, wenn der Sicherungsgläubiger die Herausgabevollstreckung betreibt (*Lohkemper* ZIP 1995, 1641, 1650; weitergehend KS-*Uhlenbruck* InsO S 325, 352 Rn 29). Darüber hinaus kann es für absonderungsberechtigte Gläubiger ein **Verwertungsverbot nach § 21 Abs 2 Nr 5** anordnen, mit dem die Sperrwirkung des § 166 de facto insbesondere bezüglich sicherungshalber abgetretener Forderungen auf das Eröffnungsverfahren vorverlagert wird. Die gerichtlichen Maßnahmen nach § 21 dienen sowohl der **Sicherung des Nutzungsrechts** als auch der **Sicherung des späteren Verwertungsrechts** des Insolvenzverwalters im eröffneten Verfahren. Demgemäß ist der vorläufige Insolvenzverwalter nicht verpflichtet, Sicherungsgut an den Sicherungsgläubiger herauszugeben, wenn das Gericht entsprechende Anordnungen getroffen hat. Der sogen „starke" vorläufige Insolvenzverwalter ist unabhängig von einer Anordnung nach § 21 Abs 2 Nr 5 aufgrund seiner Verfügungsbefugnis auch berechtigt, **ausstehende Forderungen des Schuldners einzuziehen** (§ 22 Rn 42, HK-*Kirchhof* § 22 Rn 14). Zutreffend wird in der Literatur darauf hingewiesen, dass den vorläufigen Verwalter mit Verwaltungs- und Verfügungsbefugnis gem § 22 Abs 1 S 2 Nr 2 auch die **Pflicht** trifft, das Schuldnerunternehmen einstweilen fortzuführen. Daraus ergebe sich eine begrenzte **Berechtigung zur Veräußerung von Sicherungsgut**, insbesondere von Umlaufvermögen (*Mönning* FS *Uhlenbruck* S 239, 247; N/R/*Mönning* § 21 Rn 38 f; *Kirchhof* ZInsO 1999, 436; HK-*Kirchhof* § 22 Rn 14). Allerdings muss sich diese im Rahmen des ordentlichen Geschäftsgangs halten und dort keiner Liquidation gleichkommen (§ 22 Rn 41). Dem Schuldner kann die Herausgabe beweglicher Sachen an Absonderungsberechtigte im Hinblick auf das Verwertungsrecht nach § 166 untersagt werden (*Uhlenbruck* InVo 1996, 89; HK-*Kirchhof* § 21 Rn 27).

Im Rahmen der Unternehmensfortführung kann der vorläufige Insolvenzverwalter wie dargestellt auch Forderungen einziehen. Auch der „**starke**" **vorläufige Insolvenzverwalter** ist aber nicht berechtigt, im Insolvenzeröffnungsverfahren die Verwertung von Lebensversicherungen, die in die Insolvenzmasse fallen, vorzunehmen. Zur **Kündigung des Versicherungsvertrages** ist er aber im Regelfall berechtigt. Ist der Versicherungsnehmer gleichzeitig Kreditnehmer und hat er ein widerrufliches Bezugsrecht erworben, hat der vorläufige Verwalter das Bezugsrecht zu widerrufen. Bei einem **unwiderruflichen Bezugsrecht** müsste der Begünstigte der Abtretung zustimmen. Streitig ist, ob bei **Verwertung der Lebensversicherung im Insolvenzeröffnungsverfahren** durch den Sicherungsnehmer ein **Verfahrenskostenbeitrag** nach § 171 anfällt. Kündigt der Abtretungsgläubiger die Lebensversicherung während des Insolvenzeröffnungsverfahrens, wird die Versicherungsleistung jedoch wegen der Kündigungsfrist des Versicherers erst **nach Verfahrenseröffnung fällig**, so fällt ein Verfahrenskostenbeitrag für den Gläubiger nicht an. Das Verwertungsrecht des Insolvenzverwalters entsteht erst mit der Eröffnung des Insolvenzverfahrens. Die Feststellungspauschale fällt grundsätzlich nur dann an, wenn dem Insolvenzverwalter das Recht zur Verwertung an dem Sicherungsgegenstand zusteht. Hat der Sicherungsgläubiger vor Verfahrenseröffnung alles zur Verwertung der Lebensversicherung Notwendige getan, so steht dem Insolvenzverwalter bei offener Sicherungsabtretung einer Lebensversicherung weder ein Anspruch auf den Kostenbeitrag nach § 171 zu, noch ein solcher für die Verwertung (**OLG Hamm** v 20. 9. 2001, ZInsO 2001, 1162; *Weis* ZInsO 2002, 170). Hat der vorläufige Insolvenzverwalter im Eröffnungsverfahren bereits die Kündigung der Lebensversicherung vorgenommen, steht ihm nach **AG Bonn** (v 11. 10. 2000, NZI 2001, 50) nur eine **Aufwandsentschädigung** zu, selbst wenn der Rückkaufswert bereits in die Insolvenzmasse gelangt ist (vgl auch **AG Wittlich** v 30. 5. 2000, NZI 2000, 444). Ein Insolvenzverwalter über das Vermögen einer GmbH, die Versicherungsnehmer zweier Lebensversicherungen auf das Leben eines Gesellschafter-Geschäftsführers ist, kann den Rückkaufswert dieser Lebensversicherung nicht einziehen, wenn diese an den Gesellschafter-Geschäftsführer zum Zweck der Sicherung seiner Pensionszusagenansprüche verpfändet worden sind. § 166 Abs 2 findet keine entsprechende Anwendung. Vielmehr darf der Gesellschafter-Geschäftsführer als Pfandgläubiger die verpfändete Forderung gem § 173 Abs 1 selbst verwerten (**LG Tübingen** v 17. 11. 2000, NZI 2001, 263). Zu **Kostenpauschalen bei Verwertung von Lebensversicherungen** s auch *Weis* ZInsO 2002, 170 ff.

§ 167 Unterrichtung des Gläubigers

(1) ¹Ist der Insolvenzverwalter nach § 166 Abs. 1 zur Verwertung einer beweglichen Sache berechtigt, so hat er dem absonderungsberechtigten Gläubiger auf dessen Verlangen Auskunft über den Zustand der Sache zu erteilen. ²Anstelle der Auskunft kann er dem Gläubiger gestatten, die Sache zu besichtigen.

(2) ¹Ist der Verwalter nach § 166 Abs. 2 zur Einziehung einer Forderung berechtigt, so hat er dem absonderungsberechtigten Gläubiger auf dessen Verlangen Auskunft über die Forderung zu erteilen. ²Anstelle der Auskunft kann er dem Gläubiger gestatten, Einsicht in die Bücher und Geschäftspapiere des Schuldners zu nehmen.

I. Allgemeines

Schon für das frühere Konkursrecht war allgemein anerkannt, dass der Konkursverwalter gegenüber den Sicherungsgläubigern in bestimmtem Umfang zur Auskunft verpflichtet war (vgl K/U § 6 KO Rn 53 d). Grundsätzlich ist es Sache des Sicherungsgläubigers, die ab- oder auszusondernden Gegenstände einzeln näher zu bezeichnen. Von einem Insolvenzverwalter kann nicht erwartet werden, in der Hektik der Verfahrensabwicklung zeitraubende und umfangreiche Nachforschungen in den Büchern und in Warenlagern des Insolvenzschuldners zu betreiben. Ein Auskunftsanspruch bestand nach früherem Recht gegenüber dem Konkursverwalter nur, wenn konkrete Umstände vorgetragen wurden, welche die Annahme rechtfertigten, dass sich der Sicherungsgegenstand noch in der Masse befand, und wenn die Auskunftserteilung unter Berücksichtigung der Umstände für den Verwalter zumutbar war (BGHZ 49, 11 = NJW 1968, 300 = KTS 1968, 100 m Anm *Mohrbutter*; BGHZ 70, 86 = NJW 1978, 538; *Häsemeyer* ZZP 80 (1967), 263, 268). Schon zum früheren Recht war anerkannt, dass der Konkursverwalter den **Auskunftsanspruch dadurch abwehren** konnte, dass er dem Gläubiger anbot, **Einsicht in die Geschäftsunterlagen** zu nehmen und sich die begehrte Information auf diesem Wege selbst zu beschaffen (*Serick* Bd III § 35 I 4 a; K/U § 6 KO Rn 53 d).

§ 167 gewährt nunmehr dem **absonderungsberechtigten Gläubiger** ausdrücklich einen **Auskunftsanspruch**, den der Insolvenzverwalter auf Verlangen zu erfüllen hat. Die Vorschrift steht in engem Zusammenhang mit den §§ 168, 169. Ohne dass dies im Gesetz zum Ausdruck gekommen ist, ist auch bei der Auskunftspflicht nach § 167 auf die **Zumutbarkeit für den Insolvenzverwalter** im Einzelfall abzustellen (**BGH** v 4. 12. 2003 – IX ZR 222/02, ZIP 2004, 326; aA *Mitlehner* Mobiliarsicherheiten

§ 167

Rn 576) mit der Folge, dass ein **abgestuftes Recht der absonderungsberechtigten Gläubiger** besteht: Primär hat der zur Absonderung berechtigte Gläubiger ein Auskunftsrecht. Es genügt allerdings nicht, wenn ein Gläubiger pauschal behauptet, ihm stehe an einem Gegenstand der Masse ein Absonderungsrecht zu, er diesen Gegenstand aber nicht bezeichnet. Alternativ zur Auskunftserteilung kann der Verwalter dem Gläubiger gestatten, die Sache zu besichtigen oder bei Forderungen Einsicht in die Bücher und Geschäftspapiere zu nehmen. Allerdings stößt auch das Einsichtsrecht an Grenzen, wenn dem Verwalter bei einer Vielzahl von Gläubigern die Gestattung der Einsicht nicht zuzumuten ist, weil die Verfahrensabwicklung durch die Einsichtnahme erheblich gestört wird (s *Gundlach/Frenzel/Schmidt* KTS 2001, 241, 246 f). Wird bei einer Vielzahl von Sicherungsnehmern durch die Einsichtnahme eine geordnete Abwicklung des Insolvenzverfahrens erheblich gestört oder gar verhindert, ist der Verwalter daher berechtigt, die **Einsichtnahme zu verweigern** (K/P/B/*Flöther* § 167 Rn 6; *Lwowski/Heyn* WM 1998, 474; KS-*Gottwald/Adolphsen* S 1043, 1080 Rn 140; *Gundlach/Frenzel/Schmidt* KTS 2001, 241, 245; aA *Mitlehner* Mobiliarsicherheiten Rn 576). Richtig ist zwar, dass im Hinblick auf eine möglicherweise zu zahlende Entschädigung nach § 172 Abs 1 oder wegen drohender Gefahr einer Verbindung, Vermischung oder Verarbeitung von Sicherungsgut (§ 172 Abs 2), ein erhebliches und schutzwürdiges Interesse der Absonderungsberechtigten an einer Information besteht. Dieses **Informationsrecht findet aber seine Grenze**, wenn durch ein Übermaß an Information oder Einsichtnahme der Verfahrenszweck gefährdet wird. Abzuwägen sind somit im Einzelfall der Arbeits- und Zeitaufwand für den Insolvenzverwalter und das schutzwürdige Sicherungsinteresse der Gläubiger (**BGH** v 11. 5. 2000 ZIP 2000, 1061, 1065; KS-*Gottwald/Adolphsen* S 1043, 1080 Rn 140; K/P/B/*Flöther* § 167 Rn 6). Die im Wege der Abwägung zu beurteilende **Zumutbarkeit** gewinnt vor allem Bedeutung, wenn die Verweisung des Gläubigers auf eigene Nachforschungen aus bestimmten Gründen, wie zB wegen des Schutzes von Geschäftsgeheimnissen, im Einzelfall nicht in Betracht kommt (HK-*Landfermann* § 167 Rn 3; *Lwowski/Heyn* WM 1998, 475 ff).

3 **Weitergehende Auskunftspflichten** können sich im Einzelfall auch aus dem Auftragsrecht (§ 666 BGB) oder aus der Pflicht ergeben, die Zustimmung der Gläubigerversammlung gem § 160 einzuholen (*Gottwald/Gottwald* InsRHdb § 42 Rn 138; N/R/*Becker* § 167 Rn 22). Zutreffend ist der Hinweis bei *Gottwald/Gottwald* (InsRHdb § 42 Rn 138), dass ein gesicherter Gläubiger auch Auskunftsansprüche nach §§ 80 Abs 2 S 2 BetrVG, § 316 SGB III und § 93 Abs 1 AO haben kann. Auch hier ist der Auskunftsanspruch im Einzelfall durch die Zumutbarkeit begrenzt (*Lwowski/Heyn* WM 1998, 473, 475 f). **Nicht erfasst von § 167** werden **Grundstücke und Grundstücksrechte**, die gem § 165 der Immobiliarvollstreckung unterliegen (N/R/*Becker* § 167 Rn 4). Ein Auskunftsrecht des absonderungsberechtigten Gläubigers besteht nicht, soweit er sich die erbetenen Auskünfte in zumutbarer Weise selbst beschaffen kann (BGHZ 126, 113; *Gundlach/Frenzel/Schmidt* KTS 2001, 241, 242; s auch **OLG** Frankfurt ZIP 1986, 105).

3a Für **Auskünfte gegenüber Aussonderungsberechtigten** hat der Gesetzgeber keine Regelung getroffen. Die Auskunftspflicht des Insolvenzverwalters richtet sich insoweit nach §§ 260, 402, 242 BGB, wenn bei einem Aussonderungsbegehren ein Herausgabeanspruch nach §§ 47 InsO, 985 BGB in Betracht kommt (KS-*Gottwald/Adolphsen* S 1080 Rn 139).

II. Auskunftspflicht bei beweglichen Sachen

4 **1. Auskunft auf Verlangen des Sicherungsgläubigers.** Die Auskunftspflicht des Insolvenzverwalters gegenüber einem absonderungsberechtigten Gläubiger besteht nur, wenn dieser die Auskunft, deren Gegenstand nach Art und Umfang festzulegen ist, ausdrücklich verlangt. Der Gläubiger kann nicht verlangen, dass sich der Insolvenzverwalter die zur Auskunftserteilung notwendigen Kenntnisse vom Schuldner nach § 97 Abs 1 S 1, 101 Abs 1 S 1 verschafft (MüKo-*Lwowski/Tetzlaff* § 167 Rn 21; aA *Jaeger/Henckel* § 3 KO Rn 25). Zutreffend weist jedoch auch *Henckel* (*Jaeger/Henckel* § 3 KO Rn 25) darauf hin, dass die Verwaltungsaufgabe des Verwalters nicht dahin geht, den Sicherungsnehmern bei der Ausübung ihrer Rechte zu helfen. „Unübersichtliche Sicherungen sollte man getrost daran scheitern lassen, dass der Sicherungsnehmer keine Vorsorge für eine leicht erkennbare und offen zu legende Rechtslage getroffen hat." Der Verwalter ist auch nicht verpflichtet, von sich aus die Auskünfte zu erteilen. Anders nur bei Mitteilung der Veräußerungsabsicht nach § 168 Abs 1 S 1. Das Verlangen des Absonderungsberechtigten ist an keine Form gebunden und ist nicht befristet (N/R/*Becker* § 167 Rn 7; K/P/B/*Flöther* § 167 Rn 4). Der Verwalter kann für die erteilten Auskünfte **keinen Aufwendungsersatz** verlangen (BGH ZIP 1983, 839; OLG Karlsruhe ZIP 1981, 257; BerlKo-*Breutigam* § 167 Rn 7). Erforderlich ist immer, dass der **Gläubiger sein Absonderungsrecht genau bezeichnet**, da dem Insolvenzverwalter insoweit keine speziellen Nachforschungen zuzumuten sind. Dies ändert aber nichts daran, dass der Insolvenzverwalter von Amts wegen verpflichtet ist, Sicherungsrechte zu beachten und die einschlägigen gesetzlichen Vorschriften bei der Verwertung einzuhalten. Der Absonderungsberechtigte darf sein Auskunftsrecht **nicht zur Unzeit** durchsetzen, also nicht etwa unmittelbar nach Verfahrenseröffnung. Vielmehr ist dem Verwalter eine Einarbeitungs- und Prüfungszeit einzuräumen, die sich jeweils nach Art und Umfang der Masse richtet (*Gundlach/Frenzel/Schmidt* KTS 2001, 241, 243).

III. Auskunftspflicht bei Forderungen **§ 167**

2. Umfang der Auskunft über bewegliche Sachen. Gem § 167 Abs 1 S 1 hat der Gläubiger Anspruch 5
auf Auskunft hinsichtlich des **Zustandes der Sache**. Im Hinblick auf den Zweck der Auskunftspflicht ist
der Umfang der Auskunft jedoch weit auszulegen. Es geht im Einzelfall um die genaue Erfassung aller
für die Verwertung erheblichen Umstände, wie Art, Qualität, Menge, Ort, Eignung zur Erfüllung vom
Schuldner oder vom Verwalter eingegangener Verpflichtungen sowie um die Existenz konkurrierender
Absonderungsrechte (N/R/*Becker* § 167 Rn 9). Bei Raumsicherungsverträgen und Sicherungsübereignungen von Lagerbeständen oder Betriebsmitteln mit jeweils wechselnder Zusammensetzung ist der
Sicherungsnehmer auf genaue Angaben des Verwalters über den **Bestand** angewiesen. Entsprechendes
gilt beim Vermieterpfandrecht. Der **BGH** (4. 12. 03 – IX ZR 222/02, NZI 2004, 209 m zust Anm
Uhlenbruck) lässt insoweit offen, ob sich der Auskunftsanspruch hinsichtlich der Existenz von Sicherungsgut als Nebenrecht aus dem Absonderungsrecht selbst ergibt (so MüKo-*Ganter* § 50 Rn 102 b).
Im Einzelfall ist dem Verwalter zuzumuten, eine **detaillierte Bestandsliste** aufzustellen (N/R/*Becker*
§ 167 Rn 10). Hierzu hat er sich bei einem Verwalterwechsel die notwendigen Informationen von seinem Vorgänger zu verschaffen. Das Auskunftsrecht kann im Einzelfall auch gegenüber dem **Pool-Führer
eines Sicherheiten-Pools** bestehen. Dem Inhalt nach bezieht sich die Auskunft uU auf das Alter der
Sache, den Abnutzungsgrad, die Art der Benutzung (im Hinblick auf § 172), die Weiterverarbeitung
oder beabsichtigte Weiterverwendung der Sache. Der Insolvenzverwalter ist grdsl verpflichtet, bei **streitigem Absonderungsrecht** dem Absonderungsberechtigten die erforderlichen Informationen zu erteilen,
um diesem eine entsprechende Klage zu ermöglichen. Die **Auskunft unter Vorbehalt** ist zulässig, wenn
ein ungeklärter Sachverhalt – etwa aufgrund mehrerer aufeinander folgenden Sicherungsübereignungen
– vorliegt. Der Verwalter ist aber auch berechtigt, die Auskunft so lange zu verweigern, bis die Rechtslage endgültig geklärt ist. Im Übrigen muss die Auskunft **innerhalb einer angemessenen Frist** erfolgen,
also spätestens etwa zwei bis drei Wochen vor der Verwertung, damit der Gläubiger seine aus §§ 168,
169 resultierenden Rechte geltend machen und durchsetzen kann. Der Insolvenzverwalter ist **nicht verpflichtet**, dem Gläubiger Auskunft über zulässige Verwertungsmaßnahmen des Schuldners oder des
Schuldnerunternehmens zu erteilen, wenn es sich um Vorgänge handelt, die erhebliche Zeit vor der Verfahrenseröffnung liegen und die vom Schuldner zu verantworten sind. Gleiches gilt, wenn der Gläubiger zur Verwertung berechtigt war, dieses Recht aber nach § 173 Abs 2 S 2 verloren hat (BerlKo-*Breutigam* § 167 Rn 8).

3. Alternative Gestattung der Besichtigung. Schon nach dem früheren Recht stand dem Verwalter 6
hilfsweise eine Ersetzungsbefugnis zu. Er war berechtigt, den absonderungsberechtigten Gläubiger darauf zu verweisen, sich die erforderlichen Informationen selbst durch Einsichtnahme in die Geschäftsunterlagen des Schuldners bzw Schuldnerunternehmens zu beschaffen (BGHZ 70, 86 = NJW 1978, 538;
BGH v 11. 5. 2000, ZIP 2000, 1061; **OLG** Karlsruhe ZIP 1990, 189). Allerdings war der Verweis auf
die Eigeninformation durch Einsichtnahme in die Geschäftsunterlagen nur zulässig, wenn es im Einzelfall dem Verwalter nicht möglich oder nicht zumutbar war, mit vertretbarem Zeit- und Arbeitsaufwand
die Auskunft zu erteilen (**BGH** v 11. 5. 2000, ZIP 2000, 1061, 1065). Hierfür trug der Verwalter die
Beweislast. Nach der gesetzlichen Neuregelung in § 167 kann der Verwalter unabhängig davon, ob er
mit vertretbarem Zeit- und Arbeitsaufwand die Auskunft erteilen kann, **alternativ von seiner Ersetzungsbefugnis** Gebrauch machen (*Gundlach/Frenzel/Schmidt* KTS 2001, 241, 246; *Johlke/Schröder*
EWiR 2001, 178; FK-*Wegener* § 167 Rn 4; BerlKo-*Breutigam* § 167 Rn 6; N/R/*Becker* § 167 Rn 12;
HK-*Landfermann* § 167 Rn 1; K/P/B/*Flöther* § 167 Rn 7; vgl auch Begr RegE BT-Drucks 12/2443
S 179; zur entsprechenden Anwendbarkeit hinsichtlich des Auskunftsbegehrens aussonderungsberechtigter Gläubiger *Mitlehner* Mobiliarsicherheiten Rn 152). Das Recht des Verwalters, alternativ dem
Gläubiger auf eigene Nachprüfungen zu verweisen, soll nach Vorstellungen des Gesetzgebers den Verwalter entlasten. Hieraus folgt, dass dem absonderungsberechtigten Gläubiger insoweit kein Wahlrecht
zusteht. Verweist der Verwalter anstelle der Auskunft auf die **Besichtigung der Sache,** so ist er berechtigt, Ort und Zeitpunkt der Besichtigung nach freiem Ermessen festzulegen (N/R/*Becker* § 167 Rn 12,
19; *Gundlach/Frenzel/Schmidt* KTS 2001, 241, 246). Der Gläubiger kann nicht verlangen, dass der
Verwalter ihm die Besichtigung gestattet, wenn dieser bereit und in der Lage ist, ihm erschöpfende Auskunft über den Zustand der Sache zu erteilen. Sehr weitgehend *Becker* (N/R/*Becker* § 167 Rn 13), wonach der Verwalter „trotz bereits erteilter Auskunft dazu gehalten ist, dem Gläubiger auf sein Verlangen
auch noch die Besichtigung zu erlauben, wenn die Besichtigung dem Gläubiger weitere Umstände eröffnen kann, die der Auskunft noch nicht zu entnehmen waren". Der Gesetzgeber wollte durch die Regelung in § 167 den Sicherungsgläubigern nicht die „Selbstbedienung durch freien Zugang zu allen Betriebsteilen und Geschäftsunterlagen" ermöglichen (vgl auch *Lwowski/Heyn* WM 1998, 473, 476). Hat
der Verwalter das Absonderungsgut bereits verwertet, so bezieht sich das **Auskunftsrecht auf den Erlös**.
In diesem Fall tritt an die Stelle der Besichtigung die Gestattung der Einsicht in die Bücher und Geschäftspapiere des Schuldners (§ 167 Abs 2 S 2).

III. Auskunftspflicht bei Forderungen

1. Auskunft auf Verlangen des Sicherungsgläubigers. Nach § 167 Abs 2 S 1 ist der Verwalter, der 7
nach § 166 Abs 2 zur Einziehung der Forderung berechtigt ist, verpflichtet, dem absonderungsberech-

tigten Gläubiger auf dessen Verlangen Auskunft über die Forderung zu erteilen. Auch hier erstreckt sich die Auskunftspflicht auf **Art und Umfang der zur Sicherung abgetretenen Forderung** (K/P/B/*Flöther* § 167 Rn 5; N/R/*Becker* § 167 Rn 16–18). Die Auskunftspflicht erstreckt sich vor allem auf die **Höhe der Forderung, ihre Fälligkeit** und **die Bonität des Schuldners** (BerlKo-*Breutigam* § 167 Rn 5). Auch bei der Auskunft über sicherungsübertragene Forderungen muss der Verwalter verlangen, dass die Forderung vom Gläubiger hinreichend bestimmt wird (vgl **OLG** Köln v 14. 7. 1982, ZIP 1982, 1107; K/P/B/ *Flöther* § 167 Rn 5).

8 **2. Alternative Einsicht in das Rechnungswesen.** Auch für die Auskunftspflichten nach § 167 Abs 2 gilt, dass der Verwalter unabhängig davon, ob er mit vertretbarem Zeit- und Arbeitsaufwand die Auskunft erteilen kann, von seiner Ersetzungsbefugnis Gebrauch machen darf (*Gundlach/Frenzel/Schmidt* KTS 2001, 241, 246; *Johlke/Schröder* EWiR 2001, 178; BerlKo-*Breutigam* § 167 Rn 6; H/K/*Landfermann* § 167 Rn 2). Zu beachten hat der Verwalter allerdings, dass durch die Einsichtnahme in die Geschäftsunterlagen nicht auch **Geschäftsgeheimnisse** preisgegeben werden. Der Verwalter kann den Gläubiger in diesen Fällen auf die Einsichtnahme durch einen zur Verschwiegenheit verpflichteten Sachverständigen verweisen (**BGH** v 11. 5. 2000 ZIP 2000, 1061, 1065; **OLG** Karlsruhe ZIP 1990, 189; *Lwowski/Heyn* WM 1998, 473, 477; *Gundlach/Frenzel/Schmidt* KTS 2001, 241, 246). Auch hier gilt, dass das Einsichtsrecht der Gläubiger seine **Grenze an der Zumutbarkeit** findet. Es würde eine Verfahrensabwicklung mit vielen Hunderten oder gar Tausenden von Forderungen und Sicherungsrechten unmöglich machen, wenn sämtliche Sicherungsgläubiger das Unternehmen „stürmen", um aus den Büchern und Geschäftspapieren ihre Sicherungsrechte festzustellen. Der Absonderungsberechtigte hat keinen Anspruch auf **Überlassung der Unterlagen oder Zusendung. Ablichtungen und Abschriften** kann er sich aber auf seine Kosten fertigen lassen oder selbst fertigen (N/R/*Becker* § 167 Rn 20). Auch hier darf durch ein Übermaß von Ablichtungstätigkeit die Arbeit des Verwalters nicht in unzumutbarer Weise behindert werden. Nach N/R/*Becker* (§ 167 Rn 21) ist der **Übergang von der Auskunft zur Gestattung der Einsichtnahme** fließend, insbesondere, wenn der Verwalter Ablichtungen oder Datenträger mit Kopien der Datensammlungen überlässt oder wenn er elektronische Informationen dem Gläubiger ohne Übergabe eines Datenträgers überspielt. Wie bei der Auskunftspflicht hinsichtlich beweglicher Sicherungsgegenstände kann der Verwalter für eine Auskunft über eine zur Sicherheit abgetretene Forderung **weder Aufwendungsersatz** noch ein Honorar geltend machen (HK-*Landfermann* § 167 Rn 8; FK-*Wegener* § 167 Rn 5; BerlKo-*Breutigam* § 167 Rn 7).

IV. Kosten

9 Für dem Absonderungsberechtigten erteilte Auskünfte steht dem Insolvenzverwalter **kein Aufwendungsersatzanspruch** zu (s. o.). Die Auskunftserteilung wird bereits durch den Verfahrenskostenbeitrag nach §§ 170 Abs 1, 171 Abs 1 abgegolten (BerlKo-*Breutigam* § 167 Rn 7; str aA *Lwowski/Heyn* WM 1998, 473, 477). Deshalb kann der Verwalter hinsichtlich der Auskünfte selbst dann keinen Aufwendungsersatzanspruch geltend machen, wenn der Erteilung der Auskunft mit viel Arbeit und Kosten verbunden ist. Es bleibt ihm in diesen Fällen die Möglichkeit, den Gläubiger auf die Besichtigung oder Einsicht zu verweisen. Die **gesonderten Kosten**, die mit einer Einsichtnahme verbunden sind, wie zB die Kosten des zur Verschwiegenheit verpflichteten Sachverständigen oder Kosten des Archivierungsunternehmens, hat der Auskunftsberechtigte selbst zu tragen (*Gundlach/Frenzel/Schmidt* KTS 2001, 241, 246 f; BerlKo-*Breutigam* § 167 Rn 7).

V. Haftung des Verwalters

10 Der absonderungsberechtigte Gläubiger hat einen Rechtsanspruch auf richtige und vollständige Auskunft durch den Verwalter. Für die Folgen einer schuldhaft nicht erteilten, falschen oder unvollständigen Auskunft hat der Verwalter nach § 60 einzustehen (*Gundlach/Frenzel/Schmidt* KTS 2001, 241, 247). So zB, wenn infolge der fehlerhaften Information der Gläubiger nicht imstande ist, seine Rechte nach §§ 168 ff wahrzunehmen. Für die schuldhafte Verletzung der Auskunftspflicht durch **Hilfspersonen des Insolvenzverwalters** haftet dieser nach §§ 60 Abs 2, 278 BGB. **Rechtsstreitigkeiten**, die das Auskunftsrecht des Insolvenzverwalters betreffen, fallen in die Zuständigkeit der ordentlichen Gerichte (HK/*Landfermann* § 167 Rn 4; BerlKo-*Breutigam* § 167 Rn 10).

§ 168 Mitteilung der Veräußerungsabsicht

(1) ¹Bevor der Insolvenzverwalter einen Gegenstand, zu dessen Verwertung er nach § 166 berechtigt ist, an einen Dritten veräußert, hat er dem absonderungsberechtigten Gläubiger mitzuteilen, auf welche Weise der Gegenstand veräußert werden soll. ²Er hat dem Gläubiger Gelegenheit zu geben, binnen einer Woche auf eine andere, für den Gläubiger günstigere Möglichkeit der Verwertung des Gegenstands hinzuweisen.

(2) Erfolgt ein solcher Hinweis innerhalb der Wochenfrist oder rechtzeitig vor der Veräußerung, so hat der Verwalter die vom Gläubiger genannte Verwertungsmöglichkeit wahrzunehmen oder den Gläubiger so zu stellen, wie wenn er sie wahrgenommen hätte.

(3) ¹Die andere Verwertungsmöglichkeit kann auch darin bestehen, daß der Gläubiger den Gegenstand selbst übernimmt. ²Günstiger ist eine Verwertungsmöglichkeit auch dann, wenn Kosten eingespart werden.

I. Allgemeines

Im Gesetzgebungsverfahren war umstritten, ob entsprechend dem früheren § 127 Abs 2 KO dem Sicherungsgläubiger das Recht eingeräumt werden sollte, das Sicherungsgut selbst zu verwerten, oder ob man das Verwertungsrecht auf den Insolvenzverwalter übertragen sollte. Seitens der Wirtschaft wurde angeführt, die Sicherungsgläubiger seien eher in der Lage, eine optimale Verwertung durchzuführen, als ein Insolvenzverwalter, der zudem noch branchenunkundig sei. **Der Gesetzgeber hat einen Mittelweg gefunden** und dem Sicherungsgläubiger die Möglichkeit eröffnet, dem Verwalter eine günstigere Verwertungsmöglichkeit nachzuweisen und uU die Verwertung durch Selbsteintritt zu übernehmen. Damit ist der Gefahr Rechnung getragen, dass durch die Übertragung des Verwertungsrechts auf den Verwalter eine günstigere Verwertungsmöglichkeit des absonderungsberechtigten Gläubigers ungenutzt bleibt und der absonderungsberechtigte Gläubiger dadurch einen Schaden erleidet (vgl Begr zu § 193 RegE [§ 168 InsO], BR-Drucks 1/92 S 179, abgedr bei *Uhlenbruck*, Das neue Insolvenzrecht, S 533). Durch die Einbeziehung des absonderungsberechtigten Gläubigers in die Verwertung soll gewährleistet werden, dass eine optimale Verwertung des Sicherungsgegenstandes erfolgt. *Mönning* (FS *Uhlenbruck* S 243): „Da Sicherungsgläubiger häufig über eigene Marktkenntnisse verfügen, sichert der gesetzlich vorgesehene Informationsaustausch die Bündelung von Erfahrungen, Verbindungen, Beziehungen und Kenntnissen in Bezug auf den zu vermarktenden Gegenstand."

II. Mitteilungspflicht bei Veräußerungsabsicht (§ 168 Abs 1 S 1)

Neben dem Auskunftsanspruch nach § 167 räumt das Gesetz in § 168 dem absonderungsberechtigten Gläubiger das Recht ein, durch einen entsprechenden Hinweis auf eine für ihn günstigere Verwertungsmöglichkeit auf die Verwertung des Sicherungsguts Einfluss zu nehmen. Eine solche Einflussnahme ist aber nur möglich, wenn dem absonderungsberechtigten Gläubiger die beabsichtigte Verwertung durch den Verwalter mitgeteilt wird. Deshalb sieht das Gesetz eine **Mitteilungspflicht des Verwalters** vor, die dem Gläubiger die Möglichkeit gibt, auf eine andere - bessere - Art der Verwertung hinzuweisen, die auch in der Übernahme des Gegenstands liegen kann. Auf diese Weise ist gewährleistet, dass Streitigkeiten über die Bewertung von Sicherungsgut im Falle der Veräußerung durch den Verwalter und entsprechende Regressprozesse nach § 60 vermieden werden, denn der Insolvenzverwalter kann sich immer darauf berufen, dass der Gläubiger die Gelegenheit hatte, ihn auf eine günstigere Verwertungsmöglichkeit hinzuweisen. Unterlässt der Gläubiger den Hinweis, kann er sich somit später in einem Regressprozess gegen den Verwalter nicht darauf berufen, der Verwalter hätte günstiger verwerten können.

Ein **Verstoß des Verwalters gegen die ihm obliegende Mitteilungspflicht** macht die Verwertung allerdings nicht zu einer unberechtigten Veräußerung im Sinne von § 48. Vielmehr bleiben die §§ 170 ff auch bei verfahrensfehlerhaften Verwertung anwendbar (*Ganter/Bitter* ZIP 2005, 93, 102; *Chr Berger* KTS 2007, 433, 445; str). Solche Fehler können darauf beruhen, dass der Verwalter das Absonderungsrecht nicht kannte, oder glaubte, es stünde einem anderen Gläubiger zu. Nach der Gegenansicht (*Gundlach/Frenzel/Schmidt* DZWIR 2001, 18; MüKo-*Lwowski/Tetzlaff* § 168 Rn 23; Vorauflage) sei durch § 168 ein spezifischer Verwertungsablauf vorgegeben, dessen Nichteinhaltung die Masse „mit einem Verlust der Kostenbeteiligung des Absonderungsberechtigten bestraft". Ist nämlich die Verfügung über das Sicherungsgut oder die Einziehung von Forderungen nicht mehr durch die §§ 166 ff gedeckt, handele der Verwalter nach dieser Ansicht „unberechtigt" mit der Folge, dass die Veräußerung der Ersatzabsonderung unterliege. Solchenfalls ginge der Verfahrensbeitrag iSv §§ 170, 171 verloren und ist die Masse mit den Kosten der Feststellung und Verwertung belastet. Einer derartigen Sanktion bedarf es jedoch richtigerweise nicht. Zunächst würde diese primär die Masse, also die Insolvenzgläubiger treffen. Weiterhin besteht für den Verwalter eine ausreichende Sanktion darin, dass er im Regressprozess mit dem absonderungsberechtigten Gläubiger beweisen muss, dass die andere Verwertungsart nicht günstiger gewesen wäre. Dieses Haftungsrisiko ist Abschreckung genug. Das Verwertungsrecht ist somit nicht von der Beachtung des von § 168 vorgesehenen Verfahrens abhängig.

1. Veräußerungsgeschäfte. § 168 Abs 1 S 1 bezieht sich primär auf den freihändigen Verkauf von Sicherungsgegenständen durch den Verwalter. Die Vorschrift erfasst nur Gegenstände, deren Veräußerung an Dritte beabsichtigt ist. Dritter ist auch einer von mehreren Absonderungsberechtigten gegenüber dem oder den jeweils übrigen Gläubigern (N/R/*Becker* § 168 Rn 5). Nach Auffassung von N/R/*Becker* (§ 168 Rn 6) unterfallen Veräußerungen von Sicherungsgut im allgemeinen Geschäftsverkehr überhaupt nicht dem § 168, da es sich insoweit nicht um eine „Verwertung" handele, sondern um einen Fall der

Benutzung. Eine Ausnahme von der Mitteilungspflicht besteht bei **Notverkäufen verderblicher Ware.** Solchenfalls ist der Verwalter berechtigt, die Verwertung durchzuführen, ohne den Absonderungsberechtigten zu informieren. Meist ist aber die Verwertung schon durch den vorläufigen Insolvenzverwalter erfolgt.

4   a) **Einziehung von sicherungshalber abgetretenen Forderungen.** Die Informationspflicht des Verwalters bezieht sich auf „Gegenstände" und umfasst damit neben Sachen („körperliche Gegenstände" iSd § 90 BGB) auch Forderungen als Rechte. Auch nach K/P/B/*Flöther* (§ 168 Rn 3) ist der **Begriff des Gegenstandes** in § 168 Abs 1 S 1 als Oberbegriff zu verstehen. Fraglich ist allerdings, ob die **Einziehung einer Forderung als „Veräußerung"** iSd § 168 verstanden werden kann. Dies ist zu verneinen. Kann der Verwalter die unstreitige Forderung in voller Höhe für die Masse liquidieren und werden keine Gegenansprüche vom Schuldner geltend gemacht, so wäre es reiner Formalismus, wollte man insoweit § 168 anwenden und den Verwalter zu einer vorherigen Mitteilung der Einziehung an den Absonderungsberechtigten verpflichten. Eine günstigere Verwertungsmöglichkeit als die hundertprozentige Einziehung der Forderung gibt es nicht (so auch *Gundlach/Frenzel/Schmidt* DZWIR 2001, 18, 20). Der Verwalter ist daher berechtigt, Forderungen, die unter § 166 Abs 2 fallen, **ohne vorherige Mitteilung** einzuziehen. Der Gesetzgeber hat offenbar den Gläubiger in diesen Fällen nicht als schutzwürdig angesehen (*Niesert* bei *Andersen/Freihalter*, Aus- und Absonderungsrechte Rn 517). Zu beachten ist aber, dass der Verwalter beim Einzug von Forderungen oftmals nicht den vollen Nominalbetrag verwirklichen kann, sei es dass der Drittschuldner Gewährleistungsansprüche geltend macht oder mit Gegenforderungen aufrechnet oder dass aus sonstigen Gründen eine vergleichsweise Einigung mit dem Drittschuldner angezeigt ist (*Niesert* bei *Andersen/Freihalter*, Aus- und Absonderungsrechte Rn 517). Auch wenn nach dem Gesetzeswortlaut die Einbeziehung des Gläubigers bei der Einziehung einer sicherungsweise abgetretenen Forderung somit nicht zwingend erforderlich ist, empfiehlt sich die Beteiligung des Zessionars, um das Haftungsrisiko für die Insolvenzmasse und den Verwalter zu verringern (KS-*Klasmeyer/Elsner/Ringstmeier* S 1083, 1093 Rn 40, 41).

4a   Von der bloßen Einziehung ist allerdings der **Verkauf einer Forderung** zu unterscheiden. Insbesondere im Hinblick auf künftig fällig werdende, unverzinsliche oder zweifelhafte Forderungen kommt im Einzelfall oft nur ein Verkauf der Forderung unter dem Nominalwert an ein Factor- oder ein Inkassounternehmen in Betracht (BerlKo-*Breutigam* § 168 Rn 3; FK-*Wegener* § 168 Rn 4; *Obermüller/Hess* InsO Rn 765; *Niesert* bei *Andersen/Freihalter*, Aus- und Absonderungsrechte Rn 517). Bei einer solchen Art der Verwertung, die auch begrifflich eine „Veräußerung" ist, gebieten es Sinn und Zweck des § 168, dass der Verwalter den Sicherungsgläubiger über die jeweiligen Konditionen des Kaufvertrages informiert (BerlKo-*Breutigam* § 168 Rn 3; FK-*Wegener* § 168 Rn 4). Bei Verkauf der Forderung an eine Factoringbank oder an ein Inkassobüro macht es durchaus Sinn, dass dem absonderungsberechtigten Gläubiger die Möglichkeit eingeräumt wird, auf eine günstigere Verwertungsmöglichkeit hinzuweisen. Das gilt auch, wenn der Schuldner seine freiwillige Zahlung von einer Reduzierung der Forderung abhängig macht und der Verwalter, um einen Prozess zu vermeiden, auf den Vergleichsvorschlag eingeht und eine geringere Forderung zur Masse einzieht (*Gundlach/Frenzel/Schmidt* DZWIR 2001, 18, 20).

5   b) **Verarbeitung von beweglichen Sachen.** Plant der Verwalter vor der Veräußerung zwecks Verwertung „zunächst eine für den Gläubiger unschädliche Verbindung, Vermischung oder Verarbeitung", iSv § 172 Abs 2 so braucht er nach N/R/*Becker* (§ 168 Rn 7) hiervon den Gläubiger nicht in Kenntnis zu setzen. Anders aber, wenn die Verwendung der Sache die Sicherheit beeinträchtigt. Solchenfalls hat der Verwalter entweder eine Ersatzsicherheit zu stellen oder eine Zustimmung des Gläubigers herbeizuführen (N/R/*Becker* § 168 Rn 7). Durch die Mitteilung des Verwalters nach § 168 soll der Absonderungsberechtigte in die Lage versetzt werden, den Schaden durch Eigeninitiative abzuwenden, den er durch die vom Verwalter vorgesehene Art der Verwertung erleiden würde. Gerade dies ist aber die Situation, die § 172 Abs 2 regelt, wonach der Verwalter zur Verbindung, Vermischung oder Verarbeitung nur berechtigt ist, wenn das Sicherungsinteresse des Gläubigers gewahrt bleibt (so auch *Gundlach/Frenzel/Schmidt* DZWIR 2001, 18, 20). Wird das Sicherungsinteresse des absonderungsberechtigten Gläubigers durch Vermischung, Verbindung oder Verarbeitung beeinträchtigt oder auf sonstige Weise verletzt, so erfolgt die Verwertung unberechtigt und steht dem Absonderungsberechtigten entweder ein Ersatzabsonderungsrecht, ein Masseschuldanspruch nach § 55 Abs 1 Nr 3 oder ein Schadenersatzanspruch gegen den Verwalter nach § 60 zu (ausführlich *Ganter/Bitter* ZIP 2005, 93, 101).

6   **2. Form und Inhalt der Mitteilung des Verwalters.** Die Mitteilung des Verwalters **bedarf keiner Form.** Allerdings empfiehlt sich im Hinblick auf die Verwalterhaftung nach § 60 und die Beweissituation eine schriftliche Mitteilung. Ist der namentlich bekannte Absonderungsberechtigte im Inland nicht erreichbar, greift § 10 ein (N/R/*Becker* § 168 Rn 11). Der Hinweis des Verwalters nach § 168 Abs 1 S 1 muss **konkrete Angaben über die Verwertungsart** und deren Bedingungen – insbesondere zu den Erlösaussichten – enthalten, damit der Gläubiger in die Lage versetzt wird, die für ihn günstigere Verwertungsmöglichkeit abzuschätzen und den Verwalter darauf hinzuweisen (*Lwowski/Heyn* WM 1998, 473, 478; BerlKo-*Breutigam* § 168 Rn 4; K/P/B/*Flöther* § 168 Rn 4; *Gundlach/Frenzel/Schmidt* ZInsO 2001, 537, 539). Angaben zur **Art der Veräußerung**, über den Zeitpunkt des Vertragsschlusses und zur **Höhe des**

III. Hinweisrecht des Gläubigers auf eine günstigere Verwertungsmöglichkeit § 168

Veräußerungserlöses sind ebenso unverzichtbar wie die Angabe von **Zahlungsmodalitäten** und **Nebenabreden** (KS-*Klasmeyer/Elsner/Ringstmeier* S 1089 Rn 23; K/P/B/*Flöther* § 168 Rn 4; HK-*Landfermann* § 168 Rn 4; BerlKo-*Breutigam* § 168 Rn 4). Mitzuteilen sind auch die mit dem Verkauf verbundenen **Kosten** (FK-*Wegener* § 168 Rn 3). „Im Interesse der Praktikabilität wird man nicht allzu strenge Anforderungen stellen dürfen" (HK-*Landfermann* § 168 Rn 4). Andererseits aber setzt die Vorschrift voraus, dass sowohl vom Gläubiger als auch vom Verwalter alle Umstände mitgeteilt werden, die zur Beurteilung erforderlich sind, ob die eine oder andere Art der Verwertung günstiger ist. Die **Person des Käufers** braucht nicht zwingend genannt zu werden (HK-*Landfermann* § 168 Rn 5). Soll vom Verwalter eine **Sachgesamtheit veräußert** werden, zu der ein mit dem Absonderungsrecht belasteter Gegenstand gehört, ist auch die **geplante Erlösverteilung** an die einzelnen Gläubiger mitzuteilen (KS-*Klasmeyer/Elsner/Ringstmeier* S 1092 Rn 36; K/P/B/*Flöther* § 168 Rn 4). Will der Verwalter im Rahmen der Verwertung einer Sachgesamtheit, wie etwa eines ganzen Betriebes, dem Kaufinteressenten einen „Paketnachlass" einräumen, so ist auch darüber dem Einzelgläubiger, der ein Absonderungsrecht an einem Gegenstand der Sachgesamtheit besitzt, Mitteilung zu machen, um ihm Gelegenheit zu geben, durch Einzelveräußerung für das ihm zustehende Sicherungsgut einen besseren Kaufpreis zu erzielen (KS-*Klasmeyer/Elsner/Ringstmeier* S 1092 Rn 36). Trotzdem ist der Verwalter nicht verpflichtet, bei Nachweis einer **besseren Einzelveräußerung** das Sicherungsgut an den vom Gläubiger nachgewiesenen Käufer zu verkaufen. Er hat den Gläubiger aber so zu stellen, als wenn der bessere Kaufpreis erzielt worden wäre (KS-*Klasmeyer/Elsner/Ringstmeier* S 1092 Rn 36). Werden **Waren im laufenden Geschäftsbetrieb** veräußert, so reicht es nach HK-*Landfermann* (§ 168 Rn 4) aus, wenn der Verwalter angibt, zu welchen Preisen die Waren angeboten werden sollen.

3. **Adressat und Rechtzeitigkeit Mitteilung des Verwalters.** Die Mitteilung muss **gegenüber dem absonderungsberechtigten Gläubiger** erfolgen. Bestehen an einem Gegenstand des Schuldnervermögens mehrere Absonderungsrechte, hat der Verwalter die Mitteilungen gegenüber sämtlichen von der Veräußerung betroffenen Gläubigern abzugeben (K/P/B/*Flöther* § 168 Rn 7). Im Zweifel sollte der Verwalter Mitteilung an sämtliche Prätendenten machen. Schließen sich die Gläubiger in einem **Verwertungspool** zusammen, so genügt die Mitteilung an den Poolführer, wenn nicht der Pool bereit ist, das Sicherungsgut zwecks Verwertung selbst zu übernehmen, wobei die kostengünstigere Verwertung bereits eine Herausgabe durch den Verwalter rechtfertigt. 7

Der Insolvenzverwalter ist verpflichtet, dem Sicherungsgläubiger die beabsichtigte Veräußerung an einen Dritten **rechtzeitig** mitzuteilen (*Gottwald/Gottwald* InsRHdb § 42 Rn 130). In der Mitteilung ist der Gläubiger darauf hinzuweisen, dass er gem § 168 Abs 2 die Möglichkeit hat, **innerhalb einer Woche** eine für ihn **günstigere Verwertungsmöglichkeit** aufzuzeigen. Da der Hinweis nach § 168 Abs 2 binnen einer Woche zu erfolgen hat, andererseits aus dem Gesetzeswortlaut ein Zeitpunkt für den Fristbeginn nicht ersichtlich ist, kommt es für die **Bestimmung der Frist** grundsätzlich auf den Zugang der Mitteilung beim Gläubiger an. Zulässig ist es auch, dass der Verwalter ausdrücklich **den Fristbeginn festlegt** (*Lwowski/Heyn* WM 1998, 473, 478). Die Frist muss jedenfalls so bemessen sein, dass dem Gläubiger die Möglichkeit bleibt, binnen einer Woche auf eine andere und für ihn günstigere Möglichkeit der Verwertung hinzuweisen. Ist die Frage streitig, ob der Verwalter die für den Hinweis des Gläubigers erforderliche **Wochenfrist** eingehalten hat, trifft ihn die **Beweislast**. Dagegen trifft den Gläubiger die Beweislast dafür, dass die vom Verwalter nicht wahrgenommene Verwertungsmöglichkeit tatsächlich bestanden hat und dass sie einen höheren Erlös erbracht hätte. 7a

Die Mitteilung des Verwalters entfaltet **keinerlei Bindungswirkung.** Auch nach Eingang eines verbesserten Angebotes ist der Insolvenzverwalter nicht verpflichtet, erneut Mitteilung an den Sicherungsgläubiger zu machen (**OLG Karlsruhe** NZI 2008, 747 = ZIP 2009, 282; K/P/B/*Flöther* § 168 Rn 7), wenngleich sich auch solches in der Praxis oftmals empfiehlt. Zutreffend weist *Breutigam* (BerlKo-*Breutigam* § 168 Rn 8) darauf hin, dass Verwertungshandlungen ein fließender Prozess sind. Der Gläubiger müsse damit rechnen, dass auch nach der ihm gegenüber erfolgten Mitteilung der andere Interessent „nachbessert". Soweit der Gläubiger einen Alternativvorschlag unterbreitet hatte, erleidet er keinen Nachteil dadurch, dass der Verwalter ein noch besseres Angebot realisiert. Erklärt aber innerhalb der Wochenfrist des § 168 Abs 1 S 2 zB der Gläubiger die Bereitschaft zur Übernahme des Gegenstandes, kann ihn der Verwalter auf das ein zwischenzeitlich vorliegendes besseres Angebot hinweisen (BerlKo-*Breutigam* § 168 Rn 9). Nunmehr kann der Gläubiger seinerseits sein Angebot „nachbessern". Führt die Verzögerung dazu, dass das ursprüngliche Geschäft des Verwalters scheitert, so muss sich der Gläubiger an seinem ursprünglichen Verwertungsangebot festhalten lassen (BerlKo-*Breutigam* § 168 Rn 9). Die Einräumung einer **erneuten Wochenfrist** darf niemals dazu führen, dass Interessenten vom Erwerb Abstand nehmen mit der Folge, dass der Gegenstand sich letztlich als unverwertbar erweist (BerlKo-*Breutigam* § 168 Rn 9). 7b

III. Hinweisrecht des Gläubigers auf eine günstigere Verwertungsmöglichkeit

1. **Günstigere Verwertungsmöglichkeit.** § 168 Abs 1 S 2 verschafft dem Gläubiger die Gelegenheit, den Insolvenzverwalter auf eine günstigere Verwertungsmöglichkeit hinzuweisen. *Kirchhof* (Leitfaden 8

S 98) hält die Regelung in zweierlei Hinsicht für problematisch. Zum einen müsse der Insolvenzverwalter mindestens eine Woche lang auf die **Reaktion des Absonderungsberechtigten** warten. So lange dürfe er sich gegenüber Erwerbsinteressenten rechtlich nicht binden, also auch nicht eine sich kurzfristig ergebende Verkaufsgelegenheit nutzen. Insoweit könne es „daher zweckmäßig sein, wenn der Insolvenzverwalter und der Absonderungsberechtigte von vornherein eine **Rahmenvereinbarung** schließen, die den Verwalter ermächtigt, jede sich bietende **Verwertungsmöglichkeit von einem bestimmten Mindestpreis an aufwärts** zu ergreifen". Zum andern beanstandet *Kirchhof* (Leitfaden S 98 f), dass das Gesetz zur Frage der **Ernsthaftigkeit und Bonität** eines vom Absonderungsberechtigten benannten **Erwerbsinteressenten** schweigt. *Kirchhof*: „Was soll geschehen, wenn der Insolvenzverwalter Zweifel an der Zahlungsunfähigkeit des vom Gläubiger benannten Interessenten hat? M E sollte man darauf abstellen, ob ein ordentlicher Kaufmann anstelle des Verwalters an diesen Interessenten verkaufen würde." Zu fragen sei auch nach einem bloßen „Scheinangebot". Dabei werde natürlich stets eine etwaige Sicherung des Kaufpreises bedeutsam sein, zB durch Stellung einer Sicherheit durch den Erwerbsinteressenten. Auch *Mönning* (FS *Uhlenbruck* S 239, 245 f) hat die Vorschrift heftig kritisiert und dem Gesetzgeber vorgeworfen, er habe die mit der Regelung verbundenen Konsequenzen nicht bedacht. Ungeklärt sei zunächst, ob bei einer fiktiven Abrechnung gegenüber dem Sicherungsgläubiger auf der Basis einer angenommenen günstigeren Verwertungsmöglichkeit die Kostenbeiträge nach Maßgabe des tatsächlich erzielten Verwertungserlöses oder des angenommenen Verwertungserlöses zugrunde zu legen sind (für Letzteres zB N/R/*Becker* § 168 Rn 22). Offen sei auch, ob im Einzelfall niedrigere Verwertungskosten einem vorliegenden höheren Angebot „per Saldo gegenübergestellt werden dürfen, um eine günstigere Veräußerungsmöglichkeit zu belegen" (*Mönning* FS *Uhlenbruck* S 245). Ungeklärt ist auch, wie zu verfahren ist, wenn eine **Gemeinschaft von Mitberechtigten** absonderungsberechtigt ist oder wenn eine **Veräußerung von Sachgesamtheit**, bei der kein Preis für die einzelnen Gegenstände ermittelt wird, in Betracht kommt (KS-*Gottwald/Adolphsen* 1043, 1081 Rn 143; *Mönning* FS *Uhlenbruck* S 245). Bestehen zB an einem Maschinenpark Sicherungsrechte unterschiedlicher Gläubiger, wird nach *Mönning* (FS *Uhlenbruck* S 246) die Gesamtvermarktung im Rahmen einer Auffanglösung „zu einem unbeherrschbaren Risiko, da der Insolvenzverwalter kaum in der Lage ist, aus dem Gesamtpreis den Verwertungserlös für eine bestimmte Maschine abzuleiten, und zudem Gefahr läuft, dass der absonderungsberechtigte Gläubiger auf eine vermeintlich günstigere Verwertungsmöglichkeit hinweist und deren Berücksichtigung oder alternativ die Ausübung des Übernahmerechts gem § 168 Abs 3 InsO verlangt" (KS-*Gottwald/Adolphsen* S 1081 Rn 143). Hinsichtlich der **günstigeren Möglichkeit der Verwertung** sind grundsätzlich **drei Fallgestaltungen** zu unterscheiden: Günstigeres Drittangebot, Selbsteintritt des Gläubigers und Kosteneinsparung.

9 **a) Günstigeres Drittangebot.** Bei dem Hinweis des Gläubigers auf eine für ihn günstigere Verwertungsmöglichkeit handelt es sich um eine empfangsbedürftige Willenserklärung iSv § 130 BGB (KS-*Klasmeyer/Elsner/Ringstmeier* 1090 Rn 31). Streitigenfalls muss der Gläubiger im Interesse seiner Rechte aus § 168 Abs 2 den Zugang beim Verwalter beweisen. Zeigt der Gläubiger eine günstigere Verwertungsmöglichkeit auf, muss er dem Insolvenzverwalter gegenüber **konkrete Angaben** hinsichtlich des **günstigeren Drittangebots** machen, dh er muss sämtliche Faktoren mitteilen und gegebenenfalls nachweisen, die die von ihm dargestellte Drittveräußerung gegenüber dem Verwaltervorschlag als günstiger erscheinen lassen (K/P/B/*Flöther* § 168 Rn 9; FK-*Wegener* § 168 Rn 3; BerlKo-*Breutigam* § 168 Rn 10; *Lwowski/Heyn* WM 1998, 473, 478). Der Hinweis des Gläubigers muss **inhaltlich so bestimmt** sein, dass der Insolvenzverwalter Verwertungskosten und Erlös abzuschätzen in der Lage ist (*Gottwald/Gottwald* InsRHdb § 42 Rn 133; *Lwowski/Heyn* WM 1998, 473, 478). Auch müssen die erwarteten Mehrkosten ebenso wie der Mehrerlös eingeschätzt werden. **Allgemeine Behauptungen** des Gläubigers, „am Markt könne man für einen solchen Gegenstand doch einen viel höheren Erlös erzielen", reichen ebenso wenig aus wie die Behauptung, der Verwalter veräußere das Sicherungsgut „viel zu billig" (vgl auch *Obermüller/Hess* InsO Rn 777; KS-*Klasmeyer/Elsner/Ringstmeier* S 1090, Rn 29). Auf **bloße Vermutungen des Gläubigers** braucht sich der Verwalter nicht einzulassen. *Lwowski/Heyn* (WM 1998, 473, 478): „Ließe man als Gläubigerhinweis bloße Behauptungen genügen, öffnete man bewusster Verzögerung und damit dem Missbrauch dieses Instituts Tür und Tor, da wesentlich umfangreichere Prüfungen der Gläubigerangaben durch den Verwalter notwendig wären, als sie bei exakter Benennung erforderlich sind." Keinesfalls wollte der Gesetzgeber dem Insolvenzverwalter neben dem zusätzlichen Aufwand, der ohnehin mit der Überprüfung der Gläubigerangaben verbunden ist, auch noch das Risiko eines möglichen Mindererlöses aufbürden (*Uhlenbruck*, Das neue Insolvenzrecht, S 69). Wie bereits oben dargestellt wurde, kann der Gläubiger bei einem vom Verwalter angezeigten **Verkauf einer Sachgesamtheit** für seinen darin enthaltenen einzelnen Sicherungsgegenstand eine günstigere Einzelverwertungsmöglichkeit nachweisen (BerlKo-*Breutigam* § 168 Rn 12). Der Verwalter sollte in einem solchen Fall nur dann an einer Gesamtveräußerung festhalten, wenn der Vorteil aus dem Gesamtverkauf den an den Gläubiger zu leistenden Ausgleich nach § 168 Abs 2 übersteigt (BerlKo-*Breutigam* § 168 Rn 12; FK-*Wegener* § 168 Rn 8; *Niesert* bei *Andersen/Freihalter*, Aus- und Absonderungsrechte Rn 526). Will der Verwalter an der Gesamtveräußerung festhalten, muss er an den absonderungsberechtigten Gläubiger gem § 168 Abs 2 einen **Wertausgleich** zahlen (*Niesert* InVo 1998, 141, 144).

III. Hinweisrecht des Gläubigers auf eine günstigere Verwertungsmöglichkeit § 168

Da Differenzzahlungen immer zulasten der übrigen Insolvenzgläubiger gehen, hat der Insolvenzverwalter schon im Hinblick auf das Haftungsrisiko nach § 60 abzuwägen, ob und in welcher Höhe ein **Paketnachlass** im Fall der Gesamtveräußerung gerechtfertigt ist (vgl KS-*Klasmeyer/Elsner/Ringstmeier* S 29, 30; *Gottwald/Gottwald* InsRHdb § 42 Rn 133; *Lwowski/Heyn* WM 1998, 473, 478; FK-*Wegener* § 168 Rn 8).

Kirchhof (Leitfaden S 99) hat weiterhin die Frage gestellt, was geschehen soll, wenn es überhaupt nicht zur Verwertung kommt, weil das **Schuldnerunternehmen** entsprechend dem Leitziel der Reform des Insolvenzrechts **fortgeführt** wird. Solchenfalls gebe es „entweder den Kaufpreis für die Übertragung des Unternehmens als Ganzes an eine Übernahmegesellschaft, woraus der absonderungsberechtigte Gläubiger anteilig zu befriedigen ist". Oder aber der Schuldner führe das Unternehmen fort, dann müsse das durch einen Insolvenzplan geschehen, der auch Einzelheiten über die Befriedigung der Absonderungsberechtigten enthalten müsse (vgl zur Rechtsstellung der Absonderungsberechtigten im Insolvenzplanverfahren *Niesert* in: *Andersen/Freihalter*, Aus- und Absonderungsrechte Rn 638 ff). Nach § 223 Abs 1 wird, wenn im Insolvenzplan nichts anderes bestimmt ist, das Recht der absonderungsberechtigten Gläubiger zur Befriedigung aus den Gegenständen, an denen Absonderungsrechte bestehen, vom Plan nicht berührt. Allerdings sieht § 223 Abs 2 vor, dass im Plan **abweichende Regelungen** getroffen werden können bis hin zur Kürzung der Rechte.

9a

b) Selbsteintrittsrecht des Gläubigers, Abs 3. Nach Abs 3 kann die „günstigere Verwertungsart auch darin bestehen, dass der absonderungsberechtigte Gläubiger den Gegenstand selbst übernimmt (zum Wunsch des Absonderungsgläubigers nach Eigenverwertung *Ries* ZInsO 2007, 62). Der übernehmende Gläubiger kann die übernommene Sache entweder auf eigene Rechnung verwerten oder nutzen. Mit der Übernahme erwächst dem Gläubiger die Verpflichtung, den von diesem angezeigten Preis an den Verwalter zu bezahlen. Gleichzeitig hat er einen Anspruch auf Auskehrung des Veräußerungserlöses aus der damit bewirkten Verwertung. Beide Ansprüche darf der Gläubiger miteinander verrechnen (*Gottwald/Gottwald* InsRHdb § 42 Rn 135; *Niesert* bei *Andersen/Freihalter*, Aus- und Absonderungsrechte Rn 528; FK-*Wegener* § 168 Rn 7). Eine Verrechnung mit der Forderung gegenüber dem Schuldner ist durch § 96 Abs 2 ausgeschlossen (FK-*Wegener* § 168 Rn 7). Bei **Selbsteintritt des Gläubigers** in den beabsichtigten Veräußerungsvertrag ist nicht erforderlich, dass sich die Masse oder der Gläubiger **günstiger** steht. Der Gläubiger braucht dem Verwalter keine besseren Bedingungen anzubieten, als sie der Verwalter mitgeteilt hat (K/P/B/*Flöther* § 168 Rn 16; BerlKo-*Breutigam* § 168 Rn 13). Es reicht aus, dass der Gläubiger dem Verwalter anbietet, zu den mitgeteilten Bedingungen den Sicherungsgegenstand zu übernehmen. Eine Pflicht des Verwalters, auf ein solches Angebot einzugehen besteht freilich nicht. Bietet der Gläubiger den Selbsteintritt zu **ungünstigeren Bedingungen** an, so hat der Verwalter abzuwägen, ob nicht letztlich zugunsten der Masse die Übernahme durch den Gläubiger doch günstiger ist, zB wenn dieser auf seine Ausfallforderung nach § 52 verzichtet (K/P/B/*Flöther* § 168 Rn 16). Im Falle der Übernahme trägt der Gläubiger allein das Verwertungsrisiko. Einen eventuell erzielten **Mehrerlös** über den mit dem Verwalter vereinbarten Wert hinaus kann der Gläubiger behalten, dieser wird nicht auf seine Insolvenzforderung angerechnet (Begr RegE zu § 193, BR-Drucks 1/92; BGH v 3. 11. 05 – IX ZR 181/04, BGHZ 165, 28 = NJW 2006, 228; HK-*Landfermann* § 168 Rn 15; krit zu den bürgschaftsrechtlichen Konsequenzen *Foerste* NZI 2006, 275; str aA N/R/*Becker* § 168 Rn 28–31).

10

Der Verwalter braucht dem Angebot des Gläubigers nicht zu entsprechen, sondern bleibt nach wie vor berechtigt, den Gegenstand anderweitig zu verwerten. Der Gläubiger gewinnt aber solchenfalls einen Ausgleichsanspruch nach § 168 Abs 2. Ein solcher Ausgleichsanspruch besteht nicht, wenn die Übernahme zu den gleichen Bedingungen erfolgt wäre, die der Verwalter mit dem Drittinteressenten ausgehandelt hat. Der Gläubiger steht dann letztlich nicht schlechter, als wenn er die Sache übernommen hätte. Da es sich auch bei **Selbsteintritt des Gläubigers** um eine Verwertung durch den Verwalter handelt, hat der Gläubiger auch im Fall einer Verrechnung den **Kostenbeitrag nach den §§ 170, 171** an den Verwalter abzuführen (K/P/B/*Flöther* § 168 Rn 15; KS-*Klasmeyer/Elsner/Ringstmeier* S 1091 Rn 32; HK-*Landfermann* § 168 Rn 14; BerlKo-*Breutigam* § 168 Rn 13). Nach Auffassung von *Lwowski/Heyn* (WM 1998, 473, 477) sind die dem Gläubiger entstandenen **Kosten für die Feststellung des Gegenstandes, seine Erhaltung und Durchführung der Verwertung** von dem an den Verwalter zu zahlenden Kaufpreis abzusetzen. Zutreffend weist *Gottwald* (*Gottwald/ Gottwald* InsRHdb § 42 Rn 135) darauf hin, dass dies nicht überzeugend ist, da auch ein sonstiger Erwerber seine Unkosten nicht vom vereinbarten Kaufpreis abziehen könne. Zumindest müssten diese Unkosten bei der Beurteilung der günstigeren Verwertungsmöglichkeit berücksichtigt werden. Das ist richtig, denn auch die Übernahme des Absonderungsgegenstandes durch den Gläubiger ist eine Verwertungshandlung des Insolvenzverwalters.

10a

c) Kostenersparnis. Nach § 168 Abs 3 S 2 ist eine Verwertungsmöglichkeit auch günstiger, wenn Kosten eingespart werden. Letztlich entscheidend ist immer die Abwägung, ob im Einzelfall bei der einen oder anderen Verwertungsart höhere oder niedrigere Kosten zulasten der Masse anfallen. Maßgeblich dabei ist immer nur der um die Kosten bereinigte **Nettoerlös** (BerlKo-*Breutigam* § 168 Rn 19). So kann zB die Übernahme der Verwertung von Gegenständen, die der Absonderung unterliegen, durch

11

sogen **Sicherheitenverwertungsgemeinschaften** (Gläubigerpools) im Einzelfall kostengünstiger sein, weil der Verwalter die Verwertungskosten erspart. Andererseits hat er zu berücksichtigen, dass der Masse gem § 170 Abs 2 der Verwertungskostenbeitrag in Höhe von pauschal fünf Prozent des Verwertungserlöses „verloren geht". Auch können die Kosten der Aufbewahrung und Sicherung von Gegenständen, die der Absonderung unterliegen, so hoch sein, dass es günstiger ist, die Gegenstände unverzüglich aus der Masse an den Sicherheitenverwertungspool freizugeben. Die **Beweislast** dafür, dass die vom Gläubiger vorgeschlagene anderweitige Verwertung tatsächlich günstiger gewesen wäre, hat immer der Gläubiger (BerlKo-*Breutigam* § 168 Rn 21). Kosten werden immer gespart, wenn mit der Verwertung weitere finanzielle Belastungen der Masse bestehen, wie zB eine als Veräußerungsvoraussetzung notwendige Reparatur des Sicherungsgegenstandes oder eine kostenintensive Lieferung des Gegenstandes (K/P/B/*Flöther* § 168 Rn 8). Allerdings muss die günstigere Verwertungsmöglichkeit realisierbar sein. Ob sich außerhalb der eigentlichen Verwertung liegende Umstände, wie zB kurzfristige Zahlungstermine des Erwerbers, auf die Kostengünstigkeit der Verwertung auswirken, ist zweifelhaft, aber letztlich zu bejahen, da es auf die gesamten Umstände ankommt (str aA KS-*Klasmeyer/Elsner/Ringstmeier* 1090 Rn 29).

12   **2. Wochenfrist für den Gläubigerhinweis.** Der Absonderungsberechtigte kann gem § 168 Abs 1 S 2 **binnen einer Woche** nach Mitteilung der Verwertungsabsicht einen alternativen Verwertungsvorschlag machen. Der Hinweis des Gläubigers ist eine **empfangsbedürftige Willenserklärung**, auf die die Vorschriften der §§ 130 ff BGB Anwendung finden (KS-*Klasmeyer/Elsner/Ringstmeier* S 1090 Rn 31; *Lwowski/Heyn* WM 1998, 473, 478; K/P/B/*Flöther* § 168 Rn 10; BerlKo-*Breutigam* § 168 Rn 22). Die **Frist** beginnt idR mit dem Zugang der Veräußerungsmitteilung beim absonderungsberechtigten Gläubiger (*Lwowski/Heyn* WM 1998, 473, 478; BerlKo-*Breutigam* § 168 Rn 22; N/R/*Becker* § 168 Rn 12). Die Frist ist wegen des Beschleunigungseffekts kurz bemessen. Jedoch ist sie **keine Ausschlussfrist** (N/R/*Becker* § 168 Rn 13; *Lwowski/Heyn* WM 1998, 473, 478; *Gottwald/Gottwald* InsRHdb § 42 Rn 131; BerlKo-*Breutigam* § 168 Rn 23). Der Verwalter hat auch **verspätete Hinweise** zu beachten, solange er den Gegenstand noch nicht verwertet hat oder eine Änderung der begonnenen Verwertung ohne zusätzliche Kosten möglich ist (*Gottwald/Gottwald* InsRHdb § 42 Rn 131; FK-*Wegener* § 168 Rn 5; *Schmidt-Räntsch* § 168 Rn 3; *Funk*, Die Sicherungsübereignung S 87; *Zimmermann* NZI 1998, 57, 61). Im Übrigen liegt **Rechtzeitigkeit** iSv § 168 Abs 2 S 1 dann vor, wenn dem Verwalter vor der Durchführung der beabsichtigten Veräußerung ein zumutbarer Zeitraum verbleibt, um den Gläubigerhinweis zu prüfen (K/P/B/*Flöther* § 168 Rn 10). Gegen die Versäumung der Frist kommt eine **Wiedereinsetzung in den vorigen Stand** nicht in Betracht (N/R/*Becker* § 168 Rn 16; BerlKo-*Breutigam* § 168 Rn 25). Die **Beweislast** für die Rechtzeitigkeit des Hinweises trägt der absonderungsberechtigte Gläubiger. Da im Übrigen die Bestimmung der Wochenfrist der zügigen Verfahrensabwicklung dient, sind strenge Anforderungen an den Nachweis der Rechtzeitigkeit zu stellen (BerlKo-*Breutigam* § 168 Rn 25).

13   **3. Anforderungen an den Gläubigerhinweis.** Der Gläubigerhinweis muss nicht nur fristgerecht erfolgen, sondern auch **inhaltlich hinreichend bestimmt** sein (*Lwowski/Heyn* WM 1998, 473, 478; *Gottwald/Gottwald* InsRHdb § 42 Rn 133). Reagiert der absonderungsberechtigte Gläubiger auf die Verwertungsmitteilung des Verwalters nicht oder nicht rechtzeitig, ist der Verwalter berechtigt, das Sicherungsgut in der beabsichtigten Art und Weise und zu den mitgeteilten Bedingungen zu verwerten (KS-*Klasmeyer/Elsner/Ringstmeier* S 1091 Rn 34). Ein **Schweigen des Gläubigers** berechtigt den Verwalter aber immer nur, den Absonderungsgegenstand entsprechend der Mitteilung an den Gläubiger zu verwerten. Ergibt sich eine andere (noch günstigere) Verwertungsmöglichkeit, muss der Verwalter nicht notwendigerweise eine **erneute Mitteilung** nach § 168 Abs 1 S 1 veranlassen (s o Rn 7 b; KS-*Klasmeyer/Elsner/Ringstmeier* S 1092 Rn 34). Für den Hinweis des Gläubigers sieht das Gesetz kein **Formerfordernis** vor. Doch ist dem Gläubiger anzuraten, im Interesse einer späteren Beweislage den Hinweis **schriftlich** abzufassen und gegen Empfangsbekenntnis zu erteilen (*Smid* § 168 Rn 2; BerlKo-*Breutigam* § 168 Rn 27). Wie bereits oben unter 1. a) dargestellt wurde, kann sich der Absonderungsberechtigte nicht auf **abstrakte Schätzwerte**, wie zB auf den Listenpreis nach Schwacke, berufen. Vielmehr muss er konkret darlegen und die Person benennen, die bereit ist, für den Absonderungsgegenstand einen höheren Preis zu bezahlen. Auch ist in dem Hinweis die **konkrete Verwertungsart** anzugeben sowie der **zu erwartende Mehrerlös** und die **geschätzten Verwertungskosten** (*Lwowski/Heyn* WM 1998, 473, 478; K/P/B/*Flöther* § 168 Rn 9). Nur die **exakte Angabe der Verwertungsmodalitäten** ermöglicht es, der vom Gesetzgeber gewollten Verfahrensbeschleunigung Rechnung zu tragen. Auf bloße allgemeine Hinweise und Vermutungen braucht der Verwalter nicht zu reagieren. Auch braucht er keine umfangreichen Amtsermittlungen nach § 5 anzustellen, ob die vage angegebene anderweitige Verwertungsmöglichkeit tatsächlich auch bessere Verwertungsergebnisse bringt. Weniger strenge Anforderungen an den Gläubigerhinweis würden nicht nur den Insolvenzverwalter mit einem zusätzlichen Arbeitsaufwand belasten, der mit der Prüfung der Angaben entsteht, sondern ihm auch das Risiko eines eventuellen Mindererlöses aufbürden (vgl *Uhlenbruck*, Das neue Insolvenzrecht, S 69; *Lwowski/Heyn* WM 1998, 473, 478). Ergeben sich beispielsweise **Zweifel hinsichtlich der Ernsthaftigkeit und Bonität** eines vom Absonderungsberechtigten benannten Erwerbsinteressenten, wird der Verwalter allerdings im Hinblick auf den

V. Schadenersatz und Einwand der Veräußerung unter Wert § 168

Vorwurf einer **Veräußerung unter Wert** eingehende Ermittlungen anstellen müssen mit der Folge, dass oftmals der Erwerbsinteressent abspringt.

Kollidieren die Rechte des absonderungsberechtigten Gläubigers auf Wahrnehmung einer anderweitigen Verwertungsmöglichkeit oder auf Übernahme des Sicherungsgutes mit einer angestrebten **übertragenden Sanierung**, müssen nach zutreffender Feststellung von *Mönning* (FS *Uhlenbruck* S 239, 246) die Rechte des Gläubigers zurückstehen, wenn auch unter Beachtung der Kompensationsmöglichkeit in Gestalt des Gleichstellungsanspruchs (§ 168 Abs 2). *Mönning* (FS *Uhlenbruck* S 446): „Voraussetzung für ihre Ausübung ist ein erhebliches und ohne weiteres nachvollziehbares Missverhältnis zwischen der vom Verwalter vorgesehenen Verwertung und einer anderweitigen Verwertungsmöglichkeit, die konkret gegeben sein muss und vom absonderungsberechtigten Gläubiger darzulegen und zu beweisen ist." Schwierigkeiten ergeben sich in Bezug auf das Hinweisrecht des Gläubigers auch, wenn **mehrere Gläubiger an einem Gegenstand Absonderungsrechte** haben, zB mehrere Rohstofflieferanten aufgrund verlängerten Eigentumsvorbehalts oder Herstellerklauseln am Endprodukt (vgl BerlKo-*Breutigam* § 168 Rn 28). Machen in einem solchen Fall die Gläubiger unterschiedliche, aber wirtschaftlich gleichwertige Verwertungsvorschläge, so bleibt nur die Möglichkeit, einen Pool- oder Sicherheitenverwertungsvertrag abzuschließen und sich im Innenverhältnis auf einen Verteilungsschlüssel zu einigen. 13a

IV. Nachteilsausgleichspflicht bei Verwertung durch den Verwalter

Der Verwalter ist auch bei fristgerechtem Eingang des ordnungsgemäß erfolgten Gläubigerhinweises **nicht verpflichtet, die durch den Gläubiger aufgezeigte anderweitige Verwertungsmöglichkeit tatsächlich wahrzunehmen** (HK-*Landfermann* § 168 Rn 11; *Niesert* bei *Andersen/Freihalter*, Aus- und Absonderungsrechte Rn 520). Ob er die alternative günstigere Verwertungsmöglichkeit wahrnimmt, steht in seinem pflichtgemäßen Ermessen. Das von den Gläubigern bestimmte Verfahrensziel kann es im Einzelfall gebieten, den der Absonderung unterliegenden Gegenstand auf andere Weise zu verwerten oder im Rahmen einer Betriebsfortführung zu nutzen. Vor allem in den Fällen, in denen die Gesamtveräußerung des Betriebsvermögens oder von Betriebsteilen möglich erscheint und der Erwerber ua auch am Erwerb des Sicherungsgegenstandes interessiert ist, wird der Verwalter die im Gläubigerhinweis enthaltene Verwertungsmöglichkeit nicht wahrnehmen. Für diesen Fall sieht § 168 Abs 2 vor, dass der Verwalter den Gläubiger so zu stellen hat, als wäre die aufgezeigte günstigere Verwertungsmöglichkeit oder das Selbsteintrittsangebot von ihm wahrgenommen worden. In der **Höhe** Differenz zwischen dem tatsächlichen Verwertungserlös des Verwalters und dem Verwertungserlös aufgrund der vom Gläubiger vorgeschlagenen Verwertungsart billigt das Gesetz dem Gläubiger einen **Ersatzanspruch** zu, der den Rang einer Masseverbindlichkeit iSv §§ 53, 55 Abs 1 Nr 1 hat (**OLG Celle** ZIP 2004, 725 = EWiR 04, 715 Anm *Blank* bez Verwertung durch öffentliche Versteigerung; *Lwowski/Heyn* WM 1998, 473, 478). Gewinninteressen des Gläubigers aus einer Weiterveräußerung des Sicherungsguts sind nicht umfasst (OLG Karlsruhe NZI 2008, 747) Der Zahlungsanspruch entsteht aber nur unter der Voraussetzung, dass aus dem tatsächlich erzielten Erlös die Insolvenzforderung des Gläubigers nicht voll befriedigt werden kann (BerlKo-*Breutigam* § 168 Rn 29). Kann eine **Sachgesamtheit** nur zusammen mit dem Absonderungsgegenstand veräußert werden, so ist der Erlös für den einzelnen Absonderungsgegenstand möglicherweise geringer als bei einer Einzelveräußerung. Weist der Sicherungsgläubiger die günstigere Möglichkeit einer Einzelveräußerung nach, entschließt sich aber der Verwalter für eine Gesamtveräußerung, so hat der Verwalter den Gläubiger so zu stellen, als wäre im Rahmen der Einzelveräußerung der bessere Kaufpreis erzielt worden (KS-*Klasmeyer/Elsner/Ringstmeier* 1092 Rn 36; HK-*Landfermann* § 168 Rn 11 m Beispiel; BerlKo-*Breutigam* § 168 Rn 31; FK-*Wegener* § 168 Rn 8; *Smid* § 168 Rn 4; N/R/*Becker* § 168 Rn 34 ff). Die **Beweislast** dafür, dass die vom vorgeschlagene günstigere Verwertung tatsächlich zu einem günstigeren Ergebnis und die Unterlassung durch den Verwalter zu einem Nachteil geführt hat, trägt der absonderungsberechtigte Gläubiger (vgl Begr zu § 193 RegE, BT-Drucks 12/2443, S 179; N/R/*Becker* § 168 Rn 39; HK-*Landfermann* § 168 Rn 11; KS-*Gottwald/Adolphsen* S 1043, 1081 Rn 143). 14

V. Schadenersatz und Einwand der Veräußerung unter Wert

Verwertet der Insolvenzverwalter Gegenstände, an denen Absonderungsrechte bestehen, ohne § 168 zu beachten, so setzt er sich dem vom Gläubiger zu erhebenden **Einwand der Veräußerung unter Wert** aus und zugleich einer **Ausgleichspflicht** gegenüber dem hinweisgebenden Gläubiger (*Lwowski/Heyn* WM 1998, 473, 479; *Zimmermann* NZI 1998, 57, 61; BerlKo-*Breutigam* § 168 Rn 32). Für die **Nichtberücksichtigung des Gläubigerhinweises** sieht das Gesetz in § 168 Abs 2 eine **Ausgleichspflicht** vor, die den Gläubiger für die Nichtwahrnehmung der günstigeren Verwertungsmöglichkeit entschädigen soll. Über die Ausgleichspflicht des § 168 Abs 2 hinaus ist der Verwalter aber auch gem § 60 gegenüber dem absonderungsberechtigten Gläubiger zum Schadenersatz verpflichtet, wenn er schuldhaft die optimale Verwertung des Absonderungsgegenstandes unterlässt (vgl auch BerlKo-*Breutigam* § 168 Rn 34; *Zimmermann* NZI 1998, 57, 61; N/R/*Becker* § 168 Rn 50–52). Greift § 168 Abs 2 von vornherein nicht 15 ein, wie zB wenn der Verwalter zwischen mehreren Verwertungsmöglichkeiten nicht die für den Gläubiger günstigste wählt, kommt gleichfalls eine Haftung des Verwalters nach § 60 in Betracht. Auch wenn der Verwalter schuldhaft die Mitteilung unterlässt und der Gläubiger nachweisen kann, dass er auf eine günstigere Verwertungsmöglichkeit hingewiesen hätte, haftet der Verwalter dem Gläubiger nach § 60. Ein **Ausschluss des Einwandes der Veräußerung unter Wert** ist zwar im Gesetz nicht ausdrücklich geregelt, kommt jedoch dann in Betracht, wenn im Einzelfall nach dem Grundsatz von Treu und Glauben eine unzulässige Rechtsausübung vorliegt (vgl *Lwowski/Heyn* WM 1998, 473, 479; *Zimmermann* NZI 1998, 57, 61). Hat die vom Verwalter tatsächlich durchgeführte Verwertung der Masse keinen Vorteil gebracht, sondern war der Abschluss des Veräußerungsvertrages **massenachteilig**, so steht der Masse ein **Schadenersatzanspruch nach § 60 Abs 1** gegenüber dem Verwalter zu, der nur durch einen Sonderverwalter geltend gemacht werden kann (BerlKo-*Breutigam* § 168 Rn 32).

§ 169 Schutz des Gläubigers vor einer Verzögerung der Verwertung

¹Solange ein Gegenstand, zu dessen Verwertung der Insolvenzverwalter nach § 166 berechtigt ist, nicht verwertet wird, sind dem Gläubiger vom Berichtstermin an laufend die geschuldeten Zinsen aus der Insolvenzmasse zu zahlen. ²Ist der Gläubiger schon vor der Eröffnung des Insolvenzverfahrens auf Grund einer Anordnung nach § 21 an der Verwertung des Gegenstands gehindert worden, so sind die geschuldeten Zinsen spätestens von dem Zeitpunkt an zu zahlen, der drei Monate nach dieser Anordnung liegt. ³Die Sätze 1 und 2 gelten nicht, soweit nach der Höhe der Forderung sowie dem Wert und der sonstigen Belastung des Gegenstands nicht mit einer Befriedigung des Gläubigers aus dem Verwertungserlös zu rechnen ist.

I. Allgemeines

1   Nach § 159 ist der Insolvenzverwalter verpflichtet, nach dem Berichtstermin unverzüglich das zur Insolvenzmasse gehörende Schuldnervermögen zu verwerten, soweit die Beschlüsse der Gläubigerversammlung nicht entgegenstehen. Für den Entzug der Verwertungsbefugnis im Insolvenzeröffnungsverfahren (§ 21 Abs 1, Abs 2 Nr 3, 5) und als Ausgleich für das Vollstreckungsverbot des § 89 Abs 1 verschafft § 169 dem absonderungsberechtigten Gläubiger neben § 172, der einen **Wertausgleich** vorsieht, einen **Zinsanspruch**, wenn die Verwertung des Sicherungsgut im Interesse zB einer Unternehmensfortführung oder einer Gesamtveräußerung hinausgeschoben wird (**BGH** v 16. 2. 06 – IX ZR 26/05, BGHZ 166, 215, 218 = ZIP 2006, 814; **BGH** v 17. 7. 08 – IX ZR 132/07, NJW 2008, 3064, 3066; dazu krit *Gundlach/Frenzel/Jahn* ZInsO 2009, 467 ff). Da das Gesetz mit den §§ 166 ff das Verwertungsrecht auf den Insolvenzverwalter überträgt und dem absonderungsberechtigten Gläubiger ein Initiativrecht hinsichtlich der Verwertung nimmt, soll durch § 169 der Nachteil ausgeglichen werden, der dem Gläubiger bei einer unverschuldeten Verwertungsverzögerung durch den Insolvenzverwalter entsteht. Zugleich soll die Vorschrift dem Absonderungsberechtigten einen Ausgleich dafür verschaffen, dass der Insolvenzverwalter zur Nutzung des Sicherungsguts berechtigt ist (K/P/B/*Flöther* § 169 Rn 2). Der Gläubiger soll in die Lage versetzt werden, zur Überbrückung seine Liquidität anderweitig, zB durch ein Darlehen, zu sichern. Gleichzeitig soll die Vorschrift zu einer Beschleunigung des Verfahrens beitragen (vgl Begr RegE zu § 194 (§ 169 InsO), abgedr bei K/P, S 398; *Mönning* FS *Uhlenbruck* S 239, 264; K/P/B/*Flöther* § 169 Rn 2; N/R/*Becker* § 169 Rn 2; FK-*Wegener* § 169 Rn 1). Letztlich dient § 169 insofern auch dem Schutz des absonderungsberechtigten Gläubigers vor einer **unnötigen Verzögerung** der Verwertung durch den Insolvenzverwalter.

1a   § 169 betrifft nicht **bewegliche Sachen** und **unkörperliche Gegenstände**, zu deren Verwertung der Verwalter nach § 166 berechtigt ist. Die Vorschrift gilt nicht im **vereinfachten Verfahren** nach den §§ 311 ff, da gem § 313 Abs 3 S 2 das Verwertungsrecht dem Gläubiger zusteht. Bei der **Verwertung von Immobilien** greift hinsichtlich der Zinszahlungspflicht die Sondervorschrift des § 30 e ZVG ein. Systematisch tritt der Zinsanspruch des § 169 neben die Pflicht zur Verwertung aus § 159 und den Schadensersatzanspruch nach § 60. Er ergänzt diese Vorschriften um ein verschuldensunabhängiges Element (*Lwowski/Heyn* WM 1998, 473, 479). Der **vorläufige Insolvenzverwalter**, dem die Verwaltungs- und Verfügungsbefugnis über das Vermögen des Schuldners übertragen worden ist, ist gem § 22 Abs 1 S 2 Nr 2 verpflichtet, das Unternehmen bis zur Entscheidung über die Eröffnung des Insolvenzverfahrens fortzuführen, § 169 S 2, 3 gilt nur bei Anordnungen nach § 21 Abs 2 Nr 5 entsprechend. Der **endgültige Verwalter** ist gem § 159 erst zur Verwertung des Schuldnervermögens berechtigt und verpflichtet, wenn der Berichtstermin (§ 156) stattgefunden hat. In diesen Fällen mutet der Gesetzgeber den Absonderungsberechtigten ein Opfer insoweit zu, als sie die Gegenstände, die der Absonderung unterliegen, zunächst einmal unentgeltlich und zinslos dem Schuldnerunternehmen belassen müssen. Dieses Opfer ist aber in dem Augenblick für die absonderungsberechtigten Gläubiger unzumutbar, in dem aufgrund der Entscheidung der Gläubigerversammlung (§ 157) das Verfahrensziel festgelegt ist und der Verwalter verpflichtet ist, das Schuldnerunternehmen entweder zu verwerten oder im Rahmen einer fortführenden Sanierung zu benutzen. Das Spannungsverhältnis zwischen dem Interesse der absonderungsberechtigten Gläubiger an einer schnellen Verwertung und dem Interesse an einer Aufrechterhaltung des

Betriebes hat der Gesetzgeber in den §§ 169, 172 dadurch aufgelöst, dass er bei einer Verzögerung der Verwertung und Weiterbenutzung des Sicherungsguts durch den Verwalter dem Absonderungsgläubiger einen **Zins- und Wertverlustanspruch** einräumt (*Niesert* in: *Andersen/Freihalter*, Aus- und Absonderungsrechte Rn 537).

Ein Nachteilsausgleich nach § 169 steht dem absonderungsberechtigten Gläubiger nicht zu in den Fällen, in denen er selbst die Verwertung des Sicherungsguts verzögert und nach Ablauf einer Frist der Verwalter zur Verwertung berechtigt ist (§ 173 Abs 2 S 2). Zutreffend hat *Kirchhof* (Leitfaden S 94) darauf hingewiesen, dass insgesamt zu befürchten ist, „dass die ganze komplizierte Regelung – vor allem in der Anfangszeit der InsO – zu erheblichen Schwierigkeiten führen wird". Weigere sich der Insolvenzverwalter zu zahlen, sei der gesicherte Gläubiger gezwungen, wegen der Zinsen einen Prozess gegen die Insolvenzmasse zu führen, da das Insolvenzgericht insoweit regelmäßig nicht zu Anweisungen befugt sei. Auch wenn das Sicherungsgut sich zum Zeitpunkt der Insolvenzeröffnung noch im Besitz des Schuldners befindet, ist nach Auffassung von *Mönning* (FS *Uhlenbruck* S 239, 268) der zur Verwertung und Nutzung berechtigte Insolvenzverwalter „in ein unpraktikables und störanfälliges System von kompensatorischen Rechten der Gläubiger verstrickt, das ohne einen ausgeprägten Willen zur Kooperation dazu führen kann, dass sich die Parteien wechselseitig neutralisieren". Nach *Kirchhof* (Leitfaden S 94) gilt die „Besorgnis der übermäßigen Kompliziertheit des Gesetzes noch verstärkt" gegenüber der Einschränkung in § 169 Abs 3. In den Fällen, in denen der Gegenstand verwertet worden sei, lasse sich die Werthaltigkeit zwar zuverlässig ermitteln. Werde das Schuldnerunternehmen dagegen fortgeführt, also gar nicht verwertet, sei man auf unsichere Schätzungen angewiesen. 2

II. Zinszahlungspflicht des Insolvenzverwalters

1. **Nutzungsrecht am Absonderungsgegenstand.** Grundsätzlich steht dem Insolvenzverwalter im eröffneten Verfahren ein Recht zur Nutzung des Sicherungsguts zu (§ 172 Abs 1). Da der Verwalter auch über den **Zeitpunkt der Verwertung** entscheidet, könnte er ohne eine entsprechende gesetzliche Regelung das Sicherungsgut zeitlich unbegrenzt nutzen und eine Verwertung entsprechend hinauszögern. Dies ist dem absonderungsberechtigten Gläubiger jedoch nicht zuzumuten. Deshalb sieht § 169 vor, dass ihm ab einem bestimmten Zeitpunkt die geschuldeten Zinsen aus der Insolvenzmasse zu zahlen sind. Ausgeglichen wird nach § 169 nur **der Zinsnachteil**, der dem Gläubiger durch die Weiterbenutzung oder eine schleppende Verwertung des Absonderungsgegenstandes entsteht (LG Stendal v 7. 3. 2002 ZIP 2002, 765). Die Zinszahlungspflicht des Verwalters ist Äquivalent zu dem Zugriffsverlust des Absonderungsberechtigten (*Niesert* in: *Andersen/Freihalter*, Aus- und Absonderungsrechte Rn 539; *Lwowski/Heyn* WM 1998, 473, 479). Die Vorschrift korrespondiert mit § 172 Abs 1 S 1, wonach der Insolvenzverwalter den Absonderungsgegenstand benutzen darf, jedoch den dadurch entstehenden **Wertverlust** von der Verfahrenseröffnung durch laufende Zahlungen an den Gläubiger auszugleichen hat. 3

Im Übrigen besteht der Zinsanspruch unabhängig von der Pflicht des Verwalters nach § 159, die Masse unverzüglich nach dem Berichtstermin zu verwerten, und unabhängig von einer möglichen Schadensersatzpflicht nach § 60. Der Eintritt der Zinszahlungspflicht ist nicht von einem Verschulden abhängig. Allerdings besteht dann **kein Zinszahlungsanspruch,** soweit sich die Verwertung aus **nicht insolvenzspezifischen Gründen** verzögert (BGH v 16. 2. 06 – IX ZR 26/05, BGHZ 166, 215, 218 = ZIP 2006, 814). Diese Einschränkung ergibt sich aus dem Charakter des Zinsanspruchs als Entschädigung: Wenn auch der Gläubiger im Falle einer eigenen Verwertung die gesicherten Ansprüche nicht früher hätte verwirklichen können, besteht ein solches Entschädigungsbedürfnis nicht. Es liegt dann auch keine „Verzögerung der Verwertung" im Sinne der (amtlichen) Überschrift des § 169 vor. 3a

§ 169 ist lex specialis zu § 39 Abs 1 Nr 1, wonach die nach Verfahrenseröffnung anfallenden Zinsen grundsätzlich nachrangige Forderungen sind (*Lwowski/Heyn* WM 1998, 473, 480; *Smid* § 169 Rn 3; N/R/*Becker* § 169 Rn 5). Die Vorschrift trägt zugleich den – freilich im Ergebnis unbegründeten – verfassungsrechtlichen Bedenken im Hinblick auf Art 14 GG Rechnung, die gegenüber einem generellen Zinsstopp während der gesamten Dauer des Insolvenzverfahrens erhoben worden waren (vgl *Rümker* in: *Kübler* [Hrsg], Neuordnung des Insolvenzrechts, 1989, 135, 140). Im Einzelfall hat der Verwalter immer abzuwägen, ob sich die **Zinszahlung gegenüber dem Absonderungsberechtigten** zusammen mit den nach § 172 Abs 1 S 1 zu erbringenden **laufenden Zahlungen** im Verhältnis zur weiteren Nutzung des Gegenstandes oder der Suche nach einer vorteilhafteren Verwertungsmöglichkeit auch **lohnt**. Daher wird der Insolvenzverwalter zur Abwägung gezwungen, ob die weitere Nutzung wegen für die Masse vorteilhaft ist. Ist er selbst nicht in der Lage, günstig zu verwerten oder durch die Nutzung des Gegenstandes einen höheren Ertrag zu erzielen, als er dem Gläubiger an Zinsen schuldet, wird er dem Gläubiger den Gegenstand schnellstmöglich nach dem Berichtstermin zur Verwertung überlassen (*Niesert* in: *Andersen/Freihalter*, Aus- und Absonderungsrechte Rn 540). Das Nutzungsrecht des Verwalters wird zur **Nutzungspflicht**, wenn die Gläubigerversammlung im Berichtstermin die Fortführung des Schuldnerunternehmens beschließt und der Absonderungsgegenstand für die Fortführung des Betriebes unverzichtbar ist. 3b

4 **2. Zinsausgleich bei verzögerter Verwertung. a) Voraussetzungen der Zinszahlungspflicht.** Die Zinszahlungspflicht des Verwalters besteht bei Absonderungsrechten an beweglichen Sachen, die sich im Besitz des Verwalters befinden, oder an Forderungen, die der Schuldner zur Sicherung an einen Gläubiger abgetreten hatte (ausführlich *Hellmich* ZInsO 2005, 678). Weitere Voraussetzung für die Zinszahlungspflicht ist, dass der Gegenstand **aus insolvenzspezifischen Gründen** über den Berichtstermin hinaus vom Verwalter nicht verwertet wird. Wie bereits oben dargestellt wurde, hängt die Zinszahlungspflicht allerdings nicht davon ab, ob der Verwalter die Verwertung schuldhaft verzögert. Keine Voraussetzung für die Zinszahlungspflicht ist weiterhin, dass der Verwalter den **Gegenstand tatsächlich nutzt** oder nutzen kann (*Gottwald/Gottwald* InsRHdb § 42 Rn 114). Schließlich besteht die Zinszahlungspflicht nach § 169 unabhängig davon, ob der Absonderungsgegenstand nach der Sicherungsabrede auch für die Zinsen haftet oder nicht (N/R/*Becker* § 169 Rn 20; *Mönning* FS *Uhlenbruck* S 239, 265).

5 **b) Höhe der geschuldeten Zinsen.** Die Höhe der geschuldeten Zinsen ergibt sich primär aus dem Rechtsverhältnis zwischen dem absonderungsberechtigten Gläubiger und dem Schuldner. Ist zwischen Schuldner und Gläubiger eine **Vereinbarung über die Höhe der Verzugszinsen** getroffen worden, so ist diese maßgeblich (**BGH** v 16. 2. 06 – IX ZR 26/05, BGHZ 166, 215, 218 Rn 31 = ZIP 2006, 814, 817). Ist keine Vereinbarung über die Zinshöhe getroffen, greift der gesetzliche Zinssatz nach § 246 BGB als Mindestverzinsung. Insofern enthält die Vorschrift nach dem Verständnis des **BGH** eine selbständige Anspruchsgrundlage, wenn es an einer vertraglich bestimmten Verzinsungspflicht fehlt (aA *Mönning* FS *Uhlenbruck* S 239, 265). Ob darüber hinaus auch **Verzugszinsen** nach §§ 288, 247 BGB zu entrichten sind, ist str. Der **BGH** verneint dies mit dem Argument, dass das dem Verzugszins nach § 288 Abs 2 BGB innewohnende Sanktionselement nicht für Verzögerungen der Verwertung durch den Verwalter passe. Dem wird man beipflichten können, soweit der Schuldner vor Verfahrenseröffnung noch nicht in Verzug war. Lagen allerdings die Voraussetzungen der §§ 286, 288 BGB bereits vor Verfahrenseröffnung vor, so endet der Verzug nicht durch die Verfahrenseröffnung. Die Verzugszinsen sind also aus dem Verwertungserlös zu zahlen, da das Sicherungsgut auch hierfür haftet. Die nach § 169 zu entrichtenden Zinsen werden dann auf die Verzugszinsen angerechnet (HK-*Landfermann* § 169 Rn 15). Ist nur eine **teilweise Befriedigung** des Gläubigers zu erwarten, sind die Zinsen nur anteilig zu befriedigen (*Lwowski/Heyn* WM 1998, 473, 480). **Zinssätze aufgrund dinglicher Abreden** zwischen dem Schuldner und dem Gläubiger kommen ebenso wie bei § 30 e ZVG nicht in Betracht.

6 **c) Beginn der Zinszahlungspflicht. aa) Zinsbeginn im Regelfall.** Grundsätzlich beginnt die Zinszahlungspflicht aus § 169 mit dem Berichtstermin, in dem die Gläubigerversammlung über das Verfahrensziel entscheidet. Dies ist dadurch gerechtfertigt, dass die Verwertungspflicht und damit auch das Verwertungsrecht des Verwalters gem § 159 erst nach dem Berichtstermin einsetzt. Zudem ist entsprechend dem Zweck der Vorschrift eine Verzinsungspflicht nur dann zu begründen, wenn der Verwalter später verwertet, als es der Gläubiger gedurft und vernünftigerweise getan hätte (N/R/*Becker* § 169 Rn 12; *Mönning* FS *Uhlenbruck* S 239, 264). Hinzu kommt, dass auch der Gläubiger einige Zeit brauchen würde, um die Verwertung selbst durchzuführen (HK-*Landfermann* § 169 Rn 1; *Mönning* FS *Uhlenbruck* S 264 f; vgl auch KS-*Gottwald/Adolphsen* S 1043, 1074 Rn 118). Somit sind nur diejenigen Zinsen zu zahlen, die **für die Zeit vom Berichtstermin an** geschuldet werden (HK-*Landfermann* § 169 Rn 16). Hierunter fallen nicht etwa rückständige Zinsen für die vorausgehende Zeit (so aber *Lwowski/Heyn* WM 1998, 473, 489). Diese sind wie die Verzugszinsen aus dem Verwertungserlös zu tilgen (*Gottwald/Gottwald* InsRHdb § 42 Rn 1114; vgl auch **BGH** ZIP 1997, 120). Bemüht sich der Verwalter ordnungsgemäß um die **Einziehung einer sicherungszedierten Forderung**, beginnt die Zinszahlungspflicht erst am Tage nach dem Zahlungseingang, auch wenn dieser nach dem Berichtstermin liegt (**BGH** v 20. 2. 03 – IX ZR 81/02, BGHZ 154, 72 = ZIP 2003, 632 = NJW 2003, 2240, 2243). Denn zuvor fehlt es an einer Verzögerung durch den Verwalter, s. o. Rn 3.

6a Teilweise wird in der Literatur die Auffassung vertreten, dass die Zinspflicht des Verwalters erst beginnt, wenn er eine sich bietende Verwertungsmöglichkeit nicht nutzt (*Grub* in: *W Henckel/G. Kreft* [Hrsg], Insolvenzrecht 1998, S 131, 141; *Gottwald/Gottwald* InsRHdb § 42 Rn 114; BerlKo-*Breutigam* § 169 Rn 6; *Lwowski/Heyn* WM 1998, 473, 479). Dem kann schon im Hinblick auf den Gesetzeswortlaut und die entstehenden Schwierigkeiten bei der Feststellung eines schuldhaften Zögerns des Verwalters nicht gefolgt werden (**LG Stendal** v 7. 3. 2002 ZIP 2002, 765, 769; *Hellmich* ZInsO 2005, 678; FK-*Wegener* § 169 Rn 3; HK-*Landfermann* § 169 Rn 5). Zutreffend weist *Landfermann* (HK-*Landfermann* § 169 Rn 5) darauf hin, dass eine solche Regel kaum praktikabel wäre. Der Gläubiger müsste im Einzelfall immer nachweisen, dass der Verwalter die erste sich bietende Verwertungsmöglichkeit nicht wahrgenommen hat. Deshalb ist entsprechend dem Gesetzeswortlaut **objektiv auf den Berichtstermin** abzustellen, ohne dass es auf eine bewusste Verzögerung durch den Insolvenzverwalter oder eine Verwertungsmöglichkeit ankäme

7 **bb) Zinsbeginn bei Sicherungsmaßnahmen im Eröffnungsverfahren.** Dem absonderungsberechtigten Gläubiger stehen ausnahmsweise Zinszahlungen aus der Masse schon vor dem Berichtstermin zu, wenn er bereits im Insolvenzeröffnungsverfahren durch eine **einstweilige Anordnung des Insolvenzgerichts gem § 21 Abs 2 Nr 5** an der Verwertung des Sicherungsgegenstandes gehindert worden ist (§ 169 S 2;

III. Ausnahmen von der Verzinsungspflicht § 169

hierzu **KG Berlin** v 11. 12. 2008 – 23 U 115/08, ZInsO 2009, 35 = EWiR 2009, 311 *[Köster]*). Ein allgemeines Verbot der Zwangsvollstreckung nach § 21 Abs 2 Nr 3 genügt insoweit nicht, da die **Durchsetzung einer Sicherungsabtretung** hiervon nicht berührt wird (**BGH** v 20. 2. 03 – IX ZR 81/02, BGHZ 154, 72 = ZIP 2003, 632 = NJW 2003, 2240, 2243; MüKo-*Haarmeyer* § 21 Rn 72). Ebenso wenig soll der Erlass eines Verbots für die Drittschuldner, an den Schuldner zu zahlen, ein Verwertungshindernis für Sicherungszessionare zur Folge haben. Liegen aber Sicherungsmaßnahmen vor, die gerade den absonderungsberechtigten Gläubiger an der Verwertung seiner Sicherungsrechte konkret hindern, setzt die Verzinsungspflicht unabhängig vom Zeitpunkt der Verfahrenseröffnung gem § 169 S 2 **drei Monate nach der einstweiligen Anordnung** ein (*Kirchhof* Leitfaden S 93; K/P/B/*Flöther* § 169 Rn 12; N/R/ *Becker* § 169 Rn 28; BerlKo-*Breutigam* § 169 Rn 5). *Kirchhof* (Leitfaden S 93): „Länger als drei Monate soll also kein gesicherter Gläubiger auf einen **Liquiditätszufluss** warten müssen." War der gesicherte Gläubiger schon **vor Verfahrenseröffnung** durch gerichtliche Maßnahmen am Zugriff auf die Sicherheit gehindert, so sind die Zinsen „spätestens" von dem Zeitpunkt an zu zahlen, der **drei Monate nach der Anordnung der Zugriffssperre** liegt (hierzu **KG Berlin** v 11. 12. 2008 – 23 U 115/08, ZInsO 2009, 35 = EWiR 2009, 311 *[Köster]*). Zutreffend weist *Landfermann* darauf hin, dass die Gesetzesformulierung nicht etwa ein Ermessen des Gerichts oder des Verwalters begründet, wann die Zinszahlungen aufgenommen werden (so aber K/P/B/*Flöther* § 169 Rn 12). Vielmehr soll der Fall erfasst werden, dass der Berichtstermin früher als drei Monate nach der Anordnung der Zugriffssperre liegt (vgl das Beispiel bei HK-*Landfermann* § 169 Rn 17). Dann bleibt es beim Berichtstermin als Beginn der Zinszahlungspflicht.

d) Unterbrechung und Beendigung der Verzinsungspflicht. Wird der Verwalter aufgrund einer insolvenzplanbedingten Aussetzung gem § 233 an der Verwertung gehindert, so haben auch die Sicherungsgläubiger das „vorrangige Interesse der Gläubigergesamtheit an der Umsetzung eines Insolvenzplans gegen sich gelten zu lassen" (BerlKo-*Breutigam* § 169 Rn 8). Dies ist auch deswegen gerechtfertigt, weil nach § 233 eine Abwägung vorzunehmen ist zwischen dem Interesse der Gläubiger an einer Planumsetzung und etwaigen Nachteilen für die Masse. Im Übrigen **endet die Zinszahlungspflicht** mit dem Abschluss der Verwertung, dh mit der Ausschüttung des Veräußerungserlöses an den Gläubiger (**BGH** v 20. 2. 03 – IX ZR 81/02, BGHZ 154, 72 = ZIP 2003, 632 = NJW 2003, 2240; N/R/*Becker* § 169 Rn 31; HK-*Landfermann* § 169 Rn 18). Die Zinszahlungspflicht endet darüber hinaus auch, wenn aufgrund von Absprachen des Gläubigers mit dem persönlichen Schuldner die Zinsschuld endet (N/R/ *Becker* § 169 Rn 33). 8

e) Zinszahlung als Masseschuld. Der Zinsanspruch fällt nicht unter § 39 Abs 1 Nr 1, sondern ist vom Verwalter im Rang einer Masseverbindlichkeit iSv § 55 Abs 1 Nr 1 zu begleichen (K/P/B/*Flöther* § 169 Rn 14; BerlKo-*Breutigam* § 169 Rn 2). Die Zahlungen richten sich nach den vertraglichen Vereinbarungen im Einzelfall und sind monatlich, quartalsmäßig oder jährlich zu erbringen. Die Zahlungen können aber auch aufgrund einer Vereinbarung in den Verwertungserlös einbezogen und mit diesem sodann abgerechnet werden. Die Auszahlung hat der Insolvenzverwalter zu veranlassen. Da es sich um eine Amtspflicht des Verwalters handelt, bedarf es eines Gläubigerantrags nicht (K/P/B/*Flöther* § 169 Rn 14). Im **Insolvenzeröffnungsverfahren** wird die Auszahlung der Zinsen von Amts wegen vom Insolvenzgericht angeordnet. Ist ein vorläufiger Insolvenzverwalter mit Verwaltungs- und Verfügungsbefugnissen bestellt, so obliegt ihm die Zahlung der Zinsen an den Sicherungsgläubiger (K/P/B/*Flöther* § 169 Rn 14). 9

f) Laufende Zinszahlungen aus der Masse. Nach § 169 S 1 sind die geschuldeten Zinsen **laufend** zu zahlen. Maßgeblich sind die zugrunde liegenden vereinbarten Zahlungsmodalitäten. Eine kürzere Zahlungsfrist als die vertraglich vereinbarte kommt nicht in Betracht. Der Verwalter hat von Amts wegen die Auszahlung vorzunehmen. Ein Gläubigerantrag ist nicht erforderlich. Der Verwalter darf die Zahlungen nicht etwa bis zur Verwertung aufschieben (N/R/*Becker* § 169 Rn 38). Vielmehr ist die Zinszahlung regelmäßig und im Zweifel **monatlich** vorzunehmen (HK-*Landfermann* § 169 Rn 20). Jedenfalls muss die Zinszahlung „in vertretbaren Abständen" erfolgen. Nach Auffassung von *Mönning* (FS *Uhlenbruck* S 239, 265) sind bei Fehlen vertraglicher Vereinbarungen die Zinsen **jährlich** zu zahlen. Diese Frist erscheint im Hinblick auf den Gesetzeszweck, nämlich dem Sicherungsgläubiger einen Liquiditätsausgleich zu verschaffen, zu kurz bemessen. Ist keine Vereinbarung zwischen den Beteiligten getroffen worden, wird man wohl von **monatlichen Zahlungen** ausgehen müssen (HK-*Landfermann* § 169 Rn 20). 10

III. Ausnahmen von der Verzinsungspflicht

1. Unterdeckung. Die Verzinsungspflicht besteht unabhängig von einer Nutzung des Sicherungsguts und gilt auch zugunsten der Sicherungszessionare von Forderungen, es sei denn, dass nach Höhe der Forderung sowie dem Wert und der Belastungen des Gegenstandes mit einer Befriedigung aus dem Verwertungserlös nicht gerechnet werden kann. Mit dieser Regelung soll nach zutreffender Feststellung von *Kirchhof* (Leitfaden S 93) „verhindert werden, dass der Gläubiger eine Verzinsung seiner gesamten 11

Forderung geltend machen kann, obwohl er bei einer Verwertung mit einem Teil der Forderung ausfallen würde". Die Zahlung von Zinsen kann danach vollständig unterbleiben, wenn das Absonderungsrecht des Gläubigers wegen anderer, vorrangiger Belastungen **wirtschaftlich wertlos** ist (HK-*Landfermann* § 169 Rn 11; K/P/B/*Flöther* § 169 Rn 7; FK-*Wegener* § 169 Rn 3, 5; BerlKo-*Breutigam* § 169 Rn 9). Da auf die konkreten Wertverhältnisse abzustellen ist, besteht nur eine **teilweise Zinspflicht**, wenn ein Teilausfall wahrscheinlich ist (*Niesert* InVo 1998, 141, 145; *Gottwald/Gottwald* InsRHdb § 42 Rn 119; FK-*Wegener* § 169 Rn 5; HK-*Landfermann* § 169 Rn 11; *Mönning* FS *Uhlenbruck* S 239, 266). Kann also mit einer vollen Befriedigung der Gläubigerforderung aus dem Sicherungsgut nicht gerechnet werden, so bemisst sich die Höhe der Zinsen nach dem **voraussichtlich niedrigeren Verwertungserlös** (K/P/B/*Flöther* § 169 Rn 7; BerlKo-*Breutigam* § 169 Rn 9). Die Wertermittlung richtet sich letztlich nach der Höhe der Gläubigerforderung, dem Wert des Sicherungsguts und der Höhe der möglicherweise bestehenden weiteren Belastungen an dem Sicherungsgut (*Mönning* FS *Uhlenbruck* S 239, 266). Die gleichen Grundsätze sind auch für den Fall einer „**Untersicherung**" eines Gläubigers anzuwenden. Vgl hierzu das **Beispiel** von *Mönning* (FS *Uhlenbruck* S 239, 266): „Wenn dem Schuldner ein Gesamtkredit über 1 Mio Euro gewährt wurde, der mit 10% zu verzinsen ist, dem Gläubiger zur Sicherheit aber nur Wirtschaftsgüter im Wert von Euro 100.000 übertragen wurden, hätte der Gläubiger zwar vertraglich einen Anspruch auf 10% Zinsen aus Euro 1 Mio. Gesichert und durch den Verwalter genutzt ist aber nur ein Bruchteil dieses Wertes. Entsprechend der Regelung des § 169 S 3 InsO, wonach der Zinsanspruch nur in Höhe der Befriedigungsaussichten entsteht, hat der Gläubiger nur Anspruch auf Zinsen in der Höhe, in der er aus dem Wert seiner Sicherheit Befriedigung erlangen könnte, also in Höhe von 10% aus Euro 100.000." Nach N/R/*Becker* (§ 169 Rn 47) ist die Einschätzung, welche Befriedigung der Gläubiger erlangen könnte, theoretisch fortwährend zu aktualisieren. Zutreffend weist aber *Landfermann* (HK-*Landfermann* § 169 Rn 20) darauf hin, dass eine fortlaufende Angleichung wenig praktikabel ist. Richtig ist, dass die Einschätzung der Befriedigungsaussichten nur auf **vorläufigen Schätzungen** beruht. Für die Zinszahlung besteht es deshalb allein auf der Prognose des Insolvenzverwalters an (K/P/B/*Flöther* § 169 Rn 7; BerlKo-*Breutigam* § 169 Rn 9). Stellt sich nach Verwertung des Absonderungsgegenstandes heraus, dass der **geschätzte Verwertungserlös zu hoch oder zu niedrig war**, so findet kein Ausgleich statt, da es allein auf die Prognose ankommt (HK-*Landfermann* § 169 Rn 12). Vermindert sich der Wert des Sicherungsgegenstandes während der Dauer des Insolvenzverfahrens erheblich, wie zB in Fällen der Weiterbenutzung durch den Insolvenzverwalter, so ist dies allerdings bei der Berechnung der Zinsen zu berücksichtigen (HK-*Landfermann* § 169 Rn 8). Andererseits erhält der Gläubiger bei Wertminderung die **Ausgleichszahlung nach § 172 Abs 1 S 1**. Es steht dem Verwalter und dem Gläubiger frei, im Einzelfall die **Zinshöhe aufgrund der Wertermittlung zu vereinbaren** (HK-*Landfermann* § 169 Rn 12). Nach HK-*Landfermann* (§ 169 Rn 12) ist auch eine Vereinbarung denkbar, dass nur wesentliche Abweichungen des tatsächlichen vom geschätzten Verwertungserlös, also zB mehr als fünfzig Prozent nach oben oder unten, berücksichtigt werden sollen.

12   **2. Sicherheiten- und Verwertungspool.** Schließen sich die an dem Sicherungsgegenstand berechtigten Sicherungsnehmer zu einem **Pool** zusammen, so dass alle Sicherungsnehmer zusammen einhundert Prozent der Forderungen und einhundert Prozent der am Gegenstand gestellten Sicherheiten ausmachen, greift nach *Smid* (§ 169 Rn 8) § 169 S 3 nicht ein, denn bei einer Poolbildung würden die Belastungen am Sicherungsgegenstand durch die Mitglieder des Pools gehalten. Nur wenn der Sicherungsgegenstand vollkommen wertlos ist, besteht in diesem Fall keine Zinszahlungspflicht.

IV. Zinszahlungspflicht und Wertausgleich

13   Von den Regelungen des § 169 bleibt der etwaige Ausgleich eines Wertverlustes bei Nutzung des Absonderungsgegenstandes durch den Verwalter nach § 172 unberührt (*Lwowski/Heyn* WM 1998, 473, 480; HK-*Landfermann* § 169 Rn 24). Die Verpflichtung zu **Ausgleichszahlungen für einen Wertverlust** für die Nutzung des Absonderungsgegenstandes durch den Insolvenzverwalter besteht somit unabhängig von der Zinszahlungspflicht nach § 169 (MüKo-*Lwowski/Tetzlaff* § 169 Rn 2; *Smid* WM 1999, 1141, 1143; FK-*Wegener* § 169 Rn 6; vgl auch BT-Drucks 12/7302, S 178 zu §§ 197, 198 RegE). Die **Zinszahlungen** nach § 169 sind Ausgleich für den zeitweiligen Liquiditätsentzug, die Ausgleichszahlungen nach § 172 Abs 1 schützen dagegen den Gläubiger vor einer Verminderung des Verwertungserlöses durch Wertverlust (HK-*Landfermann* § 169 Rn 24). Letztlich dienen beide Vorschriften dazu, dem Gläubiger die Nachteile auszugleichen, die ihm dadurch entstehen, dass er durch das in den §§ 166 ff geregelte Verwertungsrecht des Insolvenzverwalters gehindert ist, selbst unverzüglich nach Verfahrenseröffnung die Sicherheit zu verwerten. Dass die Regelung viel zu kompliziert ist und zahlreiche Streitfragen hervorruft, ist unverkennbar.

13a   Nach abweichender Auffassung von *Mönning* (FS *Uhlenbruck* S 239, 266 f) stehen **Zinsen und Wertausgleichszahlungen** nur **ausnahmsweise nebeneinander**. Leiste der Insolvenzverwalter im Vorgriff auf den später an den absonderungsberechtigten Gläubiger abzuführenden Verwertungserlös laufende Ausgleichszahlungen, die auf den Erlös anzurechnen sind, so seien in diesen Zahlungen Zinsen bereits enthalten, so dass letztere nicht nochmals gesondert verlangt werden könnten, da der Insolvenzverwalter

„das Sicherungsgut durch laufende Zahlungen sukzessive auslöst". Dies folge nach *Mönning* „ohne weiteres aus dem Umstand, dass der Anspruch auf Zinsen nur die Folge einer verzögerten Verwertung eines mit dem Absonderungsrecht belasteten Gegenstandes ist, so dass sich die Zinszahlung nur auf den Teil der gesicherten Forderung bezieht, der durch das Sicherungsgut oder den späteren Verwertungserlös gedeckt ist" (vgl auch N/R/*Becker* § 169 Rn 21 f). Nach *Mönning* reduzieren laufende Wertausgleichszahlungen somit die Bemessungsgrundlage für die vertraglich oder gesetzlich geschuldeten Zinsen. Da der Sicherungsgläubiger mit der Ausgleichszahlung für den Wertverlust die mit der Verzögerung verlorene Liquidität in Höhe dieses Wertverlustes bereits zurückgewinne, bedürfe es keiner Verzinsung nach § 169 S 1 oder 2. Wegen der noch verbleibenden Befriedigungsaussicht werde die Zinszahlung nach § 169 fortgesetzt. Mit fortschreitendem Wertverfall verschiebe sich aber nach und nach die Grundlage für die Zinsleistung von § 169 hin zu § 172 (vgl auch N/R/*Becker* § 172 Rn 24).

V. Durchsetzung von Ansprüchen nach § 169

Der absonderungsberechtigte Sicherungsgläubiger kann seinen Anspruch auf laufende Zinszahlungen 14
auch im eröffneten Verfahren als Massegläubiger vor einem **ordentlichen Gericht** geltend machen und vollstrecken, soweit nicht § 210 eingreift (BerlKo-*Breutigam* § 169 Rn 13; HK-*Landfermann* § 169 Rn 22). Aufsichtsmaßnahmen des **Insolvenzgerichts** nach § 58 kommen nur in den seltensten Fällen in Betracht, da es sich idR um Streitfragen handelt, die nicht der Beurteilung durch das Insolvenzgericht unterliegen (HK-*Landfermann* § 169 Rn 22). Für die Ermittlung des Wertes kann sich der Verwalter eines Sachverständigen bedienen (K/P/B/*Flöther* § 169 Rn 8). Ist im Einzelfall streitig, ob der Absonderungsberechtigte bei Verwertung überhaupt eine Befriedigungschance hat, ist auch dieser Streit vor den ordentlichen Gerichten auszutragen. Die Beweislast für die Voraussetzungen des § 169 S 3 trägt der Insolvenzverwalter (K/P/B/*Flöther* § 169 Rn 10), im Übrigen ist der Gläubiger beweisbelastet.

§ 170 Verteilung des Erlöses

(1) ¹Nach der Verwertung einer beweglichen Sache oder einer Forderung durch den Insolvenzverwalter sind aus dem Verwertungserlös die Kosten der Feststellung und der Verwertung des Gegenstands vorweg für die Insolvenzmasse zu entnehmen. ²Aus dem verbleibenden Betrag ist unverzüglich der absonderungsberechtigte Gläubiger zu befriedigen.

(2) Überläßt der Insolvenzverwalter einen Gegenstand, zu dessen Verwertung er nach § 166 berechtigt ist, dem Gläubiger zur Verwertung, so hat dieser aus dem von ihm erzielten Verwertungserlös einen Betrag in Höhe der Kosten der Feststellung sowie des Umsatzsteuerbetrages (§ 171 Abs. 2 Satz 3) vorweg an die Masse abzuführen.

I. Allgemeines zu Funktion und Anwendungsbereich der §§ 170, 171

1. Regelungszweck. Während in § 171 die Berechnung des Kostenbeitrags festgelegt ist, regelt § 170 1
die Verteilung des Erlöses aus der Verwertung von beweglichen Sachen oder Forderungen, an denen ein Absonderungsrecht des Gläubigers besteht. Die Vorschrift findet daher keine Anwendung beim **einfachen Eigentumsvorbehalt**. Nach dem Gesetzeswortlaut fallen Kostenbeiträge nur an, wenn der Verwalter zur Verwertung des Sicherungsgutes berechtigt ist. Bei beweglichen Sachen ist insofern nach § 166 Abs 1 der Besitz des Verwalters maßgeblich. Rechtspolitisch überzeugend weist *Mönning* (FS Uhlenbruck S 239, 249) darauf hin, dass diese Auslegung für die Kosten der Feststellung der Gegenstände und der hieran bestehenden Rechte nicht haltbar ist. Diese Feststellungsaufgabe habe der Insolvenzverwalter völlig unabhängig von den Besitzverhältnissen zu treffen. Der mit einem Sicherungsrecht belastete Gegenstand gehöre zur Insolvenzmasse mit der Folge, dass alle am Verfahren beteiligten Gläubiger die Feststellung der Rechtsverhältnisse beanspruchen können. Trotzdem hat der Gesetzgeber sich für das **Kostenverursachungsprinzip** entschieden mit der Folge, dass derjenige die Kosten der Feststellung und Verwertung zu tragen hat, zu dessen Gunsten letztlich die Verwertung betrieben wird (KS-*Gottwald/Adolphsen* S 1043, 1075 Rn 121; K/P/B/*Flöther* § 170 Rn 2). Mit der Neuverteilung der Kosten- und Umsatzsteuerbelastung verfolgt der Gesetzgeber das Ziel, die Insolvenzmasse von den zumeist erheblichen Bearbeitungskosten, die mit der Feststellung und Verwertung von Gegenständen, die der Absonderung unterliegen, zu entlasten (*Lwowski/Heyn* WM 1998, 473, 480; HK-*Landfermann* § 170 Rn 6). Mit der Neuregelung in den §§ 170, 171 bezweckt der Gesetzgeber insofern, dass Kosten, die durch die Wahrnehmung der Absonderungsrechte verursacht werden, auch von den absonderungsberechtigten Gläubigern selbst getragen werden und nicht zulasten der übrigen Insolvenzgläubiger gehen, wenn sie auf einem Aufwand beruhen, der den Umfang überschreitet, den der Verwalter zur Wahrnehmung der ihm gesetzlich obliegenden Aufgaben zwangsläufig betreiben muss (*Lwowski/Heyn* WM 1998, 473, 476; *Lwowski*, Insolvenzpraxis für Banken, RWS-Skript 124 S 120; *W Henckel*, RWS-Skript 125 S 20 f).

War ein **verpfändeter Gegenstand vor Verfahrenseröffnung** dem Gläubiger bereits übergeben worden, 2
so erschien es dem Gesetzgeber gerechtfertigt, ebenso wie beim **Einzug verpfändeter Forderungen** von

§ 170 *Verteilung des Erlöses*

der Erhebung eines Kostenbeitrags abzusehen (vgl *Landfermann* KTS 1987, 381, 403; *Rümker* in: *Kübler* [Hrsg], Neuordnung des Insolvenzrechts S 135, 143; KS-*Gottwald/Adolphsen* S 1075 Rn 122; krit *Drobnig* ZGR 1986, 252, 268 f). Zieht ein Sicherungszessionar während des Eröffnungsverfahrens nach Offenlegung der Abtretung Zahlungen ein, so unterliegt dies zwar der Insolvenzanfechtung. Wegen des Absonderungsrechts aus § 51 InsO müsste der Verwalter die Beträge bei eigener Verwertung jedoch an die Zessionarin auskehren. Leistet sie die Feststellungskosten gem § 170 InsO an die Masse, so steht dem Verwalter ein weitergehender Anspruch, insbes wegen der Verwertungskostenpauschale, nicht zu (**LG Marburg, Urt v 28. 11. 2001 ZIP 2002, 269**).

3   Nicht verkannt werden soll, dass durch den Kostenbeitrag eine Belastung der Sicherungsgläubiger und damit zugleich eine **teilweise Entwertung des Sicherungsguts** eintritt (vgl *Zimmermann* NZI 1998, 57, 61, *Lwowski/Tetzlaff* FS Fischer S 365, 367). Zutreffend wird allerdings darauf hingewiesen, dass die drohenden Nachteile bereits bei der Bestellung der Sicherheit berücksichtigt werden können, weil die Rechtsprechung eine **Übersicherung** zulässt (*Dahl* NZI 2004, 615). Nach der Begr RegE zu § 195 (170 InsO, abgedr bei *Balz/Landfermann* S 418) bleibt trotz des Kostenbeitrags eine volle Sicherung von Krediten durch Mobiliarsicherheiten möglich. Da die Sicherheit auch für die Kosten in Anspruch genommen werden kann, sei der Gläubiger „rechtlich in der Lage, den Kostenbeitrag durch eine ausreichende Bemessung der Sicherheit oder durch eine Anpassung der Höhe des Kreditbetrages aufzufangen" (vgl *Landfermann* KTS 1987, 381, 405; krit *Leipold/Gottwald* S 197, 205 f).

4   Dementsprechend weisen KS-*Gottwald/Adolphsen* S 1076 f Rn 130, 131) darauf hin, dass der gesicherte Gläubiger im Endergebnis wieder eine hundertprozentige Befriedigung erhalte, wenn der Verfahrensbeitrag durch eine Übersicherung ausgeglichen werden könne. Da eine Verkürzung der gesicherten Forderung nicht stattfinde, sei die ursprüngliche Idee eines echten Verfahrensbeitrags in der Neuregelung völlig verschwunden. Wirtschaftlich trügen weiter die ungesicherten Gläubiger die Kosten der Feststellung und Verwertung der Sicherheiten (vgl auch *Gottwald/Gottwald* InsRHdb § 42 Rn 148; *Grub* in: *W Henckel/G. Kreft* [Hrsg], Insolvenzrecht 1998, S 131, 138). In der Entscheidung des **BGH vom 27. 11. 1997 (BGHZ 137, 212 = NJW 1998, 671 = WM 1998, 227, 232 = ZIP 1998, 235, 241)** wurde die Deckungsgrenze auf 110% der gesicherten Forderung festgelegt. In dieser Größe sind aber nur die Feststellungs- und Verwertungskosten, nicht aber die Umsatzsteuer enthalten. Diese sei daher zu addieren (*Dahl* NZI 2004, 615, 617). Der Gesetzgeber geht zwar davon aus, dass die Rechtsprechung die erhöhte Sicherungsmarge akzeptiert (vgl Allgem Begr RegE, BT-Drucks 12/2443, 89; *Bork*, Einf Rn 257); es ist jedoch fraglich, ob die Kreditnehmer in dem erhöhten Umfang auch **tatsächlich entsprechende Sicherheiten** anbieten können (vgl *Uhlenbruck*, Das neue Insolvenzrecht, S 71; vgl auch *Zimmermann* NZI 1998, 57, 62). Letztlich ist es insofern nur ein geringer Trost, wenn eine Übersicherung in Höhe des Verfahrensbeitrags zugelassen wird. Vielfach lässt – wie bereits festgestellt wurde – das Sicherungsgut in der Praxis eine Übersicherung in Höhe von 126 oder 135 Prozent nicht zu (vgl *Zimmermann* NZI 1998, 57, 62).

5   **2. Bedeutung der §§ 170, 171 im Eröffnungsverfahren.** Der Anwendungsbereich des § 170 ist vorbehaltlich **§ 21 Abs 2 Nr 5** (hierzu *Büchler* ZInsO 2008, 719) auf Absonderungsrechte an beweglichen Sachen und Forderungen (zur Verwertungsbefugnis hinsichtlich sonstiger Rechte nach § 166 Abs 1 analog § 166 Rn 14) beschränkt, zu deren Verwertung der Insolvenzverwalter im **eröffneten Verfahren** gem § 166 berechtigt ist (*Ch Berger* KTS 2007, 433, 435). Aus eigenem Recht ist der vorläufige Insolvenzverwalter idR nicht berechtigt, Vermögensgegenstände vor Verfahrenseröffnung zu verwerten (**BGH v 13. 7. 06 – IX ZR 57/05, NZI 2006, 587**). Deshalb steht das **Verwertungsrecht im Eröffnungsverfahren** grundsätzlich dem absonderungsberechtigten Gläubiger zu, es sei denn es ist ein **Verwertungsverbot nach § 21 Abs 2 Nr 5** ergangen. Durch eine solche Anordnung können Versuche der Gläubiger unschädlich werden, ihr Sicherungsgut noch vor Verfahrenseröffnung zu verwerten, um die Kostenpauschalen nach §§ 170, 171 zu sparen (*Sternal* NJW 2007, 1909, 1911). Allerdings kann auch der **vorläufige Insolvenzverwalter mit Verwaltungs- und Verfügungsbefugnis** in Ausnahmefällen befugt sein, Vermögensgegenstände bereits im Eröffnungsverfahren zu verwerten, s § 166 Rn 21 (vgl *Mönning* FS *Uhlenbruck* S 239, 247; *Vallender* DZWIR 1999, 270; BerlKo-*Blersch* § 22 Rn 12; HK-*Kirchhof* § 22 Rn 13 ff; *Pohlmann*, Befugnisse Rn 398 ff; *Haarmeyer* FS Kreft S 279).

6   **Sicherungshalber abgetretene Forderungen** darf der vorläufige Verwalter nur im Rahmen seiner Sicherungs- und Verwaltungsaufgaben einziehen. Soweit er dies tut, gelten nach § 21 Abs 2 Nr 5 aE die §§ 170, 171 entsprechend (hierzu **KG ZIP 2009, 137**; *Büchler* ZInsO 2008, 719). Einem Insolvenzverwalter steht gegen den Absonderungsberechtigten, dem die Rechte aus einem **Lebensversicherungsvertrag** des Schuldners unanfechtbar zur Sicherheit abgetreten worden sind, kein Anspruch auf Zahlung der Feststellungspauschale nach den §§ 170 Abs 2, 171 Abs 1 zu, wenn der Absonderungsberechtigte unter Inanspruchnahme der Sicherheit den Lebensversicherungsvertrag zwar nach Bestellung eines vorläufigen Insolvenzverwalters, aber noch vor Eröffnung des Insolvenzverfahrens kündigt, der Versicherer darauf die Überweisung des Betrages zum Kündigungstermin ankündigt, die Zahlung jedoch erst nach Eröffnung des Verfahrens an den Sicherungsgläubiger erfolgt (**OLG Hamm v 20. 9. 2001, NZI 2002, 50 = ZInsO 2001, 1162 m zust Anm *Weis* ZInsO 2002, 170 ff**; abl *Gundlach/Frenzel/Schmidt* ZInsO 2002, 352). Erst die Verfahrenseröffnung (§ 27) oder ein berechtigter Widerruf des Sicherungsnehmers

II. Verteilung des Verwertungserlöses gem § 170 **§ 170**

beendet die dem Schuldner zuvor erteilte Einziehungsermächtigung in der gebotenen Weise (**BGH ZIP 2000**, 897; HK-*Kirchhof* § 22 Rn 16; str aA *Gundlach* DZWIR 2000, 431 f). Der vorläufige Verwalter braucht das **Absonderungsgut** im Hinblick auf die §§ 166, 172 idR nicht an den Sicherungsgläubiger herauszugeben (HK-*Kirchhof* § 22 Rn 9). Verwertet der vorläufige Insolvenzverwalter unberechtigt Gegenstände, an denen Absonderungsrechte der Gläubiger bestehen, kommt eine **Ersatzabsonderung** des Berechtigten nach Maßgabe des § 48 in Betracht (vgl *Ganter/Bitter* ZIP 2005, 93, 101). Im Fall einer nicht optimalen Verwertung haftet der Verwalter den Absonderungsberechtigten zusätzlich persönlich nach § 60 (vgl LG Hildesheim ZInsO 2000, 164; *Kirchhof* ZInsO 1999, 438; HK-*Kirchhof* § 22 Rn 15; *Mönning* FS *Uhlenbruck* S 248). Verwertet der vorläufige Insolvenzverwalter im Rahmen des Insolvenzeröffnungsverfahrens oder der Schuldner mit Zustimmung des vorläufigen Insolvenzverwalters Sicherungsgut im Einvernehmen mit dem betroffenen Sicherungsnehmer, so fällt ebenso wenig ein Kostenbeitrag nach den §§ 170, 171 an wie bei Selbstverwertung durch den Gläubiger. Der **Verwertungserlös ist in voller Höhe** an den gesicherten Gläubiger auszukehren (KS-*Klasmeyer/Elsner/Ringstmeier* S 1096 Rn 53, 54). Daher macht sich der vorläufige Insolvenzverwalter uU gegenüber den Insolvenzgläubigern wegen des entgangenen Kostenbeitrags nach §§ 170, 171 schadensersatzpflichtig (HK-*Kirchhof* § 22 Rn 16).

3. Sonderregelung bei Eigenverwaltung. Die Vorschrift des § 170 greift im Verfahren der Eigenverwaltung nach den §§ 270 ff nur in eingeschränktem Maße ein. Gem § 282 Abs 2 S 2 werden die Feststellungskosten bei Eigenverwaltung nicht erhoben, da der Schuldner die Feststellung selbst betreibt. § 170 gilt auch nicht im **vereinfachten Verbraucherinsolvenzverfahren** nach den §§ 311 ff, da § 313 Abs 3 das Verwertungsrecht in diesem Verfahren den absonderungsberechtigten Gläubigern selbst zuweist.   7

II. Verteilung des Verwertungserlöses gem § 170

§ 170 regelt die Erlösverteilung bei Verwertung durch den Insolvenzverwalter (Abs 1) und die Erlösverteilung bei Verwertung durch den Gläubiger (Abs 2).   8

1. Verwertung durch den Insolvenzverwalter (§ 170 Abs 1). a) Vorwegnahme der Feststellungs- und Verwertungskosten. Verwertung iSv § 170 ist die Realisierung des Substanzwerts etwa durch Veräußerung (**BGH** v 13. 7. 2006 – IX ZR 57/05, NZI 2006, 587). **Erträge aus Vermietungen** durch den Insolvenzverwalter sind daher nicht nach § 170 auszukehren. Erfolgt – wie im Regelfall – die Verwertung eines mit einem Absonderungsrecht belasteten Massegegenstandes gem § 166 durch den Insolvenzverwalter, so sind gem § 170 Abs 1 vom Verwalter nach der Verwertung, aber noch vor Auskehrung des Erlöses, die **Feststellungs- und Verwertungskosten** zugunsten der Insolvenzmasse zu entnehmen. Aus dem Restbetrag ist der absonderungsberechtigte Gläubiger sodann unverzüglich zu befriedigen (*Lwowski/Heyn* WM 1998, 473, 480; *Gottwald/Gottwald* InsRHdb § 42 Rn 141). Im Übrigen setzt sich das Sicherungsrecht des Gläubigers nach Verwertung mittels **Surrogation** an Erlös fort (**BGH** v 11. 12. 2008 – IX ZR 194/07, ZInsO 2009, 143, 145; *Ch Berger* KTS 2007, 433, 443). Hieraus folgt, dass sich auch die **Verjährung** des Anspruchs aus § 170 Abs 1 S 2 nach der Verjährung des ursprünglichen dinglichen Rechts an der Sache richtet (*H Schmidt* ZInsO 2005, 422). Die Surrogation setzt die Separierung des Erlöses von der übrigen Masse voraus (krit zur Begründung aus dem Gedanken der Surrogation *Ganter/Bitter* ZIP 2005, 93, 98, sie wollen § 170 Abs 1 S 2 als Spezialfall des Ersatzabsonderungsrechts interpretieren). Geht der Verwertungserlös ununterscheidbar in der Masse auf, geht auch das Recht des absonderungsberechtigten Gläubigers am Erlös verloren. Er hat allenfalls Massebereicherungsansprüche und Schadensersatzansprüche gegen den Verwalter. Die Unterscheidbarkeit ist nach denselben Kriterien zu beurteilen wie iR der Ersatzabsonderung (§ 48 Rn 27; *Ganter/Bitter* ZIP 2005, 93, 102). Wird das Sicherungsgut als **Teil einer Sachgesamtheit** für einen Gesamtpreis veräußert, so bestimmt sich der Verwertungserlös aus dem Anteil, den der Sicherungsgegenstand an der Sachgesamtheit ausmacht. Beziehen sich allerdings die Erlösanteile auf bestimmte Gegenstände, bilden die damit korrespondierenden Zahlungsansprüche nicht bloß unselbständige Rechnungsposten. Vielmehr findet auch insoweit eine dingliche Surrogation statt (**BGH** v 17. 7. 2008 – IX ZR 96/06, ZIP 2008, 1638 = NZI 2008, 558 = EWiR 2008, 693 [*Frind*]). Für die Feststellung, welcher Teil des Gesamterlöses auf die einzelne Sicherheit entfällt, vor allem wenn der Gläubiger auf eine günstigere Einzelverwertungsmöglichkeit hingewiesen hat, wird erforderlichenfalls ein Sachverständiger hinzuziehen sein (K/P/B/*Flöther* § 170 Rn 3; HK-*Landfermann* § 170 Rn 11; str aA *Marotzke* ZZP 109 [1996], 429, 456 Fn 134, der eine richterliche Schätzung des Erlösanteils vorschlägt).   9

Die Auskehr muss dann nicht unverzüglich an den Gläubiger erfolgen, wenn der Insolvenzschuldner für die gesicherte Forderung nicht persönlich haftete und die Sicherheit ohne die Insolvenz **nicht verwertungsreif** gewesen wäre, da sonst der Gläubiger früher befriedigt würde, als es nach der Sicherungsabrede gewesen wäre (**BGH** v 11. 12. 2008 – IX ZR 194/07, ZIP 2009, 228 = ZInsO 2009, 143).

Die **Feststellungskosten** sind die Kosten der tatsächlichen Feststellung der Gegenstände, die der Absonderung unterliegen, und der daran bestehenden Rechte. Die **Höhe der Feststellungskosten** ist in   9a

§ 171 Abs 1 S 2 geregelt. Sie sind **pauschal mit vier Prozent** des Verwertungserlöses anzusetzen. Die **Verwertungskosten** in Höhe eines **Pauschalbetrages von fünf Prozent** (§ 171 Abs 2 S 1) sind ebenfalls nach § 170 Abs 1 einzubehalten. Die Kostenanteile fallen sowohl bei der Verwertung von beweglichen Sachen (§ 166 Abs 1) als auch bei der Einziehung von sicherungshalber abgetretenen Forderungen (§ 166 Abs 2) an. Der vom Verwalter zu errechnende Kostenbetrag ist **vorweg für die Insolvenzmasse zu entnehmen** (K/P/B/*Flöther* § 170 Rn 7). Aus dem verbleibenden Betrag, an dem sich das Sicherungsrecht des Gläubigers kraft Surrogation (s o) fortsetzt, ist der gesicherte Gläubiger unverzüglich zu befriedigen (§ 170 Abs 1 S 2). Bei **mehrfacher Belastung** des Sicherungsgegenstandes ist bei der Befriedigung vom Verwalter die Rangfolge der Befriedigung der einzelnen gesicherten Gläubiger zu beachten (HK-*Landfermann* § 170 Rn 8). Ergibt sich nach Abzug des Kostenbeitrags und Befriedigung des Gläubigers ein **Überschuss**, so steht dieser Überschuss der Masse zu (HK-*Landfermann* § 170 Rn 10). Die **Höhe des Kostenbeitrages kann offen bleiben**, wenn offensichtlich ist, dass nach voller Befriedigung des Sicherungsgläubigers ein Rest verbleibt, der den Kostenbeitrag nicht übersteigt (vgl das Beispiel bei HK-*Landfermann* § 170 Rn 10). Im Fall der **Eigenverwaltung** werden Verwertungskosten abgerechnet, soweit sie tatsächlich angefallen sind (§ 282 Abs 1 S 3). Übernimmt ein **Verwertungspool der Gläubiger** die Verwertung, kann der **Kostenanteil pauschaliert** an den Verwalter bzw die Masse abgeführt werden. Die Vereinbarung eines internen Verteilungsschlüssels obliegt in diesem Fall den am Pool beteiligten Sicherungsgläubigern. Verwertet der Insolvenzverwalter selbst, hat der Absonderungsberechtigte gegenüber dem Insolvenzverwalter einen **Auskunftsanspruch** hinsichtlich der Höhe des erzielten Erlöses entsprechend § 167. Der Verwalter muss dem Gläubiger über das Ergebnis der Verwertung Rechnung legen, § 259 BGB. Dieses Rechnungslegung muss den Gläubiger in den Stand versetzen bei seiner Klage auf Auskehr des Erlöses die verwerteten Gegenstände und die darauf entfallenden Beträge konkret anzugeben (**BGH** v 17. 7. 08 – IX ZR 96/06, ZIP 2008, 1638 = NZI 2008, 558 = EWiR 2008, 693 [*Frind*]).

9b § 171 Abs 1 schreibt bei Verwertung durch den Insolvenzverwalter eine Anrechnung des Kostenbeitrages „*nach* Verwertung" desselben vor. Trotzdem wird man den Verwalter als berechtigt ansehen müssen, vom Gläubiger erforderlichenfalls einen **Vorschuss** einzufordern, „da die Kostenerstattungsregelung des § 170 Ausdruck des allgemeinen Aufwendungsersatzanspruchs aus § 670 BGB ist und überdies hierdurch dem Zweck der Vorschrift entsprochen wird, die Belastung der Insolvenzmasse durch Kosten der Wahrnehmung einzelner absonderungsberechtigter Gläubiger zu vermeiden (*Lwowski/Heyn* WM 1998, 473, 474).

9c Übernimmt der Gläubiger den Gegenstand selbst nach § 168 Abs 3, kann er seine Zahlungspflicht aus der Übernahme des Sicherungsgegenstandes mit seiner Forderung auf Auskehrung des Verwertungserlöses verrechnen (FK-*Wegener* § 168 Rn 7; *Lwowski/Heyn* WM 1998, 473, 477; *Gottwald/Gottwald* InsRHdb § 42 Rn 135). Da es sich aber beim **Selbsteintritt des Gläubigers** um eine Verwertung des Verwalters handelt, sind aus dem Erlös vorab die Kostenbeiträge nach Maßgabe der §§ 170 Abs 1, 171 an die Masse abzuführen bzw ist in Höhe des Kostenbeitrags eine Aufrechnung ausgeschlossen (HK-*Landfermann* § 168 Rn 14). Zusätzlich soll auch der Gläubiger berechtigt sein, die **ihm entstandenen Kosten** für die Feststellung, Erhaltung und Durchführung der Verwertung von dem vereinbarten Preis abzusetzen (*Lwowski/Heyn* WM 1998, 473, 477). Zutreffend hält *Gottwald* (*Gottwald/Gottwald* InsRHdb § 42 Rn 135) dies nicht für überzeugend, da auch ein sonstiger Erwerber seine Unkosten nicht von dem vereinbarten Kaufpreis abziehen könne. Zumindest müssten diese Unkosten bei der Beurteilung der günstigeren Verwertungsmöglichkeit berücksichtigt werden.

10 **b) Umsatzsteuer.** Zu den Feststellungs- und Verwertungskosten iSv § 170 Abs 1 gehört auch die anfallende Umsatzsteuer (vgl § 171 Abs 2 S 3). Bei einer umsatzsteuerpflichtigen Verwertung ist der tatsächliche Umsatzsteuerbetrag dem Verwertungserlös vorab zu entnehmen (*Gottwald/Gottwald* InsRHdb § 42 Rn 143).

11 **c) Erhaltungskosten.** Nach der ursprünglichen Regelung in § 195 Abs 1 RegE waren aus dem Verwertungserlös die Kosten der Feststellung, der Erhaltung und der Verwertung des Gegenstandes vorweg für die Insolvenzmasse zu entnehmen. Der Rechtsausschuss hat die Regelung über Erhaltungskosten gestrichen und betont, mit dieser Streichung verfolge er das Ziel der Entlastung des Insolvenzgerichts von Streitigkeiten über die Feststellung der Höhe dieser Kosten, für die nach § 196 Abs 2 RegE keine Pauschale vorgesehen sei. **Vereinbarungen** zwischen Verwalter und Gläubiger über Erhaltungsmaßnahmen und über die Beteiligung des Gläubigers an deren Kosten würden jedoch durch die Neufassung nicht ausgeschlossen (vgl Ausschussbericht, abgedr bei *Balz/Landfermann* S 419; auch *Funk*, Die Sicherungsübereignung in Einzelzwangsvollstreckung und Insolvenz, 1998, S 93; N/R/*Becker* § 170 Rn 13; *Gottwald/Gottwald* InsRHdb § 42 Rn 145; HK-*Landfermann* § 170 Rn 19). Nach HK-*Landfermann* (§ 170 Rn 19) wird der verwertungsberechtigte Verwalter auch ohne Vereinbarung verpflichtet sein, das Sicherungsgut in seinem Wert zu erhalten, um eine günstige Veräußerung zu ermöglichen. *Landfermann*: „Die erforderlichen Aufwendungen werden häufig zu den Verwertungskosten gerechnet werden können." Vgl auch das Beispiel bei *Uhlenbruck* FS *Vieregge*, 1995, S 897 betreffend eine zur Sicherheit übereignete Hühnerfarm. Will der Verwalter den Wert der Hühnerfarm bis zur Übertragung auf einen

Erwerber erhalten, hat er die Wahl, entweder die Futterkosten aufzubringen oder sich für „Suppenhühner" zu entscheiden (vgl *Uhlenbruck FS Vieregge*, 1995 S 897; *HK-Landfermann* § 170 Rn 20). Letztlich sei es unbillig, dem Gläubiger solchenfalls den hohen Erlös der Gesamtveräußerung zufließen zu lassen, ohne von diesem Erlös die mit dieser Verwertungsart zwangsläufig verbundenen Aufwendungen abzuziehen (*HK-Landfermann* § 170 Rn 20). Nach *Gottwald/Gottwald* (InsRHdb § 42 Rn 147) habe der absonderungsberechtigte Gläubiger die Aufwendungen für die Erhaltung bzw notwendige Reparaturen, Bewachung und Versicherung oder Fütterung nach §§ 675, 670 (683 S 1) BGB konkret zu ersetzen (str aA *Obermüller* InsR Rn 6.343 f). Angesichts des eindeutigen Verzichts des Gesetzgebers auf die Regelung einer **Pflicht des Gläubigers zur Zahlung von Erhaltungskosten** des Sicherungsguts erscheint es nicht gerechtfertigt, eine solche Verpflichtung über die Vorschriften des BGB zu begründen. Die von *Landfermann* mit Recht kritisierte Unbilligkeit rechtfertigt es nicht, den Begriff der Verwertungskosten derart auszuweiten, dass er die Erhaltungskosten letztlich mit erfasst (vgl auch N/R/*Becker* § 170 Rn 13). Eine solche Ausweitung hätte immer zur Folge, dass der Verwalter von dem fünfprozentigen Pauschalbetrag des § 171 Abs 2 S 1 abweichen würde und gem § 171 Abs 2 S 2 die tatsächlich entstandenen erweiterten Verwertungskosten anzusetzen berechtigt wäre.

d) Keine Beteiligung an der erhöhten Verwaltervergütung. Der Gesetzgeber wollte es vermeiden, dass zwischen Verwalter und dem Gläubiger Streitigkeiten zwischen der Ermittlung konkreter Kosten entstehen, und hat sich damit begnügt, Pauschalbeträge für die Feststellungs- und Verwertungskosten in § 171 festzulegen (vgl FK-*Wegener* §§ 170, 171 Rn 2). Dabei wurde bewusst in Kauf genommen, dass das **Zusatzhonorar des Verwalters** für die Feststellung und Verwertung vom den übrigen Insolvenzgläubigern getragen wird. Gem § 1 Abs 2 Nr 1 InsVV führt die Verwertung von Gegenständen, die mit Absonderungsrechten belastet sind, durch den Insolvenzverwalter zu einer Erhöhung seiner Vergütung. Die Ermittlung dieser gesonderten Vergütung erfordert, dass der Verwalter mit seinem Vergütungsantrag hinsichtlich dieser verwerteten Gegenstände eine Vergleichsrechnung einreicht (*Wagner* NZI 1998, 23, 25). Erhöht wird nicht die Insolvenzmasse, sondern ausschließlich die Vergütung des Verwalters in Höhe von maximal zwei Prozent des Verwertungserlöses. 12

2. Verwertung durch den Gläubiger (§ 170 Abs 2). § 170 Abs 2 regelt den Fall, dass der Insolvenzverwalter einen Gegenstand, zu dessen Verwertung er berechtigt ist, dem Gläubiger zur Verwertung überlässt. Dieser Fall ist zunächst zu unterscheiden von dem Fall des § 168 Abs 3 S 1, wonach die andere Verwertungsmöglichkeit auch darin bestehen kann, dass der Gläubiger den Gegenstand selbst übernimmt, nachdem der Verwalter die Veräußerung vorbereitet und die Veräußerungsabsicht dem Gläubiger mitgeteilt hatte. Letzterenfalls liegt nach richtiger Meinung eine **Verwertung durch den Insolvenzverwalter** vor mit der Folge, dass sich der Kostenbeitrag nach §§ 170 Abs 1, 171 bestimmt (*HK-Landfermann* § 170 Rn 8; FK-*Wegener* §§ 170, 171 Rn 5; str aA *Lwowski/Heyn* WM 1989, 473, 489; KS-*Klasmeyer/Elsner/Ringstmeier* S 1095 Rn 50). Die Gegenmeinung übersieht, dass in den Fällen des § 168 Abs 3 der Insolvenzverwalter nicht nur die Feststellung, sondern auch die Verwertung bereits weitgehend durchgeführt hat und dem gesicherten Gläubiger lediglich Gelegenheit gegeben wird, in den Veräußerungsvertrag selbst einzutreten. Daher ist die Veräußerung des Gegenstandes an den Gläubiger iSv § 168 Abs 3 S 1 „eine Art der Verwertung durch den Verwalter" (*HK-Landfermann* § 168 Rn 14). Dem steht auch nicht entgegen, dass der Gläubiger nicht verpflichtet ist, einen im Rahmen der Weiterveräußerung erzielten Mehrerlös an die Masse abzuführen. 13

Das Gesetz räumt dem Verwalter in § 170 Abs 2 die Möglichkeit ein, seine **Verwertungsbefugnis auf den Gläubiger zu übertragen** (N/R/*Becker* § 170 Rn 21). Allerdings stellt eine solche Übertragung der Verwertungsbefugnis auf den Gläubiger **keine echte Freigabe** dar, sondern allenfalls eine sogen „modifizierte Freigabe", die den Gegenstand nicht aus dem Insolvenzbeschlag entlässt (K/P/B/*Flöther* § 170 Rn 10; *Funk*, Die Sicherungsübereignung S 80 ff; BerlKo-*Breutigam* § 170 Rn 10; *Benckendorff* S 1099, 1104 f Rn 20, 22). K/P/B/*Flöther* (§ 170 Rn 10): „Der Verwalter verzichtet bei der Herausgabe des Gegenstandes nicht auf den Gegenstand als Massebestandteil, sondern nur auf sein Verwertungsrecht" (aA wohl nur *Obermüller* InsR Rn 6.332). Bei der modifizierten Freigabe hat der Insolvenzverwalter darauf zu achten, dass der Verzicht auf das Verwertungsrecht nicht zu Nachteilen für die Masse führt (*HK-Landfermann* § 170 Rn 12). In jedem Fall wird der Verwalter die Verwertung dem Gläubiger nur aufgrund entsprechender Vereinbarungen überlassen (*HK-Landfermann* § 170 Rn 13). 13a

Nach hM kann der Insolvenzverwalter über § 170 Abs 2 dem Gläubiger nicht bestimmte Gegenstände zur Verwertung aufzwingen. Der **Gläubiger kann die Übernahme der Verwertung also auch ablehnen** (MüKo-*Lwowskis/Tetzlaff* § 170 Rn 22; *HK-Landfermann* § 170 Rn 13; aA BerlKo-*Breutigam* § 170 Rn 13). Der Verwalter wird dann überlegen müssen, ob er den Gegenstand nicht im Wege der echten Freigabe aus dem Insolvenzbeschlag entlässt, wenn es sonst zu Masseminderungen kommen könnte. 13b

a) Vorwegabführung der Feststellungskosten. Überlässt der Verwalter dem Gläubiger die Verwertung, fällt zugunsten der Masse kein Anspruch auf Abführung einer **Verwertungskostenpauschale** an (§ 171 Abs 2). Aus dem erzielten Erlös hat der Gläubiger aber vorweg gem § 170 Abs 2 einen **Betrag in Höhe der Kosten der Feststellung** an die Masse abzuführen (N/R/*Becker* § 170 Rn 22; K/P/B/*Flöther* § 170 14

§ 171

Rn 11; aA *Gottwald/Gottwald* InsRHd § 42 Rn 159). Nach zutreffender Feststellung von *Landfermann* werden **Kosten vergeblicher Verwertungsversuche** des Verwalters, obgleich sie die Masse uU erheblich belasten können, nicht aus dem Verwertungserlös beglichen (HK-*Landfermann* § 170 Rn 18; BerlKo-*Breutigam* § 170 Rn 10 u Rn 14 zur Strohmannverwertung unter Preis). Die **Höhe der Feststellungskosten** beträgt gem § 171 Abs 1 S 2 vier Prozent des Erlöses. **Eigene Verwertungskosten** darf der Gläubiger hiervon nicht etwa in Abzug bringen (K/P/B/*Flöther* § 170 Rn 11). Die Höhe der Feststellungskosten ebenso wie die Umsatzsteuer hat der verwertende Gläubiger festzustellen. Den von ihm berechneten Betrag der Feststellungskosten sowie die angefallene Umsatzsteuer hat der Gläubiger gem § 170 Abs 2 „vorweg", dh vor seiner eigenen Befriedigung aus dem Verwertungserlös, an die Masse abzuführen (K/P/B/*Flöther* § 170 Rn 12). Hat der Gläubiger nach Verwertung den Kostenbeitrag und den Umsatzsteuerbetrag an die Masse abgeführt, ist er berechtigt, sich aus dem restlichen Verwertungserlös bis zur Höhe seiner gesicherten Forderung zu befriedigen.

15 b) **Vorwegabführung der Umsatzsteuer.** Neben dem Betrag in Höhe der Feststellungskosten hat der Gläubiger bei Selbstverwertung den Umsatzsteuerbetrag (§ 171 Abs 2 S 3) an die Masse abzuführen (LG Stuttgart ZIP 2004, 1117; eingehend N/R/*Becker* § 170 Rn 24 ff). Die Vorschrift wird vom BGH analog auf einen Sicherungseigentümer angewendet, der ein **Verwertungsrecht nach § 173** hat, weil er sich vor Verfahrenseröffnung den Besitz am Sicherungsgut verschafft hat (**BGH** v 29. 3. 07 – IX ZR 27/06, ZIP 2007, 1126 = NZI 2007, 394; ebenso *Ganter/Brünink* NZI 2006, 257; krit *Lwowski/ Tetzlaff* FS Fischer S 365, 371). Da § 170 Abs 2 auf § 171 Abs 2 S 3 verweist, ist nur die im Einzelfall bei der Verwertung tatsächlich anfallende Umsatzsteuer abzuführen. Soweit nach den Vorschriften des Umsatzsteuerrechts der Gläubiger verpflichtet ist, die USt unmittelbar an das Finanzamt abzuführen, braucht er diese nicht erneut an die Insolvenzmasse zu zahlen (N/R/*Becker* § 170 Rn 24). Nach der „**Doppellieferungstheorie**" des BFH erfolgen bei Verwertung des Sicherungsguts durch den Sicherungsnehmer **zwei Lieferungen** (BFHE 150, 379; **BGH** v 29. 3. 07 – IX ZR 27/06, ZIP 2007, 1126 = NZI 2007, 394; BFHE 106, 383 = BStBl II S 809; BFHE 126, 84 = BStBl II S 684; BFHE 131, 120 = BStBl II S 673). Um die hierdurch entstehenden Unbilligkeiten aus dem Weg zu räumen, wird nach Auffassung von *Wegener* (FK-*Wegener* §§ 170, 171 Rn 11) der Verwalter nach § 171 Abs 3 S 3 nach Veräußerung des Sicherungsgutes nur zur Auszahlung des Nettoerlöses verpflichtet. Voraussetzung sei, dass die Masse durch die Verwertung nicht mit der Umsatzsteuer belastet werde. Das sei immer dann der Fall, wenn der Verwalter nach Verfahrenseröffnung verwertet. Vgl auch § 170 Rn 5 ff. Einzelheiten zur Rechtsprechung des **BFH** zum **doppelten Umsatz bei Verwertung von Sicherungsgut** bei N/R/*Becker* § 170 Rn 25–29.

16 c) **Fälligkeit der Kostenpauschale.** Nach § 170 Abs 2 ist die Kostenpauschale ebenso wie der Umsatzsteuerbetrag iSv § 171 Abs 2 S 3 zwar „**vorweg an die Masse abzuführen**", jedoch aus dem erzielten Verwertungserlös (K/P/B/*Flöther* § 170 Rn 12). Die Feststellungspauschale wird somit fällig, wenn der Erlös erzielt ist. *Wegener* (FK-*Wegener* §§ 170, 171 Rn 7) hält diese Lösung für unbillig, weil das wirtschaftliche Risiko, das der Gläubiger mit der Eigenverwertung übernommen hat, auf die Masse abgewälzt wird, während der Verwalter auf den Gang der Verwertung keinen Einfluss mehr hat. Sach- und interessengerechter erscheine es, die Masse nicht mit dem Risiko der Verwertung zu belasten und die Fälligkeit auf den Zeitpunkt der Verwertung, also des Kaufvertrages festzulegen. Dem ist entgegenzuhalten, dass das Insolvenzgericht nicht berechtigt ist, analog § 173 Abs 2 S 1 dem Gläubiger auf Antrag des Verwalters eine **Verwertungsfrist** zu setzen, nach deren fruchtlosem Ablauf das Recht zur Verwertung auf den Verwalter gem § 173 Abs 2 S 2 übergeht (vgl *Schlichting/Graser* NZI 2000, 206, 207). *Gottwald/Gottwald* (InsRHdb § 42 Rn 157) weist jedoch darauf hin, dass zwar ein Rückgabeanspruch des Verwalters gegen den Gläubiger zu diesem Zweck nicht im Gesetz ausdrücklich vorgesehen ist, aber sinngemäß zugebilligt werden sollte. Lehne man einen solchen Rückgabeanspruch ab, könne der Verwalter den Gegenstand nach den §§ 929, 931, 185 BGB, §§ 173, 166 InsO veräußern, so dass der Erwerber als neuer Eigentümer Herausgabe nach den §§ 985, 986 BGB vom bisherigen Sicherungsgläubiger verlangen könne. Allerdings wird sich der Erwerber auf eine solche Lösung nicht einlassen, wenn der Sicherungsgläubiger die Veräußerungsbefugnis des Verwalters nicht bestreitet. Letztlich wird man dem Insolvenzverwalter, der dem Sicherungsgläubiger den Gegenstand zur Verwertung gem § 170 Abs 2 überlassen hat, auch bei Fehlen vertraglicher Vereinbarungen das Recht zubilligen müssen, bei **Verzögerung der Verwertung** den Gegenstand vom Gläubiger nach Fristsetzung zurückzuverlangen, um die Verwertung selbst durchzuführen.

§ 171 Berechnung des Kostenbeitrags

(1) ¹**Die Kosten der Feststellung** umfassen die Kosten der tatsächlichen Feststellung des Gegenstands und der Feststellung der Rechte an diesem. ²Sie sind pauschal mit vier vom Hundert des Verwertungserlöses anzusetzen.

(2) ¹Als **Kosten der Verwertung** sind pauschal fünf vom Hundert des Verwertungserlöses anzusetzen. ²Lagen die tatsächlich entstandenen, für die Verwertung erforderlichen Kosten er-

heblich niedriger oder erheblich höher, so sind diese Kosten anzusetzen. ³Führt die Verwertung zu einer Belastung der Masse mit Umsatzsteuer, so ist der Umsatzsteuerbetrag zusätzlich zu der Pauschale nach Satz 1 oder den tatsächlich entstandenen Kosten nach Satz 2 anzusetzen.

A. Allgemeines

Die Kostenbeiträge der Sicherungsgläubiger haben im Vorfeld der Insolvenzrechtsreform zu erheblichen Kontroversen geführt (vgl *Weber* NJW 1976, 1601; *Reich* JZ 1976, 463; *Schwerdtner* NJW 1974, 1785; *Drobnig*, Gutachten z 51. DJT, 1976; *Gaul*, Sparkasse 1978, 316; *Komo* BB 1979, 246; *W Henckel*, Verhandlungen des 51. DJT Bd II Teil O S 21 f; *U. Hübner* NJW 1980, 729; *Meyer-Cording* NJW 1979, 2126; *Drukarczyk* ZIP 1984, 280; *W Henckel*, Wert und Unwert juristischer Konstruktion, FS F. *Weber* 1975, S 237). Der Streit um die Beschränkung der Mobiliarsicherheiten im Insolvenzverfahren gipfelte in dem Vorwurf von *Rolf Serick* gegenüber dem sogen *Henckel*-Modell, es werde eine „Amputation mit dem rostigen Messer" vorgenommen (vgl FLF Heft 1/1983 S 10 ff; *W Henckel* FLF Heft 3/1983, S 91 ff). Der Gesetzgeber ist dem Vorschlag der **Reformkommission**, die Mobiliarsicherheiten grundsätzlich mit einem **Kostenbeitrag in Höhe von fünfundzwanzig Prozent** zu belasten, nicht gefolgt. Gleichwohl hat er sich dem Argument, dass im Ergebnis durch die Verwertung von Sicherungsgut im Insolvenzverfahren häufig eine erhebliche Belastung der Insolvenzmasse eintritt, die sich in einer deutlichen Verminderung der Befriedigungschancen der ungesicherten Gläubiger niederschlägt, nicht verschlossen. Schon der BGH hatte dieses Ergebnis als rechtspolitisch zweifelhaft empfunden und eine Änderung durch den Gesetzgeber zu erwägen gegeben (BGHZ 77, 139, 150). Nach § 196 Abs 1 RegE sollten der Kostenbeitrag der absonderungsberechtigten Gläubiger nicht pauschaliert werden. Vielmehr sollten für die Höhe des Kostenbeitrags unterschiedliche Berechnungsweisen für die Feststellungs-, die Erhaltungs- und die Verwertungskosten vorgeschrieben werden. Zugrunde gelegt werden sollten nur die **tatsächlich entstandenen Kosten**. Im Interesse der Praktikabilität wurden jedoch bei den Feststellungs- und Verwertungskosten ebenfalls Pauschalierungen vorgesehen. Aus dem Verwertungserlös sollten zusätzlich die **Kosten der Erhaltung des Sicherungsguts** entnommen werden. Die in der Literatur geäußerten Befürchtungen, der Kostenbeitrag der Sicherungsgläubiger führe zu einer **Entwertung der betroffenen Mobiliarsicherheiten** „von mindestens vierundzwanzig Prozent" (so *Uhlenbruck* FS Vieregge 1995 S 883, 887, 897) und die gesetzlichen Neuregelungen würden sich schwerpunktmäßig vor allem im Bereich des Kreditgeschäfts auswirken, insbesondere bei der Kreditbesicherung und dem Konsumentenkreditgeschäft, haben sich nicht bewahrheitet (vgl HK-*Landfermann* § 171 Rn 16; *Eckardt* ZIP 1999, 1734 ff; vgl auch *Grub* DZWIR 1999, 135). Dies beruht jedoch auf mehreren Fakten: Einmal wird heute allgemein eine **entsprechende Übersicherung** zugelassen (vgl *Dorndorf* ZIP 1984, 523; *Leipold/Gottwald* S 197, 204). Zudem hat der Gesetzgeber im Vorfeld der Insolvenzrechtsreform, nämlich 1993, in § 51 Abs 1 Nr 2 UStDV auch für die **Verwertung von Sicherungsgut außerhalb des Insolvenzverfahrens** geregelt, dass der Gläubiger die Umsatzsteuer aus dem Verwertungserlös an das FA abzuführen hat. Schließlich hat der Rechtsausschuss die Pauschale für die Feststellungskosten gegenüber dem RegE um zwei Prozentpunkte auf vier Prozent abgesenkt und die Abführungspflicht für die **notwendigen Erhaltungskosten** aus dem Gesetz ganz gestrichen (vgl Ausschussber zu 3 196 RegE, abgedr bei *Balz/Landfermann* S 421). Allerdings werden Vereinbarungen zwischen Verwalter und Gläubiger über Erhaltungsmaßnahmen und über die Beteiligung des Gläubigers an deren Kosten dadurch nicht ausgeschlossen (vgl BT-Drucks 12/7302, S 177; HK-*Landfermann* § 170 Rn 3). Richtig ist allerdings das Argument von *Landfermann* (HK-*Landfermann* § 171 Rn 13), dass den Gläubiger die tatsächlich entstehenden und erforderlichen Verwertungskosten auch treffen, wenn er, wie nach früherem Recht, den Sicherungsgegenstand selbst verwertet. In der Tat kann insoweit bei nicht wesentlich niedrigeren Verwertungskosten nur eine geringfügige Mehrbelastung des Gläubigers eintreten. Dass sich die Auswirkungen der Kostenbeiträge an Mobiliarsicherheiten und hinsichtlich des Zubehörs bei Immobiliarsicherheiten bislang auf die deutsche Kreditwirtschaft nicht erheblich ausgewirkt haben, beruht nicht zuletzt auch darauf, dass die Insolvenzverwalter bereits im Geltungsbereich der KO und der GesO die Verwertung von Sicherungsgut von einer Verfahrensbeteiligung der Sicherungsgläubiger abhängig gemacht hatten, die teilweise sogar erheblich höher lag als der nunmehr in §§ 170, 171 geregelte Kostenbeitrag.

B. Feststellungskosten (§ 171 Abs 1)

Die Kosten der tatsächlichen Feststellung des Gegenstandes und der Feststellung der Rechte an diesem hat der Gesetzgeber in § 171 Abs 1 S 2 **pauschal mit vier Prozent** des Verwertungserlöses angesetzt. Durch diese Pauschale sind auch die tatsächlichen Kosten abgedeckt, die dadurch entstehen, dass nur mit Schwierigkeiten festgestellt werden kann, wo sich ein bestimmtes Sicherungsgut befindet und welche Rechte daran bestehen (HK-*Landfermann* § 171 Rn 2; BerlKo-*Breutigam* § 171 Rn 2, 3; FK-

Wegener §§ 170, 71 Rn 2; *Mönning* FS *Uhlenbruck* S 239, 249 f). Die Feststellungskostenpauschale ist auch dann zu entrichten, wenn die Feststellung des Absonderungsrechts im Einzelfall nicht mit besonderen Schwierigkeiten verbunden war. Ein anderes Vorgehen widerspräche dem Sinn der Pauschalierung, die anders als bei den Verwertungskosten (§ 171 Abs 2 S 2) auch dann greift, wenn die tatsächlichen Kosten erheblich geringer waren (**BGH** v 11. 7. 02 – IX ZR 262/01, NJW 2002, 3475 = ZIP 2002, 1630). Zutreffend weist *Mönning (FS Uhlenbruck* S 239, 250 f) darauf hin, dass die Pauschalierung der Feststellungskosten zwar praktikabel ist, im Einzelfall aber zu **unbilligen Ergebnissen** führen kann, so zB zugunsten der Masse, wenn ein wertvoller Gegenstand „ohne großen Aufwand erfasst, bewertet und zugeordnet werden kann". Bei Gegenständen hingegen, die nur über erhebliche Preisnachlässe vermarktbar oder nur geringwertig seien und deren Zuordnung zB bei kollidierenden Sicherungsrechten Probleme bereiten, könne „die Feststellungspauschale auch erheblich hinter dem tatsächlich zulasten der Masse betriebenen Aufwand zurückbleiben". Deshalb sei in der Praxis die Tendenz zu beobachten, „die Feststellungskosten nicht gesondert zu berechnen, sondern in einem Masseanteil für Feststellung und Verwertung auf der Grundlage einer rechtsgeschäftlichen Vereinbarung zwischen Insolvenzverwalter und Sicherungsgläubiger aufgehen zu lassen" (*Mönning* FS *Uhlenbruck* S 251).

2a Zu den Feststellungskosten gehören primär die Kosten, die dadurch entstehen, dass der **Sicherungsgegenstand** ermittelt wird. Daran schließt sich die Prüfung an, ob die **Sicherungsvereinbarung wirksam** ist (BerlKo-*Breutigam* § 171 Rn 3). Schließlich hat der Verwalter auch die **Rechtsverhältnisse an dem Gegenstand** zu prüfen, vor allem, ob noch andere Sicherungsrechte bestehen, welche Rangverhältnisse unter mehreren Sicherungsgläubigern bestehen und ob eventuell eine Kollision zB zwischen der Globalzession zugunsten der Hausbank und einem verlängerten Eigentumsvorbehalt besteht. All diese Kosten werden nach § 171 Abs 1 S 2 durch einen Pauschalsatz in Höhe von vier Prozent des Verwertungserlöses abgegolten. Unerheblich ist dabei, ob im Einzelfall die tatsächlichen Feststellungskosten höher oder niedriger gewesen sind als der Pauschalbetrag (BerlKo-*Breutigam* § 171 Rn 7; HK-*Landfermann* § 171 Rn 3; *Smid* § 171 Rn 7). Der Feststellungskostenbeitrag wird nach § 171 Abs 1 S 2 berechnet nach dem **Brutto-Verwertungserlös**, nicht aus dem Netto-Verwertungserlös (BT-Drucks 12/2443 S 181; **AG Köln** v 31. 10. 00, ZIP 2000, 2216; HK-*Landfermann* § 171 Rn 3; BerlKo-*Breutigam* § 171 Rn 6; N/R/*Becker* § 171 Rn 6). Berechnungsgrundlage ist somit nicht erst der Überschuss, der nach Abzug der angefallenen Kosten verbleibt. Da jeder Sicherungsgegenstand vor der Verwertung tatsächlich festgestellt werden muss, fallen die Feststellungskosten für jeden einzelnen mit einem Absonderungsrecht belasteten Gegenstand an (*Mönning* FS *Uhlenbruck* S 250; K/P/B/*Flöther* § 171 Rn 3; N/R/*Becker* § 170 Rn 8; FK-*Wegener* §§ 170, 171 Rn 6). Die Pauschale gebührt der Masse daher auch für **sicherungszedierte Forderungen**, die durch direkte Leistung an den absonderungsberechtigten Gläubiger getilgt werden (**BGH** v 20. 2. 03 – IX ZR 81/02, BGHZ 154, 72 = ZIP 2003, 632 = NJW 2003, 2240). Der Feststellungskostenbeitrag in Höhe von vier Prozent fällt auch an, wenn der Insolvenzverwalter dem Sicherungsgläubiger gem § 170 Abs 2 die **Verwertung des Sicherungsgegenstandes** überlässt. Ebenso fällt sie an, wenn der absonderungsberechtigte Gläubiger die Sache **eigenmächtig verwertet** hat (**BGH** v 16. 11. 06 – IX ZR 135/05, NJW-RR 2007, 490 = KTS 2008, 89 m Anm *Uhlenbruck*; krit zu der Entscheidung *Lwowski/Tetzlaff* FS Fischer S 365, 372). In beiden Fällen erwirbt die Insolvenzmasse einen gegen den absonderungsberechtigten Gläubiger gerichteten **Auskunfts- und Zahlungsanspruch**, da dieser zunächst verpflichtet ist, dem Verwalter Auskunft über die Verwertung und die Höhe des erzielten Verwertungserlöses zu erteilen, aus dem der Kostenbeitrag an die Masse abzuführen ist (*Mönning* FS *Uhlenbruck* S 239, 250).

2b Der Anspruch gegen den Gläubiger auf Zahlung des Feststellungsbeitrages **entsteht mit der Verwertung** des Sicherungsgegenstandes. Die **Fälligkeit** richtet sich nach dem Eingang des Verwertungserlöses (*Mönning* FS *Uhlenbruck* S 239, 250).

C. Verwertungskosten (§ 171 Abs 2)

I. Allgemeine Verwertungskosten (§ 171 Abs 2 S 1)

3 Die Kosten der Verwertung sind grundsätzlich mit einem **Pauschalbetrag von fünf Prozent** des Verwertungserlöses anzusetzen. Ebenso wie die Feststellungskostenpauschale ist die Verwertungskostenpauschale **vom Brutto-Verwertungserlös zu berechnen** (N/R/*Becker* § 171 Rn 8; HK-*Landfermann* § 171 Rn 6; BerlKo-*Breutigam* § 171 Rn 9; FK-*Wegener* §§ 170, 171 Rn 4 b; *Haunschild* DZWIR 1999, 60, 62; differenzierend LG Halle/Saale v 5. 1. 2001 ZInsO 2001, 270; für die Bruttoerlöse *Mönning* FS *Uhlenbruck* S 239, 254). Entstehen **Aufwendungen für die Fertigstellung von sicherungsübereigneten Halbfertigwaren**, bevor diese vom Verwalter verwertet werden, so zählen auch diese Kosten zu den Verwertungskosten und können ggf über § 171 Abs 2 S 2 angesetzt werden (K/P/B/*Flöther* § 171 Rn 5). Nimmt man an, dass sich eine Sicherungsabtretung bezüglich **Forderungen aus einem bei Verfahrenseröffnung nicht erfüllten gegenseitigen Vertrag** auch nach der Erfüllungswahl des Verwalters durchsetzt (ablehnend die hM, vgl § 51 Rn 21; so aber *Grau* Absonderungsrechte aus nichterfüllten Verträgen (2006), S 73), dann lassen sich die Kosten, die der Masse durch die Erfüllung entstehen als

C. *Verwertungskosten (§ 171 Abs 2)* § 171

Verwertungskosten ansetzen (*Grau*, aaO). Zu den Verwertungskosten iSv § 171 Abs 2 S 2 zählen gleichfalls die Kosten, die durch die **Beauftragung eines Auktionators** entstanden sind, diese können daher nicht vorab vom Bruttoerlös abgezogen werden (BGH v 22. 9. 05 – IX ZR 65/04, NZI 2005, 679). Verwertungskosten zugunsten der Masse können nur abgerechnet werden, wenn die Verwertung durch den Insolvenzverwalter durchgeführt wird. Erfolgt die **Verwertung des Gegenstandes durch den Gläubiger selbst** oder durch einen von diesem beauftragten Verwerter, so erhält die Masse keinen Verwertungskostenbeitrag (*Mönning* FS *Uhlenbruck* S 239, 252). Das folgt auch aus § 170 Abs 2. Etwas anderes gilt nur, wenn der Verwalter den Gläubiger damit betraut, die Verwertung in seinem Namen oder für seine Rechnung durchzuführen, denn solchenfalls handelt es sich um eine Verwertung durch den Verwalter (N/R/*Becker* § 168 Rn 3 u § 170 Rn 20; *Mönning* FS *Uhlenbruck* S 239, 252). Liegt das Verwertungsrecht für das Sicherungsgut ausnahmsweise beim Sicherungsgläubiger (§ 173), so hat dieser die ihm entstehenden Verwertungskosten selbst zu tragen. Er kann diesen Aufwand der Masse nicht in Rechnung stellen (N/R/*Becker* § 173 Rn 13; *Hess/Klaas* InVo 1999, 193 ff; *Mönning* FS *Uhlenbruck* S 255).

Die Verwertungskostenpauschale – wohl aber die Feststellungskostenpauschale – fällt auch dann 3a nicht an, wenn die Verwertung durch den Gläubiger unter **Verstoß gegen ein Verwertungsrecht** des Verwalters aus § 166 erfolgte, sog **eigenmächtige Verwertung** (BGH v 20. 11. 03 – IX ZR 259/02, ZIP 2004, 42 = NZI 2004, 137 m Anm *Leithaus*). Darin, dass so der Masse die Verwertungskostenpauschale entzogen werden kann, liege keine Gläubigerbenachteiligung iSv § 129 (aA *Häsemeyer* InsR Rn 13.49 unter Hinweis auf den Sinn der Pauschalierung; *Gundlach/Schmidt* NZI 2004, 84), auch eine Bereicherung des eigenmächtig handelnden Gläubigers sei nicht gegeben (BGH aaO). Eine Anfechtbarkeit der das Verwertungsrecht des Verwalters vereitelnden Handlung ist nach Auffassung des **BGH** aber dann festzustellen, wenn durch die eigenmächtige Verwertung der Insolvenzmasse ein „im Kern geschützter Vermögenswert" entzogen werde (BGH v 9. 10. 03 – IX ZR 28/03, NZI 2004, 82; BGHZ 147, 233, 239). Festzuhalten ist, dass der Masse auch bei eigenmächtiger Verwertung ein Anspruch auf die Feststellungskostenpauschale nach § 171 Abs 1 entsteht, da die eigenmächtige Verwertung durch den Gläubiger den Verwalter nicht von seiner Pflicht enthebt, die bestehenden Aussonderungsrechte festzustellen (**BGH** v 20. 2. 03 – IX ZR 81/02, BGHZ 154, 72 = ZIP 2003, 632 = NJW 2003, 2240).

II. Erhebliche Abweichungen der tatsächlichen Kosten, Abs 2 S 2

Sind die tatsächlich entstandenen Verwertungskosten im Einzelfall **erheblich höher** als der in § 171 4 Abs 1 S 2 festgelegte Pauschalbetrag, so kann der Verwalter diese tatsächlich entstandenen Kosten vom Verwertungserlös abziehen, soweit sie **in dieser Höhe für die Verwertung erforderlich** waren (§ 171 Abs 2 S 2). Es ist dem Verwalter allerdings versagt, einen Teil der Verwertungskosten konkret zu berechnen und zusätzlich einen anderen Teil pauschal mit 5% anzusetzen (BGH v 22. 2. 2007 – IX ZR 112/06, ZIP 2007, 686). § 171 Abs 2 S 1 und S 2 stehen insofern in einem Alternativverhältnis. Das Merkmal der erheblichen Abweichung ist Tatbestandsmerkmal und nicht nur eine Beweislastregel (BerlKo-*Breutigam* § 171 Rn 11; str aA *Haunschild* DZWIR 2000, 60, 62). Was im Einzelfall eine „erhebliche Abweichung" ist, hat der Gesetzgeber nicht gesagt. Im Regierungsentwurf ist die Grenze bei einer **Überschreitung um einhundert Prozent** des pauschalen Kostenbeitrags von fünf Prozent gezogen worden (vgl BT-Drucks 12/2443 S 181, abgedr bei K/P, S 402 f; HK-*Landfermann* § 171 Rn 6; K/P/B/*Flöther* § 171 Rn 7; N/R/*Becker* § 171 Rn 13; FK-*Wegener* §§ 170, 171 Rn 8). Eine Abweichung vom fünfprozentigen Pauschalbetrag ist auch gerechtfertigt, wenn die für die Verwertung erforderlichen Kosten **erheblich niedriger** als fünf Prozent des Verwertungserlöses liegen, wenn also die tatsächlich entstandenen Kosten statt pauschal 5% nur 2,5% betragen (BerlKo-*Breutigam* § 171 Rn 11; FK-*Wegener* §§ 170, 171 Rn 8; HK-*Landfermann* § 171 Rn 7; N/R/*Becker* § 171 Rn 13). Eine nur **geringfügige Abweichung** von der gesetzlichen Kostenpauschale reicht nicht aus, um die tatsächlich entstandenen Kosten abzurechnen (K/P/B/*Kemper* § 171 Rn 7; *Grub* DZWIR 2000, 133, 136). Die **tatsächliche Abweichung vom Pauschalbetrag** muss derjenige **beweisen**, der die Vorteile für sich in Anspruch nimmt (*Smid* § 171 Rn 11; *Mönning* FS *Uhlenbruck* S 239, 252). Beweisbelastet ist zB der Gläubiger, der sich darauf beruft, dass die Verwertung erheblich billiger als fünf Prozent des Verwertungserlöses gewesen ist (N/R/*Becker* § 171 Rn 22). Liegen die tatsächlichen Kosten der Verwertung unstreitig erheblich unter der 5% igen Verwertungspauschale, trägt der Verwalter die Darlegungs- und Beweislast für die tatsächliche Höhe der Verwertungskosten. Fehlt ein entsprechender Vortrag, kann das Gericht nach § 287 ZPO schätzen (AG Bonn v 20. 9. 2000 ZInsO 2001, 240 [Ls]). Für die **Kündigung einer Lebensversicherung** werde die tatsächlichen Kosten von den Gerichten mit 25–50 Euro pro Kündigungsschreiben angesetzt (s AG Bonn v 11. 10. 2000 NZI 2001, 50; OLG Jena v 3. 2. 2004 – 5 U 709/03, ZIP 2004, 2107; zu den Feststellungskosten OLG Hamm v 20. 9. 01 ZInsO 2001, 1162; *Güther/Kohly* ZIP 2006, 1235). Der Verwalter muss auch den **Beweis** führen, wenn er einen höheren als den Pauschbetrag anstrebt (N/R/*Becker* § 171 Rn 22; *Mönning* FS *Uhlenbruck* S 239, 252; KS-*Gottwald/Adolphsen* S 1043, 1076 Rn 127). Ob eine **erhebliche Abweichung** von den pauschalen Kosten von fünf Prozent im Einzelfall vorliegt, also die tatsächlichen Kosten entweder nur 2,5 Prozent oder weniger bzw zehn Prozent oder mehr betragen, ist in vielen Fällen streitig und zudem zweifelhaft

(*Mönning* FS *Uhlenbruck* S 239, 252). Trage der Verwalter plausibel vor, die teurere Verwertungsvariante sei die einzig mögliche gewesen, erscheine es recht schwierig, den Gegenbeweis zu erbringen, dass diese Verwertungskosten nicht erforderlich gewesen wären (*Haunschild* DZWIR 1999, 60, 62). Aus „Praktikabilitätsgründen" will *Haunschild* § 171 Abs 2 S 2 nur als eine Beweislastregelung ansehen. Dem kann nicht gefolgt werden (s auch BerlKo-*Breutigam* § 171 Rn 11). Nach *Mönning* (FS *Uhlenbruck* S 239, 252) kann die Frage der **Erheblichkeit nicht schematisch** nach Prozentsätzen entschieden werden, sondern nur durch einen auf den jeweiligen Einzelfall bezogenen Vergleich zwischen den tatsächlich entstandenen Kosten und der Pauschalabrechnung. Bei Gegenständen mit hohem Wert könnten daher auch bereits Abweichungen von weniger als zehn Prozent erheblich iSv § 171 Abs 2 S 2 sein. Außerdem zwingt nach *Mönning* der Wortlaut des Gesetzes den Insolvenzverwalter, „die tatsächlich mit der Verwertung von Sicherungsgut anfallenden Kosten im Einzelfall zu ermitteln". Dies sei insbesondere bei der **Verwertung von Sachgesamtheiten**, bezogen auf einen einzelnen Gegenstand, rein praktisch nicht möglich. Um ein „fortlaufendes und aufwendiges Verwertungskostencontrolling" zu vermeiden, sei der Verwalter daher gezwungen, mit den eingeschalteten Verwertern Pauschalsätze zu vereinbaren, die im Fall der Verwertung von Sicherungsgut an die absonderungsberechtigten Gläubiger weiterberechnet würden. Weiterhin kritisiert *Mönning* (FS *Uhlenbruck* S 253), dass die vom Gesetzgeber angesetzte Pauschale von fünf Prozent angesichts der gestiegenen Qualitätsanforderungen an Sicherung, Verwaltung und Verwertung von Wirtschaftsgütern weder der Realität noch den Vereinbarungen entspricht, die bereits unter den Bedingungen des Konkurs- und Gesamtvollstreckungsrechts zwischen Insolvenzverwaltern und Sicherungsgläubigern ausgehandelt wurden. Schließlich bleibe abzuwarten, inwieweit neue Verwertungsformen zu einem **Preisverfall bei den Vermarktungskosten** führen werden, wie zB für insolvenzspezifische Internet-Angebote, die nach dem System einer Verkaufsbörse anbietende Insolvenzverwalter und nachfragende Interessenten über das Internet zusammenbringen.

4a Bei der **Abrechnung von Roh-, Hilfs- und Betriebsstoffen und unfertigen Erzeugnissen**, die sicherungsübereignet sind, ist idR ein gesonderter Verwertungserlös nicht erzielbar, weil diese zunächst weiterverarbeitet werden. Letztlich müsste deren Anteil am Erlös des Fertigproduktes ermittelt werden (*Grub* in: W *Henckel/G. Kreft* [Hrsg], Insolvenzrecht 1998, S 131, 138). Dabei müsste unter Abzug der Kosten für die Herstellung und Veräußerung des Wirtschaftsguts der anteilige Betrag retrograd ermittelt werden, worauf die betriebswirtschaftlichen Kostenrechnungen idR nicht eingestellt sind (*Grub* aaO S 138). Die Praxis wird sich insoweit damit behelfen müssen, dass für die Abrechnung der Roh-, Hilfs- und Betriebsstoffe die **Buchwerte** zugrunde gelegt werden (*Grub* Insolvenzrecht 1998, S 131, 138; ebenso *Gottwald/Gottwald* InsRHdb § 42 Rn 142). Soweit sich bei der Verwertung ein **Übererlös** ergibt, der die gesicherte Forderung übersteigt, steht dieser der Insolvenzmasse zu. Insoweit kann ein Kostenbeitrag nicht erhoben werden. Wenn also die Feststellungs- ebenso wie die Verwertungspauschale vom **Brutto-Verwertungserlös** berechnet wird, so gilt dies nur bis zur Höhe der Gläubigerforderung einschließlich der Nebenkosten.

III. Umsatzsteuer (Maus)

5 **1. Allgemeines.** § 171 Abs 2 S 3 verpflichtet den absonderungsberechtigten Gläubiger zur **Erstattung der Umsatzsteuer**, die durch die Verwertung von Massegegenständen entsteht, an denen er ein Absonderungsrecht hat. Diese Verpflichtung gilt aber nur bezüglich der Umsatzsteuer, die aus der **Verwertung beweglicher Gegenstände** entsteht. Die Belastung der Masse mit Umsatzsteuer aus der Verwertung unbeweglicher Gegenstände wird von der InsO nicht besonders geregelt.

6 **2. Die Verwertung beweglicher Gegenstände. a) Die freihändige Verwertung. aa) Die Verwertung durch den Insolvenzverwalter kraft eigenen Rechts (§ 166 Abs 1).** Die Veräußerung durch den Verwalter führt zu einem **steuerbaren und steuerpflichtigen Umsatz** des Insolvenzschuldners an den Erwerber. Die Umsatzsteuer aus diesem Veräußerungsgeschäft ist eine **Verbindlichkeit der Masse** gem § 55 Abs 1 Nr 1 Alt 1 (OFD Frankfurt v 25. 5. 2007, DStR 2007, 1911). Als „Belastung der Masse" iSv § 171 Abs 2 S 3 ist die Umsatzsteuer von dem gem § 170 Abs 1 an den absonderungsberechtigten Gläubiger auszukehrenden Veräußerungserlös einzubehalten. **Die Feststellungskostenpauschale und die Verwertungskostenpauschale** bzw die tatsächlichen Kosten der Verwertung sind nach zutreffender Auffassung der Finanzverwaltung (R 2 Abs 3 S 2 UStR 2008) **kein Entgelt für eine steuerbare und steuerpflichtige Leistung des Insolvenzschuldners** (Insolvenzverwalters) an den Sicherungsnehmer. Auch die **Wertausgleichszahlungen** des Verwalters an den Gläubiger gem § 172 Abs 1 sind kein steuerbarer Leistungsausgleich, sondern nicht steuerbarer Schadenersatz (OFD Frankfurt/M Vfg v 25. 5. 2007, ZInsO 2007, 1039). Vereinbaren der absonderungsberechtigte Gläubiger und der Insolvenzverwalter, dass der Insolvenzverwalter den Gegenstand, der den Gläubiger zur Absonderung berechtigt, zB ein Grundstück, für Rechnung des Gläubigers (hier: des Grundpfandgläubigers) veräußert und vom Veräußerungserlös einen bestimmten Betrag für die Masse einbehalten darf, führt der Insolvenzverwalter neben der Grundstückslieferung an den Erwerber eine sonstige entgeltliche Leistung an den Grundpfandgläubiger aus. Der für die Masse einbehaltene Betrag ist in diesem Fall Entgelt für eine Leistung (R 2 Abs 3 S 3 UStR 2008). Hat das Insolvenzgericht die **Eigenverwaltung** angeordnet (§ 270 Abs 1), so steht das Recht des

C. Verwertungskosten (§ 171 Abs 2) § 171

Insolvenzverwalters zur Verwertung von Sicherungsgut dem Schuldner zu (§ 282 InsO). Der Schuldner darf ebenso wie der Insolvenzverwalter die durch die Sicherheitenverwertung entstehende Umsatzsteuer von dem an den absonderungsberechtigten Gläubiger auszukehrenden Veräußerungserlös einbehalten (§ 282 Abs 1 S 3). Im vereinfachten Insolvenzverfahren gem §§ 311 ff steht die Verwertung von Gegenständen, an denen ein Absonderungsrecht besteht, nur dem Gläubiger zu (§ 313 Abs 3 S 2). Ist der Schuldner Unternehmer iSv § 2 UStG, so führt die Verwertung durch den Gläubiger (Sicherungsnehmer) zur **Fiktion des Doppelumsatzes** mit den unter bb) geschilderten umsatzsteuerrechtlichen Folgen. Ist der Schuldner kein Unternehmer, so entsteht nur durch den Zweitumsatz Umsatzsteuer; der Sicherungsnehmer hat keinen Vorsteuerabzug aus einem Erstumsatz (*de Weerth* BB 1999, 821, 825; vgl auch *Mönning* FS *Uhlenbruck* S 329, 255 f).

bb) **Verwertung durch den Gläubiger kraft eigenen Rechts (§ 173 Abs 1)**. Das Verwertungsrecht des 7 Gläubigers greift, wenn der Insolvenzverwalter die bewegliche Sache nicht im Besitz hat. Dies wird insbesondere dann der Fall sein, wenn der Gläubiger sich schon vor Insolvenz in den Besitz der ihm sicherungsübereigneten Sache gesetzt hat. Bei Veräußerung durch den Gläubiger entsteht ein (vom BFH fingierter) Doppelumsatz: (1) Sicherungsgeber an Sicherungsnehmer und (2) Sicherungsnehmer an Endabnehmer. Verwertet der Sicherungsnehmer nach Insolvenzeröffnung (Zweitumsatz), dann findet auch die Lieferung des Sicherungsgebers an den Sicherungsnehmer (Erstumsatz) im eröffneten Verfahren statt. Der **BFH** hat in ständiger Rechtsprechung entschieden, dass erst mit dem Zeitpunkt der Veräußerung an den Erwerber der Gegenstand (auch wirtschaftlich) endgültig aus dem Vermögen des Sicherungsgebers ausgeschieden ist (vgl BFH v 20. 7. 1978, BFHE 126, 84, BStBl II 1978, 684; v 9. 12. 1993, BFHE 173, 458, BStBl II 1994, 483; v 21. 7. 1994, BFHE 175, 164, BStBl II 1994, 878, UR 1994, 427; v 16. 4. 1997, BFHE 182, 444, BStBl II 1997, 585; Beschl v 29. 10. 1998, BFH/NV 1999, 680, und v 13. 2. 2004). Dies gilt auch in der Insolvenz des Sicherungsgebers (Urteile in BFHE 126, 84, BStBl II 1978, 684, und in BFHE 175, 164, BStBl II 1994, 878, UR 1994, 427; Beschl in BFH/NV 1999, 680, und V B 110/03) und unabhängig von der Frage, ob bereits der Insolvenzschuldner oder erst der Insolvenzverwalter das Sicherungsgut dem Sicherungsnehmer zur Verwertung ausgehändigt hat (vgl BFH in BFHE 126, 84, BStBl II 1978, 684, und Beschl V B 110/03). Nach dem Gesetz dürfte der Sicherungsnehmer den vollen Veräußerungserlös behalten und brauchte nicht, wie bei Verwertung durch den Verwalter (§ 171 Abs 2), die Umsatzsteuer an die Masse abführen. Die Masse müsste die Umsatzsteuer aus dem Erstumsatz zahlen und wäre dadurch einseitig belastet. Der **BGH** hat darin aber eine **Regelungslücke** gesehen (BGH v 29. 3. 2007, NZI 2007, 394) und entschieden, dass die Lücke in entsprechender Anwendung des § 13b Abs 1 Nr 2 UStG, §§ 170 Abs 2, 171 Abs 2 S 3 zu schließen und der Masse die von dieser zuzahlende Umsatzsteuer vom Sicherungsnehmer zu erstatten ist.

cc) **Verwertung nach Übernahme des Gegenstands durch den Gläubiger (§ 168 Abs 3)**. Im Fall von 8 § 168 Abs 3 wird der Sicherungsgläubiger auch wirtschaftlicher Eigentümer des Gegenstands. Umsatzsteuerrechtlich entspricht die Übernahme einer Lieferung des Gegenstands an den Sicherungsgläubiger iSv § 1 UStG. Die Übernahme ist damit einer Veräußerung an Dritte gleichzusetzen. Der absonderungsberechtigte Gläubiger hat also auch im Fall des Erwerbs durch sich selbst der Masse die aus der Veräußerung entstehende Umsatzsteuer zu ersetzen. Umsatzsteuerliches Entgelt ist der zwischen dem Insolvenzverwalter und dem Sicherungsgläubiger vereinbarte Kaufpreis. Der absonderungsberechtigte Gläubiger ist auch dann zur Erstattung der Umsatzsteuer verpflichtet, wenn er auf ein eigenes Verwertungsrecht verzichtet und der Verwalter erst nach **Fristsetzung durch das Insolvenzgericht** verwertungsberechtigt wird (§ 173 Abs 2).

dd) **Verwertung durch Überlassung an den Gläubiger (§ 170 Abs 2)**. Die Überlassung an den Gläubi- 9 ger ist umsatzsteuerrechtlich eine Lieferung der Sache an den Sicherungsnehmer. Die Masse ist Schuldner der Umsatzsteuer aus dieser Lieferung. Der Sicherungsnehmer hat der Masse die diese belastende Umsatzsteuer aus dem Erstumsatz gem § 171 Abs 2 S 3 zu erstatten (§ 170 Abs 2).

ee) **Verwertung nach Freigabe an den Schuldner**. Der Insolvenzverwalter ist im Rahmen seiner Ver- 9a pflichtung zur ordnungsgemäßen Verwaltung der Masse grundsätzlich berechtigt, Vermögensgegenstände aus der Masse freizugeben (BGH v 21. 4. 2005, WM 2005, 1084, 1086). Nach der Begründung des Regierungsentwurfs (RegE) des Gesetzes zur Vereinfachung des Insolvenzverfahrens vom 13. April 2007 (Abschn A II 5) besteht sogar ein „rechtlich schutzwürdiges Interesse an einer Freigabe" von Massegegenständen, „die wertlos sind oder Kosten verursachen, welche den zu erwartenden Veräußerungserlös übersteigen". Die Erklärung gem § 35 Abs 2 in der Fassung des **Gesetzes zur Vereinfachung des Insolvenzverfahrens** vom 13. April 2002 (BGBl I 2007, 509) soll es dem Insolvenzverwalter ermöglichen, die Haftung der Insolvenzmasse für vom Schuldner nach Verfahrenseröffnung aus unternehmerischer Tätigkeit begründete Verbindlichkeiten durch eine zu veröffentlichende (§ 35 Abs 3) Erklärung abzuwehren (*Berger*, ZIP 2008, 1101). Der Zweck, der mit § 35 Abs 2 erreicht werden soll, ist klar. Die Formulierung ist missverständlich. Der Begriff „Vermögen aus der selbständigen Tätigkeit" kann nur bedeuten, dass das aus der selbständigen Tätigkeit dienende Unternehmen als Sachgesamtheit entweder Massebestandteil bleibt oder aus dem Insolvenzbeschlag entlassen wird. Die Klarstellung durch Einfügung des Abs 2 in § 35 war notwendig, weil die Massezugehörigkeit eines Gegenstandes allein nicht zwingend eine Masseverbindlichkeit auslöst, sondern erst der Einsatz dieses Vermögensgegenstandes für das Unternehmen. Umsatzsteuer entsteht nicht aus dem Besitz eines Gegenstandes, sondern aus mit seiner Hilfe ausgeführten Lieferungen und sonstigen Leistungen (§ 13 UStG). Der Regierungsentwurf des § 35 sah zunächst vor, dass der Insolvenzverwalter dem Schuldner gegenüber erklärte, dass Vermögen aus der selbständigen Tätigkeit nicht zur Insolvenzmasse gehört und Ansprüche aus dieser Tätigkeit nicht im Insolvenzverfahren geltend gemacht werden können. In der Gesetzesbegründung zu § 35 (DB-Drucks 16/4194 Begr zu Art I Nr 9) wird diese Erklärung „als eine der ‚echten' Freigabe ähnliche Erklärung" bezeichnet. Der Gesetzgeber hat den Regierungsentwurf insoweit modifiziert, als der Insolvenzverwalter nun nicht mehr nur frei geben oder nicht frei geben (schweigen) kann, sondern ausdrücklich erklären muss, ob Vermögen aus einer selbständigen Tätigkeit des Schuldners zur Insolvenzmasse gehört oder nicht. Die Erklärung des Verwalters gem § 35 Abs 2 ist nicht das Ergebnis einer „Aufnahmeprüfung" der einzelnen Massegegenstände (der Verwalter nimmt Gegenstände in die Masse auf oder lehnt die Aufnahme ab), sondern die Freigabe oder Nicht-Freigabe insolvenzbefangenen Vermögens (so wohl auch *Pape*, NZI 2007, 481; *Haarmeyer*, ZInsO 2007, 1240). Das Vermögen des Schuldners ist bei Insolvenzeröffnung „geborene" Masse. Dies gilt auch für Vermögensteile, die der Verwalter nicht kennt. Der Insolvenzverwalter nimmt dieses Vermögen in Besitz und verwaltet es. Dann entscheidet er nach wirtschaftlichen Gesichtspunkten, ob er das Vermögen in der Masse behält oder nicht. Behält er es nicht in der Masse, dann gibt er es frei. Um Missverständnissen vorzubeugen, sollten die dem neuen Unternehmen des Schuldners notwendig dienenden Vermögensgegenstände (notwendiges Betriebsvermögen iSd BFH-Rechtsprechung, vgl **BFH** v 25. 3. 2008, LNR 2008, 16011) einzeln aufgelistet werden. Ob der Begriff „Freigabe" seinem bisherigen Verständnis entspricht oder nicht (vgl *Berger*, ZInsO 2008, 1101), ist für die Praxis nicht von entscheidender Bedeutung. Die Freigabe mit der vom Gesetzgeber gewollten Folge, dass die mit dem frei gegebenen Vermögen zusammenhängenden Schulden die Masse nicht belasten, muss das Steuerrecht gegen sich gelten lassen.

Der **BFH** hatte bereits mit Urteil vom 7. 4. 2005 (BStBl II 2005, 848) entschieden, unter welchen Voraussetzungen die Umsatzsteuer aus einer neuen Erwerbstätigkeit des Schuldners während eines laufenden Insolvenzverfahrens als Masseverbindlichkeit anzusehen ist. Danach ist im Wesentlichen darauf abzustellen, ob der Schuldner die Umsätze mit Hilfe von Gegenständen ausführt, die zur Insolvenzmasse gehören. Als Verwertung der Masse wird auch die ertragbringende Nutzung der zur Insolvenzmasse gehörenden Vermögensgegenstände angesehen (so bereits zur Konkursmasse BFH v 15. 3. 1995, DB 1995, 1642, 1644). Bei der Verwendung von nicht massezugehörigen Gegenständen ist der Umsatz jedoch der insolvenzfreien Tätigkeit des Schuldners zuzuordnen, aus dem keine Steuerverbindlichkeiten zu Lasten der Masse begründet werden können. Entscheidend ist daher, ob der Schuldner in seinem neuen Betrieb Gegenstände einsetzt, die zur Insolvenzmasse gehören. Durch die Freigabe wird der Vermögensgegenstand insolvenzfreies Vermögen des Insolvenzschuldners, über das dieser wieder frei verfügen kann. Nach Klarstellung durch Einfügung von Abs 2 in § 35 kann auch eine Tätigkeit (ein Unternehmen) des Schuldners mit der Folge aus der Masse frei gegeben werden, dass **mit der frei gegebenen Tätigkeit zusammenhängende Steuerschulden** keine Masseverbindlichkeiten sind (**FG** München v 29. 5. 2008 nrkr, EFG 2008, 1483).

Die Freigabe selbst ist nicht umsatzsteuerbar. Die Lösung aus dem Insolvenzbeschlag zugunsten des Insolvenzschuldners ist keine Lieferung iSd § 1 Abs 1 S 1 iVm § 3 Abs 1 UStG. Weil der Insolvenzschuldner hinsichtlich des die Insolvenzmasse bildenden Vermögens Rechtsträger geblieben ist, wird dadurch kein Dritter befähigt, im eigenen Namen über die Gegenstände zu verfügen (**BGH**, ZIP 1980, 520; BFH UR 1988, 48; BFH ZIP 1993, 1247).

Bei der **Verwertung von mit Pfandrechten belasteten Mobilien** ergeben sich gegenüber der Verwertung von beweglichen Sicherungsgegenständen keine Unterschiede bezüglich der umsatzsteuerrechtlichen Folgen. **Besitzlose Pfandrechte** (zB das Vermieterpfandrecht nach § 559 BGB) unterliegen dem Verwertungsrecht des Insolvenzverwalters gem § 166 Abs 1 InsO mit der Folge des Rechts des Verwalters zur Einbehaltung der Umsatzsteuer gem §§ 170 Abs 1, 172 Abs 2 S 3 InsO. Die Verwertung des mit Besitzpfandrechten belasteten Schuldnervermögens (zB Vertragspfandrecht nach §§ 1205 BGB, Werkunternehmerpfandrecht nach § 647 BGB, Pfändungspfandrecht im Fall des § 808 Abs 1 ZPO, § 286 Abs 1 AO) durch den Gläubiger führt umsatzsteuerrechtlich zu einem Doppelumsatz, der die Masse belastet, ohne dass der Gläubiger erstattungspflichtig wird.

10   b) **Die Verwertung durch Zwangsversteigerung.** Die **Ersteigerung von Zubehör** im Rahmen der Zwangsversteigerung ist nicht gemäß § 4 Nr 9 Buchst a UStG steuerbefreit, so dass es hierbei auf die Ausübung der Option gemäß § 9 Abs 1 UStG nicht ankommt. Eine Steuerbefreiung nach § 4 Nr 9 Buchst a UStG erfolgt nur für Grundstücke. Zu den Grundstücken rechnet das Grunderwerbsteuergesetz nicht Maschinen und sonstige Vorrichtungen aller Art, die zu einer Betriebsanlage gehören (vgl *Bunjes/Geist/Heidner*, UStG 6. Aufl. § 4 Nr 9 Rn 8). Demgemäß hat der BFH auch eine entsprechende Umsatzsteuerbefreiung für das Zubehör verneint (vgl BFH NV 1993, 201, 202). Entsteht durch die Zwangsversteigerung des Grundstückszubehörs Umsatzsteuer, so gehört diese zu den Masseverbindlichkeiten des § 55 Abs 1 Nr 1 InsO, unabhängig davon, ob die Zwangsversteigerung von dem Insolvenzverwalter (§ 55 Abs 1 Nr 1 Alt 1) oder einem Gläubiger (§ 55 Abs 1 Nr 1 Alt 2) beantragt wurde.

D. Erhaltungskosten **§ 171**

Die Umsatzsteuer „belastet" also die Masse iSv § 171 Abs 2 S 3. Die **Erstattungspflicht des Grundpfandrechtsgläubigers** richtet sich danach, ob die Verwertung durch den Insolvenzverwalter erfolgte (§ 170 Abs 1 S 1). Hat der Insolvenzverwalter den Zwangsversteigerungsantrag gestellt, so erfolgte die Verwertung durch ihn. Der Gläubiger ist in diesem Fall zur Erstattung der Umsatzsteuer an die Masse verpflichtet. Hat der Gläubiger selbst den Antrag gestellt, so entfällt eine Erstattungspflicht.

3. Die Verwertung unbeweglicher Gegenstände. a) Allgemeines. Nach § 4 Nr 9 a UStG sind Umsätze 11 steuerfrei, soweit sie unter das **Grunderwerbsteuergesetz** fallen. Dies gilt ebenso für freihändige Veräußerungen durch den Verwalter als auch für Veräußerungen im Wege der Zwangsversteigerung (§ 1 Nr 1 und 3 c GrEStG). Nach § 9 UStG kann ein Unternehmer auf die Umsatzsteuerbefreiung des § 4 Nr 9 a UStG verzichten, wenn die Grundstückslieferung an einen Unternehmer für dessen Unternehmen erfolgt. Ist das Grundstück umsatzsteuerpflichtig angeschafft worden, so empfiehlt sich beim Verkauf der **Verzicht auf die Steuerbefreiung** allein deshalb, um keinen **Vorsteuerrückforderungsanspruch nach § 15 a** UStG auszulösen (vgl zum Gesetzeszweck der Umsatzsteueroption *Valentin* DStR 1997, 1794, 1796). In der Insolvenz geht das **Optionsrecht des Schuldners**, dessen Unternehmereigenschaft durch die Insolvenzeröffnung nicht berührt wird (Abschn. 16 Abs 5 UStR), auf den Verwalter über (§ 80 Abs 1). Der **Verzicht auf eine Steuerbefreiung** geschieht regelmäßig dadurch, dass der Steuerpflichtige den in § 9 UStG genannten Umsatz dem Leistungsempfänger unter besonderem Ausweis der Umsatzsteuer in Rechnung stellt; der Verzicht kann auch durch schlüssiges Verhalten erklärt werden, so wie aus den Erklärungen und sonstigen Verlautbarungen, in die das gesamte Verhalten einzubeziehen ist, der Wille zum Verzicht eindeutig hervorgeht (BFH, DStR 1997, 1606). Bei Option zur Regelbesteuerung greift bei Grundstücksumsätzen, die nach dem 31. 3. 2004 bewirkt wurden, § 13 b UStG. **Steuerschuldner ist in diesem Fall der Leistungsempfänger**, wenn er ein Unternehmer oder eine Person des öffentlichen Rechts ist (§ 13 b Abs 1 Nr 3, Abs 2 UStG). Wegen des Wechsels der Steuerschuldnerschaft ist die Umsatzsteuer regelmäßig nicht mehr Bestandteil der der grunderwerbsteuerlichen Gegenleistung. Der BFH hat deshalb mit Urt v 9. 11. 2006 (BStBl II 2007, 285) seine bisherige Rechtsprechung aufgegeben, wonach bei einer Grundstücksveräußerung die Hälfte der gesamtschuldnerisch vom Erwerber und vom Veräußerer zum umsatzsteuerlichen Entgelt für die Grundstücksveräußerung gehört, wenn die Parteien des Grundstückskaufvertrages vereinbaren, dass der Erwerber die Grunderwerbsteuer allein zu tragen hat (**FinMin** Baden-Württemberg Erl v 14. 12. 2007, DStR 2008, 509).

b) Die Verwertung durch Zwangsversteigerung. Auch die Grundstücksverwertung durch Zwangsver- 12 steigerung ist grundsätzlich umsatzsteuerfrei. Der **Verzicht auf die Steuerbefreiung**, der allein von dem Insolvenzverwalter als Verfügungsberechtigtem erklärte werden kann, ist bis zur Aufforderung zur Abgabe von Geboten im Versteigerungstermin zulässig (§ 9 Abs 3 S 1 UStG). **Das Meistgebot in der Zwangsversteigerung von Grundstücken (nebst Zubehör) ist ein Nettobetrag** (BGH v 3. 4. 2003, NJW 2003, 2238). Der Ersteher hat im Verteilungstermin das Bargebot nebst Zinsen seit dem Zuschlag (§ 49 Abs 2 ZVG) an das Vollstreckungsgericht zu entrichten (§ 49 Abs 1, § 107 Abs 2 ZVG). Die Bezeichnung des baren Meistgebots ist wesentlicher Inhalt des Zuschlagsbeschlusses (§ 82 ZVG). Er begründet und bestimmt die Zahlungspflicht des Erstehers (§ 49 ZVG). Der Zuschlagsbeschluss legt unmittelbar auch die Teilungsmasse fest, auf die die nach § 10 ZVG am Grundstück Berechtigten Anspruch haben. Wird auf die Steuerfreiheit des Grundstückumsatzes verzichtet, so ist der Käufer (Leistungsempfänger) Schuldner der Umsatzsteuer (§ 13 b Abs 1 Nr 3 UStG).

IV. Kosten des Streits um die Kostenansätze

Nach allgemeiner Meinung ist die Regelung in § 171 Abs 2 S 2 „höchst streitanfällig" (N/R/*Becker* 13 § 171 Rn 21; *Mönning* FS *Uhlenbruck* S 239, 252). Ein weiterer Streitpunkt ist das Merkmal der **Erforderlichkeit** der geltend gemachten Verwertungskosten. Die die Masse betreffenden Kosten eines Streits um die Kostenansätze zählen zu den **Verwertungskosten** (N/R/*Becker* § 171 Rn 23).

D. Erhaltungskosten

Wie bereits zu § 170 Rn 11 dargestellt wurde, werden die Erhaltungskosten des Sicherungsguts von 14 den §§ 170, 1718 nicht erfasst (*Funk*, Die Sicherungsübertragung in Einzelzwangsvollstreckung und Insolvenz, 1998 S 93; *Gottwald/Gottwald* InsRHdb § 42 Rn 147; BerlKo-*Breutigam* § 171 Rn 20; N/R/ *Becker* § 170 Rn 13; HK-*Landfermann* § 170 Rn 19). Die ursprünglich in § 195 RegE vorgesehene Ersatzpflicht ist vom Rechtsausschuss des Bundestages gestrichen worden, jedoch mit dem Hinweis, dass Einzelvereinbarungen zwischen dem Verwalter und dem Sicherungsgläubiger nicht ausgeschlossen sind. Die bei nicht sofortiger Verwertung häufig entstehenden **Erhaltungskosten**, wie zB Kosten für notwendige Reparaturen, Bewachung und Versicherung, das bei lebendem Sicherungsgut auch der Fütterung etc, sind vom Gesetzgeber, da sie nicht bei jedem Verwertungsvorgang anfallen, nicht pauschaliert worden (vgl *Lwowski/Heyn* WM 1998, 473, 481; *Gottwald/Gottwald* InsRHdb § 42 Rn 147). Da diese Aufwendungen dem Gläubiger letztlich zugute kommen, hat er nach *Gottwald/Gottwald* (InsRHdb § 42

Rn 147) sie nach §§ 675, 670 (683 S 1) BGB „konkret zu ersetzen" (hiergegen mit Recht *Obermüller* InsR Rn 6.343 f). Auch nach neuem Recht sind die Erhaltungskosten **Kosten der Verwaltung**, die von der Masse zu tragen sind (*Obermüller* InsR Rn 6.344). Eine andere Frage ist die, ob sich der Gläubiger **freiwillig** aufgrund einer Vereinbarung mit dem Insolvenzverwalter bereit erklärt, Kosten der Erhaltung zu übernehmen (vgl *Bork*, Einf Rn 256; *Gottwald/Gottwald* InsRHdb § 42 Rn 147). Nach HK-*Landfermann* (§ 170 Rn 19) ist allerdings auch unabhängig von einer solchen Vereinbarung der verwertungsberechtigte Verwalter verpflichtet, das Sicherungsgut in seinem Wert zu erhalten, um eine günstige Veräußerung zu ermöglichen. Die erforderlichen Aufwendungen würden dabei **häufig zu den Verwertungskosten gerechnet** werden können. Dies ist zumindest zweifelhaft (vgl auch das Beispiel von *Uhlenbruck* FS *Vieregge* 1995 S 897). Die für die wirtschaftlich günstige Gesamtveräußerung einer Hühnerfarm anfallenden Futterkosten können wohl kaum als „Teil der mit der gewählten Verwertungsart verbundenen Kosten" angesehen und, wenn nicht die Pauschalierung des § 171 Abs 2 S 1 eingreift, nach § 171 Abs 2 S 2 als Verwertungskosten angesetzt werden (so aber HK-*Landfermann* § 170 Rn 21). Es mag unbillig erscheinen, dem Gläubiger in diesem Fall den hohen Erlös der Gesamtveräußerung zufließen zu lassen, ohne von diesem Erlös die mit dieser Verwertungsart zwangsläufig verbundenen Aufwendungen abzuziehen. Wenn der Gesetzgeber jedoch zwecks Vermeidung einer übermäßigen Entwertung von Kreditsicherheiten die Erhaltungskosten, deren Ersatz in § 195 RegE ausdrücklich vorgesehen war, herausgenommen hat, so muss es dabei auch bleiben. Sie können nicht über den Umweg eines **erweiterten Verwertungskostenbegriffes** wieder dem Gläubiger zur Last fallen. Zutreffend weist *Smid* (§ 171 Rn 19) darauf hin, dass der **BGH** (Urt v 26. 5. 1988, BGHZ 104, 304) die weiter gehende Geltendmachung von Aufwendungsersatz nach §§ 683, 670 BGB im Ergebnis verneint hat, soweit Kosten für die dem Verwalter obliegenden Pflichten anfallen, und diese restriktive Auslegung mit einem Hinweis auf den möglichen Gestaltungsspielraum des Reformgesetzgebers begründet.

E. Kostenbeiträge bei sonstigen Verfahrensarten

14   Im **Insolvenzeröffnungsverfahren** ist § 171 nur anwendbar, wenn das Gericht Anordnungen nach § 21 Abs 2 Nr 5 getroffen hat, die dem vorläufigen Verwalter die Einziehung von Forderungen im Eröffnungsverfahren ermöglichen. Für diese Tätigkeit kann der Verwalter in entsprechender Anwendung der §§ 170, 171 Ersatz der Feststellungs- und Verwertungskosten verlangen (hierzu *Ganter* NZI 2007, 549). Im **Eigenverwaltungsverfahren** nach den §§ 270 ff wird in § 282 die Berechnung der Verwertungskosten modifiziert. Nach § 282 Abs 1 S 3 können als Kosten der Verwertung nur die **tatsächlich entstandenen**, für die Verwertung erforderlichen Kosten und der **Umsatzsteuerbetrag** angesetzt werden. Der **Feststellungsbeitrag** entfällt, da der Schuldner die Feststellung selbst trifft (K/P/B/*Pape* § 282 Rn 7). Auch im **vereinfachten Verbraucherinsolvenzverfahren** nach den §§ 311 ff findet § 171 keine Anwendung, da der absonderungsberechtigte Gläubiger gem § 313 Abs 3 selbst zur Verwertung berechtigt ist.

§ 172 Sonstige Verwendung beweglicher Sachen

(1) ¹Der Insolvenzverwalter darf eine bewegliche Sache, zu deren Verwertung er berechtigt ist, für die Insolvenzmasse benutzen, wenn er den dadurch entstehenden Wertverlust von der Eröffnung des Insolvenzverfahrens an durch laufende Zahlungen an den Gläubiger ausgleicht. ²Die Verpflichtung zu Ausgleichszahlungen besteht nur, soweit der durch die Nutzung entstehende Wertverlust die Sicherung des absonderungsberechtigten Gläubigers beeinträchtigt.

(2) ¹Der Verwalter darf eine solche Sache verbinden, vermischen und verarbeiten, soweit dadurch die Sicherung des absonderungsberechtigten Gläubigers nicht beeinträchtigt wird. ²Setzt sich das Recht des Gläubigers an einer anderen Sache fort, so hat der Gläubiger die neue Sicherheit insoweit freizugeben, als sie den Wert der bisherigen Sicherheit übersteigt.

I. Allgemeines

1   Grundsätzlich geht der Gesetzgeber in § 166 von einem Verwertungsrecht des Insolvenzverwalters an Absonderungsgegenständen aus, an denen er Besitz hat. Deshalb knüpft § 172 an das Verwertungsrecht des Verwalters bei besitzlosen Mobiliarsicherheiten an und hat im früheren Recht keinerlei Vorbild. Neu ist vor allem, dass dem Verwalter an beweglichen Sachen, zu deren Verwertung er nach § 166 befugt ist, vom Gesetz nunmehr in § 172 Abs 1 S 1 ausdrücklich ein **Recht zur Benutzung des Sicherungsgegenstandes** eingeräumt wird. Das Nutzungsrecht des Insolvenzverwalters ist an seine Verwertungskompetenz gebunden (*Mönning* FS *Uhlenbruck* S 239, 259). Es besteht daher nicht zu Gunsten des **vorläufigen Insolvenzverwalters**, der grdsl nicht zur Verwertung der Sache befugt ist. § 172 findet insoweit auch keine analoge Anwendung (**BGH** v 13. 7. 06 – IX ZR 57/05, NZI 2006, 587). Allerdings verschaffen Anordnungen nach **§ 21 Abs 2 Nr 5**, der durch das Gesetz zur Vereinfachung des Insolvenzverfahrens eingeführt wurde, ein Benutzungsrecht für solche Gegenstände, die für die Fortführung des Unternehmens von erheblicher Bedeutung sind (hierzu *Büchler* ZInsO 2008, 719).

II. Benutzung des Sicherungsguts (§ 172 Abs 1 S 1) § 172

Während § 166 den absonderungsberechtigten Gläubiger daran hindert, im eröffneten Verfahren auf 1a
das Sicherungsgut zuzugreifen, ermöglicht § 172 Abs 1 S 1 dem Verwalter die zeitweilige Fortführung
des Schuldnerunternehmens nicht nur bis zum Berichtstermin, sondern auch, wenn die Gläubigerversammlung sich für eine fortführende Sanierung des Schuldnerunternehmens entscheidet. Vor allem wird
durch die Regelung erreicht, dass ein nicht stillgelegtes Unternehmen in die Lage versetzt wird, eine
vorzeitige Wertezerschlagung zu vermeiden und bis zu einer Sanierung oder übertragenden Sanierung
weiterzuwirtschaften (N/R/*Becker* § 172 Rn 1). Allerdings musste der Gesetzgeber dafür Sorge tragen,
dass die für den Absonderungsberechtigten durch die Benutzung der Gegenstände eintretenden Nachteile ausgeglichen werden. § 172 Abs 1 S 1 sieht ausdrücklich nur eine **Nutzung für die Insolvenzmasse**
vor. Deshalb ist es dem Verwalter grdsl nicht gestattet, das Nutzungsrecht auf einen Dritten zwecks
Nutzung gegen Entgelt zu übertragen, um zB Miet- oder Pachtzinsen für die Masse zu erzielen (FK-
Wegener § 172 Rn 3). Vielmehr ist die Drittnutzung durch das Gesetz nur dann gedeckt, wenn zB die
Vermietung Gegenstand des Schuldnerunternehmens ist und demgemäß die Weitervermietung oder Weiterverpachtung dem Geschäftszweck dient (FK-*Wegener* § 172 Rn 3). Letztlich muss auch eine Nutzung von beweglichem Sicherungsgut dazu dienen, eine vorzeitige Zerschlagung der Haftungsmasse zu
verhindern und zunächst oder endgültig ein funktionierendes Unternehmen am Markt zu erhalten
(BerlKo-*Breutigam* § 172 Rn 1). Die Vorschrift ist **zwingendes Recht**, so dass vertragliche Vereinbarungen, die der Schuldner bzw das Schuldnerunternehmen mit dem Gläubiger vor der Verfahrenseröffnung
hinsichtlich der Nutzung der Sicherheiten getroffen hat, ihre Wirkung verlieren (Begr zu § 197 RegE,
BT-Drucks 12/2443, S 182; **BGH** 24. 3. 2009 IX ZR 112/08, ZIP 2009, 768 = ZInsO 2009, 766; KS-
Gottwald/Adolphsen S 1043, 1073 Rn 114; *Uhlenbruck*, Das neue Insolvenzrecht, S 543; HK-
Landfermann § 172 Rn 2; BerlKo-*Breutigam* § 172 Rn 2; *Lwowski/Heyn* WM 1998, 473, 482; *Gottwald/Gottwald* InsRHdb § 42 Rn 118). Für das Benutzungsrecht des Insolvenzverwalters kommt es
deshalb nicht darauf an, ob der Schuldner oder das Schuldnerunternehmen vor Eröffnung des Insolvenzverfahrens berechtigt waren, zB eine sicherungsübereignete Maschine zu benutzen (HK-*Landfermann* § 172 Rn 2). Der Gesetzgeber geht davon aus, dass **Vertragsklauseln** über die Verarbeitung
oder den Verbrauch des Sicherungsguts mit Insolvenzeröffnung wirkungslos werden. Ob § 172 Abs 1
auf **Aussonderungsrechte** analog anwendbar ist, ist umstritten (bejahend KS-*Wellensiek* S 403, 414
Rn 39; BerlKo-*Breutigam* § 172 Rn 8; str aA *Niesert* InVo 1998, 90 f; FK-*Wegener* § 172 Rn 2 a). Richtigerweise ist dies zu verneinen. Eine Analogie scheidet schon deswegen aus, weil bei Aussonderungsrechten kein Verwertungsrecht des Verwalters besteht. Für den **Eigentumsvorbehalt** ergibt sich das Benutzungsrecht allenfalls aus § 107 Abs 2 (*Mitlehner* Mobiliarsicherheiten Rn 195). Bei Gegenständen,
die der Aussonderung unterliegen (§ 47), kann das Nutzungs-, Weiterverarbeitungs- oder Weiterveräußerungsrecht allenfalls aus den – fortgeltenden – Lieferbedingungen hergeleitet werden (Einzelheiten
unten Rn 9, 10).

Nutzt der Verwalter ein ihm gem § 166 zur Verwertung zugewiesenes bewegliches Sicherungsgut für 1b
die Masse, zB um das Schuldnerunternehmen fortzuführen, und verliert dieses dadurch an Wert, so ist
der Gläubiger berechtigt, zusätzlich zu den Zinszahlungen nach § 169 einen **Wertverlustausgleich** nach
§ 172 Abs 1 S 1 zu verlangen (*Mönning* FS *Uhlenbruck* S 239, 259; FK-*Wegener* § 172 Rn 5; K/P/B/
Flöther § 172 Rn 2; N/R/*Becker* § 172 Rn 14–17). Eine Ausgleichspflicht entfällt gem § 172 Abs 1 S 2
nur dann, wenn der durch die Nutzung entstehende Wertverlust die Sicherung des absonderungsberechtigten Gläubigers nicht beeinträchtigt. Der Wertverlustausgleichsanspruch besteht daher nur, wenn ein
Wertverlust des Sicherungsguts eintritt, der dazu führt, dass das Sicherungsgut die Forderung des Gläubigers nicht mehr voll abdeckt. Liegt dagegen trotz Wertverlustes zB einer besicherten Maschine der
voraussichtliche Verwertungserlös über der abgesicherten Forderung, so besteht keine Ausgleichspflicht,
da die Sicherheit des Gläubigers nicht beeinträchtigt wird. Der Wertverlust ist grundsätzlich vom **Gläubiger zu beweisen**. Verweigert dagegen der Verwalter die Zahlung mit der Begründung, dass trotz eines
möglicherweise gebrauchsbedingten Wertverlustes die Haupt- und Nebenforderungen des Gläubigers
aus dem Erlös noch gedeckt werden können, so ist er dafür beweispflichtig. Einen **Wertzuwachs der Sicherheit**, der durch Verarbeitung des Sicherungsgegenstandes entsteht, hat der Gläubiger freizugeben
(HK-*Landfermann* § 172 Rn 15). Ist eine Sicherheit nicht voll werthaltig, so ist die Wertminderung nur
anteilig zu erstatten (*Zimmermann* NZI 1998, 57, 60; *Gottwald/Gottwald* InsRHdb § 42 Rn 118; FK-
Wegener § 169 Rn 5; *Niesert* InVo 1998, 141, 145). In der Insolvenzrechtspraxis stößt die Anwendung
der Vorschrift auf **erhebliche Schwierigkeiten**, da vor allem die **Bestimmung der Höhe des Wertverlustes**
im Einzelfall streitig sein wird (vgl *Mönning* FS *Uhlenbruck* S 239, 261 f, 268; *Niesert* in: *Andersen/
Freihalter*, Aus- und Absonderungsrechte Rn 545; *Kirchhof* Leitfaden S 94).

II. Benutzung des Sicherungsguts (§ 172 Abs 1 S 1)

1. Nutzungsrecht des Insolvenzverwalters. Zur Nutzung berechtigt ist nur der Insolvenzverwalter. 2
Wie bereits oben I. dargestellt wurde, ist der Verwalter grdsl nicht berechtigt, das Nutzungsrecht auf
Dritte zur Nutzung gegen Entgelt zu übertragen (FK-*Wegener* § 172 Rn 3). Das Nutzungsrecht besteht
nur an beweglichen Gegenständen der Insolvenzmasse, an denen ein Absonderungsrecht besteht. Die
Gegenstände müssen sich im Besitz des Insolvenzverwalters befinden. Das Benutzungsrecht des Verwal-

ters aus § 172 **entsteht mit der Verfahrenseröffnung** (für das Eröffnungsverfahren beachte § 21 Abs 2 Nr 5) und dauert bis zur Verwertung der Sache fort (HK-*Landfermann* § 172 Rn 5). Die Verpflichtung des Verwalters, die Insolvenzmasse unverzüglich nach dem Berichtstermin zu verwerten, wenn nicht die Gläubigerversammlung etwas anderes beschließt, wird durch § 172 nicht tangiert (HK-*Landfermann* § 172 Rn 5).

3   **2. Art der Nutzung.** Der Insolvenzverwalter ist zu jeder Art der Nutzung des Sicherungsguts berechtigt, die an einem der gesetzlich vorgegebenen oder von der Gläubigerversammlung beschlossenen Verfahrensziele (Liquidation, übertragende Sanierung, fortführende Sanierung) ausgerichtet ist (*Mönning* FS *Uhlenbruck* S 239, 259). Der Verwalter muss den Gegenstand **für die Insolvenzmasse** nutzen, damit sie der Gesamtheit der Gläubiger zugute kommt (BerlKo-*Breutigam* § 172 Rn 6). Für andere Zwecke, zB im Interesse eines einzelnen aus- oder absonderungsberechtigten Gläubigers, ist eine Nutzung unzulässig (BerlKo-*Breutigam* § 172 Rn 6). Wird der Sicherungsgegenstand vom Verwalter überhaupt nicht benutzt, so findet § 172 keine Anwendung, selbst wenn ein Wertverlust eintritt (BerlKo-*Breutigam* § 172 Rn 6). Der **gänzliche Verbrauch** des Gegenstandes fällt nicht unter den Begriff der Nutzung (K/P/B/*Flöther* § 172 Rn 3; MüKo-*Lwowski/Tetzlaff* § 172 Rn 13; str aA N/R/*Becker* § 172 Rn 9) und ist daher unberechtigt. Ein rechtmäßiger Verbrauch liegt aber vor, wenn der Verwalter zuvor durch Zahlung der gesicherten Forderung die uneingeschränkte Verfügungsmacht erhalten oder sich mit dem Gläubiger auf die Stellung einer **Ersatzsicherheit** geeinigt hat. Der Verwalter ist von sich aus nicht verpflichtet, dem Gläubiger die Nutzung der Sache anzukündigen oder darauf hinzuweisen, denn das Nutzungsrecht ergibt sich unmittelbar aus dem Gesetz. Der Gläubiger hat jedoch das Recht, sich jederzeit über den Zustand der Sache zu informieren (vgl § 169; K/P/B/*Flöther* § 172 Rn 3).

4   **3. Ausgleich des Wertverlustes.** Zwingende Folge der Ausübung des Benutzungsrechts des Verwalters ist, dass er „laufend" den Wertverlust ausgleicht, der durch die Benutzung eintritt (§ 172 Abs 1 S 1). Der Gläubiger ist so zu stellen, wie er stehen würde, wenn der Gegenstand ohne Benutzung zum Zeitwert verwertet worden wäre. Dieser Ansatz wirft nach Auffassung von *Mönning* (FS *Uhlenbruck* S 239, 261) **verschiedene Fragen** auf. Um überhaupt einen Anspruch auf Wertverlust ermitteln zu können, muss der Insolvenzverwalter den Gegenstand zum Stichtag der Insolvenzeröffnung bewerten, zB durch Einholung eines Sachverständigengutachtens. Dem sachverständig ermittelten Zeitwert zum Zeitpunkt der Verfahrenseröffnung ist der Verwertungserlös gegenüberzustellen, der nach Beendigung der Nutzung tatsächlich im Zuge der Vermarktung des mit einem Absonderungsrecht belasteten Gegenstandes erzielt werde. Ist kein Wertverlust entstanden, hat der Sicherungsgläubiger keinen Ausgleichsanspruch, da es sich um eine Entschädigung für Wertverlust und nicht um eine Nutzungsentschädigung handelt. Der Gläubiger wird die tatsächliche Nutzung durch den Verwalter sowie die Höhe des Wertverlustes **beweisen** müssen (*Kirchhof* Leitfaden S 94). Wegen Art und Umfang der Nutzung wird man ihm gegebenenfalls unter den Voraussetzungen des § 242 BGB einen **Auskunftsanspruch gegen den Insolvenzverwalter** zubilligen müssen (*Kirchhof* Leitfaden S 94). Zu den Problemen, die sich insbesondere aus der Notwendigkeit einer **Bewertung der Sicherheit** ergeben *Brinkmann* ECFR Sonderband 2, S 248 ff; *Eidenmüller* ECFR Sonderband 2, S 273. Ungeklärt ist die Frage, ob der Insolvenzverwalter mit **Reparatur- und Instandhaltungskosten** gegen einen Masseschuldanspruch auf Ausgleich des Wertverlustes aufrechnen kann. Dies ist nach *Mönning* (FS *Uhlenbruck* S 239, 261) in den Fällen denkbar, in denen aus der Insolvenzmasse aufgewendete Instandhaltungskosten den auszugleichenden Wertverlust übersteigen, also über den Kaufpreis nicht vollständig amortisiert werden. Der Ausgleichsanspruch entfällt, wenn der Wert der Sache schon vor Benutzung durch den Verwalter so gering war, dass der Gläubiger nicht einmal eine teilweise Befriedigung erwarten konnte (*Mönning* FS *Uhlenbruck* S 239, 262). Eine Ausgleichszahlung entfällt auch, wenn durch die Nutzung des Gegenstandes im Rahmen der Betriebsfortführung gerade ein Wertverlust vermieden wird, indem zB der Gegenstand auf Kosten der Insolvenzmasse gewartet und erforderlichenfalls instand gesetzt oder repariert wird und letztlich durch diese Maßnahmen die Befriedigungsaussichten des Gläubigers vor und nach der Nutzung gleich bleiben (*Mönning* FS *Uhlenbruck* S 262). Führt die Nutzung nicht zur Wertminderung des Gegenstandes, wie etwa die Ausstellung von Kunstwerken, fällt ebenfalls ein Ausgleichszahlungsanspruch des Gläubigers nicht an (N/R/*Becker* § 172 Rn 16; *Mönning* FS *Uhlenbruck* S 262).

5   **a) Laufende Zahlungen.** Der Wertausgleich für die Nutzung durch den Insolvenzverwalter hat durch laufende Geldzahlungen zu erfolgen. Der Geldanspruch entsteht mit der Eröffnung des Insolvenzverfahrens. Kann der Verwalter die **Zahlungen in Geld** wegen Liquiditätsmangels nicht erbringen, kann er mit dem Gläubiger eine andere Form des Ausgleichs vereinbaren, wie zB die **Stellung einer Ersatzsicherheit**, die die Forderung des Gläubigers absichert (K/P/B/*Flöther* § 172 Rn 8). Die **laufenden Zahlungen** haben aus der Insolvenzmasse zu erfolgen. Dementsprechend handelt es sich um eine **Masseverbindlichkeit** iSv § 55 Abs 1 Nr 1, die der Verwalter von Amts wegen zu erfüllen hat (K/P/B/*Flöther* § 172 Rn 6; *Mönning* FS *Uhlenbruck* S 239, 263; N/R/*Becker* § 172 Rn 27). Laufende Zahlungen setzen voraus, dass ein Wertverlust bereits während der Nutzungsperiode eingetreten ist oder fortlaufend eintritt. Die Zahlungen sind weder fiktiver Mietzins noch ein fiktiver Einkaufspreis, sondern eine vor-

II. Benutzung des Sicherungsguts (§ 172 Abs 1 S 1)

weggenommene Erlösausschüttung (*Mönning* FS *Uhlenbruck* S 263). Der Verwalter ist allerdings berechtigt, durch laufende Zahlungen den **Sicherungsgegenstand sukzessive auf Raten auszulösen** (N/R/ *Becker* § 172 Rn 21; *Mönning* FS *Uhlenbruck* S 263).

b) Beginn und Ende der Zahlungspflicht. Nach § 172 Abs 1 S 1 sind die laufenden Zahlungen an den Gläubiger „von der Eröffnung des Insolvenzverfahrens an" zu leisten. Zutreffend weist *Becker* (N/R/ *Becker* § 172 Rn 30) darauf hin, dass die Vorschrift insoweit missverständlich formuliert ist. Es kommt auf den **Beginn der wertmindernden Benutzung** an, denn ohne Benutzung ist eine Wertminderung durch Benutzung („dadurch entstehenden Wertverlust") nicht denkbar (so auch *Kirchhof* Leitfaden S 94; *Mönning* FS *Uhlenbruck* S 262). Für eine **Wertminderungen vor Verfahrenseröffnung** durch Benutzung des Sicherungsgegenstandes durch den vorläufigen Verwalter kann unter den Voraussetzungen des § 21 Abs 2 Nr 5 eine Ausgleichszahlung verlangt werden (hierzu ausführlich *Ganter* NZI 2007, 549; *Büchler* ZInsO 2008, 719). Die **Ausgleichszahlungspflicht endet**, wenn der Sicherungsgegenstand nicht mehr benutzt wird und damit eine weitere Wertminderung nicht mehr eintritt (N/R/*Becker* § 172 Rn 33). Die Zahlungspflicht endet aber auch, wenn die Zahlungen den Betrag erreicht haben, der insgesamt vom Gläubiger aus der Verwertung des Gegenstandes zu erzielen gewesen wäre (N/R/*Becker* § 172 Rn 34). Schließlich enden die Ausgleichszahlungen mit der Verwertung des Sicherungsgegenstandes (N/R/*Becker* § 172 Rn 35; MüKo-*Lwowski/Tetzlaff* § 172 Rn 20).

c) Höhe der Ausgleichszahlung. Die Feststellung der Höhe der Wertminderung und damit der Ausgleichszahlung ist im Einzelfall schwierig. Dies gilt insbesondere für langlebige Investitionsgüter, wie zB Maschinen (vgl *Niesert* in: *Andersen/Freihalter*, Aus- und Absonderungsrechte Rn 545; *Kirchhof* Leitfaden S 94; N/R/*Becker* § 172 Rn 36–47). Bei der Bemessung der Höhe der Ausgleichszahlungen ist die Beurteilung der Befriedigungsaussichten des Gläubigers durch den Insolvenzverwalter **stets zu aktualisieren** (*Mönning* FS *Uhlenbruck* S 239, 263; MüKo-*Lwowski/Tetzlaff* § 172 Rn 18). Allerdings kann der eingetretene Wertverlust oftmals erst festgestellt werden, wenn die Nutzungsperiode abgelaufen und die Verwertung erfolgt ist (BerlKo-*Breutigam* § 172 Rn 12). Ergibt sich, dass die **Ausgleichszahlungen zu niedrig** waren, besteht ein **Nachzahlungsanspruch** des Gläubigers. Waren die Zahlungen zu hoch, muss der Gläubiger die Überzahlungen nach § 812 Abs 1 S 2, 1. Alt BGB zurückerstatten (N/R/*Becker* § 172 Rn 41 ff; *Mönning* FS *Uhlenbruck* S 263). Da es sich bei den Ausgleichszahlungen um eine „vorweggenommene Erlösausschüttung" handelt, sind die Kostenbeiträge der gesicherten Gläubiger nach §§ 170, 171 ebenfalls zu berücksichtigen. Die Zahlungen sind nach *Mönning* (FS *Uhlenbruck* S 263) „so zu bemessen, als ob die Gläubiger die Kostenbeiträge gem §§ 170, 171 InsO erbrächten; die zu erwartende Erlösminderung ist also um den auf sie entfallenden Kostenanteil zu kürzen" (so auch N/R/*Becker* § 172 Rn 26; FK-*Wegener* § 172 Rn 5). Zu beachten ist, dass die Ausgleichszahlungen wegen Wertverlusts nach § 172 die **Zinszahlungen gem § 169** nicht tangieren, so dass beide Zahlungen vom Verwalter unabhängig voneinander zu erbringen sind (HK-*Landfermann* § 172 Rn 10).

4. Kein Ausgleich bei Nichtbeeinträchtigung der Sicherheit (§ 172 Abs 1 S 2). Voraussetzung für die Ausgleichspflicht nach § 172 Abs 1 S 1 ist immer der **Eintritt einer Wertminderung** bei dem Sicherungsgut, die durch die Nutzung verursacht sein muss (K/P/B/*Flöther* § 172 Rn 4, 5). Findet durch die Nutzung keine Beeinträchtigung des Wertes statt, ist der Gläubiger durch die Zinszahlungspflicht nach § 169 ausreichend geschützt. Bei **Wertminderungen**, die durch eine **Nichtbenutzung des Sicherungsgegenstandes** eintreten, ist eine Ausgleichszahlung nicht zu leisten, denn es fehlt insoweit an der notwendigen Kausalität zwischen Benutzung und Wertverlust. Auch ein Wertverlust durch Zeitablauf ist nicht auszugleichen (N/R/*Becker* § 172 Rn 14; BerlKo-*Breutigam* § 172 Rn 10). Kann zB der Insolvenzverwalter eine PC-Anlage erst einige Monate nach Verfahrenseröffnung veräußern, tritt zwar bei Nichtbenutzung ein erheblicher Wertverlust ein; als Nachteilsausgleich steht dem Gläubiger aber nur unter den Voraussetzungen des § 169 ein Zinsanspruch zu. Durch die Nutzung verursacht ist auch eine Wertminderung, wenn zB ein PKW des Schuldners im Rahmen der Weiterbenutzung durch einen Unfall beschädigt wird. Kein Anspruch auf Nutzungsausgleich besteht, wenn der Wertverlust das Recht des Gläubigers nicht beeinträchtigt. Übersteigt der Wert der Sache die zu sichernde Forderung so weit, dass sie trotz Wertminderung noch gedeckt ist, liegt ebenfalls **keine Beeinträchtigung des Gläubigers** iSv § 172 vor (*Mönning* FS *Uhlenbruck* S 239, 264). Erst wenn der Wert so weit sinkt, dass die Forderung nicht mehr ganz gedeckt ist, beginnt die Ausgleichspflicht (so auch N/R/*Becker* § 172 Rn 40; HK-*Landfermann* § 172 Rn 7; FK-*Wegener* § 172 Rn 6; K/P/B/*Flöther* § 172 Rn 5). Im Fall einer **Übersicherung** scheidet ein Nutzungsausgleich aus (N/R/*Becker* § 172 Rn 36–46).

5. Analoge Anwendung des § 172 Abs 1 auf Aussonderungsrechte. In der Literatur wird teilweise im Hinblick auf die gleiche Interessenlage wie bei den Absonderungsrechten angenommen, § 172 Abs 1 sei auf **Aussonderungsrechte analog anzuwenden** (BerlKo-*Breutigam* § 172 Rn 7, 8; KS-*Wellensiek* S 403, 414 Rn 39; str aA FK-*Wegener* § 172 Rn 2 a). Obgleich die Sachlage hinsichtlich des Besitz- und Benutzungsrechts des Insolvenzverwalters bei Aus- und Absonderungsrechten weitgehend gleich ist, verbietet sich eine Analogie (vgl *Tintelnot* ZIP 1995, 616, 617). Zutreffend hat *Marotzke* (HK-*Marotzke*

§ 107 Rn 33) darauf hingewiesen, dass die Weiterbenutzung der unter EV gelieferten Sache während der Schonfrist des § 107 Abs 2 unabhängig von der Frage einer analogen Anwendbarkeit des § 172 schon nach Maßgabe der über die Verfahrenseröffnung hinaus fortwirkenden **vertraglichen Regelung** zulässig ist (vgl auch *Braun/Uhlenbruck* Unternehmensinsolvenz S 254; § 107 Rn 16). Nach Auffassung von *Marotzke* darf der Verwalter die Sache selbst dann besitzen und benutzen, wenn der Eigentümer dem Schuldner vertraglich verboten hatte, die Sache an Dritte, insbesondere an einen Insolvenzverwalter, weiterzugeben (HK-*Marotzke* § 107 Rn 33). Zu Recht wird bei HK-*Marotzke* (§ 107 Rn 34) darauf hingewiesen, dass der Käufer nach § 346 Abs 2 BGB die Nutzungen herauszugeben hat. Hierbei handelt es sich um eine Masseschuld gem § 55 Abs 1 Nr 1 InsO. *Pape* (KS S 531, 565 Rn 54) erwägt eine **Analogie** zu § 169, wonach der Absonderungsberechtigte ab dem Berichtstermin die geschuldeten Zinsen erhält, solange der Verwalter von seinem Verwertungsrecht aus § 166 keinen Gebrauch macht. Nach Auffassung von *Pape* ist die Frage aber „mit höchster Vorsicht" zu behandeln, weil sie das Verfahren nur noch komplizierter macht, als es nach der InsO ohnehin schon ist. Da eine Entschädigung allenfalls für die Zeit nach dem Berichtstermin in Betracht komme, weil man bei § 107 kaum anders urteilen könne als bei § 169, sei eine Schlechterstellung des anderen Teils durch Verzögerung der Erklärung des Verwalters weitgehend ausgeschlossen. Gebe der Verwalter seine Erklärung trotz Aufforderung nicht unverzüglich nach Beendigung des Berichtstermins ab, so verliere er nach § 103 Abs 2 S 3 das Recht, Erfüllung zu verlangen. Der andere Teil habe nur noch Schadenersatzansprüche. Gebe der Verwalter dagegen die Erklärung rechtzeitig ab, komme entweder nur die volle Erfüllung des Vertrages aus der Masse in Betracht oder es seien ohnehin nur noch Abwicklungsverbindlichkeiten begründet, die nicht aus der Masse, sondern als Insolvenzforderungen zu befriedigen seien (zu entsprechenden Problemen bei Miete und Leasing vgl *Obermüller/Livonius* DB 1995, 27, 28; *Eckardt* ZIP 1996, 897, 904).

10   Letztlich ist zu beachten, dass der **Aussonderungsstopp** des § 107 Abs 2 sich nur auf **Vorbehaltslieferanten** bei Insolvenz des Käufers bezieht. Sonstiges Eigentum kann sofort ausgesondert werden. Da unter EV gekaufte Sachen nicht sogleich nach Eröffnung des Verfahrens abgegeben werden können und § 107 Abs 2 S 2 eine Einschränkung nur bei **erheblicher Wertminderung** der Sache eingreift, können auch Vorbehaltssachen in den ersten Wochen nach Verfahrenseröffnung vom Verwalter ohne Gegenleistung genutzt werden, um Fortführungs- und Sanierungschancen zu wahren und der Gläubigerversammlung im Berichtstermin die Möglichkeit zu verschaffen, über das Verfahrensziel zu entscheiden (KS-*Gottwald/Adolphsen* S 1043, 1072 Rn 113; *Gottwald/Gottwald* InsRHdb § 40 Rn 100). Das Nutzungsrecht besteht insoweit unabhängig von den zugrunde liegenden vertraglichen Vereinbarungen, so dass es nicht darauf ankommt, ob der Schuldner zur Nutzung vertraglich berechtigt war. Auch **§ 172 Abs 2**, der dem Absonderungsberechtigten die Verbindung, Vermischung und Verarbeitung erlaubt, ist auf Sachen, die der Schuldner bzw das Schuldnerunternehmen unter Eigentumsvorbehalt erworben hat und die noch nicht vollständig bezahlt sind, **weder unmittelbar noch analog anzuwenden** (*Marotzke* ZZP 109 [§ 196], 429, 454; HK-*Marotzke* § 107 Rn 35; *Niesert* InVo 1998, 85, 90 f; FK-*Wegener* § 172 Rn 2a; *Pohlmann*, Befugnisse Rn 455). Etwas anderes gilt für den **erweiterten Eigentumsvorbehalt** nach Eintritt des Erweiterungsfalles, da sich insoweit das Aussonderungsrecht des Verkäufers in ein Recht auf abgesonderte Befriedigung nach Maßgabe der § 166 ff umgewandelt hat (HK-*Marotzke* § 107 Rn 35). Ob der Insolvenzverwalter berechtigt ist, die unter EV gelieferte Sache zu verbinden, zu vermischen oder zu verarbeiten, richtet sich deshalb allein nach dem zwischen dem Schuldner und dem „Noch-Eigentümer" bestehenden Vertragsverhältnis (HK-*Marotzke* § 107 Rn 35; weitergehend *Braun/Uhlenbruck* Unternehmensinsolvenz S 254 hinsichtlich des vorläufigen Insolvenzverwalters). Gleiches gilt beim **verlängerten Eigentumsvorbehalt**, bei dem anstelle des Eigentumsvorbehalts die neue Sache oder die aus dem Verkauf entstehende Forderung treten soll, wenn das Eigentum des Lieferanten insbesondere durch Verarbeitung, Verbindung oder Weiterveräußerung der Vorbehaltsware erlischt. Zur Fortgeltung von Veräußerungsermächtigungen, § 47 Rn 30.

11   **6. Analoge Anwendung des § 172 Abs 1 auf sonstige Rechte.** Ebenso wie bei § 166 wird in der Literatur auch die analoge Anwendung der Vorschrift auf **sicherungsübertragene sonstige Rechte**, wie zB das gesetzliche Pfandrecht nach § 233 BGB, das kaufmännische Zurückbehaltungsrecht (§§ 369–372 HGB), das gesetzliche Pfandrecht des Kommissionärs, zur Sicherheit abgetretene oder verpfändete Erbteile, Immaterialgüterrechte, Mitgliedschaftsrechte und Geschäftsanteile diskutiert (siehe hierzu § 166 Rn 14).

III. Verbindung, Vermischung, Verarbeitung (§ 172 Abs 2)

12   **1. Befugnisse des Verwalters zur Weiterverarbeitung.** Zur Nutzungsbefugnis des Verwalters gehört auch das Recht, seiner Verwertungskompetenz unterliegende Gegenstände zu be- oder verarbeiten (*Mönning* FS Uhlenbruck S 239, 260; *Gundlach/Frenzel/Schmidt* ZInsO 2001, 537, 543 f; MüKo-*Lwowski/Tetzlaff* § 172 Rn 38 ff). Hiervon betroffen sind vor allem Roh-, Hilfs- und Betriebsstoffe, also Gegenstände des beweglichen Umlaufvermögens, die zu fertigen, vermarktbaren Produkten verarbeitet, verbunden oder vermischt werden. § 172 Abs 2 gestattet dem Insolvenzverwalter die Verbindung (§§ 946, 947 BGB), Vermischung/Vermengung (§ 948 BGB) sowie die Verarbeitung (§ 950 BGB). Vor-

III. Verbindung, Vermischung, Verarbeitung (§ 172 Abs 2) **§ 172**

aussetzung ist allerdings, dass die Sicherung des absonderungsberechtigten Gläubigers dadurch nicht beeinträchtigt wird (vgl hierzu unten zu Rn 13). Die InsO nimmt die **sachenrechtlichen Folgen nach den §§ 946–950 BGB** als vorgegeben hin (vgl Bork FS Gaul S 71, 81, 87; HK-*Landfermann* § 172 Rn 13). § 172 Abs 2 lässt gleichzeitig Raum für Einzelvereinbarungen zwischen Gläubiger und Insolvenzverwalter und die Stellung von Ersatzsicherheiten (N/R/*Becker* § 172 Rn 51). Nicht unter § 172 Abs 2 fallen Sachen, die unter einfachem EV geliefert worden sind. Bei der Lieferung unter verlängertem oder erweitertem EV ist zu unterscheiden, wann der „Erweiterungsfall" eingetreten ist. Hatte sich mit Eintritt des Erweiterungsfalles **vor Verfahrenseröffnung** das Aussonderungsrecht des Verkäufers in ein Recht auf abgesonderte Befriedigung nach Maßgabe der §§ 166 ff verwandelt, so greift § 172 Abs 2 ein. Im Übrigen findet, wenn der Erweiterungsfall erst im eröffneten Verfahren eintritt, § 172 Abs 2 auf den erweiterten oder verlängerten Eigentumsvorbehalt keine Anwendung (vgl auch *Marotzke* ZZP 109 [1996], 429, 454; *Niesert* InVo 1998, 85, 90 f; HK-*Marotzke* § 107 Rn 35; *Pohlmann*, Befugnisse Rn 455).

Die Berechtigung des Verwalters zur Vermischung, Vermengung und Verarbeitung gem § 172 Abs 2 umfasst **nicht den Verbrauch der Sache** (vgl Begr RegE § 197, BR-Druck 1/92, S 182, abgedr bei *Uhlenbruck*, Das neue Insolvenzrecht, S 543 = K/P, S 405 = Schmidt-Räntsch, InsO S 341; *Lwowski/Heyn* WM 1998, 473, 482; HK-*Landfermann* § 172 Rn 16; *Gottwald/Gottwald* InsRHdb § 42 Rn 121). Der Verwalter darf das Sicherungsgut auch **nicht zum Zwecke der Betriebsfortführung** veräußern, da der Erlös unverzüglich an den Sicherungsgläubiger auszukehren ist. Benötigt er den Erlös zum Zwecke der einstweiligen Betriebsfortführung, so bleibt ihm nichts anderes übrig, als mit den betroffenen Gläubigern entsprechende Vereinbarungen zu treffen (*Gottwald/Gottwald* InsRHdb § 42 Rn 121; *Grub* DZWIR 1999, 133, 136 f). Weigert sich der Gläubiger, eine entsprechende Vereinbarung zB über eine Ersatzsicherheit zu treffen, bleibt nur die Möglichkeit, die gesicherte Forderung aus der Insolvenzmasse zu erfüllen und das Sicherungsrecht auf diese Weise abzulösen (HK-*Landfermann* § 172 Rn 16).

2. Grenzen des Rechts zur Weiterverarbeitung. Das Recht zur Verbindung, Vermischung und Verarbeitung besteht nach § 172 Abs 2 S 1 nur insoweit, als hierdurch die Sicherung des Absonderungsberechtigten nicht beeinträchtigt wird. Eine Beeinträchtigung kann so lange nicht eintreten, wie der restliche Wert zusammen mit einer Fortsetzung der Sicherheit am Erzeugnis die Gläubigerforderung noch abdeckt (N/R/*Becker* § 172 Rn 54). Im Übrigen ist eine **Beeinträchtigung der Sicherheit** immer gegeben, wenn der Wert der Sicherheit gemindert oder ganz verloren geht, wie zB bei Verbindung einer beweglichen Sache mit einer unbeweglichen Sache, wenn Erstere wesentlicher Bestandteil wird (K/P/B/*Flöther* § 172 Rn 12; *Gundlach/Frenzel/Schmidt* ZInsO 2001, 537, 543; MüKo-*Lwowski/Tetzlaff* § 172 Rn 38). Werden mehrere bewegliche Sachen miteinander verbunden oder vermischt und ist eine Sache als Hauptsache anzusehen, so erwirbt der Eigentümer das Alleineigentum und die Rechte an den übrigen Sachen erlöschen (HK-*Landfermann* § 172 Rn 13; FK-*Wegener* § 172 Rn 10; MüKo-*Lwowski/Tetzlaff* § 172 Rn 40). Entsteht durch die Verbindung, Vermischung oder Verarbeitung des Sicherungsgegenstands neues Eigentum eines anderen, so darf der Insolvenzverwalter das Sicherungsgut **nur mit Einverständnis des Sicherungsnehmers** einbauen (vgl Bork FS Gaul S 71 ff). Im Zweifel hat er dem Sicherungsgläubiger eine Ersatzsicherheit zu stellen oder das Sicherungsgut auszulösen (K/P/B/*Flöther* § 172 Rn 13). Eine **Beeinträchtigung** liegt immer vor, wenn der Absonderungsberechtigte sein Recht nach den §§ 946 ff BGB verliert (*Gottwald/Gottwald* InsRHdb § 42 Rn 120). Da eine Verarbeitung des Sicherungsguts immer zum Erlöschen des bisherigen Eigentums führt, wird in der Literatur teilweise gefolgert, die Erwähnung der Beeinträchtigung in § 172 Abs 2 S 1 beruhe nur auf einem Redaktionsversehen des Gesetzgebers. Ohne zusätzliche vertragliche Gestaltung sei sie ohnehin unzulässig (vgl Bork FS Gaul S 71, 87). Demgegenüber hat *Gottwald* (*Gottwald/Gottwald* InsRHdb § 42 Rn 120) zu Recht darauf hingewiesen, dass der Gesetzgeber dem Insolvenzverwalter eine Betriebsfortführung „auch unter Nutzung der ‚heimlichen' Mobiliarsicherheiten gestatten" wollte. Eine Verarbeitung sei deshalb immer zulässig, wenn sich das Recht des Gläubigers aufgrund einer – grundsätzlich von der Verfahrenseröffnung unabhängigen – Verarbeitungsklausel an den **neu entstehenden Sachen fortsetzt** (so wörtlich *Gottwald/Gottwald* InsRHdb § 42 Rn 120; ferner Bork FS Gaul S 71, 87; N/R/*Becker* § 172 Rn 55, 56; K/P/B/*Flöther* § 172 Rn 12; BerlKo-*Breutigam* § 172 Rn 21). Es bleiben somit die Fälle, in denen anteiliges Eigentum entsteht oder das Sicherungsgut die „Hauptsache" ist sowie Fälle einer geringwertigen Verarbeitung (HK-*Landfermann* § 172 Rn 14). Unzulässig ist dagegen die Verbindung, Vermischung oder Verarbeitung, wenn hierdurch das Gläubigerrecht am Sicherungsgut untergeht und damit die Sicherheit wegfällt (HK-*Landfermann* § 172 Rn 14). Verarbeitet der Insolvenzverwalter das Sicherungsgut, so erwirbt der geschädigte Gläubiger einen Anspruch nach § 951 Abs 1 BGB, der den Rang einer Masseschuld nach § 55 Abs 1 Nr 3 hat. Zugleich kann auch ein Schadenersatzanspruch nach § 60 in Betracht kommen (vgl *Niesert* in: *Andersen/Freihalter*, Aus- und Absonderungsrechte Rn 549). Eine Verarbeitung gem § 950 BGB, bei der das Sicherungsgut zur Herstellung einer neuen Sache verwandt wird, geht nach zutreffender Feststellung von *Breutigam* (BerlKo-*Breutigam* § 172 Rn 23) stets mit einer Beeinträchtigung des Sicherungsgläubigers einher. Der auf gesetzlicher und nicht etwa vertraglicher Grundlage verarbeitende Verwalter handelt für den Schuldner als Eigentümer der Masse, so dass dieser als Rechtsinhaber der Masse Eigentümer wird. Als Neuerwerb fallen freilich auch solche Gegenstände in die Insolvenzmasse. Strebt der Verwalter im Interesse der Masse eine nach § 172

12a

13

§ 173 unzulässige Verarbeitung an, wird ihm nichts anderes übrig bleiben, als durch individuelle Vereinbarungen mit dem Sicherungsgläubiger eine Verwertungsbefugnis kraft vertraglicher Gestaltung herbeizuführen oder eine Ersatzsicherheit zu stellen (vgl. Bork FS *Gaul* S 71, 89; BerlKo-*Breutigam* § 172 Rn 23). Nach *Mönning* (FS *Uhlenbruck* S 239, 260) hat die Insolvenzrechtspraxis in der Vergangenheit die komplizierte Zuordnungsproblematik, vor allem, wenn es um die Verarbeitung von EV-Ware und sicherungsübereigneten Gegenständen ging, durch die Bildung von Verwertungsgemeinschaften (Pools) gelöst. Die Pool-Beteiligten würden dabei feste Quoten am Verwertungserlös vereinbaren, um die schwierigen Abgrenzungsprobleme zu vermeiden. Hieran ändere sich auch unter den Bedingungen der InsO nichts.

14 **3. Freigabeverpflichtung bei Überdeckung.** Wächst dem Gläubiger durch die Verbindung, Vermischung, Verarbeitung oder Vermengung ein **zusätzlicher Wert** zu, weil zB das Sicherungsgut zur Hauptsache iSv §§ 947, 949 S 3 BGB der neuen Sache wurde, so ist er gem § 172 Abs 2 S 2 verpflichtet, die neu entstandene Sicherheit **in Höhe des Wertzuwachses freizugeben** und sich nur in Höhe des ursprünglichen Wertes wegen seiner Forderung zu befriedigen (*Lwowski/Heyn* WM 1998, 473, 482; K/P/B/*Flöther* § 172 Rn 14; N/R/*Becker* § 172 Rn 59–61; BerlKo-*Breutigam* § 172 Rn 24; HK-*Landfermann* § 172 Rn 15; FK-*Wegener* § 172 Rn 12–14). Die Regelung in § 172 Abs 2 S 2 wäre weitgehend überflüssig, wenn der Verwalter das Sicherungsgut nicht wertsteigernd verarbeiten dürfte. Nur soll eine Bereicherung des Sicherungsgläubigers zulasten der übrigen Gläubiger vermieden werden (*Zimmermann* NZI 1998, 57, 61; *Gottwald/Gottwald* InsRHdb § 42 Rn 120). Eine allerdings schon aufgrund des Wertes des Sicherungsgegenstandes vorhandene Überdeckung nötigt nicht zur Freigabe (N/R/*Becker* § 172 Rn 61). Allerdings hat im Fall der Verarbeitung der Verwalter das Recht, den Betrag, der die Überdeckung ausmacht, zur Masse einzubehalten. Im Übrigen ist der Verwalter berechtigt, das Produkt entschädigungslos bis zur Deckung der Forderung weiter zu verwenden (N/R/*Becker* § 172 Rn 61). So hat der Lieferant von dem auf ihn gem § 947 Abs 1 BGB entfallenden **Miteigentumsanteil** den Betrag freizugeben, der den Wert seiner bisherigen Sicherheit übersteigt. Hierdurch bleibt der Masse jedenfalls die Wertschöpfung aus der Produktion erhalten und es wird verhindert, dass der Gläubiger durch die Verwaltermaßnahmen besser gestellt wird als zuvor (BerlKo-*Breutigam* § 172 Rn 24; *Niesert* in: *Andersen/Freihalter*, Aus- und Absonderungsrechte Rn 551). Die **teilweise Freigabe der Sicherheit** ist von einer Freigabe durch den Insolvenzverwalter streng zu unterscheiden (BerlKo-*Breutigam* § 172 Rn 25; *Niesert* in: *Andersen/Freihalter*, Aus- und Absonderungsrechte Rn 557 ff). Die **Freigabeverpflichtung ist schuldrechtlicher Natur** (KS-*Gottwald/Adolphsen* S 1074 Rn 117; K/P/B/*Flöther* § 172 Rn 14; HK-*Landfermann* § 172 Rn 15). Der Gläubiger kann die Freigabeverpflichtung durch die ausdrückliche Erklärung erfüllen, dass er die neu entstandene Sache nur in Höhe des Wertes in Anspruch nehmen wird, den das Sicherungsgut vor der Verbindung, Vermischung, Vermengung oder Verarbeitung hatte (HK-*Landfermann* § 172 Rn 15). Hierdurch wird der Verwalter in die Lage versetzt, den Sicherungsgegenstand zusätzlich zu belasten und sich Liquidität zu verschaffen.

§ 173 Verwertung durch den Gläubiger

(1) Soweit der Insolvenzverwalter nicht zur Verwertung einer beweglichen Sache oder einer Forderung berechtigt ist, an denen ein Absonderungsrecht besteht, bleibt das Recht des Gläubigers zur Verwertung unberührt.

(2) ¹ Auf Antrag des Verwalters und nach Anhörung des Gläubigers kann das Insolvenzgericht eine Frist bestimmen, innerhalb welcher der Gläubiger den Gegenstand zu verwerten hat. ² Nach Ablauf der Frist ist der Verwalter zur Verwertung berechtigt.

I. Allgemeines

1 Keine Änderung gegenüber dem früheren Recht (§ 127 Abs 2 KO) hat die InsO für die **nicht von § 166 erfassten Sicherungsformen**, insbesondere für besitzgebundene Pfandrechte gebracht. Besitzenden Pfandgläubigern erlegt die InsO weder Einschränkungen ihres Verwertungsrechts noch Kostenbelastungen auf (*Kirchhof* Leitfaden S 101). Diese Regelung wird für konsequent gehalten, denn Gegenstände, an denen der Schuldner den Besitz aufgegeben hat, werden idR für die Fortführung des Schuldnerunternehmens oder für eine Gesamtveräußerung ohne Bedeutung sein (*Bork*, Einf Rn 255 Fn 29). Ein Verwertungsrecht des Gläubigers besteht jedoch im Insolvenzverfahren nur dann, wenn er auch nach materiellem Recht zur Verwertung befugt ist, was sich zB für Pfandrechte (§ 50) aus § 1228 BGB, für Sicherungsübereignungen bei Beiszt des Gläubigers (§ 51 Nr 1) aus dem Sicherungsvertrag ergibt (*Bork*, Einf Rn 250; *Kirchhof* Leitfaden S 101). Der Pfandgläubiger ist nach §§ 1228 Abs 2, 1282 BGB erst ab Pfandreife, also von der Fälligkeit der gesicherten Forderung an, zur Selbstverwertung befugt. Das Selbstverwertungsrecht wird ihm auch im Insolvenzfall nicht genommen, da § 166 die meisten Pfandrechte nicht erfasst (*Kirchhof* Leitfaden S 101). Soweit der Insolvenzverwalter nicht gem § 166 zur Verwertung einer beweglichen Sache oder einer Forderung berechtigt ist, an der dem Gläubiger ein Absonderungsrecht zusteht, bleibt das Verwertungsrecht des Gläubigers unberührt (vgl auch *Zimmermann*

NZI 1998, 57, 61). Obgleich der Gesetzgeber das Verwertungsrecht des Insolvenzverwalters als **Kernstück der Reform** eingeführt hat (*Leipold/Gottwald* S 197, 199), sind zahlreiche Fragen hinsichtlich des Verwertungsrechts bei **Sicherungsabtretung sonstiger Rechte** umstritten, vor allem wenn es sich um Geschäftsanteile, Wertpapiere, Erbanteile oder gewerbliche Schutzrechte handelt. Wie bereits bei § 166 Rn 14 dargestellt wurde, wird in der Literatur wegen der Ähnlichkeit zu den Mobilien bei der Sicherungsabtretung sonstiger Rechte die **analoge Anwendung von § 166** bejaht. Im vereinfachten Insolvenzverfahren nach §§ 311 ff findet § 173 keine Anwendung, da der Treuhänder gem § 313 Abs 3 S 1 von der Verwertung der Sicherungsgegenstände ausgeschlossen ist. Dieses steht allein den Gläubigern zu (§ 313 Abs 3 S 2).

II. Das Selbstverwertungsrecht des Sicherungsgläubigers

1. Umfang des Selbstverwertungsrechts. Der Umfang des Selbstverwertungsrechts des Gläubigers, dem der Ausschluss des Verwertungsrechts des Verwalters nach § 166 entspricht, ist – wie bereits oben zu I. dargestellt wurde – in der Literatur umstritten. Für **bewegliche Gegenstände** des Schuldnervermögens gilt die Faustregel, dass § 173 Abs 1 für alle Sicherungsrechte eingreift, bei denen der Sicherungsgläubiger und nicht der Verwalter **im Besitz des Gegenstandes ist.** In Betracht kommt vor allem das **vertragliche Pfandrecht**, aber auch gesetzliche Pfandrechte, wie zB das Werkunternehmerpfandrecht (§ 647 BGB), das Pfandrecht des Kommissionärs (§§ 410, 411 HGB), des Lagerhalters (§ 421 HGB), des Frachtführers (§ 440 HGB) und des Verfrachters (§ 623 HGB), bei denen der Gläubiger im Besitz der Gegenstände ist (K/P/B/*Flöther* § 173 Rn 4; *Obermüller* InsRBankpraxis Rn 6.320; BerlKo-*Breutigam* § 173 Rn 6). Die wichtigsten Anwendungsfälle sind das **vertragliche Pfandrecht an beweglichen Sachen** (§ 1253 Abs 1 BGB) und das **vertragliche Pfandrecht an Forderungen** (vgl Begr RegE, BT-Drucks 12/2443 S 183; *Kirchhof* Leitfaden S 101). Auch das vor Verfahrenseröffnung entstandene **Zurückbehaltungsrecht** wegen nützlicher Verwendungen (§ 51 Nr 2 iVm § 1000 BGB) und das **kaufmännische Zurückbehaltungsrecht** (§ 51 Nr 3 iVm §§ 369–372 HGB) unterliegen dem Verwertungsrecht des Gläubigers. Nach der hier vertretenen Auffassung bezieht sich das Verwertungsrecht des Gläubigers weiterhin auf **sämtliche Sicherungsrechte an Forderungen**, die ein Absonderungsrecht begründen, mit einer einzigen Ausnahme: der Sicherungsabtretung einer Forderung, die gem § 166 Abs 2 der Verwertung durch den Insolvenzverwalter unterliegt (K/P/B/*Flöther* § 173 Rn 5). Auch das **Pfandrecht an Rechten** (§§ 1273 ff BGB) begründet ebenso ein Gläubigerverwertungsrecht wie **gepfändete Forderungen oder Rechte** (§§ 828 ff, 857 ZPO; vgl K/P/B/*Flöther* § 173 Rn 5; *Obermüller/Hess* InsO Rn 1356 ff). Nicht anwendbar ist § 173 auf Absonderungsrechte an Mietzinsforderungen, die sich aus einem Grundpfandrecht des Gläubigers ergeben (§ 1123). Zwar handelt es sich insoweit um Forderungen, eine selbständige Pfändung und Verwertung im Wege der Mobiliarvollstreckung ist dem Grundpfandgläubiger jedoch auch durch § 173 nicht gestattet, er ist auf die Immobiliarvollstreckung nach §§ 49, 165 verwiesen (**BGH** v 13. 7. 06 – IX ZB 301/04, BGHZ 168, 339 = NZI 2006, 577).

2. Art und Weise der Verwertung. Anders als beim Insolvenzverwalter (§ 159) entsteht das Verwertungsrecht des Gläubigers nach § 173 Abs 1 mit der Verfahrenseröffnung (K/P/B/*Flöther* § 173 Rn 6). Der Gläubiger ist verpflichtet, die Verwertung des Sicherungsgegenstandes unverzüglich vorzunehmen, damit dem Insolvenzverwalter möglichst rasch die Ausfallforderung zur Kenntnis gebracht wird. Hat das Gericht keine einstweiligen Sicherungsmaßnahmen nach § 21 Abs 2 Nr 3 angeordnet, ist der Sicherungsgläubiger **schon im Eröffnungsverfahren berechtigt,** von seinem vereinbarten Verwertungsrecht Gebrauch zu machen. Die Verfahrenseröffnung hindert ihn nicht, eine im Eröffnungsverfahren begonnene Verwertung fortzusetzen (K/P/B/*Flöther* § 173 Rn 6). Die **Art und Weise der Verwertung** des Sicherungsguts bestimmt sich nach den zugrunde liegenden vertraglichen Vereinbarungen. Nach K/P/B/ *Flöther* (§ 173 Rn 7) wird das **Pfandrecht an beweglichen Sachen** grundsätzlich im Wege der **öffentlichen Versteigerung** oder bei Börsen- oder Marktpreis des Pfandes durch **freihändigen Verkauf** gem § 1235 BGB verwertet. Vertraglich ist in den AGB normalerweise das Recht zur freihändigen Veräußerung gegenüber § 1235 Abs 2 BGB erweitert. Bei freihändigem Verkauf von Orderpapieren ist § 1295 BGB zu beachten (BerlKo-*Breutigam* § 173 Rn 6). Bei einer Versteigerung nach den §§ 1233 ff BGB sind die Schutzvorschriften, wie zB § 1234 BGB, zu beachten. Der Verwalter kann im Einzelfall die Verwertung gem § 1224 BGB durch Aufrechnung abwenden oder durch Hinterlegung eines entsprechenden Betrages (BerlKo-*Breutigam* § 173 Rn 6). Die **Verwertung verpfändeter Forderungen** erfolgt durch **Einziehung** (§§ 1281, 1282 BGB). Dem Pfandrecht an einer Forderung steht ein Pfandrecht an einer **Grundschuld** oder Rentenschuld gleich (§ 1291 BGB). Inwieweit im Übrigen beim **Pfandrecht an Rechten ein Selbstverwertungsrecht des Gläubigers** besteht, hängt von der Entscheidung bezüglich der analogen Anwendbarkeit des § 166 auf sonstige Rechte ab (§ 166 Rn 14). In den wichtigsten Fällen hat der Gläubiger nach Maßgabe der §§ 1257, 1291, 1293, 1294, 1295 BGB die Befugnis zur Befriedigung **ohne gerichtliches Verfahren.** Nach K/P/B/*Flöther* (§ 173 Rn 7) kann der absonderungsberechtigte Gläubiger die **Verwertung selbst vornehmen,** indem er den Insolvenzverwalter auf Herausgabe des Rechts und Duldung der Pfandverwertung verklagt (vgl aber auch *Marotzke* ZZP 109 [1996], 429,

450, der auf die frühere Rechtslage zu § 127 Abs 2 KO hinweist). Ist ein **Wechsel, Scheck** Gegenstand des Pfandrechts, so ist der Pfandgläubiger zur Einziehung befugt. Str ist die Verpfändung von **Inhaber- und Namensaktien,** § 166 Rn 14. Das **kaufmännische Zurückbehaltungsrecht** verschafft dem Gläubiger nach Erlangung eines vollstreckbaren Schuldtitels (§ 371 HGB) und § 1003 BGB dem Besitzer wegen Verwendungen auf die Sache die Befugnis, aus den zurückbehaltenen Gegenständen nach den Vorschriften über den Pfandverkauf seine Befriedigung zu suchen. Der Gläubiger ist nicht gehindert, statt der Vornahme eigener Verwertung eine **Verwertungsvereinbarung** mit dem Insolvenzverwalter zu treffen (*Obermüller* InsR Rn 6.394; K/P/B/*Flöther* § 173 Rn 7).

4   **3. Erlösverteilung.** Nimmt der Gläubiger die Verwertung von Sicherungsgut gem § 173 Abs 1 selbst vor, fallen **Feststellungs- und Verwertungskostenbeiträge** nach den §§ 170, 171 nicht an (K/P/B/*Flöther* § 173 Rn 9). Dennoch war seit Einführung der Regelung keine Renaissance des Faustpfandrechts oder der Verpfändung von Forderungen zu verzeichnen. Der erforderliche Besitz an der Pfandsache bzw die Notwendigkeit einer Verpfändungsanzeige (§ 1280 BGB) sind offenbar weitaus schwerer wiegende Nachteile. Verwertet der Gläubiger das Sicherungsgut selbst, hat er die **anfallende Umsatzsteuer** an die Masse abzuführen (**BGH** v 29. 3. 07 – IX ZR 27/06, ZIP 2007, 1126 = NZI 2007, 394; ebenso *Ganter/Brünink* NZI 2006, 257; krit *Lwowski/Tetzlaff* FS Fischer S 365, 371). § 170 Abs 2 gilt analog jedenfalls dann, wenn sich der Sicherungseigentümer vor Verfahrenseröffnung den Besitz am Sicherungsgut verschafft hat und das Sicherungsgut nach Eröffnung verwertet hat. Bei Verwertung des Sicherungsgegenstandes durch den Gläubiger kommt es zu einem **Doppelumsatz** des Schuldners an den Sicherungsnehmer und von diesem an den Erwerber (*Welzel* ZIP 1998, 1823, 1824; *Widmann,* Stbg 1998, 537, 538; *de Weerth* BB 1999, 821, 824). Die beim Schuldner entstehende Umsatzsteuer ist Masseschuld, und zwar eine „sonstige Masseverbindlichkeit" iSv § 55 Abs 1 Nr 1 (K/P/B/*Flöther* § 173 Rn 10). Der Gläubiger darf einen vom Ersteher an ihn zusammen mit dem Verwertungserlös gezahlten Umsatzsteueranteil einbehalten (*Obermüller* InsR Rn 6.350; K/P/B/*Flöther* § 173 Rn 10 a; *Obermüller* WM 1994, 1869, 1875).

III. Schutz gegen Verzögerung der Gläubigerverwertung

5   Ist die Verwertung des Sicherungsguts dem Gläubiger überlassen, bestimmt dieser sowohl den Zeitpunkt der Verwertung als auch die Verwertungsart. Der Gläubiger ist nicht gehindert, auch bei eigener Verwertungsberechtigung die Verwertung dem Insolvenzverwalter zu überlassen (N/R/*Becker* § 173 Rn 12). Grundsätzlich wird der Gläubiger schon im eigenen Interesse die bestmögliche Art der Verwertung wählen. Er trägt allein das Risiko der optimalen Verwertung und der angemessenen Erlöserzielung. § 173 Abs 2 trifft Vorsorge dafür, dass der Gläubiger die Verwertung des Gegenstandes nicht unnötig verzögert. Der Übergang des Verwertungsrechts auf den Insolvenzverwalter nach § 173 Abs 2 S 2 ist jedoch an bestimmte Voraussetzungen gebunden.

6   **1. Fristsetzung durch das Insolvenzgericht. a) Antrag des Verwalters.** Um den Gläubiger zu einer rascheren Verwertung anzuhalten, muss der Insolvenzverwalter zunächst einen Antrag bei Gericht stellen, dem Gläubiger zur Verwertung eine **bestimmte Frist** zu setzen (MüKo-*Lwowski/Tetzlaff* § 173 Rn 18). Der Antrag ist an keine bestimmte Form gebunden, sollte aber **schriftlich** beim Insolvenzgericht gestellt werden, da dem Gläubiger zur Stellungnahme zu übermitteln ist. Der Verwalter sollte tunlichst schon im Antrag einen Vorschlag zur **Länge der Frist** machen, obgleich die Fristbestimmung im Ermessen des Insolvenzgerichts liegt. Im **vereinfachten Insolvenzverfahren** nach den §§ 311 ff ist der **Treuhänder** antragsberechtigt (N/R/*Becker* § 173 Rn 19). Der Treuhänder ist zwar nicht zur Verwertung berechtigt, nimmt jedoch grundsätzlich in der Position des Verwalters (§ 313 Abs 1 S 1) dessen Rechte wahr und hat für einen reibungslosen und effizienten Verfahrensablauf Sorge zu tragen. Deshalb muss ihm, obgleich das Verwertungsrecht gem § 313 Abs 3 S 2 dem Gläubiger zusteht, das Antragsrecht nach § 173 Abs 2 S 1 zugestanden werden mit der Folge, dass er nach Fristablauf gemäß § 173 Abs 2 S 2 selbst zur Verwertung berechtigt ist (so auch N/R/*Becker* § 173 Rn 19). Der Antrag ist so lange zulässig, wie der Gläubiger die Verwertung noch nicht abgeschlossen hat (N/R/*Becker* § 173 Rn 22).

7   **b) Anhörung des Gläubigers.** Der verwertungsbefugte absonderungsberechtigte Gläubiger ist vor der Fristsetzung durch das Gericht anzuhören. Die Anhörung ist nur dann zwingend, wenn der Antrag vom Gericht zugelassen wird. Bei unzulässigen Anträgen bedarf es keiner Anhörung des Gläubigers. Vielfach kommt es zur Abweisung des Antrags erst aufgrund der Stellungnahme des Gläubigers, der im Rahmen seiner Anhörung die Gründe für die Verwertungsverzögerung vorbringen kann.

8   **c) Länge der Frist.** Die Länge der Frist bestimmt das Gericht nach pflichtgemäßem Ermessen. Dabei sind die Umstände des Einzelfalles zu berücksichtigen (HK-*Landfermann* § 173 Rn 3; N/R/*Becker* § 173 Rn 27). Bestehen Markt- oder Listenpreise für den Gegenstand, kann das Gericht eine **kürzere Frist** ansetzen als zB bei der Verwertung von Spezialmaschinen, bei denen nur ein beschränkter Kreis

III. Schutz gegen Verzögerung der Gläubigerverwertung § 173

von Interessenten vorhanden ist (BerlKo-*Breutigam* § 173 Rn 11). Ist für den Gegenstand ein „gängiger Markt" vorhanden, so dürfte idR **eine Frist von einem Monat** als angemessen anzusehen sein, die in Ausnahmefällen auf drei Wochen verkürzt werden kann. Hat der Gläubiger bereits mit der Verwertung begonnen, kann das Gericht eine angemessene Frist für deren Abschluss bestimmen (N/R/*Becker* § 173 Rn 27).

d) Rechtsmittel. Ergeht die Entscheidung über die Fristsetzung durch den Richter, so ist sie gem § 6 Abs 1 **unanfechtbar**. Gegen die Rechtspflegerentscheidung ist die Erinnerung nach § 11 Abs 2 S 1 RPflG gegeben (HK-*Landfermann* § 173 Rn 4; FK-*Wegener* § 173 Rn 4; N/R/*Becker* § 173 Rn 31; BerlKo-*Breutigam* § 173 Rn 11). 9

2. Rechtsfolgen des Fristablaufs. a) Übergang des Verwertungsrechts auf den Verwalter. Läuft die 10
vom Gericht gesetzte Frist ab, ohne dass der Gläubiger den Sicherungsgegenstand verwertet oder die Verwertung beginnt, so geht gem § 173 Abs 2 S 2 das Verwertungsrecht auf den Insolvenzverwalter über. Dieser hat nunmehr die Verwertung vorzunehmen oder eine bereits in die Wege geleitete Verwertung fortzusetzen. Der Verwalter ist jedoch nicht an die Konditionen einer beabsichtigten oder eingeleiteten Verwertung durch den Gläubiger gebunden. Vielmehr erwirbt er ein **selbständiges Verwertungsrecht**.

b) Art und Weise der Verwertung. Über die Art und Weise der Verwertung durch den Insolvenzverwalter bei Verwertungsübergang nach § 173 Abs 2 S 2 trifft das Gesetz keine Regelung. Es steht im pflichtgemäßen Ermessen des Verwalters, in welcher Art und Weise er die Verwertung betreibt. Die frühere Regelung in § 127 Abs 2 S 2, Abs 1 KO, wonach die Verwertung nur nach Maßgabe der Vorschriften über die Zwangsvollstreckung oder über den Pfandverkauf betrieben werden konnte, hat der Gesetzgeber nicht übernommen. Vielmehr ist der Verwalter berechtigt, auch in den Fällen übergegangener Verwertungsbefugnis den Sicherungsgegenstand **freihändig** zu verwerten (BerlKo-*Breutigam* § 173 Rn 13). Einen **Rückgabeanspruch des Verwalters** gegen den Sicherungsgläubiger sieht das Gesetz nicht vor, ein solcher sollte ihm aber „sinngemäß zugebilligt werden" (*Gottwald/Gottwald* InsRHdb § 42 Rn 158). Jedenfalls aber kann der Verwalter nach den §§ 929, 931, 985 BGB, §§ 173, 166 InsO den Gegenstand veräußern, so dass der Erwerber gegen den Eigentümer einen Herausgabeanspruch nach den §§ 985, 986 BGB erwirbt. Nach zutreffender Auffassung von *Becker* (N/R/*Becker* § 173 Rn 36) kann der Verwalter die Herausgabe von Sicherungsgut nach Übergang des Verwertungsrechts nur nach den allgemeinen Vorschriften einschließlich § 148 Abs 2 erzwingen. Der Gläubiger kann gegen das Herausgabeverlangen nicht mehr einwenden, er sei selbst zur Verwertung berechtigt. Im Übrigen hat der Verwalter das Sicherungsgut gem § 159 **unverzüglich** zu verwerten. Die gesetzlichen und vertraglichen Voraussetzungen und Bedingungen der Verwertung hat er zu beachten und zudem die optimale Verwertungsart zu nutzen (K/P/B/*Flöther* § 173 Rn 15). 11

c) Keine Anwendung der §§ 167–169. Obgleich das Verwertungsrecht auf den Insolvenzverwalter 12
übergeht, finden die Vorschriften der §§ 167–169 weder ihrem Wortlaut noch ihrem Sinn nach Anwendung (HK-*Landfermann* § 173 Rn 5; N/R/*Becker* § 173 Rn 34; BerlKo-*Breutigam* § 173 Rn 14; str aA MüKo-*Lwowski/Tetzlaff* § 173 Rn 27). Der Verwalter braucht also von seiner Veräußerungsabsicht dem Gläubiger nicht gem § 168 Mitteilung zu machen, da dem Gläubiger endgültig das Verwertungsrecht entzogen worden ist. Verzögert dagegen der Verwalter nunmehr seinerseits die Verwertung, so kann nach BerlKo-*Breutigam* (§ 173 Rn 14) der Gläubiger wieder berechtigt sein, die Schutzvorschriften in Anspruch zu nehmen und zu einer optimalen Verwertung beizutragen.

d) Nutzungs- und Verarbeitungsrecht des Verwalters. Bei beweglichen Gegenständen erwirbt der 13
Verwalter mit dem Übergang des Verwertungsrechts zugleich auch das Recht auf Nutzung und Verwendung des Gegenstandes nach § 172 (K/P/B/*Flöther* § 173 Rn 17; N/R/*Becker* § 173 Rn 33; HK-*Landfermann* § 173 Rn 5; BerlKo-*Breutigam* § 173 Rn 16). Im Fall der Nutzung des beweglichen Sicherungsgegenstandes ist der Verwalter nach § 172 Abs 1 verpflichtet, den durch die Nutzung entstehenden Wertverlust durch laufende Zahlungen an den Gläubiger auszugleichen (K/P/B/*Kemper* § 173 Rn 17). Auch zur **Verbindung, Vermischung, Vermengung und Verarbeitung der Sache** ist der Verwalter berechtigt, wenn die Voraussetzungen des § 172 Abs 2 vorliegen (BerlKo-*Breutigam* § 173 Rn 16; *Gottwald/Gottwald* InsRHdb § 42 Rn 160; **str aA** und gegen eine Anwendung der §§ 170, 171 K/P/B/*Kemper* § 173 Rn 16).

e) Kostenbeitrag des Gläubigers. Geht das Verwertungsrecht an dem Absonderungsgegenstand gem 14
§ 173 Abs 2 S 2 auf den Insolvenzverwalter über, so tritt nach K/P/B/*Kemper* (§ 173 Rn 16) an die Stelle des Absonderungsrechts als Surrogat das Absonderungsrecht am Erlös. In Höhe der gesicherten Forderung habe der Verwalter den Erlös an den Gläubiger **ungekürzt auszukehren**. Etwaige Verwertungskosten sowie eine bei der Verwertung entstehende, die Insolvenzmasse belastende Umsatzsteuerschuld könne nicht vom Verwertungserlös abgezogen werden. Zutreffend wird in der Literatur darauf hingewiesen, dass diese Privilegierung des untätigen Gläubigers „nicht einsichtig" sei. Auch erfasse der Wortlaut des § 170 Abs 1 jegliche Verwertung durch den Insolvenzverwalter (*Gottwald/Gottwald* InsRHdb

§ 42 Rn 160). Zutreffend weist *Becker* (N/R/*Becker* § 173 Rn 33) darauf hin, dass die §§ 170 Abs 1, 171 weder dem Wortlaut nach noch ihrem Sinn nach voraussetzen, dass der Verwalter von Anfang an gem § 166 verwertungsbefugt war. Ebenso verhalte es sich mit der Regelung über die Verwendung beweglicher Güter nach § 172. Da die **Verteilung des Erlöses** bei der Verwertung durch den Verwalter in § 173 nicht gesondert geregelt ist, nimmt auch *Breutigam* (BerlKo-*Breutigam* § 173 Rn 15) an, dass sich die Erlösverteilung somit nach § 170 bestimmt. Dementsprechend würden auch die in § 171 geregelten Kosten der Feststellung und Verwertung zu berücksichtigen und vom Gläubiger zu tragen sein. Umsatzsteuer falle in diesem Fall für die Masse ebenfalls an, so dass auch der Umsatzsteuerausgleich zu gewähren sei. Diese Auffassung überzeugt nur hinsichtlich der **Verwertungskosten** und der **Umsatzsteuerstattung**. **Feststellungskosten** fallen nicht an, da der Sicherungsgegenstand dem Verwalter vom Gläubiger ausgehändigt worden ist und keinerlei Aufwand für die Feststellung notwendig ist (so zutr MüKo-*Lwowski/Tetzlaff* § 173 Rn 28). Dies ergibt zugleich auch ein Umkehrschluss aus § 170 Abs 2.

14a Insgesamt ist somit festzustellen, dass bei **eigener Verwertung** gem § 173 Abs 1 der Gläubiger **keine Kostenbeiträge** zu leisten hat. Er kann sogar die anfallende Umsatzsteuer auf die Masse abwälzen, da § 171 Abs 2 S 3 nur für die Verwertung durch den Insolvenzverwalter gilt (K/P/B/*Flöther* § 173 Rn 10; *Obermüller* InsR Rn 6/355; *Gottwald/Gottwald* InsRHdb § 42 Rn 159; krit *Häsemeyer* InsR Rn 13.51). Verzögert der Gläubiger die Verwertung und geht das Verwertungsrecht auf den Insolvenzverwalter über, so entfällt die Privilegierung des untätigen Gläubigers und ist dieser verpflichtet, wenigstens die **Verwertungskosten** und die **Umsatzsteuer** durch Abzug vom Verwertungserlös zu tragen. Andernfalls könnte sich der Gläubiger durch Verzögerung der Verwertung einer kostspieligen Verwertung entziehen und diese durch den Insolvenzverwalter auf Kosten der übrigen Gläubiger durchführen lassen. Dieses würde dem Sinn und Zweck der §§ 166 ff widersprechen (MüKo-*Lwowski/Tetzlaff* § 172 Rn 28).

FÜNFTER TEIL. BEFRIEDIGUNG DER INSOLVENZGLÄUBIGER EINSTELLUNG DES VERFAHRENS

Erster Abschnitt. Feststellung der Forderungen

§ 174 Anmeldung der Forderungen

(1) ¹Die Insolvenzgläubiger haben ihre Forderungen schriftlich beim Insolvenzverwalter anzumelden. ²Der Anmeldung sollen die Urkunden, aus denen sich die Forderung ergibt, in Abdruck beigefügt werden. ³Zur Vertretung des Gläubigers im Verfahren nach diesem Abschnitt sind auch Personen befugt, die Inkassodienstleistungen erbringen (registrierte Personen nach § 10 Abs. 1 Satz 1 Nr. 1 des Rechtsdienstleistungsgesetzes).

(2) Bei der Anmeldung sind der Grund und der Betrag der Forderung anzugeben sowie die Tatsachen, aus denen sich nach Einschätzung des Gläubigers ergibt, dass ihr eine vorsätzlich begangene unerlaubte Handlung des Schuldners zugrunde liegt.

(3) ¹Die Forderungen nachrangiger Gläubiger sind nur anzumelden, soweit das Insolvenzgericht besonders zur Anmeldung dieser Forderungen auffordert. ²Bei der Anmeldung solcher Forderungen ist auf den Nachrang hinzuweisen und die dem Gläubiger zustehende Rangstelle zu bezeichnen.

(4) ¹Die Anmeldung kann durch Übermittlung eines elektronischen Dokuments erfolgen, wenn der Insolvenzverwalter der Übermittlung elektronischer Dokumente ausdrücklich zugestimmt hat. ²In diesem Fall sollen die Urkunden, aus denen sich die Forderung ergibt, unverzüglich nachgereicht werden.

Übersicht

	Rn
I. Allgemeines	1
II. Anmeldbare Forderungen	2
1. Insolvenzforderungen	2
2. Nicht anmeldbare Forderungen	7
III. Anmeldeverfahren	13
1. Anmeldefrist	13
2. Anmeldung beim Insolvenzverwalter	15
3. Form der Forderungsanmeldung	18
a) Schriftform	18
b) Vertretung	19
c) Pool- und Sammelanmeldungen	25
d) Amtssprache	26
4. Inhaltliche Erfordernisse der Anmeldung (Abs 2)	28
a) Grund	29
b) Betrag	32
c) Unerlaubte Handlung	37
5. Beizufügende Urkunden und sonstige Beweisstücke	41
IV. Fehlerhafte Anmeldungen	44
1. Vorprüfung, Beanstandung und Zurückweisung	44
2. Folgen wesentlicher Mängel	45
3. Änderungen und Rücknahme	46
V. Anmeldung nachrangiger Insolvenzforderungen (Abs 3)	51
VI. Rechtswirkungen der Forderungsanmeldung	56

I. Allgemeines

Das Anmelde- und Feststellungsverfahren nach den §§ 174 ff ist für Insolvenzgläubiger das einzig mögliche Verfahren (§ 87), ihre persönlichen Vermögensansprüche gegen den Schuldner geltend zu machen. Dabei gilt der Grundsatz: Wer sich am Verfahren nicht beteiligt, unterliegt zwar dessen Rechtswirkungen, nimmt aber an der Verteilung nicht teil (BGH 24. 10. 78 – VI ZR 67/77, NJW 1979, 162; K/P/B/*Pape* § 174 Rn 7). Ein Insolvenzgläubiger kann sich somit den verfahrensrechtlichen Wirkungen (§§ 89, 301 Abs 1) nicht dadurch entziehen, dass er auf eine Forderungsanmeldung verzichtet (*Birkenhauer* Probleme der Nichtteilnahme am und im Insolvenzverfahren, 2002, S 78 ff). Für die Berücksichtigung des Gläubigerrechts im Insolvenzverfahren gilt die **Dispositionsmaxime**: Das Insolvenzgläubigerrecht wird nicht von Amts wegen berücksichtigt, sondern nur, wenn und soweit der Gläubiger sein Recht durch Geltendmachung im Anmelde- und Feststellungsverfahren in Anspruch nimmt (KS-

Eckardt Kap 17 Rn 11). Die Vorschriften über die Feststellung des Forderungsrechts der Gläubiger als solche sind **nicht disponibel** und können auch in einem Insolvenzplan nicht abbedungen werden (BGH 5. 2. 09 – IX ZB 230/07, ZIP 2009, 480 Rn 26).

II. Anmeldbare Forderungen

1. Insolvenzforderungen. Anmeldbar sind nur vermögensrechtliche Ansprüche iSv § 38, dh Geldforderungen oder Forderungen, die in Geld umgerechnet werden können (§§ 45, 46) und vor Verfahrenseröffnung begründet worden sind (s o § 38 Rn 26 ff). Unerheblich ist, aus welchem Rechtsverhältnis die Forderungen entstanden sind (FK-*Kießner* § 174 Rn 6–10; BerlKo-*Kahlert* § 174 Rn 2; K/P/B/*Pape* § 174 Rn 4, 16). Diese von der InsO vorgesehene Beteiligung am Verfahren schließt nach Insolvenzeröffnung alle anderen Möglichkeiten der Insolvenzgläubiger aus, ihre Forderung geltend zu machen (§ 87); dennoch erhobene Zahlungsklagen gegen den Verwalter sind als unzulässig abzuweisen. Gläubiger nicht fälliger Forderungen (§ 41), auflösend bedingter Forderungen (§ 42) und von Forderungen, für die ihnen nach § 43 mehrere Personen haften (Gesamtschuld), können diese als normale Insolvenzforderungen anmelden. Auch **titulierte Forderungen** (§ 89) müssen ebenso angemeldet werden wie Forderungen, die noch rechtshängig sind (§ 240 ZPO). Diese Grundsätze gelten in gleicher Weise für die schuldrechtlichen Ansprüche **absonderungsberechtigter Insolvenzgläubiger**, soweit ihnen der Schuldner auch persönlich haftet; sie können in voller Höhe zur Tabelle angemeldet werden. Die Eigenschaft als Ausfallforderung wirkt sich erst im Verteilungsverfahren aus (KS-*Eckardt* Kap 17 Rn 47; s o § 52 Rn 7). **Nachrangige Insolvenzgläubiger** (§ 39) können ihre Forderungen gem Abs 3 erst nach gerichtlicher Aufforderung anmelden (s u Rn 51 ff). Zu Forderungen **aufrechnungsberechtigter Gläubiger** s u Rn 8.

Für die Anmeldung von **Steuerforderungen** gelten grundsätzlich keine Besonderheiten (s u § 185 Rn 7 ff). Vor Verfahrenseröffnung begründete Steuerschulden (einschließlich Vorauszahlungsansprüche; *Tipke/Kruse* § 251 AO Rn 66) sind wie private Forderungen zur Insolvenztabelle anzumelden, und zwar unabhängig davon, ob die Steuerforderung bereits fällig (§ 41 Abs 1) und gegen den Schuldner ein Steuerbescheid ergangen ist oder nicht. Ebenso wenig kommt es darauf an, ob der Bescheid rechtskräftig ist oder gegen ihn noch ein Rechtsmittelverfahren läuft (Gottwald/*Frotscher* InsRHdb § 125 Rn 4; §§ 4 InsO, 240 ZPO, 155 FGO). Die Anmeldung zur Insolvenztabelle hat zwar idR den Inhalt eines Steuerbescheids; es handelt sich aber trotzdem nicht um einen Steuerbescheid, sondern um eine schlichte „Berechnung der Steuerforderung" (Gottwald/*Frotscher* InsRHdb § 125 Rn 7 ff; Hübschmann/Hepp/Spitaler/Beermann § 251 AO Rn 412; *Geist* Insolvenzen + Steuern Rn 17). Dennoch ergangene Steuerbescheide, die nicht deutlich als gegenüber dem Gemeinschuldner lediglich „informatorischer Bescheid" zu erkennen sind, sind nichtig (BFH 24. 8. 04 – VIII R 14/02, ZInsO 2005, 97). Dies gilt auch für Feststellungsbescheide und Messbescheide, die für die zur Tabelle anzumeldende Steuerforderung bindend sind (BFH 18. 12. 02 – I R 33/01, ZIP 2003, 1212). Zulässig bleiben im Insolvenzverfahren über das Vermögen einer Personengesellschaft aber Gewinnfeststellungsbescheide gegen den (nicht insolventen) Gesellschafter; diese sind dem Gesellschafter zuzustellen, da § 183 AO nicht mehr gilt. Die Steuerberechnung bei der Anmeldung ist weder der Bestandskraft fähig noch kann sie mit den Rechtsmitteln der AO angegriffen werden; es gilt ausschließlich das Prüfungs- und Feststellungsverfahren der InsO. War ein Steueranspruch mit Verfahrenseröffnung über das Vermögen des Steuerschuldners noch nicht festgesetzt, so kann die Anmeldung eine **Berichtigung** enthalten, ohne dass die Voraussetzungen der §§ 172 ff AO vorliegen müssen (RFHE 21, 9, 18; *Tipke/Kruse* § 251 AO Rn 57). Nach Festsetzung des Steueranspruchs darf eine veränderte Anmeldung dagegen nur noch unter den Voraussetzungen der §§ 164 Abs 2 S 1, 172 ff AO erfolgen (*Tipke/Kruse* § 251 AO Rn 64); zum Feststellungsverfahren nach Bestreiten s u § 185 Rn 7 ff.

Auch rückständige **Sozialversicherungsbeiträge** sind nach § 174 Abs 1 S 1 zur Insolvenztabelle anzumelden (s u § 185 Rn 5 f); ein Beitragsbescheid darf nicht mehr erlassen werden (LSG Hamburg 24. 10. 63 – VI UBf 30/63, NJW 1964, 838; K/P/B/*Pape* § 174 Rn 31; FK-*Kießner* § 174 Rn 8). Da die Sozialversicherungspflicht nicht an die Lohn*zahlung* anknüpft, sondern an den Arbeitsentgelt*anspruch* aus einer versicherungspflichtigen Beschäftigung (§ 28 d SGB IV), sind die Gesamtsozialversicherungsbeiträge von der Krankenkasse auch dann anzumelden, wenn der Lohn nicht gezahlt wurde. Der Forderungsgrund ist nur dann hinreichend individualisiert, wenn sich zumindest aus den Anlagen ergibt, welche Einzelbeträge für welche Arbeitnehmer und für welche Zeiträume geltend gemacht werden; ansonsten kann der Verwalter die Forderung bestreiten. Sofern der Schuldner in der Krise keine Beitragsnachweise mehr abgegeben hat, kann die Krankenkasse nur einen geschätzten Betrag zur Tabelle anmelden, der allerdings bestritten bleibt, bis er nach Durchführung einer Außenprüfung beziffert wird (K/P/B/*Pape* § 174 Rn 31).

Mit rückständigen **Unterhaltsansprüchen** für die Zeit **bis zur Eröffnung** des Insolvenzverfahrens nehmen die Unterhaltsgläubiger als einfache Insolvenzgläubiger (§ 38) am Verfahren teil unbeschadet ihres Rechts, wegen der Unterhaltsansprüche gem § 89 Abs 2 S 2 in den Teil der Bezüge des Schuldners zu pfänden, der für die übrigen Gläubiger nicht pfändbar ist (K/P/B/*Pape* § 174 Rn 30). Für die Zeit **nach Verfahrenseröffnung** greift die Vorschrift des § 40 ein, wonach laufende Unterhaltsansprüche

II. Anmeldbare Forderungen § 174

im Insolvenzverfahren nicht mehr geltend gemacht werden können (zu Einzelheiten s o § 40 Rn 4; KS-*Kohte* Kap 36 Rn 54; *Gerhardt*, FS Lüderitz, 2000, S 189 ff; *Uhlenbruck* KTS 1999, 413 ff; *ders* FamRZ 1998, 1473 ff).

Von der Eröffnung des Insolvenzverfahrens an richtet sich die Geltendmachung von Entgeltansprü- 6 chen nicht mehr nach **tarifvertraglichen Ausschlussfristen**, sondern ausschließlich nach den Vorschriften der InsO, wenn es sich um Insolvenzforderungen iSv § 38 handelt (**BAG** 18. 12. 84 – 1 AZR 588/82, ZIP 1985, 754 sub 3 b; aA [sich unzutreffend auf das BAG-Urteil berufend] LAG Hamm 23. 1. 08 – 2 Sa 1333/07, ZInsO 2008, 1159 Rn 26). Allerdings dürfen diese Ansprüche zur Zeit der Verfahrenseröffnung noch nicht verfallen sein, ansonsten kann der Insolvenzverwalter sie unter Berufung auf die tarifliche Ausschlussfrist bestreiten (**LAG** Hamm 18. 5. 00 – 4 Sa 1963/99, ZInsO 2000, 570).

2. Nicht anmeldbare Forderungen. Auch durch Anmeldung, Anerkennung und Feststellung werden 7 **Masseforderungen** iSd §§ 53–55 nicht zu Insolvenzforderungen. Die Rechtskraftwirkung gemäß §§ 178 Abs 3, 183 schließt die spätere Geltendmachung desselben Anspruchs als Masseforderung nicht aus (**BGH** 13. 6. 06 – IX ZR 15/04, NZI 2006, 520; **BAG** 13. 6. 89 – 1 AZR 819/87, BAGE 62, 88, 92 f; K/P/B/*Pape* § 178 Rn 11; s u § 178 Rn 17). Masseverbindlichkeiten sind auch die Ansprüche aus einem nach Insolvenzeröffnung abgeschlossenen Sozialplan (§ 123 Abs 2 S 1).

Aufrechnungsberechtigte Insolvenzgläubiger (§§ 94, 95) nehmen am Feststellungsverfahren nicht teil, 8 da sie die Möglichkeit haben, sich unmittelbar durch Aufrechnung ihrer Forderung Befriedigung zu verschaffen. Verzichtet allerdings der zur Aufrechnung berechtigte Gläubiger auf die Aufrechnung, kann er die Forderung in voller Höhe anmelden. Anmeldbar ist auch bei Aufrechnung der Differenzbetrag, um den die Forderung des Gläubigers die Hauptforderung des Schuldners übersteigt (BerlKo-*Kahlert* § 174 Rn 9). Gleiches gilt, wenn der Insolvenzverwalter die Aufrechnungsbefugnis des Gläubigers bestreitet.

Von der Anmeldung ausgeschlossen sind auch **Aussonderungsberechtigte**, denn sie gehören nicht zu 9 den Insolvenzgläubigern iSv § 38 (§ 47 S 1). Der zur Aussonderung berechtigte Gläubiger hat seine Rechte außerhalb des Insolvenzverfahrens gem § 47 S 2 geltend zu machen.

Wird eine Forderung von mehreren Personen angemeldet (**Doppelanmeldung**), so sind beide Anmel- 10 dungen in die Tabelle aufzunehmen und in der Spalte „Bemerkungen" auf die doppelte Beanspruchung hinzuweisen (Gottwald/*Eickmann* InsRHdb § 63 Rn 2). Läßt sich im Prüfungstermin nicht klären, wem die Forderung zusteht, darf der Verwalter das Gläubigerrecht beider Anmelder bestreiten mit dem Hinweis, dass er bereit sei, die Forderung „mit dem Vorbehalt anzuerkennen, dass sie demjenigen zustehen solle, der im Streit über die Inhaberschaft Sieger bleibt" (**BGH** 15. 1. 70 – II ZR 154/68, NJW 1970, 810). Möglich ist aber auch ein Bestreiten mit der Beschränkung „bis zum Austrage des Streites unter den Anmeldern" (**BGH** 19. 12. 96 – IX ZR 18/96, ZIP 1997, 372; *Jaeger*/*Weber* § 139 KO Rn 2). Eine Klage auf Abtretung des festgestellten Anspruchs kommt nicht in Betracht (RGZ 58, 369, 372). Vielmehr ist der Prätendentenstreit im Wege der Feststellungsklage auszutragen (OLG Brandenburg 6. 5. 09 – 7 U 129/08, NZI 2009, 479). Zum Grundsatz der Doppelberücksichtigung s u Rn 12.

Gesamtschuldner und **Bürgen** sind ohne weiteres anmeldeberechtigt, wenn sie den Gläubiger vor 11 oder nach Eröffnung des Insolvenzverfahrens **voll befriedigt** haben und deshalb bei dem Haupt- bzw Mitschuldner aus dem jeweiligen Innenverhältnis aus übergegangenem Recht Regress nehmen können (§§ 426 Abs 2 S 1, 774 Abs 1 S 1 BGB); mit Befriedigung sind sie alleinige Forderungsinhaber. Ist die Forderung des Gläubigers bereits zur Tabelle festgestellt, so kann der Tabelleneintrag gem § 727 ZPO auf den Bürgen als den neuen Gläubiger umgeschrieben werden (Gottwald/*Eickmann* InsRHdb § 65 Rn 32). Da es sich um aufschiebend bedingte Forderungen handelt, sind aber auch *künftige* Rückgriffs- oder Ausgleichsansprüche des Bürgen oder Gesamtschuldners als solche schon vor der Zahlung an den Gläubiger als Insolvenzforderung iSv § 38 „begründet" (**BGH** 21. 3. 91 – IX ZR 286/90, BGHZ 114, 117, 122 f; *Noack*/*Bunke* FS Uhlenbruck, S 335, 354 f). War der Gläubiger zum Zeitpunkt der Insolvenzeröffnung **noch nicht befriedigt**, könnte – neben dem Gläubiger – auch der Bürge oder Gesamtschuldner seine künftige Regressforderung schon zur Tabelle anmelden. Eine solche „Doppelberücksichtigung" der materiell gegen den Insolvenzschuldner nur einmal existierenden Forderung soll § 44 gerade verhindern (**BGH** 20. 3. 58 – II ZR 2/57, BGHZ 27, 51, 54; N/R/*Andres* § 44 Rn 2; HK-*Eickmann* § 44 Rn 1; *Noack*/*Bunke* FS Uhlenbruck, S 335, 356). Gesamtschuldner und Bürgen dürfen ihre Forderung nur und erst dann geltend machen, wenn der Gläubiger seine Forderung selbst nicht geltend macht (zum Befreiungsanspruch des Arbeitnehmers aus betriebilch veranlasster Kreditkartennutzung in der Insolvenz seines Arbeitgebers: **BAG** 30. 4. 75 – 5 AZR 171/74, DB 1975, 2090). Nichts anderes gilt, wenn der Bürge oder Gesamtschuldner den Gläubiger nach Eröffnung des Insolvenzverfahrens **teilweise befriedigt** und hierdurch insoweit einen materiell-rechtlich nunmehr unbedingten Teilregressanspruch gegen den Schuldner erwirbt; § 44 steht auch hier einer Forderungsanmeldung entgegen (s o § 44 Rn 9; BerlKo-*Breutigam* § 44 Rn 10; *Noack*/*Bunke* FS Uhlenbruck, S 335, 356). Der Bürge oder Gesamtschuldner soll seine Forderung mit Ausnahme einer vollständigen Befriedigung des Gläubigers überhaupt nicht anmelden dürfen. Anders verhält es sich dagegen, wenn Bürge oder Gesamtschuldner den Gläubiger bereits **vor** Verfahrenseröffnung teilweise befriedigt hatten; denn dann hatte der Gläubiger „zur Zeit der Eröffnung des Verfahrens" diesen Teilbetrag nicht mehr zu fordern

Sinz

(§ 43), so dass in Höhe der Teilzahlung vor Eröffnung eine Anmeldung möglich ist (Gottwald/ *Eickmann* InsRHdb § 65 Rn 32). Trotz der berechtigten Kritik am weitgehenden Ausschluss von der Verfahrensteilnahme (*Noack/Bunke* FS Uhlenbruck, S 335, 361) ist nach der gesetzlichen Regelung in den §§ 43, 44 daran festzuhalten, dass Gesamtschuldner und akzessorisch Mithaftende im Insolvenzverfahren über das Vermögen des Mit- oder Hauptschuldners nicht zur Anmeldung berechtigt sind.

12   Umstritten ist, wie die **persönliche Haftung der Gesellschafter** (§ 93) im Insolvenzverfahren des Gesellschafters geltend zu machen ist (s o *Hirte* § 93 Rn 22 ff; *K. Schmidt/Bitter* ZIP 2000, 1077 ff). Nach dem **Vollanmeldungsmodell** von *Bitter* kann der Insolvenzverwalter über das Vermögen der Gesellschaft die Gläubigeransprüche gem § 93 in voller Höhe im Insolvenzverfahren des Gesellschafters anmelden. In den Fällen konkurrierender Haftung des Gesellschafters aus **Bürgschaft oder Schuldbeitritt** ist er allerdings analog § 44 an einer Anmeldung gehindert, damit eine Doppelanmeldung in der Gesellschafterinsolvenz vermieden wird. Bei Sachsicherheiten ist er auf den Ausfallbetrag (§ 52) beschränkt. Aus den eingezogenen Beträgen hat er Sondermassen zu bilden. Nach dem **Ausfallmodell** von *K. Schmidt* macht der Verwalter im Gesellschaftsinsolvenzverfahren gegen die persönlich haftenden Gesellschafter als Gesamtschuldner dagegen nicht die Summe aller Gesellschaftsverbindlichkeiten geltend, sondern den auf den Eröffnungsstichtag berechneten Unterdeckungsbetrag, so dass er sich um die Sicherungsrechte der Gesellschaftsgläubiger gegenüber den Gesellschaftern nicht zu kümmern braucht und auch keine Sondermassen für einzelne Gläubiger bilden muss (**BFH 11. 3. 08 – VII B 214/06, NJW-Spezial 2008, 535 Rn 10; BFH 2. 11. 01 – VII B 155/01, ZIP 2002, 179;** *Kesseler* ZInsO 2002, 549; *Bitter* ZInsO 2002, 557; *Bork* NZI 2002, 362; *Haas/Müller* NZI 2002, 366). Bestehen neben der gesellschaftsrechtlichen Direkthaftung keine besonderen **Sicherheiten gegen Gesellschafter**, so gelten bei Insolvenz einer OHG, KG, GbR, EWIV oder PartG folgende Grundsätze: Gem § 93 kann die persönliche Haftung eines Gesellschafters für Verbindlichkeiten der Gesellschaft während der Dauer des über ihr Vermögen eröffneten Insolvenzverfahrens nur noch vom Insolvenzverwalter geltend gemacht werden. Materiell-rechtlich stehen die Haftungsansprüche den Gesellschaftsgläubigern zu. Diese verlieren aber mit der Verfahrenseröffnung das Recht, die Forderung selbst geltend zu machen. Zugleich begründet § 93 – ähnlich wie § 171 Abs 2 HGB – eine Einziehungsbefugnis des Insolvenzverwalters. Das gilt auch im Fall der **Doppelinsolvenz von Gesellschaft und Gesellschafter** (*K. Schmidt* ZIP 2000, 1077, 1081) und hat zur Folge, dass der Gesellschaftsgläubiger nicht berechtigt ist, im Insolvenzverfahren über das Vermögen eines unbeschränkt haftenden Gesellschafters seine Forderung zur Tabelle anzumelden. Hat der persönlich haftende Gesellschafter zugleich auch dem Gesellschaftsgläubiger eine **Personal- oder Sachsicherheit** gestellt, muss man in diesem Fall wohl dem gesicherten Gläubiger gestatten, seine Sicherungsrechte in der Gesellschafterinsolvenz durchzusetzen, da der Insolvenzverwalter gem § 93 lediglich den Unterdeckungsbetrag geltend macht.

III. Anmeldeverfahren

13   **1. Anmeldefrist.** Die im Eröffnungsbeschluss (§ 28 Abs 1 S 1) vom Gericht gesetzte Anmeldefrist beträgt wie nach früherem Recht mindestens zwei Wochen, jedoch höchstens drei Monate (§ 28 Abs 1 S 2) und beginnt mit dem Zeitpunkt, zu dem die Bekanntmachung des Eröffnungsbeschlusses als bewirkt gilt (§ 9 Abs 1 S 3). Die Anmeldefrist ist **keine Ausschlussfrist** (s u § 177 Rn 2). Auch **verspätet angemeldete Forderungen** sind noch zu berücksichtigen (s u § 177 Rn 3 ff). Sie haben jedoch keinen Anspruch darauf, noch im allgemeinen Prüfungstermin geprüft und festgestellt zu werden (K/P/B/*Pape* § 28 Rn 2). Widerspricht der Insolvenzverwalter oder ein Insolvenzgläubiger einer solchen nachträglichen Prüfung oder wird die Forderung erst nach dem Prüfungstermin angemeldet, so hat das Insolvenzgericht gem § **177 Abs 1 S 2** auf Kosten des Säumigen (15,00 € Gerichtskosten, Nr 2340 GKG Anl 1) entweder einen besonderen Prüfungstermin zu bestimmen oder die Prüfung im schriftlichen Verfahren anzuordnen. Ein endgültiger Ausschluss von der Verteilung droht dem Gläubiger nur, wenn die Anmeldung so spät erfolgt, das ihre Prüfung nur noch im Schlusstermin möglich ist (s u § 177 Rn 10).

14   Auch **Forderungsanmeldungen**, die schon **vor Verfahrenseröffnung** beim vorläufigen Insolvenzverwalter eingehen und den sonstigen formalen Anforderungen genügen, sind vom endgültigen Verwalter in die Tabelle aufzunehmen, ohne dass es einer erneuten Anmeldung bedarf (K/P/B/*Pape* § 28 Rn 2; N/R/ *Mönning* § 28 Rn 25); allerdings können Rechtswirkungen (zB Verjährungshemmung) frühestens mit Insolvenzeröffnung eintreten, da eine „Anmeldung" iSv § 204 Abs 1 Nr 10 BGB nur innerhalb des eröffneten Verfahrens möglich ist.

15   **2. Anmeldung beim Insolvenzverwalter.** Gemäß §§ 28 Abs 1 S 1, 174 Abs 1 S 1 sind die Forderungen beim Insolvenzverwalter anzumelden. Im Verfahren der Eigenverwaltung (§§ 270 ff) tritt an die Stelle des Insolvenzverwalters der Sachwalter (§ 270 Abs 3 S 2) und im vereinfachten Verfahren nach den §§ 311 ff der Treuhänder (§ 313 Abs 1 S 1). Diese Regelung soll der Entlastung der Insolvenzgerichte dienen und dem Verwalter die Aufgabe erleichtern, ein Gläubigerverzeichnis nach § 152 zu erstellen (KS-*Eckardt* Kap 17 Rn 12). Im Hinblick auf die übrigen Geltendmachungsformen des § 204 BGB hat der Insolvenzverwalter **beurkundende Funktion**. Er muss durch geeignete organisatorische Maßnahmen

III. Anmeldeverfahren **§ 174**

sicherstellen, dass sämtliche an ihn adressierten Schriftstücke sogleich nach Eingang auf Forderungsanmeldungen überprüft und der Zeitpunkt mittels Eingangsstempel dokumentiert wird (K/P/B/*Pape* § 174 Rn 35; *Vallender* ZInsO 2002, 110 f). Die Anmeldung nebst Zugangsnachweis und beigefügten Beweisstücken (§ 174 Abs 1 S 2) ist aktenmäßig aufzuwahren.

Ist der Anmeldung ein **Antrag auf Gewährung von Insolvenzkostenhilfe** beigefügt, so ist der Antrag 16 an das Insolvenzgericht weiterzuleiten. Die Gewährung von Insolvenzkostenhilfe kommt für das Anmeldeverfahren idR nicht in Betracht, es sei denn, im Einzelfall wäre die Anmeldung mit besonderen Schwierigkeiten verbunden. Grundsätzlich scheidet die Gewährung von PKH aus, wenn selbst ein leistungsfähiger Gläubiger sich wegen der Einfachheit des Verfahrens und der schlechten Befriedigungsaussichten bei der Anmeldung nicht vertreten lassen würde (**BVerfG** 27. 10. 88 – 1 BvR 1340/88, ZIP 1989, 719; **LG** Oldenburg 26. 10. 90 – 42 N 20/90, ZIP 1991, 115; K/P/B/*Pape* § 174 Rn 26).

Für **grenzüberschreitende Insolvenzverfahren** regeln § 341 InsO und Art 32 EuInsVO, dass Forderungen 17 im Haupt- und Sekundärinsolvenzverfahren angemeldet werden können (dazu FK-*Wimmer* Anh I Rn 144 ff).

3. Form der Forderungsanmeldung. a) Schriftform. Nach § 174 Abs 1 S 1 haben Insolvenzgläubiger 18 ihre Forderungen **schriftlich** beim Insolvenzverwalter anzumelden, ohne dass sie zur Verwendung des vom Insolvenzverwalter zur Verfügung gestellten **Formblatts** gezwungen sind (**BGH** 22. 1. 09 – IX ZR 3/08, ZIP 2009, 483 Rn 19). Die früher in § 139 S 2 KO vorgesehene Möglichkeit der mündlichen Anmeldung zu Protokoll des Urkundsbeamten der Geschäftsstelle ist in der InsO entfallen, weil die Anmeldung beim Gericht unzulässig ist. Dennoch bleibt die Anmeldung Prozesshandlung, da sie auf die Herbeiführung von Wirkungen in einem „gerichtlichen" Prüfungsverfahren abzielt (KS-*Eckardt* Kap 17 Rn 13). Die Rechtsprechung zu bestimmenden Schriftsätzen im Prozessrecht (**GmS-OGB** 5. 4. 00 – 1/98, NJW 2000, 2340) findet daher Anwendung, wonach die Formvorschrift des § 126 Abs 1 BGB nicht eingehalten werden muss. Eine **Unterschrift** des Anmeldenden ist nicht zwingend erforderlich. Es reicht aus, dass die Anmeldung eindeutig erkennen lässt, von wem die Anmeldung ausgeht (K/P/B/*Pape* § 174 Rn 25; N/R/*Becker* § 174 Rn 13; HaKo-*Preß/Henningsmeier* § 174 Rn 9). Gleiches gilt nach Art 39 EG-VO vom 29. 5. 2000, die am 31. 5. 2002 in Kraft getreten ist. Neben der schriftlichen Anmeldung ist somit auch eine Anmeldung zulässig, die durch moderne Kommunikationsmittel erfolgt, wie zB Telegramm, Fernschreiben, **Telefax** oder **E-Mail**; zu beachten ist § 126 a BGB iVm dem SignaturG (N/R/*Becker* § 174 Rn 13; BerlKo-*Breutigam* § 174 Rn 13; K/P/B/*Pape* § 174 Rn 25; FK-*Kießner* § 174 Rn 11; *Braun/Specovius* § 174 Rn 15; *Hess* § 174 Rn 31; einschränkend MüKo-*Nowak* § 174 Rn 9: beim Fax müsse die Kopiervorlage ordnungsgemäß unterschrieben oder beim PC-Fax die Unterschrift eingescannt sein, der Anmelder per E-Mail müsse über eine qualifizierte Signatur oder ein qualifiziertes Zertifikat verfügen; vgl auch **BGH** 4. 12. 08 IX ZR 41/08, WM 2009, 331 Rn 9). In Abs 4 hat der Gesetzgeber die Zulässigkeit der **elektronischen Anmeldung** bestätigt, sofern der Verwalter dieser Form der Anmeldung ausdrücklich zugestimmt hat. Die Urkunden, aus denen sich die Forderung ergibt, sollen nachgereicht werden.

b) Vertretung. Eine Forderungsanmeldung zur Insolvenztabelle durch einen Bevollmächtigten (zB Ge- 19 werkschaftssekretär) ist nur mit **schriftlicher Vollmacht** möglich und ansonsten selbst dann von Amts wegen zurückzuweisen, wenn ihr im Übrigen nicht widersprochen ist (**LG** München 30. 3. 92 –7 T 1398/92, ZIP 1992, 789; K/P/B/*Pape* § 174 Rn 26; HK-*Irschlinger* § 174 Rn 1). Zwar ist eine **einstweilige Zulassung** nach § 89 Abs 1 S 1 ZPO möglich; spätestens im Prüfungstermin ist aber die Vollmacht nachzuweisen. Die nur für die Anmeldung erteilte Vollmacht berechtigt nicht zur Vertretung des Gläubigers im weiteren Verfahren, insbesondere nicht zur Erhebung von Widersprüchen gegen die Feststellung anderer Forderungen im Prüfungstermin, zur Ausübung des Stimmrechts in Gläubigerversammlungen, zur Erhebung der Feststellungsklage (§§ 179, 189) oder der Empfangnahme der Insolvenzquote. Ermächtigt der Vollmachtgeber den Bevollmächtigten zur „Vertretung im Insolvenzverfahren", so umfasst die Vollmacht die Wahrnehmung aller Rechte eines Gläubigers im Verfahren einschließlich der Abstimmung über ein Insolvenzplanverfahren und Erhebung der Feststellungsklage (MüKo-*Nowak* § 174 Rn 6).

Bis zur Einführung des **Abs 1 S 3** im Zuge der Neuregelung des Rechtsberatungsrechts vom 12. 12. 20 2007 (BGBl I S 2840 ff) galten diese Grundsätze auch für **Inkassobüros**, die aufgrund einer Einziehungsvollmacht oder -ermächtigung Forderungen anmelden (**OLG** Dresden 3. 2. 04 – 14 U 1830/03, ZInsO 2004, 810; *Stephan* ZVI 2003, 270 f). Zwar muss weiterhin eine Vollmacht vorgelegt werden, da eine Parallelregelung zu § 88 Abs 2 ZPO fehlt. Sobald diese aber zur Akte gereicht ist, stehen dem Inkassobüro alle Rechte „nach diesem Abschnitt" zu, also auch zur Erhebung von Widersprüchen, zur Entgegennahme von Tabellenauszügen oder Zustellungen (BR-Drucks 623/06 S 202), aber auch zur Erhebung einer Feststellungsklage oder Beauftragung eines Anwaltes hiermit sowie zur Einlegung von Rechtsbehelfen im Zusammenhang mit dem Anmelde- und Feststellungsverfahren. Dagegen berechtigt die gesetzliche Befugnis nach Abs 1 S 3 nicht zur Entgegennahme der Quote oder zu Rechtsbehelfen im Verteilungsverfahren, insb nicht zu Einwendungen gegen das Verteilungsverzeichnis, da die Verteilung in einem anderen Abschnitt geregelt ist; hierzu bedarf es weiterhin einer entsprechenden rechtsgeschäftlichen Vollmacht.

Sinz

21 Bei einer Vertretung durch einen **Rechtsanwalt** ist die Vollmacht nur auf Rüge des Insolvenzverwalters oder eines Insolvenzgläubigers zu prüfen (§§ 88 Abs 2 ZPO, 4 InsO); bis zur dann erforderlichen Vorlage besteht auch hier die Möglichkeit einer einstweiligen Zulassung (s o Rn 19). Die Vorlage einer allgemeinen **Prozessvollmacht genügt nicht**, weil die Insolvenz nicht zur Zwangsvollstreckung iSv § 81 ZPO gehört (Gottwald/*Eickmann* InsRHdb § 63 Rn 4; aA [solange Forderung nicht tituliert] MüKo-*Nowak* § 174 Rn 6). Allerdings sehen die Vollmachtsformulare regelmäßig die „Vertretung im Insolvenzverfahren" vor. Ohne eine solche besondere Vollmacht wäre er auch nicht zum Empfang der Insolvenzquote berechtigt (*Uhlenbruck* MDR 1978, 8).

22 Meldet eine **Gesellschaft** Forderungen zur Insolvenztabelle an, muss die Anmeldung von den vertretungsberechtigten Personen unterzeichnet sein; ein Mangel der Vertretungsberechtigung ist von Amts wegen zu berücksichtigen. Wird der Mangel nicht behoben, ist die Anmeldung zurückzuweisen (**AG Ahrensburg** 5. 10. 91 – 7 N 98/86, Rpfleger 1992, 34; MüKo-*Nowak* § 174 Rn 3). Wohngeldrückstände gegenüber einer **Wohnungseigentümergemeinschaft** können nur vom WEG-Verwalter angemeldet werden, nicht von den einzelnen Wohnungseigentümern (**LG Hamburg** 21. 7. 04 – 313 S 26/04, ZMR 2004, 944); § 27 WoEigG ist lex specialis gegenüber § 432 Abs 1 S 1 BGB.

23 Bei **Gesamtgläubigern** kann jeder Gläubiger die gemeinschaftliche Forderung in voller Höhe allein, aber nur für alle gemeinsam anmelden (§ 428 BGB). Gleiches gilt für die ungeteilte Erbengemeinschaft (§ 2039 BGB; Gottwald/*Eickmann* InsRHdb § 63 Rn 3).

24 Für **prozessunfähige Personen** meldet der gesetzliche Vertreter an (§§ 51, 56 ZPO, § 4 InsO).

25 c) **Pool- und Sammelanmeldungen.** Sog **Poolanmeldungen** (auf einen Treuhänder übertragene Forderungen, der sie zusammen zur Tabelle anmeldet) und **Sammelanmeldungen** (einheitliche, zusammengefasste Anmeldung mehrerer gleichartiger Ansprüche) sind nicht schlechthin unzulässig. Voraussetzung für die Zulässigkeit der Anmeldung ist aber die **Individualisierbarkeit** jeder einzelnen Forderung der Anspruchsberechtigten, damit die Möglichkeit des Verwalters oder anderer Gläubiger, einzelne Forderungen zu bestreiten, nicht eingeschränkt oder ausgeschlossen wird (**BGH** 22. 1. 09 – IX ZR 3/08, ZIP 2009, 483 Rn 11; **AG Münster** 6. 11. 81 – 10 N 63/81, Rpfleger 1982, 78; Gottwald/*Eickmann* InsRHdb § 63 Rn 5). Eine Anmeldung, die die einzelnen Forderungen nur addiert und den Gesamtbetrag mit einer Aufstellung der hieran beteiligten Gläubiger angibt, genügt nicht den Mindestanforderungen an eine wirksame Anmeldung und ist unwirksam (**BGH** 22. 1. 09 aaO, Rn 11, 17; **BAG** 3. 12. 85 – 1 AZR 545/84, ZIP 1986, 518; FK-*Kießner* § 174 Rn 30). Diese Grundsätze gelten auch für Anmeldungen der **Bundesagentur für Arbeit** von Arbeitsentgeltansprüchen, die mit dem Antrag auf Insolvenzgeld gem § 187 SGB III auf sie übergegangen sind, für die gem § 9 Abs 2 BetrAVG auf den **PSV aG** übergegangenen Ruhegeldansprüche der Arbeitnehmer und für Anmeldungen des **Einlagensicherungsfonds** des Bundesverbandes deutscher Banken eV. Mit dem Forderungsübergang verliert der ursprüngliche Gläubiger das Recht, seine Forderung zur Insolvenztabelle anzumelden, und steht das Anmelderecht nur noch dem neuen Gläubiger zu. Erfolgt dagegen die Sammelanmeldung nicht im eigenen Namen, sondern für die betroffenen Gläubiger, ist für jeden von ihnen ein eigener Tabelleneintrag erforderlich.

26 d) **Amtssprache.** Die Anmeldung hat grundsätzlich in **deutscher Sprache** zu erfolgen, denn sie ist Prozesshandlung und für ein gerichtliches Verfahren bestimmt. § 184 GVG findet entsprechende Anwendung (K/P/B/*Pape* § 174 Rn 25). Deshalb hat der Verwalter die Möglichkeit, Anmeldungen, die nicht in deutscher Sprache abgefasst sind, zurückzuweisen (BerlKo-*Breutigam* § 174 Rn 11). Eine **Ausnahme** gilt lediglich für den **EU-Bereich**, denn nach Art 42 Abs 1 S 1 der EG-VO des Rates Nr 1346/2000 ist jeder Gläubiger, der seinen gewöhnlichen Wohnsitz, Aufenthalt oder Sitz in einem anderen Mitgliedstaat als dem Staat der Verfahrenseröffnung hat, berechtigt, seine Forderung in der Amtssprache oder einer der Amtssprachen dieses anderen Staates anzumelden. Die Überschrift „Anmeldung einer Forderung" in einer Amtssprache ist jedoch zwingend. Vom Gläubiger kann eine **Übersetzung** der Anmeldung in die Amtssprache oder eine der Amtssprachen des Staates der Verfahrenseröffnung verlangt werden (Art 42 Abs 2 S 3 VO).

27 Auch wenn außerhalb des Anwendungsbereichs des EU-Übereinkommens die Anmeldung eines Gläubigers „ohne besondere Sprachkenntnisse als solche erkennbar ist" (nach KS-*Eckardt* Kap 17 Rn 13 und *R. Bähr* InVo 1998, 205, 207 soll dies genügen), ist der Insolvenzverwalter verpflichtet, den ausländischen Gläubiger aufzufordern, binnen angemessener Frist eine deutsche Übersetzung der Anmeldung nachzureichen, damit allen Beteiligten eine Prüfung möglich ist. Kommt dieser der Verpflichtung nicht nach, kann der Verwalter die Forderung ohne Kostenrisiko vorläufig bestreiten (KS-*Eckardt* Kap 17 Rn 13; *Smid* § 174 Rn 12).

28 **4. Inhaltliche Erfordernisse der Anmeldung (Abs 2).** Inhaltlich verlangt § 174 Abs 2, dass bei der Anmeldung – neben der genauen Bezeichnung des Verfahrens und des Gläubigers (wie im Klagerubrum) – der Grund und der Betrag der Forderung anzugeben sind sowie die Tatsachen, aus denen sich nach Einschätzung des Gläubigers ergibt, dass ihr eine vorsätzlich begangene unerlaubte Handlung des Schuldners zugrunde liegt.

III. Anmeldeverfahren § 174

a) Grund. Die Angabe des Grundes bedeutet die Darlegung des **Lebenssachverhaltes**, aus dem die 29
Forderung resultiert (LG Mönchengladbach 2. 6. 69 – 4 T 77/69, KTS 1970, 62; Gottwald/*Eickmann*
InsRHdb § 63 Rn 10; H/W/F Hdb Kap 7 Rn 18; BerlKo-*Breutigam* § 174 Rn 14–18; *Hess* § 174
Rn 10). Die Darstellung hat so konkret, individuell und schlüssig zu erfolgen, dass es dem Insolvenzverwalter und den Gläubigern möglich ist, über Berechtigung oder Nichtberechtigung der Forderung zu entscheiden. Eine rechtliche Würdigung ist nicht notwendig. Für die Substantiierung gelten die gleichen Grundsätze, die der BGH für den Zivilprozess entwickelt hat (**BGH 12. 7. 84 – VII ZR 123/83, NJW 1984, 2888, 2889**; MüKo-*Nowak* § 174 Rn 10). Die Vorlage von **Rechnungen** reicht daher dann nicht aus, wenn sich Umstände und Grund ihrer Ausstellung nicht erkennen lassen. Soweit Unklarheiten verbleiben oder die Anmeldung nicht schlüssig ist, muss der Insolvenzverwalter auf ihre Ergänzung hinwirken; denn es gehört zu seinen Pflichten im Anmeldeverfahren, den Anmeldenden auf etwaige Mängel hinzuweisen (K/P/B/*Pape* § 174 Rn 22). Allerdings braucht er nicht, von sich aus Ermittlungen aufzunehmen und Unterlagen oder Urkunden zu beschaffen (**BGH 22. 1. 09 – IX ZR 3/08, ZIP 2009, 483 Rn 31**). Ebenso wenig muss er die Prozessakten eines nach § 240 ZPO unterbrochenen Prozesses, auf den sich der Anmeldende bezieht, einsehen, um die Berechtigung der Anmeldung prüfen zu können (HaKo-*Preß/Henningsmeier* § 174 Rn 15). Soweit der Gläubiger lediglich auf **beigefügte Urkunden** und sonstige Unterlagen verweist, muss die Anmeldung aus sich heraus verständlich sein wie zB bei einer Bezugnahme auf ein zu seinen Gunsten ergangenes Urteil (*Hess* § 174 Rn 18); sonst ist sie zu beanstanden (H/W/F Hdb Kap 7 Rn 18). Eine Forderungsanmeldung ohne hinreichend bezeichneten Grund oder gänzlich ohne Angabe des Grundes ist, sofern auch auf Hinweis des Verwalters keine Nachbesserung erfolgt, als unzulässig zurückzuweisen und nicht in die Tabelle aufzunehmen (s u Rn 45).

Der in der Anmeldung angegebene Grund ist im Falle des Bestreitens **maßgeblich für** den **Feststel-** 30
lungsprozess sowie die Rechtskraftwirkung und darf nicht ausgetauscht werden (s u § 180 Rn 26; **BGH 27. 9. 01 – IX ZR 71/00, NZI 2002, 37**). Soweit die Forderung als festgestellt gilt, bestimmt die Eintragung den Umfang der Rechtskraft (§ 178 Abs 3). Sowohl in der Anmeldung als auch in der Tabelle (Spalte „Grund der Forderung") muss daher der Anspruch so präzise wie möglich bezeichnet werden, damit bei mehreren gleichartigen Forderungen oder Nachmeldungen sofort erkennbar ist, ob die Forderung schon angemeldet ist oder nicht. Es genügt bei **Steuerforderungen** die bloße Bezeichnung „Steuern" nicht; vielmehr sind Steuerart und Zeitraum anzugeben (**BFH 26. 11. 87 – V R 130/82, BStBl II 1988, S 124**; *Frotscher* Besteuerung S 252). Ferner muss zwischen Steuer- und Haftungsforderung unterschieden werden (**BFH 11. 10. 89 – I R 139/85, BFH/NV 1991, 497**). Für die Anmeldung können die Regeln über die inhaltliche Bestimmtheit der Steuerfestsetzung (§ 157 AO) entsprechend herangezogen werden. Sofern die Anmeldung trotz Angabe der jeweiligen Veranlagungszeiträume nicht prüfbar ist, sind zB bei der *Einkommensteuer* die Einkünfte und die Errechnung des zu versteuernden Einkommens, bei der *Umsatzsteuer* die Höhe der Umsätze und die Vorsteuern als Grundlage der angemeldeten Steuerforderung zu ergänzen (*Frotscher* Besteuerung S 253).

Die InsO kennt keine besonderen Regeln für die Tabellenfeststellung einzelner Forderungsarten. Auch 31
eine Forderung aus **Zahlungsversprechen auf erstes Anfordern** ist daher anmelde- und feststellungsfähig (**BGH 29. 5. 08 – IX ZR 45/07, NZI 2008, 565**).

b) Betrag. Die Forderung muss **in Euro** und als **bestimmter Geldbetrag** angegeben werden. Mehrere 32
Forderungen sind auch nach den Beträgen getrennt zu bezeichnen. Nicht auf Geld gerichtete Forderungen (wie zB Freistellungsansprüche) müssen in Geld umgerechnet, unbestimmte Geldforderungen (wie zB Schmerzensgeldansprüche) müssen geschätzt werden (§ 45 S 1); die allgemeinen zivilprozessualen Regeln über unbezifferte Anträge gelten hier nicht (MüKo-*Nowak* § 174 Rn 11). Diese Ansprüche sind wie Fremdwährungsschulden gem § 45 S 2 mit dem Kurs umzurechnen, der dem amtlichen Kurs am Eröffnungstage entspricht (BerlKo-*Breutigam* § 174 Rn 20; Gottwald/*Eickmann* InsRHdb § 63 Rn 6). Nicht fällige und auflösend bedingte Forderungen sind nach Maßgabe der §§ 41, 42 anzumelden.

Eine Ausrechnung von **Zinsen** muss nur erfolgen, wenn die Zinsen als Hauptforderung geltend ge- 33
macht werden. Bei der Geltendmachung als Nebenforderung genügt die Angabe des Zinssatzes und der Beginn des Zinslaufs (**BGH WM 1957, 1334**); ein Endtermin muss nur angegeben werden, wenn er ausnahmsweise vor dem Eröffnungstag liegt (Gottwald/*Eickmann* InsRHdb § 63 Rn 7). Die Angabe, dass ein „angemessener Zinssatz" gefordert werde oder dass die Zinsen in das „Ermessen" des Verwalters gestellt seien, ist unzureichend (MüKo-*Nowak* § 174 Rn 11). Soweit Zinsen auch noch für den Zeitraum nach Eröffnung angemeldet werden, sind diese zwar in die Tabelle aufzunehmen (s u § 175 Rn 11), aber zu bestreiten (§ 39 Abs 1 Nr 1). Künftige wiederkehrende Leistungen werden nach § 46 berechnet. Will der Gläubiger Verzugszinsen geltend machen, hat er auch die Voraussetzungen des Verzuges darzulegen. Beansprucht er einen höheren Zinssatz als die gesetzlichen Zinsen, ist auch dieser darzulegen und im Bestreitensfalle nachzuweisen.

Entgeltansprüche der Arbeitnehmer für die Zeit vor der Eröffnung des Insolvenzverfahrens können 34
auch bei Fortbestand des Arbeitsverhältnisses nur als Insolvenzforderung geltend gemacht werden (§ 108 Abs 3; zu Einzelheiten s o § 38 Rn 17) und sind **mit ihrem Bruttobetrag anzumelden**, allerdings unter Abzug der Arbeitnehmeranteile zur Sozialversicherung (ungenau LAG Düsseldorf 22. 11. 74 –

Sinz

7 Sa 748/74, BB 1975, 517; instruktiv: *Heyn* InsbürO 2006, 162 ff), da diese die Krankenkasse mit anmeldet (s o Rn 4). Eine Nettolohnanmeldung ist bei der Aufnahme in die Tabelle dahingehend *auszulegen*, dass auch hier der Bruttolohn (ohne steuerliche Abzüge, aber mit sozialversicherungsrechtlichen Abzügen) angemeldet wird. Denn würde lediglich der verbleibende „Auszahlungsbetrag" eingetragen, führt dies zu einer zu geringen Auszahlung an den Arbeitnehmer, weil der Verwalter bei der späteren Quotenausschüttung die (im Ausschüttungsjahr maßgebliche) Lohnsteuer einbehalten und abführen muss. Eine Quotenzahlung ohne Lohnsteuereinbehalt würde andererseits zu einer Steuerverkürzung führen, da für den Zeitraum, in dem der Lohn erarbeitet wurde, mangels Lohnzahlung richtigerweise keine Lohnsteuer gemeldet wurde (§ 38 EStG: „soweit ... von einem Arbeitgeber gezahlt", also auch nicht bei Insolvenzgeld) und folglich vom Finanzamt auch keine entsprechende Anmeldung zur Tabelle erfolgen konnte.

35 **Beitragsforderungen der Sozialversicherungsträger** (s o Rn 4) sind zumindest insoweit zu individualisieren und zu spezifizieren, dass sich aus der beigefügten Anlage Grund und Höhe der Einzelbeträge ergeben (K/P/B/*Pape* § 174 Rn 31). Ist die Höhe nicht bezifferbar, weil der Schuldner in der Krise keine Anmeldungen abgegeben hat, ist ein Schätzbetrag anzumelden, der bestritten bleibt, bis die Krankenkasse ihn nach Durchführung einer Außenprüfung konkretisiert (K/P/B/*Pape* § 174 Rn 31).

36 Ein Vorrang gem **§ 32 Abs 4 Abs 1 DepotG** ist ebenfalls in der Anmeldung anzugeben (Einzelheiten bei *Smid* § 174 Rn 14; N/R/*Becker* § 174 Rn 14).

37 **c) Unerlaubte Handlung.** Durch das InsOÄndG 2001 wurde Abs 2 des § 174 dahingehend ergänzt, dass schon bei der Forderungsanmeldung die Tatsachen anzugeben sind, aus denen sich nach Einschätzung des Gläubigers ergibt, dass ihr eine vorsätzlich begangene unerlaubte Handlung des Schuldners zugrunde liegt. Dies schließt aber nicht aus, dass der Gläubiger auch noch nach bereits erfolgter Feststellung seiner Forderung die Anmeldung als unerlaubte Handlung „nachschiebt" (s u § 177 Rn 16; **BGH 17. 1. 08 – IX ZR 220/06, NZI 2008, 250**).

38 Will der Gläubiger – im Hinblick auf § 302 Nr 1 – eine Forderung als unerlaubte Handlung anmelden, so genügt es nicht, dass er nur schlagwortartig einen nach seiner Meinung einschlägigen Straftatbestand benennt (zB „Betrug", „Scheck- bzw Kreditkartenmissbrauch", „Vorenthaltung von Sozialversicherungsbeiträgen"), eine entsprechende Vorschrift anführt (zB § 266a StGB, § 826 BGB) oder gar nur im Anmeldeformular die Anmeldung als vorsätzlich begangene unerlaubte Handlung ankreuzt (Braun/*Specovius* § 174 Rn 39). Vielmehr verlangt § 174 Abs 2 nach seinem eindeutigen Wortlaut einen **Tatsachenvortrag**, aus dem sich **schlüssig** die behauptete Rechtsfolge ergibt (Gottwald/*Eickmann* § 63 Rn 10; dafür spricht auch die Entscheidung **BGH 22. 1. 09 – IX ZR 3/08, ZIP 2009, 483 Rn 10**). Der Gläubiger muss daher konkret den Sachverhalt darlegen, der – seine Richtigkeit unterstellt (ob er tatsächlich zutrifft, wird im Bestreitensfall erst im Klageverfahren geklärt) – die Voraussetzungen einer vorsätzlich begangenen unerlaubten Handlung erfüllt (**LG München II 4. 7. 01 – 7 T 2729/01, ZVI 2002, 10 ff**). Meistens erschöpfen sich die Begründungen von Krankenkassen in allgemeinen Rechtsausführungen, welche Pflichten der Arbeitgeber nach den §§ 28e und 28f SGB IV hat und welche Haftungsfolgen ihn gem §§ 823 Abs 2 BGB iVm 266a StGB treffen, falls er diese Pflichten verletzt. Auch wenn diese Ausführungen zuweilen eine ganze Seite füllen, können sie nicht darüber hinwegtäuschen, dass es sich dennoch nur um eine abstrakte Darstellung der Rechtslage für eine Vielzahl von Fällen handelt und nicht um **konkreten** Tatsachenvortrag. Häufig ist dieser Vortrag sogar unschlüssig, weil lediglich behauptet wird, der Schuldner habe die Beiträge nicht gezahlt und sei schon im Zeitpunkt der Fälligkeit zahlungsunfähig gewesen. Die bloße Nichtzahlung der Arbeitnehmeranteile erfüllt aber noch nicht den Tatbestand des § 266a StGB, erst recht nicht, wenn der Schuldner bei Fälligkeit schon zahlungsunfähig ist (**BGH 18. 1. 07 – IX ZR 176/05, NZI 2007, 416 Rn 17**). Werden solche Anmeldungen auch nach entsprechendem Hinweis des Verwalters auf den unzureichenden Tatsachenvortrag (zur **Hinweispflicht des Verwalters**: **OLG Stuttgart 29. 4. 08 – 10 W 21/08, ZIP 2008, S 1781**; **OLG Dresden 3. 2. 04 – 14 U 1830/03, ZInsO 2004, 810**; MüKo-*Nowak* § 174 Rn 30; K/P/B/*Pape* § 174 Rn 22; FK-*Kießner* § 175 Rn 3; HaKo-*Preß/Henningsmeier* § 174 Rn 15) nicht schlüssig ergänzt, darf die Forderung nicht als solche aus vorsätzlich begangener unerlaubter Handlung aufgenommen werden (FK-*Kießner* § 174 Rn 27; *Graf-Schlicker*, in Graf-Schlicker § 174 Rn 22).

39 Dies gilt erst recht für Anmeldungen mit einem **unschlüssigen Tatsachenvortrag**, der von vorneherein ungeeignet ist, den Tatbestand einer vorsätzlich begangenen unerlaubten Handlung iSd § 302 Nr 1 zu erfüllen (aA wohl HaKo-*Preß/Henningsmeier* § 174 Rn 21) wie zB Steuerhinterziehung gem § 370 AO (**BFH 19. 8. 08 – VII R 6/07, NZI 2008, 764**: denn der Anspruch des Fiskus resultiert nicht aus der Steuerhinterziehung, sondern gem § 38 AO aus der Verwirklichung des gesetzlichen Besteuerungstatbestandes). Die von Verwaltern zum Teil geübte und von den Insolvenzgerichten zuweilen auch gewünschte „großzügige Handhabung", selbst unschlüssige Anmeldungen dennoch als unerlaubte Handlung in der Tabelle zu vermerken und den Schuldner auf sein Widerspruchsrecht zu verweisen, kann zu Haftungsansprüchen zumindest gegen den Verwalter gem § 60 führen (zu seinen Gunsten greift nur § 254 BGB, zugunsten der Justiz dagegen idR § 839 Abs 3 BGB), wenn die Forderung mangels Widerspruch des Schuldners entsprechend § 178 Abs 3 festgestellt und damit von der Restschuldbefreiung ausgenommen wird, obwohl sie bei richtiger Handhabung gar nicht als unerlaubte Handlung hätte aufgenommen

werden dürfen und damit ebenfalls § 301 Abs 1 unterfallen wäre. Das **Vorprüfungs- und Zurückweisungsrecht des Insolvenzverwalters** (s u § 175 Rn 9 ff) hat hier gesteigerte Bedeutung. Dem steht nicht entgegen, dass der Insolvenzverwalter bei Forderungen, deren Bestand nicht von einer Vorsatztat abhängt, kein auf den Rechtsgrund der angemeldeten Forderung beschränktes Widerspruchsrecht hat (**BGH** 12. 6. 08 – IX ZR 100/07, NZI 2008, 569). Denn es geht in diesem Verfahrensstadium nicht um das Bestreiten der Forderung als Vorsatztat, sondern um das Fehlen formeller Anmeldevoraussetzungen, nämlich die Ungeeignetheit des Tatsachenvortrages für die erstrebte Rechtsfolge.

Über das Vorliegen einer Anmeldung als unerlaubte Handlung sollte der Verwalter – auch wenn hierzu keine gesetzliche Verpflichtung besteht – das Insolvenzgericht besonders informieren, damit dieses rechtzeitig der Hinweispflicht nach § 175 Abs 2 nachkommen kann. 40

5. Beizufügende Urkunden und sonstige Beweisstücke. Die Beifügung von Urkunden gem **Abs 1 S 2** 41 soll es dem Insolvenzverwalter und den Insolvenzgläubigern ermöglichen zu entscheiden, ob sie die zur Tabelle angemeldete Forderung bestreiten oder nicht. „Urkunden" iSv Abs 1 S 2 sind alle Beweisstücke, mit denen der Nachweis für den Bestand der Forderung geführt werden kann, insb Verträge, Rechnungen, Lieferscheine, Urteile, Abtretungsurkunden etc. Die Vorlage von Rechnungen reicht nur dann aus, wenn in ihnen der Rechtsgrund unter Angabe der erbrachten Leistung spezifiziert ist (**BGH** 22. 1. 09 – IX ZR 3/08, ZIP 2009, 483 Rn 11; **OLG Celle** 27. 2. 85 – 14 W 1/85, ZIP 1985, 823); der Nachweis einer erfolgten Warenlieferung ergibt sich idR erst aus dem Lieferschein (Braun/*Specovius* § 174 Rn 21). Im Gegensatz zu § 139 KO ist § 174 Abs 1 S 2 nur noch eine **Sollvorschrift**; daher ist auch ohne Beifügung von Kopien der Beweisstücke die Anmeldung wirksam (K/P/B/*Pape* § 174 Rn 28; BerlKo-*Breutigam* § 174 Rn 12; FK-*Kießner* § 174 Rn 18; N/R/*Becker* § 174 Rn 16).

Titel, Schecks, Wechsel oder sonstige Schuldurkunden **müssen nicht im Original vorgelegt werden** 42 (**BGH** 1. 12. 05 – IX ZR 95/04, NZI 2006, 173). Der Anmelder, der es unterlässt, Beweisstücke einzureichen, setzt sich aber dem Risiko aus, dass der Verwalter den Anspruch mangels Prüffähigkeit (dazu **BGH** 1. 12. 05 aaO Rn 15) bestreitet und ihn erst im Feststellungsprozess nach Vorlage der Beweisstücke sofort anerkennt mit der Folge, dass der Anmelder die Kosten des Feststellungsstreits zu tragen hat (s u § 179 Rn 24 f). Eine **Doppeltitulierung** lässt sich dadurch **vermeiden**, dass das Insolvenzgericht die spätere Erteilung des vollstreckbaren Tabellenauszugs von der Vorlage der Originalurkunde zur Entwertung abhängig macht.

Soweit ein **Gläubiger aus einem anderen EU-Mitgliedstaat** eine Forderung anmeldet, schreibt Art 41 43 der EG-VO Nr 1346/2000 (ZInsO 2001, 111) zwingend vor, dass der Gläubiger der schriftlichen Anmeldung (Art 39) eine Kopie vorhandener Belege beizufügen und Sicherungsrechte mitzuteilen hat (*Wimmer* ZInsO 2001, 97; *Kemper* ZIP 2001, 1609; *Vallender* ZInsO 2002, 110, 111).

IV. Fehlerhafte Anmeldung

1. Vorprüfung, Beanstandung und Zurückweisung. Sowohl der Insolvenzverwalter als auch das Insolvenzgericht haben bei unzulässigen Forderungsanmeldungen ein Vorprüfungs-, Beanstandungs- und Zurückweisungsrecht (zu Einzelheiten s u § 175 Rn 9 ff und 15). Soweit offensichtliche Mängel vorliegen, hat der Insolvenzverwalter hierauf hinzuweisen und Gelegenheit zur Nachbesserung zu geben, bevor er die Eintragung in die Tabelle ablehnt (s u § 175 Rn 12; **OLG Stuttgart** 29. 4. 08 – 10 W 21/08, ZIP 2008, S 1781). 44

2. Folgen wesentlicher Mängel. Weist eine Forderungsanmeldung Mängel auf, so ist zu unterscheiden, ob es sich um wesentliche Mängel handelt, die die **Forderungsanmeldung** schlechthin **unwirksam** machen, oder um Mängel, die die Wirksamkeit der Anmeldung nicht berühren, wie zB die Nichtbeifügung von Beweisstücken nach § 174 Abs 1 S 2. Eine unwirksame Anmeldung kann nicht durch Eintragung in die Tabelle geheilt werden (**OLG Stuttgart** 22. 2. 62 – 3 U 148/61, NJW 1962, 1018; **LG Mönchengladbach** 2. 6. 69 – 4 T 77/69, KTS 1970, 62; *Hess* § 174 Rn 59; K/P/B/*Pape* § 174 Rn 32). Vor Behebung des Mangels darf kein Sachurteil im Feststellungsstreit ergehen (**OLG Stuttgart** 22. 2. 62 aaO). So ist zB eine Anmeldung der Forderung ohne Angabe des Grundes ebenso unwirksam wie eine Anmeldung ohne Angabe des Forderungsbetrages. Der Mangel kann nur durch **Neuanmeldung** der Forderung behoben werden (**BGH** 22. 1. 09 – IX ZR 3/08, ZIP 2009, 483 Rn 17); ferner ist eine **Heilung** durch endgültige Feststellung der Forderung zur Tabelle möglich, nicht aber ohne Prüfungstermin (K/P/B/*Pape* § 174 Rn 32; *Hess* § 174 Rn 59). 45

3. Änderungen und Rücknahme. Eine Änderung oder Ergänzung der Anmeldung ist bis zum Prüfungstermin zulässig (K/P/B/*Pape* § 174 Rn 32; N/R/*Becker* § 174 Rn 18 ff; FK-*Kießner* § 174 Rn 21 ff; aA [nur bis zum Ablauf der Anmeldefrist] HaKo-*Preß/Henningsmeier* § 174 Rn 28). Bei der Behandlung von **Anmeldungsänderungen** ist aber im Einzelfall zu unterscheiden: 46

Solange die **Anmeldefrist noch nicht abgelaufen** ist, kann der Gläubiger Fehler und Lücken der Anmeldung ohne weiteres beheben, indem er fehlende Angaben ergänzt oder weitere Forderungen nachschiebt (N/R/*Becker* § 174 Rn 18). Zur Behandlung in der Tabelle s u § 177 Rn 17–19. 47

48 War die **Anmeldefrist bereits abgelaufen**, sind Änderungen als nachträgliche Anmeldungen iSv § 177 zu behandeln (MüKo-*Nowak* § 174 Rn 16). Dies gilt sowohl für die Forderungserhöhung als auch Anmeldung gänzlich neuer Forderungen, aber auch für die nachträgliche Angabe eines bis dahin nicht genannten Betrages, Schuldgrundes (s u § 177 Rn 13 f) oder den nachträglichen Tatsachenvortrag zur bereits erfolgten Anmeldung als vorsätzlich begangene unerlaubte Handlung (s u § 177 Rn 16). Bis zur Niederlegung bei Gericht ist für die Eintragung der Änderung in der Tabelle der Verwalter zuständig, danach das Insolvenzgericht (Gottwald/*Eickmann* InsRHdb § 63 Rn 34).

49 Bei der **Rücknahme von Anmeldungen**, die nur bis zur Feststellung der Forderung möglich ist, ist Folgendes zu beachten:

Bis zur Niederlegung der Tabelle beim Insolvenzgericht erfolgt die Rücknahmeerklärung gegenüber dem Insolvenzverwalter (Gottwald/*Eickmann* InsRHdb § 63 Rn 40), **nach Niederlegung der Tabelle** schriftlich oder zu Protokoll des Insolvenzgerichts, wovon der Verwalter abschriftlich zu unterrichten ist (Gottwald/*Eickmann* InsRHdb § 63 Rn 42). Nimmt der Gläubiger seine Forderungsanmeldung zurück, bedeutet dies nicht automatisch einen Verzicht auf die Verfahrensteilnahme; vielmehr ist er grundsätzlich berechtigt, seine Forderung wieder anzumelden (*Hess* § 174 Rn 64; K/P/B/*Pape* § 174 Rn 33; HaKo-*Preß*/Henningsmeier § 174 Rn 20). Daher ist in der Bemerkungsspalte ein klarstellender Vermerk anzubringen, ob die Anmeldung ohne Begründung zurückgenommen wird, ob es sich um einen Teilnahmeverzicht handelt oder ob die Forderung erlassen worden ist (Gottwald/*Eickmann* InsRHdb § 63 Rn 41), damit in den beiden letztgenannten Fällen gewährleistet ist, dass der Gläubiger bei der Abstimmung und Verteilung ausgeschlossen ist. Das Insolvenzgericht hat notfalls gem §§ 4 InsO, 139 ZPO aufzuklären, ob der Anspruch untergegangen ist oder nur auf seine Geltendmachung im Insolvenzverfahren verzichtet wurde (LG Stuttgart 18. 6. 57 – 1 T 229/57, ZZP 70, 393).

50 **Nach Feststellung der Forderung** zur Tabelle ist eine Rücknahme der Anmeldung nicht mehr möglich, denn einer solchen steht die Rechtskraftwirkung des § 178 Abs 3 entgegen (K/P/B/*Pape* § 174 Rn 33). Wohl aber ist ein Verzicht auf die Rechte aus der Feststellung zulässig, was auch in der Bemerkungsspalte entsprechend eingetragen wird. Die fehlende Berechtigung eines Gläubigers kann wegen der Wirkungen des § 178 Abs 3 nur noch mit der Vollstreckungsgegenklage (§ 767 ZPO) geltend gemacht werden (**BGH** 11. 12. 08 – IX ZR 156/07, ZInsO 2009, 142; K/P/B/*Pape* § 174 Rn 33).

V. Anmeldung nachrangiger Insolvenzforderungen (Abs 3)

51 Nachrangige Forderungen iSd §§ 39, 327 sind gem Abs 3 S 1 **nur nach besonderer Aufforderung des Insolvenzgerichts** anzumelden. In welcher Weise diese bekanntzumachen ist, regelt das Gesetz nicht. Eine analoge Anwendung der §§ 9, 30 ist daher geboten, wobei sich die Aufforderung auf diejenigen Rangklassen beschränken kann, die mit einer Befriedigung rechnen können (HaKo-*Preß*/Henningsmeier § 174 Rn 32). Der Gesetzgeber geht davon aus, dass die nachrangigen Insolvenzgläubiger nur in Ausnahmefällen mit einer Befriedigung rechnen können, nämlich wenn entweder alle nichtnachrangigen Insolvenzgläubiger **voll befriedigt** werden und ein **Überschuß** verbleibt oder wenn ein **Insolvenzplan** vorgelegt wird, der Zahlungen an die nachrangigen Gläubiger vorsieht. Die Insolvenzverfahren, in denen keine dieser Ausnahmen vorliegt, sollen nach Vorstellung des Gesetzgebers mit der Anmeldung und Prüfung der nachrangigen Forderungen nicht belastet werden (Begr RegE zu § 201).

52 Die **Tabelle** ist in **zwei Abteilungen** zu führen. In die erste Abteilung werden die Forderungen iSv § 38, in die zweite diejenigen iSv § 39 eingetragen (s u § 175 Rn 6).

53 Unbefriedigend sind aber die sonstigen **Einschränkungen**, die nachrangige Gläubiger hinnehmen müssen: Sie sind grundsätzlich nicht stimmberechtigt (§ 77 Abs 1 S 2), auch wenn über einen Insolvenzplan abgestimmt wird (§§ 246, 225 Abs 1). Weiterhin sind ihre Forderungen bei Abschlagsverteilungen nicht zu berücksichtigen (§ 187 Abs 2 S 2).

54 **Meldet der Gläubiger** seine Forderung iSd §§ 39, 327 **als nichtnachrangige Forderung an**, hat der Insolvenzverwalter diese in die Tabelle aufzunehmen (s u § 175 Rn 11). Verwalter und Insolvenzgläubiger können der Anmeldung dann im Prüfungstermin widersprechen. Gilt die Forderung aber mangels Widerspruch als festgestellt, so kann sich der Insolvenzverwalter später nicht mehr auf die Nachrangigkeit berufen, sondern hat die Quote auf die Forderung auszuschütten (**BGH** 21. 2. 91 – IX ZR 133/90, ZIP 1991, 456). Die Feststellungswirkung kann auch nicht mit dem Argument in Frage gestellt werden, es handele sich um eine unanmeldbare Forderung; denn auch eine nachrangige Forderung ist Insolvenzforderung und demgemäß – wenn auch mit Einschränkungen – am Verfahren beteiligt (K/P/B/*Pape* § 174 Rn 39). Eine Vollstreckungsabwehrklage ist gem § 767 Abs 2 ZPO präkludiert. **Meldet der Gläubiger** seine Forderung **als nachrangige Forderung an**, ist diese – ohne besondere Aufforderung des Insolvenzgerichts – nicht in die Tabelle aufzunehmen (MüKo-*Nowak* § 174 Rn 32; HK-*Irschlinger* § 174 Rn 16). Hierauf sollte der Insolvenzverwalter den Gläubiger hinweisen.

55 Zu klären bleibt noch die Frage, was mit den nachrangigen Insolvenzforderungen geschieht, wenn es zu einem **anschließenden Restschuldbefreiungsverfahren** kommt. Der gerichtlich bestellte Treuhänder hat gem § 292 Abs 1 S 2 die Beträge, die er während der Wohlverhaltensperiode vereinnahmt, ein-

Tabelle § 175

mal jährlich an die Insolvenzgläubiger „auf Grund des Schlussverzeichnisses" zu verteilen. Damit ist eine **nachträgliche Aufforderung und Anmeldung ausgeschlossen**, selbst wenn nach Befriedigung aller verzeichneten Gläubiger noch ein Überschuss für die nachrangigen Insolvenzgläubiger verbliebe. Denn das Insolvenzverfahren ist bereits aufgehoben (K/P/B/*Pape* § 174 Rn 40f schlägt eine „prophylaktische Prüfung" als Ausweg vor). Die Erteilung der Restschuldbefreiung wirkt gem § 301 Abs 1 S 2 auch gegenüber den nicht angemeldeten Forderungen.

VI. Rechtswirkungen der Forderungsanmeldung

Die ordnungsgemäße Forderungsanmeldung bewirkt für die Dauer des Insolvenzverfahrens eine **Hemmung der Verjährung** (§ 204 Abs 1 Nr 10 BGB), nicht jedoch eine mangelhafte Anmeldung (K/P/B/ *Pape* § 174 Rn 34; HaKo-*Preß/Henningsmeier* § 174 Rn 30; ebenso **LAG** Hamburg 15. 6. 88 − 8 Sa 22/88, ZIP 1988, 1271 für die irrtümliche Anmeldung einer Masseforderung, dazu s u § 178 Rn 35), es sei denn, die Berichtigung oder Ergänzung erfolgte noch vor Verjährungseintritt (RGZ 39, 47; **LAG** Düsseldorf 9. 2. 84 − 14 Sa 1807/83, ZIP 1984, 858, 860; BerlKo-*Breutigam* § 174 Rn 29; FK-*Kießner* § 174 Rn 47). Die Hemmungswirkung ist auf die Höhe des angemeldeten Betrages beschränkt (RGZ 170, 278; Palandt/*Heinrichs* § 204 BGB Rn 16). Sie entfällt nicht rückwirkend, wenn der Eröffnungsbeschluss vom Beschwerdegericht aufgehoben wird (**OLG** Celle 23. 12. 58 − 8 U 64/58, NJW 1959, 941). Die Hemmung **endet** sechs Monate nach Beendigung des Verfahrens (§ 204 Abs 2 S 1 BGB), im Falle eines Restschuldbefreiungsantrages sechs Monate nach rechtskräftiger Versagung der Restschuldbefreiung (missverständlich K/P/B/*Pape* § 174 Rn 1 b). 56

Hinsichtlich bereits festgesetzter **Steuerforderungen** wird die Zahlungsverjährung von fünf Jahren (§ 228 AO) unterbrochen (§ 231 Abs 1 AO). Die Festsetzungsverjährung (§ 169 Abs 2 AO) für noch nicht festgesetzte Steuerforderungen wird durch die Anmeldung im Insolvenzverfahren gehemmt bis drei Monate nach dessen Beendigung (§ 171 Abs 13 AO). 57

Zur **Dokumentation** der Verjährungshemmung hat der Insolvenzverwalter den Eingang der Forderungsanmeldung mittels Eingangsstempel taggenau zu erfassen. Eine Verpflichtung zur Anbringung eines Nachtbriefkastens besteht allerdings nicht (HK-*Irschlinger* § 174 Rn 17; *Vallender* ZInsO 2002, 110 f). Wann die Eingabe der Forderungsanmeldungen in die (idR EDV-mäßig geführte) Tabelle erfolgt, spielt keine Rolle (Braun/*Specovius* § 175 Rn 32). Denn die Hemmungswirkung knüpft an die Anmeldung an, nicht an die Eintragung in die Tabelle. Unzulässig wäre es nur, Forderungsanmeldungen zunächst über einen längeren Zeitraum ungestempelt zu sammeln und erst nach Ablauf der Anmeldefrist in die Tabelle mit dem Datum der Bearbeitung einzugeben. War die **Anmeldung irrtümlich beim Insolvenzgericht** erfolgt, tritt die Wirkung der Hemmung erst mit dem Eingang der Unterlagen beim Verwalter ein (**LSG** Baden-Württemberg 20. 7. 84 − L 4 Kr 2368/81, KTS 1985, 566; *Hess* § 174 Rn 41; HaKo-*Preß/Henningsmeier* § 174 Rn 8). Soweit **§ 174 Abs 4** die Anmeldung durch Übermittlung eines elektronischen Dokuments erlaubt, ist als Zugangszeitpunkt der *Abschluss* der vollständigen Übertragung maßgeblich; falls dieser sich nicht aus der Absenderkennung ergibt, gelten die Regeln des § 130 Abs 1 BGB für den Zugang, der durch Eingangsstempel auf dem Ausdruck zu dokumentieren sind. 58

Durch die Anmeldung der Ansprüche aus einem Arbeitsverhältnis zur Insolvenztabelle kann auch die **tarifvertragliche Ausschlussfrist** gewahrt werden (**BAG** 22. 9. 82 − 5 AZR 421/80, DB 1983, 236; *Hess* § 174 Rn 46–50), sofern diese nach Insolvenzeröffnung überhaupt anwendbar ist (**BAG** 18. 12. 84 − 1 AZR 588/82, ZIP 1985, 754; so Rn 6). Dagegen bewirkt die Forderungsanmeldung **keine Rechtshängigkeit** iSd §§ 261 ff ZPO und auch **keinen Verzug** (K/P/B/*Pape* § 174 Rn 37). Im Übrigen verschafft erst die Anmeldung zur Tabelle dem Insolvenzgläubiger das Recht, am Prüfungstermin teilzunehmen und die Forderungen anderer Gläubiger zu bestreiten (Braun/*Specovius* § 174 Rn 35). Weiterhin gewähren festgestellte Forderungen ein **Stimmrecht**. Die Gläubiger bestrittener Forderungen sind stimmberechtigt, soweit eine Einigung über das Stimmrecht erfolgt oder das Insolvenzgericht dem Gläubiger ein Stimmrecht zubilligt (§ 77 Abs 2); allerdings gilt dies nicht für nachrangige Gläubiger (§ 77 Abs 1 S 2). 59

§ 175 Tabelle

(1) ¹Der Insolvenzverwalter hat jede angemeldete Forderung mit den in § 174 Abs. 2 und 3 genannten Angaben in eine Tabelle einzutragen. ²Die Tabelle ist mit den Anmeldungen sowie den beigefügten Urkunden innerhalb des ersten Drittels des Zeitraums, der zwischen dem Ablauf der Anmeldefrist und dem Prüfungstermin liegt, in der Geschäftsstelle des Insolvenzgerichts zur Einsicht der Beteiligten niederzulegen.

(2) Hat ein Gläubiger eine Forderung aus einer vorsätzlich begangenen unerlaubten Handlung angemeldet, so hat das Insolvenzgericht den Schuldner auf die Rechtsfolgen des § 302 und auf die Möglichkeit des Widerspruchs hinzuweisen.

§ 175

Übersicht

	Rn
I. Allgemeines	1
II. Tabellenführung durch den Verwalter	2
1. Art und Weise der Tabellenführung	4
2. Inhalt der Eintragungen	5
3. Vorprüfungs- und Zurückweisungsrecht des Insolvenzverwalters	9
a) Umfang	10
b) Rechtsbehelfe	13
4. Vorprüfungs- und Zurückweisungsrecht des Insolvenzgerichts	15
a) Umfang	15
b) Rechtsbehelfe	16
5. Berichtigung und Ergänzung der Tabelle	18
III. Niederlegung der Tabelle und Einsichtsrecht der Beteiligten	21
1. Niederlegung	21
2. Einsichtsrecht	22
3. Rechtsbehelfe	25
IV. Forderungen aus vorsätzlich begangener unerlaubter Handlung (Abs 2)	26
1. Hinweispflicht des Insolvenzgerichts	26
2. Eintragungen in die Tabelle	30

I. Allgemeines

1 Die vom Insolvenzverwalter erstellte Tabelle erfüllt insgesamt drei Funktionen (*Smid* § 175 Rn 1): Zum einen ist sie **Grundlage für das gerichtliche Prüfungsverfahren** und gewährleistet so die Dokumentation des Feststellungsstandes jedes einzelnen angemeldeten Anspruchs. Nur eingetragene Forderungen können geprüft und nach Feststellung in das Verteilungsverzeichnis aufgenommen werden. Sie bildet daher zum anderen die **organisatorische Grundlage für die Verteilung** der durch die Verwertung der Sollmasse erzielten Erlöse. Schließlich dient sie der **Titulierung** unbestrittener Forderungen. Die Vorschrift entspricht bis auf die Zuweisung der Tabellenführung an den Insolvenzverwalter inhaltlich weitgehend dem früheren § 140 Abs 2 KO (allgemein zur Tabellenführung *R. Bähr* InVo 1998, 205; *Grub/Steinbrenner*, ZIP 1985, 707; *Kilger* FS Henckel S 495 ff).

II. Tabellenführung durch den Verwalter

2 **Bis zum Prüfungstermin** (arg §§ 177 Abs 1 S 1, 178 Abs 2) obliegt dem **Verwalter** die Tabellenführung. Er hat nach § 175 S 1 die angemeldeten Forderungen mit den in § 174 Abs 2 und 3 aufgeführten Angaben in die Insolvenztabelle einzutragen und erfüllt damit die ihm im Hinblick auf die verjährungshemmende Wirkung (s o § 174 Rn 56) übertragene **Beurkundungsfunktion** (KS-*Eckardt* Kap 17 Rn 18 f; FK-*Kießner* § 175 Rn 36; aA HK-*Irschlinger* § 175 Rn 5, allerdings ohne Begründung).

3 **Nach dem Prüfungstermin** geht die Tabellenführung auf das **Insolvenzgericht** über (§§ 178 Abs 2, 183 Abs 2 InsO; 15 a AktO), auch wenn der Verwalter diese weiter pflegt und Änderungen oder Ergänzungen dem Gericht elektronisch übermittelt (FK-*Kießner* § 175 Rn 9 f); es handelt sich insoweit nur um Vorbereitungshandlungen.

4 **1. Art und Weise der Tabellenführung.** Die Art der Tabellenführung ist grundsätzlich dem Verwalter überlassen (H/W/F Hdb Kap 7 Rn 30 ff; *R. Bähr* In Vo 1998, 205 ff; *Kübler* FS *Henckel* S 495, 503 ff), wobei diese auch mittels **EDV** erfolgen kann (§ 5 Abs 3). Es ist jedoch rechtzeitig abzustimmen, über welche Schnittstellenanforderung die Software des Verwalters verfügen muss, damit die per e-mail übertragene oder mittels Datenträger eingereichte Tabelle auch vom Gericht eingelesen werden kann (FK-*Kießner* § 175 Rn 11). Eine Tabelle, die nur auf einem elektronischen Datenträger vorhanden ist, genügt den Anforderungen des § 175 Abs 1 nicht; für das weitere gerichtliche Verfahren (Niederlegung zur Einsicht, Beurkundung der Prüfungsergebnisse, Benachrichtigung gem § 179 Abs 3 S 1) muss auch ein **Ausdruck** der Tabelle jederzeit möglich sein. Nicht kompatible EDV-Systeme kann das Gericht zurückweisen. Sobald die Tabellenführung in die Zuständigkeit des Insolvenzgerichts übergeht, sind die jeweiligen Vorschriften der Aktenordnung zu beachten (*R. Bähr* InVo 1998, 205, 211; *Kübler* FS Henckel S 504).

5 **2. Inhalt der Eintragungen.** Inhaltlich muss die Tabelle gewisse Mindestanforderungen erfüllen (Gottwald/*Eickmann* InsRHdb § 63 Rn 18 ff; BerlKo-*Breutigam* § 175 Rn 9; zu Einzelheiten *Sinz/Wegener/Hefermehl* Verbraucherinsolvenz, 2. Aufl 2009, Rn 291 ff):
– **Laufende Nummer**: Die angemeldeten Forderungen sind in der Reihenfolge ihres Eingangs zu erfassen, mehrere gleichzeitig angemeldete Forderungen desselben Gläubigers hintereinander unter einer jeweils eigenen Nummer (und Verweis in der Bemerkungsspalte). Eine Ausnahme empfiehlt sich für die Anmeldungen von Finanzämtern und Krankenkassen, die sich meist aus einer Vielzahl von Einzel-

forderungen zusammensetzen und im Laufe des Verfahrens häufig in einem Schreiben zu mehreren Positionen geändert werden. Die Erfassung unter einer laufenden Nummer erleichtert hier die Zuordnung und Nachvollziehbarkeit wesentlich; nur nachträgliche Erhöhungen erfordern dann noch den Eintrag unter einer neuen Nummer.

– **Name** und **Anschrift** des Gläubigers sowie dessen Vertreter: Wie im Rubrum eines Urteils (arg. § 178 Abs 3) ist der Name des Gläubigers bei natürlichen Personen einschließlich Vornamen anzugeben, ggf mit dem Zusatz „handelnd unter ..." oder „Inhaber der Firma ..."; die alleinige Eintragung der Firma genügt nur bei eingetragenen Kaufleuten (§ 19 Abs 1 Nr 1 HGB), ansonsten ist sie unzulässig. Bei juristischen Personen ist die genaue Rechtsform zu vermerken. Gesellschaften bürgerlichen Rechts können unter ihrem Gesellschaftsnamen eingetragen werden, ohne dass es einer Angabe aller einzelnen Gesellschafter bedarf, da die Rechtsfähigkeit der GbR inzwischen anerkannt ist (**BGH** 18. 2. 02 – II ZR 331/00, NZI 2002, 278). Wenn Behörden Forderungen anmelden, ist darauf zu achten, dass der Rechtsträger in die Tabelle aufgenommen wird (zB Land NRW statt Finanzamt Köln-Mitte). Bei der einzutragenden Anschrift muss es sich um eine zustellungsfähige Adresse handeln; die bloße Angabe eines Postfachs ist unzureichend und führt zur Nichtaufnahme des Gläubigers in die Tabelle. Soweit ein Vertreter die Forderung anmeldet, sollte auch ein Hinweis auf die Vollmacht in Spalte 4 eingetragen werden.

– **Tag der Anmeldung**: Massgeblich ist der Eingang beim Verwalter, und zwar auch dann, wenn die Anmeldung zunächst fälschlich beim Insolvenzgericht eingereicht und von diesem an den Verwalter weitergeleitet wurde. Die genaue Beurkundung des Tages der Anmeldung hat für die Rechtswirkungen (insb § 204 Abs 1 Nr 10 BGB) wesentliche Bedeutung (zu „verfrühten" Anmeldungen s o § 174 Rn 14).

– **Angemeldeter Betrag**: Haupt- und Nebenforderungen werden zwar unter der gleichen Nummer, nicht aber mit einer einheitlichen Summe, sondern aufgeschlüsselt nach Hauptforderung, Zinsen und Kosten aufgeführt. Bei einem Kontokorrentverhältnis genügt die Einstellung des Saldos (Gottwald/*Eickmann* InsRHdb § 63 Rn 24).

– **Grund der Forderung**: Der Schuldgrund ist stichwortartig, aber dennoch so individuell anzugeben, dass zum einen bei späteren Nachmeldungen sofort erkennbar ist, ob es sich um eine neue Forderung handelt oder eine Doppelanmeldung (s o § 174 Rn 10; Gottwald/*Eickmann* InsRHdb § 63 Rn 18); zum anderen ist die Individualisierung im Hinblick auf ein nachfolgendes Feststellungsverfahren erforderlich (**BGH** 27. 9. 01 – IX ZR 71/00, ZIP 2001, 2099). Daher sind bei wiederkehrenden Forderungen (zB Lohn, Miete, Steuern) auch die jeweiligen Zeiträume zu vermerken.

– **Prüfungsergebnis**: Die Eintragung in dieser Spalte entscheidet darüber, ob die Forderung als festgestellt gilt oder nicht. Gem § 178 Abs 1 ist bei einem Widerspruch daher auch anzugeben, wer der Anmeldung in welchem Umfang widersprochen hat. Im Rahmen der Vorbereitung des Prüfungstermins wird vom Verwalter meistens schon das designierte Prüfungsergebnis mit eingetragen, so dass dieses bei Niederlegung der Tabelle schon eingesehen werden kann. Gegen eine solche Praxis bestehen keine Bedenken (HaKo-*Preß/Henningsmeier* § 175 Rn 2), da bei zwischenzeitlich besserer Erkenntnis notfalls eine Änderung im Prüfungstermin noch möglich wäre.

– **Berichtigungen**: In die Spalte „Berichtigungen" werden sämtliche Veränderungen der ursprünglichen Eintragung eingetragen (s u § 177 Rn 17–19), die nach Abschluss des Prüfungstermins erfolgen, wie zB Rücknahmen, Ermäßigungen und nachträgliche Feststellungen. Dabei ist ggf darauf zu achten, dass auch eindeutig erkennbar ist, ob sich eine Ermäßigung auf den bestrittenen oder bereits festgestellten Teil der Forderung bezieht, da hiervon das Rechtsschutzinteresse für eine Klage (§ 179 Abs 1) oder deren Rechtskraftwirkung (§ 178 Abs 1: „soweit") abhängt.

– **Bemerkungen**: Die Bemerkungsspalte enthält Änderungen der ursprünglichen Anmeldung vor dem Prüfungstermin sowie Vermerke über weitere Eintragungen für denselben Gläubiger, vorhandene Titel, Mithaftungen Dritter, Absonderungsrechte, aufschiebend bedingte Forderungen, Löschungen, Korrekturen von offenbaren Unrichtigkeiten, Stimmgewährungen bei bestrittenen Forderungen, den Widerspruch des Schuldners sowie Vermerke über die Erteilung einer vollstreckbaren Ausfertigung und ggf eine Rechtsnachfolge (Gottwald/*Eickmann* InsRHdb § 63 Rn 23, 27). Ebenso werden in dieser Spalte die Anmeldung einer Forderung als vorsätzlich begangene **unerlaubte Handlung**, der Widerspruch des Schuldners hiergegen und die Beseitigung des Widerspruchs eingetragen (s u Rn 34). Schließlich empfiehlt es sich, in der Bemerkungsspalte schlagwortartig auch die Gründe des Bestreitens aufzunehmen; dies erspart, da der Tabellenauszug dem Gläubiger zugesandt wird (§ 179 Abs 3 S 1), vermehrte Rückfragen der Gläubiger bei Gericht oder dem Verwalter/Treuhänder.

Sind **nachrangige Insolvenzgläubiger** gem § 174 Abs 3 S 1 aufgefordert worden, ihre Forderungen zur Tabelle anzumelden, so ist die Tabelle in zwei Abteilungen zu führen. In die erste Abteilung werden die Forderungen iSv § 38, in die zweite diejenigen iSv § 39 eingetragen (Gottwald/*Eickmann* InsRHdb § 63 Rn 21). In der Abteilung „nachrangige Forderungen" sind wiederum Untergliederungen nach den Ranggruppen des § 39 vorzusehen. 6

Soweit eine **Sondermasse** zu bilden ist (wie zB nach § 32 Abs 3 und 4 DepotG), ist für jede Sondermasse ebenfalls eine zusätzliche Tabellenabteilung anzulegen (Gottwald/*Eickmann* InsRHdb § 63 Rn 22). 7

§ 175

8 Bei Verwendung von **Sammellisten** empfiehlt es sich, sowohl ein *chronologisches* als auch ein *alphabetisches* Verzeichnis zu führen (Gottwald/*Eickmann* InsRHdb § 63 Rn 19).

9 **3. Vorprüfungs- und Zurückweisungsrecht des Verwalters.** Die Frage, ob dem Insolvenzverwalter ein Vorprüfungs- und Zurückweisungsrecht bei fehlerhaften Anmeldungen zusteht, ist umstritten (**bejahend**: (K/P/B/*Pape* § 174 Rn 21 f und § 175 Rn 2 f; Braun/*Specovius* § 175 Rn 6 f; BerlKo-*Breutigam* § 175 Rn 6; H/W/F Hdb Kap 7 Rn 25; *Graf-Schlicker*, in Graf-Schlicker § 174 Rn 22 f und § 175 Rn 5 f; MüKo-*Nowak* § 174 Rn 30; HaKo-*Preß/Henningsmeier* § 174 Rn 21 ff; HK-*Irschlinger* § 175 Rn 4–6; Gottwald/*Eickmann* InsRHdb § 63 Rn 15; *Kübler* FS Henckel S 495, 498 ff zu § 14 GesO; R. *Bähr* InVo 1998, 205, 208; *Merkle* Rpfleger 2001, 157, 164; **verneinend** [zum Teil mit Ausnahmen]: OLG Dresden 3. 2. 04 – 14 U 1830/03, ZInsO 2004, 810 unter II 2 b; N/R/*Becker* § 175 Rn 3 f; FK-*Kießner* § 174 Rn 36; KS-*Eckardt* Kap 17 Rn 18–20). Unter Geltung der KO und GesO war anerkannt, dass vor der Eintragung in die Tabelle der Geschäftsstelle des Konkursgerichts eine Vorprüfung vorzunehmen hatte und offensichtlich nicht feststellungsfähige Forderungen beanstanden durfte (K/U § 140 KO Rn 3; Jaeger/*Weber* § 140 KO Anm 2; Kilger/*K. Schmidt* § 140 KO Anm 2). Mit Inkrafttreten der InsO ist die Forderungserfassung auf den Insolvenzverwalter übertragen worden. Daraus folgt aber noch nicht ohne weiteres, dass der Verwalter auch die gleichen Befugnisse wie ein Urkundsbeamter beim Konkursgericht hat. So wird von den ablehnenden Stimmen vor allem geltend gemacht, dass gegen die Entscheidung des Verwalters – im Gegensatz zur Zurückweisung durch den Urkundsbeamten, gegen die Erinnerung möglich war – kein effizienter Rechtsbehelf mehr gegeben sei (KS-*Eckardt* Kap 17 Rn 18). Im Übrigen sei der Rechtspfleger (Richter) an die Entscheidung des Verwalters ohnehin nicht gebunden; er könne sowohl eine wirksam angemeldete, aber vom Verwalter nicht aufgenommene Forderung zur Prüfung stellen als auch umgekehrt eine eingetragene Forderung noch von der Prüfung ausschließen.

10 a) **Umfang.** Es widerspräche dem Sinn der Entlastung der Insolvenzgerichte durch Verlagerung der Tabellenführung auf den Verwalter, wenn die Vorprüfung weiterhin alleinige Aufgabe des Gerichts bliebe (ähnlich K/P/B/*Pape* § 175 Rn 2 f). Daher macht es keinen Sinn, wenn der Verwalter zwar zur Führung der Tabelle berechtigt und verpflichtet ist, aber kein Recht zur Vorprüfung der Anmeldungen haben soll. Denn ohne die Vorprüfung wäre der Verwalter gezwungen, jede noch so fehlerhafte Anmeldung zunächst einzutragen, um sie später im Prüfungstermin wegen dieser Mängel zu bestreiten. Die besseren Gründe sprechen daher dafür, ein **Vorprüfungs- und Zurückweisungsrecht** des Verwalters zu bejahen. Allerdings **beschränkt** sich dieses **auf rein formale Mängel**, nämlich ob die Mindestvoraussetzungen (s o § 174 Rn 45) für eine ordnungsgemäße Anmeldung gewahrt sind. Fehlt eine dieser Mindestvoraussetzungen, so dass die angemeldete Forderung offensichtlich nicht feststellungsfähig ist, kann der Verwalter die Eintragung in die Tabelle verweigern. Das Vorprüfungs- und Zurückweisungsrecht darf jedoch **nicht** dazu missbraucht werden, bereits eine **inhaltliche Prüfung** in das Anmeldeverfahren zu verlagern und dadurch die Rechte des Gläubigers zu beschneiden. Eine formal ordnungsgemäß angemeldete Forderung ist auch dann in die Tabelle einzutragen, wenn der Verwalter der Überzeugung ist, sie sei von ihm in jedem Falle zu bestreiten.

11 Meldet der Gläubiger seine Forderung ausdrücklich „als Insolvenzforderung" an, obwohl es sich tatsächlich um eine **Masseschuld** (§ 55) oder eine **Nachrangforderung** (§ 39) handelt, so hat der Verwalter auch diese Ansprüche in die Tabelle aufzunehmen und im Prüfungstermin zu bestreiten (LG Waldshut-Tiengen 26. 1. 05 – 1 T 172/03, ZInsO 2005, 557; K/P/B/*Pape* § 174 Rn 22; Braun/*Specovius* § 175 Rn 9; MüKo-*Nowak* § 174 Rn 32; FK-*Kießner* § 174 Rn 38; **aA** [Zurückweisungsrecht, wenn Nachrang offensichtlich] K/P/B/*Pape* § 174 Rn 39; *Graf-Schlicker*, in Graf-Schlicker § 175 Rn 6). Das Gleiche gilt in der Insolvenz des persönlich haftenden Gesellschafters für **Ansprüche** von Gläubigern, die **gem § 93** während des laufenden Insolvenzverfahrens über das Vermögen der Gesellschaft nur vom Insolvenzverwalter der Gesellschaft geltend gemacht werden können. Wird eine nachrangige Forderung irrtümlich dennoch aufgenommen und festgestellt, kann der Insolvenzverwalter sich nicht mehr auf die Unanmeldbarkeit berufen, sondern nimmt sie wie jede andere Insolvenzforderung an der Verteilung teil (BGH 21. 2. 91 – IX ZR 133/90, ZIP 1991, 456; K/P/B/*Pape* § 174 Rn 9; anders bei Masseschuld nach Feststellung als Insolvenzforderung: s u § 178 Rn 35; BGH 13. 6. 06 – IX ZR 15/04, NZI 2006, 520 Rn 17 ff; BAG 13. 6. 89 – 1 AZR 819/87, ZIP 1989, 1205 unter B I. 2.), was idR Schadensersatzansprüche gem § 60 nach sich zieht. Ist aus dem Anspruchsschreiben des Gläubigers nicht eindeutig erkennbar, ob er die Forderung als Insolvenzforderung geltend macht (zB: „Ich habe folgende Ansprüche gegen den Schuldner …"), aber ihre Unanmeldbarkeit aus dem Sachvortrag offensichtlich, so muss der Verwalter die Forderung nicht zur Tabelle aufnehmen (MüKo-*Nowak* § 174 Rn 32; Braun/*Specovius* § 175 Rn 11 ff). In Zweifelsfällen, zB Forderungen iSv § 39 Abs 1 Nr 4 oder 5, ist die Forderung aufzunehmen und zur Prüfung zu stellen (K/P/B/*Pape* § 174 Rn 39).

12 Eine Beanstandungs- oder **Hinweispflicht des Insolvenzverwalters** als Ausfluss seiner allgemeinen Fürsorgepflicht gegenüber den Insolvenzgläubigern gem § 60 Abs 1 besteht **nur bei offensichtlichen Mängeln** (s o § 60 Rn 19; OLG Stuttgart 29. 4. 08 – 10 W 21/08, ZIP 2008, 1781; K/P/B/*Pape* § 174

I. Allgemeines **§ 175**

Rn 22; KS-*Eckardt* Kap 17 Rn 19). Einen Anspruch auf sorgfältige Überprüfung seiner Anmeldung auf formelle Fehler hat der Gläubiger nicht.

b) Rechtsbehelfe. Hat der Verwalter eine **mangelhaft angemeldete Forderung** in die Tabelle aufgenommen, so wird hierdurch, wenn es sich um eine unzulässige Anmeldung handelt, die Unwirksamkeit der Anmeldung nicht geheilt (OLG Stuttgart 22. 2. 62 – 3 U 148/61, NJW 1962, 1018, 1019; *Kübler* FS Henckel S 501) mit der Folge, dass die Forderung trotzdem nicht prüffähig ist. Vielmehr hat der Rechtspfleger die Anmeldung zurückzuweisen; gegen den Zurückweisungsbeschluss ist dann die sofortige Erinnerung nach § 11 Abs 2 S 1 RPflG gegeben. Erfolgt keine Beanstandung durch den Rechtspfleger, sind die Beteiligten auf ihr Widerspruchsrecht angewiesen. Liegen hingegen **behebbare Mängel** der Anmeldung vor und hat der Verwalter die Forderung in die Tabelle eingetragen, kommt ebenfalls nur ein Widerspruch in Betracht, falls der Gläubiger bis zum Prüfungstermin nicht für Abhilfe gesorgt hat. 13

Weigert sich der Verwalter, eine ordnungsgemäß angemeldete **Forderung in die Tabelle aufzunehmen**, steht dem Gläubiger hiergegen kein förmliches Rechtsmittel zu (FK-*Kießner* § 175 Rn 8). In Betracht kommt lediglich ein „Antrag" (Anregung) an das Gericht, im Aufsichtswege nach §§ 58 Abs 2 S 1, 59 Abs 1 einzuschreiten (BGH 27. 4. 95 – IX ZR 102/94, ZIP 1995, 932 unter II 2 c; MüKo-*Nowak* § 174 Rn 30; K/P/B/*Pape* § 175 Rn 4; FK-*Kießner* § 174 Rn 39; Braun/*Specovius* § 175 Rn 24; BerlKo-*Breutigam* § 175 Rn 8; HK-*Irschlinger* § 175 Rn 8; *Graf-Schlicker*, in Graf-Schlicker § 175 Rn 7; HaKo-*Preß/Henningsmeier* § 174 Rn 25; Gottwald/*Eickmann* InsRHdb § 63 Rn 16; KS-*Eckardt* Kap 17 Rn 19; aA *Uhlenbruck* 12. Aufl § 175 Rn 7). Gegen die ablehnende Entscheidung des Insolvenzgerichts kann der Gläubiger im Wege der Rechtspflegererinnerung gem § 11 Abs 2 S 1 RPflG vorgehen; bei Untätigkeit besteht nur ein Anspruch auf Bescheidung einer Dienstaufsichtsbeschwerde (aA [sofortige Erinnerung trotz fehlender Entscheidung] BerlKo-*Breutigam* § 175 Rn 8). Für eine Leistungs- oder Feststellungsklage gegen den Verwalter auf Aufnahme der Forderung in die Tabelle fehlt es daher an dem erforderlichen Rechtsschutzinteresse (BGH 27. 4. 95 aaO unter I und II 1; BGH 25. 11. 93 – IX ZR 84/93, ZIP 1994, 157; diese zu § 14 Abs 1 GesO ergangenen Entscheidungen lassen sich insoweit auch auf die Rechtslage nach der InsO übertragen, zumal gem § 5 Nr 3 GesO Forderungen ebenfalls beim Verwalter anzumelden waren; aA KS-*Wellensiek* Kap 7 Rn 13). Soweit gem § 14 Abs 1 GesO vorsah, dass die positive Entscheidung des Insolvenzgerichts, die Forderung in die Tabelle aufzunehmen und zur Prüfung zu stellen, die Weigerung des Insolvenzverwalters überwindet (BGH 27. 4. 95 aaO unter II 2 a), fehlt es in der InsO an einer vergleichbaren Vorschrift; in diesem Fall kann das Gericht nur Aufsichtsmaßnahmen nach §§ 58 Abs 2 S 1, 59 Abs 1 ergreifen. 14

4. Vorprüfungs- und Zurückweisungsrecht des Insolvenzgerichts. a) Umfang. Bejaht man ein Vorprüfungs- und Zurückweisungsrecht des Insolvenzverwalters, erscheint eine weitere Vorprüfung durch das Insolvenzgericht entbehrlich (so *Uhlenbruck* 12. Aufl § 175 Rn 7) oder zumindest nur dann erforderlich, wenn es um die Eintragung nachträglicher Anmeldungen geht (so K/P/B/*Pape* § 175 Rn 5). Anders als der Verwalter ist das Insolvenzgericht jedoch gehalten, **von Amts wegen** die Einhaltung der insolvenzrechtlichen Vorschriften und damit auch der rein formalen Bestimmungen über die Anmeldbarkeit und Eintragungsfähigkeit von Forderungen zu gewährleisten. Diese Auffassung entspricht weitgehend der Rechtslage, die zum früheren Recht bestanden hat (K/U § 139 KO Rn 1 n–1 s und § 140 KO Rn 3; *Eckardt* ZIP 1993, 1765, 1768). Es ist daher nicht nur zweckmäßig, sondern gehört sogar zu den Pflichten des Insolvenzgerichts, möglichst noch vor der Auslegung auf der Geschäftsstelle im Rahmen einer summarischen Vorprüfung die rein formale Übereinstimmung der Anmeldungen mit den Tabelleneinträgen zu überprüfen (HaKo-*Preß/Henningsmeier* § 175 Rn 2 aE), unzulässige Anmeldungen auszusortieren und nicht mehr im Prüfungstermin zur Erörterung zu stellen (KS-*Eckardt* Kap 17 Rn 23; für Doppelvorprüfung: *R. Bähr* InVo 1998, 205, 208 und HaKo-*Preß/Henningsmeier* § 174 Rn 24, 26; für alleiniges Vorprüfungsrecht des Insolvenzgerichts: OLG Dresden 3. 2. 04 – 14 U 1830/03, ZInsO 2004, 810). Sobald das Insolvenzgericht Mängel erkennt, hat es den Anmelder gem §§ 4 InsO, 139 ZPO hierauf hinzuweisen. Der Gläubiger erhält auf diese Weise Gelegenheit, den Mangel bis zum Prüfungstermin zu beheben. Soweit erhebliche Mängel zur **Unwirksamkeit der Forderungsanmeldung** führen, zB weil diese nicht den formellen und inhaltlichen Anforderungen des § 174 entspricht, muss konsequenterweise das Insolvenzgericht (Rechtspfleger) die Anmeldung trotz bereits erfolgter Eintragung in die Tabelle zurückweisen (s u § 176 Rn 3 ff). Gleiches gilt, wenn ein **behebbarer Mangel** bis zum Prüfungstermin nicht behoben wird (*Vallender* KKZ 1998, 25, 28). 15

b) Rechtsbehelfe. Die **Zulassung zur Prüfung** erfolgt „im allgemeinen stillschweigend" (KS-*Eckardt* Kap 17 Rn 23). Eines förmlichen Beschlusses bedarf es nur, wenn ein Beteiligter, zumeist der Verwalter, der Zulassung widersprochen hat. Der Verwalter kann in diesem Fall auch sofortige Erinnerung (§ 11 Abs 2 RPflG, § 6 Abs 1 InsO) einlegen; da im Feststellungsprozess (§§ 179 ff) die formelle Ordnungsmäßigkeit der Anmeldung nicht mehr geprüft wird, muss er sich nicht auf den Weg des Widerspruchs iSv § 178 Abs 1 verweisen lassen. 16

Die Entscheidung über die **Zurückweisung** ergeht stets durch förmlichen Beschluss des Insolvenzgerichts (Rechtspflegers), der dem Anmelder gem § 8 zuzustellen ist. Gegen diesen Beschluss steht dem 17

Sinz

§ 175

Anmelder gleichfalls die sofortige Erinnerung zu, jedoch kein weiteres Rechtsmittel gegen die Entscheidung des Abteilungsrichters (§ 11 Abs 2 RPflG, § 6 Abs 1 InsO).

18 **5. Berichtigung und Ergänzung der Tabelle.** Der Verwalter ist **bis zum Prüfungstermin** (arg § 178 Abs 2) entsprechend § 319 ZPO iVm § 4 InsO berechtigt, die Tabelle zu berichtigen, soweit es sich um offensichtliche Unrichtigkeiten handelt, wie zB um Schreibfehler oder offensichtliche Abweichungen zwischen Anmeldung und Eintragung (BerlKo-*Breutigam* § 175 Rn 11; FK-*Kießner* § 175 Rn 9; Gottwald/*Eickmann* InsRHdb § 63 Rn 29). Dies kann auch auf Antrag des Gläubigers erfolgen , wenn die Unwirksamkeit der Eintragung nachgewiesen wird (**BGH** 17. 5. 84 – VII ZR 333/83, ZIP 1984, 980, 981; s u § 178 Rn 42 ff). Die Korrekturen sind in der Bemerkungsspalte der Tabelle zu dokumentieren.

19 Keine Tabellenberichtigung liegt dagegen vor, wenn der anmeldende Gläubiger den ursprünglich angemeldeten Betrag **ermäßigt oder erhöht** oder einen anderen Forderungsgrund nachschiebt; in diesem Fall richtet sich die nachträgliche Änderung der Anmeldung nach der Vorschrift des § 177 Abs 1 (zu Einzelheiten s u § 177 Rn 13 ff).

20 **Nach dem Prüfungstermin** geht die Tabellenführung auf das Insolvenzgericht über (§ 178 Abs 2), auch wenn der Verwalter diese weiter pflegt und Änderungen oder Ergänzungen dem Gericht elektronisch übermittelt; es handelt sich insoweit nur um Vorbereitungshandlungen. Denn ab diesem Zeitpunkt obliegt es allein dem Gericht, entsprechend § 319 ZPO auch eine vom Verwalter vorgenommene Eintragung wegen offenkundiger Unrichtigkeit ohne dessen Zustimmung von Amts wegen zu berichtigen (**LG** Göttingen 23. 1. 03 – 10 T 7/03, ZInsO 2003, 815, 816; **AG** Köln 30. 9. 04 – 71 IN 453/02, NZI 2005, 171; FK-*Kießner* § 175 Rn 10; HaKo-*Preß/Henningsmeier* § 175 Rn 6).

III. Niederlegung der Tabelle und Einsichtsrecht der Beteiligten

21 **1. Niederlegung der Tabelle.** Die Tabelle ist einschließlich der von den Gläubigern mit der Anmeldung eingereichten Unterlagen zur Einsicht der Beteiligten auf der Geschäftsstelle des Insolvenzgerichts niederzulegen. Als **Frist** für die Niederlegung sieht § 175 S 2 vor, dass die Niederlegung nach Ablauf der Anmeldefrist (§ 28 Abs 1) innerhalb des ersten Drittels des Zeitraums, der zwischen dem Ablauf der Anmeldefrist und dem Prüfungstermin liegt (§ 29 Abs 1 Nr 2), erfolgen muss. Bei der Berechnung der **Dauer** der Niederlegung sind die Tage außer Betracht zu lassen, an denen die Geschäftsstelle nicht zugänglich ist. Frist und Dauer entsprechen der früheren Regelung in § 140 Abs 2 KO; die Niederlegungspflicht ist jedoch erweitert auf die den Anmeldungen beigefügten Urkunden. Auf diese Weise wird den Einsichtnehmenden die Möglichkeit eröffnet, die angemeldete Forderung zu überprüfen. Erfolgt die Niederlegung **nicht rechtzeitig**, ist dies ein Grund für die Verlegung des Prüfungstermins (s u § 176 Rn 13). Vor allem in Großverfahren ist die *zusätzliche* Niederlegung zur Einsicht an einem **anderen Ort** als an der Gerichtsstelle zulässig (N/R/*Becker* § 175 Rn 8; aA HaKo-*Preß/Henningsmeier* § 175 Rn 7). Das Ersuchen des zuständigen Insolvenzgerichts an ein anderes Amtsgericht (nicht notwendig Insolvenzgericht), die Unterlagen dort zur Einsicht auszulegen, ist als Rechtshilfeersuchen gem §§ 156 ff GVG anzusehen. Die Bestimmung der Büroräume des Insolvenzverwalters als *alleinigen* Ort der Einsichtnahme ist dagegen durch § 175 Abs 1 nicht gedeckt (Braun/*Specovius* § 175 Rn 21 ff).

22 **2. Einsichtsrecht.** Ein Einsichtsrecht haben alle Verfahrensbeteiligten, also Schuldner, Gläubiger, Massegläubiger, Gläubigerausschussmitglieder sowie deren Vertreter. Anderen Personen, wie zB Interessenten für eine Betriebsübernahme oder Personen, die als Bürgen oder Garanten in Anspruch genommen werden können, kann das Insolvenzgericht entsprechend § 299 Abs 2 ZPO bei Glaubhaftmachung des rechtlichen Interesses die Einsicht gestatten (Gottwald/*Eickmann* InsRHdb § 63 Rn 36). Gewährung des Einsichtsrechts erfordert, dass die Tabelle **in lesbarer Form** ausgelegt wird. Für jeden Gläubiger und den Schuldner soll aus der Tabelle erkennbar sein, ob und in welcher Höhe die Eintragung der Forderung erfolgt ist und welchen Inhalt etwaige Vermerke haben. Wird die vom Verwalter erstellte Tabelle als elektronisches Dokument eingereicht, ist auf Verlangen des Insolvenzgerichts zusätzlich ein Ausdruck beizufügen. Die Niederlegung der Tabelle auf der Geschäftsstelle muss so beschaffen sein, dass sie mit dem menschlichen Auge, zumindest jedoch „mit Hilfsmitteln, die dem Einsichtnehmenden auf der Geschäftsstelle zur Verfügung gestellt werden, wahrnehmbar ist" (N/R/*Becker* § 175 Rn 11). Die Wiedergabe der Tabelle auf einem Bildschirm reicht aus, wenn diese ebenso leicht wie die Tabelle in Papierform eingesehen werden kann. Falls keine geeigneten Gerätschaften auf der Geschäftsstelle vorhanden sind oder vom Verwalter zur Verfügung gestellt werden, genügt es nicht, beim Insolvenzgericht einen Datenträger einzureichen. Die Gelegenheit zur Einsichtnahme, aber nicht das Erfordernis der Niederlegung ist erfüllt, wenn der Verwalter sich auf die Einrichtung einer ständigen Verbindung zu seiner eigenen Datenverarbeitungsanlage beschränkt (N/R/*Becker* § 175 Rn 11). Selbst eine Vernetzung entbindet somit den Verwalter nicht von seiner Verpflichtung, die Tabelle lesbar beim zuständigen Insolvenzgericht niederzulegen. Die Einräumung der Möglichkeit, **über das Internet** die elektronisch geführte oder bildlich als elektronisches Dokument wiedergegebene Tabelle einzusehen, ist grundsätzlich zulässig, aber immer nur als zusätzliche Option. Der Zugang muss mit einem individuellen Passwort, das der Verwalter idR mit der Aufforderung zur Forderungsanmeldung mitteilt, so gesichert sein, dass nur Beteiligte Zugriff haben (N/R/*Becker* § 175 Rn 8).

Grundsätzlich ist das Einsichtsrecht den Beteiligten uneingeschränkt zu gewähren. Die **Versagung der** 23 **Einsicht** in Teile der Insolvenztabelle ist nur in seltenen Ausnahmefällen zulässig und auch nur dann, wenn entweder *konkrete* Anhaltspunkte für einen Missbrauch durch den Einsichtnehmenden bestehen oder zu befürchten ist, dass die Kenntnis von hohen Verlusten einzelner Gläubiger zum Zusammenbruch anderer Unternehmen führt und damit die Gesamtwirtschaft gefährden würde (*Uhlenbruck* KTS 1989, 527 ff; *Uhlenbruck/Delhaes* HRP Rn 28 c ff; *Gottwald/Eickmann* InsRHdb § 63 Rn 38). Besteht zB die Gefahr, dass durch den Zusammenbruch einer Bank und Kenntnisnahme von den Verlusten anderer Banken in diesem Verfahren zu erwarten ist, dass ein Ansturm auf die Bankschalter einsetzt und somit eine Gefährdung für das gesamte Kreditwesen entsteht („**systemische Krise**"), wird man das Gericht für berechtigt halten müssen, die Einsicht in die Tabelle zu beschränken. Allerdings darf das Einsichtsrecht nach § 175 durch gerichtliche Anordnung selbst dann nicht ausgehebelt werden, wenn einer Einsichtnahme allgemeine wirtschaftliche Belange entgegenstehen. Deshalb sind in der Praxis Gläubiger mit hohen Forderungen dazu übergegangen, ihre Forderungen an einen „Pool" oder eine Gesellschaft zu übertragen, die ihrerseits die Forderungen im eigenen Namen anmeldet. Dieses Verfahren ist rechtlich unbedenklich, solange dem Insolvenzverwalter und den Mitgläubigern hierdurch nicht die Möglichkeit genommen wird, die einzelnen Forderungen im Prüfungstermin zu prüfen und zu bestreiten.

Das Tabelleneinsichtsrecht der Beteiligten umfasst zugleich auch das Recht auf **Erteilung einer Tabel-** 24 **lenabschrift** (§ 299 ZPO iVm § 4 InsO; K/P/B/*Pape* § 175 Rn 6). Die Vorschrift des § 299 a ZPO findet für die Einsichtnahme und Erteilung von Abschriften aus der Insolvenztabelle ebenso wenig Anwendung wie die „Richtlinie für die Mikroverfilmung von Schriftgut in der Rechtspflege und Justizverwaltung".

3. Rechtsbehelfe. Bei Verweigerung der Einsichtsgewährung durch den Urkundsbeamten der Ge- 25 schäftsstelle (Service-Einheit) ist die **sofortige Erinnerung** gem § 573 Abs 1 ZPO iVm § 4 InsO gegeben, über die der Rechtspfleger entscheidet (§ 3 Nr 2 e RPflG; N/R/*Becker* § 175 Rn 9). Hatte der Rechtspfleger die Einsichtnahme abgelehnt, so ist hiergegen die Rechtspflegererinnerung nach § 11 Abs 2 S 1 RPflG eröffnet; bei Ablehnung durch den Richter oder einer Nichtabhilfe der Erinnerung ist gem § 6 Abs 1 kein Rechtsmittel statthaft. Wird einem **Dritten** die Einsichtnahme in die Tabelle verwehrt (§ 299 Abs 2 ZPO), so entscheidet der Gerichtsvorstand bzw bei entsprechender Delegation der zuständige Insolvenzrichter. Gegen die Ablehnung der Einsichtnahme oder der Erteilung von Ablichtungen steht dem Dritten nur die Möglichkeit des **Antrags auf gerichtliche Entscheidung** nach § 23 EGGVG offen, über den das zuständige OLG entscheidet.

IV. Forderungen aus vorsätzlich begangener unerlaubter Handlung (Abs 2)

1. Hinweispflicht des Insolvenzgerichts. Gem § 175 Abs 2 ist der Schuldner als natürliche Person 26 möglichst frühzeitig darüber zu informieren, dass Forderungen, die nach § 174 Abs 2 als vorsätzlich begangene unerlaubte Handlung angemeldet wurden, gem § 302 Nr 1 nicht von der Restschuldbefreiung erfasst werden. Zum anderen soll der Schuldner auf die Möglichkeit hingewiesen werden, dass er nach §§ 178, 184 **Widerspruch gegen die angemeldete Forderung** insgesamt im Prüfungstermin erheben kann, wenn auch nur mit der Wirkung, dass der Schuldnerwiderspruch zwar eingetragen wird (§ 178 Abs 2 S 2), jedoch der Feststellung der Forderung und einer Verteilung nicht entgegensteht (§ 178 Abs 1 S 2). Der Widerspruch hat lediglich zur Folge, dass der Insolvenzgläubiger gem § 201 Abs 2 S 1 keine vollstreckbare Ausfertigung aus der Tabelle beantragen und auch nicht gegen den Schuldner vollstrecken kann.

Ähnlich wie bei den früheren Konkursvorrechten ist es aber dem Schuldner unbenommen, seinen 27 **Widerspruch auf** das **Vorliegen einer vorsätzlich begangenen unerlaubten Handlung zu beschränken.** Bestreitet der Schuldner im Prüfungstermin folglich nicht die Forderung als solche, sondern allein ihren Rechtsgrund als unerlaubte Handlung, so beschränkt sich auch der Feststellungsstreit vor dem allgemeinen Zivilgericht nur noch auf die Feststellung dieses Haftungsgrundes gegen den Schuldner (K/P/B/*Pape* § 174 Rn 46). Ist bereits in einem *vollstreckbaren Titel* der Rechtsgrund der vorsätzlich begangenen unerlaubten Handlung festgestellt, obliegt es dem Schuldner gem § 184 Abs 2, die Widerspruch zu verfolgen (s u § 184 Rn 20 ff), und zwar binnen eines Monats seit dem Prüfungstermin oder im schriftlichen Verfahren seit dem Bestreiten; über die Folgen einer Fristversäumnis hat das Insolvenzgericht gem **§ 184 Abs 2 S 3** ebenfalls zu belehren (s u § 184 Rn 17 f). Nicht geregelt ist dagegen, innerhalb welcher Frist der Gläubiger gegen den Widerspruch des Schuldners bei *nicht titulierten* Ansprüchen vorgehen kann. Spätester Zeitpunkt ist aber auf jeden Fall die Rechtskraft des Beschlusses über die (Versagung oder) Erteilung der Restschuldbefreiung (§ 300 Abs 3), da dann im Rechtsverkehr über ihren Umfang Rechtssicherheit herrschen muss (s u § 184 Rn 14; **OLG** Rostock 13. 6. 05 – 3 U 57/05, ZVI 2005, 433; HaKo-*Herchen* § 184 Rn 9; aA [§ 189 analog] FK-*Kießner* § 175 Rn 21; Braun/*Specovius* § 175 Rn 26).

§ 175

28 Die Belehrung muss sich auf die jeweils konkret angemeldete Forderung beziehen und kann nicht pauschal in einem Antragsformular erfolgen (Begr zu § 175 Abs 2, BT-Drucks 14/6468, S 18). Ferner hat sie den Hinweis zu enthalten, dass der Widerspruch nur mündlich erklärt werden kann (s u § 176 Rn 28; § 178 Abs 1 S 1: „im Prüfungstermin") und daher die **persönliche Anwesenheit** des Schuldners bzw eines wirksam bevollmächtigten Vertreters voraussetzt oder bei Anordnung des schriftlichen Verfahrens der schriftliche Widerspruch innerhalb der Ausschlussfrist bei Gericht eingehen muss. Angaben dazu, **wann die Belehrung spätestens zu erfolgen hat**, enthalten weder § 175 noch die Gesetzesbegründung. Nach ihrem Sinn und Zweck muss sie aber so rechtzeitig erfolgen, dass der Schuldner noch die Möglichkeit hat, im Prüfungstermin zu erscheinen und sein Widerspruchsrecht auszuüben oder bei Anordnung der Prüfung im schriftlichen Verfahren die Ausschlussfrist einzuhalten. Schon aus Beweissicherungsgründen bedarf es daher einer förmlichen Zustellung und in Analogie zu § 217 ZPO einer **Frist zwischen Zustellung der Belehrung** und Prüfungstermin bzw Ausschlussfrist im schriftlichen Verfahren **von mindestens drei Tagen**, wobei sich die Fristberechnung nach den §§ 221, 222 ZPO richtet.

29 Die **Folgen einer nicht ordnungsgemäßen Belehrung** (gänzlich unterbliebene Belehrung, Nichteinhaltung der 3-Tages-Frist) liegen darin, dass der Feststellung des Haftungsgrundes als aus einer vorsätzlich begangenen unerlaubten Handlung herrührend keine Wirkung zukommt. Denn nach dem Zweck des § 175 Abs 2, den unkundigen Schuldner vor Rechtsverlust zu schützen (BT-Drucks 14/6468 S 18), kann erst an den unterlassenen Widerspruch des ordnungsgemäß belehrten Schuldners die Rechtskraft einer Tabellenfeststellung des Rechtsgrundes gegen den Schuldner entsprechend § 178 Abs 3 geknüpft werden (BGH 17. 1. 08 – IX ZR 220/06, NZI 2008, 250 Rn 9). Das Insolvenzgericht hat in diesem Fall dem Schuldner auf Antrag Wiedereinsetzung gem § 186 Abs 1 zu gewähren oder, falls ein solcher Antrag bewusst nicht gestellt wird, die ordnungsgemäße Belehrung von Amts wegen nachzuholen und neuen Prüfungstermin (bzw eine neue Ausschlussfrist im schriftlichen Verfahren) zu bestimmen.

30 **2. Eintragungen in der Tabelle.** Nur wenn der Gläubiger seine Forderung unter Angabe eines Rechtsgrundes nach § 174 Abs 2 angemeldet hat und sie mit diesem Rechtsgrund zur Tabelle festgestellt wird, ist die angemeldete Forderung gem § 302 Nr 1 von der Restschuldbefreiung ausgenommen. Wird eine Forderung überhaupt nicht im Insolvenzverfahren angemeldet oder wird sie **ohne den Hinweis nach § 174 Abs 2 angemeldet**, so kann der Gläubiger nach Erteilung der Restschuldbefreiung seine Forderung nicht mehr gegenüber dem Schuldner durchsetzen, da sie von der Restschuldbefreiung mit erfasst wird (§ 301 Abs 1). Allerdings ist es dem Gläubiger bis zum Schlusstermin (§ 177 Rn 8 ff) unbenommen, den Tatsachenvortrag zu § 174 Abs 2 noch „nachzuschieben" (s u § 177 Rn 16; **BGH** 17. 1. 08 – IX ZR 220/06, NZI 2008, 250).

31 Häufig kommt es vor, dass der Gläubiger die Forderung zwar ausdrücklich als unerlaubte Handlung anmeldet, aber der **Tatsachenvortrag fehlt**. Da die Anmeldung nicht den formalen Anforderungen aus § 174 Abs 2 entspricht, ist eine solche Anmeldung, wenn der Gläubiger seine Angaben trotz entsprechenden Hinweises des Verwalters nicht ergänzt, zwar als solche in die Tabelle aufzunehmen, aber *ohne* das Forderungsattribut der unerlaubten Handlung (*Graf-Schlicker*, in Graf-Schlicker § 174 Rn 22 f).

32 **Widerspricht der Schuldner** der ordnungsgemäß als unerlaubte Handlung angemeldeten Forderung im Prüfungstermin **nicht** oder wird der Widerspruch im Feststellungsverfahren wieder beseitigt, so wird der behauptete Rechtsgrund, die Forderung beruhe auf einer unerlaubten Handlung, nach Auffassung des Gesetzgebers (BT-Drucks 14/6468, S 18) – und inzwischen auch des **BGH** (17. 1. 08 – IX ZR 220/06, NZI 2008, 250 Rn 9; ebenso FK-*Kießner* § 174 Rn 27) – von der Rechtskraftwirkung der Tabelleneintragung (§ 178 Abs 3) erfasst. Zwar erwähnt § 178 Abs 3 nur den *Betrag* und *Rang*, nicht aber den Schuldgrund. Die Feststellung des Betrages und des Rangs einer Forderung setzt aber notwendigerweise voraus, dass die Forderung auch dem Grunde nach besteht (so schon **BGH** 21. 2. 91 – IX ZR 133/90, ZIP 1991, 456 unter 3.).

33 Beschränkt der Schuldner seinen **Widerspruch auf den Rechtsgrund der unerlaubten Handlung** (sog „isolierter Widerspruch"), so kann er die Forderung als solche später nicht mehr bestreiten (s u § 178 Rn 30; nach aA erwächst sie in Teilrechtskraft). Der Gläubiger nimmt an der Verteilung der Quote teil und kann nach Aufhebung des Verfahrens – vorbehaltlich der §§ 294, 301 Abs 1, insb nach *Versagung* der Restschuldbefreiung – aus der Eintragung in die Tabelle die Zwangsvollstreckung betreiben (§ 201 Abs 2 S 1). Will der Gläubiger aber erreichen, dass seine Forderung auch von der *Erteilung* der Restschuldbefreiung ausgenommen wird, dann muss der Widerspruch beseitigt werden. Grundsätzlich obliegt es gem **§ 184 Abs 1** dem Gläubiger, (nur noch) die Feststellung dieses Haftungsgrundes gegen den Schuldner vor dem allgemeinen Zivilgericht zu betreiben. **Erhebt der Gläubiger keine Feststellungsklage** (eine Feststellung durch Verwaltungsakt ist nichtig, s u § 185 Rn 5), fällt auch diese Forderung unter die Restschuldbefreiung (§ 301 Abs 1). Anders verhält es sich, wenn bereits in einem vollstreckbaren Titel der Rechtsgrund der vorsätzlich begangenen unerlaubten Handlung im Tenor festgestellt ist; hier trifft den Schuldner gem **§ 184 Abs 2** die Verfolgungslast, gegen den Widerspruch binnen Monatsfrist Feststellungsklage zu erheben (s u § 184 Rn 20 ff). Der Gläubiger braucht nicht tätig zu werden; seine Feststellungsklage wäre mangels Rechtsschutzinteresse sogar unzulässig. **Erhebt** nämlich **der Schuldner keine Feststellungsklage** oder versäumt er die Frist, gilt sein Widerspruch als nicht erhoben (§ 184 Abs 2 S 1) mit der Folge, dass der Gläubiger sich auf § 302 Nr 1 berufen kann.

Nicht einheitlich ist die Praxis der Insolvenzgerichte, **in welcher Spalte** der Tabelle die Vermerke **einzutragen** sind. Würde die Anmeldung als unerlaubte Handlung in der Spalte 7 („Grund der Forderung") vermerkt (so HaKo-*Preß/Henningsmeier* § 174 Rn 19), könnte das Prüfungsergebnis „festgestellt" den falschen Eindruck erwecken, der Verwalter/Treuhänder habe die Forderung auch ausdrücklich als vorsätzliche unerlaubte Handlung anerkennen wollen, obwohl er sich insoweit gar nicht erklären will und dazu auch gar nicht befugt ist (s u § 178 Rn 11; **BGH** 12. 6. 08 – IX ZR 100/07, NZI 2008, 569). Einige Verwalter versuchen dem durch einen Zusatz entgegenzuwirken (zB „Festgestellt, jedoch ohne die Eigenschaft als vorsätzliche unerlaubte Handlung."). Eine solche Erklärung sieht die InsO jedoch nicht vor. Hinzu kommt, dass die Schnittstellen der Software bei den Amtsgerichten den individuell eingegebenen Text gar nicht einlesen, sondern das Prüfungsergebnis allein aus den reinen Zahlenangaben in der Maske „Prüfung" der Verwaltersoftware generieren, so dass auf den vom Gericht erstellten Tabellenblättern dieser Zusatz ohnehin nicht erscheint. Die Eintragungen in der Tabelle haben **rein vollstreckungsrechtliche Bedeutung**, nämlich dem Gläubiger gegenüber dem Vollstreckungsorgan den Nachweis zu ermöglichen, dass er nicht von der Restschuldbefreiung betroffen ist und auch noch nach deren Erteilung die Forderung weiter vollstrecken kann (§§ 201 Abs 2, 302 Nr 1). Sowohl die Anmeldung als unerlaubte Handlung (s o § 174 Rn 37 ff) als auch der Widerspruch des Schuldners und seine etwaige Beseitigung sind daher stets und ausschließlich in der **Spalte 10** „**Bemerkungen**" einzutragen (*Sinz/Wegener/Hefermehl* Verbraucherinsolvenz, 2. Aufl 2009, Rn 300 ff). 34

Hängt der Bestand der Forderung von einer Vorsatztat nicht ab (nämlich weil sie noch auf einem anderen Rechtsgrund beruht), steht dem **Insolvenzverwalter** ein auf den Rechtsgrund der angemeldeten Forderung beschränktes Widerspruchsrecht nicht zu (**BGH** 12. 6. 08 – IX ZR 100/07, NZI 2008, 569 f). Der (sinngemäß) so formulierte Leitsatz der BGH-Entscheidung erweckt den Eindruck, als könne der Verwalter – im Umkehrschluss – einen isolierten Widerspruch erklären, wenn *keine* weitere Anspruchsgrundlage für die angemeldete Vorsatztat in Betracht kommt. Dies ist aber auch dann nicht der Fall. Sowohl sein Anerkenntnis als auch sein Widerspruch betreffen stets die Forderung als solche und lediglich die Rechtsfolgen für das Verteilungsverfahren. Ob der Gläubiger nach Erteilung der Restschuldbefreiung noch weiter gegen den Schuldner vorgehen kann (§ 302 Nr 1), hängt allein vom Verhalten des Schuldners ab (§ 201 Abs 2 S 1: „... und nicht vom Schuldner ... bestritten"). 35

§ 176 Verlauf des Prüfungstermins

¹Im Prüfungstermin werden die angemeldeten Forderungen ihrem Betrag und ihrem Rang nach geprüft. ²Die Forderungen, die vom Insolvenzverwalter, vom Schuldner oder von einem Insolvenzgläubiger bestritten werden, sind einzeln zu erörtern.

Übersicht

	Rn
I. Allgemeines	1
II. Gerichtliche Vorprüfung der Anmeldung	3
1. Prüfungsumfang	4
2. Rechtsfolgen bei Mängeln der Anmeldung	7
III. Verfahrensfragen	9
1. Bestimmung des Prüfungstermins	9
2. Terminsleitung	10
3. Terminsänderung	11
IV. Teilnahmeberechtigte	16
1. Schuldner	17
a) Anwesenheitspflicht	17
b) Erklärungspflicht	18
c) Bestreitensrecht	20
2. Verwalter	22
a) Anwesenheitspflicht	22
b) Vertretung	23
3. Gläubiger	25
a) Anwesenheits- und Widerspruchsrecht	25
b) Prüfung der Forderung nicht erschienener Gläubiger	27
c) Form des Widerspruchs	28
d) Kein „nachträglicher" Widerspruch	29
4. Dritte	30
V. Protokollierung des Prüfungsergebnisses	31
1. Erörterung bestrittener Forderungen	31
2. Beseitigung erhobener Widersprüche	32
3. Rücknahme des Widerspruchs	33
4. Nachträgliche Änderung des Prüfungsergebnisses	34
VI. Schriftliches Verfahren	36

I. Allgemeines

1 Auf der Grundlage der vom Insolvenzverwalter erstellten (§§ 174, 175) und beim Insolvenzgericht niedergelegten Tabelle (§ 175 Abs 1 S 2) erfolgt in der nach § 29 Abs 1 Nr 2 bestimmten **Gläubigerversammlung** die Prüfung der angemeldeten und in der Tabelle eingetragenen Forderungen ihrem Betrag und Rang nach. Eine Ladung der Beteiligten ist wegen § 9 Abs 3 nicht erforderlich. Auch wenn Prüfungstermine von Gläubigern (und selbst vom Schuldner!) kaum frequentiert und Widersprüche von Insolvenzgläubigern kaum erhoben werden, handelt es sich doch um die entscheidende Weichenstellung und **Grundlage für die Verteilung** der Masse gem §§ 187 ff, 292 Abs 1 S 2. Der Prüfungstermin kann idR erst durchgeführt werden, wenn der Berichtstermin (§ 156) stattgefunden hat (Gottwald/*Eickmann* InsRHdb § 63 Rn 43).

2 Durch den **Verzicht auf eine individuelle Erörterung** jeder angemeldeten Forderung, soweit diese nicht bestritten ist, will § 176 den Ablauf des Prüfungstermins gegenüber der Vorgängerregelung (§§ 141, 143 KO) straffen. Sofern von einem Beteiligten nicht ausdrücklich anders verlangt, **genügt** der **pauschale Aufruf der Forderungen**, indem der Rechtspfleger (oder Richter) auf die in der Tabelle aufgeführten Forderungsanmeldungen Bezug nimmt (K/P/B/*Pape* § 176 Rn 1; KS-*Eckardt* Kap 17 Rn 26). Gleichwohl ist jeder Beteiligte berechtigt, Forderungen der anderen Insolvenzgläubiger auch ohne Einzelaufruf zu bestreiten. Der Prüfungstermin dient dazu, rechtlich verbindlich festzustellen, welche streitigen Forderungen zwecks Teilnahme am Verteilungsverfahren einer gerichtlichen Klärung durch Feststellungsklage bedürfen. Schließlich gewinnt die Forderungsprüfung noch dadurch besondere Bedeutung, dass sie bei Feststellung zur Tabelle **wie** ein **rechtskräftiges Urteil** gegenüber dem Insolvenzverwalter und allen Insolvenzgläubigern **wirkt** (§ 178 Abs 3). Das Prüfungsverfahren ersetzt somit in den meisten Fällen auch das gerichtliche Verfahren zur Erlangung eines vollstreckbaren Titels gegenüber dem Schuldner, wenn er die Forderung nicht bestreitet (§ 201 Abs 2).

II. Gerichtliche Vorprüfung der Anmeldung

3 Im Anmeldeverfahren hat auch das Insolvenzgericht – neben dem Insolvenzverwalter – ein eigenes Vorprüfungs-, Beanstandungs- und Zurückweisungsrecht (s o § 175 Rn 15). Vor allem wenn der Verwalter die Anmeldung bereits als unzulässig zurückgewiesen hat, obliegt es dem Gericht, die **formale Zulässigkeit der Anmeldung** vor dem Prüfungstermin nochmals in eigener Zuständigkeit zu prüfen (BerlKo-*Breutigam* § 176 Rn 1; *Hess* § 176 Rn 6; MüKo-*Nowak* § 176 Rn 18). Die materielle Prüfung, ob die Forderung zu Recht besteht, ist dagegen dem Feststellungsverfahren vorbehalten.

4 **1. Prüfungsumfang.** Nur eine Forderung, die ordnungsgemäß angemeldet worden ist, kann im Prüfungstermin geprüft und zur Tabelle festgestellt werden. Das Insolvenzgericht hat daher **von Amts wegen** (§ 56 Abs 1 ZPO) zunächst die Parteifähigkeit (§ 50 ZPO), Prozessfähigkeit (§ 51 ff ZPO) und ordnungsgemäße Vertretung zu prüfen. In Zweifelsfällen ist Beweis zu erheben (Freibeweis). Des weiteren sind die Betragsangaben zur Hauptforderung und etwaigen Nebenforderungen in Euro, die Bestimmtheit des Anspruchsgrundes sowie bei wiederkehrenden Leistungen auch die Angabe des genauen Zeitraums auf ihre formelle Richtigkeit zu überprüfen. Letztlich deckt sich der Prüfungsumfang mit der Vorprüfung des Insolvenzverwalters im Anmeldeverfahren, so dass auf die **Kommentierung zu § 174 Rn 9 ff, 15** verwiesen werden kann.

5 Anspruch auf Prüfung haben nur die rechtzeitig innerhalb der Anmeldefrist angemeldeten Forderungen. Wurden unter Beachtung von § 174 ordnungsgemäß angemeldete Forderungen **versehentlich vom Insolvenzverwalter nicht in die Tabelle aufgenommen**, so kann das Insolvenzgericht ihre Aufnahme nur im Aufsichtswege gemäß §§ 58 Abs 2 S 1, 59 Abs 1 erzwingen (s o § 175 Rn 14). Für **verspätet angemeldete** Forderungen gilt § 177.

6 Die Anmeldung einer Forderung ohne Angabe des Grundes ist unwirksam und wird auch nicht durch die (unzulässige) Eintragung der Forderung in die Tabelle geheilt. Es genügt auch nicht, dass dem Verwalter oder dem Schuldner der Grund der Forderung bekannt ist (**OLG Stuttgart** 22. 2. 62 – 3 U 148/61, NJW 1962, 1018, 1019; **LG Mönchengladbach** 2. 6. 69 – 4 T 77/69, KTS 1970, 62). Die Frage, ob ein **eigenes Zurückweisungsrecht des Insolvenzgerichts** auch bei „nicht anmeldbaren" Forderungen besteht, ist in Rechtsprechung und Literatur umstritten (bejahend *Eickmann* Rpfleger 1970, 319; *Eckardt* ZIP 1993, 1765, 1767; verneinend **OLG Dresden** 1. 4. 1924 – 6 a 221/24, LZ 1925 Sp 495; **LG München I** 23. 6. 95 – 13 T 8695/95, ZIP 1995, 1373; *Gerhardt* ZIP 1991, 273, 276; *Henckel* FS Michaelis, 1972, S 152 Fn 3). Im Einzelnen ist hier zu differenzieren: **Nur bei offenkundigen formalen Mängeln** ist die unanmeldbare Forderung zurückzuweisen und nicht zur Erörterung zu stellen (**OLG Stuttgart** 22. 2. 62 aaO). Ist dagegen **zweifelhaft oder streitig**, ob es sich im Einzelfall um einen nicht anmeldbaren Anspruch handelt oder nicht, darf die Anmeldung, Erörterung und Prüfung der Forderung nicht von Amts wegen abgelehnt werden, sondern ist die Klärung im Prüfungstermin herbeizuführen (**OLG Dresden** 1. 4. 1924 aaO; **LG München I** 23. 6. 95 aaO; *Eckardt* ZIP 1993, 1765, 1767; KS-*Eckardt* Kap 17 Rn 23). Es gelten insoweit die gleichen Maßstäbe wie für das Zurückweisungsrecht

III. Verfahrensfragen **§ 176**

des Insolvenzverwalters (s o § 175 Rn 11). Auch die Anmeldung einer **offensichtlich unbegründeten Forderung** darf nicht von der Prüfung ausgeschlossen werden, denn insoweit handelt es sich um eine zulässige Anmeldung. Die Begründetheit kann erst im Prüfungstermin im Rahmen der Erörterung oder im Wege der Feststellungsklage nach § 179 entschieden werden. Hat der Verwalter im Rahmen des Vorprüfungsverfahrens die Eintragung der angemeldeten Forderung in die Tabelle abgelehnt, so kann auf Antrag des Gläubigers das Gericht den Verwalter anweisen, die Forderung in die Tabelle einzutragen (*Kübler* FS Henckel S 495, 501).

2. Rechtsfolgen bei Mängeln der Anmeldung. Bei Mängeln der Anmeldung hat das Gericht den Anmelder auf das Ergebnis seiner Vorprüfung hinzuweisen und ihm Gelegenheit zu geben, den Mangel durch Berichtigung oder Ergänzung zu beseitigen (MüKo-*Nowak* § 176 Rn 23; *Hess* § 176 Rn 7; BerlKo-*Breutigam* § 176 Rn 1; KS-*Eckardt* Kap 17 Rn 23). Fällt das Ergebnis der Vorprüfung negativ aus, wird die Forderung erst gar nicht zur Erörterung gestellt. Dem Gläubiger ist es in diesem Fall jedoch unbenommen, einen „Antrag" auf Zulassung der Anmeldung durch gerichtliche Entscheidung zu stellen, zu dem der Insolvenzverwalter anzuhören ist. Verbleiben Mängel, erfolgt eine **Zurückweisung der Anmeldung** durch förmlichen Beschluss des Insolvenzgerichts, der entweder dem Anmeldenden gem § 8 zuzustellen ist oder mündlich verkündet wird. Hatte der Verwalter bereits die Anmeldung beanstandet und die Eintragung in die Tabelle verweigert, so lautet der gerichtliche Beschluss, dass die „Anmeldung als unzulässig zurückgewiesen" wird. Ist zum Zeitpunkt des Prüfungstermins die Forderung bereits in die Tabelle eingetragen worden, ergeht der Beschluss dahingehend, dass die „Forderung nicht zur Erörterung und Prüfung zugelassen" wird. Der Gläubiger kann gegen diese Entscheidung des Rechtspflegers sofortige Erinnerung einlegen (§ 11 Abs 2 RPflG iVm § 6 Abs 1 InsO); gegen die Entscheidung des Abteilungsrichters ist dagegen kein Rechtsmittel gegeben. 7

Jedoch kann das Gericht nach Maßgabe der §§ 56 Abs 2, 89 Abs 1 ZPO, 4 InsO, wenn mit dem Verzug Gefahr für die Partei verbunden ist, die Anmeldung unter Vorbehalt der Beseitigung des Mangels auch noch im Prüfungstermin **einstweilen zulassen** und die Forderung zur Erörterung stellen (MüKo-*Nowak* § 176 Rn 25). Der Anmeldende hat jedoch selbst bei behebbaren Fehlern keinen Rechtsanspruch auf vorläufige Zulassung zur Prüfung (MüKo-*Nowak* § 176 Rn 25). Diese ist ausschließlich in das Ermessen des Insolvenzgerichts gestellt. Eine Feststellung zur Tabelle darf erst erfolgen, wenn der Mangel beseitigt ist. Gegen die Entscheidung der einstweiligen Zulassung ist die **sofortige Erinnerung** gegeben. Wird dieser stattgegeben, werden die auf ihrer Grundlage abgegebenen Erklärungen (zB ein Widerspruch) rückwirkend unwirksam. 8

III. Verfahrensfragen

1. Bestimmung des Prüfungstermins. Der Prüfungstermin wird schon **im Eröffnungsbeschluss** festgelegt (§ 29 Abs 1 Nr 2), der auch die Anmeldefrist (§ 28 Abs 1 S 2) bestimmt. Der Zeitraum zwischen Ablauf der Anmeldefrist und dem Prüfungstermin sollte je nach Umfang des Verfahrens nicht zu kurz bemessen sein, damit noch ausreichend Zeit verbleibt, die Tabelle zur Einsichtnahme niederzulegen (§ 175 Abs 1 S 2). In dem Eröffnungsbeschluss ist neben dem genauen **Zeitpunkt** auch der **Ort** festzulegen, an dem der Prüfungstermin stattfinden soll. Dieser ist an das Gerichtsgebäude nicht gebunden, sondern kann in Großverfahren auch in anderen geeigneten Veranstaltungsräumen (zB Sporthalle) abgehalten werden. Der Prüfungstermin ist, da es sich um eine Gläubigerversammlung handelt, mit **Tagesordnung** gem §§ 9, 74 Abs 2 S 1 **öffentlich bekannt zu machen**, was als Teil des Eröffnungsbeschlusses bereits nach §§ 9, 30 Abs 1 geschieht. Die Zustellung erfolgt regelmäßig gem § 8 Abs 3 durch Beauftragung des Insolvenzverwalters (§ 30 Abs 2). Mit der Bekanntmachung kann auch der **Hinweis nach § 179 Abs 3 S 3** verbunden werden, dass keine Nachricht von der Feststellung der Forderung erfolgt. 9

2. Terminsleitung. Der Prüfungstermin ist eine Gläubigerversammlung und als solche **nichtöffentlich** (HaKo-*Preß/Henningsmeier* § 176 Rn 3; aA nur MüKo-*Nowak* § 176 Rn 3). Die Leitung obliegt gem §§ 4, 76 Abs 1 InsO, 136 ZPO dem **Rechtspfleger** (ggf dem Richter, § 18 Abs 2 RPflG). Hinsichtlich der Befugnis zu **sitzungspolizeilichen Maßnahmen** einschließlich des Ausschlusses von der Verhandlung gelten die allgemeinen Vorschriften der § 176 ff GVG (zur Auflistung der anwendbaren Vorschriften: MüKo-*Nowak* § 176 Rn 4). Das Prüfungsergebnis wird vom Rechtspfleger nach Maßgabe des § 178 Abs 2 in die Tabelle eingetragen. Im Falle des Bestreitens ist auch einzutragen, wer die Forderung bestritten hat und in welchem Umfang. Das Insolvenzgericht hat insoweit **nur Beurkundungsfunktion**. Eine Entscheidung über das Gläubigerrecht erfolgt nicht. 10

3. Terminsänderung. Eine Terminsänderung ist gem §§ 4 InsO, 227 ZPO auch beim Prüfungstermin zulässig, allerdings stets **nur aus erheblichen Gründen** (zu Beispielen: MüKo-*Nowak* § 176 Rn 10). Die Verhinderung des Schuldners oder eines Gläubigers ist im Hinblick auf die Möglichkeit, einen Vertreter zu entsenden, nur in seltenen Ausnahmefällen ein hinreichender Grund. 11

12 Eine **Aufhebung** des Termins, dh eine Absetzung vor seinem Beginn (§ 220 Abs 1 ZPO) ohne Bestimmung eines neuen Termins, kommt nur ausnahmsweise in Betracht, da sie dem Eilcharakter des Gesamtvollstreckungsverfahrens widerspricht (arg e § 227 Abs 3 Nr 7 ZPO).

13 Die **Verlegung** des Prüfungstermins (Aufhebung des anberaumten Termins unter gleichzeitiger Bestimmung eines neuen früheren oder späteren Termins) steht im pflichtgemäßen Ermessen des Gerichts und bedarf ggf der Anhörung der Verfahrensbeteiligten. Erhebliche Gründe liegen vor, wenn eine geordnete Durchführung des Termins sonst nicht gewährleistet ist. Nicht hierzu zählt die bloße Änderung der Terminsstunde, da diese für die Terminsbestimmung unwesentlich ist (*B/L/A/H* § 227 ZPO Rn 3). Der neue Termin ist öffentlich bekannt zu machen (Umkehrschluss aus § 72 Abs 2 S 2); eine besondere Ladung der Beteiligten wird dadurch entbehrlich.

14 Die **Vertagung** des Prüfungstermins (Fortsetzungstermin zu einem begonnenen Termin) kann auf Antrag oder von Amts wegen erfolgen, wenn sich die Prüfung der Forderungen – die Reihenfolge bestimmt das Gericht nach pflichtgemäßem Ermessen (zB lfd Nr der Anmeldungen oder alphabetisch) – aus Zeitmangel nicht in einem Termin bewältigen lässt. Daneben kommt eine Vertagung in Betracht, wenn der Insolvenzverwalter aufgrund mangelhafter Buchhaltung des Schuldnerunternehmens oder ein Insolvenzgläubiger wegen der kurzen Prüfungszeit sich außerstande sehen, bereits eine Erklärung über das Bestreiten oder Nichtbestreiten der Forderung abzugeben (LG Göttingen 7. 11. 89 – 2 O 370/89, ZIP 1989, 1471; N/R/*Becker* § 176 Rn 30; FK-*Kießner* § 176 Rn 24 f; MüKo-*Nowak* § 176 Rn 15; Gottwald/*Eickmann* InsRHdb § 64 Rn 8). Für einen Vertagungsantrag des Schuldners gilt dies nur im Ausnahmefall. Der vom Gesetz vorgeschriebene zügige Verfahrensablauf gebietet es, von der Möglichkeit der Vertagung nur zurückhaltend Gebrauch zu machen (KS-*Eckardt* Kap 17 Rn 32). Das Gericht verkündet in diesen Fällen im Prüfungstermin den weiteren Termin zur Fortsetzung der Prüfung (§ 136 Abs 3 ZPO). Eine neue öffentliche Bekanntmachung ist ebenso wenig notwendig (§ 72 Abs 2 S 2) wie eine besondere Ladung der Beteiligten (§ 218 ZPO). Eine Ausnahme gilt nur, wenn das Insolvenzgericht das persönliche Erscheinen des Schuldners gem § 97 Abs 3 angeordnet hatte (§§ 218, 141 Abs 2 ZPO). Die bloße Unterbrechung der Sitzung ist keine Vertagung.

15 Gegen die Entscheidung des Rechtspflegers über eine Terminsänderung, die kurz zu begründen ist (§ 227 Abs 4 S 2 ZPO), kann **sofortige Erinnerung** eingelegt werden (§ 11 Abs 2 RPflG). Hilft der Rechtspfleger nicht ab, ist die Erinnerung dem Richter zur Entscheidung vorzulegen, seine Entscheidung ist unanfechtbar.

IV. Teilnahmeberechtigte

16 Der Prüfungstermin ist **nichtöffentlich** (s o Rn 10). Zur Teilnahme berechtigt sind nur der Insolvenzverwalter, der Schuldner, die Mitglieder des Gläubigerausschusses und alle Insolvenzgläubiger iSv § 38 (zu eng Gottwald/*Eickmann* InsRHdb § 63 Rn 45, der die Teilnahme auf Insolvenzgläubiger beschränkt, die eine Forderung angemeldet haben). Das Gericht kann jedoch einzelnen Personen die Anwesenheit im Prüfungstermin gestatten.

17 **1. Schuldner. a) Anwesenheitspflicht.** Zur Anwesenheit im Prüfungstermin ist der Schuldner gesetzlich nicht verpflichtet, wohl aber berechtigt. Da jedoch nicht ausgeschlossen werden kann, dass zu den einzelnen angemeldeten Forderungen noch Auskünfte von ihm erforderlich sind, empfiehlt es sich, das **persönliche Erscheinen** des Schuldners bzw der organschaftlichen Vertreter des Schuldnerunternehmens im Termin gem **§ 97 Abs 3 S 1** anzuordnen (BerlKo-*Breutigam* § 176 Rn 10; HK-*Irschlinger* § 176 Rn 2; K/P/B/*Pape* § 176 Rn 2; *Hess* § 176 Rn 14; Gottwald/*Eickmann* InsRHdb § 63 Rn 47; KS-*Eckardt* Kap 17 Rn 24). Die Anwesenheit des Schuldners kann mit den Zwangsmitteln des § 98 erzwungen werden.

18 **b) Erklärungspflicht.** Die Anwesenheitspflicht des Schuldners hängt eng mit seiner Verpflichtung zusammen, sich zu den angemeldeten Forderungen zu erklären. Nach **§ 97 Abs 1 S 1** ist der Schuldner und sind über **§ 101 Abs 1 S 1** die organschaftlichen Vertreter eines Schuldnerunternehmens oder die vertretungsberechtigten persönlich haftenden Gesellschafter des Schuldners verpflichtet, dem Insolvenzgericht, dem Verwalter, dem Gläubigerausschuss und auf Anordnung des Gerichts der Gläubigerversammlung über alle das Verfahren betreffenden Verhältnisse Auskunft zu geben. Hierzu gehören auch die Auskünfte über Grund und Höhe der angemeldeten Forderungen (K/P/B/*Pape* § 176 Rn 2; N/R/*Becker* § 176 Rn 10, 11; KS-*Eckardt* Kap 17 Rn 24; eingehend *Uhlenbruck* KTS 1997, 371 ff). Der Gesetzgeber konnte daher auf eine dem § 141 Abs 2 KO entsprechende Regelung verzichten. Gleichwohl ist seine Anwesenheit idR unverzichtbar, weil der Prüfungstermin eine Gläubigerversammlung ist und die Forderungen **mündlich** geprüft werden (zum schriftlichen Verfahren s u Rn 36 und § 177 Rn 34 ff).

19 Die Erklärungen des Schuldners setzen seine Prozessfähigkeit voraus; ansonsten ist die Erklärung von seinem gesetzlichen Vertreter abzugeben. Die Erklärungspflicht im Insolvenzverfahren über das Vermögen einer **GmbH & Co KG** obliegt den organschaftlichen Vertretern der zur Vertretung der Gesellschaft ermächtigten Gesellschaft sowie den Liquidatoren (*K. Schmidt/Uhlenbruck* Die GmbH in Krise, Sanie-

rung und Insolvenz S 585 ff). Erfordert die Anzahl der angemeldeten Forderungen, dass auf eine umfangreiche Buchhaltung zurückgegriffen werden muss, steht es dem Schuldner frei, zu seiner Unterstützung und zur Aufklärung einzelner Sachverhalte Mitarbeiter im Termin zu stellen oder diese zum Zwecke weiterer Aufklärung zu benennen (aA *Hess* § 176 Rn 14: Anwesenheit nicht erzwingbar, wenn er selbst zur Aufklärung nichts beitragen kann).

c) Bestreitensrecht. Von der Erklärungspflicht des Schuldners zu unterscheiden ist das Recht, eine zur Tabelle angemeldete Gläubigerforderung zu bestreiten. Vor allem im Hinblick auf eine mögliche Nachhaftung gem § 201 nach Beendigung des Insolvenzverfahrens hat der Schuldner ein erhebliches Interesse daran, dass keine unbegründeten Forderungen im Verfahren angemeldet werden. Er kann nur Grund, Höhe oder Durchsetzbarkeit der Forderung außerhalb des Insolvenzverfahrens bestreiten, nicht aber insolvenzspezifische Einwendungen erheben, da letztere nicht für seine Nachhaftung relevant sind (s u § 178 Rn 14). Zulässig ist aber ein **isolierter Widerspruch gegen den Schuldgrund der unerlaubten Handlung** (s u § 184 Rn 20 ff; BGH 18. 1. 07 – IX ZR 176/05, NZI 2007, 416 Rn 10). Widerspricht der Schuldner der Anmeldung als unerlaubte Handlung nicht, so gilt dieses Forderungsattribut – über den Wortlaut des § 178 Abs 3 hinaus – gegenüber dem Schuldner als festgestellt mit der Folge, dass der Gläubiger nach Ablauf der Wohlverhaltensperiode entweder aus dem Tabelleintrag (§ 201 Abs 2) oder einem früheren Titel vollstrecken kann (zur Teilfeststellung: s u § 178 Rn 14, 30; krit *Graf-Schlicker/Remmert* NZI 2001, 569, 572), und zwar gem § 850 f Abs 2 ZPO auch in den Vorrechtsbereich des § 850 c ZPO. Bei schuldloser Versäumung des Prüfungstermins oder der Frist im schriftlichen Prüfungsverfahren kann der Schuldner Wiedereinsetzung in den vorigen Stand beantragen (§ 186).

Der Widerspruch des Schuldners hat im Regelinsolvenzverfahren **keine feststellungshindernde Wirkung** (§ 178 Abs 1 S 2), sondern lediglich die Wirkung, dass der Gläubiger ohne Beseitigung gem § 184 nach Verfahrensbeendigung nicht aus dem Tabelleintrag gegen den Schuldner vollstrecken kann (§ 201 Abs 2). Eine Ausnahme gilt nur für die **Eigenverwaltung** (§ 283 Abs 1 S 2).

2. Verwalter. a) Anwesenheitspflicht. Im Schrifttum ist weiterhin umstritten, ob der Verwalter im Prüfungstermin persönlich anwesend sein muss (bejahend MüKo-*Nowak* § 176 Rn 7; FK-*Kießner* § 176 Rn 5; K/P/B/*Pape* § 176 Rn 8 f; *Smid* § 176 Rn 10; HK-*Irschlinger* § 176 Rn 2; N/R/*Becker* § 176 Rn 9; KS-*Eckardt* Kap 17 Rn 24; H/W/F Hdb Kap 7 Rn 41; *Ernestus,* in: Mohrbutter/Ringstmeier Hdb § 11 Rn 32; verneinend BerlKo-*Breutigam* § 176 Rn 9; HaKo-*Preß/Henningsmeier* § 176 Rn 5; H/W/W-*Weis* § 176 Rn 12; ausführlich *Voigt-Salus/Pape*, in: Mohrbutter/Ringstmeier Hdb § 21 Rn 191–197; *Eickmann* KTS 1986, 197, 203; *Bratvogel* KTS 1977, 229, 231). Ausgangspunkt ist dabei, dass die Forderungsprüfung zu den **originären Verwalterpflichten** zählt, die er grundsätzlich nicht auf Dritte delegieren kann. Dies hat zur Folge, dass der Verwalter keinen Vertreter in den Prüfungstermin schicken darf mit der Aufgabe, die Forderungsprüfung eigenverantwortlich wahrzunehmen und nach eigenem Gutdünken Forderungen anzuerkennen oder zu bestreiten. Auch wenn in Großverfahren oder aufgrund der Vielzahl von parallel laufenden Verfahren eine geordnete Abwicklung ohne die Unterstützung durch eigene Mitarbeiter oder die Zuarbeit von Mitarbeitern des Schuldnerunternehmens nicht möglich ist, hat sich diese Mithilfe nur auf die Vorbereitung der Prüfungsergebnisse zu beschränken, so dass dem Verwalter das Letztentscheidungsrecht verbleibt. Keinesfalls wäre es zulässig, dass der Verwalter Mitarbeiter seines Büros oder Mitglieder des Gläubigerausschusses mit der selbständigen Forderungsprüfung betraut. Denn sonst hätte der Gesetzgeber auch die Bestellung juristischer Personen zum Insolvenzverwalter zulassen können, was dieser jedoch ausdrücklich abgelehnt hat.

b) Vertretung. Auch wenn die Erörterung (§ 176 S 2), soweit sie zu einer Einigung mit dem Gläubiger über Grund und Höhe der angemeldeten Forderung führt, und die eigentliche Prüfung der Forderung zu den originären Verwalterpflichten gehören, die nicht delegiert werden können, schließt dies nicht aus, dass der Verwalter sich im (allgemeinen und besonderen) Prüfungstermin dennoch „vertreten" lassen kann. Denn der **„Terminsvertreter"** handelt lediglich als Bote, wenn er im Prüfungstermin das Prüfungsergebnis des Verwalters übermittelt, aber kein eigenes Erörterungs- und Prüfungsrecht hat. Diese Praxis wird von den Insolvenzgerichten inzwischen fast einheitlich toleriert und entspricht zudem dem evidenten Bedürfnis, die zunehmende Zahl von masselosen Kleinverfahren effizient erledigen zu können (zu weitgehend daher OLG Hamburg 19. 10. 05 – 2 Va 2/05, NZI 2006, 35 Rn 18, wonach ein solches Verhalten Zweifel an der Eignung iSv § 56 begründen soll). Die permanente höchstpersönliche Wahrnehmung zahlreicher und zum Teil unkoordinierter Gerichtstermine ist kein Selbstzweck, dem höhere Bedeutung zukommt als der eigentlichen Verfahrensabwicklung. Dieses Dilemma wird besonders deutlich, wenn ein (nachträglicher) Prüfungstermin in einem masselosen Kleinverfahren, zu dem in der idR ohnehin niemand erscheint und bei dem es faktisch auch nichts zu entscheiden gibt, mit wichtigen Verhandlungen in einem neuen Verfahren kollidiert, bei denen es um den Erhalt zahlreicher Arbeitsplätze sowie die Weichenstellung für den Verwertungserfolg und damit die Höhe der Quote geht. Hier wäre es eine unverantwortliche Förmelei und geradezu gläubigerschädigend, dem Dogma der höchstpersönlichen Terminswahrnehmung den Vorzug zu geben (absolut zutreffend *Voigt-Salus/Pape*, in: Mohrbutter/Ringstmeier Hdb § 21 Rn 191–197). Notfalls mag das Gericht den Prüfungstermin **vertagen**, wenn sich aufgrund der Erörterung ergibt, dass von der „vorbereiteten" Erklärung abgewichen werden muss, und

§ 176

es den „Terminsvertreter" ohne Rücksprache mit dem Verwalter während des Prüfungstermins hierzu nicht als befugt ansieht. In Betracht kommt aber auch, einen **Sonderverwalter** zu bestellen (zB den „Terminsvertreter"), wenn der Verwalter (längere Zeit oder plötzlich, zB aufgrund Erkrankung) an einer persönlichen Teilnahme verhindert ist.

24 Erscheinen ohne Angabe von Gründen weder der Verwalter noch ein „Terminsvertreter" im Prüfungstermin und muss dieser deshalb vertagt werden, sind die Kosten des vertagten Termins dem Verwalter aufzuerlegen. Darüber hinaus kann das Gericht Zwangsmittel nach § 58 Abs 2 S 1 androhen und ggf gegen ihn festsetzen.

25 **3. Gläubiger. a) Anwesenheits- und Widerspruchsrecht.** Jeder Insolvenzgläubiger iSv § 38 hat ein Recht auf Anwesenheit in der Gläubigerversammlung und ist berechtigt, die Forderungsanmeldung eines anderen Insolvenzgläubigers zu bestreiten. Unerheblich ist dabei, ob er die Forderung zur Tabelle bereits angemeldet hat oder ob die **eigene Forderung bestritten** ist (BGH 14. 10. 04 – IX ZB 114/04, NZI 2005, 31 Rn 4 zu § 75 Abs 1 Nr 3; N/R/*Becker* § 176 Rn 8; FK-*Kießner* § 176 Rn 8). Ansonsten würde die zufällige Reihenfolge der Forderungsprüfung über die Beteiligung am Prüfungstermin und damit am Insolvenzverfahren insgesamt entscheiden. Hat jedoch der Insolvenzverwalter aufgrund seines Vorprüfungsrechts oder das Gericht die **Anmeldung nicht zur Prüfung zugelassen**, so steht dem betreffenden Gläubiger auch kein Widerspruchsrecht gegen eine andere Forderung zu (s u § 178 Rn 12 und § 179 Rn 2; OLG Hamburg 27. 7. 74 – 9 W 26/74, KTS 1975, 42; LG Hamburg 29. 5. 74 – 8 O 61/74, KTS 1975, 46; HaKo-*Herchen* § 179 Rn 10; KS-*Eckardt* Kap 17 Rn 27; Gottwald/*Eickmann* InsRHdb § 64 Rn 3; wohl auch K/P/B/*Pape* § 176 Rn 10). Nur wenn die Anmeldung des Widersprechenden im Prüfungstermin „einstweilen zugelassen" wird (s o Rn 8), ist ein erhobener Widerspruch wirksam. Erst die rechtskräftige Aberkennung des eigenen Insolvenzgläubigerrechts führt zum Verlust des Widerspruchsrechts (K/P/B/*Pape* § 176 Rn 10; KS-*Eckardt* S 743, 757 Rn 27). Der Gläubiger kann seinen Widerspruch grundsätzlich auf dieselben Einwendungen stützen wie der Insolvenzverwalter. Die Anfechtbarkeit kann er jedoch nur geltend machen, wenn sich der Insolvenzverwalter zuvor auf die Insolvenzanfechtung berufen hat (s u § 178 Rn 12) oder in IK-Verfahren (§ 313 Abs 2 S 1).

26 Ob und unter welchen Voraussetzungen auch **nachrangige Insolvenzgläubiger** zur Tabelle angemeldete Forderungen bestreiten können, ist im Gesetz nicht geregelt. Nach einer Mindermeinung sollen nur Insolvenzgläubiger zum Widerspruch berechtigt sein, deren Anmeldung bei der Vorprüfung durch den Insolvenzverwalter nicht zurückgewiesen wurde. Da nachrangige Gläubiger, die nicht vom Gericht gem § 174 Abs 3 zur Anmeldung aufgefordert worden sind, diese Voraussetzung nicht erfüllen können, stünde ihnen kein Widerspruchsrecht zu (Gottwald/*Eickmann* InsRHdb § 64 Rn 3; KS-*Eckardt* Kap 17 Rn 27; *Smid* § 178 Rn 3). Dies würde jedoch die Rechte der nachrangigen Insolvenzgläubiger erheblich verkürzen. Denn erfolgt die Aufforderung nach § 174 Abs 3 nach dem Prüfungstermin, bliebe ihnen dennoch die Möglichkeit zum Bestreiten der konkurrierenden Forderung verwehrt. Für die Annahme, dass das Gesetz unter „Insolvenzgläubiger" sowohl Gläubiger mit Forderungen nach § 38 als auch solche iSv § 39 versteht, spricht vor allem, dass das Gesetz zunächst nicht zwischen regulären und nachrangigen Insolvenzgläubigern unterscheidet, wie auch der Stimmrechtsausschluss in § 77 Abs 1 S 2 zeigt. Mit der hM ist daher davon auszugehen, dass auch den nachrangigen Insolvenzgläubigern ein **Widerspruchsrecht zusteht** (s u § 178 Rn 13; HaKo-*Herchen* § 179 Rn 8; K/P/B/*Pape* § 176 Rn 11; FK-*Kießner* § 176 Rn 8; in dieser Richtung deutet auch die Rechtsprechung des BGH zu § 75 Abs 1 Nr 3: BGH 14. 10. 04 – IX ZB 114/04, NZI 2005, 31 Rn 4). Dass nachrangige Insolvenzgläubiger kein Stimmrecht haben, steht dem nicht entgegen. Auch bei Insolvenzgläubigern, deren Forderungen bestritten sind, ist die Widerspruchsbefugnis nicht an die Zuerkennung eines Stimmrechts geknüpft.

27 **b) Prüfung der Forderungen nicht erschienener Gläubiger.** Es besteht **keine Verpflichtung** der Gläubiger **zur Teilnahme am Prüfungstermin**. Sie können sich durch einen Bevollmächtigten im Prüfungstermin vertreten lassen (FK-*Kießner* § 176 Rn 13). Die Nichtteilnahme ist auch ohne Auswirkung auf die Prüfung der eigenen Forderung, da auch in diesem Fall eine Prüfung der Forderungen nicht erschienener Gläubiger stattfindet (BT-Drucks 12/7302, S 178; K/P/B/*Pape* § 176 Rn 3; N/R/*Becker* § 176 Rn 9). § 203 Abs 2 RegE sah vor, dass die Forderung auch dann geprüft wird, wenn der Gläubiger, der die Forderung angemeldet hat, im Prüfungstermin ausbleibt. Der Rechtsausschuss hat diesen Absatz mit der Begründung gestrichen, dass sich dies bereits aus § 203 Abs 1 RegE ergebe (§ 176 S 1 InsO) und der hM zum früheren Recht entspreche (*Jaeger/Weber* § 144 KO Rn 1). Ein Gläubiger, dessen zur Tabelle angemeldete Forderung zweifelsfrei ist, kann sich somit die Teilnahme am Prüfungstermin ersparen. **Anders** verhält es sich aber, **wenn** der anmeldende Gläubiger eine andere angemeldete Forderung **bestreiten will**. In diesem Fall ist die zu bestreitende Forderung einzeln zu erörtern (§ 176 S 2), dh der Widerspruch muss im Prüfungstermin mündlich erklärt werden, was seine Anwesenheit im Termin oder die eines Vertreters erfordert (FK-*Kießner* § 176 Rn 11; aA N/R/*Becker* § 176 Rn 21).

28 **c) Form des Widerspruchs.** Der Widerspruch ist „im Prüfungstermin" (§ 178 Abs 1 S 1), also **mündlich** zu erklären. Ein schriftlich erhobener Widerspruch ist unbeachtlich und ohne feststellungshindernde Wirkung (s u § 178 Rn 16; RGZ 57, 270, 274; MüKo-*Schumacher* § 178 Rn 40; HaKo-*Preß/Henningsmeier* § 176 Rn 11; K/P/B/*Pape* § 176 Rn 6; KS-*Eckardt* Kap 17 Rn 25; aA N/R/*Becker* § 176 Rn 21),

V. Protokollierung des Prüfungsergebnisses **§ 176**

wenn nicht das vorherige Bestreiten entweder im Prüfungstermin mündlich wiederholt wird (zB Bezugnahme auf vorheriges Schreiben) oder das schriftliche Verfahren angeordnet wurde (§§ 5 Abs 2, 177 Abs 1). Der Widersprechende (Bestreitende) muss seinen Widerspruch zunächst nicht begründen (s u § 178 Rn 17; FK-*Kießner* § 176 Rn 10); er ist aber auf Aufforderung verpflichtet, genau zu erklären, **wogegen sich sein Widerspruch richtet** (Gottwald/*Eickmann* InsRHdb § 64 Rn 5). Widersprochen werden kann (1) der Anmeldbarkeit des Anspruchs als Insolvenzforderung, wozu auch die Behauptung gehören kann, es handele sich um eine nachrangige Insolvenzforderung, die nach § 174 Abs 3 nur nach Aufforderung des Gerichts angemeldet werden kann, (2) dem Anspruch, wozu auch die Rechtszuständigkeit gehört, (3) der Höhe des Anspruchs sowie (4) einem angemeldeten Vollrecht iSv § 38. In den ersten beiden Fällen ist die Anmeldung im ganzen streitig; im dritten Fall wird der Anspruch dem Grunde nach anerkannt; im letzten Fall ist die Forderung nach Grund und Höhe anerkannt und nur der Rang streitig.

d) **Kein „nachträglicher" Widerspruch.** Nicht selten nehmen der Schuldner oder andere Gläubiger **29** von einer Feststellungsklage nach § 179 Abstand, weil sie das eigene Prozessrisiko scheuen. Sie verlassen sich darauf, dass der Insolvenzgläubiger gegen den bestreitenden Insolvenzverwalter Feststellungsklage nach § 179 Abs 1 erhebt und in diesem Prozess geklärt wird, ob die Forderung zur Tabelle festgestellt werden muss. Nimmt nunmehr der Insolvenzverwalter nach dem Prüfungstermin seinen Widerspruch zurück, so können andere Widerspruchsberechtigte **nicht** ein unterlassenes Bestreiten **nachholen** mit der Begründung, ein anderer habe seinen Widerspruch zurückgenommen und man wolle nunmehr von sich aus der Forderung widersprechen (K/P/B/*Pape* § 176 Rn 6, 13). Der Widerspruch muss „**im Prüfungstermin" geltend gemacht werden** (§ 178 Abs 1 S 1). Eine Wiedereinsetzung in den vorigen Stand scheidet aus, da § 186 Abs 1 S 1 diese nur für den Schuldner vorsieht (s u § 186 Rn 3).

4. Dritte. Grundsätzlich ist der Prüfungstermin nichtöffentlich und die Teilnahme den Widerspruchs- **30** berechtigten vorbehalten. Kraft Gesetzes sind daneben gem § 74 Abs 1 S 2 die Mitglieder des Gläubigerausschusses auch dann teilnahmeberechtigt, wenn sie keine Insolvenzgläubiger sind. Das Gericht kann darüber hinaus einzelnen Personen die Anwesenheit im Prüfungstermin gestatten, ohne dass ihnen daraus ein Rede- oder Widerspruchsrecht erwächst.

V. Protokollierung des Prüfungsergebnisses

1. Erörterung bestrittener Forderungen. Der Prüfungstermin ist ein mündlicher Termin. Anders als **31** nach § 141 Abs 2 KO sind gem § 176 S 2 nur die Forderungen, die vom Insolvenzverwalter, vom Schuldner oder von einem Insolvenzgläubiger bestritten werden, einzeln zu erörtern. Die übrigen Forderungen werden nicht „pauschal", sondern überhaupt nicht aufgerufen. Da ein **wirksamer Widerspruch** iSv §§ 187 Abs 1, 201 Abs 2 **nur** vorliegt, **wenn** er im Prüfungstermin **mündlich vorgebracht** wird (anders aber N/R/*Becker* § 176 Rn 21), hat auch die Erörterung mündlich zu erfolgen. Etwas anderes gilt nur für das schriftliche Prüfungsverfahren (§§ 5 Abs 2, 177 Abs 1 S 2). Ein vorheriges mündliches oder schriftliches „Bestreiten" iSv § 176 S 2 muss im Rahmen der Erörterung zumindest stillschweigend – unter persönlicher Anwesenheit im Termin – aufrechterhalten werden (RGZ 57, 270, 274; K/P/B/*Pape* § 176 Rn 6; KS-*Eckardt* Kap 17 Rn 25). Die **mündliche Erörterung** der bestrittenen Forderung dient der Klärung der Streitpunkte unter den Beteiligten und der Vermeidung von überflüssigen Feststellungsklagen zur Tabelle. Lässt sich der Grund für den Widerspruch nicht ausräumen, hat eine Klärung im ordentlichen Streitverfahren nach den §§ 179 Abs 1, 180, 184 zu erfolgen. Der nicht beseitigte Widerspruch ist in der Tabelle zu vermerken (§ 178 Abs 2 S 1, S 2).

2. Beseitigung erhobener Widersprüche. Die Forderung gilt als zur Tabelle festgestellt (§ 178 Abs 1 **32** S 1), soweit weder der Verwalter noch ein Insolvenzgläubiger die Forderung bestritten haben oder soweit ein erhobener Widerspruch beseitigt ist. Das **Erlöschen der eigenen Forderung** beseitigt das Recht des Bestreitenden, der Forderungsanmeldung eines anderen zu widersprechen (K/P/B/*Pape* § 176 Rn 10; KS-*Eckardt* Kap 17 Rn 27). Es ist jedoch nicht Aufgabe des Gerichts, materiell-rechtliche Fragen im Tabellenberichtigungsverfahren zu entscheiden. Die Beseitigung des Widerspruchs kann im Übrigen nur durch **Feststellungsstreit nach § 179** (s u § 179 Rn 10 ff, 26 ff) und anschließender Berichtigung der Tabelle erreicht werden (s u § 183 Rn 11 ff). Grundsätzlich ist der Widerspruch nicht zu begründen (FK-*Kießner* § 176 Rn 10). Die Erörterung der bestrittenen Forderungen setzt jedoch idR voraus, dass der Widersprechende (Bestreitende) dem Anmeldenden Gelegenheit gibt, die Gründe für den Widerspruch auszuräumen. Deshalb wird man den Widersprechenden nach Aufforderung durch den Gläubiger für verpflichtet ansehen müssen, die Gründe für seinen Widerspruch vorzutragen (s o Rn 18).

3. Rücknahme des Widerspruchs. Vielfach erfolgt die Klärung von Streitfragen, die zum Wider- **33** spruch geführt haben, im Rahmen der Erörterung der Forderung. Nimmt der Bestreitende seinen Widerspruch zurück, so erübrigt sich eine Aufnahme in die Tabelle oder, falls dies schon geschehen ist, wird die Erledigung in der Tabelle vermerkt. Eine Rücknahme des Widerspruchs (Bestreitens) ist auch nach dem Prüfungstermin noch bis zur Entscheidung in einem Feststellungsverfahren möglich und

Sinz

§ 177

gegenüber dem Gläubiger oder gegenüber dem Insolvenzgericht zu erklären (s u § 178 Rn 23; **BGH 25. 6. 57** – III ZR 251/56, WM 1957, 1226; **OLG Dresden 19. 1. 95** – 7 U 888/94, ZIP 1995, 665; K/P/B/*Pape* § 176 Rn 12 und § 179 Rn 7 f; Gottwald/*Eickmann* InsRHdb § 64 Rn 9; MüKo-*Nowak* § 176 Rn 30; *R. Bähr* InVo 1998, 205, 209; **aA** [Rücknahme nur gegenüber dem Insolvenzgericht] **AG Bremen 4. 2. 05** – 40 IN 881/02, NZI 2005, 399; HaKo-*Herchen* § 179 Rn 3; KS-*Eckardt* Kap 17 Rn 26). Wird die Erklärung im Prüfungstermin (mündlich) oder später **gegenüber dem Gericht** abgegeben (§ 496 ZPO), so hat dieses die Rücknahme von Amts wegen in der Tabelle zu vermerken. Wird sie schriftlich **dem Gläubiger gegenüber** erklärt, hat dieser das Recht, eine dahingehende Berichtigung der Tabelle zu beantragen (Gottwald/*Eickmann* InsRHdb § 64 Rn 9). War zum Zeitpunkt der Rücknahme bereits Feststellungsklage nach § 179 erhoben, ein anhängiger Rechtsstreit aufgenommen oder weiterbetrieben worden, so tritt **Erledigung in der Hauptsache** ein und ist über die Kosten nach § 91 a ZPO zu entscheiden (**BGH 25. 6. 57** – III ZR 251/56, WM 1957, 1225; Gottwald/*Eickmann* InsR-Hdb § 64 Rn 10). Für eine Weiterverfolgung der Feststellungsklage ist das Rechtsschutzbedürfnis entfallen (**OLG Dresden 19. 1. 95** – 7 U 888/94, ZIP 1995, 665; K/P/B/*Pape* § 176 Rn 12). Zur Kostentragung nach vorangegangenem **vorläufigen Bestreiten** s u § 178 Rn 20. Eine Rücknahme unter einer **Bedingung** oder unter **Vorbehalt** ist unwirksam (RGZ 149, 257, 264; MüKo-*Nowak* § 176 Rn 30). Nimmt der Verwalter seinen Widerspruch gegen eine Forderung zurück, die auch der Schuldner bestritten hat, so liegt hierin – ohne gegenteilige Anhaltspunkte – nicht die gleichzeitige Rücknahme des Schuldnerwiderspruchs (**OLG Celle 9. 4. 63** – 8 W 47/63, KTS 1964, 118), da dem Schuldner ein *eigenes* Widerspruchsrecht zusteht.

34   **4. Nachträgliche Änderung des Prüfungsergebnisses.** Gibt der Verwalter oder ein Gläubiger sein (vorläufiges) Bestreiten auf, genügt es, wenn diese Erklärung außerhalb des Prüfungstermins abgegeben wird. Über das **nachträgliche Anerkenntnis** der Forderung hat der Verwalter das Gericht zu benachrichtigen. Der Ansicht, dass nachträgliche Änderungen des Prüfungsergebnisses allein der Verwalter – bei EDV-mäßiger Erfassung durch Eingaben der entsprechenden Daten in den Computer – vorzunehmen hat (so *Kübler* FS Henckel S 495, 509), kann jedoch nicht gefolgt werden. Denn im Hinblick darauf, dass die Eintragung in die Tabelle für die festgestellten Forderungen ihrem Betrag und Rang nach wie ein rechtskräftiges Urteil gegenüber dem Insolvenzverwalter und allen Insolvenzgläubigern wirkt (§ 178 Abs 3), **reicht eine bloße Eintragung durch den Verwalter** in die bei ihm weiter geführte Tabelle **nicht aus**. Nach dem Prüfungstermin geht nämlich die Tabellenführung auf das Insolvenzgericht über. § 178 Abs 2 S 1 sieht vor, dass Eintragungen in die Tabelle, soweit sie sich als Ergebnis der Erörterung und Prüfung der Forderungen darstellen, allein durch das „Insolvenzgericht" erfolgen. Da das Insolvenzgericht keine zweite Tabelle führt, wird die geänderte Eintragung, selbst wenn sie vom Verwalter EDV-mäßig vorbereitet und dem Gericht zugeleitet wird, erst dann zu einer öffentlichen Urkunde, wenn die **Änderungen durch den zuständigen Rechtspfleger** geprüft und **festgestellt** worden sind (zutreffend H/W/F Hdb Kap 7 Rn 59: der Verwalter ist verpflichtet, „dem Gericht die Änderungen mitzuteilen und um Feststellung zu ersuchen, damit die gerichtliche Kontrolle und der Urkundscharakter der Tabelle weiter gewährleistet ist").

35   Zur **Berichtigung offensichtlicher Unrichtigkeiten** in der Tabelle s u § 178 Rn 40 ff. Für **nachträgliche Änderungen der Anmeldungen** gilt § 177 Abs 1 S 3 (s u § 177 Rn 12 ff).

VI. Schriftliches Verfahren

36   Nicht generell, sondern nur wenn die Vermögensverhältnisse des Schuldners überschaubar und die Zahl der Gläubiger oder die Höhe der Verbindlichkeiten gering sind, kann das Gericht in Regel- und Verbraucherinsolvenzverfahren gem **§ 5 Abs 2 S 1** anordnen, dass das ganze Verfahren oder einzelne Teile schriftlich durchgeführt werden. Insoweit gelten die Grundsätze, die zu § 177 Abs 2 für die Prüfung im schriftlichen Verfahren entwickelt worden sind, entsprechend (*Hess* § 176 Rn 20). Vor allem muss das Insolvenzgericht sicherstellen, dass die Gläubiger die Möglichkeit haben, von den zur Tabelle angemeldeten Forderungen Kenntnis zu nehmen, diese zu prüfen und gegebenenfalls zu bestreiten. Ein Widerspruch kann innerhalb der vom Insolvenzgericht zu setzenden Ausschlussfrist schriftlich oder zu Protokoll der Geschäftsstelle erklärt werden. **Zu Einzelheiten s u § 177 Rn 34 ff.**

§ 177 Nachträgliche Anmeldungen

(1) [1] Im Prüfungstermin sind auch die Forderungen zu prüfen, die nach dem Ablauf der Anmeldefrist angemeldet worden sind. [2] Widerspricht jedoch der Insolvenzverwalter oder ein Insolvenzgläubiger dieser Prüfung oder wird eine Forderung erst nach dem Prüfungstermin angemeldet, so hat das Insolvenzgericht auf Kosten des Säumigen entweder einen besonderen Prüfungstermin zu bestimmen oder die Prüfung im schriftlichen Verfahren anzuordnen. [3] Für nachträgliche Änderungen der Anmeldung gelten die Sätze 1 und 2 entsprechend.

(2) Hat das Gericht nachrangige Gläubiger nach § 174 Abs. 3 zur Anmeldung ihrer Forderungen aufgefordert und läuft die für diese Anmeldung gesetzte Frist später als eine Woche vor dem

II. Zulässigkeit nachträglicher Anmeldungen und Änderungen (Abs 1) § 177

Prüfungstermin ab, so ist auf Kosten der Insolvenzmasse entweder ein besonderer Prüfungstermin zu bestimmen oder die Prüfung im schriftlichen Verfahren anzuordnen.

(3) ¹Der besondere Prüfungstermin ist öffentlich bekanntzumachen. ²Zu dem Termin sind die Insolvenzgläubiger, die eine Forderung angemeldet haben, der Verwalter und der Schuldner besonders zu laden. ³ § 74 Abs. 2 Satz 2 gilt entsprechend.

Übersicht

	Rn
I. Allgemeines	1
II. Zulässigkeit nachträglicher Anmeldungen und Änderungen (Abs 1)	2
1. Anmeldung vor Abschluss des allgemeinen Prüfungstermins	3
2. Anmeldung nach dem allgemeinen Prüfungstermin	7
3. Nachträgliche Änderungen der Anmeldung	12
a) Änderung des Schuldgrundes	13
b) Änderung des Betrages	17
c) Änderung des Rangs	20
III. Prüfung nachrangiger Forderungen (Abs 2)	22
1. Besondere Aufforderung zur Anmeldung	22
2. Anmeldefrist	25
IV. Bestimmung eines besonderen Prüfungstermins (Abs 3)	27
1. Öffentliche Bekanntmachung	28
2. Vertagung des besonderen Prüfungstermins	29
3. Kostentragungspflicht	30
4. Verbindung des besonderen Prüfungstermins mit dem Schlusstermin	33
V. Forderungsprüfung im schriftlichen Verfahren	34
1. Anordnung des schriftlichen Verfahrens	34
2. Aufhebung oder Änderung der Anordnung	37
3. Feststellung der Forderung	38
VI. Rechtsmittel	40

I. Allgemeines

Die Vorschrift in **Abs 1** entspricht weitgehend dem früheren § 142 KO und regelt das Verfahren, wie **1** die Prüfung verspätet angemeldeter Forderungen zu erfolgen hat, nämlich nach Wahl des Gerichts entweder in einem besonderen Prüfungstermin oder im schriftlichen Verfahren. Der Gesetzgeber hat sich damit ausdrücklich gegen die in § 14 GesO enthaltene Regelung entschieden, wonach eine verspätete Anmeldung nur dann Berücksichtigung fand, wenn die Verspätung unverschuldet war und das Gericht zustimmte. Daneben regelt **Abs 2** die nachträgliche Anmeldung von Forderungen nachrangiger Gläubiger.

II. Zulässigkeit nachträglicher Anmeldungen und Änderungen (Abs 1)

Das Gesetz regelt nicht, bis wann Gläubiger ihre Forderungen spätestens zur Insolvenztabelle anmel- **2** den können, sondern lediglich, dass sie noch die Möglichkeit zur nachträglichen Anmeldung haben. Daraus folgt zuächst nur, dass die Anmeldefrist **keine Ausschlussfrist** ist (HaKo-*Preß/Henningsmeier* § 177 Rn 3; HK-*Irschlinger* § 177 Rn 1; Braun/*Specovius* § 177 Rn 1; MüKo-*Nowak* § 177 Rn 2). Hinsichtlich der weiteren Behandlung ist zu differenzieren:

1. Anmeldung vor Abschluss des allgemeinen Prüfungstermins. Meldet der Gläubiger seine Forderung **3** zwar nach Ablauf der Anmeldefrist, jedoch noch vor dem Ende des Prüfungstermins zur Tabelle an, so ist seine Forderung trotz verspäteter Anmeldung grundsätzlich **im allgemeinen Prüfungstermin mit zu prüfen** (§ 177 Abs 1 S 1). Das Insolvenzgericht hat die anwesenden Insolvenzgläubiger darüber zu informieren, welche Forderungen nach Ablauf der Anmeldefrist noch eingegangen sind, und auf die Möglichkeit, gegen die Prüfung im Termin Widerspruch einzulegen, hinzuweisen (FK-*Kießner* § 177 Rn 7). Der säumige Gläubiger hat keinen Anspruch darauf, dass der angesetzte Prüfungstermin vertagt wird. Erfolgt die Anmeldung so spät, dass die Forderung nicht mehr vom Verwalter in die Tabelle aufgenommen werden konnte und folglich auch **nicht zur Einsicht auslag**, so steht dieses Verhalten als konkludenter Widerspruch ihrer Prüfung im allgemeinen Prüfungstermin entgegen (nach aA ist die Anmeldung zusammen mit dem Prüfungsergebnis vom Insolvenzgericht in die Tabelle einzutragen, da die Tabellenführung mit Beginn des Prüfungstermins auf das Insolvenzgericht übergeht; so HaKo-*Preß/Henningsmeier* § 177 Rn 9).

Der Insolvenzverwalter oder ein Insolvenzgläubiger – nicht der Schuldner (Ausnahme: Eigenverwal- **4** tung) – können aber gem § 177 Abs 1 S 2 der Prüfung im allgemeinen Prüfungstermin **widersprechen** mit der Folge, dass das Gericht auf Kosten des Säumigen entweder einen besonderen Prüfungstermin bestimmen oder die Prüfung im schriftlichen Verfahren anordnen **muss**. War versehentlich die Bekanntmachung der Anmeldefrist unterblieben, verlängert sich die Anmeldefrist bis zum Prüfungstermin,

§ 177

so dass kein Widerspruchsrecht besteht (**LG Meiningen 26. 5. 99 – 4 T 145/99, ZIP 1999, 1055;** *Paulus* EWiR 1999, 791). Der Widerspruch kann auch schriftlich schon vor dem Prüfungstermin erhoben werden (N/R/*Becker* § 177 Rn 8). Ein mündliches Vorbringen **im Termin** ist hierzu **nicht notwendig** (aA HaKo-*Preß/Henningsmeier* § 177 Rn 7; FK-*Kießner* § 177 Rn 4); dies ergibt sich aus dem Fehlen der Worte „im Prüfungstermin" (Umkehrschluss zu den §§ 178 Abs 1, 184 Abs 1 und 290 Abs 1).

5   Der **Widerspruch bedarf** – bis auf die Rüge der Fristversäumung – **keiner weiteren Begründung** (K/P/B/*Pape* § 177 Rn 3; Gottwald/*Eickmann* InsRHdb § 63 Rn 50) und ist vom Widerspruch gegen die Forderung zu unterscheiden. Unerheblich ist, ob der Gläubiger die Fristversäumung zu vertreten hat oder nicht. Auch die Auffassung des Gerichts, der Widersprechende habe zur Meinungsbildung über die Forderung hinreichend Zeit gehabt, ist grundsätzlich unbeachtlich (Gottwald/*Eickmann* InsRHdb § 63 Rn 50). Der Widerspruch allein zwingt zur Anberaumung eines besonderen Prüfungstermins bzw zum schriftlichen Verfahren. Die teleologische Auslegung der Vorschrift erfordert jedoch einen **Ausschluss des Widerspruchsrechts** des Insolvenzverwalters gegen die Prüfung der Forderung im allgemeinen Prüfungstermin, wenn er die verspätet angemeldete Forderung noch vor dem Prüfungstermin in die Tabelle aufgenommen und dem Gericht mitgeteilt hatte, weil er damit zu erkennen gibt, dass er diese Forderung ebenso wie die rechtzeitig angemeldeten geprüft hat oder zumindest prüfen will (N/R/*Becker* § 177 Rn 9; MüKo-*Nowak* § 177 Rn 3). Wurde zudem die Niederlegungsfrist eingehalten, muss man auch das Widerspruchsrecht der Insolvenzgläubiger verneinen, da in diesem Fall ihnen keine kürzere Zeit zur Vorbereitung auf den Prüfungstermin zur Verfügung steht als bei pünktlichen Anmeldungen (FK-*Kießner* § 177 Rn 6; N/R/*Becker* § 177 Rn 9).

6   Erfolgt eine **Prüfung** der verspätet angemeldeten Forderung **trotz Widerspruchs** des Verwalters oder eines Insolvenzgläubigers im allgemeinen Prüfungstermin, so steht dem Widersprechenden gegen die Entscheidung des Rechtspflegers die **befristete Erinnerung** (§ 11 Abs 2 RPflG) zu. Wird auf die Erinnerung hin die den Widerspruch als unberechtigt zurückweisende Entscheidung des Rechtspflegers aufgehoben, so ist die vorgenommene Prüfung und eventuelle Feststellung der Forderung hinfällig und ein besonderer Prüfungstermin anzuordnen. Die frühere Feststellung zur Tabelle ist zu löschen (*Jaeger/Weber* § 142 KO Rn 1; K/U § 142 KO Rn 1 a). Hatte der Richter sich das Verfahren vorbehalten (§ 18 Abs 2 RPflG), ist kein Rechtsmittel gegeben (§ 6 Abs 1).

7   **2. Anmeldung nach dem allgemeinen Prüfungstermin.** § 177 Abs 1 S 2 und 3 läßt nur erkennen, dass Gläubiger verspätet angemeldeter Forderungen grundsätzlich einen Anspruch auf Prüfung haben. Nicht geregelt ist hingegen, bis zu welchem Zeitpunkt spätestens eine Forderungsanmeldung möglich ist und wie diese verfahrenstechnisch zu behandeln ist. Teilweise wird die Auffassung vertreten, dass das **Rechtsschutzinteresse** für eine Forderungsprüfung mit anschließender Forderungsfeststellung zu verneinen sei, wenn die festgestellte Forderung nicht mehr in das Schlussverzeichnis aufgenommen werden kann und daher gem § 189 Abs 3 bei der Schlussverteilung unberücksichtigt bleibt (so Gottwald/*Eickmann* InsRHdb § 63 Rn 49; KS-*Eckardt* Kap 17 Rn 29; *Johlke/Schröder* EWiR 1998, 501). Das Insolvenzverfahren dürfe nicht als billiges und einfaches Titulierungsverfahren missbraucht werden. Wer erst nach Ablauf der Frist des § 189 Abs 1 anmelde, erwecke den Eindruck, dass es ihm nicht um die Verfahrensteilnahme geht, sondern nur darum, sich einen Titel in einem Verfahrensstadium zu verschaffen, in dem „naturgemäß weder der Verwalter noch die anderen Gläubiger gegen die Feststellung der ohnehin bei der Verteilung nicht mehr berücksichtigungsfähigen Forderung etwas einzuwenden haben". Zwar würde ein Widerspruch des Schuldners die Absicht des Anmelders durchkreuzen (§ 201 Abs 2). Erfahrungsgemäß erkenne aber ein nicht rechtskundiger Schuldner die Rechtslage nicht und bleibe passiv.

8   Das Rechtsschutzinteresse erschöpft sich jedoch nicht in der Teilnahme an der Schlussverteilung und entfällt nur, wenn es offenkundig ausgeschlossen ist, dass der Gläubiger mit seiner Anmeldung noch rechtsschutzwürdige Ziele erreichen kann (ggf bei juristischen Personen nach vollständiger Verwertung des Vermögens). Auch bei einer Anmeldung nach Veröffentlichung der Schlussverteilung oder sogar nach Ablauf der Frist des § 189 Abs 1 hat der säumige Gläubiger ein schutzwürdiges Interesse an einer Anmeldung und Püfung seiner Forderung. Hierfür genügt es, dass er im Hinblick auf die Nachhaftung gem § 201 Abs 1 einen vollstreckbaren Titel gem § 178 Abs 3 erlangen kann und die Verjährung gem § 204 Abs 1 Nr 10 BGB gehemmt wird. Unabhängig davon, ob die nachgemeldete Forderung bei der Verteilung im Insolvenzverfahren berücksichtigt wird, ist deshalb eine **Anmeldung und Prüfung** von Insolvenzforderungen zumindest **bis zum Ende des Schlusstermins zulässig** (**BGH 5. 2. 98 – IX ZR 259/97, ZIP 1998, 515;** K/P/B/*Pape* § 177 Rn 2; N/R/*Becker* § 177 Rn 10; HaKo-*Preß/Henningsmeier* § 177 Rn 3; Braun/*Specovius* § 177 Rn 3; HK-*Irschlinger* § 177 Rn 1; FK-*Kießner* § 177 Rn 177 Rn 1; BerlKo-*Breutigam* § 177 Rn 9; *Gerbers/Pape* ZInsO 2006, 685, 686; **aA AG Düsseldorf 7. 10. 02 – 505 IN 29/02, Rpfleger 2003, 144**).

9   Zum Teil wird darüber hinaus auch eine **Anmeldung** und Prüfung von Forderungen noch **nach Ende des Schlusstermins** für zulässig gehalten, und zwar bis zur Aufhebung des Insolvenzverfahrens (**AG Bamberg 17. 5. 04 – 2 IN 11/03, ZVI 2005, 391, 392;** MüKo-*Schmahl* §§ 27–29 Rn 55; MüKo-*Nowak* § 177 Rn 2; *Graf-Schlicker*, in: Graf-Schlicker § 177 Rn 6). Dies wird daraus hergeleitet, dass der BGH in seiner Entscheidung vom 5. 2. 98 das Feststellungsinteresse in einem nachfolgenden Feststellungs-

II. Zulässigkeit nachträglicher Anmeldungen und Änderungen (Abs 1) § 177

prozess als fortbestehend ansieht, „solange das Verfahren andauert". Es verbietet sich jedoch, diese Rechtsprechung auf eine Neuanmeldung zu übertragen. Denn die Feststellungsklage soll nur die Rechtsposition wahren, die der Gläubiger ohne den aus seiner Sicht unberechtigten Widerspruch erlangt hätte, während bei einer Anmeldung nach dem Schlusstermin kein Anspruch auf Abhaltung eines weiteren Prüfungstermins besteht (*Gerbers/Pape* ZInsO 2006, 685, 686; arg. § 197 Abs 1 S 1: „*abschließende* Gläubigerversammlung").

Zu klären bleibt damit nur noch die Frage, wann das Insolvenzgericht die nachgemeldete Forderung 10 in einem besonderen Prüfungstermin oder im schriftlichen Verfahren vor Ablauf der Ausschlussfrist des § 189 Abs 1 prüfen **muss**, damit diese im Schlussverzeichnis als Grundlage für die Verteilung (§§ 188, 205 S 1, 292 Abs 1 S 2) noch Berücksichtigung findet, und wann der Prüfungstermin mit dem Schlusstermin verbunden werden **darf**. Nach Veröffentlichung der Schlussverteilung können Änderungen des Schlussverzeichnisses ausschließlich aufgrund der Regelungen der §§ 189 bis 193 oder aber zur Berichtigung offensichtlicher Irrtümer oder Unrichtigkeiten vorgenommen werden. Diese Bestimmungen eröffnen keine Änderung des Schlussverzeichnisses aufgrund einer nachträglich eingegangenen Forderungsanmeldung. Eine analoge Anwendung der Frist der §§ 189 Abs 1, 9 Abs 1 S 3 auf den „Nachweis der Anmeldung" ist ebenso abzulehnen (**BGH** 22. 3. 07 – IX ZB 8/05, ZIP 2007, 876 Rn 10; *Gerbers/ Pape* ZInsO 2006, 685, 687) wie eine Aufnahme noch ungeprüfter, ggf noch im Schlusstermin anzuerkennender Forderungen in das Schlussverzeichnis (**BGH** 22. 3. 07 aaO Rn 11). Um einen Ausschluss von der Schlussverteilung zu vermeiden, besteht seitens des säumigen Gläubigers **grundsätzlich** ein Anspruch auf Durchführung eines **besonderen Prüfungstermins vor Ablauf der Ausschlussfrist des § 189 Abs 1** oder Anordnung des schriftlichen Verfahrens unter Bestimmung einer Ausschlussfrist für die Erhebung von Widersprüchen, die vor Ablauf der Frist des § 189 Abs 1 endet. Nur wenn der Schlusstermin bereits festgesetzt ist und die jeweils zweiwöchigen Fristen (§ 184 Abs 2 ZPO) zuzüglich „Handling-Toleranz" für die Ladung zu dem dazwischen zu schiebenden nachträglichen Prüfungstermin nebst etwaiger Belehrung gem § 175 Abs 2 sowie hiernach die Veröffentlichung der Schlussverteilung nebst der Nachweisfrist der §§ 189, 190 nicht mehr einzuhalten sind, darf **ausnahmsweise** der nachträgliche Prüfungstermin **mit dem Schlusstermin verbunden** werden (*Gerbers/Pape* ZInsO 2006, 685, 688).

Terminiert das Insolvenzgericht nach den in Rn 10 dargelegten Grundsätzen pflichtwidrig die Prü- 11 fung erst als Tagesordnungspunkt des Schlusstermins, kann der nachmeldende Gläubiger gegen diese Entscheidung des Rechtspflegers **befristete Erinnerung** (§ 11 Abs 2 RPflG) einlegen, um seine Teilnahme an der Schlussverteilung zu wahren (zu den Rechtsfolgen s o Rn 6).

3. Nachträgliche Änderungen der Anmeldung. Gem § 177 Abs 1 S 3 gelten für nachträgliche Ände- 12 rungen der Anmeldung die S 1 und 2 des § 177 Abs 1 entsprechend. Wie in der früheren Regelung des § 142 Abs 2 KO sind nicht etwa Berichtigungen (§ 319 ZPO) gemeint, sondern **nur wesentliche Änderungen** der ursprünglichen Anmeldung **nach Ablauf der Anmeldefrist** (K/P/B/*Pape* § 177 Rn 8; N/R/*Becker* § 177 Rn 4; BerlKo-*Breutigam* § 177 Rn 15; *Hess* § 177 Rn 13; KS-*Eckardt* Kap 17 Rn 30; Gottwald/*Eickmann* InsRHdb § 63 Rn 31). Die Gleichbehandlung mit einer nachträglichen Anmeldung rechtfertigt sich nämlich daraus, dass die Änderung für die Widerspruchsberechtigten regelmäßig in gleicher Weise eine Vorbereitung auf die Prüfung erfordert. Hinsichtlich des Zeitpunktes, bis wann eine – unter Einhaltung der Bestimmungen des § 174 erfolgte – Änderung spätestens möglich ist, kann auf die vorstehenden Ausführungen verwiesen werden (s o Rn 8 ff). Änderungen, die **vor Ablauf der Anmeldefrist** beim Verwalter eingehen, sind zwar aufgrund seiner Beurkundungsfunktion in der Spalte „Bemerkungen" zur Tabelle aufzunehmen, fallen aber nach dem Wortlaut des Abs 1 S 1 von vorneherein nicht unter § 177.

a) Änderung des Schuldgrundes. Anspruchsgrund ist der für die Entstehung der Forderung wesent- 13 liche Sachverhalt (**BGH** 5. 7. 07 – IX ZR 221/05, NZI 2007, 647 Rn 12, 19 f; **BFH** 24. 10. 08 – VII R 30/08, nv). Daher stellt die **bloße Ergänzung oder Berichtigung tatsächlicher Angaben**, die den Anspruchsgrund unberührt lassen, **noch keine** nachträgliche Änderung der Anmeldung dar (**LAG** Köln 2. 5. 06 – 9 Sa 1461/05, zit nach juris Rn 50; HaKo-*Herchen* § 181 Rn 8; FK-*Kießner* § 181 Rn 6). Erst der **Austausch des Sachverhaltes** (**BGH** 22. 1. 09 – IX ZR 3/08, ZIP 2009, 483 für Übergang von der Geltendmachung einzelner kausaler Forderungen auf Kontokorrentforderung [Rn 21] oder von Forderung aus Grundgeschäft auf Wechselforderung [Rn 25]) sowie das Umstellen auf eine andere Rechtsfolge (zB Schadenersatz statt Erfüllungsanspruch) fallen unter § 177 Abs 1 S 3, selbst wenn sich die Forderungshöhe nicht ändert (**BGH** 23. 10. 03 – IX ZR 165/02, NZI 2004, 214; **BGH** 27. 9. 01 – IX ZR 71/00, NZI 2002, 37; *Kahlert* ZInsO 2006, 409). Ein konkludenter Verzicht auf die angemeldete ursprüngliche Forderung ist mit der Änderung des Schuldgrundes noch nicht verbunden; hierzu ist vom Verwalter eine ausdrückliche Erklärung einzuholen. Wurde die Forderung ohne Angabe ihres Grundes (und damit unwirksam) angemeldet, aber zur Tabelle aufgenommen und geprüft, so ist die nachträgliche Angabe des Schuldgrundes als Neuanmeldung zu behandeln (**BGH** 22. 1. 09 aaO Rn 17; ähnlich [Berichtigung] **OLG** Stuttgart 22. 2. 62 – 3 U 148/61, NJW 1962, 1018, 1019). Das Gleiche gilt, wenn der in der Anmeldung angegebene Anspruchsgrund in die Tabelle nicht eingetragen war (**BGH** 23. 10. 03 – IX ZR 165/02, ZIP 2003, 2379, 2382).

14 Zum Grund des Anspruchs gehört auch die Person des Forderungsberechtigten; daher fällt auch ein **Gläubigerwechsel** unter den Begriff der Anmeldungsänderung. Bei **streitiger** Rechtsnachfolge (Prätendentenstreit) muss der Rechtsnachfolger neben dem Erstanmelder die Forderung erneut anmelden. Der Insolvenzverwalter hat dann beide Anmelder in die Tabelle mit dem Hinweis (in der Spalte „Bemerkungen") aufzunehmen, dass dieselbe Forderung für verschiedene Anmelder in Anspruch genommen wird (FK-*Kießner* § 177 Rn 40). Im Prüfungsverfahren darf er die Forderung zwar nach Grund und Höhe anerkennen, aber (in der Spalte „Prüfungsergebnis") ergänzt um die Beschränkung, dass die Rechtszuständigkeit des Anmeldenden „bis zum Austrage des Streites" unter den Prätendenten bestritten ist (**BGH** 19. 12. 96 – IX ZR 18/96, ZIP 1997, 372). Ist die Forderung bereits festgestellt, steht § 178 Abs 3 einer erneuten Anmeldung durch den Rechtsnachfolger nicht entgegen; der Prätendentenstreit ist im Wege der Feststellungsklage auszutragen (**OLG** Bandenburg 6. 5. 2009 – 7 U 129/08, NZI 2009, 479). Eine Quotenausschüttung kann der Verwalter gem § 372 Satz 2 BGB unter Benennung aller Prätendenten und zugunsten des Obsiegenden von ihnen befreiend hinterlegen. Die **unstreitige** Rechtsnachfolge erfordert hingegen keinen nachträglichen Prüfungstermin (BerlKo-*Breutigam* § 177 Rn 16; MüKo-*Nowak* § 177 Rn 12; FK-*Kießner* § 177 Rn 37 f; Braun/*Specovius* § 177 Rn 28; aA HaKo-*Preß*/*Henningsmeier* § 177 Rn 15). Der Rechtsnachfolger tritt nämlich ohne weiteres an die Stelle des ersten Anmelders. Er braucht dem Gericht nur die Rechtsnachfolge nachzuweisen. Dieser Nachweis genügt zur Empfangnahme der Insolvenzquote und zur Geltendmachung der Forderung nach Verfahrensbeendigung sowie zur Erhebung der Feststellungsklage nach § 179, wenn die Forderung bestritten wird (s u § 179 Rn 8 und § 181 Rn 10; H/W/F Hdb Kap 7 Rn 53). Nach Feststellung der Forderung zur Tabelle ist der Nachweis allerdings durch eine öffentliche Urkunde zu führen (§ 727 ZPO), ohne dass es insoweit einer Zustellung gem § 750 Abs 2 ZPO bedarf, da es sich bei der Umschreibung der Tabelle auf den neuen Gläubiger nicht um den Beginn einer Vollstreckungsmaßnahme handelt (**aA** [ohne Begr] MüKo-*Nowak* § 177 Rn 12); eine Zustellung ist erst nach Aufhebung des Insolvenzverfahrens im Falle des § 201 Abs 2 S 3 notwendig, wenn der neue Gläubiger eine vollstreckbare Ausfertigung aus der Tabelle auf sich beantragt, in der Tabelle aber noch der Rechtsvorgänger eingetragen ist.

15 Der **Inhaber eines Wechsels** kann im Insolvenzverfahren über das Vermögen des Akzeptanten die Wechselforderung auch dann noch zur Feststellung bringen, wenn dieselbe Forderung aus dem Wechsel schon von einem Vormann ohne Vorlegung des Papiers angemeldet und festgestellt ist; denn nur der Wechselinhaber ist forderungsberechtigt und eine doppelte Dividendenzahlung ausgeschlossen, weil sie nur gegen Vorlegung des Wechsels erfolgt (RGZ 37, 1; s u § 178 Rn 6).

16 Der Insolvenzverwalter ist verpflichtet, auch für eine bereits zur Tabelle festgestellte Forderung noch **nachträglich angemeldete Tatsachen**, aus denen sich nach Einschätzung des Gläubigers ergibt, dass ihr eine vorsätzlich begangene **unerlaubte Handlung** des Schuldners zugrunde liegt, in die Tabelle (in der Spalte „Bemerkungen" der bereits geprüften Forderung) einzutragen und die Tabellenergänzung an das Insolvenzgericht weiterzuleiten (**BGH** 17. 1. 08 – IX ZR 220/06, NZI 2008, 250 mit Anm *Vallender* WuB VI A § 174 InsO 1.08 zu haftungsrechtlichen Folgen, wenn eine solche nachträgliche Eintragung unterbleibt; N/R/*Becker* § 177 Rn 4); das Insolvenzgericht hat daraufhin den Schuldner zu belehren (§ 175 Abs 2) und einen besonderen Prüfungstermin anzusetzen oder das schriftliche Verfahren anzuordnen, in dem nur noch der Schuldgrund der unerlaubten Handlung geprüft wird (**AG** Hamburg 29. 12. 04 – 68 b IK 31/02, ZInsO 2005, 107 f; FK-*Kießner* § 177 Rn 41). Die Rechtskraft der bereits zur Tabelle festgestellten Forderung (§ 178 Abs 3) hat **keine Präklusion** bezüglich der nachträglich zu § 174 Abs 2 angemeldeten Tatsachen zur Folge (so aber MüKo-*Nowak* § 174 Rn 10 aE; zutreffend dagegen **AG** Hamburg 29. 12. 04 – 68 b IK 31/02, ZInsO 2005, 107 f; **AG** Münster 1. 3. 04 – 77 IK 35/01, nv, zit nach juris). Der Wortlaut des § 174 Abs 2 schreibt keine zeitgleiche Anmeldung von Forderung und der den Deliktscharakter bezeichnenden Tatsachen zwingend vor. Vielmehr ist das Nachschieben des Tatsachenvortrages zum Deliktscharakter wie eine Nachmeldung iSv § 177 Abs 1 zu behandeln und noch rechtzeitig, wenn eine Prüfung unter Berücksichtigung der Ladungs- und Belehrungsfristen (§§ 175 Abs 2, 177 Abs 3) spätestens im Schlusstermin möglich ist (s o Rn 9). Denn nach dem Schlusstermin als letzte (§ 197: „abschließende") Gläubigerversammlung kann es keine weitere Gläubigerversammlung zur Prüfung der nachgemeldeten Delikteigenschaft (§ 29 Abs 1 Nr 2) mehr geben. Weigert sich der Insolvenzverwalter, die nachträglich angemeldeten Tatsachen in die Tabelle aufzunehmen und ist die Insolvenztabelle deswegen lückenhaft, so kann der betroffene Gläubiger den Rechtsgrund seiner festgestellten Forderung nur außerhalb des Insolvenzverfahrens gegen den *Schuldner* im Klagewege geltend machen; eine Tabellenfeststellungsklage gegen den Insolvenzverwalter ist unzulässig. Das gilt auch, wenn das Schlussverzeichnis bereits eingereicht wurde (Fallgestaltung in **BGH** 17. 1. 08 aaO). Eine denkbare *Verzeichnisbeschwerde* gem §§ 197 Abs 3, 194 Abs 2 und 3 wegen zurückgewiesener Einwendungen gegen das Schlussverzeichnis wäre unzulässig (§ 6 Abs 1); im übrigen ist das Schlussverzeichnis auch nicht unrichtig, weil der fehlende Vermerk sich nicht auf den Zuteilungsanspruch des Gläubigers aus der Insolvenzmasse auswirkt. Allenfalls eine *Tabellenbeschwerde* wäre als Erinnerung (§ 11 Abs 2 RPflG) zulässig, aber ineffizient, da mit ihr die Belehrung nach § 175 Abs 2 nicht durchgesetzt werden könnte. Nach dem Zweck des § 175 Abs 2, den unkundigen Schuldner vor Rechtsverlust zu schützen (BT-Drucks 14/6468 S 18), kann im Insolvenzverfahren aber erst an den unterlassenen Widerspruch des ordnungsgemäß belehrten Schuldners die Rechtskraft einer Tabellenfeststellung des

II. Zulässigkeit nachträglicher Anmeldungen und Änderungen (Abs 1) § 177

Rechtsgrundes gegen den Schuldner entsprechend § 178 Abs 3 geknüpft werden. Die Möglichkeit der Tabellenbeschwerde schließt daher das Feststellungsinteresse für eine Feststellungsklage analog § 184 Abs 1 gegen den nach § 175 Abs 2 widersprechenden Schuldner nicht aus (**BGH** 17. 1. 08 aaO). Unausgesprochen geht der BGH davon aus, dass in diesem Fall auch die Klagevoraussetzungen des § 181 (s u § 181 Rn 5 f) entbehrlich sind.

b) Änderung des Betrages. Keine Änderung der Anmeldung stellt die bloße **Reduzierung** des angemeldeten Betrages dar; es handelt sich vielmehr um eine teilweise Rücknahme der Anmeldung bzw einen teilweisen Verzicht auf die Teilnahme an der Verteilung (s o § 174 Rn 49 f; N/R/*Becker* § 177 Rn 4; HaKo-*Preß/Henningsmeier* § 177 Rn 15; MüKo-*Nowak* § 177 Rn 11), ohne dass damit ein materiellrechtlicher Verzicht auf die Forderung verbunden ist (*Ernestus*, in: Mohrbutter/Ringstmeier, Hdb § 11 Rn 25). Die Reduzierung **vor der Prüfung** ist aufgrund der Beurkundungsfunktion des Verwalters in der Spalte „Bemerkungen" einzutragen („Mit Schreiben vom ... reduziert der Gläubiger seine Forderung von ... € um ... € auf ... €"); in der Spalte „Betrag" erscheint nur der niedrigere Betrag, denn allein dieser steht noch zur Prüfung. Vor Prüfung der Forderung können Anmeldungen beliebig oft teilweise oder vollständig zurückgenommen und anschließend wieder erneut geltend gemacht werden (**OLG Köln** 1. 3. 04 – 2 U 189/03, ZIP 2004, 2152). Streitig ist nur, ob dies auch noch **nach erfolgter Feststellung** möglich ist. Zum Teil wird im Schrifttum die Auffassung vertreten, dass eine Forderungsrücknahme für bereits festgestellte Forderungen aufgrund der Rechtskraftwirkung des Tabelleneintrags (§ 178 Abs 3) unzulässig sei (MüKo-*Nowak* § 174 Rn 26; HaKo-*Preß/Henningsmeier* § 174 Rn 20). Dies widerspricht jedoch der Dispositionsmaxime. Denn außerhalb eines Insolvenzverfahrens steht es grundsätzlich jedem Gläubiger frei zu entscheiden, ob er einen titulierten Anspruch vollstrecken lassen will oder nicht. Es ist kein Grund ersichtlich, warum dann nicht auch innerhalb eines Insolvenzverfahrens ein (vollständiger oder teilweiser) Verzicht auf die Teilnahme an der Verteilung möglich sein soll, insb im Falle einer versehentlich zu hohen Anmeldung oder zwischenzeitlicher Befriedigung aus Drittvermögen, zumal die übrigen Insolvenzgläubiger hiervon nur profitieren und der Schuldner einer geringeren Nachhaftung aus § 201 Abs 1 unterliegt (im Ergebnis ebenso FK-*Kießner* § 177 Rn 3353 f; Braun/*Specovius* § 177 Rn 25 f; Beck/Depré/*Ringstmeier* Praxis der Insolvenz, § 11 Rn 198 ff). Lediglich eine erneute Anmeldung und Prüfung ist nach Rücknahme einer bereits geprüften Forderung nicht mehr möglich. Denn ansonsten könnte auf diese Weise auch bei bestrittenen Forderungen das gesetzlich vorgeschriebene Verfahren nach den §§ 179, 180 unterlaufen werden. Die Reduzierung erst nach erfolgter Prüfung wird nur in der Spalte „Berichtigung" vermerkt (FK-*Kießner* § 177 Rn 36), wobei ggf klarzustellen ist, inwieweit die Reduzierung sich auf festgestellte oder bestrittene Forderungsteile bezieht.

Wird dagegen nach dem Prüfungstermin der **Forderungsbetrag erhöht**, so ist der Mehrbetrag als neue Forderungsanmeldung in die Tabelle einzutragen. Bei beiden Anmeldungen ist in der Spalte „Bemerkungen" auf die jeweils andere hinzuweisen und zu vermerken, dass es sich um eine einheitliche Forderung handelt („Erhöhung zu lfd Nr ..." bzw „Erhöhung siehe lfd Nr ..."). Soweit die Rücknahme der ursprünglichen Anmeldung und Neuanmeldung der erhöhten Forderung als zulässige Alternative angesehen wird (s o Gottwald/*Eickmann* InsRHdb § 63 Rn 32), hat diese Verfahrensweise nicht nur den Nachteil, dass auch bezüglich des bereits festgestellten Teils erneut ein Widerspruchsrecht eröffnet wird, sondern steht der erneuten Anmeldung der bereits geprüften Forderung auch die Rechtskraftwirkung des § 178 Abs 3 entgegen (s o Rn 17).

In der Praxis, vor allem bei Forderungsanmeldungen der Finanzämter und Krankenkassen, kommen häufig Änderungen der Anmeldung vor, die sowohl Forderungsreduzierungen als auch -erhöhungen umfassen (insb nach Betriebsprüfungen). Für die Behandlung solcher **Mischformen** ist nicht entscheidend, ob sich der Gesamtbetrag erhöht, reduziert oder unverändert bleibt, sondern inwieweit sich die jeweilige Teilforderung verändert. Dies folgt aus § 174 Abs 2, wonach Grund und Betrag der Forderung zusammen zur Anmeldung gehören. Ansonsten müssten die übrigen Insolvenzgläubiger, der Verwalter und der Schuldner (mit enthaltene) Aufstockungsbeträge gegen sich gelten lassen, ohne dass ihnen die Möglichkeit zur Wahrnehmung ihrer Mitwirkungsrechte bei der Forderungsprüfung gewährt wurde, was den §§ 176, 177 Abs 1 S 2 und 3, 178 Abs 1 und 184 widerspräche. Die in der Änderung enthaltene Erhöhung des Teilbetrages ist, soweit die Änderung nach dem Prüfungstermin erfolgt (oder im Falle des § 177 Abs 1 S 2), als neue Forderungsanmeldung in die Tabelle einzutragen (s o Rn 18) und ein besonderer Prüfungstermin zu bestimmen oder die Prüfung im schriftlichen Verfahren anzuordnen. Für den Reduzierungsbetrag gelten die Ausführungen in Rn 17.

c) Änderung des Rangs. Auch die Beanspruchung eines rangbesseren Gläubigerrechts (Vollrang statt Nachrang oder besserer Nachrang) führt im Erfolgsfall zu einer Wertsteigerung der Insolvenzforderung und ist daher als nachträgliche Änderung der Anmeldung iSv. § 177 Abs 1 anzusehen (K/P/B/*Pape* § 177 Rn 8; N/R/*Becker* § 177 Rn 4; BerlKo-*Breutigam* § 177 Rn 15; *Hess* § 177 Rn 13; KS-*Eckardt* Kap 17 Rn 30; Gottwald/*Eickmann* InsRHdb § 63 Rn 31; *Häsemeyer* InsR Rn 22.13), nicht aber die umgekehrte Erklärung, dass sich der Gläubiger mit der Einstufung seiner Forderung als nachrangige Forderung iSv § 39 zufrieden gibt. Allerdings wird die Forderung im letztgenannten Fall nur dann geprüft, wenn auch die übrigen nachrangigen Gläubiger zur Anmeldung aufgefordert worden sind.

21 Fraglich kann nur sein, ob **nach** einer **Feststellung** der Forderung mit einem bestimmten Nachrang die Teilrechtskraftwirkung gem § 178 Abs 3 der späteren Beanspruchung eines besseren Rangs entgegensteht (vgl **BGH** LM KO § 61 Nr 2, 3; **BAG** 5. 7. 67 – 4 AZR 338/66, KTS 1967, 231, 233; KS-*Eckardt* Kap 17 Rn 43). Nach der hier vertretenen Auffassung besteht jedoch keine Bindungswirkung, sondern kann allenfalls der Einwand aus § 242 BGB entgegen gehalten weden (s u § 178 Rn 28, 30).

III. Prüfung nachrangiger Forderungen (Abs 2)

22 **1. Besondere Aufforderung zur Anmeldung.** Nachrangige Forderungen iSv § 39 unterliegen bestimmten verfahrensmäßigen Beschränkungen. Sie sind nur dann zur Tabelle anzumelden und zu prüfen, wenn das Insolvenzgericht hierzu besonders aufgefordert hat (§§ 174 Abs 3, 177 Abs 2). Zulässig ist es auch, dass das Gericht nur für **einzelne Rangklassen** des § 39 zur Anmeldung auffordert (KS-*Eckardt* Kap 17 Rn 9).

23 Der Begriff der nachrangigen Insolvenzforderungen ist nicht nur auf die in den fünf Rangklassen des § 39 Abs 1 genannten Ansprüche beschränkt, sondern betrifft auch Forderungen, deren Nachrang vereinbart worden ist (§ 39 Abs 2). Nachrangige Verbindlichkeiten sind im **Nachlassinsolvenzverfahren** aber auch die Verbindlichkeiten iSv § 327 Abs 1 Nr 1 und 2. Kommt es vor der Aufhebung der Überwachung eines **Insolvenzplanverfahrens** zu einem weiteren Insolvenzverfahren, so sind gegenüber den im gestaltenden Teil des Insolvenzplans (Plafonds) vorgesehenen Forderungen sämtliche sonstigen Insolvenzforderungen nachrangig (§ 266 iVm §§ 264, 265). Letzterenfalls findet allerdings § 177 Abs 2 keine Anwendung. Vielmehr sind idR die Forderungen der nachrangigen Gläubiger iSv § 264 Abs 1 S 1 bereits geprüft und zur Tabelle festgestellt. Eine besondere Feststellung der privilegierten Forderungen iSv § 264 erübrigt sich, weil der Insolvenzverwalter die Forderung einschließlich ihres Vorrangs gegenüber den Insolvenzgläubigern schriftlich bestätigt hat. Die nachrangigen Neugläubiger iSv § 265 S 1 müssen ohnehin in dem neu eröffneten Verfahren ihre Forderungen zur Tabelle anmelden. Auch hier kommt eine besondere Anmeldung der vorrangigen Gläubiger nicht in Betracht, weil die Forderungen vom Verwalter geprüft und in den Plafonds aufgenommen worden sind; insoweit passt die Vorschrift des § 177 Abs 2 auf die nachrangigen Forderungen nicht.

24 Für die **Bekanntgabe und Ladung zum nachträglichen Prüfungstermin** gilt § 177 Abs 3 S 1 und 2 (s u Rn 28).

25 **2. Anmeldefrist.** Für die Anmeldung nachrangiger Forderungen sieht das Gesetz keine besondere Anmeldefrist vor. Fordert das Gericht aber zur Anmeldung nachrangiger Forderungen auf (§ 174 Abs 3 S 1) und läuft die für diese Anmeldung gesetzte Frist **später als eine Woche vor dem Prüfungstermin** ab, so hat das Insolvenzgericht diese wie verspätete Anmeldungen zu behandeln, selbst wenn niemand einer Prüfung im allgemeinen Prüfungstermin widerspricht (N/R/*Becker* § 177 Rn 24; K/P/B/*Pape* § 177 Rn 9), also entweder einen **besonderen Prüfungstermin** zu bestimmen oder die **Prüfung im schriftlichen Verfahren** anzuordnen. Da die Verzögerung der Forderungsprüfung nicht auf Säumnis der nachrangigen Gläubiger zurückzuführen ist, fallen die **Kosten** des nachträglichen Prüfungstermins gem § 177 Abs 2 der Insolvenzmasse zur Last; denn die Gläubiger hatten bis dahin noch gar keine Möglichkeit, ihre nachrangigen Forderungen anzumelden. Lediglich bei **verspäteter Anmeldung** nachrangiger Forderungen gelten die allgemeinen Grundsätze des § 177 Abs 1, also insbesondere dann, wenn der Gläubiger die vom Gericht gesetzte Frist für die Anmeldung nachrangiger Forderungen versäumt; in diesem Fall gehen die Kosten des nachträglichen Prüfungstermins oder des schriftlichen Verfahrens zu seinen Lasten (N/R/*Becker* § 177 Rn 34–36).

26 Eine **Prüfung** der nachrangigen Forderungen **im Schlusstermin** ist nur unter den gleichen Voraussetzungen zulässig wie bei den Anmeldungen nichtnachrangiger Forderungen, da diese sonst nicht in das Schlussverzeichnis aufgenommen werden könnten und eine Prüfung der nachrangigen Forderungen sinnlos wäre (s o Rn 10; K/P/B/*Pape* § 177 Rn 9; KS-*Eckardt* Kap 17 Rn 31). Im Zweifel sollte daher das Gericht die Prüfung der nachrangigen Forderungen im schriftlichen Verfahren anordnen.

IV. Bestimmung eines besonderen Prüfungstermins

27 Widerspricht der Insolvenzverwalter oder ein Insolvenzgläubiger der Prüfung der verspätet angemeldeten Forderung oder wird die Forderung erst nach dem allgemeinen Prüfungstermin angemeldet, wobei in Fällen der Vertagung der letzte Termin maßgeblich ist, so hat das Insolvenzgericht gem § 177 Abs 1 S 2 einen besonderen Prüfungstermin zu bestimmen oder die Prüfung im schriftlichen Verfahren anzuordnen. Gleiches gilt bei einer nachträglichen Änderung der Anmeldung (§ 177 Abs 1 S 3). Für die Abhaltung eines besonderen Prüfungstermins bestimmt das Gesetz keine Frist. Es ist dem Gericht überlassen, wann es den Termin stattfinden lassen will. Steht nicht schon in absehbarer Zeit eine Verteilung bevor, wird es den Termin zweckmäßig hinausschieben, um die Prüfung etwaiger weiterer Anmeldungen in demselben Termin zu ermöglichen (Gottwald/*Eickmann* InsRHdb § 63 Rn 51).

IV. Bestimmung eines besonderen Prüfungstermins **§ 177**

1. Öffentliche Bekanntmachung. Nach § 177 Abs 3 S 1 ist der besondere Prüfungstermin öffentlich 28
bekannt zu machen. Dies entsprach schon der allgemeinen Auffassung zu § 142 KO (K/U § 142 KO
Rn 3 a). Die **Veröffentlichung** erfolgt im Internet unter www.insolvenzbekanntmachungen.de (§ 9
Abs 1 S 1, Abs 2 iVm der InsIntBekV) und hat den Zweck, auch den sonstigen Gläubigern, deren Forderungen schon in einem vorangegangenen Prüfungstermin geprüft wurden, die Teilnahme am besonderen Prüfungstermin zu ermöglichen, vor allem ihnen die Möglichkeit einzuräumen, die nachträglich
angemeldeten Forderungen zu bestreiten. Zu dem Termin sind gem § 177 Abs 3 S 2 nur die Insolvenzgläubiger, die eine Forderung nachgemeldet haben (also nicht sämtliche; sonst wäre die öffentliche Bekanntmachung überflüssig), der Verwalter und der Schuldner besonders **zu laden** (KS-*Eckardt* Kap 17
Rn 33). Die Ladungsfrist beträgt drei Tage (§§ 217 ZPO, 4 InsO). Der Fristenlauf beginnt ab dem
Tag der öffentlichen Bekanntmachung, wobei diese als bewirkt gilt, sobald nach dem Tag der Veröffentlichung zwei weitere Tage verstrichen sind (§ 9 Abs 1 S 3). Die Zustellungen erfolgen von Amts
wegen durch Aufgabe zur Post (§ 8 Abs 1); das Gericht kann den Verwalter hiermit gem § 8 Abs 3 beauftragen.

2. Vertagung des besonderen Prüfungstermins. Nach §§ 177 **Abs 3 S 3**, 74 Abs 2 S 2 kann die öffent- 29
liche Bekanntmachung nach § 177 Abs 3 S 1 unterbleiben, wenn der Prüfungstermin durch verkündeten Beschluss vertagt wird, also lediglich der allgemeine oder besondere Prüfungstermin fortgesetzt
wird. Erfolgt nachträglich noch eine weitere Anmeldung, so ist grundsätzlich die verspätet angemeldete
Forderung im vertagten (allgemeinen oder besonderen) Prüfungstermin mit zu prüfen, solange weder
der Verwalter noch ein Gläubiger widersprechen.

3. Kostentragungspflicht. Nach § 177 Abs 1 S 2 haben die Gläubiger, die nach Ablauf der Anmelde- 30
frist ihre Forderungen zur Tabelle anmelden, die Kosten des besonderen Prüfungstermins zu tragen. Die
Kostentragungspflicht trifft also auch denjenigen, der zwar nach Ablauf der Anmeldefrist, aber noch
vor dem allgemeinen Prüfungstermin seine Forderung angemeldet hat. Für die Kostentragungspflicht
kommt es auf ein Verschulden nicht an. Werden nach Abschluss des allgemeinen Prüfungstermins noch
angemeldete Forderungen in einem besonderen Prüfungstermin geprüft, so fällt für **jeden** Gläubiger,
dessen Anspruch geprüft wird, eine **Festgebühr** in Höhe von 15,00 Euro an (§ 3 Abs 2 GKG iVm KV
Nr 2340); die Prüfung mehrerer Forderungen desselben Gläubigers löst die Gebühr allerdings nur einmal aus (FK-*Kießner* § 177 Rn 28). Die Gebühr entsteht auch dann, wenn eine Prüfung im schriftlichen
Verfahren angeordnet wird oder wenn der besondere Prüfungstermin mit einer weiteren Gläubigerversammlung, insb dem Schlusstermin verbunden wird (*Keller* Vergütung und Kosten im Insolvenzverfahren, 2. Aufl 2007, Rn 711). Denn die Gebühr wird nicht für die Anberaumung des besonderen
Prüfungstermins erhoben, sondern für die Prüfung der Forderung im besonderen Prüfungstermin (Gottwald/*Last* InsRHdb § 126 Rn 39). Unbeachtlich ist dabei das Ergebnis der Prüfungsverhandlung oder
die Höhe der zu prüfenden Forderung (Gottwald/*Last* InsRHdb § 125 Rn 28). Die Gebühr für die öffentliche Bekanntmachung hat der verspätete Anmelder nach der ausdrücklichen Regelung in KV
Nr 9004 nicht zu zahlen; diese wird durch die Gebühr in KV Nr 2340 mit abgedeckt. Kostentragungspflichtig sind **auch Sozialversicherungsträger**, die ihre Forderung verspätet zur Tabelle anmelden (**AG
Köln** 8. 6. 67 – 78 N 223/64, KTS 1968, 62; K/P/B/*Pape* § 177 Rn 7b; MüKo-*Nowak* § 177 Rn 10).
Das Gleiche gilt für Forderungen der Bundesagentur für Arbeit (**OLG München** 11. 3. 05 – 11 W
889/05, NZA 2005, 838), Berufsgenossenschaften und Gemeinden (*Hartmann* Kostengesetze, § 2 GKG
Rn 8). Nach § 2 Abs 1 S 1 GKG befreit sind u. a. lediglich die Nachmeldungen der Finanzämter (Land),
der Deutsche Rentenversicherung Bund und der Knappschaft Bahn See (Minijob-Zentrale).

Beantragt der Gläubiger, für die verspätet angemeldete Forderung möge kein besonderer Püfungster- 31
min angesetzt, sondern diese **im Schlusstermin mit geprüft** werden, so ändert dies nichts daran, dass
auch für diese Prüfung die Festgebühr nach KV Nr 2340 anfällt (Gottwald/*Last* InsRHdb § 126
Rn 41). Maßgeblich ist nicht die Anberaumung eines besonderen Prüfungstermins und ob damit für das
Gericht ein zusätzlicher Aufwand verbunden ist, sondern die Gebühr wird allein durch die Prüfung der
Forderung ausgelöst (Gottwald/*Last* InsRHdb § 126 Rn 39), auch wenn sie wegen Ablaufs der gesetzlichen Ausschlussfristen der §§ 189, 190, 192 nicht mehr in das Schlussverzeichnis aufgenommen werden kann.

Soweit anderen Gläubigern durch die Terminsteilnahme **außergerichtliche Kosten** entstehen, können 32
sie diese nur außerhalb des Insolvenzverfahrens gegen den säumigen Gläubiger geltend machen
(K/P/B/*Pape* § 177 Rn 7 b unter Berufung auf *Keller* Vergütung und Kosten im Insolvenzverfahren,
2. Aufl. 2007, Rn 711; aA Gottwald/*Eickmann* InsRHdb § 63 Rn 56). § 177 Abs 1 S 2 schafft keine
unmittelbare Kostenhaftung, sondern nur eine Rechtsgrundlage für die gerichtliche Kostenentscheidung, die durch Beschluss auszusprechen ist. Ohne eine solche Kostenentscheidung besteht keine Kostenhaftung (Gottwald/*Eickmann* InsRHdb § 63 Rn 57; Gottwald/*Last* InsRHdb § 126 Rn 39). Dagegen kann der Insolvenzverwalter keine besonderen Kosten oder Auslagen in Rechnung stellen, da die
Teilnahme an den Prüfungsterminen zu seinen Pflichten gehört und der damit verbundene Aufwand
durch die Vergütung nach § 4 InsVV mit abgegolten ist (K/P/B/*Pape* § 177 Rn 7 b; *Keller* aaO Rn 711;
aA MüKo-*Nowak* § 177 Rn 10; HaKo-*Preß/Henningsmeier* § 177 Rn 14).

Sinz

33 **4. Verbindung des besonderen Prüfungstermins mit dem Schlusstermin.** Umstritten ist, ob das Insolvenzgericht den besonderen Prüfungstermin mit dem Schlusstermin verbinden darf, wie es unter Geltung der KO gängiger Praxis der Konkursgerichte entsprach. Eine solche Sachbehandlung könnte das Gericht Amtshaftungsansprüchen aussetzen, weil die Gläubiger in diesem Fall aufgrund der abgelaufenen Ausschlussfristen (§§ 189, 190, 192) von der Verteilung ausgeschlossen sind, auch wenn ihre Forderungen zur Tabelle festgestellt werden (Gottwald/*Eickmann* InsRHdb § 63 Rn 52). Das rechtliche Interesse ist – neben der Verjährungshemmung und Erlangung eines Titels iSv § 178 Abs 3 – primär auf die Teilnahme an der Verteilung gerichtet. Der nachträgliche Prüfungstermin ist daher tunlichst im Interesse des betreffenden Gläubigers in der Zeit vor Beginn der Ausschlussfrist des § 189 Abs 1 anzusetzen (BerlKo-*Breutigam* § 177 Rn 9; K/P/B/*Pape* § 177 Rn 4; Gottwald/*Eickmann* InsRHdb § 63 Rn 52; KS-*Eckardt* Kap 17 Rn 31). Im Übrigen bietet die Anordnung des schriftlichen Verfahrens dem Gericht hinreichend Möglichkeit, den Interessen des verspätet anmeldenden Gläubigers und gleichzeitig der übrigen Gläubiger an einer zügigen Verfahrensdurchführung Rechnung zu tragen. Eine Verbindung des besonderen Prüfungstermins mit dem Schlusstermin kommt **nur** in Betracht, **wenn** der Schlusstermin bereits festgesetzt ist und die Anmeldung so spät erfolgt, dass die jeweils zweiwöchigen **Fristen** (§ 184 Abs 2 ZPO) zuzüglich „Handling-Toleranz" **für die Ladung zum** dazwischen zu schiebenden **nachträglichen Prüfungstermin** nebst etwaiger Belehrung gem § 175 Abs 2 **sowie** hiernach die **Veröffentlichung der Schlussverteilung** nebst der Nachweisfrist der §§ 189, 190 **nicht mehr einzuhalten sind** (s o Rn 10).

V. Forderungsprüfung im schriftlichen Verfahren

34 **1. Anordnung des schriftlichen Verfahrens.** Der Vereinfachung der Verfahrensabwicklung dient es, dass § 177 Abs 1 S 2 dem Gericht die Möglichkeit einräumt, statt der Anberaumung eines besonderen Prüfungstermins die Prüfung im schriftlichen Verfahren anzuordnen. § 5 Abs 2 S 1 hat diese Möglichkeit generell für Kleinverfahren eröffnet. Die Anordnung steht im pflichtgemäßen **Ermessen des Gerichts** und soll sich gerichtsentlastend auswirken (BT-Drucks 12/7302, S 178 f; vgl auch schon BT-Drucks 12/2443, S 249). Dieses Verfahren bringt jedoch Probleme mit sich, da sich weder dem Gesetzestext noch dem Gesetzgebungsverfahren Hinweise zum Ablauf des Verfahrens entnehmen lassen. Es sind daher Grundsätze zu entwickeln, die die Rechte aller Beteiligten in gleicher Weise wahren wie bei Anberaumung eines besonderen Prüfungstermins.

35 Zum einen muss gewährleistet sein, dass die widerspruchsberechtigten Gläubiger die Möglichkeit erhalten, von der Anmeldung Kenntnis zu nehmen und dieser **schriftlich** zu **widersprechen**. Das setzt voraus, dass die nachgemeldete Forderung, ihr Rechtsgrund und die Gläubigerbezeichnung „allen anderen Gläubigern unter Fristsetzung zur Ausübung des Bestreitensrechtes mitgeteilt werden" müssen, was aus Datenschutzgründen nicht durch öffentliche Bekanntmachung geschehen kann (Gottwald/*Eickmann* InsRHdb § 63 Rn 60). § 175 Abs 1 S 2, wonach die Tabelle mit den Anmeldungen und beigefügten Urkunden auf der Geschäftsstelle des Insolvenzgerichts **zur Einsicht der Beteiligten auszulegen** ist, findet daher mit der Maßgabe Anwendung, dass der entsprechende Tabellenauszug, der die verspäteten Anmeldungen enthält, nach dem Ende der allgemeinen Auslegung weiterhin oder neu auf der Geschäftsstelle des Gerichts zur Einsicht der Beteiligten niedergelegt wird (FK-*Kießner* § 177 Rn 16 f; BerlKo-*Breutigam* § 177 Rn 11; K/P/B/*Pape* § 177 Rn 6; KS-*Eckardt* Kap 17 Rn 33). Der Auszug muss zugleich dokumentieren, inwieweit zwischenzeitlich schriftliche Widersprüche des Verwalters oder eines anderen Gläubigers eingegangen sind, um entscheiden zu können, ob ein eigener Widerspruch noch erfolgen oder zurückgenommen werden soll.

36 Zum anderen ist mit der Anordnung der Forderungsprüfung im schriftlichen Verfahren entsprechend § 128 Abs 2 S 2 ZPO zugleich eine **Ausschlussfrist zu bestimmen**, innerhalb derer gegen die Forderung schriftlich Widerspruch erhoben werden kann (K/P/B/*Pape* § 177 Rn 6). Der Lauf der Frist sowie der Hinweis auf die Möglichkeit der Einsichtnahme in die nachgemeldeten Forderungen auf der Geschäftsstelle ist nach § 177 Abs 3 S 1 **öffentlich bekannt zu machen** (MüKo-*Nowak* § 177 Rn 8; FK-*Kießner* § 177 Rn 17) und entsprechend § 177 Abs 3 S 2 den Insolvenzgläubigern, die eine Forderung nachträglich angemeldet haben, dem Insolvenzverwalter und dem Schuldner **zuzustellen**, wobei die Zustellung idR dem Verwalter gem § 8 Abs 3 übertragen wird. Sofern eine nachgemeldete Forderung auch als vorsätzlich begangene **unerlaubte Handlung** zur Tabelle angemeldet wurde, hat das Insolvenzgericht den Schuldner gem §§ 175 Abs 2 zu belehren und dabei darauf zu achten, dass diese Belehrung dem Schuldner rechtzeitig zugeht (s o § 175 Rn 28), weshalb die förmliche Zustellung geboten ist. Denn nur an den unterlassenen Widerspruch des ordnungsgemäß belehrten Schuldners kann die Rechtskraft einer Tabellenfeststellung des Rechtsgrundes gegen den Schuldner entsprechend § 178 Abs 3 geknüpft werden (**BGH** 17. 1. 08 – IX ZR 220/06, NZI 2008, 250 Rn 9); **zur Hinweispflicht des Gerichts gem § 184 Abs 2 S 3: s u § 184 Rn 19.**

37 **2. Aufhebung oder Änderung der Anordnung.** Das Insolvenzgericht kann die Anordnung der Prüfung im schriftlichen Verfahren jederzeit aufheben oder ändern. Grundsätzlich steht dies im **Ermessen** des Gerichts. Gründe hierfür können sein, dass Streit über Bestand und Höhe einer angemeldeten Forderung besteht und das Gericht daher eine mündliche Erörterung in einem besonderen Prüfungstermin für sinnvoll ansieht (MüKo-*Ganter* § 5 Rn 64 c). Aber auch ein zulässiger Antrag nach § 75 kann das Gericht zu einer Aufhebung oder Änderung der Anordnung veranlassen. Ebenso steht es dem Gericht frei, nach Bestimmung eines besonderen Prüfungstermins diesen aufzuheben und statt dessen die Prüfung im schriftlichen Verfahren anzuordnen, etwa weil die Terminslage bei Gericht so einen zügigeren Verfahrensablauf gewährleistet. Das Gleiche gilt, wenn statt einer Vertagung die weitere Prüfung der restlichen Forderungen im schriftlichen Verfahren erfolgen soll.

3. Feststellung der Forderung. Der fristgerecht eingehende **Widerspruch** eines Widerspruchsberechtigten ist vom Gericht in die Tabelle einzutragen. Eine Mitteilung des Prüfungsergebnisses an den nachmeldenden Gläubiger ist auch hier nur im Falle des Bestreitens erforderlich (§ 179 Abs 3). Versäumen Gläubiger oder der Insolvenzverwalter die Ausschlussfrist, so ist ein späteres schriftliches Bestreiten ausgeschlossen; gem § 178 Abs 1 gilt auch die Forderung als festgestellt. Allenfalls für den Schuldner kommt in Analogie zu § 186 eine **Wiedereinsetzung in den vorigen Stand** bei schuldloser Fristversäumnis in Betracht (K/P/B/*Pape* § 177 Rn 6; MüKo-*Nowak* § 177 Rn 8), nicht aber für den Insolvenzverwalter oder die anderen Insolvenzgläubiger, wie im Umkehrschluss aus § 186 folgt. Denn wenn diese gegen die Versäumung des Prüfungstermins keine Wiedereinsetzung beantragen können, muss das Gleiche für die Widerspruchsfrist im schriftlichen Verfahren gelten. 38

War Gegenstand der Nachmeldung eine vorsätzlich begangene **unerlaubte Handlung**, und hat der Schuldner der Forderung weder insgesamt noch beschränkt auf den Schuldgrund der unerlaubten Handlung innerhalb der Ausschlussfrist widersprochen, ist auch dieser Rechtsgrund festgestellt mit den Rechtsfolgen aus § 302. Macht der Gläubiger für eine bereits zur Tabelle festgestellte Forderung nachträglich Tatsachen geltend, aus denen sich nach Einschätzung des Gläubigers ergibt, dass ihr eine vorsätzlich begangene unerlaubte Handlung des Schuldners zugrunde liegt, so ist dies wie eine nachträgliche Anmeldung iSv § 177 Abs 1 zu behandeln und in die Tabelle einzutragen (s o Rn 16; BGH 17. 1. 08 – IX ZR 220/06, NZI 2008, 250). 39

VI. Rechtsmittel

Die Anberaumung eines nachträglichen Prüfungstermins oder die Anordnung der Prüfung im schriftlichen Verfahren stellen sich als verfahrensleitende Maßnahmen dar, gegen die **kein Rechtsmittel** gegeben ist. Setzt allerdings das Gericht trotz nachträglicher Anmeldung weder einen nachträglichen Prüfungstermin an, noch verfügt es die Prüfung im schriftlichen Verfahren, so steht dem betreffenden Gläubiger die Möglichkeit offen, Antrag an das Insolvenzgericht auf Tätigwerden zu stellen (BerlKo-*Breutigam* § 177 Rn 13). 40

§ 178 Voraussetzungen und Wirkungen der Feststellung

(1) ¹Eine Forderung gilt als festgestellt, soweit gegen sie im Prüfungstermin oder im schriftlichen Verfahren (§ 177) ein Widerspruch weder vom Insolvenzverwalter noch von einem Insolvenzgläubiger erhoben wird oder soweit ein erhobener Widerspruch beseitigt ist. ²Ein Widerspruch des Schuldners steht der Feststellung der Forderung nicht entgegen.

(2) ¹Das Insolvenzgericht trägt für jede angemeldete Forderung in die Tabelle ein, inwieweit die Forderung ihrem Betrag und ihrem Rang nach festgestellt ist oder wer der Feststellung widersprochen hat. ²Auch ein Widerspruch des Schuldners ist einzutragen. Auf Wechseln und sonstigen Schuldurkunden ist vom Urkundsbeamten der Geschäftsstelle die Feststellung zu vermerken.

(3) Die Eintragung in die Tabelle wirkt für die festgestellten Forderungen ihrem Betrag und ihrem Rang nach wie ein rechtskräftiges Urteil gegenüber dem Insolvenzverwalter und allen Insolvenzgläubigern.

Übersicht

	Rn
I. Allgemeines	1
II. Voraussetzungen der Feststellung zur Tabelle	2
1. Eintragung des Prüfungsergebnisses in die Tabelle	2
a) Beurkundungsfunktion	2
b) Tabellenvermerk	3
c) Vermerk auf Wechseln und Schuldurkunden (Abs 2 S 3)	8
2. Rechtswirkungen des Tabellenvermerks	9
3. Widerspruch	10
a) Widerspruchsberechtigte	10
b) Form des Widerspruchs	16
c) Begründung des Widerspruchs	17
d) Zulässigkeit vorläufigen Bestreitens	18
e) Mehrfaches Bestreiten	22

	Rn
f) Rücknahme des Widerspruchs	23
g) Beseitigung des Widerspruchs	24
III. Rechtskraftwirkung der festgestellten Forderung (Abs 3)	25
1. Art und Umfang der Rechtskraftwirkung	25
a) Konstitutive Wirkung des Tabelleneintrags	27
b) Gegenstand der Feststellung	28
c) Teilfeststellung	30
2. Subjektive Grenzen der Rechtskraftwirkung	31
a) gegenüber Insolvenzgläubiger	31
b) gegenüber Schuldner	32
c) gegenüber Dritten	33
3. Feststellung titulierter Forderungen	34
4. Feststellung von Nichtinsolvenzforderungen	35
5. Feststellung von Ausfallforderungen	36
6. Feststellung von Steuerforderungen	39
IV. Änderung von Tabelleneinträgen	42
1. Berichtigung der Tabelle	43
a) Berichtigungsanlässe	43
b) Berichtigung von Amts wegen oder auf Antrag	45
c) Berichtigung nach Verfahrensbeendigung	48
2. Rechtsbehelfe	50
a) gegen die Berichtigungsentscheidung	50
b) gegen den Feststellungsvermerk	51
c) gegen die Vollstreckung	52

I. Allgemeines

1 Die Vorschrift übernimmt sinngemäß die frühere Regelung in § 144 Abs 1 KO und präzisiert im Gegensatz zu § 145 Abs 1 S 1 KO, welche Eintragungen in der Tabelle vorzunehmen sind. § 178 Abs 3 regelt schließlich die Feststellungswirkungen, wenn die Forderung weder vom Insolvenzverwalter noch von einem Insolvenzgläubiger bestritten oder ein erhobener Widerspruch beseitigt wird. Spätestens im Prüfungstermin müssen die Verfahrensbeteiligten entscheiden, ob sie angemeldete Gläubigerforderungen bestreiten wollen oder nicht. Es entspricht dem summarischen Charakter des Insolvenzverfahrens als Vollstreckungsverfahren, dass die Gläubiger durch die Anmeldung und Prüfung ihrer Forderungen die Möglichkeit erhalten, ohne eine Klärung im gerichtlichen Prozess eine **Titulierung** ihrer nicht bestrittenen Forderungen zu erhalten. Da der Prüfungstermin nicht dazu da ist, materiellrechtliche Fragen zu entscheiden, verweist § 179 die Gläubiger bestrittener Forderungen mit Ausnahme des Widerspruchs des Schuldners auf den Rechtsweg.

II. Voraussetzungen der Feststellung zur Tabelle

2 **1. Eintragung des Prüfungsergebnisses in die Tabelle. a) Beurkundungsfunktion.** Gem § 178 Abs 2 S 1 ist das Ergebnis der Forderungsprüfung vom Urkundsbeamten der Geschäftsstelle des Gerichts (Service-Einheit) in der Tabelle zu vermerken. Der Vermerk ist vom Rechtspfleger (Richter) und dem Urkundsbeamten zu unterzeichnen. Da die auszulegende Tabelle gem § 175 Abs 1 **vom Verwalter vorbereitet** wird, enthält diese meistens auch schon sein designiertes Prüfungsergebnis. Gegen eine solche Verfahrensweise bestehen keine Bedenken, da letztlich das Gericht erst im Sitzungsprotokoll das Prüfungsergebnis förmlich feststellt (*Kübler* FS *Henckel* S 495, 508; Gottwald/*Eickmann* InsRHdb § 64 Rn 18). Hierdurch entfällt eine Unterzeichnung der Einzelvermerke. Rechtspfleger (bzw Richter) und Protokollführer brauchen nur noch das Protokoll über den Prüfungstermin als öffentliche Urkunde über dessen ordnungsgemäßen Verlauf zu unterzeichnen (*Kübler* FS *Henckel* S 495, 508). Dies setzt aber voraus, dass **bei elektronischer Erstellung des Verzeichnisses** die vorzunehmende Eintragung durch den Verwalter erfolgt, und zwar durch Aufnahme in die bei ihm gespeicherte Gesamtliste. Ein Ausdruck der Sammelliste wird als Anlage zum Terminsprotokoll genommen, „wodurch in öffentlicher Urkunde bewiesen ist, welche Forderungen mit welchem Ergebnis Gegenstand des Termins gewesen sind" (*Grub/Steinbrenner*, ZIP 1985, 707, 711). Es genügt, dass das Insolvenzgericht die entsprechende Eintragung anordnet; dieser Handhabung steht dann allenfalls noch die Regelung in der AktO entgegen (KS-*Eckardt* Kap 17 Rn 35; K/P/B/*Pape* § 178 Rn 3). Im Hinblick auf die Rechtsfolgen der Feststellung zur Tabelle (§ 178 Abs 3) darf aber die eindeutige Regelung des § 178 Abs 2 S 1, wonach das Insolvenzgericht für die Eintragung zuständig ist, nicht unterlaufen werden.

3 **b) Tabellenvermerk.** Zu vermerken sind in der Tabelle nicht nur die Ergebnisse des Prüfungstermins über Grund, Betrag und eventuelles Vollrecht bzw Nachrang der Forderung, sondern auch ein Widerspruch des Schuldners, die Rücknahme oder Änderungen von Anmeldungen sowie alle sonstigen Vorgänge, die für den Inhalt der Tabelle rechtliche Bedeutung haben (Gottwald/*Eickmann* InsRHdb § 64

II. Voraussetzungen der Feststellung zur Tabelle § **178**

Rn 18). Die Tabelleneinträge entsprechen insoweit einem Protokoll über die mündliche Verhandlung im Prozess.

Als Prüfungsergebnis genügt bei festgestellten Forderungen der Vermerk „Festgestellt". Bei nicht bestrittenen **Ausfallforderungen** iSv § 52 lautet der Vermerk „Festgestellt für den Ausfall" (gegen diese Einschränkung K/P/B/*Pape* § 178 Rn 12; *Mandlik* Rpfleger 1980, 143, wonach der Charakter als Ausfallforderung erst im Verteilungsverfahren berücksichtigt wird). Damit sind alle späteren Einwendungen gegen Grund und Höhe der Forderung als solche ausgeschlossen (s u Rn 28; **RG** 5. 12. 1932 – IV 317/32, RGZ 139, 83, 86). Es erfolgt lediglich noch die Anrechnung des etwaigen Verwertungserlöses zwecks Berechnung der Ausfallforderung iSv § 52. Richtig ist, dass die Feststellung nicht unter dem Vorbehalt des Ausfalls steht; sie ist jedoch für den Verwalter eine wichtige Gedächtnisstütze und insoweit als bloßer Bearbeitungsvermerk für das Verteilungsverfahren im Hinblick auf § 190 zu verstehen. Im Übrigen schränkt der „Ausfallvermerk" die Feststellung der vollen Forderung zur Tabelle keineswegs ein und ist daher unschädlich (**BGH** 30. 1. 61 – II ZR 98/59, WM 1961, 427, 429; Gottwald/*Eickmann* InsRHdb § 64 Rn 19 Fn 13). Unzweckmäßig ist es, die genaue Bezeichnung des Absonderungsrechts mit in die Tabelle aufzunehmen (allenfalls in der Spalte „Bemerkungen"; so § 175 Rn 5), weil die Anerkennung oder Nichtanerkennung von Absonderungsrechten gem § 176 nicht Gegenstand des Prüfungsverfahrens ist und daher auch nicht an der Feststellungswirkung des § 178 Abs 1 teilhat (Gottwald/*Eickmann* InsRHdb § 64 Rn 19). Aus einem zu Unrecht angezeigten Absonderungsrecht, das den Prüfungsvermerk „für den Ausfall" zur Folge hat, kann der Gläubiger somit keine Rechte herleiten (s u Rn 36; **BGH** 30. 10. 74 – VIII ZR 81/73, NJW 1975, 122).

Werden **Teilbeträge** der angemeldeten Forderungen zur Tabelle anerkannt, so lautet der Vermerk „Festgestellt für einen Teilbetrag iHv … Euro; Rest vom Verwalter nach Grund und Höhe bestritten". Eine genaue Bezeichnung der einzelnen Teilbeträge ist insb im Hinblick auf die §§ 179 Abs 2 und 189 Abs 1 erforderlich, wenn ein teilweise titulierter Anspruch nicht in voller Höhe bestritten wird (Gottwald/*Eickmann* InsRHdb § 64 Rn 27). Der Vermerk lautet dann „Festgestellt bezüglich des titulierten Teilbetrages iHv … Euro; Rest vom Verwalter nach Grund und Höhe bestritten", oder „Festgestellt bezüglich des titulierten Teilbetrages iHv … Euro und des nicht titulierten Teilbetrages iHv … Euro; Rest vom Verwalter bestritten". Im Übrigen kann auch ein Vermerk in der Spalte 10 (Bemerkungen) genügen, welche Anmeldepositionen (zB Zinsen oder Kosten iHv … Euro) bestritten werden.

Für **Wechselforderungen** lautet der Vermerk „Festgestellt unter der Bedingung des Art 39 WG", bei **Scheckforderungen** „Festgestellt unter der Bedingung des Art 34 ScheckG" (Gottwald/*Eickmann* InsRHdb § 64 Rn 20, 21). Eine wirksame Forderungsanmeldung setzt **keine Vorlage der Originalurkunde** voraus (§ 174 Abs 1 S 2; **BGH** 1. 12. 05 – IX ZR 95/04, NZI 2006, 173); der Gläubiger muss aber damit rechnen, dass der Verwalter die Forderung im Prüfungstermin mangels Prüffähigkeit (dazu **BGH** 1. 12. 05 aaO Rn 15) bestreitet und ihm Kostennachteile entstehen (s u § 179 Rn 20). Der Vermerk in der Tabelle lautet dann „Vom Verwalter bestritten mangels Vorlage der Originalurkunde". Nichts anderes gilt, wenn der **Anspruch aus dem Grundverhältnis** angemeldet wird ohne Vorlage der Schuldurkunde. Die Feststellung einer – unbestrittenen – Forderung kann nicht von der Vorlage des Originaltitels abhängig gemacht werden (**BGH** 1. 12. 05 aaO; die **aA** von Gottwald/*Eickmann* InsRHdb § 64 Rn 26 ist damit überholt). Der Vermerk hat keine konstitutive Wirkung, sondern verlautbart nur das Ergebnis der Prüfung und den Tabelleninhalt (FK-*Kießner* § 178 Rn 19).

Bei **streitigen Forderungen** ist zu vermerken, wer den Widerspruch erhoben hat und ob er sich gegen den Bestand (Grund) der Forderung, den Betrag, das Vollrecht iSv § 38 oder gegen die Eigenschaft als Insolvenzforderung überhaupt richtet (Gottwald/*Eickmann* InsRHdb § 64 Rn 22). Ist bei Forderungen das angemeldete **Vollrecht bestritten** mit der Begründung, es handele sich nicht um eine Forderung iSv § 38, sondern um eine nachrangige Forderung iSv § 39, so lautet der Vermerk „Festgestellt; Vollrecht iSv § 38 vom Verwalter bestritten" (im Fall des § 177 Abs 2) bzw nur „vom Verwalter bestritten" (wenn keine Aufforderung nach § 177 Abs 2 erfolgt war). In Verfahren über das Vermögen natürlicher Personen kann sich der Widerspruch auch auf die **Deliktseigenschaft** der Forderung beschränken (**BGH** 18. 1. 07 – IX ZR 176/05, NZI 2007, 416 Rn 10; s u § 184 Rn 20); der Vermerk lautet dann „Festgestellt; der Schuldner widerspricht der Eigenschaft der Forderung aus vorsätzlich begangener unerlaubter Handlung".

c) **Vermerk auf Wechseln und Schuldurkunden (Abs 2 S 3).** Der Urkundsbeamte der Geschäftsstelle (Protokollführer) hat die Feststellung – nicht einen Widerspruch (HaKo-*Preß/Henningsmeier* § 178 Rn 17) – auf Wechseln und sonstigen Schuldurkunden, die im Original vom Gläubiger vorzulegen sind, zu vermerken unter Hinzufügung seiner Unterschrift nebst Dienstsiegel („Festgestellt [iHv … Euro] zur Insolvenzmasse über das Vermögen des/der …, AG … Az …"). Der Vermerk auf der Urkunde erfüllt zum einen eine **Schutzfunktion**, damit ein Zessionar im Fall der Abtretung erkennen kann, dass es sich um eine Insolvenzforderung handelt, auf die lediglich eine Quote gezahlt wird (N/R/*Becker* § 178 Rn 18–22; FK-*Kießner* § 178 Rn 19; *Frege/Keller/Riedel* HRP Rn 1637). Zum anderen soll sie dem Gläubiger die Übertragung der verbrieften Forderung erleichtern, indem für den Zessionar Gewissheit besteht, dass die Forderung nicht bestritten ist und an der Verteilung teilnimmt (**BGH** 1. 12. 05 – IX ZR 95/04, NZI 2006, 173). Zugleich wird so eine **Doppeltitulierung vermieden**, da das Insolvenzgericht die spätere Erteilung des vollstreckbaren Tabellenauszugs von der Vorlage der Originalurkunde zur Entwertung abhängig macht.

9 **2. Rechtswirkungen des Tabellenvermerks.** Anders als bei der Vorprüfung im Anmeldeverfahren (§ 174) ist die Tätigkeit des Insolvenzgerichts im Prüfungstermin auf die Leitung des Termins und die Eintragung des Prüfungsergebnisses in die Tabelle beschränkt (§ 178 Abs 2). Das **Gericht hat keine eigene Prüfungskompetenz** (*Häsemeyer* InsR Rn 22.15). Im Interesse einer Verfahrensbeschleunigung hat der Gesetzgeber davon abgesehen, dem Insolvenzgericht Entscheidungen über das Bestehen oder Nichtbestehen einer Forderung sowie ihrer Höhe zu übertragen (*Lent,* Die vis attractiva und das Konkursgericht als Kollegialgericht in ihrer Wechselwirkung, KTS 1959, 73 ff; KS-*Eckardt* Kap 17 Rn 35: „Die Eintragung des Prüfungsergebnisses in die Tabelle bedeutet bloße **Protokollierung** und Verlautbarung einer Tatsache (des Verhaltens der Widerspruchsberechtigten im Prüfungstermin), dagegen unstreitig keine gerichtliche Entscheidung über den Bestand des Insolvenzgläubigerrechts"). Ungeachtet der Regelung in Abs 1, wonach eine Forderung bereits als festgestellt gilt, wenn sie im Prüfungstermin unwidersprochen bleibt oder der Widerspruch beseitigt wird, **wirkt** die Feststellung gegenüber den Beteiligten nach dem Wortlaut des Abs 3 jedoch **erst mit** der **Eintragung des Feststellungsvermerks** (*Häsemeyer* InsR Rn 22.18; KS-*Eckardt* Kap 17 Rn 36; HK-*Irschlinger* § 178 Rn 4).

10 **3. Widerspruch. a) Widerspruchsberechtigte.** Widerspruchsberechtigt im engeren Sinne sind nur der Insolvenzverwalter und die Insolvenzgläubiger. Denn gem § 178 Abs 1 S 1 hindert nur ihr Widerspruch die Feststellung der angemeldeten Forderung zur Tabelle und damit die Teilnahme dieses Gläubigers an den Verteilungen. Der Widerspruch des Schuldners steht der Feststellung nicht entgegen (§ 178 Abs 1 S 2).

11 Der **Insolvenzverwalter** (im Verbraucherinsolvenzverfahren der **Treuhänder,** § 313 Abs 1 S 1) ist als Amtswalter der Interessen aller Beteiligten stets widerspruchsberechtigt und ggf hierzu sogar verpflichtet, zumal er oft allein über die notwendigen Informationen verfügt, ob die Forderung berechtigt ist. Er kann seinen Widerspruch auf alle Einwendungen und Einreden gegen den Anspruch stützen, die in der Person des Schuldners begründet sind (MüKo-*Schumacher* § 178 Rn 18), aber auch auf insolvenzspezifische Gründe wie die mangelnde Anmeldbarkeit der Forderung im Insolvenzverfahren, die Nachrangigkeit (§ 39) oder Anfechtbarkeit (Ausnahme: § 313 Abs 2). Dagegen betrifft die Feststellung des *zusätzlichen* Schuldgrundes der vorsätzlichen unerlaubten Handlung allein das Rechtsverhältnis zwischen Gläubiger und Schuldner und die Nachhaftung gem § 201 Abs 2. Der **isolierte Widerspruch** des Verwalters **gegen die Deliktseigenschaft** (unter Anerkennung der Forderung als solcher) ist wirkungslos, wenn die Forderung auch auf einer anderen Anspruchsgrundlage beruht, und **gehört daher nicht in die Tabelle** (erst recht nicht in die Spalte Prüfungsergebnis); gegen den unzutreffenden Eintrag kann der Gläubiger zur Vermeidung von Zweifeln an der Anwendbarkeit von § 302 Nichtigkeitsfeststellungsklage gem § 256 Abs 1 ZPO erheben (BGH 12. 6. 08 – IX ZR 100/07, NZI 2008, 569 Rn 8; LG Trier 31. 1. 06 – 1 S 207/05, NZI 2006, 243; *Eisner* NZI 2003, 480, 485; aA *Schmidt* ZInsO 2006, 523 ff; *Heinze* DZWiR 2002, 369, 370), da der Rechtspfleger zur Berichtigung der Tabelle mangels Unrichtigkeit der Eintragung nicht befugt ist. Weisungen der Gläubigerversammlung oder des Gläubigerausschusses können den Verwalter bei der Ausübung des Widerspruchsrechts weder binden noch entlasten. Auch Absprachen mit Beteiligten, eine Forderung nicht oder in bestimmten Punkten nicht zu bestreiten, machen den Widerspruch nicht unwirksam, sondern sind allenfalls außerhalb des Insolvenzverfahrens zu verfolgen (N/R/*Becker* § 176 Rn 18).

12 Ein **Insolvenzgläubiger** ist widerspruchsberechtigt, wenn seine Anmeldung im Rahmen der Vorprüfung nicht zurückgewiesen, dh zur Prüfung zugelassen worden ist (s u § 179 Rn 2; LG Hamburg KTS 1975, 46; Gottwald/*Eickmann* InsRHdb § 64 Rn 3; zur Zulässigkeit, als Nebenintervenient einem Feststellungsprozess des Insolvenzverwalters beizutreten *Zöller/Vollkommer* § 66 ZPO Rn 9). Es kommt nicht darauf an, ob die **Forderung des Bestreitenden ihrerseits** von einem Verfahrensbeteiligten **bestritten** wird (BGH 14. 10. 04 – IX ZB 114/04, NZI 2005, 31 Rn 4 zu § 75 Abs 1 Nr 3). Wird eine Forderungsanmeldung im Prüfungstermin zurückgewiesen, weil sie nicht den gesetzlichen Erfordernissen des § 174 entspricht, so steht dem betreffenden Gläubiger auch kein Widerspruchsrecht gegen eine andere Forderung zu (HaKo-*Herchen* § 179 Rn 10). Nur wenn die Anmeldung des Widersprechenden im Prüfungstermin einstweilen zugelassen wird, ist ein erhobener Widerspruch wirksam. Erst die rechtskräftige Aberkennung des Insolvenzgläubigerrechts (§ 183 Abs 1) führt zur Beseitigung des Widerspruchs bzw zum Prozessverlust des Bestreitenden, und zwar ohne weitere Sachprüfung (MüKo-*Schumacher* § 178 Rn 20; K/P/B/*Pape* § 176 Rn 10; KS-*Eckardt* Kap 17 Rn 27). Der Gläubiger kann seinen Widerspruch grundsätzlich auf **dieselben Einwendungen** stützen **wie der Insolvenzverwalter.** Die Anfechtbarkeit kann er jedoch nur geltend machen, wenn sich der Insolvenzverwalter zuvor auf die Insolvenzanfechtung berufen hat (MüKo-*Schumacher* § 178 Rn 20; KS-*Eckardt* Kap 17 Rn 49 Fn 126; für generelle Zulässigkeit: *Häsemeyer* InsR Rn 22.25; aA [kein Recht des Gläubigers zur Berufung auf die Anfechtung] HaKo-*Herchen* § 179 Rn 13; *Baur/Stürner* II InsR Rn 21.14) oder im IK-Verfahren (§ 313 Abs 2 S 1). Ein isolierter Widerspruch gegen die Deliktseigenschaft ist ebenso unerheblich wie ein solcher des Verwalters (s o Rn 11). **Gegenüber nachrangigen Forderungen** (§ 174 Abs 3 S 2) fehlt

II. Voraussetzungen der Feststellung zur Tabelle **§ 178**

ein schutzwürdiges Interesse an einem Widerspruch (MüKo-*Schumacher* § 178 Rn 22); dies folgt aus deren Nachrangigkeit (§ 39) und ihrem fehlenden Stimmrecht (§ 77 Abs 1 S 2).

Auch **nachrangige Insolvenzgläubiger** haben – selbst wenn sie nicht vom Gericht zur Anmeldung **13** ihrer Forderung gem § 174 Abs 3 aufgefordert worden sind – ebenfalls ein Widerspruchsrecht (HaKo-*Herchen* § 179 Rn 8; K/P/B/*Pape* § 176 Rn 11; widersprüchlich AG Köln 30. 9. 04 – 71 IN 453/02, NZI 2005, 171; str aA KS-*Eckardt* Kap 17 Rn 27; *Smid* § 178 Rn 3). Denn das Gesetz unterscheidet nicht zwischen nicht nachrangigen und nachrangigen Insolvenzgläubigern. Obwohl ihre Forderungen (noch) nicht zur Prüfung zugelassen sind, haben diese Gläubiger wegen der Möglichkeit nachträglicher Aufforderung zur Anmeldung bereits im Prüfungstermin ein berechtigtes Interesse, Nichtberechtigte von Abstimmungen und Verteilungen auszuschließen, um ihr Teilhaberecht an der Masse zu wahren, zumal sie auch dem Vollstreckungsverbot des § 89 unterliegen. Denn ist die Forderung erst einmal festgestellt, bliebe auch nachrangiger Gläubiger bei späterer Aufforderung zur Anmeldung von der Möglichkeit des Bestreitens endgültig ausgeschlossen.

Dagegen hat ein **Widerspruch des Schuldners** lediglich die Wirkung, dass der Gläubiger nach Verfah- **14** rensbeendigung nicht aus dem Tabelleneintrag gegen den Schuldner vollstrecken kann (§ 201 Abs 2); ihm kommt **keine feststellungshindernde Wirkung** zu. Das berechtigte Interesse des Schuldners, durch die Anerkennung unberechtigter Forderungen (unbeschadet § 301) nicht einer erhöhten Nachhaftung ausgesetzt zu sein, nimmt der Insolvenzverwalter für ihn wahr (sanktioniert durch § 60). Der Schuldner **kann nur Grund, Höhe oder Durchsetzbarkeit** der Forderung außerhalb des Insolvenzverfahrens **bestreiten**, nicht aber insolvenzspezifische Einwendungen erheben, da letztere nicht für seine Nachhaftung relevant sind (zur Nebenintervention *B/L/A/H* § 66 ZPO Rn 10; anders *Stein/Jonas/Leipold* § 66 ZPO Rn 8). Zulässig ist aber ein **isolierter Widerspruch gegen den Schuldgrund der unerlaubten Handlung** (s u § 184 Rn 20; BGH 18. 1. 07 – IX ZR 176/05, NZI 2007, 416 Rn 10). Widerspricht der Schuldner der Anmeldung als unerlaubte Handlung nicht, so gilt dieses Forderungsattribut – über den Wortlaut des § 178 Abs 3 hinaus – gegenüber dem Schuldner als festgestellt mit der Folge, dass der Gläubiger nach Ablauf der Wohlverhaltensperiode entweder aus dem Tabelleneintrag (§ 201 Abs 2) oder einem früheren Titel vollstrecken kann (zur Teilfeststellung s u Rn 30; krit *Graf-Schlicker/Remmert* NZI 2001, 569, 572), und zwar gem § 850f Abs 2 ZPO auch in den Vorrechtsbereich des § 850c ZPO. Bei schuldloser Versäumung des Prüfungstermins oder der Frist im schriftlichen Prüfungsverfahren kann der Schuldner Wiedereinsetzung in den vorigen Stand beantragen (§ 186).

Hat das Gericht die **Eigenverwaltung** nach den §§ 270 ff unter Aufsicht eines Sachwalters angeordnet, **15** so sind sowohl der Sachwalter als auch der Schuldner berechtigt, die zur Tabelle angemeldeten Forderungen zu bestreiten (§ 283 Abs 1). Abweichend zu § 178 Abs 1 S 2 hat das Bestreiten des Schuldners in Verfahren mit Eigenverwaltung gem § 283 Abs 1 S 2 feststellungshindernde Wirkung (zutreffend K/P/B/*Pape* § 174 Rn 11, wonach der Schuldner dadurch ein beachtliches Störpotential erhält). Folglich ist bei Widerspruch des Schuldners der Gläubiger gezwungen, die Feststellung der bestrittenen Forderung nach §§ 179 ff zu betreiben.

b) **Form des Widerspruchs.** Der Widerspruch kann nur **mündlich** „im Prüfungstermin" erklärt wer- **16** den. Ein schriftlich erhobener Widerspruch ist wirkungslos (RGZ 57, 274; MüKo-*Schumacher* § 178 Rn 40; aA N/R/*Becker* § 176 Rn 21), wenn nicht das vorherige Bestreiten entweder im Prüfungstermin mündlich wiederholt wird (zB Bezugnahme des Verwalters auf seine mit Prüfungsergebnis vorbereitete Tabelle) oder das schriftliche Verfahren angeordnet wurde (§§ 5 Abs 2, 177 Abs 1). Der Widerspruch ist **Prozesshandlung**, so dass für ihn die allgemeinen Voraussetzungen jeder Prozesshandlung gelten (*Gottwald/Eickmann* InsRHdb § 64 Rn 4). Einwendungen aus §§ 119 ff, 138 BGB sind ausgeschlossen (K/P/B/*Pape* § 178 Rn 3). Eine Wiedereinsetzung in den vorigen Stand wegen schuldloser Versäumung des Prüfungstermins oder der Frist im schriftlichen Prüfungsverfahren sieht § 186 nur für den Schuldner vor, nicht aber für den Verwalter oder die Insolvenzgläubiger.

c) **Begründung des Widerspruchs.** Der Widerspruch braucht nicht begründet zu werden (K/P/B/*Pape* **17** § 176 Rn 7; FK-*Kießner* § 176 Rn 10; N/R/*Becker* § 176 Rn 20; MüKo-*Nowak* § 176 Rn 28; H/W/F Hdb Kap 7 Rn 55), obwohl sich dies empfiehlt, um unnütze Feststellungsklagen nach § 179 zu vermeiden. Anzugeben ist aber wegen der grundsätzlichen Verschiedenheit der weiteren Behandlung des Anspruchs die **Widerspruchsrichtung** (zur Verpflichtung nach entsprechender Aufforderung: s o § 176 Rn 18); sie stellt einen wesentlichen Teil des in der Tabelle als Ergebnis der Prüfungsverhandlung zu vermerkenden Prüfungsergebnisses dar (MüKo-*Schumacher* § 178 Rn 34; *Senst/Eickmann/Mohn* Hdb für das Konkursgericht Rn 306). Beschränkt sich der Widerspruch lediglich auf einen **Teil der Forderung**, tritt im Übrigen die Feststellungswirkung ein („soweit"). Begründet der Verwalter seinen Widerspruch mit der Tilgung der angemeldeten Forderung durch Aufrechnung, hindert dies weder ihn selbst noch die anderen widersprechenden Gläubiger daran, im Feststellungsrechtsstreit geltend zu machen, die Forderung bestehe schon gar nicht (*Eckardt* ZIP 1995, 257, 264). Ebenso kann er den Aufrechnungseinwand auch erst im Feststellungsprozess geltend machen.

d) **Zulässigkeit vorläufigen Bestreitens.** In der Praxis kommt es häufig vor, dass der Insolvenzverwal- **18** ter (oder ein Insolvenzgläubiger) angemeldete Forderungen „vorläufig" bestreitet (Bestreiten unter Vorbehalt), weil er bis zum Prüfungstermin die Forderung nicht abschließend zu klären vermag. Da die InsO ein solches „vorläufiges" Bestreiten mit dem **ausschließlichen Zweck des Zeitgewinns** nicht kennt, war seine Zulässigkeit lange umstritten (**für Zulässigkeit** [dh Widerspruch, der eine Feststellungsklage eröffnet]: **OLG** Düsseldorf 3. 11. 81 – 16 W 46/81, ZIP 1982, 201; **OLG** Celle 31. 5. 94 – 14 W 17/94, ZIP 1994, 1197; **gegen Zulässigkeit** [mit der Folge, dass eine Feststellungsklage unzulässig ist, weil ein Bestreiten überhaupt nicht vorliegt]: **OLG** Köln 20. 4. 78 – 12 W 3/78, KTS 1979, 119; **OLG** Hamm 6. 2. 74 – 20 W 22/73, KTS 1974, 178; **vermittelnd** [steht endgültigem Bestreiten gleich, wenn endgültige Erklärung übermäßig lange hinausgezögert wird und es dem Gläubiger unzumutbar ist, mit der Feststellungsklage noch länger zuzuwarten]: **OLG** München 12. 7. 05 – 7 W 1447/05, ZIP 2005, 2227: nach Ablauf einer 2-monatigen Überlegungsfrist; **OLG** Karlsruhe 10. 5. 89 – 11 W 63/89, ZIP 1989, 791; **OLG** Dresden 3. 2. 97 – 13 W 935/96, ZIP 1997, 327, 328; **LAG** Düsseldorf 29. 1. 76 – 3 Sa 758/75, DB 1976, 681).

19 Inzwischen ist die Streitfrage höchstrichterlich geklärt. Auch ein „vorläufiges" Bestreiten **ist** als ein uneingeschränkter **Widerspruch iSd § 178 Abs 1** anzusehen, da die Feststellungswirkung des § 178 Abs 1 gerade vermieden werden soll, lediglich ergänzt um die Erklärung, der Widersprechende müsse sich erst noch eine abschließende Meinung bilden und werde den Widerspruch ggf wieder zurücknehmen (**BGH** 9. 2. 06 – IX ZB 160/04, NZI 2006, 295; so auch schon zu § 144 KO **BAG** 10. 8. 88 – 5 AZR 478/87, ZIP 1988, 1587; HaKo-*Preß/Henningsmeier* § 178 Rn 9; KS-*Eckardt* Kap 17 Rn 56). Dabei spielt es keine Rolle, ob die Vorläufigkeit schon im Prüfungstermin erklärt oder in unmittelbarem zeitlichen und sachlichen Zusammenhang erst danach mitgeteilt wird, bei dem Widerspruch handele es sich um ein vorläufiges Bestreiten. In beiden Fällen weiß der Gläubiger, dass eine Feststellung seiner Forderung zur Tabelle noch möglich ist, ohne dass es einer Feststellungsklage oder Fortsetzung des anhängigen, unterbrochenen Rechtsstreits bedarf. Gegen die Zulässigkeit, den Zusatz „vorläufig" mit in die Tabelle aufzunehmen, bestehen keine Bedenken (**BGH** 9. 2. 06 aaO Rn 8 aE; HaKo-*Preß/Henningsmeier* § 178 Rn 9).

20 Ob ein „vorläufiges" Bestreiten bereits **Veranlassung zur Klageerhebung** gibt, hängt von einer Würdigung aller Umstände des Einzelfalles nach den zu § 93 ZPO entwickelten Grundsätzen ab (s u § 181 Rn 21). Dies gilt auch dann, wenn die Parteien den Rechtsstreit in der Hauptsache übereinstimmend für erledigt erklären, nachdem der Verwalter sein vorläufiges Bestreiten aufgegeben und das Insolvenzgericht die Forderung zur Tabelle festgestellt hat. Denn der Grundgedanke des § 93 ZPO kann auch im Rahmen der Kostenentscheidung nach § 91a ZPO herangezogen werden (**BGH** 9. 2. 06 – IX ZB 160/04, NZI 2006, 295; **OLG** München 12. 7. 05 – 7 W 1447/05, ZIP 2005, 2227; KS-*Eckardt* Kap 17 Rn 56). Der Umstand, dass sich der Schuldner vorinsolvenzlich substantiiert gegen die Gläubigerforderung zur Wehr gesetzt hat, ist unerheblich; entscheidend ist allein, ob der Bestreitende gegenüber dem Gläubiger den Eindruck erweckt, er werde ohne einen Rechtsstreit seinen Widerspruch nicht aufgeben (s u § 180 Rn 22). Im Regelfall fehlt es daher an einer Veranlassung zur Klage, wenn es der Gläubiger unterlässt, den Widersprechenden vor der Klageerhebung oder Prozessaufnahme unter Bestimmung einer **angemessenen Frist zur Erklärung** darüber aufzufordern, ob das Bestreiten als endgültig anzusehen ist. Fragt der Gläubiger nicht nach und erkennt der Bestreitende sofort nach der Klageerhebung oder Prozessaufnahme den Anspruch an, so hat der Gläubiger gem § 93 ZPO die Prozesskosten zu tragen (**BGH** 9. 2. 06 aaO; **OLG** Düsseldorf 11. 3. 94 – 17 W 1/94; ZIP 1994, 638; **OLG** Hamm 24. 5. 94 – 21 W 26/93, ZIP 1994, 1547; **LAG** Hamm 14. 3. 02 – 4 Sa 1366/97, ZIP 2002, 770; **LG** Göttingen 30. 5. 95 – 6 T 59/95, ZIP 1995, 1103; MüKo-*Schumacher* § 178 Rn 37; HaKo-*Herchen* § 179 Rn 15; *Hägele* ZVI 2007, 347). Durch das Bestreiten ist die Erhebung der Feststellungsklage auch dann nicht gem § 93 ZPO veranlasst, wenn der Gläubiger der Anmeldung die **erforderlichen Unterlagen nicht beigefügt** hat und dies bis zur Klageerhebung nicht nachholt (**OLG** Dresden 3. 2. 97 – 13 W 935/96, ZIP 1997, 327, 328; **OLG** Celle 31. 5. 94 – 14 W 17/94, ZIP 1994, 1197 f). Die zu § 93 ZPO entwickelten Grundsätze gelten auch, wenn der Verwalter gem § 179 Abs 2 gegen eine titulierte Forderung selbst klagt (zB die Zinsforderung wegen vermeintlicher Verjährung bestreitet) und nach Vorlage der Belege die Hauptsache für erledigt erklärt (zB weil nun erstmalig die Voraussetzungen des § 212 Abs 1 BGB dargelegt sind). Der Gläubiger kann nicht einwenden, der Verwalter hätte bis zum Beginn der Frist des § 189 Abs 1 abwarten müssen; denn der Grund für das Bestreiten liegt allein in der Sphäre des Gläubigers durch die Nichtbeifügung der erforderlichen Belege.

21 Statt der Forderung vorläufig zu bestreiten, kann der Verwalter auch **Vertagung des Prüfungstermins beantragen**, wenn er sich außerstande sieht, bestimmte Forderungen fristgerecht zu prüfen (**LG** Göttingen 7. 11. 89 – 2 O 370/89, ZIP 1989, 1471; Gottwald/*Eickmann* InsRHdb § 64 Rn 8; MüKo-*Schumacher* § 178 Rn 38). Durch die Vertagung entstehen keine zusätzlichen Veröffentlichungskosten (§ 74 Abs 2 S 2; N/R/*Becker* § 176 Rn 30).

22 e) **Mehrfaches Bestreiten.** Vielfach wird die Forderung nicht nur vom Verwalter, sondern auch von einem oder mehreren Gläubigern gleichzeitig bestritten. Um die Feststellungswirkungen des § 178 Abs 1 S 1 herbeizuführen, ist erforderlich, dass **sämtliche** erhobenen Widersprüche beseitigt werden. Gegebenenfalls sind alle Widersprechenden gem § 179 zu verklagen, soweit die Gläubigerforderung nicht tituliert ist. Auf ein Bestreiten des Schuldners kommt es nicht an, weil dessen Widerspruch

III. Rechtskraftwirkung der festgestellten Forderung (Abs 3) § 178

gem § 178 Abs 1 S 2 die Feststellung der Forderung nicht hindert (zur Streitgenossenschaft s u § 179 Rn 7).

f) **Rücknahme des Widerspruchs.** Der Widerspruch kann zurückgenommen werden. Die Rücknahme 23 ist entweder gegenüber dem Gläubiger (Anmelder) oder gegenüber dem Insolvenzgericht zu erklären (**BGH** 25. 6. 57 – III ZR 251/56, WM 1957, 1226; **OLG** Dresden 19. 1. 95 – 7 U 888/94, ZIP 1995, 665; K/P/B/*Pape* § 179 Rn 7, 8; Gottwald/*Eickmann* InsRHdb § 64 Rn 9; MüKo-*Nowak* § 176 Rn 30; *R. Bähr* InVo 1998, 205, 209; **aA** [Rücknahme nur gegenüber dem Insolvenzgericht] AG Bremen 4. 2. 05 – 40 IN 881/02, NZI 2005, 399; HaKo-*Herchen* § 179 Rn 3; KS-*Eckardt* Kap 17 Rn 26). Wird die Erklärung im Prüfungstermin (mündlich) oder später **gegenüber dem Gericht** abgegeben (§ 496 ZPO), so hat dieses die Rücknahme von Amts wegen in der Tabelle zu vermerken. Wird sie schriftlich **dem Gläubiger gegenüber** erklärt, hat dieser das Recht, eine dahingehende Berichtigung der Tabelle zu beantragen (Gottwald/*Eickmann* InsRHdb § 64 Rn 9). War zum Zeitpunkt der Rücknahme bereits Feststellungsklage nach § 179 erhoben, ein anhängiger Rechtsstreit aufgenommen oder weiterbetrieben worden, so führt die Rücknahme zur Erledigung des Verfahrens in der Hauptsache (**BGH** 25. 6. 57 – III ZR 251/56, WM 1957, 1225; Gottwald/*Eickmann* InsRHdb § 64 Rn 10).

g) **Beseitigung des Widerspruchs.** Eine Forderung gilt nach § 178 Abs 1 S 1 auch als festgestellt, wenn 24 ein erhobener Widerspruch beseitigt ist. Haben mehrere Personen Widerspruch erhoben, müssen **sämtliche** Widersprüche für die Feststellung beseitigt sein. Lediglich der **Widerspruch des Schuldners** steht der Feststellung nicht entgegen (§ 178 Abs 1 S 2). Die Beseitigung erhobener Widersprüche kann erfolgen durch Rücknahme des Widerspruchs, Obsiegen des Anmelders im Feststellungsstreit, Anmeldungsrücknahme der eigenen Forderung durch den bestreitenden Gläubiger sowie durch Erlöschen der Forderung des Bestreitenden (Gottwald/*Eickmann* InsRHdb § 64 Rn 12; **aA** [Widerspruch wird mangels Sachlegitimation nur unbegründet, aber nicht unwirksam] MüKo-*Schumacher* § 178 Rn 46). Zum Nachweis ist die Vorlage der Rücknahmeerklärung im Original notwendig (§§ 415 ff ZPO). Soll die Tabelle aufgrund eines dem Widerspruch beseitigenden **Urteils** berichtigt werden, ist mit dem Berichtigungsantrag eine Urteilsausfertigung nebst Rechtskraftvermerk (§ 183 Abs 2) dem Gericht vorzulegen. Die Tabellenberichtigung, die vom Rechtspfleger zu unterzeichnen ist, wird dem beantragenden Gläubiger und dem Insolvenzverwalter mitgeteilt.

III. Rechtskraftwirkung der festgestellten Forderung (Abs 3)

1. **Art und Umfang der Rechtskraftwirkung.** Während § 178 Abs 1 die Voraussetzungen der Feststellung regelt, betrifft Abs 3 ihren Vollzug, insb als Grundlage für die Verteilung. Demnach wirkt die Eintragung in die Tabelle für die festgestellten Forderungen ihrem Betrag nach und ihrem Rang nach gegenüber dem Insolvenzverwalter und allen Insolvenzgläubigern – gegenüber dem Schuldner dagegen nur, wenn er nicht widersprochen hat (§ 201 Abs 2) – wie ein rechtskräftiges Urteil und **schließt nachträgliche Einwendungen aus** (Ausnahme: § 186 Abs 2 S 2; s u § 186 Rn 8) einschließlich solcher aus Insolvenzanfechtung (**RG** 13. 3. 1891 – II 6/91, RGZ 27, 91; K/P/B/*Pape* § 178 Rn 8). Voraussetzung ist, dass der Rechtsgrund der festgestellten Forderung hinreichend bestimmt ist, wobei ggf auf den Inhalt einer unterbrochenen Klage zurückgegriffen werden kann (**BGH** 10. 11. 93 – VIII ZR 119/92, ZIP 1993, 1876). Verwalter und Insolvenzgläubiger können Einwendungen gegen den festgestellten Anspruch nicht noch mit den Mitteln geltend machen, die gegen ein rechtskräftiges Urteil zur Verfügung stehen. Eine **nachträgliche Ergänzung** der vorangegangenen Forderungsanmeldung – insbesondere um den Zusatz **des Forderungsattributs der vorsätzlich begangenen unerlaubten Handlung** – wird durch § 178 Abs 3 nicht ausgeschlossen, wie sich aus § 177 Abs 1 S 3 ableiten lässt (s o § 177 Rn 16; **BGH** 17. 1. 08 – IX ZR 220/06, NZI 2008, 250; Vorinstanz **OLG** Hamm 20. 9. 06 – 11 U 48/06, ZInsO 2007, 1279). Eine **nachträgliche Anmeldungsrücknahme** ist unzulässig (Gottwald/*Eickmann* InsRHdb § 64 Rn 29), aber als Verzicht auf die Rechte aus dem Tabelleneintrag (Titel) zu werten (s u § 174 Rn 50). Art und Umfang der Rechtskraftwirkungen richten sich nach den zu § 322 Abs 1 ZPO entwickelten allgemeinen zivilprozessualen Grundsätzen (KS-*Eckardt* Kap 17 Rn 38), wobei die Rechtskraft nicht das materielle Recht umgestaltet, sondern lediglich verfahrensrechtliche Wirkungen entfaltet. Sind im Insolvenzverfahren des **OHG-Gesellschafters** Gesamtsozialversicherungsbeiträge angemeldet und zur Tabelle festgestellt, so sind damit nicht zwangsläufig auch Ansprüche gegen ihn persönlich aus unerlaubter Handlung (§ 266a StGB) umfasst (**OLG** Jena 1. 3. 07 – 5 W 37/07, MDR 2007, 1102). **Sicherungsrechte** werden von der Feststellungswirkung nicht erfasst (**BGH** 30. 10. 74 – VIII ZR 81/73, WM 1974, 1218; *Serick* Bd I § 15 VI 2; Gottwald/*Eickmann* InsRHdb § 64 Rn 28).

Keine Rechtskraftwirkung kommt dem **Eintrag des Widerspruchs** zu. Der Inhaber der bestrittenen 26 Forderung bleibt Beteiligter mit allen einem Insolvenzgläubiger im Insolvenzverfahren zukommenden Handlungsbefugnissen (**BGH** 14. 10. 04 – IX ZB 114/04, NZI 2005, 31).

a) **Konstitutive Wirkung des Tabelleneintrags.** Nach **hM** (RGZ 22, 153, 155; **BGH** 30. 1. 61 – II ZR 27 98/59, WM 1961, 428; **OLG** Köln 2. 11. 94 – 13 U 63/94, WM 1995, 597; K/P/B/*Pape* § 178 Rn 6ff.; MüKo-*Schumacher* § 178 Rn 58; HK-*Irschlinger* § 178 Rn 4) kommt nicht schon der Feststellung der

Sinz

Forderung als solcher (§ 178 Abs 1 S 1), sondern **erst der Eintragung des Feststellungsvermerks in der Tabelle Urteilswirkung** zu (eine Ausnahme gilt nur für § 183 Abs 2, s u § 183 Rn 12; aA [stets deklaratorische Wirkung] KS-*Eckardt* Kap 17 Rn 36). Dafür spricht vor allem der Wortlaut des Abs 3, aber auch die größere Rechtssicherheit. Urteilswirkung entfaltet allerdings nur ein zutreffender Feststellungsvermerk; die Eintragung einer streitig gebliebenen Forderung als festgestellt kann jederzeit auf Antrag oder von Amts wegen berichtigt werden (MüKo-*Schumacher* § 178 Rn 51 f). Bis zur Eintragung des Prüfungsergebnisses ist daher eine Wiedereröffnung der Prüfung der festgestellten Forderung denkbar (MüKo-*Schumacher* § 178 Rn 56; *Häsemeyer* InsR Rn 22.18). Bei **versehentlicher Nichteintragung einer anerkannten Forderung** in das Schlussverzeichnis sind hingegen Bereicherungsansprüche des übergangenen Insolvenzgläubigers ausgeschlossen in Höhe des Betrages, den infolge seines Ausschlusses von der Verteilung die anderen Insolvenzgläubiger mehr erhalten haben, sofern er im Schlusstermin keine Einwendungen gegen das Schlussverzeichnis erhoben hat (**BGH** 17. 5. 84 – VII ZR 333/83, ZIP 1984, 980).

28   **b) Gegenstand der Feststellung.** Gegenstand der Feststellung ist das angemeldete Insolvenzgläubigerrecht, dh das **Haftungsrecht** des Gläubigers an der Insolvenzmasse. Ob die Forderung besteht, sie den beanspruchten Rang hat und als Insolvenzforderung zu qualifizieren ist, sind lediglich Vorfragen, die nicht in Rechtskraft erwachsen (MüKo-*Schumacher* § 178 Rn 15; HaKo-*Herchen* § 179 Rn 17; KS-*Eckardt* Kap 17 Rn 39 ff; *Henckel* FS Michaelis, 1972, S 151 ff; *Spellenberg* Zum Gegenstand des Konkursfeststellungsverfahrens, 1972, S 81 ff, 149 ff; *Carl* Teilnahmerechte im Konkurs, 1998, S 63 f, 77 ff; aA RGZ 55, 157, 160; *Häsemeyer* InsR Rn 22.03). Daraus folgt zugleich, dass sich die Rechtskraftwirkung auf das Insolvenzverfahren beschränkt. Bedeutung hat der Meinungsstreit vor allem für die Präjudizwirkung der Feststellung. Nach der Gegenmeinung bildet die Forderung gegen den Schuldner als solche den Gegenstand der Feststellung, so dass der Verwalter zB in einem späteren **Absonderungsrechtsstreit** mit dem Gläubiger den Bestand der zuvor festgestellten Forderung nicht mehr wirksam bestreiten kann (so RGZ 55, 157, 160). Das Gleiche gilt, wenn der Gläubiger später einen besseren **Rang** für die festgestellte Forderung beansprucht (**BGH** LM KO § 61 Nr 2, 3) oder im Prüfungstermin lediglich dem behaupteten Rang widersprochen wurde (RGZ 144, 246, 248 f). Nach der hier vertretenen Auffassung besteht dagegen **keine Bindungswirkung**. Dafür spricht, dass sich das Feststellungsinteresse des Gläubigers nur aus dem „Recht der Teilnahme an den Beschlussfassungen über die Konkursmasse und an der Verteilung derselben" rechtfertigt (so auch die Motive zur KO, S 384). Wohl aber steht einem Bestreiten des Bestands der Forderung in einem späteren Absonderungs- oder Rangstreit regelmäßig der Einwand des venire contra factum proprium (§ 242 BGB) entgegen (s o Rn 4).

29   Lediglich § 201 Abs 2 sieht eine über die insolvenzmäßige Haftung zeitlich und gegenständlich hinausgehende Rechtskraftwirkung vor, wenn auch der Schuldner der Anmeldung nicht widersprochen hat; ihm gegenüber kommt es auf den **Bestand der Forderung** an (**BGH** 30. 1. 61 – II ZR 98/59, NJW 1961, 1066; **OLG** Köln 2. 11. 94 – 13 U 63/94, WM 1995, 597, 599).

30   **c) Teilfeststellung.** Beschränkt sich der Widerspruch lediglich auf einen **Teil der Forderung**, tritt im Übrigen die Feststellungswirkung ein („soweit"). Zweifelhaft ist die Rechtskraftwirkung aber, wenn sich der Widerspruch nur gegen **einzelne Tatbestandsmerkmale** des geltend gemachten Gläubigerrechts richtet, wie die Anmeldbarkeit der Forderung, ihre Anfechtbarkeit oder ihren Rang. Nach der hier vertretenen Auffassung (Rn 28) tritt in diesem Fall zwar keine Teilrechtskraft hinsichtlich der nicht bestrittenen Teile der angemeldeten Forderung ein (aA HaKo-*Preß/Henningsmeier* § 178 Rn 7), zumal der Bestreitende seinen Widerspruch zunächst nicht begründen muss. In einem späteren Rechtsstreit kann er aber nicht mehr den Bestand der Forderung bestreiten (§ 242 BGB), wenn er diese zuvor als solche (zB für den Ausfall) anerkannt hat. Dies gilt auch dann, wenn der Schuldner im Prüfungstermin nur **isolierten Widerspruch gegen den Schuldgrund der unerlaubten Handlung** erhoben hat (s o Rn 14; zur Zulässigkeit eines isolierten Widerspruchs: s u § 184 Rn 20; **BGH** 18. 1. 07 – IX ZR 176/05, NZI 2007, 416 Rn 10). Allerdings wäre es konsequent gewesen, wenn der Gesetzgeber in § 178 Abs 3 klargestellt hätte, dass die Eintragung in die Tabelle für die festgestellten Forderungen nicht nur ihrem Betrag und ihrem Rang nach wie ein rechtskräftiges Urteil gegenüber dem Insolvenzverwalter und allen Insolvenzgläubigern wirkt, sondern **auch dem Grunde nach**.

31   **2. Subjektive Grenzen der Rechtskraftwirkung. a) Gegenüber Insolvenzgläubigern.** Die Rechtskraftwirkung gegenüber den anderen Insolvenzgläubigern tritt unabhängig davon ein, ob diese an dem Prüfungstermin teilgenommen oder überhaupt Forderungen angemeldet haben. Ebenso wenig hindert die Feststellung der Forderung zugunsten des Anmelders einen anderen Insolvenzgläubiger, dieselbe Forderung seinerseits im Insolvenzverfahren geltend zu machen mit der Behauptung, er sei der wahre Berechtigte (**Prätendentenstreit**). Hat er jedoch im Prüfungstermin der Feststellung der von ihm selbst beanspruchten Forderung zugunsten eines anderen Anmelders nicht nur nicht widersprochen, sondern sogar den Eindruck erweckt, er wolle dem anderen den Vortritt lassen mit der Folge, dass der Insolvenzverwalter den Anspruch des anderen anerkannt hat, so kann ihm ggf der Einwand der unzulässigen Rechtsausübung entgegengehalten werden (**BGH** 15. 1. 70 – II ZR 154/68, NJW 1970, 810). Ist der Streit um die Forderungsinhaberschaft jedoch offenkundig, so kann der Insolvenzverwalter die Forde-

III. Rechtskraftwirkung der festgestellten Forderung (Abs 3) § 178

rung nach ihrem Bestand und Betrag anerkennen und die Rechtszuständigkeit der Anmeldenden „bis zum Austrage des Streites unter ihnen" bestreiten sowie die auf die Forderung entfallende Quote gem § 372 S 2 BGB hinterlegen (s o § 177 Rn 14; **BGH** 19. 12. 96 – IX ZR 18/96, ZIP 1997, 372).

b) Gegenüber dem Schuldner. Unter den Voraussetzungen des § 201 Abs 2 hat der Feststellungsvermerk volle Rechtskraftwirkung **zu Lasten** des Schuldners. Er ist darüber hinaus an die Feststellung seiner Haftung mit den Gegenständen der Masse aber auch dann gebunden, wenn er der Feststellung der Forderung nicht widersprochen hat (**FG** Düsseldorf 29. 5. 70 – VI 124/67 A, EFG 1970, 528) oder später die Verfügungsmacht über diese Gegenstände wieder zurückerhält mit der Folge, dass eine Kondiktion der verteilten Quote ausgeschlossen ist (MüKo-*Schumacher* § 178 Rn 69). Zur Frage, ob die Feststellung des Nichtbestehens einer Insolvenzforderung auch **zugunsten** des Schuldners Rechtskraft schafft, s u § 183 Rn 7–9. 32

c) Gegenüber Dritten. Grundsätzlich hat der Tabelleneintrag **keine Wirkungen** gegenüber Dritten wie Bürgen (**BGH** 18. 5. 95 – IX ZR 129/94, ZIP 1995, 1076 unter III 1), Zedenten, Kommanditisten der Schuldnerin (RGZ 51, 33, 40) oder Gläubigern von Sicherungsrechten (**BGH** 30. 10. 74 – VIII ZR 81/73, NJW 1975, 122; K/P/B/*Pape* § 178 Rn 7; N/R/*Becker* § 178 Rn 32; MüKo-*Schumacher* § 178 Rn 73). Dies schließt jedoch nicht aus, dass die rechtskräftige Feststellung der Forderung Grundlage für die Geltendmachung weiterer Ansprüche des Gläubigers gegen Dritte ist (s u Rn 41 zur **Rückforderung der Vorsteuererstattung von einem Zessionar**; **BFH** 19. 8. 08 – VII R 36/07, ZIP 2009, 39 Rn 19). Wird im Insolvenzverfahren über das Vermögen einer insolventen OHG oder KG eine Forderung zur Tabelle festgestellt, so wirkt die Feststellung gem §§ 161 Abs 2, 129 Abs 1 HGB mittelbar auch gegen die **persönlich haftenden Gesellschafter** (**BGH** 30. 1. 61 – II ZR 98/59, WM 1961, 427, 429; zur Nebenintervention s u § 179 Rn 4). Entsprechendes gilt für die Feststellung einer Forderung gegen eine GmbH, wenn der Insolvenzverwalter den **GmbH-Gesellschafter** gem § 93 wegen „existenzvernichtenden Eingriffs" oder „Vermögensvermischung" in Anspruch nimmt und der Gesellschafter zuvor Gelegenheit hatte, der Forderungsanmeldung mit Wirkung für seine persönliche Haftung zu widersprechen (**BGH** 14. 11. 05 – II ZR 178/03, NZI 2006, 365 Rn 23). Ebenso kann ein **Leasingnehmer** vom Leasinggeber Rückzahlung der Leasingraten nach Bereicherungsrecht verlangen, nachdem der an ihn abgetretene Anspruch des Leasinggebers auf Kaufpreisrückzahlung (§ 437 Nr 2 BGB) in der Insolvenz des Lieferanten zur Tabelle festgestellt und damit die Geschäftsgrundlage des Leasingvertrags weggefallen ist (**BGH** 25. 10. 89 – VIII ZR 105/88, ZIP 1990, 175, 177; s o § 108 Rn 154). Schließlich dokumentiert die Feststellung einer gesicherten Forderung zur Tabelle den **Eintritt des Sicherungsfalls** gegenüber dem Sicherungsgeber (**OLG** Koblenz 19. 4. 91 – 2 U 1659/89, NJW-RR 1992, 107). Von der Feststellungswirkung gem § 178 Abs 3 zu unterscheiden ist die vertragliche Bindungswirkung einer unwidersprochen gebliebenen **Auseinandersetzungsbilanz einer ARGE** gegenüber Insolvenzverwalter und Bürgen (**LG** Hamburg 10. 3. 2009 – 303 O 375/08, IBR 2009, 389). 33

3. Feststellung titulierter Forderungen. Auch Gläubiger, die vor Eröffnung des Insolvenzverfahrens bereits einen Titel gegen den späteren Insolvenzschuldner erwirkt hatten, müssen ihre Forderung zur Tabelle anmelden, um am Insolvenzverfahren teilzunehmen. Wird kein Widerspruch erhoben, gilt die Forderung als festgestellt. Durch den Auszug aus der Tabelle, aus dem nach Aufhebung des Insolvenzverfahrens – vorbehaltlich § 301 Abs 1 – die Zwangsvollstreckung betrieben werden kann (§ 201 Abs 2), wird der **frühere Titel „aufgezehrt"** (**BGH** 18. 5. 06 – IX ZR 187/04, NZI 2006, 536 Rn 9; K/P/B/*Holzer* § 201 Rn 13–18; HK-*Irschlinger* § 201 Rn 7; Gottwald/*Eickmann* InsRHdb § 64 Rn 30; Rechtsbehelf, wenn der Gläubiger dennoch aus dem „alten" Titel vollstreckt: § 767 ZPO). Das gilt jedoch nicht, wenn der Schuldner der Feststellung widersprochen hat. Zwar steht der Widerspruch des Schuldners der Feststellung der Forderung zur Tabelle nicht entgegen (§ 178 Abs 1 S 2); solange der erhobene Widerspruch nicht beseitigt ist, kann jedoch aus dem Tabellenauszug nicht die Zwangsvollstreckung betrieben werden (§ 201 Abs 2). Insoweit darf der Gläubiger aber auf den vorab erwirkten Titel zurückgreifen. 34

4. Feststellung von Nichtinsolvenzforderungen. Forderungen, die keine Insolvenzforderung iSd §§ 38, 39 sind, werden auch durch Anmeldung, Anerkennung und Feststellung nicht zu Insolvenzforderungen. Die Rechtskraftwirkung gem §§ 178 Abs 3, 183 betrifft die spätere Geltendmachung desselben Anspruchs als **Masseforderung** nicht aus (s o § 174 Rn 7; **BGH** 13. 6. 06 – IX ZR 15/04, NZI 2006, 520; **BGH** 21. 2. 91 – IX ZR 133/90 ZIP 1991, 456; **BAG** 13. 6. 89 – 1 AZR 819/87, BAGE 62, 88, 92 f; **OVG** Münster 10. 8. 98 – 22 A 2059/95, KTS 1999, 137; K/P/B/*Pape* § 178 Rn 11; FK-*Kießner* § 174 Rn 35; anders bei erkennbarem Verzicht auf Masseforderung: **BGH** 1. 12. 88 – IX ZR 61/88, ZIP 1989, 50 unter II aE). Das besondere Feststellungsverfahren dient nicht zur Klärung der rechtlichen Einordnung eines Anspruchs als Insolvenzforderung, sondern setzt die Anmeldung einer *Insolvenzforderung* voraus. Führte die Feststellung einer Forderung zur Tabelle als Insolvenzforderung allgemein zum Ausschluss als Masseforderung, so könnte ein Insolvenzverwalter unter Umständen durch entsprechendes Verhalten gegenüber rechtsunkundigen Massegläubigern deren Forderungen gleichsam in Insolvenzforderungen umwandeln. Eine irrtümliche Verfahrensteilnahme entfaltet **keine Sperrwir-** 35 kung, da sie „weder einen Verzicht auf die Geltendmachung der bevorzugten Befriedigung noch den Verlust des Anspruchs auf bevorzugte Befriedigung außerhalb des Insolvenzverfahrens" bedeutet (so zutreffend K/P/B/*Pape* § 178 Rn 11), so dass auch zunächst nicht geltend gemachte **Aus- und Absonderungsrechte** weiterhin beansprucht werden können. Die fehlerhafte Feststellung entbehrt jeglicher Wirkung und kann von Amts wegen berichtigt werden (**OLG Köln** 15. 11. 07 – 16 Wx 100/07, NZI 2008, 377 juris Rn 12; K/P/B/*Pape* § 178 Rn 10 f; MüKo-*Schumacher* § 178 Rn 65; Gottwald/*Eickmann* InsRHdb § 64 Rn 31; *Häsemeyer* InsR Rn 22.04; aA KS-*Eckardt* Kap 17 Rn 46, wenn der Anspruch „als Insolvenzforderung" angemeldet und zur Tabelle festgestellt wird).

36 **5. Feststellung von Ausfallforderungen.** Die persönlichen Forderungen absonderungsberechtigter Gläubiger sind in voller Höhe anzumelden, zu prüfen und festzustellen. Der Tabellenvermerk „Festgestellt in Höhe des Ausfalls" oder „unter Beschränkung auf den Ausfall" ändert nichts daran, dass sich die Rechtskraftwirkung auf das Haftungsrecht an der Insolvenzmasse für die **gesamte Forderung** erstreckt, weil weder der Verwalter noch die Gläubiger berechtigt oder gar verpflichtet sind, die Forderung nur bis zur Höhe des Ausfalls anzuerkennen und im Übrigen zu bestreiten (**BGH** 4. 10. 84 – IX ZR 159/83, ZIP 1984, 1509; **BGH** 30. 1. 61 – II ZR 98/59, WM 1961, 427, 429; MüKo-*Schumacher* § 178 Rn 64; K/P/B/*Pape* § 178 Rn 12; KS-*Eckardt* Kap 17 Rn 47; *Klasmeyer/Elsner* FS Merz, 1992, S 305 f; *Mandlik* Rpfleger 1980, 143). Der Zusatz ist auch dann unschädlich, wenn sich später herausstellt, dass gar kein Absonderungsrecht besteht (**RG** 5. 12. 1932 – IV 317/32, RGZ 139, 83, 86 f). Die Aufnahme in das Verteilungsverzeichnis kann er in diesem Fall über Einwendungen gem §§ 194, 197 Abs 1 Nr 2, im Wege einer Feststellungsklage oder durch einen Verzicht gem § 190 Abs 1 S 1 erreichen. Die **Urteilswirkung** des Tabellenvermerks „Festgestellt in Höhe des Ausfalls" erstreckt sich nur auf die angemeldete Insolvenzforderung, **nicht auf das Absonderungsrecht** (**BGH** 30. 10. 74 – VIII ZR 81/73, NJW 1975, 122). Der entsprechende Vermerk in der Tabelle geht allerdings nicht ins Leere, sondern ist als „Merkposten" zu verstehen und hat später **für das Verteilungsverfahren Bedeutung**. Kann der Gläubiger jedoch spätestens zwei Wochen nach Bekanntmachung des Verteilungsverzeichnisses (§ 190 Abs 1 S 1) nachweisen und erklärt er auch keinen Verzicht auf das Absonderungsrecht, wird er ungeachtet der uneingeschränkten Feststellung bei der anstehenden Verteilung nicht berücksichtigt (s u § 190 Rn 10).

37 Gesetzlich nicht geregelt ist der Fall, wie zu verfahren ist, wenn die **Anzeige des Absonderungsrechts** erst **nach** der **Forderungsfeststellung** erfolgt. Da § 178 Abs 3 sich weder positiv noch negativ auf etwaige Absonderungsrechte erstreckt (**BGH** 30. 10. 74 aaO), kann aus dieser Norm auch keine Präklusion abgeleitet werden, selbst wenn die Ausschlussfrist des § 189 Abs 1 schon abgelaufen ist. Geht die Mitteilung dem Verwalter **vor Durchführung der Schlussverteilung** zu, ist vorab noch der entsprechende Erlösanteil gem § 170 Abs 1 abzurechnen und auszukehren (bzw in den Fällen der §§ 173, 313 Abs 3 die Feststellungspauschale zur Masse zu ziehen). Reicht die Masse (zB aufgrund der bereits erfolgten Befriedigung von Verfahrenskosten und sonstigen Masseverbindlichkeiten) nicht mehr zur vollständigen Befriedigung des Absonderungsrechtes aus, greift § 818 Abs 3 BGB ein (ähnlich *Zimmer* ZVI 2004, 269, 274), ggf auch § 206 Nr 2, wenn der Erlös sich nicht mehr unterscheidbar in der Masse befindet. Die Kosten für die Erstellung eines neuen Schlussberichts nebst Schlussrechnung und des neuen Schlussverzeichnisses kann der Verwalter als Schadensersatz gem § 28 Abs 2 S 3 geltend machen oder gegen den Anspruch auf Erlösauskehr und/oder die Quote aufrechnen. In der Tabelle ist die nachträgliche Anzeige in der Spalte „Bemerkungen" mit dem Vermerk „Verzicht in Höhe des Verwertungserlöses von … Euro" einzutragen, so dass im Schlussverzeichnis nur der tatsächliche Ausfall als festgestellte Forderung verbleibt. Der Grundsatz der Doppelberücksichtigung (**BGH** 11. 12. 08 – IX ZR 156/07, ZIP 2009, 243 Rn 14) steht dem nicht entgegen, da der Absonderungsgläubiger keine Teilzahlung aus Drittvermögen erhalten hat (kein Fall des § 43), sondern aus der Insolvenzmasse, nämlich dem Absonderungsgegenstand (§ 52 S 2). War der Zeitpunkt des Zugangs der Mitteilung der **Schlussverteilung schon erfolgt,** scheitern Ansprüche des Absonderungsgläubigers gegen die Insolvenzmasse aus ungerechtfertigter Bereicherung ebenfalls an § 818 Abs 3 BGB. Die Masse ist aus diesem Grunde auch nicht um Ansprüche aus § 812 Abs 1 S 2 BGB gegen die Gläubiger bereichert (dies übersieht *Zimmer* ZVI 2004, 269, 274). Auch unmittelbare Ansprüche gegen die Insolvenzgläubiger aus § 822 BGB scheiden aus, da der Erhalt der Quote nicht unentgeltlich erfolgt, sondern das Schlussverzeichnis Rechtsgrund hierfür ist (**BGH** 17. 5. 84 – VII ZR 333/83, ZIP 1984, 980).

38 Nicht selten kommt es vor, dass Gläubiger bei ihrer Forderungsanmeldung ihr Absonderungsrecht überhaupt **nicht anzeigen**, den Anspruch auf abgesonderte Befriedigung aber nachträglich mittels Beitritt zu einem Lieferantenpool durchsetzen können. Reagiert der Gläubiger auf die Aufforderung des Verwalters zur Reduzierung der festgestellten Forderung nicht, so kann er nicht ohne weiteres in der Tabelle einen (konkludenten) „Verzicht" vermerken, da es – anders als in Rn 37 – an einer Mitteilung des Gläubigers fehlt. Dennoch muss der Verwalter sich auch hier zur (teilweisen) Beseitigung der Feststellung nicht den Weg des § 826 BGB (bei bewusster Täuschung über das Absonderungsrecht) oder eine Vollstreckungsgegenklage gem § 767 Abs 1 ZPO (dazu **BGH** 11. 12. 08 – IX ZR 156/07, ZIP 2009, 243 Rn 12) verweisen lassen, da kein Fall des § 43 vorliegt und die Eigenschaft als Absonderungsgläubiger nicht davon abhängt, dass er sein Absonderungsrecht mitteilt. § 52 S 1 definiert die Ab-

IV. Änderung von Tabelleneinträgen **§ 178**

sonderungsberechtigten nämlich als Gläubiger, die abgesonderte Befriedigung beanspruchen „können" (und nicht: beansprucht „haben"). Die Tabelle ist daher auf Antrag des Verwalters von Amts wegen durch das Insolvenzgericht wegen offensichtlicher Unrichtigkeit zu ergänzen um den Vermerk: „Ausfall gem. § 52 S 2 InsO: ... Euro." Denn nur *dieser* Betrag soll nach dem Willen des Gesetzgebers an der Verteilung teilnehmen. Dem Absonderungsgläubiger verbleiben die sofortige Erinnerung gegen den Tabellenvermerk oder die Erhebung von Einwendungen gegen das Verteilungsverzeichnis (§ 194).

6. Feststellung von Steuerforderungen. Die Feststellung zur Tabelle übernimmt bei festgestellten Steuerforderungen zugleich die **Funktion einer Steuerfestsetzung** (FG Münster 31. 8. 95 – 4 K 4227/92 U, EFG 1996, 86; K/P/B/*Holzer* § 201 Rn 19; *Frotscher* Besteuerung bei Insolvenz S 257; *Bringewat/Waza* Insolvenzen und Steuern S 69 Rn 168; *Geist* Insolvenzen + Steuern S 89 ff Rn 87); nach **aA** kommt ihr die Wirkung eines Finanzgerichtsurteils (*Hübschmann/Hepp/Spitaler/Beermann* § 251 AO Rn 422) oder eines Feststellungsbescheids gem § 251 Abs 3 AO zu (FG Stuttgart 2. 4. 93 – 9 K 403/91, KTS 1994, 83). Bedeutung hat der Meinungsstreit nur für die **Abänderbarkeit** der Feststellung gem §§ 130, 131 AO (so FG Stuttgart 2. 4. 93 aaO; *Frotscher* Besteuerung bei Insolvenz S 256; *Tipke/Kruse/Loose* § 251 AO Rn 68; *Maus* FS Greiner S 227 f; zu § 251 Abs 3 AO: FG Münster 21. 2. 08 – 8 K 38/05 U, EFG 2008, 919) oder nach den für Steuerbescheide geltenden Vorschriften der §§ 172 ff AO (MüKo-*Schumacher* § 178 Rn 88). Nach Feststellung einer USt-Jahresschuld zur Tabelle ohne Widerspruch des Schuldners kann ein Haftungsbescheid nicht mehr auf offene USt-Forderungen aus den zugehörigen einzelnen USt-Voranmeldungszeiträumen gestützt werden. Dagegen erstreckt sich die Rechtskraftwirkung des Eintrags in die Tabelle nicht auf den als steuerrechtlichen Haftungsschuldner gem § 219 AO in Anspruch genommenen Gesellschafter einer OHG, über deren Vermögen das Insolvenzverfahren eröffnet worden ist (s o Rn 33). Dies gilt auch, wenn der Haftungsschuldner in seiner Eigenschaft als Insolvenzschuldner gegen die Forderungsanmeldung im Prüfungstermin keinen Widerspruch erhoben hat (**FG Düsseldorf** 23. 3. 82 – VIII (II) 91/76 U M, KTS 1983, 477). Die Finanzbehörde kann auf die Rechte aus dem Tabelleneintrag in entsprechender Anwendung des § 227 AO verzichten (**BFH** 15. 7. 92 – II R 59/90, BB 1992, 2350). **Siehe auch Kommentierung zu § 185 Rn 9 und 15.**

Durch die Feststellung der Steuerforderung zur Tabelle werden, sofern der Schuldner keinen Widerspruch erhoben hat, die bei Insolvenzeröffnung über die Forderung anhängigen Steuerfestsetzungs-, Rechtsbehelfs- und Gerichtsverfahren in der Hauptsache erledigt. Nach Aufhebung des Insolvenzverfahrens kann die Finanzbehörde, sofern nicht § 301 Abs 1 eingreift, nur noch aus dem vollstreckbaren Tabellenauszug gegen den Schuldner vollstrecken, nicht dagegen aus einem zuvor ergangenen Steuerbescheid, da auch der Titel der Finanzbehörde durch die Feststellung zur Tabelle aufgezehrt wird. Die **Vollstreckung** erfolgt im Verwaltungswege (§§ 251 Abs 2 S 2, 259 ff AO), nicht nach § 201 Abs 2 S 1 InsO iVm §§ 724 ff ZPO. Für die **Verjährung** der zur Tabelle festgestellten Steuerforderung gilt die fünfjährige Verjährungsfrist gem § 228 AO (**BFH** 26. 4. 88 – VII R 97/87, ZIP 1988, 1266), nicht § 197 Abs 1 Nr 5 BGB.

Die Feststellung eines einen früheren Vorsteuerabzug berichtigenden Umsatzsteueranspruchs zur Tabelle hat die gleiche Wirkung wie ein inhaltsgleicher Berichtigungsbescheid iSd § 17 UStG und **wirkt daher auch gegenüber** einem an Insolvenzverfahren nicht beteiligten **Zessionar** mit der Folge, dass das FA gegen ihn den Rückforderungsanspruch gem §§ 37 Abs 2, 218 Abs 2 AO durch Bescheid festsetzen kann (**BFH** 19. 8. 08 – VII R 36/07, ZIP 2009, 39 Rn 19 entgegen **BFH** 13. 7. 06 – V B 70/06, ZIP 2006, 1779; **aA** auch *Gotthardt/Kubaczynska* DStR 2009, 1015 ff).

IV. Änderung von Tabelleneinträgen

Zu unterscheiden ist, ob ein **fehlerhafter Tabelleneintrag** berichtigt werden soll (Rn 43–49) oder ob gegen die **zutreffende** Eintragung materiell-rechtliche Einwendungen erhoben werden (Rn 50–53).

1. Berichtigung der Tabelle. a) Berichtigungsanlässe. Ein **fehlerhafter Tabelleneintrag** (Eintragung einer bestrittenen Forderung als festgestellt und umgekehrt) kann auf Antrag oder von Amts wegen berichtigt werden, weil nur die Eintragung des „wahren" Prüfungsergebnisses die Wirkung eines rechtskräftigen Urteils hat (**BGH** 17. 5. 84 – VII ZR 333/83, ZIP 1984, 980, 981; **OLG** Hamm 5. 2. 64 – 15 W 157/63, Rpfleger 1965, 78 f; **OLG** Celle 9. 4. 63 – 8 W 47/63, KTS 1964, 118; N/R/*Becker* Rn 17; K/P/B/*Pape* § 178 Rn 14; MüKo-*Schumacher* § 178 Rn 51; FK/*Kießner* § 178 Rn 13, 20). Berichtigungsfähig ist auch das bloße **Vergessen einer Eintragung** (K/P/B/*Pape* § 178 Rn 14). Die §§ 319, 320 ZPO können nicht entsprechend herangezogen werden (**OLG** Celle 9. 4. 63 aaO; N/R/*Becker* § 178 Rn 17; **aA** H/W/F Hdb Kap 7 Rn 84; BerlKo-*Breutigam* § 178 Rn 21). § 319 ZPO setzt nämlich eine *Entscheidung* voraus, während das Insolvenzgericht lediglich Erklärungen des Verwalters und der Insolvenzgläubiger beurkundet, ohne hierzu eine Entscheidung zu fällen. § 320 ZPO ist nicht entsprechend anwendbar, da nicht der einem Urteil zugrunde liegende Tatbestand, sondern die dem „Tenor" entsprechende Eintragung berichtigt werden soll. **Keiner Berichtigung bedarf es**, wenn Aussonderungsrechte, Absonderungsrechte oder Masseforderungen und sonstige unanmeldbare Forderun-

Sinz

§ 178

gen irrtümlich als Insolvenzforderungen zur Tabelle angemeldet und festgestellt worden sind (s o Rn 35 ff). Ebenso kann eine zur Insolvenztabelle für einen Gläubiger festgestellte Forderung von diesem abgetreten und sodann von dem Zessionar außerhalb des Insolvenzverfahrens ohne Mitwirkung des Insolvenzverwalters oder eine Berichtigung der Insolvenztabelle geltend gemacht werden (BFH 12. 1. 2009 – VII B 78/08, ZSteu 2009, R 479).

44 Änderungen der Tabelle können aber auch notwendig werden, wenn der Insolvenzverwalter sein (vorläufiges) Bestreiten aufgibt und die Forderung **nachträglich anerkennt**. Solche Änderungen der Tabelle, die keine Berichtigungen darstellen, sondern die Feststellungswirkung erst herbeiführen, sind auch nachträglich möglich (FK-*Kießner* § 178 Rn 26). Ebenso wie in der Einzelzwangsvollstreckung teilweise Befriedigungen auf dem Titel vermerkt werden können, muss es aus prozessökonomischen Gründen aber auch zulässig sein, **Ermäßigungen der Forderung** in die Tabelle einzutragen und auf dem vollstreckbaren Tabellenauszug zu vermerken, da der Gläubiger insoweit auf die Rechte aus dem Tabelleneintrag verzichtet. Andernfalls wäre der Schuldner gezwungen, die nachträgliche teilweise Erfüllung der Forderung im Wege der Vollstreckungsgegenklage nach § 767 ZPO geltend zu machen. Im Übrigen stellt der Vermerk in der Tabelle, dass die angemeldete Forderung teilweise befriedigt ist, keinen unzulässigen Eingriff in die Rechtskraftwirkung dar, sondern lediglich die Angabe, dass die angemeldete Forderung bei der Verteilung nur noch in Höhe des berichtigten Betrages Befriedigung erlangt und nach Verfahrensaufhebung die Vollstreckung nur noch in Höhe des reduzierten Betrages zulässig ist.

45 **b) Berichtigung von Amts wegen oder auf Antrag.** Ergibt sich die Unrichtigkeit aus dem Terminsprotokoll oder ist sie sonst offenbar, kann eine Berichtigung vom Amts wegen erfolgen (BGH 17. 5. 84 – VII ZR 333/83, ZIP 1984, 980, 981 unter 2 a; OLG Hamm 5. 2. 64 – 15 W 157/63, Rpfleger 1965, 78; OLG Schleswig 7. 4. 76 – 1 W 47/76, KTS 1976, 304). Dies gilt **auch** für Tabelleneintragungen, die sich als **nachträglich unrichtig** erweisen (OLG Celle 9. 4. 63 – 8 W 47/63, KTS 1964, 118; KS-*Eckardt* Kap 17 Rn 44; zu weiteren Fallgruppen H/W/F Hdb Kap 7 Rn 84).

46 Da der Insolvenzverwalter für die richtige Beurkundung des Prüfungsergebnisses Sorge zu tragen hat, muss ihm zugleich auch das Recht zugestanden werden, die Berichtigung offensichtlicher Unrichtigkeiten der Tabelle zu beantragen (OLG Hamm 5. 2. 64 – 15 W 157/63, Rpfleger 1965, 78, 79; LG Wuppertal 26. 2. 70 – 6 T 688/69, KTS 1970, 237). Daneben ist aber auch der einzelne Gläubiger antragsberechtigt, wenn zB die Eintragung seiner angemeldeten Forderung zur Tabelle versehentlich unterblieben oder dessen Erklärung falsch beurkundet worden ist.

47 **Zweifel über Inhalt und Tragweite** einer erfolgten Feststellung zur Tabelle können durch eine **allgemeine Feststellungsklage** iSv § 256 ZPO geklärt werden, nicht jedoch die Unrichtigkeit des Tabelleneintrags als solche (BGH 29. 5. 08 – IX ZR 45/07, NZI 2008, 565 Rn 13; BGH 25. 6. 57 – III ZR 251/56, WM 1957, 1225, 1226).

48 **c) Berichtigung nach Verfahrensbeendigung.** Die Berichtigung des Tabelleneintrags ist entgegen einer Mindermeinung (RGZ 22, 155; H/W/F Hdb Kap 7 Rn 85) auch noch nach Beendigung des Insolvenzverfahrens **zulässig**, wobei diese **aber nur Wirkungen nach Verfahrensaufhebung** hat (BGH 17. 5. 84 – VII ZR 333/83, BGHZ 91, 198, 201 unter 2 a; OLG Celle 9. 4. 63 – 8 W 47/63, MDR 1964, 65; OLG Hamm Rpfleger 1965, 78; LG Braunschweig 23. 10. 07 – 6 T 592/07, ZInsO 2008, 514 für nachträgliche Rücknahme des Widerspruchs; LG Karlsruhe 7. 10. 81 – 11 T 309/81, ZIP 1981, 1235; K/P/B/*Pape* § 178 Rn 14). Das folgt zum einen aus § 183 Abs 2, wenn die Tabelle aufgrund einer erst nach der Schlussverteilung im Feststellungsprozess ergehenden Entscheidung zu berichtigen ist. Zum anderen ergibt sich die Zulässigkeit einer nachträglichen Berichtigung aber auch daraus, dass die Forderungsfeststellung über das Verfahrensende hinaus Wirkungen zeitigt (§§ 201, 202).

49 Ein Rechtsschutzinteresse für eine nachträgliche Berichtigung besteht vor allem dann, wenn der vom Schuldner wirksam erhobene Widerspruch gegen eine Forderung aus vorsätzlich begangener **unerlaubter Handlung** nicht in die Tabelle eingetragen wurde, da die Rechtskraftwirkung des § 178 Abs 3 hinsichtlich der unerlaubten Handlung objektiv nicht eingetreten ist (s o Rn 27, 43) und eine Vollstreckung nach § 201 Abs 2 gegen den Schuldner nach Verfahrensbeendigung ausgeschlossen ist. Gleiches gilt, wenn irrtümlich der Vermerk über die unwidersprochene Anmeldung als vorsätzlich begangene unerlaubte Handlung in der Tabelle fehlt; denn ohne eine nachträgliche Berichtigung könnte sich sonst der Gläubiger auf den Ausschluss seiner Forderung von der Restschuldbefreiung nicht mehr berufen (§ 302 Nr 1).

50 **2. Rechtsbehelfe. a) gegen die Berichtigungsentscheidung.** Hat der Rechtspfleger die Berichtigung der Tabelle angeordnet oder abgelehnt, ist die **sofortige Erinnerung** (§ 11 Abs 2 RPflG) zulässig. Gegen die Entscheidung des Abteilungsrichters ist dagegen kein weiteres Rechtsmittel gegeben (§§ 6 Abs 1 InsO, 11 Abs 2 RPflG).

51 **b) gegen den Feststellungsvermerk.** Wegen der Rechtskraftwirkung der Forderungsfeststellung kann eine das Prüfungsergebnis **zutreffend** wiedergebende Eintragung in der Tabelle grundsätzlich **nicht** mit Rechtsmitteln beseitigt werden (KS-*Eckardt* Kap 17 Rn 45). Formale Mängel der Anmeldung werden

durch die Rechtskraft geheilt, sofern keine Nichtigkeit vorliegt. Nachträgliche materielle Einwendungen gegen Grund und Höhe der festgestellten Forderung sind grundsätzlich ausgeschlossen. Festgestellte Forderung können von den Widerspruchsberechtigten iSd § 178 Abs 1 nur noch mit den Rechtsmitteln bekämpft werden, wie sie die ZPO **gegen rechtskräftige Urteile** vorsieht (MüKo-*Schumacher* § 178 Rn 81 f; BerlKo-*Breutigam* § 178 Rn 21; N/R/*Becker* § 178 Rn 27; K/P/B/*Pape* § 178 Rn 15; Gottwald/*Eickmann* InsRHdb § 64 Rn 33, 34; *Häsemeyer* InsR Rn 22.19), also Nichtigkeitsklage (§ 579 ZPO), Restitutionsklage (§ 580 ZPO), Vollstreckungsgegenklage (§ 767 ZPO; **BGH** 11. 12. 08 – IX ZR 156/07, ZIP 2009, 243 Rn 12) sowie die Klage aus § 826 BGB, wenn der Gläubiger die Feststellung sittenwidrig herbeigeführt hat oder die Feststellungswirkung in sittenwidriger Weise ausnutzt (RGZ 61, 359; RGZ 75, 213; RGZ 78, 389; RGZ 155, 59; **BGH** 1. 4. 54 – IV ZR 177/53, BGHZ 13, 71). Dem **Schuldner** stehen diese Rechtsbehelfe **nicht** zur Verfügung (Ausnahme: § 283 Abs 1), da seine Interessen insoweit der Verwalter wahrnimmt (MüKo-*Schumacher* § 178 Rn 85).

c) **gegen die Vollstreckung.** Die Vollstreckungsgegenklage nach § 767 ZPO ist nur zulässig, wenn die 52 gegen den Anspruch geltend gemachten **Einwendungen erst nach der Forderungsfeststellung entstanden** sind (**BGH** 21. 2. 91 – IX ZR 133/90, ZIP 1991, 456; K/P/B/*Pape* § 178 Rn 16; eingehend *Hess* § 178 Rn 47 ff; Gottwald/*Eickmann* InsRHdb § 64 Rn 34). Als **rechtsvernichtende oder rechtshemmende Einwendungen** können im Rahmen der Vollstreckungsgegenklage ua geltend gemacht werden die Erfüllung (auch durch Dritte), Aufrechnung (**BGH** 19. 3. 87 – IX ZR 148/86, ZIP 1987, 725 gegen **RG** LZ 1907, Sp 835, 836), Eintritt einer auflösenden Bedingung, Verzicht auf den Anspruch oder Änderung der Rechtsprechung zu einer Rechtsfrage (*Hess* § 178 Rn 51). Soweit nach Feststellung der Forderung **Teilzahlungen eines Mithaftenden** erfolgen, kann eine Vollstreckungsgegenklage erst erhoben werden, wenn der Gläubiger vollständig befriedigt ist (§ 43; **BGH** 11. 12. 08 – IX ZR 156/07, ZIP 2009, 243 Rn 14; **BGH** 4. 10. 84 – IX ZR 159/83, ZIP 1984, 1509) oder der Mithaftende den gesamten ihm gegenüber bestehenden Anspruch tilgt (**BGH** 19. 12. 96 – IX ZR 18/96, ZIP 1997, 372). Ist nach Verwertung von Sicherungsgut die **Höhe der Ausfallforderung** (§ 52) streitig, so kann dies ebenfalls unter den Voraussetzungen des § 256 ZPO im Wege der Feststellungsklage geklärt werden.

Der **Zeitpunkt für den Eintritt der Präklusionswirkung** nach § 767 Abs 2 ZPO ist bei Unterbleiben 53 eines Widerspruchs der Tag des Prüfungstermins, in dem die Forderung geprüft wurde, bei Obsiegen im Feststellungsprozess der Schluss der mündlichen Verhandlung (§ 296 a ZPO) in diesem Prozess oder der nach § 128 Abs 3 ZPO festgesetzte Zeitpunkt; ferner bei Rücknahme des Widerspruchs der Zugang der Rücknahmeerklärung bei Gericht oder beim Anmelder; bei Rücknahme der Anmeldung des Bestreitenden der Eingang der Rücknahme bei Gericht; bei Erlöschen der Forderung des Bestreitenden der Zeitpunkt des Erlöschens (Gottwald/*Eickmann* InsRHdb § 64 Rn 34). Ist der Forderungsanmeldung von mehreren Personen widersprochen worden, so gilt sie erst nach Beseitigung sämtlicher Widersprüche als festgestellt mit der Folge, dass es auf den Zeitpunkt ankommt, zu dem der letzte Widerspruch beseitigt ist. **Klageberechtigt** ist während des eröffneten Verfahrens der Insolvenzverwalter und jeder Insolvenzgläubiger, nach Verfahrensbeendigung der frühere Insolvenzschuldner (Gottwald/*Eickmann* InsRHdb § 64 Rn 36).

§ 179 Streitige Forderungen

(1) Ist eine Forderung vom Insolvenzverwalter oder von einem Insolvenzgläubiger bestritten worden, so bleibt es dem Gläubiger überlassen, die Feststellung gegen den Bestreitenden zu betreiben.

(2) Liegt für eine solche Forderung ein vollstreckbarer Schuldtitel oder ein Endurteil vor, so obliegt es dem Bestreitenden, den Widerspruch zu verfolgen.

(3) ¹Das Insolvenzgericht erteilt dem Gläubiger, dessen Forderung bestritten worden ist, einen beglaubigten Auszug aus der Tabelle. ²Im Falle des Absatzes 2 erhält auch der Bestreitende einen solchen Auszug. ³Die Gläubiger, deren Forderungen festgestellt worden sind, werden nicht benachrichtigt; hierauf sollen die Gläubiger vor dem Prüfungstermin hingewiesen werden.

Übersicht

	Rn
I. Allgemeines	1
II. Bestrittene Forderungen	2
1. Begriff des Bestreitens	2
2. Widerspruchsberechtigte	4
III. Feststellung nicht titulierter Forderungen (Abs 1)	7
1. Klageberechtigung und Feststellungslast	7
2. Klage auf Feststellung zur Tabelle	10
a) Klageart	10
b) Streitgegenstand	11
c) Klageantrag	12
d) Mehrfaches Bestreiten	13

	Rn
e) Nebenintervention	16
f) Steuerforderungen	17
3. Zulässigkeit allgemeiner Feststellungsklagen nach § 256 ZPO	18
IV. Feststellung titulierter Forderungen (Abs 2)	19
1. Begriff der titulierten Forderung	19
a) Vollstreckbare Schuldtitel	20
b) Endurteile	21
c) Steuerbescheide	23
d) Vorlage des Originaltitels	24
2. Verfahrensfragen	26
a) Klageantrag	26
b) Betreibungslast und Klagebefugnis	27
c) Betreibungslast bei insolvenzspezifischen Einwendungen	29
d) Verfolgung des Widerspruchs	33
3. Feststellung streitiger Steuerforderungen und Sozialversicherungsbeiträge	36
V. Erteilung eines Tabellenauszugs (Abs 3)	37
VI. Keine Benachrichtigung der Gläubiger festgestellter Forderungen	38

I. Allgemeines

1 Das in den §§ 179–186 geregelte Verfahren der Forderungsfeststellungsklage entspricht der früheren Regelung in den §§ 146–148 KO. § 179 bestimmt, **wer** die **Feststellungs- bzw Betreibungslast** für die gerichtliche Feststellung bestrittener Forderungen **trägt**. Grundsätzlich ist dies der Gläubiger, dessen nicht titulierte Forderung bestritten wurde (Abs 1); bei titulierten Forderungen geht die Betreibungslast auf den Widersprechenden über (Abs 2). Da die InsO nicht dem Grundsatz der „vis attractiva concursus" folgt (s u § 180 Rn 1), ist der Gläubiger einer bestrittenen Forderung bzw bei Bestreiten titulierter Forderungen der Widersprechende gezwungen, die Forderungsfeststellung außerhalb des Insolvenzverfahrens im Klagewege vor den **ordentlichen Gerichten** zu erstreiten. Fällt der Streitgegenstand des Feststellungsprozesses in die besondere Zuständigkeit der **Finanzgerichte oder Verwaltungsgerichte**, so sind diese gem § 185 auch für die Feststellung der bestrittenen Forderung zuständig (zur Feststellung durch Verwaltungsakt s u § 185 Rn 5 ff). War über die Forderung bereits vor Verfahrenseröffnung ein Rechtsstreit anhängig, so ist gem § 180 Abs 2 die Feststellung durch Aufnahme des Rechtsstreits zu betreiben.

II. Bestrittene Forderungen

2 **1. Begriff des Bestreitens.** Neben dem Insolvenzverwalter sind alle Insolvenzgläubiger zum Widerspruch berechtigt, auch wenn ihre Forderung zur Tabelle **noch nicht angemeldet** oder gar **bestritten** ist (s o § 176 Rn 25 und § 178 Rn 12; BGH 14. 10. 04 – IX ZB 114/04, NZI 2005, 31 Rn 4 zu § 75 Abs 1 Nr 3). Hat jedoch der Verwalter im Rahmen der Vorprüfung oder das Gericht die angemeldete **Forderung nicht zur Prüfung zugelassen**, so handelt es sich nicht um ein Bestreiten, das die Feststellungsklage nach § 179 berechtigt (HaKo-*Herchen* § 179 Rn 10). Es greifen insoweit die allgemeinen Rechtsbehelfe ein, die gegen die Ablehnung der Anmeldung und die Verweigerung der Prüfung zulässig sind (bei Entscheidung durch Rechtspfleger: sofortige Erinnerung gem §§ 11 Abs 2 RPflG, 6 Abs 1 InsO, s o § 175 Rn 17; bei Zurückweisung durch Insolvenzverwalter: Aufsichtsmaßnahmen gem § 58, s o § 175 Rn 14). Jedoch kann das Bestreiten aufgrund einer nicht zugelassenen Anmeldung mit der **späteren Zulassung** wirksam werden (zur einstweiligen Zulassung s o § 178 Rn 12). Wird einem Gläubiger die Forderung **nachträglich rechtskräftig aberkannt**, so wird sein vorheriges Bestreiten rückwirkend unwirksam (KS-*Eckardt* Kap 17 Rn 27). Gleiches gilt, wenn der Widersprechende nachträglich auf die Forderung oder auf die Verfahrensteilnahme verzichtet oder volle Befriedigung erlangt. Allein die Anmeldung berechtigt noch nicht zum Widerspruch und zwingt damit nicht zur – überflüssigen – Feststellungsklage. Ist allerdings streitig, ob der widersprechende Gläubiger wirklich Insolvenzgläubiger und deshalb zum Widerspruch berechtigt ist, kann nicht im Prüfungstermin entschieden werden, sondern erst in einem Feststellungsprozess.

3 Wie bereits zu § 178 Rn 18 ff dargestellt, ist auch ein „**vorläufiges**" **Bestreiten** als ein uneingeschränkter Widerspruch iSd § 178 Abs 1 anzusehen, da die Feststellungswirkung des § 178 Abs 1 gerade vermieden werden soll, lediglich ergänzt um die Erklärung, der Widersprechende müsse sich erst noch eine abschließende Meinung bilden und werde den Widerspruch ggf wieder zurücknehmen (**BGH 9. 2. 06 – IX ZB 160/04, NZI 2006, 295**; zur Kostentragungspflicht gem § 93 ZPO: s o § 178 Rn 20). Gleiches gilt für ein **Bestreiten wegen fehlender Nachweise** (K/P/B/*Pape* § 179 Rn 8). Auch hier handelt es sich um ein Bestreiten mit dem Hinweis, dass von dem Widerspruch Abstand genommen wird, wenn die fehlenden Nachweise erbracht werden. In diesem Fall ist der Gläubiger verpflichtet, unter Beifügung der Nachweise zunächst den Bestreitenden aufzufordern, nunmehr seinen Widerspruch zurückzuziehen und eine entsprechende Erklärung zur Tabelle abzugeben (K/P/B/*Pape* § 179 Rn 8). Erhebt er ohne entsprechenden Nachweis und ohne Versuch einer gütlichen Bereinigung Feststellungsklage, so hat er gem

§ 93 ZPO die Kosten zu tragen, wenn nunmehr die Forderung aufgrund der im Termin vorgelegten Unterlagen anerkannt wird und entsprechendes Anerkenntnisurteil ergeht (**OLG Dresden 3. 2. 97 – 13 W 935/96, ZIP 1997, 327, 328**).

2. Widerspruchsberechtigte. Widerspruchsberechtigt im engeren Sinne sind nur der Insolvenzverwalter und die Insolvenzgläubiger. Denn gem § 178 Abs 1 S 1 hindert nur ihr Widerspruch die Feststellung der angemeldeten Forderung zur Tabelle und damit die Teilnahme dieses Gläubigers an den Verteilungen. Der Widerspruch des Schuldners steht der Feststellung nicht entgegen (§ 178 Abs 1 S 2). Der **Insolvenzverwalter** kann seinen Widerspruch auf alle Einwendungen und Einreden gegen den Anspruch stützen, die in der Person des Schuldners begründet sind (MüKo-*Schumacher* § 178 Rn 18), aber auch auf insolvenzspezifische Gründe wie die mangelnde Anmeldbarkeit der Forderung im Insolvenzverfahren, die Nachrangigkeit (§ 39) oder Anfechtbarkeit, nicht jedoch auf das Fehlen des *zusätzlichen* Schuldgrundes der vorsätzlichen unerlaubten Handlung (s o § 178 Rn 11). 4

Daneben sind auch die anderen **Insolvenzgläubiger** widerspruchsberechtigt. Aus ihrem Recht zum Widerspruch folgt für einen Feststellungsprozess nach § 179 Abs 1, dass sie „zugleich für eigenes Recht (Aktivlegitimation) und fremde Rechte (in gesetzlicher Prozessstandschaft) streiten" (*Häsemeyer* InsR Rn 22.23). Die Gläubiger sind – anders als der Insolvenzverwalter – jedoch nicht verpflichtet, eine zu Unrecht angemeldete Forderung zu bestreiten oder deren Nachrang geltend zu machen. 5

Der Widerspruch des **Schuldners** hat auf die Haftungsverwirklichung keinen Einfluss, da die Eigentumsrechte des Schuldners an der Masse „von der haftungsrechtlichen Zuweisung an die Insolvenzgläubiger überlagert werden (§ 178 Abs 1 S 2)" (so KS-*Eckardt* Kap 17 Rn 28; *Häsemeyer* InsR Rn 22.26). Denn kann der Widerspruch des Schuldners nicht beseitigt werden, steht dies der Feststellung zur Tabelle nicht entgegen (§ 178 Abs 1 S 2), wohl aber der nachinsolvenzlichen Zwangsvollstreckung aus dem Tabellenauszug (§ 201 Abs 2; **BGH 18. 5. 06 – IX ZR 187/04, NZI 2006, 536**; bezüglich der in Rn 9 angesprochenen Vollstreckung aus dem früheren Titel ist seit 1. 7. 07 die Neuregelung in § 184 Abs 1 S 1 und 2 zu beachten; zum begrenzten Umfang des Bestreitensrechtes s o § 178 Rn 14). Eine Ausnahme gilt allerdings nach den §§ 52 Abs 2 VAG, 115 Abs 2 GenG sowie im Verfahren der **Eigenverwaltung** nach den §§ 270ff (s o § 178 Rn 15). 6

III. Feststellung nicht titulierter Forderungen (Abs 1)

1. Klageberechtigung und Feststellungslast. Grundsätzlich ist es Sache des **Gläubigers**, dessen Forderung bestritten wurde, eine nicht titulierte Forderung gegen den/die Bestreitenden nunmehr gerichtlich durchzusetzen; ihm obliegt gem § 179 Abs 1 die Feststellungslast (auch Betreibungs- oder Verfolgungslast genannt). Dies rechtfertigt sich aus zwei Gründen: Einerseits braucht er es sich nicht gefallen zu lassen, gegen seinen Willen in einen Feststellungsstreit verwickelt zu werden; andererseits haben Verwalter und widersprechende Gläubiger kein Interesse daran, ihrerseits die Feststellung des Nichtbestehens der Forderung zu betreiben, weil nach § 189 Abs 1 S 1 die bestrittene Forderung bei der Verteilung nicht berücksichtigt wird, falls nicht der Gläubiger binnen einer Ausschlussfrist von zwei Wochen nach der öffentlichen Bekanntmachung nachgewiesen hat, dass und für welchen Betrag Feststellungsklage erhoben oder das Verfahren in dem früher anhängigen Rechtsstreit aufgenommen worden ist. 7

Im Falle der **Rechtsnachfolge** ist zu differenzieren: Tritt der Gläubiger seine Forderung vor Erhebung einer Feststellungsklage ab (das Gleiche gilt bei Sonder- oder Gesamtrechtsnachfolge), so ist die Klage durch den Rechtsnachfolger zu erheben, da die Anmeldung der Forderung im Insolvenzverfahren keine Rechtshängigkeit iSd § 265 Abs 2 ZPO bewirkt (*Häsemeyer* InsR Rn 22.11); einer erneuten Anmeldung durch den Erwerber bedarf es nicht (s u § 181 Rn 10). Geht die Forderung erst nach Klageerhebung über (ggf greift § 239 ZPO ein), führt der Anmelder gem § 265 Abs 2 ZPO den Rechtsstreit als Prozessstandschafter des Rechtsnachfolgers fort. Die gleichen Grundsätze gelten im Falle der Prozessaufnahme gem § 180 Abs 2. § 265 Abs 2 ZPO findet vor der Prozessaufnahme keine Anwendung, unabhängig davon, ob die Nachfolge vor oder nach der Anmeldung der Forderung eintritt (MüKo-*Schumacher* § 179 Rn 13). Nichts anderes gilt bei einer Rechtsnachfolge auf Seiten des **widersprechenden Gläubigers** (HaKo-*Herchen* § 179 Rn 37 f). Bei einem **Verwalterwechsel** während des Prozesses sind die §§ 241, 246 ZPO entsprechend anzuwenden (HaKo-*Herchen* § 179 Rn 35). Besonderheiten gelten auch für Lohnforderungen: Die Klagebefugnis für eine Klage auf Feststellung zur Insolvenztabelle entfällt, wenn für den Lohnzahlungszeitraum ein **Antrag auf Insolvenzgeld** gestellt worden ist, über den noch nicht rechtskräftig entschieden ist (**LAG Kiel 9. 6. 09 – 6 Ta 81/09, nv**). Der Lohnanspruch fällt erst mit der rechtskräftigen Abweisung des Insolvenzgeldanspruchs wieder auf den Arbeitnehmer zurück (**BAG 12. 1. 05 – 5 AZR 279/01, NZA 2005, 656 sub II**). 8

Eine von dem widersprechenden Verwalter oder Gläubiger erhobene **negative Feststellungsklage** muss als **unzulässig** abgewiesen werden, falls der beklagte Gläubiger dieses beantragt oder nicht zur Sache verhandelt (MüKo-*Schumacher* § 179 Rn 21). Lässt sich der Gläubiger dagegen auf eine solche Klage ein, so gilt das als eigenes Betreiben mit der Folge, dass die Klage zulässig wird (**BGH 28. 11. 55 – III ZR 181/54 BGHZ 19, 163; RGZ 116, 373**). In allen anderen Fällen kann der Verwalter oder Gläubiger eine negative Feststellungsklage nach § 256 ZPO nur dann erheben, wenn er ein anderes rechtli- 9

Sinz

§ 179

ches Interesse als das an der Feststellung nach § 179 nachweist (KG 28. 11. 38 – 6 W 4278/38, JW 1939, 250). Je nach Art und Umfang des Bestreitens bezieht sich der Rechtsstreit entweder auf Grund und Höhe der Forderung (**Bestandsstreit**) oder auf das beanspruchte Vorrecht nach § 38 bzw innerhalb von § 39 Abs 1 (**Rangstreit**).

10 2. Klage auf Feststellung zur Tabelle. a) Klageart. Die Klage auf Feststellung zur Tabelle ist eine **echte Feststellungsklage** iSv § 256 ZPO (BGH 25. 6. 57 – III ZR 251/56, WM 1957, 1226, 1227; *Henckel* Parteilehre und Streitgegenstand im Zivilprozess, 1961, S 204 f; KS-*Eckardt* Kap 17 Rn 52; *Häsemeyer* InsR Rn 22.28; *Baur/Stürner* II Rn 21.16 ff; zur Klageart in der älteren Literatur: MüKo-*Schumacher* § 179 Rn 4 mwN; *Spellenberg* Zum Gegenstand des Konkursfeststellungsverfahrens, 1972, S 15 ff mwN). Sie unterscheidet sich von der allgemeinen zivilprozessualen Feststellungsklage lediglich durch das insolvenzspezifische Feststellungsinteresse (KS-*Eckardt* Kap 17 Rn 54). Zwingende Zulässigkeitsvoraussetzung ist allerdings stets, dass die Forderung zuvor zur Tabelle angemeldet, geprüft und bestritten worden ist (zur Vorgängernorm von § 180 Abs 2: BGH 27. 3. 95 – II ZR 140/93, ZIP 1995, 643, 644; BAG 12. 4. 83 – 3 AZR 73/82, ZIP 1983, 1095; s u § 180 Rn 3). Ein besonderes **Feststellungsinteresse** ist nicht erforderlich. Das allgemeine Feststellungsinteresse, den Widerspruch zu beseitigen, um an der Verteilung teilnehmen zu können (§ 189 Abs 1), genügt, selbst wenn voraussichtlich keine Quote zu erwarten ist (**BGH** 17. 7. 08 – IX ZR 126/07, NZI 2008, 611). Dementsprechend entfällt das Feststellungsinteresse mit Ablauf der Ausschlussfrist des § 189 Abs 1, da die Forderung selbst im Falle ihrer Feststellung weder an der Schlussverteilung noch an einer möglichen Nachtragsverteilung (s u § 189 Rn 7) noch an den Verteilungen im Restschuldbefreiungsverfahren teilnimmt. Allenfalls im Hinblick auf § 201 Abs 2 ist ein schutzwürdiges Interessse denkbar (BGH 5. 2. 98 – IX ZR 259/97, ZIP 1998, 515, 516; **aA** MüKo-*Schumacher* § 179 Rn 10).

11 b) **Streitgegenstand.** Streitgegenstand ist – wie bei der streitlosen Feststellung (s o § 178 Rn 28) – das angemeldete **Insolvenzgläubigerrecht**, dh das Haftungsrecht des Gläubigers an der Insolvenzmasse. Ob die Forderung besteht, sie den beanspruchten Rang hat und als Insolvenzforderung zu qualifizieren ist, sind lediglich Vorfragen, die nicht in Rechtskraft erwachsen (MüKo-*Schumacher* § 178 Rn 15 und § 179 Rn 7; HaKo-*Herchen* § 179 Rn 17; eingehend KS-*Eckardt* Kap 17 Rn 39 ff; *Henckel* FS Michaelis, 1972, S 151 ff; *Spellenberg* Zum Gegenstand des Konkursfeststellungsverfahrens, 1972, S 81 ff, 149 ff; *Carl* Teilnahmerechte im Konkurs, 1998, S 63 f, 77 ff; **aA** RGZ 55, 157, 160; *Häsemeyer* InsR Rn 22.03). Dafür spricht auch, dass sich der Streitwert nicht etwa nach dem Nominalwert der Forderung richtet, sondern nach dem Wert des Haftungsrechts, also allein an der zu erwartenden Quote orientiert (§ 182). Der Gegenmeinung, wonach die **Forderung** gegen den Schuldner als solche (mit dem ihr zugrunde liegenden Lebenssachverhalt) den Gegenstand der Feststellung bildet (BGH 27. 9. 01 – IX ZR 71/00, ZIP 2001, 2099; *Häsemeyer* InsR Rn 22.03; *Bork* Einf Rn 284), kann nicht gefolgt werden. Denn bereits zur Vorgängernorm (§ 146 Abs 1 und 3 KO) hatte der Gesetzgeber ausgeführt, dass mit der Feststellung nur „das Recht der Teilnahme an den Beschlussfassungen über die Konkursmasse und an der Verteilung derselben" verfolgt werde; die Forderung gegen den Schuldner werde lediglich „mittelbar anerkannt" (Motive zur KO, S 384). § 179 hat diese Regelungen inhaltlich unverändert übernommen (BT-Drucks 12/2443, S 174). Entscheidend kommt hinzu, dass der Bestand der Forderung für die Teilnahme an den Verteilungen nicht genügt, sondern auch ihre Verfolgbarkeit im Insolvenzverfahren (§ 38) und der beanspruchte Rang (§§ 38, 39) gegeben sein müssen. So kann der Verwalter zB das Bestehen der angemeldeten Forderung anerkennen, ihr aber gleichwohl widersprechen, weil sie nachrangig oder keine Insolvenzforderung oder anfechtbar begründet worden ist. All dies spricht dafür, dass nicht die Forderung gegen den Schuldner Gegenstand der Feststellung ist, sondern das Insolvenzgläubigerrecht. Daraus folgt zugleich, dass sich die Rechtskraftwirkung der Feststellung auf das Insolvenzverfahren beschränkt.

12 c) **Klageantrag.** Trotzdem hat sich in Praxis der Klageantrag eingebürgert, „die Forderung des Klägers iHv ... Euro zur Insolvenztabelle im Insolvenzverfahren über das Vermögen ... zur lfd. Nr ... festzustellen" (BGH 29. 6. 94 – VIII ZR 28/94, ZIP 1994, 1193; K/P/B/*Pape* § 179 Rn 11; HaKo-*Herchen* § 179 Rn 50; *Smid* § 180 Rn 7). Präziser wäre jedoch die Formulierung „festzustellen, dass dem Kläger für die angemeldete Forderung iHv ... Euro ein Insolvenzgläubigerrecht (ggf mit einem bestimmten Rang) im Insolvenzverfahren über das Vermögen ... zur lfd. Nr ... zusteht" (ebenso MüKo-*Schumacher* § 179 Rn 6; KS-*Eckardt* Kap 17 Rn 52). Denn die Klage dient lediglich dazu, das subjektive Haftungsrecht des Gläubigers außer Streit zu stellen. Die Beteiligungsrechte im Verfahren sowie die Befugnis, ggf nach Verfahrensbeendigung gegen den Schuldner persönlich vollstrecken zu können, sind nur mittelbare, durch die Feststellung gem § 178 vermittelte Folgen, die den Charakter der Klage nicht bestimmen. Gleichwohl ist auch die allgemein übliche Formulierung des Klageantrages auf Feststellung der Forderung zur Tabelle unschädlich, da sie bei verständiger Würdigung in gleicher Weise den Widerspruch iSv § 178 Abs 1 S 1 „beseitigt". Bei **versehentlich unterbliebener Umstellung des Zahlungsantrages** nach Aufnahme des Rechtsstreits (§ 180 Abs 2) kann das Urteil ggf dahin ausgelegt werden, dass es die eingeklagte Forderung zur Tabelle festgestellt hat (BGH 10. 6. 63 – II ZR 137/62, KTS 1963, 176; BGH 29. 6. 94 – VII ZR 28/94, ZIP 1994, 1193).

III. Feststellung nicht titulierter Forderungen (Abs 1) **§ 179**

d) Mehrfaches Bestreiten. Um die Rechtskraftwirkung des § 183 Abs 1 herbeizuführen, muss der **13** Gläubiger den **Widerspruch sämtlicher Bestreitender beseitigen** (K/P/B/*Pape* § 179 Rn 9; N/R/*Becker* § 179 Rn 28). Dazu kann er die Bestreitenden einzeln oder gemeinsam verklagen (BGH 9. 7. 90 – II ZR 69/89, BGHZ 112, 95). Geschieht dies **in getrennten Prozessen,** so wirkt ein rechtskräftiges Urteil, das die Klage des Gläubigers auch nur gegenüber einem Widersprechenden *abweist,* ohne weiteres zugunsten des Insolvenzverwalters und aller Insolvenzgläubiger (RGZ 96, 251, 254; MüKo-*Schumacher* § 179 Rn 17; s u § 183 Rn 4); die noch anhängigen Feststellungsklagen gegen andere Widersprechende werden unzulässig. Demgegenüber hat ein rechtskräftiges *obsiegendes* Urteil, welches das bestrittene Insolvenzgläubigerrecht feststellt, diese Wirkung nicht, sondern erst und nur dann, wenn damit der letzte Widerspruch beseitigt wird. Verklagt der Gläubiger die Bestreitenden **in einem gemeinsamen Prozess** (oder werden mehrere Verfahren verbunden), so sind sie notwendige Streitgenossen im Sinne des § 62 Abs 1 Alt 1 ZPO, weil die Feststellung ihnen gegenüber nur einheitlich getroffen werden kann (RGZ 96, 251, 254; K/P/B/*Pape* § 179 Rn 9; MüKo-*Schumacher* § 179 Rn 17, 41). Ist jedoch von einigen Mitgläubigern bzw dem Verwalter die Forderung, von anderen dagegen nur das Vollrecht iSv § 38 bestritten, so besteht zwischen beiden Gruppen keine notwendige Streitgenossenschaft, weil es an der Notwendigkeit einheitlicher Feststellung fehlt.

War zum Zeitpunkt der Verfahrenseröffnung hinsichtlich der Forderung **bereits ein Rechtsstreit mit** **14** **mehreren Beteiligten anhängig,** soll nach Auffassung des **BGH** (13. 3. 80 – II ZR 239/78, ZIP 1980, 427, 428; zust Gottwald/*Eickmann* InsRHdb § 64 Rn 38) nur eine **einheitliche Aufnahme** des Verfahrens **gegenüber allen** Beteiligten möglich sein. Dies **überzeugt jedoch nicht.** Zwar geht der Gläubiger, wenn er die Feststellung nur gegen *einen* Widersprechenden betreibt, das Risiko ein, bei der Verteilung nicht berücksichtigt zu werden, wenn er diesen Prozess verliert. Daraus folgt aber noch nicht die Notwendigkeit zur gemeinsamen Prozessaufnahme (so auch RGZ 51, 98). Denn insbesondere bei einem Widerspruch gegen eine titulierte Forderung könnte sonst der einzelne Widersprechende durch die Weigerung, den Prozess aufzunehmen, die Verfolgung der übrigen Widersprüche verhindern (MüKo-*Schumacher* § 179 Rn 18; HaKo-*Herchen* § 179 Rn 42; K/P/B/*Pape* § 179 Rn 9; *Häsemeyer* InsR Rn 22.32). Ebenso besteht keine Obliegenheit zur Prozessaufnahme gegenüber allen Bestreitenden, wenn auch der Schuldner persönlich widersprochen hatte (**BGH** 14. 5. 98 – IX ZR 256/96, ZIP 1998, 1113; anders im seerechtlichen Verteilungsverfahren gem § 19 Abs 3 SeeVertO, wo der Widerspruch des Schuldners die Feststellung der Forderung hindert: **BGH** 9. 7. 90 – II ZR 69/89, BGHZ 112, 95). Denn der Gläubiger darf nicht zu einer Klage nach § 184 Abs 1 S 2 gezwungen werden, wenn er nur die Teilnahme an der insolvenzmäßigen Befriedigung erstrebt und auf einen Titel nach § 201 Abs 2 gegen den Schuldner keinen Wert legt (zB im Hinblick auf § 301 Abs 1 oder §§ 66 Abs 5 GmbHG, 141 a Abs 1 S 1 FGG).

Auch bei Bestreiten von nicht titulierten **Steuerforderungen** durch mehrere Berechtigte kann der **15** Steuergläubiger seine weitere Teilnahme am Verfahren und Feststellung seiner Forderung zur Tabelle nur durch Beseitigung aller Widersprüche erreichen (*Geist* Insolvenzen + Steuern Rn 93). Deshalb sind mehrere Widersprüche aus verfahrensrechtlichen Gründen möglichst in *einem* **Feststellungsverfahren** zu entscheiden und der Steuerfeststellungsbescheid sämtlichen Widersprechenden bekannt zu geben (auch BFH 26. 2. 87 – V R 114/79, ZIP 1987, 583, 584; BerlKo-*Breutigam* § 179 Rn 11). In einem nachfolgenden **Einspruchsverfahren** sind die übrigen Widersprechenden und der Verwalter hinzuzuziehen (§ 160 Abs 3 AO). Mehrere Widersprechende, die gegen den Steuerfeststellungsbescheid bzw eine Einspruchsentscheidung **gemeinsame Klage** bei dem zuständigen Finanzgericht mit dem gleichen Klageantrag erhoben haben, sind notwendige Streitgenossen iSv § 59 FGO iVm § 62 Abs 1 ZPO. Mehrere getrennt erhobene Klagen sind zweckmäßigerweise zur gemeinsamen Verhandlung und Entscheidung zu verbinden (§ 73 FGO).

e) Nebenintervention. Zulässig ist eine Nebenintervention eines **Insolvenzgläubigers,** auch wenn er **16** nicht selbst Widerspruch erhoben hatte, sofern er dem Gegner des Anmelders beitritt (MüKo-*Schumacher* § 179 Rn 19; Zöller/*Vollkommer* § 66 ZPO Rn 9; MüKo-*Schilken* § 66 ZPO Rn 4). Denn auch der nicht bestreitende Gläubiger hat, wie sich aus § 183 Abs 1 ergibt, ein rechtliches Interesse an der Abwehr einer unberechtigten Forderungsanmeldung und damit einer Verbesserung der eigenen Quote. Ebenso ist der **Insolvenzverwalter** im Insolvenzverfahren über das Vermögen einer Gesellschaft beitrittsberechtigt, soweit ein Gesellschafter gegen einen anderen auf eine Leistung an den Verwalter klagt (KG Berlin 10. 11. 98 – 14 U 4160/96, NZI 2000, 273). Umgekehrt können im Insolvenzverfahren über das Vermögen einer Gesellschaft ohne Rechtspersönlichkeit (§ 11 Abs 2 Nr 1) die **Gesellschafter** im Feststellungsprozess des Verwalters als Nebenintervenienten beitreten, da sie für die Verbindlichkeiten der Gesellschaft persönlich haften und die rechtskräftige Feststellung eines Anspruchs im Gesellschaftsinsolvenzverfahren gem § 129 Abs 1 HGB auch Einwendungen der Gesellschafter gegen die Forderung ausschließt (RGZ 34, 365). Der **Schuldner** kann dem beklagten Verwalter oder Gläubiger als Nebenintervenient nur beitreten, wenn er der Forderung im Prüfungstermin oder im schriftlichen Verfahren widersprochen hatte, da die Entscheidung des Feststellungsstreits (§§ 179 ff) zumindest faktische Präjudizwirkung für den Rechtsstreit zwischen dem Gläubiger und dem Schuldner (§ 184) haben kann (MüKo-*Schumacher* § 179 Rn 20; KS-*Eckardt* Kap 17 Rn 51; **aA** RGZ 28, 422, 423).

Sinz

17 f) **Steuerforderungen.** Zur besonderen Zuständigkeit (§ 185 S 1) und zum Verfahren auf Feststellung bestrittener, nicht titulierter Steuerforderungen s u § 185 Rn 7 ff.

18 **3. Zulässigkeit allgemeiner Feststellungsklagen nach § 256 ZPO.** § 179 schließt eine allgemeine Feststellungsklage nicht aus. Allerdings müssen eigenständige Ziele verfolgt werden, die mit dem Streitgegenstand der Feststellungsklage nach § 179 nicht identisch sind (RGZ 139, 87; **BGH** 23. 6. 88 – IX ZR 172/87, NJW 1989, 170, 171 zur Kündigungsschutzklage neben Feststellung von Lohnrückständen zur Tabelle; **BAG** 3. 12. 85 – 1 AZR 545/84, ZIP 1986, 518, 519; K/P/B/*Pape* § 179 Rn 13). Ein Insolvenzgläubiger hat regelmäßig ein Rechtsschutzinteresse an einer Feststellungsklage gegen den widersprechenden Verwalter, solange das Insolvenzverfahren nicht eingestellt und es nicht offenkundig ausgeschlossen ist, dass mit der Klage noch rechtsschutzwürdige Ziele zu erreichen sind (**BGH** 5. 2. 98 – IX ZR 259/97, ZIP 1998, 515, 516). Dies gilt insbesondere für die negative Feststellung der Forderung eines anderen Insolvenzgläubigers, wenn der andere seinerseits nicht auf Feststellung seiner Forderung zur Tabelle klagt (**KG Berlin** 28. 11. 38 – 6 W 4278/38, JW 1939, 250). § 179 schließt auch die Feststellungsklage des **Schuldners** nach § 256 ZPO jedenfalls dann nicht aus, wenn sie etwas anderes bezweckt als die Klärung der Teilnahme am Insolvenzverfahren. Das ist zB der Fall, wenn lediglich über das Vermögen einer OHG, aber nicht zugleich über das Privatvermögen ihrer Gesellschafter das Insolvenzverfahren eröffnet worden ist und die Gesellschafter eine angemeldete Forderung bestreiten; sie können dann wegen ihrer Haftung nach § 128 HGB auch gem § 256 ZPO auf Feststellung des Nichtbestehens dieser Forderung klagen (**BGH** 27. 10. 56 – IV ZR 110/56, NJW 1957, 144).

IV. Feststellung titulierter Forderungen (Abs 2)

19 **1. Begriff der titulierten Forderung.** Liegt für die bestrittene Forderung ein vollstreckbarer Schuldtitel oder ein Endurteil vor, kehrt sich die Betreibungslast um; es obliegt nun dem Bestreitenden, den Widerspruch zu verfolgen (§ 179 Abs 2).

20 a) **Vollstreckbare Schuldtitel.** Tituliert ist eine Forderung, wenn im Zeitpunkt der Verfahrenseröffnung für sie ein Schuldtitel vorlag, aus dem die Zwangsvollstreckung betrieben werden könnte, stünde im eröffneten Verfahren nicht § 89 Abs 1 entgegen (Gottwald/*Eickmann* InsRHdb § 64 Rn 50). Vollstreckbare Schuldtitel sind daher alle in den §§ 704, 794 ZPO genannten Vollstreckungstitel, insb Endurteile, Teilurteile, Versäumnisurteile, Vorbehaltsurteile, Vollstreckungsbescheide, gerichtliche Vergleiche, Anwaltsvergleiche, vollstreckbare gerichtliche oder notarielle Urkunden sowie Kostenfestsetzungsbeschlüsse (K/P/B/*Pape* § 179 Rn 15; N/R/*Becker* § 179 Rn 12–14), **nicht** jedoch Zwischen- oder Grundurteile iSd §§ 303, 304 ZPO (**RG** JW 1931, 2104, Nr 12; MüKo-*Schumacher* § 179 Rn 24; N/R/*Becker* § 179 Rn 14) Arrestbefehle und Zwangsvollstreckungskosten iSv § 788 ZPO. Ein gegen den schwachen vorläufigen Insolvenzverwalter statt gegen den Schuldner zu Unrecht ergangenes Urteil zählt allerdings nicht hierzu und ist vom Rechtsmittelgericht aufzuheben, ohne dass darin eine Aufnahme des unterbrochenen Verfahrens liegt (**OLG Koblenz** 12. 5. 05 – 5 U 132/05, ZInsO 2005, 777). **Ausländische Urteile** und **Schiedssprüche** (dazu *Ristelhuber* ZInsO 2004, 427, 429) gehören zu den Titeln iSv § 179 Abs 2, soweit sie für vollstreckbar erklärt werden (§§ 722 Abs 1, 1060 Abs 1 ZPO; zur Unterbrechung des Vollstreckbarkeitsverfahrens **BGH** 17. 7. 08 – IX ZR 150/05, NZI 2008, 681 Rn 6 ff; keine Unterbrechung des Verfahrens auf Erteilung der Vollstreckungsklausel **BGH** 12. 12. 07 – VII ZB 108/06, ZIP 2008, 527, 528 Rn 7 aE).

21 b) **Endurteile.** Ein Endurteil braucht nur erlassen, aber noch nicht rechtskräftig oder für vorläufig vollstreckbar erklärt zu sein (**BGH** 26. 6. 53 – V ZR 71/52, § 146 KO LM Nr 1). Ansonsten hätte die zweite Alternative des Abs 2 („oder ein Endurteil") keine eigene Bedeutung. Maßgeblich ist nicht die Vollstreckbarkeit des Urteils, sondern die darin enthaltene hoheitliche Regelung. **Auch ein Feststellungsurteil,** das die bestrittene Forderung nach Grund und Betrag bejaht, fällt daher unter § 179 Abs 2 (KS-*Eckardt* Kap 17 Rn 65; N/R/*Becker* § 179 Rn 13). Eine Forderung wird **aber nicht** dadurch zu einem titulierten Anspruch iSv § 179 Abs 2, dass nach Verfahrenseröffnung unter **Verletzung der §§ 240, 249 ZPO** noch ein Urteil ergeht (**OLG Köln** 9. 3. 88 – 13 U 230/87, NJW-RR 1988, 701; zu den Rechtsfolgen der Verletzung von § 240 ZPO: **BGH** 21. 6. 95 – VIII ZR 224/94, NJW 1995, 2563). Nur bei einer Unterbrechung nach Schluss der mündlichen Verhandlung darf gem § 249 Abs 3 ZPO ein Urteil auch noch nach Verfahrenseröffnung verkündet werden.

22 Zu prüfen ist stets, ob gerade die angemeldete Forderung tituliert war. Maßgeblich ist insoweit die **Identität des Haftungsrechts**, nicht der Wortlaut des Urteilstenors (KS-*Eckardt* Kap 17 Rn 65). Eine in inländischer Währung angemeldete Forderung (§ 45 S 2) ist daher auch dann tituliert iSv § 179 Abs 2, wenn sie zuvor als Fremdwährungsforderung tenoriert war. Das Gleiche gilt für ein Urteil über einen Erfüllungsanspruch, wenn der Gläubiger nach Erfüllungsablehnung des Insolvenzverwalters (§ 103) einen Schadenersatzanspruch zur Tabelle anmeldet (**BGH** 8. 11. 61 – VIII ZR 149/60, NJW 1962, 153; KS-*Eckardt* Kap 17 Rn 65; aA MüKo-*Schumacher* § 179 Rn 28; *Henckel* ZZP 75, 352). **Kein** titulierter Anspruch ist dagegen der Unterhaltsanspruch des einen Ehegatten aus einem Ver-

IV. Feststellung titulierter Forderungen (Abs 2) § 179

gleich, in dem sich der andere Ehegatte der Zwangsvollstreckung unterworfen hat, da die Unterwerfung nur die einzelnen Hebungen, nicht dagegen die Gesamtforderung deckt (OLG Dresden KuT 1950, 94).

c) **Steuerbescheide.** Bezüglich Steuerforderungen ist zu berücksichtigen, dass das Steuerrecht eine 23 Titulierung im zivilprozessualen Sinn nicht kennt. Festsetzung und Feststellung der Steuerforderung ist immer Sache der Behörde, während im daran anschließenden Rechtsschutzverfahren immer der Steuerpflichtige als der Rechtsschutzsuchende betreibende ist (*Tipke/Kruse* § 251 AO Rn 66; *Hübschmann/Hepp/Spitaler/Beermann* § 251 AO Rn 427; *Frotscher* Besteuerung S 258). Dennoch findet auch auf Steuerforderungen, die durch Steuerbescheide (§§ 155, 157 AO), Vorauszahlungsbescheide, formlose Bescheide, Steueranmeldung iSv § 168 AO oder Rechtsbehelfs- bzw Rechtsmittelentscheidungen festgesetzt worden sind, **§ 179 Abs 2 entsprechende Anwendung**, unabhängig davon ob der Bescheid bestandskräftig ist oder nicht (BFH 7. 3. 06 – VII R 11/05, ZIP 2006, 968 Rn 12; K/P/B/*Pape* § 179 Rn 15; HaKo-*Herchen* § 179 Rn 29; BerlKo-*Breutigam* § 179 Rn 16; *Bringewat/Waza* Insolvenzen und Steuern Rn 175; *Geist* Insolvenzen + Steuern Rn 32 ff; *Tipke/Kruse* § 251 AO Rn 65; *Farr* Die Besteuerung in der Insolvenz, 2005, Rn 255 ff; anders noch [nur bei bestandskräftigen Steuerbescheiden] BMF-Schreiben v 17. 12. 1998 Ziff 6.2, ZIP 1999, 775 ff; AG Paderborn 8. 3. 04 – 2 IN 29/03, ZVI 2004, 416; N/R/*Becker* § 179 Rn 12; *Frotscher* Besteuerung S 258 hält dagegen § 179 Abs 2 für gänzlich unanwendbar). Etwas anderes gilt nur für Arrestanordnungen des Finanzamtes (RFH 22. 1. 26, RFHE 18, 141, 144; RFH 25. 10. 26, RFHE 19, 355, 359; *Geist* Insolvenzen + Steuern Rn 99 S 100) und vom Finanzamt selbst geschaffene Leistungsgebote (§ 254 AO), auch wenn diese die amtliche, innerdienstliche Erklärung der Finanzbehörde enthalten, dass die Steuerforderung im Verwaltungsvollstreckungsverfahren beitreibbar ist; beide sind keine Titel iSv § 179 Abs 2 (HaKo-*Herchen* § 179 Rn 29; *Geist* Insolvenzen + Steuern Rn 99). Zur Aufnahmebefugnis unterbrochener Verfahren sowohl durch den Insolvenzverwalter als auch durch das Finanzamt (BFH 7. 3. 06 – VII R 11/05, ZIP 2006, 968 Rn 12; *Frotscher* Besteuerung S 258) und **zu Einzelheiten s u § 185 Rn 10 ff**.

d) **Vorlage des Originaltitels.** Die Feststellung einer – unbestrittenen – Forderung kann nicht von der 24 Vorlage des Originaltitels im Prüfungstermin abhängig gemacht werden (BGH 1. 12. 05 – IX ZR 95/04, NZI 2006, 173 Rn 13; MüKo-*Schumacher* § 179 Rn 26; N/R/*Becker* § 179 Rn 11; die aA von Gottwald/*Eickmann* InsRHdb § 64 Rn 26 ist damit überholt). **Legt ein Gläubiger keine Originalurkunden vor**, muss die angemeldete Forderung dennoch vom Insolvenzgericht nach § 178 Abs 2 S 1 zur Tabelle festgestellt werden, sofern kein anderer Insolvenzgläubiger oder der Insolvenzverwalter Widerspruch erheben (s o § 178 Rn 24). Zwar muss dem Verwalter und den übrigen Insolvenzgläubigern durch die Vorlage des Titels die Möglichkeit eröffnet werden, den Titel zu prüfen. Meldet ein Gläubiger, der einen vollstreckbaren Titel besitzt, seine Forderung an, ohne auf den Titel Bezug zu nehmen, oder legt er ihn nicht spätestens im Prüfungstermin vor, so wird die Forderung wie eine *nicht* titulierte Forderung behandelt mit der Folge, dass die **Betreibungslast** gem § 179 Abs 1 bei dem Gläubiger verbleibt, wenn der Insolvenzverwalter oder ein anderer Insolvenzgläubiger der vollstreckbaren Forderung mangels Vorlage des Originaltitels im Prüfungsverfahren widersprechen (BGH 1. 12. 05 aaO Rn 13). Jedoch ist es dem Gläubiger unbenommen, einen nachträglichen Prüfungstermin zu beantragen und den Titel in diesem Termin vorzulegen (RGZ 85, 64 68; AG Düsseldorf 8. 2. 06 – 514 IK 8/04, NZI 2006, 411; MüKo-*Schumacher* § 179 Rn 26; aA HaKo-*Herchen* § 179 Rn 30).

Macht der Insolvenzverwalter wegen der Nichtvorlage von Originalurkunden im Prüfungsverfahren 25 von seinem Widerspruchsrecht Gebrauch, muss er sich im nachfolgenden Feststellungsrechtsstreit mit den geltend gemachten Forderungen des Titelgläubigers in der Sache auseinandersetzen. Zu seiner **Einlassungsobliegenheit** gehört es, die Geschäftsunterlagen des Schuldners zu sichten und diesen notfalls zu befragen. Erst wenn seine Erkundigungen keinen Aufschluss erbracht haben, darf sich der Insolvenzverwalter unter Darlegung dieses Umstandes zu der Forderung gem § 138 Abs 4 ZPO pauschal mit Nichtwissen erklären. Ansonsten muss er den Bestand der zur Tabelle eingeklagten Forderung konkret anhand der gewonnenen Erkenntnisse bestreiten. Das bloße Bestreiten einer unter Vorlage von Fotokopien konkret bezeichnete Forderung lediglich mit Hinweis auf das Fehlen der Originale von Titel und Belegen ist gem § 138 Abs 2 ZPO unerheblich (BGH 1. 12. 05 aaO Rn 15).

2. Verfahrensfragen. a) Klageantrag. Im Regelfall ist der Klageantrag darauf gerichtet, den **Widerspruch** 26 des Bestreitenden gegen die angemeldete Forderung **für begründet zu erklären** (BGH 29. 6. 94 – VIII ZR 28/94, ZIP 1994, 1193; BGH 15. 1. 62 – VIII ZR 189/60, KTS 1962, 51; K/P/B/*Pape* § 179 Rn 17; N/R/*Becker* § 179 Rn 7, 23; HaKo-*Herchen* § 179 Rn 51). Auch bei Beantragung der negativen Feststellung, dass dem Titelgläubiger kein Insolvenzgläubigerrecht zusteht (s o Rn 12; dafür MüKo-*Schumacher* § 179 Rn 36; HaKo-*Herchen* § 179 Rn 18), ist entsprechend zu tenorieren. Die Frage, ob die Forderung besteht oder nicht besteht, ist im Forderungsfeststellungsprozess lediglich eine Vorfrage. Nimmt der Bestreitende einen Rechtsstreit gem § 180 Abs 2 auf, so kann er sich darauf beschränken, die **Abweisung des erwarteten Feststellungsantrages** des Gläubigers zu beantragen (BGH 29. 6. 94 aaO; BGH 15. 1. 62 aaO; N/R/*Becker* § 179 Rn 23; *Smid* § 180 Rn 10), zumal der Bestreitende als Beklagter in die Parteirolle des Schuldners eintritt und er als solcher die Klage nicht ändern kann. Unter-

§ 179

lässt es der Gläubiger, nach Aufnahme des Rechtsstreits den Leistungsantrag auf Feststellung zur Tabelle umzustellen, so ist seine Klage als unzulässig abzuweisen, in der Rechtsmittelinstanz unter Aufhebung des angefochtenen Urteils (MüKo-*Schumacher* § 179 Rn 37); die Betreibungslast fällt mit Rechtskraft wieder an den Gläubiger zurück (*Henckel* ZZP 75 [1962], 351, 354). Verurteilt das Gericht den Verwalter fälschlich zur Leistung, ist das Urteil idR als Feststellung der Forderung zur Tabelle auszulegen (**BGH** 29. 1. 09 – III ZB 88/07, ZIP 2009, 627 Rn 8 f; **BGH** 10. 6. 63 – II ZR 137/62, KTS 1963, 176; **BGH** 29. 6. 94 – VII ZR 28/94, ZIP 1994, 1193).

27 **b) Betreibungslast und Klagebefugnis.** Nach § 179 Abs 2 obliegt dem Widersprechenden die Last der Verfolgung des Widerspruchs. Solange sein Widerspruch nicht für begründet erklärt worden ist, ist der Gläubiger der bestrittenen Titelforderung bei Verteilungen zu berücksichtigen, indem bei entsprechendem Nachweis der Widerspruchsverfolgung die darauf entfallende Quote analog § 189 Abs 2 zurückbehalten wird, sonst durch Auszahlung (HaKo-*Herchen* § 179 Rn 31). Anders als im Falle des Abs 1 ist trotz dieser Verfolgungslast **auch der Gläubiger befugt**, selbst Klage gegen den Bestreitenden zu erheben oder einen bereits anhängigen Rechtsstreit nach abgeschlossenem Prüfungsverfahren wieder aufzunehmen (**BGH** 17. 7. 08 – IX ZR 150/05, NZI 2008, 681 Rn 12; **BGH** 29. 6. 98 – II ZR 353/97, ZIP 1998, 1594; **BFH** 7. 3. 06 – VII R 11/05, ZIP 2006, 968 Rn 12; **BVerwG** 29. 4. 88 – 8 C 73/85, NJW 1989, 314; **LAG** Köln 29. 12. 06 – 3 Ta 448/06, JurBüro 2007, 328; K/P/B/*Pape* § 179 Rn 17; MüKo-*Schumacher* § 179 Rn 43; N/R/*Becker* § 179 Rn 17; **aA** HaKo-*Herchen* § 179 Rn 32). Sonst könnte der Bestreitende die Auszahlung der Quote an den Titelgläubiger dadurch verzögern, dass er erst kurz vorher Klage erhebt und so die Zurückbehaltung dieses Anteils analog § 189 Abs 2 erzwingt. Der Gläubiger braucht daher nicht abzuwarten, ob der Bestreitende aktiv wird, sondern hat vielmehr ein Interesse daran, selbst die Initiative zu ergreifen und *frühzeitig* Klarheit zu schaffen (OLG Dresden 9. 7. 97 – 6 U 230/97, NZG 1998, 31; K/P/B/*Pape* § 179 Rn 17). Dagegen besteht eine Befugnis des **Schuldners**, den Rechtsstreit aus eigenem Recht fortzusetzen, auch dann nicht, wenn nur er der Forderung im Prüfungstermin widersprochen hat (**BGH** 27. 1. 09 – XI ZB 28/08, ZInsO 2009, 432; **BGH** 27. 10. 03 – II ZA 9/02, NZI 2004, 54).

28 Das **Feststellungsinteresse** ist das Gleiche wie bei einer Neuklage (s o Rn 10). Klagt der Verwalter, so vertritt er die Interessen der wahren Berechtigten und des Schuldners (§ 201 Abs 1), während der bestreitende Gläubiger im Interesse einer höheren eigenen Quote klagt. Das Rechtsschutzbedürfnis kann selbst dann nicht abgesprochen werden, wenn voraussichtlich keine Quote zu erwarten ist (**BGH** 17. 7. 08 – IX ZR 126/07, NZI 2008, 611).

29 **c) Betreibungslast bei insolvenzspezifischen Einwendungen.** Der vorinsolvenzliche Titel verhält sich naturgemäß nur über den Bestand der Forderung nach Grund und Betrag. Wird jedoch der Widerspruch allein mit ihrem Nachrang (§ 39), ihrer Unanmeldbarkeit im Insolvenzverfahren oder ihrer insolvenzrechtlichen Anfechtbarkeit begründet, so ist unklar, ob § 179 Abs 2 auch für diesen Fall dem Bestreitenden die Betreibungslast zuweist. Nach der **früheren Rechtsprechung zu § 61** Abs 1 Nr 1 bis 5 KO oblag es trotz Titulierung der Forderung dem Gläubiger, die Feststellung gegen den Bestreitenden zu betreiben, wenn dieser lediglich dem vom Gläubiger beanspruchten Vorrecht widersprach, da der Titel über insolvenzspezifische Einwedungen keine Aussage enthält (**BGH** 28. 11. 55 – III ZR 181/54, BGHZ 19, 163, 164; ebenso *Häsemeyer* InsR Rn 22.34; die vielfach im Schrifttum zitierte Entscheidung **BSG** 22. 2. 61 – 7 RKg 33/58, NJW 1961, 1087 ist nicht einschlägig, da sie sich nur auf das Verfolgungs*recht* des Titelgläubigers neben dem Bestreitenden bezieht). Bei einem Widerspruch sowohl gegen den Bestand der titulierten Forderung als auch gegen den beanspruchten Rang oder die Anmeldbarkeit der Forderung sollte sogar eine Aufspaltung der Betreibungslast und Verfolgung in getrennten Feststellungsprozessen erfolgen (*Jaeger/Weber* § 146 KO Anm 3, 17, 36).

30 Diese Rechtsprechung lässt sich nicht ohne weiteres auf die InsO übertragen. Denn im Wortlaut der §§ 179 Abs 2, 189 Abs 1 finden sich keine Anhaltspunkte für eine Differenzierung der Betreibungslast je nach „Widerspruchsrichtung". Hinzu kommt, dass ein Vorrecht nach der Konkursordnung noch die Ausnahme war, während nunmehr der bestrittene Vollrang die Regel ist (MüKo-*Schumacher* § 179 Rn 32; KS- *Eckardt* Kap 17 Rn 65). Auch trifft es zu, dass ansonsten selbst ein rechtskräftiger Titel mit der „richtigen" Widerspruchsbegründung allzu leicht entwertet werden könnte. Dennoch darf nicht übersehen werden, dass hinsichtlich des Rangs der Forderung, ihrer Anmeldbarkeit und Anfechtungsfestigkeit in einem Insolvenzverfahren gerade keine Rechtshängigkeit besteht und diese Forderungsattribute vorinsolvenzlich auch nicht in Rechtskraft erwachsen (s o § 178 Rn 28, 30). Solange der Bestand der Forderung nicht bestritten ist, besteht auch kein Bedürfnis, an bisherige Prozessergebnisse anzuknüpfen und ggf einen unterbrochenen Rechtsstreit aufzunehmen. Die Privilegierung des Gläubigers in **§ 179 Abs 2 gilt** daher **nicht bei rein insolvenzspezifischen Einwendungen**, zumal diese bis dahin auch nicht Gegenstand des Rechtsstreits waren, wohl aber, wenn diese zusammen mit einem Bestreiten des Bestandes der Forderung geltend gemacht werden (s u § 180 Rn 27; Gottwald/*Eickmann* InsRHdb § 64 Rn 47; *Jauernig* § 56 V 3 [362] mwN; **aA** HaKo-*Herchen* § 179 Rn 24, 32 und § 180 Rn 17 [§ 264 Nr 3 Alt 2 ZPO sei analog anzuwenden]; MüKo-*Schumacher* § 180 Rn 18; *Häsemeyer* InsR Rn 22.31). Eine unzweckmäßige Aufspaltung der Betreibungslast in getrennte Feststellungsprozesse wird vermieden, da entweder nur die Neuklage statthaft ist (bei allein insolvenzspezifischen Ein-

V. Erteilung eines Tabellenauszugs (Abs 3) § 179

wendungen) oder nach Prozessaufnahme der Rechtsstreit auf diese Einwendungen erweitert werden kann (§§ 260, 264 Nr 2 ZPO).

Hatte der Verwalter oder ein Insolvenzgläubiger gegen die titulierte Forderung zunächst nur rein insolvenzspezifische Einwendungen erhoben und der Gläubiger daher Neuklage erhoben, so wird diese unzulässig, wenn der Widersprechende nachträglich seine Einwendungen auch auf ein Bestreiten des Bestandes der Forderung erweitert (zum Gegeneinwand aus § 242 BGB s o § 178 Rn 30); er kann dann nur noch die Neuklage analog § 264 Nr 3 ZPO auf das Kosteninteresse umstellen, während nun dem Bestreitenden obliegt, das gem §§ 179 Abs 2, 180 Abs 2 zulässige Verfahren zu betreiben. Im umgekehrten Fall (Bestreiten des Bestands der titulierten Forderung wird nachträglich aufgegeben und der Widerspruch nur noch auf insolvenzspezifische Einwendungen gestützt) ist zu differenzieren: War zu diesem Zeitpunkt der Rechtsstreit bereits aufgenommen worden (oder eine vom Titelgläubiger erhobene Klage rechtshängig), so ist dieser fortzuführen (§ 261 Abs 3 Nr 2). Erfolgte die Beschränkung der Bestreitensgründe hingegen vor Prozessaufnahme (oder Rechtshängigkeit einer Klage des Titelgläubigers), bleibt es bei der Betreibungslast des Titelgläubigers. 31

Die hier vertretene Auffassung, dass die Titulierung der Forderung keine Auswirkungen auf die Betreibungslast im Falle des Bestreitens aus rein insolvenzspezifischen Gründen hat, korrespondiert mit der Rechtsprechung des BGH zum **isolierten Widerspruch des Schuldners gegen den Schuldgrund der unerlaubten Handlung** (zur Zulässigkeit: s u § 184 Rn 20; BGH 18. 1. 07 – IX ZR 176/05, NZI 2007, 416 Rn 10). In diesem Fall kann der Gläubiger den Widerspruch nur im Wege einer **titelergänzenden Feststellungsklage** beseitigen (BGH 18. 5. 06 – IX ZR 187/04, NZI 2006, 536). § 184 Abs 2 findet selbst dann keine Anwendung, wenn sich der Forderungsgrund der vorsätzlichen unerlaubten Handlung aus den Entscheidungsgründen ergibt, da diese nicht in materielle Rechtskraft erwachsen (HaKo-*Herchen* § 184 Rn 16 b; MüKo-*Gottwald* § 322 ZPO Rn 78 ff; N/R/*Becker* § 184 Rn 30; aA OLG Hamm 2. 3. 2005 – 13 U 209/04, ZVI 2006, 396), oder durch Vollstreckungsbescheid tituliert wurde, selbst wenn ein anderer Rechtsgrund als derjenige einer vorsätzlich begangenen unerlaubten Handlung nicht in Betracht kommt (BGH 18. 5. 06 – IX ZR 187/04, NZI 2006, 536). Auch hier obliegt es dem *Gläubiger*, den Widerspruch im Wege einer titelergänzenden Feststellungsklage zu beseitigen, da die Deliktseigenschaft nicht tituliert ist (s u § 184 Rn 21). 32

d) **Verfolgung des Widerspruchs.** Die Verfolgung des Widerspruchs kann nur mit den Mitteln erfolgen, die gegen den Titel zulässig sind. Allgemeine Voraussetzung ist, dass die Forderung zuvor angemeldet, geprüft und bestritten worden ist (BGH 5. 7. 07 – IX ZR 221/05, NZI 2007, 647 Rn 12; zu Einzelheiten s u § 181 Rn 3 ff). **Gegenüber noch nicht rechtskräftigen Urteilen** geschieht die Widerspruchsverfolgung durch Aufnahme des Rechtsstreits (§ 250 ZPO), wie er ohne die Insolvenzeröffnung vom Schuldner hätte fortgeführt werden können (Einspruch, Berufung, Revision), nicht aber, wenn nur insolvenzspezifische Einwendungen im Streit sind (s o Rn 30; aA MüKo-*Schumacher* § 179 Rn 35). Bei **rechtskräftigen Urteilen** ist der Widerspruch im Wege der Restitutions- oder Nichtigkeitsklage, ansonsten mit der Vollstreckungsgegenklage nach Maßgabe des § 767 ZPO zu verfolgen. Insolvenzspezifische Einwendungen können jedoch unbeschränkt geltend gemacht werden, da insoweit die Rechtskraft nicht entgegensteht. Gegen vollstreckbare gerichtliche oder **notarielle Urkunden** ist ebenfalls die Vollstreckungsgegenklage nach § 767 ZPO gegeben, wobei § 767 Abs 2 ZPO keine Anwendung findet (§ 797 Abs 4 ZPO). Zulässig ist auch die Wiederaufnahme des Verfahrens (§ 578 ZPO). Die Aufnahme kommt ebenso im **Mahnverfahren** in Betracht, in dem bereits ein Vollstreckungsbescheid (§ 699 Abs 1 S 1 ZPO) ergangen ist. Dieser steht dem Versäumnisurteil gleich (§ 700 Abs 1 ZPO) und ist mit Einspruch nach § 338 ZPO angreifbar (N/R/*Becker* § 179 Rn 22). 33

Der **Widersprechende tritt in die Parteistellung des Schuldners ein** (s u § 180 Rn 22). Gleichgültig, ob der Insolvenzverwalter oder ob ein Gläubiger Widersprechender ist, findet ein Parteiwechsel statt (N/R/*Becker* § 179 Rn 23). Allerdings liegt keine Klageänderung iSv § 263 ZPO vor (N/R/*Becker* § 179 Rn 23). 34

Zur Beseitigung der Widersprüche **bei mehrfachem Bestreiten** s o Rn 13 ff. 35

3. **Feststellung streitiger Steuerforderungen und Sozialversicherungsbeiträge.** Zum Feststellungsverfahren bei streitig gebliebenen titulierten und nicht titulierten Steuerforderungen s u § 185 Rn 7 ff; zur feststellung streitiger Beitragsrückstände zur Sozialversicherung s u § 185 Rn 5 f. 36

V. Erteilung eines Tabellenauszugs (Abs 3)

Die Tabelle sowie die mit ihr zusammen eingereichten Anmeldungen nebst beigefügten Unterlagen verbleiben nach der Prüfung beim Insolvenzgericht. Sie werden Bestandteil der Gerichtsakte und unterliegen der Akteneinsicht (HK-*Irschlinger* § 179 Rn 2). Ist eine Forderung im Prüfungstermin bestritten worden, so hat das Insolvenzgericht gem § 179 Abs 3 S 1 dem betreffenden **Gläubiger** einen beglaubigten Auszug aus der Tabelle zu erteilen (MüKo-*Schumacher* § 179 Rn 45; H/W/W-*Weis* § 179 Rn 47). Liegt für die Forderung ein vollstreckbarer Schuldtitel oder ein Endurteil vor, so erhält auch der **Bestreitende** einen Tabellenauszug (§ 179 Abs 3 S 2). Der Tabellenauszug zugunsten des Gläubigers einer be- 37 strittenen Forderung dient dem Zweck, ihm den Nachweis von Anmeldung und Widerspruch für den Forderungsfeststellungsstreit zu erleichtern (Ausschussbericht, abgedr bei *Balz/Landfermann* S 432). Die Regelung entspricht den früheren §§ 146 Abs 1 S 2 KO, 15 Abs 5 AktO.

VI. Keine Benachrichtigung der Gläubiger festgestellter Forderungen

38 Nach § 179 Abs 3 S 3 werden Gläubiger, deren Forderungen festgestellt worden sind, nicht benachrichtigt. Es kommt nicht darauf an, ob der Gläubiger im Prüfungstermin anwesend war oder nicht, oder ob die Prüfung im schriftlichen Verfahren durchgeführt wurde (MüKo-*Schumacher* § 178 Rn 54). Der Gläubiger, dessen Forderung zur Tabelle festgestellt worden ist, wird durch die Nichtbenachrichtigung keineswegs benachteiligt, denn er nimmt an der Quotenausschüttung durch den Verwalter ohne weiteres teil. Um unnötige Nachfragen beim Insolvenzgericht zu vermeiden, sieht das Gesetz allerdings in § 179 Abs 3 S 2 vor, dass die Gläubiger auf die Nichtbenachrichtigung vor dem Prüfungstermin hingewiesen werden sollen. Im Ausschussbericht heißt es, denkbar sei zB ein Hinweis in Verbindung mit der Zustellung des Eröffnungsbeschlusses. Im Fall des **schriftlichen Prüfungsverfahrens** (§ 177) sollte der Hinweis spätestens mit dem Schreiben des Insolvenzgerichts erfolgen, wonach die nachträgliche Anmeldung (§ 177 Abs 1 S 2, 3, Abs 2) im schriftlichen Verfahren geprüft wird. Wird der Hinweis unterlassen, hat dies jedoch keine Rechtsfolgen, da es sich nur um eine Soll-Vorschrift handelt (N/R/*Becker* § 179 Rn 35).

§ 180 Zuständigkeit für die Feststellung

(1) ¹Auf die Feststellung ist im ordentlichen Verfahren Klage zu erheben. ²Für die Klage ist das Amtsgericht ausschließlich zuständig, bei dem das Insolvenzverfahren anhängig ist oder anhängig war. ³Gehört der Streitgegenstand nicht zur Zuständigkeit der Amtsgerichte, so ist das Landgericht ausschließlich zuständig, zu dessen Bezirk das Insolvenzgericht gehört.

(2) War zur Zeit der Eröffnung des Insolvenzverfahrens ein Rechtsstreit über die Forderung anhängig, so ist die Feststellung durch Aufnahme des Rechtsstreits zu betreiben.

Übersicht

	Rn
I. Allgemeines	1
II. Feststellungsklage im „ordentlichen Verfahren" (Abs 1)	3
1. Örtliche Zuständigkeit	3
2. Sachliche Zuständigkeit	8
3. Besondere Verfahrensarten	10
a) Urkunden-, Wechsel-, Scheckprozess	10
b) Ansprüche auf erstes Anfordern	12
c) Mahnverfahren	13
d) Kostenfestsetzungsverfahren	14
e) Schiedsgerichtliches Verfahren	15
4. Feststellungsklage bei mehrfachem Bestreiten	17
5. Allgemeine Feststellungsklagen	18
III. Aufnahme eines unterbrochenen Rechtsstreits (Abs 2)	20
1. Allgemeines	20
2. Örtliche und sachliche Zuständigkeit des Gerichts	23
3. Voraussetzungen der Aufnahme des unterbrochenen Rechtsstreits	24
a) Vorheriges Prüfungsverfahren	25
b) Notwendige Identität der Forderung	26
c) Änderung des Klageantrags	29
d) Aufnahme in besonderen Verfahrensarten	32
4. Aufnahme wegen der Kosten	39
5. Aufnahme unterbrochener Rechtsbehelfsverfahren	40
6. Kosten des Feststellungsstreits	41
IV. Auswirkungen der Beendigung des Insolvenzverfahrens auf den Feststellungsprozess	48
1. Aufhebung gem § 200 Abs 1	48
2. Einstellung gem § 207 Abs 1 S 1, §§ 211–213	49
3. Aufhebung gem § 258 Abs 1	51

I. Allgemeines

1 Die Feststellung einer bestrittenen, nichttitulierten Forderung kann nach § 180 Abs 1 S 1 nur „im ordentlichen Verfahren" erfolgen. Der Gesetzgeber hat sich damit (wie schon in § 146 Abs 2 KO) gegen die gemeinrechtliche vis attractiva concursus, dh die Konzentration der Zuständigkeit insolvenzrechtlicher Streitigkeiten beim Insolvenzgericht, entschieden. Vielmehr soll die Berechtigung der Forderung in einem kontradiktorischen Verfahren **außerhalb des Insolvenzverfahrens** geklärt werden (KS-*Eckardt*

II. Feststellungsklage im „ordentlichen Verfahren" (Abs 1)   **§ 180**

Kap 17 Rn 48), ohne dass dadurch der Fortgang des Insolvenzverfahrens behindert wird (§§ 189 Abs 2, 198). Zuständig für den Feststellungsprozess ist die nach dem Geschäftsverteilungsplan berufene Zivilabteilung desselben Amtsgerichts (**Abs 1 S 2**) oder, sofern der Streitwert dies erfordert (s u Rn 23), Zivilkammer des übergeordneten Landgerichts (**Abs 1 S 3**). Soweit für die betreffende Forderung der Rechtsweg zu den ordentlichen Gerichten nicht eröffnet ist (§§ 2 ArbGG, 51 SGG, 40 VwGO, 33 FGO), ist die Feststellung „bei dem zuständigen anderen Gericht zu betreiben" (§ 185 S 1). Kann die Forderung von einer Behörde durch Verwaltungsakt beigetrieben werden, ist diese Möglichkeit auch für die Feststellung eröffnet (§ 185 S 1 InsO iVm § 251 Abs 3 AO oder § 28h Abs 2 S 1 SGB IV); vor Erhebung der Feststellungsklage sind dann gegen den feststellenden Bescheid zunächst die gewöhnlichen Rechtsbehelfe einzulegen (KS-*Eckardt* S 743, 769 Rn 48; s u § 185 Rn 5 ff). Zum Rechtsweg bei einer kraft Legalzession **übergegangenen Forderung** s u § 185 Rn 2. Allgemeine **Zulässigkeitsvoraussetzung** ist jedoch sowohl für eine Neuklage als auch für die Aufnahme eines unterbrochenen Rechtsstreits, dass die Forderung zuvor zur Tabelle angemeldet, geprüft und bestritten worden ist (zu § 240 ZPO: BGH 27. 3. 95 – II ZR 140/93, ZIP 1995, 643, 644; **BAG** 12. 4. 83 – 3 AZR 73/82, ZIP 1983, 1095). Zum **Klageantrag** s o § 179 Rn 12.

Soweit das Landesrecht vor Klageerhebung die Durchführung eines **außergerichtlichen Schlichtungsverfahrens** vorschreibt, gilt dies auch für die Insolvenzfeststellungsklage (**AG** Wuppertal, ZInsO 2002, 91; indirekt bestätigt durch **BGH** 23. 11. 04 – VI ZR 336/03, NJW 2005, 437; FK/*Kießner* § 179 Rn 6a; *Friedrich* NJW 2002, 3223). 2

II. Feststellungsklage im „ordentlichen Verfahren" (Abs 1)

1. Örtliche Zuständigkeit. § 180 Abs 1 S 2 und 3 begründet für Neuklagen eine **Zuständigkeitskonzentration** vor den ordentlichen Gerichten am Sitz des Insolvenzgerichts. Dadurch soll eine Zersplitterung der Feststellungsprozesse vermieden und zugleich in den Fällen, in denen die Klage gegen mehrere Widersprechende an verschiedenen allgemeinen Gerichtsständen erhoben werden müsste, die Bestimmung eines gemeinschaftlichen Gerichtsstandes nach § 36 Abs 1 Nr 3 ZPO entbehrlich gemacht werden (HaKo-*Herchen* § 180 Rn 2; MüKo-*Schumacher* § 180 Rn 2). Diese örtliche Zuständigkeit ist eine **ausschließliche**. Gerichtsstandsvereinbarungen und rügeloses Verhandeln entfalten daher keinerlei Wirkungen (§ 40 Abs 2 S 1 Nr 2 und S 2 ZPO). Soweit der Gerichtsstand des § 180 mit einem anderen ausschließlichen Gerichtsstand kollidiert (zB § 29a ZPO). Soweit der Gerichtsstand des § 180 mit einem anderen ausschließlichen Gerichtsstand kollidiert (zB § 29a ZPO), steht dem Kläger ein Wahlrecht zu, da es an einer Vorrangregelung wie in § 689 Abs 2 S 3 ZPO fehlt und die §§ 180 Abs 2, 185 ohnehin Ausnahmen zulassen. Dies gilt auch für die Fälle der sog Verfahrenszuständigkeit. Zwar ist der Zuständigkeitsstreit zwischen Streitgericht und Gericht der freiwilligen Gerichtsbarkeit wegen der gemeinsamen Zugehörigkeit zur ordentlichen Gerichtsbarkeit kein solcher des Rechtswegs, aber wegen der Unterschiede der Verfahrensordnungen wie ein Rechtswegstreit nach §§ 17a ff GVG analog zu entscheiden (**OLG** Hamburg 20. 6. 06 – 13 AR 13/06, ZInsO 2006, 1059 zu § 43 WEG; aA HaKo-*Herchen* § 180 Rn 9). 3

Für die örtliche **Zuständigkeit sonstiger Gerichte** (§ 185) bleibt es bei den allgemeinen Vorschriften, weil § 185 S 2 die besondere Zuständigkeitsregelung in § 180 Abs 1 ausdrücklich von der Verweisung ausnimmt (*Häsemeyer* InsR Rn 22.30). Entsprechend der allgemeinen Übung (BGH NJW 1991, 3092) sind die Regeln über die örtliche Zuständigkeit analog als Regeln über die **internationale Zuständigkeit** anzuwenden; das Eröffnungsstatut des Art 4 Abs 2 S 2 Buchst h EuInsVO (Forderungsfeststellung) erfasst daher auch die Regelung in § 180 Abs 1. 4

Auf Feststellungsklagen gegen einen **Widerspruch des Schuldners** (§ 184) findet § 180 Abs 1 ebenfalls keine Anwendung (HaKo-*Herchen* § 180 Rn 7). Denn Streitgegenstand im Verfahren gegen den Schuldner ist nicht die Feststellung zur Tabelle (§ 178 Abs 1 S 2), sondern die nachinsolvenzliche Haftung (§ 201 Abs 2 S 1). 5

Auch für andere Klagen gegen den Verwalter, insb auf **Aussonderung** oder **abgesonderte Befriedigung**, gilt § 180 nicht (BayObLG 17. 1. 03 – 1 Z AR 162/02, ZInsO 2003, 521), sondern diese richten sich nach den allgemeinen Vorschriften. 6

In dem Gerichtsstand der Insolvenzfeststellungsklage kann der beklagte Widersprechende nach den allgemeinen Regeln (§ 33 ZPO) **Widerklage** gegen den Anmelder erheben. Umgekehrt kommt die Erhebung einer Insolvenzfeststellungsklage als Widerklage gegenüber einer Klage des Insolvenzverwalters nur dann in Betracht, wenn der Verwalter vor dem gemäß Abs 1 S 2, 3 für die Insolvenzfeststellungsklage örtlich zuständigen Gericht geklagt hat; dies folgt aus § 33 Abs 2 ZPO. 7

2. Sachliche Zuständigkeit. Vorbehaltlich der Regelung in § 185 ist sachlich zuständig das Amtsgericht oder das übergeordnete Landgericht. Die Zuständigkeit richtet sich nach den §§ 23, 71 GVG (**OLG** Dresden 8. 7. 93 – 1 AR 73/93, ZIP 1993, 1195 zur GesO), wobei für den Streitwert gem § 182 die auf den Anspruch entfallende **voraussichtliche Quote** maßgeblich ist (zu § 15a EGZPO s o Rn 2). Ist eine Quote nicht zu erwarten, so gilt die niedrigste Wertstufe; erreicht die voraussichtliche Quote einen Wert von über 5.000 Euro, so ist die Feststellungsklage beim Landgericht zu erheben. Anders als 8 nach der KO ist auch die sachliche Zuständigkeit des Landgerichts eine **ausschließliche** (HaKo-*Herchen* § 180 Rn 8; **aA** MüKo-*Schumacher* § 180 Rn 14, ohne sich mit dem eindeutigen Wortlaut in Abs 1 S 3 auseinander zu setzen), so dass eine Prorogation auch insoweit unwirksam ist (§ 40 Abs 2 S 1 Nr 2 und S 2 ZPO).

9 Handelt es sich um eine Handelssache iSv § 95 GVG, so dass die Kammer für Handelssachen **funktionell zuständig** ist, kann die Durchführung des Verfahrens auch vor dieser beantragt werden (BerlKo-*Breutigam* § 180 Rn 8; K/P/B/*Pape* § 180 Rn 1; *Gottwald/Eickmann* InsRHdb § 64 Rn 41).

10 **3. Besondere Verfahrensarten. a) Urkunden-, Wechsel-, Scheckprozess.** Ob eine Feststellung der bestrittenen Forderung im Wege eines Urkunden-, Wechsel- oder Scheckprozesses möglich ist, ist höchst streitig. **Gegen die Statthaftigkeit eines Urkundenprozesses** wird eingewandt (RGZ 32, 230, 231; OLG Hamm 20. 4. 67 – 5 U 45/67, KTS 1967, 169; OLG München 19. 10. 84 – 23 U 3153/84, ZIP 1985, 297; K/P/B/*Pape* § 180 Rn 2; HaKo-*Herchen* § 180 Rn 10; BerlKo-*Breutigam* § 180 Rn 2; Braun/*Specovius* § 181 Rn 24; FK-*Kießner* § 180 Rn 5; KS-*Eckardt* Kap 17 Rn 50; B/L/A/H § 592 ZPO Rn 4), dass der Zweck der §§ 592 ff, 704 Nr 2 ZPO, dem durch Urkunden legitimierten Gläubiger möglichst schnell einen erleichtert vollstreckbaren Titel zu verschaffen, im Forderungsfeststellungsverfahren keine Bedeutung habe. Vielmehr widerspreche ein bloßes Vorbehaltsurteil dem Sinn der Insolvenzfeststellungsklage, das Haftungsrecht des Gläubigers an der Masse abschließend zu klären. Die Gegenmeinung, die **für die Statthaftigkeit eines Urkundenprozesses** plädiert (*Uhlenbruck* 12. Aufl § 180 Rn 5; MüKo-*Schumacher* § 180 Rn 7; N/R/*Becker* § 180 Rn 12; HK-*Irschlinger* § 180 Rn 2; Gottwald/*Eickmann* InsRHdb § 64 Rn 40; Zöller/*Greger* § 592 ZPO Rn 3; Stein/Jonas/*Schlosser* § 592 ZPO Rn 2 a; Rosenberg/Schwab/*Gottwald* § 164 II 1), stellt darauf ab, dass die Verweisung in § 181 Abs 1 S 1 auf die Klage „im ordentlichen Verfahren" die besonderen Verfahrensarten mit einschließe; das Vorbehaltsurteil im Urkundsprozess sei – entsprechend seinem Zweck, eine rasche Befriedigung zu ermöglichen – abweichend von § 189 Abs 2 einer titulierten Insolvenzforderung gleichzustellen.

11 Die besseren Gründe sprechen für die **Statthaftigkeit** eines Urkundenprozess. Die Erwägungen, die der BGH zum Zahlungsanspruch auf erstes Anfordern entwickelt hat (**BGH** 29. 5. 08 – IX ZR 45/07, NZI 2008, 565; s u Rn 12), treffen nämlich auch auf diese Verfahrensart zu. Der Gläubiger soll in einem vereinfachten Verfahren mit beschränkten Beweismitteln (§ 595 Abs 2 ZPO) schnell den Tabelleneintrag und die Teilhabe an der Insolvenzquote erlangen können, während dem Insolvenzverwalter die Betreibungslast für das Nachverfahren obliegt, in dem er weitere Einwendungen vorbringen kann. Dem steht nicht entgegen, dass eine Klage im Urkundenprozess nur als Leistungsklage erhoben werden kann (§ 592 S 1 ZPO: „Zahlung"), weil die Formulierung als Feststellungsklage rein insolvenzbedingt ist. Das ergehende Vorbehaltsurteil ist auch nicht zur Eintragung in die Insolvenztabelle ungeeignet; denn die Feststellung unter dem „Vorbehalt der Rechte" (§ 599 ZPO) entspricht der Anmeldung einer auflösend bedingten Forderung, die § 42 ausdrücklich zulässt.

12 **b) Ansprüche auf erstes Anfordern.** Gegen Zahlungsansprüche auf erstes Anfordern, insb Bürgschaften und Garantien, sind – außerhalb eines Insolvenzverfahrens – grundsätzlich sämtliche Einwendungen und Einreden ausgeschlossen; nur offensichtliche und liquide beweisbare Einwendungen können im Ausnahmefall als Missbrauchseinwand (§ 242 BGB) geltend gemacht werden (**BGH** 5. 3. 02 – XI ZR 113/01, NJW 2002, 1493). Der Gläubiger soll sich so schnell und unkompliziert Liquidität verschaffen können. Ein solcher Anspruch auf erstes Anfordern kann auch zur Insolvenztabelle angemeldet und festgestellt werden. Die InsO kennt keine besonderen Regeln für eine eingeschränkte Feststellungsfähigkeit bestimmter Forderungsarten. Widerspricht der Insolvenzverwalter dem angemeldeten Anspruch aus einem Zahlungsversprechen auf erstes Anfordern, so ist im Rechtsstreit nach § 179 Abs 1 den hiergegen erhobenen materiellrechtlichen **Einwendungen und Einreden nicht nachzugehen,** soweit diese nicht offensichtlich und liquide beweisbar sind. Dem Gläubiger steht mithin ein vereinfachtes Verfahren zur Erlangung des Tabelleneintrags zu; der Insolvenzverwalter trägt die Betreibungslast für den Rückforderungsprozess (Kondiktion des Tabelleneintrags), der ab Feststellung der Forderung möglich ist und in dem er etwaige Einwendungen vorbringen kann (**BGH** 29. 5. 08 – IX ZR 45/07, NZI 2008, 565; ebenso Vorinstanz **OLG** Frankfurt/M 8. 2. 07 – 26 U 36/06, BeckRS 2007, 10.180; aA HaKo-*Herchen* § 180 Rn 10 a). Die Aussicht auf eine schnelle Titulierung – hier durch den Tabelleneintrag und auf Teilhabe an der Insolvenzquote – ist vor allem in Verfahren mit einer hohen Quote von Bedeutung.

13 **c) Mahnverfahren.** Das Mahnverfahren beruht auf den einseitigen, von einem Gericht nicht materiell-rechtlich geprüften Angaben des Gläubigers und soll eine streitige Auseinandersetzung vermeiden. Nach einem Widerspruch gegen die Forderungsanmeldung ist der Anspruch jedoch gerade streitig und daher ein Mahnverfahren zur abschließenden Klärung des Haftungsrechtes dieses Gläubigers an der Masse ungeeignet. Im Schrifttum wird dagegen meist allein darauf abgestellt, dass das Mahnverfahren auf „Zahlung" gerichtet ist (§ 688 Abs 1 ZPO) und daher zur „Feststellung" eines streitigen Insolvenzgläubigerrechts unstatthaft sei (MüKo-*Schumacher* § 180 Rn 8; N/R/*Becker* § 180 Rn 12; H/W/W § 180 Rn 27; BerlKo-*Breutigam* § 180 Rn 2); dies müsste dann konsequenterweise auch für den Urkundenprozess gelten. War zum Zeitpunkt der Eröffnung des Insolvenzverfahrens ein Mahnbescheid beantragt, aber noch nicht zugestellt, so hemmt die Anmeldung der Forderung zur Tabelle gem § 204

II. Feststellungsklage im „ordentlichen Verfahren" (Abs 1) § 180

Abs 1 Nr 10 BGB die Verjährung rückwirkend auf den Zeitpunkt des § 167 ZPO (MüKo-*Schumacher* § 180 Rn 8).

d) Kostenfestsetzungsverfahren. Gebührenansprüche eines Rechtsanwalts aus seiner Tätigkeit für den Schuldner vor Verfahrenseröffnung können im Falle des Bestreitens seiner Forderungsanmeldung nicht im Kostenfestsetzungsverfahren nach § 11 Abs 1 RVG, sondern nur nach § 180 Abs 1 durch Klageerhebung im ordentlichen Verfahren geltend gemacht werden (**LG Köln** 18. 8. 83 – 88 O 23/81, KTS 1984, 500; Gottwald/*Eickmann* InsRHdb § 64 Rn 40). **14**

e) Schiedsrichterliches Verfahren. § 180 Abs 1 S 1 schließt die Entscheidung des Feststellungsstreits im schiedsrichterlichen Verfahren nicht aus (**BGH** 29. 1. 09 – III ZB 88/07, ZIP 2009, 627 Rn 4). Insolvenzgläubiger und Bestreitender können daher auch gem §§ 1029 ff ZPO vereinbaren, den Streit um das Insolvenzgläubigerrecht durch ein Schiedsgericht entscheiden zu lassen (MüKo-*Schumacher* § 180 Rn 9; *Flöther* Auswirkungen des inländischen Insolvenzverfahrens auf Schiedsverfahren und Schiedsabrede, 2001, S 108 ff). Die ausschließliche Zuständigkeit steht der Schiedsfähigkeit nicht entgegen, da sie nur die Zuständigkeit unter den staatlichen Gerichten regelt, nicht aber im Verhältnis zu einem privaten Schiedsgericht (**BGH** 29. 3. 96 – II ZR 124/95, ZIP 1996, 830 sub II 1). **15**

Damit ist noch nichts darüber ausgesagt, ob für Bestreitenden und Verwalter auch eine **Bindung an einen vom Schuldner geschlossenen Schiedsvertrag** besteht. Nach hM ist der bestreitende **Verwalter** – ausgenommen bei Anfechtungsklagen – hieran gebunden, da er die Rechtslage übernimmt, die bei Eröffnung des Verfahrens besteht, und die Schiedsabrede weder § 103 noch § 115 unterfällt (**BGH** 20. 11. 03 – III ZB 24/03, ZInsO 2004, 88; **BGH** 28. 2. 57 – VII ZR 204/56, BGHZ 24, 15, 18 für Masseforderung; K/P/B/*Pape* § 180 Rn 2; FK-*Wegener* § 103 Rn 33 a; *Hess* § 180 Rn 3; MüKo-*Schumacher* § 180 Rn 10; B/L/A/H § 1029 ZPO Rn 35; Zöller-*Geimer* § 1029 ZPO Rn 62; *Baur/Stürner* II InsR Rn 21.20; *Berger* ZInsO 2009, 1033; *Heidbrink/v. d. Groeben* ZIP 2006, 265, 269; *Ehricke* ZIP 2006, 1847, 1849; aA *Häsemeyer* InsR Rn 13.28). Dies gilt sowohl für inländische als auch ausländische Schiedsgerichte. Ebenso ist der **Widersprechende** an die Schiedsabrede gebunden, die der Schuldner mit ihm getroffen hatte. Das Schiedsgericht darf in diesem Fall nicht nur über den Bestand der Forderung entscheiden, sondern auch über Rang und Anmeldbarkeit (*Ehricke* ZIP 2006, 1847, 1851; aA MüKo-*Schumacher* § 180 Rn 11: nur bei Einigung zwischen Gläubiger und Widersprechendem), da es an die Stelle des ordentlichen Gerichts tritt und daher die gleichen Kompetenzen hat wie dieses. Der Schuldner greift dadurch nicht in materiellrechtliche Positionen ein, sondern schafft lediglich Bindungswirkungen verfahrensrechtlicher Art (s o *Uhlenbruck* § 80 Rn 115). **Andere Widersprechende,** die nicht Partei des Schiedsvertrages waren, sind auch nicht daran gebunden (*Ehricke* ZIP 2006, 1847, 1854; aA *Smid* DZWiR 1993, 485, § 490 f). Dies folgt schon aus dem Verbot eines Vertrages zu Lasten Dritter. **16**

4. Feststellungsklage bei mehrfachem Bestreiten. Haben mehrere (zB Verwalter und Insolvenzgläubiger) der Forderung im Prüfungstermin widersprochen, so verlangt die Feststellung der Forderung des Anmeldenden die Überwindung sämtlicher Widersprüche, um die Rechtswirkung des § 183 Abs 1 herbeizuführen (s § 178 Abs 1; K/P/B/*Pape* § 179 Rn 9; N/R/*Becker* § 180 Rn 7). Der Gläubiger ist nicht gezwungen, sämtliche Widersprechenden in einem Prozess zu verklagen (**BGH** 9. 7. 90 – II ZR 69/89, BGHZ 112, 95; K/P/B/*Pape* § 179 Rn 9). Zweckmäßig dürfte es jedoch sein, wenn der Rechtsstreit gegen sämtliche oder mehrere Bestreitende geführt wird, die **Verbindung der Prozesse** zu beantragen. Diese Möglichkeit scheidet allerdings aus, wenn aufgrund **unterschiedlicher Streitwerte** teils das Amtsgericht, teils das Landgericht zuständig ist. Wegen des notwendigen Zwanges zur einheitlichen Feststellung sind die Beklagten bei Klageverbindung **notwendige Streitgenossen** iSv § 62 ZPO (RGZ 96, 251, 254; K/P/B/*Pape* § 179 Rn 9). Keine notwendige Streitgenossenschaft liegt jedoch vor, soweit der eine der Forderung nach Grund und Höhe widerspricht, der andere dagegen lediglich den insolvenzmäßigen Rang iSv §§ 38, 39 bestreitet. Auch bei notwendiger Streitgenossenschaft bleiben Einzelklagen wegen der „partiellen" Rechtskrafterstreckung nach § 183 zulässig (**BGH** 9. 7. 90 aaO; *Henckel* Parteilehre und Streitgegenstand im Zivilprozess, 1961, S 204 ff; KS-*Eckardt* Kap 17 Rn 51). **17**

5. Allgemeine Feststellungsklagen. Da allgemeine Feststellungsklagen nach § 256 ZPO gegen den Verwalter ungeachtet des § 180 auch während des Insolvenzverfahrens zulässig sind, ist ein Insolvenzgläubiger berechtigt, gegen den Insolvenzverwalter auf Feststellung zu klagen, dass ein geltend gemachter **Masseanspruch** nicht besteht (**OLG Stuttgart** 1. 2. 66 – 5 U 51/65, NJW 1966, 2316 m Anm *Grunsky*). Sein Feststellungsinteresse ergibt sich daraus, dass er nach Beendigung des Verfahrens einen Schadenersatzanspruch gegen den Insolvenzverwalter (§ 60) hat, falls dieser schuldhaft einen nicht bestehenden Masseanspruch durchsetzt. Ein Insolvenzgläubiger kann auch gegen einen Massegläubiger auf Feststellung klagen, dass diesem die geltend gemachte Forderung gegen die Masse nicht zusteht. Auf die Klage ist § 183 entsprechend anzuwenden (*Grunsky* NJW 1966, 2316). Wie beim Streit um das Bestehen einer Insolvenzforderung (§§ 179, 180, 181, 183, 185) geht es auch dem Insolvenzgläubiger, der eine Masseforderung bestreitet, darum, die Insolvenzmasse von einer Inanspruchnahme freizustellen, nur dass es einmal um die gänzliche Nichtberücksichtigung einer geltend gemachten Forderung, das **18**

Sinz

§ 180

andere Mal um die Einsparung der Insolvenzquote hierfür geht. Zur allgemeinen Feststellungsklage des Verwalters, eines Gläubigers oder des Schuldners **wegen einer Insolvenzforderung** s o § 179 Rn 18.

19 **Gesellschafter einer OHG oder KG**, die im Gesellschaftsinsolvenzverfahren die angemeldete Forderung eines Gesellschaftsgläubigers bestritten haben, können während des Gesellschaftsinsolvenzverfahrens auf Feststellung des Nichtbestehens der Gesellschaftsverbindlichkeit klagen. Auch insoweit handelt es sich nicht um eine Klage nach den §§ 179, 180, 181, 183, 185, sondern um eine allgemeine Feststellungsklage iSv § 256 ZPO (**BGH** 27. 10. 56 – IV ZR 110/56, NJW 1957, 144).

III. Aufnahme eines unterbrochenen Rechtsstreits (Abs 2)

20 **1. Allgemeines.** War zur Zeit der Eröffnung des Insolvenzverfahrens schon ein Rechtsstreit, gleichgültig in welcher Klageart (N/R/*Becker* § 180 Rn 15), oder ein Rechtsbehelfsverfahren über die Forderung anhängig, so ist deren Feststellung – **vorrangig gegenüber einer Neuklage** – durch Aufnahme des gem § 240 ZPO unterbrochenen Rechtsstreits bzw Rechtsbehelfsverfahrens zu verfolgen (§ 180 Abs 2). Aus Gründen der Prozessökonomie ist es dem Anmelder verwehrt, eine selbständige Feststellungsklage zu erheben (**BGH** 23. 6. 88 – IX ZR 172/87, ZIP 1988, 979, 980; MüKo-*Schumacher* § 180 Rn 15). Eine neue Klage wäre zudem unzulässig, weil dieser Klage die Rechtshängigkeit des Anspruchs entgegenstünde (Gottwald/*Eickmann* InsRHdb § 64 Rn 45). Etwas anderes gilt jedoch, wenn der **Streitgegenstand nicht identisch** ist. Dies ist der Fall bei einer unterbrochenen *Kündigungsschutzklage* und einem angemeldeten, aber bis dahin nicht rechtshängigen Lohnanspruch. Der Gläubiger kann dann wählen zwischen einer Neuklage, auch wenn das ursprüngliche Klagebegehren für den im Insolvenzverfahren angemeldeten Anspruch vorgreiflich ist, oder der Aufnahme des ursprünglichen Prozesses, sofern er nur noch die Feststellung eines bezifferten Lohnanspruches mit einem an das Insolvenzverfahren angepassten Antrag begehrt (**BGH** 23. 6. 88 aaO; vgl auch **BAG** 18. 10. 06 – 2 AZR 563/05, NZI 2007, 300). Gleiches gilt für eine unterbrochene Klage auf Erfüllung und einem bestrittenen *Schadenersatzanspruch nach Erfüllungsablehnung* gem § 103 Abs 2 S 1 (**BGH** 8. 11. 61 – VIII ZR 149/60, NJW 1962, 153). Ein Rechtsstreit über die Wirksamkeit des *Widerrufs einer Versorgungszusage*, der durch die Eröffnung des Insolvenzverfahrens über das Vermögen des beklagten Arbeitgebers unterbrochen worden ist, kann vom Verwalter erst wirksam aufgenommen werden, wenn der Wert der Anwartschaft als Zahlungsanspruch vom klagenden Arbeitnehmer beziffert, zur Tabelle angemeldet und vom Verwalter bestritten worden ist (**BAG** 12. 4. 83 – 3 AZR 73/82, ZIP 1983, 1095).

21 Auch in der **Revisionsinstanz** kann das unterbrochene Verfahren aufgenommen werden (**BGH** 29. 4. 04 – IX ZR 265/03, ZVI 2004, 530; **BAG** 2. 11. 59 – 2 AZR 479/56, AP Nr 7 zu § 91 a ZPO m Anm *Vollkommer*; **BFH** 18. 12. 03 – II B 31/00, BB 2004, 480 für Nichtzulassungsbeschwerde). Werden aber in der Revisionsinstanz neue Tatsachen vorgetragen, die für die Anmeldbarkeit der Forderung oder die Rangfrage (§§ 38, 39) erheblich sind, ist es dem Revisionsgericht verwehrt, hierüber zu befinden (§ 559 ZPO). Dann ist der Rechtsstreit nach Aufnahme an das Berufungsgericht als Tatsacheninstanz zurück zu verweisen (**BGH** 21. 11. 53 – VI ZR 203/52, LM § 146 KO Nr 4; *Jonas* Die Konkursfeststellung in ihrer prozessualen Durchführung, 1907, S 62; KS-*Eckardt* Kap 17 Rn 49).

22 **Mit der Aufnahme** durch den Gläubiger **tritt der Bestreitende** (Insolvenzverwalter oder Insolvenzgläubiger) **in die Parteirolle des Insolvenzschuldners** ein (**BGH** 8. 11. 61 – VIII ZR 149/60, KTS 1962, 46), nicht jedoch in das Schuldverhältnis selbst. Soweit ein Titel vorliegt und daher dem Bestreitenden die Verfolgung des Widerspruchs obliegt (§ 179 Abs 2), hat er trotz der prozessualen Beklagtenrolle des Schuldners zu beantragen, seinen Widerspruch für begründet zu erklären, während der anmeldende Gläubiger seinen Antrag auf Feststellung zur Tabelle umzustellen hat (**BGH** 29. 6. 94 – VIII ZR 28/94, ZIP 1994, 1193; HaKo-*Herchen* § 180 Rn 15). Geschieht dies nicht, ist die Klage als unzulässig abzuweisen (*Henckel* ZZP 75 [1962] 351, 354); zur Widerklage s o Rn 7). Der Bestreitende ist **an die bisherigen Prozessergebnisse gebunden** einschließlich eventueller Anerkenntnisse, Verzichte, Geständnisse und Fristversäumnisse, sofern sie nicht der Insolvenzanfechtung unterliegen (**BGH** 28. 9. 06 – IX ZB 312/04, NZI 2007, 104 Rn 9; MüKo-*Schumacher* § 85 Rn 16). Nicht gefolgt werden kann **aber** der Feststellung des BGH, dass „der Insolvenzverwalter auch die prozessualen Wirkungen der Klageerwiderungsschrift gegen sich gelten lassen muss" (**BGH** 28. 9. 06 aaO Rn 9; ablehnend auch *Hofmann* EWiR 2007, 85; *Graf-Schlicker*, in Graf-Schlicker § 180 Rn 11). Denn dies hätte die fatale Folge, dass dem Insolvenzverwalter in allen Fällen, in denen der Schuldner nach Anordnung des schriftlichen Vorverfahrens in der Klageerwiderungsschrift die Abweisung der Klage beantragt hatte – und dies dürfte der Regelfall sein –, von vornherein ein vorläufiges Bestreiten und sofortiges Anerkenntnis mit der Kostenfolge des § 93 ZPO abgeschnitten ist. Als Ausweg bliebe nur übrig, lückenhafte Forderungsanmeldungen stets als „nicht prüffähig" im Prüfungstermin ungeprüft zu lassen mit der Folge, dass dieser (ggf mehrfach) vertagt werden müsste, was nicht gerade zur Entlastung der Insolvenzgerichte beiträgt. Hinzu kommt, dass der Gläubiger den Verwalter sogar bewusst (aber meist nicht nachweisbar) „ins Messer laufen lassen" könnte, indem er prüfungsrelevante Unterlagen dem Verwalter vorenthält und nach dem Prüfungstermin risikolos sofort den unterbrochenen Rechtsstreit aufnimmt. Da es auf Kenntnis insoweit nicht ankommt, hätte die Masse stets die gesamten Verfahrenskosten zu tragen, nach Ansicht des BGH sogar als Masseschuld und – insoweit noch nicht endgültig entschieden – ggf für sämtliche In-

III. Aufnahme eines unterbrochenen Rechtsstreits (Abs 2) § 180

stanzen (s u § 180 Rn 45). Dagegen hatte der gleiche Senat nur wenige Monate zuvor ausdrücklich festgestellt, der Umstand, dass sich der Schuldner vorinsolvenzlich substantiiert gegen die Gläubigerforderung zur Wehr gesetzt hat, sei unerheblich (**BGH** 9. 2. 06 – IX ZB 160/04, NZI 2006, 295 Rn 13). Für die Frage, ob der Verwalter **Veranlassung zur Klage iSv § 93 ZPO** gegeben hat, ist – wie im BGH-Beschluss vom 9. 2. 06 zutreffend ausgeführt – **allein das Verhalten des Verwalters maßgeblich**, nämlich ob er gegenüber dem Gläubiger den Eindruck erweckt, er werde ohne einen Rechtsstreit seinen Widerspruch nicht aufgeben. Dagegen weiß der Gläubiger bei einem vorläufigen Bestreiten, dass eine Feststellung seiner Forderung zur Tabelle noch möglich ist und sich dann eine Fortsetzung des anhängigen, unterbrochenen Rechtsstreits erübrigt. Es ist ihm daher auch zuzumuten, sich beim Insolvenzverwalter zu vergewissern, ob dieser seinen Widerspruch aufrechterhält, bevor er den Rechtsstreit gem § 180 Abs 2 aufnimmt (so auch **BGH** 9. 2. 06 aaO Rn 10). Ob dem Schuldner ein sofortiges Anerkenntnis im Zeitpunkt der Unterbrechung des Rechtsstreits schon versagt war, kann demnach keine Rolle spielen.

2. Örtliche und sachliche Zuständigkeit des Gerichts. Die Zuständigkeitsregelung des § 180 **Abs 1** 23 **gilt nicht**, wenn bei Eröffnung des Insolvenzverfahrens bereits ein Rechtsstreit über die bestrittene Forderung anhängig war, ein Endurteil aber noch nicht ergangen ist. Vielmehr bleibt der gem § 240 ZPO unterbrochene Rechtsstreit bei dem bislang mit der Sache befassten Gericht anhängig und ist dort nach den §§ 180 InsO, 250 ZPO aufzunehmen (*Jauernig* § 56 V. 3.; N/R/*Becker* § 180 Rn 25; Gottwald/ *Eickmann* InsRHdb § 64 Rn 47). Die einmal begründete sachliche Zuständigkeit des Landgerichts besteht auch dann fort, wenn infolge der Streitwertänderung (§ 182) für eine Neuklage das Amtsgericht zuständig wäre (§ 261 Abs 3 Nr 2 ZPO analog).

3. Voraussetzungen der Aufnahme des unterbrochenen Rechtsstreits. Der aufnehmende Gläubiger hat 24 folgende **Prozesserklärungen** abzugeben (Gottwald/*Eickmann* InsRHdb § 64 Rn 46):
(1.) die Aufnahmeerklärung gem § 250 ZPO, die gem § 166 Abs 2 ZPO von Amts wegen zuzustellen ist (sind beide Parteien in der mündlichen Verhandlung anwesend, genügt Erklärung; RGZ 109, 47, 48);
(2.) die Umstellung des Klageantrages von Leistung auf Feststellung; war der Klageantrag nicht auf eine Geldforderung gerichtet, ist der Anspruch gem § 45 in Geld umzurechnen, worin keine unzulässige Klageänderung liegt;
(3.) die Bezeichnung des Bestreitenden als nunmehrigen Beklagten.
Bei Unterbrechung zwischen zwei Instanzen genügt aus Gründen der Prozesswirtschaftlichkeit die Einlegung eines Rechtsmittels beim iudex ad quem zugleich als stillschweigende Aufnahme, und zwar auch dann, wenn die Unterbrechung nach Verkündung des Urteils, aber vor dessen Zustellung eingetreten ist, obwohl bei Einlegung des Rechtsmittels der Rechtsstreit mangels Aufnahme in der unteren Instanz an sich noch unterbrochen ist (**BGH** 29. 3. 90 – III ZB 39/89, BGHZ 111, 104, 108).

a) Vorheriges Prüfungsverfahren. Zwingende Voraussetzung für die Aufnahme eines unterbrochenen 25 Rechtsstreits ist, dass die Forderung zuvor zur Tabelle angemeldet, geprüft und bestritten worden ist (**BGH** 27. 3. 95 – II ZR 140/93, ZIP 1995, 643, 644; **BAG** 12. 4. 83 – 3 AZR 73/82, ZIP 1983, 1095; K/P/B/*Pape* § 180 Rn 3). Auch in Massenverfahren mit einer Vielzahl von Klägern ist der **Nachweis der förmlichen Voraussetzungen** der Zulässigkeit einer Insolvenzfeststellungsklage nach Auffassung des BGH keine überflüssige Formalie, sondern von Amts wegen zu beachten (**BGH** 21. 2. 00 – II ZR 231/98, ZIP 2000, 705 m Anm *Schuschke* EWiR 2000, 589, 590). Kann der Kläger die erforderlichen Nachweise nicht erbringen, ist die Feststellungsklage als unzulässig zurückzuweisen. Das Gericht hat die Überprüfung von Amts wegen vorzunehmen. Es braucht sich allerdings nicht selbst darum zu bemühen, die Nachweise für das Vorliegen der Prozessvoraussetzungen zu beschaffen. Dies obliegt dem Kläger, der den beglaubigten Auszug aus der Insolvenztabelle vorlegen kann (§ 179 Abs 3 S 1).

b) Notwendige Identität der Forderung. Die zur Tabelle angemeldete Forderung muss mit der Forde- 26 rung, die in dem anhängigen Rechtsstreit geltend gemacht wurde, identisch sein (**BGH** 27. 9. 01 – IX ZR 71/00, WM 2001, 2180; K/P/B/*Pape* § 180 Rn 4; BerlKo-*Breutigam* § 180 Rn 8; zu Einzelheiten s u § 181 Rn 3 ff, 13). Identität ist auch gegeben, wenn der ursprünglich geltend gemachte Anspruch in einen Geldbetrag nach § 45 umzurechnen ist (**BGH** 23. 6. 88 – IX ZR 172/87, ZIP 1988, 979; **BGH** 27. 3. 95 – II ZR 140/93, ZIP 1995, 643; K/P/B/*Pape* § 180 Rn 4). Zur Aufnahme ist, sofern nicht schon ein Titel iSv § 179 Abs 2 vorliegt, **nur der anmeldende Gläubiger befugt**, nicht dagegen auch der Verwalter oder ein widersprechender Insolvenzgläubiger (RGZ 63, 364, 366; K/P/B/*Pape* § 180 Rn 4). Liegt dagegen für die Forderung ein vollstreckbarer Schuldtitel oder ein Endurteil vor (§ 179 Abs 2), so kann der unterbrochene Rechtsstreit sowohl vom Gläubiger als auch vom Bestreitenden aufgenommen werden (K/P/B/*Pape* § 180 Rn 4; s o § 179 Rn 27).

Insolvenzspezifische Einwendungen können nicht im Wege der Prozessaufnahme, sondern nur über 27 eine neue Klage geklärt werden, weil insoweit keine Rechtshängigkeit besteht (s o § 179 Rn 26 ff). Insbesondere wäre die Aufnahme des unterbrochenen Verfahrens unzulässig, wenn sich der Widerspruch **isoliert** nur gegen den behaupteten insolvenzrechtlichen Rang oder die Anmeldbarkeit der Forderung als Insolvenzforderung richtet oder ihre Anfechtbarkeit eingewandt wird (Gottwald/*Eickmann*

§ 180　　　　　　　　　　　　　　　　　　　　　　　　　　　　Zuständigkeit für die Feststellung

InsRHdb § 64 Rn 47; *Jauernig* § 56 V 3 [362] mwN; aA HaKo-*Herchen* § 180 Rn 17, der § 264 Nr 3 Alt 2 ZPO analog anwenden will; MüKo-*Schumacher* § 180 Rn 18; *Häsemeyer* InsR Rn 22.31). Anders verhält es sich aber, wenn über diese insolvenzspezifischen Einwendungen nicht nur allein, sondern **zusammen** mit Grund und Höhe der angemeldeten Forderung gestritten wird. Insoweit ist eine Prozessaufnahme vorrangig und eine Erweiterung auf diese Einwendungen zulässig (§§ 260, 264 Nr 2 ZPO), jedoch mit Rücksicht auf § 559 ZPO nicht mehr in der Revisionsinstanz (BGH 23. 12. 53 – VI ZR 1/52, LM § 146 KO Nr 5: dann erfolgt Zurückverweisung an das Berufungsgericht).

28　Nicht stimmig ist die Aufnahmeregelung, wenn **mehrere Widerspruch erhoben haben**. Es handelt sich nicht um eine notwendige Streitgenossenschaft aus materiell-rechtlichen Gründen, so dass die Widersprüche demgemäß in verschiedenen Prozessen erledigt werden könnten. Dennoch soll nach Auffassung des BGH der Feststellungsstreit **mit allen Widersprechenden aufzunehmen** sein, da nur so der Rechtsstreit rasch zu Ende gebracht werden könne (BGH 13. 3. 80 – II ZR 239/78, ZIP 1980, 427; aA HaKo-*Herchen* § 179 Rn 42). Dies überzeugt nach zutreffender Ansicht von *Häsemeyer* „schon deshalb nicht, weil bei titulierten Forderungen, wenn die Widersprechenden den Prozess aufnehmen müssen (§ 179 Abs 2 InsO), die Passivität eines Widersprechenden zu einer Rechtsschutzsperre zu Lasten der übrigen führen würde" (*Häsemeyer* InsR Rn 22.32). Bei einer Neuklage ist der Gläubiger auch nicht gezwungen, die Feststellung gegen sämtliche Bestreitenden in einer Klage zu betreiben (s o Rn 17; BGH 9. 7. 90 – II ZR 69/89, BGHZ 112, 95, 97). Gleiches muss dann aber auch für die Aufnahme unterbrochener Prozesse gelten (s o § 179 Rn 14).

29　c) **Änderung des Klageantrags.** Die notwendige Umstellung der Klage von einer Leistungsklage auf eine Insolvenzfeststellungsklage stellt **keine Klageänderung** iSv § 263 ZPO dar (BGH 8. 11. 61 – VIII ZR 149/60, NJW 1962, 153; BerlKo-*Breutigam* § 180 Rn 10; N/R/*Becker* § 180 Rn 20), auch nicht wenn die ursprüngliche Klage auf einen Geldbetrag gem § 45 zu kapitalisieren war (RGZ 65, 132; BGH 23. 12. 53 – VI ZR 1/52, LM § 146 KO Nr 5; *Gottwald/Eickmann* InsRHdb § 64 Rn 46; K/P/B/*Pape* § 180 Rn 5). Betrifft das anhängige Verfahren nur einen **Teil der angemeldeten und bestrittenen Forderung**, so bedarf es keiner (zusätzlichen) Neuklage; vielmehr wird der Rechtsstreit gem § 264 Nr 2 ZPO ausgedehnt (N/R/*Becker* § 180 Rn 22). War der Rechtsstreit **zwischen zwei Instanzen unterbrochen** und legt der Widersprechende nach der Aufnahme durch den Gläubiger während der Rechtsmittelfrist kein Rechtsmittel ein, so scheidet eine Klageänderung aus. Infolge der Aufnahme des Rechtsstreits wird das Urteil rechtskräftig.

30　Hat ein Insolvenzgläubiger im aufgenommenen Rechtsstreit **versehentlich mit dem vor Verfahrenseröffnung gestellten Antrag verhandelt** und ist der Insolvenzverwalter dementsprechend zur Zahlung verurteilt worden, ergeben aber die Entscheidungsgründe des Urteils, dass es um eine Insolvenzforderung und nicht um eine erst während des Verfahrens entstandene Masseverbindlichkeit ging, so ist das Urteil dahin auszulegen, dass es die eingeklagte Forderung zur Tabelle feststellt (BGH 29. 1. 09 – III ZB 88/07, NZI 2009, 309 für Schiedsspruch; BGH 10. 6. 63 – II ZR 137/62, KTS 1963, 176).

31　Liegt für die Forderung **bereits ein Titel vor**, so ist der Rechtsstreit mit dem Antrag aufzunehmen, den **Widerspruch für begründet zu erklären** (BGH 8. 11. 61 – VIII ZR 149/60, NJW 1962, 153; BGH 29. 6. 94 – VIII ZR 28/94, ZIP 1994, 1193; K/P/B/*Pape* § 179 Rn 17 u 180 Rn 6; *Gottwald/Eickmann* InsRHdb § 64 Rn 54). Zulässig ist auch die Aufnahme des Rechtsstreits mit dem Antrag festzustellen, dass dem Beklagten das geltend gemachte Insolvenzgläubigerrecht nicht zusteht (KS-*Eckardt* Kap 17 Rn 52).

32　d) **Aufnahme in besonderen Verfahrensarten.** Abzulehnen ist die Ansicht, dass ein nach § 240 ZPO unterbrochener **Urkundenprozess** bei Aufnahme des Verfahrens automatisch in das ordentliche Verfahren übergeht (so aber OLG Hamm 20. 4. 67 – 5 U 45/67, MDR 1967, 929; OLG München 19. 10. 84 – 23 U 3153/84, NJW 1985, 983; B/L/A/H § 592 ZPO Rn 4) oder der Gläubiger die Abstandnahme vom Urkundenprozess gem § 596 ZPO erklären muss (so HaKo-*Herchen* § 180 Rn 10). Geht man von der Statthaftigkeit eines Urkundenprozesses im Insolvenzverfahren aus (s o Rn 11), so kann der Gläubiger den Prozess nach Aufnahme in dieser Verfahrensart (mit geändertem Klageantrag) fortsetzen (MüKo-*Schumacher* § 180 Rn 29), während der Verwalter auf das Nachverfahren verwiesen ist. **Lag bereits ein** noch nicht rechtskräftiger **Titel vor**, bleibt dem Verwalter nur die Möglichkeit, die angemeldete Forderung unter Vorbehalt seiner Rechte aus § 599 Abs 1 ZPO zur Tabelle anzuerkennen, um sogleich in das Nachverfahren übergehen zu können.

33　Für die Aufnahme eines Rechtsstreits, in dem **Zahlungsansprüche auf erstes Anfordern** geltend gemacht werden, gilt keine Besonderheit. Der Gläubiger kann dieses vereinfachte Verfahren fortsetzen, ohne dass den erhobenen materiellrechtlichen Einwendungen und Einreden des Bestreitenden nachzugehen ist, soweit diese nicht offensichtlich und liquide beweisbar sind (BGH 29. 5. 08 – IX ZR 45/07, NZI 2008, 565; s o Rn 12).

34　Die Aufnahme eines unterbrochenen **Mahnverfahrens** scheidet aus, da dieses Verfahren zur Feststellung des Insolvenzgläubigerrechts unstatthaft ist (s o Rn 13); der Gläubiger muss daher Neuklage erheben. Eine Aufnahme ist nur möglich, wenn das Mahnverfahren bei Insolvenzeröffnung **bereits in das streitige Verfahren übergegangen** war oder wenn zurzeit der Unterbrechung ein nicht rechtskräftiger **Vollstreckungsbescheid** über die Forderung vorlag, im letztgenannten Fall gem § 179 Abs 2 (MüKo-

III. Aufnahme eines unterbrochenen Rechtsstreits (Abs 2) **§ 180**

Schumacher § 180 Rn 30). Solange zum Zeitpunkt der Unterbrechung vom Schuldner lediglich Widerspruch gegen den Mahnbescheid eingelegt oder vom Gläubiger lediglich die Durchführung des streitigen Verfahrens beantragt war, handelt es sich nach zutreffender Feststellung von *Becker* (N/R/*Becker* § 180 Rn 18) noch nicht um ein „schlummerndes Klageverfahren", das aufnahmefähig wäre.

Ein **Kostenfestsetzungsverfahren** nach § 11 Abs 1 RVG ist zur Feststellung eines Insolvenzgläubigerrechts unstatthaft und daher nicht aufnahmefähig (LG Köln 18. 8. 83 – 88 O 23/81, KTS 1984, 500; s o Rn 14). Zu Kostenerstattungsansprüchen gem **§§ 103 ff ZPO** s u Rn 39.   35

Ein **selbständiges Beweisverfahren** wird nicht nach § 240 ZPO unterbrochen, so dass es keiner Aufnahme bedarf (**BGH** 11. 12. 03 – VII ZB 14/03, NZI 2004, 165; *Meyer* NZI 2005, 9, 11).   36

Dagegen wird ein **Schiedsverfahren** zwischen dem Gläubiger und dem Schuldner über eine Insolvenzforderung (zur Bindung an die Schiedsabrede s o Rn 16) durch die Eröffnung des Insolvenzverfahrens nicht nach § 240 ZPO unterbrochen (**OLG Hamm** 2. 11. 83 – 20 U 57/83, IPRax 1985, 218; s o *Uhlenbruck* § 85 Rn 40 mwN). Das Schiedsgericht darf das Schiedsverfahren zur Vermeidung einer späteren Aufhebung des Schiedsspruchs gem § 1059 Abs 2 Nr 2 b ZPO iVm § 87 InsO aber erst nach Durchführung des Prüfungstermins fortsetzen.   37

Rechtsstreit iSv § 180 Abs 2 ist auch ein Verfahren auf **Vollstreckbarerklärung eines ausländischen Urteils** gem §§ 722 f ZPO (**BGH** 17. 7. 08 – IX ZR 150/05, ZInsO 2008, 912).   38

4. Aufnahme wegen der Kosten. Falls nach Beendigung des Rechtsstreits **noch keine Kostengrundentscheidung ergangen** war (§§ 91 a, 269 Abs 3 S 2 ZPO), kann der Gläubiger nach Bestreiten seiner angemeldeten Kostenforderung den Rechtsstreit aufnehmen, um seine Kostenforderung dem Grunde nach feststellen zu lassen; die Feststellung zur Höhe erfolgt im Kostenfestsetzungsverfahren (MüKo-*Schumacher* § 180 Rn 27), allerdings lediglich als Feststellung. Soweit der Rechtsstreit zwar in der Hauptsache erledigt, aber **noch keine Erledigungserklärung abgegeben** worden oder diese einseitig geblieben war, richtet sich der Rechtsstreit nach Aufnahme auch hier auf Feststellung der bestrittenen Kostenforderung zur Tabelle; die Erledigung der Hauptsache ist lediglich Vorfrage (MüKo-*Schumacher* § 180 Rn 28). War das **Kostenfestsetzungsverfahren unterbrochen** worden (**BGH** 29. 6. 05 – XII ZB 195/04, NZI 2006, 128), kann nach dessen Aufnahme auch hier die Höhe des Kostenerstattungsanspruchs lediglich festgestellt werden (Fall des § 179 Abs 1: **OLG** München 29. 9. 03 – 11 W 1353/02, ZIP 2003, 2318; OLG Brandenburg 3. 7. 06 – 6 W 17/06, ZVI 2007, 333; aA [Fall des § 179 Abs 2] MüKo-*Schumacher* § 180 Rn 28 a). Lag bei Insolvenzeröffnung bereits ein **Kostenfestsetzungsbeschluss** vor, obliegt dem Bestreitenden die Verfolgung des Widerspruchs (§ 179 Abs 2).   39

5. Aufnahme unterbrochener Rechtsbehelfs- und Rechtsmittelverfahren. Auch bereits durch Verwaltungsakt titulierte Ansprüche hat die Verwaltungsbehörde zur Tabelle anzumelden; Entsprechendes gilt im Steuerverfahren (**BFH** 10. 12. 75 – II R 150/67, BStBl II 1976, 506). Eine zur Zeit der Insolvenzeröffnung über das Vermögen eines Schuldners laufende Rechtsmittelfrist und ein bei Verfahrensbeginn schwebendes Rechtsbehelfsverfahren wird in entsprechender Anwendung von § 240 ZPO unterbrochen. War vor Eröffnung des Insolvenzverfahrens bereits ein Steuerbescheid über die bestrittene Steuerforderung oder ein Feststellungsbescheid über eine Besteuerungsgrundlage ergangen, auf die die bestrittene Steuerforderung beruht, so ist der Widerspruch durch Fortsetzung des unterbrochenen Rechtsbehelfs- oder Rechtsmittelverfahrens zu klären und nicht etwa durch Feststellungsbescheid nach § 251 Abs 3 AO (**BFH** 7. 3. 06 – VII R 11/05, ZIP 2006, 968; *Gottwald/Frotscher* InsRHdb § 125 Rn 12). Über § 185 S 2 gilt die Vorschrift des § 180 Abs 2 mit der Folge, dass das Rechtsbehelfsverfahren von dem Widersprechenden fortzusetzen ist (BerlKo-*Breutigam* § 180 Rn 12; N/R/*Becker* § 180 Rn 31). **Zu weiteren Einzelheiten** s u § 185 Rn 10 f.   40

6. Kosten des Feststellungsstreits. Über die Kosten des Feststellungsverfahrens ist trotz der Festsetzung eines Stufenstreitwertes (s u § 182 Rn 17 f) eine **einheitliche Kostenentscheidung** zu treffen (K/P/B/*Pape* § 180 Rn 7), insb lehnt die hM eine Aufteilung der entstandenen Kosten nach Zeitabschnitten vor und nach der Prozessaufnahme ab, was folgende Auswirkungen hat: 41

Obsiegt der Insolvenzverwalter, kann er den Kostenerstattungsanspruch, auch soweit die Verfahrenskosten vor der Unterbrechung entstanden sind, zur Masse ziehen. Der Prozessbevollmächtigte des Schuldners ist hieran nur dann absonderungsberechtigt, wenn ihm ein entsprechendes Sicherungsrecht anfechtungsfrei eingeräumt wurde.   42

Unterliegt der Insolvenzverwalter dagegen im aufgenommenen Rechtsstreit, so ist umstritten, wie sich die Kostenentscheidung im Urteil auf das nachfolgende Kostenfestsetzungsverfahren auswirkt, wenn ihm die Kosten des Verfahrens ganz oder teilweise auferlegt worden sind. Nach Ansicht des BGH (**BGH** 29. 5. 08 – IX ZR 45/07, NZI 2008, 565 Rn 29; **BGH** 28. 9. 06 – IX ZB 312/04, NZI 2007, 104; **BGH** 9. 2. 06 – IX ZB 160/04, ZIP 2006, 576; ebenso OLG Koblenz 12. 6. 08 – 9 W 371/08, JurBüro 2008, 427; OLG Frankfurt 31. 3. 81 – 12 W 44/81, ZIP 1981, 638; OLG Hamm 19. 2. 90 – 23 W 534/89, Rpfleger 1990, 435; *Jaeger/Windel* § 86 Rn 29; K/P/B/*Pape* § 180 Rn 7 unter Aufgabe der bei Mohrbutter/*Pape* Rn X.76 vertretenen Auffassung; FK-*App* § 85 Rn 16; H/W/W § 85 Rn 56, 60; Stein/Jonas-*Roth* § 240 ZPO Rn 21, 24; Gottwald/*Gerhardt* InsRHdb § 32 Rn 42) schließt das Prinzip der   43

§ 180

einheitlichen Kostenentscheidung eine Trennung der Prozesskosten nach Zeitabschnitten vor und nach der Prozessaufnahme durch den Insolvenzverwalter aus. Danach seien die **Kosten des gesamten Rechtsstreits**, also auch soweit sie vor der Aufnahme entstanden sind, eine **Masseverbindlichkeit**. Dies wird damit begründet, dass der Insolvenzverwalter mit der Fortführung des Prozesses zur Hauptsache das einheitliche Kostenrisiko des Schuldners auf die Masse übernehme. Hinzu komme, dass die Gerichts- und Anwaltsgebühren, soweit es sich um Verfahrensgebühren handele, nicht einzelne, sondern eine Gesamtheit gleichartiger Tätigkeiten und Prozesshandlungen abdecken. Der Kostenbeamte sei an die Kostengrundentscheidung gebunden; werden einer Partei die gesamten Prozesskosten unterschiedslos auferlegt, sei eine Differenzierung in der nachfolgenden Verfahrensstufe grundsätzlich nicht mehr zulässig.

44 Diese Argumentation ist jedoch **nicht überzeugend**. Die Masse soll nämlich nach dem Verursachungsprinzip nur mit solchen Kosten belastet werden, die kausal aus der Aufnahme des Rechtsstreits resultieren. Diese Aufteilung hat nichts mit dem Grundsatz der Einheitlichkeit der Kostenentscheidung zu tun, der gewahrt bleibt, da alle zu erstattenden Kosten erfasst werden; vielmehr geht es entsprechend dem Rechtsgedanken aus § 105 allein um die **insolvenzrechtliche Qualifikation** der Forderung als Masseschuld oder Insolvenzforderung (im Ergebnis ebenso: **BFH** 10. 7. 02 – I R 69/00, ZIP 2002, 2225; **OLG** Stuttgart 1. 9. 06 – 8 W 352/05, ZInsO 2007, ZInsO 2007, 43 Rn 22; **OLG** Rostock 5. 11. 01 – 3 U 168/99, ZIP 2001, 2145; eingeschränkt auch **OLG** München 11. 10. 99 – 11 W 2206/99, NZI 1999, 498 [nur wenn Vorinstanz abgeschlossen]; **OLG** Hamm 24. 5. 94 – 21 W 26/93, ZIP 1994, 1547; **LAG** Hamm 14. 3. 02 – 4 Sa 1366/97, ZIP 2002, 770; LG Köln 8. 4. 03 – 16 O 152/01, ZIP 2003, 1310; MüKo-*Schumacher* § 85 Rn 20; K/P/B/*Lüke* § 85 Rn 58, 59; HK-*Eickmann* § 85 Rn 10; HaKo-*Kuleisa* § 85 Rn 14; FK-*Kießner* § 180 Rn 13; Braun/*Kroth* § 85 Rn 6; Braun/*Specovius* § 181 Rn 33; *Hofmann* EWiR 2007, 85; *Heiderhoff* ZIP 2002, 1564 ff; *Uhlenbruck* ZIP 2001, 1988; *ders* so § 85 Rn 88). Gem § 38 spielt es auch keine Rolle, ob eine Instanz zum Zeitpunkt der Unterbrechung bereits abgeschlossen war. Ist aufgrund mündlicher Verhandlung vor Insolvenzeröffnung eine Terminsgebühr nach Nr 3104 VV RVG angefallen, führt eine weitere mündliche Verhandlung nach Aufnahme nicht zu einer Masseverbindlichkeit dieser bereits „begründeten" Gebühr (HaKo-*Kuleisa* § 85 Rn 16). Nach dem Rechtsgedanken des § 105 ist es allerdings geboten, nicht nur die *neu* entstehenden Gebühren als Masseschuld anzusehen (denn idR entstehen gar keine Gebühren neu), sondern alle diejenigen, die **wie bei einer Neuklage** angefallen wären, und zwar auf der Basis des aus der Anwendung des § 182 resultierenden Streitwerts. Bei dieser Lösung wird weder die Insolvenzmasse privilegiert noch der Kostengläubiger; sie führt zu gerechten Ergebnissen und vermag alle angefallenen Kosten einschließlich solcher aus einer Beweisaufnahme verursachungsgerecht zuzuordnen.

45 Auch der BGH hat in seiner Entscheidung vom 28. 9. 06 eingeräumt, dass die Kritik an der undifferenzierten Behandlung eines Kostenerstattungsanspruchs als Masseverbindlichkeit dann berechtigt sein könne, wenn die Unterbrechung in einer höheren Instanz oder nach Zurückweisung der Sache an die Vorinstanz eintritt; unter den Voraussetzungen des § 93 ZPO finde „jedenfalls innerhalb der Instanz" keine Aufteilung der Kosten danach statt, ob sie vor oder nach der Eröffnung des Insolvenzverfahrens entstanden sind (**BGH** 28. 9. 06 – IX ZB 312/04, NZI 2007, 104 Rn 14). Selbst in der ZPO gibt es jedoch – auch innerhalb einer Instanz – meist auf dem Verursacherprinzip beruhende zahlreiche Ausnahmen vom Grundsatz der Einheitlichkeit der Kostenentscheidung, so zB in Abhängigkeit vom Parteiverhalten (§§ 93 b, 93 d, 94, 95, 96 ZPO) oder der Beteiligtenstellung (§ 100 Abs 3, 101 Abs 1 ZPO), so dass eine undifferenzierte Kostenentscheidung noch nicht einmal prozessrechtlich geboten ist. Entscheidend ist jedoch, dass eine **pauschale Behandlung als einheitliche Masseverbindlichkeit – systemwidrig** – im Wertungswiderspruch zu den §§ 38, 86 Abs 2, 105 und 182 steht, die sämtlich von dem Gedanken getragen werden, dass die Masse gerade nicht mit Ansprüchen belastet werden soll, die vor Eröffnung „begründet" waren. Insbesondere die Regelung in § 182 wird sonst völlig unterlaufen. Ein (anwaltlich beratener) Insolvenzgläubiger könnte sogar auf die Idee kommen, durch die gezielte Nichtvorlage von Belegen ganz bewusst ein Bestreiten seiner angemeldeten Forderung durch den Insolvenzverwalter zu provozieren, um sofort danach den Prozess gem § 180 Abs 2 aufnehmen zu können. Ist dem Verwalter aufgrund der Verteidigung des Schuldners vor der Unterbrechung nach der Rechtsprechung des BGH (**BGH** 28. 9. 06 aaO Rn 9) auch ein sofortiges Anerkenntnis verwehrt (dagegen *Sinz* s o Rn 22), so würde sich die Insolvenzforderung auf wundersame Weise in eine Masseschuld verwandelt, was sich für den Gläubiger besonders „lohnt", wenn der Rechtsstreit schon mehrere Instanzen durchlaufen hat und erhebliche Kosten der Beweisaufnahme (insb durch Sachverständigengutachten) angefallen sind. Das Haftungsrisiko des Verwalters aus § 61 wird damit unüberschaubar, da er das gezielte Vorgehen des Gläubigers und damit den Einwand aus § 242 BGB meist nicht wird beweisen können. Eine solche Privilegierung des Kostengläubigers zu Lasten aller anderen Insolvenzgläubiger ist nicht gerechtfertigt.

46 Zu klären bleibt damit nur noch die Frage, ob die **Aufteilung der Kosten** nach Masse- und Insolvenzforderungen **in der Kostengrundentscheidung** (so BGH 28. 9. 06 – IX ZB 312/04, NZI 2007, 104 Rn 11; BAG 19. 9. 07 – 3 AZB 35/05, ZIP 2007, 2141 Rn 16 ff; OLG Koblenz 12. 6. 08 – 14 W 371/08, JurBüro 2008, 427 Rn 9; **OLG** Stuttgart 1. 9. 06 – 8 W 352/05, ZInsO 2007, 43 Rn 18, 20; **OLG** Hamm 14. 3. 05 – 23 W 20/05, AGS 2005, 412; **OLG** Köln 10. 9. 04 – 17 W 150/04, NZI 2004,

665; HaKo-*Kuleisa* § 85 Rn 18) **oder erst im Kostenfestsetzungsverfahren** (so **BFH** 10. 7. 02 – I R 69/00, ZIP 2002, 2225) zu erfolgen hat. Das Argument, die Kostenentscheidung sei für das Kostenfestsetzungsverfahren verbindlich und unterliege nicht der Überprüfung durch die Kostenfestsetzungsorgane (**OLG** Stuttgart 1. 9. 06 aaO Rn 18, 20; **OLG** Hamm 14. 3. 05 aaO; **OLG** Düsseldorf 8. 7. 04 – 24 W 32/04, ZVI 2005, 54), ist zwar richtig und völlig unstreitig, trifft aber nicht den Kern des Problems. Denn es geht nicht um die eigentliche Kostentragungspflicht, sondern vielmehr darum, in welcher Weise und *an welcher Rangstelle* diese Pflicht aus der Insolvenzmasse *zu verwirklichen* ist, so dass grundsätzlich beide Möglichkeiten denkbar sind. Die besseren Gründe sprechen aber für eine Aufteilung in der Kostengrundentscheidung, da damit Streitigkeiten vermieden werden (§ 99 Abs 1 ZPO) und eine klare Anweisung an den Kostenbeamten ergeht. **Fehlt im Urteil eine Differenzierung** (auch in den Urteilsgründen) und werden die Kosten dem Insolvenzverwalter insgesamt auferlegt, kann nur binnen 2 Wochen eine Urteilsergänzung gem § 321 Abs 1 ZPO hinsichtlich der Zuordnung als Masse- oder Insolvenzforderung beantragt werden (dies übersieht HaKo-*Kuleisa* § 85 Rn 18, der für diesen Fall eine Zuständigkeit des Rechtspflegers annimmt).

Im nachfolgenden **Kostenfestsetzungsverfahren** erfolgt die Berechnung der Kosten dann in der Weise, 47 dass in einem „Kostenfestsetzungsbeschluss I" (KFB I) zunächst die Kosten abgerechnet werden, die *wie bei einer Neuklage* angefallen wären, und zwar auf der Basis des unter Anwendung des § 182 resultierenden Streitwerts; nur dieser Betrag ist als Masseschuld zu berichtigen. In einer „Kostenberechnung II" (KFB II) sind die insgesamt angefallenen Kosten des Verfahrens auf der Basis des sich *ohne Anwendung von § 182* ergebenden Streitwerts zu ermitteln; der nach Abzug der Kosten aus dem KFB I verbleibende Restbetrag kann vom Gegner nur zur Tabelle angemeldet werden.

IV. Auswirkungen der Beendigung des Insolvenzverfahrens auf den Feststellungsprozess

1. Aufhebung gem § 200 Abs 1. Die Aufhebung des Insolvenzverfahrens gem § 200 Abs 1 hat weder 48 auf die positive (§ 179 Abs 1) noch auf die negative Feststellungsklage (§ 179 Abs 2) Einfluss. Der Rechtsstreit wird zwischen den Parteien ohne Änderung der Anträge fortgesetzt (HaKo-*Herchen* § 179 Rn 47). Das Feststellungsinteresse ergibt sich aus § 203 Abs 1 Nr 1 und ggf, sofern der Schuldner nicht widersprochen hatte, auch aus § 201 Abs 2. Obsiegt der Bestreitende, werden die Anteile für die Nachtragsverteilung frei; unterliegt er, kann der Gläubiger Auszahlung der hinterlegten Beträge (§§ 189 Abs 2, 198) verlangen. Wird die Feststellungsklage jedoch erst nach Ablauf der Ausschlussfrist des § 189 Abs 2 erhoben und ein Gläubiger daher bei einer Verteilung nicht berücksichtigt, fehlt es an einem Feststellungsinteresse.

2. Einstellung gem § 207 Abs 1 S 1, §§ 211–213. Da der Schuldner mit Einstellung des Verfahrens 49 gem § 215 Abs 2 die Verfügungsbefugnis zurück erhält und es weder eine verteilungsfähige Insolvenzmasse gibt noch eine Hinterlegung für die bestrittene Forderung erfolgt, hat sich mit der Verfahrenseinstellung der Feststellungsstreit des Verwalters oder Gläubigers in der Hauptsache erledigt. Durch die Beseitigung des Widerspruchs und die Tabellenberichtigung könnte der Gläubiger allenfalls noch einen Vollstreckungstitel gegenüber dem Schuldner persönlich erwirken (§§ 215 Abs 2 S 2, 201 Abs 2), wenn dieser der Feststellung im Prüfungstermin oder im schriftlichen Verfahren nicht widersprochen hat (**str**; offen gelassen von **BGH** 5. 2. 98 – IX ZR 259/97, ZIP 1998, 515; *Oetker* ZZP 25, 60, 71; MüKo-*Schumacher* § 179 Rn 50; HaKo-*Herchen* § 179 Rn 48 f). Ein Feststellungsinteresse ist auch dann gegeben, wenn eine Nachtragsverteilung (§ 211 Abs 3) oder noch Ausschüttungen im nachfolgenden Restschuldbefreiungsverfahren in Betracht kommen (§§ 289 Abs 3, 292 Abs 1 S 2); der Schuldner kann in diesem Fall den Rechtsstreit an Stelle des Bestreitenden fortsetzen (eingehend MüKo-*Schumacher* § 179 Rn 51, 53). Ist der Bestand der Forderung streitig, so muss der Gläubiger, nachdem der Schuldner den Rechtsstreit aufgenommen hat, von der Feststellungs- zur Leistungsklage übergehen (§ 264 Nr 2 ZPO), um der Abweisung als unzulässig zu entgehen.

Entsprechendes gilt bei Verfahren mit Eigenverwaltung. Mit der Einstellung des Insolvenzverfahrens 50 erlischt die Prozessführungsbefugnis des **Sachwalters**; an seine Stelle tritt der Schuldner. Soweit der widersprechende **Schuldner als Eigenverwalter** den Feststellungsprozess geführt hat, führt die Einstellung zur Unterbrechung des Rechtsstreits. Denn während er als Verwalter vor allem die Interessen der Gläubiger wahrzunehmen hatte, vertritt er nunmehr nach der Einstellung nur noch seine eigenen Interessen. Der Gläubiger kann nach der Einstellung auch hier zur Leistungsklage übergehen (MüKo-*Schumacher* § 179 Rn 54).

3. Aufhebung gem § 258 Abs 1. Die Aufhebung des Insolvenzverfahrens gem § 258 Abs 1 entspricht 51 in ihren Auswirkungen auf einen anhängigen Feststellungsprozess grundsätzlich der Einstellung. Denn der Schuldner erlangt die Verfügungsmacht (anders als bei einer Aufhebung gem § 200 Abs 1) auch über diejenigen Beträge zurück, die für die Forderung gem § 189 Abs 2 zurückbehalten wurden, es sei denn der Insolvenzplan sieht eine abweichende Regelung vor. Ggf kann der Gläubiger zur Leistungsklage übergehen (MüKo-*Schumacher* § 179 Rn 55).

§ 181 Umfang der Feststellung

Die Feststellung kann nach Grund, Betrag und Rang der Forderung nur in der Weise begehrt werden, wie die Forderung in der Anmeldung oder im Prüfungstermin bezeichnet worden ist.

I. Allgemeines

1   § 181, der den früheren Regelungen in §§ 146 Abs 4, 6 KO, 11 Abs 3 S 1, 3 GesO entspricht, stellt als besondere Sachurteilsvoraussetzung klar, dass einer Klage, mit der die Feststellung einer unangemeldeten und ungeprüften Forderung beantragt wird, das **Feststellungsinteresse** fehlt und diese daher als unzulässig abzuweisen ist (**BGH** 5. 7. 07 – IX ZR 221/05, NZI 2007, 647 Rn 12; **BGH** 27. 9. 01 – IX ZR 71/00, WM 2001, 2180; **BAG** 16. 6. 04 – 5 AZR 521/03, ZIP 2004, 1867; K/P/B/*Pape* § 181 Rn 1). Der Grund für das vorrangig zu betreibende Anmeldungs- und Prüfungsverfahren liegt darin, dass das Feststellungsurteil gegenüber dem Insolvenzverwalter und allen Gläubigern wirkt (§ 183 Abs 1); diese müssen zunächst selbst Gelegenheit erhalten, die angemeldete Forderung zu prüfen und gegebenenfalls zu bestreiten.

2   Die Vorschrift gilt für positive (§ 179 Abs 1) ebenso wie für negative Feststellungsklagen (§ 179 Abs 2) und unabhängig davon, ob die Feststellung durch Neuklage (§ 180 Abs 1) oder durch Prozessaufnahme (§ 180 Abs 2), durch Klage oder Widerklage verfolgt wird (MüKo-*Schumacher* § 181 Rn 1). Unerheblich ist auch, ob die Forderung im Prüfungstermin oder im schriftlichen Verfahren bestritten wurde (N/R/*Becker* § 181 Rn 3). § 181 gilt aber nicht für Klagen gegen den Widerspruch des Schuldners nach § 184 (HaKo-*Herchen* § 181 Rn 2).

II. Notwendige Identität von Streitgegenstand und Prüfungsgegenstand

3   Der Streitgegenstand des Feststellungsprozesses muss mit dem Gegenstand des summarischen Anmeldungs-, Prüfungs- und Feststellungsverfahrens identisch sein (*Häsemeyer* InsR Rn 22.41; FK-*Kießner* § 181 Rn 1; BerlKo-*Breutigam* § 181 Rn 2–5; K/P/B/*Pape* § 181 Rn 1; N/R/*Becker* § 181 Rn 4; HK-*Irschlinger* § 181 Rn 3; MüKo-*Schumacher* § 181 Rn 3). Fehlt es an dieser Identität hinsichtlich Grund, Betrag oder Rang, so ist die Klage als unzulässig abzuweisen. Es soll **keine Klage ohne Forderungsanmeldung und Prüfung** geben (**BGH** 5. 7. 07 – IX ZR 221/05, NZI 2007, 647 Rn 12; ebenso **BGH** 29. 1. 09 – III ZB 88/07, NZI 2009, 309 für inländischen Schiedsspruch). Gegenstand der Feststellung zur Tabelle ist nicht nur, dass die Forderung in bestimmter Höhe gegen den Schuldner besteht, sondern auch, dass für sie die Insolvenzmasse haftet und dass sie als nicht nachrangige Insolvenzforderung zu befriedigen ist (*Häsemeyer* InsR Rn 22.41). Ergeben sich Unterschiede zwischen Anmeldung und Tabelleneintrag, so ist die zuletzt zur Prüfung gestellte **Anmeldung maßgeblich** (N/R/*Becker* § 181 Rn 2; BerlKo-*Breutigam* § 181 Rn 7). Da Anmeldung und Prüfung im Interesse aller Insolvenzgläubiger vorgeschrieben sind, können die Parteien des Feststellungsrechtsstreits nicht auf sie verzichten. Eine Heilung durch rügelose Einlassung in der mündlichen Verhandlung ist gem § 295 Abs 2 ZPO ausgeschlossen (**BGH** 5. 7. 07 – IX ZR 221/05, NZI 2007, 647 Rn 13; MüKo-*Schumacher* § 181 Rn 3, 7).

4   Eine Feststellungsklage ist auch dann zulässig, wenn der Insolvenzverwalter die Forderung **vorläufig bestritten** hat, weil die erforderlichen Unterlagen der Anmeldung nicht beigefügt waren (**OLG Dresden** 3. 2. 97 – 13 W 935/96, ZIP 1997, 327, 328). Die **Gründe für das Bestreiten** spielen im Rahmen dieses Prozesses nur insoweit eine Rolle, als es um die Pflicht zur Kostentragung geht. Hat der Kläger durch sein Verhalten Veranlassung für das Bestreiten im Prüfungstermin gegeben, sind ihm die Kosten des Rechtsstreits aufzuerlegen (s o § 178 Rn 20).

5   **1. Maßgeblichkeit des angemeldeten Anspruchsgrundes.** Anspruchsgrund ist der für die Entstehung der Forderung wesentliche Sachverhalt (**BGH** 5. 7. 07 – IX ZR 221/05, NZI 2007, 647 Rn 12, 19 f; **BFH** 24. 10. 08 – VII R 30/08, nv). Dies gilt auch für den Tatsachenvortrag bezüglich einer angemeldeten Forderung aus vorsätzlich begangener unerlaubter Handlung (s o § 177 Rn 38). Haben der Insolvenzverwalter und/oder Insolvenzgläubiger einer Insolvenzforderung widersprochen, so kann der anmeldende Insolvenzgläubiger die klageweise Feststellung der Forderung zur Tabelle **nur mit dem angemeldeten Inhalt** verfolgen. Eine **ungenaue Bezeichnung** des Schuldgrundes schadet nicht, wenn die den Klagegrund der Feststellungsklage begründende Forderung nicht rechtlich wesentlich anders zu beurteilen ist als die angemeldete (s u Rn 9) und hierdurch die Möglichkeit für die Gläubiger, den eigentlichen und wahren Schuldgrund zu prüfen, nicht beschränkt worden ist. Das Abweichungsverbot des § 181 bezieht sich nur auf die Prüfungsgrundlagen (KS-*Eckardt* Kap 17 Rn 55). Unschädlich ist daher die **bloße Ergänzung oder Berichtigung** tatsächlicher Angaben, die den Anspruchsgrund unberührt lassen (**LAG Köln** 2. 5. 06 – 9 Sa 1461/05, zit nach juris Rn 50; HaKo-*Herchen* § 181 Rn 8; FK-*Kießner* § 181 Rn 6). Wurde der in der Anmeldung angegebene **Anspruchsgrund** in die Tabelle **nicht eingetragen**, ist diese gegebenenfalls zu berichtigen (**BGH** 23. 10. 03 – IX ZR 165/02, ZIP 2003, 2379,

II. Notwendige Identität von Streitgegenstand und Prüfungsgegenstand § 181

2382). War hingegen die Forderung ohne Angabe ihres Grundes (und damit unwirksam) angemeldet, aber zur Tabelle aufgenommen und geprüft worden, so bleibt gleichwohl eine Feststellungsklage unzulässig, da diese nur auf den Grund gestützt werden darf, der in der Anmeldung angegeben ist (**OLG Stuttgart** 22. 2. 62 – 3 U 148/61, NJW 1962, 1018, 1019).

Eine Feststellungsklage mit gegenüber der Anmeldung geändertem Inhalt ist – auch wenn die Höhe **6** der Forderung gleich bleibt – ohne ein **neues Anmeldungs- und Prüfungsverfahren** unzulässig (**BGH** 22. 1. 09 – IX ZR 3/08, ZIP 2009, 483 Rn 17; **BGH** 5. 7. 07 – IX ZR 221/05, NZI 2007, 647 Rn 12; *Hess* § 181 Rn 9; N/R/*Becker* § 181 Rn 4; FK-*Kießner* § 181 Rn 2). Das ist der Fall, wenn die den Klagegrund der Feststellungsklage begründende Forderung rechtlich wesentlich anders zu beurteilen ist als die angemeldete (s o § 177 Rn 13), es also nicht lediglich um eine andere rechtliche Qualifizierung der schon angemeldeten Forderung geht, insb. wenn in der Klage geltend gemachten Anspruchsgrund eine andere Verteidigung entgegengesetzt werden muss als dem angemeldeten (**BGH** 5. 7. 07 aaO Rn 20 f zu Bereicherungsanspruch statt angemeldetem Darlehensanspruch; **BGH** 23. 10. 03 – IX ZR 165/02, NZI 2004, 214 für Übergang vom angemeldeten Rückzahlungsanspruch aus Wandelung auf die Geltendmachung eines Nichterfüllungsschadens; **BFH** 26. 2. 87 – V R 114/79, ZIP 1987, 583 für Austausch bestritten gebliebener Vorsteuerrückforderungsansprüche nach § 17 Abs 2 S 1 UStG gegen Umsatzsteuerforderungen in gleicher Höhe gem § 1 Abs 1 Nr 1 UStG). Zulässig ist eine **Klageänderung** nach den §§ 263 ff ZPO nur, wenn der Gläubiger den neuen Anspruchsgrund, höheren Betrag oder besseren Rang bis zum Schluss der letzten mündlichen Verhandlung im Feststellungsprozess zur Tabelle anmeldet und der Feststellungsgegner die Forderung auch insoweit bestreitet (**LAG** Hamm 23. 9. 04 – 4 Sa 2037/03, ZInsO 2005, 1120). Die Nachholung der Anmeldung und Prüfung kann uU auch noch in der Revisionsinstanz erfolgen, wenn in dem späteren Prüfungstermin nur der Verwalter und kein Gläubiger Widerspruch erhoben hat (**BGH** 15. 10. 53 – II ZR 31/53, LM KO § 146 Nr 2; K/P/B/*Pape* § 181 Rn 2).

Die Grundsätze des § 264 Nr 3 ZPO gelten auch für einen Feststellungsrechtsstreit nach § 181, der **7** insoweit gegenüber einem sonstigen Rechtsstreit keine Besonderheit aufweist. Hatte ein Gläubiger vor Insolvenzeröffnung auf Erfüllung **Klage erhoben, aber noch keinen Titel erwirkt**, so kann er, wenn der Insolvenzverwalter die Erfüllung ablehnt und die daraufhin angemeldete Entschädigungsforderung bestreitet, den Rechtsstreit gem §§ 179 Abs 1, 180 Abs 2 aufnehmen sowie entsprechend der neuen Sachlage bei gleichbleibendem Klagegrund seinen Vortrag und sein Begehren nach § 264 Nr 3 ZPO auf die Feststellung des Nichterfüllungsschadens umstellen. Entsprechendes gilt, wenn über den Erfüllungsanspruch **bereits ein Urteil ergangen** war und der Verwalter nach Nichterfüllungswahl den angemeldeten Nichterfüllungsschaden bestreitet. Auch kann der Gläubiger nicht mit der Erwägung, es handele sich um eine „andere" Forderung, darauf verwiesen werden, eine neue Klage auf Feststellung zur Tabelle zu erheben und sich der Vorteile des erwirkten Schuldtitels zu begeben. Vielmehr obliegt es dem Verwalter, seinen Widerspruch nach § 179 Abs 2 zu verfolgen, ohne dass sich insoweit der Anspruchsgrund ändert (**BGH** 8. 11. 61 – VIII ZR 149/60, NJW 1962, 153; KS-*Eckert* Kap 17 Rn 65). Davon zu unterscheiden ist der Fall, dass der Gläubiger zunächst seinen Erfüllungsanspruch zur Tabelle anmeldet; ohne Umstellung der Anmeldung auf Schadenersatz oder entsprechende Nachmeldung ist eine Feststellungsklage wegen Verstoßes gegen das Abweisungsverbot unzulässig (Fallkonstellation in RGZ 64, 204, 207). Ist die angemeldete Forderung nach Grund und Höhe bestritten, so ist im Feststellungsprozess auch ein Grundurteil (§ 304 ZPO) zulässig (**RG** KuT 1934, 176 Nr 2).

Keine Abweichung des Klagegrundes von dem in der Anmeldung bezeichneten Anspruchsgrund und **8** auch keine Mehrforderung stellt es dar, wenn der Gläubiger die Forderung „**für den Ausfall"** anmeldet und dann Klage auf uneingeschränkte Feststellung der Forderung zur Tabelle erhebt (MüKo-*Schumacher* § 181 Rn 9 und § 78 Rn 64; HaKo-*Herchen* § 181 Rn 4; aA LG Bonn 15. 8. 96 – 18 O 2/96, ZIP 1996, 1672). Denn der Vermerk „für den Ausfall" betrifft nur das Verteilungsverfahren. Angemeldet und bestritten ist trotz des Zusatzes die gesamte Forderung.

Eine Feststellungsklage hinsichtlich **unanmeldbarer Forderungen**, die im Insolvenzverfahren nicht **9** oder wegen des Nachrangs (§ 39) noch nicht geltend gemacht werden können, ist als unzulässig abzuweisen. Hat das Gericht im Rahmen der Vorprüfung die Anmeldung und damit auch die Prüfung nicht zugelassen, so entscheidet über den förmlichen **Zurückweisungsbeschluss des Rechtspflegers** auf Erinnerung der zuständige Abteilungsrichter, gegen dessen Entscheidung kein weiteres Rechtsmittel gegeben ist (§ 11 Abs 2 RPflG iVm § 6 Abs 1 InsO).

Zum Grund der Forderung gehört auch die Rechtszuständigkeit. Hat sich vor oder nach der Prüfung **10** der Forderung die **Person des Forderungsberechtigten geändert**, sei es, dass die Forderung auf einen Sonderrechtsnachfolger durch Abtretung, Pfändung oder Verpfändung, sei es auf einen Gesamtrechtsnachfolger zB durch Erbschaft übergegangen ist, so bedarf es keiner Neuanmeldung und Prüfung. Vielmehr genügt der Nachweis der Rechtsnachfolge (nach dem Prüfungstermin in der Form des § 727 ZPO) gegenüber dem Insolvenzgericht, das diese in der Tabelle vermerkt und dem Bestreitenden anzeigt (**RG** JW 1911, 950; **LG** Hannover 26. 8. 78 – 8 T 281/75, KTS 1976, 311). Weigert sich der Verwalter, im Falle der Rechtsnachfolge für eine **festgestellte** Forderung die Berichtigung der Tabelle durch das Insolvenzgericht zu veranlassen, so muss der neue Gläubiger einen Beschluss des Rechtspflegers erwirken und ggf Rechtsmittel einlegen (§ 11 Abs 2 RPflG); für eine Feststellungsklage gegen den Verwalter fehlt das Rechtsschutzinteresse. War die Forderung zudem (ganz oder teilweise) **bestritten**, kann er unmittelbar aus seinem materiellen Recht gegen den Bestreitenden klagen (Antrag/Tenor: „Die Forderung zu lfd. Nr ... wird für den Kläger zur Tabelle festgestellt"). Der Nachweis der Rechtsnachfolge kann noch bis zur Entscheidung in zweiter Instanz gegenüber dem Prozessgericht nachgeholt werden. Tritt die Rechtsnachfolge erst nach Erhebung der Feststellungsklage ein, so gelten die §§ 265, 325 ZPO (Müko-*Schumacher* § 179 Rn 13). Zum **Prätendentenstreit**: s o § 177 Rn 14; zur Klage auf Feststellung einer Lohnforderung, für die ein **Antrag auf Insolvenzgeld** gestellt wurde, über den aber noch nicht rechtskräftig entschieden ist: s o § 179 Rn 8.

11   2. **Maßgeblichkeit des angemeldeten Forderungsbetrages.** Maßgeblich für die Feststellungsklage ist der zur Tabelle angemeldete Forderungsbetrag. Über einen höheren Betrag darf das Urteil nur ergehen, wenn der Mehrbetrag nachgemeldet und gleichfalls bestritten worden ist (MüKo-*Schumacher* § 181 Rn 3); andernfalls ist die Klage hinsichtlich des Mehrbetrages ohne Sachprüfung als unzulässig abzuweisen. Dagegen ist es trotz entgegenstehenden Wortlautes ohne weiteres zulässig, den angemeldeten Anspruch im Rahmen der Feststellungsklage auf einen geringeren Betrag zu ermäßigen (**BGH** 8. 11. 61 – VIII ZR 149/60, NJW 1962, 153, 155 aE; **LAG** Hannover 10. 7. 03 – 4 Sa 3/03, NZA-RR 2004, 317 unter II 1c; N/R/*Becker* § 181 Rn 6). Ist eine **Kontokorrentforderung** (der Saldo einer laufenden Rechnung) angemeldet und **nur zum Teil bestritten**, so kann die Klage nicht auf Feststellung einzelner Posten gerichtet werden, sondern nur auf Feststellung der Saldoforderung (**RG** LZ 1912, 331f Nr 2). Das gilt auch, wenn ein Einzelposten tituliert ist, denn mit der Einstellung in das Kontokorrent hat er seine Selbständigkeit verloren.

12   3. **Maßgeblichkeit des angemeldeten Rangs.** Der Rang einer Forderung hat im Feststellungsprozess nur Bedeutung im Rahmen des § 39, da sämtliche Insolvenzgläubiger iSv § 38 sich den gleichen Rang teilen. Hat ein Gläubiger seine Forderung zur Tabelle angemeldet und der Insolvenzverwalter oder ein Insolvenzgläubiger die Forderung bestritten mit der Behauptung, es handele sich um eine nachrangige Forderung, so ist die Klage auf Feststellung „**im Rang des § 38**" zu richten. Bei der **Anmeldung einer nachrangigen Insolvenzforderung** hat der Gläubiger die genaue Rangstelle des § 39 zu bezeichnen (§ 174 Abs 3 S 2); auch hier ist die Klage auf Feststellung „mit dem Rang des § 39 Abs 1 Nr ..." zu richten. Nach hM kann der Gläubiger nur die Feststellung des Rangs begehren, den er in seiner Anmeldung angegeben hat (**BGH** 5. 7. 07 – IX ZR 221/05, NZI 2007, 647 Rn 17; **LAG** Hamm 30. 1. 87 – 17 Sa 1597/86, ZIP 1987, 1267; FK-*Kießner* § 181 Rn 4). Das ist für die Forderungen im Rang des § 39 Abs 1 Nr 1–4 unproblematisch, aber schwierig bei Forderungen auf Rückgewähr eines Gesellschafterdarlehens (oder wirtschaftlich entsprechender Leistungen), wenn es um die Frage geht, ob die Forderung den Rang des § 39 Abs 1 Nr 5 oder des § 39 Abs 2 hat. Ist die nachrangige Forderung vom Gläubiger im Rang des § 39 Abs 1 Nr 5 angemeldet und bestritten worden, muss es ihm ohne erneute Prüfung möglich sein, die Feststellungsklage auf den Rang des § 39 Abs 2 als den schlechteren Rang umzustellen. Die **Inanspruchnahme eines schlechteren Ranges** (§ 39) ist aus den gleichen Gründen wie die Beschränkung der Klage auf einen niedrigeren Betrag zulässig, allerdings nur, wenn das Gericht gem § 174 Abs 3 zur Anmeldung der nachrangigen Forderungen aufgefordert hatte; denn sonst fehlt das Rechtsschutzinteresse (KS-*Eckardt* S 774 Rn 55).

13   4. **Nachweis der Identität.** Zum Nachweis der Übereinstimmung von Anmeldung, Prüfung und Widerspruch mit dem Klageantrag, insbesondere auch zur Kennzeichnung der Prozessparteien, sieht § 179 Abs 3 S 1 vor, dass dem Gläubiger, dessen Forderung bestritten worden ist, ein beglaubigter Auszug aus der Tabelle zu erteilen ist. Der vom Rechtspfleger zu erteilende Auszug aus der Insolvenztabelle ist der Klage beizufügen. Ist durch die **unspezifische Anerkennung eines Teils der angemeldeten Forderung** nicht erkennbar, welcher Teil der Forderung durch die Feststellung zur Insolvenztabelle bereits tituliert ist, fehlt der Eintragung die Rechtskraftfähigkeit. Denn diese setzt voraus, dass der Anspruch seiner Natur nach teilbar ist (**BGH** 15. 6. 94 – XII ZR 128/93, NJW 1994, 3165) und darüber hinaus erkennbar ist, über welchen Teil des Gesamtanspruchs entschieden wurde (**BGH** 18. 11. 93 – IX ZR 244/92, NJW 1994, 460). Der Gläubiger ist nicht darauf beschränkt, diese Ungewissheit durch eine allgemeine Feststellungsklage nach § 256 ZPO zu klären, sondern kann in diesem Fall auch Klage nach §§ 179, 180 erheben (**BGH** 29. 5. 08 – IX ZR 45/07, NZI 2008, 565).

III. Begründetheit der Forderung

14   Das Prozessgericht hat die sachliche Berechtigung der Forderung erst zu prüfen, wenn feststeht, dass sämtliche Prozessvoraussetzungen, vor allem die des vorrangigen Anmeldungs- und Prüfungsverfahrens, erfüllt sind.

IV. Feststellungsbescheide von Finanzämtern und Krankenkassen

15   Bei Steuerforderungen wird der Widerspruch statt durch Feststellungsklage mit einem **Feststellungsbescheid nach § 251 Abs 3 AO** beseitigt. Adressat des Bescheides ist der widersprechende Insolvenzverwal-

I. Anwendungsbereich

ter oder der bestreitende Gläubiger (**RFHE** 19, 355, 359; *Tipke/Kruse* § 251 AO Rn 69; *Geist* Insolvenzen + Steuern Rn 92; *Hübschmann/Hepp/Spitaler/Beermann* § 251 AO Rn 425 ff). War vor Eröffnung des Insolvenzverfahrens über die Insolvenzforderung **bereits ein Steuerbescheid ergangen**, braucht keine Feststellung nach § 251 Abs 3 AO zu erfolgen. Die Berechtigung der Anmeldung ist im Fall des Widerspruchs im Rechtsbehelfsverfahren zu verfolgen (*Frotscher* Besteuerung S 260 ff; s u § 185 Rn 7 f.

Auch die Finanzbehörde ist im Insolvenzverfahren über das Vermögen eines Schuldners an die **Bestandskraft** des Steuerbescheides gebunden. Die Geltendmachung einer höheren oder niedrigeren Steuer als die bestandskräftig festgesetzte ist nur möglich, wenn die Voraussetzungen für eine Änderung vorliegen (§§ 164, 165, 172 AO; *Tipke/Kruse* § 251 AO Rn 44; *Welzel* DStZ 1994, 331; *Frotscher* Besteuerung S 263). Ohne Neuanmeldung und Prüfung kann auch **kein Änderungsbescheid** ergehen, soweit dieser ein Leistungsgebot enthält. Ein Änderungsbescheid ohne Leistungsgebot, also ein Änderungs-Feststellungsbescheid, bleibt aber zulässig (*Frotscher* Besteuerung S 263). Die Änderung einer Anmeldung zur Insolvenztabelle aufgrund des Änderungsbescheids richtet sich immer nach den insolvenzrechtlichen Vorschriften.

Gleiches gilt für die Änderung **noch nicht bestandskräftiger** Feststellungs- und Leistungsbescheide. Grundsätzlich kann das Verfahren ohne das vorgängige Prüfungsverfahren nicht als steuerliches Rechtsbehelfsverfahren weitergeführt werden.

Die gleichen Grundsätze gelten für **Ansprüche der Sozialversicherungsträger** (s u § 185 Rn 5 f; BSG 17. 5. 01 – B 12 KR 32/00 R, NZI 2001, 609; Braun/*Specovius* § 181 Rn 12).

16

17

18

V. Kostenfolgen

Die Kostenentscheidung im Feststellungsprozess ergeht nach den §§ 91 ff ZPO. Im Rechtsstreit einzelner **Insolvenzgläubiger untereinander** ohne Beteiligung des Verwalters trägt der obsiegende Gläubiger die Prozesskosten selbst, soweit diese die Quote auf die bestrittene Forderung übersteigen. Denn der Insolvenzverwalter hat dem Widersprechenden auf sein Verlangen die ihm im Feststellungsrechtsstreit entstandenen Kosten nur in dem Umfang aus der Masse zu erstatten, in dem dieser durch das Urteil auch ein Vorteil entstanden ist (§ 183 Abs 3). Unterliegt der Gläubiger im Feststellungsrechtsstreit, hat er gem § 91 ZPO die gesamten Kosten zu tragen. Erlangt er einen Kostenerstattungsanspruch gegen den Prozessgegner, kann er die Masse insoweit nicht in Anspruch nehmen.

War die angemeldete Forderung dagegen **vom Verwalter bestritten**, hat er im Falle seines Unterliegens die Kosten aus der Masse zu erstatten (§ 55 Nr 1). Falls er die zunächst bestrittene Forderung nach Klageerhebung anerkennt, ist der Rechtsstreit in der Hauptsache erledigt (BGH 25. 6. 57 – III ZR 251/56, WM 1957, 1225; BGH 30. 1. 61 – II ZR 98/58, LM § 240 ZPO Nr 7). In diesen Fällen ist über die Kostentragungspflicht nach § 91 a ZPO zu entscheiden.

Etwas anderes gilt aber, wenn die Forderung vom Verwalter nur **vorläufig bestritten** war und der Verwalter nach Zustellung der Klage nunmehr sofort anerkennt (s o § 178 Rn 20). Ob der Bestreitende die Kosten tragen muss, weil er die Forderung unmotiviert bestritten hat, oder ob der Gläubiger analog § 93 ZPO die Kosten zu tragen hat, weil er seine Forderung erst im Prozess ordnungsgemäß belegt und das Bestreiten im Hinblick auf die fehlenden Nachweise erfolgt ist, hängt weniger von der Zulässigkeit solchen Bestreitens ab (so aber K/P/B/*Pape* § 179 Rn 5), sondern vielmehr davon, ob der Verwalter Veranlassung zur Klage gegeben hat. Denn auch das vorläufige Bestreiten ist ein echtes Bestreiten, weil es eine Feststellung zur Tabelle verhindern soll (BGH 9. 2. 06 – IX ZB 160/04, NZI 2006, 295; KS-*Eckert* Kap 17 Rn 56). Begründet der Bestreitende seinen Widerspruch nicht und macht er auch nicht deutlich, dass sein Bestreiten nur unter dem Vorbehalt der weiteren Prüfung und Anerkennung der Forderung steht, so hat er stets gem 91 a ZPO die Kosten des Feststellungsrechtsstreits zu tragen, auch wenn der Widerspruch nachträglich aufgegeben wird und die Parteien den Rechtsstreit übereinstimmend für erledigt erklären (**OLG Köln** 13. 1. 95 – 19 W 1/95, OLG-Report 1995, 89; K/P/B/*Pape* § 179 Rn 7). Bestreitet dagegen der Verwalter die angemeldete Forderung deswegen, weil vom Gläubiger die **fehlenden Nachweise** nicht erbracht werden, und erhebt der Anmelder sofort Klage auf Feststellung der Forderung zur Tabelle, sind ihm gem § 93 ZPO die Kosten aufzuerlegen, wenn der Verwalter nunmehr aufgrund der vorgelegten Nachweise die Forderung anerkennt (**OLG Celle** 27. 2. 85 – 14 W 1/85, ZIP 1985, 823; **OLG Dresden** 3. 2. 97 – 13 W 935/96, ZIP 1997, 327; K/P/B/*Pape* § 179 Rn 8).

19

20

21

§ 182 Streitwert

Der Wert des Streitgegenstands einer Klage auf Feststellung einer Forderung, deren Bestand vom Insolvenzverwalter oder von einem Insolvenzgläubiger bestritten worden ist, bestimmt sich nach dem Betrag, der bei der Verteilung der Insolvenzmasse für die Forderung zu erwarten ist.

I. Anwendungsbereich

Die Vorschrift präzisiert die früher weitgehend unbestimmte Formulierung des § 148 KO und will den Anschein vermeiden, das Gericht habe bei der Festsetzung des Streitwertes einer Insolvenzfeststel-

1

§ 182

Streitwert

lungsklage weitgehende Ermessensfreiheit. Zwar ist das Gericht hinsichtlich der voraussichtlichen Quote als Bemessungsgrundlage für den Streitwert meist auf Schätzungen gem § 287 ZPO angewiesen; ein über diese Schätzung hinausgehendes Ermessen steht dem Gericht aber nicht zu (BGH 9. 9. 99 – IX ZR 80/99, NZI 1999, 447; K/P/B/*Pape* § 182 Rn 1).

2   **1. Klagen gegen den Verwalter oder Gläubiger.** § 182 gilt grundsätzlich **für alle Klagen gemäß §§ 179, 180** auf Feststellung einer bestrittenen Insolvenzforderung und ist maßgeblich für die Berechnung des Zuständigkeits-, Rechtsmittel- und Gebührenstreitwerts (BGH 21. 12. 06 – VII ZR 200/05, NZI 2007, 175 Rn 3; BGH 9. 9. 99 – IX ZR 80/99, NZI 1999, 447; OLG München 21. 6. 04 – 28 W 1600/04, BauR 2004, 1819 für ein selbständiges Beweisverfahren; MüKo-*Schumacher* § 182 Rn 3; N/R/*Becker* § 182 Rn 2, 22). Werden die Widersprüche mehrerer Gläubiger gemeinsam verhandelt, ist **§ 5 ZPO nicht anzuwenden**, da nur um das einheitliche Haftungsrecht des anmeldenden Gläubigers gestritten wird (MüKo-*Schumacher* § 182 Rn 11; HaKo-*Herchen* § 182 Rn 4).

3   Klagt hingegen ein widersprechender Gläubiger gem §§ 179 Abs 2, 180 gegen einen anderen Insolvenzgläubiger, so findet § 182 keine Anwendung. Der Streitwert der Feststellungsklage bestimmt sich in diesem Fall nach dem Betrag, um den sich im Erfolgsfall die Quote des bestreitenden Gläubigers erhöhen würde.

4   Ebenso wenig gilt § 182 für Klagen von Aus- oder Absonderungsgläubigern (OLG Köln 11. 12. 06 – 5 W 136/06, OLGR 2007, 604) oder auf Feststellung einer Alt-Masseverbindlichkeit (HaKo-*Herchen* § 182 Rn 6).

5   **2. Klagen gegen den Schuldner.** Nach seinem Wortlaut findet § 182 **keine Anwendung auf Klagen gemäß § 184** Abs 1 und 2 gegen den widersprechenden Schuldner, auch wenn diese mit einer Klage nach den §§ 179, 180 verbunden wird (HaKo-*Herchen* § 182 Rn 4). Der Streitwert dieser Klagen bestimmt sich nicht nach dem Nennwert der Forderung abzüglich der auf die angemeldete Forderung voraussichtlich entfallenden Quote (so aber OLG Hamm 8. 8. 06 – 27 W 41/06, NZI 2007, 249; OLG Karlsruhe 1. 10. 07 – 12 W 70/07, JurBüro 2007, 648; LG Mülhausen 14. 4. 04 – 2 T 77/04, ZVI 2004, 504; K/P/B/*Pape* § 182 Rn 6; MüKo-*Schumacher* § 182 Rn 4). Maßgeblich sind vielmehr die späteren Vollstreckungsaussichten des Insolvenzgläubigers nach Beendigung des Insolvenzverfahrens und Erteilung der Restschuldbefreiung (§ 201 Abs 2: „und nicht vom Schuldner ... bestritten"). Wenn diese nur als gering anzusehen sind, kann ein Abschlag von 75 Prozent des Nennwerts der Forderung angemessen sein (BGH 22. 1. 09 – IX ZR 235/08, ZIP 2009, 435 Rn 6; ebenso OLG Celle 15. 07 – 7 W 38/07, NZI 2007, 473; OLG Celle 26. 9. 06 – 4 W 178/06, ZInsO 2007, 42; OLG Rostock 19. 2. 07 – 3 U 65/06, NZI 2007, 358 [Abschlag von 20% bei guten Vollstreckungsaussichten]; OLG Saarbrücken 21. 6. 07 – 8 U 118/06, nv [Abschlag von 90% bei über 70 Jahre alten Personen]; LG Kempten 20. 7. 06 – 5 T 1461/06, ZInsO 2006, 888 [Abschlag 80%]). Dies gilt erst recht für **titelergänzende Feststellungsklagen**, wenn also nur der Widerspruch des Schuldners gegen die Eigenschaft der Forderung als vorsätzliche unerlaubte Handlung beseitigt werden soll (s o § 179 Rn 32), da es auch hier um den Erhalt der Vollstreckungsmöglichkeit geht.

6   **3. Eigenverwaltung.** Im Verfahren mit Eigenverwaltung nach den §§ 270 ff ist der Widerspruch des Schuldners zugleich auch Widerspruch des Verwalters mit der Folge, dass eine Feststellung zur Tabelle nicht erfolgt. Der Streitwert der Feststellungsklage richtet sich hier nach der voraussichtlich zu erwartenden Quote (K/P/B/*Pape* § 182 Rn 7).

7   **4. Sonderzuständigkeiten.** § 182 gilt entsprechend in Feststellungsverfahren, die nicht vor den ordentlichen Gerichten, sondern vor den Fachgerichten gem § 185 S 3 ausgetragen werden. Demgemäß findet § 182 auch im **Finanzgerichtsverfahren** oder im **Verwaltungsstreitverfahren** hinsichtlich einer zur Tabelle angemeldeten und bestrittenen Abgabenforderung Anwendung, selbst wenn der Rechtsstreit bereits vor Eröffnung des Insolvenzverfahrens anhängig gewesen ist; in den Fällen des § 180 Abs 2 gelten für das weitere Verfahren die in Rn 17 dargelegten Grundsätze zum Stufenstreitwert (BFH 26. 9. 06 – X S 4/06, ZIP 2006, 2284 Rn 16, 20; OVG Magdeburg 23. 7. 07 – 4 O 199/07, juris Rn 5; OVG Greifswald 23. 2. 04 – 1 L 9/01, NVwZ-RR 2004, 798; OVG Münster 26. 8. 82 – 2 B 1495/81, ZIP 1982, 1341; *Hess* § 182 Rn 12; K/P/B/*Pape* § 182 Rn 4).

II. Maßgeblichkeit der Insolvenzquote

8   **1. Höhe der voraussichtlichen Quote.** Für die Streitwertbestimmung ist das Interesse des Gläubigers an der Feststellung seiner Forderung entscheidend. Dieses Interesse ist nicht identisch mit dem Nominalbetrag der angemeldeten Forderung, sondern lediglich der Betrag, der nach dem Verhältnis der Teilungsmasse zur Schuldenmasse auf seine Forderung als Quote entfällt. In den meisten Fällen lässt sich die voraussichtliche Quote zum Zeitpunkt der Feststellungsklage aber noch nicht absehen, so dass das Gericht diese **schätzen** muss. Dabei hat das Gericht sämtliche Erkenntnismöglichkeiten auszuschöpfen, insbesondere die Insolvenzakten beizuziehen und auszuwerten und – sofern diese keine hinreichenden

II. Maßgeblichkeit der Insolvenzquote § 182

Schätzungsgrundlagen vermitteln – eine **Auskunft des Insolvenzverwalters** einzuholen, die das Gericht jedoch nicht bindet (**BGH** 21. 12. 06 – VII ZR 200/05, NZI 2007, 175 Rn 6; **BGH** 9. 9. 99 – IX ZR 80/99, NZI 1999, 447; BerlKo-*Breutigam* § 182 Rn 6; MüKo-*Schumacher* § 182 Rn 8; FK-*Kießner* § 182 Rn 7). Spätere Vollstreckungsmöglichkeit nach Aufhebung des Verfahrens bleiben bei der Streitwertfestsetzung unberücksichtigt (**OLG Celle** 23. 6. 05 – 4 U 83/05, ZIP 2005, 1571; K/P/B/*Pape* § 182 Rn 5; KS-*Eckardt* Kap 17 Rn 53; so auch **BGH** 12. 11. 92 – VII ZB 13/92, ZIP 1993, 50 unter II 2 zu § 148 KO). Dies zeigt der Vergleich zur Zahlungsklage, bei der auch die Realisierbarkeit in der Zwangsvollstreckung unerheblich ist. Auch verbietet sich hier ein Abschlag dafür, dass das Recht nur im Wege der Feststellungsklage verfolgt werden kann. Denn anders als sonst bei positiven Feststellungsklagen, wenn eine Leistungsklage noch nicht erhoben werden kann, gehört es zur Besonderheit des Insolvenzverfahrens, dass ohne Klageverfahren ein Titel geschaffen wird, sofern weder Verwalter noch Gläubiger der Anmeldung widersprechen (**OLG Naumburg** 23. 1. 95 – 7 W 34/94, ZIP 1995, 575; MüKo-*Schumacher* § 182 Rn 7).

Soweit das Landesrecht vor Klageerhebung die Durchführung eines **außergerichtlichen Schlichtungsverfahrens** vorschreibt, gilt dies auch für die Insolvenzfeststellungsklage (**AG Wuppertal**, ZInsO 2002, 91; indirekt bestätigt durch **BGH** 23. 11. 04 – VI ZR 336/03, NJW 2005, 437; *Friedrich* NJW 2002, 3223). 9

Forderungen von absonderungsberechtigten Gläubigern fließen nur in Höhe des voraussichtlichen Ausfalls (§ 52) in die Schuldenmasse ein (**OLG Hamm** 12. 4. 84 – 2 W 5/84, ZIP 1984, 1258; HaKo-*Herchen* § 182 Rn 10). **Bestrittene Forderungen** – unabhängig, ob Feststellungsklage erhoben ist oder nicht – sind mit ihrem Wahrscheinlichkeitswert der Schuldenmasse zuzurechnen (**BGH** 9. 9. 99 aaO unter III). **Zinsen und Kosten** iSv § 39 Abs 1 Nr 1 und 2 gehören nicht zur Schuldenmasse, solange sie nicht angemeldet werden können (**OLG München** 16. 1. 67 – 6 W 523/67, NJW 1967, 1374; **OLG Naumburg** 23. 1. 95 – 7 W 34/94, ZIP 1995, 575; MüKo-*Schumacher* § 182 Rn 8; HaKo-*Herchen* § 182 Rn 8). 10

Es spielt auch keine Rolle, ob die Forderung **der Restschuldbefreiung unterliegt** oder nicht und ob zu erwarten steht, dass der Schuldner nach Ablauf der Wohlverhaltensperiode wieder zu Vermögen kommt und eine spätere Vollstreckung aus der Eintragung in die Insolvenztabelle Aussicht auf Erfolg verspricht (**OLG München** 11. 11. 04 – 31 W 2640/04, ZVI 2005, 102; so auch **BGH** 12. 11. 92 – VII ZB 13/92, ZIP 1993, 50 unter II 2 zu § 148 KO). **Davon zu unterscheiden** ist der Fall, dass der Gläubiger *gegen den Schuldner* auf Feststellung der Eigenschaft der Forderung als vorsätzliche unerlaubte Handlung klagt; hier gelten die in Rn 5 dargelegten Grundsätze. 11

Ebenso bleibt eine eventuell in einem Restschuldbefreiungsverfahren von einem Treuhänder während der **Wohlverhaltensperiode** erreichbare weitere Ausschüttung außer Betracht (N/R/*Becker* § 182 Rn 1). Denn § 182 stellt darauf ab, welcher Betrag „bei der Verteilung" zu erwarten ist. Damit ist das Verteilungsverfahren iSd §§ 187 ff, also bis zur Aufhebung gemeint, nicht hingegen die weiteren Ausschüttungen gem § 292 Abs 1 S 2, da diese als Teil des Restschuldbefreiungsverfahrens einen selbständigen Verfahrensabschnitt darstellen. 12

Steht der Masse eine **aufrechenbare Gegenforderung** gegen den Feststellungskläger zu, so führt dies nicht dazu, dass der Streitwert der Feststellungsklage oder der Wert der Beschwer nunmehr zumindest der Gegenforderung, unter Umständen also dem vollen Nennwert der Klageforderung entspricht. Damit würde die Bemessungsgrundlage des § 182 verlassen, wonach sich der Streitwert dieser Klagen nach dem Verhältnis von Teilungs- zu Schuldenmasse bemisst. Vielmehr ist der Streitwert der Feststellungsklage grundsätzlich nach dem Betrag festzusetzen, der bei einer Verteilung der um die Gegenforderung erhöhten Masse auf die Klageforderung entfiele (**BGH** 16. 12. 99 – IX ZR 197/99, NZI 2000, 115). 13

2. Voraussichtliche Quotenlosigkeit. Ist eine Insolvenzquote nicht zu erwarten, so ist der Streitwert ungeachtet von Befriedigungsmöglichkeiten außerhalb des Insolvenzverfahrens (s o Rn 8, 11) auf den Wert der **niedrigsten Gebührenstufe** festzusetzen (**BGH** 16. 12. 99 – IX ZR 197/99, NZI 2000, 115; **BGH** 9. 9. 99 – IX ZR 80/99, NZI 1999, 447; K/P/B/*Pape* § 182 Rn 5; HK-*Irschlinger* § 182 Rn 3; FK-*Kießner* § 182 Rn 2; H/W/W-*Weis* § 182 Rn 9). Dies gilt auch bei einer Einstellung des Verfahrens mangels Masse (§ 207) oder nach Anzeige und Einstellung wegen Masseunzulänglichkeit gem § 211 (N/R/*Becker* § 182 Rn 1, 23). Die bloße Aussicht, dass ein Zuwachs einer zunächst unzureichenden Masse nicht schlechthin ausgeschlossen werden kann (das **OLG Frankfurt** 14. 5. 86 – 8 U 240/85, ZIP 1986, 1063 hat hierfür pauschal 10% der festzustellenden Forderung angesetzt), findet keine Berücksichtigung bei der Streitwertbemessung (**BGH** 12. 11. 92 – VII ZB 13/92, ZIP 1993, 50). 14

3. Maßgeblicher Zeitpunkt. Der maßgebende Zeitpunkt für die Streitwertfestsetzung gem §§ 182 InsO, 4 Abs 1 ZPO ist der der **Klageerhebung** oder im Falle des § 180 Abs 2 der der **Aufnahme des Rechtsstreits** (**BGH** 12. 11. 92 – VII ZB 13/92, ZIP 1993, 50; **BGH** 27. 2. 80 – I ZR 13/78, ZIP 1980, 429; **BFH** 26. 9. 06 – X S 4/06, ZIP 2006, 2284 Rn 16, zu § 180; **OLG Hamm** 31. 12. 07 – 26 W 24/07, DZWiR 2008, 219; **OVG Greifswald** 23. 2. 04 – 1 L 9/01, NVwZ-RR 2004, 798 Rn 10; N/R/*Becker* § 182 Rn 21 ff; K/P/B/*Pape* § 182 Rn 2; BerlKo-*Breutigam* § 182 Rn 7). Eine während des Feststellungsrechtsstreits eintretende Veränderung des Verhältnisses der Teilungs- zur Schuldenmasse bleibt unberücksichtigt; lediglich **offen-** 15 sichtlich **grob fehlerhafte Schätzungen**, die auf der Vernachlässigung bekannter oder erkennbarer Umstände im Zeitpunkt der Bemessung beruhen, können nachträglich korrigiert werden (LAG Frankfurt 25. 2. 08 – 7 Sa 677/07, juris Rn 17; **OLG** Naumburg 23. 1. 95 – 7 W 34/94, ZIP 1995, 575; **LG** Göttingen 4. 12. 89 – 2 O 370/89, ZIP 1990, 61; K/P/B/*Pape* § 182 Rn 2; FK-*Kießner* § 182 Rn 8).

16 Eine schon *vor* der Unterbrechung eingelegte Berufung wird nicht dadurch unzulässig, dass der nun niedrigere Beschwerdewert die Grenze des § 511 Abs 2 Nr 1 ZPO unterschreitet (N/R/*Becker* § 182 Rn 2). War dagegen bei Eröffnung des Insolvenzverfahrens (§ 240 ZPO) noch kein Rechtsmittel eingelegt, so hat das Gericht im Rahmen der Zulässigkeitsprüfung des Rechtsmittels den Wert der Beschwer für den **Zeitpunkt der Rechtsmitteleinlegung** ohne Bindung an eine Streitwertfestsetzung durch das Erstgericht von Amts wegen nach § 182 zu bestimmen (**BGH** 9. 9. 99 – IX ZR 80/99, NZI 1999, 447).

17 **4. Stufenstreitwert bei Aufnahme unterbrochener Prozesse.** War der Rechtsstreit vor Verfahrenseröffnung bereits anhängig und wird dieser gem § 180 Abs 2 nach Unterbrechung (§ 240 S 1 ZPO) und Bestreiten im Prüfungstermin aufgenommen, so ist nicht der ursprüngliche Streitwert, sondern der sich nach § 182 ergebende neue Streitwert zugrunde zu legen (**BGH** 27. 2. 80 – I ZR 13/78, ZIP 1980, 429; **BGH** 12. 11. 92 – VII ZB 13/92, ZIP 1993, 50; **BGH** 29. 6. 94 – VIII ZR 28/94, ZIP 1994, 1193; **OLG** Düsseldorf 11. 3. 94 – 17 W 1/94, ZIP 1994, 638; **OLG** Naumburg 23. 1. 95 – 7 W 34/94, ZIP 1995, 575; *Hess* § 182 Rn 10; N/R/*Becker* § 182 Rn 4 ff).

18 Dies hat jedoch **keine Änderung der Zuständigkeit des Gerichts** zur Folge (N/R/*Becker* § 182 Rn 7). Vielmehr bleibt gem § 261 Abs 3 Nr 2 ZPO das Gericht zuständig, bei dem der Rechtsstreit anhängig war. Erhöht sich jedoch ausnahmsweise der Streitwert über die Streitwertgrenze des § 23 Nr 1 GVG hinaus, weil der Gläubiger die Aufnahme zu einer Erweiterung des Streitgegenstandes (§ 264 Nr 2 ZPO) nutzt, so geht die sachliche Zuständigkeit auf das Landgericht über bzw, falls der Rechtsstreit schon in der Berufungsinstanz anhängig ist, auf das Oberlandesgericht (N/R/*Becker* § 182 Rn 8).

19 Hinsichtlich der **Kostenentscheidung**, insbesondere wenn der Insolvenzverwalter im aufgenommenen Rechtsstreit unterliegt, wird auf die Kommentierung zu **§ 180 Rn 41 ff** verwiesen.

20 **5. Keine Berücksichtigung von Sicherungsrechten.** Der Streitwert erhöht sich nicht, wenn der Gläubiger im (Dritt- oder) Schuldnervermögen dinglich gesichert ist oder wenn ihm ein Dritter eine Personalsicherheit (zB Bürgschaft) für die Forderung gestellt hat. Für die Bemessung des Streitwerts bei der Insolvenzfeststellungsklage ist vom Inhalt des Klagebegehrens auszugehen; dieses richtet sich ausschließlich auf Feststellung der Teilnahme am Insolvenzverfahren. Daher muss grundsätzlich außer Betracht bleiben, ob die Forderung durch sonstige Rechte gesichert ist. Vielmehr kommt es allein auf die voraussichtliche Insolvenzquote an (**BGH** 12. 11. 92 – VII ZB 13/92, ZIP 1993, 50; **BGH** 19. 2. 64 – I b ZR 155/62, KTS 1964, 170; K/P/B/*Pape* § 182 Rn 3).

21 Davon zu unterscheiden ist der Fall, dass die Insolvenzfeststellungsklage mit einer Klage auf Feststellung des Rechts auf abgesonderte Befriedigung verbunden wird. Hier richtet sich der Streitwert gem § 6 ZPO nach dem des Absonderungsanspruchs (**OLG** Hamm 12. 4. 84 – 2 W 5/84, ZIP 1984, 1258).

22 **6. Streit wegen Rang und Höhe.** Handelt es sich um einen Vorrechtsstreit oder ist nur ein Teil der angemeldeten Forderung streitig geblieben, so ist für den Streitwert der Feststellungsklage die **Quotenverbesserung** maßgeblich, die der Gläubiger im Obsiegensfalle durch den besseren Rang zu erreichen hofft (MüKo-*Schumacher* § 182 Rn 9; K/P/B/*Pape* § 182 Rn 4). Zwar ist dieser Fall im Gesetz nicht geregelt, jedoch in der Entwurfsbegründung (Begr RegE, BT-Drucks 12/2443 S 185) als ein Fall der analogen Anwendung angesehen worden.

III. Korrektur des Streitwertbeschluses

23 Gemäß § 63 Abs 3 GKG kann der Streitwertbeschluss von Amts wegen geändert werden, wenn das Gericht zum maßgeblichen Zeitpunkt bekannte bzw erkennbare Tatsachen unberücksichtigt gelassen hat (HaKo-*Herchen* § 182 Rn 12). Für Erinnerung und Beschwerde gelten die §§ 66, 68 GVG.

§ 183 Wirkung der Entscheidung

(1) Eine rechtskräftige Entscheidung, durch die eine Forderung festgestellt oder ein Widerspruch für begründet erklärt wird, wirkt gegenüber dem Insolvenzverwalter und allen Insolvenzgläubigern.

(2) Der obsiegenden Partei obliegt es, beim Insolvenzgericht die Berichtigung der Tabelle zu beantragen.

(3) Haben nur einzelne Gläubiger, nicht der Verwalter, den Rechtsstreit geführt, so können diese Gläubiger die Erstattung ihrer Kosten aus der Insolvenzmasse insoweit verlangen, als der Masse durch die Entscheidung ein Vorteil erwachsen ist.

I. Allgemeines

§ 183 Abs 1 und 3 entspricht der früheren Regelung in § 147 KO, Abs 2 dem früheren § 146 Abs 7 KO. Die materielle Rechtskraft des im Feststellungsprozess ergangenen Urteils – über die §§ 322, 325 ZPO hinaus – beruht, wie bei § 178 Abs 3 auf einer besonderen insolvenzrechtlichen Bestimmung (BerlKo-*Breutigam* § 183 Rn 2; aA K/P/B/*Pape* § 183 Rn 1; KS-*Eckardt* Kap 17 Rn 58). Für andere als zivilgerichtliche Entscheidungen, insb Bescheide zur Feststellung von Steuerforderungen oder Sozialversicherungsbeiträgen, gilt § 183 Abs 1 **analog** (§ 185 S 2); maßgeblich ist dann die Bestandskraft des Verwaltungsaktes (N/R/*Becker* § 183 Rn 6, 10, 17).

II. Rechtskraftwirkungen des Feststellungsurteils (Abs 1)

1. Feststellung der Forderung. Die Vorschrift des § 183 Abs 1 ist missverständlich, weil sie dem Wortlaut nach die Rechtskraftwirkungen auch auf Bestreitende erstreckt, deren Feststellungsprozesse noch anhängig sind; dies ist jedoch nicht der Fall (KS-*Eckardt* Kap 17 Rn 58: § 183 sei daher „missglückt und entbehrlich"; K/P/B/*Pape* § 183 Rn 3; HK-*Irschlinger* § 183 Rn 2; *Häsemeyer* InsR Rn 22.40). § 178 Abs 1 S 1 verlangt vielmehr die **Beseitigung aller Widersprüche**. Wer im Prüfungstermin Widerspruch erhoben hat, verliert seine Rechte nicht durch die Rechtskraft eines Urteils in einem von einem anderen Widersprechenden geführten Feststellungsprozess. **Nur wer nicht widersprochen hat**, wird der Rechtskraft des im Feststellungsprozess ergehenden Urteils unterworfen (*Häsemeyer* InsR Rn 22.40); § 183 Abs 1 S 1 erweitert die subjektive Rechtskraft – abweichend von § 325 ZPO – auf ihn auch dann, wenn er nicht an dem Prozess beteiligt war. Obsiegt der Gläubiger in einem Feststellungsverfahren, tritt folglich **Rechtskraftwirkung gegenüber dem Verwalter und allen Insolvenzgläubigern** gem § 183 Abs 1 nur dann ein, wenn es keine weiteren Bestreitenden mehr gibt oder alle anderen Widersprüche ebenfalls beseitigt sind. In Verbraucherinsolvenzverfahren erstreckt sich die Rechtskraft auf den Treuhänder und die Insolvenzgläubiger (MüKo-*Schumacher* § 183 Rn 5; N/R/*Becker* § 183 Rn 1).

Die rechtskräftige Feststellung einer Forderung als Insolvenzforderung schließt jedoch nicht aus, dass der Gläubiger anschließend den Anspruch unter Berufung auf § 55 als **Masseforderung** klageweise geltend macht; trotz des rechtskräftigen Feststellungsurteils kann der Insolvenzverwalter Grund und Höhe des Anspruchs bestreiten (s o § 178 Rn 35, **BGH** 13. 6. 06 – IX ZR 15/04, NZI 2006, 520; N/R/ *Becker* § 183 Rn 5).

2. Begründetheit des Widerspruchs. Für begründet erklärt im Sinne des Abs 1 wird der Widerspruch, wenn das Gericht einer Feststellungsklage des Widersprechenden stattgibt oder die positive Feststellungsklage des Gläubigers abweist. Hat nur *ein* Widersprechender Erfolg mit seiner Feststellungsklage, so wirkt das von ihm erstrittene Urteil, soweit der Widerspruch reicht, zugunsten aller, auch der nicht widersprechenden Gläubiger, und **schließt mit Rechtskraft des Urteils die Feststellung** dieser Forderung (bzw ihres streitigen Teils) zur Tabelle **endgültig** aus (MüKo-*Schumacher* § 183 Rn 3; K/P/B/*Pape* § 183 Rn 2; *Häsemeyer* InsR Rn 22.40; KS-*Eckardt* § 776 Rn 58).

Etwaige weitere anhängige Klagen des unterlegenen Anmelders gegen andere Bestreitende werden ab diesem Zeitpunkt im Umfang der Rechtskrafterstreckung unzulässig, da das Rechtsschutzinteresse entfällt. In Aktivprozessen von anderen Bestreitenden gem § 179 Abs 2 entfällt aufgrund der Rechtskrafterstreckung zwar auch deren Rechtsschutzinteresse; der Bestreitende (Kläger) kann und muss hier den Rechtsstreit für erledigt erklären, damit die Kosten des Verfahrens gem § 91a Abs 1 ZPO dem anmeldenden Gläubiger auferlegt werden (HaKo-*Herchen* § 183 Rn 2).

3. Rechtskraftwirkung gegenüber dem Schuldner. § 183 Abs 1 regelt die Rechtskraftwirkung eines Feststellungsurteils, das zwischen dem Gläubiger und dem Bestreitenden ergangen ist, gegenüber dem Schuldner nicht. Diese brauchte auch nicht erwähnt zu werden, weil sich die Rechtsfolgen bereits aus den §§ 178 Abs 1 S 1, Abs 3 iVm 201 ergeben. Die Beseitigung sämtlicher Widersprüche schafft nämlich auch **gegen den Schuldner** einen Vollstreckungstitel, **wenn er** der Forderung **nicht widersprochen hat** (K/P/B/*Pape* § 183 Rn 4); dies folgt aus § 201 Abs 2 S 1. Die rechtskräftige Feststellung der Forderung zur Tabelle muss aber ein Zessionar des Schuldners, dem dieser vor Verfahrenseröffnung einen Anspruch gegen den Inhaber der titulierten Forderung abgetreten hatte, nicht analog § 407 Abs 2 BGB gegen sich gelten lassen (**BGH** 12. 10. 93 – XI ZR 155/92, ZIP 1994, 138 gegen die Vorinstanz **OLG** Hamm 6. 7. 92 – 31 U 13/92, ZIP 1993, 444). **Hatte der Schuldner der Forderung widersprochen**, nützt dem Gläubiger ein zu seinen Gunsten gem § 179 ergangenes rechtskräftiges Feststellungsurteil nur im Insolvenzverfahren (§ 178 Abs 1 S 2). Um ggf auch nach Verfahrensbeendigung gegen den Schuldner vorgehen zu können – sofern dann nicht § 301 Abs 1 entgegensteht –, muss er entweder bereits im Insolvenzverfahren gem § 184 auch den Widerspruch des Schuldners beseitigen oder nach Verfahrensbeendigung gegen den Schuldner einen Titel erwirken (Umkehrschluss aus § 201 Abs 2 S 1). Zur **Kondiktionsfestigkeit** einer Quotenausschüttung: s o § 178 Rn 27; **BGH** 17. 5. 84 – VII ZR 333/83, ZIP 1984, 980.

7 Umstritten ist, ob die Feststellung des Nichtbestehens einer Insolvenzforderung auch **zugunsten des Schuldners** Rechtskraft schafft. Dies wird vom BGH selbst dann **bejaht**, wenn der Schuldner persönlich die Forderung nicht bestritten hatte (**BGH 24. 4. 58 – II ZR 38/57, WM 1958, 696, 697 unter II**; Braun/*Specovius* § 183 Rn 4). Denn ein den Widerspruch für berechtigt erklärendes Urteil verhindert, dass ein Titel gegen ihn gem § 201 Abs 2 S 1 zustande kommt.

8 Nach der Gegenmeinung soll der Gläubiger jedoch berechtigt sein, nach Verfahrensbeendigung gegen den Schuldner zu klagen und einen Titel zu erwirken (HaKo-*Herchen* § 183 Rn 6; MüKo-*Hintzen* § 201 Rn 18). Denn die Rechtskraftwirkung trete zu seinen Gunsten „selbst dann nicht ein, wenn die Klage des Anmelders gerade wegen des Nichtbestehens der Forderung abgewiesen wurde"; es werde um die Forderung gegen den Schuldner persönlich im Feststellungsprozess „allenfalls mittelbar iS einer Vorfrage" gestritten (KS-*Eckardt* Kap 17 Rn 59). Gegenstand des Feststellungsstreits sei nicht der Anspruch gegen den Schuldner, sondern das Haftungsrecht des Gläubigers an der Masse (MüKo-*Schumacher* § 183 Rn 6). Die Dispositionsbefugnis der Widersprechenden beziehe sich nur auf die Masse; folglich könne das Obsiegen auch nur für sie Rechtskraft bewirken, nicht dagegen hinsichtlich des insolvenzfreien Vermögens des Schuldners. Dies komme auch in den §§ 178 Abs 3, 183 Abs 1 dadurch zum Ausdruck, dass der Schuldner dort nicht erwähnt ist.

9 Die überzeugenderen Argumente sprechen gegen eine Rechtskrafterstreckung zugunsten des Schuldners. Selbst wenn man der Ansicht des BGH folgt, wird man eine **Ausnahme** zulassen müssen, wenn die Nichtfeststellung zur Tabelle allein auf *insolvenzspezifischen* Gründen beruht, zB weil es sich um ein nachrangiges Gesellschafterdarlehen iSv § 39 Abs 1 Nr 5 handelte. Denn über den Bestand der Forderung als solche ist durch das negative Feststellungsurteil in diesem Fall gerade nicht entschieden.

10 **4. Eigenverwaltung.** Im Eigenverwaltungsverfahren wirkt das rechtskräftige Urteil über das Insolvenzgläubigerrecht gegenüber dem Schuldner als Verwalter der Insolvenzmasse sowie gegenüber dem Sachwalter und allen Gläubigern, §§ 283 Abs 1 S 1, 270 Abs 1 S 2, 183 Abs 1 (MüKo-*Schumacher* § 183 Rn 5; N/R/*Becker* § 183 Rn 1).

III. Berichtigung der Tabelle (Abs 2)

11 Die Feststellungswirkungen treten zwar bereits mit der Rechtskraft der Entscheidung ein (BerlKo-*Breutigam* § 183 Rn 5). Die Berichtigung der Tabelle erfolgt aber **nicht von Amts wegen**, wenngleich das Insolvenzgericht befugt ist, fehlerhafte Eintragungen aus eigenem Antrieb oder auf Anregung zu korrigieren (N/R/*Becker* § 183 Rn 17; s o § 178 Rn 41). Vielmehr obliegt es nach § 183 Abs 2 der obsiegenden Partei, die Berichtigung unter Vorlage einer Ausfertigung der Entscheidung mit Rechtskraftvermerk (§ 706 ZPO) zu beantragen. Bis dahin kann sich der Verwalter bei den Verteilungen ohne Risiko persönlicher Haftung (§ 60) an den jeweiligen Tabelleninhalt halten, ohne sich um den Ausgang der Feststellungsprozesse anderer widersprechender Gläubiger kümmern zu müssen (MüKo-*Schumacher* § 183 Rn 7; N/R/*Becker* § 183 Rn 11). Auch die Feststellung, dass ein Widerspruch begründet ist, ist in die Tabelle einzutragen (Braun/*Specovius* § 183 Rn 6; N/R/*Becker* § 183 Rn 13). Der Inhaber der erfolgreich bestrittenen Forderung verliert sein Stimmrecht (§ 77 Abs 1 S 1) und nimmt nicht mehr an Verteilungen teil. Bereits ausgezahlte Abschläge auf die Quote hat der Insolvenzverwalter als ungerechtfertigte Bereicherung zurückzufordern (N/R/*Becker* § 183 Rn 14). Aber auch ein **gescheiterter Widerspruch** ist in die Tabelle einzutragen (N/R/*Becker* § 179 Rn 8 und § 183 Rn 15, 16), weil in diesem Fall der Widerspruch „beseitigt" ist.

12 Die Berichtigung hat lediglich beurkundenden, also **deklaratorischen** Charakter (*Häsemeyer* InsR Rn 22.39) und kann unter den Voraussetzungen des § 189 Abs 2 auch noch nach Aufhebung des Insolvenzverfahrens erfolgen (**BFH 24. 10. 08 – VII R 30/08, BFH/NV 2009, 414** Rn 7; MüKo-*Schumacher* § 178 Rn 52; HaKo-*Herchen* § 183 Rn 7; BerlKo-*Breutigam* § 183 Rn 5; *Häsemeyer* InsR Rn 22.39). Darüber hinaus ist zwar auch eine Tabellenberichtigung nach Abschluss des Verfahrens noch möglich; diese hat dann allerdings keine Bedeutung mehr für die Schlussverteilung, sondern beschränkt sich auf die Vollstreckungswirkung des Tabelleneintrags gem § 201 Abs 2 (**BGH 17. 5. 84 – VII ZR 333/83, ZIP 1984, 980 unter 2 a; aA RGZ 22, 153, 155**; K/P/B/*Pape* § 183 Rn 5).

13 Im Berichtigungsvermerk ist anzugeben, ob die gesamte Forderung oder nur ein Teil festgestellt worden ist (FK-*Kießner* § 183 Rn 5). War eine **nicht titulierte Forderung** bestritten worden, so muss der die Berichtigung beantragende Anmelder gegen *jeden* Bestreitenden ein rechtskräftiges Feststellungsurteil oder entsprechende Widerspruchsrücknahmen vorlegen (*Gottwald/Eickmann* InsRHdb § 64 Rn 56 ff mit Formulierungsvorschlägen). Betreibt ein Bestreitender, der nach § 179 Abs 1 verklagt worden ist, die Berichtigung, so genügt die Vorlage des von ihm erstrittenen klageabweisenden Urteils. Insoweit ist der Ausgang weiterer Feststellungsprozesse, die noch gegen andere Bestreitende anhängig sind, bedeutungslos, weil eine Feststellung gem § 178 Abs 1 S 1 nicht mehr erreichbar ist (*Gottwald/Eickmann* InsRHdb § 64 Rn 57).

14 Da die **durchgeführte Berichtigung** nur Beurkundung und keine Entscheidung ist, ist kein Rechtsmittel gegeben und allenfalls eine Dienstaufsichtsbeschwerde möglich (*Hess* § 183 Rn 6; K/P/B/*Pape* § 183 Rn 5). Gegen die **Ablehnung durch Beschluss** des Rechtspflegers ist die sofortige Erinnerung nach

I. Allgemeines § 184

§ 11 Abs 2 S 1 RPflG eröffnet (s o § 178 Rn 48). Erinnerungen, denen der Rechtspfleger nicht abhilft, legt er dem Richter zur Entscheidung vor, gegen die kein Rechtsmittel mehr gegeben ist (§ 6 Abs 1).

IV. Anspruch auf Kostenerstattung (Abs 3)

§ 183 Abs 3 regelt nicht die Frage, wer die Kosten des Feststellungsprozesses zu tragen hat. Diese 15 Frage beurteilt sich nach den §§ 91 ff ZPO. Regelungsgegenstand ist vielmehr, ob und in welchem Umfang ein widersprechender Insolvenzgläubiger Erstattung seiner Prozesskosten aus der Masse verlangen kann, wenn der Verwalter an dem Prozess *nicht* beteiligt war, aber dennoch die Früchte des Erfolges auch der Masse zugute kommen.

Leitbild des § 183 Abs 3 ist der Fall, dass im Feststellungsprozess gegen den Anmeldegläubiger **der** 16 **Widerspruchsgläubiger** (ganz oder teilweise) **obsiegt** und dadurch die Masse einen Vorteil erlangt. Dieser besteht in der Quote, die auf die angemeldete Forderung entfallen wäre, aber wegen der erfolgreichen Prozessführung nicht bezahlt werden muss (so *Gottwald/Eickmann* InsRHdb § 64 Rn 61) und an sich die Quote der übrigen Gläubiger erhöhen würde. Solange der Anmeldegläubiger die gegen ihn gem § 91 ZPO festgesetzten Kosten nicht bezahlt, steht dem siegreichen Widerspruchsgläubiger – unbeschadet seines Kostenerstattungsanspruchs gegen den Prozessgegner, aber **begrenzt auf die ersparte Quote** – gegen die Masse gem § 183 Abs 3 ein Erstattungsanspruch als Masseforderung zu (§ 55 Abs 1 Nr 3); mehrere obsiegende Gläubiger können den Anspruch nur nach Kopfteilen geltend machen (Braun/*Specovius* § 183 Rn 9; BerlKo-*Breutigam* § 183 Rn 9; FK-*Kießner* § 183 Rn 6 f; N/R/*Becker* § 183 Rn 20; Gottwald/*Eickmann* InsRHdb § 64 Rn 61; unzutreffend HK-*Irschlinger* § 183 Rn 5, der von Verfahrenskosten ausgeht). Im Gegenzug kann die Masse analog § 255 BGB die Abtretung des Kostenerstattungsanspruchs gegen den Anmeldenden verlangen (K/P/B/*Pape* § 183 Rn 6; nach HaKo-*Herchen* § 183 Rn 10 ist die Durchsetzbarkeit bis dahin gehemmt). Der **Anspruch** auf Kostenerstattung **erlischt**, soweit die erstattungspflichtige Anmelder dem Gläubiger die Kosten vollständig erstattet.

Soweit **auch der Verwalter Partei** in diesem oder in einem gesonderten Feststellungsprozess mit dem- 17 selben Anmeldegläubiger war, schließt dies – unabhängig vom potenziellen Ergebnis – eine Kostenerstattung aus, da die vom Widerspruchsgläubiger aufgewendeten Kosten in diesem Fall (wegen § 179 Abs 1 S 1) der Masse keinen „Vorteil" bringen (MüKo-*Schumacher* § 183 Rn 12; N/R/*Becker* § 183 Rn 19). Dies gilt auch, wenn der Verwalter unterliegt, der Widerspruchsgläubiger hingegen seinen Prozess gewinnt, weil auch hier nicht „nur" einzelne Gläubiger den Rechtsstreit geführt haben (aA MüKo-*Schumacher* § 183 Rn 12). Eine bloße Nebenintervention des Verwalters ist dagegen unschädlich, da in diesem Fall von ihm kein Rechtsstreit „geführt" wird (HaKo-*Herchen* § 183 Rn 9). Umgekehrt genügt aus dem gleichen Grund eine Nebenintervention des Widerspruchsgläubigers im Rechtsstreit eines anderen Gläubigers nicht für einen Anspruch aus § 183 Abs 3.

Unterliegt der Widerspruchsgläubiger dagegen im Feststellungsprozess gegen den Anmeldegläubiger 18 (mit der Kostenfolge aus § 91 ZPO), so steht ihm weder ein Aufwendungsersatzanspruch gegen die Masse noch ein anteiliger Ersatzanspruch gegen die übrigen Insolvenzgläubiger zu, weil der Widerspruch auf seine alleinige Gefahr erfolgte (K/P/B/*Pape* § 183 Rn 6; N/R/*Becker* § 183 Rn 23; Gottwald/ *Eickmann* InsRHdb § 64 Rn 59). Unterliegen mehrere Gläubiger im Feststellungsstreit, so haften sie für die Kosten grundsätzlich nach Kopfteilen (§ 100 Abs 1 ZPO).

§ 184 Klage gegen einen Widerspruch des Schuldners

(1) ¹Hat der Schuldner im Prüfungstermin oder im schriftlichen Verfahren (§ 177) eine Forderung bestritten, so kann der Gläubiger Klage auf Feststellung der Forderung gegen den Schuldner erheben. ²War zur Zeit der Eröffnung des Insolvenzverfahrens ein Rechtsstreit über die Forderung anhängig, so kann der Gläubiger diesen Rechtsstreit gegen den Schuldner aufnehmen.

(2) ¹Liegt für eine solche Forderung ein vollstreckbarer Schuldtitel oder ein Endurteil vor, so obliegt es dem Schuldner binnen einer Frist von einem Monat, die mit dem Prüfungstermin oder im schriftlichen Verfahren mit dem Bestreiten der Forderung beginnt, den Widerspruch zu verfolgen. ²Nach fruchtlosem Ablauf dieser Frist gilt ein Widerspruch als nicht erhoben. ³Das Insolvenzgericht erteilt dem Schuldner und dem Gläubiger, dessen Forderung bestritten worden ist, einen beglaubigten Auszug aus der Tabelle und weist den Schuldner auf die Folgen einer Fristversäumung hin. ⁴Der Schuldner hat dem Gericht die Verfolgung des Anspruchs nachzuweisen.

I. Allgemeines

Der Widerspruch des Schuldners – sei es im Prüfungstermin oder im schriftlichen Verfahren – hat 1 gem § 178 Abs 1 S 2 **keine feststellungshindernde Wirkung**, steht aber einer Vollstreckung gegen den Schuldner *nach* Verfahrensbeendigung entgegen (§ 201 Abs 2 S 1). Der betroffene Gläubiger hat daher ein rechtliches Interesse daran, schon während des Insolvenzverfahrens durch Klage oder Aufnahme eines anhängigen Prozesses den Widerspruch zu beseitigen (BT-Drucks 14/5680 S 27 f und 14/6468 S 17 f).

2   Eine **Ausnahme** gilt nur für die **Eigenverwaltung** (§§ 270 ff), bei der das Bestreiten des Schuldners wie der Widerspruch eines Insolvenzverwalters wirkt und gem § 283 Abs 1 S 2 die Feststellung der Forderung zur Tabelle verhindert (N/R/*Becker* § 184 Rn 1; K/P/B/*Pape* § 184 Rn 6); die Beseitigung eines solchen Widerspruchs richtet sich nach den §§ 179 ff (MüKo-*Schumacher* § 184 Rn 9).

II. Widerspruch des Schuldners

3   Die praktische Bedeutung des Schuldnerwiderspruchs und seiner Beseitigung ist durch die Einbeziehung des Neuerwerbs in die Insolvenzmasse und die Möglichkeit der Restschuldbefreiung gering. Grundsätzlich kann – und im Hinblick auf § 767 Abs 2 ZPO ggf sogar muss (!) – der Schuldner alle Einwendungen schon während des Insolvenzverfahrens geltend machen. Dabei kann er sich **gegen die Feststellung der Forderung als solche** wenden (BGH 6. 4. 06 – IX ZR 240/04, NZI 2007, 245: Verjährung von Schadenersatzansprüchen wegen Vorenthaltens von Sozialversicherungsbeiträgen gem § 852 BGB aF und nicht nach § 25 Abs 1 S 2 SGB IV; OLG Naumburg 7. 1. 04 – 5 W 98/03, NZI 2004, 630: zwischenzeitliche Schadenswiedergutmachung; *Kahlert* ZInsO 2005, 192 ff) oder aber seinen **Widerspruch auf die Feststellung als Forderung aus vorsätzlicher unerlaubter Handlung beschränken** (s u Rn 20; BGH 18. 1. 07 – IX ZR 176/05, NZI 2007, 416 Rn 10). Widerspricht der Schuldner der Feststellung der Forderung zur Tabelle nicht, so ist er später mit sämtlichen Einwendungen ausgeschlossen, die er vor der Feststellung zur Tabelle hätte geltend machen können (OLG Köln 2. 11. 94 – 13 U 63/94, WM 1995, 597; OLG Hamm 6. 7. 92 – 31 U 13/92, ZIP 1993, 444). Bezüglich des Forderungsattributes der vorsätzlich begangenen unerlaubten Handlung setzt dies jedoch voraus, dass der Schuldner zuvor ordnungsgemäß gem § 175 Abs 2 belehrt wurde. Denn nach dem Zweck des § 175 Abs 2, den unkundigen Schuldner vor Rechtsverlust zu schützen (BT-Drucks 14/6468 S 18), kann nur an den unterlassenen Widerspruch des ordnungsgemäß belehrten Schuldners die Rechtskraft einer Tabellenfeststellung des Rechtsgrundes gegen den Schuldner entsprechend § 178 Abs 3 geknüpft werden (**BGH** 17. 1. 08 – IX ZR 220/06, NZI 2008, 250 Rn 9).

4   Der Schuldnerwiderspruch muss sich gegen den Bestand der Forderung oder ihre Durchsetzbarkeit außerhalb des Insolvenzverfahrens richten; nicht zulässig sind das Bestreiten ihrer Eigenschaft als Insolvenzforderung, ihres Rangs oder der Einwand ihrer Anfechtbarkeit gem §§ 129 ff (HaKo-*Herchen* § 184 Rn 2; MüKo-*Schumacher* § 184 Rn 2; s o § 178 Rn 14). Ein auf solche **insolvenzspezifische Einwendungen** gestützter Widerspruch ist unbeachtlich und nicht in die Tabelle einzutragen. Da der Schuldner seinen Widerspruch jedoch nicht zu begründen braucht, wird aber ein *ohne* Begründung erhobener Widerspruch in die Tabelle aufgenommen mit der Folge, dass der Gläubiger hiergegen dennoch klagen muss, wenn er sich die Nachhaftung erhalten will.

5   Ist der Schuldner eine durch die Verfahrenseröffnung in Liquidation befindliche **juristische Person oder Gesellschaft ohne Rechtspersönlichkeit**, so gelten für die Erhebung des Widerspruchs und dessen Rücknahme die gleichen Grundsätze wie zu § 15 Abs 1. Das Bestreiten des Schuldners verhindert die Nachhaftung aus § 201 Abs 2 auch nach **Einstellung des Verfahrens** gem § 215 Abs 2 S 2.

III. Feststellung nicht titulierter Forderungen (Abs 1)

6   1. **Neuklage.** Der Gläubiger einer nicht titulierten Forderung muss zur Erhaltung der Vollstreckungsmöglichkeit aus dem Tabellenauszug Klage auf Feststellung gegen den Schuldner erheben. Sofern schon ein Rechtsstreit anhängig ist, muss dieser vorrangig aufgenommen werden; eine Neuklage wäre unzulässig (N/R/*Becker* § 184 Rn 18). Das Feststellungsinteresse iSv § 256 Abs 1 ZPO ergibt sich aus § 201 Abs 2 S 2. **Streitgegenstand** ist – anders als bei §§ 178, 179 (s o § 178 Rn 28) – nicht das Haftungsrecht des Gläubigers an der Masse, sondern allein das Bestehen der persönlichen Forderung gegen den Schuldner (KS-*Eckardt* Kap 17 Rn 28) oder – bei einer titelergänzenden Feststellungsklage (s u Rn 20) – der Forderungsgrund der vorsätzlichen unerlaubten Handlung. Will der Gläubiger mit seinem Feststellungsbegehren über den Betrag seiner Anmeldung und über den Widerspruch des Schuldners hinausgehen, fehlt ihm ohne ein auch insoweit vorangegangenes Anmelde- und Prüfungsverfahren das Rechtsschutzbedürfnis, da die Anspruchsverfolgung im Insolvenzverfahren grundsätzlich einfacher und kostengünstiger ist (aA N/R/*Becker* § 184 Rn 14). Ein **Mahnverfahren scheidet** zur Feststellung **aus**, da dieses nur auf Zahlung gerichtet werden kann (§ 688 Abs 1 ZPO). Für Zuständigkeit, Streitwertberechnung (s o § 182 Rn 5) und Urteilswirkungen gelten die allgemeinen Regeln der ZPO.

7   a) **Mehrfaches Bestreiten.** Richtet sich die Klage auch gegen den Verwalter oder einen anderen Gläubiger, sind diese **einfache Streitgenossen**, so dass auch widersprechende Entscheidungen ergehen können (BGH 11. 11. 79 – I ZR 13/78, ZIP 1980, 23).

8   b) **Keine Leistungsklage gegen den Schuldner.** Während des Insolvenzverfahrens ist eine Leistungsklage gegen den Schuldner **unzulässig**, auch wenn der Gläubiger auf eine Teilnahme am Insolvenzverfahren verzichtet und die Vollstreckung erst nach Beendigung des Insolvenzverfahrens erfolgen soll (HaKo-*Herchen* § 184 Rn 17; N/R/*Becker* § 184 Rn 13; HK-*Eickmann* § 87 Rn 4; aA MüKo-*Schumacher* § 184 Rn 6 f;

III. Feststellung nicht titulierter Forderungen (Abs 1) § 184

KS-*Eckardt* Kap 17 Rn 28). Die gegenteilige Rechtsprechung zur KO (**BGH** 28. 3. 96 – IX ZR 77/95, ZIP 1996, 842) ist durch § 87 überholt (BT-Drucks 12/7302, S 35).

c) Keine negative Feststellungsklage des Schuldners. Eine negative Feststellungsklage des Schuldners **9** gegen den Anmeldegläubiger ist ebenfalls **unzulässig**, da es am Feststellungsinteresse fehlt. Das Bedürfnis, frühzeitig Klarheit darüber zu gewinnen, ob auch die Forderung des Gläubigers von der Restschuldbefreiung erfaßt wird oder nicht, genügt hierfür nicht, da der Widerspruch den Schuldner ausreichend vor einer Nachhaftung schützt (**OLG** Hamm 15. 10. 03 – 13 W 42/03, ZIP 2003, 2311; N/R/*Becker* § 184 Rn 15; mittelbar auch **BGH** 27. 1. 09 XI ZB 28/08, ZInsO 2009, 432). Hat der Schuldner einen rechtzeitigen Widerspruch versäumt, so kann er die Folgen der Säumnis nicht durch eine negative Feststellungsklage beseitigen, sondern allenfalls Wiedereinsetzung (§ 186) beantragen. Bei nachträglichen Einwendungen steht dem Schuldner die Vollstreckungsgegenklage offen (MüKo-*Schumacher* § 184 Rn 8).

d) Sonderzuständigkeiten. Falls die Zivilgerichte nicht zuständig sind, regelt § 185 das weitere Procedere. **10** Hat der Schuldner eine nicht titulierte **Steuerforderung** bestritten, so kann die Finanzbehörde das Bestehen der Steuerforderung – nicht aber ihre Einordnung als Deliktsforderung (s u § 185 Rn 5) – durch **Feststellungsbescheid nach § 251 Abs 3 AO** selbst titulieren (Braun/*Specovius* § 185 Rn 5; Hübschmann/Hepp/Spitaler/*Beermann* § 251 AO Rn 425 ff; BerlKo-*Breutigam* § 184 Rn 4; Gottwald/*Frotscher* InsRHdb § 125 Rn 10; *Frotscher* Besteuerung S 254). Rechtsbehelf ist nach § 347 Abs 1 AO der Einspruch; danach ist der Finanzrechtsweg gegeben. Entsprechendes gilt für **sonstige Verwaltungsverfahren**, zB Verwaltungsakte der Krankenkassen nach § 28h Abs 2 SGB IV (**OVG** Hamburg 4. 12. 81 – Bf I 103/78, ZIP 1982, 473 zur Schwerbehindertenabgabe). Hinsichtlich der Einzelheiten wird auf die Kommentierung zu § 185 Rn 5 ff verwiesen.

2. Prozessaufnahme. a) Aufnahme durch den Gläubiger. War vor Insolvenzeröffnung wegen der vom **11** Schuldner bestrittenen Insolvenzforderung schon ein Rechtsstreit anhängig, aber noch kein vollstreckbarer Titel ergangen, so ist vom Gläubiger – vorrangig vor einer Neuklage – der gem § 240 ZPO unterbrochene Rechtsstreit nach § 184 Abs 1 S 2 aufzunehmen, wobei der **Klageantrag auf Feststellung umzustellen** ist (K/P/B/*Pape* § 184 Rn 17, 21; N/R/*Becker* § 184 Rn 18 ff; FK-*Kießner* § 184 Rn 6; Gottwald/*Eickmann* InsRHdb § 64 Rn 46). Bei Aufnahme eines **finanzgerichtlichen Verfahrens** ändern sich die Parteirollen und wandelt sich das ursprüngliche Anfechtungsverfahren in ein Insolvenzfeststellungsverfahren um (**BFH** 13. 11. 07 – VII R 61/06, ZIP 2008, 1745). Im Übrigen kann auf die Kommentierung zu § 185 Rn 13 ff verwiesen werden.

b) Keine Aufnahme durch den Schuldner. Der Schuldner ist zur Aufnahme selbst dann **nicht befugt**, **12** wenn er allein die Forderung im Prüfungstermin bestritten hat, weil es an dem für die Fortsetzung des Rechtsstreits erforderlichen Rechtsschutzinteresse fehlt (**BGH** 27. 1. 09 – XI ZB 28/08, ZInsO 2009, 432; **BGH** 27. 10. 03 – II ZA 9/02, NZI 2004, 54; K/P/B/*Pape* § 184 Rn 21; KS-*Eckardt* Kap 17 Rn 51; N/R/*Becker* § 184 Rn 15, 27, der eine Ausnahme zulassen will, wenn sich die Interessenlage nicht in § 201 Abs 1 erschöpft). Der Schuldner ist durch sein Bestreiten hinreichend gegen spätere Vollstreckungen aus dem Tabellenauszug geschützt. Die erforderliche Aufnahme des Verfahrens durch Insolvenzverwalter oder Gläubiger kann der Schuldner auch nicht dadurch umgehen, dass er dem den Rechtsstreit nicht aufnehmenden Insolvenzverwalter beitritt und für diesen die Fortsetzung des Verfahrens begehrt. Denn einer Nebenintervention fehlt die verfahrensrechtliche Grundlage, da der Insolvenzverwalter erst durch den mit Aufnahme des Verfahrens eintretenden gesetzlichen Parteiwechsel Partei des Rechtsstreits wird (**BGH** 27. 1. 09 aaO Rn 6).

Eine **Freigabe des Rechtsstreits** durch den Insolvenzverwalter kommt mit der Folge einer Aufnahme- **13** befugnis des Schuldners nur in Betracht, wenn es sich um einen Aktivprozess über einen zur Vermehrung der Teilungsmasse dienlichen Anspruch oder um einen Passivprozess der in § 86 bezeichneten Art (zB Aussonderung, abgesonderte Befriedigung) handelt, wobei im letzteren Fall der Insolvenzverwalter zugleich den streitbefangenen Gegenstand aus der Masse freigeben muss (**BGH** 27. 10. 03 – II ZA 9/02, NZI 2004, 54). Es kommt dabei nicht auf die formelle Parteirolle an, sondern auf die Pflicht zu einer Leistung geistreiten wird, die in die Masse gelangen soll (**BGH** 14. 4. 05 – IX ZR 221/04, ZIP 2005, 952). Daher ist es einem Schuldner verwehrt, einen Rechtsstreit gegen einen noch unerfüllten Haftungsanspruch, der als Insolvenzforderung angemeldet wurde, aufzunehmen, weil es sich um einen *Passiv*prozess handelt (**BFH** 7. 3. 06 – VII R 11/05, ZIP 2006, 968).

3. Spätester Zeitpunkt für die Rechtsverfolgung. Klage und Prozessaufnahme sind – anders als bei **14** bestehenden Titeln (Abs 2) – weder beim vollen noch beim eingeschränkten Widerspruch des Schuldners fristgebunden. Der Gläubiger kann daher noch während der Wohlverhaltensperiode Klage erheben oder einen anhängigen Prozess aufnehmen (**BGH** 18. 12. 08 – IX ZR 124/08, ZIP 2009, 389 Rn 7, 9 ff; **OLG** Naumburg 21. 2. 07 – 5 U 107/06, nv; MüKo-*Schumacher* § 184 Rn 3; FK-*Ahrens* § 302 Rn 11; *Vallender* ZInsO 2002, 110, 112). § 189 findet keine Anwendung – auch nicht analog (**BGH** aaO Rn 9 ff; **OLG** Stuttgart 20. 2. 08 – 10 U 3/08, ZInsO 2008, 981; **aA** [§ 189 analog] FK-*Kießner* § 184

Sinz

Rn 14; Braun/*Specovius* § 184 Rn 2; *Hattwig* ZInsO 2004, 636 ff [nur bis zur Ankündigung der RSB]; *Breutigam/Kahlert* ZInsO 2002, 469 ff] –, da es nicht um das Schlussverzeichnis als Verteilungsgrundlage geht, sondern um die Vollstreckbarkeit *nach* Erteilung der Restschuldbefreiung. Der Gläubiger hat ein Interesse daran, mit der Feststellungsklage zuzuwarten, etwa bis sich herausstellt, ob dem Schuldner die erstrebte Restschuldbefreiung schon wegen Verletzung von Obliegenheiten nach § 290 oder § 296 zu versagen ist oder ob der Schuldner sich in der Wohlverhaltensphase wirtschaftlich erholt, so dass anschließende Vollstreckungsversuche aussichtsreich erscheinen, zumal er trotz erfolgreicher Feststellung des Anspruchsgrundes das beträchtliche Risiko läuft, die Erstattung seiner Prozesskosten vom Schuldner nicht erlangen zu können (**BGH** aaO Rn 12). Spätester Zeitpunkt für die Rechtsverfolgung durch den Gläubiger ist die Rechtskraft des Beschlusses über die (Versagung oder) **Erteilung der Restschuldbefreiung** (§ 300 Abs 3), da dann im Rechtsverkehr über ihren Umfang Rechtssicherheit herrschen muss (**OLG** Rostock 13. 6. 05 – 3 U 57/05, ZVI 2005, 433; HaKo-*Herchen* § 184 Rn 9).

IV. Feststellung titulierter Forderungen (Abs 2)

15   Liegt für die Forderung ein Endurteil oder sonstiger vollstreckbarer Titel vor, so muss der Gläubiger in Verfahren, die **seit dem 1. 7. 07** eröffnet wurden (Art 103 c EGInsO), nicht mehr gegen den Schuldner erneut klagen und ein weiteres Kostenrisiko auf sich nehmen (so die hM zu § 184 aF; Begr BReg BR-Drucks 549/06, S 40), sondern es obliegt nunmehr dem Schuldner, seinen Widerspruch zu verfolgen (eingehend *Riedel/Vogelmair* Rpfleger 2008, 339). § 80 Abs 1 steht dem nicht entgegen, da es nur um die Nachhaftung geht.

16   **1. Vollstreckbarer Schuldtitel.** Für die Verlagerung der Feststellungslast auf den Schuldner genügt es, dass zumindest ein vorläufig vollstreckbarer Titel vorliegt (§§ 704, 795, 801 ZPO; 62, 85 ArbGG; § 3 Abs 2 a VwVG); auf dessen Rechtskraft oder Rechtskraftfähigkeit kommt es nicht an (HaKo-*Herchen* § 184 Rn 11 a). Allerdings stehen dem Schuldner nur die Verteidigungsmöglichkeiten zur Verfügung, die er auch außerhalb des Insolvenzverfahrens hätte wahrnehmen können. Gegen **nicht rechtskräftige Titel** muss er sich durch Einlegung eines statthaften Rechtsmittels wehren oder, sofern dies schon vor Insolvenzeröffnung geschehen ist, durch Aufnahme des Prozesses. Gegen **rechtskräftige Titel** kommen nur noch Klagen gem §§ 767 ZPO, 578 ff ZPO oder nach § 826 BGB in Betracht; ansonsten würde die Rechtskraft des Titels unterlaufen. Hinsichtlich der Frage, welche Schuldtitel im einzelnen erfasst werden, kann auf die Kommentierung zu § 179 Abs 2, dem die Vorschrift nachgebildet ist, verwiesen werden (s o § 179 Rn 20 ff).

17   **2. Monatsfrist.** Die Monatsfrist beginnt am Tage des Prüfungstermins oder im schriftlichen Verfahren „mit dem Bestreiten". Im letztgenannten Fall ist jedoch nicht der Zugang des Widerspruchs bei Gericht gemeint (aA HaKo-*Herchen* § 184 Rn 11 b), sondern der **Ablauf der Ausschlussfrist**, die das Gericht gem §§ 5 Abs 2 S 1, 177 Abs 1 S 2 gesetzt hat, da der schriftliche Widerspruch erst zu diesem Zeitpunkt wirksam wird. Ansonsten wäre auch keine einheitliche Fristberechnung im schriftlichen Verfahren gewährleistet. Für den Fristablauf gilt nicht § 188 Abs 2 iVm § 187 Abs 1 BGB, sondern der Tag des Prüfungstermins bzw Ablaufs der Ausschlussfrist zählt nach dem Wortlaut der Vorschrift mit (§ 187 Abs 2 BGB); der Gesetzgeber wollte insoweit eine ähnliche Regelung wie in § 878 Abs 1 ZPO schaffen (BT-Drucks 16/3227, S 21; zur Rechtslage bei § 878 Abs 1 ZPO: Musielak/*Becker* § 878 ZPO Rn 2; Zöller/*Stöber* § 878 ZPO Rn 6; MüKo-*Eickmann* § 878 ZPO Rn 9). Da es sich nicht um eine Notfrist handelt, ist Wiedereinsetzung ausgeschlossen (HaKo-*Herchen* § 184 Rn 11 b; aA N/R/*Becker* § 184 Rn 40), es sei denn, der Schuldner war nicht ordnungsgemäß belehrt (s u Rn 19). Wie der in Abs 2 S 4 geforderte **Nachweis** zu führen ist, regelt das Gesetz ebenso wenig wie in § 189 Abs 1. Grundsätzlich genügt es, wenn dem Insolvenzgericht eine Kopie des bestimmenden Schriftsatzes mit dem Eingangsstempel des Prozessgerichts (oder der Behörde) im Original vorgelegt wird. Soweit es auf die Rechtshängigkeit einer Klage und damit die Zustellung an den Gläubiger(vertreter) ankommt, reicht zur Fristwahrung auch die Anhängigkeit, wenn die Zustellung demnächst erfolgt (§ 167 ZPO). Erfolgreich abgeschlossen braucht die Widerspruchsverfolgung entgegen dem missverständlichen Wortlaut („Nach fruchtlosem Ablauf...") innerhalb der Monatsfrist noch nicht zu sein. Das Gesetz lässt offen, **wann** der Nachweis gegenüber dem Insolvenzgericht zu erbringen ist. Im Hinblick darauf, dass alsbald Rechtsklarheit über die Wirkung des Schuldnerwiderspruchs herrschen soll, ist die Vorschrift dahingehend auszulegen, dass auch der Nachweis innerhalb der Monatsfrist beim Insolvenzgericht eingehen muss. Dies entspricht auch dem Willen des Gesetzgebers, eine ähnliche Regelung wie in § 878 Abs 1 ZPO zu schaffen (Begr BReg BR-Drucks 549/06, S 41).

18   **Versäumt der Schuldner die Frist** zur Widerspruchsverfolgung und Nachweisführung, gilt der Widerspruch als nicht erhoben (Abs 2 S 2) mit der Folge, dass der Gläubiger nach Verfahrensaufhebung nur noch aus dem mit einer Vollstreckungsklausel versehenen Tabellenauszug die Zwangsvollstreckung betreiben kann; der vorinsolvenzliche Titel wird durch den Tabellenauszug „aufgezehrt" (**BGH** 18. 5. 06 – IX ZR 187/04, NZI 2006, 536 Rn 9). Die Neuregelung zwingt den Schuldner daher, auch schon binnen der Monatsfrist gegen **nicht rechtskräftige Titel** vorzugehen (MüKo-*Schumacher* § 184 Rn 8 a).

V. Isolierter Widerspruch gegen den Rechtsgrund d vorsätzl begangenen unerl Handl § 184

Soweit der Schuldner seinen Widerspruch nicht weiter verfolgt, fehlt es für eine ergänzende Feststellungsklage des Gläubigers an einem Rechtsschutzinteresse. Die frühere Rechtsprechung zu § 184 aF (**BGH** 18. 5. 06 aaO Rn 10) ist obsolet geworden, da dem Schuldner durch die Neuregelung in Abs 2 S 2 auch nachinsolvenzliche Rechtsbehelfe abgeschnitten sind (anders beim isolierten Widerspruch gegen den Forderungsgrund, dazu Rn 20). War lediglich die **Forderung als solche, nicht aber** das ordnungsgemäß mit angemeldete **Forderungsattribut** der vorsätzlichen unerlaubten Handlung **tituliert** (s u Rn 20), und bleiben nach Vollwiderspruch des Schuldners gegen die Forderung und ihre Eigenschaft als unerlaubte Handlung sowohl er als auch der Gläubiger untätig, so sind die Rechtsfolgen gespalten: Hinsichtlich der Vollstreckbarkeit gem § 201 Abs 2 S 2 greift § 184 Abs 2 S 2; soweit es auf die Forderungseigenschaft als unerlaubte Handlung ankommt (zB im Hinblick auf § 302), verbleibt es bei der Verfolgungslast des Gläubigers und den etwaigen Rechtsnachteilen im Falle ihres Unterlassens (s o Rn 14). Zur **Berichtigung der Tabelle:** s u Rn 24.

3. Hinweispflicht des Gerichts. Nach Abs 2 S 3 hat das Gericht auf die Folgen einer Fristversäumung 19 hinzuweisen. Die Hinweispflicht besteht auch dann, wenn im Prüfungstermin (oder im schriftlichen Verfahren bei Ablauf der Ausschlussfrist) der vollstreckbare Schuldtitel nicht im Original vorlag (§ 174 Abs 1 S 2). Es genügt, dass die Forderung als „tituliert" angemeldet und zur Tabelle als solche aufgenommen wurde. Denn die Hinweispflicht ist nicht Bestandteil des Prüfungsverfahrens, zu dem noch keine Vorlagepflicht besteht (zur Vorlagepflicht allgemein **BGH** 1. 12. 05 – IX ZR 95/04, NZI 2006, 173 Rn 13 ff). Die Belehrung muss spätestens im Prüfungstermin oder im schriftlichen Verfahren vor Ablauf der Ausschlussfrist erfolgen, damit dem Schuldner zur Widerspruchsverfolgung die volle Monatsfrist zur Verfügung steht. Bei fehlender, nicht rechtzeitiger oder aus sonstigen Gründen fehlerhafter Belehrung kann der Schuldner Wiedereinsetzung in den vorigen Stand analog § 233 ZPO beantragen (MüKo-*Schumacher* § 184 Rn 8 c). Denn nur gegenüber dem ordnungsgemäß belehrten Schuldner tritt die Rechtskraft der Tabellenfeststellung des Rechtsgrundes entsprechend §§ 178 Abs 3, 184 Abs 2 S 2 ein (**BGH** 17. 1. 08 – IX ZR 220/06, NZI 2008, 250 Rn 9). Ein Wiedereinsetzungsgrund („ohne ihr Verschulden") liegt jedoch nicht vor, wenn das persönliche Erscheinen des Schuldners mit dem ausdrücklichen Hinweis angeordnet war, dass das Gericht ihn im Prüfungstermin auch besonders gem §§ 175 Abs 2, 184 Abs Abs 2 S 3 belehren will. Denn der Schuldner hat es nicht in der Hand, sich durch Nichterscheinen der Belehrung und damit den Rechtsfolgen der §§ 302, 184 Abs 2 S 2, 178 Abs 3 (s o § 175 Rn 29) zu entziehen. Vielmehr muss er sich in diesem Fall wie ein ordnungsgemäß belehrter Schuldner behandeln lassen.

V. Isolierter Widerspruch gegen den Rechtsgrund der vorsätzlich begangenen unerlaubten Handlung

Der Widerspruch des Schuldners kann sich auch auf die rechtliche Einordnung als Forderung aus 20 vorsätzlich begangener unerlaubter Handlung beschränken, sofern der Bestand der Forderung nicht, wie zB bei § 826 BGB, von der Vorsatztat abhängt (**BGH** 18. 1. 07 – IX ZR 176/05, NZI 2007, 416 Rn 10; zum fehlenden Widerspruchsrecht des Insolvenzverwalters [s o § 178 Rn 11] und zur nachträglichen Anmeldung von Tatsachen gem § 174 Abs 2 [s o § 177 Rn 16] **BGH** 17. 1. 08 – IX ZR 220/06, NZI 2008, 250 Rn 13). Ist dieser Schuldgrund nämlich alleinige Anspruchsgrundlage, richtet sich der Widerspruch zugleich gegen die Forderung als solche. Soweit der deliktische Rechtsgrund sich bereits aus dem **Entscheidungstenor** eines vollstreckbaren Titels ergibt, trifft den Schuldner gem § 184 Abs 2 die Obliegenheit, seinen Widerspruch zu verfolgen (eingehend *Kahlert* ZInsO 2006, 409 ff). Unterläßt er dies, verbleibt es bei den Rechtsfolgen der §§ 201 Abs 2 S 2, 302. Dagegen findet § 184 Abs 2 keine Anwendung, wenn sich der Rechtsgrund der vorsätzlichen unerlaubten Handlung nur aus den **Entscheidungsgründen** ergibt, da diese nicht in materielle Rechtskraft erwachsen (HaKo-*Herchen* § 184 Rn 16 b; MüKo-*Gottwald* § 322 ZPO Rn 78 ff; N/R/*Becker* § 184 Rn 30; aA OLG Hamm 2. 3. 2005 – 13 U 209/04, ZVI 2006, 396). In diesem Fall kann der Gläubiger den Widerspruch nur im Wege einer titelergänzenden Feststellungsklage beseitigen (**BGH** 18. 5. 06 – IX ZR 187/04, NZI 2006, 536; zur Beweislast: KG Berlin 21. 11. 08 – 7 U 47/08, NZI 2009, 121), spätestens bis zur Rechtskraft des Beschlusses über die Erteilung der Restschuldbefreiung (s o Rn 14). Geht der Gläubiger gegen den isolierten Widerspruch nicht rechtzeitig vor, findet § 302 keine Anwendung, sondern fällt auch diese Forderung unter § 301 Abs 1. Dessen ungeachtet besteht ausnahmsweise aber auch ein Rechtsschutzbedürfnis des Schuldners für eine negative Feststellungsklage, da der Wortlaut des § 184 Abs 2 nicht eindeutig ist und der Schuldner sonst Gefahr läuft, gem § 767 Abs 2 ZPO mit Einwendungen präkludiert zu sein (**OLG Celle** 23. 2. 09 – 7 W 2/09, NZI 2009, 329).

Auch wenn die Forderung des Gläubigers bereits durch **Vollstreckungsbescheid** als auf einer vorsätz- 21 lichen unerlaubten Handlung beruhend tituliert wurde, kann der Schuldner einer Anmeldung mit diesem Forderungsgrund noch widersprechen. Das Gericht ist an den rechtskräftigen Vollstreckungsbescheid nicht gebunden, weil dieser nur auf den einseitigen, von einem Gericht nicht materiell-rechtlich geprüften Angaben des Gläubigers beruht, selbst wenn ein anderer Rechtsgrund als derjenige einer vorsätzlich begangenen unerlaubten Handlung nicht in Betracht kommt (**BGH** 18. 5. 06 – IX ZR 187/04,

NZI 2006, 536). Auch hier obliegt es dem *Gläubiger*, den Widerspruch im Wege einer titelergänzenden Feststellungsklage zu beseitigen, da die Deliktseigenschaft nicht tituliert ist.

22 Anders verhält es sich bei einem **gerichtlichen Vergleich**, in dem der Schuldner auch den Rechtsgrund der dadurch titulierten Forderung als vorsätzlich begangene unerlaubte Handlung außer Streit stellt. Die Einigung der Parteien ersetzt hier die richterliche Schlüssigkeitsprüfung, so dass der Schuldner gegen einen solchen Titel nur wie gegen ein Urteil vorgehen kann (**BGH** 25. 6. 09 – IX ZR 154/08, NZI 2009, 612 Rn 7). Entsprechendes muss daher auch für Titel gelten, die ebenfalls mit ausdrücklichem Einverständnis des Schuldners zustande kommen wie ein **notarielles Schuldanerkenntnis** oder **Anerkenntnisurteil** (OLG Brandenburg 14. 2. 08 – 12 U 89/07, NZI 2008, 319; MüKo-*Schumacher* § 184 Rn 8 c; **aA** HaKo-*Herchen* § 184 Rn 16 b; FK-*Ahrens* § 302 Rn 11 d) oder denen eine materiellrechtliche Befassung des Prozessgerichts vorausgeht wie beim **Versäumnisurteil** (wie hier *Kahlert* ZInsO 2006, 409, 413; **aA** OLG Koblenz 15. 11. 07 – 6 U 537/07, NZI 2008, 117 [jedoch nicht einschlägig, da Forderungsattribut nicht tenoriert war]; *Hattwig/Richter* ZVI 2006, 373, 375).

VI. Berichtigung der Tabelle

23 Der **obsiegende Schuldner** braucht nichts zu unternehmen, da ihn sein Widerspruch gem § 201 Abs 2 S 1 gegen Vollstreckungen des Gläubigers aus der Tabelle nach Verfahrensbeendigung ausreichend schützt (**OLG** Naumburg 7. 1. 04 – 5 W 98/03, NZI 2004, 630; N/R/*Becker* § 184 Rn 42); nur im Falle des § 184 **Abs 2** ist die fristgerechte Klageerhebung in der Tabelle zu vermerken. Ein **obsiegender Gläubiger** muss aufgrund der Regelung in § 178 Abs 1 S 2 ebenfalls nichts veranlassen, um an der Quotenausschüttung teilzunehmen; daher fehlt auch eine dem § 183 Abs 1 entsprechende Regelung. Nur für die Vollstreckung *nach* Beendigung des Insolvenzverfahrens bedarf es einer Berichtigung der Tabelle, die analog § 183 Abs 2 erfolgt (FK-*Kießner* § 184 Rn 8 f; N/R/*Becker* § 184 Rn 43). Die Berichtigung kann auch noch nach der Schlussverteilung und Aufhebung des Verfahrens erfolgen (**LG** Braunschweig 23. 10. 07 – 6 T 592/07, ZInsO 2008, 514 für nachträgliche Rücknahme des Widerspruchs).

24 Auch im Falle des § 184 Abs 2 S 2 erfolgt nach Fristablauf der Löschungsvermerk nicht von Amts wegen, sondern **nur auf Antrag des Gläubigers**, zu dem der Schuldner zu hören ist. Denn die Fiktion des § 184 Abs 2 S 2 ist nur eine besondere Form der „Beseitigung" des Widerspruchs, die eine analoge Anwendung von § 183 Abs 2 rechtfertigt. Zudem wäre aufgrund der unklaren Frist in § 184 Abs 2 S 4 (s o Rn 17) sonst das verfassungsrechtliche Gebot der Rechtsschutzklarheit verletzt (vgl **BGH** 18. 12. 08 – IX ZR 124/08, NZI 2009, 189 Rn 15 zur Frist für Feststellungsklage des Gläubigers gem § 184 Abs 1). Sinngemäß ist einzutragen: „Der Widerspruch gilt gem § 183 Abs 2 S 2 InsO als nicht erhoben." Eine schlichte Entfernung des Widerspruchs aus der Tabelle wäre mit der Beurkundungsfunktion des Gerichts (vgl § 184 Abs 2 S 3 1. HS) nicht zu vereinbaren.

§ 185 Besondere Zuständigkeiten

¹Ist für die Feststellung einer Forderung der Rechtsweg zum ordentlichen Gericht nicht gegeben, so ist die Feststellung bei dem zuständigen anderen Gericht zu betreiben oder von der zuständigen Verwaltungsbehörde vorzunehmen. ²§ 180 Abs. 2 und die §§ 181, 183 und 184 gelten entsprechend. ³Ist die Feststellung bei einem anderen Gericht zu betreiben, so gilt auch § 182 entsprechend.

I. Anwendungsbereich

1 Die Vorschrift entspricht der früheren Regelung in § 146 Abs 5 KO. Die besonderen Zuständigkeiten für Rechtsstreitigkeiten vor den Gerichten der freiwilligen Gerichtsbarkeit (zB § 43 WEG, **OLG** Hamburg 20. 6. 06 – 13 AR 13/06, ZInsO 2006, 1059; s o § 180 Rn 3), Arbeitsgerichten (§ 2 ArbGG; **LAG** Kiel 9. 6. 09 – 6 Ta 81/09), Sozialgerichten (§ 51 SGG; **BSG** 18. 12. 03 – B 11 AL 37/03 R, ZIP 2004, 521), Verwaltungsgerichten (§ 40 VwGO), Finanzgerichten (§ 33 FGO; dazu *Jäger* DStR 2008, 1272), Finanzbehörden (§ 251 Abs 3 AO) und Krankenkassen als Einzugsstellen (§ 28 h Abs 2 S 1 SGB IV) bestehen auch im Insolvenzverfahren fort, wenn der angemeldeten Forderung nach Grund oder Betrag widersprochen wurde, einschließlich der Kompetenz der jeweiligen Gerichte (nicht aber der Behörden, s u Rn 5) zur Feststellung als **Forderung aus vorsätzlich begangener unerlaubter Handlung** (offen gelassen von **BFH** 19. 8. 08 – VII R 6/07, NZI 2008, 764 Rn 17; bejahend: **LG** Itzehoe 18. 7. 08 – 9 T 27/08, NZI 2009, 689; **AG** Hamburg 12. 9. 06 – 67g IN 478/04, NZI 2007, 123; **SG** Gelsenkirchen 29. 5. 06 – S 2 SO 26/05, ZfF 2007, 252; **aA** [Zivilgerichte zuständig] **LSG** Stuttgart 30. 8. 05 – L 9 SF 863/05 B, nv; **VG** Schleswig 25. 5. 09 – 15 A 56/09, NZI 2009, 699). Dass die Forderung zugleich auf den Rechtsgrund der unerlaubten Handlung gestützt wird, ändert an der Zuständigkeit der Fachgerichte nichts (**BGH** 7. 11. 61 – VI ZR 5/61, NJW 1962, 200, 201 sub I). Dies muss dann auch gelten, wenn ausschließlich die Frage des Vorliegens einer vorsätzlichen unerlaubten Handlung streitig ist. Dafür spricht zudem, dass der Gesetzgeber diese Frage wie ein Konkursvorrecht nach altem Recht

behandeln wollte (BT-Drucks 14/5680, S 27 f), für das die Zuständigkeit der Fachgerichte anerkannt war (**BGH** 22. 1. 71 – I ARZ 324/70, NJW 1971, 1271). Es spielt keine Rolle, ob der Insolvenzverwalter, der Sachwalter, ein Insolvenzgläubiger, der Schuldner oder dieser als Eigenverwalter die Forderung bestritten hat. Ebenso gilt § 185 für die Feststellung des insolvenzmäßigen Rangs, wenn streitig ist, ob § 38 oder § 39 eingreift (K/P/B/*Pape* § 185 Rn 1). Da auch § 180 Abs 2 entsprechende Anwendung findet, ist der gem § 240 S 1 ZPO unterbrochene Rechtsstreit ebenso wie ein Steuerfestsetzungs- oder Rechtsbehelfsverfahren in der ursprünglichen Zuständigkeit aufzunehmen und fortzusetzen.

Dagegen soll für eine Insolvenzfeststellungsklage aus einer **auf den Bürgen übergegangenen Abgabenforderung** der ordentliche Rechtsweg gegeben sein (**BGH** 2. 4. 73 – VIII ZR 108/72, NJW 1973, 1077; BerlKo-*Breutigam* § 185 Rn 6; **aA** MüKo-*Schumacher* § 185 Rn 3; *André* NJW 1973, 1495; *Häsemeyer* InsR Rn 22.29 Fn 81). Dies begründet der BGH damit, dass die als Steuerforderung entstandene Forderung in der Hand des Bürgen nur noch der Durchsetzung seines privatrechtlichen Rückgriffsanspruchs gegen den Hauptschuldner und keinen öffentlichen Belangen mehr diene. Deshalb könne sie in seiner Hand auch nur noch eine privatrechtliche Geldforderung sein, für die der ordentliche Rechtsweg gegeben ist. Dem kann jedoch nicht gefolgt werden. Der Rechtsweg wird stets durch den *Entstehungsgrund der Forderung* bestimmt, auch wenn sie auf Gläubiger übergeht, die ihrerseits in anders qualifizierten Rechtsverhältnissen zum Schuldner stehen (**GemS OGB** 4. 6. 74 – GmS-OGB 2/73, NJW 1974, 2087). Daher ist der Streit über eine auf den Bürgen übergegangene Abgabenforderung vor den **Finanzgerichten** auszutragen (*Häsemeyer* aaO). Aus den gleichen Gründen gehört auch der Streit über eine Lohnforderung, die wegen Gewährung von Insolvenzgeld **auf die Bundesagentur für Arbeit übergegangen** ist (§ 187 Abs 3 SGB III), vor die **Arbeitsgerichte** und nicht vor die Sozialgerichte. 2

II. Verfolgungslast

Wem es obliegt, den Widerspruch entweder zu verfolgen oder zu beseitigen, richtet sich nach der allgemeinen Regelung in § 179; § 185 schafft keine eigene Kompetenzzuweisung. Soweit der **Gläubiger** gem § 179 Abs 1 den Widerspruch beseitigen muss, um an der Quotenausschüttung teilzunehmen, gewährt § 185 S 1 kein Wahlrecht, sondern ist die Verfahrensart vorrangig, die nach den Fachgesetzen einschlägig ist. Kann der Gläubiger (die Behörde) durch Verwaltungsakt selbst entscheiden, ist eine Klage mangels Rechtsschutzinteresse unzulässig. Der Klageweg zu dem „zuständigen anderen Gericht" ist nur eröffnet, wenn ein Feststellungsbescheid durch die Verwaltungsbehörde im Rahmen ihrer öffentlich-rechtlichen Kompetenz nicht möglich ist. Liegen mehrere Widersprüche vor, muss der Gläubiger gegen sämtliche Widerspruchsführer vorgehen. 3

Soweit § 179 Abs 2 oder § 184 Abs 2 dem **Bestreitenden** die Verfolgungslast zuweist, muss er sich an die zuständige Behörde oder an das zuständige Gericht mit dem Rechtsbehelf wenden, der ihm zur Bekämpfung des Titels zusteht. 4

III. Feststellung von Forderungen aus einem öffentlich-rechtlichen Verwaltungsverhältnis

1. Verwaltungsverfahren. Die Behörde kann die bestrittene, **noch nicht durch Bescheid titulierte** Forderung durch Verwaltungsakt gegenüber dem Bestreitenden feststellen, sofern sie außerhalb des Insolvenzrechts auch zur Festsetzung der Forderung durch Verwaltungsakt gegenüber dem Schuldner berechtigt ist (**BVerwG** 22. 8. 85 – 5 C 18/82, NJW 1986, 1365; **OVG** Münster 13. 5. 96 – 4 A 2970/94, NWVBl 1997, 24; FK-*Kießner* § 185 Rn 2; MüKo-*Schumacher* § 185 Rn 4). Sehen die Verfahrensvorschriften ein Vorverfahren vor, bevor die Gerichte angerufen werden können, muss auch im Insolvenzfeststellungsverfahren dieses zunächst durchgeführt werden (HaKo-*Herchen* § 185 Rn 2). Namentlich kann die Krankenkasse des Versicherten als zuständige Einzugsstelle (§§ 28 h Abs 1 S 1, 28 i Abs 1 S 1 SGB IV) **rückständige Beiträge zur Sozialversicherung** (s o § 174 Rn 4) gegenüber dem Bestreitenden durch Verwaltungsakt über Grund und Höhe feststellen und, sofern dieser Widerspruch einlegt, auch den Widerspruchsbescheid erlassen (§ 28 h Abs 2 S 1 SGB IV), bevor der Klageweg zu den Sozialgerichten eröffnet ist (**BSG** 29. 4. 71 – 3 RK 55/67, BSGE 32, 263; **BSG** 30. 4. 81 – 8/8 a RU 42/80, ZIP 1981, 998, 1000). Wird der Feststellungsbescheid bestandskräftig, schafft dieser – mit der Wirkung des § 183 Abs 1 (§ 185 S 2) – die Grundlage für die Korrektur der Tabelle (N/R/*Becker* § 179 Rn 27). Streitig ist allerdings, ob die Behörde auch befugt ist, selbst die **Delikteigenschaft der Forderung** durch Verwaltungsakt festzustellen (offen gelassen von **BFH** 19. 8. 08 – VII R 6/07, NZI 2008, 764 Rn 17; **bejahend: LG** Itzehoe 18. 7. 08 – 9 T 27/08, NZI 2009, 689; **AG** Hamburg 12. 9. 06 – 67 g IN 478/04, NZI 2007, 123; HaKo-*Herchen* § 184 Rn 13 und § 185 Rn 4; Braun/*Specovius* § 185 Rn 7; **verneinend** [indirekt]: **VG** Schleswig 25. 5. 09 – 15 A 56/09, NZI 2009, 699; **LSG** Stuttgart 30. 8. 05 – L 9 SF 863/05 B, nv). Dann müsste die besondere Zuständigkeit gem § 185 auch die Entscheidungskompetenz über den deliktischen Schuldgrund mit umfassen und ein Verfahren nach § 184 ersetzen. Gerade dies ist jedoch nicht der Fall. So beschränkt sich die Ermächtigung zu hoheitlichem Handeln regelmäßig auf die öffentlich-rechtliche Verwaltungstätigkeit der Behörde in ihrem Zuständigkeitsbereich (vgl §§ 1, 35 VwVfG), nämlich insbeson- 5 dere in § 28 h Abs 2 S 1 SGB IV auf die Entscheidung über die „Versicherungspflicht und Beitragshöhe" und in § 251 Abs 3 AO auf die Geltendmachung eines „Anspruch(s) aus dem Steuerschuldverhältnis" iSv § 37 AO. Die Feststellung des deliktischen Rechtsgrunds einer öffentlich-rechtlichen Pflicht ist dem Verwaltungsrecht fremd und wird von der Ermächtigungsgrundlage nicht gedeckt, was gem §§ 44 Abs 1 VwVfG, 125 Abs 1 AO zur Nichtigkeit der Feststellung führt. Dass **keine Feststellungskompetenz** der Delikteigenschaft besteht, wird indirekt auch durch das Urteil des BGH vom 18. 12. 08 (– IX ZR 124/08, NZI 2009, 189) bestätigt, weil sonst die Klage mangels Rechtsschutzbedürfnis hätte abgewiesen werden müssen.

6 Waren bei Insolvenzeröffnung bereits **Bescheide** ergangen, diese aber **noch nicht bestandskräftig**, obliegt es analog § 180 Abs 2 dem Bestreitenden, das Verfahren aufzunehmen. Unterbrochene Verwaltungsgerichtsprozesse werden gem §§ 40 VwGO, 250 ZPO, 180 Abs 2 InsO vor den Verwaltungsgerichten aufgenommen und fortgeführt; Entsprechendes gilt gem § 51 SGG für unterbrochene Sozialgerichtsprozesse. Zur Aufnahme des Verfahrens sind sowohl der Bestreitende als auch der Gläubiger (Behörde) berechtigt (**BVerwG** 29. 4. 88 – 8 C 73/85, NJW 1989, 314). Denn § 179 Abs 2 nimmt dem Titelgläubiger nur die Betreibungslast ab, entzieht ihm aber nicht die Betreibungsbefugnis. **Bestandskräftige** Bescheide haben die Wirkung von vollstreckbaren Schuldtiteln iSd §§ 179 Abs 2, 184 Abs 2.

7 **2. Steuerverfahren. a) Streitig gebliebene Steuerforderungen.** Die gleichen Grundsätze gelten für Steuerforderungen (s o § 174 Rn 3), die im Prüfungstermin streitig geblieben sind (grundlegend *Maus* FS Greiner, 2005, 227 ff; zur Rechtskraftwirkung der Feststellung auch gegenüber einem Zessionar s o § 178 Rn 41 und **BFH** 19. 8. 08 – VII R 36/07, ZIP 2009, 39). War vor Verfahrenseröffnung **noch kein Steuerbescheid ergangen**, ist nunmehr über das Bestehen der Steuerforderung (und ggf ihre geänderte Fälligkeit nach § 41 Abs 1) dem Grunde und der Höhe nach durch **Feststellungsbescheid gem § 251 Abs 3 AO** zu erkennen; andere Feststellungen sind unzulässig (**BFH** 15. 10. 08 – II B 91/08, ZInsO 2009, 47 Rn 15 für Säumniszuschläge; Gottwald/*Frotscher* InsRHdb § 125 Rn 10; *Frotscher* Besteuerung S 254; *Bringewat/Waza* Insolvenzen und Steuern Rn 171). Der Feststellungsbescheid kann gem § 181 nur über die Forderung ergehen, die auch dem Prüfungsverfahren zugrunde gelegen hat. Angemeldete und festgestellte Steuerforderungen müssen deshalb sowohl hinsichtlich der Person des Steuerschuldners, der Steuerart und der steuerbaren Tatbestände identisch sein; eine Auswechslung der bestrittenen Steuerforderung gegen eine andere Steuerforderung ist nicht zulässig (**BFH** 26. 2. 87 – V R 114/79, BStBl II 1987, 471; *Tipke/Kruse* § 251 AO Rn 69; *Frotscher* Besteuerung S 255; *Geist* Insolvenzen + Steuern Rn 96). Dass bei einem Bestreiten durch den Verwalter oder einen Insolvenzgläubiger nunmehr Adressat des Feststellungsbescheides oder Partei des aufgenommenen finanzgerichtlichen Verfahrens eine Person wird, die nicht Steuerschuldner ist, ist dabei verfahrensbedingt und steht der geforderten Identität nicht entgegen. Über jede Steuerforderung ergeht ein eigenständiger Feststellungsbescheid, der dem Widersprechenden zuzustellen ist (*Tipke/Kruse* § 251 AO Rn 69; *Geist* Insolvenzen + Steuern Rn 92). Mehrere Feststellungen können jedoch in einem Bescheid verbunden werden (**BFH** 23. 8. 78 – II R 16/76, BStBl II 1979, 198 unter 3.). Dieser ist kein Steuerbescheid iSv § 155 AO, sondern Verwaltungsakt (**BFH** 15. 10. 08 – II B 91/08, ZInsO 2009, 47 Rn 15; **BFH** 26. 11. 87 – V R 130/82, ZIP 1988, 181; *Tipke/Kruse* § 251 AO Rn 68; Hübschmann/Hepp/Spitaler/*Beermann* § 251 AO Rn 429), gegen den nach § 347 Abs 1 AO der **Einspruch**, danach der Finanzrechtsweg gegeben ist (**BFH** 15. 10. 08 – II B 91/08, ZInsO 2009, 47 Rn 15). Zur Einlegung des Rechtsbehelfs befugt sind sowohl der Adressat als auch sonstige Widersprechende.

8 Sofern die Feststellung nach § 251 Abs 3 AO von **Besteuerungsgrundlagen** abhängt, die einheitlich und gesondert nach den § 179 ff AO festzustellen sind (zB einheitliche und gesonderte Gewinnfeststellung für die Festsetzung der Einkommen- oder Körperschaftsteuer), ist im Falle des Bestreitens auch dieses vorrangige Feststellungsverfahren wieder aufzunehmen und durchzuführen (**BFH** 24. 8. 04 – VIII R 14/02, ZInsO 2005, 97; *Frotscher* Besteuerung S 256; *Farr* Die Besteuerung in der Insolvenz, 2005, Rn 127). Entsprechendes gilt für Realsteuern (zB Messbetragsverfahren für Gewerbesteuer der Gemeinde; MüKo-*Schumacher* § 185 Rn 11).

9 Nach Eintritt der **Bestandskraft** kann der Feststellungsbescheid nur noch nach den §§ 130, 131 AO geändert werden, nicht dagegen nach den §§ 172 ff AO (**FG Münster** 21. 2. 08 – 8 K 38/05 U, EFG 2008, 919; **FG Stuttgart** 2. 4. 93 – 9 K 403/91, KTS 1994, 83; *Frotscher* Besteuerung S 256; aA MüKo-*Schumacher* § 185 Rn 10). Die bestandskräftige Feststellung der Steuerforderung hat die Wirkung des § 183 Abs 1 (§ 185 S 2) und berechtigt das Finanzamt, gem § 183 Abs 2 Berichtigung der Tabelle zu beantragen. Zu einer Steuerfestsetzung nach § 155 AO kommt es nicht mehr (Gottwald/*Frotscher* InsRHdb § 125 Rn 11). Nach Aufhebung des Insolvenzverfahrens kann die Finanzbehörde, sofern nicht § 301 Abs 1 eingreift, aus dem vollstreckbaren Tabellenauszug gegen den Schuldner vollstrecken, nicht dagegen aus dem bestandskräftigen Steuerbescheid, da auch der Titel der Finanzbehörde durch die Feststellung zur Tabelle aufgezehrt wird.

10 **b) Aufnahme unterbrochener Rechtsbehelfsverfahren.** Der Erlass eines Feststellungsbescheides nach § 251 Abs 3 AO kommt nicht mehr in Betracht, wenn **bereits ein Steuer- oder Haftungsbescheid exis-**

III. Feststellung v Forderungen aus einem öffentlich-rechtlichen Verwaltungsverhältnis § 185

tiert, der vom Schuldner noch angefochten werden kann oder vor Eröffnung des Insolvenzverfahrens bereits angefochten wurde (§§ 347 ff AO); in diesem Fall ist das gem §§ 240 ZPO, 155 FGO unterbrochene Rechtsbehelfs- bzw Klageverfahren vom Bestreitenden gem § 179 Abs 2 aufzunehmen und in der Verfahrenslage fortzuführen, wie sie bei Insolvenzeröffnung bestand (**BFH** 7. 3. 06 – VII R 11/05, ZIP 2006, 968; **BMF-Schreiben** v 17. 12. 1998, BStBl I 1998, S 1500 = ZIP 1999, 775 ff; *Farr* Die Besteuerung in der Insolvenz, 2005, Rn 255 ff; aA *Frotscher* Besteuerung S 258 f). Eine vor Eröffnung des Insolvenzverfahrens noch nicht abgelaufene Rechtsbehelfs- bzw Rechtsmittelfrist beginnt nicht schon mit dem Widerspruch im Prüfungstermin neu zu laufen, sondern erst mit der Aufnahme des Verfahrens (Hübschmann/Hepp/Spitaler/*Beermann* § 251 AO Rn 404; *Tipke/Kruse* § 251 AO Rn 69; *Geist* Insolvenzen + Steuern Rn 101). Eine Frist für die Aufnahme besteht jedoch nicht (*Frotscher* Besteuerung S 260: „da nicht klar bestimmt werden kann, zu welchem Zeitpunkt die Frist wieder zu laufen beginnt").

War noch kein Einspruch eingelegt, räumt das BMF-Schreiben v 17. 12. 1998 (aaO, Ziff 6.2 Abs 2) zur Beseitigung dieser Unklarheit dem Finanzamt die Möglichkeit ein, auch selbst die Aufnahme des Verfahrens zu erklären (§ 240 ZPO analog). Denn die Finanzbehörde hat (trotz § 179 Abs 2) ein schutzwürdiges Interesse daran, dass die Steuerforderung bestandskräftig festgesetzt wird. Mit Bekanntgabe dieser Verfügung beginnt die Einspruchsfrist neu zu laufen (§§ 187 Abs 1 BGB, 108 Abs 1 AO). Legt der Bestreitende bis zum Ablauf der Frist keinen Einspruch ein, so gilt die angemeldete Forderung von Anfang an zur Tabelle festgestellt. Das Finanzamt ist berechtigt, eine entsprechende Berichtigung der Tabelle zu beantragen. Legt der Bestreitende Einspruch gegen den Steuerbescheid ein, ist das Einspruchsverfahren nach den Vorschriften der AO durchzuführen. Das Aufnahmeverfahren gilt jedoch nur für solche Verfahren, in denen die Steuerforderung festgestellt werden kann. Andere Verfahren, wie zB ein Stundungsverfahren, können nicht aufgenommen werden (**FG Neustadt** 17. 5. 79 – V 271/78, EFG 1979, 562; *Frotscher* Besteuerung S 260). 11

War gegen den Steuerbescheid **schon Einspruch eingelegt**, kann das Finanzamt den Bestreitenden auffordern, innerhalb einer angemessenen Frist entweder den Widerspruch gegen die Forderungsanmeldung zurückzunehmen oder das Einspruchs- bzw Klageverfahren aufzunehmen, in welchem er die gleichen Rechte wie der Schuldner hat. Nimmt der Bestreitende weder seinen Widerspruch zurück noch das Verfahren auf (bei verzögerter Aufnahme gilt wie in § 85 Abs 1 S 2 die Vorschrift des § 239 Abs 3, 4 ZPO entsprechend), so kann das Finanzamt – je nach Verfahrenslage bei Unterbrechung – entweder das Einspruchsverfahren durchführen und eine Einspruchsentscheidung erlassen oder, wenn schon eine Klage anhängig war, beim Finanzgericht die Fortführung des Klageverfahrens veranlassen. Dabei ist mitzuteilen, dass die Abgabenforderung im Prüfungstermin bestritten hat (BMF-Schreiben v 17. 12. 1998, aaO, Ziff 6.2 Abs 2). 12

Ein durch die Eröffnung des Insolvenzverfahrens unterbrochenes **finanzgerichtliches Verfahren** über die Rechtmäßigkeit eines Steuerbescheides **kann sowohl vom Insolvenzverwalter als auch vom Finanzamt aufgenommen werden** (**BFH** 13. 11. 07 – VII R 61/06, ZIP 2008, 1745 Rn 9, 11; **BFH** 7. 3. 06 – VII R 11/05, ZIP 2006, 968 Rn 12; *Jäger* DStR 2008, 1272; *Frotscher* Besteuerung S 260). Denn § 179 Abs 2 nimmt dem Titelgläubiger nur die Betreibungslast ab, entzieht ihm aber nicht die Betreibungsbefugnis. Im Hinblick auf § 183 Abs 1 sind alle Widersprechenden sowie der Insolvenzverwalter gem § 360 AO hinzuzuziehen (Hübschmann/Hepp/Spitaler/*Beermann* § 251 AO Rn 429). Bei Aufnahme eines finanzgerichtlichen Verfahrens durch das Finanzamt **ändern sich die Parteirollen** und wandelt sich das ursprüngliche Anfechtungsverfahren in ein Insolvenzfeststellungsverfahren um, dh der Klageantrag ist auf Feststellung umzustellen (**BFH** 13. 11. 07 – VII R 61/06, ZIP 2008, 1745 Rn 14). Statt dessen kann der Widersprechende aber auch beantragen, den angefochtenen Steuerbescheid ersatzlos aufzuheben (**BFH** 3. 5. 78 – II R 148/75, BStBl II 1978, 472), insb wenn damit die Grundlage für eine Erstattung geschaffen oder eine Aufrechnung verhindert werden soll. 13

War der Steuerbescheid bei Verfahrenseröffnung bereits **unanfechtbar**, so hat der Widersprechende nicht mehr Möglichkeiten, als sie auch dem Schuldner ohne Insolvenzeröffnung zugestanden hätten, dh er kann den rechtskräftigen Titel nur nach den §§ 131 f, 164, 165, 172 ff AO oder gem §§ 110 AO, 56 FGO bzw §§ 134 FGO, 578 ff ZPO angreifen (Gottwald/*Frotscher* InsRHdb § 125 Rn 12; *Tipke/Kruse* § 251 AO Rn 66; *Bringewat/Waza* Insolvenzen und Steuern Rn 173). 14

c) Durchsetzung gegenüber dem Schuldner. Nur wenn der Schuldner eine **nicht titulierte** Steuerforderung bestreitet, obliegt es der Finanzbehörde, das Bestehen der Steuerforderung durch Feststellungsbescheid nach § 251 Abs 3 AO selbst zu titulieren (HaKo-*Herchen* § 185 Rn 4; Braun/*Specovius* § 185 Rn 5; BerlKo-*Breutigam* § 184 Rn 4; Gottwald/*Frotscher* InsRHdb § 125 Rn 10; Hübschmann/Hepp/Spitaler/*Beermann* § 251 AO Rn 425 ff; *Frotscher* Besteuerung S 254). Lag schon ein **Steuerbescheid** vor, trifft den Schuldner gem § 184 Abs 2 die Verfolgungslast (vgl **BGH** 18. 5. 06 – IX ZR 187/04, NZI 2006, 536 Rn 9). Soweit der Schuldner seinen Widerspruch nicht weiter verfolgt, fehlt es für eine ergänzende Feststellungsklage des Gläubigers an einem Rechtsschutzinteresse. Die frühere Rechtsprechung zu § 184 aF (**BFH** 24. 10. 08 – VII R 30/08, BFH/NV 2009, 414 Rn 4; **BFH** 7. 3. 06 – VII R 11/05, ZIP 2006, 968) ist insoweit obsolet geworden, da dem Schuldner durch die Neuregelung in § 184 Abs 2 S 2 auch nachinsolvenzliche Rechtsbehelfe abgeschnitten sind; sie hat nur 15 noch für den **isolierten Widerspruch** gegen die Delikteigenschaft Bedeutung (dazu § 184 Rn 20); zur fehlenden Feststellungskompetenz des FA: s o § 185 Rn 5; zur Zuständigkeit der Finanzgerichte: s o § 185 Rn 1.

IV. Örtliche und sachliche Zuständigkeit

16 Durch die Nichtverweisung in § 185 S 2 auf § 180 Abs 1 hat der Gesetzgeber deutlich gemacht, dass die Sonderzuständigkeiten, die nach § 185 S 1 für Rechtsstreitigkeiten vor den Arbeits-, Sozial-, Verwaltungs- oder Finanzgerichten bzw den entsprechenden Behörde bestehen, auch für die Forderungsfeststellung im Insolvenzverfahren erhalten bleiben (K/P/B/*Pape* § 185 Rn 2; BerlKo-*Breutigam* § 185 Rn 8). Das gilt sowohl für die **örtliche** als auch für die **sachliche Zuständigkeit** sowie wegen der Verweisung in § 185 S 2 auf § 184 auch für die Beseitigung/Verfolgung eines **Widerspruchs des Schuldners** (s o Rn 5; K/P/B/*Pape* § 185 Rn 2).

17 Die Inanspruchnahme des Geschäftsführers einer GmbH wegen nicht abgeführter Sozialversicherungsbeiträge richtet sich dagegen nach dem Zivilrecht (§ 823 Abs 2 BGB); hierfür sind die ordentlichen Gerichte zuständig (**BGH** 25. 2. 75 – VI ZR 222/73, DB 1975, 1466; **LSG** Stuttgart 30. 8. 05 – L 9 SF 863/05 B, nv).

V. Streitwert

18 § 185 S 3 erklärt die Regelung des § 182 zur Streitwertberechnung nur bezüglich Feststellungen „bei einem anderen Gericht" für entsprechend anwendbar. Nach der Begr RegE zu § 185 (BT-Drucks 12/2443, S 185) ist die Verweisung in § 185 S 3 auf das Feststellungsverfahren bei einem **Gericht** beschränkt. In die Kostenvorschriften der Verwaltungsverfahren sollte nicht eingegriffen werden. Dies schließt aber keineswegs aus, auch bei der Kostenermittlung in einem **Verwaltungsverfahren** das wirtschaftliche Interesse an der Durchführung des Verfahrens zu berücksichtigen (N/R/*Becker* § 185 Rn 18; BerlKo-*Breutigam* § 185 Rn 10; HK-*Irschlinger* § 185 Rn 3). In beiden Fällen ist somit für die Streitwertberechnung auf die **voraussichtliche Quote** abzustellen.

§ 186 Wiedereinsetzung in den vorigen Stand

(1) ¹Hat der Schuldner den Prüfungstermin versäumt, so hat ihm das Insolvenzgericht auf Antrag die Wiedereinsetzung in den vorigen Stand zu gewähren. ²§ 51 Abs. 2, § 85 Abs. 2, §§ 233 bis 236 der Zivilprozeßordnung gelten entsprechend.

(2) ¹Die den Antrag auf Wiedereinsetzung betreffenden Schriftsätze sind dem Gläubiger zuzustellen, dessen Forderung nachträglich bestritten werden soll. ²Das Bestreiten in diesen Schriftsätzen steht, wenn die Wiedereinsetzung erteilt wird, dem Bestreiten im Prüfungstermin gleich.

I. Allgemeines

1 Die Vorschrift, die dem früheren § 165 KO entspricht, soll dem Schuldner die Möglichkeit geben, bei unverschuldeter Versäumung des Prüfungstermins die **Nachhaftung** gem § 201 Abs 2 zu verhindern, zumal ohne eine Anordnung nach § 97 Abs 3 S 1 keine Pflicht besteht, zum Prüfungstermin persönlich zu erscheinen. Eine Wiedereinsetzung in den vorigen Stand nach § 186 kommt aber nur in Betracht, wenn der Schuldner oder der organschaftliche Vertreter eines Schuldnerunternehmens den Prüfungstermin **tatsächlich versäumt** hat. Dies ist nicht der Fall, wenn der Schuldner im Prüfungstermin anwesend war und lediglich das Bestreiten unterlassen hat (K/P/B/*Pape* § 186 Rn 1; FK-*Kießner* § 186 Rn 4). Ebenso wenig rechtfertigt Desinteresse als Grund für das Nichterscheinen eine Wiedereinsetzung in den vorigen Stand.

2 In entsprechender Anwendung ist dem Schuldner Wiedereinsetzung zu gewähren, wenn bei Anmeldung einer Forderung aus vorsätzlich begangener unerlaubter Handlung die **Belehrung gem § 175 Abs 2 unterblieben** oder unzureichend durchgeführt worden ist (AG Duisburg 26. 7. 08 – 62 IN 36/02, NZI 2008, 628 Rn 15; MüKo-*Schumacher* § 186 Rn 1; Braun/*Specovius* § 186 Rn 4; aA [für geschäftsgewandten Schuldner] AG Göttingen 15. 3. 04 – 74 IN 438/02, ZVI 2004, 195). Das Gleiche gilt für die **unterlassene oder fehlerhafte Belehrung gem § 184 Abs 2 S 3** (s o § 184 Rn 19) bei **Prozessunfähigkeit** des Schuldners und Versäumung der Ausschlussfrist im **schriftlichen Verfahren** (N/R/*Becker* § 186 Rn 3; K/P/B/*Pape* § 186 Rn 2; BerlKo-*Breutigam* § 186 Rn 3; HaKo-*Preß* § 186 Rn 3). Falls der Prüfungstermin aufgrund einer Vertagung noch nicht abgeschlossen ist, kommt hinsichtlich der schon abschließend geprüften Forderungen ebenfalls Wiedereinsetzung in Betracht.

II. Wiedereinsetzungsverfahren

1. Antrag des Schuldners. Die Wiedereinsetzung in den vorigen Stand setzt einen Antrag des Schuldners bzw des organschaftlichen Vertreters eines Schuldnerunternehmens voraus. Insolvenzverwalter, Sachwalter, Treuhänder und Insolvenzgläubiger sind nach dem Normzweck dagegen nicht – auch nicht im schriftlichen Verfahren – zu einem solchen Antrag berechtigt. Das Rechtsschutzinteresse hierfür entfällt nicht deswegen, weil noch weitere Widersprüche vorliegen, da diese sich anderweitig erledigen können (N/R/*Becker* § 186 Rn 6). Stellt der Schuldner den Antrag auf Wiedereinsetzung in den vorigen Stand im **Eigenverwaltungsverfahren** (§§ 270 ff), gilt sein Antrag in der Eigenschaft als Schuldner bzw Schuldnervertreter gestellt, so dass er nur die Nachhaftung gem § 201 Abs 2, nicht jedoch die Feststellung der Forderung zur Tabelle verhindern kann (MüKo-*Schumacher* § 186 Rn 2). Der Wiedereinsetzungsantrag muss entsprechend § 236 Abs 2 ZPO enthalten:
a) Die **Angabe** der die Wiedereinsetzung begründenden Tatsachen, also der Tatsachen, die den Schuldner an der Erhebung des Widerspruchs im Prüfungstermin gehindert haben;
b) die **Glaubhaftmachung** dieser Tatsachen nach § 294 ZPO;
c) die **Nachholung** der versäumten Prozesshandlung, also die Erklärung des Widerspruchs gegen eine oder mehrere bestimmte Forderungen.

2. Form und Frist. Der Wiedereinsetzungsantrag ist beim **zuständigen Insolvenzgericht** entweder schriftlich oder zu Protokoll der Geschäftsstelle (Service-Einheit, § 496 ZPO; ggf aber auch beim Rechtspfleger, § 24 Abs 2 Nr 3 RPflG) anzubringen und muss *konkret* die Umstände darlegen, die das Bestreiten des Schuldners im Prüfungstermin oder im schriftlichen Prüfungsverfahren vereitelt haben. Im Übrigen gelten die §§ 130–133 ZPO sowie § 253 ZPO entsprechend. Zur **Glaubhaftmachung** nach § 236 Abs 2 ZPO iVm § 294 ZPO sind dem Antrag Urkunden und ggf eidesstattliche Versicherungen in erforderlicher Anzahl beizufügen (K/P/B/*Pape* § 186 Rn 5).

Die Wiedereinsetzung muss gem § 234 ZPO binnen einer Frist von **zwei Wochen** seit Behebung des Hindernisses beantragt werden und ist auch noch nach Aufhebung des Insolvenzverfahrens möglich (AG Duisburg 26. 7. 08 – 62 IN 36/02, NZI 2008, 628 Rn 20; K/P/B/*Pape* § 186 Rn 4). Zur Fristwahrung genügt der Eingang des Antrags bei Gericht; die Zustellung an den Gläubiger (§ 186 Abs 2 S 1) muss nicht innerhalb der 2 Wochen erfolgen. Die Frist kann weder durch Vereinbarung noch durch das Gericht verlängert werden (§ 224 Abs 2 ZPO). Der Antrag ist nicht mehr zulässig, wenn seit dem Prüfungstermin ein Jahr verstrichen ist (§ 234 Abs 3 ZPO), es sei denn, es handelt sich um einen **Fehler des Gerichts** (AG Duisburg 26. 7. 08 – 62 IN 36/02, NZI 2008, 628 Rn 18 unter Hinweis auf BVerfGE 60, 1, 6). Für die Berechnung der Frist gelten gem § 222 Abs 1 ZPO die Vorschriften der §§ 187 Abs 1, 188 Abs 2 BGB, § 222 Abs 2 ZPO. „Behoben" iSv § 234 Abs 2 ZPO ist das Hindernis nicht erst dann, wenn es tatsächlich aufhört zu bestehen, sondern schon dann, wenn sein Weiterbestehen nicht mehr als unverschuldet angesehen werden kann, also sich bei Beachtung aller zu verlangender Sorgfalt die Erkenntnis aufdrängen musste, dass der Prüfungstermin versäumt ist und um Wiedereinsetzung in den vorigen Stand nachgesucht werden muss (OLG Frankfurt 17. 2. 77 – 20 W 1094/76, Rpfleger 1977, 213 für inhaftierten Schuldner).

Gegen die **Versäumung der Wiedereinsetzungsfrist** findet, obwohl keine Notfrist, nach dem Wortlaut des § 233 ZPO ebenfalls die Wiedereinsetzung statt. Allerdings muss das Wiedereinsetzungsgesuch das Nichtverschulden der Versäumung der Hauptfrist *und* der Antragsfrist nach § 234 Abs 1 ZPO nach Maßgabe des § 236 ZPO erkennen lassen (Zöller/*Greger* § 234 ZPO Rn 4). Für die Glaubhaftmachung der Wiedereinsetzungsgründe wegen Versäumung der Frist des § 234 Abs 1 ZPO läuft eine selbständige Zwei-Wochen-Frist, für die der Fristbeginn gem § 234 Abs 2 ZPO gesondert zu ermitteln ist (BGH 2. 12. 98 – XII ZB 133/98, NJW-RR 1999, 430).

Begründet iSv § 233 ZPO ist der Wiedereinsetzungsantrag dann, wenn die Partei **ohne Verschulden** an dem rechtzeitigen Widerspruch im Prüfungstermin gehindert war. Auf einen „unabwendbaren Zufall" kommt es entgegen früherem Recht nicht mehr an; Beurteilungsmaßstab ist § 276 BGB. Der als Wiedereinsetzungsgrund angegebene Umstand muss **ursächlich** für die Versäumung des Prüfungstermins gewesen sein. Wird der Schuldner anwaltlich vertreten, so steht ein **Verschulden des Rechtsanwalts** eigenem Verschulden gleich (§ 85 Abs 2 ZPO); dagegen muss er sich ein Verschulden des Büropersonals des Anwalts nicht zurechnen lassen (BVerfG 27. 9. 95 – 1 BvR 414/ 95, NJW 1996, 309; MüKo-*Schumacher* § 186 Rn 4). Ein die Wiedereinsetzung ausschließendes eigenes Verschulden eines Rechtsanwalts liegt vor, wenn die Frist wegen mangelhafter Büroorganisation versäumt wurde (BGH 14. 1. 99 – III ZB 44/98, NJW-RR 1999, 716); diese ist jedoch unschädlich, wenn eine Einzelfallanweisung des Anwalts bestand, deren Befolgung zur Fristwahrung geführt hätte (BGH 18. 3. 98 – XII ZB 180/ 96, NJW-RR 1998, 1360; Zöller/*Greger* § 233 ZPO Rn 23 [Büropersonal, Rechtsanwalt]).

3. Nachholung des versäumten Widerspruchs. Gem §§ 186 Abs 1 S 2 InsO, 236 Abs 2 S 2 ZPO hat der Schuldner innerhalb der Antragsfrist auch die versäumte Rechtshandlung, also den Widerspruch nachzuholen und dabei konkret anzugeben, welche Forderungen in welcher Höhe oder ggf nur beschränkt auf den Deliktsgrund bestritten werden (MüKo-*Schumacher* § 186 Rn 7). Ein vor dem Wiedereinsetzungsantrag erhobener Widerspruch reicht aus (N/R/*Becker* § 186 Rn 13). Dagegen genügt es nicht, die Wiedereinsetzung zu beantragen, „damit einzelne Forderungen bestritten werden können" (**OLG Frankfurt** 17. 2. 77 – 20 W 1094/76, Rpfleger 1977, 213).

9   4. **Zustellung des Antrags und der Anlagen an den Widerspruchsgegner.** Der Schriftsatz oder die Niederschrift des mündlich beim Gericht angebrachten Antrags ist (nur) dem Gläubiger, dessen Forderung der Schuldner nachträglich bestreiten will, gem § 186 Abs 2 S 1 einschließlich der beigefügten Mittel der Glaubhaftmachung zuzustellen. Die Zustellung wird vom Insolvenzgericht nach den §§ 8, 9 Abs 3 bewirkt. Hat der Schuldner mehreren angemeldeten Forderungen mit der gleichen Begründung widersprochen, so reicht es aus, jedem Gläubiger die Erklärungen insoweit auszugsweise zuzustellen, als seine Forderung betroffen ist (N/R/*Becker* § 186 Rn 17).

10   5. **Entscheidung über die Wiedereinsetzung.** Die Entscheidung über die Wiedereinsetzung in den vorigen Stand gegen die Versäumung der Widerspruchsfrist trifft das Insolvenzgericht. Funktionell zuständig ist idR der Rechtspfleger. Wird dem Schuldner die Wiedereinsetzung gewährt, so steht das mit dem Wiedereinsetzungsantrag nachgeholte Bestreiten einem Bestreiten im Prüfungstermin gleich (§ 186 Abs 2 S 2). Die Entscheidung des Gerichts über die Wiedereinsetzung ist dem Schuldner und dem Gläubiger zuzustellen (MüKo-*Schumacher* § 186 Rn 8), wobei Aufgabe zur Post genügt (FK-*Kießner* § 186 Rn 10). Eines **weiteren Prüfungstermins** oder einer Anordnung der schriftlichen Nachprüfung bedarf es nicht (MüKo-*Schumacher* § 186 Rn 9; K/P/B/*Pape* § 186 Rn 6; BerlKo-*Breutigam* § 186 Rn 5; HaKo-*Preß* § 186 Rn 5, 7; FK-*Kießner* § 186 Rn 11; Braun/*Specovius* § 186 Rn 10; H/W/W § 186 Rn 14, 16; Gottwald/*Eickmann* InsRHdb § 64 Rn 17; **aA** nur N/R/*Becker* § 186 Rn 19 ff). Denn die Prüfung ist bereits abgeschlossen; der Streit beschränkt sich auf das Rechtsverhältnis zwischen Schuldner und Gläubiger der nachträglich bestrittenen Forderung. Das Gericht hat den Widerspruch in der Insolvenztabelle zu vermerken, sobald der Beschluss über die gewährte Wiedereinsetzung rechtskräftig ist.

11   Hat der Schuldner die **Wiedereinsetzungsfrist versäumt**, so ist das Wiedereinsetzungsgesuch als unzulässig zurückzuweisen. Dagegen wird die Wiedereinsetzung als unbegründet zurückgewiesen, wenn die Voraussetzungen des § 233 ZPO nicht gegeben sind. In beiden Fällen bleibt der Gläubiger berechtigt, nach Verfahrensbeendigung aus dem vollstreckbaren Tabellenauszug die Zwangsvollstreckung nach § 201 Abs 2 zu betreiben (Ausnahme: § 301 Abs 1).

12   6. **Rechtsmittel.** Soweit der **Richter** über den Antrag auf Wiedereinsetzung entschieden hat, ist gem § 6 Abs 1 kein Rechtsmittel hiergegen gegeben (K/P/B/*Pape* § 186 Rn 6). Da § 186 Abs 1 S 2 nicht auf § 238 ZPO verweist, kommt eine Anfechtung des Beschlusses auch nicht nach den ZPO-Vorschriften in Betracht. Hat der **Rechtspfleger** über die Wiedereinsetzung entschieden, so können Schuldner (bei Ablehnung) und Gläubiger (bei Zulassung) gem § 11 Abs 2 S 1 RPflG hiergegen sofortige Erinnerung einlegen (HaKo-*Preß* § 186 Rn 8; N/R/*Becker* § 186 Rn 28). **Gegen den nachträglichen Widerspruch** kann der Gläubiger nur noch im Wege der Klage (§ 184) vorgehen (FK-*Kießner* § 186 Rn 12).

IV. Kostentragungspflicht

13   Die Kosten des Wiedereinsetzungsverfahrens trägt der Schuldner, soweit sie nicht durch einen unbegründeten Widerspruch des Gläubigers entstanden sind. Insoweit findet nach hM über § 4 die Vorschrift des § 238 Abs 4 ZPO Anwendung, obgleich § 186 Abs 1 S 2 nicht auf diese Vorschrift verweist (N/R/*Becker* § 186 Rn 29; MüKo-*Schumacher* § 186 Rn 8; HK-*Irschlinger* § 186 Rn 5; FK-*Kießner* § 186 Rn 14; BerlKo-*Breutigam* § 186 Rn 6; H/W/F Hdb 7/72). Die Kosten sind keine Masseschulden (so aber N/R/*Becker* § 186 Rn 30), sondern vom Schuldner **aus dem insolvenzfreien Vermögen** aufzubringen (FK-*Kießner* § 186 Rn 14; Braun/*Specovius* § 186 Rn 11). Es gelten hier die gleichen Grundsätze wie für sonstige Rechtsmittel des Schuldners; dieser ist nach Eröffnung des Insolvenzverfahrens nicht mehr berechtigt, durch die Einlegung von Rechtsmitteln eine Kostenschuld der Masse zu begründen (so zu § 34: **OLG Celle** 12. 3. 01 – 2 W 28/01, NZI 2001, 426).

Zweiter Abschnitt. Verteilung

§ 187 Befriedigung der Insolvenzgläubiger

(1) Mit der Befriedigung der Insolvenzgläubiger kann erst nach dem allgemeinen Prüfungstermin begonnen werden.

(2) ¹Verteilungen an die Insolvenzgläubiger können stattfinden, soft hinreichende Barmittel in der Insolvenzmasse vorhanden sind. ²Nachrangige Insolvenzgläubiger sollen bei Abschlagsverteilungen nicht berücksichtigt werden.

III. Abschlagsverteilungen (§ 187 Abs 2) § 187

(3) ¹Die Verteilungen werden vom Insolvenzverwalter vorgenommen. ²Vor jeder Verteilung hat er die Zustimmung des Gläubigerausschusses einzuholen, wenn ein solcher bestellt ist.

I. Allgemeines

Die Vorschrift des § 187 fasst die Regelungen in den §§ 149, 150, 167 KO zusammen, so dass bis auf 1
geringe Abweichungen die frühere Rechtsprechung und die einschlägigen Kommentierungen zu den §§ 149, 150, 167 KO, § 17 Abs 1 GesO herangezogen werden können (vgl auch KS-*Eckardt* S 743, 777f Rn 62; N/R/*Becker* § 187 Rn 1; *Delhaes* KTS 1963, 240ff; K/P/B/*Holzer* § 187 Rn 1–3). Auch im **Insolvenzplanverfahren** können Verteilungen stattfinden (MüKo-*Füchsl/Weishäupl* § 187 Rn 5). Anders aber, wenn das Insolvenzgericht die Aussetzung der Verwertung und Verteilung im Planverfahren angeordnet hat (§ 233) oder wenn im Insolvenzplan eine abweichende Regelung getroffen wurde (K/P/B/ *Holzer* § 187 Rn 2, 3). Auch in der **Eigenverwaltung** (§§ 270ff) ist eine Verteilung nach den §§ 187ff durchzuführen (MüKo-*Füchsl/Weishäupl* § 187 Rn 3). An einer Verteilung nehmen nur vollrangige Insolvenzgläubiger iSv § 38 teil (§ 187 Abs 2 S 1). Die Regelung in § 187 Abs 2 S 2 ist überflüssig und verfehlt, weil zwingende Voraussetzung für die **Befriedigung der nachrangigen Insolvenzgläubiger** die vollständige Befriedigung der vorrangigen Gläubiger iSv § 38 ist (§ 39 Abs 1), so dass im Rahmen von Abschlagszahlungen ohnehin eine Befriedigung nachrangiger Forderungen entfällt (HK-*Depré* § 187 Rn 6; HaKo-*Preß* § 187 Rn 8). Der Verwalter hat zu beachten, dass aus den zur Verfügung stehenden Verwertungserlösen die **Masseverbindlichkeiten vorweg zu berichtigen** sind (§ 53). Der Verwalter hat somit bei der Prüfung, ob **hinreichende Barmittel** in der Insolvenzmasse vorhanden sind, die zur Verteilung an die Insolvenzgläubiger zur Verfügung stehen, immer zu beachten, dass er bei Vermeidung einer Haftung nach § 61 immer die Höhe der Masseverbindlichkeiten zu prüfen hat. Der Verwalter wird Abschlagszahlungen idR nur vornehmen, wenn das Geld nicht für vorrangige Zwecke, wie zB die Fortführung des Schuldnerunternehmens, die Abfindung von Absonderungsberechtigten etc benötigt wird (KS-*Eckardt* S 778 Rn 62). Zu beachten ist, dass **Abschlagszahlungen auf Sozialplanforderungen der Arbeitnehmer** in § 123 Abs 3 S 1 eine besondere Regelung erfahren haben. Insoweit handelt es sich um den Sonderfall einer **Abschlagszahlung auf Masseverbindlichkeiten** (BAG v 27. 4. 2006 – 6 AZR 364/05, NZI 2006, 716; *Frege/Keller/Riedel* HRP Rn 1653). Der Verwalter wird Abschlagszahlungen wegen der relativen Obergrenze des § 123 Abs 2 S 2 im Zweifel in Abstimmung mit den Abschlagszahlungen an Insolvenzgläubiger nach § 187 Abs 2 vornehmen (K/P/B/*Moll* §§ 123, 124 Rn 84). Die **Sozialplangläubiger** haben bei Vorhandensein ausreichender Masse nach Auffassung von KS-*Schwerdtner* (S 1605, 1645 Rn 113) einen **Anspruch auf Abschlagszahlung** (so auch K/P/B/*Moll* §§ 123, 124 Rn 85; vgl auch *Balz* DB 1985, 689, 693; *Uhlenbruck* NJW 1985, 712, 713). Schließlich enthält § 123 Abs 3 S 1 noch insoweit eine Abweichung von 187 Abs 3 S 2, dass die **Zustimmung des Insolvenzgerichts** für Abschlagszahlungen auf Sozialplanansprüche erforderlich ist.

II. Insolvenzrechtliche Verteilungsverfahren

Die Abschlagsverteilung ist nur eins von mehreren zur Verfügung stehenden Verteilungsverfahren. 2
Das Gesetz kennt nicht nur Abschlagsverteilungen, sondern auch **Schluss- und Nachtragsverteilungen** (§§ 190 Abs 2, 191 Abs 1, 192, 194 Abs 1, 195; §§ 191 Abs 2, 196–200; § 203). Zu beachten ist, dass für die Abschlagsverteilung nach § 187 Abs 2 S 1 wie für jede andere Art der Verteilung die formellen Voraussetzungen der §§ 188ff erfüllt sein müssen. Die Abschlagsverteilung dient dazu, den Insolvenzgläubigern möglichst rasch die aus der Verwertung erlösten Gelder zukommen zu lassen. Die **Schlussverteilung** (§ 196) dagegen ist an die Zustimmung des Insolvenzgerichts gebunden (§ 196 Abs 2) und dient dazu, abschließend zu klären, in welchem Verhältnis die einzelnen Gläubiger befriedigt werden. Das sogen **Nachtragsverteilungsverfahren** (§§ 203ff) kommt nur in Betracht, wenn sich nach der Schlussverteilung und nach Aufhebung des Insolvenzverfahrens noch weitere Verwertungserlöse herausstellen, die zu einer Verteilung an die Insolvenzgläubiger zur Verfügung stehen. Zu **Verteilungsfragen** im Verhältnis zwischen **Haupt- und Sekundärverfahren nach der EuInsVO** s *S. Beck* NZI 2007, 1ff.

III. Abschlagsverteilungen (§ 187 Abs 2)

1. Begriff. Die Abschlagsverteilung ist eine vorweggenommene Teilausschüttung der Insolvenzquote 3
durch den Verwalter (vgl *Frege/Keller/Riedel* HRP Rn 1653ff). Sie setzt ebenso die **Niederlegung eines Verteilungsverzeichnisses** auf der Geschäftsstelle des Insolvenzgerichts (§ 188 S 1, 2) voraus wie die öffentliche Bekanntmachung der Forderungssumme und der verfügbaren Mittel (§ 188 S 3). Vom Zeitpunkt der Bekanntmachung an läuft eine zweiwöchige Ausschlussfrist für den Nachweis nicht festgestellter und nicht titulierter Forderungen (§ 189 Abs 1). Über **Einwendungen** gegen das Verteilungsverzeichnis entscheidet das Gericht durch **beschwerdefähigen Beschluss**. Werden bei der Abschlagsverteilung Gläubi-

ger nicht berücksichtigt, so werden sie bei nachfolgenden Verteilungen durch Vorabzahlungen den übrigen Gläubigern gleichgestellt, wenn die Voraussetzungen für die Berücksichtigung gegeben sind (§ 192). Ist für Nachzahlungen keine Masse mehr vorhanden, werden solche Forderungen nicht berücksichtigt. Schließlich bestimmt der **Gläubigerausschuss** auf Vorschlag des Verwalters die **Höhe des Prozentsatzes der zu zahlenden Teilquote** (§ 195). Für **Massegläubiger** hat die Abschlagsverteilung gem § 206 Nr 1 eine gewisse Endgültigkeit insoweit, als ihre Ansprüche, wenn sie erst nach Festsetzung des Bruchteils bekannt geworden sind, Befriedigung nur noch aus den Mitteln verlangen können, die nach der Verteilung in der Insolvenzmasse verbleiben.

4   **2. Zeitpunkt der Abschlagsverteilung.** Der Zeitpunkt für eine Abschlagsverteilung wird nach pflichtgemäßem Ermessen vom Verwalter festgelegt. Nach § 187 Abs 1 darf jedoch mit der Abschlagsverteilung erst **nach dem allgemeinen Prüfungstermin** begonnen werden. Für Abschlagszahlungen nach § 123 Abs 3 S 1 sind die Fälligkeitsregelungen für die Sozialplananspüche zu beachten. Dies gilt insbesondere, wenn die Fälligkeit der Sozialplanzahlungen davon abhängig gemacht worden ist, dass ein etwaiger Kündigungsrechtsstreit rechtskräftig entschieden ist (vgl K/P/B/*Moll* §§ 123, 124 Rn 86). Im Übrigen hängt der Zeitpunkt für eine Abschlagsverteilung meist mit der Frage zusammen, ob „hinreichende Barmittel" in der Insolvenzmasse vorhanden sind. Verzögert der Insolvenzverwalter schuldhaft eine Abschlagsverteilung, ist das Gericht berechtigt, im Aufsichtswege gem § 58 gegen ihn einzuschreiten (K/P/B/*Holzer* § 187 Rn 15; *Pape/Uhlenbruck* InsR Rn 748; *Hess* § 187 Rn 14; MüKo-*Füchsl/Weishäupl* § 187 Rn 16; FK-*Kießner* § 187 Rn 6). Darüber hinaus kommen **Schadenersatzansprüche** (§ 60) in Betracht (MüKo-*Füchsl/Weishäupl* § 187 Rn 14 ff). Ist abzusehen, dass wegen weitgehender Verwertung der Masse das Insolvenzverfahren in Kürze beendet und die Schlussverteilung vorgenommen werden kann, so wird der Verwalter schon aus Kostengründen von einer Abschlagsverteilung Abstand nehmen (FK-*Kießner* § 187 Rn 12). Bei der Abschlagsverteilung braucht der Verwalter auf nachträglich angemeldete Forderungen (§ 177) keine Rücksicht zu nehmen, weil sie bei der nächsten Verteilung auch in Höhe der Abschlagszahlung Befriedigung erhalten.

5   **3. Abschlagsverteilungen nur an Gläubiger iSv § 38.** Wie bereits oben zu I. dargestellt wurde, kommt eine Abschlagszahlung an nachrangige Gläubiger praktisch nicht in Betracht, da nach § 39 Abs 1 die Ausschüttung voraussetzt, dass die Gläubiger iSv § 38 volle Befriedigung erfahren haben (MüKo-*Füchsl/Weishäupl* § 187 Rn 10; *Smid* § 187 Rn 5; *Hess* § 187 Rn 31). Demgemäß dürfen **nachrangige Insolvenzforderungen** bei der Verteilung idR erst bei der Schlussverteilung berücksichtigt werden. **Fehler bei der Abschlagszahlung** sind entweder über die Verwalterhaftung oder über die Grundsätze einer Haftung aus ungerechtfertigter Bereicherung (§§ 812 ff BGB) auszugleichen, denn auch insoweit greift der Gleichbehandlungsgrundsatz ein (Einzelheiten bei *P. Mohrbutter*, Der Ausgleich von Verteilungsfehlern in der Insolvenz 1998 S 91 ff, 156). Im Rahmen der **Eigenverwaltung** sind Abschlagsverteilungsfehler durch den Schuldner auszugleichen, dh ihm stehen auch etwaige Kondiktionsansprüche zu. S auch unten zu Rn 17. Ist eine nachrangige Insolvenzforderung irrtümlich im Rang des § 38 angemeldet und festgestellt worden, so ist sie bei Abschlagsverteilungen zu berücksichtigen (*Bähr* InVo 1998, 205, 211; N/R/*Westphal* § 187 Rn 8). Bei **Abschlagszahlungen auf Wechsel- oder Scheckforderungen** kann der Verwalter verlangen, dass die Teilzahlungen auf dem Wechsel oder Scheck vermerkt werden bzw eine entsprechende Quittung erteilt wird (Art 39 WG, 34 ScheckG; vgl auch RGZ 37, 5; *Jaeger/Weber* § 149 KO Rn 7; MüKo-*Weishäupl* § 187 Rn 21). Ist die **Person des Gläubigers** ungewiss oder streitig, so hinterlegt der Verwalter den zur Abschlagsverteilung zur Verfügung stehenden Betrag gem § 372 BGB, § 198 InsO. Zur Hinterlegung geeignet ist nicht nur die amtliche Hinterlegungsstelle iSv § 372 BGB, sondern auch eine Bank. Deshalb kann die Hinterlegung auch auf einem Anderkonto des Verwalters erfolgen (HK-*Depré* § 187 Rn 7). **Abschlagszahlungen auf Masseforderungen** iSv 55 können unabhängig von den Verteilungen geleistet werden. **Abschlagszahlungen auf Sozialplanforderungen** der Arbeitnehmer bedürfen der Zustimmung des Insolvenzgerichts (§ 123 Abs 3 S 1).

6   **4. Berücksichtigung von Ausfallforderungen.** Bei einer Abschlagsverteilung wird die Ausfallforderung eines zur Verwertung berechtigten Absonderungsberechtigten (§§ 52, 173) berücksichtigt, wenn er innerhalb der Ausschlussfrist des § 189 Abs 1 dem Verwalter das Betreiben der Verwertung des Absonderungsgegenstandes nachgewiesen hat und der Betrag des mutmaßlichen Ausfalls glaubhaft gemacht wird (§ 190 Abs 2 S 1, Abs 3 S 1; *Jauernig/Berger* § 57 II 1 d). Bei einer Abschlagsverteilung vor Verwertung hat der Verwalter den Ausfall zu schätzen (§ 190 Abs 3).

IV. Die Durchführung der Abschlagsverteilung

7   Zuständig für die Abschlags-, Schluss- und Nachtragsverteilung ist der Insolvenzverwalter.

8   **1. Zuständigkeit des Verwalters.** Der Vollzug der Abschlagsverteilung erfolgt – wie jede Art der Verteilung – durch den Insolvenzverwalter, bei der Eigenverwaltung durch den Schuldner. Dem Gericht

IV. Die Durchführung der Abschlagsverteilung § 187

kommt im Rahmen der Abschlagsverteilung nur eine generelle Überwachungsaufgabe (§ 58 Abs 1) zu. Die **Zustimmungsbefugnis** ist gem § 187 Abs 3 S 2 auf den **Gläubigerausschuss** übertragen. Abschlagszahlungen sind für den Insolvenzverwalter **nicht ohne Haftungsrisiko**. Einmal hat er dafür zu sorgen, dass die vorrangigen Masseverbindlichkeiten berichtigt werden können; zum andern dass bei Abschlagszahlungen auf **Sozialplanansprüche der Arbeitnehmer** die relative Obergrenze bei Abschluss des Verfahrens nicht überschritten wird (vgl KS-*Schwerdtner* S 1645 Rn 114). IdR wird der Verwalter Abschlagszahlungen nur leisten, wenn er einen hinreichenden Überblick über die wirtschaftliche Situation hat (KS-*Schwerdtner* S 1645 Rn 114). Das **Risiko einer Überzahlung** kann dadurch vermieden werden, dass der Verwalter die Abschlagszahlungen davon abhängig macht, dass sich der Sozialplangläubiger schriftlich zur Rückzahlung etwaiger Überzahlungen verpflichtet (vgl *Balz* DB 1985, 689, 693; *Uhlenbruck* NJW 1985, 712, 713; K/P/B/*Moll* § 123, 124 Rn 85). Bejaht man einen **Anspruch des Arbeitnehmers auf Abschlagszahlungen** auf seine Sozialplanansprüche (so zB KS-*Schwerdtner* S 1645 Rn 113; K/P/B/*Moll* §§ 123, 124 Rn 85), so ist zu beachten, dass die Abschlagszahlungen nach § 123 Abs 3 S 1 nur im Rahmen der **Fälligkeitsregelungen** für die Sozialplanansprüche verlangt werden können. Solange keine Fälligkeit eingetreten ist, braucht der Verwalter keine Abschlagszahlungen zu leisten (K/P/B/*Moll* §§ 123, 124 Rn 86). Für die übrigen Insolvenzgläubiger besteht **kein einklagbarer Anspruch** auf Vornahme einer Abschlagsverteilung (H/W/F Hdb 8/7; N/R/*Westphal* § 187 Rn 6; BerlKo-*Breutigam* § 187 Rn 5; *Graf-Schlicker/Mäusezahl* § 187 Rn 3; *Braun/Kießner* § 187 Rn 6). Zwar ist die Anzahlung eine **Holschuld** iSv § 269 Abs 1 BGB, jedoch wird in der Praxis der Betrag idR vom Verwalter an die Gläubiger überwiesen (K/P/B/*Holzer* § 187 Rn 12; HaKo-*Preß* § 187 Rn 9). Die **Tilgung** hat gleichmäßig auf alle zu berücksichtigenden Forderungen zu erfolgen. Die §§ 366, 367 BGB finden keine Anwendung (**BGH ZIP 1985, 487**).

2. Für eine Verteilung hinreichende Barmittel. Abschlagszahlungen kommen nur dann in Betracht, 9 wenn hinreichende Barmittel für eine Ausschüttung vorhanden sind, die nicht zur Befriedigung von Masseverbindlichkeiten und für die Fortführung des Schuldnerunternehmens oder die Ablösung von Sicherungsgläubigern benötigt werden. Gedeckt sein müssen vor allem die Kosten des Verfahrens iSv § 54 sowie die Masseverbindlichkeiten iSv § 55. Zudem muss sich die **Abschlagsverteilung lohnen**, dh muss der damit verbundene **Arbeits- und Kostenaufwand in einem angemessenen Verhältnis** zum Befriedigungsinteresse der Gläubiger stehen (*Braun/Kießner* § 187 Rn 7; K/P/B/*Holzer* § 187 Rn 17; N/R/*Westphal* § 187 Rn 9). Auch kann die **Erwartung von „Nachmeldungen"** erheblicher Forderungen dazu führen, von einer Abschlagsverteilung Abstand zu nehmen (H/W/F Hdb 8/8). Letztlich steht die Entscheidung, ob eine Abschlagsverteilung durchzuführen ist, im **pflichtgemäßen Ermessen des Verwalters** (H/W/F, Hdb 8/3, 7; HaKo-*Peß* § 187 Rn 7; BerlKo-*Breutigam* § 187 Rn 5). Das Gesetz sieht **keinen Mindestprozentsatz** vor, der für die Durchführung der Abschlagsverteilung zur Verfügung stehen muss (N/R/*Becker* § 187 Rn 9; K/P/B/*Holzer* § 187 Rn 17; *Delhaes* KTS 1963, 240, 241). Die **gerichtliche Überprüfung im Aufsichtswege** (§ 58) ist durch die Formulierung des § 187 Abs 2 nicht unerheblich erschwert ist. Andererseits aber muss es schon im Interesse einer Haftungsvermeidung nach den §§ 60, 61 im ur eigensten Interesse des Verwalters liegen, zu entscheiden, ob und wann es im Einzelfall wirtschaftlich vertretbar ist, eine Abschlagsverteilung an die Insolvenzgläubiger vorzunehmen. Die gerichtliche Aufsicht nach § 58 beschränkt sich auf **Ermessensnichtgebrauch** oder **Ermessensfehlgebrauch**. Unterlässt zB der Verwalter Abschlagsverteilungen nur deswegen, um die Masse über die Zinsen anzureichern und damit eine bessere Schlussverteilungsquote herbeizuführen, so hat das Gericht auf Anregung von Gläubigern einzuschreiten. Im Übrigen hat das Gericht angesichts des Ermessensspielraums des Verwalters keine Möglichkeit, die Vornahme einer Abschlagsverteilung durchzusetzen, sondern kann allenfalls Anregungen geben (vgl MüKo-*Füchsl/Weishäupl* § 187 Rn 16; H/W/F Hdb 8/8; K/P/B/*Holzer* § 187 Rn 14, 15). Keinesfalls ist das Gericht berechtigt, anstelle des Verwalters die Abschlagsverteilung anzuordnen (str aA *Hess* § 187 Rn 32).

3. Zustimmung des Gläubigerausschusses. Ist ein Gläubigerausschuss bestellt, so hat der Verwalter 10 vor jeder Verteilung die Zustimmung des Gläubigerausschusses einzuholen (§ 187 Abs 3 S 2). Der Verwalter braucht die Zustimmung gegenüber dem Insolvenzgericht nicht nachzuweisen. Da § 187 Abs 3 S 2 lediglich eine Ordnungsvorschrift ist, ist eine **ohne Zustimmung des Gläubigerausschusses** ausgeführte Abschlags-, Schluss- oder Nachtragsverteilung trotzdem wirksam (N/R/*Westphal* § 187 Rn 13; MüKo-*Füchsl/Weishäupl* § 187 Rn 18). Die Auszahlungen können von den Gläubigern nicht zurückverlangt werden (MüKo-*Füchsl/Weishäupl* § 187 Rn 18; *Jaeger/Weber* 150 KO Rn 1; K/P/B/*Holzer* § 187 Rn 8; BerlKo-*Breutigam* § 187 Rn 10; FK-*Kießner* § 187 Rn 4). Die Schlussverteilung bedarf zusätzlich der Zustimmung des Insolvenzgerichts (§ 196 Abs 2). Eine Abschlagsverteilung, die ohne Zustimmung des Gläubigerausschusses erfolgt, kann für das Insolvenzgericht Anlass für Aufsichtsmaßnahmen nach § 58 sein. Stimmt der Gläubigerausschuss der Verteilung zu, so begründet dies **keine Verpflichtung des Verwalters zur Verteilung**. Hat zB der Verwalter eine Verteilung angekündigt, stellt sich jedoch nachträglich heraus, dass aufgrund nachträglich eingetretener oder von ihm übersehener Umstände nicht ausreichende Mittel zur Verfügung stehen, hat er von der Verteilung Abstand zu nehmen (*Delhaes* KTS 1963, 240, 241; K/P/B/*Holzer* § 187 Rn 9).

11 Verweigert der Gläubigerausschuss seine Zustimmung zu einer Verteilung, so kann weder das Insolvenzgericht noch eine Gläubigerversammlung die verweigerte Zustimmung ersetzen (K/P/B/*Holzer* § 187 Rn 14; H/W/F Hdb 8/10; BerlKo-*Breutigam* § 187 Rn 10). Der Gläubigerversammlung verbleibt nur die Möglichkeit, andere Mitglieder in den Gläubigerausschuss zu wählen, nachdem das Gericht die Mitglieder gem § 70 S 1 des Amtes enthoben hat, oder bei Fehlen der erforderlichen Mehrheit weitere Mitglieder in den Gläubigerausschuss zu wählen (§ 68 Abs 2). Eine **amtswegige Entlassung** durch das Insolvenzgericht gem § 70 S 1 kommt kaum jemals in Betracht. Versagt der Gläubigerausschuss pflichtwidrig und schuldhaft die Zustimmung, muss er mit einer Haftung nach § 71 rechnen (K/P/B/*Holzer* § 187 Rn 10). Ist ein **Gläubigerausschuss nicht bestellt bzw gewählt**, handelt der Insolvenzverwalter bei den Verteilungen nach eigenem pflichtgemäßen Ermessen und in eigener Verantwortung (N/R/*Westphal* § 187 Rn 15).

V. Ausgleich von Verteilungsfehlern

12 Ein Gläubiger, der mit seiner Forderung am Insolvenzverfahren teilnimmt, ist bis zur Verfahrensbeendigung bestimmten Einschränkungen seiner Rechtsbefugnisse unterworfen. Nach § 87 darf er Befriedigung seiner Forderung nur nach Maßgabe der Vorschriften über das Insolvenzverfahren verfolgen. Reicht die freie Masse, was die Regel ist, nicht zur Befriedigung aller angemeldeten Forderungen aus, kann sich der Anspruch des einzelnen Gläubigers gegenüber der Insolvenzmasse zwangsläufig nicht mehr auf Zahlung des ursprünglichen numerischen Betrages richten. Sein Anspruch wird auf die anteilige Befriedigung aus dem Haftungsvermögen beschränkt (*Henckel* FS *Michaelis* 1972 S 158, 159). Die Gläubiger haben nur ein Recht, nach Maßgabe des ordnungsgemäßen Verteilungsplans entsprechend der insolvenzrechtlichen Befriedigungsrangfolge berücksichtigt zu werden (*Henckel* FS *Weber* 1975 S 237, 245; *P. Mohrbutter*, Der Ausgleich von Verteilungsfehlern in der Insolvenz, 1998 S 36). Ein Rechtsgrund für ein Behaltendürfen von **Überzahlungen durch den Verwalter** besteht deshalb nicht (vgl auch *Häsemeyer* KTS 1982, 507; *ders* KTS 1993, 151 ff). Anspruchsberechtigt zur Geltendmachung der Kondiktion nach § 812 Abs 1 S 2 BGB ist der Insolvenzverwalter, bei Eigenverwaltung der Insolvenzschuldner. Entgegen **LG** Stuttgart (v 25. 1. 1985, KTS 1985, 578 = ZIP 1985, 1515) reicht die Geltendmachung der Forderung als schuldrechtliche Grundlage für die Befriedigung im Insolvenzverfahren als Grund für ein Behaltendürfen der Auszahlung nicht aus. Vielmehr ist erforderlich, dass die Verteilung den insolvenzrechtlichen Vorschriften entspricht, was zB bei der Befriedigung einer Insolvenzforderung als Masseschuld nicht der Fall ist (vgl auch RGZ 60, 419; **BGH** v 30. 10. 1974, NJW 1975, 122 = KTS 1975, 117; Einzelheiten bei *P. Mohrbutter*, Verteilungsfehler S 39 ff in Lit u Rspr zum früheren Recht). Zum **Ausgleich von Verteilungsfehlern** s auch die Kommentierung zu § 188 IX Rn 20 ff.

13 Die **irrtümliche Bezeichnung einer Insolvenzforderung als Masseschuld** führt regelmäßig zu einem **Rückzahlungsanspruch** aus dem Gesichtspunkt der ungerechtfertigten Bereicherung. Der Rechtsgrund für die Zahlung kann nicht aus dem Grundverhältnis hergeleitet werden, denn der Schutz der Massegläubiger gebietet es, dass Irrtümer des Insolvenzverwalters zu Lasten des zu Unrecht begünstigten Insolvenzgläubigers korrigierbar sind (OLG Brandenburg v 6. 12. 2001 NZI 2002, 107 = ZInsO 2002, 72). Erhält ein Insolvenzgläubiger (§ 38) mehr als die ihm gebührende Quote, so ist der Insolvenzverwalter berechtigt, den Mehrbetrag im Wege der Leistungskondiktion gem § 812 Abs 1 S 1 BGB zur Masse zurückzufordern (vgl *P. Mohrbutter*, Verteilungsfehler S 60 ff u 149 f; MüKo-*Füchsl/Weishäupl* § 187 Rn 18; K/P/B/*Holzer* § 187 Rn 18). Gleiches gilt, wenn der Verwalter irrtümlich eine nachrangige Forderung iSv § 39 als Insolvenzforderung iSv § 38 bedient. **Bereicherungsansprüche einzelner Gläubiger gegen einen oder mehrere andere Gläubiger** bestehen selbst dann nicht, wenn der Verwalter ihnen irrtümlich weniger oder mehr als die nach dem Verteilungsverzeichnis zu zahlende Quote ausgezahlt hat. Der Insolvenzverwalter ist zwar berechtigt, den zu viel gezahlten Betrag zu kondizieren, nicht aber die Mitgläubiger (*P. Mohrbutter*, Verteilungsfehler S 39 ff, 56, 100; KS-*Eckardt* S 778 f Rn 63; *H. J. Weber*, JZ 1984, 1029; wohl auch *Häsemeyer* InsR Rn 7.65; *Henckel* FS *F. Weber* 1975, S 244 f; MüKo-*Füchsl/Weishäupl* § 188 Rn 11; vgl auch BGHZ 91, 198, 201 f).

14 Wurde ein Gläubiger bei der Abschlagsverteilung wegen selbst zu vertretender Versäumnisse nicht berücksichtigt, so kann die Forderung gem § 192 **nachträgliche Berücksichtigung** finden, wenn die Voraussetzungen der §§ 189, 190 nachträglich erfüllt sind (s auch N/R/*Westphal* § 192 Rn 11–15). Der Gläubiger erhält bei der folgenden Verteilung vorab einen Betrag, der ihn übrigen Gläubigern gleichstellt. Voraussetzung ist ein Antrag des Nichtberücksichtigten. Ein **irrtümlich übergangener Gläubiger** muss **von Amts wegen berücksichtigt** werden (*Jaeger/Weber* § 155 KO Rn 1 a; K/U § 155 KO Rn 1; *Gottwald/Eickmann* InsRHdb § 65 Rn 10; N/R/*Westphal* § 192 Rn 16). Er behält seinen Anzahlungsanspruch, wenn er im Verteilungsverzeichnis aufgeführt, aber nicht bedient worden ist). Im Übrigen muss entsprechende Masse vorhanden sein, die nicht für Massegläubiger benötigt wird.

VI. Besondere Verteilungsverfahren

15 **1. Abschlagsverteilungen in der Genossenschaftsinsolvenz.** Im Insolvenzverfahren über das Vermögen einer eingetragenen Erwerbs- oder Wirtschaftsgenossenschaft hat der Insolvenzverwalter gem § 115

I. Allgemeines § 188

Abs 1 S 1 GenG, nachdem die Nachschussberechnung für vollstreckbar erklärt ist, unverzüglich den gem § 110 GenG vorhandenen Barbestand und, sooft von den noch einzuziehenden Beträgen hinreichender Bestand eingegangen ist, diesen im Wege der **Nachtragsverteilung** (§ 203) unter die Gläubiger zu verteilen. Nach § 115 Abs 2 S 1 GenG sind außer den Anteilen auf die in §§ 189 bis 191 bezeichneten Forderungen zurückzubehalten die Anteile auf Forderungen, die im Prüfungstermin vom Vorstand ausdrücklich bestritten worden sind. Es ist Sache des Gläubigers, den Widerspruch des Vorstandes durch Klage zu beseitigen (§ 115 Abs 2 S 2 GenG). Nimmt die Abwicklung des Insolvenzverfahrens voraussichtlich **längere Zeit** in Anspruch, so kann der Insolvenzverwalter gem § 115 a Abs 1 S 1 GenG mit **Zustimmung des Gläubigerausschusses**, falls ein solcher bestellt ist, und des **Insolvenzgerichts** die eingezogenen Beträge (§§ 109, 110 GenG) schon vor dem in § 115 a Abs 1 GenG bezeichneten Zeitpunkt im Wege der **Abschlagsverteilung** nach den §§ 187 bis 195 an die Gläubiger verteilen (K/P/B/*Holzer* § 187 Rn 19; N/R/*Westphal* § 187 Rn 27; K/P/B/*Noack* InsO GesellschaftsR Rn 624; *Lang/Weidmüller/ Metz/Schaffland* § 115 a GenG Rn 5). Bei der nach § 115 a Abs 1 S 1 GenG erforderlichen Zustimmung zur Abschlagsverteilung, die eine Ermessensentscheidung ist, ist darüber hinaus zu berücksichtigen, ob mit einer **Erstattung eingezogener Beträge** an die Genossen gem § 105 Abs 4 oder § 115 Abs 3 GenG gerechnet werden kann. Verneinendenfalls soll gem § 115 a Abs 1 S 2 GenG die Abschlagsverteilung unterbleiben (vgl *Beuthin* § 115 a GenG Rn 2; K/P/B/*Holzer* § 187 Rn 20; N/R/*Westphal* § 187 Rn 27). Vgl auch *Chr. Terbrack*, Die Genossenschaftsinsolvenz nach der InsO, Köln 1999.

2. Abschlagsverteilung bei Insolvenz eines Versicherungsvereins aG. Für den Versicherungsverein auf Gegenseitigkeit gelten gem § 52 Abs 2 VAG die vorstehenden Grundsätze für die eingetragene Erwerbs- oder Wirtschaftsgenossenschaft entsprechend. 16

3. Eigenverwaltung mit Sachwalterschaft. Hat das Insolvenzgericht Eigenverwaltung unter Aufsicht eines Sachwalters nach den §§ 270 ff angeordnet, so werden gem § 283 Abs 2 S 1 die Verteilungen vom Schuldner vorgenommen. Dementsprechend hat der Schuldner auch das Verteilungsverzeichnis aufzustellen und die Vorschriften der §§ 187 ff ebenso zu beachten wie ein Insolvenzverwalter. Dem Sachwalter obliegt die Prüfung der vom Schuldner bzw Schuldnerunternehmen zu erstellenden Verteilungsverzeichnisses. Er hat schriftlich hierzu Stellung zu nehmen, ob Einwendungen zu erheben sind (*Hess* § 187 Rn 37). Ist ein Gläubigerausschuss bestellt worden, hat der Schuldner vor der Verteilung dessen Zustimmung einzuholen (§ 187 Abs 3 S 2). Hat der Sachwalter von seinem Recht Gebrauch gemacht, dass alle eingehenden Gelder nur von ihm entgegengenommen und Zahlungen nur von ihm geleistet werden (§ 275 Abs 2), so hat der Sachwalter auch die Verteilungen vorzunehmen. Dem Schuldner obliegt es in solchen Fällen, den formellen Voraussetzungen an eine Verteilung nach den §§ 187 ff zu genügen. 17

§ 188 Verteilungsverzeichnis

¹Vor einer Verteilung hat der Insolvenzverwalter ein Verzeichnis der Forderungen aufzustellen, die bei der Verteilung zu berücksichtigen sind. ²Das Verzeichnis ist auf der Geschäftsstelle zur Einsicht der Beteiligten niederzulegen. ³Der Verwalter zeigt dem Gericht die Summe der Forderungen und den für die Verteilung verfügbaren Betrag aus der Insolvenzmasse an; das Gericht hat die angezeigte Summe der Forderungen und den für die Verteilung verfügbaren Betrag öffentlich bekannt zu machen.

I. Allgemeines

§ 188 entspricht weitgehend den früheren §§ 151 KO, 17 Abs 2 GesO. Insolvenzmäßige Verteilungen an die Gläubiger können nur erfolgen aufgrund eines zur Einsicht auf der Geschäftsstelle des Insolvenzgerichts niedergelegten Verteilungsverzeichnisses (§§ 188, 197). Die Beteiligten sind berechtigt, gegen das Verteilungsverzeichnis Einwendungen zu erheben (§§ 194, 197). In das Verteilungsverzeichnis aufzunehmen sind sämtliche „zu berücksichtigenden" Forderungen, dh über die Forderungen, die entweder eine Quote ausgezahlt wird oder eine entsprechende Quote zurückzubehalten ist (§§ 189–191, 198). Da Verteilungen nicht durch Streitigkeiten oder Ungewissheiten hinsichtlich einzelner Forderungen verzögert werden sollen, unterscheidet das Gesetz hinsichtlich der **Berücksichtigung bei der Verteilung** verschiedene Stufen der Wahrscheinlichkeit des Forderungsbestandes und hier teilweise wiederum zwischen der Berücksichtigung bei Abschlags- und Schlussverteilungen. Ohne Verzeichnis ist eine Verteilung ausgeschlossen. Dem steht auch nicht § 123 Abs 3 S 1 entgegen, wonach der Verwalter mit Zustimmung des Insolvenzgerichts Abschlagszahlungen auf Sozialplanforderungen der Arbeitnehmer leisten soll, sofern hinreichende Barmittel in der Masse vorhanden sind. In diesem Fall handelt es sich nicht um Ausschüttungen an Insolvenzgläubiger, sondern Zahlungen auf Masseverbindlichkeiten (§ 123 Abs 2 S 1). 1

II. Das Verteilungsverzeichnis

2 **1. Verteilungsverzeichnis und Tabelle.** Das Verteilungsverzeichnis ist letztlich nichts anderes als die fortgeschriebene und berichtigte Tabelle nach § 175. Zum Inhalt des Verteilungsverzeichnisses gehören die Namen der zu befriedigenden Insolvenzgläubiger und die Höhe der von ihnen angemeldeten, geprüften und festgestellten Forderungen. Eine Forderung kann nicht in das Verteilungsverzeichnis aufgenommen werden, ohne das Prüfungsverfahren durchlaufen zu haben. Ungeprüfte Forderungen mit der Maßgabe aufzunehmen, dass die Forderungen in dem zusammen mit dem Schlusstermin anberaumten nachträglichen Prüfungstermin festgestellt werden, ist unzulässig (OLG Köln ZIP 1992, 949 f; N/R/*Westphal* § 188 Rn 4; FK-*Kießner* § 188 Rn 2; BerlKo-*Gruber* § 188 Rn 6). Ungeprüfte Forderungen sind selbst dann nicht aufzunehmen, wenn für sie bereits ein **vollstreckbarer Titel** vorliegt. Auch nachträglich angemeldete Forderungen müssen entweder in einem besonderen Prüfungstermin oder im schriftlichen Verfahren (§ 177) geprüft sein (FK-*Kießner* § 188 Rn 5; BerlKo-*Gruber* § 188 Rn 6).

3 **2. Pflicht zur Aufstellung des Verteilungsverzeichnisses.** § 188 S 1 verlangt, dass der Insolvenzverwalter das Verteilungsverzeichnis in eigener Verantwortung aufstellt. Bei Anordnung der **Eigenverwaltung** ist das Verteilungsverzeichnis vom Schuldner bzw den organschaftlichen Vertretern des Schuldnerunternehmens aufzustellen (§ 283 Abs 2). Dem Verwalter obliegt bei der Aufstellung des Verteilungsverzeichnisses, besonders wenn es sich um eine Schlussverteilung handelt, eine besondere Sorgfaltspflicht. Da der Ausschluss eines Gläubigers im Fall des Schlussverzeichnisses endgültig wirkt, verhindert er die Teilnahme sowohl an der Schlussverteilung als auch an einer eventuellen Nachtragsverteilung (§ 205) sowie an Verteilungen des Treuhänders gem § 292 Abs 1 S 1 im Restschuldbefreiungsverfahren (KS-*Eckardt* S 743, 778 Rn 63).

4 **3. Abschlags- und Schlussverteilungsverzeichnis.** Grundsätzlich ist das Verteilungsverfahren nach den §§ 187 ff für sämtliche Verteilungsarten einheitlich geregelt. Jedoch hat der Verwalter bei **Abschlagsverteilungen Besonderheiten** zu berücksichtigen. So sind zB bis zur Schlussverteilung zurückzubehalten und nicht auszuzahlen die Anteile auf aufschiebend bedingte Forderungen (§ 191 Abs 1 S 2), die in § 190 Abs 2 S 2 genannten Ausfallforderungen, Anteile auf bestrittene und prozessbefangene Forderungen sowie auflösend bedingte Forderungen, wenn der Gläubiger zu einer Sicherheitsleistung verpflichtet ist und die Sicherheit nicht leistet. **Verspätete Anmeldungen** können gem § 192 erst bei der nächsten Verteilung, die auch Schlussverteilung sein kann, nachträglich in Höhe der Abschlagsverteilung berücksichtigt werden. Andererseits genügt es bei einer Abschlagsverteilung, wenn absonderungs- und verwertungsberechtigte Gläubiger nachweisen, dass die Verwertung des Gegenstandes vom Gläubiger selbst oder einem anderen betrieben wird und der Anmelder dabei einen mutmaßlichen Ausfall erleiden wird, der allerdings glaubhaft zu machen ist (*Gottwald/Eickmann* InsRHdb § 65 Rn 25).

5 **4. Zu berücksichtigende Forderungen.** In das Verteilungsverzeichnis sind in voller Höhe und ohne Berücksichtigung erfolgter Abschlagsverteilungen und ohne Differenzierung hinsichtlich von Forderungen, die durch Auszahlung, und solchen, die durch Zurückbehaltung der Anteile zu berichtigen sind, sämtliche nach §§ 174, 175 festgestellten Forderungen aufzunehmen (vgl MüKo-*Füchsl/Weishäupl* § 188 Rn 4; K/P/B/*Holzer* § 188 Rn 3; BerlKo-*Gruber* § 188 Rn 11 ff).

6 **a) Festgestellte Forderungen.** Aufzunehmen sind alle gem §§ 174, 175 festgestellten unbedingten Forderungen. Dabei kommt es nicht darauf an, ob die Feststellung im Prüfungstermin oder nachträglich erfolgt ist oder ob der Schuldner widersprochen hat, denn dessen Widerspruch ist für das Verteilungsverfahren belanglos (§ 178 Abs 1 S 2).

7 **b) Streitige Forderungen. aa) Bestrittene nicht titulierte Forderungen.** Die bestrittenen nicht titulierten Forderungen finden nur Berücksichtigung, wenn innerhalb einer Ausschlussfrist von zwei Wochen nach der öffentlichen Bekanntmachung (§ 188 S 3) dem Verwalter nachgewiesen wird, dass und für welchen Betrag Feststellungsklage erhoben oder ein anhängiger Rechtsstreit aufgenommen worden ist (§ 189). **Der Nachweis ist auch bei Prozessaufnahme** nach § 180 Abs 2 zu führen. Wird der Feststellungsprozess nur gegen den Verwalter als den einzigen Bestreitenden geführt, ist der Nachweis durch Zustellung der Klage bzw bei Unterbrechung eines anhängigen Prozesses eines Aufnahmeschriftsatzes hinreichend geführt (*Gottwald/Eickmann* InsRHdb § 65 Rn 24; K/P/B/*Holzer* § 188 Rn 8). Einer erneuten Mitteilung bedarf es in diesen Fällen nicht (*Gottwald/Eickmann* InsRHdb § 65 Rn 24). Die Aufnahme der streitigen Forderung in das Verteilungsverzeichnis ist **keine Anerkennung** des materiell-rechtlichen Bestehens der Forderung durch den Verwalter, sondern hat nur zur Folge, dass der auf die Forderung entfallende Anteil nach Maßgabe des § 189 Abs 2 zurückbehalten wird (**BAG** KTS 1973, 269 = BAG AP Nr 1 zu § 151 KO m Anm *Uhlenbruck*; K/P/B/*Holzer* § 188 Rn 9; N/R/*Westphal* § 188 Rn 10; *Kilger/K. Schmidt* § 151 KO Anm 1 u § 152 KO Anm 3). Eine **Feststellungsklage** mit gegenüber der ursprünglichen Anmeldung **verändertem Inhalt** ist ohne erneute Anmeldung **unzulässig** (LAG Frankfurt NZA 1992, 619). Nicht in das Verzeichnis aufzunehmen sind

Forderungen, die noch nicht geprüft oder zwar bestritten sind, für die aber der Nachweis, dass die Feststellungsklage gegen den Widersprechenden erhoben bzw ein über die Forderung bereits anhängiger Rechtsstreit auf genommen worden ist, fehlt (BerlKo-*Gruber* § 188 Rn 17; K/P/B/*Holzer* § 188 Rn 9; N/R/*Westphal* § 188 Rn 10).

bb) Bestrittene titulierte Forderungen. Bestrittene, aber titulierte Forderungen (§ 179 Abs 2) sind im Verteilungsverzeichnis zu berücksichtigen (K/P/B/*Holzer* § 188 Rn 6; MüKo-*Füchsl*/*Weishäupl* § 188 Rn 4; FK-*Kießner* § 188 Rn 7). Eines Tätigwerdens des Anmelders bedarf es nicht, denn der Bestreitende hat seinen Widerspruch gem § 179 Abs 2 zu verfolgen. Die Forderung ist auch dann **in das Verzeichnis aufzunehmen**, wenn der Bestreitende nach Maßgabe des § 179 Abs 2 gegen den Titel vorgeht (*Gottwald*/*Eickmann* InsRHdb § 65 Rn 24). Neben den rechtskräftigen Urteilen gehören zu den titulierten Forderungen **auch Titel, die gem §§ 708 ff ZPO für vorläufig vollstreckbar** erklärt wurden (K/P/B/ *Holzer* § 188 Rn 6). Das gilt auch für **Vollstreckungsbescheide** und mit einer Vollstreckungsklausel versehene Vergleiche (§ 794 Abs 1 Nr 1 ZPO; K/P/B/*Holzer* § 188 Rn 6; *Kilger/K. Schmidt* § 146 KO Anm 1 b u § 151 KO Anm 1 b). Auch hier ist aber immer zwingende Voraussetzung, dass der **Titel zum Zeitpunkt der Forderungsprüfung** vorgelegen hat (RGZ 85, 64, 68; BerlKo-*Gruber* § 188 Rn 15; HaKo-*Preß* § 188 Rn 6). Das Gesetz hat offen gelassen, in welcher Weise die bestrittenen titulierten Forderungen zu berücksichtigen sind. Eine **Auszahlung der Quote** kann trotz fehlender gesetzlicher Regelung nur erfolgen, wenn der Widersprechende es unterlassen hat, gem § 179 Abs 2 Klage zu erheben (N/R/*Westphal* § 188 Rn 9). Ist die Klage dagegen rechtzeitig erhoben worden, so entspricht es nach KS-*Eckardt* S 779 Rn 64) „der Logik des Feststellungsverfahrens, den Ausgang des Prozesses abzuwarten und erst dann ggf Auszahlungen vorzunehmen". Obwohl eine dem früheren § 168 Nr 1 KO entsprechende Vorschrift in der InsO fehlt, ist davon auszugehen, dass es sich bei der Regelung in § 189 Abs 2, die nur nichttitulierte Forderungen erfasst, um ein Redaktionsversehen handelt (KS-*Eckardt* S 779 Rn 64; K/P/B/*Holzer* § 189 Rn 3 u § 188 Rn 7). Die auf die bestrittenen titulierten Forderungen entfallende **Quote** ist somit entgegen dem Wortlaut des § 189 Abs 1 unter den Voraussetzungen des § 189 Abs 2 **zurückzubehalten und nicht auszuzahlen**, soweit der Widersprechende spätestens am Tage der Verteilung die Erhebung der Feststellungsklage nachgewiesen hat (KS-*Eckardt* S 779 Rn 64; BerlKo-*Gruber* § 189 Rn 16; *Holzer* NZI 1999, 44, 45 f; K/P/B/*Holzer* § 188 Rn 7; *Smid* § 189 Rn 6; N/R/*Westphal* § 189 Rn 18; FK-*Kießner* § 189 Rn 7; *Braun/Kießner* § 188 Rn 13).

c) Forderungen von Absonderungsberechtigten. Absonderungs- und verwertungsberechtigte Gläubiger werden im Verteilungsverzeichnis nur berücksichtigt, wenn sie entweder auf das Absonderungsrecht gegenüber dem Verwalter innerhalb der Ausschlussfrist des § 189 Abs 1 verzichten oder den bei der bereits durchgeführten Verwertung entstandenen **Ausfall nachweisen** (*Gottwald/Eickmann* InsRHdb § 65 Rn 24; *Jauernig/Berger* § 57 II 1 d; K/P/B/*Holzer* § 188 Rn 11; *Hess* § 189 Rn 14; BerlKo-*Gruber* § 188 Rn 19; FK-*Kießner* § 188 Rn 9). Die Nachweispflicht entfällt, wenn der Verwalter selbst nach §§ 165 ff die Verwertung des Sicherungsguts betreibt (K/U § 151 KO Rn 2 b; BerlKo-*Gruber* § 188 Rn 19). Bei **alleinigem Verwertungsrecht des Verwalters** hat dieser den Ausfall des Gläubigers zu schätzen und bei der Verteilung den auf die Forderung entfallenden Anteil zurückzubehalten (§ 190 Abs 3). Im Übrigen ist eine Zurückbehaltung nicht notwendig. Bei einer **Abschlagsverteilung** ist die Ausfallforderung eines zur Verwertung berechtigten Absonderungsberechtigten (§§ 52, 153) zu berücksichtigen, wenn dieser innerhalb der Ausschlussfrist des § 189 Abs 1 dem Verwalter gegenüber nachweist, dass er die Verwertung des Absonderungsgegenstandes betreibt, und **den Betrag des mutmaßlichen Ausfalls glaubhaft macht** (§ 190 Abs 2 S 1, Abs 3 S 1). Bei Abschlagsverteilungen zurückbehaltene Beträge werden bei Wegfall des Zurückbehaltungsgrundes in die Schlussverteilung einbezogen (§ 190 Abs 2 S 3). Das Gesetz begnügt sich damit, dass der absonderungsberechtigte Gläubiger die **Verwertung des Gegenstandes nachweist**, den voraussichtlichen Ausfall aber nur glaubhaft gemacht wissen will (§ 190 Abs 2 S 1 InsO, § 294 ZPO). Der **Nachweis des eingetretenen Ausfalls** (§ 190 Abs 1 S 1, Abs 3) ist in der Praxis bei noch nicht abgeschlossener Verwertung schwierig. Bei beweglichen Sachen ist der Veräußerungswert zu schätzen. Etwas anderes gilt für Grundstücke (vgl *Gottwald/Eickmann* InsRHdb § 65 Rn 25; *Steiner/Eickmann* § 174 ZVG Rn 2, 17, 21 ff; *Zeller/Stöber* § 174 ZVG Rn 2). Steht das Verwertungsrecht dem Insolvenzverwalter zu (§§ 166–172), so findet § 190 Abs 1, 2 keine Anwendung (§ 190 Abs 3). Der Verwalter hat den Ausfall zu schätzen und für die Berücksichtigung der Forderung in den Verteilungsverzeichnissen Sorge zu tragen (H/W/F Hdb 8/21; *Gottwald/Eickmann* InsRHdb § 65 Rn 26; *Smid* § 190 Rn 11; N/R/*Westphal* § 190 Rn 37, 40). Die Verwertung durch den Verwalter muss zwingend **vor der Schlussverteilung** erfolgt sein.

d) Bedingte Forderungen. aa) Aufschiebend bedingte Forderungen. Aufschiebend bedingte Forderungen sind gem § 191 grundsätzlich wie unbedingte Forderungen zu behandeln, also mit vollem Betrag in das Verteilungsverzeichnis aufzunehmen. Ob eine Berücksichtigung bei der Schlussverteilung erfolgt, richtet sich nach § 191 Abs 2. Bei **Abschlagsverteilungen** wird die Forderung gem § 191 Abs 1 S 1 jedoch mit ihrem **vollen Betrag** berücksichtigt. Der auf die Forderung entfallende Anteil wird allerdings bei der Verteilung zurückbehalten (§ 191 Abs 1 S 2). Bei der Schlussverteilung wird eine aufschiebend bedingte Forderung nicht berücksichtigt, wenn die Möglichkeit des Eintritts der Bedingung so fern liegt, dass die Forderung zur Zeit der Verteilung keinen Vermögenswert hat (§ 191 Abs 2 S 1). Solchenfalls wird der bei einer Abschlagsverteilung zurückbehaltene Anteil für die Schlussverteilung frei (§ 191 Abs 2 S 2).

11   bb) **Auflösend bedingte Forderungen.** Auflösend bedingte Forderungen werden gem § 42 wie unbedingte Forderungen behandelt (*Bork,* Einf Rn 295 Fn 2; K/U § 151 KO Rn 2 d; K/P/B/*Holzer* § 188 Rn 14; N/R/*Westphal* § 188 Rn 8). Das hat zur Folge, dass sie in das Verteilungsverzeichnis aufgenommen und im Rahmen der Quotenausschüttungen berücksichtigt werden. Da die InsO eine dem früheren § 168 Nr 4 KO entsprechende Vorschrift nicht mehr enthält, ist der Verwalter nicht berechtigt, die entsprechenden Beträge zurückzuhalten, wenn der Gläubiger nicht eine **Sicherheitsleistung** stellt, zu der er verpflichtet ist. Die auflösend bedingte Forderung ist somit im Rahmen der Verteilung zu berücksichtigen. Ist die Bedingung bereits eingetreten, hat der Verwalter nur die Möglichkeit, hiergegen im Wege der Vollstreckungsabwehrklage (§ 767 ZPO) vorzugehen (vgl RGZ 21, 331; HK-*Eickmann* § 42 Rn 3; K/P/B/*Holzer* § 42 Rn 6; *Gottwald/Eickmann* InsRHdb § 65 Rn 24). Im Übrigen wird der Verwalter vor der Verteilung sorgfältig zu prüfen haben, ob nicht die Voraussetzungen des § 191 Abs 2 S 1 vorliegen.

12   e) **Gesamtschuldnerschaft und Doppelberücksichtigungsgrundsatz.** Besonderheiten ergeben sich für die Fälle der Gesamtschuldnerschaft wegen des in den §§ 43, 44 geregelten Doppelberücksichtigungsgrundsatzes. Dieser besagt, dass im Interesse der Gläubiger vermieden werden soll, dass bei persönlicher oder dinglicher Mithaftung eines Dritten deren Leistungen die Quote des Gläubigers schmälern und dieser hierdurch einen Ausfall erleidet (eingehend *Gottwald/Eickmann* InsRHdb § 65 Rn 29 ff; K/U § 68 KO Rn 2; *Kilger/K. Schmidt* § 68 KO Anm 2; *Jaeger/Henckel* § 3 KO Rn 54). Ist das Insolvenzverfahren nur über das Vermögen des Hauptschuldners eröffnet worden, wird der Gläubiger so lange mit der im Eröffnungszeitpunkt ihm zustehenden und angemeldeten Forderung berücksichtigt, bis er volle Befriedigung erlangt hat. Vgl auch die Kommentierung zu den §§ 43, 44 sowie die Fallbeispiele bei *Gottwald/Eickmann* InsRHdb § 65 Rn 31, 32; ferner K/U § 68 KO Rn 4, 4 a–4 e.

13   f) **Getilgte Forderungen.** Ist eine Forderung getilgt worden oder aus sonstigen Gründen nach der Feststellung zur Tabelle weggefallen, darf sie vom Verwalter in dem Verteilungsverzeichnis nicht etwa unberücksichtigt bleiben oder gar gestrichen werden. Die Feststellung zur Tabelle wirkt gem §§ 178 Abs 3, 183 Abs 1 gegenüber dem Insolvenzverwalter und allen Insolvenzgläubigern wie oder als rechtskräftiges Urteil. Dem Verwalter bleibt nur die Möglichkeit der Vollstreckungsabwehrklage nach § 767 ZPO (OLG Karlsruhe ZIP 1981, 1231; K/P/B/*Holzer* § 188 Rn 10; BerlKo-*Gruber* § 188 Rn 14; FK-*Kießner* § 188 Rn 13; HaKo-*Preß* § 188 Rn 8; N/R/*Westphal* § 188 Rn 17). Eine Rücknahme durch den Anmelder ist wegen der Rechtskraftwirkung des § 178 Abs 3 ausgeschlossen (RGZ 112, 297, 299; N/R/*Westphal* § 188 Rn 17). Erhebt der Verwalter Vollstreckungsabwehrklage nach § 767 ZPO, so ist er zur Zurückbehaltung der Quote entsprechend § 189 Abs 2 berechtigt; BerlKo-*Gruber* § 188 Rn 14; N/R/*Westphal* § 188 Rn 17).

III. Rechtswirkungen der Aufnahme in das Verteilungsverzeichnis

14   Wer mit seiner Forderung im Verteilungsverzeichnis aufgeführt ist, hat einen verfahrensrechtlichen Anspruch auf Teilnahme an den Verteilungen, soweit nicht für die Abschlagsverteilung im Einzelfall Einschränkungen gelten (RGZ 21, 331, 337; N/R/*Westphal* § 188 Rn 18). Materiell-rechtliche Wirkung kommt der Eintragung in das Verteilungsverzeichnis nicht zu (**BAG** KTS 1973, 269, 270 = AP Nr 1 zu § 151 KO m Anm *Uhlenbruck;* N/R/*Westphal* § 188 Rn 18). Das folgt schon aus der Regelung in § 189 Abs 1, 2, wonach auch bestrittene Forderungen bei der Verteilung Berücksichtigung finden, wenn Feststellungsklage erhoben oder das Verfahren in einem anhängigen Rechtsstreit aufgenommen worden ist.

IV. Niederlegung in der Geschäftsstelle des Insolvenzgerichts

15   Das Verteilungsverzeichnis ist gem § 188 S 2 vom Verwalter auf der Geschäftsstelle des Insolvenzgerichts zur Einsicht der Beteiligten niederzulegen. Die Niederlegung wird durch einen **Niederlegungsvermerk** dokumentiert, der vom Urkundsbeamten der Geschäftsstelle zu unterzeichnen ist (K/U § 151 KO Rn 5 a; K/P/B/*Holzer* § 188 Rn 15). Die Beteiligten können das Verzeichnis einsehen (*Delhaes* NZI 1999, 47, 52; s auch LG Bonn 2000, 1310, 1311). **Beteiligte** sind die Verfahrensbeteiligten. Für Dritte greift wegen der abschließenden Regelung in § 188 S 2 die Vorschrift des § 299 ZPO nicht ein (BerlKo-*Gruber* § 188 Rn 24; **str aA** N/R/*Westphal* § 188 Rn 26). Gläubiger haben die Möglichkeit, gem § 194 Einwendungen gegen das Verteilungsverzeichnis zu erheben. Zur **Dauer der Niederlegung** ist im Gesetz nichts gesagt. Sie muss jedenfalls so bemessen sein, dass die Einwendungen nach §§ 194 Abs 1, 197 Abs 1 Nr 2 geltend gemacht werden können, muss also **mindestens drei Wochen** nach der öffentlichen Bekanntmachung vor Abschlagsverteilungen und bis zum Ende des Schlusstermins betragen (N/R/*Westphal* § 188 Rn 23; *Jaeger/Weber* § 151 KO Rn 1). In jedem Fall muss die Niederlegung des Ver-

VII. Prüfung durch das Gericht **§ 188**

zeichnisses **vor der öffentlichen Bekanntmachung** erfolgen, denn sonst beginnt mit dieser nicht die Ausschlussfrist des § 189 Abs 1 zu laufen (K/P/B/*Holzer* § 188 Rn 16; N/R/*Westphal* § 188 Rn 23) und die Bekanntmachung müsste erneut vorgenommen werden. Mit der Niederlegung des Verzeichnisses und der Bekanntmachung werden die Gläubiger darauf hingewiesen, ihre Rechte zu wahren und sich durch Einsichtnahme des offen gelegten Verteilungsverzeichnisses davon zu überzeugen, ob ihre Forderung nach Betrag und insolvenzrechtlichem Rang (voll- oder nachrangig) eingesetzt worden ist. Bei einer **Abschlagszahlung** muss die Niederlegung bis **mindestens drei Wochen** nach der öffentlichen Bekanntmachung erfolgen. Bei einer **Nachtragsverteilung** (§ 203) ist das **Schlussverzeichnis** der Verteilung zugrunde zu legen. Nicht jede zur Tabelle festgestellte Forderung ist aber in das Schlussverzeichnis aufzunehmen. Der Gläubiger einer unbestrittenen Insolvenzforderung, die er zusammen mit einer zur Absonderung berechtigenden Forderung als eine Gesamtforderung für den Ausfall angemeldet hat, muss den Verzicht oder den Ausfall innerhalb der Ausschlussfrist des § 189 Abs 1 gegenüber dem Insolvenzverwalter nachweisen, wenn die Forderung bei der Schlussverteilung berücksichtigt werden soll (§ 190 Abs 1 S 1). Das Gebot von Treu und Glauben verpflichtet den Verwalter in diesen Fällen nicht, einen geschäftserfahrenen Gläubiger darauf hinzuweisen, dass er seinen Ausfall bislang nicht nachgewiesen hat (**OLG Hamm** v 1. 6. 1994, KTS 1994, 502 [Ls]).

V. Öffentliche Bekanntmachung (§ 188 S 3)

Die nach § 188 S 3 vorgeschriebene öffentliche Bekanntmachung der Summe der Forderungen und **16** des für die Verteilung verfügbaren Betrages erfolgt entspr § 9 Abs 1 im Internet (www.Insolvenzbekanntmachungen.de). Die Veröffentlichung erfolgt nach dem durch das **Vereinfachungsgesetz v 13. 4. 2007** (BGBl 2007 I, 509) geänderten Satz 3 durch das **Insolvenzgericht**. Der Insolvenzverwalter ist verpflichtet, dem Gericht die **zu berücksichtigenden Forderungen** und den **verfügbaren Betrag** anzugeben. Darüber hinaus hat sich aus der Bekanntmachung das Verfahren, die Art der Verteilung (Abschlags-, Schluss- oder Nachtragsverteilung) sowie der Hinweis zu ergeben, dass das Verzeichnis der zu berücksichtigenden Forderungen auf der Geschäftsstelle des Insolvenzgerichts zur Einsicht aller Beteiligten niedergelegt ist (HK-*Depré* § 188 Rn 6; HaKo-*Preß* § 188 Rn 12; BerlKo-*Gruber* § 188 Rn 26). Die öffentliche Bekanntmachung dient dazu, die Gläubiger darüber zu informieren, mit welchen Zahlungen sie zu rechnen haben, vor allem aber auch dazu, sie auf die Wahrung ihrer Ansprüche durch Einsichtnahme des offen gelegten Verzeichnisses hinzuweisen (K/P/B/*Holzer* § 188 Rn 17, 18, 18a, 18b; BerlKo-*Gruber* § 188 Rn 26). Die **Neufassung des § 188 Satz 3** beruht darauf, dass für Insolvenzverwalter keine Möglichkeit bestand, unmittelbar eine Veröffentlichung in das länderübergreifende, zentrale elektronische Informationssystem (www.Insolvenzbekanntmachungen.de) einzustellen. Die gesetzliche Neuregelung in § 188 Satz 3 gilt gem Art 103 Abs 1 EGInsO für alle Insolvenzverfahren, und zwar unabhängig davon, ob diese vor oder nach dem 1. 7. 2007 eröffnet worden sind (K/P/B/*Holzer* § 188 Rn 18 b). Bis zum 31. 12. 2008 war noch zusätzlich eine ausdrucksweise Bekanntmachung in den Printmedien nach Maßgabe des Art 103 Abs 2 EGInsO möglich. Mit der Bekanntmachung beginnt die zweiwöchige Ausschlussfrist des § 189 Abs 1 zu laufen. War noch **keine Niederlegung** des Gläubigerverzeichnisses erfolgt, so ist diese nachzuholen. Erst mit der erneuten Bekanntmachung beginnt die Ausschlussfrist nach § 189 Abs 1 zu laufen (BerlKo-*Gruber* § 188 Rn 27).

VI. Verteilungsverzeichnis bei Sondermassen

Soweit der Verwalter verpflichtet ist, eine „**Sondermasse**" zu bilden, wie zB in den Fällen des § 171 **17** HGB oder bei Anfechtung von in das Insolvenzunternehmen eingegliederten Vermögensteilen (BGHZ 71, 296), hat er ein **besonderes Verteilungsverzeichnis** zu erstellen (BerlKo-*Gruber* § 188 Rn 29; K/P/B/*Holzer* § 188 Rn 21; MüKo-*Füchsl/Weishäupl* § 188 Rn 12–14). Bei der Sondermasse handelt es sich um Teile der Insolvenzmasse iSv § 35, die jedoch bestimmten Gruppen von Insolvenzgläubigern haftungsrechtlich zugewiesen sind (BGHZ 71, 296, 300; K/P/B/*Holzer* § 35 Rn 13). So ist zB eine Sondermasse für die Begleichung der vor dem Ausscheiden eines Kommanditisten von diesem begründeten Verbindlichkeiten (§§ 171 ff HGB) zu bilden und bis zur Schlussverteilung beizubehalten (s BGHZ 27, 51, 56; BerlKo-*Gruber* § 188 Rn 30; K/P/B/*Holzer* § 188 Rn 22; *Kilger/K. Schmidt* § 151 KO Anm 5). Gleiches gilt für durch Anfechtung erlangte Vermögenswerte, über die eine von einer Kapitalgesellschaft übernommene Personenhandelsgesellschaft in gläubigerbenachteiligender Weise verfügt hat (BGHZ DB 1978, 1583; vgl auch *Schlegelberger/K. Schmidt* §§ 171/172 HGB Rn 112; *Kilger/K. Schmidt* § 151 KO Anm 5). Die **Niederlegung** und **Veröffentlichung** kann zusammen mit dem Hauptverzeichnis erfolgen (MüKo-*Füchsl/Weishäupl* § 188 Rn 12; BerlKo-*Gruber* § 188 Rn 31).

VII. Prüfung durch das Gericht

Eine Prüfung der Ordnungsmäßigkeit des Verteilungsverzeichnisses durch das Gericht beschränkt sich **18** lediglich auf die Niederlegung zur Einsicht der Beteiligten (MüKo-*Füchsl/Weishäupl* § 188 Rn 1; *Frege/*

§ 188

Keller/Riedel HRP Rn 1659; HaKo-*Preß* § 188 Rn 10). Eine Nachprüfung der Richtigkeit und Vollständigkeit des Verzeichnisses durch das Gericht findet nicht statt.

VIII. Einwendungen gegen das Verteilungsverzeichnis

19 Gegen das im Rahmen einer vorgesehenen Abschlagsverteilung erstellte Vermögensverzeichnis kann jeder Gläubiger Einwendungen bis zum Ablauf einer Woche nach dem Ende der in § 189 Abs 1 vorgesehenen Ausschlussfrist bei dem Insolvenzgericht erheben (§ 194). **Einwendungen gegen das Schlussverzeichnis** können nur im Schlusstermin erhoben werden (§ 127 Abs 1 Nr 2). Gegenstand der Einwendung können nur Verstöße gegen die §§ 189 ff sein (*Frege/Keller/Riedel* HRP Rn 1660; BerlKo-*Gruber* § 188 Rn 32). Über Einwendungen entscheidet das Gericht durch Beschluss, gegen den die **sofortige Beschwerde** statthaft ist (§§ 194 Abs 2, 3, 197 Abs 3).

IX. Der Ausgleich von Verteilungsfehlern

20 Hat ein Insolvenzgläubiger seine Forderung zur Tabelle angemeldet und ist diese ordnungsgemäß zur Tabelle festgestellt und im Verteilungsverzeichnis eingetragen worden, hat der Verwalter die Forderung aber versehentlich bei der Verteilung nicht berücksichtigt, so kommt nach der hM ein **Bereicherungsanspruch** gegen die übrigen Insolvenzgläubiger in Höhe der Quote in Betracht, wenn und soweit nicht eine nachträgliche Gleichstellung über § 192 erfolgen kann (BGHZ 91, 198 = NJW 1984, 2154, 2156; BerlKo-*Gruber* § 188 Rn 45; *P. Mohrbutter*, Der Ausgleich von Verteilungsfehlern in der Insolvenz, 1998, 36 ff u 148 ff). Die **Gegenmeinung** (*Weber* JZ 1984, 1027; *Häsemeyer* InsR Rn 2.34; BerlKo-*Gruber* § 188 Rn 38; MüKo-*Füchsl/Weishäupl* § 188 Rn 10) weist darauf hin, dass es Sinn des Verteilungsverzeichnisses ist, die ausgewiesenen Beträge vor jeglichen späteren Rückzahlungsansprüchen abzusichern (vgl auch BGHZ 91, 198, 205; BerlKo-*Gruber* § 188 Rn 38). Richtig ist, dass das Verteilungsverzeichnis im Verhältnis der Gläubiger zueinander einen **Rechtsgrund für das Behaltendürfen** der Auszahlung darstellt (*Weber* JZ 1984, 1027; BerlKo-*Gruber* § 188 Rn 38; N/R/*Westphal* § 188 Rn 20; KS-*Eckardt* S 778 f; MüKoBGB-*Lieb* § 812 Rn 323). Nach **neuerer Auffassung ist im Einzelfall zu unterscheiden:**

21 **1. Fehlerhafte Nichtaufnahme in das Verteilungsverzeichnis.** Wird die Aufnahme einer ordnungsgemäß angemeldeten und festgestellten Forderung in das Verteilungsverzeichnis versehentlich oder aufgrund eines Rechtsirrtums des Verwalters im Verteilungsverzeichnis unterlassen und deshalb mit keiner Quote bedient, stehen dem ausgefallenen Gläubiger **keine bereicherungsrechtlichen** Ansprüche gegen die begünstigten Gläubiger zu (BGHZ 91, 198, 204 ff = ZIP 1984, 980, 981 f; OLG Stuttgart OLGE 11, 366; OLG Brandenburg NZI 2002, 107; MüKo-*Füchsl/Weishäupl* § 188 Rn 10; *Häsemeyer* InsR Rn 2.34; N/R/*Westphal* § 188 Rn 20; BerlKo-*Gruber* § 188 Rn 38). Der nicht in das Verteilungsverzeichnis aufgenommene Gläubiger hat allenfalls die Möglichkeit, den **Insolvenzverwalter** nach § 60 auf **Schadensersatz** in Anspruch zu nehmen (OLG Hamm ZIP 1983, 341; *Braun/Kießner* § 188 Rn 11; BerlKo-*Gruber* § 188 Rn 34; MüKo-*Füchsl/Weishäupl* § 188 Rn 8). Auf den Schadensersatzanspruch ist ein **Mitverschulden** des Gläubigers gem § 254 BGB anzurechnen, wenn er es unterlassen hat, gem § 194 gegen das Verzeichnis vorzugehen (OLG Celle ZIP 1993, 1720, 1722; OLG Hamm ZIP 1983, 341; HaKo-*Preß* § 188 Rn 9; BerlKo-*Gruber* § 188 Rn 35).

22 **2. Fehlerhafte Aufnahme in das Verteilungsverzeichnis.** Wird die Forderung eines Gläubigers zu Unrecht in das Verteilungsverzeichnis aufgenommen und eine Quote an den Gläubiger ausgeschüttet, so stehen weder dem Insolvenzverwalter noch anderen Mitgläubigern Bereicherungsansprüche gegen den begünstigten Gläubiger zu (MüKo-*Füchsl/Weishäupl* § 188 Rn 10; BerlKo-*Gruber* § 188 Rn 39). Die Mitgläubiger haben nur die Möglichkeit, rechtzeitig Einwendungen gegen das Verzeichnis nach den §§ 194, 197 zu erheben. Ansonsten kommen nur **Schadensersatzansprüche** gegen den Insolvenzverwalter gem § 60 in Betracht (BerlKo-*Gruber* § 188 Rn 36; MüKo-*Füchsl/Weishäupl* § 188 Rn 8).

23 **3. Fehlende oder verspätete Niederlegung des Verzeichnisses.** Die Frist des § 189 beginnt mit der Bekanntmachung nach § 188 S 3 erst zu laufen, wenn eine Niederlegung nach § 188 S 2 erfolgt ist. Bei einer Verteilung ohne ordnungsgemäße Niederlegung hat der Insolvenzverwalter zwar einen **Anspruch auf Rückzahlung** der ausgeschütteten Quoten, jedoch ist die Rückforderung nach Treu und Glauben (§ 242 BGB) ausgeschlossen, wenn die Quoten anschließend in einem ordnungsgemäß angekündigten Verteilungsverfahren wieder ausgeschüttet werden müssten (MüKo-*Füchsl/Weishäupl* § 188 Rn 7; BerlKo-*Gruber* § 188 Rn 42). Vorstehendes gilt auch für eine **fehlende Bekanntmachung** nach § 188 S 3.

24 **4. Fehler bei der Auszahlung.** Wird ein im Verzeichnis aufgeführter Gläubiger im Rahmen der Auszahlung **versehentlich übergangen**, ist er berechtigt, die **sofortige Auszahlung der Quote** zu verlangen. Er braucht die nächste Verteilung (§ 192) nicht abzuwarten (s unten zu § 192 Rn 6). Erhält ein Insolvenzgläubiger im Verteilungsverfahren nach den §§ 187 ff eine Zahlung, die seine angemeldete In-

II. Berücksichtigung bestrittener Forderungen

solvenzforderung (§ 38) übersteigt, ist er schon nach allgemeinen Konditionsgrundsätzen verpflichtet, die **Überzahlung** in die Masse zu erstatten (§ 812 Abs 1 S 1 BGB). Den Anspruch kann nur der Verwalter geltend machen (N/R/*Westphal* § 188 Rn 20; KS-*Eckardt* S 787 Rn 63; *P. Mohrbutter*, Verteilungsfehler S 149). Aus dem in den §§ 38, 187, 188, 195, 196 zum Ausdruck gekommenen Grundsatz gleichmäßiger und anteiliger Befriedigung der Insolvenzgläubiger ergibt sich, dass der Insolvenzverwalter befugt sein muss, den überschießenden Betrag im Wege der Leistungskondiktion gem § 812 Abs 1 S 1. Altern BGB zur Masse zu ziehen, wenn ein Insolvenzgläubiger mehr als die ihm gebührende anteilige Quote erhält (*P. Mohrbutter*, Verteilungsfehler S 149 f; KS-*Eckardt* S 778 f Rn 63; *Häsemeyer* InsR Rn 7.65; *ders* KTS 1982, 507, 527; *Henckel* FS *F. Weber* 1975, S 244, 245; MüKo-*Füchsl/Weishäupl* § 188 Rn 11; N/R/*Westphal* § 188 Rn 20; BerlKo-*Gruber* § 188 Rn 46). Hinsichtlich der Überzahlung besteht kein Rechtsgrund iSv § 812 BGB. Ist die Forderung eines Gläubigers im Verteilungsverzeichnis enthalten, versehentlich aber keine Quote ausgeschüttet worden, so sind die übrigen Gläubiger nicht verpflichtet, den zu viel erhaltenen Betrag nach **Bereicherungsgrundsätzen** herauszugeben (N/R/*Westphal* § 188 Rn 20; *Weber* JZ 1984, 1027, 1028; KS-*Eckardt* S 178 f; str aA BerlKo-*Gruber* § 188 Rn 45). Auch dem **Insolvenzverwalter steht kein Bereicherungsanspruch** gegen die begünstigten Gläubiger zu. Dieser behält vielmehr seinen Quotenanspruch gegen die Insolvenzmasse. Darüber hinaus steht ihm ein **Schadensersatzanspruch nach § 60** gegen den Insolvenzverwalter zu (*Weber* JZ 1984, 1027, 1028; N/R/*Westphal* § 188 Rn 20). Die unterschiedliche rechtliche Behandlung von **Überzahlungen an Einzelgläubiger** und **die gesamten Gläubiger** rechtfertigt sich nicht zuletzt aus praktischen Erwägungen. Die **individuelle Überzahlung** lässt sich im Wege der Leistungskondiktion vom Insolvenzverwalter ohne große Schwierigkeiten verwirklichen. Die **Überzahlungsquote sämtlicher Gläubiger** im Fall des versehentlichen Übergehens eines im Verteilungsverzeichnis aufgeführten Gläubigers führt dagegen wegen der Geringfügigkeit der einzelnen Überzahlungsbeträge nicht nur zu praktischen Problemen, sondern verstößt auch gegen den Vertrauensgrundsatz, der mit der Niederlegung des Verteilungsverzeichnisses auf der Geschäftsstelle des Gerichts eingreift.

Nach **Verfahrensbeendigung** sind Bereicherungsansprüche des nunmehr wieder verfügungsberechtigten Insolvenzschuldners ausgeschlossen, weil der ursprüngliche Gläubigeranspruch wieder ohne die insolvenzrechtlichen Beschränkungen besteht (MüKo-*Füchsl/Weishäupl* § 188 Rn 11; BerlKo-*Gruber* § 188 Rn 48). Den benachteiligten Gläubigern ist es nach Verfahrensbeendigung nicht verwehrt, Bereicherungsansprüche nach § 812 Abs 1 Satz 1 Alt 2 BGB gegen einen zu Unrecht Begünstigten im Klagewege zu verfolgen, wobei allerdings fraglich ist, ob der Grundsatz der Gläubigergleichbehandlung insoweit noch eingreift. 25

---

§ 189 Berücksichtigung bestrittener Forderungen

(1) Ein Insolvenzgläubiger, dessen Forderung nicht festgestellt ist und für dessen Forderung ein vollstreckbarer Titel oder ein Endurteil nicht vorliegt, hat spätestens innerhalb einer Ausschlußfrist von zwei Wochen nach der öffentlichen Bekanntmachung dem Insolvenzverwalter nachzuweisen, daß und für welchen Betrag die Feststellungsklage erhoben oder das Verfahren in dem früher anhängigen Rechtsstreit aufgenommen ist.

(2) Wird der Nachweis rechtzeitig geführt, so wird der auf die Forderung entfallende Anteil bei der Verteilung zurückbehalten, solange der Rechtsstreit anhängig ist.

(3) Wird der Nachweis nicht rechtzeitig geführt, so wird die Forderung bei der Verteilung nicht berücksichtigt.

I. Allgemeines

Die Vorschrift entspricht den früheren §§ 152, 168 Nr 1 KO. Sie regelt, wie und unter welchen Voraussetzungen bestrittene, nicht zur Tabelle festgestellte, nicht titulierte und nicht vollstreckbare Forderungen bei Verteilungen berücksichtigt werden. Nicht mehr ausdrücklich geregelt ist, wie zwar bestrittene, aber titulierte Forderungen zu behandeln sind. Dass sie auch im Fall des Bestreitens zu berücksichtigen sind, ergibt im Umkehrschluss aus § 189 Abs 1 (KS-*Eckardt* S 743, 779 Rn 64). Umstritten ist aber, ob die Berücksichtigung durch **Auszahlung** oder **im Wege der Zurückbehaltung des Anteils** erfolgt. Wie unten zu II. 2. dargestellt wird, handelt es sich um ein gesetzgeberisches Redaktionsversehen. Jedenfalls geht die Begr RegE davon aus, dass nicht nur § 152 KO, sondern auch § 168 Nr 1 KO sinngemäß übernommen worden ist (vgl BT-Drucks 12/2443, S 186, abgedr bei K/P, S 421). 1

II. Berücksichtigung bestrittener Forderungen

1. Bestrittene nicht titulierte Forderungen. a) Bestrittene Forderungen. Unbestrittene Forderungen sind ohne weiteres bei der Verteilung zu berücksichtigen. § 189 betrifft Insolvenzforderungen, die im 2

Prüfungstermin oder im schriftlichen Verfahren nicht festgestellt worden sind, weil gegen sie der Insolvenzverwalter oder ein anderer Insolvenzgläubiger Widerspruch erhoben hat, der nicht beseitigt worden ist (§ 178 Abs 1). Für Forderungen, die nur vom **Schuldner bestritten** worden sind, findet die Vorschrift wegen § 178 Abs 1 S 2 keine Anwendung (FK-*Kießner* § 189 Rn 6; N/R/*Westphal* § 189 Rn 4). Der **Widerspruch des Schuldners** hindert weder die Feststellung zur Tabelle noch die Berücksichtigung der Forderung bei der Verteilung, sondern hindert den Gläubiger nur an der Zwangsvollstreckung nach Verfahrensbeendigung gegen den Schuldner (§ 201 Abs 2). **Titulierte Forderungen** nehmen selbst bei Widerspruch eines Beteiligten an der Verteilung teil, da es insoweit gem § 179 Abs 2 dem Bestreitenden obliegt, den Widerspruch zu verfolgen (*Braun/Kießner* § 189 Rn 3; *Graf-Schlicker/Mäusezahl* § 189 Rn 8; s auch unten zu Rn 9).

3 „**Vorläufiges Bestreiten**" **durch den Verwalter.** Ein „vorläufiges Bestreiten" durch den Insolvenzverwalter wird zwar überwiegend für zulässig gehalten (vgl N/R/*Westphal* § 189 Rn 5; *Hoffmann* NJW 1961, 1343f; *Godau-Schüttke* ZIP 1985, 1042 ff; aA *Mohrbutter/Ringstmeier/Ernestus* Hdb § 11 Rn 42 f, S 518). S auch die Kommentierung zu **§ 178 Rn 18–20**. Eine „vorläufig bestrittene" Forderung wird grundsätzlich als **wirksam bestritten** angesehen (im Ergebnis ebenso **BGH** v 9. 2. 2006 – IX ZB 160/04, NZI 2006, 320 = ZIP 2006, 576 = ZInsO 2006, 320; **OLG** München ZIP 2005, 2227 = ZInsO 2005, 778; **OLG** Köln KTS 1979, 119; **OLG** Hamm KTS 1974, 178, 181; K/P/B/*Pape* § 179 Rn 6; MüKo-*Schumacher* § 178 Rn 5; *Graf-Schlicker* § 176 Rn 15). Das RSchI für eine Feststellungsklage entfällt daher nicht (*Graf-Schlicker* § 176 Rn 15; str aA LG Koblenz KTS 1966, 254; s auch **OLG** Karlsruhe ZIP 1989, 791). Nach **OLG** Düsseldorf (ZIP 1982, 201) ist die **Feststellungsklage** nur zulässig, wenn dem Insolvenzverwalter mit **angemessener Fristsetzung** Gelegenheit gegeben wurde, zu erklären, ob er an dem vorläufigen Bestreiten festhalten will (**AG** Detmold KTS 1971, 60; *Godau-Schüttke* ZIP 1985, 1046; N/R/*Westphal* § 189 Rn 5). Bestreitet der Insolvenzverwalter die Forderung „vorläufig", so folgt hieraus nicht ohne Weiteres, dass er Anlass für die Feststellungsklage mit der Kostenfolge des § 93 ZPO gegeben hat (**BGH** v 9. 2. 2006 – IX ZB 160/04, NZI 2006, 295 = ZInsO 2006, 320 = ZIP 2006, 578; *Graf-Schlicker* § 176 Rn 16). Die Grundsätze des § 93 ZPO können jedoch bis zur erstmaligen öffentlichen Bekanntmachung des Verteilungsverzeichnisses Anwendung finden, weil sich hieran die **zweiwöchige Ausschlussfrist** für den Nachweis der Erhebung der Feststellungsklage anschließt (**BGH** NZI 2006, 295 = ZInsO 2006, 320, 321; *Graf-Schlicker* § 176 Rn 16). Spätestens dann, wenn der Verwalter mit Verteilungen, und seien es Abschlagsverteilungen, beginnt, hat er zu erklären, ob er an einem vorläufigen Bestreiten festhält. Das gilt nicht nur für die Schlussverteilung, sondern auch für Abschlagsverteilungen, bei denen der Verwalter den Gläubiger nicht auf die nachträgliche Berücksichtigung nach § 192 verweisen kann. Wenn er mit der Verteilung beginnt, muss er sich über die Höhe der zu bedienenden Schuldenmasse im Klaren sein. Dem Gläubiger ist wegen der Frist des § 189 Abs 1 nicht zuzumuten, sich der Gefahr einer Nichtberücksichtigung nach § 189 Abs 3 auszusetzen. Etwas anderes gilt für **noch nicht geprüfte Forderungen**. Diese werden von § 189 ebenso wenig erfasst wie Forderungen, die erst nach Ablauf der Ausschlussfrist, aber noch vor dem Vollzug der Verteilung geprüft werden (*Jaeger/Weber* § 152 KO Rn 7; N/R/*Westphal* § 189 Rn 6).

4 **b) Nachweis der Rechtsverfolgung.** Will ein Gläubiger bei der Verteilung mit seiner Forderung berücksichtigt werden, so nimmt er an der Verteilung gem § 189 Abs 1 nur teil, wenn er **gegenüber dem Insolvenzverwalter** innerhalb einer **Ausschlussfrist von zwei Wochen** nachweist, dass er entweder gegen den Widersprechenden Feststellungsklage erhoben oder einen vorher anhängig gewesenen und durch die Insolvenzeröffnung unterbrochenen Rechtsstreit gegen den oder die Widersprechenden aufgenommen hat (**BGH** NJW 1998, 2364, 2365; N/R/*Westphal* § 189 Rn 7; *Smid* § 189 Rn 3; FK-*Kießner* § 189 Rn 7) Wie der Nachweis zu führen ist, ist im Gesetz nicht geregelt.

5 Eine **bestimmte Form** für den Nachweis ist nicht vorgeschrieben. Entscheidend ist, dass der **Nachweis gegenüber dem Verwalter** erbracht wird. Eine **Übersendung der Klageschrift** wird als ausreichend angesehen (K/P/B/*Holzer* § 189 Rn 10; *Graf-Schlicker/Mäusezahl* § 189 Rn 4; str aA MüKo-*Füchsl/Weishäupl* § 189 Rn 5; N/R/*Westphal* § 189 Rn 9). Richtig ist, dass bei der bloßen Zusendung der Klageschrift für den Verwalter nicht erkennbar wird, ob und wann die Klage bei Gericht eingereicht wurde. Deshalb wird teilweise die **Bestätigung des Prozessgerichts** über den Eingang der Klageschrift bzw des Aufnahmeschriftsatzes verlangt (*Smid* § 189 Rn 3; N/R/*Westphal* § 189 Rn 9; MüKo-*Füchsl/Weishäupl* § 191 Rn 5; bei **Feststellungsklage gegen einen Insolvenzgläubiger** erfolgt der Nachweis des Klägers gegenüber dem Insolvenzverwalter durch die Übersendung entsprechender Belege, wie zB der Kopie einer Klageschrift mit Eingangsbestätigung des Gerichts (*Graf-Schlicker/Mäusezahl* § 189 Rn 4; N/R/*Westphal* § 189 Rn 9; *Braun/Kießner* § 189 Rn 7; MüKo-*Füchsl/Weishäupl* § 189 Rn 5). Nach zutr Auffassung von *Kießner* (FK § 189 Rn 12) genügt die Mitteilung an den Insolvenzverwalter, bei welchem Gericht das Verfahren anhängig ist. H/W/F (Hdb 8/20) verlangen den Nachweis durch **öffentliche Urkunde**. Letztlich muss der Nachweis ausreichen, dass die Feststellungsklage anhängig gemacht worden ist (§ 253 Abs 1 ZPO) oder dass die Aufnahme eines unterbrochenen Rechtsstreits durch Zustellung eines bei Gericht eingereichten Schriftsatzes gem § 250 ZPO erfolgt ist. Die bloße **Vorlage eines Vollstreckungstitels** genügt nicht. Erforderlich ist vielmehr der Nachweis der Erhebung der Fest-

II. Berücksichtigung bestrittener Forderungen § 189

stellungsklage bzw der Aufnahme eines früheren Rechtsstreits (**AG Düsseldorf** NZI 2006, 411 = ZIP 2006, 1107; HK-*Depré* § 189 Rn 3). Das gilt auch für den Steuergläubiger (**AG Paderborn** NZI 2004, 389 [Ls]). In der Regel wird der Nachweis durch die vom Prozessgericht veranlasste **Zustellung der Klage** oder des **Aufnahmeschriftsatzes** an den Insolvenzverwalter erfolgen, so dass sich eine gesonderte Mitteilung erübrigt (N/R/*Westphal* § 189 Rn 9). Hat neben dem Insolvenzverwalter ein Insolvenzgläubiger oder haben mehrere Insolvenzgläubiger Widerspruch erhoben, muss das **Betreiben gegen sämtliche Widersprechende** nachgewiesen werden, weil nur nach Beseitigung aller Widersprüche die Feststellung der Forderung zur Tabelle erfolgen kann (**BGH** NJW 1989, 2364, 2365; N/R/*Westphal* § 189 Rn 7; MüKo-*Füchsl/Weishäupl* § 189 Rn 5; *Braun/Kießner* § 189 Rn 7). Kann der Nachweis einer Klagezustellung – was oftmals der Fall ist – im Einzelfall (noch) nicht geführt werden, so hat der Gläubiger zumindest nachzuweisen, dass die Klage **demnächst zugestellt wird** (§ 270 Abs 3 ZPO; N/R/*Westphal* § 189 Rn 9; *Hess* § 189 Rn 14).

War eine **Steuerforderung bestritten** worden, so ist die Feststellung gegen den oder die Widersprechenden zu betreiben. Der Widersprechende ist Adressat des Feststellungsbescheids nach § 251 Abs 3 AO (*Frotscher* Besteuerung S 258). Der Feststellungsbescheid ist **auf Feststellung zur Tabelle** gerichtet. War vor Eröffnung des Insolvenzverfahrens bereits ein Verwaltungsakt über die Insolvenzforderung erlassen worden, so ist die bestrittene Steuerforderung durch Festsetzung der Steuer im Verwaltungswege vorzunehmen. War eine **Steuerfestsetzung** zum Zeitpunkt der Verfahrenseröffnung bereits ergangen, ist es Sache des Steuerpflichtigen, hiergegen im Rechtsmittelverfahren vorzugehen und den Nachweis gegenüber dem Verwalter zu erbringen. War zum Zeitpunkt der Verfahrenseröffnung ein **Steuerrechtsstreit anhängig**, so hat der Steuergläubiger den Nachweis zu führen, dass er gem §§ 180 Abs 2, 185 den unterbrochenen Rechtsstreit aufgenommen hat. Die Aufnahme des Verfahrens kann, wie der Wortlaut des § 189 Abs 1 erkennen lässt, sowohl durch den Widersprechenden als auch durch den Gläubiger erfolgen (vgl **BVerwG** v 29. 4. 1988, NJW 1989, 314; *Frotscher* Besteuerung S 261). War ein **Steuerbescheid** vor Verfahrenseröffnung **noch nicht bestandskräftig** geworden, so ist der Lauf der Rechtsmittelfrist durch die Verfahrenseröffnung gem § 240 S 1 ZPO unterbrochen worden. Der Widersprechende kann den Nachweis gegenüber dem Verwalter erbringen, dass er Rechtsmittel eingelegt hat. War vor Eröffnung des Insolvenzverfahrens ein Rechtsbehelf eingelegt worden, so ist das unterbrochene Rechtsbehelfsverfahren durch den Widersprechenden aufzunehmen und fortzuführen (*Frotscher* Besteuerung S 262). Widerspricht der Insolvenzverwalter oder ein Insolvenzgläubiger der angemeldeten Forderung des FA, so kann das Rechtsschutzinteresse für eine Aufnahme des Rechtsbehelfsverfahrens oder des Rechtsstreits durch die Finanzbehörde nicht infrage gestellt werden. Auch für Verwaltungsbehörden gilt, dass sie den **Nachweis der Rechtsverfolgung** gegenüber dem Verwalter zu erbringen haben. Der vereinfachte Nachweis, wie er von der Rechtsprechung zB beim Insolvenzantrag des FA zugelassen wird, ist hier nicht möglich.

c) Ausschlussfrist für den Nachweis. § 189 Abs 1 sieht eine **Ausschlussfrist von zwei Wochen** für den Nachweis der Erhebung der Feststellungsklage oder Aufnahme eines unterbrochenen Rechtsstreits bzw Verwaltungsverfahrens vor. Die Frist beginnt mit der **öffentlichen Bekanntmachung** der Verteilung. Gem § 9 Abs 1 S 3 gilt die öffentliche Bekanntmachung als bewirkt, „sobald nach dem Tag der Veröffentlichung zwei weitere Tage verstrichen sind". § 222 Abs 2 ZPO gilt für den Fristbeginn nicht, denn § 9 Abs 1 S 3 enthält eine Fiktion des Fristbeginns (HaKo-*Herchen* § 189 Rn 6; s auch **BGH** ZInsO 1998, 44), so dass maßgeblich der **dritte Tag nach der Veröffentlichung im Internet** ist. Das **Ende der Ausschlussfrist** berechnet sich nach § 188 Abs 2 BGB. Das ist somit der Ablauf des dritten Tages nach der zweiten Woche nach der Veröffentlichung im Internet (*Braun/Kießner* § 189 Rn 6; BerlKo-*Breutigam* § 189 Rn 4; N/R/*Westphal* § 189 Rn 10). Fällt dieser Zeitpunkt auf einen Samstag, Sonntag oder Feiertag, so endet die Frist gem § 222 Abs 2 ZPO am nächstfolgenden Werktag (K/P/B/*Holzer* § 189 Rn 8; MüKo-*Füchsl/Weishäupl* § 189 Rn 2). Die Frist kann weder gem §§ 223 Abs 2, 224, 233 ZPO noch durch Parteivereinbarung verlängert werden, da es sich um eine Ausschlussfrist handelt. Auch eine **Wiedereinsetzung** in den vorigen Stand gegen die Fristversäumung ist nicht möglich (MüKo-*Füchsl/Weishäupl* § 189 Rn 4; N/R/*Westphal* § 189 Rn 10; K/P/B/*Holzer* § 189 Rn 8; H/W/F Hdb 8/18; *Kilger/K. Schmidt* § 152 KO Anm 2; BerlKo-*Gruber* § 189 Rn 2; MüKo-*Füchsl/Weishäupl* § 189 Rn 4; *Hess* § 189 Rn 13).

Die **entsprechende Anwendung des § 189 auf die Feststellungsklage nach § 184** ist umstritten (bejahend *Hattwig* ZInsO 2004, 636 ff; *Braun/Kießner* § 189 Rn 13 a; K/P/B/*Pape* § 184 Rn 111; **verneinend** MüKo-*Schumacher* § 184 Rn 2; FK-*Kießner* § 189 Rn 10). Zutr weist **OLG Stuttgart** (NZI 2008, 617, 618) darauf hin, dass spätestens seit dem Gesetz zur Vereinfachung des Insolenzrechts vom 13. 4. 2007 die in § 189 Abs 1 geregelte Ausschlussfrist nicht mehr analog angewendet werden kann. Es mag in der Tat sinnvoll sein, den zwischen den Beteiligten umstrittenen Charakter der Forderung möglichst frühzeitig abzuklären; eine Klagefrist ist hierfür aber nicht zwingend erforderlich.

d) **Streitiger Nachweis.** Nicht selten sind die Fälle, dass der Verwalter den von einem Insolvenzgläubiger geführten Nachweis entweder als nicht rechtzeitig erbracht oder als nicht ordnungsgemäß erbracht zurückweist und sich weigert, das Verteilungsverzeichnis zu ergänzen. In diesen Fällen hat der Insolvenzgläubiger nur die Möglichkeit, über **Einwendungen gegen das Verteilungsverzeichnis** (§ 194

Abs 1) eine Überprüfung durch das Insolvenzgericht zu erreichen (N/R/*Westphal* § 189 Rn 11). Über Einwendungen hinsichtlich der Einhaltung verfahrensrechtlicher Vorschriften im Rahmen des Verteilungsverfahrens entscheidet ausschließlich das **Insolvenzgericht** (OLG Köln MDR 1990, 558). Soweit Einwendungen gegen den Bestand der Forderung erhoben werden, können sie nur vor dem **Prozessgericht** geltend gemacht werden. Dagegen muss der Streit darüber, ob dem Insolvenzverwalter der Nachweis der in den §§ 189 ff aufgestellten Voraussetzungen zur Berücksichtigung im Rahmen einer Verteilung erbracht ist, im **Einwendungsverfahren nach § 194** ausgetragen werden (*Jaeger/Weber* § 158 KO Rn 4; H/W/F Hdb 8/26; N/R/*Westphal* § 189 Rn 11). Die **Einwendungsfrist** beträgt gem § 194 Abs 1 **eine Woche**. Sie beginnt mit dem Ablauf der Ausschlussfrist des § 189 Abs 1. Zutreffend der Hinweis von *Westphal* (N/R/*Westphal* § 189 Rn 10), dass nach Abzug der Drei-Tages-Frist, innerhalb der Insolvenzverwalter gem § 193 die aufgrund der §§ 189–192 notwendigen Änderungen des Verteilungsverzeichnisses vorzunehmen hat, für den unberücksichtigt gebliebenen Insolvenzgläubiger nur vier Tage abzüglich des dazwischen liegenden Wochenendes verbleiben, diese Zeit äußerst kurz bemessen ist.

10 e) **Rechtsfolgen form- und fristgerechten Nachweises (§ 189 Abs 2).** Wird der Nachweis rechtzeitig geführt, so wird die Forderung in das Verteilungsverzeichnis aufgenommen und bei der Verteilung berücksichtigt. Solange aber der Feststellungsprozess oder das Verwaltungsverfahren nicht zugunsten des Gläubiger beendet ist, erfolgt **keine Auszahlung**, sondern die Insolvenzquote wird gem § 189 Abs 2 vom Verwalter **zurückbehalten**, bis die Forderungsfeststellung gegenüber allen Widersprechenden rechtskräftig entschieden ist (*Andres/Leithaus* § 189 Rn 8; K/P/B/*Holzer* § 189 Rn 11; N/R/*Westphal* § 189 Rn 12; BerlKo-*Breutigam* § 189 Rn 7; FK-*Kießner* § 189 Rn 17; *Smid* § 189 Rn 5; *Hess* § 189 Rn 17). Wird der aufgenommene Feststellungsstreit oder der anhängige Rechtsstreit vor der Schlussverteilung nicht rechtskräftig entschieden, hat der Insolvenzverwalter den zurückbehaltenen Betrag für Rechnung der Beteiligten gem § 198 bei einer geeigneten Stelle **zu hinterlegen**. Für die Hinterlegung kommt nicht nur eine amtliche Hinterlegungsstelle iSv § 372 BGB in Betracht, sondern auch eine Bank oder Sparkasse (K/P/B/*Holzer* § 189 Rn 12). Einer Zustimmung des Gerichts bedarf es für die Hinterlegung nicht (vgl EGInsOÄndG v 19. 12. 1998, BGBl I, 3836 nebst Begr Rechtsausschuss BT-Drucks 14/120, S 13, abgedr bei K/P, S 426). Wird der Feststellungsprozess zuungunsten des Gläubigers entschieden, so werden die zurückbehaltenen Beträge für eine spätere Ausschüttung an den Gläubiger, ansonsten für eine Nachtragsverteilung frei (§ 203 Abs 1 Nr 1).

11 f) **Rechtsfolgen verspäteten Nachweises (§ 189 Abs 3).** Wird der Nachweis nicht rechtzeitig geführt, so hat dies zur Folge, dass die Forderung bei der vorzunehmenden Verteilung nicht berücksichtigt wird. Die **Fristversäumnis präkludiert** ebenso wie das Nichtvorbringen von Einwendungen im Schlusstermin **die Gläubigerrechte** (*Kilger/K. Schmidt* § 158 KO Anm 4; N/R/*Westphal* § 189 Rn 13; FK-*Kießner* § 189 Rn 19). Hatte der Insolvenzverwalter eine bestrittene Forderung in das Verteilungsverzeichnis bereits aufgenommen und wird ihm der Nachweis der Klageerhebung oder Aufnahme eines Rechtsstreits bzw Verwaltungsverfahrens **nicht rechtzeitig nachgewiesen**, so hat er das Verteilungsverzeichnis zu ändern und die Forderung gem § 193 zu streichen. Im Einzelfall ist jedoch zu unterscheiden, ob es sich um eine **Abschlagsverteilung** oder um eine **Schlussverteilung** handelt. § 189 Abs 3 bezieht sich nur auf die jeweils anstehende Verteilung. Ist diese nur eine Abschlagsverteilung, kann gem § 192 bei einer weiteren Verteilung die Forderung des Gläubigers eine **nachträgliche Berücksichtigung** finden, wenn die Voraussetzungen des § 189 nachträglich erfüllt werden (N/R/*Westphal* § 189 Rn 13; K/U § 152 KO Rn 5; K/P/B/*Holzer* § 189 Rn 12; *Hess* § 189 Rn 17; BerlKo-*Breutigam* § 189 Rn 12). Etwas anderes gilt für die **Schlussverteilung**. Ist die Ausschlussfrist des § 189 Abs 1 vom Gläubiger auch für die Schlussverteilung versäumt worden, so kommt eine nachträgliche Berücksichtigung nicht mehr in Betracht (K/P/B/*Holzer* § 189 Rn 12; *Jaeger/Weber* § 152 KO Rn 7; N/R/*Westphal* § 189 Rn 13; *Kilger/K. Schmidt* § 152 KO Anm 3). Der endgültige Ausschluss gilt auch für eine **Nachtragsverteilung** nach § 203. Die Nachtragsverteilung kann nur aufgrund des Schlussverzeichnisses vorgenommen werden (§ 205 S 1). Demgemäß nehmen an einer Nachtragsverteilung nur solche Gläubiger teil, die in das Schlussverzeichnis aufgenommen worden sind. Nicht in das Schlussverzeichnis aufgenommene Gläubiger sind von der Nachtragsverteilung ausgeschlossen (K/P/B/*Holzer* § 189 Rn 13). Den ausgeschlossenen Gläubigern bleibt nichts anderes übrig, als sich aufgrund des freien Nachforderungsrechts (§ 201 Abs 1) an den Schuldner zu halten. Bei natürlichen Personen muss der ausgeschlossene Gläubiger aber damit rechnen, dass das freie Nachforderungsrecht durch ein Restschuldbefreiungsverfahren ausgeschlossen ist (§ 201 Abs 1, 2, §§ 286, 301 Abs 1 S 1). Bei juristischen Personen und sonstigen beschränkt haftenden Gesellschaften des Handelsrechts ist idR nach Beendigung des Insolvenzverfahrens nichts mehr zu holen. Bei Nachlassinsolvenz ist eine Befriedigung nur noch aus dem vorhandenen Überschuss (§ 199) möglich (K/P/B/*Holzer* § 189 Rn 13).

12 **2. Berücksichtigung bestrittener titulierter Forderungen.** Nicht mehr gesetzlich geregelt ist die Frage, wie bestrittene titulierte Forderungen im Verteilungsverfahren zu behandeln sind. Unmittelbar greift die Vorschrift des § 189 nicht ein. Liegt für eine Forderung ein vollstreckbarer Schuldtitel oder ein Endurteil vor, so obliegt es gem § 179 Abs 2 dem Bestreitenden, den Widerspruch zu verfolgen, also auf

II. Berücksichtigung bestrittener Forderungen § 189

Feststellung zu klagen, dass der Widerspruch begründet ist (BGH ZIP 1994, 1193; *Braun/Kießner* § 189 Rn 12; *Häsemeyer* InsR Rn 22.28; *Kilger/K. Schmidt* § 146 KO Anm 3; N/R/*Westphal* § 189 Rn 14). Der Verwalter hat **titulierte Forderungen** nicht nur in die Tabelle einzutragen, sondern auch **im Verteilungsverzeichnis aufzuführen** bis der Widerspruch für begründet erklärt worden ist (H/W/F Hdb 8/19; N/R/*Westphal* § 189 Rn 14). Wie bereits bei § 179 dargestellt wurde, kann der Widerspruch gegen eine zur Insolvenztabelle angemeldete titulierte Forderung nur mit den Rechtsmitteln verfolgt werden, die gegen den Titel selbst zulässig wären, das bedeutet bei **vorläufig vollstreckbaren Titeln**, dass das Verfahren von dem Widersprechenden gem § 250 ZPO unter Einlegung des zulässigen Rechtsmittels bzw auf sonstige Weise, wie zB Betreibung des Nachverfahrens bei Vorbehaltsurteilen im Urkunds- oder Wechselprozess, so fortgesetzt werden muss, wie es ohne Insolvenzverfahren geschehen wäre (*Jaeger/Weber* § 146 KO Rn 39; *Kilger/K. Schmidt* § 146 KO Anm 3 a; N/R/*Westphal* § 189 Rn 15–17). Ist der Titel bereits rechtskräftig, kommt allenfalls eine **Restitutions-** oder **Nichtigkeitsklage** (§§ 579, 580 ZPO) in Betracht oder eine Vollstreckungsgegenklage nach § 767 ZPO (vgl hierzu *Kilger/K. Schmidt* § 146 KO Anm 3 a; N/R/*Westphal* § 189 Rn 17).

Obsiegt der bestreitende Verwalter oder Insolvenzgläubiger mit einem Urteil, das den Widerspruch 13 für begründet erklärt, so ist auf Antrag des Bestreitenden **die Tabelle** gem § 183 Abs 2 **zu berichtigen**. Auch im Verteilungsverzeichnis darf die Forderung dementsprechend nicht mehr berücksichtigt werden (FK-*Kießner* § 189 Rn 7). Zweifelhaft ist aber, ob die durch **vorläufig vollstreckbaren Titel** oder **Endurteil** titulierten Forderungen, die zwar bestritten worden sind, bei denen der Bestreitende jedoch noch keine Entscheidung herbeigeführt hat und bei denen daher keine Tabellenberichtigung erfolgen konnte, bei den Verteilungen uneingeschränkt zu berücksichtigen sind, weil § 189 keine Anwendung findet. Richtig ist, dass § 189 keine dem früheren § 168 Nr 1 KO entsprechende Regelung enthält, wonach auf Forderungen, die infolge eines bei der Prüfung erhobenen Widerspruchs prozessbefangen sind, die Anteile zurückzubehalten sind. Dass diese Forderungen auch im Bestreitensfall „zu berücksichtigen" sind, ergibt ein Umkehrschluss aus § 189 Abs 1 (KS-*Eckardt* S 779 Rn 64).

Bestrittene titulierte Forderungen sind **in das Verteilungsverzeichnis aufzunehmen** (*Braun/Kießner* 14 § 189 Rn 12, N/R/*Westphal* § 189 Rn 14, MüKo-*Füchsl/Weishäupl* § 189 Rn 8). Liegt ein Titel iSv § 179 Abs 2 vor, bedarf es einer Anzeige des betreffenden Gläubigers nach § 189 Abs 2 nicht, um an einer Verteilung zu partizipieren (**AG Düsseldorf** ZIP 2006, 1107, 1109; MüKo-*Füchsl/Weishäupl* § 189 Rn 8). Umstritten ist aber, ob die Berücksichtigung der titulierten bestrittenen Forderung durch **Auszahlung des Anteils** oder **Zurückbehaltung des Anteils** erfolgt. Ist die Feststellungsklage gem § 179 Abs 2 rechtzeitig erhoben worden, so „entspricht es der Logik des Feststellungsverfahrens, den Ausgang des Prozesses abzuwarten und erst dann ggf Auszahlungen vorzunehmen, die sonst bei dem Anmelder negativem Prozessausgang mühsam wieder kondiziert werden müssten" (KS-*Eckardt* S 779 Rn 64). In der **Literatur** wird überwiegend angenommen, dass es sich insoweit um ein **gesetzgeberisches Redaktionsversehen** handelt, weil, wie die Begr RegE zeigt, der Gesetzgeber davon ausgegangen ist, dass er die Vorschrift des § 168 Nr 1 KO in § 189 InsO „sinngemäß übernommen" hat (vgl BT-Drucks 12/2443, S 186, abgedr bei K/P, S 421; KS-*Eckardt* S 779 Rn 64; BerlKo-*Breutigam* § 189 Rn 8; K/P/*Holzer* § 189 Rn 3; N/R/*Westphal* § 189 Rn 18; *Hess* § 189 Rn 5; MüKo-*Füchsl/Weishäupl* § 189 Rn 10; *Smid* § 189 Rn 6; *Braun/Kießner* § 189 Rn 13). Richtig ist, dass **titulierte Forderungen**, wenn der Bestreitende keine Klage erhebt oder kein unterbrochenes Verfahren aufnimmt, **uneingeschränkt** bei **Verteilungen zu berücksichtigen** sind. Wenn aber der Bestreitende Feststellungsklage erhebt oder ein unterbrochenes Verfahren aufnimmt, erfolgt **keine Auszahlung** der Quote. Vielmehr sind entsprechend den Vorstellungen des Gesetzgebers die §§ 152, 168 Nr 1 KO sinngemäß übernommen worden und demgemäß ist der auf die Forderung entfallende **Anteil zurückzubehalten** (N/R/*Westphal* § 189 Rn 18; KS-*Eckardt* S 779 Rn 64; BerlKo-*Breutigam* § 189 Rn 8; *Hess* § 189 Rn 5; K/P/B/*Holzer* § 189 Rn 3; HaKo-*Herchen* § 189 Rn 2; FK-*Kießner* § 189 Rn 9). Analog § 189 Abs 2 ist der Anteil auf die titulierte Forderung zurückzubehalten, soweit der Widersprechende spätestens am Tage der Verteilung nachgewiesen hat, dass er Feststellungsklage erhoben hat (BerlKo-*Breutigam* § 189 Rn 8; *Holzer* NZI 1999, 44, 45; K/P/B/*Holzer* § 188 Rn 7; KS-*Eckardt* S 779 Rn 64; N/R/*Westphal* § 189 Rn 18). Die **Ausschlussfrist** des 189 Abs 1 greift insoweit nicht ein (KS-*Eckardt* S 779 Rn 64 Fn 139; N/R/*Westphal* § 189 Rn 18; *Jaeger/Weber* § 168 KO Rn 4). Nach *Frege/Keller/Riedel* (HRP Rn 1563 b/c) muss die Forderung im Verteilungsverzeichnis als bestrittene und nicht titulierte Forderung nach § 189 behandelt werden, wenn der Insolvenzverwalter oder ein anderer Gläubiger die Forderung bestreitet und der Gläubiger den behaupteten Titel weder im Prüfungstermin noch später nicht einmal abschriftlich vorlegt. Insoweit greife § 179 Abs 1 ein.

Der Titel ist **im Original vorzulegen** (**AG Düsseldorf** ZIP 2006, 1107, 1110; MüKo-*Füchsl/Weis-* 15 *häupl* § 189 Rn 8; *Frege/Keller/Riedel* HRP Rn 1563 b). Meldet der Gläubiger seine Forderung **nicht als titulierte Forderung an**, obgleich ein Vollstreckungstitel vorliegt, wird nach *Frege/Keller/Riedel* (HRP Rn 1563 c) die Forderung als nicht titulierte Forderung geprüft. Bei Bestreiten gilt § 179 Abs 1 (**AG Paderborn** NZI 2004, 389 [Ls]). Legt der Gläubiger später den Vollstreckungstitel vor, könne dies als nachträgliche Anmeldung iSv § 177 angesehen werden. Praktikabler sei es aber, wenn bei verspäteter Titelvorlage der Verwalter oder ein sonst Bestreitender seinen Widerspruch zurücknimmt, um einen Feststellungsprozess zu vermeiden. Es genügt nicht, den Titel innerhalb der Frist des § 189 Abs 1 nachzureichen (MüKo-*Füchsl/Weishäupl* § 189 Rn 8).

16 **3. Forderungen aus vorsätzlich begangener unerlaubter Handlung (§§ 174 Abs 2, 175 Abs 2).** § 189 findet entsprechende Anwendung auch auf Forderungen, die mit der Qualifikation der vorsätzlich begangenen unerlaubten Handlung angemeldet worden sind und bei denen der Schuldner dieser Qualifikation widersprochen hat (FK-*Kießner* § 189 Rn 26; *Braun/Kießner* § 189 Rn 13 a). Die Forderungen werden ohne die Qualifikation in das Schlussverzeichnis aufgenommen. Führt der Gläubiger den Nachweis, dass er innerhalb der Ausschlussfrist des § 189 Abs 1 **Feststellungsklage** entsprechend § 184 erhoben hat, ist das Schlussverzeichnis abzuändern (*Braun/Kießner* § 189 Rn 13 a). Etwas Anderes gilt, wenn der Gläubiger einen vollstreckbaren Titel vorlegt, in dem die angemeldete Forderung als **vorsätzlich begangene unerlaubte Handlung** qualifiziert wird. Nach § 184 Abs 2 obliegt es dem Schuldner, sein Bestreiten im Wege des Widerspruchs zu verfolgen. Unterlässt er dieses, wird die titulierte Forderung mit dem Qualifikationsmerkmal in das Schlussverzeichnis aufgenommen. Ist allerdings die Titulierung des Zusatzes durch einen **rechtskräftigen Vollstreckungsbescheid** erfolgt, so ist das Gericht im Rahmen des Feststellungsprozesses hieran selbst dann nicht gebunden, wenn der Titel auf eine Anspruchsgrundlage Bezug nimmt, die eine vorsätzlich begangene unerlaubte Handlung voraussetzt (**BGH ZVI 2006, 311**; *Braun/Kießner* § 139 Rn 13 c).

III. Besonderheiten bei Insolvenz einer Genossenschaft und eines Versicherungsvereins auf Gegenseitigkeit

17 Im Insolvenzverfahren über das Vermögen einer eingetragenen Genossenschaft sind gem § 115 Abs 2 S 1 GenG außer den Anteilen auf die in §§ 189–191 InsO bezeichneten Forderungen weiterhin zurückzuhalten die Anteile auf Forderungen, die im Prüfungstermin vom **Vorstand der Genossenschaft bestritten** worden sind (vgl *Braun/Kießner* § 189 Rn 14; *K/P/B/Holzer* § 189 Rn 14; *Terbrack*, Die Insolvenz der eingetragenen Genossenschaft Rn 218, 474). Dem Gläubiger bleibt es überlassen, den Widerspruch des Vorstandes durch **Feststellungsklage** zu beseitigen (§ 115 Abs 2 S 2 GenG). Obsiegt der Gläubiger in dem Feststellungsrechtsstreit gegen die durch den Vorstand vertretene eingetragene Genossenschaft, so wirkt das Urteil nur für und gegen die Nachschussmasse und wird der zurückbehaltene Anteil an ihn ausgeschüttet (*Terbrack*, Genossenschaftsinsolvenz Rn 475; *Lang/Weidmüller/Schaffland* § 115 GenG Rn 4). Erst wenn der Widerspruch rechtskräftig für begründet erklärt wird, werden die Anteile zur Verteilung unter die übrigen Gläubiger frei (§ 115 Abs 2 S 3 GenG). Der Insolvenzverwalter hat nach § 115 Abs 1 S 1 GenG, nachdem die Nachschussberechnung für vollstreckbar erklärt ist, unverzüglich den gem § 110 GenG vorhandenen Bestand und, sooft von den noch einzuziehenden Beträgen hinreichender Bestand eingegangen ist, diese im Wege der Nachtragsverteilung (§ 203 InsO) unter die Gläubiger zu verteilen. Zu dieser Zeit sind die von § 189 geforderten Nachweise bereits geführt, so dass für die Anwendung dieser Vorschrift kein Raum bleibt (*K/P/B/Holzer* § 189 Rn 14; *K/U* § 152 KO Rn 6; *Jaeger/Weber* § 152 KO Rn 8). Jedoch kann der Insolvenzverwalter gem § 115 a Abs 1 S 1 GenG, wenn die Abwicklung des Insolvenzverfahrens **voraussichtlich längere Zeit** in Anspruch nimmt, mit Zustimmung des Gläubigerausschusses und des Insolvenzgerichts die eingezogenen Beträge (§ 110 GenG) schon vor dem in § 115 Abs 1 GenG bezeichneten Zeitpunkt im Wege der Abschlagsverteilung nach den §§ 187–197 InsO an die Gläubiger verteilen. In diesem Verfahren findet demgemäß die Vorschrift des § 189 Abs 1 InsO Anwendung (*Beuthien* § 115 a GenG Rn 4; vgl auch *Terbrack*, Genossenschaftsinsolvenz Rn 471–473). Für **Versicherungsvereine auf Gegenseitigkeit** gilt § 52 VAG, nach dessen Abs 2 alsbald nach Beginn der Schlussverteilung der Insolvenzverwalter zu berechnen hat, welche Beiträge die Mitglieder endgültig zu leisten haben. Dafür und für das weitere Verfahren gelten die Vorschriften der §§ 115–118 GenG entsprechend.

§ 190 Berücksichtigung absonderungsberechtigter Gläubiger

(1) ¹Ein Gläubiger, der zur abgesonderten Befriedigung berechtigt ist, hat spätestens innerhalb der in § 189 Abs. 1 vorgesehenen Ausschlußfrist dem Insolvenzverwalter nachzuweisen, daß und für welchen Betrag er auf abgesonderte Befriedigung verzichtet hat oder bei ihr ausgefallen ist. ²Wird der Nachweis nicht rechtzeitig geführt, so wird die Forderung bei der Verteilung nicht berücksichtigt.

(2) ¹Zur Berücksichtigung bei einer Abschlagsverteilung genügt es, wenn der Gläubiger spätestens innerhalb der Ausschlußfrist dem Verwalter nachweist, daß die Verwertung des Gegenstands betrieben wird, an dem das Absonderungsrecht besteht, und den Betrag des mutmaßlichen Ausfalls glaubhaft macht. ²In diesem Fall wird der auf die Forderung entfallende Anteil bei der Verteilung zurückbehalten. ³Sind die Voraussetzungen des Absatzes 1 bei der Schlußverteilung nicht erfüllt, so wird der zurückbehaltene Anteil für die Schlußverteilung frei.

(3) ¹Ist nur der Verwalter zur Verwertung des Gegenstands berechtigt, an dem das Absonderungsrecht besteht, so sind die Absätze 1 und 2 nicht anzuwenden. ²Bei einer Abschlagsverteilung hat der Verwalter, wenn er den Gegenstand noch nicht verwertet hat, den Ausfall des Gläubigers zu schätzen und den auf die Forderung entfallenden Anteil zurückzubehalten.

I. Allgemeines

Die Vorschrift entspricht den früheren §§ 153, 156, 168 Nr 3 KO. Die Vorschrift regelt, in welchem Umfang absonderungsberechtigte Gläubiger (§§ 49–52), denen der Insolvenzschuldner auch persönlich haftet, im Rahmen einer Verteilung berücksichtigt werden. § 190 findet keine Anwendung für absonderungsberechtigte Gläubiger **ohne persönliche Forderung** gegen den Schuldner. Gläubiger, die nur das Recht haben, im Wege der Zwangsvollstreckung Befriedigung aus dem unbeweglichen Vermögen des Schuldners zu erlangen (zB Grundpfandgläubiger), sind keine Insolvenzgläubiger, denn sie haben keinen Zahlungsanspruch gegen den Schuldner (HaKo-*Herchen* § 190 Rn 2; FK-*Kießner* § 190 Rn 3). Auch Gläubiger, die zwar ein rechtsgeschäftliches Pfandrecht (§§ 1204, 1205 BGB), ein Pfändungspfandrecht (§§ 803, 804 ZPO) oder ein gesetzliches Pfandrecht, wie zB ein Vermieterpfandrecht nach § 562 BGB oder ein Gastwirtspfandrecht an eingebrachten Sachen gem § 704 BGB haben, sind keine Insolvenzgläubiger iSv § 38. Soweit Absonderungsberechtigte keine persönliche Forderung gegen den Schuldner haben, können sie ihre Ansprüche nur dadurch realisieren, dass sie – soweit zulässig – den mit dem Pfandrecht belasteten Gegenstand selbst verwerten (§ 173) oder die Verwertung nach § 166 Abs 1 über den Insolvenzverwalter betreiben (vgl *Braun/Kießner* § 190 Rn 1; N/R/*Westphal* § 190 Rn 2, 3). Demgemäß gilt § 190 für **zur Insolvenztabelle angemeldete** und **festgestellte Forderungen** eines absonderungsberechtigten Gläubigers. Besteht über die Berechtigung der Forderung Streit, kann eine Berücksichtigung nur nach Maßgabe des § 189 erfolgen (MüKo-*Füchsl/Weishäupl* § 190 Rn 4). § 190 gilt entsprechend im Insolvenzverfahren über das Vermögen eines Erben, wenn auch über den Nachlass das Insolvenzverfahren eröffnet oder wenn eine Nachlassverwaltung angeordnet ist (§ 331 Abs 1); ferner im Insolvenzverfahren über das Gesamtgut einer fortgesetzten Gütergemeinschaft gem § 332 Abs 1 iVm § 331 Abs 1 sowie hinsichtlich der Inhaber einer vorherrschenden Vorrechte gem § 32 DepotG, 6 des Gesetzes über die Pfandbriefe und verwandten Schuldverschreibungen öffentlich-rechtlicher Kreditanstalten (§ 35 HGB, § 36 SchiffsBG sowie § 77 VAG; vgl HaKo-*Herchen* § 190 Rn 8; K/P/B/*Holzer* § 190 Rn 3). § 190 Abs 3 S 1 stellt klar, dass im Gegensatz zum früheren Konkursrecht die in den Abs 1 und 2 geregelten Obliegenheiten des Gläubigers nur dann bestehen, wenn der Gläubiger selbst zur Verwertung berechtigt ist.

II. Befriedigung von persönlichen Gläubigern mit Absonderungsrechten

§ 190 Abs 1 trifft nur eine Regelung für die Berücksichtigung absonderungsberechtigter Gläubiger im Rahmen einer Schluss- oder Nachtragsverteilung. Für Abschlagsverteilungen gilt die besondere Regelung des § 190 Abs 2.

1. Allgemeine Voraussetzungen. a) Absonderungsberechtigte Gläubiger. § 190 gilt für Gläubiger, die sowohl eine persönliche Forderung gegen den Schuldner als auch ein Recht zur abgesonderten Befriedigung an Gegenständen des Schuldnervermögens haben. Die Absonderungsrechte bestimmen sich nach den §§ 49–51, sind dort aber nicht abschließend geregelt. Auch nach der InsO berechtigen sowohl ein rechtsgeschäftliches als auch ein gesetzliches oder Pfändungspfandrecht an einem Gegenstand der Insolvenzmasse zur abgesonderten Befriedigung (eingehend N/R/*Westphal* § 190 Rn 4–16; *Häcker*, Abgesonderte Befriedigung aus Rechten Rn 19 ff). Zu den Gegenständen, die der Zwangsvollstreckung in das unbewegliche Schuldnervermögen unterliegen, gehören auch Miteigentum und grundstücksgleiche Rechte, wie Erbbaurecht, Bergwerkseigentum, Wohnungseigentum (§§ 864, 870 ZPO) einschließlich der Grundstücksbestandteile, Erzeugnisse und des Zubehörs iSv §§ 93 f, 1120 BGB (vgl *Braun/Uhlenbruck* Unternehmensinsolvenz S 340; N/R/*Westphal* § 190 Rn 5). Rechtsgeschäftliche Pfandrechte (§§ 1204, 1205 BGB), Pfändungspfandrechte (§§ 803, 804 ZPO) oder ein gesetzliches Pfandrecht fallen ebenso hierunter wie Sicherungseigentum oder das Zurückbehaltungsrecht nach den §§ 994, 996, 1000 ff BGB, soweit die Forderung aus der Verwendung den noch vorhandenen Vorteil nicht übersteigt (§ 51 Nr 2), sowie eines kaufmännischen Zurückbehaltungsrechts (§§ 369 ff HGB; ferner die Absonderungsrechte von Bund, Ländern, Gemeinden und Gemeindeverbänden nach § 51 Nr 4. Einzelheiten bei N/R/*Westphal* § 190 Rn 6–12; HaKo-*Herchen* § 190 Rn 8.

Besteht zwischen dem Schuldner und einem Dritten eine **Gemeinschaft nach Bruchteilen**, eine andere **Gemeinschaft** oder eine **Gesellschaft** ohne Rechtspersönlichkeit, so kann aus dem im Rahmen der Auseinandersetzung ermittelten Anteil des Schuldners für Ansprüche aus dem Rechtsverhältnis gem § 84 Abs 1 S 2 abgesonderte Befriedigung verlangt werden. Weitere Absonderungsrechte bestehen nach §§ 77, 157 VVG. Bei allen diesen Absonderungsrechten ist aber zwingende Voraussetzung, dass einmal das betreffende Recht Gegenstand der Insolvenzmasse ist, zum andern dass der Gläubiger zugleich auch einen persönlichen Anspruch gegen den Schuldner hat. Zu **Absonderungsrechten an Rechten**, wie zB dem Anwartschaftsrecht beim Eigentumsvorbehaltskauf, erbrechtlichen Positionen, Erfinderrechten, Gebrauchs- und Geschmacksmustern, Gesellschaftsbeteiligungen, Aktien, Markenzeichen oder Urheberrechten vgl *Häcker*, Abgesonderte Befriedigung aus Rechten, Rn 24 ff.

5 b) **Vorausgegangenes Prüfungsverfahren.** § 190 greift nur ein für absonderungsberechtigte Gläubiger, deren Forderung zur Tabelle angemeldet, geprüft und zur Tabelle festgestellt worden ist. Ist die Forderung bestritten, so kommt eine Berücksichtigung nur entsprechend § 189 in Betracht (N/R/*Westphal* § 190 Rn 3). Hat ein Insolvenzgläubiger zwar seine Forderung rechtzeitig angemeldet, jedoch verspätet auf sein Absonderungsrecht hingewiesen, so hat der Verwalter erst ab diesem Zeitpunkt das Absonderungsrecht zu beachten (vgl N/R/*Westphal* § 190 Rn 3 a; *Zimmer* ZVI 2004, 269, 273). Hinsichtlich eines Verwertungserlöses besteht ein Ersatzaussonderungsrecht nach § 48.

6 2. **Besondere Voraussetzungen für die Berücksichtigung bei Schluss- und Nachtragsverteilungen.**
a) **Nachweis von Verzicht oder Ausfall.** Absonderungsberechtigte Gläubiger, denen der Schuldner auch persönlich haftet und die demgemäß Insolvenzgläubiger sind, werden im Insolvenzverfahren mit ihrer Forderung in voller Höhe berücksichtigt (§ 52 S 1). Demgemäß haben sie ihre Forderungen, auch soweit sie gesichert sind, in voller Höhe zur Tabelle anzumelden (vgl FK-*Kießner* § 190 Rn 3). Das Gesetz trägt nur dafür Sorge, dass die absonderungsberechtigten Gläubiger aus der Insolvenzmasse nur in der Höhe Zahlungen erhalten, als sie entweder auf die **abgesonderte Befriedigung verzichten** oder soweit sie **im Rahmen der abgesonderten Befriedigung ausgefallen** sind. Während für bestrittene Forderungen mit Absonderungsrechten § 189 eingreift, sieht § 190 ein Verfahren vor, bei dem bei Quotenzahlungen auch die Befriedigungsrechte absonderungsberechtigter Gläubiger in angemessener Weise Berücksichtigung finden. Den absonderungsberechtigten Gläubigern werden aber besondere **verfahrensrechtliche Pflichten** aufgebürdet, wenn sie Befriedigung aus der Masse erhalten wollen. Hierzu gehört der **Nachweis des Verzichts oder Ausfalls**. Verzichtet der absonderungsberechtigte Gläubiger auf sein Absonderungsrecht, wird er wie jeder andere Gläubiger bei der Verteilung berücksichtigt. Der Verzicht ist gegenüber dem Verwalter zu erklären. Er kann auch konkludent erklärt werden (**OLG Hamm** ZIP 1993, 1373; s aber auch §§ 1168, 875 BGB; N/R/*Westphal* § 190 Rn 22; BerlKo-*Breutigam* § 190 Rn 5). Hat ein absonderungsberechtigter Gläubiger mehrere Forderungen angemeldet, dann aber erklärt, dass er für eine Forderung von seinem Absonderungsrecht aus dem für alle Forderungen haftenden Pfandgegenstand keinen Gebrauch machen wolle, so liegt darin der Verzicht auf die abgesonderte Befriedigung auch für die anderen Forderungen (**RG** v 12. 5. 1914, RGZ 85, 53, 58; K/P/B/*Holzer* § 190 Rn 8; krit HaKo-*Herchen* § 190 Rn 12). Meldet ein Gläubiger seine gesamte Forderung ohne weitere Vorbehalte zur Insolvenztabelle an, liegt darin kein konkludenter Verzicht auf sein Absonderungsrecht, und zwar auch dann nicht, wenn er bei der Anmeldung der Forderung die Frage, ob eine abgesonderte Befriedigung unter gleichzeitiger Anmeldung der Forderung beansprucht werde mit „nein" beantwortet hat (**OLG Nürnberg** ZIP 2007, 642). Wenn ein absonderungsberechtigter Gläubiger auf abgesonderte Befriedigung verzichtet hat, so wird ihm bei den Verteilungen die Quote auf die volle Forderung ausgezahlt.

7 **Ausfall** ist der Betrag der Forderung, für den der Gläubiger bei Realisierung des Absonderungsrechts aus dem Deckungsgegenstand keine Befriedigung erlangt hat. Der **Nachweis des Ausfalls** lässt sich mit Sicherheit erst führen, nachdem der Gegenstand verwertet worden ist. Vorher lässt sich der Ausfall allenfalls schätzen und auch das ist nicht immer möglich. Nach **LG Siegen** (v 25. 1. 2005 – 4 T 17/05, n veröfftl) kann auf den Nachweis des Ausfalls auch bei schwieriger Vermarktungssituation nicht verzichtet werden. Durch den Beweis, dass der Wert des Pfandgegenstandes eine gewisse Höhe nicht überschreitet, kann der Nachweis des tatsächlichen Ausfalls nicht ersetzt werden (**RG** v 7. 12. 1906, RGZ 64, 425, 427; **RG** v 9. 2. 1918, RGZ 92, 181, 191). Mit dem Nachweis, dass der Pfandgegenstand nur einen bestimmten Wert hat, wie zB durch Vorlage des Gutachtens eines Verwerters, kann aber im Einzelfall der Wille des Gläubigers zum Ausdruck kommen, dass er jedenfalls nicht für einen höheren Betrag aus dem Pfandgegenstand Befriedigung suchen, also insoweit auf abgesonderte Befriedigung verzichten wolle. An diesen Verzicht bleibt er gebunden (vgl RGZ 64, 425, 427; RGZ 92, 181, 191; K/U § 153 KO Rn 2 c; K/P/B/*Holzer* § 190 Rn 7).

8 Bei **Zwangsversteigerung des Massegrundstücks** kann der Gläubiger, um seinen Ausfall nach § 190 Abs 1 zeitgerecht nachweisen zu können, bis zum Schluss des Versteigerungstermins verlangen, dass abweichend von den gesetzlichen Versteigerungsbedingungen bei der Feststellung des Geringsten Gebots (§§ 44, 45 ZVG) nur die seinem Anspruch vorgehenden Rechte berücksichtigt werden (§ 174 ZVG). Wird auf beide Angebote geboten, so ist der Zuschlag auf das abweichende Gebot zu erteilen, weil nur solchenfalls der Ausfall des Gläubigers im Verteilungsverfahren (§§ 105 ff ZVG) festgestellt werden kann (K/U § 153 KO Rn 2 c; K/P/B/*Holzer* § 190 Rn 9; *Zeller/Stöber* § 174 ZVG Rn 2, 3) § 190 findet keine Anwendung auf Ausfallforderungen von Gläubigern in parallelen Insolvenzverfahren über das Vermögen einer Gesellschaft und eines persönlich haftenden Gesellschafters. Der Insolvenzverwalter hat im Verteilungsverfahren des Gesellschafterinsolvenzverfahrens einen derartigen Ausfall von Forderungen vielmehr von Amts wegen zu beachten (**BGH** v 9. 6. 1994, WM 1994, 1590). Wegen der Ein-

IV. Besonderheiten bei Verwertung durch den Insolvenzverwalter (§ 190 Abs 3)   § 190

beziehung der persönlichen Haftung der Gesellschafter in § 93 in das Gesellschaftsinsolvenzverfahren hat diese Frage an praktischer Bedeutung verloren.

b) Ausschlussfrist. Der zur abgesonderten Befriedigung berechtigte Insolvenzgläubiger, der das Sicherungsgut nach den §§ 173 Abs 1, 166 Abs 1 selbst verwerten darf, hat gem § 190 Abs 1 S 1 gegenüber dem Insolvenzverwalter binnen einer **Frist von zwei Wochen** nach der öffentlichen Bekanntmachung der Teilungsmasse (§§ 190 Abs 1 S 1, 189 Abs 1, 188 S 3) den Nachweis zu erbringen, dass und für welchen Betrag er entweder auf die abgesonderte Befriedigung verzichtet hat oder bei ihr ausgefallen ist. Der Verwalter ist nicht verpflichtet, den Gläubiger auf die Frist und die Rechtsfolgen einer Fristversäumnis hinzuweisen (vgl auch **OLG Hamm** v 1. 6. 1994, ZIP 1994, 1373, 1376; K/P/B/*Holzer* § 190 Rn 5). 9

3. Rechtsfolge. Wird der Nachweis des Anfalls nicht rechtzeitig geführt, wird die Forderung bei der Verteilung nicht berücksichtigt. Das gilt selbst dann, wenn die persönliche Forderung im Prüfungsverfahren geprüft und in voller Höhe zur Tabelle festgestellt worden ist (*Braun/Kießner* § 190 Rn 9). Gleiches gilt, wenn die Feststellung dort mit dem Vermerk erfolgt ist „Festgestellt in Höhe des Ausfalls" oder „Festgestellt als Ausfallforderung" (vgl *Mandlik*, Rpfleger 1980, 143; K/U § 153 KO Rn 1; str aA K/P/B/*Pape* § 178 Rn 12, die diese Art der eingeschränkten Feststellung für unzulässig halten; s auch HaKo-*Herchen* § 190 Rn 4). Wird der Verzicht oder der Ausfall dem Insolvenzverwalter fristgerecht nachgewiesen, wird die Forderung mit dem Betrag bei der Verteilung berücksichtigt, mit dem der Gläubiger auf die abgesonderte Befriedigung verzichtet oder im Rahmen der Absonderung ausgefallen ist. 10

III. Berücksichtigung bei Abschlagsverteilungen (§ 190 Abs 2)

1. Forderungsanmeldung und Feststellung zur Tabelle. Auch bei einer Abschlagsverteilung ist zwingende Voraussetzung, dass die persönliche Forderung zur Tabelle angemeldet, geprüft und festgestellt worden ist. Das folgt aus § 52 S 1, wonach die Absonderungsberechtigten zugleich Insolvenzgläubiger sind, wenn der Insolvenzschuldner ihnen auch persönlich haftet (*Braun/Uhlenbruck* Unternehmensinsolvenz S 342; N/R/*Westphal* § 190 Rn 17). Nach § 52 S 2 ist der absonderungsberechtigte Gläubiger jedoch zur anteilmäßigen Befriedigung aus der Insolvenzmasse nur berechtigt, soweit er auf die abgesonderte Befriedigung verzichtet oder bei ihr ausgefallen ist. Der Ausfall ist jedoch meist zum Zeitpunkt der Abschlagsverteilung noch nicht bekannt. 11

2. Nachweis von Verzicht oder Ausfall. Während der **Verzicht auf das Absonderungsrecht** innerhalb der in § 189 Abs 1 vorgesehenen Ausschlussfrist, also innerhalb von **zwei Wochen nach der öffentlichen Bekanntmachung**, dem Insolvenzverwalter nachzuweisen ist, sieht § 190 Abs 2 S 1 **Nachweiserleichterungen für Abschlagsverteilungen** vor. Der absonderungsberechtigte Gläubiger muss für die Teilnahme an einer Abschlagsverteilung nicht nachweisen, ob und in welcher Höhe er bei der Realisierung des Absonderungsrechts ausgefallen ist. Vielmehr lässt das Gesetz es ausreichen, dass er dem Insolvenzverwalter innerhalb der Ausschlussfrist von zwei Wochen (§ 189 Abs 1) nachweist, dass die **Verwertung des Gegenstandes betrieben** wird, an dem das Absonderungsrecht besteht. Weiterhin braucht er den **Betrag des mutmaßlichen Ausfalls** lediglich mit den Mitteln des § 294 ZPO **glaubhaft zu machen** (MüKo-*Füchsl/Weishäupl* § 190 Rn 9). Allerdings wird solchenfalls der auf die Forderung entfallende Anteil **bei der Verteilung zurückbehalten** (§ 190 Abs 2 S 2). Eine vorzeitige Auszahlung ohne die erforderlichen Nachweise würde den Verwalter zwingen, die ausgezahlten Beträge später wieder zur Masse ziehen zu müssen. Sofern der absonderungsberechtigte Gläubiger den nach § 190 Abs 1 notwendigen Nachweis des Ausfalls bis zu der für die Schlussverteilung (§ 196) laufenden Ausschlussfrist erbringt, wird der zurückbehaltene Betrag an den Gläubiger ausgezahlt (vgl **RG** v 20. 2. 1915, RGZ 86, 247, 249; K/P/B/*Holzer* § 190 Rn 14; BerlKo-*Breutigam* § 190 Rn 11; N/R/*Westphal* § 190 Rn 31–35). Gläubiger, die **bei einer Abschlagsverteilung nicht berücksichtigt** worden sind und die Voraussetzungen der §§ 189, 190 nachträglich erfüllen, erhalten bei **einer nachfolgenden Verteilung** aus der restlichen Insolvenzmasse vorab einen Betrag, der sie mit den übrigen Gläubigern gleichstellt (§ 192). Wird der erforderliche Nachweis nicht bis spätestens zum Schlusstermin geführt, wird der zurückbehaltene Anteil gem § 190 Abs 2 S 3 für die Insolvenzmasse frei (vgl auch FK-*Kießner* § 190 Rn 11, 12; *Braun/Kießner*§ 190 Rn 9; N/R/*Westphal* § 190 Rn 30–35; H/W/F Hdb 8/21). 12

IV. Besonderheiten bei Verwertung durch den Insolvenzverwalter (§ 190 Abs 3)

Anders als nach § 127 KO ist der Insolvenzverwalter gem § 166 berechtigt, eine bewegliche Sache, an der ein Absonderungsrecht besteht oder eine Forderung, die der Schuldner zur Sicherung eines Anspruchs abgetreten hat, zu verwerten bzw einzuziehen. § 190 Abs 3 S 1 erklärt die Absätze 1 und 2 des § 190 bei ausschließender Verwertungsbefugnis des Insolvenzverwalters für unanwendbar, was selbstverständlich ist, da das Verwertungsrecht und demgemäß die Kenntnis von der Höhe des Ausfalls beim Verwalter liegt. Hier ist zu unterscheiden: Hat die **Verwertung bereits stattgefunden**, ist nach Abzug des 13

Verfahrensbeitrags nach § 171 der restliche Verwertungserlös unverzüglich an den absonderungsberechtigten Gläubiger auszuzahlen (§ 170). Damit steht für den Verwalter der endgültige Ausfall fest mit der Folge, dass er diesen bei Verteilungen zu berücksichtigen hat (N/R/*Westphal* § 190 Rn 38). Ist eine **Verwertung des Sicherungsgegenstandes noch nicht erfolgt**, so gilt Ähnliches wie nach § 190 Abs 2 S 1, jedoch mit der Maßgabe, dass der Verwalter den **Ausfall des Gläubigers zu schätzen** hat. Um die Höhe des mutmaßlichen Ausfalls zu schätzen, kann sich der Verwalter sämtlicher Hilfs- und Beweismittel bedienen, die dem zur Selbstverwertung berechtigten Absonderungsgläubiger zur Glaubhaftmachung des mutmaßlichen Ausfalls nach § 190 Abs 2 S 1 zur Verfügung stehen (N/R/*Westphal* § 190 Rn 40). Ggf ist ein Sachverständiger hinzuzuziehen. Wie in § 190 Abs 2 S 3 ist bei **Abschlagsverteilungen** der auf die Forderung des Absonderungsberechtigten entfallende Anteil auf die Forderung nicht auszuzahlen, sondern vom Verwalter **zurückzubehalten** (§ 190 Abs 3 S 2). Zurückzubehalten ist der Anteil so lange, bis der endgültige Ausfall feststeht (N/R/*Westphal* § 190 Rn 41; K/P/B/*Holzer* § 190 Rn 17; MüKo-*Füchsl/Weishäupl* § 190 Rn 14; *Hess* § 190 Rn 25). Zweifelhaft ist, ob der absonderungsberechtigte Gläubiger das Risiko der Verwertung des Sicherungsguts bis zur Schlussverteilung trägt mit der Folge, dass bei nicht erfolgter Verwertung „nur die Möglichkeit bleibt, den voraussichtlichen Ausfall zu schätzen und in dieser Höhe auf abgesonderte Befriedigung zu verzichten" (so BerlKo-*Breutigam* § 190 Rn 11; *Hess* § 190 Rn 28; HK-*Depré* § 190 Rn 4). Steht bei einem Absonderungsrecht an einem beweglichen Gegenstand das Verwertungsrecht dem Verwalter zu, so hat nach Begr RegE (abgedr bei K/P, S 422) „der Verwalter dafür zu sorgen, dass der Gegenstand noch vor der Schlussverteilung verwertet wird und der Ausfall des Gläubigers damit rechtzeitig feststeht".

14 **§ 190 Abs 2 S 3 gilt nur für Abschlagsverteilungen.** Mit Recht hat der Gesetzgeber keine Veranlassung gesehen, eine entsprechende Regelung für die **Schlussverteilung** einzuführen (N/R/*Westphal* § 190 Rn 46; MüKo-*Füchsl/Weishäupl* § 190 Rn 12; *Graf-Schlicker/Mäusezahl* § 190 Rn 8). Grundsätzlich ist davon auszugehen, dass der Insolvenzverwalter vor der Schlussverteilung nicht nur das schuldnerische Vermögen, sondern auch die Gegenstände verwertet hat, an denen Absonderungsrechte bestehen. Nur wenn das **Sicherungsgut unveräußerbar** oder nur langfristig veräußerbar ist, „bleibt dem Gläubiger nichts anderes übrig, als rechtzeitig in Höhe des selbst geschätzten mutmaßlichen Ausfalls auf die abgesonderte Befriedigung zu verzichten, um zumindest in dieser Höhe an der Verteilung teilzunehmen" (N/R/*Westphal* § 190 Rn 46). Das **Recht zum ganzen oder teilweisen Verzicht auf die Forderung** wird dem Gläubiger durch die Regelung in § 190 Abs 3 nicht genommen (N/R/*Westphal* § 190 Rn 46). Hatte der Verwalter den **mutmaßlichen Ausfall des Gläubigers geschätzt** (§ 190 Abs 3 S 2) und den auf die Forderung entfallenden Anteil zurückbehalten, so wird, wenn der Gegenstand nicht verwertet wird, die geschätzte Ausfallforderung für die Schlussverteilung frei. Es ist Sache des absonderungsberechtigten Gläubigers, wenn er keinen Verzicht erklärt, den Sicherungsgegenstand nach Verfahrensbeendigung selbst zu verwerten und aus dem Verwertungserlös Befriedigung zu suchen. IdR wird jedoch in solchen Fällen schwerer oder unmöglicher Verwertbarkeit der Gläubiger auf das Absonderungsrecht verzichten und sich mit der Quote begnügen. Damit ist eine spätere Verwertungsmöglichkeit nach Verfahrensbeendigung aber ausgeschlossen.

§ 191 Berücksichtigung aufschiebend bedingter Forderungen

(1) ¹Eine aufschiebend bedingte Forderung wird bei einer Abschlagsverteilung mit ihrem vollen Betrag berücksichtigt. ²Der auf die Forderung entfallende Anteil wird bei der Verteilung zurückbehalten.

(2) ¹Bei der Schlußverteilung wird eine aufschiebend bedingte Forderung nicht berücksichtigt, wenn die Möglichkeit des Eintritts der Bedingung so fernliegt, daß die Forderung zur Zeit der Verteilung keinen Vermögenswert hat. ²In diesem Fall wird ein gemäß Absatz 1 Satz 2 zurückbehaltener Anteil für die Schlußverteilung frei.

I. Allgemeines

1 Die Vorschrift entspricht den früheren §§ 154, 156, 168 Nr 2 KO, die nunmehr sachgerecht in § 191 zusammengefasst werden. Zwingende Voraussetzung ist für die Berücksichtigung einer aufschiebend bedingten Forderung im Verteilungsverfahren, dass es sich um eine festgestellte Forderung handelt (§§ 178 Abs 1, 183 Abs 1), um eine titulierte Forderung iSv § 179 Abs 2, die geprüft, aber bestritten wurde, oder um eine geprüfte und bestrittene Forderung, hinsichtlich deren dem Verwalter der Nachweis erbracht wurde, dass nach § 189 Abs 1, 2 rechtzeitig Klage erhoben worden ist (BerlKo-*Breutigam* § 191 Rn 2; N/R/*Westphal* § 191 Rn 4).

II. Aufschiebend bedingte Forderungen

2 **1. Begriff.** Bedingung iSv §§ 158 ff BGB ist die durch den Parteiwillen in ein Rechtsgeschäft eingebrachte Bestimmung, die die Rechtswirkungen des Geschäfts von einem zukünftigen ungewissen Ereignis abhängig macht. Bei der aufschiebenden Bedingung hängt der Eintritt der Rechtswirkungen von ei-

II. Aufschiebend bedingte Forderungen **§ 191**

nem künftigen Ereignis ab. Dem Erwerber steht zunächst ein **Anwartschaftsrecht** zu, das mit Eintritt der Bedingung zum Vollrecht erstarkt. Während § 158 BGB nur rechtsgeschäftliche Bedingungen erfasst, geht der Bedingungsbegriff in § 191 weiter. **Aufschiebend bedingte Forderungen iSv § 191** sind nicht nur Forderungen, die von einer durch Rechtsgeschäft gesetzten Bedingung abhängen, sondern auch Forderungen, die einer gesetzlichen Bedingung unterliegen, und die sogen **Rechtsbedingungen** (vgl **RG v 4. 10. 1904; RGZ 59, 53, 56;** N/R/*Westphal* § 191 Rn 3; MüKo-*Füchsl/Weishäupl* § 191 Rn 5; krit zu hM *Jaeger/Henckel* § 3 KO Rn 39).

Hierzu zählen auch **befristete Forderungen mit ungewissem Fälligkeitstermin** (BGH ZInsO 2005, 535, 536; *Andres/Leithaus* § 41 Rn 3; MüKo-*Füchsl/Weishäupl* § 191 Rn 5; *Braun/Kießner* § 191 Rn 4; HaKo-*Herchen* § 191 Rn 6; str aA MüKo-*Lwowski/Bitter* § 41 Rn 10). **Ansprüche auf Altersruhegeld**, Berufunfähigkeitsrente und Hinterbliebenenrente sind ebenfalls aufschiebend bedingte Forderungen, solange der Versorgungsfall noch nicht eingetreten ist (vgl **BGH NZI 2005, 384 f**). Umstritten ist die Frage, ob **Rückgriffsansprüche des Bürgen oder Mitverpflichteten** Bedingungen iSv § 191 Abs 1 sind, die an der Verteilung teilnehmen. Die Streitfrage gewinnt vor allem bei den in **Bausachen** häufigen **Gewährleistungsbürgschaften** oder bei den in Bauträgerinsolvenzen häufigen Ansprüchen aus Mietgarantien an Bedeutung. Nach *E. Wissmann* (Mithaft Rn 138) sind **Regressansprüche des Bürgen** bedingte Insolvenzforderungen iSv § 191. Richtig ist, dass der Bürge oder Mitverpflichtete gem § 44 nur dann am Insolvenzverfahren teilnimmt, wenn der Gläubiger seine Forderung nicht geltend macht. Dies entspricht auch der Regelung in dem früheren § 33 VglO. Der Regressanspruch kann, soweit er zur Zeit der Verfahrenseröffnung noch bedingt ist, der Bürge oder Mitverpflichtete also noch nicht geleistet hat, nicht neben der Forderung des Hauptgläubigers geltend gemacht werden. Hierdurch soll verhindert werden, dass dieselbe Forderung mehrfach im Verfahren geltend gemacht werden kann.

Bei einer **Vollbefriedigung des Hauptgläubigers vor Verfahrenseröffnung** wird an dessen Stelle der leistende **Rückgriffsberechtigte** von vornherein aktiv teilnahmeberechtigter Insolvenzgläubiger, wenn und soweit die Hauptforderung kraft Gesetzes (§§ 426 Abs 2, 774 BGB) auf ihn übergeht (vgl auch *Jaeger/Henckel* § 3 KO Rn 59; BGH v 21. 12. 1970, BGHZ 55, 117 = KTS 1971, 201). Entsprechendes gilt, wenn mehrere Mithaftende den Hauptgläubiger durch Teilleistungen voll befriedigt haben. Sie sind solchenfalls, soweit die Forderung gegen den Schuldner auf sie übergegangen ist, nebeneinander teilnahmeberechtigte Insolvenzgläubiger iSv § 38. Hat der Bürge oder Mitverpflichtete zum Zeitpunkt der Verfahrenseröffnung noch nicht geleistet, so kann der Anspruch, soweit er zum Zeitpunkt der Verfahrenseröffnung noch bedingt ist, gem § 44 nicht neben der Forderung des Hauptgläubigers geltend gemacht werden, weil Doppelanmeldungen und verfahrensrechtliche Doppelbeteiligungen verhindert werden sollen (*Jaeger/Henckel* § 3 KO Rn 54, 57; K/U § 67 KO Rn 3).

Allgemeine Voraussetzung für die Berücksichtigung einer aufschiebend bedingten Forderung im Verteilungsverfahren ist – wie oben bereits festgestellt wurde – die **Durchführung eines Prüfungsverfahrens** und die **Feststellung der Forderung**. Findet eine solche nicht statt, weil der Gläubiger seine Forderung geltend macht (§ 44), kann § 191 überhaupt nicht zur Anwendung kommen (vgl auch BerlKo-*Breutigam* § 191 Rn 2; N/R/*Westphal* § 191 Rn 4). Gleiches gilt für die **Regressansprüche der Indossanten eines Wechsels**. Sie sind zwar durch die Wiedereinlösung aufschiebend bedingte Insolvenzforderungen, können aber im Insolvenzverfahren aus dessen Vermögen neben dem Wechselschuldner nicht neben dem angemeldeten Wechselanspruch des Wechselinhabers berücksichtigt werden (RGZ 85, 57; K/U § 67 KO Rn 3). Ebenso kann ein **ausgeschiedener Kommanditist**, der wegen seiner persönlichen Haftung für die Altschulden nach Eröffnung des Gesellschaftsinsolvenzverfahrens Zahlungen an die Altgläubiger leistet, solange die Altgläubiger nicht voll befriedigt sind, wegen seiner Erstattungsansprüche gegen die Gesellschaft nicht neben den Altgläubigern am Verfahren teilnehmen (BGHZ 27, 58; *Kilger*/K. *Schmidt* § 67 KO Anm 1). Auch bei einer **Sachmithaft aufs Ganze** kann der dingliche Schuldner, der den gesicherten Gläubiger nur teilweise befriedigt, nicht den auf ihn nach den §§ 1143, 1124 BGB übergehenden Forderungsteil als Insolvenzforderung geltend machen. Der gesicherte Gläubiger bleibt vielmehr mit seiner ganzen Forderung Insolvenzgläubiger. Unter § 191 fallen aber **Ansprüche auf Schadenersatz wegen Nichterfüllung** nach den §§ 103 Abs 2, 104 Abs 1, 2, 3, 109 Abs 1 S 2, Abs 2 S 2, sowie aus § 113 Abs 1 S 3 (N/R/*Westphal* § 191 Rn 3; K/U § 67 KO Rn 2; *Kilger*/K. *Schmidt* § 67 KO Anm 1). Auch Ansprüche auf **Vertragsstrafe** fallen unter § 191 (RGZ 59, 53, 56).

Umstritten ist die **Einordnung noch nicht entstandener Steuerforderungen**. Die insolvenzrechtliche Einordnung der Steuerforderung beurteilt sich nicht nach dem Entstehen, sondern gem § 38 nach dem Zeitpunkt, zu dem sie begründet im insolvenzrechtlichen Sinne ist. Bei insolvenzrechtlich bereits begründeten, steuerrechtlich aber noch nicht entstandenen Steueransprüchen handelt es sich um **befristete Forderungen** (so zutr *Frotscher* Besteuerung S 63; HaKo-*Herchen* § 190 Rn 8). Das Entstehen der Steuerforderung ist von einem zukünftigen gewissen Ereignis abhängig, nämlich dem Ablauf des steuerlich maßgebenden, kalendermäßig bestimmten Besteuerungszeitraums. Insoweit liegt eine Zeitbestimmung iSv § 163 BGB vor. Da die **befristete Steuerforderung** nach neuerer Literaturmeinung und hier vertretener Auffassung (§ 41 Rn 4) wie eine aufschiebend bedingte Steuerforderung behandelt wird (BFHE 134, 54 = ZIP 1981, 1261; BerlKo-*Breutigam* § 41 Rn 6; MüKo-*Füchsl/Weishäupl* § 191 Rn 9; HaKo-*Herchen* § 191 Rn 8; krit MüKo-*Lwowski/Bitter* § 41 Rn 9, 10), findet § 191 Anwendung mit der Folge, dass die auf die Forderung entfallende Quote bei einer Abschlags- oder Schlussverteilung zurückbehalten wird. Eine volle Befriedigung erfolgt erst, wenn die Forderung entstanden ist (*Frotscher* Besteuerung S 64; K/U § 65 KO Rn 7 a; unzutr BMF v 17. 12. 1998, Ziff 4.2, BStBl I 1998 S 1500 = ZIP 1999, 775, 776).

7 **Vorsteuerrückforderungsansprüche aufgrund uneinbringlicher Forderungen** (§ 17 UStG) sind in voller Höhe zur Insolvenztabelle anzumelden (*Frotscher* Besteuerung S 191). Die Umsatzsteuer ist Insolvenzforderung, wenn und soweit sie im Zeitpunkt der Verfahrenseröffnung begründet ist (§ 38). Auf ihre Entstehung (§ 13 UStG) oder Fälligkeit (§ 18 UStG) kommt es nicht an. Vielmehr ist eine Steuerforderung insolvenzrechtlich begründet, wenn der zugrunde liegende zivilrechtliche Sachverhalt, der zur Entstehung der Steueransprüche führt, vor Insolvenzeröffnung verwirklicht worden ist (**BFH ZIP 1993, 1892**). Der **Vorsteuerrückforderungsanspruch** nach § 17 Abs 1 Nr 2 iVm § 17 Abs 2 Nr 1 UStG entsteht erst mit Ablauf des Voranmeldungszeitraums. Er ist aber zur Zeit der Verfahrenseröffnung bereits begründet iSv § 38, weil die Uneinbringlichkeit spätestens zu diesem Zeitpunkt vorlag (**BFH BStBl II 1987, 691;** BFM-Schreiben v 4. Mai 1988, BStBl I 1988, 165; BFM-Schreiben v 17. 12. 1998, BStBl 1998 I S 1500 = ZIP 1999, 775 Ziff 4.2 Beispiel 2; MüKo-*Füchsl/Weishäupl* § 191 Rn 12). Die Steueransprüche aus der Rückforderung der Vorsteuer sind allerdings **befristete Forderungen** (*Frotscher* Besteuerung S 192). Da sie als aufschiebend bedingte Forderungen behandelt werden, berechtigen sie gem § 191 nur zu einer Sicherung und sind erst dann, wenn sie materiellrechtlich entstanden sind, als unbedingte Forderungen zur Tabelle anzumelden. Zutreffend weist *Frotscher* (Besteuerung S 192) darauf hin, dass die Vorsteuerrückforderungsansprüche ihrem Charakter nach nicht aufschiebend bedingt sind. Die Uneinbringlichkeit und ihr Ausmaß ist nicht objektiv ungewiss, sondern nur den Beteiligten unbekannt. Die Bedingung bestehe auch nicht darin, dass bei späterer Zahlung eine erneute Berichtigung zu erfolgen hat. Einzelheiten zum Vorsteuerrückforderungsanspruch im Insolvenzverfahren bei *Frotscher* Besteuerung S 187 ff; *Weiß*, Insolvenz + Steuer S 75 f; *Onusseit/Kunz*, Steuern, 2. Aufl Rn 455 ff; *Maus* 2. Aufl S 73 ff m Fallbeispielen; *Bringewat/Waza* Insolvenzen und Steuern 4. Aufl Rn 383 ff; *Hübschmann/Hepp/Spitaler/Beermann* § 251 AO Rn 171; MüKo-*Füchsl/Weishäupl* § 191 Rn 12.

8 **2. Berücksichtigung bei Abschlagsverteilungen (Abs 1).** Gem § 191 Abs 1 S 1 wird die aufschiebend bedingte Forderung im Rahmen einer Abschlagsverteilung mit ihrem **vollen Betrag** berücksichtigt. Bei der Verteilung wird also die aufschiebend bedingte Forderung behandelt wie eine unbedingte Forderung (N/R/*Westphal* § 191 Rn 6, 7). Eine Besonderheit bzw Einschränkung enthält § 191 Abs S 2: Der auf die Forderung entfallende Anteil wird bei der Verteilung **zurückbehalten**. Tritt die Bedingung vor der Schlussverteilung ein, ist der zurückbehaltene Betrag an den Gläubiger auszuzahlen. Fällt die Bedingung aus, werden die hinterlegten Beträge für die Schlussverteilung frei. Der Nachweis des Eintritts der Bedingung obliegt dem Gläubiger. Anders als bei der Schlussverteilung kommt es bei der Abschlagsverteilung nicht auf die Werthaltigkeit der Anwartschaft an. Eine **Berücksichtigung** der aufschiebend bedingten Forderung erfolgt also auch, **wenn die Forderung** zum Zeitpunkt der Abschlagsverteilung **keinen Vermögenswert** hat. Da aber keine Auszahlung erfolgt, bereitet eine **spätere Korrektur im Rahmen der Schlussverteilung** keine Schwierigkeiten. § 191 Abs 1 findet auch auf **Abschlagsverteilungen nach § 115 a GenG** Anwendung (K/U § 154 KO Rn 1; K/P/B/*Holzer* § 191 Rn 5; *Beuthien* § 115 a GenG Rn 2). Jedoch müssen die besonderen Voraussetzungen des § 115 a Abs 1 S 1 GenG vorliegen, dh die Abwicklung des Insolvenzverfahrens muss voraussichtlich längere Zeit in Anspruch nehmen und sowohl der Gläubigerausschuss als auch das Insolvenzgericht müssen zugestimmt haben. Der Verwalter hat im Übrigen die Vorschriften der §§ 187–195 zu beachten. Vgl auch *Terbrack*, Genossenschaftsinsolvenz Rn 471 u Rn 473; *Steder* § 115 a GenG Rn 3; *Lang/Weidmüller/Metz/Schaffland* § 115 a GenG Rn 2; *Müller* § 115 a GenG Rn 1. Ergibt sich nach der Befriedigung der Gläubiger ein Überschuss aus der Insolvenzmasse, so sind die zu viel gezahlten Beträge den Genossen aus dem Überschuss zu erstatten. Insoweit gelten die Verteilungsgrundsätze des § 115 Abs 3 GenG.

9 **3. Berücksichtigung bei der Schlussverteilung (§ 191 Abs 2). a) Nicht fern liegender Bedingungseintritt.** Ist zu erwarten, dass die auflösende Bedingung eintritt, wird im Rahmen einer Schlussverteilung die aufschiebend bedingte Forderung in voller Höhe berücksichtigt. Wegen der Regelung in § 191 Abs 2 S 1 hat der Verwalter somit zu prüfen, ob der Eintritt der Bedingung nicht so fern liegend ist, dass die Forderung zum Zeitpunkt der Verteilung **keinen Vermögenswert** mehr hat. Handelt es sich nicht um eine **aussichtslose Anwartschaft**, so kann aus dem Fehlen einer den §§ 191 Abs 1 S 2 InsO, 168 Nr 2 KO entsprechenden Vorschrift in § 191 Abs 2 nicht gefolgert werden, dass auf die aufschiebend bedingte Forderung vor Eintritt der Bedingung eine Quotenzahlung erfolgt. Auch nach der InsO hat der **Gläubiger keinen Anspruch auf Auszahlung** (K/P/B/*Holzer* § 191 Rn 7; FK-*Kießner* § 191 Rn 5; *Hess* § 191 Rn 5; BerlKo-*Breutigam* § 191 Rn 6; N/R/*Westphal* § 191 Rn 10). Das Fehlen einer entsprechenden Regelung in § 191 Abs 2 beruht auf einem Redaktionsversehen des Gesetzgebers ähnlich dem in § 189. Aus der Begr RegE ergibt sich, dass der Gesetzgeber meinte, die Zurückbehaltungsanordnung des § 168 KO mit übernommen zu haben (vgl Begr RegE zu § 191, abgedr bei K/P, S 422). Die offensichtlich aufgrund eines Redaktionsversehens bestehende **Regelungslücke** ist im Wege der Analogie zu § 191 Abs 1 S 2 zu schließen (so auch BerlKo-*Breutigam* § 191 Rn 7 Fn 3) mit der Folge, dass der auf

eine aufschiebende bedingte werthaltige Forderung entfallende Anteil **bis zum Eintritt der Bedingung zurückzubehalten** und gem § 198 vom Verwalter **zu hinterlegen** ist (BerlKo-*Breutigam* § 191 Rn 7; MüKo-*Füchsl/Weishäupl* § 191 Rn 15; FK-*Kießner* § 191 Rn 5; N/R/*Westphal* § 191 Rn 10; K/P/B/ *Holzer* § 191 Rn 7; HK-*Depré* § 191 Rn 2). Besitzt also die Forderung zum Zeitpunkt der Schlussverteilung einen **Vermögenswert**, so ist die Quote gem § 198 zu hinterlegen (BerlKo-*Breutigam* § 191 Rn 7; *Hess* § 191 Rn 5; N/R/*Westphal* § 191 Rn 10). Eine Auszahlung erfolgt erst mit dem **Eintritt der Bedingung.** Tritt die Bedingung nicht ein, wird der zugunsten der Insolvenzmasse hinterlegte Betrag auf Anordnung des Insolvenzgerichts gem § 203 Abs 1 Nr 1 einer Nachtragsverteilung zugeführt (K/P/B/ *Holzer* § 191 Rn 7; *Jaeger/Weber* § 169 KO Rn 4; N/R/*Westphal* § 191 Rn 10). Das gilt vor allem in Bauinsolvenzen, wenn wegen noch laufender Gewährleistungsfristen **bedingte Gewährleistungsansprüche** zur Tabelle angemeldet worden waren (*Braun/Kießner* § 191 Rn 9 mit Hinweisen zur **Mietgarantie** in der Bauträgerinsolvenz in Rn 10).

b) **Fern liegender Bedingungseintritt.** Aussichtslose Anwartschaften ohne Vermögenswert sollen gem 10 § 191 Abs 2 S 1 bei der Schlussverteilung keine Berücksichtigung finden. Ist also der Eintritt der aufschiebenden Bedingung so fern liegend, dass die Forderung zum Zeitpunkt der Schlussverteilung **keinen Vermögenswert** hat, wird sie bei der Schlussverteilung nicht mehr berücksichtigt (§ 191 Abs 2 S 1). Mit dieser Regelung will der Gesetzgeber langjährige Hinterlegungen für nicht mehr realisierbare Forderungen vermeiden (K/P/B/*Holzer* § 191 Rn 8). Die **Beweislast hinsichtlich der Wertlosigkeit der Forderung** liegt beim Insolvenzverwalter (*Kilger/K. Schmidt* § 154 KO Anm 1; MüKo-*Füchsl/Weishäupl* § 191 Rn 15; N/R/*Westphal* § 191 Rn 12; BerlKo-*Breutigam* § 191 Rn 5). Gegen den zurückweisenden Beschluss steht dem Gläubiger die **sofortige Beschwerde** zu (§§ 197 Abs 3, 194 Abs 2 S 2). Bei Streit über die Wahrscheinlichkeit des Bedingungseintritts entscheidet das Insolvenzgericht gem §§ 197 Abs 3, 194 Abs 2, 3 (N/R/*Westphal* § 191 Rn 12; BerlKo-*Breutigam* § 191 Rn 5). Wird festgestellt, dass die Möglichkeit des Eintritts der aufschiebenden Bedingung so fern liegt, dass die Forderung zur Zeit der Verteilung, bei gerichtlicher Entscheidung zur Zeit der Entscheidung, keinen Vermögenswert hat, wird die auf die Forderung zurückbehaltene Quote gem § 191 Abs 2 S 2 für die Schlussverteilung frei (K/P/B/*Holzer* § 192 Rn 9).

Problematisch ist die **Behandlung von Prozesskosten**, die bis zur Unterbrechung eines Passivprozesses 11 über eine Insolvenzforderung entstanden sind, wenn der Insolvenzgläubiger seine Forderung angemeldet hatte und diese zur Tabelle festgestellt worden ist (vgl *Bork* ZIP 2007, 355; HaKo-*Herchen* § 191 Rn 11). Mit Erlass der Kostenentscheidung nach Beendigung der nach § 240 ZPO eingetretenen Unterbrechung tritt die aufschiebende Bedingung ein und die Quote auch auf die festgestellte Kostenforderung kann ausgeschüttet werden (HaKo-*Herchen* § 191 Rn 11).

III. Auflösend bedingte Forderungen

Auflösende Bedingungen (§ 158 Abs 2 BGB) werden im Insolvenzverfahren gem § 42 wie unbedingte 12 Forderungen behandelt, solange die Bedingung nicht eingetreten ist. Sie sind demgemäß zur Tabelle anzumelden und unbedingt festzustellen. Die auf auflösend bedingte Forderungen entfallende Quote ist bei der Verteilung **in vollem Umfang auszuzahlen** (BerlKo-*Breutigam* § 191 Rn 8; N/R/*Westphal* § 191 Rn 13; K/P/B/*Holzer* § 191 Rn 10; *Hess* § 191 Rn 13; *Smid* § 191 Rn 1; FK-*Kießner* § 191 Rn 9; *Hess* § 191 Rn 7). Da der Gesetzgeber der InsO die Regelung des § 168 Nr 4 KO nicht übernommen hat, darf der Verwalter die auf auflösende Forderungen entfallenden Anteile selbst dann nicht zurückbehalten, wenn er berechtigt ist, Sicherheit zu verlangen, und der Gläubiger die Sicherheit nicht leistet (N/R/*Westphal* § 191 Rn 14; K/P/B/*Holzer* § 191 Rn 10; BerlKo-*Breutigam* § 191 Rn 9). Demgemäß sind auflösend bedingte Forderungen sowohl bei Abschlagsverteilungen als auch bei der Schlussverteilung nicht nur zu berücksichtigen, sondern auch **mit einer Quote zu bedienen** (BerlKo-*Breutigam* § 191 Rn 8). Dies kann nach zutreffender Feststellung von *Breutigam* (BerlKo-*Breutigam* § 191 Rn 9) in den Fällen „problematisch sein, in denen die auflösende Bedingung noch nicht eingetreten ist, der Verwalter jedoch aufgrund der Umstände des Einzelfalles davon ausgehen muss, dass die Bedingung später (nach Durchführung der Verteilung) eintreten wird". In solchen Fällen wird man dem Insolvenzverwalter zumuten müssen, sämtliche verfügbaren prozessualen Möglichkeiten auszuschöpfen, um eine Auszahlung zu verhindern. Es handelt sich um praktisch kaum vorkommende Sonderfälle, wie zB den durch dinglichen Arrest (§ 916 Abs 2 ZPO) gesicherten Schadenersatzanspruch nach § 160 Abs 2 BGB oder um durch Parteivereinbarung begründete Ansprüche auf Sicherheitsleistung.

§ 192 Nachträgliche Berücksichtigung

Gläubiger, die bei einer Abschlagsverteilung nicht berücksichtigt worden sind und die Voraussetzungen der §§ 189, 190 nachträglich erfüllen, erhalten bei der folgenden Verteilung aus der restlichen Insolvenzmasse vorab einen Betrag, der sie mit den übrigen Gläubigern gleichstellt.

I. Allgemeines

1 § 192 entspricht weitgehend dem früheren § 155 KO. Die Vorschrift soll gewährleisten, dass ein Gläubiger, der bei früheren Abschlagsverteilungen nicht berücksichtigt werden konnte, weil er nicht oder nicht rechtzeitig die Klageerhebung oder die Aufnahme des Rechtsstreits (§ 189) oder den Ausfall oder Verzicht (§ 190) nachgewiesen hatte, bei weiteren Abschlagsverteilungen oder bei der Schlussverteilung den übrigen Gläubigern gleichgestellt wird. Letzter Zeitpunkt für eine solche Gleichstellung ist die Schlussverteilung (§ 196). Bei der Schlussverteilung nicht berücksichtigte Gläubiger fallen mit ihrer Forderung bei der Verteilung endgültig aus.

II. Nicht berücksichtigte Gläubiger

2 **1. Rechtmäßig nicht berücksichtigte Gläubiger.** § 192 gilt dem Wortlaut nach allgemein für Gläubiger, „die bei einer Abschlagsverteilung nicht berücksichtigt worden sind", also für die Gläubiger bestrittener Forderungen (§ 189) und absonderungsberechtigte Gläubiger (§ 190). Die Vorschrift ist auch auf verspätet angemeldete Forderungen entspr anzuwenden (MüKo-*Füchsl/Weishäupl* § 192 Rn 7; N/R/*Westphal* § 192 Rn 6). Eine nachträgliche Berücksichtigung findet nur statt, wenn die bis dahin fehlenden Voraussetzungen **nachträglich** erfüllt sind, was der Gläubiger gegenüber dem Verwalter nachzuweisen hat (N/R/*Westphal* § 192 Rn 7–10; *Hess* § 192 Rn 6; MüKo-*Füchsl/Weishäupl* § 192 Rn 9 m Ausn d entspr Anwendung der Vorschrift).

3 **2. Gesetzwidrig nicht berücksichtigte Gläubiger.** Schon zu § 155 KO entsprach es allgemeiner Meinung, dass auch solche Gläubiger mit ihren Forderungen nachträgliche Berücksichtigung finden, deren Forderungen vom Verwalter bei der Verteilung versehentlich nicht berücksichtigt wurden (K/U § 155 KO Rn 1; *Kilger/K. Schmidt* § 155 Anm 1). Auch für die InsO ist inzwischen anerkannt, dass § 192 auch auf rechtswidrig übergangene Gläubiger Anwendung findet (K/P/B/*Holzer* § 192 Rn 3; BerlKo-*Breutigam* § 192 Rn 1, 2; N/R/*Westphal* § 192 Rn 15). Zum **Ausgleich von Verteilungsfeldern s auch die Kommentierung zu § 188 Rn 20–24.** Es wäre nicht nur im Hinblick auf die Interessen des übergangenen Gläubigers, sondern auch wegen der möglichen Haftung des Verwalters nach § 60 unbillig, dem versehentlich übergangenen Gläubiger eine nachträgliche Berücksichtigung zu versagen. Allerdings kann insoweit ein Anspruch auf Nachtragsberücksichtigung nicht etwa im Klagewege gegen den Verwalter durchgesetzt werden (HaKo-*Herchen* § 192 Rn 7; BerlKo-*Breutigam* § 192 Rn 2), denn die §§ 58, 60 schützen den Gläubiger hinreichend gegen eine pflichtwidrige Weigerung des Verwalters, eine übersehene Forderung in das Verteilungsverzeichnis aufzunehmen.

III. Nachträgliche Gleichstellung mit den anderen Gläubigern

4 **1. Zeitpunkt der Gleichstellung.** Anders als nach § 155 KO sieht § 192 zur Vereinfachung des Verteilungsverfahrens vor, dass die Gläubiger, die nachträglich die Voraussetzungen für die Berücksichtigung bei einer Verteilung erfüllen, nicht sofort, sondern erst bei der folgenden Verteilung den übrigen Gläubigern gleichgestellt werden (so Begr RegE, abgedr bei K/P, Das neue Insolvenzrecht S 423; *Hess* § 192 Rn 3; vgl auch N/R/*Westphal* § 192 Rn 17; K/P/B/*Holzer* § 192 Rn 8). Die Vorschrift schließt somit vorzeitige Auszahlungen aus (HK-*Irschlinger* § 192 Rn 1; BerlKo-*Breutigam* § 192 Rn 6).

5 **2. Nachträgliche Berücksichtigung auf Antrag.** Nicht im Gesetz geregelt ist die Frage, ob es für die nachträgliche Berücksichtigung eines besonderen Antrags des Gläubigers bedarf (bejahend K/P/B/*Holzer* § 192 Rn 6; K/U § 155 KO Rn 1, 2 a; *Hess* § 192 Rn 5; *Kilger/K. Schmidt* § 155 KO Anm 1; verneinend BerlKo-*Breutigam* § 192 Rn 2). Die Frage hat idR keine praktische Bedeutung, denn die Gläubiger bestrittener Forderungen bzw absonderungsberechtigte Gläubiger haben die nach §§ 189, 190 erforderlichen **Nachweise gegenüber dem Insolvenzverwalter** zu erbringen (vgl N/R/*Westphal* § 192 Rn 8–10), so dass der Nachweis ein entsprechendes Begehren des Gläubigers auf nachträgliche Berücksichtigung impliziert. Der Antrag bzw der Nachweis muss **vor Ablauf der Ausschlussfrist** für die nächste Verteilung beim Verwalter eingehen (K/U § 155 KO Rn 1, 2 a; K/P/B/*Holzer* § 192 Rn 4). Die Ausschlussfrist des § 189 Abs 1 wird nicht erneut in Lauf gesetzt (K/P/B/*Holzer* § 192 Rn 4).

6 **3. Berücksichtigung von Amts wegen.** Praktische Bedeutung kommt – wie bereits nach früherem Recht – der Frage amtswegiger oder antragsgemäßer Berücksichtigung zu, wenn die Nichtberücksichtigung auf einem fehlerhaften Verhalten des Verwalters beruht. Hier wurde früher zu § 155 KO allgemein die Auffassung vertreten, dass der Konkursverwalter **von Amts wegen verpflichtet** war, von ihm gesetzwidrig bei der Verteilung nicht berücksichtigte Forderungen ohne Antrag „von Amts wegen" zu berücksichtigen (*Jaeger/Weber* § 155 KO Rn 1 a). Auch für die InsO entspricht es inzwischen allgemeiner Auffassung, dass **rechtswidrig nicht berücksichtigte Gläubiger** durch den Verwalter kraft seines Amtes nachträglich zu berücksichtigen sind (K/P/B/*Holzer* § 192 Rn 6; N/R/*Westphal* § 192 Rn 16; HaKo-

II. Notwendige Änderungen des Verteilungsverzeichnisses **§ 193**

Herchen § 192 Rn 7; BerlKo-*Breutigam* § 192 Rn 2). War die Forderung im Verteilungsverzeichnis aufgeführt, aber versehentlich bei der Verteilung nicht berücksichtigt worden, kann der Gläubiger **sofortige Auszahlung der Quote** verlangen. Er braucht nicht die nächste Verteilung abzuwarten (N/R/*Westphal* § 192 Rn 16; *Braun/Kießner* § 192 Rn 7 wohl auch K/P/B/*Holzer* § 192 Rn 6). Für die nachträgliche Berücksichtigung bedarf es nicht der Zustimmung des Gläubigerausschusses nach § 187 Abs 3 S 2 (MüKo-*Füchsl/Weishäupl* § 192 Rn 13; str aA HK-*Irschlinger* § 192 Rn 4; HaKo-*Herchen* § 192 Rn 9), denn die Vorschrift gilt generell nur für Verteilungen.

IV. Vorabgleichstellung aus der restlichen Insolvenzmasse

Nach § 192 kommt eine nachträgliche Berücksichtigung und Gleichstellung mit den übrigen Gläubi- 7 gern nur in Betracht, wenn die Restmasse ganz oder teilweise ausreicht. Die Restmasse setzt sich zusammen aus dem, was bei Abschlagsverteilungen übrig geblieben ist, sowie aus dem, was aus der weiteren Verwertung der Masse und den zur Masse freigewordenen oder zurückgeflossenen Beträgen nach Begleichung der Masseverbindlichkeiten (§§ 54, 55) stammt (BerlKo-*Breutigam* § 192 Rn 3; N/R/*Westphal* § 192 Rn 15; K/P/B/*Holzer* § 192 Rn 7; HK-*Depré* § 192 Rn 2, 3). Zur **Restmasse** gehören auch die bei den Abschlagsverteilungen zurückbehaltenen Anteile (§§ 189 Abs 2, 190 Abs 2 S 2), soweit diese für die Masse frei geworden sind. Allerdings sind vor der Gleichstellung zwischenzeitlich entstandene Masseverbindlichkeiten (§ 53) vorab zu berichtigen (vgl K/P/B/*Holzer* § 192 Rn 7; BerlKo-*Breutigam* § 192 Rn 4; H/W/F Hdb 8/32). Reicht die restliche Insolvenzmasse nicht aus, um die nachträglich zu berücksichtigenden Gläubiger den übrigen Gläubigern gleichzustellen, so sind sie nach dem Verhältnis ihrer Forderungen anteilmäßig zu befriedigen (BerlKo-*Breutigam* § 192 Rn 5; *Kilger/K. Schmidt* § 155 KO Anm 1; N/R/*Westphal* § 192 Rn 15). Ergibt sich keine ausreichende Restmasse, die für eine Verteilung zur Verfügung steht, so bleiben die Gläubiger, die nachträglich die Voraussetzungen der §§ 189, 190 erfüllen, endgültig unberücksichtigt (*Häsemeyer* InsR Rn 7.63). Die ausgeschlossenen Gläubiger sind auf die idR wertlose Nachhaftung des Schuldners nach § 201 Abs 1 verwiesen. Die bereits quotenmäßig befriedigten Gläubiger dürfen die ausgezahlte Quote behalten (BGHZ 91, 198 = ZIP 1984, 980; *Braun/Kießner* § 192 Rn 8; HaKo-*Herchen* § 192 Rn 3). In Betracht kommt aber ein Schadensersatzanspruch gegen den Verwalter nach § 60. S auch *P. Mohrbutter*, Der Ausgleich von Verteilungsfehlern in der Insolvenz 1998.

§ 193 Änderung des Verteilungsverzeichnisses

Der Insolvenzverwalter hat die Änderungen des Verzeichnisses, die auf Grund der §§ 189 bis 192 erforderlich werden, binnen drei Tagen nach Ablauf der in § 189 Abs. 1 vorgesehenen Ausschlußfrist vorzunehmen.

I. Allgemeines

§ 193, der dem früheren § 157 KO entspricht, verpflichtet den Verwalter, in der Spalte „Berichtigun- 1 gen" des Verteilungsverzeichnisses **binnen drei Tagen** die aufgrund der §§ 189 bis 192 notwendigen Änderungen vorzunehmen.

II. Notwendige Änderungen des Verteilungsverzeichnisses

1. Änderungen aufgrund der §§ 189 bis 192. Änderungen des vom Insolvenzverwalter auf der Ge- 2 schäftsstelle des Insolvenzgerichts (Service-Einheit) niedergelegten Verteilungsverzeichnisses werden erforderlich, wenn ein Gläubiger nachweist, dass das Feststellungsverfahren über eine bestrittene und nicht im Verzeichnis aufgenommene Forderung betrieben oder der Rechtsstreit aufgenommen worden ist (§ 189); ferner wenn die bestrittenen Forderungen in das Verzeichnis aufgenommen worden sind, der Gläubiger es aber unterlassen hat, dem Verwalter rechtzeitig nachzuweisen, dass er entweder das Feststellungsverfahren betreibt oder den Rechtsstreit aufgenommen hat (§ 189 Abs 3); weiterhin, wenn ein absonderungsberechtigter Gläubiger rechtzeitig nachweist, dass er mit seiner nicht in das Verzeichnis aufgenommenen persönlichen Forderung ausgefallen ist oder dass er auf die abgesonderte Befriedigung verzichtet hat. Eine Änderung des Verzeichnisses ist auch erforderlich, wenn ein absonderungsberechtigter Gläubiger nicht rechtzeitig nachweist, dass er mit einer in das Verzeichnis aufgenommenen persönlichen Forderung ausgefallen ist oder dass er auf abgesonderte Befriedigung verzichtet hat (§ 190 Abs 1 S 2); ferner wenn feststeht, dass eine aufschiebende Bedingung nicht oder nicht mehr eintreten kann oder wenn die Wahrscheinlichkeit des Bedingungseintritts so gering ist, dass die Forderung keinen Vermögenswert mehr hat (§ 191). Schließlich kann eine Änderung notwendig werden, wenn ein Gläubiger mit seiner Forderung gem § 192 nachträglich zu berücksichtigen ist (Einzelheiten bei FK-*Kießner* § 193 Rn 1–8; N/R/*Westphal* § 193 Rn 3–8; MüKo-*Füchsl/Weishäupl* § 193 Rn 3–7).

2. Sonstige Änderungen. Zu den erforderlichen und damit zulässigen Änderungen gehört auch die 3 Berichtigung offensichtlicher Irrtümer und Unrichtigkeiten, wie zB Schreib- und Rechenfehler (K/P/B/

Holzer § 193 Rn 2; N/R/*Westphal* § 193 Rn 8; MüKo-*Füchsl/Weishäupl* § 193 Rn 8; HaKo-*Herchen* § 193 Rn 5 u 6; BerlKo-*Breutigam* § 193 Rn 3). Insoweit greift § 319 Abs 1 ZPO (§ 4 InsO) entsprechend ein (N/R/*Westphal* § 193 Rn 8; MüKo-*Füchsl/Weishäupl* § 193 Rn 8). Sonstige Veränderungen, die nicht unter den Schutzweck des § 193 fallen, dürfen vom Verwalter in der Berichtigungsspalte nicht vorgenommen werden (K/P/B/*Holzer* § 193 Rn 2). Das Gericht ist auf keinen Fall berechtigt, Änderungen des Verzeichnisses von Amts wegen anzuordnen (N/R/*Westphal* § 193 Rn 3; anders hinsichtl der Tabelle **LG Göttingen** NZI 2003, 383 = ZInsO 2003, 815; **AG Köln** NZI 2005, 171). Nachträglich aufzunehmende Forderungen werden am Schluss der entsprechenden Abteilung des Verzeichnisses nachgetragen.

III. Frist für die Ergänzung bzw Berichtigung des Verteilungsverzeichnisses

4   Die Frist in § 193 beträgt **nur drei Tage**, damit die Gläubiger die Möglichkeit haben, in den verbleibenden **vier Tagen** der Wochenfrist des § 194 Abs 1 Einwendungen auch gegen das geänderte Verzeichnis zu erheben (H/W/F Hdb 8/22; BerlKo-*Breutigam* § 193 Rn 2; N/R/*Westphal* § 193 Rn 9). Nach Ablauf der dreitägigen Frist ist eine Berichtigung des Verteilungsverzeichnisses nur noch wegen Schreibfehlers oder offensichtlichen Versehens möglich (*Braun/Kießner* § 193 Rn 5). Nach Ablauf der Frist können im Übrigen Änderungen sachlicher Art nicht mehr vorgenommen werden (MüKo-*Füchsl/Weishäupl* § 193 Rn 8; N/R/*Westphal* § 193 Rn 9). Das berichtigte Verzeichnis ist gem § 188 S 2 auf der Geschäftsstelle (Service-Einheit) des Insolvenzgerichts niederzulegen (K/P/B/*Holzer* § 193 Rn 4; MüKo-*Füchsl/Weishäupl* § 193 Rn 9; HaKo-*Herchen* § 193 Rn 7). Einer **erneuten öffentlichen Bekanntmachung** der geänderten Summe der zu berücksichtigenden Forderungen entspr § 188 S 3 ist nicht erforderlich (R/R/*Westphal* § 193 Rn 11; HaKo-*Herchen* § 193 Rn 8). Wird die Insolvenztabelle ebenso wie das Verteilungsverzeichnis EDV-mäßig geführt, ist das früher bereits niedergelegte Exemplar durch einen neuen Ausdruck mit den Änderungen zu ersetzen (N/R/*Westphal* § 193 Rn 11). Die Gläubiger sind berechtigt, gem § 194 Abs 1 auch **gegen das geänderte Verzeichnis Einwendungen** zu erheben (H/W/F Hdb 8/22; BerlKo-*Breutigam* § 193 Rn 2). Gegenstand der Einwendung kann auch die Unterlassung einer Berichtigung des Verteilungsverzeichnisses sein, obwohl die Nachweise nach den §§ 189, 190 fristgerecht geführt wurden (*Frege/Keller/Riedel* HRP Rn 1660).

§ 194 Einwendungen gegen das Verteilungsverzeichnis

(1) Bei einer Abschlagsverteilung sind Einwendungen eines Gläubigers gegen das Verzeichnis bis zum Ablauf einer Woche nach dem Ende der in § 189 Abs. 1 vorgesehenen Ausschlußfrist bei dem Insolvenzgericht zu erheben.

(2) ¹Eine Entscheidung des Gerichts, durch die Einwendungen zurückgewiesen werden, ist dem Gläubiger und dem Insolvenzverwalter zuzustellen. ²Dem Gläubiger steht gegen den Beschluß die sofortige Beschwerde zu.

(3) ¹Eine Entscheidung des Gerichts, durch die eine Berichtigung des Verzeichnisses angeordnet wird, ist dem Gläubiger und dem Verwalter zuzustellen und in der Geschäftsstelle zur Einsicht der Beteiligten niederzulegen. ²Dem Verwalter und den Insolvenzgläubigern steht gegen den Beschluß die sofortige Beschwerde zu. ³Die Beschwerdefrist beginnt mit dem Tag, an dem die Entscheidung niedergelegt worden ist.

I. Allgemeines

1   Ebenso wie die frühere Vorschrift des § 158 Abs 1 KO gilt § 194 Abs 1 als Spezialregelung nur für **Einwendungen gegen das Abschlagsverteilungsverzeichnis** (K/P/B/*Holzer* § 194 Rn 1; *Braun/Kießner* § 194 Rn 1). Für die **Schlussverteilung** gelten dagegen die Regelungen der §§ 196, 197. Allerdings findet gem § 197 Abs 3 für Entscheidungen des Gerichts über Einwendungen eines Gläubigers die Vorschrift des § 194 Abs 2 und 3 entsprechende Anwendung. Zur Abgrenzung zu anderen Rechtsbehelfen s MüKo-*Füchsl/Weishäupl* § 194 Rn 2 u 3.

II. Einwendungen

2   **1. Einwendungsberechtigte.** Einwendungsberechtigt sind nur die **Insolvenzgläubiger** (§ 38), gleichgültig, ob ihre Forderungen bestritten oder geprüft sind (*Jaeger/Weber* § 158 KO Rn 2; K/U § 158 KO Rn 3; *Kilger/K. Schmidt* § 158 KO Anm 1; K/P/B/*Holzer* § 194 Rn 7; *Smid* § 194 Rn 2; BerlKo-*Breutigam* § 194 Rn 5). Zwingende Voraussetzung ist aber, dass die Einwendungsberechtigten ihre Forderung zur Tabelle angemeldet und ein **rechtliches Interesse** an der Änderung des Verzeichnisses haben (BerlKo-*Breutigam* § 194 Rn 5). Ein Gläubiger, der seine Forderung nicht zur Tabelle angemeldet hat, also auch nicht an der Verteilung teilnimmt, kann kein rechtliches Interesse an der Berücksichtigung seiner Einwendung haben (*Jaeger/Weber* § 158 KO Rn 2; N/R/*Westphal* § 194 Rn 4).

II. Einwendungen **§ 194**

Massegläubiger (§ 53) und **Gläubiger mit Aussonderungsansprüchen** sind nicht einwendungsberechtigt, denn sie werden vorab aus der Masse befriedigt (*Braun/Kießner* § 194 Rn 3; *Hess* § 194 Rn 7). Zweifelhaft ist das **Rechtsschutzinteresse für Einwendungen nachrangiger Insolvenzgläubiger** (§ 39), die bei Abschlagsverteilungen nicht berücksichtigt werden (§ 187 Abs 2 S 2). Diese sind idR durch das Verteilungsverzeichnis nicht beschwert (Begr RegE zu § 222 [§ 194 InsO], abgedr bei K/P, S 424; vgl auch BerlKo-*Breutigam* § 194 Rn 7; N/R/*Westphal* § 194 Rn 4). Für den Fall, dass eine nicht ganz fern liegende Möglichkeit der Befriedigung besteht, sind Einwendungen nachrangiger Gläubiger zuzulassen (MüKo-*Füchsl/Weishäupl* § 194 Rn 6; HaKo-*Preß* § 194 Rn 5; K/P/B/*Holzer*§ 194 Rn 8). Nicht einwendungsberechtigt ist der **Insolvenzschuldner**, dessen Rechte vom Insolvenzverwalter wahrgenommen werden (MüKo-*Füchsl/Weishäupl* § 194 Rn 6; N/R/*Westphal* § 194 Rn 8; BerlKo-*Breutigam* § 194 Rn 8; *Hess* § 194 Rn 6). 3

Bei den **Insolvenzforderungen** ist zu unterscheiden: **Nicht berücksichtigte Insolvenzgläubiger**, also Gläubiger, deren Forderungen nicht in das Verteilungsverzeichnis aufgenommen worden sind oder die die erforderlichen Nachweise nach den §§ 189 Abs 1, 190 Abs 1 nicht oder nicht rechtzeitig erbracht haben, können eine nachträgliche Berichtigung des Verzeichnisses oder eine Gleichstellung nach § 192 mit der Begründung verfolgen, die Nachweise seien rechtzeitig erbracht worden (*Jaeger/Weber* § 158 KO Rn 4; N/R/*Westphal* § 194 Rn 5). Dagegen kann im Wege der Einwendung nicht vorgebracht werden, die Nachweise iSv §§ 189, 190 seien innerhalb der Frist des § 194 nachgeholt worden, „da dies auf eine nicht gedeckte Verlängerung der Ausschlussfrist hinausliefe" (N/R/*Westphal* § 194 Rn 5; *Jaeger/Weber* § 158 KO Rn 4; *Gottwald/Eickmann* InsRHdb § 65 Rn 7). **Berücksichtigte Insolvenzgläubiger** sind dagegen berechtigt, Einwendungen hinsichtlich einer ihrer Auffassung nach zu Unrecht in das Verzeichnis aufgenommenen Forderung geltend zu machen. So kann zB vorgebracht werden, die Nachweise gem §§ 189 Abs 1, 190 Abs 1 seien nicht oder nicht rechtzeitig gegenüber dem Verwalter geführt oder der mutmaßliche Ausfall eines **Absonderungsberechtigten** sei nicht glaubhaft gemacht worden (§ 190 Abs 2 S 1; vgl N/R/*Westphal* § 194 Rn 6). Eine **Beschwer** liegt immer dann vor, wenn der im Verteilungsverzeichnis berücksichtigte Insolvenzgläubiger durch die Aufnahme einer anderen Forderung in das Verzeichnis mit einer niedrigeren Quote rechnen kann (N/R/*Westphal* § 194 Rn 6). Rügt dagegen die Einwendung die **Nichtaufnahme einer Forderung** in das Verzeichnis, so ist einwendungsberechtigt nur der Anmelder der Forderung (*Gottwald/Eickmann* InsRHdb § 65 Rn 7). Stellt sich nach der Aufstellung des Verteilungsverzeichnisses eine darin aufgenommene Forderung als getilgt heraus, so kann der Verwalter die Tilgung streitigenfalls mit dem betreffenden Gläubiger nur im Prozesswege unter Zurückbehaltung der auf die Forderung entfallenden Quote geltend machen. 4

2. Einwendungsgründe. Sachlich können Einwendungen nur gegen das Verteilungsverzeichnis selbst geltend gemacht werden, und zwar sowohl gegen das ursprüngliche (§ 188) als auch gegen das nach § 193 berichtigte Verzeichnis. Die Einwendungen können sich gegen jede Art der Berücksichtigung oder Nichtberücksichtigung einer Forderung wenden, also zB gegen die Einordnung als Vollrecht iSv § 38, fehlende Prüfung oder sonstige **fehlerhafte Verfahrenshandhabung**. Auch der Streit darüber, ob dem Insolvenzverwalter der Nachweis iSv der §§ 189, 190 erbracht worden ist, muss im Insolvenzverfahren ausgetragen werden (*Jaeger/Weber* § 158 KO Rn 4; K/U § 158 KO Rn 2; H/W/F Hdb 8/26; *Gottwald/Eickmann* InsRHdb § 65 Rn 7). Dagegen sind **materiell-rechtliche Einwendungen unzulässig**, die sich gegen den Bestand der Forderung als solche richten (*Gottwald/Eickmann* InsRHdb § 65 Rn 7; *Jaeger/Weber* § 158 KO Rn 4; K/U § 158 KO Rn 2; H/W/F Hdb 8/26). Materiell-rechtliche Einwendungen können nur vor dem Prozessgericht geltend gemacht werden (**BGH** v 25. 6. 1957, WM 1957, 1225, 1226; K/U § 158 KO Rn 2; *Hess* § 194 Rn 14). Mit der Einwendung kann aber vorgebracht werden, dass eine Forderung nicht hätte berücksichtigt werden dürfen, dass sie in einem anderen Rang (§ 39) hätte berücksichtigt werden müssen, dass ein Gläubiger bei der Abschlagsverteilung zu Unrecht übergangen wurde sowie das Fehlen der in den §§ 189–192 vorgesehenen Nachweise (BerlKo-*Breutigam* § 194 Rn 3; HaKo-*Preß* § 194 Rn 2; MüKo-*Füchsl/Weishäupl* § 194 Rn 4, 5; N/R/*Westphal* § 194 Rn 2). Dagegen kann die Tilgung einer berücksichtigten Forderung vom Verwalter nur im Wege der Vollstreckungsgegenklage nach § 767 ZPO geltend gemacht werden, falls der Gläubiger die Tilgung nicht anerkennt. Insgesamt ist festzustellen, dass § 194 nur den **formalen Inhalt des Verteilungsverzeichnisses** betrifft und die hieraus resultierenden Pflichten des Verwalters bei der Auszahlung, also nur die richtige Anwendung der Vorschriften der §§ 189–191 (K/P/B/*Holzer* § 194 Rn 6). 5

3. Einwendungsfrist. Die Einwendungsfrist beträgt gem §§ 194 Abs 1, 189 Abs 1 **eine Woche**. Sie beginnt mit dem Ende der zweiwöchigen Ausschlussfrist des § 189 Abs 1, die sich an die öffentliche Bekanntmachung nach § 188 S 3 anschließt. Die Frist ist **Ausschlussfrist**. Ihre Berechnung erfolgt nach § 222 ZPO, §§ 187 f BGB. Die §§ 224 Abs 2, 230, 231 ZPO sind anwendbar (MüKo-*Füchsl/Weishäupl* § 194 Rn 7; N/R/*Westphal* § 194 Rn 9; *Hess* § 194 Rn 17). Nach Ablauf der Ausschlussfrist sind Einwendungen präkludiert und können allenfalls im Wege der Zivilklage vorgebracht werden. Zutreffend weist *Westphal* (N/R/*Westphal* § 194 Rn 9) darauf hin, dass die Anknüpfung an die Ausschlussfrist des § 189 Abs 1 in § 194 Abs 1 nicht bedeutet, dass der Ablauf der Ausschlussfrist zunächst ab- 6 gewartet werden müsste. Einwendungen sind vielmehr auch schon früher zulässig (*Jaeger/Weber* § 158 KO Rn 3; *Hess* § 194 Rn 15).

7 **4. Einwendungsadressat.** Nach § 194 Abs 1 sind Einwendungen beim **Insolvenzgericht** geltend zu machen, nicht dagegen beim Insolvenzverwalter. Gehen Einwendungen bei einem **sachlich** oder **örtlich unzuständigen Gericht** ein oder beim **Verwalter**, so ist ersteres zur Weitergabe verpflichtet, letzterer dagegen nicht (MüKo-*Füchsl/Weishäupl* § 194 Rn 8). Wird die Sache von dem unzuständigen Gericht nach Ablauf der Einwendungsfrist gem §§ 289, 495 Abs 1 ZPO, 94 InsO an das zuständige Gericht verwiesen, ist dies unschädlich (BGHZ 97, 155, 161; BGHZ 34, 230, 235; BGHZ 35, 374, 377; MüKo-*Füchsl/Weishäupl* § 194 Rn 8). Aus der allgemeinen Verweisung in § 4 InsO auf die ZPO folgt, dass gem § 496 ZPO die Einwendungen **schriftlich** einzureichen sind oder **mündlich** zu Protokoll der Geschäftsstelle des Insolvenzgerichts (Service-Einheit) zu erklären sind (N/R/*Westphal* § 194 Rn 12; K/P/B/*Holzer* § 194 Rn 10; BerlKo-*Breutigam* § 194 Rn 9; HK-*Irschlinger* § 194 Rn 5; MüKo-*Füchsl/Weishäupl* § 194 Rn 8).

III. Gerichtliches Verfahren

8 **1. Zuständigkeit.** Über Einwendungen entscheidet das Insolvenzgericht im Beschlussverfahren. Eine Klage beim Prozessgericht ist unzulässig. Über materiell-rechtliche Einwendungen hat dagegen nicht das Insolvenzgericht, sondern das Prozessgericht zu entscheiden. Insoweit ist auch eine Feststellungsklage zulässig (RGZ 139, 83, 87; BGH WM 1957, 1225, 1226; *Jaeger/Weber* § 158 KO Rn 4; K/U § 158 KO Rn 6). **Funktionell** ist der Rechtspfleger zuständig, soweit kein Richtervorbehalt erfolgt ist.

9 **2. Verfahrensregeln.** Für das Einwendungsverfahren nach § 194 gelten gem § 4 die Vorschriften der ZPO entsprechend, soweit die InsO nichts anderes bestimmt. So hat das Gericht zB sämtliche für die Entscheidung über die Einwendung bedeutsamen Umstände von Amts wegen gem § 5 zu ermitteln (BerlKo-*Breutigam* § 194 Rn 10; N/R/*Westphal* § 194 Rn 12; K/P/B/*Holzer* § 194 Rn 12). Das Insolvenzgericht kann somit Zeugen und Sachverständige vernehmen (§ 5 Abs 1 S 2). Die Durchführung einer mündlichen Verhandlung steht in seinem pflichtgemäßen Ermessen (§ 5 Abs 2). Da es sich um ein Amtsverfahren handelt, finden die zivilprozessualen Beweis- und Beweislastregeln keine entsprechende Anwendung.

10 **3. Anhörung der Beteiligten.** Das Gericht ist verpflichtet, bei zulässigen Einwendungen dem Verwalter sowie den betroffenen Gläubigern **rechtliches Gehör** zu gewähren (H/W/F Hdb 8/27; N/R/*Westphal* § 194 Rn 12; K/P/B/*Prütting* § 5 Rn 21; K/P/B/*Holzer* § 194 Rn 11; BerlKo-*Breutigam* § 194 Rn 11). Eine Anhörung sämtlicher Gläubiger ist nicht notwendig.

11 **4. Entscheidung durch Beschluss.** Nach Kenntnisnahme der Gegenerklärungen und nach Durchführung etwaiger erforderlicher Amtsermittlungen entscheidet das Gericht durch Beschluss (§ 194 Abs 2 S 2). Der Beschluss weist entweder die Einwendung zurück oder gibt der Einwendung statt mit der Folge, dass gleichzeitig die Berichtigung des Verteilungsverzeichnisses anzuordnen ist, die vom Verwalter durchgeführt wird (§ 193). Je nach dem Ergebnis der Entscheidung richtet sich das weitere Verfahren nach § 194 Abs 2 oder nach § 194 Abs 3.

12 **5. Zurückweisung von Einwendungen.** § 194 Abs 2 ist – anders als § 194 Abs 1 – auch auf **Schlussverteilungen** anwendbar (§ 197 Abs 3). Die Zurückweisung der Einwendungen kann erfolgen wegen Unzulässigkeit oder weil sie unbegründet sind. Unzulässig ist die Einwendung, wenn sie verspätet oder von einem nicht Einwendungsberechtigten erhoben wird oder wenn sie sich gegen den materiell-rechtlichen Bestand der berücksichtigten Forderung richtet. Sachlich unbegründet ist die Einwendung dagegen, wenn hiermit die de facto die Folgen der Versäumung der Ausschlussfrist des § 189 Abs 1 durch ein Nachreichen der erforderlichen Nachweise beseitigt werden sollen (N/R/*Westphal* § 194 Rn 5 u Rn 14).

13 **a) Zustellung.** Nach § 194 Abs 2 S 1 ist eine Entscheidung des Insolvenzgerichts, durch die Einwendungen zurückgewiesen werden, dem **Gläubiger** und dem **Insolvenzverwalter** zuzustellen. Für das Zustellungsverfahren gilt § 8. Die Zustellung geschieht von Amts wegen (§ 8 Abs 1 S 1). Sie kann auch durch Aufgabe zur Post erfolgen (§ 8 Abs 1 S 2). Eine Zustellung an sämtliche Insolvenzgläubiger erfolgt nicht, da diese durch die Zurückweisung nicht beschwert sind (*Braun/Kießner* § 194 Rn 7; HaKo-*Preß* § 194 Rn 11).

14 **b) Rechtsmittel.** Nach § 194 Abs 2 S 2 steht dem Gläubiger gegen den zurückweisenden Beschluss die **sofortige Beschwerde** zu (§ 6 InsO, § 577 ZPO). Nur dieser, nicht dagegen der Insolvenzverwalter, ist durch die abweisende Entscheidung beschwert. Hat der **Rechtspfleger** oder die **Rechtspflegerin**

IV. Ausgleichsansprüche gegen Mitgläubiger bei Verteilungsfehlern

entschieden, ist entgegen der Voraufl ebenfalls nur die **sofortige Beschwerde** gegeben (*Holzer* in Beck/Depré § 3 Rn 3 ff; MüKo-*Füchsl/Weishäupl* § 194 Rn 13; K/P/B/*Holzer* § 194 Rn 14; N/R/*Westphal* § 194 Rn 17; BerlKo-*Breutigam* § 194 Rn 13). Die Frist beträgt **zwei Wochen** (§ 4 InsO iVm § 569 Abs 1 S 1 ZPO). Sie beginnt mit der Verkündung der Entscheidung oder mit deren Zustellung (§ 6 Abs 2 S 1). Bei Aufgabe zur Post findet über § 4 InsO § 184 Abs 1 S 2, Abs 2 S 1 ZPO entsprechende Anwendung. Das Insolvenzgericht ist befugt, der **sofortigen Beschwerde abzuhelfen** (§ 6 Abs 2 S 2). Wird der Beschwerde nicht abgeholfen, entscheidet die Beschwerdekammer des zuständigen Landgerichts (vgl N/R/*Westphal* § 194 Rn 17).

6. Stattgebende Entscheidung des Insolvenzgerichts (§ 194 Abs 2). a) Anordnung der Berichtigung des 15
Verteilungsverzeichnisses. § 194 Abs 3 entspricht weitgehend der früheren Regelung in § 158 Abs 2 KO. Begründeten Einwendungen gibt das Insolvenzgericht dadurch statt, dass es im Beschlusswege die Berichtigung des Verteilungsverzeichnisses anordnet. Der Beschluss lautet entweder, dass eine bislang nicht berücksichtigte Forderung in das Verteilungsverzeichnis nunmehr aufgenommen werden muss, oder dass eine bereits berücksichtigte Forderung zu streichen ist, weil die Einwendungen gegen die Berücksichtigung begründet sind (N/R/*Westphal* § 194 Rn 18, 19).

b) Zustellung und Niederlegung. Die Entscheidung, durch die eine Berichtigung des Verteilungsver- 16
zeichnisses angeordnet wird, ist gem § 194 Abs 3 S 1 dem **Gläubiger** und dem **Verwalter** zuzustellen. Das Gericht kann den Verwalter auch mit der Zustellung an alle Insolvenzgläubiger beauftragen (§ 8 Abs 3) oder die Entscheidung gem § 9 Abs 1 **öffentlich bekannt** machen (K/P/B/*Holzer* § 194 Rn 16; HaKo-*Preß* § 194 Rn 11; HK-*Irschlinger* § 194 Rn 8; str aA Graf-Schlicker/*Mäusezahl* § 194 Rn 12; BerlKo-*Breutigam* § 194 Rn 15). Die Zustellung an die übrigen Beteiligten wird ersetzt durch die Niederlegung des Beschlusses auf der Geschäftsstelle des Insolvenzgerichts (§ 194 Abs 3 S 1). Für die übrigen Gläubiger beginnt demgemäß die Beschwerdefrist nach § 194 Abs 3 S 3 an dem Tage, an dem die Niederlegung erfolgt (K/P/B/*Holzer* § 194 Rn 15; H/W/F Hdb 8/28; *Graf-Schlicker/Mäusezahl* § 194 Rn 12).

c) Rechtsmittel. Dem Verwalter und den Insolvenzgläubigern steht gegen den Beschluss, der eine Be- 17
richtigung des Verteilungsverzeichnisses anordnet, die **sofortige Beschwerde** zu (§ 194 Abs 3 S 2). Hat der **Rechtspfleger** entschieden, ist ebenfalls nur die sofortige Beschwerde möglich. Das Insolvenzgericht ist nach § 572 Abs 1 ZPO befugt, der sofortigen Beschwerde abzuhelfen. Zur Einlegung eines Rechtsmittels sind der Verwalter und diejenigen Insolvenzgläubiger berechtigt, die durch die gerichtliche Entscheidung beschwert sind, deren Quotenanspruch also beeinträchtigt wird. Nachrangige Gläubiger iSv § 39 sind deshalb idR nicht beschwerdeberechtigt. Die **Beschwerdefrist** beträgt gem § 569 Abs 1 S 1 ZPO (§ 4 InsO) **zwei Wochen**. Sie beginnt in Abweichung von § 6 Abs 2 S 1 nicht mit der Zustellung der Entscheidung, sondern mit dem Tag, an dem die Entscheidung nach § 194 Abs 3 S 1 bei Gericht niedergelegt worden ist (§ 194 Abs 3 S 3). Eine vorherige Zustellung an den Verwalter oder Gläubiger verkürzt die Beschwerdefrist nicht (N/R/*Westphal* § 194 Rn 21).

7. Einwendungen gegen das Schlussverzeichnis. Unmittelbar gilt § 194 Abs 1 und 2 nur für die Ab- 18
schlagsverteilung. Gem § 197 Abs 3 findet jedoch § 194 Abs 2 und 3 entsprechende Anwendung auch auf Einwendungen gegen das Schlussverzeichnis. Allerdings können die Einwendungen gegen das Schlussverzeichnis gem § 197 Abs 1 Nr 2 nur im Schlusstermin erhoben werden. Eine Entscheidung im **schriftlichen Verfahren** ist ausgeschlossen. Das Gericht trifft im Schlusstermin die Entscheidung durch **verkündeten Beschluss**, der jedoch später schriftlich begründet werden kann (K/P/B/*Holzer* § 197 Rn 11). Wird die Änderung des Schlussverzeichnisses angeordnet, ist diese wie bei der Abschlagsverteilung auf der Geschäftsstelle des Insolvenzgerichts **niederzulegen** (K/P/B/*Holzer* § 188 Rn 15; § 197 Rn 11). Da durch die Aufhebung des Verfahrens gem § 200 Abs 1 die noch nicht erledigten Einwendungen prozessual überholt und damit unzulässig werden (vgl *Uhlenbruck* ZIP 1993, 241 ff), bestimmt § 200 ausdrücklich, dass das Insolvenzgericht die Aufhebung des Insolvenzverfahrens erst dann beschließen darf, wenn der Insolvenzverwalter die Schlussverteilung vollzogen hat, also nicht bereits nach dem Schlusstermin und noch vor der Schlussverteilung.

IV. Ausgleichsansprüche gegen Mitgläubiger bei Verteilungsfehlern

Ein Gläubiger, der im Einwendungsverfahren die Möglichkeit hatte, im Rahmen der Verteilung be- 19
rücksichtigt zu werden, hat gegen die übrigen Insolvenzgläubiger **keinen Bereicherungsanspruch** (im Ergebnis ebenso BGHZ 91, 198, 204 = ZIP 1984, 980; OLG Köln KTS 1989, 447, 448; *Häsemeyer* InsR Rn 7.65; KS-*Eckardt* S 743, 778 Rn 63; *Jaeger/Weber* § 158 KO Rn 11). Hat der Insolvenzgläubiger seine Forderung rechtzeitig angemeldet, ist sie geprüft und zutreffend zur Tabelle festgestellt und in das Verteilungsverzeichnis aufgenommen worden, hat sie dennoch der Verwalter bei der Schlussverteilung nicht berücksichtigt, so liegt ein Verteilungsfehler des Verwalters vor, der zur Haftung des Ver-

walters nach § 60 führt (*P. Mohrbutter*, Der Ausgleich von Verteilungsfehlern S 98). Gegenüber dem Empfänger des anderweitig aus gezahlten Betrages liegt ebenfalls ein Verteilungsfehler des Verwalters vor, weil dem Empfänger die insolvenzspezifische causa zum Behaltendürfen nicht zusteht (§ 812 Abs 1 S 1 1. Altern BGB; *Häsemeyer* InsR Rn 7.65). Ist eine zutreffend zur Tabelle festgestellte und in das Schlussverzeichnis aufgenommene Insolvenzforderung bei der Schlussverteilung quotenmäßig zu bedienen, unterlässt es aber der Verwalter versehentlich, die zunächst bestrittene, nachträglich aber anerkannte Forderung bzw die Beseitigung des Widerspruchs in der Tabelle zu vermerken, so ist eine **Rückforderung nach Bereicherungsgrundsätzen** schlechthin ausgeschlossen, weil das Schlussverzeichnis eine unumstößliche Grundlage für die Berechnung der Schlussquote durch den Insolvenzverwalter einerseits und eine endgültige Rechtslage unter den Verfahrensbeteiligten für die Schlussverteilung andererseits geschaffen hat (so zutr *P. Mohrbutter*, Verteilungsfehler S 99). Der **übergangene Insolvenzgläubiger**, der es versäumt hat, im Schlusstermin Einwendungen gegen die Nicht- oder Teilberücksichtigung seiner Forderung zu erheben, ist **von der Schlussverteilung endgültig ausgeschlossen** (BGHZ 91, 198, 201; OLG Köln v 12. 12. 1988, KTS 1989, 447, 448; **LG** Düsseldorf KTS 1966, 185; *P. Mohrbutter*, Verteilungsfehler S 99 f; *Jaeger/Weber* § 162 KO Rn 4; K/U § 162 KO Rn 4; *Kilger/K. Schmidt* § 162 KO Anm 5; *Braun/Kießner* § 194 Rn 13; *Delhaes* KTS 1963, 240, 250; KS-*Eckardt* S 778 Rn 63). Hat der Insolvenzverwalter eine bis zum Schlusstermin im Schlussverzeichnis zutreffend aufgeführte Insolvenzforderung nach dem Schlusstermin versehentlich gestrichen, so sind dem beeinträchtigten Gläubiger Einwendungen gegen das Schlussverzeichnis nicht mehr möglich. Gleiches gilt, wenn der Verwalter einem Gläubiger versehentlich wesentlich weniger oder wesentlich mehr als die nach dem Verzeichnis zu zahlende Quote ausgezahlt hat. Nach *P. Mohrbutter* (Verteilungsfehler S 101) kann den auf das Schlussverzeichnis vertrauenden Insolvenzgläubiger die Präklusionswirkung der §§ 194, 197 nicht treffen, wenn der Verwalter die nach dem Schlusstermin unumstößliche und unangreifbare Verteilungsgrundlage abändert. Zwar kann der benachteiligte Insolvenzgläubiger den Mehrbetrag bei den Mitgläubigern nicht kondizieren, jedoch steht dieses Recht, da die Auszahlung ohne Rechtsgrund erfolgt, dem **Insolvenzverwalter** zu, der **Bereicherungsansprüche** gem § 812 Abs 1 S 1 1. Altern BGB gegen den bevorteilten Insolvenzgläubiger geltend machen kann (*P. Mohrbutter*, Verteilungsfehler S 101; KS-*Eckardt* S 778 Rn 63; *Häsemeyer* InsR Rn 7.65; *Braun/Kießner* § 194 Rn 13; str aA *Jaeger/Weber* § 158 KO Rn 11; *Kilger/K. Schmidt* § 158 KO Anm 4; *Delhaes* KTS 1963, 240, 245). Einzelheiten bei *P. Mohrbutter*, Verteilungsfehler S 93 ff u S 156 ff.

§ 195 Festsetzung des Bruchteils

(1) ¹Für eine Abschlagsverteilung bestimmt der Gläubigerausschuß auf Vorschlag des Insolvenzverwalters den zu zahlenden Bruchteil. ²Ist kein Gläubigerausschuß bestellt, so bestimmt der Verwalter den Bruchteil.

(2) Der Verwalter hat den Bruchteil den berücksichtigten Gläubigern mitzuteilen.

I. Allgemeines

1 § 195 entspricht weitgehend 159 KO. Die Vorschrift gilt nur für **Abschlagsverteilungen**. Für die Schlussverteilung gilt § 196. Gem § 115 a Abs 1 S 1 GenG findet § 195 auch Anwendung auf Abschlagsverteilungen eingezogener Nachschüsse. Allerdings soll eine Abschlagsverteilung unterbleiben, soweit nach dem Verhältnis der Schulden zu dem Vermögen der Genossenschaft mit einer Erstattung eingezogener Beträge an Genossen nach § 105 Abs 4 oder § 115 Abs 3 GenG zu rechnen ist (§ 115 a Abs 1 S 2 GenG).

II. Bestimmung des Bruchteils für die Abschlagsverteilung

2 **1. Zeitpunkt.** Die Festsetzung des Bruchteils vor der Erledigung aller Einwendungen gegen das Verteilungsverzeichnis ist zwar grundsätzlich zulässig, jedoch unzweckmäßig, weil erst nach Erledigung oder rechtskräftiger Entscheidung der Einwendungen feststeht, welche Forderungen bei der Verteilung zu berücksichtigen sind. Erst dann können die Summe der bei der Abschlagsverteilung zu berücksichtigenden Forderungen und die darauf zu zahlende Quote festgesetzt werden (MüKo-*Füchsl/Weishäupl* § 195 Rn 3; *Hess* § 195 Rn 9; N/R/*Westphal* § 195 Rn 3). Wenn *Jaeger/Weber* (§ 158 KO Rn 10; § 159 KO Rn 1) den Prozentsatz früher festlegen wollen, andererseits den Insolvenzverwalter dafür verpflichten, Mittel für den Fall der Berichtigung der Verteilungsliste zurückzubehalten, so ist dies bei Großverfahren mit hohen Forderungsbeträgen und einer großen Zahl von Gläubigern praktisch nicht durchführbar (K/U § 159 KO Rn 1; MüKo-*Füchsl/Weishäupl* § 195 Rn 3; N/R/*Westphal* § 195 Rn 3; BerlKo-*Breutigam* § 195 Rn 5). Deshalb empfiehlt es sich, mit der Abschlagsverteilung zuzuwarten, bis die Einwendungsfrist verstrichen und die erhobenen Einwendungen rechtskräftig erledigt sind (*Gottwald/Eickmann* InsRHdb § 65 Rn 9; K/U § 159 KO Rn 1). Schließlich würde eine Vorverlegung der Abschlagsverteilung zu einer ungerechtfertigten Benachteiligung der Massegläubiger nach § 206 Nr 1 führen (MüKo-*Füchsl/Weishäupl* § 195 Rn 3; HaKo-*Preß* § 195 Rn 1).

III. Mitteilung an die Gläubiger (§ 195 Abs 2) **§ 195**

2. Bestimmung des Bruchteils. a) Primäre Zuständigkeit des Gläubigerausschusses. Primär zuständig 3
für die Festsetzung der Abschlagsverteilungsquote ist gem § 195 Abs 1 S 1 der Gläubigerausschuss. Der
Insolvenzverwalter hat ansonsten lediglich ein **Vorschlagsrecht**. Der Gläubigerausschuss ist jedoch an
den Vorschlag des Verwalters nicht gebunden. Er kann vielmehr einen höheren oder niedrigeren Bruchteil bestimmen (*Gottwald/Eickmann* InsRHdb § 65 Rn 9; HaKo-*Preß* § 195 Rn 3; N/R/*Westphal* § 195
Rn 5, 6; K/P/B/*Holzer* § 195 Rn 4; BerlKo-*Breutigam* § 195 Rn 2). Auch darf der Verwalter eine **gesetzwidrige Quotenfestsetzung** durch den Gläubigerausschuss nicht ausführen, wie zB eine Quotierung,
die die Befriedigung von Massegläubigern beeinträchtigt (*Kilger/K. Schmidt* § 159 KO Anm 1). Nach
der Festsetzung erstmals geltend gemachte Masseverbindlichkeiten führen wegen § 206 nicht zu einer
Änderung des festgesetzten Bruchteils (*Gottwald/Eickmann* InsRHdb § 65 Rn 9). Eine **Mitwirkung des
Insolvenzgerichts** sieht das Gesetz nicht vor. Allerdings ist das Insolvenzgericht berechtigt, auf Antrag
des Schuldners oder des Insolvenzverwalters die **Aussetzung der Verwertung und Verteilung** anzuordnen, wenn die Durchführung eines vorgelegten Insolvenzplans durch die Fortsetzung der Verwertung
und Verteilung der Insolvenzmasse gefährdet würde (§ 233 S 1). Der Gläubigerausschuss ist verpflichtet, die gesetzlichen Vorgaben zu beachten (N/R/*Westphal* § 195 Rn 6). So bestimmt sich der zu zahlende Bruchteil nach dem gem § 188 bekannt gemachten für die Verteilung verfügbaren Betrag. Setzt der
Gläubigerausschuss einen darüber hinausgehenden Betrag oder eine höhere Quote fest, so ist der Insolvenzverwalter nicht verpflichtet, diesen Beschluss zu vollziehen (*Gottwald/Eickmann* InsRHdb § 65
Rn 9; *Kilger/K. Schmidt* § 159 KO Anm 1; N/R/*Westphal* § 195 Rn 6; BerlKo-*Breutigam* § 195 Rn 3).
Das Insolvenzgericht ist jedoch verpflichtet, gem § 58 **im Wege der Aufsicht** einzuschreiten, wenn der
Verwalter zB eine Abschlagszahlung ohne oder anders als vom Gläubigerausschuss festgesetzt angekündigt oder vorgenommen hat (K/U § 159 KO Rn 2; K/P/B/*Holzer* § 195 Rn 7). Bei Untätigkeit des
Gläubigerausschusses kommt ein Vorgehen nach § 70 in Betracht.

b) Hilfsweise Zuständigkeit des Verwalters. Ist kein Gläubigerausschuss bestellt, bestimmt gem § 195 4
Abs 1 S 2 der Insolvenzverwalter den Bruchteil. An Weisungen der Gläubigerversammlung ist er nicht
gebunden (*Hess* § 195 Rn 10; N/R/*Westphal* § 195 Rn 7). Da § 103 S 1 GenG durch Art 49 Nr 20
EGInsO (BGBl 1994 I S 2911, 2934) zum 1. 1. 1999 aufgehoben worden ist, gilt auch für die Insolvenz
einer eingetragenen Genossenschaft nichts anderes. Die Entscheidung des Verwalters ist als reine Verwaltungsmaßnahme grundsätzlich nicht überprüfbar (*Hess* § 195 Rn 10; *Kilger/K. Schmidt* § 159 KO
Anm 1; N/R/*Westphal* § 195 Rn 8; K/P/B/*Holzer* § 195 Rn 6; *Braun/Kießner* § 195 Rn 2).

c) Berechnung des Bruchteils. Der gem § 195 Abs 1 zu bestimmende Bruchteil ergibt sich aufgrund 5
des Verhältnisses der zur Verteilung zur Verfügung stehenden Barmittel (§ 187 Abs 2 S 1) zu der Summe
der zu berücksichtigenden Forderungen, wobei die noch anfallenden und zu bedienenden Masseverbindlichkeiten ebenfalls in Betracht zu ziehen sind. Es empfiehlt sich, bei Abschlagsverteilungen nicht
die gesamten verfügbaren Barmittel zur Verteilung zu bringen. Schon im Hinblick auf entstehende Masseverbindlichkeiten und die Haftungsgefahr für den Verwalter nach §§ 60, 61 ist es geboten, lediglich
„**Überschüsse**" zur Abschlagsverteilung zu bringen (vgl auch N/R/*Westphal* § 195 Rn 4; MüKo-*Füchsl/Weishäupl* § 195 Rn 6).

3. Nachträgliche Änderung des Bruchteils. Die zur Auszahlung gelangende Quote muss nicht mit dem 6
Bruchteil übereinstimmen, der sich aus dem gem § 188 S 3 zu veröffentlichenden Daten der Forderungssumme und des für die Verteilung verfügbaren Betrages ergibt (*Frege/Keller/Riedel* HRP Rn 1669).
Ist der auszuzahlende **Bruchteil versehentlich falsch berechnet** worden, kann eine nachträgliche Änderung erfolgen. Das gilt jedoch nicht für Masseverbindlichkeiten, von denen der Verwalter nachträglich Kenntnis erlangt hat. Insoweit greift § 206 Nr 1 ein (BerlKo-*Breutigam* § 195 Rn 7; HaKo-*Preß*
§ 195 Rn 7; K/P/B/*Holzer* § 195 Rn 8). Hat der Verwalter den Bruchteil falsch berechnet, bedarf es
hinsichtlich der nachträglichen Änderung nicht der erneuten Bestimmung durch den Gläubigerausschuss (K/P/B/*Holzer* § 195 Rn 8). Allerdings ist der Gläubigerausschuss über die Änderung zu informieren. Wird der zur Auszahlung gelangende Bruchteil wesentlich verändert, bedarf es einer neuen
Veröffentlichung und einer Mitteilung an die bei der Abschlagsverteilung beteiligten Gläubiger (*Hess*
§ 195 Rn 13).

III. Mitteilung an die Gläubiger (§ 195 Abs 2)

Nach § 195 Abs 2 hat der Insolvenzverwalter den Bruchteil den Gläubigern mitzuteilen, die im Rah- 7
men der Abschlagsverteilung mit ihren Forderungen berücksichtigt werden. Eine **Form** für die Mitteilung an die zu berücksichtigenden Gläubiger sieht das Gesetz nicht vor. Demgemäß kann sie durch **öffentliche Bekanntmachung**, aber auch **schriftlich** erfolgen. Der Mitteilungspflicht ist genügt, wenn der
Gläubiger hierdurch in die Lage versetzt wird, seinen Quotenanteil beim Verwalter (Holschuld) einzufordern (LG Osnabrück KTS 1957, 142, 143; K/U § 159 KO Rn 4; K/P/B/*Holzer* § 195 Rn 9; BerlKo-*Breutigam* § 195 Rn 9; N/R/*Westphal* § 195 Rn 10). Die **Mitteilung hat durch den Verwalter** zu erfolgen. Sie kann, was praktisch die Regel ist, in der Form vorgenommen werden, dass der Verwalter beim
Vollzug der Verteilungen, mag es sich auch um eine „Holschuld" handeln, mit der Überweisung oder

der Postanweisung des jeweiligen Betrages durch einen entsprechenden Zusatz den Gläubiger unterrichtet (*Jaeger/Weber* § 159 KO Rn 4; *Bihler* KTS 1962, 84; *Delhaes* KTS 1963, 251; K/U § 159 KO Rn 4; *Frege/Keller/Riedel* HRP Rn 1668; K/P/B/*Holzer* § 195 Rn 10). Die Mitteilung wird wirksam, wenn sie dem an der Abschlagsverteilung teilnehmenden Gläubiger zugegangen ist (K/P/B/*Holzer* § 195 Rn 10; *Delhaes* KTS 1963, 240, 248; *Kilger*/K. *Schmidt* § 159 KO Anm 2). Nach dem Wirksamwerden der Bestimmung des Bruchteils ist eine Änderung wegen nachträglich bekannt gewordener Ansprüche von Massegläubigern nicht mehr zulässig (§ 206 Nr 1). Anders nur bei Korrekturen offenbarer **Rechen- oder Schreibfehler** (N/R/*Westphal* § 195 Rn 11). Die Auszahlung erfolgt trotz Erhebungspflicht der Gläubiger idR zweckmäßigerweise durch Scheck, Überweisung oder Postanweisung (*Bihler* KTS 1962, 84, 88; K/P/B/*Holzer* § 195 Rn 10).

IV. Gläubigergleichbehandlung und gleichmäßige Quotenausschüttung

8 Abschlagszahlungen sind auf mehrere Forderungen eines Gläubigers gleichmäßig zu verrechnen. Das gilt sowohl für Abschlags- als auch für Schlussverteilungen. §§ 366, 367 BGB sind unanwendbar (RGZ 164, 212, 219; K/U § 159 KO Rn 10; BerlKo-*Breutigam* § 195 Rn 10). Der **BGH** hat in einem Urteil v 12. 2. 1985 (ZIP 1985, 487 = KTS 1985, 525) seine frühere gegenteilige Auffassung (**BGH** VersR 1980, 647 = ZIP 1980, 430 = KTS 1980, 327) aufgegeben und entschieden, dass die Vorschriften der §§ 366, 367 BGB auf Zahlungen des Verwalters im konkursrechtlichen Verteilungsverfahren auch nicht insoweit anwendbar sind, als diese auf mehrere gleichrangige Konkursforderungen eines Konkursgläubigers geleistet werden. Etwas anderes gilt nur für sonstige Zahlungen des Verwalters außerhalb des Verteilungsverfahrens. Die neuere Rechtsprechung des BGH ist auch für das Verteilungsverfahren nach der InsO gültig. Zur Zulässigkeit einer Vorabbefriedigung einzelner Gläubiger s *Smid* § 195 Rn 4.

§ 196 Schlußverteilung

(1) Die Schlußverteilung erfolgt, sobald die Verwertung der Insolvenzmasse mit Ausnahme eines laufenden Einkommens beendet ist.

(2) Die Schlußverteilung darf nur mit Zustimmung des Insolvenzgerichts vorgenommen werden.

I. Allgemeines

1 Die letzte Handlung des Verwalters im Rahmen eines Insolvenzverfahrens ist die Schlussverteilung, dh die Ausschüttung der gesamten noch verfügbaren Teilungsmasse an die Insolvenzgläubiger. Spätestens zu diesem Zeitpunkt muss er gegenüber der Gläubigerversammlung und dem Insolvenzgericht Schlussrechnung nach § 66 Abs 1 gelegt haben. Eine Ausnahme gilt für Gegenstände oder Beträge, für die gem § 203 Abs 1 die **Nachtragsverteilung** angeordnet wird. Aus der Notwendigkeit, das Verfahren zu einem Ende zu bringen, folgt zugleich, dass Einwendungen nach § 197 Abs 1 S 2 Nr 2 nur noch im Schlusstermin erhoben werden können. Von der Abschlagsverteilung unterscheidet sich die Schlussverteilung auch dadurch, dass die Bruchteilsbestimmung gem § 195 entbehrlich ist (*Delhaes* KTS 1963, 240, 250; K/P/B/*Holzer* § 196 Rn 3). Die §§ 366, 367 BGB finden im Verteilungsverfahren auch dann keine Anwendung, wenn einem Insolvenzgläubiger mehrere Forderungen zustehen (**BGH** ZIP 1985, 487, 490; str aA K/U § 161 KO unter Berufung auf **BGH** VersR 1968, 964; **BGH** DB 1980, 1254). Die Vorschriften über die Aufstellung und Niederlegung des Verteilungsverzeichnisses (§ 188), die Berücksichtigung bestrittener Forderungen (§ 189), von absonderungsberechtigten Gläubigern (§ 190 Abs 1, 3 S 1) und von aufschiebend bedingten Forderungen (§ 191 Abs 2) finden ebenso für die Schlussverteilung Anwendung wie § 194 Abs 2 u 3 entspr über § 197 Abs 3 (MüKo-*Füchsl/Weishäupl* § 196 Rn 1; HK-*Depré* § 196 Rn 4; *Braun/Kießner* § 196 Rn 3; K/P/B/*Holzer* § 196 Rn 3). Darüber hinaus gelten für die Schlussverteilung besondere Vorschriften, wie zB § 191 Abs 2 (Berücksichtigung aufschiebend bedingter Forderungen), § 197 (Schlusstermin), § 198 (Hinterlegung zurückbehaltener Beträge) und § 199 (Überschuss bei der Schlussverteilung).

II. Schlussverteilung

2 **1. Begriff.** Schlussverteilung ist die Ausschüttung der gesamten, nach Vollzug etwaiger Abschlagsverteilungen noch verfügbaren Teilungsmasse. Sie beendet vorbehaltlich einer etwaigen Nachtragsverteilung (§ 203) die Ausschüttung der Teilungsmasse an die Insolvenzgläubiger. Anders als die Abschlagsverteilung ist die Vornahme der Schlussverteilung nicht in das Ermessen des Insolvenzverwalters gestellt. Die Tatsache, dass noch unverwertbare Vermögensgegenstände vorhanden sind oder noch Feststellungsprozesse anhängig sind, hindert die Schlussverteilung ebenso wenig wie das Vorhandensein noch nicht fälliger, aber zur Insolvenzmasse (§ 35) gehörender Forderungen (H/W/F Hdb 8/34; N/R/*Westphal* § 196 Rn 3; *Frege/Keller/Riedel* HRP Rn 1671; K/P/B/*Holzer* § 196 Rn 6). Da die Schlussver-

II. Schlussverteilung **§ 196**

teilung somit die letzte Verteilung in einem anhängigen Insolvenzverfahren ist, sollte die Verwertung der Massegegenstände durch den Verwalter weitgehend abgeschlossen sein.

2. Zeitpunkt. a) Beendigung der Verwertung. Nach § 196 Abs 1 erfolgt die Schlussverteilung, sobald **3**
die Verwertung der Insolvenzmasse beendet ist. Da bei **laufendem Einkommen eines Schuldners** ein Verfahren somit niemals in absehbarer Zeit beendet werden könnte, hat das Gesetz zur Änderung der InsO und andere Gesetze v 26. 10. 2001 (BGBl 2001 I S 2710) in Nr 13 die Vorschrift des § 196 Abs 1 um die Wörter „mit Ausnahme eines laufenden Einkommens" ergänzt. Die Ergänzung war notwendig geworden, weil bei einem laufenden Einkommen des Schuldners die Praxis Auslegungsschwierigkeiten hatte hinsichtlich der Frage, wann die Verwertung der Insolvenzmasse beendet war und somit Schlussverteilung erfolgen konnte (s zB **AG** Düsseldorf v 28. 5. 2001 ZInsO 2001, 572; **AG** Duisburg v 6. 11. 2000 NZI 2001, 106). Die Schwierigkeiten waren darin begründet, dass nach § 35 abweichend von der KO der Neuerwerb zur Insolvenzmasse zählt und somit bei einem fortlaufenden Einkommen des Schuldners stets neue Masse anfällt. § 196 Abs 1 ist deshalb in dem Sinne präzisiert worden, dass die Schlussverteilung erfolgen kann, sobald die Insolvenzmasse ohne Berücksichtigung des laufenden Einkommens verwertet ist, bzw der Schuldner den Betrag nach § 314 Abs 1 bezahlt hat (vgl N/R/*Westphal* § 196 Rn 6; *Braun/Kießner* § 196 Rn 12, 13; BerlKo-*Breutigam* § 196 Rn 4–6; MüKo-*Füchsl/Weishäupl* § 196 Rn 2; K/P/B/*Holzer* § 196 Rn 5 a–5 d).

b) Unverwertbare Massegegenstände. Grundsätzlich ist die Schlussverteilung in die Wege zu leiten, **4**
sobald die Verwertung der Masse beendet ist, also der letzte Massegegenstand vom Verwalter verwertet und in Geld umgesetzt worden ist (*Jaeger/Weber* § 161 KO Rn 1; K/U § 161 KO Rn 2; K/P/B/*Holzer* § 196 Rn 5; N/R/*Westphal* § 196 Rn 5). In kleineren Verfahren ist die Schlussverteilung die einzige Verteilung, weil keine Abschlagsverteilungen stattfinden. Werden im Schlusstermin **keine Einwendungen** gem § 197 Abs 1 S 2 Nr 2 gegen das Schlussverzeichnis erhoben, ist die Schlussverteilung unverzüglich nach dem Schlusstermin durchzuführen. Werden dagegen Einwendungen erhoben, ist mit der Schlussverteilung zuzuwarten, bis diese rechtskräftig erledigt sind (*Bihler* KTS 1962, 84; K/P/B/*Holzer* § 196 Rn 5). Die Tatsache, dass **unverwertbare Massegegenstände** noch vorhanden sind, hindert die Schlussverteilung nicht, ohne dass die mangelnde Verwertbarkeit dazu führt, dass eine Erhöhung der Teilungsquote nicht eintritt (*Gottwald/Eickmann* InsRHdb § 65 Rn 11; N/R/*Westphal* § 196 Rn 5). Das gilt auch, wenn die Verwertung einzelner Vermögensgegenstände noch voraussichtlich längere Zeit in Anspruch nehmen wird, das Verfahren im Übrigen aber abschlussreif ist (FK-*Kießner* § 196 Rn 4 u 5; N/R/*Westphal* § 196 Rn 5). Auch die Entstehung von buchmäßigen Forderungen, die zwar zur Masse gehören, aber erst in weiter Zukunft fällig werden und für deren Entstehung und Verwertung kein aktuelles Handeln des Verwalters notwendig ist, hindern die Schlussverteilung nicht (N/R/*Westphal* § 196 Rn 5; H/W/F Hdb 8/34). Insoweit kann das Gericht gem § 203 Abs 1 die **Nachtragsverteilung** anordnen, wenn nicht die Gläubigerversammlung im Schlusstermin gem § 197 Abs 1 S 2 Nr 3 etwas anderes beschließt.

Wird ein **Beschluss über die nicht verwertbaren Gegenstände** der Insolvenzmasse **nicht gefasst** und **5**
auch **keine Nachtragsverteilung angeordnet**, wird mit der Aufhebung des Verfahrens der Gegenstand wegen Wegfalls des Insolvenzbeschlages frei mit der Folge, dass der Schuldner bzw das Schuldnerunternehmen hierüber frei verfügen kann. Dies gilt nicht, wenn **Gegenstände** der Masse **nachträglich ermittelt** werden und nunmehr gem § 203 Abs 1 die Nachtragsverteilung angeordnet wird. Solchenfalls tritt der Insolvenzbeschlag mit der Anordnung der Nachtragsverteilung erneut ein (N/R/*Westphal* § 196 Rn 8; aA K/P/B/*Holzer* § 196 Rn 6, wonach zufließende Beträge automatisch dem Insolvenzbeschlag unterliegen). Vor allem bei Bauverträgen ist, wenn der Schuldner das Bauwerk herzustellen hatte, der Bauherr oftmals berechtigt, einen Sicherheitseinbehalt uU über mehrere Jahre zurückzuhalten. Solchenfalls brauchen die Gläubiger mit der Schlussverteilung nicht zuzuwarten, bis sämtliche Gewährleistungsfristen abgelaufen sind und Sicherheitseinbehalte oder Werklohnforderungen in die Masse fließen (*Braun/Kießner* § 196 Rn 9; HaKo-*Preß* § 196 Rn 5). Die Beschlagnahme der noch nicht realisierten Vermögenswerte bleibt trotz Aufhebung des Verfahrens bestehen, weil § 215 Abs 2 S 1 keine Anwendung findet. Dies ist nicht unzweifelhaft, wenn der Gegenstand nicht gem § 198 hinterlegt oder die Verwertung gem § 197 Abs 1 S 2 Nr 3 dem Verwalter auch für die Zeit nach Verfahrensbeendigung übertragen und der Erlös gem § 203 einer Nachtragsverteilung zugeführt wird.

c) Anhängige Prozesse. Anhängige Aktiv- oder Passivprozesse hindern die Schlussverteilung nicht (**RG** **6**
v 21. 4. 1936, JW 1936, 2927, 2928; **BAG** KTS 1973, 269, 270; **OLG** Celle KTS 1972, 265; MüKo-*Füchsl/Weishäupl* § 196 Rn 3; K/P/B/*Holzer* § 196 Rn 6; BerlKo-*Breutigam* § 196 Rn 3; aA für Aktivprozesse N/R/*Westphal* § 196 Rn 10). Die auf die streitigen Forderungen entfallenden Quoten sind gem § 189 Abs 2 bis zum Abschluss des Rechtsstreits zurückzubehalten und nach dem Schlusstermin gem § 198 zu hinterlegen (N/R/*Westphal* § 196 Rn 6). Werden die hinterlegten Anteile später frei, weil die Feststellungsklage rechtskräftig abgewiesen worden ist, wird gem § 203 Abs 1 Nr 1 die Nachtragsverteilung angeordnet, falls diese nicht schon vorbehalten war. Im Regelfall muss insoweit die **Nachtragsverteilung vorbehalten** werden. Der Verwalter bleibt trotz durchgeführter Schlussverteilung und Aufhebung des Insolvenzverfahrens zur **Fortführung anhängiger Aktivprozesse** legitimiert und pro-

§ 196 *Schlußverteilung*

zessführungsbefugt (RGZ 28, 68; **RG** v 21. 4. 1936, JW 1936, 2927; *Jaeger/Weber* § 161 KO Rn 3; K/U § 161 KO Rn 3; *Braun/Kießner* § 196 Rn 10; BerlKo-*Breutigam* § 196 Rn 6). Entgegen der hM zu § 161 KO vertritt *Westphal* (N/R/*Westphal* § 196 Rn 10–13) die Auffassung, ein noch nicht abgeschlossener Aktivprozess der Insolvenzmasse sei ein Grund, die **Schlussverteilung zurückzustellen**. Das Gesetz knüpfe die Vornahme der Schlussverteilung „eindeutig an die Beendigung der Verwertung der Insolvenzmasse, soweit dies überhaupt möglich ist". Die Wiederinkraftsetzung des in der Zwangsvollstreckung außerhalb des Insolvenzverfahrens geltenden Prioritätsprinzips durch die Verfahrensaufhebung könne kaum ein Grund für eine vorzeitige Beendigung des Insolvenzverfahrens sein. Nach Auffassung von *Westphal* ist eine Schlussverteilung erst zulässig, „wenn alle Verwertungshandlungen zu einem Ende gebracht sind und entweder ein obsiegendes Urteil erfolgreich vollstreckt wurde oder aber zumutbare Vollstreckungsversuche keinen Erfolg gehabt haben" (N/R/*Westphal* § 196 Rn 13; **str aA** *Jaeger/Weber* § 161 KO Rn 3; K/U § 161 KO Rn 3; *Kilger/K. Schmidt* § 161 KO Anm 1; K/P/B/*Holzer* § 196 Rn 6; *Gottwald/Eickmann* InsRHdb § 65 Rn 11). Trotz dieser beachtenswerten Argumentation ist daran festzuhalten, dass die Anhängigkeit von Aktivprozessen kein Grund ist, die Schlussverteilung hinauszuschieben, denn die Gläubiger sind unter der Voraussetzung des § 189 durch § 198 ebenso ausreichend geschützt wie durch die Möglichkeit einer Nachtragsverteilung nach § 203.

III. Zustimmung des Insolvenzgerichts (§ 196 Abs 2)

7 **1. Die rechtliche Bedeutung der gerichtlichen Zustimmung.** Nach § 196 Abs 2 hat der Verwalter die Zustimmung des Insolvenzgerichts einzuholen. Der Gesetzgeber hat nunmehr – anders als § 161 Abs 2 KO – nicht mehr auf die „Genehmigung" abgestellt, sondern auf eine vorherige Zustimmung, also eine Einwilligung. Die gerichtliche Zustimmung ist zum Schutz der Gläubiger unverzichtbar, weil durch den Vollzug der Schlussverteilung das Verfahren beendet und nicht im Verteilungsverzeichnis aufgeführte Ansprüche gegen die Masse endgültig ausgeschlossen werden (K/P/B/*Holzer* § 196 Rn 7; N/R/*Westphal* § 196 Rn 33; MüKo-*Füchsl/Weishäupl* § 196 Rn 4). Durch das gerichtliche Zustimmungserfordernis ist zugleich gewährleistet, dass eine Überprüfung stattfindet, ob die gesetzlichen Voraussetzungen für eine Schlussverteilung gegeben sind. § 196 hängt eng mit der Vorschrift des § 66 Abs 1 und 2 zusammen, denn mit dem Antrag auf Zustimmung zur Schlussverteilung reicht der Verwalter idR sämtliche Schlussunterlagen, vor allem die Schlussrechnung ein. Die Prüfungspflicht des Insolvenzgerichts ergibt sich einerseits aus § 196 Abs 2 hinsichtlich der Voraussetzungen einer Schlussverteilung, andererseits aus § 66 Abs 2 S 1 in Bezug auf die Schlussrechnung (*Frege/Keller/Riedel* HRP Rn 1682; *Uhlenbruck* ZIP 1982, 125; *Frege/Riedel*, Schlussbericht und Schlussrechnung, Rn 341 ff). Die **Prüfung** erfolgt sowohl in **formeller** als auch in **materieller Hinsicht** (vgl **BGH** v 24. 1. 1991 – IX ZR 250/89, BGHZ 113, 262; **BGH** v 11. 11. 2004 – IX ZB 48/04, NZI 2005, 103 = ZIP 2005, 36; *Frege/Keller/Riedel* HRP Rn 1682, m Checkliste zur Prüfung Rn 1684; *Bähner/Berger/Braun* ZIP 1993, 1283 ff; s auch die Kommentierung zu § 66). Die Prüfungspflicht erstreckt sich auch darauf, ob der Verwalter die Beteiligung von Unternehmen an der Abwicklung angezeigt hat, an denen er selbst beteiligt ist (**BGH NZI** 2005, 103; *Frege/Keller/Riedel* HRP Rn 1682).

8 Ist ein **Gläubigerausschuss** bestellt, so hat dieser gem § 187 Abs 3 S 2 ebenfalls seine **Zustimmung zu erteilen**, nachdem er zuvor gem § 66 Abs 2 S 2 seine Stellungnahme zur Schlussrechnung abgegeben hat (BerlKo-*Breutigam* § 196 Rn 13; N/R/*Westphal* § 196 Rn 15). Wird die Schlussverteilung vom Verwalter ohne die erforderlichen Zustimmungen vorgenommen, so ist sie **im Außenverhältnis wirksam**. Der Verwalter macht sich jedoch uU schadenersatzpflichtig nach § 60 (H/W/F Hdb 8/36). Verzögert der Insolvenzverwalter die Antragstellung pflichtwidrig und schuldhaft, so hat das Insolvenzgericht im Aufsichtswege nach § 58 einzuschreiten (*Jaeger/Weber* § 161 KO Rn 4, 6; K/U § 161 KO Rn 5; N/R/*Westphal* § 196 Rn 16). Auch im Fall der **Verzögerung der Schlussverteilung** haftet der Insolvenzverwalter bei Verschulden den benachteiligten Gläubigern nach § 60 (**BGH NJW** 1973, 1198; *Jaeger/Weber* § 161 KO Rn 4; K/U § 161 KO Rn 2; *Bihler* KTS 1962, 84; N/R/*Westphal* § 196 Rn 17).

9 **2. Prüfungspflichten des Insolvenzgerichts. a) Antrag des Verwalters.** Die Schlussverteilung setzt einen ordnungsgemäßen Antrag des Insolvenzverwalters an das Gericht voraus, die Zustimmung zur Durchführung der Schlussverteilung zu erteilen. § 196 Abs 2 sieht zwar nicht ausdrücklich eine Antragspflicht des Verwalters vor, jedoch ist der Verwalter verpflichtet, die Zustimmung des Gerichts zur Schlussverteilung einzuholen, was einen entsprechenden Antrag voraussetzt, zumal das Gericht durch Beschluss entscheidet.

10 **b) Einreichung der Schlussrechnung.** Das Gesetz trifft in § 196 keine Regelung, welche Unterlagen der Verwalter mit dem Antrag auf gerichtliche Zustimmung zur Schlussverteilung vorzulegen hat. Vor allem ist die gleichzeitige Vorlage der Schlussrechnung gesetzlich nicht vorgeschrieben. Es genügt, wenn sie dem Gericht vor dem Schlusstermin eingereicht wird und eine angemessene Zeit besteht, um die in § 66 Abs 2 S 1 vorgesehene Schlussrechnungsprüfung vorzunehmen und die in § 66 Abs 2 S 3 vorgesehene Frist von mindestens einer Woche zu wahren (K/P/B/*Holzer* § 196 Rn 9; **aA** *Braun/Kießner* § 196

III. Zustimmung des Insolvenzgerichts (§ 196 Abs 2) **§ 196**

Rn 17). In der Praxis ist es jedoch allgemein üblich, dass der Verwalter beim Insolvenzgericht die Genehmigung zur Schlussverteilung unter Einreichung der Schlussrechnung beantragt (N/R/*Westphal* § 196 Rn 32; K/P/B/*Holzer* § 196 Rn 9). Diese Praxis ist nicht zuletzt deswegen gerechtfertigt, weil die Zustimmung zur Durchführung der Schlussverteilung vom Gericht nur erteilt werden darf, wenn die Schlussrechnung und das Schlussverzeichnis geprüft worden sind.

c) **Inhalt der Schlussrechnung.** Die Schlussrechnung besteht idR aus dem **Schlussbericht**, einer **Über-** 11
schussrechnung, dh einer Einnahmen- und Ausgabenrechnung oder einer **Insolvenzschlussbilanz** sowie einem **Schlussverzeichnis** (Einzelheiten bei *Frege/Keller/Riedel* HRP Rn 1674 ff; *Frege/Riedel*, Schlussbericht und Schlussrechnung, 2 Aufl 2006). Einen festen **Begriff der Schlussrechnung** gibt es nicht. Insgesamt ist die Schlussrechnung ein Tätigkeitsbericht und eine Dokumentation des Verfahrensablaufs, der primär der Information der Verfahrensbeteiligten dient. Umstritten ist, ob die Schlussrechnung des Insolvenzverwalters zugleich auch **Rechenschaftsbericht** ist (vgl *Lievre/Stahl/Ems* KTS 1999, 1 ff). Wie bereits zu § 66 V 3. dargestellt wurde, ist wegen der Verstärkung der Kontroll- und Berichtspflichten des Verwalters für die InsO davon auszugehen, dass die Schlussrechnung nicht nur Tätigkeitsbericht, sondern zugleich auch Rechenschaftsbericht des Verwalters ist. Allerdings hat das Insolvenzgericht lediglich die **Rechtmäßigkeit** der Verfahrensabwicklung, nicht dagegen die **Zweckmäßigkeit** des Verwalterhandelns zu prüfen (K/P/B/*Holzer* § 196 Rn 17). Zu den **notwendigen Bestandteilen der Schlussrechnung** vgl die **Kommentierung zu § 66 IX 1–5 Rn 36 ff**; K/P/B/*Holzer* § 196 Rn 10–14; *Gottwald/Eickmann* InsRHdb § 65 Rn 13–33; N/R/*Westphal* § 196 Rn 21–31; H/W/F Hdb 8/37–48 mit Muster einer Schlussrechnung Rn 49 ff; umfassend zur Berichterstattung im Rahmen der Verfahrensbeendigung *Möhlmann*, Berichterstattung S 327 ff; *Frege/Riedel*, Schlussbericht und Schlussrechnung 2006, Rn 57 ff; *Frege/Keller/Riedel* HRP Rn 1674 ff.

Das Insolvenzgericht kann sich zur Prüfung der Schlussrechnung der Hilfe eines **Sachverständigen** bedienen (*Gottwald/Eickmann* InsRHdb § 65 Rn 15). Streitig ist dabei allerdings, ob der Sachverständige mit der gesamten Prüfung betraut werden kann oder nur mit der Kontrolle des rechnerischen Teils (nur für den rechnerischen Teil *Eickmann* EWiR 1986, 399; HK-*Eickmann* § 66 Rn 11; *Gottwald/Eickmann* InsRHdb § 65 Rn 15; BerlKo-*Blersch* § 66 Rn 11; vgl aber auch *Bähner* KTS 1991, 354; *Kilger/ K. Schmidt* § 86 KO Anm 5 d). Der Gutachter wird wohl auch prüfen dürfen, ob der Verwalter unrechtmäßig Beträge entnommen oder eigene Gesellschaften in die Abwicklung ohne Anzeige an das Gericht eingeschaltet hat. Einzelheiten zur **Prüfungspflicht** und zum **Prüfungsrecht** des Gerichts bei *Gottwald/Eickmann* InsRHdb § 65 Rn 17–22. Der Verwalter hat hinsichtlich des Sachverständigen ein **Ablehnungsrecht** gem § 406 ZPO (§ 4 InsO), wenn zum Sachverständigen ein im selben Gerichtsbezirk „konkurrierender" Insolvenzverwalter bestellt wird (OLG Köln ZIP 1990, 58).

Das **Gericht** hat neben der Schlussrechnungsprüfung vor allem **zu prüfen, ob die Vorschriften über** 13
die Aufstellung und Niederlegung des Verteilungsverzeichnisses (§ 188), ferner die §§ 189, 190 Abs 1, 3 S 1, 191 Abs 2 und § 191 Abs 2 beachtet worden sind. Vor allem hat das Gericht zu prüfen, ob die vorab zu begleichenden Masseverbindlichkeiten (§§ 53 ff) vom Verwalter berichtigt worden sind, da insoweit keine Verteilung nach den §§ 196 ff stattfindet (H/W/F Hdb 8/46). Erst nach Befriedigung der Kosten des Insolvenzverfahrens und der sonstigen Masseverbindlichkeiten (§ 53) kann eine Verteilung stattfinden. Nach der Zustimmung des Gerichts und der Niederlegung auf der Geschäftsstelle gem § 188 hat der Verwalter die **Schlussverteilung gem § 188 S 3 öffentlich bekannt zu machen,** damit die Ausschlussfrist der §§ 189 ff in Gang gesetzt wird. Wegen der Regelung in § 206 Nr 2 ist eine Änderung des Verteilungsbetrages und damit der zur Auszahlung gelangenden Quote bei nachträglicher Berücksichtigung von Massegläubigeransprüchen bis zum Ende des Schlusstermins zulässig (N/R/*Westphal* § 196 Rn 25). Wird eine **Änderung des Schlussverzeichnisses** notwendig, weil der Nachweis nach §§ 189, 190 geführt wird, so hat der Insolvenzverwalter diese binnen drei Tagen nach Ablauf der zweiwöchigen Ausschlussfrist des § 189 Abs 1 zu veranlassen (§ 193). Eine Änderung des Verteilungsverzeichnisses gem §§ 191, 192 ist generell ausgeschlossen (N/R/*Westphal* § 196 Rn 31; MüKo-*Füchsl/ Weishäupl* § 196 Rn 9). Ein nach Einreichung der Schlussrechnung vor dem Schlusstermin sich ergebender Massezufluss rechtfertigt aber eine ergänzende Festsetzung der mit der Schlussrechnung beantragten Verwaltervergütung (**BGH** v 26. 1. 2006 – IX ZB 183/04, NZI 2006, 237, 238).

3. Die gerichtliche Entscheidung. a) Erteilung der Zustimmung. Die Entscheidung des Gerichts über 14
die Zustimmung nach § 196 Abs 2 ergeht durch Beschluss (N/R/*Westphal* § 196 Rn 17; BerlKo-*Breutigam* § 196 Rn 12; K/P/B/*Holzer* § 196 Rn 18). Erklärt das Gericht seine Zustimmung zur Schlussverteilung, so hat es gem § 197 Abs 1 S 1 zugleich den Termin für eine abschließende Gläubigerversammlung (Schlusstermin) zu bestimmen. Die Zustimmung bedarf keiner öffentlichen Bekanntmachung. Werden Zustimmung zur Schlussverteilung, Vergütungsfestsetzung des Verwalters und die Bestimmung des Schlusstermins in einem einheitlichen Beschluss zusammengefasst, so ist lediglich gem § 197 Abs 2 die Bekanntgabe des Schlusstermins mit den Tagesordnungspunkten des § 197 ohne die Genehmigung der Schlussverteilung und ohne Namensnennung des Verwalters **öffentlich bekannt** zu machen. Eine nach Veröffentlichung und Niederlegung des Schlussverzeichnisses angemeldete Forderung nimmt an der Schlussverteilung nicht mehr teil (**BGH** v 22. 3. 2007, ZIP 2007, 876; vgl auch **AG** Düsseldorf v 8. 2. 2006, ZIP 2006, 1107).

§ 196 *Schlußverteilung*

15   **b) Verweigerung der Zustimmung zur Schlussverteilung.** Auch die Verweigerung der gerichtlichen Zustimmung nach § 196 Abs 2 erfolgt durch gerichtlichen Beschluss. Auch dieser Beschluss ist dem Verwalter zuzustellen. Die Verweigerung der Zustimmung ist zugleich ein **Mittel insolvenzgerichtlicher Aufsicht** iSv § 58 (**str aA** MüKo-*Füchsl/Weishäupl* § 196 Rn 4). Kommt der Verwalter gerichtlichen Beanstandungen hinsichtlich der Schlussrechnung oder des Schlussverzeichnisses nicht nach und reagiert er auch nicht auf Maßnahmen nach § 58, bleibt dem Gericht nur die Möglichkeit, die Zustimmung zur Schlussverteilung zu versagen (K/P/B/*Holzer* § 196 Rn 19).

16   **c) Widerruf der Zustimmung.** Die Zustimmung zur Schlussverteilung kann vom Insolvenzgericht widerrufen werden, wenn zwingende Gründe im Hinblick auf das Gläubigerinteresse dies erfordern (AG Düsseldorf ZIP 2006, 1107, 1108; BerlKo-*Breutigam* § 196 Rn 10; *Jaeger/Weber* § 161 KO Rn 9; HK-*Depré* § 196 Rn 9; *Hess* § 196 Rn 19; MüKo-*Füchsl/Weishäupl* § 196 Rn 6–8; HaKo-*Preß* § 196 Rn 11; N/R/*Westphal* § 196 Rn 34). So kann ein Widerruf gerechtfertigt sein, wenn sich kurzfristig Masse in einem Umfang herausstellt, der einer Nachtragsverteilung nicht zugeführt werden kann, so dass eine Fortführung des Verfahrens notwendig ist (BerlKo-*Breutigam* § 196 Rn 10; MüKo-*Füchsl/Weishäupl* § 196 Rn 7; HK-*Irschlinger* § 196 Rn 7; K/P/B/*Holzer* § 196 Rn 19). Der **Widerruf ist ausgeschlossen**, wenn inzwischen die Ausschlussfristen der §§ 189, 190 abgelaufen sind (OLG Frankfurt KTS 1971, 218; K/U § 161 KO Rn 8; **str aA** MüKo-*Füchsl/Weishäupl* § 196 Rn 8).

17   **d) Aussetzung des Vollzugs der Schlussverteilung.** Das Gericht hat die Möglichkeit, den Vollzug einer gegen seinen Willen erfolgenden oder ungenehmigten Schlussverteilung durch den Verwalter im Beschlusswege auszusetzen. Die Aussetzungsmöglichkeit beginnt mit der Mitteilung an die Gläubiger über die auf sie entfallenden Beträge (*Bihler* KTS 1962, 84), also frühestens nach Abhaltung des Schlusstermins (vgl auch *Jaeger/Weber* § 161 KO Rn 9). Die **Aussetzung der Schlussverteilung** nach § 233 S 1 kommt praktisch kaum in Betracht, weil zum Zeitpunkt der Schlussverteilung das Schuldnervermögen bereits verwertet ist und ein Insolvenzplan zu diesem Zeitpunkt nicht mehr vorgelegt werden kann. Aus § 218 Abs 1 S 3 folgt jedoch, dass ein Insolvenzplan bis zum Schlusstermin vorgelegt werden kann. Begründet ist die Aussetzung der Schlussverteilung im Übrigen nicht nur dann, wenn berechtigte Einwendungen gegen das Schlussverzeichnis, gegen die Schlussrechnung oder gegen die Masseverwertung erhoben werden (vgl *Jaeger/Weber* § 161 KO Rn 9), sondern auch, wenn der Verwalter gegen zwingende Vorschriften der Schlussverteilung verstößt.

18   **e) Rechtsmittel.** Der Beschluss, mit dem das Insolvenzgericht seine Zustimmung erteilt, versagt oder widerruft oder durch den es die Aussetzung des Vollzugs der Schlussverteilung beschließt, ist dem Insolvenzverwalter gem §§ 4 InsO, 166 ff ZPO von Amts wegen zuzustellen. Wegen der zwingenden Regelung in § 6 Abs 1 ist der Beschluss, wenn der **Richter oder die Richterin entschieden hat, unanfechtbar** (KG OLGE 19, 221; **LG** Düsseldorf KTS 1966, 119; HK-*Irschlinger* § 196 Rn 8; *Hess* § 196 Rn 16; N/R/*Westphal* § 196 Rn 35; *Richert* NJW 1961, 2151; *Braun/Kießner* § 916 Rn 26; MüKo-*Füchsl/ Weishäupl* § 196 Rn 11; *Kilger/K. Schmidt* § 161 KO Anm 3; BerlKo-*Breutigam* § 196 Rn 17). Hat dagegen der **Rechtspfleger** bzw die Rechtspflegerin entschieden, ist die **sofortige Erinnerung** gem § 11 Abs 2 S 1 RPflG gegeben, über die, soweit der Rechtspfleger nicht gem § 11 Abs 2 S 2 RPflG abhilft, der Richter abschließend entscheidet (§ 11 Abs 2 S 3 RPflG). Die Entscheidung hinsichtlich der Zustimmung zur Schlussverteilung ist ebenso unanfechtbar ist wie die Aussetzung des Vollzugs der Schlussverteilung in besonderen Fällen.

19   **4. Die ungenehmigte Schlussverteilung.** Führt der Verwalter die Schlussverteilung durch, ohne die gem § 196 Abs 2 erforderliche Zustimmung des Insolvenzgerichts einzuholen, so ist diese gleichwohl wirksam (BerlKo-*Breutigam* § 196 Rn 17; MüKo-*Füchsl/Weishäupl* § 196 Rn 5; HK-*Depré* § 196 Rn 10; N/R/*Westphal* § 196 Rn 36; *Braun/Kießner* § 196 Rn 25; *Hess* § 196 Rn 14). Nimmt jedoch der Verwalter die Schlussverteilung ohne gerichtliche Zustimmung vor, setzt er sich der Gefahr einer persönlichen Haftung nach § 60 aus (N/R/*Westphal* § 196 Rn 36; HK-*Irschlinger* § 196 Rn 10).

IV. Durchführung der Schlussverteilung

20   Wird die Zustimmung des Insolvenzgerichts nach § 196 Abs 2 erteilt, der Schlusstermin (§ 197) durchgeführt und ist über Einwendungen, die im Schlusstermin erhoben worden sind, rechtskräftig entschieden worden, so nimmt der Verwalter die Schlussverteilung vor. Sie besteht entweder in der Auszahlung der Insolvenzquote an die Gläubiger oder in deren Zurückbehaltung bzw Hinterlegung. Zunächst hat der Verwalter die **Quote zu errechnen** und an die Gläubiger auszuzahlen (K/P/B/*Holzer* § 196 Rn 21). Zwar handelt es sich bei der Schlusszahlung ebenso wie bei den Abschlagsverteilungen um eine Holschuld (§ 269 BGB), so dass die Gläubiger zur „Erhebung" beim Verwalter verpflichtet sind (*Bihler* KTS 1962, 84, 85; K/P/B/*Holzer* § 196 Rn 21). Trotzdem hat der Verwalter aufgrund seiner verfahrensrechtlichen Amtsstellung dafür zu sorgen, dass die Quote an die Gläubiger gelangt (§ 187 Abs 3 S 1; *Frege/Keller/Riedel* HRP Rn 1713; *Braun/Kießner* § 196 Rn 24; *Smid* § 196 Rn 7; HaKo-*Preß* § 196 Rn 12; HK-*Irschlinger* § 196 Rn 11). Die **Auszahlung erfolgt idR durch Überwei-**

sung, per Scheck oder Postanweisung. Grundsätzlich sind auch **Kleinstbeträge** auszuzahlen, sofern nicht Aufwand und Kosten hierzu in einem krassen Missverhältnis stehen (K/P/B/*Holzer* § 196 Rn 23; HaKo-*Preß* § 196 Rn 13).

Zurückzubehalten sind die Quotenanteile bei titulierten, aber bestrittenen Forderungen, wenn bis zum Vollzug der Verteilung die Verfolgung des Widerspruchs nachgewiesen wird; bei nicht titulierten bestrittenen Forderungen, wenn der Nachweis nach § 189 Abs 1 rechtzeitig geführt wird (§ 189 Abs 2); bei festgestellten Forderungen, wenn der Verwalter gem § 767 ZPO gegen sie vorgeht (*Gottwald/Eickmann* InsRHdb § 65 Rn 34; N/R/*Westphal* § 196 Rn 28). Zurückzubehalten ist auch die Quote bei **aufschiebend bedingten Forderungen**, wenn die Bedingung noch nicht eingetreten ist (§ 191 Abs 1 S 2), bei **absonderungsberechtigten Gläubigern** mit festgestellter Forderung bei Streit über die Erfüllung der Voraussetzungen des § 190 Abs 1, bei bestrittener Forderung nach den dafür geltenden Regeln (vgl N/R/*Westphal* § 196 Rn 29; *Gottwald/Eickmann* InsRHdb § 65 Rn 34). Die vorstehend aufgeführten Beträge, die bei der Schlussverteilung zurückzubehalten sind, hat der Verwalter für Rechnung der Beteiligten gem § 198 bei einer geeigneten Stelle **zu hinterlegen**. Eine Zustimmung des Gerichts ist für die Hinterlegung nicht erforderlich (**str aA** *Gottwald/Eickmann* InsRHdb § 65 Rn 35). Auch empfiehlt es sich nicht, die gerichtliche Hinterlegungsstelle zu wählen, was schon wegen der fehlenden Verzinsung bei höheren Beträgen nicht in Betracht kommen dürfte. Ist der Aufenthalt des Gläubigers unbekannt oder streiten mehrere Forderungsprätendenten darum, wem die Quote zusteht, so ist nach § 372 BGB zu hinterlegen. Bei der **insolvenzrechtlichen Hinterlegung** nach § 198 erfolgt die Hinterlegung zugunsten der Masse. Ein Rücknahmeverzicht des Verwalters ist ausgeschlossen (*Gottwald/Eickmann* InsRHdb § 65 Rn 37). Die **allgemeine Hinterlegung** nach § 372 BGB erfolgt zugunsten des Gläubigers bzw der Forderungsprätendenten. Hier hat der Verwalter den Rücknahmeverzicht zu erklären. Einzelheiten in der Kommentierung zu § 198. **Mehrere Forderungen** eines Gläubigers werden ausschließlich nach insolvenzrechtlichen Grundsätzen getilgt. Die Vorschriften der §§ 366, 367 BGB finden keine Anwendung (**BGH ZIP** 1985, 487; *Gottwald/Eickmann* InsRHdb § 65 Rn 38).

Das Gericht hat die **ordnungsgemäße Durchführung der Schlussverteilung zu überwachen** (K/P/B/*Holzer* § 196 Rn 24; *Braun/Kießner* § 196 Rn 24). Eine solche Überwachung ist nur gewährleistet, wenn der Verwalter nach Durchführung der Schlussverteilung einen **Schlussverteilungsbericht** bei Gericht einreicht. Der Schlussverteilungsbericht muss Auskunft über den Massebestand vor und nach der Schlussverteilung geben, die auf Masseforderungen entfallenden Beträge und die zurückbehaltenen bzw hinterlegten Beträge ausweisen. Darüber hinaus muss sich aus dem Schlussverteilungsbericht ergeben, ob noch Beträge oder Gegenstände vorhanden sind, die einer Nachtragsverteilung gem § 203 zugeführt werden können (vgl K/P/B/*Holzer* § 196 Rn 24).

V. Besonderheiten bei Genossenschaften und Versicherungsvereinen aG

Im Insolvenzverfahren über das Vermögen einer eingetragenen Erwerbs- oder Wirtschaftsgenossenschaft hat der Verwalter gem § 114 Abs 1 S 1 GenG, sobald mit dem Vollzug der Schlussverteilung begonnen wird, schriftlich festzustellen, ob und in welcher Höhe nach der Verteilung des Erlöses ein Fehlbetrag verbleibt und inwieweit dieser durch die bereits geleisteten Nachschüsse gedeckt ist (vgl N/R/*Westphal* § 196 Rn 37; K/P/B/*Holzer* § 196 Rn 25). Die Feststellung ist auf der Geschäftsstelle des Insolvenzgerichts niederzulegen (§ 114 Abs 1 S 2 GenG). Erst zu diesem Zeitpunkt kann der Verwalter übersehen, welchen Betrag die Genossen endgültig zur Deckung des Fehlbetrages der Aktivmasse an Nachschüssen zu leisten haben, da die etwaigen Zusatzberechnungen lediglich auf Schätzungen des Insolvenzverwalters beruhen (Einzelheiten bei *Hirte* in FS Uhlenbruck S 637, 649 f). Die endgültig ermittelte Fehlbetragssumme ist in Form einer Nachschussberechnung von den Genossen einzuziehen. § 114 Abs 1 S 1 GenG bezieht die **Masseunzulänglichkeit** iSv § 208 InsO mit ein, obgleich in diesem Fall keine Schlussverteilung stattfindet. Die Feststellung des Fehlbetrages gem § 114 Abs 1 S 1 GenG findet nach Anzeige der Masseunzulänglichkeit (§ 208 Abs 1 InsO) und Verwertung der vorhandenen Insolvenzmasse zwecks Befriedigung der Massegläubiger nach Maßgabe des § 209 InsO statt. Ergibt die Fehlbetragsfeststellung keinen ungedeckten Fehlbetrag, entfällt eine Nachschussberechnung nach § 114 Abs 2 GenG. Gleiches gilt, wenn die Haftsummen der Genossen bereits durch die Vorschüsse erschöpft sind (*Beuthien* § 114 GenG Rn 1). Verbleibt ein ungedeckter Fehlbetrag und besteht eine Nachschusspflicht der Genossen gem § 105 GenG, so hat der Verwalter die zu erbringenden Nachschüsse zu berechnen, einzufordern und im Wege der Nachtragsverteilung an die Gläubiger zu verteilen (§§ 114 Abs 2, 3, 115 Abs 1 GenG). Das Gericht braucht die Schlussverteilung wegen der Nachschussberechnung nicht auszusetzen (K/P/B/*Holzer* § 196 Rn 25). Vielmehr werden die aufgrund der Nachschussberechnung eingezogenen Beträge gem § 115 GenG einer Nachtragsverteilung zugeführt. Die zur Befriedigung der Gläubiger nicht erforderlichen Überschüsse hat der Verwalter an die Genossen zurückzuzahlen (§ 115 Abs 3 GenG). Bei einem **Versicherungsverein auf Gegenseitigkeit** gelten die §§ 114 Abs 2, 115–118 GenG sinngemäß (§ 52 Abs 2 S 2 VAG). Der Verwalter hat die von den Mitgliedern abschließend zu entrichtenden Beträge alsbald nach Beginn der Schlussverteilung zu errechnen und einzufordern (vgl K/P/B/*Holzer* § 196 Rn 26; N/R/*Westphal* § 196 Rn 38).

§ 197 Schlußtermin

(1) ¹Bei der Zustimmung zur Schlußverteilung bestimmt das Insolvenzgericht den Termin für eine abschließende Gläubigerversammlung. ²Dieser Termin dient
1. zur Erörterung der Schlußrechnung des Insolvenzverwalters,
2. zur Erhebung von Einwendungen gegen das Schlußverzeichnis und
3. zur Entscheidung der Gläubiger über die nicht verwertbaren Gegenstände der Insolvenzmasse.

(2) Zwischen der öffentlichen Bekanntmachung des Termins und dem Termin soll eine Frist von mindestens einem Monat und höchstens zwei Monaten liegen.

(3) Für die Entscheidung des Gerichts über Einwendungen eines Gläubigers gilt § 194 Abs. 2 und 3 entsprechend.

I. Allgemeines

1 Die Vorschrift entspricht weitgehend der früheren Regelung in § 162 KO, jedoch ist § 197 Abs 2 durch das Gesetz v 19. 12. 1998 (BGBl I S 3836) hinsichtlich der Fristen geändert worden. Der Schlusstermin ist die **abschließende Gläubigerversammlung** (*Smid* § 197 Rn 2; *Pape*, Gläubigerbeteiligung Rn 283). Im Regelinsolvenzverfahren findet der Schlusstermin statt, wenn es zu einer Verteilung an die Insolvenzgläubiger kommt und eine Aufhebung des Verfahrens nach § 200 erfolgen soll (*Frege/Keller/Riedel* HRP Rn 1699). Bei **Einstellung mangels Masse** erfolgt die Anhörung der Gläubigerversammlung nach § 207 Abs 2. Bei **Einstellung nach § 211 Abs 1** ist entspr § 197 vor der Einstellung des Verfahrens Schlusstermin zu bestimmen (*Frege/Keller/Riedel* HRP Rn 1793). Wird das Verfahren nach rechtskräftiger Bestätigung eines Insolvenzplans aufgehoben (§§ 248, 258), findet ein Schlusstermin nicht statt. Da der Schlusstermin Gläubigerversammlung ist, ist der Termin nicht öffentlich. § 175 GVG findet demgemäß Anwendung. Der **Verwalter** muss den Termin **persönlich wahrnehmen** (s unten zu Rn 6). Er kann sich nicht vertreten lassen (*Braun/Kießner* § 197 Rn 6; N/R/*Westphal* § 197 Rn 2; einschränkend *Mohrbutter/Voigt-Salus/Pape* Hdb § 21 Rn 190–197. Einzelheiten unten zu Rn 6). Der Schlusstermin dient 1. der Abnahme der Schlussrechnung, 2. der Erhebung von Einwendungen gegen das Schlussverzeichnis und 3. der Beschlussfassung über die nicht verwertbaren Massegegenstände. Wegen der Notwendigkeit der Rechnungslegung und Erörterung der Schlussrechnung findet der Schlusstermin auch dann statt, wenn keine verteilungsfähige Masse mehr vorhanden ist. Der Schlusstermin kann auch mit einem **Nachprüfungstermin** verbunden werden (*Smid* § 197 Rn 4). Der Verwalter hat jedoch keine Möglichkeit, diese Forderungen in das Schlussverzeichnis aufzunehmen und bei der Schlussverteilung zu berücksichtigen (**BGH v 22. 3. 2007 – IX ZB 8/05, NZI 2007, 401; OLG Köln v 20. 5. 1992, ZIP 1992, 949** m Anm *Mohrbutter* EWiR § 142 KO 1/92, 689; *Braun/Kießner* § 197 Rn 9; N/R/*Westphal* § 197 Rn 13; MüKo-*Füchsl/Weishäupl* § 197 Rn 9; HaKo-*Preß* § 197 Rn 5; *Smid* § 1 97 Rn 4; str aA *Hess* § 197 Rn 20; *Tscheschke*, Rpfleger 1992, 96). Die Forderungsfeststellung im Schlusstermin hat letztlich nur Bedeutung für die Zwangsvollstreckung aus der Tabelle gem § 201 Abs 2 (MüKo-*Füchsl/Weishäupl* § 198 Rn 9).

II. Der Schlusstermin

2 **1. Anberaumung des Schlusstermins (§ 197 Abs 2).** Sobald das Insolvenzgericht die Zustimmung zur Schlussverteilung gem § 196 Abs 2 erteilt hat, bestimmt es gleichzeitig den Schlusstermin als letzte und verfahrensabschließende Gläubigerversammlung (§ 197 Abs 1 S 1). Für die Einberufung von Amts wegen gilt § 74. Üblich, aber nicht zwingende Voraussetzung ist, dass die Schlussrechnung des Verwalters sowie die Stellungnahme des Gläubigerausschusses (§ 66 Abs 2 S 2) zu diesem Zeitpunkt bereits vorliegen (*Pape/Uhlenbruck* InsolvenzR Rn 757). Die Schlussrechnung kann vielmehr auch vom Verwalter zur Prüfung durch das Insolvenzgericht und zur Auslegung für die Beteiligten nachgereicht werden, wobei die Frist des § 66 Abs 2 S 3 einzuhalten ist (N/R/*Westphal* § 197 Rn 3). Diese Handhabung empfiehlt sich jedoch nicht, da das Gericht idR die Zustimmung nach § 196 Abs 2 nicht erteilen wird, ohne die Schlussrechnung gem § 66 Abs 2 S 1 geprüft zu haben. Mit der Zustimmung nach § 196 Abs 2 verfügt das Gericht zugleich die **Auslegung des Schlussverzeichnisses** auf der Geschäftsstelle des Insolvenzgerichts (H/W/F Hdb 8/61). Gem § 188 S 3 hat **das Gericht** die Summe der Forderungen und den für die Verteilung verfügbaren Betrag Gem § 9 **öffentlich bekannt zu machen** und damit die **zweiwöchige Ausschlussfrist** des § 189 Abs 1 S 1 in Gang zu setzen (§ 74 Abs 2 S 1). Eine Quote muss nicht angegeben werden. Innerhalb dieser Frist können die Gläubiger, die bei der Schlussverteilung nicht berücksichtigt worden sind, gegen entsprechende Nachweise die Berichtigung des Schlussverzeichnisses erwirken (H/W/F Hdb 8/61).

3 Wenn es die Zustimmung zur Schlussverteilung gem § 196 Abs 2 erteilt hat, bestimmt das Insolvenzgericht **von Amts wegen den Schlusstermin**. Der Terminierungsbeschluss hat im Internet als **Tagesord-**

II. Der Schlusstermin § 197

nungspunkte die Abnahme der Schlussrechnung, die Erhebung von Einwendungen gegen das Schlussverzeichnis und die Beschlussfassung der Gläubiger über die nicht verwertbaren Vermögensgegenstände (§ 197 Abs 1 S 2 Nr 1–3) zu enthalten. § 197 Abs 2 sieht hinsichtlich der **Fristen** vor, dass der Schlusstermin **frühestens einen Monat** und **spätestens zwei Monate** nach der für die Schlussverteilung geltenden öffentlichen Bekanntmachung (§ 188) stattfinden soll. Die Mindestfrist ist erforderlich, damit die Einwendungsfristen der §§ 189, 190 und § 193 abgelaufen sind, so dass im Schlusstermin festgestellt werden kann, ob Gläubiger Einwendungen rechtzeitig erhoben haben (N/R/*Westphal* § 197 Rn 4; K/P/B/ *Holzer* § 197 Rn 4). Der Schlusstermin ist **öffentlich bekannt zu machen** (§ 9 Abs 1 S 1). Eine gesonderte Ladung der Insolvenzgläubiger ist im Gesetz nicht vorgesehen (BerlKo-*Breutigam* § 197 Rn 26). Die Frist beginnt gem § 9 Abs 1 S 3 mit der öffentlichen Bekanntmachung des Schlusstermins, also nach Ablauf von zwei Tagen nach dem Tag der Veröffentlichung im Internet (s HaKo-*Rüther* § 9 Rn 8). § 197 Abs 2 ist nicht zwingend, wie sich aus der Formulierung „soll" ergibt. Kommt es zu einer **Unterschreitung der vorgesehenen Fristen** und zugleich zu einer Kollision mit der Ausschlussfrist des § 189 Abs 1 und der Einwendungsfrist des § 194 Abs 1, so ist der Schlusstermin zu vertagen. Einer weiteren öffentlichen Bekanntmachung bedarf es nicht (K/U § 162 KO Rn 7; K/P/B/*Holzer* § 197 Rn 4 a; vgl auch H/W/F Hdb 8/62).

2. Ablauf des Schlusstermins. Der Ablauf des Schlusstermins ist gem § 197 Abs 1 S 2 idR durch die dort 4 erwähnten Tagesordnungspunkte vorgegeben. Dies ist jedoch keineswegs zwingend. Die Tagesordnung kann durchaus um weitere Punkte erweitert werden, wie zB um die Prüfung nachträglich angemeldeter Forderungen gem § 177 Abs 1 S 2 oder Anhörung der Gläubiger zur Festsetzung der Vergütung des Gläubigerausschusses (K/P/B/*Holzer* § 197 Rn 5; K/U § 162 KO Rn 5 b; *Frege/Keller/Riedel* HRP Rn 1701).

a) **Erörterung und Abnahme der Schlussrechnung (§ 197 Abs 1 S 2 Nr 1).** Wie bereits zu § 66 darge- 5 stellt wurde, ist die Schlussrechnung das letzte Glied einer sich über das gesamte Insolvenzverfahren erstreckenden Berichterstattung und Rechnungslegung des Insolvenzverwalters. Die Schlussrechnung schließt sich nahtlos an die Eröffnungs- und Zwischenrechnungen an (vgl *Uhlenbruck* ZIP 1982, 125, 133; *Frege/Keller/Riedel* HRP Rn 1702). Insoweit ergibt sich ein „geradezu systemimmanenter Zwang, die Reihe der Eröffnungs- und Zwischenberichterstattung um eine Berichterstattung bei Beendigung des Verfahrens zu ergänzen" (*Möhlmann,* Berichterstattung S 328). Gem § 197 Abs 1 S 2 Nr 1 dient der Schlusstermin zunächst der **Erörterung** und **Abnahme der Schlussrechnung**, die der Verwalter nach § 66 Abs 1 zu erstellen hat, und die vom Gericht (§ 66 Abs 2 S 1) und vom Gläubigerausschuss (§ 66 Abs 2 S 2) bereits vorgeprüft worden ist. Soweit demgemäß Beanstandungen nicht schon im Vorfeld des Schlusstermins Rechnung getragen worden ist, müssen **Einwendungen gegen die Schlussrechnung im Termin mündlich vorgetragen** werden. Das gilt selbst dann, wenn sie zuvor schriftlich gegenüber dem Gericht oder dem Verwalter vorgebracht worden waren (K/P/B/*Holzer* § 197 Rn 6; N/R/*Westphal* § 197 Rn 8; MüKo-*Füchsl/Weishäupl* § 197 Rn 5; *Jaeger/Weber* § 162 KO Rn 4; str aA *Häsemeyer* InsR Rn 7.65). Einwendungsberechtigt sind sowohl der Schuldner als auch jeder Insolvenzgläubiger und bei Fortführung des Verfahrens unter einem anderen Verwalter der nachfolgende Verwalter (einschr *Frege/Keller/Riedel* HRP Rn 1702). Einwendungen unter dem Vorbehalt späterer Prüfung sind als bedingte Prozesserklärungen unzulässig und zurückzuweisen (**OLG Schleswig v 31. 8. 1951, SchlHA** 1952, 154, 155; K/P/B/*Holzer* § 197 Rn 6). Die **Entscheidung trifft der Richter oder Rechtspfleger,** dem die **Leitung des Schlusstermins** als der letzten Gläubigerversammlung obliegt. Über § 4 InsO finden die Vorschriften der §§ 136–144, 156 ZPO über die Verhandlungsleitung und die gerichtsverfassungsrechtlichen Vorschriften über die Ausübung der Ordnungsgewalt in der Sitzung (§§ 176–183 GVG) entsprechende Anwendung (*Smid* § 197 Rn 3).

Da der **Schlusstermin Gläubigerversammlung** ist, ist er nur **parteiöffentlich**, dh lediglich die Verfah- 6 rensbeteiligten sowie deren Vertreter sind zur Teilnahme berechtigt (§ 175 GVG). Bevor die Schlussrechnung des Verwalters erörtert wird, hat der Rechtspfleger (Richter) die gesetzlichen Voraussetzungen zu prüfen, wie zB die ordnungsgemäße Bekanntmachung der Verteilungsankündigung des Verwalters, die ordnungsgemäße Niederlegung von Schlussrechnung und Schlussverzeichnis, die Feststellung der Anwesenden und ihrer Legitimation sowie ggf der Stimmrechte (H/W/F Hdb 8/67). Hatte das Insolvenzgericht vor dem Schlusstermin im Rahmen der Prüfung nach § 66 Abs 2 S 1 einen bereits angemeldeten Sachverständigen beigezogen (vgl **OLG Hamm EWiR** § 86 KO 1/86, 399; K/U § 86 KO Rn 7b; *Kilger/K. Schmidt* § 86 KO Anm 4 f), so ist der **Sachverständige** zu dem Termin ebenfalls zu laden. Allerdings ist die Beiziehung eines Sachverständigen nur dort zulässig, wo das Gericht der besonderen Sachkunde eines Sachverständigen bedarf (*Gottwald/Eickmann* InsRHdb § 65 Rn 42). Der **Insolvenzverwalter** hat im Schlusstermin **persönlich anwesend** zu sein. Er kann sich nicht vertreten lassen (*Graeber* NZI 2003, 569, 575; *Braun/Kießner* § 197 Rn 6; N/R/*Westphal* § 197 Rn 2; str aA *Mohrbutter/Ringstmeier/Voigt-Salus/Pape* Hdb § 21 Rn 190–197). Die Bestellung eines **Sonderverwalters** kommt nicht in Betracht, weil es an den notwendigen Voraussetzungen fehlt. Für eine unterschiedliche Behandlung von Groß- und Kleinverfahren fehlt es an einer Rechtsgrundlage. Bei Kleinverfahren besteht die Möglichkeit, gem § 5 Abs 2 den Schlusstermin **schriftlich** durchzuführen (*Frege/Keller/Riedel* HRP Rn 1699 aE). Ansons-

§ 197

Schlußtermin

ten ist im Verhinderungsfall der Termin grundsätzlich zu vertagen (MüKo-*Füchsl/Weishäupl* § 197 Rn 2; N/R/*Westphal* § 197 Rn 2).

7 **b) Einwendungen gegen die Schlussrechnung und den Schlussbericht** können sowohl der Schuldner als auch die Insolvenzgläubiger erheben, die noch keine volle Befriedigung erlangt haben. Aus- und Absonderungsberechtigte sowie Massegläubiger sind nicht einwendungsberechtigt (*Frege/Keller/Riedel* HRP Rn 1702; H/W/F Hdb 8/69; *Gottwald/Eickmann* InsRHdb § 65 Rn 44). **Schriftliche Einwendungen** sind unzulässig (**AG Krefeld** NZI 2001, 45; N/R/*Westphal* § 197 Rn 6; *Braun/Kießner* § 197 Rn 13; K/P/B/*Holzer* § 197 Rn 6). Die Einwendungen sind zu substantiieren. Einwendungen, die nicht mündlich vom Gläubiger oder einem Gläubigervertreter im Termin erhoben werden, sind unbeachtlich. Gleiches gilt für Einwendungen, die unsubstanziiert erhoben werden und keine Entscheidung zulassen. Sie sind zu Protokoll zu nehmen. Das Gericht hat zunächst eine **gütliche Einigung** zu versuchen (*Gottwald/Eickmann* InsRHdb § 65 Rn 45).

8 Kommt eine Einigung zustande, ist sie zu Protokoll zu nehmen. Im Übrigen ist jeder Streit, der nicht im Schlusstermin erledigt werden kann, im Prozesswege auszutragen. **Über erhobene Einwendungen** ist im Übrigen **sofort zu verhandeln**. Der Verwalter hat sich im Termin sofort zu den Einwendungen zu erklären, um eine gütliche Erledigung zu ermöglichen. Werden die Einwendungen durch Aussprache und sofort herbeigeschaffte Nachweise nicht erledigt, so ist umstritten, ob das Insolvenzgericht oder das Prozessgericht über die Einwendungen zu entscheiden hat. Nach früherem Recht stand dem Insolvenzgericht ein Entscheidungsrecht nicht zu. Die Entscheidung war ausschließlich Sache des **Prozessgerichts** (OLG Nürnberg v 2. 7. 1965, KTS 1966, 63, 64; *Jaeger/Weber* § 86 KO Rn 6. Dagegen wird für die InsO überwiegend die Auffassung vertreten, dass generell über **erhobene Einwendungen** nach Maßgabe des § 197 Abs 3 das **Insolvenzgericht** durch **zu verkündenden Beschluss** zu entscheiden habe, der jedoch später noch schriftlich begründet werden könne (so zB BerlKo-*Breutigam* § 197 Rn 9; N/R/*Westphal* § 197 Rn 16; HK-*Depré* § 197 Rn 10; *Smid* § 197 Rn 10; K/P/B/*Holzer* § 197 Rn 8; **str aA AG Duisburg** v 4. 10. 2005, NZI 2006, 112, 113). Zutreffend weist das **AG** Duisburg (NZI 2006, 112, 113) jedoch darauf hin, dass die Entscheidungsbefugnis des Insolvenzgerichts sich nicht auf inhaltliche Einwendungen gegen sonstige Teile des Rechnungswerks übertragen lasse (so auch *Frege/Keller/Riedel* HRP Rn 1703). Das Insolvenzgericht hat lediglich eine formelle und **keine materielle Prüfungskompetenz**. Entgegen der Vorauflage ist anzunehmen, dass § 194 Abs 2, 3 über § 197 Abs 3 auf Einwendungen gegen die Schlussrechnung nicht anwendbar ist.

9 **c) Einwendungen gegen das Schlussverzeichnis (§ 197 Abs 1 Nr 2).** Abweichend von § 194 Abs 1 können Einwendungen der Insolvenzgläubiger gegen die Berücksichtigung oder Nichtberücksichtigung im Schlussverzeichnis nach § 197 Abs 1 Nr 2 nur im Schlusstermin geltend gemacht werden (**AG Krefeld** NZI 2000, 45; *Frege/Keller/Riedel* HRP Rn 1705; K/P/B/*Holzer* § 197 Rn 10). Einwendungen gegen das Schlussverzeichnis sind ebenfalls mündlich im Termin geltend zu machen (§ 197 Abs 1 S 2 Nr 2). Insoweit wird allgemein die Auffassung vertreten, dass gem § 197 Abs 3 iVm § 194 Abs 2, 3 das **Insolvenzgericht** über die Einwendungen **durch verkündeten Beschluss** im Schlusstermin zu entscheiden hat (**AG Duisburg** NZI 2006, 112, 113; *Gottwald/Eickmann* InsRHdb § 65 Rn 46; H/W/F Hdb 8/72; *Braun/Kießner* § 197 Rn 15; BerlKo-*Breutigam* § 197 Rn 9; *Hess* § 197 Rn 14; K/P/B/*Holzer* § 197 Rn 11; N/R/*Westphal* § 198 Rn 16; HK-*Depré* § 197 Rn 10; *Smid* § 197 Rn 10). Mit den Einwendungen kann vorgebracht werden, dass im Verteilungsverzeichnis eine Forderung zu Unrecht aufgenommen oder nicht aufgenommen worden ist. Das Gericht hat nur zu prüfen, ob die Vorschriften der §§ 189–191 richtig angewandt worden sind. **Materiell-rechtliche Einwendungen** gegen den Bestand einer Forderung sind dagegen **ausgeschlossen** (vgl auch **AG Duisburg** NZI 2006, 112, 113; *Gottwald/Eickmann* InsRHdb § 65 Rn 7; *Frege/Keller/Riedel* HRP Rn 1705; K/P/B/*Holzer* § 197 Rn 10). **Unzulässig sind auch Einwendungen**, mit denen ein Gläubiger, der die Aufnahmefrist versäumt hat, durch Nachreichung von Belegen seine Säumnis ausräumen will. Zutreffend weist *Eickmann* (*Gottwald/Eickmann* InsRHdb § 65 Rn 47) darauf hin, dass in der Praxis besonders bedeutsam die häufigen Fälle sind, in denen der Verwalter nur die Forderungen in das Schlussverzeichnis aufnimmt, an die auch tatsächlich eine Ausschüttung erfolgen kann, während Forderungen, die zwar die formellen Aufnahmevoraussetzungen erfüllen, auf die aber mangels ausreichender Verteilungsmasse nichts mehr entfällt, im Verzeichnis unberücksichtigt bleiben. *Eickmann*: „Gläubiger solcher Forderungen sollten unbedingt die Aufnahme ihrer Forderung durch die Erhebung von Einwendungen erzwingen, denn die Nichtaufnahme von Forderungen schließt deren Gläubiger von jeder künftigen Nachtragsverteilung aus (§ 205)."

10 **Entscheidet das Gericht** im Termin durch **verkündeten Beschluss** nach Anhörung des Verwalters, so weist es entweder die Einwendungen zurück oder ordnet die Änderung bzw Ergänzung des Schlussverzeichnisses an. Der Beschluss ist ebenso wie die wesentlichen Punkte der **Begründung zu protokollieren**. Nach H/W/F (Hdb 8/73) ist sodann der Verteilungsvorschlag auf der Basis des Schlussverzeichnisses zu erörtern. Der weitere Vollzug der gerichtlichen Beschlüsse erfolgt nach § 194 Abs 2, 3. Meldet ein Gläubiger seine Forderung erst nach Bestimmung des Schlusstermins an, ist er aber im Termin nicht persönlich anwesend, um seine Einwendung gegen das Schlussverzeichnis geltend zu machen, ist diese als unzulässig zurückzuweisen (**aA Krefeld** v 28. 11. 2000 NZI 2001, 45). Wird im Beschlusswege eine **Änderung des Schlussverzeichnisses** angeordnet, ist dieses gem § 194 Abs 3 S 1 auf der Geschäftsstelle

II. Der Schlusstermin § 197

des Insolvenzgerichts zur Einsicht der Beteiligten niederzulegen. Sowohl gegen einen Gerichtsbeschluss, durch den die Einwendungen zurückgewiesen werden (§ 194 Abs 2 S 2), als auch gegen Entscheidungen, durch die eine Berichtigung des Verzeichnisses angeordnet wird, steht dem bzw den Insolvenzgläubigern und dem Verwalter die **sofortige Beschwerde** zu (§ 194 Abs 3 S 2 iVm § 197 Abs 3). Die Beschwerdefrist beginnt mit dem Tag, an dem die Entscheidung niedergelegt worden ist (§ 194 Abs 3 S 3 iVm § 197 Abs 3). Erhebt dagegen der **Schuldner Einwendungen**, so steht ihm gem § 6 Abs 1 ein Rechtsmittel nicht zu, da sich die Verweisung in § 197 Abs 3 auf § 194 Abs 2, 3 bezieht, der nur für den Insolvenzverwalter und Insolvenzgläubiger entsprechend gilt. Anders als nach früherem Recht kommt eine Verfahrensbeendigung vor rechtskräftiger Entscheidung über die im Schlusstermin vorgebrachten Einwendungen nicht mehr in Betracht, da nach § 200 Abs 1 eine Verfahrensaufhebung zwingend den vorherigen Vollzug der Schlussverteilung auf der Grundlage des endgültigen Schlussverteilungsverzeichnisses voraussetzt (N/R/*Westphal* § 197 Rn 16; K/P/B/*Holzer* § 197 Rn 17 u § 200 Rn 4, 5; zur früheren Problematik vgl *Uhlenbruck* ZIP 1993, 241, 245).

Forderungsanmeldungen, die erst **nach Bestimmung des Schlusstermins** erfolgen, gelten als Einwendungen gegen das Schlussverzeichnis. Sie müssen persönlich im Schlusstermin vorgebracht werden (**LG Verden v 20. 5. 2005, 321; LG Frankfurt/O. v 20. 7. 2006 ZInsO 2006, 111**). Gläubiger, die nicht bis zum Ablauf des Schlusstermins ihre Forderungen zur Insolvenztabelle angemeldet haben, sind mit ihren Ansprüchen im Verfahren ausgeschlossen (**AG Potsdam v 25. 9. 2006 ZIP 2006, 2230**). Nach einer neueren Entscheidung des **BGH** (v 22. 3. 2007 ZIP 2007, 876 = WM 2007, 954) nimmt bereits eine nach Veröffentlichung und Niederlegung des Schlussverzeichnisses angemeldete Forderung an der Schlussverteilung nicht mehr teil. **11**

d) Versäumung der Einwendungsfrist. Nach § 197 Abs 2 soll zwischen der öffentlichen Bekanntmachung und dem Schlusstermin eine Frist von **mindestens einem Monat** und **höchstens zwei Monaten** liegen, damit auch im Schlusstermin die Einwendungsfristen der §§ 189, 190 und § 193 abgelaufen sind und im Schlusstermin die Feststellung möglich ist, ob Einwendungen der Gläubiger rechtzeitig erhoben worden sind. Hierbei ist jedoch zu unterscheiden: Wird die Erhebung von **Einwendungen gegen die Schlussrechnung** im Schlusstermin versäumt, so hat dies nicht – wie früher nach § 86 S 4 KO – die Folge einer Anerkenntniswirkung (BerlKo-*Breutigam* § 197 Rn 10). Die Folge einer Säumnis ist lediglich, dass die **Präklusionswirkung** die Geltendmachung von Bereicherungsansprüchen gegenüber den übrigen Gläubigern ausschließt, so dass diese vor jeglicher Rückforderung gesichert werden (BGHZ 91, 198, 205 = ZIP 1984, 980, 982; *Hess* § 197 Rn 17; MüKo-*Füchsl/Weishäupl* § 197 Rn 6; BerlKo-*Breutigam* § 197 Rn 10). Die **Versäumung der Erhebung von Einwendungen gegen das Schlussverzeichnis** hat zur Folge, dass der Gläubiger endgültig mit seiner Forderung ausgeschlossen ist und bei einer Verteilung nicht mehr berücksichtigt wird (**BGH NJW 1984, 2154, 2155; OLG Köln KTS 1989, 447, 448; AG Krefeld v 28. 11. 2000 NZI 2001, 45**; MüKo-*Füchsl/Weishäupl* § 197 Rn 6; BerlKo-*Breutigam* § 197 Rn 18; N/R/*Westphal* § 197 Rn 9). Der Ausschluss des Gläubigers verhindert gleichzeitig auch die Teilnahme an späteren Nachtragsverteilungen (§ 205) sowie an Verteilungen des Treuhänders im Restschuldbefreiungsverfahren gem § 292 Abs 1 S 1 (KS-*Eckardt* S 743, 778 Rn 63). Der Gläubiger ist nicht berechtigt, den seinen Mitgläubigern durch seinen Ausschluss zugeflossenen Mehrbetrag zu kondizieren, da der Ausschluss den Haftungsanspruch des Ausgeschlossenen hinsichtlich der jeweils betroffenen Verteilungsmasse erlöschen lässt (BGHZ 91, 204; OLG Köln KZS 1989, 447, 448; KS-*Eckardt* S 778 Rn 63; N/R/*Westphal* § 197 Rn 9). **12**

Eine **Wiedereinsetzung in den vorigen Stand** ist ausgeschlossen (BGHZ 91, 198, 205; N/R/*Westphal* § 197 Rn 9; MüKo-*Füchsl/Weishäupl* § 197 Rn 6; *Bork*, Einf Rn 297; BerlKo-*Breutigam* § 197 Rn 18; str aA *Häsemeyer* InsR Rn 7.65). Der Gläubiger kann aber, da die materiell-rechtliche Position nicht beeinträchtigt wird, nach Verfahrensbeendigung gegen den Schuldner seine Forderung geltend machen. Auch kann er bei schuldhafter Nichtberücksichtigung durch den Insolvenzverwalter im Verteilungsverzeichnis möglicherweise Ansprüche nach § 60 gegenüber dem Verwalter durchsetzen (BerlKo-*Breutigam* § 197 Rn 18). Allerdings ist ein etwaiges Mitverschulden gem § 254 BGB zu berücksichtigen (RGZ 87, 151, 155; BerlKo-*Breutigam* § 197 Rn 18). Gleiches gilt bei **verspätet angemeldeten und nachträglich geprüften Forderungen**. Wird die Forderungsprüfung nicht im schriftlichen Verfahren durchgeführt, sondern beraumt das Gericht zusammen mit dem Schlusstermin einen nachträglichen Prüfungstermin nach § 177 Abs 2 an, so nimmt die im Schlusstermin geprüfte und festgestellte Forderung wegen der Nichtberücksichtigung im Schlussverzeichnis nicht an der Schlussverteilung teil (s **BGH v 22. 3. 2007 ZIP 2007, 876; OLG Köln v 20. 5. 1992, ZIP 1992, 949**; BerlKo-*Breutigam* § 197 Rn 19; *Frege/Keller/Riedel* HRP Rn 1709; str aA *Boennecke* KTS 1955, 173, 175). **13**

3. Entscheidung über nicht verwertbare Massegegenstände (§ 197 Abs 1 S 2 Nr 3). Die Entscheidung über nicht verwertbare Gegenstände der Insolvenzmasse ist ebenfalls dem Schlusstermin zugewiesen. Die Regelung dient dem Zweck, den Verwalter von den Folgen einer Freigabe zu entlasten. Die Unverwertbarkeit kann auf tatsächlichen oder rechtlichen Gründen beruhen (N/R/*Westphal* § 197 Rn 10, 11; K/P/B/*Holzer* § 197 Rn 13; MüKo-*Füchsl/Weishäupl* § 197 Rn 7). Die Entscheidung der Gläubigerversammlung dient einmal dazu, den Verwalter von der Verantwortung zu entlasten, ob ein Gegenstand **14**

der Insolvenzmasse tatsächlich unverwertbar ist und deshalb an den Schuldner durch Freigabe zurückzugeben ist (FK-*Kießner* § 197 Rn 26; *Braun/Kießner* § 197 Rn 18; N/R/*Westphal* § 197 Rn 11). Andererseits soll aber den Insolvenzgläubigern die Möglichkeit verschafft werden, gegen Zahlung eines von der Gläubigerversammlung zu bestimmenden angemessenen Preises den Gegenstand selbst zu übernehmen und auf diese Weise eine rasche Beendigung des Verfahrens zu ermöglichen (BerlKo-*Breutigam* § 197 Rn 21; K/P/B/*Holzer* § 197 Rn 13). Zulässig ist es, dass ein Insolvenzgläubiger den Gegenstand unter Anrechnung auf seine Insolvenzquote übernimmt (*Frege/Keller/Riedel* HRP Rn 1706). Die Gläubigerversammlung kann den Insolvenzverwalter auch anweisen, einen **erneuten Verwertungsversuch** bestimmter Art zu unternehmen. Fassen die Gläubiger keinen positiven Verwertungsbeschluss oder erscheint niemand zur Gläubigerversammlung, so ist anzunehmen, dass der **Verwalter berechtigt** ist, den Gegenstand an den Schuldner **freizugeben** (RGZ 25, 7, 8; *Frege/Keller/Riedel* HRP Rn 1707; HaKo-*Preß* § 197 Rn 14; *Gottwald/Eickmann* InsRHdb § 65 Rn 48; N/R/*Westphal* § 197 Rn 11; K/P/B/*Holzer* § 197 Rn 14).

15   Unzulässig ist die **Übertragung schwer verwertbarer Restmasse auf einen Treuhänder** (K/U § 162 KO Rn 6; K/P/B/*Holzer* § 197 Rn 15; BerlKo-*Breutigam* § 197 Rn 22; *Hess* § 197 Rn 25; str aA MüKo-*Füchsl/Weishäupl* § 197 Rn 8; *Kilger/K. Schmidt* § 162 KO Anm 1 c; *Berges* KTS 1961, 166). Die treuhänderische Übertragung würde zu einer „verdeckten Fortsetzung des Insolvenzverfahrens ohne entsprechende Kontrolle der Gläubiger und das Insolvenzgericht" führen (BerlKo-*Breutigam* § 197 Rn 22). Erscheint in einem Schlusstermin kein Gläubiger und gibt der Verwalter einen unverwertbaren Gegenstand in Ausübung pflichtgemäßen Ermessens frei, so wird er entlastet (*Jaeger/Weber* § 162 KO Rn 6; K/U § 162 KO Rn 6; BerlKo-*Breutigam* § 197 Rn 23).

16   Wird von der Gläubigerversammlung beschlossen, dass der Verwalter einen **erneuten Verwertungsversuch** nach Ablauf einer bestimmten Wartezeit versucht, so ist der Gegenstand bzw der Erlös gleichzeitig einer **Nachtragsverteilung** (§ 203) vorzubehalten (*Gottwald/Eickmann* InsRHdb § 65 Rn 48; BerlKo-*Breutigam* § 197 Rn 24). Gleiches gilt bei Vermögensgegenständen, die erst langfristig verwertbar sind, wie zB bei Bauinsolvenzen nach Ablauf der Gewährleistungsfrist (*Braun/Kießner* § 197 Rn 19). Zur Frage, ob eine sogen „unechte Freigabe" oder „modifizierte Freigabe" die Anordnung einer Nachtragsverteilung rechtfertigt, s *Neuhof* NJW 1995, 937, 938.

17   **4. Anhörung über eine beantragte Restschuldbefreiung.** Nach § 289 Abs 1 S 1 sind die Insolvenzgläubiger und der Insolvenzverwalter im Schlusstermin zu dem Antrag des Schuldners auf Restschuldbefreiung (§ 287 Abs 1 S 1) zu hören. Werden die Aufgaben des Insolvenzverwalters im vereinfachten Verfahren gem § 313 Abs 1 S 1 von einem **Treuhänder** wahrgenommen, ist der Treuhänder zu hören. Die Anhörung des Schuldners kann gem § 10 Abs 1 S 1 unterbleiben, wenn dieser sich im Ausland aufhält und die Anhörung das Verfahren übermäßig verzögert würde oder wenn der Aufenthalt des Schuldners unbekannt ist (K/P/B/*Wenzel* § 289 Rn 1 a). Die Anhörung dient dazu, den Gläubigern noch im Schlusstermin die Möglichkeit zu verschaffen, einen Antrag auf Versagung der Restschuldbefreiung gem § 290 Abs 1 zu stellen (FK-*Ahrens* § 289 Rn 5). Hat also der Insolvenzschuldner als natürliche Person einen Antrag nach § 287 Abs 1 S 1 auf Erteilung der Restschuldbefreiung bis zum Berichtstermin gestellt, so hat das Insolvenzgericht bei Anberaumung des Schlusstermins die Anhörung als Tagesordnungspunkt in den Beschluss aufzunehmen. Ist dies unterblieben, kann der Schlusstermin vertagt werden. Anders als bei einer Terminslegung bedarf es in den Fällen der Verkündung des Vertagungsbeschlusses keiner weiteren Bekanntmachung. Einzelheiten in der Kommentierung zu § 289.

18   **5. Vorlage eines Insolvenzplans.** Gem § 218 Abs 1 S 3 kann ein Insolvenzplan auch noch im Schlusstermin vorgelegt werden. Da der nach dem Schlusstermin vorgelegte Insolvenzplan nicht mehr berücksichtigt werden darf und auch eine Wiedereinsetzung in den vorigen Stand nach § 4 iVm §§ 233 ff ZPO nicht in Betracht kommt, ist der Schlusstermin als letzte Gläubigerversammlung auch die letzte Chance für die Berechtigten, einen Insolvenzplan vorzulegen (MüKo-*Eidenmüller* § 217 Rn 112, 113; N/R/*Braun* § 218 Rn 53; *Braun/Kießner* § 197 Rn 21; K/P/B/*Otte* § 218 Rn 43). Die zeitliche Schranke für die Planvorlage hat in der Praxis allenfalls für die Zurückweisung als verspätet (§ 231 Abs 1) Bedeutung.

§ 198 Hinterlegung zurückbehaltener Beträge

Beträge, die bei der Schlußverteilung zurückzubehalten sind, hat der Insolvenzverwalter für Rechnung der Beteiligten bei einer geeigneten Stelle zu hinterlegen.

I. Allgemeines

1   Die Vorschrift entspricht dem früheren § 169 KO. Seinem Wortlaut nach erfasst § 198 nur noch die **Hinterlegung zurückbehaltener Beträge** (K/P/B/*Holzer* § 198 Rn 3). Die Hinterlegung nicht erhobener Beträge richtet sich dagegen ausschließlich nach den §§ 372 ff BGB, ohne dass es einer Zustimmung des Insolvenzgerichts bedürfte (Begr RegE, BT-Drucks 12/2443, abgedr bei K/P, S 426; N/R/*Westphal* § 198

II. Die zu hinterlegenden Beträge **§ 198**

Rn 6). Zurückbehaltene Beträge können nicht nur bei der amtlichen Hinterlegungsstelle nach § 372 BGB hinterlegt werden, sondern auch bei einer Bank oder anderen Stelle (Begr Rechtsausschuss, BT-Drucks 12/7302, abgedr bei K/P, S 426). § 198 soll sicherstellen, dass einerseits das Verfahren zu Ende gebracht werden kann, andererseits die Gläubiger, deren Quotenanteile noch zurückbehalten werden müssen (§ 189 Abs 2), keinen Nachteil durch die Quotenauszahlung an die übrigen Gläubiger erleiden (N/R/*Westphal* § 198 Rn 3).

II. Die zu hinterlegenden Beträge

Bei der Hinterlegung nach § 198 sind **zwei Fallgestaltungen** zu unterscheiden: Einmal die Hinterlegung gem § 198 zurückbehaltener Beträge, die für eine spätere Nachtragsverteilung (§ 203 Abs 1 Nr 1) zurückbehalten werden; zum andern die Hinterlegung zum Zweck der Schuldbefreiung nach § 372 BGB, weil die Beträge von den Gläubigern nicht „erhoben", dh abgefordert werden oder weil der Aufenthalt des Gläubigers unbekannt ist (vgl *Bihler* KTS 1963, 226, 229 ff; N/R/*Westphal* § 198 Rn 5; K/P/B/*Holzer* § 198 Rn 6–9; *Braun/Kießner* § 198 Rn 5). 2

1. Zurückbehaltene Beträge. Unter den Begriff der zurückzubehaltenden Beträge fallen nicht nur Geldbeträge, sondern neben Forderungen auch andere Vermögensgegenstände, wie zB Kostbarkeiten und sonstige einer Verteilung zugänglichen Vermögensgegenstände (OLG Celle v 5. 5. 1972, KTS 1972, 265, 266; K/P/B/*Holzer* § 198 Rn 5; *Braun/Kießner* § 198 Rn 4). Bei der Schlussverteilung zurückzubehalten sind Beträge, wenn der Nachweis der Klageerhebung bei bestrittenen, nicht titulierten Forderungen rechtzeitig geführt wird (§ 189 Abs 2), wenn eine bestrittene Forderung tituliert ist und der Widerspruch in einem Rechtsstreit noch anhängig ist, oder wenn eine aufschiebend bedingte Forderung noch einen Vermögenswert darstellt, jedoch die Bedingung zum Zeitpunkt der Schlussverteilung noch nicht eingetreten ist (K/P/B/*Holzer* § 198 Rn 6; BerlKo-*Breutigam* § 198 Rn 2; N/R/*Westphal* § 198 Rn 4). Anders als früher in § 168 Nr 4 KO können Anteile an **auflösend bedingten Forderungen** nicht mehr zurückbehalten und hinterlegt werden, wenn der Gläubiger kraft Gesetzes oder Rechtsgeschäfts zu einer Sicherheitsleistung verpflichtet ist, diese aber nicht leistet (K/P/B/*Holzer* § 198 Rn 7). **Aufschiebend bedingte Forderungen** sind **Ansprüche auf Altersruhegeld, Berufsunfähigkeitsrente** und **Hinterbliebenenrente**. Auch der Anspruch aus einer an den Gesellschafter-Geschäftsführer **verpfändeten Rückdeckungsversicherung** mit widerruflichem Bezugsrecht erteilten Versorgungszusage stellt eine aufschiebend bedingte Forderung dar (**BGH v 7. 4. 2005 – IX ZR 138/04, NZI 2005, 384 m Anm** *Ampferl*), so dass die auf sie entfallende Quote bei der Schlussverteilung gem § 191 zurückzubehalten und gem § 198 zu hinterlegen ist (*Braun/Kießner* § 198 Rn 7, 8). Zu hinterlegen ist der volle Rückkaufswert. **Aufschiebend bedingte Forderungen**, die nicht werthaltig sind, werden nach § 191 Abs 2 S 1, 2 hinsichtlich des zurückbehaltenen Anteils für die Schlussverteilung ebenso frei wie auf **absonderungsberechtigte Gläubiger** entfallende Beträge (§ 190 Abs 2 S 3). § 198 findet aber Anwendung im **Insolvenzverfahren über das Vermögen einer Genossenschaft**, wenn Anteile auf Forderungen, die im Prüfungstermin vom Vorstand der Genossenschaft ausdrücklich bestritten worden sind, bei der Verteilung gem § 115 Abs 2 S 1 GenG zurückgehalten werden sollen (K/P/B/*Holzer* § 198 Rn 9; *Terbrack*, Die Insolvenz der eingetragenen Genossenschaft, Rn 218 u Rn 474). Bei zurückbehaltenen Beträgen darf der Verwalter **nicht auf das Recht zur Rücknahme verzichten**. Tritt die Voraussetzung ein, an die die Auszahlung geknüpft ist, müssen die zu verteilenden Beträge vom Verwalter an den Gläubiger ausgezahlt werden. 3

2. Beträge auf nachträglich erloschene Forderungen. Ist eine Forderung zur Insolvenztabelle festgestellt, aber nachträglich erloschen, so ist grundsätzlich der Anteil trotzdem uneingeschränkt auszuzahlen (N/R/*Westphal* § 198 Rn 5). Etwas anderes gilt aber, wenn der Insolvenzverwalter Vollstreckungsgegenklage (§ 767 ZPO) erhoben hat und die Rechtskraftwirkung der unwidersprochenen Tabelleneintragung (§ 178 Abs 3) durch rechtskräftiges Urteil beseitigt wird. Ist die Vollstreckungsgegenklage zum Zeitpunkt der Schlussverteilung noch nicht rechtskräftig entschieden, ist der Verwalter berechtigt, den auf die Forderung entfallenden Anteil zurückzubehalten (RGZ 21, 331, 339) und nach Maßgabe des § 198 zu hinterlegen (N/R/*Westphal* § 198 Rn 5). Obgleich dieser Fall nicht ausdrücklich im Gesetz erwähnt wird, findet § 198 Anwendung. 4

3. Auszuzahlende, aber nicht überweisbare Beträge. § 198 spricht nur von Beträgen, die bei der Schlussverteilung zurückzubehalten sind. Schon für das alte Recht wurde allgemein die Auffassung vertreten, dass die Hinterlegung nicht erhobener Beträge sich nach den §§ 372 ff BGB richtet, da sich Gläubiger, die bis zum Vollzug der Schlussverteilung die ihnen zustehende Quote nicht beim Verwalter erhoben haben, in Annahmeverzug befinden (*Bihler* KTS 1963, 226 ff; *Jaeger/Weber* § 169 KO Rn 4b; N/R/*Westphal* § 198 Rn 6; MüKo-*Füchsl/Weishäupl* § 198 Rn 1; *Braun/Kießner* § 198 Rn 5). § 198 sieht nunmehr eine Hinterlegung nicht erhobener Beträge nicht mehr vor. Dem Gläubiger ist die auf ihn entfallende Quote auf seine Kosten und Gefahr auch dann auszuzahlen, wenn er sie nicht einfordert, aber seine Anschrift bekannt ist (N/R/*Westphal* § 198 Rn 6). Ist jedoch der **Aufenthalt des Gläubigers** 5 unbekannt oder eine **Auszahlung** an ihn aus sonstigen Gründen **nicht möglich**, so ist der Verwalter berechtigt, den entsprechenden Quotenbetrag **gem §§ 372 ff BGB zu hinterlegen** (vgl *Bihler* KTS 1963, 226, 228; N/R/*Westphal* § 198 Rn 6; BerlKo-*Breutigam* § 198 Rn 3; *Hess* § 198 Rn 14; H/W/F Hdb 8/77; K/P/B/*Holzer* § 198 Rn 10–12; HK-*Irschlinger* § 198 Rn 2). In diesen Fällen ist der Verwalter berechtigt, die Beträge unter **Rücknahmeverzicht** zu hinterlegen mit der Folge, dass die Masse gem §§ 372, 376, 378 BGB durch die Hinterlegung von ihrer Schuld befreit wird, weil sich der Gläubiger im **Annahmeverzug** befindet (K/P/B/*Holzer* § 198 Rn 10; FK-*Kießner* § 198 Rn 5; *Smid* § 198 Rn 1; HK-*Depré* § 198 Rn 2; H/W/F Hdb 8/77; HaKo-*Preß* § 1988 Rn 5). Nicht erhobene Beträge kommen für eine Nachtragsverteilung (§ 203) nicht in Betracht, es sei denn, dass aus dem Verhalten des Gläubigers geschlossen werden kann, dass er auf diese Beträge endgültig verzichtet (vgl *Bihler* KTS 1962, 84, 87; *ders* KTS 1963, 226, 228; K/U § 169 KO Rn 6). Hat der Gläubiger keinen Anspruch mehr auf Quotenauszahlung oder verzichtet er, wäre eine Hinterlegung unzulässig. Vielmehr sind die zur Auszahlung frei werdenden Beträge sofort einer Nachtragsverteilung (§ 203) zuzuführen.

III. Die Hinterlegung

6   **1. Art und Weise der Hinterlegung.** Im Insolvenzverfahren bestehen zwei Möglichkeiten, die Hinterlegung durchzuführen: einmal nach § 198, zum andern nach den §§ 372 ff BGB (vgl *Frege/Keller/Riedel* HRP Rn 1714–1716). Die Art der Hinterlegung steht dem Verwalter nicht frei, sondern richtet sich danach, ob es sich um **zurückbehaltene** Beträge handelt oder um **auszahlbare, aber nicht überweisbare Beträge**.

7   **a) Insolvenzrechtliche Hinterlegung.** Soweit es sich um Beträge handelt, die gem § 198 iVm §§ 189, 191 zurückzubehalten sind, ist die befreiende Hinterlegung unter Rücknahmeverzicht nach den §§ 372 ff BGB unzulässig, da möglicherweise die nach § 198 hinterlegten Beträge für eine spätere Nachtragsverteilung gem § 203 Abs 1 Nr 1 frei werden. In diesen Fällen handelt es sich nicht um eine Hinterlegung zum Zwecke der Schuldbefreiung, sondern ist Anlass der Hinterlegung die Unsicherheit der zur Tabelle festgestellten Forderung (*Jaeger/Weber* § 169 KO Rn 4; BerlKo-*Breutigam* § 198 Rn 4; *Hess* § 198 Rn 7; *Smid* § 198 Rn 1; *Braun/Kießner* § 198 Rn 4). Die zurückbehaltenen und hinterlegten Beträge gehören weiterhin zur Insolvenzmasse (Teilungsmasse) und müssen für eine **Nachtragsverteilung** verfügbar sein (K/P/B/*Holzer* § 198 Rn 11). Die Hinterlegung der zurückbehaltenen Beträge erfolgt für die Masse und **auf Rechnung der Beteiligten**. Die Hinterlegung bestimmt sich ausschließlich nach insolvenzrechtlichen Bestimmungen (vgl auch BerlKo-*Breutigam* § 198 Rn 5). Ein Verzicht des Verwalters auf die Rücknahme ist ausgeschlossen (*Kilger/K. Schmidt* § 169 KO Anm 1; BerlKo-*Breutigam* § 198 Rn 4).

8   **b) Die allgemeine Hinterlegung (§ 372 ff BGB).** Etwas anderes gilt bei der Hinterlegung wegen Nichterhebung der Insolvenzquote bei unbekanntem Aufenthalt des Gläubigers oder bei unbekanntem Gläubiger aufgrund Erbfolge: Hier kann die Hinterlegung für einzelne Gläubiger zum Zwecke der **Schuldbefreiung** nach den §§ 372 ff BGB unter **Verzicht auf die Rücknahme** erfolgen (K/P/B/*Holzer* § 198 Rn 11; BerlKo-*Breutigam* § 198 Rn 6; *Hess* § 198 Rn 13–15; H/W/F Hdb 8/77; FK-*Kießner* § 198 Rn 5; N/R/*Westphal* § 198 Rn 6; HK-*Depré* § 198 Rn 2; *Frege/Keller/Riedel* HRP Rn 1714, 1715). Einer **gerichtlichen Zustimmung** zur Hinterlegung nach § 372 BGB bedarf der Verwalter nicht. Umfangreiche Ermittlungen etwa hinsichtlich eines Auslandsaufenthalts des Gläubigers braucht er nicht anzustellen (*Frege/Keller/Riedel* Rn 1714).

9   **2. Geeignete Hinterlegungsstelle.** Erfolgt die **Hinterlegung wegen Nichterhebung der Insolvenzquote**, so muss die Hinterlegung bei dem nach § 374 BGB zuständigen **Amtsgericht** als amtliche Stelle iSv § 372 BGB erfolgen, da nur so die schuldbefreiende Wirkung (§ 378 BGB) eintreten kann (FK-*Kießner* § 198 Rn 4; HK-*Depré* § 198 Rn 1; *Hess* § 198 Rn 9). Die **Hinterlegung zurückbehaltener Beträge** nach § 198 kann dagegen nicht nur bei der amtlichen Hinterlegungsstelle nach § 372 BGB erfolgen, sondern auch bei einer „**geeigneten Stelle**". Als geeignete Hinterlegungsstelle kommt deshalb jede andere Stelle in Betracht, die den Anforderungen einer neutralen und sicheren Verwahrung und Gewährleistung der Herausgabe an die Berechtigten genügt, vor allem eine **Bank** oder **Sparkasse** (Begr Rechtsausschuss BT-Drucks 12/7302, abgedr K/P, S 426; BerlKo-*Breutigam* § 198 Rn 7; K/P/B/*Holzer* § 198 Rn 12; N/R/*Westphal* § 198 Rn 9; H/W/F Hdb 8/77; MüKo-*Füchsl/Weishäupl* § 198 Rn 3). Der Verwalter richtet für die zurückbehaltenen Beträge ein **besonderes Konto** (Sonder-Anderkonto) ein und kann, da er die Verfügungsgewalt über die hinterlegten Beträge behält, die Auszahlung veranlassen, sobald deren Voraussetzungen vorliegen. Für die Auszahlung bedarf es weder der Einschaltung der amtlichen Hinterlegungsstelle (Amtsgericht), noch des Insolvenzgerichts. Da die Beträge bei amtlicher Hinterlegung (§ 372 BGB) nach dreißig Jahren zugunsten der Staatskasse verfallen (§§ 21, 22 HinterlegungsO), empfiehlt es sich, die Hinterlegung bei geeigneten Stellen auf eine bestimmte Zeit nach der Bekanntmachung der Verfahrensaufhebung zu begrenzen (*Bihler* KTS 1963, 226, 236; K/P/B/*Holzer* § 198 Rn 12).

3. Hinterlegung für Rechnung der Beteiligten. Die Hinterlegung erfolgt gem § 198 für Rechnung der 10
Beteiligten, dh auf deren Kosten, aber auch mit deren Berechtigung, Zinsen zu beanspruchen (N/R/
Westphal § 198 Rn 10). Trotzdem erfolgt die Hinterlegung nicht im Namen des Berechtigten, sondern
für die Insolvenzmasse. Für **Hinterlegungsfehler** haftet der Insolvenzverwalter nach § 60. Da die zurückbehaltenen Beträge weiterhin – auch wenn die Hinterlegung für Rechnung der Beteiligten erfolgt
ist – noch dem Insolvenzbeschlag unterliegen, endet das **Amt des Insolvenzverwalters** erst mit der Auszahlung an die Gläubiger oder einer eventuellen Nachtragsverteilung (K/P/B/*Holzer* § 198 Rn 13 c).
Entsprechend endet auch erst dann die **Aufsicht des Insolvenzgerichts** (K/P/B/*Lüke* § 58 Rn 4; K/P/B/
Holzer § 198 Rn 13 c). Hinsichtlich der Auszahlung hinterlegter Beträge kann ein Beteiligter Klage gegen den Insolvenzverwalter beim Prozessgericht erheben (K/P/B/*Holzer* § 198 Rn 14). Gleiches gilt für
nicht abgehobene Beträge und deren Hinterlegung (vgl LG Düsseldorf KTS 1966, 65, 66).

4. Auszahlung von Kleinstbeträgen. Vor allem in kleineren Insolvenzverfahren stehen oftmals die aus- 11
zuzahlenden Restquoten in keinem Verhältnis zu den Kosten der Überweisung (s *Frege/Keller/Riedel*
HRP Rn 1717). Eine Lösungsmöglichkeit besteht darin, den Betrag dem Verwalter als Auslagenersatz
gem § 4 InsVV zuzusprechen. Bei natürlichen Personen könnte das Insolvenzgericht entspr § 203 Abs 3
den Betrag auch dem Schuldner überlassen. Eine Zuwendung an karitative Einrichtungen erscheint
nicht unbedenklich (vgl *Frege/Keller/Riedel* HRP Rn 1717).

§ 199 Überschuß bei der Schlußverteilung

¹ Können bei der Schlußverteilung die Forderungen aller Insolvenzgläubiger in voller Höhe berichtigt werden, so hat der Insolvenzverwalter einen verbleibenden Überschuß dem Schuldner
herauszugeben. ² Ist der Schuldner keine natürliche Person, so hat der Verwalter jeder am Schuldner beteiligten Person den Teil des Überschusses herauszugeben, der ihr bei einer Abwicklung
außerhalb des Insolvenzverfahrens zustünde.

I. Allgemeines

Nach der Begr RegE (abgedr bei K/P, S 427) liegt die Hauptbedeutung der Vorschrift in deren Satz 2: 1
„Verbleibt ein solcher Überschuss im Insolvenzverfahren über das Vermögen einer juristischen Person
oder einer Gesellschaft, so hat der Insolvenzverwalter auch für die Verteilung des Überschusses an die
einzelnen Beteiligten zu sorgen. Auf diese Weise wird vermieden, dass sich dem Insolvenzverfahren noch
eine gesellschaftsrechtliche Liquidation anschließen muss." In der Praxis kommt es nur in ganz seltenen
Ausnahmefällen vor, dass sich bei der Schlussverteilung überhaupt ein Überschuss ergibt. In der allgem
Begr RegE (abgedr bei *Balz/Landfermann* S 152) heißt es ua, das Insolvenzverfahren übernehme bei
Gesellschaften regelmäßig zugleich auch die Aufgabe der gesellschaftsrechtlichen Abwicklung bis hin
zur Herbeiführung der Löschungsreife und anschließenden Löschung. Für eine außergerichtliche Liquidation im Anschluss an das Insolvenzverfahren bestehe dann kein Bedürfnis mehr. *K. Schmidt* (KS
S 1199, 1208 Rn 20) weist zutr darauf hin, dass § 199 S 2 deshalb eine wichtige Vorschrift ist, weil
damit die Gesamtabwicklung der insolventen Gesellschaft Aufgabe des Verwalters ist und nicht der Liquidatoren. Das Amt des Verwalters endet erst mit der Herbeiführung der Löschungsreife der Gesellschaft.

II. Herausgabe des Überschusses

1. Herausgabe an den Schuldner. § 199 S 1 stellt zunächst klar, dass ein Überschuss bei der Verteilung 2
der Verwertungserlöse dem Schuldner auszuhändigen ist, da auch nach Eröffnung des Insolvenzverfahrens der Schuldner materiell-rechtlich nicht nur Eigentümer der Insolvenzmasse (§ 35) bleibt, sondern
auch Eigentümer des Verwertungserlöses als Surrogat. Der seltene Fall, dass sich nach Durchführung
der Schlussverteilung ein Überschuss ergibt, setzt zunächst voraus, dass **sämtliche Masseverbindlichkeiten** und sämtliche im Schlussverzeichnis aufgeführten **Gläubigerforderungen** vollständig befriedigt
worden sind. Kehrt der Verwalter nach Aufhebung des Verfahrens einen Überschuss an den Schuldner
aus, ohne die noch anfallenden Gerichtskosten als Massekosten zu berücksichtigen, haftet er, wenn die
Kosten nicht mehr beim Schuldner beigetrieben werden können, nach § 60 (OLG Schleswig ZIP 1984,
619 ff). Auf die **vollständige Verwertung der Masse** kommt es für § 199 nicht an, so dass Vermögensgegenstände, die sich als nicht verwertbar erweisen und über die gem § 197 Abs 1 Nr 3 im Schlusstermin
von der Gläubigerversammlung entschieden worden ist, keine Berücksichtigung finden. An den Schuldner freigegebene nicht verwertbare Vermögensgegenstände unterfallen nicht dem § 199 (N/R/*Westphal*
§ 199 Rn 3). Maßgeblich für die Berichtigung aller Insolvenzforderungen ist das Schlussverzeichnis.
Dabei kommt es nicht etwa auf die vollständige Befriedigung aller Insolvenzgläubiger an, sondern nur
auf die Befriedigung der bei der Schlussverteilung zu berücksichtigenden Insolvenzgläubiger (N/R/
Westphal § 199 Rn 5). Soweit Beträge zurückbehalten worden sind, muss die Hinterlegung nach § 198

erfolgt sein, und soweit Beträge nicht erhoben oder nicht überweisbar sind, die Anteile gem § 372 BGB hinterlegt worden sein (N/R/*Westphal* § 199 Rn 6). Das Gesetz sieht einen **Zeitpunkt für die Überschussauszahlung** an den Schuldner nicht vor. Frühester Zeitpunkt ist der **Abschluss der Schlussverteilung** (K/P/B/*Holzer* § 199 Rn 4). Die Aufhebung des Verfahrens (§ 200 Abs 1) braucht nicht abgewartet zu werden. Zu den Risiken hinsichtlich der Verfügungen des Schuldners über die ausgezahlten Beträge vgl K/P/B/*Holzer* § 199 Rn 4.

3   **2. Herausgabe an juristische Personen.** Ist der Schuldner keine natürliche Person, so hat der Verwalter gem § 199 S 2 **jeder am Schuldner beteiligten Person** den Teil des Überschusses herauszugeben, der ihr bei einer Abwicklung außerhalb des Insolvenzverfahrens zustünde. Maßgeblich für die Ausschüttungen sind idR die **Beteiligungsverhältnisse**. Aber auch vertragliche Regelungen hinsichtlich der Verteilung hat der Verwalter zu berücksichtigen (N/R/*Westphal* § 199 Rn 8; BerlKo-*Breutigam* § 199 Rn 3; FK-*Kießner* § 199 Rn 5). Der Insolvenzverwalter hat schließlich den **steuerlichen Erfordernissen** Rechnung zu tragen, insbesondere die bei der Ausschüttung an Gesellschafter entstehende Körperschaftsteuer zu erklären und ggf abzuführen (*Braun/Kießner* § 199 Rn 8, 10). Bei der **GmbH** finden auf die Verteilung die §§ 72 ff GmbHG Anwendung. Die Vorschriften über das Sperrjahr (§ 73 GmbHG) sind hierbei jedoch nicht zu beachten, da wegen der Verteilung an die Gläubiger ein weiterer Gläubigerschutz nicht eingreift (*Hess* § 199 Rn 10). Bei einer AG erfolgt die Verteilung nach Maßgabe des § 271 AktG an die Aktionäre. Für Vereine gelten die §§ 45, 46, 49 Abs 1 BGB (*Hess* § 199 Rn 11, 12; MüKo-*Füchsl/ Weishäupl* § 199 Rn 2). Bei juristischen Personen führt die Ausschüttung überschießender Beträge an die Gesellschafter, Aktionäre oder Genossen meist zur **Vermögenslosigkeit der Gesellschaft** und damit zu einer **Amtslöschung** gem § 141a Abs 1 S 2 FGG (K/P/B/*Holzer* § 199 Rn 5). Nach der **Lehre vom Doppeltatbestand** führt die Amtslöschung bei zusätzlicher Vermögenslosigkeit zu einer **Vollbeendigung** der juristischen Person (vgl **BGH** v 23. 2. 1970, BGHZ 53, 264, 266; KS-*J. Uhlenbruck* InsO S 1187, 1196 Rn 20; *W. Uhlenbruck* ZIP 1996, 1641, 1645; *Scholz/K. Schmidt* 8. Aufl Anh § 60 GmbHG Rn 18; *K. Schmidt* GmbHR 1988, 209; *Uhlenbruck*, GmbH & Co KG, S 452; *ders* KTS 1991, 223, 234).

4   **3. Durchsetzung der Herausgabeansprüche.** Der Herausgabeanspruch des Schuldners bzw der an dem Schuldnerunternehmen beteiligten Personen oder Genossen einer Genossenschaft ist insolvenzrechtlicher Natur (N/R/*Westphal* § 199 Rn 9). Da die Vollabwicklung in das Insolvenzverfahren ebenso wie die Überschussverteilung einbezogen ist, darf vor Ausschüttung der Überschüsse das Verfahren nicht gem § 200 Abs 1 aufgehoben werden (N/R/*Westphal* § 199 Rn 9). Für die Durchsetzung des Anspruchs auf Herausgabe des Überschusses steht nicht der Prozessweg vor den ordentlichen Gerichten offen, sondern der Schuldner bzw die am Schuldnerunternehmen beteiligten Personen haben sich der von der InsO vorgesehenen Möglichkeiten zu bedienen, so dass aufsichtsrechtliche Maßnahmen des Gerichts nach § 58 in Betracht kommen. Für schuldhafte Nichtausschüttung von Überschüssen haftet der Verwalter gem § 60 auf Schadenersatz (N/R/*Westphal* § 199 Rn 10).

5   **4. Herausgabe von Überschüssen bei Nachtragsverteilung.** Denkbar ist der Fall, dass sich der Überschuss erst im Rahmen einer Nachtragsverteilung ergibt, wenn größere Beträge zurückbehalten und gem § 198 hinterlegt worden sind. Ergeben sich nach Freiwerden der Beträge Überschüsse aus der gem § 203 Abs 1 Nr 1 durchzuführenden Nachtragsverteilung, so findet § 199 entsprechende Anwendung (N/R/*Westphal* § 199 Rn 11). Der bei der Nachtragsverteilung entstehende Überschuss ist an den Schuldner bzw die am Schuldnerunternehmen beteiligten Personen herauszugeben.

§ 200 Aufhebung des Insolvenzverfahrens

(1) Sobald die Schlußverteilung vollzogen ist, beschließt das Insolvenzgericht die Aufhebung des Insolvenzverfahrens.

(2) ¹Der Beschluß und der Grund der Aufhebung sind öffentlich bekanntzumachen. ²Die §§ 31 bis 33 gelten entsprechend.

I. Allgemeines

1   Die Vorschrift entspricht weitgehend den früheren §§ 163 KO, 19 Abs 1 Nr 1, Abs 2 S 1 GesO. Der Gesetzgeber hat jedoch den Schwierigkeiten in der Praxis vor Vollzug der Schlussverteilung Rechnung getragen (vgl **OLG Frankfurt** NJW-RR 1992, 487 = ZIP 1991, 1365; *Uhlenbruck* ZIP 1993, 241, 245 f; *ders* Rpfleger 1994, 407; K/P/B/*Holzer* § 200 Rn 4). Nach der gesetzlichen Neuregelung in § 200 Abs 1 darf die Aufhebung des Verfahrens nur beschlossen werden, wenn die **Schlussverteilung vollzogen** ist. Trotzdem ist die Regelung lückenhaft geblieben, weil sie die Rechtsfolgen der Verfahrensaufhebung nicht regelt (K/P/B/*Holzer* § 200 Rn 2). Im Übrigen stellt die Aufhebung des Verfahrens dessen formelle Beendigung dar, an die jedoch materiell-rechtliche Folgen geknüpft sind. Die Aufhebung des Verfahrens **wirkt nur für die Zukunft** (*Uhlenbruck* ZIP 1993, 241 ff; *Häsemeyer* InsR Rn 7.71). Da die Rechtswirkungen der Verfahrenseröffnung beseitigt werden, **erlangt der Insolvenzschuldner das Verwaltungs- und Verfügungsrecht über die Masse zurück.** Die Organe des Verfahrens, wie zB Gläubigerversammlung,

III. Form der Aufhebung

Gläubigerausschuss und Insolvenzverwalter, verlieren ihre Befugnisse, soweit nicht eine Nachtragsverteilung stattfindet (§§ 203 Abs 2, 205). Die vom Verwalter getroffenen Verfügungen bleiben auch nach Verfahrensaufhebung wirksam. Verfügungen des Schuldners oder der organschaftlichen Vertreter eines Schuldnerunternehmens werden nachträglich wirksam (§ 185 Abs 2 S 2 BGB), sofern sie nicht Verfügungen des Insolvenzverwalters, die immer vorrangig sind, widersprechen (vgl *F. Baur*, FS *F. Weber*, 1975 S 41, 43; *Häsemeyer* InsR Rn 7.71). Mit der Verfahrensaufhebung verliert der Insolvenzverwalter seine Prozessführungsbefugnis hinsichtlich der Insolvenzmasse. Diese steht wieder dem Schuldner zu. Anhängige Verwalterprozesse werden gem § 239 ZPO unterbrochen. Sie können vom Schuldner nach § 250 ZPO aufgenommen werden (MüKo-*Hintzen* § 200 Rn 97; FK-*Kießner* § 200 Rn 12, BerlKO-*Breutigam* § 200 Rn 12).

Die **Nachhaftung des Schuldners** für nicht befriedigte Insolvenzforderungen ist in § 201 Abs 1 geregelt. Für nicht befriedigte Masseverbindlichkeiten haftet der Schuldner **entgegen der hM** unbeschränkt und nicht nur mit der Restmasse (*Häsemeyer* InsR Rn 7.72 u Rn 25.28 ff; str aA BGH NJW 1955, 339; BGH WM 1964, 125; *Runkel/Schnurbusch* NZI 49, 56 ff; *Jaeger/Henckel* § 6 KO Rn 29 ff). Vorstehende Fragen sind jedoch in § 200 nicht geregelt, sondern nur die Frage, wann die Aufhebung des Verfahrens zu erfolgen hat und wie der Beschluss bekannt zu machen ist. § 200 bezieht sich nicht auf die Fälle **vorzeitiger Beendigung des Verfahrens**, wie zB die **Einstellung** nach §§ 207, 211, 212, 213. Eine Sonderregelung enthält § 258 für die **Aufhebung** des Insolvenzverfahrens nach Bestätigung des Insolvenzplans. Anders als in § 200 hat der Gesetzgeber in § 259 die **Wirkungen der Verfahrensaufhebung** eingehend geregelt. Er hat sich damit begnügt, in § 201 lediglich die Rechte der Insolvenzgläubiger nach Verfahrensaufhebung zu normieren. 2

II. Zeitpunkt der Verfahrensaufhebung

Zwingende Voraussetzung für die Aufhebung des Insolvenzverfahrens ist nach § 200 Abs 1 der **Vollzug der Schlussverteilung**, dh die Ausschüttung oder Hinterlegung des Verwertungserlöses durch den Insolvenzverwalter. Hierdurch ist nunmehr sichergestellt, dass die der Schlussverteilung unterliegenden Vermögensgegenstände bis zum Vollzug der Schlussverteilung dem Insolvenzbeschlag unterliegen. Bis zu diesem Zeitpunkt unterliegt der Verwalter der Aufsicht des Insolvenzgerichts (§ 58). Schließlich darf das Verfahren nicht aufgehoben werden, bevor die **Einwendungen der Gläubiger gegen das Schlussverzeichnis** erledigt sind (MüKo-*Hintzen* § 200 Rn 6; *Frege/Keller/Riedel* HRP Rn 1721; zum früheren Recht vgl OLG Frankfurt v. 2. 9. 1991, NJW-RR 1992, 487 = ZIP 1991, 1365, 1366; *Uhlenbruck* Rpfleger 1994, 407, 408). Ist nach dem Vollzug der Schlussverteilung über ein Rechtsmittel noch nicht entschieden worden, hat das Insolvenzgericht mit der Verfahrensaufhebung so lange zuzuwarten, bis über das Rechtsmittel rechtskräftig entschieden worden ist (*Uhlenbruck* Rpfleger 1994, 407, 408; K/P/B/*Holzer* § 200 Rn 5; *Braun/Kießner* § 200 Rn 5). 3

III. Form der Aufhebung

1. Aufhebungsbeschluss. Das Insolvenzverfahren ist durch gerichtlichen Beschluss aufzuheben, sobald der Insolvenzverwalter nachgewiesen hat, dass die Quote an die Gläubiger aus gezahlt ist und die zurückbehaltenen Beträge von ihm gem §§ 198 InsO, 372 BGB hinterlegt worden sind. Die von *Smid* (§ 300 Rn 3) geforderte **Begründung des Beschlusses** ist nicht erforderlich, weil schon die Formulierung des Aufhebungsbeschlusses jede Verwechslung mit einer Verfahrenseinstellung oder Aufhebung nach § 258 ausschließt (MüKo-*Hintzen* § 200 Rn 9; N/R/*Westphal* § 200 Rn 3; K/P/B/*Holzer* § 200 Rn 6). Wird das Verfahren versehentlich vom Insolvenzgericht aufgehoben, bevor der Schlussverteilung vollzogen ist, berührt dies die Wirksamkeit der Aufhebung nicht (BerlKo-*Breutigam* § 200 Rn 4). Die nach Aufdeckung des Irrtums notwendigen weiteren Maßnahmen sind durchzuführen (BerlKo-*Breutigam* § 200 Rn 4; zum alten Recht *Jaeger/Weber* § 163 KO Rn 2). 4

2. Öffentliche Bekanntmachung. Die nach § 200 Abs 2 S 1 erforderliche öffentliche Bekanntmachung ersetzt die gem § 9 Abs 3 ansonsten notwendige Zustellung des Aufhebungsbeschlusses (K/P/B/*Holzer* § 200 Rn 14; vgl auch *Smid* § 200 Rn 4). Die öffentliche Bekanntmachung erfolgt gem § 9 Abs 1 **im Internet** durch die Geschäftsstelle des Insolvenzgerichts (Service-Einheit). Zu den **technischen Anforderungen** an die Internetbekanntmachung s *Frege/Keller/Riedel* HRP Rn 65 b. Ein bestimmter Text für die auszugsweise Bekanntmachung ist nicht vorgeschrieben. Es reicht aus, wenn die Verfahrensaufhebung und der **Grund der Aufhebung** in das Internet eingestellt werden, abrufbar unter www.internetbekanntmachungen.de. Zusätzliche **Veröffentlichungen** in Printmedien, wie zB dem Bundesanzeiger, sind nicht vorzunehmen (AG Duisburg ZIP 2007, 17.672, 1673; K/P/B/*Holzer* Rn 14 a/b; *Holzer* ZIP 2008, 391; *Pape* NZI 2007, 425, 428; *Graf-Schlicker/Mäusezahl* NJW 2007, 1909, 1911). Es reicht aus die Formulierung „*Das Insolvenzverfahren über das Vermögen des ... wird gem § 200 Abs 1 InsO nach Vollzug der Schlussverteilung aufgehoben*" (HaKo-*Preß* § 200 Rn 7; *Graf-Schlicker/Mäusezahl* § 200 Rn 5; K/P/B/*Holzer* § 200 Rn 16). In der Bekanntmachung ist der Name des Schuldners, seine Anschrift und der Geschäftszweig genau zu bezeichnen (§ 9 Abs 1 S 2). 5

6 **3. Wirksamkeit des Aufhebungsbeschlusses.** Die Wirksamkeit des Aufhebungsbeschlusses tritt zwei Tage nach der Veröffentlichung ein (§ 9 Abs 1 S 3), wobei der Tag der Veröffentlichung nicht eingerechnet wird. Da es für die Rechtswirksamkeit nicht auf die formelle Rechtskraft des Aufhebungsbeschlusses ankommt, gilt das auch für Rechtspflegerbeschlüsse (MüKo-*Hintzen* § 200 Rn 17; *Jauernig/Berger* InsR § 58 I 1). Ist im Schlusstermin gleichzeitig die **Vergütung des Insolvenzverwalters** festgesetzt worden, so kann die öffentliche Bekanntmachung des Vergütungsbeschlusses (§ 64 Abs 2 S 1) zusammen mit der Bekanntmachung der Verfahrensaufhebung erfolgen (K/P/B/*Holzer* § 200 Rn 17; vgl auch *Uhlenbruck* Rpfleger 1981, 155; K/U § 163 KO Rn 2). Soweit ein Rechtsmittel gegen die weiteren Entscheidungen gegeben ist, muss der Beschlusstenor vollständig veröffentlicht werden (**BVerfG** v 2. 12. 1987, ZIP 1988, 379, 382; K/P/B/*Holzer* § 200 Rn 17), wobei allerdings gem § 64 Abs 2 S 2 die festgesetzten Beträge der Verwaltervergütung nicht veröffentlicht werden. Jedoch ist in der öffentlichen Bekanntmachung darauf hinzuweisen, dass der vollständige Beschluss in der Geschäftsstelle eingesehen werden kann.

7 **4. Rechtskraft des Beschlusses.** Hat der Richter oder die Richterin entschieden, tritt, da gem § 6 Abs 1 gegen den Aufhebungsbeschluss ein Rechtsmittel nicht gegeben ist, dessen Rechtskraft gem § 9 Abs 1 S 3 mit Ablauf des zweiten Tages nach der Veröffentlichung im Internet ein. Hat dagegen der Rechtspfleger oder die Rechtspflegerin entschieden, ist gegen deren Entscheidung die **sofortige Erinnerung** nach § 11 Abs 2 S 1 RPflG gegeben (*App* DGVZ 2001, 1, 2; K/P/B/*Holzer* § 200 Rn 18). Die Rechtskraft tritt entweder zwei Wochen nach der Zustellungsfiktion des § 9 Abs 1 S 3 ein, wenn die sofortige Erinnerung nicht eingelegt wird oder wenn der Richter gem § 11 Abs 2 S 3 RPflG abschließend entschieden hat, nach dem Ablauf von zwei Tagen nach der Veröffentlichung (MüKo-*Hintzen* § 200 Rn 16, 17).

8 **5. Mitteilungspflichten.** Gem § 200 Abs 2 S 2 gelten die §§ 31–33 entsprechend mit der Folge, dass durch Übersendung einer Ausfertigung des Aufhebungsbeschlusses zu benachrichtigen sind: das für die Führung des Handels-, Vereins- oder Genossenschaftsregisters zuständige Registergericht (§ 31), das Grundbuchamt (§ 32) und das zuständige Registergericht für das Schiffs- und Luftfahrzeugregister (§ 33). Die Benachrichtigung ist jedoch nur insoweit vorzunehmen, als bei den betreffenden Registern Eintragungen vorgenommen worden waren. Einzelheiten MüKo-*Hintzen* § 200 Rn 18–21. Weitere Benachrichtigungspflichten bestehen nach der Anordnung über **Mitteilungen in Zivilsachen** (MiZi). Vgl hierzu K/P/B/*Holzer* § 31 Rn 5, 12.

9 **6. Löschungsersuchen.** Nach § 200 Abs 2 S 2 gelten die §§ 31–33 entsprechend. Fällt der Insolvenzbeschlag infolge Aufhebung des Verfahrens fort, sind die im Grundbuch, Handels-, Genossenschafts-, Partnerschafts- oder Vereinsregister sowie im Schiffsregister, Schiffsbauregister und Register für Pfandrechte an Luftfahrzeugen eingetragenen Vermerke zu löschen. Die Benachrichtigung erfolgt gem § 200 Abs 2 S 2 iVm § 31 durch Übersendung einer Ausfertigung des Aufhebungsbeschlusses (K/P/B/*Holzer* § 200 Rn 19; HaKo-*Preß* § 200 Rn 10; *Andres/Leithaus* § 200 Rn 5). Die Löschung kann entweder **von Amts wegen auf Ersuchen des Insolvenzgerichts** oder **auf Antrag des Insolvenzverwalters** erfolgen, soweit sie nicht bereits im Rahmen der Verwertung des Vermögensgegenstandes oder durch Freigabe erfolgt ist (§§ 32 Abs 2, 33 S 1). S K/P/B/*Holzer* § 200 Rn 20; *Braun/Kießner* § 200 Rn 7; MüKo-*Hintzen* § 200 Rn 23–25). Der **Verwalter** hat lediglich das Recht, nicht aber die Pflicht, die Löschung des Insolvenzvermerks im Grundbuch herbeizuführen (**AG Celle** ZInsO 2005, 50; N/R/*Westphal* § 200 Rn 6 a). Erhält das Grundbuchamt Kenntnis von der Aufhebung des Verfahrens, hat es zu prüfen, ob nicht eine **Löschung wegen rechtlicher Gegenstandslosigkeit** (§ 84 GBO) in Betracht kommt (K/P/B/*Holzer* § 200 Rn 23). Eine etwa noch bestehende **Postsperre** ist aufzuheben (vgl N/R/*Westphal* § 200 Rn 6; K/P/B/*Holzer* § 200 Rn 20, 21). Es kommt nicht darauf an, wer die Eintragung betrieben hat (K/P/B/*Holzer* § 200 Rn 21). Die Tatsache, dass der Verwalter seine Verwaltungs- und Verfügungsbefugnis verloren hat, steht der Anwendung des § 32 Abs 2 S 2 nicht entgegen (K/P/B/*Holzer* § 200 Rn 22, 23). Auch der **Schuldner** ist mit der Verfahrensaufhebung, da er die Verfügungsbefugnis wiedererlangt hat, berechtigt, die Löschung des Insolvenzvermerks zu beantragen oder eine Löschung zu bewilligen. Es genügt gem § 29 GBO die Vorlage einer Ausfertigung des Aufhebungsbeschlusses (K/P/B/*Holzer* § 200 Rn 24; MüKo-*Hintzen* § 200 Rn 26). Soweit ein **allgemeines Verfügungsverbot** (§ 23 Abs 3 iVm § 32) noch eingetragen ist, das durch die Verfahrenseröffnung rechtlich gegenstandslos geworden ist, kann aufgrund formloser Anregung eine **Löschung wegen Gegenstandslosigkeit** (§ 84 GBO) stattfinden. Darüber hinaus ist eine Löschung aufgrund Ersuchens des Insolvenzgerichts oder eines Antrags des Verwalters oder Schuldners vorzunehmen (K/P/B/*Holzer* § 200 Rn 25).

10 **7. Rechtsmittel.** Wie bereits oben zu III. 4. Rn 7 zur Rechtskraft des Aufhebungsbeschlusses dargestellt wurde, ist gegen die Aufhebung des Verfahrens nach Abhaltung des Schlusstermins und Verteilung der Insolvenzmasse ein Rechtsmittel nicht gegeben (§ 6 Abs 1). Das gilt jedoch nur, soweit der Richter oder die Richterin entschieden haben. Gegen **Entscheidungen des Rechtspflegers** ist die **sofortige Erinnerung** gem § 11 Abs 2 S 1 RPflG zulässig. Hilft der Rechtspfleger der Erinnerung nicht ab, entscheidet der Richter oder die Richterin gem § 11 Abs 2 S 3 RPflG durch unanfechtbaren Beschluss (BerlKo-

Breutigam § 200 Rn 27; *MüKo-Hintzen* § 200 Rn 10; *Andres/Leithaus* § 200 Rn 3; *N/R/Westphal* § 200 Rn 3). Gegen die Zurückweisung des **Antrags auf Aufhebung des Verfahrens** steht dem Antragsteller, dem der Beschluss zuzustellen ist, bei Rechtspflegerentscheidung ebenfalls die **befristete Erinnerung** des § 11 Abs 1 S 2 RPflG zu. Eine richterliche Entscheidung ist gem § 6 Abs 1 unanfechtbar (*Braun/Kießner* § 200 Rn 15).

IV. Rechtswirkungen der Verfahrensaufhebung

Wird das Insolvenzverfahren durch gerichtlichen Beschluss aufgehoben, so hören mit dem Wirksamwerden des Aufhebungsbeschlusses (§ 9 Abs 1 S 3) die Wirkungen der Insolvenzeröffnung auf. Die Aufhebungswirkungen treten aber **nur für die Zukunft** ein (*Jaeger/Weber* § 163 KO Rn 6; *Baur FS F. Weber* 1975, S 41, 43 ff; *N/R/Westphal* § 200 Rn 8; *Jauernig/Berger* 58 I 2). Wie in § 215 Abs 2 S 1 zum Ausdruck gekommen ist, erhält der Insolvenzschuldner mit der Aufhebung das Recht zurück, über die Insolvenzmasse frei zu verfügen (s MüKo-*Füchsl/Weishäupl* § 200 Rn 30. Trotzdem wird nicht uneingeschränkt der frühere Zustand wieder hergestellt. Vielmehr sind Besonderheiten zu beachten. **11**

1. Ende des Insolvenzbeschlags. a) Verfügungsbefugnis des Schuldners. Mit der Aufhebung des Verfahrens fällt der Insolvenzbeschlag weg und erhält der Schuldner, soweit nicht Gegenstände der Insolvenzmasse einer Nachtragsverteilung vorbehalten worden sind, die Verfügungsbefugnis über noch verbliebenes Restvermögen zurück. Die Verwaltungs- und Verfügungsbefugnis des Insolvenzverwalters (§ 80 Abs 1) endet (vgl *Braun/Kießner* § 200 Rn 8; *K/P/B/Holzer* § 200 Rn 7; *BerlKo-Breutigam* § 200 Rn 11). Gläubigerversammlung und Gläubigerausschuss verlieren ihre Befugnis. Es besteht zwischen Insolvenzverwalter und Schuldner ein **Abwicklungsverhältnis**, das den Verwalter verpflichtet, die erforderlichen Maßnahmen zu treffen, damit dem Insolvenzschuldner die Verfügungsgewalt über sein Vermögen tatsächlich wieder verschafft wird (*N/R/Westphal* § 200 Rn 8; *K/P/B/Holzer* § 200 Rn 7; vgl auch **OLG Celle** KTS 1972, 265). **Rechtshandlungen des Insolvenzverwalters** im eröffneten Verfahren bleiben auch nach der Verfahrensaufhebung wirksam (**BGH** NJW 1971, 701, 703; **BGH** NJW 1983, 2018, 2019; *N/R/Westphal* § 200 Rn 8). Das gilt selbst dann, wenn sie sich nachträglich als unzweckmäßig oder gar unrichtig darstellen. Lediglich insolvenzzweckwidrige Maßnahmen waren und bleiben unwirksam. Auch **Verpflichtungsgeschäfte**, die der Insolvenzverwalter im Rahmen seiner Verwaltungs- und Verfügungsbefugnis eingegangen ist, bleiben nach Aufhebung des Verfahrens wirksam. Der Verwalter ist jedoch nicht mehr berechtigt, diese Verpflichtungen zu erfüllen (**KG** HRR 30, 1647; *Kilger/K. Schmidt* § 163 KO Anm 4 a). Deshalb bleibt der Schuldner an sie gebunden (**RG** v 15. 11. 1912, RGZ 80, 416, 418; *K/P/B/Holzer* § 200 Rn 11). Mit der Verfahrensaufhebung endet auch das **Aufrechnungsverbot** des § 96, was möglicherweise Konsequenzen für **Vorsteuerrückerstattungsansprüche** der Masse aus der festgesetzten Verwaltervergütung hat (*Braun/Kießner* § 200 Rn 12 u Berufung auf **BFH** DStRE 2006, 1880). Soweit Vorsteuererstattungsansprüche oder **Einkommensteuererstattungsansprüche** der Masse zustehen, die erst nach Aufhebung des Verfahrens realisiert werden können, ist eine Nachtragsverteilung vorzubehalten (vgl *Braun/Kießner* § 200 Rn 16–19). Eine vom Verwalter stammende Eintragungsbewilligung reicht nicht mehr ohne weiteres zur Vornahme einer Grundbucheintragung aus, da § 878 BGB weder direkt noch entsprechende Anwendung findet (**LG Osnabrück** KTS 1972, 202; *K/U* § 163 KO Rn 6). **12**

b) Zurückbehaltenes Sondervermögen. Hatte der Insolvenzverwalter zum Zweck der Erfüllung von Masseverbindlichkeiten iSv § 55 oder Massekosten (§ 53) eine Sondermasse gebildet, so gelten für die Auskehrung dieser Sondermasse an ehemalige Massegläubiger die gleichen Grundsätze wie für eine Nachtragsverteilung (*K/U* § 163 KO Rn 9). So zB, wenn der Insolvenzverwalter im Rahmen der Geschäftsfortführung ein **Treuhandkonto** zugunsten der Massegläubiger gebildet hatte, um die Erfüllung der Masseverbindlichkeiten zuzustellen (vgl **BGH** ZIP 1989, 1466, 1468; *Kreft*, Treuhandkonto und Geschäftsfortführung bei Insolvenz; in: FS *Merz* 1992 S 313 ff). Oder wenn es darum geht, die **Gerichtskosten** eines der Nachtragsverteilung **vorbehaltenen Insolvenzanfechtungsprozesses** sicherzustellen. Kehrt der Verwalter nach Aufhebung des Verfahrens einen Masseüberschuss an den Schuldner aus (§ 199), ohne die noch anfallenden Gerichtskosten als Massekosten zu berücksichtigen, haftet er dem Justizfiskus persönlich, wenn die Gerichtskosten beim Schuldner nicht beigetrieben werden können (vgl die Kommentierung zu § 197 Rn 8; *N/R/Westphal* § 199 Rn 4). Es empfiehlt sich allerdings in diesen Fällen zwecks Klarstellung der Rechtslage die Benachrichtigung des Insolvenzgerichts über den **Fortbestand des Insolvenzbeschlages** sowie die Aufnahme eines entsprechenden Vorbehalts in den gerichtlichen Aufhebungsbeschluss (*K/U* § 163 KO Rn 9; vgl auch *Jaeger/Weber* § 163 KO Rn 7 c aE). Die Problematik ist durch die Fassung des § 200 Abs 1 für die InsO jedoch weitgehend entfallen, denn das Gericht darf die Aufhebung des Verfahrens erst beschließen, sobald die Schlussverteilung vollzogen ist. Schlussverteilung bedeutet aber gleichzeitig, dass die gem § 53 vorweg zu berichtigenden Masseverbindlichkeiten iSv §§ 54, 55 berichtigt sind. **13**

c) Schuldnervermögen, das einer Nachtragsverteilung unterliegt. Nach Verfahrensaufhebung unterliegen weiterhin dem Insolvenzbeschlag auch solche Vermögensgegenstände, die zwecks späterer Aus- **14**

schüttung zurückbehalten und hinterlegt worden sind (§ 198) oder für die gem § 203 Abs 1 Nr 1, 2 eine **Nachtragsverteilung** in Betracht kommt (*Uhlenbruck* ZIP 1993, 241, 246; MüKo-*Hintzen* § 200 Rn 40). Gleiches gilt für Vermögensgegenstände des Schuldners, die erst nachträglich ermittelt werden und die gem § 203 Abs 1 Nr 3 ebenfalls der Nachtragsverteilung unterfallen (**BGH** NJW 1973, 1198, 1199; **BGH** ZIP 1982, 467, 468; **OLG** Celle KTS 1972, 265, 266; K/P/B/*Holzer* § 200 Rn 7; MüKo-*Hintzen* § 200 Rn 33; BerlKo-*Breutigam* § 200 Rn 13). Allerdings ist zu beachten, dass bei den **später ermittelten Massegegenständen** zunächst der Schuldner mit der Aufhebung des Verfahrens verfügungsbefugt ist und der Gegenstand erst dann wieder dem Insolvenzbeschlag unterliegt, wenn das Gericht nach Verfahrensaufhebung nachträglich die Nachtragsverteilung an geordnet hat (vgl **BGH** v 22. 2. 1973, NJW 1973, 1198, 1199; BerlKo-*Breutigam* § 200 Rn 13; H/W/F Hdb 8/101).

15   2. **Prozessführungsbefugnis.** a) **Prozesse über Nachtragsvermögen.** Rechtsstreitigkeiten, die sich auf Schuldnervermögen beziehen, das der Nachtragsverteilung nach § 203 Abs 1 unterliegt, sind vom Insolvenzverwalter auch nach Aufhebung des Verfahrens fortzuführen (BGHZ 83, 102, 103; **BGH** NJW 1992, 2894, 2895; N/R/*Westphal* § 200 Rn 11; MüKo-*Hintzen* § 200 Rn 40; K/P/B/*Holzer* § 200 Rn 9). Zwar erlischt das Anfechtungsrecht des Verwalters nach den §§ 129 ff, jedoch sind hiervon ausgenommen solche Anfechtungsansprüche, die der Nachtragsverteilung nach § 203 unterliegen (K/P/B/*Holzer* § 200 Rn 10; BerlKo-*Breutigam* § 200 Rn 20; vgl auch **LG** Köln ZIP 1982, 337). Voraussetzung ist immer, dass der streitbefangene Gegenstand für eine **Nachtragsverteilung** vorgesehen ist (BerlKo-*Breutigam* § 200 Rn 20). Nun sieht das Gesetz in § 203 Abs 1 Nr 1–3 nicht die Möglichkeit vor, dass das Gericht prozessbefangene Gegenstände der Nachtragsverteilung vorbehält. Trotzdem wird man auch für die InsO annehmen müssen, dass das Gericht bereits mit der Aufhebung des Verfahrens für **Beträge, die für die Verteilung voraussichtlich frei werden**, eine Nachtragsverteilung anordnet, um die Aktivlegitimation des Verwalters zur Fortführung des Anfechtungsprozesses zu gewährleisten. Ein vom Verwalter nach der Aufhebung des Verfahrens für die Masse erstrittener Forderungsbetrag oder sonstiger Vermögensgegenstand ist als nicht frei geworden anzusehen, wenn er der Nachtragsverteilung vorbehalten war. Unter diesen Voraussetzungen bleibt der Verwalter auch nach Aufhebung des Verfahrens zur Fortsetzung des Rechtsstreits legitimiert (MüKo-*Braun/Kießner* § 200 Rn 11; § 200 Rn 40). Wird dagegen ein für eine Nachtragsverteilung in Betracht kommender Anfechtungsanspruch erst nachträglich ermittelt und ergeht ein entsprechender Beschluss nach § 203, „so erhält der Verwalter wieder seine Verwaltungs-, Verfügungs- und Prozessführungsbefugnis bezüglich des streitbefangenen Gegenstandes zurück und kann den Anfechtungsprozess führen" (BerlKo-*Breutigam* § 200 Rn 20; MüKo-*Hintzen* § 200 Rn 40).

16   Wird der **streitbefangene Anfechtungsgegenstand** im Zeitpunkt der Verfahrenseröffnung dagegen **nicht einer Nachtragsverteilung vorbehalten**, erlischt das Anfechtungsrecht mit der Wirksamkeit des Aufhebungsbeschlusses. Der Anfechtungsprozess ist, da er vom Schuldner nicht fortgeführt werden kann, in **der Hauptsache erledigt** (BGHZ 83, 102, 105; N/R/*Westphal* § 200 Rn 11; K/P/B/*Holzer* § 200 Rn 10; BerlKo-*Breutigam* § 200 Rn 21). Das Verfahren kann vom Schuldner nur noch wegen der **Kosten** weitergeführt werden (MüKo-*Hintzen* § 200 Rn 41). Um den Insolvenzbeschlag über das Verfahrensende hinaus zu konstruieren, wird teilweise mit dem Begriff des „**stillschweigenden Vorbehalts einer Nachtragsverteilung**" gearbeitet (**OLG** Celle KTS 1972, 265, 266) oder mit **Treuhandkonstruktionen** bzw dem Begriff des Sondervermögens. Festzustellen ist, dass ein **Anfechtungsrecht des Insolvenzverwalters** nach den §§ 129 ff nach Verfahrensaufhebung nur fortbestehen kann, wenn der Anfechtungsstreit bzw Anfechtungsgegenstand der Nachtragsverteilung zugeführt worden ist (**LG** Köln ZIP 1982, 337; *Braun/Kießner* 3 200 Rn 11; MüKo-*Hintzen* § 200 Rn 40, 41). Der Verwalter kann in diesen Fällen sogar eine **Anfechtungsklage neu erheben**, wenn ein für die Nachtragsverteilung in Betracht kommender Anfechtungsanspruch erst nachträglich ermittelt wird oder Vermögensstücke anfechtbar zwischen der Verfahrensaufhebung und Anordnung der Nachtragsverteilung veräußert worden sind (*Jaeger/Weber* § 166 KO Rn 5, 7; MüKo-*Hintzen* § 200 Rn 40). Allerdings wird neuerdings die Auffassung vertreten, das **Anfechtungsrecht** sei abtretbar (*Kreft* ZInsO 1999, 372; HK-*Kreft* § 129 Rn 88; *Wagner* ZIP 1999, 700; vgl auch die Kommentierung zu § 129 Rn 18). Folgt man dieser Auffassung, kann der Anfechtungsprozess nach Aufhebung des Verfahrens durch den Zessionar fortgesetzt werden, was im Aufhebungsbeschluss entspr §§ 203, 211 Abs 3 durch das Insolvenzgericht zum Ausdruck zu bringen ist (HK-*Kreft* § 129 Rn 90, 91; MüKo-*Hintzen* § 200 Rn 41).

17   b) **Anhängige Prozesse.** Ein vom Insolvenzverwalter geführter Rechtsstreit wird durch die Aufhebung des Insolvenzverfahrens entsprechend §§ 239, 242 ZPO unterbrochen, wenn der Verwalter die Prozessführungsbefugnis verliert (**OLG** Köln ZIP 1987, 1004; K/P/B/*Holzer* § 200 Rn 8; N/R/*Westphal* § 200 Rn 11; MüKo-*Hintzen* § 200 Rn 37; BerlKo-*Breutigam* § 200 Rn 17; *Braun/Kießner* § 200 Rn 11). Die Beendigung des Insolvenzverfahrens führt zu einer **Auswechselung der Prozesspartei** (**OLG** Köln v 21. 5. 1987, ZIP 1987, 1004; N/R/*Westphal* § 200 Rn 11; str aA MüKo-*Feiber* § 240 ZPO Rn 34; *Zöller/Greger* § 240 ZPO Rn 15; *Kilger/K. Schmidt* § 6 KO Anm 7 g u § 163 KO Anm 1 b; offen lassend BGHZ 83, 102, 103 = NJW 1982, 1765). Findet eine Unterbrechung statt, steht es dem Schuldner frei, den Prozess gem § 250 ZPO aufzunehmen und im eigenen Namen und auf eigene Kosten fortzuführen.

IV. Rechtswirkungen der Verfahrensaufhebung § 200

Etwas anderes gilt für **Insolvenzanfechtungsprozesse** nach den §§ 129 ff, die mit Ausnahme des § 313 Abs 2 S 1 nur von einem Insolvenzverwalter geführt werden können (MüKo-*Hintzen* § 200 Rn 41). Eine nach der letzten mündlichen Verhandlung vor dem Berufungsgericht erfolgte Aufhebung des Insolvenzverfahrens ist in der Revisionsinstanz zu berücksichtigen, denn durch die Aufhebung wird die Prozessführungsbefugnis des Verwalters berührt (BGHZ 28, 13 = WM 1958, 1157). Dagegen kann die Aufhebung des Insolvenzverfahrens in einem anhängigen Prozess nicht mehr berücksichtigt werden, wenn sie erst nach dem Schluss der letzten mündlichen Verhandlung der letzten Tatsacheninstanz eintritt (§ 559 ZPO). Sie kann aber in einem neuen Rechtsstreit geltend gemacht werden (RGZ 128, 66; RGZ 135, 347).

Eine vom **Insolvenzverwalter erteilte Prozessvollmacht** bleibt bestehen, da § 86 ZPO entsprechend **18** anzuwenden ist. Hatte der Insolvenzverwalter einem Anwalt Prozessvollmacht erteilt, läuft sie für den Schuldner bis zur Kündigung des Geschäftsbesorgungsvertrages und Widerruf der Vollmacht weiter (MüKo-*Hintzen* § 200 Rn 38, 39). Eine **Unterbrechung des laufenden Prozesses** entspr § 240 ZPO findet nicht statt (N/R/*Westphal* § 200 Rn 12; MüKo-*Hintzen* § 200 Rn 38). Das Prozessgericht kann aber auf Antrag des Prozessbevollmächtigten des Verwalters das Verfahren gem § 246 Abs 1 Halbs 2 ZPO aussetzen (**OLG** Köln ZIP 1987, 1004; N/R/*Westphal* § 200 Rn 12). War der **Verwalter selbst Anwalt** und hat er den Prozess selbst geführt, bedarf er einer neuen Vollmacht des Schuldners (*Zöller/Vollkommer* § 86 ZPO Rn 9; *Stein/Jonas/Leipold* § 86 ZPO Rn 4; *Jaeger/Weber* § 163 KO Rn 6; MüKo-*Hintzen* § 200 Rn 39). Die Anwendung des § 246 ZPO auf den Parteiwechsel bei Beendigung des Insolvenzverfahrens setzt voraus, dass der Schuldner durch einen Prozessbevollmächtigten vertreten ist. Das ist aber nicht der Fall, wenn sich der Insolvenzverwalter als Anwalt selbst vertreten hat (*Jaeger/Henckel* § 6 KO Rn 114). Tritt der Insolvenzverwalter während des Prozesses die **streitbefangene Forderung an einen Dritten ab** und wird danach das Verfahren aufgehoben, so erlischt die über § 265 ZPO zunächst fortbestehende Prozessführungsbefugnis des Verwalters und der Dritte tritt für den Verwalter in den Prozess ein (**BGH** ZIP 1992, 1152; BerlKo-*Breutigam* § 200 Rn 22). Der Ansicht, in derartigen Fällen bleibe die Prozessführungsbefugnis des Verwalters bestehen (so zB *Jaeger/Weber* § 163 KO Rn 7), hat der BGH nicht zugestimmt (**BGH** NJW 1992, 2894, 2895). Sie würde dazu führen, dass der Insolvenzverwalter mit Aufgaben betraut und belastet würde, die ihm nach Wegfall des Insolvenzbeschlags nicht mehr zukommen (so auch BerlKo-*Breutigam* § 200 Rn 22).

3. Sonstige Rechtsfolgen der Aufhebung. Mit der Aufhebung des Insolvenzverfahrens endet die durch **19** die Forderungsanmeldung bewirkte **Verjährungsunterbrechung** (§ 204 Abs 1 Nr 10 BGB). Gewisse Rechtsfolgen sind endgültig, wie zB die im eröffneten Verfahren erfolgte Kündigung eines Dienstverhältnisses durch den Insolvenzverwalter (§ 113) oder das Erlöschen eines Rechtsverhältnisses bzw die Auflösung einer Gesellschaft. **Vertragsverhältnisse** zwischen Insolvenzschuldner und einem Gläubiger, die durch die Verfahrenseröffnung erloschen sind und bei denen der Verwalter von einer Erfüllungswahl Abstand genommen hat (§§ 103 ff), leben mit der Aufhebung nicht wieder auf, sondern bleiben endgültig beendet (RGZ 80, 416, 418; *Jaeger/Weber* § 163 KO Rn 8; *Kilger/K. Schmidt* § 163 KO Anm 4a; K/P/B/*Holzer* § 200 Rn 11; HaKo-*Preß* § 200 Rn 16; BerlKo-*Breutigam* § 200 Rn 16). Nach Beendigung des Verfahrens fallen auch die **öffentlich-rechtlichen Beschränkungen** für den Schuldner fort (*Jaeger/Henckel* § 25 KO Rn 55). Die Insolvenz als solche bewirkt somit keine **dauernden beruflichen Einschränkungen** für den Schuldner.

4. Rückgabe von Geschäftsunterlagen. Sämtliche Geschäftsunterlagen des Schuldners einschließlich **20** derjenigen, die elektronisch auf Festplatten, Disketten oder sonstigen Datenträgern gespeichert sind, hat der Verwalter nach Aufhebung des Verfahrens an den Schuldner herauszugeben, soweit sie nicht für eine Nachtragsverteilung benötigt werden (MüKo-*Hintzen* § 200 Rn 42, 43; BerlKo-*Breutigam* § 200 Rn 24, 25; N/R/*Westphal* § 200 Rn 13; K/P/B/*Holzer* § 200 Rn 13). Der bisherige Insolvenzschuldner ist **zur Rücknahme der Unterlagen verpflichtet** (OLG Hamm NJW 1964, 2355; **OLG** Stuttgart KTS 1984, 491, 492; LG Hannover v 5. 7. 1972, KTS 1973, 191; MüKo-*Hintzen* § 200 Rn 43; *Braun/Kießner* § 200 Rn 13; K/P/B/*Holzer* § 200 Rn 13; N/R/*Westphal* § 200 Rn 13; *Hess* § 200 Rn 27). Handelt es sich bei der Insolvenzschuldnerin um eine **Handelsgesellschaft, Gesellschaft mit beschränkter Haftung** oder eine **Aktiengesellschaft**, ist der Verwalter verpflichtet, die Geschäftsunterlagen den gesetzlich zur Verwahrung verpflichteten Personen zu übergeben (§ 157 Abs 2 S 1 HGB, § 74 Abs 2 S 1 GmbHG, § 273 Abs 2 AktG). Die Annahme der Unterlagen kann aber vom Registergericht gem §§ 407, 273 Abs 2 AktG nur bei Aktiengesellschaften und Kommanditgesellschaften auf Aktien durch **Zwangsgeld erzwungen** werden (vgl **OLG** Hamm NJW 1964, 2355; **OLG** Stuttgart, ZInsO 1998, 341; **LG** Hannover KTS 1973, 191; **LG** Koblenz KTS 1965, 241; H/W/F Hdb 3. Aufl 5/180; K/P/B/*Holzer* § 200 Rn 13; HaKo-*Preß* § 200 Rn 21; BerlKo-*Breutigam* § 200 Rn 26; *Hess* § 200 Rn 29; *Braun/Kießner* § 200 Rn 14; s aber auch MüKo-*Hintzen* § 200 Rn 43). Die auf Antrag des Verwalters erfolgende registergerichtliche Bestimmung eines Verwahrers (§ 145 FGG) bringt in der Praxis wenig, denn der Bestellte kann nicht zur Verwahrung gezwungen werden, sondern muss sein Einverständnis erklären (**OLG** Stuttgart ZIP 1984, 1385). Oftmals ist die Gesellschaft wegen Vermögenslosigkeit und Löschung im Handelsregister voll beendet. In diesen Fällen sind organschaftliche

Vertreter nicht mehr vorhanden. Insoweit empfiehlt es sich, rechtzeitig in der Insolvenzschlussbilanz **Rückstellungen hinsichtlich der Verwahrungskosten** einschl der **Vernichtungskosten** zu bilden (HaKo-Preß § 200 Rn 21; *Braun/Kießner* § 200 Rn 20; H/W/F Hdb 8/180, Muster eines Aufbewahrungsvertrages ZInsO 1998, 342 ff). Nicht unbedenklich erscheint die Praxis, dass der Verwalter selbst an einer sogen Verwahrungs-GmbH beteiligt ist, die die Aufbewahrung gegen Entgelt übernimmt. In den sonstigen Fällen bleibt nur die Mitteilung an das zuständige Finanzamt, das die **steuerlichen Aufbewahrungspflichten** nach § 147 AO mit den Zwangsmitteln des § 328 AO durchsetzen kann (*Hess* § 200 Rn 30; N/R/*Westphal* § 200 Rn 13). Gleichzeitig ist die Staatsanwaltschaft von einer beabsichtigten Vernichtung der Unterlagen zu informieren.

21 Die **Vernichtung von Insolvenzakten** kommt aber nur nach Ablauf der gesetzlichen Aufbewahrungsfristen in Betracht. Keineswegs ist der Verwalter vorher berechtigt, „nach vorheriger Androhung und Inkenntnissetzung der Staatsanwaltschaft" die Akten mit Ausnahme der Unterlagen über Pensionsansprüche und Personalunterlagen zu vernichten (so aber *Skrotzki* KTS 1963, 192 ff; N/R/*Westphal* § 200 Rn 13; *Hess* § 200 Rn 31; *Smid* § 200 Rn 15; wie hier BerlKo-*Breutigam* § 200 Rn 25). Von der Vernichtung eingeschlossen sind auf jeden Fall die **Personalunterlagen** (MüKo-*Hintzen* § 200 Rn 43). Für die Bestellung eines Nachtragsliquidators, wie er in der Literatur teilweise empfohlen wird (vgl *Kalter* KTS 1960, 63, 69), fehlt es idR an den notwendigen finanziellen Mitteln (N/R/*Westphal* § 200 Rn 13).

22 **5. Schlussabrechnung der Gerichtskosten.** Sind die Rechnungen für die öffentlichen Bekanntmachungen eingegangen und stehen die sonstigen Kosten fest, so können die Gerichts kosten abschließend festgesetzt werden (BerlKo-*Breutigam* § 200 Rn 26; FK-*Kießner* § 200 Rn 20). Ein geringfügiger Überschuss kann, wenn sich eine Verteilung an die Gläubiger wirtschaftlich nicht lohnt, dem Insolvenzverwalter als zusätzliche Vergütung oder Auslagenersatz festgesetzt werden (FK-*Kießner* § 200 Rn 20; BerlKo-*Breutigam* § 200 Rn 26), was aber vor allem für den Fall einer Nachtragsverteilung keineswegs zweifelsfrei ist, wenn es auch vielfach geübter Praxis entspricht (MüKo-*Hintzen* § 203 Rn 6; vgl auch *Frege/Keller/Riedel* HRP Rn 1717). Überschüsse stehen grundsätzlich dem Schuldner oder den Gesellschaftern des Schuldnerunternehmens zu, wenn sie nicht als Auslagen des Verwalters für eine Nachtragsverteilung festgesetzt werden können.

§ 201 Rechte der Insolvenzgläubiger nach Verfahrensaufhebung

(1) Die Insolvenzgläubiger können nach der Aufhebung des Insolvenzverfahrens ihre restlichen Forderungen gegen den Schuldner unbeschränkt geltend machen.

(2) ¹Die Insolvenzgläubiger, deren Forderungen festgestellt und nicht vom Schuldner im Prüfungstermin bestritten worden sind, können aus der Eintragung in die Tabelle wie aus einem vollstreckbaren Urteil die Zwangsvollstreckung gegen den Schuldner betreiben. ²Einer nicht bestrittenen Forderung steht eine Forderung gleich, bei der ein erhobener Widerspruch beseitigt ist. ³Der Antrag auf Erteilung einer vollstreckbaren Ausfertigung aus der Tabelle kann erst nach Aufhebung des Insolvenzverfahrens gestellt werden.

(3) Die Vorschriften über die Restschuldbefreiung bleiben unberührt.

I. Allgemeines

1 Die Vorschrift entspricht der früheren Regelung in § 164 KO. Nach Aufhebung des Insolvenzverfahrens haftet der Schuldner für die nicht befriedigten Insolvenzforderungen gem § 201 Abs 1 unbeschränkt weiter, sofern nicht das Insolvenzgericht auf Antrag durch Beschluss im Schlusstermin die **Restschuldbefreiung** in Aussicht stellt (§§ 291 Abs 1, 201 Abs 3) oder in einem **Insolvenzplan eine andere Regelung getroffen** wurde (§ 257). Das Vollstreckungsverbot des § 89 kommt automatisch mit der Aufhebung oder Einstellung des Verfahrens in Wegfall. Mit der Aufhebung des Insolvenzverfahrens entfällt auch die haftungsmäßige Trennung von Insolvenzmasse und insolvenzfreiem Schuldnervermögen sowie zwischen der Haftung für Insolvenzforderungen, Massebindlichkeiten und Neuforderungen. Vielmehr **haftet der Schuldner** mit der Aufhebung grundsätzlich **mit seinem gesamten Vermögen** bis zur vollständigen Tilgung sämtlicher Verbindlichkeiten (vgl **BGH** v 28. 6. 2007, NZI 2007, 670, 671; **OLG** Stuttgart NZI 2007, 527; *Häsemeyer* InsR Rn 25.05–25.08; N/R/*Westphal* §§ 201, 202 Rn 4; str aA HK-*Depré* § 201 Rn 2 für Masseverbindlichkeiten unter Berufung auf **BGH** WM 1964, 1125; s unten zu Rn 6). Offen geblieben und teilweise umstritten sind zahlreiche Fragen, wie zB die, ob die Insolvenzgläubiger ihre Forderungen wieder mit dem gleichen Umfang und Inhalt wie vor der Eröffnung des Verfahrens oder nur nach Maßgabe der Feststellung zur Tabelle im Insolvenzverfahren durchsetzen können. Unbestritten ist dabei, dass Insolvenzgläubiger, die auf die Teilnahme am Verfahren verzichtet haben, nach Verfahrensbeendigung uneingeschränkt die ursprüngliche Forderung gegen den Schuldner geltend machen können (BGHZ 72, 234; **BGH** NJW 1996, 2035; *Häsemeyer* InsR Rn 25.12). Auch die Frage, wie im Einzelnen die Insolvenzgläubiger ihre Forderungen wegen der Nachhaftung des Schuldners fest-

stellen lassen und durchsetzen können, ist im Gesetz „unübersichtlich geregelt" (*Häsemeyer* InsR Rn 25.16). Schließlich ist zweifelhaft, ob aus früheren Titeln noch vollstreckt werden kann oder ob diese durch die Feststellung zur Tabelle „verbraucht" sind und ob der Schuldner für Masseverbindlichkeiten lediglich mit der frei gewordenen Restmasse haftet. Eine wesentliche **Neuerung** und Verbesserung der Rechtslage für den Schuldner hat die InsO jedoch dadurch gebracht, dass er sich dem **unbeschränkten Nachforderungsrecht der Gläubiger** durch das in den §§ 286 ff geregelte Restschuldbefreiungsverfahren entziehen kann.

Die unbeschränkte persönliche Haftung der **Gesellschafter einer GbR, einer OHG oder eines KG-Komplementärs** beruht allerdings nicht auf § 201, sondern auf den §§ 161 Abs 2, 128 HGB, die im eröffneten Verfahren über das Vermögen der Gesellschaft gem § 93 dem Insolvenzverwalter zugewiesen waren. Die Entscheidung des BGH v 29. 1. 2001 (BGHZ 146, 341 = NJW 2001, 1056 = ZIP 2001, 330; BGH v 15. 10. 2007 – II ZR 136/06, ZIP 2007, 2313, 2314; BGH v 17. 10. 2006 NZG 2007, 183) hat endgültig geklärt, dass für rechtsgeschäftliche Verbindlichkeiten der GbR von der analogen Anwendung der §§ 128, 129 HGB auszugehen ist. Insoweit tritt eine **begrenzte Rechtskraft** gegenüber dem persönlich haftenden Gesellschafter ein (**BAG** ZInsO 2002, 1156; Ha*Ko-Herchen* § 201 Rn 20; s auch *v. Gerkan/Haas* in *Röhricht/Graf v. Westphal* HGB 3 Aufl § 128 Rn 1). Da der **persönlich haftende Gesellschafter** im Gesellschaftsinsolvenzverfahren an dem Prüfungsverfahren (§ 176) nicht beteiligt wird (str aA *Baumbach/Hopt* § 128 HGB Rn 46), kann sich die **Rechtskraftwirkung des Tabelleneintrags** (§ 178 Abs 3) **nicht auf ihn erstrecken** (BGH v 14. 11. 2005 – II ZR 178/03, DStR 2006, 805, 811; BGH DStR 2007, 126). § 178 Abs 3 kann auch im Verhältnis zu einem **ausgeschiedenen Gesellschafter**, der für Altverbindlichkeiten haftet, keine Wirkung entfalten (OLG Hamm NZI 2007, 584, 588; *v. Gerkan/Haas* in *Röhricht/Graf v. Westphalen* § 129 HGB Rn 8). Die in § 201 Abs 2 S 1 angeordnete Vollstreckungswirkung der Tabelleneintragung tritt wegen § 129 Abs 4 HGB gegenüber den Gesellschaftern nicht ein (*Blomeyer* BB 1968, 1461, 1462; *Jaeger/Weber* § 164 KO Rn 9). Der für vollstreckbar erklärte Tabellenauszug im Insolvenzverfahren über das Vermögen der Gesellschaft kann also **nicht zur Vollstreckung** in das Vermögen der **persönlich haftenden Gesellschafter** genutzt werden. Auch kommt eine **Umschreibung des Titels** gem 727 ZPO nicht in Betracht (OLG Hamm NJW 1979, 51; OLG Frankfurt BB 1982, 399; *Baumbach/Hopt* § 129 HGB Rn 15). Eine andere Frage ist dabei, ob die Feststellung zur Tabelle im Insolvenzverfahren über das Vermögen der Gesellschaft und der vollstreckbare Tabellenauszug den Gesellschaftern bei Inanspruchnahme die Einwendungen abschneidet, soweit die Rechtskraftwirkung der Forderungsfeststellung im Gesellschaftsverfahren geht (vgl **BGH** NJW 1981, 175; *Koller/Roth/Morck* § 128, 129 HGB Rn 3). Nach hM kann der persönlich haftende Gesellschafter gegenüber einem Gläubiger gem § 129 HGB nur noch **in seiner Person begründete Einwendungen** geltend machen (**BGH** v 9. 10. 2006 – II ZR 193/05, DStR 2007, 125 f; *Gottwald/Haas* InsRHdb § 94 Rn 89; *v. Gerkan/Haas* in *Röhricht/Graf v. Westphalen* § 129 HGB Rn 8; *Staub/Habersack* § 129 HGB Rn 12). 2

II. Nachforderungsrecht Insolvenzgläubiger

1. Insolvenzgläubiger und Haftungsmasse. Ein Schuldner haftet grundsätzlich mit seinem gesamten Vermögen für die Erfüllung seiner Verbindlichkeiten. Die Haftung wird durch die Eröffnung des Insolvenzverfahrens über sein Vermögen keineswegs aufgehoben, sondern nur seinen Gläubigern zugewiesen. Gegenüber den Insolvenzgläubigern haftet der Schuldner bzw das Schuldnerunternehmen **während des Verfahrens** nur mit der Insolvenzmasse (§ 35). § 201 regelt das Nachforderungsrecht nur für **Insolvenzgläubiger**. Die Vorschrift normiert grundsätzlich ein unbeschränktes Nachforderungsrecht der Gläubiger gegenüber dem Schuldner und weist dem Tabellenauszug den Rang eines vollstreckbaren Titels zu. Mangels Feststellung (§ 178) findet § 201 keine Anwendung, wenn die Forderung **nicht zur Tabelle** angemeldet worden ist (MüKo-*Hintzen* § 201 Rn 18) oder zwar angemeldet, jedoch bestritten worden ist und der Widerspruch nicht beseitigt wurde (K/P/B/*Holzer* § 201 Rn 11). **Bestrittene Forderungen** kann der Gläubiger nur im Prozesswege verfolgen (§ 189 Abs 1). Für **Massekostengläubiger** (§ 53) und **Gläubiger von Masseverbindlichkeiten** (§ 55) findet § 201 keine Anwendung (N/R/*Westphal* §§ 201, 202 Rn 6; MüKo-*Hintzen* § 201 Rn 15, 16). 3

Den **Neugläubigern** gegenüber haftet der Schuldner während der Dauer des Verfahrens dagegen ausschließlich mit seinem **insolvenzfreien Vermögen**. Den Neugläubigern ist es nicht verwehrt, während des Insolvenzverfahrens einen Titel gegen den Schuldner zu erwirken und in insolvenzfreies Vermögen zu vollstrecken (*Häsemeyer* InsR Rn 25.05). Für Neugläubiger greift § 201 Abs 1 nicht ein, da sie ohnehin schon während des Verfahrens vollstrecken konnten (N/R/*Westphal* §§ 201, 202 Rn 5; MüKo-*Hintzen* § 201 Rn 8). Soweit der Schuldner **vor Verfahrenseröffnung** Verbindlichkeiten begründet hatte, die im eröffneten Insolvenzverfahren über sein Vermögen keine Berücksichtigung gefunden haben, greift § 201 schon mangels Feststellung zur Tabelle nicht ein. Es herrscht aber Einigkeit darüber, dass diese Forderungen der Nachhaftung des Schuldners unterfallen, vor allem soweit sie als Masseverbindlichkeiten iSv § 55 Abs 1 Nr 2 weiter bestehen (vgl **BGH** NJW 1955, 339; *Häsemeyer* InsR Rn 25.29; *Braun/Kießner* § 201 Rn 5; N/R/*Westphal* §§ 201, 202 Rn 6). Bestand die Forderung schon **vor Verfahrenseröffnung**, so haftete der Schuldner schon vor Verfahrensbeginn unbeschränkt. Es be- 4 steht kein Grund, hieran etwas für die Zeit nach Insolvenzeröffnung oder für die Zeit nach Beendigung des Verfahrens zu ändern (vgl *Braun/Kießner* § 201 Rn 5; HaKo-*Herchen* § 201 Rn 6; *Kilger/ K. Schmidt* § 57 KO Anm 2; *Heilmann* KTS 1976, 96, 97; *Häsemeyer* InsR Rn 25.29; *Baur/Stürner* II Rn 17.3).

5   Ist eine **Insolvenzforderung „in Höhe des Ausfalls"** zur Tabelle festgestellt, erstreckt sich die Rechtskraft trotzdem auf die gesamte Forderung (vgl die Kommentierung zu § 178). Die Vollstreckung kann somit hinsichtlich der Forderung in voller Höhe betrieben werden (HaKo-*Herchen* § 201 Rn 7 a). Dass die Forderung nur in Höhe des Ausfalls in das Verteilungsverzeichnis aufgenommen worden ist, hat auf den Tabelleneintrag keine Auswirkungen (HaKo-*Herchen* § 201 Rn 7 a). Nach Feststellung von *Herchen* (HaKo-*Herchen* § 201 Rn 7 b) werden, um die zur Tabelle festgestellte Forderungshöhe nach Verwertung von Sicherungsgut an das Verzeichnis anzupassen, die absonderungsberechtigten Gläubiger aufgefordert, **einen (teilweisen) Verzicht auf die zur Tabelle festgestellte Forderung zu erklären.** Werde der Verzicht erklärt, könnten vollstreckbare Tabellenauszüge später lediglich über die verbleibende Restforderung erteilt werden. Hierdurch würden vollstreckungsrechtliche Folgeprobleme verhindert. Wird unter Hinweis auf eine Nichtberücksichtigung der Ausfallforderung im Verteilungsverzeichnis die Erteilung eines vollstreckbaren Auszugs aus der mangels Verzichts nicht angepassten Tabelle verweigert, ist eine Klage nach § 731 ZPO möglich (HaKo-*Herchen* § 201 Rn 7).

6   Streitig ist, ob sich die **Nachhaftung des Schuldners** für während des Verfahrens begründete Masseverbindlichkeiten (§§ 54, 55) nur **gegenständlich auf die Insolvenzrestmasse** beschränkt, also auf die Massegegenstände, die ihm nach Beendigung des Verfahrens ausgehändigt worden sind, oder auf sein gesamtes Vermögen. Die **beschränkte Nachhaftung** wird damit begründet, dass sich die Verwaltungs-, Verfügungs- und Verpflichtungsbefugnis des Verwalters auf die Masse beschränkt (BGH NJW 1955, 339; BGH WM 1964, 1125; MüKo-*Hintzen* § 201 Rn 16; HK-*Depré* § 201 Rn 2; N/R/*Westphal* §§ 201, 202 Rn 7; *Braun/Kießner* § 201 Rn 6). Demgegenüber wird vor allem von *Häsemeyer* (InsR Rn 25.30) gegen die Beschränkung der Nachhaftung angeführt, sie sei nur auf die Verwaltungsbefugnis des Verwalters über die Masse zugeschnitten, vernachlässige jedoch den Gesamtvollstreckungsaspekt des Insolvenzverfahrens. Wie jede andere Vollstreckung verursache auch die Gesamtvollstreckung Kosten, die dem Schuldner zur Last fallen, weil er Anlass zur Vollstreckung gegeben hat. Die Kostenhaftung ergreife das **gesamte Vermögen des Vollstreckungsschuldners,** nicht nur das jeweilige Vollstreckungsobjekt (so auch *Runkel/Schnurbusch* NZI 2000, 49, 56 ff; HaKo-*Herchen* § 201 Rn 6; *Smid* § 201 Rn 3; wohl auch K/P/B/*Holzer* § 201 Rn 1). Es handelt sich insoweit um Vollstreckungskosten, für die der Schuldner unbeschränkt einzustehen hat (*Häsemeyer* InsR Rn 25.31).

7   Eine **Verpflichtung des Insolvenzgerichts,** den Schuldner auf die Rechtsfolgen des § 201 bei Unterlassen des Widerspruchs gegen eine angemeldete Forderung hinzuweisen, besteht jedenfalls bei geschäftsgewandten Schuldnern nicht (**AG Göttingen** v 15. 3. 2004, ZInsO 2004, 516).

8   **2. Eintritt des Nachforderungsrechts.** Nach § 201 Abs 2 S 3 kann der Antrag auf Erteilung einer vollstreckbaren Ausfertigung aus der Tabelle erst **nach Aufhebung des Insolvenzverfahrens** gestellt werden. Der Antrag kann somit erst am dritten Tag nach der öffentlichen Bekanntmachung der Verfahrensaufhebung gestellt werden (§ 9 Abs 1 Satz 3). Ein vorher gestellter Antrag ist als unzulässig zurückzuweisen (K/P/B/*Holzer* § 201 Rn 6a; MüKo-*Hintzen* § 201 Rn 26; N/R/*Westphal* §§ 201, 202 Rn 18; Berl-Ko-*Breutigam* § 201 Rn 10). Da die Aufhebung des Insolvenzverfahrens gem § 200 Abs 2 öffentlich bekannt gemacht wird, ist für die Gläubiger leicht erkennbar, wann sie das Recht erhalten, einen Antrag auf Erteilung eines **vollstreckbaren Tabellenauszuges** zu stellen (vgl K/P/B/*Holzer* § 201 Rn 6a; MüKo-*Hintzen* § 201 Rn 26; FK-*Kießner* § 201 Rn 11; Begr ÄndG ZIP 1998, 2193). Die **Erteilung der vollstreckbaren Ausfertigung** darf und sollte bei ursprünglich bereits titulierten Forderungen von der Vorlage des Originaltitels abhängig gemacht werden, um zu verhindern, dass trotz Feststellung der Forderung zur Tabelle noch aus dem alten Titel vollstreckt wird (HaKo-*Herchen* § 201 Rn 9a unter unzutr Berufung auf **BGH** ZInsO 2006, 102). **Einschränkung:** War die titulierte Forderung zur Insolvenztabelle angemeldet worden, ist jedoch ein **Widerspruch nicht beseitigt** worden, so kann aus dem alten Titel vollstreckt werden. Ist die Forderung widerspruchslos zur Tabelle festgestellt worden, kann nach MüKo-*Hintzen* (§ 201 Rn 37) wegen der **während des Verfahrens angelaufenen Zinsen** aus dem alten Titel nicht vollstreckt werden, denn wegen dieser nachrangigen Forderungen bildet der vollstreckbare Tabellenauszug keinen zur Zwangsvollstreckung geeigneten Titel (**LG Bielefeld** DGVZ 1991, 120; MüKo-*Hinzen* § 201 Rn 37; str aA K/P/B/*Holzer* § 201 Rn 18). Gleiches gilt für den Fall der **Einstellung des Verfahrens** nach §§ 207, 211, 212 oder § 213 (§ 215 Abs 2). Vgl auch die Kommentierung unten zu III. 4. Rn 18.

9   **3. Dauer des Nachforderungsrechts.** Wegen der dreißigjährigen Verjährungsfrist kann der Gläubiger aufgrund der gem § 202 Abs 2 titulierten Forderung dreißig Jahre lang vollstrecken (§ 197 Abs 1 Nr 5 BGB), sofern nicht die Einschränkungen des Restschuldbefreiungsverfahrens (§§ 286 ff) eingreifen. Zur Tabelle festgestellte Steuerforderungen **verjähren** gem § 228 S 2 AO in **fünf Jahren** (**BFH** v 26. 4. 1988, ZIP 1988, 1266 = NJW 1989, 1000 [LS]; **FG Hamburg** v 29. 4. 1987 = EFG 1987, 540; *Frotscher*-Besteuerung S 276; K/P/B/*Holzer* § 201 Rn 7; *Tipke/Kruse* § 251 AO Rn 31). Auch die dreißigjährige Ver-

III. Zwangsvollstreckung aus dem Tabelleneintrag **§ 201**

jährungsfrist kann jederzeit durch Vollstreckungshandlungen gem § 212 Abs 1 Nr 2 BGB unterbrochen werden.

4. Nachforderungsverbot bei Zulassung der Restschuldbefreiung. Gem § 201 Abs 3 bleiben die Rege- 10 lungen über die Restschuldbefreiung nach den §§ 286 ff unberührt. Das Insolvenzverfahren wird, wenn der Schuldner als natürliche Person einen Antrag auf Restschuldbefreiung gestellt hat, gem § 289 Abs 2 S 2 erst nach Rechtskraft des Beschlusses aufgehoben, mit dem das Gericht die Restschuldbefreiung zugelassen hat. Mit der Ankündigung der Restschuldbefreiung und der Einsetzung eines Treuhänders (§ 291) wird die **Nachhaftung des Schuldners** nach § 201 bis zur endgültigen Entscheidung über die Restschuldbefreiung **ausgesetzt** (*Häsemeyer* InsR Rn 26.10). Wird dagegen die Restschuldbefreiung gem § 290 rechtskräftig versagt, so unterliegt der Schuldner wieder der unbeschränkten Nachhaftung nach § 201. Obgleich die Gläubiger festgestellter von Schuldner nicht bestrittener Forderungen während des Restschuldbefreiungsverfahrens die Zwangsvollstreckung gem § 294 Abs 1 nicht betreiben dürfen, ist ihnen auf Antrag gleichwohl ein **vollstreckbarer Tabellenauszug zu erteilen** (LG Leipzig NZI 2006, 602; LG Göttingen ZInsO 2005, 1113; HaKo-*Herchen* § 201 Rn 2; MüKo-*Ehricke* § 294 Rn 15; *Frege/Keller/Riedel* HRP Rn 1847). Der Besitz eines vollstreckbaren Tabellenauszugs verschafft den Gläubigern solchenfalls die Möglichkeit, sofort nach Wegfall der Sperre des § 294 Abs 1 im Wege der Einzelzwangsvollstreckung auf das Schuldnervermögen zugreifen zu können.

III. Zwangsvollstreckung aus dem Tabelleneintrag

1. Titelwirkung des Tabelleneintrags. Die Feststellung einer Insolvenzforderung zur Tabelle wirkt 11 für die festgestellten Forderungen gem § 178 Abs 3 ihrem Betrag und ihrem Rang nach wie ein **rechtskräftiges Urteil** gegenüber dem Insolvenzverwalter und allen Insolvenzgläubigern. Über die Rechtswirkungen des § 178 Abs 3 hinaus verschafft § 201 Abs 2 diesen Gläubigern hinsichtlich der Nachhaftung des Schuldners bzw Schuldnerunternehmens zugleich einen **Vollstreckungstitel**. Die Insolvenzgläubiger, deren Forderungen festgestellt und nicht vom Schuldner im Prüfungstermin bestritten worden sind, können gem § 201 Abs 2 S 1 aus dem Tabelleneintrag wie aus einem vollstreckbaren Urteil die Zwangsvollstreckung gegen den Schuldner betreiben, sofern nicht § 201 Abs 3 entgegensteht (vgl K/P/B/*Holzer* § 201 Rn 8; N/R/*Westphal* § 201, 202 Rn 9; *Smid* § 201 Rn 4). Wie bei anderen Titeln muss aber ein **Klauselerteilungsverfahren** durchgeführt werden. Die Regelung in § 201 Abs 2 S 2 stellt klar, dass die Eintragung in die Tabelle auch dann die **Wirkung eines Vollstreckungstitels** hat, wenn der Schuldner die Forderung im Prüfungstermin zwar bestritten hat, der Widerspruch aber nachträglich durch Feststellungsklage des Gläubigers oder durch freiwillige Rücknahme beseitigt worden ist (*Smid* § 201 Rn 7).

§ 201 Abs 2 greift dagegen nicht ein, wenn **der Schuldner die Forderung im Prüfungstermin ausdrück-** 12 **lich bestritten** hatte. Ein Widerspruch des Schuldners steht zwar gem § 178 Abs 1 S 2 der Feststellung der Forderung nicht entgegen, wohl aber einer Vollstreckung gegen den Schuldner nach Aufhebung des Insolvenzverfahrens. Festgestellt sind Forderungen der Insolvenzgläubiger, die weder vom Insolvenzverwalter noch von einem Insolvenzgläubiger im Prüfungstermin bestritten worden sind, oder bei denen ein erhobener Widerspruch beseitigt worden ist (§ 178 Abs 1 S 1). Im Übrigen sind **bestrittene Forderungen** im Prozesswege zu verfolgen (§ 189 Abs 1). War der auf die Forderung entfallende Quotenbetrag nicht gem § 189 Abs 2 zurückbehalten worden, kann der Gläubiger für den Fall des Obsiegens in Höhe der vollen Forderung aus dem Titel vollstrecken. Er ist nicht gezwungen, aus dem vollstreckbaren Tabellenauszug zu vollstrecken (K/P/B/*Holzer* § 201 Rn 12). Die Regelung in § 201 Abs 2 S 1 bezieht sich **nicht auf Massegläubiger**, da letztere am Verfahren nicht als Insolvenzgläubiger teilgenommen haben. Massegläubiger sind hinsichtlich ihrer Ansprüche gem § 53 vorweg zu befriedigen. Im Übrigen kann die Nachhaftung für Masseverbindlichkeiten nur praktisch werden bei Masselosigkeit oder Masseunzulänglichkeit nach den §§ 207 ff, wenn die Masseverbindlichkeit bis zur Schluss- oder Nachtragsverteilung nicht berücksichtigt worden ist (§ 206).

2. Klauselerteilungsverfahren. Der Gesetzgeber hat in § 201 Abs 2 S 3 die Vollstreckung von der Er- 13 teilung einer **vollstreckbaren Ausfertigung** abhängig gemacht (MüKo-*Hintzen* § 201 Rn 27, 28; K/P/B/*Holzer* § 201 Rn 9; N/R/*Westphal* § 201 Rn 18, 19). Der Antrag kann gem § 201 Abs 2 S 3 erst **nach Aufhebung des Insolvenzverfahrens** gestellt werden. Im Übrigen gelten für die Erteilung der Vollstreckungsklausel (§§ 724, 750 ZPO) über § 4 die allgemeinen Vorschriften. Klagen auf oder gegen Erteilung der Vollstreckungsklausel und Vollstreckungsgegenklagen (§§ 731, 768, 767 ZPO) sind im ausschließlichen Gerichtsstand des Insolvenzgerichts bzw des übergeordneten Landgerichts zu erheben (§ 202). **Funktionell zuständig für die einfache Klauselerteilung** ist der Urkundsbeamte der Geschäftsstelle (Service-Einheit) des Insolvenzgerichts (§ 4 InsO iVm § 724 Abs 2 ZPO; *Hess* § 202 Rn 8). Verweigert der Urkundsbeamte die Klauselerteilung, ist die **Erinnerung** nach § 573 ZPO gegeben, über die der Insolvenzrichter zu entscheiden hat. Wegen der Maßgeblichkeit der Tabelleneintragung bedarf es keines besonderen Rechtskraftzeugnisses (*Jaeger/Weber* § 164 KO Rn 7; *Holzer* NZI

1999, 44, 46; N/R/*Westphal* §§ 201, 202 Rn 19). Voraussetzung ist, dass der Verwalter, der gem § 175 die Insolvenztabelle führt, nach Aufhebung des Verfahrens die Tabellenauszüge fertigt und diese dem Insolvenzgericht zuleitet (N/R/*Westphal* §§ 201, 202 Rn 19). Auf dem vollstreckbaren Tabellenauszug sind die bereits gezahlten Quoten zu vermerken. Für die **Erteilung der Vollstreckungsklausel gegen einen Rechtsnachfolger** des Gläubigers oder des Schuldners gelten die §§ 727, 730 ZPO über § 4 InsO entsprechend. Zuständig ist insoweit der **Rechtspfleger** gem § 20 Nr 12 RPflG (N/R/*Westphal* §§ 201, 202 Rn 21; FK-*Kießner* § 201 Rn 12; MüKo-*Hintzen* § 201 Rn 31). Gerichtskosten fallen hierfür nicht an (FK-*Kießner* § 201 Rn 12). Der Schuldner kann gegen die Klauselerteilung die **Erinnerung** nach § 732 ZPO erheben.

14 **3. Umfang und Inhalt der Nachhaftung.** Bestimmte Forderungen erfahren durch die Anmeldung und Feststellung zur Insolvenztabelle eine **Inhaltsänderung.** Alle verfahrensbedingten Umwandlungen von Forderungen bleiben bestehen, was zu Nachteilen sowohl für Gläubiger als auch den Schuldner führen kann (*Häsemeyer* InsR Rn 25.12; vgl RGZ 112, 297, 300; LG Hannover KTS 1992, 233; HK-*Depré* § 201 Rn 3). So sind nicht fällige Forderungen als abgezinste fällige Forderungen sofort zu tilgen (§ 41 Abs 1). Forderungen, die nicht auf Geld gerichtet sind oder deren Geldbetrag unbestimmt ist, werden nach ihrem zur Zeit der Verfahrenseröffnung geschätzten Wert festgestellt (§ 45 S 1). **Forderungen in ausländischer Währung** werden in inländische Währung umgerechnet mit dem zur Zeit der Verfahrenseröffnung maßgeblichen Kurswert (§ 45 S 2). **Wiederkehrende Leistungen,** deren Betrag und Dauer unbestimmt ist, werden mit dem zusammengerechneten Betrag nach Abzug der erzielbaren gesetzlichen Zinsen (§ 46 S 1), bei unbestimmter Dauer der Leistungen mit dem zur Zeit der Verfahrenseröffnung geschätzten Wert (§ 46 S 2) berücksichtigt (vgl hierzu N/R/*Westphal* §§ 201, 202 Rn 10–14; MüKo-*Hintzen* § 201 Rn 37; HaKo-*Herchen* § 201 Rn 11; *Häsemeyer* InsR Rn 25.11–25.15). Hat sich ein vertraglicher Anspruch wegen Vertragsbeendigung nach den §§ 103 ff in einen Schadenersatzanspruch verwandelt, so kann nur wegen dieses Schadenersatzanspruchs vollstreckt werden (HK-*Depré* § 201 Rn 3).

15 Die **Nachhaltigkeit der Inhaltsänderung** auch für die Zeit nach der Verfahrensaufhebung beruht darauf, dass der Haftungsinhalt, sobald die Feststellung eingetragen ist, unangreifbar wird. Kein Insolvenzgläubiger kann auf den **ursprünglichen Inhalt der Forderung** zurückgreifen. Die Fälligkeit einer betagten Forderung oder die Kapitalisierung eines Rentenanspruchs wirkt somit über das Insolvenzverfahren hinaus (vgl RGZ 112, 297, 300; RGZ 93, 209, 213; LG Hannover KTS 1992, 233; *Weber* NJW 1968, 225 ff; *Jaeger/Weber* § 164 KO Rn 10; K/P/B/*Holzer* § 201 Rn 18; *Braun/Kießner* § 201 Rn 11; *Kilger/K. Schmidt* § 164 KO Anm 1 a). Das soll auch dem Schuldner, gegen den nach § 201 vollstreckt wird, hM selbst dann gelten, wenn die ursprüngliche **Forderung** des Gläubigers **bereits vor Verfahrenseröffnung rechtskräftig tituliert** gewesen ist (RGZ 112, 297, 300). Ein beschränkter Widerspruch mit dem Ziel, lediglich die Inhaltsänderung der Forderung zu verhindern, steht dem Schuldner nach der hM nicht zu und wäre deshalb wirkungslos. Der Schuldner hat nur die Möglichkeit, die Forderung insgesamt gem § 178 Abs 1 S 2 zu bestreiten (N/R/*Westphal* §§ 201, 202 Rn 11; *Jaeger/Weber* § 164 KO Rn 11; *Häsemeyer* InsR Rn 25.17; *Spellenberg,* Zum Gegenstand des Konkursfeststellungsverfahrens, 1973, S 161 ff). Nicht zu verkennen ist dabei, dass auch der **Insolvenzgläubiger** die mit der Tabelleneintragung verbundene **Inhaltsänderung hinzunehmen** hat (so N/R/*Westphal* §§ 201, 202 Rn 12). Er muss also sowohl quotenmäßig als auch hinsichtlich der Nachhaftung mit der Zahlung eines Geldbetrages zufrieden geben, obgleich ihm ursprünglich eine nicht auf Geld gerichtete Forderung (§ 45 S 1) zustand. Vgl hierzu auch RGZ 93, 209, 213; RGZ 112, 297, 300; N/R/*Westphal* §§ 201, 202 Rn 12; K/U § 164 KO Rn 1 a). Mit den während des Verfahrens laufenden Zinsen, die er wegen Nachrangigkeit grundsätzlich nicht zur Tabelle anmelden dürfte (§ 39), erlangt er keinen Vollstreckungstitel.

16 Neuerdings mehren sich die Stimmen in der Literatur, die sich gegen die hM und die von ihr vertretene „Nachhaltigkeit der Umwandlung" aussprechen (vgl *Häsemeyer* InsR Rn 25.12 ff; N/R/*Westphal* § 201 Rn 11 ff, 14; HaKo-*Herchen* § 201 Rn 15–17; *Pape* KTS 1992, 185; *Gaul* FS Friedr. Weber S 156, 173). Richtig ist, dass nach dem **Nachhaltigkeitsgrundsatz** der Insolvenzgläubiger seine ursprüngliche Forderung nur dann uneingeschränkt behält und gegen den Schuldner nach Verfahrensbeendigung durchsetzen kann, wenn er auf die Teilnahme am Insolvenzverfahren verzichtet (BGHZ 72, 234; BGH NJW 1996, 2035; vgl auch *Bork* FS Zeuner 1994 S 297, 307 ff). Dogmatisch bedenklich ist es jedoch, wenn das Nachhaltigkeitsprinzip nicht nur zu einer **Inhaltsänderung** der Forderung führt, sondern zu einer **materiell-rechtlichen Einschränkung** bzw Beseitigung von Forderungen, wie zB Zinsansprüchen nach § 39 Abs 1 Nr 1, die als nachrangige Forderungen von der Verfahrensteilnahme (Ausnahme: § 174 Abs 3) ausgeschlossen sind. Deshalb ist dem Vorschlag von *Häsemeyer* (InsR Rn 25.19–25.21) zu folgen und **dem Gläubiger das Recht einzuräumen,** seine Forderung im Insolvenzverfahren **beschränkt auf die Haftung der Insolvenzmasse** feststellen zu lassen und wegen der **Nachhaftung** einen Titel gegen den Schuldner über den ursprünglichen Forderungsinhalt zu erstreiten bzw es bei dem ursprünglich erstrittenen Titel zu belassen (so auch N/R/*Westphal* § 201 Rn 14; HaKo-*Herchen* § 201 Rn 16). Gläubiger, deren titulierte Forderungen nicht zur Insolvenztabelle festgestellt worden sind, können aus dem alten Titel ohnehin vollstrecken (MüKo-*Hintzen* § 201 Rn 36). Gleiches gilt für Gläubiger, die einen vollstreckbaren Titel haben, oder auf die Teilnahme am Insolvenzverfahren verzichten.

III. Zwangsvollstreckung aus dem Tabelleneintrag **§ 201**

4. Aufzehrung früherer Vollstreckungstitel? Da der Eintrag in die Tabelle in § 201 Abs 2 S 1 einem 17 vollstreckbaren Urteil gleichgestellt wird, stellt sich auch für die InsO die Frage, ob eine **Doppeltitulierung** stattfindet oder ob der frühere Vollstreckungstitel durch den vollstreckbaren Tabellenauszug aufgezehrt wird mit der Folge, dass der Insolvenzgläubiger aus einem vor Verfahrenseröffnung erwirkten Titel gegen den Schuldner nicht mehr vollstrecken kann Nach der früher schon zur KO und auch heute zu § 201 InsO **herrschenden Meinung** wird wegen der Gleichstellung des Tabellenauszuges mit einem rechtskräftigen Titel der frühere Titel „aufgezehrt", also verdrängt (vgl *RG* v 8. 1. 1926, RGZ 112, 297, 300; **RG** ZZP 57 [1933], 157, 158; LG Hannover Rpfleger 1992, 127; *Jaeger/Weber* § 164 KO Rn 6; *Gaul* FS *Weber* S 155 ff; *Jauernig/Berger* 58 I 2; *K/P/B/Holzer* § 201 Rn 17, 18; *N/R/Westphal* §§ 201, 202 Rn 15; *BerlKo-Breutigam* § 201 Rn 9; *Hess* § 201 Rn 15; *HK-Depré* § 201 Rn 7; *MüKo-Hintzen* § 201 Rn 37; str aA *HaKo-Herchen* § 201 Rn 15; umfassend *Pape* KTS 1992, 185 ff). Wird eine Forderung nicht nur beschränkt auf die Berücksichtigung im Insolvenzverfahren angemeldet und erfolgt die Feststellung zur Tabelle, so ist auch für die InsO davon auszugehen, dass der **ursprüngliche Titel** durch die Feststellung zur Tabelle „aufgezehrt" bzw „verdrängt" und durch einen neuen Titel in der durch die InsO (zB §§ 41, 42, 45, 46) inhaltlich geänderten Fassung ersetzt wird, der auch den Umfang der Nachhaftung bestimmt (*N/R/Westphal* §§ 201, 202 Rn 11, 12; *K/P/B/Holzer* § 201 Rn 17, 18; differenzierend *Braun/Kießner* § 201 Rn 11; *Häsemeyer* InsR Rn 25.25; *MüKo-Hintzen* § 201 Rn 37).

Zutreffend weist die **differenzierende Meinung** darauf hin, dass für bestimmte **nachrangige Insolvenz-** 18 **forderungen** (§ 39), wie zB laufende Zinsen ab Verfahrenseröffnung, nach wie vor der **frühere Vollstreckungstitel** die zur Zwangsvollstreckung geeignete Grundlage ist (s auch LG Bielefeld DGVZ 1991, 120; *MüKo-Hintzen* § 201 Rn 37; s auch oben zu Rn 8). Im Insolvenzverfahren können **nachrangige Insolvenzforderungen** idR nicht zur Tabelle angemeldet und somit nicht festgestellt werden. Da insoweit keine Titulierung stattfindet und keine Vollstreckung aus der Tabelle möglich ist, kann wegen dieser Ansprüche **aus einem früheren Titel vollstreckt** werden (LG Bielefeld DGVZ 1991, 120; *MüKo-Hintzen* § 201 Rn 37; *Braun/Kießner* § 201 Rn 12; *N/R/Westphal* § 201 Rn 16 a). Im Übrigen wird durch den aufgrund des Insolvenzverfahrens inhaltlich geänderten Titel zugleich der Umfang der Nachhaftung bestimmt. IdR bleibt es, wenn der Gläubiger seine Anmeldung nicht beschränkt und der Schuldner keinen Widerspruch erhebt, bei der **auf die Nachhaftung erstreckten Inhaltsänderung des Titels,** der lediglich durch den vollstreckbaren Tabellenauszug ersetzt wird (RGZ 112, 297; *MüKo-Lwowski/Bitter* § 45 Rn 45; *K/P/B/Holzer* § 45 Rn 9; *N/R/Westphal* §§ 201, 202 Rn 16). Vollstreckt der Gläubiger, obgleich seine Forderung zur Tabelle festgestellt wurde, trotzdem aufgrund des alten Titels, steht dem Schuldner die **Vollstreckungsgegenklage nach § 767 ZPO** zu (RGZ 132, 113; RGZ 112, 297, 301; *HK-Depré* § 201 Rn 7; *Jaeger/Weber* § 164 KO Rn 6; *N/R/Westphal* §§ 201, 202 Rn 24). Weiterhin ist gegen die Vollstreckung aus dem früheren Titel die **Erinnerung nach § 766 ZPO** gegeben (*Pape* KTS 1992, 185, 190; *Jaeger/Weber* § 164 KO Rn 6; *Kilger/K. Schmidt* § 164 KO Anm 2; *BerlKo-Breutigam* § 201 Rn 9; *N/R/Westphal* §§ 201, 202 Rn 16 Fn 7), denn der ursprüngliche Titel ist weggefallen. Die Vollstreckungsgegenklage nach § 767 ZPO ist aber nur insoweit eröffnet, als durch die Feststellung zur Tabelle eine Inhaltsänderung des Titels gegenüber dem ursprünglichen Titel stattfindet, die den Schuldner benachteiligt (RGZ 112, 297, 301; *N/R/Westphal* §§ 201, 202 Rn 16). Ein **noch nicht rechtskräftiger Titel,** den der Gläubiger vor Eröffnung des Insolvenzverfahrens für eine Forderung erlangt hat, deren Eintragung in die Tabelle aber der Schuldner widersprochen hat, bleibt, solange der Widerspruch nicht beseitigt worden ist, für die nach Verfahrensbeendigung mögliche Vollstreckung in das sonstige Vermögen des Schuldners bestehen. Insoweit wird der Titel nicht aufgezehrt (**BGH** v 15. 5. 1998, NJW 1998, 2364).

5. Zwangsvollstreckung wegen Steuerforderungen. Hatte der Steuerschuldner der Eintragung der 19 Steuerforderung in die Tabelle nicht widersprochen, wirkt der Tabelleneintrag wie ein rechtskräftiges Urteil (**BFH**/NV 2001, 144; *Gottwald/Fortscher* InsRHdb § 125 Rn 17; *Frotscher,* Besteuerung, S 273). Durch die Feststellung zur Tabelle wird auch ein **früherer Steuertitel** aufgezehrt (*K/P/B/Holzer* § 201 Rn 19; *Heidel/Pohl* InVo 1996, 117, 119; *Müller* DStR 1967, 29, 30; *Frotscher,* Besteuerung, S 277). Eine Steuerforderung, die weder angemeldet noch zur Tabelle festgestellt worden ist, kann im Rahmen eines gewöhnlichen Steuerfestsetzungsverfahrens nach Aufhebung des Insolvenzverfahrens weiter verfolgt werden. Gleiches gilt, wenn im Insolvenzverfahren zwar ein Feststellungsbescheid nach § 251 Abs 3 AO ergangen ist, die Steuerforderung aber nicht in die Tabelle eingetragen wurde (**Nds FG** v 3. 3. 1980, EFG 1980, 317; *Frotscher* Besteuerung S 277). Zutreffend weist *Frotscher* (Besteuerung S 277) darauf hin, dass als **rechtskräftige Entscheidung** über die Steuerforderung nur der **Tabelleneintrag,** nicht der Feststellungsbescheid gilt. Dieser ist nur auf Feststellung zur Tabelle gerichtet und wird gegenstandslos, wenn es nicht mehr zur Tabellenfeststellung kommen kann. Das gilt selbst dann, wenn der Feststellungsbescheid bestandskräftig geworden ist. Wie sonstige Titel auch werden **Steuerbescheide** durch die Feststellung zur Tabelle aufgezehrt. Allerdings braucht der Originaltitel weder im Prüfungstermin noch im Feststellungsrechtsstreit vorgelegt zu werden (**BGH** ZInsO 2006, 102 f). Gem § 178 Abs 2 S 3 ist jedoch die **Feststellung auf dem Originaltitel zu vermerken.**

20 Ein **bestandskräftiger Feststellungsbescheid** kann nicht mehr Grundlage für eine Vollstreckung sein. Allerdings erfolgt **die Vollstreckung gegen den Steuerschuldner** aufgrund des vollstreckbaren Tabellenauszugs im **Verwaltungsvollstreckungsverfahren** (§ 251 Abs 2 S 2 AO). Es finden die §§ 249 ff AO Anwendung. Entgegen der Vorauft begründet die Regelung in § 251 Abs 2 S 2 AO **kein Vollstreckungswahlrecht der Finanzbehörde**. War vor Verfahrenseröffnung gegen den Schuldner noch kein Steuerbescheid ergangen und ist die Forderung des Fiskus rechtskräftig zur Tabelle festgestellt worden, so erübrigt sich der Erlass eines Steuerbescheids, denn das FA kann aus dem Tabellenauszug vollstrecken. Anders nur, wenn der Schuldner der angemeldeten Steuerforderung im Prüfungstermin widersprochen hatte. In diesem Fall ist das Steuerfestsetzungsverfahren nach Insolvenzbeendigung fortzusetzen und ein Steuerbescheid gegen den Schuldner zu erlassen (**Nds FG** v 3. 3. 1980, EFG 1980, 317; *Frotscher*, Besteuerung, S 276; *Gottwald/Frotscher* InsRHdb § 125 Rn 17). Ist eine Steuerforderung zur Insolvenztabelle fest gestellt und die Insolvenzquote auf die Forderung bezahlt worden, kommt eine Erstattung des Betrages nach Beendigung des Verfahrens selbst dann nicht in Betracht, wenn die Forderung zu Unrecht festgestellt worden ist (**FG Düsseldorf** EFG 70, 528; *Tipke/Kruse* § 251 AO Rn 31).

IV. Kostenfestsetzung

21 Die Kostenfestsetzung nach § 103 ZPO erfolgt in den Fällen der Vollstreckung aus einer Tabelleneintragung durch den Urkundsbeamten der Geschäftsstelle des Insolvenzgerichts (Service-Einheit), das in diesem Fall als „Gericht des ersten Rechtszuges" iSv § 103 Abs 2 ZPO anzusehen ist (*Kilger/K. Schmidt* § 164 KO Anm 5; N/R/*Westphal* §§ 201, 202 Rn 19; *Stein/Jonas/Leipold* § 103 ZPO III Abs 2; **str aA** *Stöber* Rpfleger 1966, 296; *Jaeger/Weber* § 164 KO Rn 8; die von der Zuständigkeit des Prozessgerichts ausgehen).

§ 202 Zuständigkeit bei der Vollstreckung

(1) Im Falle des § 201 ist das Amtsgericht, bei dem das Insolvenzverfahren anhängig ist oder anhängig war, ausschließlich zuständig für Klagen:
1. auf Erteilung der Vollstreckungsklausel;
2. durch die nach der Erteilung der Vollstreckungsklausel bestritten wird, daß die Voraussetzungen für die Erteilung eingetreten waren;
3. durch die Einwendungen geltend gemacht werden, die den Anspruch selbst betreffen.

(2) Gehört der Streitgegenstand nicht zur Zuständigkeit der Amtsgerichte, so ist das Landgericht ausschließlich zuständig, zu dessen Bezirk das Insolvenzgericht gehört.

I. Allgemeines

1 Die Vorschrift enthält entsprechend den früheren §§ 164 Abs 3, 146 Abs 2 KO eine Zuständigkeitsregelung, die gleichzeitig eine Abkehr von der „vis attractiva" darstellt, indem sie Klauselstreitigkeiten den Prozessgerichten zuweist. § 202 enthält zugleich eine keineswegs überflüssige Klarstellung (so aber K/P/B/*Holzer* § 202 Rn 2, *Braun/Kießner* § 202 Rn 1; MüKo-*Hintzen* § 202 Rn 1), weil für das eigentliche Klauselerteilungsverfahren grundsätzlich der Urkundsbeamte der Geschäftsstelle (Service-Einheit) zuständig ist (§ 725 ZPO), in den Fällen der §§ 726 Abs 1, 727–729, 733, 738, 742, 744, 745 Abs 2 und § 749 ZPO jedoch der Rechtspfleger des Insolvenzgerichts (§ 20 Nr 12 RPflG).

II. Das Klauselerteilungsverfahren

2 Insolvenzgläubiger, deren Forderungen zur Tabelle festgestellt und nicht vom Schuldner im Prüfungstermin bestritten worden sind, können gem § 201 Abs 2 S 1 aus der Eintragung in die Tabelle wie aus einem vollstreckbaren Urteil die Zwangsvollstreckung gegen den Schuldner nach Verfahrensaufhebung betreiben, sofern nicht die Vorschriften über die Restschuldbefreiung (§§ 286 ff) entgegenstehen. Das **Klauselerteilungsverfahren** richtet sich zwar gem § 4 nach den entsprechenden **Vorschriften der ZPO** (§§ 724 ff ZPO, vor allem § 724 Abs 2 ZPO), jedoch fällt das Erteilungsverfahren in die **Zuständigkeit des Insolvenzgerichts** (N/R/*Westphal* §§ 201, 202 Rn 19; *Frege/Keller/Riedel* HRP Rn 1849). Über die **Erinnerung** gegen die Erteilung der Vollstreckungsklausel nach § 732 ZPO entscheidet das Insolvenzgericht (*Graf-Schlicker/Mäusezahl* § 202 Rn 2). § 202 Abs 1 regelt lediglich eine **besondere Zuständigkeit** für Klagen iSv § 202 Abs 1 Nr 1–3. Nur in diesen Fällen wird eine **Zuständigkeit der ordentlichen Gerichtsbarkeit** begründet. Ansonsten läuft das Klauselerteilungsverfahren nach den Vorschriften der ZPO ab. Eine Besonderheit besteht lediglich insoweit, als ein **Notfristzeugnis** (§ 706 ZPO) nicht erforderlich ist, weil das Verfahren bereits nach § 200 Abs 1 aufgehoben worden ist und hiergegen ein Rechtsmittel nicht gegeben ist (K/P/B/*Holzer* § 202 Rn 7). Der Urkundsbeamte der Geschäftsstelle des Insolvenzgerichts (Service-Einheit) ist als „Gericht des ersten Rechtszuges" iSv § 724 Abs 2 ZPO anzusehen. Für die Erteilung der Vollstreckungsklausel gegen den **Rechtsnachfolger** des ursprünglichen Schuldners, für die

III. Klagen im Klauselerteilungsverfahren **§ 202**

die §§ 727, 730 ZPO entsprechende Anwendung finden (§ 4 InsO), ist gem § 20 Nr 12 RPflG die **Zuständigkeit des Rechtspflegers** begründet.

Nur die **Zuständigkeit für Klagen** bestimmt sich nach § 202. Der Gläubiger erhält **auf Antrag** eine 3 beglaubigte Abschrift des Tabellenauszugs, die mit der Vollstreckungsklausel iSv §§ 724, 725 ZPO versehen sein muss (vgl *Bauer* KTS 1960, 49; *Frege/Keller/Riedel* HRP Rn 1850 ff). Die Erteilung der vollstreckbaren Ausfertigung wird in Spalte 10 der Insolvenztabelle vermerkt. Es genügt für das **einfache Klauselerteilungsverfahren** gem § 724 ZPO ein **formloser Antrag** des Gläubigers, da mit der Feststellung zur Tabelle bereits ein wirksamer und rechtskräftiger Titel mit vollstreckungsfähigem Inhalt entstanden ist (K/P/B/*Holzer* § 202 Rn 9; *Frege/Keller/Riedel* HRP Rn 1850).

Die **Vollstreckungsklausel** kann nach den §§ 727–730 ZPO **für oder gegen den Rechtsnachfolger des** 4 **Schuldners oder Gläubigers** erteilt werden. Der Insolvenzverwalter ist berechtigt, einen auf den Schuldner lautenden Tabellenauszug gem § 727 ZPO auf sich umschreiben zu lassen (K/P/B/*Holzer* § 202 Rn 10). **Rechtsnachfolger** iSv § 727 ZPO ist auf der Schuldnerseite immer nur der Rechtsnachfolger in Bezug auf die frühere Insolvenzmasse, nicht dagegen ein persönlich haftender Gesellschafter. Hinsichtlich einer im Insolvenzverfahren über das Vermögen einer Gesellschaft bürgerlichen Rechts, OHG oder KG festgestellten Forderung kann ein **Tabellenauszug** nicht etwa **gegen den persönlich haftenden Gesellschafter** um geschrieben werden. Zwar haftet dieser auch bei der GbR nach neuerer Rechtsprechung (BGH v 29. 1. 2001, NJW 2001, 1056 = ZIP 2001, 330) gem § 128 HGB für die Schulden der Gesellschaft; insoweit handelt es sich aber um eine völlig andere Haftungsmasse, in die aufgrund eines Titels gegen die Gesellschaft (§ 124 Abs 2 HGB) wegen § 129 Abs 4 HGB nicht vollstreckt werden kann (*Baumbach/Hopt* § 128 HGB Rn 45; K/U § 164 KO Rn 1; K/P/B/*Holzer* § 202 Rn 11). Die Vollstreckungsklausel kann auch im Nachlassinsolvenzverfahren (§§ 315 ff) nicht auf den Erben umgeschrieben werden, dessen Haftung gem § 1975 BGB auf den Nachlass beschränkt ist (K/P/B/*Holzer* § 202 Rn 11).

Die **Rechtsmittel** im **Klauselerteilungsverfahren** richten sich ausschließlich nach den Vorschriften der 5 ZPO. Während § 202 für bestimmte Klagen ausdrücklich die **Zuständigkeit der ordentlichen Gerichtsbarkeit** festschreibt, ist dies für das Klauselerteilungsverfahren offen geblieben. Verweigert der Urkundsbeamte der Geschäftsstelle die Klauselerteilung, so findet gem § 576 Abs 1 ZPO die **Erinnerung** statt. Zweifelhaft ist jedoch, ob über die Erinnerung das Prozessgericht entscheidet (so K/P/B/*Holzer* § 202 Rn 14; *Braun/Kießner* § 202 Rn 8; aA *Frege/Keller/Riedel* HRP Rn 1851). Wegen der Sachnähe und der Zuständigkeit für die Klauselerteilung liegt es näher, für die Entscheidung über die Erinnerung nach § 576 Abs 1 ZPO die **Zuständigkeit des Insolvenzgerichts** zu bejahen (so auch HaKo-*Herchen* § 202 Rn 3). Gegen dessen Entscheidung kann nach § 573 Abs 2, 567 ff ZPO **sofortige Beschwerde** eingelegt werden, über die die für Insolvenzsachen zuständige Beschwerdekammer des Landgerichts entscheidet. Hat in den Fällen der §§ 727, 730 ZPO der **Rechtspfleger** entschieden, ist gegen dessen Entscheidung die **unbefristete Erinnerung** nach § 11 Abs 1 RPflG gegeben. Über diese Erinnerung entscheidet entgegen der hM nicht der Vollstreckungsrichter, sondern der Insolvenzrichter.

III. Klagen im Klauselerteilungsverfahren

1. Klage auf Erteilung der Vollstreckungsklausel. Nach § 202 Abs 1 Nr 1 ist für die Klage auf Erteilung 6 der Vollstreckungsklausel (§ 731 ZPO), gegen den Rechtsnachfolger (§ 727 ZPO) oder gegen den Vermögens- oder Firmenübernehmer (§ 729 ZPO) die **örtliche Zuständigkeit des Amtsgerichts** (Prozessabteilung) oder Landgerichts (Streitwert über 5000 €, § 23 Nr 1) gegeben, bei dem das Insolvenzverfahren anhängig ist oder anhängig war (vgl MüKo-*Hintzen* § 202 Rn 6; HK-*Irschlinger* § 202 Rn 3; N/R/*Westphal* §§ 201, 202 Rn 25; K/P/B/*Holzer* § 202 Rn 3). Anders als in den Fällen des § 182 richtet sich der Streitwert nach dem noch zahlbaren Restbetrag der Forderung (*Braun/Kießner* § 202 Rn 7; *Graf-Schlicker/Mäusezahl* § 202 Rn 3). So kann zB der Gläubiger auf Erteilung der Klausel klagen, wenn er außerstande ist, durch öffentliche (§ 415 ZPO; MüKo-*Hintzen* § 202 Rn 2) oder öffentlich beglaubigte (§ 129 BGB) Urkunde den Nachweis für eine vollstreckbare Ausfertigung oder für eine Ausfertigung gegen den Rechtsnachfolger zu erbringen (K/P/B/*Holzer* § 202 Rn 3).

2. Klauselgegenklage. Auch eine Klage gegen die Erteilung der Vollstreckungsklausel, mit der nach de- 7 ren Erteilung geltend gemacht wird, dass die Voraussetzungen für die Erteilung gegeben waren, fällt gem § 202 Abs 1 Nr 2 in die **örtliche Zuständigkeit des Amtsgerichts**, bei dem das Insolvenzverfahren anhängig ist oder war. Es handelt sich dabei um Klagen nach § 768 ZPO, mit denen die Unzulässigkeit der erteilten Vollstreckungsklausel geltend gemacht wird. So kann zB vorgebracht werden, dass die Rechtsnachfolge iSv § 727 Abs 1 ZPO durch Anfechtung entfallen oder wegen Gutgläubigkeit keine Rechtskrafterstreckung gegeben ist (§ 325 Abs 2 ZPO; K/P/B/*Holzer* § 202 Rn 4). Beruft sich der Kläger darauf, dass die Erteilung der Klausel unzulässig gewesen ist, kann er seine Einwendungen gegen die Zulässigkeit der Vollstreckungsklausel auch **wahlweise im Wege der Erinnerung** nach § 732 ZPO geltend machen (**BGH NJW-RB 2004, 1718 – Rpfleger 2005, 33**; *Braun/Kießner* § 202 Rn 5; HaKo-*Herchen* § 202 Rn 4; MüKo-*Hintzen* § 202 Rn 3). Die Zuständigkeit für das Erinnerungsverfahren richtet sich aber nicht nach § 202 Abs 1 Nr 2, sondern nach § 732 Abs 1 S 1 ZPO (K/P/B/*Holzer* § 202 Rn 5). Schließlich sieht § 202 Abs 1 Nr 3 vor, dass im Klagewege auch Einwendungen vorgebracht werden können, die den titulierten Anspruch selbst betreffen (§ 767 ZPO).

8 3. **Vollstreckungsabwehrklage.** Die Vollstreckungsabwehrklage steht dem Schuldner zu (§ 767 ZPO), wenn er materiell-rechtliche Einwendungen gegen den titulierten Anspruch erheben will (**BHG Rpfleger 1984, 476**; HaKo-*Herchen* § 202 Rn 7). Vollstreckungsabwehrklagen des Insolvenzverwalters oder des Schuldners während des Verfahrens, die sich gegen die Forderungsfeststellung richten, fallen allerdings nicht darunter (N/R/*Westphal* §§ 201, 202 Rn 24). Wegen der Präklusionswirkung des § 767 Abs 2 ZPO kann der Schuldner eine Vollstreckungsgegenklage nur auf Gründe stützen, die nach dem Zeitpunkt der gegen ihn persönlich wirkenden Feststellung entstanden sind (*Graf-Schlicker/Mäusezahl* § 202 Rn 4; *Braun/Kießner* § 202 Rn 4; *Hess* § 202 Rn 14; MüKo-*Hintzen* § 202 Rn 4; N/R/*Westphal* §§ 201, 202 Rn 24). Maßgeblich ist der Zeitpunkt der Feststellung im Prüfungstermin oder nach dem Schluß der letzten mündlichen Verhandlung, auf die die rechtskräftige Beseitigung des Widerspruchs erfolgt (HaKo-*Herchen* § 202 Rn 7).

§ 203 Anordnung der Nachtragsverteilung

(1) Auf Antrag des Insolvenzverwalters oder eines Insolvenzgläubigers oder von Amts wegen ordnet das Insolvenzgericht eine Nachtragsverteilung an, wenn nach dem Schlußtermin
1. zurückbehaltene Beträge für die Verteilung frei werden,
2. Beträge, die aus der Insolvenzmasse gezahlt sind, zurückfließen oder
3. Gegenstände der Masse ermittelt werden.

(2) Die Aufhebung des Verfahrens steht der Anordnung einer Nachtragsverteilung nicht entgegen.

(3) ¹Das Gericht kann von der Anordnung absehen und den zur Verfügung stehenden Betrag oder den ermittelten Gegenstand dem Schuldner überlassen, wenn dies mit Rücksicht auf die Geringfügigkeit des Betrags oder den geringen Wert des Gegenstands und die Kosten einer Nachtragsverteilung angemessen erscheint. ²Es kann die Anordnung davon abhängig machen, daß ein Geldbetrag vorgeschossen wird, der die Kosten der Nachtragsverteilung deckt.

Übersicht

	Rn
I. Allgemeines	1
II. Begriff	2
III. Voraussetzungen einer Nachtragsverteilung	3
1. Formelle Voraussetzungen	3
2. Nachträglicher Anfall von Insolvenzmasse	4
a) Zurückbehaltene Beträge	5
b) Zurückfließende Beträge	9
c) Nachträglich ermittelte Beträge	10
IV. Verwaltungs- und Verfügungsbefugnis des Insolvenzverwalters	14
V. Fortdauer und Neueintritt des Insolvenzbeschlags	15
VI. Nachtragsverteilung trotz Verfahrensaufhebung (§ 203 Abs 2)	18
VII. Beachtung der Kosten/Nutzen-Relation (§ 203 Abs 3 S 1)	19
1. Geringfügigkeit des Betrages	19
2. Kostenvorschuss	22
VIII. Zusammenfassung mehrerer Nachtragsverteilungen	23
IX. Das gerichtliche Anordnungsverfahren	24
1. Anordnung auf Antrag	24
2. Anordnung von Amts wegen	25
3. Gerichtliche Entscheidung	26
X. Sonderfälle der Nachtragsverteilung	27
1. Nachtragsverteilung bei Einstellung wegen Masseunzulänglichkeit (§ 211 Abs 3)	27
2. Nachtragsverteilung bei Verfahrenseinstellung nach § 207 Abs 1 S 1	28
3. Nachtragsverteilung im Insolvenzverfahren einer Genossenschaft oder V v aG	29

I. Allgemeines

1 Die Vorschrift entspricht weitgehend dem früheren § 166 KO, schreibt aber darüber hinaus in den §§ 203 Abs 3, 204 zu dem früheren § 166 KO vertretene Auslegungen fest. Völlig neu ist dagegen die Regelung in § 203 Abs 3 S 2, wonach die Anordnung der Nachtragsverteilung davon abhängig gemacht werden kann, dass ein Geldbetrag vorgeschossen wird, der die Kosten der Nachtragsverteilung deckt. Dies kommt vor allem dann in Betracht, wenn völlig unsicher ist, welcher Erlös bei der Verwertung eines nachträglich ermittelten Massegegenstandes erzielt werden kann (Begr RegE zu § 231 [§ 203 InsO], abgedr bei *Balz/Landfermann*, S 444). § 203 findet auch im **Verbraucherinsolvenzverfahren** Anwendung (BGH NZI 2006, 180 = ZIP 2006, 143; MüKo-*Hintzen* § 203 Rn 2).

II. Begriff

Nachtragsverteilung ist die nachträgliche Verteilung von Barmitteln oder Vermögensgegenständen, die entweder nach dem Schlusstermin aus rechtlichen oder tatsächlichen Gründen bei Aufstellung und Genehmigung des Schlussverzeichnisses und bei der Verteilung nicht berücksichtigt werden konnten, oder die nachträglich zur Masse zurückfließen oder ermittelt werden (vgl *Wimmer/Stenner*, Lexikon des Insolvenzrechts „Verteilung des Verwertungserlöses", „Nachtragsverteilung", S 428; H/W/F Hdb 8/99; *Gottwald/Eickmann* InsRHdb § 65 Rn 49). Zeitlich ist die Nachtragsverteilung vom Schlusstermin an möglich, so dass auch diejenigen Vermögensgegenstände einer Nachtragsverteilung zugeführt werden können, die nach dem Schlusstermin, aber vor dem Vollzug der Schlussverteilung frei geworden oder ermittelt worden sind (MüKo-*Hintzen* § 203 Rn 8; *Gottwald/Eickmann* InsRHdb § 65 Rn 49; *Frege/Keller/Riedel* HRP Rn 1727; N/R/*Westphal* §§ 203, 204 Rn 4; K/P/B/*Holzer* § 203 Rn 6). Gleichgültig, ob die Nachtragsverteilung wegen frei werdender Beträge oder zurückfließender Beträge (§ 203 Abs 1 Nr 1, 2) noch im eröffneten Verfahren oder wegen nachträglicher Ermittlung von Massegegenständen nach Aufhebung des Verfahrens erfolgt, ist sie in jedem Fall durch gerichtlichen Beschluss anzuordnen. Andere Möglichkeiten des Vorbehalts einer Nachtragsverteilung sind ausgeschlossen.

2

III. Voraussetzungen einer Nachtragsverteilung (§ 203 Abs 1)

1. Formelle Voraussetzungen. Formelle Voraussetzung für eine Nachtragsverteilung ist, dass Gläubiger im eröffneten Insolvenzverfahren keine volle Befriedigung erlangt haben. Andernfalls oder wenn sogar ein Überschuss an den Schuldner oder die Gesellschafter des Schuldnerunternehmens verteilt wird (§ 199), ist eine Nachtragsverteilung ausgeschlossen (K/P/B/*Holzer* § 203 Rn 5). Nach Verfahrensbeendigung durch rechtskräftige **Bestätigung eines Insolvenzplans** kommt ebenfalls eine Nachtragsverteilung nach § 203 nicht mehr in Betracht (**OLG Celle** ZIP 2006, 2394 = ZInsO 2006, 1327). Ferner darf gem § 203 Abs 1 eine Nachtragsverteilung nur **nach dem Schlusstermin** angeordnet werden, dh nach Beendigung des Schlusstermins (**BGH** v 17. 3. 2005 – IX ZB 286/03, NZI 2005, 395; *Graf-Schlicker/Mäusezahl* § 203 Rn 7; *Braun/Kießner* § 203 Rn 5; MüKo-*Hintzen* § 203 Rn 8). Massezuflüsse, die bis zu diesem Zeitpunkt erfolgen, können noch in der Schlussrechnung berücksichtigt und in das Schlussverzeichnis aufgenommen werden (K/P/B/*Holzer* § 203 Rn 6; BerlKo-*Breutigam* § 203 Rn 5; *Gottwald/Eickmann* InsRHdb § 65 Rn 49; H/W/F Hdb 8/99). Unabhängig davon, ob Einwände gegen das Schlussverzeichnis erhoben werden, stellt § 203 nunmehr klar, dass die Schlussverteilung in jedem Fall vollzogen wird, wohingegen die dort nicht berücksichtigungsfähige Masse im Wege der Nachtragsverteilung nach den §§ 203 ff verteilt wird (BerlKo-*Breutigam* § 203 Rn 5). **Ausgeschlossen** ist aber eine **Änderung des Schlussverzeichnisses** und eine Einbeziehung der Nachtragsmasse in die Schlussverteilung (**RG** JR 1932, 1090; MüKo-*Hintzen* § 203 Rn 9). Fällt zwischen Schlussverteilung und Schlusstermin noch Nachtragsmasse an, so wird auch diese einer Nachtragsverteilung zugeführt (K/P/B/*Holzer* § 203 Rn 6; BerlKo-*Breutigam* § 203 Rn 6). Nach Auffassung von *Frege/Keller/Riedel* (HRP Rn 1727) kann der Verwalter „unproblematisch Zuflüsse zur Insolvenzmasse, die nach Abhaltung des Schlußtermins erfolgen, in die Schlußverteilung einbeziehen." Die besondere Anordnung einer Nachtragsverteilung zB wegen laufender Zinsen auf dem Verwalterkonto wäre in der Tat „unnötige Förmelei" (s auch MüKo-*Hintzen* § 203 Rn 8). Eine Nachtragsverteilung erfolgt nur auf solche **Forderungen**, die in das **Schlussverzeichnis aufgenommen worden** sind. Ist eine Forderung nicht in das Schlussverzeichnis aufgenommen worden, nimmt sie an keiner Verteilung, also auch nicht an einer Nachtragsverteilung teil, selbst wenn sich ein auf sie zu verteilender Überschuss ergibt (**RG** v 4. 12. 1931, KuT 1932, 97, 98; K/P/B/*Holzer* § 203 Rn 7).

3

2. Nachträglicher Anfall von Insolvenzmasse. § 203 trägt dafür Sorge, dass ein nach dem Schlusstermin erfolgender Massezufluss noch an die Gläubiger verteilt wird. Dies gilt jedoch nur für die in § 203 Abs 1 Nr 1–3 bestimmten Fälle, nicht dagegen für einen Neuerwerb des Schuldners nach § 35, Gegenstände, die vom Verwalter freigegeben worden sind, oder für eine Anfechtung der Freigabe wegen Irrtums (K/P/B/*Holzer* § 203 Rn 8).

4

a) Zurückbehaltene Beträge. Nachträglich zur Verteilung zu bringen sind Beträge, die aus der Masse geflossen sind und nach der Schlussverteilung zur Masse zurückfließen (§ 203 Abs 1 Nr 1). Hierunter fallen sämtliche frei werdenden Beträge, die gem § 198 hinterlegt worden waren und bei denen nunmehr feststeht, dass sie nicht an den anmeldenden Gläubiger ausgezahlt werden müssen. Ein Betrag ist auch als zurückbehalten anzusehen, wenn er ausdrücklich einer Nachtragsverteilung vorbehalten worden war (K/P/B/*Holzer* § 203 Rn 9). Im Einzelnen handelt es sich bei den **frei werdenden Beträgen** um Anteile auf prozessbefangene Forderungen, wenn der Gläubiger unterlegen ist oder seine Anmeldung zurücknimmt, Anteile auf aufschiebend bedingte Forderungen, wenn die Bedingung ausfällt oder ihr Eintritt aussichtslos wird, Anteile auf auflösend bedingte Forderungen, wenn die Bedingung eintritt, hinterlegte Beträge für streitige Masseansprüche, soweit sich der Anspruch als unbegründet erweist,

5

sowie Ansprüche, die einer Nachtragsverteilung ausdrücklich vorbehalten waren und realisiert werden konnten (*Gottwald/Eickmann* InsRHdb § 65 Rn 50; K/P/B/*Holzer* § 203 Rn 9–11; BerlKo-*Breutigam* § 203 Rn 10).

6 Obgleich § 203 die **Nachtragsverteilung vorbehaltener Vermögensgegenstände** nicht ausdrücklich erwähnt, wird aus der Regelung in § 197 Abs 1 Nr 3 allgemein geschlossen, dass nicht nur Gegenstände und Beträge, die die Gläubigerversammlung im Schlusstermin gem § 197 Abs 1 Nr 3 ausdrücklich oder durch schlüssiges Verhalten (N/R/*Westphal* §§ 203, 204 Rn 6; MüKo-*Hintzen* § 203 Rn 10) einer Nachtragsverteilung vorbehalten hat, sondern auch solche, bei denen das Gericht schon **vor Verfahrensaufhebung die Nachtragsverteilung angeordnet** hat, der Nachtragsverteilung unterliegen (N/R/ *Westphal* §§ 203, 204 Rn 6; K/P/B/*Holzer* § 203 Rn 9). Nach OLG Celle (Urt v 5. 5. 1972, KTS 1972, 265, 266) kann hinsichtlich der im Zeitpunkt der Schlussverteilung der Höhe nach noch nicht hinreichend bestimmten Forderungen **vom Gericht auch stillschweigend der Vorbehalt einer Nachtragsverteilung ausgesprochen** werden. Dem kann im Hinblick darauf, dass die Anordnung durch **Beschluss** zu erfolgen hat, nicht zugestimmt werden. Richtig ist, dass unter den Begriff „zurückbehaltene Beträge" iSv § 203 Abs 1 Nr 1 nicht nur Forderungen fallen, sondern auch andere Vermögensgegenstände (OLG Celle KTS 1972, 265, 266; BerlKo-*Breutigam* § 203 Rn 11; K/P/B/*Holzer* § 203 Rn 9; N/R/*Westphal* §§ 203, 204 Rn 6). Nicht gefolgt werden kann aber auch der Auffassung des OLG Celle v 5. 5. 1972 (KTS 1972, 265, 266), dass der Vorbehalt einer Nachtragsverteilung ebenfalls vom Insolvenzverwalter (Konkursverwalter) ausgesprochen werden kann (so aber K/P/B/*Holzer* § 203 Rn 9). Eine Nachtragsverteilung kann nur **auf Anordnung des Insolvenzgerichts** erfolgen (krit auch N/R/*Westphal* §§ 203, 204 Rn 6; *Uhlenbruck* ZIP 1993, 241 ff; K/U § 166 KO Rn 2). Bei den nach § 203 Abs 1 Nr 1 **zurückbehaltenen Beträgen** weicht der Insolvenzbeschlag ohnehin fort (K/P/B/*Holzer* § 203 Rn 24). Eine andere Frage ist die, ob das Gericht berechtigt ist, im Schlusstermin bereits die **Nachtragsverteilung aller sonstigen absehbaren Massezuflüsse** einzuordnen und bei geringfügigen Beträgen dem Verwalter zu gestatten, von einer Nachtragsverteilung abzusehen. Diese Handhabung hätte neben der Praktikabilität zugleich den Vorteil, dass der Insolvenzbeschlag bestehen bleibt und der Verwalter nicht neu bestellt werden muss. S auch unten zu Rn 9.

7 Im **Gesellschaftsinsolvenzverfahren** endet mit der Verfahrensaufhebung zugleich auch die Legitimation des Insolvenzverwalters zur Geltendmachung der Haftungsansprüche gegen persönlich haftende Gesellschafter nach §§ 93 InsO, 161 Abs 2, 128 HGB. Gleiches gilt für Schadenersatzansprüche, die als Gesamtschaden der Insolvenzgesellschaft gem § 92 zugewiesen sind. In diesen Fällen empfiehlt es sich dringend, vor allem bei anhängigen Prozessen, Ansprüche einer Nachtragsverteilung zuzuführen, um sie zur Befriedigung der Insolvenzgläubiger zu nutzen (vgl auch *Scholz/K. Schmidt* § 63 GmbHG Rn 71).

8 Unter den Begriff „zurückbehaltene Beträge" gehört auch der Erlös aus der Verwertung von Gegenständen, die zum Zeitpunkt des Schlusstermins nicht verwertbar erschienen und durch Beschluss der Gläubigerversammlung gem § 197 Abs 1 Nr 3 einer späteren Verwertung vorbehalten worden waren, wenn die Verwertung nunmehr zu einem verteilungsfähigen Erlös geführt hat (BerlKo-*Breutigam* § 203 Rn 10). Gleiches gilt für Beträge, bei denen das Gericht auf Antrag die Nachtragsverteilung vorbehalten hat, wie zB **Schadensersatzansprüche** gegen einen abberufenen Insolvenzverwalter (N/R/*Westphal* §§ 203, 204 Rn 8; MüKo-*Hintzen* § 203 Rn 15). Für den **Ausfall Absonderungsberechtigter zurückbehaltene Beträge** werden einer Nachtragsverteilung nicht vorbehalten, weil sie gem § 190 Abs 2 S 3 bereits für die Schlussverteilung frei werden (K/U § 166 KO Rn 2; K/P/B/*Holzer* § 203 Rn 11; HK-*Irschlinger* § 203 Rn 3; *Hess* § 203 Rn 19; BerlKo-*Breutigam* § 203 Rn 10; s auch BGH WM 19Ö79, 642). Steht aufgrund höchstrichterlicher Rechtsprechung fest, dass sämtliche Beteiligten im Schlusstermin irrtümlich davon ausgegangen waren, dass ein tatsächlich zur Masse gehöriger Gegenstand nicht zur Insolvenzmasse iSv § 35 gehört, liegt eine **unechte Freigabe** vor und ist die Anordnung einer Nachtragsverteilung gem § 203 Abs 1 Nr 3 zulässig (N/R/*Westphal* §§ 203, 204 Rn 6). Allerdings ist in diesen Fällen immer zu fragen, wie lange noch eine Nachtragsverteilung in Betracht kommt oder ob, wie zB im Fall einer Änderung der höchstrichterlichen Rechtsprechung zum Kreditsicherungsrecht, ein neues Insolvenzverfahren beantragt werden muss (vgl *Neuhof* NJW 1995, 937).

9 **b) Zurückfließende Beträge (§ 203 Abs 1 Nr 2).** Nachträglich zur Verteilung zu bringen sind auch Beträge, die aus der Masse gezahlt sind und nach der Schlussverteilung zur Masse zurückfließen. So liegt es zB, wenn nach Zahlung der Quote die auflösende Bedingung eingetreten, der Widerspruch gegen eine titulierte Forderung für begründet erklärt oder irrtümlich auf eine Forderung eine Quote oder eine zu hohe Quote gezahlt worden ist (N/R/*Westphal* §§ 203, 204 Rn 7; BerlKo-*Breutigam* § 203 Rn 12). Solchenfalls muss der Zahlungsempfänger die zu Unrecht erhaltenen Beträge zur Masse zurückerstatten (*Jaeger/Weber* § 166 KO Rn 3; K/U § 166 KO Rn 3). Da der Gläubiger um die Quote ungerechtfertigt bereichert ist (§ 812 BGB), kann bei irrtümlichen oder zu hohen Zahlungen der Verwalter den ausgezahlten Betrag kondizieren (K/P/B/*Holzer* § 203 Rn 12; N/R/*Westphal* §§ 203, 204 Rn 7; *Smid* § 203 Rn 5). Gleiches gilt für Rückzahlungsansprüche gegen den Insolvenzverwalter oder Mitglieder des Gläubigerausschusses hinsichtlich zu viel gezahlter Beträge, wenn diese nachträglich durch das Beschwerdegericht herabgesetzt worden sind (N/R/*Westphal* §§ 203, 204 Rn 8; K/P/B/*Holzer*

III. Voraussetzungen einer Nachtragsverteilung (§ 203 Abs 1) **§ 203**

§ 203 Rn 12; vgl auch **OLG Celle** v 5. 5. 1972, KTS 1972, 265, 266). Letztlich fallen unter § 203 Abs 1 Nr 2 sämtliche nach dem Schlusstermin durch Klage oder Vollstreckung der Masse wieder zugeführten Beträge, die der Nachtragsverteilung vorbehalten waren, wie zB die Verteilung von im Anfechtungswege nach den §§ 129 ff zurückgeführten Geldern oder Gegenständen (K/P/B/*Holzer* § 203 Rn 12). Die Praxis sollte sich nicht darauf verlassen, dass zB bei noch nicht rechtskräftiger Vergütungsfestsetzung für den Verwalter insoweit immer ein **stillschweigender Vorbehalt der Nachtragsverteilung** erfolgt ist (so aber OLG Celle KTS 1972, 265, 266; *Braun/Kießner* § 203 Rn 11; HaKo-*Preß/Henningsmeier* § 203 Rn 8; *Hess* § 203 Rn 16). Die **hM** ist im Hinblick auf das **formale Anordnungsverfahren** zumindest zweifelhaft, weil das Gesetz „stillschweigende Beschlüsse" nicht vorsieht.

c) **Nachträglich ermittelte Beträge (§ 203 Abs 1 Nr 3).** Nachträglich ermittelte Gegenstände sind mit **10** der Verfahrensaufhebung ebenfalls frei geworden. Die Regelung in § 203 Abs 1 Nr 3 ermöglicht auch die Nachtragsverteilung hinsichtlich solcher Gegenstände, die nach dem Schlusstermin oder nach Aufhebung des Insolvenzverfahrens (Abs 2) ermittelt werden. Hier handelt es sich vor allem um Gegenstände, die bis dahin dem Verwalter unbekannt geblieben waren, etwa weil sie der **Schuldner verheimlicht** oder **ins Ausland verbracht** hatte (K/P/B-*Holzer* § 203 Rn 13; *Braun/Kießner* § 203 Rn 12; *Gottwald/Eickmann* InsR Hdb § 65 Rn 61 ff; MüKo-*Hintzen* § 203 Rn 15). Hierzu gehört auch die **nachträgliche Aufdeckung einer Anfechtbarkeit** nach den §§ 129 ff (MüKo-*Hintzen* § 203 Rn 17) oder die Feststellung gesellschaftsrechtlicher Ansprüche nach § 62 AktG oder §§ 31, 43 GmbHG (*Kilger/ K. Schmidt* § 166 KO Anm 1 c; *Scholz/K. Schmidt* § 63 GmbHG Rn 71). Hatte zB der Schuldner sein Ferienhaus oder seine Yacht in Spanien dem Insolvenzverwalter verschwiegen, um sie aus der insolvenzmäßigen Verwertung herauszuhalten, so unterliegt das Auslandsvermögen nicht nur dem Insolvenzbeschlag, sondern nach Verfahrensbeendigung auch der Nachtragsverteilung, wenn diese vom Insolvenzgericht angeordnet wird. Gleiches gilt für Ansprüche, die der Verwalter bei der Verwertung vergessen oder fälschlich als wertbaltig (**BGH** ZInsO 2006, 1005), nicht verwertbar (**BGH** NZI 2006, 1980) oder als erloschen angesehen hatte (*Braun/Kießner* § 203 Rn 12; MüKo-*Hintzen* § 203 Rn 15; K/P/B-*Holzer* § 203 Rn 13; s auch **LG Berlin** Rpfleger 1993, 301; **AG Göttingen** ZIP 1995, 145). Die Anwendung der Nachtragsverteilung wegen eines **versehentlich nicht verwerteten Grundstücks** ist unzulässig, wenn vor der Anordnung die Auflassung erklärt und der Antrag auf Eintragung beim Grundbuchamt vom Verwalter oder vom Notar für diesen gestellt worden war (**BGH** v 6. 12. 2007 – IX ZB 229/06, NZI 2008, 177 = ZInsO 2008, 99, 100). Nach **neuerer Rechtsprechung** des **BGH** (v 21. 9. 2006 ZInsO 2006, 1105) erfaßt die Nachtragsverteilung auch Gegenstände, die der Verwalter zunächst nicht für verwertbar hielt und deshalb nicht zur Masse gezogen hat. Gleiches gilt für einen zu erwartenden **Übererlös**, den ein absonderungsberechtigter Gläubiger bei der Verwertung des Sicherungsguts erzielt (**BGH** v 1. 12. 2005 NZI 2006, 180). Die Anordnung einer Nachtragsverteilung eines **Steuererstattungsanspruchs**, der zum Zeitpunkt der Verfahrensaufhebung noch nicht entstanden war, kann nach **AG Düsseldorf** (v 10. 8. 2005 ZInsO 2006, 166) noch nachträglich erfolgen, wenn die Entstehung des Anspruchs in engem zeitlichen Zusammenhang zur Verfahrensaufhebung steht. Die Anordnung ist deshalb nicht notwendig, weil der Insolvenzbeschlag mit der Aufhebung des Verfahrens weggefallen ist. Verfügungen über massezugehörige Gegenstände sind während des Insolvenzverfahrens gem § 81 zunächst unwirksam. Spätestens mit der Verfahrensaufhebung wird aber eine solche Verfügung wirksam, weil in diesem Augenblick der Insolvenzbeschlag endet und der Schuldner wieder die freie Verfügungsmacht über sein Vermögen erlangt.

Zu den **nachträglich ermittelten Beträgen** oder Gegenständen iSv § 203 Abs 1 Nr 3 gehören aber **11** nicht solche Gegenstände, die zur Zeit ihrer Ermittlung bereits **rechtswirksam aus dem Schuldnervermögen ausgeschieden** waren, wie zB durch **Freigabe**. Stellt sich nachträglich heraus, dass ein für unwertbar gehaltener und deshalb freigegebener Gegenstand doch verwertbar war, so kann der Gegenstand von dem Dritten, an den ihn der Schuldner veräußert hat, nicht etwa zum Zwecke einer Nachtragsverteilung herausverlangt werden (RGZ 25, 7, 9; RGZ 36, 20, 23; MüKo-*Hintzen* § 203 Rn 16; K/P/B-*Holzer* § 203 Rn 14; *Braun/Kießner* § 203 Rn 14; *Häsemeyer* InsR Rn 7.68). Etwas anderes gilt für die sogen **unechte Freigabe** zB auf Grund eines Irrtums des Verwalters oder der Gläubigerversammlung (MüKo-*Hintzen* § 203 Rn 18; *Neuhof* NJW 1995, 937, 938; N/R/*Westphal* §§ 203, 204 Rn 9).

Verfügt der Schuldner über sein bisher zur Insolvenzmasse (§ 35) gehöriges Vermögen, nachdem er **12** durch die Aufhebung des Verfahrens die freie Verfügungsmacht hierüber wiedererlangt hat, so kann der Gegenstand der Verfügung nicht als nachträglich ermittelt gelten und für eine Nachtragsverteilung herangezogen werden (s auch **BGH** v 6. 12. 2007 – IX ZB 229/06, ZInsO 2008, 99, 100 = NZI 2008, 177 m Anm *Graeber*). Gleiches gilt hinsichtlich eines vom Schuldner aus der Veräußerung erlangten **Gegenwertes**, auch wenn Surrogation eintritt (RGZ 25, 7, 9; K/P/B-*Holzer* § 203 Rn 14; *Braun/Kießner* § 203 Rn 14; *Häsemeyer* InsR Rn 7.68). Steht dem Schuldner zur Zeit der Veräußerung eines Gegenstandes, der früher zur Insolvenzmasse gehörte, eine Forderung zu oder ist ihm die Gegenleistung zugeflossen, so unterliegt das **Surrogat** ebenfalls nicht der Nachtragsverteilung (*Jaeger/Weber* § 166 KO Rn 7; *Kilger/K. Schmidt* § 166 KO Anm 1 c; str aA *Häsemeyer* InsR Rn 7.68). Eine **dingliche Surrogation**

kann nur in den wenigen gesetzlich angeordneten Ausnahmefällen stattfinden (*Jaeger/Weber* § 166 KO Rn 7; *Braun/Kießner* § 203 Rn 14). Auch eine **rechtswirksame Freigabe** hindert eine spätere Anordnung der Nachtragsverteilung (MüKo-*Hintzen* §§ 203, 204 Rn 16; N/R/*Westphal* §§ 203, 204 Rn 8; K/P/B/*Holzer* § 203 Rn 14).

13   Auch eine **Anfechtung solcher Vermögensveräußerungen** durch den Schuldner nach Freiwerden vom Insolvenzbeschlag scheidet aus, denn die Nachtragsverteilung ist kein neues Insolvenzverfahren, so dass die Anfechtungsvorschriften der §§ 129 ff nicht zur Anwendung gelangen (MüKo-*Hintzen* § 203 Rn 17). Eine Anfechtung nach Verfahrensaufhebung soll nach der hM in Betracht kommen, wenn Gegenstände einer Nachtragserteilung vorbehalten werden, der Schuldner diese aber durch eine Rechtshandlung vereitelt oder beeinträchtigt (MüKo-*Hintzen* § 203 Rn 17; BerlKo-*Breutigam* § 203 Rn 14). Dem kann nicht gefolgt werden (vgl auch *Frege/Keller/Riedel* HRP Rn 1731). Hat der Schuldner über einen Massegegenstand verfügt, hinsichtlich dessen eine Nachtragsverteilung gem § 203 Abs 1 vorbehalten war, so ist diese Verfügung gem § 81 Abs 1 S 1 unwirksam, wenn nicht die Vorschriften über den guten Glauben gem § 81 Abs 1 S 2 eingreifen. Gegenstände, die der Insolvenzschuldner **nach Verfahrensaufhebung erworben** hat, unterliegen nicht der Nachtragsverteilung, denn diese haben nicht zur Insolvenzmasse gehört (FK-*Kießner* § 203 Rn 14; N/R/*Westphal* §§ 203, 204 Rn 8). War die Nachtragsverteilung vorbehalten, bedarf es keiner neuen Bestellungsurkunde des Insolvenzverwalters gem § 56 Abs 2 S 1 (str aA FK-*Kießner* § 203 Rn 20). Wird dagegen nach Verfahrensbeendigung Insolvenzmasse ermittelt, ist auf Antrag oder von Amts wegen die Nachtragsverteilung anzuordnen.

IV. Verwaltungs- und Verfügungsbefugnis des Insolvenzverwalters

14   Der Insolvenzverwalter behält zum Zwecke der Nachtragsverteilung die Verwaltungs- und Verfügungsbefugnis iSv § 80 Abs 1 einschließlich der Prozesslegitimation. Für Vermögensgegenstände, bei denen der Insolvenzbeschlag wegen Vorbehalts der Nachtragsverteilung nicht beendet ist (vgl unten zu V Rn 14; BGH NJW 1973, 1198 = WM 1973, 642, 650), bestehen einzelne Befugnisse des Insolvenzverwalters auch über den Zeitpunkt der Aufhebung des Verfahrens hinaus weiter. Hinsichtlich solcher Massegegenstände, die einer Nachtragsverteilung vor behalten sind, bleibt der Verwalter legitimiert, anhängige Prozesse, wie zB einen Anfechtungsprozess, fortzusetzen (BGH v 10. 2. 1982, BGHZ 83, 102 = NJW 1982, 1765 = ZIP 1982, 467; MüKo-*Hintzen* § 203 Rn 23). **Zu unterscheiden** ist auch hier zwischen den **zurückbehaltenen Gegenständen** und Beträgen, die bereits vorher einer Nachtragsverteilung vorbehalten worden waren, und zurückfließenden sowie **nachträglich ermittelten Gegenständen**, bezüglich derer die Nachtragsverteilung noch anzuordnen ist. Nur bei zurückbehaltenen Beträgen, bei denen die Nachtragsverteilung vorbehalten worden ist, dauert der Insolvenzbeschlag ungeachtet der Verfahrensaufhebung an (vgl RGZ 25, 7 ff; BGH NJW 1973, 1998, N/R/*Westphal* §§ 203, 204 Rn 12; *Gottwald/Eickmann* InsR Hdb § 65 Rn 59). **Zurückfließende Beträge und nachträglich ermittelte Gegenstände** (§ 203 Abs 1 Nr 2, 3) sind dagegen mit der Verfahrensaufhebung frei geworden. Sie werden erst mit der Anordnung der Nachtragsverteilung wieder mit Wirkung ex nunc dem Insolvenzbeschlag unterworfen (MüKo-*Hintzen* § 203 Rn 21). An dieser Rechtslage orientiert sich auch die Verwaltungs- und Verfügungsbefugnis sowie die Legitimation des Verwalters, anhängige Prozesse fortzuführen und neue Prozesse anhängig zu machen. Grundsätzlich obliegt die **Durchführung des Nachtragsverteilungsverfahrens dem bisherigen Insolvenzverwalter** (BerlKo-*Breutigam* § 203 Rn 22; MüKo-*Hintzen* § 203 Rn 24). Bei nachträglicher Anordnung der Nachtragsverteilung bei Ermittlung von Gegenständen der Insolvenzmasse kann auch ein **anderer Insolvenzverwalter** mit der Nachtragsverteilung betraut werden. Ein neuer Verwalter muss da gegen ernannt werden, wenn der bisherige Verwalter mit der Nachtragsverteilung nicht mehr befasst werden kann, weil er zB verstorben, ins Ausland verzogen ist oder die Fähigkeit zur Ausübung des Amtes verloren hat, insbesondere dann, wenn Regressansprüche nach § 60 gegen ihn zu erheben sind, die bei Nachprüfung der Schlussrechnung ermittelt wurden (MüKo-*Hintzen* § 203 Rn 24; BerlKo-*Breutigam* § 203 Rn 22).

V. Fortdauer und Neueintritt des Insolvenzbeschlags

15   Soweit die Nachtragsverteilung durch Beschluss des Insolvenzgerichts einer Nachtragsverteilung vorbehalten worden ist, besteht der Insolvenzbeschlag unverändert fort, obgleich das Verfahren formell beendet ist (RGZ 25, 7, 8; BGH WM 1973, 642, 644; MüKo-*Hintzen* § 203 Rn 19; K/P/B/*Holzer* § 203 Rn 24; *Gottwald/Eickmann* InsRHdb § 65 Rn 59; *Braun/Kießner* § 203 Rn 20; N/R/*Westphal* §§ 203, 204 Rn 12; HK-*Irschlinger* § 203 Rn 2). Der Schuldner ist trotz Verfahrensaufhebung nicht berechtigt, über die einer Nachtragsverteilung vorbehaltenen Gegenstände zu verfügen. Zwangsvollstreckungen der Insolvenzgläubiger (§ 89), aber auch der Neugläubiger in das vorbehaltene Vermögen sind unzulässig (MüKo-*Hintzen* § 203 Rn 20). Dagegen werden **zurückfließende Beträge** mit der Aufhebung des Verfahrens vom Insolvenzbeschlag frei. Sie werden erst durch die gerichtliche Anordnung der Nachtragsverteilung **neu beschlagnahmt** (*Jaeger/Henckel* § 7 KO Rn 30; K/U § 166 KO Rn 7a; *Gottwald/Eickmann* InsRHdb § 65 Rn 60; **anders** K/P/B-*Holzer* § 203 Rn 25, wonach nach

Abs 1 Nr 2 zurückfließende Beträge automatisch dem Insolvenzbeschlag unterliegen). Zieht der bisherige Insolvenzschuldner Forderungen vor Anordnung der Nachtragsverteilung ein, so ist der Dritte frei geworden. Der frei gewordene Betrag ist dem Schuldnervermögen zugewachsen und, da eine Surrogation nicht stattfindet, scheidet auch eine Nachtragsverteilung aus (*Gottwald/Eickmann* InsRHdb § 65 Rn 60).

Auch **nachträglich ermittelte Gegenstände der Insolvenzmasse** sind mit der Verfahrensaufhebung frei geworden. Auch hier findet mit Anordnung der Nachtragsverteilung eine **neue Beschlagnahme** statt (**BGH** KTS 1973, 249, 251; MüKo-*Hintzen* § 203 Rn 21; N/R/*Westphal* §§ 203, 204 Rn 13; K/P/B/*Holzer* § 203 Rn 22). Ist der gerichtliche Anordnungsbeschluss nach Tag und Stunde datiert, kommt es für den Eintritt der Beschlagswirkung nicht mehr auf die Zustellung an den Schuldner an (**BGH** v 8. 12. 1994, ZIP 1995, 40, 41 = EWiR 1995, 97 [*Uhlenbruck*]; **OLG** Köln ZIP 1995, 1684 = EWiR 1995, 1205 [*Uhlenbruck*]; K/P/B/*Holzer* § 203 Rn 22; *Hess* § 203 Rn 26). Vielmehr tritt die Beschlagswirkung ebenso wie beim Eröffnungsbeschluss (§ 27 Abs 2) in dem Augenblick ein, in dem der Beschluss erlassen wird (K/P/B/*Holzer* § 203 Rn 22; MüKo-*Hintzen* § 203 Rn 21; str aA *Jaeger/Weber* § 166 KO Rn 10; K/U § 166 KO Rn 7 a). Dem **Umfang** nach erfasst die Nachtragsverteilung nur das nachträglich der Masse zugeflossene oder ermittelte Vermögen, das ursprünglich zur Insolvenzmasse (§ 35) gehörte. Es darf sich also nicht um insolvenzfreien Neuerwerb des Schuldners handeln (*Frege/Keller/Riedel* HRP Rn 1730; N/R/*Westphal* §§ 203, 204 Rn 8).

Die Anordnung der Nachtragsverteilung bedeutet **nicht die Wiederaufnahme des gesamten Verfahrens**. Die Beschlagnahmewirkungen treten nur für die Zwecke der Nachtragsverteilung wieder neu ein (*Jaeger/Weber* § 166 KO Rn 10; K/U § 166 KO Rn 7 a). Hatte der Schuldner einen Gegenstand nach Verfahrenseröffnung verkauft, fehlt es jedoch an einer Übergabe oder Eintragung im Grundbuch, und wird nunmehr die Nachtragsverteilung angeordnet, so gilt Folgendes: Bei **beweglichen Sachen** ist die Übereignung nach Anordnung der Nachtragsverteilung unwirksam, da die Übergabe unter § 81 fällt und demgemäß unwirksam ist. Der Insolvenzverwalter kann von dem Dritten den Gegenstand herausverlangen und zugunsten der früheren Insolvenzgläubiger verwerten. Anders bei einem **Grundstück oder Grundstücksrecht**, wenn der Dritte gutgläubig war. Entsprechend § 91 Abs 2 erwirbt der Dritte Eigentum, wenn zu seinen Gunsten die §§ 878, 892 BGB eingreifen (*Gottwald/Eickmann* InsRHdb § 65 Rn 63; MüKo-*Hintzen* § 203 Rn 21). Verfügt der ehemalige Insolvenzschuldner nach Anordnung der Nachtragsverteilung über einen vorbehaltenen Gegenstand, so greift § 81 analog ein. Der Erwerber kann an **beweglichen Sachen** kein Eigentum erwerben, auch wenn er gutgläubig ist. Dagegen können **Rechte an Grundstücken oder Grundstücksrechten** analog § 81 Abs 1 S 2 ebenso wie Rechte an eingetragenen Schiffen und Luftfahrzeugen erworben werden (*Gottwald/Eickmann* InsRHdb § 65 Rn 64). Um den gutgläubigen Erwerb auszuschließen, sollte die **Anordnung der Nachtragsverteilung** in das **Grundbuch** oder in das Schiffs- oder Luftfahrtregister eingetragen werden (MüKo-*Hintzen* § 203 Rn 21). Insoweit findet § 32 Abs 2 S 2 entsprechende Anwendung (*Gottwald/Eickmann* InsRHdb § 65 Rn 65). Ist vor Anordnung der Nachtragsverteilung die Auflassung erklärt und Eintragungsantrag beim Grundbuchamt gestellt, kann der Eigentumserwerb nicht mehr verhindert werden (**BGH** v. 6. 12. 2007 – IX ZB 229/06, ZInsO 2008, 99, 100 = NZI 2008, 177 m Anm *Graeber*).

VI. Nachtragsverteilung trotz Verfahrensaufhebung (§ 203 Abs 2)

§ 200 Abs 1 sieht vor, dass die Schlussverteilung und die Aufhebung des Verfahrens zeitlich auseinander fallen. Deshalb stellt § 203 Abs 2 entsprechend der bereits zur KO vertretenen hM (vgl **LG** Köln ZIP 1982, 337; *Kilger/K. Schmidt* § 166 KO Anm 1) klar, dass eine Nachtragsverteilung auch dann durchzuführen ist, wenn das Verfahren gem § 200 Abs 1 aufgehoben worden ist. Mit der Schlussverteilung braucht demgemäß nicht mehr zugewartet werden, bis die zurückbehaltenen Beträge für die Verteilung frei werden oder Beträge in die Masse zurückfließen.

VII. Beachtung der Kosten/Nutzen-Relation (§ 203 Abs 3 S 1)

1. Geringfügigkeit des Betrages. Besteht zwischen der Höhe des zu verteilenden Betrages bzw dem Wert des nachträglich ermittelten Gegenstandes und den Kosten des hierfür erforderlichen Aufwandes ein **objektives Missverhältnis**, so kann das Gericht von der Anordnung der Nachtragsverteilung gem § 203 Abs 3 S 1 absehen und den verfügbaren Betrag oder den ermittelten Gegenstand dem Schuldner überlassen. Dies entspricht schon der hM zum früheren Recht, wonach eine Nachtragsverteilung nur angeordnet werden konnte, wenn sich die Verteilung lohnte (**LG** Osnabrück KTS 1957, 142; *Jaeger/Weber* § 166 KO Rn 9; N/R/*Westphal* §§ 203, 204 Rn 14; HaKo-*Preß/Henningsmeier* § 203 Rn 15; K/P/B/*Holzer* § 203 Rn 16). Zweifelhaft ist, ob es dabei nur auf die zugunsten der **einzelnen Gläubiger entfallenden Beträge** (für Ersteres *Parsch* KTS 1956, 148, 149; K/P/B/*Holzer* § 203 Rn 16). Sind im Einzelfall die **Kosten höher als die zur Verteilung gelangende Quote**, so hat die Nachtragsverteilung zu unterbleiben (**BGH** v 6. 12. 2007 – IX ZB 229/06, NZI 2008, 177, 178 m Anm *Graeber*; K/P/B/*Holzer* § 203 Rn 16).

20 Insgesamt ist eine **wirtschaftliche Betrachtungsweise** angebracht. Gläubiger werden wenig Verständnis dafür aufbringen, dass ihnen noch Jahre nach der Verfahrensaufhebung Pfennigsbeträge ausgezahlt werden, die in keinem Verhältnis zum Auszahlungsaufwand stehen (vgl auch BerlKo-*Breutigam* § 203 Rn 18; FK-*Kießner* § 203 Rn 23–25; N/R/*Westphal* §§ 203, 204 Rn 14). Unzulässig wäre es, nur an die Gläubiger größerer Forderungen Quoten auszuschütten, weil dies dem Gleichheitsgrundsatz zuwiderlaufen würde (LG Osnabrück KTS 1957, 142, 143; N/R/*Westphal* §§ 203, 204 Rn 13). Eine Grenze für die **Bemessung der Geringwertigkeit** enthält das Gesetz nicht. Deshalb kann auch nicht ein fester Betrag Maßstab für die Geringfügigkeit sein, wie zB die von H/W/F (Hdb 8/102) angegebenen „Bagatellbeträge von weniger als 25 Euro pro Gläubiger". Nach *Hess* (§ 204 Rn 33) sollen Gegenstände mit einem Wert von 500 Euro auch in Großverfahren nicht als geringwertig anzusehen sein. Nach MüKo-*Hintzen* (§ 203 Rn 25) lohnen **Kleinbeträge bis zu 10 Euro oder 15 Euro** nicht den Auszahlungsaufwand (str aA K/P/B/*Holzer* § 203 Rn 16). Richtig ist, dass bei einer Vielzahl von Gläubigern und hierdurch entstehenden hohen Auszahlungskosten nicht dem Schuldner nachträglich größere Summen zufließen sollen, was vor allem dann der Fall ist, wenn Beträge zur Masse in erheblichen Zeitabständen zurückfließen oder Massegegenstände nach erheblicher Zeit ermittelt werden. Andererseits erscheint es wirtschaftlich nicht sinnvoll, etwa einen Betrag von 20.000,00 Euro an mehrere tausend Gläubiger quotenmäßig auszuschütten mit der Folge, dass die Kosten die Ausschüttungsbeträge überwiegen.

21 Gläubiger müssen nicht bereit sein zur Deckung der Auslagen des Verwalters und seine **Vergütungsvorschüsse** zu leisten. Im Einzelfall ist ohnehin zu differenzieren, ob die **Nachtragsverteilung vorbehalten** war oder ob sie **neu angeordnet** werden soll. War die Nachtragsverteilung hinsichtlich bestimmter zurückbehaltener oder zurückfließender Beträge ausdrücklich vorbehalten worden, greift der **Grundsatz der Gläubigergleichbehandlung** ein und sind die Beträge auszuschütten, wenn nicht im Einzelfall die Ausschüttung teurer kommen würde als eine Nichtausschüttung. In den übrigen Fällen **nicht vorbehaltener Nachtragsverteilung** sollte das Gericht von der Anordnung absehen, wenn unter wirtschaftlichen Gesichtspunkten die Ausschüttung nicht lohnt. Solchenfalls ist es den Insolvenzgläubigern aufgrund der Nachhaftung des Schuldners möglich, **auf den frei gewordenen oder ermittelten Gegenstand Zugriff zu nehmen**. Dies erscheint vor allem auch deswegen gerechtfertigt, weil ohne Anordnung der Nachtragsverteilung der Grundsatz der par condicio creditorum nicht eingreift. Eine Nachtragsverteilung kommt schließlich auch dann nicht in Betracht, wenn der Schuldner nach Verfahrensbeendigung ein vom Insolvenzverwalter versehentlich nicht verwertetes Grundstück aufgelassen hat und der Erwerber bzw. Notar bereits den Antrag auf Umschreibung des Eigentums beim Grundbuchamt gestellt hat, denn der Eigentumserwerb kann wegen § 91 InsO, 878 BGB nicht verhindert werden (**BGH v 6. 12. 2007 – IX ZB 229/06, NZI 2008, 177 = ZInsO 2008, 99, 100**). In der Praxis hatte es sich zum früheren Recht teilweise eingebürgert, geringfügige Beträge dem Verwalter **nachträglich als Vergütung festzusetzen** oder einer **gemeinnützigen Einrichtung als Spende** zuzuführen (*Jaeger*/*Weber* § 166 KO Rn 9; K/U § 166 KO Rn 7; *Uhlenbruck*/*Delhaes* HRP Rn 949). Diese Praxis, die schon früh auf Kritik gestoßen ist (vgl *Parsch* KTS 1956, 148, 150), dürfte mit der Neuregelung in § 203 Abs 3 nicht mehr zu vereinbaren sein (**BGH NZI 2005, 395**; MüKo-*Hintzen* § 203 Rn 25; HK-*Irschlinger* § 203 Rn 7; *Frege*/*Keller*/*Riedel* HRP Rn 1734; *Braun*/*Kießner* § 203 Rn 23).

22 **2. Kostenvorschuss.** Neu ist die Regelung in § 203 Abs 3 S 2, wonach das Gericht die Anordnung der Nachtragsverteilung davon abhängig machen kann, dass ein Geldbetrag vorgeschossen wird, der die Kosten der Nachtragsverteilung deckt. In Anlehnung an § 138 Abs 3 der österreichischen KO hat der Gesetzgeber nunmehr vorgesehen, dass das Gericht in Zweifelsfällen die Anordnung der Nachtragsverteilung von einem **Kostenvorschuss** abhängig machen kann, wenn zB unsicher ist, welcher Erlös bei der Verwertung eines nachträglich ermittelten Massegegenstandes erzielt werden kann (Begr RegE zu § 233 [203 InsO], abgedr bei *Balz*/*Landfermann* S 444 = K/P/B, S 430); MüKo-*Hintzen* § 203 Rn 26; HaKo-*Preß*/*Henningsmeier* § 203 Rn 17). Die Einforderung eines Vorschusses steht im **Ermessen des Insolvenzgerichts**. Bei einem **evidenten Missverhältnis zwischen Kosten und Nutzen** kann das Gericht von der Einforderung absehen (K/P/B/*Holzer* § 203 Rn 17). Zu den **Kosten der Nachtragsverteilung** gehört nicht nur die Abwicklung der Auszahlungen, sondern auch die **Vergütung des Insolvenzverwalters** (vgl LG Düsseldorf KTS 1972, 126; AG Bad Homburg ZIP 1980, 106; *H. Schmidt* Rpfleger 1968, 253; *ders* KTS 1981, 65, 73; N/R/*Westphal* §§ 203, 204 Rn 15; MüKo-*Hintzen* § 203 Rn 27). Der Vergütung des Insolvenzverwalters für die Durchführung einer Nachtragsverteilung ist der Wert des nachträglich verteilten Vermögens zugrunde zu legen. Die **Höhe der Vergütung** richtet sich nach den Umständen des Einzelfalles und ist „nach billigem Ermessen" und nicht als Regelsatz festzusetzen (**BGH v 12. 10. 2006 – IX ZB 294/05, NZI 2007, 43, 44**). Die **Höhe des Vorschusses** richtet sich nach der Höhe der Auslagen (Porto und Überweisungsgebühren) sowie nach der vom Gericht festzusetzenden Vergütung des Verwalters für die Nachtragsverteilung. Auch die Kosten der Veröffentlichung der Anordnung der Nachtragsverteilung müssen durch den Vorschuss gedeckt sein. Die **Vorschussanforderung** erfolgt durch **gerichtlichen Beschluss**. Dieser ist, falls das Verfahren auf Antrag eingeleitet wurde, dem Antragsteller zuzustellen (K/P/B/*Holzer* § 203 Rn 17). Daneben besteht die Möglichkeit, den Kostenvorschuss von der Gemeinschaft der Gläubiger anzufordern (MüKo-*Hintzen* § 203 Rn 28), was praktisch kaum durchführbar sein dürfte. Lohnt sich die Nachtragsverteilung nicht, so kann das Insolvenzgericht, soweit die Nachtragsverteilung vorbehalten oder angeordnet war, den Insolvenzbeschlag aufheben und den Gegenstand an den Schuldner freigeben (K/P/B/*Holzer* § 203 Rn 20). War noch keine Nachtragsverteilung angeordnet oder vorbehalten, fällt der Betrag bzw Gegenstand mit der Verfahrensaufhebung automatisch wieder in das Schuldnervermögen zurück und ist dem Einzelzwangsvollstreckungszugriff der Gläubiger unterworfen.

VIII. Zusammenfassung mehrerer Nachtragsverteilungen

Handelt es sich um mehrere zurückbehaltene Beträge, die für die Verteilung frei geworden sind, oder um mehrere Rückflüsse in die Masse oder kommen nacheinander mehrere Tatbestände des § 203 Abs 1 Nr 1–3 in Betracht, so ist das Gericht wegen der notwendigen Beschlagswirkungen zwar verpflichtet, soweit nicht bereits vorbehalten, die Nachtragsverteilung jeweils gesondert anzuordnen. Es kann die Anordnung jedoch mit der Maßgabe verbinden, dass die nach § 205 zu vollziehende Nachtragsverteilung zu einem späteren Zeitpunkt und einheitlich durch den Insolvenzverwalter erfolgt (BerlKo-*Breutigam* § 203 Rn 20). Der nach § 203 Abs 3 S 2 anzufordernde Kostenvorschuss berechnet sich in diesem Fall nach den für die **gesamte Nachtragsverteilung** entstehenden Kosten. 23

IX. Das gerichtliche Anordnungsverfahren

1. Anordnung auf Antrag. Eine Nachtragsverteilung setzt immer eine entsprechende Anordnung des Insolvenzgerichts voraus, und zwar unabhängig davon, ob die Beträge bzw Gegenstände, die oder deren Erlös zu verteilen sind, im Schlusstermin ausdrücklich oder durch schlüssiges Verhalten einer Nachtragsverteilung vorbehalten oder später ermittelt worden sind (N/R/*Westphal* §§ 203, 204 Rn 9; *Jaeger*/*Weber* § 166 KO Rn 9; *Uhlenbruck* ZIP 1993, 241, 246; MüKo-*Hintzen* § 203 Rn 10). Der **Vorbehalt der Nachtragsverteilung** bewirkt lediglich, dass zB zurückbehaltene Gegenstände weiterhin dem Insolvenzbeschlag unterliegen und damit dem Zugriff der Gläubiger und des Schuldners entzogen sind. Die Anordnung der Nachtragsverteilung kann **entweder von Amts wegen oder auf Antrag** des Insolvenzverwalters oder eines Insolvenzgläubigers gem § 203 Abs 1 erfolgen. Der Antrag muss schriftlich oder zu Protokoll der Geschäftsstelle gestellt werden (K/P/B/*Holzer* § 203 Rn 2). Werden dem Verwalter nachträglich Gegenstände oder Beträge bekannt, die für eine Nachtragsverteilung geeignet sind, hat er entweder selbst den Antrag zu stellen oder das Gericht zu informieren, um eine amtswegige Anordnung zu erreichen (K/P/B/*Holzer* § 203 Rn 3). Unterlässt er schuldhaft die Antragstellung, löst dies eine Haftung analog § 60 aus, soweit wegen Vorbehalts der Nachtragsverteilung der Insolvenzbeschlag angedauert hat. 24

2. Anordnung von Amts wegen. Das Insolvenzgericht kann auch von Amts wegen gem § 203 Abs 1 die Nachtragsverteilung anordnen (BGH v 12. 1. 2006 – IX ZB 239/04, ZIP 2006, 340, 341; Braun/*Kießner* § 203 Rn 15). Das gilt auch für ein **Verbraucherinsolvenzverfahren** (BGH ZVI 2006, 25). Eine solche Anordnung kommt aber nur in Betracht, wenn zurückbehaltene Beträge für die Verteilung gem § 203 Abs 1 Nr 1 frei werden, da nur solchenfalls das Gericht aus den Berichten, der Schlussrechnung und dem Schlussverzeichnis erkennen kann, dass weitere Beträge für die Verteilung an die Gläubiger zur Verfügung stehen werden (FK-*Kießner* § 203 Rn 17). Rückflüsse in die Masse werden meist nur dem Insolvenzverwalter bekannt. Das Gericht hat also von Amts wegen die Nachtragsverteilung anzuordnen, wenn ihm Gegenstände bekannt werden, die der Schuldner bzw das Schuldnerunternehmen im Rahmen des eröffneten Verfahrens verschwiegen hat. Hier kommt es nicht auf die Mitteilung oder Anzeige des Insolvenzverwalters an. Vielmehr hat das Gericht auch Mitteilungen und Anzeigen von Dritten nachzugehen, selbst wenn diese nicht antragsberechtigt sind (FK-*Kießner* § 203 Rn 19). Das Gericht ist aber nicht verpflichtet, jeder unqualifizierten Mitteilung oder Verdächtigung nachzugehen, wie zB, dass der Schuldner „erhebliches Auslandsvermögen" besitze. Es müssen schon im Einzelfall überzeugende Gründe vorgebracht werden, dass Gegenstände des Schuldnervermögens vorhanden sind, die einer Nachtragsverteilung zugänglich gemacht werden können. Insoweit greift der Amtsermittlungsgrundsatz des § 5 ein. Das Gericht ist berechtigt, insoweit den früheren Insolvenzverwalter als **Gutachter** einzusetzen. 25

3. Gerichtliche Entscheidung. Die Anordnung der Nachtragsverteilung erfolgt durch **Beschluss**, der zu begründen und an den Antragsteller gem § 204 Abs 2 S 1 und dem Verwalter zuzustellen ist. Eine öffentliche Bekanntmachung erfolgt nicht. War die Nachtragsverteilung nicht vorbehalten worden, hat das Gericht im Anordnungsbeschluss gleichzeitig **einen Verwalter zu bestellen** (K/P/B/*Holzer* § 203 Rn 4). Funktionell zuständig für die Anordnung bleibt der Rechtspfleger, obgleich das Verfahren aufgehoben worden ist, denn letztlich handelt es sich nur um eine Fortsetzung des auf den Rechtspfleger übergegangenen Verfahrens (so zutr K/P/B/*Holzer* § 203 Rn 4; MüKo-*Hintzen* § 203 Rn 10). Einzelheiten in der Kommentierung zu § 204. 26

X. Sonderfälle der Nachtragsverteilung

27 **1. Nachtragsverteilung bei Einstellung wegen Masseunzulänglichkeit (§ 211 Abs 3).** Schon für das frühere Recht wurde teilweise die Auffassung vertreten, dass § 166 KO analog anzuwenden sei auf die Fälle der **Einstellung mangels Masse** nach § 204 zum Zwecke der Befriedigung von Masseverbindlichkeiten (LG Oldenburg ZIP 1992, 200 = EWiR 1992, 177 [*Pape*]: *Pape* ZIP 1992, 747 ff; *Kilger/ K. Schmidt* § 166 KO Anm 4; str aA OLG Celle v 17. 3. 1965, Nds Rpfl 1965, 200, 201; *Uhlenbruck* ZIP 1993, 241, 244; K/U § 166 KO Rn 7). Nunmehr hat der Gesetzgeber in § 211 Abs 3 S 2 ausdrücklich vorgesehen, dass, wenn nach der Verfahrenseinstellung noch Gegenstände der Insolvenzmasse ermittelt werden, das Gericht auf Antrag oder von Amts wegen die Nachtragsverteilung anzuordnen hat, wobei § 203 Abs 3 und die §§ 204 und 205 entsprechende Anwendungen finden (vgl K/P/B/*Holzer* § 203 Rn 28; N/R/*Westphal* §§ 203, 204 Rn 21; BerlKo-*Breutigam* § 203 Rn 23; MüKo-*Hintzen* § 203 Rn 29).

28 **2. Nachtragsverteilung bei Verfahrenseinstellung nach § 207 Abs 1 S 1.** Nicht geregelt hat der Gesetzgeber die Nachtragsverteilung in den Fällen der Verfahrenseinstellung wegen Masselosigkeit nach § 207 Abs 1 S 1. Nach K/P/B/*Holzer* (§ 209 Rn 29) handelt es sich um ein „Versehen des Gesetzgebers" und eine „offensichtliche und planwidrige Regelungslücke" (vgl auch *Pape* ZIP 1992, 747, 749; LG Darmstadt v 29. 5. 2001 Rpfleger 2001, 512 m Anm *Keller*). Insoweit findet nach heute wohl hM in Rechtsprechung und Literatur die Vorschrift des § 211 Abs 3 S 1 entsprechende Anwendung mit der Folge, dass sich die Einleitung, Anordnung und Durchführung der Nachtragsverteilung nach §§ 211 Abs 3 S 2, 203 Abs 3, 204, 205 bestimmen (so zB LG Oldenburg ZIP 1992, 200; LG Darmstadt Rpfleger 2001, 512 m Anm *Keller*; MüKo-*Hintzen* § 203 Rn 29; *Braun/Kießner* § 203 Rn 27; K/P/B-*Holzer* § 203 Rn 29; *Pape* ZIP 1992, 747 ff; str aA OLG Celle Nds Rpfl 1965, 200, 201; LG Marburg ZIP 2003, 729 = NZI 2003, 101). Zur Problematik s auch *Uhlenbruck* NZI 2001, 408. Der hM ist zuzustimmen. Der Fall dürfte jedoch praktisch kaum Bedeutung erlangen, da sich nach Einstellung des Verfahrens mangels einer weiteren die Verfahrenskosten deckenden Masse kaum jeweils nachträgliche Zuflüsse zur Masse ergeben und allenfalls nachträglich ermittelte Massegegenstände der Nachtragsverteilung zugeführt werden können.

29 **3. Nachtragsverteilung im Insolvenzverfahren einer Genossenschaft oder Vv aG.** Im Insolvenzverfahren über das Vermögen einer eingetragenen Erwerbs- oder Wirtschaftsgenossenschaft sind, wenn eine Nachschusspflicht der Genossen gem § 105 GenG besteht, die von den nachschusspflichtigen Mitgliedern eingezogenen Beträge nach der Vollstreckbarkeitserklärung der Nachschussberechnung unverzüglich im Wege der Nachtragsverteilung gem § 203 InsO an die Insolvenzgläubiger auszuschütten (§ 115 Abs 1 S 1 GenG). Die Verteilung ist unverzüglich nach der Niederlegung der Feststellung nach § 114 Abs 1 GenG auf der Geschäftsstelle des Insolvenzgerichts vorzunehmen (§ 115 Abs 1 S 2 GenG; *Terbrack*, Die Insolvenz der eingetragenen Genossenschaft Rn 470; K/P/B/*Holzer* § 203 Rn 32; N/R/*Westphal* §§ 203, 204 Rn 20). Da gem § 203 Abs 1 die Nachtragsverteilung erst nach Vollzug der Schlussverteilung stattfindet, stellt die Auszahlung der angesammelten Nachschüsse nach diesem Zeitpunkt sicher, dass genau berechnet werden kann, ob und in welchem Umfang die Nachschüsse zur Befriedigung der Gläubiger benötigt werden (*Terbrack*, Genossenschaftsinsolvenz, Rn 470). Für den Vollzug der Nachtragsverteilung gilt im Übrigen § 205. Nach § 115 Abs 2 S 1 GenG sind jedoch außer den nach §§ 189–91 zurückbehaltenen Beträgen auch die Anteile auf solche Forderungen zurückzubehalten, die vom Vorstand im Prüfungstermin bestritten worden sind (so K/P/B/*Holzer* § 203 Rn 33). Dem Gläubiger bleibt es gem § 115 Abs 2 S 2 GenG überlassen, den Widerspruch des Vorstandes durch Klage zu beseitigen. Wird der Widerspruch rechtskräftig für begründet erklärt, werden die Anteile zur Verteilung unter die übrigen Gläubiger frei (§ 115 Abs 2 S 3 GenG).

30 Die vorstehende Regelung in den §§ 115–118 GenG gelten gem § 52 Abs 1 VAG entsprechend auch für die Verteilung der von Mitgliedern eines Versicherungsvereins auf Gegenseitigkeit endgültig zu leistenden Beträge.

§ 204 Rechtsmittel

(1) [1] Der Beschluß, durch den der Antrag auf Nachtragsverteilung abgelehnt wird, ist dem Antragsteller zuzustellen. [2] Gegen den Beschluß steht dem Antragsteller die sofortige Beschwerde zu.

(2) [1] Der Beschluß, durch den eine Nachtragsverteilung angeordnet wird, ist dem Insolvenzverwalter, dem Schuldner und, wenn ein Gläubiger die Verteilung beantragt hatte, diesem Gläubiger zuzustellen. [2] Gegen den Beschluß steht dem Schuldner die sofortige Beschwerde zu.

I. Allgemeines

Die Vorschrift regelt entsprechend der bereits zu § 166 KO vertretenen Auffassungen (vgl K/U **1** § 166 KO Rn 9; *Kilger/K. Schmidt* § 166 KO Anm 2) die Zustellung und die Rechtsmittel gegen Beschlüsse, durch die der Antrag auf Nachtragsverteilung abgelehnt oder die Nachtragsverteilung angeordnet wird.

II. Zustellungen

Gem § 204 Abs 1 S 1 ist der Beschluss, durch den der **Antrag** auf Nachtragsverteilung **abgelehnt** **2** wird, dem Antragsteller zuzustellen. Antragsteller können gem § 203 Abs 1 nur der Insolvenzverwalter oder ein Insolvenzgläubiger sein. Die Zustellung durch Aufgabe zur Post genügt (§ 8 Abs 1 S 2). Der Beschluss, der die **Nachtragsverteilung anordnet**, ist dem Schuldner, dem Insolvenzverwalter und, wenn der Antrag von einem Gläubiger gestellt worden ist, diesem Gläubiger zuzustellen (§ 204 Abs 2 S 1). Eine Zustellung an die übrigen Gläubiger oder eine **öffentliche Bekanntmachung** der Nachtragsverteilung ist nicht notwendig (*Frege/Keller/Riedel* HRP Rn 1733; *Braun/Kießner* § 204 Rn 4, die allerdings eine Zustellung an alle Gläubiger verlangen; K/P/B/*Holzer* § 204 Rn 3; N/R/*Westphal* §§ 203, 204 Rn 18; FK-*Kießner* § 204 Rn 3). Das **Erfordernis einer öffentlichen Bekanntmachung** ist aber umstritten (bejahend zB MüKo-*Hintzen* § 203 Rn 11; HK-*Irschlinger* § 203 Rn 9; HaKo-*Preß/Henningsmeier* § 203 Rn 14). Das Schlussverzeichnis braucht nicht gem § 188 erneut niedergelegt zu werden. Auch ist es nicht notwendig, die Summe der Forderungen erneut bekannt zu machen (BerlKo-*Breutigam* § 205 Rn 1; H/W/F Hdb 8/106). Da die Gläubiger aus der Nachtragsverteilung nur tatsächliche und rechtliche Vorteile erlangen, reicht es aus, wenn der Verwalter bei Vollzug der Nachtragsverteilung (§ 205) die **Nachtragsverteilung gem § 188 bekannt macht** und jedem teilnahmeberechtigten Gläubiger auf dem Überweisungsträger die auf ihn entfallende Summe mitteilt (*Jaeger/Weber* § 166 KO Rn 11; H/W/F Hdb 8/106; BerlKo-*Breutigam* § 205 Rn 1; s auch § 205 Rn 4). Hierzu ist die Erstellung eines neuen Verteilungsverzeichnisses nicht erforderlich, da die Nachtragsverteilung aufgrund des bereits vorhandenen Schlussverzeichnisses erfolgt (FK-*Kießner* § 205 Rn 6).

Handelt es sich bei der Insolvenzschuldnerin um eine **GmbH** oder **GmbH & Co KG**, so ist dem ehe- **3** maligen Geschäftsführer der Schuldnerin als geborenem Liquidator der Anordnungsbeschluss zuzustellen, auch wenn die Gesellschaft im Handelsregister wegen Vermögenslosigkeit gelöscht ist (**AG Göttingen** v 11. 11. 1994, ZIP 1995, 145, 146; N/R/*Westphal* §§ 203, 204 Rn 18 Fn 2). Dies ist jedoch zweifelhaft, wenn nach der „Lehre vom Doppeltatbestand" eine Vollbeendigung der Gesellschaft eingetreten ist mit der Folge, dass auch eine Liquidationsgesellschaft nicht mehr vorhanden ist. Da sich solchenfalls die Bestellung eines Nachtragsliquidators nicht lohnt, kann entsprechend § 10 Abs 1 S 1 die Zustellung an den Schuldner ganz unterbleiben.

III. Rechtsmittel

1. Rechtsmittel bei Ablehnung der Nachtragsverteilung (§ 204 Abs 1 S 2). Der Beschluss, der die An- **4** ordnung der Nachtragsverteilung ablehnt, ist dem Antragsteller, nicht aber dem Schuldner zuzustellen (§ 204 Abs 1 S 1 iVm § 8). Gegen den Beschluss steht **nur dem Antragsteller** gem § 204 Abs 1 S 2 die **sofortige Beschwerde** zu. Hat der Rechtspfleger entschieden, ist ebenfalls die sofortige Beschwerde gem §§ 11 Abs 1 RPflG, 6 Abs 1, 204 Abs 1 S 2 gegeben (MüKo-*Hintzen* § 204 Rn 3; BerlKo-*Breutigam* § 204 Rn 6; K/P/B/*Holzer* § 204 Rn 2; N/R/*Westphal* §§ 203, 204 Rn 17). Aus Anlass einer Nachtragsverteilung bedarf es **keiner Anberaumung einer Gläubigerversammlung**. Einwendungen gegen die Richtigkeit des der Verteilung zugrunde liegenden Verzeichnisses sind unzulässig (*Jaeger/Weber* § 166 KO Rn 11; *Kilger/K. Schmidt* § 166 KO Anm 2). Obgleich ein **Massegläubiger** gem § 206 Nr 3 bei einer Nachtragsverteilung nach der öffentlichen Bekanntmachung Befriedigung aus den Mitteln verlangen kann, die nach der Verteilung in der Insolvenzmasse verbleiben, ist dieser nach § 203 Abs 1 weder antragsberechtigt, noch steht ihm gem § 204 Abs 1 ein Rechtsmittel gegen die Anordnung der Nachtragsverteilung zu (N/R/*Westphal* §§ 203, 204 Rn 17; MüKo-*Hintzen* § 204 Rn 4). Zwar wird der Massegläubiger durch die Schlussverteilung nicht von einer etwaigen Nachtragsverteilung ausgeschlossen (*Jaeger/Weber* § 172 KO Rn 5; K/U § 172 KO Rn 3f; *Häsemeyer* InsR Rn 7.67), jedoch wird sein Befriedigungsinteresse durch § 204 nicht geschützt, was N/R/*Westphal* (§§ 203, 204 Rn 17) und MüKo-*Hintzen* (§ 204 Rn 4) mit Recht als unbefriedigend empfinden. Dem Verwalter bleibt es unbenommen, unabhängig von dem Verfahren nach § 204 trotz abweisender Entscheidung einen erneuten Antrag nach § 203 Abs 1 S 1 zu stellen (*Smid* § 204 Rn 2; BerlKo-*Breutigam* § 204 Rn 4), was aber in der Praxis nicht viel bringen dürfte.

2. Rechtsmittel bei Anordnung der Nachtragsverteilung (§ 204 Abs 2 S 2). Gegen den Beschluss, **5** durch den die Nachtragsverteilung angeordnet wird, steht dem **Schuldner** die **sofortige Beschwerde** zu (§ 204 Abs 2 S 2). Das gilt auch, wenn der Rechtspfleger die Nachtragsverteilung angeordnet hat (§ 11

Abs 1 RpflG iVm § 6). Da die der Nachtragsverteilung vorbehaltenen bzw in die Nachtragsverteilung fließenden Massegegenstände für den Schuldner nicht mehr zur Verfügung stehen, ist dieser durch die Entscheidung beschwert, so dass nur ihm das Beschwerderecht zusteht (MüKo-*Hintzen* § 204 Rn 5; *Braun/Kießner* § 204 Rn 5).

6   **3. Beschwerdefrist.** Die Beschwerdefrist beträgt **zwei Wochen** (§ 4 InsO iVm § 569 Abs 1 ZPO). Sie beginnt mit der Zustellung des Beschlusses (§ 6 Abs 2 S 1). Erfolgt die Zustellung durch Aufgabe zur Post, gilt der Beschluss zwei Wochen nach Aufgabe zur Post als zugestellt (§ 184 Abs 2 S 1 ZPO).

§ 205 Vollzug der Nachtragsverteilung

¹Nach der Anordnung der Nachtragsverteilung hat der Insolvenzverwalter den zur Verfügung stehenden Betrag oder den Erlös aus der Verwertung des ermittelten Gegenstands auf Grund des Schlußverzeichnisses zu verteilen. ²Er hat dem Insolvenzgericht Rechnung zu legen.

I. Allgemeines

1   Während § 167 KO lediglich vorsah, dass der Vollzug einer jeden Verteilung durch den Verwalter erfolgt, regelt nunmehr § 205, wie die Nachtragsverteilung durchzuführen ist. § 205 S 1 lässt erkennen, dass die Nachtragsverteilung erst zulässig ist, wenn ein **rechtskräftiger Anordnungsbeschluss des Insolvenzgerichts** iSv § 203 Abs 1 vorliegt (K/P/B/*Holzer* § 205 Rn 1). Zuständig für die Nachtragsverteilung ist entspr § 187 Abs 3 S 1 der **bisherige Insolvenzverwalter** (vgl K/P/B/*Holzer* § 187 Rn 6; MüKo-*Hintzen* § 205 Rn 6). Ist der frühere Verwalter nicht mehr bereit oder in der Lage, die Verteilung durchzuführen, hat das Gericht einen neuen Verwalter für die Nachtragsverteilung zu bestellen. Im Übrigen ist die Nachtragsverteilung in ähnlicher Weise durchzuführen wie die Abschlagsverteilungen und die Schlussverteilung.

II. Das Nachtragsverteilungsverfahren

2   **1. Feststellung der Teilungsmasse durch den Verwalter.** Voraussetzung für eine Nachtragsverteilung ist, dass der Verwalter das für die Nachtragsverteilung zur Verfügung stehende Vermögen bzw die entsprechenden Beträge festgestellt bzw ermittelt hat. Hierzu hat er eingehende Beträge auf ein Verwalter-Anderkonto zu nehmen. Soweit nachträglich Gegenstände der Masse ermittelt worden sind (§ 203 Abs 1 Nr 3), ist der Verwalter nicht nur berechtigt, sondern verpflichtet, die Vermögensgegenstände zu verwerten (K/P/B/*Holzer* § 205 Rn 5). Soweit der frühere Insolvenzverwalter die Nachtragsverteilung durchführt, lebt sein ursprüngliches Amt wieder auf und er behält die Verwaltungs- und Verfügungsbefugnis über das Nachtragsvermögen einschließlich der Prozesslegitimation für die der Nachtragsverteilung unterliegenden Gegenstände bzw Beträge (BGHZ 83, 102, 103). Eine **Zustimmung des Gläubigerausschusses** gem § 187 Abs 3 S 2 kommt idR nicht in Betracht, weil ein Gläubigerausschuss nicht mehr existiert und die erloschenen Funktionen für die Nachtragsverteilung nicht eigens wieder aufleben (K/P/B/*Holzer* § 205 Rn 4; *Braun/Kießner* § 205 Rn 8).

3   **2. Durchführung der Nachtragsverteilung.** Die Verteilung durch den Insolvenzverwalter erfolgt auf der Grundlage des **Schlussverzeichnisses** (§ 205 S 1). Deshalb werden nur solche Gläubiger berücksichtigt, deren Forderungen in das Schlussverzeichnis aufgenommen worden sind. Die **Erstellung eines besonderen Schlussverzeichnisses,** in dem nur solche Gläubiger Aufnahme finden, die mit Sicherheit in der Schlussverteilung eine Quote erhalten, ist nach Auffassung von *Eickmann* (Gottwald/*Eickmann* InsR-Hdb § 65 Rn 56) „ebenso unnötig wie unzulässig". Trotz praktischer Bedürfnisse kann dieser Praxis schon deswegen nicht zugestimmt werden, weil die Präklusionswirkung des Schlussverzeichnisses dazu führt, dass die nicht in das Schlussverzeichnis aufgenommenen Gläubigern im Rahmen einer Nachtragsverteilung nichts zugeteilt werden kann (N/R/*Westphal* § 205 Rn 5; MüKo-*Hintzen* § 205 Rn 3; *Gottwald/Eickmann* InsRHdb § 65 Rn 56; *Uhlenbruck* ZIP 1982, 125, 132 Fn 57). § 205 S 1 stellt sich als Spezialregelung zu 188 S 1 dar (K/P/B/*Holzer* § 205 Rn 6; K/U § 151 KO Rn 1). In das Schlussverzeichnis sind sämtliche Gläubiger aufzunehmen, die die Voraussetzungen erfüllen, selbst wenn auf sie keine Zuteilung vorgenommen werden kann (*Gottwald/Eickmann* InsRHdb § 65 Rn 56; N/R/*Westphal* § 205 Rn 5;). Ist das **Schlussverzeichnis berichtigt** worden (§§ 197 Abs 3, 194 Abs 3), so ist das berichtigte Verzeichnis der Nachtragsverteilung zugrunde zu legen (K/P/B-*Holzer* § 205 Rn 6; HK-*Irschlinger* § 205 Rn 2). Verspätet bekannt gewordene Masseforderungen (§ 206 Nr 3) sind aber zu berücksichtigen (HK-*Irschlinger* § 205 Rn 2).

4   **3. Öffentliche Bekanntmachung.** Das Schlussverzeichnis braucht nicht gem § 188 erneut niedergelegt werden. Die Anordnung der Nachtragsverteilung wird nicht öffentlich bekannt gemacht (*Frege/Keller/Riedel* HRP Rn 1733). Auch ist die Summe der Forderungen nicht erneut öffentlich bekannt zu machen

oder eine Gläubigerversammlung einzuberufen (BerlKo-*Breutigam* § 205 Rn 1; K/P/B/*Holzer* § 205 Rn 6; N/R/*Westphal* § 205 Rn 6). Allerdings hat der Verwalter die **Nachtragsverteilung als solche** durch Veröffentlichung im **Internet** ebenso öffentlich bekannt zu machen wie den **für die Verteilung verfügbaren Betrag** (N/R/*Westphal* § 205 Rn 6; K/P/B/*Holzer* § 205 Rn 6; MüKo-*Hintzen* § 205 Rn 5; FK-*Kießner* § 205 Rn 4). Nach Auffassung von *Breutigam* (BerlKo-*Breutigam* § 205 Rn 1) soll es genügen, wenn der Verwalter die Nachtragsverteilung gem § 188 S 3 bekannt macht „und jedem teilnahmeberechtigten Gläubiger die auf ihn entfallende Summe mitteilt" (so auch H/W/F Hdb 8/106). Es muss als ausreichend angesehen werden, wenn jedem teilnahmeberechtigten Gläubiger die auf ihn entfallende Quote vom Insolvenzverwalter auf dem Überweisungsträger mitgeteilt wird (H/W/F Hdb 8/106; BerlKo-*Breutigam* § 205 Rn 1; MüKo-*Hintzen* § 205 Rn 5). Der Angabe der **Höhe der zu verteilenden Masse** bedarf es schon wegen § 206 Nr 3, wonach bestimmte Massegläubiger Befriedigung nur aus den Mitteln verlangen können, die nach der Verteilung in der Insolvenzmasse verbleiben (so auch K/P/B/*Holzer* § 205 Rn 6).

III. Rechnungslegung über die Nachtragsverteilung

§ 205 S 2 sieht nunmehr ausdrücklich vor, dass der Verwalter dem Insolvenzgericht über die Nachtragsverteilung Rechnung zu legen hat. Die **Prüfung der Rechnungslegung** erfolgt durch das Insolvenzgericht, da eine Gläubigerversammlung oder ein Gläubigerausschuss als Organe des Insolvenzverfahrens nicht mehr bestehen. Es findet somit nur § 66 Abs 2 S 1 entsprechende Anwendung (BerlKo-*Breutigam* § 205 Rn 4; N/R/*Westphal* § 205 Rn 7; MüKo-*Hintzen* § 205 Rn 10). Mit der Verfahrensaufhebung ist die Prüfungspflicht des Gläubigerausschusses und der Gläubigerversammlung aus der Gläubigerselbstverwaltung herausgenommen und ausschließlich dem Insolvenzgericht zugewachsen. Selbst in den Fällen, in denen die Nachtragsverteilung vor Verfahrensbeendigung erfolgt, trifft die Prüfungspflicht ausschließlich das Insolvenzgericht (MüKo-*Hintzen* § 205 Rn 10; *Andres/Leithaus* § 205 Rn 1; *Braun/Kießner* § 205 Rn 9). Wegen der ausschließlichen Gerichtszuständigkeit ist die **Prüfung der Rechnung** über die Nachtragsverteilung **besonders sorgfältig vorzunehmen** (*Andres/Leithaus* § 205 Rn 1; K/P/B-*Holzer*; H/W/F Hdb 8/107; MüKo-*Hintzen* § 205 Rn 7; N/R/*Westphal* § 205 Rn 7). Der **Inhalt der Rechnungslegung** ist gegenüber der Schlussrechnungslegung nach § 196 allerdings erheblich eingeschränkt. Rechnung zu legen ist nur über die Höhe der frei gewordenen und zurückgeflossenen Beträge sowie der Bruttoerlöse aus der Verwertung von später ermittelten Massegegenständen, über die Kosten der Verwertung, über die Höhe des Nettoerlöses und über die Berechnung der ausgezahlten Quote (MüKo-*Hintzen* § 205 Rn 10). Zur Rechnungslegung des Verwalters gehört auch neben dem reinen Zahlenwerk ein **Nachtragsverteilungsbericht** (K/P/B/*Holzer* § 205 Rn 9).

IV. Vergütung des Verwalters für die Nachtragsverteilung

Nach § 6 Abs 1 S 1 InsVV erhält der Insolvenzverwalter für eine Nachtragsverteilung eine gesonderte Vergütung, die unter Berücksichtigung des Wertes der nachträglich verteilten Insolvenzmasse nach billigem Ermessen vom Insolvenzgericht festzusetzen ist. Gleichzeitig hat der Verwalter einen Anspruch auf **Erstattung der ihm entstandenen Auslagen** (BerlKo-*Breutigam* § 205 Rn 5; MüKo-*Hintzen* § 205 Rn 7; K/P/B/*Holzer* § 205 Rn 10). Das Nachtragsverteilungsverfahren ist gebührenrechtlich als **selbständiges Verfahren** anzusehen (vgl H/W/F § 6 InsVV Rn 3). Allerdings erhält der Verwalter für eine Nachtragsverteilung keine gesonderte Vergütung, wenn die Nachtragsverteilung vorausehbar und schon bei der Festsetzung der Vergütung für das Insolvenzverfahren berücksichtigt worden ist (§ 6 Abs 1 S 2 InsVV, s auch *Blersch* § 6 InsVV Rn 17, 18). Ein **Anspruch auf Vergütungsfestsetzung** entsteht somit nur dann, wenn die mit der Nachtragsverteilung verbundene **Mehrarbeit des Verwalters** nicht schon im Rahmen der Vergütungsfestsetzung berücksichtigt worden ist oder wenn die Nachtragsverteilung eine **unvorhergesehene Arbeitsbelastung** mit sich gebracht hat, die nicht durch die Vergütung für das Insolvenzverfahren abgedeckt ist (K/P/B/*Holzer* § 205 Rn 10; H/W/F § 6 InsVV Rn 5; *Blersch* § 6 InsVV Rn 10 ff; K/P/B/*Eickmann* InsO VergR § 6 InsVV Rn 3; H/W/F Hdb 8/108; *Hess* § 6 InsVV Rn 4). Von einer unvorhergesehenen zusätzlichen Arbeitsbelastung kann ua ausgegangen werden, wenn es dem Verwalter durch schwierige Anfechtungsprozesse oder Verhandlung gelingt, nachträglich ermittelte Vermögenswerte des Schuldners zur Masse zu ziehen oder wenn bei der Verwertung von Massegegenständen, wie zB Grundstücken, ein besonderer Arbeitsaufwand erforderlich war (K/P/B/*Holzer* § 205 Rn 10). § 6 Abs 1 InsVV findet auch auf den **Sachwalter** bei der insolvenzrechtlichen Eigenverwaltung Anwendung, da auch in einem solchen Verfahren über § 270 Abs 1 eine Nachtragsverteilung denkbar ist, die gem § 283 Abs 2 S 1 vom Schuldner vorzunehmen ist (*Blersch* § 6 InsVV Rn 6). Der Sachwalter hat jedoch die Verteilungsgrundlagen zu prüfen und schriftlich dazu Stellung zu nehmen, so dass er einen Vergütungsanspruch nach den §§ 12, 10, § 6 Abs 1 InsVV erwirkt. § 6 Abs 1 InsVV findet auch auf die Nachtragsverteilung im **vereinfachten Verfahren** nach § 313 durch einen **Treuhänder** Anwendung (*Blersch* § 6 InsVV Rn 8). **Nicht anwendbar** ist dagegen § 6 Abs 1 InsVV auf den **Treuhänder im Rahmen der Restschuldbefreiung**, da insoweit eine Nachtragsverteilung weitgehend ausscheidet.

7 Die **Höhe der Vergütung** für die Nachtragsverteilung orientiert sich an dem Wert der Nachtragsteilungsmasse sowie dem Umfang der mit der Nachtragsverteilung verbundenen Arbeitsbelastung des Verwalters (Einzelheiten bei *Blersch* § 6 InsVV Rn 14 ff; H/W/F § 6 InsVV Rn 6 ff; K/P/B/*Eickmann* InsO VergR § 6 InsVV Rn 4 ff mit Faustregeltabelle). Hatte der Verwalter lediglich die Aufgabe, im Rahmen der Nachtragsverteilung bereits vorhandene Barmittel auszuschütten, und beschränkt sich seine Tätigkeit ausschließlich auf die Verteilung, so scheidet die Festsetzung einer zusätzlichen Vergütung aus (LG Düsseldorf v 7. 9. 1971, KTS 1972, 126; K/P/B/*Holzer* § 205 Rn 10). Die **Auslagen** sind jedoch immer zu ersetzen (K/P/B/*Holzer* § 205 Rn 10; *Blersch* § 6 InsVV Rn 23; K/P/B-*Eickmann* InsO VergR § 6 InsVV Rn 13; MüKo-*Hintzen* § 205 Rn 7).

V. Verwalterhaftung bei Nachtragsverteilung

8 Für die Nachtragsverteilung gilt § 60 entsprechend (N/R/*Westphal* § 205 Rn 9; *Braun/Kießner* § 205 Rn 10). Der Verwalter hat im Rahmen der Nachtragsverteilung für die Erfüllung insolvenzspezifischer Pflichten gegenüber den Beteiligten einzustehen. Eine Haftung nach § 60 kommt nicht nur in Betracht bei Nichtberücksichtigung angemeldeter und festgestellter Forderungen, sondern auch im Rahmen der Verwertung nachträglich ermittelter Gegenstände der Masse (§ 203 Abs 1 Nr 3). Gleiches gilt hinsichtlich der fortgeführten Anfechtungsprozesse und der Vollstreckung der Urteile im Fall des Obsiegens. Schadenersatzansprüche nach § 60 verjähren gem § 62 S 1 spätestens in drei Jahren von der Kenntnis des Geschädigten von dem Schaden oder den Umständen, die die Ersatzpflicht des Verwalters begründen. Gem § 62 S 3 gilt für Pflichtverletzungen, die im Rahmen einer Überwachung begangen worden sind, die Regelung in § 62 S 2 mit der Maßgabe, dass an die Stelle der Aufhebung des Verfahrens der Vollzug der Nachtragsverteilung tritt.

§ 206 Ausschluß von Massegläubigern

Massegläubiger, deren Ansprüche dem Insolvenzverwalter
1. bei einer Abschlagsverteilung erst nach der Festsetzung des Bruchteils,
2. bei der Schlußverteilung erst nach der Beendigung des Schlußtermins oder
3. bei einer Nachtragsverteilung erst nach der öffentlichen Bekanntmachung
bekanntgeworden sind, können Befriedigung nur aus den Mitteln verlangen, die nach der Verteilung in der Insolvenzmasse verbleiben.

I. Allgemeines

1 Die Vorschrift entspricht inhaltlich dem früheren § 172 KO. Sie dient dazu, die Insolvenzgläubiger, an die eine Quote ausgeschüttet worden ist, ab einem bestimmten Zeitpunkt **durch verfahrensmäßige Präklusion** davor zu bewahren, von Massegläubigern aus dem Gesichtspunkt der ungerechtfertigten Bereicherung in Anspruch genommen zu werden (BerlKo-*Breutigam* § 206 Rn 1; N/R/*Westphal* § 206 Rn 1; K/P/B/*Holzer* § 206 Rn 1). Die Vorschrift schafft somit einen Rechtsgrund für das Behaltendürfen bei Quotenzahlungen durch den Insolvenzverwalter. Grundsätzlich hat der Insolvenzverwalter die Masseverbindlichkeiten gem § 53 aus der Insolvenzmasse vorweg zu berichtigen. Hierzu gehören die Kosten des Verfahrens (§ 54) und die sonstigen Masseverbindlichkeiten (§ 55). Soweit diese dem Grunde nach, aber nicht der Höhe nach bekannt sind, hat der Verwalter die Ansprüche sicherzustellen. Auch wenn solche vorrangigen Masseansprüche nach der Verteilung der Masse bekannt werden, wird der Vorrang nicht tangiert. Vielmehr schützt § 206 die Insolvenzgläubiger lediglich davor, von Massegläubigern wegen ungerechtfertigter Bereicherung (§§ 812 BGB) in Anspruch genommen zu werden. Die bis dahin nicht befriedigten Massegläubiger werden auf das Restvermögen des Schuldners verwiesen.

II. Präklusion von Masseforderungen

2 **1. Präklusionszeitpunkt.** § 206 sieht unterschiedliche Ausschlusszeitpunkte vor, nach denen Massegläubiger auf die ausgeschüttete Verteilungsmasse keine Ansprüche mehr erheben können: Bei einer **Abschlagsverteilung** (§ 187 Abs 2) tritt die Präklusionswirkung erst nach Festsetzung des Bruchteils (§ 195) ein (§ 206 Nr 1); bei einer **Schlussverteilung** (§ 196) erst nach der Beendigung des Schlusstermins (§§ 197, 206 Nr 2) und bei einer **Nachtragsverteilung** (§ 203) erst nach der öffentlichen Bekanntmachung (§§ 205, 188 S 3, 9), also später als nach Ablauf von zwei Tagen nach der Veröffentlichung im Internet (§§ 9 Abs 1 S 3, 206 Nr 3; *Braun/Kießner* § 206 Rn 7; vgl N/R/*Westphal* § 206 Rn 2–5; K/P/B/*Holzer* § 206 Rn 3; BerlKo-*Breutigam* § 206 Rn 2). Da es auf die **Beendigung des Schlusstermins** in § 206 Nr 2 ankommt, ist das Schlussverzeichnis entsprechend zu berichten, wenn sich Massegläubiger erst im Schlusstermin melden. Der Betrag ist zurückzubehalten (K/P/B/*Holzer* § 206 Rn 3).

3 **2. Kenntnis des Verwalters.** Grundsätzlich hat der Insolvenzverwalter Masseansprüche gem § 53 vorweg zu berichtigen. Er darf Auszahlungen an die übrigen Insolvenzgläubiger erst dann leisten, wenn die Massegläubiger entweder befriedigt worden sind oder eine entsprechende Sicherstellung erfolgt ist (MüKo-*Hintzen* § 206 Rn 7, N/R/*Westphal* § 206 Rn 6, 7; *Braun/Kießner* § 206 Rn 3). Bei **zweifelhaften Masseansprüchen** hat der Verwalter den zur Befriedigung dieser Massegläubiger erforderlichen Betrag zurückzubehalten. Unterlässt er dies, kann er sich uU der Haftung nach § 60 aussetzen. Für Masseansprüche, die vom Verwalter begründet worden sind, haftet der Verwalter nach § 61. § 206 schützt den Insolvenzverwalter nur vor Schadensersatzansprüchen, wenn er Zahlungen an die Insolvenzgläubiger vornimmt und ihm erst danach Ansprüche von Massegläubigern nach den in den Nr 1–3 angeführten Zeitpunkten bekannt geworden sind. Bekannt geworden bedeutet **positive Kenntnis** (N/R/*Westphal* § 206 Rn 6; *Hess* § 206 Rn 7; BerlKo-*Breutigam* § 206 Rn 4). Allerdings genügt es für die Kenntnis, dass dem Verwalter der **Anspruchsgrund** der Masseverbindlichkeit bekannt geworden ist (K/P/B/*Holzer* § 206 Rn 2; N/R/*Westphal* § 206 Rn 6). Auf ein Kennenmüssen (§ 122 Abs 2 BGB) kommt es nicht an (*Jaeger/Weber* § 172 KO Rn 6; K/U § 172 KO Rn 2; K/P/B/*Holzer* § 206 Rn 2; MüKo-*Hintzen* § 206 Rn 7; BerlKo-*Breutigam* § 206 Rn 4). Allerdings haftet der Verwalter nach § 60, wenn er die **Kenntnisnahme schuldhaft vereitelt**, also die Anzeige eines Gläubigers nicht liest oder die Masse ausschüttet, ehe ein die Ansprüche der Gläubigerausschussmitglieder festsetzender Beschluss rechtskräftig geworden ist (MüKo-*Hintzen* § 206 Rn 7; N/R/*Westphal* § 206 Rn 7). Gleiches gilt für **Umsatzsteueransprüche**, die vom Verwalter veranlasst worden sind, aber nicht bedient werden. Hat ein Massegläubiger Ansprüche beim Verwalter geltend gemacht, ist aber die **Höhe des Masseanspruchs streitig**, hat der Verwalter hinsichtlich des streitigen Teils eine Rückstellung zu bilden und den Betrag zurückzuhalten. Wegen der Umsatzsteueransprüche empfiehlt es sich, mit der Beendigung des Verfahrens eine genaue Abstimmung mit dem zuständigen Finanzamt hinsichtlich der uU im Eröffnungs- und später im eröffneten Verfahren entstandenen Umsatzsteueransprüche herbeizuführen. Das gilt auch für die **Gerichtskosten**. Auch hier sollte der Verwalter zwecks Enthaftung vorsichtshalber nachfragen, ob noch Gerichtskostenansprüche offen stehen (instruktiv insoweit BGH Urt v 17. 1. 1985, ZIP 1985, 359 zu § 82 KO; s auch MüKo-*Hintzen* § 206 Rn 7). Nach N/R/*Westphal* (§ 206 Rn 7) kann der Gläubiger seinen Anspruch im Wege des dinglichen Arrestes sichern, wenn eine Verteilung unmittelbar bevorsteht, ohne dass der Verwalter zuvor die Masseverbindlichkeit befriedigt oder sichergestellt hat.

3. Umfang der Präklusionswirkung. Die Präklusion von Masseansprüchen beschränkt sich auf den Ausschluss der Befriedigung aus einer jeweils für die Verteilung zur Verfügung stehenden Masse. Durch die Präklusion wird der materielle Bestand der Forderung nicht berührt (K/P/B/*Holzer* § 206 Rn 4; N/R/*Westphal* § 206 Rn 8). Der Ausschluss wirkt vielmehr nur zugunsten der Masse und der Insolvenzgläubiger, weil er diesen ein Recht zum Behalten der Quote verschafft. Im Übrigen wirkt der Ausschluss nach § 206 „**stufenweise**" (K/P/B/*Holzer* § 206 Rn 5). Ein im Rahmen der Abschlagsverteilung ausgeschlossener Gläubiger ist berechtigt, an einer weiteren Verteilung (Schlussverteilung oder Nachtragsverteilung) teilzunehmen. Gläubiger, die bei der Schlussverteilung ausgeschlossen wurden, können noch bei der Nachtragsverteilung berücksichtigt werden, da die Restmasse für die Masseansprüche weiterhin haftet. Zweifelhaft ist die Rechtslage bei **unrechtmäßig ausgeschlossenen Massegläubigern**. Werden Massegläubiger, deren Ansprüche dem Verwalter nach § 206 bekannt waren, trotzdem von der Verteilung ausgeschlossen, steht den Massegläubigern nach einer in der Literatur vertretenen Meinung entweder ein **Schadenersatzanspruch gegen den Verwalter** zu (vgl OLG München v 30. 4. 1981, ZIP 1981, 887, 888), oder ein **Konditionsanspruch** gegen die ungerechtfertigt bereicherten Insolvenzgläubiger nach § 812 BGB (K/P/B/*Holzer* § 206 Rn 6). Diese Auffassung lässt sich für die InsO wohl nicht aufrechterhalten; vielmehr gilt auch hier, dass der Empfänger seine Dividende durch eine Leistung des Verwalters aus der Masse empfangen hat. Deshalb kann er nur von diesem im Wege der Leistungskondiktion in Anspruch genommen werden (vgl auch KS-*Eckardt* S 743, 778 Rn 63). Was für den Ausgleich zwischen den Insolvenzgläubigern gilt, muss insoweit auch für den Ausgleich zwischen Insolvenzgläubigern und Massegläubigern gelten. Unterlässt er es der Verwalter schuldhaft, den Anspruch als § 812 Abs 1 BGB geltend zu machen, kommt eine Haftung nach § 60 in Betracht. Allerdings hat der Insolvenzverwalter vor Auskehrung der Beträge im Rahmen der Nachtragsverteilung zunächst die anspruchsberechtigten Massegläubiger zu befriedigen (N/R/*Westphal* § 206 Rn 8).

III. Nachhaftung des Schuldners

Die Präklusion bezieht sich nur auf die Insolvenzmasse. Dem **Massegläubiger** ist es unbenommen, seine Ansprüche gegen den Schuldner auch nach Verfahrensaufhebung und ungeachtet der Ausschlusswirkung des § 206 zu verfolgen (MüKo-*Hintzen* § 206 Rn 8). Die **Haftung** ist jedoch nach hM und entgegen der hier vertretenen Auffassung gegenständlich **beschränkt auf die Restmasse**, dh den an den Schuldner gem § 197 Abs 1 Nr 3 herauszugebenden Überschuss, die unverwertbaren Gegenstände der Masse oder die nachträglich ermittelten Gegenstände (§ 203 Abs 1 Nr 3; MüKo-*Hintzen* § 206 Rn 8; K/P/B/*Holzer* § 206 Rn 4; HaKo-*Preß/Henningsmeier* § 206 Rn 6). Etwas anderes gilt nach zutr Ansicht von MüKo-*Hintzen* § (206 Rn 8), wenn der Schuldner auch mit seinem freien Vermögen für eine Masseverbindlichkeit haftet.

Dritter Abschnitt. Einstellung des Verfahrens

§ 207 Einstellung mangels Masse

(1) ¹Stellt sich nach der Eröffnung des Insolvenzverfahrens heraus, daß die Insolvenzmasse nicht ausreicht, um die Kosten des Verfahrens zu decken, so stellt das Insolvenzgericht das Verfahren ein. ²Die Einstellung unterbleibt, wenn ein ausreichender Geldbetrag vorgeschossen wird oder die Kosten nach § 4a gestundet werden; § 26 Abs. 3 gilt entsprechend.

(2) Vor der Einstellung sind die Gläubigerversammlung, der Insolvenzverwalter und die Massegläubiger zu hören.

(3) ¹Soweit Barmittel in der Masse vorhanden sind, hat der Verwalter vor der Einstellung die Kosten des Verfahrens, von diesen zuerst die Auslagen, nach dem Verhältnis ihrer Beträge zu berichtigen. ²Zur Verwertung von Massegegenständen ist er nicht mehr verpflichtet.

Übersicht

	Rn
I. Allgemeines	1
II. Massearmut	2
1. Begriff der Massearmut	2
2. Feststellung der Massearmut	4
III. Abwendung der Verfahrenseinstellung	5
1. Verfahrenskostenvorschuss	5
2. Stundung der Kosten	6
IV. Ersatzanspruch des Vorschussleistenden	7
V. Das Einstellungsverfahren	8
1. Anhörung der Verfahrensbeteiligten	9
2. Keine weitere Verwertungspflicht des Verwalters	11
3. Verteilung von Barmitteln	12
4. Keine Nachtragsverteilung bei Einstellung mangels Masse	13
5. Vollstreckungsschutz gegenüber Verfahrenskostengläubigern	13a
6. Der Einstellungsbeschluss	14
7. Rechtsmittel	15
VI. Rechtsfolgen der Verfahrenseinstellung mangels Masse	16
1. Unmittelbare Rechtswirkungen	16
2. Prozessuale Folgen	17
3. Gesellschaftsrechtliche Folgen	18
VII. Besonderheiten der Genossenschaftsinsolvenz	19
VIII. Akteneinsicht nach Verfahrenseinstellung	20

I. Allgemeines

1 Der Gesetzgeber der InsO wollte mit seiner Konzentration auf die reine Deckung von „Kosten" ieS der §§ 26, 54 nicht nur deutlich mehr Verfahren zur Eröffnung zu bringen, sondern das Schuldnervermögen bereits im Verfahren selbst – dh ohne gesondert nachfolgende Liquidation – möglichst schon vollständig verwerten lassen. Vor allem bei Gesellschaften sollte das Insolvenzverfahren für eine Vollabwicklung sorgen bis hin zur registerlichen Löschungsreife und anschließenden Löschung (vgl Allgem Begr RegE, abgedr bei *Balz/Landfermann* S 152). Neben der gemeinschaftlichen Haftungsverwirklichung und der vollständigen Abwicklung des Schuldnervermögens sollte ein dritter Zweck die endgültige Regulierung der Verbindlichkeiten des Schuldners sein. Begrifflich meint die InsO mit regulärer **Aufhebung des Verfahrens** dessen ordnungsgemäße Beendigung durch Schlussverteilung (§ 200) oder Planbestätigung (§ 258). Hingegen spricht sie – von dem Sonderfall der Aufhebung des Eröffnungsbeschlusses (§ 34 Abs 3) einmal abgesehen – bei vorzeitiger Beendigung des Verfahrens von dessen **Einstellung** (vgl HK-*Landfermann*, vor §§ 207 ff Rn 1, 2). § 207 behandelt den in der Praxis nach wie vor häufigen Fall, dass das eröffnete Verfahren eingestellt werden muss, weil künftig nicht einmal die weiteren Kosten des Verfahrens (§ 54) gedeckt sind. Die KO enthielt in den §§ 60, 204, 191 nur unvollkommene Regelungen der **Masselosigkeit (Massearmut)** und der **Massezulänglichkeit** (vgl *Uhlenbruck* KTS 1976, 212; *ders* KTS 1993, 373; *ders* in: Fünfzig Jahre Bundesgerichtshof, Festgabe aus der Wissenschaft, 2000, S 803; *Pape* NJW 1992, 1348; *ders* KTS 1997, 49; *ders* ZIP 1992, 747; *ders* KTS 1995, 189; *W. Henckel*, Masselosigkeit und Masseschulden, in: Kölner FS Einhundert Jahre Konkursordnung, S 169 ff; *ders* ZIP 1993, 1277; *W. Gerhardt* ZIP 1992, 741). Nach KS-*Kübler* (S 967 Rn 1) ist die Durchführung von massearmen Verfahren „ein bedeutsamer Regelungskomplex des neuen Rechts". Auch nach der InsO werden viele Verfahren kurze Zeit nach Eröffnung wegen Massearmut eingestellt. Im Gegensatz zur KO und GesO hat jedoch der Gesetzgeber geregelt, wie massearme und massezulängliche Verfahren abzuwickeln sind, und welche Rechtsfolgen die Verfahrenseinstellung nach sich

II. Massearmut § 207

zieht. Dabei unterscheidet die InsO zwischen einer unzureichenden Deckung von **Massekosten** (Massearmut) und von **sonstigen fälligen Masseverbindlichkeiten** (Masseunzulänglichkeit; vgl KS-*Kübler* S 967, 980 Rn 45; K/P/B/*Pape* § 207 Rn 7; HK-*Landfermann* § 207 Rn 4; *Hess* § 207 Rn 1). Während bei der Masseunzulänglichkeit iSv § 208 der Verteilungsschlüssel des § 209 eingreift, um unter mehreren unterschiedlich stark betroffenen Massegläubigern zumindest eine gewisse „Verteilungsgerechtigkeit im Mangelfall" herzustellen (*Ries*, ZInsO 2007, 414, 415), macht es bei der Massearmut iSv § 207 wenig Sinn, das Verfahren überhaupt noch weiter fortzuführen und hierzu eine weitere Masseverwertung durch den Verwalter vorzusehen. § 207 dient dem Zweck, eine weitere Schädigung der Beteiligten zu vermeiden und das Verfahren möglichst rasch zur Einstellung zu bringen (vgl HK-*Landfermann* § 207 Rn 3; K/P/B/*Pape* § 207 Rn 8 a; *Smid* § 207 Rn 1; N/R/*Westphal* § 207 Rn 4). Die Vorschrift ist letztlich nichts anderes als das Gegenstück zu § 26 (K/P/B/*Pape* § 207 Rn 8 a; N/R/*Westphal* § 207 Rn 5).

Eine wesentliche Modifikation dieser Grundsätze brachte das InsOÄndG 2001 durch die **Einführung des Stundungsmodells** in den §§ 4 a–d bei gleichzeitiger Ergänzung von § 207 Abs 1 S 2, wonach die Verfahrenseinstellung nicht nur unterbleibt, wenn ein ausreichender Geldbetrag vorgeschossen wird, sondern auch dann, wenn das Gericht die Verfahrenskosten einschließlich der Vergütung und Auslagen des Verwalters/Treuhänders nach § 4 a stundet (K/P/B/*Pape* § 207 Rn 8 a; *Fuchs* NZI 2001, 15; *Goebel* ZInsO 2000, 383; *Graf-Schlicker/Remmert* ZInsO 2000, 381; *G. Pape/I. Pape* ZIP 2000, 1553; *Graf-Schlicker* FS *Uhlenbruck* S 573 ff). Mit der gesetzlichen Neuregelung hat der Gesetzgeber verhindert, dass Schuldner, die nicht einmal die Kosten des Verfahrens aufzubringen vermögen, automatisch von der Restschuldbefreiung ausgeschlossen sind (arg e contr § 289 Abs 3). Entsprechend betrifft diese Regelung nur Schuldner als natürliche Person, die gleichzeitig einen Antrag auf Erteilung der Restschuldbefreiung stellen (§§ 4 a Abs 1, 287 Abs 1). Tritt die Massekostenarmut erst nach Verfahrenseröffnung zutage, so räumt der Gesetzgeber dem Schuldner das Recht ein, den **Stundungsantrag** gem § 4 a Abs 1 S 1 **auch noch im eröffneten Verfahren** anzubringen, um die Einstellung nach § 207 Abs 1 zu verhindern und weiterhin die Restschuldbefreiung zu erlangen Wie die Begr des Entwurfs des InsOÄndG 2001 Art 1 Nr 14 (abgedr in NZI Beil zu Heft 1/2001 S 18 = ZInsO Beil 1/2001 S 18) zeigt, muss der Schuldner aber zuvor seinen Antrag auf Restschuldbefreiung zumindest wirksam – dh insbesondere rechtzeitig – gestellt haben. 1a

Mit Einführung der Verfahrenskostenstundung durch das InsOÄndG wurde erstmals ein unmittelbarer **Vergütungsanspruch gegen die Staatskasse** begründet (§ 63 Abs 2). Der Verordnungsgeber musste allerdings nachträglich die Mindestvergütungen für Insolvenzverwalter und Treuhänder auf der Grundlage verfassungsrechtlicher Vorgaben des **BGH** (Beschl v 15. 1. 2004 IX ZB 96/03, ZIP 2004, 417 u IX ZB 46/03, ZIP 2004, 424) mit Rückwirkung zum 1. 1. 2004 recht deutlich erhöhen (ÄnderungsVO 4. 10. 2004). Seitdem reklamieren die Länderjustizhaushalte, diese spürbar gestiegenen finanziellen Lasten seien für sie nicht auf Dauer verkraftbar. Das bildete den Ausgangspunkt verschiedener Gesetzgebungsinitiativen mit kontrovers diskutierten Modellen einer stark veränderten Verbraucherentschuldung. Sie sollte in masselosen Fällen ohne Insolvenz(haupt)verfahren auskommen. Der Entwurf der BReG v 22. 8. 2007 für ein Gesetz zur Entschuldung völlig mittelloser Personen und zur Änderung des Verbraucherinsolvenzverfahrens (Beilage NZI Heft 10/2007) ging in Teilen zurück auf die Alternativkonzepte von *Grote/Heyer* (ZInsO 2006, 1121 u 1138). Die BReG wollte demnach die im Jahre 2001 eingefügten §§ 4 a bis 4 d aufheben, den infolgedessen gegenstandslos werdenden § 63 Abs 2 im Zuge der Vergütung von vorläufigen Verwaltern völlig neuen Regelungszwecken zuführen und in § 207 Abs 1 S 2 die Worte „oder die Kosten nach § 4 a gestundet werden" ersatzlos streichen. Sei der Schuldner völlig mittellos, also nicht selbst imstande, die vollen Kosten eines regulären Insolvenz(haupt)verfahrens vorauszuleisten, solle wieder wie früher die Abweisung des Eröffnungsantrages mangels Masse (§ 26 Abs 1 S 1) zur praktischen Regel werden. Neu war aber der Ansatz, mit Einschaltung eines vorläufigen Treuhänders dem Schuldner einen direkten, sehr viel kostengünstigeren Zugang in ein isoliertes Restschuldbefreiungsverfahren zu eröffnen (vgl Näheres in ReGE §§ 289 a und b; zum Verlauf der Diskussion ferner *Stephan* ZVI 2007, 441; *Grote* ZInsO 2007, 918; *Ahrens* NZI 2007, 193 und *Schmerbach* NZI 2007, 198). Die Diskussion ist zwischenzeitlich wieder zum Stillstand gekommen; der Gesetzgeber ist in der 16. Legislaturperiode nicht mehr tätig geworden. 1b

II. Massearmut

1. Begriff der Massearmut. Während im früheren Recht die Deckung von Massekosten (iwS des § 58 KO) wegen des besonderen Verteilungsschlüssels von § 60 Abs 1 Nr 1, 2 KO auch bestimmte vorrangige Masseschulden einschloss (§ 59 Abs 1 Nr 1, 2 KO), orientiert sich die InsO – hiervon ausdrücklich abweichend – bei der Massekostenarmut nach § 207 ausschließlich an der Höhe der unmittelbaren Verfahrenskosten (§ 54). Die früher in § 58 Nr 2 KO geregelten Ausgaben für die Verwaltung, Verwertung und Verteilung der Masse sind jetzt nur als sonstige Masseverbindlichkeiten iSd § 55 Abs 1 Nr 1 einzustufen. Eine Verfahrenseinstellung nach § 207 kommt nur in Betracht, wenn die verfügbare Masse die Gerichtskosten für das Insolvenzverfahren, die Vergütungen und die Auslagen des vorläufigen Insolvenzverwalters, des Insolvenzverwalters und der Mitglieder des Gläubigerausschusses nicht mehr voll- 2

§ 207

ständig deckt (vgl K/P/B/*Pape* § 207 Rn 9; *Smid* WM 1998, 1313; *Haarmeyer* ZInsO 2000, 103, 104; *Möhlmann* KTS 1998, 373, 376 ff; *Dinstühler* ZIP 1998, 1697; *Hess* § 207 Rn 4; BerlKo-*Breutigam* § 207 Rn 3; N/R/*Westphal* § 207 Rn 9–14). Die **Gerichtskosten für das Insolvenzverfahren** trägt der Schuldner nach Maßgabe von §§ 23 Abs 3, 29 Nr 1, 31 Abs 2 GKG. Der Gegenstandswert bemisst sich gem § 58 Abs 1 GKG nach dem Wert der Insolvenzmasse zum Zeitpunkt der Verfahrensbeendigung, also einschließlich neuem Zuerwerb seit der Eröffnung. An dieser Stelle ist somit, bezogen auf das potentielle Verfahrensende und dann zu veranschlagende Werte, eine Prognosebeurteilung zu treffen, zugleich bereinigt um den Wert von Absonderungspositionen (§ 58 Abs 1 S 2 GKG); Aussonderungsgut ist gar nicht erst massezugehörig (§ 47 S 1). Der maßgebliche Gebührensatz beträgt gem Nr 2310 KostVerz für das Eröffnungsverfahren auf Antrag des Schuldners 0,5, gem Nr 2311 KostVerz bei Eröffnungsverfahren auf Antrag eines Gläubigers 0,5 – mindestens jedoch 150 € –, gem Nr 2320 KostVerz für die Durchführung des Hauptverfahrens auf Antrag des Schuldners 2,5 sowie gem Nr 2330 bei Verfahrensdurchführung auf Antrag eines Gläubigers 3,0 des einfachen Regelwertes (§ 34 GKG). Ähnlich wie bei § 26 Abs 1 S 1 müssen ferner die **Vergütung und Auslagen des vorläufigen Verwalters** (§§ 21 Abs 2 S 1, 63), **des Verwalters** im eröffneten Verfahren (§ 63) und der **Mitglieder des Gläubigerausschusses** (§ 73 Abs 1) gedeckt sein; hierzu finden sich die näheren Berechnungsgrundlagen in der InsVV. Auch insofern bestehen naturgemäß gewisse Prognoserisiken, weil beispw das künftige Tagungspensum im Gläubigerausschuss – mit Vergütung im Stundensatz (§ 17 InsVV) – nicht sicher vorauszusagen ist, und erfahrungsgemäß – neben der prognostizierten Teilungsmasse (§ 1 InsVV) – auch Zu- und Abschläge (§ 3 InsVV) für den vorläufigen und endgültigen Verwalter kaum sicher vorauszusagen sind. Eine ganz exakte rechnerische Ermittlung ist also a priori nicht möglich. Die gerichtliche Verfahrenseinstellung mangels Masse erfolgt zwar bei entsprechend erkennbaren Hinweisen **von Amts wegen**. Jedoch ist das Gericht nicht von sich aus verpflichtet, ohne vorausgegangene Anhaltspunkte jeweils von Amts wegen den Stand der Massekostendeckung zu kontrollieren. In der Praxis erfolgt die Einstellung idR auf Anregung des Insolvenzverwalters (**BGH**, 21. 9. 2006 – IX ZB 11/04 [Rz 16], NZI 2006, 697; *Smid* § 207 Rn 3; FK-*Kießner* § 207 Rn 17; K/P/B/*Pape* § 207 Rn 9; *Hess* § 207 Rn 30; BerlKo-*Breutigam* § 207 Rn 7, 8), dem zugleich in der Kostenabschätzung eine gewisser Beurteilungsspielraum zuzugestehen ist. Zutreffend der Hinweis bei N/R/*Westphal* (§ 207 Rn 15), dass die Masselosigkeit im Grundsatz eigentlich ein **statischer Zustand** ist, der sich rechnerisch aus der Gegenüberstellung der bisher entstandenen Verfahrenskosten mit den vorhandenen tatsächlich verfügbaren liquiden Mitteln ergibt. Berücksichtigung findet aber das kurzfristig **verwertbare Schuldnervermögen**, dh die Insolvenzmasse iSv § 35, von der erwartet werden kann, dass sie in angemessener Zeit in Geld umwandelbar ist. Im Übrigen bleibt zu fragen, ob dem Verwalter **zuzumuten ist**, das Verfahren auf eigenes Kostenrisiko über längere Zeit hinweg trotz mangelnder Liquidität fortzuführen (vgl *Ries*, FD-InsR 2009, 287612). Wird das verneint, bleiben künftig erst längerfristig zu erwartende Massemehrungen wie beispw Forderungen, die mit zweifelhaftem Ergebnis nur im Prozesswege durchzusetzen sind, oder vergleichbar kritische Anfechtungsprozesse, außer Betracht (N/R/*Westphal* § 207 Rn 15; *Hess* § 207 Rn 12). Gem § 215 ist der Einstellungsbeschluss öffentlich bekanntzumachen. Anders als in den Fällen des § 208 erfolgt aber vorab **keine öffentliche Bekanntmachung** der fehlenden Massekostendeckung (vgl K/P/B/*Pape* § 207 Rn 11); vielmehr begnügt sich § 207 mit der Anhörung der Verfahrensbeteiligten.

3   Die früher von § 58 Nr 2 KO erfassten **Ausgaben für die Verwaltung, Verwertung und Verteilung der Masse** fallen nach neuem Recht nicht mehr unter den Begriff der Verfahrenskosten (*Hess* § 207 Rn 16). Es handelt sich um **Masseverbindlichkeiten** iSv §§ 55 Abs 1 Nr 1, 209 Abs 1 Nr 1 (HK-*Landfermann* § 207 Rn 5; FK-*Kießner* § 207 Rn 6; *Hess* § 207 Rn 16; N/R/*Westphal* § 207 Rn 16; MüKoInsO-*Hefermehl* § 207 Rn 27); ihre fehlende Deckung ist eigentlich nur ein Einstellungsgrund iSv § 211. Die restriktive Regelung des § 207 Abs 1 S 1 entspricht der Intention des Gesetzgebers, möglichst viele Verfahren zur Eröffnung zu bringen und eröffnet zu halten. Die Gesetzesbegründung zu § 26 stellt ebenso wie die Begr RegE zu § 317 [§ 207 InsO] klar, dass der Begriff der „Kosten des Verfahrens" enger gefasst sein soll als der Begriff der in § 58 Nr 1, 2 KO bezeichneten Massekosten, auf den § 204 Abs 1 S 2 KO Bezug nimmt (vgl Begr RegE zu § 317 [§ 207 InsO], abgedr bei K/P/B, S 434). Nach dem eindeutigen Willen des Gesetzgebers sollen Masseverbindlichkeiten nicht in die Berechnung des Massekostenvorschusses einbezogen werden. Der Gesetzgeber hat seine Ansicht in jüngerer Zeit im Rahmen der Vorarbeiten zum InsVereinfG 2007 bekräftigt (BT-Drs 16/3227 S 12). Es könne mit praxistauglichen Mitteln gar nicht gelingen, einen erweiterten Begriff der „**unausweichlichen Verfahrenskosten**" sauber zu definieren und diese Kostenpositionen konsequent abzugrenzen von anderen, regelmäßig in jedem Insolvenzverfahren anfallenden Ausgaben. Das wirft andererseits für Insolvenzverwalter erhebliche praktische Probleme auf, wo sie sich sofort fälligen Verpflichtungen ausgesetzt sehen, deren Erfüllung – vor allem zur Vermeidung eigener Haftung – dringlich erscheint. Dabei kann es sich beispw um Verkehrssicherungspflichten (Schnee- und Eisbeseitigung, Versicherungsprämien für Gebäude und Kfz, Strom-, Gas- und Bewachungskosten), aber auch um drohende Fälle einer steuerlichen Durchgriffshaftung handeln (vgl zu §§ 34, 35 AO **BFH** 23. 8. 1994 – VII R 143/92, ZIP 1994, 1969, 1971 ff; **BFH** 8. 8. 1995 – VII R 25/94, 1996, 430, 431). Ferner kann es um die Inanspruchnahme besonderen (Verwalter)Vertrauens gegenüber Neugläubigern gehen. Der Zielkonflikt liegt darin, dass § 208 Abs 3 die

II. Massearmut § 207

Verfahrensfortsetzung in Gestalt weiterer Verwaltungs- und Verwertungshandlungen gebietet, genau das aber – falls dabei keine überschießenden freien Wertschöpfungen mehr generiert werden können – Insolvenzverwalter und Justizkasse in zusätzliche persönliche Vergütungs-, Kosten- und (zB gegenüber Neugläubigern) Haftungsrisiken treibt. Weniger zählen hierher oktroyierte Hausgeldverpflichtungen nach WEG bzw öffentliche Grundabgaben für Immobilien, weil eine bloße Nichtzahlung idR noch keine unmittelbar persönliche Haftung bewirkt,. Hat etwa der Insolvenzverwalter von der Finanzverwaltung die Aufforderung erhalten, umfangreiche steuerliche Tätigkeiten zu erbringen, und ist der Fiskus trotz eines Hinweises des Verwalters auf die Massearmut nicht bereit, die Verfügung zurückzunehmen, hilft der **BGH** (22. 7. 2004 – IX ZB 161/03, ZInsO 2004, 970) nunmehr dem Insolvenzverwalter durch Einstufung seiner notwendigen und angemessenen Steuerberatungskosten in die Kategorie erstattungsfähiger „Auslagen" iSv §§ 54 Nr 2, 63 Abs 1. Insoweit kommt speziell in Fällen der Verfahrenskostenstundung des § 4 a dem Verwalter Nr 9018 KostVerz zu Hilfe, wo der Gesetzgeber einen sehr weiten Auslagenbegriff verwendet, und somit in Stundungssachen neben der Vergütung auch diese notwendigen Auslagen der Staatskasse mit aufbürdet (§ 63 Abs 2). Infolge dessen fehlt zugleich jeder Grund, denn diese Auslagen sind ja staatlich „gedeckt", die betroffenen Insolvenzverfahren überhaupt, sei es gem § 207 oder § 211, vorzeitig einzustellen. Im Regelverfahren – dh außerhalb der Kostenstundung – hilft dagegen die Zuordnung zur Kategorie drohender persönlicher „Auslagen" dem Verwalter nicht in gleicher Weise, weil es dort nun einmal für solchen Aufwand keinen anderen Kostenträger gibt. Mittelbar bewirkt sie jedoch, dass das Verfahren zumindest – mangels Deckung sämtlicher Verfahrenskosten – gem § 207 InsO sofort einstellungsfähig wird, der Verwalter also weitere persönliche Risiken nicht mehr eingehen und die betreffenden Auslagen auch gar nicht erst tätigen muss. Mit der Einstellung des Verfahrens enden zugleich die allgemeinen und besonderen, etwa steuerlichen, Amtspflichten des Verwalters. Soweit darüber hinaus in der Literatur für die Verwaltung extrem knapper Massen generell vergleichbare, den Wortlaut von § 207 aufweichende Ausweichlösungen diskutiert werden (HK-*Landfermann* § 207 Rn 5 ff; *Braun/Kießner* § 207 Rn 12 ff), bleibt immer zu vergewärtigen, dass sich eine unzureichende Insolvenzmasse – als betragsmäßig nur begrenzt verfügbares Sondervermögen (*Ries*, ZInsO 2007, 414) – nicht allein dadurch vermehrt, dass man den „Auslagenbegriff" ausweitet. Entweder ist a priori kein ausreichendes, die eigentlichen Verfahrenskosten deckendes Geld vorhanden – also die Einstellung nach § 207 sowieso unvermeidlich –, oder es geht in Wahrheit dort, wo die Verfahrenskosten ieS gedeckt sind, aber die Absicherung weiterer Ausgabenpositionen ansteht, um spezielle Vorrangfragen iSd. § 209 **bei fortdauernder Verfahrensabwicklung**, also sozusagen um einen bevorzugten Sonderrang. § 207 gewährt indes keine Privilegien, die für noch länger andauernde Mangelfälle die Verteilungsgerechtigkeit des § 209 sozusagen durch die Hintertür durchbrechen. Auch ist die Frage nach der richtig bemessenen Strenge des Sorgfaltsmaßstabes von § 61 S 2 allein dort aus Sinn und Zweck jener Norm heraus zu beantworten, und gebietet nicht per se eine Aufweichung der Einstellungsregularien des § 207. In diesen Fragen weitgehend deckungsgleich MüKoInsO-*Hefermehl* § 207 Rn 29; dagegen teilw anders noch die Vorauflage mwN, u a mit Verweis auf *Pape* KTS 1995, 189, 199; *Smid* WM 1998, 1313, 1314; *Leipold/Häsemeyer* S 101, 106; *Rattunde/Röder* DZWIR 1999, 309; *Wienberg/Voigt* ZIP 1999, 1662; H/W/F Hdb 8/127; *Dinstühler* ZIP 1998, 1697, 1699, 1707). Nach richtiger Auffassung hat der Insolvenzverwalter ohnehin alles zu tun, die Masse tunlichst von solchen Verbindlichkeiten zu entlasten, die ihr keinen kompensatorischen Nutzen bringen, also zB statt Steuererklärungen anzufertigen eine Schätzung der Besteuerungsgrundlagen über sich ergehen zu lassen, sofern dadurch anderen Verfahrensbeteiligten kein erkennbarer Schaden erwächst (vgl H/W/F-*Ries*, Präsenz-Komm, § 80 Rn 33 [Vers1]; *Runkel/Schnurbusch* NZI 2000, 49; *Kluth* ZInsO 2000, 177; *Haarmeyer* ZInsO 2001, 105; MüKoInsO-*Hefermehl* § 207 Rn 28).

2. Feststellung der Massearmut. Massearmut iSv § 207 kann auch eintreten, nachdem der Verwalter zunächst Masseunzulänglichkeit nach § 208 angezeigt hat, wenn sich nachträglich herausstellt, dass nicht einmal die Verfahrenskosten gedeckt werden können. Die §§ 207 und 208 schließen sich somit nicht gegenseitig aus, sondern können nacheinander zur Anwendung kommen (K/P/B/*Pape* § 207 Rn 12; *Hess* § 207 Rn 19). Obgleich die **Verfahrenseinstellung von Amts wegen** erfolgt, ist es nicht Aufgabe des Gerichts, die Massearmut ständig zu prüfen. Vielmehr gehört es zu den **Aufgaben des Verwalters**, den Schuldner oder das Schuldnerunternehmen hinsichtlich der Massearmut zu überwachen, diese zu prognostizieren und dem Gericht anzuzeigen (BGH, 21. 9. 2006 – IX ZB 11/04 [Rz 16], NZI 2006, 697; HaKo/*Weitzmann* § 207 Rn 3; BerlKo-*Breutigam* § 207 Rn 7, 8; K/P/B/*Pape* § 207 Rn 9; N/R/*Westphal* § 207 Rn 17, 18). Auch ist es den anderen **Verfahrensbeteiligten** nicht verwehrt, von sich aus auf eine eingetretene Massearmut hinzuweisen (vgl *Hess* § 207 Rn 30, 31). Daran schließen sich allerdings jeweils weitere **Prüfungspflichten des Insolvenzgerichts** an. So hat das Gericht, um vorschnelle Einstellungen zu vermeiden, von Amts wegen zu klären, ob – im Rahmen einer vertretbaren Beurteilungsprognose – die tatbestandlichen Voraussetzungen nach § 207 gegeben sind. Hierzu kann es Amtsermittlungen gem § 5 Abs 1 anstellen (vgl auch N/R/*Westphal* § 207 Rn 17). Die in § 207 Abs 2 vorgesehene Anhörung der Verfahrensbeteiligten ersetzt die Amtsermittlungen nicht. Das Ergebnis der Anhörung kann im Gegenteil Veranlassung geben, die Ermittlungen zum Vorliegen der Massearmut noch zu intensivieren, zumal sich zumindest für Massegläubiger, bliebe das Verfahren stattdessen gem § 208 Abs 3

4

§ 207

einzustufen und fortzusetzen, doch noch Aussichten wenigstens auf Quotenzahlung ergeben können. Umstritten ist die Verfahrenseinstellung bei sogen **„temporärer Verfahrenskostenunterdeckung"**. Nach AG Hamburg v 2. 2. 2000 (67 c IN 157/99, NZI 2000, 140, 141) hat der Verwalter das Verfahren fortzuführen, selbst wenn eine etwas mehr als die Verfahrenskosten deckende Masse erstmals in mehr als zwei Jahren realisiert werden kann. Dies ist im Hinblick auf die schutzwürdigen Interessen eines Schuldners nicht gerechtfertigt (*Uhlenbruck* NZI 2001, 408, 409)].

III. Abwendung der Verfahrenseinstellung

5 **1. Verfahrenskostenvorschuss.** § 207 Abs 1 S 2 1. Halbs sieht vor, dass die Einstellung des Verfahrens durch Leistung eines Massekostenvorschusses abgewendet werden kann. Hinsichtlich der **Höhe des Kostenvorschusses** treten die gleichen Probleme auf wie bei der Beurteilung der Massekostendeckung; insofern gelten die vorstehenden Darlegungen zu Rn 3 entsprechend. Das Gericht braucht den Kostenvorschuss **nicht aktiv von den Verfahrensbeteiligten einzufordern**. Vielmehr bleibt es jedem selbst überlassen, den Massekostenvorschuss in Folge der Anhörung und der dazu erteilten Informationen freiwillig einzuzahlen. Das Gesetz regelt zudem nicht den **Kreis der Vorschussberechtigten**. Wie schon bei §§ 107, 204 KO ist der Kreis der Einzahler nicht auf bestimmte Personen beschränkt, so dass der Vorschuss von jeder interessierten Person freiwillig eingezahlt werden kann (*Haarmeyer* ZInsO 2001, 103, 107; K/P/B/*Pape* § 207 Rn 19; *Smid* § 207 Rn 7; N/R/*Westphal* § 207 Rn 21). Da ein rechtliches Interesse nicht nachgewiesen werden muss, kommen auch Einzahler in Betracht, die keinen Rückgriffsanspruch gegen organschaftliche Vertreter wegen Insolvenzverschleppung haben (K/P/B/*Pape* § 207 Rn 19). **Ausgeschlossen von der Vorschussleistung ist der Insolvenzverwalter**, da sich die Vorschussleistung und der damit verbundene Rückzahlungsanspruch nicht mit seiner Unabhängigkeit gegenüber den Verfahrensbeteiligten vertragen (K/P/B/*Pape* § 207 Rn 19; KS-*Kübler* S 967, 970 Rn 12; *Leipold/Häsemeyer* bei *Leipold* [Hrsg], Insolvenzrecht im Umbruch S 101, 109; *Smid* WM 1998, 1313, 1314; *Smid* § 207 Rn 7; BerlKo-*Breutigam* § 207 Rn 13; *Hess* § 207 Rn 21; N/R/*Westphal* § 207 Rn 21; MüKoInsO-*Hefermehl* § 207 Rn 33; str aA mit beachtenswerten Gründen Braun/*Kießner* § 207 Rn 18). Der eingezahlte Verfahrenskostenvorschuss fällt nicht in die Insolvenzmasse, sondern wird **zweckbestimmtes Sondervermögen**, das ausschließlich für die Befriedigung der Verfahrenskosten zur Verfügung steht (OLG Frankfurt 6. 2. 1986 – 3 U 263/84, ZIP 1986, 931; K/P/B/*Pape* § 207 Rn 17; N/R/*Westphal* § 207 Rn 24; *Hess* § 207 Rn 23). Als außerhalb der Masse stehendes Sondervermögen geht die Rückzahlungspflicht allen übrigen Masseverpflichtungen iSv § 53 rangmäßig absolut vor, steht also insbesondere außerhalb des Anwendungsbereiches von § 209 und praktisch neben den dinglich bevorzugten Ansprüchen auf Aus- und Absonderung (*Gottwald/Uhlenbruck* InsRHdb 3. Aufl § 15 Rn 14; anders noch 2. Aufl § 15 Rn 12 und hier in der Vorsaufl). Sobald und soweit „frei" verfügbares Geld in die Masse gelangt, ist daraus an erster Stelle der aus der Vorschussleistung hervorgegangene Rückzahlungsanspruch zu tilgen. Von daher erscheint es auch unbedenklich, wenn sich der Vorschussleistende vor der Einzahlung an freiem, ggf noch illiquidem Schuldnervermögen eine dingliche Sicherheit bestellen lässt.

6 **2. Stundung der Kosten.** Durch das InsOÄndG 2001 hat § 207 Abs 1 S 2 eine Ergänzung insoweit erfahren, als die Einstellung auch unterbleibt, wenn die Kosten nach § 4a gestundet werden. Ebenso wie die Abweisung nach § 26 Abs 1 S 2 unterbleibt, wenn ein ausreichender Geldbetrag vorgeschossen wird oder die Kosten nach § 4a gestundet werden, soll durch die Neuregelung in § 207 Abs 1 S 2 verhindert werden, dass dem Schuldner der Zugang zu einem Restschuldbefreiungsverfahren nur deshalb versagt wird, weil er mittellos ist; nach § 289 Abs 3 ist insofern allein die systematisch auf anderen Grundlagen basierende Verfahrenseinstellung gem § 211 unschädlich. § 4a Abs 1 S 1 setzt für den Stundungsantrag der mittellosen natürlichen Person voraus, dass bereits ein Antrag auf Erteilung der Restschuldbefreiung vorliegt. Letzterer soll gem § 287 Abs 1 grundsätzlich zusammen mit dem Eröffnungsantrag gestellt werden. Wird er nicht mit dem Eröffnungsantrag verbunden, ist er innerhalb von zwei Wochen nach dem gerichtlichen Hinweis gem § 20 Abs 2 zu stellen (§ 287 Abs 1 S 2). Stellte sich nach Verfahrenseröffnung im Verbraucherinsolvenzverfahren Massearmut heraus, wurde vor dem Inkrafttreten des InsOÄndG 2001 das Verbraucherinsolvenzverfahren gem § 207 eingestellt (vgl **OLG Köln** 23. 2. 2000 – 2 W 21/00, ZIP 2000, 548). Um die Einstellung gem § 207 Abs 1 S 2 zu verhindern, räumt das Gesetz nunmehr dem Schuldner die Möglichkeit ein, auch **nach Eröffnung des Insolvenzverfahrens**, vorausgesetzt sie hat später als am 30. 11. 2001 stattgefunden (Art 103a EGInsO), die Stundung gem § 4a zu beantragen. Nach der Begründung des Entwurfs eines InsOÄndG (NZI Beil zu Heft 1/2001 S 18 = ZInsO Beil 1/2001 S 18) soll ein solcher Antrag allerdings nur zulässig sein, wenn der Schuldner rechtzeitig die Restschuldbefreiung beantragt hat (so auch K/P/B/*Pape* § 207 Rn 8 b). Hat der Schuldner somit einen Insolvenzantrag mit einem Antrag auf Restschuldbefreiung gestellt, so kann er, wenn im eröffneten Verfahren die Verfahrenskosten (§ 54) nicht mehr gedeckt sind, noch nachträglich einen Antrag auf Stundung der Kosten des Insolvenzverfahrens bis zur Erteilung der Restschuldbefreiung stellen. Werden dem Schuldner die Verfahrenskosten gestundet, unterbleibt die Einstellung des Verfahrens, solange die Stundung nicht vom Insolvenzgericht nach § 4c oder nach § 4d Abs 2 vom Beschwerdegericht aufgehoben

wird. Gestundet werden nach § 4a Abs 1 S 2 auch die **Kosten des Verfahrens über den Schuldenbereinigungsplan** und des **Verfahrens zur Restschuldbefreiung**. Die Beiordnung eines Rechtsanwalts, der die Interessen des Schuldners vertritt, ist vor der Stundungsbewilligung nicht möglich und auch sonst in der Praxis äußerst selten (§ 4a Abs 2; vgl **BGH** 18. 9. 2003 – IX ZB 44/03, ZInsO 2003, 1044; ferner HaKo/*Nies* § 4a Rn 19; HK-*Kirchhof* § 4a Rn 39). Handelt es sich nicht um ein Regelinsolvenzverfahren, tritt an die Stelle der Verwaltervergütung die Vergütung des Treuhänders. Im Übrigen wird die Stundung der Verfahrenskosten häufig zur Folge haben, dass der Verwalter Masseunzulänglichkeit iSv § 208 Abs 1 S 1 anzeigen muss (K/P/B/*Pape* § 207 Rn 8 c). Das betrifft insbesondere Fallkonstellationen, in denen sonstige Masseverbindlichkeiten gem § 55 anstehen bzw. schon angefallen sind. Denn hereinkommendes Geld ist zunächst ausschließlich auf den **noch offenen Teil der Verfahrenskosten** zu verwenden (§§ 209 Abs 1 Nr 1; 4b Abs 1 S 1; K/P/B/*Pape* § 207 Rn 5a; *Graf-Schlicker/Mäusezahl* § 209 Rn 2; aA *Kießner* Vorbem §§ 207–216 Rn 1 u § 209 Rn 11 ff; *ders* in FS *Braun* 205, 209 f). Insofern wäre der Verwalter von Anbeginn vergewärtigen – und wie im Regelverfahren ohne Stundung einkalkulieren – , dass das Insolvenzgericht seinen Stundungsbeschluss wegen Besserung der Vermögensverhältnisse des Schuldners wieder aufhebt Nicht ganz eindeutig erscheinen die Ausführungen von *Landfermann* (HK-*Landfermann* § 209 Rn 6), der scheinbar zunächst der Meinung von *Kießner* folgt, jedoch aaO im letzten Satz wieder zu der hier angestellten Vorrangbetrachtung zurückkehrt. Richtigerweise wird man differenzieren müssen: Soweit die **Stundung zwar bewilligt, jedoch aus der Staatskasse noch keinerlei Zahlung** erbracht wurde, greift die gesetzlich in § 63 Abs 2 letzter HS vorgegebene Rangfolge; die Kostenhaftung des Staates ergänzt die bestehen gebliebene Masseverantwortung (§ 54) lediglich subsidiär. Die so beschriebene Vorrangbetrachtung kann also für unbezahlte Vergütungsteile bewirken, dass die überschießenden, § 55 zuzuordnenden Masseschulden weiterhin ungedeckt bleiben. Gem § 289 Abs 3 steht weder die Anzeige der Masseunzulänglichkeit noch die Verteilung nach § 209 noch die Verfahrenseinstellung nach § 211 einer Restschuldbefreiung des Schuldners entgegen (s ergänzend K/P/B/*Pape* § 207 Rn 8 d u Rn 46). Auch verdienen Verwalter und Massegläubiger im Stundungsverfahren – gegenüber der aus sich selbst bzw dritt(vorschuss)finanzierten Regelinsolvenz – keine weitergehenden Privilegien, schon gar nicht indirekte (Ausschüttungs)Subventionen (vgl zu alledem bereits vorstehend Rn 3). Anders dagegen, wo **schon Zahlungen aus der Staatskasse erbracht** sind, zB auf die vorläufige Verwaltervergütung oder als Vorschuss zum eröffneten Verfahren, und jetzt – nachdem die direkte Masseverantwortung bereits entfallen und die Verfahrensbearbeitung fortgeschritten war – zugunsten der Staatskasse **schlichte Erstattungsforderungen** zu regulieren sind. Diese Erstattungsansprüche tragen nunmehr ein anderes Gewand. Wie *Landfermann* (HK-*Landfermann* § 209 Rn 6) zutreffend andeutet, entfaltet der Gerichtsbeschluss gem § 4b Abs 2 S 1, soweit er die Kostenstundung aufhebt, seine Abänderungskraft erst „ex nunc"; bis dahin hat also die zugebilligte Kostenstundung Verwalter wie Schuldner noch zu Recht begünstigt. Beurteilt man den Wegfall des Rechtsgrundes (direkt oder analog) nach § 55 Abs 1 Nr 3, würde eine Masseunzulänglichkeitsanzeige, die erst nach dem Aufhebungsbescheid ergeht, den Erstattungsanspruch zur Altmasseverbindlichkeit (§ 209 Abs 1 Nr 3) herabstufen. *Landfermann* (HK-*Landfermann* § 209 Rn 6) und *Kießner* (FS *Braun* 205, 210 f, 216) wollen solche Erstattungsansprüche, hervorgegangen aus einem verfahrenssichernden öffentl-rechtl Kostenfinanzierungssystem sui generis, mit Hinweis auf § 292 Abs 1 S 2 letzter HS sogar nur (ähnlich wie Sozialplanverbindlichkeiten) in einen noch schlechteren Zwischenrang verweisen nach sämtlichen Massekosten und Masseschulden (§§ 53, 209), allerdings vor den Insolvenzforderungen (§ 38).

IV. Ersatzanspruch des Vorschussleistenden

Gem § 207 Abs 1 S 2 2. Halbs iVm § 26 Abs 3 erwirbt derjenige, der den Massekostenvorschuss zur Weiterführung des Verfahrens zahlt, den **Schadenersatzanspruch wegen Insolvenzverschleppung** gegen das antragspflichtige Organ einer juristischen Person in Höhe des gezahlten Verfahrenskostenvorschusses. Nicht nur rechtsdogmatisch wirft die Regelung in § 26 Abs 3 Zweifelsfragen auf; vielmehr ist im Hinblick auf die Tatsache, dass im eröffneten Verfahren der Verwalter diese Ansprüche bereits nach § 92 versucht hat geltend zu machen, die praktische Bedeutung dieser gesetzlichen Regelung äußerst gering. Sind nämlich Ansprüche gegen organschaftliche Vertreter eines Schuldnerunternehmens gem § 92 realisierbar, wird es kaum jemals zu einer Einstellung mangels Masse kommen. Sind solche Ansprüche dagegen zweifelhaft oder nicht realisierbar, nützt dem Vorschussleistenden die Zuweisung dieser Ansprüche in § 207 Abs 1 S 2 nichts (vgl auch KS-*Kübler* S 967, 970 Rn 10; K/P/B/*Pape* § 207 Rn 18; N/R/*Westphal* § 207 Rn 25; *Gottwald/Uhlenbruck* InsRHdb § 15 Rn 20, 21; *Uhlenbruck* KTS 1994, 169, 175; *Braun/Uhlenbruck* Unternehmensinsolvenz S 272 f).

V. Das Einstellungsverfahren

Verneint das Gericht ein Vorliegen der tatbestandlichen Voraussetzungen des § 207 (vgl dazu auch *Gottwald/Klopp/Kluth* InsRHdb § 74 Rn 15 mit Verweis auf § 287 ZPO), bedarf die Ablehnung keiner förmlichen Zwischenentscheidung, insbesondere keines beschwerdefähigen Beschlusses (K/P/B/*Pape* § 207 Rn 29). Unmittelbar betroffen von einer Ablehnung der gewünschten Einstellungentscheidung sind ohnehin nur die direkten Kostengläubiger (§ 54), also idR die Justizkasse selbst, ferner der vorläufige und der endgültige Verwalter sowie schließlich die Mitglieder des Gläubigerausschusses. Soweit sich dem Gericht die erkennbar fehlende Kostendeckung förmlich aufdrängen musste, dh die Einstellungsablehnung unvertretbar fehlerhaft erscheint, und der in § 54 Nr 2 genannten Gruppe, insbes durch weiteres Tätigsein oder Verschlechterung der Quotenaussicht, finanzieller Ausfall oder gar Schaden erwächst, kommt ggf die Amtshaftung gem § 839 BGB, Art 34 GG in Frage (vgl ähnlich zur vorl Verwaltervergütung BGH, 22. 1. 2004 – IX ZB 123/03, ZInsO 2004, 336, 338 re Sp u BerlKo-*Blersch* InsVV Vorbem 37 aE). Im Übrigen läuft das Verfahren weiter, wobei der Verwalter tunlichst nach § 208 die Masseunzulänglichkeit anzeigen sollte (s o Rn 7). Auf der anderen Seite darf das Gericht, falls es aufgrund der vorgetragenen Umstände und seiner Amtsermittlungen (§ 5 Abs 1 S 1) zu dem Ergebnis gelangt, dass Massearmut vorliegt, keineswegs schon sofort die Einstellung beschließen, sondern hat zunächst bestimmte Verfahrensregeln einzuhalten (vgl Abs 2 u Abs 3), vor allem dem Verwalter zu ermöglichen, ordnungsgemäß Schlussrechnung zu legen und die vorhandenen Barmittel anteilsgerecht an die Verfahrenskostengläubiger (§ 54) zu verteilen. Dazu kann auch gehören, dem Verwalter zunächst noch die Realisierung von Vorsteuererstattungsansprüchen zu ermöglichen, die seine Vergütung betreffen.

9   **1. Anhörung der Verfahrensbeteiligten.** Die nach § 207 Abs 2 erforderliche Anhörung der Gläubigerversammlung, des Insolvenzverwalters und der Massegläubiger erfordert zunächst einmal, dass das Gericht den Verwalter auffordert, den nach § 66 Abs 1 erforderlichen **Schlussbericht** zusammen mit einer **Schlussrechnung** zu erstellen und bei Gericht einzureichen. Auf diese Weise ist gewährleistet, dass die Gläubigerversammlung in der Lage ist, die Schlussrechnung nach Prüfung durch das Insolvenzgericht abzunehmen. Auf die Fortsetzung der noch unvollendeten Forderungsprüfung nebst Vorlage eines **Schlussverzeichnisses** kann hingegen verzichtet werden, da es zu einer Verteilung an Insolvenzgläubiger nicht mehr kommt (H/W/F Hdb 8/133; HaKo/*Weitzmann* § 207 Rn 9; Braun/*Kießner* § 207 Rn 39), und die Verschaffung eines vollstreckbaren Auszuges aus der Tabelle (§ 201 Abs 2) schon nicht mehr zu den von § 207 angesprochenen, lediglich noch rudimentären Restaufgaben zählt. Eine spätere **Nachtragsverteilung** (§ 203) scheidet zudem aus; der Verwalter soll ja gerade dem Schuldner – ganz bewusst und endgültig – unverwertete Massegegenstände zurückgeben dürfen (§§ 207 Abs 3, 215 Abs 2 sowie arg e contr aus § 211 Abs 3; s auch Begr RegE zu § 317 [§ 207 InsO], BT-Drucks 12/2443, 218). Sind nachträglich – bis dato ungeprüfte – Forderungen angemeldet worden, können diese (müssen aber nicht) im Anhörungstermin abgehandelt werden (H/W/F Hdb 8/133). Allgemein wird nach geltendem Recht noch davon ausgegangen, dass die **Anhörung der Gläubigerversammlung** immer mündlich vonstatten gehen muss, also der Verwalter vor der Einstellung des Verfahrens nicht nur Schlussbericht und Schlussrechnung vorzulegen hat, die den Anforderungen des § 66 genügen müssen, sondern auch mündlich vorträgt und berichtet (vgl K/P/B/*Pape* § 207 Rn 20; *Bähner* KTS 1991, 347, 259; N/R/*Westphal* § 207 Rn 32). Der Termin der Gläubigerversammlung ist gem § 74 Abs 2 iVm § 9 Abs 1 öffentlich bekannt zu machen. Künftig bleibt an dieser Stelle zusätzlich § 5 Abs 2 InsVereinfG 2007 zu beachten; danach kann in einfach und übersichtlich gelagerten Fällen das Verfahren insgesamt oder jedenfalls in einzelnen Teilen **auch schriftlich** abgewickelt werden. Umstritten ist, ob die erste Gläubigerversammlung auf eine **Anhörung nach § 207 Abs 2 verzichten** kann (bejahend LG Göttingen 11. 3. 1997 – 6 T 30/97, ZIP 1997, 1039; N/R/*Westphal* § 207 Rn 32; *Hess* § 207 Rn 32; ebenso *Ehricke* NZI 2000, 57, 61). Diese Auffassung lässt sich für das neue Recht nicht aufrechterhalten, weil die Anhörung in § 207 Abs 2 primär ganz bestimmten Zielen dient, nämlich die Gläubiger über den Stand des Verfahrens zu unterrichten, eine Schlussrechnung des Verwalters abzunehmen sowie den Verfahrensbeteiligten einschließlich des Insolvenzschuldners die Möglichkeit zu geben, durch Zahlung eines Verfahrenskostenvorschusses den Fortgang des Verfahrens zu sichern (H/W/F Hdb 8/134; K/P/B/*Pape* § 207 Rn 21). Es handelt sich damit um einen verfahrensgrundsätzlichen Wendepunkt. Unterdessen hat sich die Zusammensetzung der Gläubigergemeinschaft nach der ersten Versammlung häufig personell erweitert, dh beide Gruppen (zu Beginn und am Schluss) sind keineswegs mehr völlig deckungsgleich. Effektiv werden die Versammlungstermine des § 207 Abs 2 hauptsächlich dann, wenn beispw langwierige, schwierige Prozesse (s o Rn 2 aE) zu besprechen sind, etwa zu Kapitalersatz- oder Anfechtungsthemen, und daraus spontan die Bereitschaft einzelner oder mehrerer Gläubiger erwächst, einen Verfahrenskostenvorschuss zu leisten, was allerdings rein faktisch nur Sinn macht, wenn der avisierte Betrag über die unmittelbaren Insolvenzverfahrenskosten (§ 54 InsO) hinaus auch den erforderlichen Prozesskostenvorschuss mit abdeckt. Ansonsten bleibt der Hinweis von *Pape* (Gläubigerbeteiligung Rn 284) zutreffend, dass die Teilnahme an einer solchen Gläubigerversammlung kaum je Erfolg und Genugtuung verspricht, weil die Masse iaR bereits derart abgewirtschaftet ist, dass ohnehin – auch nach noch so intensiver Erörterung – weder für Masse- geschweige denn für Insolvenzgläubiger (§§ 55, 38) neue Perspektiven entwickelbar sind und irgend etwas übrig bleibt. Damit gilt, von der etwaigen Aufdeckung haftungsrelevanter Sachverhalte (§§ 60, 61) oder einer Vorschussbereitstellung einmal abgesehen, iaR der alte Satz: außer Spesen nichts gewesen.

10   Der Verwalter hat dafür zu sorgen, dass auch sämtliche **Massegläubiger** von der beabsichtigten Verfahrenseinstellung Kenntnis bekommen, da nur er den „genauen Kreis dieser Gläubiger kennt" (H/W/F

V. Das Einstellungsverfahren § 207

Hdb 8/134). Eine **kostentreibende Zustellung** ist in diesem Fall nicht vorgeschrieben (K/P/B/*Pape* § 207 Rn 15; H/W/F Hdb 8/134). Die Mitteilung an die Massegläubiger kann vielmehr durch einfachen Brief erfolgen. Allerdings wird man den Verwalter für verpflichtet halten müssen, die Massegläubiger auf die Möglichkeit der Einzahlung eines Vorschusses hinzuweisen. In der **Terminsbestimmung** ist, da es sich um eine Gläubigerversammlung handelt, auch die **Tagesordnung festzulegen**. Hierzu gehört nicht nur die Mitteilung der beabsichtigten Verfahrenseinstellung, sondern auch die Höhe des Vorschusses, der die Einstellung vermeidet, und als weiterer Tagesordnungspunkt die Abnahme der Schlussrechnung und die Anhörung der Gläubigerversammlung über die Festsetzung der Gebühren und Auslagen des Gläubigerausschusses (vgl das Muster einer Terminsbestimmung bei H/W/F Hdb 8/135).

2. Keine weitere Verwertungspflicht des Verwalters. Bis zur Einstellung des Verfahrens durch das Insolvenzgericht ist der Insolvenzverwalter zwar noch **berechtigt, nicht aber verpflichtet**, die vorhandene Masse weiter zu verwerten (§ 207 Abs 3 S 2), da das Gesetz ihm nicht mehr zumutet, weiter tätig zu sein, ohne dass seine Vergütungsansprüche gedeckt sind (BerlKo-*Breutigam* § 207 Rn 7; *Uhlenbruck* ZIP 1993, 241, 244; *Häsemeyer* InsR Rn 7.76; N/R/*Westphal* § 207 Rn 38; HK-*Landfermann* § 207 Rn 21; aA BGH 16. 7. 2009 – IX ZB 221, 08, NZI 2009, 602: schon beim Verwertungsrecht mehr; dazu kritisch *Ries*, FD-InsR 2009, 287612). Der Verwalter, der als Kostengläubiger selbst von Massezuwächsen profitiert, wird die Verwertung vor allem dann noch ausführen, wenn die Möglichkeit besteht, einzelne Gegenstände risikolos zu veräußern und damit die vorhandenen Barmittel zu vergrößern (K/P/B/*Pape* § 207 Rn 25; *Smid* WM 1998, 1313, 1315; H/W/F Hdb 8/132; HK-*Landfermann* § 207 Rn 21). 11

3. Verteilung von Barmitteln. Neben der Verpflichtung zur Erstattung des Schlussberichts und zur Erstellung der Schlussrechnung ist der Verwalter gem § 207 Abs 3 S 1 nur noch verpflichtet, die vorhandenen Barmittel zur Verteilung zu bringen. Den **Verteilungsschlüssel** legt das Gesetz in § 207 Abs 3 S 1 fest. Von den Verfahrenskosten hat der Verwalter im ersten Rang die **Auslagen** des Gerichts (Veröffentlichungskosten), seine eigenen Auslagen und die Auslagen des Gläubigerausschusses im Verhältnis ihrer jeweiligen Beträge zu berichten. Sodann erfolgen im zweiten Rang anteilige Zahlungen auf die **Gerichtskosten und** die **Vergütungen** (N/R/*Westphal* § 207 Rn 37; BerlKo-*Breutigam* § 207 Rn 20; *Hess* § 207 Rn 45–49; MüKoInsO-*Hefermehl* § 207 Rn 59). Nach zutreffendem Hinweis von *Pape* (K/P/B/*Pape* § 207 Rn 23) sollte der Verwalter trotz der Regelung in § 207 Abs 3 S 2 nicht darauf verzichten, die Erfüllung seiner Vergütungsansprüche durch rechtzeitige **Vorschussleistungen** abzusichern. In den maßgeblichen Entscheidungen zu § 60 KO haben sowohl das **BVerfG** (30. 3. 1993 – 1 BvR 1045/89, 1 BvL 11/90, ZIP 1993, 838, 843) als auch der **BGH** (5. 12. 1991 – IX ZR 275/90, ZIP 1992, 120, 123) ebenso wie die überwiegende Literaturmeinung (K/U § 60 KO Rn 30; *Weber/Irschlinger/Wirth* KTS 1999, 133, 138; *Pape* ZIP 1986, 756, 761) darauf hingewiesen, dass der Insolvenzverwalter vor allem bei drohender Masseunzulänglichkeit die Möglichkeit hat, rechtzeitig einen Vorschuss auf seine Vergütung und Auslagen zu beantragen, da diese mit der Ausführung entsprechender Tätigkeit des Verwalters verdient seien. Die **Festsetzung eines Vorschusses** auf die Vergütung und die Auslagen und die Entnahme führt bei späterer Massearmut nicht dazu, dass der Verwalter verpflichtet ist, diese zurückzuerstatten (K/P/B/*Pape* § 207 Rn 23; MüKoInsO-*Hefermehl* § 207 Rn 59; *Hess* § 207 Rn 50). 12

4. Keine Nachtragsverteilung bei Einstellung mangels Masse. Nach zutreffender Literaturmeinung ist für eine Nachtragsverteilung bei Einstellung gem § 207 kein Raum (HK-*Landfermann* § 207 Rn 24; *Dinstühler* ZIP 1998, 1697, 1707; *Uhlenbruck* ZIP 1993, 241, 244). Die Norm will einen sauberen Schnitt, getreu nach dem alten Spruch: lieber ein schnelles Ende mit Schrecken als ein Schrecken ohne Ende. Die erstrebte Beschleunigung soll den Verwalter vor unzumutbaren Pflichtenkollisionen bewahren. Anderseits ist es nicht statthaft, durch generelle Modifizierung allgemeiner Verfahrensregeln zugunsten der Masse nur die interessanten Rosinen (Aktiva) zu sichern, den Gläubigern jedoch die berechtigte Abgeltung von Lasten (Passiva) nach § 207 durch sofortige Verfahrensbeendigung vorzeitig abzuschneiden. Zu alledem korrespondiert, dass das Gesetz ausdrücklich mit § 211 Abs 3 S 1 eine Nachtragsverteilung **allein für Fälle der Masseunzulänglichkeit** zulässt. Der Gesetzgeber nimmt maW zu § 207 in Kauf, dass der Schuldner endgültig Teile der Insolvenzmasse unverwertet zurückhält (HK-*Landfermann* § 207 Rn 21, 24): Wird neues Vermögen ermittelt, bleibt nur die Möglichkeit eines neuen Insolvenzverfahrens (so auch H/W/F Hdb 8/144). Demgegenüber hält es KS-*Kübler* S 967, 980 Rn 50) für „konsequent, die Regelung auf solche Verfahren anzuwenden, die gem § 207 InsO ohne weitere Verwaltung und Verwertung eingestellt worden sind, da nicht einmal die Kosten des Verfahrens gedeckt waren" (so auch LG Darmstadt 29. 5. 2001 – 5 T 794/00, Rpfleger 2001, 512 m Anm *Keller*; K/P/B/*Holzer* § 203 Rn 29; K/P/B/*Pape* § 207 Rn 39). Nach Auffassung von *Holzer* (NZI 1999, 44, 46) besteht auch bei Einstellung des Verfahrens mangels Masse nach § 207 Abs 1 S 1 ein „unabweisbares Bedürfnis für die Anordnung einer Nachtragsverteilung, weil auch in dieser Verfahrenssituation Beträge und Gegenstände an die Masse zurückfließen oder nachträglich bekannt werden". Unter dem Gesichtspunkt der gleichmäßigen Befriedigung der Insolvenzgläubiger sei es angezeigt, eine geordnete Verteilung unter der Aufsicht des Gerichts und des Verwalters durchzuführen. Der Gesetzgeber habe ausweislich 13 der Begr RegE geglaubt, den Reformvorschlag des ursprünglichen § 316 Abs 3 RegEInsO durch die Regelung des § 211 Abs 3 S 1 in das geltende Recht umzusetzen (so auch *Smid* § 207 Rn 14). Wegen des eindeutigen Willens des Gesetzgebers, der in der InsO nur einen unvollkommenen Ausdruck gefunden und das Gesetz das Regelungsziel nicht erreicht habe, müsse von einem **Redaktionsversehen** ausgegangen werden (so auch KS-*Kübler* S 980 f Rn 50). Diesen zuletzt geäußerten Meinungen ist indes nicht beizupflichten. Der systematisch grundlegende Unterschied liegt in der Verwertungspflicht. Während § 207 Abs 3 S 2 sie verneint, also geradezu unterstellt, dass der Verwalter dem Schuldner – ganz bewusst und endgültig – die Verfügungsmacht an unverwerteten Massegegenständen zurückgibt (§ 215 Abs 2), basiert § 208 Abs 3 auf der genau gegenteiligen Prämisse; dort soll – wie sonst regulär auch – die Verwertung noch komplett zum Abschluss gelangen. Hätte der Gesetzgeber gleichermaßen in den Sonderfällen der unvollendeten Verwertung (§ 207 Abs 2), also generell die Nachtragsverteilung gewollt, hätte er dies ähnlich wie in § 211 Abs 3 zum Ausdruck bringen müssen. Dies umso mehr, als der Rückgabe von Verfügungsmacht einer – unwiderruflichen und endgültigen – Freigabe gleichkommt, also eine gewisse Widersprüchlichkeit eintritt, wenn der Verwalter zunächst Sachen herausgibt, um eben dieselben anschließend – nunmehr zusammen mit neu aufgefundenen Zusatzwerten – wieder in Beschlag zu nehmen. Letzten Endes dürften die Fälle selten sein, in denen ein Verfahren erst mangels Masse eingestellt, dann jedoch per Nachtragsverteilung wieder aufgegriffen wird. Bei aussichtsreichen Anfechtungslagen werden die Gläubiger, wenn sie denn wirklich die Fortsetzung des Verfahrens wollen, von vornherein für die weitere Finanzierung und Durchführbarkeit der Anfechtungsprozesse sorgen. Bleibt festzuhalten: Der Weg in ein neues Insolvenzverfahren ist zwar umständlich, jedoch wegen Fehlens einer gesetzlichen Regelung unvermeidlich, wenn erst mit Hilfe nachträglich ermittelter Gegenstände die Kostendeckungsschwelle überschritten wird. Vergleichbare Argumente und praktische Vorbehalte begegnen der Alternativüberlegung, **schon vor einer Verfahrenseinstellung die Nachtragsverteilung** durch gerichtlichen Beschluss **vorzubehalten** (insoweit befürwortend allerdings *Uhlenbruck* NZI 2001, 408, 409; K/P/B/*Pape* § 207 Rn 39, 45; FK-*Kießner* § 207 Rn 32; BerlKo-*Breutigam* § 207 Rn 38; **str** aA MüKoInsO-*Hefermehl* § 207 Rn 85; N/R/*Westphal* § 207 Rn 39). Das führt – wie gesagt – bzgl derjenigen Sachen, die zunächst – für sich genommen – den Kostendeckungsgrad noch nicht erreichten, und die der Verwalter deshalb nicht verwertete, sondern dem Schuldner herausgab, zur unumkehrbaren „Freigabe"; diese Sachen könnten dann ohnehin nicht erneut in die Nachtragsverteilung einbezogen werden. Ein Nachtragsvorbehalt würde im Übrigen für den Verwalter indirekt – entgegen § 207 Abs 2 – doch eine zeit- und kräfteraubende Verfahrensförderungs- und Verwertungspflicht begründen. Denn er müsste nun vorsichtshalber für den Fall, dass künftige Nachtragserträge die Schwelle einfacher Kostendeckung überschreiten, schon im Hauptverfahren ein **Verzeichnis** der potenziellen Rangfolgen **sonstiger Massegläubiger** (§§ 55, 209) anlegen, das gerichtlich überprüft und im Anhörungstermin (§ 207 Abs 2) diskutiert werden kann. Auch müsste er im noch laufenden Hauptverfahren und nach den formal strengen Abläufen der §§ 174, 187 ff ein aufwändiges Anmeldungs- und Prüfungsverfahren durchführen sowie hierzu ein **Verteilungsverzeichnis** erstellen, weil quasi nie sicher auszuschließen ist, dass nicht doch überraschend hohe Nachtragserlöse sogar alle Masseverbindlichkeiten übersteigen und somit auch Insolvenzgläubiger befriedigt werden können. Insofern ging selbst der Gesetzgeber, auch wenn die Vorschrift später mit § 215 Abs 2 nur textlich verkürzt in Kraft trat, schon in seiner Begründung zu § 329 RegE (BT-Drs 12/2443, S 222) davon aus, dass in der verkürzten Abwicklung des § 317 RegE (§ 207) iaR keine vollständige Übersicht über das Vermögen und die Verbindlichkeiten gewonnen wird. Ein einmal eingestelltes Hauptverfahren kann niemals neu eröffnet und fortgesetzt werden; ohne ein darin ordnungsgemäß erstelltes und verabschiedetes Verteilungsverzeichnis sind definitiv keine späteren Ausschüttungen an Insolvenzgläubiger erlaubt. Die hier vertretene Ablehnung der Nachtragsverteilung im Kontext des § 207 muss andererseits für Massegläubiger (§ 53) nicht immer zu einem irreparablen Schaden führen. So kann es bspw (Ausnahme)Fälle geben, in denen für sie – bei einer unmittelbar anschließenden Nachfolgeinsolvenz mit völlig identischen Essentialia – unter dem Gesichtspunkt materieller Verfahrenseinheit eine **Rangübertragung in das Folgeverfahren** in Frage kommt (*Ries*, ZInsO 2005, 414, 417; demgegenüber abl BGH 9. 10. 2008 – IX ZR 168/07, NZI 2009, 53). Daneben bleibt für die Kostengläubiger, soweit sie teilweise ausgefallen sind und aus der verfehlten Kostendeckung offene Restansprüche bestehen, die der Schuldner als Träger aller Verfahrenskosten nicht freiwillig erfüllt, die Möglichkeit der **Einzelzwangsvollstreckung** auf ggf bevorzugter Erkenntnisgrundlage in nachträglich ermittelte Werte. Die Gerichtskasse kann ihre ungedeckten Kostenanteile gem § 6 JBeitrO gegen den Schuldner zwangsweise durchsetzen. Die sonstigen Kostengläubiger können ihre vollen Vergütungen und Auslagen gerichtlich festsetzen lassen (§§ 64, 21 Abs 2 Nr 1, 73 Abs 2). Die Festsetzungsbeschlüsse bilden jeweils Titel iSv § 794 Abs 1 Nr 2 ZPO; sie sind mit einer Vollstreckungsklausel ausstattbar.

13a **5. Vollstreckungsschutz gegenüber Verfahrenskostengläubigern.** Während, wie soeben besprochen, nach Rechtskraft des Einstellungsbeschlusses die Beitreibung restlicher Verfahrenskosten o w durch Einzelzwangsvollstreckung gegen den Schuldner möglich ist, muss die Antwort anders ausfallen für die Zeit vor der Einstellung und etwaige **Zwangsvollstreckungsbemühungen gegen den Insolvenzverwalter**. Die Frage kann vor allem dann praktische Relevanz erlangen, wenn zwischenzeitlich die Person des

V. Das Einstellungsverfahren § 207

Amtsträgers gewechselt hat. Das geschieht hin und wieder zB nach örtlicher Verweisung der Sache, wenn das neu zuständige Gericht nicht den bisherigen vorl Verwalter, sondern stattdessen einen anderen zum endgültigen Verwalter bestellt. Ferner sind anzusprechen Verwalterwechsel nach Abwahl oder Entlassung (§§ 57, 59). Das geht häufig einher mit emotionalen Spannungen, die uU den Amtsvorgänger verleiten, aus dem zu seinen Gunsten ergangenen Festsetzungsbeschluss Genugtuung zu suchen im Wege der Zwangsvollstreckung in das Massekonto des Amtsnachfolgers. Genau solch ein Fall lag dem **BGH** zur Entscheidung vor (21. 9. 2006 – IX ZB 11/04, NZI 2006, 697). Der BGH betont vorab, dass gegen unzulässige Vollstreckungsmaßnahmen von Massegläubigern in die Insolvenzmasse die **Vollstreckungserinnerung** nach § 766 ZPO gegeben ist, die allerdings örtlich und funktionell nicht an das allgemeine Vollstreckungsgericht iSv § 764 Abs 2 ZPO, sondern entsprechend § 89 Abs 3 an das sachnähere **Insolvenzgericht – als besonderes Vollstreckungsgericht** – gerichtet werden muss (so bereits **BGH**, 5. 2. 2004 – IX ZB 97/03, ZIP 2004, 732). Durch Analogie erfasse § 89 Abs 3 insofern nicht nur die Vollstreckungsverbote des § 90 Abs 1 (s dazu BerlKo-*Blersch* § 90 Rn 10, HK-*Eickmann* § 90 Rn 13; *Gottwald/Gerhardt* InsRHdb § 33 Rn 28; HaKo-*Kuleisa* § 90 Rn 11; KS-*Landfermann* S 174 Rn 46; K/P/B/*Lüke* § 90 Rn 21; MüKoInsO-*Breuer* § 90 Rn 25; Behr JurBüro 1999, 66, 68; Vallender, ZIP 1997, 1993, 1998) und des § 210 (LG Trier, ZInsO 2005, 221; BerlKo-*Breutigam* § 210 Rn 7; HK-*Landfermann* § 210 Rn 5; FK-*Kießner* § 210 Rn 7; K/P/B/*Pape* § 210 Rn 4a; MüKoInsO-*Hefermehl* § 210 Rn 15; str aA *Smid*, § 210 Rn 2 u Fn 4; ders WM 1998, 1313, 1318 f; *Runkel/Schnurbusch* NZI 2000, 49, 51), und das Vollstreckungsverbot aus § 210 betreffe über seinen lückenhaften Wortlaut hinaus auch nicht lediglich den Rangverhältnis zwischen den erstrangig zu berichtigenden Kosten (§ 209 Abs 1 Nr 1) und den im zweiten Rang nachfolgenden Neumasseverbindlichkeiten (§ 209 Abs 1 Nr 2; s bereits **BGH**, 13. 4. 2006 -IX ZR 22/05, ZInsO 2006. 541, 543 re u), sondern das Verbot erstrecke sich **auch Fälle der Massearmut** nach § 207. Innerhalb der Gruppe der Kostengläubiger gelte ebenfalls (unter den Rangmodifikationen des § 207 Abs 3 S 1) der Gleichbehandlungs-, nicht aber der Prioritätsgrundsatz. Jede andere Betrachtung würde der in § 207 Abs 3 S 1 festgelegten Rangfolge zuwider laufen. Der Insolvenzverwalter, der das Verfahren nicht selbst einstellen, sondern dies nur anregen könne, müsse insbesondere nicht zusehen, dass andere Kostengläubiger bereits in die Masse zugreifen, während er noch den restlichen Ablaufformalien des § 207 Abs 2 u 3 Genüge tun muss (zur Anfertigung von Schlussbericht und Schlussrechnung s bereits ob Rn 9). Der Insolvenzverwalter erhebe mit alledem Einwände gegen die Zulässigkeit der Zwangsvollstreckung, nicht jedoch materiell gegen die berechtigten Kostenerstattungsanprüche des Amtsvorgängers an sich. Auf §§ 767, 769 ZPO könne deshalb nicht zurückgegriffen werden (s ferner MüKoInsO-*Hefermehl* § 207 Rn 69; K/P/B/*Pape* § 207 Rn 32 f; aA *Gottwald/Klopp/Kluth* § 74 Rn 44).

6. Der Einstellungsbeschluss. Hat das Insolvenzgericht die Massearmut festgestellt und sind weder die Verfahrenskosten gestundet noch ist jemand bereit, einen Massekostenvorschuss zu zahlen, hat es durch **begründeten Beschluss** die Einstellung des Verfahrens mangels Masse anzuordnen. Die Einstellung darf entgegen dem früheren § 191 KO erst dann erfolgen, wenn der Verwalter zuvor die vorhandenen Barmittel verteilt hat (BerlKo-*Breutigam* § 207 Rn 23). Der Einstellungsbeschluss ist gem § 215 Abs 1 **öffentlich bekannt zu machen**. Dazu genügte herkömmlich die auszugsweise Veröffentlichung im Bundesanzeiger (§ 215 Abs 1 S 3, 200 Abs 2 S 2). Allerdings wurde der bisherige § 200 Abs 2 S 2 durch das InsOVereinfG 2007 mit Wirkung ab dem 1. 7. 2007 aufgehoben und gleichzeitig § 9 Abs 1 S 1 neu gefasst. Demnach erfolgen öffentliche Bekanntmachungen künftig durch zentrale und länderübergreifende Veröffentlichungen **im Internet** (www.insolvenzbekanntmachungen.de; weitere Einzelheiten benennt die Begründung der BReg in BT-Drs 16/3227 S 10). Gem Art 103c Abs 1 EGInsO gilt speziell diese Neuregelung bereits in allen laufenden Verfahren. Soweit Art 103c Abs 2 EGInsO daneben für eine Übergangszeit bis zum 31. 12. 2008 die auszugsweise – zusätzliche – Veröffentlichung in einem periodisch erscheinenden Printmedium am Wohnort/Sitz des Schuldners gestattet, also zB klassicherweise in der Tageszeitung oder in Mitteilungsblättern an die Haushalte, macht das die Internet-Bekanntmachung keinesfalls entbehrlich. War die Verfahrenseröffnung im Handelsregister, Grundbuch oder in sonstigen Registern nach den §§ 31–33 eingetragen, so gelten gem § 215 Abs 1 S 3 iVm § 200 Abs 2 S 2 InsOVereinfG 2007 (vormals S 3) die §§ 31–33 entsprechend mit der Folge, dass die öffentlichen Register, wie zB das Handels-, Genossenschafts-, Partnerschafts- oder Vereinsregister (§ 31), das Grundbuchamt (§ 32) sowie gegebenenfalls das Schiffsregister, das Schiffsbauregister und das Register für Pfandrechte an Luftfahrzeugen (§ 33) über die Einstellung zu informieren sind. Allerdings sollte die Information der Register erst erfolgen, wenn der Einstellungsbeschluss rechtskräftig geworden ist. Der Einstellungsbeschluss erlangt **Wirksamkeit** mit dem Ablauf des zweiten Tages nach dem Tag der Veröffentlichung entsprechend § 215 Abs 1 S 2 iVm § 9 Abs 1 S 3 (N/R/*Westphal* § 207 Rn 42; K/P/B/*Pape* § 207 Rn 26). Da eine gegen den Einstellungsbeschluss eingelegte sofortige Beschwerde wegen § 4 InsO iVm § 572 Abs 1 ZPO **keine aufschiebende Wirkung** hat, wird der Schuldner mit der Wirksamkeit des Einstellungsbeschlusses berechtigt, frei über sein Vermögen zu verfügen, sofern nicht die Einstellungsbeschluss durch eine rechtskräftige Beschwerdeentscheidung aufgehoben wird (**OLG Frankfurt** 8. 7. 1975 – U 115/75, BB 1975, 1279; N/R/*Westphal* § 207 Rn 42). Mit der Wirksamkeit des Einstellungsbeschlusses **enden die Ämter der Verfahrensorgane**, also das Amt des Insolvenzverwalters sowie die Befugnisse eines Gläubigerausschusses. Wird der Einstellungsbeschluss vom Beschwerdegericht aufgehoben, ist **kein neuer Verwalter und kein neuer Gläubigerausschuss** zu bestellen (str aA H/W/F Hdb 8/142). Vielmehr ist davon auszugehen, dass die Wirkungen des § 80 wieder eintreten und die Befugnisse des Insolvenzverwalters und sonstiger Verfahrensorgane automatisch wieder aufleben. Der Schuldner, der Insolvenzverwalter und die Mitglieder des Gläubigerausschusses sind gem § 215 Abs 1 S 2 vorab über den Zeitpunkt des Wirksamwerdens der Einstellung zu unterrichten. Alle bis zur Wirksamkeit des Einstellungsbeschlusses vom Verwalter vorgenommenen Rechtshandlungen sind gültig. Gleiches gilt für Rechtshandlungen des Schuldners, die dieser bis zur rechtskräftigen Aufhebung des Einstellungsbeschlusses durch das Beschwerdegericht vornimmt.

15 **7. Rechtsmittel.** Der Beschluss über die Einstellung mangels Masse nach § 207 kann gem § 216 Abs 1 nicht nur von **jedem Insolvenzgläubiger**, sondern auch vom Schuldner bzw den organschaftlichen Vertretern eines Schuldnerunternehmens mit der **sofortigen Beschwerde** angefochten werden. Der Lauf der Beschwerdefrist beginnt mit dem Wirksamwerden der öffentlichen Bekanntmachung nach § 9 Abs 1 S 3 (s hierzu die vorst in Rn 14 zu § 9 Abs 1 S 1 beschriebenen Änderungen des InsVereinfG 2007, Stichwort: Internet-Veröffentlichung; zur bisherigen Rechtslage Einzelheiten bei K/P/B/*Pape* § 207 Rn 27). In der Praxis geschieht die Internet-Bekanntmachung relativ schnell, oftmals nur binnen weniger Stunden. Da andererseits das **OLG Köln** (3. 1. 2000 – 2 W 270/99, ZIP 2000, 195; EWiR 2000, 181 [*Bork*]) für den **Beginn der Beschwerdefrist** nicht auf die öffentliche Bekanntmachung abstellt, sondern auf die individuelle Zustellung an den einzelnen Gläubiger, empfiehlt es sich, zur Einlegung der sofortigen Beschwerde zunächst abzuklären, was eher geschah (Veröffentlichung oder Zustellung), und sicherheitshalber den jeweils kürzeren Fristlauf von zwei Wochen zu notieren (vgl zur bisherigen Rechtslage schon K/P/B/*Pape* § 207 Rn 27a, der allerdings a priori einen längeren Zeitlauf der Veröffentlichung im Printmedium unterstellte). Gleichzeitig ist jetzt nach § 8 Abs 1 S 2, 3 InsVereinfG 2007 die neue Zustellfiktion zu beachten; sie betrifft gem Art 103c Abs 2 EGInsO ab ihrem Inkrafttreten zum 1. 7. 2007 auch bereits laufende Verfahren und schneidet den Zustelladressaten u a den Einwand ab, er habe die Sendung nicht erhalten. Für Sendungen im Inland gilt nunmehr eine Dreitagesfrist (§ 8 Abs 1 S 3 InsVereinfG); für Auslandszustellungen errechnet sich eine Zweiwochenfrist (§ 8 Abs 1 S 2 InsVereinfG iVm § 184 Abs 2 S 1 ZPO). Hat – wie regelmäßig im eröffneten Verfahren – der Rechtspfleger über die Einstellung entschieden, ist die **befristete Erinnerung** nach § 11 RPflG der sofortigen Beschwerde vorgeschaltet. Mit der Beschwerde kann u a geltend gemacht werden, dass Massekostenarmut iSv § 207 nicht vorgelegen habe, der Vorschuss falsch berechnet oder in ihn Positionen einbezogen worden sind, die nicht unter den gesetzlichen Begriff der Verfahrenskosten des § 54 fallen (H/W/F Hdb 8/141; *Haarmeyer* ZInsO 2001, 103, 107; K/P/B/*Pape* § 207 Rn 28). Die Möglichkeit, die Vorschussberechnung isoliert anzufechten, ist ausgeschlossen. Fehlerhafte Vorschussberechnungen können deshalb nur im Wege der Anfechtung der Verfahrenseinstellung gerügt werden (K/P/B/*Pape* § 207 Rn 28). Da die **Ablehnung der Verfahrenseinstellung** nicht durch Beschluss erfolgt, ist insoweit ein Rechtsmittel nicht gegeben (BGH 26. 4. 2007 – IX ZB 221/04, NZI 2007, 406). Der Verwalter hat in diesen Fällen nur die Möglichkeit, gem § 208 die **Masseunzulänglichkeit anzuzeigen**. Im Übrigen hat er bei veränderter Sachlage die Möglichkeit, jederzeit wieder erneut die Verfahrenseinstellung nach § 207 bei Gericht anzuregen (vgl auch K/P/B/*Pape* § 207 Rn 29).

VI. Rechtsfolgen der Verfahrenseinstellung mangels Masse

16 **1. Unmittelbare Rechtswirkungen.** Das Amt des Insolvenzverwalters endet ebenso wie die Ämter der Gläubigerausschussmitglieder. Der Schuldner kann mit der Verfahrenseinstellung wieder **frei über sein Vermögen verfügen**(§ 215 Abs 2 S 1). § 207 Abs 1 S 3 verweist nicht auf § 26 Abs 2, so dass neben den insolvenzrechtlichen Bekanntmachungen kein zusätzlicher Eintrag in das Schuldnerverzeichnis stattfindet (Braun/*Kießner* § 207 Rn 30). Gem § 215 Abs 2 S 2 iVm § 201 Abs 1 können die Insolvenzgläubiger ihre restlichen Forderungen gegen den Schuldner unbeschränkt geltend machen und vollstrecken (sog **Nachhaftung**). Dem Schuldner kann in diesem unvollständig gebliebenen, vorzeitig beendeten Verfahren **keine Restschuldbefreiung** mehr zuteil werden. Von daher erlangt bereits im Vorfeld die Verfahrenskostenstundung gem §§ 4a -d besondere Bedeutung, die dieses unbefriedigende Ergebnis vermeiden hilft (ausführl vorst zu Rn 1a und Rn 6). Nach Verfahrenseinstellung bleibt der Insolvenzschuldner bzw das Schuldnerunternehmen sowohl den vor Verfahrenseröffnung bereits bestehenden als auch den vom Insolvenzverwalter begründeten **Masseverbindlichkeiten verhaftet** (RGZ 52, 332; BGH 30. 10. 1967 – VIII ZR 176/65, BGHZ 49, 11, 13; *Pape* ZIP 1992, 747, 748). Der Gegner eines vom Insolvenzverwalter geführten Rechtsstreits muss nach Einstellung gem § 207 seine Kosten gegen den Schuldner, nicht gegen den Insolvenzverwalter, festsetzen lassen (**OLG** Schleswig 2. 6. 1977 – 9 W 130/77, SchlHA 1977, 158). Anders als nach der früher hM zur KO (vgl **BGH** 25. 11. 1954 – IV ZR 81/54 (KG), NJW 1955, 339; K/U § 204 KO Rn 8) beschränkt sich die Haftung nicht auf das **insolvenzbefangene Vermögen**, sondern erstreckt sich auch auf das Neuvermögen des Schuldners (so *Runkel/Schnurbusch* NZI 2000, 49, 56 f; **str aA** K/P/B/*Pape* § 207 Rn 37, 38; *Pape* ZInsO 2001, 60, 63). Sind nicht einmal mehr die Verfahrenskosten iSv § 54 gedeckt und haftet der Schuldner bzw das Schuldner-

VI. Rechtsfolgen der Verfahrenseinstellung mangels Masse § 207

unternehmen den Gläubigern gem § 201 ohnehin für die Restverbindlichkeiten, so ist kein Grund ersichtlich, die Verfahrenskosten und vom Verwalter begründeten Masseverbindlichkeiten von dieser unbeschränkten Haftung auszunehmen und diese auch bezüglich der Vergütungsansprüche des Verwalters auf die – nicht mehr vorhandene – Insolvenzmasse zu beschränken (str aA auch N/R/*Westphal* § 207 Rn 38; *Hess* § 207 Rn 52). Zutreffend weisen *Runkel/Schnurbusch* (NZI 2000, 49, 56) darauf hin, dass es im Geltungsbereich der InsO an Vorschriften fehlt, die der Konzeption der §§ 1967 ff, 1993 ff, 1975 ff BGB entsprechen, wonach das Trennungsprinzip gilt. Wollte man den Schuldner nur für die oktroyierten, nicht dagegen für die gekorenen Masseverbindlichkeiten einschließlich der Verwaltervergütung, der Gerichtskosten und der übrigen Masseverbindlichkeiten haften lassen, würde dies zu dem eigenartigen Ergebnis führen, dass zwar der Schuldner durch die Restschuldbefreiung nicht von den Masseverbindlichkeiten befreit wird, jedoch er mit seinem Neuvermögen trotzdem nicht für diese Verbindlichkeiten haftet.

2. Prozessuale Folgen. Hat der Insolvenzverwalter einen im Zeitpunkt der Verfahrenseröffnung anhängigen und gem § 240 ZPO unterbrochenen Rechtsstreit nicht aufgenommen, ist er nicht Partei geworden. Dann endet die Unterbrechungswirkung des § 240 ZPO mit der Wirksamkeit des Einstellungsbeschlusses (**BGH** 28. 9. 1989 – VII ZR 115/89, ZIP 1989, 1411; K/P/B/*Pape* § 207 Rn 42); der Rechtsstreit setzt sich automatisch unter Beteiligung des Schuldners fort. Hatte der Insolvenzverwalter einen Rechtsstreit nach den §§ 85, 86 aufgenommen oder einen neuen Rechtsstreit für die Masse angestrengt oder als Passivprozess für die Masse geführt, so fällt das **Prozessführungsrecht** wieder auf den Schuldner zurück. Dies führt in der Regel zu einem Parteiwechsel, wonach der Schuldner (bei jurist Personen ggf als Gesellschaft in Liquidation u vertreten durch einen Nachtragsliquidator) ohne weiteres in den Prozess eintritt (**OLG Karlsruhe**, 12. 4. 2005 – 17 U 177/03, ZInsO 2005, 823). Streitig ist jedoch, ob dem Schuldner Gelegenheit zu Einarbeitung in den Prozessstoff zu geben und der Rechtsstreit deshalb entsprechend § 239 ZPO als unterbrochen zu behandeln ist (vgl zum Streitstand K/P/B/*Pape* § 207 Rn 43). Nach hM werden vom Insolvenzverwalter anhängig gemachte oder aufgenommene Prozesse, die die Insolvenzmasse betreffen, mit der Einstellung des Verfahrens gem § 239 ZPO unterbrochen (**OLG Köln** 21. 5. 1987 – 12 U 94/86, ZIP 1987, 1004; Braun/*Kießner* § 207 Rn 33; K/P/B/*Pape* § 207 Rn 43; N/R/*Westphal* § 207 Rn 44 u 215 Rn 14; *Hess* § 207 Rn 53). Soweit die Auffassung vertreten wird, dass eine erneute Unterbrechung durch die Verfahrenseinstellung dann nicht eintritt, wenn der Insolvenzverwalter **anwaltlich vertreten** war (vgl RGZ 79, 27, 29 und **OLG Karlsruhe**, 12. 4. 2005 – 17 U 177/03, ZInsO 2005, 823 mit Hinweis auf § 246 Abs 1 ZPO), kann ihr nicht gefolgt werden. Ebenso wie der Insolvenzverwalter im eröffneten Verfahren muss sich der Schuldner bei Übergang der vormals durch den Verwalter geführten Prozesse in den Sach- und Streitstand einarbeiten und entscheiden, ob er den bisherigen Prozessbevollmächtigten des Verwalters beibehält und das Verfahren fortsetzt (K/P/B/*Pape* § 207 Rn 43). Setzt er das Verfahren nicht fort, bleibt ihm nur die Erledigungserklärung nach § 91a ZPO oder die Klagerücknahme mit der Kostenfolge des § 269 ZPO. Soweit es sich um insolvenzspezifische Prozesse handelt, wie zB einen **Anfechtungsprozess des Insolvenzverwalters** nach den §§ 129 ff, findet a priori kein Übergang der Prozessführungsbefugnis statt; der Schuldner kann diesen Prozess nach Einstellung des Insolvenzverfahrens überhaupt nicht mehr fortsetzen (**BGH** 30. 10. 1967 – VIII ZR 176/65, BGHZ 49, 11, 16; 10. 2. 1982 – VIII ZR 158/80, ZIP 1982, 467; K/P/B/*Pape* § 207 Rn 44; N/R/*Westphal* § 207 Rn 44). Für solche Anfechtungsprozesse hat der **BGH** (16. 7 2009 – IX ZB 221/08, NZI 2009, 602; kritisch bespr v *Ries*, FD-InsR 2009, 287 612) von daher sogar das Rechtsschutzbedürfnis und die Möglichkeit der PKH-Beteiligung bereits ab dem Moment verneint, in dem objektiv eine endgültige, nicht mehr behebbare Massearmut eintritt. Insoweit können die Prozessbeteiligten (Verwalter/Anfechtungsgegner) den Rechtsstreit nur noch gem § 91a ZPO für erledigt erklären, wenn nicht der Insolvenzverwalter anerkennen will, dass er zur Kostentragungspflicht verurteilt wird (K/P/B/*Pape* § 207 Rn 45). Im Streit über die Kosten ist der Schuldner Partei. Der Prozessgegner muss in einem vom Verwalter begonnenen Anfechtungsrechtsstreit nach Einstellung des Verfahrens (§ 207) seine Kosten gegen den Schuldner festsetzen lassen, soweit nicht die Hauptsache übereinstimmend für erledigt erklärt wird (H/W/F Hdb 8/145). Ihm etwa aufgebürdete Kosten hat der Schuldner auch tatsächlich zu tragen. Dabei haftet er, wie vorstehend beschrieben, mit seinem gesamten, also auch mit insolvenzfreiem Vermögen. Soweit von einer Mindermeinung angenommen wird, dass auch bei Verfahrenseinstellung nach § 207 eine **Nachtragsverteilung** zulässig ist (s o Rn 13 m entspr Nachw), bleibt der Insolvenzverwalter prozessführungsbefugt, wenn es sich um Beträge nach den §§ 203, 205 handelt (*Thomas/Putzo* § 240 ZPO Rn 12). Hier bleibt dann auch die vom Insolvenzverwalter erteilte **Prozessvollmacht** zunächst wirksam (RGZ 73, 312; *Zöller/Greger* § 240 ZPO Rn 15). Ansonsten kann in diesen Fällen die **Aussetzung des Verfahrens** gem § 246 Abs 1 2. Halbs ZPO beantragt werden (**OLG Köln** 21. 5. 1987 – 12 U 94/86, ZIP 1987, 1004, EWiR 1987, 829 [*Grunsky*]; K/P/B/*Pape* § 207 Rn 43; *K. Schmidt* KTS 1984, 345, 396). Das gilt gleichermaßen für Anfechtungsprozesse, soweit sie und ihr Ergebnis der Nachtragsverteilung vorbehalten waren (*Hess* § 207 Rn 55).

3. Gesellschaftsrechtliche Folgen. Der Gesetzgeber hat bei juristischen Personen, vor allem bei Gesellschaften mit beschränkter Haftung, sein urprüngliches Ziel, die **Vollabwicklung der Gesellschaft** bis hin

17

18

zur Löschungsreife und Löschung im Register im Rahmen des Insolvenzverfahrens zu bewirken (BT-Drs 12/2443, S 83, 85), durch die vorstehend beschriebenen, unvollkommen bleibenden Wirkungen des § 207 Abs 3 S 2 nicht erreicht (KS-*J. Uhlenbruck* InsO S 1194 Rn 15; K/P/B/*Pape* § 207 Rn 50; vgl auch KS-*K. Schmidt* S 1199 Rn 41; vgl auch *K. Schmidt* Wege S 99 ff; *K. Schmidt* ZGR 1996, 209, 211; *W. Schulz*, Die masselose Liquidation der GmbH; *Balz*, Die Ziele des Reformentwurfs, in: *Kübler* [Hrsg], Neuordnung S 15 f; *Uhlenbruck*, Das neue Insolvenzrecht, S 903; *Balz/Landfermann* S 515; KS-*J. Uhlenbruck* InsO S 1187 ff, 1194 Rn 15 ff; s ausf auch schon bei § 11). Das Problem der Abwicklung der durch die Verfahrenseröffnung aufgelösten Gesellschaft bleibt weiter bestehen. Gleiches gilt für die Frage der Vollbeendigung einer Gesellschaft nach der „**Lehre vom Doppeltatbestand**" (vgl *Scholz/K. Schmidt* Anh § 60 GmbHG Rn 18; *Uhlenbruck*, GmbH & Co KG, S 452 ff; KS-*J. Uhlenbruck* InsO S 1187 Rn 20; *W. Uhlenbruck* KTS 1991, 223, 234; vgl auch **BGH** 18. 1. 1994 – XI ZR 95/93, KTS 1994, 359; 7. 10. 1994 – V ZR 58/93, NJW 1995, 196). Nach dieser Lehre reicht die Löschung der Gesellschaft im Handelsregister zur Vollbeendigung nicht aus. Vielmehr muss die **völlige Vermögenslosigkeit** hinzutreten. Die Einstellung mangels Masse indiziert zwar eine Vermögensknappheit, beweist damit aber noch keine Vermögenslosigkeit. Solange eine Gesellschaft noch restliches Vermögen besitzt, das zB auch in einer Forderung gegen ihren Geschäftsführer gem § 43 GmbHG bestehen kann, bleibt sie parteifähig. Verneint man die Zulässigkeit einer Nachtragsverteilung, stellt sich die Frage, ob ein **neuer Insolvenzantrag** gestellt werden kann oder muss, wenn nachträglich Vermögen einer Gesellschaft ermittelt wird, oder ob der Einstellungsbeschluss als „*res judicata*" einem erneuten Insolvenzantrag entgegensteht. Jedenfalls entsteht, wenn im Handelsregister bereits die endgültige Löschung der Gesellschaft wegen Vermögenslosigkeit stattgefunden hat, die Insolvenzantragspflicht der organschaftlichen Vertreter nicht neu, denn sie sind mit der Löschung aus ihrer Rechtsposition ausgeschieden. Soweit Vermögen an die Liquidationsgesellschaft zurückfließt, finden die Vorschriften über die insolvenzmäßige Verteilung keine Anwendung (str aA *W. Schulz*, Die masselose Liquidation der GmbH). Stellt sich nachträglich noch Vermögen einer im Handelsregister gelöschten Gesellschaft heraus, bleibt den Gläubigern nichts anderes übrig, als einen erneuten Insolvenzantrag zu stellen. Da die Gesellschaft aber nicht mehr vertreten ist, muss der Gläubiger als Antragsteller zunächst dafür Sorge tragen, dass vom Registergericht ein **Nachtragsliquidator** bestellt wird, für dessen Kosten der Antragsteller aufzukommen hat. Die Befugnisse des Nachtragsliquidators sollten allerdings im Bestellungsbeschluss auf die Entgegennahme des Insolvenzantrags und die Wahrnehmung der verfahrensmäßigen Rechte und Pflichten beschränkt sein, weil ansonsten die Gefahr besteht, dass beispw die Finanzbehörden auf der nachträglichen Stellung der Steuererklärungen bestehen, oder auch sonst ordnungsbehördliche Pflichten eingefordert werden (vgl zu diesen Fragen die umfassende Darstellung bei K/P/B/*Pape* § 207 Rn 50–54; ferner *M. Stobbe*, Die Durchsetzung gesellschaftsrechtlicher Ansprüche der GmbH in Insolvenz und masseloser Liquidation, 2001 u *Uhlenbruck* ZIP 1993, 241; *ders* ZIP 1996, 1641).

VII. Besonderheiten der Genossenschaftsinsolvenz

19 Eine Einstellung des Insolvenzverfahrens gem § 207 mangels Masse kommt im Insolvenzverfahren über das Vermögen einer Genossenschaft nur in Betracht, wenn entweder die gesetzliche **Nachschusspflicht der Mitlieder** durch Satzung abbedungen wurde (§§ 6 Nr 3, 105 Abs 1 S 1 GenG), oder wenn die Nachschüsse von den Mitgliedern nicht zu erlangen sind (K/P/B/*Pape* § 207 Rn 55; N/R/*Westphal* § 207 Rn 29; MüKoInsO-*Hefermehl* § 207 Rn 51; *Hess* § 207 Rn 58; *Smid* § 207 Rn 8). Da § 105 Abs 1 S 1 GenG die Nachschusspflicht ausdrücklich auf Fallkonstellationen erstreckt, in denen Ansprüche von **Massegläubigern** nicht befriedigt werden können, müssen die Nachschüsse auch für den Fall geleistet werden, dass die Einstellung des Verfahrens nach § 207 droht, weil die Verfahrenskosten nicht gedeckt sind (**BGH** 3. 2. 1964 – II ZB 6/63, BGHZ 41, 71, 78; K/P/B/*Pape* § 207 Rn 55; K/P/B/*Noack* InsO GesellschaftsR Rn 608; N/R/*Westphal* § 207 Rn 29; *Hess* § 207 Rn 58; *Smid* § 207 Rn 8; vgl auch *K. Schmidt* KTS 1997, 339 ff). Das bestätigt der Gesetzgeber in seiner Begründung des RegE zu Art 47 EGInsO [späterer Art 49 EGInsO] (BT-Drs 12/3803, zu Nr 20 [§ 105 GenG], S 92), wenn er ausdrücklich die Nachschusspflicht für Fälle der Masselosigkeit anspricht und sich hierbei auf § 137 ReGEInsO (§ 207) bezieht. Abzulehnen ist somit die Auffassung von *Beuthin* (§ 105 GenG Rn 6), der zu Unrecht meint, es sei mit dem Gläubigerschutzzweck dieser besonderen Mitgliedspflicht nicht vereinbar, wenn die Nachschüsse ausschließlich zur Deckung der Kosten eines Insolvenzverfahrens verwendet würden. Insoweit bestehe, wenn die Einstellung des Verfahrens nach § 207 Abs 1 verhindert werden solle, nur die Möglichkeit für Masse- und Insolvenzgläubiger, gem § 207 Abs 1 S 2 einen ausreichenden **Kostenvorschuss** einzuzahlen. Erst dies habe zur Folge, dass die Mitglieder wiederum hinsichtlich der verbleibenden Deckungslücken (§§ 55, 38) nachschusspflichtig würden. Nach zutreffender Auffassung von *K. Schmidt* (KTS 1997, 339, 340) sieht der Gesetzgeber den **Nachschussanspruch als einen Bestandteil des Vermögens** der Genossenschaft an. Schon zum alten Recht entsprach es der hM, dass die Nachschusspflicht nicht zuletzt auch im Interesse der Massegläubiger geltend gemacht werden muss (**OLG Frankfurt** aM 8. 5. 1996 – 19 U 215/95, NJW-RR 1997, 675; *K. Schmidt* KTS 1997, 339, 344). Stellt das Gericht vorschnell ein, können die Gläubiger anschließend im Wege der Einzelzwangsvollstreckung den Anspruch der Genossenschaft pfänden und sich zur Einziehung überweisen lassen,

VIII. Akteneinsicht nach Verfahrenseinstellung § 207

um damit gegen die einzelnen Mitglieder vorzugehen (K/P/B/*Noack* InsO GesellschaftsR Rn 608). So weit darf es aber bei ordnungsgemäßem Verfahrensablauf gar nicht kommen, da es zu den Amtspflichten des Verwalters gehört, die Nachschüsse zu berechnen und einzuziehen. Zur Einziehung der Nachschüsse hat der Verwalter anhand der Vermögensübersicht (§ 153) eine **Vorschussberechnung** anzustellen, die den voraussichtlichen Fehlbetrag und die auf die einzelnen Genossen entfallenden Beträge festsetzt (§§ 106 ff GenG; Einzelheiten über das Verfahren oben bei § 35 Rn 360 ff sowie bei *Häsemeyer* InsR Rn 30.90 ff). Nur wenn die Nachschüsse nicht realisiert werden können, hat die Einstellung nach § 207 zu erfolgen (N/R/*Westphal* § 207 Rn 29).

VIII. Akteneinsicht nach Verfahrenseinstellung

Das Gesellschaftsrecht regelt die Befugnis, in die **Geschäftsunterlagen** des Schuldnerunternehmens 20 Einsicht zu nehmen (vgl zB § 74 Abs 3 S 2 GmbHG, § 273 Abs 3 AktG). Das Gericht kann eine Einsichtsermächtigung oder -duldung gegenüber jedem Besitzer der Unterlagen anordnen (vgl KG v 27. 5. 1937, JW 1937, 2289; *Stobbe,* Die Durchsetzung gesellschaftsrechtlicher Ansprüche Rn 680). Nach § 74 Abs 3 S 2 GmbHG ist das Registergericht zudem befugt, Gläubigern gegenüber dem letzten Liquidator die Einsicht in die Geschäftsunterlagen zu gestatten, wenn sich diese noch in seinen Händen befinden (*Stobbe,* Die Durchsetzung gesellschaftsrechtlicher Ansprüche der GmbH in Insolvenz und masseloser Liquidation Rn 615). Umstritten war auch lange Zeit das **Einsichtsrecht in die gerichtlichen Insolvenzakten**, wenn das Verfahren bereits zuvor gem § 207 eingestellt worden war (Einzelheiten bei *Heil,* Akteneinsicht und Auskunft im Konkurs, 1995; *Uhlenbruck* KTS 1989, 527 ff; ders ZIP 1996, 1641 ff; *Schmeel* MDR 1997, 437; *Stobbe,* Die Durchsetzung gesellschaftsrechtlicher Ansprüche Rn 559 ff; H/W/F Hdb 2/57 ff; *Holzer* ZIP 1998, 1333 ff). Insoweit kann letztlich nichts anderes gelten als für die Akteneinsicht bei Abweisung des Insolvenzantrags mangels Masse nach § 26 (ausdrücklich für entspr Gleichschaltung OLG Celle, 12. 1. 2004 – 2 W 95/03, ZInsO 2004, 154; vgl auch OLG Köln 10. 2. 1988 – 7 VA 6/87, KTS 1989, 439, 440; OLG Köln 3. 5. 1999 – 7 VA 6/98, ZIP 1999, 1449, 1450; OLG Brandenburg 11. 8. 1997 – 2 VA 4/97, ZIP 1998, 962). Der BGH hat mittlerweile entschieden (5. 4. 2006 – IV AR (VZ) 1/06, ZInsO 2006, 597), dass auch nach der Abweisung mangels Masse (§ 26) zugunsten von Insolvenzgläubigern ein berechtigtes Akteneinsichtsinteresse iSv § 299 Abs 2 ZPO fortbesteht. Das rechtliche Interesse entfalle auch nicht dadurch, dass der Gläubiger die Einsicht hauptsächlich begehre, um darüber Durchgriffs- und Schadenersatzansprüche gegen Dritte, insbesondere Geschäftsführer und Gesellschafter des Schuldnerunternehmens, zu ermitteln. Der BGH wendet sich damit insbesondere gegen anderslautende obergerichtliche Beschlüsse des OLG Brandenburg (25. 7. 2000 – 11 VA 7/00, ZIP 2000, 1541 u 5. 9. 2002 – 11 VA 11/02, ZIP 2002, 2320) sowie – zumindest in wichtigen Teilen- gegen Beschlüsse des Thüringer OLG (4. 7. 2002 – 8 VA 1/02, ZVI 2002, 318), des OLG Köln (18. 8. 1997 – 7 VA 4/97, NJW-RR 1998, 407) und des OLG Celle (28. 10. 1999 – 16 VA 2/99, NZI 2000, 319). Er betont den Ermessenscharakter der nach §§ 299 ZPO, 23, 28 Abs 3 EGGVG zu beurteilenden Justizverwaltungsentscheidung, und verweist zunächst darauf, dass sich erst mit der Verfahrenseröffnung die ursprünglich nach § 299 Abs 2 ZPO zu bewertende Drittbeteiligung eines außenstehenden (nicht antragstellenden) Gläubigers in die einer unmittelbaren Prozessbeteiligtenstellung gem § 299 Abs 1 ZPO verwandele. Das dürfte umgekehrt bedeuten, auch wenn sich der BGH damit nicht explizit befasst hat, dass in Folge einer vorzeitigen Verfahrenseinstellung gem § 207 die zwischenzeitliche Prozessbeteiligtenstellung wieder in die Stellung eines Dritten, der ein rechtliches Akteneinsichtsinteresse dartun muss, zurückfällt (§ 299 Abs 2 ZPO; s auch OLG Celle, 12. 1. 2004 – 2 W 95/03, ZInsO 2004, 154; HaKo/*Rüther* § 4 Rn 35; FK-*Schmerbach* § 4 Rn 69, 70; aA MüKoInsO-*Ganter* § 4 Rn 61). Der BGH macht ferner deutlich, dass einen Gläubiger, der Ansprüche gegen eine im Handelsregister gelöschte Gesellschaft geltend machen will, im Zivilprozess eine besondere Vortragslast trifft, und angesichts solcher Selbstverständlichkeiten an die Glaubhaftmachung des Akteneinsichtsinteresses keine überspannten Anforderungen zu stellen sind. Der BGH macht schließlich deutlich, dass in den beschriebenen Konstellationen potenzieller Durch- und Rückgriffansprüche die Interessenlage nicht aufspaltbar sei. Ergänzend bleibt von hier aus auf § 92 und die daraus folgenden Verknüpfungen sowie auf § 207 Abs 1 S 2. Halbs hinzuweisen, der wiederum § 26 Abs 3 in Bezug nimmt. Auch insofern zeigt sich, dass der BGH damit dem Vorschussleistenden die Möglichkeit eröffnet, durch Akteneinsicht Durchgriffsansprüche wegen Insolvenzverschleppung zu verifizieren. Das gilt gleichermaßen für sonstige Gläubiger, die, vor allem wenn sie sogen Neugläubiger sind, Ansprüche gegen organschaftliche Vertreter der Gesellschaft haben. Das Recht eines Schuldners oder Schuldnerunternehmens auf **informationelle Selbstbestimmung** hat in diesen Fällen gegenüber dem Interesse der Gläubiger an einer Durchsetzung ihrer Ansprüche zurückzustehen (BGH 5. 4. 2006 – IV AR (VZ) 1/06, ZInsO 2006, 597, 599 re Sp). Allerdings bezieht sich die Akteneinsicht lediglich auf die **Gerichtsakten**, nicht dagegen auf die nicht zu den Akten gereichten sonstigen Unterlagen des vorläufigen Verwalters. Nach Ansicht des OLG Celle (31. 8. 2006 – 4 W 151/06, ZInsO 2007, 150) ist es im Regelfall ermessensfehlerhaft, den Antragsteller allein auf eine Akteneinsicht auf der Geschäftsstelle zu verweisen. Vielmehr komme in einem abgeschlossenen Insolvenzverfahren, in dem das Verfahrensinteresse einer

Versendung der Akten nicht mehr entgegensteht, sowohl die Gewährung von Akteneinsicht auf der Geschäftsstelle als auch die **Versendung der Akten** an einen Gläubigervertreter zwecks Einsicht in seiner Kanzlei wie auch die Versendung der Akten an das AG, bei dem der Gläubigervertreter seinen Kanzleisitz hat, sowie schließlich die **Erteilung von Abschriften** aus den Insolvenzakten in Betracht (vgl insoweit schon **OLG** Celle, 12. 1. 2004 – 2 W 95/03, ZInsO 2004, 154; ferner HaKo/*Rüther* § 4 Rn 43; MüKoInsO-*Ganter* § 4 Rn 74; *Baumbach/Hartmann* § 299 ZPO Rn 25; s auch MüKoZPO/*Prütting* § 299 ZPO Rn 25, wonach die Erteilung von Abschriften bei Dritten nicht ausgeschlossen, sondern vielmehr „großzügig zu handhaben" ist; „enger" ohne nähere Begründung *Zöller/Greger* § 299 ZPO Rn 6).

§ 208 Anzeige der Masseunzulänglichkeit

(1) ¹Sind die Kosten des Insolvenzverfahrens gedeckt, reicht die Insolvenzmasse jedoch nicht aus, um die fälligen sonstigen Masseverbindlichkeiten zu erfüllen, so hat der Insolvenzverwalter dem Insolvenzgericht anzuzeigen, daß Masseunzulänglichkeit vorliegt. ²Gleiches gilt, wenn die Masse voraussichtlich nicht ausreichen wird, um die bestehenden sonstigen Masseverbindlichkeiten im Zeitpunkt der Fälligkeit zu erfüllen.

(2) ¹Das Gericht hat die Anzeige der Masseunzulänglichkeit öffentlich bekanntzumachen. ²Den Massegläubigern ist sie besonders zuzustellen.

(3) Die Pflicht des Verwalters zur Verwaltung und zur Verwertung der Masse besteht auch nach der Anzeige der Masseunzulänglichkeit fort.

Übersicht

	Rn
I. Allgemeines	1
II. Masseunzulänglichkeit	2
1. Eingetretene Masseunzulänglichkeit	2
2. Drohende Masseunzulänglichkeit	3
III. Feststellung der Masseunzulänglichkeit	4
1. Feststellung durch den Insolvenzverwalter	4
a) Masseunzulänglichkeit bei Verfahrenseröffnung	5
b) Masseunzulänglichkeit nach Verfahrenseröffnung	6
c) Feststellung drohender Masseunzulänglichkeit	7
2. Kein Rechtsmittel	8
IV. Anzeigepflicht des Insolvenzverwalters	9
1. Zeitpunkt der Anzeige	10
2. Prophylaktische Anzeige der Masseunzulänglichkeit	11
3. Anzeige der temporären Masseunzulänglichkeit	11 a
4. Anzeige einer inzwischen verschärften Masseunzulänglichkeit	11 b
5. Form der Anzeige	12
6. Kein Rechtsmittel	13
7. Haftung des Verwalters	14
V. Bekanntmachung und Zustellung durch das Insolvenzgericht	15
1. Öffentliche Bekanntmachung	15
2. Gesonderte Zustellung	16
VI. Rechtsfolgen der Anzeige der Masseunzulänglichkeit	17
1. Keine materiell-rechtlichen Folgen	17
2. Fortsetzung der Masseverwertung und Verteilung	19
3. Begrenzte Fortsetzung des Insolvenzverfahrens	20
4. Neuordnung des Verteilungsschlüssels in § 209	21
5. Beschränkung der Aufrechnungsbefugnis der Massegläubiger	22
6. Gesonderte Rechnungslegung	23
7. Fortbestand des Erfüllungswahlrechts	24
8. Sicherungsrechte	5
9. Prozessuale Folgen der angezeigten Masseunzulänglichkeit	26
10. Vollstreckungsrechtliche Folgen	28
11. Insolvenzanfechtung nach Anzeige der Masseunzulänglichkeit	29
12. Geltendmachung von Ansprüchen nach §§ 92, 93	30
VII. Späterer Wegfall der Masseunzulänglichkeit	31

I. Allgemeines

1 Die **Masseunzulänglichkeit** gem § 208 unterscheidet sich von der **Massearmut** iSv § 207, welche auch als Masselosigkeit bezeichnet wird. In der Fallkonstellation des § 208 reicht die Masse immerhin aus, die Verfahrenskosten nach § 54 voll zu decken; nicht oder nur unvollständig gedeckt bleiben allein die

I. Allgemeines   § 208

sonstigen Masseverbindlichkeiten iSv § 55 . Diese Situation nannte man im früheren Recht den „Konkurs im Konkurs" (§ 60 KO); dem entspräche nach heutigem Begriffsverständnis die **"Insolvenz in der Insolvenz".** Solange die Unzulänglichkeit der Masse nicht angezeigt ist, kann jeder Massegläubiger seinen Anspruch gegen den Insolvenzverwalter gerichtlich geltend machen und sich im Vollstreckungsweg Befriedigung oder Sicherung aus Massegegenständen verschaffen. Sobald die Masseunzulänglichkeit vom Verwalter festgestellt, angezeigt und über das Gericht öffentlich bekannt gemacht ist, sind Zwangsvollstreckungsmaßnahmen der Massegläubiger iSv § 209 Abs 1 Nr 3 unzulässig (§ 210). Es greift der **Verteilungsschlüssel des § 209** ein. Der Vorschrift des § 209 kommt entgegen einer früher zu § 60 KO vertretenen Auffassung **kein materiell-rechtlicher Charakter** zu (so *Runkel/Schnurbusch* NZI 2000, 49, 54; aA *Dinstühler* ZIP 1998, 1697, 1701; vgl auch BGH 13. 4. 2006 – IX ZR 22/05, BGHZ 167, 178; **BAG** 31. 1. 1979 – 5 AZR 749/77, KTS 1979, 305, 308: der Anspruch gegen die Masse bleibt sachlich begründet; eingeschränkt ist nur seine prozessuale Durchsetzbarkeit speziell gegenüber dem Insolvenzverwalter; es fehlt das Rechtsschutzbedürfnis. Ähnlich *Ries* ZInsO 2007, 414, 415: die allgemeinen Leistungsansprüche bleiben als solche bestehen; sie werden jedoch durch das lex-specialis-Gebot insolvenzzweckgemäßer Abwicklung überlagert; ihre Durchsetzbarkeit ist für die Dauer und Zwecke des Verfahrens suspendiert). Für Gläubiger im Rang des § 209 Abs 1 Nr 3 wird nach der ausdrücklichen Rechtsfolgenanordnung des § 210 lediglich die Zwangsvollstreckung gehindert. Das gilt ggf entsprechend bei einer verschärften, auch in den Rang des § 209 Abs 1 Nr 2 durchschlagenden Masseunzulänglichkeit gegenüber den sog Neumassegläubigern (vgl **BGH** 3. 4. 2003 – IX ZR 101/02, BGHZ 154, 358, 360; 13. 4. 2006 – IX ZR 22/05, BGHZ 167, 178; **BAG** 15. 6. 2004 – 9 AZR 431/03, BAGE 111, 80). In sachgerechter Normauslegung kommt also den §§ 208–210 **lediglich für die Dauer und die Zwecke der Verfahrensabwicklung im Mangelfall eine prozess- und vollstreckungsrechtliche Sperrwirkung** zu. Würde darüber hinaus der materiell-rechtliche Bestand der Masseforderung berührt, hätte dies zwangsläufig Auswirkungen auf Kreditsicherheiten und Aufrechnungsbefugnisse (*Runkel/Schnurbusch* NZI 2000, 49, 54). Schließlich kann die Masseunzulänglichkeit nur vorübergehender Natur gewesen und später wieder beseitigt worden sein. Und nicht selten ist gar die Anzeige des Insolvenzverwalters vorschnell und in der Sache unberechtigt erfolgt, um unliebsame Vollstreckungen der Massegläubiger abzuwenden. Da keine gerichtliche Überprüfung der tatsächlichen Voraussetzungen der Feststellung und Anzeige des Verwalters erfolgt, lässt sich die materiell-rechtliche Wirkung der Anzeige für das neue Recht somit nicht aufrechterhalten. Die Masse hat bei **Verstoß gegen den Verteilungsschlüssel** des § 209 zwar Rückforderungsansprüche gegen einen Massegläubiger, der mehr als die Quote erhalten hat. Insoweit greifen die Bereicherungsgrundsätze der §§ 812 ff BGB ein (K/P/B/B/*Pape* § 208 Rn 1). Der Insolvenzverwalter kann das zu viel Ausgezahlte in voller Höhe zur Masse mit der Leistungskondiktion zurückfordern (§ 812 Abs 1 S 1, 1. Altern BGB), um anschließend entsprechend der Rangfolge des § 209 nach Berichtigung der Verfahrenskosten vorrangig die Neumassegläubiger zu befriedigen (P. *Mohrbutter*, Der Ausgleich von Verteilungsfehlern in der Insolvenz 1998 S 153). Für den maßgeblichen Grund zum Behaltendürfen kann es nach zutreffender Auffassung von P. *Mohrbutter* (Verteilungsfehler, S 68) nur darauf ankommen, ob die **Zäsur der Masseinsuffizienzanzeige** des § 208 bereits eingetreten ist oder nicht. Denn nur wenn die Masseunzulänglichkeit angezeigt ist, steht dem Massegläubiger ein Rechtsgrund für das Behaltendürfen einer Mehrleistung nicht mehr zu und es entfällt der insolvenzmäßige Anspruch auf volle Befriedigung der Masseforderung. Die Forderung ist sodann von der Befriedigungsrangfolge und quotenmäßigen Einschränkung des § 209 betroffen (vgl auch *Henckel* Anm zu BAG LM Nr 1 zu § 60 KO). Jedoch ist ein Ausgleich von Verteilungsfehlern **nach Aufhebung des Verfahrens** ausgeschlossen (K/P/B/*Pape* § 208 Rn 1). Hat ein Massegläubiger zwar Kenntnis von der Masseunzulänglichkeit, ist diese aber vom Verwalter nicht angezeigt, braucht er den ausgezahlten Betrag ebenfalls nicht herauszugeben. Zwecks Vermeidung einer weiteren Belastung des Insolvenzgerichts hat der Gesetzgeber der InsO auf die in den §§ 318–320 RegE vorgesehene Feststellung der Masseunzulänglichkeit durch das Gericht verzichtet und sich mit einer **Anzeige durch den Insolvenzverwalter** begnügt (vgl Bericht des Rechtsausschusses zu § 234 b RegE, BT-Drucks 12/7302, S 179 f, abgedr bei *Uhlenbruck*, Das neue Insolvenzrecht, S 572 = K/P, S 437). Zur früheren Rechtslage nach § 60 KO vgl auch N/R/*Westphal* § 208 Rn 1–4; K/U § 60 KO Rn 2–2 g). Der Rechtsausschuss hat sich weitgehend an der Praxis orientiert, die sich bereits zu § 60 KO herausgebildet hatte (*Pape* KTS 1995, 189, 204 ff; HK-*Landfermann* § 208 Rn 2). Die nähere Festlegung der Wirkungen der Anzeige des Verwalters sollte nach Auffassung des Rechtsausschusses der **Rechtsprechung überlassen** bleiben. Auch könne es der Rechtsprechung vorbehalten bleiben, ob die Regeln über die Erfüllung gegenseitiger Verträge, über die Aufrechnung im Verfahren sowie über die Unwirksamkeit von vor der Eröffnung des Verfahrens durch Zwangsvollstreckung erlangten Sicherungen auf derartige Masseverbindlichkeiten übertragen werden können (vgl Ausschussbericht zu § 234 b Abs 3 und zu § 234 d RegE, abgedr bei K/P/B, S 437). Der Gesetzgeber hat den **Gläubigern keine Beteiligungsrechte** bei der Feststellung und Anzeige der Masseinsuffizienz eingeräumt. Da auch Rechtsmittel nicht vorgesehen sind, haben die Gläubiger allenfalls die Möglichkeit, **Auskünfte von dem Insolvenzgericht** gem § 58 anzuregen. Auch steht der Verfahrensbeteiligten ein **Anspruch auf Ausübung der Dienstaufsicht** durch das Insolvenzgericht zu (BGH 27. 4. 1995 – IX ZR 102/94, ZIP 1995, 932, 934; K/P/B/*Pape* § 208 Rn 8; kritisch zur Versagung eines Rechtsmittels *Smid* WM 1998, 1313, 1319).

II. Masseunzulänglichkeit

2 1. Eingetretene Masseunzulänglichkeit (Masseinsuffizienz) ist die Unfähigkeit des Schuldners oder schuldnerischen Unternehmens, die im Vorverfahren durch einen „starken" vorläufigen Insolvenzverwalter und/oder die später im eröffneten Verfahren begründeten Masseverbindlichkeiten iSv § 55 zu befriedigen. In die wirtschaftliche Beurteilung fließen nicht nur der aktuelle Bestand der Insolvenzmasse (§ 35) und die bekannten Masseverbindlichkeiten ein, sondern es sind auf der Aktivseite vor allem die Realisierungschancen und Ausfallrisiken zu berücksichtigen. Auf der Passivseite können, wie auch sonst bei regulärem Geschäftsbetrieb, wegen rechtlicher oder tatsächlicher Unwägbarkeiten Rückstellungen notwendig erscheinen. Das Gesetz unterscheidet zwischen dem, was aktuell schon feststeht (eingetretene Masseunzulänglichkeit; Abs 1 S 1), und dem, was prognostisch erst noch erwartet wird (drohende Masseunzulänglichkeit; Abs 1 S 2). Im Fall des Abs 1 S 1 muss die Masseinsuffizienz spätestes **im Moment der Anzeige der Masseunzulänglichkeit** gegeben, dh bereits real existent sein; sie muss weiterhin fortdauern, kann aber durchaus schon älterer Genese, dh beispw. vor oder bei Verfahrenseröffnung aufgetreten sein. (HK-*Landfermann* § 208 Rn 10). Keine Masseunzulänglichkeit liegt vor, wenn noch keine ausreichenden Erkenntnisse oder Tatsachen existieren, die den künftigen Eintritt der prognostizierten Masseverpflichtungen wahrscheinlich machen (K/P/B/*Pape* § 208 Rn 12, 17). Masseunzulänglichkeit ist immer gegeben, wenn die Masse zwar noch ausreicht, die vorrangigen Massekosten iSv §§ 53, 54 abzudecken, jedoch nicht oder nicht in voller Höhe die Masseverbindlichkeiten iSv § 55 (*Smid* § 208 Rn 1; K/P/B/*Pape* § 208 Rn 12; *Hess* § 208 Rn 29; N/R/*Westphal* § 208 Rn 7–13; MüKoInsO-*Hefermehl* § 208 Rn 14). Es geht somit um die ausreichende Deckung der **Kosten zur Verwaltung, Verwertung oder Verteilung der Insolvenzmasse**, um Verbindlichkeiten aus **gegenseitigen Verträgen**, soweit diese von der Masse zu erfüllen sind, um Ansprüche aus **Massebereicherung** (§ 55 Abs 1 Nr 3), um Verbindlichkeiten, die von einem **vorläufigen Insolvenzverwalter** begründet wurden (§ 55 Abs 2), um **Unterhaltsleistungen,** die dem Schuldner oder einem persönlich haftenden Gesellschafter des Schuldnerunternehmens nach §§ 100, 101 zu gewähren sind, und schließlich **um Sozialplanansprüche der Arbeitnehmer** nach § 123 (Einzelheiten bei N/R/*Westphal* § 208 Rn 7–13). Zutreffend der Hinweis bei K/P/B/*Pape* (§ 208 Rn 13), dass, soweit Ansprüche der Arbeitnehmer aus Sozialplänen bestehen, diese im Hinblick auf die besondere Rangabstufung v § 123 Abs 2 unberücksichtigt bleiben; bei einem Totalausfall der Insolvenzgläubiger ist ohnehin keine Befriedigung der Sozialplanansprüche statthaft.

3 2. Drohende Masseunzulänglichkeit hat der Insolvenzverwalter gem § 208 Abs 1 S 2 anzuzeigen. Sie liegt vor, wenn die Masse voraussichtlich nicht ausreichen wird, um die bestehenden sonstigen Masseverbindlichkeiten im Zeitpunkt der Fälligkeit zu erfüllen (zum früheren Recht vgl *Mohrbutter/Pape* Rn VI.133; K/U § 60 KO Rn 3 d; *Kilger/K. Schmidt* § 60 KO Anm 1). § 208 Abs 1 S 2 enthält ein im Verhältnis zu den §§ 18 Abs 2, 61 S 2 „gleichlaufendes Prognoseelement dahingehend, dass der Eintritt der Masseunzulänglichkeit zum Zeitpunkt der Schuldbegründung wahrscheinlicher sein muss als deren Ausbleiben" (KS-*Kübler* S 967, 974 Rn 26). Die gesetzliche Einbeziehung der „drohenden Masseunzulänglichkeit" schützt den Verwalter vor den **Haftungsrisiken des § 61**. Begründet nämlich der Verwalter sogen „gewillkürte Masseverbindlichkeiten", obgleich die Masse voraussichtlich zur Erfüllung nicht ausreicht, macht er sich bei Verschulden nicht nur nach § 61 gegenüber dem Gläubiger persönlich schadenersatzpflichtig, sondern er muss sich uU auch den Vorwurf des Betruges (§ 263 StGB) gefallen lassen. In der Literatur wird dem Verwalter die „frühestmögliche" Anzeige der Masseinsuffizienz empfohlen, weil andernfalls die Gefahr der persönlichen Haftung verschärft auftritt (K/P/B/*Pape* § 208 Rn 15; KS-*Kübler* S 967 Rn 28). **Drohende Masseunzulänglichkeit** ist schon dann gegeben, wenn überwiegend wahrscheinlich ist, dass während des weiteren Verfahrens Masseunzulänglichkeit iSv § 208 Abs 1 eintreten wird (s *Dinstühler* ZIP 1998, 1697, 1700; ferner Begr zu § 318 RegE, BT-Drucks 12/2443, S 218, abgedr k K/P/B, S 436). Die Anzeigen wegen eingetretener und drohender Masseunzulänglichkeit sind **gleichwertig** (K/P/B/*Pape* § 208 Rn 15). Wegen möglicher Vorwürfe entweder, er habe die Masseunzulänglichkeit zu früh angezeigt, oder er hätte bei Begründung der Masseverbindlichkeiten erkennen können, dass die Masse voraussichtlich nicht zur Erfüllung ausreichen würde, ist dem Verwalter dringend anzuraten, eine **Masseunzulänglichkeitsberechnung** anstellen und laufend so fortzuschreiben, dass er jeweils ausreichend dokumentieren kann, worauf die von ihm ex ante unterstellten Prämissen basierten. Die wirtschaftlichen Eckdaten müssen ausreichend sorgfältig und gewissenhaft ermittelt worden und die daraus unternehmerisch gezogenen Schlussfolgerungen in sich schlüssig und plausibel sein. Will der Verwalter nicht persönlich haften, muss er darlegen können, dass sich etwaige Prognosefehler jedenfalls nicht schuldhaft ereignet haben (vgl *Möhlmann* KTS 1998, 373, 378; *Pape/Uhlenbruck* InsolvenzR Rn 766; H/W/F Hdb InsO 8/163; K/P/B/*Pape* § 208 Rn 21).

III. Feststellung der Masseunzulänglichkeit

4 1. Feststellung durch den Insolvenzverwalter. § 208 legt die Feststellung ebenso wie die Anzeige ausschließlich in die **Verantwortung des Insolvenzverwalters**, dem auch sonst die grundlegenden materiel-

III. Feststellung der Masseunzulänglichkeit § 208

len Regelungskompetenzen allein anvertraut sind. Das Insolvenzgericht prüft demgemäß die angezeigte Masseunzulänglichkeit nicht nach, sondern verlässt sich auf die Angaben des Verwalters. Es hat dessen Anzeige öffentlich bekannt zu machen. Ohne insolvenzgerichtliche Feststellungskompetenz erzeugen die mit der Anzeige des Verwalters und der Veröffentlichung des Gerichtes verbundenen Rechtsfolgen keinerlei materielle Rechtskraftwirkung (KS-*Kübler* S 972 Rn 16; vgl auch *Dinstühler* ZIP 1998, 1697, 1701; *Roth* FS *Gaul* 1997, 573, 582 f; krit *Smid* WM 1998, 1313, 1319).

Im Gesetzgebungsverfahren hatte der BT-Rechtsausschuss die §§ 318–320 ReGE bewusst modifiziert 4a und darauf verzichtet, dem Insolvenzgericht die Prüfung und Feststellung der Masseunzulänglichkeit zu übertragen. Das ist nachfolgend kritisiert und u a durch die Bund-Länder-Arbeitsgruppe „InsR" neu diskutiert worden. Eine vergleichsweise geringe Entlastung der Insolvenzgerichte werde ggf durch eine erhebliche Mehrbelastung der Prozessgerichte erkauft. Letzten Endes haben sich die erneuten Reformbestrebungen aber bis heute zu Recht nicht durchgesetzt (vgl die ausführl Begründung der BReG in BT-Drucks 16/3227 S 11). Im Jahr 2007 brachten die Bundesländer NRW und Niedersachsen über den Bundesrat den sog GAVI-Entwurf ein (vgl ZVI 2007, 577. Er sollte § 208 Abs 1 um eine Pflicht des Verwalters ergänzen, die Anzeige der Masseunzulänglichkeit transparent zu begründen. Materielle Prüfungspflichten des Insolvenzgerichts wären damit nicht verbunden gewesen. Ohnehin muss der Verwalter zur Vermeidung persönlicher Haftung (s o Rn 3 aE) solche Dokumentationen für sich selbst anlegen. Nach dem GAVI-Entwurf hätten die Gläubiger somit schnelleren und leichteren Zugang zu den maßgeblichen Datensätzen bekommen. Der GAVI-Entwurf wird jedoch insgesamt derzeit nicht weiter verfolgt.

a) Masseunzulänglichkeit bei Verfahrenseröffnung. Da das Gericht gem § 26 Abs 1 iVm § 54 bereits 5 das Verfahren zu eröffnen hat, wenn die Verfahrenskosten gedeckt sind, muss der Insolvenzverwalter, vor allem wenn er bereits im Eröffnungsverfahren als sogen „starker" vorläufiger Verwalter gezwungen war, Masseverbindlichkeiten iSv § 55 Abs 2 zu begründen, unverzüglich prüfen, ob die vorhandene Masse ausreicht, die bisher entstandenen und durch Fortsetzung des Geschäftsbetriebes künftig entstehenden Masseverbindlichkeiten zu decken. Der Verwalter hat in einer geordneten Aufstellung zu prüfen, welche Masse bzw Verwertungserlöse nach Durchführung der Aussonderungen, Absonderungen und der Aufrechnungen zur Verfügung stehen, welche Ansprüche von welchen Massegläubigern geltend gemacht werden und welche Massegläubiger bislang schon befriedigt worden sind (so wörtlich *Hess* § 208 Rn 39). HK-*Landfermann* (§ 208 Rn 10): „In diesem Fall wird es eine der ersten Amtshandlungen des Verwalters sein, dem Gericht die Masseunzulänglichkeit anzuzeigen; er kann damit erreichen, dass die **Ansprüche aus fortbestehenden Dauerschuldverhältnissen** für die Zeit nach dieser Anzeige bis zum Wirksamwerden der Kündigung nur anteilig zu erfüllen sind (vgl § 209 Abs 2 Nr 2)."

b) Masseunzulänglichkeit nach Verfahrenseröffnung. Auch wenn ein Fall anfänglich übernommener 6 Masseunzulänglichkeit nicht vorliegt, hat der Insolvenzverwalter ständig zu prüfen, ob sowohl die von ihm begründeten sogen „**gewillkürten Masseverbindlichkeiten**" wie auch die sogen „**oktroyierten Masseverbindlichkeiten**" gedeckt sind. Hierzu bedarf es zwar aus Rechtsgründen keiner permanenten Bewegungsbilanz, die selbst zwischenzeitliche Veränderungen festschreibt. Wohl aber muss der Verwalter, wenn (neue) Anhaltspunkte dafür vorhanden sind, dass die vorhandene Masse die bestehenden Masseverbindlichkeiten nicht mehr deckt, zeitnah eine aktualisierte **Übersicht im Finanzstatus** fertigen. De facto, um nicht jeweils ganz von vorn beginnen zu müssen, hat der Verwalter sinnvollerweise die vorhandenen Erkenntnisse im Rahmen eines „Soll-Ist"-Vergleiches laufend fortzuschreiben. Dabei sind die voraussichtlichen Verwertungserlöse der Massegegenstände nebst aller sonstigen Einnahmen den sämtlichen Masseverbindlichkeiten gegenüberzustellen. Es handelt sich um eine **Unterart der Überschuldungsbilanz**, die sich jedoch in der „Insolvenz der Insolvenz" ausschließlich an den Masseverbindlichkeiten orientiert und andere Passiva ausklammert.

c) Feststellung drohender Masseunzulänglichkeit. Vergleichbar dem Begriff der „drohenden Zahlungs- 7 unfähigkeit" in § 18 Abs 1 hat der Verwalter auch die drohende Masseunzulänglichkeit festzustellen (vgl KS-*Kübler* S 967 Rn 28; K/P/B/*Pape* § 208 Rn 16). Der Verwalter hat eine **Finanzplanrechnung** aufzustellen, deren **Prognose** ergibt, dass und zu welchem voraussichtlichen Zeitpunkt der Eintritt der Masseunzulänglichkeit wahrscheinlicher ist als ihr Ausbleiben (KS-*Kübler* S 975 Rn 28; K/P/B/*Pape* § 208 Rn 16; *Hess* § 208 Rn 38, 40; BerlKo-*Breutigam* § 208 Rn 12). Die derzeit noch nicht fälligen Masseverbindlichkeiten werden ebenso erfasst wie die noch nicht begründeten Verbindlichkeiten, deren Entstehen aber vorhersehbar ist, wie zB bei den Löhnen und Gehältern der Arbeitnehmer (vgl auch *Braun/Uhlenbruck* Unternehmensinsolvenz S 285). Die im einzelnen maßgeblichen Parameter beschreibt *Möhlmann* (KTS 1998, 382 f; gleichlautend zitiert bei K/P/B/*Pape* § 208 Rn 16a und HaKo/ *Weitzmann* § 208 Rn 9; ferner *Möhlmann/Diethard* BB 1996, 209). Er weist zutreffend darauf hin, dass es angesichts fehlender Überprüfung durch das Gericht zweifelhaft erscheine, ob überhaupt eine **Übersichtsrechnung zum Nachweis der drohenden Masseunzulänglichkeit** notwendig sei. Aber auch wenn eine solche Pflicht des Verwalters nicht bestehe, werde man „eine Gegenüberstellung von Masse und bestehenden sonstigen Verbindlichkeiten neben der Abschätzung der Verfahrenskosten als zweckmäßig erachten". Nach *Möhlmann* ist die Übersichtsrechnung idR auf eine **Zeitdauer von zweiund-**

§ 208   *Anzeige der Masseunzulänglichkeit*

fünfzig **Wochen** auszulegen und die voraussichtliche Entwicklung des Schuldnerunternehmens anhand der aaO genannten Faktoren darzustellen. Als nachteilig wirkt sich aus, dass das Gesetz nicht eindeutig regelt, wann die Masseunzulänglichkeit droht. Ein schnell vorübergehendes bzw geringfügiges Massedefizit bleibt ohne Konsequenzen. Zeigt sich allerdings, dass über einen Zeitraum von mindestens zwei Wochen nur max 95 Prozent der Masseverbindlichkeiten und Verfahrenskosten gedeckt sind, so ist nach Auffassung von *Möhlmann* drohende Masseunzulänglichkeit anzuzeigen (vgl auch *Möhlmann/Diethard* BB 1996, 203, 209; K/P/B/*Pape* § 208 Rn 16 b).

8   **2. Kein Rechtsmittel.** Die Feststellung der eingetretenen oder drohenden Masseunzulänglichkeit ist eine interne Maßnahme des Verwalters, die allenfalls haftungsrechtliche Folgen gem §§ 60, 61 auslöst. Insofern gibt es gegen die Feststellung des Verwalters, selbst wenn sie in einer Masseunzulänglichkeitsberechnung dokumentiert wurde, **kein Rechtsmittel**. Sie unterliegt allenfalls der inzidenten Prüfung in einem späteren Haftpflichtprozess. Vgl auch die Kommentierung nachfolgend zu IV. 5.

IV. Anzeigepflicht des Insolvenzverwalters

9   Die eingetretene oder drohende Masseunzulänglichkeit ist vom Insolvenzverwalter dem Insolvenzgericht anzuzeigen (§ 208 Abs 1 S 1). Anders als in dem Verfahren nach § 207 ist bis dato weder parallel zur Anzeige der Masseinsuffizienz noch bei Einstellung des Verfahrens eine Anhörung der Verfahrensbeteiligten erforderlich (krit hierzu auch K/P/B/*Pape* § 208 Rn 7). Die Gläubiger haben **keinerlei Mitwirkungsrechte**. Nach Auffassung von KS-*Kübler* S 973 Rn 18 ist die „Gesetz gewordene Regelung nicht ganz unbedenklich". Der 2007 vorgelegte GAVI-Entwurf wollte deshalb § 208 um einen Abs 4 ergänzen, wonach sowohl Masse – wie auch Insolvenzgläubiger zumindest in der ersten Gläubigerversammlung (§ 29) in einem zusätzlich aufzunehmenden TOP vom Verwalter, sofern dieser zuvor bereits Masseunzulänglichkeit angezeigt hat, über die genauen Ursachen und Hintergründe unterrichtet werden. Wenn erst später Masseunzulänglichkeit auftritt und angezeigt wird, soll allerdings wegen des beträchtlichen Aufwandes bei oft geringer Teilnehmerzahl kein gesonderter Versammlungstermin anberaumt werden müssen.

10   **1. Zeitpunkt der Anzeige.** Der Zeitpunkt der Anzeige lässt trotz der Formulierung in § 208 Abs 1 S 1 dem Insolvenzverwalter einen gewissen **Ermessensspielraum** (H/W/F Hdb 8/161). Dem Verwalter muss zudem eine gewisse Zeit für die Feststellung der Masseunzulänglichkeit zugebilligt werden. Andererseits kann der Verwalter, vor allem wenn er im Eröffnungsverfahren bereits gutachtlich tätig gewesen ist, verpflichtet sein, **unmittelbar im Zuge der Verfahrenseröffnung** die Masseunzulänglichkeit anzuzeigen mit der Folge, dass die Ansprüche aus fortbestehenden Dauerschuldverhältnissen für die Zeit nach dieser Anzeige bis zum Wirksamwerden der Kündigung nur quotal zu befriedigen sind (H/W/F Hdb 8/161). Das BAG (23. 2. 2005 – 10 AZR 602/03, ZIP 2005, 873 [spez. 875 li Sp Ende 1. Abs] lässt mit guten Gründen genügen, wenn der vorl Verwalter die Masseunzulänglichkeit **bereits im Eröffnungsgutachten** feststellt, dann im Insolvenzgericht angezeigt wird, vorausgesetzt, er wird anschließend zum Insolvenzverwalter bestellt (zustimmend HK-*Landfermann* § 208 Rn 10; zuvor bereits Mäusezahl, ZVI 2003, 618). Alles andere sei unnötige Förmelei. Das Insolvenzgericht hat eine solche Anzeige auf jeden Fall zu veröffentlichen und nicht auf ihre formelle Wirksamkeit zu überprüfen; Letzteres ist im etwaigen Streitfall allein Sache des mit einer Verwalterhaftung befassten Prozessgerichtes. Die Ermessensentscheidung des Verwalters wird durch seine Haftung nach § 61 eingeschränkt, so dass er mit der Anzeige an das Gericht nur so lange zuwarten darf, wie er aufgrund seiner Finanzplanung und Kostendeckungsrechnung berechtigterweise davon ausgehen darf, dass eine Masseunzulänglichkeit nicht vorliegt und auch nicht droht (BerlKo-*Breutigam* § 208 Rn 16). Die Anzeigepflicht tritt wie bei den Insolvenzantragspflichten in dem Augenblick ein, in dem die Masseunzulänglichkeit entweder eingetreten ist oder ersichtlich einzutreten droht. Sie beginnt mit der **positiven Kenntnis der eingetretenen oder drohenden Masseunzulänglichkeit**. Jedoch schadet dem Verwalter bereits fahrlässige Unkenntnis. Eine **schuldhafte Verletzung seiner Anzeigepflicht** liegt bereits vor, wenn der Verwalter bei gewissenhaftem und sorgfältigem Vorgehen den Anzeigegrund erkennen konnte und musste. Die Anzeigepflicht erlischt, wenn die Masseunzulänglichkeit wegfällt oder voraussichtlich schnell beseitigt wird (so auch H/W/F Hdb 8/162). Die Regelung in § 208 Abs 1 S 2 zeigt, dass der Gesetzgeber im Interesse der Massegläubiger von einer **möglichst frühzeitigen Anzeige** ausgeht. Im Streitfall trägt der Verwalter die volle Darlegungs- und Beweislast dafür, dass er bei der Feststellung der Masseunzulänglichkeit die im Verkehr gebotene Sorgfalt beachtet hat und nicht erkennen konnte, dass die Masse voraussichtlich insuffizient werden würde (§ 61 S 2; KS-*Kübler* S 974 f Rn 27). Nach H/W/F (Hdb 3. Aufl 8/163) reicht der **Anzeigezeitraum** bei der Masseunzulänglichkeit nach § 208 „parallel zum Eröffnungsgrund der drohenden Zahlungsunfähigkeit von der ersten Erkennbarkeit bis hin zum tatsächlichen Eintritt" (so auch BerlKo-*Breutigam* § 208 Rn 16).

11   **2. Prophylaktische Anzeige der Masseunzulänglichkeit.** In der Praxis wird oftmals vom Verwalter die Masseunzulänglichkeit angezeigt, obgleich noch keine ausreichenden Erkenntnisse vorliegen, die den künftigen Eintritt der Masseunzulänglichkeit wahrscheinlich machen. Eine solche Praxis ist unzulässig und haftungsträchtig, aber gleichwohl wirksam. Sie versperrt, von offenkundigen Missbrauchsfällen einmal abgesehen, den Zugriff des Gläubigers auf die Masse, macht aber ggf den Verwalter für eintretende Verzögerungs- oder Umverteilungsschäden persönlich haftbar (K/P/B/*Pape* § 208 Rn 12, 17; BerlKo-*Breutigam* § 208 Rn 14; Braun/*Kießner* § 208 Rn 20; *Uhlenbruck* NZI 2001, 408; MüKoInsO-*Hefermehl* § 208 Rn 31 u Rn 40). Die „prophylaktische Anzeige" der Masseinsuffizienz erfolgt oftmals nur, um die Haftungsrisiken einer laufenden Betriebsfortführung zB dadurch zu vermindern, dass Mitarbeiter freigestellt oder andere Nachrangverbindlichkeiten iSv § 209 Abs 1 Nr 3 vorerst nicht bezahlt werden. Andererseits greifen die Rechtsfolgen der Anzeige in die Rechte dieser Massegläubiger ein, weil die Auszahlung nicht nur zeitlich gesperrt, sondern ggf damit zugleich auch der spätere Verteilungsschlüssel geändert wird (zu insoweit maßgeblichen Haftungsüberlegungen *Ries* ZInsO 2007, 414, 417 FN 42). Nur wenn die Voraussetzungen einer „**Insolvenz in der Insolvenz**" vorliegen, darf ein Verfahren ausgelöst werden, das die Insolvenzgläubiger iSv §§ 38, 39 aus jeglicher Verteilung ausschließt und die Massegläubiger dem Verteilungsschlüssel des § 209 unterwirft (K/P/B/*Pape* § 208 Rn 17; vgl auch *Uhlenbruck* FS 50 Jahre BGH S 803).

3. Anzeige „temporärer" oder „einstweiliger Masseunzulänglichkeit". Sie ist von der prophylak- 11a tischen Masseunzulänglichkeitsanzeige zu unterscheiden. Oft entwickeln sich die liquiditätswirksamen Erträge der Masse nicht parallel zu ihren Aufwendungen (vgl HaKo/*Weitzmann* § 208 Rn 10). Die Einnahmen laufen in der Zeitachse den Ausgaben vielfach deutlich hinterher, weshalb es häufiger sogar zur Aufnahme vorübergehender Massekredite kommen muss. Masseunzulänglichkeit tritt bereits ein, wenn der Verwalter über einen Zeitraum von mindestens zwei Wochen nur max 95 Prozent der aktuellen Masseverbindlichkeiten und Verfahrenskosten bezahlen kann (s o Rn 7 aE). Das eigentliche Problem dieser Konstellation scheint darin begründet, dass teilw vertreten wird, die Anzeige der Masseunzulänglichkeit sei nicht mehr umkehrbar und eine **Rückkehr in das normale Insolvenzverfahren** ausgeschlossen (vgl **AG** Hamburg 2. 2. 2000 – 67 c IN 157/99, NZI 2000, 140, 141). Das Gesetz schreibe konsequent auch für diese Fälle eine Beibehaltung der besonderen Verteilungsregeln des § 209 und die Einstellung des Verfahrens nach § 211 vor. Das ist weder in sich überzeugend noch aus dem Gesetzeswortlaut heraus zwingend. Wo – wie hier unterstellt – die Anzeige der Masseunzulänglichkeit keine materiell-rechtliche Wirkung zeitigt (s o Rn 1), hat auch keine Rechts(um)gestaltung stattgefunden. Lediglich für die Dauer und die Zwecke der Mangelsituation entfaltet die Masseunzulänglichkeitsanzeige eine **prozess- und vollstreckungsrechtliche Sperrwirkung**, hindert also nur für diesen Zeitraum den Gläubiger an der Durchsetzung seiner Forderung. Kann die Masseunzulänglichkeit dagegen später behoben und nunmehr für alle Massegläubiger die Möglichkeit voller Befriedigung geschaffen werden, erübrigen sich gleichzeitig alle früheren, die Durchsetzbarkeit sperrenden Rangfragen (**BGH** 4. 12. 2003 – IX ZR 222/02, ZInsO 2004, 151, 153; HK-*Landfermann* § 208 Rn 11). Es entfällt der Rechtsgrund für die Sperre, sobald die Mangellage behoben ist. Folglich verweist die hM zu Recht darauf, dass die anschließende Rückkehr zum „normalen" Insolvenzverfahren möglich und ggf sehr sinnvoll ist (vgl *A. Schmidt* NZI 1999, 442, 443; K/P/B/*Pape* § 208 Rn 23; *Runkel/Schnurbusch* NZI 2000, 49, 53; *Uhlenbruck* NZI 2001, 408, 409; MüKoInsO-*Hefermehl* § 208 Rn 55; FK-*Kießner* § 208 Rn 19–22; BerlKo-*Breutigam* § 208 Rn 28). Nachvollziehbar ist allerdings die Vorstellung des **AG** Hamburg 2. 2. 2000 – 67 c IN 157/99, NZI 2000, 140, 141), bei lediglich temporärer Mangelsituation dürfe es nicht voreilig zu einer Verfahrenseinstellung gem § 211 InsO kommen. Dem lässt sich bei sachgerechter Normauslegung durchaus folgen. Die Insolvenzmasse ist noch nicht vollständig „verteilt", solange es – auch zugunsten offener Differenzansprüche der Massegläubiger – ausstehende und realisierbare Aktiva geben wird. Bis dahin besteht die Pflicht zur Verwaltung und Verwertung der Masse fort (§ 208 Abs 2). Zudem eröffnet § 211 Abs 3, ganz anders als § 207 (vgl dort Rn 13), die **Möglichkeit des Vorbehaltes oder der Anordnung einer Nachtragsverteilung**. Wiederum zu eng erscheint hingegen der Ansatz (**AG** Hamburg 2. 2. 2000 – 67 c IN 157/99, NZI 2000, 140, 141; vgl zu dieser Frage auch H/W/F Hdb InsO 8/162; MüKoInsO-*Hefermehl* § 208 Rn 25, 26), dem Insolvenzverwalter sei es in der Phase temporärer Unzulänglichkeit untersagt, über die schon vorhandenen Verpflichtungen hinaus weitere neue Masseverbindlichkeiten zu begründen, die die bisherige Quotenaussicht der Gläubiger potenziell verschlechtern könnten. Die Abwicklung von Insolvenzverfahren ist immer auch mit der unternehmerischen Wahrnehmung laufend revolvierender Chancen und Risiken verbunden. Dass der Verwalter gegenüber den Beteiligten des Insolvenzverfahrens (wie immer) in Kosten-Nutzen-Relationen Rechenschaft geben muss, warum die Begründung neuer Schulden dennoch für das Verfahrens betriebswirtschaftlich sinnvoll und wirtschaftlich günstiger (also für die Interessen der Masse vorteilhaft) schien, versteht sich aus der Natur der Sache. In solch dynamischen Entwicklungsprozessen, immer vorausgesetzt, dass den Verwalter kein berechtigter Vorwurf schuldhafter Fehlbeurteilung trifft, mündet die Situation der Gläubiger nicht in ein besonders geschütztes Vertrauen auf unveränderbare Tagessalden in einem bestimmten Rang. Sie sind nicht generell davor geschützt, dass zukünftig auch besser berechtigte Neumassegläubiger hinzutreten. Fehlt es dagegen an sachlichen Argumenten, haftet der Verwalter natürlich für schuldhaft durch eine Masseunzulänglichkeitsanzeige bewirkte Rückstufungsschäden.

§ 208

11b **4. Erneute Anzeige der inzwischen verschärften Masseunzulänglichkeit.** Verläuft die Verwaltung über eine längere Zeit ineffizient, insbesondere bei defizitärer Betriebsfortführung, kann sich die Vermögenslage permanent weiter verschlechtern. Das wirft die Frage auf, ob der Verwalter durch eine erneute Masseunzulänglichkeitsanzeige weitere **zusätzliche Rangabstufungen** bewirken, insbesondere die zwischenzeitlichen Neumasse- zu Altmassegläubigern zurücksetzen kann (dafür wohl **BAG** 4. 6. 2003 – 10 AZR 586/02, NZI 2003, 619; zuvor bereits ArbG Kiel 16. 5. 2002 – 1 Ca 2470 d/01, ZInsO 2002, 893; ferner Braun/*Kießner* § 208 Rn 37; HK-*Landfermann* § 208 Rn 25; HaKo/*Weitzmann* § 208 Rn 11) und mittels wiederholter Anzeigen zwischen älteren (schlechter berechtigten) und jüngeren (besser berechtigten) Altmassegläubigern unterscheiden darf. Der Wortlaut des Gesetzes schließt die erneute Anzeige der Masseunzulänglichkeit nicht aus. §§ 208 ff InsO enthalten sich jedes Hinweises, dass die Anzeige nur einmalig erfolgen darf. Der BGH hat allerdings mehrfach entschieden, dass eine Anzeige der Unzulänglichkeit der Gesamtmasse keineswegs schon indiziere, dass nicht einmal die Neumasseschulden gedeckt seien (**BGH** 29. 4. 2004 – IX ZR 141/03, ZInsO 2004, 674, 676; 22. 9. 2005, IX ZB 91/05, NZI 2005, 680). Dementsprechend komme einer nochmaligen – formellen – Masseunzulänglichkeitsanzeige keine zusätzliche, erneute Bindungswirkung zu (**BGH** 13. 4. 2006 – IX ZR 22/05, BGHZ 167, 178; 3. 4. 2003 – IX ZR 101/02, BGHZ 154, 358, 369; **abw.** das Umsatzsteuerbeisp von HK-*Landfermann* § 208 Rn 15). Der BGH widerspricht einer generell **analogen Anwendung der §§ 207 ff** auf den Fall der Unzulänglichkeit der Neumasse, die nach der ersten Anzeige einer Masseunzulänglichkeit neu erwirtschaftet wurde. Bei fortwährender Unzulänglichkeit solle ein sich verschärfender Wettlauf der Gläubiger vermieden werden. Bei einem permanent mit Verlusten arbeitenden Schuldnerunternehmen solle der Verwalter nicht Monat für Monat wiederholt die Masseunzulänglichkeit anzeigen und für Neumasseverbindlichkeiten jeweils neu abgesonderte Massebestandteile bilden müssen. Daraus ist abzuleiten, dass der BGH dem Verwalter ausdrücklich die Möglichkeit versagt, zu § 209 Abs 1 **weitere Untergruppen** zu bilden. Es soll innerhalb der gesetzlich ausgeprägten (einmaligen) Ranggruppierungen beim Grundsatz der Gleichbehandlung verbleiben. Der Verwalter kann sich, wie der BGH aaO näher ausführt, unter bestimmten Prämissen lediglich prozessual gegen die uneingeschränkte Leistungsklage zur Wehr setzen. Das Bestehen der Forderung eines Neumassegläubigers ist, jedenfalls solange eine auf sie entfallende Quote noch nicht feststeht, allenfalls im Wege der Leistungsklage titulierbar. Würde man dem uneingeschränkt folgen, geriete allerdings bei sich stetig verschärfender Liquiditätsenge die **Möglichkeit einer geordneten Auslaufproduktion** ernstlich in Gefahr. Zu einer rentablen Auslaufproduktion ist der Verwalter im Interesse einer Optimierung der Verteilungsmasse gesetzlich verpflichtet (*Ries* ZInsO 2007, 414, 417 iVm 419). Das erfordert, dass er selbst in der verschärften Krise – zur Vermeidung eigener Haftung – immer noch Personal voll (privilegiert) bezahlen darf, soweit er dessen Leistung tatsächlich in Anspruch nimmt, und dass er alle Übrigen – für deren Bezahlung das verfügbare Restgeld einfach nicht reicht – bereits freistellen und im Rang zurückstufen kann (vgl *Runkel/Schnurbusch* NZI 2000, 49, 55 f; *Ries* NZI 2002, 521, 524;). Es muss also – aus übergeordneten Sachgründen der von § 1 InsO erstrebten Masseoptimierung – zulässig bleiben, dass eine unsinnige Vermögensvernichtung unterbleibt und der Verwalter zumindest innerhalb der Gruppe derjenigen, die nach der ersten Anzeige der Masseunzulänglichkeit zu „Neugläubigern" wurden, doch (analog den synallagmatischen Grundgedanken von § 209 Abs 2 Nr 1 u 3) zu Wertschöpfungszwecken nachträglich weitere Rangabstufungen tätigen kann. In seinen Kontrollüberlegungen muss der Verwalter jeweils sicherstellen, dass – gegenüber reinen Stillstandskosten – das Weitermachen tatsächlich eine Masseoptimierung bewirkt. Übersteigt die zusätzliche Wertschöpfung die mittlerweile voll bezahlten Auslaufkosten, erfährt die Masse daraus eine Stärkung. Damit bekommen die zurückgestuften, ursprünglichen Neumassegläubiger anteilig sogar mehr, als man ihnen – zB als Arbeitnehmern in der Auslaufkündigungsfrist – bei Totalstillstand ansonsten überhaupt noch hätte zuwenden können.

12 **5. Form der Anzeige.** Ebenso wie die Feststellung der Masseunzulänglichkeit **keiner besonderen Form** bedarf (KS-*Kübler* S 974 Rn 24), stellt das Gesetz auch hinsichtlich der Masseunzulänglichkeitsanzeige keine Anforderungen an Form und Inhalt dieser Anzeige (*Dinstühler* ZIP 1998, 1697, 1701; *Runkel/Schnurbusch* NZI 2000, 49, 51). Der Verwalter muss seine Anzeige der Masseunzulänglichkeit nicht begründen und auch nicht belegen, da das Gericht kein Recht und keine Pflicht zur Überprüfung hat. Trotzdem wird in der Literatur angenommen, dass der Verwalter der Anzeige eine **vollständige Liste aller Massegläubiger** beizufügen hat, damit die Zustellung nach § 208 Abs 2 S 2 erfolgen kann (H/W/F Hdb 8/164; *Dinstühler* ZIP 1998, 1697, 1701). Um Altmassegläubigern einen Einblick in die finanzielle Situation zu geben, wird sogar die Auffassung vertreten, der Verwalter solle seiner Anzeige einen **aktuellen Insolvenzstatus** beifügen. Dieser sei sodann den Gläubigern zusammen mit der Anzeige nach § 208 Abs 2 S 2 zuzustellen. Diese Handhabung ist bis dato im Gesetz nicht vorgesehen (vgl jedoch vorstehend Rn 4a zu den seinerzeitigen Bestrebungen des aktuell nicht weiter verfolgten GAVI-Entwurfes). Im Vorgriff auf eine etwaige spätere Verteilung nach § 209 Abs 1 Nr 3 könnte dies zB in der Form einer **Masseschuldtabelle** erfolgen (*Dinstühler* ZIP 1998, 1697, 1701).

13 **6. Kein Rechtsmittel.** Ebenso wie gegen die Feststellung der Masseunzulänglichkeit durch den Verwalter ist auch gegen die Anzeige des Verwalters an das Insolvenzgericht **kein Rechtsmittel** gegeben. Die

IV. Anzeigepflicht des Insolvenzverwalters **§ 208**

Entscheidung des Insolvenzverwalters, die eingetretene oder drohende Masseunzulänglichkeit dem Insolvenzgericht anzuzeigen, unterliegt keiner gerichtlichen Überprüfung und ist **unanfechtbar** (BGH 3. 4. 2003 – IX ZR 101/02, NZI 2003, 369 m Anm *Uhlenbruck;* BAG 11. 12. 2001 – 9 AZR 459/00, NZI 2003, 273; krit KS-*Kübler* S 972 Rn 16, 17; *Runkel/Schnurbusch* NZI 2000, 49, 51; HK-*Landfermann* § 208 Rn 8; *Pape* KTS 1997, 49, 53; *Dinstühler* ZIP 1998, 1697, 1701 f; Adam, DZWiR 2009, 181). Die Gefahr verfrühter oder unzutreffender Unzulänglichkeitsanzeigen soll sich nach Auffassung des Gesetzgebers durch die Verwalterhaftung nach § 61 regulieren (vgl Begr d Rechtsausschusses zu § 234 b RegE, BT-Drucks 12/7302, S 179 f, abgedr bei K/P/B, S 437). Die fehlende Justitiabilität der Masseunzulänglichkeitsanzeige wird in der Literatur vielfach kritisiert (KS-*Kübler* S 972 Rn 17; HK-*Landfermann* § 208 Rn 11; *Pape* KTS 1997, 49, 53; *Dinstühler* ZIP 1998, 1701 f). Gesagt wird insbesondere, die **verschärfte Verwalterhaftung** nach § 61 könne dazu führen, dass Insolvenzverwalter die drohende Masseunzulänglichkeit aus Gründen „haftungsrechtlicher Vorsorge" angeben, um bei der Begründung weiterer Masseverbindlichkeiten das Haftungsrisiko zu minimieren (so *Dinstühler* ZIP 1998, 1697, 1702). Diese Aussage relativiert sich bei genauerer Betrachtung recht markant, weil insbesondere zu Beginn des Insolvenzverfahrens die „oktroyierten" Masseverbindlichkeiten ohnehin für mindestens 6 Monate einer Durchsetzungssperre unterliegen (§ 90), und weil für „gewillkürte" Verbindlichkeiten, die im Moment der Anzeige unerledigt sind, eine zu missbilligende Rangrückstufung noch sehr viel direkter in die Haftungstatbestände der §§ 60, 61 führt (zur Nichtanwendbarkeit des § 61 auf reine Verzögerungsfälle s u Rn 14; vgl aber BGH 6. 5. 2004 – IX ZR 48/03, ZInsO 2004, 609 (610), der offen lässt, wie weit die Gläubiger letzten Endes gedulden muss, und zugleich klarstellt, dass § 61 nur die Vertrauensschadenhaftung für eine pflichtwidrige Masseschuldbegründung regelt). Der Verwalter, der vorschnell oder gänzlich unberechtigt die Masseunzulänglichkeit anzeigt, darf im selben Moment Altmasseverbindlichkeiten nicht mehr begleichen, die er selbst ausgelöst hat. Er wird also tunlichst vermeiden, sich hier ins eigene Fleisch zu schneiden. Immerhin verweisen auch der BGH (4. 12. 2003 – IX ZR 222/02, ZInsO 2004, 151, 153) und HK-*Landfermann* (§ 208 Rn 11) mit Recht auf die Tatsache, dass nach einer unberechtigten Masseunzulänglichkeitsanzeige die betroffenen Gläubiger letzten Endes doch voll befriedigt werden und allenfalls ein etwaiger Verzögerungsschaden (§ 60) diskutiert werden muss. Nach bisherigem Recht entfaltete die Mitteilung der Masseunzulänglichkeit durch den Verwalter an den jeweiligen Massegläubiger nur eine **inter-partes-Wirkung** (*Kilger/K. Schmidt* § 60 KO Anm 2; KS-*Kübler* S 973 Rn 20). Zwar hat der Gesetzgeber die Frage der **Rechtswirkungen einer Anzeige der Masseunzulänglichkeit** nicht geregelt, jedoch ist, wie unten zu VI. 9. dargelegt wird, auch ein Prozessgericht an die öffentliche Bekanntmachung der Masseunzulänglichkeit gebunden (BGH, 3. 4. 2003 – IX ZR 101/02, BGHZ 154, 358; 4. 12. 2003 – IX ZR 222/02, ZInsO 2004, 151, 153; 13. 4. 2006 – IX ZR 22/05, ZInsO 2006, 541, 542; unzutr BAG 11. 12. 2001 – 9 AZR 80/01, NZI 2002, 449, ZIP 2002, 1261). Die **einheitliche Fixierung des Zeitpunktes** der Masseunzulänglichkeit in § 208 mit der Rechtsfolge einer **inter-omnes-Wirkung** erspart vor allem den Arbeitsgerichten erhebliche Arbeit und beseitigt zugleich die Gefahr, dass verschiedene Gerichte unterschiedliche Feststellungen zur Masseunzulänglichkeit treffen.

7. Haftung des Verwalters. Sowohl bei verspäteter Feststellung der Masseunzulänglichkeit als auch bei **verspäteter Anzeige** an das Insolvenzgericht haftet der Insolvenzverwalter persönlich gem §§ 60, 61 auf Schadenersatz, wenn Massegläubiger mit ihrer Forderung ausfallen oder nur eine geringe Quote erhalten, weil der Insolvenzverwalter schuldhaft trotz Eintritts der Masseunzulänglichkeit zwischenzeitlich weitere Verbindlichkeiten begründete oder schon bekannte noch voll bezahlte bzw die Masse sonstwie verkürzte (*Hess* § 208 Rn 60; N/R/*Westphal* § 208 Rn 18; K/P/B/*Pape* § 208 Rn 6). Nicht ganz einfach beantworten sich die haftungsrechtlichen Fragen nach der jeweiligen **Reichweite der §§ 60, 61** und der **Einziehungs- und Prozessführungsbefugnis** vor allem im Anwendungsbereich des § 60. Nach BGH (6. 5. 2004 – IX ZR 48/03, ZInsO 2004, 609, 614) stehen die Ansprüche aus § 60 und § 61 in einem Rangverhältnis, weil es sich um alternative Klagebegehren mit unterschiedlichem Streitgegenstand handelt, die nicht auf dasselbe Rechtsschutzziel gerichtet sind. Zwar gehe der Schadenersatz nach beiden Vorschriften nur auf das negative Interesse. Dieses könne aber unterschiedlich hoch sein. So werde ein Anspruch nach § 61 regelmäßig hinter dem positiven Interesse zurückbleiben, während ein Anspruch nach § 60 wegen schuldhafter Masseverkürzung nicht selten mit dem positiven Interesse übereinstimme. Der BGH (6. 5. 2004 – IX ZR 48/03, ZInsO 2004, 609, 610) ließ bis dato offen, ob dann ein **Ausfallschaden iSv § 61** entstanden ist, wenn der Insolvenzverwalter bei Forderungsfälligkeit nicht zahlen kann. Die Massegläubiger müssten sich jedenfalls nicht auf den Ausgang langwieriger Rechtsstreitigkeiten vertrösten lassen. § 61 regele aber nur die **Vertrauensschadenhaftung für eine pflichtwidrige Masseschuldbegründung** (im Ergebn ebenso BGH 9. 8. 2006 – IX ZB 200/05, NZI 2006, 580 Rn 8). Betroffen seien also lediglich die individuellen, unmittelbar aus den Vertragsverhandlungen bzw dem -abschluss herzuleitenden Vertrauensschäden, nicht jedoch sonstige insolvenzspezifische Pflichtverletzungen aus späterer Zeit. Für § 61 sei damit zu klären, ob der Verwalter schon bei Begründung der jeweiligen Masseverbindlichkeit habe erkennen können, dass die Masse zur Erfüllung voraussichtlich nicht ausreicht, und damit eigentlich längst Masseunzulänglichkeit hätte angezeigt werden müssen. Bei § **60** sei wiederum zu unterscheiden, ob sich der **Pflichtenverstoß vor oder nach**

Anzeige der Masseunzulänglichkeit zugetragen habe (**BGH** 6. 5. 2004 – IX ZR 48/03, ZInsO 2004, 609, 611). Pflichtverstöße vor der Anzeige könne der Gläubiger iaR als **Individualschaden** selbst geltend machen. Demgegenüber träfen Masseschmälerungen aus der Zeit danach die Altmassegläubiger im Zweifel nur gemeinsam als **Gesamtschaden**, der ihre Quotenaussicht weiter verschlechtere. **§ 92 S 2** gelte auch gegenüber geschädigten Massegläubigern (vgl die vorstehende Kommentierung von *Hirte* zu § 92 Rn 22 sowie *Ries* H/W/F-Präsenzkomm § 92 Rn 9); damit sei die Einziehungs- und Prozessführungsbefugnis auf einen **neu zu bestellenden Sonderinsolvenzverwalter** übergegangen. Problematisch sind also vor allem Überschneidungen, bei denen schadenstiftende Ereignisse Doppelwirkung entfalten, d. h. in beide Richtungen wirken (Näheres hierzu bei *Ries* H/W/F-Präsenzkomm § 92 Rn 14; HaKo/ *Pohlmann*, § 92 Rn 20; HK-InsO/*Kayser*, § 92 Rn 20; K/P/B/*Lüke* § 92 Rn 23). Seinen persönlichen Individualschaden kann der betroffene Gläubiger immer parallel noch selbst geltend machen. Derjenige, der als Gläubiger bei materieller Unzulänglichkeit der Masse, aber noch vor der betreffenden Anzeige einen Vertrag mit dem Verwalter schließt, kann einmal eigenständig – nur darauf bezogen – Ersatz des negativen Interesses wegen seines persönlich enttäuschten Vertrauens fordern. Er könnte aber zusätzlich geltend machen wollen, es habe auch nach der Anzeige erhebliche Masseschmälerungen gegeben. Der gemeinsame Quotenschaden sei dadurch weiter erheblich vertieft worden. Für Letzteres, aber auch nur insoweit, ist er dann wegen § 92 S 2 ggf nicht selbst legitimiert. Hatte der Verwalter hingegen nur „prophylaktisch" oder **zu Unrecht Masseunzulänglichkeit angezeigt**, entstehe den Massegläubigern allein durch den Eintritt des Verteilungsschlüssels des § 209 kein größerer Schaden; denn sie werden am Ende doch voll befriedigt. Den sogen „Altmassegläubigern" bleibt hier lediglich der Nachteil, dass nach der Anzeige ihre Befriedigung zunächst zeitlich zurückgestellt ist und nicht gem § 210 durch Vollstreckung erzwungen werden kann (**BGH** 4. 12. 2003 – IX ZR 222/02, ZInsO 2004, 151, 153; HK- *Landfermann* § 208 Rn 11). Den Ersatz eines reinen Verzögerungsschadens regelt unmittelbar § 60 (K/P/B/*Pape* § 208 Rn 17; MüKoInsO-*Hefermehl* § 208 Rn 31, 77; im Erg zutr auch HK-*Landfermann* § 208 Rn 12, der allerdings zu Unrecht Massegläubiger nicht als eigentlich „Beteiligte" iSd Norm bezeichnet; vgl insoweit richtig HK/*Eickmann* § 60 Rn 5 u 8). Wenn erst einmal ein Haftungstatbestand verwirklicht wurde, steht der **Anspruch gegen den Verwalter persönlich** aus § 61 **gleichrangig** neben einem Anspruch aus anderem Rechtsgrund gegen die Masse (**BGH** 1. 12. 2005 – IX ZR 115/01, NZI 2006, 169 mit zahlr Nachw).

V. Bekanntmachung und Zustellung durch das Insolvenzgericht

15   1. **Öffentliche Bekanntmachung.** Gem § 208 Abs 2 S 1 ist die Anzeige der Masseunzulänglichkeit öffentlich durch das **Insolvenzgericht** bekannt zu machen. Nicht ausreichend ist, dass die Massegläubiger auf andere Art und Weise Kenntnis von der Masseunzulänglichkeit erlangt haben (K/P/B/*Pape* § 208 Rn 2). Durch das InsOVereinfG 2007 wurde mit Wirkung ab dem 1. 7. 2007 § 9 Abs 1 S 1 neu gefasst. Demnach erfolgen öffentliche Bekanntmachungen künftig durch zentrale und länderübergreifende Veröffentlichungen **im Internet** (www.insolvenzbekanntmachungen.de). Gem Art 103 c Abs 1 EGInsO gilt speziell diese Neuregelung bereits in allen laufenden Verfahren. Soweit Art 103 c Abs 2 EGInsO daneben für eine Übergangszeit bis zum 31. 12. 2008 die auszugsweise – zusätzliche – Veröffentlichung in einem periodisch erscheinenden Printmedium am Wohnort/Sitz des Schuldners gestattete, also zB klassischerweise in der Tageszeitung oder in Mitteilungsblättern an die Haushalte, machte das die Internet-Bekanntmachung keinesfalls entbehrlich.

16   2. **Gesonderte Zustellung.** Neben der öffentlichen Bekanntmachung sieht § 208 Abs 2 S 2 eine Zustellung der Masseunzulänglichkeitsanzeige an die Massegläubiger vor. Sie sollen dadurch frühzeitig informiert und von voreiligen Prozess- bzw nach § 210 unzulässig gewordenen Vollstreckungsmaßnahmen abgehalten werden (*Hess* § 208 Rn 48; FK-*Kießner* § 208 Rn 13). Die Zustellungen können durch Aufgabe zur Post erfolgen oder auch dem Insolvenzverwalter übertragen werden (§ 8; FK-*Schulz* § 208 Rn 7; *Hess* § 208 Rn 48; N/R/*Westphal* § 208 Rn 21). Nach § 8 Abs 1 S 2, 3 id Neufassung InsVereinfG 2007 greift eine neue Zustellfiktion; sie betrifft gem Art 103 c Abs 2 EGInsO ab ihrem Inkrafttreten zum 1. 7. 2007 auch bereits laufende Verfahren und schneidet dem Zustelladressaten u a den Einwand ab, er habe die Sendung nicht erhalten. Für Sendungen im Inland gilt nunmehr die Zustellung nach Ablauf von drei Tagen als erfolgt (§ 8 Abs 1 S 3 InsVereinfG); für Auslandszustellungen errechnet sich eine Zweiwochenfrist (§ 8 Abs 1 S 2 InsVereinfG iVm § 184 Abs 2 S 1 ZPO). Nach BerlKo- *Breutigam* (§ 208 Rn 20) hat das Gericht eine Weiterleitung des vom Insolvenzverwalter beigefügten **aktuellen Insolvenzstatus** an die Massegläubiger zu veranlassen, was vom Gesetz allerdings nicht zwingend gefordert wird. Verlangt man vom Insolvenzverwalter mit der Masseunzulänglichkeitsanzeige die **Einreichung einer vollständigen Liste der Massegläubiger**, so sind die Zustellungen aufgrund dieser Liste vorzunehmen. Der Veröffentlichung und die Zustellung entfalten lediglich **deklaratorische** Wirkung (BerlKo-*Breutigam* § 208 Rn 30; KS-*Kübler* S 974 Rn 24); die Wirkungen der Feststellung von Masseunzulänglichkeit treten bereits **mit Zugang der Anzeige des Verwalters bei Gericht** ein (*Hess* § 208 Rn 49; N/R/*Westphal* § 208 Rn 23; KS-*Kübler* S 974 Rn 24; BerlKo-*Breutigam* § 208 Rn 30).

VI. Rechtsfolgen der Anzeige der Masseunzulänglichkeit

1. Keine materiell-rechtlichen Folgen. Wie bereits angesprochen wurde (s o Rn 1), kann an der Auffassung, der Vorschrift des § 208 komme **materiell-rechtlicher Charakter** zu, nicht länger festgehalten werden (so aber *Pape* KTS 1995, 189, 202 ff; *ders* ZInsO 2001, 60; K/P/B/*Pape* § 208 Rn 2). Zutreffend haben *Runkel/Schnurbusch* (NZI 2000, 49, 54 f) darauf hingewiesen, dass die Anzeige der Masseunzulänglichkeit nach § 208 nicht den materiellen Bestand der Forderung berührt, sondern nur seine verfahrens- und vollstreckungsmäßige Durchsetzung. Die These von der Einwirkung auf den materiellrechtlichen Bestand der Forderung müsse zwangsläufig dazu führen, dass ansonsten eine Aufrechnung mit einer Masseforderung nur noch so weit möglich sein könne, als die Forderung durch den Einwand der Masseunzulänglichkeit in ihrem materiell-rechtlichen Bestand nicht zuvor bereits verkürzt worden sei. Richtig ist, dass mit der Zäsur der §§ 208, 209 eine Forderungs- und Verlustgemeinschaft der Massegläubiger eintritt, die diese zwingt, sich der insolvenzrechtlichen Gleichbehandlung ihrer Ansprüche zu unterwerfen (so *Pape* KTS 1995, 189, 203). Das gilt aber **nur für die Dauer und die Zwecke des Insolvenzverfahrens.** Die auf diese verfahrensspezifische Weise beschränkten Wirkungsmechanismen insolvenzrechtlicher Normen zeigen konsequent verschiedene BGH-Urteile jüngerer Zeit auf, mit denen der IX. Zivilsenat beispw. von der früher zu § 17 KO, 103 InsO vertretenen Erlöschenstheorie abgerückt ist (vgl stellvertr 25. 4. 2003 – IX ZR 313/99, NZI 2002, 375), die Unwirksamkeits- bzw Unzulässigkeitsanordnungen der §§ 88, 89 InsO (vgl stellvertr 19. 1. 2006 IX ZR 232/04, NZI 2006, 224) nur für die Dauer und Zwecke der Massezugehörigkeit des Vollstreckungsgegenstandes beschränkt und auch im Kontext des § 96 Abs 1 Nr 3 wiederholt die allein insolvenzspezifischen Liquiditätsaspekte betont (**BGH** 28. 9. 2006 – IX ZR 136/05, NZI 2007, 31; 12. 7. 2007 – IX ZR 120/04, WM 2007, 1585). Bei genauerer Betrachtung lässt sich aus alledem die Prämisse herleiten, dass ständig teleologisch zu hinterfragen ist, was die jeweilige Norm für die Dauer und Zwecke des Insolvenzverfahrens bewirken soll. Ähnlich *Ries* (ZInsO 2007, 414, 415): die allgemeinen Leistungsansprüche bleiben als solche bestehen; sie werden jedoch durch das lex-specialis-Gebot insolvenzzweckmäßer Abwicklung überlagert; ihre Durchsetzbarkeit ist für die Dauer und Zwecke des Verfahrens suspendiert. Damit bleiben akzessorische Sicherheiten der Masseverpflichtungen ebenso unberührt wie – vorbehaltlich einer möglichen RSB – die künftige Durchsetzbarkeit solcher Verbindlichkeiten nach Verfahrensaufhebung gegen den Schuldner.

Jedenfalls für das neue Recht ist anzunehmen, dass die Anzeige der Masseinsuffizienz lediglich **Auswirkungen auf die Verteilung** (§ 209), anhängige **Leistungsklagen** der Massegläubiger und die **Vollstreckung** (§ 210) hat. Es tritt also insoweit gerade keine materielle Kürzung der Forderung ein. Der Gesetzgeber hat in § 209 nur einen Verteilungsschlüssel für die „Insolvenz in der Insolvenz" regeln wollen. *Dinstühler* (ZIP 1998, 1697, 1704) meint zwar, nach neuem Recht spreche noch mehr dafür, eine im materiellen Recht angesiedelte „**Einwendung der Masseunzulänglichkeit**" anzuerkennen, die jetzt vom Verwalter durch die Anzeige gegenüber dem Insolvenzgericht hervorgebracht wird. Die näheren Ausführungen, wie zB der Hinweis „ohne tatbestandliche Antastung der Altmasseforderung", zeigen aber, dass auch *Dinstühler* letztlich auf die verfahrens- und prozessmäßige Handhabung abstellt, der nicht unbedingt auf der Ebene des materiellen Rechts begegnet werden muss. Der Anspruch ist in seiner Realisierbarkeit **nur während der Dauer des Insolvenzverfahrens** und nach dem dort (zeitlich und gegenständlich beschränkten) Verteilungsschlüssel gem § 209 **auf quotale Befriedigung beschränkt.** Für Titulierungsbemühungen im gerichtlichen Erkenntnisverfahren gilt: Nicht der materielle Anspruch des Massegläubigers, sondern die prozessuale Durchsetzbarkeit erfährt eine Einschränkung mit der Folge, dass eine Leistungsklage in voller Höhe unzulässig wird.

2. Fortsetzung der Masseverwertung und Verteilung. Da Vergütungs- und Auslagenerstattungsansprüche des Verwalters gem § 209 Abs 1 Nr 1 vorrangig vor den übrigen Masseverbindlichkeiten befriedigt werden, hat er gem § 208 Abs 3 die Verwaltung und Verwertung der Masse auch nach Anzeige der Masseunzulänglichkeit fortzusetzen. Ebenso muss er kraft eigener Sachkompetenz noch weiterhin **Buchführungs- und andere steuerliche Pflichten** des Schuldners erfüllen (**BFH** 19. 11. 2007 – VII B 104/07, NV 2008, 334; zu Besonderheiten bei der Verfahrenskostenstundung und Auslagenersatz aus der Staatskasse s **BGH** 22. 7. 2004 – IX ZB 161/03, ZInsO 2004, 970). Bereits nach früherem Recht war der Verwalter verpflichtet, die Masse vor der Verteilung zunächst zu verwerten, wenn die Massekosten iSv § 58 Abs 1 Nr 1, 2 KO gedeckt waren (vgl *Henckel* in: Einhundert Jahre KO, 1977 S 169, 183 ff; KS-*Kübler* S 975 Rn 29; *Kilger/K. Schmidt* § 60 KO Anm 4; K/U § 60 KO Rn 3 l). Im Rahmen einer **Betriebsfortführung** hat die Rechtsprechung einen Haftungsanspruch der Altgläubiger nur bejaht, wenn durch die Fortführung des Betriebes mehr Masseschulden begründet wurden, als durch sie abgebaut werden konnten (**BGH** 24. 5. 2005 – IX ZR 114/01, NZI 2005, 500; 4. 12. 1986 – IX ZR 47/86, BGHZ 99, 151, 156; **BGH** 12. 10. 1989 – IX ZR 245/88, ZIP 1989, 1584, 1589; ferner *Lüke*, Persönliche Haftung Rn 61 ff; KS-*Kübler* S 976 Rn 30; K/P/B/*Pape* § 208 Rn 21, 22). Soweit unverwertbares Schuldnervermögen vorhanden ist, besteht nach Anzeige der Masseunzulänglichkeit die Verwertungspflicht des Verwalters unverändert fort (MüKoInsO-*Hefermehl* § 208 Rn 43 ff). Gleichwohl birgt die vom Gesetzgeber eingeführte **Verwertungspflicht des Insolvenzverwalters**, verbunden mit der haftungsträchtigen Regelung in § 61, für den Verwalter ein **erhebliches Risiko** (KS-*Kübler* S 976 Rn 32). Deshalb wird in der Literatur empfohlen, dass der Verwalter verpflichtet ist, seine Verwertungsbemühungen auf solche Geschäfte zu beschränken, die für die Masse vorteilhaft sind (K/P/B/*Pape* § 208 Rn 21). H/W/F (Hdb 3. Aufl 8/168) empfehlen, bei sogen „**besonders bedeutsamen Rechtshandlungen**" in jedem Fall die Einberufung einer Gläubigerversammlung zu beantragen, die darüber zu entscheiden habe. Der Verwalter dürfte von haftungsrechtlichen Risiken weitgehend freigestellt sein, wenn der Gegenstand der Gläubigerversammlung in der Bekanntmachung konkret auf „Genehmigung besonders bedeutsamer Rechtshandlungen" bezogen war. Dieser Vorschlag ist aber wenig praxisnah, da die Gläubiger mangels Aussicht auf Befriedigung ihrer Forderungen kein Interesse mehr zeigen werden, an einer Gläubigerversammlung teilzunehmen (zu dem gescheiterten § 323 RegE und seinen verhängnisvollen Folgen instruktiv *Kluth* ZInsO 2000, 177, 179 f). Insgesamt stellt sich für den **Fall der Restverwertung** nach Anzeige der Masseunzulänglichkeit die Frage, ob die Vorschriften der §§ 160–164 überhaupt Anwendung finden. Immerhin zeigt die Praxis, dass sich gerade in dieser Phase – betriebswirtschaftlich uneinsichtig – oft besonders Interessierte aus dem familiären Umfeld des Schuldners melden (§ 162), die den Geschäftsbetrieb unbedingt fortsetzen möchten, wie auch – gerade in den kritischen Insolvenzfällen selbständiger natürlicher Personen – einige Verwalter hin und wieder geneigt sind, um jeden Preis, selbst deutlich unter Wert (§ 163), aus einer vermeintlich riskanten Betriebsfortführung auszusteigen. Schließlich kommen in Aktiv- und Passivprozessen Rechtshandlungen iSv § 160 in Betracht, zB Vergleich, Klagerücknahme, Anerkenntnis, Erledigungserklärung zur Hauptsache oder Zustimmung hierzu (*Kluth* ZInsO 2000, 177, 181). Die Einleitung oder **Weiterführung von Insolvenzanfechtungsprozessen** nach den §§ 129 ff sowie die prozessuale Geltendmachung eines Gläubigergesamtschadens nach § 92 oder die persönliche Gesellschafterhaftung nach § 93 erweisen sich gerade im Stadium der Masseunzulänglichkeit schon nach den Proportionen iaR als „besonders bedeutsame Rechtshandlungen" (*Kluth* ZInsO 2000, 177, 181; *Dinstühler* ZIP 1998, 1697, 1705 f; H/W/F Hdb 8/168). Nach gefestigter Rechtsprechung (**BGH** 26. 6. 2001 – IX ZR 209/98, ZInsO 2001, 703; **AG** Hildesheim 15. 5. 2001 – 43 C 394/00, ZInsO 2001, 816 m Anm *Pape*; s a *Henckel* in: Einhundert Jahre KO, 1977 S 169, 183 ff) hindert die Anzeige der Masseunzulänglichkeit den Verwalter nicht an der Einleitung und Durchführung aussichtsreicher Prozesse. Dementsprechend besitzt er auch in dieser Phase noch den Anspruch auf Bewilligung von Prozesskostenhilfe (**BGH** 27. 9. 2007 – IX ZB 172/06, NZI 2008, 98 u 28. 2. 2008 – IX ZB 147/07, NZI 2008, 431). Nach K/P/B/*Pape* (§ 208 Rn 20) sollte aber § 208 „keinesfalls dahingehend verstanden werden, dass mit dem Eintritt der Masseinsuffizienz im weiteren Sinne überhaupt keine Änderung verbunden ist und der Verwalter die Verfahrensabwicklung genauso fortsetzen kann, als wäre nichts geschehen". In der Tat würde eine solche Handhabung dem Zweck des § 208 ff nicht gerecht. Die Vorschrift dient dazu, das Verfahren möglichst zügig zu Ende zu bringen und den Erlös aus der Restverwertung zur Befriedigung der Masseverbindlichkeiten zu verwenden. Damit soll gerade auch der Verwalter von weiteren Haftungsrisiken gegenüber Neugläubigern (dazu KS-*Kübler* S 976 Rn 31; MüKoInsO-*Hefermehl*, § 208 Rn 47) entlastet und aus seinem persönlichen Risiko genommen werden. Keinesfalls darf die fortbestehende Verwaltungs- und Verwertungspflicht des Verwalters als **Alibi für eine verzögerte Abwicklung** benutzt werden (K/P/B/*Pape* § 208 Rn 20). Nach Feststellung von KS-*Kübler* (S 976 Rn 33) wird in der Praxis für den Verwalter auch bei teilweise noch unverwerteter Masse die alsbaldige Verfahrenseinstellung vielfach eine unvermeidbare „Notbremse" sein. Notfalls müsse eine „großzügige Anwendung" des § 207 erwogen werden. Vor einer solchen Großzügigkeit warnt jedoch *Landfermann* (HK-*Landfermann* § 208 Rn 16), der darauf hinweist, dass vor Anwendung des § 207 alle anderen Möglichkeiten ausgeschöpft sein müssen, zB das Absehen von der Verwertung nur mit Verlust verwertbarer Gegenstände. Die Anzeige der Masseunzulänglichkeit entbindet den Verwalter nicht von der Verpflichtung, eine weitere Schädigung der Gläubiger zu vermeiden, sich auf die dringend notwendige Begründung neuer Masseverbindlichkeiten zu beschränken und nur solche Masseverbindlichkeiten neu zu begründen, bei denen die Deckung durch die vorhandene Insolvenzmasse gewährleistet ist. Ist ungewiss, ob die zu erwirtschaftende Masse tatsächlich alle Neumasseschulden deckt, muss der Verwalter **zur Vermeidung eigener Haftung nach § 61** die Neugläubiger vor Vertragsschluss bzw Anforderung zusätzlicher Leistungen ausdrücklich **auf** diese **verschärfte Lage hinweisen** (s auch MüKoInsO-*Hefermehl* § 208 Rn 32 aE). Die Vertragspartner können dann selbst entscheiden, ob sie vor diesem Risiko mit dem Verwalter paktieren bzw an ihn weiter liefern wollen oder nicht. Allein die Veröffentlichung gem § 208 Abs 2 exkulpiert den Verwalter nicht, zumal die Anzeige der Masseunzulänglichkeit in keiner Weise indiziert, dass nicht einmal die Neumasseschulden gedeckt sind (**BGH** 29. 4. 2004 – IX ZR 141/03, ZInsO 2004, 674, 676; 22. 9. 2005, IX ZB 91/05, NZI 2005, 680).

20   **3. Begrenzte Fortsetzung des Insolvenzverfahrens.** Wie bereits oben zu 2. festgestellt wurde, dient § 208 dem Zweck, das Verfahren möglichst zügig zu Ende zu bringen und den Erlös aus der Restverwertung dazu zu verwenden, die Masseverbindlichkeiten nach Maßgabe des Verteilungsschlüssels des § 209 zu verteilen. Die Anzeige der Masseunzulänglichkeit führt letztlich zu einer **Änderung des Verfahrenszwecks**. Der Verwalter muss bemüht sein, die nach § 208 gebotene Liquidation möglichst rasch durchzuführen und eine weitere Verkürzung der Ansprüche der Altmassegläubiger zu verhindern

VI. Rechtsfolgen der Anzeige der Masseunzulänglichkeit § 208

(K/P/B/*Pape* § 208 Rn 20; *Breitenbücher* Masseunzulänglichkeit, S 121 ff). Der Verfahrenszweck beschränkt sich mit der Anzeige der Masseunzulänglichkeit durch den Verwalter an das Gericht auf eine zügige Restabwicklung ausschließlich im Interesse der Massegläubiger. Begleitend zu der Verfahrenseinstellung sieht das Gesetz bis dato **weder eine Anhörung der Gläubigerversammlung noch eine solche der Massegläubiger** vor (s o Rn 9 und MüKoInsO-*Hefermehl* § 211 Rn 12). Der 2007 vorgelegte GAVI-Entwurf wollte jedoch § 208 um einen Abs 4 ergänzen, wonach sowohl Masse- wie auch Insolvenzgläubiger zumindest in der ersten Gläubigerversammlung (§ 29) in einem zusätzlich aufzunehmenden TOP vom Verwalter, sofern dieser zuvor bereits Masseunzulänglichkeit angezeigt hat, über die genauen Ursachen und Hintergründe unterrichtet werden. Solange diese beabsichtigte gesetzliche Änderung nicht in Kraft tritt, stellt sich die Frage, ob die **im Eröffnungsbeschluss (§ 27) erfolgten Terminsbestimmungen (§ 29)**, also die Anberaumung einer Gläubigerversammlung oder eines Prüfungstermins, überhaupt noch durchzuführen sind, da sie das Verfahren ohne Dividendenaussicht für Insolvenzgläubiger kostenmäßig belasten. Gläubiger werden einerseits wenig Verständnis aufbringen, zu einer Gläubigerversammlung anzureisen, nur um vom Verwalter zu hören, dass nach Anzeige der Masseunzulänglichkeit eine Quote auf ihre Forderung nicht gezahlt werden kann. Andererseits konnte schon bisher die Schilderung der wirtschaftlichen Lage des Schuldners durch den Verwalter im **Berichtstermin** (§ 156) zu neuen Beschlussüberlegungen führen. So wählten beispw. die anwesenden Insolvenzgläubiger im Fall BGH 7. 10. 2004 – IX ZB 128/03, NZI 2005, 32 in der ersten Versammlung trotz zuvor angezeigter Masseunzulänglichkeit gem § 57 rechtswirksam einen anderen Verwalter. Vor allem können die häufigen **Fälle lediglich temporärer Masseunzulänglichkeit** später in die erneute Regelabwicklung einmünden (s o Rn 11 a). Schließlich kommt eine nötige Zustimmung der Gläubigerversammlung zu **besonders bedeutsamen Rechtshandlungen nach § 160** im Rahmen der Restabwicklung in Betracht (s o Rn 19). Solche künftigen Entwicklungen lassen sich ex ante nie sicher vorhersagen. Abw zur Vorauflage und entgegen *Uhlenbruck* (NZI 2001, 408, 410) dürfte es hier richtig sein, zumindest die im Eröffnungsbeschluss (§ 27) bestimmten erste Gläubigerversammlung (sog. Berichtstermin; § 29) tatsächlich stattfinden zu lassen. Auf einem ganz anderen Blatt mag stehen, dass der Verwalter – vorbereitend dazu – bereits seine Schlussrechnung legt. Soweit vorgebracht wird, die Insolvenzgläubiger seien außerdem an der Durchführung späterer **Prüfungstermine** zwecks Feststellung ihrer Forderung zur Tabelle interessiert, um so nach Aufhebung des Verfahrens gegen den Schuldner einen vollstreckbaren Tabellenauszug zu erhalten (§ 201 Abs 2), wird diesem Petitum **in Insolvenzverfahren juristischer, nach Verfahrensbeendigung aufgelöster Personen** gegenüber den Haftungsgefahren für den Insolvenzverwalter kein Vorrang zuzumessen sein. Ohnehin kann die Forderungsprüfung vielfältigen Aufwand nötig machen und sich wegen tatsächlicher und rechtlicher Schwierigkeiten länger hinziehen. Ein Anspruch auf Abhaltung von Prüfungsterminen besteht von daher nicht. Etwas differenzierter mag man die Dinge sehen, wenn die Masseunzulänglichkeit erst Wochen, Monate oder gar Jahre nach Verfahrenseröffnung angezeigt wird. Hier ist im Einzelfall immer abzuwägen, ob sich die **Durchführung einer außerordentlichen Gläubigerversammlung** oder eines **Prüfungstermins** für die Insolvenzgläubiger lohnt, und ob auch die Interessen des Verwalters, der niemandem persönlich haftbar werden möchte, dennoch angemessen gewahrt bleiben. Wiederum besonders liegen die Dinge, wenn ein Schuldner **als natürliche Person** gem § 287 Abs 1 **Restschuldbefreiung** beantragt hat. Diese wird ihm gem § 289 Abs 3 S 1 überhaupt nur erteilt, wenn die Insolvenzmasse nach Anzeige der Masseunzulänglichkeit gem § 209 verteilt wurde und eine Einstellung nach § 211 erfolgte (vgl Näheres in der Kommentierung zu § 207 Rn 6). Hier muss zusätzlich für die anschließende Wohlverhaltensphase ein Schlussverzeichnis erstellt und die Forderungsprüfung ordentlich abgeschlossen sein. Hatte das Gericht kein schriftliches Prüfungsverfahren angeordnet, muss zwingend der Prüfungstermin stattfinden (FK-*Kießner* § 211 Rn 10 ff).

4. Neuordnung des Verteilungsschlüssels in § 209. Die Anzeige der Masseunzulänglichkeit an das Insolvenzgericht nach § 208 Abs 1 durch den Insolvenzverwalter hat zur Folge, dass grundsätzlich keine Zahlungen gem § 187 Abs 2 auf Forderungen iSv §§ 38, 39 geleistet werden dürfen. Vielmehr greift der Verteilungsschlüssel des § 209 ein, der im ersten Schritt zur Folge hat, dass Ansprüche der Altmassegläubiger, wenn überhaupt, allenfalls noch **quotal befriedigt** werden. Was **vor der Anzeige** gezahlt worden ist, braucht allerdings nicht wieder herausgegeben zu werden. Was **nach Anzeige** der Masseunzulänglichkeit auf eine Masseforderung zu viel **gezahlt** wird, ist wegen Verteilungsfehlers nach Bereicherungsgrundsätzen an die Masse zurückzuzahlen (K/P/B/*Pape* § 208 Rn 1; *P. Mohrbutter*, Verteilungsfehler in der Insolvenz S 69 ff u S 151 ff). Nach Einstellung des Verfahrens findet kein Ausgleich von Verteilungsfehlern mehr statt; dann haftet allenfalls dem §§ 60, 61 wegen fehlender Differenzbeträge der Verwalter unbefriedigt gebliebenen Gläubigern persönlich(Braun/*Kießner* § 209 Rn 34). 21

5. Beschränkung der Aufrechnungsbefugnis der Massegläubiger. Hat der Verwalter gem § 208 bei Gericht die Masseunzulänglichkeit angezeigt, bleiben den Massegläubigern nur solche Aufrechnungslagen erhalten, die zu diesem Zeitpunkt schon insolvenzfest bestanden haben. Insofern ist eine Aufrechnung nur noch in analoger Anwendung der §§ 95 ff zulässig; anstelle des Zeitpunktes der Insolvenzeröffnung kommt es nunmehr auf den **Zugang der Masseunzulänglichkeitsanzeige** bei Gericht an (vgl **zur KO** BGH 18. 5. 1995 – IX ZR 189/94, BGHZ 130, 38; 7. 7. 2005 – IX ZR 241/01, NZI 2005, 561; BFH 22

§ 208 *Anzeige der Masseunzulänglichkeit*

1. 8. 2000 – VII R 31/99, NZI 2001, 333; **zur InsO BFH** 4. 3. 2008 – VII R 10/06, ZIP 2008, 886; HaKo/*Jacoby* § 94 Rn 9; HK-*Kayser* § 94 Rn 11; MüKoInsO-*Brandes* § 94 Rn 46; K/P/B/*Pape* § 210 Rn 11). Somit ist entsprechend § 96 Abs 1 Nr 1 die Aufrechnung unzulässig, wenn der Massegläubiger erst nach Anzeige der Masseunzulänglichkeit etwas zur Masse schuldig geworden ist. Gleiches gilt entsprechend § 96 Abs 1 Nr 2, wenn der Gläubiger die Masseforderung erst nach Anzeige der Masseinsuffizienz von einem anderen Gläubiger erworben hat (K/P/B/*Pape* § 210 Rn 11). *Runkel/Schnurbusch* (NZI 2000, 49, 55) leiten das Aufrechnungsverbot nicht aus der entsprechenden Anwendung der §§ 95 ff her, sondern unmittelbar aus §§ 387 ff BGB. Denn gem § 394 S 1 BGB dürfe eine Aufrechnung nicht stattfinden, wenn und soweit die Forderung, gegen die aufgerechnet werden solle, nicht der Pfändung unterworfen sei. Das Verbot der Aufrechnung rechtfertige sich damit über § 210, der die zwangsweise Durchsetzung von Masseschulden nach Anzeige der Masseunzulänglichkeit gerade unterbinde. Eine entgegenstehende **Saldierungsabrede** ist gem § 134 BGB nichtig. Für die Anwendung des § 242 BGB wegen unredlichen Verhaltens des Konkursverwalters ist kein Raum (**OLG Celle** 16. 8. 2001 – 11 U 261/00, **OLG** Report 2001, 323). Nach alledem können Massegläubiger mit ihren Altforderungen gegen die Masse weiterhin gegen solche Ansprüche der Masse wirksam aufrechnen, die vor Anzeige der Masseunzulänglichkeit (§ 208) entstanden sind. Nach der Entscheidung des **BFH** v 1. 8. 2000 (VII R 31/99, ZInsO 2001, 510; dazu *Huken* ZInsO 2001, 498) ist die Aufrechnung des FA gegen einen Vorsteuervergütungsanspruch der Konkursmasse, der sich aus der anteiligen Verwaltervergütung für den Zeitraum bis zur Feststellung der Masseunzulänglichkeit ergibt, jedenfalls dann unzulässig, wenn der Konkursverwalter bis dahin seinen sich zu diesem Zeitpunkt ergebenden Vergütungsanspruch nicht abgerechnet hat und das Bestehen eines derartigen Vorsteuerguthabens als Altforderung der Masse im massearmen Konkurs nicht festgestellt worden ist.

23 **6. Gesonderte Rechnungslegung.** Wie in der Kommentierung zu § 211 näher dargelegt wird, hat der Insolvenzverwalter gem § 211 Abs 2 für seine Tätigkeit nach Anzeige der Masseunzulänglichkeit gesonderter Rechnung zu legen. Diese Regelung stellt sich als Ergänzung zu § 66 dar. Für die Zeit vor der Anzeige der Masseunzulänglichkeit hat der Verwalter nach den allgemeinen Vorschriften Rechnung zu legen. Die besondere Rechnungslegungspflicht nach § 211 Abs 2 betrifft nur den **Zeitraum zwischen der Anzeige der Masseunzulänglichkeit und der Einstellung des Verfahrens** (H/W/F Hdb 3. Aufl 8/174; *Dinstühler* ZIP 1998, 1697, 1702; krit *Pape* KTS 1995, 189, 200; K/P/B/*Pape* § 211 Rn 14; *Kluth* ZInsO 2000, 177, 183).

24 **7. Fortbestand des Erfüllungswahlrechts.** § 320 Abs 2 RegE hatte ursprünglich vorgesehen, dass auf Masseverbindlichkeiten, die vor der Feststellung der Masseunzulänglichkeit begründet wurden, die Vorschriften über die Erfüllung gegenseitiger Verträge im Insolvenzverfahren, also auch die §§ 103 ff, entsprechend anwendbar sind. Der Rechtsausschuss strich diese Regelung ersatzlos, weshalb in der Voraufl. vertreten wurde, dem Insolvenzverwalter stehe nach Anzeige der Masseunzulänglichkeit kein Recht zur Erfüllungswahl mehr zu (vgl auch H/W/F Hdb 3. Aufl 8/171; *Runkel/Schnurbusch* NZI 2000, 49, 56). Der Rechtsausschuss hatte allerdings die Anwendung der §§ 103 ff gerade nicht ausgeschlossen, sondern die Entscheidung darüber der Rechtsprechung überlassen (BT-Drs 12/7302 S 180 li Sp). Von daher sollte man, schon im Interesse weiterer Optimierung der Verteilungsmasse, wie folgt differenzieren: Hatte der Insolvenzverwalter bereits **vor der Masseunzulänglichkeitsanzeige** von seinem Wahlrecht Gebrauch gemacht und sich **für die Vertragserfüllung entschieden**, wurden damit (Alt) Masseverbindlichkeiten begründet, die nun aufgrund der Anzeige zurückfallen in den Rang des § 209 Abs 1 Nr 3. Es wäre dem Insolvenzverwalter jedoch nicht untersagt, anschließend **nach der Masseunzulänglichkeitsanzeige** – wenn das Restgeschäft für die Masse interessant ist – einen neuen Vertrag zu begründen. Dann muss man ihm gestatten, stattdessen für diesen Vertrag eine **nochmalige Erfüllungswahl** zu entscheiden (so im Ergebn auch HK-*Landfermann* § 209 Rn 13; K/P/B/*Pape* § 209 Rn 12; MüKoInsO-*Hefermehl* § 209 Rn 25 u 28). Dass dies möglich ist, zeigt zudem der Wortlaut des § 209 Abs 2 Nr 1. Dadurch verbessert sich für den Vertragspartner, bezogen auf Leistungsteile vor der Masseunzulänglichkeitsanzeige, die Lage nicht. Überträgt man nämlich die Rechtsprechung zu § 105 (**BGH** 4. 5. 1995 – IX ZR 256/93, BGHZ 129, 336; 22. 2. 2001 – IX ZR 191/98, BGHZ 147, 28; 25. 4. 2002 – IX ZR 313/99, BGHZ 150, 353; dazu auch MüKoInsO-*Kreft* § 105 Rn 21 ff) analog auf diesen Fall, verbleiben die Gegenansprüche des Vertragspartners für bereits erbrachte Leistungsteile auch weiterhin im Rang der Altmasseverbindlichkeit (§ 209 Abs 1 Nr 3); lediglich neue Wertschöpfungen sind anteilig als Neumasseverbindlichkeit abzugelten (§ 209 Abs 1 Nr 2). Allein aus einer potenziell bevorstehenden Masseunzulänglichkeit entsteht kein Vertrauenstatbestand ausgerechnet für den Vertragspartner, nun doch noch ungebunden den Vertrag künftig nicht mehr abwickeln und gegen sich gelten lassen zu müssen. **Lehnt der Verwalter die Erfüllung ab**, verändert dies ohnehin für bisherige Leistungsbezüge den schlechten Rang des § 209 Abs 1 Nr 3 nicht mehr. Hatte der Verwalter hingegen schon **vor der Masseunzulänglichkeitsanzeige** die **Erfüllung abgelehnt**, wird zum Zeitpunkt der nachfolgenden Anzeige die vertraglichen Pflichten bereits nicht mehr „durchsetzbar" (u a **BGH** 26. 10. 2000 – IX ZR 227/99, NZI 2001, 85; 25. 4. 2002 – IX ZR 313/99, BGHZ 150, 353; 17. 11. 2005 – IX ZR 162/04, NZI 2006, 229 [Rn 22]; dazu *Bärenz*, NZI 2006, 72). Die Erfüllungsablehnung hat zwar das Vertragsverhältnis als sol-

VI. Rechtsfolgen der Anzeige der Masseunzulänglichkeit § 208

ches nicht umgestaltet (**BGH** 27. 5. 2003 – IX ZR 51/02, BGHZ 155, 87). Es oblag also ggf. dem Vertragspartner, den Schwebezustand zwischenzeitlich durch Rücktritt gem § 324 BGB bzw Kündigung gem § 314 BGB oder durch Geltendmachung des (großen) Schadenersatzanspruches wegen Nichterfüllung zu beenden (HaKo/*Ahrendt* § 103 Rn 40). Andererseits hindert jedoch die frühere Erfüllungsablehnung des Verwalters, dass der Verwalter zu einem späteren Zeitpunkt wieder einseitig auf der Erfüllung des Vertrags bestehen kann (Bärenz, NZI 2006, 72, 74; MüKoInsO-*Kreft* § 103 Rn 20; HK-*Marotzke* § 103 Rn 45 aE und Rn 65; vgl dazu auch **BGH** NJW 1987, 1702, 1703; differenzierter *Jaeger/Henckel* § 17 KO Rn 152). Diese Regularien, insbesondere die Frage nach einer Bindungswirkung der eigenen früheren Ablehnungserklärung des Verwalters, lassen sich ohne weiteres auf die Phase nach Anzeige der Masseunzulänglichkeit übertragen. Umgekehrt gilt dasselbe **in den Fällen, in denen noch gar keine Verwaltererklärung vorlag**, der Verwalter sich also noch gar nicht selbst gebunden haben konnte, und der Vertragspartner sich bis dahin wohl vom Vertrag selbst lösen mochte noch überhaupt gem § 103 Abs 2 S 3 (mit der Folgewirkung nach § 103 Abs 2 S 3) den **Verwalter zuvor zu einer Erklärung aufgefordert hatte** (vgl MüKoInsO-*Hefermehl* § 209 Rn 27). Damit ist ein solcher Vertragspartner gegenüber späterer Erfüllungswahl ohnedies ungeschützt. Die analoge Anwendung der §§ 103 ff erweist sich nach alledem als in jeder Hinsicht sachgerecht; auf das Datum des ursprünglichen Vertragsabschlusses vor bzw nach der Insolvenzeröffnung kommt es gar nicht an (aA Braun/Kießner § 209 Rn 22). Nach jetzt in dieser Aufl. vertretener Ansicht hat der Verwalter aus vergleichbaren Erwägungen auch ein Recht zur **Vorlage eines Insolvenzplans** (vgl RegE, BT-Drucks 12/2443 S. 94; *Balz/Landfermann* S 453; aA H/W/F Hdb 8/171). Näherer Einzelheiten siehe nachfolgend bei § 211 Rn 11.

8. Sicherungsrechte. Bei akzessorischen Sicherungsrechten kann aus der Nichtdurchsetzbarkeit der Hauptforderung aufgrund des Masseunzulänglichkeitseinwands (§ 208) nicht gefolgert werden, dass die vom Verwalter gestellten Kreditsicherheiten an die Masse zurückzugewähren sind, ohne dass der Kreditgeber sich für den Ausfall aus den Sicherheiten befriedigen kann (*Runkel/Schnurbusch* NZI 2000, 49, 54). Ein Bürge kann sich zB nicht auf die Masseunzulänglichkeit berufen, weil die Bürgschaft gerade als Sicherungsmittel gegen den Ausfall dient (vgl **BGH** 25. 11. 1981 – VIII ZR 299/80, BGHZ 82, 323; OLG Schleswig 1. 10. 1992 – 5 U 117/91, ZIP 1993, 342; *Runkel/Schnurbusch* NZI 2000, 49, 54). Die Tatsache, dass der Verteilungsschlüssel des § 209 eingreift, hat keinen Einfluss auf den Bestand und die Realisierbarkeit von Sicherungsrechten, die für die Masseforderung gestellt worden sind. Soweit Massegläubiger aufgrund des Verteilungsschlüssels des § 209 ausgefallen sind, sind sie berechtigt, sich aus der Kreditsicherheit zu befriedigen. 25

9. Prozessuale Folgen der angezeigten Masseunzulänglichkeit. Während § 210 abhandelt, wie sich die angezeigte Masseunzulänglichkeit im Bereich der Vollstreckung auswirkt, sind im Gesetz die sonstigen Auswirkungen der Anzeige nach § 208 auf das **Erkenntnisverfahren** nicht geregelt. Daraus ergab sich vorübergehend eine gewisse Unsicherheit. Die Rechtsprechung, darunter vor allem die Zivil- und Arbeitsgerichtsbarkeit, hat die aufgekommenen Streitfragen jedoch mittlerweile weitestgehend gelöst. So schlägt das Vollstreckungsverbot auf das im Erkenntnisprozess nötige **Rechtsschutzbedürfnis** durch. Wo ohnehin wegen § 210 nicht vollstreckt werden darf, ist kein Leistungstitel durchsetzbar. Dementsprechend ist in der Zeitspanne des Vollstreckungsverbotes insgesamt keine Leistungs-, sondern lediglich eine **Feststellungsklage** statthaft (grundlegend BAG 11. 12. 2001 – 9 AZR 459/00, NZI 2003, 273; 4. 6. 2003 – 10 AZR 586/02, NZI 2003, 619; zustimmend BGH 3. 4. 2003 – IX ZR 101/02, BGHZ 154, 358 = NZI 2003, 369, 372 mit Anm. Uhlenbruck; ferner 13. 4. 2006 – IX ZR 22/05, BGHZ 167, 178; BAG 31. 3. 2004 – 10 AZR 253/03, BAGE 110, 353; OLG Köln 29. 6. 2001 – 19 U 199/00, NZI 2001, 555; OLG Celle 20. 12. 2000 – 2 U 136/00, OLG-Report 2001, 61; *Pape* ZInsO 2001, 60; Braun/Kießner § 208 Rn 30; HK-*Landfermann* § 210 Rn 6; N/R/*Westphal* § 209 Rn 18; MüKoInsO-*Hefermehl* § 208 Rn 65; *Dinstühler* ZIP 1998, 1697, 1705; aA *Roth*, Insolvenz in der Insolvenz, FS *Gaul*, S. 573; *Runkel/Schnurbusch* NZI 2000, 49, 52; kritisch auch *Kröpelin* ZIP 2003, 2341 u *Adam* DZWiR 2009, 181). Ab dem Augenblick, in dem der Insolvenzverwalter nach § 208 Abs 1 S 1 die Masseunzulänglichkeit anzeigt, hat der Massegläubiger bei schon anhängiger Leistungsklage sein Petitum im Wege der Klageänderung auf eine **Feststellungsklage umzustellen** (vgl auch KS-*Kübler* S 979 Rn 42; K/P/B/*Pape* § 210 Rn 7; MüKoInsO-*Hefermehl* § 208 Rn 65; zum alten Recht auch LAG Düsseldorf 30. 11. 2000 – 2 Sa 1233/00, NZI 2001, 276). Diese Umstellung hat auch im Revisionsverfahren noch stattzufinden (**BAG** 5. 2. 2009 – 6 AZR 110/08, ZInsO 2009, 1116, 1117). Im Erkenntnisverfahren genügt allein schon der Nachweis des Verwalters, dass er die Masseunzulänglichkeit beim Insolvenzgericht gem § 208 Abs 1 angezeigt hat. Es gibt hier somit vorbehaltlich extremer Fälle des Rechtsmissbrauches **keinen Streit** darüber, **ob tatsächlich überhaupt Masseunzulänglichkeit vorliegt**. Der Verwalter muss insofern nichts zusätzlich konkret darlegen oder gar beweisen. (anders noch zum alten Recht der KO; vgl BAG 11. 12. 2001 – 9 AZR 80/01, NZI 2002, 449). Gerade deshalb, weil der Sachverhalt prozessual gar nicht näher aufzuklären ist und die Anzeige der Masseunzulänglichkeit auch keine materiell-rechtliche Kürzung der Forderung bewirkt (s o Rn 17), darf nach richtiger Auffassung von **BAG** (11. 12. 2001 – 9 AZR 459/00, NZI 2003, 273) ein Leistungsurteil **nicht einmal in Höhe einer hypothetischen Massequote** ergehen. Es kommt also **keine Teilleistungsklage** in Betracht. 26

27 Das Vorgesagte zum Verbot der Leistungsklage nach Anzeige der Masseunzulänglichkeit betrifft nicht nur die sog Altmassegläubiger, die allein der Wortlaut des § 210 anspricht, sondern darüber hinaus **auch die Neumassegläubiger**, vorausgesetzt, dass die erwirtschaftete Insolvenzmasse selbst zu deren Befriedigung nicht mehr ausreicht. Das muss der Insolvenzverwalter dann allerdings tatsächlich schlüssig darlegen und beweisen; zugunsten des Prozessgerichtes gilt § 287 Abs 2 ZPO (**BAG** 31. 3. 2004 – 10 AZR 253/03, BAGE 110, 353; **BGH** 3. 4. 2003 – IX ZR 101/02, BGHZ 154, 358; 13. 4. 2006 – IX ZR 22/05, BGHZ 167, 178; K/P/B/*Pape* § 210 Rn 8). Gelingt dem Verwalter der Nachweis, bleibt auch den Neumassegläubigern einzig die Möglichkeit, Feststellungsklage zu erheben. Nicht zu folgen ist der Auffassung von *Roth* (FS *Gaul* S 573, 577ff) und *Runkel/Schnurbusch* (NZI 2000, 49, 52ff), dass die Masseunzulänglichkeit wegen der Regelung in § 210 nur **im Rahmen der Vollstreckung zu beachten** sei. Zutreffend weist *Pape* (K/P/B/*Pape* § 208 Rn 35–37 u § 210 Rn 8a; *ders* ZInsO 2001, 60ff) darauf hin, dass der Zweck der Anzeige einer Masseinsuffizienz verfehlt wäre, wenn den betroffenen Massegläubigern weiterhin das Recht zustünde, gegen den Verwalter auf uneingeschränkte Leistung zu klagen, obgleich eine vollständige Befriedigung schon wegen der finanziellen Beschränktheit der Masse ausgeschlossen ist (ebenso HK-*Landfermann* § 210 Rn 9). Allerdings deuten der **BGH** (3. 4. 2003 – IX ZR 101/02, BGHZ 154, 358, 369; 13. 4. 2006 – IX ZR 22/05, BGHZ 167, 178 ff Rn 18) und das **BAG** (31. 3. 2004 – 10 AZR 253/03, BAGE 110, 353) gleichzeitig an, bei Neumassegläubigern, für die die strengen formalen Schranken der §§ 208, 210 nicht unmittelbar gelten, sei eine **Teilleistungsklage** zumindest dann gestattet, wenn eine **Massequote bereits sicher feststehe**. Letzteres wird jedoch iaR erst unmittelbar zu einer anstehenden Verteilung der Fall sein, wenn nach Rechnungslegung, die das Gericht geprüft hat, auch bereits die Verwaltervergütung festgesetzt und die gerichtlichen Auslagen ermittelt sind. Insofern ist insbesondere zu beachten, dass **bisher schon entstandene Verfahrenskosten iSv § 54** einen **absoluten Vorrang** selbst gegenüber Neumasseverbindlichkeiten genießen (**BGH** 13. 4. 2006 – IX ZR 22/05, BGHZ 167, 178 ff spez ab Rn 14).

27a Das Titulierungsverbot bezieht sich auf alle Verfahren, die zu einer unzulässigen Vollstreckung führen können, also auch auf **Kostenfestsetzungsverfahren**. Nach Anzeige der Masseunzulänglichkeit ist der Erlass eines Kostenfestsetzungsbeschlusses zugunsten eines Altmassegläubigers unzulässig. (**BGH** 17. 3. 2005 – IX ZB 247/03, NZI 2005, 328; OLG München 30. 4. 2003 – 11 W 2839/01, ZIP 2004, 138 u 5. 8. 2004 – 11 W 1399/04, ZIP 2004, 2248; **OLG** Düsseldorf 14. 1. 2003 – 4 U 105/02, ZInsO 2003, 713; LAG Baden-Württemberg 26. 3. 2001 – 1 Ta 12/01, ZIP 2001, 657, 658; LAG Düsseldorf 17. 7. 2003 – 16 Ta 269/03, ZInsO 2003, 867, 868; MüKoInsO/*Hefermehl* § 208 Rn 65; HK-*Landfermann* § 210 Rn 7; Braun/*Kießner* § 210 Rn 7; *Lappe* EWiR 2000, 873). Der Anspruch auf Prozesskostenerstattung entsteht bereits mit Zustellung der Klage aufschiebend bedingt. Auf den jeweiligen Entstehungszeitpunkt der angefallenen Gebühren kommt es nicht an (OLG München 30. 4. 2003 – 11 W 2839/01, ZIP 2004, 138, 139 u 5. 8. 2004 – 11 W 1399/04, ZIP 2248, 2249). Damit gilt insoweit § 210 unmittelbar; ohne zwangsweise Durchsetzbarkeit besteht kein Rechtsschutzbedürfnis zur Titulierung. Das Kostenfestsetzungsverfahren ist lediglich ein im Vergleich zu einem klageweisen Vorgehen regelmäßig weniger aufwendiges Verfahren (**BGH** 6. 11. 1979 – VI ZR 254/77, BGHZ 75, 230, 235; 24. 4. 1990 – VI ZR 110/89, BGHZ 111, 168, 171). Das Ziel, in beiden Fällen einen zur Vollstreckung geeigneten Titel zu schaffen, ist jedoch dasselbe. Deswegen müssen die Verfahren auch in dem hier gegebenen Zusammenhang gleich behandelt werden (**BGH** 17. 3. 2005 – IX ZB 247/03, NZI 2005, 328). Auch kann der Rechtspfleger die für die Beurteilung des Rechtsschutzinteresses maßgeblichen Verfahrenstatsachen – wie Zustellung der Klage und Anzeige der Masseunzulänglichkeit – leicht und ohne Schwierigkeiten aus den Akten herauslesen. Anhaltspunkte für eine Unverbindlichkeit der Anzeige werden kaum jemals bestehen (**BGH** 3. 4. 2003 – IX ZR 101/02, BGHZ 154, 358, 361). Insbesondere bei Klageerhebung erst nach Anzeige der Masseinsuffizienz liegt eine **Neumasseverbindlichkeit** vor. Dann kann – wie bei einer Leistungsklage (s o) – das Rechtsschutzbedürfnis zum Erlass des Kostenfestsetzungsbeschlusses ebenfalls fehlen (**BGH** 9. 10. 2008 – IX ZB 129/07, DZWiR 2009, 161 m Anm *Keller*; s dazu *Cranshaw*, jurisPR-InsR 25/2008 Anm 2). Da insoweit aber die Anzeige der Masseinsuffizienz keine Indizwirkung oder gar irgendeine Verbindlichkeit erzeugt (vgl ob Rn 11b), andererseits im vereinfachten Kostenfestsetzungsverfahren umfangreiche Beweiserhebungen nicht stattfinden, bleibt dem Insolvenzverwalter nur die Möglichkeit, die auch gegenüber Neugläubigern bestehende Masseunzulänglichkeit mit den im Kostenfestsetzungsverfahren zulässigen Beweismitteln (§ 104 Abs 2 S 1 ZPO; vgl Musielak/*Wolst* § 104 ZPO Rn 18) darzulegen und glaubhaft zu machen (**BGH** 22. 9. 2005 – IX ZB 91/05, NZI 2005, 680). Dazu muss der Verwalter insbesondere eine mindestens drohende Zahlungsunfähigkeit (vgl § 208 Abs 1 S 2 iVm § 18 Abs 2 InsO) des für Neumasseverbindlichkeiten gebildeten, abgesonderten Massebestandteils im Einzelnen dartun. Im Übrigen ließ der BGH weiterhin die Frage offen, ob im Kostenfestsetzungsverfahren überhaupt ein **Feststellungsausspruch** möglich ist oder das Verfahren zunächst für die Dauer der Vollstreckungssperre ruht oder gar der Kostenfestsetzungsantrag zurückzuweisen bleibt. Auch insoweit fehle jedenfalls das Rechtsschutzbedürfnis und damit ein generelles Verbescheidungsinteresse, wo der Erstattungsanspruch nach Grund und Höhe unstreitig sei. Dem ist beizupflichten (vgl **BGH** 9. 10. 2008 – IX ZB 129/07, DZWiR 2009, 161 m Anm *Keller*; 22. 9. 2005 – IX ZB 91/05, NZI 2005, 680; 17. 3. 2005 – IX ZB 247/03, NZI 2005, 328, 329; für einen trotzdem möglichen Feststellungsausspruch allerdings OLG München 30. 4. 2003 -

VI. Rechtsfolgen der Anzeige der Masseunzulänglichkeit § 208

11 W 2839/01, ZIP 2004, 138 u 5. 8. 2004 – 11 W 1399/04, ZIP 2004, 2248; **OLG** Karlsruhe 10. 12. 2004 – 15 W 25/04, ZInsO 2005, 994; **OLG** Koblenz 29. 11. 2004 – 14 W 796/04, MDR 2005, 416; demgegenüber skeptisch *Pape* ZInsO 2004, 331 mwN).

10. Vollstreckungsrechtliche Folgen. Die vollstreckungsrechtlichen Folgen einer Anzeige der Masse- 28 unzulänglichkeit nach § 208 Abs 1 sind in § 210 geregelt. Zu beachten ist dabei, dass nach dem jeweiligen Textbezug die Vollstreckung nur den sogen **Altmassegläubigern** (§ 209 Abs 1 Nr 3) und den **Sozialplangläubigern** (§ 123 Abs 3 S 2) untersagt ist. Das Vollstreckungsverbot tritt in dem Augenblick ein, in dem der Verwalter dem Insolvenzgericht die Masseunzulänglichkeit angezeigt hat. Ein dringendes Bedürfnis, die Zwangsvollstreckung zu verhindern, besteht aber auch, um das Privileg der Verfahrenskosten nach §§ 54, 209 Abs 1 Nr 1 gegenüber **Neumassegläubigern** im Rang des § 209 Abs 1 Nr 2 abzusichern (hierzu **BGH** 13. 4. 2006 – IX ZR 22/05, BGHZ 167, 178 ff spez in Rn 20), und ggf auch innerhalb der Gruppe der Neumassegläubiger zur Wahrung des Grundsatzes ihrer Gleichbehandlung. Deshalb ist, wie der BGH aaO aufzeigt, in solchen Einzelfällen ein **Vollstreckungsverbot** aus § 210 **analog** herzuleiten. Da nach hier vertretener Ansicht (s o Rn 17) keine materielle Verkürzung des Bezugsrechtes stattfindet, scheidet allerdings die früher erwogene Möglichkeit einer Vollstreckungsgegenklage gem § 767 ZPO (vgl stellvertr K/P/B/*Pape* § 210 Rn 6 ; HK-*Landfermann* § 210 Rn 3) insoweit aus. Weitere Einzelheiten in der Kommentierung zu § 210.

11. Insolvenzanfechtung nach Anzeige der Masseunzulänglichkeit. Der **BGH** (19. 7. 2001 – IX ZR 29 36/99, NZI 2002, 585) hat nach früherem Recht, jedoch zugleich mit ausdrücklicher Bezugnahme auf § 208 und Literaturstimmen zu §§ 129 ff entschieden, eine **Benachteiligung speziell der Insolvenzgläubiger** iSv § 10 GesO entfalle nicht bereits deswegen, weil der Verwalter mittlerweile die Masseunzulänglichkeit angezeigt habe und demnach nur Massegläubiger mit einer (ggf quotalen) Befriedigung rechnen könnten. Er hat im Zuge seiner Beschlüsse v 27. 9. 2007 (IX ZB 172/06, NZI 2008, 98) und v 9. 10. 2008 (IX ZB 147/07, NZI 2008, 431), jeweils zur Frage der Bewilligung von **Prozesskostenhilfe**, diese Aussage bestätigt. Die Anzeige der Masseunzulänglichkeit sei für die Anfechtung grundsätzlich bedeutungslos (ebenso LG Hamburg 16. 3. 2001 – 303 O 310/00, ZIP 2001, 711, 713; *Ahrendt/Struck* ZInsO 2000, 264, 266; *Pape* ZIP 2001, 901; *Gottwald/Huber* InsRHdb § 46 Rn 66; *Gundlach/Frenzel/ Schmidt*, NZI 2004, 184; vgl auch *A. Schmidt* NZI 2000, 442, 443; **aA** LG Stralsund 15. 2. 2001 – 6 O 342/99, ZIP 2001, 936, 940; *Dinstühler* ZIP 1998, 1967, 1705 f; K/P/B/*Paulus* § 129 Rn 22 aE; **OLG** Dresden NZI 2001, 259, 260). Das vorauszusetzende Merkmal der Gläubigerbenachteiligung bedeute – nur –, dass die angefochtene Rechtshandlung die **Befriedigungsaussichten** der Gesamtvollstreckungs- (Insolvenz-)Gläubiger **im allgemeinen verkürzt** haben müsse. Dies sei auf der Grundlage des gesetzlich vorgesehenen, regelmäßigen Ablaufs des Gesamtvollstreckungs-(Insolvenz-)verfahrens zu beurteilen. Dagegen werde nicht zugleich vorausgesetzt, dass von jeder einzelnen Anfechtung im Ergebnis nur Insolvenzgläubiger, nicht jedoch Massegläubiger „profitieren". Vielmehr diene das an die Anzeige der Masseunzulänglichkeit anschließende Verfahren (vgl nunmehr § 208 Abs 3) mittelbar den Interessen sämtlicher Gläubiger; die vorrangige Befriedigung der Massegläubiger sei nur als Vorstufe zu einer potenziellen späteren Berücksichtigung auch der Insolvenzgläubiger gedacht. Durch einen völligen Ausfall bleiben diese erst recht benachteiligt. Zudem widerspräche es dem Grundsatz der insolvenzrechtlichen Gleichbehandlung aller Insolvenzgläubiger und damit dem Anfechtungszweck, einzelne anfechtbar begünstigte Insolvenzgläubiger nur deshalb besser zu stellen, weil das Schuldnervermögen sogar bis zur Bedeutungslosigkeit vermindert worden ist. Eine Gläubigerbenachteiligung könne allerdings fehlen, wenn mit dem weggegebenen Geldbetrag gerade diejenigen Gläubiger befriedigt wurden, die auch der **Verwalter in gleicher Weise befriedigen** müsste. Das wiederum setze voraus, dass es außer den ausgezahlten Gläubigern keine weiteren Gläubiger mit gleichen oder besseren Vorrechten gebe oder dass die Masse zur Befriedigung aller bevorrechtigten Gläubiger ausreiche; dies habe der Anfechtungsgegner zu beweisen. Die **gegenteilige Auffassung** hätte in dem Fall, dass es im Anschluss an das mangels Masse eingestellte Insolvenzverfahren zu einer Restschuldbefreiung kommt – diese Möglichkeit ist in § 289 Abs 3 ausdrücklich vorgesehen –, „vollkommen widersinnige Wirkungen" (*Pape* ZIP 2001, 901 ff). Die Konsequenz wäre nämlich, dass Empfänger anfechtbarer Leistungen diese unangetastet behalten könnten, während die Insolvenzgläubiger an die Beschränkung der sechsjährigen Wohlverhaltensphase gebunden wären, nach deren Beendigung sie den Verlust ihrer Ansprüche in Kauf nehmen müssten. Eine ganz andere Frage ist die, ob die Einstellung nach § 211 so lange zu unterbleiben hat, bis über den Anfechtungsprozess entschieden worden ist (vgl ob Rn 19). Entsprechend § 211 Abs 3 S 1 hat das Insolvenzgericht in diesen Fällen mit der Einstellung des Verfahrens die **Nachtragsverteilung vorzubehalten.** Der Abschluss des Hauptverfahrens unter Vorbehalt lediglich der Nachtragsverteilung sind schon deshalb unter Verhältnismäßigkeitserwägungen geboten, weil der Schuldner sonst unzumutbar lange in seiner Vermögensdispositionsfreiheit betroffen wäre und über mehrere Jahre hinweg bis zur Entscheidung über den Anfechtungsprozess immer noch sämtlichen Verfügungsbeschränkungen und Beschlagnahmewirkungen eines Insolvenzverfahrens unterläge (so *Uhlenbruck* NZI 2001, 408, 409 gegen **AG** Hamburg 2. 2. 2000 – 67c IN 157/99, NZI 2000, 140, 141). Zwar sieht § 211 Abs 3 S 1 eine Nachtragsverteilung nur vor, wenn Gegenstände der Insolvenzmasse später ermittelt werden; andererseits

§ 208

wäre jedoch bei Anfechtungsprozessen nach den §§ 129 ff der Insolvenzverwalter ohne einen Vorbehalt nicht mehr berechtigt, den Prozess mit Einstellung des Verfahrens fortzuführen (K/P/B/*Pape* § 210 Rn 13 a–c und § 211 Rn 7; BerlKo-*Breutigam* § 211 Rn 7; **abl** gegenüber einem Nachtragsvorbehalt allerdings N/R/*Westphal* § 211 Rn 15).

29a Zu unterscheiden von der soeben besprochenen prozessualen Weiterverfolgung allgemeiner Rückgewähransprüche aus Insolvenzanfechtung, aber auch von einer schlichten Korrektur etwaiger Verteilungsfehler in der bereits angezeigten Masseinsuffizienz (dazu vorstehend Rn 1 u 21) ist das Sonderthema der **Anfechtung von Zahlungen, die der Verwalter in dem Zeitraum zwischen materiell bereits eingetretenen Masseunzulänglichkeit, aber noch vor Anzeige der Masseunzulänglichkeit** an einzelne Altmassegläubiger leistete, obwohl die bevorstehende „Insolvenz in der Insolvenz" bereits absehbar war. Hier stellen sich vergleichbare Fragen wie zur Aufrechnung von Massegläubigern (vorstehend zu Rn 22) und zum Fortbestand des Erfüllungswahlrechtes (s o in Rn 24). Anders als für die dortigen Konstellationen hatte § 320 Abs 2 RegE allerdings schon damals eine analoge Anwendung der Anfechtungsbestimmungen gar nicht erst erwogen. § 147 InsO lässt zudem die Anfechtung von Rechtshandlungen, die erst nach Verfahrenseröffnung stattfanden, nur für sachlich eng begrenzte Sachverhalte zu. *Kreft* (HK-*Kreft* § 129 Rn 36) bemüht sich dennoch um den Nachweis eines Wertungsgleichklanges zwischen Handlungen eines vorläufigen schwachen Verwalters, aus dessen Zustimmungserklärungen noch keine Masseverbindlichkeiten hervorgehen, die die Trennlinie der Verfahrenseröffnung überdauern, und der Situation des Insolvenzverwalters, der nach Anzeige der Masseunzulänglichkeit Altmassegläubiger nicht mehr bezahlen darf. Für eine Analogie plädieren auch *Henckel* (JZ 1996, 531, 532), *Pape* (ZIP 2001, 901, 902 f sowie *Hirte* (vorstehend in der Komm zu § 129 Rn 10). Richtiger dürfte aber sein, derartige Bearbeitungsfehler (vgl ob Rn 14) nicht über eine schwierige Analogie zur Insolvenzanfechtung zurückzusteuern und umzukehren (im Erg ablehnend – kein Rückforderungsanspruch – auch *Dinstühler* ZIP 1998, 1697, 1705; Braun/*Kießner* § 209 Rn 34; MüKoInsO-*Hefermehl* § 208 Rn 63; BerlKo-*Breutigam* § 209 Rn 28), sondern den verursachenden Verwalter dafür, dass er durch frühere Zahlungen die nun verbliebene (Rest)Verteilungsmasse verkürzt hat, in die persönliche Haftung zu nehmen (§ 60).

30 **12. Geltendmachung von Ansprüchen nach §§ 92, 93.** Nach Auffassung von KS-*Bork* S 1333, 1337 Rn 11) ist auf solche **Ersatzansprüche von Massegläubigern, die sog Gesamtschäden** betreffen, § 92 analog anzuwenden, obwohl die Vorschrift ihrem Wortlaut nach nur Insolvenzgläubiger erfasst (so auch *Oepen* Massefremde Masse Rn 201; K/P/B/*Lüke* § 92 Rn 51 f; *Ries* H/W/F-Präsenzkomm 92 Rn 9; HaKo/*Pohlmann* § 92 Rn 12 f; vgl auch die Kommentierung von *Hirte* zu § 92 Rn 22). Für den BGH (6. 5. 2004 – IX ZR 48/03, BGHZ 109, 104, 112) erscheint die Idee nach vom Ansatz her zumindest „nahe liegend". Die Abgrenzung zwischen „Individualschäden", die ein Massegläubiger künftig allein weiter geltend machen kann und „Gesamtschäden", für die das Einziehungs- und Prozessführungsrecht gem § 92 für die Dauer und die Zwecke des Insolvenzverfahrens allein dem Insolvenzverwalter obliegt, gestaltet sich schwierig. Sie hängt im Anwendungsbereich des § 60 u a davon ab, ob sich das schadenstiftende Ereignis vor bzw. nach Anzeige der Masseunzulänglichkeit zugetragen hat. Nähere Einzelheiten wurden vorstehend zu Rn 14 bereits eingehend behandelt; darauf sei hier verwiesen. In **teleologischer Reduktion des § 92** hat der Insolvenzverwalter letztendlich nach dem Schutzzweck der jeweils verletzten Norm **spezielle Sonder(vermögens)massen zu bilden**. Nicht erforderlich ist, dass jeweils alle Gläubiger geschädigt wurden. Es genügt, dass das Schadensereignis bestimmte Gruppen von ihnen traf, was jedoch spiegelbildlich bedingt, dass „deren" Schadenmasse auch wirklich nur für sie reserviert bleibt. Anders gesagt: Gruppenschäden erfordern – zumindest buchhalterisch – eine Separierung und genaue Zuordnung sowohl der Einnahmen wie der (Rechtsverfolgungs)Kosten; hierzu ist für die betroffene Gläubigergruppe eine Sonderverteilungsmasse zu bilden (**OLG** Köln 1. 6. 2006 – 2 U 50/06, ZInsO 2007, 218; KS-*Bork* S. 1333 ff Rn 10; *Ries* H/W/F-Präsenzkomm 92 Rn 12; HaKo/*Pohlmann* § 92 Rn 15, 33 und 34; K/P/B/*Lüke* § 92 Rn 24; *Hirte* vorstehend zu § 92 Rn 16 u 22; vgl schon zum alten Recht BGH 30. 3. 1998 – II ZR 146/96, BGHZ 138, 211). Eine ähnliche Rechtslage besteht in masseunzulänglichen Verfahren. hinsichtlich der **Realisierung der Gesellschafterhaftung nach § 93**. Auch hier ist eine teleologische Reduktion des § 93 und ggf die **Bildung von Sondermassen** erforderlich, will man die persönliche Haftung der Gesellschafter in die Abwicklung des masseunzulänglichen Verfahrens einbeziehen und dem jeweils Geschädigten richtig zuordnen (zu den Nachw s o und ferner HaKo/*Pohlmann* § 93 Rn 22 u 75 f; K/P/B/*Lüke* § 93 Rn 25; *Empting* KTS 2007, 70, 77; *Runkel/Schmidt* ZInsO 2007, 578, 581; *Heitsch* ZInsO 2003, 692). Die Norm betrifft nicht nur derzeitige, sondern **auch ausgeschiedene frühere Gesellschafter** in ihrer Nachhaftung gem. §§ 160, 128 HGB. Soweit diese Gesellschafter wegen des Zeitlaufes möglicherweise nur bestimmten Gesellschaftsgläubigern haften, muss für die betreffenden Geschädigten eine eigen Gruppe gebildet werden. Damit ist aber für **Altmasseverbindlichkeiten**, deren Genese bereits bei Verfahrenseröffnung gelegt war, und für die der Gesellschafter deshalb auch außerinsolvenzlich regulär haften müsste, noch nicht abschließend die Frage nach dem für sie zutreffenden Rang in seinem persönlichen Insolvenzverfahren beantwortet. Die Rangeinstufung fällt leicht, wo das Insolvenzverfahren des Gesellschafters – wie in der Praxis häufiger – überhaupt erst zeitversetzt (später) eröffnet wird. Dann kommt a priori nur noch eine Berücksichtigung vorher entstande-

VII. Späterer Wegfall der Masseunzulänglichkeit § 208

ner Ansprüche als Insolvenzforderungen in Betracht (§ 38 InsO). Erfolgt die Eröffnung des Insolvenzverfahrens des Gesellschafters dagegen zeitgleich oder sogar früher als dasjenige im Unternehmen, taucht die **Frage nach der** Zulässigkeit einer **Rangübertragung** auf (vgl MüKoInsO-*Brandes* § 93 Rn 29 mwN; K/P/B/*Lüke* § 93 Rn 27 und 54). Nach hier vertretener Ansicht sind Masseverbindlichkeiten generell nicht als solche rangwahrend in das parallel laufende Insolvenzverfahren des Gesellschafters übertragbar (ebenso *Gottwald/Haas* InsRHdb § 94 Rn 76 und vorstehend *Hirte* § 93 Rn 37 f). Die Gläubigergruppen beider Verfahren sind iaR nicht vollständig identisch (*Ries* H/W/F-Präsenzkomm 93 Rn 21), dh die jeweiligen Befriedigungsinteressen sind durchaus unterschiedlich gelagert. Aber nicht einmal der ggf personenidentische Insolvenzverwalter darf aus dem Topf der Gläubiger des einen Rechtsträgers finanzielle Risiken eines anderen Rechtsträgers begleichen. Die Einstufung als „Masseverbindlichkeit" geschieht für jeden Rechtsträger immer völlig eigenständig und allein nach für ihn maßgeblichem Verfahrensrecht (*Ries* ZInsO 2007, 414, 415). Gleiches gilt für die Gesellschafterhaftung im Rahmen einer **Gesellschaft bürgerlichen Rechts** (vgl *K. Schmidt*, GesellschaftsR § 60 III 2 S 1786 ff; K/P/B/*Lüke* § 93 Rn 45 ff; § 1 Abs 4 PartGG). Zu beachten bleibt, dass der Verwalter die Masseunzulänglichkeit nicht anzeigen darf, wenn sämtliche Masseverbindlichkeiten zweckgerichtet durch die Ansprüche nach § 93 gedeckt sind und noch eine Quote für die Insolvenzgläubiger aus der Realisierung dieser Haftung zu erwarten ist.

Zu hinterfragen bleibt darüber hinaus, ob ein Gesellschafter gem § 128 HGB überhaupt für **Neumasseverbindlichkeiten der Gesellschaft** (§ 53 InsO) haftbar werden kann, die erstmals der Insolvenzverwalter im Unternehmen neu begründet hat. Das ist zu verneinen. Wo die Gesellschafter wegen der Insolvenz keine Verfügungsmacht mehr haben, kann ihnen auch kein Dritter (und sei es ein Insolvenzverwalter im Unternehmen) von außen neue Verbindlichkeiten aufoktroyieren (hM; stellvertr *Hirte* vorstehend zu § 93 Rn 37; *Gottwald/Haas* InsRHdb § 94 Rn 76; *Ries* H/W/F-Präsenzkomm § 93 Rn 19). Für echte Neumasseverbindlichkeiten haftet also der Gesellschafter schlichtweg überhaupt nicht mehr, sondern allein noch die Gesellschaft. Sie werden mit anderen Worten in das Insolvenzverfahren des Gesellschafters weder als dessen Masseverbindlichkeit noch als dortige Insolvenzforderung hineingetragen. Was „neu" bzw was dagegen schon „alt" ist, bemisst sich danach, wann und wie die Verbindlichkeit begründet wurde. Die Abgrenzung muss an dieser Stelle nach denselben Kriterien verlaufen wie ansonsten im (ähnlichen) Kontext von § 38 InsO. Ergänzend bietet sich an, zur materiellen Abgrenzung auf die Wertungen des § 90 Abs 2 InsO zu blicken (ausf mit weiteren Einzelheiten *Ries* H/W/F-Präsenzkomm § 93 Rn 20). 30a

Vielfach wird gesagt, dass die akzessorische Gesellschafterhaftung in der Insolvenz der Gesellschaft herangezogen werden dürfe, um die **Massekosten zu decken** (vgl § 26 InsO) und damit ggf. **Verfahrenseröffnungen überhaupt erst zu ermöglichen** (vgl Amtl Begr zu § 105 RegEInsO, BT-Drucks 12/2443, S 139 li Sp: „Beitrag zur Überwindung der Massearmut"; KS-*Bork* S 1333 ff Rn 10 f; aA *Runkel/Schmidt* ZInsO 2007, 578, 579; *Gottwald/Haas* InsRHdb § 94 Rn 35 u 83). Das erscheint indes problematisch, würde doch dem Gläubiger damit faktisch die Werthaltigkeit seines Anspruches genommen (Art 14 GG). Sein materielles Gläubigerrecht würde zweckentfremdet; das Treugut würde aufgezehrt und er müsste es opfern zugunsten eines Verfahrenskostenzwangsbeitrages. Dafür gibt § 93 seinem Wortlaut nach keine Grundlage. Unproblematisch – allerdings ggf haftungsträchtig – erscheint es, dem Insolvenzverwalter zu gestatten, diese Ansprüche zunächst zu „beleihen", dh mit ihrer Hilfe zu starten, um dann später die Lücke aus regulären Mitteln der Masse wieder aufzufüllen. 30b

VII. Späterer Wegfall der Masseunzulänglichkeit

Da es sein kann, dass die **Masseunzulänglichkeit nur temporär eingetreten** war und die volle Deckung aller Massekosten und -verbindlichkeiten zu einem späteren Zeitpunkt wieder gewährleistet ist (s o Rn 11 a), bleibt zu fragen, unter welchen Begleitumständen die nach hier vertretener Auffassung zulässige „**Rückkehr in das Regelinsolvenzverfahren**" (dazu auch ob Rn 11 a) stattfindet. Die Anzeige der Masseinsuffizienz bewirkt eigentlich eine – formal begründete – absolute Durchsetzungssperre, die keiner gerichtlichen Überprüfung zugänglich ist (s o Rn 1, 3, 4a und 8). Zweifelhaft ist jedoch, wie die „**Wiederaufnahme**" des früheren Insolvenzverfahrens dokumentiert werden muss. Zutreffend weist *Pape* (ZInsO 2001, 60, 62) darauf hin, dass die Anzeige der Masseinsuffizienz konstitutive Bedeutung hat und die Anwendung der Rangordnung des § 209 auslöst. *Pape* meint nun allerdings, von dieser Rangordnung könne sich der Verwalter nicht ohne weiteres wieder lösen und in das Regelinsolvenzverfahren zurückkehren, ohne dass die mit der öffentlichen Bekanntmachung der Masseinsuffizienz ausgelöste **Publizität** beseitigt werde (s a K/P/B/*Pape* § 208 Rn 24). Vielmehr müsse er einen Beschluss des Insolvenzgerichtes über die Rückkehr in das ordentliche Verfahren veranlassen (vgl *Mäusezahl* ZVI 2003, 621), zumindest aber um Veröffentlichung seiner Zulänglichkeitsanzeige bitten (vgl HK-*Landfermann* § 208 Rn 24), um so nach außen hin zu dokumentieren, dass keine Masseinsuffizienz mehr besteht bzw droht (so auch *A. Schmidt* NZI 1999, 442, 443, der meint, das ließe sich auf eine Analogie zu §§ 212, 213 stützen; differenzierter HaKo/*Weitzmann* § 208 Rn 14). Für solche Handlungsanweisungen geben aber die §§ 208–211 nicht den geringsten Fingerzeig (im Ergebn ebenso *Braun/Kießner* § 208 Rn 33). Richtiger erscheint es deshalb, die prozess- und vollstreckungsrechtliche Sperrwirkung der Masseunzu- 31 länglichkeitsanzeige dergestalt in eine sachgerechte Wechselbeziehung zur persönlichen Verwalterhaftung zu bringen, dass die **Durchsetzungssperre** in den jeweiligen Verfahren **als Einrede** (vgl § 282 Abs 1 ZPO) vom Verwalter vorzubringen ist (so wohl auch *Runkel/Schnurbusch* NZI 2000, 49, 53 Fn 29 und 54). Hatte er zunächst Masseunzulänglichkeit angezeigt, erweist sich aber später, dass die (gerichtlich nicht zu überprüfenden) materiellen Grundlagen zugunsten eines ausreichenden Deckungsgrades nachträglich wieder entfallen sind, muss der Verwalter, soweit er sich im Prozess bzw gegenüber der Zwangsvollstreckung noch nicht auf die früherer Anzeige berufen hatte, zur Vermeidung eigener Haftung nunmehr **davon Abstand nehmen, eine solche Einrede überhaupt noch vorzubringen.** Anderenfalls, soweit er sich zunächst auf die Tatsache der Anzeige ausdrücklich berufen hatte, muss er die Einrede zurückziehen. Tut er dies nicht, bleibt dadurch zwar in dem jeweiligen Erkenntnis- oder Vollstreckungsverfahren der Anspruch des Massegläubiger weiterhin in der **Durchsetzbarkeit gesperrt** (von Extremfällen des bewussten Rechtsmissbrauches einmal abgesehen), der **Verwalter haftet dann aber persönlich** für den Schaden, der dem betreibenden Gläubiger infolgedessen (auch aus der vergeblichen Prozessführung bzw Zwangsvollstreckung) erwächst **Innerhalb des Insolvenzverfahrens** selbst kann der Verwalter bei der Abwicklung durch seine **laufenden Zwischenberichte** (vgl Braun/*Kießner* § 208 Rn 33) ow zum Ausdruck bringen, dass das Insolvenzverfahren nach seinem Wunsch fortgesetzt und (jedenfalls derzeit) nicht gem § 211 eingestellt werden soll. Im Übrigen kann er jederzeit, soweit ausreichend Geld verfügbar ist, die fälligen Masseschulden voll begleichen (Braun/*Kießner* § 208 Rn 35) und die im Regelverfahren üblichen **Verteilungen nach §§ 187 Abs 2, 188** vorbereiten. Bei einer so dokumentierten Rückkehr in das Regelinsolvenzverfahren ist für die Zeit der angezeigten Masseunzulänglichkeit **nicht gesondert Rechnung zu legen**. In der Schlussrechnung ist diese Zeit aber getrennt auszuweisen. Über die Gründe für den Wegfall der Masseunzulänglichkeit ist im Schlussbericht zu berichten. Zum **Insolvenzplanverfahren** und Masseunzulänglichkeit s MüKoInsO-*Hefermehl* § 208 Rn 58 und HaKo/*Weitzmann* § 208 Rn 18 mwN.

§ 209 Befriedigung der Massegläubiger

(1) Der Insolvenzverwalter hat die Masseverbindlichkeiten nach folgender Rangordnung zu berichtigen, bei gleichem Rang nach dem Verhältnis ihrer Beträge:
1. die Kosten des Insolvenzverfahrens;
2. die Masseverbindlichkeiten, die nach der Anzeige der Masseunzulänglichkeit begründet worden sind, ohne zu den Kosten des Verfahrens zu gehören;
3. die übrigen Masseverbindlichkeiten, unter diesen zuletzt der nach den §§ 100, 101 Abs 1 Satz 3 bewilligte Unterhalt.

(2) Als Masseverbindlichkeiten im Sinne des Absatzes 1 Nr. 2 gelten auch die Verbindlichkeiten
1. aus einem gegenseitigen Vertrag, dessen Erfüllung der Verwalter gewählt hat, nachdem er die Masseunzulänglichkeit angezeigt hatte;
2. aus einem Dauerschuldverhältnis für die Zeit nach dem ersten Termin, zu dem der Verwalter nach der Anzeige der Masseunzulänglichkeit kündigen konnte;
3. aus einem Dauerschuldverhältnis, soweit der Verwalter nach der Anzeige der Masseunzulänglichkeit für die Insolvenzmasse die Gegenleistung in Anspruch genommen hat.

Übersicht

	Rn
I. Allgemeines	1
II. Zeitpunkt des Wirksamwerdens des Verteilungsschlüssels nach § 209	4
III. Zeitpunkt der Befriedigung der Masseverbindlichkeiten	5
IV. Die Rangordnung der Masseverbindlichkeiten (§ 209 Abs 1)	8
1. Absoluter Vorrang der Verfahrenskosten (Abs 1)	9
2. Begriff der Neumasseverbindlichkeit (Abs 1 Nr 2, Abs 2)	10
a) Notwendigkeit der Begründung von Neumasseverbindlichkeiten	11
b) Zeitpunkt der Begründung der Neumasseverbindlichkeiten	12
aa) Wahl des Zeitpunkts der Anzeige der Masseunzulänglichkeit	13
bb) Abgrenzung der Alt- von den Neumasseverbindlichkeitennach Insolvenzrecht (am Beispiel von Steuer-, Wohngeld-und Umweltsachverhalten)	14
c) Verbindlichkeiten aus Erfüllungswahl nach § 103 (Abs 2 Nr 1)	17
d) Verbindlichkeiten aus ungekündigten Dauerschuldverhältnissen (Abs 2 Nr 2)	18
e) Inanspruchnahme der Gegenleistung aus Dauerschuldverhältnissen (Abs 2 Nr 3)	20
3. Masseverbindlichkeiten aus dem Eröffnungsverfahren (§ 55 Abs 2)	21
4. Begriff der Altmasseverbindlichkeit (Abs 1 Nr 3)	22
a) Besonderheiten bei Arbeitsverhältnissen	23
b) Besonderheiten bei erneut angezeigter Masseunzulänglichkeit	24
5. Befriedigung von Massebereicherungsansprüchen	30
6. Unterhaltsansprüche nach den §§ 100, 101 Abs 1 S 3	31
7. Sozialplanansprüche der Arbeitnehmer	32
V. Korrektur von Verteilungsfehlern	33

I. Allgemeines

§ 209 regelt die Verteilung für Fälle der **„Insolvenz in der Insolvenz"**. Reicht die vorhandene Insolvenzmasse (§ 35) nicht einmal aus, um sämtliche Masseverbindlichkeiten zu decken, kommt der allgemeine insolvenzrechtliche Verteilungsschlüssel in Wegfall und es tritt an seine Stelle der besondere Verteilungsschlüssel des § 209, der allein regelt, wie Masseverpflichtungen zu befriedigen sind. Dem Gesetzgeber ging es vor allem darum, die Unzulänglichkeiten des früheren § 60 KO zu beseitigen und den beiden Entscheidungen des BVerfG (30. 3. 1993 – 1 BvR 1045/89, ZIP 1993, 838; 24. 6. 1993 – 1 BvR 338/91, ZIP 1993, 1246) Rechnung zu tragen (zu den Unzulänglichkeiten des § 60 KO vgl *Uhlenbruck* FS 50 Jahre BGH, S 803 ff; *W. Henckel*, Masselosigkeit und Masseschulden, in: Einhundert Jahre Konkursordnung 1877–1977, S 169 ff; *Pape*, Zur Systematik des Paragraphen 60 KO, Göttingen 1985; *ders* NJW 1992, 1348 ff; *ders* ZIP 1986, 756 ff; *ders* ZIP 1984, 796 ff; *Kilger* ZIP 1988, 409; *Uhlenbruck* ZIP 1993, 241; K/U § 60 KO Rn 2, 2 a–2 g; *Gerhardt* ZIP 1992, 741 ff; *Hess* § 209 Rn 8–19). Das Verfahren ist dadurch wesentlich vereinfacht worden, dass der Rechtsausschuss – entgegen dem ürsprünglichen RegE – auf die förmliche gerichtliche Feststellung der Masseunzulänglichkeit verzichtete und die schlichte, vom Verwalter kommende **Anzeige der Masseunzulänglichkeit** genügen ließ (§ 208 Abs 1). Auf den Zeitpunkt des materiellen, liquiditätsbedingten Eintrittes der Masseunzulänglichkeit kommt es ebenfalls nicht an (KS-*Kübler* S 967, 977 Rn 36). Die erste Rangstelle der Verfahrenskosten iSv § 54 rechtfertigt sich nach Feststellung von *Kübler* damit, „dass kein Gläubiger Anspruch darauf hat, dass ihm ein staatlich geordnetes Verfahren zur Regelung seiner Forderung zur Verfügung gestellt wird, ohne dass die entstehenden Kosten vorab beglichen werden" (KS S 977 Rn 36). Insoweit sei die bisherige „zweite" Rangstelle für die Verfahrenskosten ein Anachronismus gewesen, der allerdings durch die Rechtsprechung des BGH bereits weitgehend abgeschafft worden sei.

Nicht geregelt hat der Gesetzgeber allerdings die Rangfolgen nach einer **Stundung der Kosten des Insolvenzverfahrens**. Nach § 289 Abs 3 S 1 kann im Falle der Einstellung des Insolvenzverfahrens Restschuldbefreiung nur erteilt werden, wenn nach Anzeige der Masseunzulänglichkeit die Insolvenzmasse gem § 209 verteilt worden ist und die Verfahrenseinstellung gem § 211 erfolgt. Andererseits soll in Fallkonstellationen des § 207 Abs 1 S 2 die Verfahrenseinstellung unterbleiben, wenn die Kosten nach § 4 a gestundet wurden. Im Kontext des § 211 muss unterschieden werden zwischen den – hier nur gemeinten – Fällen, in denen die **Stundung zwar schon bewilligt, aber darauf noch nichts ausgezahlt** war, und denjenigen Fällen, in denen nach bereits getätigter Kostenverauslagung lediglich noch ein Erstattungsanspruch des Staates zu diskutieren bleibt. Diese Differenzierung wurde bereits in der Kommentierung zu § 207 Rn 6 ausgiebig behandelt; darauf sei hier verwiesen. Der Gesetzgeber hat nicht zu erkennen gegeben, dass er im Rahmen der Verteilung nach § 209 auf eine noch bevorrechtigt mögliche Befriedigung (§ 209 Abs 1 Nr 1) bis dato unerledigter Kostenbeträge verzichten wollte; insoweit lässt auch der BGH (13. 4. 2006 – IX ZR 22/05, BGHZ 167, 178 ff Rn 24) nicht einmal andeutungsweise irgendein Anzeichen für eine evt Bereichsnahme von Stundungsverfahren erkennen. Deshalb ist in den Fällen einer Stundung der Verfahrenskosten nach § 4 a anzunehmen, dass der Verwalter auf jeden Fall verpflichtet ist, vor Einstellung des Verfahrens nach § 211 die Ausschüttung auf die erste Rangklasse vorzunehmen, soweit diese Kostenbeträge noch nicht aus der Staatskasse beglichen wurden. Anders dagegen, wo **schon Zahlungen aus der Staatskasse geleistet** worden sind und nunmehr – nach Aufhebung der Verfahrenskostenstundung – allein die Rückerstattung aus der Masse gefordert wird. Dann hat der Erstattungsanspruch, vergleichbar den Konstellationen des § 55 Abs 1 Nr 3 (Wegfall des Rechtsgrundes ex nunc), allenfalls den Rang einer nachrangigen Masseverbindlichkeiten iSv § 209 Abs 1 Nr 3 (aA *Kießner* FS Braun 205, 209 f, der sogar analog § 292 Abs 1 S 2 für eine weitergehende Rückstufung hinter alle Masseverbindlichkeiten, jedoch vor den Insolvenzforderungen plädiert). Die sonstigen Einzelheiten sind, wie gesagt, bereits vorstehend in der Komm zu § 207 Rn 6 behandelt.

Die **„Notordnung"** des § 209 (so *Smid* § 209 Rn 4; *Häsemeyer* InsR Rn 14.23) werde „in einer unübersehbaren Vielzahl von Verfahren die entscheidende Rangordnung sein". Der Verteilungsschlüssel des § 209 ist somit eine Verteilungsregel, die angesichts der gesetzlichen Verpflichtung der Gerichte, Insolvenzverfahren schon bei Deckung der Verfahrenskosten zu eröffnen, in einer Vielzahl von eröffneten Verfahren eingreift. Die Neuregelung in § 292 Abs 1 S 2, S 3 zeigt, dass vor Ausschüttungen an die Gläubiger **auch im Restschuldbefreiungsverfahren** zunächst einmal die Verfahrenskosten beglichen werden müssen. Nach Auffassung des Gesetzgebers ist das Restschuldbefreiungsverfahren trotz Aufhebung des Insolvenzverfahrens nach § 289 Abs 2 S 2 so eng mit dem Insolvenzverfahren verknüpft und von insolvenzrechtlichen Grundsätzen geprägt, dass es gerechtfertigt erschien, das Vorwegbefriedigungsrecht der Massegläubiger aus § 53 hinsichtlich der gestundeten Verfahrenskosten auch bei Verteilungen durch den Treuhänder in der Wohlverhaltensperiode anzuwenden. Zwar wird, wie es in der Begr RegE zu Art 1 Nr 16 InsOÄndG 2001 (Beilage NZI Heft 1/2001 S 19 = ZInsO Beilage Heft 1/2001 S 19) heißt, bei **Stundung die Fälligkeit hinausgeschoben**, gleichwohl aber sei die Kostenforderung der Staatskasse erfüllbar und der Treuhänder werde durch den vorgeschlagenen Einschub verpflichtet, diese Forderung auch während der Stundung zu bedienen. Allerdings sei es nicht gerechtfertigt, die Insolvenzgläubiger zusätzlich mit Kosten zu belasten, für die sie bisher nicht einzustehen hatten, wie zB für die Kosten, die durch die Beiordnung eines Rechtsanwalts entstehen.

II. Zeitpunkt des Wirksamwerdens des Verteilungsschlüssels nach § 209

4   Anders als nach früherem Recht kommt es gem § 208 Abs 1 nur noch darauf an, dass der Insolvenzverwalter dem Insolvenzgericht die eingetretene oder drohende Masseunzulänglichkeit **angezeigt** hat. Mit dem **Eingang der Anzeige der Masseunzulänglichkeit beim Insolvenzgericht**, nicht dagegen mit der Feststellung durch den Verwalter oder mit der Veröffentlichung, tritt der Verteilungsschlüssel des § 209 in Kraft. Der Verwalter darf Ausschüttungen an Insolvenzgläubiger iSv §§ 38, 39 nicht mehr vornehmen. Ab diesem Zeitpunkt tritt auch die Zäsur ein, die die Altmasseverbindlichkeiten von den Neumasseverbindlichkeiten trennt (HK-*Landfermann* § 209 Rn 11; Braun/*Kießner* § 209 Rn 14; K/P/B/*Pape* § 209 Rn 10). Der Vorschrift kommt entgegen einer früher hM zu § 60 KO kein materiell-rechtlicher Charakter zu (vgl vorstehend Komm zu § 208 Rn 1 u 17). Es tritt lediglich wegen des Mangelfalles **für die Dauer und Zwecke des Insolvenzverfahrens eine prozess- und vollstreckungsrechtliche Sperrwirkung** ein. Deshalb ist mit der Anzeige keine materielle Verkürzung des Forderungsrechts der Massegläubiger verbunden. Das Verfahren konzentriert sich ab Anzeige an das Gericht ausschließlich am **neuen Verfahrenszweck**, nämlich der Befriedigung der Massegläubiger.

III. Zeitpunkt der Befriedigung der Masseverbindlichkeiten

5   Das Verfahren der „Insolvenz in der Insolvenz" kennt **keine Abschlagsverteilungen an sog Altmassegläubiger**. Sie werden zunächst in der Durchsetzbarkeit ihrer Ansprüche total gesperrt; entsprechend ist nicht einmal in Höhe einer hypothetisch zahlbaren Massequote eine Teilleistungsklage statthaft (vgl ob zu § 208 Rn 26). Im Rahmen der Verwaltung und Verwertung der Masse nach § 208 Abs 3 hat der Verwalter vorrangig unverzichtbare Neumasseschulden bar zu bezahlen, solange die Masse ersichtlich zu deren voller Deckung ausreicht. Ansonsten müssen auch die Neumassegläubiger warten, bis eine für sie zahlbare Massequote sicher feststeht (s o bei § 208 Rn 27). Ist ungewiss, ob die zu erwirtschaftende Masse tatsächlich alle Neumasseschulden deckt, muss der Verwalter zur Vermeidung eigener Haftung die Neugläubiger vor Vertragsschluss bzw Anforderung zusätzlicher Leistungen ausdrücklich auf diese verschärfte Lage hinweisen. Die Vertragspartner können dann selbst entscheiden, ob sie vor diesem Risiko mit dem Verwalter paktieren bzw an ihn weiter liefern oder nicht. Allein die Veröffentlichung gem § 208 Abs 2 exkulpiert den Verwalter nicht, zumal die Anzeige der Masseunzulänglichkeit in keiner Weise indiziert, dass nicht einmal die Neumasseschulden gedeckt sind (BGH 29. 4. 2004 – IX ZR 141/03, ZInsO 2004, 674, 676; 22. 9. 2005, IX ZB 91/05, NZI 2005, 680).

6   Wann **frühestmöglich eine Verteilung** stattfinden kann, bemisst sich für jede einzelne Rangklasse gesondert. Wo für bevorzugte Rangklassen bereits ausreichend Masse vorhanden ist und alles voll bezahlt werden kann, darf dies geschehen. Im Übrigen muss der Verwalter zunächst die **Massequote ermitteln**, die in der betreffenden Rangklasse an die dort gleichberechtigten Massegläubiger zahlbar ist. Wo die weitere Verfahrensabwicklung (vgl § 208 Abs 3) nicht nur zusätzliche Aktiva bringt, sondern auch weitere Verpflichtungen nach sich zieht, kann es im Einzelfall nötig werden, so lange zuzuwarten, bis die letzten Vermögensgegenstände des Schuldners verwertet bzw Anfechtungsprozesse gewonnen sind. Hierbei ist zu beachten, dass die Verfahrenskosten des § 54 einerseits absoluten Vorrang genießen (BGH (13. 4. 2006 – IX ZR 22/05, BGHZ 167, 178 ff Rn 24), andererseits die Höhe der Kosten aber dynamischen Entwicklungen unterliegt, weil sich die Gebühren nach der erzielten Wertschöpfung der Masse errechnen (vgl §§ 58 GKG, 1 InsVV). Die Pflicht des § 208 Abs 3 zur Fortsetzung und Verwaltung der Masse ist allerdings nicht absolut zu begreifen, sondern nunmehr auf eine sachgerechte Abwägung aller Interessen – ggf auch der weiterhin nötigen Ordnungsfunktion des Verfahrens und der Haftungsrisiken für den Verwalter – auszurichten. Immer muss das Verwalterhandeln per Saldo für die Masse und die betroffenen Gläubiger vorteilhaft wirken (vgl vorstehend § 208 Rn 11, 19, 20). Wo eine temporäre Masseunzulänglichkeit behebbar ist, was den Massegläubigern nachhaltig nützt, ist eine länger dauernde Verwertung eher hinnehmbar als eine Verfahrensfortsetzung in Lagen, in denen allenfalls die Kostengläubiger im Rang des § 209 Abs 1 Nr 1 für sich die Bemessungsgrundlagen nach §§ 58 GKG, 1 InsVV aufwerten, für die nachfolgenden Rangklassen aber definitiv keinerlei Vorteile mehr erwachsen können. Welcher Verwertungszeitraum den Massegläubigern dann zumutbar ist, lässt sich nicht generell beantworten. Grundsätzlich wird man dem Verwalter eine Restverwertungszeit von **drei bis höchstens sechs Monaten** zubilligen können. Nach Ablauf dieser Frist haben die Massegläubiger einen Anspruch darauf, dass die quotale Befriedigung ihrer Forderungen nach § 209 erfolgt. Im Regelfall werden sich die Gläubiger auf eine mindestens **dreimonatige Wartezeit** einstellen müssen. Um das Verfahren zügig zum Ende zu bringen, kann sich der Verwalter **eine Nachtragsverteilung vorbehalten** lassen. Dazu sei an dieser Stelle auf die Kommentierung zu § 208 Rn 11 u 28 hingewiesen.

7   Eine ganz andere Frage ist die, ob der Verwalter nach Anzeige der Masseunzulänglichkeit im Rahmen der reduzierten Abwicklungsaufgaben zB zur **Abgabe einer Steuererklärung** gegenüber dem Finanzamt verpflichtet ist. Die steuerrechtlichen Pflichten, die der Verwalter anstelle des Schuldners erfüllen muss,

entspringen im Ausgangspunkt § 34 Abs 3 AO. Das führt **bei eigener Verwaltungs- und Verwertungstätigkeit** nicht nur zu **Masseschulden** iSv § 55 Abs 1 Nr 1 InsO, sondern auch zu einer potenziellen Haftungsverantwortung des Verwalters nach Maßgabe der §§ 69, 191, 219 AO. Der Verwalter hat die Finanzverwaltung insbesondere die Besteuerungstatsachen mitzuteilen (§§ 90, 137 ff AO), auf Nachfrage ergänzend Auskunft zu geben (§ 93 AO) und die in §§ 140 ff AO vorgeschriebenen Bücher und Aufzeichnungen zu führen. Auf Säumnisse des Verwalters kann die Finanzverwaltung mit **Zwangsgeldandrohung** (§§ 328 ff AO) reagieren; auch können gegen den Verwalter persönlich **Verspätungszuschläge** festgesetzt werden (§ 152 AO). Insofern muss der Verwalter natürlich auch in der Phase der Masseunzulänglichkeit unter Beachtung der Rangfolgen des § 209 InsO den unmittelbar die Masse treffenden Verpflichtungen nachkommen. Die Finanzgerichte sind ferner der Ansicht, der Insolvenzverwalter müsse **unterbliebene Steuererklärungen für Veranlagungszeiträume vor der Insolvenzeröffnung** nachholen (so schon RFH 11. 2. 1927 – AZ: V A 941/26, Slg Bd 20, S 237; BFH 10. 10. 1951 – AZ: IV 144/51 U; nunmehr aber ernstlich zweifelnd zumindest bei Masseunzulänglichkeit BGH, Beschl v 22. 7. 2004 – AZ: IX ZB 161/03, NZI 2004, 577, 578 in Abschn III 1 b; vgl ähnlich die Zurückhaltung von BFH 23. 8. 1994 – VII R 143/92, BFHE 175, 309 zumindest gegenüber schwierigen, komplexen Steuerfällen bei „Konkurs im Konkurs"). Man muss hier an die wichtige Kernaussage von § 45 InsO erinnern, wonach sämtliche unerledigte Themen aus vorinsolvenzlicher Zeit nur noch (umgerechnet in Geld) zur Tabelle abzuhandeln sind (§ 38 InsO). Damit widerspricht es einer wesentlichen Grundvorstellung der par conditio creditorum, aus der Masse Pflichten zu erfüllen, für die ihr keine anteilige Gegenleistung zufließt (hierzu zahlr Nachw bei PK-HWF/*Ries* § 80 Rn 3), und zu der – über den früheren Pflichtenkreis des Schuldners hinaus – jedenfalls keine *insolvenzspezifische* gesetzliche Aufgaben- und Rangfolgezuordnung erkennbar ist (**aA** allerdings stellvertr BFH 23. 8. 1994 – VII R 143/92, BFHE 175, 309). Insolvenzrechtlich schuldet der Verwalter gegenüber der Gemeinschaft der Gläubiger die Abgabe überfälliger Steuererklärungen zumindest dann, wenn anderenfalls **deutlich zu hohe Schätzungen** in der Welt bleiben würden, die die Dividendenaussicht also grob verfälschen. Hier bleibt vorab zu fragen, welche Restmasse nach Abzug der Erklärungskosten verbleibt, und ob das voraussichtliche Veranlagungsergebnis den betriebenen Aufwand rechtfertigt. Ebenso wenig scheint bis dato geklärt, ob der Insolvenzverwalter **im eröffneten Verfahren einer natürlichen Person** überhaupt steuererklärungspflichtig wird, wenn der Schuldner anderweitig in abhängiger Beschäftigung berufstätig ist und die Masse Einnahmen einzig aus pfändbaren Spitzenbeträgen iSd §§ 850 ff ZPO, § 196 Abs 1 erzielt. Der über Art. 2 GG und Art. 12 GG geschützte Kernbereich des Beschäftigungsverhältnisses ist für den Insolvenzverwalter nicht dispositiv. Er kann den Schuldner schlechterdings nicht dienst(zwangs)verpflichten, dh den Arbeitsvertrag weder selbst begründen noch später kündigen (vgl *Ries* ZVI 2004, 221, 224 li Sp und 227 re Sp unten). §§ 34 und 35 AO sind auf **reine Lohnpfändungsgläubiger** nicht anzuwenden (vgl BFH 18. 8. 1998 – VII R 114/97, BFHE 187, 1 u BGH 12. 12. 2003 – IX a ZB 115/03, BGHZ 157, 195, wonach jedenfalls bei Pfändung und Einziehung von ESt-Erstattungsansprüchen der Pfändungsgläubiger nicht einmal zur Abgabe von Steuererklärungen „berechtigt" geschweige denn verpflichtet ist). Dann kann eigentlich wegen § 36 Abs 1 Satz 1 InsO für den Insolvenzverwalter nichts anderes gelten. **Mit der Aufhebung des Verfahrens** fallen zugleich allgemeine, bis dato unerledigte öffentlich-rechtliche Pflichten wieder auf den Schuldner zurück. Das hat vor allem Bedeutung, wenn keine Masse unmittelbar verpflichtenden Zahlungen mehr anstehen (§ 55 Abs 1 InsO). Wo das ganz sicher feststeht, kann sich also der Verwalter durch zügigen Abschluss des Hauptverfahrens aus allgemeinen steuerlichen Erklärungspflichten, insbesondere bei Insolvenzverfahren natürlicher Personen, schnell wieder zurückziehen.

IV. Die Rangordnung der Masseverbindlichkeiten (§ 209 Abs 1)

Hat der Verwalter bei Gericht die Masseunzulänglichkeit angezeigt und eventuelle Verwertungsmaßnahmen nach § 209 Abs 3 durchgeführt, sind die vorhandenen Gelder entsprechend dem **Verteilungsschlüssel** des § 209 Abs 1 zu verteilen. Die erste Rangklasse bilden, und zwar ohne Differenzierung nach dem Zeitpunkt ihres Entstehens, gem § 209 Abs 1 Nr 1 die Kosten des Insolvenzverfahrens (s u Ziff 1). In der zweiten Rangordnung werden gem § 209 Abs 1 Nr 2 die erst nach dem Zeitpunkt der Anzeige der Masseunzulänglichkeit begründeten „neuen" Masseverbindlichkeiten, die sog „Neumasseverbindlichkeiten", eingestuft (s u Ziff 2). Die vor dem Zeitpunkt der Anzeige entstandenen Masseverbindlichkeiten, die weder unter Abs 1 Nr 1 noch unter Abs 1 Nr 2 fallen und auch nicht gem Abs 2 Nr 1 bis 3 gleichgestellt sind, bleiben – soweit noch Mittel zur Verfügung stehen – als sog „Altmasseverbindlichkeiten" nach Abs 1 Nr 3 nachrangig zu berichten (s u Ziff 3). Die dort vorgesehene Reihenfolge ist zwingend. Innerhalb der jeweiligen Gruppe haben die Forderungen den gleichen Rang (*Hess* § 209 Rn 20; N/R/*Westphal* § 209 Rn 4; Braun/*Kießner* § 209 Rn 6; HK-*Landfermann* § 209 Rn 10), wobei lediglich für die Unterhaltsansprüche gem §§ 100, 101 in § 209 Nr 3 ein zusätzlicher Nachrang gebildet wurde Die Rangfolge des § 209 Abs 1 findet auf alle Masseverbindlichkeiten Anwendung, also auch auf Forderungen, die nicht auf einen Geldbetrag lauten. Insoweit gelten die Vorschriften der §§ 41–46 analog mit der Folge, dass zB Masseansprüche, die nicht auf Geld gerichtet sind, entsprechend § 45 in eine Geldforderung umzurechnen sind (Begr zu § 321 RegE, BT-Drucks 12/2443,

S 220; HK-*Landfermann* § 209 Rn 10; K/P/B/*Pape* § 209 Rn 4; *Hess* § 209 Rn 21; BerlKo-*Breutigam* § 209 Rn 7).

9   **1. Absoluter Vorrang der Verfahrenskosten (Abs 1).** Der Begriff der „**Kosten des Insolvenzverfahrens**" orientiert sich ausschließlich an § 54, ist also wesentlich enger gefasst als der frühere Begriff der Massekosten in § 58 KO (MüKoInsO-*Hefermehl* § 209 Rn 19). Angesichts des eindeutigen Gesetzeswortlauts ist ausgeschlossen, dass der Begriff der Verfahrenskosten ähnlich unangemessen ausgeweitet wird wie der der früheren Massekosten iSv § 58 KO (vgl K/P/B/*Pape* § 209 Rn 7, 8). So fallen vor allem **Steuerforderungen** oder **Altlastenverbindlichkeiten** nicht unter den Kostenbegriff (K/P/B/*Pape* § 209 Rn 7, 8; *Hess* § 209 Rn 24). Der Gesetzgeber der InsO hat die früheren Streitfragen des § 60 KO durch die Neuregelung des Verteilungsschlüssels in § 209 weitgehend erledigt. Allerdings ist in der Literatur an der Privilegierung der Verfahrenskosten Kritik geübt worden (vgl *Leipold/Häsemeyer* S 101, 104; *Dienstühler* ZIP 1998, 1697, 1699). Zutreffend weist *Pape* (K/P/B/*Pape* § 209 Rn 6) darauf hin, dass diese Kritik nicht ausreichend in Rechnung stellt, dass es ohne die Beiträge der Kostgläubiger überhaupt keine geordnete Verfahrenseröffnung mehr geben würde. Der BGH (13. 4. 2006 – IX ZR 22/05, BGHZ 167, 178 ff Rn 24; zuvor bereits N/R/*Westphal* § 209 Rn 5; *Hess* § 209 Rn 25) hat diese Prioritätsordnung ausdrücklich bekräftigt; sie gilt **auch für zeitlich früher entstandene Kostenbestandteile** gegenüber erst später – nach Unzulänglichkeitsanzeige – begründeten Neumasseschulden. Ungeachtet dessen kann, schon der besseren Übersichtlichkeit wegen, weiterhin die Möglichkeit der Festsetzung von Vorschussleistungen und der Entnahme von **Vorschüssen** dazu benutzt werden, die jeweils offen bleibenden Restkostenanteile nach Abs 1 Nr 1 möglichst gering zu halten. Da sich die Gerichtskosten und auch die Vergütung des Insolvenzverwalters nach dem **Wert der Insolvenzmasse** zum Zeitpunkt der Verfahrensbeendigung richten (§ 63 Abs 1 S 2 InsO iVm § 58 Abs 1 GKG), liegt es im eigenen Interesse des Verwalters, die entstehenden Verfahrenskosten nach Anzeige der Masseunzulänglichkeit laufend zu überwachen (N/R/*Westphal* § 209 Rn 16; *Hess* § 209 Rn 27). Grundsätzlich sind die Verfahrenskosten im **vollen Umfang zu befriedigen,** da andernfalls der Fall der Massearmut iSv § 207 gegeben ist (Berl Ko-*Breutigam* § 209 Rn 7; *Hess* § 209 Rn 28). In Fällen einer **Verfahrenskostenstundung nach §§ 4 a–d** ist der Insolvenzverwalter verpflichtet, auch den bis dato unbeglichenen Teil der gestundeten Verfahrenskosten an erster Rangstelle zu bedienen (s o Rn 2).

10   **2. Neumasseverbindlichkeiten (Abs 1 Nr 2, Abs 2).** Nach früherem Recht war umstritten, ob die nach Feststellung der Masseunzulänglichkeit begründeten Masseverbindlichkeiten (sog Neumasseschulden) dem Verteilungsschlüssel des § 60 KO unterfielen, oder in voller Höhe vorweg zu berichtigen blieben (vgl die Übersicht bei K/U § 60 KO Rn 2 b–2 g; ferner **BVerfG** 30. 3. 1993 – 1 BvR 1045/89, 1 BvR 1381/90, 1 BvL 11/90, ZIP 1993, 838 = KTS 1993, 403). Der Gesetzgeber der InsO hat nunmehr in § 209 Abs 1 Nr 2 den Neumasseverbindlichkeiten einen Vorrang vor den „übrigen Masseverbindlichkeiten" eingeräumt. Um für beiderseits nicht vollständig erfüllte Verträgen und Dauerschuldverhältnisse Abgrenzungsschwierigkeiten zu vermeiden, hat er zudem in § 209 Abs 2 Sonderregelungen geschaffen, die teilweise Parallelen zur Abgrenzung zwischen Insolvenzforderungen und Masseforderungen aufweisen (KS-*Kübler* S 967, 977 Rn 37; HK-*Landfermann* § 209 Rn 11). Nach der Begr RegE zu § 321 (§ 209 InsO, abgedr bei *Uhlenbruck,* Das neue Insolvenzrecht, S 575 = *Balz/Landfermann* S 451 = K/P, S 439) präzisiert § 209 Abs 2 die Abgrenzung zwischen „Neumasseverbindlichkeiten" und „Altmasseverbindlichkeiten" bei gegenseitigen Verträgen.

11   a) **Notwendigkeit der Begründung von Neumasseverbindlichkeiten.** Seit dem grundlegenden Beitrag von *W. Henckel* (FS Einhundert Jahre Konkursordnung, 1977 S 169 ff) entspricht es gefestigter Meinung, dass die **Altmassegläubiger keinen Rechtsanspruch** darauf haben, dass ihnen das zum Zeitpunkt der Anzeige der Masseunzulänglichkeit vorhandene **Haftungsvermögen ungeschmälert erhalten bleibt.** Der Verwalter muss vielmehr die zur Verwertung und Verteilung der Masse notwendigen Verwertungshandlungen noch vornehmen und in diesem Rahmen meist auch Neumasseverbindlichkeiten begründen, die ihn allerdings mit dem Haftungsrisiko des § 61 belasten. Andererseits ist der Verwalter nach Anzeige der Masseinsuffizienz gehalten, nur noch solche Verbindlichkeiten zu begründen, die einer raschen Liquidation des schuldnerischen Restvermögens dienen; der Verwalter soll hierbei die noch zu verteilende Masse der Altmassegläubiger erhalten (K/P/B/*Pape* § 209 Rn 11; KS-*Kübler* S 967, 976 Rn 32, 33; *Häsemeyer* InsR Rn 14.23). Die Einzelheiten wurden bereits vorstehend zu § 208 Rn 19 f besprochen.

12   b) **Zeitpunkt der Begründung der Neumasseverbindlichkeiten.** Entscheidend für die Einordnung einer Masseverbindlichkeit als Altmasseverbindlichkeit (§ 209 Abs 1 Nr 3) oder als Neumasseverbindlichkeit (§ 209 Abs 1 Nr 2) ist, ob der Zeitpunkt der Begründung der Verbindlichkeit vor oder nach dem Zeitpunkt der Anzeige der Masseunzulänglichkeit (§ 208 Abs 1) liegt; auf den weitergehenden Entstehungsgrund der Einzelforderung kommt es nicht an (**BGH** 13. 4. 2006 – IX ZR 22/05, NZI 2006, 392). Korrespondierend mit § 55 Abs 1 Nr 1 fallen danach unter die Neumasseverbindlichkeiten iSd § 209 Abs 1 Nr 2 zunächst die Verbindlichkeiten, die *nach* der Anzeige der Masseunzulänglichkeit „begründet" worden sind (**BGH** 29. 4. 2004 – IX ZR 141/03, ZInsO 2004, 674), ohne zu den Kosten des

IV. Die Rangordnung der Masseverbindlichkeiten (§ 209 Abs 1) § 209

Verfahrens zu gehören. Für die Abgrenzung von Altmasseverbindlichkeiten (§ 209 Abs 1 Nr 3) zu Neumasseverbindlichkeiten (§ 209 Abs 1 Nr 2) ist maßgeblich der **Zugang der Anzeige beim Insolvenzgericht**, wie bereits zu § 208 (dort Rn 10 ff) näher ausgeführt worden ist (FK/*Kießner* § 209 InsO Rn 12; *Hess* § 209 Rn 31; HK-*Landfermann* § 209 Rn 11; K/P/B/*Pape* § 209 Rn 10). Entstanden ist eine Neumasseverbindlichkeit, wenn der **anspruchsbegründende Tatbestand** *nach* **Anzeige der Masseunzulänglichkeit** liegt. Es gelten insoweit die gleichen Grundsätze wie für die Ermittlung des Zeitpunktes der Forderungsbegründung iSv § 38 (vgl insoweit die Komm zu § 38 Rn 6 ff; s auch **BGH** 6. 12. 2007 – IX ZR 284/03, NZI 2008, 185, unter Hinweis auf **BAG** 23. 2. 2005 – 10 AZR 602/03, NZI 2005, 408; ferner *Cranshaw* jurisPR-InsR 16/2008, Anm 3; *Ries/Berscheid* ZInsO 2008, 1161, 1163). Für eine „Begründung" in diesem Sinn reicht es nicht aus, dass ein vorher abgeschlossenes Dauernutzungsverhältnis oder ein sonstiges Dauerschuldverhältnis iSd § 108 den Stichtag rechtlich überdauert. So entstehen zB Ansprüche auf Zahlung von Mietzins und Arbeitslohn monatlich ratierlich neu (vgl aus jüngerer Zeit bestätigend **BGH** 14. 6. 2007 – IX ZR 56/06 [Rn 17], NZI 2007, 515 und 17. 7. 2008 – IX ZR 203/07, ZVI 2008, 433. § 108 Abs 3 geht grundsätzlich von der Teilbarkeit der Leistungen in einem Dauerschuldverhältnis aus (vgl § 105 u *Ries/Berscheid* aaO). Ein Schuldverhältnis als solches wird iSv § 209 Abs 1 Nr 2 nur dann (unmittelbar) „begründet", wenn dessen Rechtsboden erst nach dem Stichtag neu gelegt wird (**BAG** 15. 6. 2004 – 9 AZR 431/03, ZIP 2004, 1660), insbesondere durch selbstbestimmtes Handeln des Insolvenzverwalters iSv § 55 Abs 1 Nr 1 (**BGH** 3. 4. 2003 – IX ZR 101/02, NZI 2003, 369 m Anm *Uhlenbruck*). Auf den Zeitpunkt der „Fälligkeit" bereits zuvor entstandener Rechte kommt es dagegen nicht an. Unter § 209 Abs 1 Nr 2 fallen mithin nicht bereits entstandene, aber lediglich noch nicht fällige Forderungen aus einem schon *vor* Anzeige des Masseunzulänglichkeit begründeten Dauerschuldverhältnis (**BAG** 11. 12. 2001 – 9 AZR 459/00, DZWIR 2002, 371 m Anm *Oetker*). Liegt der **anspruchsbegründende Tatbestand** *vor* **Anzeige der Masseunzulänglichkeit**, so handelt es sich um Altmasseverbindlichkeiten iSv § 209 Abs 1 Nr 3.

aa) Wahl des Zeitpunkts der Anzeige der Masseunzulänglichkeit. Nicht verkannt werden soll, dass 13 der Verwalter mit der **Wahl des Zeitpunkts** der **Anzeige der Masseunzulänglichkeit** an das Insolvenzgericht erhebliche Möglichkeiten hat, die Rangfolge zu steuern, dh bestimmte Masseverbindlichkeiten entweder in den Nachrang einer Altmasseverbindlichkeit oder in den Vorrang einer Neumasseverbindlichkeit zu bringen (*Ries/Berscheid* aaO mwN; vgl auch K/P/B/*Pape* § 209 Rn 10). Die Gefahr erscheint deshalb besonders groß, weil der Verwalter – vergleichbar dem Fall der „drohenden Zahlungsunfähigkeit" (§ 18 Abs 1 InsO) – auch die „drohende Masseunzulänglichkeit" allein feststellen darf (§ 208 Abs 1 S. 2 InsO), also bereits vorbeugend Erklärungen abgeben kann. Solche Befürchtungen sind jedoch überzogen, weil die Vorschrift des § 208 InsO dem Verwalter nur ermöglicht, die vorhandene Insolvenzmasse auf rechtlich gesicherter Grundlage abzuwickeln (*Ries/Berscheid* ZInsO 2008, 1161, 1163 mwN), der Verwalter folglich, wenn er diese Grundlage verlässt, für Missbräuche auch persönlich haften muss (§§ 60, 61 InsO; siehe ferner vorstehend zu § 208 Rn 13). Solche liegen bei Fallgestaltungen zumindest nahe, in denen dem Insolvenzverwalter unredliches Verhalten vorzuwerfen ist, er arglistig handelt oder ausreichender Massebestand gerichtskundig ist und deshalb keines Beweises bedarf (**BGH** 13. 4. 2006 – IX ZR 22/05, NZI 2006, 392).

bb) Abgrenzung der Alt- von den Neumasseschulden nur nach Insolvenzrecht. Praktische Abgren- 14 zungsschwierigkeiten zeigen sich etwa im Steuerrecht. Die **Frage der Begründung einer Steuerforderung** bemisst sich ausschließlich nach insolvenzrechtlichen Grundprinzipien, dh danach, ob der zugrunde liegende und den Anspruch „begründende" zivilrechtliche Sachverhalt vor oder erst nach der Anzeige der Masseunzulänglichkeit verwirklicht wurde. Im Umsatzsteuerrecht kommt es maßgeblich auf den Zeitpunkt der Lieferungen und Leistungen an (**BFH**, 5. 10. 2004 – VII R 69/03, BFHE 208, 10; vgl zuvor schon *ders* 13. 11. 1986 – V R 59/79, BFHE 148, 346; 9. 4. 1987 – V R 23/80, BFHE 149, 323; 21. 12. 1988 – V R 29/86, BFHE 155, 475). Bedenklich und insolvenzrechtlich nicht mehr fassbar erscheinen jedoch Tendenzen in der neueren BFH-Rechtsprechung, diese Grundsätze aufzuweichen und insoweit einen Primat des Steuer- oder beispw des Kfz-zulassungsrechtes zu postulieren (zur USt nunmehr **BFH**, 29. 1. 2009 – V R 64/07; insoweit zu Recht kritisch *Weitzmann* ZInsO 2009, 923; zur Kfz-Steuer **BFH**, 29. 8. 2007 – IX R 4/07, BFHE 218, 435 = NZI 2008, 59 m Anm *Henkel;* s a die krit Bespr von *Pape* InsBüro 2008, 2 u *Klein/Humberg* JR 2008, 224; ferner *Ries* NZI Heft 9/2008 S VI).

Wohngeldforderungen aus massezugehörig gebliebenem Eigentumswohnungen sind für die Zeit nach 15 Anzeige der Masseunzulänglichkeit Neumasseverbindlichkeiten (**KG** 15. 9. 2000 – 24 W 747/99, DZWIR 2000, 518 [*Smid*]; dazu *Eckert* EWiR 2001, 283; MüKoInsO-*Hefermehl* § 209 Rn 24). Nach der Masseunzulänglichkeitsanzeige entstandene Wohngeldschulden sind auch dann Neumasseverbindlichkeiten iSv § 209 Abs 1 Nr 2, Abs 2 Nr 3, wenn der Insolvenzverwalter die Gegenleistung dadurch in Anspruch nahm, dass er über einen längeren Zeitraum – hier: viereinhalb Jahre – von der Möglichkeit der Freigabe der Eigentumswohnung keinen Gebrauch machte (**OLG** Düsseldorf 28. 4. 2006 – I-3 Wx 299/05, NZI 2007, 50).

Kommt der Insolvenzverwalter einer behördlichen Anordnung zur Beseitigung von **Umweltaltlasten** 16 nicht nach und tätigt die Behörde daraufhin eine „Ersatzvornahme", stellt der Kostenerstattungsanspruch nur eine Altmasseverbindlichkeit dar, sofern die Masse lediglich für frühere, *vor* Anzeige der

Masseunzulänglichkeit bereits vorhandene „Zustände" oder für eigenes, vor diesem Stichtag liegendes persönliches „Handeln" haften soll (MüKoInsO-*Hefermehl* § 209 Rn 24; *Lwowski/Tetzlaff* WM 2005, 921 [923, 928]; Mohrbutter-Ringstmeier/*Voigt-Salus* § 32 Rn 108; vgl zu den gleichgelagerten Parallelfragen bei der zT schwierigen Abgrenzung von Masseverbindlichkeiten gegenüber Insolvenzforderungen auch die vorstehende Komm zu § 80 Rn 119–138; ferner HaKo/*Kuleisa* § 80 Rn 37 ff, *Tetzlaff* EWiR 2003, 535; *ders* 2004, 1039). Das **OVG** Münster (1. 6. 2006 – 8 A 4495/04, UPR 2006, 456) geht in seinem Fall zutreffend von einer Neumasseverbindlichkeit iSv § 209 Abs 1 Nr 2 aus, weil ein Verhalten des Verwalters nach der Eröffnung in Rede stand. Es verkennt allerdings, dass die Masse tatsächlich finanziell unzulänglich war und deshalb zur Gewährleistung der Gleichbehandlung aller Neumassegläubiger die Kosten der Ersatzvornahme zunächst nur „berechnet" werden durften. Nicht statthaft war dagegen die Anordnung der sofortigen Vollziehbarkeit des Kostenbescheides.

17 **c) Verbindlichkeiten aus Erfüllungswahl gem § 103 (Abs 2 Nr 1).** Hierzu sind die Grundlagen bereits im Kontext von § 208 Rn 24 erörtert worden. Macht der Insolvenzverwalter **nach Anzeige der Masseunzulänglichkeit** von seinem Erfüllungswahlrecht Gebrauch, so führt die Erfüllungswahl dazu, dass die hierdurch begründeten Masseverbindlichkeiten den Rang einer Neumasseverbindlichkeit iSv § 209 Abs 1 Nr 2 erhalten (*Hess* § 209 Rn 35). Die Anzeige der Masseunzulänglichkeit hindert den Verwalter nicht, sein Wahlrecht gem § 103 anschließend erneut positiv auszuüben (vgl zu den Detailfragen vorstehend bei § 208 Rn 24 u KS-*Kübler* S 977 f Rn 37; HK-*Landfermann* § 209 Rn 13; MüKoInsO-*Hefermehl* § 209 Rn 25; str aA K/P/B/*Pape* § 209 Rn 12; KS-*Pape* S 531 Rn 3 ff). Lehnt der Verwalter, der zunächst vor Anzeige der Masseunzulänglichkeit die Vertragserfüllung gewählt hatte, diese später ab, so bleibt nach der Begr RegE zu § 321 (abgedr bei *Balz/Landfermann*, S 451 = K/P, Das neue Insolvenzrecht S 439) die Schadenersatzforderung des anderen Teils Altmasseverbindlichkeit (demggüb abl. FK-*Kießner* § 209 Rn 24). Für gegenseitige Verträge, die der Verwalter nach Insolvenzeröffnung abgeschlossen hat und die im Zeitpunkt der Anzeige der Masseunzulänglichkeit beiderseits nicht noch (voll) erfüllt sind, gelten die §§ 103 Abs 1 und 105 S 1 zwar nicht direkt, wohl aber wegen der gleichen Interessenlage der Massemehrung entsprechend. Es bleibt mithin dem Verwalter die Entscheidung überlassen, ob und welche Verträge er angesichts der eingetretenen Masseunzulänglichkeit erfüllen will (KS-*Kübler* S. 958; MüKoInsO-*Hefermehl* § 209 Rn 30). **Übt der Verwalter** sein **Wahlrecht gem § 103** auch nach Anzeige der Masseinsuffizienz **nicht aus**, so bleibt es dabei, dass mit Verfahrenseröffnung grundsätzlich die gegenseitigen Erfüllungsansprüche suspendiert sind und an deren Stelle ein **Schadenersatzanspruch** des Vertragspartners getreten ist, der als **Insolvenzforderung** (§ 38) zur Tabelle anzumelden ist (§§ 28, 174). Es ist kein Grund ersichtlich, warum dieser Schadenersatzanspruch plötzlich in den Rang einer Altmasseverbindlichkeit treten soll, nur weil der Insolvenzverwalter eine gesetzlich bereits längst eingetretene Rechtsfolge durch eine Ablehnungserklärung bestätigt (vgl auch K/P/B/*Pape* § 209 Rn 12 b; BerlKo-*Breutigam* § 209 Rn 11; *Hess* § 209 Rn 35; *Dinstühler* ZIP 1998, 1697, 1703). Nur insoweit, als es sich **bereits vor Anzeige** der Masseunzulänglichkeit um **Masseverbindlichkeiten iSv § 55** gehandelt hat, bleiben diese auch nach Anzeige gem § 209 Abs 1 Nr 3 im Rang der Altmasseverbindlichkeiten.

18 **d) Verbindlichkeiten aus ungekündigten Dauerschuldverhältnissen (Abs 2 Nr 2).** Als Neumasseschulden in Rang II des § 209 sind gem § 209 Abs 2 Nr 2 auch alle Verbindlichkeiten zu bedienen, die aus **Dauerschuldverhältnissen** herrühren, die der Insolvenzverwalter entweder selbst begründet oder nach Verfahrenseröffnung **nicht gekündigt** hat. In den Fällen einer fortdauernden Vertragsbindung gem § 108 (zB bei Miet- oder Arbeitsverhältnissen) genügt, dass der Verwalter nach Anzeige der Masseunzulänglichkeit die Kündigungsfrist ungenutzt verstreichen lässt (BerlKo-*Breutigam* § 209 Rn 12; Hess § 209 Rn 36; K/P/B/*Pape* § 209 Rn 13–16; MüKo-*Hefermehl* § 209 Rn 31, 32; FK-*Kießner* § 209 Rn 25–29; *Ries* NZI 2002, 521, 523); umgekehrt erwächst ihm aber allein aus der Anzeige der Masseunzulänglichkeit für sich genommen noch **kein außerordentlicher Kündigungsgrund** (KS-*Kübler* S 978 Rn 38). Der Verwalter ist vielmehr an die sonstigen – allgemeinen wie insolvenzspezifischen – Kündigungsregularien und -fristen gebunden (*Dinstühler* ZIP 1998, 1697, 1703; KS-*Pape* S 531, 578 ff Rn 76 ff; K/P/B/*Pape* § 209 Rn 15; *Ries* ZInso 2007, 414, 417). Eine ähnliche Regelung enthält hinsichtlich der **Vollstreckung von Masseverbindlichkeiten** die Vorschrift des § 90, die den Massegläubigern bei sog „**oktroyierten" Masseverbindlichkeiten** für die Dauer von sechs Monaten nach Verfahrenseröffnung die Zwangsvollstreckung untersagt (vgl KS-*Landfermann* S 159 Rn 53 ff; K/P/B/*Pape* § 209 Rn 13; K/P/B/*Lüke* § 90 Rn 5 ff; *Vallender* ZIP 1997, 1993, 1999). Gläubiger sogen „oktroyierter" Masseverbindlichkeiten sollen der Masse keine Mittel entziehen können, die das Schuldnerunternehmen für eine zeitweilige Betriebsfortführung dringend benötigt. Besonders geschützt werden somit Verbindlichkeiten aus Dauerschuldverhältnissen, zu denen sich der Verwalter nach Anzeige der Masseunzulänglichkeit „bekannt" hat (so Bork, Einf Rn 278 Fn 11; HK-*Landfermann* § 209 Rn 14; *Breitenbücher*, Masseunzulänglichkeit, S. 117 f). Nimmt der Verwalter den frühestmöglichen vertraglichen oder gesetzlichen Kündigungstermin nicht wahr, sind sämtliche Ansprüche des Vertragspartners aus dem Dauerschuldverhältnis **nach Anzeige der Masseunzulänglichkeit** Neumasseverbindlichkeiten im Rang des § 209 Abs 1 Nr 2. Erfolgt dagegen die Kündigung zum frühestmöglichen Termin, so sind sämtliche Ansprüche des Vertragspartners Altmasseverbindlichkeiten iSv § 209 Abs 1 Nr 3 (N/R/

IV. Die Rangordnung der Masseverbindlichkeiten (§ 209 Abs 1) § 209

Westphal § 209 Rn 9, 10; BerlKo-*Breutigam* § 209 Rn 12; *Hess* § 209 Rn 35–38). Der Verwalter darf somit unter keinen Umständen versäumen, Dauerschuldverhältnisse mit der Anzeige der Masseinsuffizienz zu kündigen, wenn der Vertragsgegenstand für die weitere Verfahrensabwicklung nicht mehr benötigt wird (K/P/B/*Pape* § 209 Rn 15).

Das gilt auch für **Dauerschuldverhältnisse**, die vom Verwalter erst **nach Verfahrenseröffnung begründet** wurden (K/P/B/*Pape* § 209 Rn 15; vgl auch *Smid* § 209 Rn 12; *Eckert*, ZIP 1996, 897, 905). Unterlässt der Insolvenzverwalter die Kündigung zum ersten möglichen Kündigungszeitpunkt, so findet eine **Aufteilung der Ansprüche aus Dauerschuldverhältnissen** statt: Die bis zur ersten Kündigungsmöglichkeit angefallenen Verbindlichkeiten bleiben **Altmasseverbindlichkeiten** iSv § 209 Abs 1 Nr 3, immer vorausgesetzt, der Verwalter hat die Gegenleistung des Vertragspartners tatsächlich nicht in Anspruch genommen; andernfalls gilt nachstehend lit f). Die nach dem erstmöglichen Kündigungstermin anfallenden Masseverbindlichkeiten sind dagegen auf jeden Fall **Neuverbindlichkeiten**, wobei es hier nicht auf den Empfang einer Gegenleistung ankommt. Unterlässt es zB der Verwalter, ein von ihm nicht mehr genutztes **Mietobjekt** zum frühestmöglichen Zeitpunkt zu kündigen, so sind die nach dem ersten Kündigungszeitpunkt entstehenden Mietzinsverpflichtungen Neumasseverbindlichkeiten iSv § 209 Abs 2 Nr 2. Was „frühestmöglich" ist, beurteilt sich jeweils nach der objektiven Rechtslage, nicht nach den subjektiven Kenntnissen des Insolvenzverwalters (vgl BGH 11. 12. 2008 – IX ZR 26/06). Macht der Verwalter von seinem vertraglichen Kündigungsrecht nach Anzeige der Masseunzulänglichkeit zum frühestmöglichen Termin Gebrauch, so bleiben die gesamten dem Vertragspartner in der Auslaufzeit noch erwachsenden Ansprüche **nachrangige Altmasseverbindlichkeiten** iSv § 209 Abs 1 Nr 3 (KS-*Kübler* S 978 Rn 38; *Hess* § 209 Rn 38; BerlKo-*Breutigam* § 209 Rn 12. 19

e) **Inanspruchnahme der Gegenleistung aus Dauerschuldverhältnissen.** Nimmt der Verwalter die von dem Vertragspartner aufgrund eines Dauerschuldverhältnisses geschuldete Gegenleistung nach der Anzeige der Masseunzulänglichkeit für die Insolvenzmasse tatsächlich in Anspruch, so sind die nach der Anzeige entstehenden Verbindlichkeiten **Neumasseverbindlichkeiten iSv § 209 Abs 2 Nr 3**. Auf eine eventuelle Kündigung des Vertragsverhältnisses kommt es insoweit nicht mehr an (BerlKo-*Breutigam* § 209 Rn 17). Nimmt zB der Verwalter die Miet- oder Pachtsache trotz Kündigung nach Anzeige der Masseunzulänglichkeit weiterhin in Anspruch, genießen die Ansprüche des Vermieters bzw Verpächters nunmehr das Vorrecht des § 209 Abs 1 Nr 3 (H/W/F Hdb 3. Aufl 8/173; *Dinstühler* ZIP 1998, 1697, 1704; K/P/B/*Pape* § 209 Rn 17; BerlKo-*Breutigam* § 209 Rn 18; N/R/*Westphal* § 209 Rn 11; HK-*Landfermann* § 209 Rn 19; *Häsemeyer* InsR Rn 14.24; MüKo-*Hefermehl* § 209 Rn 33). Nutzt der Verwalter somit die Mietsache während des Laufs der Kündigungsfrist weiter, so begründet er damit Neumasseverbindlichkeiten iSv § 209 Abs 2 Nr 3 (BGH 4. 12. 2003 – IX ZR 222/02, ZInsO 2004, 151). In der Praxis ergeben sich im Einzelfall **erhebliche Schwierigkeiten**, wenn dem Verwalter trotz Kündigung eines Miet- oder Pachtverhältnisses die Mittel fehlen, die angemieteten Räume oder das gepachtete Gelände leer und frei von Rückständen zu hinterlassen. Zwar genügt es an sich in Insolvenzfällen zur Aussonderung der Mietsache die schlichte Besitzrückgabe, d. h. Rückgabe aller Schlüssel (BGH 18. 5. 1995 – IX ZR 189/94, BGHZ 130, 38, 44; BGH 2. 2. 2006 – IX ZR 46/05, NZI 2006, 293; BGH 21. 12. 2006 – IX ZR 66/05, ZIP 2007, 340, 341 Rn 11, 15; BGH 16. 10. 2008 – IX ZR 207/06); möglicherweise lagert in den Räumen aber auch noch werthaltiges Restgut anderer Absonderungsgläubiger, und der Verwalter behält zunächst die Schlüssel zwecks koordinierter Herausgabe ein. Der BGH spricht aaO jeweils an, der Vermieter dürfe nicht „gezielt vom Besitz ausgeschlossen" werden. Wie der Begriff „Inanspruchnahme" iSd § 209 Abs 2 Nr 3 bei einem Miet- oder Pachtverhältnis als Dauerschuldverhältnis exakt zu verstehen ist, ist umstritten (BGH 3. 4. 2003 – IX ZR 101/02, BGHReport 2003, 759 [*Ringstmeier*] = NZI 2003, 369 [*Uhlenbruck*] mzN zum Sach- und Streitstand). Lässt man die **tatsächliche Inanspruchnahme** der Gegenleistung ausreichen, ohne dass es auf den Willen des Verwalters ankommt, so wird man in allen Fällen, in denen der Verwalter gezwungen ist, mangels ausreichender Masse Gegenleistungen aus Dauerschuldverhältnissen in Anspruch zu nehmen, die Begründung von Neumasseverbindlichkeiten bejahen müssen. Verlangt man dagegen vom Verwalter eine **willentliche Inanspruchnahme** der Gegenleistung, so wären bei gezwungener Inanspruchnahme die Ansprüche aus dem Dauerschuldverhältnis nicht privilegiert. Nach Auffassung des BGH ist unter Inanspruchnahme der Gegenleistung ein Verhalten des Insolvenzverwalters zu verstehen, mit dem er die **Gegenleistung** nach Anzeige der Masseunzulänglichkeit **nutzt**, obwohl er dies **pflichtgemäß** hätte **verhindern** können (BGH 3. 4. 2003 – IX ZR 101/02, BGHZ 154, 358; so auch *Eckert* NZM 2003, 41, 48 f). Für die Entstehung einer Neumasseverbindlichkeit bei Dauerschuldverhältnissen wird dagegen die Notwendigkeit eines voluntativen Elementes in dem Sinne, dass der Insolvenzverwalter die Gegenleistung auf der Grundlage eines erklärten eigenen Willensaktes in Anspruch genommen hat, ausdrücklich verneint (BGH 29. 4. 2004 – IX ZR 141/03, ZInsO 2004, 67). 20

3. Masseverbindlichkeiten aus dem Eröffnungsverfahren (§ 55 Abs 2). Die Verbindlichkeiten des sog „starken" vorläufigen Insolvenzverwalters (§ 21 Abs 2 Nr 2 Alt 1 iVm § 22 Abs 1) und des sog Ermächtigungsverwalters (§ 21 Abs 2 Nr 2 Alt 2 iVm § 22 Abs 2) sind grds nur als nachrangige Masseverbindlichkeiten gem. § 209 Abs 1 Nr 3 zu berichtigen, eben weil sie entstanden sind, bevor erstmals 21 im eröffneten Verfahren die Masseunzulänglichkeit angezeigt werden konnte. **§ 209 enthält keine der Regelung des § 55 Abs 2 entsprechende Ausnahme;** damit **schwächt und entwertet** der Gesetzgeber die Position des **„starken" vorläufigen Insolvenzverwalters** grundlos. Bei Schaffung des § 209 hatte der Gesetzgeber nur § 55 Abs 1 Nr 1 und Nr 2 vor Augen und ging offenbar davon aus, dass die Anzeige der Masseunzulänglichkeit nach § 208 Abs 1 S 1 und S 2 lediglich durch den (endgültigen) Insolvenzverwalter erstattet werden könne. Auf dieser Linie liegt auch die Entscheidung des Insolvenzgerichts Hamburg (AG Hamburg v. 15. 11. 2004 – 67g 390/04, ZInsO 2004, 1270, 1271), das einen **„schwachen" vorläufigen Insolvenzverwalter mit einer „Vorrang-Ermächtigung"** ausstattete, nach der er **Masseverbindlichkeiten begründen** könne (BGH 18. 7. 2002 – IX ZR 195/01, BGHReport 2002, 953 [*Göhler-Schlicht*] = ZInsO 2002, 819), welche später – nach Anzeige der Masseunzulänglichkeit im eröffneten Verfahren – den Rang von Neumasseverbindlichkeiten (§ 209 Abs 1 Nr 2) behalten (s zum über § 55 Abs 2 hinausgehenden „Ermächtigungsmodell": *Hamburger Leitlinien* ZInsO 2004, 460; *Frind* ZInsO 2004, 470 ff; *ders* ZInsO 2005, 1296 ff; *A. Schmidt* ZInsO 2006, 177 ff; s zur zusätzlichen Absicherung durch ein „Treuhandmodell": *Bork* NZI 2005, 530 ff; *Marotzke* ZInsO 2004, 721 ff; *ders* ZInsO 2005, 561 ff; *Mönning/Hage* ZInsO 2005, 1185 ff; *Werres* ZInsO 2005, 1233 ff; *ders* ZInsO 2006, 918 ff). Dem kann man nur zustimmen „sofern allein **oktroyierte Masseverbindlichkeiten im Rang zurückgesetzt werden**" (so wörtlich HaKo/*Weitzmann*, § 209 Rn 9; zust *Ries/Berscheid* ZInsO 2008, 1161, 1162 mw Details). Besteht auch bzgl der **Neumasseforderungen** Masseunzulänglichkeit, dürfte die gerichtliche Ermächtigung angesichts des Wortlautes des Gesetzes nicht ausreichen, die Befriedigungsreihenfolge des § 209 auch insoweit zu durchbrechen, so dass die Verbindlichkeiten des sog „starken" vorläufigen Insolvenzverwalters und des sog Ermächtigungsverwalters dann nur drittrangig zu berichtigen sein würden, aber noch vor den oktroyierten Verbindlichkeiten, die erst viertrangig als Altmasseverbindlichkeiten zu befriedigen wären (*Ries/Berscheid* ZInsO 2008, 1161, 1162).

22 4. **Begriff der Altmasseverbindlichkeit (Abs 1 Nr 3).** Masseverbindlichkeiten, die nicht unter Abs 1 Nr 1 oder 2 fallen und auch nicht gem Abs 2 Nr 1 bis 3 gleichgestellt sind, sind als „Altmasseverbindlichkeiten" gem Abs 1 Nr 3 viertrangig zu befriedigen. Der Verwalter darf nach Anzeige der Masseunzulänglichkeit die zur Verwertung und Verteilung der Masse notwendigen Kosten auslösen und diese als Neumasseverbindlichkeiten erfüllen, auch wenn diese Handlungen die für die Altmasseverbindlichkeiten vorhandenen Vermögenswerte reduzieren (Braun/*Kießner* § 209 Rn 16; HaKo/*Weitzmann* § 209 Rn 8). Muss der Verwalter im Zuge der zur Verwertung und Verteilung der Masse notwendigen Verwertungshandlungen auch Neumasseverbindlichkeiten begründen, hat er zur Vermeidung seiner persönlichen Haftung nach §§ 60, 61 darauf zu achten, die Befriedigungschancen der übrigen Massegläubiger, insbesondere der Altmassegläubiger, dadurch nicht zu verschlechtern; ansonsten hat der Verwalter die unwirtschaftliche Begründung von Neumasseverbindlichkeiten zu unterlassen (HaKo/ *Weitzmann* § 209 Rn 8; K/P/B/*Pape* § 209 Rn 11).

23 **Besonderheiten bei Arbeitsverhältnissen.** Bei Dauerschuldverhältnissen, zu denen auch die Arbeitsverhältnisse zählen, begründet allein die Anzeige der Masseunzulänglichkeit **kein außerordentliches Kündigungsrecht** des Insolvenzverwalters nach § 626 Abs 1 BGB (KS-*Kübler* S 967, 978 Rn 38); dieser ist vielmehr an die Kündigungsfristen und -termine des § 622 Abs 1 und Abs 2 Nr 1–3 BGB, also bis hin zur Höchstfrist des § 113 S 2 InsO von **drei Monaten zum Monatsende** gebunden (*Berscheid* FS Rheinland-Pfalz S 453, 481). Für den Fall der Masseunzulänglichkeit sieht das Gesetz lediglich eine bestimmte Reihenfolge der Befriedigung der Massegläubiger vor. Arbeitnehmeransprüche können dabei entweder als vorrangig zu befriedigende Neumasseverbindlichkeiten (§ 209 Abs 1 Nr 2) oder als nachrangig berechtigte Altmasseverbindlichkeiten (§ 209 Abs 1 Nr 3) zu qualifizieren sein. Bei Dauerschuldverhältnissen wird für ihre Qualifizierung als Alt- bzw Neumasseverbindlichkeiten darauf abgestellt, ob der Insolvenzverwalter nach Verfahrenseröffnung zum frühestmöglichen Kündigungstermin gekündigt hat oder nicht. Ist dies nicht der Fall, dann sind die Ansprüche der Arbeitnehmer für die Zeit nach dem ersten möglichen Kündigungstermin als Neumasseverbindlichkeiten nach § 209 Abs 2 Nr 2 zu behandeln, selbst wenn die Arbeitnehmer vom Insolvenzverwalter nicht beschäftigt, sondern **von der Arbeit freigestellt** wurden (BAG 31. 3. 2004 – 10 AZR 253/03, ZIP 2004, 1323; BAG 23. 2. 2005 – 10 AZR 602/03, NZI 2005, 408, 410; vgl zu den damit maßgeblichen Streitfragen *Ries/Berscheid* ZInsO 2008, 1233, 1237 f; ferner HK-*Landfermann* § 209 Rn 15; KS-*Kübler* S 967, 978 Rn 38; K/P/B/*Pape* § 209 Rn 16; *Ries* NZI 2002, 521, 523; zurückhaltender mit Hinweis auf das Erfordernis der rechtlich möglichen Kündigung *Berscheid* FS Rheinland-Pfalz S 453, 482; ähnl *Schaub* DB 1999, 217, 219; *Schmalenberg* in: Tschöpe, Anwaltshandbuch Arbeitsrecht, S 366, Rn 692). Auch ein vom Insolvenzverwalter **unwirksam gekündigter und von der Arbeit freigestellter Arbeitnehmer** hat für seinen Arbeitslohn bei Annahmeverzug für die Zeit nach Anzeige der Masseunzulänglichkeit einen Zahlungsanspruch als „Neumassegläubiger" (*Ries* NZI 2002, 521, 523; str.; vgl zur Darstellung der abw Ansicht auch *Ries/ Berscheid* ZInsO 2008, 1233, 1237 f mwN). Besondere Abgrenzungsschwierigkeiten ergeben sich für **Ansprüche auf Entgeltzahlung ohne Arbeitsleistung.** Problematisch sind aus Verwaltersicht vor allem die Fälle, in denen die Arbeitnehmer Ansprüche auf Entgeltzahlung ohne Arbeitsleistung haben, weil bei diesen vielfach **„oktroyierten"** Ansprüchen der Insolvenzmasse **keine Gegenleistung** zufließt. Zu sol-

IV. Die Rangordnung der Masseverbindlichkeiten (§ 209 Abs 1) **§ 209**

chen Ansprüchen auf Entgeltzahlung ohne Arbeitsleistung zählen etwa Urlaubsentgelt- und Urlaubsabgeltungsansprüche (§ 11 Abs 1 BUrlG bzw § 7 Abs 4 BUrlG), Ansprüche auf Feiertagsvergütung (§ 2 Abs 1 EFZG), Ansprüche auf Entgeltfortzahlung im Krankheitsfall und bei Maßnahmen der medizinischen Vorsorge und Rehabilitation (§ 3 Abs 1 S 1 EFZG bzw § 9 Abs 1 EFZG), Ansprüche auf Ausgleich eines Arbeitszeitkontos (§§ 611, 612 BGB iVm §§ 3, 7 Abs 1 Nr 1 Buchst b ArbZG), Ansprüche aus Annahmeverzug (§ 615 S 1 iVm §§ 293 ff BGB).

Mit den daran anknüpfenden Themenkreisen beschäftigen sich sehr ausführlich, zugleich mit vielfältigen Fundstellennachweisen, *Ries/Berscheid* ZInsO 2008, 1161 (Teil 1) und 1233 (Teil2). Sie behandeln zunächst die systematische Zuordnung von Urlaubs- und Feiertagen, soweit diese in die eigentliche Arbeitsphase „eingeschlossen" sind. Sodann differenzieren sie weiter in unterschiedlichen Fallkonstellationen etwa bei
– Freistellung nach der Arbeitsphase (Fallvariante 2; aaO S 1168)
– Freistellung nach Austauschkündigung (Fallvariante 3; aaO S 1233)
– Freistellung zum falschen Kündigungszeitpunkt (Fallvariante 4; aaO S 1235)
– Freistellung trotz verspäteter Kündigung (Fallvariante 5; aaO S 1237)
– Arbeitnehmern mit Guthaben auf Freizeitkonten (Fallvariante 6; aaO S 1240).

Immer bleibt jedoch zu beachten, dass die Insolvenzmasse betragsmäßig begrenzt ist. Wo keine Wertschöpfung mehr stattfinden kann und die fest kalkulierte Einnahme ausbleibt, wird vielleicht plötzlich das Geld nicht einmal mehr für alle Neumassegläubiger reichen. Dann würden ggf vielleicht auch die anderen Arbeitnehmer, obwohl sie voll gearbeitet haben, nicht mehr voll bezahlt werden können (*Ries/Berscheid* ZInsO 2008, 1233, 1234). Der Insolvenzverwalter könnte evtl sogar von denjenigen, die ihre Arbeitsleistung in vermeintlich sicherer Erwartung der Vergütung erbracht haben, persönlich haftbar gemacht werden (§ 61), zB für von ihm im Vorfeld falsch bewertete Krankheitsrisiken. Man kann also aus **insolvenzrechtlicher Perspektive** durchaus der Ansicht sein, dass zumindest bei Unzulänglichwerden der Neumasse eine von den arbeitsrechtlichen Grundlagen abweichende Betrachtung geboten sein kann, soweit der Masse von Seiten des jeweiligen Arbeitnehmers kein realer Zuwachs an Arbeitsleistung zugute kam (s zur ggf nötigen korrigierenden Auslegung von § 209 Abs 1 Nr 2 auch *Ries* ZInsO 2007, 414, 415 mit Fn 17; vgl zu den haftungsrechtlichen Aspekten ferner *ders.* aaO S 417 im Kontext der Fn 42).

b) Etwaige Rangfolgeverschiebungen durch wiederholte Anzeige der Masseunzulänglichkeit. Welche 24
Rechtsfolgen eintreten, wenn sich im Verlauf des Verfahrens nach einer ersten Anzeige (§ 208 InsO) die Unzulänglichkeit weiter verschärft und die neu zu erwirtschaftende Insolvenzmasse wiederum nicht ausreicht, alle fälligen Neumasseverbindlichkeiten zu decken, ist gesetzlich nicht geregelt. Es sind drei Fallgruppen zu unterscheiden:
(1) Anzeige der („eingetretenen") Masseunzulänglichkeit (§ 208 Abs 1 S 1) nach vorausgegangener Anzeige der „drohenden" Masseunzulänglichkeit (§ 208 Abs 1 S 2),
(2) Anzeige der erneuten („drohenden" bzw „eingetretenen") Masseunzulänglichkeit nach vorausgegangener Rückkehr ins Regelinsolvenzverfahren,
(3) (wiederholte) Anzeige der („eingetretenen", zwischenzeitlich verschärften Masseunzulänglichkeit.

Mit der **Anzeige der „drohenden" Masseunzulänglichkeit** nach § 208 Abs 1 S 2 bringt der Insolvenz- 25
verwalter gegenüber den (potentiellen) Massegläubigern zum Ausdruck, dass aktuell zwar noch keine Masseunzulänglichkeit eingetreten ist, aber künftig fällige Verbindlichkeiten voraussichtlich nicht oder jedenfalls nicht pünktlich erfüllbar sein werden. Der Verwalter kann gleichwohl das Unternehmen fortführen, sofern die vorrangigen Masseverbindlichkeiten gedeckt sind und die Betriebsfortführung masseeffizient bleibt, das Verfahren also – gegenüber dem bisherigen status quo – nicht wirtschaftlich rückwärts läuft. Insoweit hat bereits die **Anzeige der** „drohenden" Masseunzulänglichkeit **rangprivilegierende Wirkungen** (Fallgruppe 1); daran ändert auch die **spätere Anzeige der nunmehr real „eingetretenen" Masseunzulänglichkeit** nichts mehr (vgl **OLG Frankfurt** 25. 11. 2003 – 25 W 60/03, NZI 2005, 40; zustimmend HaKo/*Weitzmann* § 208 Rn 10). Langfristig vorherprognostizierte Aussichten können sich durchaus bessern. Wirtschaftlich spricht bei dieser Form der besonders frühzeitigen Anzeige also eine **gewisse Wahrscheinlichkeit für eine Rückkehr in das „normale" Regelinsolvenzverfahren**; (grundlegend *A Schmidt* NZI 1999, 442, 443; offengelassen **BGH** 4. 12. 2003 – IX ZR 222/02, ZInsO 2004, 151, 153 bei B II 1), wenn sich das Insolvenzverfahren so positiv entwickelt, dass voraussichtlich sämtliche Massegläubiger doch voll befriedigt werden können (s o § 208 Rn 11a mwN zum Sach- und Streitstand). Die Rückkehr ins Regelinsolvenzverfahren erfolgt formal auf gleiche Weise wie die Anzeige der „drohenden" Masseunzulänglichkeit (**ArbG Kiel** 16. 5. 2002 – 1 Ca 2470 d/01, ZInsO 2002, 893; zust HK-*Landfermann* § 208 Rn 24; K/P/B/*Pape* § 208 Rn 24; **str teilw aA** *Mäusezahl* ZVI 2003, 617, 621; *A Schmidt* NZI 1999, 442, 443, die einen Gerichtsbeschluss für erforderlich halten; **str aA AG** Hamburg 2. 2. 2000 – 67 c IN 157/99, NZI 2000, 140, 141, wonach selbst bei späterer unerwartet hoher Anreicherung der Masse eine Rückkehr in das normale Insolvenzverfahren unmöglich sein soll).

Der Verwalter ist nach Rückkehr in das normale Insolvenzverfahren (Fallgruppe 2) bei **erneutem Ein-** 26
tritt der Masseunzulänglichkeit wieder berechtigt, eine **erneute Anzeige** der nochmals („drohenden"

bzw „eingetretenen") **Masseunzulänglichkeit** nach § 208 Abs 1 S 1 und S 2 abzugeben mit der Folge, dass wieder der Verteilungsschlüssel des § 209 eingreift

27   In der Fallgruppe 3 ist die Sach- und Rechtslage dagegen umstritten. Insbesondere wird die Frage, ob durch **mehrmalige Anzeige der Masseunzulänglichkeit** jeweils eine Rangänderung in Form der Rangrückstufung der bisherigen Neumasseverbindlichkeiten iSd § 209 Abs 1 Nr 2 auf Altmasseverbindlichkeit iSv § 209 Abs 1 Nr 3 eintritt, ganz unterschiedlich bewertet und durch den BGH letztlich verneint. Das Thema wurde mit entspr Nachw bereits ausführlich in der Komm zu § 208 bei Rn 11 b behandelt; darauf sei vorab verwiesen. Jedenfalls kann der Insolvenzverwalter auch die **Erfüllung von Neumasseverbindlichkeiten verweigern**, sobald sich herausstellt, dass die verfügbare **Insolvenzmasse nicht zur vollen Befriedigung aller Neumassegläubiger ausreicht** (BGH 3. 4. 2003 – IX ZR 101/02, BGHZ 154, 358; **BGH** 29. 4. 2004 – IX ZR 141/03, ZInsO 2004, 674, 676). Für diese greift – innerhalb der durch § 209 InsO vorgegebenen Rangordnung – ebenfalls wieder der Grundsatz der **Gleichbehandlung aller Gläubiger** im Insolvenzverfahren (§ 1 S 1 InsO) ein. § 209 Abs 1 InsO ordnet für Altmassegläubiger an, dass sie (innerhalb ihrer jeweiligen Rangordnung) „nach dem Verhältnis ihrer Beträge" zu befriedigen sind. Das gilt sinngemäß auch, wenn nicht mehr alle Forderungen der Neumassegläubiger voll zu berichtigen sind. Dann ist ein Vorrang schnellerer Neumassegläubiger, welche Vollstreckungsmaßnahmen durchführen und hierdurch die auf andere Neumassegläubiger entfallende Quote weiter verringern, also ein **Wettlauf konkurrierender Gläubiger, zu vermeiden** (BGH 13. 4. 2006 – IX ZR 22/05, BGHZ 167, 178 ff Rn 18). Der Insolvenzverwalter kann folglich auch dann, wenn die neu zu erwirtschaftende Insolvenzmasse nicht einmal ausreicht, neben den nach § 209 Abs 1 Nr 1 InsO vorrangig auszugleichenden Kosten des Insolvenzverfahrens sämtliche Neumassegläubiger zu befriedigen, nicht mehr uneingeschränkt zur Leistung verurteilt werden. Das Bestehen der Forderung der Neumassegläubiger ist – jedenfalls wenn eine auf sie entfallende Quote noch nicht feststeht – gerichtlich nur auf eine **Feststellungsklage** ausurteilbar (BGH 3. 4. 2003 – IX ZR 101/02, BGHZ 154, 358; **BGH** 13. 4. 2006 – IX ZR 22/05, BGHZ 167, 178 ff Rn 18). Sollte eine Quote bereits feststehen, was allerdings vor Abschluss des Insolvenzverfahrens eher unwahrscheinlich ist, kann ausnahmsweise in Frage kommen, einen auf die Quote beschränkten Leistungsantrag zu stellen (**BAG** 31. 3. 2004 – 10 AZR 253/03, ZIP 2004, 1323; **BAG** 31. 3. 2004 – 10 AZR 254/03, ZInsO 2005, 50).

28   Der höchstrichterlichen Rechtsprechung ist im Ausgangspunkt zu folgen, denn das Gesetz ermöglicht es dem Insolvenzverwalter, durch die allein von seinem Willen abhängende (vom Insolvenzgericht also nicht auf sachliche Richtigkeit nachprüfbare) Anzeige der („drohenden" bzw „eingetretenen") Masseunzulänglichkeit Neumassegläubiger zu privilegieren und sie auf diese Weise überhaupt erst als Geschäftspartner im Rahmen der Abwicklung der Insolvenz zu gewinnen. Deshalb kann es **nicht im Belieben des Insolvenzverwalters** liegen, durch eine Reihe von Anzeigen innerhalb der Neumassegläubiger wiederum „Neuest-Massegläubiger" gegenüber den (durch frühere Anzeigen „überholte") **früheren Neumassegläubiger** zu privilegieren und so praktisch frühere Neumassegläubiger in schlechtere Befriedigungsränge zu drängen – sie also de facto zu **„Mittel"-Altmassegläubigern zu degradieren** (OLG Frankfurt/M 25. 11. 2003 – 25 W 60/03, NZI 2005, 40; s dazu auch das Beispiel bei HaKo/*Weitzmann* § 208 Rn 11). Im Regelfall findet demnach eine „Stufung unter den Neumassegläubigern" weder bei wiederholter Anzeige der Masseunzulänglichkeit noch bei dem Einwand der Masseerschöpfung statt. Andernfalls wäre zu befürchten, dass die vom Insolvenzverwalter angesprochenen **Geschäftspartner kein Vertrauen** haben und nicht mehr bereit sind, dem Insolvenzverwalter bei sensiblen Betriebsfortführungen bzw. Abwicklungsleistungen zu kontrahieren, wenn die Befürchtung bestünde, dass bei wiederholter Anzeige der Masseunzulänglichkeit eine **Herabstufung** wirtschaftlich in den Rang einer Altmasseverbindlichkeit erfolgen würde (HaKo/*Weitzmann* § 208 Rn 11 und § 209 Rn 7), selbst wenn die Berichtigung ihrer Forderungen vor den eigentlichen Altmasseverbindlichkeit erfolgen würde. Damit wäre gerade der **wirtschaftliche Spielraum** verloren, den der Insolvenzverwalter durch die Anzeige der Masseunzulänglichkeit erhalten soll, um Geschäftspartner unter Hinweis auf ihre Sicherung als privilegierte Neumassegläubiger zu gewinnen (**OLG** Frankfurt/M 25. 11. 2003 – 25 W 60/03, NZI 2005, 40).

29   Es sind andererseits jedoch **Ausnahmefälle** denkbar, in denen eine **geordnete Auslaufproduktion** überhaupt nur möglich bleibt, wenn Arbeitnehmer zunächst regulär fortbeschäftigt und insofern auch im Rang des § 209 Abs 1 Nr 2 behandelt, dann aber nach und nach in unterschiedlichen Zeitabständen freigestellt und in den Rang des § 209 Abs 1 Nr 3 zurückgestuft werden. Vergleichbare Fragen können sich etwa stellen, wenn in einem Großbetrieb von mehreren zunächst fortgenutzten Mieträumlichkeiten einzelne nach und nach an die Vermieter zurückgegeben werden, die jeweiligen Kündigungsfristen aber noch nicht ausgelaufen sind. Anknüpfungspunkt muss dann sein, dass nach Beendigung des synallagmatischen Leistungsaustausches der weitere rechtliche Fortbestand des Dauerschuldverhältnisses dem Verwalter und der Masse aufokroyiert wird, und in dieser Phase sachliche Gründe einer Privilegierung gegenüber Altmassegläubigern im Rang des § 209 Abs 1 Nr 2 nicht mehr erkennbar sind (vgl dazu schon die vorstehende Komm bei § 208 Rn 11b und die vorsichtigen Hinweise von **BGH**, 13. 4. 2006 – IX ZR 22/05, BGHZ 167, 178 ff Rn 11, es komme ggfs. auf die Möglichkeit des Verwalters an, den Eintritt weiterer Masseverbindlichkeiten „verhindern" zu können).

5. Befriedigung von Massebereicherungsansprüchen. Für Ansprüche aus ungerechtfertigter Bereiche- 30
rung der Masse (§ 55 Abs 1 Nr 3) sieht § 209 keine Sonderregelung vor. Insoweit gilt – wie sonst auch
– ein absoluter Vorrang der Verfahrenskostendeckung gem § 209 Abs 1 Nr 1 und im Übrigen § 209
Abs 1 Nr 2, wonach der Zeitpunkt der Anzeige der Masseunzulänglichkeit über den Rang als Neu-
oder Altmasseverbindlichkeit entscheidet (**BGH**, 13. 4. 2006 – IX ZR 22/05, BGHZ 167, 178 Rn 9 ff;
HK-*Landfermann* § 209 Rn 21). In Teilen der Literatur wird der Nachrang der Bereicherungsansprüche
gegenüber den Verfahrenskosten im Hinblick auf Art 14 Abs 1 Nr 3 GG als „verfassungsrechtlich bedenklich" angesehen, weil für ihre Inanspruchnahme zur Finanzierung des Insolvenzverfahrens „jeder
haftungsrechtliche Zuweisungsgrund fehlt" (*Häsemeyer* FS Gerhardt 2004, S 341, 356; *ders* InsR
14.24; N/R/*Westphal* § 209 Rn 14; *Smid* WM 1998, 1313, 1321; *Dinstühler* ZIP 1998, 1697, 1699).
Dem ist mit dem Hinweis zu begegnen, dass überhaupt nur dingliche, auf Aus- oder Absonderung gerichtete Vorzugsrechte den Verfahrenskosten (sozusagen im Rang „0") vorgehen können, und der Gesetzgeber völlig zu Recht der geordneten Verfahrensabwicklung, die sich ggf auch aus unfreiwilligen
Kostenbeiträgen anderer Beteiligter schöpft, einen sehr hohen Stellenwert beimaß (K/P/B/*Pape* § 209
Rn 3 c u 6).

6. Unterhaltsansprüche nach den §§ 100, 101 Abs 1 S 3. Ursprünglich war in § 114 Abs 2 RegE vor- 31
gesehen, dass die Unterhaltsleistungen aus der Insolvenzmasse lediglich zu kürzen seien, wenn andere
Massegläubiger nicht mehr voll befriedigt werden können. Der Rechtsausschuss hat jedoch innerhalb
des Nachrangs des § 209 Abs 1 Nr 3 eine **weitere Rangfolge** insoweit eingeführt, als dann, wenn der
Verwalter die Masseunzulänglichkeit anzeigt, bei den übrigen Masseverbindlichkeiten zuletzt der Unterhalt befriedigt wird, der gem §§ 100, 101 Abs 1 S 3 dem Schuldner und seiner Familie bewilligt wurde. Durch diese Regelung wollte er klarstellen, dass Unterhaltsleistungen an den Schuldner oder den
persönlich haftenden Gesellschafter eines Schuldnerunternehmens nicht zulasten der übrigen Massegläubiger geltend gemacht werden dürfen (vgl die Empfehlung des Rechtsausschusses in *Uhlenbruck*,
Das neue Insolvenzrecht S 567; BT-Drucks 12/7302, S 118; K/P/B/*Pape* § 209 Rn 21; BerlKo-*Breutigam*
§ 209 Rn 20; HaKo/*Weitzmann*, § 209 Rn 11; krit *Uhlenbruck* KTS 1999, 413, 422 f). Im Fall der angezeigten Masseunzulänglichkeit wird der Schuldner also hinsichtlich seiner Unterhaltsansprüche idR
leer ausgehen (BerlKo/*Breutigam* § 209 Rn 20; MüKo/*Hefermehl* § 209 Rn 36).

7. Sozialplanansprüche der Arbeitnehmer. Sozialplanansprüche der Arbeitnehmer haben gem § 123 32
Abs 2 S 1 im Insolvenzverfahren über das Vermögen des Arbeitgebers den **Rang einer Masseverbindlichkeit**, wenn der Sozialplan nach Verfahrenseröffnung aufgestellt wird. Zur Berichtigung dieser Ansprüche darf jedoch nur ein Drittel der Masse verwendet werden, die ohne einen Sozialplan für die Verteilung an die Insolvenzgläubiger zur Verfügung stünde (§ 123 Abs 2 S 2). Bei **Masseunzulänglichkeit**
fehlt es überhaupt an einer Teilungsmasse für Insolvenzgläubiger, so dass die Sozialplanansprüche der
Arbeitnehmer bei der Verteilung nach § 209 meist keine Rolle spielen und überhaupt erst nach Rückkehr in das Regelinsolvenzverfahren befriedigt werden dürfen, dh wenn alle anderen Masseansprüche
bereits vollständig erfüllt sind. Auf diese Weise werden Ansprüche aus einem Sozialplan unterschnisch zu
einfachen Insolvenzforderungen „degradiert", woraus sich dann zusätzlich ergibt, dass sie erst nach den
Unterhaltsleistungen zu erfüllen sind (vgl Begr zu § 141 RegE, BT-Drucks 12/2443 S 154; *Bork* Einf
Rn 278 Fn 10; Gottwald/Heinze/*Bertram* § 107 Rn 143; HK-*Landfermann* § 209 Rn 22; K/P/B/*Pape*
§ 209 Rn 19 f; N/R/*Westphal* § 209 Rn 13; K/P/B/*Moll* §§ 123, 124 Rn 72 ff, 78; FK-*Kießner* § 209
Rn 11; BerlKo-*Breutigam* § 209 Rn 21). Hieraus darf allerdings nicht geschlussfolgert werden, dass die
Arbeitnehmer als Gläubiger von Sozialplanansprüchen nach der Anzeige der Masseunzulänglichkeit
stets leer ausgingen (so aber HK/*Landfermann* § 209 Rn 22; PK-HWF/*Tetzlaff* § 209 Rn 11). Vielfach
zeigen Insolvenzverwalter gem § 208 Abs 1 S 2 zunächst nur die drohende Masseunzulänglichkeit an, weil
sie wegen hoher Außenstände noch prozessieren oder wegen hoher Schadensersatzforderungen gegen
die Insolvenzmasse Rücklagen bilden müssen. Werden die Außenstände realisiert oder die Regressansprüche gegen die Masse abgewehrt, dann können idR auch die Sozialplanansprüche wieder bedient
werden. Die Einordnung der Sozialplanforderungen als Masseverbindlichkeiten ist letztlich die Konsequenz aus der Abschaffung der vielfach kritisierten Konkursvorrechte des § 61 Abs 1 KO (*Lohkemper*
KTS 1996, 1, 36; MK/*Löwisch/Caspers* § 123 Rn 70). Dass es sich formal um Masseverbindlichkeiten
handelt, zeigt sich auch daran, dass Anmeldung (§§ 174, 28 Abs 1) und Feststellung (§ 178) der Sozialplanforderungen zur Tabelle entfallen (MK/*Löwisch/Caspers* aaO).

V. Korrektur von Verteilungsfehlern

Im Gegensatz zu der unklaren Formulierung des § 60 KO ist die **Gefahr von Verteilungsfehlern jetzt** 33
weitgehend gebannt, weil es lediglich auf den **Zeitpunkt der Anzeige der Masseunzulänglichkeit** an das
Insolvenzgericht ankommt, nicht dagegen auf die tatsächliche Feststellung oder das Vorliegen der Masseunzulänglichkeit. Für den Ausgleich von Verteilungsfehlern bedeutet dies, dass sich die Gefahr unrichtiger Auszahlungen vermindert (*P. Mohrbutter*, Der Ausgleich von Verteilungsfehlern in der Insolvenz
1998 S 153). Hat der Insolvenzverwalter an Altmassegläubiger Zahlungen geleistet, steht diesen nach

§ 210

P. Mohrbutter der „erforderliche insolvenzspezifische Behaltensgrund so weit und so lange nicht zur Seite, als begründete Neuforderungen noch ungedeckt sind". Hat der Insolvenzverwalter also zu früh an Altmassegläubiger ausgezahlt, kann er das Gezahlte in voller Höhe mit der Leistungskondiktion nach § 812 Abs 1 S 1 1. Altern BGB herausverlangen. Soweit Massegläubiger jedoch vor der Anzeige der Masseunzulänglichkeit befriedigt worden sind, bleibt es dabei (*Dinstühler* ZIP 1998, 1705; FK-*Kießner* § 209 Rn 39, 40; BerlKo-*Breutigam* § 209 Rn 28). Die Herausgabe des vor Eintritt der Masseunzulänglichkeit Erlangten an die Insolvenzmasse kann vom Verwalter nicht verlangt werden.

§ 210 Vollstreckungsverbot

Sobald der Insolvenzverwalter die Masseunzulänglichkeit angezeigt hat, ist die Vollstreckung wegen einer Masseverbindlichkeit im Sinne des § 209 Abs. 1 Nr. 3 unzulässig.

I. Allgemeines

1   § 210 ist eine Ergänzung zu den §§ 89, 90. Die Norm dient dem Zweck, die vorrangigen Gläubiger des § 209 Abs 1 Nr 1, 2 vor Vollstreckungen der **Altmassegläubiger** zu schützen, wenn der Verwalter die Masseunzulänglichkeit nach § 208 Abs 1 angezeigt hat. Diese Regelung hat im früheren Recht kein Vorbild (zum alten Recht vgl *Uhlenbruck* KTS 1978, 66; *ders*, Der „Konkurs im Konkurs", in: FS 50 Jahre BGH, 2000 S 803). § 322 RegE hatte zunächst vorgesehen, dass der Verwalter bei Masseinsuffizienz einen Antrag auf einstweilige Einstellung der Zwangsvollstreckung von Massegläubigern stellen kann, um zu verhindern, dass die Befriedigung nach dem Verteilungsschlüssel des § 209 gefährdet wird (vgl Begr RegE zu § 322, BT-Drucks 12/2443, S 220, abgedr bei K/P, Das neue Insolvenzrecht S 441; ferner K/P/B/*Pape* § 210 Rn 1; *Landfermann* KTS 1989, 763). Vor der Entscheidung über den Einstellungsantrag sollten die Gläubiger gehört werden. Gegen die Entscheidung war die sofortige Beschwerde zulässig. Der Rechtsausschuss hat im Interesse einer Entlastung der Insolvenzgerichte die Vorschrift in § 210 auf ein von Amts wegen zu berücksichtigendes **allgemeines Vollstreckungsverbot für Altmassegläubiger** reduziert. Das ist nachfolgend kritisiert und ua durch die Bund-Länder-Arbeitsgruppe „InsR" neu diskutiert worden. Eine vergleichsweise geringe Entlastung der Insolvenzgerichte werde ggf durch eine erhebliche Mehrbelastung der Prozessgerichte erkauft. Letzten Endes haben sich die erneuten Reformbestrebungen aber bis heute zu Recht nicht durchgesetzt (vgl die ausführl Begründung der BReG in BT-Drucks 16/3227 S 11 und die Komm vorstehend zu § 208 Rn 4 a).

II. Vollstreckungsverbot für Altmassegläubiger

2   **1. Eintritt des Vollstreckungsverbots.** Das von Amts wegen nach § 210 zu beachtende Vollstreckungsverbot für Altmassegläubiger greift sofort mit der **Anzeige der Masseunzulänglichkeit** durch den Verwalter ein (K/P/B/*Pape* § 210 Rn 3; *Dinstühler* ZIP 1998, 1697, 1701; N/R/*Westphal* § 208 Rn 22; Smid/*Smid* § 208 Rn 3). Gleiches gilt für die **Anzeige der drohenden Masseunzulänglichkeit** nach § 208 Abs 1 S 2. Letztere Möglichkeit lässt dem Verwalter einen weiten Spielraum, um „unliebsame Vollstreckungen von Massegläubigern zu unterbinden" (KS-*Kübler* S 979 Rn 43). Erfolgt allerdings im Einzelfall die **Anzeige rechtsmissbräuchlich**, so stellt sich die Frage, ob die Anzeige an das Insolvenzgericht die Wirkungen des § 210 auslöst. Bei sog „prophylaktischen" Anzeigen wird man bis zur Feststellung des Rechtsmissbrauchs im Interesse der Rechtssicherheit davon ausgehen müssen, dass die Wirkungen der §§ 209, 210 zunächst eingreifen. Dies ist nicht zuletzt deswegen gerechtfertigt, weil der Begriff der **voraussichtlichen Masseunzulänglichkeit** in § 208 Abs 1 S 2 dem Verwalter einen weiten Beurteilungsspielraum lässt, bei dem allein eine schuldlose Fehlbeurteilung nicht schon zur Unwirksamkeit der Anzeige führt. Das Gesetz will gerade die Rechtsunsicherheit der früheren, oftmals nur prozessual durch Einrede zu verwirklichenden Rechtslage beseitigen; jetzt genügt allein schon die **Anzeige der Masseunzulänglichkeit** an das Insolvenzgericht, um die Rechtswirkungen der §§ 209, 210 auszulösen. Ob wirklich Masseunzulänglichkeit vorliegt oder droht, ist nach dem Gesetzeswortlaut grundsätzlich unerheblich (HK/*Landfermann* § 210 Rn 2; *Runkel/Schnurbusch* NZI 2000, 49, 51 f; zu möglichen Ausnahmen bei feststehendem Missbrauch finden sich Andeutungen bei **BGH**, 13. 4. 2006 – IX ZR 22/05, BGHZ 167, 178, 189).

3   Desweiteren ist das Vollstreckungsverbot aus § 210 auf das **Rangverhältnis zwischen** den im ersten Rang zu berichtigenden **Kosten** (§ 209 Abs 1 Nr 1) und den im zweiten Rang zu berichtigenden **Neumasseverbindlichkeiten** (§ 209 Abs 1 Nr 2) entsprechend anzuwenden, um die vom Gesetz nicht bedachte Lücke zu schließen, dass die im ersten Rang zu berichtigenden Kosten nicht gedeckt wären, falls die Neumasseverbindlichkeiten ausgeglichen würden (**BGH** 13. 4. 2006 – IX ZR 22/05, BGHZ 167, 178 ff Rn 25). Vom Vollstreckungsverbot des § 210 erfasst werden auch die **Fälle der Massearmut** iSd § 207. Denn reichen die Barmittel nicht einmal aus, um die Kosten des Insolvenzverfahrens nach § 209 Abs 1 Nr 1, § 54 zu decken, befindet sich der Insolvenzverwalter in einer ähnlichen Lage. Es kann nicht angenommen werden, dass der Gesetzgeber, der in den §§ 207ff die massearme Insolvenz nur bruchstückhaft geregelt hat, mit der Vorschrift des § 210 die entsprechende Anwendung über den unmittelbar

II. Vollstreckungsverbot für Altmassegläubiger § 210

geregelten Fall hinaus hat ausschließen wollen (**BGH** 13. 4. 2006 – IX ZR 22/05, BGHZ 167, 178 ff Rn 24; **BGH** 21. 9. 2006 – IX ZB 11/04, NZI 2006, 697 ff Rn 15 mwN). Es erscheint deshalb gerechtfertigt, jedenfalls die sachlich zutreffende Mitteilung des Insolvenzverwalters an das Insolvenzgericht von der fehlenden Masse, also die **Anzeige der Massearmut**, einer Anzeige der Masseunzulänglichkeit gem § 208 insoweit **gleichzustellen** und sie wie diese als Anknüpfungspunkt für das Vollstreckungsverbot auch und sogar gegenüber Kostengläubigern ausreichen zu lassen (**BGH** 21. 9. 2006 – IX ZB 11/ 04, NZI 2006, 697 ff Rn 16 mwN).

2. Umfang des Vollstreckungsverbots. Das Vollstreckungsverbot bezieht sich auf sämtliche Verfahren, die zu einer Vollstreckung in die Insolvenzmasse führen können (K/P/B/*Pape* § 210 Rn 5). Erfasst werden somit nicht nur **vollstreckbare Titel** oder **Beschlüsse**, die im Zivilprozess ergangen sind, sondern auch **Vollstreckungen des Finanzamts** in die Insolvenzmasse (**BFH** 23. 7. 1996 – VII R 88/94, ZIP 1996, 1838; *Pape* KTS 1997, 49; K/P/B/*Pape* § 210 Rn 5; *Hess* § 210 Rn 13). In zehn Entscheidungen (s dazu die ausf, krit Besprechung von *Cranshaw* jurisPR-InsR 5/2008, Anm 4) hat sich der 9. Senat des **BFH** zu der umstrittenen Frage geäußert, unter welchen Voraussetzungen **Kfz-Steuer als Masseverbindlichkeit** vollstreckbar ist. Grundlegend ist die Leitentscheidung v 29. 8. 2007 (IX R 4/07, BFHE 218, 435 = NZI 2008, 59 m Anm *Henkel*; abl *Pape* InsBüro 2008, 2, 8; *Klein/Humberg* JR 2008, 224; *Ries* NZI Heft 9/2008 S VI re Sp). Sie statuiert zunächst die Prämisse, die nach Insolvenzeröffnung entstandene Kfz-Steuer sei auch dann Masseverbindlichkeit iSv § 55 Abs 1 Nr 1 InsO, wenn sich das Kfz nicht mehr im Besitz des Schuldners befinde, die Steuerpflicht wegen der verkehrsrechtlichen Zulassung des Fahrzeugs auf den Schuldner aber noch andauere, und zwar unbeschadet einer vom Insolvenzverwalter ausgesprochenen Freigabe des Fahrzeugs. Dabei soll es auch nicht darauf ankommen, ob sich das Fahrzeug bei Insolvenzeröffnung noch tatsächlich im Besitz des Schuldners befindet, ob das Fahrzeug schon vor Insolvenzeröffnung an den Vermieter oder Leasinggeber zurückgegeben worden war und ob der Insolvenzverwalter bei Insolvenzeröffnung überhaupt von der Existenz des Fahrzeugs Kenntnis besaß. Das mündet schließlich in die bedenklich weite These des **BFH** (29. 8. 2007 – IX R 58/06, NZI 2008, 120; zust *Bartone* jurisPRSteuerR 50/2007 Anm 2; *Pfützenreuter* jurisPRSteuerR 51/2007 Anm 4 unter D; abl. *Cranshaw* jurisPR-InsR 5/2008, Anm unter B6; *Looff* ZInsO 2008, 75, 78 nach Fn 40; *Pape* InsbürO 2008, 2, 8): „Auch wenn der Insolvenzverwalter die Unzulänglichkeit der Masse nach § 210 InsO anzeigt, ist das FA nicht daran gehindert, ihm gegenüber nach Insolvenzeröffnung entstehende Kfz-Steuer durch Steuerbescheid festzusetzen." Zur Begründung heißt es lapidar, das bei angezeigter Masseunzulänglichkeit bestehende Vollstreckungsverbot (§ 210 InsO) schränke iVm § 251 Abs 2 AO lediglich die Befugnis des FA ein, den Verwaltungsakt zu vollstrecken, nicht aber, ihn zu erlassen (**BFH** 29. 8. 2007 – IX R 58/06, BFHE 218, 435 Rn 13). Ohne sich auch nur ansatzweise mit der bekannten Rechtsprechung des **BGH** (s u Rn 13 u 15) zum Verbot der Erstellung vollstreckbarer Leistungstitel auseinanderzusetzen, stellt der 9. Senat des **BFH** einfach fest (29. 8. 2007 – IX R 58/06, BFHE 218, 432 ff Rn 14): „Wegen dieser in der Abgabenordnung angelegten Trennung des Festsetzungs- vom Erhebungsverfahren verhält es sich anders als im Zivilprozess ...". Damit übergeht der 9. Senat des **BFH** völlig die auch im Zivilrecht vorherrschende Trennung von Erkenntnis- und Vollstreckungsverfahren, und er unterstellt in der Sache ohne jedweden Ansatz eines Begründungsversuchs, dass hier automatisch eine Masseverbindlichkeit iSv § 209 Abs 1 Nr 2 entsteht (zu Recht abl *Pape* InsbürO 2008, 2, 8; s auch *Looff* ZInsO 2008 75, 78 bei Fn 44).

Betroffen sind **sämtliche Verfahren**, in denen der Insolvenzmasse eine Vollstreckung aus zwangsvollstreckungsfähigen Titeln oder Bescheiden drohen kann (K/P/B/*Pape* § 210 Rn 5). § 210 gilt damit auch gegenüber Vollstreckungen **ordnungsbehördlicher Verfügungen**, etwa nach Aufforderungen zur Beseitigung von Altlasten und dazu ergangener Kostenbescheide. Das Vollstreckungsverbot ist im **Kostenfestsetzungsverfahren** nach § 104 ZPO zu beachten und führt dazu, dass nach Anzeige der Masseunzulänglichkeit ein Rechtsschutzinteresse an der Festsetzung der Kosten gegen den Insolvenzverwalter als Kostenschuldner zunächst nicht besteht. Gegenüber Altmassegläubigern gilt dann § 210 unmittelbar; aber auch gegenüber Neumassegläubigern darf bei ausreichender Glaubhaftmachung der Masseunzulänglichkeit ein Kostenfestsetzungsbeschluss nicht mehr ergehen (**BGH** 9. 10. 2008 – IX ZB 129/07, NZI 2008, 735; 27. 9. 2007 – IX ZB 172/05, NZI 2007, 721; 17. 3. 2005 – IX ZR 247/03, ZIP 2005, 817; 17. 3. 2005 – IX ZB 247/03, NZI 2005, 328). Das Vollstreckungsverbot des § 210 InsO gilt entsprechend, wenn ein Kostengläubiger nach Eintritt der Massearmut in die Insolvenzmasse vollstrecken will (**BGH** 21. 9. 2006 – 11/04, NZI 2006, 697; zust *Smid*, jurisPR-InsR 2/2007, Anm 4).

Im Zeitpunkt der Anzeige der Masseunzulänglichkeit **bereits insolvenzfest begründete Pfändungspfandrechte** wirken wie Absonderungsrechte und bestehen fort. Sie werden von dem Vollstreckungsverbot des § 210 nicht erfasst (**LG Berlin** 18. 12. 2007 – 86 T 700/07, NZI 2008, 108, 109 mzN; HK/ *Landfermann* § 210 Rn 4; MüKoInsO-*Hefermehl* § 210 Rn 11). Nicht gefolgt werden kann allerdings der Auffassung von *Breutigam* (BerlKo-*Breutigam* § 210 Rn 3 f) und *Landfermann* (HK/*Landfermann* § 210 Rn 4), wonach, wenn die Zwangsvollstreckung innerhalb des letzten Monats vor der Anzeige erfolgt ist, entsprechend § 88 die **Rückschlagsperre** eingreift (ablehnend auch *Hess* § 208 Rn 14 iVm 210 Rn 12; PK-HWF/*Tetzlaff* § 210 Rn 11; K/P/B/*Pape* § 210 Rn 3). Nach Anzeige der Masseunzulänglichkeit kann durch Zwangsvollstreckung eine Sicherung nicht mehr wirksam erworben werden (BerlKo-*Breutigam* § 210 Rn 2). Werden trotzdem Vollstreckungen durchgeführt, tritt mit der Vollstreckung die öffentlich-rechtliche Beschlagswirkung (**Verstrickung**) dennoch ein (BerlKo-*Breutigam* § 210 Rn 6).

7 **3. Rechtswirkungen des Vollstreckungsverbots für Altmassegläubiger.** Das Vollstreckungsverbot des § 210 ist hier **von Amts wegen zu beachten** (K/P/B/*Pape* § 210 Rn 4; BerlKo-*Breutigam* § 210 Rn 6). Nach FK-*Kießner* (§ 210 Rn 6) sind die vom Vollstreckungsorgan durchgeführten Vollstreckungen, die gegen das gesetzliche Vollstreckungsverbot des § 210 verstoßen, keineswegs nichtig, sondern nur mit den in der ZPO vorgesehenen Rechtsbehelfen anfechtbar (so auch *Hess* § 210 Rn 12), eben weil auch verbotswidrig vorgenommene Vollstreckungen von Altmassegläubigern – trotz materiell-rechtlicher Unwirksamkeit – zu einer **öffentlich-rechtlichen Beschlagswirkung** [Verstrickung] führen (BerlKo-*Breutigam* § 210 Rn 6). Nach zutreffender Feststellung bei K/P/B/*Pape* (§ 210 Rn 4) stellt § 210 ein **Vollstreckungsverbot** dar, das vom jeweiligen Vollstreckungsorgan auch ohne gerichtliche Anordnung und ohne Antrag des Schuldners berücksichtigt werden muss. Als **Rechtsbehelf** steht dem Insolvenzverwalter gegenüber einem Altmassegläubiger die **Vollstreckungserinnerung nach § 766 ZPO** (BGH 21. 9. 2006 – IX ZB 11/04, NZI 2006, 697; LG Trier 18. 1. 2005 – 4 T 26/04, NZI 2005, 170) und bei Entscheidungen die **sofortige Beschwerde** nach § 793 Abs 1 ZPO zur Verfügung (BGH, ebenda; LG Berlin 18. 12. 2007 – 86 T 700/07, NZI 2008, 108, 109). Auf die Vollstreckungsgegenklage des § 767 ZPO und die in diesem Klageverfahren möglichen einstweiligen Anordnungen (§ 769 ZPO) kann der Verwalter gegenüber einem Altmassegläubiger nicht verwiesen werden (**BGH** 21. 9. 2006 – IX ZB 11/04, NZI 2006, 697 ff Rn 15 mwN; **OLG** München 30. 4. 2003 – 11 W 2839/01, ZIP 2004, 138).

8 Unzulässig wäre eine Feststellungsklage des Gläubigers mit dem Ziel festzustellen, dass Masseunzulänglichkeit nicht vorgelegen hat (aA *Runkel/Schnurbusch* NZI 2000, 49, 51). Gerade diesen Streit wollte der Gesetzgeber aus dem massearmen Abwicklungsverfahren heraushalten. Analog § 89 Abs 3 ist das **Insolvenzgericht** und nicht das Vollstreckungsgericht **funktionell zuständig**, um über eine auf Massearmut (§ 207) oder auf Masseunzulänglichkeit (§§ 208, 209) gestützte **Erinnerung** des Insolvenzverwalters **gegen** den Erlass eines **Pfändungs- und Überweisungsbeschlusses** zu entscheiden, mittels dessen ein Kostengläubiger in die Insolvenzmasse vollstrecken will (**BGH** 21. 9. 2006 – IX ZB 11/04, NZI 2006, 697 ff Rn 15 mwN; **OLG** München 30. 4. 2003 – 11 W 2839/01, ZIP 2004, 138; **LG** Trier 18. 1. 2005 – 4 T 26/04, NZI 2005, 170; **AG** Köln 25. 8. 2004 – 71 IN 149/00, NZI 2004, 592; str aA *Runkel/Schnurbusch* NZI 2000, 49, 51; Smid/*Smid* § 210 Rn 2; *ders* WM 1998, 1313, 1318 f). Unterschiedliche Zuständigkeiten für die gerichtliche Durchsetzung von Vollstreckungsverboten etwa nach § 90 und § 210 bzw. im Kontext des § 207 (s dort in der Komm bei Rn 13 aE) würden dem gemeinsamen Sinn und Zweck der Regelung, im Falle unzulänglicher Massen eine bestimmte **Befriedigungsreihenfolge** verfahrensrechtlich sicherzustellen, nicht gerecht (**BGH** 21. 9. 2006 – IX ZB 11/04, NZI 2006, 697 ff Rn 10 mwN). Im Übrigen steht der Insolvenzmasse bei einem Verstoß gegen das Vollstreckungsverbot des § 210 ein Anspruch aus ungerechtfertigter Bereicherung zu; die im Wege der Zwangsvollstreckung erfolgte Befriedigung ist in die Masse zurückzuführen (*Dinstühler* ZIP 1998, 1697, 1704 f; ebenso zum bisherigen Recht **BAG** 31. 1. 1979 – 5 AZR 749/77, NJW 1980, 141; *Jaeger/ Henckel* § 14 KO Rn 46).

III. Zulässigkeit der Vollstreckung für Neumassegläubiger

9 Solange nur eine **Unzulänglichkeit gegenüber Altmassegläubigern** im Rang des § 209 Abs 1 Nr 3 besteht, sind außerhalb der Beschränkungen des § 90 InsO **Neumassegläubiger** iSv § 209 Abs 1 Nr 2 grundsätzlich nicht gehindert, ihre Forderungen aus vorläufig oder endgültig vollstreckbaren Titeln in die unzulängliche Insolvenzmasse zu **vollstrecken** (MüKoInsO-*Hefermehl* § 210 Rn 6; K/P/B/*Pape* § 210 Rn 6). Das Vollstreckungsverbot des § 210 bezieht sich schon seinem Wortlaut nach allein auf sog Altmassegläubiger iSv § 209 Abs 1 Nr 3. Wird nun aber zusätzlich die **Neumasse unzulänglich** und reicht selbst hier das vorhandene Geld zur vollständigen Befriedigung **im Rang des § 209 Abs 1 Nr 2** nicht mehr aus, muss dem Insolvenzverwalter gegenüber bereits existierenden Vollstreckungstiteln zur Wahrung des Gleichbehandlungsgrundsatzes die **Vollstreckungsgegenklage nach § 767 ZPO** möglich bleiben (**BGH** 27. 9. 2007 – IX ZB 172/05, NZI 2007, 721 f Rn 9; **OLG** Hamm 18. 12. 1992 – 26 U 202/92, ZIP 1993, 523; **AG** Hamburg, 12. 7. 2007 – 67 g IN 328/02, ZInsO 2007, 830; HaKo/*Weitzmann* § 210 Rn 8; Braun/*Kießner* § 210 Rn 8; HK/*Landfermann* § 210 Rn 3; *Hess* § 210 Rn 6; N/R/ *Westphal* § 210 Rn 9; KS/*Kübler* S 980 Rn 44; MüKOInsO-*Hefermehl* § 210 Rn 20). Dem muss auch sachlich zustimmen, wer – wie hier (s vorstehend zu § 208 Rn 1 u 17;vgl ferner *Runkel/Schnurbusch* NZI 2000, 49, 54) – die **lediglich verfahrensrechtliche Beschränkung der Ansprüche** bejaht und eine materiell-rechtliche Kürzung des Bezugsrechtes (dafür plädiert zB K/P/B/*Pape* § 210 Rn 6) verneint. Maßgeblich wird als Gesichtspunkt, dass gegenüber Altmassegläubigern bereits die Anzeige der Masseunzulänglichkeit ein amtswegig zu beachtendes, im Rahmen von § 766 ZPO leicht nachzuvollziehendes Vollstreckungshindernis bildet, während es gegenüber Neumassegläubigern letztlich eines **Vollbeweises des Unzulänglichkeitstatbestandes** bedarf; die Klärung solcher Detailfragen (vgl analog zum

Erkenntnisverfahren die Komm bei § 208 Rn 27) gehört in einen ordentlichen Instanzenzug mit einem nachgelagerten Prozessverfahren wie § 767 ZPO.

Soweit der BGH verschiedentlich zur **Bedeutung des Erkenntnisverfahrens** anmerkte, der Unzulänglichkeitseinwand des Insolvenzverwalters müsse bereits in dieser frühen Phase prozessual Berücksichtigung finden und dürfe nicht allein auf die spätere Ebene der Vollstreckung verlagert werden (vgl **BGH** 9. 10. 2008 – IX ZB 129/07, NZI 2008, 735 f Rn 10), wollte er damit nur zum Ausdruck bringen, dass bereits im ursprünglichen (Erst)Erkenntnisverfahren kein Vollstreckungstitel mehr hergestellt werden darf und man sich dort nach entsprechendem Einwand des Verwalters auf einen Feststellungsausspruch zu beschränken hat (vgl auch **BGH** 3. 4. 2003 – IX ZR 101/02, BGHZ 154, 358, 367); keineswegs hat der BGH aaO jedoch jedwede Möglichkeit der Vollstreckungsgegenklage bei zuvor schon vorhandenem Titel verneint. Damit darf man eine ganz andere, von **BGH** 21. 9. 2006 – IX ZB 11/04 (NZI 2006, 697 ff Rn 15 mwN) zu § 207 aufgeworfene Fragestellung nicht vermengen (insofern wird bei HK/*Landfermann* § 210 Rn 3 der Hinweis auf die BGH-Rechtspr thematisch nicht richtig verknüpft). Insofern geht es allein um die mögliche **Wirkungsgleichstellung der Anzeige der Massearmut iSv § 207 mit der Anzeige der Masseunzulänglichkeit iSv § 208** (dazu schon ob Rn 3). Die Anzeige des Verwalters, bereits die Kostenpositionen der §§ 54, 209 Abs 1 Nr 1 seien nicht mehr gedeckt und das weitere Verfahren sei nach § 207 abzuwickeln, ist dem Insolvenzgericht (das analog § 89 Abs 3 im Erinnerungsverfahren nach § 766 ZPO zugleich zuständiges besonderes Vollstreckungsgericht iSv § 89 Abs 3 ist) ohnedies aktenkundig zu machen und näher dazulegen. Das Insolvenzgericht kann sich angesichts eigener Kosten- und Vergütungsfestsetzungskompetenz im speziellen Kontext des § 207 sogar verfahrensökonomischer einen abschließenden Überblick verschaffen als die mit solchen Kostenfragen kaum je befassten Prozessgerichte. Ganz abgesehen davon fehlte der Masse hier für ein reguläres Prozessverfahren jegliches Geld.

Im finanzgerichtlichen Verfahren ist Vollstreckungsschutz dadurch zu gewähren, dass **auf Antrag die Vollziehung** des Steuerbescheides oder einer Pfändungs- und Einziehungsverfügung **ausgesetzt** wird. Der Insolvenzverwalter darf auch gegenüber dem Fiskus die Erfüllung von Masseverbindlichkeiten verweigern, sobald sich herausstellt, dass die verfügbare Insolvenzmasse nicht zur vollen Befriedigung aller Neumassegläubiger ausreicht (**FG** Brandenburg 14. 10. 2003 – 2 V 1844/03, ZInsO 2003, 1009, 1010).

IV. Einwand der Masseunzulänglichkeit im Erkenntnisverfahren

Die hier zu besprechende Konstellation meint Fälle, in denen der Verwalter bereits im Vorfeld einer möglichen Verurteilung (sei es vorprozessual oder während des Erkenntnisverfahrens) den Einwand der Masseunzulänglichkeit erhebt. Der Gesetzgeber hat nicht geregelt, wie sich die Anzeige der Masseunzulänglichkeit nach § 208 Abs 1 auf **anhängige oder noch anhängig zu machende Klagen der Massegläubiger** auswirkt (vgl auch K/P/B/*Pape* § 207 Rn 31; *Hess* § 210 Rn 16–19; *Roth* FS Gaul 1997 S 573 ff; KS/*Kübler* S 979 Rn 42; HK/*Landfermann* § 210 Rn 6). Insofern ist zu unterscheiden zwischen Leistungsklagen von Altmassegläubigern und solchen von Neumassegläubigern.

1. Leistungsklagen von Altmassegläubigern. Ist zum Zeitpunkt der Masseunzulänglichkeitsanzeige eine Leistungsklage bereits erhoben, jedoch noch nicht abschließend beschieden, kann der Insolvenzverwalter in diesem Prozess jederzeit die Anzeige der Masseunzulänglichkeit einwenden. Damit bewirkt das Vollstreckungsverbot des § 210 in vorgelagerter Betrachtung prozessual den Wegfall des Titulierungsbedürfnisses für einen vollstreckbaren Leistungsausspruch. Will der Gläubiger eine Klageabweisung vermeiden, muss er sein Petitum auf einen Feststellungsantrag umstellen (grundlegend **BAG** 11. 12. 2001 – 9 AZR 459/00, DZWIR 2002, 371 [*Oetker*] = NZA 2002, 975); **BGH** 3. 4. 2003 – IX ZR 101/02, BGHReport 2003, 759 [*Ringstmeier*] = NZI 2003, 369 [*Uhlenbruck*]; str aA *Roth* FS Gaul 1997 S 573, 577 ff; *Runkel/Schnurbusch* NZI 2000, 49, 52 ff, wonach die Berechtigung der Altmassegläubiger, auf Leistung zu klagen, durch die Anzeige der Masseunzulänglichkeit unberührt bleibe und die Masseunzulänglichkeit – vergleichbar der Regelung des § 888 Abs 3 ZPO – nur im Rahmen der Vollstreckung zu beachten sei). Die Umstellung von einer Leistungs- zur Feststellungsklage ist als bloße Beschränkung des Klagepetitums sogar noch in der Revisionsinstanz möglich (**BAG** 5. 2. 2009 – 6 AZR 110/08, ZInsO 2009, 1116, 1117). Die Nichterfüllung ist in Fällen des § 210 nicht Ausdruck eines materiellen Bestreitens der Forderung, sondern Folge des gesetzlichen Vollstreckungsverbotes (**BAG** 11. 12. 2001 – 9 AZR 459/00, DZWIR 2002, 371 [*Oetker*] = NZA 2002, 975). Nach zutreffender Auffassung von *Roth* (FS *Gaul* S 573, 577 ff) kann – von Fällen etwaigen Missbrauches abgesehen – die **Anzeige der Masseunzulänglichkeit** des Verwalters nach § 208 weder im Masseprozess durch das Prozessgericht noch im Erinnerungsverfahren des § 766 ZPO auf ihre sachliche Richtigkeit geprüft werden. Auch das Insolvenzgericht prüft nicht, ob die Anzeige zu Recht erfolgt (vgl weitere Einzelheiten in der Komm bei § 208 Rn 13 u 26 sowie bei § 209 Rn 13). Neben der Feststellung (zu Ziff 1), dass einem Gläubiger (zB einem Arbeitnehmer) jeweils in bestimmter Höhe „a) Arbeitslohn ..., b) Beiträge zur betrieblichen Altersversorgung ..., c) Bausparbeiträge ... als Masseverbindlichkeiten zustehen", darf aber die weitere Tenorierung zu Ziff 2 (vgl **LAG** Köln 30. 7. 2001 – 2 Sa

1457/00, NZI 2002, 224) nicht etwa lauten: „Die Beklagte [Insolvenzverwalterin] wird verurteilt, unter Berücksichtigung von Ziff 1 a)–c) an den Kläger die **auf** seinen **Masseanspruch entfallende Quote** zu **bezahlen**" (*Berscheid* ZInsO 2002, 294, 296). Denn aus Rechtsgründen darf, wie erwähnt, auch ungeachtet sonstiger Bestimmtheitserwägungen schon überhaupt keine Leistungsverurteilung mehr ergehen (vgl auch Komm zu § 208 Rn 26 aE).

14   Der Verwalter muss im Prozess mit einem Altmassegläubiger iSd § 209 Abs 1 Nr 3 lediglich vortragen, er habe beim Insolvenzgericht die Masseunzulänglichkeit angezeigt. Das kann er leicht durch die in der Praxis übliche **Eingangsbestätigung des Gerichtes** nachweisen; ferner durch die amtliche Insolvenzbekanntmachung (vgl § 9 Abs 1 S 1 sowie vorstehend bei § 208 Rn 15). **Es genügt allein der Nachweis der Anzeige** gem § 208 Abs 1 an das Insolvenzgericht; weiterer sachlich inhaltlicher Stellungnahmen bedarf es nicht. Wird der Nachweis erbracht, hat das Prozessgericht den Altmassegläubiger gem § 139 ZPO darauf hinzuweisen, dass **seine Klage in dieser Form**, nämlich als **Leistungsklage**, unzulässig geworden ist. Es hat ihm gleichzeitig anheim zu stellen, im Wege sachdienlicher Klageänderung seine bisherige Leistungsklage auf eine **Feststellungsklage** umzustellen.

15   **2. Leistungsklagen von Neumassegläubigern.** Das nach Anzeige der Masseunzulänglichkeit (§ 208) eintretende Vollstreckungsverbot aus § 210 erfasst nur die in § 209 Abs 1 Nr 3 geregelten Altmasseverbindlichkeiten. Daraus folgt im **Umkehrschluss:** Neumasseverbindlichkeiten iSv § 209 Abs 1 Nr 2 sind grundsätzlich weiterhin mit der Zahlungsklage zu verfolgen (**LAG** Hamm 13. 10. 2005 – 4 Sa 2340/04, ZInsO 2007, 51, 54; MüKoInsO-*Hefermehl* § 210 Rn 6; K/P/B/*Pape* § 210 Rn 6). Das gilt aber nur so lange, als die Insolvenzmasse auch tatsächlich ausreicht, alle Neumassegläubiger vollständig zu befriedigen. Wendet der Insolvenzverwalter demgegenüber ein, die Insolvenzmasse genüge auch nicht zur vollständigen Tilgung der Neumasseverbindlichkeiten (**Unzulänglichkeit gegenüber Neumassegläubigern**), gilt zwar seinem Wortlaut nach nicht § 210. Doch auch hier geht der übergeordnete Gesichtspunkt einer gerechten und gleichmäßigen Befriedigung der jeweils ranggleichen Massegläubiger jeglichen Prioritätserwägungen einer Einzelzwangsvollstreckung vor. Der Rechtsschutz des Neumassegläubigers ist deshalb auch in einem solchen Fall nur auf die Erhebung einer **Feststellungsklage** beschränkt (**BGH** 3. 4. 2003 – IX ZR 101/02, BGHReport 2003, 759 [*Ringstmeier*] = NZI 2003, 369 [*Uhlenbruck*]; **BAG** 4. 6. 2003 – 10 AZR 586/02, NZI 2003, 619; **BGH** 4. 12. 2003 – IX ZR 222/02, BGHReport 2004, 484 [*Lützenkirchen*] = NZI 2004, 209 [*Uhlenbruck*]; **BGH** 29. 4. 2004 – IX ZR 141/03, ZInsO 2004, 674; **BAG** 15. 6. 2004 – 9 AZR 431/03, NZI 2004, 636). Das gilt erst recht, wenn anderenfalls sogar der absolute Vorrang aller Kosten des Insolvenzverfahrens (§§ 54, 209 Abs 1 Nr 1 InsO) gefährdet wäre (dazu **BGH** 13. 4. 2006 – IX ZR 22/05, BGHZ 167, 178 ff spez ab Rn 14 ff sowie vorstehende Komm zu § 208 Rn 27 aE u § 209 Rn 6). Dazu, dass nur ganz ausnahmsweise zugunsten von Neumassegläubigern kurz vor dem Verfahrensabschluss eine Leistungsverurteilung auf eine feststehende Quote in Frage kommen kann, s bereits vorstehend zu § 208 Rn 27 aE sowie § 209 Rn 28.

16   Wenn sich der Insolvenzverwalter in einem Rechtsstreit mit einem Neumassegläubiger darauf beruft, sogar im Rang des § 209 Abs 1 Nr 2 unzulänglich geworden zu sein, hat dieser vorgebrachte Einwand **nicht die verbindliche Wirkung** einer (erstmaligen) Anzeige gem § 208 InsO gegenüber Altmassegläubigern. Vielmehr obliegen dem Insolvenzverwalter, der insoweit keine prozessuale Sonderstellung besitzt, wie vormals im Anwendungsbereich des § 60 KO (s dazu **BAG** 11. 12. 2001 – 9 AZR 80/01, NZI 2002, 449), **die Darlegungs- und die volle Beweislast** der weiteren Masseunzulänglichkeit (**BAG** 31. 3. 2004 – 10 AZR 253/03, BAGE 110, 353; 4. 6. 2003 – 10 AZR 586/02, NZI 2003, 619; **BGH** 3. 4. 2003 – IX ZR 101/02, BGHZ 154, 358; 13. 4. 2006 – IX ZR 22/05, BGHZ 167, 178; 29. 4. 2004 – IX ZR 141/03, ZInsO 2004, 674; K/P/B/*Pape* § 210 Rn 8; s zur ordnungsgemäßen Substantiierung der mindestens drohenden Zahlungsunfähigkeit gem § 208 Abs 1 S 2 iVm § 18 Abs 2: **OLG** Düsseldorf 28. 4. 2006 – I-3 Wx 299/05, NZI 2007, 50, 52).

17   **3. Kostenfestsetzungsbeschlüsse von Neugläubigern.** Die Frage, ob die Verfahrenskosten Masseverbindlichkeiten oder Insolvenzforderungen sind, wird bereits in der Kostengrundentscheidung beantwortet. Insolvenzrechtliche Fragen sind im Kostenfestsetzungsverfahren nur dann zu klären, wenn und soweit sie unabhängig von der Kostengrundentscheidung, insbesondere durch spätere Entwicklungen entstehen (**BAG** 19. 9. 2007 – 3 AZB 35/05, ZIP 2007, 2141), was bspw bei der Kostenfestsetzung nach (erstmaliger oder wiederholter) Anzeige der Masseunzulänglichkeit für der Fall ist. Auch einem Neumassegläubiger, für den das **Vollstreckungsverbot** des § 210 InsO nicht unmittelbar gilt, fehlt das **Rechtsschutzinteresse** für den Erlass eines Kostenfestsetzungsbeschlusses, sofern der Insolvenzverwalter nach Anzeige der Masseunzulänglichkeit glaubhaft macht, dass eine danach entstandene, als Neumasseverbindlichkeit einzustufende Kostenerstattungsforderung aus der Masse nicht befriedigt werden kann (**BGH** 9. 10. 2008 – IX ZB 129/07, DZWiR 2009, 161 m Anm *Keller*; s dazu *Cranshaw*, jurisPR-InsR 25/2008 Anm 2 u vorstehende Komm zu § 208 Rn 27 a u § 210 Rn 5). Da der Einwand nicht die verbindliche Wirkung einer Anzeige hat (§ 208 InsO), andererseits in dem vereinfachten Kostenfestsetzungsverfahren auch keine Vollbeweiserhebung stattfindet, muss hier in der ersten Stufe genügen, dass der Insolvenzverwalter die **im Rang des § 209 Abs 1 Nr 2 bestehende Masseunzulänglichkeit** gem § 104

Abs 2 ZPO **glaubhaft** macht (BGH 27. 9. 2007 – IX ZB 172/05, NZI 2007, 721; *Dziesiaty*, jurisPR-InsR 7/2008 Anm 2). Fehlt es hieran, wird der Kostenfestsetzungsbeschluss erlassen, und der Verwalter wird auf die Vollstreckungsabwehrklage gem § 767 ZPO verwiesen (BGH 27. 9. 2007 – IX ZB 172/05, NZI 2007, 721 f Rn 9; 22. 9. 2005 – IX ZB 91/05, ZInsO 2005, 1103, 1104; zust *Dziesiaty*, jurisPR-InsR 10/2006 Anm 5; s auch MüKoInsO-*Hefermehl* § 210 Rn 21).

V. Aufrechnungsverbot bei Masseunzulänglichkeit

Der Rechtsausschuss hat die in § 320 RegE vorgesehene Übernahme der Aufrechnungsvorschriften (§§ 94–96) nicht gebilligt. Trotzdem wird angenommen, dass die **Aufrechnungsverbote** auch für das Verfahren bei Masseunzulänglichkeit gelten (wegen der Einzelheiten s o in der Komm zu § 208 Rn 22 mwN). **18**

VI. Kein Vollstreckungsverbot bei Aus- und Absonderung oder vergleichbar dinglich gesicherter Rechtsposition

Das Vollstreckungsverbot des § 210 kann nicht die Geltendmachung von Aus- bzw. Absonderungsrechten verhindern. Gegenstände, die der **Aussonderung** unterliegen, werden gem § 47 von vornherein gar nicht erst Bestandteil der Insolvenzmasse (vgl LG Köln 10. 2. 2004 – 11 T 11/04, ZInsO 2004, 45). Auch die **Absonderungsposition** gem §§ 49 ff erweist sich letzten Endes nicht als Masseverbindlichkeit iSv § 55. Die Regelung des § 48 wird analog auf Absonderungsrechte angewandt. Durch das damit verdinglichte **Sonderrecht auf Ersatzaus- bzw – absonderung** (vgl *Ganter*, NZI 2005, 1) sind die jeweiligen Anspruchssteller gegen unberechtigte Verfügungen des Insolvenzverwalters geschützt. Der aus dem ZVG bzw den Spezialnormen der §§ 166 ff herzuleitende Anspruch auf Erlösauskehr geht allen Masseverbindlichkeiten, auch den Verfahrenskosten (§§ 54, 209 Abs 1 Nr 1), absolut – sozusagen im Rang „0" – vor. Erlöse aus der Verwertung von Absonderungsgut sind niemals ein finanzieller „Puffer" zur Deckung der Massekosten iSd §§ 54, 26 InsO. Solche durch § 48 abgesicherte Ansprüche auf Erlösauskehr lassen sich also niemals mit dem Einwand der Masseunzulänglichkeit aus dem Felde schlagen, und genauso konsequent unterliegen sie nicht dem Vollstreckungsverbot des § 210. Dies gilt auch für einen durch Vormerkung gesicherten (insolvenzfesten) Auflassungsanspruch, der trotz angezeigter Masseunzulänglichkeit – außerhalb der Verteilungsordnung des § 209 – vorab aus der Masse zu erfüllen ist (OLG Stuttgart 18. 8. 2003 – 5 U 62/03, ZInsO 2004, 1087; OLG Koblenz 10. 7. 2006 – 12 U 711/05, ZInsO 2007, 1353). Praktisch bedeutsam wird dies insbesondere bei Bauträgerverträgen. Beim Bauträgervertrag wird **zwischen** dem **vormerkungsgesicherten** (§ 106 Abs 1 S 2) und damit **insolvenzfesten Übereignungsanspruch** einerseits **und** dem **ungesicherten**, dem Verwalterwahlrecht (§ 103 Abs 1) unterworfenen **Herstellungsanspruch** andererseits **unterschieden** (ähnl MüKoInsO-*Ott/Vuia* § 106 Rn 24 bei Fn 121 u Rn 31 bei Fn 146; OLG Stuttgart 18. 8. 2003 – 5 U 62/03, ZInsO 2004, 1087, 1089/ 1090; im Ergebn ebenso OLG Koblenz 10. 7. 2006 – 12 U 711/05, ZInsO 2007, 1253, 1354; hiergegen *Kesseler* ZInsO 2007, 1128, 1133 nach Fn 20). Deshalb ist die Frage, ob der Grundstückskäufer oder der vormerkungsgesicherte Zweiterwerber den Anspruch auf Übereignung des Grundstückes auch im massearmen Verfahren durchsetzen können, zu bejahen. Durch die **„quasi-dinglichen"** Wirkungen, die der **Vormerkung** zugeschrieben werden, erlangt ein vormerkungsgesicherter Anspruch auf Übereignung eine Rechtsqualität, die einem **Aussonderungsrecht ähnlich** ist (*Dobler* Die übertragene Anwartschaft in der Insolvenz, 2008, S 156 Rn 453 mwN in Fn 659). Die eingetragene Vormerkung garantiert nicht nur Befriedigung des Anspruches aus der Insolvenzmasse, sondern auch hinsichtlich eines bestimmten Gegenstandes, des belasteten Grundstückes (*Dobler* Anwartschaft, 2008, S 157 Rn 453). Eine Verfügung des Insolvenzverwalters, die diesen gesicherten Anspruch vereiteln würde, ist gem § 883 Abs 2 S 2 Altern 3 BGB dem Vormerkungsberechtigten gegenüber relativ unwirksam (*Dobler* Anwartschaft, 2008, S 157 Rn 453). Daher kann der vormerkungsberechtigte Zweiterwerber seinen Übereignungsanspruch auch **nach Anzeige der Masseunzulänglichkeit** durch den Insolvenzverwalter gegen die Insolvenzmasse uneingeschränkt geltend machen; er wird daran nicht durch das Vollstreckungsverbot des § 210 gehindert (*Dobler* Anwartschaft, 2008, S 156 Rn 452; s zum Sach- und Streitstand auch *Assmann* Die Vormerkung, 1998, S 253 ff). **19**

§ 211 Einstellung nach Anzeige der Masseunzulänglichkeit

(1) Sobald der Insolvenzverwalter die Insolvenzmasse nach Maßgabe des § 209 verteilt hat, stellt das Insolvenzgericht das Insolvenzverfahren ein.

(2) Der Verwalter hat für seine Tätigkeit nach der Anzeige der Masseunzulänglichkeit gesondert Rechnung zu legen.

(3) [1] Werden nach der Einstellung des Verfahrens Gegenstände der Insolvenzmasse ermittelt, so ordnet das Gericht auf Antrag des Verwalters oder eines Massegläubigers oder von Amts wegen eine Nachtragsverteilung an. [2] § 203 Abs. 3 und die §§ 204 und 205 gelten entsprechend.

I. Allgemeines

1 § 211 entspricht weitgehend den Vorläuferbestimmungen der §§ 204, 191 KO und § 19 Abs 1 Nr 3 GesO. Schon zu § 204 KO war die Auffassung vorherrschend, dass bei Masseunzulänglichkeit ein **Einstellungsbeschluss** erst dann ergehen darf, wenn die Verteilung der Masse abgeschlossen ist (K/U § 204 KO Rn 1; *Uhlenbruck* KTS 1993, 373; *Mohrbutter/Pape* Rn VI.141). Die Regelung in § 211 Abs 3 beendet den zum früheren Recht bestehenden Streit, ob gleichwohl nach Einstellung des Verfahrens mangels Masse **Nachtragsverteilungen** zulässig sind oder ob das frei gewordene bzw später festgestellte Vermögen dem Schuldner überlassen werden muss (vgl *Kilger/K. Schmidt* § 166 Anm 4; K/U § 204 KO Rn 8). Gem Begr RegE zu § 324 (entspr § 211 InsO, abgedr bei K/P, S 442) wollte der Gesetzgeber mit der Regelung in Abs 3 dem früheren Mangel abhelfen, indem er die Vorschriften über die Nachtragsverteilung für entsprechend anwendbar erklärte. Zutreffend weist K/P/B/*Pape* (§ 211 Rn 3) aber darauf hin, dass selbst nach Präzisierung und Ausweitung der Regelungen in § 211 nach wie vor auch erhebliche **Regelungsdefizite** vorhanden sind, die die Praxis auch zum neuen Recht auffüllen muss. Nach Feststellung von *Kübler* (in KS S 967, 981 Rn 51) birgt die Verwaltungs- und Verwertungspflicht des Verwalters bei Masseunzulänglichkeit erhebliche Haftungsgefahren in sich. Der Verwalter ist auch bei ordentlichem Geschäftsgebaren Schadenersatzrisiken gegenüber Massegläubigern ausgesetzt (vgl § 61 und schon insoweit vorstehende Komm zu § 208 Rn 14 u 19).

II. Das Einstellungsverfahren

2 **1. Schlussrechnungslegung durch den Verwalter (Abs 2).** Bevor das Gericht einen Einstellungsbeschluss erlässt, hat es bestimmte Formalien zu beachten. So kommt ua eine Einstellung nur in Betracht, wenn der Verwalter dem Gericht **mitgeteilt** hat, dass die Masse nach Maßgabe des § 209 **verteilt worden** ist (K/P/B/*Pape* § 211 Rn 4; HK-*Landfermann* § 211 Rn 2; N/R/*Westphal* § 211 Rn 4, 5). Vor Abschluss der vom Verwalter vorzunehmenden quotenmäßigen Befriedigung der Massegläubiger kann die Einstellung nicht erfolgen (N/R/*Westphal* § 211 Rn 5; K/P/B/*Pape* § 211 Rn 4; *Uhlenbruck* Rpfleger 1982, 410). Die Einstellung ist auch nicht möglich, bevor der Verwalter gem § 211 Abs 2 für seine Tätigkeit nach Anzeige der Masseunzulänglichkeit **Rechnung gelegt** hat. Es sind **zwei Schlussrechnungen** erforderlich: einmal für die Zeit vor der Anzeige der Masseunzulänglichkeit, zum andern für die Zeit danach. Dies dürfte, zumal nach einstweiliger Betriebsfortführung im eröffneten Verfahren, inzwischen allgemeine Meinung sein (K/P/B/*Pape* § 208 Rn 9; HaKo/*Weitzmann* § 211 Rn 3; *Dinstühler* ZIP 1998, 1697, 1707; *Smid* WM 1988, 1313, 1321; BerlKo-*Breutigam* § 211 Rn 3; HK-*Landfermann* § 211 Rn 5; N/R/*Westphal* § 208 Rn 11 ff; FK-*Kießner* § 211 Rn 6 u 7; H/W/F Hdb 3. Aufl 8/175; *Förster* ZInsO 2000, 488; *Hess* § 211 Rn 9; MüKoInsO-*Hefermehl* § 211 Rn 16; krit nur *Kluth* ZInsO 2000, 177, 183). Die getrennte Rechnungslegung muss erkennen lassen, ob der Verwalter die Einordnung der Masseverbindlichkeiten entsprechend der Rangfolge des § 209 vorgenommen und wie und mit welchem Erfolg er vorhandene Masse noch gem § 208 Abs 3 verwaltet und verwertet hat. Zur Rechnungslegung für die Zeit vor Anzeige der Masseunzulänglichkeit greift die **Vorschrift des § 66** ein, wobei auch in den Fällen, in denen bereits kurze Zeit nach Verfahrenseröffnung die Anzeige gem § 208 Abs 1 erfolgte, gleichwohl noch die **erste Gläubigerversammlung** stattfindet (vgl Komm zu § 208 Rn 20; aA noch die Voraufl u *Uhlenbruck* NZI 2001, 408, 410). Erst recht sind bei längerer Betriebsfortführung im eröffneten Verfahren und anschließender Anzeige der Masseinsuffizienz nach § 208 Abs 1 die formellen Erfordernisse des § 66 einzuhalten. Das vorzulegende **Verteilungsverzeichnis** beinhaltet jedoch bei Verfahren ohne RSB-Antrag nicht die Insolvenzgläubiger. Denn sie können ohnehin nicht in den Genuss einer Quotenausschüttung kommen; vielmehr sind in analoger Heranziehung von §§ 187 ff und nach der Rangabstufung des § 209 in das Verzeichnis aufzunehmen die **Neu- und Altmassegläubiger** (N/R/*Westphal* § 211 Rn 13; BerlKo-*Breutigam* § 211 Rn 5 iVm § 209 Rn 6). Eine solche Verteilungsliste ist unverzichtbar, da sie auch für eine spätere Nachtragsverteilung gem § 211 Abs 3 Bedeutung hat (zutr N/R/*Westphal* § 211 Rn 13; *Pelka/Niemann*, Praxis der Rechnungslegung in Insolvenzverfahren S 22). Für die Schlussrechnungslegung nach Anzeige der Masseunzulänglichkeit muss außerdem verlangt werden, dass der Verwalter einen **Schlussbericht** erstellt, der die unterschiedlichen Phasen der Verwaltungstätigkeit vor und zum Zeitpunkt der Anzeige voneinander getrennt und jeweils für sich präzise abbildet (*Hess* § 211 Rn 8; N/R/*Westphal* § 211 Rn 13; *Bähner* KTS 1991, 359). Zweifelhaft und von der Rechtsprechung noch zu klären ist die Frage, ob das **Gericht** für die Zeit vor Anzeige der Masseunzulänglichkeit zur Überprüfung der Schlussrechnung eine Gläubigerversammlung einberufen muss oder selbst berechtigt ist, die Schlussrechnung abschließend zu prüfen (Näheres hierzu in nachfolgender Rn 5).

3 **2. Verteilung der Insolvenzmasse. a) Die Verteilung nach § 209.** Zwingende Einstellungsvoraussetzung ist, dass die vorhandene bare Masse nach Maßgabe des § 209 vom Verwalter verteilt worden ist. Bevor der Verwalter die Verteilung nach dem Verteilungsschlüssel des § 209 vorgenommen hat, ist eine Verfahrenseinstellung unzulässig (**OLG Dresden** JW 1916, 1493; *Hess* § 211 Rn 3; N/R/*Westphal*

II. Das Einstellungsverfahren § 211

§ 211 Rn 6). Die Verteilung erfolgt aufgrund des vom Verwalter mit der Schlussrechnung eingereichten **Verteilungsverzeichnisses**. Nach Vollzug der Verteilung hat der Verwalter dem Gericht die entsprechende **Mitteilung** zu machen und eventuelle Nachweise über die Verteilung zu erbringen. Zur Vorlage eines Verteilungsverzeichnisses iSv § 188 und zur Abhaltung der gem §§ 27, 29 anberaumten **Berichts- und Prüfungstermine** siehe, in Teilen abw. zur Vorauflage, die vorstehenden Bemerkungen in Rn 2 sowie die ausführliche Komm dieser Thematik zu § 208 Rn 20.

Der **Vollzug einer Nachtragsverteilung** richtet sich nach § 205. Zu verteilen ist nach der Rangordnung des § 209 Abs 1. Hierzu bedarf es normalerweise keines Prüfungstermins, da Masseverbindlichkeiten nicht zur Tabelle festgestellt werden, also auch § 201 keine Anwendung findet. Gericht und Verwalter sollten aber vor allem solche Fälle im Auge behalten, bei denen ernstlich In Frage kommt, dass der Überschuss ausreicht, um **Ausschüttungen an Insolvenzgläubiger** vorzunehmen. (MüKoInsO-*Hefermehl* § 211 Rn 25). Solche Ausschüttungen sind nur auf der Basis eines Verteilungsverzeichnisses möglich, dessen nachträgliche Anfertigung nach Verfahrenseinstellung ist aber nicht mehr statthaft ist (HK-*Irschlinger* § 205 Rn 2; HaKo/*Preß/Henningsmeier* § 205 Rn 2; aA MüKoInsO-*Hefermehl* § 211 Rn 25 aE). Ein solches nachträgliches Verteilungsverzeichnis würde nur ein unverbindliches und nicht überprüfbares „Arbeitspapier" darstellen, zu dem sich die Gläubiger unter Wahrung ihrer verfahrensmäßigen Beteiligungsrechte nicht äußern konnten (*Gottwald/Klopp/Kluth* InsRHdb § 74 Rn 32). Eine vergleichbare Problematik stellt sich bei **Verbraucherinsolvenzverfahren** nach den §§ 304 ff oder bei einem **Regelinsolvenzverfahren** einer natürlichen Person **mit zulässig gestelltem Antrag auf Restschuldbefreiung**. Hier wird auf die Durchführung eines Forderungsprüfungsverfahrens kaum verzichtet werden können, denn für die Abwicklung der Restschuldbefreiung ist iaR die Erstellung eines Verteilungsverzeichnisses unabdingbar (vgl auch MüKoInsO-*Hefermehl* § 212 Rn 26). Deshalb verlangt *Kießner* (FK-*Kießner* § 211 Rn 10–12) die Durchführung von Berichts- und Prüfungstermin. Der Treuhänder benötige für spätere Ausschüttungen an Insolvenzgläubiger unbedingt ein **Schlussverzeichnis**, das er im Restschuldbefreiungsverfahren selbst nicht mehr erstellen könne. Das Verzeichnis müsse bereits „während des anhängigen Insolvenzverfahrens erarbeitet werden". Dies setze aber zwingend die Erstellung der Tabelle und die Prüfung der angemeldeten Forderungen in einem Prüfungstermin voraus (s auch MüKoInsO-*Hefermehl* § 212 Rn 25; K/P/B/*Pape* § 210 Rn 16). Zur Ankündigung der Restschuldbefreiung ist dagegen ein förmliche „Schlusstermin" entbehrlich. Es genügt, wenn vor dem Einstellungsbeschluss die Anhörung der Insolvenzgläubiger und des Verwalters/Treuhänders in einer allgemeinen Gläubigerversammlung stattfindet (BGH 19. 3. 2009 – IX ZB 134/08).

b) **Sicherstellung streitiger Masseforderungen.** Auf das vom Verwalter einzureichende Verteilungsverzeichnis findet mangels Verweisung die Vorschrift des § 194 keine Anwendung. Über **Einwendungen von Massegläubigern gegen das Verteilungsverzeichnis** entscheidet somit nicht das Insolvenzgericht. Streit kann bestehen hinsichtlich der **Qualifizierung einer Forderung als Masseforderung** oder in Bezug auf die Einordnung der Forderung als **Alt- oder Neumasseforderung**. Anders als in § 214 Abs 3 sieht § 211 die Möglichkeit einer **Sicherstellung streitiger Masseverbindlichkeiten** nicht vor. Angelehnt an die Ausführungen von K/P/B/*Pape* (§ 211 Rn 5) sollte der Verwalter aber die Erfüllung streitiger Verbindlichkeiten durch Zurückbehaltung der auf sie entfallenden Quote sicherstellen dürfen. Das gilt erst recht, wenn der Gläubiger bereits Feststellungsklage erhoben hat, oder wenn er nach Mitteilung des Verwalters, dass er die Masse nach Ablauf einer zweiwöchigen Frist an die übrigen Gläubiger verteilen werde, jedenfalls ernstlich mit Klage droht. Solche Streitigkeiten dürfen einerseits die zügige Verfahrenseinstellung auf keinen Fall hindern (K/P/B/*Pape* § 211 Rn 6; vgl auch die ausführliche Komm zu § 208 Rn 19 u 20), andererseits jedoch den Verwalter wegen unklarer Berechtigungen einzelner Massegläubiger nicht gem §§ 60, 61 in spätere persönliche Haftungsgefahren stürzen. Mit Braun/*Kießner* (§ 209 Rn 34) verbietet sich jedoch eine direkte Analogie zu § 189, da der Insolvenzverwalter Masseverbindlichkeiten generell von Amts wegen – auch ohne besondere Geltendmachung iSv „Anmeldung" – berichtigen muss. Streitige Beträge sind folglich – spiegelbildlich zu nicht unverwerteten Aktiva (vgl insofern die Komm zu § 208 Rn 11 a sowie Rn 29) – einer **Nachtragsverteilung vorzubehalten**. Das entspricht der früheren Einbeziehung des § 191 Abs 1 S 2 KO in das Verfahren nach § 204 KO durch die Verweisung in § 205 Abs 2 KO. Demgemäß können zurückbehaltene Beträge entsprechend § 203 Abs 1 Nr 1 nachträglich verteilt werden, wenn der Massegläubiger mit seiner Feststellungsklage unterliegt (K/P/B/*Pape* § 211 Rn 6).

3. **Der gerichtliche Einstellungsbeschluss.** a) **Gerichtliche Prüfung der Schlussrechnung.** Wie bereits oben zu Rn 2 dargestellt wurde, hat der Verwalter **zwei getrennte Schlussrechnungen** zu erstellen, und zwar einmal für die Zeit vor Anzeige der Masseunzulänglichkeit, zum andern für die Zeit nach dieser Anzeige. *Kluth* (ZInsO 2000, 177, 183) meint, es dränge sich die Frage auf, ob § 211 Abs 2 mit der überflüssigen „gesonderten" Rechnungslegung nur eine „Lesehilfe auf gesondertem Blatt" ins Auge fasst, um zwecks Regressprüfung den Massegläubigern bei der Durchsicht der zur Information ausgelegten Unterlagen (§ 66 Abs 2) die Lesearbeit zu erleichtern. Die Insolvenzgläubiger hätten kein „greifbares Interesse an einer ‚gesonderten' Rechnungslegung nach § 211 Abs 2". Darum geht es aber nicht. Wo für einzelne Verfahrensabschnitte ganz unterschiedliche Befriedigungs- und Verteilungsregeln gelten, muss der Verwalter zwangsläufig mit gesonderter Abrechnungssystematik vorgehen und seine ge-

setzeskonforme Verfahrensbearbeitung auch zur insolvenzgerichtlichen Prüfung (vgl § 66 Abs 2) transparent machen. Immerhin stellt sich die Frage, ob nicht **in der Durchführung eine Vereinfachung** angebracht ist. So dürfte es regelmäßig genügen, auch innerhalb einer papiermäßig einheitlichen Gesamtübersicht durch immerhin deutliche Untergliederung und textlich gesonderte Erläuterung jede Phase vor und nach Anzeige der Masseunzulänglichkeit für sich sichtbar getrennt abzuhandeln. Zur **Überprüfung der Schlussrechnung für die Zeit nach Anzeige der Masseunzulänglichkeit** sieht das Gesetz in § 211 weder eine Anhörung der Massegläubiger noch eine Gläubigerversammlung im Rahmen der Einstellung vor, so dass eigentlich auf § 66 nicht zurückzugreifen wäre (K/P/B/*Pape* § 211 Rn 14; *Dinstühler* ZIP 1998, 1697, 1702; H/W/F Hdb 3. Aufl 8/174; HK-*Landfermann* § 211 Rn 6; *Hess* § 211 Rn 13; **str aA** N/R/*Westphal* § 211 Rn 14; FK-*Kießner* § 211 Rn 3, die auf einer förmlichen Abnahme durch die Gläubigerversammlung bestehen). Nach Auffassung von *Smid* (§ 211 Rn 3) ist das in § 66 vorgeschriebene Verfahren zu beachten, jedoch heißt es weiter, das Insolvenzgericht habe die Rechnung des Verwalters auch im Fall des § 211 zu prüfen. Letztlich wird überwiegend angenommen, dass § 66 Abs 2 entsprechend gilt und die Prüfung nicht nur dem **Gläubigerausschuss**, sondern auch dem **Insolvenzgericht** obliegt (K/P/B/*Pape* § 208 Rn 10; *Hess* § 211 Rn 13; N/R/*Westphal* § 211 Rn 14). Zeichnet sich sehr frühzeitig ab, dass das Verfahren möglicherweise wegen Massearmut oder wegen Masseunzulänglichkeit eingestellt werden muss, kann schon die **erste Gläubigerversammlung beschließen**, dass die Überprüfung der Schlussrechnungen für die Zeit vor und nach Anzeige der Masseunzulänglichkeit dem **Insolvenzgericht übertragen** wird (vgl auch LG Göttingen v 11. 3. 1997 – 6 T 30/97, ZIP 1997, 1039; *Uhlenbruck/Delhaes* HRP Rn 1023; N/R/*Westphal* § 211 Rn 14). Aber auch, wenn ein solcher Beschluss der Gläubigerversammlung nicht ergeht, fällt richtigerweise die Prüfung der Schlussrechnung nach Anzeige der Masseunzulänglichkeit in den **Zuständigkeitsbereich des Insolvenzgerichts** (vgl ebenso K/P/B/*Pape* § 211 Rn 15; *Dinstühler* ZIP 1998, 1697, 1702; HK-*Landfermann* § 211 Rn 6; H/W/F Hdb 3. Aufl 8/174; N/R/*Westphal* § 211 Rn 14; *Hess* § 211 Rn 13). Nach K/P/B/*Pape* (§ 211 Rn 14) würde es „im Hinblick auf die Bedeutungslosigkeit der Mitwirkung der Gläubiger im Verfahren nach den §§ 208 ff kaum vertretbar" sein, die Prüfung der Schlussrechnung den Gläubigern zu überlassen. Die Schlussrechnung im masseunzulänglichen Verfahren betrifft in erster Linie die Massegläubiger. Eine **Ausnahme** gilt allenfalls, wenn der Schuldner einen Antrag auf Restschuldbefreiung gestellt hat, da die Gläubigerversammlung hierzu gem § 289 Abs 1, 3 ohnehin angehört werden muss (HK-*Landfermann* § 211 Rn 6; *Hess* § 211 Rn 14). Wenn auch nicht immer zwischen den beiden unterschiedlichen Schlussrechnungen unterschieden wird, ist letztlich für beide Rechnungslegungen, also auch diejenige **für Zeiträume vor Anzeige der Masseunzulänglichkeit**, anzunehmen, dass die Gläubiger auf die Einhaltung des § 66 verzichten können und die Prüfung ausschließlich dem Insolvenzgericht überantworten dürfen. K/P/B/*Pape* (§ 211 Rn 14) meint, dem Gläubigerausschuss sei eine Prüfung der Schlussrechnung nicht zuzumuten, weil er „kein Mandat für die Wahrnehmung der Interessen der Massegläubiger hat". Diese These erscheint jedoch angesichts der sehr weitreichenden Aufgabenbeschreibung des § 69 zu eng. Die Frage der Einberufung einer **Gläubigerversammlung zur Abnahme der Schlussrechnung** in masseunzulänglichen Verfahren ist differenziert zu beantworten. Einzelheiten wurden dazu schon in Rn 2 sowie in der Komm zu § 208 Rn 20 besprochen. Darauf sei hier verwiesen.

6 **b) Keine Anhörung der Verfahrensbeteiligten.** § 211 sieht bei Einstellung des Verfahrens wegen Masseunzulänglichkeit, anders als § 207 Abs 2 zur Einstellung mangels Masse, eine Anhörung der Beteiligten nicht vor (N/R/*Westphal* § 211 Rn 4; *Hess* § 211 Rn 4). Die Einstellung des Verfahrens erfolgt von Amts wegen durch das Insolvenzgericht und ist gesetzlich zwingend; eine reine Ermessensentscheidung ist somit ausgeschlossen (N/R/*Westphal* § 211 Rn 6; K/P/B/*Pape* § 211 Rn 8 a). In § 215 Abs 1 S 2 ist vorgesehen, dass der Schuldner, der Insolvenzverwalter und die Mitglieder des Gläubigerausschusses vorab über den Zeitpunkt des Wirksamwerdens der Einstellung (§ 9 Abs 1 S 3) zu unterrichten sind. Das kann schriftlich geschehen.

7 **c) Der Einstellungsbeschluss.** Hat der Verwalter dem Gericht angezeigt und ggfs nachgewiesen, dass die Insolvenzmasse an die Massegläubiger nach Maßgabe des Verteilungsschlüssels des § 209 verteilt wurde, muss von Amts wegen, also auch ohne dahingehenden Antrag des Verwalters, der Einstellungsbeschluss ergehen. Das Gericht ist nicht berechtigt, vor der Verfahrenseinstellung zu überprüfen, ob tatsächlich Masseunzulänglichkeit vorliegt. Es hat allein die Aufgabe, die Ordnungsmäßigkeit des Verteilungsverfahrens an sich zu überwachen und erforderlichenfalls im Aufsichtswege nach § 58 einzuschreiten. Der Beschluss bedarf keiner Begründung, jedoch sollte er in seinem Tenor hervorheben, dass die Einstellung auf einer Anzeige der Masseunzulänglichkeit beruht und das Barvermögen an die Massegläubiger verteilt wurde.

8 **d) Öffentliche Bekanntmachung und Mitteilungspflichten des Gerichts.** Wird das Insolvenzverfahren wegen Masseunzulänglichkeit nach § 211 eingestellt, so ist der Beschluss mit Angabe des Grundes der Einstellung gem § 215 Abs 1 öffentlich bekannt zu machen. Das Insolvenzgericht ist verpflichtet, nach §§ 215, 200 iVm §§ 31–33 das Grundbuchamt und die Registerbehörden über die Verfahrenseinstellung zu unterrichten (N/R/*Westphal* § 211 Rn 7; *Hess* § 211 Rn 6). Einzelheiten in der Komm zu § 215.

III. Insolvenzplan und Masseunzulänglichkeit

e) Rechtsmittel. Gegen den Einstellungsbeschluss nach § 211 ist grundsätzlich kein Rechtsmittel gegeben (BGH 25. 1. 2007 – IX ZB 234/05, NZI 2007, 243; N/R/*Westphal* § 211 Rn 8; *Smid* § 211 Rn 2; HK-*Landfermann* § 211 Rn 4; *Hess* § 211 Rn 4). Dies folgt schon aus § 216 Abs 1, der § 211 ganz bewusst nicht erwähnt ist. Wird das Verfahren durch eine **Rechtspflegerentscheidung** eingestellt, bleibt allerdings die Möglichkeit der **befristeten Erinnerung** gem § 11 Abs 2 RPflG (K/P/B/*Pape* § 211 Rn 10; Braun/*Kießner* § 211 Rn 30; *Hess* § 211 Rn 4; krit zum Ausschluss der Rechtsmittel N/R/ *Westphal* § 211 Rn 9). Gem § 11 Abs 2 S 2 RPflG kann der Rechtspfleger der Erinnerung abhelfen. Hilft er nicht ab, legt er die Sache dem Insolvenzrichter zur Entscheidung vor (K/P/B/*Pape* § 211 Rn 10; *Pape* FS *Uhlenbruck* S 49, 60; K/P/B/*Prütting* § 6 Rn 32 ff; *Hoffmann* NZI 1999, 429; N/R/*Becker* § 6 Rn 11). Der Richter entscheidet abschließend über die befristete Erinnerung, dh seine Entscheidung ist nicht mehr anfechtbar (vgl *Hoffmann* NZI 1999, 429; *Pape* FS *Uhlenbruck* S 49, 60).

4. Rechtswirkungen der Verfahrenseinstellung. Mit der Verfahrenseinstellung erhält der Schuldner das Recht zurück, über die Insolvenzmasse frei zu verfügen (§ 215 Abs 2 S 1). Die Beschränkungen des § 80 Abs 1 fallen weg. Die Gläubiger sind nicht gehindert, in das Schuldnervermögen zu vollstrecken, da weder § 89 Abs 1 noch § 210 länger eingreifen. Vom Insolvenzverwalter anhängig gemachte oder aufgenommene Prozesse, die die Insolvenzmasse betreffen, werden jetzt gem §§ 239, 242 ZPO unterbrochen. Sie können mit Ausnahme der Insolvenzanfechtungsprozesse, zu deren Übernahme dem Schuldner eine Aktivlegitimation fehlt, durch ihn bzw gegen ihn aufgenommen werden; dadurch setzt sich das Prozessverfahren in der Hauptsache fort. Anders als bei der Abweisung mangels Masse nach § 26 Abs 1 erfolgt **keine Eintragung des Schuldners in das Schuldnerverzeichnis** (N/R/*Westphal* § 207 Rn 40). Insoweit gelten die gleichen Grundsätze wie für die Verfahrenseinstellung nach § 207 (vgl die Komm dort zu Rn 16). Zur Herausgabe der **Geschäftsunterlagen** an den Schuldner bzw bei juristischen Personen an den organschaftlichen Vertreter und zur Beachtung **gesetzlicher Aufbewahrungsfristen** kann weitgehend auf die Komm bei § 207 Rn 20 verwiesen werden. Die betreffenden Aufbewahrungspflichten fallen mit der Verfahrenseinstellung auf den Schuldner und die organschaftlichen Vertreter zurück; deren Übernahme der Geschäftspapiere ist jedoch letztlich nicht erzwingbar. Wie aaO dargestellt wurde, muss sich also recht häufig der Verwalter um die **Archivierung** kümmern. Ihm ist deshalb dringend zu empfehlen, für die Kosten der Aktenaufbewahrung frühzeitig Rückstellungen zu bilden (vgl auch *Förster/Tost* ZInsO 1998, 297, 299; wohl auch K/P/B/*Pape* § 211 Rn 13). Gleichwohl sind natürlich Fälle denkbar, in denen bei extrem knapper Masse nicht einmal mehr alle Neumasseverbindlichkeiten iSv § 209 Abs 1 Nr 2 mit voller Höhe gedeckt werden können, zu denen auch die Kosten der Aktenaufbewahrung zählen.

III. Insolvenzplan und Masseunzulänglichkeit

Während mangels jeglicher Kostendeckung **bei Massearmut gem § 207** ein Insolvenzplanverfahren (§§ 217 ff) von vornherein undurchführbar und ein entsprechendes Ersuchen gem § 231 Abs 1 Nr 2 zurückzuweisen ist (*Smid/Rattunde* Insolvenzplan Rn 2.119; HaKo/*Thies* § 217 Rn 10), ist bei **Masseunzulänglichkeit iSv § 208** näher zu differenzieren. Insofern ergeben sich zwei Probleme: einmal, wie zu verfahren ist, wenn der Insolvenzplan bereits bestätigt ist und nunmehr Masseunzulänglichkeit angezeigt wird; zum andern, ob im Rahmen eines masseunzulänglichen Verfahrens die Regelabwicklung durch einen Insolvenzplan ersetzt werden kann. Nach hM (K/P/B/*Pape* § 210 Rn 14, § 211 Rn 9; Mü-KoInsO-*Eidenmüller* vor § 217 Rn 33; HaKo/*Thies* § 217 Rn 9; HK-*Flessner* § 217 Rn 9; *Dinstühler* ZIP 1998, 1697, 1707) ist **auch nach Anzeige der Masseinsuffizienz** die Durchführung eines Insolvenzplanverfahrens möglich. § 323 RegE hatte ursprünglich vorgesehen, dass selbst nach Feststellung der Masseunzulänglichkeit die Vorlage eines Insolvenzplans, bei dem die Massegläubiger des § 209 Abs 1 Nr 3 an die Stelle der nicht nachrangigen Insolvenzgläubiger treten, nicht ausgeschlossen sein sollte. Diese Regelung ist auf Vorschlag des Rechtsausschusses nicht in das Gesetz aufgenommen worden. Gleichwohl spricht nach Auffassung von *Pape* (K/P/B/*Pape* § 210 Rn 14) „einiges dafür, den Massegläubigern auch bei Masseinsuffizienz das Recht zuzugestehen, sich für die Befriedigung ihrer Forderungen aufgrund eines Insolvenzplans zu entscheiden". Allerdings ist die Annahme eines **Insolvenzplanes**, dessen Vorgaben auf einem „normalen" voll liquiden Regelverfahren beruhen, und der wegen überraschender neuer Masseunzulänglichkeitsentwicklungen nicht mehr wirtschaftlich erfüllbar sein kann, nach §§ 231 Abs 1 Nr 3, 248 zu versagen. Zeigt der Insolvenzverwalter im aufgehobenen und überwachten Insolvenzplanverfahren gem § 262 S 1 an, dass Ansprüche, deren Erfüllung überwacht wird, nicht erfüllt werden können, und verbindet er mit dieser Anzeige gleichzeitig die Anzeige nach § 208 Abs 1, so ist ebenfalls das Verfahren in ein solches überzuleiten, das als „Insolvenz in der Insolvenz" bezeichnet wird mit der Folge, dass der Verteilungsschlüssel des § 209 eingreift. Die eigentliche Frage lautet also dahin, ob **im Rahmen eines masseunzulänglichen Verfahrens** die Regelabwicklung durch einen **Insolvenzplan** ersetzt werden kann. Nach zutreffender Feststellung von KS-*Maus* (S 931, 964) lässt der gesetzlich geregelte Fortbestand der Verpflichtung des Verwalters, die Masse trotz ihrer Unzulänglichkeit zu verwalten und zu verwerten, allein den Schluss zu, dass somit auch eine **Verwertung und Verteilung nach Plan** zulässig ist, sofern nur die – ggfs erhöhten – Kosten des Insolvenzverfahrens gedeckt bleiben. Richtig ist der Hinweis, dass eine Verwertung und Verteilung der Masse nach Plan im Einzelfall wirtschaftlich sinnvoll sein kann, denn auch bei Masseunzulänglichkeit kann der Fortführungswert eines Unternehmens höher sein als sein Liquidationswert (so zutr KS-*Maus* S 964 Rn 122). In einem solchen Plan zur Regulierung der Masseunzulänglichkeitssituation sind regelmäßig die **Abstimmungsgruppen getrennt nach der Rangfolgeabstufung** des § 209 Abs 1 Nr 1–3 zu bilden (MüKo-InsO-*Eidenmüller* § 222 Rn 68; vgl auch *Dinstühler* ZIP 1998, 1696, 1707). Interessant ist an dieser Stelle die Entscheidung des **LG** Dresden (15. 7. 2005 – 5 T 830/02, ZInsO 2005, 831), die eine Zurückweisung des Planes bestätigte, weil er unter Bevorzugung von Insolvenzgläubigern, die regulär vollständig ausgefallen wären, die Massegläubiger benachteiligte. Insofern fällt sicher ins Gewicht, dass § 323 RegE (BT-Drucks 12/2443 S. 60) eine Herabstufung der Gruppen nur innerhalb der Massegläubiger vorsah. Danach wären die Altmassegläubiger wie Insolvenzgläubiger und die Insolvenzgläubiger im Rang des § 38 InsO wie nachrangige zu behandeln (vgl HaKo/*Thies* § 217 Rn 9). Somit würden die Forderungen der Insolvenzgläubiger eigentlich als erlassen gelten (§ 225), und es müsste von daher für sie nicht einmal mehr eine stimmberechtigte Gruppe gebildet werden (vgl § 237 Abs 2). Warum sollte es dann den Massegläubigern verwehrt sein, unter sich großzügig zu verfahren und freiwillig auch Insolvenzgläubiger zu bedenken?

IV. Anordnung einer Nachtragsverteilung

12 § 211 Abs 3 S 1 sieht nunmehr ausdrücklich die Anordnung und Durchführung von Nachtragsverteilungen in Anschluss an eine Verfahrenseinstellung wegen Masseunzulänglichkeit vor. Damit sind die früheren Streitfragen zu § 166 Abs 1 KO weitgehend überholt (vgl AG Göttingen 11. 11. 1994 – 71 N 73/92, ZIP 1995, 145; *Uhlenbruck* ZIP 1993, 241, 244; KS-*Kübler* S 980 Rn 49; K/P/B/*Pape* § 211 Rn 16; BerlKo-*Breutigam* § 211 Rn 6). Allerdings erscheint problematisch, inwieweit die Anwendung des § 211 Abs 3 tatsächlich wortlautgetreu nur auf die Fälle des § 203 Abs 1 Nr 3 beschränkt ist, also lediglich **nachträglich ermittelte Massegegenstände** erfasst (vgl in dieser Richtung noch die Voraufl). Zutreffenderweise sollte indes die analoge Anwendung der § 203 Abs 1 Nr 1 u 2 möglich bleiben. Denn die Situation bei Verfahrenseinstellung ist weitgehend der regulären Aufhebung eines Insolvenzverfahrens gem § 200 Abs 1 vergleichbar. Es bleibt also zB ein Vorbehalt der Nachtragsverteilung möglich für Gegenstände, die bei Verfahrensaufhebung bis dato nicht abschließend verwertet sind (Braun/*Kießner* § 211 Rn 1; HaKo/*Weitzmann* § 211 Rn 3; MüKoInsO-*Hefermehl* § 211 Rn 9; N/R/*Westphal* § 211 Rn 15; HK-*Landfermann* § 211 Rn 8). Zu hinterfragen ist insbesondere, ob bei einem **laufenden Anfechtungsprozess des Verwalters nach den §§ 129 ff** die Nachtragsverteilung vorbehalten werden muss, damit der Verwalter sein Prozessführungsrecht durch die Einstellung nicht verliert. Nach K/P/B/*Pape* (§ 211 Rn 7) braucht die Einstellung des Verfahrens im Hinblick auf den Anfechtungsprozess nicht verzögert zu werden, weil der Verwalter das Prozessführungsrecht trotz Verfahrenseinstellung behält (**BGH** 22. 2. 1973 – VI ZR 165/71, NJW 1973, 1198; 10. 2. 1982 – VIII ZR 158/80, ZIP 1982, 467, 468; RG 17. 9. 1891 – IV 136/91, RGZ 28, 68, 70; vgl auch K/P/B/*Pape* § 210 Rn 13 a–c). Dies ist keineswegs unzweifelhaft, so dass für Anfechtungsprozesse zu prüfen ist, ob nicht eine entsprechende Anwendung der §§ 203, 211 Abs 3 in Betracht gezogen werden muss. Zu welch widersinnigen Ergebnissen die Anwendung des strengen Wortlauts des § 211 Abs 3 S 1 führen kann, zeigt eine mittlerweile rechtskräftige Entscheidung des **OLG** Hamm v 5. 4. 2001 (27 U 168/00, NZI 2001, 373, 374). Danach steht der gegen den früheren Konkursverwalter gerichtete Schadenersatzanspruch wegen Masseverkürzung (§ 82 KO) nach Aufhebung des Verfahrens jedenfalls dann, wenn kein ausgefallener Konkursgläubiger seinen nach der Quote berechneten Einzelschaden geltend macht, in voller Höhe dem vormaligen Gemeinschuldner zu und kann dementsprechend – **bis zu einer eventuellen Anordnung eines Nachtragsverteilungsverfahrens gem § 66 KO** – vom Schuldner eingezogen bzw von einem einzelnen Gläubiger gepfändet werden. Richtig ist, dass nach Aufhebung oder Einstellung des Insolvenzverfahrens jeder einzelne Gläubiger den Ersatzanspruch in Höhe seines Einzelschadens verfolgen darf. Würde man – wie in der Komm zu § 208 Rn 30 näher ausgeführt ist – die Vorschrift des § 92 auf Schadenersatzansprüche von **Massegläubigern analog anwenden** (so auch *Oepen* Rn 201), wäre der Insolvenzverwalter berechtigt, **bei vorbehaltener Nachtragsverteilung** den sogen „Quotenschaden" zugunsten der Massegläubiger zu realisieren und zur Verteilung zu bringen. Ergibt die Realisierung des Schadenersatzanspruchs einen Massebestand, der zugleich auch einen Teil der Insolvenzforderungen iSv § 38 abdeckt, wäre die „**Rückkehr in das frühere Insolvenzverfahren**" zu erwägen (vgl *A. Schmidt* NZI 1999, 442, 444; *Runkel/Schnurbusch* NZI 2000, 49, 53; s auch die Komm zu § 208 unter Rn 31 [späterer Wegfall der Masseunzulänglichkeit]). Schon für das frühere Recht war streitig, ob § 166 KO entsprechend auf die Fälle der Verfahrenseinstellung nach § 204 KO Anwendung finden kann (bejahend *Pape* ZIP 1992, 747; *Kilger/K. Schmidt* § 166 KO Anm 4 u § 204 KO Anm 4; **str aA** *Uhlenbruck* ZIP 1993, 241, 244; K/U § 204 Rn 8). Nach hier vertretener Ansicht sind unter den Begriff der „**nachträglichen Ermittlung von Gegenständen der Insolvenzmasse**" auch die Fälle einzuordnen, in denen Gelder im Wege der Anfechtung in die Masse zurückfließen. Jedenfalls lässt sich aus § 211 Abs 3 S 1 nicht der Schluss herleiten, dass die Insolvenzanfechtung für die Fälle der Masseunzulänglichkeit ausgeschlossen werden sollte (**LG** Hamburg 16. 3. 2001 – 303 O 310/00, ZIP 2001, 711; vgl auch *Ahrend/Struck* ZInsO 2000,

II. Einstellungsvoraussetzungen **§ 212**

264; *Dinstühler* ZIP 1998, 1697, 1705; *A. Schmidt* NZI 1999, 442, 443; *Pape* ZIP 2001, 901; *Uhlenbruck* NZI 2001, 408, 410; MüKoInsO-*Hefermehl* § 211 Rn 21; H/W/F Hdb I8/175; HK-*Landfermann* § 211 Rn 7). Die Auffassung, die die Anfechtung für das masseunzulängliche Verfahren schlechthin ausschließt, hat insoweit keine Probleme. Bejaht man die Zulässigkeit einer Insolvenzanfechtung auch nach Anzeige der Masseunzulänglichkeit, so ist § 211 Abs 3 S 1 dahingehend auszulegen, dass die **Nachtragsverteilung vorbehalten werden** kann. Vertritt man mit K/P/B/*Pape* (§ 211 Rn 7) die Auffassung, dass der Verwalter durch die Verfahrenseinstellung nach § 211 die **Prozessführungsbefugnis für den Anfechtungsprozess nicht verliert**, so bedarf es dieser Auslegung nicht. Jedenfalls aber darf die Führung eines Anfechtungsprozesses die gebotene Verfahrenseinstellung nicht über Jahre hinweg verhindern. Die **Anordnung der Nachtragsverteilung** erfolgt entweder auf Antrag des Verwalters, eines Massegläubigers oder aber von Amts wegen durch das Insolvenzgericht (N/R/*Westphal* § 211 Rn 16; *Hess* § 211 Rn 17; BerlKo-*Breutigam* § 211 Rn 8). Insolvenzgläubiger sind nicht antragsberechtigt. Die **Durchführung der Nachtragsverteilung** erfolgt gem § 211 Abs 3 iVm § 205 durch den **Insolvenzverwalter**. Dieser hat dem Gericht über die Nachtragsverteilung gesondert Rechnung zu legen (*Hess* § 211 Rn 18). War nach Anzeige der Masseunzulänglichkeit vom Verwalter **kein Verteilungsverzeichnis** erstellt worden, so ist er verpflichtet, für die Durchführung der Nachtragsverteilung ein solches zu erstellen (vgl auch K/P/B/*Pape* § 211 Rn 17). Entsprechend § 203 Abs 3 kann von einer **Nachtragsverteilung abgesehen** werden, wenn der zur Verfügung stehende Gegenstand oder Betrag von geringem Wert ist (*Hess* § 211 Rn 19; BerlKo-*Breutigam* § 211 Rn 9). Gegen den die Nachtragsverteilung ablehnenden Beschluss steht dem Antragsteller in entsprechender Anwendung von § 204 die **sofortige Beschwerde** zu (BerlKo-*Breutigam* § 211 Rn 9; *Hess* § 211 Rn 20; N/R/*Westphal* § 211 Rn 17). Gegen die **Anordnung der Nachtragsverteilung** können der Insolvenzverwalter, der Schuldner sowie der antragstellende Massegläubiger entspr §§ 211 Abs 3 S 2, 204 Abs 2 die **sofortige Beschwerde** einlegen (zur Kritik an der Regelung in § 211 Abs 3 vgl *Kluth* ZInsO 2000, 177, 183).

§ 212 Einstellung wegen Wegfalls des Eröffnungsgrunds

¹Das Insolvenzverfahren ist auf Antrag des Schuldners einzustellen, wenn gewährleistet ist, daß nach der Einstellung beim Schuldner weder Zahlungsunfähigkeit noch drohende Zahlungsunfähigkeit noch, soweit die Überschuldung Grund für die Eröffnung des Insolvenzverfahrens ist, Überschuldung vorliegt. ²Der Antrag ist nur zulässig, wenn das Fehlen der Eröffnungsgründe glaubhaft gemacht wird.

I. Allgemeines

Die Vorschrift hat nicht in der KO, wohl aber in § 19 Abs 1 Nr 4 GesO ein Vorbild, wonach die Gesamtvollstreckung einzustellen blieb, wenn der Eröffnungsgrund beseitigt war. § 212 stimmt weitgehend mit § 325 Abs 1 RegE überein; jedoch wurde der 2. Abs aus Gründen der Verfahrensvereinfachung auf Veranlassung des Rechtsausschusses gestrichen (vgl Ausschussber zu § 234 f, BT-Drucks 12/7302, S 181). Die hM zu § 202 KO hatte eine Verfahrenseinstellung auf Antrag des Schuldners bei **Nachweis der Befriedigung sämtlicher Gläubiger** abgelehnt und auch in einem solchen Fall den förmlichen Verfahrensabschluss nach § 202 KO verlangt mit der Folge, dass einzelne Gläubiger durch ihre Zustimmungsverweigerung die Aufhebung des Verfahrens verhindern konnten (zur alten Rechtslage K/U § 202 KO Rn 8; *Jaeger/Weber* § 202 KO Rn 8). Beseitigte der Schuldner bzw das Schuldnerunternehmen den Konkursgrund, zB durch eine Kapitalherabsetzung mit gleichzeitiger Kapitalerhöhung, Rangrücktritte der Gesellschafter oder Besserungsscheine, so konnte der Schuldner von den Gläubigern die Zustimmung verlangen. Obstruktion verpflichtete zum Schadenersatz. Eine alsbaldige Einstellung war nur über den mühsamen Weg des § 894 ZPO möglich, wenn man dem Gericht die Befugnis zuerkannte, sich bei nachgewiesenem Wegfall des Konkursgrundes über die pflichtwidrige Verweigerung der Zustimmung eines Konkursgläubigers hinwegzusetzen und das Verfahren nach § 202 KO einzustellen (*Kilger/K. Schmidt* § 203 KO Anm 2 b bb). Der Gesetzgeber der InsO hat den Mangel des früheren Rechts beseitigt mit der Begründung, die schwerwiegenden Eingriffe, die eine Eröffnung des Insolvenzverfahrens für die Freiheit des redlichen Schuldners zur Verfügung über sein Vermögen mit sich bringe, seien nicht mehr zu rechtfertigen, wenn feststehe, dass ein materielles Insolvenzereignis nicht oder nicht mehr gegeben sei (Begr RegE zu § 325 [§ 212 InsO], abgedr bei K/P, Das neue Insolvenzrecht S 443 = *Uhlenbruck*, Das neue Insolvenzrecht, S 580). § 212 gibt dem Schuldner, sei er natürliche oder juristische Person, nunmehr das Recht, in einem solchen Fall die Einstellung des Verfahrens zu beantragen (vgl N/R/*Westphal* § 212 Rn 1, 2; K/P/B/*Pape* § 212 Rn 1, 2; HK-*Landfermann* § 212 Rn 1, 2).

II. Einstellungsvoraussetzungen

1. Nichtbestehen oder Wegfall des Insolvenzgrundes. In der Überschrift zu § 212 ist zwar von einem **Wegfall des Eröffnungsgrundes** die Rede. Trotzdem entspricht es allgemeiner Auffassung, dass § 212 nicht nur zur Anwendung kommt, wenn der Eröffnungsgrund nachträglich weggefallen oder beseitigt

1

2

worden ist, sondern auch dann, wenn ein Eröffnungsgrund **irrtümlich angenommen** wurde, also die Eröffnungsvoraussetzungen niemals vorlagen (HK-*Landfermann* § 212 Rn 2; K/P/B/*Pape* § 212 Rn 1; *Hess* § 212 Rn 19; N/R/*Westphal* § 212 Rn 3). Zutreffend weist *Hess* (§ 212 Rn 8) darauf hin, dass die praktische Bedeutung der Regelung gering sein dürfte, da nur in den seltensten Fällen nach Verfahrenseröffnung der Insolvenzgrund nachträglich beseitigt wird, wie zB bei natürlichen Personen durch eine nach Verfahrenseröffnung angefallene Erbschaft oder bei Gesellschaften durch Neueinbringung von Kapital bzw Abgabe einer Garantieerklärung der Mutter- zugunsten der insolvent gewordenen Tochtergesellschaft. Ähnlich wie für die Eröffnung des Insolvenzverfahrens das Insolvenzgericht gem § 16 vom Vorliegen eines Eröffnungsgrundes überzeugt sein muss, hat es sich vom **Nichtbestehen oder Wegfall des Insolvenzgrundes** aufgrund sorgfältiger Ermittlungen die Überzeugung zu verschaffen, dass beim Schuldner bzw Schuldnerunternehmen nicht nur keine Zahlungsunfähigkeit oder Überschuldung (mehr) vorliegt, sondern dass auch eine erneute Zahlungsunfähigkeit gem § 18 nicht droht. Mit der Einbeziehung der **drohenden Zahlungsunfähigkeit** in die Aufhebungsgründe hat der Gesetzgeber die Messlatte für die Zulässigkeit einer Verfahrenseinstellung sehr hoch gelegt. Zutreffend wird deshalb in der Literatur eine „**nachhaltige Beseitigung des Eröffnungsgrundes**" verlangt (K/P/B/*Pape* § 212 Rn 5; H/W/F Hdb 3. Aufl 8/149; *Möhlmann* KTS 1998, 373, 374 ff; *Bork*, Einf Rn 307; BerlKo-*Breutigam* § 212 Rn 4; MüKoInsO-*Hefermehl* § 211 Rn 4–6; *Smid* § 212 Rn 1). Es reicht somit nicht für die Verfahrenseinstellung gem § 212 aus, dass die Zahlungsunfähigkeit oder Überschuldung für einen **bestimmten Zeitpunkt** beseitigt wurde und insoweit nur vorübergehend keine erneute Zahlungsunfähigkeit droht. Vielmehr muss sichergestellt sein, dass der Insolvenzgrund einer Zahlungsunfähigkeit bzw Überschuldung dauerhaft und nachhaltig behoben ist und in absehbarer Zeit nicht wieder eintritt (vgl auch **OLG** Dresden 25. 2. 2002 – 13 W 2009/01, DZWiR 2004, 476). Ein Verfahren kann somit nicht eingestellt werden, wenn es sogleich oder in absehbarer Zeit wiederum eröffnet werden müsste (*Bork*, Einf Rn 307).

2a Durch Art 6 Abs 3 iVm Art 7 Abs 2 FMStG und Art 1 SanierungsErlG wurde der Begriff der **Überschuldung** für eine Übergangszeit vom 18. 10. 2008 bis zum 31. 12. 2013 wieder zu einer modifiziert zweistufigen Betrachtung iSd früheren BGH-Rechtsprechung aus der Zeit der KO zurückversetzt (**BGH** 13. 7. 1992 – II ZR 269/91, BGHZ 119, 201, 213 f; 20. 3. 1995 – II ZR 205/94, BGHZ 129, 136, 154). Vgl in den Details die Komm bei § 19 und *Dahl*, NZI 2008, 719. Das ändert nach hier vertretener Ansicht jedoch im Kontext des § 212 für Verfahren, die bereits vor dem 18. 10. 2008 eröffnet wurden, nichts an dem bis dahin geltenden Rechtsstatut (vgl BT-Drs. 16/10.600, S. 21: Gesetzeszweck ist die Vermeidung des Eintrittes einer Insolvenz, nicht die Beseitigung durch sie schon eingetretener Folgen). Insofern war gem § 19 II aF allein die Behauptung, die **Fortführungsprognose** sei positiv, für sich allein nicht geeignet, den Wegfall der „Überschuldung" zu bewirken, die unter Ansatz von Liquidations- und Zerschlagungswerten „rechnerisch" bestand. Maßgeblich bleibt damit für solche Verfahren auch weiterhin die **rechtliche Gesamtbeurteilung des Überschuldungstatbestandes**, der schon begrifflich ein rechnerisches und ein prognostisches Element enthält. Zur Pflicht, auch in dieser Phase des Verfahrens eigenkapitalersetzende Darlehn zu passivieren, s **OLG** Dresden, 25. 2. 2004 – 13 W 2009/01, DZWiR 2004, 476. Demgegenüber erlangt die „Fortführungsprognose" in Verfahren, die im Geltungszeitraum des FMStG (also zwischen dem 18. 10. 2008 und 31. 12. 2010) eröffnet werden, künftig für § 212 ein noch viel stärkeres Gewicht. Die Prognose fällt idR negativ aus, wenn ein Insolvenzverfahren über das Vermögen des Schuldnerunternehmens eröffnet wurde und der Verwalter mangels ausreichender Deckung von Masseverbindlichkeiten den Betrieb tatsächlich schließen muss, also bereits absehbar ist, dass es zu keiner Fortführung kommen kann. Ansonsten erfordert die Prognoserechnung eine nach betriebswirtschaftlichen Gesichtspunkten durchgeführte **Ertrags- und Finanzplanung**. Zusätzlich ist ein aussagekräftiges und plausibles **Unternehmenskonzept** vorzulegen (LG Göttingen 3. 11. 2008 – 10 T 119/08, ZIP 2009, 382). Die gem **BGH** (13. 7. 1992 – II ZR 269/91, BGHZ 119, 201, 213 f) erforderliche, „mittelfristig" ausreichende Finanzkraft liegt nur vor, wenn die Aufrechterhaltung der Zahlungsfähigkeit, die technische und genehmigungsrechtliche Fortführbarkeit des Unternehmens im Übrigen und der Fortführungswille der Geschäftsleitung zumindest im laufenden und im folgenden Geschäftsjahr ganz überwiegend wahrscheinlich sind (vgl IDW EPS 800 Rz. 49 zur drohenden ZU; ferner Hako/*Schröder* § 19 Rn 18).

3 **2. Antrag des Schuldners. a) Antragsberechtigung.** Antragsberechtigt ist nach § 212 S 1 der **Schuldner**. Befinden sich mehrere Personen in der Schuldnerrolle, wie zB die Gesellschafter einer BGB-Gesellschaft, einer OHG oder die persönlich haftenden Gesellschafter einer KG oder Miterben, so müssen **alle diese Personen** den Antrag stellen. Bei **juristischen Personen** muss der Antrag von **sämtlichen organschaftlichen Vertretern** gestellt werden (MüKoInsO-*Hefermehl* § 212 Rn 7; N/R/*Westphal* § 212 Rn 6; K/P/B/*Pape* § 212 Rn 3; vgl auch **OLG** Celle v 7. 9. 2000 – 2 W 69/00, ZIP 2000, 1943 zur Doppelinsolvenz von Komplementärin und ihrer KG). Es genügt nicht, dass nur einzelne vertretungsberechtigte Geschäftsführer oder Vorstandsmitglieder einer Gesellschaft den Antrag stellen. Ursprünglich sah § 325 Abs 2 RegE vor, dass, wenn der Schuldner keine natürliche Person ist, auch jede am Schuldner beteiligte Person antragsberechtigt ist. Damit sollte zB der Muttergesellschaft eines insolventen Unternehmens die Möglichkeit gegeben werden, die Einstellung des Insolvenzverfahrens zu erreichen, wenn sie durch eine

II. Einstellungsvoraussetzungen § 212

Garantieerklärung gegenüber den Gläubigern des insolventen Tochterunternehmens den Eröffnungsgrund beseitigt hat. Auf Veranlassung des Rechtsausschusses ist § 325 Abs 2 jedoch nicht Gesetz geworden, so dass Gesellschafter juristischer Personen oder Personen im Konzernverbund nicht zur Antragstellung berechtigt sind (MüKoInsO-*Hefermehl* § 212 Rn 7). Die Antragsberechtigung der organschaftlichen Vertreter juristischer Personen, nicht rechtsfähiger Vereine sowie der Gesellschafter von Gesellschaften ohne Rechtspersönlichkeit (§ 11 Abs 2 Nr 1) gehört zu den Verfahrensrechten, die auch dann fortbestehen, wenn das Anstellungsverhältnis vom Insolvenzverwalter gekündigt, aber das Organschaftsverhältnis noch nicht beendet wurde. Andererseits erwirbt, etwa bei der GmbH & Co KG, der **Insolvenzverwalter** bei der Komplementär-GmbH zwar gem § 80 InsO Verfügungsmacht, jedoch **nicht die Stellung eines antragsbefugten Gesellschaftsorgans** (vgl *Ries* ZInsO 2007, 414, 415; *ders* Betrifft Justiz 2006, 406, 408). Dies bringt im Einzelfall vor allem dann Probleme, wenn bisherige Geschäftsführer aus der Gesellschaft nicht nur aufgrund der Kündigung durch den Insolvenzverwalter, sondern mit Billigung der Gesellschafter ganz aus der Organstellung ausgeschieden sind. Im Interesse einer praktischen Handhabung wird man annehmen dürfen, dass zum Antrag diejenigen **organschaftlichen Vertreter berechtigt** bleiben, die die Gesellschaft auch im Rahmen des Insolvenzverfahrens weiterhin vertreten und zum Zeitpunkt der Antragstellung dem Pflichtkreis gem §§ 97, 101 Abs 1 S 1 unterlagen. Bei der GmbH & Co KG muss der Antrag namens der früheren GmbH-Geschäftsführer gestellt werden, auch wenn die Komplementär-GmbH selbst insolvent geworden ist (vgl **OLG Celle** v 7. 9. 2000 – 2 W 69/00, ZIP 2000, 1943; K/P/B/*Pape* § 212 Rn 4). Der Insolvenzverwalter über das Vermögen der Komplementär-GmbH ist jedenfalls nicht berechtigt, im Insolvenzverfahren der KG den Einstellungsantrag allein zu stellen. Zulässig ist es, dass der Einstellungsantrag von einem **Verfahrensbevollmächtigten** gestellt wird, wenn er von allen organschaftlichen Vertretern gemeinschaftlich bevollmächtigt wurde.

b) Zeitpunkt der Antragstellung. Der Einstellungsantrag nach § 212 ist zu Beginn des Verfahrens an 4 keinen bestimmten Zeitpunkt gebunden. Da der Einstellungsbeschluss vor Ablauf der Anmeldefrist ergehen kann, ist der Schuldner bereits antragsberechtigt, wenn die Anmeldefrist noch gar nicht abgelaufen ist. Andererseits muss der Antrag für den Schuldner eine Verfahrenserleichterung und -beschleunigung bewirken. Wo ein regulärer Verfahrensabschluss materiell vergleichbare Folgen zeitigt und ebenso schnell erreichbar ist, weil der Verwalter beispw. schon den Schlussbericht nebst Schlussrechnung vorgelegt hat (§§ 196 ff), wird iaR das Rechtsschutzbedürfnis fehlen (vgl auch nachf Rn 6).

c) Form des Einstellungsantrags. Eine besondere Form für den Einstellungsantrag schreibt das Gesetz 5 nicht vor. Es genügt deshalb ein **formloser Antrag** an das Insolvenzgericht (HaKo/*Weitzmann* § 212 Rn 3; BerlKo-*Breutigam* § 212 Rn 7). Der Antrag kann **schriftlich** an das Insolvenzgericht gerichtet, aber auch zu Protokoll der Geschäftsstelle (Service-Einheit) erklärt oder in der Gläubigerversammlung mündlich erklärt werden (*Hess* § 212 Rn 13). Der Antrag muss jedoch eindeutig erkennen lassen, dass die Verfahrenseinstellung verlangt wird und dass der Eröffnungsgrund weggefallen ist. Ein Antrag durch **schlüssiges Verhalten**, etwa durch unterlassen Widerspruch gegen eine auf Verfahrenseinstellung abzielende Anregung der Gläubiger, ist nicht ausreichend (*Hess* § 212 Rn 14). Eine Rücknahme des Antrags ist bis zur Entscheidung des Gerichts möglich (*Hess* § 212 Rn 15).

d) Rechtsschutzbedürfnis. Für den Einstellungsantrag nach § 212 ist, obgleich im Gesetz nicht beson- 6 ders zum Ausdruck gekommen, ein Rechtsschutzbedürfnis zu verlangen. Ansonsten bestünde die Gefahr, dass organschaftliche Vertreter juristischer Personen das Antragsrecht **missbrauchen**, vor allem wenn die Gesellschafter/Geschäftsführer Inanspruchnahmen durch den Verwalter wegen persönlicher Durchgriffshaftung aus dem Wege gehen wollen. Damit würden sie im Einzelfall Verkaufsbemühungen des Verwalters stören und die Herrschaft über die Masse zurückgewinnen (instruktiv **OLG Celle** 7. 9. 2000 – 2 W 69/00, ZIP 2000, 1943, 1945; s a K/P/B/*Pape* § 212 Rn 8; MüKoInsO-*Hefermehl* § 212 Rn 9, HaKo/*Weitzmann* § 212 Rn 3). Das **OLG Celle** weist in seiner Entscheidung ausdrücklich darauf hin, dass Anträge nach § 212 vielfach die **Gefahr der Verschleppung und nachhaltigen Störung der Insolvenzabwicklung** in sich bergen. Vor allem muss verhindert werden, dass sie sich unzulässig wiederholen (vgl K/P/B/*Pape* § 212 Rn 8). Zutreffend weist *Pape* (K/P/B/*Pape* § 212 Rn 8 b) darauf hin, dass die Regelung in § 212 jedenfalls nicht dazu dient, dem Schuldnerunternehmen Zeit für Sanierungsbemühungen zu verschaffen. Dem Schuldner ist es unbenommen, die Sanierung und vorzeitige Verfahrensaufhebung durch einen Insolvenzplan herbeizuführen (vgl 258). § 212 regelt nur den Fall, dass der Insolvenzgrund entweder nicht bestanden hat oder nachhaltig beseitigt wurde. Ein Rechtsschutzbedürfnis ist somit für Anträge nach § 212 zu verneinen, wenn ständig Anträge auf Verfahrenseinstellung an das Insolvenzgericht gestellt werden, die sich auf **ungewisse Sanierungszusagen** stützen (K/P/B/*Pape* § 212 Rn 8 b). Nach zutreffender Auffassung des **OLG Celle** (7. 9. 2000 – 2 W 69/00, ZIP 2000, 1943, 1945) darf der Schuldner einen Antrag auf Einstellung des Verfahrens gem § 212 auch nicht dazu verwenden, vom Verwalter lediglich **Auskünfte** über die Höhe der Verbindlichkeiten zu erzwingen. In solchen Konstellationen gibt der Schuldner im Gegenteil zu erkennen, dass er über den genauen Schuldenstand nicht informiert ist und sich zur Frage einer dauerhaften und nachhaltigen Beseitigung der Eröffnungsgründe gar nicht äußern kann.

7   e) **Glaubhaftmachung der Einstellungsvoraussetzungen.** Mit dem Antrag hat der Schuldner bzw das Schuldnerunternehmen nicht nur darzulegen, sondern auch gem § 212 S 2 mit den Mitteln des § 294 ZPO glaubhaft zu machen, dass entweder der Eröffnungsgrund vor Verfahrenseröffnung nicht vorgelegen hat oder nach Verfahrenseröffnung weggefallen ist. **Glaubhaftmachung** bedeutet, dass der Schuldner nachzuweisen hat, dass die von ihm behauptete Beseitigung des Insolvenzgrundes **ganz überwiegend wahrscheinlich** ist (K/P/B/*Pape* § 212 Rn 7). Die Glaubhaftmachung des Fehlens oder Wegfalls eines Eröffnungsgrundes ist **Zulässigkeitsvoraussetzung** für den Einstellungsantrag (OLG Celle ZIP 2000, 1943, 1944 = NZI 2001, 28, 29 = ZInsO 2000, 558; N/R/*Westphal* § 212 Rn 7; FK-*Kießner* § 212 Rn 7; K/P/B/*Pape* § 212 Rn 7; MüKoInsO-*Hefermehl* § 212 Rn 10). An die **Glaubhaftmachung** sind **strenge Anforderungen** zu stellen. Der Schuldner kann sich gem § 294 Abs 1 ZPO aller Beweismittel bedienen, auch der **Versicherung an Eides statt**. Allerdings ist dieser nur ein geringer Beweiswert beizumessen, weil einmal die Gefahr des Missbrauchs besteht, zum andern aber das Gericht auch kaum die Möglichkeit besitzt, die Richtigkeit der Angaben selbst nachzuprüfen. Es würde zudem Sinn und Zweck des § 212 widersprechen, wenn das Insolvenzgericht allein durch eine eidesstattliche Versicherung verpflichtet werden könnte, nunmehr gem § 5 Abs 1 neue Amtsermittlungen zu tätigen und die Richtigkeit der Angaben nachzuprüfen (vgl auch K/P/B/*Pape* § 212 Rn 7). Eine Beweisaufnahme, die nicht sofort erfolgen kann, ist unzulässig (§ 294 Abs 2 ZPO). Hinsichtlich der Einstellung sieht sich der Schuldner oder das Schuldnerunternehmen letztlich strengeren Anforderungen gegenüber als bei einem Eigenantrag im Eröffnungsverfahren (N/R/*Westphal* § 212 Rn 7). IdR kann die Glaubhaftmachung des Wegfalls eines Insolvenzgrundes nur durch die **Vorlage eines fachmännisch aufbereiteten Überschuldungsstatus oder eines Finanz- bzw Liquiditätsplans** erfolgen (*Möhlmann* KTS 1998, 373, 374). Bei Verfahrenseröffnung wegen **Zahlungsunfähigkeit** hat der Schuldner glaubhaft zu machen, dass die Liquidität nachhaltig und dauerhaft wieder hergestellt wurde. Vorhandene **Urkunden** wie zB Bürgschaften, Patronatserklärungen, Rangrücktrittserklärungen oder Besserungsscheine sind dem Gericht ebenso vorzulegen wie ein **Sachverständigengutachten**, das die Beseitigung des Insolvenzgrundes bestätigt. Dasselbe gilt für unbedingte Kapitalerhöhungserklärungen der Gesellschafter (OLG Celle v 7. 9. 2000, NZI 2001, 28, 29). Auch präsente Zeugen können beigebracht werden, die die Darlegungen des Schuldners bzw des Schuldnervertreters bestätigen, wie zB der Leiter des Rechnungswesens. Wird geltend gemacht, der Insolvenzgrund der Zahlungsunfähigkeit sei beseitigt, muss darauf geachtet werden, dass nicht etwa durch Neuaufnahme von Krediten stattdessen eine **Überschuldung** eintritt. Nicht selten wird eine angebliche nachhaltige Sanierung behauptet, obgleich nur ein Insolvenzgrund gegen den anderen ausgetauscht wurde. Beruft sich der Schuldner bzw das Schuldnerunternehmen auf den **Wegfall der Überschuldung**, so wird das Gericht die Vorlage eines **Überschuldungsstatus** verlangen müssen, der mit einer eingehenden Erläuterung der neuen Fortführungsprognose verbunden ist. Da die Glaubhaftmachung eine mindere Form der Beweisführung ist, hat sich das Gericht aufgrund eigener amtswegiger Ermittlungen (§ 5 Abs 1) die **notwendige Überzeugung vom Vorliegen des Einstellungsgrundes** zu verschaffen. Zwar fehlt eine dem § 16 entsprechende Vorschrift für das Einstellungsverfahren, jedoch darf die Einstellung nicht erfolgen, wenn nicht die **Insolvenzgründe tatsächlich weggefallen** sind. Auf die Einschaltung eines Sachverständigen wird das Gericht idR nicht verzichten können (vgl auch N/R/*Westphal* § 212 Rn 4; *Hess* § 212 Rn 20; H/W/F Hdb 3. Aufl 8/150). Die Einholung einer Stellungnahme des Insolvenzverwalters ist gesetzlich nicht zwingend vorgeschrieben, jedoch unbedingt ratsam (*Hess* § 212 Rn 22). Hält das Gericht die vom Schuldner oder Schuldnerunternehmen vorgelegten Unterlagen und Erklärungen für eine Glaubhaftmachung des Wegfalls des Eröffnungsgrundes nicht für ausreichend, so hat es den Einstellungsantrag als unzulässig zurückzuweisen. Nach § 216 Abs 2 steht gegen diese Entscheidung dem Schuldner die **sofortige Beschwerde** zu.

III. Das gerichtliche Einstellungsverfahren

8   Die verfahrensmäßige Behandlung von Einstellungsanträgen nach § 212 richtet sich nach den §§ 214–216 (dazu *Frege/Keller/Riedel* HRP Rn 1808 ff; *Gottwald/Klopp/Kluth* InsRHdb § 74 Rn 60; MüKoInsO-*Hefermehl* § 212 Rn 12). Bestehen bei dem Schuldner mehrere organschaftliche Vertreter, müssen sie alle gemeinsam den Antrags stellen (K/P/B/*Pape* § 212 Rn 3; *Hess* § 212 Rn 16; HaKo/*Weitzmann* § 212 Rn 3). Gem § 214 Abs 1 S 1 ist der Antrag auf Einstellung des Verfahrens wegen Wegfalls des Eröffnungsgrundes **öffentlich bekannt** zu machen. Durch das InsOVereinfG 2007 wurde mit Wirkung ab dem 1. 7. 2007 § 9 Abs 1 S 1 neu gefasst. Demnach erfolgen öffentliche Bekanntmachungen nur noch durch zentrale und länderübergreifende Veröffentlichungen **im Internet (www.insolvenzbekanntmachungen.de)**. Gem Art 103 c Abs 1 EGInsO gilt diese Neuregelung auch in allen bereits laufenden Verfahren. Die Veröffentlichung erfolgt nur, wenn das Gericht die Zulässigkeit des Antrags geprüft und bejaht hat (OLG Celle v 7. 9. 2000, NZI 2001, 28, 29; K/P/B/*Pape* § 212 Rn 10; HaKo/*Weitzmann* § 212 Rn 5). Die Insolvenzgläubiger können binnen **einer Woche** nach der öffentlichen Bekanntmachung gem § 214 Abs 1 S 3 schriftlich oder zu Protokoll der Geschäftsstelle (Service- Einheit) **Widerspruch** gegen den Antrag erheben. Massegläubiger haben kein Widerspruchsrecht (K/P/B/*Pape* § 212 Rn 11). Gleiches gilt für dinglich gesicherte Gläubiger, die keine persönliche Forderung gegen den Schuldner oder das Schuldnerunternehmen haben (N/R/*Westphal* § 214 Rn 5). Auch die **nachrangigen**

V. *Rechtsfolgen der Verfahrenseinstellung nach § 212* § 212

Insolvenzgläubiger iSv § 39 haben kein Widerspruchsrecht, sofern keine gerichtliche Anmeldeaufforderung nach § 174 Abs 3 S 1 in Betracht kam (K/P/B/*Pape* § 212 Rn 12; HK-*Landfermann* § 214 Rn 2). Der Widerspruch ist **kein Rechtsmittel**. Er kann schriftlich oder zu Protokoll der Geschäftsstelle (Service-Einheit) erklärt werden. Ein erklärter Widerspruch gebietet, dass das Gericht anhand der vorgebrachten Einwendungen die glaubhaft gemachte Beseitigung der Insolvenzgründe von Amts wegen erneut überprüft und sich über die Begründetheit des Antrages nochmalig Klarheit verschafft. Nach K/P/B/*Pape* (§ 212 Rn 14) ist es dem Gläubiger gestattet, seinen Widerspruch auch durch **Gegenglaubhaftmachung** zu untermauern. Nach § 214 Abs 2 S 1 sind vor der Entscheidung über die Einstellung der Antragsteller, der Insolvenzverwalter und der Gläubigerausschuss, falls ein solcher bestellt ist, **anzuhören**. Die Anhörung dient der Beseitigung letzter Zweifel über den Wegfall der Insolvenzgründe. Können Unklarheiten und Zweifel nicht beseitigt werden, hat das Gericht weitere Amtsermittlungen nach § 5 Abs 1 anzustellen (K/P/B/*Pape* § 212 Rn 15). Nach zutreffender Feststellung von *Pape* (K/P/B/*Pape* § 212 Rn 15) ist „bei der Einstellung nach § 212 höchste Vorsicht geboten, weil das Vorliegen eines Insolvenzgrundes schon einmal festgestellt worden ist". Gem § 214 Abs 3 hat vor der Einstellung des Verfahrens der Verwalter die **unstreitigen Masseansprüche zu berichtigen** und für die streitigen Masseansprüche Sicherheit zu leisten. Deshalb hat das Gericht vor der Einstellung auch die **Vergütung und Auslagen** des Insolvenzverwalters und der Mitglieder des Gläubigerausschusses festzusetzen (K/P/B/*Pape* § 212 Rn 16; MüKoInsO-*Hefermehl* § 214 Rn 17; *Hess* § 214 Rn 29; HaKo/*Weitzmann* § 214 Rn 7). Für die **Sicherstellung der streitigen Masseverbindlichkeiten** greifen die §§ 232 ff BGB ein (K/P/B/*Pape* § 212 Rn 16; *Hess* § 214 Rn 31; MüKoInsO-*Hefermehl* § 214 Rn 18). Besonderes Augenmerk hat der Verwalter darauf zu richten, dass aus seiner Tätigkeit keine unerledigten Massesteuern mehr offen stehen (HaKo/*Weitzmann* § 212 Rn 8).

IV. Rechtsmittel

Ob und welche Rechtsmittel gegen den Einstellungsbeschluss und gegen die Ablehnung der Einstellung gegeben sind, richtet sich nach § 216. Jedem Insolvenzgläubiger steht die **sofortige Beschwerde** zu, die gem § 11 Abs 1 RPflG auch eingreift, wenn der Rechtspfleger entschieden hat. Die Entscheidung über die Einstellung erfolgt durch den **Rechtspfleger** bzw die **Rechtspflegerin** (Einzelheiten bei K/P/B/*Pape* § 212 Rn 21). Der **Insolvenzverwalter** hat **kein Beschwerderecht**. Er kann seine Einwendungen lediglich nach § 214 Abs 2 S 1 im Rahmen der Anhörung vorbringen. Weist das Insolvenzgericht den Antrag des Schuldners bzw Schuldnerunternehmens als unzulässig oder aber als unbegründet zurück, so steht dem Schuldner bzw dem Schuldnerunternehmen gegen den zurückweisenden Beschluss das Recht der **sofortigen Beschwerde** nach § 216 Abs 2 zu.

9

V. Rechtsfolgen der Verfahrenseinstellung nach § 212

Mit der Wirksamkeit des Einstellungsbeschlusses fällt die **Verwaltungs- und Verfügungsbefugnis** an den Schuldner zurück, da die Wirkungen des § 80 entfallen sind. Das geschieht bereits mit dem Wirksamwerden des Beschlusses (§ 9 Abs 1 S 3) und nicht erst mit der Rechtskraft, so dass der Schuldner zunächst die volle Verfügungsbefugnis wiedererlangt, auch wenn der Einstellungsbeschluss später im Beschwerdeverfahren wieder aufgehoben wird (K/P/B/*Pape* § 212 Rn 18). Der Schuldner erlangt zugleich auch das **Prozessführungsrecht** zurück. Von daher ist es dem Insolvenzverwalter verwehrt, anhängige Aktivprozesse für die Masse, vor allem Anfechtungsklagen gem §§ 129 ff, selbst noch weiterzuführen (N/R/*Westphal* § 215 Rn 15; K/P/B/*Pape* § 212 Rn 19). Andererseits ist auch der Schuldner nicht berechtigt, einen Insolvenzunterbrechung fortzusetzen. Er muss dann der **Hauptsache für erledigt** erklären mit dem Ziel einer für ihn günstigen Kostenentscheidung (**RG** 21. 10. 1902 – VII 133/02, RGZ 52, 330, 333; N/R/*Westphal* § 215 Rn 13). Im Übrigen werden vom Insolvenzverwalter geführte **laufende Aktiv- und Passivprozesse** entsprechend §§ 239, 242 ZPO unterbrochen (**BGH** 10. 2. 1982 – VIII ZR 158/80, NJW 1982, 1765, 1766; N/R/*Westphal* § 215 Rn 14). Der Schuldner kann die Prozesse nach §§ 240, 250 ZPO aufnehmen und im eigenen Namen weiterführen (N/R/*Westphal* § 215 Rn 14). Nur wenn sich der Insolvenzverwalter durch einen Anwalt hat vertreten lassen und diesem Prozessvollmacht erteilt hatte, tritt die Verfahrensunterbrechung nicht ein, diese Prozessvollmacht wirkt zum Widerruf durch den Schuldner fort (*Häsemeyer* InsR Rn 7.71). Im Übrigen bleiben **sämtliche Rechtshandlungen des Insolvenzverwalters**, die dieser während des eröffneten Insolvenzverfahrens vorgenommen hat, wie zB die Ausübung des Wahlrechts nach § 103 oder die Kündigung eines Dienstvertrages nach § 113, wirksam. Auch Verpflichtungsgeschäfte des Verwalters binden den Schuldner oder das Schuldnerunternehmen nach Aufhebung des Verfahrens. Mit der Einstellung des Verfahrens erwächst dem Insolvenzverwalter die **Pflicht**, alle erforderlichen Maßnahmen zu treffen, damit der Schuldner bzw das Schuldnerunternehmen die rechtlich wiedererlangte Verfügungsgewalt über das eigene Vermögen auch tatsächlich wieder ausüben können (vgl **OLG** Celle v 5. 5. 1972, KTS 1972, 265; N/R/*Westphal* § 215 Rn 16; K/P/B/*Pape* § 212 Rn 19). Zutreffend spricht das **OLG** Celle von einem „**Abwicklungsverhältnis**" zwischen dem bisherigen Insolvenzverwalter und dem bisherigen Insolvenzschuldner. Ebenso wie sich der Verwalter nicht in den Besitz des Schuldnervermögens auf-

10

grund verbotener Eigenmacht setzen kann, ist es dem Schuldner verwehrt, sich mit Gewalt wieder in den Besitz der bisherigen Insolvenzmasse zu setzen (§ 858 Abs 1 BGB). Verweigert der Verwalter die Herausgabe, hat der Schuldner Herausgabeklage zu erheben (N/R/*Westphal* § 215 Rn 16). Näheres zu **Verfügungen des Schuldners während des eröffneten Verfahrens**, die gem § 81 unwirksam waren, siehe nachfolgend bei § 215 Rn 7 aE. Mit der Verfahrenseinstellung können die **Insolvenzgläubiger** ihre Forderungen wieder uneingeschränkt gegen den Schuldner oder das Schuldnerunternehmen geltend machen und in das Schuldnervermögen vollstrecken. Hatte der allgemeine Prüfungstermin bereits tattgefunden, so gelten für die **zur Tabelle festgestellten Forderungen** die §§ 201, 202 mit der Folge, dass bisherige Insolvenzgläubiger aus dem vollstreckbaren Tabellenauszug vollstrecken können. In entsprechender Anwendung von § 201 Abs 2 S 3 kann der **Antrag auf Erteilung einer vollstreckbaren Ausfertigung** aus der Tabelle erst nach der Einstellung des Insolvenzverfahrens gestellt werden (vgl auch N/R/*Westphal* § 215 Rn 20; K/P/B/*Pape* § 212 Rn 20). Eine **Restschuldbefreiung** ist im Fall einer Einstellung nach § 212 nicht mehr möglich, denn der Schuldner hat gegenüber dem Gericht glaubhaft gemacht, dass er über ausreichende Mittel verfügt, um seine Verbindlichkeiten zu erfüllen. Ein mit dem Insolvenzantrag gleichzeitig gestellter Antrag auf Restschuldbefreiung wird mit der Einstellung des Insolvenzverfahrens nach § 212 automatisch hinfällig (vgl auch K/P/B/*Pape* § 212 Rn 20).

§ 213 Einstellung mit Zustimmung der Gläubiger

(1) ¹Das Insolvenzverfahren ist auf Antrag des Schuldners einzustellen, wenn er nach Ablauf der Anmeldefrist die Zustimmung aller Insolvenzgläubiger beibringt, die Forderungen angemeldet haben. ²Bei Gläubigern, deren Forderungen vom Schuldner oder vom Insolvenzverwalter bestritten werden, und bei absonderungsberechtigten Gläubigern entscheidet das Insolvenzgericht nach freiem Ermessen, inwieweit es einer Zustimmung dieser Gläubiger oder einer Sicherheitsleistung gegenüber ihnen bedarf.

(2) Das Verfahren kann auf Antrag des Schuldners vor dem Ablauf der Anmeldefrist eingestellt werden, wenn außer den Gläubigern, deren Zustimmung der Schuldner beibringt, andere Gläubiger nicht bekannt sind.

I. Allgemeines

1   Das Insolvenzverfahren dient nur den Interessen der **Verfahrensbeteiligten.** Wo sie mit einer vorzeitigen Verfahrensbeendigung einverstanden sind, besteht kein öffentliches Bedürfnis mehr an dessen Fortsetzung (HK-*Landfermann* § 213 Rn 1). § 213 entspricht weitgehend der früheren Regelung in § 202 KO. Danach war auf Antrag des Schuldners die Einstellung des Verfahrens möglich, wenn er die Zustimmung aller Anmeldegläubiger beibrachte (ähnlich § 19 Abs 1 Nr 4 1). Darüber hinaus sieht § 213 Abs 1 S 2 inzwischen vor, dass das Insolvenzgericht über die Frage, inwieweit die Zustimmung von **absonderungsberechtigten Insolvenzgläubigern** erforderlich oder eine Sicherstellung ihrer Ansprüche angezeigt ist, nach freiem Ermessen entscheidet (K/P/B/*Pape* § 213 Rn 1; BerlKo-*Breutigam* § 213 Rn 12). Nach der Begr zu § 326 RegE (§ 213 InsO) kann die Zustimmung eines Insolvenzgläubigers, der zugleich zur abgesonderten Befriedigung berechtigt ist, im Einzelfall für entbehrlich erklärt werden. Andererseits kann „auch die Zustimmung eines absonderungsberechtigten Gläubigers, dem der Schuldner nicht persönlich haftet, verlangt werden. Entscheidend sollte sein, ob der Gläubiger ein berechtigtes Interesse an der zumindest zeitweiligen Fortsetzung des Verfahrens hat" (BT-Drs 12/2442, 221). Dieses Interesse könne daraus folgen, dass eine Ausfallforderung gegen den Schuldner nicht voll gedeckt sei. Es könne sich zB auch daraus ergeben, dass eine vom Verwalter begonnene Verwertung von dinglichen Sicherheiten zu Ende geführt werden sollte oder dass eine Gesamtverwertung der belasteten Gegenstände für die Gläubiger vorteilhaft wäre (vgl auch BerlKo-*Breutigam* § 213 Rn 12; N/R/*Westphal* § 213 Rn 4; *Hess* § 213 Rn 3 u 30–37).

II. Einstellung nach Ablauf der Anmeldefrist (Abs 1)

2   Über § 213 gibt es keine Einstellung des Verfahrens von Amts wegen, auch nicht auf Anregung aller Gläubiger (MüKoInsO-*Hefermehl* § 213 Rn 5; *Hess* § 213 Rn 4). § 213 Abs 1 regelt als „**Normalfall**", dass die **Anmeldefrist** abgelaufen sein muss, bevor der Schuldner die Verfahrenseinstellung beantragen und das Gericht sie beschließen darf. Insgesamt müssen hierzu folgende Voraussetzungen erfüllt sein:

3   **1. Antrag des Schuldners.** § 213 setzt – ebenso wie bei der Einstellung nach § 212 – einen **Antrag des Schuldners** voraus. Antragsberechtigt sind bei Personengesellschaften sämtliche Personen, die sich in der Rolle des Schuldners befinden, also Gesellschafter einer oHG, persönlich haftende Gesellschafter einer KG, Gesellschafter einer BGB-Gesellschaft oder Miterben, bei juristischen Personen **sämtliche organschaftlichen Vertreter** (vgl hierzu die Komm zu § 212 Rn 3).

II. Einstellung nach Ablauf der Anmeldefrist (Abs 1) § 213

2. Ablauf der Anmeldefrist. Nach § 213 Abs 1 ist für die Verfahrenseinstellung durch das Gericht die 4 Zustimmung aller Insolvenzgläubiger iSv § 38 erforderlich. Maßgeblich ist ihr **Verzicht auf die Weiterführung des Verfahrens** (K/P/B/*Pape* § 213 Rn 3; BerlKo-*Breutigam* § 213 Rn 8; HaKo/*Weitzmann* § 213 Rn 3; Braun/*Kießner* § 213 Rn 6; *Haarmeyer* ZInsO 2009, 557). Die Anmeldefrist nach § 28 Abs 1 muss **vor der gerichtlichen Einstellungsentscheidung** abgelaufen sein, nicht aber unbedingt vor der Stellung des Einstellungsantrags (*Hess* § 213 Rn 9; MüKoInsO-*Hefermehl* § 213 Rn 7; N/R/*Westphal* § 213 Rn 6). Der Ablauf der Anmeldefrist ist im Normalfall des § 213 Abs 1 somit zugleich der frühest mögliche Einstellungszeitpunkt. Im Übrigen kann der Einstellungsantrag nach diesem Zeitpunkt noch in jeder Lage des Verfahrens gestellt werden (BerlKo-*Breutigam* § 213 Rn 2; Gottwald/*Klopp/ Kluth* InsRHdb § 74 Rn 66). Wo ein regulärer Verfahrensabschluss materiell vergleichbare Folgen zeitigt und ebenso schnell erreichbar ist, weil der Verwalter bspw schon den Schlussbericht nebst Schlussrechnung vorgelegt hat (§§ 196 ff), wird jedoch iaR das Rechtsschutzbedürfnis fehlen (vgl auch vorstehend § 212 Rn 6; zT noch abw die Vorauflu N/R/*Westphal* § 213 Rn 6).

3. Zustimmung aller Insolvenzgläubiger. a) Gläubiger angemeldeter Forderungen. § 213 Abs 1 ver- 5 langt für die Verfahrenseinstellung einen Verzicht auf Verfahrensfortsetzung durch diejenigen Gläubiger, die ihre Forderungen zur Tabelle angemeldet haben und nach wie vor **materiell-rechtlich Forderungsinhaber** sind (K/P/B/*Pape* § 213 Rn 4; MüKoInsO-*Hefermehl* § 213 Rn 10; HaKo/*Weizmann* § 213 Rn 4). Der Zustimmung eines Gläubigers, der nach Anmeldung seiner Forderung vom Schuldner oder von dritter Seite (zB von einem Bürgen) voll befriedigt wurde oder auf andere Weise (zB durch Erlass oder Aufrechnung) sein Forderungsrecht verloren hat, bedarf es nicht (**OLG Dresden LZ 1925, 53**; *Jaeger/Weber* §§ 202, 203 KO Rn 2; MüKoInsO-*Hefermehl* § 213 Rn 10; *Hess* § 213 Rn 12). Gläubiger mit **betagten oder bedingten Insolvenzforderungen**, die ihre Forderungen angemeldet haben, müssen der Einstellung ebenfalls zustimmen (*Jaeger/Weber* §§ 202, 203 KO Rn 4; K/P/B/*Pape* § 213 Rn 4). Das Gericht ist nicht berechtigt, von Amts wegen **Forderungen** zu berücksichtigen, die nicht **zur Tabelle angemeldet** wurden (K/P/B/*Pape* § 213 Rn 4; N/R/*Westphal* § 213 Rn 3). Zweifelhaft ist, ob das Gericht den Insolvenzgläubigern zeitlich noch Gelegenheit geben muss, ihre Forderungen anzumelden (so N/R/*Westphal* § 213 Rn 3). Durch weitere nachträgliche Anmeldungen und eventuelle Prüfungstermine würde die Verfahrenseinstellung nur weiter verzögert. Richtigerweise muss das Gericht den **nachrangigen Insolvenzgläubigern** gem § 174 Abs 3 S 1 die Gelegenheit zur Verfahrensteilnahme geben und sie zur Anmeldung ihrer Ansprüche auffordern, wenn ernstlich in Betracht kommt, dass Nachranggläubiger auch in einem normal fortgesetzten Regelverfahren wegen potenzieller Dividendenaussicht möglicherweise zu beteiligen wären (in diesem Sinne wohl auch FK-*Kießner* § 213 Rn 6; Graf-Schlicker/*Mäusezahl* § 213 Rn 4; zu weitgehend N/R/*Westphal* § 213 Rn 3; HK-*Landfermann* § 213 Rn 6 u *Hess* § 213 Rn 14, die generell immer die Beteiligung von Nachranggläubigern verlangen). Anders als im Kontext des § 212 steht hier keine Beseitigung der Insolvenzgründe iSe vollständigen Befriedigungsaussicht in Rede und man darf die vom Gesetzgeber geschaffene Möglichkeit, das Verfahren beschleunigt zu beenden, nicht über ein unnötig aufgeblähtes Restverfahren konterkarrieren.

Wer als Insolvenzgläubiger seine Forderung nicht anmeldet, darf nicht erwarten, dass das Insolvenz- 5a verfahren nur wegen seines Anspruchs fortgeführt wird (N/R/*Westphal* § 213 Rn 3). Ist eine **Forderung bereits angemeldet, aber noch ungeprüft**, muss der Schuldner die Zustimmung des Gläubigers – der mit der Anmeldung immerhin schon seinen Willen zur Verfahrensteilnahme bekundet – beibringen (arg a fortiori § 213 Abs 2; vgl auch Braun/*Kießner* § 213 Rn 6; HaKo/*Weitzmann* § 213 Rn 4). Ist die angemeldete Forderung schon „geprüft" und haben sie der Schuldner oder der Insolvenzverwalter per Widerspruch **Forderung bestritten**, entscheidet gem § 213 Abs 1 S 2 das Gericht nach sachgerecht auszuübendem Ermessen, ob es der Zustimmung auch dieses Anmeldegläubigers bedarf. Dazu muss sich das Gericht von Amts wegen einen Eindruck verschaffen, inwieweit dem Bestreitenden sachgerechte Gründe für den Widerspruch zur Seite standen (ähnlich Braun/*Kießner* § 213 Rn 7; HK-*Landfermann* § 213 Rn 7: Schutz des Gläubigers vor willkürlichem Bestreiten). Man wird dabei weitgehend auf die Grundsätze rekurrieren können, die gem § 77 Abs 2 S 2 in der Frage der Feststellung des Stimmrechtes zur Gläubigerversammlung Anwendung finden. Demnach ist bei verbleibenden Zweifeln an der Richtigkeit des Widerspruches die Zustimmung dieses Gläubigers oder ihm gegenüber das Stellen einer Sicherheitsleistung zu fordern (vgl K/P/B/*Pape* § 213 Rn 6). Das **materielle Erlöschen** einer bereits zur Tabelle festgestellten Forderung ist stets vom Schuldner nachzuweisen. Der **Zustimmung der Massegläubiger** bedarf es nicht, da deren Rechte durch die zwingende Regelung in § 214 Abs 3 gewahrt bleiben. Demnach muss der Verwalter ohnehin vor der Verfahrenseinstellung sämtliche unstreitigen Masseansprüche befriedigen und für die streitigen Sicherheit leisten (**OLG Celle v 3. 9. 1981, ZIP 1981, 1113**; N/R/*Westphal* § 213 Rn 5; FK-*Kießner* § 213 Rn 13; BerlKo-*Breutigam* § 213 Rn 7). Vom Schuldner kann nicht verlangt werden, dass er zur Deckung der Masseverbindlichkeiten einen entsprechenden Vorschuss einzahlt. Den Massegläubigern steht **kein Recht zur sofortigen Beschwerde** gem § 216 zu, wenn die Erbringung dieser Zahlungen nicht sicher ist (*Hess* § 216 Rn 6; N/R/*Westphal* § 213 Rn 6; FK-*Kießner* § 216 Rn 2; *Smid* § 216 Rn 3; str aA BerlKo-*Breutigam* § 213 Rn 7 u § 216 Rn 15 mit Verweis auf **OLG Celle, ZIP 1981, 1113, 1114**: Beschwerderecht des Verwalters, um die Rangfolge des § 209 zu sichern).

6   b) **Zustimmungserklärung.** Die Zustimmungserklärungen der Gläubiger sind an keine bestimmte **Form** gebunden. Sie können sowohl mündlich als auch zu Protokoll der Geschäftsstelle (Service-Einheit) oder in der Gläubigerversammlung zu Protokoll des Gerichts erklärt werden (N/R/*Westphal* § 213 Rn 9; *Hess* § 213 Rn 21). Das Insolvenzgericht hat jedoch die **Prozessfähigkeit jedes zustimmenden Gläubigers** und, wenn ein **Bevollmächtigter** die Zustimmung erklärt hat, dessen Vertretungsmacht zu prüfen (N/R/*Westphal* § 213 Rn 9). Die Zustimmungserklärung ist **Prozesshandlung** und als solche nicht nur **bedingungsfeindlich**, sondern auch **unwiderruflich** (LG Göttingen 22. 2. 2005 – 10 T 25/05; K/P/B/*Pape* § 213 Rn 3; N/R/*Westphal* § 213 Rn 8; *Hess* § 213 Rn 20, 22). Zulässig ist allerdings eine **zeitliche Befristung**, weil hierdurch eine zügige Verfahrensabwicklung erzwungen werden kann (BerlKo-*Breutigam* § 213 Rn 4; aA *Hess* § 213 Rn 22; N/R/*Westphal* § 213 Rn 8). Willensmängel bei der Abgabe der Erklärung können nur im Rahmen des Widerspruchs nach § 214 Abs 1 S 3 oder im Wege einer sofortigen Beschwerde nach § 215 Abs 1 geltend gemacht werden (K/P/*Pape* § 213 Rn 4). Obgleich Prozesshandlung, hat die Zustimmung **nur verfahrensrechtliche Auswirkungen**, stellt sich somit nicht etwa als Verzicht auf die Forderung dar oder deren Beitreibung (K/P/B/*Pape* § 213 Rn 10; Braun/*Kießner* § 213 Rn 6; *Hess* § 213 Rn 23; BerlKo-*Breutigam* § 213 Rn 5). Mit der Zustimmung verzichten die Insolvenzgläubiger lediglich auf die Fortsetzung des Insolvenzverfahrens und eine Befriedigung nach Maßgabe der InsO. Aus welchen Motiven sie das tun, ist der gerichtlichen Kontrolle und auch der Nachfrage anderer Gläubiger entzogen (*Haarmeyer* ZInsO 2009, 557)

7   c) **Beibringung der Zustimmungserklärungen.** Nach § 213 Abs 1 S 1 hat der Schuldner bzw haben die organschaftlichen Vertreter eines Schuldnerunternehmens die Zustimmungserklärungen aller Gläubiger beizubringen. „Beizubringen" heißt nicht nur, dass die Zustimmung gegenüber dem Gericht nachzuweisen ist, sondern dass die **schriftlichen Zustimmungserklärungen der Gläubiger** zu den Gerichtsakten gereicht werden, da sie gem § 214 S 2 auf der Geschäftsstelle (Service-Einheit) des Insolvenzgerichts **zur Einsicht der Beteiligten** niederzulegen sind. Auch die Zustimmungserklärung, die mündlich zu Protokoll der Geschäftsstelle (Service-Einheit) oder in der Gläubigerversammlung zu gerichtlichem Protokoll erklärt wird (N/R/*Westphal* § 213 Rn 9; *Hess* § 213 Rn 21), ist mit dem Einstellungsantrag auf der Geschäftsstelle zur Einsicht der Beteiligten niederzulegen (§ 214 S 2). Ebenso ist eine etwaige **Stellungnahme des Insolvenzverwalters und des Gläubigerausschusses** (§ 214 Abs 2 S 1) dort niederzulegen, um den Insolvenzgläubigern die Entscheidung zu ermöglichen, ob sie Widerspruch gegen den Einstellungsantrag erheben. Dem Insolvenzgericht obliegt die Prüfung, ob der Schuldner die **Zustimmung aller Insolvenzgläubiger** beigebracht hat. Die Prüfung erfolgt anhand des Anmeldestandes der Insolvenztabelle (s o). Sind alle erforderlichen Zustimmungserklärungen beigebracht und auch die übrigen Tatbestandsmerkmale erfüllt, muss das Gericht iSe gebundenen Entscheidung die Einstellung beschließen (Braun/*Kießner* § 213 Rn 14; *Hess* § 213 Rn 38; N/R/*Westphal* § 213 Rn 20), dh das speziell in § 213 Abs 1 S 2 statuierte Ermessen (vgl insoweit *Haarmeyer* ZInsO 2009, 557, 559) betrifft nur die betreffenden Vorfragen (Zustimmungserfordernisse) als solche.

8   **4. Gerichtliche Entscheidung bei zweifelhaftem Zustimmungserfordernis.** Grundsätzlich erfordert die Verfahrenseinstellung nach § 213 die Zustimmungserklärung **aller Gläubiger, die eine Forderung angemeldet haben.** Andererseits gibt es Forderungen, deren Rechtsbestand zweifelhaft ist, oder Forderungen, die im Schuldnervermögen durch ein Absonderungsrecht in vollem Umfang abgesichert sind. Es wäre mit dem Zweck der Verfahrenseinstellung, die dem Schuldner oder Schuldnerunternehmen eine Rückkehr in die aktive Geschäftstätigkeit ermöglichen soll, unvereinbar, wenn die Gläubiger solcher Forderungen durch Verweigerung der Zustimmung die Verfahrenseinstellung verhindern könnten. Auf die Zustimmung anderer Gläubiger, mögen sie dem Gericht auch bekannt sein, kommt es für die Einstellung nicht an. Wer seine Forderung nicht zur Tabelle angemeldet hat, kann keinen Anspruch darauf erheben, dass seinetwegen das Verfahren fortgeführt wird. Auch wer bis zum Einstellungsantrag die Forderungsanmeldung trotz Ablaufs der Anmeldefrist unterlassen hat, muss damit rechnen, dass es auf seine Zustimmung zur Verfahrenseinstellung nicht ankommt. Nach § 202 Abs 1 S 2 KO entschied das Konkursgericht nach freiem Ermessen auch über die Zustimmung von Gläubigern, die ihre Forderungen zwar angemeldet hatten, aber nicht zur Tabelle festgestellt worden sind. Diese Regelung ist in § 213 Abs 1 S 2 nicht mehr enthalten, so dass es für angemeldete Forderungen nur noch darauf ankommt, ob sie vom Insolvenzverwalter bestritten werden oder ob es sich um absonderungsberechtigte Gläubiger handelt.

9   a) **Gerichtliche Entscheidung bei bestrittenen Forderungen.** Ist eine Forderung vom Schuldner oder vom Insolvenzverwalter bestritten worden, entscheidet das Insolvenzgericht nach **freiem Ermessen** gem § 213 Abs 1 S 2 über das Zustimmungserfordernis oder eine Sicherheitsleistung. § 213 Abs 1 S 2 weicht insoweit von der früheren Regelung in § 202 Abs 1 S 2 KO ab, als es nicht mehr darauf ankommt, ob die **Forderungen zur Tabelle festgestellt** sind oder ob ein Insolvenzgläubiger die Forderung bestreitet. Nach dem Wortlaut des § 213 Abs 1 S 2 ist das **Bestreiten durch einen Insolvenzgläubiger ohne Bedeutung.** Auch in diesem Fall muss der Schuldner die Zustimmungserklärung des Gläubigers beibringen.

III. Einstellung vor Ablauf der Anmeldefrist (Abs 2) § 213

Nach Auffassung von N/R/*Westphal* (§ 213 Rn 10) handelt es sich insoweit „offensichtlich um ein Redaktionsversehen", denn der Gesetzgeber habe mit § 213 eine Übernahme der bisherigen Regelung in § 202 KO beabsichtigt. Dem kann nicht gefolgt werden, denn es dient zugleich der Entlastung der Insolvenzgerichte, dass der Schuldner auch in diesen Fällen die Zustimmungserklärung des Gläubigers beibringen muss (so auch K/P/B/*Pape* § 213 Rn 5; *Hess* § 213 Rn 29). Bei einer vom Verwalter oder vom Schuldner bestrittenen Forderung hat das Gericht nach **freiem Ermessen zu entscheiden**, ob die Zustimmung des Gläubigers oder eine Sicherheitsleistung zu verlangen ist (K/P/B/*Pape* § 213 Rn 5, 6; MüKoInsO-*Hefermehl* § 213 Rn 12). Die Entscheidung hat durch **Beschluss** zu erfolgen, der nicht anfechtbar ist (FK-*Kießner* § 213 Rn 9). Zu weitgehend erscheint die Auffassung des **OLG Frankfurt** (Beschl v 30. 10. 1979, ZIP 1980, 175, 176), wonach das Gericht Ermittlungen dazu anzustellen hat, ob der Schuldner den Einstellungsantrag gestellt hat, ob und welche Gläubiger eine Forderung angemeldet haben und ob die angemeldeten Forderungen festgestellt sind oder nicht, ob alle Gläubiger, deren Forderungen angemeldet und festgestellt sind, ihre Zustimmung zur Einstellung erklärt haben, ob eine vom Schuldner behauptete Vollbefriedigung eines der Einstellung widersprechenden Gläubigers erfolgt ist und ob eine angebliche Vertretungsmacht besteht oder nicht (ähnlich K/P/B/*Pape* § 213 Rn 6; Braun/*Kießner* § 213 Rn 7). Wie ob zu Rn 5 a erwähnt, muss eine Forderungsprüfung jedoch gar nicht stattgefunden haben, so dass eine vorherige „Feststellung" durch **Prüfungserklärung des Verwalters** eigentlich entbehrlich ist. Hat sie aber schon stattgefunden und ist die Forderung explizit „bestritten", verschafft gerade die Einräumung eines „freien Ermessens" dem Gericht den notwendigen Freiraum, rasch und ohne Amtsermittlungen eine sachgerechte Entscheidung zu treffen. Wie in der vergleichbaren Konstellation der Stimmrechtsentscheidung nach § 77 Abs 2 S 2 genügt dann eine kursorische Prüfung der Erfolgsaussichten. Bei verbleibenden Restzweifeln ist im Zweifel („in dubio pro creditore") die Zustimmung dieses Gläubigers oder ihm gegenüber das Stellen einer Sicherheitsleistung zu fordern (HK-*Landfermann* § 213 7; vgl dazu auch HK-*Eickmann* § 77 Rn 8). Ähnlich hat das Gericht **bei Bestreiten durch den Schuldner** zu erwägen, ob dessen Bestreiten nur mit dem unterschwelligen Ziel geschieht, das Erfordernis der Gläubigerzustimmung zu unterlaufen (K/P/B/*Pape* § 213 Rn 6; MüKoInsO-*Hefermehl* § 213 Rn 13). Kann der Schuldner innerhalb einer vom Gericht gesetzten Frist die Zustimmung oder die Sicherheitsleistung nicht beibringen, so ist sein **Einstellungsantrag als unzulässig** zurückzuweisen (*Hess* § 213 Rn 35; N/R/*Westphal* § 213 Rn 18).

b) Gerichtliche Entscheidung bei absonderungsberechtigten Gläubigern. Auch bei absonderungsberechtigten Gläubigern steht dem Gericht freies Ermessen zu, ob eine Zustimmung dieser Gläubiger erforderlich ist oder nicht. Hierdurch soll verhindert werden, dass absonderungsberechtigte Gläubiger den Verfahrensgang noch beeinflussen, obgleich ihre Forderungen bereits im Wege der Erlösauskehr voll befriedigt werden. § 213 Abs 1 S 2 erfasst nicht nur absonderungsberechtigte Gläubiger, denen der Schuldner zugleich persönlich haftet (*Hess* § 213 Rn 32; N/R/*Westphal* § 213 Rn 4), sondern auch solche absonderungsberechtigte Gläubiger, denen **der Schuldner nicht persönlich haftet** (MüKoInsO-*Hefermehl* § 213 Rn 13; Braun/*Kießner* § 213 Rn 8; HK-*Landfermann* § 213 Rn 8; vgl auch Begr zu § 326 RegE, BT-Drs 12/2442, 221 f). Entscheidend sollte sein, wie in der Begr RegE ausgeführt ist, ob der Gläubiger ein **berechtigtes Interesse** an der zumindest zeitweiligen Fortsetzung des Verfahrens hat (LG Wuppertal 28. 4. 2009 – 6 T 223/09; MüKoInsO-*Hefermehl* § 213 Rn 13; K/P/B/*Pape* § 213 Rn 7). Dieses Interesse kann nicht nur daraus folgen, dass eine Ausfallforderung nicht voll gedeckt ist, sondern sich auch daraus ergeben, dass zB der Verwalter eine begonnene günstige Verwertung eines mit Grundschulden belasteten Grundstücks fortsetzen soll, weil der Gläubiger einen höheren Verwertungserlös und damit eine höhere Befriedigung aus seinem Absonderungsrecht zu erwarten hat (BerlKo-*Breutigam* § 213 Rn 12; N/R/*Westphal* § 213 Rn 4; FK-*Kießner* § 213 Rn 10–12). Dieses Interesse kann er nach der öffentlichen Bekanntmachung (§ 215 Abs 1 S 1) gegenüber dem Gericht bekunden oder im Wege des Widerspruchs nach § 214 Abs 1 S 3 geltend machen, wenn er zugleich Insolvenzgläubiger ist.

III. Einstellung vor Ablauf der Anmeldefrist (Abs 2)

§ 213 Abs 2 lässt auf Antrag des Schuldners die Einstellung des Verfahrens schon **vor Ablauf der Anmeldefrist** zu, wenn außer den Gläubigern, deren Zustimmung der Schuldner beibringt, andere Gläubiger nicht bekannt sind. Im Gegensatz zu § 213 Abs 1 S 1 ergibt sich aus der Formulierung „kann", dass es sich insoweit um eine **Ermessensentscheidung** des Insolvenzgerichts handelt (BerlKo-*Breutigam* § 213 Rn 14; *Hess* § 213 Rn 40; K/P/B/*Pape* § 213 Rn 8; N/R/*Westphal* § 213 Rn 25; krit *Smid* § 213 Rn 5). Voraussetzung ist, dass der Schuldner die **Zustimmungserklärungen aller Gläubiger** beibringt, und zwar unabhängig von der Anmeldung und ihrer Forderungen zur Tabelle (MüKoInsO-*Hefermehl* § 213 Rn 17, 18; FK-*Kießner* § 213 Rn 16). Welche Gläubiger Berücksichtigung finden, ergibt sich ua aus dem **Gläubigerverzeichnis** (§ 153). Weiterhin dürfen **andere Gläubiger nicht bekannt** sein. Das Gericht ist nicht verpflichtet, das Gläubigerverzeichnis (§ 152), die Vermögensübersicht (§ 153) und die Geschäftsbücher des Schuldners bzw Schuldnerunternehmens zu überprüfen, ob der Schuldner bzw der organschaftliche Vertreter des Schuldnerunternehmens die Zustimmungserklärungen sämtlicher Gläubiger beigebracht hat. Das Gericht darf sich vielmehr damit begnügen, dass der **Schuldner versichert**, dass er seine **Gläubiger vollständig angegeben** und die Zustimmungen eingereicht hat. Allerdings ist es dem Gericht nicht verwehrt, eigene Kenntnisse hinsichtlich des Vorhandenseins anderer Gläubiger im Rahmen der Entscheidung zu berücksichtigen (*Hess* § 213 Rn 42). Sind andere Gläubiger bekannt und kann der Schuldner die Zustimmung dieser Gläubiger nicht beibringen, ist der Einstellungsantrag zurückzuweisen. Eine Entscheidung des Gerichts über die Notwendigkeit der Zustimmung oder über eine Sicherstellung ist bei der Einstellung nach § 213 Abs 2 im Gesetz nicht vorgesehen (N/R/*Westphal* § 213 Rn 23; *Hess* § 213 Rn 43). Der Schuldner hat auch die Zustimmung des Finanzamts oder eines Sozialversicherungsträgers beizubringen, wenn er das Bestehen der Forderung bestreitet. Im Übrigen sind die Gläubiger ausreichend geschützt durch das Widerspruchsrecht nach § 214 Abs 1 S 3 (BerlKo-*Breutigam* § 213 Rn 15). Entscheidend ist immer, dass im jeweiligen Einzelfall die Einstellung des Verfahrens im **Interesse der Gläubiger** liegt. Letzten Endes wird die Regelung des § 213 Abs 2 aber nur extrem selten praxisrelevant, da im üblichen Bearbeitungsgang der Gerichte bis zu ihrer Entscheidung iaR schon die **Anmeldefrist** verstrichen sein wird; dann muss ohnehin nach § 213 Abs 1 S 1, 2 verfahren werden.

IV. Das gerichtliche Einstellungsverfahren

12 Das gerichtliche Einstellungsverfahren richtet sich nach § 214; die Abläufe entsprechen denjenigen bei § 212. Insoweit kann auf die Komm zu § 212 Rn 8 und die Komm zu § 214 Bezug genommen werden (s auch *Frege/Keller/Riedel* HRP Rn 1833 ff). Der Widerspruch eines Insolvenzgläubigers gegen die Verfahrenseinstellung (§ 214 Abs 1 S 3) kann ua damit begründet werden, die Zustimmungserklärung sei gefälscht, durch Irrtum, Betrug oder Drohung herbeigeführt oder durch einen Vertreter ohne Vertretungsmacht abgegeben worden (K/P/B/*Pape* § 213 Rn 9). **Offene Masseverbindlichkeiten** sind auch bei der Einstellung nach § 213 vor der Einstellung des Verfahrens zu befriedigen oder sicherzustellen (§ 214 Abs 3; vgl **OLG** Celle v 3. 9. 1981, ZIP 1981, 1113).

V. Rechtsmittel

13 Für die Rechtsmittel gilt § 216. Wird das Verfahren nach § 213 eingestellt, so steht jedem Insolvenzgläubiger, nicht dagegen dem Schuldner (**LG** Göttingen 22. 2. 2005 – 10 T 25/05) oder dem Insolvenzverwalter, das Recht der **sofortigen Beschwerde** zu (§ 216 Abs 1). Wird ein Antrag auf Verfahrenseinstellung nach § 213 abgelehnt, steht dem Schuldner die sofortige Beschwerde zu (§ 216 Abs 2). Eine weitere – letztlich zu bejahende – Frage ist die, ob gem § 216 Abs 1 auch einem Insolvenzgläubiger, der seine Forderung nicht zur Tabelle angemeldet, als genauso wenig auf eine Verfahrensteilnahme verzichtet hat, ein **Beschwerderecht** gem § 216 Abs 1 zuzubilligen ist. § 216 Abs 1 stellt nicht auf die Anmeldung ab, sondern nur auf die mögliche Rechtsstellung als Insolvenzgläubiger. Ähnlich hebt gegenüber der öffentlichen Bekanntmachung des Einstellungsantrages schon § 214 S 3 nicht auf die Anmeldung zur Tabelle ab. Mit der angestrebten Erleichterung und Verkürzung des Einstellungsverfahrens korrespondiert vielmehr, dass nachrangige Gläubiger oder solche, die ihre Forderungen noch nicht angemeldet haben, ihre Rechte zumindest gem § 214 S 3 per Widerspruch oder gem § 216 Abs 1 durch Rechtsmittel wahren können.

VI. Rechtsfolgen der Verfahrenseinstellung nach § 213

14 Die Einstellung des Verfahrens durch das Insolvenzgericht nach § 213 **wirkt zeitlich nicht zurück** (*Hess* § 213 Rn 47; K/P/B/*Pape* § 213 Rn 2). Dies folgt aus der Regelung in § 215 Abs 2 S 1, wonach das Verfügungsrecht an den Schuldner bzw das Schuldnerunternehmen erst mit der Wirksamkeit des Beschlusses zurückfällt (*Baur* FS *Weber* 1975 S 41, 43 ff; K/P/B/*Pape* § 213 Rn 2). Im Übrigen treten die gleichen Rechtsfolgen ein wie bei einer Verfahrenseinstellung nach § 212. Insoweit kann auf die Komm zu § 212 Rn 10 Bezug genommen werden. Auch hier kommt ein **Restschuldbefreiungsverfahren** nach der Verfahrenseinstellung nicht mehr in Betracht, weil die Gläubiger sich mit ihrer Zustimmung einverstanden erklärten, außerhalb des gerichtlichen Insolvenzverfahrens beim Schuldner Befriedigung zu suchen (K/P/B/*Pape* § 213 Rn 10). Mit dem Verzicht auf die Durchführung des Verfahrens ist **ein materiell-rechtlicher Forderungsverzicht nicht verbunden** (K/P/B/*Pape* § 213 Rn 10; *Haarmeyer* ZInsO 2009, 557). Im Übrigen ist ein Gläubiger, der der Einstellung zugestimmt hat, nicht gehindert, nach Verfahrenseinstellung einen neuen Insolvenzantrag gegen den Schuldner zu stellen, wenn dieser die Befriedigung verweigert und der Gläubiger von einer Vollstreckung in das Schuldnervermögen Abstand nimmt (K/P/B/*Pape* § 213 Rn 10). Die Verfahrenseinstellung bewirkt vergütungsrechtlich eine vorzeitige Verfahrensbeendigung iSv § 3 Abs 2 lit c) InsVV (**BGH** 16. 10. 2008 – IX ZB 247/06, NZI 2009, 57 Rn 12). Zur Frage, ob § 213 evt analog anzuwenden ist, um vorzeitig die sog Wohlverhaltensperiode zu beenden, s **LG** Berlin (19. 1. 2009 – 86 T 24/09, ZInsO 2009, 443).

VII. Keine Besonderheiten für Genossenschaften und Versicherungen

Die früheren Sonderregelungen zur Einstellung eines Konkursverfahrens über das Vermögen einer Genossenschaft in § 116 GenG und die Verweisung auf diese Vorschrift in § 52 Abs 2 VAG für den Versicherungsverein auf Gegenseitigkeit sind durch Art 49 Nr 38 und Art 87 Nr 7 EGInsO ersatzlos aufgehoben worden. Somit gilt auch für das Insolvenzverfahren über das Vermögen einer Genossenschaft oder eines Versicherungsvereins die Vorschrift des § 213 uneingeschränkt (vgl Begr zu Art 47 Nr 38 RegE EGInsO, BT-Drucks 12/3803, S 94). Für den nach § 213 Abs 2 erforderlichen Nachweis, dass andere Gläubiger nicht bekannt sind, ist die Vorlage eines Gutachtens des Prüfungsverbandes oder der Geschäftsbücher der insolventen Genossenschaft ausreichend (zutr *Terbrack* Die Insolvenz der eingetragenen Genossenschaft Rn 492). 15

§ 214 Verfahren bei der Einstellung

(1) ¹Der Antrag auf Einstellung des Insolvenzverfahrens nach § 212 oder § 213 ist öffentlich bekanntzumachen. ²Er ist in der Geschäftsstelle zur Einsicht der Beteiligten niederzulegen; im Falle des § 213 sind die zustimmenden Erklärungen der Gläubiger beizufügen. ³Die Insolvenzgläubiger können binnen einer Woche nach der öffentlichen Bekanntmachung schriftlich oder zu Protokoll der Geschäftsstelle Widerspruch gegen den Antrag erheben.

(2) ¹Das Insolvenzgericht beschließt über die Einstellung nach Anhörung des Antragstellers, des Insolvenzverwalters und des Gläubigerausschusses, wenn ein solcher bestellt ist. ²Im Falle eines Widerspruchs ist auch der widersprechende Gläubiger zu hören.

(3) Vor der Einstellung hat der Verwalter die unstreitigen Masseansprüche zu berichtigen und für die streitigen Sicherheit zu leisten.

I. Allgemeines

Der Gesetzgeber hat die Regeln, die früher gem § 203 KO für die verfahrensrechtliche Behandlung des Antrags auf Einstellung mit Zustimmung der Gläubiger vorgesehen waren, weitgehend übernommen und auf den Fall der Einstellung nach § 212 ausgedehnt. Sie gelten nunmehr sowohl für die Einstellung nach § 212 wie auch nach § 213. Das Widerspruchsrecht gegen den Einstellungsantrag steht jedem Insolvenzgläubiger zu, unabhängig davon, ob er seine Forderung angemeldet hat oder nicht. Der Gesetzgeber hielt es für zweckmäßig, nicht nur den Antragsteller und den Insolvenzverwalter, sondern auch den Gläubigerausschuss zu hören, falls ein solcher bestellt ist (§ 214 Abs 2 S 1). Die Regelung in § 214 Abs 3 entspricht der früheren Regelung in § 205 Abs 2 KO iVm § 191 Abs 1 KO. Das Gericht darf das Verfahren aber erst dann einstellen, wenn der Verwalter zuvor die unstreitigen Masseansprüche berichtigt und für die streitigen Masseansprüche Sicherheit geleistet hat, was auch die Haftungsrisiken nach § 61 erheblich reduziert. Im Übrigen dient die Vorschrift dem Zweck, vorschnelle Einstellungsbeschlüsse zu verhindern. Ähnlich wie das Insolvenzgericht für die Verfahrenseröffnung gem § 16 vom Vorliegen eines Insolvenzgrundes überzeugt sein muss, hat es sich auch hinsichtlich der Einstellungsvoraussetzungen die notwendige Überzeugung zu verschaffen. 1

II. Zulässigkeitsprüfung

Wird der Einstellungsantrag nach § 212 oder § 213 bei Gericht gestellt, so ist er zunächst auf seine **Zulässigkeit** zu prüfen (K/P/B/*Pape* § 214 Rn 2; MüKoInsO-*Hefermehl* § 214 Rn 3; *Hess* § 214 Rn 5; N/R/*Westphal* § 214 Rn 2). Wird zB die **Einstellung wegen Wegfalls des Eröffnungsgrundes** (§ 212) beantragt, so ist gem § 212 S 2 der Antrag nur zulässig, wenn das Fehlen des Eröffnungsgrundes mit den Mitteln des § 294 ZPO glaubhaft gemacht wird (vgl **OLG** Dresden, 25. 2. 2002 – 13 W 2009/1, DZWiR 2004, 476; **OLG** Celle v 7. 9. 2000 – 2 W 69/00, ZIP 2000, 1943, 1944; K/P/B/*Pape* § 214 Rn 2; HaKo/*Weitzmann* § 214 Rn 2). Zu den Zulässigkeitsvoraussetzungen gehört auch, dass im Fall der Einstellung nach § 213 einmal die **Anmeldefrist** abgelaufen und ferner der Schuldner die **Zustimmung aller Insolvenzgläubiger** beibringt, die Forderungen angemeldet haben und deren Forderungen nicht bestritten worden sind (K/P/B/*Pape* § 214 Rn 2; *Hess* § 214 Rn 6). Das Gericht hat den Einstellungsantrag als **unzulässig durch Beschluss zurückzuweisen**, wenn es an einer Zulassungsvoraussetzung fehlt und der Antragsteller die entsprechenden Nachweise nicht in angemessener Zeit, die durch Fristsetzung festgelegt werden kann, beibringt. Gegen den Beschluss steht dem Schuldner die sofortige Beschwerde nach § 216 Abs 2 zu. Hat der Rechtspfleger entschieden, ist gem § 11 Abs 2 RPflG die **befristete Rechtspflegererinnerung** vorgeschaltet. Der Rechtspfleger hat die Möglichkeit, gem § 11 Abs 2 S 2 RPflG der Erinnerung abzuhelfen oder sie dem Richter bzw der Richterin zur Entscheidung vorzulegen. Die **Zulassung des Einstellungsantrags** erfolgt nicht durch gerichtlichen Beschluss, sondern konkludent durch die Veranlassung der öffentlichen Bekanntmachung. 2

III. Öffentliche Bekanntmachung

3 Hat das Gericht die Zulässigkeit des Einstellungsantrags bejaht, so hat es dessen öffentliche Bekanntmachung zu veranlassen. Insoweit gilt § 9; auf dortige Komm (vgl ferner § 212 Rn 8) wird verwiesen.

IV. Niederlegung des Einstellungsantrags auf der Geschäftsstelle

4 Nach § 214 Abs 1 S 2 ist der Einstellungsantrag auf der Geschäftsstelle (Service-Einheit) des Insolvenzgerichts zur Einsichtnahme durch die Beteiligten niederzulegen. Wird der Einstellungsantrag auf § 213 gestützt, so hat der Schuldner bzw bzw das Schuldnerunternehmen die **Zustimmungserklärungen der Gläubiger** dem Einstellungsantrag beizufügen und diese ebenfalls auf der Geschäftsstelle (Service-Einheit) niederzulegen. Durch die öffentliche Bekanntmachung und die Niederlegung auf der Geschäftsstelle des Insolvenzgerichts haben die Beteiligten Gelegenheit, sich über den Einstellungsantrag und seine Voraussetzungen zu informieren und ihre Rechte zu wahren (N/R/*Westphal* § 214 Rn 3; *Hess* § 214 Rn 9). In der öffentlichen Bekanntmachung sollte darauf hingewiesen werden, dass auf der Geschäftsstelle des Gerichts der Einstellungsantrag, eine eventuelle Begründung und Unterlagen, wie zB Zustimmungserklärungen der Gläubiger, eingesehen werden können (FK-*Kießner* § 214 Rn 3, 4). Hat der Antragsteller dem Einstellungsantrag eine Begründung beigefügt, so ist auch diese bei Gericht zur Einsicht der Verfahrensbeteiligten niederzulegen.

V. Widerspruch gegen den Einstellungsantrag

5 **1. Widerspruchsberechtigte.** Der Widerspruch ist an dieser Stelle **kein Rechtsbehelf** (vgl MüKoInsO-*Hefermehl* § 214 Rn 5), sondern nur eine Ausprägung der Gewährung von rechtlichem Gehör (vgl § 214 Abs 2 S 2). Nach § 214 Abs 1 S 3 sind zum Widerspruch berechtigt **alle Insolvenzgläubiger**, und zwar unabhängig davon, ob sie ihre Forderungen zur Insolvenztabelle angemeldet haben oder nicht. Zum Zeitpunkt des Widerspruchs muss die Forderung noch bestehen bzw muss dem Widersprechenden die Forderung noch zustehen (N/R/*Westphal* § 214 Rn 5). Ist die Forderung im Laufe des Verfahrens durch Erfüllung, Verzicht oder Eintritt einer auflösenden Bedingung oder durch Abtretung erloschen oder auf einen Dritten übergegangen, besteht auch das Widerspruchsrecht nicht mehr (**OLG Dresden** LZ 1925, Sp 53 f). **Kein Widerspruchsrecht** haben der Insolvenzverwalter, Massegläubiger (vgl **RG** v 18. 4. 1898, JW 1898, 359; MüKoInsO-*Hefermehl* § 214 Rn 7) sowie Gläubiger, die abgesonderte Befriedigung verlangen können, ohne Insolvenzgläubiger zu sein (N/R/*Westphal* § 214 Rn 5). Dies erscheint vor allem im Hinblick auf mögliche Ausfallforderungen unbillig. Das Gericht hat jedoch gem § 213 Abs 1 S 2 die Möglichkeit, bei **absonderungsberechtigten Gläubigern** aus freiem Ermessen zu entscheiden, inwieweit es einer Zustimmung dieser Gläubiger oder einer Sicherheitsleistung bedarf. Im Zweifel wird das Gericht absonderungsberechtigten Gläubigern, denen kein Recht der sofortigen Beschwerde nach § 216 zusteht, das Zustimmungserfordernis oder eine Sicherheitsleistung nach § 213 Abs 1 S 2 zubilligen. Im Übrigen sind die Massegläubiger und auch die absonderungsberechtigten Gläubiger dadurch geschützt, dass das Gericht die Voraussetzungen der Einstellung von Amts wegen zu prüfen hat (BerlKo-*Breutigam* § 214 Rn 3).

6 **2. Widerspruchsfrist.** Die Widerspruchsfrist beträgt nach § 214 Abs 1 S 3 **eine Woche**. Sie beginnt nach Maßgabe des § 9 Abs 1 S 3 zwei Tage nach der zentralen und länderübergreifenden Veröffentlichung des Bekanntmachungstextes im Internet (N/R/*Westphal* § 214 Rn 8; *Hess* § 214 Rn 14) und ist keine absolute Ausschlussfrist. Ein verspäteter, aber noch vor **Hereingabe des Einstellungsbeschlusses in den Geschäftsgang** eintreffender Widerspruch bleibt beachtlich, da das Gericht die Einstellungsvoraussetzungen stets von Amts wegen prüfen und sachrelevantes Vorbringen immer zur Kenntnis nehmen muss (N/R/*Westphal* § 214 Rn 9; K/P/B/*Pape* § 212 Rn 13; *Hess* § 214 Rn 1; MüKoInsO-*Hefermehl* § 214 Rn 10; Graf-Schlicker/*Mäusezahl* § 214 Rn 8). Das Gericht ist aber insofern an die **Wochenfrist** des § 214 Abs 1 S 3 gebunden, als es diesen Mindestzeitraum der Gewährung rechtlichen Gehörs nicht unterschreiten und das Verfahren nicht bereits vorher einstellen darf (N/R/*Westphal* § 214 Rn 9). Nach *Hess* (§ 214 Rn 16) kann im Fall des § 213 Abs 1 ein Gläubiger die Forderung noch während der Widerspruchsfrist anmelden und zugleich oder zumindest bis zum Fristablauf Widerspruch erheben (§ 213 Abs 1 S 2). Erfolge die Forderungsanmeldung bis zum Fristablauf nicht, so sei ein dennoch eingelegter Widerspruch des betreffenden Gläubigers unbeachtlich. Dem kann nicht gefolgt werden. Zwar stellt § 213 Abs 1 darauf ab, dass der Schuldner nach Ablauf der Anmeldefrist die Zustimmung aller Insolvenzgläubiger beibringt, die Forderungen angemeldet haben; dies ändert aber nichts daran, dass § 214 Abs 1 S 3 **jedem Insolvenzgläubiger**, und zwar **unabhängig von der Anmeldung zur Tabelle**, das Widerspruchsrecht einräumt (s auch HK-*Landfermann* § 214 Rn 2). Bis zur Entscheidung des Insolvenzgerichts über die Einstellung kann der **Widerspruch jederzeit zurückgenommen** werden (N/R/

VII. Befriedigung und Sicherstellung von Masseansprüchen (Abs 3) § 214

Westphal § 214 Rn 10; *Hess* § 214 Rn 21). Aber auch wenn der widersprechende Insolvenzgläubiger den Widerspruch zurückgenommen hat, darf das Gericht die von ihm vorgetragenen und uU sogar bewiesenen Tatsachen in diesem amtswegigen Verfahrensstadium nicht unberücksichtigt lassen (MüKo-InsO-*Hefermehl* § 214 Rn 11; *Hess* § 214 Rn 21; N/R/*Westphal* § 214 Rn 10).

3. Widerspruchsgründe. Das Gesetz verpflichtet den widersprechenden Insolvenzgläubiger nicht, bestimmte Widerspruchsgründe vorzutragen. Trotzdem empfiehlt es sich, die **Gründe für den Widerspruch** bei Gericht ebenfalls entweder schriftlich oder zu Protokoll der Geschäftsstelle anzubringen, damit diese sowohl vom Gericht als auch im Rahmen der Anhörung vom Schuldner bzw Schuldnerunternehmen berücksichtigt werden können (MüKoInsO-*Hefermehl* § 214 Rn 8, 9; N/R/*Westphal* § 214 Rn 7). **Widerspruchsgrund** ist zB bei § 212, der Schuldner habe seine Vermögensverhältnisse unrichtig dargestellt, etwa durch Nachweis des Widersprechenden, der Schuldner habe noch weitere Verbindlichkeiten. Bei § 213 kann der Widersprechende weitere Gläubiger benennen oder vorbringen, dass nicht alle Gläubiger rechtswirksam zugestimmt haben (BerlKo-*Breutigam* § 214 Rn 4; N/R/*Westphal* § 214 Rn 7). Widersprochen werden kann zB mit der Begründung, dass die Zustimmung gefälscht oder durch Irrtum, Betrug oder Drohung herbeigeführt worden sei oder dass der angebliche Vertreter, der die Erklärung abgab, keine Vertretungsmacht besessen habe. Gegenüber einem Einstellungsantrag wegen Wegfalls des Eröffnungsgrundes (§ 212) kann vor allem geltend gemacht werden, dass die Zahlungsunfähigkeit, drohende Zahlungsunfähigkeit oder Überschuldung keineswegs entfallen sei, sondern nach Einstellung des Verfahrens fortbestehen werde (FK-*Kießner* § 214 Rn 7).

7

VI. Gerichtlicher Beschluss

1. Anhörung (Abs 2). Die Vorschrift über die Anhörung der übrigen Beteiligten ist im Gegensatz zu § 203 Abs 2 KO nunmehr dahingehend ergänzt worden, dass nicht nur der Antragsteller und der Insolvenzverwalter anzuhören sind, sondern auch der **Gläubigerausschuss**, falls ein solcher bestellt wurde (§ 214 Abs 2 S 1). Hat ein Insolvenzgläubiger der beantragten Verfahrenseinstellung gem § 214 Abs 1 S 3 widersprochen, so ist er ebenfalls anzuhören (§ 214 Abs 2 S 2). Das alles kann schriftlich geschehen; die Einberufung einer Gläubigerversammlung ist nicht erforderlich (MüKoInsO-*Hefermehl* § 214 Rn 13; HK-*Landfermann* § 214 Rn 3). Mit der Anhörung verschafft sich das Insolvenzgericht die notwendige Überzeugung davon, dass die Voraussetzungen für eine Verfahrenseinstellung nach den §§ 212, 213 vorliegen (BerlKo-*Breutigam* § 214 Rn 7; *Hess* § 214 Rn 23). Die **Anhörung des Insolvenzverwalters** gibt ihm zugleich die Gelegenheit, vor der Einstellung einen Beschluss über die **Festsetzung seiner Vergütung und Auslagen** herbeizuführen. Gleiches gilt für die Vergütung der Mitglieder des Gläubigerausschusses. Im Rahmen der Anhörung auftretende Zweifel hat das Gericht von Amts wegen aufzuklären und nötigenfalls weitere Sachverhaltsermittlungen gem § 5 zu tätigen (K/P/B/*Pape* § 212 Rn 15; MüKoInsO-*Hefermehl* § 214 Rn 12; *Hess* § 214 Rn 23).

8

2. Einstellungsbeschluss. Die Entscheidung des Insolvenzgerichts über die Verfahrenseinstellung oder die Abweisung des Einstellungsantrags ergeht durch **begründeten Beschluss**. Gegen den Einstellungsbeschluss steht gem § 216 Abs 1 jedem Insolvenzgläubiger das Rechtsmittel der **sofortigen Beschwerde** zu, wenn die Einstellung nach § 212 oder § 213 erfolgt ist. Wird ein Antrag nach § 212 oder § 213 abgelehnt, so steht dem **Schuldner** die sofortige Beschwerde zu (§ 216 Abs 2). **Kein Beschwerderecht** hat dagegen der Insolvenzverwalter sowie ein Massegläubiger, dessen Interesse durch § 214 Abs 3 ausreichend geschützt ist. Nach *Hess* (§ 214 Rn 25) sind im Fall der Einstellung sämtliche Gläubiger rechtsmittelbefugt, deren Zustimmung zur Verfahrenseinstellung erforderlich war. Diese Auffassung erscheint im Hinblick auf das Widerspruchsrecht in § 214 Abs 1 S 3 zu eng. Zutreffend weist *Breutigam* (BerlKo-*Breutigam* § 214 Rn 3) darauf hin, dass die Differenzierung des § 213 Abs 1 in § 214 nicht wiederholt wurde. Da der Widerspruch nach § 214 Abs 1 S 3 **jedem Insolvenzgläubiger** zusteht, und zwar unabhängig davon, ob er seine Forderung angemeldet hat oder nicht, muss auch jedem Gläubiger die Möglichkeit der sofortigen Beschwerde nach § 216 Abs 1 eröffnet sein (BerlKo-*Breutigam* § 214 Rn 3).

9

VII. Befriedigung und Sicherstellung von Masseansprüchen (Abs 3)

Der Begriff „Masseansprüche" in § 214 Abs 3 umfasst alle Masseansprüche iSv § 53, also die **Kosten des Insolvenzverfahrens** (§ 54) und **sonstige Verbindlichkeiten** (§ 55). Nach BerlKo-*Breutigam* (§ 214 Rn 6) muss der Verwalter nach § 208 die **Masseunzulänglichkeit** anzeigen, wenn die vorhandene Masse zur Begleichung aller Masseansprüche nicht ausreicht. Dem kann zumindest im Anwendungsbereich von § 212 nicht gefolgt werden. Sind dort nicht einmal die Masseverbindlichkeiten gedeckt, so liegen die dortigen Einstellungsvoraussetzungen nicht vor und das Gericht hat von Amts wegen die Einstellung abzulehnen. Hat der Schuldner die Zustimmung sämtlicher Gläubiger beigebracht, die ihre Forderungen angemeldet haben (§ 213), so ist die Einstellung von Amts wegen zumindest dann abzulehnen,

10

wenn bei Fortsetzung des Regelverfahrens mit weiteren Masseeinnahmen gerechnet werden darf, aus denen die Masseverbindlichkeiten vollständig oder jedenfalls mit spürbar besserer Quote bedient bzw. abgesichert werden können, und der Schuldner diese Mittel nicht vorab bereitstellt. Der Gesetzgeber hat bei § 213 Zustimmungen der Massegläubiger gerade deshalb für entbehrlich gehalten, weil sich ihre Rechtsposition durch die Einstellung nicht verschlechtern soll (s o § 213 Rn 5 a). Der Verwalter wird sich in diesen Fällen gegen eine Verfahrenseinstellung auszusprechen und mit der Ablehnung die **Anzeige der Masseunzulänglichkeit** nach § 208 Abs 1 S 1 zu verbinden haben. Im Übrigen hat der Verwalter dafür zu sorgen, dass die **Kosten des Insolvenzverfahrens** vor der Einstellung in vollem Umfang beglichen werden (MüKoInsO-*Hefermehl* § 214 Rn 17; K/P/B/*Pape* § 214 Rn 3). Dazu muss vor der Verfahrenseinstellung ein **Beschluss über die Vergütung und Auslagen** des Verwalters wie auch für die Mitglieder des Gläubigerausschusses ergehen. Nach K/P/B/*Pape* (§ 214 Rn 3) hat das Insolvenzgericht den Verwalter nach Durchführung der Anhörung „auf zufordern, seinen Vergütungsantrag zu stellen, wenn es die Einstellung des Verfahrens beabsichtigt". Gleiches soll für die Mitglieder des Gläubigerausschusses gelten. Richtig ist, dass die Unterrichtung des Verwalters über den Zeitpunkt des Wirksamwerdens der Einstellung nach § 215 Abs 2 nicht ausreicht, um die Befriedigung sämtlicher Masseverbindlichkeiten vor der Verfahrenseinstellung zu gewährleisten (K/P/B/*Pape* § 214 Rn 3). Hierzu gehören auch die sonstigen Auslagen des Gerichts, die ggfs durch das Einstellungsverfahren und eine weitere Sachverhaltsaufklärung gem § 5 entstehen (vgl K/P/B/*Pape* § 214 Rn 4). Soweit **Masseansprüche streitig** oder anerkannte Masseansprüche noch nicht fällig sind, hat eine angemessene **Sicherstellung** dieser Ansprüche stattzufinden. Diese erfolgt nach Maßgabe der §§ 232 ff BGB (K/P/B/*Pape* § 212 Rn 17; *Hess* § 214 Rn 31; N/R/*Westphal* § 214 Rn 14; *Uhlenbruck/Delhaes* HRP Rn 1007). Der Verwalter hat somit bei Gericht die Übersendung einer Gerichtskostenrechnung zu beantragen. Er ist verpflichtet, die Berichtigung der Masseansprüche sowie die **Sicherstellung von bestrittenen Ansprüchen** dem Gericht im Rahmen seiner Schlussrechnung anzuzeigen und nachzuweisen, dass er die unstreitigen Masseansprüche berichtigt und für die streitige Sicherheit geleistet hat (FK-*Kießner* § 214 Rn 8; N/R/*Westphal* § 214 Rn 14). Die schuldhafte Verletzung der Pflichten aus § 214 Abs 3 stellt einen **Haftungstatbestand** iSv § 60 dar (**RG** v 9. 12. 1895, RGZ 36, 96; *Hess* § 214 Rn 32). Sind die **Verfahrenskosten gestundet** worden (§ 4a), so sind auch diese Kosten in vollem Umfang vor der Verfahrenseinstellung zu berichtigen.

§ 215 Bekanntmachung und Wirkungen der Einstellung

(1) ¹Der Beschluß, durch den das Insolvenzverfahren nach § 207, 211, 212 oder 213 eingestellt wird, und der Grund der Einstellung sind öffentlich bekanntzumachen. ²Der Schuldner, der Insolvenzverwalter und die Mitglieder des Gläubigerausschusses sind vorab über den Zeitpunkt des Wirksamwerdens der Einstellung (§ 9 Abs. 1 Satz 3) zu unterrichten. ³ § 200 Abs. 2 Satz 2 gilt entsprechend.

(2) ¹Mit der Einstellung des Insolvenzverfahrens erhält der Schuldner das Recht zurück, über die Insolvenzmasse frei zu verfügen. ²Die §§ 201, 202 gelten entsprechend.

I. Allgemeines

1   § 215 fasst die früheren §§ 205, 206 KO in einer einheitlichen Norm zusammen. Neu ist, dass neben der öffentlichen Bekanntmachung des Einstellungsbeschlusses nun auch der Insolvenzverwalter und die Mitglieder des Gläubigerausschusses gem § 215 Abs 1 S 2 **vorab zu informieren** sind; ferner wird die **Eintragung der Verfahrenseinstellung** im Handels-, Partnerschafts-, Genossenschafts- oder Vereinsregister sowie im Grundbuch und vergleichbaren Immobilienregistern angeordnet (§ 215 Abs 1 S 3 iVm § 202 Abs 2 S 2, 3; K/P/B/*Pape* § 215 Rn 1; *Braun/Uhlenbruck* Unternehmensinsolvenz S 422; vgl auch K/P/B/*Pape* § 212 Rn 18; N/R/*Westphal* § 215 Rn 1).

II. Öffentliche Bekanntmachung der Einstellung

2   Der Beschluss, durch den ein Insolvenzverfahren nach § 207 (Massearmut), § 211 (Masseunzulänglichkeit), § 212 (Wegfall des Eröffnungsgrundes) oder § 213 (Gläubigerzustimmung) eingestellt wird, ist unter **Angabe des Grundes der Einstellung** öffentlich bekannt zu machen. Die Veröffentlichung muss somit erkennen lassen, aus welchem Grund die Verfahrenseinstellung erfolgt ist (N/R/*Westphal* § 215 Rn 3). Durch das InsOVereinfG 2007 wurde mit Wirkung ab dem 1. 7. 2007 § 9 Abs 1 S 1 neu gefasst. Demnach erfolgen öffentliche Bekanntmachungen nur noch durch zentrale und länderübergreifende Veröffentlichungen **im Internet** (www.insolvenzbekanntmachungen.de). Gem Art 103c Abs 1 EGInsO gilt diese Neuregelung auch in allen bereits laufenden Verfahren. Die Veröffentlichung gilt als bewirkt, wenn nach dem Tag der Veröffentlichung zwei weitere Tage verstrichen sind (§ 9 Abs 1 S 3). Anders als der Insolvenzeröffnungsbeschluss, der schon mit seinem Erlass wirkt (§ 27 Abs 2 Nr 3, Abs 3), tritt die Wirksamkeit des Einstellungsbeschlusses erst mit der öffentlichen Bekanntmachung ein, also um vier-

V. Rechtsfolgen der rechtskräftigen Verfahrenseinstellung § 215

undzwanzig Uhr des auf den Tag der Veröffentlichung folgenden zweiten Tages, (N/R/*Westphal* § 215 Rn 5; *Hess* § 215 Rn 4; BerlKo-*Breutigam* § 215 Rn 6).

III. Vorabinformation von Beteiligten

Die Vorabinformation des Schuldners, des Insolvenzverwalters und der Mitglieder des Gläubigerausschusses soll diese unmittelbar Betroffenen rechtzeitig über den Zeitpunkt zu informieren, zu dem der Schuldner die **Verwaltungs- und Verfügungsbefugnis** hinsichtlich seines Vermögens wiedererlangt und der Verwalter sie damit verliert. Da im Falle einer erfolgreichen Beschwerde gegen den Einstellungsbeschluss dessen Wirkungen ex tunc entfallen, empfehlen N/R/*Westphal* (§ 215 Rn 6) unter Berufung auf OLG Frankfurt BB 1975, 1279, „die Vorabinformation mit einem ergänzenden Hinweis ‚unter dem Vorbehalt der Rechtskraft' zu versehen". Die Vorabinformation der unmittelbar Beteiligten hat durch das Insolvenzgericht zu erfolgen (N/R/*Westphal* § 215 Rn 8; *Hess* § 215 Rn 9; *Smid* § 215 Rn 2). Durch die Vorabinformation des Insolvenzgerichts können sich sowohl der Verwalter als auch der Schuldner bzw das Schuldnerunternehmen darauf einstellen und mögliche Vorkehrungen treffen, die den Rückfall der Verwaltungs- und Verfügungsbefugnisse ohne allzu große Reibungsverluste ermöglichen. Nach dem Wortlaut des Gesetzes („vorab") wäre eine Benachrichtigung der unmittelbar Verfahrensbeteiligten „in letzter Sekunde" noch ausreichend, wird aber den Bedürfnissen der Praxis nicht gerecht (BerlKo-*Breutigam* § 215 Rn 8; N/R/*Westphal* § 215 Rn 7). Der Hinweis darf nicht erst erfolgen, wenn die öffentliche Bekanntmachung erschienen ist. Vielmehr ist die Regelung dahingehend zu interpretieren, dass das Insolvenzgericht die unmittelbaren Verfahrensbeteiligten darauf hinzuweisen hat, dass es **die öffentliche Bekanntmachung veranlassen** wird und die Einstellung zwei Tage nach dem Erscheinen bewirkt ist (N/R/*Westphal* § 215 Rn 9; *Hess* § 215 Rn 10). Weitergehend hält BerlKo-*Breutigam* (§ 215 Rn 6) einen Mindestzeitraum zwischen Vorabinformation und Bekanntmachung von **fünf Tagen** für notwendig. Für einen solchen Zeitraum könnte sprechen, dass die Veröffentlichung früher in Printmedien stattfand und noch eine gewisse Vorlaufzeit benötigte, während jetzt die Daten in die Internetplattform binnen weniger Stunden eingespeist werden. Auch wenn die Vorabinformation nicht den ergänzenden Hinweis „unter dem Vorbehalt der Rechtskraft" beinhaltet (N/R/*Westphal* § 215 Rn 6; *Hess* § 215 Rn 11), haben sich die Beteiligten im Hinblick auf die Beschwerdemöglichkeit zu informieren, wann die Rechtskraft und damit die Wirksamkeit des Einstellungsbeschlusses eintritt.

IV. Registermitteilungen

War die Verfahrenseröffnung im Handelsregister, Grundbuch oder in sonstigen Registern nach den §§ 31–33 eingetragen, so gelten gem § 215 Abs 1 S 3 iVm § 200 Abs 2 S 2 InsOVereinfG 2007 (vormals S 3) die §§ 31–33 entsprechend mit der Folge, dass die öffentlichen Register, wie zB das Handels-, Genossenschafts-, Partnerschafts- oder Vereinsregister (§ 31), das Grundbuchamt (§ 32) sowie gegebenenfalls das Schiffsregister, das Schiffsbauregister und das Register für Pfandrechte an Luftfahrzeugen (§ 33) über die Einstellung zu informieren sind. Allerdings darf die Information der Register erst erfolgen, wenn der Einstellungsbeschluss rechtskräftig geworden ist (N/R/*Westphal* § 215 Rn 10; *Hess* § 215 Rn 8; BerlKo-*Breutigam* § 215 Rn 6). Die Mitteilung erfolgt durch Übersendung einer Ausfertigung des Einstellungsbeschlusses (K/P/B/*Pape* § 215 Rn 9).

V. Rechtsfolgen der rechtskräftigen Verfahrenseinstellung

1. Wiedererlangung der freien Verfügungsbefugnis des Schuldners (Abs 2 S 1). Hinsichtlich der Rechtswirkungen der Verfahrenseinstellung gilt weitgehend Gleiches wie für die Rechtswirkungen einer Verfahrensaufhebung nach § 200. Mit der Rechtskraft des Einstellungsbeschlusses erlangt der Schuldner bzw erlangen die organschaftlichen Vertreter eines Schuldnerunternehmens „ex nunc" das Recht zurück, über die Insolvenzmasse frei zu verfügen und diese zu verwalten (§ 215 Abs 2 S 1). Dementsprechend verliert der **Insolvenzverwalter** ab diesem Moment seine Rechte nach § 80 Abs 1. Die Gläubiger können wegen ihrer Forderungen wieder unbeschränkt gegen den Schuldner bzw das Schuldnerunternehmen vollstrecken, da das Vollstreckungsverbot des § 89 entfällt. Eine Ausnahme gilt lediglich für solche Gegenstände des Schuldnervermögens, für die eine **Nachtragsverteilung** vorbehalten wird oder die für eine Nachtragsverteilung zurückbehalten oder hinterlegt wurden. Gegen den Insolvenzverwalter erwirkte, aber wegen § 207 noch unerledigte Titel sind auf den Schuldner umzuschreiben (**LAG** Düsseldorf 6. 9. 2005 – 16 TA 478/05, ZInsO 2005, 1283).

a) Inbesitznahme der bisherigen Insolvenzmasse. Mit der Rechtskraft des Einstellungsbeschlusses entsteht zwischen dem Verwalter und dem Schuldner bzw Schuldnerunternehmen ein **gesetzliches Abwicklungsverhältnis**, aufgrund dessen der Verwalter verpflichtet ist, alle erforderlichen Maßnahmen zu treffen, damit der bisherige Schuldner bzw die organschaftlichen Vertreter eines Schuldnerunternehmens wieder die Verfügungsgewalt über die bisherige Insolvenzmasse auszuüben vermögen (**OLG Celle KTS** 1972, 265; N/R/*Westphal* § 215 Rn 16). Der Verwalter ist verpflichtet, das in seinem Besitz befindliche

Schuldnervermögen einschließlich der Geschäftsbücher und sonstigen Unterlagen dem Schuldner auszuhändigen (N/R/*Westphal* § 215 Rn 16). Handelt es sich um eine Handelsgesellschaft, GmbH oder eine AG, ist der Verwalter verpflichtet, die Bücher und Geschäftsunterlagen der oder den gesetzlich zur Verwahrung verpflichteten Person bzw Personen zu übergeben (§§ 157 Abs 2 S 1 HGB, 74 Abs 2 S 1 GmbHG, 273 Abs 2 AktG). Die Annahme der Unterlagen kann vom Insolvenzgericht nach §§ 407, 273 Abs 2 AktG nur bei der AG oder KG aA erzwungen werden. Ansonsten bleibt nur die Möglichkeit einer Mitteilung an das zuständige Finanzamt, das den mit der Nichtannahme verbundenen Verstoß gegen die steuerrechtlichen Aufbewahrungsvorschriften des § 147 AO ahnden und die Aufbewahrung zwangsweise durchsetzen kann (§ 328 AO; K/P/B/*Pape* § 200 Rn 13).

7 **b) Wegfall der Insolvenzorgane.** Mit der Rechtskraft des Einstellungsbeschlusses erlöschen „ex nunc" die Ämter des Insolvenzverwalters und der Mitglieder des Gläubigerausschusses. § 259 Abs 1 S 1 findet entsprechende Anwendung. **Rechtshandlungen des Verwalters** während des eröffneten Insolvenzverfahrens bleiben auch nach Verfahrenseinstellung wirksam und binden den Schuldner bzw das Schuldnerunternehmen selbst dann, wenn sich die Maßnahmen als unzweckmäßig oder unrichtig darstellen (N/R/*Westphal* § 215 Rn 15; *Hess* § 215 Rn 14). So bleibt zB der Schuldner bzw das Schuldnerunternehmen an Masseverbindlichkeiten iSv § 55 ebenso gebunden wie an die Ausübung des Wahlrechts bei nicht erfüllten gegenseitigen Verträgen nach § 103 oder an die Kündigung eines Arbeits- bzw Anstellungsvertrages. Nur wenn es sich um eine **offensichtlich dem Insolvenzzweck zuwiderlaufende** Handlung des Verwalters handelt, ist diese nichtig und bindet den Schuldner nicht (**BGH** 10. 6. 1959 – V ZR 204/57, NJW 1959, 1873, 1874; **BGH** 13. 1. 1983 – III ZR 88/81, NJW 1983, 2018, 2019; N/R/*Westphal* § 215 Rn 15; MüKoInsO-*Hefermehl* § 215 Rn 10). Begreift man an dieser Stelle (abw zur Vorauf!) die Unwirksamkeitsanordnungen der InsO nur als „Durchsetzungssperren für die Dauer und Zwecke des Insolvenzverfahrens", können analog § 185 Abs 2 S 1 Fall 2 BGB auch **Verfügungen des Schuldners**, die dieser entgegen § 81 Abs 1 S 1 vornahm, mit der Verfahrenseinstellung wieder Wirksamkeit erlangen (Palandt/*Heinrichs* § 185 BGB Rn 11b; Erman/*Palm* § 185 BGB Rn 12; BerlKo-*Breutigam* § 215 Rn 16; *Hess* § 215 Rn 14; s für §§ 88, 89 InsO **BGH** 19. 1. 2006 – IX ZR 232/04, BGHZ 166, 74, 80 f: „Es handelt sich um absolute (schwebende) Unwirksamkeit gegenüber jedermann", „jedoch nur insofern und solange, als dies zum Schutz der Insolvenzgläubiger erforderlich ist"; str aA N/R/*Westphal* § 215 Rn 19; HaKo/*Weitzmann* § 215 Rn 5).

8 **c) Anhängige Prozesse des Insolvenzverwalters.** Mit der Einstellung des Verfahrens verliert der Verwalter seine prozessualen Befugnisse. Analog § 239 ZPO werden anhängige Verwalterprozesse unterbrochen (N/R/*Westphal* § 215 Rn 14; *Smid* § 215 Rn 6; vgl auch vorstehende Komm zu § 207 Rn 17). Etwas anderes gilt für **Insolvenzanfechtungsprozesse** nach den §§ 129 ff. Der Schuldner ist nicht berechtigt, Anfechtungsprozesse fortzusetzen, da die Aktivlegitimation bei diesen besonderen Anfechtungsrechten ausschließlich und nur dem Verwalter obliegt (s **BGH** 2. 4. 2009 – IX ZB 182/08, NZI 2009, 313 ff Rn 13 mzN). Der Schuldner wird nicht Rechtsnachfolger des Verwalters. Setzt er den Anfechtungsprozess in der Hauptsache fort, wird die Klage abgewiesen (**BGH** 10. 2. 1982 – VIII ZR 158/80, BGHZ 83, 102, 106). Der Schuldner kann jedoch die Hauptsache für erledigt erklären mit dem Ziel einer für ihn günstigen Kostenentscheidung (vgl RGZ 52, 330, 333 f; N/R/*Westphal* § 215 Rn 13). Es gelten somit die gleichen Grundsätze wie zur Verfahrensbeendigung nach §§ 200, 201, 202, 207 sowie §§ 257, 259.

9 **2. Nachhaftung des Schuldners bei Verfahrenseinstellung.** Gem § 215 Abs 1 S 3 iVm §§ 201, 202 können die Gläubiger festgestellter Insolvenzforderungen ihre Ansprüche auch nach Verfahrenseinstellung **unbeschränkt** gegen den Schuldner geltend machen (*Smid* § 215 Rn 7; Berl Ko-*Breutigam* § 215 Rn 10; FK-*Kießner* § 215 Rn 5; K/P/B/*Pape* § 215 Rn 4; N/R/*Westphal* § 215 Rn 20). Hat der allgemeine Prüfungstermin bereits stattgefunden, sind die Insolvenzgläubiger, deren Forderungen zur Tabelle festgestellt und nicht vom Schuldner im Prüfungstermin bestritten worden sind, berechtigt, aus der Eintragung in die Tabelle wie aus einem vollstreckbaren Urteil die Zwangsvollstreckung gegen den Schuldner zu betreiben (§§ 215 Abs 2 S 2, 201 Abs 2 S 1; Braun/*Uhlenbruck* Unternehmensinsolvenz S 422; K/P/B/*Pape* § 215 Rn 4). Soweit kein Prüfungstermin stattgefunden hat und Forderungen zur Tabelle nicht festgestellt worden sind, behalten frühere Titel ihre Gültigkeit und kann aus ihnen vollstreckt werden. Eine Nachhaftung des Schuldners kommt auch bei einer **Verfahrenseinstellung mit Zustimmung der Gläubiger** (§ 213) in Betracht, weil der Verzicht der Gläubiger auf die Fortsetzung des Insolvenzverfahrens lediglich verfahrensrechtliche, dagegen **keine materiell-rechtliche Wirkung** hat (K/P/B/*Pape* § 215 Rn 4; *Hess* § 215 Rn 18).

VI. Zulässigkeit einer Restschuldbefreiung

10 Soweit § 215 Abs 2 S 2 erklärt, die Vorschriften der §§ 201, 202 seien für die Fälle der Verfahrenseinstellung entsprechend anwendbar, und hierzu § 201 Abs 3 besagt, die Verfahrensvorschriften über die Restschuldbefreiung würden von einer Verfahrensbeendigung nicht berührt, kann Letzteres nicht die **Verfahrenseinstellung gem §§ 212, 213** betreffen. Nach § 212 setzt die Einstellung die volle Deckung

der Verbindlichkeiten voraus, lässt also ein weiteres Rechtschutzbedürfnis entfallen. Nach § 213 haben Schuldnern und Gläubiger einvernehmlich auf die Fortsetzung des Verfahrens nach der InsO verzichtet (K/P/B/*Pape* § 215 Rn 3; *Hess* § 215 Rn 17). Bei einer Einstellung wegen **Massearmut gem § 207** scheidet die Restschuldbefreiung ohnehin aus, da § 289 Abs 3 S 1 nur für Fälle der Einstellung nach § 211 eingreift (BerlKo-*Breutigam* § 215 Rn 14; *Hess* § 215 Rn 17). Etwas anderes gilt aber, wenn dem Schuldner als natürliche Person auf seinen Antrag gem § 4 a **Stundung der Kosten des Insolvenzverfahrens** gewährt wurde. In diesen Fällen unterbleibt gem § 207 Abs 1 S 2 die Einstellung des Verfahrens, wenn der Schuldner vor oder nach Eröffnung des Insolvenzverfahrens die Stundung beantragt hat (vgl dazu vorstehend die Komm zu § 207 Rn 1 a u 6).

§ 216 Rechtsmittel

(1) Wird das Insolvenzverfahren nach § 207, 212 oder 213 eingestellt, so steht jedem Insolvenzgläubiger und, wenn die Einstellung nach § 207 erfolgt, dem Schuldner die sofortige Beschwerde zu.

(2) Wird ein Antrag nach § 212 oder § 213 abgelehnt, so steht dem Schuldner die sofortige Beschwerde zu.

I. Allgemeines

Die Regelung des § 216 wurde im Hinblick auf § 6 Abs 1 notwendig (K/P/B/*Pape* § 216 Rn 1; N/R/*Westphal* § 216 Rn 2). Die Aufzählung in § 216 besagt gleichzeitig, dass **weitere Beschwerdemöglichkeiten**, wie zB gegen eine Einstellung nach § 211, nicht eröffnet sind (vgl BGH 25. 1. 2007 – IX ZB 234/05, NZI 2007, 243). Im Fall der Einstellung nach § 207 haben die Massegläubiger, die keine Befriedigung erlangen, ebenso wenig ein Beschwerderecht wie Insolvenzgläubiger im Fall der Einstellung des Verfahrens nach Anzeige der Masseunzulänglichkeit gem §§ 208, 211. Dieser Nachteil wird allerdings teilweise dadurch kompensiert, dass auch diejenigen, denen § 216 kein Rechtsmittel einräumt, gegen die **Entscheidung des Rechtspflegers befristete Erinnerung** einlegen können (vgl K/P/B/*Pape* § 216 Rn 1; BerlKo-*Breutigam* § 216 Rn 2). 1

II. Sofortige Beschwerde

1. **Beschwerdeberechtigte.** § 216 schränkt gegenüber dem früheren Recht den Kreis der Beschwerdeberechtigten ebenso ein wie den Bereich der Entscheidungen, die mit der sofortigen Beschwerde anfechtbar sind. Im Interesse der Verfahrensbeschleunigung steht dem Insolvenzverwalter (vgl **BGH 26. 4. 2007 – IX ZB 221/04, NZI 2007, 406 Rn 4**) ebenso wenig ein Rechtsmittel zu wie den Massegläubigern (zur Kritik vgl *I. Pape/G. Pape* ZIP 2000, 1553, 1563; K/P/B/*Pape* § 216 Rn 2). *Breutigam* (BerlKo-*Breutigam* § 216 Rn 3, 4, 11, 15 und 22) prüft anhand der einzelnen Einstellungsgründe, ob die gesetzliche Regelung „Zustimmung verdient oder durch Analogiebildungen ergänzt werden sollte". Es müsse angenommen werden, dass der Gesetzgeber – zumindest bezüglich der §§ 212 und 213 – den Wegfall des Beschwerderechts des Insolvenzverwalters übersehen habe, mithin eine Regelungslücke vorliege und somit eine analoge Anwendung denkbar sei. Zutreffend weist aber K/P/B/*Pape* (§ 212 Rn 23) darauf hin, dass auch gegen die Verfahrenseinstellung nach §§ 212, 215 ein **Beschwerderecht des Insolvenzverwalters** nicht besteht. Der Verwalter hat allein die Möglichkeit, nach dem Einstellungsantrag des Schuldners bei seiner Anhörung gem § 214 Abs 2 S 1 Einwendungen vorzubringen. Die von BerlKo-*Breutigam* (§ 216 Rn 4) per Analogie befürwortete Beschwerdeberechtigung des Verwalters für die Fälle der §§ 212, 213 lässt sich weder aus dem Gesetzeswortlaut noch aus den Gesetzesmaterialien rechtfertigen (vgl auch N/R/*Westphal* § 216 Rn 6, 7). Im Übrigen sind im Fall der Einstellung mangels Masse (§ 207), bei Einstellung wegen Wegfalls des Eröffnungsgrundes (§ 212) und bei Einstellung mit Zustimmung der Gläubiger (§ 213) **beschwerdeberechtigt** ausschließlich die **Insolvenzgläubiger** und, wenn die Einstellung nach § 207 erfolgt, gem § 216 Abs 1der **Schuldner** (dazu, dass umgekehrt dem Verwalter bei unterbliebener Einstellung nach § 207 kein Beschwerderecht zusteht, s BGH 26. 4. 2007 – IX ZB 221/04, NZI 2007, 406 Rn 4). Das Rechtsschutzinteresse des Schuldners als natürliche Person ergibt sich schon aus § 289 Abs 3, wonach die Einstellung in massearmen Verfahren den Ausschluss der Restschuldbefreiung bewirken kann (*Hess* § 216 Rn 5). Auch wenn der Schuldner eine juristische Person ist, kann diese daran interessiert sein, durch die Einstellung zB die bedingte Auflösung nach § 60 Abs 1 Nr 5 GmbHG zu vermeiden (HK-*Landfermann* § 216 Rn 2; *Hess* § 216 Rn 5). Im Fall der Abweisung eines Einstellungsantrags nach §§ 212, 213 ist **ausschließlich der Schuldner** bzw sind die organschaftlichen Vertreter eines Schuldnerunternehmens zur Einlegung der sofortigen Beschwerde berechtigt. **Massegläubigern** steht weder gegen die Einstellung mangels Masse (§ 207) noch bei Einstellung nach den §§ 212, 213 ein Beschwerderecht zu (*Smid* § 216 Rn 3; N/R/*Westphal* § 216 Rn 6; FK-*Kießner* § 216 Rn 2). Die Massegläubiger sind ausreichend dadurch geschützt, dass sie über die Feststellung der Masseunzulänglichkeit unterrichtet werden und im Übrigen der Verwalter vor der Einstellung die unstreitigen Masseansprüche zu berichtigen und für die streitigen Sicherheit zu leisten hat 2

§ 216

(§ 214 Abs 3). Wie unten zu 4. b) darzustellen sein wird, bedeutet der **Ausschluss der sofortigen Beschwerde** nicht, dass der Insolvenzverwalter und die Massegläubiger auch von der **befristeten Rechtspflegererinnerung** nach § 11 Abs 1 RPflG ausgeschlossen sind.

3 2. **Form und Frist der sofortigen Beschwerde.** Die sofortige Beschwerde ist gem § 4 InsO iVm § 569 Abs 1 S 1 ZPO **schriftlich** einzulegen entweder bei dem Gericht, das die Entscheidung erlassen hat (iudex a quo), oder bei demjenigen, das zur Entscheidung über die Beschwerde berufen sein wird (iudex ad quem). Sie kann auch zu Protokoll des Urkundsbeamten der Geschäftsstelle des Insolvenzgerichts (Service-Einheit) erhoben werden (BerlKo-*Breutigam* § 216 Rn 16). Die **Beschwerdefrist von zwei Wochen** beginnt mit der Verkündung der gerichtlichen Entscheidung bzw mit der Zustellung (§ 6 Abs 2). Im Regelfall wird durch schnelle Einspeisung der Daten in die zentrale Internetplattform die Entscheidung sehr schnell **öffentlich bekannt gemacht** sein; damit gilt sie – für die Praxis wichtig – gem § 9 Abs 3 bereits als zugestellt (LG Göttingen 3. 9. 2007 – 10 T 108/07, ZInsO 2007, 1160; N/R/*Westphal* § 216 Rn 8). **Beschwerdegericht** ist das dem Insolvenzgericht übergeordnete Landgericht. Die Entscheidung wird gem § 6 Abs 3 S 1 erst mit der Rechtskraft wirksam. Das Beschwerdegericht kann jedoch die **sofortige Wirksamkeit der Entscheidung** anordnen (§ 6 Abs 3 S 2).

4 3. **Keine Beschwerde gegen Einstellungen nach §§ 208–211.** § 216 Abs 1 sieht eine sofortige Beschwerde nur für die Einstellungsfälle der §§ 207, 212 und 213 vor. In den bedeutsamen Einstellungsverfahren nach den §§ 208–211 ist dagegen eine **sofortige Beschwerde nicht vorgesehen** (vgl BGH 25. 1. 2007 – IX ZB 234/05, NZI 2007, 243; K/P/B/*Pape* § 211 Rn 10; HK-*Landfermann* § 216 Rn 5). Eine **Erweiterung der Anfechtbarkeit** auf Einstellungsbeschlüsse, die in § 216 Abs 1 nicht genannt sind, verbietet sich, weil keine Gesetzeslücke vorliegt.

5 4. **Entscheidung durch Rechtspfleger/Rechtspflegerin.** a) **Sofortige Beschwerde.** Die Einstellung des Verfahrens nach den §§ 207 ff fällt grundsätzlich nicht unter den Richtervorbehalt des § 18 RPflG, so dass der Einstellungsbeschluss idR in die funktionelle Zuständigkeit des Rechtspflegers fällt. Soweit die sofortige Beschwerde nach § 216 zulässig ist, greift § 11 Abs 1 RPflG ein und die sofortige Beschwerde gegen die Entscheidung des Rechtspflegers ist bei der Beschwerdekammer des Landgerichts einzulegen. Insoweit macht es nach zutreffender Feststellung von *Breutigam* (BerlKo-*Breutigam* § 216 Rn 2) keinen Unterschied, ob eine Einstellung vom Richter oder Rechtspfleger beschlossen wird. In beiden Fällen ist die sofortige Beschwerde zulässig.

6 b) **Befristete Erinnerung nach § 11 Abs 2 RPflG.** Soweit gem § 216 ein Rechtsmittel gegen den Einstellungsbeschluss oder den die Einstellung ablehnenden Beschluss nicht gegeben ist, steht den Verfahrensbeteiligten die **befristete Rechtspflegererinnerung** nach § 11 Abs 2 RPflG zu. Der Rechtspfleger kann gem § 11 Abs 2 S 2 RPflG der Erinnerung abhelfen. Hilft er nicht ab, legt er die Erinnerung dem zuständigen Richter zur Entscheidung vor. Dessen Entscheidung ist nicht anfechtbar. Zweifelhaft, aber letztlich zu bejahen ist die Frage, ob die in § 216 **nicht angeführten Verfahrensbeteiligten** zwar kein Beschwerderecht haben, wohl aber das Recht, die **befristete Rechtspflegererinnerung** einzulegen (so BerlKo-*Breutigam* § 216 Rn 2, 20). Die Folge ist, dass in dem in § 216 Abs 1 genannten Fall der Einstellung wegen Masseunzulänglichkeit (§§ 208–211) den Beteiligten, also auch dem Insolvenzverwalter und den Massegläubigern bei Entscheidungen des Rechtspflegers, die befristete Erinnerung offen steht (BerlKo-*Breutigam* § 216 Rn 21). Hilft der Rechtspfleger der Erinnerung nicht ab (§ 11 Abs 2 S 2 RPflG), legt er die Erinnerung dem zuständigen Richter bzw der Richterin vor, deren Entscheidung unanfechtbar ist.

III. Rechtsbeschwerde

7 Voraussetzung der Statthaftigkeit der **Rechtsbeschwerde** in Insolvenzsachen ist nach § 7 iVm § 574 Abs 1 S 1 Nr 1 ZPO, dass für den Rechtsbeschwerdeführer das Rechtsmittel der sofortigen Beschwerde nach § 6 Abs 1 eröffnet war (**BGH** 26. 4. 2007 – IX ZB 221/04, NZI 2007, 40; 4. 3. 2004 – IX ZB 133/03, BGHZ 158, 212, 214; 7. 3. 2002 – IX ZB 11/02, NZI 2002, 398; *Kirchhof* ZInsO 2002, 606, 608 ff). Mit der Möglichkeit einer Rechtsbeschwerde wird der Zugang zum BGH unabhängig von einer Zulassung durch das Beschwerdegericht eröffnet, wenn die Rechtssache grundsätzliche Bedeutung hat oder die Fortbildung des Rechts oder die Sicherung einer einheitlichen Rechtsprechung eine Entscheidung des Rechtsbeschwerdegerichts erfordert. Einzelheiten in der Komm zu § 7.

SECHSTER TEIL. INSOLVENZPLAN

Vorbemerkungen zu §§ 217–269

Übersicht

	Rn
I. Der Insolvenzplan in der Insolvenzordnung	1
II. Entwicklung des Planverfahrens in der Insolvenzrechtsreform	7
1. Reformdiskussion	7
2. Der Insolvenzplan im Gesetzgebungsverfahren	11
III. Reorganisation nach Chapter 11 US BC (1978)	13
IV. Wesentliche Merkmale des Insolvenzplanverfahrens	30
1. Einbindung in das Insolvenzverfahren	30
2. Antragserfordernis	33
3. Recht zur Vorlage eines Insolvenzplans	34
4. Bildung von Gläubigergruppen	35
5. Rechtliche Gestaltungen	39
6. Planziele	41
7. Obstruktionsverbot	44
8. Minderheitenschutz	46
9. Wirkungen des bestätigten Plans	47
10. Überwachung der Planerfüllung	50
V. Rechtspolitische Zielsetzung	51
VI. Literatur zum Insolvenzplan	54

I. Der Insolvenzplan in der Insolvenzordnung

Der Insolvenzplan bzw. das Insolvenzplanverfahren zählen zu den grundlegenden Neuerungen, die **1** das deutsche Insolvenzrecht mit dem Inkrafttreten der Insolvenzordnung erfahren hat. Der Rechtsausschuss des deutschen Bundestages hat das neue Rechtsinstitut als ein **Kernstück der Reform** bezeichnet (abgedr *Balz/Landfermann*, vor § 217 InsO, S 322). Tatsächlich gibt es in den früheren deutschen Insolvenzgesetzen nichts Vergleichbares; denn sowohl der in §§ 173 ff KO vorgesehene Zwangsvergleich als auch der Vergleich nach § 16 GesO standen unter dem Primat der bestmöglichen **Gläubigerbefriedigung**. In diesem Sinn stellte § 174 KO der konkursrechtlichen Regelung das Gebot voran, der Vergleichsvorschlag müsse angeben, in welcher Weise die Befriedigung der Gläubiger erfolgen und ob und in welcher Weise ihre Sicherstellung bewirkt werden solle. Nichts anderes galt für das Verfahren nach der Vergleichsordnung, in dessen Vordergrund das Erreichen bestimmter Quoten nach § 7 VglO stand, gleich ob durch Fortführung der schuldnerischen Unternehmung (Fortführungsvergleich) oder durch Liquidation (Liquidationsvergleich). Dem **Primat der Gläubigerbefriedigung** diente der vorrangige **Vollstreckungszweck** aller früheren Verfahren; die Vorstellung, dass die Wahrung der Gläubigerinteressen nicht notwendig mit der Zerschlagung schuldnerischer Unternehmungen und der Versilberung der Vermögensgegenstände einhergehen müsse, ist dem deutschen Rechtsdenken über viele Jahrzehnte des zwanzigsten Jahrhunderts fremd geblieben. Nichts belegt dies besser als die weitgehende Bedeutungslosigkeit der Vergleichsordnung aus dem Jahr 1935, sieht man vom Vergleichsantragsverfahren als häufig willkommener Vorstufe zum Konkursverfahren ab.

Erst in der Nachkriegszeit nach 1945 hat sich allmählich die Erkenntnis durchgesetzt, dass dem Insolvenzverfahren auch **vermögenserhaltende Funktion** zukommen könne. Nicht nur hohe Befriedigungsquoten in wenigen spektakulären Fällen wie im Konkursverfahren *Borgward* oder im Vergleichsverfahren *Herstatt*, sondern insbesondere die vielfach kritisierte Wertevernichtung bei der Verwertung schuldnerischer Unternehmenseinheiten und ihres Inventars zu katastrophalen Erlösen haben die Ansicht wachsen lassen, dass im Einzelfall eine **Bündelung von Gläubiger- und Schuldnerinteressen** unter Vermeidung der Zerschlagung schuldnerischer Unternehmungen zu einer für beide Seiten günstigeren Interessewahrung führen könne. Die Erfahrung lehrt, dass insbesondere Unternehmensinsolvenzen nicht notwendigerweise den Beweis dafür liefern, dass das insolvente Unternehmen des Schuldners nach gewissen Korrekturen nicht auch erfolgreich sein kann. Häufige Ursachen von Unternehmensinsolvenzen bestehen in identifizierbaren Managementfehlern oder werden durch vorübergehende Marktbedingungen ausgelöst; in solchen Situationen kann es sehr wohl sein, dass kurzfristig die Voraussetzungen dafür geschaffen werden können, ein faillierendes Unternehmen durch Reorganisation bzw Neustrukturierung zu einer gewinnbringenden unternehmerischen Einheit umzugestalten. Das **Insolvenzplanverfahren**, das die Insolvenzordnung nunmehr vorsieht, soll diese Möglichkeit eröffnen. **2**

Der deutsche Gesetzgeber hat sich dazu entschieden, die Reorganisation des schuldnerischen Unternehmens aufgrund eines Insolvenzplans als eine **alternative Verfahrensart innerhalb des Insolvenzverfahrens** auszugestalten. Abweichend vom amerikanischen BC 1978, der in vielfacher Weise zum Vorbild und Leitgedanken der deutschen Reformdiskussion geworden ist, entwickelt sich das Insolvenzplanverfahren aus **3** dem Insolvenzverfahren heraus, das alternativ auch die Zerschlagung des schuldnerischen Vermögens und seine Versilberung im herkömmlichen Sinn als Verfahrensziel kennt. Diese **Doppelspurigkeit** basiert auf der Reformidee, die Eröffnung eines Insolvenzverfahrens möglichst früh und einheitlich zuzulassen, um dann nach den Erkenntnissen zu Beginn des Verfahrens entweder die Zerschlagung zu wählen, oder aber in das Insolvenzplanverfahren nach §§ 217 ff InsO überzugehen. Zwar kann der Schuldner nach § 218 Abs 1 S 2 InsO die Einleitung eines Insolvenzplanverfahrens bereits mit seinem Antrag auf Eröffnung des Insolvenzverfahrens verbinden. Auch in diesem Fall bedarf es jedoch zunächst der Eröffnung des allgemeinen Insolvenzverfahrens, ehe es innerhalb des weiteren Ablaufs zum Insolvenzplanverfahren kommen kann.

4 Im Gegensatz zur Eröffnung des Insolvenzverfahrens bedarf es nach geltendem Recht beim Übergang in das Insolvenzplanverfahren **keines besonderen Antrags**, den der **Schuldner** oder der **Insolvenzverwalter** stellen müssten. Legen sie einen Insolvenzplan vor und sind die zur Zurückweisung durch das Insolvenzgericht nach § 231 Abs 1 berechtigenden Gründe nicht gegeben, so verfährt das Insolvenzgericht ohne gesonderte Beschlussfassung durch verfahrensleitende Verfügungen nach §§ 232 ff. Der Insolvenzverwalter muss nur dann einen Insolvenzplan ausarbeiten und das Insolvenzplanverfahren in Gang setzen, wenn ihn die Gläubigerversammlung hierzu beauftragt, § 218 Abs 2. Im Fall der Eigenverwaltung nach §§ 270 ff kann die Gläubigerversammlung sowohl den Schuldner als auch den Sachverwalter mit der Ausarbeitung eines Insolvenzplans beauftragen, § 284 Abs 1 S 1. Dieses dem Schuldner und dem Insolvenzverwalter bzw Sachverwalter vorbehaltene Recht zur Planinitiative bildet die Brücke zu der ansonsten stark von Gläubigerinteressen geprägten gesetzlichen Regelung des Insolvenzplanverfahrens, wie es aus der jahrelangen Reformdiskussion hervorgegangen ist.

5 **Sinn** und **Zweck** des Insolvenzverfahrens ist eine im Einvernehmen mit den Gläubigern durchzuführende Gesamtvollstreckung, die nicht nach § 159 durch Verwertung des zur Insolvenzmasse zählenden Vermögens erreicht wird. Nicht die Versilberung der einzelnen Vermögensgegenstände und die Zerschlagung betrieblicher Einheiten stehen im Vordergrund; vielmehr soll werterhaltend genutzt werden, was im vorrangigen Interesse der Gläubiger, aber auch im Interesse des Schuldners, wirtschaftlich günstiger gehandhabt werden kann. Sofern der Schuldner bzw das schuldnerische Unternehmen unter Mitwirkung der Gläubiger wirtschaftlich **saniert** werden kann, so ermöglicht dies die ordnungs- oder vertragsmäßige Bedienung und Rückführung auch ungesicherter Gläubigerforderungen, soweit sie noch bestehen bleiben. Können Sachgesamtheiten oder Unternehmensteile des Schuldners geschlossen erhalten oder an Dritte abgegeben werden („übertragende Sanierung"), so wird der Erlös regelmäßig ungleich höher ausfallen als bei Zerschlagung. Selbst wenn das Planverfahren zur **Liquidation** führt, was als mögliches Planziel allgemein anerkannt wird (vgl HK-*Flessner* § 217 Rn 13; FK-*Jaffé* § 217 Rn 103, 142–145), so kann dies abweichend von §§ 159 ff zu einem für die Gläubiger günstigeren Ergebnis führen und dem Schuldner gleichzeitig Stundung und Erlass verdienen.

6 Der Insolvenzplan rechtfertigt sich mithin **rechtspolitisch** durch die Absicht, abweichend von der reinen Verwertungs- und Zerschlagungsmaxime der (Gesamt-)Vollstreckung durch andere Maßnahmen bessere wirtschaftliche Ergebnisse zu erzielen. Da dies in erster Linie den Gläubigern zugute kommt, ist es nur folgerichtig, dass das Insolvenzverfahren in gewissem Umfang Raum schafft für eine gewisse **Gläubigerautonomie**. Der gestaltende Teil des Insolvenzplans (§ 221) bestimmt mit Zustimmung der Gläubiger jene, von der Verwertung abweichenden Maßnahmen, die optimaler Werterhaltung (Gegenwart) und Wertschöpfung (Zukunft) dienen. Verwirklicht wird die Gläubigerautonomie durch **Initiativ-**, **Mitwirkungs-** und **Kontrollrechte der Gläubiger** (*K/P/Otte* § 217 Rn 33) in dem Maße, in dem der Gesetzgeber dies im Rahmen eines förmlichen Verfahrens der Gesamtvollstreckung für tragbar erachtet. Man mag **dogmatisch** darüber streiten, in welchem Umfang die Gläubigerautonomie überhaupt Beachtung verdient in einem Ordnungsverfahren, das weithin dem ius cogens unterliegt. Für die **Praxis** ist bedeutsam, dass der Gesetzgeber diesen Weg zur bestmöglichen Erhaltung wirtschaftlicher Werte auch im Fall der Insolvenz eröffnet. Erst der Umgang mit dem neuen Gesetz wird lehren, ob die teilweise hoch gesteckten Erwartungen erfüllt werden können.

II. Entwicklung des Planverfahrens in der Insolvenzrechtsreform

7 **1. Reformdiskussion.** Bereits Ende der fünfziger Jahre waren Reformüberlegungen aufgekommen (dazu *Weber* in Uhlenbruck (Hrsg), FS 100 Jahre KO, S 321 mwN). In den siebziger Jahren geriet das Insolvenzrecht zunehmend in die Kritik. Eine sprunghaft steigende Zahl von Unternehmensinsolvenzen und die Beobachtung, dass etwa 75% aller Verfahren mangels Masse nicht eröffnet wurden (vgl Allgemeine Begründung Diskussionsentwurf A1; Erster Bericht der Kommission, S 3), führte zu einer breiten Diskussion über die Funktionsfähigkeit des Insolvenzrechts unter Geltung der Konkurs- und Vergleichsordnung. Vielfach bildete sich die Meinung, das geltende Konkursrecht sei unzureichend, insbesondere fehle ein Mittel zur **Sanierung insolventer Unternehmen** (*Kilger* KTS 1975, 142 ff; Allgemeine Begründung Diskussionsentwurf A3; *Uhlenbruck* NJW 1975, 897 ff; *Hanisch* ZZP 90 (1977), 1 ff). Der 51. Deutsche Juristentag 1976 nahm sich der Reform des Insolvenzrechts an; der Arbeitskreis für Insolvenz- und Schiedsgerichtswesen eV Köln 1977 veranstaltete den Kölner Insolvenzrechtskongress anlässlich des 100-jährigen Bestehens der Konkursordnung, auf dem diese Fragen ebenfalls umfassend diskutiert wurden (*Erkel* in Uhlenbruck (Hrsg), FS 100 Jahre KO 1977, S 295 ff).

II. Entwicklung des Planverfahrens in der Insolvenzrechtsreform

Das **Bundesministerium der Justiz** erwog zunächst punktuelle Änderungen der Konkurs- und Vergleichsordnung. Eine in den Jahren 1976 und 1977 vom BMJ durchgeführte Befragung ergab jedoch, dass statt der Änderung einzelner Vorschriften eine umfassende Reform gewünscht wurde. Die Sozialwissenschaftliche Forschungsgruppe des Max-Planck-Instituts Hamburg legte im Auftrag des BMJ einen umfassenden Bericht vor, welcher die rechtstatsächlichen Grundlagen als Basis für eine Reform des Insolvenzrechts aufbereiten sollte. 1978 wurde durch den damaligen Justizminister Vogel dann die **Kommission für Insolvenzrecht** eingesetzt und mit der Erarbeitung von Vorschlägen für eine Reform des Insolvenzrechts beauftragt. Von Beginn an ging es auch und vor allem darum, Instrumente zu finden, welche eine Zerschlagung insolventer Unternehmen vermieden, wenn eine Sanierung in Betracht kam.

Die Kommission legte 1985 und 1986 zwei **Berichte** vor. Die Kommission schlug vor, das bisher in Konkurs- und Vergleichsordnung getrennte Insolvenzrecht zusammenzufassen und ein einheitliches Insolvenzverfahren zu schaffen. Die Vorschläge der Kommission enthielten auch Regelungen über eine Reorganisation des Schuldners. Es war ein Vorverfahren vorgesehen, an dessen Ende eine vorläufige richterliche Entscheidung stand, ob eine Reorganisation oder eine Zerschlagung durchgeführt werden sollte (Leitsatz 1.3.4.4 des Ersten Berichts der Kommission, S 149). Gesellschafter und Organmitglieder des schuldnerischen Unternehmens sollte das Gericht unter bestimmten Voraussetzungen zwangsweise aus der Gesellschaft ausschließen können (Leitsätze 2.4.9.5 f des Ersten Berichts der Kommission, S 282). Der Reorganisationsplan sollte eine ausführliche Darstellung aufweisen, auf welche Weise die Ertragsfähigkeit des schuldnerischen Unternehmens wiederhergestellt werden sollte (Leitsatz 2.2.6 Erster Bericht der Kommission, S 169 ff). Die Gläubiger, insbesondere auch die Gläubiger von besitzlosen Mobiliarsicherheiten, sowie die im schuldnerischen Unternehmen verbleibenden Arbeitnehmer sollten in Gruppen über den Reorganisationsplan abstimmen. Die bei der Abstimmung unterliegende Minderheit der Inhaber von Mobiliarsicherungsrechten sollte eine garantierte Mindestquote von 50% des Werts ihrer Sicherheit erhalten.

Die Vorschläge der Kommission zum Reorganisationsverfahren wurden von Teilen der **Literatur** stark kritisiert: Die richterliche Entscheidung im Vorverfahren über Reorganisation oder Zerschlagung sei eine Aushöhlung der Gläubigerautonomie und Verstaatlichung des Insolvenzverfahrens (Stellungnahme des Gravenbrucher Kreises, BB 1986, Beilage 15/1986; zu diesem (Miss-)Verständnis der Vorschläge der Kommission *Henckel* KTS 1989, 477, 489 in Fn 27); die Umverteilung von Vermögenswerten auf ungesicherte Gläubiger zu Lasten gesicherter Gläubiger sei nicht marktwirtschaftlich (*Drukarczyk* ZIP 1984, 280; *ders* ZIP 1987, 205; *ders*, Unternehmen und Insolvenz. Zur effizienten Gestaltung des Kreditsicherungs- und Insolvenzrechts, S 214; *ders* ZIP 1989, S 341; *Balz*, Sanierung von Unternehmen oder Unternehmensträgern, S 26 f); die Reorganisation sei von der Kommission gegenüber der Liquidation bevorzugt worden, zu Lasten des einheitlichen Ziels des gemeinsamen Insolvenzverfahrens, der Haftungsverwirklichung (*Riesenfeld* in Birk/Kreuzer, Das Unternehmen in der Krise, S 135, 142 ff; *Balz* ZIP 1988, S 273; *ders* ZIP 1988, 1438); die Reorganisation nach den Vorschlägen der Kommission ermögliche es, insolvente Unternehmensträger zu perpetuieren (*Ulmer* ZHR 149 (1985) 541, 586). Diese Kritik mag dazu beigetragen haben, dass die Gesetz gewordenen Regelungen zum Insolvenzplanverfahren von den Vorschlägen der Kommission erheblich abweichen. Die auffälligste Abweichung war die bereits im Diskussionsentwurf enthaltene Konzeption, das Insolvenzplanverfahren nicht auf die Sanierung/Reorganisation zu beschränken, sondern auch für die Liquidation zu öffnen. In der Begründung des Diskussionsentwurfs heißt es, der Entwurf ersetze Zwangsvergleich und gerichtliches Vergleichsverfahren durch das Recht, die Rechtsstellung der Gläubiger und des Schuldners durch einen Plan zu gestalten; der rechtliche Rahmen für solche, von der Privatautonomie getragenen Regelungen werde nach dem Vorbild ausländischer Rechtsordnungen erheblich flexibler gestaltet.

Die „Anleihen" des InsO aus dem **US-amerikanischen Reorganisationsverfahren** nach Chapter 11 USC 1978 sind unübersehbar. Dieses Verfahren ist allerdings ausschließlich für Sanierung/Reorganisation anwendbar. Für Liquidationen gilt Chapter 7 USC 1978. Die Adaption von Reorganisationsregelungen auch für Liquidationspläne macht den Umgang mit dem Gesetz nicht einfach. Manche Regelungen, die für einen Sanierungsplan passend erscheinen, werfen die Frage auf, warum und mit welcher Maßgabe die gleiche Regel für einen Liquidationsplan Geltung haben soll. Im Besonderen trifft das auf die Regelungen zur Bildung von Gläubigergruppen zu.

2. Der Insolvenzplan im Gesetzgebungsverfahren. Im August 1988 legte das BMJ einen Diskussionsentwurf zur Reform des Insolvenzrechts vor. 1989 folgte der Referentenentwurf, 1992 der Regierungsentwurf der Insolvenzordnung (BT-Drucks 12/2443; BA-Drucks 1/92). Die Regelungen zum Insolvenzplan sind im Verlauf des Gesetzgebungsverfahrens praktisch mit jedem Entwurf verändert worden. Ein zentrales Anliegen der Entwürfe war es, marktkonforme Lösungen der Insolvenz bei gleichzeitiger Deregulierung zu ermöglichen (zB Allgemeine Begründung *Balz/Landfermann* RegE InsO, S 11; *Balz* ZIP 1988, 273, 274 ff; kritisch *Henckel* KTS 1989, 477; aus ökonomischer Sicht dazu etwa *Huelsdunk* KTS 1999, 291 ff mwN). Das **Insolvenzplanverfahren** wurde als wichtiges Instrumentarium begriffen, um diese Zielsetzung zu erreichen (Allgemeine Begründung DE A 17, A 56).

Der **Rechtsausschuss des Deutschen Bundestages** regte im Gesetzgebungsverfahren zahlreiche Änderungen und Streichungen an, die namentlich auch die Regelungen zum Insolvenzplanverfahren betrafen. Insbesondere sind zu nennen: die Möglichkeit, eine übertragende Sanierung auch außerhalb eines Insolvenzplanverfahrens durchzuführen, die Beschränkung des Plan-Initiativrechts auf Schuldner und Verwalter, die Beschränkung des Obstruktionsverbots dahingehend, dass die Regelung nur Anwendung findet, wenn die Mehrheit der abstimmenden Gruppen für den Plan gestimmt hat. Auch die Regelung zur Gruppenbildung wurde vom Rechtsausschuss geändert und einige vom Regierungsentwurf als obligatorisch vorgesehene Gruppen fakultativ ausgestaltet. Ferner wurde die Vorschrift über den Inhalt des darstellenden Teils des Plans allgemeiner gefasst. Die endgültige Gesetzesfassung wurde 1994 verkündet und trat am 1. 1. 1999 in Kraft.

III. Reorganisation nach Chapter 11 US BC (1978)

13   Das Insolvenzplanverfahren wurde auf der Grundlage rechtsvergleichender Vorarbeiten entwickelt; es lehnt sich deutlich am **US-amerikanischen Reorganisationsverfahren** nach Chapter 11 des US BC aus (vgl Allgemeine Begründung RegE InsO *Balz/Landfermann* S 53). Teilweise werden Regelungen des Insolvenzplans in der InsO nur verständlich vor dem Hintergrund der jeweiligen Vorbilder.

14   Das erste **United States Bankruptcy Law** (USBL) von 1800 war stark am damals geltenden englischen Recht orientiert, dem 1732 Statute of George II, 5 Geo 2, ch 30 (1732). Dieses Statut war wenig schuldnerfreundlich, was sich mit der historischen Auffassung erklären lässt, wonach Schulden als unmoralisch angesehen wurden. So hieß das unter Heinrich VIII in 1542 erlassene Insolvenzrecht bezeichnend „An act against such persons as do make bankrupts" (34 und 35 Hen 8, ch 4 (1542–43). Der Schuldner wurde als quasi-Krimineller behandelt und auch so bezeichnet („offender"). Blackstone schrieb: *„The law holds it to be an unjustifiable practice, for any person but a trader to encumber himself with debts of any considerable value. If a gentleman, or one in liberal profession, at the time of contracting his debts, has a sufficient fund to pay them, the delay of payment is a species of dishonesty, and a temporary injustice to his creditor: and if, at such time, he has no sufficient fund, the dishonesty and injustice is the greater."* (zitiert nach *Tabb* ABI Law Rev 1995, 1, 9).

15   Dementsprechend kannte das USBL von 1800 **keine Reorganisation** des Schuldners. Mit der Zeit wurde erkannt, dass der Wirtschaftskreislauf auf Kredit basierte. Schulden wurden nicht mehr als unmoralisch, sondern als notwendig betrachtet. Damit änderte sich auch die Sichtweise des Insolvenzrechts. Das ohnehin nur für die Dauer von fünf Jahren in Kraft gesetzte USBL von 1800 wurde bereits nach drei Jahren außer Kraft gesetzt. Es dauerte bis zum Jahr 1841 als – nach einer Wirtschaftskrise – das nächste bundesweite US Bankruptcy Law verabschiedet wurde. Dieses Gesetz spiegelte bereits eine liberalere Grundhaltung wieder; nun wurde auch dem Schuldner gestattet, für sich selbst ein „freiwilliges" Insolvenzverfahren zu beantragen. Unter bestimmten Voraussetzungen wurde dem „kooperativen Schuldner" eine Restschuldbefreiung gewährt. Das Verfahren war nicht auf Kaufleute beschränkt. Andererseits waren Corporations von dem Verfahren ausgeschlossen. Eine Reorganisation kannte auch dieses Gesetz nicht.

16   Corporations konnten erstmals aufgrund des 1867 verabschiedeten und 1878 außer Kraft gesetzten US Bankruptcy Act am Verfahren teilnehmen. 1874 wurde (durch Act of June 22, 1874, ch 390, § 17, 18 Stat 178, 182–84) das so genannte **Composition Agreement** eingeführt. Danach konnte der Schuldner vorschlagen, einen Teil seiner Schulden künftig zu zahlen bei voller Restschuldbefreiung. Auch blieb er im Besitz seines Eigentums. Die vorgeschlagene Composition musste von einer einfachen Kopf- und einer Dreiviertel-Forderungsmehrheit der Gläubiger angenommen werden. Dissentierende Gläubiger wurden durch einen „best interest test" geschützt, wonach den Gläubigern mindestens dasjenige gezahlt werden musste, was sie bei einer Liquidation erhalten hätten. Diese Composition war die Wiege des Reorganisationsverfahrens. Allerdings „überlebte" die Regelung nur vier Jahre bis zum Außerkrafttreten des US Bankruptcy Act 1878.

17   Ende des 19. Jahrhunderts gerieten in den Vereinigten Staaten einige größere Eisenbahngesellschaften in wirtschaftliche Schwierigkeiten (Einzelheiten bei *Flessner* Sanierung S 35 f). Offenbar kam die Liquidation solcher Eisenbahngesellschaften nicht ernsthaft in Frage. Diese waren vielfach über die Grenzen der Bundesstaaten hinaus aktiv, für die amerikanische Wirtschaft schlicht lebensnotwendig und besaßen meist keine assets, welche außerhalb eines Eisenbahnbetriebs sinnvoll verwendbar und verwertbar waren. Damit war geradezu vorprogrammiert, dass solche Eisenbahngesellschaften saniert/reorganisiert wurden. Zur Rettung solcher in Schwierigkeiten geratener Eisenbahngesellschaften standen jedoch die Composition bzw andere bundesrechtliche Regelungen nicht zur Verfügung, da nach dem Außerkrafttreten des US Bankruptcy Act im Jahr 1878 noch kein bundeseinheitliches Recht geschaffen war. Die von der Praxis entwickelte Lösung bestand darin, dass die **Federal Courts** für befugt gehalten wurden, die **Restrukturierung solcher Eisenbahngesellschaften** zu beaufsichtigen und zu leiten in einem Verfahren, das Equity Receivership genannt wurde. Das **Receivership** Verfahren wurde auf Antrag eines Gläubigers bei einem Federal Court eingeleitet. Dieser Antrag war darauf gerichtet, dass das Gericht einen Receiver bestellte, dem die Assets des Schuldners übertragen wurden. Dadurch wurden zunächst Einzelzwangsvollstreckungen blockiert. Der Receiver betrieb die Gesellschaft fort, während er nach der „bestmöglichen Verwertung" suchte. Theoretisch konnte das ein „foreclosure sale" sein, nämlich eine Veräußerung einzelner Assets im Wege der Zwangsversteigerung. Tatsächlich war der Sinn des Equity

III. Reorganisation nach Chapter 11 US BC (1978) **Vor § 217**

Receivership Verfahrens die Reorganisation durch Entschuldung. In der Praxis kam es daher durchgängig zu einem Gesamtverkauf des Unternehmens und der Einbringung in eine Auffanggesellschaft. Die zustimmenden Gläubiger rechneten in der Regel ihre Forderungen gegen den Kaufpreis auf und zahlten die Differenz in bar. Dieser Betrag wurde sodann zur Befriedigung der nicht zustimmenden Gläubiger verwandt. Dieses Receivership-Proceeding wurde nach und nach auch außerhalb der Reorganisation von Eisenbahnen angewandt (Nachweise bei *Flessner* Sanierung S 64 Fn 89). Namentlich die mangelnde rechtliche Ausgestaltung der Inhaltskontrolle des Plans und des Gläubigerschutzes führten dazu, dass das Receivership Verfahren vielfach dazu genutzt wurde, dass am Ende „die alten auch die neuen Herren im Haus" waren. Der „best interest test" der Composition nach dem US Bankruptcy Act von 1874 wurde im Equity Receivership Verfahren nicht angewandt. Vielfach traten als einzige Bieter so genannte „reorganisation committees" oder „protective committees" auf, die von Insidern kontrolliert wurden (*Tabb* ABI Law Rev 1995, 1, 22). Um solchen Missbräuchen entgegenzuwirken, entwickelten die Gerichte verschiedene Rechtssätze; als Ersatz für den „best interest test" wurde von den Gerichten ein „upset price", ein Mindestpreis für den Verkauf festgesetzt.

Im Jahre 1913 verkündete der US Supreme Court seine Entscheidung im Fall Northern Pacific Ry Co v Boyd; 228 US 482, 501–508 (1913). In dieser Entscheidung hatte der **Supreme Court** einen Satz aufgestellt, welcher das amerikanische Reorganisationsverfahren bis heute zentral prägt, die so genannte „absolute priority rule": Vereinfacht sprach das Gericht aus, dass Anteilsinhaber einer insolventen Gesellschaft einen wirtschaftlichen Wert (zB in Form einer Beteiligung an der reorganisierten Gesellschaft) nicht erhalten dürften, bevor nicht die Gläubiger voll befriedigt wurden: „*The property was a trust fund charged primarily with the payment of corporate liabilities. Any device, whether by private contract or judicial sale under consent decree, whereby the stockholders were preferred before the creditors, was invalid.*" Bereits zuvor hatte der Supreme Court in der Entscheidung Louisville Trust Co v Louisville, New Albany & Chicago Ry Co, 174 US 674, 684 (1899) ausgesprochen: „*.... Any arrangement of the parties by which the subordinate rights and interests of the stockholders are attempted to be secured at the expense of the prior rights of either class of creditors comes within judicial denunciation*". Auch die „absolute priority rule" stellt sich als Korrektiv zur Verhinderung von Missbräuchen dar, ähnlich dem „best interest test". 18

Im Jahre 1898 wurde das nächste bundesweit geltende Konkursgesetz in Kraft gesetzt, der **Bankruptcy Act 1898**. Der Bankruptcy Act von 1898 war im Vergleich zu Vorgängerregelungen von verschiedenen schuldnerfreundlichen Regelungen geprägt, indem beispielsweise Beschränkungen bei der Restschuldbefreiung aufgehoben wurden. Der Bankruptcy Act 1898 enthielt auch Regelungen für eine Composition, vergleichbar der Composition nach dem Bankruptcy Act von 1874. Damit eine solche Composition bestätigt werden konnte, musste eine Kopf- und Summen-Mehrheit der Gläubiger zustimmen. Ferner musste sie vom Gericht als dem „best interest" der Gläubiger genügend bestätigt werden. Für Unternehmen spielten die Gestaltungsmöglichkeiten nach dem Bankruptcy Act von 1898 in der Praxis zunächst offenbar nur eine geringe Rolle. Überwiegend wurde weiterhin das Receivership-Verfahren angewendet. 19

Die **Weltwirtschaftskrise** von 1929 führte zu umfassenden Reformbestrebungen. Zu Beginn der dreißiger Jahre gab es mehrere Initiativen für Neuregelungen. Im Jahre 1933 wurde dann zunächst dem Bankruptcy Act ein **Kapitel 8** angefügt, welches in § 77 ein Verfahren für die Reorganisation von Eisenbahngesellschaften enthielt; ein Jahr später wurde als § 77B eine Regelung für die Reorganisation von Kapitalgesellschaften ergänzt. Hierdurch sollte das Receivership Verfahren abgelöst werden. Eine wesentliche Neuerung der Regelungen in § 77B gegenüber dem vorher geltenden Recht war der Umstand, dass durch einen Reorganisationsplan alle Gläubiger und Anteilsinhaber gebunden waren, auch wenn sie dem Plan nicht zugestimmt hatten; im früheren Recht mussten die dissentierenden Gläubiger ausbezahlt werden. Damit setzte § 77B eine zentrale Forderung der Praxis um, die sich aus den durch die Weltwirtschaftskrise entstandenen Schwierigkeiten entwickelt hatte, Kapital (für solche Auszahlungen) zu beschaffen. Die dissentierende Minderheit wurde dadurch geschützt, dass das Gericht den Plan nur bestätigte, wenn er billig und gerecht („fair and equitable") erschien und wirtschaftlich durchführbar („feasible") war. 20

Etwa zur gleichen Zeit wurde durch das neue **Börsengesetz** die **SEC** geschaffen. Das Gesetz ordnete in einer eigenen Vorschrift an, dass die SEC die Praxis der damaligen Reorganisationen untersuchen und einen Bericht erstellen solle. Die SEC beauftragte mit der Untersuchung den Jura-Professor William Douglas, der dann bei der späteren Reform eine maßgebende Rolle spielte, hiernach zum Richter am US Supreme Court berufen wurde und dort ua an einigen berühmten insolvenzrechtlichen Fällen mitgewirkt hat. Der Bericht, den *Douglas* vorlegte, umfasste nicht weniger als 4000 Seiten. Im Kern wurde die bisherige Reorganisationspraxis in diesem Bericht als ein Verfahren gekennzeichnet, das von Management, Anteilseignern und Kreditgebern der insolventen Unternehmungen dazu genutzt werde, auf Kosten der außenstehenden Anteilseigner und Kleingläubiger die Herrschaft über das Unternehmen erhalten, Honorare kassieren oder Gewinne machen zu können. Ausgehend von diesem Bericht forderte die SEC eine grundlegende Reform und unterbreitete konkrete Vorschläge, wie ihrer Ansicht nach solche Missstände in einem künftigen Recht verhindert werden sollten. 21

Parallel zu der Arbeit von *Douglas* hatte der Abgeordnete *Chandler* einen Gesetzentwurf ausgearbeitet, durch den das bisherige Konkursrecht umfassend reformiert werden sollte. Die Vorstellungen von 22

Lüer 2435

Chandler und der SEC flossen schließlich in einem **Reformgesetz** zusammen, das im Jahre **1938** als so genannter „Chandler Act" in Kraft trat. Der bisherige § 77B wurde durch ein neues Kapitel X ersetzt, das die Reorganisation von Unternehmen regelte. Daneben wurde als Kapitel XI ein Vergleichsverfahren („Arrangements") vorgesehen. Kapitel XII beinhaltete Sonderregelungen für Immobilien-Fälle und Kapitel XIII Vorschriften für Verbraucherinsolvenzverfahren.

23   Die **Reorganisation von Unternehmen** nach Kapitel X war durch folgende Merkmale gekennzeichnet: Wie im Receivership-Verfahren wurde ein Treuhänder eingesetzt, der jedoch, anders als nach altem Recht, eine unabhängige Stellung innehatte. Personen, die dem Unternehmen nahe standen, es beraten hatten oder an ihm beteiligt waren, konnten nicht Treuhänder werden. Dadurch sollte die Unabhängigkeit des Treuhänders sichergestellt werden. Neben der Aufgabe, das insolvente Unternehmen vorläufig fortzuführen, musste der Treuhänder die Entwicklung und akute wirtschaftliche Lage untersuchen und die Chancen und Möglichkeiten für eine Fortführung des Unternehmens begutachten. Der Bericht des Treuhänders war allen Anteilseignern und der SEC zu übermitteln. Daneben musste der Treuhänder in einer vom Gericht festgesetzten Frist einen Reorganisationsplan ausarbeiten und einreichen. Dieser wurde sodann unter der Leitung des Gerichts mit allen Beteiligten erörtert. In diesem Erörterungstermin konnten der Schuldner, jeder Gläubiger und jeder Anteilseigner Einwände gegen den Plan vorbringen. Die Anteilseigner konnten eigene Reorganisationspläne erst dann einreichen, wenn der Plan des Treuhänders bereits vorgelegt war. Der Reorganisationsplan musste vom Gericht geprüft und gebilligt werden. Um das Gericht hierbei nicht zu beeinflussen, durften etwaige Schutzkomitees oder andere betroffene Personen erst nach der gerichtlichen Entscheidung über den Plan des Treuhänders für (eigene) Planvorschläge werben. Nach der Erörterung des Plans wurde vom Gericht geprüft, ob der Plan billig und gerecht („fair and equitable") und wirtschaftlich durchführbar war („feasible"). Vor seiner Entscheidung musste das Gericht unter bestimmten Voraussetzungen den Plan der SEC zur Begutachtung vorlegen. An das **Gutachten der SEC** war der Richter bei seiner Entscheidung dann allerdings nicht gebunden. Anders als nach § 77B erfolgte die Abstimmung über den Plan erst nach der gerichtlichen Billigung. Für den Abstimmungstermin wurden alle Gläubiger und Anteilseigner vom Gericht geladen und ihnen zur Vorbereitung der Plan und ein etwaiges Gutachten der SEC übersandt. Zur Annahme des Plans war die Zustimmung aller Gläubigergruppen mit Zweidrittelmehrheit der angemeldeten Forderungen erforderlich. Stimmberechtigt waren nur Gläubiger, in deren Rechte der Plan eingriff. Nach der Abstimmung über den Plan musste dieser in einem formalen Verfahren vom Gericht bestätigt werden.

24   Das **Vergleichsverfahren** nach **Kapitel XI** wurde ohne Treuhänder unter gerichtlich beaufsichtigter Eigenverwaltung des Schuldners durchgeführt. Im Verfahren nach Kapitel XI konnte nur in ungesicherte Forderungen eingegriffen werden.

25   Mit verschiedenen Änderungen blieb der Bankruptcy Act in der Form des Chandler Act 40 Jahre in Kraft, bis er durch den **Bankruptcy Reform Act von 1978** abgelöst wurde. Zehn Jahre zuvor hatte Senator *Burdick* die Reform mit der Frage angestoßen, ob eine Reform-Kommission eingesetzt werden sollte. Im Jahr 1970 setzte der Kongress daraufhin die „Commission on the Bankruptcy Laws of the United States" ein. Die Kommission unter dem Vorsitz von Prof *Frank Kennedy* legte ihren zweiteiligen Bericht im Juli 1973 vor. Der zweite Teil dieses Berichts enthielt einen konkreten Reformentwurf. Parallel dazu hatte die „National Conference of Bankruptcy Judges" einen eigenen, konkurrierenden Entwurf ausgearbeitet. Beide Entwürfe waren in den folgenden Jahren Gegenstand einer kontrovers geführten Diskussion. Das mag unter anderem daran gelegen haben, dass die Reformüberlegungen auch die Stellung der Insolvenzrichter betrafen. Schließlich wurde im Jahre 1978 der Bankruptcy Reform Act verabschiedet und in Kraft gesetzt.

26   Der Bankruptcy Reform Act von 1978 vereinigt die bisherigen Kapitel X und XI in einem neuen **Chapter 11**. Anders als in dem Reorganisationsverfahren nach Kapitel X bleibt es grundsätzlich bei der **Eigenverwaltung** durch den **Schuldner**; ein Treuhänder wird nur in Ausnahmefällen eingesetzt. Die verfahrensmäßige Beteiligung der SEC ist beschnitten. Im Übrigen hat das Reorganisationsverfahren nach Chapter 11 US BC 1978 in vielerlei Hinsicht Elemente des Verfahrens nach Kapitel X des Bankruptcy Act 1898 in der Form des Chandler Act übernommen, weicht andererseits jedoch in zentralen Fragen von der Vorläuferregelung ab. Hier soll der folgende kurze Überblick über das Verfahren nach Chapter 11 USC 1978 genügen:

27   Ein **Reorganisationsverfahren** nach Chapter 11 setzt kein eröffnetes Insolvenzverfahren voraus. Vielmehr handelt es sich um ein **eigenständiges Verfahren**, das durch den Schuldner oder durch einen Gläubiger beantragt werden kann (11 USC §§ 301, 303). Mit dem Antrag auf Eröffnung des Verfahrens wird der Schuldner zum so genannten „debtor in possession", es bleibt mithin bei der Eigenverwaltung des schuldnerischen Vermögens durch den Schuldner selbst. Er hat sodann innerhalb einer Frist von 120 Tagen das exklusive Recht, ein „disclosure statement" und einen Reorganisationsplan bei Gericht einzureichen. Das „disclosure statement" dient der Information der Gläubiger über die wirtschaftliche Situation des Unternehmens und soll ihnen ermöglichen, sich ein Urteil über die Chancen einer Sanierung nach Maßgabe der Vorschläge des Reorganisationsplans zu bilden. Das „disclosure statement" muss nach einer gesonderten Anhörung vom Gericht formal genehmigt werden. Ohne die Genehmigung des „disclosure statement" kann der Reorganisationsplan weder angenommen noch verworfen werden. Zu Beginn des Verfahrens wird regelmäßig ein Gläubigerausschuss gebildet, der die Forderun-

gen ungesicherter Gläubiger repräsentiert, 11 USC § 1102 (a) (1). Anders als im deutschen Recht wird der Ausschuss nicht von den Gläubigern gewählt, sondern vom so genannten United States-Trustee, einem staatlichen Beamten, bestellt; die Auswahl unterliegt der Kontrolle des Gerichts (vgl *Broude* Reorganisation § 3.02 (1)). Dem Gläubigerausschuss gehören regelmäßig die Repräsentanten der sieben größten ungesicherten Forderungen an (11 USC § 1102 (b) (2)). Im Reorganisationsplan sind die Gläubiger in Gruppen einzuteilen. Generell ist zwischen gesicherten und ungesicherten Forderungen zu unterscheiden. Forderungen, die nicht gleichartig („substantially similar") sind, dürfen nicht in dieselbe Gruppe eingeordnet werden. Vielmehr ist für jede unterschiedliche Art von Forderung(en) eine eigene Gruppe zu bilden. Es ist auch anzugeben, wie die Rechte bzw Forderungen der jeweiligen Gläubiger behandelt werden sollen.

Der Plan bedarf der **Annahme der Gläubiger**. Über die Annahme stimmen nur die Gläubiger ab, in deren Forderungen bzw Rechte der Plan eingreift. Der Schuldner hat 180 Tage Zeit, um die Zustimmung zum Plan zu erreichen. Im Einzelfall kann das Gericht die Frist verlängern oder verkürzen. Hat der Schuldner nicht innerhalb der 120-Tages-Frist einen Plan eingereicht oder nicht innerhalb der Frist von 180 Tagen die Zustimmung zu seinem Plan erreicht, oder wurde ein Treuhänder bestellt, so verliert der Schuldner das Exklusivrecht, einen Plan auszuarbeiten und vorzulegen. In diesen Fällen können dann neben dem Schuldner auch der Treuhänder oder ein Gläubiger einen Reorganisationsplan ausarbeiten und einreichen. Um die Annahme des Plans zu erreichen, hat der Vorlegende jederzeit bis zur Bestätigung des Plans das Recht, diesen zu ändern (11 USC § 1127 (a)). In diesem Fall sehen die Federal Rules of Bankruptcy Procedure 3019 Regelungen über die (Fiktion der) Annahme solcher Änderungen durch die betroffenen Gläubiger vor. Nach der Annahme bedarf der Plan der **Bestätigung durch das Gericht**. Dabei prüft das Gericht unter anderem, ob der Plan mit den Anforderungen des Codes übereinstimmt und ob er durchführbar („feasible") ist, das Unternehmen mithin voraussichtlich nicht alsbald erneut insolvent bzw sanierungsbedürftig sein wird. Jede betroffene Partei kann eine so genannte „objection" gegen die Annahme bzw Bestätigung des Plans bei Gericht einreichen. Über solche Widersprüche entscheidet gleichfalls das Gericht. Auf Antrag einer Partei kann innerhalb einer Frist von 180 Tagen die Rücknahme der Bestätigung des Plans vom Gericht ausgesprochen werden, sofern bestimmte Voraussetzungen hierfür vorliegen (11 USC § 1144). Abgeschlossen wird das Verfahren mit dem so genannten „final decree", das vom Gericht gesondert verfügt wird (Fed R Bankr P 3022).

Durch den Reform Act von 1994 hat der Kongress eine neue Reformkommission eingesetzt. Dieser gab er auf den Weg, dass der Kongress im Grundsatz mit dem bestehenden Regelwerk zufrieden sei, und die Kommission sich darauf konzentrieren solle, auf dieser Basis Verbesserungen vorzuschlagen. Außerdem sieht der Reform Act 1994 eine Reihe spezifischer Änderungen vor, die im Wesentlichen Einzelfragen betreffen (Überblick etwa bei *Jacob/Johnson/Corrie*, International Insolvency Rev 1995, 55, 60). Aktuelle Reformüberlegungen betreffen im Wesentlichen Einzelfragen der Gruppenbildung und der „absolute priority rule".

IV. Wesentliche Merkmale des Insolvenzplanverfahrens

1. Einbindung in das Insolvenzverfahren. Die Abwicklung eines Insolvenzverfahrens aufgrund eines Insolvenzplans ist eine Möglichkeit, das Ordnungsverfahren der Gesamtvollstreckung durchzuführen. § 1 definiert das Ziel des Insolvenzverfahrens dahin, die Gläubiger eines Schuldners gemeinschaftlich zu befriedigen. Dies kann **einmal** dadurch geschehen, dass das Vermögen des Schuldners verwertet und der Erlös an die Gläubiger ausgekehrt wird. Dies entspricht dem herkömmlichen Konkurszweck, wie er in dem gesetzlichen Verwertungsgebot an den Konkursverwalter nach § 117 Abs 1 KO zum Ausdruck kam. **Zum anderen** lässt § 1 jedoch auch eine abweichende Regelung zu, nämlich aufgrund eines Insolvenzplans, insbesondere zur Erhaltung des schuldnerischen Unternehmens. Dieses programmatische Nebeneinander von Zerschlagung und Insolvenzplan bringt zum Ausdruck, dass die mit dem Ordnungsverfahren angestrebte Haftungsverwirklichung auf unterschiedliche Weise, jedoch in einem einheitlichen Verfahren angestrebt werden kann. Die Eröffnung des Verfahrens, die Bestellung des Insolvenzverwalters und die gesamte Verfahrensstruktur sind grundsätzlich unabhängig davon, in welcher Form die Haftungsverwirklichung erfolgt (vgl Allg Begr RegE, abgedr bei *Balz/Landfermann* S 30–32). Dies gilt auch in den besonderen Fällen der Eigenverwaltung, die außerhalb des Planverfahrens geregelt ist (§ 270 ff) und von einem Sachverwalter begleitet wird.

Die gesetzliche Gleichstellung von Verwertung und Insolvenzplan als qualitativ gleichwertige Ziele des Insolvenzverfahrens täuscht nicht darüber hinweg, dass Verwertung und Zerschlagung **quantitativ** auch künftig den **Normalfall** bilden werden, was auch den Begriff des **Regelinsolvenzverfahrens** rechtfertigt (vgl *K/P/Otte* § 217 Rn 24). Die Einführung des Insolvenzplans ermöglicht jedoch gleichzeitig, das Regelverfahren zu vermeiden, um stattdessen eine im Wesentlichen vom Willen der Gläubiger getragene abweichende Regelung anzustreben. Hierdurch eröffnet sich nicht nur der Weg, aus der Insolvenz über Sanierung und Reorganisation zu einer anderen Form der Haftungsverwirklichung zu kommen; vielmehr wird gleichzeitig der Weg erschlossen, im Einvernehmen mit den Gläubigern eine Liquidation des schuldnerischen Unternehmens herbeizuführen, die sich nicht in der Verwertung der einzelnen Vermögensgegenstände erschöpft. Die Einrichtung des Insolvenzplanverfahrens verleiht den **Gläubigern** ein hohes Maß von **Selbstbestimmung** (Gläubigerautonomie), über eine vom Regelinsolvenzverfahren abweichende Haftungsverwirklichung zu befinden. Gründe wirtschaftlicher Vernunft können im Einzelfall durchaus nahe liegen, im Zusammenwirken mit dem Schuldner eher einverständliche Lösungen anzustreben als lediglich auf eine günstige Quote am Verwertungserlös zu hoffen. Die gesetzliche Regelung zielt darauf ab, insoweit größtmögliche **Gestaltungsfreiheit** zuzulassen (vgl Allg Begr RegE, abgedr bei *Balz/Landfermann* S 30 „Höchstmaß an Flexibilität").

32   Die gesetzliche Einführung des Insolvenzplanverfahrens, eines **Kernstücks** der Insolvenzrechtsreform (vgl Ausschussbericht, abgedr bei *Balz/Landfermann* S 322), erfolgt in einer Weise, welche die **Zweispurigkeit** der bisherigen Vergleichs- und Konkursverfahren ebenso **aufgibt**, wie es vom amerikanischen Vorbild des Verfahrens nach Chapter 11 des US BC abweicht; denn es handelt sich nicht um ein selbständiges Verfahren, sondern um einen besonderen Verfahrensweg, der im Laufe des einheitlichen Insolvenzverfahrens eingeschlagen wird, wenn die Voraussetzungen hierfür erfüllt sind. Verbindet der Schuldner den **Eigenantrag** auf Eröffnung des Insolvenzverfahrens gleichzeitig mit der Vorlage eines Insolvenzplans, so kann sich das Insolvenzverfahren schon von Beginn an auf dieses Ziel konzentrieren. Der Schuldner ist jedoch nicht gehindert, auch während des Verfahrens noch einen Insolvenzplan vorzulegen; nach § 218 Abs 1 S 2 wird er nur dann nicht mehr berücksichtigt, wenn er **nach dem Schlusstermin** bei Gericht eingeht. Legt der Insolvenzverwalter selbst einen Insolvenzplan vor, insbesondere nach entsprechendem Auftrag durch die Gläubigerversammlung, so richtet sich das Verfahren auf den Insolvenzplan, soweit das Gericht ihn nicht nach § 231 Abs 1 zurückweist. Aus dieser gesetzlichen Regelung ergibt sich, dass sich ein Insolvenzverfahren durchaus zunächst auf Zerschlagung, später jedoch auf die Annahme eines Insolvenzplans ausrichten kann. Diese Flexibilität der gesetzlichen Regelung eröffnet die Möglichkeit, auch noch während des Verfahrens entdeckte oder entstehende Reorganisations- bzw Sanierungsoptionen zu nutzen. Sie zeigt das Bemühen des Gesetzgebers, das Verfolgen wirtschaftlich vernünftiger Zielsetzungen im Rahmen des Insolvenzverfahrens nicht durch die Festlegung auf eine bestimmte Verfahrensart zu erschweren.

33   **2. Antragserfordernis.** Auch wenn das Gesetz nicht ausdrücklich das Erfordernis eines Antrags vorsieht, wird das Insolvenzgericht das Insolvenzplanverfahren nur verfolgen, wenn ein entsprechendes **Gesuch** oder **Begehren** vorgetragen wird. Legt der Schuldner mit dem Antrag auf Eröffnung des Insolvenzverfahrens gleichzeitig einen Insolvenzplan vor (vgl § 218 Abs 1 S 2), so ergibt sich hieraus inzidenter der Antrag an das Gericht, nach den Vorschriften über den Insolvenzplan zu verfahren (ebenso *N/R/Braun* Vor § 217 Rn 90). Nichts anderes ist anzunehmen, wenn ein Insolvenzplan erst im Laufe des Verfahrens von einem Vorlageberechtigten vorgelegt wird, also insbesondere vom Insolvenzverwalter, im Falle der Eigenverwaltung nach § 284 Abs 1 S 1 auch durch den Sachwalter. Da es bei Vorlage eines Insolvenzplans nicht darum geht, in ein anderes Verfahren überzugehen, sondern lediglich darum, dem möglichen Zustandekommen eines Insolvenzplans Vorrang einzuräumen, ist über den Antrag nicht selbständig zu entscheiden, weder vom Insolvenzgericht noch von der Gläubigerversammlung. Vielmehr ist von dem Zeitpunkt an, in dem der Vorlageberechtigte dem Insolvenzgericht einen Insolvenzplan vorlegt, nach den Vorschriften der §§ 217 ff im weiteren Verfahrensablauf zu folgen.

34   **3. Recht zur Vorlage eines Insolvenzplans.** Nach § 218 Abs 1 sind sowohl der **Insolvenzverwalter** als auch der **Schuldner** berechtigt, dem Insolvenzgericht einen Insolvenzplan vorzulegen. Die weitere Klarstellung, dass der Schuldner die Vorlage des Insolvenzplans mit dem Antrag auf Eröffnung des Insolvenzverfahrens verbinden kann, rechtfertigt sich durch die Zielsetzung des Gesetzes, den Eigenantrag des Schuldners zu erleichtern und vorzuverlegen (vgl § 18 Abs 1), ihm gewissermaßen den Schutz des Insolvenzplanverfahrens zu eröffnen. Auch wenn diese Regelung dem amerikanischen Recht nachempfunden ist, wird sie im Inland nicht die gleiche Wirkung entfalten; denn die Einbindung des Insolvenzplanverfahrens in das allgemeine Insolvenzverfahren nimmt dem Schuldner grundsätzlich die Möglichkeit, Reorganisation und Sanierung unter dem gesetzlichen Schutz in eigener Regie zu betreiben, wie dies nach dem Verfahren unter Chapter 11 US BC vorgesehen ist, wenn das Insolvenzgericht nicht die Eigenverwaltung nach § 270 anordnet. Die **Gläubiger des Schuldners** sind **nicht** zur Vorlage eines Insolvenzplans berechtigt. Sie können nur durch eine Beschlussfassung in der **Gläubigerversammlung** den Verwalter beauftragen, einen Insolvenzplan auszuarbeiten. Über den Gläubigerausschuss können sie nach § 218 Abs 3 an der Erstellung des Insolvenzplans mitwirken. Indem der Rechtsausschuss des Deutschen Bundestages § 255 RegE InsO ersatzlos gestrichen hat (vgl Ausschussbericht, abgedr bei *Balz/Landfermann* S 328), ist ein selbständiges Vorlagerecht einzelner Gläubiger- oder Gesellschaftergruppen, wie dies zunächst vorgesehen worden war, nicht Gesetz geworden. Auch wenn man die Beschränkung der Vorlageberechtigung im Nachhinein kritisch beurteilen kann (vgl *N/R/Braun* Vor § 217 Rn 92), so spricht für die nunmehr geltende Regelung das Interesse der Praxis an einfachen, klaren und möglichst störungsfreien Abläufen. Vieles spricht allerdings dafür, dass in der Reformdiskussion die Erwartungen viel zu optimistisch waren, allein durch die Einführung eines Insolvenzplanverfahrens innerhalb des Ordnungsverfahrens größere Sanierungserfolge zu erwarten, als sie in der Vergangenheit über die Vergleichsordnung möglich waren. Auch künftig wird es in den verhältnismäßig wenigen Fällen, in denen über das Insolvenzplanverfahren die Sanierung eines faillierten Unternehmens erreicht

IV. Wesentliche Merkmale des Insolvenzplanverfahrens **Vor § 217**

werden kann, nicht darauf ankommen, ob möglichst viele Insolvenzpläne vorgelegt werden können; vielmehr wird es darum gehen, die regelmäßig sehr beschränkten wirtschaftlichen Möglichkeiten eines gescheiterten Unternehmens möglichst zeitnah im Zusammenhang mit der Verfahrensantragstellung und tatkräftig aus einer Hand zu nutzen, anstatt durch die Auseinandersetzung um unterschiedliche Sanierungs- und Reorganisationskonzepte das Unternehmen endgültig zum Scheitern zu verurteilen.

4. Bildung von Gläubigergruppen. Die Bildung von Gläubigergruppen mit unterschiedlicher Rechtsstellung, wie sie das Gesetz nunmehr in § 222 ausdrücklich vorsieht, ist offenbar nach amerikanischem Vorbild ausgestaltet worden, auch wenn sich dies in der inländischen Praxis nicht in gleicher Weise auswirken wird. Denn die Festschreibung der in § 222 Abs 1 Nr 1–3 vorgesehenen Gruppen dürfte in der Praxis die Wirkung haben, dass eine weitere Unterteilung in unterschiedliche Gruppen nur sehr zögerlich vorgenommen werden wird. Der Grund hierfür dürfte in dem unterschiedlichen historischen Verständnis dessen liegen, was letztlich **gleich zu behandeln** ist. 35

Wenn im herkömmlichen deutschen Konkurs- und Vergleichsrecht der **Grundsatz der par conditio creditorum** als tragende Säule der Rechtfertigung und des Verständnisses von der Gesamtvollstreckung gegolten hat, so ist dies stets ein wenig idealisierend übertrieben worden. Denn schon die Anerkennung der Vorrechte nach § 61 Abs 1 KO stand dem Grundsatz der par conditio creditorum entgegen, was der Gesetzgeber nunmehr in der InsO mit Recht korrigiert hat (vgl Allg Begr RegE, abgedr bei: *Balz/Landfermann* S 29 f). Andererseits kann materiell-rechtlich durchaus fraglich sein, ob sich die Gleichbehandlung lediglich darauf zu konzentrieren hat, auf Geldzahlung lautende Forderungen ausschließlich unter dem Gesichtspunkt der nominalen Höhe gleich zu behandeln. Zwar scheint plausibel, dass auf Zahlung lautende Forderungen neben- und untereinander zunächst einmal quotal gleich behandelt werden. Ob es jedoch zutrifft, dass der materielle Anspruchsgrund ebenso außer Betracht bleibt wie eine Fülle von Umständen, die im Einzelfall die Nichtbegleichung der Forderung herbeigeführt oder beeinflusst haben, etwa Fälligkeit, Häufigkeit der Geschäfte, Gegengeschäfte, Erfüllungserwartung, Nähe bzw Ferne zum Schuldner aufgrund früherer Geschäftsbeziehung und sonstige, die Risikobehaftung bestimmende Faktoren außer Acht zu lassen, mag mit guten Gründen in Frage gestellt werden. Es hat den Anschein, als neige die amerikanische Praxis hier zu sehr viel subtileren Unterscheidungen und daher vielfältigeren Gruppenbildungen, als sie das deutsche Gesetz zunächst einmal konzipiert. Wenn der US BC (vgl 11 USC § 1123) mehrfach von „any class of claims or interests" spricht, so geht dies weit darüber hinaus, nur Gläubiger mit Sonderrechten einerseits von nicht nachrangigen Insolvenzgläubigern andererseits und den nachrangigen Insolvenzgläubigern zu unterscheiden. 36

Gesondert hinzuweisen ist in diesem Zusammenhang auf die Regelung, nach der die **Arbeitnehmer** eine besondere Gruppe bilden sollen, wenn sie als Insolvenzgläubiger mit nicht unerheblichen Forderungen beteiligt sind. Gleiches gilt auch für die **Kleingläubiger**. Schließlich kann auch für den **Pensionssicherungsverein** eine eigene Gruppe gebildet werden. In dieser gesetzlichen Option liegt bereits der Ansatz zur Gruppenbildung nach dem Anspruchsgrund. 37

Möglicherweise wird sich auch in der **inländischen Praxis** eine erheblich **vielfältigere Gruppenbildung** entwickeln, als dies bisher zunächst vom Gesetzgeber geregelt worden ist. Die Tatsache, dass eine unterschiedliche Gläubigerbehandlung auch schon in der Vergangenheit nicht systemfremd war, lässt sich aus § 8 VglO ablesen. Für die künftige Handhabung der Gruppenbildung bei inländischen Insolvenzverfahren wird ganz entscheidend sein, dass sich ein breites Verständnis dafür entwickelt, neben dem Kriterium der nominalen Höhe einer Forderung auch die unterschiedliche materielle Berechtigung und ursprüngliche Risikobehaftung als Kriterien der Gruppenbildung gelten zu lassen, um dem gesetzlichen Gebot sachgerechter Abgrenzung zu genügen. Entscheidend ist der **relativierte Gleichbehandlungsgrundsatz** nach § 226 Abs 1: Innerhalb jeder Gruppe sind allen Beteiligten gleiche Rechte zu gewähren. Auch dieser Grundsatz ist unmittelbar dem amerikanischen Recht entnommen und gilt dort uneingeschränkt. Die Regelung, dass eine Ungleichbehandlung innerhalb der Gruppe nur mit Zustimmung der Betroffenen zulässig ist, rundet die notwendigen Differenzierungen ab. 38

5. Rechtliche Gestaltungen. Wenn das Gesetz für den Insolvenzplan ausdrücklich vorschreibt, dass im **gestaltenden Teil des Insolvenzplans** festzulegen sei, wie die Rechtsstellung der Beteiligten durch den Plan geändert werden soll, so charakterisiert dieser Programmsatz den entscheidenden **Inhalt des Insolvenzplans**. Denn gerade die Gestaltungen, die abweichend von Verwertung und anschließender quotaler Verteilung eine **Planlösung** verfolgen, machen ein Vorgehen nach dem Insolvenzplan erst möglich. Der Gesetzgeber gibt für diese Gestaltungen einen gewissen Rahmen, in dem er die Möglichkeit des Eingriffs in Sicherungsrechte absonderungsberechtigter Gläubiger vorsieht, die Kürzung ungesicherter, nicht nachrangiger Forderungen erwähnt, aber auch die Gestaltung der Rechte nachrangiger Insolvenzgläubiger im Insolvenzplan ermöglicht und dem Schuldner eine Restschuldbefreiung bei Planerfüllung gewährt. Auch die Änderung sachenrechtlicher Rechtsverhältnisse soll möglich sein. 39

Dagegen sieht die InsO **nicht** vor, dass der Insolvenzplan auch in **Rechte der Gesellschafter** des insolventen Unternehmens eingreifen kann. In der Reformdiskussion wurde eine solche Gestaltung nach amerikanischem Vorbild insbesondere für insolvente Kapitalgesellschaften erörtert. Die **Reformkommission** hatte entsprechende Vorschläge gemacht (vgl 1. Bericht der Kommission für Insolvenzrecht (1995), 40

S 278 f) und auch in der Literatur wurde Entsprechendes gefordert (vgl *K. Schmidt*, Wege zum Insolvenzrecht der Unternehmen, S 76; weitere Nachweise bei *N/R/Braun* § 217 Rn 37 ff). Der Gesetzgeber hat sich hierzu jedoch schließlich nicht verstanden; vielmehr besteht nach nunmehr geltendem Recht keine Möglichkeit, dass der Insolvenzplan gesellschaftsrechtliche Änderungen zu Lasten der Gesellschafter eines insolventen Unternehmens vorsieht (KS-*Uhlenbruck* S 1157 Rn 25). Auch wer diese gesetzgeberische Enthaltsamkeit bedauert und kritisiert (*Braun/Frank* § 217 Rn 10; *N/R/Braun* § 217 Rn 35 ff), kann nicht übersehen, dass häufig selbst der Restwert des Unternehmens in der Hand seiner Träger durchaus einen wirtschaftlichen Wert repräsentiert, für dessen Wegnahme im Sinne einer Einziehung kein Grund besteht. Auch wenn man es für zweckmäßig erachtet, dass im Fall der Unternehmensinsolvenz gleichzeitig über die Gesellschafterrechte befunden und sie in die Verwertung mit eingeschlossen werden (vgl *K. Schmidt*, Wege zum Insolvenzrecht der Unternehmen, S 76; weitere Nachweise bei *N/R/Braun* § 217 Rn 37 ff), so fehlt es an einem hinreichenden Grund dafür, dass die übertragenen Gesellschafterrechte in der Hand eines Insolvenzverwalters oder eines Dritten unter Ausschluss der bisherigen Gesellschafter wieder wirtschaftlich erstarken. Nicht zuletzt um Missbrauchstatbeständen vorzubauen, erscheint die gegenwärtige gesetzliche Regelung rechtspolitisch durchaus wohl begründet (s hierzu auch § 217 Rn 16 ff).

41 **6. Planziele.** Die Vorschriften über den Insolvenzplan sind in das Gesetz aufgenommen worden, um **Reorganisation** und **Sanierung** auch aus einem Insolvenzverfahren heraus zu ermöglichen. Im Unterschied zur amerikanischen Regelung im US BC Chapter 11 beschränkt der inländische Gesetzgeber jedoch das Planziel nicht auf die Sanierung. Unter dem Primat **bestmöglicher Gläubigerbefriedigung** wird vielmehr der Weg von Sanierung und Reorganisation nur als eine Möglichkeit angesehen, den Gläubigerinteressen bestmöglich gerecht zu werden. Der Insolvenzplan bezweckt keine Rechtswohltat für den Schuldner (Allg Begr RegE, abgedr bei *Balz/Landfermann* S 32; *St. Bauer* S 111). Schon aus der Begründung des Regierungsentwurfs ergab sich, dass der Insolvenzplan auch den Weg der Verwertung bzw Liquidation enthalten könne, um eine optimale Haftungsverwirklichung abweichend von den gesetzlichen Vorschriften zu erreichen (Begr RegE zu § 253, abgedr bei *Balz/Landfermann* S 342 f). **Sanierung** einerseits und **Liquidation** andererseits stehen somit als mögliche **Planziele** gleichwertig nebeneinander.

42 Als ein mögliches Insolvenzplanziel ist neuerdings die einheitliche **Regelung von Massenschäden** nach amerikanischem Vorbild vorgeschlagen worden (*St. Bauer* S 111 ff). Das ist aus inländischer Sicht sicherlich ein interessanter Ansatz, da das geltende deutsche Recht mit wenigen Ausnahmen (vgl die Vorschriften der §§ 1 ff KapMuG) keine besonderen Verfahren vorsieht, in denen sog Massenschäden in einem einheitlichen Verfahren anhängig gemacht und erledigt werden können, wie dies etwa das amerikanische Recht auf zweifache Weise ermöglicht: Durch die sog „class actions", die bereits früher Usus waren und 1966 in den Federal Rules of Civil Procedures normiert worden sind (vgl die Darstellung bei *St. Bauer* S 8 ff; *Eichholtz*, Die US-amerikanische Class Action und ihre deutschen Funktionsäquivalente (2002), S 11 ff und das **Reorganisationsverfahren** nach **Chapter 11** des US BC (s oben Rn 13 ff; *St. Bauer* S 19 ff), bestehen die gesetzlichen Grundlagen dafür, bei Massenschäden zu einer einheitlichen gleichartigen Regelung innerhalb eines Reorganisationsverfahrens zu kommen, das gleichzeitig auch den wirtschaftlichen Erhalt des Schuldners verfolgt. Nach Inkrafttreten von **Chapter 11** im Jahr 1978 war **Manville** der erste spektakuläre Fall, in dem der damals größte und prosperierende amerikanische Asbesthersteller im Jahr 1982 ein Verfahren nach Chapter 11 einleitete im Hinblick auf die zu erwartenden künftigen Haftungen für Asbestschäden mit der Zielsetzung, innerhalb des Planverfahrens unter Vermeidung der Liquidation zu einer Regelung der zahlreichen, bereits erhobenen und die noch in weit größerem Umfang drohenden Schadenersatzansprüche zu kommen (vgl In re Johns-Manville Corp., 68 B.R. 618/Bankr. S.D.N.Y. 1986; hierzu ausführlicher *St. Bauer* S 24–28). Ganz im Sinne des amerikanischen Common Law wurde Manville zum „precedent" und „leading case" für eine gestaltende Rechtsentwicklung, Massenschäden im Rahmen von Planverfahren nach Chapter 11 des US BC abzuwickeln (vgl hierzu die Darstellung bei *St. Bauer* S 28 ff unter Hervorhebung der Fälle „Dalkon Shield" und „Dow Corning Corporation"). Die Vorstellung jedoch, eine gleichartige Rechtsentwicklung sei auch in Deutschland auf der Grundlage des heute geltenden Rechts möglich (*St. Bauer* S 111 ff, 185–187, 189 f), erscheint sehr gewagt und kaum realistisch. Verfahrensrechtlich fehlt es im deutschen Recht bereits an der gesetzlichen Grundlage für das gebündelte Geltendmachen von „Massenschäden", wie immer sie definiert werden sollten, für die einheitliche Beurteilung erhobener oder potentieller Ansprüche durch das Insolvenzgericht (fehlende vis attractiva idR, vgl § 179 ff) und für die Ausrichtung der Eröffnungsgründe auf die vorrangige Abwicklung von Ansprüchen aus Massenschäden. Wer es rechtspolitisch für erstrebenswert hält, das Insolvenzplanverfahren auch auf die Erledigung von Ansprüchen aus Massenschäden auszurichten, wird de lege ferenda das Eingreifen des Gesetzgebers fordern müssen, damit die erforderlichen gesetzlichen Voraussetzungen für ein solches Verfahren geschaffen werden.

43 Da der Insolvenzplan aber auch die **übertragende Sanierung** erleichtern soll, verbinden sich bei ihr Sanierung und Liquidation gleichermaßen: Wird das sanierungsfähige Unternehmen oder ein Teil von ihm aus dem Insolvenzverfahren an einen Dritten übertragen, um außerhalb des Insolvenzverfahrens die Fortführung zu ermöglichen, so führt dies gleichzeitig innerhalb des Verfahrens zur Liquidation,

IV. Wesentliche Merkmale des Insolvenzplanverfahrens   **Vor § 217**

außerhalb zur Sanierung. Auch diese Verbindung entspricht der gesetzgeberischen Zielsetzung, mit dem Insolvenzverfahren alle Optionen zu eröffnen, die zum Erhalt sanierungsfähiger Einheiten führen. Schließlich wird ein Insolvenzplan auch dazu dienen können, innerhalb des Insolvenzverfahrens ein **allgemeines Moratorium** zu erzielen, um auf der Grundlage von Stundung und Zinserleichterungen eine Reorganisation bzw Fortführung anzustreben (vgl *N/R/Braun* Vor § 217 Rn 202). Auch wenn solche Fälle selten sein werden und nur denkbar sind, wenn ein Insolvenzverfahren in einem **frühen Zeitpunkt** drohender Zahlungsunfähigkeit begonnen wird, so lässt sich mit Recht eine hohe Akzeptanz bei Gläubigern vorhersehen, denen der Schuldner in transparenter Form und auf plausible Weise eine günstige Fortführungsprognose in Aussicht stellen kann. Die **Vielfalt denkbarer Insolvenzplanziele** lädt die Praxis ein, von den gesetzlichen Möglichkeiten auch Gebrauch zu machen.

7. Obstruktionsverbot. Indem der Gesetzgeber die Regelung in § 245 mit „Obstruktionsverbot" überschrieben hat, hebt er auf unübersehbare Weise hervor, welche Bedeutung er der Durchsetzung eines Insolvenzplans beimisst, der durch die mangelnde Zustimmung einzelner Gläubiger bzw Gläubigergruppen gefährdet ist. Auch hierfür gibt es ein amerikanisches Vorbild, nämlich die „cramdown"-Regelung in 11 USC § 1129 (b). Auch wenn sich die beiden gesetzlichen Regelungen in wesentlichen Punkten unterscheiden, so bringt der englische Begriff „cramdown" besser als der des „Obstruktionsverbots" zum Ausdruck, worum es im Prinzip geht: Denn das Gesetz **fingiert** unter bestimmten Voraussetzungen die **Zustimmung** einer dissentierenden **Gläubigergruppe**, die sich nicht mit den nach § 244 Abs 1 vorgesehenen Mehrheiten für die Annahme des Insolvenzplans entschieden hat. Kern der in § 245 festgehaltenen Regeln ist mithin, bestimmten Gläubigern bzw Gläubigergruppen den Willen der übrigen Gläubiger aufzuzwingen.   **44**

Die gesetzliche Regelung stellt **drei Erfordernisse** auf, um die Zustimmungsfiktion der dissentierenden Abstimmungsgruppe zu begründen. **Einmal** dürfen die Gläubiger dieser Gruppe durch den Insolvenzplan voraussichtlich nicht schlechter gestellt werden, als sie bei Durchführung des Regelverfahrens stünden, also bei Verwertung und Verteilung nach den allgemeinen Vorschriften. **Zum anderen** muss der Plan für die Gläubiger dieser Gruppe eine angemessene Beteiligung am wirtschaftlichen Wert vorsehen, der nach dem Plan den Beteiligten zufließen soll. Was als angemessene Beteiligung der Gläubiger anzusehen ist, wird in § 245 Abs 2 im Einzelnen definiert. Auch hier steht wieder eine amerikanische Rechtsregel Pate, nämlich die „**absolute priority rule**", die ursprünglich lediglich dem Schutz der Gläubiger insgesamt, heute jedoch auch dem Schutz bestimmter Gläubigerrechte vor anderen Gläubigeransprüchen dient (vgl *Broude* Reorganisations § 13.01). Alle drei in § 245 Abs 2 genannten Voraussetzungen müssen erfüllt sein, damit der Plan ohne mehrheitliche Zustimmung der Gruppe bestätigt werden kann (vgl Begr RegE InsO, abgedr bei *Balz/Landfermann* S 362). Der Grundsatz „keiner zu viel – keiner zu wenig" soll auf drei Maßstäbe zurückgeführt werden, welche die Verträglichkeit angemessener Beteiligung feststellen lassen. **Schließlich** soll die Mehrheit der abstimmenden Gruppen dem Plan mit den erforderlichen Mehrheiten zugestimmt haben. Dieses Kriterium erscheint vordergründig plausibel, um ein „Mehrheitsprinzip" zu statuieren. In diesem Punkt weicht die gesetzliche Neuregelung entscheidend ab von der amerikanischen „cramdown rule"; denn zur Anwendung von 11 USC § 1129 (b) genügt die Zustimmung einer Gruppe, um den Mechanismus der Annahmefiktion in Gang zu setzen. Die deutsche Regelung wird mit Sicherheit in der Praxis erhebliche Probleme auslösen, nicht zuletzt deshalb, weil die Zahl der Gruppen, die auf der Grundlage des Gesetzes gebildet werden können, weit größer ist, als was das Gesetz als Minimum vorschreibt. Hier könnte sich in der Praxis ein Einfallstor für Manipulationen herausbilden, um einzelne Gläubigergruppen auf die Seite zu schieben. Erst die praktische Erfahrung wird lehren, ob sich die rechtsformalistische Betrachtungsweise, wie sie § 245 zugrunde liegt, bewähren kann.   **45**

8. Minderheitenschutz. In unmittelbarem Zusammenhang mit dem Schutz einzelner Gläubigergruppen nach den Regeln des Obstruktionsverbots steht der **Minderheitenschutz**, bei dem es lediglich um die **Interessen** eines **einzelnen Gläubigers** geht: Nach § 251 muss das Insolvenzgericht die Bestätigung eines Insolvenzplans versagen, wenn ein einzelner Gläubiger glaubhaft macht, dass er durch den Plan schlechter gestellt wird, als er ohne Plan stünde. Diese Vorschrift dient dem Schutz nicht nur der in der einzelnen Gläubigergruppe überstimmten Gläubiger, sondern gleichzeitig aller übrigen, nicht stimmberechtigten Gläubiger, die von dem Insolvenzplan betroffen sind. Die Frage, ob dieser **individuale Minderheitenschutz** rechtlich geboten ist (so *N/R/Braun* § 251 Rn 1), mag mit Fug bezweifelt werden. Denn die Vorschrift lädt nicht nur zu querulatorischem Vorgehen einzelner überstimmter Gläubiger ein, sondern erfordert gleichzeitig, insbesondere bei komplexen Unternehmenseinheiten, mutmaßliche Wertschätzungen, die sich alleiniger richterlicher Beurteilung oftmals entziehen werden und daher durch die Einschaltung von Sachverständigen zwangsläufig zu Verfahrensverzögerungen führen müssen (vgl die Kritik bei *Uhlenbruck* KTS 1992, 499, 510; *Schiessler* Insolvenzplan S 182 ff). Der Gesetzgeber war sich dieser Schwierigkeiten durchaus bewusst; in der Begründung zum RegE InsO wird hierzu vorgeschlagen, im Plan zusätzliche Leistungen an solche Beteiligte vorzusehen, die dem Plan widersprechen und den Nachweis führen, dass sie ohne Zusatzleistungen durch den Plan schlechter gestellt werden als ohne einen Plan (abgedr bei *Balz/Landfermann* S 369; hierzu *N/R/Braun* § 251 Rn 5). Erst künftige   **46**

praktische Erfahrungen dürften lehren, ob der vom Gesetzgeber angestrebte **Individualschutz** einzelner Gläubiger die zügige Durchführung von Insolvenzplanverfahren nicht unbotmäßig belastet.

47 **9. Wirkungen des bestätigten Plans.** Die InsO regelt eingehend die **Wirkungen** des bestätigten **Insolvenzplans** entsprechend seiner Zielsetzung. Hat das Insolvenzgericht den Insolvenzplan rechtskräftig bestätigt, so sollen in **materiell-rechtlicher Hinsicht** alle **rechtsgestaltenden Wirkungen** eintreten, die der Plan vorsieht. Dementsprechend gelten insbesondere alle Verfügungsgeschäfte, die der gestaltende Teil des Insolvenzplans vorsieht, als **formwirksam** vorgenommen. Gleiches gilt für etwaige Verpflichtungsgeschäfte, die einer Begründung, Änderung, Übertragung oder Aufhebung von Rechten an Gegenständen oder der Abtretung von Geschäftsanteilen zugrunde liegen. Diese Wirkungen treten auch gegenüber Insolvenzgläubigern ein, die ihre Forderungen nicht angemeldet haben, und auch für die Beteiligten, die dem Plan widersprochen haben.

48 Die **Enthaftung des Schuldners**, die der Insolvenzplan vorsieht, wirkt zu seinen Gunsten auch gegenüber Mitschuldnern, Bürgen und anderen Rückgriffsberechtigten wie gegenüber den Gläubigern. Jedoch wird die anhaltende Haftung von Mitschuldnern und Bürgen des Schuldners sowie von Gegenständen, an denen Rechte der Gläubiger bestehen, die nicht zur Insolvenzmasse gehören, von den Wirkungen des Insolvenzplans ausgenommen; insoweit hebt die gesetzliche Regelung in § 254 Abs 2 S 1 die Akzessorietät auf. **Stundung** und **Erlass** zugunsten des Schuldners **entfallen** jedoch gegenüber Gläubigern, denen gegenüber der Schuldner mit der Erfüllung des Plans **erheblich in Rückstand** gerät. Gleiches gilt gegenüber allen Gläubigern, wenn vor vollständiger Erfüllung des Plans über das Vermögen des Schuldners ein **neues Insolvenzverfahren** eröffnet wird. Die entsprechenden gesetzlichen **Wiederauflebensklauseln** schützen die Gläubiger davor, dass ihre berechtigten Erwartungen aufgrund der Annahme des Insolvenzplans enttäuscht werden.

49 Verfahrensrechtlich kommt dem rechtskräftig bestätigten Insolvenzplan zweifache Bedeutung zu. Einmal bildet er die Grundlage für die **Aufhebung des Verfahrens**, die das Insolvenzgericht nach § 258 Abs 1 beschließt. **Zum anderen** bildet er die Grundlage für die Möglichkeit der **Zwangsvollstreckung** aus dem Insolvenzplan zugunsten der Insolvenzgläubiger, deren Forderungen festgestellt und vom Schuldner im Prüfungstermin nicht bestritten worden sind. Dem Insolvenzplan kommt insoweit die Wirkung eines **vollstreckbaren Urteils** zu; die Zwangsvollstreckung erfolgt mithin nach den Vorschriften der ZPO. Im Übrigen kann die Zwangsvollstreckung auch gegen einen Dritten gerichtet sein, der durch eine schriftliche Erklärung gegenüber dem Insolvenzgericht für die Erfüllung des Insolvenzplans neben dem Schuldner ohne Vorbehalt der Einrede der Vorausklage Verpflichtungen übernommen hat. Durch diese Vollstreckungsoptionen gewährleistet das Gesetz die Durchsetzung der im Insolvenzplan festgeschriebenen bzw übernommenen Verpflichtungen, ohne dass es zusätzlicher streitiger Auseinandersetzungen mit den Verpflichteten bedarf.

50 **10. Überwachung der Planerfüllung.** Abweichend vom bisherigen Vergleichs- und Zwangsvergleichsrecht führt die InsO die Möglichkeit ein, dass die Erfüllung des Insolvenzplans auch über die rechtskräftige Aufhebung des Insolvenzverfahrens hinaus einer **Überwachung** unterliegt. Sieht der Insolvenzplan Entsprechendes vor, enden die **Ämter** des **Verwalters** und die **Mitglieder des Gläubigerausschusses** nicht mit der Aufhebung des Verfahrens; sie bestehen vielmehr mit den spezifischen Aufgaben der Überwachung der Erfüllung des Insolvenzplans fort. Auch die **Aufsicht des Insolvenzgerichts** bleibt bestehen. Anders als im amerikanischen Recht ist jedoch nicht vorgesehen, dass das Insolvenzgericht durch eigene gerichtliche Verfügungen die Erfüllung des Insolvenzplans fördert oder durchsetzt. Seine Aufgabe beschränkt sich nach der InsO im Wesentlichen darauf, die Tätigkeit der Organe weiter zu überwachen, bis die Voraussetzungen der Aufhebung der Überwachung gegeben sind, § 268. Dem amerikanischen Recht unmittelbar entnommen ist jedoch die Regelung, dass sich die **Überwachung** nach § 260 Abs 3 auch auf eine **Übernahmegesellschaft** erstrecken kann, die zum Zwecke der übertragenden Sanierung nach der Eröffnung des Insolvenzverfahrens gegründet worden ist, um das schuldnerische Unternehmen oder einen Betrieb des Schuldners fortzuführen. Auch an dieser Stelle wird deutlich, wie sehr die Vorschriften über den Insolvenzplan darauf abzielen, Sanierung und Reorganisation, auch in der Form der übertragenden Sanierung, so auszugestalten, dass sie bestmöglichen Erfolg versprechen.

V. Rechtspolitische Zielsetzung

51 Als die Reformkomission im Jahr 1985 ihren Ersten Bericht vorlegte, stand in dessen Mittelpunkt unter „Reorganisationsverfahren" im Kern das, was später als „Insolvenzplan" in die InsO eingefügt worden ist (vgl Erster Bericht der Kommission für Insolvenzrecht, S 152–294). Die Reformkommission konnte darauf verweisen, dass spätestens seit dem 54. Deutschen Juristentag im Jahre 1982 die interessierte Öffentlichkeit mehrheitlich davon überzeugt war, dass die Einführung eines **Insolvenzplanverfahrens** mit dem Ziel von Restrukturierung, Reorganisation und Sanierung rechtspolitisch als geboten angesehen wurde. Das amerikanische Vorbild erschien nachahmenswert, wenn auch mit einer ganzen Reihe von Abweichungen im Hinblick auf die unterschiedlichen materiellen Rechtsordnungen. Hieran hat sich in der Folgezeit nichts geändert; allerdings hatte der deutsche Gesetzgeber die Möglichkeit, bis

VI. Literatur zum Insolvenzplan **Vor § 217**

zur Beendigung des Gesetzgebungsverfahrens im Jahr 1994 die praktischen Erfahrungen mit dem Reorganisationsverfahren nach Chapter 11 des US BC 1978 zu analysieren. Ermutigend war sicherlich der Erfolg mancher großer, bekannt gewordener Reorganisationsfälle. Abschreckend war eher die zeitliche Dauer der amerikanischen Reorganisationsverfahren, die sich in zahlreichen Fällen über mehrere Jahre erstreckten. Die rechtspolitische Zielsetzung des für die deutsche Neuregelung vorgesehenen Insolvenzplans blieb jedoch uneingeschränkt erhalten: Sanierungsfähige Einheiten sollten möglichst erhalten werden, einmal zur Vermeidung unwirtschaftlicher Zerschlagungsverluste, zum anderen aber auch mit dem Ziel der Arbeitsplatzerhaltung. **Volkswirtschaftlich** ist dies sicherlich wünschenswert; **betriebswirtschaftlich** erscheint es nützlich, wenn die zur Sanierung und Fortführung erforderlichen Mittel vorhanden sind oder beschafft werden können, und zwar nicht nur in finanzieller Hinsicht, sondern auch hinsichtlich der erforderlichen Management-Kapazitäten und Arbeitskraft. Unter diesen Gesichtspunkten ist es zu begrüßen, dass das inländische Insolvenzrecht nunmehr mit dem Insolvenzplanverfahren ein Institut hinzugewonnen hat, das dem früheren Vergleichs- und Konkursrecht noch fremd war.

Die Frage, ob das nunmehr in Kraft getretene Regelwerk der §§ 217–269 den **rechtspolitischen Zielsetzungen gerecht** wird, lässt sich ohne jahrelange praktische Erfahrung kaum beurteilen. Erst die Praxis wird lehren, ob das Institut in dem Umfang angenommen wird, wie sich dies die Reformkommission ebenso wie der Gesetzgeber vorgestellt haben, insbesondere im Hinblick auf das frühzeitige Stellen von **Eigenanträgen**, wozu § 18 einlädt. Beschwerlich könnte sich für die Durchführung von Sanierungen im Insolvenzplanverfahren erweisen, dass das Gesetz durch den **absoluten Schutz von Grundpfandrechten** und die begrenzten Möglichkeiten der Mittelbeschaffung zu Lasten von Mobiliarsicherheiten nur einen verhältnismäßig geringen Raum schafft für das Nötigste, was regelmäßig gebraucht werden wird, nämlich liquide Mittel. Ob die gesetzliche **Erleichterung der Neukreditaufnahme** im Verhältnis zu den fortbestehenden Verbindlichkeiten nach §§ 264–266 genügen wird, die erforderlichen Investitions- und Betriebsmittel ausreichend zu gewährleisten, wird sich erst noch in der Praxis erweisen müssen. 52

Die bisherige Entwicklung zeigt, dass die Bedeutung der Insolvenzplanverfahren rein statistisch gesehen im Verhältnis zur Gesamtzahl der Unternehmensinsolvenzen gering ist. Die Gesamtzahl der Unternehmensinsolvenzanträge mit eingereichten Insolvenzplänen in den Jahren 1999 bis 2004 soll 744 betragen haben (Insolvenzjahrbuch 2006, S 36). In der Praxis hat sich das Verfahren vor allem als ein Sanierungsinstrument für Groß- und Konzernunternehmen (vgl die Erfahrungsberichte *Rattunde* ZIP 2003, 596; *Fritze* DZWiR 2007, 89; *Ebsen,* Krankenhäuser in der Krise 2006), sowie für Freiberuflerpraxen durchgesetzt. 53

VI. Literatur zum Insolvenzplan

Balz, Sanierung von Unternehmen und Unternehmensträgern, 1986; *ders,* Aufgaben und Strukturen des einheitlichen künftigen Insolvenzverfahrens, ZIP 1988, 273; ZIP 1988, 1438; *ders,* Die Wirkung des Insolvenzplans, in Leipold, Insolvenzrecht im Umbruch, 1991; *St. Bauer,* Die Bewältigung von Massenschäden nach U. S.-amerikanischem und deutschem Insolvenzrecht, 2007; *F. Baur,* „Steckengebliebene" Insolvenzverfahren, in: Bökelmann/Herickel/Jahr (Hrsg), Festschrift für Friedrich Weber, 1975, S 41; *Berscheid,* Beteiligung des Betriebsrats im Eröffnungsverfahren nach Verfahrenseröffnung und im Insolvenzverfahren, ZInsO 1999, 27; *Boos/Fischer/Schulte-Mattler,* Kreditwesengesetz, 3. Auflage 2008; *Bork,* Der Insolvenzplan, ZZP 109 (1996), 473; *Braun/Uhlenbruck,* Unternehmensinsolvenz, Grundlagen, Gestaltungsmöglichkeiten, Sanierung mit der Insolvenzordnung, 1997; *Braun/Uhlenbruck,* Muster eines Insolvenzplans, 1998; *Broude,* Reorganization under Chapter 11 of the Bankruptcy Code, 18. Lfg 1995; Bundesministerium der Justiz (Hrsg), Referentenentwurf Gesetz zur Reform des Insolvenzrechts, 1989, B 139, B 151; *ders,* Bundesministerium der Justiz (Hrsg), Erster Bericht der Kommission für Insolvenzrecht, 1985; *Bruns,* Grundpfandrechte im Insolvenzplanverfahren – das Ende deutscher Immobiliarsicherung? KTS 2004, 1 ff; *Burger/Schellberg,* Der Insolvenzplan im neuen Insolvenzrecht, DB 1994, 1833 ff; *Buth/Hermanns* (Hrsg), Restrukturierung, Sanierung, Insolvenz, 1998. 54

Dinstühler, Der Insolvenzplan gem den §§ 217–269 InsO, InVo 1998, 333; *ders,* Kreditrahmenabreden gem den §§ 264 ff InsO, ZInsO 1999, 243–250; *Drukarczyk,* DBW 1992, 171 ff; *ders,* in Gerke, Planwirtschaft am Ende – Marktwirtschaft in der Krise?, 1994, 131 ff.

Ebsen, Krankenhäuser in der Krise, 2006; *Eichholz,* Die US-amerikanische Class Action und ihre deutschen Funktionsäquivalente, 2002, S 11 ff; *Eidenmüller,* Der Insolvenzplan als Vertrag, in Schenk/Schmidtchen/Streit, Jahrbuch für neue politische Ökonomie, Bd 15, 1996, 163 ff; *ders,* Insolvenzbewältigung durch Reorganisation, in Orth/Schäfer (Hrsg), Effiziente Verhaltenssteuerung und Kooperation im Zivilrecht, Beiträge zum V. Travemünder Symposium zur ökonomischen Analyse des Rechts, 1997, S 145; *ders,* Unternehmenssanierung zwischen Markt und Gesetz, 1999; *ders,* Gesellschafterstellung und Insolvenzplan, ZGR 2001, 680 ff.

Fischer, Die unternehmerischen Mitwirkungsrechte der Gläubiger in der Überwachungsphase des Insolvenzplans, 2002; *Flessner,* Sanierung und Reorganisation, 1982; *Frank,* Die Überwachung der Insolvenzplanerfüllung, 2002; *Fries,* Betriebswirtschaftslehre des Industriebetriebes, 1991, 112 ff; *Fritze,* Der Fall Senator Entertainment **AG**, DZWIR 2007, 89; *Frotscher,* Steuern im Konkurs, 4. Aufl 1997.

Gaul, Negative Rechtskraftwirkung und Konkursmäßige Zweittitulierung, in: Bökelmann/Henckel/Jahr (Hrsg), Festschrift für Friedrich Weber, 1975, S 155 ff; *Groß,* Grundsatzfragen der Unternehmenssanierung, DStR 1991, 1572 ff; *Grub,* Rechte und Pflichten des Schuldners in der InsO, in Kölner Schrift zur InsO, 2. Aufl, 1997, S 671 ff; *ders,* Handlungsspielräume des Insolvenzverwalters, in Kübler, Neuordnung des Insolvenzrechts, 1989; *Grüneborg,* Die Rechtsposition der Organe der GmbH und des Betriebsrats im Konkurs, 1988.

Haberhauer/Meeh, Aufgaben des vorläufigen Insolvenzverwalters zwischen Antrag und Eröffnung des Insolvenzverfahrens, DStR 1995, 1442; *Häsemeyer,* Buchbesprechung zu F. Baur, Konkurs- und Vergleichsrecht, 2. Aufl 1983,

ZZP 97 (1984), 221; *Hax*, Die ökonomischen Aspekte der neuen Insolvenzordnung, in Kübler, Neuordnung des Insolvenzrechts, 1989; *Henckel*, Deregulierung im Insolvenzverfahren?, KTS 1989, 477; *Hermanns/Buth*, Der Insolvenzplan als Sanierungsplan, DStR 1997, 1178; *Herzig*, Das Insolvenzplanverfahren, 2001; *Hess/Obermüller*, Insolvenzplan, Restschuldbefreiung und Verbraucherinsolvenz, 2. Aufl 1999; *ders*, Die Rechtsstellung der Verfahrensbeteiligten nach der Insolvenzordnung, 1996; *Hess/Weiss*, Gesellschaftliche Regelungen im Insolvenzplan, InVo 1996, 169; *Hess/Weiss*, Der sachgerechte Abgrenzung der Gläubigergruppen nach der InsO, InVo 1998, 64; *IDW FAR*, Empfehlungen zur Prüfung eingetretener oder drohender Zahlungsunfähigkeit bei Unternehmen, FN 1999, 85; *ders*, Anforderungen an Insolvenzpläne, FN 1999, 90; *ders*, Anforderungen an Sanierungskonzepte, FAR 1/1991.

Kattmeyer, Bericht, ZInsO 1999, 225; *Kluth*, Die überwachte Übernahmegesellschaft – der „Kannitverstan" in und um § 260 III InsO, NZI 2003, 361 ff; *Knorr*, Der Zahlungsplan im Vergleichsverfahren, KTS 1955, 81; *Kübler/Prütting*, Das neue Insolvenzrecht, Bd 1 InsO, 1994.

Landfermann, Der Ablauf eines künftigen Insolvenzverfahrens, BB 1995, 1649 ff; *ders*, Allgemeine Wirkungen der Insolvenzeröffnung, in: Kölner Schrift zur InsO, hrsg. vom Arbeitskreis für Insolvenz- und Schiedsgerichtswesen eV, 2. Aufl 2000, S 159; *Lauscher/Weßling/Bange*, Muster-Insolvenzplan, ZInsO 1999, 5; *Lubos*, Besonderheiten bei der Übernahme von Krisenunternehmen – Praxisprobleme bei Due Diligence, Risiko- und Kaufpreisermittlung –, DStR 1999, 951; *Lwowski/Tetzlaff*, Verwertung unbeweglicher Gegenstände im Insolvenzverfahren – Ausgewählte Rechtsfragen zur Verwertung von Grundpfandrechten und Zubehör in der Insolvenz, WM 1999, 2336.

Maus, in: Gottwald, Insolvenzrechts-Handbuch, 1990; *ders*, Der Insolvenzplan, in: Kölner Schrift zur Insolvenzordnung, 2. Aufl 2000, S 931 ff; *Meyer-Cording*, Konkursverzögerung durch erfolglose Sanierungsversuche, NJW 1981, 1242 ff; *Meyer/Rein*, Das Ende der Gläubigergleichbehandlung im Insolvenzrecht? NZI 2004, 367 ff; *Mönning*, in Prütting, Insolvenzrecht, 1996; *M-F Müller*, Der Verband in der Insolvenz, 2002.

Noack, Gesellschaftsrecht, Sonderband 1 zu Kübler/Prütting (Hrsg) InsO, 1999; *Nikolaus/Pink*, Fach 6, Kap 23, in: Kraemer (Hrsg) Handbuch zur Insolvenz, 1998; *Obermüller*, Insolvenzrecht in der Bankpraxis, 5. Aufl 1997; *ders*, Eingriffe in die Kreditsicherheiten durch Insolvenzplan und Verbraucherinsolvenzverfahren, WM 1998, 483; *Paulsdorff/Wohlleben*, Die Rechtsstellung des Pensions-Sicherungs-Vereins, Versicherungsverein auf Gegenseitigkeit (PSVaG) nach neuem Insolvenzrecht, in: Kölner Schrift zur InsO, 2. Aufl 2000, S 1655 ff; *Prütting*, Der Insolvenzplan im japanischen und deutschen Recht, in: Festschrift für Henckel, 1995, 669 ff; *Rattunde*, Der Fall Herlitz, ZIP 2003, 596; *Reischauer/Kleinhans*, Kreditwesengesetz, Stand 5. 10. 2008; *Riggert*, Das Insolvenzverfahren – Strategische Probleme aus der Sicht absonderungsberechtigter Banken, WM 1998, 1521.

Scheibner, Zu Besonderheiten beim Insolvenzplan in eingetragenen Genossenschaften, DZWiR 1999, 8; *Schmidt*, Das (neue) Spannungsverhältnis zwischen Insolvenzverwalter und Grundpfandgläubiger, InVo 1999, 73; *Smid*, Zum Recht der Planinitiative gemäß § 218 InsO, WM 1996, 1249; *ders*, zum „Obstruktionsverbot" – § 245 InsO, InVo 1996, 314; *ders*, Kontrolle der sachgerechten Abgrenzung von Gläubigergruppen im Insolvenzplanverfahren, InVo 1997, 169; *ders*, Gerichtliche Bestätigung des Insolvenzplans trotz Versagung seiner Annahme durch Abstimmungsgruppen von Gläubigern, in: Smid/Fehl (Hrsg), Recht und Pluralismus, Festschrift für Hans-Martin Pawlowski, 1997, S 387; *ders*, Salvatorische Klauseln als Instrumente zur Abwehr von Widersprüchen gegen den Insolvenzplan, ZInsO 1998, 347; *ders*, Die „cram down power" des deutschen Insolvenzgerichts, InVo 2000, 1; *Smid/Rattunde*, Der Insolvenzplan, 1998; *Schmittmann*, Freie Kammerberufe und Insolvenzplanverfahren, ZinsO 2004, S 725 ff; *Spiegelberger*, Kauf von Krisenunternehmen, 1996; *Stürner*, Aufstellung und Bestätigung des Insolvenzplans, in Leipold, Insolvenzrecht im Umbruch, 1991, S 41 ff.

Uhlenbruck, Gesellschaftsrechtliche Aspekte des Insolvenzrechts, in: Kölner Schrift zur Insolvenzordnung, 2. Aufl 2000, S 1157 ff; *ders*, Zum Stand der Insolvenzrechts-Reform, DRZ 1982, 161 ff; *ders*, Die neue Insolvenzordnung (II) Auswirkungen auf das Recht der GmbH und GmbH & Co KG, GmbHR 1995, 195 ff; *ders*, Das neue Insolvenzrecht als Herausforderung für die Beratungspraxis, BB 1998, 2009; *ders*, Das neue Insolvenzrecht, Insolvenzordnung und Einführungsgesetz nebst Materialien, 1994; *ders*, Chancen und Risiken eines plangesteuerten Insolvenzverfahrens als Eigenverwaltung, in: Festschrift für Friedrich Wilhelm Metzeler, 2003, S 85 ff; *ders*, Gesellschaftsrechtliche Defizite der Insolvenzordnung, in: Festschrift für Hans-Jochem Lüer, 2008, 461 ff.

Vallender, Eigenverwaltung im Spannungsfeld zwischen Schuldner- und Gläubigerautonomie, WM 1998, 2129; *ders*, Auflösung und Löschung der GmbH-Veränderungen auf Grund des neuen Insolvenzrechts, NZG 1998, 249.

Warrikoff, Gestaltungsmöglichkeiten im Insolvenzplan, KTS 1997, 527; *ders*, Die Möglichkeiten zum Unternehmenserhalt nach dem neuen Insolvenzrecht, KTS 1996, 489; *Weber*, Die Funktionsteilung zwischen Konkursverwalter und Gesellschaftsorganen im Konkurs der Kapitalgesellschaft, KTS 1970, 73; *ders*, Die Aufgaben des Insolvenzverwalters nach der Insolvenzordnung, in: Kölner Schrift zur Insolvenzordnung, 2. Aufl 2000, S 403 ff; *Wellensiek*, Sanieren oder Liquidieren? – Unternehmensfortführung und -sanierung im Rahmen der neuen Insolvenzordnung, WM 1999, 504; *Westrick*, Die Anlagen zum Insolvenzplan, DStR 1998, 1879; *Wittig*, Obstruktionsverbot und Cram Down, ZInsO 1999, 373.

§ 217 Grundsatz

Die Befriedigung der absonderungsberechtigten Gläubiger und der Insolvenzgläubiger, die Verwertung der Insolvenzmasse und deren Verteilung an die Beteiligten sowie die Haftung des Schuldners nach der Beendigung des Insolvenzverfahrens können in einem Insolvenzplan abweichend von den Vorschriften dieses Gesetzes geregelt werden.

I. Anwendungsbereich

1 **1. Insolvenzplan als gleichberechtigte Alternative.** § 217 ist die **Grundnorm** für das Insolvenzplanverfahren. Die Regelung ist im Zusammenhang mit § 1 InsO zu lesen. Danach ist das Vermögen des Schuldners entweder im Rahmen des Regelabwicklungsverfahrens unter den Gläubigern zu verteilen, oder es ist Gegenstand einer **abweichenden Regelung durch** einen **Insolvenzplan**. Das Insolvenzplanverfahren stellt sich damit als **gleichberechtigte Alternative zur Regelabwicklung** dar (vgl dazu Allg Begr

RegE InsO *Balz/Landfermann* S 30 f). Gegenstand des Planverfahrens können gleichermaßen die Sanierung oder vom Regelverfahren abweichende Formen der Liquidation oder übertragenden Sanierung sein (*Braun/Frank* § 217 Rn 1).

2. Zulässigkeit des Insolvenzplanverfahrens. Das **Insolvenzplanverfahren** ist im Gegensatz zum US-amerikanischen Vorbild nach Chapter 11 US BC **kein selbständiges Insolvenzverfahren.** Es kann vielmehr ausschließlich im Rahmen eines **eröffneten Insolvenzverfahrens** durchgeführt werden. Damit scheidet die Durchführung eines Insolvenzplanverfahrens von vornherein aus, wenn die Eröffnung des Insolvenzverfahrens mangels Masse abgelehnt wird. Soweit ein **Insolvenzverfahren unzulässig** ist, kann gleichfalls **kein Insolvenzplanverfahren** beantragt und durchgeführt werden. Das gilt für diejenigen Fälle, für welche § 12 das Insolvenzverfahren ausdrücklich ausschließt. Ferner ist ein Insolvenzplanverfahren **bei Verbraucherinsolvenzverfahren** gemäß § 312 Abs 3 **unzulässig.** Das Verbraucherinsolvenzverfahren ist nach § 304 Abs 2 auch anwendbar, soweit eine natürliche Person eine lediglich **geringfügige selbständige** wirtschaftliche **Tätigkeit** ausübt. Das hängt davon ab, ob die wirtschaftliche Tätigkeit einen in kaufmännischer Weise eingerichteten Geschäftsbetrieb erfordert. § 304 Abs 2 betrifft jedoch nur gewerbliche Tätigkeiten. Für **Freiberufler** ist daher ein Insolvenzplanverfahren **unabhängig vom Umfang** des Geschäfts und der Rechtsform des Unternehmens durchführbar. Für die sog freien Kammerberufe kann die Annahme des Insolvenzplans uU zur Konsolidierung der Vermögensverhältnisse im berufsrechtlichen Sinne führen (vgl FG Münster 26. 2. 2003 WPK-Mitt 2003, 264; einschränkend *Schmittmann* ZInsO 2004, 725). Ein Insolvenzplanverfahren ist ferner zulässig für natürliche Personen im Regelinsolvenzverfahren, auch wenn kein (sanierungsfähiger) Geschäftsbetrieb besteht (vgl LG München I 5. 9. 2003 ZVI 2003, 473). Bei den **besonderen Insolvenzverfahren nach §§ 315 ff** ist ein Insolvenzplanverfahren hingegen zulässig; die für diese Sonderformen geltenden Regelungen beinhalten keinen § 312 Abs 3 entsprechenden Ausschluss des Insolvenzplanverfahrens. Sieht man von Freiberuflern und den in §§ 315 ff geregelten Sonderfällen ab, so steht das Insolvenzplanverfahren nicht für die Insolvenz von natürlichen Personen zur Verfügung, sondern **in erster Linie für Gesellschaften mit und ohne Rechtspersönlichkeit.** Dabei ist es gleichgültig, ob sie wirtschaftliche oder andere Zwecke verfolgen. Neben den in § 11 ausdrücklich aufgezählten Gesellschaftsformen ist als weitere insolvenzfähige Gesellschaft ohne Rechtspersönlichkeit die **Partnerschaftsgesellschaft** anzuführen. Möglicherweise hat der Gesetzgeber bei der Aufzählung in § 11 die Partnerschaftsgesellschaft nicht bedacht (so *Schiessler* Insolvenzplan S 64). Offenkundig sollte jedoch das Insolvenzplanverfahren für alle Gesellschaftsformen ohne Rechtspersönlichkeit zur Verfügung stehen. Es ist daher davon auszugehen, dass nach Sinn und Zweck von § 11 ein Insolvenzplanverfahren auch für die Partnerschaftsgesellschaft zulässig ist (ebenso *Schiessler* Insolvenzplan S 64).

Ist das Insolvenzplanverfahren zulässig, so kann es grundsätzlich **auch im Rahmen einer Eigenverwaltung** nach §§ 270 ff stattfinden, wie sich aus § 284 ergibt (vgl dazu *Uhlenbruck*, FS Metzeler, 2003, S 85).

II. Planziele und Planarten

1. Differenzierung nach dem Planziel. Im US-amerikanischen Recht steht das Insolvenzplanverfahren ausschließlich für Sanierungen zur Verfügung, nicht jedoch für Liquidationen. Der Gesetzgeber der InsO hat dagegen das Insolvenzplanverfahren für jede Art der Verwertung verfügbar gemacht. Dementsprechend kann das Insolvenzplanverfahren sowohl für **Sanierungen,** einschließlich **übertragender Sanierungen,** wie auch für **Liquidationen** genutzt werden. Vom **Planziel** her kann daher folgendermaßen **unterschieden** werden: Pläne, die lediglich eine von der gesetzlichen Regelabwicklung abweichende Art der Liquidation und der Verteilung der Liquidationsmasse vorsehen, lassen sich als **Liquidationsplan** bezeichnen. Eine weitere Kategorie bilden Pläne, die eine **übertragende Sanierung** zum Gegenstand haben. Schließlich sind als weitere Gruppe **Sanierungspläne** zu nennen, durch die das schuldnerische Unternehmen unter Vermeidung seiner Zerschlagung und ohne eine Übertragung fortbestehen und nachhaltig saniert werden soll. Diese Unterscheidungen haben insoweit Bedeutung, als das Planziel zu einer ganz unterschiedlichen Qualität der Eingriffe in die Stellung der Beteiligten führen kann. So werden Sanierungspläne regelmäßig Sanierungsbeiträge einzelner Gläubiger erfordern und damit regelmäßig in Sicherungsrechte (Absonderungsrechte) und Forderungen der nicht nachrangigen und nachrangigen Insolvenzgläubiger eingreifen. Für Liquidationspläne kommen solche Gestaltungen kaum in Betracht. Im Übrigen haben diese Unterscheidungen keine eigene rechtliche Qualität. Die rechtlichen Differenzierungen knüpfen lediglich an die unterschiedlichen Eingriffe an.

2. Differenzierung nach dem Planinitiator. Außer nach dem Planziel ist zu unterscheiden zwischen einem vom **Schuldner** vorgelegten Plan und einem vom **Verwalter** vorgelegten Plan. Der Schuldner kann die Vorlage eines Insolvenzplans gemäß § 218 Abs 1 S 2 bereits mit dem Antrag auf Eröffnung des Insolvenzverfahrens verbinden. Im amerikanischen Recht spricht man insoweit vom „prepackaged plan". Weitere Unterschiede bestehen bei der Vorprüfung des Plans nach § 231, die bei einem vom Schuldner vorgelegten Plan weiter reicht als bei einem Plan des Verwalters.

6   **3. Differenzierung nach dem Planinhalt.** Weiter lässt sich differenzieren nach der Art und Weise, wie der Plan in die Rechte und Forderungen der Gläubiger eingreift. Sieht ein Insolvenzplan lediglich eine Stundung von Forderungen vor, so kann man ihn als **Moratoriumsplan** bezeichnen (so etwa *N/R/Braun* vor § 217 Rn 202; vgl dazu auch den Fall LG Traunstein 27. 8. 1999 ZInsO 1999, 577 ff). Auch diese Kategorisierung besagt rechtlich für sich gesehen nichts. Außerdem überschneiden sich die Differenzierungen. So dürfte ein Moratoriumsplan stets auf die Sanierung abzielen; er lässt sich damit auch als Sanierungsplan bezeichnen.

III. Regelungsmöglichkeiten

7   **1. Grundsatz.** § 217 ermöglicht es, auf der Grundlage eines Insolvenzplans von den Vorschriften des „normalen" Regel-Insolvenzverfahrens abzuweichen. Der Plan kann die Befriedigung der absonderungsberechtigten Gläubiger und der Insolvenzgläubiger, die Verwertung und Verteilung der Insolvenzmasse an die Beteiligten und die Haftung des Schuldners nach Beendigung des Insolvenzverfahrens regeln. § 217 ist abschließend und nicht dispositiv. Regelungen für andere als die in § 217 genannten Beteiligten sind mithin unzulässig.

8   **2. Eingriffssubjekte.** Der Plan kann weder in die Rechte von aussonderungsberechtigten Gläubigern, Massegläubigern und Neugläubigern eingreifen noch kann er für diese Gläubiger begünstigende Regelungen vorsehen (*Bork* Rn 320; *Diensthüler* InVo 1998, 333, 334; *Schiessler* Insolvenzplan S 105). Ebenso wenig kann der Plan in Mitgliedschaftsrechte der Gesellschafter des schuldnerischen Unternehmens eingreifen. Der Plan kann auch keine Verzichte auf Ansprüche des schuldnerischen Unternehmens gegen Gesellschafter oder Organmitglieder vorsehen (aA *Warrikoff* KTS 1997, 527, 540). Im Übrigen wären insbesondere bei Ersatzansprüchen gegen Vorstands- und Aufsichtsratsmitglieder einer **AG** die besonderen Verzichtsvoraussetzungen des § 93 Abs 4 AktG zu beachten. Außerdem kann der Plan nach § 225 Abs 3 Forderungen nach § 39 Abs 1 Nr 3 (Geldstrafen und gleichgestellte Ansprüche) nicht zum Nachteil, wohl aber zum Vorteil der Gläubiger regeln.

9   a) **Dritte.** Bisweilen findet sich die Auffassung, über § 217 hinaus könnten Gläubiger, Dritte oder Gesellschafter dem Plan durch ihre Zustimmung „beitreten" bzw sich den Planregelungen freiwillig unterwerfen. Das ist unzutreffend. § 254 kann Rechtswirkungen an den Plan nur so weit knüpfen, als der Plan Regelungen enthält, welche nach § 217 zulässigerweise Gegenstand einer Planregelung sein können. Der „freiwillige Beitritt" anderer Gläubiger oder Personen führt daher richtigerweise nicht dazu, dass der Plan ihnen gegenüber nach § 254 Wirkungen entfalten würde. Es können lediglich außerhalb des Insolvenzplans gesonderte vertragliche Übereinkünfte mit solchen Gläubigern, Dritten oder Gesellschaftern erzielt werden (ebenso *Warrikoff* KTS 1997, 527, 544; *Diensthüler* InVo 1998, 333, 334). Verbindliche Rechtswirkungen entfaltet dann aber nicht der Plan, sondern ausschließlich die jeweilige Vereinbarung.

10 b) **Aussonderungsrechte.** In **Aussonderungsrechte** kann der Plan nicht eingreifen. Was ein Aussonderungsrecht begründet, ist in § 47 normiert. Zu beachten ist, dass nur der einfache **Eigentumsvorbehalt** ein Aussonderungsrecht begründet. Die Verlängerungsformen des Eigentumsvorbehalts führen hingegen zu einem Absonderungsrecht. Bedeutung kann das beispielsweise für die Behandlung eines **Sicherheitenpools** in einem Insolvenzplan haben, in dem unterschiedliche Formen des Eigentumsvorbehalts vorkommen; für den Plan müssen dann die an dem Pool beteiligten Absonderungsrechte aus den für den Pool geltenden Regelungen herausgenommen werden (unten § 244 Rn 5).

11 c) **Absonderungsrechte.** Die **Absonderungsrechte** von Gläubigern können hingegen im Plan geregelt werden. Die Absonderungsrechte müssen sich allerdings auf Gegenstände beziehen, welche zur Masse gehören. Wegen der Einzelheiten kann auf die Kommentierung zu § 223 verwiesen werden.

12 d) **Insolvenzgläubiger.** Ferner kann der Plan Regelungen für die **nicht nachrangigen Insolvenzgläubiger** treffen. Wegen der Einzelheiten siehe die Kommentierung zu § 224.

13 Auch für die **nachrangigen Insolvenzgläubiger** kann der Plan Regelungen vorsehen. Hierzu ist auf die Kommentierung zu § 225 zu verweisen.

14 e) **Massegläubiger.** Ansprüche von **Massegläubigern** sind dagegen Planregelungen nicht zugänglich. Das betrifft alle Gläubiger von Masseverbindlichkeiten im Sinne von §§ 53–55.

15 f) **Neugläubiger.** In die Rechte von **Neugläubigern** kann der Plan schon deswegen nicht eingreifen, weil deren Forderungen erst nach Aufhebung des Insolvenzverfahrens entstehen; das Insolvenzverfahren kann im Falle eines Insolvenzplans jedoch erst aufgehoben werden, wenn der Plan rechtskräftig bestätigt ist.

16 g) **Eingriff in Gesellschaftsrechte.** Im US-amerikanischen Recht kann der Plan auch Regelungen für die **Gesellschafter des schuldnerischen Unternehmens** vorsehen. Diese können insbesondere aufgrund des Plans ihre Stellung als Gesellschafter verlieren. In Anlehnung hieran hatte der Vorschlag der Kom-

III. Regelungsmöglichkeiten

mission vorgesehen, dass das Gericht Gesellschafter aus der Gesellschaft ausschließen kann (Leitsätze 2.4.9.5 f, Erster Bericht der Kommission, S 282). Dieser Vorschlag der Kommission ist nicht nur nicht in die InsO übernommen, sondern unter anderem aus verfassungsrechtlichen Gründen (Art 14 GG) ausdrücklich abgelehnt worden (dazu Allg Begr RegE InsO, *Balz/Landfermann* S 12 f).

Vereinzelt ist demgegenüber die Auffassung vertreten worden, in der Insolvenz sei der Wert der Beteiligung der Gesellschafter an der schuldnerischen Unternehmung per se null. Diesen stehe lediglich noch ein Anspruch auf einen etwaigen Liquidationsüberschuss zu. Insbesondere bei Kapitalgesellschaften, die überschuldet seien, liege es auf der Hand, dass das gesamte Unternehmen Gegenstand der Haftungsverwirklichung sei, den Gesellschaftern also keine Vermögensrechte daraus mehr zustehen würden (N/R/ *Braun* § 217 Rn 35 f). Der Grundsatz der Haftungsverwirklichung lasse sich dementsprechend nur realisieren, wenn man dem **Verwalter** einen **Anspruch auf Abtretung der Gesellschaftsbeteiligungen** als Teil der Soll-Masse einräume (*N/R/Braun* § 217 Rn 41). Der Verwalter habe einen schuldrechtlichen Anspruch auf Übertragung der Gesellschaftsrechte (*N/R/Braun* § 217 Rn 44). In diese Richtung zielen auch Überlegungen, zumindest de lege ferenda die Verdrängung des Gesellschafters zu ermöglichen, weil dies ökonomisch durchaus begründbar sei (so MüKoInsO-*Eidenmüller* § 217 Rn 74; zum Meinungsstand *Uhlenbruck*, FS Lüer S 461, 469).

Diese Auffassung steht in krassem **Widerspruch** zum **Wortlaut des Gesetzes** und zu der in der Begründung des Regierungsentwurfs ausgeführten klaren Absage an die entsprechende Überlegung der Kommission. Sie ist darüber hinaus auch sachlich nicht begründet. Schon die Annahme, in der Insolvenz eines Unternehmens seien die Beteiligungen der Gesellschafter per se nichts mehr wert, ist wirtschaftlich betrachtet falsch. Das schuldnerische Unternehmen gehört nicht sich selbst, sondern es wird von den Gesellschaftern als Rechtsträger gehalten. Die gesellschafts- und vermögensrechtlichen Ansprüche der Gesellschafter sind keineswegs zwangsläufig wertlos. Das erscheint offenkundig, wenn man den Fall einer (drohenden) Zahlungsunfähigkeit nimmt. Aber auch im Fall der Überschuldung erscheint die These der Wertlosigkeit der Gesellschaftsbeteiligungen unhaltbar. Denn der innere Wert einer Beteiligung an einer Gesellschaft rechnet sich wirtschaftlich nach künftigen Erträgnissen. Das gilt auch für die Insolvenz. Ist das schuldnerische Unternehmen, gleich ob zahlungsunfähig, drohend zahlungsunfähig oder überschuldet, sanierungsfähig, so ist wirtschaftlich betrachtet das Unternehmen unter Going-Concern-Gesichtspunkten zu bewerten. Dann aber kann keine Rede davon sein, dass die Beteiligungen an dem Unternehmen keinen Wert mehr hätten. Diese Beurteilung erscheint im Hinblick auf die künftigen Ertragsaussichten, die dem sanierungsfähigen Unternehmen zugebilligt werden, nicht gerechtfertigt. Es steht vielmehr außer Zweifel, dass Unternehmen, welche außerhalb der Insolvenz noch Verluste erwirtschafteten, gleichwohl einen positiven künftigen Wert haben können, nämlich dann, wenn sie nach Durchführung gewisser Maßnahmen ertragsversprechend sind.

Aber selbst wenn eine Going-Concern-Bewertung ausscheidet und die Gesellschafter keinen wirtschaftlichen Zufluss aus künftigen Erträgen erwarten können, lässt sich nicht zwangsläufig von der Wertlosigkeit der Anteile ausgehen. Denn auch dann ist ein etwaiger Liquidationsüberschuss zumindest theoretisch nicht ausgeschlossen. Das zeigt schon die Regelung zum Überschuss in § 199. Und selbst bei tatsächlicher Wertlosigkeit gäbe es keine Grundlage für den propagierten Anspruch auf Abtretung der Anteile. Sind sie tatsächlich wertlos, so macht eine solche Abtretung keinen Sinn. In Wirklichkeit soll nach dieser Auffassung die Abtretung gerade erfolgen, um die Beteiligungen möglicherweise doch noch verwerten zu können.

Aus dem Vorstehenden ergibt sich der **allgemeine Grundsatz**, dass die InsO auch im Insolvenzplanverfahren grundsätzlich **keinerlei Eingriffe in mitgliedschaftliche Rechte** der Gesellschafter aus dem Not leidenden Unternehmen zulässt (*Braun/Frank* § 217 Rn 9; sa KS-*Uhlenbruck* S 1157 Rn 25; MüKo-InsO-*Eidenmüller* § 217 Rn 64 ff; ebenso wohl auch *Uhlenbruck*, FS Lüer S 461, 470). Anderes gilt nur insoweit, als die Gesellschafter solchen Eingriffen zustimmen oder von sich aus die für die Fortführung des Unternehmens erforderlichen Beschlüsse fassen und Beiträge erbringen (hierzu § 218 Rn 18–27, § 249 Rn 2, 5, 7).

h) Arbeitnehmer/Sozialplaneingriffe. Ansprüche aus Sozialplänen sind Masseschulden, sofern die Verbindlichkeiten aus dem Sozialplan nach Eröffnung des Insolvenzverfahrens entstehen (§ 123 Abs 2 S 1). Gleichwohl können solche Ansprüche aus Sozialplänen Gegenstand von Regelungen des Insolvenzplans sein.

3. Abweichung nur von der InsO. Der **Plan** kann nur Regelungen enthalten, die **von den Vorschriften** „dieses Gesetzes", also **der InsO abweichen**. Daraus folgt, dass nicht in der InsO geregelte Anforderungen an Gestaltungen des Plans den jeweils dafür geltenden Bestimmungen **anderer Gesetze** Rechnung tragen müssen. Das äußert sich einmal in der Beachtung **sachenrechtlicher Vorschriften** im Rahmen von § 228. **Gesellschaftsrechtlich** äußert es sich zum anderen darin, dass für die Fortführung eines schuldnerischen Unternehmens ein Fortsetzungsbeschluss der Gesellschaft nach jeweils geltenden gesellschaftsrechtlichen Vorschriften erforderlich ist (dazu § 218 Rn 18 ff). Ferner können keinerlei gesellschaftsrechtlichen Umstrukturierungs-, Kapital- oder sonstige Maßnahmen im Plan ersetzt oder vorgesehen werden, die einen Gesellschafterbeschluss voraussetzen oder sonstigen gesellschaftsrechtlichen

Anforderungen genügen müssen. Deswegen kann im Plan beispielsweise auch kein Verzicht auf Schadensersatzansprüche oder sonstige Ansprüche der schuldnerischen Gesellschaft gegen Gesellschafter oder Organmitglieder vorgesehen werden (aA *Warrikoff* KTS 1997, 527, 540). Solche Maßnahmen sind vielmehr außerhalb des Plans zu regeln. Für die Aktiengesellschaft ist insoweit § 93 Abs 4 AktG zu beachten. Ebenso wenig könnte der Plan auch in **tarifvertragliche Regelungen** zwingender Natur eingreifen. Soweit daher bestimmte Löhne und Gehälter tarifvertraglich vorgeschrieben sind, könnten diese im Plan grundsätzlich nicht unterschritten werden. Ebenso wenig könnte der Plan beispielsweise von der Verpflichtung zur Zahlung von Sozialabgaben befreien.

IV. Konzerninsolvenzrecht

23 Das Insolvenzplanverfahren ist insbesondere auf die Sanierung von Unternehmen zugeschnitten. Die Insolvenzordnung beinhaltet dabei ausschließlich Regelungen für „den Schuldner". Damit stellt sie Lösungsmöglichkeiten ausschließlich für unabhängige, nicht konzerngebundene **Einzelunternehmen** zur Verfügung. Ein spezielles Instrumentarium für die Behandlung von **Konzerninsolvenzen** kennt die InsO nicht (*Braun/Uhlenbruck* Unternehmensinsolvenz S 521 f; *Braun/Kießner* § 3 Rn 18, § 93 Rn 33 ff). Im Gesellschaftsrecht hat sich im Anschluss an betriebswirtschaftswissenschaftliche Erkenntnisse die Auffassung durchgesetzt, dass ein Konzern als wirtschaftliche Einheit betrachtet werden muss. Legt man diese Betrachtungsweise zugrunde, so erscheint es erforderlich, künftig auch für Konzernfälle geeignete Instrumentarien zu schaffen.

24 Unter **Konzerninsolvenzfällen** wird nicht der Fall zu verstehen sein, dass ein abhängiges Unternehmen (Tochtergesellschaft) innerhalb eines Konzerns isoliert insolvent wird. Hierher gehören vielmehr Fälle, in denen entweder die Insolvenz der Obergesellschaft zur Insolvenz aller oder einiger Tochtergesellschaften führt, oder umgekehrt die Insolvenz von abhängigen Unternehmen die Insolvenz der Obergesellschaft nach sich zieht. Wie das Beispiel Bremer Vulkan zeigt, sind solche Konstellationen durchaus praxisrelevant. Solche Insolvenzen können sich innerhalb eines Konzerns unter anderem dadurch ergeben, dass ein **konzernweites Cash-Management** die Liquidität sämtlicher verbundener Unternehmen bei der Obergesellschaft zentralisiert. Im Rahmen eines solchen Cash-Managements werden in der Regel sämtliche liquiden Mittel täglich von den verbundenen Unternehmen abgesaugt und auf einem zentralen Verrechnungskonto gesammelt, so dass die abhängigen Gesellschaften über keine eigenständige Liquidität mehr verfügen. Die (Darlehens-)Rückzahlungsansprüche der Tochtergesellschaften gegen die Obergesellschaft werden dabei häufig nicht besichert. Erforderliche Mittel werden den Töchtern im benötigten Umfang aus dem zentralen Cash-Management bereitgestellt. Gerät die Obergesellschaft in wirtschaftliche Schwierigkeiten, so ist denkbar, dass die im Rahmen des Cash-Managements eingesammelten Mittel zur Tilgung (Verrechnung) von Verbindlichkeiten der Muttergesellschaft benötigt bzw verwandt werden. Dadurch kann eine Lage entstehen, in der entweder (einzelne) Tochtergesellschaften benötigte Mittel nicht mehr erhalten können und sie in Liquiditätsschwierigkeiten geraten, oder in der die Obergesellschaft kollabiert, so dass dann unter Umständen sämtliche Tochtergesellschaften ohne jegliche Liquidität dastehen (vgl hierzu insbes FK-*Jaffé* § 217 Rn 174 d).

25 Umgekehrt ist es denkbar, dass die **Obergesellschaft** für Verbindlichkeiten der Tochter aufzukommen hat, die aufgrund ihrer Höhe zur Zahlungsunfähigkeit der Obergesellschaft führen. Regelungen für Konzerninsolvenzen wären aber auch deswegen erforderlich und wünschenswert, weil in der Praxis verbreitet Fremdfinanzierungsbedarf für abhängige Gesellschaften durch so genannte Konzernkreditlinien abgedeckt werden. Hierbei wird der Kreditvertrag ausschließlich mit der Obergesellschaft geschlossen. Aufgrund eines solchen Kreditvertrags kann die Obergesellschaft oder gegebenenfalls auch die Tochtergesellschaft unmittelbar entsprechende Mittel im Rahmen der von Banken eingeräumten Kreditlinien abrufen. Eine solche Finanzierungspraxis führt zwangsläufig zur Finanzierungsabhängigkeit der Tochtergesellschaften von der Muttergesellschaft. Wird eine Konzernlinie dieser Art von dem Kreditinstitut gekürzt oder gekündigt, so sind davon unmittelbar auch die Tochtergesellschaften betroffen.

26 Für das Insolvenzplanverfahren bedeutet das **Fehlen konzernrechtlicher Regelungen** in der InsO unter anderem, dass bei Insolvenz der Ober- und der Tochtergesellschaft(en) theoretisch einander widersprechende Insolvenzpläne der Mutter- und der Tochtergesellschaft(en) initiiert und bestätigt werden könnten. So wäre es beispielsweise denkbar, dass als Sicherheit für Konzernkreditlinien eingesetzte Vermögensgegenstände der Tochtergesellschaft im Insolvenzplan der Obergesellschaft als Sicherheit für aufrechterhaltene Kredite unangetastet bleiben, während im Insolvenzplan der abhängigen Gesellschaft die sicherungsweise Überlassung des betreffenden Vermögensgegenstands an die Obergesellschaft bzw an das Kreditinstitut beendet wird. Wie schon zum bisher geltenden Recht wird die Praxis damit zurecht kommen müssen, dass auch nach Inkrafttreten der InsO in Konzerngesellschaften auftretende Insolvenzen grundsätzlich nur jeweils eigenständig und getrennt voneinander abzuwickeln sind (N/R/ *Braun* vor § 217 Rn 140 ff; FK-*Jaffé* § 217 Rn 164).

§ 218 Vorlage des Insolvenzplans

(1) ¹Zur Vorlage eines Insolvenzplans an das Insolvenzgericht sind der Insolvenzverwalter und der Schuldner berechtigt. ²Die Vorlage durch den Schuldner kann mit dem Antrag auf Eröffnung des Insolvenzverfahrens verbunden werden. ³Ein Plan, der erst nach dem Schlußtermin beim Gericht eingeht, wird nicht berücksichtigt.

(2) Hat die Gläubigerversammlung den Verwalter beauftragt, einen Insolvenzplan auszuarbeiten, so hat der Verwalter den Plan binnen angemessener Frist dem Gericht vorzulegen.

(3) Bei der Aufstellung des Plans durch den Verwalter wirken der Gläubigerausschuß, wenn ein solcher bestellt ist, der Betriebsrat, der Sprecherausschuß der leitenden Angestellten und der Schuldner beratend mit.

Übersicht

	Rn
I. Vorlage des Insolvenzplans	1
1. Vorlageberechtigte (Abs 1)	2
a) Insolvenzverwalter	3
aa) Auftrag der Gläubigerversammlung	3
bb) Eigenes Initiativrecht	4
b) Vorläufiger Verwalter	8
c) Schuldner	10
d) Einzelne Gläubiger	16
e) Bei Eigenverwaltung	17
2. Bedeutung des Fortsetzungsbeschlusses der Gesellschafter	18
a) Erfordernis eines Fortsetzungsbeschlusses	19
b) Bedeutung für den Plan	20
3. Behandlung konkurrierender Pläne	28
4. Frist (Abs 2; Abs 1 S 3)	33
a) Plan des Verwalters	34
aa) bei Auftrag der Gläubigerversammlung	34
bb) bei eigenem Plan	37
b) Plan des Schuldners	39
c) Vorlagefristen bei Eigenverwaltung	40
d) Besonderheiten bei Genossenschaften	41
5. Form	42
a) Form des Plans	43
b) Anzahl einzureichender Exemplare	44
c) Übersetzungen für ausländische Gläubiger	45
6. Mitwirkungsbefugnisse (Abs 3)	46
a) Anwendungsbereich	47
b) Mitwirkungsberechtigte	48
c) Umfang der Mitwirkungsbefugnis	49
d) Art und Weise der Mitwirkung	50
e) Vergütung	51
II. Wirkungen der Vorlage	52
1. Antrag auf Durchführung des Planverfahrens	52
2. Vorprüfungspflicht des Gerichts	53
III. Rücknahme „des Plans"	54
IV. Kosten	55
1. Kosten der Planaufstellung	56
a) Plan des Schuldners	59
b) Plan des Verwalters	61
2. Kosten des Planverfahrens	62

I. Vorlage des Insolvenzplans

Abs 1 regelt die **Vorlage (Einreichung)** des Insolvenzplans an das Insolvenzgericht. Die Vorlage des Plans beinhaltet den (erforderlichen) **Antrag** an das Gericht **auf Durchführung des Insolvenzplanverfahrens**. Wird ein Plan (fristgerecht) vorgelegt, **muss** das Insolvenzgericht ein Insolvenzplanverfahren einleiten und in die Vorprüfung des Plans nach § 231 InsO eintreten. Der jeweilige Vorlageberechtigte kann immer nur **einen** Plan vorlegen, nicht zwei oder mehrere alternative Pläne. Das ergibt sich schon aus dem Wortlaut von § 218 Abs 1 und auch von § 231 sowie zahlreichen weiteren Bestimmungen. Wie aus § 231 Abs 2 umgekehrt zu folgern ist, kann jedoch der Vorlageberechtigte einen neuen Plan einreichen, wenn sein früherer Plan zurückgewiesen, zurückgezogen, nicht angenommen oder diesem die Bestätigung rechtskräftig versagt worden ist. 1

1. Vorlageberechtigte. Zur Vorlage berechtigt sind der **Insolvenzverwalter** und der **Schuldner** (Abs 1 S 1). Bei Eigenverwaltung (§§ 270–285) sind der **Sachwalter** und der **Schuldner** (beraten durch den 2

§ 218

Sachwalter) vorlageberechtigt (§ 284 Abs 1 S 1). Andere Personen, insbesondere einzelne Gläubiger oder Gläubigergruppen oder der vorläufige Verwalter, sind nicht zur Vorlage eines Insolvenzplans berechtigt.

3 **a) Insolvenzverwalter. aa)** Das Vorlagerecht des Insolvenzverwalters besteht jedenfalls dann, **wenn die Gläubigerversammlung ihn** im Berichtstermin oder in einem späteren Termin mit der Ausarbeitung eines Insolvenzplans **beauftragt hat** (§ 157 S 2). Wie sich aus Abs 2 ergibt, **muss** der Insolvenzverwalter aufgrund eines solchen Auftrags den Plan ausarbeiten und einreichen; ein Entschließungsermessen über die Vorlage des Plans steht dem Verwalter insoweit nicht zu.

4 **bb)** Nach dem Gesetzeswortlaut kann der Verwalter **auch ohne Auftrag der Gläubigerversammlung** einen Insolvenzplan vorlegen. Gegen ein solches Eigeninitiativrecht des Insolvenzverwalters wird zum Teil jedoch die Begründung zu § 254 Abs 1 RegE angeführt: „*Ohne einen Auftrag der Gläubigerversammlung ist der Verwalter nicht berechtigt, einen Plan vorzulegen.*" (Begr zu § 254 RegE InsO, *Balz/Landfermann* S 326). Aus der Streichung von § 254 RegE folge nichts anderes; § 218 habe das Initiativrecht gegenüber § 254 RegE nicht ausweiten, sondern einschränken sollen (*Schiessler* Insolvenzplan S 87 f). Die Einschränkung des Planinitiativrechts durch die vom Rechtsausschuss vorgeschlagene und Gesetz gewordene Fassung betraf jedoch allein die nach §§ 254, 255 RegE vorgesehenen Rechte einzelner Gläubiger und Eigentümer zur Vorlage eigener Pläne, um konkurrierende Pläne einzudämmen (Beschlussempfehlung und Bericht des Rechtsausschusses zu §§ 254, 255 RegE InsO, *Balz/Landfermann* S 67, 328). Nach anderer Einschätzung soll ein Eigeninitiativrecht des Insolvenzverwalters überflüssig sein. Der Insolvenzverwalter könne die Gläubigerversammlung um einen entsprechenden Auftrag ersuchen. Ein ohne Auftrag der Gläubigerversammlung erstellter Plan habe schlechte Annahmechancen (*Stürner*, in Leipold, Insolvenzrecht im Umbruch, S 41, 42). Beide Ansätze sind jedoch nicht geeignet, ein eigenständiges Recht des Insolvenzverwalters auf Vorlage eines Plans in Abrede zu stellen.

5 Mit § 157 S 1 hat das Gesetz der Gläubigerversammlung nur die Entscheidung darüber zugewiesen, **ob** das Unternehmen des Schuldners liquidiert oder fortgeführt werden soll. **Wie** die Liquidation bzw Fortführung umgesetzt werden soll, liegt **zunächst** in den Händen des **Insolvenzverwalters**. Dieser kann zB für die Fortführung aus eigener Initiative ein Konzept für eine übertragende Sanierung ausarbeiten, das er **dann** vom Gläubigerausschuss oder der Gläubigerversammlung genehmigen lassen muss (§ 160 Abs 1 S 1 und 2). Das Planverfahren soll nach der Vorstellung des Gesetzgebers eine gleichberechtigte Alternative sein (Begr RegE InsO, *Balz/Landfermann* S 236; *Landfermann* BB 1995, 1651, 1654). Daher erscheint es folgerichtig, dem Insolvenzverwalter im Rahmen der Entscheidung über die Art und Weise der Fortführung auch ein **Eigeninitiativrecht** für die Vorlage eines Insolvenzplans zuzugestehen. Entsprechendes gilt hinsichtlich der Art und Weise einer **Liquidation** für die Vorlage eines Liquidationsplans. Hinzu kommt: die Gläubigerversammlung hat nach § 157 S 2 zwar das Recht, den Verwalter mit der Ausarbeitung eines Insolvenzplans zu beauftragen („kann"); sie ist danach aber nicht befugt, die Durchführung eines Planverfahrens zu untersagen (so auch *N/R/Braun* § 218 Rn 32; BerlKo-*Breutigam* § 218 Rn 13; *Hess/Obermüller* Insolvenzplan Rn 59; *Hess* § 218 Rn 59). Die gegenteilige Auffassung (vgl MüKoInsO-*Eidenmüller* § 218 Rn 30; *Smid/Rattunde* Insolvenzplan Rn 158; *Smid* WM 1996, 1249, 1253) findet keine Stütze im Gesetz. Der Hinweis auf § 160 betrifft gerade die Zustimmung *nach* Ausarbeitung eines entsprechenden Konzepts, nimmt also dem Verwalter keineswegs die Befugnis, solche Maßnahmen (Veräußerung, übertragende Sanierung) eigeninitiativ vorzubereiten (davon gehen auch *Smid/Rattunde* Insolvenzplan Rn 127 aus). § 157 S 2 selbst statuiert schon vom Wortlaut her keine Untersagungsbefugnis. Der Zustimmung der Gläubigerversammlung nach § 160 entspricht im Planverfahren nicht das Beauftragungsrecht nach § 157 S 2, sondern die Zustimmung der Gläubigerversammlung nach §§ 235 ff. Könnte der Verwalter ohne oder gegen einen Beschluss der Gläubigerversammlung keinen Insolvenzplan vorlegen, so könnte die Durchführung des Planverfahrens uU schon im Vorfeld (missbräuchlich) verhindert werden. Man könnte den Verwalter insoweit auf einen Antrag an das Insolvenzgericht auf Aufhebung eines entsprechenden (Verbots-)Beschlusses der Gläubigerversammlung verweisen (so *Smid* WM 1996, 1249, 1253; *Smid/Rattunde* Insolvenzplan Rn 155 aE). Damit wäre aber die Entscheidung über die **Vorlage** des Plans praktisch in die Hände des Gerichts gelegt. Gerade das widerspricht der Konzeption von § 218. Außerdem kann wegen der ganz unterschiedlichen Mehrheitserfordernisse im Einzelfall ein Plan die erforderliche Zustimmung erreichen, dessen Aufstellung und Einreichung nicht von der nach § 76 Abs 2 geforderten Mehrheit getragen wurde.

6 Vorzugswürdig erscheint daher die Auffassung, dass dem **Insolvenzverwalter** ein **eigenes Planinitiativrecht** zusteht; er kann mithin einen Plan **auch ohne Auftrag der Gläubigerversammlung** und **sogar gegen deren Willen** vorbereiten und einreichen (*Braun/Uhlenbruck* Unternehmensinsolvenz S 568; *K/P/Otte* § 218 Rn 11 f; BerlKo-*Breutigam* § 218 Rn 9; *Hess* InsO § 218 Rn 16 ff; *K/P*, Das neue Insolvenzrecht, S 11; *Landfermann* BB 1995, 1651, 1654; *Obermüller/Hess* InsO Rn 101 c, d; *Eidenmüller* JbfPolÖk 1996, S 163, 174; *Riggert* WM 1998, 1521, 1522; *Warrikoff* KTS 1997, 527, 530 f; *Diensthüler* InVo 1998, 333, 336). Das Gericht kann einen solchen vom Verwalter vorgelegten Insolvenzplan nicht wegen fehlender Annahmeaussicht zurückweisen; § 231 Abs 1 Nr 2 sieht dies ausschließlich für einen vom Schuldner vorgelegten Plan vor (Beschlussempfehlung und Bericht des Rechtsausschusses zu

I. Vorlage des Insolvenzplans § 218

§ 275 RegE InsO, *Balz/Landfermann* S 67, 346). In der Praxis wird der Insolvenzverwalter die Durchführung eines Insolvenzplanverfahrens ohnehin kaum beantragen, wenn der Plan keine Aussichten auf Annahme hat.

Eine andere Frage ist, ob der Verwalter einen **eigenen Plan auch dann noch vorlegen** darf, **wenn die** 7 **Gläubigerversammlung ihn** mit der Ausarbeitung eines Plans gemäß **§ 157 S 2 beauftragt hat,** bzw ob der Verwalter einen bereits eingereichten eigenen Plan zurückziehen muss. Dies hängt davon ab, ob dem im Auftrag der Gläubigerversammlung erstellten Plan ein Vorrang gegenüber einem eigenen Plan des Verwalters einzuräumen ist. Wortlaut und Zweck von §§ 157 S 2, 218 Abs 1 S 1 lassen den Schluss auf einen solchen Vorrang nicht zu: § 218 sollte gegenüber §§ 254, 255 RegE die Planvielfalt einschränken, nicht aber abschaffen. Die **Autonomie der Gläubigerversammlung wird** durch einen eigenen **Plan des Verwalters nicht eingeschränkt,** da der Plan letztlich der Zustimmung der Gläubigerversammlung bedarf. Der Verwalter kann daher neben einem im Auftrag der Gläubigerversammlung erstellten auch einen eigenen Plan einreichen (so auch *N/R/Braun* § 218 Rn 38; *Hess* InsO § 218 Rn 16 ff; *Braun/Uhlenbruck* Unternehmensinsolvenz S 641; *Smid/Rattunde* Insolvenzplan Rn 160 und 605; aA *Eidenmüller* JbfPolÖk, 1996, 164, 175; *ders* Unternehmenssanierung zwischen Markt und Gesetz, 1999, S 64 f und in MüKoInsO-*Eidenmüller* § 218 Rn 28, der davon ausgeht, dass durch den Auftrag der Gläubigerversammlung das Eigeninitiativrecht des Verwalters erlischt; ähnlich HK-*Flessner* § 218 Rn 12; *K/P/Otte* § 218 Rn 36; FK-*Jaffé* § 218 Rn 82). Einen bereits **vor der Beauftragung** eingereichten **Plan** braucht der Verwalter nicht zurückzuziehen.

b) Vorläufiger Verwalter. Teilweise (*N/R/Braun* § 218 Rn 30 f) wird ein Vorlagerecht des **vorläufigen** 8 **Verwalters** befürwortet, wenn das Gericht ihm die Verfügungsbefugnis übertragen hat. Richtig ist, dass der vorläufige Insolvenzverwalter einen **Insolvenzplan jedenfalls vorbereiten kann.** Dem Schuldner ist die Vorbereitung eines Insolvenzplans gemäß § 218 Abs 1 Nr 2 auch schon vor Eröffnung und sogar schon vor seinem Antrag erlaubt. Es ist nicht ersichtlich, warum der vorläufige Verwalter nicht gleichfalls vor Eröffnung des Verfahrens mit der **Ausarbeitung eines Insolvenzplans** beginnen können sollte (so auch *N/R/Braun* § 218 Rn 30; *Hess* § 218 Rn 15). Dafür spricht auch, dass das Gericht den vorläufigen Insolvenzverwalter gemäß § 22 mit der **Prüfung der Fortführungsaussichten** beauftragen kann (*K/P/Otte* § 218 Rn 6; *Haberhauer/Meeh* DStR 1995, 1442, 1444 f). Mit dieser Prüfung wird der vorläufige Insolvenzverwalter im Regelfall zumindest auch schon ein Gerüst für einen entsprechenden Insolvenzplan erarbeitet haben. Ein vom vorläufigen Verwalter erarbeiteter Plan kann im Einzelfall einen wertvollen Zeitgewinn bedeuten, wenn der spätere Verwalter diesen Plan als Vorlage nutzen oder gar unverändert einreichen kann. Das gilt namentlich dann, wenn der vorläufige Verwalter vom Gericht auch zum Verwalter im eröffneten Insolvenzverfahren bestellt wird (vgl *Braun/Frank* § 218 Rn 3 Fn 3).

Eine andere Frage ist, ob der **vorläufige Verwalter** einen von ihm **vorbereiteten Plan** auch bereits vor 9 der Eröffnung des Insolvenzverfahrens beim Gericht einreichen kann. Die Einleitung eines Insolvenzplanverfahrens setze ein **eröffnetes Insolvenzverfahren** voraus (*Smid/Rattunde* Insolvenzplan Rn 106), trifft durchaus zu (aA *N/R/Braun* § 218 Rn 30). Zwar kann gemäß § 218 der Schuldner, wenn er den Eigenantrag mit der Vorlage eines Insolvenzplans verbindet, den **Antrag** auf Einleitung eines Insolvenzplanverfahrens bereits **vor** der Eröffnung des Insolvenzverfahrens stellen. Das ist aber nur deswegen möglich, weil der Schuldner nach Verfahrenseröffnung ohnehin antragsbefugt ist. Dem schon zuvor eingereichten Antrag kann das Gericht dementsprechend stattgeben und ein Insolvenzplanverfahren einleiten, wenn und sobald das Insolvenzverfahren eröffnet ist. Beim vorläufigen Insolvenzverwalter ist das anders. Das (Eigen-)Initiativrecht steht **nur** dem **endgültigen Verwalter** zu; dieser darf bei seiner Entscheidung über die Vorlage eines Insolvenzplans nicht vom vorläufigen Verwalter eingeschränkt oder präjudiziert werden. Der **vorläufige Verwalter** ist daher **nicht befugt,** einen **Insolvenzplan beim Gericht vorzulegen** und die Einleitung eines Insolvenzplanverfahrens zu beantragen (wie hier *K/P/Otte* § 218 Rn 42; BerlKo-*Breutigam* § 218 Rn 11; *Hess* § 218 Rn 15; im Ergebnis abweichend *N/R/Braun* § 218 Rn 31).

c) Schuldner. Der **Schuldner** ist **neben dem Verwalter** berechtigt, einen Insolvenzplan vorzulegen. Die- 10 se Berechtigung besteht auch dann, wenn der Insolvenzverwalter bereits einen Plan vorgelegt hat. In diesem Fall konkurrieren die Insolvenzpläne des Insolvenzverwalters und des Schuldners im Planverfahren miteinander (näher unten, Rn 28). Nach Abs 1 S 2 kann der Schuldner einen Insolvenzplan **bereits zusammen mit dem Antrag auf Eröffnung des Insolvenzverfahrens** einreichen. Nach den Vorstellungen des RegE sollen die negativen Auswirkungen des Eröffnungsantrags auf die Fortsetzung der Geschäftsbeziehungen durch dieses frühe Planinitiativrecht des Schuldners in Grenzen gehalten werden; der Schuldner könne von vornherein gegenüber seinen Gläubigern zum Ausdruck bringen, dass er einen Weg sehe, die Insolvenz einvernehmlich zu bereinigen (Begr zu §§ 254, 255 RegE InsO, *Balz/Landfermann* S 328). Dieses **Planinitiativrecht des Schuldners** besteht **uneingeschränkt.** Vorschläge der Literatur, das Vorlagerecht des Schuldners angesichts hoher Wirtschaftskriminalität im Insolvenzgeschehen zumindest bei schweren Pflichtverstößen auszuschließen (*Stürner,* in Leipold, Insolvenzrecht im Umbruch, S 41, 42; *Schiessler* Insolvenzplan S 101 f), haben keinen Eingang in das Gesetz gefunden.

Ist der **Schuldner** eine **juristische Person** (Kapitalgesellschaft), so wird diese bei der Vorlage des Plans 11 nach außen von ihren **Geschäftsführungsorganen** (Geschäftsführer, Vorstand) **vertreten** (zum Fortbestand der Organstellung Hachenburg/*Ulmer* GmbHG § 63 Rn 97; Scholz/*K Schmidt* GmbHG § 63 Rn 64; *Hüffer* AktG § 264 Rn 3; zur Vertretungsmacht der Geschäftsführungsorgane bei der Wahrnehmung von Rechten des Schuldners im Insolvenzverfahren Hachenburg/*Ulmer* GmbHG § 63 Rn 101; Scholz/*K Schmidt* GmbHG § 63 Rn 64; *Weber* KTS 1970, 78 f; *Grüneberg*, Die Rechtsposition der Organe der GmbH und des Betriebsrates im Konkurs, 1988, S 135 ff; Geßler/Hefermehl/*Hüffer* AktG § 264 Rn 10 ff; Kilger/*K Schmidt* § 207 KO Anm 4 a; *K/U* § 207 KO Rn 10; **BGH** 18. 12. 1980 KTS 1981, 234, 235 f). § 15 InsO ändert daran **nichts** (zutreffend HK-*Flessner* § 218 Rn 7; N/R/*Braun* § 218 Rn 8 ff; *Braun/Frank* § 218 Rn 2).

12 Von der Vertretung nach außen strikt zu trennen ist die Frage, ob für die Vorlage eines Insolvenzplans im **Innenverhältnis** ein **Gesellschafterbeschluss erforderlich** ist. Die InsO enthält hierüber keine Regelungen; insoweit verbleibt es uneingeschränkt bei den gesellschaftsrechtlichen Kompetenzzuweisungen. Für die **GmbH** besteht jedenfalls eine Weisungsbefugnis der Gesellschafterversammlung (zum Fortbestand der Weisungsbefugnis *Scholz/Schneider* GmbHG § 37 Rn 51 (zur KO); Hachenburg/*Ulmer* GmbHG § 63 Rn 101). Für einen **Insolvenzplan**, der **auf die Fortführung des Unternehmens gerichtet** ist, wird man über die Weisungsbefugnis hinaus einen **Gesellschafterbeschluss** über die Vorlage des Plans für **erforderlich** halten müssen (s dazu auch oben § 11 Rn 21). Denn es handelt sich für die Gesellschafter um eine Entscheidung von grundlegender Bedeutung; die Vorlage eines solchen Plans ist daher durch die gesetzliche Geschäftsführungsbefugnis gemäß § 37 GmbHG nicht gedeckt (vgl nur *Lutter/Hommelhoff* GmbHG § 37 Rn 10 f). Hinzu kommt, dass § 60 Abs 1 Nr 4 GmbHG die Kompetenz, nach Bestätigung eines Insolvenzplans die **Fortsetzung der Gesellschaft** zu beschließen, ausdrücklich der **Gesellschafterversammlung** zuweist. Wird ein solcher Fortsetzungsbeschluss nicht gefasst, wozu die Gesellschafter nicht verpflichtet sind, so kann es zu erheblichen Problemen kommen (dazu im Einzelnen unten Rn 20). Haben hingegen die Gesellschafter der Vorlage eines auf Fortführung gerichteten Insolvenzplans zugestimmt, so dürfte dem späteren Fortsetzungsbeschluss in der Regel nichts im Wege stehen; uU kann dessen Verweigerung dann sogar treuwidrig sein. Schon im eigenen Interesse (Haftungsgefahr) wird der Geschäftsführer daher bereits für die Vorlage des Plans einen entsprechenden Gesellschafterbeschluss herbeiführen. Kann oder soll ein solcher Zustimmungsbeschluss der Gesellschafter zur Vorlage des Plans nicht eingeholt werden, so bleibt als Ausweg die Möglichkeit, den Plan insgesamt unter die **Bedingung** zu stellen, dass die Gesellschafter einen **Fortsetzungsbeschluss** fassen (dazu im Einzelnen unter Rn 18). Gleiches gilt für die **Aktiengesellschaft**; nach außen hin wird die Gesellschaft bei der Vorlage des Plans durch den Vorstand vertreten. Das **Zustimmungserfordernis der Hauptversammlung** zur Vorlage eines auf Fortführung gerichteten Plans ergibt sich hier aus § 119 Abs 2 AktG (als wesentliche Maßnahme nach den Grundsätzen der Holzmüller-Entscheidung des **BGH** 25. 2. 1982 BGHZ 83, 122 ff und im Hinblick auf § 274 Abs 2 Nr 1 AktG). Auch hier besteht die Möglichkeit, den Plan mit einer entsprechenden Bedingung auszugestalten.

13 Für **Personengesellschaften** gilt folgendes: zum alten Recht war umstritten, wer bei Personengesellschaften die Schuldnerrechte wahrnehmen konnte. Nach Auffassung von *K Schmidt* (Kilger/*K Schmidt* § 209 KO, Anm 2 c); *ders GesR* § 11 VI 2) war als Schuldner die Gesellschaft zu betrachten. Demgegenüber wurden von **Rechtsprechung** und **herrschender Lehre** nicht die Gesellschaft als Schuldner angesehen, sondern die **persönlich haftenden Gesellschafter** (**RG** 28. 4. 1886 RGZ 16, 1, 3; **BGH** 16. 2. 1961 BGHZ 34, 293, 297; *K/U* § 209 KO Rn 16; *Bley/Mohrbutter* § 109 VglO Rn 12), bei der KG also nur die Komplementäre (**OLG Hamm** 17. 9. 1971 MDR 1972, 59; *K/U* § 209 KO 19). Die Wahrnehmung der **Rechte des Schuldners** stand danach (nur) den persönlich haftenden Gesellschaftern gemeinschaftlich zu, und zwar ungeachtet ihrer Vertretungsmacht (**OLG Düsseldorf** 16. 10. 1957 KTS 1959, 175)

14 Die angeführte Streitfrage hat sich für das neue Recht erledigt: In der Begründung zu § 13 des Regierungsentwurfs heißt es wörtlich: *„Schuldner" iS des Entwurfs der Insolvenzordnung können also nicht nur natürliche und juristische Personen sein, sondern auch (...) die in Absatz 2 bezeichneten Gesellschaften."* (Balz/Landfermann S 85). Aus § 138 Abs 2 Nr 1 (wie schon § 154 Abs 1 Nr 2 RegE InsO, *Balz/Landfermann* S 241) folgt zwingend, dass **die Gesellschaft selbst Schuldner ist** und die persönlich haftenden Gesellschafter einer Personengesellschaft als dem Schuldner **nahe stehende Personen** gelten. Die **Schuldnerrechte stehen danach der Personengesellschaft selbst zu** (unzutreffend *Hess* InsO § 218 Rn 32: „persönlich haftende Gesellschafter"; wohl auch *K/P/Otte* § 218 Rn 26). Fraglich kann allenfalls sein, ob bei der Wahrnehmung der Schuldnerrechte nach außen hin sämtliche Gesellschafter gemeinschaftlich handeln müssen, oder ob die nach Gesetz oder Gesellschaftsvertrag zur Geschäftsführung und Vertretung berechtigten Gesellschafter die Gesellschaft bei der Wahrnehmung der Schuldnerrechte vertreten. Letzteres erscheint überzeugender (so auch MüKoInsO-*Eidenmüller* § 218 Rn 78; N/R/*Braun* § 218 Rn 14; *Diensthüler* InVo 1998, 333, 338; aA HK-*Flessner* § 218 Rn 5; *Hess* § 218 Rn 22). Die Praxis sollte sich bis zu einer Klärung dieser Frage gleichwohl an der zum alten Recht ergangenen Rechtsprechung orientieren. Danach wird es sich empfehlen, dass die **Vorlage des Insolvenzplans durch die vertretungsberechtigten Gesellschafter** und **hilfsweise durch alle Gesellschafter** gemeinschaftlich erfolgt. Hierbei wird man **für die KG** allerdings die **Kommanditisten** ausnehmen müssen, nicht mangels persönlicher Haftung, aber wegen § 170 HGB. Im **Innenverhältnis** ist, vorbehaltlich abweichender gesellschaftsvertraglicher Regelung, grundsätzlich ein **einstimmiger Gesellschafterbe-**

I. Vorlage des Insolvenzplans § 218

schluss aller Gesellschafter über die Vorlage des Insolvenzplans erforderlich (vgl auch unten Rn 19). Dieser Gesellschafterbeschluss ist nicht zu verwechseln mit den Einverständniserklärungen der persönlich haftenden Gesellschafter, welche gemäß § 230 Abs 1 einem auf Fortführung gerichteten Plan als Anlage beizufügen sind. Für die GmbH & Co KG gilt in der Insolvenz der Kommanditgesellschaft das Vorstehende entsprechend.

Bei **Versicherungsunternehmen** kann der Antrag auf **Eröffnung des Insolvenzverfahrens** wie nach altem Recht nur vom **Bundesaufsichtsamt** für das Versicherungswesen gestellt werden (§ 88 Abs 1 VAG). Das **Recht zur Vorlage eines Insolvenzplans steht** hingegen **dem Versicherungsunternehmen zu**; dies ergibt sich aus § 218 Abs 1 S 2 und aus einem Rückschluss aus § 49 Abs 2 VAG. Entsprechendes gilt für **Kreditinstitute** (§ 46 b KWG). Das Auseinanderfallen der Antragsrechte erschwert allerdings die auch hier nach § 218 Abs 1 S 2 zulässige Verbindung von Eröffnungsantrag und Vorlage eines Insolvenzplans. 15

d) **Einzelne Gläubiger.** Anders als nach § 255 RegE sind einzelne Gläubiger nach der abschließenden Regelung des § 218 Abs 1 **nicht berechtigt**, einen Insolvenzplan vorzulegen (Beschlussempfehlung und Bericht des Rechtsausschusses zu §§ 254, 255 RegE InsO, *Balz/Landfermann* S 67, 328). Ein solcher Plan ist vom Gericht gemäß § 231 Abs 1 Nr 1 wegen Verletzung der Vorschriften über das Recht zur Vorlage des Plans von Amts wegen zurückzuweisen. Hiervon zu unterscheiden ist die Frage, ob einzelne Gläubiger, getragen von einer Mehrheit der Gläubigerversammlung, den Insolvenzverwalter zwingen können, einen von ihnen ausgearbeiteten Plan einzureichen. Dies hängt von der Auslegung von § 157 S 2 ab, wonach die Gläubigerversammlung bei der Beauftragung des Insolvenzverwalters auch die Ziele des Plans vorgeben kann. Die Vorgabe von Zielen des Plans ist jedoch qualitativ etwas anderes als die Vorgabe eines vollständigen Plans. Mit § 157 S 2 bringt das Gesetz unmissverständlich zum Ausdruck, dass die Ausarbeitung des Plans dem Insolvenzverwalter obliegt. Hierzu ergibt sich aus § 218 Abs 3, dass er keineswegs an inhaltliche Vorgaben einzelner Gläubiger oder der Gläubigerversammlung insgesamt gebunden ist (so noch *Braun/Uhlenbruck* Unternehmensinsolvenz S 474; aA jedoch jetzt *Braun/Frank* § 218 Rn 4). Demnach beschränkt sich die Mitwirkung des **Gläubigerausschusses** bei der Ausarbeitung des Plans durch den Verwalter auf eine **beratende Funktion** (näher unten Rn 49 f). Damit dürfte es **nicht zu vereinbaren** sein, **dass** dem Insolvenzverwalter **ein fertig ausgearbeiteter Plan vorgegeben wird** (aA *Smid* WM 1996, 1249, 1253 f; *Smid/Rattunde* Insolvenzplan Rn 155; *Herzig* Insolvenzplanverfahren S 128 f; *N/R/Braun* § 218 Rn 45; *Diensthüler* InVo 1998, 335, 339). 16

e) **Bei Eigenverwaltung.** Nach §§ 270 ff kann die **Gläubigerversammlung** den **Sachwalter** oder den **Schuldner** mit der Ausarbeitung eines Insolvenzplans **beauftragen**. Der Auftrag verpflichtet Sachwalter bzw Schuldner zur Ausarbeitung und Vorlage des Plans. Wird der Schuldner beauftragt, so wirkt der Sachwalter bei der Ausarbeitung des Plans beratend mit (§ 284 Abs 1). **Auch ohne Auftrag** der Gläubigerversammlung ist der **Sachwalter** berechtigt, einen Plan vorzulegen; insoweit gilt das Gleiche wie für den Insolvenzverwalter. Der **Schuldner** kann ebenfalls entsprechend § 218 Abs 1 S 1 einen Plan ohne Auftrag der Gläubigerversammlung vorlegen (*Vallender* WM 1998, 2129, 2131, 2137). Für die Vorlage des Plans und das Verfahren gelten im Übrigen die Vorschriften des 6. Teils über den Insolvenzplan entsprechend (näher Erl. zu § 284). 17

2. Bedeutung des Fortsetzungsbeschlusses der Gesellschafter. Handelt es sich beim Schuldner um eine Gesellschaft, so ist rechtsformübergreifend für einen auf Fortführung des schuldnerischen Unternehmens gerichteten Insolvenzplan ein **Fortsetzungsbeschluss** der Gesellschafter erforderlich. Das wird in der bisherigen Literatur zur InsO praktisch durchgängig ignoriert (außer von *Scheibner* DZWiR 1999, 8, 9 f), obwohl der Plan gesellschaftsrechtlich ohne Fortsetzungsbeschluss nicht durchgeführt werden darf. 18

a) **Erfordernis eines Fortsetzungsbeschlusses.** Ist der Schuldner eine juristische Person oder eine Personenhandelsgesellschaft, so ist die Gesellschaft mit der **Eröffnung** des Insolvenzverfahrens kraft Gesetzes **aufgelöst** (§ 60 GmbHG, § 262 Abs 1 Nr 3 AktG, § 131 Abs 1 Nr 3 HGB, § 101 GenG, § 42 Nr 3 VAG für den VVaG). Der bisherige Zweck des Unternehmens entfällt, die Gesellschaft wandelt sich von einer werbenden um in eine Abwicklungsgesellschaft (*Lutter/Hommelhoff* GmbHG § 60 Rn 2; *Hüffer* AktG § 262 Rn 2). Soll die Gesellschaft auf der Grundlage eines Insolvenzplans fortgeführt werden, so erfordert dies einen **Fortsetzungsbeschluss der Gesellschafter** (§ 60 Abs 1 Nr 4 GmbHG, § 274 Abs 2 Nr 1 AktG, § 144 Abs 1 HGB, § 117 Abs 1 GenG, 49 Abs 2 VAG für den VVaG). Der Beschluss bedarf bei **AG** und **GmbH** einer Mehrheit von (mindestens) 75 % des bei der Beschlussfassung vertretenen Grund-/Stammkapitals; bei Personenhandelsgesellschaften ist idR (Bestimmtheitsgrundsatz!) ein einstimmiger Beschluss aller Gesellschafter (auch den Kommanditisten) erforderlich (zur **AG** *Hüffer* AktG § 274 Rn 3; zur GmbH *Lutter/Hommelhoff* GmbHG § 60 Rn 30; zur OHG/KG *Baumbach/Hopt* HGB § 131 Rn 22; *Schlegelberger/K Schmidt* HGB § 131 Rn 64, § 144 Rn 8). 19

b) **Bedeutung für den Plan.** Ohne einen solchen **Fortsetzungsbeschluss** kann ein auf Fortführung gerichteter **Insolvenzplan nicht durchgeführt werden**, selbst wenn er angenommen und (rechtskräftig) bestätigt würde. Denn die **Fortführung** des Unternehmens würde dann gegen den noch auf Abwicklung ge- 20

Lüer

richteten Unternehmenszweck verstoßen; er wäre deshalb **satzungswidrig** (vgl auch *Uhlenbruck*, FS Lüer S 461, 466. Wenn das Unternehmen mangels Fortsetzungsbeschlusses der Gesellschafter nicht fortgeführt werden kann, so dürfte damit der Insolvenzplan – trotz Annahme und rechtskräftiger Bestätigung – fehlschlagen; insbesondere wäre dann eine Bedienung von Forderungen der Gläubiger aus künftigen Erträgen bzw aus künftigem (freien) Cashflow nicht (plangerecht) möglich.

21 Ein auf Fortführung gerichteter Insolvenzplan kann nur gelingen, wenn die **Gesellschafter** sich **bereit** finden, einen **Fortsetzungsbeschluss** zu fassen. Hierzu sind die **Gesellschafter jedoch nicht verpflichtet**; dies steht ihnen vielmehr grundsätzlich frei. Abweichendes ist allenfalls dann anzunehmen, wenn die Gesellschafter bereits der Vorlage des Insolvenzplans durch Gesellschafterbeschluss zugestimmt haben. Sofern der später bestätigte Plan nicht wesentlich von dem Entwurf abweicht, dessen Einreichung die Gesellschafter zugestimmt haben, könnte sich die Ablehnung/Nichtfassung eines entsprechenden Fortsetzungsbeschlusses im Einzelfall als treuwidrig bzw missbräuchlich darstellen.

22 Der **Planinitiator** muss neben einer entsprechenden Gläubigermehrheit auch die Gesellschafter des schuldnerischen Unternehmens für den Plan gewinnen. Das kann im Einzelfall **Probleme** bereiten, zB wenn **eigenkapitalersetzende Leistungen** der Gesellschafter gemäß § 225 erlassen werden sollen, oder wenn im Rahmen der Fortführung **Kapitalmaßnahmen** geplant sind, an denen die Gesellschafter mitwirken müssen. Bei **Personenhandelsgesellschaften** ist eine Einigung mit allen persönlich haftenden Gesellschaftern schon für die Vorlage des Plans zwingend erforderlich; denn gemäß § 230 muss dem Plan eine Erklärung der persönlich haftenden Gesellschafter beigefügt werden, und zwar von jedem Einzelnen von ihnen, dass die Gesellschaft fortgeführt werden soll. Im Übrigen wird es vor allem bei großen Gesellschaften mit einer Vielzahl von Gesellschaftern für den Planinitiator oftmals schwierig sein, die Chancen für einen Fortführungsbeschluss verlässlich einzuschätzen, geschweige denn, sich mit allen Gesellschaftern zu einigen.

23 Selbst wenn eine Einigung mit den Gesellschaftern gelingt, besteht bei der Vorlage und bei der Abstimmung über den Plan keine Gewissheit hinsichtlich des Fortsetzungsbeschlusses. Denn nach den jeweils einschlägigen gesellschaftsrechtlichen Vorschriften (§ 60 Abs 1 Nr 4 GmbHG, § 274 Abs 2 Nr 1 AktG, § 140 Abs 1 HGB, § 117 Abs 1 GenG, § 49 Abs 2 VAG) kann der **Fortsetzungsbeschluss** erst **nach** der **gerichtlichen Bestätigung** des Plans gefasst werden. Zur Absicherung wären schuldrechtliche Verpflichtungen der Gesellschafter denkbar, welche die Fortsetzung nach der Bestätigung des Plans begründen (Begründung zu § 274 RegE InsO *Balz/Landfermann*, S 344). Solche gesellschaftsrechtliche Verpflichtungen sind grundsätzlich möglich (zur GmbH etwa *Lutter/Hommelhoff* GmbHG § 53 Rn 19 mwN). Schwierigkeiten können jedoch auftreten, wenn später Änderungen am Plan vorgenommen werden und die Gesellschafter deshalb möglicherweise nicht mehr an ihre Zusage gebunden sind.

24 Vorzugswürdig könnte daher eine Lösung sein, welche die Wirkungen des Insolvenzplans nach § 254 Abs 1 **unter die Bedingung** stellt, dass die Gesellschafter einen entsprechenden **Fortsetzungsbeschluss** fassen. In der Begründung zu § 274 RegE InsO (*Balz/Landfermann* S 344) heißt es hierzu: „*Es wird nicht verlangt, dass die Gesellschafter einer Gesellschaft, die durch die Eröffnung des Insolvenzverfahrens aufgelöst worden ist, aber nach dem Inhalt des Plans fortgeführt werden soll, bereits vor der Zustimmung der Gläubiger zum Plan einen Beschluss über die Fortsetzung der Gesellschaft fassen. Insoweit wird die Rechtslage übernommen, die nach geltendem Recht für die Gesellschaften des Handelsrechts zum Zwangsvergleich im Konkurs besteht: Die Gesellschaften werden durch die Konkurseröffnung aufgelöst, können aber nach einem Zwangsvergleich durch Beschluss der Gesellschafter fortgesetzt werden (...). Im Plan kann aber vorgesehen werden, dass er nur wirksam werden soll, wenn ein solcher Fortsetzungsbeschluss gefasst wird; in diesem Fall darf das Gericht den Plan erst nach dem Fortsetzungsbeschluss bestätigen (...).*" Soll es danach zulässig sein, den Plan unter die Bedingung zu stellen, dass die Gesellschafter die Fortsetzung des schuldnerischen Unternehmens beschließen, so bleibt die Frage, wie diese Bedingung **rechtstechnisch** ausgestaltet werden müsste.

25 Der Begründung zum Regierungsentwurf schwebt wohl eine **aufschiebende Bedingung** und eine Beschlussfassung der Gesellschafter nach der Annahme der Gläubiger, jedoch vor Bestätigung des Plans vor (aA *M-F Müller* S 377ff, der Insolvenzplan sei bedingungsfeindlich). Dies steht jedoch im Widerspruch zum Wortlaut der gesellschaftsrechtlichen Vorschriften über den Fortsetzungsbeschluss (§ 60 Abs 1 Nr 4 GmbHG, § 274 Abs 2 Nr 1 AktG, § 140 Abs 1 HGB, § 117 Abs 1 GenG, § 49 Abs 2 VAG); sie sehen jeweils vor, dass der Fortsetzungsbeschluss erst **nach** der gerichtlichen Bestätigung des Plans gefasst werden kann (ebenso *Uhlenbruck*, FS Lüer S 461, 466; *Eidenmüller*, ZGR 2001, 680, 693). Ob eine Beschlussfassung der Gesellschafter über den Wortlaut hinaus auch vor der gerichtlichen Bestätigung des Plans als zulässig zu erachten ist, erscheint zweifelhaft. Denn **gesellschaftsrechtlich** setzt die **Fortsetzung** einer aufgelösten Gesellschaft zunächst die **Beseitigung des Auflösungsgrunds voraus**. Dementsprechend normierten die angeführten Vorschriften in ihrer jeweiligen aF die Aufhebung des Konkursverfahrens (nach Abschluss des Zwangsvergleichs) als Voraussetzung für den Fortsetzungsbeschluss (dazu zB *Schlegelberger/K Schmidt* HGB § 144 Rn 5 und § 131 Rn 63).

26 An der beschriebenen Systematik des bisherigen Rechts hat sich durch die InsO nichts geändert. Die Vorschriften über den Fortsetzungsbeschluss idF des EGInsO verlangen zwar nicht mehr die Aufhebung des Insolvenzverfahrens (gemäß § 258), sondern lassen die gerichtliche Bestätigung des Plans ausreichen. In der Begründung zu Art 40 RegE EGInsO heißt es ausdrücklich, die bisher für den Konkurs gel-

I. Vorlage des Insolvenzplans **§ 218**

tende Regelung werde sinngemäß für das einheitliche Insolvenzverfahren übernommen; komme ein Insolvenzplan „zustande" (...), so könnten die Gesellschafter die Fortsetzung beschließen. Einer **Beschlussfassung vor der Bestätigung** steht daher nicht nur der Wortlaut entgegen, sondern auch die Systematik (anders ohne nähere Begründung K/P/*Noack* GesellschaftsR Rn 418). Zumindest müsste ein Fortsetzungsbeschluss nach Annahme, jedoch vor Bestätigung des Plans seinerseits unter die Bedingung gestellt werden, dass das Gericht den Plan bestätigt. Nach hier vertretener Auffassung kann der **Fortsetzungsbeschluss de lege lata erst nach der gerichtlichen Bestätigung** des Plans gefasst werden (so wohl auch *Vallender* NZG 1998, 249, 251; *Graf-Schlicker/Kebekus* InsO § 249 Rn 2). Damit scheidet eine aufschiebende Bedingung aus. Denn die Bestätigung des Insolvenzplans gemäß § 249 setzt ihrerseits den Eintritt aller im Plan vorgesehenen aufschiebenden Bedingungen voraus. Nach Wortlaut und Systematik der angeführten Vorschriften liegt es nahe, die Wirkungen des Insolvenzplans nach § 254 Abs 1 unter die **auflösende Bedingung** zu stellen, dass binnen einer bestimmten, unter Berücksichtigung der Einberufungsvorschriften zu bemessenden Frist ab Rechtskraft der Bestätigung des Plans der Fortsetzungsbeschluss nicht gefasst wird. Eine solche auflösende Bedingung wird sich im Übrigen auch deswegen empfehlen, weil unabhängig von einem Fortsetzungsbeschluss bzw auch bei dessen Ablehnung gemäß § 254 mit der Rechtskraft der Bestätigung des Plans die im gestaltenden Teil festgelegten Wirkungen für und gegen alle Beteiligten eintreten; so würden die Forderungen der Gläubiger entsprechend gekürzt bzw erlassen, etwaige dingliche Übertragungen wären wirksam, Sicherungsrechte würden möglicherweise entfallen. Durch eine entsprechende auflösende Bedingung im Plan ließe sich entweder bereits der Eintritt der Wirkungen des gestaltenden Teils verhindern oder aber, etwa im Bereich der Verfügungsgeschäfte, zumindest eine Rechtsgrundlage für einen Anspruch der Gläubiger auf Rückabwicklung schaffen (§ 812 Abs 1, S 2, 1. Alt BGB). Welche Konsequenzen dies für die Anwendung der §§ 249, 254, 255 und 257 hat, wird bei den einzelnen Vorschriften getrennt erörtert (zum Vorstehenden auch *Uhlenbruck*, FS Lüer, S 461, 466 f).

Diese gesellschaftsrechtlich begründete (Mit-)**Entscheidungskompetenz der Gesellschafter** über die Fortführung des schuldnerischen Unternehmens mag auf den ersten Blick als ungewohnt, gar als Bruch mit dem **Grundsatz der Gläubigerautonomie** erscheinen. Tatsächlich ist dies nichts Neues; bereits nach überkommenem Recht war ein solcher Fortsetzungsbeschluss zwingend Voraussetzung für die Durchführbarkeit etwa eines entsprechenden Zwangsvergleichs (dazu nur *K/U* § 207 KO Rn 37, § 209 KO Rn 11 f; *Kilger/K Schmidt* § 209 KO Anm 2 h). Im Übrigen könnte auch erwogen werden, einen gesellschaftsrechtlichen Fortsetzungsbeschluss (aufschiebend bedingt) anzuerkennen, der vor der Beteiligung des Insolvenzplans gefasst wird (vgl *Uhlenbruck*, FS Lüer S 461, 467 f). Der Bedingungseintritt wäre dann an die Aufhebung des Verfahrens zu koppeln (Nachweise bei *Uhlenbruck*, FS Lüer, S 461, 468 Fn 37). Ungeachtet aller rechtstechnischen Begründungen und Bedenken muss de lege lata die Erwägung im Vordergrund stehen, die rechtliche und wirtschaftliche gegenseitige Abhängigkeit plangerechter Fortführung von den erforderlichen gesellschaftsrechtlichen Maßnahmen praxisgerecht durchführbar zu machen. 27

3. Behandlung konkurrierender Pläne. Da es mit dem Schuldner und dem Verwalter mindestens **zwei Vorlageberechtigte** gibt und der Verwalter neben einem im Auftrag der Gläubigerversammlung erstellten auch noch einen eigenen Insolvenzplan einreichen kann (oben Rn 4 f), können im Insolvenzplanverfahren **mehrere** (bis zu drei) **Pläne** miteinander konkurrieren. Mithin stellt sich die Frage, wie solche konkurrierenden Pläne zu behandeln sind. Die gesetzlichen (Verfahrens-)Regelungen des **Insolvenzplanverfahrens** sind ersichtlich **auf die Behandlung eines Plans zugeschnitten**. § 294 RegE InsO hatte insoweit vorgesehen, dass bei mehreren vorliegenden Plänen diese nach Möglichkeit zusammen in einem einheitlichen Termin zur Erörterung und Abstimmung gestellt werden sollten. Die Vorschrift wurde vom Rechtsausschuss jedoch für entbehrlich gehalten und gestrichen. 28

Die Behandlung konkurrierender Pläne ist aber nicht in erster Linie wegen der **Verfahrensfragen** problematisch, sondern insbesondere deshalb, weil von mehreren konkurrierenden Plänen stets nur **ein Plan Rechtskraft erlangen kann.** Dies folgt zwingend aus den **Wirkungen** des rechtskräftig bestätigten Plans gemäß § 254, die ihm das Gesetz zumisst. So verlangt die Funktion als vollstreckbarer Titel, die dem bestätigten Plan nach § 257 Abs 1 und 2 zukommt, wegen der erforderlichen Rechtssicherheit, dass dies nur für einen Plan zutrifft. Gleiches gilt unter dem Gesichtspunkt, dass mit der Rechtskraft der Bestätigung des Plans das Insolvenzverfahren aufzuheben ist, womit alle weiteren noch im Verfahren befindlichen Pläne erledigt sind (K/P/*Otte* § 218 Rn 37; vgl auch *Eidenmüller* JbfNPolÖk 1996, 164, 177). 29

Solange sich konkurrierende Pläne noch nicht durch die Rechtskraft eines bestätigten Plans erledigt haben, ist für **jeden Plan** das **Insolvenzplanverfahren** gemäß den §§ 231 ff **durchzuführen**, dh das Gericht hat jeden Plan separat vorzuprüfen, zur Stellungnahme zuzuleiten, niederzulegen, Erörterungs- und Abstimmungstermin anzuberaumen usw (N/R/*Braun* § 218 Rn 49; *Riggert* WM 1998, 1521, 1525). Die in § 294 RegE InsO vorgesehene **Möglichkeit**, einen **gemeinsamen Erörterungs- und Abstimmungstermin** für konkurrierende Pläne festzusetzen, ist durch die Streichung dieser Vorschrift **entfallen**. Als verfahrensleitende Maßnahme steht die Terminierung im Ermessen des Gerichts, wobei allerdings die gesetzlichen Terminierungsfristen zu beachten sind. Das Gericht kann deshalb die **Erörterungs- und Abstimmungstermine** im 30

§ 218

Einzelfall so **koordinieren**, dass konkurrierende Pläne nacheinander jeweils erörtert, das Stimmrecht festgesetzt und anschliessend über den jeweiligen Plan abgestimmt wird. Hierbei handelt es sich **jedoch nicht um einen Termin**, sondern um **mehrere aufeinander folgende Termine** (Plan A 10 00 Uhr, Plan B 11.00 Uhr usw). Dies wird zuweilen verkannt (vgl *Eidenmüller* JbfPolÖk 1996, 164, 176), wenn die Frage aufgeworfen wird, ob das Gericht auch die Kompetenz dafür besitze zu bestimmen, in welcher **Reihenfolge in dem** Termin über die Pläne **abgestimmt wird**. Will das Gericht die Erörterungs- und Abstimmungstermine für konkurrierende Pläne derart koordinieren, so wird es insbesondere dem **Beschleunigungsgrundsatz** Rechnung zu tragen haben, da gerade in einer solchen Phase der Insolvenz der Zeitfaktor besonders kritisch sein wird (so auch *N/R/Braun* § 235 Rn 13). Eine Koordinierung der Erörterungs- und Abstimmungstermine für konkurrierende Insolvenzpläne wird daher **nur in Betracht kommen**, wenn diese **zeitnah eingereicht** wurden, so dass sich für den zuerst eingereichten Plan keine größeren Verzögerungen ergeben. Verzögerungen um wenige Tage oder eine Woche dürften regelmäßig unproblematisch sein.

31 Im Übrigen sind der **Koordinierung** der **Erörterungs-** und **Abstimmungstermine** für mehrere vorgelegte Insolvenzpläne allein schon durch die verschiedenen Terminierungsfristen Grenzen gesetzt. Eine Koordinierung der Termine wird sich in erster Linie anbieten, wenn der Verwalter zeitnah oder zeitgleich einen im Auftrag der Gläubigerversammlung erstellten und einen eigenen Plan vorlegt. Hingegen wird eine Koordinierung der Erörterungs- und Abstimmungstermine in der Regel ausgeschlossen sein, wenn der Schuldner bereits zusammen mit dem Eröffnungsantrag einen Insolvenzplan vorgelegt hatte und der Verwalter seinen Plan erst mehrere Wochen später vorlegt (vorlegen kann). Teilweise wird angenommen, dass deswegen der zuerst eingereichte Plan bzw derjenige Plan, über den zuerst abgestimmt wird, einen Vorteil gegenüber den später zur Abstimmung stehenden Plänen habe (*Eidenmüller* JbfPolÖk 1996, 164, 176; tendenziell auch *Braun/Uhlenbruck* Unternehmensinsolvenz, S 642). Das mag im Einzelfall zutreffen, jedoch ist auch das Gegenteil denkbar. Hat beispielsweise der Schuldner zusammen mit dem Eröffnungsantrag einen Plan eingereicht, und legt dann der Verwalter einen Plan vor, der mit den Gläubigern entsprechend abgestimmt ist, so dürfte eine zeitlich spätere Erörterung und Abstimmung über den Plan des Verwalters die Annahmechancen des Schuldnerplans kaum verbessern, möglicherweise sogar verschlechtern. Ein zeitliches Auseinanderfallen der Erörterung und Abstimmung konkurrierender Pläne ist daher keineswegs zwingend eine Vorentscheidung über die Annahmechancen oder über das Schicksal des jeweiligen Plans (so aber *Eidenmüller* JbfPolÖk 1996, 164, 176).

32 Es ist theoretisch denkbar, dass **zwei oder gar drei Pläne angenommen werden**. Dann stellt sich die Frage, ob das Gericht gemäß § 248 nur einen von ihnen bestätigen darf, da auch nur ein Plan rechtskräftig werden kann (so *K/P/Otte*, § 218 Rn 37; *FK-Flessner* § 248 Rn 5; *Riggert* WM 1998, 1521, 1525; im Ergebnis wohl auch *Braun/Uhlenbruck* Unternehmensinsolvenz S 642 f). Dieser Auffassung kann nicht zugestimmt werden. Denn ein angenommener Plan erwächst nicht sogleich mit der Verkündung der Entscheidung über die Bestätigung in Rechtskraft, sondern frühestens mit Ablauf der zweiwöchigen Beschwerdefrist (§§ 253, 6, 4 InsO iVm § 577 Abs 2 ZPO). Wäre das Gericht befugt, von zwei angenommenen Plänen einen auszuwählen und nur diesen zu bestätigen, so könnte der andere mangels Bestätigung nicht rechtskräftig werden, selbst wenn die Bestätigung des vom Gericht ausgewählten Plans im Beschwerdeverfahren kassiert würde. **Auch liegt die Bestätigung des angenommenen Plans nicht im Ermessen des Gerichts**. Demnach ist das Verfahren nach den §§ 235 ff bis zur **Rechtskraft eines Plans** für jeden eingereichten Insolvenzplan separat durchzuführen; das gilt auch für die Bestätigung des Plans nach §§ 248 ff. Das **Gericht hat** daher **jeden angenommenen Plan zu bestätigen**, soweit kein Versagungsgrund gemäß §§ 250, 251 vorliegt (ebenso FK-*Jaffé* § 244 Rn 45; wohl auch *Hess* § 243 Rn 9 f). Hierbei kann und muss das Gericht aber verhindern, dass mehrere Pläne gleichzeitig in Rechtskraft erwachsen. Gegebenenfalls muss hierzu die Bestätigung jeweils der sachlichen **Reihenfolge** nach (Zeitpunkt der Befassung) mit einem Tag Unterschied verkündet werden, so dass auch die **Beschwerdefrist unterschiedlich** endet. Der von einigen Autoren zu Recht kritisierte Einfluss des Gerichts reduziert sich dann auf die Frage, welcher Plan zuerst verkündet wird und gegebenenfalls in Rechtskraft erwächst. Hierbei ist nicht darauf abzustellen, welcher Plan die größere Summenmehrheit erhalten hat (so aber *K/P/Otte*, § 218 Rn 37; ähnlich *Riggert* WM 1998, 1521, 1525; wohl auch FK-*Jaffé* § 244 Rn 49 ff und *Braun/Frank* § 218 Rn 12, Letzterer abstellend auf die „Gruppenmehrheit") oder mit welchem Plan der Fortführungsbeschluss der Gesellschafter (am ehesten) erreicht werden kann; denn die Kriterien dieser Einschätzung sind eher ungewiss und vielerlei Auslegung zugänglich (s auch *Braun/Uhlenbruck* Unternehmensinsolvenz S 643). Im Ergebnis wird nach der Gesetzeslage nichts anderes übrig bleiben, als formal nach der zeitlichen Reihenfolge vorzugehen, in der die Voraussetzungen der gerichtlichen Bestätigung nach § 248 erfüllt sind. Klarzustellen ist, dass der Eintritt der Rechtskraft des zuerst unanfechtbar gewordenen Insolvenzplans ausschließt, dass noch ein zweiter, gleichfalls beteiligter Insolvenzplan ebenfalls in Rechtskraft erwächst. Hierzu ist anzunehmen, dass der später unangreifbar werdende Insolvenzplan gegenstandslos ist nach den Grundsätzen einer res judicata, die eine weitere Entscheidung anderen Inhalts gegenständlich ausschließt (wie hier MüKoInso-*Eidenmüller* § 218 Rn 197; abw *Braun/Frank* § 248 Rn 7).

33 **4. Frist (Abs 2; Abs 1 S 3)**. Für die **Vorlage des Insolvenzplans** sind verschiedene **Zeiträume** und **Fristen** zu beachten. Ab wann und bis zu welchem Termin ein Insolvenzplan vorlegt werden kann, hängt davon ab, ob der Plan vom **Verwalter** oder vom **Schuldner** vorgelegt wird.

I. Vorlage des Insolvenzplans § 218

a) Plan des Verwalters. aa) Erstellt der Verwalter einen **Plan im Auftrag der Gläubigerversammlung**, 34 so hat er ihn nach Abs 2 binnen „**angemessener**" Frist einzureichen. Das Gesetz geht offenbar von der Vorstellung aus, dass der Verwalter erst nach dem Berichtstermin aufgrund eines Auftrags damit beginnt, einen Insolvenzplan auszuarbeiten. Andererseits hat der Verwalter im Berichtstermin ua darzulegen, welche Möglichkeiten für einen Insolvenzplan bestehen (§ 156 Abs 1). Auch wenn der Verwalter bis zum Berichtstermin noch keinen fertigen Insolvenzplan ausgearbeitet hat, wird er im Rahmen seiner Berichtspflichten regelmäßig die für die Erstellung eines Insolvenzplans erforderlichen Informationen – mindestens teilweise – schon vor dem Berichtstermin erarbeitet haben (zum Umfang der Berichtspflicht siehe Erl zu § 156). Ferner wird in der Praxis oftmals der Verwalter zuvor schon als vorläufiger Verwalter tätig gewesen sein. Dies sollte eine zügige Erstellung des Plans ermöglichen. Gleichwohl lässt sich die für die Ausarbeitung eines Insolvenzplans „**angemessene**" Zeit nur im konkreten Einzelfall beurteilen. Im Fall einer Großinsolvenz wird die Aufstellung naturgemäß mehr Zeit beanspruchen als bei einem Insolvenzverfahren über das Vermögen eines kleinen Unternehmens. **Acht Wochen** sollten auch in größeren Fällen zur Ausarbeitung des Plans grundsätzlich genügen. Hat das Gericht im Einzelfall dem Verwalter eine Frist für die Vorlage des Plans gesetzt (verfahrensleitende Maßnahme), so kann es diese Frist erforderlichenfalls auch im Rahmen des Angemessenen verlängern.

Gegen einen **säumigen Verwalter** kann das **Gericht Aufsichtsmaßnahmen** verhängen. Hierzu muss das 35 Gericht zunächst anhand aller Umstände des Einzelfalls die „angemessene Frist" im Sinne von Abs 2 beurteilen. Das Gericht wird aus eigener Sachkunde **regelmäßig nur in offenkundigen Fällen** von einer unangemessenen Dauer ausgehen können. Andererseits kann das Gericht wegen seiner Pflicht zur Verfahrensförderung auch nicht einfach abwarten, bis eine offensichtlich unangemessene Frist verstrichen ist. In Zweifelsfällen kann das Gericht zunächst den Verwalter zur Mitteilung auffordern, wann mit der Vorlage des Plans zu rechnen ist, und sich **nach dem genauen Stand erkundigen** (§ 58 Abs 1). Für weitergehende Maßnahmen (**Zwangsgeld** nach § 58 Abs 2; **Entlassung** des Insolvenzverwalters nach § 59) wird das Gericht im Zweifelsfall sachverständige Dritte hinzuziehen können, um die Frage der Angemessenheit der Erstellungsdauer hinreichend sicher beurteilen zu können. Bei einer Entlassung des Verwalters wird regelmäßig davon auszugehen sein, dass damit die Vorlage des Plans nicht beschleunigt, sondern regelmäßig erheblich verzögert werden wird. Eine Entlassung des Verwalters wird daher im Rahmen von § 218 Abs 2 nur selten in Betracht kommen. Hat der Verwalter einen Plan vorgelegt, so kann das Gericht den Plan nicht deshalb zurückweisen, weil der Plan nicht innerhalb angemessener Zeit erstellt wurde; die Zurückweisungsgründe des § 231 sind abschließend.

Die **Frist nach Abs 2** gilt unabhängig davon, ob die Gläubigerversammlung den Verwalter mit der 36 Ausarbeitung des Plans im Berichtstermin oder erst in einem späteren Termin (das Recht der Gläubigerversammlung, den Verwalter außerhalb des Berichtstermins noch mit der Erstellung eines Plans zu beauftragen, ergibt sich aus § 157 S 3) beauftragt. Theoretisch ist es denkbar, dass zunächst eine Liquidation beschlossen wird und die Gläubigerversammlung den Verwalter erst kurz vor Schlussverteilung und Schlusstermin mit der Ausarbeitung eines Insolvenzplans beauftragt, etwa um eine vom Gesetz abweichende Verteilung zu erreichen. In einem solchen Fall kann Abs 1 S 3 relevant werden, wonach ein Plan nicht berücksichtigt wird, der erst nach dem Schlusstermin bei Gericht eingeht.

bb) Für einen eigenen Plan des Verwalters **gilt die Frist des Abs 2 nicht**. Da es keinen Vorrang des im 37 Auftrag der Gläubigerversammlung erstellten Insolvenzplans gegenüber einem eigenen Plan des Insolvenzverwalters gibt (oben Rn 5), ist der **Insolvenzverwalter nicht verpflichtet**, mit der Vorlage seines eigenen Plans bis zum **Berichtstermin abzuwarten**; er kann den in Eigeninitiative erstellten Plan bereits vorher einreichen. In der Praxis wird es sich empfehlen, die Vorlage eines eigenen Plans jedenfalls dann zurückzustellen, wenn sich bereits im Vorfeld abzeichnet, dass die Gläubigerversammlung den Verwalter im Berichtstermin mit der Erstellung eines Plans beauftragen wird. Der Verwalter wird dann zweckmäßigerweise seinen bereits ausgearbeiteten Plan als einen im Auftrag der Gläubigerversammlung erstellten Plan vorlegen und somit eine Plankonkurrenz vermeiden.

Einen **eigeninitiativ erstellten Insolvenzplan** kann der Verwalter **bis (einschließlich) zum Schlusstermin** 38 einreichen (Abs 1 S 3). Wird der Plan später eingereicht, hat das Gericht den Plan nach § 231 Abs 1 Nr 1 zurückzuweisen (vgl *Häsemeyer* Rn 28.09). Hiergegen steht dem Verwalter die **sofortige Beschwerde** zu (§ 231 Abs 3).

b) Plan des Schuldners. Der **Schuldner kann** nach Abs 1 S 2 die **Vorlage des Plans mit dem Antrag auf** 39 **Eröffnung** des Insolvenzverfahrens **verbinden**. Der Gesetzgeber wollte dem Schuldner ausdrücklich ein möglichst frühzeitiges Planinitiativrecht eröffnen, um diesem die Möglichkeit zu geben, die Auswirkungen des Antrags auf Eröffnung des Insolvenzverfahrens auf die Geschäftsbeziehungen zu den Gläubigern in Grenzen zu halten. Diesem Zweck von Abs 1 S 2 entspricht es, dass der Schuldner auch bei einem Fremdantrag zu jedem Zeitpunkt ab dem Eröffnungsantrag einen Insolvenzplan einreichen kann. **Vor dem Antrag** auf Eröffnung des Insolvenzverfahrens ist die Vorlage eines Insolvenzplans durch den Schuldner **unzulässig**. Der Insolvenzplan des Schuldners muss **spätestens im Schlusstermin** eingereicht werden. Die Auffassung von *Smid* (WM 1996, 1249; *Smid/Rattunde* Insolvenzplan Rn 103), der Schuldner dürfe einen Insolvenzplan nur in Verbindung mit einem Eigenantrag auf Eröffnung des Insolvenzverfahrens vorlegen, ist nicht begründet und auch nicht nachvollziehbar (wie hier *N/R/Braun* § 218

Rn 3, 50; *Hess* § 218 Rn 33). Ein später vorgelegter Insolvenzplan wird nicht berücksichtigt (Abs 1 S 3). Wird der Plan später vorgelegt, hat das Gericht den Plan nach § 231 Abs 1 Nr 1 zurückzuweisen (*Häsemeyer* Rn 28.09). Hiergegen steht dem Schuldner nach § 231 Abs 3 die sofortige Beschwerde zu.

40 c) **Vorlagefristen bei Eigenverwaltung.** Im Falle der Eigenverwaltung gelten die obigen Ausführungen entsprechend. Sind Schuldner oder Sachverwalter beauftragt, so haben sie den Plan entsprechend § 218 Abs 2 in **„angemessener" Frist** vorzulegen. Gegen einen **säumigen Sachverwalter** kann das Gericht Aufsichtsmaßnahmen ergreifen (§ 274 Abs 1 iVm §§ 58, 59). Für den Schuldner gilt das hingegen nicht; Sanktionen sind insoweit im Gesetz vorgesehen. § 218 Abs 1 S 3 gilt ebenfalls entsprechend; Insolvenzpläne des Sachwalters oder des Schuldners im Rahmen der Eigenverwaltung können also **nur bis (einschließlich) zum Schlusstermin** eingereicht werden. Später vorgelegte Pläne sind vom Gericht nach § 231 Abs 1 Nr 1 zurückzuweisen.

41 d) **Besonderheiten bei Genossenschaften.** Bei Genossenschaften kann gemäß § 116 Nr 1 GenG ein Insolvenzplan bis zur Beendigung des Nachschlussverfahrens eingereicht werden (näher oben § 11 Rn 215 ff sowie *Scheibner* DZWiR 1999, 8 ff).

42 **5. Form.** § 218 spricht lediglich von der Vorlage „des" Plans an das Insolvenzgericht. § 219 legt außerdem fest, dass er aus zwei Teilen besteht, denen Anlagen „beizufügen" sind. Diese gegenständlichen Beschreibungen lassen zunächst nicht erkennen, welcher Form der Insolvenzplan genau bedarf und wie er dem Insolvenzgericht vorzulegen ist (vgl aber HK-*Flessner* § 219 Rn 2).

43 a) **Form des Plans.** Aus der angeführten gegenständlichen Beschreibung ist abzuleiten, dass der Plan **schriftlich** mit den nach §§ 229, 230 vorgeschriebenen Anlagen einzureichen ist. Einer notariellen Beurkundung bedarf der Plan selbst dann nicht, wenn er Willenserklärungen oder Gestaltungen enthält, die an sich notarieller Beurkundung bedürfen, zB Abtretung von GmbH-Geschäftsanteilen, Herabsetzungen einer Grundschuld, sonstige grundstücksrechtliche Erklärungen usw. Das **Erfordernis der notariellen Beurkundung wird** insoweit durch den rechtskräftig bestätigten Plan nach § 254 Abs 1 S 2 **ersetzt** (näher Erl zu § 254). Es kann sich in der Praxis empfehlen, die entsprechenden Erklärungen, soweit zulässig, unter die Bedingung zu stellen, dass der Plan rechtskräftig bestätigt wird. Der Plan ist vom Vorlegenden grundsätzlich **eigenhändig zu unterschreiben** (§ 126 Abs 1 BGB), was aus der angenommenen Schriftform folgt. Legt der Schuldner bei Antragstellung auf Eröffnung des Verfahrens seinen Insolvenzplan schriftlich dokumentiert als Anlage bei, so wird man nicht darauf bestehen können, dass auch dieses Schriftstück gesondert unterschrieben ist.

44 b) **Anzahl einzureichender Exemplare.** Nach der Vorprüfung des Plans gemäß § 231 hat das Gericht den Plan an die in § 232 Abs 1 und Abs 2 bezeichneten Personen und Gremien zur Stellungnahme zuzuleiten. Nach § 234 ist der Plan ferner zur Einsicht auf der Geschäftsstelle des Gerichts niederzulegen. Die hierfür erforderliche Anzahl **vollständiger Ausfertigungen** des Plans ist bei der Vorlage des Plans nach § 218 beim Gericht einzureichen (§ 133 Abs 1 ZPO). Neben dem Exemplar für das Gericht und für die Niederlegung nach § 234 sind für § 232 Abs 1 Nr 1 bis 3 vier weitere Ausfertigungen erforderlich. Es sind also **mindestens sechs Ausfertigungen einzureichen.** Hinzu kommen die Ausfertigungen, die das Gericht ggf nach § 232 Abs 2 den dort bezeichneten Institutionen zuleiten kann. Fehlende Exemplare kann das Gericht bei dem Vorlegenden nachfordern. Um Verfahrensverzögerungen zu vermeiden, empfiehlt es sich, von vornherein eine entsprechend höhere Anzahl von Ausfertigungen einzureichen, zB 15 oder 20 Exemplare. Der **Vorlegende ist aber nicht verpflichtet**, über die nach §§ 232, 234 erforderlichen Ausfertigungen hinaus bei der Einreichung des Plans **weitere Ausfertigungen zur Verfügung zu stellen** oder gar von sich aus den Beteiligten zu übersenden. Wegen des mit einer solchen Verpflichtung verbundenen Aufwands hat der Gesetzgeber stattdessen die Niederlegung des Plans nach § 234 vorgesehen (Begr zu § 278 RegE InsO, *Balz/Landfermann* S 350). Die den Ladungen zum Erörterungstermin und der Bekanntgabe des Bestätigungsbeschlusses nach §§ 235 Abs 3, S 2, 252 Abs 2 beizufügenden **Abdrucke** (nicht Ausfertigungen!) des Plans bzw die statt der Abdrucke beizufügenden Zusammenfassungen des Plans sind nicht schon bei der Vorlage einzureichen, sondern erst dann, wenn das Gericht dazu auffordert (näher Erl zu §§ 235, 252).

45 c) **Übersetzungen für ausländische Gläubiger.** Der Plan ist in deutscher Sprache abzufassen (§ 184 GVG). Sind ausländische Gläubiger vorhanden, so mag dem Planvorlegenden zu empfehlen sein, von sich aus eine englische Fassung des Plans oder seine Zusammenfassung zur Verfügung zu stellen.

46 **6. Mitwirkungsbefugnisse (Abs 3).** Abs 3 sieht bei der Aufstellung eines Insolvenzplans durch den Verwalter **eine beratende Mitwirkung** verschiedener Gläubigergremien und des Schuldners vor.

47 a) **Anwendungsbereich.** Die Vorschrift unterscheidet vom Wortlaut her nicht danach, ob der Plan im **Auftrag der Gläubigerversammlung** aufgestellt wird oder aufgrund einer **Eigeninitiative** des Insolvenzverwalters. Der Zweck der Vorschrift spricht dafür, dass eine Mitwirkung nach Abs 3 auch bei einem in Eigeninitiative erstellten Plan des Verwalters erforderlich ist (zustimmend *K/P/Otte* § 218 Rn 58). Abs 3

soll keine Einwirkungsrechte für die dort genannten Personen und Gremien statuieren. **Zweck von Abs 3** ist vielmehr die **Verfahrensförderung**, indem durch die Mitwirkung verschiedener Gläubigergruppen und des Schuldners schon bei der Aufstellung des Plans Zustimmungsbarrieren erkannt bzw vermieden werden können. Diese Zielsetzung trifft auch auf einen in Eigeninitiative erstellten Plan des Verwalters zu. Etwas anderes mag gelten, wenn der Verwalter sich entschließt, einen Plan entgegen dem Beschluss der Gläubigerversammlung vorzulegen. Dann läuft Abs 3 leer; die Mitwirkung der dort genannten Gläubigergremien wäre eine überflüssige Förmelei. Stellt der **Schuldner** einen Plan auf, gilt Abs 3 nach seinem Wortlaut nicht. Der Zweck einer Verfahrensförderung durch frühzeitiges Erkennen von Zustimmungsbarrieren trifft allerdings auch bei dieser Konstellation zu. Einer entsprechenden Anwendung von Abs 3 steht jedoch ua entgegen, dass dem Schuldner dadurch die vom Gesetz intendierte Möglichkeit genommen würde, den Gläubigern mit einem fertigen Konzept gegenüberzutreten (*K/P/Otte* § 218 Rn 61; *Warrikoff* KTS 1997, 527, 531). Bei **Eigenverwaltung** ist Abs 3 **nur** entsprechend anzuwenden, wenn der **Sachwalter** den Plan ausarbeitet; bei Ausarbeitung durch den Schuldner ist Abs 3 unanwendbar; dann wirkt lediglich der Sachverwalter beratend mit (§ 284 Abs 1 S 2).

b) **Mitwirkungsberechtigte.** Falls ein **Gläubigerausschuss** bestellt ist, wirkt dieser bei der Aufstellung mit. Ist kein Gläubigerausschuss eingesetzt, so ist **nicht** etwa stattdessen die **Gläubigerversammlung** mitwirkungsberechtigt; es liegt nur in ihrer Hand, durch Einsetzung eines Gläubigerausschusses die Mitwirkung nach Abs 3 wahrzunehmen. Der **Betriebsrat** und der **Sprecherausschuss der leitenden Angestellten** wirken gleichfalls mit. Die Mitwirkungsbefugnis steht den in Abs 3 genannten Gremien kollegial zu, nicht den einzelnen Mitgliedern persönlich. Schließlich ist der **Schuldner** mitwirkungsbefugt. Weitere Personen sind nicht zur Mitwirkung befugt; Abs 3 ist abschließend. Eine Ausweitung der Mitwirkungsrechte auf Anteilsinhaber einer juristischen Person hat der Gesetzgeber durch Streichung von § 254 Abs 2 S 2 RegE InsO ausgeschlossen. 48

c) **Umfang der Mitwirkungsbefugnis.** Die in Abs 3 genannten Gremien bzw Personen sind nur zu einer **beratenden Mitwirkung** berechtigt. Abs 3 statuiert lediglich das **Recht auf Unterrichtung** über die Vorstellungen des Verwalters und den Stand der Ausarbeitung sowie das Recht auf **beratende Meinungsäußerung**. Weitergehende Mitwirkungsrechte begründet Abs 3 nicht. Der Insolvenzverwalter ist daher jederzeit berechtigt, von den Vorstellungen und Ratschlägen der Mitwirkungsberechtigten **abzuweichen** (*Braun/Uhlenbruck* Unternehmensinsolvenz S 474; *K/P/Otte* § 218 Rn 56; *BerlKo-Breutigam* § 218 Rn 20; *FK-Jaffé* § 218 Rn 100; *Warrikoff* KTS 1997, 527, 548). Allerdings wird der Insolvenzverwalter berücksichtigen müssen, dass der Insolvenzplan letztlich der Zustimmung von Gläubigermehrheiten und des Schuldners bedarf. Der Verwalter ist daher praktisch darauf angewiesen, bereits bei der Vorbereitung des Plans möglichst großes Einvernehmen über ihn herzustellen. 49

d) **Art und Weise der Mitwirkung.** Über die Art und Weise der Mitwirkung trifft das Gesetz keine Aussage. In der Begründung zu § 254 RegE heißt es, dieser „besonders interessierte" Personenkreis werde „vom Verwalter immer wieder über den Fortgang der Bemühungen zu unterrichten (...) sein und insofern faktisch einen „Beirat" neben dem Gläubigerausschuss bilden" (Begr zu § 254 RegE InsO, *Balz/Landfermann* S 327). Diese Vorstellung mag im Einzelfall zutreffen. In der Praxis wird sich schon angesichts der zeitlichen Zwänge eine wiederholte oder gar fortlaufende Unterrichtung und Beratung mit den in Abs 3 genannten Gremien kaum verwirklichen lassen. Dem Zweck von Abs 3 entsprechend genügt es jedenfalls, wenn der Verwalter die in Abs 3 genannten Gremien unterrichtet hält, etwa mit Zwischenberichten, und den Planentwurf in einer Art **„Mitwirkungstermin"** mit den Mitwirkungsberechtigten **erörtert** (ähnlich *Warrikoff* KTS 1997, 527, 548). Deren Vorstellungen können dann gegebenenfalls noch in den endgültig einzureichenden Plan einfließen. Eine unzureichende oder fehlende Mitwirkung nach Abs 3 führt weder zur Zurückweisung des Plans nach § 231 Abs 1 (*Hess* InsO § 218 Rn 27; *Smid/Rattunde* Insolvenzplan Rn 115 ff; *K/P/Otte* § 218 Rn 60; *Smid* InsO § 218 Rn 12; aA *Braun/Uhlenbruck* Unternehmensinsolvenz S 477; *H/W/F* Hdb InsO 5/365), noch kann das Gericht deswegen die Bestätigung des Plans nach § 250 verweigern (näher bei §§ 231, 250). 50

e) **Vergütung.** Die nach Abs 3 zur Mitwirkung berechtigten Personen erhalten für die Mitwirkung **keine gesonderte Vergütung** oder Entschädigung. Für die Mitglieder des Gläubigerausschusses, des Betriebsrats und des Sprecherausschusses wird die Mitwirkung nach Abs 3 durch die Vergütung gem § 73 InsO, §§ 37, 40 BetrVG, § 14 Sprecherausschussgesetz abgedeckt (Begründung zu § 254 RegE InsO, *Balz/Landfermann* S 327). Der Schuldner erhält keine Vergütung; die Vergütungsregelung nach § 113 RegE InsO ist nicht in das Gesetz übernommen worden. 51

II. Wirkungen der Vorlage

1. **Antrag auf Durchführung des Planverfahrens.** Die Einleitung und Durchführung eines **Insolvenzplanverfahrens** erfolgt nur auf Antrag. Die Vorlage eines Insolvenzplans wird in der Regel zumindest schlüssig den erforderlichen Antrag umfassen. Gibt es hieran im Einzelfall Zweifel, so hat das Insolvenzgericht nach §§ 4 InsO, 139 ZPO auf eine Klarstellung hinzuwirken. 52

53 2. **Vorprüfungspflicht des Gerichts.** Sobald ein Insolvenzplan eingereicht ist, hat das Insolvenzgericht in die **Vorprüfung des Plans** gemäß § 231 einzutreten. Liegt kein Zurückweisungsgrund vor, so hat das Gericht nicht etwa durch Beschluss den Plan für zulässig zu erklären, wie vereinzelt vertreten wird (*Smid/Rattunde* Insolvenzplan Rn 235 ff, *Smid* InsO § 231 Rn 3). Vielmehr hat das Gericht entweder den Plan aus den in § 231 abschließend aufgezählten Gründen zurückzuweisen oder ihn gemäß § 232 zur **Stellungnahme weiterzuleiten** (ebenso HK-*Flessner* § 231 Rn 13; *Schiessler* Insolvenzplan S 133). Bereits die Vorprüfung des Insolvenzplans stellt sich als Bestandteil des Insolvenzplanverfahrens dar. Dieses ist mit Antragstellung und Einreichung des Plans an- und rechtshängig; die Aufnahme der Vorprüfung durch das Insolvenzgericht bildet demnach den ersten Verfahrensabschnitt (aber *Smid/Rattunde* Insolvenzplan Rn 237). Zu den Einzelheiten unten § 231 Rn 36 ff.

III. Rücknahme „des Plans"

54 Anders als § 99 S 2 VglO enthält die InsO **keine Regelung** über die **Rücknahme** eines Insolvenzplans. Nach allgemeinen verfahrensrechtlichen Regeln kann der Antrag auf Durchführung des Insolvenzplanverfahrens als Verfahrenshandlung jederzeit zurückgenommen werden. Das ergibt sich indirekt auch aus § 231 Abs 2, der ausdrücklich davon spricht, dass der Schuldner seinen Plan nach der öffentlichen Bekanntmachung des Erörterungstermins zurückgezogen hat (besser spricht man wohl von der Rücknahme des **Antrags** auf Durchführung des Insolvenzplanverfahrens). Teilweise wird angenommen, die Rücknahme sei nur bis zum Beginn der Abstimmung über den Plan zuzulassen (*Schiessler* Insolvenzplan S 152; HK-*Flessner* § 240 Rn 13). Eine weitergehende Rücknahmemöglichkeit bis zur Rechtskraft der Bestätigung des Plans führe zu dem unerwünschten Ergebnis, dass etwa bei einem von den Gläubigern initiierten Plan diese sich durch eine Rücknahme von einem bereits angenommenen Plan wieder befreien könnten. Diese Auffassung erscheint jedoch nicht zwingend. Denn irgendeine **Bindung der Gläubiger** an das Abstimmungsergebnis kann sich frühestens mit dem Ende der Abstimmung ergeben, und wohl auch nur dann, wenn für die Zustimmung das **Obstruktionsverbot** bemüht werden muss. Das grundsätzlich auch für Verfahrenshandlungen geltende Verbot des **widersprüchlichen Verhaltens**, das in diesem Zusammenhang zu beachten sein könnte, erscheint nicht überzeugend. Auch das für die Rücknahmeschranken nach § 13 Abs 2 maßgebende Argument der **Rechtssicherheit** trifft allenfalls zu ab Eintritt der Wirkungen des Plans mit dessen rechtskräftiger Bestätigung (§ 254). Dies würde eher dafür sprechen, eine **Rücknahme des Antrags erst ab Rechtskraft der Bestätigung des Plans auszuschließen**. „Unerwünscht" oder „störend" können dann allenfalls durch die Rücknahme verursachte Verfahrensverzögerungen sein sowie etwa schon entstandene (zusätzliche zu den „überflüssig") Kosten. Hinsichtlich der Verfahrensverzögerungen trifft § 231 Abs 2 eine ausdrückliche Regelung für einen vom Schuldner **nach** der Bekanntmachung des Erörterungstermins „zurückgezogenen Plan"; ein neuer von ihm vorgelegter Plan kann danach auf Antrag von Verwalter und Gläubigerversammlung ohne weiteres zurückgewiesen werden. Im Übrigen nimmt das Gesetz Verfahrensverzögerungen durch Rücknahme des Antrags also hin; es findet sich auch sonst im Gesetz kein Anhaltspunkt für weitergehende Beschränkungen. Ob eine grundlose Antragsrücknahme Schadensersatzansprüche auslösen kann, erscheint fraglich. Dies wird ohnehin nur in Ausnahmefällen in Betracht kommen. Schwierigkeiten dürften sich im Verhältnis zum Schuldner wegen seiner Rücknahme sowohl bei der Anspruchsgrundlage als auch bei der Kausalität ergeben. Für den Verwalter könnte sich hingegen die (grundlose) Rücknahme im Einzelfall als pflichtwidrig darstellen. Keine Rücknahme (des ursprünglichen Plans) liegt im Übrigen vor, wenn der Plan nach § 240 geändert wird (vgl Begr zu § 284 RegE InsO, *Balz/Landfermann* S 355).

IV. Kosten

55 Hinsichtlich der Kosten ist zu unterscheiden zwischen den Kosten für die **Erarbeitung eines Insolvenzplans** (Planaufstellung) und den **Kosten des Insolvenzplanverfahrens** selbst.

56 1. **Kosten der Planaufstellung.** Die **Ausarbeitung eines Insolvenzplans** kann unter Umständen erhebliche Aufwendungen und Kosten verursachen. Solche Kosten können insbesondere für die Beschaffung notwendiger Informationen, die Abstimmung mit Gläubigern und Gesellschaftern oder dadurch entstehen, dass für die Beurteilung steuerlicher oder rechtlicher Fragestellungen von Planprämissen oder für die Aufstellung der nach § 229 erforderlichen Plananlagen (Planbilanz, Plan-GuV, Planliquiditätsrechnung, Vergleichsrechnung zum Regelabwicklungswert) unabhängige Dritte hinzugezogen werden müssen.

57 § 256 RegE InsO sah ursprünglich vor, dass derjenige, der einen Insolvenzplan vorlegt, keinen Anspruch auf Ersatz der Kosten habe, die ihm durch die Ausarbeitung des Plans entstanden sind. Darüber hinaus sollte der Planvorlegende zur Insolvenzmasse die Kosten erstatten, welche durch die Behandlung des Plans im Insolvenzverfahren zusätzlich entstehen. Der Rechtsausschuss hat die Bestimmung gestrichen (Ausschussbericht zu § 256 RegE InsO *Balz/Landfermann* S 328).

58 Hinsichtlich der Behandlung der Kosten für die Ausarbeitung des Insolvenzplans ist zu differenzieren, ob es sich um einen **Plan des Schuldners** oder um einen **Plan des Verwalters** handelt.

a) **Plan des Schuldners.** Wenn der Schuldner den Plan bereits im Vorfeld des Insolvenzverfahrens aus- 59
gearbeitet hat, um diesen mit dem Eigenantrag zu verbinden, so werden sich die für die Ausarbeitung
des Plans **erforderlichen Aufwendungen**, sofern diese nicht bereits bezahlt worden sind, regelmäßig in
entsprechenden Verbindlichkeiten des Schuldners niederschlagen. Sind sie vom Schuldner schon vor
Stellung des Insolvenzantrags beglichen worden, so ist schlicht das Vermögen des Schuldners um die
entsprechenden Beträge geringer. Soweit solche Verbindlichkeiten noch nicht beglichen sind, bilden sie
die Grundlage ungesicherter Gläubigerforderungen. Haben **Gesellschafter** für ihre Gesellschaft als
Schuldner solche Aufwendungen getätigt, steht ihnen gegen die Gesellschaft ein **Aufwendungsersatzanspruch** zu. Soweit es im Bericht des Rechtsauschusses heißt, dem Schuldner stehe kein Anspruch auf Ersatz seiner Aufwendungen nach den Regeln der GoA zu, weil er bei der Ausarbeitung eines Insolvenzplans ein eigenes Geschäft besorge (Ausschussbericht zu § 256 RegE InsO *Balz/Landfermann* S 328), so darf dies mit den Aufwendungsersatzansprüchen von Gesellschaftern, die ein Geschäft der Gesellschaft (= des Schuldners) besorgen, nicht verwechselt werden. Der Aufwendungsersatzanspruch der Gesellschafter kann sich sowohl aus § 110 HGB als auch aus dem Gesichtspunkt der GoA ergeben. Der Anspruch wird gegebenenfalls ebenso als ungesicherte Gläubigerforderung in das Verfahren eingehen.

Will der Schuldner nach Verfahrenseröffnung bzw nach dem Verlust der Verfügungsbefugnis einen In- 60
solvenzplan ausarbeiten, so stellt sich die Frage, ob die erforderlichen **Aufwendungen aus der Masse** zu
bestreiten bzw zu erstatten sind. Verbindlichkeiten zulasten der Masse kann der Schuldner jedoch nicht
mehr begründen. Es ist aber fraglich, ob der **Verwalter verpflichtet** ist, die zur Ausarbeitung eines
Insolvenzplans durch den Schuldner **erforderlichen Mittel freizugeben** und gegebenenfalls der Begründung entsprechender Verbindlichkeiten zulasten der Masse zuzustimmen. Denn das Gesetz gesteht dem
Schuldner als eigenes Antragsrecht die Beantragung eines Insolvenzplanverfahrens ausdrücklich zu, und
zwar auch nach Verfahrenseröffnung. Dann erscheint es jedoch folgerichtig, dass die Aufwendungen,
die der Schuldner zur Vorbereitung dieses Antrags tätigen muss, gegebenenfalls von der Masse zu tragen sind. Wirtschaftlich ist das kein Nachteil gegenüber der Ausarbeitung des Plans vor dem Eigenantrag, jedenfalls dann nicht, wenn die entsprechenden Aufwendungen bereits vom Schuldner gezahlt sind
und dementsprechend die Masse mindern. Es wäre auch nicht einleuchtend, die Kosten für die Aufstellung eines Plans durch den Verwalter anders zu behandeln als die Kosten für die Aufstellung des Plans
durch den Schuldner nach Eröffnung des Verfahrens bzw nach dem Verlust der Verfügungsbefugnis.

b) **Plan des Verwalters.** Arbeitet der Verwalter einen Insolvenzplan aus, so stellt sich dies als eine Tä- 61
tigkeit im Rahmen seiner „normalen" Aufgabenerfüllung dar, zu der er gesetzlich verpflichtet ist. Dies
ergibt sich bereits aus der Formulierung von § 218 „so hat der Verwalter den Plan ... vorzulegen". Die
Tätigkeit des Verwalters im Rahmen der Aufstellung eines Insolvenzplans wird von der **Verwaltervergütung mit umfasst**; gegebenenfalls begründet dies eine Erhöhung der Verwaltervergütung (§ 3 Abs 1e)
InsVV). Es handelt sich in jedem Fall um **Massekosten** (*K/P* § 54 Rn 40). Bei Hinzuziehung von Hilfspersonen gilt entweder § 4 InsVV oder es werden Masseverbindlichkeiten begründet nach § 55 (*K/P* § 54
Rn 41). Die Wahrnehmung der Mitwirkungsrechte nach § 218 Abs 3 begründet dagegen keine selbstständigen Vergütungs- oder Kostenerstattungsansprüche (ebenso *Braun/Frank* § 218 Rn 9).

2. Kosten des Planverfahrens. Für das Insolvenzplanverfahren werden **keine zusätzlichen gerichtlichen** 62
Gebühren erhoben; diese sind mit den Gebühren des Insolvenzverfahrens abgegolten (Begründung zu
Art 29 RegE EGInsO *Balz/Landfermann*, S 522). Dies entspricht der bisherigen Behandlung des
Zwangsvergleichs. Gesonderte Kosten können allenfalls durch **Zustellungen** oder durch **Rechtsmittel**
(auch des Schuldners) entstehen; diese gehen zulasten der Masse (vgl *H/W/F* Hdb 9/6).

§ 219 Gliederung des Plans

¹**Der Insolvenzplan besteht aus dem darstellenden Teil und dem gestaltenden Teil.** ²**Ihm sind
die in den §§ 229 und 230 genannten Anlagen beizufügen.**

Die Vorschrift gliedert den Insolvenzplan in drei Teile: (1) den darstellenden Teil, (2) den gestaltenden
Teil und (3) die Anlagen gem §§ 229, 230. Aufgabe des darstellenden Teils ist die Darstellung der Vermögensverhältnisse des Schuldners. Es gehört zu den Aufgaben des darstellenden Teils, die im gestaltenden Teil enthaltenen Rechtsänderungen, die durch den Plan verwirklicht werden sollen, zu erläutern.
Der darstellende Teil beschreibt die zur Erreichung des Planziels vorgesehenen Maßnahmen; der gestaltende Teil setzt sie um, er vollzieht (so auch N/R/*Braun* § 219 Rn 13). Für den Fall der Annahme und
Bestätigung hat dieser Teil rechtsgestaltende Wirkung (§ 254) und ist vollstreckbarer Titel (§ 257).
Mindestinhalte des Plans ergeben sich aus §§ 222 Abs 2 Satz 3 (Kriterien für die Gruppenbildung), 223
(Eingriff in die Rechte der Absonderungsberechtigten), 224 (Eingriff in die Rechte der Insolvenzgläubiger), 225 (Regelung der Rechte der nachrangigen Insolvenzgläubiger), 227 (Haftung des Schuldners),
228 (Änderung sachenrechtlicher Verhältnisse), 260 (Überwachung der Planerfüllung), 263 (zustimmungsbedürftige Geschäfte), 264 (Kreditrahmen). Über diese Mindestinhalte hinaus hat der Plan sämtliche rechtsgestaltenden Maßnahmen zweifelsfrei festzulegen, sie ausführlich zu beschreiben und durch
Anlagen zu ergänzen. Pflichtangabe (im weiteren Sinn) ist jede von einem Beteiligten zu seinem Ver-

ständnis des Plans geforderte Information. Prüfungsmaßstab für den Mindestinhalt des Plans sind ua die Anforderungen des Insolvenzgerichts: Das Gericht kann den Plan zurückweisen, wenn die Vorschriften über den Inhalt des Plans nicht beachtet sind (§ 231 Abs 1 Nr 1). Eingehend zur **Mustergliederung eines Insolvenzplans** N/R/*Braun* § 219 Rn 19–21; *Hess* § 219 Rn 2; IDW-Standard-Anforderungen an Insolvenzpläne, WPg 2000, 285; *Braun/Frank* §§ 219–221 Rn 10; **Musterbeispiele:** *Braun/Uhlenbruck*, Muster eines InsPlanes 1998; *Beck/Depré/Köbler*, Praxis der Insolvenz, § 27 Rn 243; *Frege/Keller/ Riedel* HRP Rn 2015; *Runkel/Frank* AnwHdb § 12 Rn 184.

§ 220 Darstellender Teil

(1) Im darstellenden Teil des Insolvenzplans wird beschrieben, welche Maßnahmen nach der Eröffnung des Insolvenzverfahrens getroffen worden sind oder noch getroffen werden sollen, um die Grundlagen für die geplante Gestaltung der Rechte der Beteiligten zu schaffen.

(2) Der darstellende Teil soll alle sonstigen Angaben zu den Grundlagen und den Auswirkungen des Plans enthalten, die für die Entscheidung der Gläubiger über die Zustimmung zum Plan und für dessen gerichtliche Bestätigung erheblich sind.

I. Allgemeines

1   Abs 1 entspricht wörtlich § 258 Abs 1 RegE. Die Vorschrift gilt ebenso für den Schuldner- wie für den Verwalterplan (§ 218 Abs 1 Satz 1). Die Verpflichtung des Planinitiators zur Darstellung von Maßnahmen, welche nach Eröffnung des Insolvenzverfahrens (also vor dem Erörterungs- und Abstimmungstermin, § 235) getroffen wurden, könnte insoweit missverstanden werden, als sie Maßnahmen betrifft, die noch vor Planvorlage im Vorgriff auf das voraussichtliche Abstimmungsergebnis durchgeführt worden sind (so auch N/R/*Braun* § 219 Rn 43). Gemeint sind aber (**Sanierungs-)Maßnahmen, die vor der Verabschiedung des Plans** dringend zu treffen waren, um den Plan überhaupt eine Chance zu geben (vgl Begr zu § 258 RegE in: *Uhlenbruck, Das neue Insolvenzrecht,* S 594). Die Darstellung dieser Maßnahmen (und des bisherigen Ergebnisses ihrer Umsetzung) ist notwendig, um die Beteiligten erkennen zu lassen, ob die Maßnahmen gegriffen haben und deshalb auf ihnen weiter aufgebaut werden kann, oder ob schon das wirtschaftliche Ergebnis seit Insolvenzeröffnung darauf hinweist, dass das Ziel der Unternehmenssanierung nicht zu erreichen ist. Abs 2 ist an die Stelle der §§ 258 Abs 2 bis 262 und 272 RegE getreten. Statt detailliert aufzuzählen, welche Anforderungen an den darstellenden Teil des Insolvenzplans zu stellen sind, wird in Abs 2 nach Art einer **Generalklausel** (N/R/*Braun* § 219 Rn 8) bestimmt, welchen Inhalt dieser Teil des Insolvenzplans haben soll. Nach dem Bericht des Rechtsausschusses des Deutschen Bundestages (in: *Uhlenbruck, Das neue Insolvenzrecht,* S 597) dient Abs 2 der redaktionellen Straffung; die Straffung erlaube es, auf die §§ 258 Abs 2 bis 262 und 272 des Regierungsentwurfs zu verzichten, ohne – nach Meinung von H/W/F, HbInsO S 499) – hiervon inhaltliche Abstriche zu machen. In der Gesetzesbegründung heißt es nur knapp, dass im darstellenden Teil das Konzept dargelegt und im Einzelnen erläutert werden soll, das den angestrebten Rechtsänderungen zugrunde liegt (*Schmidt-Räntsch* Insolvenzordnung 2. Teil § 220 Rn 1). Der Rechtsausschuss des Deutschen Bundestages begründet seine Empfehlung zur Verallgemeinerung des Inhalts des darstellenden Teils mit dem Hinweis (in: *Uhlenbruck, Das neue Insolvenzrecht,* S 598), dass, wer einen Plan aufstellt und die Zustimmung der Gläubiger zu diesem Plan erreichen will, schon von sich aus daran interessiert ist, den Gläubigern die für diese erforderlichen Informationen zu geben. Dieser Hinweis, von *Braun* (in: Gottwald InsRHdb § 67 Rn 25) als „ersichtlich unzutreffend" bezeichnet, darf nicht missverstanden werden. Der Planersteller kann sich nicht darauf beschränken, den Gläubigern (nur) diejenigen Informationen zu geben, die „seinem" Plan zum Erfolg verhelfen. § 220 verlangt vielmehr **Informationen,** ggf Alternativvorschläge und Vergleichsrechnungen, die der Gläubiger zu einem **sachgerechten Urteil,** gemessen an seinen eigenen Interessen, erlauben (ebenso *Eidenmüller*, Unternehmenssanierung S 59; H/W/F, HbInsO S 500; *Bork*, Einf Rn 317; *Uhlenbruck, Das neue Insolvenzrecht,* BB 1998, 2018). Der Verwalter haftet bei einem von ihm erstellten Plan für die Richtigkeit der Informationen gem § 60 (*Lüke*, in: FS Uhlenbruck, Das neue Insolvenzrecht,, S 519, 528). Insolvenzpläne können nur dann Grundlage für den Ausgleich der (unterschiedlichen) Interessen der Gläubiger sein, wenn sie sämtliche für die Entscheidungsfindung erforderlichen Informationen vollständig und klar enthalten (IDW FAR, Anforderungen an Insolvenzpläne, FN 1999, 90, 91). Der darstellende Teil muss auf die Chancen und die Risiken verweisen, die mit der Umsetzung des Plans verbunden sein können. Der Gläubiger kann von dem Planersteller alle Informationen verlangen, die er für seine Entscheidung über den Plan benötigt. Die Informationen müssen für den Gläubiger verständlich sein. Sie sind deshalb nach Inhalt und Umfang auf den durchschnittlichen Insolvenzgläubiger abzustellen, der zwar eine Bilanz lesen kann, nicht aber mit der in eingeweihten Kreisen gebräuchlichen Schlüsselsprache vertraut sein muss (*Lüke*, in: FS Uhlenbruck, Das neue Insolvenzrecht,, S 519, 530). Der Umfang der **Informationspflicht des Planinitiators** ist an der Forderung des Gesetzgebers zu messen, dass nicht nur die Beteiligten durch den Plan schlechter gestellt werden darf, als sie ohne Plan stünde (§§ 245 Abs 1 S 1, 247 Abs 2 S 1, 251 Abs 1 S 2). **Das Ergebnis des Planverfahrens ist deshalb mit dem Ergebnis der Abwicklung nach dem Gesetz zu verglei-

II. Wesentliche Planangaben § 220

chen (s Ziff 3). Das Ergebnis des Planverfahrens ist nur dann vollständig, wenn alle geplanten Maßnahmen (zB leistungswirtschaftliche Sanierungsmaßnahmen, Forderungsverzichte der Gläubiger) rechnerisch berücksichtigt werden. Mithin sind in dem darstellenden Teil alle diese Maßnahmen zu beschreiben und zu erläutern, die das Planergebnis beeinflussen. Wird der zwingende Inhalt des Plans an dieser Forderung gemessen, so bleibt nur noch wenig Raum für eine Unterteilung des Planinhaltes nach „obligatorischen" und „fakultativen" Angaben, es sei denn, dass als „Pflichtangaben" die von der InsO konkret verlangten Angaben (einzelgesetzliche Pflichtangaben) gemeint sind (K/P/*Otte* § 220 Rn 11, 12). Vielmehr sind alle Angaben, die zum Verständnis des Planergebnisses notwendig sind, **Pflichtangaben**. Der Planinitiator muss diesem Informationsbedürfnis Rechnung tragen. Tut er dies nicht, so läuft er Gefahr, dass sein Plan von dem Gericht wegen der Verletzung der Vorschriften über den Planinhalt zurückgewiesen wird (§ 231 Abs 1 Ziff 1). Zu weitgehend wäre es, dem einzelnen Planbeteiligten ein einklagbares Auskunftsrecht aus § 220 einzuräumen. Die Grenzen der Verfahrensökonomie würden damit weit überschritten. Im Übrigen sind die Rechte des einzelnen Beteiligten durch den Minderheitenschutz des § 251 ausreichend berücksichtigt. **Die Rechtsform des Schuldners** hat – mit folgender Ausnahme – keinen Einfluss auf den Inhalt des darstellenden Teils: Nach § 116 GenG (idF von Art 49 EGInsO) ist im darstellenden Teil anzugeben, in welcher Höhe die Genossen bereits Nachschüsse geleistet haben und zu welchen weiteren Nachschüssen sie nach dem Statut herangezogen werden können. Das Insolvenzgericht kann den Plan von Amts wegen zurückweisen, wenn die Vorschriften über den Inhalt des Plans nicht beachtet sind (§ 231 Abs 1 Ziff 1). Dies gilt auch für den Inhalt des darstellenden Teils. Der Planinitiator ist nicht verpflichtet, die möglichen Versagungsgründe darzulegen (**BGH** v 19. 5. 2009, ZInsO 2009, 1252). Der BGH hat es in seiner Entscheidung v 19. 5. 2009 offen gelassen, ob die rechtskräftige Verurteilung wegen Insolvenzstraftaten darzulegen ist.

II. Wesentliche Planangaben

1. Definition des Planziels. Jedes Unternehmen muss ein Konzept haben. Konzeptionslose Unternehmen haben mittel- und langfristig keine Chance, am Markt zu bestehen. Der Insolvenzplan ist nichts anderes als ein solches Unternehmenskonzept. Sein Auslöser ist die besondere, idR problematische Situation, in die das Unternehmen geraten ist und aus der es sich mit Hilfe des Plans befreien will, sei es, dass es sich „in Ehren" vom Markt verabschiedet oder aber nach Durchführung bestimmter Umstrukturierungsmaßnahmen eine neue Zukunft für sich sieht. Nach den Vorstellungen des Gesetzgebers (Begr zu § 253 RegE in: *Uhlenbruck, Das neue Insolvenzrecht*, S 588) lässt der Insolvenzplan als universelles Instrument der Masseverwertung folgende Regelungen zu: (1) Die **Fortführung** des Insolvenzschuldners nach leistungswirtschaftlicher Sanierung des Unternehmens und finanzieller Sanierung des Unternehmensträgers (*Eidenmüller*, Insolvenzbewältigung durch Reorganisation, in Ott/Schäfer (Hrsg), Effiziente Verhaltenssteuerung und Kooperation im Zivilrecht, Beiträge zum V. Travemünder Symposium zur ökonomischen Analyse des Rechts, S 145 ff, bezeichnet dieses Variante als „**Reorganisation** = Sanierung des Unternehmens unter Beibehaltung des bisherigen Unternehmensträgers), (2) die Übertragung des Unternehmens des Insolvenzschuldners auf einen neuen Rechtsträger (**übertragende Sanierung**) und (3) die **Liquidation** des Insolvenzschuldners. Hiernach kann der Insolvenzplan Fortführungsplan, Übertragungsplan oder Liquidationsplan sein. § 1 gibt als Ziel eines Insolvenzverfahrens ua vor, dass in einem Insolvenzplan abweichende Regelungen insbesondere zum Erhalt eines Unternehmens getroffen werden. Der Insolvenzplan soll also insbesondere der Sanierung des Unternehmens dienen, also ein Sanierungsplan oder ein Sanierungskonzept sein. Nach einer Unternehmensbefragung konnten Informationen zum Ziel von Insolvenzplanverfahren gewonnen werden. Bei knapp 90% der Unternehmen, die einen Insolvenzplan vorbereitet hatten, sah dieser eine Sanierung vor, in 10% eine übertragende Sanierung. Liquidationspläne sind Ausnahmen (*Kranzusch* ZInsO 2007, 804).

2. Der Insolvenzplan als Sanierungskonzept. Das Institut der Wirtschaftsprüfer in Deutschland eV (IDW) hat den Entwurf des Standards „Anforderungen an die Erstellung von Sanierungskonzepten" vorgelegt (IDW ES 6, FN 9/2008, 381 ff), der vor dem Hintergrund der in Theorie, Praxis und Rechtsprechung vertretenen Auffassungen entwickelt wurde. Nach diesem Standard sind Kernbestandteile eines Sanierungskonzeptes: die Beschreibung von Auftragsgegenstand und Umfang; die Darstellung der wirtschaftlichen Ausgangslage; die Analyse von Krisenstadium und -ursachen; die Darstellung des **Leitbildes des sanierten Unternehmens**; die Maßnahmen zur Bewältigung der Unternehmenskrise; ein integrierter Unternehmensplan. Ziel des Sanierungskonzeptes soll es sein, die **Sanierungsfähigkeit** eines erwerbswirtschaftlichen Unternehmens zu beurteilen. Sanierungsfähigkeit in diesem Sinne bedeutet **Fortführungsfähigkeit** iSv § 252 Abs 1 Nr 2 HGB, aber auch **Wettbewerbsfähigkeit** und **Renditefähigkeit**. Nach § 157 kann die Gläubigerversammlung den Verwalter mit der Planerstellung beauftragen und ihm das Ziel des Plans vorgeben. Die klare und unmissverständliche Definition des Planziels ist notwendig, um den Weg zu diesem Ziel verfolgen und den mit der Umsetzung des Plans Beauftragten überwachen zu können. Der darstellende Teil muss deshalb das **Planziel** in allen Einzelheiten klar erkennen lassen. Sollen (unrentable) Teile des Unternehmens stillgelegt oder verkauft (übertragen), der Insolvenzschuldner im Übrigen aber fortgeführt werden, so sind die geplanten Maßnahmen unter zeit-

§ 220

lichen Vorgaben im Einzelnen darzustellen. Alternative Planvorgaben („stellt sich heraus, dass der Unternehmensteil A doch rentabel betrieben werden kann, so wird er nicht liquidiert, sondern fortgeführt") können nicht zulässig sein, denn sie geben dem Gläubiger keine zuverlässige Entscheidungsgrundlage, sondern öffnen willkürlichen Zielabweichungen Tür und Tor (so auch *Westrick* DStR 1998, 1879). Stellen sich Verfahrensziele als unerreichbar heraus, so kann der Planersteller den Plan im Abstimmungstermin ändern (§ 240 Satz 1). Dieses Planänderungsrecht des Planinitiators birgt allerdings erhebliche Gefahren für die Gläubiger, wenn das Gericht über den geänderten Plan noch im Termin, also unmittelbar nach Planänderung, abstimmen lässt. Die Gläubiger können durch geschickte Strategie des Planinitiators überrumpelt werden.

3a 3. **Vergleichsrechnung.** Das Insolvenzplanverfahren ist die **Alternative zur Verwertung und Verteilung des Schuldnervermögens nach dem Gesetz** (§ 1). In mehreren Vorschriften (§§ 245 Abs 1 S 1 [fehlende Zustimmung einer Abstimmungsgruppe], 247 Abs 2 S 1 [Widerspruch des Schuldners], 251 Abs 1 S 2 [Widerspruch eines Gläubigers]) kommt der **Grundgedanke der InsO zum Ausdruck, dass kein Beteiligter durch den Insolvenzplan schlechter gestellt werden darf, als er ohne einen Plan** (dh bei der Regelabwicklung) **stünde**. Zum anderen soll auch **missbräuchliches Verhalten** des Schuldners oder eines Gläubigers, das die Durchführung des Plans verzögern oder verhindern könnte, ausgeschlossen werden können. Das Gericht kann deshalb die fehlende Zustimmung einer Gläubigergruppe durch Beschluss ersetzen (§ 245) bzw den Widerspruch des Schuldners (§ 247) oder eines Gläubigers (§ 251) zurückweisen, wenn der Schuldner oder die Gläubiger durch den Plan nicht schlechter gestellt werden, als sie ohne einen Plan stünden. Die **Vergleichsrechnung** muss für das Gericht die Grundlage für den zu treffenden Beschluss sein. Das Gericht muss aus der Vergleichsrechnung das je nach Planalternative unterschiedliche wirtschaftliche Ergebnis des Insolvenzverfahrens ablesen können. Die Gläubiger müssen erkennen können, ob etwa das Planergebnis nur „die Taube auf dem Dach" und das Verwertungsergebnis nach dem Gesetz „der Spatz in der Hand" ist (vgl Begr zu § 259 RegE in: *Uhlenbruck, Das neue Insolvenzrecht,* S 595). Die Vergleichsrechnung ist für sie eine wichtige Entscheidungsgrundlage (*Bork,* Der Insolvenzplan, in: ZZP 1996, 475; H/W/F, HbInsO S 500; *Hess/Obermüller,* Insolvenzplan Rn 66 ff S 12 f, 51; *Schiessler,* Der Insolvenzplan, S 104, 125 ff; *Eidenmüller,* Unternehmenssanierung, S 39/40). Die Bestätigung eines Plans setzt nach der Vorstellung des Gesetzgebers (Allgem Begründung zum RegE in: *Uhlenbruck, Das neue Insolvenzrecht,* S 254) nicht notwendig voraus, dass dieser für die zustimmenden Beteiligten aus dem Schuldnervermögen mindestens die gleichen Zahlungen sicherstellt, wie bei einer Zwangsverwertung zu erwarten wären. In den Verhandlungen und bei der Abstimmung über einen Plan könnten die Beteiligten vielmehr alle ihre Interessen an einer bestimmten Art der Masseverwertung zur Geltung bringen, nicht nur ihr Interesse an Zahlungen aus dem Schuldnervermögen. Dadurch sei es möglich, solche Interessen, den Wunsch einzelner Gläubigergruppen nach der Erhaltung einer bewährten Geschäftsbeziehung, marktkonform im Insolvenzverfahren zu gewichten. Der Gesetzgeber akzeptiert also den Verzicht von Gläubigern oder Gläubigergruppen auf die Quote bei gesetzlicher Zwangsverwertung. Der (freiwillige) Verzicht lässt erkennen, dass diese Gläubiger oder Gläubigergruppen nicht denken, dass sie durch den Plan schlechter gestellt werden, als sie ohne Plan stünden. Eine Vergleichsrechnung ist nicht notwendig. Etwas anderes gilt für den Fall, dass ein Beteiligter die Schlechterstellung behauptet. In diesem Fall wird die Vergleichsrechnung zwingend. Die Schlechterstellung durch das Planverfahren gegenüber der Zwangsverwertung nach dem Gesetz ist nur darstellbar, wenn sie in Geld ausgedrückt wird. Die **Besser- oder Schlechterstellung des Beteiligten** bei der einen gegenüber der anderen Abwicklungsart kann als Folge seiner alternativen Investitions- bzw Desinvestitionsentscheidung nur durch das jeweilige finanzielle Abwicklungsergebnis ausgedrückt werden. „Nicht rechenbare" (außerökonomische) Besser- oder Schlechterstellungen müssen außer Ansatz bleiben. Im Ergebnis läuft die Vergleichsrechnung also doch auf einen „**Quotenvergleich**" hinaus: Bei der Zwangsverwertung erhält Gläubiger A 33, bei der Plandurchführung 61 vH seiner Forderung. Die Vergleichsrechnung kann auf der Vermögensübersicht nach § 153 (= voraussichtliches Ergebnis bei Zwangsverwertung) und der Plan-Vermögensübersicht nach § 229 (= voraussichtliches wirtschaftliches Ergebnis bei Verwertung nach dem Insolvenzplan) beruhen. Die Vermögensübersicht nach § 153 ist zu diesem Zweck auf den Zeitpunkt des Wirksamwerdens des Plans (§ 229 Satz 1) zu aktualisieren.

4 4. **Erläuterung der Plananlagen (§ 229).** Besteht der Erlös aus der Verwertung des schuldnerischen Vermögens aus laufenden Überschüssen des von dem Schuldner oder einem Dritten fortgeführten Unternehmens, so sind dem Insolvenzplan zwingend eine Plan-Vermögensübersicht, eine Plan-Erfolgsrechnung und eine Plan-Liquiditätsrechnung beizufügen (vgl § 229). Die Plananlagen sind im darstellenden Teil zu erläutern (*Kraemer/Pink* Fach 6 Kap 23 Rn 222; *Hermanns/Buth* DStR 1997, 1178).

5 Sieht der Insolvenzplan eine **Betriebsänderung** nach §§ 111, 112a Abs 1 BetrVG vor, dann ist der Personalabbau interessenausgleichs- und sozialplanpflichtig. Betriebsrat und Arbeitgeber können für noch nicht geplante, aber in groben Umrissen schon abschätzbare Betriebsänderungen einen Sozialplan in Form einer freiwilligen Betriebsvereinbarung aufstellen, ohne dass darin ein (unzulässiger) Verzicht auf künftige Mitbestimmungsrechte liegt. Das Insolvenzgericht wird bei der Planbestätigung darauf achten müssen, ob zumindest ein solcher vorsorglicher Sozialplan nebst einem entsprechenden vorsorglichen

II. Beteiligte § 221

Interessenausgleich vorliegt. Bestätigt das Insolvenzgericht den Insolvenzplan, ohne dass ein Interessenausgleich und/oder ein Sozialplan zustande gekommen ist, kann der bereits bestätigte Insolvenzplan nachträglich scheitern, wenn wegen Verletzung der Mitbestimmungsrechte des Betriebsrats in größerem Umfang Nachteilsausgleichsansprüche auf die Insolvenzmasse zukommen, die im Insolvenzplan nicht berücksichtigt sind (*Berscheid* ZInsO 1999, 27, 29; K/P/*Otte* § 220 Rn 12).

6. Insolvenzstraftaten. Das gerichtliche Vergleichsverfahren und der Zwangsvergleich im Konkurs schließen einen Vergleich des Schuldners mit seinen Gläubigern aus, wenn gegen den Schuldner eine gerichtliche Untersuchung wegen vorsätzlich begangenen Bankrotts (§ 283 Abs 1 bis 3, § 283a des Strafgesetzbuchs) anhängig ist oder wenn der Schuldner wegen einer solchen Straftat rechtskräftig verurteilt worden ist (vgl § 17 Nr 3, § 79 Nr 2 VerglO; § 175 Nr 2, 3 KO). Die Insolvenzordnung hat diesen Grundgedanken nicht übernommen. Die Abwicklung des Insolvenzverfahrens auf der Grundlage eines Plans soll dann erfolgen, wenn sie für die Beteiligten, in erster Linie für die Gläubiger, vorteilhafter ist als die Zwangsverwertung nach den gesetzlichen Vorschriften. Dies gilt auch für den Fall der Fortführung des insolventen Unternehmens durch den Schuldner. Es wird als ausreichend angesehen, die Gläubiger über ein Strafverfahren gegen den Schuldner bzw seine organschaftlichen Vertreter zu informieren; sie sollen entscheiden, ob sie dem Plan trotzdem zustimmen wollen (Begr zu § 260 RegE in *Uhlenbruck, Das neue Insolvenzrecht,* S 596). Ist der Schuldner rechtskräftig wegen einer Straftat nach den §§ 283 Abs 6, **283b Abs 1 Nr 3b StGB** verurteilt worden, ohne dass diese Verurteilung im Insolvenzplan erwähnt wird, so kann die gerichtliche Bestätigung des Plans versagt werden (**LG Berlin** ZInsO 2008, 462 mit Anm Bähr EWiR 2008, 411).

7. Behördliche Genehmigungen. Erklärung Dritter. Nach der Vorstellung des Gesetzgebers (Begr zu § 272 RegE in: *Uhlenbruck, Das neue Insolvenzrecht,* S 610) würde den Gläubigern eine klare Grundlage für ihre Entscheidung über den Plan fehlen, wenn dieser Maßnahmen vorsieht, die nur mit Genehmigung einer Behörde oder mit Zustimmung eines Dritten wirksam werden können, diese Genehmigung oder Zustimmung aber im Zeitpunkt der Abstimmung der Gläubiger noch nicht vorliegt. Als genehmigungs-. bzw zustimmungsbedürftige Maßnahmen kommen zB die kartellrechtliche Genehmigung zum Zusammenschluss des schuldnerischen Unternehmens mit einem anderen Unternehmen oder die Genehmigung nach dem Grundstücksverkehrsgesetz wegen der Veräußerung von Grundstücken in Betracht. Erklärungen Dritter sind in § 230 Abs 3 als Anlagen zum Insolvenzplan ausdrücklich vorgesehen.

§ 221 Gestaltender Teil

Im gestaltenden Teil des Insolvenzplans wird festgelegt, wie die Rechtsstellung der Beteiligten durch den Plan geändert werden soll.

I. Allgemeines

Im Gegensatz zum unterrichtenden Charakter des darstellenden Teils enthält der gestaltende Teil des Plans die **Rechtsänderungen, die durch den Plan verwirklicht werden** sollen (Begr zu § 264 RegE in: *Uhlenbruck, Das neue Insolvenzrecht,* S 599). Die Verfahrensbeteiligten, „eine durch die Eröffnung des Insolvenzverfahrens über das Vermögen des Schuldners zusammengefügte Schicksalsgemeinschaft" (**BGH** v 6. 10. 2005, ZInsO 2006, 38) geben sich im gestaltenden Teil quasi ihr eigenes Gesetz, das nach § 254 Abs 1 mit Rechtskraft der Planbestätigung „in Kraft tritt" (K/P/*Otte* § 221 Rn 2). Der Insolvenzplan ist **kein Vergleich**, sondern „die privatautonome, den gesetzlichen Vorschriften entsprechende Übereinkunft der mitspracheberechtigten Beteiligten über die Verwertung des haftenden Schuldnervermögens unter voller Garantie des Werts der Beteiligtenrechte" (Allg Begründung zum RegEInsO, BT- Drucks 12/2443). Als privatrechtlicher Vertrag eigener Art (K/P-*Otte* § 217 Rn 65) ist der Insolvenzplan in entsprechender Anwendung der §§ 133, 157 BGB auszulegen. Art **und Umfang der Auslegung** haben sich nach dem Wesen des Insolvenzplans zu richten (**BGH** v 6. 10. 2005, ZInsO 2006, 38). Eine Auslegung nach dem objektiven Erklärungsbefund, wie sie etwa bei AGB, Gesellschaftsverträgen von Publikumsgesellschaften, Emissionsprospekten oder Satzungen von Körperschaften stattfindet, ist nicht zulässig (**BGH** v 6. 10. 2005, ZInsO 2006, 38). Nach Annahme des Insolvenzplans durch die Gläubiger wird der Plan durch das Gericht bestätigt (§ 248). Um bei Änderungen eines rechtskräftigen Plans Neuverhandlungen der Gläubiger nach § 244 zu vermeiden, empfiehlt sich die Aufnahme von Änderungsklauseln in den Plan (*Paul* ZInsO 2006, 856, 859).

II. Beteiligte

Der Begriff der Beteiligten findet sich an mehreren Stellen des Gesetzes (§§ 217, 220 Abs 1, 221, 222 Abs 1, 226 Abs 1, 2, 234, 254 Abs 1 Satz 1 und 3), ohne ausdrücklich definiert zu werden. Aus dem jeweiligen Sinnzusammenhang der Vorschriften ergibt sich allerdings, dass für diesen Terminus der im

§ 221

Verfahren der freiwilligen Gerichtsbarkeit gebräuchliche Begriff der „materiell Beteiligten" Vorbild war (*Schiessler*, Der Insolvenzplan, S 72). „Beteiligte" iSv § 221 InsO sind kraft Gesetzes (§ 217 InsO) die **absonderungsberechtigten Gläubiger** und die **Insolvenzgläubiger**. Der Schuldner ist insoweit Beteiligter, wie seine Haftung nach Beendigung des Insolvenzverfahrens in einem Insolvenzplan abweichend von den gesetzlichen Vorschriften geregelt werden kann (§ 217 InsO). Entgegen den Vorschlägen der Kommission für Insolvenzrecht (Erster Bericht der Kommission für Insolvenzrecht, Bundesministerium der Justiz [Hrsg] 1985, Leitsätze 2.4.9.6.(59) und deren Begründung (282 f) hat der Gesetzgeber Eingriffe in die Rechtsstellung der Gesellschafter des Schuldners nicht zugelassen (Beschl.-Empfehlung des RechtsA zu § 253, BT-Drucks 12/7302, 181). Gesellschafter sind keine Beteiligten iSv § 221 (LG Mühlhausen v 17. 9. 2007, NZI 2007, 724). Freiwillig können die Gesellschafter sich aber ebenso am Insolvenzplanverfahren beteiligen und damit Beteiligte iSv § 221 sein wie andere Dritte (vgl *Smid/ Rattunde*, Der Insolvenzplan, Rn 357; *dies* in Smid § 221 Rn 22; *Hess/Obermüller*, Verfahrensbeteiligte Rn 1209; str aA K/P/*Otte* § 221 Rn 5). Die **aussonderungsberechtigten Gläubiger** sind nicht Insolvenzgläubiger (§ 47 Satz 1). Sie sind auch nicht Beteiligte iSv § 221. Ihre Rechte können durch einen Insolvenzplan nicht beeinträchtigt werden (Begr zu § 253 RegE in: *Uhlenbruck, Das neue Insolvenzrecht*,, S 589). Zu den aussonderungsberechtigten Gläubigern gehören nach hM die **Eigentumsvorbehaltsverkäufer** mit ihren Rechten aus **einfachem Eigentumsvorbehalt** (K/U KO § 43 Rn 28; *Gottwald/Gottwald* InsRHdb § 43 Rn 1 ff; *Hess/Obermüller* Verfahrensbeteiligte Rn 1176; *Staudinger/Honsell* BGB § 455 Rn 49, 2. Abs; **str aA** *Häsemeyer* Insolvenzrecht 1992, S 224, der auch dem einfachen Eigentumsvorbehalt nicht das Recht zur Aussonderung, sondern lediglich das zur abgesonderten Befriedigung einräumen will). Zwar kann der Insolvenzverwalter von dem Eigentumsvorbehaltslieferanten die Erfüllung des Kaufvertrags verlangen (§ 103 Abs 1 InsO); die Kaufpreisforderung des Vorbehaltsverkäufers ist aber eine **Masseforderung**, für deren Erfüllung der Insolvenzverwalter gem § 61 InsO haftet. Lehnt der Insolvenzverwalter die Erfüllung des Kaufvertrags ab, so kann der Vorbehaltsverkäufer die Herausgabe der Vorbehaltsware verlangen. Der Planersteller wird sich deshalb schon bei der Planvorbereitung um eine Verständigung mit den Eigentumsvorbehaltslieferanten kümmern müssen, die ggf gem § 230 Abs 3 als Anlage zum Plan genommen werden kann (*Warrikoff* KTS 1997, 544).

III. Möglichkeiten der Änderungen der Rechtsstellung

3 **1. Insolvenzgläubiger.** Die **Insolvenzgläubiger** haben nach dem Gesetz Anspruch auf die Quote (§§ 38, 187 ff). Abweichungen von dieser gesetzlichen Regelung sind im gestaltenden Teil zu erläutern. Im Einzelnen ist anzugeben, für welchen Bruchteil die Forderungen gekürzt, für welchen Zeitraum sie gestundet, wie sie gesichert oder welchen sonstigen Regelungen sie unterworfen sein sollen (§ 224). Der Hinweis auf die Art der Sicherung darf nicht zu der Annahme verleiten, dass eine Sicherung in jedem Fall erforderlich ist. Der Plan kann auch vorsehen, dass die Forderungen nicht gesichert werden. Der Gläubiger muss das Risiko fehlender Sicherung beurteilen können. Gerät der Schuldner mit der Planerfüllung erheblich in Rückstand, so lebt die Forderung des Gläubigers wieder auf (§ 255 Abs 1 S 1). Um aus dem Plan die Zwangsvollstreckung betreiben zu können, muss der gestaltende Teil des Insolvenzplans einen vollstreckungsfähigen Inhalt haben (*Paul*, ZInsO 2007, 857).

4 **2. Absonderungsberechtigte Gläubiger.** Die Rechte der absonderungsberechtigten Gläubiger, die im gestaltenden Teil geändert werden können, sind in den §§ 165 ff InsO geregelt. Bestimmt der Plan nichts anderes, so bleiben die gesetzlichen Rechte dieser Gläubigergruppe unberührt (§ 223 Abs 1). Abweichende Regelungen sind im gestaltenden Teil anzugeben (§ 223 Abs 2). Wird die Rechtsstellung der absonderungsberechtigten Gläubiger im Insolvenzplan geregelt, so sind dieser Gläubiger im Abstimmungstermin einzeln zu erörtern (§ 238 Abs 1 Satz 1).

5 **3. Nachrangige Insolvenzgläubiger.** Die Forderungen der nachrangigen Insolvenzgläubiger (§ 39) gelten, wenn im Insolvenzplan nichts anderes bestimmt ist, als erlassen (§ 225 Abs 1 Satz 1). Bei abweichenden Regelungen sind die für die Insolvenzgläubiger vorgesehenen Angaben (s Ziff 1.) für jede Gruppe der nachrangigen Gläubiger (§ 39 Abs 1 Ziff 1 bis 5) zu machen (§ 225 Abs 2). Die nachinsolvenzliche Haftung des Schuldners für die in § 39 Abs 1 Nr 3 aufgeführten Verbindlichkeiten kann durch den Plan weder ausgeschlossen noch eingeschränkt werden (§ 225 Abs 3).

6 **4. Schuldner.** Das Gesetz (§ 227 InsO) sieht für den Schuldner vor, dass er mit der im gestaltenden Teil vorgesehenen Befriedigung der Insolvenzgläubiger von seinen restlichen Verbindlichkeiten gegenüber diesen Gläubigern befreit wird. Durch diese Regelung kann dem Schuldner Restschuldbefreiung unabhängig von den Vorschriften im Achten Teil der InsO gewährt werden. Die Vorteile, die die Restschuldbefreiung nach § 227 InsO dem Schuldner gegenüber der Restschuldbefreiung nach §§ 286 ff InsO bietet, sind beachtlich: So entfallen bspw die Versagungsgründe gem § 290 Abs 1 Nr 1 (Versagung bei Verurteilung des Schuldners wegen einer Straftat), Nr 2 (Versagung wegen unrichter oder unvollständiger Angaben über seine Vermögensverhältnisse), Nr 3 (Versagung wegen Erteilung oder Versagung der Restschuldbefreiung), Nr 4 (Versagung wegen Gläubigerbenachteiligung durch Vermögensver-

schwendung oder Begründung unangemessener Verbindlichkeiten) und Nr 5. (Versagung wegen der Verletzung von Auskunfts- und Mitwirkungspflichten). Im Gegensatz zum Restschuldbefreiungsverfahren nach §§ 286 ff InsO kann der Insolvenzplan **Restschuldbefreiung also auch für den „unredlichen" Schuldner** vorsehen. Vorteilhaft für den Schuldner bei Restschuldbefreiung nach § 227 InsO ist nicht zuletzt der Verzicht auf die siebenjährige „Wohlverhaltensperiode" des § 287 Abs 2 InsO. Allein diese gesetzgeberischen Wohltaten für den Schuldner im Insolvenzplanverfahren können eine starke Triebfeder für eine Planvorlage durch den Schuldner sein. Die „Befreiung" von den restlichen Verbindlichkeiten gem § 227 InsO führt bei Schuldnern mit sog. Gewinneinkünften zu einem Buchgewinn, der bis zum 31. 12. 1997 ein **steuerfreier Sanierungsgewinn** war. Nach dem ersatzlosen Wegfall der Befreiungsvorschrift des § 3 Nr 66 EStG (durch G v 29. 10. 1997 BGBl. I, 2590) kann der Gläubigerverzicht Steuern auslösen, wenn nicht ausreichende Verlustvorträge beim Schuldner vorhanden sind (zu den Problemen der Unternehmenssanierung nach Fortfall der Steuerfreiheit des Sanierungsgewinns vgl im Einzelnen *Maus* NZI 2000, 449 ff). Ist der Schuldner eine Personenhandelsgesellschaft, so kann im Insolvenzplan auch die Haftung der persönlich haftenden Gesellschafter geregelt werden. Die Gläubiger sind legitimiert, auf Forderungen der Gesellschaft an die Gesellschafter ganz oder teilweise zu verzichten *(Hess/Obermüller*, Insolvenzplan S 3). Im Plan kann auch eine für den Schuldner **nachteilige Regelung seiner Haftung** getroffen werden.

5. **Überwachung der Planerfüllung.** Entgegen der gesetzlichen Regelung (§ 259 Abs 1) kann die Überwachung der **Planerfüllung** durch den **Insolvenzverwalter** vereinbart werden (§ 260). Dies gilt auch für Ansprüche an eine Übernahmegesellschaft, auf die das Unternehmen des Insolvenzschuldners übertragen worden ist (§ 260 Abs 3).

6. **Zustimmung des Insolvenzverwalters zu bestimmten Rechtsgeschäften des Schuldners oder der Übernahmegesellschaft.** Im gestaltenden Teil kann vorgesehen werden, dass bestimmte Rechtsgeschäfte des Schuldners oder der Übernahmegesellschaft während der Zeit der Planüberwachung (§ 260) nur mit Zustimmung des Insolvenzverwalters wirksam werden (§ 263). Rechtsgeschäfte ohne Zustimmung des Insolvenzverwalters sind nach Maßgabe der §§ 81, 82 unwirksam bzw befreien den Leistenden nur, wenn er zur Zeit der Leistung die Eröffnung des Insolvenzverfahrens nicht kannte.

7. **Rangrücktritt der Insolvenzgläubiger.** Die Insolvenzgläubiger können im Rang hinter die Forderungen von Gläubigern aus Darlehen und sonstigen Krediten zurücktreten, die der Schuldner oder die Übernahmegesellschaft innerhalb eines bestimmten Kreditrahmens während der Zeit der Überwachung aufnimmt oder die ein Massegläubiger in die Zeit der Überwachung hinein stehen lässt.

8. **Änderung sachenrechtlicher Verhältnisse.** Wollen die Beteiligten die Änderung sachenrechtlicher Verhältnisse unmittelbar zum Gegenstand des Plans machen, so haben sie die Möglichkeit, die erforderlichen Willenserklärungen – also zB den Verzicht auf ein Pfandrecht (§ 1255 BGB) oder die Einigung über die Übereignung einer beweglichen Sache (§ 929 BGB) – in den gestaltenden Teil des Plans aufzunehmen. Die rechtskräftige Bestätigung des Plans durch das Insolvenzgericht hat dann die Wirkung, dass diese Erklärungen als abgegeben gelten, auch im Bezug auf die Beteiligten, die dem Plan nicht zugestimmt haben (Begr zu § 271 RegE in: *Uhlenbruck, Das neue Insolvenzrecht*, S 609).

9. **Sonstige Vereinbarungen.** Vereinbarungen mit anderen als den in § 221 aufgezählten Personen können im gestaltenden Teil geregelt werden, wenn dieser Personenkreis unter dem Beteiligtenbegriff zu subsumieren ist (vgl II.). Anderenfalls sind Erklärungen Dritter als Anlage dem Plan beizufügen (§ 230 Abs 3). Nach Auffassung von *Smid/Rattunde* (in: Smid § 221 Rn 28) kann der **Vermieter** durch vertragliche Vereinbarung im angenommenen Insolvenzplan zur Aufrechterhaltung und Fortsetzung von Verträgen gezwungen werden. Selbst wenn die Regelung im Insolvenzplan keine gestaltende Wirkung habe, diene sie aber doch der Gewährleistung eines reibungslosen Ablaufs der Sanierung durch Streitvermeidung aufgrund der Feststellung des Eintritts der Wirkung der §§ 112, 119. **Arbeitsrechtliche Gestaltungsmaßnahmen**, so zB die Verkürzung von Kündigungsfristen, können im Insolvenzplan nicht wirksam vereinbart werden. Insbesondere kann der Insolvenzplan nicht die normative Kraft des Tarifvertrags unterlaufen (Smid-*Smid/Rattunde* § 221 Rn 31).

§ 222 Bildung von Gruppen

(1) ¹Bei der Festlegung der Rechte der Beteiligten im Insolvenzplan sind Gruppen zu bilden, soweit Gläubiger mit unterschiedlicher Rechtsstellung betroffen sind. ²Es ist zu unterscheiden zwischen
1. den absonderungsberechtigten Gläubigern, wenn durch den Plan in deren Rechte eingegriffen wird;
2. den nicht nachrangigen Insolvenzgläubigern;
3. den einzelnen Rangklassen der nachrangigen Insolvenzgläubiger, soweit deren Forderungen nicht nach § 225 als erlassen gelten sollen.

§ 222

(2) ¹Aus den Gläubigern mit gleicher Rechtsstellung können Gruppen gebildet werden, in denen Gläubiger mit gleichartigen wirtschaftlichen Interessen zusammengefaßt werden. ²Die Gruppen müssen sachgerecht voneinander abgegrenzt werden. ³Die Kriterien für die Abgrenzung sind im Plan anzugeben.

(3) ¹Die Arbeitnehmer sollen eine besondere Gruppe bilden, wenn sie als Insolvenzgläubiger mit nicht unerheblichen Forderungen beteiligt sind. ²Für Kleingläubiger können besondere Gruppen gebildet werden.

Übersicht

	Rn
I. Gruppenbildung nach amerikanischem Vorbild	1
II. Normzweck	7
1. Funktion der Gruppenbildung	7
2. Gruppenbildung und par conditio creditorum	9
III. Gruppenbildung	11
1. Systematik der Gruppenbildung	11
2. Obligatorische Gruppen	16
a) Absonderungsberechtigte Gläubiger	17
b) Nicht nachrangige Insolvenzgläubiger	21
c) Nachrangige Gläubiger	22
3. Gruppe der Arbeitnehmer	23
4. Fakultative Gruppen	29
a) Gesetzlicher Ansatz	31
b) Kriterien der Aufteilung	32
c) Kleingläubiger	33
d) Pensionssicherungsverein	34
e) BfA	35
f) Fiskus	36

I. Gruppenbildung nach amerikanischem Vorbild

1   Das Prinzip der Gruppenbildung ist dem US-amerikanischen Recht entnommen worden (dazu auch *Braun/Uhlenbruck* Unternehmensinsolvenz S 437). Nach dem **US-amerikanischen** Regelungsmodell von **Chapter 11** werden die Forderungen von Gläubigern in Gruppen eingeteilt („**classification of claims**"). Die Gruppen, in deren Forderungen bzw Rechte der Plan eingreift, stimmen über den Plan ab. Der Plan wird sodann vom Gericht bestätigt. Diese Bestätigung erfordert jedoch, dass **sämtliche Gruppen**, in deren Forderungen bzw Rechte der Plan eingreift („**impaired classes**"), dem Plan **zugestimmt** haben. Was (nicht) als „impairment" gilt, bestimmt 11 USC § 1124. Danach liegt kein „impairment" vor, wenn die Forderungen bzw Rechte unangetastet bleiben, oder im Falle von so genanntem „Reinstatement" oder bei einer Ablösung („cash-out"). Hat mindestens eine „impaired class" dem Plan zugestimmt, so kann die verweigerte Zustimmung anderer „impaired classes" unter bestimmten Voraussetzungen durch eine so genannte „**cramdown-Entscheidung**" überwunden werden (11 USC § 1129 (b) (1)).

2   Für die „classification" schreibt 11 USC § 1122 (a) vor, dass Forderungen nicht **in einer Gruppe zusammen eingruppiert** werden dürfen, wenn sie nicht „**substantially similar**", also im Wesentlichen gleichartig sind. Als **Ausnahme** hierzu lässt 11 USC § 1122 (b) die Bildung einer Gruppe mit unterschiedlichen Forderungen zu, wenn dies der **Verfahrensvereinfachung** dient; in diese Gruppe können jedoch **nur ungesicherte Forderungen** eingruppiert werden, und nur Forderungen bis zu einem vom Gericht als angemessen und erforderlich akzeptierten Betrag (dazu *Broude* Reorganization § 9.03). 11 USC § 1122 (a) bestimmt nicht ausdrücklich, dass „**substantially similar claims**" zusammen gruppiert werden müssen. Diese Frage ist in der US-amerikanischen Praxis **umstritten**, ihre Handhabung durch die Konkursgerichte unterschiedlich (dazu *Broude* Reorganization § 9.02 [2]). In der Entscheidung In re Bloomingdale Partners, 170 BR 984, 988 (Bankr. ND Ill 1994) hat das Gericht über 150 Veröffentlichungen zu dieser Frage aufgelistet. Überwiegend wird die Auffassung vertreten, dass eine **Aufteilung** von „substantially similar claims" **in getrennte Gruppen** nur zulässig ist, wenn hierfür ein **nachvollziehbarer Grund** besteht und dadurch keine unfaire Behandlung der Forderungen erfolgt (US Truck Co Inc, 800 F2 d 581 (6th Cir 1986); Greystone III Joint Venture, 995 F2 d 1274, 1279 (5th Cir 1991); Olympia & York Florida Equity Corp. v Bank of New York, 913 F2 d 873 (11th Cir 1990); Hanson v First Bank of South Dakota, NA, 827 F2 d 1310, 1313 (8th Cir 1987); State Street Bank and Trust Co. v Elmwood Inc., 182 BR 845 (D Nev 1995)).

3   Eine **Einordnung gleichartiger Forderungen** in **unterschiedliche Gruppen** bedarf danach einer **sachlichen Rechtfertigung** („valid business reason", „legitimate business reason"; dazu Aetna Casualty and Surety Co v Clerk, US Bankruptcy Court, New York, NY, 89 F3 d 942 (2nd Cir 1996); Boston Post Road Ltd Partnership, 21 F3 d 477, 483 (2nd Cir 1994); Greystone III Joint Venture, 995 F2 d 1274, 1279 (5th Cir 1991); Kleigl Bros Universal Electric Stage Lightning Co Inc, 149 BR 306 (Bankr EDNY 1992); SM 104 Ltd, 160 BR 202, 217 (Bankr SD Fla 1993); Johnston, 140 BR 526, 529 (Bankr. 9th Cir 1992)). Eine Vielzahl von Entscheidungen verhält sich über die Fragestellung, was als „**business reason**"

II. Normzweck § 222

zu akzeptieren ist und ob **Höhe** oder **Gegenstand** der **Forderungen** dazu zählen (zB Boston Post Road Ltd Partnership, 21 F3d 477 (2nd Cir 1994); John Hancock Mutual Life Ins Co v Rt. 37 Business Park Assoc, 987 F2d 154 (3rd Cir 1993); Lumber Exchange Building Ltd Partnership v Mutual Life Ins. Co. of New York, 968 F2d 647 (8th Cir 1992); Travelers Insurance Co v Bryson Properties, XVIII, 961 F2d 496, 502 (4th Cir 1992); Greystone III Joint Venture, 995 F2d 1274, 1279 (5th Cir 1991); Woodbrook Assoc 19 F3d 312 (7th Cir 1994); Heartland Federal Savings & Loan Assoc v Briscoe Enterprises Ltd, II, 994 F2d 1160 (5th Cir 1993)). Daneben finden sich aber auch Entscheidungen, die eine **getrennte Gruppierung** von „substantially similar claims" für **unbeschränkt zulässig** oder umgekehrt für **ausnahmslos unzulässig** halten (für unbeschränkte Zulässigkeit beispielsweise Barnes v Whelan, 689 F2d 193, 201 (DC Cir 1982); andererseits für Unzulässigkeit Granada Wines Inc v New England-Teamsters and Trucking Ind. Pension Fund, 748 F2d 42 (1st Cir 1984); Master Craft Record Plating Inc., 32 BR 106, 108 (Bankr. SD. N. Y. 1983)). Auch insoweit ist die Betrachtungsweise der Gerichte höchst unterschiedlich (zum Ganzen auch *Broude* Reorganization § 9.02).

Innerhalb einer Gruppe müssen nach 11 USC § 1123 (a) (4) die Forderungen **gleich behandelt** werden, es sei denn, dass sich derjenige Gläubiger, dessen Forderung schlechter behandelt werden soll, mit der Schlechterstellung einverstanden erklärt. 4

Gesicherte Forderungen sind von **ungesicherten** zu trennen. Soweit der Wert der Sicherheit die ausstehende Forderung nicht vollständig abdeckt, wird das **Sicherungsrecht** in eine Gruppe eingeteilt und der **ungesicherte Teil** in eine davon getrennte gesonderte Gruppe. Allerdings kann der Gläubiger nach 11 USC § 1111 (b) seine Forderungen als insgesamt gesichert behandeln lassen. Er stimmt dann nur in der betreffenden Gruppe mit ab, in die sein Sicherungsrecht eingeordnet worden ist. In der Regel werden **für jedes Sicherungsrecht eigene Gruppen** gebildet (*Broude* Reorganization, § 9.02 [1]; Louis Union Trust Co v Champion Shoe Machinery Co 109 f2d 313 (8th Cir 1940); Richard Buick Inc. 126 BR 840 (Bankr ED Pa 1991); Buttonwood Partners Ltd, 111 BR 57 (Bankr SDNY 1990); Brady v Andrew 761 F2d 1329 (9th Cir 1985)). 5

Nach 11 USC § 1123 (a) (1) können **bestimmte Forderungen nicht in Gruppen** eingeordnet werden; das betrifft etwa bestimmte Steuerforderungen. Denn die Gläubiger der dort genannten Forderungen brauchen dem Plan nicht zuzustimmen. Sie sind lediglich durch 11 USC § 1129 (a) (9) geschützt (dazu *Broude* Reorganization § 9.04). 6

II. Normzweck

1. Funktion der Gruppenbildung. § 222 schreibt in gewisser Weise obligatorisch die Einteilung der Gläubiger in verschiedene Gruppen vor, lässt sie gleichzeitig jedoch auch fakultativ erscheinen. Grundsätzlich soll unterschieden werden zwischen **Absonderungsberechtigten**, den **nicht nachrangigen Insolvenzgläubigern** und den **nachrangigen Insolvenzgläubigern**. Daran anknüpfend bestimmt § 226, dass grundsätzlich allen Beteiligten **innerhalb jeder Gruppe gleiche Rechte** anzubieten sind. Die Gruppenbildung hat zentrale **Bedeutung für die Abstimmung** der Gläubiger über den Plan. Die Abstimmung erfolgt in den gebildeten Gruppen. Stimmberechtigt sind **nur** diejenigen Gläubiger, die (bzw deren Forderungen) in eine Gruppe eingeteilt sind. Gläubiger, in deren Rechte der Plan nicht eingreift, gehören auch keiner Gruppe an; sie sind nicht stimmberechtigt. 7

Der Plan ist angenommen, wenn die **erforderlichen Mehrheiten** vorliegen (§ 244). Alle gebildeten Gruppen müssen zustimmen, und zwar jeweils mit **einfacher Kopf- und einfacher Summenmehrheit** innerhalb der Gruppe. Unter den Voraussetzungen des § 245 (Obstruktionsverbot) kann die Zustimmung einer oder mehrerer Gruppen fingiert werden. 8

2. Gruppenbildung und par conditio creditorum. Vereinzelt ist die Gruppenbildung als Paradigmenwechsel und Abkehr von dem das Konkursrecht prägenden Grundsatz der **Gleichbehandlung der Gläubiger** (par conditio creditorum) bezeichnet worden. An dessen Stelle würden Entschuldungsüberlegungen treten nach dem Vorbild der am „fresh start" orientierten US-amerikanischen Vorstellungen. Daher sei eine korrigierende, **einschränkende Auslegung von** § 222 erforderlich. Eine über Abs 1 hinausgehende Gruppenbildung sei nur in Ausnahmefällen zulässig, um dem Grundsatz der Gleichbehandlung der Gläubiger Rechnung zu tragen (*Smid/Rattunde* S 469; *Smid* BB 1992, 501, 509; tendenziell ähnlich FK-*Jaffé* § 222 Rn 54; kritisch auch *Häsemeyer* ZZP 97 [1984], 221, 224; *Häsemeyer* Rn 28.24 ff; *Henckel* KTS 1989, 477 ff; *Stürner*, Insolvenzrecht im Umbruch, S 41, 45 f; dagegen *Kaltmeyer* ZInsO 1999, 255, 261 ff). Andere Autoren haben zu Recht darauf hingewiesen, dass bereits § 8 VglO, § 181 KO Differenzierungen in Form der **so genannten Zurücksetzung** zuließen, so dass die Neuerung durch die InsO „nicht ganz so revolutionär ist, wie der erste Anschein glauben" lasse (*Stürner*, Insolvenzrecht im Umbruch, S 41, 45; ähnlich *K/P/Otte* § 222 Rn 1). Aus der Praxis mag darauf hingewiesen werden, dass der **Vergleich im Kölner Herstatt-Verfahren**, der Anfang 1975 gerichtlich bestätigt worden ist, bei den ungesicherten Gläubigerforderungen mehrere **verschiedene Gruppen** auswies, die zunächst jeweils mit unterschiedlicher Quote am Liquidationserlös beteiligt waren. 9

Trotz der schon früh erhobenen Kritik sieht § 222 **keine entsprechende Einschränkung der Gruppenbildung** vor. Im Gegenteil zeigt die Begründung zu § 265 RegE InsO, dass eine **uneingeschränkte Grup-** 10 penbildung gerade das erklärte Ziel des Modells darstellt (*Balz/Landfermann* S 334 f; *Hess/Weis* InVo 1998, 64; *Diensthüler* InVo 1998, 333, 335). Daran hat der Gesetzgeber festgehalten. Für die von *Smid* propagierte einschränkende Auslegung von § 222 fehlt es sowohl im Hinblick auf das amerikanische Modell als auch nach der Intention des Gesetzgebers an nachvollziehbarer Begründung (ebenso *Hess/Weis* InVo 1998, 64, 65; *Hess* § 222 Rn 68; FK-*Jaffé* § 222 Rn 19 f; *Kaltmeyer* ZInsO 1999, 255, 263). Es fehlt ihr aber auch an qualitativer Rechtfertigung. Denn es ist keinesfalls gesichert, dass die Forderungen nach der par conditio creditorum nur im Hinblick auf Höhe und Betrag von Geldforderungen zu sehen sein müssen. Dies entspricht zwar herkömmlichem Verständnis. Die planmäßige Außerachtlassung des materiellen Anspruchsgrunds kann jedoch zu einer (scheinbaren) Gleichbehandlung ganz unterschiedlich zu gewichtender Anspruchsqualitäten kommen. Die angloamerikanischen Rechte haben eine lange Geschichte und Erfahrung mit solchen Unterscheidungen, die im inländischen Konkurs- und Vergleichsrecht nie ernsthaft diskutiert worden sind. Die neue gesetzliche Regelung von § 222 eröffnet im Ansatz den Weg, in gleicher Weise Unterscheidungskriterien bei der Gruppenbildung zu entwickeln, die gerade unter Fortführungsgesichtspunkten „gerecht" sein können, weil sie der unterschiedlichen Finanzierungs- und Risikoqualität Rechnung tragen.

III. Gruppenbildung

11 **1. Systematik der Gruppenbildung.** Abs 1 schreibt die Bildung bestimmter Gruppen vor. Die Begründung des Regierungsentwurfs führt hierzu aus, der Plan müsse differenzieren zwischen den **absonderungsberechtigten Gläubigern**, soweit es um deren Recht auf Befriedigung aus der Sicherheit gehe, den **nicht nachrangigen Insolvenzgläubigern**, die im Regelfall des Insolvenzverfahrens Aussicht auf eine quotale Befriedigung ihrer Forderungen haben, und den verschiedenen Rangklassen der **nachrangigen Gläubiger**, die ohne einen Plan regelmäßig ohnehin leer ausgingen (Begr zu § 265 RegE InsO, *Balz/Landfermann* S 334).

12 Die Aufzählung der **obligatorischen Gruppen** in Abs 1 ist abschließend. Für die absonderungsberechtigten und die nachrangigen Gläubiger ist eine Gruppenbildung nur insoweit erforderlich, als der Plan von den in §§ 223 Abs 1, 225 Abs 1 für diese Gläubiger vorgesehenen Regelungen abweichen will. Stets gebildet werden muss eine Gruppe der nicht nachrangigen Insolvenzgläubiger.

13 Über die Bildung der obligatorischen Gruppen hinaus ist **fakultativ** eine weitergehende Differenzierung nach Maßgabe von Abs 2 zulässig. Danach **können** aus den Gläubigern mit gleicher Rechtsstellung weitere Gruppen gebildet werden, in denen **Gläubiger mit gleichartigen wirtschaftlichen Interessen** zusammengefasst werden. Unter „Gläubiger mit gleicher Rechtsstellung" versteht die Gesetzesbegründung die Einteilung nach Abs 1 Nr 1 bis 3 (Begr zu § 265 RegE InsO, *Balz/Landfermann* S 335, vorletzter Absatz). Daran anknüpfend wird bisweilen auch von der Möglichkeit gesprochen, „Untergruppen" zu bilden (zB von *K/P/Otte* § 222 Rn 7). Des Weiteren können eine oder mehrere besondere Gruppen für **Kleingläubiger** gebildet werden (Abs 3 S 2). Ferner ist gemäß Art 91 Nr 2 und 4 EGInsO, §§ 7 Abs 4, 9 Abs 4 Satz 1 BetrAVG die Bildung einer Gruppe des **Pensionssicherungsvereins** (PS V) möglich.

14 Nach § 222 Abs 3 Satz 1 **sollen** die **Arbeitnehmer** eine besondere Gruppe bilden, wenn sie als Insolvenzgläubiger mit nicht unerheblichen Forderungen beteiligt sind. Die Bildung dieser Untergruppe der Insolvenzgläubiger iSv Abs 1 Nr 2 ist mithin **obligatorisch**; sie kann nur entfallen, wenn entweder die Voraussetzungen für die Bildung der Gruppe nicht erfüllt sind oder besondere Umstände ausnahmsweise das Absehen von der Bildung dieser Gruppe rechtfertigen (abw *Braun/Uhlenbruck* Unternehmensinsolvenz S 478).

15 Auch wenn das Gesetz von der Einteilung der Gläubiger in Gruppen spricht, so ist die Gruppenbildung zumindest hinsichtlich der rechtlichen Differenzierung iSv Abs 1 nicht auf die Person des Gläubigers bezogen, sondern auf die Forderungen bzw, im Fall von Abs 1 Nr 1, auf die **Absonderungsrechte**. Beispielsweise sind die bis zur Eröffnung des Insolvenzverfahrens entstandenen **Zinsen** als nicht nachrangige, die ab Verfahrenseröffnung entstandenen Zinsen als nachrangige Forderungen zu behandeln. Zinsen aus derselben Hauptforderung können daher teils in die Gruppe(n) nach Nr 2, teils in die Gruppe(n) nach Nr 3 einzuordnen sein.

16 **2. Obligatorische Gruppen.** Nach dem Wortlaut von Abs 1 gibt es mindestens zwei Gruppen, die zwangsläufig zu unterscheiden sind, und eine dritte Gruppe, wenn deren Rechte betroffen sind. Diese Unterscheidung ist zwingend und nicht disponibel.

17 a) **Absonderungsberechtigte Gläubiger.** Hierbei geht es um Gläubiger im Sinn von § 222 Abs 1 Nr 1, denen nach Maßgabe der §§ 49 bis 51 ein **Absonderungsrecht am Massevermögen** zusteht. Sicherheiten, welche nicht am Massevermögen bestehen, etwa wenn Dritte Sicherheiten zur Verfügung gestellt haben, begründen keine Absonderungsrechte iSv § 222 Abs 1 Nr 1 (*Braun/Uhlenbruck* Unternehmensinsolvenz S 342). Das Gesetz unterscheidet in §§ 49 bis 51 zwischen Absonderungsrechten an unbeweglichen Gegenständen, rechtsgeschäftlichen Pfandrechten, gesetzlichen Pfandrechten, Pfändungspfandrechten und weiteren Absonderungsrechten. Nach § 223 Abs 1 werden diese **Absonderungsrechte durch**

III. Gruppenbildung § 222

den Plan nicht berührt, soweit im **Insolvenzplan nichts anderes bestimmt** ist. Dementsprechend ist nach § 222 Abs 1 Nr 1 für die absonderungsberechtigten Gläubiger eine **Gruppe nur zu bilden, wenn der Plan** in deren Rechte **eingreift** (vgl *Braun/Frank* § 222 Rn 5).

Sind **unterschiedliche Absonderungsrechte** vorhanden, so ist es (theoretisch) denkbar, dass alle Absonderungsrechte in gleicher Weise durch den Plan geregelt und daher in einer einzigen Gruppe nach Abs 1 Nr 1 zusammengefasst werden. Wahrscheinlicher dürfte in der Praxis eine **differenzierte Behandlung unterschiedlicher Absonderungsrechte** sein, so dass die absonderungsberechtigten Gläubiger nach Maßgabe von Abs 2 in **mehrere Gruppen** eingeteilt werden können. Die Bildung nur einer Pflichtgruppe nach § 222 Abs 1 Nr 1 ist allerdings auch dann zulässig, wenn für unterschiedliche Absonderungsrechte unterschiedliche Planregelungen getroffen werden sollen (§ 226 Abs 2). Voraussetzung ist hierfür jedoch die **Zustimmung** aller Absonderungsberechtigten, welche in die Gruppe einbezogen werden sollen. Ist diese Zustimmung (von einzelnen) nicht zu erhalten, so bleibt die Möglichkeit, die absonderungsberechtigten Gläubiger nach Abs 2 in mehrere Gruppen aufzuteilen (dazu unten Rn 29 ff). 18

Denkbar ist auch, dass nur in **eine bestimmte Art von Absonderungsrechten** eingegriffen werden soll. In diesem Fall sind in die obligatorische Gruppe der absonderungsberechtigten Gläubiger **nur solche Absonderungsrechte** einzubeziehen, in die durch den **Plan eingegriffen wird**; für die Absonderungsrechte, die nicht vom Plan berührt werden, bleibt es dann bei § 223 Abs 1. Sollen beispielsweise ausschließlich sicherungshalber zedierte Forderungen aus Lieferung und Leistung einer Planregelung unterworfen werden, so gehören zur Pflichtgruppe nach § 222 Abs 1 Nr 1 auch nur die Zessionare dieser Forderungen. In diesem Fall sind keine Untergruppen zu bilden unter den absonderungsberechtigten Gläubigern, in deren Rechte eingegriffen wird, und solcher absonderungsberechtigten Gläubiger, in deren Rechte nicht eingegriffen wird. Bedeutung hat dies deswegen, weil in diesem Fall nur diejenigen Gläubiger in der Pflichtgruppe nach § 222 Abs 1 Nr 1 abstimmen, deren Absonderungsrechte in diese Gruppe auch einbezogen sind. In solchen Fällen bedarf es auch keiner besonderen sachlichen Abgrenzung und auch keiner Darlegung im Plan, nach welchen Kriterien und warum lediglich in bestimmte Absonderungsrechte eingegriffen wird. 19

In die **Gruppe(n) nach Nr 1** darf jeweils **nur der Wert des Absonderungsrechts** einbezogen werden. Die Bildung einer Gruppe, die Gläubiger mit werthaltigen und nicht werthaltigen Absonderungsrechten in sich vereint, ist unzulässig (**BGH 7. 7. 2005, BGHZ 163, 344**). Hat beispielsweise ein Gläubiger eine Forderung in Höhe von 1 Mio DM, welche durch eine Grundschuld in Höhe von gleichfalls 1 Mio DM gesichert ist, beträgt aber der tatsächliche Wert der Grundschuld infolge eines schlechteren Grundbuchrangs nur 500.000,00 DM, so ist der Gläubiger in der nach Abs 1 Nr 1 gebildeten Gruppe nur in Höhe von 500.000,00 DM einzuordnen. Würde er aus der Grundschuld nichts erhalten, so wäre der Wert seines Absonderungsrechts „0"; das Absonderungsrecht würde dann überhaupt nicht in die Gruppe(n) nach Abs 1 Nr 1 eingeordnet werden können (vgl **LG Berlin 20. 10. 2004, NZI 2005, 335, 337**; *Smid*, FS Gerhard 2004, 296) Gegebenenfalls sind mehrere Gruppen für Grundpfandrechtsgläubiger zu bilden (vgl *Bruns* KTS 2004, 1). Bei Liquidation des Schuldners ist der **Liquidationswert**, bei Fortführung der **Fortführungswert der Sicherheit** zugrunde zu legen (Begr zu § 281 RegE InsO, *Balz/Landfermann* S 353; vgl auch BGHZ 163, 344). Dieser **kann**, etwa bei Sicherheiten am Vorratsvermögen, im Einzelfall deutlich unter dem Liquidationswert liegen (vgl *Wellensiek* WM 1999, 405, 406). Richtet sich der Plan auf die Fortführung der Schuldnerin auf den bisherigen Betriebsgrundstücken, ist die Werthaltigkeit daran bestehender Sicherheiten nach dem Fortführungswert zu bemessen. Dabei sind auch die im Falle einer Zwangsverwaltung realisierbaren dinglichen Zinsen zu berücksichtigen (BGHZ 163, 344). Der nicht vom Wert des Absonderungsrechts gedeckte Differenzbetrag, die sogenannte **Ausfallforderung**, ist als **nicht nachrangige Insolvenzforderung** (§ 52) in **die Gruppe(n) nach Abs 1 Nr 2** einzuordnen. 20

b) Nicht nachrangige Insolvenzgläubiger. Für die nicht nachrangigen Insolvenzgläubiger (§ 38) ist nach Abs 1 Nr 2 **stets eine Gruppe** zu bilden. Es handelt sich hier um die normalen ungesicherten Gläubiger, die im Unterschied zur Regelung in § 61 Abs 1 KO nunmehr allesamt denselben Rang haben. Nach dem **Wortlaut** von § 224 und Abs 1 Nr 2 muss für nicht nachrangige Insolvenzgläubiger **selbst dann** eine Gruppe gebildet werden, wenn der **Plan nicht** in deren Rechte **eingreift**. 21

c) Nachrangige Gläubiger. Zu Abs 1 Nr 3 wird verbreitet dargestellt, es sei **eine Gruppe** der nachrangigen Gläubiger zu bilden (zB BerlKo-*Breutigam* § 222 Rn 8 f). Tatsächlich ist gemäß Nr 3 **für jede einzelne Rangklasse** der nachrangigen Gläubiger (§ 39) **eine eigene Gruppe** zu bilden, wenn und soweit der Plan etwas anderes für diese Gläubiger vorsieht als den Erlass ihrer Forderungen (§ 225 Abs 1 und 2; vgl auch *N/R/Braun* § 222 Rn 10; HK-*Flessner* § 222 Rn 9). 22

3. Gruppe der Arbeitnehmer. Nach Abs 3 Satz 1 **soll** für die Arbeitnehmer eine **besondere Gruppe** gebildet werden, wenn sie als Insolvenzgläubiger mit nicht unerheblichen Forderungen beteiligt sind. Die Gruppe **muss** also gebildet werden, soweit die Voraussetzungen von Abs 3 S 1 erfüllt sind und nicht **ausnahmsweise** aufgrund **besonderer Umstände** des Einzelfalls gleichwohl von der Bildung dieser Gruppe **abgesehen** werden kann (ebenso HK-*Flessner* § 222 Rn 13). Abs 3 S 1 hat eine **systematische Sonderstellung**. Die Arbeitnehmer gehören mit den in Abs 3 S 1 bezeichneten Forderungen als „nor- 23 male" Insolvenzgläubiger zu der obligatorischen **Gruppe der nicht nachrangigen Gläubiger nach Abs 1 Nr 2**. Daran ändert Abs 3 S 1 nichts. Die Aufteilung dieser Gläubiger in **mehrere Gruppen** ist nach Maßgabe von Abs 2 **stets möglich** und steht grundsätzlich im freien Ermessen des Planinitiators. **Abs 3 S 1 schränkt** dieses Ermessen des Planinitiators ein, indem die Vorschrift unter bestimmten Voraussetzungen die **Bildung einer eigenen Gruppe** der Arbeitnehmer **ausnahmsweise zur Pflicht macht.** Im Übrigen berührt Abs 3 S 1 die Anwendbarkeit von Abs 2 nicht. Soweit die Voraussetzungen von Abs 3 nicht erfüllt sind, entfällt daher nur die Pflicht zur Bildung einer Arbeitnehmergruppe; die **fakultative Gruppenbildung nach Abs 2 bleibt** auch dann in Bezug auf Arbeitnehmer mit nicht nachrangigen Forderungen **möglich**. Insoweit dürfte die **Eigenschaft, Arbeitnehmer** des Schuldners zu sein, ein **sachgerechtes Abgrenzungskriterium zu anderen Insolvenzgläubigern** darstellen (so auch *N/R/Braun* § 222 Rn 94).

24 In die Gruppe der Arbeitnehmer können nur **Arbeitnehmer** eingeordnet werden. Mitarbeiter, die nicht Arbeitnehmer sind, beispielsweise **freiberufliche** oder **arbeitnehmerähnliche Mitarbeiter,** sind **nicht** in die Gruppe der Arbeitnehmer einzuordnen (aA *Hess/Obermüller* Insolvenzplan Rn 205). Soweit arbeitnehmerähnliche Mitarbeiter Insolvenzgläubiger sind, kann für diese aber nach Maßgabe von Abs 2 eine gesonderte Gruppe gebildet werden. Arbeitnehmer, die nicht Insolvenzgläubiger sind, können **weder** in eine **obligatorisch** nach Abs 3 S 1 zu bildende Arbeitnehmergruppe eingeteilt werden **noch** in eine **fakultativ** gebildete Gruppe der Arbeitnehmer.

25 Weitere Voraussetzung für die Pflicht zur Bildung einer Gruppe der Arbeitnehmer nach Abs 3 Satz 1 ist, dass die Arbeitnehmer mit **nicht unerheblichen Forderungen** als Insolvenzgläubiger beteiligt sind. Soweit rückständige Lohn- oder Gehaltsansprüche durch Insolvenzausfallgeld abgedeckt sind und die Forderungen auf die BfA übergehen, sind die **Arbeitnehmer nicht Insolvenzgläubiger.** Voraussetzung für die Gruppenbildung ist mithin, dass die Arbeitnehmer über die durch Insolvenzausfallgeld abgesicherten Lohn- und Gehaltsansprüche hinaus weitergehende Forderungen haben. Es kommt in der Praxis durchaus vor, dass **nicht durch Insolvenzausfallgeld abgedeckte Lohn- und Gehaltsforderungen** bestehen. Es kann sich beispielsweise aber auch um **Abfindungsforderungen** oder **Guthaben von Arbeitszeitkonten** handeln. Denkbar sind auch Ansprüche auf **Zahlungen aus einem betrieblichen Vorschlags- und Verbesserungsprogramm** oder **Sozialplanforderungen** aus einem länger als drei Monate vor dem Eröffnungsantrag vereinbarten Sozialplan, die rückständig sind.

26 Die Forderungen der Arbeitnehmer als Insolvenzgläubiger müssen nach Abs 3 **mehr als bloß unerheblich** sein. Das Gesetz enthält keine ausdrückliche Regelung, **woran die Erheblichkeit gemessen werden soll.** Dabei liegt auf der Hand, die Beurteilung anders ausfallen wird, wenn man die Forderungen ins Verhältnis zu den Gesamtverbindlichkeiten des Schuldners setzt, als wenn man die **Erheblichkeit der Forderungen an den Einkommensverhältnissen der Arbeitnehmer misst** (*H/W/F* Hdb InsO 9/13 stellen auf die **Gesamtverbindlichkeiten** ab und wollen die Erheblichkeit ab **10% hiervon** annehmen; BerlKo-*Breutigam* § 222 Rn 30 will **20% der Summe der Absonderungsrechte und aller nicht nachrangigen Forderungen** zugrunde legen). In der Gesetzesbegründung heißt es, auch wenn die Arbeitnehmer als Insolvenzgläubiger am Verfahren beteiligt sein, weiche ihre Interessenlage in der Regel von der anderer Insolvenzgläubiger ab, da die Arbeitsverhältnisse über den Zeitpunkt der Verfahrenseröffnung hinaus fortbestünden und im Verfahren über die Erhaltung der Arbeitsplätze entschieden werde (Begr zu § 265 RegE InsO, *Balz/Landfermann* S 335 f). Diese Begründung soll dafür sprechen, die Erheblichkeit der Forderungen an den **Einkommensverhältnissen der Arbeitnehmer** zu messen (so *N/R/Braun* § 222 Rn 93). Für diese Betrachtungsweise spricht, dass Arbeitnehmer auch durch eine Großinsolvenz in ihrer Stellung hart getroffen sein können, obwohl der Umfang ihrer Forderungen im Verhältnis zu den übrigen Forderungen relativ gering erscheinen mag, was insbesondere in der Insolvenz von Finanzdienstleistern mit hohen Finanzierungsverbindlichkeiten vorkommen kann. Ebenso kann sich bei einer großen Zahl jeweils gering erscheinender Einzelforderungen der Arbeitnehmer eine selbständige Gruppenbildung empfehlen. Soweit Arbeitnehmer dagegen bloß unerhebliche Forderungen als Insolvenzgläubiger haben, entfällt die Pflicht zur Gruppenbildung. Dann kann jedoch nach Maßgabe von Abs 2 **fakultativ** eine eigene Gruppe für Arbeitnehmer gebildet werden.

27 Abs 3 S 1 geht von dem Fall aus, dass **sämtliche Arbeitnehmer** Forderungen haben, die nicht durch Insolvenzausfallgeld gedeckt sind. Nach dem Sinn der Vorschrift könnte eine **Pflicht** zur Bildung einer Arbeitnehmer-Gruppe nach Abs 3 S 1 **auch** dann anzunehmen sein, **wenn fast alle Arbeitnehmer Insolvenzgläubiger sind.** Wenn jedoch nur eine **Mehrzahl oder bloß einzelne Arbeitnehmer** als Insolvenzgläubiger beteiligt sind, besteht **keine Pflicht zur Gruppenbildung.** Nach Maßgabe von Abs 2 kann aber eine (fakultative) Gruppe für die Arbeitnehmer gebildet werden, wenn nur eine Mehrzahl oder nur einzelne Arbeitnehmer Insolvenzgläubiger sind.

28 Abs 3 S 1 spricht von der Bildung **einer** Gruppe. Sind sachgerechte Abgrenzungskriterien vorhanden, können jedoch auch **mehrere Arbeitnehmergruppen** gebildet werden (so auch *N/R/Braun* § 222 Rn 95 f; *Kaltmeyer* ZInsO 1999, 255, 259). Denn Abs 3 beschränkt nicht die Möglichkeiten zur Bildung von Untergruppen der Insolvenzgläubiger nach Maßgabe von Abs 2, sondern lediglich – unter bestimmten Voraussetzungen – das Absehen hiervon (s Rn 23). Denkbar ist beispielsweise, die Arbeitnehmer nach dem Grund ihrer Forderungen aufzuteilen (Arbeitnehmer mit Forderungen aus Lohn/Gehalt, aus Sozialplänen, aus Zeitarbeitskonten, aus dem betrieblichen Vorschlagswesen usw). Denkbar ist auch eine Differenzierung hinsichtlich solcher Arbeitnehmer, deren Arbeitsplatz im Rahmen der Fortführung des

III. Gruppenbildung **§ 222**

Schuldners erhalten bleiben soll, und solcher Arbeitnehmer, die aus dem Unternehmen ausscheiden werden. Schließlich kann es auch eine sachgerechte Abgrenzung darstellen, Arbeitnehmer unterschiedlicher Standorte in verschiedene Gruppen einzuteilen, beispielsweise wenn im Rahmen der Fortführung ein Standort weiterbetrieben, ein anderer Standort dagegen geschlossen werden soll. Entscheidend ist jedoch für die mehrfache Gruppenbildung aus dem Bereich der Arbeitnehmer, dass die jeweils gebündelten Forderungen „nicht unerheblich" sind, mithin ihrer absoluten Höhe wegen eine differenzierte Behandlung rechtfertigen (vgl auch *Braun/Frank* § 222 Rn 10).

4. Fakultative Gruppen. Nach Abs 2 können aus den Gläubigern mit gleicher Rechtsstellung **weitere** 29 **Gruppen** gebildet werden, indem Gläubiger mit **gleichartigen wirtschaftlichen Interessen** zusammengefasst werden. Unter „Gläubigern mit gleicher Rechtsstellung" ist die Einteilung nach Abs 1 Nr 1 bis 3 zu verstehen (Begr zu § 265 RegE InsO, *Balz/Landfermann* S 335). Die über Abs 1 hinausgehende Aufteilung der Gläubiger in Gruppen steht im freien Ermessen des Planinitiators. Dieses Ermessen wird lediglich durch Abs 3 Satz 1 beschränkt, indem unter den dortigen Voraussetzungen ein Absehen von der Bildung einer Gruppe für die Arbeitnehmer nicht möglich ist (dazu oben Rn 14).

Eine **Besonderheit** gilt **für Genossenschaften**; denn nach § 116 Nr 3 GenG kann bei der Bildung von 30 Gruppen zwischen Gläubigern, die zugleich Mitglieder der Genossenschaft sind, und anderen Gläubigern unterschieden werden (dazu *Scheibner* DZWiR 1999, 8, 9).

a) Gesetzlicher Ansatz. Voraussetzung für die Aufteilung der Gläubiger mit gleicher Rechtsstellung in 31 mehrere Gruppen ist, dass die **Gruppen sachgerecht voneinander abgegrenzt** sind. Die Kriterien für die Abgrenzung müssen im Plan dargelegt werden (vgl aus der Praxis das Beispiel **LG** Traunstein 27. 8. 1997 ZInsO 1999, 577, 578). Das Gesetz definiert nicht näher, was unter einer sachgerechten Abgrenzung zu verstehen ist. In der Begründung wird hierzu ausgeführt, die zulässigen Differenzierungskriterien ließen sich nicht abschließend normieren. Dem Ziel wirtschaftlich optimaler Masseverwertung entspreche **größtmögliche Flexibilität bei der Differenzierung der Planwirkungen** (Allg Begr RegE *Balz/Landfermann* S 34). *Smid* will demgegenüber § 222 Abs 2 restriktiv bzw „korrigierend" auslegen und hält eine über Abs 1 hinausgehende Bildung von weiteren Gruppen nach Abs 2 im Regelfall für unzulässig (*Smid* InVo 1997, 169, 179; *ders* InsO § 222 Rn 25; dagegen *Hess/Weis* InVo 1998, 64, 65). Diese Auffassung steht jedoch im Widerspruch zu Wortlaut und Zweck des Gesetzes (so Rn 9).

b) Kriterien der Aufteilung. Die **Aufteilung der Gläubiger** in Gruppen nach Maßgabe von Abs 2 kann 32 **keinem pauschalen Muster** folgen, sondern muss sich am Einzelfall orientieren. Vor allem wird die Aufteilung von der Zusammensetzung der Gläubiger abhängen. Die Einteilung wird insbesondere auch davon beeinflusst sein, welches **Ziel** der Plan verfolgt. Bei einem Liquidationsplan kann die Bildung nur weniger Gruppen sachgerecht erscheinen. Demgegenüber wird bei Fortführung des Schuldners eine differenzierte Behandlung etwa der absonderungsberechtigten Gläubiger die Regel sein. Denn die Fortführung des Unternehmens macht nur Sinn, wenn die Verbindlichkeiten so umgestaltet werden können, dass dadurch die finanzwirtschaftlichen Voraussetzungen für eine Sanierung geschaffen werden. Diese Bereinigung der Passivseite der Bilanz des Schuldners setzt regelmäßig **Sanierungsbeiträge der Gläubiger** voraus; dabei werden die Sanierungsbeiträge der Gläubiger unterschiedlich sein. Folgerichtig werden sich die **Planregelungen an** den unterschiedlichen **Sanierungsbeiträgen orientieren müssen** (*Warrikoff* KTS 1997, 527, 543 f). Im Übrigen gibt es fast in jeder Branche spezifische Gläubigergruppen, die in ganz unterschiedlicher Weise ungesichert nebeneinander stehen. Oft werden sich Kriterien der Unterscheidung nach Größenordnung, Rechtsgrund, Laufzeit, Gegenleistung, spezifischen Leistungsrisiken und wirtschaftliche Bedeutung für den jeweiligen Gläubiger anbieten (vgl auch *Braun/Uhlenbruck* Unternehmensinsolvenz S 595 f; *Kaltmeyer* ZInsO 1999, 255, 259; *Hess/Weis* InVo 1998, 64, 67; *Landfermann* BB 1995, 1651, 1654; FK-*Jaffé* § 222 Rn 48 f). Auch wenn es für das inländische Insolvenzrecht (im Gegensatz etwa zu den angelsächsischen Rechten) Neuland ist, solche Gläubigergruppen anhand jeweils zu unterscheidender Interessenlage herauszuarbeiten, so wird die Praxis hier einen großen Entfaltungsspielraum nutzen können, um zu jeweils angemessenen Ergebnissen zu kommen.

c) Kleingläubiger (Abs 3 Satz 2). Nach Abs 3 S 2 können für Kleingläubiger besondere Gruppen ge- 33 bildet werden. Der Begriff des Kleingläubigers ist von der **InsO nicht definiert**. In der Begründung heißt es, eine besondere Behandlung der Gläubiger von Forderungen **mit geringer Höhe** sei zulässig; insbesondere könne die volle Befriedigung aller Gläubiger mit Forderungen bis zu einer bestimmten Höhe zweckmäßig sein, um die Durchführung des Verfahrens zu vereinfachen, indem die Abstimmung dieser Gläubiger über den Plan überflüssig werde (Begründung zu § 265 RegE InsO, *Balz/Landferman* S 336). Der zweite Teil dieser Gesetzesbegründung macht deutlich, dass nicht allein auf eine geringe Forderungshöhe abgestellt werden kann. Denn nach der Gesetzesbegründung soll die Vorschrift zumindest auch eine **Verfahrensvereinfachung** ermöglichen, indem durch die volle Bedienung von Forderungen bis zu einer bestimmten Höhe Gläubiger aus dem Abstimmungsverfahren ausgeschieden werden. Damit ist andererseits nicht gesagt, dass Kleingläubiger nur solche sind, deren Forderungen vollständig bedient werden. Es erscheint ohne weiteres zulässig, eine Gruppe der Kleingläubiger zu bilden und deren Forderungen etwa mit einer Quote von 80% zu bedienen. Die Bildung einer Gruppe der Kleingläubiger nach

Abs 3 S 2 kann also entweder daran anknüpfen, dass die **Forderungshöhe** dieser Gläubiger **verhältnismäßig gering** ist, **oder** daran, dass die **Zahl der in die Abstimmung einbezogenen Gläubiger** durch die Bildung dieser Gruppe so **verringert wird**, dass von einer Verfahrensvereinfachung gesprochen werden kann. *Braun* schlägt als Grenze im ersten Fall DM 1000,00 vor, im zweiten Fall bei einer Reduzierung der in die Abstimmung einbezogenen Gläubiger um mindestens 10% (*N/R/Braun* § 222 Rn 87). *Hess* leitet aus § 511a ZPO ab, dass Forderungen bis 1500,00 DM die Einordnung als Kleingläubiger rechtfertigen (*Hess/Obermüller* Insolvenzplan Rn 204; ebenso *Hess/Weis* InVo 1998, 64, 67; *Kaltmeyer* ZInsO 1999, 255, 259). *Smid* will an der umsatzsteuerlichen Qualifikation als Kleingewerbetreibender ansetzen (*Smid* InVo 1997, 169, 178; *Smid* § 222 Rn 23). Im Übrigen hält *Smid* es für unbestritten, dass „jedenfalls Bagatellforderungen iSv § 495a ZPO" die Eigenschaft als Kleingläubiger begründen. Eine solche, nicht an den **Verhältnissen des Einzelfalls** orientierte Grenzziehung erscheint willkürlich und anhand des Gesetzes nicht begründbar. So mag etwa bei Bankinsolvenzen ein Betrag um DM 20.000,00 als Kleinforderung eingestuft werden, um sozialen Frieden zu gewährleisten. Es erscheint daher geboten, auf fixe Kriterien nach Betrag bzw Höhe zu verzichten und vielmehr auf die Verhältnisse im Einzelfall abzustellen (so auch BerlKo-*Breutigam* § 222 Rn 33). Im Übrigen können die Kleingläubiger auch in mehrere Gruppen eingeteilt werden (*Warrikoff* KTS 1997, 527, 546).

34 d) **Pensionssicherungsverein.** Gemäß Art 91 Nr 2 und 4 EGInsO, §§ 7 Abs 4, 9 Abs 4 Satz 1 AVG **kann** für den **Pensionssicherungsverein** eine eigene Gruppe gebildet werden. Die Gesetzesbegründung geht davon aus, dass der PSV insbesondere im Fall der Fortführung des Schuldners regelmäßig eher an einer so genannten **vertikalen** oder **horizontalen Aufteilung** der künftigen Leistungen für die Altersversorgung interessiert sein wird als an einer sofortigen quotalen Befriedigung seines Rückgriffsanspruchs (Begr zu § 265 Reg InsO *Balz/Landfermann*, S 335). Dabei kann der Plan die für den PSV vorgesehene Regelung ausgestalten (*Landfermann* BB 1995, 1651, 1655). So kann beispielsweise eine horizontale **Aufteilung im Plan** vorgesehen werden, also eine Regelung, nach welcher die Betriebsrenten für einen bestimmten Zeitraum ganz vom PSV und anschließend wieder vollständig vom Unternehmen zu zahlen sind. Wird der Plan angenommen, so bedarf es **keiner gesonderten Zustimmung des PSV** zu einer solchen Planregelung.

35 e) **BfA.** Die Bundesanstalt für Arbeit (BfA) wird in der Regel übergegangene Forderungen aus geleistetem **Insolvenzausfallgeld** gegen den Schuldner haben. Denkbar sind auch andere Ansprüche der BfA, etwa Erstattungsansprüche aus von der BfA erbrachten, jedoch unberechtigt bezogenen Leistungen. Für die Forderungen der BfA kann eine eigene Gruppe nach Abs 2 gebildet werden (ebenso *Warrikoff* KTS 1997, 527, 547).

36 f) **Fiskus.** Es erscheint ebenfalls als sachgerechtes Abgrenzungskriterium im Sinne von Abs 2, Fiskalgläubiger in eine oder mehrere eigene Gruppen einzuteilen (ebenso *Warrikoff* KTS 1997, 527, 547).

§ 223 Rechte der Absonderungsberechtigten

(1) ¹Ist im Insolvenzplan nichts anderes bestimmt, so wird das Recht der absonderungsberechtigten Gläubiger zur Befriedigung aus den Gegenständen, an denen Absonderungsrechte bestehen, vom Plan nicht berührt. ²Eine abweichende Bestimmung ist hinsichtlich der Finanzsicherheiten im Sinne von § 1 Abs. 17 des Kreditwesengesetzes sowie der Sicherheiten ausgeschlossen, die
1. dem Teilnehmer eines Systems nach § 1 Abs. 16 des Kreditwesengesetzes zur Sicherung seiner Ansprüche aus dem System oder
2. der Zentralbank eines Mitgliedstaats der Europäischen Union oder der Europäischen Zentralbank
gestellt wurden.

(2) Soweit im Plan eine abweichende Regelung getroffen wird, ist im gestaltenden Teil für die absonderungsberechtigten Gläubiger anzugeben, um welchen Bruchteil die Rechte gekürzt, für welchen Zeitraum sie gestundet oder welchen sonstigen Regelungen sie unterworfen werden sollen.

I. Normzweck

1 Wenn das schuldnerische Unternehmen auf der Grundlage eines Insolvenzplans saniert und fortgeführt werden soll, dann wird dies regelmäßig Einfluss auf die eingeräumten **Kreditsicherheiten** und damit auf die **Absonderungsrechte** haben. So kann der Erhalt des erforderlichen Anlage- und Umlaufvermögens einer Verwertung von daran bestehenden Sicherheiten entgegenstehen; die zur Sanierung erforderlichen Beiträge der Gläubiger können Umgestaltungen im Bereich der Absonderungsrechte erforderlich machen. Anders als im früheren Recht (§ 27 VglO, § 173 KO) kann der Insolvenzplan Regelungen für die Behandlung von Absonderungsrechten vorsehen, in diese eingreifen und sie umgestalten (zur Einbeziehung vgl *Schiessler* Insolvenzplan S 78 ff).

II. Anwendungsbereich

2 Absonderungsberechtigte Gläubiger im Sinne von § 223 sind nur solche, denen nach Maßgabe der §§ 49 bis 51 ein **Absonderungsrecht** an **Massevermögen** zusteht. Sicherheiten an nicht zur Masse gehö-

IV. Abweichende Regelungen § 223

rendem Vermögen fallen **nicht** unter § 223, etwa **Sicherheiten**, die **von Dritten** gestellt wurden. §§ 49 bis 51 unterscheiden zwischen Absonderungsrechten an unbeweglichen Gegenständen, rechtsgeschäftlichen Pfandrechten, gesetzlichen Pfandrechten, Pfändungspfandrechten und weiteren Absonderungsrechten. Dazu gehören beispielsweise Sicherungseigentum, Sicherungsabtretungen, Zurückbehaltungsrechte nach HGB, Zurückbehaltungsrechte wegen Aufwendungen, verlängerte Eigentumsvorbehalte.

Auch **anfechtbar gewährte Sicherheiten** können im Plan berücksichtigt werden. Ist die Anfechtbarkeit der Sicherung umstritten, so hindert dies nicht die Behandlung der Sicherheit als Absonderungsrecht im Plan. Das ergibt sich bereits aus § 238 Abs 1. Danach entscheidet in solchen Fällen das Insolvenzgericht über das Stimmrecht als absonderungsberechtigter Gläubiger. Verzichtet der Gläubiger im Plan auf sein Sicherungsrecht, so kann dies die Anfechtung im Einzelfall erledigen bzw überflüssig machen. Einen **anhängigen Rechtsstreit** über etwaige Anfechtungen kann der Verwalter gleichwohl nach § 259 Abs 3 auch nach der Aufhebung des Insolvenzverfahrens fortführen, wenn dies im gestaltenden Teil des Plans vorgesehen ist. 3

§ 223 betrifft **nur das Absonderungsrecht** selbst. Mit der so genannten **Ausfallforderung** ist der Gläubiger dagegen als **nicht nachrangiger Gläubiger** zu behandeln (dazu § 222 Rn 12 f). 4

III. Erhalt der Rechte (Abs 1)

1. Grundsatz. Im normalen Insolvenzverfahren gelten für die unterschiedlichen Absonderungsrechte auch unterschiedliche Verwertungsregeln. Soweit die Sicherungsrechte reichen, sind die Absonderungsberechtigten auch nicht als Insolvenzgläubiger anzusehen. Das **Planverfahren** lässt ihre **Rechte** im Grundsatz **unberührt**, es sei denn, der Plan sieht Abweichendes vor. Hierzu eröffnet § 223 Abs 1 S 1 die Möglichkeit, indem er ausdrücklich die **Disponibilität** der Absonderungsrechte klarstellt. 5

2. Gesetzliche Einschränkungen. Die Disponibilität der Sicherungsrechte der Absonderungsberechtigten war in der ursprünglichen Fassung von § 223 Abs 1 uneingeschränkt vorgesehen. Dies hat sich inzwischen durch den Einschub von § 223 Abs 1 S 2 geändert. Denn durch das Gesetz zur Änderung insolvenzrechtlicher und kreditwesenrechtlicher Vorschriften vom 8. 12. 1999 (BGBl I, 2384) ist § 223 Abs 1 um S 2 ergänzt worden mit der Maßgabe, dass hinsichtlich **bestimmter Sicherheiten** im Insolvenzplan **keine abweichende Regelung** vorgesehen werden kann. Diese Regelung wurde in Umsetzung europäischer Richtlinien noch einmal verändert durch das Gesetz zur Umsetzung der Richtlinie 2002/47/EG vom 6. 6. 2002 über Finanzsicherheiten und zur Änderung des HypothekenbankG (BGBl I, 50). Insoweit enthält § 223 Abs 1 S 2 mit der gesetzlichen Einschränkung der Disponibilität **zwingendes Recht**. Es erstreckt sich auf Finanzsicherheiten sowie auf jene Sicherheiten, die im **internationalen Zahlungsverkehr** von Teilnehmern bestimmter **Systeme** zur Sicherung ihrer Ansprüche bestellt werden oder für Sicherheiten der **Zentralbank** eines Mitgliedstaats der Europäischen Union oder der **Europäischen Zentralbank**. Mit Finanzsicherheiten sind solche Sicherheiten gemeint, die einem Unternehmen des Finanzsektors zur Sicherung von Forderungen aus dem Erwerb von Finanztiteln gestellt werden (vgl *Obermüller* ZInsO 2004, 187; *Meyer/Rein* NZI 2004, 367). Um welche Systeme es sich im Einzelnen handelt, ergibt sich aus § 1 Abs 16 KWG. Diese Vorschrift wurde in Umsetzung der Europäischen Richtlinien RL 2002/47/EG durch Gesetz vom 6. 6. 2002 (BGBl 2004 I S 502) in das KWG aufgenommen. Der Wortlaut bezieht sich inhaltlich auf die Definition solcher Systeme in der früheren EU-Richtlinie 98/26/EG (Abl EG Nr 4, 166, S 45 v 11. 6. 1998). Aus inländischer Sicht geht es um die Systeme, welche die dem KWG unterworfenen Institute der Bundesanstalt und der Deutschen Bundesbank nach § 246 Abs 1 KWG zu melden haben und welche letztere ihrerseits der Kommission der EG mitteilt (vgl hierzu BFS-KWG/*Schäfer* § 1 Rn 238; *Reischauer/Kleinhans* KWG § 1 Rn 384–388). 6

IV. Abweichende Regelungen

Soweit der Insolvenzplan in dem nach § 223 Abs 1 zulässigen Bereich **abweichende Regelungen** vorsieht, muss nach § 223 Abs 2 im **gestaltenden Teil des Plans** im Einzelnen angegeben werden, wie die jeweiligen Absonderungsrechte behandelt werden sollen. Da die Rechte der absonderungsberechtigten Gläubiger vielfältig verändert werden können, ist eine möglichst **klare, genaue und spezifizierte Regelung** anzustreben. Solche abweichenden Regelungen können beispielsweise vorsehen, dass Sicherheiten ganz oder teilweise aufgegeben oder gegen andere Sicherheiten getauscht werden, die Verwertungserlöse ganz oder teilweise dem Schuldnervermögen zukommen, Stundungen gewährt werden oder teilweise Teilforderungserlasse, Verwertungsbeschränkungen für die Zukunft akzeptiert und Besitzrechte neu geregelt werden. Die Tatsache, dass auch absonderungsberechtigte Gläubiger in den Kreditrahmen von § 264 Abs 1 einbezogen werden können, bereichert die Gestaltungsmöglichkeiten (vgl § 264 Rn 30). 7

Bei **Absonderungsrechten an beweglichen Sachen**, welche sich im Besitz des Schuldners befinden, ist im Rahmen der Regelabwicklung gemäß § 166 ff der Verwalter zur Verwertung befugt. Der Gläubiger erhält den Verwertungserlös abzüglich bestimmter **Verfahrenskostenbeiträge** zuzüglich etwaiger Zinsen gemäß § 169 S 2. Das trifft in erster Linie auf **Sicherungseigentum** zu, kann sich aber auch auf **gepfändete Sachen** oder **gesetzliche Pfandrechte**, beispielsweise das **Vermieterpfandrecht**, beziehen. Zur Siche- 8 rung zedierte Forderungen darf der Verwalter nach § 166 Abs 2 einziehen. Der Plan kann es insoweit auch bei der Verwertung belassen, den Beitrag jedoch abweichend von der gesetzlichen Regelung festsetzen.

9 Teilweise wird als Möglichkeit zur Umgestaltung die im amerikanischen Recht verbreitete **Umwandlung** von **Verbindlichkeiten in Eigenmittel (Debt-Equity-Swap)** angeführt. Solche „Debt-Equity-Swap" sind **gesellschaftsrechtlich** jedenfalls für die GmbH und die Aktiengesellschaft dann **unzulässig**, wenn die Einbringung der betreffenden Forderungen in das Stamm- oder Grundkapital des Schuldners nicht mit einer werthaltigen Kapital- oder Sachwertzufuhr verbunden ist. Denn typischerweise würden bei „Debt-Equity-Swap" in der Insolvenz gerade uneinbringliche Forderungen als Gegenleistung für die Kapitalbeteiligung des Gläubigers eingelegt. Dem stehen die **Kapitalaufbringungsvorschriften** (§ 36a AktG, §§ 5, 19 GmbHG) eindeutig entgegen (*K/P/Otte* § 223 Rn 11; *Braun/Uhlenbruck* Unternehmensinsolvenz S 586; *Westrick* DStR 1998, 1879). Aus diesem Grund ist auch erwogen worden, einen Debt Equity Swap jedenfalls in dem Umfang für zulässig zu halten, indem der einzubringenden Gläubigerforderung vorher wirksam bestellte Sicherheiten zugrunde liegen, die mit der Einbringung der Forderung in das Kapital dem Schuldner übertragen werden (vgl *Braun/Uhlenbruck* S 586 f). Soweit bei einem solchen Procedere die Grundsätze der Kapitalaufbringung durch Sacheinlagen beachtet werden, ist gegen einen solche Debt Equity Swap grundsätzlich nichts einzuwenden. Aus praktischer Sicht muss man sich nur darüber im Klaren sein, dass es sich hierbei um Ausnahmetatbestände handelt, die einen geringen Umsetzungserfolg versprechen. Anders verhält es sich bei Personengesellschaften; insbesondere dann, wenn natürliche Personen als persönlich haftende Gesellschafter vorhanden sind, gelten die Kapitalaufbringungsgrundsätze für Kapitalgesellschaften nicht (*Braun/Uhlenbruck* S 587). Im Übrigen bleibt der wirtschaftliche Sinn der Debt Equity Swaps regelmäßig so lange zweifelhaft, wie der für die Sanierung eines Unternehmens erforderliche Zufluss liquider Mittel nicht gesichert ist. Die Wirkung solcher Debt Equity Swaps erschöpft sich regelmäßig im buchmäßigen Ausweis von Eigenkapital anstelle von Fremdverbindlichkeiten, was sich formal als Akt der Umwandlung von Fremd- in Eigenkapital darstellt, ohne dass dies zu einer Zufuhr von liquiden Mitteln führt.

10 Verzichtet der absonderungsberechtigte Gläubiger auf seine Forderung, so gilt dies im Zweifel als **Verzicht** auf den ungesicherten Teil der Forderung, wenn der Wert des Absonderungsrechts kleiner ist. Auf das Absonderungsrecht muss der Gläubiger **ausdrücklich** verzichten (*K/P/Otte* § 223 Rn 8; *N/R/Braun* § 223 Rn 13 vgl auch MüKoInsO-*Breuer* § 223 Rn 18).

§ 224 Rechte der Insolvenzgläubiger

Für die nicht nachrangigen Gläubiger ist im gestaltenden Teil des Insolvenzplans anzugeben, um welchen Bruchteil die Forderungen gekürzt, für welchen Zeitraum sie gestundet, wie sie gesichert oder welchen sonstigen Regelungen sie unterworfen werden sollen.

I. Zweck der Angaben

1 Die Angaben im gestaltenden Teil sollen zunächst den nicht nachrangigen Insolvenzgläubigern Klarheit darüber verschaffen, wie in ihre **Forderungen eingegriffen** werden soll. Die Norm dient aber nicht nur dazu, das **Informationsbedürfnis** der nicht nachrangigen Gläubiger im Hinblick auf die Abstimmung über den Plan zu befriedigen. Vielmehr ist ebenso zu berücksichtigen, dass die **Festlegungen im gestaltenden Teil** auch als **Grundlage für die Vollstreckung** der Gläubiger aus dem Plan in Verbindung mit dem Tabellenauszug (§ 257) **geeignet** sein müssen; hiermit verhält es sich anders als im Falle von § 223, wo die Bestimmtheit der Angaben im Hinblick auf die Vollstreckung aus dem Plan keine Bedeutung hat, weil die Absonderungsrechte nicht tituliert werden.

II. Notwendige Angaben

2 § 222 Abs 1 Nr 2 schreibt verbindlich die Bildung einer Gruppe der **nicht nachrangigen Insolvenzgläubiger** vor. Da anders als im Fall von § 222 Abs 1 Nr 1 und 3 die Gruppe der nicht nachrangigen Gläubiger stets gebildet werden muss, sind auch die von § 224 geforderten Angaben für den gestaltenden Teil in jedem Plan zwingend erforderlich. Mit Recht wird § 224 als Kern oder als wesentlicher Inhalt des Insolvenzplans angesehen, da es hier um die „normalen" Gläubiger geht, die zwar ungesichert, aber nicht nachrangig sind (*K/P/Otte* § 224 Rn 1; *Hess* § 224 Rn 5). Die Vorschrift behandelt nach neuem Recht die ungesicherten Gläubiger, wie sie bisher von § 61 Abs 1 Nr 6 KO erfasst wurden. Auch bei den nicht nachrangigen Insolvenzgläubigern ist es gemäß § 222 Abs 2 möglich, **mehrere Gruppen** zu bilden, und gegebenenfalls die Forderungen der nicht nachrangigen Insolvenzgläubiger in den jeweiligen Gruppen unterschiedlich zu behandeln (§ 222 Rn 30 ff). In diesem Fall müssen die nach § 224 erforderlichen Angaben für jede einzelne Gruppe **gesondert** im gestaltenden Teil erfolgen.

3 Anzugeben ist, welchen **Regelungen die Forderungen der nicht nachrangigen Gläubiger unterworfen** werden sollen. Beispielhaft nennt § 224 etwa die Angaben, um welchen Bruchteil solche Forderungen gekürzt, für welchen Zeitraum sie **gestundet** oder wie sie **gesichert** werden sollen. Auch **andere Eingriffe**

I. Einbeziehung der nachrangigen Gläubiger § 225

als Kürzung, Stundung oder Sicherung sind im Einzelfall **möglich** und dann entsprechend im gestaltenden Teil **darzulegen**.

Anzugeben sind die **schuldrechtlichen Regelungen**, denen die Forderungen unterworfen werden sollen. Soweit in Bezug auf die nicht nachrangigen Gläubiger dingliche Rechtsänderungen vorgesehen werden, sollen die **dinglichen Rechtsänderungen** nicht zu den unter § 224 fallenden zwingenden Angaben gehören (*N/R/Braun* § 224 Rn 2); dies kann aus § 228 entnommen werden, wonach für die dinglichen Rechtsänderungen bestimmt wird, dass die hierzu erforderlichen Willenserklärungen in den gestaltenden Teil aufgenommen werden können. 4

III. Inhaltliche Anforderungen

Die Angaben im Plan hinsichtlich der vorgesehenen Regelungen für die Forderungen nicht nachrangiger Gläubiger müssen **inhaltlich** so bestimmt und ausgestaltet werden, dass sie in Bezug auf den Individualanspruch des Gläubigers einen **vollstreckungsfähigen Inhalt** haben. Denn wie sich aus § 257 ergibt, ist der rechtskräftig bestätigte Insolvenzplan in Verbindung mit der Eintragung der Forderungen in die Tabelle die Grundlage für die Gläubiger, aus einem vollstreckbaren Urteil die Zwangsvollstreckung gegen den Schuldner betreiben zu können (wie hier *N/R/Braun* § 224 Rn 4; *Smid/Rattunde* Insolvenzplan Rn 268 ff; abweichend „Vollstreckungstitel ist nur der Feststellungsvermerk in der Tabelle" *Hess* § 225 Rn 6, jedoch unter unzutreffender Heranziehung des früher geltenden Rechts, das durch § 257 überholt ist; hierzu im Einzelnen unten § 257 Rn 5). Das schließt nicht aus, dass der Plan weitergehende Regelungen enthält, die nicht Gegenstand der Einzelzwangsvollstreckung sein können (*N/R/Braun* § 224 Rn 6). 5

IV. Gesamtabgeltungsklauseln

Denkbar ist es, statt der Festlegung von Quoten für die jeweiligen Forderungen einen **Gesamtabgeltungsbetrag** für die nicht nachrangigen Gläubiger festzusetzen, der auf die festgestellten Forderungen proportional aufgeteilt wird (ebenso *Braun/Frank* § 224 Rn 3; *MüKoInsO-Breuer* § 224 Rn 12). Es empfiehlt sich dann, eine Auffangklausel vorzusehen für den Fall, dass die Forderungen erst nach der Einreichung des Plans festgestellt werden oder sich noch nachträglich begründete Forderungen ergeben, damit sich das Verhältnis zwischen dem Abgeltungsbetrag und den insgesamt zu befriedigenden Forderungen nicht verschiebt. 6

§ 225 Rechte der nachrangigen Insolvenzgläubiger

(1) Die Forderungen nachrangiger Insolvenzgläubiger gelten, wenn im Insolvenzplan nichts anderes bestimmt ist, als erlassen.

(2) Soweit im Plan eine abweichende Regelung getroffen wird, sind im gestaltenden Teil für jede Gruppe der nachrangigen Gläubiger die in § 224 vorgeschriebenen Angaben zu machen.

(3) Die Haftung des Schuldners nach der Beendigung des Insolvenzverfahrens für Geldstrafen und die diesen in § 39 Abs. 1 Nr. 3 gleichgestellten Verbindlichkeiten kann durch einen Plan weder ausgeschlossen noch eingeschränkt werden.

I. Einbeziehung der nachrangigen Gläubiger

Anders als nach altem (Vergleichs-)Recht bezieht die InsO sämtliche **nachrangigen Gläubiger** (§ 39) in das Insolvenzverfahren ein. Für den Insolvenzplan hat der Gesetzgeber in Abs 1, entsprechend der Behandlung von Zins- und Kostenforderungen der Vergleichsgläubiger nach altem Recht, allgemein den **Grundsatz** aufgestellt, dass die **Forderungen** der nachrangigen Gläubiger als **erlassen** gelten; der Plan kann jedoch **abweichende Regelungen** für die nachrangigen Gläubiger vorsehen. Hierdurch soll ermöglicht werden, auch für die nachrangigen Gläubiger sachgerechte, an die Umstände des jeweiligen Einzelfalls angepasste Lösungen zu finden (Begr zu § 268 RegE InsO *Balz/Landfermann* S 339). In der Begründung zu § 268 RegE InsO heißt es, solche Regelungen für nachrangige Gläubiger könnten sachgerecht erscheinen, wenn zB alle nicht nachrangigen Insolvenzgläubiger voll befriedigt würden und noch ein Überschuss für die nachrangigen Gläubiger verbleibe; auch für Gläubiger von **kapitalersetzenden Darlehen** könne es im Falle der Fortführung des Unternehmens unter Umständen angemessen sein, Leistungen vorzusehen (Begründung zu § 268 RegE InsO *Balz/Landfermann* S 340). 1

Sind in dem Insolvenzplan Regelungen für nachrangige Gläubiger vorgesehen, so ist zu beachten, dass diese Gläubiger ihre **Forderungen** nach § 174 Abs 3 nur auf **Aufforderung durch das Gericht** anmelden (*Braun/Frank* § 225 Rn 3). Die Anmeldung ist gleichwohl auch hier Voraussetzung dafür, dass solche Forderungen nach Tabellenauszug und Plan tituliert werden können (§§ 256, 257). Daher sollte das Gericht rechtzeitig prüfen, ob die nachrangigen Gläubiger bereits zur Anmeldung ihrer Forderungen aufgefordert worden sind; gegebenenfalls muss die **Aufforderung** unverzüglich **nachgeholt** werden. 2

3 Als nachrangige Insolvenzgläubiger einbezogen sind nunmehr nach § 39 Abs 1 Nr 5 auch Gesellschafter mit ihren **Forderungen auf Rückgewähr von eigenkapitalersetzenden Darlehen** oder gleichgestellten Ansprüchen. Wird die Gesellschaft fortgeführt und ist der Plan erfolgreich, so **kann die Eigenkapitalbindung wegfallen.** Es erscheint dann aber grundsätzlich nicht sachgerecht, dass frühere eigenkapitalersetzende Leistungen der Gesellschafter erlöschen. Es kann daher bei der Fortführung auch nicht beanstandet werden, wenn Gesellschafter den erforderlichen Fortsetzungsbeschluss nur unter der Voraussetzung fassen wollen, dass im Plan eine von der Regelvermutung abweichende Regelung für eigenkapitalersetzende Leistungen vorgesehen wird. Bei einer **Fortführung des Unternehmens** kann eine von der Regelvermutung des Abs 1 (Erlass) **abweichende Behandlung** eigenkapitalersetzender Leistungen durchaus **gerechtfertigt** sein, beispielsweise der **Erhalt** oder die volle oder teilweise **Zahlung nach Beseitigung der Eigenkapitalersatzverhaftung**, entsprechend der Behandlung von eigenkapitalersetzenden Gesellschafterdarlehen bzw gleichgestellten Ansprüchen außerhalb der Insolvenz. Bei einem Liquidationsplan wird die Berücksichtigung von eigenkapitalersetzenden Finanzierungsbeiträgen regelmäßig ausscheiden.

II. Grundsatz (Abs 1)

4 Nach dem in Abs 1 normierten **Grundsatz** gelten **Forderungen** der nachrangigen Gläubiger als **erlassen.** Die **Erlassregelung** von Abs 1 fußt auf der Annahme, dass auf nachrangige Forderungen in der Regel nichts entfällt, weil normalerweise schon die nicht nachrangigen Forderungen nicht vollständig erfüllt werden (Begr zu § 268 RegE InsO *Balz/Landfermann* S 339; *Diensthüler* InVo 1998, 333, 335; *K/P/Otte* § 225 Rn 3). Die Erlassregelung nach Abs 1 gilt allerdings auch dann, wenn ausnahmsweise auch auf nachrangige Forderungen etwas gezahlt werden könnte. Allerdings würden solche Gläubiger dann infolge des Erlasses schlechter stehen, als sie ohne Plan stünden, mit der Folge, dass sie über § 251 die Bestätigung des Plans verhindern könnten. Die **Forderungen erlöschen vollständig.** Sie bleiben nicht etwa als unvollkommene Verbindlichkeiten (Naturalobligationen) bestehen, wie dies für die nicht erlassene Restforderung anzunehmen ist (dazu § 227 Rn 4). Die Forderungen sind daher weder durchsetzbar noch erfüllbar. Wird **gleichwohl geleistet**, so steht § 254 Abs 3 einer **Rückforderung** nicht entgegen. Diese Vorschrift gilt nur für die nicht erlassene Restforderung (vgl Begr zu § 301 RegE InsO *Balz/Landfermann* S 373). Jedoch kann im Einzelfall § 814 BGB einer Rückforderung entgegenstehen.

III. Regelungen im Plan

5 Wenn vom Grundsatz des § 225 Abs 1 abgewichen werden soll, so muss dies **nicht für sämtliche nachrangigen Gläubiger** geschehen. Vielmehr kann gemäß § 222 Abs 1 Nr 2 **für jede einzelne Rangklasse** der nachrangigen Gläubiger eine Gruppe gebildet werden, wenn und soweit deren Forderungen nicht erlassen werden sollen. Es kann also zB für die Gläubiger der in § 39 Abs 1 Nr 1 bezeichneten Zinsforderungen eine Gruppe gebildet und für die Zinsen eine abweichende Regelung (Erhalt, Teilzahlung, usw) getroffen werden, während es für die übrigen Rangklassen bei § 225 Abs 1 verbleibt. **Nur** soweit für (einzelne) Rangklassen der nachrangigen Insolvenzgläubiger eine solche abweichende Regelung getroffen werden soll, sind im gestaltenden Teil des Plans gemäß § 225 Abs 2 Angaben darüber zu machen, welche Regelungen insoweit gelten sollen. Soweit in Abs 2 formuliert ist, „für jede Gruppe der nachrangigen" ist damit gemeint jede Gruppe, für die eine abweichende Regelung getroffen werden soll (so auch *N/R/Braun* § 225 Rn 6). Das ergibt sich bereits aus dem Wort „soweit".

6 Teilweise wird die Auffassung vertreten, dass **Regelungen für weiter „hinten" angesiedelte Rangklassen** nur zulässig seien, wenn die jeweils „vorher" in § 39 bezeichneten Rangklassen auch etwas erhielten (*N/R/Braun* § 225 Rn 6; § 222 Rn 10). Dies dürfte nicht zutreffen. § 222 Abs 1 Nr 3 bestimmt nur, dass jeweils eine Gruppe pro Rangklasse zu bilden ist, soweit der Plan Regelungen hinsichtlich der Behandlung nachrangiger Forderungen enthalten soll. Entgegen einer vielfach in der Literatur anzutreffenden Formulierung (zB BerlKo-*Breutigam* § 222 Rn 8 f) ist daher **keine Gruppe** der nachrangigen Gläubiger zu bilden, sondern für **jede Rangklasse eine gesonderte Gruppe**. Daraus folgt jedoch nicht, dass die Gruppenbildung beispielsweise für die in § 39 Abs 1 Nr 2 genannte Rangklasse nur zulässig wäre, wenn auch die „vorher" stehende Rangklasse Nr 1 etwas erhält und eine entsprechende Gruppe gebildet würde. Für die abweichende Auffassung kann auch nicht auf § 245 Abs 2 zurückgegriffen werden. Die „Rangdurchbrechung" würde lediglich dazu führen, dass das **Obstruktionsverbot** nicht greift. Dies wiederum wäre nur relevant, wenn Mehrheiten nicht erreicht werden. Schon deshalb kann aus § 245 Abs 2 nicht geschlossen werden, dass für alle „besseren" Rangklassen des § 39 Abs 1 gleichfalls Gruppen gebildet werden müssten. Tatsächlich ist, wie *Braun* ausführt (*N/R/Braun* § 222 Rn 10 in Fn 6), § 245 Abs 2 auf diesen Fall überhaupt nicht anwendbar. Denn soweit keine Gruppe gebildet wird, stimmt diese Rangklasse auch nicht ab, so dass § 245 per se nicht anwendbar ist. *Braun* formuliert an anderer Stelle zutreffend: *„die Frage, ob eine gemäß § 39 InsO besserrangige Gruppe als erlassen gelten kann, braucht für nachrangige Gruppen nicht abstimmungshalber und nicht im Rahmen von § 245 Abs 2 InsO geprüft werden".* Entgegen der geschilderten abweichenden Auffassung kann daher

I. Allgemeines **§ 226**

durchaus im Plan beispielsweise eine Gruppe für die in § 39 Abs 1 Nr 2 bezeichnete Rangklasse gebildet werden, ohne dass deswegen zugleich eine Gruppe für die „bessere" Rangklasse nach § 39 Abs 1 Nr 1 vorgesehen werden müsste. Im Übrigen spricht auch der Gesetzeszweck des §§ 225 Abs 2, 222 Abs 1 Nr 3, flexible Regelungen für **einzelne** Rangklassen vornehmen zu können, für die hier vertretene Auffassung.

Eine **weitergehende Beeinträchtigung** der Forderungen der nachrangigen Insolvenzgläubiger durch den Plan **als der Erlass** der Forderungen nach dem Grundsatz von Abs 1 könnte allenfalls dadurch erfolgen, dass über den Erlass der Forderungen hinaus auch die **Wiederauflebensklausel** im Falle eines Rückstands nach § 255 Abs 1 **ausgeschlossen** würde. Im Übrigen werden Regelungen im Insolvenzplan die nachrangigen Insolvenzgläubiger gerade besser stellen, indem beispielsweise die Forderungen aufrechterhalten oder teilweise bedient werden. Auch im letzteren Fall, so bei begünstigenden Regelungen, sind nach dem Wortlaut von § 222 Abs 1 Nr 3 entsprechende Gruppen für die einzelnen Rangklassen zu bilden. Allerdings wären diese Gruppen mangels Beeinträchtigung der Forderungen nicht stimmberechtigt (§ 237 Abs 2). 7

Der **Zweck der Angaben** und die inhaltlichen Anforderungen entsprechen den Anforderungen von § 224. Auf die dortigen Ausführungen kann insoweit verwiesen werden. 8

Besonderheiten gelten gemäß § 225 Abs 3 für **Geldstrafen** und die in § 39 Abs 1 Nr 3 **gleichgestellten Forderungen**. § 225 Abs 3 bestimmt, dass die **Haftung des Schuldners nach Beendigung** des Insolvenzverfahrens für Geldstrafen und die in § 39 Abs 1 Nr 3 gleichgestellten Forderungen durch den Plan weder ausgeschlossen noch eingeschränkt werden kann. Diese Formulierung ist unglücklich. In der Begründung heißt es, für diese Forderungen solle es „bei der Regelung des geltenden Vergleichsrechts (Abs 3)" bleiben; es entspreche der besonderen Natur dieser Verbindlichkeiten, dass sie nicht der Disposition der Gläubigergremien unterlägen (Begr zu § 225 RegE InsO *Balz/Landfermann* S 340). Auch diese Formulierung erscheint zumindest ungenau. Aus Abs 3 folgt zunächst einmal, dass insoweit vom Grundsatz des § 225 Abs 1 abweichende, **nachteilige Festlegungen unzulässig** sind. Würde man Abs 3 aber nur so lesen, dass der Plan keine nachteiligen Regelungen für solche Forderungen treffen kann, so würden nach dem Grundsatz des Abs 1 diese Forderungen als erlassen gelten; sie könnten nach Bestätigung des Plans und Aufhebung des Insolvenzverfahrens nicht mehr geltend gemacht werden. Dies stünde offenkundig im Widerspruch zu dem aus der Begründung ersichtlichen Sinn von Abs 3. Diese Vorschrift ist daher auch als **Einschränkung von Abs 1** zu verstehen; der Erlass der Forderungen nach § 225 Abs 1 **gilt** für die von § 225 **Abs 3** angesprochenen Forderungen **nicht**. Dementsprechend ist § 225 Abs 3 dahingehend auszulegen, dass im Falle eines Insolvenzplans in solche Forderungen nicht eingegriffen werden darf. Der Plan kann jedoch Regelungen vorsehen, welche die Gläubiger solcher Forderungen **besser stellen**, als sie bei einer Regelabwicklung stünden; Abs 3 schließt lediglich **nachteilige** Regelungen für solche Forderungen aus. 9

§ 226 Gleichbehandlung der Beteiligten

(1) Innerhalb jeder Gruppe sind allen Beteiligten gleiche Rechte anzubieten.

(2) ¹Eine unterschiedliche Behandlung der Beteiligten einer Gruppe ist nur mit Zustimmung aller betroffenen Beteiligten zulässig. ²In diesem Fall ist dem Insolvenzplan die zustimmende Erklärung eines jeden betroffenen Beteiligten beizufügen.

(3) Jedes Abkommen des Insolvenzverwalters, des Schuldners oder anderer Personen mit einzelnen Beteiligten, durch das diesen für ihr Verhalten bei Abstimmungen oder sonst im Zusammenhang mit dem Insolvenzverfahren ein nicht im Plan vorgesehener Vorteil gewährt wird, ist nichtig.

I. Allgemeines

Nach herkömmlicher Betrachtungsweise, die Konkurs- und Vergleichsordnung zugrunde lagen, sollte im Rahmen einer Abwicklung des schuldnerischen Vermögens vom Grundprinzip her das freie vollstreckungsfähige Vermögen **gleichmäßig** an die Gläubiger verteilt werden. Dieser Grundsatz der Gleichbehandlung der Gläubiger, die **par conditio creditorum**, galt – unbeschadet der unterschiedlichen systematischen Erklärungsansätze hinsichtlich seiner Funktion und Berechtigung – als zentraler Grundsatz des bisherigen Rechts (dazu *Häsemeyer* Rn 2.31 ff). Trotz aller Bekenntnisse hierzu war jedoch auch im **bisherigen Recht keine völlige Gleichbehandlung** der Gläubiger gegeben. Denn neben den **ausgeschlossenen Gläubigern** sind insoweit insbesondere die bisherigen **Konkursvorrechte** und die **Nachränge** zu nennen (*Häsemeyer* Rn 2.32). 1

Im Fall von **Sanierungen** erscheint eine größere Relativierung des Grundsatzes der par conditio creditorum durchaus geboten mit der Folge, dass **unterschiedliche Regelungen** für die beteiligten Gläubiger nach sachlichen Kriterien durchaus geboten sein können (vgl oben Vorbem zu §§ 217–269, Rn 37). Solange die betroffenen Gläubiger den jeweils für sie vorgesehenen Regelungen zustimmen, ist dagegen ohnehin nichts einzuwenden. 2

II. Gleichbehandlung innerhalb der Gruppe

3   Nach Abs 1 ist eine **Gleichbehandlung** der Gläubiger nur **innerhalb der jeweils gebildeten Gruppe** vorgeschrieben. Da die Gruppen nach unterschiedlichen rechtlichen und wirtschaftlichen Kriterien gebildet werden, ist die unterschiedliche Behandlung zwischen den Gruppen legitim. Sie ist zwar nicht der Zweck des Planverfahrens (so aber *N/R/Braun* § 226 Rn 3), aber jedenfalls für Sanierungspläne regelmäßig dessen Folge.

III. Zustimmungsvorbehalt

4   Weitergehend erlaubt Abs 2, dass **auch innerhalb einer Gruppe unterschiedliche Behandlungen** der Beteiligten (Mitglieder) der Gruppe **zulässig** sind, sofern die übrigen zu der Gruppe gehörenden **Gläubiger** der unterschiedlichen Behandlung **zustimmen**. Ausweislich der Begründung zu § 269 RegE InsO ist insoweit allerdings nur die Zustimmung der innerhalb der jeweiligen Gruppe schlechter behandelten Gläubiger erforderlich (*Balz/Landfermann* S 340). Dort heißt es, wenn einige Beteiligte eindeutig besser gestellt würden als andere, werde lediglich die Zustimmung der Benachteiligten zu verlangen sein. Teilweise wird weitergehend generell die Zustimmung nachteilig Betroffener verlangt (*K/P/Otte* § 226 Rn 3; *Braun/Uhlenbruck* Unternehmensinsolvenz S 455). Schwierigkeiten kann das bereiten, wenn nicht ziffernmäßig bestimmte Differenzierungen getroffen werden, sondern die Behandlung der Mitglieder der Gruppe sachlich unterschiedlich erfolgt (ebenso *N/R/Braun* § 226 Rn 4). Im Einzelfall wird daher mit Sorgfalt zu prüfen sein, ob Benachteiligungen vorgesehen sind und welchen Kreis der jeweiligen Gläubiger sie umfassen.

IV. Verbot von Nebenabreden

5   Abs 3 verbietet **Absprachen** des Verwalters, des Schuldners oder Dritter mit einzelnen Beteiligten mit dem Ziel, **Zustimmung zum Plan zu erreichen**. Solche Vereinbarungen sind **nichtig**. Dabei geht es um Sonderzuwendungen bzw Sondervorteile, die Beteiligten für ihre Zustimmung gewährt werden. Gleichgültig ist, ob solche **Sondervorteile** aus dem Massevermögen oder außerhalb der Masse gewährt werden (*N/R/Braun* § 226 Rn 8). Nach der Rechtsprechung führt dies auch zur Nichtigkeit eines Forderungskaufs, falls der Kauf zu einem Preis erfolgte, der die in einem vorgelegten Insolvenzplan vorgesehene Quote übersteigt und der Käufer mit der so erlangten Abstimmungsmehrheit die Annahme des Insolvenzplans bewirkt (BGH 3. 3. 2005, BGHZ 162, 283). Unzulässig sind allerdings lediglich Absprachen, die **im Plan nicht offenbart** werden. Werden die Absprachen dagegen **im Plan offen gelegt** oder sind sie Bestandteil des Plans, so liegt **kein Verstoß** gegen Abs 3 vor (*K/P/Otte* § 226 Rn 5; FK-*Jaffé* § 226 Rn 20). Verboten sind Absprachen **im Zusammenhang mit dem Insolvenzverfahren**. Dieses Merkmal ist nach Ansicht des **BGH** stets erfüllt, wenn die Vereinbarung ausschließlich dem Zweck diente, die Annahme des Insolvenzplans sicherzustellen (BGHZ 162, 283, 293).

6   Abs 3 steht **Absprachen mit Gläubigern** nicht generell entgegen. Dementsprechend ist es **zulässig**, im Vorfeld des Insolvenzplans Vereinbarungen mit Gläubigern zu treffen, **solange** solche Vereinbarungen **offen gelegt** werden. Der BGH hat die Herbeiführung der Annahme eines Insolvenzplans durch einen Forderungskauf, der einzelnen Gläubigern Sondervorteile zuführt, als unlauter beurteilt iS des § 250 Nr 2 ohne Rücksicht darauf, ob der Forderungskauf heimlich oder offen erfolgte. Etwas anderes soll nach Auffassung des **BGH** nur gelten, wenn der Forderungskauf offen **im Insolvenzplan** ausgewiesen wird (BGHZ 162, 283). **Salvatorische Klauseln** zur Beseitigung einer möglichen Schlechterstellung von Gläubigern verstoßen mithin nicht gegen Abs 3, wenn diese im Plan dargelegt werden, was regelmäßig der Fall sein wird (dazu § 251 Rn 22 f).

§ 227 Haftung des Schuldners

(1) Ist im Insolvenzplan nichts anderes bestimmt, so wird der Schuldner mit der im gestaltenden Teil vorgesehenen Befriedigung der Insolvenzgläubiger von seinen restlichen Verbindlichkeiten gegenüber diesen Gläubigern befreit.

(2) Ist der Schuldner eine Gesellschaft ohne Rechtspersönlichkeit oder eine Kommanditgesellschaft auf Aktien, so gilt Absatz 1 entsprechend für die persönliche Haftung der Gesellschafter.

I. Normzweck

1   Für die **Abwicklung** nach dem **Regelverfahren** bestimmt § 201 Abs 1, dass die **Insolvenzgläubiger** nach der Aufhebung des Insolvenzverfahrens ihre **restlichen Forderungen** gegen den Schuldner **unbeschränkt geltend machen** können (vorbehaltlich einer Restschuldbefreiung, § 201 Abs 3). Soll das Vermögen des Schuldners jedoch nicht abgewickelt, sondern der **Schuldner saniert** werden, so setzt dies wirtschaftlich regelmäßig eine – endgültige – **Entschuldung** durch entsprechende Sanierungsbeiträge der (Insolvenz-)Gläubiger voraus. Die Gläubiger werden einen solchen (endgültigen) Sanierungsbeitrag

III. Haftung von Gesellschaftern (§ 227 Abs 2)   § 227

dann leisten, wenn sie sich durch die **Sanierung** eine **Kompensation** versprechen. **Für Sanierungen passt eine Nachhaftung** nach § 201 Abs 1 daher **nicht.** Dementsprechend sieht § 227 Abs 1 vor, dass der Schuldner mit der Befriedigung der Insolvenzgläubiger nach Maßgabe des Insolvenzplans von seinen übrigen Verbindlichkeiten gegenüber diesen Gläubigern befreit wird. **§ 227 trägt damit** in erster Linie dem **Sanierungserfordernis** einer Bereinigung der Passiva **Rechnung.** Dies verbirgt sich hinter der Formulierung der Entwurfsbegründung zu § 270 RegE InsO, wonach der Schuldner „ein erhebliches Interesse an der Frage [habe], inwieweit er durch den Plan von seinen Verbindlichkeiten gegenüber den Insolvenzgläubigern befreit wird" (*Balz/Landfermann* S 341). Die **Sanierungsausrichtung** dieser **Restschuldbefreiung** lässt sich auch an dem **amerikanischen Vorbild** ablesen. Im Verfahren nach Chapter 11 US BC knüpft sich an einen Reorganisationsplan gleichfalls eine Restschuldbefreiung („**discharge**"; 11 USC § 1141 (d)). Bei Liquidationsplänen gibt es hingegen keine „discharge".

Der Insolvenzplan kann **abweichende Regelungen** treffen. Das entspricht der von der Gesetzesbegründung als Reformziel herausgestellten Flexibilität und dem Umstand, dass der Insolvenzplan auch für Liquidationen zur Verfügung steht, für welche die oben angeführten Sanierungsaspekte nicht gelten.   2

II. Haftung des Schuldners (§ 227 Abs 1)

1. Gesetzliche Regelanordnung. Wenn im Insolvenzplan nichts anderes bestimmt ist, wird der **Schuldner** „mit der im gestaltenden Teil vorgesehenen Befriedigung" der Insolvenzgläubiger von seinen **restlichen Verbindlichkeiten** gegenüber diesen Gläubigern **befreit.** Die Befreiung von den Restverbindlichkeiten gilt **nur gegenüber den Insolvenzgläubigern,** nicht gegenüber anderen Gläubigern; sie setzt jedoch nicht voraus, dass die den jeweiligen Gläubigern **im Insolvenzplan zugesagten Leistungen plangemäß erbracht wurden** (aA zu Unrecht die Voraufl; wie hier *Braun/Frank* § 227 Rn 4; MüKoInsO-*Breuer* § 228 Rn 8; sa unten § 254 Rn 5 aE). Soweit sich bei der Erfüllung der im Plan zugesagten Leistungen Abweichungen gegenüber der Planzusage ergeben, kann die Wiederauflebensklausel des § 255 relevant werden. Wenn eine nach den Festsetzungen des Insolvenzplans reduzierte Forderung nach § 255 wiederauflebt, so findet **in Bezug auf die betreffende Verbindlichkeit** keine Schuldbefreiung nach § 227 statt. Die übrigen, ordnungsgemäß erfüllten Verbindlichkeiten werden dadurch jedoch nicht berührt, so dass **insoweit** die Schuldbefreiung hinsichtlich der Restverbindlichkeiten eintritt.   3

Die Restforderung wird erlassen (Begr zu § 270 RegE InsO *Balz/Landfermann* S 341). Diese bleibt jedoch, wie schon zum früheren Recht vertreten wurde, als **unvollkommene Verbindlichkeit** bzw **Naturalobligation** bestehen; sie ist nicht durchsetzbar, jedoch jederzeit erfüllbar (FK-*Jaffé* § 227 Rn 19; vgl auch die Begr zu § 301 RegE InsO *Balz/Landfermann* S 373; aA BerlKo-*Breutigam* § 227 Anm 3). Die Rechtsprechung hat dies beim Zwangsvergleich und Vergleich aus §§ 193 S 2 KO, 82 Abs 2 VglO abgeleitet (**BGH** 9. 4. 1992 BGHZ 118, 71, 76; **BGH** 10. 2. 1982 ZIP 1982, 467, 468 mwN). Diese Regelung ist durch § 254 Abs 2 übernommen worden. Bedeutung hat dies für den **Fortbestand akzessorischer Sicherungsrechte** (vgl *Braun/Frank* § 227 Rn 5). Anders als im alten Recht können jedoch Sicherungsrechte, welche lediglich ein Absonderungsrecht begründen, im Plan **gleichfalls umgestaltet** werden. Soweit neben der Forderung auch die entsprechenden Sicherungsrechte durch den Plan angepasst werden, spielt der Fortbestand als erfüllbare, jedoch nicht durchsetzbare Forderung daher keine Rolle mehr. Wird auf die Restforderung **gleichwohl geleistet,** so ist eine **Rückforderung** nunmehr nach der ausdrücklichen Klarstellung in § 254 Abs 3 ausgeschlossen. Dies wurde zum alten Recht aus § 814 BGB hergeleitet (**RG** 6. 12. 1911 RGZ 78, 71, 77).   4

Wie sich aus § 225 Abs 3 ergibt, tritt **keine Schuldbefreiung** ein **hinsichtlich** der in § 39 Abs 1 Nr 3 genannten Verbindlichkeiten, auch nicht, wenn diesen Gläubigern im Insolvenzplan eine Leistung zugesagt wird, aufgrund derer sie besser stehen, als sie bei einer Regelabwicklung stünden (zB Teilzahlung statt Ausfall). Diese Verbindlichkeiten bleiben vielmehr vollumfänglich bestehen.   5

2. Abweichende Regelungen im Plan. Nach Abs 2 kann der Insolvenzplan abweichende Regelungen für die Befreiung des Schuldners von den Restverbindlichkeiten treffen. Diese **können über § 227 Abs 1 hinausgehen,** beispielsweise indem auf die Wiederauflebungsklausel verzichtet wird. Umgekehrt ist es möglich, **die Restschuldbefreiung zu beschränken.** Solche, den Schuldner belastenden Regelungen sind jedoch **nicht unbegrenzt zulässig.** Vielmehr hat der Gesetzgeber in § 247 Abs 2 Nr 1 dem **Schuldner ein Widerspruchsrecht** gegen den Plan eingeräumt, **wenn er durch den Plan schlechter gestellt würde,** als er ohne Plan stünde. Widerspricht der Schuldner in einem solchen Fall dem Plan, so kann dieser gemäß §§ 248, 250 Nr 1 nicht bestätigt werden. Solche von § 227 Abs 1 zum Nachteil des Schuldners abweichende Regelungen werden in erster Linie wohl bei einem Liquidationsplan in Betracht kommen.   6

III. Haftung von Gesellschaftern (§ 227 Abs 2)

1. Gesetzliche Regelanordnung. Nach Abs 2 gelten die Regelungen des Abs 1 entsprechend für die **persönliche Haftung der Gesellschafter** einer GbR, Personenhandelsgesellschaft oder Kommanditgesellschaft auf Aktien (sowie sonstiger Gesellschaften ohne Rechtspersönlichkeit vgl § 11 Abs 2 Nr 1). Auf **Vor-GmbH** und **Vor-AG** ist die Vorschrift **nicht anwendbar.** Diese sind zwar nach hM insolvenzfähig   7

(*Lutter/Hommelhoff* GmbHG § 11 Rn 3 mwN; *Hüffer* AktG § 41 Rn 10 mwN); jedoch findet eine persönliche Außenhaftung nicht statt (**BGH** 27. 1. 1997 ZIP 1997, 679). Auch auf andere **gesellschaftsrechtliche Innenhaftungstatbestände** ist die Vorschrift **unanwendbar**. Das gilt etwa für bestimmte **Konzernhaftungstatbestände** und für die **Durchgriffshaftung**, sofern man diese für eine Innenhaftung hält (zum Streit hierüber etwa *Lutter/Hommelhoff* GmbHG § 13 Rn 13).

8   Soweit Forderungen gegen die Gesellschaft als Schuldnerin gemäß § 227 Abs 1 oder aufgrund der Regelungen des Insolvenzplans erlassen sind, können die persönlich haftenden **Gesellschafter** gleichfalls **nicht mehr in Anspruch genommen** werden. Das folgt auch ohne die Anordnung nach Abs 2 schon aus der **Akzessorietät zwischen persönlicher Haftung des Gesellschafters und Gesellschaftsverbindlichkeit** (dazu *K. Schmidt* GesR § 49 II 3); der Gesellschafter kann eine Stundung oder einen (Teil-)Erlass einer Gesellschaftsverbindlichkeit gegen eine persönliche Inanspruchnahme einwenden, etwa nach § 129 Abs 1 HGB.

9   Der **Umfang der Haftungsbefreiung** ist fraglich. Zu §§ 211 KO und 82 Abs 2 VglO wurden verschiedene **Ausnahmen** von der Haftungsbeschränkung angenommen, weil das Gesetz lediglich von der „persönlichen Haftung der Gesellschafter" spreche. Daher sollte die Haftung **aus einem anderen Schuldgrund**, beispielsweise die dingliche Haftung eines Gesellschafters für eine Gesellschaftsschuld, unberührt bleiben. Ferner war deshalb ebenso umstritten, ob die Haftungsbeschränkung auch **ausgeschiedenen Gesellschaftern** und **Kommanditisten** zugute kam (dazu statt aller *K/U* § 211 KO Rn 6 ff mwN). § 227 Abs 1, wonach der Schuldner „von seinen restlichen Verbindlichkeiten gegenüber diesen Gläubigern befreit" wird, gilt nach Abs 2 entsprechend für „**die persönliche Haftung der Gesellschafter**". Man wird angesichts dieses Wortlauts von Abs 2 davon ausgehen müssen, dass die zum alten Recht vertretenen Ausnahmen von der Haftungsbeschränkung grundsätzlich auch für § 227 Abs 2 gelten. Die Haftungsbefreiung nach Abs 2 erfasst daher keine anderen Schuldgründe oder andere Verbindlichkeiten als die **akzessorische Gesellschafterhaftung**. Eine vom Gesellschafter für eine Gesellschaftsverbindlichkeit übernommene **Bürgschaft** bleibt bestehen; das ergibt sich allerdings bereits aus § 254 Abs 2. Ebenso bleibt eine **dingliche Haftung** bestehen, die der Gesellschafter für eine Gesellschaftsverbindlichkeit übernommen hat.

10   Die Nichtanwendung von § 211 Abs 2 KO auf den ausgeschiedenen Gesellschafter wurde von der früher herrschenden Meinung damit begründet, dass dieser im Gegensatz zu den „aktiven" Gesellschaftern **nicht Mitträger der Gemeinschuldnerrolle**, sondern lediglich **Mitschuldner** sei; ferner solle durch die Beschränkung der persönlichen Haftung die Fortführung des Unternehmens erleichtert werden, was auf den ausgeschiedenen Gesellschafter nicht zutreffe (*K/U* § 211 KO Rn 7 mwN). Mindestens der erste Teil dieser Begründung lässt sich nicht mehr aufrechterhalten. Denn die persönlich haftenden Gesellschafter sind nach der InsO nicht als Träger der Gemeinschuldnerrolle anzusehen. Das ergibt sich zum einen daraus, dass ausweislich der Begründung zu § 13 des Regierungsentwurfs die in § 13 Abs 2 bezeichneten Gesellschaften selbst Schuldner im Sinne des Gesetzes sind (*Balz/Landfermann* S 85). Ferner ist auf § 138 Abs 2 Nr 1 zu verweisen, wo die persönlich haftenden Gesellschafter einer Personengesellschaft als dem Schuldner nahe stehende Personen definiert werden. Insofern besteht mithin nach der InsO **kein Unterschied mehr** zwischen „**aktiven**" und **ausgeschiedenen** Gesellschaftern (ebenso *Braun/Frank* § 227 Rn 7). Außerdem trifft es nicht zu, dass die Nachhaftung des ausgeschiedenen Gesellschafters mit der Fortführung des Unternehmens nichts zu tun habe. Sie ist im Gegenteil ausschließlich unter „going-concern"-Gesichtspunkten begründbar; andernfalls würde es sich um eine reine Nachschusspflicht für die Abwicklungsmasse handeln. So ist die Nachhaftung des ausgeschiedenen Gesellschafters jedoch weder gemeint noch konzipiert. Das zeigt sich schon daran, dass auch die Haftung des ausgeschiedenen Gesellschafters akzessorisch an Gesellschaftsverbindlichkeiten anknüpft. Nach hier vertretener Auffassung spricht daher mehr dafür, **Abs 2** auch auf den **ausgeschiedenen Gesellschafter** anzuwenden (ebenso *Hirte* oben § 11 Rn 317 sowie *Eidenmüller* ZGR 2001, 684; *Müller* KTS 2002, 260; abw HK-*Flessner* § 228 Rn 7; *Hess* § 227 Rn 13; vgl im Übrigen zum Streitstand nach altem Recht *K/U* § 211 KO Rn 7; Schlegelberger/*K. Schmidt* HGB § 128 Rn 71 je mwN). Hinsichtlich der **Anwendung von Abs 2 auf den Kommanditisten** ergibt sich insoweit kein Unterschied zum alten Recht, als überwiegend die Auffassung vertreten wurde, dass die Haftungsbeschränkung dem Kommanditisten **nicht zugute** komme (hierzu im Einzelnen *K/U* § 211 KO Rn 8; Schlegelberger/*K. Schmidt* HGB §§ 171, 172 Rn 120 je mwN); dies wird auch nach der InsO anzunehmen sein (abw *Hirte* oben § 11 Rn 326).

11   **2. Abweichende Regelungen im Plan.** Der Insolvenzplan kann abweichende Regelungen vorsehen. Gehen sie zulasten der Gesellschafter, so werden diese allerdings kaum geneigt sein, den für eine Fortführung erforderlichen Fortsetzungsbeschluss zu fassen. Schon dies setzt bei Sanierungsplänen enge **Grenzen für haftungsverschärfende Regelungen** im Plan. Zum Zwangsvergleich nach § 211 KO hatte das **RG** angenommen, im Vergleich könne vorgesehen werden, dass Forderungen gegen die Gesellschaft der Schuldnerin erlassen werden, die **persönliche Haftung der Gesellschafter jedoch aufrechterhalten** bleibe bzw diese über den der Gesellschaft erlassenen Teil hinaus weiter haften (**RG** 31. 1. 1936 RGZ 150, 163, 173, 174; dagegen schon damals *Flechtheim* JW 1929, 577). Diese Auffassung erscheint nur damit erklärlich, dass sie die einzige Auslegungsmöglichkeit für § 211 KO blieb, nachdem das **RG** in dem gleichen Urteil **gesellschafterbegünstigende** Regelungen im Vergleich praktisch ausgeschlossen hat-

I. Grundsatz **§ 228**

te. Diese Auslegung trifft jedoch für § 227 InsO nicht mehr zu (dazu unten Rn 12). Im Übrigen stand und steht eine solche Auslegung in einem unauflösbaren **Widerspruch zur Akzessorietät** zwischen Gesellschaftsschuld und persönlicher Haftung der Gesellschafter (*K. Schmidt* GesR § 49 II 3, S 1412; *K/P/Noack* InsO GesellschaftsR Rn 539; aA *Eidenmüller* ZGR 2001, 685–687). Nach hier vertretener Auffassung erscheinen **solche Gestaltungen unzulässig**, da die Gesellschafter die Umgestaltung der Forderungen und Sicherheiten durch den Plan auch bei einer persönlichen Inanspruchnahme einwenden können müssen. Eine **abweichende Beurteilung** mag allenfalls dann berechtigt sein, wenn der **Gesellschafter** der Aufrechterhaltung seiner persönlichen Haftung **zustimmt** (so auch BGH 20. 4. 1967 BGHZ 47, 376, 378; *K. Schmidt* GesR § 49 II 3, S 1413). Unabhängig davon dürften sich solche Gestaltungen ohnehin kaum durchsetzen lassen, wenn die Gesellschafter einen Fortsetzungsbeschluss fassen sollen.

Fraglich ist, ob **durch den Plan auf die persönliche Haftung** der Gesellschafter auch **verzichtet bzw** **12** **diese weitergehend eingeschränkt** werden kann. Wie bereits ausgeführt, hat das **RG** zu § 211 KO angenommen, der Vergleichsvorschlag könne die Haftung der persönlich haftenden Gesellschafter nicht noch weiter einschränken, als es das Gesetz als Regel aufstelle (**RG** 31. 1. 1936 RGZ 150, 163, 173, 174). Danach konnte im Vergleichsvorschlag beispielsweise nicht vorgesehen werden, dass die Gläubiger auf eine **persönliche Haftung** der Gesellschafter auch **für die Vergleichsquote** verzichten. Ein solcher Beschluss übersteige die Befugnisse der Gläubigerversammlung; weitergehende Beschränkungen der Haftung der Gesellschafter seien nur einvernehmlich möglich (**RG** 31. 1. 1936 RGZ 150, 163, 173, 174). Würde man diese Grundsätze auf die Neuregelung in § 227 Abs 2 übertragen, dann könnte in einem Insolvenzplan auf eine persönliche Haftung der Gesellschafter für die im Insolvenzplan gekürzten Leistungen nicht verzichtet werden. Die Argumentation des **RG** trifft jedoch auf die Rechtslage nach der InsO nicht mehr zu. Denn nach § 93 ist den **Gläubigern während der Dauer des Insolvenzverfahrens** die persönliche **Inanspruchnahme** der Gesellschafter nunmehr **verwehrt** (anders im alten Recht, dazu *K/U* § 211 KO Rn 4); diese erfolgt ausschließlich durch den Konkursverwalter. Wenn im Insolvenzplan über die erlassenen Teilbeträge hinaus auf die persönliche Haftung der Gesellschafter verzichtet werden soll, werden dadurch spätere **Durchsetzungsmöglichkeiten** von Gläubigern, die einer solchen Regelung nicht zustimmen, **nicht beeinträchtigt**. Entgegen dem alten Recht ist daher nach § 227 Abs 2 ein **Verzicht** auf die **persönliche Haftung** der Gesellschafter **im Insolvenzplan vollumfänglich möglich**. Ob solche Gestaltungen praxisrelevant werden, wird die künftige Praxis lehren.

IV. Haftung von Ehegatten (§ 334 Abs 2) Änderung sachenrechtlicher Verhältnisse

Nach § 334 Abs 2 findet § 227 Abs 1 entsprechend Anwendung auf die persönliche **Haftung von** **13** **Ehegatten** einer das **Gesamtgut** gemeinschaftlich verwaltenden Gütergemeinschaft. Die persönliche Haftung der Ehegatten für Gesamtgutsverbindlichkeiten nach § 1459 Abs 2 BGB kann damit auf die im **Plan** zugesagten (Teil-)Leistungen **beschränkt** werden; soweit der Plan hinsichtlich der Haftung nichts Abweichendes regelt, gilt dann die Befreiung von den darüber hinausgehenden (Rest-)Verbindlichkeiten gemäß § 227 Abs 1 (ebenso *K/P/Kemper* § 334 Rn 9).

§ 228 Änderung sachenrechtlicher Verhältnisse

¹Sollen Rechte an Gegenständen begründet, geändert, übertragen oder aufgehoben werden, so können die erforderlichen Willenserklärungen der Beteiligten in den gestaltenden Teil des Insolvenzplans aufgenommen werden. ²Sind im Grundbuch eingetragene Rechte an einem Grundstück oder an eingetragenen Rechten betroffen, so sind diese Rechte unter Beachtung des § 28 der Grundbuchordnung genau zu bezeichnen. ³Für Rechte, die im Schiffsregister, im Schiffsbauregister oder im Register für Pfandrechte an Luftfahrzeugen eingetragen sind, gilt Satz 2 entsprechend.

I. Grundsatz

§ 228 ermöglicht es, in einem Insolvenzplan über schuldrechtliche Regelungen hinaus auch **dingliche** **1** **Rechtsänderungen** in den Plan einzubeziehen. Die Rechtsänderung selber kann durch den **Plan nicht bewirkt** werden. In den Plan können **nur** die auf die Übertragung gerichteten **Willenserklärungen** aufgenommen werden. So kann der Plan beispielsweise die Abtretungserklärungen für die **Abtretung** von **Forderungen** oder auch von **GmbH-Geschäftsanteilen** enthalten. Ebenso ist es möglich, **Auflassungen** oder **sonstige Erklärungen** im Hinblick auf Grundstücke in den Plan aufzunehmen. Die für solche Erklärungen vorgeschriebenen **Beurkundungs-** oder sonstigen **Formerfordernisse** werden gemäß § 254 Abs 1 als erfüllt **fingiert**, wenn der Plan rechtskräftig geworden ist. Soweit allerdings für den Rechtsübergang weitere Akte erforderlich sind, beispielsweise **Besitzübergang**, **Übergabe** oder **Registereintragungen**, werden diese **nicht** durch die Aufnahme der auf die Übertragung gerichteten Willenserklärungen in den Plan überflüssig. Vielmehr **müssen** sie **außerhalb des Plans** noch vorgenommen werden. Das gilt auch für den **grundbuchmäßigen Eintragungsantrag**. Dieser ist keine Willenserklärung, sondern Verfahrenshandlung (*Demharter* Grundbuchordnung § 13 Rn 7 mwN) und kann daher **nicht**

Lüer

im Plan erfolgen (ebenso *N/R/Braun* § 228 Rn 7; *Schiessler* Insolvenzplan S 112; *Smid* § 228 Rn 4; aA *Bork*, in Leipold, Insolvenzrecht im Umbruch, S 51, 52 in Fn 6; FK-*Jaffé* § 228 Rn 22; HK-*Flessner* § 228 Rn 6; MüKoInsO-*Breuer* § 228 Rn 7).

II. Zustimmung der Beteiligten

2 Die Aufnahme von **Willenserklärungen** in den gestaltenden Teil des Insolvenzplans bedarf selbstverständlich der Zustimmung bzw der **Bevollmächtigung** derjenigen Person, in deren Namen die Willenserklärungen abgegeben werden, bzw die durch die Erklärungen gebunden werden sollen (HK-*Flessner* § 228 Rn 7 ff). Die entsprechenden **Vollmachten** bzw **Zustimmungserklärungen** sind dem **Plan als Anlage** beizufügen (ebenso HK-*Flessner* § 228 Rn 9). Fehlen sie, kann die Planbeteiligung nach § 254 Abs 1 die vorgesehene Wirkung insoweit nicht entfalten. Eine nachträgliche Genehmigung wird nach § 185 Abs 2 BGB als möglich anzusehen sein (vgl auch HK-*Flessner* § 228 Rn 8).

§ 229 Vermögensübersicht. Ergebnis- und Finanzplan

¹Sollen die Gläubiger aus den Erträgen des vom Schuldner oder von einem Dritten fortgeführten Unternehmens befriedigt werden, so ist dem Insolvenzplan eine Vermögensübersicht beizufügen, in der die Vermögensgegenstände und die Verbindlichkeiten, die sich bei einem Wirksamwerden des Plans gegenüberstünden, mit ihren Werten aufgeführt werden. ²Ergänzend ist darzustellen, welche Aufwendungen und Erträge für den Zeitraum, während dessen die Gläubiger befriedigt werden sollen, zu erwarten sind und durch welche Abfolge von Einnahmen und Ausgaben die Zahlungsfähigkeit des Unternehmens während dieses Zeitraums gewährleistet werden soll.

I. Allgemeines

1 § 229 ist als Ergänzung von § 220 zu verstehen. Schon der darstellende Teil des Insolvenzplans (§ 220) soll alle „Angaben zu den Grundlagen und den Auswirkungen des Plans enthalten, die für die Entscheidung der Gläubiger über die Zustimmung zum Plan und für dessen gerichtliche Bestätigung erheblich sind". Die Angaben nach § 229 sollen für denjenigen Plan erforderlich sein, der die Sanierung eines Unternehmens zum Gegenstand hat und nach dem die Verbindlichkeiten ganz oder zum Teil aus den künftigen Erträgen des Unternehmens erfüllt werden sollen. In diesem Fall sind die Gläubiger nach Auffassung des Gesetzgebers (*Uhlenbruck*, Das neue Insolvenzrecht, S. 611) **besonders** daran interessiert, Grundlagen für ihre Entscheidung über das Schicksal des insolventen Unternehmens zu erhalten. Das konkrete Ziel des Insolvenzplans muss schon bei Planvorlage feststehen. Ist die Sanierung des Unternehmens oder des Unternehmensträgers Planziel, so sind Planrechnungen (Ergebnis- Finanz- und Vermögensplan) zwingender Bestandteil des Sanierungskonzeptes (IDW, Anforderungen an die Erstellung von Sanierungskonzepten, FN 9/08, S 381, 394; zu Kontroll-, Vergütungs- und Kreditrahmenfunktionen der Planungsrechnungen vgl *Heni*, ZInsO 2006, 57).

2 Besondere Vorsicht ist bei **Unternehmensfortführung durch einen Dritten** (Alt 2) geboten. Der Dritte, dessen Verpflichtung gegenüber den Gläubigern als weitere Anlage dem Plan beizufügen ist (§ 230 Abs 3), wird in aller Regel nur dann die Gläubigerbefriedigung aus künftigen Erträgen seiner Gesellschaft anbieten, wenn er den Kaufpreis für das übernommene Unternehmen nicht in einem Betrag zahlen kann. Die Erträge, zu deren Zahlung er sich gegenüber den Gläubigern verpflichtet (§ 230 Abs 3), werden im Regelfall Kaufpreisraten für das übernommene Unternehmen gleichzusetzen sein. Wegen der mit einer Unternehmensfortführung verbundenen Risiken schreibt § 229 vor, dass in Form einer Vermögensübersicht dargestellt wird, welche Aktiva und welche Passiva sich im Falle einer Bestätigung des Plans gegenüberstünden. Darüber hinaus sollen die Gläubiger für den vorgesehenen Befriedigungszeitraum in einem Ergebnisplan über die zu erwartenden Aufwendungen und Erträge und in einem Finanzplan über die zeitliche Abfolge von Einnahmen und Ausgaben zur Gewährleistung der Liquidität des Unternehmens unterrichtet werden (Begr zu § 273 RegE in: *Uhlenbruck*, Das neue Insolvenzrecht, S 610/611). Die Plan-Gewinn- und Verlustrechnung soll zeigen, ob der Insolvenzschuldner oder die Übernahmegesellschaft Erträge erwirtschaftet, die den mittel- und langfristigen Fortbestand des Unternehmens sichern. Die Plan-Liquiditätsrechnung soll dem Gläubiger ein Urteil darüber erlauben, ob die Liquidität des Unternehmens gewährleistet ist (Begr zu § 273 RegE in: *Uhlenbruck*, Das neue Insolvenzrecht, S 610/611). Im Grundsatz verlangt die Vorschrift Antworten auf Fragen, die sich jeder Investor stellen sollte, bevor er eine **Investitionsentscheidung** trifft: Welches finanzielle Ergebnis wird die Investition A voraussichtlich im Vergleich mit der Investition B haben? Wie hoch wird der Netto-Vermögenszuwachs bei Investition A im Vergleich mit Investition B sein (**Plan-Vermögensübersicht**)? Wird das Investitionsobjekt Erträge erwirtschaften, die seine mittel- und langfristige Existenz sichern (**Plan-Ertragsrechnung**)? Ist die Zahlungsfähigkeit des Trägers des Investitionsobjektes gewährleistet (**Plan-Liquiditätsrechnung**)? Soll das Unternehmen auf einen neuen Rechtsträger übertragen werden, so wird auch der neue Rechtsträger bzw seine Gesellschafter (Financiers) im Rahmen einer **Due Diligence** Be-

rechnungen iSv § 229 anstellen (vgl *Picot*, Kauf und Restrukturierung von Unternehmen, Rn 29; *Spiegelberger*, Kauf von Krisenunternehmen, S 85 ff; *Lubos* DStR 1999, 951 ff). Auch der neue Rechtsträger muss wissen, ob er dazu in der Lage sein wird, alle finanziellen Verpflichtungen termingerecht zu erfüllen. Auch er will Gewinne erwirtschaften und das investierte Kapital nicht verlieren.

II. Die Vermögensübersicht (Plan-Vermögensübersicht)

Die Vermögensübersicht ist unabhängig von den beiden anderen in § 229 vorgeschriebenen Planrechnungen zu erstellen. Sie ist nicht zusammen mit der Plan-Gewinn- und Verlustrechnung und der Plan-Liquiditätsrechnung Bestandteil eines integrierten Rechenwerkes und insoweit von **Planbilanzen**, ohne die eine Unternehmens-Planungsrechnung nur unvollständig ist, zu unterscheiden. Die Vermögensübersicht ist auch nicht wie die beiden anderen Planrechnungen alljährlich für den Zeitraum, während dessen die Gläubiger befriedigt werden sollen, zu erstellen, sondern nur einmal für den Fall des **Wirksamwerdens des Plans**. In der Vermögensübersicht kann stets nur das **Vermögen des Insolvenzschuldners** dargestellt werden. Die Plan-Gewinn- und -Verlustrechnung sowie die Plan-Liquiditätsrechnung sind hingegen im Fall der Unternehmensfortführung durch einen Dritten (§ 229 Satz 1 Alt 2) für die **Übernahmegesellschaft** zu erstellen. Zweck der Vermögensübersicht ist weniger der Nachweis der Bilanzsanierung bzw Kapitalisierung der Gesellschaft (so N/R/*Braun* § 229 Rn 9), als vielmehr die bilanzmäßige Darstellung der Auswirkungen der Planmaßnahmen. Im Fall der Unternehmensfortführung durch einen Dritten (übertragende Sanierung; zur Zweckmäßigkeit bzw Notwendigkeit der übertragenden Sanierung auf der Grundlage eines Plans vgl Allgem Begr zum RegE in: *Uhlenbruck*, Das neue Insolvenzrecht, S 261) ist es beispielsweise denkbar, dass auf der Aktivseite der Vermögensübersicht nur noch die Kaufpreisforderung an die Übernahmegesellschaft statt einer Vielzahl von Vermögensposten in der Vermögensübersicht nach § 153 ausgewiesen wird. Sind die Forderungen aus Lieferungen und Leistungen nicht auf den Übernehmer übertragen worden, so können diese ein weiterer Posten auf der Aktivseite sein. Auf der Passivseite brauchen gegenüber der Vermögensübersicht nach § 153 keine wesentlichen Veränderungen eingetreten zu sein, denn bei übertragender Sanierung wird im Allgemeinen keine Veranlassung für die Gläubiger zu einem Forderungsverzicht bestehen. Im Gegensatz hierzu werden sich bei Unternehmensfortführung durch den Schuldner (§ 229 Satz 1 Alt 1) wegen des zur (finanziellen) Sanierung des Schuldners notwendigen Forderungsverzichts der Gläubiger die wesentlichen Veränderungen gegenüber der Vermögensübersicht nach § 153 auf der Passivseite darstellen. Der Gesetzeswortlaut („bei einem Wirksamwerden des Plans") fordert **nicht die Erstellung der Vermögensübersicht auf einen bestimmten Zeitpunkt**. Verlangt wird vielmehr die Gegenüberstellung von Vermögen und Schulden für den Fall der rechtswirksamen Bestätigung des Plans. Zeitliche Verzögerungen der Planbestätigungen ändern nichts am Inhalt der dem Plan beigefügten Vermögensübersicht, wenn diese als Darstellung des wirtschaftlichen Ergebnisses der geplanten Maßnahmen verstanden wird. Allenfalls bei Planänderungen im Termin (§ 240) können Änderungen der Vermögensübersicht notwendig werden (str aA wohl *Westrick* DStR 1998, 1879). Die **Wertansätze** in der Vermögensübersicht werden dadurch bestimmt, dass sie die Auswirkungen der im gestaltenden Teil des Plans § 221 festgelegten Maßnahmen möglichst zutreffend beziffern sollen. Die Gliederung der Vermögensübersicht sollte sich nach der Gliederung der Vermögensübersicht nach § 153 richten. Hierdurch wird ein Vergleich der Auswirkungen der Verfahrensabwicklung mit und ohne Plan wesentlich erleichtert.

2a

III. Plan-Gewinn- und Verlustrechnung, Plan-Liquiditätsrechnung

1. Betriebswirtschaftliche Anforderungen an die Planungsrechnungen. In der von dem Gesetzgeber verlangten **Plan-Ertragsrechnung** werden die geplanten Erträge und Aufwendungen und in der **Plan-Liquiditätsrechnung** die geplanten Einzahlungen und Auszahlungen dargestellt. Vom Gesetzgeber zwar nicht verlangt, in der Praxis aber unerlässlich sind Planbilanzen als dritter Bestandteil einer aussagefähigen und zuverlässigen Unternehmensplanung. Diese drei Rechenwerke hängen zusammen und bedingen einander, sie sind ineinander integriert. So ergeben sich beispielsweise die Zinsaufwendungen (der Plan-Ertragsrechnung) ua aus dem Stand der Konten in laufender Rechnung gegenüber Kreditinstituten. Die Kontenstände werden in der Liquiditätsrechnung ermittelt. Die Einzahlungsströme des Liquiditätsplans sind in einem **integrierten Rechenwerk** ua das Ergebnis eines veränderten Bestandes an Forderungen aus Lieferungen und Leistungen gem. Plan-Vermögensübersicht und den laufenden Umsatzerlösen lt Plan-Ertragsrechnung. Die Abschreibungen (der Plan-Ertragsrechnung) gehen auch aus Neuinvestitionen hervor. Die Planung der Neuinvestitionen wiederum ist Bestandteil der Bilanzplanung. Die Liquidität mit Vortrag (der Saldo der Konten in laufender Rechnung bei Kreditinstituten), die sich als Liquiditätsunterdeckung oder -überdeckung je Periode plus Vortrag ergibt, stellt sich in der Plan-Vermögensübersicht als „flüssige Mittel" oder als „Verbindlichkeiten gegenüber Kreditinstituten" dar. Insoweit **ist also eine Plangewinnrechnung ohne Liquiditätsplanung und Bilanzplanung** nicht möglich. Ergebnis der Integration der Rechenwerke ist die zwingende Übereinstimmung des geplanten Jahresüberschusses gemäß Plan-Ertragsrechnung mit dem Jahresüberschuss der Plan-Vermögensübersicht. Nur durch die vollständig errechnete Plan-Vermögensübersicht kann sichergestellt werden, dass die Li-

3

quiditätsplanung rechnerisch richtig ist, und nicht Einzahlungen oder Auszahlungen fehlen bzw doppelt berücksichtigt werden. In einer fehlerfreien integrierten Planungsrechnung sind die drei Ebenen der Rentabilität, der Liquidität und der Bilanz durch Beziehungen wie zB (1) Umsatzerlöse – Umsatzeinzahlungen = Forderungen aus Lieferungen und Leistungen oder (2) Materialeinkäufe – Materialaufwendungen = Bestände an Roh-, Hilfs- und Betriebsstoffen miteinander verknüpft. Anders formuliert: In einem Planungsprogramm oder in einer Planungslogik sind die allgemeinen Beziehungen zwischen Rentabilität, Liquidität und Bilanzstrukturen unterlegt. Alle Posten der drei Rechnungen (Plan-Ertragsrechnung, Plan-Liquiditätsrechnung, Plan-Bilanz) sind in einer feststehenden Art und Weise miteinander verknüpft.

4   **2. Plan-Gewinn- und Verlustrechnung.** Mit der Forderung nach Darstellung der Aufwendungen und Erträge für den Zeitraum, während dessen die Gläubiger befriedigt werden sollen, verlangt der Gesetzgeber eine Ergebnisrechnung (im Gegensatz zur Liquiditätsrechnung). Die Ergebnisrechnung ist im Fall der Unternehmensfortführung durch den Schuldner (§ 229 Satz 1 Alt 1) für den Schuldner, im Fall der Fortführung durch einen Dritten (§ 229 Satz 1 Alt 2) für die Übernahmegesellschaft zu erstellen. Die Forderung des Gesetzgebers nach einer Planertragsrechnung **und** einer Planliquiditätsrechnung ist nachvollziehbar und richtig: Aus der **Liquiditätsrechnung** soll der Gläubiger erfahren, zu welchen Zeitpunkten und in welchem Zeitraum Auszahlungen an ihn geleistet werden. Die Auszahlungen könnten bei einer sich verschlechternden Ertragslage durch Kredite finanziert werden. Ein abnutzungsbedingter Vermögensverzehr bliebe bei einer reinen Einnahmen-Ausgaben-Rechnung außer Ansatz. Die Regelmäßigkeit der Auszahlungen allein kann deshalb keine ausreichende Information des Gläubigers über die voraussichtliche wirtschaftliche Entwicklung der Übernahmegesellschaft sein. Sie könnte ihn, weil sie nur eine bestimmte Zeitspanne betrifft und sich nicht über die gesamte Lebensdauer des Unternehmens bzw der Gesellschaft erstreckt, über eine sich verschlechternde Ertragslage hinwegtäuschen. Wichtig ist deshalb die Darstellung der Ertragsentwicklung **neben** der Darstellung der Liquiditätsentwicklung. Aus der Plan-Gewinn- und -verlustrechnung erhält er die Information über die voraussichtliche Ertragsentwicklung. Kurzfristig kann zwar die Liquiditätslage von größerer Bedeutung für ein Unternehmen sein als seine Ertragslage. Mittel- und langfristig ist aber nur ein Unternehmen mit positiver Ertragsentwicklung überlebensfähig. In der Literatur wird übereinstimmend der Ausweis des handels- und ggf steuerrechtlich richtigen Ergebnisses gefordert (*Heni*, ZInsO 2006, 57; *Kraemer/Nikolaus/Pink* Fach 6 Kap 23 Rn 240 ff; N/R/*Braun* § 229 Rn 27, 28). Nach dieser Meinung muss die Planertragsrechnung konsequenterweise auf einer Vermögensübersicht aufbauen, die nach **handelsrechtlichen Grundsätzen** bewertet ist. Unter dem Gesichtspunkt, dass die Planertragsrechnung die voraussichtliche Ergebnisentwicklung **neben** der voraussichtlichen Liquiditätsentwicklung darstellen soll, ist die Forderung nicht zwingend. Der Gläubiger soll aus der Ergebnisdarstellung lediglich erkennen können, ob die Übernahmegesellschaft **tendenziell** einen Gewinn erwirtschaften kann. Der Gläubiger kann das handelsrechtlich richtige Ergebnis auch aus der Gewinn- und Verlustrechnung und der Bilanz ersehen, die von der Übernahmegesellschaft nach den handels- und steuerrechtlichen Vorschriften zu erstellen sind. Vergleichsschwierigkeiten können nur dadurch entstehen, dass „der Zeitraum, während dessen die Gläubiger befriedigt werden sollen" (die Planperiode), nicht mit dem Geschäftsjahr (dem Berichtsjahr) der Übernahmegesellschaft übereinstimmt (vgl hierzu *Braun/Uhlenbruck*, Das neue Insolvenzrecht, Unternehmensinsolvenz, S 538, die eine periodengerechte Abgrenzung des Planergebnisses fordern). Ungeachtet dessen sind die **Gliederung der Planertragsrechnung** und die **Bewertung** der Aufwands- und Ertragsposten **nach handelsrechtlichen Grundsätzen** empfehlenswert. Es besteht jedenfalls keine zwingende Veranlassung, diese Form der Darstellung nicht zu wählen. Die Ertragsrechnung wird dem Gläubiger nicht die richtige Entscheidungsbasis liefern können, wenn sie Aufwendungen und/oder Erträge beinhaltet, die allein in Folge der Insolvenz und/oder der Sanierung entstanden sind und noch entstehen werden (Erträge aus dem Verkauf von nicht betriebsnotwendigem Vermögen, Sozialplanabfindungen infolge von Personalreduzierungen). Der Gläubiger muss aus der Rechnung das **Ergebnis des operativen Geschäfts der sanierten Gesellschaft** ersehen können. Dieses Ergebnis muss getrennt von dem Gesamtergebnis ausgewiesen werden. Bei der Erstellung der Planertrags-Rechnung müssen – im Rahmen der integrierten Rechnung (s o) – bestimmte Größen direkt in die Rechnung eingegeben werden; andere errechnen sich „von selbst". Umsatzerlöse, Materialaufwendungen, Personalaufwendungen und sonstige betriebliche Aufwendungen werden zumeist eingegeben oder aus anderen Vortabellen, aus anderen Rechnungen übernommen. Zinserträge und Zinsaufwendungen werden errechnet, und zwar aus den Ständen der Konten in laufender Rechnung gegenüber Kreditinstituten mithilfe der eingegebenen Zinssätze und aus den bestehenden und neu aufgenommenen Darlehen, zu denen Zinssätze und Tilgungen einzugeben sind. Abschreibungen auf Neuzugänge an Anlagevermögen werden ebenfalls errechnet. Sowohl bei den sonstigen betrieblichen Erträgen, als auch bei den sonstigen betrieblichen Aufwendungen finden sich Beträge, die nicht direkt eingegeben worden sind, zB Gewinne oder Verluste aus Anlageabgängen.

5   **3. Plan-Liquiditätsrechnung. a) Allgemeines.** Durch die Planliquiditätsrechnung soll die **Zahlungsfähigkeit der Übernahmegesellschaft während der Planperiode** nachgewiesen werden (Satz 2 zweiter

II. Schuldnererklärungen § 230

Halbsatz). Im Umkehrschluss aus § 17 ist Zahlungsfähigkeit anzunehmen, wenn die fälligen Zahlungsverpflichtungen erfüllt werden können. Mithin sind für die Dauer der Planperiode durch einen ausreichend detaillierten **Liquiditätsplan** (Finanzplan) die fälligen Zahlungsverpflichtungen (Auszahlungen) aufzulisten und den geplanten Einnahmen (Einzahlungen) gegenüberzustellen.

b) **Fällige Zahlungsverpflichtungen.** Die **Fälligkeit der Verbindlichkeiten** kann aufgrund besonderer gesetzlicher Regelungen, aufgrund einer Vereinbarung (bspw Bedingung, Befristung, Fixgeschäft, Kasse gegen Faktura, Zahlung gegen Dokumente, Verfallklauseln) oder ausnahmsweise aufgrund einseitiger Parteierklärung (Kündigung) entstehen. Fehlt eine gesetzliche oder rechtsgeschäftliche Bestimmung der Fälligkeit und ergibt sie sich auch nicht aus den Umständen, so liegt **nach der zivilrechtlichen Regelung sofortige Fälligkeit** vor (IDW FAR, Empfehlungen zur Prüfung eingetretener oder drohender Zahlungsunfähigkeit bei Unternehmen, IDW FN 1999, S 85 ff). Bei **Verbindlichkeiten aus Lieferungen und Leistungen** kann grundsätzlich davon ausgegangen werden, dass sie nach Ablauf eines vereinbarten Zahlungsziels fällig sind. Allerdings können Stundungsvereinbarungen, die auch durch Branchenübung, Handelsbrauch und konkludentes Handeln zustande kommen können, die Fälligkeit der Verbindlichkeiten hinausschieben. **Rechtshängige Schulden** brauchen in den Finanzplan nur insoweit aufgenommen zu werden, als die Einwendungen des Schuldners gegen den Klageanspruch mit überwiegender Wahrscheinlichkeit nicht greifen. **Von der Vollziehung ausgesetzte Steuerforderungen** werden erst mit Ende der Aussetzung der Vollziehung fällig. 6

c) **Geplante Einnahmen.** Den fälligen Verbindlichkeiten sind die gegenwärtig verfügbaren Finanzmittel sowie die innerhalb des Planungszeitraums erwarteten Zahlungseingänge unter Abzug künftiger Auszahlungen (z. B. Brutto-Umsatzeinzahlungen unter Abzug der demnächst zu leistenden Umsatzsteuerzahlung) gegenüberzustellen. Die Einnahmen-Positionen sind in einem **integrierten Rechenwerk** zum einen Teil aus der Plan-Ertragsrechnung, zum anderen Teil aus der Plan-Vermögensübersicht abgeleitet. So werden beispielsweise aus Umsatzerlösen Umsatzeinzahlungen, aus Anlageverkäufen Einzahlungen (Liquiditätszugänge). 7

§ 230 Weitere Anlagen

(1) ¹Ist im Insolvenzplan vorgesehen, daß der Schuldner sein Unternehmen fortführt, und ist der Schuldner eine natürliche Person, so ist dem Plan die Erklärung des Schuldners beizufügen, daß er zur Fortführung des Unternehmens auf der Grundlage des Plans bereit ist. ²Ist der Schuldner eine Gesellschaft ohne Rechtspersönlichkeit oder eine Kommanditgesellschaft auf Aktien, so ist dem Plan eine entsprechende Erklärung der persönlich haftenden Gesellschafter beizufügen. ³Die Erklärung des Schuldners nach Satz 1 ist nicht erforderlich, wenn dieser selbst den Plan vorlegt.

(2) Sollen Gläubiger Anteils- oder Mitgliedschaftsrechte oder Beteiligungen an einer juristischen Person, einem nicht rechtsfähigen Verein oder einer Gesellschaft ohne Rechtspersönlichkeit übernehmen, so ist dem Plan die zustimmende Erklärung eines jeden dieser Gläubiger beizufügen.

(3) Hat ein Dritter für den Fall der Bestätigung des Plans Verpflichtungen gegenüber den Gläubigern übernommen, so ist dem Plan die Erklärung des Dritten beizufügen.

I. Regelungsinhalt

Die Vorschrift regelt drei unterschiedliche Sachverhalte, die nur insoweit Gemeinsamkeiten aufweisen, als von drei unterschiedlichen Personengruppen (dem Schuldner, Gläubigern, Dritten) aus unterschiedlichem Anlass Zustimmungserklärungen als Anlagen zu dem Insolvenzplan verlangt werden, bevor über den Plan abgestimmt wird. 1

II. Schuldnererklärungen

1. **Haftungserklärung (Fortführungserklärung).** Die Schuldnererklärungen sind pragmatischer Art und sollen die zügige Durchführung des Planverfahrens fördern. Zur Rechtsnatur der Fortführungserklärungen s Müko InsO-*Eidenmüller* § 230 Rn 10, 27. Der Gesetzgeber hält es zu Recht „nicht für sinnvoll" (Begr zu § 274 RegE, *Uhlenbruck, Das neue Insolvenzrecht*, S 611), dass die Gläubiger über die Fortführung eines Unternehmens durch eine natürliche Person oder durch eine Gesellschaft mit persönlich haftenden Gesellschaftern entscheiden, wenn nicht feststeht, dass die Bereitschaft besteht, die persönliche Haftung für die Unternehmensfortführung zu übernehmen. Der Schuldner kann nicht gegen seinen Willen zur Unternehmensfortführung gezwungen werden. Der Schuldner ist nur insoweit Beteiligter iSv § 217, als es um seine Haftung nach Beendigung des Verfahrens geht. Die Gläubiger können nicht durch Mehrheitsbeschluss in seine Rechte eingreifen. Verständlicherweise ist die Erklärung des Schuldners nach Abs 1 Satz 1 nicht erforderlich, wenn er selbst den Plan vorlegt (Abs 1 Satz 3). Diese 2

Ausnahme gilt für die persönlich haftenden Gesellschafter nicht (Begr zu § 274 RegE, *Uhlenbruck, Das neue Insolvenzrecht*, S 611). Ihre Zustimmung ist also auch im Fall der Planvorlage durch die in Abs 1 Satz 2 bezeichneten Gesellschaften erforderlich. Ist der Gesellschafter der Gesellschaft ohne Rechtspersönlichkeit eine juristische Person, so hält *Braun* (in: K/P § 230 Rn 3) die Vorlage der Erklärung nicht für erforderlich. Der Auffassung von *Braun* kann nicht gefolgt werden. Zum einen macht der Gesetzgeber zur Vorlage der Erklärung bezüglich der juristischen Person als Gesellschafter keine ausdrückliche Ausnahme. Zum anderen riskiert auch die juristische Person den Verlust ihres Gesellschaftskapitals. Dabei macht es keine Ausnahme, dass das Haftungskapital der juristischen Person beschränkt ist.

3   **2. Fortsetzungserklärung.** Unverständlicherweise verzichtet der Gesetzgeber auf eine Erklärung der Gesellschafter einer Gesellschaft, die durch die Eröffnung des Insolvenzverfahrens aufgelöst wird (vgl insbesondere für die OHG § 131 Abs 1 Nr 3 HGB, für die AG § 262 Abs 1 Nr 3 AktG, für die GmbH § 65 Abs 1 Nr 4 GmbHG), aber nach dem Plan fortgeführt werden soll, dass sie nach Planbestätigung die – in den vorbezeichneten Gesetzen vorgesehene – Fortsetzung der Gesellschaft beschließen werden. Der Gesetzgeber nimmt also das Risiko in Kauf, dass ein aufwendiger Insolvenzplan erstellt, zur Abstimmung gebracht und bestätigt wird, die Gesellschafter danach aber ggf nicht auffindbar sind oder die Fortsetzung der Gesellschaft verweigern, oder zur Fortsetzung der Gesellschaft nur bei besonderen Zugeständnissen bereit sind. Eine solche Praxis kann das Insolvenzplanverfahren nicht attraktiv machen. Wer ist schon zu Investitionen in die Planerstellung und die dauerhafte Gesellschaftsfortführung bereit, wenn die erfolgreiche Plandurchführung letztlich von einer völlig ungewissen Zustimmung der Gesellschafter abhängt. Die Zustimmungserklärung der Gesellschafter einer Gesellschaft ohne Rechtspersönlichkeit oder einer Kommanditgesellschaft auf Aktien iSv Abs 1 Satz 2 kann den Gesellschafterbeschluss (zB bei der OHG nach § 144 Abs 1 HGB) allein deshalb nicht ersetzen, weil sich die Zustimmungserklärung nach Abs 1 Satz 2 nur auf die **Fortführung des Unternehmens**, nicht aber auf die **Fortsetzung der aufgelösten Gesellschaft** bezieht. Zwar könnte angenommen werden, dass sich die Gesellschafter einer Gesellschaft ohne Rechtspersönlichkeit oder einer Kommanditgesellschaft auf Aktien treuwidrig verhalten, wenn sie die Zustimmungserklärung zur Unternehmensfortführung erteilen, den Beschluss über die Fortsetzung der Gesellschaft aber verweigern. Gleichwohl bleibt erhebliche Planungsunsicherheit. Im Streitfall kann die Auseinandersetzung mit den Gesellschaftern allein aus Zeitgründen eine erfolgreiche Plandurchführung verhindern. Daran würde sich auch nichts ändern, wenn der Fortsetzungsbeschluss zu einer Bedingung der Planbestätigung (§ 249) gemacht würde. Die Insolvenzgerichte sollten deshalb den Plan nicht ohne Vorlage einer Erklärung der Gesellschafter, dass sie sich für den Fall der Planbestätigung zur Beschlussfassung über die Fortsetzung der Gesellschaft verpflichten, bestätigen. Diese in der Regierungsbegründung (Begr zu § 274 RegE, *Uhlenbruck, Das neue Insolvenzrecht*, S 614) angedeutete Möglichkeit sollte zum Standard erhoben werden.

III. Gläubigererklärungen

4   Abs 2 hebt den auch im Insolvenzplanverfahren geltende**m Grundsatz der Barabgeltung** der Gläubiger hervor. Die Bezifferung des geplanten Abfindungsbetrags und seine Fälligkeiten sind für die Gläubiger verständlich, der Planinhalt ist insoweit „eindimensional" (K/P/*Braun* § 230 Rn 14). Alternativangebote sind demgegenüber schwerer zu bewerten und miteinander zu vergleichen. Der Wert einer Beteiligung an dem fortgeführten Unternehmen in zehn Jahren nach Planbestätigung kann nicht im Zeitpunkt der Abstimmung über den Plan feststehen. Keinem Gläubiger sollen deshalb gegen seinen Willen Anteils- oder Mitgliedschaftsrechte oder Beteiligungen anstelle einer Befriedigung in Geld aufgedrängt werden (Begr zu § 274 RegE, *Uhlenbruck, Das neue Insolvenzrecht*, S 612). Die Vorschrift ist eine stärkere Form des Gläubigerschutzes als der Minderheitenschutz nach § 251. Offensichtlich reichte dem Gesetzgeber der Minderheitenschutz nach § 251 in Bezug auf eine andere Abfindung des Gläubigers als die Barabfindung nicht aus. Im Gegensatz zu seinem Wortlaut erfasst die Vorschrift auch die Absonderungsrechtsinhaber (K/P/*Braun* § 230 Rn 10).

IV. Erklärungen von Dritten

5   **1. Regelungszweck.** Dritte im Sinne der Vorschrift können nach der Vorstellung des Gesetzgebers (Begr zu § 274 RegE, *Uhlenbruck, Das neue Insolvenzrecht*, S 612) beispielsweise Verwandte des Schuldners sein, die diesem helfen wollen, oder die Muttergesellschaft, die zu Zugeständnissen an die Gläubiger der insolventen Tochtergesellschaft bereit ist. Dritter in diesem Sinne kann auch die im Plan vorgesehene Übernahmegesellschaft sein (Begr zu § 274 RegE, *Uhlenbruck, Das neue Insolvenzrecht*, aaO). Die Erklärung verpflichtet den Dritten ausdrücklich nur für den Fall der Planbestätigung. Die Beifügung der Erklärung des Dritten soll der „vollständigen Unterrichtung der Gläubiger" dienen, so dass ihre „genaue Tragweite" (Zitate aus der Begr zu § 274 RegE, aaO) von jedem interessierten Gläubiger beurteilt werden kann. Soll die Beifügung der Erklärung tatsächlich diesen Zweck erfüllen, so wird es entscheidend auf die Bonität des Dritten ankommen. Der Erklärung allein ist es nicht anzusehen, ob der Dritte die mit der Erklärung übernommenen Verpflichtungen auch erfüllen kann. In Zwei-

felsfällen wird das Gericht deshalb verlangen müssen, dass der Dritte die Erfüllbarkeit in geeigneter Form, beispielsweise durch die selbstschuldnerische Bürgschaft einer Bank, belegt.

2. Nachgereichte Erklärung. Die Erklärung muss nicht zwingend dem Plan beigefügt sein; sie kann auch nachgereicht werden (Begr zu § 274 RegE, *Uhlenbruck, Das neue Insolvenzrecht,* S 612). Spätester Vorlagezeitpunkt ist der Erörterungs- und Abstimmungstermin (§ 235), denn in diesem Zeitpunkt müssen den Gläubigern alle Informationen vorliegen, die ihnen eine Beurteilung des Plans erlauben. 6

§ 231 Zurückweisung des Plans

(1) Das Insolvenzgericht weist den Insolvenzplan von Amts wegen zurück,
1. wenn die Vorschriften über das Recht zur Vorlage und den Inhalt des Plans nicht beachtet sind und der Vorlegende den Mangel nicht beheben kann oder innerhalb einer angemessenen, vom Gericht gesetzten Frist nicht behebt,
2. wenn ein vom Schuldner vorgelegter Plan offensichtlich keine Aussicht auf Annahme durch die Gläubiger oder auf Bestätigung durch das Gericht hat oder
3. wenn die Ansprüche, die den Beteiligten nach dem gestaltenden Teil eines vom Schuldner vorgelegten Plans zustehen, offensichtlich nicht erfüllt werden können.

(2) Hatte der Schuldner in dem Insolvenzverfahren bereits einen Plan vorgelegt, der von den Gläubigern abgelehnt, vom Gericht nicht bestätigt oder vom Schuldner nach der öffentlichen Bekanntmachung des Erörterungstermins zurückgezogen worden ist, so hat das Gericht einen neuen Plan des Schuldners zurückzuweisen, wenn der Insolvenzverwalter mit Zustimmung des Gläubigerausschusses, wenn ein solcher bestellt ist, die Zurückweisung beantragt.

(3) Gegen den Beschluß, durch den der Plan zurückgewiesen wird, steht dem Vorlegenden die sofortige Beschwerde zu.

Übersicht

	Rn
I. Normzweck	1
II. Vorprüfungspflicht nach Abs 1	3
1. Pflicht zur unverzüglichen Prüfung	3
2. Verfahrensfragen	5
3. Umfang der Prüfung	6
4. Gegenstand der Prüfung	7
a) Unterschiede zwischen Prüfung eines Verwalterplans und Prüfung eines Schuldnerplans	8
b) Beachtung der Vorschriften über das Recht zur Vorlage und den Inhalt des Plans (Abs 1 Nr. 1)	9
aa) Anwendungsbereich	10
bb) Vorschriften über das Recht zur Vorlage	11
cc) Vorschriften über den Inhalt des Plans	16
c) Aussicht auf Annahme und Bestätigung des Plans (Abs 1 Nr. 2)	31
d) Offensichtlich nicht erfüllbarer Plan (Abs 1 Nr. 3)	33
e) Zurückweisung wegen Masseunzulänglichkeit?	35
5. Gerichtliche Entscheidungen/weiteres Verfahren	36
a) Zuleitung des Plans	36
b) Zwischenverfügung bei behebbaren Mängeln	37
c) Zurückweisung des Plans	39
III. Zurückweisung des Plans nach Abs 2	40
IV. Rechtsmittel	41

I. Normzweck

Die **gerichtliche Vorprüfung** des Plans nach Abs 1 soll vermeiden, dass das Insolvenzverfahren durch Pläne belastet und verzögert wird, welche die **gesetzlichen Mindestanforderungen** nicht erfüllen, offenkundig unerfüllbar sind oder offenkundig keine Aussicht auf Erfolg haben (Allgemeine Begründung RegE, *Balz/Landfermann* S 33; Begr zu § 275 RegE InsO *Balz/Landfermann S* 345 f). Es ist aber **nicht Aufgabe** der Vorprüfung, die Annahmefähigkeit eines eingereichten Plans sicherzustellen oder den eingereichten Plan inhaltlich oder wirtschaftlich zu optimieren. Dies liegt allein in der Hand des Vorlegenden und der Gläubiger; diesen soll durch den Insolvenzplan ein Rechtsrahmen zur Verfügung gestellt werden, welcher, wie es in der Gesetzesbegründung heißt, eine einvernehmliche Bewältigung im Wege von Verhandlungen und privatautonomen Austauschprozessen ermöglicht und durch ein Höchstmaß an Flexibilität den Beteiligten gestattet, die für sie günstigste Art der Insolvenzabwicklung zu entdecken und durchzusetzen (Allgemeine Begründung RegE *Balz/Landfermann* S 30). Die Vorprüfung des Plans durch **das Gericht** soll und **darf** dieser Entscheidungsfindung der Beteiligten (Gläubiger, Schuldner, Verwalter) **nicht vorgreifen** (Begründung zu § 275 RegE InsO *Balz/Landfermann* S 346). Ebenso wenig 1 ist es Zweck der Vorprüfung, den Gläubigern ihre Entscheidung über Zustimmung oder Ablehnung des Plans zu erleichtern oder abzunehmen. **Gläubigerautonomie** heißt auch **Eigenverantwortlichkeit** der Entscheidung. Es ist daher **Sache des Gläubigers**, sich ein Bild über den Plan zu machen und die für ihn persönlich aus dem Plan folgenden **Chancen und Risiken abzuschätzen**. Die gerichtliche Vorprüfung hat nicht die Aufgabe, die Gläubiger aus dieser Eigenverantwortlichkeit zu entlassen und ihnen das Risiko einer Fehleinschätzung abzunehmen. Versteht der Gläubiger das Sanierungskonzept nicht oder kann er den Plan oder die Planrechnungen nicht beurteilen oder nicht nachvollziehen, so ist es allein seine Sache, dem Plan gegebenenfalls nicht zuzustimmen.

2 Abs 2 ist als Instrument gegen **Verfahrensverschleppungen** durch den Schuldner gedacht, wenn ein zuvor von diesem eingereichter Plan bereits zurückgewiesen oder erfolglos geblieben war.

II. Vorprüfung nach Abs 1

3 **1. Pflicht zur unverzüglichen Prüfung.** Das Gericht ist verpflichtet, einen Plan nach dessen Vorlage gemäß § 231 Abs 1 zu prüfen. Hierbei ist aufgrund des im Insolvenz(plan)verfahren kritischen Zeitfaktors in besonderem Maße auf **Verfahrensbeschleunigung** zu achten. Das Gericht muss daher **unverzüglich** mit der Prüfung **beginnen**.

4 Hat der **Schuldner** die Vorlage eines **Insolvenzplans mit dem Antrag** auf Eröffnung des Insolvenzverfahrens **verbunden** (§ 218 Abs 1 S 2), so ist fraglich, ob das Gericht die **Vorprüfung** des Plans erst **nach** Eröffnung des Insolvenzverfahrens durchführen oder gegebenenfalls **schon zuvor** damit beginnen muss. Denn wie sich ua aus dem Zusammenspiel der §§ 236, 235 Abs 1 S 2, 232 Abs 3 ergibt, setzt jedenfalls die (weitere) Durchführung eines Insolvenzplanverfahrens nach erfolgreicher Vorprüfung ein **eröffnetes Insolvenzverfahren** voraus. Dem kann jedoch dadurch Rechnung getragen werden, dass das Gericht bei erfolgreicher Vorprüfung die **Zuleitung des Plans** erst **nach dem Eröffnungsbeschluss** vornimmt. Zudem lässt sich wertvolle Zeit sparen, wenn die Vorprüfung gegebenenfalls schon vor dem Eröffnungsbeschluss vorgenommen wird. Erweist sich dabei, dass der Plan aus anderen Gründen als einem noch nicht eröffneten Verfahren zurückgewiesen werden muss, oder sind behebbare Mängel zu beanstanden, so dient es ebenfalls der Förderung und Beschleunigung des Verfahrens, den Plan gegebenenfalls auch schon vor dem Eröffnungsbeschluss zurückzuweisen bzw dem Vorlegenden die Behebung solcher Mängel aufzugeben (*Braun/Frank* § 231 Rn 9).

5 **2. Verfahrensfragen.** Teilweise wird die Auffassung vertreten, im Insolvenzplanverfahren gelte gemäß § 5 InsO der **Amtsermittlungsgrundsatz**. Das Gericht sei berechtigt und verpflichtet, den für die Vorprüfung erforderlichen Sachverhalt von Amts wegen selbst zu ermitteln; es könne hierzu gegebenenfalls auch Sachverständige einschalten (so etwa *Smid* FS Pawlowski, S 387, 405; *Smid* § 231 Rn 3). *Braun* hält dagegen § 5 InsO im Rahmen des Insolvenzplanverfahrens für **nicht einschlägig**. Es gelte der **Beibringungsgrundsatz**; der Vorlageberechtigte habe von sich aus einen „**schlüssigen Plan**" einzureichen (*N/R/Braun* vor § 217 Rn 90; *Braun/Uhlenbruck* Unternehmensinsolvenz S 623 ff). Der Auffassung von *Braun* ist zuzustimmen. Der Amtsermittlungsgrundsatz gilt nach dem Wortlaut von § 5 InsO für das Insolvenzverfahren. Damit ist lediglich das Regelverfahren gemeint. § 5 InsO kann auf das Insolvenzplanverfahren auch nicht entsprechend angewandt werden. Schon aus der Rechtsnatur des **Insolvenzplans als vertragliche Übereinkunft** der Beteiligten ergibt sich, dass der Amtsermittlungsgrundsatz auf das Insolvenzplanverfahren nicht passt. Die **Stellung des Insolvenzgerichts** ist im Insolvenzplanverfahren eine andere als im Insolvenzverfahren. Nicht das Gericht trifft die Entscheidung über den Plan, sondern die Beteiligten entscheiden. Der Plan hängt auch nicht von der Genehmigung des Gerichts ab, sondern dieses hat lediglich die Einhaltung der gesetzlichen Vorschriften zu überwachen und zu bestätigen. Und schließlich ergibt sich aus § 231 InsO, dass im Insolvenzplanverfahren der Beibringungsgrundsatz gilt: Bei einem behebbaren Mangel ermittelt nicht das Gericht von sich aus, ob die für die Weiterleitung des Plans erforderlichen Voraussetzungen gegeben sind, sondern es ist Sache der Antragsbefugten, den Mangel zu beheben. Tun sie dies nicht, so hat das Gericht den Plan ohne weiteres und auch ohne weitere Ermittlungen zurückzuweisen. Eine **Hinzuziehung von Sachverständigen** durch das Gericht, beispielsweise hinsichtlich der Beurteilung der Erfüllbarkeit des Plans oder der Richtigkeit der Planrechnungen, kommt daher **nicht in Betracht** (ebenso HK-*Flessner* § 231 Rn 8, 11); das Gericht ist hierzu weder verpflichtet noch berechtigt.

6 **3. Umfang der Prüfung.** Der Umfang der Prüfung ist durch ihren Zweck **beschränkt**. Die Prüfung ist ausschließlich darauf zu richten, ob die in § 231 statuierten Mindestanforderungen erfüllt sind. § 231 ist hinsichtlich der dort aufgeführten **Zurückweisungsgründe abschließend** (vgl LG München I 5. 9. 2003 ZVI 2003, 473). Eine **Ausweitung** der Prüfung auf Fragen, welche von § 231 nicht ausdrücklich erfasst sind, **verbietet** sich. Ein extensives Verständnis der Vorprüfung würde dem Gericht einen Einfluss auf die Wahrnehmung der Antragsrechte zubilligen, welchen das Gesetz nicht legitimiert und welcher dem Gericht von seiner Stellung im Insolvenzplanverfahren her auch nicht zukommt.

7 **4. Gegenstand der Prüfung.** Der Gegenstand der Prüfung ist in § 231 Abs 1 Nr 1 bis 3 und Abs 2 **abschließend** festgelegt.

II. Vorprüfung nach Abs 1 § 231

a) Unterschiede zwischen Prüfung eines Verwalterplans und Prüfung eines Schuldnerplans. Die Prüfung eines vom Verwalter vorgelegten Plans hat einen geringeren Umfang als die Prüfung eines Schuldnerplans. Für einen **Verwalterplan** gilt ausschließlich Abs 1 Nr 1, für einen vom **Schuldner** vorgelegten Plan sind **zusätzlich Abs 1 Nr 2 und 3** sowie **Abs 2** zu beachten. Teilweise wird angenommen, dass auch bei der Prüfung nach Abs 1 Nr 1 Unterschiede bestehen. So soll bei einem vom Verwalter vorgelegten Plan zu prüfen sein, ob die in § 218 Abs 3 vorgesehene Mitwirkung in ordnungsgemäßer Weise stattgefunden hat, während dies bei einem Schuldnerplan mangels Anwendbarkeit von § 218 Abs 3 nicht Gegenstand der Prüfung ist. Diese Auffassung beruht auf einem unzutreffenden Verständnis von § 231 Abs 1 Nr 1 (Einzelheiten unter 2.); nach hier vertretener Auffassung ist die Prüfung nach Abs 1 Nr 1 beim Verwalter- und beim Schuldnerplan gleich. 8

b) Beachtung der Vorschriften über das Recht zur Vorlage und den Inhalt des Plans (Abs 1 Nr 1). Gemäß Abs 1 Nr 1 hat das Gericht zu prüfen, ob die Vorschriften über das Recht zur Vorlage und den Inhalt des Plans beachten wurden. 9

aa) Anwendungsbereich. Abs 1 Nr 1 gilt für jeden Plan, gleich ob er vom Verwalter oder vom Schuldner eingereicht wurde. 10

bb) Vorschriften über das Recht zur Vorlage. (1) Das **Recht zur Vorlage** eines Insolvenzplans ist in § 218 und im Falle der Eigenverwaltung in § 284 geregelt. § 218 enthält jedoch nicht nur Regelungen darüber, wer zur Vorlage eines Plans berechtigt ist: § 218 Abs 2 statuiert keine Berechtigung, sondern die Verpflichtung des Verwalters zur Vorlage eines Plans gegenüber der Gläubigerversammlung; § 218 Abs 3 betrifft die Aufstellung des Plans. **§ 218 Abs 2 und 3** sind auch **keine Vorschriften** über den **Inhalt** des Plans. Das gilt insbesondere für § 218 Abs 3, der lediglich Regelungen über das Verfahren bei der Aufstellung des Plans durch den Verwalter enthält. Dem Gesetz lässt sich nicht entnehmen, dass der Verwalter bei einer **fehlenden** oder **unzureichenden Mitwirkung** das Recht zur Planvorlage verliert. Hinzu kommt, dass nach zutreffender und praktisch einhelliger Auffassung der Verwalter von den Vorstellungen der Mitwirkungsberechtigten abweichen kann. § 218 Abs 3 begründet keine Eingriffsrechte. **Zweck der Mitwirkung** ist es, dem Vorlageberechtigten zu ermöglichen, Zustimmungsbarrieren frühzeitig zu erkennen. Da es keine Verpflichtung gibt, die Vorstellungen der Mitwirkungsberechtigten bzw Mitwirkungsverpflichteten im Plan umzusetzen, wäre es gerade systemwidrig, § 218 Abs 3 als Vorschrift über den Inhalt des Plans auszulegen. Bestätigt wird diese Auffassung auch durch einen Vergleich mit der Formulierung von § 250, der neben „Vorschriften über den Inhalt des Plans" ausdrücklich auch Vorschriften über „die verfahrensmäßige Behandlung des Plans" zum Prüfungsgegenstand erhebt. § 231 Abs 1 Nr 1 enthält keine entsprechende Formulierung. Darüber hinaus ist zu berücksichtigen, dass der Plan gemäß 232 nach erfolgter Vorprüfung sämtlichen gemäß § 218 Abs 3 zur Mitwirkung Berechtigten zur Stellungnahme zugeleitet werden muss, und zwar auch dann, wenn der Verwalter den Plan vorgelegt hat. Diese Vorschrift wäre unverständlich und überflüssig, wenn durch § 231 Abs 1 Nr 1 auch die Verfahrensvorschrift des § 218 Abs 3 über die Mitwirkung bei der Aufstellung des Plans hätte erfasst werden sollen. Wortlaut, Systematik und Normzweck von § 231 Abs 1 Nr 1 lassen mithin nur den Schluss zu, dass **§ 218 Abs 2 und 3 nicht Gegenstand der Vorprüfung** sind. Soweit in der Literatur ohne weitere Begründung die Auffassung vertreten wird, eine fehlende oder unzureichende Mitwirkung führe zur Zurückweisung des Plans gemäß § 231 Abs 1 Nr 1 (*MüKoInsO-Breuer* § 231 Rn 9; *Braun/Uhlenbruck* Unternehmensinsolvenz S 477; anders jetzt tendenziell *N/R/Braun* § 231 Rn 10 [heilbarer Mangel]; *Hess* § 231 Rn 10), kann dem nicht gefolgt werden (wie hier *Smid* § 231 Rn 6). Das Gleiche gilt für die **beratende Mitwirkung** des Sachverwalters gemäß § 284 Abs 1 Satz 2 im Falle der Eigenverwaltung. Richtigerweise fallen daher unter § 231 Abs 1 Nr 1 ausschließlich § 218 Abs 1 und § 284 Abs 1 Satz 1. 11

(2) Das Gericht hat **zu prüfen**, ob der Plan von einem zur Vorlage **Berechtigten**, also vom Insolvenzverwalter oder vom Schuldner bzw im Fall der Eigenverwaltung vom Sachverwalter vorgelegt ist. Inzident hat das Gericht zu prüfen, ob im Falle des **Verwalterplans** ein **eröffnetes Verfahren** vorliegt und der **Vorlegende** zum **Verwalter** bestellt ist. Beim **Schuldnerplan** hat das Gericht gegebenenfalls nachzuprüfen, ob wenigstens die **Eröffnung** des Insolvenzverfahrens **beantragt** wurde (§ 218 Abs 1 Satz 2). Hat der Verwalter **einen** Plan vorgelegt, so braucht das Gericht **nicht zu prüfen**, ob die Gläubigerversammlung dem Verwalter einen entsprechenden **Auftrag** erteilt hat. Nur **wenn der Verwalter zwei Pläne** vorlegt, einen eigenen und einen im Auftrag der Gläubigerversammlung ausgearbeiteten, muss das Gericht dies näher nachprüfen. Denn es dürfen nicht **gleichzeitig** zwei Pläne durch den gleichen Vorlageberechtigten vorgelegt werden, also nicht zwei eigeninitiativ erarbeitete Pläne des Verwalters oder zwei im Auftrag der Gläubigerversammlung erstellte Pläne (§ 218 Rn 1). Will der Verwalter neben einem im Auftrag der Gläubigerversammlung erstellten Plan auch einen eigenen Plan vorlegen, so empfiehlt es sich daher, in dem betreffenden Plan anzugeben, dass ein Auftrag der Gläubigerversammlung erteilt wurde, und den Auftrag (Protokoll der Gläubigerversammlung) dem Plan als Anlage beizufügen. 12

Das Gericht hat des Weiteren zu prüfen, ob der Vorlegende bereits einen **anderen Plan eingereicht** hatte, der noch nicht zurückgezogen oder erledigt ist. 13

Hat der Verwalter einen Plan im **Auftrag der Gläubigerversammlung** erstellt, so hat das Gericht (außer im Hinblick auf eine gleichzeitige Einreichung mehrerer Pläne durch denselben Vorlageberechtig- 14 ten) weder zu prüfen, ob ein entsprechender Auftrag der Gläubigerversammlung erteilt ist, noch ob die Gläubigerversammlung dem Verwalter Ziele des Plans vorgegeben, noch ob der Verwalter sich an Auflagen der Gläubigerversammlung gehalten hat. Das Gericht hat auch nicht zu prüfen, ob der Verwalter den Plan binnen angemessener Frist vorgelegt hat. Wird die angemessene Frist überschritten, so führt dies gegebenenfalls zu Aufsichtsmaßnahmen des Gerichts, berechtigt jedoch nicht zur Zurückweisung des Plans, da § 218 Abs 2 nicht unter § 231 Abs 1 Nr 1 fällt.

15　Aus den oben dargelegten Gründen hat das Gericht auch **nicht zu prüfen**, ob und in welchem Umfang eine **Mitwirkung** gemäß § 218 Abs 3 bei einem vom Verwalter vorgelegten Plan stattgefunden hat. Ebensowenig hat das Gericht zu prüfen, ob im Falle der Eigenverwaltung der Sachwalter gemäß § 284 Abs 1 Satz 2 an der Aufstellung des Plans beratend mitgewirkt hat.

16　cc) **Vorschriften über den Inhalt des Plans.** Vorschriften über den **Inhalt des Plans** enthalten die §§ 217, 219–230. (1) **§ 217** legt als Grundnorm über den Insolvenzplan fest, was **zulässigerweise Gegenstand von Regelungen** im gestaltenden Teil des Plans sein kann, und betrifft damit den Inhalt des Plans. Nicht Gegenstand des Plans können insbesondere Eingriffe in Aussonderungsrechte sein, Eingriffe in Rechte Dritter, welche (absonderungsberechtigten) Insolvenzgläubigern als Sicherheit dienen, sowie Eingriffe in die mitgliedschaftlichen Rechte der Gesellschafter des schuldnerischen Unternehmens (oben § 217 Rn 8). Das Gericht hat zu prüfen, ob der Plan im gestaltenden Teil nur Regelungen enthält, welche gemäß § 217 Gegenstand eines Insolvenzplans sein können. Enthält der Plan **unzulässige Regelungen**, beispielsweise Eingriffe in Aussonderungsrechte, so soll nach Auffassung von *Braun* (*N/R/Braun* § 231 Rn 9) ein **nicht behebbarer Mangel** vorliegen, der zur Zurückweisung des Plans zwinge. Dem ist entgegenzuhalten, dass ein solcher Mangel durch eine entsprechende Änderung des Plans behoben werden kann. *Braun* geht offenbar davon aus, dass ein solchermaßen geänderter Plan der Sache nach die Vorlage eines neuen Plans darstelle (*N/R/Braun* § 231 Rn 7). Das **Gesetz unterscheidet** jedoch zwischen Änderungen des vorgelegten Plans einerseits und der Vorlage eines neuen Plans (vgl § 240 einerseits, § 231 Abs 2 andererseits). Weder dem Wortlaut von Abs 1 Nr 1 noch der Gesetzesbegründung lässt sich entnehmen, dass der Plan inhaltlich nicht geändert werden dürfte, um etwaige Mängel zu beheben. Nach hier vertretener Auffassung ist bei einem **Verstoß gegen § 217** und bei vergleichbaren inhaltlichen Mängeln, welche durch Änderungen des Plans behoben werden können, danach zu **differenzieren**, ob der Plan durch die zur Behebung erforderlichen Änderungen/Ergänzungen den Charakter eines neuen Plans erhalten würde. Kann eine unzulässige Regelung gestrichen werden, ohne dass dies wesentlichen Einfluss auf die übrigen Planregelungen hat, so ist vor einer Zurückweisung des Plans **Gelegenheit zur Beseitigung** des Mangels zu geben.

17　(2) **§ 219 Satz 1** betrifft die **Gliederung des Plans** in einen **darstellenden** und einen **gestaltenden Teil**. Das Gericht hat insoweit zunächst zu prüfen, **ob der Plan überhaupt** einen darstellenden und einen gestaltenden Teil aufweist. Die inhaltlichen Anforderungen an den darstellenden Teil ergeben sich aus § 220, an den gestaltenden Teil aus §§ 221–230. § 219 Satz 2 bestimmt, dass dem Plan die in den §§ 229 und 230 genannten **Anlagen** beizufügen sind. Hinsichtlich der Übereinstimmung mit § 219 hat das Gericht dementsprechend nur zu prüfen, ob die Anlagen dem Plan überhaupt **beigefügt** sind.

18　Enthält der Plan keinen darstellenden oder keinen gestaltenden Teil, oder fehlen Anlagen, welche gemäß §§ 229, 230 beizufügen waren, so sind auch dies **Mängel**, welche der Vorlegende durch entsprechende **Nachreichung fehlender Anlagen** bzw durch eine **Ergänzung** des Plans beheben kann. Hier gilt das Gleiche wie oben zu cc (1): sind die Mängel so wesentlich, dass ihre Änderung oder Überarbeitung dem Plan den Charakter eines völlig neuen Plans verleihen würden, so sind diese als nicht behebbar anzusehen; der Plan ist zurückzuweisen. Andernfalls, beispielsweise wenn Anlagen fehlen, hat das Gericht dem Vorlegenden Gelegenheit zur Nachbesserung zu geben.

19　(3) § 220 regelt den **Inhalt des darstellenden** Teils. Nach § 220 Abs 1 ist im darstellenden Teil zu beschreiben, welche Maßnahmen nach der Eröffnung des Insolvenzverfahrens getroffen worden sind oder noch getroffen werden sollen, um die Grundlagen für die geplante Gestaltung der Rechte der Beteiligten zu schaffen. Das Gericht hat zu prüfen, ob der darstellende Teil solche Maßnahmen beschreibt. Gemäß § 220 Abs 2 sollen außerdem im darstellenden Teil alle sonstigen Angaben zu den Grundlagen und Auswirkungen des Plans enthalten sein, die für die Entscheidung der Gläubiger über die Zustimmung zum Plan und für dessen gerichtliche Bestätigung erheblich sind. Unabhängig davon, wie man die inhaltlichen Anforderungen von § 220 an den darstellenden Teil des Insolvenzplans definiert, gilt insoweit der Beibringungsgrundsatz. Im Rahmen der Vorprüfung nach § 231 hat das **Gericht** daher den **darstellenden Teil weder auf Richtigkeit** noch auf **Vollständigkeit zu prüfen**. Im Übrigen ist für § 220 Abs 2 zu berücksichtigen, dass dieser als „Soll"-Vorschrift ausgestaltet ist. Verstöße gegen § 220 Abs 2 rechtfertigen schon deshalb keine Zurückweisung des Plans.

20　(4) Gemäß § 221 ist im **gestaltenden Teil** des Insolvenzplans festzulegen, wie die Rechtsstellung der Beteiligten durch den Plan geändert werden soll. Insoweit hat das Gericht zunächst zu überprüfen, ob der gestaltende Teil **Regelungen** enthält, die gemäß § 217 **nicht Gegenstand von Planeingriffen** sein können, zB Eingriffe in Rechte/Eigentum Dritter, insbesondere in Aussonderungsrechte, und in bestimmte Absonderungsrechte nach § 223 Abs 1, und Eingriffe in Mitgliedschaftsrechte der Gesellschaf-

II. Vorprüfung nach Abs 1 § 231

ter des schuldnerischen Unternehmens. Sodann hat das Gericht zu prüfen, ob die **vorgesehenen Eingriffe in die Rechte der Beteiligten und die sonstigen Regelungen zulässig** sind (§§ 223 ff).

(5) Hinsichtlich der **Gruppenbildung gemäß § 222** hat das Gericht zunächst zu prüfen, ob die nach 21 § 222 Abs 1 Nr 1 bis 3 **obligatorischen Gruppen gebildet** wurden bzw ob von der **Bildung** dieser Gruppen **abgesehen** werden durfte, beispielsweise weil durch den Plan nicht in die Rechte der absonderungsberechtigten Gläubiger eingegriffen wird oder weil die Forderungen der nachrangigen Insolvenzgläubiger nach § 225 Abs 1 behandelt werden (vgl *Braun/Uhlenbruck* Unternehmensinsolvenz S 477).

Wurde gemäß § 222 Abs 1 Nr 1 eine **Gruppe für die absonderungsberechtigten Gläubiger** gebildet, so 22 hat das Gericht zu prüfen, ob im gestaltenden Teil für die absonderungsberechtigten Gläubiger jeweils **angegeben** ist, **wie der Plan** in ihre Rechte **eingreift**, also beispielsweise um welchen Bruchteil ihre Forderungen gekürzt oder ob und wie sie gestundet werden usw (§ 223 Abs 2). Wurden **Gruppen für die nachrangigen** Insolvenzgläubiger gemäß § 222 Abs 1 Nr 3 gebildet, so hat das Gericht zu prüfen, ob im Plan angegeben ist, wie deren Forderungen gestaltet werden sollen (§ 225 Abs 2). In jedem Fall muss die in § 222 Abs 1 Nr 2 vorgesehene Gruppe der nicht nachrangigen Insolvenzgläubiger gebildet sein. Auch hier hat das Gericht zu überprüfen, ob die **Eingriffe** in die Forderungen der nicht nachrangigen Insolvenzgläubiger im Plan **entsprechend dargelegt** sind (§ 224).

Wenn in dem Plan **fakultative Gruppen** nach § 222 Abs 2 gebildet wurden, hat das Gericht zu prüfen, 23 ob die Gruppen **sachgerecht voneinander abgegrenzt** sind und ob die **Kriterien** für die Abgrenzung der Gruppen **im Plan angegeben** sind (*Schiessler* Insolvenzplan S 122; *Braun/Uhlenbruck* Unternehmensinsolvenz S 477 f; *Hess/Weis* InVo 1998, 64; FK-*Jaffé* § 231 Rn 9; *Smid* InVo 1997, 169, 176).

Wenn **Arbeitnehmer** nach § 222 Abs 3 in eine oder mehrere Gruppen eingeteilt sind, dann braucht 24 das Gericht im Rahmen der Vorprüfung **nicht zu untersuchen**, ob die **Forderungen** der einzelnen eingruppierten Arbeitnehmer mehr als **bloß unerheblich** sind. Denn diese Frage ist bei der **Festsetzung des Stimmrechts** nach § 237 zu klären. Wurden **mehrere Arbeitnehmergruppen** gebildet, so hat das Gericht zu prüfen, ob diese **sachgerecht** voneinander **abgegrenzt** sind (§ 222 Rn 28). Ist **keine Arbeitnehmergruppe** gebildet, so hat das Gericht zu prüfen, ob eine Gruppe hätte **gebildet werden müssen** (§ 222 Rn 14). Wurden für **Kleingläubiger** besondere Gruppen gebildet, so ist im Rahmen der Vorprüfung allenfalls die **Abgrenzung der Kleingläubiger** zu überprüfen (dazu § 222 Rn 32).

Wenn, wie in der Praxis gelegentlich empfohlen wird, als Anlage zum Plan ein **Gruppenverzeichnis** 25 beigefügt ist, in welchem jeder Gläubiger aus einer alphabetischen Liste „seine" Gruppe ersehen kann, so ist diese Liste vom Gericht nicht zu überprüfen. Denn sie ist **kein zwingender Bestandteil des Plans** und hat auch keine Auswirkungen auf die Festlegung der Rechte.

Nicht zu prüfen hat das Gericht, ob die Einteilung der Gläubiger in **Gruppen** im Einzelfall **sinnvoll** 26 erscheint, hätte anders vorgenommen werden können oder ob Anzeichen dafür bestehen, dass die Gruppenbildung „bloß der Mehrheitsbeschaffung" dient (unzutreffend *Smid* § 231 Rn 8; *ders* InVo 1997, 169, 177; FK-*Jaffé* § 222 Rn 59 und § 231 Rn 11; wie hier MüKoInsO-*Breuer* § 231 Rn 11; *Hess/Weis* InVo 1998, 64; *Schiessler* Insolvenzplan S 122; *Kaltmeyer* ZInsO 1999, 255, 263; *Hess* § 222 Rn 38 f). Dem System der Gruppenbildung ist immanent, dass die Zusammensetzung der Gruppen Einflüsse auf die Abstimmungsmehrheiten haben kann. Solange die Gruppen jedoch sachgerecht voneinander abgegrenzt sind, ist dies nicht zu beanstanden (im Einzelnen bei § 222).

Schließlich hat das Gericht zu prüfen, ob gemäß § 226 Abs 1 **innerhalb jeder Gruppe** allen Beteiligten 27 **gleiche Rechte** gewährt werden bzw, wenn dies nicht der Fall ist, ob die Voraussetzungen des § 226 Abs 2 (Zustimmungserklärung der Betroffenen) vorliegen.

(6) Enthält der Plan Regelungen über die **Haftung des Schuldners**, so hat das Gericht zu überprüfen, 28 ob § 225 Abs 3 eingehalten ist und die Bestimmungen über die Haftung im Übrigen zulässig sind.

(7) Ist der Plan auf **Fortführung** des schuldnerischen Unternehmens gerichtet, so hat das Gericht zu 29 prüfen, ob dem Plan die in §§ **229, 230** vorgesehenen **Anlagen** beigefügt sind.

Nach Auffassung von *Braun* (N/R/*Braun* § 231 Rn 18; *Braun/Uhlenbruck* Unternehmensinsolvenz 30 S 518) hat das Gericht auch in **inhaltlicher Hinsicht** zu prüfen, ob aufeinander abgestimmte **Planrechnungen** vorliegen; wenn die **Plan-Gewinn- und Verlustrechnung** nicht aus der Planvermögensübersicht entwickelt sei, oder wenn die **Finanzplanung** nicht nachvollziehbar und rechnerisch stimmig aus der Plan-Gewinn- und Verlustrechnung entwickelt sei, lägen keine ordnungsgemäßen Anlagen gemäß § 229 InsO vor, mit der Folge, dass der Plan zurückzuweisen sei. *Otte* (K/P/*Otte* § 231 Rn 12) hält im Anschluss an *Braun* ebenfalls eine inhaltliche Prüfung der Planrechnungen für erforderlich und verweist auf die seiner Meinung nach durch § 404 Abs 2 ZPO gegebene Möglichkeit, dass das Gericht Sachverständige hinzuziehe. Dem ist nicht zu folgen. § 231 Abs 1 **Nr 1 erfordert keine inhaltliche Prüfung der Planrechnungen** (vgl *Hess/Weis* InVo 1998, 64, 65). Geht man mit *Braun* davon aus, dass es Sinn der Planrechnungen gemäß § 229 ist, die Realisierbarkeit des Plans aufzuzeigen, dann hätte eine inhaltliche Prüfung der Planrechnungen den Zweck, dies zu verifizieren. Dass die **Realisierbarkeit des Plans nicht Gegenstand** der Vorprüfung des Gerichts nach § 231 Abs 1 Nr 1 ist, ergibt sich schon daraus, dass der Plan – einschließlich seiner Anlagen – auch nachträglich noch überarbeitet und abgeändert werden kann (§ 240). Eine solche Änderung des Plans wird ua dann in Betracht kommen, wenn die Gläubiger das Sanierungskonzept im Grundsatz für überzeugend, einzelne Planprämissen jedoch für zu optimistisch halten, also gerade wenn Zweifel an der Realisierbarkeit des Plans bestehen. Solche Änderungen werden zudem in den Planrechnungen sogar zu erwarten sein, weil sich die zugrunde gelegten Zahlen und Bewertungen in der Zeit zwischen Vorlage und Erörterung des Plans noch verändern können, auch schon aufgrund der „normalen" Fortführung des schuldnerischen Unternehmens in dieser Zeit. Zu solchen Änderungen, die § 240 ermöglichen soll, käme es gar nicht, wenn die Realisierbarkeit des Plans nach Abs 1 Nr 1 zu prüfen wäre und dies gegebenenfalls die Zurückweisung des Plans zur Folge hätte. Darüber hinaus zeigt auch § 231 Abs 1 Nr 3, dass eine inhaltliche Prüfung der Planrechnungen nicht Gegenstand der gerichtlichen Vorprüfung nach Abs 1 Nr 1 sein kann. Denn die nach Nr 3 vom Gericht anzustellende **Plausibilitätskontrolle** wäre überflüssig, wenn die Realisierbarkeit des Plans vom Gericht bereits im Rahmen der Prüfung des Planinhalts gemäß Nr 1 beurteilt werden müsste. *Braun* selbst betont im Übrigen zu Recht, dass nicht das Gericht, sondern die **Gläubiger entscheiden**, ob sie dem Vorschlag folgen wollen und zwar auch im Extremfall (*N/R/Braun* § 231 Rn 24). Nach der Konzeption des Gesetzes ist es ihnen unbenommen, einen Plan mit unsicheren Erfolgsaussichten oder mit außerordentlich optimistischen Planprämissen zu akzeptieren. Eine Zurückweisung des Plans wegen mangelnder Erfüllbarkeit kommt ausschließlich nach Maßgabe von Abs 1 Nr 3 in Betracht. Daher kann eine inhaltliche Prüfung der Planrechnungen auch nur dort Gegenstand der – auf Offenkundigkeit beschränkten – Vorprüfung sein. Im Übrigen sind die Gläubiger selbst für die Einschätzung der Erfolgsaussichten des Plans verantwortlich. Können sie die Realisierbarkeit nicht beurteilen, gleich aus welchem Grund, so steht es ihnen frei, dem Plan die Zustimmung zu verweigern.

31 c) **Aussicht auf Annahme und Bestätigung des Plans (Abs 1 Nr 2). Nur bei einem vom Schuldner vorgelegten Plan** ist gemäß Abs 1 Nr 2 zu prüfen, ob der Plan **offensichtlich keine Aussicht auf Annahme durch die Gläubiger oder Bestätigung durch das Gericht** hat. Hierzu ist einschränkend vertreten worden, dass die Prognose der Annahme und Erfüllbarkeit der Planregelung mindestens wahrscheinlich sein muss (**LG München** 5. 10. 2001 ZInsO 2001, 1018); dies erscheint entschieden zu eng. Denn die fehlende Aussicht auf Annahme bzw Bestätigung muss **offensichtlich** sein. Hieran soll es andererseits fehlen, wenn etwa von Teilen der Finanzverwaltung die wohlwollende Prüfung des Erlasses der aus dem Sanierungsgewinn folgenden Ertragsteuer zugesagt wird, obwohl er in dem Sanierungskonzept eingerechnet war (**LG Bielefeld** 30. 11. 2001 ZInsO 2002, 198). Eine **Zurückweisung** des Plans nach § 231 Abs 1 Nr 2 kommt daher **nur in eindeutigen Fällen** in Betracht (Begr zu § 275 RegE InsO *Balz/Landfermann* S 346). Bei der **Beurteilung der Annahmechancen** kommt es nicht darauf an, ob der Plan aus Sicht des Gerichts gut, sinnvoll oder zustimmungswürdig ist. Das Gericht hat allein darauf abzustellen, ob die Gläubiger dem Plan die **Zustimmung offensichtlich verweigern** werden. Eine solche Feststellung wird sich nur in extremen Ausnahmefällen treffen lassen, zumal das Gericht hierzu **keinerlei Nachforschungen** anzustellen hat. Die offenkundig fehlende Annahmeaussicht ist vielmehr allein **aus dem Plan heraus** zu beurteilen (ebenso HK-*Flessner* § 231 Rn 7; *N/R/Braun* § 231 Rn 23 f; *FK-Jaffé* § 231 Rn 23 f). Die Begründung zum Regierungsentwurf nennt als Beispiel den Fall, dass der Schuldner einen Plan vorlegt, welcher ihm die Fortführung des Unternehmens ermöglicht, die Gläubigerversammlung sich jedoch bereits mit großer Mehrheit gegen eine Fortführung des Unternehmens durch den Schuldner ausgesprochen habe (Begr zu § 274 RegE InsO *Balz/Landfermann* S 346).

32 Eine **Zurückweisung** wegen **fehlender Bestätigungsaussichten** ist allenfalls vorstellbar, wenn bereits im Zeitpunkt der Vorprüfung Tatbestände feststehen, welche zu einer Versagung der Bestätigung des Plans gemäß **§ 250 Nr 2** führen müssten, beispielsweise ein (verdeckter) Stimmenkauf, welcher kausal für die Annahme des Plans wäre. Demgegenüber sind die in **§ 250 Nr 1** aufgeführten Bestätigungshindernisse im Rahmen der Vorprüfung **nicht einschlägig**; denn die in § 250 Nr 1 genannten Vorschriften über den Inhalt des Plans sind bereits Gegenstand der Vorprüfung nach Abs 1 Nr 1. Da Abs 1 Nr 1 im Gegensatz zu Abs 1 Nr 2 bei behebbaren Mängeln die Zurückweisung von der Gelegenheit zur Behebung solcher Mängel abhängig macht, wird man davon ausgehen müssen, dass Abs 1 Nr 1 insoweit Abs 1 Nr 2 verdrängt; eine Zurückweisung des Plans wegen fehlender Bestätigungsaussichten **aufgrund inhaltlicher Mängel** kommt daher nicht in Betracht. Aus diesem Grund passt auch das von *Braun* (*N/R/Braun* § 231 Rn 24) angeführte Beispiel nicht, dass der Plan Rechte Dritter berührt, beispielsweise in tarifvertragliche Regelungen eingreift. Denn dies ist bereits Gegenstand der Prüfung nach Abs 1 Nr 1 (Beachtung von §§ 217, 221). Die in § 250 Nr 1 genannten Verstöße gegen Vorschriften über die verfahrensmäßige Behandlung des Insolvenzplans sowie über die Annahme durch die Gläubiger und die Zustimmung des Schuldners kommen gleichfalls nicht in Betracht. Denn diese Vorschriften können im Zeitpunkt der Vorprüfung des Plans noch nicht verletzt sein. Die einzige Verfahrensvorschrift, welche bis zur Vorprüfung einschlägig sein kann, ist § 218 Abs 3. Eine unzureichende oder unterlassene Mitwirkung gemäß § 218 Abs 3 rechtfertigt jedoch keine Versagung der Bestätigung des Plans (unten § 250 Rn 8); ebenso wenig kommt eine Zurückweisung des Plans in Betracht, auch nicht über Abs 1 Nr 2 in Verbindung mit § 250 Nr 1.

33 d) **Offensichtlich nicht erfüllbarer Plan (Abs 1 Nr 3).** Gemäß Abs 1 Nr 3 hat das Gericht **bei einem vom Schuldner vorgelegten Plan** zu untersuchen, ob der Plan **offensichtlich nicht erfüllt** werden kann. Gegenstand der Prüfung ist **nicht, ob der Plan Erfolg** haben wird, beispielsweise eine plangemäß beabsichtigte Sanierung gelingen wird. Gegenstand der Prüfung ist ausschließlich die **Erfüllbarkeit**. Auch

II. Vorprüfung nach Abs 1 **§ 231**

hier muss die Unerfüllbarkeit **offensichtlich** sein. Die Unerfüllbarkeit der Gläubigeransprüche muss sich bei einem Vergleich der Planrechnungen mit den Angaben zur wirtschaftlichen Lage des Schuldners geradezu aufdrängen (LG Bielefeld 30. 11. 2001 ZInsO 2002, 198). Zu prüfen ist also, ob die im Plan zugesagten Leistungen erfüllt werden können. Bei einem **Liquidationsplan** ist dementsprechend zu untersuchen, ob die nach dem Plan generierte Verteilungsmasse zur Bedienung der den jeweiligen Gläubigern angebotenen Quoten ausreicht. Wird schon nach dem Plan mehr angeboten, als an Verteilungsmasse zur Verfügung stehen wird, so sind die im Plan zugesagten Leistungen offensichtlich nicht erfüllbar. Fraglich ist, ob das Gericht **auch zu prüfen** hat, ob die im Plan angenommene Verteilungsmasse generiert werden kann, also namentlich ob die **angenommenen Verwertungserlöse realistisch** eingeschätzt sind. Dies ist **zu verneinen**. Denn eine solche Prüfung würde die gesetzlich statuierte Beschränkung auf offensichtliche Fälle bei weitem übersteigen (HK-*Flessner* § 231 Rn 8). Auch hier gilt, dass es Sache der Gläubiger ist, sich als Grundlage für ihr Stimmverhalten ein eigenes Urteil hinsichtlich der Erfüllbarkeit zu machen. Es ist nicht Zweck von Abs 1 Nr 3, die Gläubiger aus ihrer Eigenverantwortung zu entlassen, sondern lediglich den Gläubigern die Befassung mit Vorschlägen zu ersparen, welchen die Unerfüllbarkeit praktisch auf der Stirn geschrieben steht (HK-*Flessner* § 231 Rn 8; vgl auch *Schiessler* Insolvenzplan S 131; *K/P/Otte* § 231 Rn 17 f; FK-*Jaffé* § 231 Rn 26; *Burger/Schellberg* DB 1994, 1833, 1835; *Eidenmüller* JbfPolÖk 1996, 164, 188; *Diensthüler* InVo 1998, 333, 339).

Das gilt auch für die **Erfüllbarkeit** eines auf **Fortführung** gerichteten Plans. Hier hat das Gericht die **34** Richtigkeit, Vollständigkeit und Schlüssigkeit der **Planrechnungen nicht zu prüfen.** Das Gericht hat **auch nicht** zu prüfen, ob die im Plan angenommenen künftigen **Erträge realistisch** sind. In der Begründung zu § 275 RegE InsO heißt es hierzu: „*Schließlich ist ein Plan zurückzuweisen, der nach der Vermögenslage des Schuldners und den sonstigen Umständen des Falles offensichtlich nicht erfüllt werden kann.* (…) *Sowohl in der Nummer 2 wie in der Nummer 3 des Absatzes 1 wird durch das Wort „offensichtlich" zum Ausdruck gebracht, dass nur in eindeutigen Fällen von der Befugnis zur Zurückweisung Gebrauch gemacht werden darf (…)*" (*Balz/Landfermann* S 346). Zu prüfen ist daher lediglich, ob die **angenommenen künftigen Erträge offenkundig nicht erwirtschaftet** werden können und ob die angenommenen Erträge die den Gläubigern im Plan zugesagten **Leistungen decken** würden (ebenso HK-*Flessner* § 231 Rn 8). Sehr zweifelhaft erscheint die Einschreitung, wenn die offensichtlich fehlende Erfüllbarkeit damit begründet wird, dass der Schuldner nach Abgabe der eidesstattlichen Versicherung mit der Untersagung der Ausübung seines Gewerbes zu rechnen habe (so etwa AG Siegen 28. 12. 1999 NZI 2000, 236), denn solche Spekulationen haben mit der vom Gesetzgeber vorgegebenen rein wirtschaftlichen Betrachtungsweise nichts zu tun (abl auch *Braun/Frank* § 231 Rn 6).

e) **Zurückweisung wegen Masseunzulänglichkeit?** Nach teilweise vertretener Auffassung soll im Falle **35** der **Masseunzulänglichkeit** der Insolvenzplan „a priori mangels Erfolgsaussicht (Abs 1 Nr 2)" zurückzuweisen sein (*Smid* § 231 Rn 46; *Häsemeyer* Rn. 28.13; offen *K/P/Otte* § 231 Rn 20). Was *Smid* mit „Erfolgsaussicht" meint, bleibt unklar. Abs 1 Nr 2 verwendet nicht den Begriff der Erfolgsaussicht, sondern dort geht es um die Aussicht auf Annahme durch die Gläubiger oder auf Bestätigung durch das Gericht. Es erscheint jedoch nicht ausgeschlossen, dass auch im Falle der Masseunzulänglichkeit ein Insolvenzplan von den Gläubigern angenommen und vom Gericht bestätigt werden könnte. Eher erscheint es denkbar, dass aufgrund der Masseunzulänglichkeit die im Insolvenzplan zugesagten Leistungen iSd Abs 1 Nr 3 **offenkundig nicht erfüllbar** wären. Aber auch das lässt sich nicht pauschal behaupten. Der Feststellung von *Smid*, Masseunzulänglichkeit begründe a priori die Zurückweisung des Insolvenzplans, kann daher in dieser Pauschalität nicht gefolgt werden. Insbesondere stellt Masseunzulänglichkeit **als solche keinen Zurückweisungsgrund** dar (*Braun/Uhlenbruck* Unternehmensinsolvenz S 520; *Maus*, in Kölner Schrift, InsO, S 964). Allerdings kann der Insolvenzplan nicht in die Rechte von Massegläubigern eingreifen. Die entsprechende Regelung, welche § 323 Abs 2 RegE InsO vorgesehen hatte, ist vom Rechtsausschuss gestrichen worden (Ausschussbericht zu § 234 d, *Balz/Landfermann* S 316).

5. **Gerichtliche Entscheidungen/weiteres Verfahren. a) Zuleitung des Plans.** Wenn kein Zurückweisungsgrund vorliegt, hat das Gericht den Plan gemäß § 232 ohne weiteres den dort Genannten zur Stellungnahme zuzuleiten. Einen **Beschluss über die „Zulassung"** des Insolvenzplans sieht das Gesetz nicht vor; ein solcher Beschluss ist **nicht zu erlassen** (zutreffend HK-*Flessner* § 231 Rn 13; *Schiessler* Insolvenzplan S 133; nicht nachvollziehbar ist die gegenteilige Auffassung von *Smid* § 231 Rn 3, 37). **36**

b) **Zwischenverfügung bei behebbaren Mängeln.** Bei behebbaren Mängeln hat das Gericht dem Vorlegenden **Gelegenheit zur Nachbesserung** zu geben. Hierzu ist dem Vorlegenden vom Gericht zunächst **mitzuteilen**, welche Mängel nach Auffassung des Gerichts bestehen. Ferner ist dem Vorliegenden anheim zu geben, die **Mängel zu beseitigen**. Hierzu hat das Gericht eine **Frist zu bestimmen**. Diese muss angemessen sein. Was angemessen ist, richtet sich nach dem im Einzelfall zu behebenden Mangel. Auf Antrag des Vorlegenden kann das Gericht die Frist notfalls verlängern (§ 224 Abs 2 ZPO). Die Verfügung sollte auch einen Hinweis darauf enthalten, dass eine nicht bzw nicht fristgerecht erfolgte Mängelbeseitigung zur Zurückweisung des Plans führt. **37**

Ist das Gericht der Auffassung, dass der Plan nach **Abs 1 Nr 2 oder 3** zurückgewiesen werden muss, so braucht es den Vorlegenden hierauf weder hinzuweisen noch ihm Gelegenheit zur Stellungnahme vor **38** dem Zurückweisungsbeschluss zu geben. Eine **Nachbesserungsmöglichkeit** ist insoweit **nicht** im Gesetz vorgesehen. Die **Verfahrensrechte** des Vorlegenden werden durch das **Beschwerderecht nach Abs 3** gewahrt.

39 c) **Zurückweisung des Plans.** Liegt ein Zurückweisungsgrund nach Abs 1 Nr 1 bis 3 vor, und ist für behebbare Mängel im Sinne des Abs 1 Nr 1 die vom Gericht gesetzte Frist verstrichen, ohne dass der Vorlegende den Mangel behoben hat, so hat das Gericht den Plan durch Beschluss zurückzuweisen.

III. Zurückweisung des Plans nach Abs 2

40 Nach Abs 2 hat das Gericht unter den dort genannten Voraussetzungen den Insolvenzplan durch Beschluss zurückzuweisen. **Voraussetzung** für den Zurückweisungsbeschluss ist, dass die Zurückweisung des Plans vom **Verwalter mit Zustimmung des Gläubigerausschusses** (sofern ein solcher bestellt ist) **beantragt** wird. Geschieht das, so ist eine **Vorprüfung** eines solchen neuen Plans des Schuldners nach Abs 1 **nicht vorzunehmen**. Der Plan ist vielmehr gemäß Abs 2 **ohne weiteres zurückzuweisen**. Das gilt selbst dann, wenn der Plan sinnvoll oder annahmefähig erscheint. Abs 2 ist nicht anwendbar, wenn der Schuldner seinen (ersten) Plan **vor** der öffentlichen Bekanntmachung zurückgenommen hatte (ebenso *Braun/Uhlenbruck* Unternehmensinsolvenz S 480). Die Entscheidung trifft der Rechtspfleger, wie sich aus §§ 3 Nr 2 e, 18 RPflG ergibt (*Braun/Frank* § 231 Rn 8).

IV. Rechtsmittel

41 Leitet das **Gericht** den **Insolvenzplan** mangels Zurückweisungsgründen zur Stellungnahme **weiter**, wie dies § 232 vorsieht, so gibt es hiergegen **keine Rechtsmittel**. In der Zuleitung liegt kein (rechtsmittelfähiger) Zulassungsbeschluss (unzutreffend *Smid* § 231 Rn 3, 37).

42 Gegen den **Beschluss**, durch welchen das Gericht einen **Insolvenzplan zurückgewiesen** hat, steht (nur) dem Vorlegenden nach Abs 3 die **sofortige Beschwerde** zu. Die Beschwerde ist innerhalb einer Notfrist von zwei Wochen ab Zustellung des Beschlusses einzulegen (§§ 6 Abs 2 S 1, 4 InsO iVm § 577 Abs 2 S 1 ZPO).

43 Das Insolvenzgericht kann nach § 6 Abs 2 S 2 InsO der Beschwerde abhelfen. Hat der **Rechtspfleger** über die Zurückweisung entschieden, so ist dieser auch für die **Abhilfe** zuständig. Dies ergibt sich zwar nicht ausdrücklich aus § 11 RPflG idF des RPflGÄndG vom 6. 8. 1998 (BGBl I, S 2030), folgt jedoch aus dem Zweck der Streichung der Durchgriffserinnerung, den Richter zu entlasten.

44 Soweit der Beschwerde **nicht abgeholfen** wird, entscheidet nach § 6 Abs 2 S 1, Abs 3 InsO das **Landgericht**. Gegen dessen Entscheidung ist gemäß § 7 Abs 1 InsO **sofortige weitere Beschwerde** gegeben. Über sie entscheidet das **Oberlandesgericht**. Die sofortige weitere Beschwerde bedarf der **Zulassung**. Dazu muss dargelegt werden, dass die Entscheidung des Beschwerdegerichts auf einer Verletzung des Gesetzes beruht und die Nachprüfung der Entscheidung zur Sicherung einer einheitlichen Rechtsprechung geboten ist (§ 7 Abs 1). Zu den weiteren Einzelheiten siehe die Kommentierung von §§ 6, 7.

§ 232 Stellungnahmen zum Plan

(1) Wird der Insolvenzplan nicht zurückgewiesen, so leitet das Insolvenzgericht ihn zur Stellungnahme zu:
1. dem Gläubigerausschuß, wenn ein solcher bestellt ist, dem Betriebsrat und dem Sprecherausschuß der leitenden Angestellten;
2. dem Schuldner, wenn der Insolvenzverwalter den Plan vorgelegt hat;
3. dem Verwalter, wenn der Schuldner den Plan vorgelegt hat.

(2) Das Gericht kann auch der für den Schuldner zuständigen amtlichen Berufsvertretung der Industrie, des Handels, des Handwerks oder der Landwirtschaft oder anderen sachkundigen Stellen Gelegenheit zur Äußerung geben.

(3) Das Gericht bestimmt eine Frist für die Abgabe der Stellungnahmen.

I. Normzweck

1 Die Vorschrift lehnt sich teilweise an §§ 177 Abs 1 KO, 14 VglO an. Die Einholung von Stellungnahmen zum Plan soll nach der Vorstellung des Gesetzgebers der **Vorbereitung von Erörterung und Abstimmung** dienen (Begr zu § 276 RegE InsO *Balz/Landfermann* S 347). Die Vorschrift ist im Zusammenhang mit § 240 zu sehen; danach kann der Vorlegende den Plan im Erörterungstermin noch inhaltlich ändern (§ 240). Durch die **Stellungnahmen sollen** Zustimmungshindernisse frühzeitig aufgedeckt und es dem Vorlegenden ermöglicht werden, durch entsprechende Änderungen des Plans **die Zustimmungschancen zu erhöhen** (so auch *K/P/Otte* § 218 Rn 47; FK-*Jaffé* § 232 Rn 21).

2 Auf den ersten Blick scheint § 232 zumindest für einen vom Verwalter vorgelegten Plan nicht recht einleuchtend, weil die in Abs 1 Nr 1 aufgeführten Gremien und der Schuldner (Abs 1 Nr 2) bereits an

II. Zuleitung des Plans durch das Insolvenzgericht   § 232

der Aufstellung des Plans durch den Verwalter mitwirken sollen (§ 218 Abs 3). Die Vorschrift macht aber auch für **Verwalterpläne** Sinn. Denn einmal führt eine nicht erfolgte oder unzureichende Beteiligung der nach § 218 Abs 3 zur Mitwirkung Berechtigten nicht zur Zurückweisung des Plans (oben § 218 Rn 50; § 231 Rn 11), und zum anderen ist der Verwalter nicht gehalten, Anregungen und Ratschläge der Mitwirkungsberechtigten aufzugreifen oder zu befolgen (§ 218 Rn 49). Deshalb kann es vorkommen, dass ein vom Verwalter erstellter Plan bis zu dessen Einreichung noch nicht mit allen in Abs 1 aufgeführten Gremien diskutiert worden ist. Bei einem vom Schuldner vorgelegten Plan gilt § 218 Abs 3 ohnehin nicht (oben § 218 Rn 47). Die in § 232 Abs 2 genannten Institutionen sind an Erörterung und Abstimmung über den Plan allerdings nicht beteiligt. Möglicherweise ging der Gesetzgeber jedoch davon aus, dass gerade Stellungnahmen dieser „neutralen" Institutionen geeignet seien, Unstimmigkeiten und Ungleichgewichtigkeiten des Plans aufzuzeigen und so die Zustimmungschancen zu erhöhen.

Die Literatur geht ganz überwiegend davon aus, dass in der Praxis sowohl im Falle eines Schuldner- 3 plans wie auch bei einem Verwalterplan die **Annahmechancen** regelmäßig gefördert werden, wenn bereits **bei Vorbereitung** und **Aufstellung des Plans** die Beratung durch den Gläubigerausschuss, den Betriebsrat und die Vertretung der leitenden Angestellten stattfindet und auch das Einverständnis maßgeblicher Gläubigergruppen eingeholt wird (zB *Braun/Uhlenbruck* Unternehmensinsolvenz S 474). Dann relativiert sich auch die Bedeutung der Stellungnahmen im Hinblick auf die beabsichtigte Förderung der Annahmechancen. Das gilt erst recht, wenn der Plan im Einzelfall so ausgestaltet sein sollte, dass die Zustimmung bereits im Vorfeld gesichert erscheint. Solches Vorgehen kann dann auch bei der Fristbestimmung nach § 232 Abs 3 berücksichtigt werden.

II. Zuleitung des Plans durch das Insolvenzgericht

1. Voraussetzungen. Nach Abs 1 hat das Insolvenzgericht den Plan den in Abs 1 Nr 1 bis 3 bezeichne- 4 ten Gremien/Personen zur Stellungnahme zuzuleiten, wenn der **Plan nicht nach § 231 zurückgewiesen** wird. Hat das Insolvenzgericht den Plan nach § 231 zurückgewiesen, und wird diese Entscheidung durch das Beschwerdegericht abgeändert, so ist **das Insolvenzgericht** (nicht das Beschwerdegericht) gleichfalls verpflichtet, nach § 232 zu verfahren. Hat der **Schuldner** den **Plan** vorgelegt und mit dem **Antrag auf Eröffnung** des Insolvenzverfahrens **verbunden** (§ 218 Abs 1 S 2), so ist es denkbar, dass die Vorprüfung bereits abgeschlossen ist, bevor das Gericht über die Verfahrenseröffnung entschieden hat (vgl oben § 231 Rn 4). In diesem Fall darf der Plan **erst zur Stellungnahme zugeleitet** werden, wenn das **Insolvenzverfahren eröffnet** ist. Das ergibt sich daraus, dass der Erörterungs- und Abstimmungstermin gemäß § 236 nicht vor dem Prüfungstermin angesetzt werden darf, der seinerseits gemäß § 29 Abs 1 Nr 2 erst im Eröffnungsbeschluss festgesetzt werden kann. Da die nach Abs 3 vom Gericht zu bestimmende Frist zur Stellungnahme wiederum mit dem Erörterungs- und Abstimmungstermin koordiniert werden muss, kann auch die **Zuleitung erst nach Verfahrenseröffnung** erfolgen. Ob die Zuleitung des Plans entbehrlich ist, wenn der Planvorlegende die Stellungnahmen bereits eingeholt und mit dem Plan eingereicht hat (so FK-*Jaffé* § 232 Rn 22 ff *Braun/Frank* § 232 Rn 4 aE), ist zweifelsfrei; in jedem Fall muss sichergestellt sein, dass die beigefügten Stellungnahmen zu dem Plan in seiner endgültigen und vollständigen Form eingeholt worden sind.

2. Zuleitung des Plans. Die Zuleitung (= Zustellung) des Plans erfolgt **von Amts wegen**. Zuzuleiten ist 5 der **vollständige Plan einschließlich aller Anlagen**. Zusammenfassungen des Plans reichen, anders als bei der Ladung zum Erörterungs- und Abstimmungstermin nach § 235 Abs 3 Satz 2, nicht aus. Die fundierte Stellungnahme wird idR auch nur bei Kenntnis des gesamten Plans möglich sein. Die **erforderlichen Ausfertigungen** des Plans für die Zuleitung an die in Abs 1 Nr 1 bis 3 genannten Gremien/Personen hat der Vorlegende bereits bei der Einreichung des Plans zur Verfügung zu stellen (§ 218 Rn 44). Will das Gericht gemäß § 232 Abs 2 weitere Institutionen zur Stellungnahme auffordern, muss es beim Vorlegenden im Bedarfsfall die entsprechenden **weiteren Ausfertigungen anfordern**.

3. Richterliche Anordnungen. a) Aufforderung zur Stellungnahme. Die in § 232 genannten Gremien/ 6 Personen sind nicht verpflichtet, sondern **berechtigt**, zu dem Plan Stellung zu nehmen. Das Gericht hat daher die Betreffenden **zur Stellungnahme** lediglich **aufzufordern**.

b) Fristfestsetzung. aa) Das Gericht hat gemäß Abs 3 eine **Frist für die Stellungnahmen** zu bestimmen. 7 Entgegen *N/R/Braun* § 232 Rn 9 ist die **Fristsetzung nicht fakultativ**; das Gericht muss eine solche Frist setzen („hat"); unabhängig davon, ob eine unterlassene Fristsetzung zu einem Versagensgrund nach § 250 Abs 1 Nr 1 führen (abl MüKoInsO-*Breuer* § 232 Rn 9) oder über § 253 zu einem Beschwerdegrund werden könnte (*FK-Jaffé* § 232 Rn 12; HK-*Flessner* § 232 Rn 4), sollte der Sinn der Vorschrift nicht missverstanden werden: Die Aufgabe der Frist dient der gebotenen Beschleunigung des Verfahrens (*Braun/Uhlenbruck* S 481); wird der Insolvenzplan auch ohne solche zeitliche Befristung im Übrigen verfahrens- und ordnungsgemäß geschlossen, gibt es keinen materiellen Rechtsgrund, aus dem dann offenkundig nicht mehr relevanten Anlass unterlassener Fristsetzung das Zustandekommen des Plan über

§ 250 Abs 1 Nr 1 oder § 253 zu behindern (zutr MüKoInsO-*Breuer* § 232 Rn 9). Die Frist ist nach Wortlaut und Zweck des Abs 3 **für alle Stellungnahmen einheitlich festzusetzen**. Deshalb kann die Frist **nicht in Tagen oder Wochen** festgesetzt werden, beginnend ab Zustellung. Vielmehr ist ein **einheitlicher Termin** zu bestimmen, bis zu dem die Stellungnahmen bei Gericht eingegangen sein müssen (Formulierungsbeispiel: *„Hiermit erhalten Sie Gelegenheit, zu dem anliegenden Insolvenzplan bis zum (Datum) Stellung zu nehmen. Stellungnahmen, die nach diesem Termin bei Gericht eingehen, müssen im weiteren Verfahren nicht berücksichtigt werden."*). **bb)** Die Bestimmung der **Frist liegt im Ermessen des Gerichts**. Sie muss allerdings **mit dem Erörterungstermin koordiniert** werden. Der Erörterungstermin darf nicht vor dem Prüfungstermin stattfinden (§ 236) und soll nicht über einen Monat hinaus nach dem Ende der Frist für die Stellungnahmen angesetzt werden (§ 235 Abs 1 Satz 2). Auch ist zu berücksichtigen, dass durch das Erfordernis der Fristsetzung Verzögerungen des Verfahrens vermieden werden sollen (Ausschussbericht zu § 276 RegE InsO *Balz/Landfermann* S 347). In Anlehnung an die prozessualen Einlassungsfristen sollte die Frist **im Regelfall zwei bis drei Wochen** betragen (vgl FK-*Jaffé* § 232 Rn 52; *Braun/Frank* § 232 Rn 4; MüKoInsO-*Breuer* § 232 Rn 11); im Übrigen sollte die Fristsetzung den besonderen Umständen des Einzelfalls Rechnung tragen, insbesondere im Hinblick auf die Komplexität und den Umfang des Insolvenzplans (vgl auch MüKoInsO-*Breuer* § 232 Rn 11 aE). **cc)** Ob **Fristverlängerungen** auf Antrag einzelner zur Stellungnahme Berechtigter möglich sind, erscheint zweifelhaft. Es handelt sich zwar um eine richterliche Frist iSd § 224 Abs 2 ZPO. Da die Frist jedoch einheitlich für alle Stellungnahmen festzusetzen ist, müsste eine Verlängerung für alle zur Stellungnahme Berechtigten gleichermaßen gelten. Im Hinblick auf die von Abs 3 bezweckte Vermeidung von Verfahrensverzögerungen sollten Fristverlängerungen jedenfalls zurückhaltend gehandhabt werden. Rechtsmittel gegen die Fristfestsetzung sind nicht gegeben. **dd) Nicht fristgerecht eingegangene Stellungnahmen** sind für das weitere Verfahren nicht zu berücksichtigen; insbesondere brauchen diese nicht nach § 234 zur Einsichtnahme beim Gericht niedergelegt zu werden (aA *K/P/Otte* § 234 Rn 2). Andernfalls hätte das Fristerfordernis keine Relevanz bzw liefe leer.

8 **4. Zur Stellungnahme Berechtigte.** Zur Stellungnahme berechtigt sind stets die in Abs 1 **Nr 1 bis 3** genannten Gremien/Personen. Diesen **muss** der Plan **zugeleitet werden**. Wird hiergegen verstoßen, so liegt ein Verfahrensmangel vor, der gemäß § 250 Nr 1 der Bestätigung des Plans entgegensteht. Das gilt allerdings nicht, wenn die betreffende(n) Stellungnahme(n) bereits zusammen mit dem Plan bzw ohne Aufforderung beim Gericht eingereicht worden sind (vgl bisher zu § 177 KO etwa *K/U* § 177 KO Rn 1). Den in **Abs 2** genannten Institutionen **kann** das Gericht den **Plan zuleiten**. Ohne Aufforderung durch das Gericht sind diese **nicht** zur Stellungnahme **berechtigt**; gleichwohl abgegebene Stellungnahmen dürfen nicht berücksichtigt werden. Ob das Gericht solche Institutionen zur Stellungnahme auffordert, liegt in seinem Ermessen. In Betracht kommen dürfte dies vor allem in Sonderfällen (vgl FK-*Jaffé* § 232 Rn 43). **Bei Genossenschaften** hat das Gericht gemäß § 116 Nr 4 GenG vor dem Erörterungstermin den betreffenden **Prüfungsverband** darüber anzuhören, ob der Plan mit den Interessen der Genossen vereinbar ist (dazu *Scheibner* DZWiR 1999, 8, 9).

9 **5. Kosten der Stellungnahmen.** Die Kosten für die Stellungnahmen haben die Berechtigten selbst zu tragen. Die Stellungnahme des Verwalters geht über seine Vergütung zulasten der Masse (MüKoInsO-*Breuer* § 232 Rn 8).

§ 233 Aussetzung von Verwertung und Verteilung

¹Soweit die Durchführung eines vorgelegten Insolvenzplans durch die Fortsetzung der Verwertung und Verteilung der Insolvenzmasse gefährdet würde, ordnet das Insolvenzgericht auf Antrag des Schuldners oder des Insolvenzverwalters die Aussetzung der Verwertung und Verteilung an. ²Das Gericht sieht von der Aussetzung ab oder hebt sie auf, soweit mit ihr die Gefahr erheblicher Nachteile für die Masse verbunden ist oder soweit der Verwalter mit Zustimmung des Gläubigerausschusses oder der Gläubigerversammlung die Fortsetzung der Verwertung und Verteilung beantragt.

I. Normzweck

1 Ein auf Fortführung gerichteter **Insolvenzplan** könnte **unterminiert** oder behindert **werden**, wenn beispielsweise für die Fortführung notwendige **Vermögensgegenstände** vor einer Entscheidung über den Plan **verwertet** werden (Begr zu § 277 RegE InsO *Balz/Landfermann* S 348). Das soll § 233 S 1 verhindern, indem die **Verwertung und Verteilung** auf Anordnung des Gerichts **ausgesetzt** werden. S 2 soll Verzögerungstaktiken des Schuldners begegnen (Begr zu § 277 RegE InsO *Balz/Landfermann* S 348). Ergänzt wird § 233 durch § 30 d ZVG, wonach die Zwangsversteigerung von Grundstücken (einstweilen) eingestellt werden kann, wenn sie die Durchführung eines Insolvenzplans gefährden würde (dazu etwa *Schmidt* InVo 1999, 73, 75 f; *Lwowski/Tetzlaff* WM 1999, 2336, 2344).

II. Aussetzungsanordnung und Verwalterplan

In der Literatur wird angenommen, für einen **vom Verwalter vorgelegten Plan** habe die Vorschrift **2** keine Relevanz (N/R/*Braun* § 233 Rn 2 ff; *Schiessler* Insolvenzplan S 137; K/P/*Otte* § 233 Rn 9; FK-*Jaffé* § 233 Rn 21; *Braun/Frank* § 233 Rn 7; anders noch *Braun/Uhlenbruck* Unternehmensinsolvenz S 481). Da dem Verwalter die Verwertung der Masse obliege, brauche dieser keinen Antrag zu stellen, um zu verhindern, dass die Durchführung des von ihm selbst vorgelegten Plans durch die Verwertung gefährdet werde. In Ausnahmefällen könne das Gericht zu Aufsichtsmaßnahmen greifen.

Das deckt sich mit der Begründung zu § 277 RegE InsO. Dort heißt es: „*Kein Anlass für eine beson-* **3** *dere Aussetzungsanordnung des Gerichts besteht in dem Fall, dass der Verwalter selbst im Auftrag der Gläubigerversammlung einen Insolvenzplan ausarbeitet (…). Denn die Pflicht des Verwalters zur zügigen Verwertung der Insolvenzmasse ist den Beschlüssen der Gläubigerversammlung untergeordnet (…). Der Verwalter, der mit der Ausarbeitung eines Plans beauftragt ist, hat also ohne eine Anordnung des Gerichts darauf zu achten, dass er die Durchführbarkeit des Plans nicht durch Verwertungshandlungen gefährdet. Für die Verteilung der Masse gilt entsprechendes.*" (*Balz/Landfermann* S 349).

Vereinzelt wird demgegenüber die Ansicht vertreten, auch in einem solchen Fall diene der **Antrag des** **4** **Verwalters** dessen **haftungsrechtlicher Absicherung**; ohne Anordnung der Aussetzung der Verwertung müsse der Verwalter befürchten, von den Gläubigern in Anspruch genommen zu werden, wenn er aussichtsreich erscheinende Verwertungsmaßnahmen nicht durchführe. Es lasse sich nicht generell sagen, dass die Pflicht des Verwalters zur zügigen Verwertung der Insolvenzmasse nach Vorlage eines auf Fortführung gerichteten Insolvenzplans suspendiert sei (*Smid* § 233 Rn 3; vgl auch *Warrikoff* KTS 1996, 489, 503).

Der letztgenannten Auffassung ist Folgendes entgegenzuhalten. **Hat die Gläubigerversammlung den** **5** **Verwalter** mit einer Ausarbeitung eines auf Fortführung gerichteten Insolvenzplans **beauftragt**, so setzt eine pflichtgemäße Erfüllung dieses Auftrags voraus, dass der **Verwalter** die **Durchführbarkeit** des Plans **nicht** durch Verwertungs- oder Verteilungsmaßnahmen **gefährdet**. Gemäß § 159 besteht die Pflicht zur Verwertung des Vermögens nur, „*(…) soweit die Beschlüsse der Gläubigerversammlung nicht entgegenstehen*". In der Begründung zu § 178 RegE InsO heißt es hierzu ausdrücklich, der Verwalter habe bei der weiteren Verwaltung der Masse die Beschlüsse der Gläubigerversammlung zu beachten, also „*gegebenenfalls das Unternehmen stillzulegen oder einen Sanierungs-, Schuldenregulierungs- oder Liquidationsplan auszuarbeiten*" (*Balz/Landfermann* S 267). Die Aufgabenstellung des Verwalters ist auch kaufinteressierten Dritten, etwa bei Verhandlungen im Rahmen einer übertragenden Sanierung bekannt, so dass schon aus diesem Grund befürchtete Ansprüche aus c.i.c. nicht in Betracht kommen sollten (ebenso MüKoInsO-*Breuer* § 233 Rn 3).

Aber auch **ohne Beschluss** der Gläubigerversammlung ist die **Aussetzungsanordnung nach § 233** irre- **6** levant. Denn besteht die **bestmögliche Verwertung** in einer **Fortführung** auf der Grundlage eines Insolvenzplans, dann konkretisieren sich die **Pflichten des Verwalters** darin, einen entsprechenden **Plan auszuarbeiten**, ihn **vorzulegen** und dessen verfahrensmäßige Behandlung und **Durchführung zu ermöglichen** (*Warrikoff* KTS 1996, 489). Dies **schließt entgegenstehende Verwertungen** oder Verteilungen **aus** (abw K/P/*Otte* § 231 Rn 10).

Soweit im Einzelfall eine **Fortführung** und das Absehen von Verwertungsmaßnahmen **pflichtwidrig** **7** erschiene, würde sich der **Antrag** des Verwalters auf Anordnung der Aussetzung der Verwertung zum Zwecke der Durchsetzung eines solchen Plans **gleichermaßen als pflichtwidrig** darstellen. Ein solcher Antrag könnte **daher keinerlei haftungsrechtliche Befreiung** bewirken. Richtigerweise wird sich der Verwalter bei „nachteiligen" Plänen haftungsrechtlich nur absichern können, wenn die Vorlage des Plans mit Zustimmung bzw im Auftrag der Gläubigerversammlung erfolgt.

III. Aussetzungsanordnung

Die Anordnung der Aussetzung der Verwertung und Verteilung erfolgt **ausschließlich auf Antrag**. Sie **8** kann **vom Vorlegenden** selbst beantragt werden. Nach dem Gesetzeswortlaut wäre es darüber hinaus auch zulässig, dass bei einem vom Schuldner vorgelegten Plan der Antrag vom Verwalter gestellt wird und umgekehrt. Bedeutung könnte dies im Falle der Eigenverwaltung haben, wo anstelle des Verwalters der Sachwalter antragsbefugt wäre.

Aus Sinn und Systematik von § 231 Abs 1 Nr 2, 3, Abs 2 ist zu schließen, dass das Gericht über einen **9** Antrag des Schuldners nach § 233 **erst zu befinden** hat, wenn die **Vorprüfung abgeschlossen** ist, und nur dann, wenn der **Plan nicht** aufgrund der Vorprüfung oder eines Antrags nach § 231 Abs 2 zurückzuweisen ist (ebenso HK-*Flessner* § 233 Rn 8; FK-*Jaffé* § 233 Rn 19). Der **Schuldner kann** den Aussetzungsantrag allerdings **bereits bei der Vorlage** seines Insolvenzplans stellen (vgl auch *Obermüller* WM 1998, 483, 485). Der Antrag kann **auch** zu einem **späteren Zeitpunkt** gestellt werden, jedoch nur **bis zur Rechtskraft** der Bestätigung des Plans (ebenso *Hess* § 233 Rn 16). Danach wird das Insolvenzverfahren aufgehoben (§ 258), und für „Planvereitelungen" gelten dann andere Vorschriften, etwa die Wiederauflebensklausel (§ 255) oder ggf die Überwachung der Planerfüllung (§ 260).

Aus Sinn und Zweck von § 233 folgt, dass die **Aussetzungsanordnung** sich **nicht** auf **einzelne konkre-** **10** **te Vermögensgegenstände** bezieht und beschränkt, sondern **allgemein** erfolgt. Das Gericht hat daher auch nicht zu prüfen, ob gerade ein bestimmter Gegenstand im Rahmen des Plans notwendig ist (aA in Bezug auf Sicherheiten *Obermüller* WM 1998, 483, 485).

11 Die Anordnung gilt für sämtliche **Vermögensgegenstände**, zu deren **Verwertung** der **Verwalter** nach §§ 166 ff befugt ist. Gegenstände, beispielsweise Sicherungsrechte, welche sich im **Besitz von Gläubigern** befinden, werden von § 233 **nicht** erfasst (ebenso *Obermüller* WM 1998, 483, 486; *Schiessler* Insolvenzplan S 140; *K/P/Otte* § 231 Rn 12; *Hess* § 233 Rn 10 a). Allerdings suspendiert die Anordnung auch die Befugnis des Verwalters nach § 173, eine Verwertung durch den Gläubiger zu erzwingen.

12 **Beantragt der Schuldner** für den von ihm vorgelegten Plan die Aussetzung der Verwertung, so hat das Gericht von der **Anordnung abzusehen** bzw eine bereits **getroffene Anordnung aufzuheben**, wenn durch die Aussetzung der Verwertung die **Gefahr erheblicher Nachteile für die Masse** entsteht. Fraglich ist, was als gravierender Nachteil für die Masse angesehen werden kann. Die Begründung zu § 277 RegE InsO nennt als Beispiel den Fall, dass der Schuldner *„eine bereits ausgehandelte, für die Gläubiger günstige Unternehmensveräußerung durch die Vorlage eines Fortführungsplans für beträchtliche Zeit blockieren und dadurch möglicherweise ganz zum Scheitern bringen"* würde (*Balz/Landfermann* S 348). Zinsnachteile aus einem verspäteten Zufluss der Verwertungsquote sollen nach zutreffender Auffassung keine unter § 233 fallenden Nachteile sein, eine erhebliche **Reduzierung der Quote** im Rahmen der Regelabwicklung hingegen schon (*N/R/Braun* § 233 Rn 12; *Schiessler* Insolvenzplan S 139).

13 Der Schuldner braucht insoweit nicht etwa darzulegen, dass keine gravierenden Nachteile drohen. Das **Gericht** hat vielmehr **von Amts wegen zu prüfen**, ob solche Nachteile für die Masse zu befürchten sind (so auch *N/R/Braun* § 233 Rn 10). Man wird allerdings davon ausgehen müssen, dass das Gericht eine **nähere Prüfung** nur anstellen muss, wenn **aus dem Plan** selbst oder **sonst Anzeichen für** mögliche **Nachteile** erkennbar sind. Das zeigt schon das in der Gesetzesbegründung angegebene Beispiel: Schuldner und Gericht müssen von Verkaufsvereinbarungen bzw -aussichten nicht zwangsläufig Kenntnis haben. Eine Überprüfung kann das Gericht dann aber nur vornehmen, wenn es vom Verwalter oder Gläubigern entsprechend informiert wird.

14 Hat der Schuldner die Aussetzung der Verwertung beantragt, so muss das **Gericht** von der **Aussetzungsanordnung** ferner dann absehen bzw eine bereits getroffene Anordnung wieder aufheben, wenn der **Verwalter mit Zustimmung** des **Gläubigerausschusses** oder der **Gläubigerversammlung** die **Fortsetzung der Verwertung** und Verteilung **beantragt**. Dieser Antrag bedarf keiner besonderen Rechtfertigung oder Begründung. Insbesondere muss das Gericht von der Anordnung **selbst dann** absehen bzw eine ergangene Anordnung aufheben, **wenn keinerlei Nachteile für die Masse** ersichtlich sind (zu den Gründen hierfür, Begr zu § 277 RegE InsO *Balz/Landfermann* S 348).

15 Teilweise wird der **Verwalter auch ohne Zustimmungsbeschluss** des Gläubigerausschusses bzw der Gläubigerversammlung für **antragsbefugt** gehalten, insbesondere wenn er darlegen könne, dass die in Aussicht genommenen Verwertungshandlungen die Befriedigungschancen der Gläubiger aus einem Plan übertreffen würden; denn das Gericht müsse aus diesem Grund auch den Beschluss der Gläubigerversammlung nach § 78 Abs 1 aufheben (*Smid* § 233 Rn 11, 14). Dem kann nicht gefolgt werden. In diesem Fall hat der Verwalter die Aufhebung des Beschlusses der Gläubigerversammlung nach § 78 Abs 1 zu beantragen, mit dem sie ihn zur Ausarbeitung des Insolvenzplans beauftragt hat (so auch *Warrikoff* KTS 1997, 527, 530). Solange ein solcher Antrag nicht gestellt wird, bleibt der Beschluss der Gläubigerversammlung bindend, wie § 78 zeigt. § 233 ist nicht dazu gedacht, solche Beschlüsse der Gläubigerversammlung zu beseitigen.

16 **Gläubigerausschuss** und **Gläubigerversammlung** sind **nicht antragsbefugt**. Stellen sie gleichwohl einen Antrag, so ist der Antrag ohne weiteres zurückzuweisen (aA *Smid* § 233 Rn 17).

17 **Rechtsmittel** gegen die Entscheidungen des Gerichts nach § 233 sind **nicht gegeben** (*Braun/Frank* § 233 Rn 11; *MüKoInsO-Breuer* § 233 Rn 10). Sie haben lediglich verfahrensleitende Bedeutung.

§ 234 Niederlegung des Plans

Der Insolvenzplan ist mit seinen Anlagen und den eingegangenen Stellungnahmen in der Geschäftsstelle zur Einsicht der Beteiligten niederzulegen.

I. Normzweck

1 Die Vorschrift lehnt sich an § 178 KO an. Die Niederlegung des Plans und der eingegangenen Stellungnahmen soll den **Beteiligten ermöglichen**, sich über den **Plan** und die **Stellungnahmen** zu informieren und sich auf **Erörterung** und **Abstimmung** über den Plan **vorzubereiten**. Die Niederlegung des Plans ersetzt dessen Übersendung an die zur Erörterung und Abstimmung Berechtigten. Eine Übersendung an alle Beteiligten wäre regelmäßig mit einem unverhältnismäßigen Aufwand verbunden (Begründung zu § 278 RegE InsO *Balz/Landfermann* S 350); sie ist daher zulässig, jedoch nicht vorgeschrieben. Im Übrigen wird die Vorschrift verstanden als Ausfluss der Gewährung rechtlichen Gehörs (*MüKoInsO-Breuer* § 233 Rn 1 unter Hinweis auf LG Hannover 7. 7. 2003, ZInsO 2003, 719, 720).

II. Niederlegung

2 **1. Niederzulegende Dokumente.** Niederzulegen ist zunächst der vollständige **Insolvenzplan** einschließlich sämtlicher Anlagen. Die für die Niederlegung erforderliche Ausfertigung hat der Vorzulegende be-

II. Niederlegung § 234

reits mit der Einreichung des Plans dem Gericht zur Verfügung zu stellen (§ 218 Rn 44). Neben dem Insolvenzplan samt Anlagen sind **die eingegangenen Stellungnahmen** niederzulegen. Das Gericht ist jedoch nur verpflichtet, diejenigen Stellungnahmen niederzulegen, die innerhalb der gerichtlich bestimmten Frist (§ 232 Abs 3) eingegangen sind. **Verspätet eingereichte Stellungnahmen** müssen **nicht**, können aber zur Einsichtnahme niedergelegt werden (aA *Häsemeyer* Rn 28.28: spätere Stellungnahmen seien dem in der Geschäftsstelle niedergelegten Material hinzuzufügen; im Anschluss daran auch *K/P/Otte* § 234 Rn 2). Eine Pflicht des Gerichts zur Niederlegung auch von nicht fristgerecht eingegangenen Stellungnahmen ließe das Fristerfordernis des § 232 Abs 3 leer laufen (§ 232 Rn 7). Die **Niederlegung** des Plans und der Stellungnahmen erfolgt **von Amts wegen** und ist zwingend. **Entbehrlich ist die Niederlegung** dann, wenn das **Gericht** den vollständigen **Plan nebst Anlagen** sowie die fristgerecht eingegangenen Stellungnahmen **sämtlichen Beteiligten** übersendet. Dies dürfte im Regelfall jedoch nicht in Betracht kommen. Das Gericht hat gemäß § 235 Abs 2 S 2 bei der Bekanntmachung des Erörterungstermins (und gegebenenfalls des Abstimmungstermins) **auf die Niederlegung hinzuweisen**. Verstöße gegen die Pflicht zur Niederlegung oder gegen die Hinweispflicht begründen **Verfahrensfehler**, die gemäß § 250 Nr 1 der Bestätigung des Plans entgegenstehen können (dazu § 250 Rn 20).

2. Niederlegungszeitraum. Aus dem Wortlaut von § 234 und der Hinweispflicht nach § 235 Abs 2 S 2 ergibt sich, dass der Plan und die Stellungnahmen **ab Ablauf der** nach § 232 Abs 3 bestimmten **Frist für die Stellungnahmen** niederzulegen sind (ebenso *Braun/Frank* 233 Rn 3; MüKoInsO-*Breuer* § 234 Rn 4; abw FK-*Jaffé* § 234 Rn 6: ab Anberaumung des Erörterungs- und Abstimmungstermins). Nach dem Zweck der Niederlegung und im Sinne einer Förderung des Verfahrens kann es jedoch nur zuträglich sein, den Plan bereits ab dessen Einreichung bzw nach der Vorprüfung gemäß § 231 zur Einsichtnahme durch die Beteiligten auf der Geschäftsstelle niederzulegen. Vom Gesetz wird dies allerdings nicht verlangt. Plan und Stellungnahmen sind **bis zum Erörterungstermin** niederzulegen (ebenso MüKoInsO-*Breuer* § 234 Rn 4). Sofern **ein gesonderter Abstimmungstermin** erforderlich wird (§ 241), empfiehlt es sich, die Unterlagen **bis zum Abstimmungstermin** zur Einsichtnahme auf der Geschäftsstelle zu belassen. Ob dies zwingend ist, wie teilweise vertreten wird (*K/P/Otte* § 234 Rn 4), ist dem Gesetz nicht eindeutig zu entnehmen. Setzt das Gericht einen **gesonderten Abstimmungstermin** gemäß § 241 fest, so ist nach § 241 Abs 2 S 2 bei der Ladung der stimmberechtigten Gläubiger und des Schuldners auf Änderungen des Plans hinzuweisen. Die **Niederlegung des geänderten Plans ist** jedoch nach § 234 **nicht vorgeschrieben**; dieser betrifft allein den **ursprünglich eingereichten Plan**. Gerade deshalb macht jedoch die Hinweispflicht nach § 241 Abs 2 S 2 Sinn.

3. Einsichtnahme. Zur Einsichtnahme **berechtigt** sind nach § 234 „die Beteiligten". Das Gesetz enthält keine Definition des ua in § 234 verwendeten Begriffs „Beteiligte". Insoweit könnte man auf die Betroffenheit oder die Stimmberechtigung der Gläubiger abstellen. Die **nachrangigen Gläubiger** sind gleichfalls Beteiligte, jedenfalls in allen Fällen, in denen für sie eine besondere Gruppe gebildet wird. Dies soll nicht gelten, wenn sie außen vor bleiben, weil sie dann nicht vom Plan betroffen seien (*N/R/Braun* § 234 Rn 6). Das Gleiche soll für die **absonderungsberechtigten Gläubiger** gelten, die jedoch auch ohne Einbeziehung in den Plan als „mittelbar Betroffene" gleichwohl „Beteiligte" sein könnten (*N/R/Braun* § 234 Rn 7, 11). **Aussonderungsberechtigte Gläubiger** seien nie Beteiligte, da der Plan in ihre Rechte nicht eingreifen könne (*Braun/Frank* § 234 Rn 4). Wäre diese Auffassung richtig, dann müsste man konsequenterweise auch solche Gläubiger als Nicht-Beteiligte ansehen, die zwar Stimmrecht haben, deren Nichtzustimmung jedoch unbeachtlich ist, weil sie durch den Plan nicht schlechter gestellt werden. Gegen diese Ansicht sprechen **Sinn und Zweck von § 234**, durch die Einsichtnahme Erörterung und Abstimmung des Plans vorzubereiten. Hieraus ergibt sich fast zwingend, dass alle Personen, die nach § 235 Abs 3 zum Erörterungs- und Abstimmungstermin zu laden sind, auch Verfahrensbeteiligte sind, denen das Einsichtsrecht nach § 234 zusteht (ebenso wohl MüKoInsO-*Breuer* § 234 Rn 6; abw jedoch *Breuer/Frank* § 234 Rn 4). Dies gilt mithin insbesondere für die Insolvenzgläubiger, die Forderungen angemeldet haben, und auch die absonderungsberechtigten Gläubiger (ebenso HK-*Flessner* § 234 Rn 2). Dieser Kreis wird um die aussonderungsberechtigten Gläubiger zu erweitern sein; denn sie sind auch insofern „Beteiligte", als es um die Wahrung ihrer Rechte gegenüber dem Schuldner geht, und sie möglicherweise als Dritte durch eigene Beiträge zum Plan beitragen können.

Fraglich ist, ob im Hinblick auf den erforderlichen Fortsetzungsbeschluss auch den **Gesellschaftern des schuldnerischen Unternehmens** Einsicht gewährt werden kann. Bei **Personengesellschaften** erhalten die Gesellschafter Einsicht, soweit sie im Rahmen der Wahrnehmung der Schuldnerrechte das Einsichtsrecht der Gesellschaft in Anspruch nehmen. Bei **juristischen Personen** obliegt hingegen die Wahrnehmung der Schuldnerrechte den Geschäftsführern/Vorstandsmitgliedern, so dass diese nicht aufgrund der Verfahrensrechte des Schuldners Einsicht erhalten. Ein **(selbständiges) Einsichtsrecht der Gesellschafter** ist im Rahmen von § 234 **nicht begründbar**, da die Gesellschafter nicht in die Erörterung und Abstimmung über den Plan einbezogen sind (aA FK-*Jaffé* § 234 Rn 7). Dem Informationsbedürfnis der Gesellschafter im Hinblick auf den Fortsetzungsbeschluss muss daher auf andere Weise, nämlich außerhalb der Niederlegung und Einsichtnahme, Rechnung getragen werden. Aus dem gleichen Grund steht auch **berufsständischen Vertretungen**, die vom Gericht gemäß § 232 Abs 2 zur Stellungnahme aufgefordert worden sind, **kein Einsichtsrecht** zu.

3

4

5

Lüer

6   Dritte haben ebenfalls **kein Recht** zur Einsichtnahme. Da der Plan und insbesondere die Anlagen sensible Daten enthalten können (zB die Planrechnungen), hat das **Gericht sicherzustellen**, das **Unbefugte keine Einsicht nehmen** können. Es wird daher in der Regel einen **Nachweis** über das Einsichtsrecht verlangen müssen. Für den **Umfang** und die **Art und Weise** der Einsichtnahme gelten über § 4 die Regelungen von **§ 299 Abs 1 und 3 ZPO** (*K/P/Otte* § 234 Rn 4). Danach können insbesondere auch Abschriften des Plans verlangt werden.

7   Zu den Folgen einer unterlassenen oder fehlerhaften Niederlegung § 250 Rn 20 f.

Zweiter Abschnitt. Annahme und Bestätigung des Plans

§ 235 Erörterungs- und Abstimmungstermin

(1) ¹Das Insolvenzgericht bestimmt einen Termin, in dem der Insolvenzplan und das Stimmrecht der Gläubiger erörtert werden und anschließend über den Plan abgestimmt wird (Erörterungs- und Abstimmungstermin). ²Der Termin soll nicht über einen Monat hinaus angesetzt werden.

(2) ¹Der Erörterungs- und Abstimmungstermin ist öffentlich bekanntzumachen. ²Dabei ist darauf hinzuweisen, daß der Plan und die eingegangenen Stellungnahmen in der Geschäftsstelle eingesehen werden können. ³ § 74 Abs. 2 Satz 2 gilt entsprechend.

(3) ¹Die Insolvenzgläubiger, die Forderungen angemeldet haben, die absonderungsberechtigten Gläubiger, der Insolvenzverwalter, der Schuldner, der Betriebsrat und der Sprecherausschuß der leitenden Angestellten sind besonders zu laden. ²Mit der Ladung ist ein Abdruck des Plans oder eine Zusammenfassung seines wesentlichen Inhalts, die der Vorlegende auf Aufforderung einzureichen hat, zu übersenden.

I. Konzeption des Erörterungs- und Abstimmungstermins

1   § 279 RegE InsO sah noch getrennte **Erörterungs- und Abstimmungstermine** vor. Ausweislich der Begründung sollte damit den Beteiligten **Gelegenheit** gegeben werden, zwischen den Terminen über den **Plan zu verhandeln** und zu beraten. Dies könne insbesondere in größeren Fällen von Unternehmensinsolvenzen erforderlich sein (Begr zu § 279 RegE InsO, *Balz/Landfermann* S 351). Der Regierungsentwurf hatte die **Möglichkeit** vorgesehen, Erörterungs- und Abstimmungstermin **zu verbinden**. Der **Rechtsausschuß** hat diese **Konzeption genau umgekehrt**. Entsprechend seiner Empfehlung (*Balz/Landfermann* S 351) sieht Abs 1 nunmehr als **Grundsatz** einen **Erörterungs- und Abstimmungstermin** vor. Das Insolvenzgericht **kann jedoch** gemäß § 241 Abs 1 einen **gesonderten Termin** für die **Abstimmung** über den Plan bestimmen.

2   Mit dieser (geänderten) Konzeption trägt § 235 der für Insolvenzfälle wichtigen **Verfahrensbeschleunigung** Rechnung. Ein weiteres Mittel der Verfahrensbeschleunigung ist die in § 236 vorgesehene Möglichkeit, den Erörterungs- und Abstimmungstermin mit dem Prüfungstermin zu verbinden.

II. Terminierung

3   Bei der Terminierung hat das Gericht verschiedene Gesichtspunkte zu beachten. Der **Erörterungs- und Abstimmungstermin** darf gemäß § 236 Abs 1 **nicht vor dem Prüfungstermin** stattfinden. Er kann also frühestens, im Falle der Verbindung, unmittelbar im Anschluss an den Prüfungstermin gelegt werden.

4   Findet ein einheitlicher **Erörterungs- und Abstimmungstermin** statt, so soll der Termin nach Abs 1 S 2 **nicht über einen Monat hinaus** angesetzt werden. Fraglich ist, **wann diese Monatsfrist beginnt**. Es ist hierzu vereinzelt vertreten worden, die Terminierungsfrist nach Abs 1 S 2 beginne mit dem Ablauf der Frist zur Stellungnahme nach § 232 Abs 3 (*Smid* § 235 Rn 7; *MüKoInsO-Hintzen* § 235 Rn 6; vgl auch HK-*Flessner* § 235 Rn 7). Dem ist nicht zu folgen. Die Regelungen des § 235 lehnen sich vielmehr an § 179 KO an. Entsprechend den zu § 179 KO entwickelten Grundsätzen **beginnt die Monatsfrist** des § 235 Abs 1 S 2 mit dem Zeitpunkt der **Bekanntmachung des Erörterungs- und Abstimmungstermins** gemäß § 235 Abs 2 (ebenso *Schiessler* Insolvenzplan S 142; FK-*Jaffé* § 235 Rn 40; *Braun/Frank* § 235 Rn 3; MüKoInsO-*Hintzen* § 235 Rn 8; zum alten Recht K/U § 179 KO Rn 2).

5   Ordnet das Gericht einen gesonderten Abstimmungstermin an, so bleibt es für den Erörterungstermin bei der Terminierungsfrist nach § 235 Abs 1 S 2. Für den **gesonderten Abstimmungstermin** gilt die in § 241 Abs 1 S 2 genannte Terminierungsfrist von einem **weiteren Monat** gerechnet **ab dem Erörterungstermin**. Die **Terminierungsfrist** ist eine **Soll-Bestimmung**. Soweit nicht **besondere Umstände** vorliegen, hat das Gericht den Termin innerhalb dieser Monatsfrist anzusetzen. Unerhebliche Überschreitungen um wenige Tage dürften bei Vorliegen sachlicher Gründe hingenommen werden. Zu § 179 KO hat sich die Auffassung durchgesetzt, die Terminierungsfrist sei lediglich als **Ordnungsvorschrift** anzusehen; ihre Verletzung stehe der Bestätigung nach § 186 KO nicht entgegen (*K/U* § 179 KO Rn 2; *Kilger/K Schmidt* § 179 KO Anm 2). Das ist auf § 235 Abs 1 S 2 übertragbar. Die **Nichteinhaltung** der Terminierungsfrist

V. Vorbereitung des Termins § 235

steht daher der **Bestätigung** des Insolvenzplans **nicht entgegen** (ebenso FK-*Jaffé* § 235 Rn 42; *Schiessler* Insolvenzplan S 143). Das Gleiche gilt für die Terminierungsfrist des gesonderten Abstimmungstermins nach § 241 Abs 1 S 2. Allerdings gehört die Einhaltung der Terminierungsfristen grundsätzlich zu den haftungsrechtlich sanktionierten Pflichten des Insolvenzgerichts. Sie sollten schon deshalb eingehalten werden.

Innerhalb der gesetzlichen Terminierungsfristen steht die Terminierung als verfahrensleitende Maßnahme im Ermessen des Gerichts. Gegen die Terminierung sind **keine Rechtsmittel** gegeben.   6

III. Terminierung bei konkurrierenden Plänen

Da es zwei Vorlageberechtigte gibt, den Verwalter und den Schuldner, und der Verwalter neben einem   7
im Auftrag der Gläubigerversammlung erstellten auch einen eigenen Insolvenzplan einreichen kann, können im Insolvenzplanverfahren mehrere (maximal drei) Pläne miteinander konkurrieren. **Für jeden dieser Pläne** ist das **Insolvenzplanverfahren gesondert** durchzuführen (dazu § 218 Rn 28 ff). In § 294 RegE InsO war noch vorgesehen, für konkurrierende Pläne einen **gemeinsamen Erörterungs- und Abstimmungstermin** festzusetzen. **Diese Möglichkeit** ist infolge der Streichung dieser Vorschrift durch den Rechtsausschuss **entfallen** (die abweichende Argumentation von *Schiessler* Insolvenzplan S 143 in Rn 13 überzeugt nicht; auch der Hinweis auf die Straffung des Verfahrens – MüKoInsO-*Hintzen* § 235 Rn 30; *Braun/Frank* § 235 Rn 7 – erfordert nicht die gleichzeitige Abhandlung). Es ist vielmehr für **jeden Plan** ein **eigener Erörterungs- und Abstimmungstermin** anzuberaumen (abw HK-*Flessner* § 235 Rn 11). Diese können **nicht zusammen**, sondern **nur nacheinander** stattfinden (Plan A 10 00 Uhr, Plan B 11 00 Uhr usw). Dadurch löst sich auch ganz selbstverständlich die Frage nach der Reihenfolge der Abstimmung über die einzelnen Pläne, was sonst erhebliche Probleme auslösen kann (vgl MüKoInsO-*Hintzen* § 235 Rn 31). Eine solche **Koordinierung** (nicht: Verbindung) der Erörterungs- und Abstimmungstermine für konkurrierende Pläne stößt jedoch wegen der Terminierungsfristen und wegen dem vom Gericht zu beachtenden Beschleunigungsgrundsatz auf **enge Grenzen**. Eine Koordinierung der Erörterungs- und Abstimmungstermine für konkurrierende Insolvenzpläne wird daher **nur** in Betracht kommen, **wenn** diese **zeitnah eingereicht** werden, so dass sich für den zuerst eingereichten Plan keine größeren Verzögerungen ergeben. Das kann beispielsweise der Fall sein, wenn der Verwalter zeitnah oder zeitgleich einen im Auftrag der Gläubigerversammlung erstellten und einen eigenen Plan vorlegt. Hingegen wird eine Koordinierung der Erörterungs- und Abstimmungstermine ausgeschlossen sein, wenn der Schuldner bereits zusammen mit dem Eröffnungsantrag einen Plan vorgelegt hat, und der Verwalter seinen Plan erst mehrere Wochen später vorlegt (näher dazu im Übrigen noch bei § 218 Rn 28 ff; 31 f).

IV. Vertagung

Einen bereits **anberaumten Erörterungs- und Abstimmungstermin** kann das Gericht **vertagen**, falls   8
dies erforderlich sein sollte. Die Begründung zum Regierungsentwurf nennt den Fall, dass zu einem für die Gläubiger wichtigen Punkt zusätzliche Aufklärung erforderlich sei (Begr zu § 292 RegE InsO *Balz/Landfermann* S 358). Die zum alten Vergleichsrecht in § 77 Abs 2, 3 VglO für eine solche Vertagung statuierten, **besonderen Voraussetzungen** wurden bewusst **nicht übernommen**. Auch gegen die Vertagung als verfahrensleitende Maßnahme ist **kein Rechtsmittel** gegeben.

V. Vorbereitung des Termins

Die **Vorbereitung** des Termins wird durch die **Niederlegung** des Insolvenzplans nach § 234 möglich   9
und erfordert im Wesentlichen die **Bekanntmachung** nach § 234 Abs 2 und die Vornahme der nach § 234 Abs 3 vorgeschriebenen **Ladungen**.

1. Niederlegung nach § 234. Die Niederlegung des Plans nebst Anlagen sowie der eingegangenen Stel-   10
lungnahmen zur Einsicht gemäß § 234 dient der Vorbereitung des Erörterungs- und Abstimmungstermins (oben § 234 Rn 1). Eine **unterbliebene Niederlegung** ist ein Verfahrensmangel, welcher nach § 250 Nr 1 der Bestätigung des Plans entgegensteht. Wurde die Niederlegung nicht oder fehlerhaft durchgeführt, so kann das Gericht gegebenenfalls eine ordnungsgemäße **Niederlegung nachschieben** und den Erörterungs- und Abstimmungstermin vertagen.

2. Bekanntmachung (Abs 2). Nach Abs 2 ist der Erörterungs- und Abstimmungstermin grundsätzlich   11
öffentlich bekannt zu machen. In der Bekanntmachung ist darauf **hinzuweisen**, dass der **Plan** und die eingegangenen Stellungnahmen auf der Geschäftsstelle **eingesehen werden können**. Dabei sollte selbstverständlich angegeben werden, wo und wann die Unterlagen eingesehen werden können. Durch das EGInsOÄndG vom 19. 12. 1998 (BGBl I, 3836) ist in Abs 2 die Verweisung auf § 74 Abs 2 eingefügt worden. Danach kann die **öffentliche Bekanntmachung** des Erörterungs- und Abstimmungstermins **entfallen**, wenn der Termin in einer **früheren Gläubigerversammlung** bestimmt worden ist, oder bei einer

Lüer

Vertagung des Erörterungs- und Abstimmungstermins selbst (Begr zu Artikel 2 Nr 11 EGInsOÄndG, BT-Drucks 14/120 S 14).

12 **3. Ladung (Abs 3).** Nach Abs 3 sind die **Insolvenzgläubiger**, die Forderungen angemeldet haben, die **absonderungsberechtigten Gläubiger**, der **Verwalter**, der **Schuldner**, gegebenenfalls der **Betriebsrat** und der **Sprecherausschuss** der leitenden Angestellten besonders zum Erörterungs- und Abstimmungstermin **zu laden**. **Nachrangige Gläubiger** sind zum Termin nur dann zu laden, wenn sie aufgrund einer Aufforderung durch das Gericht (§ 174 Abs 3) Forderungen angemeldet haben. Wenn nachrangige Gläubiger bei der Abstimmung über den Plan stimmberechtigt sind, weil der Plan in Abweichung von dem in § 225 Abs 1 normierten Grundsatz für sie eine Regelung vorsieht, dann muss das Gericht, soweit noch nicht erfolgt, die **nachrangigen Gläubiger** unverzüglich nach § 174 Abs 3 zur Anmeldung ihrer Forderungen auffordern (dazu § 225 Rn 2). Auch wenn das (noch) geschehen sein sollte, wird man entgegen dem Wortlaut von § 235 Abs 3 in einem solchen Fall die Ladung der nachrangigen Gläubiger für erforderlich halten müssen (so auch *N/R/Braun* § 235 Rn 7). Hinsichtlich des **Betriebsrats** und des **Sprecherausschusses** der leitenden Angestellten heißt es in der Begründung des Regierungsentwurfs, es sei zweckmäßig, im Erörterungstermin den Standpunkt dieser Gremien zu hören (Begr zu § 279 RegE InsO *Balz/Landfermann* S 351). Nach dem eindeutigen Gesetzeswortlaut sind **nicht die Mitglieder** dieser Gremien einzeln zu laden, sondern die **Ladung richtet** sich an das **Gremium als solches**. Dieses hat sich hierbei von dem zur Vertretung berufenen Organ (Vorsitzender) vertreten zu lassen; die **übrigen Mitglieder** des Betriebsrats und des Sprecherausschusses sind **weder teilnahme- noch redeberechtigt**.

13 **Jedem zu Ladenden** ist zusammen mit der Ladung ein **vollständiger Abdruck** (nicht Ausfertigung) des Plans **oder** eine **Zusammenfassung** seines wesentlichen Inhalts zu übersenden. Ob ein vollständiger Abdruck oder eine Zusammenfassung des Plans übersandt wird, liegt dabei im **Ermessen des Gerichts**. Das Gericht wird jedoch zu berücksichtigen haben, dass die Übersendung des Plans mit der Ladung in gleicher Weise wie die Niederlegung des Plans und der Stellungnahmen der **Vorbereitung des Erörterungs- und Abstimmungstermins** dient. Der Übersendung eines vollständigen Plans steht nicht entgegen, dass der Plan insbesondere in den Anlagen (Planrechnungen) sensible Unternehmensdaten enthält. Denn gerade die Kenntnis der Planrechnungen und der Details, welche aus den Anlagen ersichtlich sind, bilden eine **wesentliche Beurteilungsgrundlage**. Ohne deren Kenntnis werden sich die Gläubiger regelmäßig kein wirklich sachgerechtes Bild über die Realisierbarkeit des Plans machen können. Hinzu kommt, dass sämtlichen nach Abs 3 zu Ladenden außer dem Betriebsrat und dem Sprecherausschuss der leitenden Angestellten ein Einsichtsrecht in die niedergelegten Unterlagen zusteht. Schon deshalb können insoweit irgendwelche Geheimhaltungsinteressen keine Rolle spielen. Die vorstehenden Erwägungen sprechen für die Annahme, dass das Gericht **grundsätzlich einen vollständigen Abdruck** des Plans zu übersenden hat und **nur in Ausnahmefällen** die Übersendung einer **Zusammenfassung** in Betracht kommt. Fraglich ist, ob das Gericht den Gläubigern, dem Verwalter und dem Schuldner einen Abdruck, dem Betriebsrat und dem Sprecherausschuss der leitenden Angestellten hingegen eine Zusammenfassung des Plans übersenden kann. Abs 3 S 2 steht dem nicht entgegen. Die Vorschrift begründet **keinen Anspruch auf gleichförmige Unterrichtung**. Soweit dies im Einzelfall jedoch sachgerecht erscheint, kann das Gericht daher die **Ladungen unterschiedlich handhaben**. Insoweit wird die Praxis eine Handhabung entwickeln, die den besonderen Umständen des Einzelfalls Rechnung tragen wird.

14 Will das **Gericht** eine Zusammenfassung des Plans übersenden, so hat es die **Zusammenfassung nicht selbst anzufertigen**. Vielmehr ist es Sache des **Vorlegenden**, die **Zusammenfassung** auf Anforderung des Gerichts **einzureichen** (MüKoInsO-*Hintzen* § 235 Rn 17; je nicht auch *Smid/Rattunde*, Insolvenzplan, Rn 11.16–11.19). Um **Zeitverzögerungen zu vermeiden**, sollte das Gericht den Vorlegenden frühzeitig darüber in Kenntnis setzen, dass es beabsichtigt, mit der Ladung eine Zusammenfassung des Plans zu übersenden. Praktische Schwierigkeiten sind absehbar, wenn das Gericht der Auffassung ist, die **Zusammenfassung des Plans sei mangelhaft**. Was in einem solchen Fall gilt, ist im Gesetz nicht geregelt. Dem Informationszweck entsprechend wird man davon ausgehen müssen, dass der Vorlegende die Zusammenfassung **nachzubessern** hat. Erzwingen lässt sich das vom Gericht allerdings nur beim Verwalter. Im Übrigen können sich dadurch zeitliche Probleme ergeben, welche gegebenenfalls den Termin gefährden und eine Vertagung erforderlich machen können. Schon deshalb sollte eine Zusammenfassung nur in Ausnahmefällen gewählt werden.

15 Zu **übersenden** ist der **Plan in der Fassung**, in der er **eingereicht wurde**. Das gilt **auch bei zwischenzeitlichen Änderungen**, wie sich im Rückschluss aus § 240 ergibt. Solche Änderungen sind gegebenenfalls im Erörterungstermin darzulegen. Der Vorlegende muss also **für die Ladung keinen aktualisierten Plan** einreichen. Reicht er allerdings freiwillig einen aktualisierten Plan ein, so ist diese Fassung zu übersenden.

16 Fraglich ist, wer die **Kosten für die Herstellung der Abdrucke** bzw Zusammenfassungen tragen muss. Wenn Abs 3 S 2 davon spricht, dass der Vorlegende auf Anforderung des Gerichts eine Zusammenfassung einreichen muss, dann heißt das nicht, dass er auch die für die Ladungen erforderliche Anzahl einzureichen hat. Dadurch wird vielmehr lediglich klargestellt, dass es nicht Aufgabe des Gerichts ist, die Zusammenfassung auszuarbeiten. Die Ladung zum Termin und damit auch die Übersendung der Abdrucke bzw der Zusammenfassungen ist vielmehr **Teil des Insolvenzplanverfahrens** und **Aufgabe des Gerichts**. Die **Kosten** sind daher **Verfahrenskosten** (so auch H/W/F, Hdb InsO 9/6; *K/P/Otte* § 235 Rn 10).

VI. Der Termin § 235

Für die **Ladungen** ist **keine förmliche Zustellung** erforderlich; das Gericht kann nach § 8 Abs 3 mit der Ladung den **Insolvenzverwalter beauftragen** (H/W/F, Hdb InsO 9/6; *K/P/Otte* § 235 Rn 10; FK-*Jaffé* § 235 Rn 55). 17

Unterbleibt die Ladung, so handelt es sich um einen Verfahrensmangel, welcher der Bestätigung des Plans nach § 250 Nr 1 grundsätzlich entgegensteht. Das Gleiche gilt bei **fehlender Bekanntmachung** (ebenso FK-*Jaffé* § 235 Rn 46). Zu § 179 KO wurde überwiegend die Auffassung vertreten, dass eine unterbliebene oder fehlerhafte Ladung **durch** das **Erscheinen** der nicht oder mangelhaft Geladenen **geheilt** werde (*K/U* § 179 KO Rn 3 mwN). Nach anderer Ansicht war die vom Gesetzgeber vorgesehene Vorbereitung der Abstimmung nicht gewährleistet, wenn der Gläubiger ohne Ladung im Vergleichstermin erscheine; ein nicht oder nicht ordnungsgemäß geladener Gläubiger komme „vollkommen unvorbereitet" in den Vergleichstermin (*Hess/Kropshofer* § 179 KO Rn 7; ebenso jetzt zu § 235 InsO *Hess* § 235 Rn 14). Aus den gleichen Erwägungen wie zu § 179 KO ist nach hier vertretener Auffassung auch bei § 235 Abs 3 davon auszugehen, dass beide **Mängel** durch **das Erscheinen** des **nicht** oder **nicht ordnungsgemäß geladenen** Gläubigers geheilt werden. Eine nicht ordnungsgemäße oder unterbliebene Ladung von Verwalter, Schuldner, Betriebsrat oder Sprecherausschuss der leitenden Angestellten ist ebenfalls **durch Erscheinen heilbar**. Eine Heilung scheidet allerdings aus, wenn der **Mangel der Ladung gerügt** wird. *Gottwald/Eickmann* (InsR Hdb § 66 Rn 43) haben zu § 179 KO empfohlen, eine entsprechende **Erklärung der Gläubiger ins Protokoll aufzunehmen,** dass diese trotz unterbliebener/mangelhafter Ladung an der Abstimmung teilnehmen wollen. 18

VI. Der Termin

1. Teilnahmeberechtigung. Von der oben erörterten Ladung nach Abs 3 ist die Teilnahmeberechtigung zu unterscheiden. **Nicht** etwa sind **nur geladene oder nur stimmberechtigte** Gläubiger zur Teilnahme berechtigt. Das ergibt sich schon daraus, dass das **Stimmrecht erst im Termin erörtert** und festgesetzt werden soll. Darüber hinaus gilt für das Teilnahmerecht die Bestimmung in § 74 Abs 1 entsprechend. Denn der **Erörterungs- und Abstimmungstermin** nach § 235 ist eine (spezielle) **Gläubigerversammlung,** so dass die allgemeinen Vorschriften für die Gläubigerversammlung grundsätzlich auch auf den Erörterungs- und Abstimmungstermin anwendbar sind, jedoch nach Maßgabe der Modifikationen in den besonderen Bestimmungen für das Insolvenzplanverfahren. Für das Teilnahmerecht bedeutet dies zunächst, dass **alle** nach **§ 235 Abs 3 besonders zu ladenden** Personen selbstverständlich **teilnahmeberechtigt** sind. Das Teilnahmerecht des **Betriebsrats** und des **Sprecherausschusses** der leitenden Angestellten geht insoweit über § 74 Abs 1 hinaus. Im Übrigen sind neben dem **Verwalter** und dem **Schuldner** und den **besonders zu ladenden Insolvenzgläubigern** nach § 74 Abs 1 auch alle **nicht besonders zu ladenden Insolvenzgläubiger** teilnahmeberechtigt sowie alle **absonderungsberechtigten Gläubiger. Aussonderungsberechtigte Gläubiger** und **Massegläubiger** können vom Insolvenzplan per se nicht betroffen sein, da sie nicht in den Plan einbezogen sind. Ihnen steht daher unbeschadet der Diskussion um ihre Teilnahmerechte bei anderen Gläubigerversammlungen im Erörterungs- und Abstimmungstermin nach § 235 **kein Teilnahmerecht** zu. Ist der Schuldner eine Personengesellschaft bzw eine Gesellschaft ohne Rechtspersönlichkeit, so sind auch die **persönlich haftenden Gesellschafter** als **teilnahmeberechtigt** anzusehen. Denn der Plan kann auch ihre Rechtsposition betreffen (§ 227 Abs 2). Das Teilnahmerecht besteht für sie unabhängig davon, ob der eingereichte Plan solche Regelungen bereits enthält. Denn gegebenenfalls könnten solche Regelungen auch im Erörterungstermin noch vorgesehen werden (§ 240). 19

Dritte sind **nicht teilnahmeberechtigt.** Der Erörterungs- und Abstimmungstermin ist insbesondere **nicht öffentlich** (H/W/F, Hdb InsO 6.58). Auch hier **kann das Gericht jedoch einzelnen Personen,** beispielsweise Pressevertretern (LG Frankfurt 8. 3. 1983 ZIP 1983, 344 f) nach § 175 Abs 2 S 1 GVG die **Teilnahme gestatten.** Entsprechend den zu § 94 KO entwickelten Grundsätzen sollte die **Zulassung der Presse nur in Großverfahren** erfolgen, wenn dies wegen der überregionalen Bedeutung des Verfahrens und eines übergeordneten Informationsbedürfnisses erforderlich erscheint (LG Frankfurt 8. 3. 1983 ZIP 1983, 344 f; *Uhlenbruck/Delhaes* HRP Rn 47, 597; *Kilger/K Schmidt* § 94 KO Anm 1). 20

2. Leitung. Der Erörterungs- und Abstimmungstermin wird vom **Insolvenzgericht** geleitet. Zuständig ist nach § 18 Abs 1, § 3 Nr 2 e RPflG der **Rechtspfleger,** soweit sich nicht der Richter nach § 18 Abs 2 RPflG das Verfahren vorbehalten hat. Ist der Rechtspfleger zuständig, so kann er unter den Voraussetzungen von § 5 RPflG die Sache dem Richter vorlegen, so dass diesem die Leitung des Termins obliegt. Das wird etwa bei umfangreichen, auch grenzüberschreitenden Verfahren nach § 5 Abs 2 (Anwendbarkeit ausländischen Rechts) in Betracht kommen (anders MüKoInsO-*Hintzen* § 235 Rn 23 Fn 31). 21

Der Termin ist entsprechend § 159 ZPO zu **protokollieren.** Hierzu kann ein **Protokollführer** hinzugezogen werden. 22

3. Ablauf. Der Erörterungs- und Abstimmungstermin ist in **drei Teile** untergliedert, was auch beim Ablauf entsprechend berücksichtigt werden sollte. Eine Unterbrechung zwischen den Abschnitten, dh ein verhandlungsfreier Zeitraum zwischen den einzelnen Abschnitten, ist nach allgemeinen prozessrechtlichen Grundsätzen zulässig (MüKoInsO-*Hintzen* § 241 Rn 4) **aa)** Nach der **Eröffnung des Ter-** 23

Lüer

mins ist zunächst die **Ordnungsmäßigkeit** der **Bekanntmachung** und der **Ladungen** nach § 235 Abs 1 und 3 **festzustellen** ebenso wie die **Anwesenheit der Erschienenen**. Lassen sich Teilnahmeberechtigte vertreten, so ist jeweils die **Vollmacht** zu prüfen und als Anlage zum Protokoll zu nehmen. Bei anwaltlicher Vertretung gilt § 88 Abs 2 ZPO; die Vollmacht ist nur auf eine Rüge hin zu prüfen (vgl *Uhlenbruck* MDR 1978, 8 f; FK-*Jaffé* § 235 Rn 35). Sodann beginnt der **Erörterungsteil**. Namentlich in größeren Verfahren mit vielen Beteiligten sollte das Gericht zu Beginn klarmachen, dass ausschließlich in diesem Teil Gelegenheit zur Erörterung und zur Abgabe von Stellungnahmen besteht. Fraglich ist, ob der **Plan** samt Anlagen zunächst **verlesen** werden muss (so FK-*Jaffé* § 235 Rn 37 unter Berufung auf § 66 VglO). Ausweislich der Begründung zu § 275 RegE InsO hat sich der Gesetzgeber an § 179 KO angelehnt. Dieser kannte jedoch eine § 66 Abs 1 S 2 vergleichbare Regelung ebenso wenig wie § 235. Der Vorbereitung des Termins dienen die Niederlegung des Plans und der Stellungnahmen sowie die Übersendung mit der Ladung. Eine **Verlesung** des Plans samt Anlagen erscheint daher grundsätzlich **nicht erforderlich** (ebenso wohl *Hess* § 235 Rn 19). Allerdings wird es sich im Einzelfall zur Förderung des Ablaufs empfehlen, dass auf besonderen Antrag hin einzelne Passagen des Insolvenzplans oder mit ihm verbundene Anlagen der Versammlung zur Orientierung vorgelesen werden. **bb)** Nachdem die **Erörterung** beendet ist und das Insolvenzgericht den Erörterungsteil hinsichtlich des Plans für abgeschlossen erklärt hat, beginnt die **Erörterung und Feststellung des Stimmrechts**. Die Stimmrechtsfeststellung ist mit der Erstellung der **Stimmliste** nach § 239 abgeschlossen. **cc)** Nach der Stimmrechtsfeststellung beginnt der eigentliche **Abstimmungsteil**. Hier sollte das Insolvenzgericht vor der Abstimmung insbesondere festlegen, in welcher **Reihenfolge** die einzelnen Gruppen abstimmen. Vor Beginn der Abstimmung sollte das Gericht ua wegen § 251 Abs 1 Nr 1 außerdem darauf hinweisen, dass nach Schluss der Abstimmung kein Widerspruch gegen den Plan mehr erklärt werden kann. Die **Stimmabgabe** erfolgt **mündlich**; § 242 Abs 2 lässt schriftliche Stimmabgaben nur bei einem gesonderten Abstimmungstermin gemäß § 241 zu (dazu noch *Schiessler* Insolvenzplan S 151). Vor Beendigung des Abstimmungstermins sollte ausdrücklich noch einmal **Gelegenheit zur Erklärung von Widersprüchen** gegeben und entsprechend positiv oder negativ protokolliert werden.

24 Werden Stimmabgaben zu Unrecht nicht berücksichtigt, so kann das Gericht die **Abstimmung wiederholen** lassen. Etwaige Mängel des Abstimmungsverfahrens können im Hinblick auf § 250 Nr 1 auf diese Weise geheilt werden.

§ 236 Verbindung mit dem Prüfungstermin

Der Erörterungs- und Abstimmungstermin darf nicht vor dem Prüfungstermin stattfinden. Beide Termine können jedoch verbunden werden.

I. Normzweck

1 Aus der Vorschrift ergibt sich zunächst, dass der **Erörterungs- und Abstimmungstermin** (§ 235) **nicht vor dem Prüfungstermin** stattfinden darf. Nach der Vorstellung des Gesetzgebers soll die vorherige Prüfung der Forderungen die Festsetzung der Stimmrechte für die Abstimmung über den Plan erleichtern (Begr zu § 280 RegE InsO *Balz/Landfermann* S 352).

II. Verbindung der Termine

2 Prüfungstermin und Erörterungs- und Abstimmungstermin können jedoch **verbunden** werden. Das dient der Beschleunigung des Insolvenzplanverfahrens. Theoretisch können beide Termine darüber hinaus mit dem Berichtstermin verbunden werden (§ 29 Abs 2). In der Begründung zum Regierungsentwurf heißt es hierzu, dies komme insbesondere in Betracht, wenn der Schuldner schon bei der Stellung des Antrags auf Eröffnung des Insolvenzverfahrens einen Plan vorlege (Begr zu § 280 RegE InsO *Balz/Landfermann* S 352; MüKoInsO-*Hintzen* § 236 Rn 5); dies entspricht de facto auch inzwischen verbreiteter Praxis (vgl *Braun/Frank* § 236 Rn 7). Beim Verwalterplan kommt dies jedoch offensichtlich nicht in Betracht.

III. Ansetzung des Termins

3 Ein vom Insolvenzgericht anberaumter Erörterungs- und Abstimmungstermin kann vom Gericht **vertagt** werden. Die im früheren Vergleichsrecht nach § 77 Abs 2, 3 VglO für eine solche Vertagung aufgestellten besonderen Voraussetzungen sind bewusst nicht in die InsO übernommen worden (Begr zu § 292 RegE InsO *Balz/Landfermann* S 358). Eine solche Vertagung ist selbstverständlich auch dann möglich, wenn der Erörterungs- und Abstimmungstermin nach § 236 Satz 2 mit dem Prüfungstermin verbunden worden sind. Die ehemals verbundenen Termine werden durch die Vertagung wieder getrennt.

4 Zur Terminierung bei konkurrierenden Plänen siehe § 218 Rn 30 und § 235 Rn 7.

§ 237 Stimmrecht der Insolvenzgläubiger

(1) ¹Für das Stimmrecht der Insolvenzgläubiger bei der Abstimmung über den Insolvenzplan gilt § 77 Abs. 1 Satz 1, Abs. 2 und 3 Nr. 1 entsprechend. ²Absonderungsberechtigte Gläubiger sind nur insoweit zur Abstimmung als Insolvenzgläubiger berechtigt, als ihnen der Schuldner auch persönlich haftet und sie auf die abgesonderte Befriedigung verzichten oder bei ihr ausfallen; solange der Ausfall nicht feststeht, sind sie mit dem mutmaßlichen Ausfall zu berücksichtigen.

(2) Gläubiger, deren Forderungen durch den Plan nicht beeinträchtigt werden, haben kein Stimmrecht.

I. Sonderregelung für die Abstimmung (nur) über den Plan

§§ 237 und 238 enthalten **Sonderregelungen** für die **Festsetzung der Stimmrechte** der Gläubiger im Hinblick auf die Abstimmung über den Plan. § 237 betrifft die Stimmrechte der **Insolvenzgläubiger**, § 238 diejenigen der **absonderungsberechtigten Gläubiger**. Die Festsetzung des Stimmrechts nach §§ 237, 238 kann von anderen Festsetzungen für Gläubigerversammlungen abweichen. Insbesondere kann die Stimmrechtsfestsetzung für die Abstimmung über den Insolvenzplan von den Ergebnissen der allgemeinen Forderungsprüfung und -feststellung abweichen (zutr MüKoInsO-*Hintzen* § 237, 238 Rn 8). Denn die Stimmberechtigung bei der Abstimmung über den Plan hängt maßgeblich von den für die Gläubiger jeweils vorgesehenen Regelungen ab. Soweit der Plan nicht in die Rechte bzw Forderungen eingreift, gibt es kein Stimmrecht (Abs 2). Daher kann es sein, dass Gläubiger in einer normalen Gläubigerversammlung stimmberechtigt wären, mangels Eingriffs in ihre Forderungen jedoch kein Stimmrecht bei der Abstimmung über den Plan haben. 1

Da die Regelungen des Plans im Erörterungstermin noch geändert werden können (§ 240), findet die Festsetzung des Stimmrechts gemäß § 235 Abs 1, §§ 237, 238 erst im Anschluss an die Erörterung des Plans statt (dazu § 235 Rn 23; *K/P/Otte* § 237 Rn 3; H/W/F, Hdb InsO 9/12). Damit erklärt sich auch die Stellung beider Normen im Gesetzeszusammenhang im Anschluss an die Vorschriften über den Erörterungs- und Abstimmungstermin. 2

II. Anwendungsbereich

§ 237 gilt für die **Insolvenzgläubiger**. Zu beachten ist, dass **absonderungsberechtigte Gläubiger mit ihrer Ausfallforderung** als (nicht nachrangige) Insolvenzgläubiger behandelt werden (dazu § 222 Rn 20). Dementsprechend sieht § 237 Abs 1 S 2 vor, dass absonderungsberechtigte Gläubiger hinsichtlich der Ausfallforderung Stimmrechte als Insolvenzgläubiger nach Maßgabe von § 237 erhalten. Gleiches gilt, soweit sie auf das **Absonderungsrecht verzichten**. Solange der **Ausfall nicht feststeht**, sind die Stimmrechte gemäß Abs 1 S 2 nach Maßgabe des **mutmaßlichen Ausfalls** festzusetzen. Damit trägt Abs 1 dem Umstand Rechnung, dass die genaue Ermittlung des Werts des Absonderungsrechts und der Höhe der Ausfallforderung im Einzelfall Schwierigkeiten verursachen kann (vgl dazu § 222 Rn 12). 3

§ 237 gilt auch für die **nachrangigen Insolvenzgläubiger**, soweit diese im Einzelfall an der Abstimmung teilnehmen (dazu § 246 Rn 3). Dementsprechend verweist Abs 1 nicht auf § 77 Abs 1 S 2, der für „normale" Beschlüsse der Gläubigerversammlung nachrangige Gläubiger generell vom Stimmrecht ausschließt. Das bedeutet allerdings nicht, dass nachrangigen Gläubigern bei der Abstimmung über den Insolvenzplan immer Stimmrechte zugeteilt würden. Soweit keine Gruppen für die nachrangigen Insolvenzgläubiger gebildet werden, weil deren Forderungen gemäß § 225 InsO als erlassen gelten sollen, bedarf es keiner Stimmrechtsfestsetzung (s dazu auch oben § 11 Rn 167). 4

Nach Abs 2 haben Gläubiger, deren **Forderungen** durch den **Plan nicht beeinträchtigt** werden, **kein Stimmrecht**. Dabei ist es gleichgültig, ob es sich um Ausfallforderungen absonderungsberechtigter Gläubiger handelt, um andere nicht nachrangige Forderungen oder nachrangige. Der Stimmrechtsausschluss gilt für alle Insolvenzgläubiger (vgl *Schiessler* Insolvenzplan S 149). 5

Bei **Kreditverbindlichkeiten** und anderen Verbindlichkeiten, die nach bestimmten **Fälligkeitsterminen** zu tilgen sind, können mit **Verzugseintritt** die anstehenden Teilbeträge (vereinbarungsgemäß) **auf einmal fällig** werden. Es stellt sich die Frage, ob es eine **Beeinträchtigung** solcher Forderungen iS von § 237 Abs 2 darstellt, wenn der **Plan** statt der sofortigen Fälligkeit des gesamten Restbetrags **die ursprünglichen vertraglichen Tilgungsregelungen** wieder in Kraft setzt. Im US-amerikanischen Recht gilt das kraft besonderer gesetzlicher Anordnung nicht als Beeinträchtigung („impairment"), 11 USC § 1124 (2). Die InsO enthält keine entsprechende Anordnung. Teilweise wird eine einschränkende Auslegung von § 237 Abs 2 befürwortet, weil der Gläubiger bei Wiederherstellung der ursprünglichen vertraglichen Lage jedenfalls wirtschaftlich nicht beeinträchtigt würde (*Braun/Uhlenbruck* Unternehmensinsolvenz S 593 f; *K/P/Otte* § 237 Rn 15). 6

Gegen eine solche Auslegung spricht jedoch, dass dort, wo sich die Beeinträchtigung nach **wirtschaftlichen** Erwägungen beurteilt, die InsO von „**Schlechterstellung**" spricht, beispielsweise in §§ 245, 247, 251; dagegen stellt **Abs 2** auf eine **Beeinträchtigung der Forderung** ab. Das spricht für eine **rein recht- 7 liche Beurteilung. Rechtlich gesehen ist aber der Eingriff in die sofortige Fälligkeit unzweifelhaft als Beeinträchtigung anzusehen (das erkennen auch *Braun/Uhlenbruck* Unternehmensinsolvenz S 539 und K/P/*Otte* § 237 Rn 15 an; vgl dazu auch FK-*Jaffé* § 237 Rn 49).

III. Verfahren bei der Stimmrechtsfestsetzung

8   Für die Festsetzung der Stimmrechte verweisen die §§ 237, 238 weitgehend auf § 77. Nach § 77 Abs 1 S 1 setzt die **Stimmrechtsfestsetzung angemeldete Forderungen** voraus. Nicht angemeldete Forderungen sind mithin stets ohne Stimmrecht. Für die **nachrangigen Insolvenzgläubiger** ist insoweit zu berücksichtigen, dass diese ihre Forderungen **nur anzumelden** haben, wenn das Gericht dazu **besonders auffordert** (§ 174 Abs 3). Soweit die angemeldete **Forderung** des Insolvenzgläubigers **unbestritten** bleibt, ist für sie das Stimmrecht zu gewähren. Wird die **Forderung** von einem dazu Berechtigten **bestritten**, so ist sie nach § 235 Abs 1 zu erörtern. Wird eine Einigung erzielt, kann das Stimmrecht entsprechend festgesetzt werden (§ 77 Abs 2 S 1). Andernfalls entscheidet das Insolvenzgericht über das Stimmrecht (vgl **AG Duisburg** 27. 3. 2003 NZI 2003, 447). Bei Schwierigkeiten der Bewertung des Absonderungsrechts und der damit zusammenhängenden Frage der Höhe der mutmaßlichen Ausfallforderung kann es zu höchst unterschiedlichen Einschreitung kommen (vgl *Braun/Frank* § 237 Rn 7). Da die Stimmrechtsfestsetzung nur sehr begrenzt angreifbar ist (s unten Rn 12), wird es sich in der Praxis als zweckmäßig erweisen, dass das Gericht bei der Bewertung des Absonderungsrechts und der Bestimmung des mutmaßlichen Ausfalls möglichst konsequente und einheitliche Maßstäbe vorlegt (s *Braun/Frank* § 237 Rn 7; sa MüKoInsO-*Hintzen* § 237 Rn 15; N/R/*Braun* § 237 Rn 30 f).

9   Soweit das **Gericht** bei bestrittenen Forderungen und bei der Festsetzung des **mutmaßlichen Ausfalls entscheidet**, steht die Entscheidung im **freien Ermessen** des Gerichts (so zu § 95 KO K/U § 95 KO Rn 2; *Schiessler* Insolvenzplan S 147; dagegen N/R/*Braun* § 237 Rn 21).

10 Bei **verspätet angemeldeten Forderungen** kann die für die Festsetzung des Stimmrechts erforderliche nachträgliche Prüfung gemäß § 177 Abs 1 S 2 durch **Widerspruch** ausgeschlossen werden mit der Folge, dass insoweit **kein Stimmrecht** für den Erörterungs- und Abstimmungstermin festgesetzt werden kann (ebenso N/R/*Braun* § 237 Rn 23 ff; aA *Schiessler* Insolvenzplan S 146 f).

11 Nach Abs 1 S 1 iVm § 77 Abs 3 Nr 1 ist das Stimmrecht auch für **aufschiebend bedingte Forderungen** zu gewähren.

IV. Rechtsmittel

12 Die Festsetzung des Stimmrechts ist **nicht** mit der **sofortigen Beschwerde** angreifbar (§ 237 iVm § 6 Abs 1). Hat der Rechtspfleger entschieden, so ist normalerweise, wenn die Beschwerde ausgeschlossen ist, gegen die Entscheidung des Rechtspflegers **Erinnerung** zulässig (§ 11 Abs 2 RPflG). Für die Festsetzung des Stimmrechts durch den Rechtspfleger gilt dies jedoch nicht. Die **Erinnerung** ist insoweit durch § 11 Abs 3 S 2 RPflG vielmehr **ausdrücklich ausgeschlossen** (ebenso HK-*Flessner* § 237 Rn 13; MüKoInsO-*Hintzen* § 237 Rn 27). Jedoch kann gemäß § 18 Abs 3 RPflG der **Richter** auf Antrag eines Gläubigers oder des Verwalters das Stimmrecht **neu festsetzen** und die **Abstimmung wiederholen** lassen (kritisch hierzu MüKoInsO-*Hintzen* § 237 Rn 28). Voraussetzung ist, dass sich die **Entscheidung des Rechtspflegers** auf das Ergebnis der Abstimmung ausgewirkt hat. Der Antrag muss außerdem **bis zum Schluss des Termins**, in welchem die Abstimmung stattgefunden hat, **zu Protokoll der Geschäftsstelle** erklärt worden sein. Im Erörterungs- und Abstimmungstermin nach § 235 reicht auch die Aufnahme des Antrags in das Terminsprotokoll. Wird im Erörterungs- und Abstimmungstermin nach § 235 ein solcher Antrag gestellt, so hindert dies **die Abstimmung nicht**. Das ergibt sich schon daraus, dass nach § 18 Abs 3 RPflG die **Abstimmung gegebenenfalls zu wiederholen** ist.

§ 238 Stimmrecht der absonderungsberechtigten Gläubiger

(1) ¹Soweit im Insolvenzplan auch die Rechtsstellung absonderungsberechtigter Gläubiger geregelt wird, sind im Termin die Rechte dieser Gläubiger einzeln zu erörtern. ²Ein Stimmrecht gewähren die Absonderungsrechte, die weder vom Insolvenzverwalter noch von einem absonderungsberechtigten Gläubiger noch von einem Insolvenzgläubiger bestritten werden. ³Für das Stimmrecht bei streitigen, aufschiebend bedingten oder nicht fälligen Rechten gelten die §§ 41, 77 Abs. 2, 3 Nr. 1 entsprechend.

(2) § 237 Abs. 2 gilt entsprechend.

1   Für die Festsetzung des Stimmrechts im Hinblick auf Absonderungsrechte gilt grundsätzlich das Gleiche wie bei § 237. Besonderheiten ergeben sich lediglich unter folgendem Gesichtspunkt:

2   Für den absonderungsberechtigten Gläubiger ist für § 238 InsO zu beachten, dass seine Forderung **nicht angemeldet und geprüft wird**. Deshalb verweist § 238 anders als § 237 auch nicht auf § 77 Abs 1. Statt der Erörterung im Prüfungstermin muss die **Erörterung** der Rechte der Absonderungsberechtigten einzeln im Erörterungs- und Abstimmungstermin erfolgen. Soweit dem Absonderungsberechtigten eine

Ausfallforderung zusteht, ist diese Forderung im Rahmen von § 237 InsO festzustellen, im Rahmen von § 238 InsO bleibt es beim Absonderungsrecht.

§ 239 Stimmliste

Der Urkundsbeamte der Geschäftsstelle hält in einem Verzeichnis fest, welche Stimmrechte den Gläubigern nach dem Ergebnis der Erörterung im Termin zustehen.

Zu § 71 VglO hatte sich in der Praxis eingebürgert, in einer **Stimmliste** die Stimmrechte der Gläubiger 1 festzuhalten. In Anlehnung an diese Praxis sieht § 239 vor, dass eine Stimmliste aufzustellen ist, in der das im Erörterungs- und Abstimmungstermin festgestellte Stimmrecht der Gläubiger verzeichnet wird.

Anstelle des Urkundsbeamten der Geschäftsstelle kann auch der Insolvenzrichter selbst im Erörte- 2 rungs- und Abstimmungstermin die Stimmliste anfertigen, sofern er keinen Urkundsbeamten der Geschäftsstelle zuzieht.

Zweckmäßigerweise wird die Stimmliste so anzuordnen sein, dass sich aus ihr zugleich die Zuord- 3 nung der Gläubiger in die jeweiligen Gruppen und neben dem Wert der Forderungen bzw des Rechts auch die Kopfzahl ergibt. Im Übrigen wird mit Recht darauf hingewiesen, dass inzwischen die Vorbereitung über EDV-Listen schon so vorbereitet werden kann, dass im Termin allfällige Entscheidungen unmittelbar umgesetzt werden können (vgl *Braun/Frank* § 239 Rn 1).

§ 240 Änderung des Plans

¹ **Der Vorlegende ist berechtigt, einzelne Regelungen des Insolvenzplans auf Grund der Erörterung im Termin inhaltlich zu ändern.** ² **Über den geänderten Plan kann noch in demselben Termin abgestimmt werden.**

I. Konzeption

§ 279 **RegE InsO** sah ursprünglich **getrennte Erörterungs- und Abstimmungstermine** vor. § 284 RegE 1 InsO sollte es dem Vorlegenden ermöglichen, aufgrund von im Erörterungstermin offenkundig werdenden Zustimmungshindernissen den Insolvenzplan inhaltlich zu ändern. Um Verfahrensverzögerungen vorzubeugen, sollte der Vorlegende seine **Änderungsabsicht** jedoch im Erörterungstermin **ankündigen**. Das Insolvenzgericht sollte dann eine angemessene Frist für die Änderung des Plans setzen (dazu Text und Begr zu § 284 RegE InsO *Balz/Landfermann* S 355). Über den geänderten Plan sollte anschließend im Abstimmungstermin entschieden werden.

Erörterungs- und Abstimmungstermin sollten nur ausnahmsweise verbunden werden, wenn keine 2 Änderungen vorgesehen waren. Aufgrund der Empfehlung des **Rechtsausschusses** wurde diese **Konzeption genau umgekehrt**. Nach § 235 Abs 1 ist nunmehr grundsätzlich ein **einheitlicher Erörterungs- und Abstimmungstermin** vorgesehen. Das Insolvenzgericht kann ausnahmsweise gemäß § 241 Abs 1 einen gesonderten Termin für die Abstimmung über den Plan bestimmen (dazu § 235 Rn 1). Hiervon versprach sich der Rechtsausschuss eine Verfahrensbeschleunigung (Ausschussbericht *Balz/Landfermann* S 351).

Die Umkehrung des Zusammenspiels von Erörterungs- und Abstimmungstermin bedingte Folgeände- 3 rungen in § 284 des Regierungsentwurfs. Dementsprechend sieht § 240 nunmehr vor, dass Änderungen des Plans **aufgrund der Erörterung im Termin** die Abstimmung in demselben Termin nicht ausschließen. Eine **Ankündigung der Änderungsabsicht** ist **nicht mehr erforderlich**. Ebenso wenig ist eine gerichtlich zu bestimmende Frist für die Änderung vorgesehen.

II. Änderungen des Plans

Nach § 240 ist (**nur**) **der Vorlegende berechtigt**, noch **im Erörterungstermin** einzelne Regelungen des 4 Plans **zu ändern**. Auch vor dem Erörterungstermin kann der Plan bereits geändert werden. Das ergibt sich bereits im Rückschluss aus § 240. Denn wenn der Plan im Erörterungstermin geändert werden kann, um ihn annahmefähig zu machen, dann trägt dieser Zweck zugleich Änderungen des Plans zur Herstellung der Annahmefähigkeit **vor** dem Termin. Die Zulässigkeit von **Änderungen des Plans vor dem Erörterungstermin** ergibt sich darüber hinaus auch aus § 231. Denn danach kann der Vorlegende den Plan jedenfalls insoweit ändern, als dies zur Beseitigung von Mängeln geboten und erforderlich erscheint.

Der Vorlegende kann jedoch **nicht den gesamten Plan** ändern, sondern nur „einzelne Regelungen". 5 Was darunter zu verstehen ist, ergibt sich weder aus dem Gesetzestext, noch liefern die Materialien hierzu Hinweise. Der Ausschussbericht zu § 284 spricht lediglich davon, dass der **Kern des ursprünglichen Insolvenzplans** erhalten bleiben müsse (*Balz/Landfermann* S 356; ebenso LG Berlin 8. 2. 2005 ZInsO 2005, 609, 612). Aus einem auf Fortführung gerichteten Plan kann also nicht im Rahmen der Änderung ein Liquidationsplan gemacht werden (ebenso MüKoInsO-*Hintzen* § 240 Rn 9). Im Übrigen sollte die Norm **großzügig gehandhabt** werden. Im Vordergrund steht hierbei der Zweck, Zustimmungshindernisse durch die Änderungen des Plans zu beseitigen. Das umfasst auch **gravierende Änderungen** (MüKoInsO-*Hintzen* § 240 Rn 9; HK-*Flessner* § 240 Rn 6; *Smid* § 240 Rn 7 f; *Schiessler* Insolvenzplan S 145; abw. FK-*Jaffé* § 240 Rn 26; *Hess* § 240 Rn 9; BerlKo-*Breutigam* § 240 Rn 1). Solange sie dem Plan nicht den Charakter eines gänzlich anderen oder völlig neuen Plans verleihen, sollten sie als zulässig angesehen werden. Mit Recht wird darauf hingewiesen, dass es entscheidend darauf ankommt, die Änderungen in einem Rahmen zu halten, der ihre Auswirkungen überschaubar hält und den jeweils Betroffenen in die Lage versetzt, die konkreten Auswirkungen auf seine eigene Rechtsposition nachzuvollziehen (*Braun/Frank* § 140 Rn 4; ebenso wohl auch MüKoInsO-*Hintzen* § 240 Rn 8). In Zweifelsfällen kann das Gericht im Erörterungstermin eine **Probeabstimmung** durchführen. Zeigt sich dabei, dass der Plan voraussichtlich die Zustimmung der Gläubiger finden wird, so sollten **auch umfangreiche Änderungen zugelassen** werden (vgl jedoch auch *Smid/Rattunde*, Insolvenzplan, Rn 11.44 f; *Smid/Rattunde* § 240 Rn 6 ff).

6 Im Übrigen sieht § 240 **keine Beschränkungen** vor, so dass jede Regelung des Plans nach § 240 geändert werden kann. Solche Änderungen können selbstverständlich **auch Auswirkungen auf das Stimmrecht** haben. Das gilt beispielsweise bei Änderungen der Behandlung von Absonderungsrechten, welche zugleich Einfluss auf die Höhe der so genannten Ausfallforderung haben. Denn damit ändert sich gleichzeitig die Einordnung von Sicherungsrecht und Forderungen in die betreffenden Gruppen. **Auch neue Regelungen** können aufgenommen werden (sa MüKoInsO-*Hintzen* § 240 Rn 9).

§ 241 Gesonderter Abstimmungstermin

(1) ¹Das Insolvenzgericht kann einen gesonderten Termin zur Abstimmung über den Insolvenzplan bestimmen. ²In diesem Fall soll der Zeitraum zwischen dem Erörterungstermin und dem Abstimmungstermin nicht mehr als einen Monat betragen.

(2) ¹Zum Abstimmungstermin sind die stimmberechtigten Gläubiger und der Schuldner zu laden. ²Im Falle einer Änderung des Plans ist auf die Änderung besonders hinzuweisen.

I. Konzeption des Erörterungs- und Abstimmungstermins

1 Nach der Empfehlung des Rechtsausschusses sieht § 235 Abs 1 als Grundsatz **einen** Erörterungs- und Abstimmungstermin vor. Im Einzelfall kann das Insolvenzgericht jedoch gemäß § 241 Abs 1 einen **gesonderten Termin für die Abstimmung** über den Plan bestimmen (vgl dazu auch § 235 Rn 1).

2 Dem Ziel der Beschleunigung des Verfahrens dient auch die in § 236 vorgesehene Möglichkeit, den Erörterungs- und Abstimmungstermin mit dem **Prüfungstermin** zu verbinden. Diese Möglichkeit besteht auch bei einem **gesonderten Abstimmungstermin** nach § 241; jedoch kann der Prüfungstermin dann nur mit dem separaten Erörterungstermin nach § 235 verbunden werden.

II. Terminierung

3 Bei der **Terminierung** hat das Gericht zu beachten, dass Erörterungs- und Abstimmungstermine gemäß § 236 Abs 1 **nicht vor dem Prüfungstermin** stattfinden dürfen. Der Abstimmungstermin darf im Falle der Verbindung **frühestens** unmittelbar im Anschluss an den Prüfungstermin gelegt werden.

4 Findet ein **einheitlicher Erörterungs- und Abstimmungstermin** statt, so soll der Termin nach § 235 Abs 1 S 2 nicht über **einen Monat** hinaus angesetzt werden. Diese Monatsfrist **beginnt** mit dem Zeitpunkt der **Bekanntmachung** des Erörterungs- und Abstimmungstermins gemäß § 235 Abs 2 (§ 235 Rn 4).

5 Ordnet das Gericht einen **gesonderten Abstimmungstermin** an, so bleibt es für den Erörterungstermin bei der Terminierungsfrist nach § 235 Abs 1 S 2. Für den gesonderten Abstimmungstermin gilt dann die in § 241 Abs 1 S 2 genannte Terminierungsfrist von **einem weiteren Monat**. Diese Frist rechnet sich **ab dem Erörterungstermin**. Die gesonderte Terminierung ist verfahrensleitende Maßnahme, keine Sachentscheidung. Daher findet die sofortige Erinnerung gem § 11 Abs 2 RPflG gegen Entscheidungen des Rechtspflegers nicht statt (vgl. LG Göttingen 21. 8. 2000 ZIP 2000, 1945).

6 Die **Terminierungsfrist** nach Abs 1 S 2 ist, genau wie diejenige des § 235 Abs 1 S 2, eine **Soll-Bestimmung**. Soweit nicht besondere Umstände vorliegen, hat das Gericht den Termin innerhalb dieser Monatsfrist anzusetzen. **Unerhebliche Überschreitungen** um wenige Tage dürfen bei Vorliegen sachlicher Gründe hingenommen werden. Zu § 179 KO hat sich die Auffassung durchgesetzt, die Terminierungsfrist sei lediglich als **Ordnungsvorschrift** anzusehen; ihre **Verletzung** stehe der **Bestätigung** nach § 186 KO **nicht entgegen** (*K/U* § 179 KO Rn 2; Kilger/*K Schmidt* § 179 KO Anm 2). Das ist auf § 235 Abs 1 S 2 und § 241 Abs 1 S 2 übertragbar (FK-*Jaffé* § 241 Rn 10). Allerdings gehört die Einhaltung der Terminierungsfristen grundsätzlich zu den haftungsrechtlich sanktionierten Pflichten des Insolvenzgerichts. Sie sollten schon deshalb eingehalten werden.

7 Auch hier gilt, dass innerhalb der gesetzlichen **Terminierungsfristen** die Terminierung als verfahrensleitende Maßnahme im **Ermessen des Gerichts** steht und gegen die Terminierung **keine Rechtsmittel** gegeben sind (s oben § 235 Rn 6).

III. Terminierung bei konkurrierenden Plänen

Da es bei zwei Vorlageberechtigten zu maximal drei Plänen kommen kann, ist für jeden dieser Pläne das Insolvenzplanverfahren gesondert durchzuführen (dazu § 218 Rn 24 ff und § 235 Rn 7). Für **jeden Plan** ist nunmehr ein **eigener Erörterungs- und Abstimmungstermin** anzuberaumen (näher § 235 Rn 7). Deshalb kann das Gericht auch für den **einen Plan** einen gemeinsamen Erörterungs- und Abstimmungstermin anberaumen, für einen **anderen Plan** hingegen einen **gesonderten Abstimmungstermin**. 8

IV. Vertagung

Einen **bereits anberaumten** gemeinsamen Erörterungs- und Abstimmungstermin **kann das Gericht vertagen**, falls dies erforderlich sein sollte (§ 235 Rn 8). Auch der gesonderte Abstimmungstermin kann vertagt werden. 9

V. Vorbereitung des Termins

1. Ladung. Die für den gemeinsamen Erörterungs- und Abstimmungstermin geltenden besonderen Bekanntmachungs- und Ladungsvorschriften nach § 235 Abs 2 und 3 gelten nicht; abweichend davon hat das Gericht zum Abstimmungstermin nach § 241 Abs 2 lediglich die **stimmberechtigten Gläubiger** und den **Schuldner** zu laden. Eine besondere Bekanntmachung des Termins ist **nicht vorgesehen**. Regelmäßig wird der Termin zusammen mit oder im Erörterungstermin bekannt gegeben werden. **Gläubiger ohne Stimmrecht** sind **nicht zu laden**. Insolvenzverwalter, Betriebsrat und der Sprecherausschuss der leitenden Angestellten brauchen gleichfalls nicht geladen zu werden. Sie **können** jedoch geladen werden. Das wird sich empfehlen, wenn aufgrund nachträglicher Änderungen im Einzelfall Erörterungen zu Änderungen möglich oder sinnvoll erscheinen, welche in dem Erörterungstermin selbst noch nicht abgehandelt werden konnten. Das ist auch im gesonderten Abstimmungstermin möglich (Ausschussbegründung, *Balz/Landfermann* S 358). Allerdings ist der gesonderte Abstimmungstermin nicht als zweiter Erörterungstermin gedacht. Die **Erörterung** sollte **grundsätzlich** vollständig **im Erörterungstermin abgeschlossen** werden (ebenso MüKoInsO-*Hintzen* § 241 Rn 14). Zeichnet sich ab, dass wegen möglicher Änderungen noch Diskussionsbedarf besteht, so sollte das Gericht eher den Erörterungstermin vertagen, als die Erörterung in den gesonderten Abstimmungstermin zu ziehen (abw wohl N/R/*Braun* § 241 Rn 7; K/P/*Otte* § 241 Rn 7). 10

Für die **Ladung** ist keine förmliche Zustellung erforderlich; das Gericht kann nach § 8 Abs 3 den Insolvenzverwalter mit der Ladung beauftragen ebenso wie bei § 235 Abs 3 (H/W/F, Hdb InsO 9/6). 11

Unterbleibt die Ladung oder erfolgt sie ohne den Hinweis auf Änderungen, so handelt es sich um einen **Verfahrensmangel**, welcher der Bestätigung des Plans nach § 250 Nr 1 grundsätzlich entgegensteht. Die unterbliebene Ladung wird unter den gleichen Voraussetzungen wie bei § 235 Abs 3 **durch Erscheinen** des betreffenden Gläubigers **geheilt** (dazu § 235 Rn 18; vgl auch K/P/*Otte* § 241 Rn 6). Der **unterbliebene Hinweis auf Änderungen** wird durch **Nachholung im Termin** geheilt. Das Gleiche gilt, wenn der Hinweis nicht alle Änderungen umfasste. 12

2. Hinweis auf Änderungen. Nach Abs 2 S 2 muss in der Ladung auf Änderungen des Plans **besonders hingewiesen** werden. Die Regelung steht im Zusammenhang mit § 240. Danach kann der Vorlegende einzelne Regelungen des Plans aufgrund der Erörterung im Termin inhaltlich ändern. Solche Änderungen sind aber auch schon vor dem Erörterungstermin zulässig (§ 240 Rn 4). Die **Hinweispflicht** nach Abs 2 S 2 bezieht sich mithin auf **alle Änderungen gegenüber dem ursprünglich eingereichten Plan**, die sich bis zum Ende des Erörterungstermins ergeben haben. Das Gericht ist **nicht verpflichtet**, solche Änderungen **zu erläutern**. Es hat lediglich auf die Änderungen hinzuweisen. Anders als nach § 235 Abs 3 braucht **weder ein Abdruck noch eine Zusammenfassung** des Plans **übersandt** werden (abw FK-*Jaffé* § 241 Rn 28). 13

VI. Der Termin

1. Teilnahmeberechtigung. Von der Ladung nach Abs 2 ist die **Teilnahmeberechtigung** zu unterscheiden. Teilnahmeberechtigt sind die vom Gericht **Geladenen**. Sofern daher wegen der Möglichkeit weiterer Erörterungen das Gericht den **Verwalter**, den **Betriebsrat** und den **Sprecherausschuss** der leitenden Angestellten geladen hat, sind diese auch teilnahmeberechtigt. Fraglich ist, ob sie auch dann teilnahmeberechtigt sind, wenn keine Erörterungen mehr erforderlich und sie deshalb auch nicht geladen sind. Hinsichtlich des **Verwalters** sollte ein Teilnahmerecht jedenfalls dann angenommen werden, wenn dieser den Plan vorgelegt hatte. Betriebsrat und Sprecherausschuss der leitenden Angestellten sind bei dem Erörterungstermin nach § 235 nur deshalb teilnahmeberechtigt, weil ihnen Gelegenheit zur Stellungnahme gegeben werden soll. Das trifft auf den gesonderten Abstimmungstermin allenfalls dann zu, wenn dort noch Erörterungen zu erfolgen haben. 14

Teilnahmeberechtigt sind **auch Gläubiger ohne Stimmrecht**. Zwar nehmen sie an der Abstimmung nicht teil und sind nicht zu laden. Ihr Teilnahmerecht ergibt sich jedoch daraus, dass auch nicht stimmberechtigte Gläubiger das Recht haben, bis zum Ende und damit im Abstimmungstermin dem Plan zu widersprechen; § 251 Nr 1 stellt insoweit ausdrücklich auf den Abstimmungstermin ab. 15

Dritte bzw **Außenstehende** sind auch hier **nicht teilnahmeberechtigt** (s oben § 235 Rn 20). 16

§ 242 *Schriftliche Abstimmung*

17 **2. Ablauf.** Ebenso wie der Erörterungs- und Abstimmungstermin nach § 235 ist auch der **gesonderte Abstimmungstermin** nach § 241 **nicht öffentlich** (§ 235 Rn 20).

18 Hinsichtlich der **Leitung der Sitzung** gilt das Gleiche wie beim gemeinsamen Erörterungs- und Abstimmungstermin (dazu § 235 Rn 21 f). Gleiches gilt insbesondere auch für die Frage der Unterbrechung des Termins (s oben § 235 Rn 23).

19 Nach der **Eröffnung des Termins** ist zunächst die **Ordnungsmäßigkeit der Ladungen** nach § 241 Abs 2 sowie die **Anwesenheit** der Erschienenen festzustellen. Lassen sich Teilnahmeberechtigte **vertreten**, so ist die **Vollmacht zu prüfen** und als Anlage zum Protokoll zu nehmen. Die Erörterung und Feststellung des Stimmrechts sowie die Erstellung der Stimmliste kann bereits im Erörterungstermin erfolgt sein (dazu § 235 Rn 23). Darauf kann das Gericht hinweisen und Bezug nehmen. Andernfalls muss dies im gesonderten Abstimmungstermin der Abstimmung vorausgehen. Danach beginnt der eigentliche **Abstimmungsteil**. Die **Abstimmung erfolgt** grundsätzlich **mündlich**. Im Übrigen gilt das Gleiche wie im Abstimmungstermin nach § 235 (dazu § 235 Rn 23). Beim gesonderten Abstimmungstermin kann das Gericht ausnahmsweise jedoch gemäß § 242 eine **schriftliche Stimmabgabe** anordnen. In diesem Fall ist auf die Anordnung Bezug zu nehmen. Sodann ist festzustellen, ob und welche Stimmabgaben ungültig sind, beispielsweise weil sie nicht fristgerecht eingegangen sind (dazu § 242 Rn 6), ehe das Ergebnis der Abstimmung aufgrund der schriftlichen und der mündlich im Termin erfolgten Stimmabgabe verkündet wird. Auch im gesonderten Abstimmungstermin sollte das Gericht ua wegen § 251 Nr 1 vor Beendigung des Abstimmungstermins noch einmal ausdrücklich Gelegenheit zur Erklärung von Widersprüchen geben.

§ 242 Schriftliche Abstimmung

(1) Ist ein gesonderter Abstimmungstermin bestimmt, so kann das Stimmrecht schriftlich ausgeübt werden.

(2) ¹Das Insolvenzgericht übersendet den stimmberechtigten Gläubigern nach dem Erörterungstermin den Stimmzettel und teilt ihnen dabei ihr Stimmrecht mit. ²Die schriftliche Stimmabgabe wird nur berücksichtigt, wenn sie dem Gericht spätestens am Tag vor dem Abstimmungstermin zugegangen ist; darauf ist bei der Übersendung des Stimmzettels hinzuweisen.

I. Voraussetzungen schriftlicher Stimmabgabe

1 Die Abstimmung im gemeinsamen Erörterungs- und Abstimmungstermin nach § 235 findet ausschließlich mündlich statt. Hat das Gericht jedoch einen **besonderen Abstimmungstermin** nach § 241 angeordnet, so hat der Gläubiger das Recht, das **Stimmrecht** nicht nur mündlich im, sondern stattdessen auch **schriftlich vor dem Termin** auszuüben. Es steht den **Gläubigern** jedoch frei, die vom Gesetz eröffnete Möglichkeit zu schriftlicher Stimmabgabe wahrzunehmen. Denn die schriftliche Stimmabgabe soll ihnen nur das persönliche Erscheinen (und damit Kosten) ersparen, wenn die Erörterung bereits stattgefunden hat und ihnen die etwaigen Änderungen des Plans vom Gericht nach § 242 mitgeteilt worden sind. Denn dann besteht möglicherweise aus Sicht der einzelnen Gläubigers kein Grund mehr für ein persönliches Erscheinen im Abstimmungstermin. Will der Gläubiger von dieser Erleichterung jedoch keinen Gebrauch machen, so **steht es ihm frei**, im Abstimmungstermin **persönlich zu erscheinen** oder sich vertreten zu lassen und dort das **Stimmrecht mündlich auszuüben** (*K/P/Otte* § 242 Rn 3, 6; FK-*Jaffé* § 242 Rn 18; BerlKo-*Breutigam* § 242 Rn 2 f).

2 Das Insolvenzgericht muss für den gesonderten Abstimmungstermin eine **schriftliche Stimmabgabe** ermöglichen, auch wenn der Gläubiger noch mündlich abstimmen kann. Dem Gericht kommt kein Ermessen über die schriftliche Stimmabgabe zu (ebenso HK-*Flessner* § 242 Rn 1: Pflicht des Gerichts, schriftliche Stimmabgabe zu organisieren; BerlKo-*Breutigam* § 242 Rn 4). Er ist verpflichtet, den Gläubigern nach Abs 2 den Stimmzettel zu übersenden unter Angabe des dem einzelnen Gläubiger zukommenden Stimmrechts.

II. Anordnung schriftlicher Stimmabgabe

3 Die Vorbereitungen für eine schriftliche Stimmabgabe nach Abs 2 können erst „nach dem Erörterungstermin" einsetzen. Die entsprechenden Unterlagen für die schriftliche Stimmabgabe können den Gläubigern **auch gesondert von der Ladung** zum gesonderten Abstimmungstermin übermittelt werden. Das Gericht wird daher im Erörterungstermin den gesonderten Abstimmungstermin bestimmen und zweckmäßigerweise gleichzeitig auf die Möglichkeit der schriftlichen Stimmabgabe nach § 242 hinweisen.

4 Die schriftliche Stimmabgabe **kommt nur in Betracht,** wenn bereits **im Erörterungstermin** das **Stimmrecht** der Gläubiger erörtert und **festgesetzt und** die **Stimmliste** erstellt ist. Fehlt es hieran, so kann keine schriftliche Abstimmung erfolgen. Vielmehr müssen dann die Erörterung und Festsetzung des Stimmrechts im gesonderten Abstimmungstermin nachgeholt werden.

III. Einzelfragen § 243

Nach Abs 2 hat das Gericht den stimmberechtigten Gläubigern ihr **Stimmrecht mitzuteilen** und ihnen den **Stimmzettel zu übersenden**. Gleichzeitig hat das Gericht **darauf hinzuweisen**, dass die **Stimmabgabe nur berücksichtigt** wird, wenn sie dem Gericht **spätestens am Tag vor dem Abstimmungstermin** zugegangen ist. Mitteilung des Stimmrechts und Übersendung erfolgen regelmäßig durch einfachen Brief (*Braun/Frank* § 242 Rn 2; MüKoInsO-*Hintzen* § 242 Rn 4). 5

Werden **fristgerecht eingegangene Stimmzettel** dem Gericht nicht mehr rechtzeitig vor dem Abstimmungstermin vorgelegt und daher bei der Abstimmung **nicht berücksichtigt**, so kann die **Abstimmung wiederholt** werden. Sie muss wiederholt werden, wenn sich die ordnungsgemäße Erfassung der nicht berücksichtigten Stimmabgabe auf das Ergebnis ausgewirkt hätte, um Mängel der Abstimmung im Hinblick auf § 250 Nr 1 zu heilen (wie hier ebenso MüKoInsO-*Hintzen* § 242 Rn 8; N/R/Braun § 242 Rn 6). 6

§ 243 Abstimmung in Gruppen

Jede Gruppe der stimmberechtigten Gläubiger stimmt gesondert über den Insolvenzplan ab.

I. Abstimmungstermin

Die **Abstimmung über den Plan** erfolgt entweder im einheitlichen **Erörterungs- und Abstimmungstermin** nach § 235 oder in einem **gesonderten Abstimmungstermin** nach § 241. Zur Vorbereitung und Durchführung des Erörterungs- und Abstimmungstermins s § 235 Rn 10 ff, 19 ff. Zum Ablauf des gesonderten Abstimmungstermins s § 241 Rn 17. Erst wenn die Stimmrechte festgesetzt sind (vgl §§ 237, 238) und die Stimmliste abgeschlossen ist (§ 239), kann die Abstimmung über den Plan stattfinden. Das Gesetz regelt das Abstimmungsprozedere nicht im Einzelnen, so dass hierzu für die Praxis zweckmäßige und sachgerechte Regeln zu entwickeln sind. 1

II. Gesonderte Abstimmung in Gruppen

Gemäß §§ 222, 237, 238 sind jeweils nur diejenigen Gläubiger stimmberechtigt, welche aufgrund eines **Eingriffs** in ihre **Rechte** bzw **Forderungen** durch den Plan in eine Gruppe eingeteilt werden müssen. Demnach gibt jeder stimmberechtigte Gläubiger seine Stimme über den Insolvenzplan nur innerhalb der Gruppe ab, der er zugewiesen ist (LG Traunstein 27. 8. 1999 NZI 1999, 461; MüKoInsO-*Hintzen* § 243 Rn 3). Für die ungesicherten, nicht nachrangigen Insolvenzgläubiger ist nach § 222 Abs 1 Nr 2 eine Gruppe auch dann zu bilden, wenn der Plan nicht in deren Rechte eingreift (§ 222 Rn 13). Ein Stimmrecht haben sie gemäß § 237 Abs 2 jedoch nicht. Bei Bildung der Gruppen sind im Übrigen die in § 222 normierten Grundsätze zu beachten. 2

Auf der Grundlage der Feststellung des Stimmrechts und der Stimmliste hat das Gericht für die Abstimmung die Gläubiger den **jeweiligen Gruppen** zuzuordnen. Im Hinblick auf das Mehrheitserfordernis nach § 244 ist innerhalb jeder Gruppe sowohl der Summenanteil wie auch die Kopfzahl festzuhalten. Gläubiger, deren Forderungen verschiedenen Gruppen zugeordnet werden, haben in jeder Gruppe eine Kopfstimme. 3

Jede Gruppe der stimmberechtigten Gläubiger **stimmt gesondert** über den Insolvenzplan **ab**. Die Reihenfolge legt das **Insolvenzgericht** fest (ebenso FK-*Jaffé* § 243 Rn 13; MüKoInsO-*Hintzen* § 243 Rn 4). Die Abstimmung erfolgt durch **Einzelabstimmung jeden Gruppenmitglieds**. 4

III. Einzelfragen

1. Form der Stimmabgabe. Für den **Regelfall** sieht das Gesetz vor, dass der Erörterungs- und Abstimmungstermin nach § 235 in einer Abstimmung über den Insolvenzplan endet. Nach Erörterung und Stimmrechtsfestsetzung wird dann nach der Stimmliste der Reihe nach abgestimmt. Zutreffend wird darauf hingewiesen, dass es sich bei dem Erörterungs- und Abstimmungstermin um eine mündliche Verhandlung handelt, in der **mündlich abgestimmt** wird (*N/R/Braun* § 243 Rn 10; HK-*Flessner* § 243 Rn 3; *Braun/Frank* § 243 Rn 5). Dementsprechend ist jeder einzelne Gläubiger nach der Stimmliste mit seiner Forderung aufzurufen; die Stimmabgabe ist zu protokollieren. Es wird sich als zweckmäßig erweisen, die Stimmliste nach § 239 durch die Aufnahme der Abstimmung zu ergänzen und zu Protokoll zu nehmen, so dass das jeweilige Abstimmungsergebnis durch die Anlage zum Protokoll schlüssig belegt wird (ebenso *N/R/Braun* § 243 Rn 13). Die Form der Stimmabgabe erfährt dann eine **Modifizierung**, wenn für die Abstimmung über den Insolvenzplan ein **gesonderter Abstimmungstermin** angesetzt wird. § 242 Abs 1 sieht hierzu ausdrücklich vor, dass in diesem Fall die Stimmabgabe schriftlich erfolgen kann. Da die Abstimmung auch in dem gesonderten Abstimmungstermin den Regeln über die mündliche Verhandlung unterliegt, erscheint es geboten, dass in diesen Fällen die schriftlichen Stimmabgaben verlesen und protokolliert werden, damit auch insoweit ein in sich schlüssiges Dokument der Stimmabgabe entsteht. 5

Lüer

6 **2. Änderung der Stimmabgabe.** Auch für das neue Recht stellt sich die Frage, ob und wie lange der Gläubiger gegebenenfalls seine Stimmabgabe widerrufen und möglicherweise neu abstimmen kann. Zur Konkurs- und Vergleichsordnung (vgl §§ 182 KO, 74 VglO) entsprach es der ganz herrschenden Auffassung, dass eine endgültige **Bindung** des abstimmenden Gläubigers erst mit dem **Schluss der Abstimmung** angenommen wurde (vgl etwa *Bley/Mohrbutter* § 74 VglO Rn 18, 21; *Kilger/K. Schmidt* § 182 KO Bem 1 und § 74 VglO Bem 4 mit weiteren Nachweisen). Gegen diese Auffassung ist neuerdings vorgebracht worden, sie laufe praktisch auf ein mehrfach in Anspruch genommenes Recht zur Abstimmung und auf eine Wiederholung der Abstimmung selbst hinaus (vgl HK-*Flessner* § 244 Rn 5 mit dem Hinweis darauf, dass § 292 RegE InsO nicht Gesetz geworden ist). Dementsprechend solle das Stimmrecht mit der Stimmabgabe als verbraucht angesehen werden, so dass innerhalb einer Abstimmung kein Meinungswandel mehr Berücksichtigung findet, was auch § 130 BGB und der verfahrensrechtlichen Funktionen der Abstimmung entspräche (so HK-*Flessner* § 243 Rn 6; ebenso *Braun/Frank* § 243 Rn 5; MüKoInsO-*Hintzen* § 243 Rn 4, 6). Es erscheint jedoch zweifelhaft, ob diese Gründe ein Abrücken von der bisherigen Auffassung zu §§ 182 KO, 74 VglO wirklich rechtfertigen. Tatsächlich können sich Abstimmungen längere Zeit hinziehen und bei einzelnen Gläubigern einen Meinungswandel hervorrufen. Soweit dies im normalen Ablauf möglich ist, spricht nichts dagegen, diesen sofort zu berücksichtigen, wenn er entsprechend erklärt wird. Unnütze Verzögerungen können dadurch vermieden werden, dass der Leiter der Abstimmung etwaige Änderungen der Stimmabgabe erst vor Feststellung des Ergebnisses erfragt und entsprechend protokollieren lässt ebenso wie etwaige Widersprüche. Ist dieses Verfahren durchgeführt und wird das Ergebnis festgestellt, ist die Abstimmung tatsächlich beendet. Da die Stimmabgabe erst dann von Bedeutung ist, wenn sie in die **Ergebnisermittlung** eingebunden wird, erscheint der Hinweis auf § 130 BGB nicht zwingend. Die Gestaltung der neuen Rechtslage hängt allein von der Feststellung des Abstimmungsergebnisses ab. Mit der bisher herrschenden Meinung sollte mithin auch auf diesen Zeitpunkt abgestellt, der Widerruf einer früher zustimmenden Stimmabgabe daher bis zu diesem Zeitpunkt zugelassen werden ebenso wie die Rücknahme eines Widerspruchs bei dann zustimmender Stimmabgabe.

§ 244 Erforderliche Mehrheiten

(1) Zur Annahme des Insolvenzplans durch die Gläubiger ist erforderlich, daß in jeder Gruppe
1. die Mehrheit der abstimmenden Gläubiger dem Plan zustimmt und
2. die Summe der Ansprüche der zustimmenden Gläubiger mehr als die Hälfte der Summe der Ansprüche der abstimmenden Gläubiger beträgt.

(2) ¹Gläubiger, denen ein Recht gemeinschaftlich zusteht oder deren Rechte bis zum Eintritt des Eröffnungsgrunds ein einheitliches Recht gebildet haben, werden bei der Abstimmung als ein Gläubiger gerechnet. ²Entsprechendes gilt, wenn an einem Recht ein Pfandrecht oder ein Nießbrauch besteht.

I. Mehrheitsentscheidung

1 Die **Annahme des Plans** erfolgt auf der Grundlage einer **Mehrheitsentscheidung**. Das erscheint nahezu selbstverständlich. Bedürfte der Plan einer einvernehmlichen Zustimmung, so wäre dies angesichts der breiten Einbindung der Gläubiger mit unterschiedlichen Rechten und Forderungen und mit unterschiedlichen, möglicherweise gegensätzlichen Interessen von vornherein zum Scheitern verurteilt. Die nunmehr geltende Regelung folgt den Grundsätzen des bisherigen Vergleichs- bzw Zwangsvergleichsrechts (vgl §§ 74 Abs 1 VglO, 182 Abs 1 KO, 16 Abs 4 GesO).

II. Erforderliche Mehrheit (Abs 1)

2 **1. Grundsatz.** Über die Annahme des Insolvenzplans nach **Abs 1** entscheiden nur die stimmberechtigten Gläubiger. Das Stimmrecht hängt davon ab, ob die Forderung bzw das Recht des Gläubigers durch den Plan beeinträchtigt wird (§§ 237 Abs 2, 238 Abs 2). Jede Beeinträchtigung eines Rechts oder einer Forderung führt zwingend zur Bildung und Einteilung in einer entsprechenden Gruppe nach § 222. Nach § 243 stimmt **jede Gruppe** gesondert über den Plan ab. Daran anknüpfend sieht § 244 Abs 1 ein **doppeltes Mehrheitserfordernis** vor. In jeder Gruppe muss die **Mehrheit der abstimmenden Gläubiger** dem Plan zustimmen (**Kopfmehrheit, Abs 1 Nr 1**). **Stimmenthaltungen** werden dabei als nicht abgegebene Stimmen behandelt und dementsprechend nicht mitgerechnet (Begr zu § 289 RegE InsO, *Balz/Landfermann* S 360; MüKoInsO-*Hintzen* § 244 Rn 9; *Braun/Frank* § 244 Rn 5). Zusätzlich muss die **Summe der Ansprüche** der zustimmenden Gläubiger die Hälfte der Summe der Ansprüche der Gläubiger der jeweiligen Gruppe übersteigen (**Summenmehrheit, Abs 1 Nr 2**). **Ausreichend** ist mithin **einfache Kopf- und einfache Summenmehrheit**. Das ist teilweise als zu geringes Quorum kritisiert worden (*Henckel* KTS 1989, 477, 491 f; auch *Häsemeyer* Rn 28.26; vgl auch *Uhlenbruck* WM 1999, 1197, 1198 f). Im US-amerikanischen Recht wird gemäß 11 US C § 1126 (c) beispielsweise eine einfache Kopfmehrheit, jedoch eine Summenmehrheit von zwei Dritteln vorausgesetzt (vgl dazu auch *Schiessler* Insolvenz-

III. Gesamtgläubiger (Abs 2) § 244

plan S 162f). Das nunmehr geltende Recht favorisiert demgegenüber eine leichtere positive Beschlussfassung. Sind mithin jeweils die einfache Kopf- und Summenmehrheit erreicht, so stimmt die Gruppe mit der Feststellung dem Plan zu.

2. Gläubiger in mehreren Gruppen. a) Fallgestaltungen. Es sind eine Reihe von Fallgruppen denkbar, 3 in denen ein- und demselben Gläubiger ein- oder mehrere Forderungen gegen den Schuldner zustehen, die im Rahmen des Insolvenzplans in verschiedene Gruppen eingeordnet werden, die nach § 222 Abs 1 gebildet werden. Der häufigste Fall dürfte bei Gläubigern mit **Absonderungsrechten** auftreten, die mit ihrem Sicherungsrecht in einer Gruppe und mit der Ausfallforderung in einer anderen Gruppe erfasst werden und stimmberechtigt sein können. Ebenso ist denkbar, dass ein Gläubiger gleichzeitig ganz **unterschiedliche Ansprüche** gegen den Schuldner verfolgt, die dem Gegenstand nach nichts miteinander zu tun haben. Auch hierbei kann es sich um **gesicherte** und **ungesicherte Forderungen** handeln, die auch je nach Absonderungsrechten wieder aufgesplittet sein können. In all diesen Fällen stellt sich die Frage, ob der jeweilige Gläubiger für die ihm zustehenden Forderungen und Sicherungsrechte nur einheitlich votieren kann; denkbar ist auch, dass er in jeder Gruppe ein eigenständiges Votum abgibt, das einmal Zustimmung und zum anderen Ablehnung bedeuten könnte. Außerdem stellt sich bei jeder Abstimmung innerhalb einer Gruppe die Frage, ob Kopf- und Summenmehrheit einheitlich festgestellt werden oder ob es denkbar ist, dass nach Köpfen abweichend votiert und gestimmt wird von den Summen der Forderungen.

b) Abstimmung innerhalb der Gruppe. Es kann nicht zweifelhaft sein, dass jeder Gläubiger innerhalb 4 der Gruppe, in der er eine oder mehrere Forderungen repräsentiert, insgesamt nur **eine Kopfstimme** hat, während sich die Beträge der einzelnen Forderungen zu einem Gesamtbetrag summieren. Insoweit kann die Stimmabgabe nur einheitlich erfolgen; mit der Zustimmung zum Plan wird die Zustimmung für die Kopfstimme ebenso wie für die Summe der vertretenen Forderungen abgegeben. Insoweit ist die These, jeder Gläubiger habe in der Abstimmung nur eine Stimme, unabhängig davon, wie viele Forderungen er angemeldet habe (*Schiessler*, Insolvenzplan S 151), sicher zutreffend (ebenso MüKoInsO-*Hintzen* § 244 Rn 10). Innerhalb einer Gruppe wird einheitlich votiert, wobei Kopf- und Summenstimmen aneinander gebunden sind, sich in die gleiche Richtung bewegen (MüKoInsO-*Hintzen* § 244 Rn 10).

c) Ein Gläubiger in mehreren Gruppen. Demgegenüber kann durchaus zweifelhaft sein, ob ein Gläu- 5 biger, der Forderungen bzw Rechte in mehreren Gruppen vertritt, nicht unterschiedlich votieren kann, dh einmal ablehnend und einmal zustimmend. Hierzu werden unterschiedliche Auffassungen vertreten. Aus dem angeführten Zitat von *Schiessler* wird abgeleitet, er vertrete die Auffassung, der Gläubiger könne insgesamt nur einheitlich abstimmen (vgl N/R/*Braun* § 244 Rn 7, 8). Es erscheint jedoch zweifelhaft, ob der Autor seine „apodiktisch" erklärte Auffassung wirklich im Hinblick auf die Abstimmung in mehreren Gruppen gemeint hat. In der Sache wäre ihm dann nicht zu folgen. Denn es erscheint nicht nur machbar, sondern auch **legitim**, dass ein Gläubiger in verschiedenen Gruppen sich gleichzeitig mit den jeweiligen Forderungen bzw seiner Kopfstimme **für und gegen** den Insolvenzplan ausspricht. Dies erscheint nur auf den ersten Blick widersprüchlich; denn der Gläubiger, der einem Insolvenzplan zustimmt, muss auch für sein Gelingen eintreten, dh zu positiven Abstimmungsergebnissen beitragen. Umgekehrt ist schwer erklärlich, weshalb ein Gläubiger sich nicht einheitlich gegen den Insolvenzplan ausspricht, gleich in welcher Gruppe er abstimmt. Dennoch wird man aus ganz praktischen Gründen nicht fordern können, dass die Gläubiger nur einheitlich in allen Gruppen abstimmen, in denen sie erfasst werden. Denn wer die einheitliche Abstimmung fordert, kann sie nur berücksichtigen, wenn sie auch tatsächlich einheitlich erfolgt. Stimmt der Gläubiger hingegen einmal für und einmal gegen den Insolvenzplan ab, so müsste die Forderung nach der einheitlichen Stimmabgabe die Konsequenz haben, dass die widersprüchliche Stimmabgabe in verschiedenen Gruppen nicht berücksichtigt wird. Dies könnte beim Abstimmungsprozedere nicht nur erhebliche Verwirrung auslösen, sondern gleichzeitig auch dazu führen, dass bei grober Unterschiedlichkeit der jeweiligen Anspruchshöhe ungleichgewichtige Konsequenzen drohen. Völlig zutreffend wird daher die **Auffassung** vertreten, dass **jeder Gläubiger** in jeder Gruppe, in der er eine Forderungen und Rechte im Insolvenzplan erfasst sind, **frei und unabhängig** von der Stimmabgabe in der anderen Gruppe zustimmen bzw ablehnen kann (ebenso N/R/*Braun* § 244 Rn 10; ebenso *Braun/Frank* § 244 Rn 6; MüKoInsO-*Hintzen* § 244 Rn 10; abw wohl FK-*Jaffé* § 244 Rn 29; HK-*Flessner* § 244 Rn 5). Sachlich gesehen rechtfertigt sich diese Betrachtungsweise dadurch, dass ein Gläubiger tatsächlich der Auffassung sein kann, dass die jeweilige Behandlung in den einzelnen Gruppen keine einheitliche Zustimmung oder Ablehnung rechtfertigt, sondern differenziert gesehen werden sollte.

III. Gesamtgläubiger (Abs 2)

1. Grundsatz. Nach Abs 2 S 1 werden **Gesamtgläubiger** bei der Abstimmung als **ein Gläubiger** ge- 6 rechnet. Die Vorschrift enthält mithin eine Festlegung der Kopfstimmen, die auf Forderungen entfallen, deren **Träger mehrere Personen** sind. Dies gilt insbesondere für **Forderungen**, die gleichzeitig von **mehreren Gläubigern** gehalten werden; auch die nachträgliche Aufteilung einer Forderung auf mehrere

Lüer

Gläubiger führt nicht zur Mehrung der auf die Forderung entfallenden Kopfstimmen. Die Vorschrift gilt aber auch für die Ausübung von **Gesellschafterrechten**; auch sie können nur gleichzeitig ausgeübt werden und verleihen deshalb jeweils nur **eine Kopfstimme** (ebenso N/R/Braun § 244 Rn 16). Besondere Bedeutung kommt der Vorschrift schließlich bei Sicherheiten-Verwertungsgesellschaften oder -gemeinschaften bzw **Sicherheitenpools** zu. Wird eine solche Sicherheitenverwertungsgemeinschaft als GbR ausgestaltet, in welcher die Sicherheiten eingebracht werden, so wird der Pool mit seinen gesamten Sicherheitsrechten bei Feststellung der **Kopfmehrheit** nur als **ein Kopf** mit **einer Stimme** gezählt. Dies gilt insbesondere auch dann, wenn verschiedene **Banken** ihre **Absonderungsrechte poolen**, um sie gemeinsam in einer BGB-Gesellschaft zu verfolgen; auch sie stimmen nur mit **einer Kopfstimme** ab (ebenso HK-*Flessner* § 244, Rn 8; *N/R/Braun* § 244 Rn 16; MüKoInsO-*Hintzen* § 244 Rn 12). Dieser Grundsatz gilt für alle Gesamtgläubiger (§ 428 BGB), Gesamthandsgläubiger (§ 432 BGB) und Miterben (§ 2032 BGB) sowie für alle Rechte in der Hand mehrerer Personen, die nur gemeinsam zur Ausübung berechtigt sind (HK-*Flessner* § 244 Rn 8; *Braun/Frank* § 244 Rn 9). Bei Feststellung der **Summenmehrheit** ist zu beachten, dass an Sicherheitenpools auch Vorbehaltslieferanten beteiligt sein können, deren einfacher Eigentumsvorbehalt zur Aussonderung, nicht jedoch zur Absonderung berechtigt. Bei der Abstimmung sind die Aussonderungsrechte jedoch nicht zu beachten; sie sind deshalb als aussonderungsberechtigte Sicherheiten herauszurechnen (*Obermüller* WM 1998, 483, 487).

7 **2. Sonderfälle.** Nach der gesetzlichen Regelung in Abs 2 S 2 gilt Entsprechendes, wenn an einem Recht ein **Pfandrecht** oder ein **Nießbrauch** besteht (sa MüKoInsO-*Hintzen* § 244 Rn 16). Forderungsinhaber und Pfandrechtsgläubiger bzw Nießbrauchsberechtigter haben also jeweils nur **eine** (gemeinschaftlich auszuübende) **Kopfstimme**, wenn keine Pfandreife vorliegt und die Forderung nur zur Einziehung überwiesen worden ist (§ 1228 Abs 2 BGB bzw §§ 1281, 1282 Abs 2 BGB, 836 Abs 1 ZPO). Bei Überweisung der Forderung an Zahlungs statt (§ 835 Abs 2 ZPO) ist hingegen allein der Pfandrechtsgläubiger berechtigt, so dass ihm auch allein das Stimmrecht zusteht. Auch diese Sonderregelung zielt darauf ab, dass eine Forderung insgesamt nur einmal eine Kopfstimme verleiht und durch gegenständliche Aufteilung auch keine Mehrung der Kopfstimmen möglich ist. Anderes wird hingegen gelten, wenn nur eine Teilpfändung ausgebracht worden ist; denn dann verbleiben dem Träger des nicht gepfändeten Teils der Forderung für diesen Teil Kopf- und Summenstimmen; für den gepfändeten Teil hingegen gilt, was Abs 2 S 2 vorschreibt, nämlich der Antrag zur einheitlichen Stimmabgabe wie zuvor beschrieben (vgl auch *Hess/Obermüller* Insolvenzplan Rn 278; MüKoInsO-*Hintzen* § 244 Rn 17). Im Übrigen erscheint klar, dass das Gebot einheitlicher Stimmabgabe nach § 244 Abs 2 S 1 dazu führt, dass die einheitliche Stimmabgabe nicht wirksam ist, als Stimmenthaltung der betreffenden Gläubigergemeinschaft gewertet wird und im Ergebnis nicht zählt (MüKoInsO-*Hintzen* § 244 Rn 18).

§ 245 Obstruktionsverbot

(1) **Auch wenn die erforderlichen Mehrheiten nicht erreicht worden sind, gilt die Zustimmung einer Abstimmungsgruppe als erteilt, wenn**
1. **die Gläubiger dieser Gruppe durch den Insolvenzplan voraussichtlich nicht schlechter gestellt werden, als sie ohne einen Plan stünden,**
2. **die Gläubiger dieser Gruppe angemessen an dem wirtschaftlichen Wert beteiligt werden, der auf der Grundlage des Plans den Beteiligten zufließen soll, und**
3. **die Mehrheit der abstimmenden Gruppen dem Plan mit den erforderlichen Mehrheiten zugestimmt hat.**

(2) **Eine angemessene Beteiligung der Gläubiger einer Gruppe im Sinne des Absatzes 1 Nr. 2 liegt vor, wenn nach dem Plan**
1. **kein anderer Gläubiger wirtschaftliche Werte erhält, die den vollen Betrag seines Anspruchs übersteigen,**
2. **weder ein Gläubiger, der ohne einen Plan mit Nachrang gegenüber den Gläubigern der Gruppe zu befriedigen wäre, noch der Schuldner oder eine an ihm beteiligte Person einen wirtschaftlichen Wert erhält und**
3. **kein Gläubiger, der ohne einen Plan gleichrangig mit den Gläubigern der Gruppe zu befriedigen wäre, besser gestellt wird als diese Gläubiger.**

Übersicht

	Rn
I. Normzweck	1
II. Voraussetzungen für die Zustimmungsfiktion	4
1. Keine Schlechterstellung (Abs 1 Nr 1)	5
a) Beurteilung der im Plan vorgesehenen Leistungen	9
b) Beurteilung des Zuflusses ohne Plan	13
c) Berücksichtigung von Zins- und Risikozuschlägen	16
aa) Zahlungszeitpunkt bei Regelabwicklung	17

II. Voraussetzungen für die Zustimmungsfiktion § 245

	Rn
bb) Berücksichtigung von Wiederanlagezinsen	18
cc) Risikozuschläge	19
dd) Zusammenfassung	20
d) „Reinstatement"	21
2. Angemessene Beteiligung	22
a) Abs 2 Nr 1	23
b) Abs 2 Nr 2	24
c) Abs 2 Nr 3	32
3. Zustimmung der Mehrheit der abstimmenden Gruppen	33

I. Normzweck

Das **Obstruktionsverbot** des § 245 ist, ebenso wie das System der Gruppenbildung und die Konzeption der Abstimmung (nur) der beeinträchtigten Gläubigergruppen, dem **US-amerikanischen** Chapter **11-Verfahren nachgebildet**. 11 US C § 1129 (b) (1) beinhaltet eine so genannte „**cramdown**"-Regelung. Danach kann auf Antrag des Schuldners die nicht erteilte Zustimmung einer Gruppe unter bestimmten Voraussetzungen überwunden werden (Nachweise und Material hierzu bei Collier, Part 1, 2007). In Anlehnung an diese Regelung wird nach § 245 die **Zustimmung einer Abstimmungsgruppe** als erteilt **fingiert**. Dazu müssen die in Abs 1 festgeschriebenen Voraussetzungen kumulativ erfüllt sein: Erstens dürfen die **Gläubiger** der **dissentierenden Gruppe** durch den Plan voraussichtlich **nicht schlechter gestellt** sein, als sie ohne Plan stünden (Abs 1 Nr 1). Zweitens müssen die Gläubiger der dissentierenden Gruppe **angemessen** an dem **wirtschaftlichen Wert beteiligt** werden, der den Beteiligten auf der Grundlage des Plans zufließen soll (Abs 1 Nr 2). Was dabei als angemessene Beteiligung an dem wirtschaftlichen Wert gilt, ist in Abs 2 näher geregelt. Drittens muss die **Mehrheit der abstimmenden Gruppen** dem Plan mit den erforderlichen Mehrheiten **zugestimmt haben** (Abs 1 Nr 3). Wenn diese drei Voraussetzungen erfüllt sind, gibt es nach Auffassung der Entwurfsbegründung typischerweise keinen vernünftigen Grund, gegen den Plan zu opponieren (Begr zu § 290 RegE InsO *Balz/Landfermann*, S 361). Die **Vorschrift bezweckt** damit die **Sanktionierung missbräuchlichen Abstimmungsverhaltens** (Begr zu § 290 RegE InsO *Balz/Landfermann* S 361; *N/R/Braun* § 245 Rn 1). Durch das Obstruktionsverbot soll verhindert werden, dass ein Plan durch das negative Votum einer Gruppe blockiert wird, obwohl er insgesamt mindestens gleichwertige oder bessere Ergebnisse ermöglicht als die Liquidation als Regelabwicklung. 1

Grund für diese Regelung ist der Umstand, dass angesichts der Einbeziehung der absonderungsberechtigten Gläubiger, der nicht nachrangigen und der nachrangigen Insolvenzgläubiger regelmäßig eine Vielzahl unterschiedlicher Einzelinteressen aufeinander treffen, so dass kaum jemals eine einstimmige Befürwortung eines Plans zu erwarten sein wird; typischerweise wird immer ein Gläubiger oder eine Gruppe von Gläubigern aus ganz unterschiedlichen (Eigen-)Interessen den Plan ablehnen. Setzt dementsprechend das Planmodell voraus, dass die Durchsetzung des Plans auf der Grundlage von Mehrheitsentscheidungen mit bindender Wirkung für die (dissentierende) Minderheit erfolgen kann, und sollen andererseits grundsätzlich alle Gruppen zustimmen müssen, so zwingt diese Konzeption im Grundsatz zu einer Missbrauchsregelung, wie sie § 245 beinhaltet (vgl dazu auch *N/R/Braun* § 245 Rn 1). 2

Das Obstruktionsverbot ist in der **Reformdiskussion** von Teilen der Literatur stark **kritisiert** worden (vgl zur Kritik *Häsemeyer* Rn 28.37 ff; *Smid* InVo 1996, 314 ff; *Smid/Rattunde* Insolvenzplan Rn 505 ff; *Stürner*, in Leipold, Insolvenzrecht im Umbruch, S 1, 47). Der Gesetzgeber hat jedoch ungeachtet einer Kritik **an der Regelung festgehalten**. **Einschränkende Auslegungen**, wonach die Anwendung des Obstruktionsverbots beispielsweise nicht in Betracht kommen soll, wenn ungeachtet der Ergebnisse der Abstimmung der Gruppen **die Mehrheit der Gläubiger** dem Plan nicht zugestimmt habe (so *Smid* FS-*Pawlowski* [1997], S 387 ff) sind daher **mit dem Gesetz nicht vereinbar** (ebenso *N/R/Braun* § 245 Rn 35). 3

II. Voraussetzungen für die Zustimmungsfiktion

Damit die verweigerte Zustimmung nach § 245 überwunden, dh als gleichwohl erteilt fingiert wird, müssen die in **Abs 1** genannten **Voraussetzungen kumulativ erfüllt** sein (OLG Köln 5. 1. 2001 NZI 2001, 660; LG Göttingen 7. 9. 2004 ZInsO 2004, 1318). 4

1. Keine Schlechterstellung (Abs 1 Nr 1). Nach Abs 1 Nr 1 setzt die Zustimmungsfiktion voraus, dass die Gläubiger der nicht zustimmenden Gruppe durch den Plan **voraussichtlich nicht schlechter gestellt** werden, als diese Gruppe ohne einen Plan stünde. 5

Diese Voraussetzung ist dem **amerikanischen Recht nachgebildet**; danach setzt die Bestätigung einen so genannten „**best interest of creditors test**" voraus (11 US C § 1129 (a) (7) (A) (ii); dazu *Broude* Reorganization § 12.10). Verglichen wird im Rahmen des „best interest of creditors test" die dem widersprechenden Gläubiger bzw der widersprechenden Gruppe nach dem Plan zugesagte Leistung mit demjenigen, was der Gläubiger bei einer Liquidation gemäß Chapter 7 erhalten würde. Im amerikanischen 6

Lüer

Recht hat der Schuldner insoweit vorzutragen und zu belegen, welche Verwertungserlöse bei einer Liquidation nach Chapter 7 (wahrscheinlich) zu erzielen wären; dieser Nachweis erfolgt in der Regel durch Gutachten (*Broude* Reorganization § 12.10).

7   Das Wort „voraussichtlich" ist durch das EGInsOÄndG v 19. 12. 1998 eingefügt worden. Nach der Vorstellung des Gesetzgebers sollte damit der Prognosecharakter der durch das Gericht anzustellenden Beurteilung betont werden (dazu BT-Drucks 14/120, S 13). Danach soll das Gericht festzustellen haben, ob eine **Schlechterstellung** der Gläubiger dieser Gruppe gegenüber einer Regelabwicklung **wahrscheinlicher** ist **als eine Nichtschlechterstellung** (*N/R/Braun* § 245 Rn 3). Das Gericht hat insoweit die im **Plan** für die betreffende Gruppe vorgesehenen Regelungen mit demjenigen **zu vergleichen**, was diese **Gruppe** im Falle einer **Regelabwicklung** erhalten würde. Maßgebend ist dabei eine **wirtschaftliche Betrachtung**. Es kommt mithin nicht darauf an, ob der Plan überhaupt irgendeine Abweichung vorsieht gegenüber der Behandlung der betreffenden Gruppe bei einer Regelabwicklung. Maßgebend ist allein der **Vergleich des – wahrscheinlichen – wirtschaftlichen Ergebnisses** (LG Traunstein 27. 8. 1999 ZInsO 1999, 577, 581; *N/R/Braun* § 245 Rn 3).

8   Dieser Vergleich kann **tatsächliche Unsicherheiten** und **praktische Schwierigkeiten** in sich bergen. Das gilt insbesondere für Pläne, die auf Fortführung des schuldnerischen Unternehmens gerichtet sind.

9   a) **Beurteilung der im Plan vorgesehenen Leistungen.** Welche Leistungen der Plan für die dissentierende Gruppe vorsieht, ergibt sich aus dem Plan und ist daher leicht feststellbar. Fraglich ist jedoch, ob das Gericht bei dem nach § 245 anzustellenden Vergleich ohne weiteres **von den im Plan vorgesehenen Leistungen** ausgehen darf. Kann das Gericht etwa bei einem auf Fortführung gerichteten Plan, bei dem eine widersprechende Gruppe aus künftigen, **im Plan prognostizierten Erlösen** befriedigt werden soll, ohne weiteres von den prognostizierten Erlösen ausgehen? **Oder** muss das Gericht die „**Machbarkeit des Plans**" prüfen? (so *N/R/Braun* § 245 Rn 13). Und wenn Letzteres anzunehmen ist, braucht das Gericht solche Erlöse **nur** dann zu überprüfen, **wenn Anhaltspunkte** dafür **vorliegen**, dass sie unrealistisch sind, **oder** muss es die Erlöse **in jedem Fall** einschätzen?

10   Im amerikanischen Reorganisationsverfahren setzt die Bestätigung des Plans durch das Gericht ausdrücklich voraus, dass der Plan „**feasible**" ist (11 US C § 1129 (a) (11)). Ein Plan gilt nur dann als „feasible", wenn das schuldnerische Unternehmen mit Hilfe des Plans voraussichtlich saniert werden kann und **nicht nachträglich doch noch liquidiert** werden muss (*Broude* Reorganization, § 12.14). Diese Voraussetzung für die Bestätigung des Plans steht im amerikanischen Recht selbständig neben dem Schlechterstellungsverbot, dem „best interest of creditors test" (11 US C § 1129 (a) (7) (A) (ii); dazu *Broude* Reorganization § 12.10).

11   § 245 Abs 1 enthält hingegen **keine entsprechende Regelung**. Für den Fall, dass der Plan scheitert und nachträglich eine Liquidation erforderlich wird, sieht das deutsche Insolvenzrecht vielmehr (lediglich) das Wiederaufleben der Forderungen nach § 255 ff vor. § 245 gibt daher vom Wortlaut her **keinen Ansatzpunkt** für die Auffassung, das Gericht habe bei dem Vergleich der wirtschaftlichen Zuwendungen mit und ohne Plan auch die **Machbarkeit des Plans** zu prüfen. Für dieses Ergebnis spricht auch, dass nach § 231 Abs 1 Nr 3 lediglich zu prüfen ist, ob der Plan **offenkundig** unerfüllbare Leistungen zusagt. Es ist weder im Rahmen der Vorprüfung noch im Rahmen der Bestätigung Aufgabe des Gerichts, den Gläubigern ihre Eigenverantwortlichkeit für die Zustimmung oder Ablehnung des Plans abzunehmen oder zu erleichtern; das gilt auch für § 245. Dieser soll lediglich widersprechende Gläubigergruppen davor schützen, gegen ihren Willen durch den Plan schlechter gestellt zu werden, als sie ohne Plan stünden. Dieser **Schutzzweck** beinhaltet die **Realisierbarkeit** des Plans **ebenso wenig** wie auf der anderen Seite die „**Machbarkeit**" des zu prognostizierenden Ergebnisses **bei einer Regelabwicklung**. Diese Erwägungen **schließen es aus**, vom Gericht per se eine **Prüfung der Machbarkeit des Plans zu verlangen** (ebenso *Braun/Uhlenbruck* Unternehmensinsolvenz S 615).

12   Der **Schutzzweck** von § 245 **gebietet eine Einschätzung der Machbarkeit** des Plans, beispielsweise der angenommenen Erlöse, **nur dann**, wenn dem Gericht **konkrete Tatsachen** oder Anhaltspunkte dafür vorliegen, dass der **Plan nicht realisierbar** ist (so wohl auch LG Traunstein 27. 8. 1999 ZInsO 1999, 577, 580: „*konkrete Gefahr einer künftigen [erneuten] Insolvenz*"). Die Prüfung geht insoweit also weiter als diejenige im Rahmen von § 231, weil sie auch vom Verwalter vorgelegte Pläne erfasst und auch Änderungen des Plans nach abgeschlossener Vorprüfung. Liegen dem Gericht konkrete Anhaltspunkte dafür vor, dass der Plan nicht realisierbar ist, so stellt sich die Frage, ob eine Bestätigung des Plans nur dann ausscheidet, wenn – wie bei § 231 – die **mangelnde Realisierbarkeit offenkundig** ist. Zum Schutzzweck der Norm ließe sich dies aus den oben dargelegten Erwägungen vertreten. Das **LG Traunstein** hat demgegenüber angenommen, bei Vorliegen konkreter Anhaltspunkte müsse die **Fortführung des Betriebs wahrscheinlicher** sein **als eine erneute Insolvenz** (LG Traunstein 27. 8. 1999 ZInsO 1999, 577, 580). In der Literatur wird teilweise weitergehend ein Bestätigungshindernis schon bei erheblichen Zweifeln an der Machbarkeit des Plans befürwortet (*N/R/Braun* § 245 Rn 15; anders noch *Braun/Uhlenbruck* Unternehmensinsolvenz S 615: wenn Wahrscheinlichkeit des Scheiterns auf der Hand liegt).

13   b) **Beurteilung des Zuflusses ohne Plan.** Auch bei der Beurteilung, welcher Wert der betreffenden Gruppe ohne Plan zufließen würde, können verschiedene Probleme auftreten. So ist schon der Ver-

gleichsmaßstab ungewiss. Die Formulierung „ohne Plan" wird dahingehend ausgelegt, dass als Vergleichsmaßstab sowohl eine **Abwicklung** (Zerschlagung) als auch eine **übertragende Sanierung** in Betracht kommen. Im US-amerikanischen Recht wird lediglich der nach dem Plan zugewandte Wert mit dem Liquidationswert nach 11 US C Chapter 7 verglichen (dazu *Broude* Reorganization, § 12.10). Der **Veräußerungserlös** bei einer **Gesamtveräußerung** (übertragende Sanierung) dürfte nur unter der Voraussetzung als Vergleichsmaßstab in Betracht kommen, wenn **konkrete Angebote** für eine übertragende Sanierung bzw einen Gesamtverkauf vorliegen. Zudem wird man voraussetzen müssen, dass der Erwerbsinteressent **auch noch im Beurteilungszeitpunkt** zu seinem Angebot steht. Abstrakte (sanierende) Übertragungs- oder Gesamtverkaufsmöglichkeiten oder bloß vage Aussichten können dagegen nicht als Vergleichsmaßstab herangezogen werden (ebenso *N/R/Braun* 245 Rn 7).

Bei einer **übertragenden Sanierung** oder einem **Gesamtverkauf** ist von dem **wahrscheinlichen Erlös** der auf die (jeweils) dissentierende Gruppe **entfallende Anteil** als Vergleichsgröße zu nehmen. Entsprechend ist bei einer **Zerschlagung** der aus dem wahrscheinlichen **Zerschlagungserlös** auf die (jeweils) dissentierende Gruppe entfallenden Anteil am Liquidationswert maßgebend. Insbesondere im letzten Fall können weitere Schwierigkeiten bei der Beurteilung auftauchen, beispielsweise bei der **Bewertung** des zu Zerschlagungswerten zu veräußernden **Aktivvermögens**. Ist die Zerschlagung des schuldnerischen Unternehmens der Vergleichsmaßstab, so scheidet eine Beurteilung nach Fortführungswerten aus. Liegen keine konkreten Angebote für eine Gesamtveräußerung oder eine übertragende Sanierung vor, so sind mithin grundsätzlich **Zerschlagungswerte** für das Aktivvermögen anzusetzen (vgl auch *Braun/Uhlenbruck* Unternehmensinsolvenz S 606). 14

Liegen konkrete Angebote für eine **übertragende Sanierung** oder einen **Gesamtverkauf** vor, so ist der von dem Erwerbsinteressenten konkret **angebotene Übernahmepreis** bzw **Kaufpreis** als Vergleichsmaßstab zugrunde zu legen (wie hier *Braun* § 245 Rn 3). Eine **Unternehmensbewertung**, gleich ob nach Ertrags- oder Substanzwert, zur Ermittlung des Vergleichsmaßstabs ist insoweit **weder geboten noch kommt sie** systematisch **in Betracht** (ebenso *Braun/Uhlenbruck* Unternehmensinsolvenz S 612 f). 15

c) Berücksichtigung von Zins- und Risikozuschlägen. Bei einem auf Fortführung gerichteten Plan werden (die meisten) Gläubiger regelmäßig aus künftig zu erwirtschaftenden Erlösen bzw aus dem künftig verfügbaren Cashflow befriedigt werden. Bei einer Zerschlagung erfolgt demgegenüber die Befriedigung der Gläubiger nach dem Abschluss der Verwertung. Das muss allerdings weder „regelmäßig sofort", noch „zumindest alsbald" der Fall sein (so aber *N/R/Braun* § 245 Rn 8). Insbesondere bei größeren Verfahren kann die Verwertung geraume Zeit in Anspruch nehmen. 16

aa) Es stellt sich die Frage, ob eine zeitlich gestreckte **Befriedigung durch Erlöse aus der Fortführung** des schuldnerischen Unternehmens dazu zwingt, im Rahmen der vergleichsweisen Betrachtung des wirtschaftlichen Ergebnisses mit bzw ohne Plan **Zins- und Risikoelemente** zu **berücksichtigen**. Voraussetzung für eine Berücksichtigung von Zins- und Risikoelementen wird in jedem Fall sein, dass eine grobe **Einschätzung** vorgenommen wird, **wann der Erlös aus dem Vergleichsmaßstab** (übertragende Sanierung oder Zerschlagung) zufließen würde. Es kann demgegenüber **nicht** einfach unterstellt werden, dass im Rahmen einer Zerschlagung der Liquidationserlös **sofort oder alsbald** zur Verfügung stünde. Hier kann sich das Gericht auf eine Einschätzung des Verwalters oder gegebenenfalls von Sachverständigen stützen, welchen Zeitraum die vollständige Zerschlagung und die Verfügbarkeit des Erlöses für die Verteilung in Anspruch nehmen würden. Die Möglichkeit von Abschlagszahlungen ist dabei außer Acht zu lassen, da solche Abschläge nicht zwingend sind und ihre Berücksichtigung daher eher spekulativ wäre. 17

bb) Unter Berücksichtigung der vorstehenden Erwägungen stellt sich sodann die Frage, ob eine im Rahmen der Fortführung aus den Erlösen erfolgende spätere Befriedigung nur dann nicht zu einer Schlechterstellung führt, wenn **Wiederanlagezinsen berücksichtigt** werden. Dann müsste die Zahlung der Höhe nach mindestens dem entsprechen, was die Gläubigergruppe durch eine Wiederanlage des ohne Plan zufließenden Betrags bis zu dem Zeitpunkt, zu dem die Leistungen nach dem Plan zufließen sollen, erzielen könnte. Das wird teilweise angenommen (etwa *N/R/Braun* § 245 Rn 9 ff). Damit wird jedoch unterstellt, dass alle dieser Gruppe angehörenden Gläubiger einen ihnen zufließenden Liquidationserlös bzw Erlösanteil bei einer übertragenden Sanierung zu marktüblichen Zinsen wiederangelegt haben würden. Eine solche Annahme erscheint, außer vielleicht bei Kreditinstituten, kaum gerechtfertigt. Sie lässt außer Acht, dass die betreffenden Gläubiger möglicherweise ihrerseits die investierten Mittel fremdfinanzieren, so dass eine Wiederanlage dieser Mittel nicht in Betracht kommt. Dies lässt die **Berücksichtigung** von „**Wiederanlagezinsen**" **fragwürdig** erscheinen. 18

cc) Auch die **Berücksichtigung von Risikozuschlägen** erscheint **zweifelhaft**. Dabei kann von vornherein nicht auf übliche Risikozuschläge bei Unternehmenskäufen abgestellt werden (so aber MüKoInsO-*Drukarczyk* § 245 Rn 59 ff; *K/P/Otte* § 245 Rn 10; *N/R/Braun* § 245 Rn 12). Denn solche Risikozuschläge werden für „lebende" Unternehmen außerhalb einer Krisensituation in die Bewertung einbezogen, um Risiken und Ungewissheiten in den für den Kaufpreis maßgebenden Bewertungsfaktoren aufzufangen. Die im Plan angenommenen künftigen Erträge sind jedoch im Rahmen des Vergleichs nach § 245 ausschließlich nach Maßgabe der obigen Darlegungen (Rn 5) überprüfbar; im Übrigen ist ihre 19

Richtigkeit zu unterstellen. Die Berücksichtigung von Risikozuschlägen wie bei Kaufpreisermittlungen beim Unternehmens- bzw Beteiligungskauf scheidet daher nach hier vertretener Ansicht im Rahmen von § 245 aus (abw *N/R/Braun* § 245 Rn 12).

20 **dd) Zusammenfassend** sollte es nach den vorstehenden Erwägungen **genügen**, wenn der **Plan unabgezinst** und **ohne Berücksichtigung von Risikozuschlägen** eine **gleich hohe oder höhere Zuwendung** vorsieht, als sie im Falle der Regelabwicklung der betreffenden Gruppe zufließen würde.

21 **d) „Reinstatement".** Insbesondere bei **Kreditverbindlichkeiten** gegenüber Kreditinstituten kann es vorkommen, dass aufgrund eines **Verzugs mit Tilgungsleistungen** oder sonst eingetretener **Sonderkündigungsrechte** die noch nicht getilgten Rückzahlungsansprüche vertragsgemäß **sofort** und **auf einmal zur Rückzahlung** fällig geworden sind. Im Plan kann insoweit vorgesehen werden, dass der Kredit mit den **ursprünglichen Zahlungsterminen und Konditionen** aufrechterhalten bleibt (vgl das Beispiel im Fall LG Traunstein 27. 8. 1999 ZInsO 1999, 577, 578). Im amerikanischen Recht, wird ein solches „reinstatement" ausdrücklich nicht als Beeinträchtigung der Forderung („impairment") betrachtet (11 US C § 1124). Nach der InsO ist der betreffende **Gläubiger** in einem solchen Fall dagegen **stimmberechtigt**, da eine **Beeinträchtigung** der Forderung im Sinne von § 237 vorliegt (dazu oben § 237 Rn 6). Der angeführte Beispielsfall des **LG** Traunstein ging allerdings über ein reines „reinstatement" insofern hinaus, als durch den Plan nicht bloß der (kredit-)vertragliche Zustand wieder hergestellt wurde, sondern die Tilgung bei Aufrechterhaltung der Verzinsung, die für einige Monate ausgesetzt werden sollte (**LG** Traunstein 27. 8. 1999 ZInsO 1999, 577, 578). **Fraglich ist allerdings, ob** in solchen Fällen eine **Schlechterstellung** im Sinne von § 245 Abs 1 Nr 1 vorliegt. Denn anders als die rein rechtliche Beurteilung der Beeinträchtigung der Forderung im Sinne von § 237 Abs 2 richtet sich die Beurteilung der Schlechterstellung im Sinne von § 245 Abs 1 Nr 1 nach dem **wirtschaftlichen Endergebnis** (siehe oben Rn 3). Das **LG** Traunstein hat in dem angeführten Fall angenommen, dass in der **Verschiebung der Tilgungszeiträume** jedenfalls dann **keine Schlechterstellung** liege, wenn die „zeitliche Erstreckung" angemessen ausgeglichen werde; dies sei durch die fortlaufende Verzinsung gegeben (**LG** Traunstein 27. 8. 1999 ZInsO 1999, 577, 580). Dabei hat das Gericht für die Frage der Schlechterstellung auch die Wiederanlagemöglichkeiten gewürdigt und festgestellt, dass die betroffene Bank anderweitig auf dem derzeitigen Geldmarkt keine höheren Zinserträge erzielen könnte als bei Fortführung der vertraglichen Vereinbarung mit der Schuldnerin (**LG** Traunstein 27. 8. 1999 ZInsO 1999, 577, 580).

22 **2. Angemessene Beteiligung.** Weitere Voraussetzung für die Zustimmungsfiktion ist nach Abs 1 Nr 2, dass die Gläubiger der nicht zustimmenden Gruppe **angemessen** an dem **wirtschaftlichen Wert beteiligt** werden, welcher den Beteiligten nach dem Plan zufließen soll. Wann im Sinne von Abs 1 Nr 2 eine angemessene Beteiligung der Gläubiger der nicht zustimmenden Gruppe vorliegt, ist **in Abs 2 normiert**; nur wenn die dort unter Nr 1 bis 3 aufgeführten Voraussetzungen kumulativ vorliegen, kann von einer angemessenen Beteiligung im Sinne von Abs 1 Nr 2 ausgegangen werden. Dabei ist schon angesichts des Wortlauts von Abs 2 von einer **abschließenden Regelung** auszugehen (ebenso *Braun/Uhlenbruck* Unternehmensinsolvenz S 610; *N/R/Braun* § 245 Rn 18).

23 **a) Abs 2 Nr 1.** Nach Abs 2 Nr 1 setzt eine angemessene Beteiligung zunächst voraus, dass kein **anderer Gläubiger wirtschaftliche Werte erhält, welche den vollen Betrag seines Anspruchs übersteigen**. Fraglich ist, ob damit eine 100%-Quote auf die im Zeitpunkt des Plans bestehende Forderung gemeint ist, oder ob, namentlich bei der Befriedigung aus künftigen Erträgen im Rahmen der Fortführung, eine **Abzinsung hinzukommen** kann (so *N/R/Braun* § 245 Rn 19). Im amerikanischen Recht entspricht der Regelung von Abs 2 Nr 1 die Forderung, dass der Plan „fair and equitable" sein muss (11 US C § 1129 (b) (1); *Broude* Reorganization § 13.03). Dort wird die Berücksichtigung einer Abzinsung befürwortet (etwa *Broude* Reorganization § 13.03). Zur Berücksichtigung von Zinsforderungen auf Absonderungsrechte vergleiche *Braun/Uhlenbruck* Muster eines Insolvenzplans S 60 unter Ziffer 8).

24 **b) Abs 2 Nr 2.** Zweite Voraussetzung für die Bejahung einer angemessenen Beteiligung am wirtschaftlichen Wert ist nach Abs 2 Nr 2, dass weder ein **Gläubiger, der ohne den Plan mit Nachrang** gegenüber den Gläubigern der nicht zustimmenden Gruppe zu befriedigen wäre, einen **wirtschaftlichen Wert erhält, noch der Schuldner** oder eine an ihm **beteiligte Person**. Insoweit muss geklärt werden, was mit dem in Abs 2 Nr 2 angesprochenen **Rangverhältnis der Gläubiger** bzw mit Nachrang gemeint ist. Die Rangklassen der Konkursordnung hat die InsO ausdrücklich abgeschafft. Sie kennt nur die nicht nachrangigen Insolvenzgläubiger und die nachrangigen nach § 39. Ein **Rangverhältnis** im Sinne von Abs 2 Nr 2 kann daher nur für Forderungen der **nicht nachrangigen Gläubiger einerseits** und der **nachrangigen Gläubiger andererseits** angenommen werden. **Absonderungsrechte** stehen demgegenüber in **keinem Rangverhältnis** zu den anderen Forderungen im Sinne von Abs 2 Nr 2 (ebenso LG Traunstein 27. 8. 1999 ZInsO 1999, 577, 581; *N/R/Braun* § 245 Rn 22; aA *Smid* InVo 2000, 1, 8). Daraus folgt insbesondere, dass die Absonderungsrechte nicht etwa vollständig befriedigt werden müssten, bevor nicht nachrangigen oder nachrangigen Insolvenzgläubigern etwas zukommen kann (ebenso *N/R/Braun* § 245 Rn 23).

25 Auch der **Schuldner** oder an ihm **beteiligte Personen** dürfen keinen wirtschaftlichen Wert erhalten, bevor die widersprechenden Gläubigergruppen vollständig befriedigt worden sind.

II. Voraussetzungen für die Zustimmungsfiktion § 245

Auch diese Regelung ist der so genannten **Absolute Priority Rule des amerikanischen Vorbilds** entlehnt, 11 US C § 1129 (b) (2) (B) (ii). Gerade dieser Teil der Absolute Priority Rule stellt eine der zentralen Fragestellungen des amerikanischen Rechts dar. Entwickelt wurde die Absolute Priority Rule außerhalb kodifizierten Rechts. Mit der Absolute Priority Rule sollte auf Missstände reagiert werden, da offenbar in einer Vielzahl von so genannten Receivership-Verfahren (vgl zu § 217 Rn 18) die Altgesellschafter über Übernahme- oder Auffang-Gesellschaften das schuldnerische Unternehmen unter Benachteiligung der Gläubiger erworben hatten (dazu *Flessner* Sanierung und Reorganisation, S 58 f). In der Leitentscheidung Northern Pacific Ry v Boyd, 228 US 482 (1913) sprach sich dann der US Supreme Court für die Geltung der Absolute Priority Rule aus. Später drehte sich die Diskussion nur noch um die Frage, ob die Beteiligung von Altgesellschaftern am sanierten Unternehmen im Rahmen eines Cramdown-Verfahrens der **Bestätigung dann nicht entgegenstehen** sollte, wenn die **Altgesellschafter** dem schuldnerischen Unternehmen einen ihrer Beteiligung entsprechenden **Beitrag in Gestalt von frischen Mitteln** leisteten, so genannte „**New Value Exception**". Vor dem Inkrafttreten des BC hat der U. S. Supreme Court in mehreren Entscheidungen die Geltung dieser New Value Exception bejaht (vgl etwa Case v Los Angeles Lumber Products, 308 US 106 [1939]). Nach der Kodifizierung der Absolute Priority Rule im BC entstand ein Streit, ob Gesetzeswortlaut und Sinn der Fortgeltung der New Value Exception entgegenstünden oder ob diese weiterhin Geltung beansprucht. Zu diesem Streit hat vor kurzem der US Supreme Court in der Entscheidung Bank of America National Trust and Savings Association v 203 North La Salle Street Partnership, No 97–1418, 119 S Ct. 141, 1, 67 USLW 4275 (May 3, 1999) Stellung genommen. Die Entscheidung ist von amerikanischen Stimmen völlig unterschiedlich bewertet worden. Obwohl sich in der Entscheidung ein Passus findet, nach dem die Fortgeltung der New Value Exception nicht abschließend zu entschieden werden brauchte, ist ihr gleichwohl zu entnehmen, dass (nach amerikanischer Betrachtungsweise) bestimmte Tatbestände der Bejahung einer New Value Exception entgegenstehen, nämlich das ausschließlich den Altgesellschaftern vorbehaltene Privileg, neue Mittel in die Gesellschaft zu geben. Das ist wohl als indirektes Bekenntnis zur Fortgeltung der New Value Exception zu werten. 26

Diese **Betrachtungen des US-amerikanischen Rechts** können jedoch **auf § 245** und die Systematik der **InsO nicht ohne weiteres übertragen werden**. Denn schon der Ausgangspunkt, nämlich die Betrachtung von Eigenmitteln und Überschuldung, folgt im amerikanischen Recht völlig **anderen Beurteilungsmaßstäben**, als dies nach deutschem Verständnis geschieht. Das zeigt sich schon daran, dass im amerikanischen Recht jegliche Beibehaltung einer gesellschaftsrechtlichen Beteiligung am schuldnerischen Unternehmen als Zuwendung eines wirtschaftlichen Werts begriffen wird, die nur unter den Voraussetzungen der New Value Exception zu einer Bestätigung des Plans führen kann. Demgegenüber ist der Gesetzgeber für das **deutsche Recht** davon ausgegangen, dass **allein die Fortführungsmöglichkeit** als solche noch **nicht** zwangsläufig die **Zuwendung eines wirtschaftlichen Werts** an den Schuldner darstelle (Begr zu § 290 RegE InsO *Balz/Landfermann* S 362; s auch oben § 11 Rn 169 ff). Für das deutsche Recht sind daher von der Rechtsprechung in der künftigen Praxis **Kriterien zu entwickeln**, wann in der Fortführung des Unternehmens eine Zuwendung eines wirtschaftlichen Werts an den Schuldner im Sinne von § 245 Abs 2 Nr 2 zu sehen ist. **Maßgebend** kann wohl nur eine **bilanzielle Beurteilung** sein (ebenso *N/R/Braun* § 245 Rn 26; *Braun/Frank* § 245 Rn 12). Bilanziell betrachtet stellt jedoch bereits der **Erlass von Verbindlichkeiten** auf der Passivseite einen Vorteil für den Schuldner dar, weil dies den Eigenmitteln zugute kommt. Dieser Vorteil dürfte mit der Zuwendung eines wirtschaftlichen Werts im Sinne von § 245 Abs 2 Nr 2 **nicht** gemeint sein. Denn im Falle der Überschuldung stellt die Sanierung durch den Erlass von Verbindlichkeiten gerade den Kern des Plans dar. Für die **am Schuldner beteiligten Gesellschafter** stellt es auch keinen Vorteil dar, wenn ihnen aufgrund der Beseitigung der Überschuldung und der (erfolgreichen) Sanierung und Fortführung der Gesellschaft **künftige Erträge als Gewinne** zugute kommen. Dies kann jedoch ebenfalls nicht als Zuwendung eines wirtschaftlichen Werts an die am Schuldner beteiligten Personen im Sinne von Abs 2 Nr 2 aufgefasst werden. Denn auch dies ist eine zwangsläufige Folge der Sanierung. Daraus ergibt sich zunächst, dass die **Frage**, ob der Schuldner oder an ihm beteiligte Personen einen wirtschaftlichen Wert erhalten, **nicht** dynamisch und **zukunftsgerichtet** (also unter Einschluss künftiger Gewinne), **sondern** lediglich statisch, nämlich bezogen auf den **Zeitpunkt der Planbestätigung**, zu beurteilen ist. 27

Sodann ist zu differenzieren: Die Begründung zu § 290 RegE InsO (*Balz/Landfermann* S 362) fordert, dass die Leistungen, die der Schuldner nach dem Plan zu erbringen hat, den noch vorhandenen Wert des Unternehmens aufwiegen. 28

Bei einer **Überschuldung** lässt sich diese Forderung nur dann erfüllen, wenn die Gesellschafter die **zur Fortführung notwendigen Eigenmittel auffüllen**. Technisch erfolgt bei Kapitalgesellschaften die erforderliche Auffüllung der Eigenmittel durch die Gesellschafter im Wege eines **Kapitalschnitts**. Teilweise wird davon ausgegangen, dass die Beseitigung einer bilanziellen Überschuldung und die **Herstellung eines Kapitalsaldos von Null** keine Zuwendung eines Werts an den Schuldner oder an ihm beteiligte Personen im Sinne von Abs 2 Nr 2 darstelle (*N/R/Braun* § 245 Rn 26). Erst wenn durch „**Mehrverzichte**" positives Eigenkapital entstehe, könne von der Zuwendung eines Vermögenswerts an den Schuldner gesprochen werden (*N/R/Braun* § 245 Rn 26). Dies sei dann beispielsweise dadurch auszugleichen, dass der Betrag des positiven Kapitals den Gläubigern durch stille Gesellschaftsbeteiligungen zugewendet 29 werde (*N/R/Braun* § 245 Rn 26). Diese streng an der durch den Plan entstehenden Fortführungsbilanz ausgerichtete Betrachtungsweise erscheint zutreffend und für alle Beteiligten ob ihrer Transparenz leicht nachvollziehbar.

30   **Keine Rolle** kann es demgegenüber spielen, **ob ein Dritter bereit ist,** anstelle des Schuldners das **Unternehmen** zu besseren als im Plan vorgesehenen Bedingungen **fortzuführen** (ebenso *N/R/Braun* § 245 Rn 26; vgl aber LG Traunstein 27. 8. 1999 ZInsO 1999, 577, 582; *Wittig* ZInsO 1999, 373, 378; *Smid* InVo 2000, 1, 8).

31   Ob daneben im Rahmen einer „**wertenden Betrachtung**" das **Fortführungsrisiko** zugunsten des Schuldners bzw an ihm beteiligter Personen zu berücksichtigen ist (so *N/R/Braun* § 245 Rn 26), dürfte eher zurückhaltend zu beurteilen sein. Allein die quantitative Erfassung eines solchen Fortführungsrisikos erscheint so unsicher, dass es an nachprüfbaren Kriterien fehlt. Daher erscheint es vorzugswürdig, von der Berücksichtigung eines Fortführungsrisikos überhaupt Abstand zu nehmen.

32   c) **Abs 2 Nr 3. Dritte Voraussetzung** für die Bejahung einer angemessenen wirtschaftlichen Beteiligung der widersprechenden Gläubigergruppe ist nach Abs 2 Nr 3, dass kein Gläubiger, der ohne den Plan gleichrangig mit den Gläubigern der Gruppe zu befriedigen wäre, besser gestellt wird als diese Gläubiger. Im **amerikanischen Recht** ist lediglich Voraussetzung, dass der Plan die Gläubiger nicht unfair diskriminiert, vgl „**discriminate unfairly**" 11 US C § 1129 (b) (1) (dazu *Broude* Reorganizations, § 13.03). Abs 2 Nr 3 geht darüber hinaus, indem **jede Besserstellung unzulässig** ist. Jede Benachteiligung einer Gläubigergruppe **gegenüber gleichrangigen Gläubigern** führt zur Verneinung der angemessenen Beteiligung am wirtschaftlichen Wert und **steht** damit der **Bestätigung** des Plans **entgegen** (vgl LG Göttingen 7. 9. 2004 ZInsO 2004, 1318, 1320).

33   **3. Zustimmung der Mehrheit der abstimmenden Gruppen.** Weitere Voraussetzung für die Anwendbarkeit des Obstruktionsverbots ist, dass die **Mehrheit der abstimmenden Gruppen** dem Plan zugestimmt haben. Im **US-amerikanischen Vorbild** greift die „**cramdown**"-Regelung bereits dann ein, wenn wenigstens **eine beeinträchtigte Gruppe** („**impaired class**") dem Plan **zugestimmt** hatte (11 US C § 1129 (x)). In gleicher Weise war im Regierungsentwurf vorgesehen, dass das Obstruktionsverbot eingreifen sollte, wenn mindestens eine Gruppe dem Plan mit der erforderlichen Mehrheit zugestimmt hat. Der Rechtsausschuss hat diese Regelung geändert. Er war der Auffassung, dass die Zustimmung lediglich einer Gruppe keine ausreichende Grundlage für einen Insolvenzplan darstelle (Ausschussbericht zu § 290 RegE InsO *Balz/Landfermann* S 362; kritisch dazu *Braun/Uhlenbruck* Unternehmensinsolvenz S 611; *N/R/Braun* § 245 Rn 2). Nach der Gesetz gewordenen Fassung setzt die Anwendung des Obstruktionsverbots nunmehr voraus, dass die **Mehrheit der abstimmenden Gruppen** dem Plan **zugestimmt** haben. Dies wird teilweise als Wertungswiderspruch zur ursprünglichen Intention des Obstruktionsverbots aufgefasst (*N/R/Braun* § 245 Rn 2); denn eine Verbesserung gegenüber dem Regelabwicklungsverfahren liege bereits dann vor, wenn auch nur eine Gruppe besser gestellt werde, als sie bei einer Regelabwicklung stünde, und alle anderen nicht schlechter stünden (*Braun/Uhlenbruck* Unternehmensinsolvenz S 611).

§ 246 Zustimmung nachrangiger Insolvenzgläubiger

Für die Annahme des Insolvenzplans durch die nachrangigen Insolvenzgläubiger gelten ergänzend folgende Bestimmungen:
1. Die Zustimmung der Gruppen mit dem Rang des § 39 Abs. 1 Nr. 1 oder 2 gilt als erteilt, wenn die entsprechenden Zins- oder Kostenforderungen im Plan erlassen werden oder nach § 225 Abs. 1 als erlassen gelten und wenn schon die Hauptforderungen der Insolvenzgläubiger nach dem Plan nicht voll berichtigt werden.
2. Die Zustimmung der Gruppen mit einem Rang hinter § 39 Abs. 1 Nr. 3 gilt als erteilt, wenn kein Insolvenzgläubiger durch den Plan besser gestellt wird als die Gläubiger dieser Gruppen.
3. Beteiligt sich kein Gläubiger einer Gruppe an der Abstimmung, so gilt die Zustimmung der Gruppe als erteilt.

I. Normzweck

1   Die gesetzliche Regelung in § 246 entspricht mit einer geringen Korrektur in Nr 1 der ursprünglichen Fassung von § 291 RegE InsO. Nach der Begründung zielt die Vorschrift darauf ab, die **neue Konzeption,** die nachrangigen Insolvenzgläubiger in Gruppen am Verfahren zu beteiligen, nicht damit zu belasten, dass die Abstimmung über den Plan dort Ausschlag gibt, wo die **nachrangigen Gläubiger** ohnehin **keine Befriedigung** zu erwarten haben. In diesen Fällen soll die Vorschrift verhindern, dass den nachrangigen Gläubigern ein Gewicht beigemessen wird, das ihnen deshalb nicht zukommt, weil das zugrunde liegende wirtschaftliche Interesse fehlt (vgl Begr zu § 291 RegE InsO, abgedr bei *Balz/Landfermann* S 363). Mit dieser Zielsetzung ist die Vorschrift allerdings schwer verständlich, da den nachrangigen Insolvenzgläubigern ohnehin regelmäßig ein Stimmrecht fehlt (vgl HK-*Flessner* § 246 Rn 1).

III. Fallgruppen § 246

Der Anwendungsbereich der Vorschrift ist im Zusammenhang mit der übrigen Vorschrift über das Insolvenzplanverfahren minimal; der Vorschrift dürfte in der Praxis keine Bedeutung zukommen.

II. Zur Entstehung von § 246

Bei § 246 handelt es sich gewissermaßen um einen **gesetzgeberischen Unfall**. Verständlich wird die Vorschrift nur vor dem Hintergrund der im Regierungsentwurf vorgesehenen, von § 222 abweichenden Regelung zur Gruppenbildung: nach § 265 Abs 2 Nr 3 RegE InsO **musste** für **jede einzelne Rangklasse** der nachrangigen Insolvenzgläubiger **zwingend** eine gesonderte **Gruppe gebildet** werden. Diese Gruppen hätten gemäß § 288 RegE InsO **grundsätzlich an der Abstimmung** über den Plan **teilgenommen**. Eine Beteiligung der nachrangigen Insolvenzgläubiger an der Abstimmung über den Plan erschien den Entwurfsverfassern jedoch nur in Ausnahmefällen gerechtfertigt; deshalb sah § 291 RegE InsO (§ 246 InsO) vor, dass die Zustimmung der nachrangigen Gläubiger unter bestimmten Voraussetzungen fingiert wurde, so dass sich eine Beteiligung an der Abstimmung erübrigte. In der Begründung zu § 291 RegE InsO heißt es hierzu, die Einbeziehung der nachrangigen Gläubiger in den Insolvenzplan solle nicht dazu führen, dass die Abstimmung über den Plan in den Fällen belastet werde, in denen die nachrangigen Gläubiger von vornherein keine Befriedigung erwarten könnten. Daher würden ergänzende Regelungen aufgestellt, die es zuließen, von einer Abstimmung dieser Gläubiger unter bestimmten Voraussetzungen abzusehen (*Balz/Landfermann* S 363).

Die in § 291 RegE InsO vorgesehenen Zustimmungsfiktionen sind jedoch infolge der konzeptionellen Änderung der Regelungen über die Gruppenbildung **durch den Rechtsausschuss überflüssig** geworden. Abweichend von § 265 Abs 2 Nr 3 RegE InsO ist gemäß § 222 Abs 1 Nr 3 eine **Gruppenbildung** für die einzelnen Rangklassen der nachrangigen Insolvenzgläubiger **nicht mehr zwingend erforderlich**. Insbesondere entfällt eine Gruppenbildung, wenn die Forderungen der nachrangigen Insolvenzgläubiger nach § 225 als erlassen gelten sollen. An der Abstimmung nehmen jedoch nur die gebildeten Gruppen teil, wie sich aus §§ 243, 244 ergibt. Anders als nach der Konzeption des Regierungsentwurfs sind die **nachrangigen Insolvenzgläubiger**, soweit ihre Forderungen nach § 225 Abs 1 erlassen werden sollen, mithin **schon mangels Bildung von Gruppen** nicht an der **Abstimmung beteiligt**. Die **Zustimmungsfiktion** geht daher **ins Leere** (HK-*Flessner* § 246 Rn 1). Folgerichtig hätte § 246 gleichzeitig mit der Änderung von § 222 gestrichen, jedenfalls angepasst werden müssen. Das hat der Rechtsausschuss offenbar übersehen.

III. Fallgruppen

Die nachrangigen Insolvenzgläubiger nehmen an der Abstimmung über den Plan nur **ausnahmsweise** teil, soweit ihre Forderungen nicht nach § 225 Abs 1 erlassen werden sollen, entsprechende Gruppen für die einzelnen Rangklassen gebildet werden **und** eine über den Erlass hinausgehende Beeinträchtigung vorliegt (§ 237 Abs 2). Letzteres ist praktisch nur denkbar, wenn die Wiederauflebensklausel nach § 255 Abs 3 gestrichen wird (näher § 225 Rn 7). Im Übrigen gilt Folgendes:

1. Zins- und Kostenforderungen. Für die in § 39 Abs 1 Nr 1 und 2 angeführten Ansprüche wegen Zinsen und Kosten ist keine eigene Gruppe zu bilden, wenn sie nach dem Plan als erlassen gelten. Da die gesetzliche Regelung in § 225 als Regelfall den Erlass vorsieht, wird schon der Tatbestand der Vorschrift nicht erfüllt. Sieht der Plan jedoch Gegenteiliges vor, ist die Vorschrift ihrem Wortlaut nach unanwendbar und geht ins Leere. Sollen die Forderungen jedoch nicht als erlassen gelten, so greift die Vorschrift ihrem Wortlaut nach nicht ein. Sie könnte nur Anwendung finden, wenn fakultativ eine Gruppe gebildet wird nach § 222 Abs 2. Mit Recht wird darauf hingewiesen, dass dieser Fall den Tatbestand von § 245 Abs 1 Nr 1 erfüllen würde mit der Maßgabe, dass die Zustimmung dieser Gruppe als erteilt gelten würde, weil nach der gesetzlichen Lage eine Schlechterstellung durch den Plan nicht erfolgt (HK-*Flessner* § 246 Rn 2).

2. Geldstrafen, Geldbußen etc. Wenn die Vorschrift unter Nr 2 von der Zustimmung der Gruppen mit einem Rang hinter § 39 Abs 1 Nr 3 spricht, so stellt sich vorab die Frage, was mit den Forderungen aus der bezeichneten Gruppe selbst geschehen soll. Hierzu regelt die Vorschrift nichts. Es bleibt nur die Feststellung, dass sie durch den Plan nicht beeinträchtigt werden und deshalb auch **kein Stimmrecht** besitzen, §§ 225 Abs 3, 237 Abs 2 (ebenso HK-*Flessner* § 246 Rn 3).

3. Unentgeltliche Leistungen und Rückgewähr kapitalersetzender Darlehen. Die Verweisung von § 246 Nr 2 bezieht sich auf die **Forderungen auf eine unentgeltliche Leistung** des Schuldners bzw auf **Rückgewähr des kapitalersetzenden Darlehens** eines Gesellschafters oder gleichgestellte Forderungen, wie sie in § 39 Abs 1 Nr 4 und 5 angeführt werden. Für sie ist gleichfalls **keine Gruppe** zu bilden, wenn sie nach dem Plan als erlassen gelten. Auch hier kommt es mithin im Regelfall nicht zu einer Gruppenbildung; sie kann allenfalls fakultativ erfolgen. Da auch diese nachrangigen Insolvenzgläubiger unter den Regelfall von § 225 Abs 1 fallen, ist nicht erkennbar, weshalb es insoweit einer gesonderten Regelung bedurfte (s ebenso *Braun/Frank* § 246 Rn 4; abw wohl MüKoInsO-*Sinz* § 246 Rn 24 ff). Denn wann immer nachrangige Insolvenzgläubiger über den Insolvenzplan in den Genuss einer teilweisen Befriedigung gelangen, werden sie durch den Insolvenzplan besser gestellt werden als ohne Plan, dh im Fall der Verwertung nach den allgemeinen Grundsätzen.

IV. Mangelnde Abstimmung

8   Nach § 246 Nr 3 steht der **Annahme** des Insolvenzplans **nicht entgegen**, wenn sich an der Abstimmung einer Gruppe nachrangiger Insolvenzgläubiger **keiner** von ihnen **beteiligt**. Die Vorschrift spiegelt das mangelnde Gewicht wieder, das der Gesetzgeber den Gruppen für nachrangige Insolvenzgläubiger zumisst. Ihre geschlossene Stimmenthaltung soll dem weiteren Fortgang des Planverfahrens nicht entgegenstehen (vgl auch Begr zu § 291 RegE InsO, abgedr bei *Balz/Landfermann* S 364). Nimmt jedoch nur ein Nachranggläubiger an der Abstimmung teil, findet § 246 Nr 3 keine Anwendung (zutr MüKoInsO-*Sinz* § 246 Rn 38).

V. Fiktion der Zustimmung

9   Die Rechtsfolge der Fiktion der Zustimmung der nachrangigen Gläubiger ist im inneren Zusammenhang mit der Regelung des **Obstruktionsverbots** nach § 245 zu sehen (vgl *N/R/Braun* § 246 Rn 1). Auch wenn die entsprechenden Gläubigergruppen tatsächlich abgestimmt und sich mehrheitlich gegen die Annahme des Insolvenzplans ausgesprochen haben, wird ihre Zustimmung unter den angeführten Voraussetzungen als erteilt angenommen. In den Fällen, in denen den jeweiligen nachrangigen Gläubigern ohnehin kein Stimmrecht zukommt, erscheint dies als überflüssige Förmelei; denn wer **kein Stimmrecht** hat, kann auch keine Abstimmung herbeiführen. Im Ergebnis bleibt es mithin bei der Fiktion einer Zustimmung, auf die es ohnehin regelmäßig nicht ankommt.

§ 247 Zustimmung des Schuldners

(1) Die Zustimmung des Schuldners zum Plan gilt als erteilt, wenn der Schuldner dem Plan nicht spätestens im Abstimmungstermin schriftlich oder zu Protokoll der Geschäftsstelle widerspricht.

(2) Ein Widerspruch ist im Rahmen des Absatzes 1 unbeachtlich, wenn
1. der Schuldner durch den Plan voraussichtlich nicht schlechter gestellt wird, als er ohne einen Plan stünde, und
2. kein Gläubiger einen wirtschaftlichen Wert erhält, der den vollen Betrag seines Anspruchs übersteigt.

I. Normzweck

1   Aus Abs 1 ergibt sich, dass die **Zustimmung des Schuldners** zum Insolvenzplan erforderlich ist. Das Zustimmungserfordernis ist im Zusammenhang mit § 227 zu sehen. Danach wird der Schuldner mit der im gestaltenden Teil vorgesehenen Befriedigung der Insolvenzgläubiger von seinen restlichen Verbindlichkeiten gegenüber diesen Gläubigern befreit, es sei denn, dies wird im Insolvenzplan abweichend geregelt. Solche abweichenden Regelungen sollen nach dem Willen des Gesetzgebers jedoch nicht unbegrenzt zulässig sein; der **Schuldner soll nicht schlechter gestellt werden** dürfen, **als er ohne Plan** stünde. Das Zustimmungserfordernis nach § 247 sichert dies ab.

II. Zustimmung

2   Die Zustimmung des Schuldners kann, muss aber nicht ausdrücklich erteilt werden. Vielmehr wird diese **fingiert, wenn der Schuldner dem Plan nicht** spätestens im Abstimmungstermin widerspricht. Ein Widerspruch **vor dem Abstimmungstermin** ist **schriftlich** beim Insolvenzgericht **einzureichen** oder zu Protokoll der Geschäftsstelle zu erklären. **Im Abstimmungstermin** kann der Schuldner seinen Widerspruch ebenfalls **schriftlich oder zu Protokoll** erklären. Entgegen dem etwas unglücklichen Gesetzeswortlaut ist im letzteren Fall die Erklärung nicht zu Protokoll der Geschäftsstelle abzugeben, sondern in das Protokoll des Abstimmungstermins aufzunehmen.

3   Die Zustimmungsfiktion gemäß § 247 betrifft **ausschließlich** die **Zustimmung des Schuldners zum Insolvenzplan**. Steht der Insolvenzplan unter der Bedingung, dass bestimmte gesellschaftsrechtliche Maßnahmen durchgeführt werden (dazu § 249 Rn 2), so sind etwaige **gesellschaftsrechtliche Zustimmungserfordernisse** zu solchen Maßnahmen **von § 247 nicht erfasst** (zutr *K/P/Otte* § 247 Rn 4; *Hess/Weis* InVo 1996, 169; MüKoInsO-*Sinz* § 247 Rn 22 a). Im Übrigen fingiert § 247 nur die Zustimmung der **schuldnerischen Gesellschaft** zum Plan. Die **Gesellschafter** der schuldnerischen Gesellschaft müssen dem Plan im Rahmen der Bestätigung nicht formal zustimmen; § 247 begründet für die Bestätigung des Plans weder ein Zustimmungserfordernis der Gesellschafter zum Plan, noch lässt sich der Norm eine

Widerspruchsbefugnis der Gesellschafter entnehmen (ebenso BerlKo-*Breutigam* § 247 Rn 5). Erforderlich – aber eben außerhalb von § 247 und der Bestätigung des Plans – ist allenfalls ein Fortsetzungsbeschluss der Gesellschafter (dazu § 218 Rn 19 ff) und gegebenenfalls die Zustimmungserklärung der persönlich haftenden Gesellschafter **zur Fortführung** (nicht: zum Plan) gemäß § 230 Abs 1 S 2.

III. Unbeachtlichkeit des Widerspruchs (Abs 2)

Widerspricht der Schuldner dem Insolvenzplan, so darf dieser nach § 248 Abs 1 nicht bestätigt werden. Allerdings erklärt § 247 Abs 2 den **Widerspruch des Schuldners** gegen den Insolvenzplan unter bestimmten Voraussetzungen für **unbeachtlich**, so dass der Plan bei Vorliegen der entsprechenden Voraussetzungen gleichwohl bestätigt werden kann. 4

Voraussetzung ist nach Abs 2 Nr 1, das der **Schuldner** durch den Plan **voraussichtlich nicht schlechter gestellt** wird, als er ohne Plan stünde. Das Tatbestandsmerkmal „voraussichtlich" wird zum Teil dahingehend ausgelegt, dass die „Nichtschlechterstellung wahrscheinlicher sein muss als die Schlechterstellung des Schuldners" (*N/R/Braun* § 247 Rn 3). Ausweislich der Stellungnahme des Rechtsausschusses zum EGInsOÄndG, BT-Drucks 14/120, S 13, sollte durch die Einfügung des Wortes „voraussichtlich" die „Prognoseentscheidung" des Gerichts erleichtert werden. Im Falle von § 247 wird sich die **Schlechterstellung** des Schuldners jedoch in der Regel schon **aus der Art des Eingriffs** in die Rechte des Schuldners ergeben. Denn in erster Linie erscheint es denkbar, dass der Plan die **Befreiung** des Schuldners von seinen **restlichen Verbindlichkeiten** abweichend von dem in § 227 Abs 1 normierten Grundsatz regelt. Dadurch steht der Schuldner immer dann schlechter, als er ohne Plan stünde, wenn er weitergehend haftet, als er im Falle der Regelabwicklung nach § 201 haften würde. Dies wird im Einzelfall auf tatsächlicher Basis gesichert festgestellt werden können, ohne dass es hierfür einer Prognose bedürfte. Hierzu kann das Gericht dem Vorlegenden aufgeben, spezifiziert darzulegen, in welchem Umfang der Schuldner nach Maßgabe von § 201 im Rahmen der Regelabwicklung haften würde, wenn dies nicht schon im Plan (vergleichend) angegeben ist. Eine Schlechterstellung des Schuldners ist ferner dann denkbar, wenn der Plan in das **insolvenzfreie Vermögen** des Schuldners eingreift, etwa wenn dem Schuldner **Kapitaleinzahlungen** oder **sonstige Zahlungen** aus dessen nicht insolvenzverhaftetem Vermögen aufgebürdet werden (*N/R/Braun* § 247 Rn 6). Als weiteren Fall einer Schlechterstellung nennt die Literatur, dass **dem Schuldner ein Übererlös (§ 199 InsO)** verweigert werde (*Schiessler* Insolvenzplan S 174; *N/R/Braun* § 247 Rn 5). Abgesehen davon, dass dies allenfalls in Ausnahmefällen praxisrelevant werden wird (zutr. *N/R/Braun* § 247 Rn 5), ist eine solche Schlechterstellung schon aufgrund ihrer Festsetzung im Insolvenzplan ohne weiteres feststellbar. In all diesen Fällen ist daher das Erfordernis einer Prognose nicht erkennbar. Zweifelhaft erscheint, ob es über die anerkannte Fallgruppe hinaus noch Fälle gibt, in denen eine Schlechterstellung des Schuldners anzuerkennen ist (vgl MüKoInsO-*Sinz* § 247 Rn 30). Der Anwendungsbereich, der hier über eine rein wirtschaftliche Betrachtungsweise hinausgeht und letztlich auf die betreffenden Umstände die Fortführung des Unternehmens erschweren (so MüKoInsO-*Sinz* § 247 Rn 32–35) wird durch den Wortlaut der Vorschrift nicht nahegelegt und dürfte auch über die ursprüngliche Intention des Gesetzgebers hinausreichen (vgl *Balz/Landfermann* S 365 f). 5

Liegt eine **Schlechterstellung** vor, so **kann** diese **nicht durch Nachbesserung** bzw nachträgliche Änderungen des Plans **beseitigt** werden. Denn nach § 240 sind Änderungen des Plans nur bis zum Abschluss des Erörterungstermins zulässig. Die Erörterung ist zum Zeitpunkt der Entscheidung des Gerichts über die Bestätigung des Plans und damit auch über die (Un-)Beachtlichkeit eines Widerspruchs des Schuldners nach § 247 abgeschlossen (unzutreffend FK-*Jaffé* § 247 Rn 24). 6

Weitere Voraussetzung für die Unbeachtlichkeit des Widerspruchs ist nach Abs 2 Nr 2, dass **kein Gläubiger** einen **wirtschaftlichen Wert erhält**, der den vollen Betrag seines **Anspruchs übersteigt**. 7

Im Übrigen müssen **beide Voraussetzungen** nach § 247 Abs 2 Nr 1 und Nr 2 kumulativ gegeben sein, damit der Widerspruch des Schuldners unbeachtlich ist (ebenso *N/R/Braun* § 247 Rn 8; MüKoInsO-*Sinz* § 247 Rn 22). 8

§ 248 Gerichtliche Bestätigung

(1) Nach der Annahme des Insolvenzplans durch die Gläubiger (§§ 244 bis 246) und der Zustimmung des Schuldners bedarf der Plan der Bestätigung durch das Insolvenzgericht.

(2) Das Gericht soll vor der Entscheidung über die Bestätigung den Insolvenzverwalter, den Gläubigerausschuss, wenn ein solcher bestellt ist, und den Schuldner hören.

I. Planbestätigung durch das Insolvenzgericht

Nach der Annahme durch die Gläubiger **und nach Zustimmung des Schuldners** bedarf der Insolvenzplan nach Abs 1 der **Bestätigung** durch das Insolvenzgericht. Die Bestätigung erfolgt, wie sich aus §§ 252, 253 ergibt, **durch Beschluss**. Zuständig ist nach § 18 Abs 1, § 3 Nr 2 e RPflG grundsätzlich der **Rechtspfleger**; hat der Richter sich nach § 18 Abs 2 RPflG das Verfahren ganz oder teilweise vorbehal- 1 ten, so ist dieser auch für die Bestätigung zuständig. In Abs 1 spricht das Gesetz nur von der Bestätigung durch das Insolvenzgericht. Demgegenüber spricht Abs 2 von der Entscheidung über die Bestätigung. Daraus folgt, dass das Gericht **in jedem Fall durch Beschluss** über die Bestätigung **zu entscheiden** hat. Wird der Plan **nicht bestätigt**, so hat das Gericht die **Bestätigung** des Insolvenzplans **durch Beschluss zu versagen** (vgl den Wortlaut von §§ 252, 253). Der **Beschluss ist zu begründen**, da er beschwerdefähig ist.

2 Die Bestätigung kann ausschließlich aus den in §§ 250, 251 abschließend aufgezählten Gründen versagt werden. **Liegen** solche **Versagungsgründe nicht vor**, so **muss** das Gericht den **Plan bestätigen**. Das Gericht kann weder Auflagen für die Bestätigung machen noch den Plan ändern bzw ergänzen (zum alten Recht *K/U* § 184 KO Rn 2). Bei **bedingten Plänen** (§ 249) ist Voraussetzung für die Bestätigung, dass die Bedingung(en) erfüllt ist (sind). Insoweit kann namentlich der für eine Fortführung erforderliche **Fortsetzungsbeschluss** der Gesellschafter im Plan als Bedingung vorgesehen sein. Aus den oben im Einzelnen dargelegten Gründen wird eine solche Bedingung **regelmäßig auflösend** ausgestaltet sein (oben § 218 Rn 22). Dies steht einer **Bestätigung** des Plans **nicht entgegen**; das Gericht hat daher den Plan zu bestätigen, auch wenn der Fortsetzungsbeschluss erst noch gefasst werden muss.

3 Der Insolvenzplan wird erst **mit Rechtskraft** des **Bestätigungsbeschlusses wirksam** (§ 254). **Willensmängel** bei der Stimmabgabe oder Willensmängel hinsichtlich der im Insolvenzplan abgegebenen Willenserklärungen sowie Verfahrensmängel werden durch die Rechtskraft des Bestätigungsbeschlusses **geheilt** (N/R/*Braun* § 248 Rn 8; zu § 78 VglO *Kilger/K. Schmidt* § 78 VglO Anm 6 a mwN).

II. Verfahren

4 Vor der Entscheidung über die Bestätigung des Insolvenzplans hat das Insolvenzgericht den **Insolvenzverwalter**, wenn ein **Gläubigerausschuss** bestellt ist diesen, und den **Schuldner** zu hören. Unter „hören" ist **Gelegenheit zur Stellungnahme** zu verstehen. Gelegenheit zu schriftlicher Stellungnahme genügt (LG Traunstein 27. 8. 1999 ZInsO 1999, 577, 582). Sofern das Insolvenzgericht dies für zweckmäßig erachtet, kann auch in einem den Beteiligten bekannt zu gebenden mündlichen Termin Gelegenheit zur Stellung gegeben werden. Die Vorschrift ist als **Sollbestimmung** ausgestaltet. Deshalb wird die Anhörung zT als bloß fakultativ betrachtet (FK-*Jaffé* § 248 Rn 15). Anders als nach früherem Recht ist die **Bestätigung des Plans beschwerdefähig**. Deshalb wird man davon auszugehen haben, dass eine **unterbliebene Anhörung** nicht zur Aufhebung der Bestätigungsentscheidung führen kann (ebenso MüKo-InsO-*Sinz* § 248 Rn 11). Der Schuldner hat im Beschwerdeverfahren Gelegenheit zu rechtlichem Gehör. Der Verwalter wird, falls er sich im Einzelfall tatsächlich einmal vor der Bestätigung noch nicht zu einem vom Schuldner vorgelegten Plan geäußert haben sollte, vom Beschwerdegericht ohnehin anzuhören sein. Schuldner und Verwalter werden daher im Rahmen des Beschwerdeverfahrens all das vorbringen können, was sie bei der Anhörung vorgebracht hätten (zutreffend **LG** Traunstein 27. 8. 1999 ZInsO 1999, 577, 582). Gelegenheit hierzu werden sie aber auch schon vorher im Erörterungstermin gehabt haben. Der Gläubigerausschuss hat nach der Bestätigung des Plans durch das Insolvenzgericht keine schützenswerten Rechte auf weitere Verfahrensteilnahme, wie das Fehlen einer Beschwerdebefugnis des Ausschusses zeigt.

5 Im Beschwerdeverfahren findet Abs 2 keine Anwendung (entgegen **LG** Traunstein 27. 8. 1999 ZInsO 1999, 477, 582).

6 Die **Entscheidung** ist nach § 252 zu **verkünden** (Einzelheiten dort).

7 Da es zwei Vorlageberechtigte gibt, den Verwalter und den Schuldner, und der Verwalter neben einem im Auftrag der Gläubigerversammlung erstellten auch einen eigenen Insolvenzplan einreichen kann, können mehrere (maximal drei) **Pläne** miteinander **konkurrieren**. Sofern kein Versagungsgrund vorliegt, hat das Gericht **jeden angenommenen Insolvenzplan zu bestätigen**. Allerdings muss das Gericht hierbei verhindern, dass mehrere Pläne am gleichen Tag verkündet werden, weil nur einer der Pläne Rechtskraft erlangen darf. Es ist zuerst die Bestätigung des Plans zu verkünden, welcher die Anforderungen zeitlich früher erfüllt hat (im Einzelnen oben § 218 Rn 32). Im Übrigen schließt die Rechtskraft des zuerst unanfechtbar gewordenen Insolvenzplans aus, dass ein zweiter Insolvenzplan, der gleichfalls bestätigt worden ist, auch noch rechtskräftig wird. Er ist vielmehr mit Eintritt der Rechtskraft des zuerst wirksam werdenden Insolvenzplans gegenstandslos (abw *Braun/Frank* InsO § 248 Rn 7).

III. Rechtsmittel und Rechtskraft

8 Gegen die Entscheidung ist nach Maßgabe von § 253 die **sofortige Beschwerde** gegeben (Einzelheiten dort).

9 Zu den **Rechtskraftwirkungen** des Bestätigungsbeschlusses § 253 Rn 7.

§ 249 Bedingter Plan

¹Ist im Insolvenzplan vorgesehen, daß vor der Bestätigung bestimmte Leistungen erbracht oder andere Maßnahmen verwirklicht werden sollen, so darf der Plan nur bestätigt werden, wenn diese Voraussetzungen erfüllt sind. ²Die Bestätigung ist von Amts wegen zu versagen, wenn die Vor-

aussetzungen auch nach Ablauf einer angemessenen, vom Insolvenzgericht gesetzten Frist nicht erfüllt sind.

I. Normzweck

Namentlich bei auf Fortführung gerichteten Insolvenzplänen können neben den im Insolvenzplan enthaltenen Sanierungsbeiträgen der Gläubiger Beiträge oder die **Mitwirkung von Gesellschaftern oder Dritten** erforderlich sein, ohne dass insoweit im Plan eine verbindliche Regelung geschaffen werden könnte. § 249 eröffnet die Möglichkeit, die Wirksamkeit des Plans von der **Erbringung bestimmter Leistungen** oder der **Durchführung anderer Maßnahmen** abhängig zu machen. In der Begründung zu § 296 RegE InsO heißt es, zur Bedingung für die Änderung der Rechtsstellung der Gläubiger könne gemacht werden, dass bestimmte **gesellschaftsrechtliche Beschlüsse** gefasst werden, etwa eine Kapitalerhöhung erfolge. Die Vorschrift schaffe die Möglichkeit, dass solche gesellschaftsrechtlichen Beschlüsse erst dann gefasst werden müssten, wenn die Zustimmung der Gläubiger zu dem Plan feststehe, dass der Plan andererseits aber nicht wirksam werde, wenn die vorgesehenen gesellschaftsrechtlichen Beschlüsse ausblieben. **Gesellschaftsrechtliche und insolvenzrechtliche Beschlussfassungen** könnten sinnvoll miteinander **verzahnt** werden (*Balz/Landfermann* S 367).

II. Bedeutung der Vorschrift für Fortführungspläne

In der bisherigen Diskussion hat die Norm ein Schattendasein geführt, obwohl sie, jedenfalls **für auf Fortführung** eines schuldnerischen Unternehmens gerichtete Pläne, erhebliche Bedeutung hat. **Rechtsformunabhängig** ist nämlich die **schuldnerische Gesellschaft mit der Eröffnung** des Insolvenzverfahrens **aufgelöst**; für ihre Fortführung ist ein **Fortsetzungsbeschluss der Gesellschafter** erforderlich. Für die Fassung des Fortsetzungsbeschlusses sind **ausschließlich** die **Gesellschafter** des schuldnerischen Unternehmens **zuständig**. Dabei machen sie von ihren **mitgliedschaftlichen Rechten** Gebrauch, in welche der **Plan nicht eingreifen** kann. Die Gesellschafter sind **nicht** einmal **verpflichtet**, einen solchen Fortsetzungsbeschluss zu fassen, auch nicht unter dem Gesichtspunkt der gesellschaftsrechtlichen Treupflicht (dazu im Einzelnen oben § 218 Rn 21). Auch die von der Entwurfsbegründung beispielhaft angesprochenen **Kapitalmaßnahmen** können **nur außerhalb des Insolvenzplans** von den Gesellschaftern beschlossen werden. Das Gleiche gilt für sämtliche anderen gesellschaftsrechtlichen Beschlussfassungen, welche im Rahmen der Fortführung und Sanierung des schuldnerischen Unternehmens oder sonst aufgrund des Plans erforderlich erscheinen (vgl auch die Beispiele bei *Hess/Weis* InVo 1996, 169, 170). So kann es im Einzelfall denkbar sein, dass im Rahmen einer Sanierung **Verschmelzungen, Ausgliederungen, Abspaltungen** oder andere **umwandlungsrechtliche Maßnahmen** durchgeführt werden sollen. Auch solche Maßnahmen erfordern Beschlussfassungen der Gesellschafter, welche durch den Plan nicht bewirkt oder ersetzt werden können.

III. Auslegungsfragen

Die Vorschrift birgt einige bislang nicht diskutierte Schwierigkeiten in der Anwendung in sich. Satz 1 spricht nur davon, dass der Insolvenzplan nicht bestätigt werden kann, bevor die im Plan als Bedingung vorgesehenen Leistungen erbracht oder Maßnahmen verwirklicht worden sind. Der **Gesetzeswortlaut lässt offen**, ob es sich dabei nur um **aufschiebende Bedingungen** oder **auch um auflösende Bedingungen** handeln kann. Die Begründung zu § 296 RegE InsO erweckt den Eindruck, als habe den Entwurfsverfassern vorgeschwebt, dass im Plan aufschiebende Bedingungen verabredet würden. Die **Vorschrift passt** jedoch **für beides**. Daher können **auch auflösende Bedingungen** vorgesehen werden (ebenso *N/R/Braun* § 249 Rn 2).

Eine weitere Schwierigkeit ergibt sich daraus, dass der Gesetzeswortlaut nicht von dem **Eintritt der Bedingung** spricht, sondern davon, dass der Plan nur bestätigt werden könne, wenn die im Insolvenzplan vorgesehenen „Voraussetzungen erfüllt sind". Dies könnte dahingehend zu verstehen sein, dass sämtliche im Plan vorgesehenen aufschiebenden Bedingungen eingetreten sein müssen und außerdem feststeht, dass sämtliche auflösenden Bedingungen nicht mehr eintreten können. Orientiert man sich allein am Wortlaut der Vorschrift, so liegt ein solches Verständnis nahe.

Gleichwohl kann die Vorschrift so nicht ohne weiteres aufgefasst werden. Denn ausweislich der Begründung zu § 296 RegE InsO sollte die Norm gerade ermöglichen, dass die für die Durchführung des Plans erforderlichen **gesellschaftsrechtlichen Maßnahmen nachträglich beschlossen** und durchgeführt werden. Würde man die Vorschrift am Wortlaut orientiert auslegen, so müssten solche **gesellschaftsrechtlichen Maßnahmen** unbeschadet ihrer Ausgestaltung als aufschiebender oder auflösender Bedingung in jedem Fall **vor dem Bestätigungsbeschluss** gefasst werden. Das kann durch § 249 indes nicht beabsichtigt sein. Denn der für einen Fortführungsplan erforderliche **Fortsetzungsbeschluss** der Gesellschafter **kann gesellschaftsrechtlich zwingend erst** nach Beseitigung des Auflösungsgrunds und damit **nach Aufhebung des Insolvenzverfahrens gefasst werden** (dazu im Einzelnen § 218 Rn 19f; vgl auch *Vallender* NZG 1998, 249, 251). Die **Aufhebung des Insolvenzverfahrens setzt** jedoch die **Bestätigung** des Plans voraus. Ebenso sind die **Verschmelzungen** oder sonstige **Maßnahmen** nach dem **Umwandlungsgesetz erst nach Überwindung des Auflösungsstadiums** und Fortsetzung der Gesellschaft auf der Grundlage des Fortsetzungsbeschlusses **zulässig**. Auch solche Maßnahmen können daher **erst nach der Bestätigung** des Plans von der Gesellschafterversammlung des schuldnerischen Unternehmens beschlossen werden. Wenn man die Vorschrift so auslegte, dass sie auch für alle die zusätzlichen Voraussetzungen der Durchführung des Insolvenzplans notwendigen **gesellschaftsrechtlichen Maßnahmen** Geltung beansprucht, so würde die Vorschrift letztlich verhindern, was sie anstrebt. Dies lässt sich rechtstechnisch vermeiden, wenn alle gesellschaftsrechtlichen Maßnahmen, die neben den gestaltenden Maßnahmen des Insolvenzplans zur Sanierung und Fortführung erforderlich erscheinen, als **auflösende Bedingungen** für die in § 254 Abs 1 vorgesehenen Wirkungen in den Insolvenzplan aufgenommen werden. Verbunden mit einer **angemessenen Fristsetzung**, bis wann die jeweiligen gesellschaftsrechtlichen Maßnahmen getroffen sein müssen, ließe sich auf diese Weise gleichzeitig ermöglichen, dass der rechtskräftigen gerichtlichen Bestätigung aus diesem Bereich nichts entgegensteht, gleichwohl die Gesellschafter praktisch gezwungen sind, die in Aussicht genommenen Maßnahmen auch tatsächlich zu treffen.

IV. Dogmatische und systematische Fragestellungen

6   Die vorgeschlagene Auslegung von § 249 mit dem Vorschlag, die gesellschaftsrechtlich zu treffenden Maßnahmen in der Form auflösender Bedingungen unter angemessener Befristung in den Insolvenzplan aufzunehmen, birgt eine Reihe von **dogmatischen** und **systematischen Problemen**, deren Lösung erhebliche Schwierigkeiten bereitet. Sie haben ihren eigentlichen Grund allesamt in der unglücklichen Gesetzeslage nach der InsO, welche den gesamten Bereich der gesellschaftsrechtlichen Maßnahmen im Rahmen der sanierenden Fortführung aus dem Insolvenzplan ausklammert ebenso wie Eingriffe in die Rechte der Gesellschafter, die das schuldnerische Unternehmen halten (vgl hierzu KS-InsO-*Uhlenbruck* S 1197 Rn 25).

7   **1. Zur gesetzlichen Regelung.** Wie an anderer Stelle bereits dargelegt worden ist (s oben § 218 Rn 23), kann in der schuldnerischen Gesellschaft der **Fortsetzungsbeschluss** erst gefasst werden, wenn der Insolvenzplan rechtskräftig bestätigt worden ist nach § 248 Abs 1 (vgl § 60 Abs 1 Nr 4 GmbHG, § 274 Abs 2 Nr 1 AktG, § 140 Abs 1 HGB, § 117 Abs 1 GenG, § 49 Abs 2 VAG). Dieser Gesetzeslage widerspricht jedoch die Vorstellung des Gesetzgebers, das Gericht dürfe den Plan erst nach dem Fortsetzungsbeschluss bestätigen (vgl Begr zu § 274 RegE, abgedr bei *Balz/Landfermann* S 344). Wenn dies durch § 249 gewährleistet werden soll, so stünde dies im Widerspruch zu den angeführten gesetzlichen gesellschaftsrechtlichen Regelungen; denn ohne den **rechtskräftigen Bestätigungsbeschluss** ist eben die Fortführung nicht zu beschließen. Die Absichten des Gesetzgebers widersprechen auch der früheren Handhabung beim Zwangsvergleich; denn es entsprach einhelliger Auffassung, dass der Fortführungsbeschluss erst dann gefasst werden konnte, wenn der Zwangsvergleich wirksam geworden war (vgl Begr zu § 274 RegE, abgedr bei *Balz/Landferman* S 344; *K/U* KO § 192 Rn 5; *Jaeger/Weber* § 192 KO Rn 4). Keine Rolle spielten in diesem Zusammenhang weitere gesellschaftsrechtliche Maßnahmen wie **Kapitalherabsetzungen und -erhöhungen, Verschmelzungen, Abspaltungen** und **Ausgliederungen** nach dem UmwG; denn alle diese Maßnahmen folgten regelmäßig dem Fortsetzungsbeschluss nach Wegfall des Auflösungsgrunds des Konkurses. Nach der InsO gilt jedoch nichts anderes: Alle diese gesellschaftsrechtlichen Maßnahmen, die nicht Gegenstand des Insolvenzplans sind, nicht den Wirkungen nach § 254 Abs 1 unterliegen, die Fortsetzung nicht bedingen und dem Zweck der Gesellschaft nicht widersprechen, können auch dann getroffen werden, wenn der Insolvenzplan noch nicht rechtskräftig bestätigt worden ist (für die Kapitalerhöhung **BGH** 23. 5. 1957, BGHZ 24, 279, 286; ebenso *Uhlenbruck*, FS Lüer S 461, 473). Da alle diese gesellschaftsrechtlichen Maßnahmen jedoch gleichzeitig zum Gesamtplan einer sanierenden Fortführung des Schuldners notwendig oder geboten sein können, finden sie **außerhalb des Insolvenzplans** statt und können durch ihn auch **nicht erzwungen** werden. Kommen sie nicht zustande, so entfaltet der rechtskräftig bestätigte Insolvenzplan kraft Gesetzes seine Wirkungen zulasten der am Insolvenzplanverfahren Beteiligten und Dritter, die sich zu sanierenden Beiträgen schuldrechtlich verpflichtet haben, ohne dass die gesellschaftsrechtlich in Aussicht genommenen Maßnahmen hinzutreten. Diese Rechtslage ist in hohem Maße unbefriedigend; denn das Gesetz kennt nach der gerichtlichen Bestätigung nach § 248 Abs 1 keine Möglichkeit, die Wirkungen aus dem rechtskräftig bestätigten Plan aufzuheben, weil die gesellschaftsrechtlich vorgesehenen Maßnahmen nicht getroffen sind. Die Vorschriften zur **Überwachung** des Insolvenzplans nach §§ 260 ff sehen die Möglichkeit einer nachträglichen Aufhebung des bestätigten Plans nicht vor, und es bliebe nur der Weg, über § 255 Abs 2 das Wiederaufleben von Erlass und Stundung zu beseitigen, wenn die Voraussetzungen einer erneuten Insolvenz gegeben sind.

8   **2. Gerichtliche Bestätigung trotz auflösender Bedingungen.** Um die angeführten Schwierigkeiten zu vermeiden, bietet sich die **Lösung** an, die **Wirkungen des Insolvenzplans** nach § 254 Abs 1 unter die **auflösende Bedingung** zu stellen für den Fall, dass die im Gesamtplan der sanierenden Fortführung in Aussicht genommenen **gesellschaftsrechtlichen Maßnahmen nicht getroffen** werden. Um die anhaltende Rechtsunsicherheit zu beseitigen, muss hierfür in den Insolvenzplan eine Befristung aufgenommen werden, die so bemessen ist, dass den gesellschaftsrechtlichen Anforderungen an eine ordnungsmäßige Be-

schlussfassung Rechnung getragen werden kann. Trotz des Wortlauts von § 249 sollte das Insolvenzgericht als ermächtigt gelten, den Insolvenzplan nach dieser Maßgabe nach § 248 Abs 1 zu bestätigen. **Dogmatisch** eröffnet diese Lösung den Weg, den Bestand des rechtskräftigen Bestätigungsbeschlusses aufrechtzuerhalten, jedoch gleichzeitig die Wirkungen nach § 254 Abs 1 bei fruchtlosem Fristablauf zu beseitigen. Der damit einhergehende **Systembruch** wird dadurch aufgewogen, dass der nachträgliche Wegfall von Erlass und Stundung **zwangsläufig zur erneuten Insolvenz** führt, was nach § 255 Abs 2 zu denselben Wirkungen führt. Der **Wegfall von Verpflichtungen Dritter** durch den Eintritt der auflösenden Bedingung bewirkt, dass sie sich gegen Vollstreckungen über **§ 767 Abs 1 ZPO** zur Wehr setzen können. Ebenso wird der Systembruch der vorgeschlagenen Lösung durch die **rechtspolitische Zielsetzung** des Insolvenzplanverfahrens gerechtfertigt; denn wenn das Gesetz selbst keine Handhabe bietet, die Durchsetzung der zum Gesamtplan der sanierenden Fortführung zählenden gesellschaftsrechtlichen Maßnahmen durchzusetzen, so bedarf es einer Lösung, die bei Eintritt der auflösenden Bedingung zwangsläufig zur erneuten Insolvenz und damit zur Anwendung von § 255 Abs 2 führt. Wenn demgegenüber die Lösung der aufgezeigten Problematik darin gefunden werden soll, dass die gesellschaftsrechtlichen Maßnahmen unter der aufschiebenden Bedingung späterer gerichtlicher Bestätigung gefasst werden (so ausf MüKoInsO-*Sinz* § 249 Rn 14 a), mag dies in der Praxis helfen. In diese Richtung weist auch eine weitere Entscheidung zum Genossenschaftsrecht; der Insolvenzplan soll unter der aufschiebenden Bedingung eines späteren Festsetzungsbeschlusses der Generalversammlung gefasst werden können (so **LG** Dessau 5. 7. 2000 ZInsO 2001, 1167, 1168). Rechtssystematisch und dogmatisch überzeugt dieser Weg nicht; denn entscheidend kommt es wohl darauf an, dass die Beseitigung der Insolvenz den gesellschaftsrechtlichen Maßnahmen der Fortführung vorgeht.

§ 250 Verstoß gegen Verfahrensvorschriften

Die Bestätigung ist von Amts wegen zu versagen,
1. wenn die Vorschriften über den Inhalt und die verfahrensmäßige Behandlung des Insolvenzplans sowie über die Annahme durch die Gläubiger und die Zustimmung des Schuldners in einem wesentlichen Punkt nicht beachtet worden sind und der Mangel nicht behoben werden kann oder
2. wenn die Annahme des Plans unlauter, insbesondere durch Begünstigung eines Gläubigers, herbeigeführt worden ist.

Übersicht

	Rn
I. Normzweck	1
II. Versagung gemäß Nr 1	4
1. Versagungsgründe	4
a) Wesentlicher Verstoß	5
b) Fehlende Heilbarkeit	6
c) Allein vom Gericht verursachte Mängel	7
2. Verhältnis zu § 231	8
a) Bedeutung von § 231 für § 250 Nr 1	8
3. Gegenstand der Prüfung	12
a) Vorschriften über die verfahrensmäßige Behandlung	12
b) Vorschriften über den Inhalt	14
c) Vorschriften über die Annahme	15
d) Einzelheiten	16
III. Versagung gemäß Nr 2	30

I. Normzweck

In Anlehnung an §§ 79 VglO, 186 KO bedarf der Plan einer gerichtlichen **Bestätigung**. Wie die entsprechenden Bestimmungen in Vergleichs- und Konkursordnung, dient die gerichtliche Bestätigung des Plans dem **Schutz aller am Insolvenzplanverfahren Beteiligter**. Diese sollen darauf vertrauen dürfen, dass der Insolvenzplan in Übereinstimmung mit den inhaltlichen und verfahrensmäßigen Vorschriften steht (vgl zum alten Recht *K/U* § 184 KO Rn 1; *Bley/Mohrbutter* § 78 VglO Rn 1). 1

Die Vorschrift ist zwingend. Sie kann durch den Plan weder ausgeschlossen noch modifiziert werden. Auch ein Verzicht (sämtlicher) Beteiligter auf die Geltendmachung solcher Mängel ist unbeachtlich. 2

Die **Versagungsgründe** gemäß § 250 Nr 1 und Nr 2 sind, abgesehen von § 251, **abschließend**. Aus anderen Gründen darf die Bestätigung nicht versagt werden (ebenso MüKoInsO-*Sinz* § 250 Rn 2). 3

II. Versagung gemäß Nr 1

1. Versagungsgründe. Gemäß Nr 1 hat das Gericht **von Amts wegen zu prüfen**, ob die **Vorschriften** 4 über den **Inhalt** und die **verfahrensmäßige Behandlung** des Insolvenzplans sowie über die **Annahme**

§ 250

durch die **Gläubiger** und die **Zustimmung des Schuldners** beachtet sind. Sind sie in einem **wesentlichen Punkt** nicht beachtet worden und kann der Mangel nicht behoben werden, so muss das Gericht die Bestätigung versagen.

5   a) **Wesentlicher Verstoß.** Es muss ein wesentlicher Punkt nicht beachtet worden sein. Was unter einem wesentlichen Punkt zu verstehen ist, wird vom Gesetz nicht näher definiert. Bei der identischen Formulierung in § 79 VglO wurde „wesentlich" dahingehend verstanden, dass der **Mangel Einfluss auf die Annahme des Vergleichs** gehabt haben **könnte** (*Kilger/K Schmidt* § 79 KO Anm 1; *Bley/Mohrbutter* § 79 VglO Rn 7). Das wird man auf § 250 Nr 1 übertragen können (ebenso *N/R/Braun* § 250 Rn 5; FK-*Jaffé* § 250 Rn 15; HK-*Flessner* § 250 Rn 5; *Schiessler* Insolvenzplan, S 179; aus der Rspr LG Berlin 29. 10. 2002 ZInsO 2002, 1191). Ob der Mangel tatsächlich Einfluss auf die Annahme des Plans gehabt hat, ist demnach unerheblich.

6   b) **Fehlende Heilbarkeit.** Des Weiteren darf der **Mangel nicht heilbar** sein. Mängel, die durch Neuvornahme, Nachholung oder Nachbesserung beseitigt werden können, stehen daher der Bestätigung des Plans nicht entgegen. Das Gericht hat insoweit die Heilung des betreffenden Mangels zu veranlassen und den Beteiligten aufzugeben.

7   c) **Allein vom Gericht verursachte Mängel.** Schon zum früheren Recht war umstritten, ob auch solche **Verfahrensmängel** eine Versagung der Bestätigung rechtfertigen, **welche allein durch das Insolvenzgericht verursacht wurden** (*K/U* § 186 KO Rn 2). Man wird davon auszugehen haben, dass auch vom Gericht verursachte Verfahrensfehler der Bestätigung des Plans nach Nr 1 entgegenstehen (ebenso *K/P/Otte* § 248 Rn 7). Kritik und konkrete Forderungen nach entsprechender Regelung im künftigen Recht hat der Gesetzgeber der InsO nicht aufgegriffen (vgl Begr zu § 297 RegE InsO *Balz/Landfermann* S 368).

8   2. **Verhältnis zu § 231.** a) **Bedeutung von § 231 für § 250 Nr 1.** aa) Vom **Prüfungsgegenstand** her **überschneidet sich Nr 1 mit der Vorprüfung** des Plans nach § 231 Abs 1 Nr 1. Danach hat das Gericht den eingereichten Plan hinsichtlich seiner Vereinbarkeit mit den Vorschriften über das Recht zur Vorlage und den Inhalt des Plans zu prüfen. Die Beachtung von Verfahrensvorschriften ist, anders als in § 250 Nr 1, nicht Gegenstand der Prüfung nach § 231 (dazu § 231 Rn 11). Bis zum Zeitpunkt der Vorprüfung des Plans sind lediglich folgende Verfahrensregelungen zu beachten: die nach § 218 Abs 3 vorgesehene Mitwirkung der dort genannten Gremien bei der Aufstellung und die in § 218 Abs 1 S 3 und Abs 2 genannten Fristen für die Einreichung des Plans. Eine **unterlassene** oder **nicht zureichende Mitwirkung** nach § 218 Abs 3 rechtfertigt jedoch nicht die Zurückweisung des Plans nach § 231 Abs 1 Nr 1 (dazu § 231 Rn 1). Mängel der Mitwirkung nach § 218 Abs 3 können erst recht **kein Grund für eine Versagung der Bestätigung** nach § 250 Nr 1 sein (aA *Warrikoff* KTS 1997, 527, 531). Gleiches gilt für die Nichteinhaltung der Vorlagefristen nach § 218 Abs 1 S 3 und Abs 2 (dazu § 231 Rn 11).

9   Die Prüfung nach § 231 ist namentlich hinsichtlich der **Vorschriften über den Inhalt** des Plans umfassend (dazu im Einzelnen § 231 Rn 16 ff). Wenn § 250 Nr 1 gleichfalls die Einhaltung der Vorschriften über den Inhalt des Plans zum Gegenstand der Prüfung erhebt, so wird dies nur verständlich vor dem Hintergrund der nach § 240 eröffneten Möglichkeit, den Plan nach dessen Einreichung bis einschließlich zum Erörterungstermin noch zu ändern. § 250 Nr 1 soll absichern, dass auch solche nachträglichen **Änderungen** den Vorschriften über den Inhalt des Plans entsprechen. Daraus folgt, dass das Gericht **keine erneute oder doppelte Prüfung** vorzunehmen braucht, **wenn der Plan unverändert** bleibt. Anlass für eine **Prüfung** hinsichtlich der Vereinbarkeit des Plans mit den inhaltlichen Anforderungen besteht **ausschließlich in Bezug auf Änderungen** (*K/P/Otte* § 248 Rn 6). Zu Gegenstand und Umfang der Prüfung im Hinblick auf die inhaltlichen Vorschriften gilt im Übrigen das Gleiche wie bei § 231; auf diese Ausführungen kann daher verwiesen werden (§ 231 Rn 16 ff). Soweit der Plan unverändert bleibt, kann das Gericht auf die Vorprüfung Bezug nehmen (vgl *K/P/Otte* § 248 Rn 6; unklar *N/R/Braun* § 250 Rn 2).

10 bb) Eine (erneute) **Prüfung** der Vorschriften über das **Recht zur Vorlage** des Plans ist schon nach dem Wortlaut von Nr 1 **nicht erforderlich**.

11 cc) Teilweise wird vertreten, das Gericht müsse im Rahmen von Nr 1 prüfen, ob eine **Vorprüfung ordnungsgemäß stattgefunden** habe und ob der Plan nach § 231 Abs 1 Nr 2 und 3, Abs 2 hätte zurückgewiesen werden müssen (so wohl *N/R/Braun* § 250 Rn 7). Bei formaler Betrachtungsweise zählt § 231 sicherlich zu den Vorschriften über die verfahrensmäßige Behandlung des Plans im Sinne von Nr 1. Auch insoweit erscheint eine **Doppelprüfung** jedoch nach der Vorschrift nicht beabsichtigt und von ihrem Zweck her **überflüssig**. Im Rahmen von Nr 1 braucht daher keine erneute Prüfung nach Maßgabe von § 231 Abs 1 und 2 stattzufinden (abw wohl MüKoInsO-*Sinz* § 250 Rn 10).

12 3. **Gegenstand der Prüfung.** a) **Vorschriften über die verfahrensmäßige Behandlung.** Zu den Vorschriften über die verfahrensmäßige Behandlung im Sinne von Nr 1 zählen die Vorschriften über die **Zuleitung des Plans** (§ 232), die **Niederlegung des Plans** (§ 234), einige Regelungen über den **Erörterungs-**

II. Versagung gemäß Nr 1 § 250

und **Abstimmungstermin** (§ 235), die Abhaltung und gegebenenfalls die Terminierungsfolge im Hinblick auf den **Prüfungstermin** (§ 236), Teile der Vorschrift über einen etwaigen **gesonderten Abstimmungstermin** (§ 241), sowie die **Anhörung** vor der Bestätigung nach § 248 Abs 2.

Die §§ 237, 238 stellen keine Vorschriften über die verfahrensmäßige Behandlung des Plans im Sinne 13 der Nr 1 dar. Denn eine unrichtige Stimmrechtsfestsetzung kann ausschließlich nach Maßgabe von § 18 Abs 3 RPflG angegriffen werden. Für eine Versagung der Bestätigung des Plans ist insoweit kein Raum.

b) Vorschriften über den Inhalt. Zu den Vorschriften über den Inhalt des Plans zählt die Beachtung 14 der **Zulässigkeit von Änderungen** gemäß § 240 sowie die Zulässigkeit etwaiger Bedingungen iSd § 249. Dagegen zählt die mögliche Erfolgsaussicht des Plans nicht zum Gegenstand der inhaltlichen Prüfung (MüKoInsO-*Sinz* § 250 Rn 5, unter Hinweis auf **BGH** 7. 7. 2005 NZI 2005, 619, 621 und **LG Berlin** 20. 10. 2004 NZI 2005, 335, 338).

c) Vorschriften über die Annahme. Zu den Vorschriften über die **Annahme des Plans** durch die Gläu- 15 biger zählen die §§ 243 bis 246 sowie im Falle des gesonderten Abstimmungstermins § 242 über die **schriftliche Stimmabgabe**. Vorschrift über die **Zustimmung des Schuldners** zum Plan ist allein § 247.

d) Einzelheiten. aa) § 232. Verstöße gegen die Pflicht zur **Zuleitung des Plans** sind wesentliche Mängel 16 (FK-*Jaffé* § 232 Rn 12 f). Denn die Zuleitung dient der Information und Vorbereitung des Erörterungs- und Abstimmungstermins. Das gilt jedoch nur, soweit die Zuleitung nach § 232 Abs 1 obligatorisch ist. Ferner kann die unterlassene Zuleitung keinen Einfluss auf die Annahme des Plans haben, wenn sämtliche in § 232 Abs 1 aufgeführten Beteiligten und Gremien den Plan anderweitig, beispielsweise vom Vorlegenden, erhalten hatten.

§ 232 wird **für Genossenschaften** ergänzt durch § 116 Nr 4 GenG; danach ist eine **Anhörung des Prü-** 17 **fungsverbands** vorgeschrieben. Diese Anhörung ist jedoch ausschließlich auf das Gericht bezogen. Sie soll dem Gericht ermöglichen, sich ein Bild darüber zu machen, ob nach Ansicht des Prüfungsverbands der Plan mit den Interessen der Genossen vereinbar ist. Ist das nicht der Fall, so betrifft dies die Stellung der Genossen als Gesellschafter des schuldnerischen Unternehmens, so dass im Einzelfall ein Verstoß gegen § 227 Abs 1 oder Abs 2 vorliegen könnte. Das kann aber allenfalls dazu führen, dass im Widerspruch des Schuldners nach § 247 der Bestätigung des Plans entgegenstehen kann. Auf die Annahme des Plans durch die Gläubiger können solche Fragen keinen Einfluss haben. Eine Verletzung von § 116 Nr 4 GenG fällt daher nicht unter Nr 1.

bb) § 233. Zu Unrecht ergangene **Entscheidungen des Gerichts** über die **Aussetzung der Verwertung** 18 **und Verteilung** nach § 233 begründen **kein Bestätigungshindernis** im Sinne von Nr 1. Bei § 233 handelt es sich nicht um die verfahrensmäßige Behandlung des Plans, sondern um ein Sicherungsmittel zur Offenhaltung der Alternativen „Regelabwicklung" oder „abweichende Behandlung durch einen Plan" (ebenso *Schiessler* Insolvenzplan S 179).

cc) § 234. Verstöße gegen die Pflicht zur **Niederlegung des Plans** und der Stellungnahmen nach § 234 19 begründen ein Bestätigungshindernis. Das gilt für die **unterlassene Niederlegung**. Wenn die **Niederlegung unvollständig** war, hängt die Einordnung als wesentlicher Mangel davon ab, welche Unterlage nicht niedergelegt worden ist. **Stellungnahmen**, die nicht eingeholt werden mussten, dürften insoweit regelmäßig als unwesentlicher Mangel zu behandeln sein. Kein Bestätigungshindernis liegt vor, wenn die **Niederlegung** ausnahmsweise **entbehrlich** war (dazu § 234 Rn 2). Erfolgt die Niederlegung, so sind Verstöße gegen den **Niederlegungszeitraum** nicht per se Bestätigungshindernis. Vielmehr ist die Einordnung als maßgeblicher Verfahrensmangel davon abhängig zu machen, ob der Niederlegungszeitraum **wesentlich verkürzt** war.

Wenn **zu Unrecht Einsicht gewährt** wurde, kann dies keinen Einfluss auf die Annahme des Plans ha- 20 ben. Ein Bestätigungshindernis nach Nr 1 liegt nicht vor. Die **unberechtigte Verweigerung der Einsichtnahme** begründet hingegen ein Bestätigungshindernis. Im Einzelfall kann sie durch **Nachholung** der Einsichtnahmemöglichkeit im Erörterungstermin vor Beginn der Erörterung geheilt werden.

dd) § 235. Eine **Terminierung des Erörterungs- und Abstimmungstermins** vor dem Prüfungstermin 21 (§ 236) begründet nach teilweise vertretener Auffassung ein Bestätigungshindernis (*N/R/Braun* § 250 Rn 7). Gegen diese Auffassung könnte jedoch sprechen, dass § 236 lediglich die Stimmrechtsfestsetzung erleichtern soll. Da eine unzutreffende Stimmrechtsfestsetzung ihrerseits kein Bestätigungshindernis darstellt (unten Rn 23), wäre es folgerichtig, Verstöße gegen die Terminierungsreihenfolge nicht als Bestätigungshindernis aufzufassen. **Mängel der** nach § 235 erforderlichen **Ladung** können, soweit sie nicht durch Erscheinen der nicht Geladenen geheilt werden, gleichfalls der Bestätigung entgegenstehen (vgl oben § 235 Rn 18).

ee) §§ 237, 238. Unzutreffende Stimmrechtsfestsetzungen begründen **kein Bestätigungshindernis** (LG 22 Bielefeld 30. 11. 2001 ZInsO 2002, 198, 199; LG Berlin 29. 10. 2002 ZInsO 2002, 1191.1192; *Braun/Frank* § 250 Rn 5; MüKoInsO-*Sinz* § 250 Rn 130). Vielmehr sind sie, selbst wenn sich die Festsetzung auf das Ergebnis der Abstimmung ausgewirkt hat, **ausschließlich** nach Maßgabe von **§ 18 Abs 3 RPflG** beachtlich; danach kann der Richter auf Antrag eines Gläubigers oder des Verwalters das

Lüer

Stimmrecht neu festsetzen und die Wiederholung der Abstimmung anordnen, sofern der Antrag bis zum Schluss des Erörterungs- und Abstimmungstermins gestellt wird (s oben Rn 13). Da es sich insoweit um einen vorrangigen Sondertatbestand handelt, greift § 250 Nr 1 nicht ein (**AG Duisburg** 14. 11. 2001 NZI 2002, 502, 503; FK-*Jaffé* § 250 Rn 15 b; MüKoInsO-*Sinz* § 250 Rn 13 c).

23 ff) § 240. Unzulässige und nicht behebbare **Änderungen** stehen der Bestätigung des Plans entgegen (etwa MüKoInsO-*Sinz* § 250 Rn 12 f).

24 gg) § 241. Eine „**unberechtigte**" Anordnung des gesonderten **Abstimmungstermins** stellt **kein Bestätigungshindernis** dar. Ebenso wenig stehen Verstöße gegen die **Terminierungsfrist** nach § 241 Abs 1 S 2 der Bestätigung entgegen (dazu § 235 Rn 5, § 241 Rn 6). **Unterbliebene Ladung**, Ladung ohne **Hinweis auf Änderungen** sowie bei Unvollständigkeit des Hinweises begründen ein Bestätigungshindernis; Heilung ist im Einzelfall möglich (§ 241 Rn 13). „**Unberechtigte**" **Vertagung** des Termins begründet kein Bestätigungshindernis. Unberechtigte **Teilnahmeverweigerung** begründet ein Bestätigungshindernis (dazu § 241 Rn 15). **Nichtberücksichtigung abgegebener Stimmen** begründet gleichfalls ein Bestätigungshindernis; Heilung ist im Einzelfall möglich.

25 hh) § 242. „**Unberechtigte**" **Anordnung** der **schriftlichen Abstimmung** begründet **kein Bestätigungshindernis**. Fehlender **Hinweis auf die Frist für die Stimmabgabe** begründet ein Bestätigungshindernis (ebenso MüKoInsO-*Sinz* § 250 Rn 12 h). Dieser Mangel kann jedoch im Einzelfall unwesentlich sein, wenn alle Gläubiger rechtzeitig abgestimmt hatten.

26 ii) §§ 243, 244. **Gesamtabstimmung** statt **Abstimmung in Gruppen** begründet ein Bestätigungshindernis. Ebenso fehlerhafte **Ergebnisermittlung und -feststellung**.

27 jj) Ein Verstoß gegen die **§§ 245 bis 247** kann sich nur darin äußern, dass das Gericht die von ihm zu prüfenden Voraussetzungen dieser Vorschriften unzutreffend beurteilt und daher den Plan fälschlicherweise bestätigt oder ihm die Bestätigung versagt. Tatsächlich **liegt** daher ein **Verstoß gegen die §§ 245 bis 247 gerade in der Entscheidung des Gerichts** über die Bestätigung des Plans. Dementsprechend wird man vernünftigerweise nicht erwarten können, dass das Gericht Verstöße gegen diese Vorschriften prüft. Gleiches gilt für die Entscheidung über einen Antrag nach § 251. Dass die genannten Vorschriften gleichwohl zu den Vorschriften zählen, deren Verletzung einer Bestätigung des Plans letztlich entgegensteht, erklärt sich damit, dass **unrichtige Entscheidungen** des Insolvenzgerichts hierüber gegebenenfalls **im Rahmen einer sofortigen (weiteren) Beschwerde** zu prüfen und zu berücksichtigen sind (zutr N/R/ *Braun* § 250 Rn 10).

28 kk) § 248. Ein Verstoß gegen die **Anhörungspflicht** nach § 248 Abs 2 kann allenfalls Einfluss auf die Bestätigung haben, nicht aber auf die Annahme des Plans. Daher ist eine **unterbliebene Anhörung kein Bestätigungshindernis** im Sinne von Nr 1. Siehe im Übrigen bei § 248 Rn 4.

29 ll) § 249. **Unzulässige Bedingungen** (dazu § 249 Rn 3 ff) stehen der Bestätigung entgegen.

III. Versagung gemäß Nr 2

30 Die Vorschrift ist § 79 Nr 3 VglO, § 188 Abs 1 Nr 1 KO nachgebildet. Die Versagung kann nur erfolgen, wenn die **Annahme des Plans unlauter herbeigeführt** worden ist. Unter „unlauter" versteht das Gesetz insbesondere die **Begünstigung eines Gläubigers**. Voraussetzung für die Unlauterheit eines Verhaltens ist, dass die Beteiligten dabei die Umstände, aus denen sich die Gläubigerbegünstigung ergibt, kannten oder kennen mussten (vgl **LG Berlin** 8. 2. 2005 ZInsO 2005, 609, 613; im entschiedenen Fall stand nicht fest, dass die Beteiligten die Nachrangigkeit bestimmter Forderungen kannten). Im Übrigen soll unlauter **jedes gegen Treu und Glauben verstoßende Verhalten** des Schuldners, eines Gläubigers, des Verwalters oder eines Dritten sein (*N/R/Braun* § 250 Rn 11; *K/U* § 188 KO Rn 3; *Bley/Mohrbutter* § 79 VglO Rn 10). Zu §§ 188 KO, 79 VglO wurden folgende **Fallgestaltungen** als unlauter angesehen: Anerkennen erdichteter Forderungen, Verheimlichen von Vermögen, Stimmenkauf, einseitig bevorzugende Nebenabreden, Manipulation der Abstimmungsmehrheiten, Forderungskauf, kollusives Aufteilen einer Forderung zur Beschaffung von Mehrheiten (*Kilger/K. Schmidt* § 79 VglO Anm 4; *K/U* § 188 KO Rn 3). Der BGH hält die Herbeiführung der Annahme des Insolvenzplans durch einen Forderungskauf, der einzelnen Gläubigern besondere Vorteile bietet, für unlauter und nichtig (**BGH** 3. 3. 2005 BGHZ 162, 283, 290).

31 Das unlautere Verhalten muss **für die Annahme des Plans kausal sein** (ebenso FK-*Jaffé* § 250 Rn 21). Eine Versagung kommt danach nur in Betracht, wenn die Kausalität des unlauteren Verhaltens für die Annahme des Plans zur Gewissheit des Insolvenzgerichts feststeht. Nur der Verdacht oder die abstrakte Möglichkeit unlauteren Herbeiführens der Annahme des Plans rechtfertigen die Versagung der Bestätigung des Plans nicht. Kausalität hat der BGH im Falle des Forderungskaufs auch dann bejaht, wenn die Wirksamkeit des Forderungskaufs auf den Zeitpunkt der rechtskräftigen Bestätigung des Insolvenzplans aufgeschoben, zugleich aber dem Käufer eine sofort wirksame, weisungsfreie Abstimmungsvollmacht erteilt wird (**BGH** 3. 3. 2005 BGHZ 162, 283, 293).

§ 251 Minderheitenschutz

(1) Auf Antrag eines Gläubigers ist die Bestätigung des Insolvenzplans zu versagen, wenn der Gläubiger
1. dem Plan spätestens im Abstimmungstermin schriftlich oder zu Protokoll der Geschäftsstelle widersprochen hat und
2. durch den Plan voraussichtlich schlechter gestellt wird, als er ohne einen Plan stünde.

(2) Der Antrag ist nur zulässig, wenn der Gläubiger glaubhaft macht, daß er durch den Plan schlechter gestellt wird.

Übersicht

	Rn
I. Normzweck	1
II. Antrag auf Versagung der Bestätigung	4
1. Gläubigerantrag (Abs 1)	4
a) Antrag	4
b) Antragsbefugnis	10
c) Widerspruch (Abs 1 Nr 1)	14
d) Glaubhaftmachung der Schlechterstellung (Abs 2)	15
III. Schlechterstellung	16
1. Gerichtliche Überprüfung	16
2. Salvatorische Klauseln	19
IV. Gerichtliche Entscheidungen	21
1. Zurückweisung des Antrags	21
2. Entscheidung bei begründetem Antrag	23
3. Entscheidung bei Vorliegen anderer Bestätigungshindernisse	24

I. Normzweck

Im Schrifttum ist bisweilen zu lesen, die Norm diene dem **Schutz überstimmter (Minderheits-)Gläubiger** (etwa *N/R/Braun* § 251 Rn 1; *Braun/Uhlenbruck* Unternehmensinsolvenz S 487, 618; *K/P/Otte* § 251 Rn 6). Das ist richtig, greift jedoch zu kurz. An der Abstimmung über den Insolvenzplan sind nicht zwingendermaßen sämtliche Gläubiger zu beteiligen, welche sich nach § 254 den rechtlichen Wirkungen des Insolvenzplans unterwerfen müssen. Das liegt vor allem daran, dass keine Stimmrechte gewährt werden, soweit im Einzelfall die gesetzlichen Grundregelungen der §§ 223 Abs 1, 225 Abs 1 gelten sollen. Auch Gläubiger ohne Stimmrecht sind jedoch in den Schutzbereich von § 251 einbezogen (dazu unten Rn 14). Es erscheint daher zutreffender, den Normzweck folgendermaßen zu beschreiben: § 251 dient dem **Schutz sämtlicher Gläubiger, welche gegen** ihren Willen den **Rechtswirkungen des Plans** nach **§ 254 unterworfen werden**. Für sie ist § 251 das gesetzlich vorgesehene **Mittel zur Kontrolle der Mehrheitsentscheidung**. Diese Funktion entspricht einem allgemeinen Prinzip. Dort wo Mehrheitsentscheidungen auch die Minderheit rechtlich binden, ist die Richtigkeitsgewähr des Mehrheitsbeschlusses nicht in gleicher Weise gegeben, wie dies für eine einvernehmlich ausgehandelte Vertragslösung angenommen wird (vgl *Schiessler* Insolvenzplan S 161). Das wird durch § 251 kompensiert, ähnlich wie etwa bei Gesellschafter- bzw Hauptversammlungsbeschlüssen im GmbH- und Aktienrecht durch die Beschlussanfechtungsrechte der (Minderheits-)Gesellschafter. 1

§ 251 gewährt dem **einzelnen Gläubiger** (nur) **Schutz** davor, gegen seinen Willen **schlechter gestellt zu werden, als er ohne Plan** stünde. Das entspricht dem Grundkonzept der InsO, einen Insolvenzplan zu ermöglichen, wenn der Plan den Beteiligten jedenfalls so viel gewährt, wie sie ohne Plan erhalten würden (Allg Begr RegE InsO *Balz/Landfermann* S 31; vgl auch *Balz* ZIP 1988, 273, 279; *Eidenmüller*, Jb für neue politische Ökonomie 1996, 164, 181). 2

Funktion und Reichweite des Minderheitenschutzes nach § 251 haben vor allem für eine Reihe von **Auslegungsfragen** Bedeutung (s unten Rn 7). 3

II. Antrag auf Versagung der Bestätigung

1. Gläubigerantrag (Abs 1). a) Antrag. Das Gericht kann die Bestätigung des Insolvenzplans nach § 251 nur versagen, wenn ein Gläubiger dies beantragt hat. Dieser muss mithin einen **Antrag auf Versagung der Bestätigung des Plans** stellen. Der Antrag ist vom Widerspruch nach Abs 1 Nr 1 zu trennen. Beides muss vorliegen; der **Widerspruch** gegen den Insolvenzplan **allein reicht nicht aus** (so auch *N/R/Braun* § 251 Rn 3; *BerlKo-Breutigam* § 251 Rn 6; ohne eindeutige Unterscheidung *K/P/Otte* § 251 Rn 12). 4

Das Gesetz fordert für den Antrag **keine besondere Form**. Abs 1 Nr 1 gilt nur für den Widerspruch selbst. Mit der Annahme eines konkludenten Antrags wird man zurückhaltend sein müssen. Insbesondere kann dem **Widerspruch** als solchem **kein konkludenter Antrag** auf Versagung der Bestätigung entnommen werden (so auch *N/R/Braun* § 251 Rn 3). 5

6   Das Gesetz sieht auch **keine Frist** für den Antrag vor. Aus Abs 1 Nr 1 ergibt sich zunächst nur, dass der Antrag in zulässiger Weise **frühestens nach Erklärung des Widerspruchs** gestellt werden kann. Vorher ist der Antrag unzulässig; der Antragsteller riskiert eine Zurückweisung.

7   Fraglich ist jedoch, bis zu welchem Zeitpunkt der Antrag **spätestens** gestellt werden muss. In der Begründung zu § 298 RegE InsO heißt es, da das Gesetz keine Frist vorsehe, könne der Antrag bis zur **Rechtskraft der Bestätigung** des Plans gestellt werden. Dies entspreche dem geltenden Recht des Zwangsvergleichs (*Balz/Landfermann* S 370). Diese Ansicht ist von Teilen des Schrifttums ohne nähere Begründung übernommen worden (etwa *K/P/Otte* § 251 Rn 13). Wäre sie zutreffend, dann müsste der Antrag auch noch im Rahmen einer sofortigen Beschwerde nach § 7 gestellt werden können. Das ist jedoch nach § 7 Abs 1 S 2 unzulässig. Denn neues Vorbringen oder neue Tatsachen sind danach ausgeschlossen (dazu FK-*Schmerbach* § 7 Rn 9). Darüber hinaus ist zweifelhaft, ob der **Antrag überhaupt nachgeschoben**, also erstmals nach dem Bestätigungsbeschluss des Insolvenzgerichts gestellt werden kann. Entgegen der zitierten Passage der Entwurfsbegründung wurde zu § 188 KO **nur die Nachholung der Glaubhaftmachung** für möglich gehalten (*K/U* § 188 KO Rn 5 mwN; *Kilger/K Schmidt* § 188 KO Anm 1 aE). Das ergab sich für § 188 KO daraus, dass § 570 ZPO auf die Beschwerde gegen den **Beschluss über die Zurückweisung des Antrags** anwendbar war. Schon dies ist bei § 251 anders. Denn im Gegensatz zu §§ 188, 73 KO ist der Beschluss über den Antrag gemäß §§ 251, 6 nicht mehr beschwerdefähig. Deshalb gilt **für diesen Beschluss** § 570 ZPO (über § 11 Abs 2 S 4 RPflG) nur noch im Rahmen einer Erinnerung, wenn der Rechtspfleger entschieden hat. Liegt jedoch eine Entscheidung des Richters vor, dann wäre ein Nachschieben der Glaubhaftmachung über § 570 ZPO ausschließlich noch im Rahmen der Beschwerde **gegen den Bestätigungsbeschluss** denkbar. Insoweit entfaltet der Beschluss über den Antrag wohl keine entgegenstehende materielle Rechtskraft. Auch ging der Gesetzgeber möglicherweise davon aus, dass § 251 im Ergebnis dem Recht des Zwangsvergleichs entspreche. Damit **kann** man begründen, dass **die Glaubhaftmachung** nach Abs 2 auch noch im Rahmen der sofortigen Beschwerde gegen den Bestätigungsbeschluss **nachgeholt werden** kann. Dogmatisch erscheint diese Sichtweise jedoch nicht zwingend.

8   Das **Nachschieben des Antrags** selbst ist jedoch in jedem Fall **unzulässig**. Denn § 570 ZPO berechtigt nur zu neuem Tatsachenvortrag und neuen Beweismitteln. Das Nachschieben des Antrags ist dagegen nicht von § 570 ZPO erfasst (vgl dazu Stein-Jonas/*Grunsky* § 570 ZPO Rn 4; aA HK-*Flessner* § 251 Rn 4). Der Antrag nach § 251 muss daher **rechtzeitig vor Verkündung des Bestätigungsbeschlusses** gestellt werden.

9   Wollte man demgegenüber wegen der Formulierung der Entwurfsbegründung davon ausgehen, dass auch der Antrag nachgeschoben werden kann, dann müsste der Antrag jedenfalls so **rechtzeitig vor Verkündung der Beschwerdeentscheidung** des Landgerichts gestellt sein, dass er noch berücksichtigt werden kann. Denn nach der Beschwerdeentscheidung des LG kann der Antrag wegen § 7 Abs 1 S 2 per se nicht mehr gestellt werden. Das Beschwerdegericht wiederum kann die Beschwerdeentscheidung nach ihrer Verkündung nicht mehr ändern (§ 318 ZPO).

10   **b) Antragsbefugnis. aa)** Nach dem Wortlaut von Abs 1 ist jeder Gläubiger antragsbefugt. Aus dem Normzweck ergibt sich jedoch, dass nur solche **Gläubiger** antragsbefugt sind, die sich den Rechtswirkungen des Plans nach § 254 unterwerfen müssen. Antragsbefugt sind danach nur **absonderungsberechtigte** Gläubiger und die **Insolvenzgläubiger**. Aussonderungsberechtigte Gläubiger und Massegläubiger sowie Neugläubiger sind dagegen nicht antragsbefugt. Hinsichtlich der in § 39 Abs 1 Nr 3 bezeichneten Forderungen kann der Insolvenzplan keine belastenden Regelungen treffen (dazu § 225 Rn 8). Der Plan kann ausschließlich zu ihren Gunsten wirken, indem er **bevorzugende** Leistungen vorsieht. Solche Gläubiger können daher schon wegen § 225 Abs 3 durch einen Insolvenzplan nicht schlechter gestellt sein. Mangels Schutzbedürftigkeit sind sie gleichfalls nicht antragsbefugt.

11   **bb)** Fraglich ist, ob durch § 251 **nur stimmberechtigte** Gläubiger geschützt werden (so FK-*Jaffé* § 251 Rn 11). Die Überschrift „Minderheitenschutz" scheint dafür zu sprechen, dass § 251 nur auf die in ihrer Gruppe jeweils überstimmten Gläubiger gemünzt ist. Jedoch spricht Abs 1 ohne Einschränkung vom Antrag „eines Gläubigers". In der Begründung zu § 298 RegE InsO heißt es ausdrücklich: „*(...) ob er stimmberechtigt war, ist unerheblich.*" (*Balz/Landfermann* S 369). **Auch Gläubiger ohne Stimmrecht** sind daher **antragsbefugt** (ebenso *Schiessler* Insolvenzplan, S 182; *K/P/Otte* § 251 Rn 4; *Braun/ Frank* § 251 Rn 3; MüKoInsO-*Sinz* § 251 Rn 5). Das entspricht im Übrigen der Ausgestaltung der gerichtlichen Kontrolle von Mehrheitsentscheidungen im Rahmen der GmbH- und aktienrechtlichen Anfechtungsklage; dort sind auch Inhaber stimmrechtsloser GmbH-Anteile/Aktien anfechtungsbefugt (dazu *Hüffer* AktG § 245 Rn 5 mwN).

12   **cc) Beteiligung an der Abstimmung** ist auch für stimmberechtigte Gläubiger **nicht Voraussetzung** (ebenso *K/P/Otte* § 251 Rn 4). Wie schon zu § 188 KO wird man ferner davon ausgehen können, dass ein **Gläubiger, der für den Plan gestimmt hatte**, nicht schon deswegen die Antragsbefugnis verliert (ebenso FK-*Jaffé* § 251 Rn 12). Auch das wird etwa im Rahmen der aktienrechtlichen Anfechtungsklage in gleicher Weise betrachtet. Die Antragsbefugnis ist allerdings nur gegeben, wenn der Gläubiger trotzdem Widerspruch gemäß Abs 1 Nr 1 erklärt (*K/U* § 188 KO Rn 2).

III. Schlechterstellung § 251

dd) Anwesenheit im Termin ist gleichfalls **nicht Voraussetzung**; das ergibt sich bereits daraus, dass 13
der Widerspruch schon vorher erklärt werden kann.

c) Widerspruch (Abs 1 Nr 1). Der Antrag auf Versagung der Bestätigung des Plans ist nur zulässig, 14
wenn der Gläubiger einen **form- und fristgerechten Widerspruch** gegen den Plan erklärt hat. Der Widerspruch kann vor und muss spätestens im Abstimmungstermin erklärt werden. Es reicht, wenn der Widerspruch **vor** dem förmlichen **Schluss des Abstimmungstermins** erklärt wird. Das Gericht sollte hierzu vor Schluss des Erörterungs- und Abstimmungstermins noch einmal Gelegenheit geben (§ 235 Rn 23). Der Widerspruch ist **schriftlich** oder zu **Protokoll der Geschäftsstelle** zu erklären. Im Erörterungs- und Abstimmungstermin ist er statt zu Protokoll der Geschäftsstelle gegenüber dem Gericht zu erklären und in das **Terminsprotokoll** aufzunehmen.

d) Glaubhaftmachung der Schlechterstellung (Abs 2). Nach Abs 2 muss der Gläubiger glaubhaft machen, dass er durch den Plan voraussichtlich schlechter gestellt wird, als er ohne Plan stünde. Diese **Glaubhaftmachung** ist **Zulässigkeitsvoraussetzung** für den Antrag. Glaubhaft zu machen sind die **Tatsachen, mit denen der Antragsteller** die voraussichtliche **Schlechterstellung** begründet (vgl *K/P/Otte* § 251 Rn 12). Das kam in der Formulierung von § 188 Abs 2 KO deutlicher zum Ausdruck als bei § 251 Abs 2. Hat der Gläubiger solche Tatsachen **überhaupt nicht** oder **nicht in zulässiger Weise** (§ 294 ZPO) glaubhaft gemacht, so ist der Antrag, nach gerichtlichem Hinweis und Gelegenheit zur Nachholung, als unzulässig zurückzuweisen. Hat der Gläubiger **wenigstens eine Tatsache glaubhaft** gemacht, aus welcher sich eine Schlechterstellung ergeben **soll**, so ist der **Antrag zulässig**. Das Gericht hat dann nach Abs 1 Nr 2 zu prüfen, ob sich aus den glaubhaft gemachten Tatsachen voraussichtlich eine Schlechterstellung ergibt (näher unten Rn 19). Reichen die glaubhaft gemachten Tatsachen für die Annahme einer Schlechterstellung nicht aus, so ist der Antrag nicht unzulässig, sondern unbegründet. Zum Nachschieben der Glaubhaftmachung nach Erlass des Bestätigungsbeschlusses so Rn 9.

III. Schlechterstellung

1. Gerichtliche Überprüfung. Ist der **Antrag zulässig**, so hat das Gericht **zu prüfen, ob** der **Antragsteller** durch den Plan voraussichtlich **schlechter gestellt wird**, als er ohne Plan stünde. Teilweise wird darin eine Parallele zu der Prüfung einer **voraussichtlichen Schlechterstellung** einer dissentierenden Gläubigergruppe nach § 245 Abs 1 Nr 1 gesehen (etwa *Bork* Rn 342). Jedoch unterscheiden sich beide Prüfungen. Ein wesentlicher Unterschied liegt darin, dass die Prüfung nach § 245 Abs 1 Nr 1 auf die Schlechterstellung einer **Gruppe von Gläubigern** bezogen ist, während § 251 auf die individuelle Schlechterstellung des einzelnen Gläubigers abstellt. Vor allem aber ist der **Prüfungsumfang** unterschiedlich. Bei § 245 Abs 1 Nr 1 hat das Gericht von Amts wegen zu prüfen, ob die nicht zustimmende(n) Gruppe(n) durch den Plan schlechtergestellt wird (werden). Diese Prüfung ist gegenständlich und umfänglich nicht begrenzt. Vielmehr muss zur Überzeugung des Gerichts feststehen, dass dies nicht der Fall ist. Dabei hat das Gericht alle in Betracht kommenden relevanten Tatsachen von sich aus zu berücksichtigen. 16

Im Rahmen von § 251 beschränkt sich der **Prüfungsumfang** auf diejenigen ordnungsgemäß **glaubhaft gemachten Tatsachen**, mit denen der Antragsteller seine Schlechterstellung begründet. Andere, vom Antragsteller **nicht vorgetragene** oder **nicht ordnungsgemäß** glaubhaft gemachte Tatsachen sind hingegen **nicht zu berücksichtigen**. Diese Beschränkung des Prüfungsumfangs bei § 251 ergibt sich schon aus dem Erfordernis der Glaubhaftmachung. Wird nichts vorgetragen, so findet überhaupt keine Prüfung statt. Wird vorgetragen und nichts glaubhaft gemacht, findet gleichfalls keine Prüfung statt. Nur **soweit** vorgetragen und glaubhaft gemacht wird, hat das Gericht zu prüfen. Das entspricht auch der in der Begründung zu § 298 RegE InsO (*Balz/Landfermann* S 369) angeführten Absicht, das Gericht ohne Glaubhaftmachung der Tatsachen, aus welchen sich die vom Antragsteller behauptete individuelle Benachteiligung ergibt, vor aufwendigen Ermittlungen zu schützen. Die Funktion der Norm lässt keine weitergehende Prüfung geboten erscheinen. Entsprechende Beschränkungen finden sich vielmehr auch in anderen Regelungen zum Minderheitenschutz. So überprüft das Gericht beispielsweise im Rahmen der aktienrechtlichen Anfechtungsklage den Mehrheitsbeschluss der Hauptversammlung nur in dem Umfang, in welchem der Anfechtungskläger Beschlussfehler ihrem Kern nach mit der Klage gerügt hat. 17

Eine **Schlechterstellung** ergibt sich **nicht schon daraus**, dass der Gläubiger etwas anderes (**aliud**) bekommt, als er bei einer Regelabwicklung erhalten würde. Denn das würde dem Grundgedanken des Insolvenzplans widersprechen, abweichende Regelungen vorsehen zu können. Entscheidend ist vielmehr eine rein rechnerische Gegenüberstellung der sich jeweils ergebenden Werte. Ergibt sich aus den glaubhaft gemachten Tatsachen, dass der Gläubiger voraussichtlich **wertmäßig weniger erhält**, als er ohne Plan erlangen würde, so liegt eine Schlechterstellung vor (FK-*Jaffé* § 251 Rn 18; kritisch zum rein wertmäßigen Vergleich *Stürner*, in Leipold, Insolvenzrecht im Umbruch, S 41, 46). Bei dieser Betrachtung sind auch **künftige Vorteile** aufgrund des Plans zu berücksichtigen, etwa bei Arbeitnehmern wegen des Erhalts des Arbeitsplatzes (*Warrikoff* KTS 1997, 527, 545). 18

19 **2. Salvatorische Klauseln.** Ausweislich der Begründung zu § 298 RegE InsO ist es zulässig, im Insolvenzplan salvatorische Klauseln vorzusehen, dh den betroffenen Gläubigern für den Fall einer Schlechterstellung eine Kompensation anzubieten (Begr zu § 298 RegE InsO *Balz/Landfermann* S 369). Solche salvatorischen Klauseln verstoßen insbesondere auch nicht gegen das Verbot von Abreden außerhalb des Plans nach § 226 Abs 3 (abw MüKoInsO-*Sinz* § 251 Rn 24). Denn zum einen dienen solche salvatorischen Klauseln keiner Bevorzugung von Gläubigern zur Erreichung ihrer Zustimmung, sondern dem Ausgleich einer möglichen Schlechterstellung (*Eidenmüller*, Jb für neue politische Ökonomie 1996, 164, 183). Zum anderen sind solche Klauseln gerade Bestandteil des Plans und keine Verabredungen außerhalb des Plans (anders *Smid* ZInsO 1998, 347, 349 f).

20 Wenn der Plan eine solche Klausel enthält, kann eine Schlechterstellung ausgeschlossen sein. Das hängt davon ab, ob die Klausel zur Kompensation des (wertmäßigen) Nachteils des bzw der **antragstellenden** Gläubiger(s) ausreicht, und ob die Finanzierung der daraus folgenden Belastungen gesichert ist.

IV. Gerichtliche Entscheidungen

21 **1. Zurückweisung des Antrags.** Ist der Antrag unzulässig oder unbegründet, weist das Gericht den Antrag des Gläubigers zurück. Die **Zurückweisung** erfolgt **durch Beschluss.** Dieser Beschluss ist **nicht Bestandteil des Bestätigungsbeschlusses.** Vielmehr ist ein **gesonderter Beschluss** zu fassen. Der Beschluss kann aber mit dem Bestätigungsbeschluss zusammen ergehen. Das war auch schon bei dem Vorbild § 188 KO der Fall (*K/U* § 188 KO Rn 5) und hat sich durch § 251 nicht geändert (zutr H/W/F, Hdb InsO 9/30, 34; aA BerlKo-*Breutigam* § 251 Rn 14). Im Unterschied zu § 188 KO iVm § 73 KO ist der Beschluss über den Antrag allerdings **nicht mehr selbständig anfechtbar,** wenn der Richter entschieden hat, weil § 6 Abs 1 in Umkehrung von § 73 KO dazu eine ausdrückliche Beschwerdemöglichkeit verlangt. Wenn der Rechtspfleger den Beschluss erlassen hat, kann jedoch Erinnerung gemäß § 11 Abs 2 RPflG eingelegt werden (FK-*Schmerbach* § 6 Rn 32).

22 Wenn der **Rechtspfleger** entscheidet und er den Beschluss über den Antrag zusammen mit dem Bestätigungsbeschluss erlässt, dann ist bei den Rechtsbehelfen zu beachten, dass eine „einheitliche" Beschwerde gegen beide Beschlüsse **nicht mehr zulässig ist.** Im Einzelfall kann uU der als sofortige Beschwerde gegen den Beschluss über den Antrag eingereichte Rechtsbehelf **als Erinnerung umgedeutet** und behandelt werden.

23 **2. Entscheidung bei begründetem Antrag.** Ist dem Antrag stattzugeben, so ergeht über den Antrag **kein gesonderter Beschluss** des Gerichts. Vielmehr ist in diesem Fall dem Plan durch Beschluss die Bestätigung zu versagen.

24 **3. Entscheidung bei Vorliegen anderer Bestätigungshindernisse.** Über einen Antrag eines Gläubigers nach § 251 bräuchte an sich nicht entschieden werden, wenn Bestätigungshindernisse vorliegen, aufgrund derer das Gericht dem Plan die Bestätigung von Amts wegen zu versagen hat (§ 250). Die Entscheidung über den Antrag des Gläubigers nach § 251 könnte in solchen Fällen dahingestellt bleiben. Denn nach dem Normzweck von § 251 entfällt ein Schutzbedürfnis des Antragstellers, wenn der Plan (aus anderen Gründen) nicht bestätigt wird. Das sollte jedoch nur in zweifelsfreien Fällen so gehandhabt werden.

§ 252 Bekanntgabe der Entscheidung

(1) ¹Der Beschluß, durch den der Insolvenzplan bestätigt oder seine Bestätigung versagt wird, ist im Abstimmungstermin oder in einem alsbald zu bestimmenden besonderen Termin zu verkünden. ² § 74 Abs. 2 Satz 2 gilt entsprechend.

(2) Wird der Plan bestätigt, so ist den Insolvenzgläubigern, die Forderungen angemeldet haben, und den absonderungsberechtigten Gläubigern unter Hinweis auf die Bestätigung ein Abdruck des Plans oder eine Zusammenfassung seines wesentlichen Inhalts zu übersenden.

I. Verkündung der Entscheidung

1 Der **Beschluss,** durch den der Insolvenzplan bestätigt oder die Bestätigung versagt wird, ist entweder im **Abstimmungstermin** oder in einem **besonderen Termin** zu **verkünden.** Wird der Beschluss nicht im Abstimmungstermin verkündet, so ist der besondere Termin „alsbald" zu bestimmen. Nach Abs 1 in Verbindung mit § 74 Abs 2 S 2 braucht der besondere **Verkündungstermin nicht öffentlich bekannt gemacht** werden. Auch hier sollte sich das Gericht bei der Terminsanberaumung der Bedeutung des Zeitfaktors bewusst sein und dementsprechend möglichst kurzfristig terminieren. Die Verkündung ist zu protokollieren (§§ 4 InsO, 160 Abs 2 Nr 6 ZPO), und sie setzt die Frist für die sofortige Beschwerde nach § 253 in Gang, wie sich aus § 6 Abs 2 ergibt.

II. Unterrichtung nach Bestätigung

2 Nach Abs 2 sind bei Bestätigung des Plans den **Insolvenzgläubigern** mit angemeldeten Forderungen und den **absonderungsberechtigten Gläubigern Abdrucke des Plans** oder stattdessen eine **Zusam-**

II. Rechtskraftwirkungen **§ 253**

menfassung seines wesentlichen Inhalts zu übersenden. Bei der Übersendung ist **auf die Bestätigung des Plans hinzuweisen.** Daraus und aus dem Wortlaut von Abs 1 („verkünden") ergibt sich, dass der Beschluss den Gläubigern nicht zugestellt werden muss. Die Übersendung einer Zusammenfassung wird in erster Linie dann in Betracht kommen, wenn das Gericht gemäß § 235 Abs 3 S 2 bereits für die Ladung zum Erörterungs- und Abstimmungstermin eine solche Zusammenfassung beim Vorlegenden angefordert hatte. Mit der Übersendung kann das Gericht nicht gemäß § 8 Abs 3 den Verwalter beauftragen, da es sich hierbei nicht um eine Zustellung handelt (H/W/F, Hdb InsO 9/36; *K/P/Otte* § 252 Rn 2).

§ 253 Rechtsmittel

Gegen den Beschluß, durch den der Insolvenzplan bestätigt oder die Bestätigung versagt wird, steht den Gläubigern und dem Schuldner die sofortige Beschwerde zu.

I. Sofortige Beschwerde

Die **Entscheidung** des Gerichts ist **in jedem Falle** mit der **sofortigen Beschwerde (§ 6) anfechtbar,** 1 gleich ob der Plan bestätigt oder die Bestätigung versagt wird. Die **sofortige Beschwerde** ist **stets gegeben,** gleich ob nach § 18 Abs 1 RPflG in Verbindung mit § 3 Nr 2 e RPflG der Rechtspfleger oder nach § 18 Abs 2 RPflG der Richter entschieden hat (dazu FK-*Schmerbach* § 6 Rn 32).

Beschwerdeberechtigt sind der **Schuldner** und die **Gläubiger,** auch soweit ihnen kein Stimmrecht zu- 2 erkannt worden war (*N/R/Braun* § 253 Rn 1). Der **Verwalter** ist **nicht** beschwerdeberechtigt. Hat der Schuldner einen Plan vorgelegt und wird dieser bestätigt, so wird man dem Schuldner eine Beschwerdebefugnis mangels Beschwer allerdings absprechen müssen (vgl LG Berlin 8. 2. 2005 ZInsO 2005, 609). Für die Gläubiger kann das nicht gelten, da sie den Plan nicht selbst vorlegen, sondern durch den Verwalter und weil überdies auch im Falle der Bestätigung solche Gläubiger ein Rechtsmittel haben müssen, welche dem Plan nicht zugestimmt haben. Gläubiger, die dem Plan zugestimmt hatten, dürften gleichfalls nicht beschwerdebefugt sein. Jedenfalls würden sie sich durch die Beschwerde in Widerspruch zu ihrer Zustimmung setzen. Die Beschwerdebefugnis ist ferner solchen Gläubigern abzusprechen, in deren Rechte der Plan nicht eingreift (*Braun/Frank* § 253 Rn 4). Eine materielle Beschwerde reicht für die Beschwerdeberechtigung; es genügt, wenn die Beschwerdeführer geltend machen, der bestätigte Insolvenzplan beeinträchtige sie in ihren Rechten (**BGH** 7. 7. 2005, BGHZ 163, 344, 347). Auf eine formelle Beschwerde, die voraussetzen würde, dass der Beschwerdeführer dem Plan zuvor widersprochen haben, soll es nicht ankommen.

Die sofortige Beschwerde ist innerhalb einer **Notfrist von zwei Wochen** ab Verkündung des Beschlus- 3 ses einzulegen (§ 6 Abs 2 S 1, § 4 InsO in Verbindung mit § 577 Abs 2 Satz 1 ZPO). Sie verlängert sich auch nicht dadurch, dass das Insolvenzgericht eine falsche Belehrung über die Beschwerdefrist beifügt (BGH 16. 10. 2003 ZIP 2003, 2382).

§ 577 Abs 3 ZPO gilt nicht; das Insolvenzgericht kann vielmehr nach § 6 Abs 2 S 2 der **Beschwerde** 4 **abhelfen.** Hat der Rechtspfleger über die Bestätigung entschieden, so ist dieser auch für die Abhilfe zuständig. Dies ergibt sich zwar nicht ausdrücklich aus der Neufassung von § 11 RPflG, folgt jedoch aus dem Sinn der Streichung der Durchgriffserinnerung durch das Gesetz zur Änderung des Rechtspflegergesetzes vom 06. August 1998 BGBl I, S 2030, den zuständigen Richter zu entlasten (ebenso FK-*Schmerbach* § 6 Rn 37 ff; *N/R/Braun* § 253 Rn 2).

Soweit der Beschwerde nicht durch das Insolvenzgericht abgeholfen wird, entscheidet nach § 6 Abs 2 5 S 1, Abs 3 das **Landgericht** über die sofortige Beschwerde (*MüKoInsO-Sinz* § 253 Rn 30).

Gegen die Entscheidung des Landgerichts findet gemäß § 7 Abs 1 die Rechtsbeschwerde statt. Abwei- 6 chend von der früheren Regelung in § 189 KO entscheidet der **BGH** nach §§ 4, 574 ff ZPO über die Rechtsbeschwerde (*Braun/Frank* § 253 Rn 10). Nach § 574 Abs 2 ZPO ist das Rechtsmittel nur zulässig, wenn der Rechtssache grundsätzliche Bedeutung zukommt oder die Fortbildung des Rechts oder die Sicherung einer einheitlichen Rechtssprechung eine Entscheidung des Rechtsbeschwerdegerichts erforderlich machen (*MüKoInsO-Sinz* § 253 Rn 40). Zu den weiteren Einzelheiten siehe die Kommentierung von §§ 6, 7.

II. Rechtskraftwirkungen

Mit der **Rechtskraft** des Bestätigungsbeschlusses werden alle inhaltlichen **Mängel und Verfahrens-** 7 **mängel** geheilt (*MüKoInsO-Sinz* § 253 Rn 39). Das entspricht früherem Recht (dazu *K/U* § 189 KO Rn 4 mwN). Die Beteiligten können nicht mehr geltend machen, der Insolvenzplan habe vom Gericht nicht bestätigt werden dürfen. Die **Rechtskraftwirkungen** des bestätigten Plans **binden auch Prozessgerichte** (*K/U* § 189 KO Rn 4). Auch jegliche Abstimmungsmängel oder eine unzutreffende Entscheidung des Gerichts nach § 245 werden durch die Rechtskraftwirkung geheilt.

Lüer

Dritter Abschnitt. Wirkungen des bestätigten Plans. Überwachung der Planerfüllung

§ 254 Allgemeine Wirkungen des Plans

(1) ¹Mit der Rechtskraft der Bestätigung des Insolvenzplans treten die im gestaltenden Teil festgelegten Wirkungen für und gegen alle Beteiligten ein. ²Soweit Rechte an Gegenständen begründet, geändert, übertragen oder aufgehoben oder Geschäftsanteile einer Gesellschaft mit beschränkter Haftung abgetreten werden sollen, gelten die in den Plan aufgenommenen Willenserklärungen der Beteiligten als in der vorgeschriebenen Form abgegeben; entsprechendes gilt für die in den Plan aufgenommenen Verpflichtungserklärungen, die einer Begründung, Änderung, Übertragung oder Aufhebung von Rechten an Gegenständen oder einer Abtretung von Geschäftsanteilen zugrunde liegen. ³Die Sätze 1 und 2 gelten auch für Insolvenzgläubiger, die ihre Forderungen nicht angemeldet haben, und auch für Beteiligte, die dem Plan widersprochen haben.

(2) ¹Die Rechte der Insolvenzgläubiger gegen Mitschuldner und Bürgen des Schuldners sowie die Rechte dieser Gläubiger an Gegenständen, die nicht zur Insolvenzmasse gehören, oder aus einer Vormerkung, die sich auf solche Gegenstände bezieht, werden durch den Plan nicht berührt. ²Der Schuldner wird jedoch durch den Plan gegenüber dem Mitschuldner, dem Bürgen oder anderen Rückgriffsberechtigten in gleicher Weise befreit wie gegenüber dem Gläubiger.

(3) Ist ein Gläubiger weitergehend befriedigt worden, als er nach dem Plan zu beanspruchen hat, so begründet dies keine Pflicht zur Rückgewähr des Erlangten.

I. Gegenstand und Normzweck

1   **1. Allgemeine Grundsätze.** Der Vorschrift kommt in dreifacher Hinsicht grundlegende Bedeutung zu. Zum einen regelt sie übereinstimmend mit der gesetzlichen Normüberschrift die **allgemeinen Wirkungen**, die dem Insolvenzplan zukommen, wenn er rechtskräftig wird. Diese Wirkungen bestehen im Wesentlichen darin, dass alle Willenserklärungen zu Verfügungs- und Verpflichtungsgeschäften, die der gestaltende Teil des Plans enthält, mit der Rechtskraft wirksam werden. Sie gelten auch als **formwirksam**. Die Wirkungen treten jedoch nicht nur gegenüber den am Verfahren Beteiligten ein. Sie treten auch im Verhältnis zu den Insolvenzgläubigern ein, die ihre Forderungen im Verfahren nicht angemeldet haben; Gleiches gilt für Beteiligte, die dem Plan widersprochen haben. Durch diese gesetzlichen Festlegungen stellt sich der Insolvenzplan als **rechtsgeschäftlicher Gesamtakt** dar, durch den der gestaltende Teil des Insolvenzplans in einem Akt wirksam wird. Die Vorschrift gewährleistet, dass keiner der Beteiligten darauf angewiesen ist, die im Insolvenzplan vorgesehenen Geschäfte nachträglich einzeln und getrennt geltend zu machen oder zu verfolgen. **Zum anderen** grenzt die Vorschrift in Abs 2 die Gestaltungswirkungen ab von den **Rechten** und **Pflichten**, welche die Beteiligten im Verhältnis zu **Dritten** haben. Hier gilt der Grundsatz, dass die Rechte der Insolvenzgläubiger gegenüber **Mitschuldnern** und **Bürgen** des Schuldners ebenso vom Plan unberührt bleiben wie die Rechte, die den Insolvenzgläubigern an Gegenständen zukommen, die nicht zur Insolvenzmasse zählen. **Schließlich** strebt die Vorschrift in Abs 3 eine endgültige **Befriedung** insoweit an, als Gläubiger, die weitergehend befriedigt worden sind, als sie nach dem Insolvenzplan zu beanspruchen haben, nicht durch die Pflicht zur Rückgewähr des Erlangten belastet sind. Mit der gesetzlichen Klarstellung in Abs 2 und dem Ausschluss etwaiger Rückgewähransprüche nach Abs 3 verfolgt § 254 insgesamt eine **Endgültigkeit des rechtskräftigen Insolvenzplans**, die sowohl der **zügigen Umsetzung** als auch der **Rechtsklarheit** dient. Wie worauf hinzuweisen ist, dass die Vorschrift im früheren Recht kein Vorbild hat, jedoch materiellrechtlich dem Recht der Vergleichsordnung entspricht (MüKoInsO-*Huber* § 254 Rn 6). Denn der Forderungserlass nach früherem Vergleichsrecht machte den erlassenen Teil der Forderung zur Naturalobligation, die erfüllbar bleibt und causa der Erfüllung über den nicht erlassenen Teil hinaus bildete (vgl BGH 9. 4. 1992 BGHZ 118, 70, 76).

2   **2. Reichweite.** So umfassend der Wirkungsanspruch nach § 254 Abs 1 S 1 formuliert ist, erfordert er gleichwohl Abgrenzungen in mehrfacher Hinsicht. Die Konkretisierung in § 254 Abs 1 S 2 enthält insoweit eine **gegenständliche Beschränkung** der Wirkungen des Plans, als sie sich nicht insgesamt auf die jeweiligen Rechtsgeschäfte insgesamt erstrecken, sondern beschränkt sind auf die Wirksamkeit der **Willenserklärungen** zu den entsprechenden Verfügungs- und Verpflichtungsgeschäften. Soweit über die Willenserklärungen hinaus zur Rechtsübertragung weitere tatsächliche Vorgänge erforderlich sind wie etwa Besitzeinräumung oder -übertragung, Eintragungen in Register etc, werden diese durch den Insolvenzplan nicht ersetzt; sie sind für die Rechtswirksamkeit der entsprechenden Rechtsgeschäfte außerhalb des Plans zu vollziehen. In gleicher Weise beschränken sich die Wirkungen des rechtskräftigen Insolvenzplans auf die Maßnahmen und rechtsgeschäftlichen Gestaltungen, die Gegenstand des gestaltenden Teils des Plans sein können; nicht erfasst werden mithin alle gesellschaftsrechtlichen Veränderungen, die innerhalb der schuldnerischen Gesellschaft, etwa zum Zwecke der Fortführung, getroffen werden sollen

II. Materielle Rechtswirkungen, § 254 Abs 1 **§ 254**

(vgl oben § 218 Rn 23 ff). **Personell** beschränken sich die Wirkungen des Plans auf die **Beteiligten** am Insolvenzplanverfahren; unmittelbare Auswirkungen auf Dritte kann der Insolvenzplan nicht entfalten, soweit sich die außenstehenden Personen nicht selbständig verpflichten bzw ihre Zustimmung zu bestimmten Rechtsgeschäften erteilen. **Sicherungsrechte Dritter**, mithin Sicherheiten, die von Dritten zugunsten des Schuldners gestellt worden sind, bleiben gleichfalls von dem Plan grundsätzlich unberührt. Alle diese Abgrenzungen entsprechen weitgehend bisherigem Recht (§§ 82 VglO, 193 KO). Neu hinzugekommen ist lediglich der **Regressausschluss** nach § 254 Abs 3, der zum Zwecke der endgültigen Befriedung eine gewisse Relativierung der Planwirkungen enthält.

3. Normzweck. Die Vorschrift zielt darauf ab, die vielfältigen und komplexen Veränderungen der gesamten Haftungs- und Vermögensbeziehungen zwischen den Beteiligten als eine Art **rechtsgeschäftlichen Gesamtakt** zusammenzufassen und insgesamt einheitlich zu verwirklichen. Die Konkretisierungen in § 254 Abs 1 S 2 und Abs 2 dienen der gegenständlichen Klarstellung und damit der Transparenz und der Rechtssicherheit (vgl auch HK-*Flessner* § 254 Rn 1). Im Zusammenwirken mit den Rechten zur Zwangsvollstreckung aus dem Plan nach § 257 und den Vorschriften über die Aufhebung des Insolvenzverfahrens, §§ 258, 259 dient § 254 der zügigen und umfassenden Verwirklichung des Insolvenzplans (sa *Braun/Frank* § 254 Rn 1; MüKoInsO-*Huber* § 254 Rn 1). 3

II. Materielle Rechtswirkungen, § 254 Abs 1

1. Allgemeine Rechtswirkungen. Nach § 254 Abs 1 S 1 treten mit der Rechtskraft der Bestätigung des Plans die im gestaltenden Teil festgelegten Wirkungen für und gegen **alle Beteiligten** ein. Dieser allgemeine Grundsatz wird durch Abs 1 S 3 dahingehend konkretisiert, dass unter die Beteiligten auch **Insolvenzgläubiger** zählen, die ihre Forderungen **nicht angemeldet** haben, ebenso wie die Beteiligten, die dem **Plan widersprochen** haben. Der gesetzlichen Regelung liegt die Vorstellung zugrunde, dass der Insolvenzplan als rechtsgeschäftlicher Gesamtakt uno actu, dh mit dem Eintritt der Rechtskraft des Bestätigungsbeschlusses, insgesamt wirksam wird. Ergänzungen eines rechtskräftigen Insolvenzplans unterliegen dementsprechend als Neuverhandlung den Voraussetzungen der §§ 244 ff (vgl **AG Frankfurt/Oder** 8. 11. 2005, DZWiR 2006, 87). 4

2. Konkretisierungen. a) Wirksamkeit von verfügenden Willenserklärungen. Anders als zum bisherigen Recht (vgl §§ 82 Abs 1 VglO, 193 KO) konkretisiert § 254 Abs 1 S 2 die Wirkungen des Plans zunächst im Hinblick auf die Wirksamkeit von Willenserklärungen der Beteiligten, die im gestaltenden Teil des Insolvenzplans enthalten sind und sich darauf richten, Rechte an Gegenständen zu begründen, zu ändern, zu übertragen oder aufzuheben oder Geschäftsanteile an einer Gesellschaft mit beschränkter Haftung abzutreten. Mit dieser Aufzählung führt das Gesetz nicht enumerativ Tatbestände an, die allesamt auf **Verfügungsgeschäfte** ausgerichtet sind. Der Begriff **Gegenstand** ist weit auszulegen und umfasst jede Art von Wirtschaftsgütern, seien sie gegenständlich oder immateriell (vgl *N/R/Braun* § 254 Rn 3); erfasst werden nicht nur Vollrechte, sondern auch Rechte an Gegenständen und Rechten. Der Sache nach geht es insbesondere um die **Übertragung** von **Sachen** und **Rechten** im Falle einer übertragenden Sanierung, bei denen der Insolvenzverwalter entsprechende Verfügungsgeschäfte vornimmt. Gleichzeitig geht es aber auch um die Verfügungen der Gläubiger über ihre Forderungen, sei es durch **Erlass** oder **Stundung**. 5

Das Gesetz hebt Verfügungen über Geschäftsanteile an einer GmbH gesondert hervor. Diese Regelung hat lediglich klarstellenden Charakter (vgl HK-*Flessner* § 254 Rn 5; *N/R/Braun* § 254 Rn 3); denn auch insoweit geht es um die Verfügung über ein Wirtschaftsgut des Schuldners. Die Vorschrift ist jedoch nicht dahin auszulegen, dass sie auch Verfügungen über die Geschäftsanteile der insolventen Gesellschaft (zB GmbH) selbst umfassen könnte; denn entgegen vielfacher Forderung im Rahmen der Reformdiskussion hat sich der Gesetzgeber dazu entschlossen, Eingriffe in die Rechte der Gesellschafter an der insolventen Gesellschaft nicht mit in den Plan einzubeziehen (vgl hierzu KS-InsO-*Uhlenbruck*, S 1157 Rn 25). 6

Nach dem Wortlaut der Vorschrift beschränkt das Gesetz den Eintritt der Wirksamkeit auf die **Willenserklärungen**, die im Zusammenhang mit den einzelnen Verfügungsgeschäften in den Insolvenzplan aufgenommen worden sind. Hieraus ergibt sich, dass alle **weiteren Umstände**, Handlungen, Eintragungen etc, die zur Wirksamkeit des Verfügungsgeschäfts insgesamt erforderlich sind, vom Geltungsbereich vom § 254 Abs 1 S 2 nicht umfasst werden (wie hier MüKoInsO-*Huber* § 254 Rn 17). So wird bereits in der Begründung zu § 301 Abs 1 RegE InsO klargestellt, dass etwa die Übertragung des Besitzes an einer Sache, wie sie zur Bestellung eines Pfandrechtes erforderlich ist nach § 1205 BGB, oder die Eintragung der Rechtsänderung im Grundbuch als Voraussetzung für das Wirksamwerden der Rechtsänderung wie im Falle einer Grundschuldbestellung, durch den Plan nicht ersetzt wird (vgl *Balz/Landfermann* S 373; ebenso *N/R/Braun* § 254 Rn 3; *Smid/Rattunde* § 254 Rn 7). Sind diese Wirksamkeitsvoraussetzungen für die im Plan vorgesehenen Verfügungsgeschäfte im Zeitpunkt der Aufhebung des Verfahrens noch nicht erfüllt, so ist deren Herbeiführung Teil der weiteren Planerfüllung und Überwachung nach §§ 260 ff. 7

Lüer

8 Hinsichtlich der **Wirkungen**, die insbesondere Erlass und Stundung auf die Forderungen der Gläubiger haben, ist klarstellend darauf hinzuweisen, dass sich durch den Eintritt der Wirkungen nach § 254 Abs 1 S 2 weder die **Rechtsqualität** noch der **Rechtsgrund** der jeweiligen Forderung ändert. Es entstehen **weder** neue Forderungen im Sinne einer **Novation** noch zusätzliche im Sinne einer **Kumulation** (FK-*Jaffé* § 254 Rn 9 f; MüKoInsO-*Huber* § 254 Rn 12; zum Zwangsvergleich früher *Jaeger/Weber* § 193 KO Rn 2). Hinsichtlich des erlassenen Teils der Forderungen tritt keine endgültige Aufhebung ein; vielmehr wandelt sich dieser Teil der Gläubigerforderungen in eine **Naturalobligation** um, wie dies bereits unter § 193 KO angenommen worden ist (hierzu im Einzelnen oben § 227 Rn 4 mwN).

9 b) **Wirksamkeit von verpflichtenden Willenserklärungen.** In gleicher Weise wie bei Verfügungsgeschäften sieht das Gesetz vor, dass die Willenserklärungen, die in den Insolvenzplan zur Begründung **selbständiger schuldrechtlicher Verpflichtungsgeschäfte** aufgenommen werden, ebenso wirksam werden mit der Rechtskraft des Insolvenzplans. Im Unterschied zu den Verfügungsgeschäften bedürfen Verpflichtungsgeschäfte jedoch zu ihrer Wirksamkeit regelmäßig keiner weiteren Formalakte außerhalb des reinen **Konsensualvertrags** (ebenso wohl auch MüKoInsO-*Huber* § 254 Rn 21); sie können zumindest stets als solche ausgestaltet werden. Die in den Plan aufgenommenen Willenserklärungen zum Abschluss von Verpflichtungsgeschäften werden daher regelmäßig mit der Rechtskraft des Insolvenzplans auch verbindlich.

10 c) **Formwirksamkeit.** Von besonderer Bedeutung ist die neue gesetzliche Regelung insbesondere deshalb, weil sie nicht nur die materielle Wirksamkeit, sondern auch die **Formwirksamkeit** der abgegebenen Willenserklärungen als Planwirkung vorsieht. Die Formwirksamkeit gilt gleichermaßen für Willenserklärungen, die sich auf Verfügungs- bzw Verpflichtungsgeschäfte beziehen. Sind die entsprechenden Willenserklärungen in den gestaltenden Teil des Plans aufgenommen, so ersetzt dies sowohl eine etwa erforderliche **Schriftform** als auch die **Form der notariellen Beurkundung** (*N/R/Braun* § 254 Rn 3). Auch insoweit gilt jedoch die Einschränkung, dass sich die Formwirksamkeit beschränkt auf die im gestaltenden Teil des Plans enthaltenen Willenserklärungen, nicht jedoch auf sonstige Umstände, die zu etwaigen Rechtsänderungen herbeigeführt werden müssen.

11 d) **Auslegung.** Die im gestaltenden Teil des Insolvenzplans enthaltenen Willenserklärungen sind Gegenstand der Auslegung nach den **allgemeinen rechtsgeschäftlichen Grundsätzen**, wie sie in §§ 133, 157 BGB enthalten sind (BerlKo-*Breutigam* § 254 Rn 13). Dabei kann dem darstellenden Teil des Insolvenzplans eine wichtige **indizielle Bedeutung** zukommen. Zwar entfaltet er keine unmittelbaren Rechtswirkungen nach § 254 Abs 1 (*N/R/Braun* § 254 Rn 3). Er kann jedoch ohne weiteres herangezogen werden zur Bestimmung dessen, was mit den im gestaltenden Teil des Insolvenzplans aufgenommenen Willenserklärungen von den am Verfahren Beteiligten wirklich gewollt war.

12 **3. Beteiligte.** Nach dem Wortlaut von § 254 Abs 1 S 1 treten die im gestaltenden Teil des Plans festgelegten Wirkungen für und gegen **alle Beteiligten** ein. Nach den Vorstellungen des Gesetzgebers gehören hierzu alle Personen, die unmittelbar am Insolvenzplanverfahren teilnehmen, insbesondere die **absonderungsberechtigten Gläubiger**, die **Insolvenzgläubiger**, der **Schuldner** und, sofern dieser keine natürliche Person ist, gegenüber den **am Schuldner beteiligten Personen** (vgl Begr zu § 301 RegE InsO, abgedr bei *Balz/Landfermann* S 372). § 254 Abs 1 S 3 stellt hierzu klar, dass als Beteiligte auch die Insolvenzgläubiger angesehen werden, die ihre **Forderungen** im Verfahren **nicht angemeldet** haben, und die Verfahrensbeteiligten, die dem Plan widersprochen haben. Im Rückschluss ergibt sich, dass der Insolvenzplan im Verhältnis zu Dritten grundsätzlich keine Wirkungen entfaltet; ausgenommen hiervon ist der Regelungsbereich von § 254 Abs 2, in dem es um die Wirkungen des Insolvenzplans auf Sicherungsrechte geht, die von Dritten dem Schuldner zur Verfügung gestellt worden sind (vgl MüKoInsO-*Huber* § 254 Rn 14 „Plangarant"). Trotz der scheinbar klaren gesetzlichen Regelung erscheinen eine Reihe von klarstellenden Abgrenzungen geboten.

13 a) **Verfahrensbeteiligte.** Grundsätzlich kann nicht zweifelhaft sein, dass zu den Beteiligten im Sinn von § 254 Abs 1 S 1 **alle Personen** zählen, die **am Insolvenzplanverfahren beteiligt** und von ihm **unmittelbar** in ihren Rechten und Pflichten **betroffen** werden. Dies gilt zunächst für den **Schuldner**, dessen Vermögen Gegenstand des Insolvenzverfahrens ist, der ein selbständiges Recht zur Vorlage eines Insolvenzplans nach § 218 Abs 1 besitzt, der vorbehaltlich einer entgegenstehenden Regelung im Insolvenzplan nach § 227 Abs 1 enthaftet wird, und dem unter bestimmten Voraussetzungen ein selbständiges Widerspruchsrecht nach § 247 zusteht. Er ist auch dann unmittelbar Beteiligter, wenn sich der Insolvenzplan auf die Liquidation seines Vermögens richtet (ebenso *Bork* Einführung Rn 325; aA *Häsemeyer* Rn 28.81); denn die Rechtsstellung des Schuldners im Insolvenzplanverfahren ist nicht von der wirtschaftlichen Zielsetzung abhängig, sondern allein von den Rechtsfolgen, die sich durch das Verfahren für und gegen ihn entfalten. In gleicher Weise sind die **Insolvenzgläubiger** Beteiligte im Sinn von § 254 Abs 1 S 1, auch mit ihren **Absonderungsrechten**, wie sich unmittelbar aus § 217 ergibt (HK-*Flessner* § 254 Rn 3; *N/R/Braun* § 254 Rn 5). Abweichendes kann nur dann angenommen werden, wenn in die Rechte der absonderungsberechtigten Gläubiger nach § 223 Abs 1 durch den Insolvenzplan nicht eingegriffen werden soll, was kaum praxisrelevant werden dürfte. Wird für sie eine gesonderte Gruppe

III. Sicherheiten Dritter, § 254 Abs 2

nach § 222 Abs 1 Nr 1 gebildet, so sind sie selbstverständlich Beteiligte. Gleiches gilt hingegen nicht für die **aussonderungsberechtigten Gläubiger**, da sie nach § 47 nicht Insolvenzgläubiger sind. Für alle Insolvenzgläubiger gilt gleichermaßen, dass sie auch dann Beteiligte sind, wenn sie ihre **Forderungen nicht angemeldet** oder dem **Insolvenzplan widersprochen** haben. Diese gesetzliche Klarstellung in § 254 Abs 1 S 3 entspricht dem Ziel des Insolvenzplans als einer umfassenden Schuldenregelung; dies galt bereits im früheren Recht nach §§ 82 Abs 1 VglO, 193 Abs 1 KO. Selbst wenn diese Insolvenzgläubiger vom Verfahren nichts gewusst haben oder der Schuldner sich der entsprechenden Verpflichtungen nicht bewusst war, werden sie durch die gesetzliche Regelung an den Insolvenzplan gebunden (*N/R/Braun* § 254 Rn 5; ebenso *Braun/Frank* § 254 Rn 7). Nicht der Wirkung von § 254 Abs 1 unterliegen dagegen **Massegläubiger**, deren Ansprüche nach § 258 Abs 2 vorab zu befriedigen bzw sicherzustellen sind (*N/R/Braun* § 254 Rn 6). Gleiches gilt für **Neugläubiger**, deren Ansprüche vom Insolvenzplan nicht erfasst werden (*K/P/Otte* § 254 Rn 8).

b) Dritte. Nicht Beteiligte im Sinn von § 254 Abs 1 S 1 sind **Dritte**, in deren Rechte und Pflichte der Insolvenzplan nach seinem gestalteten Teil **nicht eingreift** oder das **Gesetz** einen **Eingriff nicht vorsieht**. Vorbehaltlich der Sonderregelung in § 254 Abs 2 handelt es sich in erster Linie um **aussonderungsberechtigte Gläubiger** oder um **absonderungsberechtigte Gläubiger**, in deren Rechte nach § 222 Abs 1 nicht eingegriffen werden soll, sowie um Masse- und Neugläubiger. Auch diese Personengruppen können jedoch in den darstellenden Teil des Insolvenzplans mit Beiträgen aufgenommen werden, sofern sie nach den allgemeinen zivilrechtlichen Grundsätzen entsprechende **verpflichtende Erklärungen** abgeben (vgl *N/R/Braun* § 254 Rn 6). Gleiches gilt für außenstehende Dritte, die verpflichtende Erklärungen gegenüber den Gläubigern nach § 230 Abs 3 abgeben. Sie werden mit ihren verpflichtenden Erklärungen der Zustimmungen Beteiligte mit der Folge von § 254 Abs 1 S 1. **Betroffene**, jedoch gleichwohl **nicht Beteiligte** im Sinn von § 254 Abs 1, sind alle **gesellschafts-** bzw **verbandsrechtlichen Träger** des schuldnerischen Unternehmens selbst. Da die InsO darauf ausgelegt ist, in die Gesellschafterrechte nicht einzugreifen (so im Einzelnen § 218 Rn 23 ff), entfaltet der Insolvenzplan ihnen gegenüber keine verpflichtende oder gestaltende Wirkung. Sie haben im Insolvenzplanverfahren keine Funktionen und können zur Durchsetzung des Insolvenzplans, der auf Fortführung des schuldnerischen Unternehmens ausgerichtet ist, nur dadurch beitragen, dass sie **außerhalb des Verfahrens** die hierfür erforderlichen gesellschaftsrechtlichen Maßnahmen ergreifen (so § 218 Rn 23 ff und § 249 Rn 6 bis 8 sowie *K/P/Noack*, InsO GesellschaftsR, Rn 105, 114, 122). Dies gilt grundsätzlich für alle Gesellschafter von Personen- und Kapitalgesellschaften sowie für die Mitglieder von Ideal- und wirtschaftlichen Vereinen sowie Genossenschaften. Ausgenommen hiervon sind lediglich persönlich haftende Gesellschafter, die nach § 227 Abs 2 in den Genuss der Haftbefreiung kommen können und daher auch als Beteiligte im Sinn von § 254 Abs 1 S 1 zu gelten haben (*K/P/Noack*, InsO GesellschaftsR, Rn 105; MüKoInsO-*Huber* § 254 Rn 15).

III. Sicherheiten Dritter, § 254 Abs 2

1. Fortbestehen. a) Grundsatz. Dritte, die für den Schuldner gegenüber Gläubigern Sicherheiten eingeräumt haben, sind **keine Beteiligte** des Insolvenzplans. Dementsprechend bestehen die Sicherungsrechte der Gläubiger gegenüber diesen Personen unabhängig von dem Schicksal der gesicherten Forderung im Insolvenzplan fort. Der Gläubiger kann die von dem Dritten gewährten Sicherheiten weiterhin **verwerten**. Das gilt **nur** hinsichtlich der gesicherten Forderungen, welche als erfüllbare, aber nicht erzwingbare Naturalobligationen fortbestehen (FK-*Jaffé*, § 55, Rn 19; *Hess* § 254 Rn 27); die gesetzliche Regelung in § 254 Abs 1 Satz 1 entspricht den Bestimmungen des bisher geltenden § 82 Abs 2 S 1 VglO, 193 S 2 KO (*Braun/Frank* § 254 Rn 8).

b) Drittsicherheiten. Als solche kommen persönliche Ansprüche gegen Bürgen, Schuldbeitretende und als Gesamtschuldner haftende Personen sowie aus zur Erfüllung gegenüber dem Gläubiger unmittelbar abgegebenen **Garantien** in Betracht (vgl BerlKo-*Breutigam* § 254 Rn 4). Nicht hierunter fallen jedoch harte Patronatserklärungen. Denn sie begründen eine Verpflichtung zur Leistung in die Insolvenzmasse, nicht jedoch an den Gläubiger unmittelbar. Des Weiteren fallen hierunter alle von Dritten gewährten **dinglichen Sicherheiten** wie **Sicherungsübereignungen**, **Sicherungsabtretungen**, **Pfandrechtsbestellungen** an Sachen und Rechten des Dritten, ebenso an Grundstücken Dritter bestellte Sicherheiten, insbesondere auch Vormerkungen zur Sicherung persönlicher Forderungen des Gläubigers gegenüber dem Schuldner (BerlKo-*Breutigam* § 254 Rn 4; *K/P/Otte*, § 254 Rn 12). Ferner gilt dies für Sicherheiten, die persönlich haftende Gesellschafter des Schuldners stellen (vgl oben § 227 Rn 9 und (MüKoInsO-*Huber* § 254 Rn 26).

c) Umfang der Sicherheiten. Die Sicherungsrechte stehen dem jeweiligen Gläubiger auch nach Bestätigung des Insolvenzplans in der gewährten Höhe, dh in Höhe der **ursprünglich gesicherten Forderungen**, weiter zu. Der Gläubiger muss sich mithin bei Realisierung seiner Sicherheiten gegenüber Dritten nicht die Reduzierung seiner Forderungen gegen den Schuldner, die im Insolvenzplan vorgesehen ist, entgegenhalten lassen (vgl *K/P/Otte*, § 254 Rn 12; BerlKo-*Breutigam* § 254 Rn 4; *N/R/Braun* § 254 Rn 7).

Insoweit kommt es nicht zur Durchsetzung des Akzessorietätsprinzips (MüKoInsO-*Huber* § 254 Rn 25).

18 **2. Regresssperre.** Befriedigt der Dritte den Gläubiger aus der gewährten Sicherung, so stehen ihm regelmäßig Regressansprüche gegen den Schuldner zu (zB §§ 774, 426 BGB). Der Insolvenzplan könnte jedoch gefährdet werden, wenn der Dritte beim Schuldner Regress nehmen könnte. Daher wird gemäß § 254 Abs 2 S 2 der Dritte hinsichtlich seiner Regressforderungen dem Gläubiger gleichgestellt. Der Dritte kann seine Regressforderungen gegenüber dem Schuldner nur in der Höhe durchsetzen, die dem Gläubiger gemäß dem bestätigten Insolvenzplan erhalten geblieben ist („Regresssperre", vgl MüKoInsO-*Huber* § 254 Rn 31). Für den **Drittsicherungsgeber** realisiert sich mithin im Rahmen des Insolvenzplanverfahrens ein **Ausfallrisiko** in Höhe der die Planquote übersteigenden Gläubigerbefriedigung. Relevant wird dies vor allem für die Durchführbarkeit von Sanierungsplänen sein (vgl *K/P/Otte*, § 254 Rn 13 mwN). Auch Freistellungsansprüche des Sicherungsgebers gegen den Schuldner bleiben auf die nach dem Insolvenzplan realisierbare Forderungshöhe beschränkt (vgl zum Zwangsvergleich *K/U* § 193 KO Rn 10a).

IV. Überplanmäßige Gläubigerbefriedigung, § 254 Abs 3

19 **1. Ausschluss von Rückgewähransprüchen.** Soweit Forderungen über den vom Insolvenzplan nicht gedeckten Teil als erfüllbare, aber nicht erzwingbare **Naturalobligationen** fortbestehen, schließt § 254 Abs 3 Ansprüche auf Rückerstattung von überplanmäßig erfolgten Zahlungen aus. Diese Regelung hat lediglich klarstellenden Charakter. Die gleiche Rechtslage bestand bereits zum bisherigen Recht (s oben Rn 1 aE sowie **RG** 6. 12. 1911, RGZ 78, 71, 77; *K/U* § 193 KO Rn 8 unter Hinweis auf § 814 BGB).

20 **2. Reichweite.** Ausgeschlossen werden Zuvielleistungen an Gläubiger, die **vor Planabschluss** bzw **Planbestätigung** erfolgen. Dies hat insbesondere erhebliche Bedeutung hinsichtlich der Befriedigung von **Kleingläubigern** und **Absonderungsberechtigten** vor Abschluss des Insolvenzverfahrens (*K/P/Otte*, § 254 Rn 14 und 15; *Hess* § 254 Rn 34). Ausgeschlossen sind jedoch auch die Rückforderungen von überplanmäßigen Leistungen, die erst **nach Planbestätigung** erfolgen (*K/P/Otte* § 254 Rn 14). Angesichts der eindeutigen Gesetzesbegründung (vgl Begründung RegE zu § 301, abgedr bei *Balz/Landfermann* zu 254 InsO) besteht keine Grundlage für eine abweichende Behandlung.

21 **3. Keine Geltung für Überzahlungen.** Als **Naturalobligation** bestehen die Forderungen der absonderungsberechtigten Gläubiger höchstens in ihrer **ursprünglichen Höhe** fort. Aufgrund dessen ist es nicht gerechtfertigt, auch Überzahlungen, dh Leistungen der Gläubiger über die ursprüngliche Forderungshöhe hinaus, gegen eine Rückforderung zu sperren. § 254 Abs 3 ist insoweit nicht anwendbar (im Ergebnis ebenso *K/P/Otte*, § 254 Rn 10; *Braun/Frank* § 254 Rn 9; MüKoInsO-*Huber* § 254 Rn 35). Abzustellen ist auf die **Höhe** der **angemeldeten, unbestrittenen** Forderung, da nur sie Gegenstand des Insolvenzplans wird; daher gilt § 254 Abs 3 auch nicht für den bestrittenen Teil einer Insolvenzforderung.

§ 255 Wiederauflebensklausel

(1) ¹Sind auf Grund des gestaltenden Teils des Insolvenzplans Forderungen von Insolvenzgläubigern gestundet oder teilweise erlassen worden, so wird die Stundung oder der Erlaß für den Gläubiger hinfällig, gegenüber dem der Schuldner mit der Erfüllung des Plans erheblich in Rückstand gerät. ²Ein erheblicher Rückstand ist erst anzunehmen, wenn der Schuldner eine fällige Verbindlichkeit nicht bezahlt hat, obwohl der Gläubiger ihn schriftlich gemahnt und ihm dabei eine mindestens zweiwöchige Nachfrist gesetzt hat.

(2) Wird vor vollständiger Erfüllung des Plans über das Vermögen des Schuldners ein neues Insolvenzverfahren eröffnet, so ist die Stundung oder der Erlaß für alle Insolvenzgläubiger hinfällig.

(3) Im Plan kann etwas anderes vorgesehen werden. Jedoch kann von Absatz 1 nicht zum Nachteil des Schuldners abgewichen werden.

I. Normzweck

1 Die Vorschrift sanktioniert die **Säumigkeit des Schuldners**, die ihm nach dem Insolvenzplan obliegenden Pflichten gegenüber den Gläubigern zu erfüllen. Ihrem Gegenstand nach ist die Vorschrift dem bisherigen Vergleichsrecht entnommen, indem sie den wesentlichen Inhalt von § 9 Abs 1, 2, 4 VglO übernimmt (MüKoInsO-*Huber* § 255 Rn 4f). Gerät der Schuldner bei Erfüllung der den Gläubigern nach dem Insolvenzplan verbliebenen Forderungen **erheblich in Rückstand**, so gewinnen die Gläubiger durch die Rechtsfolge des Wiederauflebens ihre Forderungen in ihrem ursprünglichen Bestand wieder zurück. Materielle Veränderungen dieser Forderungen zugunsten des Schuldners, insbesondere durch Stundung und Teilerlass, werden rückgängig gemacht. Diese Rechtsfolge tritt kraft Gesetzes ein, ohne dass es weder nach dem Insolvenzplan einer entsprechenden Klausel bedarf noch einer gestaltenden Erklärung des jeweiligen Gläubigers (*K/P/Otte* § 55 Rn 5). Auch insoweit knüpft die Vorschrift an das bisherige Vergleichsrecht an, nach dem es zum Wiederaufleben der Gläubigerrechte keiner kassatorischen Klausel im Vergleich bedurfte (RG 4. 12. 1937 RGZ 156, 245, 250). Die gesetzliche Sanktionierung ist nicht zuletzt deshalb geboten, weil nach Aufhebung des Insolvenzverfahrens gemäß § 259 der Schuldner aufgrund seiner wiedergewonnenen Verfügungsmacht selbst den Plan zu erfüllen hat (vgl *K/P/Otte* § 255 Rn 3). Das Gesetz unterscheidet zwei Grundtatbestände, nämlich das **Wiederaufleben einzelner Gläubigerforderungen** in ihrem ursprünglichen Bestand nach § 255 Abs 1 und das **Wiederaufleben aller Gläubigerforderungen** nach § 255 Abs 2. Das Gesetz stellt in § 255 Abs 3 klar, dass der Insolvenzplan hiervon abweichende Regelungen zugunsten des Schuldners, nicht jedoch zu seinen Lasten vorsehen kann.

II. Wiederaufleben nach § 255 Abs 1

1. Betroffene Gläubigerrechte. Nach dem Wortlaut von § 255 Abs 1 sind von dem Wiederaufleben 2
bedroht Forderungen von Insolvenzgläubigern, in deren Bestand nach dem **gestaltenden Teil des Insolvenzplans** materiell eingegriffen wird. Wenn das Gesetz allgemein von Forderungen spricht, so herrscht Einigkeit darüber, dass sich die Vorschrift auf alle Arten **schuldrechtlicher Verpflichtungen** des Schuldners bezieht (vgl *N/R/Braun* § 255 Rn 3), ohne jedoch hierauf beschränkt zu sein. Auch Gläubigerforderungen, die einen anderen Anspruchsgrund haben, auf Zahlung gerichtet und in den Insolvenzplan aufgenommen worden sind, werden von § 255 Abs 1 erfasst (vgl FK-*Jaffé* § 255 Rn 13). **Dingliche Gläubigerrechte** werden hingegen von der Vorschrift **nicht** erfasst (s unten Rn 3). Im Übrigen gilt die Vorschrift grundsätzlich für alle Gläubigerforderungen, insbesondere für alle **unbestrittenen Gläubigerforderungen**. Für **bestrittene Forderungen** ebenso wie für **Ausfallforderungen** von absonderungsberechtigten Gläubigern ist § 256 zu beachten. Eine analoge Anwendung der Vorschriften von §§ 189, 190 kommt insoweit in Betracht, als eine Säumnis des Schuldners nur eintreten kann unter Wahrung der dort vorgesehenen Fristen und auch nur in Höhe des endgültigen Ausfalls. Die Nichtbedienung zunächst nur mutmaßlich angenommener Ausfälle (vgl § 190 Abs 3) kann nur relevant werden, wenn der Plan Abschlagszahlungen vor endgültiger Feststellung des Ausfalls vorsieht. Für Gläubigerforderungen, die nicht ausdrücklich in den Insolvenzplan aufgenommen worden sind, gleichwohl jedoch seinen Wirkungen unterliegen, gilt § 255 Abs 1 ebenso wie für die übrigen Gläubigerforderungen der entsprechenden Gruppe (vgl oben § 254 Rn 4). Demgegenüber erfasst die Vorschrift nicht etwaige Forderungen, die aufgrund des Insolvenzplans **gegenüber Dritten** begründet werden. Dies gilt insbesondere dann, wenn etwa in Fällen übertragender Sanierung Verpflichtungen des Schuldners ganz oder teilweise durch Dritte zu erfüllen sind, die sich entsprechend verpflichtet haben, vgl § 260 Abs 3 (ebenso *N/R/Braun* § 255 Rn 4; *Bork*, in Leipold, Insolvenzrecht im Umbruch, S 51, 54; FK-*Jaffé* § 255 Rn 42).

Die tatbestandliche Beschränkung auf **Gläubigerforderungen** schließt aus, dass sich das Wiederauf- 3
leben auch auf ursprüngliche **dingliche Ansprüche** bzw **Sicherungsrechte** der Gläubiger erstreckt. Sieht der Insolvenzplan vor, dass Gläubiger ganz oder teilweise auf dingliche Sicherungsrechte verzichten, so werden sie im Falle des Wiederauflebens nach § 255 Abs 1 nicht automatisch wiederhergestellt (*K/P/Otte* § 255 Rn 10; *N/R/Braun* § 255 Rn 3; eingehend hierzu *Braun/Uhlenbruck* S 490). Wollen sich Gläubiger gegen diese missliche Rechtslage schützen, so müssen sie darauf hinwirken, dass in den gestaltenden Teil des Insolvenzplans Regelungen aufgenommen werden, die ihnen im Falle des Wiederauflebens der zu sichernden Forderung den Rückgriff auf die Sicherheiten ermöglichen (vgl *N/R/Braun* § 255 Rn 3; im Ergebnis ebenso wohl *Braun/Frank* § 255 Rn 5 unter Hinweis darauf, dass die Verfügung über die gleiche Sicherungssache auflösend bedingt festgeschrieben werden könne).

2. Materielle Eingriffe. Das Wiederaufleben beseitigt die im gestaltenden Teil des Insolvenzplans vor- 4
gesehenen Tatbestände der **Stundung** und des **teilweisen Erlasses**. Beide Begriffe knüpfen an ihre schuldrechtliche Bedeutung an. Die **Stundung** besteht nach allgemeiner Auffassung in dem Hinausschieben der Leistungszeit nach § 271 BGB, also der Fälligkeit (vgl *Soergel/Manfred Wolf* § 271 BGB Rn 12; MüKo-BGB-*Keller* § 271 Rn 21). Inhaltlich lässt die Stundung den Bestand der Forderung unberührt; sie besteht nicht in der Verfügung über ihre Erfüllbarkeit (*N/R/Braun* § 255 Rn 2). Mit dem **teilweisen Erlass** der Forderung wird auf § 397 Abs 1 BGB Bezug genommen mit der Maßgabe, dass mit der entsprechenden Regelung des Insolvenzplans über den Bestand der Gläubigerforderung der Höhe nach verfügt wird. Ob eine Forderung als endgültig erlassen angesehen wird oder ob mit dem Planerlass nur die „Umwandlung" einer nicht mehr durchsetzbaren, jedoch jederzeit noch erfüllbaren Naturalobligation verbunden ist (vgl *K/P/Otte* § 255 Rn 6), wird wohl durch § 254 Abs 3 entschieden, ohne dass dies für § 255 Abs 1, 2 von entscheidender Bedeutung ist. Denn in jedem Fall führt die Wiederauflebensklausel zur Herstellung des ursprünglichen Zustands der Forderung, wie dies auch zustande käme, wenn der Erlass erfolgreich angefochten werden würde (abw *K/P/Otte* § 255 Rn 6). Wird eine Gläubigerforderung nach dem Insolvenzplan insgesamt erlassen, so kann sie nach § 255 Abs 1 nicht wiederaufleben, da der Schuldner mit der Erfüllung nicht mehr säumig werden kann (im Ergebnis ebenso *K/P/Otte* § 255 Rn 14).

5 **3. Erheblicher Erfüllungsrückstand.** Nach der Legaldefinition von § 255 Abs 1 S 2 kann von einem erheblichen Rückstand erst dann gesprochen werden, wenn der Schuldner eine **fällige Verbindlichkeit** nicht einlöst, obwohl der Gläubiger ihn **schriftlich gemahnt** und ihm dabei eine mindestens **zweiwöche Nachfrist** gesetzt hat. Auch wenn diese Vorschrift im Kern § 9 Abs 1 VglO folgt, so unterscheidet sie sich von ihr jedoch grundlegend durch den Verzicht auf den Begriff des Verzugs und der Diskussion, die sich mit der Auslegung dieses Begriffs früher befasst hat (vgl *Bley/Mohrbutter* § 9 VglO Rn 10; *Kilger/ K. Schmidt* § 9 VglO Bem 1 a). Im Übrigen ist gegenüber der früheren vergleichsrechtlichen Regelung die Nachfristsetzung auf **zwei Wochen** erweitert worden.

6 a) **Erfüllungsrückstand.** Er ist anzunehmen, wenn die Erfüllung der dem Schuldner nach dem Insolvenzplan obliegenden Zahlungsverpflichtungen nicht ordnungsgemäß eingehalten wird, dh die vorgesehenen Zahlungen nicht zur rechten Zeit in der geschuldeten Höhe und am zutreffenden Leistungsort erbracht werden. Für Lieferungen und Leistungen, die der Schuldner nach dem Insolvenzplan zu erledigen hat, gilt Entsprechendes. Auch die sonstigen Modalitäten der jeweiligen Gläubigerforderungen sind zu beachten, etwa die Unterscheidung von Hol-, Schick- oder Bringschulden (vgl *Hess* § 255 Rn 8 ff) oder sonstige, sich aus dem jeweiligen Schuldverhältnis ergebende Spezifikationen. Der Erfüllungsrückstand ist nach **objektiven Kriterien** zu beurteilen; es kommt nicht darauf an, ob das Ausbleiben der rechtzeitigen Leistung verschuldet oder unverschuldet eintritt (ebenso *K/P/Otte* § 255 Rn 15; HK-*Flessner* § 255 Rn 6; abw *Bork*, in Leipold, Insolvenzrecht im Umbruch, S 51, 53). Sieht der Insolvenzplan Verbindlichkeiten des Schuldners vor, die nur der Gattung nach bestimmt sind, so ergibt sich die Einstandspflicht aus dem Plan, ohne dass es eines Rückgriffs auf gesonderte Regeln bedarf (bisher § 279 BGB); dies erübrigt entsprechende Abgrenzungen der dem Schuldner verbliebenen Verbindlichkeiten.

7 Besitzt ein **Gläubiger mehrere Forderungen**, die der Schuldner insgesamt nicht ordnungsgemäß erfüllt nach den Vorschriften des Insolvenzplans, so stellt sich die Frage, mit welcher dieser Forderungen der Schuldner in Rückstand gerät. Nach überkommener Auffassung zu § 9 Abs 1 VglO wurde angenommen, dass § 366 BGB dem Schuldner nicht zur Verfügung stehe mit der Folge, dass er kein Bestimmungsrecht habe hinsichtlich der Zuordnung seiner Leistung auf eine bestimmte Forderung des Gläubigers (vgl *Bley/Mohrbutter* § 9 VglO Rn 13; *Kilger/K Schmidt* § 9 VglO Bem 2 a). Diese Auffassung wird nunmehr auch zu § 255 Abs 1 vertreten (vgl *K/P/Otte* § 255 Rn 20). Dies ist jedoch weder zwingend noch überzeugend; denn nur wenn der Insolvenzplan ausdrücklich Abweichendes vorsieht, greift er in das schuldrechtliche Bestimmungsrecht des Schuldners ein, welchem Zweck die jeweilige Leistung dienen soll. Ein qualitativer Unterschied zwischen bereits titulierten Forderungen und anderen unbestrittenen Forderungen ist nicht zu erkennen (abw *Bley/Mohrbutter* § 9 VglO Rn 13), da für alle unbestrittenen Forderungen schließlich zur Vollstreckung ein Auszug aus der Tabelle erlangt werden kann. Vorbehaltlich anderweitiger Regelungen im Insolvenzplan sollte § 366 BGB in vollem Umfang **zur Anwendung kommen**, nicht zuletzt auch der praktischen Rechtsklarheit wegen. Im Übrigen gilt auch § 367 BGB mit der Maßgabe, dass Leistungen des Schuldners zunächst auf Kosten und Zinsen zu verrechnen sind, ehe die jeweilige Hauptforderung getilgt wird; dies ist jedoch nur dann beachtlich, wenn diese Nebenforderungen nach dem Insolvenzplan überhaupt noch bedient werden müssen (im Ergebnis ebenso *K/P/Otte* § 255 Rn 20; bisher schon *Bley/Mohrbutter* § 9 VglO Rn 13).

8 b) **Erheblichkeit.** Der Erfüllungsrückstand ist nur relevant, wenn er „erheblich" ist. Damit führt das Gesetz **kein Mengenkriterium** ein, das den Rückstand nach dem Umfang der ausstehenden Leistung bemisst (abw. BerlKo-*Breutigam* § 255 Rn 7). Auch kleine objektive Rückstände, sei es dem Betrag oder dem prozentualen Anteil nach, sind relevant, wenn sie objektiv ausstehen (vgl HK-*Flessner* § 255 Rn 7). **Erheblich** ist der **objektive Erfüllungsrückstand** immer dann, wenn die nach dem Insolvenzplan fällige Leistung des Schuldners gegenüber dem Gläubiger trotz Mahnung und zweiwöchiger Nachfristsetzung noch immer aussteht. „Erheblich" ist mithin ausschließlich nach objektiven Kriterien zu beurteilen.

9 **Fällig** sind Gläubigerforderungen nach dem Zeitraster, das der **Insolvenzplan** festlegt. Trifft er keine Bestimmung, so kann die Fälligkeit der dem Schuldner obliegenden Verbindlichkeiten nicht vor Eintritt der Rechtskraft der Planbestätigung nach §§ 252, 253 eintreten, mithin erst von dem Zeitpunkt an, in dem die Wirkungen des Insolvenzplans nach § 254 Abs 1 Platz eintreten. Die vorzeitige Befriedigung einzelner Gläubiger löst nicht die vorzeitige Fälligkeit anderer Verbindlichkeiten des Schuldners aus. Die eventuelle Vereinbarung eines Zwischenzinsabzugs im Sinn von § 272 BGB hat hiermit nichts zu tun (vgl *Hess* § 254 Rn 12). Enthält der Insolvenzplan hierzu keine Regelung, so gilt im Zweifel die Auslegungsregel von § 271 Abs 2 BGB. Ob die Ausnahmen im Gläubigerinteresse (vgl *Soergel/Manfred Wolf* § 271 BGB Rn 24 f; *Staudinger/Selb* § 271 BGB Rn 10 f) auch bei Abwicklung eines Insolvenzplans berechtigt sind, mag durchaus zweifelhaft sein; denn wie die Gläubigerinteressen nach der eingetretenen Insolvenz des Schuldners angemessen einzustufen und zu honorieren sind, ist nicht Gegenstand einer schuldrechtlichen Auslegungsregel, sondern Gegenstand der konkreten Regelung im Insolvenzplan.

10 Die **Mahnung**, die das Gesetz weiter fordert, ist nichts anderes, als was § 286 Abs 1 BGB (bisher § 284 Abs 1 BGB) regelt. Denn gemeint ist die Aufforderung des Gläubigers an den Schuldner, die nach

II. Wiederaufleben nach § 255 Abs 1 **§ 255**

dem Insolvenzplan ausstehende Leistung zu erbringen (vgl *K/P/Otte* § 255 Rn 17; *N/R/Braun* § 255 Rn 4). Abweichend vom Schuldrecht verlangt § 255 Abs 1 jedoch, dass die Mahnung **schriftlich** zu erfolgen hat. Die Einhaltung dieser Form fördert die Rechtsklarheit und objektive Nachprüfbarkeit. Ebenso ist abweichend vom Schuldrecht anzunehmen, dass § 286 Abs 2 BGB keine Anwendung findet, mithin die Mahnung selbst dann nicht entbehrlich ist, wenn der Insolvenzplan bestimmte Leistungszeiten dem Kalender nach festlegt.

Die **Nachfrist**, die der Gläubiger dem Schuldner zu setzen hat, muss mindestens zwei Wochen betragen; insoweit kann man von der **qualifizierten Mahnung** sprechen. Die Frist ist doppelt so lang bemessen wie nach früherem Vergleichsrecht (vgl § 9 Abs 1 VglO). Eine im Plan vorgesehene **Schonfrist** ist nicht gleich bedeutend mit einer im Vorhinein vereinbarten längeren Nachfrist; die Schonfrist bestimmt lediglich den Zeitpunkt, zu dem frühestens die Fälligkeit eintritt mit der Folge, dass erst danach Mahnung und Fristsetzung nach § 255 Abs 1 S 2 erfolgen können (zutr *K/P/Otte* § 255 Rn 18). Der Schuldner wahrt die Nachfristsetzung, wenn er die geschuldete Leistung innerhalb der Frist wirksam vornimmt (im Einzelnen *K/P/Otte* § 255 Rn 19). Setzt der Gläubiger eine kürzere als die gesetzlich vorgesehene Nachfrist, so muss er erneut mit zweiwöchiger Frist schriftlich mahnen, um die Voraussetzungen von § 255 Abs 1 S 2 zu erfüllen. Eine Anrechnung einer kürzeren, vorher bereits gesetzten Frist findet nicht statt (BerlKo-*Breutigam* § 255 Rn 5 mit Nachweisen; *N/R/Braun* § 255 Rn 4). Auch die Nachfristsetzung kann nicht entfallen, wenn der Erfüllungsrückstand erheblich sein soll; er ist insbesondere der Parteidisposition entzogen (zutr *N/R/Braun* § 255 Rn 4). Mahnungen mit Nachfristsetzung sind an den Schuldner zu richten und zugangsbedürftig (vgl *Hess* § 255 Rn 16). Sie erreichen den Schuldner frühestens zur rechten Zeit, wenn er nach § 259 Abs 1 wieder das Recht besitzt, über die Insolvenzmasse frei zu verfügen.

4. Wiederaufleben. Nach § 255 Abs 1 S 1 werden **Stundung** oder **Erlass** zugunsten des jeweiligen Gläubigers hinfällig; mithin ordnet das Gesetz als Rechtsfolge an, dass die **ursprüngliche Forderung** des Gläubigers **wieder auflebt**. Sie ist vom Schuldner in der ursprünglichen Höhe zu erfüllen. War im Plan Ratenzahlung vereinbart, so führt der Erfüllungsrückstand mit **einer Rate** unter den gesetzlichen Voraussetzungen dazu, dass die gesamte gestundete bzw erlassene Forderung wieder auflebt (vgl *Hess* § 255 Rn 19; *Schiessler* Insolvenzplan S 196). Das Wiederaufleben gilt auch für die gesamten **Nebenansprüche** (vgl *Hess* § 255 Rn 20). Andere Wirkungen als der Wegfall von Stundung und Teilerlass treten jedoch nicht ein. Insbesondere werden bei Verwirklichung eines erheblichen Erfüllungsrückstands des Schuldners gegenüber einem Gläubiger nicht auch andere Forderungen anderer Gläubiger betroffen. Die Wiederherstellung der ursprünglichen Forderungen beschränkt sich vielmehr jeweils auf die individualen privativen Tatbestände, die in den zweiseitigen Beziehungen des Schuldners zu jedem einzelnen Gläubiger bestehen.

Im Zusammenhang mit § 255 Abs 1 ist die gesetzliche **Sonderregelung** nach **§ 9 Abs 4 S 2 Betr AVG** zugunsten des Pensionssicherungsvereins (PSV) zu erwähnen (vgl auch *Braun/Frank* § 255 Rn 8; Mü-KoInsO-*Huber* § 255 Rn 31). Sie sieht ein erweitertes Wiederaufleben vor unter der Voraussetzung, dass ein neues Insolvenzverfahren innerhalb von **drei Jahren** beantragt wird, nach dem das vorherige Insolvenzverfahren aufgehoben worden ist. In diesem Fall kann der PSV verlangen, dass ihm die Leistungen erstattet werden, die er gegenüber dem gesicherten Begünstigten aus einer betrieblichen Altersversorgung des Schuldners erbracht hat. Soweit der PSV gemäß § 9 Abs 1 BetrAVG seinen Eintritt gegenüber dem Begünstigten angezeigt hat und damit einen gesetzlichen Forderungsübergang gemäß § 9 Abs 2 BetrAVG bewirkt, wird er selbst Insolvenzgläubiger im Sinne von §§ 38, 13 Abs 1 und damit Beteiligter (vgl KS-*Paulsdorff/Wohlleben* S 1655 Rn 54). Mit diesem erweiterten Wiederaufleben soll der PSV zumindest teilweise davon entlastet werden, dass er über die bis zum zweiten Insolvenzverfahren aufgelaufenen Verpflichtungen aus der betrieblichen Altersversorgung in voller Höhe haftet, obwohl die gegen ihn gerichteten Ansprüche aus dem vorherigen Insolvenzverfahren in Folge der horizontalen Aufteilung gemäß § 7 Abs 4 S 3 BetrAVG vom Schuldner gemäß einer entsprechenden Regelung im Insolvenzplan selbst zu tragen waren (vgl KS-*Paulsdorff/Wohlleben* Rn 43, 55; BerlKo-*Breutigam* § 255 Rn 14; allgemein zum horizontalen Ausgleich *N/R/Hamacher* vor § 113 Rn 122 f). Das erweiterte Wiederaufleben kann jedoch im Insolvenzplan ganz oder teilweise abgedungen werden (KS-*Paulsdorff/Wohlleben* S 1655 Rn 56).

Schwierig kann sich der **Umgang mit Sicherheiten** darstellen, die der Schuldner oder Dritte für die Sicherstellung der Erfüllung der Gläubigerforderungen gestellt hat. **Insolvenzplansicherheiten** können sowohl **persönlicher** als auch **dinglicher Art** sein; sie bleiben den Gläubigern als Vorteile aus dem Insolvenzplanverfahren trotz Wegfall von Stundung und Erlass grundsätzlich erhalten, sofern der Insolvenzplan nichts Abweichendes vorsieht (so bereits *Bley/Mohrbutter* § 9 VglO Rn 15 c). In der Praxis wird sich empfehlen, die Bestellung von Sicherheiten für die im Insolvenzplan festgelegten Gläubigerforderungen möglichst genau nach Gegenstand und Umfang festzulegen, und zwar auch für den Fall des etwaigen Wiederherstellens der ursprünglichen Gläubigerforderungen. Ansonsten besteht die Gefahr, insbesondere bei Bürgschaftsversprechen, gesondert darlegen und beweisen zu müssen, dass die Sicherheit bzw die Bürgschaft nicht mehr umfassen sollte als nur die durch Teilerlass ermäßigte Forderung eines Gläubigers. Es ist jedoch auch möglich, dass sich aus den Gesamtumständen des Plans ergibt, dass etwa

Lüer

gegenständliche Sicherheiten für den betreffenden Gläubiger zur Abdeckung in voller Höhe gemeint sind (vgl BerlKo-*Breutigam* § 255 Rn 17). Bei Sicherheiten, die aus dem Vermögen des Schuldners gestellt werden, lässt sich eine solch umfängliche Besicherung auch nach dem Insolvenzplan durchaus rechtfertigen. Bei Sicherheiten hingegen, die von Dritten gestellt werden, wird man grundsätzlich jedoch davon ausgehen müssen, dass sie nur den Zweck haben, die Erfüllung des Insolvenzplans zu ermöglichen, nicht jedoch Einstandspflichten bei dessen Scheitern begründen sollen. Im Zweifel wird danach regelmäßig die Auslegung ergeben, dass die von Dritten gestellten Sicherheiten lediglich in Höhe der Planquoten verfügbar sind (vgl BerlKo-*Breutigam* § 255 Rn 16; sa *Gottwald/Uhlenbruck* § 75 Rn 33 aE; *Bley/Mohrbutter* § 9 VglO Rn 18).

15 **5. Anderweitige Störungen der Planerfüllung.** Die gesetzliche Regelung des Insolvenzplans lässt **anderweitige Leistungsstörungen** der Planerfüllung durch den Schuldner unerwähnt. Es geht in diesem Zusammenhang um alle Arten von Leistungsstörungen, die außerhalb der Säumigkeit des Schuldners nach § 255 Abs 1 vorkommen mögen. Zu denken ist in diesem Zusammenhang an Tatbestände des **Unvermögens** oder der **Unmöglichkeit**, der **Schlechterfüllung**, der **positiven Forderungsverletzung** und möglicherweise der **culpa in contrahendo**. Hierzu wird teilweise die Auffassung vertreten, die Regeln des allgemeinen Schuldrechts seien anzuwenden, sofern der Insolvenzplan keine gegenteiligen Regelungen enthalte (*Dinstühler* InVO 1998, 333, 342). Demgegenüber wird jedoch auch vertreten, die Anwendung der schuldrechtlichen Vorschriften sei ausgeschlossen, da der einzelne Gläubiger aus dem Insolvenzplan nach § 257 vollstrecken könne (*K/P/Otte* § 255 Rn 2). Eine von diesen Auffassungen völlig abweichende Auffassung begreift den Insolvenzplan als gesellschaftsähnlichen Verwertungsvertrag, der dem Auseinandersetzungsvertrag der Erbengemeinschaft ähnlich sei. Dementsprechend seien in erster Linie gesellschaftsrechtliche Regeln anwendbar unter Ausschluss des Schuldrechts. Dies soll jedoch nur mit Einschränkungen gelten, etwa bei der Berücksichtigung von Besonderheiten, die den Vertrauensschutz des Rechtsverkehrs zu schützen bestimmt seien (vgl *N/R/Braun* vor § 217 Rn 82–84). Es erscheint jedoch sehr zweifelhaft, ob eine solche Betrachtungsweise über die **Rechtsnatur des Insolvenzplans** und der durch ihn bestätigten Verpflichtungen des Schuldners geeignet ist, eine angemessene Lösung zu begründen. Nach zutreffender Auffassung wird man vielmehr zu unterscheiden haben:

16 Zunächst sind die **Primärverpflichtungen** des Schuldners zu sehen, die mit dem Insolvenzplan gerichtlich bestätigt werden und die gegebenenfalls nach § 257 Abs 1 vollstreckbar sind. Hier wird es sich in erster Linie um Zahlungspflichten des Schuldners handeln, im Einzelfall aber auch um gegenständliche Leistungsverpflichtungen. Solange den Gläubigern die Möglichkeit gegeben ist, die noch ausstehende Erfüllung der primären Leistungsverpflichtungen des Schuldners durch Vollstreckung zu erreichen, sind sie hierauf angewiesen.

17 Sodann geht es um alle **sekundären Leistungsverpflichtungen**, die dem Schuldner ebenso obliegen wie sonstige Nebenleistungen, etwa im Hinblick auf die Einhaltung von Aufklärungs- und Verkehrssicherungspflichten ebenso wie Einstandspflichten für Gewährleistungen, Haftungsfreistellungen oder sonstige Ausgleichspflichten. Hinsichtlich all dieser Verpflichtungen des Schuldners, die sich der Vollstreckbarkeit nach § 257 Abs 1 entziehen, erscheint es geboten, die **allgemeine zivilrechtliche Haftung des Schuldners** aufrechtzuerhalten. Dieser Auffassung mag zwar entgegengehalten werden, dass die Inanspruchnahme des Schuldners aus solchen später entstehenden Verbindlichkeiten die Erfüllung des Insolvenzplans gefährden könne. Andererseits ist nicht einzusehen, weshalb dem Schuldner, der für die Erfüllung des Insolvenzplans einzutreten hat, hinsichtlich der ihm verbleibenden Verbindlichkeiten nicht die allgemeinen schuldrechtlichen Verpflichtungen in vollem Umfang anlasten. Diese obligatorischen Einstandspflichten des Schuldners lösen jedoch nicht die Rechtsfolgen nach § 255 Abs 1 aus; denn der gesetzliche Tatbestand dieser Vorschrift ist abschließend und umfasst diese andersartigen Fälle der Leistungsstörungen nicht (ebenso MüKoInsO-*Huber* § 255 Rn 18; *N/R/Braun* § 255 Rn 4; aA *Smid/Rattunde* § 255 Rn 3). Unzweifelhaft ist jedoch auch, dass der Insolvenzplan in diesem Zusammenhang hiervon abweichende Regelungen treffen kann.

18 Steht § 255 Abs 1 mithin für sonstige Leistungsstörungen des Schuldners bei Abwicklung des Insolvenzplans nicht zur Verfügung, so können die Gläubiger mit den entsprechenden Ansprüchen auch **keine anderweitigen Rechtsfolgen zum Nachteil des Schuldners** verfolgen, etwa im Hinblick auf die Aufhebung des Insolvenzplans, der eventuellen Rückabwicklung einzelner Planmaßnahmen oder der Wiedereröffnung des Insolvenzplanverfahrens. Der strikten Durchführung des Insolvenzplanverfahrens nach den gesetzlichen Vorschriften würde es auch widersprechen, wenn sich einzelne Gläubiger in diesen Fällen auf eine **kassatorische Klausel** stützen könnten mit der Folge, dass der Insolvenzplan insgesamt unwirksam wird. Diese Möglichkeit wurde zwar im bisherigen Recht des Zwangsvergleichs anerkannt (vgl *K/U* § 195 KO Rn 1; *Jaeger/Weber* § 195 KO Rn 2). Nach nunmehr geltendem Recht wird man jedoch insoweit die beiden Tatbestände von § 255 Abs 1 und 2 als eine abschließende Regelung zu betrachten haben, die hinsichtlich des Bestands des Insolvenzplans nicht der Disposition der Verfahrensbeteiligten unterliegt. Das Interesse des Gesetzgebers, insbesondere bei großen und mittleren Unternehmensinsolvenzen die Fortführung wirtschaftlich sinnvoller Unternehmenseinheiten zu ermöglichen, würde leicht ins Gegenteil verkehrt werden können, wenn es über kassatorische Klauseln zu einer Art „probeweisen Fortführung" kommen könnte. Gerade weil der Fortführungsgedanke dort, wo die wirtschaftlichen Voraussetzungen gegeben

III. Wiederaufleben nach § 255 Abs 2

sind, das gesamte Insolvenzplanverfahren trägt, sollten die Vorschriften der §§ 255 Abs 1 und 2 insoweit als abschließende Regelung angesehen werden, die den Insolvenzplan als solchen nicht der Disposition der Verfahrensbeteiligten unterwirft. Mithin können Tatbestände der Leistungsstörungen jedweder Art, so sie schuldrechtlich begründet und durchsetzbar sind, allenfalls über die Eröffnung eines neuen Insolvenzverfahrens nach § 255 Abs 2 die Planwirkungen für **alle Gläubiger** beseitigen. Dies erlaubt allenfalls die Festlegung einer auflösenden Bedingung im Insolvenzplan, welche auf die Eröffnung eines erneuten Insolvenzverfahrens nach § 255 Abs 2 abstellt (s unten Rn 22).

III. Wiederaufleben nach § 255 Abs 2

1. Voraussetzungen. Wird über das Vermögen des Schuldners ein **neues Insolvenzverfahren** eröffnet, noch ehe der Insolvenzplan vollständig erfüllt ist, so löst auch dies das Wiederaufleben von Gläubigerforderungen aus. Die Zielsetzung der Vorschrift ist offenkundig: Wird ein neues Insolvenzverfahren eröffnet, so sollen **alle Insolvenzgläubiger**, die bisher keine volle Befriedigung erhalten haben, auch an dem neuen Verfahren mit ihren Forderungen unbegrenzt teilnehmen können, insbesondere ohne Berücksichtigung der zunächst durch Stundung und Teilerlass inhaltlich beschränkten Forderungen. Diese Regelung entspricht der bisherigen vergleichsrechtlichen Situation nach § 9 Abs 2 VglO. Ausgelöst wird die Wiederauflebensklausel durch die **Eröffnung eines neuen Insolvenzverfahrens** über das Vermögen des Schuldners; nur die Antragstellung oder eine Abweisung der Eröffnung mangels Masse nach § 26 reichen nicht aus. Erforderlich ist weiter, dass im Zeitpunkt der Eröffnung des neuen Insolvenzverfahrens die **Planerfüllung noch nicht vollständig** erfolgt ist. Dabei geht es nur um die Forderungen der Gläubiger, die nach dem Insolvenzplan zu befriedigen sind. Es reicht aus, dass auch **nur eine Forderung** eines einzelnen Gläubigers in der nach dem Insolvenzplan vorgeschriebenen Höhe zum Teil nicht erfüllt worden ist. Unerheblich ist hingegen, abweichend von § 255 Abs 1, ob ein Erfüllungsrückstand eingetreten oder die noch offen stehende Forderung überhaupt fällig gewesen ist (vgl FK-*Jaffé* § 255 Rn 46; *Hess* § 255 Rn 27). Die Vorschrift knüpft allein daran an, dass der Schuldner bei der Eröffnung des neuen Insolvenzverfahrens wiederum seine Verfügungsbefugnis nach § 80 und damit die Möglichkeit verliert, die noch offen stehenden Forderungen selbst zu erfüllen. Es kann daher nicht darauf ankommen, ob im Rahmen oder nach Abschluss des erneuten Insolvenzverfahrens entsprechend dem ersten Insolvenzplan Befriedigungen erfolgt sind.

19

2. Rechtsfolgen. Mit der Eröffnung des neuen Insolvenzverfahrens **entfallen** für alle Insolvenzgläubiger **Stundung** und **Erlass** aus dem Planverfahren. Kein Gläubiger soll am neuen Insolvenzverfahren des Schuldners teilnehmen müssen mit einer Forderung, die im vorausgegangenen Planverfahren verkürzt und gleichwohl nicht erfüllt worden ist. Dies bedeutet im Klartext nichts anderes, als dass grundsätzlich der status quo ex ante wieder hergestellt wird in einer Art und Weise, als habe es die anspruchsverkürzenden Verfügungen nicht gegeben. Die Formulierung des Gesetzgebers basiert auf der Vermutung, dass der Schuldner bei Eintreten eines erneuten Insolvenzfalls nicht nur einzelne, sondern alle nach dem Plan noch ausstehenden Forderungen nicht erfüllt haben wird (vgl HK-*Flessner* § 255 Rn 11). Diese Vermutung ist in zweierlei Hinsicht einzuschränken. Zum einen gilt das Wiederaufleben nicht für Gläubigerforderungen, die im vorausgegangenen Planverfahren vollständig erlassen worden sind (*K/P/Otte* § 255 Rn 22); trotz des insoweit unvollständigen oder missverständlichen Wortlauts von Abs 2 erscheint es gerechtfertigt, das entsprechende Tatbestandsmerkmal aus Abs 1 zu entnehmen. In diesem Zusammenhang ist bereits darauf hingewiesen worden, dass schon der Tatbestand von Abs 1 nicht erfüllt werden kann im Hinblick auf Forderungen, die vollständig erlassen worden sind (oben Rn 4), da der Schuldner insoweit nicht säumig werden kann (iE ebenso MüKoInsO-*Huber* § 255 Rn 33 mit der Begründung, dass der Gläubiger, der seine Forderung insgesamt erlässt, durch die Säumigkeit des Schuldners gegenüber anderen Gläubigern keine Schlechterstellung mehr erfährt, was mit Sicherheit zutrifft. Zum anderen findet die Vorschrift keine Anwendung auf jene Gläubiger, die im vorausgegangenen Insolvenzplanverfahren ihre volle Quote erlangt haben (vgl HK-*Flessner* § 255 Rn 12). Dies gilt jedoch nicht uneingeschränkt; denn soweit der Insolvenzverwalter in der Lage ist, die Leistungen des Schuldners an den Gläubiger nach § 131 anzufechten, lebt die zunächst erfüllte Forderung des Gläubigers wieder auf (vgl *Kilger/K Schmidt* § 9 VglO Bem 3; *Bley/Mohrbutter* § 9 VglO Rn 20 a); insoweit dürfte sich materiell-rechtlich nichts geändert haben. Entscheidender ist vielmehr, dass über die Insolvenzanfechtung wegen der **Gewährung inkongruenter Deckung** die ursprünglichen Planerfüllungen wieder rückgängig gemacht werden können. Ohne die entsprechende Insolvenzanfechtung bleibt jedoch die vom Schuldner im Planverfahren erbrachte volle Erfüllung wirksam. Ficht der Insolvenzverwalter erfolgreich an oder tritt die Wiederauflebensklausel deshalb ein, weil der Schuldner nicht in vollem Umfang geleistet hat, so bleibt im Übrigen für die weitere Abwicklung zu prüfen, ob der Gläubiger seinerseits gegen den Rückgewähranspruch des Insolvenzverwalters bzw Schuldners nicht wirksam aufrechnen kann, zumindest in dem Umfang, in dem die ursprüngliche Forderung nicht erlassen worden war. Hierfür spricht, dass sich durch Nichterfüllung bzw Aufrechnung und Wegfall von Erlass bzw Stundung die sich gegenüberstehenden Forderungen bereits vor der neuen Verfahrenseröffnung aufrechenbar gegenübergestanden haben müssen (vgl hierzu auch *Bley/Mohrbutter* § 9 Rn 17, 21).

20

§ 256

21 Was das Wiederaufleben für **sonstige Verfügungs- und Sicherungsgeschäfte** zur Folge hat, beurteilt sich in § 255 Abs 2 in gleicher Weise wie in Abs 1: Das Wiederaufleben der Gläubigerforderungen, ohne Stundung und ohne Teilerlass, berührt nicht den Bestand des ursprünglichen Insolvenzplans im Übrigen. Die nach ihm aufgehobenen Sicherungsrechte bleiben trotz Wiederauflebens der Gläubigerforderungen wirksam; Gleiches gilt für sonstige Verfügungen über Gläubigerrechtspositionen. Will sich der Gläubiger hiergegen schützen, muss der Insolvenzplan Entsprechendes vorsehen. Die vom Gesetzgeber angestrebte Rechtslage (vgl *Balz/Landfermann* S 375 ff) mag unbefriedigend erscheinen (vgl *Braun/Uhlenbruck* S 490), lässt jedoch nur den Weg offen für rechtsgestaltende Maßnahmen im Insolvenzplan (zutr HK-*Flessner* § 255 Rn 13). Im Übrigen gilt für die zum Zweck der Vergleichserfüllung gestellten Sicherheiten nichts anderes als bei Abs 1 (hierzu oben Rn 14).

IV. Abweichender Planinhalt nach § 255 Abs 3

22 **1. Gläubigerautonomie.** Wenn § 255 Abs 3 zunächst feststellt, dass im Insolvenzplan Abweichendes vorgesehen werden kann, so hebt das Gesetz zunächst den **Grundsatz der Gläubigerautonomie** hervor. Dies entspricht den Zielen des gesamten Insolvenzplanverfahrens: Die Gläubiger haben es in der Hand, dem Schuldner im Rahmen des Planverfahrens die Fortführung des Unternehmens zu ermöglichen. Ist er wirtschaftlich dazu nicht in der Lage, so können im Insolvenzplan Vorkehrungen oder Gestaltungen vorgesehen werden. Dies ist insbesondere dann berechtigt, wenn der Schuldner vor Erfüllung des Insolvenzplans erneut die Eröffnung eines Insolvenzverfahrens hinnehmen muss: Damit endet mit Sicherheit und endgültig die ursprünglich in Aussicht genommene Sanierung oder Reorganisation; es kommt zwangsläufig zum Tatbestand der endgültigen Zerschlagung. Dass sich die Gläubiger im Insolvenzplan gegen diese Entwicklung bestmöglich zu schützen suchen, erscheint legitim (vgl HK-*Flessner* § 255 Rn 15). Danach kann die **Eröffnung eines erneuten Insolvenzverfahrens zur auflösenden Bedingung** für den gesamten Plan hiervon erklärt werden, soweit es im Einzelfall nicht um bedingungsfeindliche Rechtsgeschäfte geht (zutr HK-*Flessner* § 255 Rn 15). Dies betrifft insbesondere den gesamten Bereich der Sicherungsrechte, für die im Insolvenzplan für den Fall eines erneuten Insolvenzverfahrens entsprechende Regelungen im Interesse der Gläubiger aufgenommen werden können (ebenso MüKo-InsO-*Huber* § 255 Rn 41).

23 **2. Schuldnerschutz.** Da § 255 Abs 3 S 2 nachteilige Regelungen **zulasten des Schuldners** ausschließt, soweit es um den Tatbestand des erheblichen Erfüllungsrückstands nach Abs 1 geht, beschränkt das Gesetz die **inhaltlichen** Gestaltungsmöglichkeiten des Insolvenzplans. Inhaltlich bedeutet dies, dass der Insolvenzplan das Wiederaufleben der Gläubigerforderungen, insbesondere den Wegfall von Stundung und Erlass, gegenüber der gesetzlichen Regelung erschweren kann, auch hinsichtlich der Fristsetzungen oder der Festlegung vom Mindestumfang des Rückstands. Letztlich läuft die gesetzliche Regelung darauf hinaus, dass der Insolvenzplan dem Schuldner bei der Erfüllung einzelner Verbindlichkeiten keine Lasten auferlegen soll, die das Erfüllen des gesamten Insolvenzplans unbotmäßig erschweren könnten. Da der Insolvenzplan nicht nur im Interesse der Gläubiger, sondern insbesondere auch im Interesse des Schuldners liegen wird (zutr. HK-*Flessner* § 255 Rn 14), sieht § 255 Abs 3 S 2 einen spezifischen Schuldnerschutz vor, welcher der ordnungsgemäßen Planerfüllung dient.

§ 256 Streitige Forderungen. Ausfallforderungen

(1) ¹Ist eine Forderung im Prüfungstermin bestritten worden oder steht die Höhe der Ausfallforderung eines absonderungsberechtigten Gläubigers noch nicht fest, so ist ein Rückstand mit der Erfüllung des Insolvenzplans im Sinne des § 255 Abs. 1 nicht anzunehmen, wenn der Schuldner die Forderung bis zur endgültigen Feststellung ihrer Höhe in dem Ausmaß berücksichtigt, das der Entscheidung des Insolvenzgerichts über das Stimmrecht des Gläubigers bei der Abstimmung über den Plan entspricht. ²Ist keine Entscheidung über das Stimmrecht getroffen worden, so hat das Gericht auf Antrag des Schuldners oder des Gläubigers nachträglich festzustellen, in welchem Ausmaß der Schuldner vorläufig die Forderung zu berücksichtigen hat.

(2) ¹Ergibt die endgültige Feststellung, daß der Schuldner zuwenig gezahlt hat, so hat er das Fehlende nachzuzahlen. ²Ein erheblicher Rückstand mit der Erfüllung des Plans ist erst anzunehmen, wenn der Schuldner das Fehlende nicht nachzahlt, obwohl der Gläubiger ihn schriftlich gemahnt und ihm dabei eine mindestens zweiwöchige Nachfrist gesetzt hat.

(3) Ergibt die endgültige Feststellung, daß der Schuldner zuviel gezahlt hat, so kann er den Mehrbetrag nur insoweit zurückfordern, als dieser auch den nicht fälligen Teil der Forderung übersteigt, die dem Gläubiger nach dem Insolvenzplan zusteht.

I. Normzweck

1 Die Vorschrift enthält eine Art **Übergangsregelung** für die beiden Sondertatbestände der **Forderungen**, die im Prüfungstermin **bestritten** bleiben, und der ungewissen **Ausfallforderungen**. Da der Schuldner in

II. Ausschluss des Erfüllungsrückstands nach § 256 Abs 1   § 256

Gefahr ist, diese in den bestätigten Insolvenzplan aufgenommenen Insolvenzforderungen nicht ordnungsgemäß zu bedienen, verschafft ihm das Gesetz eine gewisse Erleichterung. Im Sinne des Schuldnerschutzes, nämlich der Herbeiführung von Klarheit und Vorhersehbarkeit, werden für die bestrittenen bzw die noch nicht feststehenden Ausfallforderungen mutmaßliche Höhen festgelegt, nach denen sich die Planerfüllungspflichten des Schuldners richten. An die Stelle der nominalen Forderungen treten der Höhe nach jeweils die **festgesetzten Stimmrechte** nach § 237. Nach ihnen bemisst sich zunächst, in welchem Umfang der Schuldner die Forderungen der jeweiligen Gläubiger zu bedienen hat. Werden die Gläubigerforderungen später endgültig höher festgestellt, so schadet dem Schuldner die geringere Erfüllungsleistung nicht; denn das Gesetz gibt ihm die Möglichkeit der **Nachzahlung**, ohne dass ein Wiederaufleben der betreffenden Forderung droht (vgl Abs 2). Hat der Schuldner die mutmaßlichen Forderungen zu hoch angesetzt und bedient, so steht ihm ein **Rückzahlungsanspruch** zu (Abs 3). Mithin wird der Schuldner zur Förderung der Gesamtabwicklung der angestrebten Sanierung geschützt vor Überzahlungen, die er zunächst an die betreffenden Gläubiger geleistet hat (vgl *K/P/Otte* § 256 Rn 2). Insgesamt strebt § 256 einen fairen Interessenausgleich zwischen Gläubigern und Schuldner an in der Behandlung von Forderungen, deren Höhe zunächst nicht feststeht.

II. Ausschluss des Erfüllungsrückstands nach § 256 Abs 1

1. Betroffene Gläubigerforderungen. Nach § 256 Abs 1 geht es zunächst um Forderungen, die im Prüfungstermin **bestritten** worden sind. Hierunter fallen sämtliche im Insolvenzplan erfassten Gläubigerforderungen, die nach §§ 174, 177 Abs 1 S 1 angemeldet worden, jedoch nicht gemäß § 178 festgestellt worden sind. Die Vorschrift erfasst auch Forderungen nachrangiger Gläubiger nach § 39, die freiwillig oder nach Aufforderung gemäß § 174 Abs 3 angemeldet worden sind. **Streitig** ist die Gläubigerforderung dann, wenn entweder der Insolvenzverwalter oder ein Insolvenzgläubiger ihrer Feststellung widersprechen (§ 178 Abs 1). Der Widerspruch des Schuldners steht nach § 178 Abs 1 S 2 der Feststellung der Forderungen nicht entgegen, macht sie mithin nicht streitig. Sein Widerspruch hat lediglich Bedeutung dafür, dass die Titelwirkung nach §§ 201 Abs 2, 257 Abs 1 nicht eintritt (vgl BerlKo-*Breutigam* § 178 Rn 16). Außer Betracht bleiben bei Anwendung von § 256 Abs 1 jene bestrittenen Forderungen, die nach § 189 Abs 3 bei der Verteilung nicht zu berücksichtigen sind, da sie nicht rechtzeitig verfolgt worden sind (vgl *K/P/Otte* § 256 Rn 3; aA *Braun* § 256 Rn 3). Gläubigerforderungen sind so lange bestritten, als ihre endgültige Feststellung nicht erfolgt. Werden sie vom Gläubiger gegen den Bestreitenden nach § 179 Abs 1 betrieben, so tritt die endgültige Feststellung mit der Rechtskraft der richterlichen Entscheidung ein (vgl BGH 7. 12. 1995 NJW 1996, 1058).

2

Neben den streitigen Forderungen erfasst § 256 Abs 1 auch die **Ausfallforderungen** der absonderungsberechtigten Gläubiger, deren Höhe zunächst nicht feststeht. Hier dauert die Ungewissheit so lange an, bis die Verwertung des zur Absonderung berechtigenden Rechts abgeschlossen ist, so dass die Höhe des Ausfalls rechnerisch belegt werden kann. Sind die Voraussetzungen der Berücksichtigung nach § 190 Abs 1 durch rechtzeitigen Nachweis nicht gegeben, so kommt § 256 Abs 1 auch nicht zur Anwendung (ebenso *K/P/Otte* § 256 Rn 4).

3

2. Nicht angemeldete Forderungen. Forderungen, die im Verfahren nicht ordnungsgemäß angemeldet worden sind und die gleichwohl vom Insolvenzplan erfasst werden, sind grundsätzlich wie bestrittene Forderungen zu behandeln (vgl *Bley/Mohrbutter* § 97 VglO Rn 5). Hiergegen ist eingewandt worden, die Berechtigung von Gläubigern, an den Regelungen eines Insolvenzplans teilhaben zu können, richte sich nach den im Plan aufgestellten Gruppenmerkmalen, hänge aber nicht von der vorherigen Anmeldung der Forderung ab (*Otte/Wiester* NZI 2005, 70). Es widerspricht jedoch dem auf Restaufgaben beschränkten Verfahrenszweck bis zur Aufhebung, für Forderungen, die erst nach Bestätigung des Insolvenzplans angemeldet werden, eine Prüfung und Feststellung durchzuführen (vgl HK-*Flessner* § 256 Rn 4; *Grub* DZWiR 2004, 318). Praktisch wird dies geringe Bedeutung haben, da diese Forderungen mangels Stimmrechtsfestsetzung nach §§ 237, 77 Abs 1 im Sinn von § 256 Abs 1 überhaupt nicht als festgesetzt gelten, bei ihnen mithin auch kein Erfüllungsrückstand eintreten kann. Gleiches gilt auch für so genannte **stimmunfähige Gläubigerforderungen** nach § 237 Abs 2, die ohne jede Beeinträchtigung nach dem Insolvenzplan zu erfüllen sind. Bei diesen Forderungen kann kein Erfüllungsrückstand nach § 256 Abs 1 eintreten (vgl auch *Bley/Mohrbutter* § 97 VglO Rn 6). Diese Konstellation kann durchaus relevant werden in Fällen, in denen die Kapitalforderungen von ungesicherten Kleingläubigern im Insolvenzplan bis zu einer bestimmten Höhe ohne Stundung voll erfüllt werden sollen (vgl Begr zu § 281 RegE, abgedr bei *Balz/Landfermann* S 353). Nach § 256 Abs 1 S 1 verhält sich der Schuldner plangerecht, wenn er die bestrittenen bzw der Höhe nach noch nicht feststehenden Forderungen bis zu ihrer endgültigen Feststellung in dem Ausmaß berücksichtigt, das der Entscheidung des Insolvenzgerichts über das Stimmrecht entspricht. Diese Formulierung bedeutet nichts anderes, als dass bei den bestrittenen bzw der Höhe nach zunächst nicht feststehenden Ausfallforderungen die Höhe des Stimmrechts die Höhe der nach dem Plan zu bedienenden Gläubigerforderung bestimmt. Hat mithin das Insolvenzgericht das Stimmrecht auf die Hälfte der nominalen Forderungen festgesetzt, so genügt es, wenn der Schuldner den anteiligen Anspruch des Gläubigers befriedigt, wie es sich für die betreffende Gruppe

4

nach dem Insolvenzplan darstellt. Die dem Schuldner nach dem Insolvenzplan obliegenden Quotenzahlungen richten sich mithin bei bestrittenen bzw der Höhe nach zunächst nicht feststehenden Forderungen nach dem **Betrag**, mit dem das **Stimmrecht** festgesetzt worden ist.

5   **3. Stimmrechtsfestsetzung. a) Grundsatz.** Bis zur endgültigen Feststellung gemäß § 256 Abs 2 bestimmt das dem Gläubiger eingeräumte Stimmrecht die Höhe der Gläubigerforderungen, die der Schuldner plangerecht zu bedienen hat, um nicht in Erfüllungsrückstand zu geraten.

6   **b) Funktionale Zuständigkeit.** Für die Stimmrechtsfestsetzung, die der Schuldner nach § 256 Abs 1 zu beachten hat, ist funktional der Insolvenzrichter zuständig (zutr *K/P/Otte* § 256 Rn 6, 9; HK-*Flessner* § 256 Rn 3). Soweit hingegen teilweise die Entscheidung des Rechtspflegers als genügend angesehen wird (*Smid/Rattunde* § 256 Rn 5), reicht dies nicht aus. Zwar sieht § 18 Abs 1 RPflG in der Fassung von Art 14 EGInsO für die Gewährung des Stimmrechts grundsätzlich die Zuständigkeit des Rechtspflegers vor, sofern sich der Insolvenzrichter die Entscheidung nicht gemäß § 18 Abs 2 RPflG ausdrücklich vorbehalten hat oder § 18 Abs 3 eingreift (vgl *Hess* Art 14 EGInsO Rn 11 ff). § 18 Abs 3 S 1 RPflG regelt jedoch eindeutig, dass die Stimmrechtsentscheidung des Rechtspflegers die Rechtsfolgen von § 256 nicht auslösen kann. Aufgrund dieses eindeutigen Wortlauts muss die Vorschrift so ausgelegt werden, dass der Schuldner überhaupt **erst leisten muss**, wenn der **Insolvenzrichter** die Stimmrechtsentscheidung des Rechtspflegers bestätigt oder abgeändert bzw über § 18 Abs 2 S 2 RPflG selbst entschieden hat. Solange dies nicht geschehen ist, bedarf es einer nachträglichen Festsetzung nach § 256 Abs 1 S 2.

7   **c) Stimmrechtsfestsetzung bei Abstimmung.** Entscheidend kommt es auf das Stimmrecht an, welches das Insolvenzgericht bei der **Abstimmung über den Insolvenzplan** den betroffenen Gläubigern zugeteilt hat. Die Stimmrechtszuteilung erfolgt bei Gläubigern mit bestrittenen Forderungen gemäß § 237 Abs 1 S 1 in Verbindung mit § 77 Abs 2 und bei absonderungsberechtigten Gläubigern gemäß § 37 Abs 1 S 2 in Verbindung mit § 77 Abs 3 Nr 2. Nach § 77 Abs 2 soll das Insolvenzgericht über das Stimmrecht jedoch nur entscheiden, wenn eine Einigung zwischen den Gläubigern und dem Verwalter nicht zustande kommt. Im Hinblick auf den Wortlaut von § 256 Abs 1 S 1 wird teilweise vertreten, **nur** bei der Entscheidung durch das Gericht sei die Stimmrechtsfestsetzung für § 256 Abs 1 bindend (vgl *K/P/Otte* § 256 Rn 6). Schon nach bisherigem Recht wurde angenommen, dass die Einigung unter den stimmberechtigten Gläubigern der Entscheidung des Gerichts nicht gleichzusetzen sei (vgl *BGH* 7. 12. 1995 NJW 1996, 1058 f; *Bley/Mohrbutter* § 9 VglO Rn 14; HK-*Flessner* § 256 Rn 4; für das neue Recht ebenso *Braun* § 256 Rn 5; *K/P/Otte* § 256 Rn 6; *Graf-Schlicker/Kebekus* § 256 Rn 2). Zutreffend wird jedoch neuerdings darauf hingewiesen, dass die Vorläufigkeit der Stimmrechtsfestsetzung dafür spreche, auch die Einigung unter den stimmberechtigten Gläubigern neben der richterlichen Festsetzung für die Anwendung von § 256 Abs 1 anzuerkennen (HK-*Flessner* § 256 Rn 4 unter Berufung auf *Schiessler* Insolvenzplan S 199). Diese vereinfachende Betrachtungsweise schadet niemandem; im Übrigen bleibt immer noch der Weg über eine nachträgliche Feststellung nach § 256 Abs 1 S 2 offen.

8   **4. Nachträgliche Festlegung der Erfüllungsquote.** Hat das Insolvenzgericht keine Entscheidung über das Stimmrecht getroffen, so hat das **Gericht** auf Antrag entweder des Schuldners oder des Gläubigers nachträglich festzustellen, in welchem Ausmaß der Schuldner vorläufig die Forderung zu berücksichtigen hat. Dies wird in der Praxis relevant werden, wenn einzelne Gläubiger die formellen Voraussetzungen für eine Stimmrechtsfestsetzung nicht erfüllen, etwa bei Nachprüfung der Forderungen gemäß § 177 Abs 1 S 2 (vgl *Smid/Rattunde* § 256 Rn 6). Das Insolvenzgericht wird die Entscheidung möglicherweise auch erst nach Aufhebung des Insolvenzverfahrens nach § 258 treffen (vgl *Hess* § 256 Rn 10). Im Übrigen sind die Regeln über die nachträgliche Entscheidung des Insolvenzgerichts auch anwendbar in den Fällen, in denen nicht der Insolvenzrichter selbst, sondern lediglich der Rechtspfleger über das Stimmrecht des Gläubigers entschieden hat (vgl oben Rn 6 und HK-*Flessner* § 256 Rn 5). Zudem ergibt sich aus § 18 Abs 3 S 1 RPflG auch, dass die Entscheidung nach § 256 Abs 1 S 2 nur durch den **Richter**, nicht jedoch durch den Rechtspfleger erfolgen kann (HK-*Flessner* § 256 Rn 6; *K/P/Otte* § 256 Rn 9). Hieraus folgt, dass der Schuldner weder mit einer bestrittenen noch mit einer absonderungsberechtigten Forderung mit der Erfüllung in Rückstand geraten kann, wenn nicht der Insolvenzrichter das Stimmrecht festgesetzt oder im Wege der nachträglichen Festsetzung die Erfüllungsquote bestimmt hat.

9   Unterbleibt die Stimmrechtsfestsetzung hinsichtlich der bestrittenen Forderung bzw der mutmaßlichen Ausfallforderungen und unterlassen die Gläubiger ebenso wie der Schuldner, den Antrag nach § 256 Abs 1 S 2 auf nachträgliche Feststellung der zu bedienenden Forderungshöhe zu stellen, so fragt sich, ob dies der einen oder anderen Seite zum Nachteil gereichen kann. Geht man davon aus, dass es nicht Sache des Gläubigers ist, die nachträgliche Festsetzung zu beantragen, um wenigstens eine Teilerfüllung zu erreichen, so könnte andererseits der **Schuldner** gehalten sein, sich im Sinne der Gleichbehandlung aller Gläubiger um eine **vorläufige Klärung** zu bemühen. Wenn hierzu die Auffassung vertreten wird, der Schuldner gerate auch hinsichtlich der noch unsicheren Forderungen in Rückstand, wenn er sich nicht rechtzeitig um eine Entscheidung nach § 256 Abs 1 S 2 bemühe (so *K/P/Otte* § 256 Rn 7),

so erscheint dies vom Wortlaut der gesetzlichen Regelung nicht gedeckt. Es ist nicht erkennbar, weshalb dem Schuldner eine solche Last zufallen soll, wenn der Gläubiger selbst die Möglichkeit hat, die nachträgliche Feststellung des zu bedienenden Teils seiner Forderung herbeizuführen (vgl auch BGH 7. 12. 1995 NJW 1996, 1058, 1059). Insoweit gilt der Grundsatz, dass sich jeder der Beteiligten um die Wahrung seiner Interessen zunächst selbst zu bemühen hat.

5. Erfüllungsrückstand. Die Frage der Erheblichkeit des Erfüllungsrückstands stellt sich für § 256 **10** Abs 1 in gleicher Weise wie in § 255 Abs 1. Auf die Ausführungen dort ist zu verweisen.

III. Nachzahlung nach § 256 Abs 2

1. Nachleistungspflicht. Die gesetzliche Vorschrift gibt dem Schuldner auf, etwaige **Differenzbeträge** **11** zwischen den zunächst erfolgten richterlichen Feststellungen und der endgültigen Feststellung der Gläubigerforderung **nachzuzahlen.** Diese Nachzahlungspflicht schafft mithin den Ausgleich, wozu der Schuldner nach dem Insolvenzplan ohnehin verpflichtet ist (vgl HK-*Flessner* § 256 Rn 9). Bei streitigen Forderungen wird dies der Fall sein, wenn etwa das ordentliche Gericht einer Feststellungsklage in vollem Umfang stattgibt, während das Stimmrecht nur quotal anerkannt worden ist (vgl BerlKo-*Breutigam* § 256 Rn 7). Bei absonderungsberechtigten Gläubigern wird diese Situation eintreten, wenn das Stimmrecht nach dem mutmaßlichen Verkehrswert des Sicherungsguts bemessen wurde, der Erlös jedoch geringer ausfällt. Entscheidend ist, dass die endgültige gerichtliche Festsetzung die Unsicherheit über die Forderung der Höhe nach endgültig beseitigt. Die Folge davon ist, dass die Fälligkeit hinsichtlich der festgestellten Forderung sofort eintritt (*K/P/Otte* § 256 Rn 12).

2. Erheblicher Erfüllungsrückstand. Systemgerecht fordert § 256 Abs 2 S 2 in Übereinstimmung mit **12** § 255 Abs 1, dass ein erheblicher Erfüllungsrückstand erst dann eintritt, wenn der Schuldner das Fehlende nicht zahlt, obwohl der Gläubiger ihn schriftlich **gemahnt** und ihm dabei eine mindestens **zweiwöchige Nachfrist** gesetzt hat. Die Kongruenz der beiden gesetzlichen Vorschriften sorgt dafür, dass auch bei den erst nachträglich festgestellten Gläubigerforderungen dem Schuldnerschutz in gleicher Weise Rechnung getragen wird wie im Regelfall nach § 255 Abs 1.

IV. Rückforderungsanspruch nach § 256 Abs 3

1. Grundsatz. Ergibt die endgültige Feststellung der Gläubigerforderung, dass der Schuldner bereits **13** zu viel gezahlt hat, so kann er den Mehrbetrag insoweit zurückfordern, als dieser auch den nichtfälligen Teil der Forderung übersteigt, die dem Gläubiger nach dem Insolvenzplan zusteht. Dieser gesetzliche **Rückzahlungsanspruch** stellt sich als **Ausnahmetatbestand** von § 254 Abs 3 dar, weil die gesetzliche Aufrechterhaltung der causa (Naturalobligation) für Leistungen über den Plan hinaus hier ausdrücklich beseitigt wird (zutr *K/P/Otte* § 256 Rn 14). Dies ist materiell gerechtfertigt durch die endgültige Beseitigung der Unsicherheit, die zunächst die vorläufige Berücksichtigung bzw vorläufigen Leistungen des Schuldners bestimmt hatten. Es findet mithin ein **wirtschaftlicher Ausgleich** statt, wie er auch dann erzielt worden wäre, wenn die betreffenden Forderungen von Beginn an der Höhe nach festgestanden hätten.

2. Umfang des Rückforderungsanspruchs. Nach der gesetzlichen Formulierung beschränkt sich der **14** Rückzahlungsanspruch auf den **Mehrbetrag,** in dem die tatsächlichen Zahlungen des Schuldners den Teil der Forderungen übersteigen, in deren Höhe sie nach dem Insolvenzplan quotal zu befriedigen waren. Die Herausnahme des noch nicht fälligen Teils der Gläubigerforderung aus dem Rückforderungsanspruch macht deutlich, dass es lediglich vorzeitige Zahlung des Schuldners nicht zurückgefordert werden kann (zutr. HK-*Flessner* § 256 Rn 10). Ob es sich bei dem Rückforderungsanspruch um einen **Bereicherungsanspruch** im Sinn von § 812 Abs 1 S 1 BGB handelt oder ob § 256 Abs 3 insoweit als Spezialvorschrift anzusehen ist (so *K/P/Otte* § 256 Rn 13; abw. *Smid/Rattunde* § 256 Rn 9), ist für die Praxis nicht relevant. Entscheidend ist allerdings, dass die **Rechtsfolgen** des Anspruchs aus § 256 Abs 3 dem Bereicherungsrecht zu entnehmen sind, wobei jedoch den Besonderheiten des Insolvenzplanverfahrens Rechnung getragen werden muss.

Grundsätzlich kann der Schuldner den **gesamten Mehrbetrag** zurückfordern, wobei allerdings der **15** noch nicht fällige Teil aus der Rückforderung herauszunehmen ist (vgl zum bisherigen Recht *Bley/ Mohrbutter* § 97 VglO Rn 24). Fraglich erscheint, ob eine Anrechnung auch gegenüber anderen noch nicht fälligen Planforderungen desselben Gläubigers eintritt (so *K/P/Otte* § 256 Rn 13; FK-*Jaffé* § 256 Rn 24). Der Wortlaut der Vorschrift, der auf die Forderung abstellt, spricht nicht dagegen, da auch § 97 Abs 4 VglO eine entsprechende Formulierung enthielt. Entsprechend der bisherigen Rechtslage (hierzu *Bley/Mohrbutter* § 97 Rn 24) erscheint es auch hier geboten, von der „Planforderung" des Gläubigers im Sinne sämtlicher im Plan geregelten Forderungen auszugehen. Sachlich rechtfertigt sich dies aus dem Grund, dass der Schuldner mit Überzahlungen seine Leistungsfähigkeit dokumentiert, von welcher der Insolvenzplan gerade nicht ausgegangen ist. Zurückzuerstatten ist mithin nur der Mehrbetrag, der nach

Anrechnung sämtlicher Planforderungen des Gläubigers in Höhe der noch nicht beglichenen Beträge unabhängig von ihrer Fälligkeit verbleibt. Andererseits muss es dann dem Schuldner gestattet sein, eine solche Gesamtanrechnung dadurch zu verhindern, dass er sich eine Rückforderung bei der Überzahlung auf die einzelne Gläubigerforderung ausdrücklich vorbehält (so *Bley/Mohrbutter* § 97 Rn 25).

16 Was schließlich den **Umfang des Rückforderungsanspruchs** anlangt, so kann bei streitigen Gläubigerforderungen eine volle Rückzahlung der gesamten Zahlungen des Schuldners infrage kommen (vgl *Bley/Mohrbutter* § 97 Rn 94). Von absonderungsberechtigten Gläubigern ist der Minderausfall, den der Schuldner bereits ausgeglichen hat, mithin der höhere Realisierungserfolg aus der Verwertung des Sicherungsguts zu erstatten (so bereits *Bley/Mohrbutter* § 97 VglO Rn 24). Im Übrigen ist zu beachten, dass im Rahmen der Rechtsfolgenverweisung auf das Bereicherungsrecht auch § 820 BGB zur Anwendung kommen kann. Auch dem Gläubiger ist bei streitigen Forderungen und noch unbekannten Ausfallforderungen die Höhe der Erfüllungsquote als unsicher bekannt; er muss mithin auch mit einer Rückforderung ganz oder teilweise rechnen, was die Haftungsverschärfung nach § 820 BGB rechtfertigt (vgl FK-*Jaffé* § 256 Rn 26; zum Vergleichsrecht *Bley/Mohrbutter* § 97 VglO Rn 25).

§ 257 Vollstreckung aus dem Plan

(1) ¹Aus dem rechtskräftig bestätigten Insolvenzplan in Verbindung mit der Eintragung in die Tabelle können die Insolvenzgläubiger, deren Forderungen festgestellt und nicht vom Schuldner im Prüfungstermin bestritten worden sind, wie aus einem vollstreckbaren Urteil die Zwangsvollstreckung gegen den Schuldner betreiben. ²Einer nicht bestrittenen Forderung steht eine Forderung gleich, bei der ein erhobener Widerspruch beseitigt ist. ³§ 202 gilt entsprechend.

(2) Gleiches gilt für die Zwangsvollstreckung gegen einen Dritten, der durch eine dem Insolvenzgericht eingereichte schriftliche Erklärung für die Erfüllung des Plans neben dem Schuldner ohne Vorbehalt der Einrede der Vorausklage Verpflichtungen übernommen hat.

(3) Macht ein Gläubiger die Rechte geltend, die ihm im Falle eines erheblichen Rückstands des Schuldners mit der Erfüllung des Plans zustehen, so hat er zur Erteilung der Vollstreckungsklausel für diese Rechte und zur Durchführung der Vollstreckung die Mahnung und den Ablauf der Nachfrist glaubhaft zu machen, jedoch keinen weiteren Beweis für den Rückstand des Schuldners zu führen.

Übersicht

	Rn
I. Normzweck	1
II. Zwangsvollstreckung wegen Insolvenzplanforderung	4
1. Vollstreckungstitel	5
2. Voraussetzungen der Einzelzwangsvollstreckung	6
a) Eintrag in die Tabelle	7
b) Feststellung	8
c) Ausfallforderungen	9
d) Planbestätigung	10
3. Vollstreckungsgläubiger	11
4. Vollstreckungsschuldner	14
5. Vollstreckungsverfahren	16
a) Grundsatz	16
b) Vollstreckbare Ausfertigung	17
c) Zuständigkeiten	18
d) Vollstreckungs- bzw. Klauselabwehrklage	19
e) Vollstreckung öffentlich-rechtlicher Forderungen	20
III. Zwangsvollstreckung gegen Plangaranten	21
1. Verpflichtungen Dritter	22
2. Verzicht auf Vorausklage	23
3. Form	24
4. Umfang der Einstandspflicht	25
5. Berechtigte	26
6. Vollstreckungsverfahren	27
IV. Zwangsvollstreckung nach Wiederaufleben der Gläubigerforderung	28

I. Normzweck

1 Die Vorschrift sichert die **vollstreckungsrechtliche Durchsetzbarkeit** des Insolvenzplans. Sie baut auf einschlägigen Vorschriften der bisherigen Insolvenzgesetze auf (vgl §§ 194 KO, 85, 86 VglO, 16 Abs 6 GesO). Drei Vollstreckungstatbestände werden unterschieden: Einmal geht es um die **Vollstreckung der unbestrittenen Gläubigerforderungen** aus dem Insolvenzplan. Zum anderen wird die **Vollstreckbarkeit von Verbindlichkeiten geregelt, die Dritte** für die Erfüllung des Plans neben dem Schuldner ohne Vorbehalt der Einrede der Vorausklage übernommen haben. Schließlich geht es um die **Vollstreckung** von

II. Zwangsvollstreckung wegen Insolvenzplanforderungen § 257

Gläubigerforderungen, die nach § 255 in ihrem **ursprünglichen Bestand** wieder aufgelebt sind. Für alle drei Tatbestände bestimmt § 257 die Voraussetzungen, unter denen die Zwangsvollstreckung stattfindet. Die Vorschrift legt insbesondere fest, was für die jeweilige Einzelwangsvollstreckung als **Vollstreckungstitel** dient. Dagegen enthält die Vorschrift nichts über die Zwangsvollstreckung selbst: Sie regelt sich nach den allgemeinen Vorschriften der ZPO (s unten Rn 16 ff).

Für die Unterscheidung der **Vollstreckbarkeit** von Gläubigerforderungen gegenüber ihrer **rechtskräftigen Feststellung** durch den gerichtlich bestätigten Insolvenzplan hat die gesetzliche Neuregelung eine Klarstellung gebracht, die im Zusammenhang mit der abweichenden Regelung nach § 85 Abs 1 VglO zu einem jahrzehntelangen Meinungsstreit geführt hatte. Die lange Zeit entsprach es herrschender Auffassung, dass die in § 85 Abs 1 VglO vorgesehene Titelwirkung nicht verbunden war mit der rechtskräftigen Feststellung der unbestritten gebliebenen Gläubigerforderungen, die in das Gläubigerverzeichnis aufgenommen worden waren (vgl *Bley/Mohrbutter* § 85 VglO Rn 4 b mN). Die gegenteilige Auffassung, die in den letzten Jahren zunehmend Anhänger fand (vgl K/U § 164 KO Rn 4 mN), dürfte nun unzweifelhaft der gesetzlichen Neuregelung zugrunde liegen. Denn nach § 178 Abs 3 bewirkt die Eintragung in die Tabelle für die unbestrittenen bzw festgestellten Forderungen ihrem Betrag und ihrem Rang nach die rechtskräftige Feststellung wie durch ein Urteil gegenüber dem Insolvenzverwalter und allen Insolvenzgläubigern. Dies gilt für das gesamte Insolvenzverfahren, also auch für das Planverfahren; denn auch insoweit erfolgt die Prüfung der angemeldeten, in die Tabelle eingetragenen Forderungen (§ 175) im Prüfungstermin (§ 176). 2

Im Planverfahren gilt jedoch die **Besonderheit**, dass die **Vollstreckbarkeit** der durch die Tabelle titulierten Forderungen durch den **Insolvenzplan begrenzt** wird. Denn die titulierten Forderungen können nur unter den Voraussetzungen und in dem Umfang, wie es der Insolvenzplan im Einzelnen vorsieht (vgl *Gottwald/Eickmann* § 66 Rn 97 zum Zwangsvergleich), im Wege der Zwangsvollstreckung durchgesetzt werden. **Nicht titulierte Forderungen** oder **Teilbeträge** von im Übrigen titulierten Forderungen können dementsprechend nicht über § 257 vollstreckt werden. Wenn für die Vollstreckbarkeit aus dem Insolvenzplan bzw dem Auszug aus der Tabelle der Vergleich angestellt wird mit der Vollstreckung aus einer **vollstreckbaren Urkunde** nach § 794 Nr 5 ZPO (zB K/P/*Otte* § 257 Rn 6; *Häsemeyer* Rn 28.67), so mag dies bildhaft plausibel erscheinen; der Sache nach ist dieser Vergleich jedoch trügerisch; denn entscheidend ist die Beantwortung der Frage, nach welchen Regeln sich der Schuldner gegebenenfalls gegen die Zwangsvollstreckung aus dem für vollstreckbar erklärten Titel wehren kann. Schneidet ihm die materielle Rechtskraft des Titels die Angreifbarkeit des Titels im Nachhinein nach § 767 Abs 2 ZPO ab, so würde dies bei einer vollstreckbaren Urkunde anders zu beurteilen sein, da für sie der Einwendungsausschluss nicht gilt (vgl § 797 Abs 4 ZPO; hierzu MüKoZPO-K. *Schmidt* § 767 Rn 75; Stein/Jonas/*Münzberg* § 767 Rn 25). Denn sie entfaltet keine Rechtskraft und die Durchsetzung der in ihr verbrieften Forderung lässt sich möglicherweise über § 242 BGB aufhalten oder sie ist kondizierbar mit der Folge, dass die mit der rechtskräftigen Entscheidung verbundene Endgültigkeit in materiell-rechtlicher Hinsicht gerade nicht besteht. Der Wortlaut von § 257 Abs 1, der von dem „rechtskräftig bestätigten Insolvenzplan" spricht, und die Anwendbarkeit in § 178 Abs 3, wo hinsichtlich Betrag und Rang von einem rechtskräftigen Urteil die Rede ist, kann nicht zweifelhaft sein, dass nunmehr **unbestritten gebliebene Gläubigerforderungen** in der Tabelle mit der Bestätigung des Insolvenzplans wie **rechtskräftig** festgestellte Forderungen zu gelten haben (ebenso Stein/Jonas/*Münzberg* § 795 ZPO Rn 13; vgl auch MüKoZPO-*K Schmidt* § 767 Rn 74) und dem Einwendungsausschluss nach § 767 Abs 2 ZPO unterliegen (*Smid/Rattunde* § 257 Rn 8). 3

II. Zwangsvollstreckung wegen Insolvenzplanforderungen

Nach § 257 Abs 1 können die Insolvenzgläubiger, deren Forderungen festgestellt und nicht vom Schuldner im Prüfungstermin bestritten worden sind, wie aus einem **vollstreckbaren Urteil** die Zwangsvollstreckung gegen den Schuldner betreiben. Voraussetzung ist, dass die betreffende Gläubigerforderung Gegenstand des rechtskräftig bestätigten Insolvenzplans und in die Tabelle eingetragen worden ist. Gleiches gilt für Gläubigerforderungen, gegen die zunächst ein Widerspruch erhoben wurde, sofern der Widerspruch beseitigt worden ist. Die Verweisung auf § 202 leitet zur Anwendbarkeit der allgemeinen vollstreckungsrechtlichen Vorschriften über. Aus dieser gesetzlichen Regelung ist im Einzelnen abzuleiten, was dem Insolvenzgläubiger als **Vollstreckungstitel** dient, wegen welcher **Forderungen** und in welchem **Umfang** er die **Zwangsvollstreckung** betreiben kann, wer sein **Vollstreckungsschuldner** ist und nach welchem **Verfahren** die Zwangsvollstreckung im Einzelnen durchzuführen ist. 4

1. Vollstreckungstitel. Grundlage der Einzelzwangsvollstreckung bilden einerseits der **rechtskräftig bestätigte Insolvenzplan**, andererseits die **Eintragung** der einzelnen Gläubigerforderungen in die **Tabelle** nach § 175 (vgl HK-*Flessner* § 257 Rn 2). Aus ihnen leitet sich der eigentliche Vollstreckungstitel ab, nämlich der **Auszug aus der Tabelle** gemäß §§ 175, 178 Abs 2, der nach § 725 ZPO mit einer Vollstreckungsklausel zu versehen ist. Beantragt der Gläubiger den Auszug aus der Tabelle und die Erteilung der Vollstreckungsklausel, so hat das zuständige Gericht (§ 202) zu prüfen, ob der Insolvenzplan rechtskräftig bestätigt worden ist, die Forderungen des antragstellenden Gläubigers festgestellt und im Prü- 5 fungstermin nicht bestritten worden sind und in welchem Umfang bzw mit welchen Fälligkeiten die Gläubigerforderung nach dem Insolvenzplan durchsetzbar sein soll. Das Ergebnis der gerichtlichen Prüfung findet seinen Niederschlag in der **Erteilung der Vollstreckungsklausel** nach § 725 ZPO auf der Ausfertigung des Tabellenauszugs, dem als Anlagen der erhebliche Teil des Auszugs aus dem Insolvenzplan, der mit der Rechtskraftklausel versehene Bestätigungsbeschluss und eine Bestätigung beigefügt sind, dass die Gläubigerforderung festgestellt und unbestritten ist (ebenso *Hess/Obermüller* Insolvenzplan § 257 Rn 344; HK-*Flessner* § 257 Rn 6). Die neuerdings aufgetretene Diskussion darüber, ob der **Insolvenzplan** selbst den Titel zur Betreibung der Zwangsvollstreckung bildet (vgl *Bork* Einführung Rn 348), ob die **Eintragung in die Tabelle** hinzutreten muss (BerlKo-*Breutigam* § 257 Rn 7; H/W/F, Hdb InsO S 683 Rn 40; *Smid/Rattunde* § 257 Rn 7), ob stattdessen allein die **Tabelleneintrag** den Vollstreckungstitel begründet (vgl *Häsemeyer* Rn 28.84; *Hess/Obermüller* Insolvenzplan Rn 341) oder ob im Hinblick auf die beschränkte Aussagekraft jedes einzelnen Dokuments Tabelleneintrag, Insolvenzplan und Bestätigungsbeschluss insgesamt als Vollstreckungstitel anzusehen sind (so HK-*Flessner* § 257 Rn 2), ist ohne praktische Relevanz. Entscheidend ist für die Praxis allein, dass der mit der **Vollstreckungsklausel** versehene Auszug aus der Tabelle unter Bezugnahme auf Planbestätigung und Planinhalt so eindeutig ist, dass die Zwangsvollstreckung wie nach einem auf Zahlung gerichteten Urteilstenor möglich ist.

6   **2. Voraussetzungen der Einzelzwangsvollstreckung.** Die Gläubigerforderungen, die in den Insolvenzplan eingegangen sind, sollen nach ihm auch vollstreckbar sein. Wird den Gläubigern auf der einen Seite zugemutet, Abstriche auf ihre ursprünglichen Forderungen hinzunehmen, so gewährt ihnen das Gesetz auf der anderen Seite mit der Planbestätigung die Möglichkeit, hinsichtlich der ihnen planungsgemäß verbliebenen Forderungen die zwangsweise Durchsetzung zu betreiben. Dementsprechend steht jenen Gläubigern, die nach dem Insolvenzplan nichts mehr zu verlangen haben, auch nicht die Möglichkeit zu, die Zwangsvollstreckung zu betreiben. Der vollständige Erlass nach dem Insolvenzplan ist endgültig (HK-*Flessner* § 257 Rn 3).

7   **a) Eintrag in die Tabelle.** Gegenstand der Zwangsvollstreckung können nur solche **Gläubigerforderungen** sein, die nach § 178 Abs 2 in die **Tabelle eingetragen** worden sind. Maßgeblich für die Erteilung der Vollstreckungsklausel ist insbesondere die eingetragene Höhe der Gläubigerforderung; soweit eine Forderung nur teilweise angemeldet und nicht in voller Höhe eingetragen worden ist, kann der nicht eingetragene Teil der Forderung auch nicht Gegenstand der Zwangsvollstreckung werden. Dies gilt selbst dann, wenn auch der übersteigende Teil der Forderung im Insolvenzplan behandelt worden ist. Fehlt es überhaupt an einem Eintrag in die Tabelle, so findet die Zwangsvollstreckung nicht aufgrund eines Auszugs aus der Tabelle statt.

8   **b) Feststellung.** Die zu vollstreckende Forderung muss darüber hinaus festgestellt sein. Nach § 178 Abs 1 ist dies der Fall, wenn gegen sie im Prüfungstermin oder im schriftlichen Verfahren **kein Widerspruch** erhoben worden ist, und zwar weder vom Insolvenzverwalter noch von einem Insolvenzgläubiger. Ein etwaiger Widerspruch des Schuldners steht der Feststellung der Forderung nicht entgegen. Wird ein einmal erhobener **Widerspruch später beseitigt**, so gilt die Forderung gleichfalls als festgestellt (K/P/*Otte* § 257 Rn 6); auch sie kann Gegenstand der Zwangsvollstreckung sein (§ 257 Abs 1 S 2). Eine Form der Beseitigung des Widerspruchs stellt die Rücknahme durch den Widersprechenden dar (vgl BerlKo-*Breutigam* § 257 Rn 9); im Übrigen kann der Widerspruch auch durch eine rechtskräftige Entscheidung im streitigen Erkenntnisverfahren beseitigt werden.

9   **c) Ausfallforderungen.** Was die Vollstreckbarkeit von Ausfallforderungen **absonderungsberechtigter Gläubiger** anlangt, so erscheint es nicht gerechtfertigt, allgemein die Nichtanwendbarkeit von § 257 Abs 1 zu postulieren (vgl HK-*Flessner* § 257 Rn 5; *Braun/Uhlenbruck* S 489; FK-*Jaffé* § 257 Rn 12). Unzweifelhaft erscheint, dass absonderungsberechtigte Gläubiger dann von § 257 Abs 1 Gebrauch machen können, wenn sie auf die abgesonderte Befriedigung verzichten (zutr K/P/*Otte* § 257 Rn 9). Gleiches gilt aber auch für die Ausfallforderung des absonderungsberechtigten Gläubigers, sofern der Ausfall feststeht. Meldet der absonderungsberechtigte Gläubiger nach Verwertung schon nur die Ausfallforderung zur Tabelle an und wird diese nicht bestritten, so tritt ihre Feststellung ohnehin nach § 178 Abs 1 ein. Meldet der absonderungsberechtigte Gläubiger jedoch zunächst die volle Forderung an, so kann auch sie festgestellt werden, wenn ihre Höhe nicht bestritten wird; dass der Eintrag lautet: „Festgestellt in Höhe des nachzuweisenden Ausfalls" (vgl zum bisherigen Recht K/U § 144 KO Rn 2 d) zeichnet den Weg vor; denn solange das Verfahren anhält, hat er den Ausfall nach § 190 geltend zu machen mit der Folge, dass bei Erteilung der Vollstreckungsklausel aufgrund des Eintrags in die Tabelle die endgültige Höhe der Ausfallforderung festgestellt werden kann. Hält der absonderungsberechtigte Gläubiger die Frist nach §§ 190 Abs 1, 189 Abs 1 nicht ein, so kann er auch nach Aufhebung des Verfahrens bei Beantragung der Vollstreckungsklausel noch den Nachweis über die Höhe des Ausfalls führen (vgl K/P/*Otte* § 257 Rn 9).

10 **d) Planbestätigung.** Die Vollstreckungsklausel darf frühestens dann erteilt werden, wenn der Insolvenzplan **rechtskräftig gerichtlich bestätigt** worden ist, mithin der bestätigende Beschluss des Insolvenz-

gerichts nach § 248 Abs 1 verkündet worden ist nach § 252 Abs 1 und Rechtsmittel nicht mehr möglich sind. Dies ist dann der Fall, wenn das Rechtsmittel der sofortigen Beschwerde nach § 253 nicht oder nicht rechtzeitig innerhalb der Zwei-Wochen-Frist nach § 577 Abs 2 ZPO eingelegt worden ist, gegebenenfalls auch nach Rechtskraft der Beschwerdeentscheidung (s hierzu oben § 253 Rn 5, 6).

3. Vollstreckungsgläubiger. Nach § 257 Abs 1 steht nur den **Insolvenzgläubigern** die Vollstreckung zu, die nach § 178 Abs 2 in die Tabelle eingetragen worden sind (*Hess* § 257 Rn 13), mithin ihre Forderungen zumindest angemeldet haben. Dies gilt auch für **nachrangige Insolvenzgläubiger** gem § 39 Abs 1; Voraussetzung ist auch hier, dass sie ihre Forderungen angemeldet haben und eine Befriedigung im Insolvenzplan vorgesehen ist (vgl K/P/*Otte* § 257 Rn 9). Nicht dagegen steht den **absonderungsberechtigten Gläubigern** insoweit eine Vollstreckungsmöglichkeit zu, als die Absonderungsrechte reichen, auch wenn sie im Plan geregelt werden (vgl HK-*Flessner* § 257 Rn 4; K/P/*Otte* § 257 Rn 10). Denn insoweit kann der absonderungsberechtigte Gläubiger ohnehin nicht vollstrecken, da für die Absonderungsrechte selbst kein eigenes Prüfungsverfahren vorgesehen ist (vgl *Braun/Uhlenbruck* S 459; HK-*Flessner* § 257 Rn 5; K/P/*Otte* § 257 Rn 9; FK-*Jaffé* § 257 Rn 12). Die Stimmrechtsfestsetzung allein ist keine hinreichende Basis für die Annahme einer Titulierung mit den entsprechenden Möglichkeiten der Zwangsvollstreckung. Abweichendes mag dann gelten, wenn der Schuldner dem absonderungsberechtigten Gläubiger aus einem selbstständigen Schuldgrund persönlich haftet. Im Übrigen erhält der absonderungsberechtigte Gläubiger die Vollstreckungsmöglichkeit auch dann, wenn er auf das Absonderungsrecht verzichtet oder der Ausfall zur Tabelle festgestellt wird (s oben Rn 9).

Rechtsnachfolger vollstreckungsberechtigter Gläubiger können bezüglich der auf sie übergegangenen Forderungen nach § 257 vorgehen, wenn sie zuvor eine entsprechende Titelumschreibung gem §§ 727 ff ZPO erwirkt haben (vgl *Hess* § 257 Rn 13). In solchen Fällen ist ein mit der Vollstreckungsklausel versehener Rechtsnachfolgevermerk als **Anlage zur vollstreckbaren Ausfertigung** dem Tabellenauszug beizufügen.

Außenstehende Dritte sind nicht „Beteiligte" im Sinn von § 254 Abs 1 und deshalb auch dann nicht Vollstreckungsgläubiger, wenn sie durch den Insolvenzplan rechtlich begünstigt werden. Sie sind auf ihre Individualabreden gegenüber dem Schuldner (Insolvenzmasse) angewiesen und sie erlangen über den Insolvenzplan keinen Titel in Gestalt der Feststellung etwaiger Forderungen gegenüber dem Schuldner. Dies gilt insbesondere für etwaige Rechte und Ansprüche einer Übernahmegesellschaft, die im Falle einer übertragenden Sanierung in den Insolvenzplan aufgenommen werden als Teil des Übernahmevertrags, auf dem der Insolvenzplan beruht.

4. Vollstreckungsschuldner. Die Vollstreckung der Gläubiger richtet sich regelmäßig gegen den **Insolvenzschuldner** (K/P/*Otte* § 257 Rn 12). Es kann in sein gesamtes, der Zwangsvollstreckung unterliegendes Vermögen vollstreckt werden (vgl *Hess* § 257 Rn 14), nach § 35 auch in das neu erworbene Vermögen, es sei denn der Insolvenzplan schließe dies ausdrücklich aus (MüKoInsO-*Huber* § 257 Rn 10); dies entspricht dem bisherigen Vergleichsrecht (vgl *Bley/Mohrbutter* § 85 VglO Rn 17).

Nach dem Wortlaut von § 257 Abs 1 richtet sich die Zwangsvollstreckung grundsätzlich **nur gegen den Schuldner**. Dies entspricht der allgemeinen Regel für Zwangsvollstreckung nach Aufhebung des Verfahrens, die § 201 Abs 1 vorsieht. Anders als bei der Liquidation des schuldnerischen Vermögens kann sich jedoch bei erfolgreicher Reorganisation im Insolvenzplanverfahren die Frage stellen, ob und in welchem Umfang gegebenenfalls auch die **Träger des schuldnerischen Unternehmens**, insbesondere seine Gesellschafter, aus dem Insolvenzplan im Wege der Zwangsvollstreckung in Anspruch genommen werden können. Die Frage stellt sich insbesondere immer dann, wenn Schuldner des Insolvenzplanverfahrens eine Personengesellschaft ist, die ganz (zB OHG, Partnerschaftsgesellschaft, Gesellschaft bürgerlichen Rechts) oder teilweise (KG, KGaA) von persönlich haftenden Gesellschaftern getragen werden. Die Beantwortung der Frage wird nicht dadurch gefördert, dass § 11 Abs 2 den Kreis der insolvenzfähigen Vermögen gegenüber dem bisherigen Recht ausgeweitet hat. Denn die **strenge Trennung** zwischen dem Vermögen, über welches das Insolvenzverfahren eröffnet wird, und dem Vermögen der Unternehmensträger, besteht auch nach geltendem Recht fort. Die Tatsache, dass die Unternehmensträger nach bisher geltendem Konkurs- und Vergleichsrecht nicht in das Insolvenzverfahren der Gesellschaft einbezogen waren, ist zwar immer wieder beklagt worden (vgl *Uhlenbruck*, in KS-InsO, S 1157, Rn 25). Hieran hat die InsO jedoch nichts geändert, da sie **keine Eingriffe in Gesellschafterrechte** ohne ausdrückliche Zustimmung der Gesellschafter selbst vorsieht, insbesondere auch nicht im Insolvenzplanverfahren (vgl oben § 217 Rn 20). Daher gilt auch nach geltendem Recht der Grundsatz, dass der Insolvenzplan grundsätzlich keine Handhabe dafür bietet, Ansprüche gegen die Unternehmensträger, selbst wenn sie persönlich haften, unmittelbar zu verfolgen und zu vollstrecken (ebenso *Hess* § 257 Rn 15). Ebenso wenig kann der Insolvenzplan Vollstreckungsgrundlage sein für etwaige Ansprüche gegen Gesellschafter aufgrund **besonderer Haftungstatbestände**, etwa wegen Einlagenrückgewähr, Gründerverantwortung, konzernrechtlicher Haftungen oder etwaiger Nachschusspflichten. Alle diese Haftungstatbestände dienen grundsätzlich nicht dem Befriedigungsrecht der Gläubiger, sondern allenfalls der Fortführung bzw Sanierung des dem Insolvenzplanverfahren unterliegenden Gesellschaftszwecks (*Uhlenbruck*, in KS-InsO, S 1157 Rn 24 aE). Sie sind daher dem insolvenzfreien Bereich zuzurechnen und außerhalb des

Insolvenzplanverfahrens zu verfolgen. Nur dann, wenn die Gesellschafter im Rahmen des Insolvenzplanverfahrens Verbindlichkeiten übernehmen, die den Anforderungen von § 257 Abs 2 entsprechen, setzen sie sich der Vollstreckbarkeit nach dem Insolvenzplan aus (ebenso *Braun/Frank* § 257 Rn 8 Fn 4; MüKoInsO-*Huber* § 257 Rn 11).

16 5. **Vollstreckungsverfahren. a) Grundsatz.** Für das Verfahren der Vollstreckung ordnet § 257 Abs 1 an, dass die Zwangsvollstreckung gegen den Schuldner **wie aus einem vollstreckbaren Urteil erfolge.** Die in dieser Vorschrift behandelte Vollstreckung richtet sich nach dem Wortlaut allein gegen den Schuldner (*Braun/Frank* § 257 Rn 8). Mit der Verweisung auf die Zuständigkeitsregel in § 202 leitet sich hieraus der **Grundsatz** ab, dass sich das gesamte Vollstreckungsverfahren nach den Vorschriften der **Zivilprozessordnung,** mithin nach den §§ 704 ff ZPO, insbesondere den Vorschriften der §§ 724–793 ZPO beurteilt (HK-*Flessner* § 257 Rn 6; N/R/*Braun* § 257 Rn 6; K/P/*Otte* § 257 Rn 17). Die Zuständigkeitsregel von § 202 ist als lex specialis zu § 764 ZPO zu verstehen (K/P/*Otte* § 257 Rn 17). Danach ist das Amtsgericht, bei dem das Insolvenzverfahren anhängig war, ausschließlich zuständig für Klagen auf Erteilung der Vollstreckungsklausel nach § 731 ZPO und für Klagen nach § 768 ZPO, durch die nach der Erteilung der Vollstreckungsklausel bestritten wird, dass die Voraussetzungen für die Erteilung eingetreten waren, sowie für Klagen nach § 767 ZPO, mit denen Einwendungen geltend gemacht werden, die den Anspruch selbst betreffen (ebenso *Smid/Rattunde* § 252 Rn 6; N/R/*Braun* § 257 Rn 5). Die nach § 202 Abs 2 vorgesehene Zuständigkeit des Landgerichts anstelle des Amtsgerichts bestimmt sich nach dem Streitgegenstand.

17 b) **Vollstreckbare Ausfertigung.** Nach § 724 Abs 1 ZPO erfolgt die Zwangsvollstreckung aufgrund einer mit der Vollstreckungsklausel versehenen Ausfertigung des Urteils. An dessen Stelle erfolgt die **Zwangsvollstreckung nach dem Insolvenzplan** aufgrund des entsprechenden **Auszugs aus der Tabelle** gemäß §§ 175, 178 Abs 2, welche die angemeldete unbestritten gebliebene Forderung ausweist. Dieser Auszug ist mit der **Vollstreckungsklausel** nach § 725 ZPO zu versehen mit der Maßgabe, dass sich der Umfang der zulässigen Zwangsvollstreckung aus dem Insolvenzplan ergibt. Deshalb ist der entsprechende **Auszug aus dem gestaltenden Teil des Insolvenzplans** beizufügen. Da die Zwangsvollstreckung nur zulässig ist, wenn der Plan rechtskräftig bestätigt worden ist, besteht das erforderliche **Rechtskraftzeugnis** in einer Ausfertigung des Bestätigungsbeschlusses gemäß §§ 248, 252 mit entsprechender Rechtskraftklausel (vgl HK-*Flessner* § 257 Rn 6). Die gerichtliche Bestätigung oder die Nichtbestrittenheit der Forderung bzw über die Beseitigung eines vorher erhobenen Widerspruchs ist gleichfalls zu vermerken (vgl *Hess* § 257 Rn 9; *Hess/Obermüller* Rn 344; früher zum Zwangsvergleich vgl K/U § 119 KO Rn 2). Der Auszug aus dem gestaltenden Teil des Insolvenzplans muss die formellen Voraussetzungen erfüllen, welche die Durchführung der Zwangsvollstreckung zweifelsfrei ermöglichen. Der **Grundsatz der Bestimmtheit** muss beachtet werden, so dass die vollstreckbare Ausfertigung Vollstreckungsgläubiger, Vollstreckungsschuldner und Forderung präzise bestimmen muss (vgl *Smid/Rattunde* § 257 Rn 5). Soweit hierzu erforderlich, muss die Vollstreckungsklausel so abgefasst werden, dass sie die gebotene **Konkretisierung** enthält (vgl auch FK-*Jaffé* § 257 Rn 14; *Smid/Rattunde* § 257 Rn 7). Ist der angemeldeten Forderung zunächst widersprochen und ihre Berechtigung durch **Feststellungsurteil** geklärt worden, so sieht das Gesetz keine Berichtigung des Eintrags zur Tabelle vor; in einem solchen Fall muss dann der vollstreckbaren Ausfertigung auch die Ausfertigung über das Urteil beigefügt werden mit entsprechendem Rechtskraftzeugnis (HK-*Flessner* § 257 Rn 6). Lässt der Insolvenzplan eine Vollstreckung nur unter **qualifizierten Voraussetzungen** zu, so darf die vollstreckbare Ausfertigung erst erteilt werden, wenn der Eintritt der entsprechenden Voraussetzungen durch öffentliche oder öffentlich beglaubigte Urkunden nachgewiesen wird, wie § 726 Abs 1 ZPO vorsieht. Dies gilt insbesondere für Forderungen, die aufgrund des Insolvenzplans aufschiebend bedingt sind, ohne festen Fälligkeitstermin gestundet wurden oder nur unter Einlösung eines Besserungsscheins vollstreckbar sind (vgl *Hess* § 257 Rn 26).

18 c) **Zuständigkeiten.** Die vollstreckbare Ausfertigung hat das Insolvenzgericht zu erteilen, wie sich aus §§ 706, 724 Abs 2 ZPO ergibt. **Funktional zuständig** ist zunächst der **Urkundsbeamte** der Geschäftsstelle, der jedoch nur für die Erteilung einfacher Klauseln gemäß § 724 Abs 2 ZPO zuständig ist. Dagegen ist der **Rechtspfleger** zuständig gemäß § 20 Nr 12, 13, 26 RPflG für die Erteilung qualifizierter Klauseln. Im Zweifel entscheidet der **Insolvenzrichter** gemäß § 5 Abs 1 Nr 2 RPflG über die funktionale Zuständigkeit (vgl MüKoZPO-*Wolfsteiner* § 724 Rn 16). Erteilt der Rechtspfleger anstelle des Urkundsbeamten eine einfache Vollstreckungsklausel nach § 724 Abs 2 ZPO, so ist sie nach § 8 Abs 5 RPflG nicht aus diesem Grund anfechtbar (vgl *Schuschke/Walker-Schuschke* § 724 Rn 9; Stein/Jonas/*Münzberg* § 726 Rn 22). Erteilt hingegen der Urkundsbeamte der Geschäftsstelle eine qualifizierte Vollstreckungsklausel, so besteht in der Literatur Uneinigkeit über die Rechtsfolgen (vgl Zöller/*Stöber* ZPO § 726 Rn 7; *Baumbach/Lauterbach/Hartmann* ZPO § 726 Rn 3; *Musielak/Lackmann* § 726 Rn 4). Ist die Klausel sachlich richtig und fehlerfrei, so wird man sie wohl als wirksam anzusehen haben (MüKoZPO-*Wolfsteiner* § 724 Rn 16).

19 d) **Vollstreckungs- bzw Klauselabwehrklage.** Will sich der Schuldner im Wege der **Vollstreckungsabwehrklage** nach § 767 ZPO gegen die Zwangsvollstreckung zur Wehr setzen, so ist nicht erforderlich,

II. Zwangsvollstreckung wegen Insolvenzplanforderungen § 257

dass der Gläubiger die Vollstreckung bereits eingeleitet oder angekündigt hat; denn allein die Möglichkeit der Zwangsvollstreckung begründet das Abwehrinteresse (vgl RG 6. 3. 1939, RGZ 159, 385, 387; *Hess* § 258 Rn 29). Der Schuldner muss sich jedoch den **Einwendungsausschluss** nach § 767 Abs 2 ZPO gefallen lassen (MüKoInsO-*Huber* § 257 Rn 40). Dies ergibt sich nicht zuletzt aus der Tatsache, dass der Auszug aus der Tabelle in Verbindung mit dem Insolvenzplan zur Zwangsvollstreckung berechtigt „wie aus einem vollstreckbaren Urteil", § 257 Abs 1 (vgl oben Rn 3). Er kann sich insbesondere nicht auf Umstände berufen, die objektiv bereits im Zeitpunkt des Prüfungstermins gegeben waren, auch wenn er von ihnen in diesem Zeitpunkt keine Kenntnis hatte (abw *Bork*, in Leipold, Insolvenzrecht im Umbruch, S 51, 57). Nachdem der Gesetzgeber entsprechende Erwägungen der Reformkommission (BMJ 1. Bericht [1985] S 196, 198) nicht umgesetzt hat, gibt es keine erkennbaren Gründe, die Anwendbarkeit von § 762 Abs 2 ZPO zugunsten des Schuldners einzuschränken (ebenso K/P/Otte § 257 Rn 17; *Smid/Rattunde* § 257 Rn 8). Wendet sich der Schuldner nach § 768 ZPO gegen die Erteilung der Vollstreckungsklausel, so steht ihm auch dieser Weg grundsätzlich offen. Ein Einwendungsausschluss nach § 767 Abs 2 ZPO kann ihn dabei nicht behindern, da die Vorschrift bei Klagen nach § 768 Abs 1 ZPO ohnehin nicht zur Anwendung kommt.

e) **Vollstreckung öffentlich-rechtlicher Forderungen.** Zum bisher geltenden Recht (§§ 194 KO, 85 VglO) war in der Literatur streitig, in welchem Verhältnis die Vollstreckungsmöglichkeiten der **Hoheitsträger** aufgrund öffentlich-rechtlicher **Leistungsbescheide** zu den Zwangsvollstreckungen nach § 724 ff ZPO aufgrund eines Auszugs aus der Tabelle stehen (vgl zum Streitstand K/U, § 164 KO Rn 6; § 194 Rn 5; *Bley/Mohrbutter* § 85 VglO Rn 29). Mangels gesetzlicher Klärung bleibt die Streitfrage auch für die InsO relevant. Bei ihrer Behandlung wird zu unterscheiden sein zwischen der **Konkurrenz** verschiedener vollstreckbarer Titel und den Hoheitsträgern offen stehenden **Vollstreckungsverfahren**. Werden öffentlich-rechtliche Forderungen von Hoheitsträgern im Insolvenzverfahren angemeldet und bleiben sie unbestritten, so ist ihnen die Titelwirkung nach § 257 Abs 1 zuzuerkennen. War über die entsprechende Forderung bereits ein Leistungsbescheid ergangen, so wird er durch die Feststellung zur Tabelle aufgezehrt (K/U § 164 KO Rn 6; *Tipke/Kruse* § 251 AO Rn 31; *Frotscher*, Steuern im Konkurs S 325 f). Die abweichende Auffassung (*Beermann* in *Hübschmann/Hepp/Spitaler* § 251 AO Rn 220; *Gaul*, in FS Friedrich Weber, S 155, 178) verkennt, dass die Titelwirkung nach § 257 Abs 1 auch **materielle Rechtskraft** entfaltet und somit die spätere Feststellung zur Tabelle den früheren Titel verdrängt. Wird die angemeldete Forderung vom Insolvenzverwalter oder einem Insolvenzgläubiger bestritten, so haben die Hoheitsträger die Möglichkeit, nach den **Verwaltungsvorschriften** Höhe und Fälligkeit selbst festzusetzen. Dementsprechend hat etwa die Finanzverwaltung die Möglichkeit, eine **Steuerforderung** durch Bescheid nach § 251 Abs 3 AO festzustellen (*Braun/Uhlenbruck* S 114; *Beermann* in *Hübschmann/Hepp/Spitaler* § 251 AO Rn 197). Was das Vollstreckungsverfahren anlangt, so wurde für **Steuerforderungen** in der Vergangenheit die Auffassung vertreten, eine Vollstreckung nach §§ 724 ff ZPO sei ausgeschlossen (*Beermann* in *Hübschmann/Hepp/Spitaler* § 251 AO Rn 221). Ist kein Feststellungsbescheid der Finanzbehörde ergangen, so würde allein das Steuervollstreckungsverfahren aufgrund des Tabelleneintrags erfolgen können. Hat die Finanzbehörde hingegen einen Bescheid nach § 251 Abs 3 AO erlassen, weil die Steuerforderung bestritten worden ist, so findet die Vollstreckung aus dem Bescheid selbst statt. Nach inzwischen wohl überwiegender Meinung ist die Finanzbehörde jedoch nicht verpflichtet, die Vollstreckung grundsätzlich nur nach §§ 259 ff AO durchzuführen. Es steht ihr vielmehr offen, in entsprechender Anwendung der §§ 724 ff ZPO auch nach den Vorschriften der Zivilprozessordnung zu vollstrecken, wenn sie einen Auszug aus der Tabelle in Verbindung mit dem Insolvenzplan erhält (so K/U § 164 KO Rn 6; *Jaeger/Weber* § 164 KO Rn 6 a; *Tipke/Kruse* § 251 AO Rn 31). Diese **Wahlmöglichkeit** macht insbesondere für Steuerforderungen Sinn, die im Rahmen des Insolvenzplanverfahrens der Höhe nach herabgesetzt oder in den Fälligkeiten modifiziert werden. Hier bietet sich die Vollstreckungsmöglichkeit aufgrund des Tabelleneintrags in Verbindung mit dem Insolvenzplan nach §§ 724 ff ZPO geradezu an, zumal dann die Finanzverwaltung durch den Insolvenzplan präkludiert wird und nicht nachträglich eine von den Modalitäten des Insolvenzplans abweichende Steuerforderung festsetzen könnte (vgl *Braun/Frank* § 257 Rn 3; MüKoInsO-*Huber* § 257 Rn 26). Für sozialversicherungsrechtliche **Ansprüche** dürfte die doppelspurige Vollstreckungsmöglichkeit durch § 66 Abs 4 SGB X offen stehen, wonach die für die Zwangsvollstreckung geltenden Bestimmungen der ZPO auch für anwendbar erklärt werden (vgl KassKomm-*Krasney* § 66 SGB X Rn 24 ff; *Hauck* SGB X 1/2 K § 66 Rn 33 ff).

III. Zwangsvollstreckung gegen Plangaranten

§ 257 Abs 2 eröffnet die Möglichkeit der Zwangsvollstreckung auch gegen einen **Dritten**, der durch eine dem Insolvenzgericht eingereichte schriftliche Erklärung für die Erfüllung des Plans neben dem Schuldner ohne Vorbehalt der Einrede der Vorausklage **Verpflichtungen** übernommen hat, den sog **Plangaranten** (vgl MüKoInsO-*Huber* § 257 Rn 42). Diese Vorschrift übernimmt im Kern die bisher schon geltenden Regelungen im Vergleichsrecht (§ 85 Abs 2 VglO) und aus dem Recht des Zwangsvergleichs (§ 194 KO). Sie ist dazu bestimmt, die Insolvenzplanerfüllung durch verpflichtende Beiträge Dritter zu gewährleisten, ohne dass es für deren Inanspruchnahme zusätzlicher Rechtsbehelfe bedarf.

22 **1. Verpflichtungen Dritter.** Gegenstand der Zwangsvollstreckung können nur Verpflichtungen Dritter sein, die sie **für die Erfüllung des Insolvenzplans** neben dem Schuldner übernommen haben. Hierbei handelt es sich regelmäßig um **schuldrechtliche Verpflichtungstatbestände**, die konkrete Leistungen wie etwa Zahlungen zum Inhalt haben oder als schuldrechtliche Einstandspflichten wie Bürgschaften und Garantien ausgestaltet sind. Sie können auf die Erfüllbarkeit einzelner Verpflichtungen des Schuldners aus dem Insolvenzplan beschränkt oder auf das Erreichen bestimmter Planquoten oder das Herstellen einer bestimmten Planvermögensmasse gerichtet sein, etwa bei einem auf Liquidation ausgerichteten Insolvenzplan (vgl *Bley/Mohrbutter* § 83 Rn 21). Die Verpflichtungen der Dritten müssen auf die **Planerfüllung** ausgerichtet und in den Insolvenzplan einbezogen sein. Stellt ein Dritter lediglich **dingliche Sicherheiten** zur Verfügung, etwa durch die Einräumung von Grundpfandrechten oder die Verpfändung von beweglichem Vermögen, so begründet dies keine Vollstreckbarkeit nach § 257 Abs 2 (ebenso MüKoInsO-*Huber* § 257 Rn 42); ihre Durchsetzbarkeit ist nur gewährleistet, wenn sich der Dritte gleichzeitig **schuldrechtlich verpflichtet** (vgl *Hess* § 257 Rn 21; *Bley/Mohrbutter* § 85 VglO Rn 21).

23 **2. Verzicht auf Vorausklage.** Alle Arten von Einstandspflichten sind der Zwangsvollstreckung nur dann zugänglich, wenn sie **ohne Vorbehalt der Einrede der Vorausklage** übernommen worden sind. Ohne ausdrücklichen Vorbehalt der Vorausklage kann sich der Dritte nicht auf § 771 BGB berufen (HK-*Flessner* § 257 Rn 9; K/P/*Otte* § 257 Rn 12; *Bley/Mohrbutter* § 85 VglO Rn 21). Übernimmt der Dritte lediglich **Ausfallbürgschaften**, so können sie nicht tituliert werden (*Hess* § 257 Rn 22; zum Zwangsvergleich K/U § 194 KO Rn 8; zum Vergleich *Bley/Mohrbutter* § 85 VglO Anm 21). Hingegen sind **Erfüllungsgarantien** von Planquoten und des Erreichens einer bestimmten Planvermögensmasse der Zwangsvollstreckung zugänglich (*Hess* § 257 Rn 19).

24 **3. Form.** Die Verpflichtung des Dritten muss **schriftlich erklärt** werden. Sie kann dem Insolvenzplan nach § 230 Abs 3 als Anlage beigefügt werden. Sie kann aber auch auf andere Weise erfolgen, wenn sie nur in **schriftlicher Form** beim Insolvenzgericht eingereicht wird, selbst noch nach Bestätigung des Plans (K/P/*Otte* § 257 Rn 13; BerlKo-*Breutigam* § 257 Rn 12). Erforderlich ist jedoch, dass die Verpflichtung des Dritten **Gegenstand des Insolvenzplans** geworden ist. Übernimmt der Dritte lediglich außerhalb des Insolvenzplans eine Einstandspflicht, so entfällt die Vollstreckungsmöglichkeit nach dem Insolvenzplan (*Hess* § 257 Rn 23; zum Vergleichsrecht früher vgl auch BGH 10. 7. 1961, WM 1961, 1048, 1050). Eine lediglich **mündliche Verpflichtungserklärung** des Dritten genügt jedoch der Formvorschrift von § 257 Abs 2 nicht, auch wenn sie im Rahmen der Planerörterung im Termin nach § 235 abgegeben und zu Protokoll genommen worden ist (abw HK-*Flessner* § 257 Rn 9). Denn der Gesetzgeber hat diese Möglichkeit, wie sie § 85 Abs 2 VglO vorsah, nicht in den Wortlaut der Vorschrift von § 257 Abs 2 aufgenommen; es gibt keinen Grund, ihn im Rückgriff auf altes Recht zu korrigieren und die Warnfunktion des Erfordernisses der Schriftform auszuhöhlen.

25 **4. Umfang der Einstandspflicht.** Der Dritte hat im Rahmen der Zwangsvollstreckung nur einzustehen für die **Verpflichtung**, die er **zur Erfüllung des Insolvenzplans** übernommen hat. Beziehen sich Einstandspflichten des Dritten auf einzelne Verpflichtungen des Schuldners gegenüber bestimmten Gläubigern, so erfordert seine Haftung im Rahmen der Zwangsvollstreckung, dass die Voraussetzungen der Zwangsvollstreckung gegenüber dem Schuldner nach § 257 Abs 1 gegeben sind, nämlich die Vollstreckbarkeit der betreffenden Gläubigerforderung aus dem Eintrag in die Tabelle in Verbindung mit dem Insolvenzplan (HK-*Flessner* § 257 Rn 10). Hat der Dritte seine Verpflichtungsübernahme der Höhe nach beschränkt, so ist diese Begrenzung zu beachten. Haftet der Dritte aus der Verpflichtungsübernahme **mehreren Gläubigern**, so gilt für deren Befriedigung der **Prioritätsgrundsatz**, dh, die Gläubiger sind in der Reihenfolge ihrer Inanspruchnahme voll zu befriedigen, bis der Haftungsrahmen ausgeschöpft ist (K/P/*Otte* § 257 Rn 16; vgl auch K/U § 194 KO Rn 7). Dies gilt insbesondere in den Fällen, in denen der Dritte **Teilbürgschaften** übernommen hat. Steht der Dritte für die Erfüllung bestimmter Gläubigerforderungen nach dem Insolvenzplan ein, so ist im Zweifel anzunehmen, dass er für den nach dem Insolvenzplan erlassenen Teil der Forderungen nicht einzustehen hat, wenn diese später wieder aufleben sollten (vgl *Bley-Mohrbutter* § 85 VglO Rn 22).

26 **5. Berechtigte.** Die Haftung des Dritten, die er durch seine Verpflichtungserklärung übernommen hat, besteht grundsätzlich gegenüber **allen Insolvenzgläubigern**, auch wenn sie mangels Anwendung ihrer Forderungen dem Dritten unbekannt waren (K/P/*Otte* § 257 Rn 15; zum Zwangsvergleich K/U § 194 KO Rn 6). Voraussetzung der Zwangsvollstreckung gegen den Dritten ist in diesen Fällen jedoch, dass die Gläubiger nicht angemeldeter, deshalb nicht in die Tabelle eingetragener Forderungen gegen den Garanten einen Vollstreckungstitel erwerben; der Titel gegen den Schuldner reicht insoweit zur Vollstreckung gegen den Garanten nicht aus (ebenso K/P/*Otte* § 257 Rn 15; ebenso K/U § 194 KO Rn 6).

27 **6. Vollstreckungsverfahren.** Für das Zwangsvollstreckungsverfahren gelten die oben dargestellten Grundsätze (Rn 16 ff). Für die Erteilung der Vollstreckungsklausel ist erforderlich, dass die **Ausfertigung der Verpflichtungserklärung** vorliegt, auf der sie angebracht wird. Dabei muss die Klausel anführen, für welche in der Tabellenausfertigung genannten Forderungen die Verpflichtung gelten soll (ebenso HK-*Flessner* § 257 Rn 11). Nur wenn ihr Gegenstand in die Tabelle vollumfänglich aufgenommen ist, erscheint die Orderung berechtigt, dass die Vollstreckungsklausel auf den entsprechenden Tabellenauszug gesetzt wird (so MüKoInsO-*Huber* § 257 Rn 53). Ansonsten besteht die Gefahr, dass gegenüber Dritten anders vollstreckt wird, als sie sich durch ihre Erklärung verpflichtet haben. Im Übrigen stehen auch dem Dritten die Rechtsbehelfe nach §§ 767, 768 ZPO grundsätzlich offen (abw MüKoInsO-*Huber* § 257 Rn 56, wonach dem Plangaranten nur die Abwehrklage nach § 768 ZPO zustehen soll). Für die Vollstreckungsabwehrklage ist auch zulasten des Dritten der **Einwendungsausschluss** nach § 767 Abs 2 ZPO zu beachten (ebenso zum Zwangsvergleich K/U § 194 KO Rn 9). Die Anfechtung der Übernahme der Verpflichtung durch den Dritten wegen Irrtums ist mit dem Eintritt der Rechtskraft des den Insolvenzplan bestätigenden Beschlusses wie auch nach früherem Recht ausgeschlossen (vgl K/U § 194 KO Rn 9).

IV. Zwangsvollstreckung nach Wiederaufleben der Gläubigerforderungen

§ 257 Abs 3 eröffnet den Gläubigern, die sich zu Recht auf das Wiederaufleben ihrer ursprünglichen Forderungen gem. §§ 255, 256 berufen, die Möglichkeit der Zwangsvollstreckung in Höhe ihrer **ursprünglichen Forderung**. Maßgeblich ist insoweit der Eintrag in die Tabelle nach Höhe und Fälligkeit, jedoch ohne die Beschränkungen, die der Insolvenzplan vorsah. Insoweit gelten die Grundsätze der allgemeinen Regel aus § 201 Abs 2. **Erleichtert** wird dem Insolvenzgläubiger das Erlangen der vollstreckbaren Ausfertigung dadurch, dass er nur **glaubhaft** zu machen hat, schriftlich **gemahnt** zu haben, und dass die von ihm gesetzte **Nachfrist** abgelaufen ist (FK-*Jaffé* § 257 Rn 38). Hingegen hat der Gläubiger nicht nachzuweisen oder glaubhaft zu machen, dass sich der Schuldner im Rückstand befindet. Bestreitet der Schuldner die Voraussetzungen der Klauselerteilung, so steht ihm der Rechtsbehelf der Erinnerung nach § 732 Abs 1 ZPO ebenso zur Verfügung (vgl zum bisherigen Vergleichsrecht *Bley-Mohrbutter* § 85 VglO Rn 27) wie die Klage aus § 768 ZPO gegen die erteilte Vollstreckungsklausel.

28

§ 258 Aufhebung des Insolvenzverfahrens

(1) Sobald die Bestätigung des Insolvenzplans rechtskräftig ist, beschließt das Insolvenzgericht die Aufhebung des Insolvenzverfahrens.

(2) Vor der Aufhebung hat der Verwalter die unstreitigen Masseansprüche zu berichtigen und für die streitigen Sicherheit zu leisten.

(3) ¹Der Beschluß und der Grund der Aufhebung sind öffentlich bekanntzumachen. ²Der Schuldner, der Insolvenzverwalter und die Mitglieder des Gläubigerausschusses sind vorab über den Zeitpunkt des Wirksamwerdens der Aufhebung (§ 9 Abs. 1 Satz 3) zu unterrichten. ³ § 200 Abs. 2 Satz 2 gilt entsprechend.

I. Aufhebung des Planverfahrens

Auch wenn der Insolvenzplan gerichtlich bestätigt worden und in Rechtskraft erwachsen ist, nimmt das Insolvenzverfahren zunächst seinen Fortgang. Um es zu beenden, muss das Insolvenzgericht nach § 258 Abs 1 seine **Aufhebung** beschließen. Die Voraussetzungen hierfür werden, wenigstens zum Teil, durch § 258 Abs 2 bestimmt. Die Wirkungen, die sich mit dem Aufhebungsbeschluss verbinden, werden durch § 259 geregelt. Mit der Aufhebung endet das Insolvenzverfahren unabhängig davon, ob für die Abwicklung des Insolvenzplans eine Überwachung vorgesehen wird gem § 260 mit fortdauernden Aufgaben für den Insolvenzverwalter, die Mitglieder des Gläubigerausschusses und der Aufsicht des Insolvenzgerichts nach § 261. Die Aufhebung beendet das Ordnungsverfahren mit der wichtigsten Rechtsfolge, dass der Schuldner das Recht zurückerhält, über die Insolvenzmasse frei zu verfügen, wie § 259 Abs 1 S 2 vorsieht, unabhängig davon, ob eine Planüberwachung vorgesehen wird oder nicht. Die Aufhebung ist nicht angreifbar, da die InsO kein Rechtsmittel gegen sie vorsieht, vgl § 6 Abs 1 (ebenso FK-*Flessner* § 238 Rn 5; *Häsemeyer* Rn 28.53; BerlKo-*Breutigam* § 258 Rn 12). Scheitert der Schuldner mit der Planerfüllung und wird er erneut insolvent, so ist ein **neues Verfahren** zu eröffnen, sobald die Voraussetzungen hierfür vorliegen (*Bork*, in Leipold, Insolvenzrecht im Umbruch S 51, 57; K/P/*Otte* § 258 Rn 2; zum Zwangsvergleich K/U § 190 KO, Rn 1).

1

1. Aufhebungsbeschluss. Die Aufhebung des Insolvenzverfahrens erfolgt durch **Beschluss des Insolvenzgerichts**. Funktional zuständig hierfür ist nach § 18 Abs 2 RPflG (in der Fassung des Art 14 EG-InsO) nicht der Insolvenzrichter, sondern der **Rechtspfleger**, soweit sich der Richter die Entscheidung nicht gem § 18 Abs 2 RPflG vorbehalten hat (vgl *Häsemeyer* Rn 28.53; *Braun/Uhlenbruck* S 178 f). Hat der Rechtspfleger entschieden, so ist die Erinnerung zulässig nach. § 11 Abs 2 S 1 RPflG (ebenso *Häsemeyer* Rn 28.53). Dagegen ist der vom Insolvenzrichter erlassene Aufhebungsbeschluss im Hinblick auf § 6 Abs 1 und eine fehlende anderweitige gesetzliche Regelung nicht anfechtbar (ebenso BerlKo-*Breutigam* § 258 Rn 12; *Hess* § 258 Rn 15).

2

3 Nach der gesetzlichen Regelung hat der Aufhebungsbeschluss zu ergehen, „sobald die Bestätigung des Insolvenzplans rechtskräftig ist". Diese Formulierung des Gesetzes legt den Schluss nahe, dass die Aufhebung des Verfahrens **möglichst bald** nach Bestätigung des Insolvenzplans erfolgen soll. Andererseits ist aus § 258 Abs 2 zu entnehmen, dass die Aufhebung des Verfahrens erst stattfinden darf, nachdem der Verwalter die unstreitigen Masseansprüche berichtigt und für die streitige Sicherheit geleistet hat. Ebenso wird man zu fordern haben, dass vor Abschluss des Verfahrens die Vergütungen des Insolvenzverwalters und der Mitglieder des Gläubigerausschusses festzusetzen und zu begleichen sind. Schließlich muss der Insolvenzverwalter **Schlussrechnung** legen, bevor das Verfahren aufgehoben werden kann (FK-*Flessner* § 258 Rn 3; K/P/*Otte* § 258 Rn 2). Alle diese Vorgänge müssen abgeschlossen sein, bevor das Insolvenzgericht die Aufhebung beschließt. Sie stellen sich mithin als Voraussetzungen des rechtmäßigen Aufhebungsbeschlusses dar. Auch wenn das Gesetz keine näheren Anordnungen trifft, muss aus der gesetzlichen Regelung entnommen werden, dass das Insolvenzgericht darauf hinzuwirken hat, dass die vor Aufhebung des Insolvenzverfahrens noch zu erledigenden Aufgaben möglichst **beschleunigt** durchgeführt werden (vgl K/P/*Otte* § 258 Rn 6; *Hess* § 258 Rn 9; zum Zwangsvergleich K/U § 190 KO Rn 2; *Jaeger/Weber* § 190 KO Rn 5). Die **Endgültigkeit der Aufhebung** des Insolvenzverfahrens kommt nicht nur dadurch zum Ausdruck, dass es nicht wieder eröffnet werden kann; vielmehr ist auch eine insolvenzrechtliche Nachtragsverteilung unzulässig (so schon bisher zum Zwangsvergleich K/U § 190 KO Rn 5 a; *Jaeger/Weber* § 190 KO Rn 7).

4 **2. Voraussetzungen der Aufhebung. a) Rechtskraft des Insolvenzplans.** Nach § 258 Abs 1 ist zunächst Voraussetzung für die Aufhebung des Insolvenzverfahrens, dass der **Insolvenzplan rechtskräftig** geworden ist. Dies ist der Fall, wenn der Beschluss über die Bestätigung des Insolvenzplans durch fruchtlosen Ablauf der Rechtsmittelfrist für die sofortige Beschwerde nach §§ 253 InsO, 577 Abs 2 ZPO (Notfrist von zwei Wochen) abgelaufen ist oder eine den Beschluss bestätigende Rechtsmittelentscheidung nicht mehr angegriffen werden kann (ebenso N/R/*Braun* § 258 Rn 2).

5 **b) Erfüllung unstreitiger Masseansprüche.** Nach § 258 Abs 2 setzt die Aufhebung des Verfahrens voraus, dass der Verwalter die unstreitigen Masseansprüche berichtigt hat. Im Insolvenzplanverfahren sind also die unstreitigen Masseverbindlichkeiten **vollständig** zu erfüllen, bevor die Aufhebung stattfinden kann; ein Insolvenzplanverfahren bei masseunzulänglichen Insolvenzverfahren wird damit vom Gesetzeswortlaut ausgeschlossen (vgl LG Dresden, ZIP 2005, 1607; aA MüKoInsO-*Eidenmüller* vor §§ 217–269, Rn 33). Da die Masseansprüche nicht vom Insolvenzplan betroffen und in voller Höhe zu erfüllen sind, macht es Sinn, dass der Insolvenzverwalter sie vorab begleicht. Dies gilt namentlich für alle **Bankkredite**, die vom vorläufigen Verwalter oder dem Insolvenzverwalter von Beginn des Verfahrens an bis zu seiner Aufhebung aufgenommen worden sind (K/P/*Otte* § 258 Rn 5 unter Hinweis auf *Obermüller* Insolvenzrecht Rn 5.290). Wird der Kredit vor Aufhebung nicht zurückgeführt, sondern über die Aufhebung hinaus aufrechterhalten, so verliert der Rückzahlungsanspruch der Bank grundsätzlich seine Qualität als vorrangig zu bedienender Masseanspruch. Will die Bank ihre bevorzugte Rechtsstellung gleichwohl aufrechterhalten, so muss sie auf einer entsprechenden Berichtigung ihres Anspruchs bestehen. Im Übrigen bleibt ihr nur die Möglichkeit, den **Vorrang nach § 264 Abs 1** anzustreben (vgl unten § 264 Rn 18 sowie K/P/*Otte* § 258 Rn 5). Der Insolvenzverwalter hat die unstreitigen Masseansprüche aus den **liquiden Mitteln** der Insolvenzmasse zu begleichen; reichen sie nicht aus, so hat er sie sich durch entsprechende **Verwertungsmaßnahmen** zu beschaffen (vgl K/P/*Otte* § 258 Rn 10; ebenso zum Zwangsvergleich *Jaeger/Weber* § 191 VglO Rn 2). Dies gilt selbst dann, wenn diese Maßnahmen im Insolvenzplan nicht vorgesehen sind oder von ihm abweichen. Notfalls hat der Insolvenzverwalter einen Art **Reservefonds** zu bilden, der erst nachrangig zur Planerfüllung verwendbar ist. Die **vorrangige Berichtigung der Masseansprüche** gilt auch für solche, die erst **nach Annahme des Insolvenzplans** oder seine gerichtliche Bestätigung entstanden bzw bekannt geworden sind (vgl *Hess* § 258 Rn 18; zum Zwangsvergleich K/U § 191 Rn 1; Kilger/K *Schmidt* § 191 KO Rn 1). Die zeitliche Zäsur bildet regelmäßig die **Abstimmung über die Schlussabrechnung**, spätestens jedoch der Zeitpunkt, in dem der Beschluss über die Aufhebung des Insolvenzverfahrens ergeht (vgl *Hess* § 258 Rn 19; zum Zwangsvergleich *Jaeger/Weber* § 191 KO Rn 3; im Ergebnis ebenso MüKoInsO-*Huber* § 258 Rn 11). Die abweichende Auffassung bezüglich solcher Masseansprüche, welche die „über die anstehende Aufhebung hinausdauernde Fortführung eines Unternehmens fortlaufend weiter entstehende Ansprüche" betreffen sollen (*Braun/Frank* § 258 Rn 5), dürfte bei der gebotenen periodengerechten Abgrenzung nicht berechtigt sein. Nebenansprüche der Masseansprüche sind mit der jeweiligen Hauptforderung zu berichtigen.

6 **c) Sicherheitsleistungen.** Soweit **Masseansprüche streitig** sind, hat der Insolvenzverwalter vor Aufhebung des Verfahrens **Sicherheit zu leisten**. Gleiches gilt für Masseansprüche, die aufschiebend bedingt, betagt oder der Höhe nach noch ungewiss sind (vgl K/P/*Otte* § 258 Rn 11; zum Zwangsvergleich K/U § 191 KO Rn 1; *Jaeger/Weber* § 191 KO Rn 3). Nach bisher geltendem Recht galt dies auch für die Kosten eines noch nicht beendeten Anfechtungsprozesses (K/U § 191 KO Rn 1, § 192 KO Rn 3). Mit Recht wird darauf hingewiesen, dass die neue gesetzliche Regelung von § 259 Abs 3 eine andere Beurteilung nahe legt: Im Regelfall lasten dem Schuldner die Kosten für Rechtsstreitigkeiten an, die nach Aufhebung des Verfahrens noch fortgeführt werden und die Insolvenzanfechtung zum Gegenstand haben (zutr. K/P/*Otte* § 258 Rn 11 Fn 10). Nur wenn der Plan ausdrücklich Abweichendes vorsieht, nämlich die Begleichung der Kosten solcher Rechtsstreitigkeiten aus der Insolvenzmasse, ist zu verfahren wie bisher (hierzu K/U § 191 KO Rn 1).

Wie schon zum bisherigen Recht des Zwangsvergleichs ist die Frage, **in welcher Form Sicherheit** zu leisten ist, gesetzlich nicht geregelt. Der bereits anerkannte Rückgriff auf §§ 232 ff BGB (K/U § 191 KO Rn 1 a) wird auch künftig berechtigt sein (ebenso K/P/*Otte* § 258 Rn 11; N/R/*Braun* § 258 Rn 3). Es ist jedoch ebenso anzuerkennen, dass auch andere Formen der Sicherstellung zulässig sind, wie etwa durch Einbehalt bei der Verteilung (K/U § 191 KO Rn 1 a; *Hess/Kropshofer* § 191 KO Rn 12) oder durch die Bildung einer Sondermasse, die im Rahmen der Planüberwachung dem Insolvenzverwalter anheim gegeben wird nach §§ 260, 261 (vgl *Smid/Rattunde* § 258 Rn 5). In jedem Fall ist jedoch darauf zu achten, dass jeder einzelne Masseanspruch eigenständig gesichert wird; denn den jeweiligen Massegläubigern muss die Durchsetzung ihrer Ansprüche im Wege der Sicherheitenverwertung unabhängig von den Interessen anderer Massegläubiger möglich sein (vgl K/P/*Otte* § 258 Rn 13; sa K/U § 191 KO Rn 1 a). Daher wird auch nach neuem Recht anzunehmen sein, dass eine **Gesamthinterlegung** unzulässig ist (vgl K/U § 191 KO Rn 1 a; *Jaeger/Weber* § 191 KO Rn 2).

d) Streit um Masseansprüche und Sicherungsrechte. Im Zusammenhang mit der Sicherstellung bestrittener und mutmaßlicher Masseansprüche wird in der Literatur kontrovers diskutiert, wer auf Seiten des Sicherungsgebers nach Aufhebung des Insolvenzverfahrens **legitimiert** sein soll, sich mit den Massegläubigern streitig auseinander zu setzen. Nach einer Auffassung soll dies der **Insolvenzverwalter** sein, obwohl der Schuldner mit der Aufhebung des Insolvenzverfahrens nach § 259 Abs 1 S 2 die volle Verfügungsbefugnis über sein Vermögen zurückerhält. Hierfür soll maßgebend, dass sich Masseansprüche regelmäßig aus Rechtshandlungen des Verwalters ergeben und es nicht angemessen erscheine, dass der Gläubiger sich mit dem Schuldner um ihre Berücksichtigung auseinander setzen müsse. Rechtliche Grundlage der anhaltenden Prozessführungsbefugnis des Insolvenzverwalters soll die analoge Anwendung der Regeln über die Nachtragsverteilung (§§ 203, 205) bilden (BerlKo-*Breutigam* § 258 Rn 6). Dieser Argumentation ist jedoch entgegenzuhalten, dass der Gesetzgeber die analoge Anwendung der §§ 203, 205 nicht angeordnet hat, auch wenn man dies bedauern mag (vgl *Häsemeyer* Rn 28.51). Bei der gegebenen Gesetzeslage verbietet es sich jedoch, entgegen § 259 Abs 1 S 2 ohne gesetzliche Ermächtigung in die **Rechtsträgerschaft des Schuldners** einzugreifen. Nach zutreffender Auffassung ist mithin anzunehmen, dass Rechtsstreitigkeiten um die materielle Berechtigung von Masseansprüchen und die für sie gestellten Sicherheiten nach Aufhebung des Insolvenzverfahrens ausschließlich vom Schuldner selbst zu führen sind (im Ergebnis ebenso *Häsemeyer* Rn 28.51; K/P/*Otte* § 258 Rn 13).

e) Schlussrechnung. Obwohl § 258 Abs 2 die Erstellung der Schlussrechnung nicht ausdrücklich fordert, darf das Insolvenzverfahren nicht aufgehoben werden, ehe nicht **Schlussrechnung** nach § 66 InsO gelegt ist (FK-*Flessner* § 259 Rn 3; K/P/*Otte* § 258 Rn 2; *Smid/Rattunde* § 258 Rn 4; MüKoInsO-*Huber* § 258 Rn 16). In dem Schlussverzeichnis wird der Insolvenzverwalter auch streitig gebliebene Masseansprüche und die für sie jeweils gestellten Sicherheiten aufzuführen haben (vgl im Einzelnen *Wellensiek*, in Kölner Schrift InsO, S 403 Rn 85 ff; K/U § 86 KO Rn 6 e sowie *Uhlenbruck* ZIP 1982, 125, 130 ff). Die Anordnung einer Nachtragsverteilung gem § 203 kommt nicht in Betracht (OLG Celle, ZIP 2006, 2394).

f) Verstoß gegen § 258 Abs 2. Verletzt der Insolvenzverwalter die ihm nach § 258 Abs 2 obliegenden Pflichten, so macht er sich schadensersatzpflichtig nach § 60 (K/P/*Otte* § 258 Rn 12; zum Zwangsvergleich K/U § 191 KO Rn 3). Verstoßen Insolvenzrichter oder Rechtspfleger in diesem Zusammenhang schuldhaft gegen die ihnen nach § 258 obliegenden Aufsichtspflichten, so kann dies die Staatshaftung nach Art 34 GG, § 839 BGB auslösen (K/U § 191 KO Rn 3; ebenso K/P/*Otte* § 258 Rn 12; MüKoInsO-*Huber* § 258 Rn 15).

II. Vorabinformation und Veröffentlichung

Nach § 258 Abs 3 S 1 sind der Aufhebungsbeschluss ebenso wie der Grund der Aufhebung **öffentlich bekannt zu machen.** Diese Vorschrift korrespondiert mit § 30 Abs 1, wonach auch der Beschluss über die Eröffnung des Insolvenzverfahrens öffentlich bekannt zu machen ist. Im Übrigen stimmt diese Vorschrift mit § 200 Abs 2 überein, wonach die Aufhebung des allgemeinen Insolvenzverfahrens ebenso öffentlich bekannt zu machen ist. Neu ist die in § 258 Abs 3 S 2 vorgesehene **Vorabinformation**, die für die Aufhebung des allgemeinen Insolvenzverfahrens nach § 200 Abs 2 nicht vorgesehen ist: Der Schuldner, der Insolvenzverwalter und die Mitglieder des Gläubigerausschusses sind vorab über den Zeitpunkt des Wirksamwerdens der Aufhebung zu unterrichten. Diese Besonderheit des Insolvenzplanverfahrensrechts soll den Beteiligten die Möglichkeit geben, sich rechtzeitig auf die Veränderung der Umstände einzustellen, die mit den Wirkungen der Aufhebung des Insolvenzverfahrens verbunden sind.

1. Öffentliche Bekanntmachung. Die in § 258 Abs 3 S 1 angeordnete öffentliche Bekanntmachung geschieht auf **zwei Wegen. Einmal** hat die öffentliche Bekanntmachung zu erfolgen in dem für öffentliche

Bekanntmachungen des jeweiligen **Insolvenzgerichts bestimmten Blatt**. Dies ergibt sich aus der Verweisungskette der §§ 258 Abs 3 S 3, 200 Abs 2, 9 Abs 1; die Bekanntmachung hat die Tatsache der Aufhebung des Insolvenzverfahrens anzugeben und den Grund für die Aufhebung, dh die rechtskräftige Bestätigung des Insolvenzplans gemäß § 258 Abs 1 und die Erledigung der Maßnahmen gemäß § 258 Abs 2 (vgl die Formulierungsvorschläge bei BerlKo-*Breutigam* Muster zu §§ 258, 258-1). Nach § 9 Abs 3 gilt die Zustellung mit der Veröffentlichung an alle Insolvenzbeteiligten und damit auch an alle Planbeteiligten als erfolgt, und zwar nach § 9 Abs 1 S 3 nach Ablauf von zwei Tagen seit der eigentlichen Veröffentlichung.

13 Zum anderen ist die Aufhebung des Insolvenzverfahrens zumindest auszugsweise im **Bundesanzeiger** zu veröffentlichen; dies ergibt sich aus §§ 258 Abs 3 S 3, 200 Abs 2 S 2 (vgl auch K/P/*Otte* § 258 Rn 7; FK-*Jaffé* § 258 Rn 23). Ergänzend sind nach §§ 258 Abs 3 S 3, 200 Abs 2 S 3, 31 die betroffenen Handels-, Genossenschafts- und Vereinsregister über die Aufhebung zu unterrichten durch Übersendung einer Ausfertigung des Aufhebungsbeschlusses des Insolvenzgerichts; Gleiches gilt gemäß §§ 32, 33 für die betroffenen Grundbuchämter bzw Register für Schiffe und Luftfahrzeuge.

14 Für den Fall, dass der Insolvenzplan eine **Planüberwachung** gemäß §§ 260 ff vorsieht, ist diese Tatsache zusammen mit dem Beschluss über die Aufhebung des Insolvenzverfahrens zu **veröffentlichen** (BerlKo-*Breutigam* § 258 Rn 10; *Braun/Frank* § 258 Rn 11). Dies ergibt sich aus der Tatsache, dass die Planüberwachung nach §§ 260 ff die Wirkungen der Insolvenzaufhebung nach § 259 Abs 1 insoweit einschränkt, als die Verfügungs- und Verwaltungsbefugnis des Schuldners eingeschränkt wird und hierüber der Rechtsverkehr rechtzeitig aufzuklären ist.

15 **2. Vorabmitteilungen.** Die gesetzliche Neuerung der Vorabinformation (vgl Begr zu § 305 RegE InsO, *Balz/Landfermann* S 377 f) gibt dem Insolvenzgericht nunmehr auf, bereits **vor Veröffentlichung der Aufhebung** des Insolvenzverfahrens den **Insolvenzschuldner**, den **Insolvenzverwalter** und die **Mitglieder des Gläubigerausschusses** zu unterrichten. Inhalt der Vorabinformation soll insbesondere der **Zeitpunkt** sein, zu dem der Aufhebungsbeschluss infolge der Bekanntmachung wirksam wird. Nur wenn das Datum des Wirksamwerdens unsicher ist, soll sich das Insolvenzgericht mit dem Hinweis begnügen dürfen, dass die Aufhebung gemäß § 9 Abs 1 S 3 mit dem Ablauf des zweiten Tages nach der Veröffentlichung wirksam wird (vgl Begr zu § 305 RegE, *Balz/Landfermann* S 378). Die Vorabinformation gibt den Beteiligten die Möglichkeit, sich auf die Rechtsänderungen einzustellen, die mit der Aufhebung verbunden sind. Sie soll insbesondere die beteiligten Insolvenzorgane rechtzeitig über die mit der Aufhebung verbundene Beendigung ihrer Ämter informieren, um Verpflichtungs- und Verfügungsgeschäfte zu vermeiden, die von der Aufhebung an nur noch den Schuldner betreffen (vgl auch K/P/*Otte* § 258 Rn 8; BerlKo-*Breutigam* § 258 Rn 8). Das Gesetz sieht keine Sanktionen für die Unterlassung der Vorabinformation vor. Es erscheint jedoch nicht ausgeschlossen, dass die pflichtwidrige und schuldhafte Unterlassung der Vorabinformation Schadensersatzpflichten auslösen kann nach Art 34 GG, § 839 BGB.

§ 259 Wirkungen der Aufhebung

(1) ¹ Mit der Aufhebung des Insolvenzverfahrens erlöschen die Ämter des Insolvenzverwalters und der Mitglieder des Gläubigerausschusses. ² Der Schuldner erhält das Recht zurück, über die Insolvenzmasse frei zu verfügen.

(2) Die Vorschriften über die Überwachung der Planerfüllung bleiben unberührt.

(3) ¹ Einen anhängigen Rechtsstreit, der die Insolvenzanfechtung zum Gegenstand hat, kann der Verwalter auch nach der Aufhebung des Verfahrens fortführen, wenn dies im gestaltenden Teil des Plans vorgesehen ist. ² In diesem Fall wird der Rechtsstreit für Rechnung des Schuldners geführt, wenn im Plan keine abweichende Regelung getroffen wird.

I. Gegenstand

1 § 259 regelt die Wirkungen der Aufhebung des Insolvenzverfahrens, die nach § 258 erfolgt. Die Vorschrift fasst die wesentlichen Teile der Regelungen zusammen, die sowohl im Recht des Zwangsvergleichs (§ 192 KO) als auch des Vergleichsrechts (§ 96 VglO) enthalten waren, jedoch mit gewissen Modifizierungen, die dem neu eingerichteten Insolvenzplanverfahren entsprechen. Für den **Regelfall** werden in § 259 Abs 1 materiellrechtliche Veränderungen vorgesehen, die sich komplementär entsprechen und darauf ausgerichtet sind, die ursprüngliche Rechtsträgerschaft wiederherzustellen: Auf der einen Seite **erlöschen** mit der Aufhebung des Verfahrens die **Ämter** des Insolvenzverwalters und der Mitglieder des Gläubigerausschusses, § 259 Abs 1 S 1. Auf der anderen Seite erhält der **Schuldner das Recht zurück**, über die Gegenstände und Rechte, welche die **Insolvenzmasse** bilden, **frei zu verfügen**. Diese Wirkungen treten jedoch nur dann ein, wenn der Insolvenzplan nicht die Planüberwachung nach §§ 260 ff vorsieht. Denn für diesen Fall sieht das Gesetz in § 259 Abs 2 den **Vorbehalt** vor, dass die Vorschriften über die Überwachung der Planerfüllung unberührt bleiben. Im Gegensatz zum bisherigen Vergleichsrecht erscheint danach die Überwachung nach Aufhebung des Verfahrens nicht mehr als ge-

setzlicher Regelfall, vgl §§ 90, 96 VglO (HK-*Flessner* § 259 Rn 1). Ebenso abweichend vom bisherigen Vergleichsrecht werden die materiell-rechtlichen Einschränkungen, die § 259 Abs 1 durch die §§ 260 ff erfährt, während der Überwachung fortgeführt, obwohl das Insolvenzverfahren formal aufgehoben ist. Praktisch werden damit während der Überwachung Rechtsverhältnisse geschaffen, die im Insolvenzantragsverfahren bestehen, wenn nach § 21 Abs 2 Nr 1 ein vorläufiger Insolvenzverwalter bestellt und ein vorläufiger Gläubigerausschuss eingesetzt wird, sofern Letzteres als zulässig anzusehen ist (dafür K/P/*Kübler* § 67 Rn 11 ff; dagegen *Smid* § 21 Rn 22). Schließlich regelt § 259 Abs 3 den **Sonderfall** eines bei Aufhebung des Verfahrens noch schwebenden Rechtsstreits, der die Insolvenzanfechtung zum Gegenstand hat. Musste nach bisherigem Konkursrecht angenommen werden, dass mit der Aufhebung des Verfahrens die Grundlage für das Konkursanfechtungsrecht entfiel (vgl K/U § 192 Rn 3 mN) mit der Folge, dass der Rechtsstreit in der Hauptsache erledigt war, beseitigt die InsO die Einladung des Anfechtungsgegners zur Prozessverschleppung (vgl K/P/*Otte* § 259 Rn 3): Auch nach der Aufhebung des Verfahrens kann der Verwalter den Rechtsstreit fortführen, wenn dies im gestaltenden Teil des Plans vorgesehen ist.

II. Materiellrechtliche Folgen der Aufhebung

1. Erlöschen der Ämter. Nach § 259 Abs 1 S 1 erlöschen mit der Aufhebung des Insolvenzverwalters die Ämter sowohl des Insolvenzverwalters als auch der Mitglieder des Gläubigerausschusses. Das **Erlöschen** tritt **kraft Gesetzes** ein; es bedarf keiner entsprechenden gerichtlichen Verfügung. Sieht der Insolvenzplan nicht die Überwachung der Planerfüllung vor, so entfallen mit der Aufhebung insbesondere alle Verfügungs- und Verwaltungsrechte, die dem Insolvenzverwalter während des Verfahrens zukamen. 2

2. Wiederherstellung der Schuldnerrechte. Spiegelbildlich zum Wegfall der Funktionen des Insolvenzverwalters erlangt der **Schuldner** nach § 259 Abs 1 S 2 das Recht zurück, über die Insolvenzmasse **frei zu verfügen**. War dem Schuldner das Recht der Eigenverwaltung zugebilligt worden gemäß §§ 270 ff, was auch im Rahmen eines Insolvenzplanverfahrens zulässig ist (vgl *Maus,* in KS-InsO, S 931, Rn 118), so enden mit der Aufhebung des Planverfahrens die Zuständigkeiten des Sachwalters (ebenso MüKoInsO-*Huber* § 259 Rn 10; *Smid/Rattunde* § 259 Rn 9). Wie sich die Wiederherstellung der Rechte des Schuldners im Einzelnen darstellt, und ob § 259 Abs 1 durch Abreden im Insolvenzplan eingeschränkt werden kann, wirft eine Reihe von Fragestellungen auf, die teilweise abweichend zum bisher geltenden Recht zu behandeln sind. 3

a) Abweichender Insolvenzplan. Vorab ist festzustellen, dass § 259 Abs 1 **zwingendes Recht** enthält, das der Disposition der Beteiligten, auch über den Insolvenzplan, entzogen ist. Sieht der Insolvenzplan keine Überwachung seiner Erfüllung vor mit der Folge, dass §§ 260 ff über § 259 Abs 2 anwendbar sind, so erscheint es unzulässig, im Insolvenzplan von § 259 Abs 1 S 2 abzuweichen (*Schiessler*, Insolvenzplan, S 206; N/R/*Braun* § 259 Rn 4; K/P/*Otte* § 259 Rn 4; sa OLG Celle 20. 11. 2006 ZIP 2006 und MüKoInsO-*Huber* § 259 Rn 12 mwN). Zur Begründung wird mit Recht darauf verwiesen, dass die bisher nach § 192 KO geltende Rechtslage (hierzu K/U § 192 KO Rn 6) schon deshalb nicht fortgilt, weil das Gesetz den Planvorbehalt nicht mehr kennt und enumerativ jene Fälle behandelt (zB § 259 Abs 3 S 1), in denen vom Grundsatz des § 259 Abs 1 S 2 abgewichen wird (N/R/*Braun* § 259 Rn 4; K/P/*Otte* § 259 Rn 4). 4

b) Herausgabe der Insolvenzmasse. Indem der Schuldner die Verfügungsbefugnis über die Insolvenzmasse zurückerhält, steht ihm zunächst das Recht zum **Besitz an den Massegegenständen** zu. Dementsprechend besitzt er gegenüber dem Insolvenzverwalter einen **einwendungsfreien Herausgabeanspruch**, der sowohl aus **Eigentum** wie aus **früherem Besitz** begründet sein kann. Auch im Fall der Planüberwachung steht der Insolvenzverwalter über § 263 kein die Herausgabe hinderndes Gegenrecht zu (zutr K/P/*Otte* § 259 Rn 5). Die Geschäftsbücher hat der Insolvenzverwalter dem Schuldner gleichfalls herauszugeben (Smid/*Rattunde* § 259 Rn 2) sowie alle Vermögensgegenstände, die der Insolvenzverwalter während des Verfahrens für die Insolvenzmasse erworben hat. Aus dem Vermögensverzeichnis, das aufgrund eines Schlussinventars mit der Schlussrechnung verbunden ist, kann der Schuldner die ihm zustehenden Massegegenstände verifizieren. Verbunden mit den Herausgabeansprüchen des Schuldners ist ihm auch das **Einsichtsrecht in Urkunden** des Insolvenzverwalters nach § 810 BGB einzuräumen. Im Übrigen hat der Insolvenzverwalter diejenigen bankmäßigen Erklärungen abzugeben, die erforderlich sind, damit der Schuldner über die frei gewordenen Bankkonten bzw die bei Aufhebung des Insolvenzverfahrens bestehenden Guthaben verfügen kann (zum Zwangsvergleich schon *Jaeger/Weber* § 192 Rn 2). 5

c) Schuldnerrechte. Die Wiederherstellung der **uneingeschränkten Verfügungsbefugnis** auf Seiten des Schuldners führt auch dazu, dass ihm alle Ansprüche der Insolvenzmasse vom Zeitpunkt der Aufhebung an wieder uneingeschränkt zustehen. Dies gilt für **Forderungen**, die ursprünglich bereits bestanden hatten, und für solche, die der Insolvenzverwalter zugunsten der Masse begründet hat. Gleiches gilt aber auch für Verbindlichkeiten der Masse, etwa nicht beglichene Masseansprüche (ebenso K/P/*Otte* 6

§ 192 Rn 8). Auch während der Insolvenzverwaltung neu entstandene Ansprüche, etwa **Schadensersatzansprüche** gegen die Organe der Insolvenzverwaltung, sind nach Aufhebung des Verfahrens vom Schuldner geltend zu machen. Denn alle diese Ansprüche sind Bestandteil des Insolvenzmasse gewesen und stehen deshalb nach Aufhebung des Verfahrens allein dem Schuldner zu (vgl K/U § 192 KO Rn 2). Hierzu zählen auch **Bereicherungsansprüche** aufgrund von Leistungen auf vermeintliche Masseverbindlichkeiten (vgl K/P/*Otte* § 259 Rn 6; früher bereits *Jaeger/Weber* § 192 KO Rn 1). Sind durch das Verhalten der Insolvenzorgane auch die **Gläubiger** geschädigt, so ist ihnen gleichfalls ein Verfolgungsrecht hinsichtlich ihres **Individualschadens** zuzugestehen (K/P/*Otte* § 259 Rn 6). Ein selbständiger Schadensersatzanspruch des Schuldners wird dann nicht anzuerkennen sein, wenn nur die Gläubiger durch das Verhalten der Insolvenzorgane geschädigt worden sind (so früher bereits K/U § 192 KO Rn 2).

7 d) **Verfügungen des Insolvenzverwalters.** Die Aufhebung des Verfahrens stellt nicht den Zustand wieder her, der vor Verfahrenseröffnung bestanden hat; vielmehr entfalten sich die Wirkungen der Aufhebung ex nunc (vgl K/P/*Otte* § 259 Rn 7; früher bereits K/U § 192 KO Rn 5; Kilger/*K Schmidt* § 192 KO Bem. 2; *Hess/Kropshofer* § 192 KO Rn 5). Insbesondere behalten die **Verfügungen** des Insolvenzverwalters über Gegenstände der **Insolvenzmasse** ihre Gültigkeit; die Zurückerlangung der Verfügungsbefugnis nach § 259 Abs 1 S 2 versetzt den Schuldner im Zeitpunkt der Aufhebung des Verfahrens in die Lage, die der Insolvenzverwalter vorher gestaltet hatte (vgl K/P/*Otte* § 259 Rn 8; K/U § 192 KO Rn 5 a).

8 e) **Verfügungen des Schuldners.** Hat der **Schuldner** bereits während des Insolvenzverfahrens über Gegenstände oder Rechte **verfügt**, die zur Insolvenzmasse zählten, so sind sie nach § 81 Abs 1 S 1 unwirksam. Die Frage, ob sie vom Insolvenzverwalter genehmigt werden können oder ob sie bei Fehlen von Zwischenverfügungen des Insolvenzverwalters wirksam werden mit der Aufhebung des Verfahrens, soll sich nach § 185 Abs 2 BGB beurteilen (vgl Begr zu § 92 RegE, abgedr. bei *Balz/Landfermann*, S 164; *Landfermann*, in KS-InsO, S 159 Rn 7). Auf diese Weise soll der früher zu § 7 Abs 1 KO vorherrschenden Auffassung entsprochen werden, welche die absolute Unwirksamkeit gegenüber den Konkursgläubigern einschränkend in gleicher Weise behandelte (vgl hierzu *Landfermann* in KS-InsO, S 159, Rn 7, 8; zur streitigen Rechtsfrage im bisherigen Recht des Zwangsvergleichs K/U § 192 KO, Rn 5 a mit Nachweisen). Der bisher herrschenden Auffassung wird auch in Zukunft zu folgen sein, was der Intention des Gesetzgebers entspricht (vgl Begr zu § 92 RegE, abgedr bei *Balz/Landfermann* S 298 f; wie hier auch *Braun/Frank* § 259 Rn 4). In diesem Zusammenhang erscheint es empfehlenswert, auf das Vokabular „absolut" unwirksam im Zusammenhang mit § 81 Abs 1 zu verzichten, weil sich das Wirksamwerden einer „absolut" unwirksamen Rechtshandlung begrifflich ausschließt. Richtig ist, dass Verfügungen des Schuldners über Gegenstände der Insolvenzmasse während des Verfahrens gegenüber jedermann unwirksam sind, es sei denn, sie erlangten Wirksamkeit über § 185 Abs 2 BGB. **Verfügen Insolvenzverwalter und Schuldner jedoch gleichzeitig** über denselben Gegenstand gegenüber verschiedenen Dritten, so entfaltet **nur die Verfügung des Insolvenzverwalters** Wirksamkeit. Dies wird auch nicht dadurch ausgehebelt, dass der Schuldner bereits vor dem Insolvenzverwalter eine zunächst nach § 81 Abs 1 unwirksame Verfügung getroffen hat, die nachträglich über § 185 Abs 2 durch Rechtserwerb wirksam werden könnte (Grundsatz zeitlicher Priorität, so *F. Baur* in FS Fr Weber, S 41, 50). Mit Recht hat schon bisher die **herrschende Auffassung** in diesen Fällen die Verfügung des Insolvenzverwalters aufrechterhalten und eine **rückwirkende Umkehr** der Rechtsverhältnisse **ausgeschlossen** (insbesondere K/U § 192 KO Rn 5 a; *Jaeger/Weber* § 109 KO Rn 4; Kilger/*K Schmidt* § 109 KO Bem. 4). Diese Lösung ergibt sich nicht nur aus dem **Verkehrsschutzinteresse** Dritter, sondern auch aufgrund der Erwägung, dass das rechtsgeschäftliche Handeln des Insolvenzverwalters aufgrund seiner hoheitlichen Bestellung nicht durch den Schuldner durch gesetzwidriges Verhalten (§ 81 Abs 1) unterlaufen werden darf.

9 f) **Gesellschaftsrechtliche Maßnahmen.** Die **ex-nunc-Wirkung** der Aufhebung des Insolvenzverfahrens hat auch zur Folge, dass Gesellschaften, die durch die Eröffnung des Insolvenzverfahrens in Liquidation geraten sind, **nicht automatisch** wieder zu werbenden Gesellschaften werden. Vielmehr ist für ihre Fortführung erforderlich, nach Aufhebung des Insolvenzverfahrens die entsprechenden **Gesellschafterbeschlüsse** zu fassen, die auf Fortführung lauten. Diese Beschlüsse sind nur dann wirksam, wenn der Insolvenzplan die Fortsetzung ausdrücklich vorsieht (vgl §§ 728 Abs 2 S 2 BGB, 144 Abs 2 HGB, 60 Abs 1 Nr 4 GmbHG, 274 Abs 2 Nr 1 AktG, 117 Abs 1 GenG, 42 Abs 1 S 2 BGB). Die Fortsetzung der Gesellschaft muss im **gestaltenden Teil des Insolvenzplans hinreichend bestimmt** geregelt sein oder sich zumindest durch Auslegung dieses Teils des Insolvenzplans schlüssig ergeben (weitergehend K/P/*Noack*, InsO-Gesellschaftsrecht, Rn 418). Lautet der Insolvenzplan auf Liquidation, so ist die Fortführung endgültig ausgeschlossen.

10 g) **Keine Nachtragsverteilung.** Das Ende der Verfügungs- und Verwaltungsbefugnis des Insolvenzverwalters betrifft das gesamte Vermögen des Schuldners bzw der Insolvenzmasse. Insbesondere ist **ausgeschlossen**, dass der Insolvenzverwalter nach Aufhebung des Verfahrens im Interesse des Schuldners bzw der Gläubiger noch eine **Nachtragsverteilung** vornimmt gem. §§ 203 ff; denn hierfür gibt es schlicht **keine gesetzliche Grundlage** (ebenso MüKoInsO-*Huber* § 259 Rn 13). Man mag es als gesetzgeberisches Versehen ansehen, dass die Regeln über die Nachtragsverteilung in den §§ 254 ff nicht bezogen sind (vgl *Häsemeyer* Rn 28.51). Damit fehlt aber auch eine von § 259 Abs 1 abweichende Regelung darüber, dass

II. Materiellrechtliche Folgen der Aufhebung § 259

der Übergang von Verwaltungs- und Verfügungsbefugnis auf den Schuldner für die Fälle der Nachtragsverteilung eine Beschränkung zugunsten der anhaltenden Rechtsmacht des Insolvenzverwalters offen hält. Wer Gegenteiliges vertritt (zB BerlKo-*Breutigam* § 259 Rn 4; *Hermann/Wutzke/Förster*, Hdb InsO Kap 8, Rn 96), verkennt offenbar, dass es für diesen Eingriff in Schuldnerrechte einer **gesetzlichen Grundlage** bedürfte; hat der Gesetzgeber die Nachtragsverteilung bei Aufhebung des Insolvenzplanverfahrens nicht vorgesehen, so hebt dies nur die eigenständige **Verantwortung des Schuldners** hervor, auch nach Aufhebung des Insolvenzplanverfahrens für dessen ordnungsgemäße Erfüllung in eigener Verantwortung zu sorgen (im Ergebnis ebenso *Häsemeyer* Rn 28.51; K/P/*Otte* § 258 Rn 13).

h) Schwebende Rechtsstreitigkeiten. Hinsichtlich der Wirkungen, welche die Aufhebung des Insolvenzverfahrens nach § 258 Abs 1 auf **schwebende Rechtsstreitigkeiten** hat, ist zu unterscheiden: Einmal geht es um die Auswirkungen auf die **Prozessführungsbefugnis** und die prozessuale Behandlung des Streitgegenstands selbst; hierzu sieht § 259 Abs 3 eine Sonderregelung vor, die nachfolgend im Zusammenhang behandelt wird (s unten Rn 15 ff). Zum anderen geht es um die **Wirkungen,** welche die Aufhebung des Insolvenzverfahrens auf den **Fortgang anhängiger Rechtsstreitigkeiten** hat. Dabei ist wiederum zu unterscheiden zwischen den Verfahren, die bereits **vor** Eröffnung des Insolvenzverfahrens anhängig waren und die nach § 240 ZPO unterbrochen worden sind, und jenen Rechtsstreitigkeiten, die der **Insolvenzverwalter kraft Amts geführt hat** und die im Zeitpunkt der Aufhebung noch anhängig sind. 11

Waren Rechtsstreitigkeiten des Schuldners nach § 240 ZPO durch die Eröffnung des Insolvenzverfahrens **unterbrochen** worden und hat der **Insolvenzverwalter** sie während des Insolvenzverfahrens **nicht wieder aufgenommen,** endet die Unterbrechung mit der Aufhebung kraft Gesetzes. Denn nach § 240 ZPO wird der Rechtsstreit nur so lange unterbrochen, bis das Insolvenzverfahren endet, was schon bisher galt (vgl BGH 13. 1. 1975, BGHZ 64, 1 f; BGH 8. 1. 1962, BGHZ 36, 258, 262; K/U § 192 KO, Rn 3 mit weiteren Nachweisen). Maßgeblicher Zeitpunkt, in dem die Unterbrechung endet, ist der zweite Tag nach der öffentlichen Bekanntmachung der Aufhebung des Verfahrens, wie sich aus § 9 Abs 1 S 3, Abs 3 ergibt, und was gleichfalls bisherigem Recht entspricht (vgl K/U § 192 KO Rn 3). Im Hinblick auf die gesetzliche Beendigung der Unterbrechung bedarf es **keiner gesonderten Erklärung** des Schuldners, weder gegenüber dem Gericht noch gegenüber dem Prozessgegner. 12

Für Rechtsstreitigkeiten, die der **Insolvenzverwalter kraft Amts neu** geführt hat oder in die er **durch Aufnahme** eingetreten ist, stellt sich umgekehrt die Frage, ob die Aufhebung des Insolvenzverfahrens den **Fortgang des Prozesses** unberührt lässt oder ob mit Wegfall der Prozessführungsbefugnis des Insolvenzverwalters analog §§ 239, 242 ZPO eine, gegebenenfalls erneute **Unterbrechung** des Rechtsstreits eintritt. Die Beantwortung der Frage war in der Vergangenheit streitig (vgl die Nachweise bei K/U § 192 KO Rn 3) und dürfte es auch künftig bleiben. War der Insolvenzverwalter in dem schwebenden Rechtsstreit durch einen **Prozessbevollmächtigten** vertreten, so hat die Aufhebung des Insolvenzverfahrens auf die **Prozessvollmacht,** auch wenn sie jederzeit widerruflich ist, zunächst **keinen Einfluss;** denn sie beruht auf einer wirksamen, durch die Aufhebung des Insolvenzverfahrens nicht beeinträchtigten Rechtshandlung des Insolvenzverwalters. In diesen Fällen kann dem **Interesse des Schuldners** durch eine analoge Anwendung von § 246 Abs 1, letzter Satz, dadurch entsprochen werden, dass auf seine Weisung der Prozessbevollmächtigte die **Aussetzung des Verfahrens** herbeiführen kann (OLG Köln 21. 5. 1987, ZIP 1987, 1004; K/U § 192 KO Rn 3; *Hess* § 259 Rn 11; K/P/*Otte* § 259 Rn 15; *Musielak/Stadler* § 240 ZPO Rn 9; *Jaeger/Henckel* § 6 KO Rn 114; ebenso nunmehr *Braun/Frank* § 259 Rn 6). Wenn demgegenüber zunehmend die Auffassung vertreten wird, der analogen Anwendung der §§ 239, 242 ZPO stehe im Falle der Aufhebung des Insolvenzverfahrens die **unterschiedliche Interessenlage** entgegen (so insbesondere MüKoZPO-*Feiber* § 6 Rn 114; *Zöller/Greger* § 240 ZPO Rn 15; *Thomas Putzo* § 240 ZPO Rn 12; *Baumbach/Lauterbach/Albers/Hartmann* § 240 ZPO Rn 23; *Kilger/K Schmidt* § 6 gem 7g), so kann sich nicht nur das Interesse des Prozessgegners am Fortgang des Verfahrens anführen, sondern auch nach der Gesetzeslage, dass es für diesen Tatbestand **keine** gesetzliche Regelung einer **Beendigung der Unterbrechung** gibt. Zumindest bei Passivprozessen der Schuldnerseite kann sich dies für den Prozessgegner als misslich erweisen. Andererseits ist zu bedenken, dass der Schuldner mit der sofortigen Fortführung des Rechtsstreits im Zeitpunkt der Aufhebung des Insolvenzverfahrens in Bedrängnis kommen kann, wenn er mit der Sach- und Rechtslage des schwebenden Rechtsstreits nicht vertraut ist. Bei zutreffender Würdigung der widerstreitenden Interessenlagen wird man im **Grundsatz** anzunehmen haben, dass die Aufhebung des Insolvenzverfahrens die Unterbrechung schwebender Rechtsstreitigkeiten bewirkt, wenn es um Rechtsstreitigkeiten geht, die der Insolvenzverwalter selbst oder mit eigener Prozessvollmacht führt (ebenso K/P/*Otte* § 259 Rn 15), und bei **wirksamer, anhaltender Prozessvollmacht** eines Dritten (nicht des Insolvenzverwalters selbst) die Unterbrechung nicht eintritt, jedoch die Möglichkeit der Aussetzung des Verfahrens nach § 246 Abs 1 offen steht (OLG Köln 21. 5. 1987, ZIP 1987, 1004; K/U § 192 Rn 3 mwN). Dieser Weg eröffnet auch die analoge Anwendung von § 146 Abs 2 ZPO über die **Dauer der Aussetzung,** womit auch dem Interesse der Verfahrensgegner an der Fortführung der schwebenden Rechtsstreitigkeiten entsprochen wird. Nach Auffassung des **OLG** Düsseldorf ist der im Insolvenzplanverfahren als Sachverwalter fungierende Insolvenzverwalter prozessführungsbefugt auch nach Bestätigung des Insolvenzplans und Aufhebung des Insolvenzverfahrens, soweit die Klage eine Streitigkeit hinsichtlich des im Insolvenzplan bezeichneten Ver- 13 mögens zum Gegenstand hat (**OLG Düsseldorf, NZI 2006, 240**). Das geht in dieser Allgemeinheit wohl zu weit.

III. Überwachung der Planerfüllung, § 259 Abs 2

14   Nach § 259 Abs 2 bleiben die Vorschriften über die Überwachung der Planerfüllung (§§ 260 ff) **unberührt**. Aus diesem gesetzlichen Vorbehalt ergibt sich, dass die in § 259 Abs 1 vorgesehenen Wirkungen der Aufhebung des Insolvenzverfahrens nicht eintreten, soweit die Vorschriften über die Planüberwachung Abweichendes vorsehen. Dies gilt insbesondere für die **Aufrechterhaltung der Ämter des Insolvenzverwalters und der Mitglieder des Gläubigerausschusses** und der Kompetenzen, die ihnen im Rahmen der Planüberwachung zukommen. Von besonderer Bedeutung ist in diesem Zusammenhang die Regelung von § 263 InsO, nach der im gestaltenden Teil des Insolvenzplans vorgesehen werden kann, dass bestimmte Rechtsgeschäfte des Schuldners während der Zeit der Überwachung nur dann wirksam sind, wenn der **Insolvenzverwalter** ihnen **zustimmt**. Soweit die Vorschriften der §§ 260 ff jedoch **keine ausdrückliche Einschränkung** der Aufhebungswirkungen nach § 259 Abs 1 vorsehen, treten sie **ungeschmälert** ein. Vorbehaltlich der Zustimmungserfordernisse nach § 263 verbleibt es mithin insbesondere bei der freien Verwaltungs- und Verfügungsbefugnis des Schuldners über die Gegenstände der früheren Insolvenzmasse (vgl N/R/*Braun* § 259 Rn 6).

IV. Prozessführungsbefugnis

15   **1. Gesetzliche Neuregelung.** Nach § 259 Abs 3 führt der Insolvenzverwalter einen **anhängigen Rechtsstreit** fort, der die **Insolvenzanfechtung** zum Gegenstand hat, sofern dies im gestaltenden Teil des **Insolvenzplans** vorgesehen ist. Hierfür genügt die Klausel „§ 259 III InsO findet Anwendung" (**BGH 6. 10. 2005, ZIP 2006, 39**; zust *Braun/Frank* § 259 Rn 7; MüKoInsO-*Huber* § 259 Rn 21). Der Rechtsstreit wird für Rechnung des Schuldners geführt, wenn der Plan nichts Abweichendes vorsieht. Diese gesetzliche Regelung weicht vom bisher geltenden Recht des Zwangsvergleichs ab; denn nach bisherigem Verständnis war das Anfechtungsrecht des Konkursverwalters eng verknüpft gesehen worden mit seinem **Amt als Konkursverwalter**; das Erlöschen seines Amtes wurde dementsprechend als Erledigung des **materiellen Anfechtungsbegehrens** gesehen (vgl K/U § 192 Rn 3 mit Nachweisen). Der Wegfall des Anfechtungsrechts führte zur Erledigung der Hauptsache, wenn die Klage danach nicht abgewiesen werden sollte (K/U § 192 Rn 3). Bei dieser Rechtslage musste jeder Anfechtungsgegner das Interesse haben, einen Anfechtungsprozess über die Beendigung des Konkursverfahrens hinauszuzögern (vgl K/P/*Otte* § 259 Rn 11). Die gesetzliche Neuregelung wirkt dem entgegen und schafft gleichzeitig die Voraussetzungen dafür, dass der vom Insolvenzverwalter angestrengte **Anfechtungsprozess in der Sache selbst zu Ende** geführt wird (vgl FK-*Jaffé* § 259 Rn 25; K/P/*Otte* § 259 Rn 12; BerlKo-*Breutigam* § 259 Rn 9; abw wie bisher *Zöller/Greger* 240 ZPO Rn 15; *Musielak/Stadler* § 240 Rn 9; *Hess* § 259 Rn 12). Sie eröffnet gleichzeitig die Möglichkeit, dass über die erfolgreiche Anfechtung eine Anreicherung der Mittel stattfindet, die dem Schuldner die **Erfüllung des Insolvenzplans** erleichtern (vgl K/P/*Otte* § 259 Rn 13; *Smid/Rattunde* § 259 Rn 8). Dies ergibt sich nicht zuletzt aus der gesetzlichen Regelung selbst, welche die Prozessführung für **Rechnung des Schuldners** anordnet, gleichzeitig jedoch die Möglichkeit benennt, dass im Plan Abweichendes vorgesehen wird (vgl *Smid/Rattunde* § 259 Rn 8). Es liegt nahe, dass der Anfechtungserlös im Rahmen des Insolvenzplans den Gläubigern zugute kommt.

16   **2. Prozessführungsbefugnis. a) Grundsatz.** Mit der Aufhebung des Insolvenzverfahrens verliert der Insolvenzverwalter im **Grundsatz** nicht nur seine Verwaltungs- und Verfügungsbefugnis über die Insolvenzmasse, sondern insbesondere auch die **Prozessführungsbefugnis** für Angelegenheiten der Insolvenzmasse (FK-*Jaffé* § 259 Rn 16; HK-*Flessner* § 259 Rn 4; K/P/*Otte* § 259 Rn 10; *Smid/Rattunde* § 259 Rn 6). Wie schon nach bisherigem Recht ist anzunehmen, dass die Änderung der Prozessführungsbefugnis und die durch die Aufhebung des Insolvenzverfahrens bewirkten sachlich-rechtlichen Folgen auch noch in der **Revisionsinstanz** zu berücksichtigen sind, gleichgültig, ob der Insolvenzverwalter selbst Prozesspartei war oder ob er dem Schuldner zugestimmt hatte, einen an sich zur Masse gehörigen Anspruch selbst zu verfolgen (**BGH 19. 6. 1958, BGHZ 28, 13, 16**).

17   **b) Anfechtungsprozess.** Abweichend vom bisherigen Recht sieht § 259 Abs 3 nunmehr vor, dass der **Insolvenzverwalter** auch nach der Aufhebung des Verfahrens **berechtigt** ist, einen anhängigen Rechtsstreit, der die Insolvenzanfechtung zum Gegenstand hat, fortzuführen, sofern dies im gestaltenden Teil des Plans vorgesehen ist. Soweit ersichtlich, entspricht es inzwischen einheitlicher Auffassung, dass dem Insolvenzverwalter danach abweichend von § 259 Abs 1 auch über das Ende des Insolvenzverfahrens hinaus die **Prozessführungsbefugnis** zusteht, den Rechtsstreit im eigenen Namen fortzuführen (**OLG Jena 6. 2. 2002, ZIP 2002.538**; *Bork*, in Leipold, Insolvenzrecht im Umbruch, S 51, 58; FK-*Flessner* § 259 Rn 4; *Häsemeyer* Rn 58.52; K/P/*Otte* § 259 Rn 11; *Smid/Rattunde* § 259 Rn 6). Uneinheitlich wird demgegenüber argumentiert, ob es sich bei § 259 Abs 3 um einen Fall **gesetzlicher Prozessstandschaft** handelt (so insbesondere *Bork*, Einführung, Rn 346). Hierfür spricht insbesondere der **Wortlaut**

I. Vorbemerkungen § 260

von § 259 Abs 3 S 2, wonach der Rechtsstreit für Rechnung des Schuldners geführt wird, wenn im Plan keine abweichende Regelung getroffen ist. Dies legt den Schluss nahe, dass der Insolvenzverwalter nach Aufhebung des Verfahrens den Anfechtungsanspruch grundsätzlich **für den Schuldner** verfolgt. Demgegenüber wird eingewandt, der gesetzlichen Regelung liege die Perpetuierung des mit dem **Amt des Verwalters verknüpften Anfechtungsrechts** zugrunde (BerlKo-*Breutigam* § 259 Rn 9), so dass der Verwalter den Anspruch für die **Masse** verfolge und er aus dem Erlös erst nachträglich bekannt gewordene Masseverbindlichkeiten tilgen könne nach § 258 Abs 2 (so *Häsemeyer* Rn 28.52). Tatsächlich hat der Gesetzgeber die gesetzliche Regelung eher rudimentär ausgestaltet (vgl *Smid/Rattunde* § 259 Rn 6), wohl in der Vorstellung, dass der Insolvenzplan selbst im Einzelnen festschreiben werde, was mit dem Erlös aus dem Anfechtungsrecht zu geschehen hat. Die Vorstellung, dass der Erlös aus dem Anfechtungsprozess letztlich dem Schuldner zustehe, wenn eine gegenteilige Regelung im Insolvenzplan nicht vorgesehen ist (vgl Begr zu § 306 RegE, abgedr bei *Balz/Landfermann* zu § 259 InsO S 379), spricht eher für die **Verfolgung eines Schuldnerrechts** und damit für die Annahme einer **gesetzlichen Prozessstandschaft**. Daraus ergibt sich, dass das insolvenzrechtliche Anfechtungsrecht bei Aufhebung des Verfahrens in einen **vermögensrechtlichen Anspruch des Schuldners** umschlägt, der nur insoweit den Interessen der Gläubiger verhaftet ist, als dies der Insolvenzplan vorsieht. Wenn dies so gesehen wird, stellt sich weniger die Frage, ob § 259 Abs 3 einen Fall der gesetzlichen Prozessstandschaft darstellt, sondern ob in den Fällen, in denen der Erlös aus dem Anfechtungsrechtsstreit nicht den Gläubigern, sondern dem Schuldner zukommen soll, nicht die **materielle Rechtslage** dahin verändert, dass den Anfechtungsgegnern Einwendungen zukommen, die sie sonst nicht geltend machen könnten, etwa nach § 242 BGB wegen eines venire contra factum proprium oder analog § 814 BGB bei unentgeltlichen oder inkongruenten Verfügungen des Schuldners vor Eröffnung des Insolvenzverfahrens (vgl auch die Fragestellungen bei *Häsemeyer* Rn 28.52, insbesondere in Fn 71; K/P/*Otte* § 259 Rn 13; *Smid/Rattunde* § 259 Rn 7).

Voraussetzung für die **anhaltende Prozessführungsbefugnis** des Insolvenzverwalters ist stets, dass der **18 gestaltende Teil des Plans** die Fortführung des Anfechtungsrechtsstreits durch den Insolvenzverwalter **vorsieht**. Ebenso liegt der gesetzlichen Regelung die Erwartung zugrunde, dass der Insolvenzplan bestimmt, was mit dem Erlös aus dem Anfechtungsrechtsstreit im Rahmen der Planerfüllung zu geschehen hat. Auch die **Kosten des Verfahrens** fallen grundsätzlich dem **Schuldner** zur Last, es sei denn, der Insolvenzplan trifft eine anderweitige Regelung (K/P/*Otte* § 259 Rn 14; *Smid/Rattunde* § 259 Rn 8).

Klarzustellen ist, dass die **Auskehr des Erlöses** aus dem erfolgreichen Anfechtungsrechtsstreit an den **19 Schuldner** zu erfolgen hat (BGH 6. 10. 2005, ZIP 2006, 39, 42); denn das aus dem Anfechtungsprozess Erlangte steht nach Aufhebung des Insolvenzverfahrens allein dem Insolvenzschuldner zu, sofern der Insolvenzplan nichts Abweichendes regelt (vgl Begr zu § 306 RegE, abgedr bei *Balz/Landfermann* zu § 259 InsO S 379; *Bork*, in Insolvenzrecht im Umbruch S 51, 58; *Smid/Rattunde* § 259 Rn 8). Im Hinblick auf die eindeutige Begründung der gesetzlichen Regelung kann der Auffassung, nach der das Erlangte zunächst zur Tilgung der Masseverbindlichkeiten nach § 258 Abs 2 und sodann zur Anreicherung der Masse zu verwenden sei (K/P/*Otte* § 259 Rn 13; *Häsemeyer*, Rn 28.52), nicht gefolgt werden.

Abschließend ist der Ausnahmecharakter von § 259 Abs 3 hervorzuheben. Die Vorschrift kommt für **20** andere als schwebende Anfechtungs-Rechtsstreitigkeiten nicht zur Anwendung (FK-*Jaffé* § 259 Rn 26).

§ 260 Überwachung der Planerfüllung

(1) Im gestaltenden Teil des Insolvenzplans kann vorgesehen werden, daß die Erfüllung des Plans überwacht wird.

(2) Im Falle des Absatzes 1 wird nach der Aufhebung des Insolvenzverfahrens überwacht, ob die Ansprüche erfüllt werden, die den Gläubigern nach dem gestaltenden Teil gegen den Schuldner zustehen.

(3) Wenn dies im gestaltenden Teil vorgesehen ist, erstreckt sich die Überwachung auf die Erfüllung der Ansprüche, die den Gläubigern nach dem gestaltenden Teil gegen eine juristische Person oder Gesellschaft ohne Rechtspersönlichkeit zustehen, die nach der Eröffnung des Insolvenzverfahrens gegründet worden ist, um das Unternehmen oder einen Betrieb des Schuldners zu übernehmen und weiterzuführen (Übernahmegesellschaft).

I. Vorbemerkungen

1. Gegenstand und Normzweck. Die Vorschriften der §§ 260–269 eröffnen den Gläubigern bei ent- **1** sprechender Regelung im Insolvenzplan die Möglichkeit, den **Schuldner** oder auch die **Übernahmegesellschaft** bei der Erfüllung ihrer Plananspruche durch den Insolvenzverwalter überwachen zu lassen. Sieht der Insolvenzplan die Überwachung vor, ohne sie im Einzelnen auszugestalten, so richtet sie sich nach den gesetzlichen Vorschriften. Die Überwachung ist in erster Linie Aufgabe des Insolvenzverwalters; sein Amt ebenso wie das der Mitglieder des Gläubigerausschusses bestehen insoweit fort; auch die Aufsicht des Insolvenzgerichts hält an. Auf diese Weise setzt sich das Insolvenzplanverfahren auch nach Aufhebung des Insolvenzverfahrens selbst fort. Praktisch relevant wird die Überwachung vor allem bei

§ 260

der Eigensanierung des Schuldners (vgl die Begründung zu § 307 RegE, abgedr bei *Balz/Landfermann* S 379). Sie ist jedoch nicht auf diesen Fall beschränkt, sondern gilt ganz allgemein, auch für den Fall der übertragenden Sanierung/Teilsanierung (vgl Allg Begr RegE A, 4 f, abgedr bei *Balz/Landfermann* S 36 ff; sa *Smid/Rattunde* § 260 Rn 3). Auch wenn das Überwachungsverfahren einen Teil des Insolvenzplanverfahrens bildet, so ist es nicht als ein eigentliches Nachverfahren, etwa nach amerikanischem Vorbild, anzusehen (FK-*Jaffé* § 260 Rn 9, 12; *Bork*, in Insolvenzrecht im Umbruch S 51, 59; BerlKo-*Breutigam*, § 260 Rn 2); denn das Insolvenzverfahren endet zwingend mit seiner Aufhebung nach § 258 Abs 1. Erst von diesem Zeitpunkt an kommt die Planüberwachung überhaupt erst in Betracht (*Smid/Rattunde* § 260 Rn 4). Auf diese Weise wird vermieden, dass das schuldnerische Unternehmen nachhaltige Wettbewerbsvorteile erlangen kann (FK-*Jaffé* § 260 Rn 9); es muss sich bereits in der Überwachungsphase dem Markt anpassen und die wiedergewonnene Dispositionsfreiheit zur wettbewerblichen Durchsetzung einsetzen.

2 Das Überwachungsverfahren ist **fakultativ**; es greift nur ein, wenn es im gestaltenden Teil des Insolvenzplans vorgesehen ist. Der Gesetzgeber hat sich damit für eine Kompromisslösung entschieden (ebenso FK-*Jaffé* § 260, Rn 11); das Überwachungsverfahren ist nicht obligatorisch und soll auch nicht im Regelfall eingreifen, wie noch die Reformkommission vorgeschlagen hatte (vgl BMJ, 1. Bericht der Kommission für Insolvenzrecht, Leitsatz 2.3.1 S 205, 207).

3 Die Planüberwachung ist Ausfluss der **Gläubigerautonomie**; sie dient in erster Linie dem **Gläubigerschutz** (BerlKo-*Breutigam* § 260 Rn 3 f; ebenso *Fischer*, Die unternehmerischen Mitwirkungsrechte der Gläubiger in der Überwachungsphase des Insolvenzplans S 111 Rn 322 ff) und soll die Bereitschaft Dritter (insbesondere der Banken) erhöhen, dem schuldnerischen Unternehmen Sanierungskredite zuzuführen (*Smid/Rattunde*, § 260 Rn 1). Sie dient gleichzeitig jedoch auch den **Interessen des Schuldners**, indem sie die Bereitschaft der Gläubiger zur Restschuldbefreiung und zum Verzicht auf eine persönliche Haftung nach § 227 fördern kann (vgl K/P/*Otte*, § 260 Rn 4).

4 **2. Zum bisherigen Recht.** Das Institut der Planüberwachung knüpft in gewisser Weise an das bisherige **Vergleichsrecht** an; dem Zwangsvergleich nach der KO war die Überwachung fremd und gesetzlich nicht vorgesehen. Nach der VglO bildete hingegen die Überwachung der Erfüllung des bestätigten Vergleichs im Rahmen des **Nachverfahrens** die Regel (vgl *Bley/Mohrbutter* § 96 Rn 6; *Gottwald/Uhlenbruck* InsRHdb § 76 Rn 1). Wurde das Vergleichsverfahren nicht mit der Bestätigung des Vergleichs aufgehoben, so wurde es nach § 96 VglO fortgesetzt mit der Maßgabe, dass dem Vergleichsverwalter nach § 96 Abs 2 VglO die Überwachung der Erfüllung des Vergleichs oblag. Nach § 96 Abs 4 VglO war das Verfahren erst dann aufzuheben, wenn der Vergleichsverwalter dem Vergleichsgericht anzeigte, dass der Schuldner den Vergleich erfüllt hatte, oder wenn der Schuldner unter Glaubhaftmachung der Erfüllung die Aufhebung beantragte. Zu einem Nachverfahren kam es nur dann nicht, wenn das Vergleichsgericht mit der Bestätigung des Vergleichs das Verfahren nach § 90 Abs 1 VglO aufhob; dies war einmal nur dann möglich, wenn es die Gläubiger unter den Voraussetzungen von § 90 Abs 1 Nr 1 beantragten oder nach § 90 Abs 1 Nr 2, wenn die Summe der vollstreckbaren Vergleichsforderungen ohne Berücksichtigung des im Vergleich vorgesehenen Erlasses DM 20.000,- nicht überstieg. Selbst in diesen Fällen konnte jedoch das Vergleichsgericht von einer Aufhebung des Verfahrens nach § 90 Abs 1 VglO absehen, wenn es dem gemeinsamen Interesse der Vergleichsgläubiger widersprach. Zum anderen kam es auch dann nicht zu einem gerichtlichen Nachverfahren nach § 96 VglO, wenn sich der Schuldner im Vergleich der Überwachung durch einen Sachwalter unterworfen hatte und das Vergleichsgericht das Verfahren nach § 91 Abs 1 VglO aufhob. Der Sachwalter nach der VglO mit den ihm nach § 92 Abs 1 VglO zugeschriebenen Rechten und Pflichten ist vielfach als „schillernde Figur" bezeichnet worden (vgl *Gottwald/Uhlenbruck* InsRHdb § 77 Rn 3; *Kilger/K. Schmidt* § 92 VglO Bem 1). Die Widersprüchlichkeit seines treuhänderischen Auftrags aufgrund eines Geschäftsbesorgungsverhältnisses zum Schuldner und zugunsten der Gläubiger bei gleichzeitiger gesetzlicher Haftung nach § 42 VglO (hierzu im Einzelnen *Gottwald/Uhlenbruck* InsRHdb § 77 Rn 3–6) hat vielfältige Probleme aufgeworfen, die der Gesetzgeber in der InsO offenbar vermeiden wollte.

II. Eingreifen der Planüberwachung

5 Nach § 260 Abs 1 wird die Erfüllung des Plans nach den Vorschriften der §§ 261 ff nur dann überwacht, wenn dies im **gestaltenden Teil des Insolvenzplans** ausdrücklich vorgesehen ist. Aus dem Wortlaut des Gesetzes ist zu schließen, dass das **Fehlen** einer entsprechenden Regelung im gestaltenden Teil des Insolvenzplans den **Verzicht** der Gläubiger auf eine Planüberwachung enthält (BerlKo-*Breutigam* § 260 Rn 6). Beschränkt sich die Regelung im Insolvenzplan darauf, dass eine Planüberwachung nach den gesetzlichen Vorschriften eingreifen soll, so finden die §§ 261 ff Anwendung. Wird die Planüberwachung im Insolvenzplan im Einzelnen ausgestaltet, so ist jeweils zu prüfen, ob Abweichungen von der gesetzlichen Regelung zulässig sind. Die teilweise vertretene Auffassung, die Überwachung des Insolvenzplans setze die **Fortführung des Unternehmens** durch den Schuldner oder allgemein die **Fortsetzung seiner wirtschaftlichen Tätigkeit** voraus (so *Smid/Rattunde* § 260 Rn 3), findet im Gesetz keine Stütze. Nach zutreffender Auffassung ist die Planüberwachung nach den gesetzlichen Vorschriften auch dann

III. Planüberwachung nach § 260 Abs 2 § 260

zulässig, wenn der Insolvenzplan die **sofortige Liquidation** des schuldnerischen Vermögens vorsieht (zutr K/P/*Otte* § 260 Rn 9; *Braun/Frank* § 260 Rn 1). Der Begründung des RegE ist nichts anderes zu entnehmen, auch wenn dort angeführt wird, die Formulierung von § 260 Abs 2 sei auf die Fortführung des Unternehmens zugeschnitten (Begr zu § 307 RegE, abgedr bei *Balz/Landfermann* S 380). Dies schließt jedoch nicht aus, dass die gesetzliche Überwachung auch bei **Liquidationsplänen** zulässig ist und im Einzelfall auch geboten sein kann.

Die Überwachung des Plans setzt mit der **Aufhebung des Insolvenzverfahrens** ein (FK-*Jaffé* § 260 6
Rn 15). Maßgeblich ist der Zeitpunkt des Eintritts der Rechtskraft des Beschlusses des Insolvenzgerichts über die Aufhebung des Insolvenzverfahrens (N/R/*Braun* § 260 Rn 2). Auf den Zeitpunkt der Aufhebung des Insolvenzverfahrens selbst hat die Anordnung der Überwachung durch den Plan keinen Einfluss, was sich bereits aus dem Wortlaut von § 260 Abs 2 ergibt (ebenso BerlKo-*Breutigam* § 260 Rn 2; FK-*Jaffé* § 260 Rn 16; *Smid/Rattunde* § 260 Rn 4).

III. Planüberwachung nach § 260 Abs 2

1. Gesetzliche Regelung. Nach § 260 Abs 2 erstreckt sich die Planüberwachung darauf, ob die **An- 7
sprüche** erfüllt werden, die den Gläubigern nach dem **gestaltenden Teil** des Plans **gegen den Schuldner** zustehen. Diese gesetzliche Regelung zeichnet sich durch zwei Abgrenzungen aus, die von nachhaltiger praktischer Bedeutung sein werden. **Einmal** beschränkt sich die Überwachung auf die Einhaltung dessen, was im **gestaltenden Teil** des Plans vorgesehen ist. Dies schließt jedwede Überwachung dessen aus, was im darstellenden Teil aufgeführt wird, insbesondere wo es um die Restrukturierung von Unternehmen, interner Reorganisation oder Neuordnung der Geschäftsführung des Schuldners geht (ebenso K/P/*Otte* § 260 Rn 8; FK-*Jaffé* § 260 Rn 14). Diese Abgrenzung ist nicht zuletzt deshalb geboten, weil der Insolvenzplan selbst nach der gesetzlichen Neuregelung nicht in die schuldnerische Gesellschaft eingreifen kann (vgl hierzu oben § 217 Rn 16–20) und die Gesellschafter auch nicht verpflichtet sind, den für die Fortführung der Gesellschaft erforderlichen Fortsetzungsbeschluss zu fassen (hierzu oben § 218 Rn 18 ff). **Zum anderen** soll nach der gesetzlichen Regelung nur die Erfüllung von **Ansprüchen der Gläubiger** gegen den Schuldner den Gegenstand der Überwachung bilden. Was hierunter im Einzelnen zu verstehen ist, definiert das Gesetz nicht. Will man der Intention des Gesetzes entsprechen, so wird die gesetzliche Anordnung **weit auszulegen** sein. Denn die Erfüllung des Plans wird regelmäßig davon abhängen, dass der Schuldner **alle** Verpflichtungen, die ihn nach dem darstellenden Teil gegenüber den Gläubigern treffen, auch ordnungsgemäß erfüllt. Dies entspricht den Interessen der Gläubiger, die dem Plan gerade deshalb zustimmen, weil sie die ordnungsgemäße Erfüllung der ihnen verbliebenen Ansprüche erwarten.

Bei der Überwachung der **Ansprüche** geht es zunächst im Wesentlichen um jene der **ungesicherten** 8
Gläubiger, die im Insolvenzplan häufig eine quotale Beschränkung und Stundung erfahren werden. Daneben geht es aber auch um die Ansprüche der **absonderungsberechtigten Gläubiger** nach Maßgabe des gestaltenden Teils des Insolvenzplans. Werden die ihnen zustehenden Sicherungsrechte ganz oder teilweise aufrechterhalten oder ersetzt, so greift die Überwachung nur insoweit, als ihre Erfüllung innerhalb des von § 268 Abs 1 Nr 2 vorgesehenen zeitlichen Rahmens ansteht (vgl K/P/*Otte* § 260 Rn 8). Gleiches gilt für zunächst **streitig gebliebene Masseansprüche** und **bestrittene Forderungen**, soweit deren endgültige Klärung mit entsprechenden Fälligkeiten in diesen Überwachungszeitraum fällt. Schließlich unterliegen der Überwachung auch solche Ansprüche, die vom Schuldner **kraft neuer Rechtsgeschäfte** begründet werden, denen der Insolvenzverwalter entsprechend der Regelung im gestaltenden Teil des Insolvenzplans nach § 263 zustimmt, soweit ihre Fälligkeit in den zeitlichen Rahmen der Überwachung fällt. **Nicht** hingegen unterliegen der Überwachung Ansprüche, die den Gläubigern **gegenüber Dritten** zustehen, soweit nicht § 260 Abs 3 eingreift. Dies gilt insbesondere für **Plangaranten**, gegenüber denen § 257 Abs 2 die Zwangsvollstreckung aus dem Plan eröffnet.

2. Abweichende Regelungen. Die gesetzlichen Regeln der Überwachung nach §§ 260 ff sind dispositi- 9
ver Natur (BerlKo-*Breutigam* § 260 Rn 17; K/P/*Otte* § 260 Rn 5; *Smid/Rattunde* § 260 Rn 5). Dementsprechend wird allgemein angenommen, dass die Gläubiger nicht nur auf eine Überwachung nach §§ 260 ff verzichten können, sondern im Insolvenzplan auch eine ganz andere Art der Überwachung vorgesehen werden kann, etwa durch einen **Sachwalter** (hierzu unten unter V). Daneben stellt sich jedoch die Frage, ob im Insolvenzplan zwar die gesetzliche Überwachung nach §§ 261 ff vorgesehen, jedoch abweichend von den gesetzlichen Vorschriften ausgestaltet werden kann. Hierzu wird mit Recht die Auffassung vertreten, dass **Abweichungen zugunsten des Schuldners** grundsätzlich zulässig sind, etwa da Art, dass nur bestimmte Gläubigerforderungen der Überwachung unterliegen sollen (K/P/*Otte* § 260 Rn 7; N/R/*Braun* § 260 Rn 3). Demgegenüber bestehen erhebliche Zweifel, ob der Insolvenzplan auch eine gegenüber den §§ 261 ff **verschärfte Überwachung** vorsehen kann. Dies dürfte im Grundsatz **zu verneinen** sein im Hinblick auf Sinn und Zweck der gesetzlichen Regelung (abw *Frank*, Die Überwachung der Insolvenzplanerfüllung, Rn 36–39). So wird man insbesondere anzunehmen haben, dass eine Ausweitung der Zustimmungspflicht des Insolvenzverwalters auf alle Rechtsgeschäfte des Schuldners nach § 263 unzulässig ist, weil sie die mit der Aufhebung des Insolvenzverfahrens angestrebte Hand-

Lüer   2569

lungsfreiheit des Schuldners nachhaltig beeinträchtigen würde (im Ergebnis ebenso K/P/*Otte* § 263 Rn 2 unter Hinweis auf H/W/F Hdb Rn 9.53; N/R/*Braun* § 263 Rn 2). Ebenso unzulässig erscheint eine Ausweitung der Aufgaben und Befugnisse des Insolvenzverwalters nach § 261 oder eine Verlängerung der Überwachungsdauer über die in § 268 Abs 1 Nr 2 vorgesehene Dauer von drei Jahren hinaus (vgl auch K/P/*Otte* § 260 Rn 7), sofern nicht der Schuldner ausdrücklich zustimmt (vgl **AG** Duisburg 27. 3. 2003, NZI 2003, 447). Die gesetzliche Regelung ist insoweit als zwingend anzusehen, als es um das Maß der Beschränkungen geht, denen der Schuldner nach Aufhebung des Insolvenzverfahrens noch unterliegen soll. Genügt dies den Gläubigern nicht, so müssen sie auf die gesetzliche Überwachung insgesamt verzichten und eine weitergehende Überwachung durch einen Sachwalter durchsetzen.

IV. Planüberwachung nach § 260 Abs 3

10 **1. Ansprüche gegen Übernahmegesellschaft.** § 260 Abs 3 stellt sich insoweit als eine **Ausnahme** des allgemeinen Grundsatzes dar, dass sich die Überwachung für die Erfüllung nur auf Ansprüche richtet, welche die Gläubiger gegen den Schuldner haben. Die **Übernahmegesellschaft** stellt sich mithin als **Dritter** dar, auf dessen Erfüllung von Gläubigeransprüchen sich die Überwachung erstreckt. Der Gesetzgeber hat diese Ausweitung der Überwachung zutreffend als gerechtfertigt angesehen, weil das Schicksal der den Gläubigern verbleibenden Forderungen in den Fällen der übertragenden Sanierung durch die Führung der Übernahmegesellschaft bestimmt wird und sich deren Gesellschafter von vornherein auf die gesetzlichen Einschränkungen einstellen können (vgl Begründung zu § 307 RegE, abgedr bei *Balz/Landfermann* S 380). Gerade weil die übertragende Sanierung, auch aufgrund eines Insolvenzplans, vom Gesetzgeber als wichtiges Instrument der Reorganisation angesehen wird (vgl Allg Begr RegE, abgedr bei *Balz/Landfermann* S 36–38), entspricht die gesetzliche Ausdehnung der Überwachung nach der Aufhebung des Insolvenzverfahrens nach § 260 Abs 3 den berechtigten Interessen der Gläubiger (krit hierzu *Kluth*, NZI 2003, 361, 362 *zu* § 260 Abs 3).

11 **2. Eingreifen der Überwachung.** Wie die Überwachung des Schuldners greift die **Überwachung** der **Übernahmegesellschaft** nur dann ein, wenn dies im **gestaltenden Teil** des Insolvenzplans ausdrücklich vorgesehen ist. Dies gilt jedoch mit der Maßgabe, dass die Übernahmegesellschaft darauf ausgerichtet sein muss, das aus der Insolvenz des Schuldners erworbene Unternehmen oder den übernommenen Teilbetrieb fortzuführen. Die Fälle der ungebundenen Übernahme des schuldnerischen Unternehmens oder einzelner Teilbetriebe durch einen Dritten ist der Überwachung nach § 260 Abs 3 nicht zugänglich, soweit sich der Übernehmer nicht zur Fortführung verpflichtet; in den Fällen eines **Liquidationsplans** kommt mithin eine Überwachung der übernehmenden Gesellschaften **nicht** in Betracht.

12 **3. Umfang der Überwachung.** Hier gilt nichts anderes als für die Überwachung des Schuldners nach § 260 Abs 2: Die Überwachung erfolgt nach **Gegenstand** und **Umfang** den Regeln der **Schuldnerüberwachung**. Sie kann zugunsten der Übernahmegesellschaft eingeschränkt werden, jedoch nicht zu ihren Lasten über die gesetzlichen Grenzen hinaus ausgedehnt werden (s oben Rn 7 f).

13 **4. Übernahmegesellschaft.** Nach der gesetzlichen Legaldefinition in § 260 Abs 3 kann die Überwachung einer Übernahmegesellschaft nur stattfinden, wenn sich die Ansprüche der Gläubiger nach dem gestaltenden Teil des Insolvenzplans gegen eine **juristische Person** oder **Gesellschaft ohne Rechtspersönlichkeit** richten, die **nach der Eröffnung** des Insolvenzverfahrens gegründet worden ist, um das Unternehmen oder einen Betrieb des Schuldners zu übernehmen und weiterzuführen. Diese einschränkende Bestimmung der Übernahmegesellschaft trägt der Erwägung des Gesetzgebers Rechnung, dass die Überwachung einer bereits bestehenden Gesellschaft und deren Gläubigern nicht zuzumuten sei (Begr zu § 307 RegE, abgedr bei *Balz/Landfermann* S 318). Tatsächlich wird an der Überwachung der Planerfüllung durch bereits vor Eröffnung des Insolvenzverfahrens existierende Dritte kaum ein praktisches Bedürfnis bestehen, wenn es sich um einen außenstehenden Dritten handelt, der nicht vom Schuldner getragen wird (vgl *Bork*, in Insolvenzrecht im Umbruch S 51, 61).

14 **a) Handelsgesellschaften.** Nach der gesetzlichen Regelung kommen als Übernahmegesellschaften nur juristische Personen oder Gesellschaften ohne Rechtspersönlichkeit in Betracht, dh in erster Linie die im Rechtsverkehr bekannten **Kapital-** und **Personenhandelsgesellschaften**. Dies schließt aus, dass sich die Überwachung auch auf einzelne übernehmende natürliche Personen erstrecken könnte (BerlKo-*Breutigam* § 260 Rn 24). Vom Wortlaut des Gesetzes her könnte auch eine Gesellschaft bürgerlichen Rechts (GbR) als Übernahmegesellschaft fungieren; in der Praxis wird dies jedoch nur dann relevant sein, wenn die GbR nicht schon kraft Gesetzes als Handelsgesellschaft anzusehen ist, etwa mangels Eintragung im Handelsregister wie bei der Vorgründungsgesellschaft einer Kapitalgesellschaft (vgl Münch-HdbGesR I-*Schücking* § 2 Rn 28).

15 **b) Neugründung.** Nach dem Wortlaut von § 260 Abs 3 muss die Übernahmegesellschaft erst **nach Eröffnung** des Insolvenzverfahrens **gegründet** worden sein. Diese scheinbar klare **zeitliche Abgrenzung** birgt erhebliche Probleme für die Praxis. Denn die übertragende Sanierung erfordert vielfach schnelles

Handeln, um den „going concern" des maroden Unternehmens in der Insolvenz bestmöglich zu erhalten. Langwierige Gründungsmodalitäten bis hin zur Eintragung ins Handelsregister können dem entgegenwirken. Daher erscheint die Kritik an der scharfen zeitlichen Abgrenzung nicht unberechtigt (vgl BerlKo-*Breutigam* § 260 Rn 28 ff; K/P/*Otte* § 260 Rn 14 f sowie oben § 11 Rn 178). Andererseits wird man durch eine sachgerechte Auslegung der Vorschrift zu praktisch brauchbaren Ergebnissen gelangen. Dementsprechend sollte es genügen, unter § 260 Abs 3 auch solche Gesellschaften zu qualifizieren, deren Gründung bereits früher eingeleitet und erst während des Insolvenzverfahrens abgeschlossen ist (ebenso *Braun/Frank* § 260 Rn 8). Ebenso wird es nicht erforderlich sein, dass eine während des Insolvenzverfahrens eingeleitete Gründung der Übernahmegesellschaft auch bereits während des Insolvenzverfahrens vollzogen wird. Entscheidend muss nach der gesetzlichen Zielsetzung sein, dass die Übernahmegesellschaft **zunächst keine anderen Ziele** als die Übernahme und Fortführung des insolventen Unternehmens oder einzelner seiner Betriebsteile verfolgt. Bedenkenswert ist auch der Vorschlag, bei bereits vor Eröffnung des Verfahrens gegründeten Übernahmegesellschaften die Überwachung aufgrund gesonderter Vereinbarung zuzulassen (vgl *Kluth* NZI 2003, 361 ff). Aus diesem Grund werden auch sog Vorrats- bzw Mantelgesellschaften als Übernahmegesellschaften in Betracht kommen, sofern sie nicht mit Verbindlichkeiten belastet sind, die der intendierten Fortführung entgegenstehen oder sie belasten (vgl BerlKo-*Breutigam* § 260 Rn 31; K/P/*Otte* § 260 Rn 16). Entscheidend wird es darauf ankommen, dass der gestaltende Teil des Insolvenzplans die Überwachung klar und deutlich vorsieht (vgl K/P/*Otte* § 260 Rn 12; im Ergebnis ebenso FK-*Jaffé* § 260 Rn 26).

c) **Zweck der Übernahmegesellschaft.** Entscheidend kommt es darauf an, dass die Übernahmegesellschaft gegründet worden ist, **um** das Unternehmen oder einen Betrieb des Schuldners **zu übernehmen** und weiterzuführen. Dieses Kriterium wird sinnfällig erfüllt, wenn der entsprechende Gegenstand **gesellschaftsvertraglich** bzw **satzungsmäßig** in der **Übernahmegesellschaft** festgelegt ist. Nach dem Wortlaut des Gesetzes ist die formale Festschreibung jedoch nicht erforderlich; es sollte genügen, wenn sich die Übernahmegesellschaft tatsächlich auf die Übernahme und Fortführung konzentriert. Zweifelhaft mag erscheinen, ob sich die Übernahmegesellschaft ausschließlich auf diesen Zweck beschränken muss. Dies erscheint keineswegs zwingend geboten (vgl auch FK-*Flessner* § 260 Rn 7) und könnte sogar einer erfolgreichen Geschäftstätigkeit der Übernahmegesellschaft entgegenstehen. Da die Zweckbeschränkung nach Ablauf der Überwachungsperiode ohnehin entfällt, wird es sich in der Praxis als zweckmäßig erweisen, im Insolvenzplan einen entsprechenden Katalog der nach § 263 zustimmungsbedürftigen Geschäfte festzulegen, der eine auch den Gläubigerinteressen entsprechende Entfaltung der Übernahmegesellschaft ermöglicht. Dies wird insbesondere dann erforderlich sein, wenn nicht das Unternehmen des Schuldners im Ganzen, sondern nur Teilbetriebe des Schuldners zur Fortführung übernommen werden, die auf Dauer allein nicht selbständig und ertragreich fortgeführt werden können. Die Praxis wird im darstellenden Teil des Insolvenzplans Modelle zu entwickeln haben, die einerseits der Erhaltung und Fortführung unternehmerischer Einheiten dient, andererseits jedoch die anhaltende Überwachung im Gläubigerinteresse nicht ausschließt.

Ebenso wird sich in der Praxis die Frage stellen, ob die **Übernahmegesellschaft** darauf ausgerichtet sein muss, das übernommene Unternehmen bzw den Betrieb oder Teilbetrieb **im Ganzen fortzuführen**. So könnte es sich als zweckmäßig und ertragreich darstellen, dass sich die Übernahmegesellschaft von Teilen des übernommenen Unternehmens trennt, nicht nur zur Liquiditätsbeschaffung, sondern auch zur Wiedergewinnung von Ertragskraft. Da auch solche Maßnahmen im Gläubigerinteresse liegen können, erscheint es geboten, dies grundsätzlich zuzulassen, ohne die Überwachung der Übernahmegesellschaft dadurch auszuschließen (ebenso K/P/*Otte* § 260 Rn 14). Erforderlich erscheint auch in diesen Fällen, dass der gestaltende Teil des Insolvenzplans Entsprechendes spezifiziert vorsieht und gegebenenfalls unter die nach § 263 zustimmungsbedürftigen Geschäfte rechnet. Dagegen erscheint die gesetzliche Zweckbindung der Übernahme zur Weiterführung nicht mehr erfüllt, wenn die Übernahme lediglich zum Zwecke der Liquidation bzw Verwertung erfolgt. Sieht der gestaltende Teil des Insolvenzplans eine solche Lösung vor, so begeben sich die Gläubiger zwangsläufig des Schutzes ihrer Interessen durch die Überwachung nach § 260 Abs 3. Dem entspricht nicht der Intention des Gesetzgebers, die gesetzliche Überwachung der Übernahmegesellschaft durch Insolvenzverwalter und Gläubigerausschuss aufrechtzuerhalten, wenn die Gläubiger durch eine entsprechende Regelung im gestaltenden Teil des Insolvenzplans die Verwertung des schuldnerischen Vermögens außerhalb des Insolvenzverfahrens anstreben.

V. Gewillkürte Überwachung durch Sachwalter

1. Gewillkürte Überwachung. Aus § 260 Abs 1 ergibt sich, dass die gesetzliche Überwachung der Planerfüllung **fakultativ** ist, mithin nicht eingreift, wenn sie im gestaltenden Teil des Insolvenzplans nicht vorgesehen ist (vgl oben Rn 2). Machen die Beteiligten, insbesondere die Gläubiger, von dieser gesetzlichen Option keinen Gebrauch, so können sie gleichwohl eine **gewillkürte Überwachung** wählen. Dies wird nach verbreiteter Auffassung aus der **Gläubigerautonomie** abgeleitet, die dem Insolvenzplanverfahren zugrunde liegt (vgl K/P/*Otte* § 260 Rn 5; N/R/*Braun* § 260 Rn 3; *Smid/Rattunde* § 260 Rn 5).

Hierauf weist auch die Begründung des Regierungsentwurfs hin (vgl Begr zu § 307 RegE, abgedr bei *Balz/Landfermann* S 380), wodurch dem Bedürfnis der Praxis nach Flexibilität und Gestaltungsfreiheit entsprochen wird.

19 **2. Einsetzung eines Sachwalters.** Es entspricht allgemeiner Auffassung, dass der gestaltende Teil des Insolvenzplans die Einsetzung eines **Sachwalters** vorsehen kann, dem die Rechte und Pflichten zustehen, die der **gestaltende Teil des Insolvenzplans** vorsieht (K/P/*Otte* § 260 Rn 5; N/R/*Braun* § 260 Rn 3). Die Aufgaben des Sachwalters werden sich regelmäßig darauf richten, im Interesse der Gläubiger die Geschäftsführung des Schuldners zu überwachen. Denn abweichend von §§ 261 ff muss sich die Überwachung des Sachwalters nicht darauf beschränken, die Erfüllung der den Gläubigern verbleibenden Forderungen zu überwachen; vielmehr können dem Sachwalter ganz umfänglich Aufgaben übertragen werden, welche die konkrete Überwachung der Geschäftsführung, der Organisation und insbesondere des Rechnungswesens des Schuldners betreffen (vgl N/R/*Braun* § 260 Rn 3). Desgleichen kann im gestaltenden Teil des Insolvenzplans auch vorgesehen werden, dass dem Sachwalter die Zustimmung zu bestimmten Geschäften des Schuldners vorbehalten wird. Auch die Überwachung der im darstellenden Teil des Insolvenzplans erfassten Maßnahmen kann festgelegt werden. Entsprechende Informations- und Auskunftsrechte des Sachwalters ebenso wie korrespondierende Pflichten des Schuldners können eingeräumt werden. Die Ausgestaltung des gestaltenden Teils des Insolvenzplans wird insoweit den Besonderheiten des konkreten Falls Rechnung tragen müssen. Es wird jeweils vorherzusehen sein, in welchem Umfang die Überwachung des Sachwalters sinnvoll ist angesichts der vollen Geschäftsführungs- und Verfügungsbefugnis, die der Schuldner mit der Aufhebung des Verfahrens wiedererlangt. Um die Dienste des Sachwalters zu sichern, bedarf es entsprechender **schuldrechtlicher Abreden**, wobei regelmäßig der Schuldner Vertragspartner werden wird entsprechend den Modalitäten, die der gestaltende Teil des Insolvenzplans vorsieht. Für die vertraglichen Abreden wird der Sachwalter gilt die Gestaltungsfreiheit nach § 305 BGB, wobei regelmäßig in Anlehnung an § 269 S 1 dem Schuldner die Kosten der Inanspruchnahme des Sachwalters anzulasten sein werden. Im Übrigen wird sich empfehlen, den Vertrag nach § 328 BGB zugunsten Dritter, nämlich der Gläubiger des Schuldners, auszugestalten. Dies entspricht der Interessenlage der Gläubiger, welche die Einsetzung des Sachwalters zum Schutz ihrer Interessen verlangen werden.

20 **3. Umfang der Überwachung.** Gegenstand und Umfang der Überwachung durch den Sachwalter werden allein durch den gestaltenden Teil des Insolvenzplans festgelegt. Aus der rein schuldrechtlichen Beziehung zum Sachwalter ergibt sich ganz zwangsläufig, dass bei seiner gewillkürten Einsetzung **die Vorschriften der §§ 261 ff keine Anwendung** finden. Dementsprechend kommen dem Sachwalter nicht die gesetzlich vorgesehenen Rechte zu. Werden bestimmte Geschäfte des Schuldners an die Zustimmung des Sachwalters geknüpft, so hat dies nur im **Innenverhältnis** Bedeutung; eine Außenwirkung nach § 263 kommt dem Zustimmungserfordernis nicht zu (ebenso N/R/*Braun* § 260 Rn 3; K/P/*Otte* § 260 Rn 6). Auch die Vorschriften der §§ 264–266 können mit der Einsetzung eines gewillkürten Sachwalters nicht zur Anwendung kommen. Diese streng schuldrechtlich ausgerichtete Bestimmung der Rechtsposition des Sachwalters entspricht auch der Intention des Gesetzgebers (vgl Begr zu § 307 RegE, abgedr bei *Balz/Landfermann* S 380). Für die gegenteilige Auffassung (*Smid/Rattunde* § 260 Rn 5) fehlt es an einer rechtlichen Begründung. Denn nach Aufhebung des Insolvenzverfahrens ohne Überwachung der Planerfüllung nach §§ 260 ff **fehlt** es an einer **Rechtsmacht des Sachwalters**, in Rechte Dritter einzugreifen; es gelten vielmehr die allgemeinen zivilrechtlichen Grundsätze.

VI. Bekanntmachung

21 Nach § 267 Abs 1 ist mit dem Beschluss über die Aufhebung des Insolvenzverfahrens die Überwachung der Erfüllung des Insolvenzplans nach § 260 Abs 1 öffentlich bekannt zu machen.

§ 261 Aufgaben und Befugnisse des Insolvenzverwalters

(1) ¹Die Überwachung ist Aufgabe des Insolvenzverwalters. ²Die Ämter des Verwalters und der Mitglieder des Gläubigerausschusses und die Aufsicht des Insolvenzgerichts bestehen insoweit fort. ³§ 22 Abs. 3 gilt entsprechend.

(2) ¹Während der Zeit der Überwachung hat der Verwalter dem Gläubigerausschuß, wenn ein solcher bestellt ist, und dem Gericht jährlich über den jeweiligen Stand und die weiteren Aussichten der Erfüllung des Insolvenzplans zu berichten. ²Unberührt bleibt das Recht des Gläubigerausschusses und des Gerichts, jederzeit einzelne Auskünfte oder einen Zwischenbericht zu verlangen.

I. Gegenstand und Normzweck

1 Die §§ 261 bis 264 regeln die **Rechtsstellung** von Insolvenzverwalter, Gläubigerausschuss und **Insolvenzgericht** im Rahmen der gesetzlichen Planüberwachung. § 261 Abs 1 S 2 ordnet die **Fortgeltung der**

II. Rechtsstellung des Insolvenzverwalters § 261

Ämter der Insolvenzorgane, Insolvenzverwalter und Gläubigerausschuss an und lässt gleichzeitig die Aufsicht des Insolvenzgerichts fortbestehen. Dies ist erforderlich, weil die Überwachung nach Aufhebung des Insolvenzverfahrens stattfindet, die Ämter der Insolvenzorgane sonst nach § 259 Abs 1 S 1 mit der Aufhebung erlöschen. Das Insolvenzplanverfahren wird nach der gesetzlichen Regelung nunmehr über die Aufhebung des Insolvenzverfahrens hinaus fortgeführt, wodurch die Überwachung zumindest formal **nicht mehr Bestandteil des Insolvenzverfahrens** ist (vgl oben § 260 Rn 1). Die Aufgaben von Insolvenzverwaltung und Gläubigerausschuss beschränken sich jedoch auf das, was zur Überwachung der Erfüllung der Planläubigeransprüche durch den Schuldner oder die Übernahmegesellschaft erforderlich ist (vgl *Häsemeyer* Rn 28.56; K/P/Otte § 261 Rn 5).

Die **Aufgaben und Befugnisse** der Insolvenzorgane nach §§ 261 bis 264 bezwecken eine möglichst **2 wirksame Überwachung**, um die Erfüllung der Planläubigeransprüche sicherzustellen. Aus § 261 Abs 2 ergibt sich, dass der Insolvenzverwalter nicht nur über den Stand der tatsächlichen Erfüllung der Gläubigeransprüche, sondern auch über die Aussichten der künftigen Erfüllung, also die mutmaßliche Erfüllbarkeit, zu berichten hat. Auf diesem Weg sollen die Gläubiger möglichst frühzeitig in die Lage versetzt werden, auf eine **Verschlechterung der Erfolgsaussichten** zu reagieren und **drohende Ausfälle** zu begrenzen (vgl K/P/Otte § 261 Rn 2; BMJ Erster Bericht der Kommission für Insolvenzrecht, Begr zu Leitsatz 2.3.3, S 209). Die Planläubiger erhalten durch die Überwachung die Möglichkeit, ihre Rechte zu wahren, im Wege der Zwangsvollstreckung nach § 257 oder durch Verfolgung wiederauflebender Forderungen nach §§ 255, 256 (vgl *Häsemeyer* Rn 28.56; FK-*Jaffé* § 261 Rn 33). Die Fortdauer der Überwachung wird hierdurch nicht berührt (FK-*Jaffé* § 261 Rn 36). Als weitergehende Option verbleibt den Gläubigern, ein **neues Insolvenzverfahren** zu beantragen mit der Folge, dass die Überwachung endet, wenn ein neuer Verwalter bestellt wird (vgl FK-*Jaffé* § 261 Rn 37).

II. Rechtsstellung des Insolvenzverwalters

1. Aufgaben des Insolvenzverwalters. Nach § 261 Abs 1 S 1 ist es Aufgabe des Insolvenzverwalters, **3** die **Erfüllung** des Plans **zu überwachen**. Diese Aufgabe beschränkt sich nach Abs 2 auf die Erfüllung der im **gestaltenden Teil** des Insolvenzplans geregelten Ansprüche der Gläubiger durch den Schuldner bzw im Falle von § 260 Abs 3 durch die Übernahmegesellschaft. Dementsprechend hat er nach § 261 Abs 2 dem Insolvenzausschuss und dem Gericht über den Stand der Erfüllung des Insolvenzplans zu berichten. Darüber hinaus hat er jedoch auch eine Einschätzung zu geben über die weiteren Aussichten der Erfüllung des Insolvenzplans. Damit erstreckt sich die Überwachungsaufgabe auch auf die **Prüfung der künftigen Erfüllbarkeit** der Gläubigeransprüche. Die Überwachung ist jedoch nicht angebracht, wo es nicht mehr um die Erfüllung der Gläubigeransprüche durch Schuldner bzw Übernahmegesellschaft geht. Der Insolvenzverwalter ist daher **nicht zur Überwachung der Geschäftsleitung** oder gar zum Eingriff in die Geschäftsführung berechtigt (ebenso *Braun/Frank* § 261 Rn 6 Fn 2); er hat auch nicht die unternehmensleitende Beratung des Schuldners zu übernehmen wie sie etwa dem Vergleichsverwalter als Sachwalter nach § 92 Abs 1 in Verbindung mit § 39 VglO oblag (vgl *Bley/Mohrbutter* § 39 Rn 4 ff).

2. Pflichten bei Überwachung. a) Kontrolle der Planerfüllung. Der Insolvenzverwalter ist zur **Kontrol- 4 le der plangerechten Erfüllung der Gläubigeransprüche** verpflichtet. Er hat hierzu in dem jeweils erforderlichen Umfang sämtliche ihm insoweit zustehenden **Befugnisse** auszuschöpfen. Die Kontrolltätigkeit des Insolvenzverwalters darf sich daher nicht auf die Entgegennahme einer **turnusmäßigen Berichterstattung** des Schuldners an den Insolvenzverwalter über die Erfüllungshandlungen beschränken. Vielmehr hat der Insolvenzverwalter deren **Vornahme selbst zu überprüfen**. Die **Intensität der Prüfungshandlungen** wird im Einzelfall durch die konkreten Umstände bestimmt, welche die mutmaßliche Gefährdung der verbliebenen Gläubigerforderungen verursachen. Hierzu zählen etwa die Verwendung des unbelasteten Vermögens, die wirtschaftliche Entwicklung des schuldnerischen Unternehmens und die Zuverlässigkeit des Schuldners. Als Richtschnur können die Sorgfaltsanforderungen, die an den vorläufigen Insolvenzverwalter gestellt werden, nur eingeschränkt herangezogen werden, da diesem gleichzeitig weiterreichende Befugnisse zustehen. Maßgeblich müssen daher die normativen Sorgfaltsanforderungen an ein **ordentliches und gewissenhaftes Überwachungsorgan** sein, die durch die Überwachungsfunktion und die gesetzlich eingeräumten Überwachungsbefugnisse bestimmt werden (vgl *Uhlenbruck*, in KS-InsO, S 239, 269, Rn 54).

b) Einschätzung der Planerfüllbarkeit. Der Insolvenzverwalter hat sich im Hinblick auf seine Be- **5** richtspflichten nach § 261 Abs 2 aber auch eine **hinreichend gesicherte Erkenntnis** über die **weiteren Aussichten der Erfüllung des Insolvenzplans**, dh der **Erfüllbarkeit der Planläubigeransprüche** zu verschaffen.

Hierzu hat der Insolvenzverwalter sich **zumindest jährlich**, aus gegebenem Anlass oder auf Anfrage- **6** rung des Gläubigerausschusses bzw des Gerichts gem. § 261 Abs 2 auch häufiger über die **wirtschaftliche Gesamtsituation** des Schuldners bzw der Übernahmegesellschaft zu unterrichten und entsprechende Auskünfte auf ihre Plausibilität zu überprüfen.

Da die Erfüllbarkeit der Planläubigeransprüche von der **Vermögenslage, der Finanzlage** und der Er- **7** tragslage des Schuldners bzw der Übernahmegesellschaft abhängig ist, wird regelmäßig die Prüfung anhand des testierten Jahresabschlusses allein nicht ausreichen, um ein zeitgerechtes und vollständiges Bild über die wirtschaftlichen Verhältnisse des Schuldners zu erlangen bzw zu erhalten. Vielmehr wird eine periodische oder auch permanente Fortschreibung der Bilanz, Gewinn- und Verlustrechnung und des Finanz- und Liquiditätsstatus mit einem Soll/-Ist-Vergleich zu den entsprechenden Planungen, die Grundlage des Insolvenzplans geworden sind, erforderlich sein (vgl K/P/*Otte* § 261 Rn 10; vgl auch *Braun/Uhlenbruck*, Muster eines Insolvenzplans, Anlagen A 12 ff). Periodizität und Dauer ist an den im Insolvenzplan festgelegten Modalitäten der Gläubigerbefriedigung auszurichten (vgl *Früh*, RWS-Forum 14, Insolvenzrecht 1998, S 101, 107).

8   Darüber hinaus wird es regelmäßig erforderlich sein, dass der Insolvenzverwalter sich von dem Schuldner bzw der Übernahmegesellschaft **weitere überwachungsrelevante Unterlagen** periodisch bzw aufgrund bestimmter Anlässe vorlegen lässt und diese vor Ort auf Plausibilität und Richtigkeit überprüft (hierzu *Frank*, Die Überwachung der Insolvenzplaneröffnung, Rn 85 ff). Als solche Unterlagen kommen die betriebswirtschaftlichen Auswertungen (möglichst monatlich), die Steuervoranmeldungen, insbesondere die Umsatzsteuererklärungen und die Jahressteuererklärungen, Listen über Stand und Entwicklung der Debitoren, der Kreditoren, des Auftragsbestands, der Zu- und Abgänge von Anlagevermögen, der Personalzu- und -abgänge und der Gewährleistungsfälle in Betracht (vgl auch FK-*Jaffé* § 262 Rn 12 ff). Soweit dies EDV-technisch möglich ist, sollten auch unternehmensbedeutsame Kennzahlen regelmäßig gemeldet und überprüft werden. Des Weiteren empfiehlt sich ein turnusmäßiges Vertragscontrolling, zumindest hinsichtlich der unternehmenswichtigen Verträge. Schließlich wird es häufig notwendig sein, dass der Insolvenzverwalter stichprobenmäßig Zahlungseingänge, Zahlungsausgänge und die Entwicklung der Bankverbindungen, insbesondere der Kontokorrentkonten, prüft (vgl auch FK-*Jaffé* § 262 Rn 16 f). Die entsprechenden Unterlagen hat der Insolvenzverwalter beim Schuldner bzw bei der Übernahmegesellschaft anzufordern und in dem erforderlichen Umfang zu prüfen.

9   **c) Keine Prüfung der Aussichten der Fortführung.** Die Aufgaben des Insolvenzverwalters enden jedoch dort, wo es materiell nur noch um Vorgänge geht, die für eine sachverständige **Prüfung der Fortführungsaussichten** des Schuldners bzw der Übernahmegesellschaften relevant sind. Solches kann zwar gem § 22 Abs 1 Nr 2 Aufgabe des vorläufigen Insolvenzverwalters sein; hierauf verweist jedoch § 261 Abs 1 Satz 3 mit Recht nicht. Es besteht keine Verpflichtung des Insolvenzverwalters, Planmaßnahmen zu prüfen, die sich nicht auf die Erfüllbarkeit der Plangläubigeransprüche auswirken. Aufgrund des eindeutigen Wortlauts von § 260 Abs 2 ist die Formulierung „Erfüllung des Insolvenzplans" im Sinne von § 261 Abs 2 mithin restriktiv auszulegen.

10 **d) Auskunftserteilung.** Der Insolvenzverwalter ist gem § 261 Abs 2 zur **Auskunftserteilung und Berichterstattung** gegenüber **dem Gläubigerausschuss** und **dem Insolvenzgericht** verpflichtet. Diese hat regelmäßig aus Dokumentationsgründen **schriftlich** zu erfolgen (wohl auch K/P/*Otte* § 261 Rn 10). Daneben wird häufig **in mündlicher** Form eine **Vorabinformation**, eine **ergänzende Erläuterung der Berichte** und eine **Beantwortung** von Anfragen einzelner Mitglieder des Gläubigerausschusses oder des Insolvenzgerichts erforderlich bzw sinnvoll sein. Maßgeblich ist letztlich das legitime Informationsbedürfnis der Adressaten. Die Auskunftspflicht richtet sich ausschließlich gegen den Insolvenzverwalter; die Verweisung in § 261 Abs 1 S 3 auf § 22 Abs 3 steht dem nicht entgegen (ebenso *Braun/ Frank* § 261 Rn 7). Der Insolvenzverwalter hat seinen Bericht **unaufgefordert jährlich** zu erstellen (vgl FK-*Jaffé* § 261 Rn 30; BerlKo-*Breutigam* § 261 Rn 12). Dagegen hat der Insolvenzverwalter **unterjährige Zwischenberichte** nur **auf Anforderung** des Gläubigerausschusses **oder** des Insolvenzgerichts vorzulegen. Darüber hinaus ist der Insolvenzverwalter ihnen gegenüber **jederzeit** zur **Einzelauskunft** verpflichtet; hieraus resultiert jedoch keine Verpflichtung des Insolvenzverwalters, jederzeit die unmittelbar zeitgerechte und vollständige Kenntnis über die wirtschaftliche Situation des Schuldners bzw der Übernahmegesellschaft zu besitzen; insoweit muss bei Einzelanfragen dem Insolvenzverwalter die Möglichkeit gegeben sein, innerhalb **zumutbarer Frist** in dem gebotenen Umfang Stellung zu nehmen; insoweit empfiehlt sich eine konkrete Regelung im Insolvenzplan (vgl FK-*Jaffé* § 261 Rn 32).

11 **e) Sonstige Pflichten.** Gem § 262 trifft den Insolvenzverwalter eine **unverzügliche Anzeigepflicht** gegenüber dem Gläubigerausschuss bzw stattdessen gegenüber den plananspruchsberechtigten Gläubigern sowie gegenüber dem Insolvenzgericht über **Nichterfüllung** oder **Erfüllungsgefährdung** der Plangläubigeransprüche.

12 Außerdem umfasst die Überwachungsaufgabe des Insolvenzverwalters bei entsprechender Anordnung im Insolvenzplan gem § 263 auch die Zuständigkeit darüber, über die Zustimmung und damit die Wirksamkeit von **zustimmungsbedürftigen Geschäften**, die der Schuldner oder die Übernahmegesellschaft vorzunehmen beabsichtigt oder unzulässigerweise vorgenommen hat, zu entscheiden.

13 Schließlich erstreckt sich die Überwachungsaufgabe gem § 264 Abs 2 darauf, mit den Neugläubigern, die Kredite im Rahmen des Kreditrahmens gem § 264 Abs 1 gewähren, den **Nachrang** ihrer Kredite gem § 265 zu vereinbaren, dh diese schriftlich zu **bestätigen**.

14 **3. Befugnisse. a) Grundsätzliches.** Das **Instrumentarium** des Insolvenzverwalters zur Durchführung der Überwachung wird gem § 261 Abs 1 Satz 3 auf die Kontrollrechte beschränkt, die dem vorläufigen

II. Rechtsstellung des Insolvenzverwalters § 261

Insolvenzverwalter gem § 22 Abs 3 zustehen (vgl zu den Pflichten und Befugnissen des vorläufigen Insolvenzverwalters ausführlich *Uhlenbruck*, in KS-InsO, S 325 ff). Hiermit korrelieren entsprechende Auskunfts- und Mitwirkungspflichten des Schuldners gem § 97 sowie der organschaftlichen Vertreter und der Angestellten des Schuldnerunternehmens gem § 101. **Eingriffs- und Zwangsrechte** stehen dem überwachenden Insolvenzverwalter demgegenüber nicht zu. Hierzu ist aber das **Insolvenzgericht** gem § 98 berechtigt. Eine solche gerichtliche Zwangseinwirkung gegenüber dem Schuldner bzw der Übernahmegesellschaft kann der Insolvenzverwalter jederzeit durch entsprechenden Antrag beim Insolvenzgericht initiieren; im Hinblick darauf werden die Befugnisse des Insolvenzverwalters mit der plakativen Formel der „beobachtenden Kontrolle" (vgl K/P/*Otte* § 261 Rn 8; FK-*Jaffé* § 261 Rn 30) nur unzureichend wiedergegeben. Im Ergebnis entsprechen die Befugnisse weitgehend denen des mit der Sachwalterüberwachung beauftragten Vergleichsverwalters gem §§ 92, 40 Abs 1 Vgl O (vgl *Bork*, in Leipold, Insolvenzrecht im Umbruch, S 51, 60). Die **Beschränkung der Befugnisse** des Insolvenzverwalters ist die Konsequenz der Entscheidung des Gesetzgebers, dem Schuldner mit der Aufhebung des Insolvenzverfahrens die Verfügungs- und Verwaltungsbefugnis über sein Vermögen zurückzugeben (BMJ, 1. Bericht der Kommission für Insolvenzrecht, Begr zu LS 2.3.2 und 2.3.3, S 208 ff). Dies mag aus Sicht der Verwalterpraxis unbefriedigend erscheinen (vgl FK-*Jaffé* § 261 Rn 24 f); andererseits ist anzuerkennen, dass die Geschäftsführung des aus der Insolvenz hervorgehenden, neu strukturierten Unternehmens gerade keine spezifische Verwaltertätigkeit darstellt, sondern von dem unternehmerischen Impetus des Schuldners zu tragen ist.

b) Einzelne Befugnisse des Insolvenzverwalters. Die dem verbleibenden Insolvenzverwalter zukommenden Befugnisse ergeben sich einmal aus der Verweisung in § 261 Abs 1 S 3 auf § 22 Abs 3, zum anderen aus der gesetzlichen Aufgabenstellung der Überwachung und der Berichts- und Anzeigepflichten des Insolvenzverwalters nach §§ 261 Abs 2, 262. Danach stehen dem Insolvenzverwalter im Rahmen seiner Überwachungsaufgabe im Wesentlichen das **Recht auf Auskunft** gegenüber dem Schuldner (Übernahmegesellschaft) zu, ein **Recht zur Einsicht in die Unterlagen** der Gesellschaft (Prüfungsrecht) und das Recht, zur Durchsetzung dieser Rechte die **Räume des Schuldners** bzw der Übernahmegesellschaft **zu betreten**. Diesen Befugnissen des Insolvenzverwalters entsprechen die **Verpflichtungen des Schuldners** bzw der **Übernahmegesellschaft**: Durch die Verweisung in § 22 Abs 3 S 3 auf die Anwendbarkeit der §§ 97, 98, 101 Abs 1, 2 wirken die Auskunfts- und Mitwirkungspflichten des Schuldners bzw der Übernahmegesellschaft insoweit fort, insbesondere auch mit der Möglichkeit der Durchsetzung nach § 98. Es dürfte keinem Zweifel unterliegen, dass sich aus der Verweisungskette der §§ 261 Abs 1 S 3, 22 Abs 3, 97, 98, 101 nicht nur die Befugnisse des Insolvenzverwalters gegen den **Schuldner**, sondern in gleicher Weise auch gegen die **Übernahmegesellschaft** ergeben, die insoweit den gleichen Verpflichtungen nach §§ 97, 98, 101 unterliegt wie der Schuldner selbst.

Die Befugnisse des Insolvenzverwalters, vom Schuldner bzw von der Übernahmegesellschaft **Auskünfte zu verlangen**, **Einsichtsrechte auszuüben** und **eigene Nachforschungen in den Geschäftsräumen** des Schuldners bzw der Übernahmegesellschaft anzustellen, um die für ihn erforderlichen Erkenntnisse zu gewinnen, sind durch seinen beschränkten Aufgabenkreis nicht betroffen; denn wenn die jährliche Berichterstattung nach § 261 Abs 2 aussagekräftig und die Anzeige nach § 262 frühzeitig und effizient sein sollen, dann muss dem Insolvenzverwalter zu jeder Zeit seiner Überwachung die wirtschaftliche Entwicklung des schuldnerischen Unternehmens (Übernahmegesellschaft) transparent sein bzw werden können. Nur wenn der Insolvenzverwalter **jederzeit** die erforderlichen Auskünfte einholen, Unterlagen einsehen und Nachforschungen anstellen kann, wird er in der Lage sein, seinen Aufgaben gerecht zu werden. Dies bedeutet jedoch nicht, dass der Insolvenzverwalter während der Überwachungsphase beim Schuldner (Übernahmegesellschaft) ständig präsent sein müsse. Es genügt durchaus, dass der Insolvenzverwalter während des laufenden Geschäftsjahres in regelmäßigen Abständen, etwa monatlich, die wesentlichen Kennzahlen des restrukturierten Unternehmens erhält und den normalen Gang der Dinge verfolgt. Andererseits muss der Insolvenzverwalter jederzeit in der Lage sein, aus konkretem Anlass, sei es wegen Anfragen des Insolvenzgerichts oder des Gläubigerausschusses (§ 261 Abs 2 S 2), sei es aufgrund sonstigen Anstoßes, sich über die wirtschaftlichen Verhältnisse des schuldnerischen Unternehmens umfassend ins Bild zu setzen.

c) Grenzen der Befugnisse. Die Grenzen der Befugnisse des Insolvenzverwalters werden durch seine **Aufgabenstellung** vorgegeben: Da ihm selbst keine Verfügungs- und Verpflichtungsberechtigung mehr zukommt und er nur noch über den **Vorbehalt zustimmungsbedürftiger Geschäfte** nach § 263 Einfluss nehmen kann auf die aktuelle Geschäftsführung, beschränken sich seine Befugnisse auf das Erforderliche, seiner Berichts- und Anzeigepflichten gerecht zu werden. So kommt dem Insolvenzverwalter im Rahmen seines Rechts auf Auskunft nicht das Recht zu, vom Schuldner vorher über die Absicht bestimmter Geschäftsabschlüsse informiert zu werden, wenn ihm kein Zustimmungsvorbehalt nach § 263 zusteht. Das **Recht der Einsicht** in die Geschäftsunterlagen wird durch den Zweck begrenzt, die Erfüllbarkeit des Insolvenzplans zu prüfen, nicht jedoch die Zweckmäßigkeit der Geschäftsführung. Das **Recht zum Betreten der Geschäftsräume** umfasst kein Recht zur Inbesitznahme von Gegenständen, auch wenn sie nach Auffassung des Insolvenzverwalters gefährdet erscheinen. Das **Recht zum Betreten der Geschäftsräume** des Schuldners bzw der Übernahmegesellschaft ist nicht gleichbedeutend mit dem

Recht, die Wohnräume des Schuldners zu betreten, selbst wenn sich dort geschäftliche Unterlagen des schuldnerischen Unternehmens befinden sollten; denn der Zugang zu den Wohnräumen des Schuldners erfordert eine gerichtliche Anordnung (zutr *Smid* § 22 Rn 53; vgl hierzu auch *Uhlenbruck*, in KS-InsO, S 325 Rn 14 Fn 97 unter Berufung auf **LG** Duisburg 2. 4. 1991, ZIP 1991, 674 f). Im Übrigen hat der Schuldner dem Insolvenzverwalter auch Tatsachen zu offenbaren, die geeignet sind, eine Verfolgung wegen einer Straftat oder einer Ordnungswidrigkeit herbeizuführen, wie sich aus § 97 Abs 1 S 2 ergibt, ebenso wie das Verwertungsverbot nach § 97 Abs 1 S 3, mit dem den Maßstäben des Verfassungsrechts genügt wird, wie sie zum früheren Recht entwickelt worden sind (vgl **BVerfG** 13. 1. 1981, BVerfGE 56, 37, 41 ff; hierzu *Häsemeyer* Rn 6.25; *Stürner* NJW 1981, 1757 ff; *Uhlenbruck*, in KS-InsO, S 325, Rn 14).

18   **4. Haftung des Insolvenzverwalters.** Verletzt der Insolvenzverwalter die ihm im Rahmen der Überwachung obliegenden Pflichten, so ist er nach § 60 gegenüber den **geschädigten Gläubigern schadensersatzpflichtig** (ebenso BerlKo-*Breutigam* § 261 Rn 12; *Häsemeyer* Rn 28.56). Die Anwendbarkeit von § 60 folgt zwangsläufig aus der Formulierung von § 261 Abs 1 S 1, wonach das Amt des Insolvenzverwalters im Rahmen der Überwachung fortgilt; die Verletzung der ihm obliegenden Pflichten ist daher in diesem Stadium des Verfahrens nicht anders zu sehen als während des Hauptverfahrens (*Braun*/Frank § 261 Rn 10; vgl K/P/*Otte* § 261 Rn 7; sa *Smid*, in KS-InsO, S 453 ff).

III. Gläubigerausschuss

19   Nach § 62 Abs 1 S 2 gilt nicht nur das Amt des Verwalters fort, damit er seiner Überwachungsaufgabe gerecht werden kann; vielmehr bleiben auch die **Ämter der Mitglieder des Gläubigerausschusses** erhalten ebenso wie die **Aufsicht des Insolvenzgerichts**. Was dies für die Aufgabenstellung des Gläubigerausschusses bedeutet, ist der InsO nur im Wege des Rückschlusses zu entnehmen. Immerhin wird man aus § 261 Abs 2 zu schließen haben, dass es dem Gläubigerausschuss obliegt, den Insolvenzverwalter zur Einhaltung seiner Berichtspflicht anzuhalten. Ebenso ergibt sich aus der Vorschrift, dass der Gläubigerausschuss gegenüber dem Insolvenzverwalter das Recht hat, jederzeit Auskünfte oder Zwischenberichte zu verlangen. Unter welchen Bedingungen der Gläubigerausschuss hierzu verpflichtet ist, sagt das Gesetz nicht. Mit Sicherheit wird man jedoch annehmen können, dass es eines besonderen Anlasses (Nachrichten, Bekanntwerden unternehmensbezogener Ereignisse) bedarf, damit der Gläubigerausschuss verpflichtet sein könnte, den Insolvenzverwalter von sich aus zu Zwischenberichten zu veranlassen. Im Übrigen entfallen fast alle wichtigen Aufgaben, die dem Insolvenzausschuss während des Hauptverfahrens zukommen, etwa die Veranlassung von Kassenprüfungen, die Genehmigung wirtschaftlich bedeutsamer Geschäfte des Insolvenzverwalters oder die Mitwirkung bei der Verteilung der Verwertungserlöse. Da dem Gläubigerausschuss im Übrigen allenfalls noch das Recht auf Unterrichtung durch den Verwalter (§ 69 S 2) und den Insolvenzschuldner (§ 97) zukommt, ist seine **Rechtsstellung eher formaler Natur**, dessen Einsetzung es entgegen der Einschätzung des Gesetzgebers in dieser Form wohl nicht bedurfte (vgl Begr zu § 308 RegE, abgedr bei *Balz/Landfermann* S 381).

§ 262 Anzeigepflicht des Insolvenzverwalters

¹Stellt der Insolvenzverwalter fest, daß Ansprüche, deren Erfüllung überwacht wird, nicht erfüllt werden oder nicht erfüllt werden können, so hat er dies unverzüglich dem Gläubigerausschuß und dem Insolvenzgericht anzuzeigen. ²Ist ein Gläubigerausschuß nicht bestellt, so hat der Verwalter an dessen Stelle alle Gläubiger zu unterrichten, denen nach dem gestaltenden Teil des Insolvenzplans Ansprüche gegen den Schuldner oder die Übernahmegesellschaft zustehen.

I. Normzweck

1   Die Vorschrift von § 262 ist in unmittelbarem Zusammenhang mit den vorangehenden Vorschriften zu sehen, indem sie dem mit der Überwachung des Planverfahrens beauftragten Insolvenzverwalter eine **besondere Anzeigepflicht** auferlegt. Hat der Insolvenzverwalter nach § 261 Abs 2 nur einen jährlichen Bericht zu erstatten, so muss er die Anzeige nach § 262 S 1 jederzeit erstatten, wenn es die Umstände gebieten. Bei der Anzeigepflicht des Insolvenzverwalters nach § 262 handelt es sich mithin um eine **latente Last des Insolvenzverwalters**, die auch unterjährig, dh jederzeit bei Vorliegen der Voraussetzungen, zu erbringen ist. Nur auf diese Weise lässt sich dem Schutz der Gläubiger gerecht werden, die ohne die Warnung des Insolvenzverwalters möglicherweise keinen Anlass hätten, von den ihnen zustehenden Rechten Gebrauch zu machen. § 262 dient mithin ganz vorrangig dem Schutz der Planglläubiger (ebenso K/P/*Otte* § 262 Rn 2 f; HK-*Flessner* § 262 Rn 1; *Smid/Rattunde* § 262 Rn 1).

II. Adressaten der Anzeigepflicht

2   **Adressaten** der Anzeigepflicht des Insolvenzverwalters sind stets das **Insolvenzgericht** und die **Gläubiger**. Besteht ein **Gläubigerausschuss**, so hat der Insolvenzverwalter ihm die Anzeige nach § 262 zu er-

IV. Rechtsfolgen der Anzeige **§ 262**

statten; fehlt ein Gläubigerausschuss, so hat der Verwalter an dessen Stelle **alle Gläubiger** zu unterrichten, denen nach dem gestaltenden Teil des Insolvenzplans Ansprüche gegen den Schuldner oder die Übernahmegesellschaft zustehen, wie § 262 S 2 ausdrücklich regelt. Die gleichartige Information aller Planläubiger soll sicherstellen, dass jeder für sich selbst entscheiden kann, was zur bestmöglichen Wahrung seiner eigenen Interessen geboten ist. Keiner der Adressaten der Anzeige des Insolvenzverwalters ist nach Erhalt der Anzeige zu einem bestimmten Verhalten genötigt; jeder Planläubiger kann jedoch prüfen, ob es zur Wahrung seiner eigenen Interessen nützlich sein kann, von bestimmten gesetzlichen Rechten Gebrauch zu machen, etwa ein erneutes Insolvenzverfahren einzuleiten, das Wiederaufleben seiner Planforderung nach § 255 zu reklamieren oder die Zwangsvollstreckung nach § 257 zu betreiben (vgl auch K/P/*Otte* § 262 Rn 10). Da das Gesetz auch dem Insolvenzgericht nicht aufgibt, bei Erhalt einer Anzeige nach § 262 tätig zu werden (HK-*Flessner* § 262 Rn 2; *Smid/Rattunde* § 262 Rn 3), erschöpft sich die Anzeige des Insolvenzverwalters darin, dass die Planläubiger bei Störungen oder drohenden Störungen der Planerfüllung zeitgerecht informiert werden.

III. Gegenstand der Anzeigepflicht

Gegenstand der Anzeigepflicht des Insolvenzverwalters an das Insolvenzgericht und die Gläubiger 3 (Gläubigerausschuss) ist zweierlei: **Einmal** geht es um die Feststellung, dass **Ansprüche**, deren Erfüllung überwacht wird, **nicht erfüllt werden.** Nach allgemeinem Verständnis bedeutet dies, dass der Insolvenzverwalter die Anzeige schon dann erstatten muss, wenn einzelne Forderungen der Planläubiger nicht rechtzeitig, dh bei Fälligkeit nicht erfüllt werden (N/R/*Braun* § 262 Rn 2; wohl auch K/P/*Otte* § 262 Rn 6). **Zum anderen** hat der Insolvenzverwalter jedoch auch anzuzeigen, dass nach seiner Feststellung bestimmte Ansprüche von Planläubigern **künftig** nicht erfüllt werden können. Im Sinne einer **Warnung an die Gläubiger** hat der Insolvenzverwalter mithin auf Grund seiner tatsächlichen Feststellungen und sachgerechten Beurteilung eine Einschätzung dahingehend vorzunehmen, dass künftig die Ansprüche der Planläubiger gefährdet sein werden. Diese Einschätzung „prognostischer Überwachung" (HK-*Flessner* § 262 Rn 1) erfordert ganz selbstverständlich, dass sich der Insolvenzverwalter mit den Möglichkeiten, die ihm nach § 261 zukommen, über die Ertrags- und Liquiditätslage des restrukturierten Unternehmens laufend befasst und sie kritisch verfolgt. Mit Recht wird darauf hingewiesen, dass von einer solchen Einschätzung **nur mit Vorsicht** Gebrauch gemacht werden sollte (N/R/*Braun* § 262 Rn 2; K/P/*Otte* § 262 Rn 7). Nicht jede Unsicherheit über die Ertragskraft des Unternehmens oder die Wiedergewinnung wirtschaftlicher Kraft rechtfertigen eine Anzeige nach § 262; vielmehr muss der Insolvenzverwalter **nach sorgfältiger Prüfung** mit **hinreichender Zuverlässigkeit** zu dem Schluss kommen, dass der Schuldner (Übernahmegesellschaft) nicht in der Lage sein wird, die Planansprüche zu erfüllen (ebenso K/P/*Otte* § 262 Rn 7). Gerade weil eine Anzeige nach § 262 das Ende der Restrukturierungs- und Sanierungsbemühungen des Schuldners (Übernahmegesellschaft) bedeuten kann, wenn einzelne Gläubiger oder Geschäftspartner nicht mehr „bei der Stange bleiben", muss dem Insolvenzverwalter das Recht eingeräumt werden, so lange sorgfältig zu prüfen, bis er zu einer abschließenden Beurteilung gekommen ist. Leichtfertig erklärte oder ängstlich bestimmten Anzeigen nach § 262 können den Gläubigern eher Schaden zufügen als Nutzen bringen.

Das Gesetz gibt dem Insolvenzverwalter auf, seine Anzeige **unverzüglich** zu erstatten. Aus den vorstehenden Überlegungen ergibt sich zwangsläufig, dass die Unverzüglichkeit seines Handelns dadurch bestimmt wird, dass er **erst dann** zur Anzeige verpflichtet ist, wenn seine **Feststellungen klar und eindeutig** sind, und zwar hinsichtlich der nicht rechtzeitig erfüllten Verbindlichkeiten oder des zu erwartenden Unvermögens ordnungsmäßiger Erfüllung. Unverzüglich heißt aber auch, dass der Insolvenzverwalter nicht nur aus Anlass seiner Berichtspflicht nach § 261 Abs 2, sondern laufend von den Vorgängen des schuldnerischen Unternehmens Kenntnis nimmt, einzelne Vorgänge prüft und die Entwicklung insgesamt aktiv verfolgt (vgl hierzu im Einzelnen FK-*Jaffé* § 262 Rn 12 ff). Im Interesse der Planläubiger muss es darauf ankommen, dass die Anzeige des Insolvenzverwalters nach § 262 hinsichtlich der tatsächlichen Feststellungen **zuverlässig** und in der Prognose wohl **fundiert** ist; nur unter diesen Voraussetzungen erfüllt die Anzeige die **Warnfunktion** zugunsten der Gläubiger, wie sie der Gesetzgeber anstrebt (vgl Begründung zu § 309 RegE, abgedr bei *Balz/Landfermann* S 381).

IV. Rechtsfolgen der Anzeige

Die InsO schweigt zu den Folgen der rechtzeitigen Anzeige nach § 262: es genügt der Intention des Ge- 5 setzgebers, dass das **Insolvenzgericht** und die **Gläubiger** über die eingetretenen oder mutmaßlichen Störungen der Planerfüllung **informiert** sind. Das Insolvenzgericht selbst hat keine Handhabe, aufgrund einer solchen Anzeige selbst ein neues Insolvenzverfahren in Gang zu bringen, wie dies ursprünglich von der Reformkommission vorgeschlagen worden war (vgl *Smid/Rattunde* § 262 Rn 2; HK-*Flessner* § 262 Rn 2). Es bleibt allein den **Gläubigern überlassen**, auf Grund der Anzeige nach § 262 darüber zu entscheiden, wie sie, entweder jeder einzeln oder gemeinsam, weiter vorgehen wollen (*Braun/Frank* § 262 Rn 5; MüKoInsO-*Stephan* § 262 Rn 9, 10). Sie haben mithin die Möglichkeit zu wählen, die **Zwangsvollstreckung** aus dem Plan zu betreiben nach § 257 oder das **Wiederaufleben** ihrer Planforderungen nach

§ 255 zu reklamieren oder einen **Antrag auf Eröffnung** eines erneuten Insolvenzverfahrens nach §§ 11, 13 zu stellen (s oben Rn 2). Daneben bleibt jedoch stets die Möglichkeit offen, im **Einvernehmen** zwischen Schuldner und Gläubigern eine **einverständliche Regelung** herbeizuführen.

V. Rechtsfolgen unterlassener Anzeige

6   Eine unterlassene oder nicht unverzüglich erstattete Anzeige nach § 262 birgt **allein** für den **Insolvenzverwalter** nachteilige Folgen: Verstößt er gegen die Anzeigepflicht nach § 62, so droht ihm nach § 60 die **Haftung gegenüber den Gläubigern** zum Ersatz des Schadens, der ihnen aufgrund der unterlassenen oder verspäteten Anzeige erwachsen ist. Die Praxis sollte die Risiken solcher Haftung nicht unterschätzen; denn der Insolvenzverwalter kann unter den prekären Umständen von Restrukturierung und Sanierung ganz schnell in die Not geraten, nicht rechtzeitig die Nichterfüllung oder Nichterfüllbarkeit von Plangläubigerforderungen angezeigt zu haben (vgl HK-*Jaffé* § 262 Rn 19 ff). Um den Gefahren solcher Haftung **entgegenzuwirken**, wird mit Recht vorgeschlagen, die Informations- und Prüfungspflichten des Insolvenzverwalters, der die Überwachung übernimmt, im Plan konkret festzuschreiben (FK-*Jaffé* § 262 Rn 21). Ebenso ist zu empfehlen, dass der die Überwachung ausübende Insolvenzverwalter die aktuelle Tätigkeit seiner Überwachung, die Dokumente seiner Information und die Mittel seiner regelmäßigen Unterrichtung sorgfältig ordnet und aufbewahrt, um später jederzeit in der Lage zu sein, seinen jeweiligen Informations-, Prüfungs- und Erkenntnisstand dokumentieren zu können.

§ 263 Zustimmungsbedürftige Geschäfte

¹Im gestaltenden Teil des Insolvenzplans kann vorgesehen werden, daß bestimmte Rechtsgeschäfte des Schuldners oder der Übernahmegesellschaft während der Zeit der Überwachung nur wirksam sind, wenn der Insolvenzverwalter ihnen zustimmt. ²§ 81 Abs. 1 und § 82 gelten entsprechend.

I. Normzweck

1   Mit der rechtskräftigen Bestätigung des Plans (§ 248) und der sich daran anschließenden Aufhebung des Verfahrens (§ 258) erhält der Schuldner nach § 259 Abs 1 S 1 das Recht zurück, über die bisherige Insolvenzmasse frei zu verfügen. Der Schuldner (oder die Übernahmegesellschaft) wäre daher grundsätzlich in der Lage, entgegen den Interessen der Gläubiger den Plan durch den Abschluss besonders risikoreicher Rechtsgeschäfte seiner wirtschaftlichen Grundlage zu entziehen. Um solcher **Gefährdung entgegenzuwirken**, sieht § 263 die Möglichkeit vor, bestimmte Rechtsgeschäfte des Schuldners oder der Übernahmegesellschaft während der Zeit der Überwachung von der Zustimmung des Insolvenzverwalters abhängig zu machen (N/R/*Braun* § 262 Rn 1).

II. Zustimmungsvorbehalt

2   Nach der gesetzlichen Regelung sind **bestimmte Rechtsgeschäfte** des Schuldners oder der Übernahmegesellschaft während der Zeit der Überwachung nur wirksam, wenn der **Insolvenzverwalter** ihnen **zustimmt**. Welche Rechtsgeschäfte dies sind, ergibt sich aus dem **gestaltenden Teil** des Insolvenzplans. Sieht er keine Zustimmungsvorbehalte vor, so gilt die allgemeine Regel aus § 259 Abs 1 S 2: Der Schuldner besitzt das Recht, über die Insolvenzmasse frei zu verfügen, was heißt, dass er sich zulasten der Insolvenzmasse entsprechend verpflichten kann. Aus dem Wortlaut „bestimmte Rechtsgeschäfte" ist abzuleiten, dass der Zustimmungsvorbehalt nur dann wirksam ist, wenn der Insolvenzplan die betroffenen Rechtsgeschäfte **hinreichend eindeutig spezifiziert**. Im Umkehrschluss ergibt sich, dass der Zustimmungsvorbehalt unwirksam ist, wenn er sich ganz allgemein auf alle Rechtsgeschäfte des Schuldners oder der Übernahmegesellschaft beziehen soll, weil dies mit § 259 Abs 1 S 2 unvereinbar wäre (*Braun/Frank* § 263 Rn 2; MüKoInsO-*Stephan* § 263 Rn 2, 6). In Wirklichkeit würde eine solche Gestaltung letztlich die Verfügungs- und Verpflichtungsmacht des Insolvenzverwalters weiter vorbehalten, was der Zielsetzung des Gesetzes offenbar widerspräche (im Ergebnis ebenso FK-*Jaffé* § 264 Rn 11; N/R/*Braun* § 264 Rn 2). Der Gesetzgeber hat die Vorschrift im Hinblick darauf eingeführt, dass der Schuldner (Übernahmegesellschaft) dort einer gewissen **Kontrolle** unterliegt, wo es um **wirtschaftlich bedeutende** oder **risikoreiche Rechtsgeschäfte** geht (vgl Begr zu § 310 RegE, abgedr bei *Balz/Landfermann* S 382; ebenso HK-*Flessner* § 263 Rn 2). Es begegnet mit Recht keinen Bedenken, die Bestimmung im Insolvenzplan in Anlehnung an §§ 160 ff vorzunehmen (N/R/*Braun* § 263 Rn 2). Die Tatsache, dass der Zustimmungsvorbehalt nur für **Rechtsgeschäfte** gelten soll, verweist auf die allgemeine Begrifflichkeit nach dem BGB; faktisches Handeln des Schuldners bzw der Übernahmegesellschaft ebenso wie die Begründung gesetzlicher Schuldverhältnisse ist von der Zustimmung des Insolvenzverwalters unabhängig und im Insolvenzplan auch nicht anders regelungsfähig. So könnte etwa der Schuldner (oder die Übernahmegesellschaft) im Wege der Geschäftsführung ohne Auftrag Ansprüche zulasten der Masse begründen, auf deren Entstehung der Insolvenzverwalter während des Überwachungszeitraums keinen Einfluss nehmen kann.

III. Zustimmung des Insolvenzverwalters

Die Wirksamkeit der bezeichneten Rechtsgeschäfte ist nach § 263 an die **Zustimmung** des Insolvenzverwalters geknüpft. Was die Zustimmung erfordert, ist nach den allgemeinen Regeln des **BGB** (§§ 182 ff BGB) zu beurteilen (ebenso HK-*Flessner* § 263 Rn 4). Sie kann mithin im Vorhinein als **Einwilligung** (§ 183 S 1 BGB) oder im Nachhinein als **Genehmigung** (§ 184 Abs 1 BGB) erteilt werden. Nach § 182 Abs 2 BGB bedarf die Zustimmung des Insolvenzverwalters **nicht** der für das Rechtsgeschäft vorgeschriebenen **Form**. Dies ist auch dann anzunehmen, wenn der Formvorschrift für das Rechtsgeschäft **Warnfunktion** zuzumessen ist; denn für die zu § 167 Abs 2 BGB entwickelten Grundsätze im Bereich der Vollmacht (vgl hierzu Soergel/*Leptien* § 167 Rn 11) ist hier kein Raum. Vielmehr ist mit der heute herrschenden Auffassung anzunehmen, dass der Zustimmungsvorbehalt nur dort formgebunden ist, wo das Gesetz dies ausdrücklich vorsieht (vgl MüKoInsO-*Schramm* § 182 Rn 15 f; Soergel/*Leptien* § 182 Rn 4 jeweils mit Nachweisen). Da 263 für die Zustimmung des Insolvenzverwalters **keine Form** ausdrücklich vorschreibt, bleibt es mithin bei dem Grundsatz aus § 182 Abs 2 BGB (ebenso *Frank*, Die Überwachung der Insolvenzplanerfüllung, Rn 220).

IV. Rechtsfolgen

1. Erteilte Zustimmung. Hat der Insolvenzverwalter die ihm vorbehaltene Zustimmung erteilt, so wird das im Übrigen vom Schuldner (Übernahmegesellschaft) wirksam abgeschlossene Geschäft in vollem Umfang wirksam. Für den Fall der **Einwilligung** geschieht dies mit Vertragsabschluss; erteilt der Insolvenzverwalter seine **Genehmigung** im Nachhinein, so werden Verfügungs- und Verpflichtungsgeschäfte rückwirkend geltend, nach § 184 Abs 1 BGB nämlich im Zeitpunkt der Vornahme des Rechtsgeschäfts. Sind mithin die übrigen Wirksamkeitsvoraussetzungen gegeben, so verhilft die Zustimmung des Insolvenzverwalters dem betreffenden Rechtsgeschäft zu seiner **vollen Wirksamkeit**.

2. Fehlende Zustimmung. Rechtsgeschäfte des Schuldners (Übernahmegesellschaft) sind unwirksam, wenn die Zustimmung des Insolvenzverwalters fehlt, obwohl sie nach dem gestaltenden Teil des Insolvenzplans erforderlich ist. Ist ein **zweiseitiges Rechtsgeschäft** ohne Einwilligung des Insolvenzverwalters abgeschlossen worden, so ist es so lange **schwebend unwirksam**, bis sich der Insolvenzverwalter erklärt; erteilt er auf Ersuchen des Schuldners (Übernahmegesellschaft) die Genehmigung nicht oder lehnt er ihre Erteilung ausdrücklich ab, so wird das Geschäft endgültig, also **absolut unwirksam** (ebenso *Fischer*, Die unternehmerischen Mitwirkungsrechte der Gläubiger in der Überwachungsphase des Insolvenzplans, Rn 350). Dies ergibt sich nicht zuletzt aus der Verweisung auf §§ 81 Abs 1, 82, wo die frühere Einschränkung der Reichweite der Unwirksamkeit „den Konkursgläubigern gegenüber" (vgl § 7 Abs 1 KO) nicht mehr enthalten ist (ebenso FK-*Jaffé* § 263 Rn 15; HK-*Flessner* § 263 Rn 4; *Häsemeyer* Rn 28.59).

Einseitige Rechtsgeschäfte des Schuldners (Übernahmegesellschaft) hingegen sind **stets absolut unwirksam**, wenn sie ohne Einwilligung des Insolvenzverwalters erfolgen. Denn die Möglichkeit der Genehmigung entfällt in diesen Fällen, da nach herrschender Auffassung insbesondere bei einseitigen Verfügungsgeschäften der Schwebezustand, der durch die schwebende Unwirksamkeit verursacht werden würde, im Hinblick auf die erforderliche Rechtssicherheit nicht hinnehmbar erscheint (vgl **BGH** 29. 5. 1991, BGHZ 114, 360, 366; **RG** 17. 1. 1935, RGZ 146, 314, 316; *Staudinger/Gursky* [1995] § 185 Rn 6). Soweit teilweise der Versuch unternommen wird, eine Genehmigungsfähigkeit auch einseitiger Verfügungen im Hinblick auf die Zumutbarkeit für die Adressaten herzustellen (vgl MüKoInsO-*Schramm* § 185 Rn 19; Soergel/*Lepin* § 185 Rn 4), ist dies hier nicht weiter zu verfolgen. Mit Sicherheit ist jedoch in allen Fällen die Genehmigungsfähigkeit ausgeschlossen, wenn der Adressat der ohne Einwilligung des Insolvenzverwalters erklärten Verfügung des Schuldners (Übernahmegesellschaft) widerspricht bzw sie zurückweist, ehe die Genehmigung erteilt ist.

3. Verkehrsschutz. Mit der Verweisung auf §§ 81 Abs 1, 82 wird im Interesse des Verkehrsschutzes auch bei Fehlen der erforderlichen Zustimmung des Insolvenzverwalters ein **gutgläubiger Erwerb** in gewissem Umfang zugelassen. Dabei geht es um den Anwendungsbereich von § 81 Abs 1 S 2, der den gutgläubigen Erwerb von Grundstücksrechten nach 892, 893 BGB zulässt, und die §§ 16, 17 des Gesetzes über Rechte an eingetragenen Schiffen und Schiffsbauwerken und §§ 16, 17 des Gesetzes über Rechte an Luftfahrzeugen anführt. Enthält mithin der Insolvenzplan abweichend von § 259 Abs 1 S 2 bestimmte Verfügungsverbote, die in den entsprechenden Registern nicht vermerkt sind, so hindert dies den gutgläubigen Erwerb durch Dritte nicht. Die **praktische Reichweite** dieses Verkehrsschutzes ist jedoch zwangsläufig beschränkt; denn sowohl die Publikation der Zustimmungspflicht zu bestimmten Rechtsgeschäften nach § 277 Abs 2 Nr 2 als auch die Eintragung der Überwachung in die entsprechenden Register nach § 267 Abs 3 wird gutgläubigen Erwerb nur in seltenen Fällen erlauben. Hervorzuheben ist in diesem Zusammenhang aber auch, dass ein gutgläubiger Erwerb bezüglich **beweglichen Vermögens** nach §§ 932 ff BGB ausgeschlossen ist (ebenso *Häsemeyer* Rn 28.59; N/R/*Braun* § 263 Rn 3; MüKoInsO-*Stephan* § 263 Rn 9).

§ 264 Kreditrahmen

(1) ¹Im gestaltenden Teil des Insolvenzplans kann vorgesehen werden, daß die Insolvenzgläubiger nachrangig sind gegenüber Gläubigern mit Forderungen aus Darlehen und sonstigen Krediten, die der Schuldner oder die Übernahmegesellschaft während der Zeit der Überwachung aufnimmt oder die ein Massegläubiger in die Zeit der Überwachung hinein stehen läßt. ²In diesem Fall ist zugleich ein Gesamtbetrag für derartige Kredite festzulegen (Kreditrahmen). ³Dieser darf den Wert der Vermögensgegenstände nicht übersteigen, die in der Vermögensübersicht des Plans (§ 229 Satz 1) aufgeführt sind.

(2) Der Nachrang der Insolvenzgläubiger gemäß Absatz 1 besteht nur gegenüber Gläubigern, mit denen vereinbart wird, daß und in welcher Höhe der von ihnen gewährte Kredit nach Hauptforderung, Zinsen und Kosten innerhalb des Kreditrahmens liegt, und gegenüber denen der Insolvenzverwalter diese Vereinbarung schriftlich bestätigt.

(3) § 39 Abs. 1 Nr. 5 bleibt unberührt.

Übersicht

	Rn
I. Normzweck	1
II. Darlehen und sonstige Kredite	3
1. Grundsätze	3
2. Darlehen	4
3. Andere Kredite	5
4. Nicht privilegierte Kapitalzuführungen	6
a) Eigenkapitalzuführungen	7
b) Eigenkapitalersetzende Kredite	8
c) Nutzungsüberlassung	9
5. Gewähren oder Stehenlassen	10
a) Neukredite	10
b) Altkredite	11
III. Kreditrahmen	12
1. Festlegung im Insolvenzplan	12
2. Zulässiger Rahmenbetrag	13
3. Überschreitung	15
IV. Einbeziehung in den Kreditrahmen	16
1. Voraussetzungen	16
2. Einbeziehungsvereinbarung	17
a) Abschluss	18
b) Formerfordernis	19
c) Inhaltliche Anforderungen	20
3. Bestätigung des Insolvenzverwalters	21
a) Prüfungspflicht des Insolvenzverwalters	22
b) Erteilung, Widerruf	23
c) Überschreitung	24
V. Rechtswirkungen des Kreditrahmens	25
1. Rangprivileg der Plafondsgläubiger	25
2. Abgrenzung gegenüber Sicherungsberechtigten	27
a) Aussonderungsberechtigte	28
b) Absonderungsberechtigte	29
3. Rangordnung der Plafonds	31
4. Insolvenzanfechtung	32

I. Normzweck

1 Während der Planüberwachung ist der Schuldner aufgrund seiner wieder gewonnenen Verfügungsbefugnis (§ 259 Abs 1 S 2) für die Finanzierung seines fortzuführenden Unternehmens selbst verantwortlich. Die Vorschrift stellt hierfür in Gestalt des **Kreditrahmens** ein unterstützendes Kreditsicherungsmittel zur Verfügung. Dieses ermöglicht es dem Schuldner und der Übernahmegesellschaft, Kredite mit bestimmten Wirkungen zu **privilegieren**, die während der Überwachung neu gewährt oder prolongiert werden; dies gilt allerdings nur, wenn der überwachende Insolvenzverwalter dem Kreditgeber die **Einbeziehung** seines Kredits in den Kreditrahmen **bestätigt** und so für eine gewisse formale Rechtssicherheit sorgt. Die Privilegierung wirkt erst und nur in einem **Folgeinsolvenzverfahren**, das während der maximal dreijährigen Überwachung eröffnet wird. In diesem werden die Forderungen der Gläubiger aus dem früheren Insolvenzverfahren und bestimmte Forderungen von Neugläubigern **als nachrangig** gegenüber den privilegierten Krediten behandelt, die hier als **Plafondskredite** bezeichnet werden. Das Gesetz reagiert damit auf die Erfahrungen aus Sanierungen, dass in der frühen Nachinsolvenzphase die für die Fortführung des Unternehmens oft überlebenswichtige Zusatzfinanzierung ohne Absicherung der Kreditgläubiger nicht erhältlich sein wird, andererseits die üblichen Kreditsicherungen nicht oder noch nicht verfügbar sind. Daher soll die Rangprivilegierung für alle Kreditarten gelten.

II. Darlehen und sonstige Kredite   § 264

Erklärte Zielsetzung des Gesetzes ist eine **angemessene Kompromisslösung**, die einerseits dem Sicherungsbedürfnis der Kreditgeber gerecht wird, ohne anderseits die schutzwürdigen Belange der anderen Gläubiger zu vernachlässigen (Begr zu § 311 RegE, abgedr bei *Balz/Landfermann* S 383; BMJ RefE Begr zu Ziff 3.2.8, S 214). Der Gesetzgeber hat wohl aus diesem Grund davon abgesehen, die Plafondskredite durch eine bessere Rangstelle zu bevorrechtigen. In der Absicherung der Plafondsgläubiger bleibt das Gesetz hinter der Vorschrift des § 106 VglO zurück, die bestimmte, im Vergleichsverfahren gewährte Verwalterdarlehen im Anschlusskonkursverfahren als erstrangige Masseschulden privilegierte (vgl *Bley/Mohrbutter* § 106 VglO Rn 15). Das Gesetz ist auch nicht dem Vorschlag des Referentenentwurfs gefolgt, die Plafondskredite als letztrangige Masseschulden einzuordnen (vgl BMJ RefE Ziff 2.3.8 Abs 1 S 1, S 213) oder in die Rechte der absonderungsberechtigten Gläubiger einzureihen (vgl *Smid/Rattunde* § 264 Rn 6; *Braun*, in KS-InsO, S 1137 Rn 29; sa unten Rn 25). In der Gesamtbetrachtung hat das Gesetz einer nur vermögensbezogenen Absicherung der Plafondsgläubiger den Vorzug gegeben vor einer ertragsbezogenen Sicherung in Gestalt einer Überschussgläubigerschaft (vgl *Braun* aaO). 2

II. Darlehen und sonstige Kredite

1. Grundsätze. Kreditrahmenfähig sind sämtliche Ansprüche aus **Darlehen** wie auch aus **sonstigen Krediten**. Demgegenüber privilegierte § 106 VglO nur Ansprüche aus Darlehen, dagegen nicht aus anderen Finanzierungsformen (vgl *Bley/Mohrbutter* § 106 VglO Rn 3; *Kilger/K. Schmidt* § 106 VglO Anm 1 (a)). § 264 Abs 1 S 1 erweitert die rangmäßige Privilegierung sachlich auf sämtliche Forderungen aus **sonstigen** Krediten. Damit werden nunmehr sämtliche **geldwerten** Leistungen erfasst, die **rechtlich Kreditcharakter** besitzen (vgl *Hess* § 264 Rn 17). Da ein **einheitlicher Rechtsbegriff des Kredits** nicht existiert (*Staudinger/Hopt/Mülbert*, Vorbem zu §§ 607 ff BGB Rn 15 ff), sollte er entsprechend der gesetzgeberischen Intention (vgl Begr zu § 311 RegE, abgedr bei *Balz/Landfermann* S 383) extensiv definiert werden (ebenso *K/P/Otte* § 264 Rn 6; *Obermüller* Rn 5.293). Die kreditrahmenfähigen Kredite bedürfen der rechtlichen Abgrenzung von den nicht privilegierten Kapitalzuführungen. Nach §§ 264 ff können nur Kapitalzuführungen bevorrechtigt werden, die rechtlich **Fremdkapital** des Insolvenzschuldners bzw der Übernahmegesellschaft bleiben; dementsprechend werden die Kapitalmaßnahmen, die rechtlich **Eigenkapital** des Schuldners bzw der Übernahmegesellschaft werden, von der Privilegierung ausgeschlossen. Ebenso sind diejenigen Finanzierungsformen ausgenommen, die **nur wirtschaftlich** Kreditfunktionen erfüllen (vgl Rn 9). 3

2. arlehen. Begünstigt werden die Ansprüche aus **sämtlichen Darlehensformen** im Sinne des § 607 Abs 1 BGB, mithin Darlehen in Geld oder in Wertpapieren, die **Geldfunktionen** erfüllen. Erfasst werden **sämtliche Forderungen** des Darlehensgebers aus dem Darlehen, mithin die Ansprüche auf Rückzahlung des Kapitals wie auch auf Zahlung von Zinsen und Kosten. Auch Umschuldungen in Darlehen gemäß § 607 Abs 2 BGB sind kreditrahmenfähig (N/R/*Braun* § 264 Rn 3), wenn die bisherige Verbindlichkeit durch eine Darlehensschuld im Sinne einer **Novation** ersetzt wird (vgl hierzu Soergel/*Häuser* § 607 BGB Rn 255 mwN). Auch **Kontokorrentkredite** können bevorrechtigt werden (BerlKo-*Breutigam* § 264 Rn 15), wie sie einer ordnungsgemäß in den Kreditrahmen einbezogen werden; sie sind jeweils in Höhe des Sollsaldos privilegiert, der im Zeitpunkt der Antragstellung auf Eröffnung des nachfolgenden Insolvenzverfahrens besteht. **Wechselkredite**, dh Akzepte, Diskont- und Remboursekredite (vgl *Schimansky/Bunte/Lwowski*, Bankrechtshandbuch Band II [1977], § 75 Rn 21 ff), sind ebenfalls plafondstauglich. **Partiarische** Darlehen können gleichfalls in die Privilegierung durch den Kreditrahmen einbezogen werden, da sie rechtlich Fremdkapital darstellen; die Bevorrechtigung schließt daher auch eine stehen gelassene Gewinnverzinsung ein. 4

3. Andere Kredite. Als solche sollen vor allem **Lieferantenkredite** privilegiert werden (Begr zu § 311 RegE, abgedr bei *Balz/Landfermann* S 383; BerlKo-*Breutigam* § 264 Rn 14). Dies soll für sämtliche Arten vom Lieferantenkrediten gelten, beispielsweise für die Kaufpreisstundung (*Hess* § 264 Rn 17; *Obermüller* Rn 5.292) wie auch für andere Warenkredite (vgl *K/P/Otte* § 265 Rn 6) und Sachleistungen (*Hess* § 264 Rn 17; *Dinstühler* ZinsO 1998, S 249, 244). Um den Bedürfnissen der Praxis gerecht zu werden, wird man auch Kreditgewährungen von **Warenkreditversicherern** in den bevorzugten Kreditrahmen aufzunehmen haben. Privilegiert werden können auch Aval- und Diskontkredite (*K/P/Otte* § 264 Rn 5; *Obermüller* Rn 5.293). 5

4. Nicht privilegierte Kapitalzuführungen. Hierzu gehören grundsätzlich sämtliche geldwerten und sachlichen Kapitalzuführungen, die zwar einem Kredit ähneln, durch die aber **kein Fremdkapital** im **rechtlichen Sinn** an den Schuldner bzw die Übernahmegesellschaft gewährt wird. 6

a) **Eigenkapitalzuführungen.** Als solche sind **stille Beteiligungen** an dem Schuldnerunternehmen bzw der Übernahmegesellschaft zu betrachten, die mithin grundsätzlich **nicht kreditrahmenfähig** sind. Hiervon sind nur stille Beteiligungen **ohne Verlustbeteiligung** ausgenommen, da sie nach § 236 HGB als 7

Lüer

nicht nachrangige Insolvenzforderungen behandelt werden. Sie besitzen den Rechtscharakter von Fremdkapital, da die Einlage des stillen Gesellschafters wie eine Geldkreditgewährung in das Vermögen des Schuldnerunternehmens bzw der Übernahmegesellschaft übergeht und dem gleichen Insolvenzrisiko ausgesetzt ist. Dementsprechend sind auch nicht börsenhandelbare **Genussrechte mit Kreditcharakter** kreditrahmenfähig (vgl Soergel/*Häuser*, Vor § 607 Rn 51; *Habersack* ZHR 155 [1991], S 378, 384).

8   b) **Eigenkapitalersetzende Kredite.** Sie sind ebenfalls im Grundsatz nicht kreditrahmenfähig. Dies regelt § 264 Abs 3 mit seiner Verweisung auf § 39 Abs 1 Nr 5, wonach kapitalersetzende Kredite in einem nachfolgenden Insolvenzverfahren **stets** nachrangig sind. Ob ein kapitalersetzender Kredit vorliegt, ergibt sich aus §§ 32 a, b GmbHG und §§ 129 a, 172 HGB sowie aus den zum Kapitalersatz entwickelten Rechtsprechungsgrundsätzen. Damit ist es bestimmten Kreditgebern verwehrt, eine Rangprivilegierung nach § 264 in Anspruch zu nehmen, selbst wenn der Kreditrahmen dies irrtümlich vorsieht. Zum Kreis der hiervon betroffenen Personen und Unternehmen gehören neben den **Anteilseignern** bzw **Mitgliedern** des Schuldnerunternehmens die kapitalersatzrechtlich **gleichzustellenden Personen und Unternehmen**, mithin beispielsweise **nahe Angehörige** und **verbundene Unternehmen** (*vgl Lutter/Hommelhoff* §„ 32 a/b GmbHG Rn 61 ff). Hierbei ist zu beachten, dass die **Ausnahmen** nach § 32 a Abs 3 Satz 2 und 3 GmbH eingreifen können. Einerseits sind nach § 32 a Abs 3 Satz 2 GmbHG Inhaber von **Zwergbeteiligungen** ausgenommen; hierunter sind nicht geschäftsführende Anteilseigner mit einer Beteiligung von bis zu 10% am Festkapital bzw gezeichneten Kapital zu verstehen. Andererseits sind nach § 32 a Abs 3 Satz 3 GmbHG auch die Kredite von so genannten **Sanierungsanteilseignern** kreditrahmenfähig; dies setzt voraus, dass der Kreditgeber seine Beteiligung erst in der Krise des Schuldnerunternehmens erwirbt; mithin sind die Kreditgeber bevorrechtigt, die erst im Insolvenzplanverfahren oder in der Zeit der Überwachung eine Beteiligung erwerben oder die Übernahmegesellschaft gründen. Auch außerhalb dieser Befreiungen können Kredite von Gesellschaftern als **nicht nachrangig** im Sinne des § 39 Abs 1 Nr 5 zu behandeln und damit auch kreditrahmenfähig sein (s hierzu auch *Frank*, Die Überwachung der Insolvenzplanerfüllung, Rn 266, 269). Das wird der Fall sein, wenn bei Kreditgewährung die Kreditwürdigkeit des Schuldners bzw der Übernahmegesellschaft bereits wieder hergestellt ist und sie zum Zeitpunkt der vereinbarten und erfolgten Rückzahlung noch nicht wieder weggefallen ist. Praktisch bedeutsam können insofern Überbrückungskredite sein, die unter Ausschöpfung eines Restvolumens im Kreditrahmen in Anspruch genommen werden. Nach den vorstehenden Grundsätzen sind auch Kredite zu behandeln, die das fortbestehende Schuldnerunternehmen von einer Übernahmegesellschaft erhält, an dem Anteilseigner des Schuldnerunternehmens oder gleichzustellende Personen oder Unternehmen beteiligt sind.

9   c) **Nutzungsüberlassungen.** Sie sind grundsätzlich nicht kreditrahmentauglich. Dies gilt auch dann, wenn sie ganz oder teilweise die wirtschaftliche Funktion eines Kreditsubstituts haben. Insbesondere das **Finanzierungsleasing** kann nicht als „anderer Kredit" im Sinne des § 264 Abs 1 Satz 1 behandelt werden. Die Rechtsprechung lehnt eine Qualifizierung des Finanzierungsleasings als Darlehen generell ab (vgl *Kügel* in Praxishandbuch Leasing [1998], § 5 Rn Nr 2 ff; Soergel/*Häuser*, Vor § 607 Rn 44). Es kann nicht darauf ankommen, dass das Leasingobjekt bereits ab Übergabe regelmäßig dem Leasingnehmer wirtschaftlich und steuerlich zugerechnet wird; entscheidend bleibt, dass **rechtlich** das Eigentum an dem Leasingobjekt erst bei Beendigung des Leasingvertrags und Ausübung einer Kaufoption auf den Leasingnehmer übergeht, mithin vorher rechtlich keine Kreditierung in der Vermögenssphäre des Leasingnehmers stattfindet (vgl Soergel/*Häuser*, Vor § 607 Rn 44 mwN).

10 **5. Gewähren oder Stehenlassen. a) Neukredite.** Uneingeschränkt plafondsfähig sind sämtliche Kredite, die innerhalb des Kreditrahmens **im Überwachungsverfahren** gewährt werden (§ 264 Abs 1 S 1; vgl N/R/*Braun*, § 264 Rn 3 und 266 Rn 3). Ein bevorrechtigter Kredit kann mithin in zeitlicher Hinsicht bis zur Beendigung des maximal drei Jahre dauernden Überwachungsverfahrens in Anspruch genommen werden; nach § 268 Abs 1 Nr 2 läuft dieser Zeitraum, bis ein Antrag auf Eröffnung eines neuen Insolvenzverfahrens gestellt wird. Danach gewährte Kredite sind **nicht rangprivilegiert**, auch wenn sie vom Kreditrahmen noch abgedeckt sind. Eine Kreditgewährung liegt zeitlich nicht erst bei Auszahlung, sondern bereits zu dem Zeitpunkt vor, zu dem die Valuta dem Schuldner bzw der Übernahmegesellschaft **vorbehaltlos zum Abruf bereitsteht** (N/R/*Braun* § 264 Rn 3; *Kilger/Schmidt* § 106 VglO Anm 1 (a)). Daher reicht es nicht aus, dass nur die Kreditvereinbarung abgeschlossen ist.

11 b) **Altkredite.** Gleichermaßen können im Kreditrahmen Kredite von **Massegläubigern** bevorrechtigt werden, die vor der Überwachung gewährt und während der Überwachung stehen gelassen werden. Hierzu gehören neben den Krediten, die der Insolvenzverwalter **nach Eröffnung** des Insolvenzverfahrens aufgenommen hat, Kredite im Sinne von § 55 Abs 2, die der vorläufige Insolvenzverwalter nach dem Verlust der Verfügungsbefugnis des Schuldners aufgenommen hat (vgl *Braun/Uhlenbruck* S 674) sowie die von § 103 Abs 1 geregelten Kredite, die nach Insolvenzeröffnung aufgrund eines Verwalterverlangens zur Auszahlung kommen (vgl NR-*Balthasar* § 103 Rn 12). Die Privilegierung im Kreditrahmen ist nur möglich, wenn der Gläubiger seinen Massekredit **stehen lässt**. Der Kredit darf nicht bereits vor Aufhebung des Insolvenzplanverfahrens nach § 258 Abs 2 zurückzuführen sein; da der Insolvenzverwalter hierzu

III. Kreditrahmen § 264

verpflichtet ist (vgl § 258 Rn 5), muss ein entsprechender Verzicht zwischen Insolvenzverwalter und Gläubiger **vereinbart** werden (ebenso *Schiessler* Insolvenzplan S 213; N/R/*Braun* § 264 Rn 3). Von einem Stehenlassen des Massekredits kann nur ausgegangen werden, wenn der Gläubiger auf eine **Sicherstellung verzichtet**, auch wenn der Insolvenzplan sonst keine Beschränkung der früher bestellten Sicherheiten vorsieht; andernfalls ist eine rangmäßige Privilegierung nicht gerechtfertigt. **Plafondskredite** können mithin dafür verwendet werden, Sicherheiten frei zu setzen, damit die entsprechenden Vermögenswerte für nicht plafondsgesicherte Neukredite genutzt werden können. Weitergehende Voraussetzungen müssen nicht erfüllt werden; insbesondere sind die Grundsätze nicht anwendbar, die ein „Stehenlassen" eigenkapitalersetzender Gesellschafterdarlehen begründen. Ein Stehenlassen des Massekredits ist zu verneinen, wenn die Kreditkonditionen zugunsten des Gläubigers geändert werden.

III. Kreditrahmen

1. Festlegung im Insolvenzplan. Die Kredite, die nach §§ 264 bis 266 rangprivilegiert sein sollen, müssen im **gestaltenden Teil** des Insolvenzplans hinreichend bestimmt festgesetzt sein (Formulierungsbeispiele bei BerlKo, Formular § 264-1; *Braun/Uhlenbruck*, Muster eines Insolvenzplans, S 86). Als **Mindestinhalt** muss nach § 264 Abs 1 Satz 2 lediglich der **Gesamtbetrag** der Plafondskredite festgesetzt werden. Für die Rangprivilegierung reicht es mithin aus, dass im gestaltenden Teil des Insolvenzplans ein **Rahmenbetrag allgemein** für Darlehen und andere Kredite zugelassen wird. Es ist nicht notwendig, dass die verschiedenen Kreditarten und deren Einzelrahmen ausgewiesen werden. Der gestaltende Teil des Insolvenzplans kann den Kreditrahmen **restriktiver** regeln. Er kann insbesondere nur **bestimmte Arten** von Krediten zulassen. Es können **Einzelkreditrahmen** für bestimmte Kreditarten, etwa Einzelfestlegungen bezüglich prolongierbarer Altkredite und zulässiger Neukredite, festgesetzt werden. Ebenso erscheint es möglich, den Zeitrahmen für die Inanspruchnahme bestimmter Kredite zu begrenzen oder ein bestimmtes Rangverhältnis zwischen Plafondskrediten vorzugeben. Der Gestaltungsspielraum ergibt sich daraus, dass für den Plan ein zusätzliches Sanierungsinstrument in Gestalt des Kreditrahmens gesetzlich zur Verfügung gestellt wird, das jedoch fakultativ ist, daher auch restriktiver als gesetzlich zugelassen verwendet werden kann; hierfür werden die wirtschaftlichen Umstände des Einzelfalls maßgeblich sein. In allen Fällen muss jedoch der **maximale Summenbetrag** sämtlicher Einzelkreditrahmen im Insolvenzplan beziffert werden, um eine problemlose Überprüfung zu ermöglichen, ob der festgesetzte Kreditrahmen den gesetzlich zulässigen Höchstbetrag nicht überschreitet. Ein **kumulativer Kreditrahmen** für den Schuldner **und** die Übernahmegesellschaft sollte zulässig sein, um entsprechend dem Normzweck eine bestmögliche Sanierung des insolventen Gesamtunternehmens und damit auch verschiedener abgegoltener Teilbereiche erzielen zu können. Unberücksichtigt lässt das Gesetz, dass sich die wirtschaftlichen Verhältnisse des Schuldners bzw der Übernahmegesellschaft während des Laufs der Überwachung (maximal drei Jahre) so nachteilig verändern können, dass sich der ursprünglich mögliche Kreditrahmen aus wirtschaftlichen Gründen im Zeitpunkt der aktuellen Kreditaufnahme nicht mehr rechtfertigen lässt.

2. Zulässiger Rahmenbetrag. Die Höhe des gesamten Kreditrahmens ist nach § 264 Abs 1 Satz 3 auf den **Wert der Vermögensgegenstände beschränkt**, die in der dem Insolvenzplan nach § 229 Satz 1 beizufügenden Vermögensübersicht aufgeführt sind. Der maximal zulässige Kreditrahmenbetrag entspricht mithin der **Summe der Werte**, mit denen die **Aktiva** in der Vermögensübersicht zum Insolvenzplan angesetzt werden. In dieser Höhe kann eine Neuverschuldung und prolongierte Masseverschuldung bevorrechtigt werden. Demgegenüber hatte die Kommission für Insolvenzrecht in ihrem ersten Bericht die Begrenzung des Kreditrahmens auf das in der Reorganisationsplanbilanz ausgewiesene **Eigenkapital** vorgeschlagen (BMJ, 1. Bericht der Kommission für Insolvenzrecht, Leitsatz 2.3.8 Abs 1 S 3). Der hiermit angestrebte Schutz der nicht bevorrechtigten Neugläubiger und der übrigen Altgläubiger (vgl Begr der Kommission, S 215 und Einl. S 17) wurde durch die Erweiterung des Kreditrahmens nach § 264 zugunsten der Rahmenkreditgeber zurückgedrängt. Dies lässt sich damit rechtfertigen, dass einerseits zur erfolgreichen Sanierung ein Kreditrahmen selbst in Höhe des größeren Eigenkapitalbetrags, der infolge der Wirkungen der Planmaßnahmen bei Beginn der Überwachung zur Verfügung steht, möglicherweise nicht ausreicht, andererseits die Planglaubiger im Rahmen ihrer Gläubigerautonomie den Kreditrahmen selbst festlegen und die nicht bevorrechtigten Neugläubiger sich auf die Vermögenssituation des Schuldnerunternehmens bzw der Übernahmegesellschaft einstellen können. Die **Begrenzung des Kreditrahmens** auf den Gesamtwert der Aktiva dürfte der Erwägung entsprechen, dass eine Sanierung in der Überwachungsphase erfolgreich sein kann, wenn die fortbestehenden Verbindlichkeiten gegenüber den Insolvenzgläubigern und die Verbindlichkeiten gegenüber nicht bevorrechtigten Neugläubigern aus den ordentlichen Erträgen des Insolvenzschuldners und der Übernahmegesellschaft plangerecht getilgt werden, mithin wenn sämtliche Aktiva zu einer Befriedigung des Rahmenkreditgebers zur Verfügung stehen. Hierzu kann ein plangestaltender Eingriff in die Vorabbefriedigungsrechte der absonderungsberechtigten Gläubiger erforderlich sein, da ihnen gegenüber kein Vorrang der Plafondsgläubiger eingreift (vgl unten Rn 30). Soweit sich dies nicht verwirklichen lässt, kann sich ein entsprechend geringerer Kreditrahmen empfehlen. Der Liquiditätsbedarf des Schuldnerunternehmens bzw der Übernahmegesellschaft für den Zeitraum der Überwachung kann für die Höhe des Kreditrahmens maßgeblich sein, soweit Aktiva hierfür verwertet werden sollen oder als bevorrechtigte Sicherheiten gebraucht werden (vgl BerlKo-*Breutigam*, § 264 Rn 5 und § 268 Rn 14 f).

14 Zur Ermittlung des zulässigen Rahmenbetrages sind sämtliche **Aktiva** zu berücksichtigen, die in der Vermögensübersicht des Schuldners bzw der Übernahmegesellschaft ausgewiesen werden. Auf die **Passiva** kommt es nicht an. Es ist mithin nicht entscheidend, ob und in welchem Umfang ungewisse und gewisse Verbindlichkeiten ausgewiesen werden und solche neben den Neukrediten und prolongierten Massekrediten zu verzinsen und zu tilgen sind. Das ergibt sich aus der Bezugnahme in § 264 Abs 1 S 3 auf § 229 S 1, der ausdrücklich die Verbindlichkeiten von den Vermögensgegenständen abgrenzt. Der **Gesamtwert** dieser **Aktiva** bestimmt die zulässige Höhe des Kreditrahmens. Maßgeblich sind die **Wertansätze** in der **Vermögensübersicht**. Das kommt in der Formulierung des § 264 Abs 1 S 3 zwar nicht eindeutig zum Ausdruck, ergibt sich jedoch aus der Gesetzesbegründung (vgl Begr RegE zu § 311, abgedr bei *Balz/Landfermann* S 583), aus dem systematischen Zusammenhang mit § 229 S 1 und aus dem **Normzweck**. Zum **Schutz der Gläubiger** soll ein formaler, leicht nachprüfbarer und von den Plangebern gebilligter Wertansatz die rangmäßige Zurückstellung der betroffenen Gläubiger bestimmen. Die betriebswirtschaftliche Sinnhaftigkeit dieses Ansatzes ist **ohne Bedeutung**. Im Übrigen erscheint zweifelhaft, ob dahingehende Auffassungen der Kritiker (zB *Braun*, in KS-InsO, S 1137 Rn 18 Fn 27; BerlKo-*Breutigam* § 264 Rn 8; *Smid/Rattunde* § 264 Rn 3) überzeugen; denn zum einen wird es Fälle geben, in denen auch bei Fortführung des Schuldnerunternehmens keine Fortführungs-, sondern nur Liquidationswerte anzusetzen sind bzw angesetzt werden können, da hierfür der jeweilige Planinhalt maßgeblich ist (*Weisemann/Holz* in Weisemann/Smid, Handbuch Unternehmensinsolvenz, Kap. 16 Rn 18). Insoweit geht der Gesetzgeber gerade von einer Betrachtung der Plangeber **ex-ante** und nicht etwa von einer Sichtweise ex post der betroffenen Gläubiger aus (**aA** wohl *Braun*, in KS-InsO, S 1137 Rn 18 Fn 27). Zum anderen werden die betroffenen Gläubiger als Gradmesser für ihre wirtschaftliche Absicherung zumindest auch die **Ertrags- und Finanzkraft** des fortgeführten Schuldnerunternehmens bzw der Übernahmegesellschaft als Bezugsgröße betrachten, aus der zukünftig auch die zusätzlichen Zins- und Tilgungsdienste zu erbringen sind, womit auch die entsprechenden **Plananlagen** und nicht nur der **aktuelle Vermögensbestand** maßgebliche **Entscheidungsgrundlage** sein werden. Die Vermögensübersicht bildet demgegenüber die zur Gläubigersicherung bzw Unternehmensfortführung vorhandenen Aktiva und ihre Werte nur stichtagsbezogen ab; in einem nachfolgenden Insolvenzverfahren werden sich sowohl der Bestand als auch die Werte der dann vorhandenen Aktiva regelmäßig anders als in der Plan-Vermögensübersicht darstellen. Eine realistischere Betrachtungsweise könnte nur eine Planbilanz ermöglichen, welche die Aktiva mit ihren Realisierungswerten unter der Prämisse einer Worst-Case-Betrachtung zum „nahe liegendsten" Zeitpunkt der Eröffnung eines nachfolgenden Insolvenzverfahrens abbildet, womit jedoch keine größere Beurteilungssicherheit gegeben ist (vgl zu „Faustformeln" zur Ermittlung des angemessenen Kreditrahmens BerlKo-*Breutigam* § 268 Rn 14; *Bork* Einf Rn 257).

15 **3. Überschreitung.** Sofern der Entwurf des Insolvenzplans einen Kreditrahmen in unzulässiger Höhe vorsieht, hat das Insolvenzgericht die Bestätigung des Insolvenzplans wegen **inhaltlicher Fehlerhaftigkeit** nach § 52 Nr 1 zu versagen. Ergeht dennoch ein Bestätigungsbeschluss, so besteht **kein Kreditrahmen**. Der inhaltliche Planmangel wird durch den Bestätigungsbeschluss **nicht geheilt**, da die gesetzliche Höchstgrenze ebenso wie der Ausweis des Kreditrahmens aus Gründen des Gläubigerschutzes **zwingend** sind. Es reicht nicht aus, dass der Höchstbetrag aus der dem Plan beigefügten Vermögensübersicht im Sinn von § 229 S 1 abgeleitet oder ermittelt werden kann. Es bleibt daher nur die Möglichkeit, eine entsprechende **Planergänzung** vorzunehmen, bei der die Vorschriften über die Aufstellung, Annahme und Bestätigung des Plans eingehalten werden.

IV. Einbeziehung in den Kreditrahmen

16 **1. Voraussetzungen.** In dem **gestaltenden Teil** des Insolvenzplans wird der Kreditrahmen für sämtliche hierdurch begünstigte Gläubiger „abstrakt" bereitgestellt. Zur rangmäßigen Privilegierung der plafondsfähigen Kredite kommt es erst und nur insoweit, als nach § 264 Abs 2 die Einbeziehung des in Anspruch genommenen Kredits **konkret vereinbart** wird, und der überwachende Insolvenzverwalter die Einbeziehung bestätigt. Dies gilt **ausnahmslos** und mithin auch, wenn der gestaltende Teil des Insolvenzplans bereits hinreichend konkrete Festlegungen enthält.

17 **2. Einbeziehungsvereinbarung.** Die **Einbeziehung** in den Kreditrahmen bedarf einer Vereinbarung zwischen **Kreditgeber** und **Insolvenzschuldner bzw Übernahmegesellschaft**. Der Insolvenzverwalter ist hierfür nicht zuständig. Dies folgt aus der Notwendigkeit seiner schriftlichen Einbeziehungsbestätigung gemäß § 264 Abs 2, 2. Halbsatz sowie im Hinblick darauf, dass der Insolvenzschuldner gemäß § 259 Abs 1 S 2 in der Überwachungszeit wieder die Verwaltungsbefugnis über das Schuldnerunternehmen besitzt.

18 a) **Abschluss.** Die Einbeziehung in den Kreditrahmen wird regelmäßig **bei Abschluss des Kreditvertrags** stattfinden. Dies ist auch dann möglich, wenn der Kredit zu einem späteren Zeitpunkt in voller Höhe oder

IV. Einbeziehung in den Kreditrahmen § 264

in Teilbeträgen abgerufen bzw bereitgestellt wird. Zulässig ist auch eine gesonderte Einbeziehungsvereinbarung, die erst zu einem **späteren** Zeitpunkt, etwa nach Wirksamwerden des Kreditvertrags, abgeschlossen wird, nicht jedoch nach Auszahlung der Valuta. Eine nachträgliche Einbeziehung ist jedoch dann nicht mehr möglich, wenn bereits die Eröffnung des nachfolgenden Insolvenzverfahrens beantragt ist. Eine Vereinbarung der Einbeziehung **vor** Abschluss des Kreditvertrags ist nicht zulässig; andernfalls würde ein Wettlauf der Gläubiger um freizuhaltende Rahmenkreditvolumina zugelassen, ohne dass hiermit der intendierte Zufluss von Sanierungsmitteln rechtlich gesichert ist. Die Einbeziehung in den Kreditrahmen kann **frühestens** mit **Beginn der Überwachung**, mithin ab Eintritt der Rechtskraft des gerichtlichen Aufhebungsbeschlusses gemäß § 258 Abs 1 vereinbart werden (vgl § 258 Rn 4). Das gilt auch für **stehen gelassene ungesicherte Masseansprüche**, die in den Kreditrahmen einbezogen werden sollen. Dies setzt jedoch voraus, dass im gestaltenden Teil des Insolvenzplans abweichend von § 258 Abs 2 die Berichtigung der Masseschuld mit Zustimmung des betroffenen Massegläubigers unterbleibt, und zwar ohne Bestellung einer entsprechenden Sicherheit (vgl oben Rn 11 und § 258 Rn 5).

b) **Formerfordernis.** Die Vereinbarung über die Einbeziehung in den Kreditrahmen sollte der **Schriftform** nach § 126 BGB genügen, auch wenn dies gesetzlich nicht ausdrücklich vorgeschrieben ist. Dies ist aus mehreren Gründen der **Rechtssicherheit** geboten. Einmal muss die Einbeziehungsvereinbarung dem Insolvenzverwalter zugänglich sein, damit er vor Abgabe seiner Bestätigung nach § 264 Abs 2, 2. Halbsatz die erforderlichen Prüfungen vornehmen kann. Zum anderen muss er aber auch in der Lage sein, den Neugläubigern gegenüber die bereits erfolgte Inanspruchnahme bzw den freien Teil des Kreditrahmens aufzuzeigen. Außerdem müssen die Neugläubiger Wert darauf legen, anhand der schriftlichen Vereinbarung, gemeinsam mit der Bestätigung des Insolvenzverwalters, in einem nachfolgenden Insolvenzverfahren den beanspruchten Vorrang beweisen zu können. Dementsprechend kann nur empfohlen werden, für die Einbeziehungsvereinbarung die Schriftform einzuhalten, auch wenn dies wegen des Fehlens einer entsprechenden gesetzlichen Vorschrift **keine Wirksamkeitsvoraussetzung** ist. 19

c) **Inhaltliche Anforderungen.** Die Vereinbarung muss **inhaltlich** die Einbeziehung in den Kreditrahmen **genau** regeln (vgl Begr zu § 311 RegE, abgedr bei *Balz/Landfermann* S 383). Insbesondere ist die **Höhe** der Einbeziehung konkret festzulegen, und zwar nach § 264 Abs 2 in Bezug auf **Hauptforderung**, **Zinsen** und **Kosten** des gewährten Kredits. Hierfür ist jeweils ein **Höchstbetrag** zu beziffern; auch für Zinsen und Kosten ist eine betragsmäßige Obergrenze zu definieren. Der Begriff „Zinsen" schließt **Verzugszinsen** ein (vgl *Bork*, in Leipold, Insolvenzrecht im Umbruch, S 54, 63; anders noch BMJ, 1. Bericht der Kommission für Insolvenzrecht, Leitsatz 2.3.8 Abs 1 S 2 und Begründung hierzu, S 215). Des Weiteren sollte die Vereinbarung eine Regelung über die **Rangfolge** der Privilegierung von Kapital, Zinsen und Kosten enthalten. Fehlt eine solche, so gilt § 367 Abs 1 BGB. Zulässig ist, dass in der Vereinbarung ein **Rangrücktritt** hinsichtlich anderer **Plafondskredite** mit der Folge erklärt wird, dass ein bestimmtes Rangverhältnis der bevorzugten Befriedigung der Rahmenkreditgeber begründet wird. Gesetzlich ist lediglich der Rahmenbetrag sämtlicher Plafondskredite vorgegeben; innerhalb der Plafondsgläubiger gilt grundsätzlich Gleichrangigkeit (vgl Rn 31). Aufgrund der Gläubigerautonomie können die Gläubiger durch entsprechende Vereinbarung mit dem Insolvenzschuldner bzw der Übernahmegesellschaft jedoch hiervon abweichende Regelungen vereinbaren. 20

3. Bestätigung des Insolvenzverwalters. Die Einbeziehung des konkreten Kredits in den Kreditrahmen wird durch die Vereinbarung zwischen dem Insolvenzschuldner bzw Übernahmegesellschaft und Kreditgeber zwar vereinbart, jedoch hinsichtlich der Privilegierung noch nicht wirksam. Denn nach § 264 Abs 2, 2. Halbsatz ist erforderlich, dass der **Insolvenzverwalter** die konkret vereinbarte Einbeziehung **bestätigt**. Diese Bestätigung ist keine Zustimmung im Sinne der §§ 158 ff BGB hinsichtlich des Kreditgeschäfts selbst. Sie ist in ihrem Rechtscharakter vielmehr der Bestätigung des Insolvenzplans durch das Insolvenzgericht nach § 248 vergleichbar. Die Einbeziehung in den privilegierten Kreditrahmen ist im Interesse des Gläubigerschutzes formell dem Insolvenzverwalter als weitere Amtspflicht mit den sich hieraus ergebenden Rechtsfolgen (vgl § 261 Rn 20) zugewiesen. In materieller Hinsicht bestimmt ausschließlich die Vereinbarung zwischen Schuldner und Kreditgläubiger das Kreditverhältnis. 21

a) **Prüfungspflicht des Insolvenzverwalters.** Der Verwalter hat vor Erteilung der Bestätigung zu **überprüfen**, ob die getroffene Vereinbarung über die Einbeziehung die **formalrechtlichen Anforderungen** nach § 264 Abs 2 **erfüllt**. Hierzu gehört insbesondere die rechnerische Prüfung, ob der noch vorhandene Kreditrahmen ausreicht, um den zu bestätigenden Kredit in Bezug auf Kapital, Zinsen und Kosten abzudecken (BerlKo-*Breutigam* § 264 Rn 17; FK-*Jaffé* § 264 Rn 39). Demgegenüber ist der Insolvenzverwalter weder verpflichtet noch berechtigt, die **Zweckmäßigkeit** der Kreditinanspruchnahme zu überprüfen (BerlKo-*Breutigam* § 264 Rn 17; FK-*Jaffé* § 264 Rn 41); diese Entscheidung fällt in das unternehmerische Ermessen des verfügungsberechtigten Insolvenzschuldners; ein Zustimmungsvorbehalt lässt sich planmäßig nur nach § 263 erreichen. Hiervon unberührt bleibt die Verpflichtung des Insolvenzverwalters, dem Gläubigerausschuss bzw dem Insolvenzgericht nach § 262 anzuzeigen, dass durch die Inanspruchnahme des Kredits eine Gefährdung der Planerfüllung eintritt oder eintreten kann (FK-*Jaffé* § 264 Rn 42). 22

23 **b) Erteilung, Widerruf.** Die Bestätigung des Insolvenzverwalters bedarf nach § 264 Abs 2 der **Schriftform**; insoweit trägt der Gesetzgeber den Erwägungen Rechnung, die hier für die Schriftlichkeit der Einbeziehungsvereinbarung angestellt worden sind (oben Rn 19). Sie ist **gegenüber dem Kreditgläubiger** abzugeben, dessen Kredit in den Kreditrahmen einbezogen wird. Soll ein **Warenkreditversicherer** begünstigt werden (s oben Rn 5), so ist die Erklärung ihm gegenüber abzugeben. Der Insolvenzverwalter kann die Bestätigung erst **nach** Abschluss der Vereinbarung über die Einbeziehung rechtswirksam erteilen bzw ablehnen. Es besteht auch aus Sicht des Kreditgebers kein schutzwürdiges Interesse daran, dass die Bestätigung ihm bereits vor Abschluss der Kreditvereinbarung erteilt wird; denn der Kreditgeber kann sich gegen das rechtliche Risiko des Ausbleibens der gewünschten Bestätigung dadurch schützen, dass er den Kreditvertrag unter die aufschiebende Bedingung der Bestätigung stellt oder sich bei Ablehnung den Rücktritt vorbehält. Eine einmal erteilte Bestätigung ist **nicht widerruflich** (ebenso *Braun/Frank* § 264 Rn 9). Dies gilt auch dann, wenn der Kreditrahmen den einbezogenen Kredit nicht oder nur teilweise abdeckt (**aA** FK-*Jaffé* § 264 Rn 46). Rechtsbegründend wirkt die Bestätigung nur in Höhe des **noch verfügbaren Kreditrahmens**; dies ergibt sich daraus, dass die Höhe des Kreditrahmens gemäß § 267 Abs 2 Nr 3 bekannt gemacht ist, wodurch eine weitergehende Rangprivilegierung bereits gesetzlich ausgeschlossen ist. Im Übrigen wird mit Recht darauf hingewiesen, dass es dem Insolvenzverwalter während der gesamten Überwachungsphase obliegt, bei der Neuaufnahme von Krediten die verfügbare Reichweite des Kreditrahmens zu prüfen, nicht zuletzt im Hinblick auf seine eigene Haftung (vgl FK-*Jaffé* § 264 Rn 39).

24 **c) Überschreitung.** Hat der Insolvenzverwalter eine **Überschreitung des Kreditrahmens** zugelassen, so geht dies nicht zulasten der übrigen Plafondsgläubiger; der überschießende Betrag ist nicht in den Kreditrahmen mit der Folge einzubeziehen, dass sich die Rangprivilegierung sämtlicher Plafondsgläubiger quotal entsprechend reduziert (**aA** BerlKo-*Breutigam* § 264 Rn 18; tendenziell **aA** auch K/P/*Otte* § 264 Rn 10). In einem solchen Fall sollte dem **Prioritätsprinzip** gegenüber einem **Solidareintritt** sämtlicher Plafondsgläubiger der Vorzug gegeben werden; der betroffene „letzte" Plafondsgläubiger erscheint insoweit weniger schutzwürdig, als er aufgrund der Bekanntmachung gemäß § 267 Abs 2 Nr 3 die Höhe des Kreditrahmens kennen muss und er die Höhe des insoweit vor seiner Kreditvergabe schon ausgeschöpften Kreditrahmens beim Insolvenzverwalter erfragen kann (vgl N/R/*Braun* § 264 Rn 8). Dementsprechend ist bei nur **teilweisem Überschreiten** des Kreditrahmens nur derjenige Teil des Kredits, der vom Kreditrahmen noch gedeckt ist, rangprivilegiert, während der nicht gedeckte Teil wie die Forderung eines Neugläubigers zu behandeln ist (ebenso N/R/*Braun* § 264 Rn 8).

V. Rechtswirkungen des Kreditrahmens

25 **1. Rangprivileg der Plafondsgläubiger.** Nach dem Wortlaut von § 264 Abs 1 wird den **Gläubigern** mit Forderungen aus Darlehen und sonstigen Krediten, die der Schuldner oder die Übernahmegesellschaft während der Zeit der Überwachung aufnimmt oder die ein **Massengläubiger** in die Zeit der Überwachung hinein stehen lässt, der **Vorrang** vor den übrigen **Insolvenzgläubigern** eingeräumt, wenn und soweit sie wirksam in den Kreditrahmen einbezogen sind, den der gestaltende Teil des Insolvenzplans vorsieht. Dieser **Vorrang** wird nach § 266 Abs 1 nur in einem **nachfolgenden Insolvenzverfahren** berücksichtigt, das noch vor der Aufhebung der Überwachung eröffnet wird. Dort gilt er jedoch gegenüber allen übrigen Insolvenzgläubigern, wie sich aus §§ 265, 266 im Einzelnen ergibt. Die privilegierten Plafondsgläubiger bleiben jedoch **Insolvenzgläubiger**; ihre Forderungen werden nicht in den Rang von Masseansprüchen erhoben; sie sind daher im nachfolgenden Insolvenzverfahren nach den Masseverbindlichkeiten zu bedienen. Die Privilegierung aus § 264 Abs 1 führt mithin im Zusammenwirken mit §§ 265, 266 dazu, dass im nachfolgenden Insolvenzverfahren unter den Insolvenzgläubigern eine **mehrstufige Rangordnung** gilt (s unten § 266 Rn 3).

26 Mit dem Vorrang der Plafondsgläubiger ist der **Nachrang der Insolvenzgläubiger** verbunden, die in § 264 Abs 1 S 1 genannt werden. Mit Recht wird darauf hingewiesen, dass es sich bei ihnen nicht nur um die Altgläubiger nach § 38 handeln kann; der **Begriff** der Insolvenzgläubiger ist im Zusammenhang mit § 264 Abs 1 vielmehr **weiter zu fassen** (HK-*Flessner* § 264 Rn 4). So sind zu den in § 264 Abs 1 genannten Insolvenzgläubigern auch die Gläubiger der Übernahmegesellschaft zu zählen, die im Zeitpunkt der Bestätigung des Insolvenzplans keine Insolvenzgläubiger sind (zutr HK-*Flessner* § 264 Rn 4). Außerdem sind den Insolvenzgläubigern jene Gläubiger zuzurechnen, die nicht Insolvenzgläubiger nach § 38 waren, jedoch im Plan als außenstehende **Dritte** Sanierungsbeiträge übernommen haben (vgl hierzu § 254 Rn 14). Insolvenzgläubiger im Sinn von § 264 Abs 1 S 1 sind mithin **alle Gläubiger**, denen nach dem **gestaltenden Teil des Insolvenzplans** Forderungen gegen den Schuldner bzw die Übernahmegesellschaft zustehen.

27 **2. Abgrenzung gegenüber Sicherungsberechtigten.** Die Einrichtung unterschiedlicher Rangordnung der Insolvenzgläubiger in einem nachfolgenden Insolvenzverfahren wirft die Frage auf, ob und gegebenenfalls in welchem Umfang **Sicherungsgläubiger** hiervon betroffen sein können. Da die Vorschriften zur Überwachung der Planerfüllung hierzu keine Regelungen enthalten, erscheinen die nachfolgenden **Klarstellungen** geboten (vgl auch N/R/*Braun* § 264 Rn 10–12):

a) **Aussonderungsberechtigte.** Soweit **Aus- und Ersatzaussonderungsberechtigte** nach §§ 47, 48 während des Laufs des ursprünglichen Insolvenzverfahrens von ihren Rechten keinen Gebrauch gemacht haben, bleiben ihre Rechte ungeschmälert erhalten, gegebenenfalls bis hinein in das nachfolgende Insolvenzverfahren. Ihre Rechte werden durch die §§ 264 ff nicht berührt (ebenso N/R/*Braun* § 264 Rn 11). 28

b) **Absonderungsberechtigte.** Gleiches gilt im Grundsatz für **absonderungsberechtigte Gläubiger** im Hinblick auf § 223 Abs 1; denn soweit im Insolvenzplan nichts anderes bestimmt ist, wird das Recht der absonderungsberechtigten Gläubiger zur Befriedigung aus den Gegenständen, an denen Absonderungsrechte bestehen, vom Plan nicht berührt. Insoweit kann auch die Einsetzung eines **Kreditrahmens** im Insolvenzplan ihre Sicherungsrechte nicht beeinträchtigen (BerlKo-*Breutigam* § 264 Rn 20). Soweit die Verwertung ihrer Sicherheiten im vorangegangenen Insolvenzverfahren nur zu einer teilweisen Befriedigung geführt hat, stehen sie jedoch mit ihrer **Ausfallforderung** (§ 52) den übrigen **Insolvenzgläubigern** gleich, denen § 264 Abs 1 den Nachrang zuordnet (vgl N/R/*Braun* § 264 Rn 12 aE; sa *Braun*, in KS-InsO, S 1137 Rn 38). Hieraus ergibt sich aber auch, dass der absonderungsberechtigte Gläubiger, der von seinem Sicherungsrecht noch keinen Gebrauch gemacht hat, von § 264 Abs 1 hinsichtlich des Fortbestands seiner Sicherungsrechte nicht betroffen ist, obwohl er gleichzeitig persönlicher Gläubiger des Schuldners ist (vgl im Einzelnen *Braun*, in KS-InsO, S 1137 Rn 40). 29

Abweichendes kann nur gelten, wenn im gestaltenden Teil des Insolvenzplans die in § 223 Abs 2 vorgesehene Möglichkeit verwirklicht wird, **in die Rechte der absonderungsberechtigten Gläubiger einzugreifen**. Obwohl die absonderungsberechtigten Gläubiger nicht verpflichtet sind, zu dem im Insolvenzplan vorgesehenen Kreditrahmen beizutragen (kritisch hierzu *Braun*, in KS-InsO, S 1137 Rn 41 unter Bezugnahme auf das amerikanische Recht), kann ein solcher Beitrag mit Zustimmung der absonderungsberechtigten Gläubiger festgelegt werden (BerlKo-*Breutigam* § 264 Rn 21). Wie dies im Einzelfall aussehen soll und in welchem Umfang etwa absonderungsberechtigte Gläubiger aus ihren Sicherungsrechten zum Kreditrahmen beitragen, auch aus späteren Verwertungen, muss im Insolvenzplan im Einzelnen festgeschrieben werden, damit es im nachfolgenden Insolvenzverfahren beachtet werden kann. 30

3. **Rangordnung der Plafondsgläubiger.** Innerhalb des Kreditrahmens besteht **Gleichrangigkeit** (ebenso K/P/*Otte* § 264 Rn 3; H/W/F Kap 9 Rn 58). Reichen die schließlich noch verwertbaren Aktiva – insbesondere wegen weiterbestehender Rechte von Aus- oder Absonderungsberechtigten – zur vollständigen Befriedigung der Plafondsgläubiger nicht aus, so sind ihre Ansprüche in entsprechend reduziertem Umfang zu erfüllen. Zweifelhaft erscheint jedoch, wie zu verfahren ist, wenn Kreditforderungen ganz oder teilweise über den zulässigen Kreditrahmen hinausreichen, auch wenn Einbeziehungsvereinbarung und Bestätigung des Insolvenzverwalters ordnungsgemäß vorliegen. Hierzu wird teilweise die Auffassung vertreten, die Folgen übermäßiger Kreditaufnahmen seien von allen Insolvenzgläubigern und Neugläubigern zu tragen (K/P/*Otte* § 264 Rn 11 f). Folgerichtig müsste sich hieraus eine quotale Kürzung aller von § 264 Abs 1 privilegierten Forderungen ergeben, um das den nachrangigen Gläubigern zukommende Vermögen zur Verteilung zu erhalten. Interessegerechter erscheint es jedoch, Kreditforderungen, die abweichend von einer diesbezüglichen Vereinbarung ganz oder teilweise von dem im Insolvenzplan **vorgesehenen Kreditrahmen nicht mehr gedeckt** sind, wie nachrangige Insolvenzforderungen zu behandeln. Im Hinblick auf das berechtigte und schützenswerte Vertrauen der zunächst nach § 264 Abs 1 kreditierenden Gläubiger auf den unbeschränkten Vorrang und zur Förderung der Rechtssicherheit sollte ein **Prioritätsprinzip** gelten, nach dem die zeitlich später begründeten Forderungen mit dem überschießenden Betrag aus dem Kreditrahmen herausfallen und den nachrangigen Gläubigerforderungen gleichgestellt werden. 31

4. **Insolvenzanfechtungen.** In einem nachfolgenden Insolvenzverfahren sind Insolvenzanfechtungen grundsätzlich ausgeschlossen, mit denen die Bevorrechtigung der Gläubiger angegriffen wird, die aus einer rechtlich ordnungsgemäßen Ausschöpfung des gesetzlich vorgesehenen Kreditrahmens resultiert. Sind mit Zustimmung des Insolvenzverwalters aus der Masse Sicherheiten zur Abdeckung der Kreditgewährung bestellt worden, greift die Anfechtung gleichfalls nicht (ebenso *Braun*/*Frank* § 264 Rn 11). Insoweit wirken §§ 264 ff als lex specialis gegenüber den gesetzlichen Bestimmungen über die Insolvenzanfechtung (vgl N/R/*Braun* § 264 Rn 13). Der Vorschlag, die Insolvenzanfechtung durch eine differenzierte Betrachtungsweise offenzuhalten (so *Frank*, Die Überwachung der Insolvenzplanerfüllung, Rn 439 f), erscheint für die Praxis nicht tragbar. 32

§ 265 Nachrang von Neugläubigern

¹Gegenüber den Gläubigern mit Forderungen aus Krediten, die nach Maßgabe des § 264 aufgenommen oder stehen gelassen werden, sind nachrangig auch die Gläubiger mit sonstigen vertraglichen Ansprüchen, die während der Zeit der Überwachung begründet werden. ²Als solche Ansprüche gelten auch die Ansprüche aus einem vor der Überwachung vertraglich begründeten Dauerschuldverhältnis für die Zeit nach dem ersten Termin, zu dem der Gläubiger nach Beginn der Überwachung kündigen konnte.

I. Normzweck

1 Die Vorschrift dient der **Absicherung der Privilegierung**, die den Gläubigern von Sanierungskrediten nach § 264 zukommen soll. Bliebe die in § 264 vorgesehene Privilegierung der Sanierungskredite auf die Gruppe der **Plangläubiger** beschränkt, könnte sie durch das Hinzutreten von **Neugläubigern** während der Zeit der Überwachung beliebig verkürzt werden. Ohne Festschreibung der Vorrangigkeit gegenüber den Neugläubigern könnte mithin der Vorrang erheblich verwässert werden (vgl Begr zu § 312 RegE, abgedr bei *Balz/Landfermann* S 384). Der Gesetzgeber geht davon aus, dass die durch vertragliche Abreden mit dem Schuldner bzw der Übernahmegesellschaft hinzutretenden Neugläubiger keiner Gleichstellung mit den nach § 264 privilegierten Kreditgläubigern bedürfen, weil ihnen durch die öffentliche Bekanntmachung des Kreditrahmens freisteht, ob sie überhaupt neue vertragliche Forderungen begründen wollen (*Dinstühler* ZInsO 1998, 243, 248). Dies schließt nicht aus, dass solche Neugläubiger im Wege von Verhandlungen mit dem Verwalter die Aufnahme ihrer neubegründeten Forderungen in den Kreditrahmen vereinbaren (Begr zu § 312 RegE, abgedr bei *Balz/Landfermann* S 384).

II. Festschreibung des Nachrangs

2 **1. Vertragliche Neugläubiger.** Nach § 265 S 1 gehen im Rang den **privilegierten Gläubigern** nach § 264 jene **Gläubiger nach**, deren Forderungsrechte auf **vertraglichen Vereinbarungen** beruhen, die während der **Zeit der Überwachung** begründet werden. Dies gilt auch für alle vorvertraglichen und vertraglichen Sekundär- und Schadensersatzansprüche, die aus solchen vertragischen Schuldverhältnissen abgeleitet werden (MüKoInsO-*Wittig* § 265 Rn 7). Insoweit bürdet der Gesetzgeber den hinzutretenden vertraglichen Neugläubigern ein höheres Risiko auf, obwohl gerade der Abschluss von neuen Geschäften für den Schuldner oder die Übernahmegesellschaft regelmäßig von existentieller Bedeutung sein wird. Der Relativierung ihrer zurückgesetzten Rechtsstellung dient § 266 Abs 2, wonach sie in einem neuen Insolvenzverfahren wenigstens den übrigen nachrangigen Gläubigern im Range vorgehen (s § 266 Rn 3).

3 **2. Forderungen aus Dauerschuldverhältnissen.** Nach § 265 S 2 zählen zu den nachrangigen Forderungen auch die Ansprüche aus einem bereits vor der Überwachung **vertraglich begründeten Dauerschuldverhältnis** für die Zeit nach dem **ersten Termin**, zu dem der Gläubiger nach Beginn der Überwachung **kündigen** konnte. Im Rückschluss zu der gesetzlichen Formulierung ist anzunehmen, dass die bis zu diesem Zeitpunkt **aufgelaufenen** Verbindlichkeiten gegenüber den nach § 264 Abs 1 privilegierten Sanierungskrediten **nicht nachrangig** sind (ebenso wohl auch MüKoInsO-*Wittig* § 265 Rn 11). Die Tatsache, dass solche Verbindlichkeiten möglicherweise bis zur Aufhebung des Insolvenzverfahrens Masseverbindlichkeiten darstellten (vgl §§ 108 Abs 1, 55 Abs 1), kann hierbei außer Betracht bleiben; denn nach § 258 Abs 2 hatte der Insolvenzverwalter die unstreitigen Masseansprüche vor Aufhebung des Insolvenzverfahrens zu berichtigen und für die streitigen Sicherheit zu leisten. Im Übrigen geht es in § 265 ohnehin nur um die Rangbestimmung für ein **nachfolgendes Insolvenzverfahren**, das vor Aufhebung der Überwachung eröffnet wird, wie sich aus § 266 Abs 1 ergibt.

4 **3. Gesetzliche Gläubiger.** In gleicher Weise ergibt sich aus der Regelung von § 265, dass die Ansprüche aus **gesetzlichen Schuldverhältnissen**, die während der Überwachung entstehen, den nach § 264 Abs 1 privilegierten Kreditgläubigern gegenüber ebenso wenig nachrangig sind (HK-*Flessner* § 265 Rn 1; N/R/*Braun* § 265 Rn 4; *Smid/Rattunde* § 265 Rn 3).

§ 266 Berücksichtigung des Nachrangs

(1) Der Nachrang der Insolvenzgläubiger und der in § 265 bezeichneten Gläubiger wird nur in einem Insolvenzverfahren berücksichtigt, das vor der Aufhebung der Überwachung eröffnet wird.

(2) In diesem neuen Insolvenzverfahren gehen diese Gläubiger den übrigen nachrangigen Gläubigern im Range vor.

I. Normzweck

1 Die Vorschrift ist in unmittelbarem Zusammenhang mit den beiden vorangegangenen §§ 264, 265 zu sehen. Sie zielt darauf ab, die Privilegierung der als vorrangig bezeichneten Gläubiger **zeitlich zu begrenzen** und auch **nur** für den Fall, dass die Anfangsschwierigkeiten der Sanierung nicht überwunden werden (vgl Begr zu § 313 RegE, abgedr bei *Balz/Landfermann* S 385; N/R/*Braun* § 266 Rn 1). Das Stadium der **Planüberwachung** muss schon im Hinblick auf die allgemeine Wettbewerbssituation **vorübergehender Natur** sein; es rechtfertigt die Besserstellung einzelner Gläubigergruppen nur insoweit, als das schuldnerische Unternehmen bzw die Übernahmegesellschaft **trotz der Beiträge** der privilegierten Gläubiger noch während der Überwachung scheitert.

II. Wirkungen des Nachrangs

2 Nach § 266 Abs 1 wirken sich Vor- und Nachrang der Insolvenzgläubiger und der in § 265 bezeichneten Gläubiger nur in einem Insolvenzverfahren aus, das noch **vor der Aufhebung der Überwachung**

II. Öffentliche Bekanntmachung § 267

eröffnet wird. Hieraus ergibt sich, dass keine der in §§ 264, 265 festgelegten Rangfolgen zum Tragen kommt, wenn überhaupt **kein Insolvenzverfahren** oder ein solches **erst nach Aufhebung der Überwachung** nach § 268 Abs 1 eröffnet werden sollte. Wird ein neues Insolvenzverfahren vor Ablauf der in § 268 Abs 1 Nr 2 vorgesehenen Befristung eröffnet, so gilt die in den §§ 264, 265 vorgesehene Rangordnung nur für Forderungen, die bis zu diesem Zeitpunkt entstanden sind.

III. Klarstellung der Rangordnung

§ 266 Abs 2 enthält die notwendige Klarstellung, dass die in §§ 264, 265 als nachrangig bezeichneten Gläubigerforderungen in dem nachfolgenden Insolvenzverfahren abgehoben werden von den nachrangigen Forderungen, die im allgemeinen Verfahren von § 39 Abs 1 Nr 1–5 erfasst werden. Mithin ergibt sich in dem nachfolgenden Insolvenzverfahren eine **dreistufige Rangordnung der Insolvenzgläubiger**, die sich wie folgt aufgliedert: Im **ersten Rang** werden nebeneinander berücksichtigt die nach § 264 Abs 1 privilegierten Kreditgläubiger neben den Gläubigern aus gesetzlichen Schuldverhältnissen, die während der Überwachung entstehen, und den Gläubigern aus Dauerschuldverhältnissen mit Ansprüchen bis zum Zeitpunkt, in dem die Dauerschuldverhältnisse während der Überwachung erstmals gekündigt werden konnten. Im **zweiten Rang** stehen nebeneinander die in §§ 264, 265 zurückgesetzten Alt- und Neugläubiger. Im **dritten Rang** schließlich finden sich alle in § 39 Nr 1–5 angeführten Gläubiger; mit Recht wird darauf hingewiesen, dass es sich hierbei im Regelfall um Neugläubiger handeln wird, soweit es im ursprünglichen Verfahren bei der Regelbehandlung nachrangiger Gläubiger nach § 225 Abs 1 geblieben ist (HK-*Flessner* § 266 Rn 3; im Ergebnis ebenso *Braun/Frank* § 266 Rn 2; teilweise abw MüKoInsO-*Wittig* § 266 Rn 13–21). Der Vorschlag, eine gesonderte Ausgleichspflicht zwischen erster und zweiter Rangklasse zu postulieren, um neu entstehende Ansprüche aus gesetzlichen Schuldverhältnissen nicht zu privilegieren (MüKoInsO-*Wittig* § 266 Rn 15–18), findet im Gesetz keinen Anhalt, ist durch Auslegung nicht geboten und sachlich nicht geboten (ebenso *Braun/Frank* § 266 Rn 2 Fn 3).

3

§ 267 Bekanntmachung der Überwachung

(1) **Wird die Erfüllung des Insolvenzplans überwacht, so ist dies zusammen mit dem Beschluß über die Aufhebung des Insolvenzverfahrens öffentlich bekanntzumachen.**

(2) **Ebenso ist bekanntzumachen:**
1. im Falle des § 260 Abs. 3 die Erstreckung der Überwachung auf die Übernahmegesellschaft;
2. im Falle des § 263, welche Rechtsgeschäfte an die Zustimmung des Insolvenzverwalters gebunden werden;
3. im Falle des § 264, in welcher Höhe ein Kreditrahmen vorgesehen ist.

(3) ¹§ 31 gilt entsprechend. ²Soweit im Falle des § 263 das Recht zur Verfügung über ein Grundstück, ein eingetragenes Schiff, Schiffsbauwerk oder Luftfahrzeug, ein Recht an einem solchen Gegenstand oder ein Recht an einem solchen Recht beschränkt wird, gelten die §§ 32 und 33 entsprechend.

I. Normzweck

Im Hinblick darauf, dass die Überwachung nach dem gestaltenden Teil des Insolvenzplans verbunden sein kann mit **Beschwerungen** des **Schuldners** und der **Gläubiger**, erscheint es geboten, zur **Sicherheit des Rechtsverkehrs** die Überwachung **öffentlich bekannt** zu machen. Nicht nur die Tatsache der Überwachung selbst, sondern insbesondere auch die wesentlichen Angaben der Ausgestaltung sind nach § 267 Abs 2 zu veröffentlichen, damit sich der Rechtsverkehr hierauf einrichten kann. § 267 Abs 3 sorgt dafür, dass die entsprechenden Registereintragungen erfolgen, damit auch die Einsicht in die Register während der Überwachung nicht zu falschen Schlussfolgerungen führt. Die Pflicht zur Bekanntmachung ist zwingend und durch Vereinbarung nicht disponibel.

1

II. Öffentliche Bekanntmachung

1. Grundsatz. Nach § 267 Abs 1 ist zunächst die Tatsache der Überwachung selbst öffentlich bekannt zu machen. Nach §§ 267 Abs 1, 258 Abs 3 S 1, 9 Abs 1 erfolgt die öffentliche Bekanntmachung durch **Veröffentlichung** in dem für die **amtlichen Bekanntmachungen** des Gerichts **bestimmten Blatt**. Obwohl die Aufhebung des Insolvenzplanverfahrens selbst nach §§ 258 Abs 3 S 1, 200 Abs 2 S 2 auch im Bundesanzeiger auszugsweise erfolgt, gilt dies nicht für die Bekanntmachung der Überwachung (*Braun/Frank* § 267 Rn 3; MüKoInsO-*Stephan* § 267 Rn 8). Denn § 267 Abs 1 sieht gerade diese Bezugnahme nicht vor (ebenso *Smid/Rattunde* § 267 Rn 2; abw N/R/*Braun* § 267 Rn 3).

2

2. Zusätzliche Angaben. a) Übernahmegesellschaft. Sieht der gestaltende Teil des Insolvenzplans in Übereinstimmung mit § 260 Abs 3 vor, dass sich die Überwachung auf die **Übernahmegesellschaft** er-

3

streckt, so ist dies öffentlich bekannt zu geben. Dies rechtfertigt sich ganz selbstverständlich aus der Tatsache, dass die Übernahmegesellschaft etwa den **Zustimmungserfordernissen** nach § 263 unterliegt, mithin im Rechtsverkehr „belastet" auftritt.

4 b) **Zustimmungsvorbehalt.** Öffentlich bekannt zu geben sind auch **im Einzelnen** die **Rechtsgeschäfte** des Schuldners bzw der Übernahmegesellschaft, die in Übereinstimmung mit § 263 im gestaltenden Teil des Insolvenzplans der Zustimmung des Insolvenzverwalters vorbehalten sind. Diese Angaben erscheinen zum Schutz des Rechtsverkehrs dringend geboten im Hinblick auf die weit reichenden Folgen, die sich an die fehlende Zustimmung des Insolvenzverwalters knüpfen (hierzu oben § 263 Rn 5).

5 c) **Höhe des Kreditrahmens.** Auch hier erfordert der Schutz des Rechtsverkehrs bzw die Vorhersehbarkeit möglicher **Privilegierung** bzw **Nachrangigkeit**, dass **alte** wie **neue Gläubiger** über den Kreditrahmen unterrichtet werden, innerhalb dessen eine spätere Vorrangigkeit vor anderen Gläubigern ermöglicht werden soll. Dies erfordert die konkrete Angabe der betragsmäßigen Höhe des Kreditrahmens (K/P/*Otte* § 267 Rn 7; MüKoInsO-*Stephan* § 267 Rn 6).

III. Öffentliche Register

6 Nach § 267 Abs 3 S 1 gilt § 31 entsprechend. Hieraus ergibt sich, dass **Handels-, Genossenschafts-, Partnerschafts-** oder **Vereinsregister** darüber zu unterrichten sind, dass zwar das Insolvenzverfahren aufgehoben worden ist, jedoch die Überwachung der Erfüllung des Insolvenzplans andauert. Im Zusammenhang mit der Angabe der nach § 263 zustimmungsbedürftigen Geschäfte hindert die **entsprechende Eintragung** im **Handelsregister**, dass der Rechtsverkehr über die Rechtsmacht der geschäftsführenden Organe falsche Vorstellungen entwickelt. Entsprechendes gilt für die Bezugnahme auf §§ 32, 33 in § 276 Abs 1 S 2: Durch die entsprechenden Eintragungen wird insbesondere ein möglicher **Gutglaubensschutz** verhindert (vgl auch MüKoInsO-*Stephan* § 267 Rn 13).

§ 268 Aufhebung der Überwachung

(1) Das Insolvenzgericht beschließt die Aufhebung der Überwachung,
1. wenn die Ansprüche, deren Erfüllung überwacht wird, erfüllt sind oder die Erfüllung dieser Ansprüche gewährleistet ist oder
2. wenn seit der Aufhebung des Insolvenzverfahrens drei Jahre verstrichen sind und kein Antrag auf Eröffnung eines neuen Insolvenzverfahrens vorliegt.

(2) ¹Der Beschluß ist öffentlich bekanntzumachen. ²§ 267 Abs. 3 gilt entsprechend.

I. Gegenstand

1 Sieht der gestaltende Teil des Insolvenzplans die Überwachung der Erfüllung nach § 260 Abs 1 vor, so kann dies mit vielfältigen **Beschwerungen des Schuldners** bzw der **Übernahmegesellschaft** verbunden sein, wie sich im Einzelnen aus §§ 260 ff ergibt. Auch wenn sich die Planüberwachung außerhalb des aufgehobenen Insolvenzverfahrens abspielt, so unterliegt sie bei allen Gestaltungsmöglichkeiten im Insolvenzplan einem formalen Ablauf und im Rahmen der gesetzlichen Vorschriften. Dementsprechend sehen § 268 Abs 1 die **förmliche Aufhebung** des Verfahrens der Überwachung vor und § 268 Abs 2 die **öffentliche Bekanntmachung** mit der gleichzeitigen Verweisung auf §§ 267 Abs 3, 31-33. Der Beschluss über die Aufhebung der Überwachung und seine Bekanntmachung dienen mithin dem formellen **Abschluss der Überwachung** ebenso wie der **Sicherheit des Rechtsverkehrs**.

II. Aufhebung der Überwachung

2 1. **Aufhebungsbeschluss.** Die Aufhebung der Überwachung erfolgt durch **Beschluss des Insolvenzgerichts.** Funktional zuständig hierfür ist nach § 18 Abs 2 RPflG (in der Fassung des Art 14 EGInsO) nicht der Insolvenzrichter, sondern der **Rechtspfleger**, soweit sich der Richter die Entscheidung nicht gemäß § 18 Abs 2 RPflG vorbehalten hat (s oben § 258 Rn 2). Hat der Rechtspfleger entschieden, so ist die Erinnerung zulässig nach § 11 Abs 2 S 1 RPflG. Dagegen ist der vom Insolvenzrichter erlassene **Beschluss zur Aufhebung** der Überwachung **nicht anfechtbar**, da die InsO kein Rechtsmittel vorsieht, vgl § 6 Abs 1 (ebenso K/P/*Otte* § 268 Rn 5; *Smid/Rattunde* § 268 Rn 3).

3 2. **Aufhebung bei Erfüllung.** Nach § 268 Abs 1 Nr 1 beschließt das Insolvenzgericht die Aufhebung, wenn die Ansprüche, deren Erfüllung überwacht wird, **tatsächlich erfüllt** sind. Diesem Tatbestand wird gleichgesetzt, dass die **Erfüllung** zwar noch **nicht bewirkt**, jedoch **gewährleistet ist**. Zeigt mithin der Insolvenzverwalter dem Insolvenzgericht an, dass einer der beiden Tatbestände gegeben ist, so sind die Voraussetzungen für den Aufhebungsbeschluss gegeben (MüKoInsO-*Stephan* § 268 Rn 6). In welcher **Form** die Anzeige gegenüber dem Insolvenzgericht zu erfolgen hat, ist nicht vorgeschrieben. Unter Anlehnung an § 261 Abs 2 wird man jedoch erwarten müssen, dass der Insolvenzverwalter in diesen Fällen eine Art **schriftlichen Schlussbericht** fertigt, aus dem sich ergibt, dass er die Erfüllung der Planansprüche geprüft bzw sich von der Sicherstellung der noch nicht erfüllten Plananansprüche, etwa durch Sicherheitsleistungen, überzeugt hat (vgl auch MüKoInsO-*Stephan* § 268 Rn 7). In Fällen **streitiger Auseinandersetzungen** über ausstehende Plananansprüche wird die Gewährleistung ihrer Erfüllbarkeit möglicherweise nur durch Hinterlegung dargestellt werden können, wenn sich Gläubiger und Schuldner nicht anderweitig über eine Sicherstellung einigen.

3. Aufhebung wegen Zeitablaufs. Nach § 268 Abs 1 Nr 2 hat das Insolvenzgericht die Aufhebung der Überwachung zu beschließen, wenn seit der Aufhebung des Insolvenzverfahrens **drei Jahre** verstrichen sind und kein Antrag auf Eröffnung eines neuen Insolvenzverfahrens vorliegt. Die **fixe zeitliche Schranke** entspricht dem Bedürfnis des Rechtsverkehrs, dass die Überwachung des Schuldners bzw der Übernahmegesellschaft kein Dauerzustand sein kann. Das **Überschreiten der Dreijahresfrist** erscheint nur dann gerechtfertigt, wenn inzwischen ein Antrag auf Eröffnung eines neuen Insolvenzverfahrens gestellt worden ist. In diesem Fall muss aus der Formulierung des Gesetzes entnommen werden, dass die Überwachung so lange anhält, bis über den **Eröffnungsantrag rechtskräftig entschieden** ist (FK-*Jaffé* § 268 Rn 16; HK-*Flessner* § 268 Rn 1; MüKoInsO-*Stephan* § 268 Rn 8). Weist das Insolvenzgericht den erneuten Eröffnungsantrag ab, aus welchen Gründen auch immer, so muss es gleichzeitig die sich über die Dreijahresfrist erstreckende Überwachung aufheben. Ob ein **erneuter Insolvenzantrag** gestellt worden ist, muss das Insolvenzgericht **von Amts wegen** prüfen. Im Übrigen kann eine **kürzere als die gesetzliche Dreijahresfrist** im gestaltenden Teil des Insolvenzplans vorgesehen werden; dagegen sind die Parteien nicht in der Lage, eine gegenüber § 268 Abs 1 Nr 2 längere Frist vorzusehen (HK-*Flessner* § 268 Rn 2). 4

4. Wirkungen der Aufhebung. Mit der Aufhebung der Überwachung durch das Insolvenzgericht entfallen **sämtliche Verfügungsbeschränkungen**, die dem Schuldner oder der Übernahmegesellschaft im Insolvenzplan auferlegt worden waren. Schuldner und Übernahmegesellschaft werden in vollem Umfang verfügungsberechtigt und unterliegen keinerlei insolvenzrechtlichen Beschränkungen mehr. Die Tatsache, dass privilegierte Kreditgläubiger nach Aufhebung ihre Privilegierung verlieren (vgl K/P/*Otte* § 268 Rn 4), erscheint interessegerecht und ist auch rechtspolitisch geboten; denn nach Planerfüllung und ohne Vorliegen der Voraussetzungen für ein erneutes Insolvenzverfahren fehlt es an einem Grund dafür, dauerhaft einzelne Gläubigergruppen des (früheren) Insolvenzschuldners zu privilegieren. Im Übrigen hat der **überwachende Insolvenzverwalter** im Anschluss an die Aufhebung der Überwachung die nicht mehr benötigten **Geschäftsunterlagen** an den Schuldner oder die Übernahmegesellschaft herauszugeben (zum früheren Recht **OLG** Stuttgart 3. 1. 1984, ZIP 1984, 1385). Die Unterlagen, die der überwachende Verwalter im Zuge seiner Tätigkeit in Abschrift erhalten oder selbst angelegt hat, sind von ihm – oder vom Sachwalter, wenn ein solcher mit der Überwachung beauftragt worden war – aufzubewahren. Das Recht, die Unterlagen zu vernichten (so offenbar N/R/*Westphal* S 200 Rn 13), kommt ihm nach zutreffender Auffassung nicht zu (ebenso K/P/*Otte* § 268 Rn 5; H/W/F Kap 9 Rn 64; MüKoInsO-*Stephan* § 268 Rn 15). 5

III. Öffentliche Bekanntmachung

Nach § 268 Abs 2 S 1 ist der Beschluss über die Aufhebung der Überwachung öffentlich bekannt zu machen. Da § 268 Abs 2 S 1 ebenso wenig wie § 267 Abs 1 auf § 200 Abs 2 S 2 Bezug nimmt, genügt mithin die öffentliche Bekanntmachung im **Amtsblatt des Insolvenzgerichts** nach § 9 Abs 1 (FK-*Jaffé* § 268 Rn 20; N/R/*Braun* § 268 Rn 4). Einer Veröffentlichung im **Bundesanzeiger** bedarf es hingegen ebenso wenig wie im Fall von § 267 Abs 1. Aus § 268 Abs 2 S 2 folgt, dass entsprechend der Aufhebung der Überwachung entsprechende Registervermerke zu löschen sind. Eine Vorabwarnung der nach § 264 vorrangigen Gläubiger ist nicht vorgesehen (vgl K/P/*Otte* § 268 Rn 4). 6

§ 269 Kosten der Überwachung

¹Die Kosten der Überwachung trägt der Schuldner. ²Im Falle des § 260 Abs. 3 trägt die Übernahmegesellschaft die durch ihre Überwachung entstehenden Kosten.

I. Kostenlast

Die durch die Überwachung entstehenden Kosten können einer „Insolvenzmasse" nicht mehr angelastet werden, weil es nach Aufhebung des Insolvenzverfahrens eine solche nicht mehr gibt. § 269 bürdet die Kosten dem Schuldner und im Fall von § 260 Abs 3 der Übernahmegesellschaft auf, nicht etwa den Gläubigern, deren Ansprüche auf Erfüllung überwacht werden. Die Regelung des § 269 ist jedoch nicht zwingend; der Insolvenzplan kann **abweichende Regelungen** vorsehen (FK-*Jaffé* § 269 Rn 2; MüKoInsO-*Stephan* § 269 Rn 10). 1

II. Gegenstand und Umfang

2   Bei den zu tragenden Kosten handelt es sich um die **Vergütungen** für den überwachenden Insolvenzverwalter sowie die Mitglieder des Gläubigerausschusses und um Eintragungs- und Veröffentlichungskosten (hierzu MüKoInsO-*Stephan* § 269 Rn 3–7). Auch **Auslagen** des Verwalters wie Reisekosten, Porti, Telefon- und sonstige Kommunikationskosten oder die Honoraransprüche vom Verwalter eingesetzter sachverständiger Dritter, deren sachgerechter Hilfe er sich für die Erfüllung seiner Pflichten bedient, zählen zu den erstattungspflichtigen Kosten. Um die Vergütungsansprüche sowie die Auslagen sicherzustellen, sind Zwischenabrechnungen zulässig und angezeigt (H/W/F, Hdb InsO, S 691; FK-*Jaffé* § 269 Rn 9; K/P/*Otte* § 269 Rn 2).

III. Festsetzung

3   Die Kosten werden vom Insolvenzgericht festgesetzt, §§ 64, 73 (*Braun/Frank* § 269 Rn 3; MüKoInsO-*Stephan* § 269 Rn 7); der entsprechende Beschluss ist nach § 794 Abs 1 Nr 2, 3 ZPO vollstreckungsfähig.

SIEBTER TEIL. EIGENVERWALTUNG

§ 270 Voraussetzungen

(1) ¹Der Schuldner ist berechtigt, unter der Aufsicht eines Sachwalters die Insolvenzmasse zu verwalten und über sie zu verfügen, wenn das Insolvenzgericht in dem Beschluß über die Eröffnung des Insolvenzverfahrens die Eigenverwaltung anordnet. ²Für das Verfahren gelten die allgemeinen Vorschriften, soweit in diesem Teil nichts anderes bestimmt ist.

(2) Die Anordnung setzt voraus,
1. daß sie vom Schuldner beantragt worden ist,
2. wenn der Eröffnungsantrag von einem Gläubiger gestellt worden ist, daß der Gläubiger dem Antrag des Schuldners zugestimmt hat und
3. daß nach den Umständen zu erwarten ist, daß die Anordnung nicht zu einer Verzögerung des Verfahrens oder zu sonstigen Nachteilen für die Gläubiger führen wird.

(3) ¹Im Falle des Absatzes 1 wird anstelle des Insolvenzverwalters ein Sachwalter bestellt. ²Die Forderungen der Insolvenzgläubiger sind beim Sachwalter anzumelden. ³Die §§ 32 und 33 sind nicht anzuwenden.

Übersicht

	Rn
I. Vorbemerkung	1
II. Geeignete Fallkonstellationen	4
III. Anwendung der allgemeinen Vorschriften (§ 270 Abs 1 S 2)	10
IV. Verhinderung der Eigenverwaltung durch eine Schutzschrift?	15
V. Voraussetzungen der Anordnung (§ 270 Abs 2)	16
1. Antrag des Schuldners	17
2. Zustimmung des Gläubigers bei Fremdantrag	19
3. Ausschluss einer Gläubigerbenachteiligung	22
VI. Die Entscheidung über den Antrag auf Anordnung der Eigenverwaltung	29
1. Der Anordnungs- oder Zurückweisungsbeschluss	29
2. Rechtswirkungen des Anordnungsbeschlusses	31
a) Der Schuldner als Amtswalter	32
b) Begründung von Verbindlichkeiten	33
c) Arbeitsrechtliche Befugnisse	34
d) Sonstige Rechte und Pflichten	35
e) Fehlen gerichtlicher Aufsicht	36
f) Kompetenzkonflikt in der Eigenverwaltung	37
3. Rechtsmittel	42
4. Richterliche Hinweispflicht und Erlass eines Vorbescheids	44
VII. Die Anordnung von Sicherungsmaßnahmen im Eröffnungsverfahren	45
VIII. Bestellung eines Sachwalters (§ 270 Abs 3 S 1)	48
IX. Forderungsanmeldung beim Sachwalter (§ 270 Abs 3 S 2)	51
X. Registereintragungen (§ 270 Abs 3 S 3)	52

I. Vorbemerkung

Nach den Vorstellungen des Gesetzgebers sollen die Gläubiger aufgrund der ihnen vom Gesetz eingeräumten Autonomie darüber bestimmen können, ob dem Schuldner oder Schuldnerunternehmen im Einzelfall die Insolvenzabwicklung selbst überlassen werden kann (vgl Allgem Begr RegE, abgedr bei *Balz/Landfermann*, S 177 = *Uhlenbruck*, Das neue Insolvenzrecht, S 269). Die Eigenverwaltung soll **allein vom Gläubigerwillen**, nicht aber von dem angestrebten Verfahrensergebnis, von der beabsichtigten Form der Masseverwertung oder von der subjektiven Würdigkeit des Schuldners abhängig gemacht werden. In geeigneten Fällen kann nach den Vorstellungen des Gesetzgebers hierdurch eine kostengünstigere und wirtschaftlich sinnvolle Verwertung erreicht werden (*Bähr/Landry* in Mohrbutter/Ringstmeier § 15 Rn 2; K/P/B/*Pape* § 270 Rn 4). Behält der Schuldner die Verwaltung und Verwertung seines Vermögens in der eigenen Hand, werden Instruktionen, Einarbeitungszeiten und Reibungsverluste im Verhältnis zu den Gläubigern, Kunden und dem Personal, die mit der Einschaltung eines Insolvenzverwalters verbunden sind, vermieden (vgl *Häsemeyer* InsR Rn 8.01; *Vallender* WM 1998, 2129; K/P/B/*Pape* § 270 Rn 4, 5; BerlKo-*Blersch* § 270 Rn 1 ff; FK-*Foltis* Vorbem zu §§ 270 ff Rn 2 ff; MüKo-*Wittig/Tetzlaff* § 270 Rn 1 ff; vgl auch die Begr RegE vor § 270, abgedr bei K/P, Das neue Insolvenzrecht, S 518 = *Uhlenbruck*, Das neue Insolvenzrecht, S 658 = BR-Drucks 1/92, S 222/223). Abgesehen davon, dass die Einarbeitszeit des Verwalters entfällt und das Verfahren billiger gestaltet wird, soll die Eigenverwaltung vor allem Anreiz bieten für eine **frühzeitige Insolvenzantragstellung**. In der Eigenver- 1

§ 270

waltung werden die Funktionen des Insolvenzverwalters auf den Sachwalter und den Insolvenzschuldner verteilt. Dem Rechtsinstitut der Eigenverwaltung wird in Literatur und in der Insolvenzpraxis noch ein **erhebliches Misstrauen** entgegengebracht, weil angeblich der „Bock zum Gärtner" gemacht bzw der Schuldner zu seinem eigenen Gerichtsvollzieher bestellt wird (vgl *Grub* WM 1994, 880; *ders* in: KS S 671, 678 ff Rn 21 ff; *ders* AnwBl 200, 580, 582; *Leipold/Leipold* S 165 ff; früher auch KS-*Pape* S 895 Rn 1 ff; *Gravenbrucher Kreis* ZIP 1992, 658). Neben einer deutlichen Zurückhaltung der Gerichte ist es in der Literatur – noch – fast allgemeine Meinung, dass die Eigenverwaltung durch den Schuldner ein **Ausnahmefall** bleiben muss (**AG Darmstadt**, ZIP 1999, 1494; BerlKo-*Blersch* § 270 Rn 5; *Bork*, Einf Rn 401; *Häsemeyer* InsR Rn 8.03; *Jauernig/Berger* § 64 I; *Uhlenbruck* NZI 1998, 1, 7; *Vallender* WM 1998, 2129, 2139; *ders* NZI 2007/Heft 7 S V; *ders* NZI 2007, 129 (krit); H/W/F Hdb 3. Aufl 10/3; *Huhn*, Die Eigenverwaltung im Insolvenzverfahren 2002; S 428 Rn 1279). Auch die **Einstellung der Insolvenzgerichte** ist eher restriktiv (vgl **BGH** v 11. 1. 2007, NZI 2007, 231; **BGH** NZI 2007, 238; **BGH** NZI 2007, 240).

2   Die zT **überzogene Kritik an der Eigenverwaltung**, die auf amerikanischen Vorbildern beruht (vgl *Smid*, Grundzüge 3. Aufl § 24 Rn 8; *Eidenmüller* ZIP 2007, 1729, 1734 f), soll hier nicht heruntergespielt werden. Nicht auszuschließen sind zB gläubigerschädigende Absichten des Schuldners, die Verletzung des Gleichbehandlungsgrundsatzes, insolvenzzweckwidrige Verfügungen und gutgläubiger Erwerb, Zweckentfremdung von Geldern, sachwidrige Ausübung des Wahlrechts nach § 103, Bestreiten angemeldeter Forderungen durch den Schuldner, Versperren von Informationsquellen und Einwirkungsmöglichkeiten von Großgläubigern (vgl instruktiv *Vallender* WM 1998, 2129, 2137 ff; *Grub* WM 1994, 880, 881; *Leipold/Leipold* S 165 ff; *Smid* WM 1998, 2489, 2506). Trotz der Gefährdungsmomente stellt das **Modell der Eigenorganschaft** eine **ernsthafte strategische Option** bei der Lösung von Unternehmenskrisen vor allem bei Großinsolvenzen dar (vgl *Braun/Uhlenbruck* Unternehmensinsolvenz S 691, 694; N/R/*Riggert* Vorbem vor § 270 Rn 4–6; FK-*Foltis* vor §§ 270 ff Rn 25 ff; MüKo-*Wittig/Tetzlaff* vor §§ 270–285 Rn 18, 18 a–c; *Piepenburg* NZI 2004, 231; *Buchalik* NZI 2000, 294; K/P/B/*Pape* § 270 Rn 19). Die Einführung des frühzeitigen Insolvenzauslösers der **drohenden Zahlungsunfähigkeit** (§ 18) kann nur in ökonomisch sinnvoller Weise funktionieren, wenn ein sanierungsfähiges Schuldnerunternehmen berechtigte Aussicht hat, im Wege der Eigenverwaltung mit ausgetauschten Leitungsorganen das Insolvenzverfahren weitgehend in eigener Verantwortung durchzuführen. **Erfolgreiche Eigenverwaltungen** der letzten Jahre zeigen, dass bei richtiger Handhabung dieses mit der InsO eingeführten Instrumentariums die befürchteten Nachteile weitgehend vermieden werden können (K/P/B/*Pape* § 270 Rn 20 u Rn 21 a; *Blank* ZInsO 2008, 437; *Bales* NZI 2008, 216; *Uhlenbruck* NZI 2008, 201, 206). Liegt eine Regelinsolvenz mit dem **Ziel der insolvenzmäßigen Abwicklung** vor, so ist idR die Eigenverwaltung auch in größeren Verfahren nicht angezeigt. Vor allem bei der **Liquidation** steht regelmäßig das vollstreckungsrechtliche Moment im Vordergrund (*Gottwald/Haas* InsR Hdb § 86 Rn 12; *Braun/Uhlenbruck* Unternehmensinsolvenz S 696; *Schlegel*, Eigenverwaltung 1999 S 44 ff; *A. Koch*, Eigenverwaltung 1998 S 41 ff). Vgl auch *Uhlenbruck* FS Henckel S 878; *Huhn*, Die Eigenverwaltung im Insolvenzverfahren, 2003; Rn 133 ff; *Vallender* FS Metzeler S 23; K/P/B/*Pape* § 270 Rn 59 f). Mit der Eigenverwaltung kann uU auch der **Verlust einer berufsrechtlichen Erlaubnis** vermieden werden (**OVG Berlin** v 18. 6. 2002, ZVI 2004, 620; K/P/B/*Pape* § 270 Rn 43).

3   Umstritten, aber letztlich zu bejahen, ist die Frage, ob mit der Anordnung der Eigenverwaltung auch alle **gesellschaftsrechtlichen Bindungen** der Geschäftsleitungsorgane, vor allem die Weisungsbefugnisse in Bezug auf die Insolvenzmasse und die Verfahrensabwicklung, entfallen (so *Prütting/Huhn* ZIP 2002, 777; **str aA** *Ringstmeier/Homann* NZI 2002, 406; Einzelheiten unten zu Rn 38). Mit der Anordnung der Eigenverwaltung hat der Schuldner bzw haben die organschaftlichen Vertreter eines Schuldnerunternehmens die gesamte Abwicklung des Verfahrens ausschließlich an den **Interessen der Gläubiger auszurichten** und eigene Interessen zurückzustellen (**BGH** v 7. 12. 2006, NZI 2007, 188, 189; **BGH** v 11. 1. 2007, ZInsO 2007, 207, 208; FK-*Foltis* § 270 Rn 21).

II. Geeignete Fallkonstellationen

4   Festzustellen ist grundsätzlich, dass das Rechtsinstitut der Eigenverwaltung zwar nicht nur in Ausnahmefällen, wohl aber in besonderen Fällen Anwendung findet, in denen das Gericht und/oder die Gläubiger zu dem Ergebnis kommen, dass der Schuldner bzw Schuldnervertreter zuverlässig, kompetent und vertrauenswürdig ist, die Sanierung oder Liquidation in eigener Kompetenz durchzuführen. Das Eigenverwaltungsverfahren nach den §§ 270 ff eignet sich nicht nur für Not leidende Großunternehmen, sondern, wie oben bereits dargestellt wurde, vor allem auch für **natürliche Personen,** zumal wenn es sich um **Freiberufler** handelt (vgl BT-Drucks 12/2443, S 226; *A. Koch*, Eigenverwaltung S 95; *Häsemeyer* InsR Rn 8.03; K/P/B/*Pape* § 270 Rn 61; *Mai* ZInsO 2008, 414; *Gerster* ZInsO 2008, 437, 444 ff; *Ehlers/Schmid-Sperber* ZInsO 2008, 879; *Kluth* NJW 2002, 186; *Runkel* ZVI 2007, 45; *Tetzlaff* ZInsO 2005, 393; *D. Maier*, Die Insolvenz des Rechtsanwalts, 2008, S 175 ff; *Gottwald/Haas* InsR Hdb § 86 Rn 5). Nur im **Verbraucher-** und **Kleininsolvenzverfahren** ist die Eigenverwaltung gem § 312 Abs 3 ausgeschlossen. In der Literatur sind **Sachverhaltstypisierungen** entwickelt worden, bei denen die Eigenverwaltung entweder ausgeschlossen ist oder sich empfiehlt (zu den Anwendungsfällen, Risiken und

II. Geeignete Fallkonstellationen § 270

Entscheidungsmodellen: *Körner* NZI 2007, 270 ff; im Übrigen *Braun/Uhlenbruck* Unternehmensinsolvenz S 695; H/W/F Hdb 10/4 ff; KS-*Pape* S 895, 897 ff Rn 2, 4; HK-*Landfermann* § 270 Rn 7; *Buchalik* NZI 2000, 294).

Nach K/P/B/*Pape* (§ 270 Rn 61) hat ein **Freiberufler**, der durch ein über einen längern Zeitraum 5 komplikationslos abgewickeltes Planverfahren gezeigt hat, dass er gewillt ist, seine Gläubiger zu befriedigen, jedenfalls bessere Aussichten auf Erhalt oder zeitnahe Wiedererteilung seiner Zulassung, als ein freiberuflich tätiger Schuldner, bei dem eine zwangsweise Liquidation erfolgen musste. Zu beachten ist für Freiberufler auch die Möglichkeit des § 35 Abs 2. Nicht zu verkennen ist dabei, dass es freiberuflich tätige Schuldner, wie zB Ärzte, gibt, die sich jeder Kooperation mit dem Insolvenzverwalter entziehen (BGH v 17. 2. 2005, ZIP 2005, 722; LG Köln ZVI 2004, 193; AG Köln ZVI 2004, 125) oder das **Instrument der Eigenverwaltung missbrauchen** (BGH v 15. 12. 2005, BGHZ 165, 283 = NZI 2006, 227 = ZInsO 2006, 208; BGHZ 161, 49 = ZIP 2004, 2442 = ZVI 2005, 33). Nach zutr Feststellung von *Foltis* (FK-*Foltis* vor §§ 270 ff Rn 15) bleibt gegen die Eigenverwaltung allerdings „das Argument der Gläubigergefährdung durch den insolvenzrechtlichen Missbrauch möglicher Sanierungsmittel, den automatischen Zahlungsstopp für Altgläubiger (§ 25 Abs 2, §§ 87 ff, 38 ff), die erleichterten Kündigungsmöglichkeiten von Arbeitnehmer (§§ 113 ff) und die Möglichkeit der Inspruchnahme von Insolvenzgeld nach dem SGB III". Letztlich hängt das Funktionieren des Rechtsmittels der Eigenverwaltung nicht nur vom Schuldner bzw den organschaftlichen Vertretern eines Schuldnerunternehmens ab, sondern auch davon, wie der **Sachwalter** seine Kontrollfunktionen wahrnimmt. Ein besonderer Vorteil der **Eigenverwaltung eines Freiberuflers** liegt darin, dass Kollisionen zwischen dem Berufsrecht und der Insolvenzverwaltung vermieden werden (K/P/B/*Pape* § 270 Rn 61).

Die Eigenverwaltung setzt voraus, dass die Gläubiger **Vertrauen zum Management** des Schuldnerunternehmens haben (*Braun/Uhlenbruck* Unternehmensinsolvenz S 695). Vertrauensmangel ist der Hauptgrund ein „klassischen" Insolvenzverfahren, die Eigenverwaltung zu versagen bzw abzulehnen. Vielen Geschäftsleitungen wird die spezifische Kompetenz zur Führung eines Unternehmens unter insolvenzrechtlichen Bedingungen nicht zugetraut (*Gerster* ZInsO 2008, 443 ff). Deshalb werden immer häufiger insolvenzverwaltungserfahrene Fachanwälte, anerkannte Sanierungsexperten oder Insolvenzverwalter im Vorfeld des Insolvenzverfahrens in die **Geschäftsführung bzw den Vorstand von Unternehmen eingewechselt** (vgl *Görg* FS Uhlenbruck 2000, S 117 ff; *Uhlenbruck* FS Metzeler 2003, 85 ff; K/P/B/*Pape* § 270 Rn 32, 33). *Frind* (ZInsO 2002, 745, 751) sieht hierdurch die Unabhängigkeit des Insolvenzverwalters gefährdet, weil diese Verfahrensweise den Versuch darstelle, die gerichtliche Auswahlentscheidung einzugrenzen bzw zu steuern (vgl auch AG Duisburg NZI 2002, 556 = ZIP 2002, 1636). Auch wird befürchtet, die neu berufenen Experten könnten bestimmten Großgläubigern oder der Politik mit ihren spezifischen struktur- und arbeitsmarktpolitischen Zielen nahestehen und diese zu Lasten anderer Gläubiger begünstigen (s *Hofmann* ZIP 2007, 262 f; *Körner* NZI 2007, 270, 274; *Kranzusch* ZInsO 2008, 1346, 1349; s auch *Prütting* ZIP 2002, 1965, 1972 f; K/P/B/*Pape* § 270 Rn 33).

Die §§ 56 ff finden auf **eigenverwaltende Geschäftsführer** oder **Vorstände keine Anwendung**. Die 7 eigenverwaltenden organschaftlichen Vertreter üben zwar die Funktion eines Insolvenzverwalters aus. Sie sind aber keine Insolvenzverwalter, sondern lediglich „Amtswalter" in eigenen Angelegenheiten (vgl *Prütting/Huhn* ZIP 2002, 777, 779). Der **Austausch von Organmitgliedern** vor Insolvenzantragstellung und Antrag auf Anordnung der Eigenverwaltung und in jeder Phase danach ist ein **grundsätzlich zulässiges Gestaltungsmittel** eines Schuldnerunternehmens (vgl AG Köln ZIP 2005, 1975 = NZI 2005, 633 = ZInsO 2005, 1006; *Görg/Stockhausen* FS Metzeler S 105, 111; *Uhlenbruck* NJW 2002, 3219 f; FK-*Foltis* vor §§ 270 ff Rn 32; *Prütting* FS Kirchhof S 433, 437; *Huhn*, Eigenverwaltung, Rn 258 f; *Braun/Riggert* 3 270 Rn 6; K/P/B/*Pape* § 270 Rn 32-34). Die Bestellung eines erfahrenen Insolvenzverwalters zum organschaftlichen Vertreter einer Gesellschaft ist nur dann eine **unzulässige Umgehung** des in § 56 verankerten Grundsatzes der Unabhängigkeit des Insolvenzverwalters, wenn der Schuldner beabsichtigt, die gewählte Konstruktion der Eigenverwaltung zu nutzen, um sich und/oder einzelnen Gläubigern ungerechtfertigte Vorteile zu verschaffen (AG Köln NZI 2005, 633, 635; *Graf-Schlicker* FS Kirchhof 2003, S 135, 146; HK-*Landfermann* vor §§ 270 ff Rn 11; *Westrick* NZI 2003, 65, 70; *Braun* NZI 2003, 588; *Vallender* in K. Schmidt/Uhlenbruck, Die GmbH in Krise, Rn 9.7 S 923). Im Übrigen ist die **Einwechslung eines erfahrenen Insolvenzrechtlers** in die Geschäftsführung bzw den Vorstand vor allem bei Großunternehmen sinnvoll, weil es sich auch bei der Eigenverwaltung um ein Insolvenzverfahren handelt, dessen Abwicklung umfassende insolvenzrechtliche Kenntnisse erfordert die die organschaftlichen Vertreter nicht besitzen.

Die Eigenverwaltung empfiehlt sich auch, wenn ein **außergerichtlicher Vergleich** am Widerspruch 8 einzelner Gläubiger scheitert und der Schuldner nunmehr sein **Sanierungskonzept als Insolvenzplan** („prepackaged plan") im Insolvenzverfahren präsentiert (HK-*Landfermann* § 270 Rn 7); ferner, wenn die ausgewechselte Geschäftsleitung eines insolventen Unternehmens im Einvernehmen mit den Großgläubigern eine Umstrukturierung beabsichtigt und zu diesem Zweck Insolvenzantrag stellt. S auch *Uhlenbruck*, Chancen und Risiken eines plangesteuerten Insolvenzverfahrens als Eigenverwaltung, FS Metzeler 2003, S 85 ff.

Zahlreiche **Großinsolvenzen** der letzten Jahre, wie zB Philipp Holtzmann **AG**, Babcock Borsig **AG**, 9 KirchMedia GmbH & Co. KG, Herlitz **AG**, Grundig **AG**, AGFA-Photo, Ihr Platz oder Sinn Leffers haben gezeigt, dass mit dem Instrument der Eigenverwaltung Sanierungserfolge erzielt werden können, wenngleich in einigen Fällen diese Sanierungen einer Liquidation gleichkamen. Inzwischen hat sich gezeigt, dass die Eigenverwaltung gerade dann ein geeignetes Mittel zur Verfahrensabwicklung sein kann, wenn es darum geht, **Großunternehmen mit verschachtelten konzernrechtlichen Beziehungen** abzuwickeln (K/P/B/*Pape* § 270 Rn 24–28; MüKo-*Wittig/Tetzlaff* vor §§ 270–285 Rn 23; FK-*Foltis* vor §§ 270 ff Rn 21–24; *Wehdeking* DZWIR 2006, 451 ff; *Kessler*, Die Aktiengesellschaft in der Eigenverwaltung, 2006, S 166 ff; *M. Hofmann* ZIP 2007, 260 ff; *ders*, Die Eigenverwaltung in der Insolvenz, 2006; *Hoffmann-Theinert*, Die insolvenzrechtliche Eigenverwaltung, in: *Heintzen/Kruschwitz*, Unternehmen in der Krise, 2003, S 109 ff; *Eidenmüller* ZIP 2007, 1729, 1734 f; *Gottwald/Haas* InsRHdb § 86; *Körner*, Unternehmensturnaround durch Eigenverwaltung in der Insolvenz, 2006; *Hess*, Sanierungshandbuch, 4 Aufl 2009 Kap 23; *Smid/Flöther/Wehdeking*, Die Eigenverwaltung in der Insolvenz, 2005; *Hess/Ruppe* NZI 2002, 577 ff). Nicht zu verkennen ist allerdings, dass eine Gerichtspraxis, die ohne nähere Prüfung trotz Stellung des Eigenantrags ein **allgemeines Verfügungsverbot** gem § 21 Abs 1 Nr 2 verhängt, oftmals mit dieser Maßnahme den Weg zu einer erfolgreichen Eigenverwaltung verbaut. Hat der Schuldner einmal die Geschäftsführung und damit den Überblick über sein Unternehmen verloren, liegt die Annahme nahe, dass die spätere Anordnung der Eigenverwaltung zu einer Verzögerung des Verfahrens führen wird (*Vallender* WM 1998, 2129, 2132). Im Zeitraum von 1999 bis 2007 wurde insgesamt nur bei knapp 10 Prozent der Insolvenzverfahren eine Eigenverwaltung genehmigt (*Kranzusch* ZInsO 2008, 1346, 1347). Das Sanierungsinstrument der Eigenverwaltung hat deswegen bislang nur verhältnismäßig **geringe Akzeptanz** gefunden, weil es einmal in der Wirtschaft noch weitgehend unbekannt ist, zum anderen, weil viele der in Eigenverwaltung durchgeführten Unternehmen letztlich als Liquidationsverfahren geendet sind. Eine Unsicherheit besteht auch darin, dass keine besondere Neigung bei Gutachtern und vorläufigen Insolvenzverwaltern vorhanden ist, sich für eine Eigenverwaltung auszusprechen und damit in eine schlechter honorierte Sachwalterposition zurückzufallen (s auch *Uhlenbruck* NZI 2008, 205; *Westphal/Janjuah* in ZIP-Beil zu Heft 3/2008, 3 ff).

III. Anwendung der allgemeinen Vorschriften (§ 270 Abs 1 S 2)

10   Nach 270 Abs 1 S 2 gelten für die Eigenverwaltung die allgemeinen Vorschriften wie für das Regelinsolvenzverfahren, soweit sich aus den §§ 270–285 nichts anderes ergibt. Anwendbar sind auch im Eigenverwaltungsverfahren zB die allgemeinen Vorschriften über das Eröffnungsverfahren (vgl N/R/ *Riggert* § 270 Rn 5 ff; K/P/B/*Pape* § 270 Rn 107 ff; FK-*Foltis* § 270 Rn 21 ff; BerlKo-*Blersch* § 270 Rn 8; MüKo-*Wittig/Tetzlaff* § 270 Rn 98 ff). Das Verfahren der **Eigenverwaltung ist Insolvenzverfahren** und deshalb an die gleichen Voraussetzungen gebunden wie das Regelinsolvenzverfahren. Die Wirkungen der Verfahrenseröffnung auf schuldrechtliche und sachenrechtliche Beziehungen sind nicht anders (Begr RegE, BT-Drucks 12/2443, S 225 zu § 340 [§ 270 InsO]: HK-*Landfermann* vor §§ 270 ff Rn 5; FK-*Foltis* § 270 Rn 16). Das Eigenverwaltungsverfahren ist **kein selbstständiges Verfahren**, sondern lediglich ein besonders ausgestaltetes Verfahren, das an die allgemeine Verfahrenseröffnung anknüpft und lediglich durch besondere Abwicklungsmodalitäten vom Regelverfahren abweicht. So treffen zahlreiche Pflichten, die im Regelverfahren dem Insolvenzverwalter obliegen, den Schuldner bzw die organschaftlichen Vertreter des Schuldnerunternehmens, wie zB die **Rechnungslegungspflicht** nach §§ 66, 151–155. Die Vorschriften der §§ 103–128 finden entsprechende Anwendung mit der Maßgabe, dass die dort aufgeführten Rechte des Verwalters vom Schuldner ausgeübt werden (§ 279 S 1; BerlKo-*Blersch* § 270 Rn 8; s auch K/P/B/*Pape* § 270 Rn 16). **Ansprüche aus dem Arbeitsverhältnis** sind auch im Fall der Eigenverwaltung nach den allgemeinen insolvenzrechtlichen Regelungen abzuwickeln (vgl *Lakies* BB 1999, 1759 ff). Gem § 279 S 1 finden die arbeitsrechtlichen Sondervorschriften der InsO (§§ 113, 120–128) Anwendung mit der Maßgabe, dass gem § 279 S 2 der Schuldner seine Rechte nach diesen Vorschriften im **Einvernehmen mit dem Sachwalter** ausüben soll. Die Rechte nach den §§ 120, 122, 126 kann der Eigenverwalter nach § 279 S 3 wirksam nur mit **Zustimmung des Sachwalters** ausüben. Allerdings steht die **Insolvenzanfechtung** nach den §§ 129 ff ausschließlich dem Sachwalter zu (§ 280). Die Vorschriften der §§ 177 ff sind mit der Maßgabe anwendbar, dass die Rechte und Pflichten des Insolvenzverwalters dem Schuldnerunternehmen gem § 281 Abs 3 obliegen. Auch die Vorschriften über das **Insolvenzplanverfahren** (§ 217 ff) finden Anwendung. Die Überwachung der Planaufstellung und Planerfüllung erfolgt durch den Sachwalter.

11   Ob im Einzelfall **Vorschriften** des **Regelinsolvenzverfahrens** Anwendung finden, ist unter Berücksichtigung der Besonderheiten der Eigenverwaltung durch Auslegung zu ermitteln (FK-*Foltis* § 270 Rn 22). Das Gericht ist nicht gehindert, im Eröffnungsverfahren **Maßnahmen nach § 21** zu verhängen, wenn trotz Antrags auf Eigenverwaltung das Interesse der Gläubiger solche Maßnahmen gebietet. IdR wird es sich dabei um Sicherungsmaßnahmen handeln, die die im Gläubigerinteresse liegende Verwertungsfähigkeit des Schuldnerunternehmens erhalten oder verbessern sollen, also Maßnahmen, die sich weniger gegen den Schuldner als gegen „Insolvenzstörer" richten oder die Masse zusammenhalten sollen (FK-*Foltis* vor §§ 270 ff Rn 37–39, 51–63 u § 270 Rn 23; **Einzelheiten unten zu Rn 45**). Zu vermeiden sind ohne besonderen Anlass **Maßnahmen, die die Eigenverwaltung gefährden oder unmöglich machen**, wie zB die Einsetzung eines sogen „starken" vorläufigen Insolvenzverwalters mit den Befugnissen des

III. Anwendung der allgemeinen Vorschriften (§ 270 Abs 1 S 2) § 270

§ 22. Eine Besonderheit der Eigenverwaltung besteht darin, dass der Schuldner als sein eigener Insolvenzverwalter **nicht unter der Aufsicht des Insolvenzgerichts** steht, da § 58 keine Anwendung findet. Die **Aufsichtsbefugnisse** werden ausschließlich vom Sachwalter wahrgenommen, der wiederum gem § 274 Abs 1 iVm § 58 unter der Aufsicht des Insolvenzgerichts steht. Die **Sanktionen gegenüber dem Schuldner** bestehen allenfalls darin, dass das Insolvenzgericht unter den Voraussetzungen des § 272 die Eigenverwaltung aufhebt. Neben der Überwachung durch den Sachwalter kann das Insolvenzgericht auf Antrag der Gläubigerversammlung bzw der Gläubiger die **Zustimmungsbedürftigkeit bestimmter Geschäfte** gem § 277 Abs 1 S 1 von der besonderen Zustimmung des Sachwalters abhängig machen.

Grundsätzlich ist die **Restschuldbefreiung nach den §§ 286 ff in der Eigenverwaltung** nicht ausgeschlossen (N/R/*Riggert* § 270 Rn 13; MüKo-*Wittig/Tetzlaff* vor §§ 270–285 Rn 79, 80). Eine Restschuldbefreiung kann jedoch nur eine **natürliche Person** erlangen. Soweit die §§ 304 ff eingreifen, also die Vorschriften über das Verbraucherinsolvenzverfahren, ist nach zwingender Vorschrift des § 312 Abs 3 eine **Anwendung der §§ 270–285 ausgeschlossen**. Ein Eigenverwaltungsverfahren mit anschließender Restschuldbefreiung ist bei natürlichen Personen somit nur im **Regelinsolvenzverfahren** zulässig (N/R/*Riggert* § 270 Rn 13). Im Restschuldbefreiungsverfahren selbst kommt die Eigenverwaltung nach den §§ 270 ff ohnehin nicht in Betracht, weil dieses Verfahren einmal die Aufhebung oder Einstellung des Insolvenzverfahrens voraussetzt, zum andern der Schuldner verpflichtet ist, seine pfändbaren Forderungen aus einem Dienstverhältnis oder an deren Stelle tretende laufende Bezüge für die Zeit von sechs Jahren nach der Eröffnung des Insolvenzverfahrens an einen vom Gericht zu bestimmenden Treuhänder abzutreten (§ 287 Abs 2 S 1). Dagegen kommt die Eigenverwaltung für sonstige besondere Arten des Insolvenzverfahrens nach den §§ 315 ff in Betracht, wie zB im **Nachlassinsolvenzverfahren**, dem Insolvenzverfahren über das **Gesamtgut einer fortgesetzten Gütergemeinschaft** oder über das gemeinschaftlich verwaltete Vermögen einer Gütergemeinschaft (N/R/*Riggert* § 270 Rn 15). Zur Eigenverwaltung im Nachlassinsolvenzverfahren **AG** Köln ZInsO 1999, 601; MüKo-*Wittig/Tetzlaff* vor §§ 270–285 Rn 27 a; HaKo-*Fiebig* § 270 Rn 12). Die Anwendung der §§ 270–285 ist dagegen **ausgeschlossen im Verbraucherinsolvenzverfahren** (§ 312 Abs 3).

Da § 4 auch auf das Eigenverwaltungsverfahren Anwendung findet, gelten die **Vorschriften der Zivilprozessordnung** für die Eigenverwaltung entsprechend, soweit die InsO nichts anderes regelt. Die **Amtsermittlungspflicht des Gerichts** nach § 5 Abs 1 besteht auch im Eigenverwaltungsverfahren hinsichtlich der Voraussetzungen für die Anordnung oder Versagung der Eigenverwaltung (*Vallender* WM 1998, 2129, 2131; FK-*Foltis* § 270 Rn 27). Da die Entscheidung über die Verfahrenseröffnung und die Anordnung der Eigenverwaltung meist eine Entscheidung über die weitere Existenz des Schuldners oder Schuldnerunternehmens ist, kann die ordnungsgemäße Wahrnehmung der Amtsermittlungspflicht gem § 5 Abs 1 nicht ernst genug genommen werden (*Vallender* WM 1998, 2129, 2131; H/W/F Hdb 10/8–10; *Graf-Schlicker* § 270 Rn 13). Schon im Hinblick auf eine mögliche Haftung nach den §§ 839 BGB iVm Art 34 GG sind die Ermittlungen sorgfältig anzustellen, denn nicht nur der Insolvenzgrund, sondern auch die Voraussetzungen für die Anordnung der Eigenverwaltung müssen zur **vollen Überzeugung des Gerichts** feststehen (**LG** Dortmund KTS 1984, 147; *Vallender* WM 1998, 2129, 2131; H/W/F Hdb 10/8). Dabei ist einmal zu berücksichtigen, dass der verfügungsbefugte Schuldner in kurzer Zeit irreversible Schäden anrichten kann, andererseits aber durch eine Verzögerung der Entscheidung zugleich auch die Sanierungschance vertan werden kann (vgl **AG** Darmstadt ZInsO 1999, 176; **AG** Köln ZInsO 1999, 601; H/W/F Hdb 10/8; *Vallender* WM 1998, 2129, 2131 f). Auch im Rahmen der Amtsermittlungen hat der Schuldner bzw Schuldnervertreter die **notwendigen Informationen** zu erteilen (§§ 97 ff; 101, 20 Abs 2; *Graf-Schlicker* § 270 Rn 13; s auch *Huhn*, Eigenverwaltung, Rn 351–392). Keinesfalls darf das Gericht sich aber **allein auf die Angaben des Schuldners und seiner organschaftlichen Vertreter** verlassen. Haben die Bemühungen des Insolvenzgerichts um eine Klärung der zweifelhaften Voraussetzungen für die Anordnung der Eigenverwaltung keinen Erfolg, so ist die **Einschaltung eines Gutachters** unverzichtbar (*Vallender* WM 1998, 2129, 2131). Meist laufen die Ermittlungen hinsichtlich des Insolvenzgrundes, also hinsichtlich der allgemeinen Voraussetzungen für eine Verfahrenseröffnung, parallel mit den Ermittlungen hinsichtlich der Voraussetzungen für die Eigenverwaltung. Regt der Gutachter im Interesse der Gläubiger oder des Schuldnerunternehmens Sicherungsmaßnahmen an, wird das Gericht die erforderlichen Maßnahmen nach § 21 anordnen. Die Amtsermittlungen beziehen sich nicht nur auf sämtliche Umstände, die die Anordnung der Eigenverwaltung gerechtfertigt erscheinen lassen, sondern auch auf Umstände, die gegen die Eigenverwaltung sprechen, wie zB solche iSv § 270 Abs 2 Nr 3.

Mit der Anordnung der Eigenverwaltung tritt zugleich eine **Verfahrensunterbrechung nach § 240 Satz 1 ZPO** ein (**BGH** v 11. 1. 2007, ZInsO 2007, 207, 208; **BGH** v 7. 12. 2006, NZI 2007, 188, 189; FK-*Foltis* § 270 Rn 27). Im Bereich des **internationalen Insolvenzrechts** sind Tendenzen erkennbar, Kompetenzkonflikte im Fall von **Haupt- und Sekundärinsolvenzverfahren** nach der EuInsVO durch Anordnung von Eigenverwaltungen zu lösen (s **AG** Köln ZIP 2004, 471; **AG** Mönchengladbach NZI 2004, 383 m Anm *Lauterbach*; *Sabel* NZI 2004, 126; *Smid* DZWIR 2004, 397, 406; K/P/B/*Pape* § 270 Rn 23). Da die Eigenverwaltung auch zulässig ist, wenn die Liquidation des Unternehmens angestrebt wird, kann sie bei **Sekundärinsolvenzverfahren** gem Art 3 Abs 3, 27 EuInsVO angeordnet werden (**AG** Köln ZIP 2004, 471, 473; *Meyer-Löwy/Poertzgen* ZInsO 2004, 195, 197; HaKo-*Fiebig* § 270 Rn 7; **str** aA *Graf-Schlicker* § 270 Rn 6; *Sabel* NZI 2006, 126, 128).

12

13

14

IV. Verhinderung der Eigenverwaltung durch eine Schutzschrift?

15 Ist schon zweifelhaft, ob hinsichtlich eines Insolvenzantrages eine Schutzschrift von Gläubigern oder sonstigen Verfahrensbeteiligten bei Gericht eingereicht werden kann, so sind diese Zweifel bei einer **Schutzschrift zur Verhinderung der Eigenverwaltung** besonders angebracht. Selbst wenn man die **Zulässigkeit einer Schutzschrift** im Insolvenzverfahren bejaht (vgl hierzu § 14 Rn 150, 151), begegnet es rechtlichen Bedenken, bereits im Vorfeld eines Insolvenzverfahrens Anträge zuzulassen, die das Ziel haben, die Anordnung der Eigenverwaltung zu verhindern (K/P/B/*Pape* § 270 Rn 87; **str aA** MüKo-*Wittig/Tetzlaff* § 270 Rn 30 a; HaKo-*Fiebig* § 270 Rn 17 a; *Keller* InsR Rn 1800; *Wehdeking* DZWIR 2005, 139, 140; *Schillgalis*, Rechtsschutz des Schuldners, S 146 f). Das Gericht ist nicht verpflichtet, in einem noch nicht anhängigen Verfahren derartige Schutzschriften entgegenzunehmen und zu berücksichtigen. Eine ganz andere Frage ist die, ob Gläubiger zur Vermeidung von Nachteilen für die Haftungsmasse berechtigt sind, bereits im Eröffnungsverfahren zu dem Antrag des Schuldners auf Anordnung der Eigenverwaltung Stellung zu nehmen, um eine spätere Aufhebung gem § 272 zu vermeiden. Wenn das Gesetz auch keine **vorherige Anhörung** der Gläubiger vorsieht, ist es schon im Hinblick auf die Amtsermittlungspflicht des Insolvenzgerichts Verfahrensbeteiligten unbenommen, dem Gericht Umstände mitzuteilen, die erwarten lassen, dass die Anordnung der Eigenverwaltung zu einer Verzögerung des Verfahrens oder zu sonstigen Nachteilen für die Gläubiger führen wird (s auch MüKo-*Wittig/Tetzlaff* § 270 Rn 30 a; HaKo-*Fiebig*§ 270 Rn 17 a; *Frege/Keller/Riedel* HRP Rn 582). Zu den **Kosten** s BGH NJW 2003, 1257.

V. Voraussetzungen der Anordnung (§ 270 Abs 2)

16 Die Anordnung der Eigenverwaltung hat der Gesetzgeber an formelle und materielle Voraussetzungen geknüpft, die in § 270 Abs 2 geregelt sind.

17 **1. Antrag des Schuldners.** Der Antrag auf Eröffnung eines Insolvenzverfahrens kann gem § 13 Abs 1 S 2 sowohl von einem Gläubiger als auch vom Schuldner gestellt werden. Dagegen kann den **Antrag auf Eigenverwaltung nur der Schuldner stellen** (§ 270 Abs 2 Nr 1). Grundsätzlich sollte der Antrag auf Anordnung der Eigenverwaltung **mit dem Eröffnungsantrag** verbunden werden (*Vallender* WM 1998, 2131; K/P/B/*Pape* § 270 Rn 69). Hat das Insolvenzgericht das Verfahren eröffnet, jedoch den Antrag auf Anordnung der Eigenverwaltung zurückgewiesen, so kann eine **nachträgliche Anordnung der Eigenverwaltung** nur noch auf Antrag der ersten Gläubigerversammlung gem § 271 in Betracht kommen (K/P/B/*Pape* § 270 Rn 70). Mit dem Antrag auf Anordnung der Eigenverwaltung nach § 270 **hat der Schuldner** nach AG Potsdam (Beschl v 7. 6. 2000, DZWIR 2000, 343; *Hintzen* ZInsO 1998, 15) **Umstände vorzutragen**, die die Erwartung rechtfertigen können, die Anordnung der Eigenverwaltung werde weder zu einer Verzögerung des Verfahrens noch zu sonstigen Nachteilen für die Gläubiger führen. Es ist nicht Sache des Insolvenzgerichts, zugunsten des Schuldners solche Umstände von Amts wegen gem § 5 zu ermitteln. Wird die Eröffnung des Insolvenzverfahrens unter Anordnung der Eigenverwaltung beantragt und sichert ein Gläubiger für diesen Fall einen **Massekostenvorschuss** zu, so gilt diese Zusage als unzulässigerweise an eine Bedingung geknüpft und vermag die Kostendeckung des Verfahrens nicht zu begründen (**BGH** v 7. 7. 2005, DZWIR 2005, 475 m krit Anm *Smid*; AG Charlottenburg DZWIR 2005, 168; s auch *Gundlach/Frenzel/Schirrmeister* DStR 2006, 619). Nach Auffassung des **AG Potsdam** findet § 270 Abs 2 Nr 2 auch Anwendung, wenn nach Stellung eines Eigenantrags ein Gläubigerantrag gestellt wird. Das Verfahrensziel (Sanierung oder Liquidation) ist dabei unerheblich (N/R/*Riggert* § 270 Rn 24; **str aA** AG Lübeck v 4. 2. 2000, DZWIR 2000, 482; *Koch*, Eigenverwaltung S 93 ff). Die **Eigenverwaltung ist nicht auf Fälle der Unternehmenssanierung beschränkt** (BT-Drucks 12/2443, S 226; *Koch* Eigenverwaltung S 95; *Schlegel* Eigenverwaltung S 49 f; MüKo-*Wittig/Tetzlaff* vor §§ 270–285 Rn 24). Vielmehr ist die Eigenverwaltung bei allen **drei Verwertungsarten** möglich, nämlich bei Sanierung, Liquidation und übertragender Sanierung. Dies ist nicht zuletzt auch deshalb gerechtfertigt, weil gem § 157 erst die Gläubigerversammlung im Berichtstermin das Verfahrensziel bestimmt, also nach Anordnung der Eigenverwaltung (*Gottwald/Haas* InsR Hdb § 87 Rn 2).

18 **Maßgebender Zeitpunkt für die Antragstellung** ist der Zeitraum bis zur Entscheidung des Gerichts über die Eröffnung des Insolvenzverfahrens. Danach scheidet eine Anordnung der Eigenverwaltung aus (K/P/B/*Pape* § 270 Rn 9; HK-*Landfermann* § 270 Rn 2; *Hintzen* ZInsO 1998, 15 ff). Entscheidend ist der Eintritt der **Rechtskraft des Eröffnungsbeschlusses** (*Gottwald/Haas* InsR Hdb § 87 Rn 4; *Graf-Schlicker* § 270 Rn 7; FK-*Foltis* § 270 Rn 36). Ist gegen den Eröffnungsbeschluss nach § 34 Rechtsmittel eingelegt, kann der Schuldner einen **Antrag auf Eigenverwaltung** im Beschwerdeverfahren nicht nachschieben, weil damit die Prüfungskompetenz des Insolvenzgerichts nach § 270 Abs 2 Nr 3 infrage gestellt würde (K/P/B/*Pape* § 270 Rn 9; *Gottwald/Haas* InsR Hdb § 87 Rn 4; N/R/*Riggert* § 20 Rn 3; MüKo-*Wittig/Tetzlaff* § 270 Rn 18). Da der Antrag auf Anordnung der Eigenverwaltung **Prozesshandlung** ist, gilt für die **Antragsrücknahme** das Gleiche wie für den Insolvenzantrag. Streitig ist allerdings, ob § 15 entsprechende Anwendung findet (bejahend *Koch* Eigenverwaltung S 77; N/R/*Riggert* § 270 Rn 20). Zutreffend weisen *Gottwald/Haas* (InsR Hdb § 87 Rn 9) darauf hin, dass gegen eine entspre-

V. Voraussetzungen der Anordnung (§ 270 Abs 2) **§ 270**

chende Anwendung des § 15 Abs 1 spricht, dass die Antragsberechtigung bei Zahlungsunfähigkeit und Überschuldung anders ausgestaltet ist als bei einem Antrag wegen drohender Zahlungsunfähigkeit (§ 18). Wie beim früheren Vergleichsvorschlag ist schon im Hinblick auf die Regelung in § 18 Abs 3 anzunehmen, dass der **Antrag auf Eigenverwaltung** von **sämtlichen vertretungsberechtigten Organen bzw persönlich haftenden Gesellschaftern** gestellt werden muss (*Gottwald/Haas* InsR Hdb § 87 Rn 9; *Schlegel* Eigenverwaltung S 68 f; *Flöther/Smid/Wehdeking*, Die Eigenverwaltung in der Insolvenz, 2005 Kap 2 Rn 4 f; *Huhn*, Eigenverwaltung, Rn 49; *FK-Foltis* § 270 Rn 33; s auch OLG Naumburg v 17. 4. 2001 ZInsO 2001, 810).

2. Zustimmung des Gläubigers bei Fremdantrag. Gem § 270 Abs 2 Nr 2 müssen der oder diejenigen 19 Gläubiger, die den Insolvenzantrag gestellt haben, dem Antrag des Schuldners auf Eigenverwaltung zustimmen. Ob § 270 Abs 2 Nr 2 auch Anwendung findet, wenn **nach Stellung eines Eigenantrags** ein Gläubigerantrag gestellt wird, ist umstritten (so aber AG Potsdam v 7. 6. 2000, DZWIR 2000, 343; AG Charlottenburg DZWIR 2005, 168; ablehnend AG Köln v 22. 8. 2005, ZInsO 2005, 1006; *Wehdeking* DZWIR 2005, 139; *Graf-Schlicker* § 270 Rn 8; *Hess* § 270 Rn 88; *K/P/B/Pape* § 270 Rn 86). Die Anwendung des Abs 2 Nr 2 würde die Bestimmung des § 270 Abs 2 Nr 1 leerlaufen lassen (*K/P/B/Pape* § 270 Rn 86). Die **Zustimmung des Gläubigers** ist entweder **schriftlich** gegenüber dem Insolvenzgericht oder zu **Protokoll der Geschäftsstelle** (Service-Einheit) abzugeben (§ 270 Abs 1 S 2 iVm § 4 iVm § 496 ZPO). Haben **mehrere Gläubiger** Insolvenzantrag gestellt, verlangt der Schutzzweck des § 270 Abs 2 Nr 2, dass jeder beantragende Gläubiger dem Eigenverwaltungsantrag des Schuldners zustimmen muss FK-*Foltis* § 270 Rn 46, 47; **str aA** HK-*Landfermann* § 270 Rn 5; *Graf-Schlicker* § 270 Rn 8; *Braun/Riggert* § 270 Rn 4; *K/P/B/Pape* § 270 Rn 90). Verweigert auch nur einer der Antragsteller seine Zustimmung, ist die Eigenverwaltung zu versagen (OLG Naumburg v 17. 4. 2001 ZInsO 2001, 810; FK-*Foltis* § 270 Rn 33). Da die **Zustimmung Prozesshandlung** ist, gelten für den **Widerruf** und seine Folgen die gleichen Grundsätze wie für die Rücknahme des Insolvenzantrags (FK-*Foltis* § 270 Rn 38; *Gottwald/Haas* InsR Hdb § 87 Rn 11). **Entgegen der Voraufl** (Rn 13) ist anzunehmen, dass ein **Widerruf der Zustimmungserklärung des Gläubigers** bis zur Entscheidung über die Eigenverwaltung im Eröffnungsbeschluss **zulässig** ist (*Graf-Schlicker* § 270 Rn 9; *K/P/B/Pape* § 270 Rn 91; *MüKo-Wittig/Tetzlaff* § 270 Rn 27).

Die **Zustimmung** ist **bedingungsfeindlich** (*K/P/B/Pape* § 270 Rn 10; HK-*Landfermann* § 270 Rn 3). 20 Nach H/W/F (Hdb 10/7) liegt jedoch keine unzulässige Bedingung vor, wenn die Zustimmung mit der Anregung der Bestellung eines bestimmten Sachwalters oder von Anordnungen der Zustimmungsbedürftigkeit bestimmter Rechtsgeschäfte nach § 277 Abs 2 abhängig gemacht wird, wenn aus Gläubigersicht hierdurch Nachteile abgewendet werden können (gegen eine solche „Koppelung" *Schlegel* ZIP 1999, 954, 957). Diese Auffassung lässt sich **entgegen der Voraufl** selbst dann nicht halten, wenn die Zustimmungserklärung nach § 270 Abs 2 Nr 2 als Willenserklärung iSv §§ 182 ff BGB angesehen wird (*K/P/B/Pape* § 270 Rn 89; *Graf-Schlicker* § 270 Rn 9; *Huhn*, Eigenverwaltung, Rn 87–101). Richtig ist, dass es dem Gläubiger im Rahmen seiner unbedingten Zustimmung möglich ist, auf Gefahren hinzuweisen, die ohne eine entsprechende Anordnung zu Nachteilen für die Gläubiger führen können. Insoweit handelt es sich jedoch nicht um eine echte Bedingung. Unzulässig wäre es aber, die Zustimmung an die Ernennung eines bestimmten Sachwalters oder die Verhängung von Verfügungsbeschränkungen zu knüpfen (*K/P/B/Pape* § 270 Rn 89; HK-*Landfermann* § 270 Rn 6; *Braun/Riggert* § 270 Rn 5; *MüKo-Wittig/Tetzlaff* § 270 Rn 26; *Graf-Schlicker* § 270 Rn 9; BerlKo-*Blersch* § 270 Rn 12; str aA H/W/F Hdb 10/7). Wohl aber kann der Gläubiger seine Zustimmung mit dem Antrag nach § 274 Abs 2 verbinden. Die Annahme einer **stillschweigenden Zustimmung** ist nicht möglich (*K/P/B/Pape* § 270 Rn 89). Das Insolvenzgericht hat dem Gläubiger den Antrag des Schuldners und die Bitte um Mitteilung zur Zustimmung durch **Aufgabe zur Post zuzustellen** (§ 8). Es empfiehlt sich im Interesse einer Verfahrensbeschleunigung, dem Gläubiger eine Frist zur Stellungnahme zu setzen. Reagiert der Gläubiger binnen der ihm gesetzten Frist nicht, gilt die Zustimmung als verweigert (*K/P/B/Pape* § 270 Rn 89).

Zum **Massekostenvorschuss eines Gläubigers** unter der Bedingung, dass Eigenverwaltung angeordnet 21 wird, vgl BGH v 7. 7. 2005, DZWIR 2005, 474; AG Charlottenburg DZWIR 2005, 168.

3. Ausschluss einer Gläubigerbenachteiligung. Materielle Voraussetzung für die Anordnung der Ei- 22 genverwaltung ist nach § 270 Abs 2 Nr 3, dass die Anordnung nicht zu einer **Verzögerung des Verfahrens** oder zu **sonstigen Nachteilen** für die Gläubiger führen wird. Insoweit hat das Gericht eine **Prognoseentscheidung** zu treffen (AG Köln ZIP 1999, 1646; *Schlegel* Eigenverwaltung S 72; *Gottwald/Haas* InsR Hdb § 87 Rn 15 ff; FK-*Foltis* § 270 Rn 50; *K/P/B/Pape* § 270 Rn 11; N/R/*Riggert* § 270 Rn 22). Bei der Prüfung der drohenden Verfahrensverzögerung und der sonstigen Nachteile für die Gläubiger handelt es sich um die **wichtigste Prüfung** im Rahmen der Anordnung der Eigenverwaltung. Wie bereits oben zu III. dargestellt wurde, greifen insoweit die Amtsermittlungsgrundsätze des § 5 ein mit der Folge, dass das Insolvenzgericht **von Amts wegen und mit größter Sorgfalt** die Voraussetzungen für die Anordnung der Eigenverwaltung zu prüfen hat (vgl *Pape* DB 1999, 1539, 1545; *Gottwald/Haas* InsR Hdb § 87 Rn 15; H/W/F Hdb 10/8).

Trotz des Amtsermittlungsgrundsatzes (§ 5) ist in Literatur und Gerichtspraxis umstritten, ob und in 23 welchem Umfang den Schuldner eine **Darlegungspflicht und Darlegungslast** im Hinblick auf die Voraus-

§ 270 *Voraussetzungen*

setzungen des § 270 Abs 2 Nr 3 trifft. Nicht gefolgt werden kann der Auffassung, der Schuldner brauche keine Ausführungen zur **Unschädlichkeit der Eigenverwaltung** zu machen (so aber *Huntemann/Dietrich* ZInsO 2001, 13, 15; FK-*Foltis* § 270 Rn 51), weil das Gesetz von einer Eignung zur Eigenverwaltung ausgehe. Unbedenklich ist aber, bei Verbindung des Insolvenzantrages mit einem Antrag auf Anordnung der Eigenverwaltung den **Sachverständigen** nicht nur mit der Feststellung des Insolvenzgrundes, der Massekostendeckung und der Aussichten für eine Fortführung des Schuldnerunternehmens zu betrauen (§ 22 Abs 1 S 2 Nr 3), sondern auch mit der Feststellung, ob **Hinderungsgründe für die Anordnung der Eigenverwaltung** iSv § 270 Abs 2 Nr 3 bestehen.

24 Demgegenüber vertreten einige **Insolvenzgerichte** und Autoren (vgl **AG** Potsdam v 7. 6. 2000, DZWIR 2000, 343; **AG** Köln ZIP 1999, 1646; HaKo-*Fiebig* § 270 Rn 26 ff; MüKo-*Wittig/Tetzlaff* § 270 Rn 12, 33 ff) die Auffassung, das Insolvenzgericht sei nicht verpflichtet, bei einem Antrag auf Anordnung der Eigenverwaltung die Voraussetzungen des § 270 von Amts wegen zu ermitteln, also zu prüfen, ob durch die Eigenverwaltung eine Benachteiligung der Gläubiger oder eine Verzögerung des Verfahrens zu erwarten ist. Vielmehr habe der **Schuldner die Umstände** darzulegen, aus denen sich ergibt, dass die gesetzlichen Hinderungsgründe nicht vorliegen. Insoweit treffe das Gericht keine eigene Nachforschungspflicht (so auch *Smid* WM 1998, 2489, 2508; *Smid* § 270 Rn 11; *Huntemann* in: *Huntemann/Graf Brockdorff* Kap 14 Rn 11; *Vallender* WM 1998, 2129, 2133; *Gottwald/Haas* InsR Hdb § 87 Rn 14). Sei das Gericht nicht davon überzeugt, dass Nachteile für die Gläubiger im Verfahren der Eigenverwaltung auszuschließen sind, dürfe es die Eigenverwaltung nicht anordnen (FK-*Foltis* § 270 Rn 22; *Gottwald/Haas* InsR Hdb § 87 Rn 15).

25 Dem kann nicht uneingeschränkt zugestimmt werden. Vielmehr ist zu **differenzieren:** Einmal handelt es sich um eine **Negativfeststellung** in § 270 Abs 2 Nr 3. Grundsätzlich hat das Gericht zu prüfen, ob **nach den Umständen** zu erwarten ist, dass die Anordnung nicht zu einer Verzögerung des Verfahrens oder zu sonstigen Nachteilen für die Gläubiger führen wird. Zum anderen will der Schuldner bzw das Schuldnerunternehmen das Privileg für sich in Anspruch nehmen, das Verfahren in eigener Regie durchzuführen. Deshalb wird man verlangen müssen, dass der Schuldner den **Antrag auf Eigenverwaltung begründet** und darstellt, warum aus seiner Sicht mit der Anordnung eine **Verzögerung des Verfahrens und Nachteile für die Gläubiger** nicht verbunden sind (K/P/B/*Pape* § 270 Rn 82; str aA HK-*Landfermann* § 270 Rn 8; *Bähr/Landry* in *Mohrbutter/Ringstmeier* Hdb § 15 Rn 20; FK-*Foltis* § 270 Rn 51). Die Streitfrage ist weitgehend akademischer Natur. Ein Schuldnerunternehmen, das die Eigenverwaltung anstrebt, wird schon wegen der Vermeidung von Verzögerungen durch Amtsermittlungen daran interessiert sein, nicht nur die gesetzlichen Voraussetzungen für die Anordnung der Eigenverwaltung darzulegen, sondern auch, dass es die **Befähigung** besitzt, ein Eigenverwaltungsverfahren entsprechend dem Verfahrensziel (§ 1) durchzuführen (s auch K/P/B/*Pape* § 270 Rn 84, 85; *Uhlenbruck* GmbHR 2005, 817, 825; HaKo-*Fiebig* § 270 Rn 23). Die **Einwechslung eines Insolvenzexperten** in die Geschäftsführung bzw den Vorstand bietet idR Gewähr dafür, dass die Verfahrensabwicklung im Interesse der Gläubigerschaft stattfindet und die Verfahrensregeln für die InsO eingehalten werden (vgl K/P/B/*Pape* § 270 Rn 84; HaKo-*Fiebig* § 270 Rn 23; **str aA AG** Duisburg ZInsO 2002, 1046, 1047; vgl auch **AG** Köln ZInsO 2005, 1006, 1008). Von einem Schuldner bzw Schuldnerunternehmen wird man andererseits verlangen müssen, **zu behaupten und gegebenenfalls darzulegen**, ob die Voraussetzungen persönlicher und sachlicher Art gegeben sind, das Verfahrensziel im Wege der Eigenverwaltung zu erreichen (s auch MüKo-*Wittig/Tetzlaff* § 270 Rn 34; K/P/B/*Pape* § 270 Rn 82). Dagegen ist es **Sache des Insolvenzgerichts**, Indizien, die auf ein voraussichtliche Schuldnerverhalten schließen lassen, von Amts wegen gem § 5 zu prüfen und erforderlichenfalls einen Sachverständigen einzuschalten. Zu den **Indizien gegen die Anordnung der Eigenverwaltung** s **AG** Köln ZInsO 1999, 601; **AG** Darmstadt ZInsO 1999, 176, 177; **AG** Aachen ZIP 1999, 1494; HaKo-*Fiebig* § 270 Rn 21).

26 Zu den **objektiven Umständen**, die gegen eine Anordnung der Eigenverwaltung sprechen, gehören zB frühere Insolvenzverfahren des Schuldners, Vorstrafen des Managements wegen Bankrottdelikten nach den §§ 283 ff StGB sowie die Ursachen der Insolvenz, die sich aus dem Bericht des vorläufigen Verwalters unschwer erkennen lassen. Hat der Schuldner zB mit dem **Insolvenzantrag wegen drohender Zahlungsunfähigkeit** (§ 18) einen Antrag auf Eigenverwaltung gestellt und gleichzeitig ein Sanierungskonzept in Form eines „prepackaged plan" vorgelegt, darf das Gericht idR davon ausgehen, dass der Schuldner bzw das Schuldnerunternehmen ernsthaft eine Sanierung anstrebt und keine masseschädigenden Handlungen zulasten der Gläubiger vornehmen wird (*Koch* Eigenverwaltung S 122, 128; *Smid* WM 1998, 2489, 2508; *Gottwald/Haas* InsR Hdb § 87 Rn 18). Negativ zu bewerten ist es, wenn nicht der Schuldner trotz bestehender Antragspflicht, sondern der Gläubiger Antrag auf Eröffnung des Insolvenzverfahrens gestellt hat (*Gottwald/Haas* InsR Hdb § 87 Rn 19).

27 **Von Amts wegen zu berücksichtigen** ist auch das **Verhalten** des Schuldners und der organschaftlichen Vertreter des Schuldnerunternehmen **im Eröffnungsverfahren** (*Huhn*, Eigenverwaltung, Rn 287; *Gottwald/Haas* InsRHdb § 87 Rn 20). IdR wird von einer Gefahr gläubigerbenachteiligender Handlungen des eigenverwaltenden Schuldners auszugehen sein, wenn Haftungstatbestände gegen organschaftliche Vertreter eines Schuldnerunternehmens bestehen oder wenn zahlreiche Anfechtungstatbestände festgestellt worden sind. **Führungslose Gesellschaften** sind grundsätzlich ungeeignet für die Eigenverwaltung. Allein die Tatsache, dass sich die Insolvenzmasse einer GmbH lediglich aus Haftungs- und Erstattungs-

VI. Die Entscheidung über den Antrag auf Anordnung der Eigenverwaltung § 270

ansprüchen gegen die Gesellschafter zusammensetzt, steht aber der Anordnung der Eigenverwaltung nicht entgegen (AG Köln ZIP 1999, 1646; *Gottwald/Haas* InsR Hdb § 87 Rn 20). **Gegen eine Eigenverwaltung** spricht auch, wenn einige Großgläubiger einseitig ihre Interessen verfolgen und zu befürchten ist, dass sie ihren Einfluss auf den Schuldner zum Nachteil anderer Gläubiger geltend machen (*Häsemeyer* InsR Rn 8.06; *Vallender* WM 1998, 2129, 2133; *Gottwald/Haas* InsR Hdb § 87 Rn 24). Gleiches gilt, wenn gegen den Schuldner oder organschaftliche Vertreter des Schuldnerunternehmens ein **Ermittlungsverfahren oder eine gerichtliche Untersuchung wegen eines Bankrottdelikts** anhängig ist oder der Schuldner wegen einer solchen Straftat rechtskräftig verurteilt ist. Das gilt auch, wenn das Vermögen des Schuldners nicht ausreicht, um die voraussichtlich entstehenden gerichtlichen Kosten des Verfahrens zu decken, wenn der Schuldner seinen Verfahrenspflichten nicht oder nur ungenügend nachkommt oder wenn die geschäftlichen Aufzeichnungen des Schuldners bzw Schuldnerunternehmens so mangelhaft sind, dass sie einen hinreichenden Überblick über seine Vermögenslage nicht zulassen (Einzelheiten in HaKo-*Fiebig* § 270 Rn 21; MüKo-*Wittig/Tetzlaff* § 270 Rn 40; *Gottwald/Haas* InsRHdb § 87 Rn 16–22).

Unzulässig wäre es, die Eigenverwaltung à priori mit der Begründung zu versagen, schon die Tatsache des wirtschaftlichen Scheiterns offenbare die Unzuverlässigkeit des Schuldners und seiner organschaftlichen Vertreter. Gerade in den Fällen **drohender Zahlungsunfähigkeit** (§ 18) und vor allem auch bei Insolvenz von **Freiberuflern** wird man zwangsläufig einen großzügigeren Maßstab anwenden müssen. Dem Insolvenzgericht obliegt im Rahmen der Amtsermittlungspflicht (§ 5) die Pflicht, die Angaben des Schuldners auf die Richtigkeit zu überprüfen und zB durch Einholung eines Strafregisterauszugs oder eines Auszugs aus dem Schuldnerverzeichnis objektive Umstände zu prüfen, die für die Richtigkeit der Behauptungen des Schuldners sprechen. Werden dem Insolvenzgericht **Erklärungen von (Haupt-) Gläubigern** vorgelegt, dass sie gegen die Anordnung der Eigenverwaltung keine Bedenken erheben bzw diese sogar befürworten, so darf das Insolvenzgericht in Zweifelsfällen davon ausgehen, dass nicht zuletzt auch aufgrund der das Verfahren beherrschenden Gläubigerautonomie die Gläubiger bereits geprüft haben, dass ihnen durch diese Verfahrensart keine Nachteile drohen. 28

VI. Die Entscheidung über den Antrag auf Anordnung der Eigenverwaltung

1. Der Anordnungs- oder Zurückweisungsbeschluss. Sind die Voraussetzungen des § 270 Abs 2 erfüllt, ordnet das Gericht **im Eröffnungsbeschluss** (§ 270 Abs 1 S 1) die Eigenverwaltung an. Zuständig für die Bestellung des Sachwalters ist gem § 18 Abs 1 Satz 1 RPflG der **Richter,** wenn die Bestellung im Eröffnungsbeschluss erfolgt (K/P/B/*Pape* § 270 Rn 116; MüKo-*Wittig/Tetzlaff* § 270 Rn 56; str aA KS-*Bernsen* S 1843 Rn 45). Deshalb hat die **öffentliche Bekanntmachung** mit dem Eröffnungsbeschluss nach §§ 30, 9 zu erfolgen. Mit dem Eröffnungsbeschluss (§ 27) sind die Gläubiger aufzufordern, ihre Forderungen innerhalb einer bestimmten Frist unter Beachtung des § 174 beim **Sachwalter anzumelden.** Die Gläubiger mit Sicherungsrechten sind aufzufordern, dem Sachwalter unverzüglich mitzuteilen, welche Sicherungsrechte sie an beweglichen Sachen oder Rechten des Schuldners in Anspruch nehmen (§ 28 Abs 2 S 1). Der „offene Arrest" (§ 28 Abs 3) entfällt bei der Eigenverwaltung, weil der Schuldner weiterhin berechtigt ist, Außenstände einzuziehen (K/P/B/*Pape* § 270 Rn 121; MüKo-*Wittig/Tetzlaff* § 270 Rn 60; *Bähr/Landry* in *Mohrbutter/Ringstmeier* Hdb § 15 Rn 37). Zwar sieht § 275 Abs 2 vor, dass der Sachwalter vom Schuldner verlangen kann, dass alle eingehenden Gelder nur vom Sachwalter entgegengenommen und Zahlungen nur vom Sachwalter geleistet werden. Insoweit handelt es sich jedoch nur um eine interne Maßnahme. Zahlungen an den Schuldner unter Verstoß gegen § 275 Abs 2 sind wirksam (K/P/B/*Pape* § 270 Rn 121). Die Anordnung der Eigenverwaltung durch das Gericht ist eine **vorläufige Entscheidung,** da letztlich gem § 272 Abs 1 Nr 1 die Gläubigerversammlung die Entscheidung darüber trifft, ob die Eigenverwaltung beibehalten oder aufgehoben wird (BerlKo-*Blersch* § 270 Rn 9; H/W/F Hdb 10/11). 29

Die **Zurückweisung des Schuldnerantrags auf Eigenverwaltung** erfolgt ebenfalls durch gerichtlichen Beschluss. Es empfiehlt sich, die Entscheidung nicht im Eröffnungsbeschluss, sondern in einem gesonderten Beschluss zu treffen (*Häsemeyer* InsR Rn 8.07; *Gottwald/Haas* InsR Hdb § 87 Rn 32). Die Zulässigkeit eines gesonderten Beschlusses folgt aus § 270 Abs 1 S 1, wonach das Gericht nur die Anordnung der Eigenverwaltung im Eröffnungsbeschluss zu treffen hat. Obgleich **kein Rechtsmittel** gegen die Zurückweisung des Antrags auf Anordnung der Eigenverwaltung gegeben ist, hat das Gericht die **Zurückweisungsentscheidung zu begründen** (K/P/B/*Pape* § 270 Rn 138; MüKo-*Wittig/Tetzlaff* § 270 Rn 116; HaKo-*Fiebig* § 270 Rn 48; *Graf-Schlicker* § 270 Rn 21 [zweckmäßig]; *Kluth* ZInsO 2002, 1001, 1002; *Vallender* WM 1998, 2129, 2133). Die Begründung sollte nicht formelhaft erfolgen, sondern die Erwägungen wiedergeben, die das Gericht bewogen haben, von der Anordnung abzusehen. Dies nicht zuletzt auch, um einer gegenteiligen Entscheidung der Gläubigerversammlung nach § 271 S 1 vorzubeugen (K/P/B/*Pape* § 270 Rn 138). Wird der Schuldnerantrag zurückgewiesen, kann trotzdem die **erste Gläubigerversammlung** gem § 271 S 1 die Eigenverwaltung mit einfacher Mehrheit beantragen. Das Gericht muss dem Antrag der Gläubigerversammlung entsprechen (§ 271 S 1). Widerspricht allerdings der Beschluss dem gemeinsamen Interesse der Insolvenzgläubiger, so können einzelne Gläubiger die **Aufhebung des Antragsbeschlusses** beantragen und damit die Anordnung der Eigenverwaltung 30 gem § 78 Abs 1 verhindern (*Häsemeyer* InsR Rn 8.08). Allerdings wird im Einzelfall schwer nachzuweisen sein, dass der Beschluss dem gemeinsamen Interesse der Insolvenzgläubiger widerspricht (§ 78 Abs 1).

31 2. **Rechtswirkungen des Anordnungsbeschlusses.** Während mit der Rechtskraft des Eröffnungsbeschlusses die allgemeinen Wirkungen des Insolvenzverfahrens für Schuldner und Gläubiger eintreten, führt die wegen Unanfechtbarkeit mit dem Erlass des Beschlusses eintretende Rechtskraft des Beschlusses, der die Eigenverwaltung anordnet, sofort zu den **besonderen Rechtswirkungen der §§ 270 ff.** Die **Verfügungsbefugnis** des Schuldners ist mit der Anordnung der Eigenverwaltung jedoch **durch den Insolvenzzweck** begrenzt. Die gesellschaftlichen Interessen haben hinter denjenigen der Gläubiger zurückzustehen (*Noack* ZIP 2002, 1873; *Gulde,* Die Anordnung der Eigenverwaltung durch das Insolvenzgericht, S 31; Ha-Ko-*Fiebig* § 270 Rn 33; *Häsemeyer* InsR Rn 8.04). Der **Schuldner** bzw die organschaftlichen Vertreter eines Schuldnerunternehmen haben grundsätzlich die **Kompetenzen eines Insolvenzverwalters**, wenn auch unter Aufsicht eines Sachwalters. Der Umfang der Befugnisse eines Insolvenzverwalters ist allerdings nach Maßgabe der §§ 274 ff beschränkt bzw der Einzelvereinbarung vorbehalten (vgl K/P/B/*Pape* § 270 Rn 29; FK-*Foltis* § 270 Rn 15; *Gottwald/Haas* InsR Hdb § 89 Rn 1–10; *Häsemeyer* InsR Rn 8.13 ff).

32 a) **Der Schuldner als Amtswalter.** Da der Schuldner Amtswalter ist, hat er die gesamte Verfahrensabwicklung ausschließlich an den **Interessen der Gläubiger** auszurichten und eigene Interessen hintanzusetzen (*Häsemeyer* InsR Rn 8.15; *Gottwald/Haas* InsR Hdb § 89 Rn 1). Der Schuldner als „Amtswalter in eigenen Angelegenheiten" (*Häsemeyer*) wickelt das Insolvenzverfahren in eigener Verantwortung ab. Er entscheidet über die Aufnahme und Fortsetzung von Prozessen, die gem § 240 ZPO unterbrochen waren (§§ 85, 86). Zur **Verfahrensunterbrechung** nach § 240 ZPO bei Insolvenzeröffnung mit Eigenverwaltung s BGH v 7. 12. 2006, ZIP 2007, 249, 250; K/P/B/*Pape* § 270 Rn 142–143c; *Meyer* ZInsO 2007, 807. Er verwaltet und verwertet die Insolvenzmasse, soweit das Verfahrensziel auf Liquidation lautet. Er führt das Unternehmen **im Interesse optimaler Gläubigerbefriedigung** fort, wenn die Gläubigerversammlung (§ 157) die Unternehmensfortführung beschließt (BGH v 11. 1. 2007, ZInsO 2007, 207, 208; BGH v 7. 12. 2006, NZI 2007, 188, 189 = ZInsO 2007, 100 = ZIP 2007, 249). Nach *Häsemeyer* (InsR Rn 8.15) führt er **Prozesse in Prozessstandschaft**, so dass bei nachträglicher Anordnung (§ 271) oder Aufhebung (§ 272) der Eigenverwaltung jeweils der neue Verwalter als Rechtsnachfolger gem § 239 ZPO in den Prozess eintritt. Danach sind die §§ 240 ZPO, 85, 86 insoweit nicht anzuwenden. Im **Forderungsfeststellungsverfahren** hat der Schuldner bzw der organschaftliche Vertreter des Schuldnerunternehmens ein **eigenes Widerspruchsrecht** für die Insolvenzmasse (§ 283 Abs 1). Der Schuldner hat somit **zwei Widerspruchsrechte:** einmal als Amtswalter, zum andern in seiner Eigenschaft als Schuldner, um die Wirkungen des § 201 Abs 2 auszuschalten (*Häsemeyer* InsR Rn 8.16). Streitig ist, ob er diese Rechte unterschiedlich ausüben kann (s hierzu die Kommentierung zu § 283 Rn 2).

33 b) **Begründung von Verbindlichkeiten.** Vom Schuldner begründete Verbindlichkeiten sind **Masseverbindlichkeiten** iSv § 55 Abs 1 S 1. Allerdings soll er gem § 275 Abs 1 Verbindlichkeiten, die nicht zum gewöhnlichen Geschäftsbetrieb gehören, nur im Einvernehmen mit dem Sachwalter begründen. Überhaupt sind die Befugnisse und Rechte des Schuldners durch die **Aufsichts- und Mitwirkungsrechte des Sachwalters** sehr kompliziert und in unterschiedlicher Intensität ausgestaltet. Gem § 276 hat der Schuldner die Zustimmung des Gläubigerausschusses einzuholen, soweit er Rechtshandlungen vornehmen will, die für das Insolvenzverfahren von besonderer Bedeutung sind. Gem § 276 S 2 gelten die Vorschriften der §§ 160 Abs 1 S 2, 3, Abs 2, 161 S 2 und § 164 entsprechend. Auf Antrag der Gläubigerversammlung kann das Insolvenzgericht anordnen, dass bestimmte Rechtsgeschäfte nur mit **Zustimmung des Sachwalters** wirksam sind. Gem § 279 nimmt der Schuldner auch die vertraglichen Wahlrechte bzw Rechte nach den §§ 103–128 wahr. Er entscheidet über die Erfüllungswahl bei zweiseitigen nicht voll erfüllten Verträgen (§ 103).

34 c) **Arbeitsrechtliche Befugnisse.** Rechte in § 120 (Kündigung von Betriebsvereinbarungen), § 122 (Klagen auf Zustimmung zur Betriebsänderung), § 126 (Antrag zur Beschlussfassung des Arbeitsgerichts zum Kündigungsschutz) kann der Schuldner wirksam nur mit Zustimmung des Sachwalters ausüben (*Vallender* WM 1998, 2129, 2136; *Koch* Eigenverwaltung S 237; *Gottwald/Haas* InsR Hdb § 89 Rn 5). Nach § 278 ist der eigenverwaltende Schuldner berechtigt, für sich, seine minderjährigen unverheirateten Kinder, seinen (auch früheren) Ehegatten und die Mutter seines nichtehelichen Kindes der Insolvenzmasse die Mittel zu entnehmen, die unter Berücksichtigung der bisherigen Lebensverhältnisse des Schuldners eine bescheidene Lebensführung gestatten (§§ 278 Abs 1, 100 Abs 2 S 2). Der Schuldner ist berechtigt, **Insolvenzausfallgeld** für seine Arbeitnehmer in Anspruch zu nehmen.

35 d) **Sonstige Rechte und Pflichten.** Nach § 281 Abs 1 hat der Schuldner das **Verzeichnis der Massegegenstände**, das **Gläubigerverzeichnis** und die **Vermögensübersicht** nach den §§ 151–153 zu erstellen. Ihm obliegt der Bericht über die Insolvenzursachen und die Maßnahmen zur Insolvenzabwicklung gem § 281 Abs 2. Der Schuldner ist anstelle des Verwalters zur **Rechnungslegung verpflichtet** (§ 281 Abs 3 iVm §§ 66, 155). Die **Verwertung von Sicherungsgut** (§ 282 Abs 1) obliegt ihm ebenso wie die **Befriedi-**

VI. Die Entscheidung über den Antrag auf Anordnung der Eigenverwaltung § 270

gung der Insolvenzgläubiger gem § 283 Abs 2. Gem § 284 Abs 1 kann die Gläubigerversammlung den Schuldner beauftragen, einen **Insolvenzplan auszuarbeiten**. Hier ist zu unterscheiden: In seiner Eigenschaft als Insolvenzschuldner ist der Schuldner stets gem § 218 Abs 1 berechtigt, einen Insolvenzplan auszuarbeiten und vorzulegen. In seiner Eigenschaft als Amtswalter ist der Schuldner dagegen nur dann befugt, einen Insolvenzplan vorzulegen, wenn ihn die Gläubigerversammlung damit beauftragt (§ 284 Abs 1). Zur Zuständigkeit für die Festsetzung der Vergütung organschaftlicher Vertreter in der Insolvenz einer juristischen Person in Eigenverwaltung s AG Duisburg ZIP 2005, 2335.

e) **Fehlen gerichtlicher Aufsicht.** Eine gerichtliche Aufsicht nach § 58 sieht das Gesetz hinsichtlich des eigenverwaltenden Schuldners nicht vor. Als Sanktion gegen rechtsmissbräuchliche Ausübung der Eigenverwaltung kommt daher nur die nachträgliche Aufhebung der Anordnung der Eigenverwaltung in Betracht (vgl *Huntemann* in *Kraemer/Vallender/Vogelsang* Hdb Bd 2 Fach 3 Kap 3 Rn 69–71). 36

f) **Kompetenzkonflikte in der Eigenverwaltung.** Zwar liegt das **Schwergewicht der Abwicklung** beim Schuldner; jedoch können **Kompetenzkonflikte** im Einzelfall nicht ausgeschlossen werden. Deshalb ist bei der Eigenverwaltung die **gedeihliche Zusammenarbeit zwischen Schuldner und Sachwalter** unverzichtbar (K/P/B/*Pape* § 270 Rn 140 f; *Graf-Schlicker* § 270 Rn 25; ders in FS Kirchhof S 135, 146 ff). Hierauf sollte das Gericht bei der Bestellung des Sachwalters besonders achten. Eine fortführende Sanierung ist zum Scheitern verurteilt, wenn Sachwalter und Schuldnerunternehmen gegeneinander arbeiten. Schließlich muss vom Schuldner bzw den organschaftlichen Vertretern eines Schuldnerunternehmens verlangt werden, dass sie mit dem **Instrumentarium der Insolvenzordnung** vertraut sind und damit umgehen können, denn nur die Kenntnis der Verfahrensvorschriften bietet Gewähr dafür, dass „der Grundsatz der Gläubigergleichbehandlung nicht missachtet wird". 37

Das **Verhältnis zwischen Eigenverwaltung und gesellschaftsrechtlicher Kompetenzverteilung** ist umstritten. Nach Auffassung von *Ringstmeier/Homann* (NZI 2002, 406) bleiben die **gesellschaftsrechtlichen Beschränkungen** der Geschäftsführung praktisch **in vollem Umfang erhalten**. Aus den §§ 275, 276, 277 könne man nicht ableiten, dass die gesellschaftsrechtlichen Mitbestimmungsregeln zugunsten des Sachwalters verdrängt werden. Nach **anderer Meinung** (zB *Noack* ZIP 2002, 1873; *Smid* DZWIR 2002, 493, 499 f) dürfen im Fall der Eigenverwaltung die gesellschaftsrechtlichen Befugnisse nur mit der Maßgabe ausgeübt werden, dass sie nicht mit den **Erfordernissen des Insolvenzverfahrens** in Konflikt geraten. So besteht zB ein **Weisungsrecht der Gesellschafter** nur insoweit, als die Weisungen dem Insolvenzzweck nicht entgegenstehen, denn die Geschäftsführung wird weitgehend der gemeinschaftlichen und optimalen Befriedigung der Insolvenzgläubiger verpflichtet (*Uhlenbruck* FS Metzeler S 85, 95 f; *Vallender* WM 1998, 2129, 2135; *Häsemeyer* InsR 8.03 u Rn 8.04; *Smid*, Grundzüge, § 28 Rn 15; HaKo-*Fiebig* § 270 Rn 36). *Prütting/Huhn* (ZIP 2002, 777, 780) haben dagegen darauf hingewiesen, dass eine fortbestehende gesellschaftsrechtliche Bindung der Geschäftsleitung mit dem Regelungszweck der Eigenverwaltung aus mehreren Gründen nicht vereinbar ist. Gesellschaftsrechtliche Beschränkungen würden das Geschäftsleitungsorgan in der Eigenverwaltung nur dann binden, wenn sie auch einen Insolvenzverwalter in einem Regelinsolvenzverfahren an der Ausübung seiner Verfügungsbefugnis hindern könnten. Zur Darstellung der verschiedenen Auffassungen s auch K/P/B/*Pape* § 270 Rn 44–47. 38

Nach inzwischen wohl **hM** handelt der Schuldner bzw das Schuldnerunternehmen im Rahmen der Eigenverwaltung nicht mehr kraft eigener Privatautonomie, sondern übt die ihm verbliebenen Befugnisse im Insolvenzverfahren **als Amtswalter** innerhalb der in den §§ 270 ff geregelten Rechte und Pflichten aus (KS-*Pape* S 895 ff Rn 40; N/R/*Riggert* § 270 Rn 3; *Lakies* BB 1999, 1759, 1760; MüKo-*Wittig/Tetzlaff* § 270 Rn 69; K/P/B/*Pape* § 270 Rn 47; HK-*Landfermann* § 270 Rn 26; HaKo-*Fiebig* § 270 Rn 36 ff; vgl auch *Uhlenbruck* FS Metzeler S 85, 95 ff). Das Eigenverwaltungsverfahren dient primär nicht den Interessen des Schuldners bzw Schuldnerunternehmens, sondern der **gemeinschaftlichen Befriedigung der Gläubiger** (vgl BGH v 11.1.2007, ZInsO 2007, 207, 208; BGH v 7.12.2006, NZI 2007, 188 = ZInsO 2007, 100 = ZIP 2007, 249). Deshalb kann nach *Foltis* (FK-*Foltis* § 270 Rn 21) der eigenverwaltende Schuldner im Umfang seiner Befugnisse nur eine Amtsstellung innehaben mit der Folge, dass die Insolvenzrechtsbestimmungen generell auch für die Verwaltungs- und Verfügungsbefugnis des Schuldners gelten. Der Schuldner ist verpflichtet, die Insolvenzmasse **im Interesse der Gesamtheit der Gläubiger** zu verwalten und zu verwerten (HK-*Landfermann* § 270 Rn 22). 39

Ungeklärt ist nach wie vor, ob die Geschäftsleitung einer juristischen Person oder Gesellschaft ohne Rechtspersönlichkeit im Rahmen der Geschäftsführung in Eigenverwaltung die **gesellschaftsrechtlichen Bindungen** zu beachten hat, zB ob der Aufsichtsrat einer **AG** seine Kontrollfunktionen behält und ob der Vorstand einer **AG** zur Veräußerung des wertvollsten Teils des Gesellschaftsvermögens im Rahmen einer Umstrukturierung die Zustimmung der Hauptversammlung einholen muss (s HK-*Landfermann* § 270 Rn 24; *Körner* NZI 2007, 270, 274 f). Letztlich wird man eine **Kontrolle der organschaftlichen Vertreter** durch die Aufsichtsorgane der Gesellschaft ebenso wenig ausschließen können, wie die **Befugnis zur Abberufung und Neubestellung des Vorstandes oder der Geschäftsführung**. Zur Lösung der Problematik bietet sich ein **dreistufiges Verfahren** an: Grundsätzlich sind Vorstand und Geschäftsführung an Weisungen der Gesellschaftsorgane gebunden. Wollen sie dieser Bindung entsprechen und zB gem § 11 WpHG die **erforderlichen Mittel für die Einberufung und Durchführung einer Hauptver-** 40 sammlung aus der Masse zur Verfügung stellen, so sind sie zwar an Weisungen des Aufsichtsrats gebunden, jedoch hängt die Entscheidung letztlich bei Anordnung der Zustimmungsbedürftigkeit (**§ 277 Abs 1 Satz 1**) von der **Zustimmung des Sachwalters** ab. Ansonsten greift § 276 ein, selbst wenn man mit einer neueren Meinung (vgl *Uhlenbruck* NZI 2007, 313 ff; *H.-F. Müller*, Der Verband in der Insolvenz, 2002, S 117 f; *Uhlenbruck* FS K. Schmidt 2009 S 1603, 1613) bei aussichtsreicher Sanierung eines Insolvenzunternehmens durch Insolvenzplan den Verwalter generell für berechtigt hält, die notwendigen gesellschaftsrechtlichen Maßnahmen zu finanzieren. Bestehen die Gesellschafter bzw der Aufsichtsrat auf einer Maßnahme, die dem Verfahrenszweck widerspricht, so kommt entweder eine Anzeige an den Sachwalter oder ein Antrag auf Aufhebung der Eigenverwaltung nach § 272 Abs 1 Nr 3 in Betracht.

41 Nach Auffassung von *Pape* (K/P/B/*Pape* § 270 Rn 48) besteht **keine Priorität der gesellschaftlichen Bindungen** vor den insolvenzrechtlichen Erfordernissen. Würde man den Eigenverwalter den **Weisungs-, Aufsichts- und Kontrollrechten der Gesellschaftsorgane** unterwerfen, hätte dies zur Konsequenz, dass diese die Gläubigerbefriedigung torpedieren könnten. Deshalb sei es zB nicht zulässig, dass im Eigenverwaltungsverfahren der als Eigenverwalter handelnde Geschäftsführer oder handelnde Vorstand von der Gesellschafterversammlung bzw den für die Ablösung zuständigen Gesellschaftsorganen entlassen wird (K/P/B/*Pape* § 270 Rn 50). Auch liege es in der Hand der **Gläubigerversammlung**, über die Fortführung der Eigenverwaltung oder deren Beendigung zu entscheiden (K/P/B/*Pape* § 270 Rn 51). Im Übrigen erfolge die Aufsicht und Kontrolle über die Leitung des Schuldnerunternehmens im Eigenverwaltungsverfahren ausschließlich durch den **Sachwalter und die Gläubiger**. Einer zusätzlichen Aufsicht durch die Gesellschaftsorgane bedürfe es nicht (K/P/B/*Pape* § 270 Rn 54). Dem kann für den nicht verdrängten gesellschaftsrechtlichen Bereich nicht gefolgt werden.

42 **3. Rechtsmittel.** Weder gegen die Anordnung noch gegen die Ablehnung der Eigenverwaltung ist ein Rechtsmittel gegeben (bzgl der Ablehnung allein **BGH** v 11. 1. 2007, ZIP 2007, 448 = ZInsO 2007, 207; LG Mönchengladbach ZVI 2003, 78; hinsichtlich einer Beschwerde zugleich gegen die Abweisung mangels Masse **BGH** v 11. 1. 2007, ZIP 2007, 394 = WM 2007, 513; zweifelnd noch OLG Naumburg v 17. 4. 2001 ZInsO 2001, 810; für unanfechtbare Anordnung auch AG Köln v 22. 8. 2005, ZInsO 2005, 1006). Das gilt auch, wenn die Eigenverwaltung im **Eröffnungsbeschluss** angeordnet oder abgelehnt wird. Die Tatsache, dass dem Schuldner gegen den Eröffnungsbeschluss die sofortige Beschwerde zusteht (§ 34 Abs 2), hat nicht zur Folge, dass damit zugleich oder isoliert auch die **Entscheidung über die Eigenverwaltung** angefochten werden kann (**BGH** v 11. 1. 2007, NZI 2007, 238 = ZIP 2007, 448 = ZInsO 2007, 207; *Bork*, Einf Rn 403 Fn 6; *Gottwald/Haas* InsR Hdb § 87 Rn 23; H/W/F Hdb 10/6; *Häsemeyer* InsR Rn 8.09; HK-*Landfermann* § 270 Rn 21; *Koch* Eigenverwaltung S 131 ff; K/P/B/*Pape* § 270 Rn 129 u 131–136; *Vallender* WM 1998, 2129, 2133; BerlKo-*Blersch* § 270 Rn 10; *Uhlenbruck* ZInsO 2003, 821, 822; *Graf-Schlicker* § 270 Rn 22). Die **Gegenauffassung** (*Smid* WM 1998, 2489, 2509 f; *ders* KTS 2008, 82 ff; *Smid/Wehdeking* FS Rechberger S 603, 605 ff; *Uhlenbruck* ZInsO 2003, 821, 822; *ders* GmbHR 2005, 817, 825; *ders* NJW 2002, 3219, 3220; *ders* KTS 2008, 82; *Jaeger/Schilken* § 34 Rn 22) dürfte durch die **Entscheidung des BGH** v 11. 1. 2007 (NZI 2007, 238) überholt sein.

43 Die **in der Voraufl** (§ 34 Rn 17f) vertretene Auffassung, **§ 34 Abs 2 finde entsprechende Anwendung**, kann nicht aufrecht erhalten werden (vgl auch K/P/B/*Pape* § 270 Rn 133). Eine **Erinnerung** gegen eine Rechtspflegerentscheidung kommt nicht in Betracht, da die Entscheidung über die Anordnung oder Versagung der Eigenverwaltung dem Richter bzw der Richterin vorbehalten ist. Eine **Rechtsbeschwerde** der Schuldnerin, mit der sie sich im Eröffnungsverfahren gegen die Ablehnung der Eigenverwaltung und der Einsetzung eines vorläufigen Insolvenzverwalters wendet, ist unzulässig (BGH v 15. 1. 2004, ZIP 2004, 425).

44 **4. Richterliche Hinweispflicht und Erlass eines Vorbescheids.** Von *Stephan Schlegel* (Eigenverwaltung, 1999 S 89 ff; *ders* ZIP 1999, 954, 957) ist die Frage erörtert worden, ob der Schuldner auf die Ablehnung des Antrags auf Eigenverwaltung gem § 4 InsO iVm § 139 ZPO im Rahmen der **richterlichen Hinweispflicht** vor Verfahrenseröffnung aufmerksam gemacht werden kann oder muss. Aufgrund eines solchen Hinweises würde der Schuldner in die Lage versetzt, seinen Insolvenzantrag zurückzunehmen. Festzustellen ist, dass das Gericht zu einem solchen Hinweis nicht verpflichtet ist. Eine solche Verpflichtung wäre im Übrigen mit einer Begründungspflicht des Gerichts verbunden, was zu einer erheblichen Komplizierung des Verfahrens führen würde. Weiterhin erörtert *Schlegel* den **Erlass eines Vorbescheids**, wodurch der Schuldner dann auf dem „Weg der separaten Anfechtung der im Vorbescheid angekündigten Ablehnung der Anordnung auf Eigenverwaltung die Möglichkeit" hätte, eine separate gerichtliche Kontrolle der vom Insolvenzgericht erstellten Prognose herbeizuführen (vgl *Schlegel* ZIP 1999, 954, 958; *ders* Eigenverwaltung S 94 ff). Nach *Vallender* (KS S 249, 278 Rn 93) ist zwar dem Schuldner **rechtliches Gehör** zu gewähren, wenn ein Gläubiger gem § 272 Abs 1 Nr 2 Antrag auf Aufhebung der Eigenverwaltung stellt. Entgegen der Auffassung von *Schlegel* kommt aber ein solches rechtliches Gehör nicht in Betracht, wenn das Gericht die Anordnung der Eigenverwaltung ablehnt (so auch *Smid/Wehdeking* FS Rechberger S 603, 611). Zudem wäre auch der Vorbescheid nicht rechtsmittelfähig, so dass es dabei bleibt, dass der Schuldner bzw das Schuldnerunternehmen nur die Möglichkeit haben, den Antrag zurückzunehmen (so auch K/P/B/*Pape* § 270 Rn 74). Hat ein Schuldnerunternehmen wegen **drohender Zahlungsunfähigkeit** (§ 18) Insolvenzantrag gestellt, wird man aber eine **Verpflichtung des Gerichts** bejahen müssen, gem §§ 4 InsO, 139 ZPO den Antragsteller auf die drohende Versagung der Eigenverwaltung hinzuweisen, um ihm Gelegenheit zu geben, seinen Antrag zurückzuziehen. Angesichts der Tatsache, dass der Insolvenzantrag nicht unter der Bedingung der Anordnung einer Eigenverwaltung gestellt werden kann, erscheint dies eine praktikable Lösung der Problematik.

VII. Die Anordnung von Sicherungsmaßnahmen im Eröffnungsverfahren

Die Regelung in § 21, wonach das Gericht im Eröffnungsverfahren Sicherungsmaßnahmen anordnen 45
kann und bei Vorliegen der Voraussetzungen anordnen muss, verdient bei einem Antrag auf Eigenverwaltung „besondere Aufmerksamkeit" (*Vallender* WM 1998, 2129, 2132; s auch K/P/B/*Pape* § 270 Rn 108, 108 a). Richtig ist, dass der Antrag eines Schuldners, die Eigenverwaltung anzuordnen, keinen Grund darstellt, im Eröffnungsverfahren von der Anordnung von Sicherungsmaßnahmen Abstand zu nehmen (K/P/B/*Pape* § 270 Rn 107; *Hess* § 270 Rn 114 ff; *Bähr/Landry* in *Mohrbutter/Ringstmeier* § 15 Rn 27 ff; HaKo-*Fiebig* § 270 Rn 42; N/R/*Riggert* § 270 Rn 4 ff; **str aA** *Grub* ZIP 1993, 393, 396). Sicherungsmaßnahmen bedeuten nicht schlechthin, dass das Gericht den Schuldner bzw das Schuldnerunternehmen für unzuverlässig hält. Sicherungsmaßnahmen können auch dem **Schutz gegen Vollstreckungen** der Gläubiger dienen, vor allem aber auch gegen ein vorschnelles Herausholen von Eigentumsvorbehaltsware oder Sicherungsgut (vgl § 21 Abs 2 Nr 5). Auch die **Rechtsprechung** hält die uneingeschränkte Anordnung von Sicherungsmaßnahmen im Eröffnungsverfahren trotz beantragter Eigenverwaltung des Schuldners für zulässig (vgl **BGH** v 15. 1. 2004, ZIP 2004, 425; **LG Bonn** ZIP 2003, 1412; **LG Cottbus** ZIP 2001, 2188; ferner die bei K/P/B/*Pape* § 270 Rn 109 Fn 241 zitierten Beschlüsse der Amtsgerichte). Allerdings sollte das Gericht hinsichtlich der Sicherungsmaßnahmen mit einer **gewissen Behutsamkeit** vorgehen. Jedenfalls hat das Insolvenzgericht den **Verhältnismäßigkeitsgrundsatz** zu beachten. Die Anordnung von allgemeinen Verfügungsbeschränkungen mit gleichzeitiger Bestellung eines vorläufigen Insolvenzverwalters kann uU die spätere Eigenverwaltung durch den Schuldner nicht nur erschweren, sondern unmöglich machen (*Vallender* WM 1998, 2129, 2132 f; *Graf-Schlicker* § 270 Rn 17; *Huhn*, Eigenverwaltung, Rn 427–497; HK-*Landfermann* § 270 Rn 11; **str aA** K/P/B/*Pape* § 270 Rn 108). Vor allem hinsichtlich der Anordnung eines **allgemeinen Verfügungsverbots** sollten die **Gerichte Zurückhaltung üben**. Die Einsetzung eines sogenannten „starken" vorläufigen Insolvenzverwalters oder eines vorläufigen Sachwalters würde den Schuldner bzw organschaftlichen Vertreter aus seiner Position herausdrängen und eine Sanierung mit Sicherheit erschweren, wenn nicht gar unmöglich machen (Einzelheiten bei K/P/B/*Pape* § 270 Rn 38, 39, 111–113; s aber auch **AG Duisburg** ZIP 2002, 1636; HaKo-*Fiebig* § 277 Rn 3 ff). Hat der Schuldner einen „prepackaged plan" vorgelegt und einen Antrag auf Eigenverwaltung mit dem **Insolvenzantrag wegen drohender Zahlungsunfähigkeit** verbunden, so wäre es geradezu kontraproduktiv, ohne weitere Prüfung ein allgemeines Verfügungsverbot gegen das Schuldnerunternehmen zu verhängen. Als geeignetes Mittel bietet sich die Bestellung eines **vorläufigen Insolvenzverwalters mit Zustimmungsvorbehalt** (§ 21 Abs 2 Nr 2 Altern 2) an (krit zu **AG Duisburg** ZIP 2002, 1636, 1641; K/P/B/*Pape* § 270 Rn 37, 38; *Kluth* ZInsO 2002, 1001, 1003 f; *Prütting* FS Kirchhof S 43; wie hier auch FK-*Foltis* § 270 Rn 11). Hier wird sozusagen der vorläufige Insolvenzverwalter wie ein späterer Sachwalter lediglich als Kontrollorgan mit „partiellen Sicherungs- und Gutachterfunktionen" eingesetzt (*Pohlmann*, Befugnisse und Funktionen Rn 35; *Vallender* WM 1998, 2129, 2132; s auch *Huhn* Eigenverwaltung § 7; *Uhlenbruck* NZI 2001, 632, 633; *Ehricke* ZIP 2002, 782, 787).

Nach zutr Feststellung von K/P/B/*Pape* (§ 270 Rn 111) scheint die Diskussion über die Einrichtung 46
einer „**vorläufigen Eigenverwaltung**" im Eröffnungsverfahren bzw die Bestellung eines „**vorläufigen Eigenverwalters**" (vgl *Ehricke* ZIP 2002, 782; *Uhlenbruck* NZI 2001, 623) weder geeignet noch erforderlich, um das Problem der Präjudizierung der späteren Entscheidung durch Anordnung von Sicherungsmaßnahmen zu lösen (so auch *Huhn*, Eigenverwaltung, Rn 499 ff; *Graf-Schlicker* § 270 Rn 17; HK-*Landfermann* § 270 Rn 12; für Einsetzung eines sog schwachen vorläufigen Verwalters MüKo-*Wittig/Tetzlaff* vor §§ 270–285 Rn 39). In der Tat spricht die gesetzliche Verweisung auf die allgemeinen Vorschriften in § 270 Abs 1 Satz 2 für die unmittelbare Anwendung der §§ 21 ff (K/P/B/*Pape* § 270 Rn 111). Letztlich wären die Funktionen eines **vorläufigen Sachwalters** die gleichen wie eines vorläufigen Insolvenzverwalters. **Sind Sicherungsmaßnahmen geboten**, sollte das Gericht von der Möglichkeit der Bestellung eines vorläufigen Insolvenzverwalters mit gleichzeitiger Anordnung eines allgemeinen Zustimmungsvorbehalts nur Gebrauch machen, wenn die spätere Anordnung der Eigenverwaltung überwiegend wahrscheinlich erscheint. Eine **Postsperre** nach § 21 Abs 2 Nr 4 scheidet in solchen Fällen aus (K/P/B/*Pape* § 270 Rn 114; MüKo-*Wittig/Tetzlaff* vor § 270 Rn 39). Etwas anderes gilt dagegen für die **einstweilige Einstellung von Zwangsvollstreckungsmaßnahmen**, da hierdurch die vorschnelle Unternehmenszerschlagung verhindert wird (K/P/B/*Pape* § 270 Rn 115; *Pape/Uhlenbruck* InsR Rn 839). In den meisten Fällen werden sich Sicherungsmaßnahmen erübrigen und wird sich das Insolvenzgericht darauf beschränken, allenfalls Maßnahmen der Zwangsvollstreckung gegen das Schuldnerunternehmen zu untersagen oder einstweilen gem § 21 Abs 2 Nr 3 einzustellen.

§ 270

47   Beantragt ein neu bestellter Geschäftsführer die Eigenverwaltung ohne nähere Begründung bzw ohne ein Sanierungskonzept und lässt er sich für die zu erwartende Tätigkeit von der insolventen Schuldnerin einen unangemessen hohen Vorschuss anweisen, spricht das bereits im Eröffnungsverfahren gegen die angestrebte Anordnung und macht die Einsetzung eines vorläufigen Verwalters erforderlich (**BGH** v 15. 1. 2004, NZI 2004, 216 = ZIP 2004, 425; LG Bonn ZInsO 2003, 806 mAnm *K. Förster*).

VIII. Bestellung eines Sachwalters (§ 270 Abs 3 S 1)

48   Ordnet das Gericht die Eigenverwaltung an, bestellt es statt des im Regelinsolvenzverfahren gem § 27 Abs 1 zu ernennenden Insolvenzverwalters im Eröffnungsbeschluss gem § 270 Abs 3 S 1 einen Sachwalter. Die Rechtsstellung des Sachwalters ist der des Insolvenzverwalters zwar angenähert, weist jedoch erhebliche Unterschiede auf, zumal er nicht die Verwaltungs- und Verfügungsbefugnis über das Vermögen des Schuldners erhält (KS-*Pape* S 895, 907 Rn 16; *Vallender* WM 1998, 2129, 2133; FK-*Foltis* § 270 Rn 59 ff; *Schlegel* Eigenverwaltung S 205 ff; *Smid* Grundzüge § 25 Rn 1 ff; MüKo-*Wittig/Tetzlaff* vor §§ 270–285 Rn 55–63). Die **Rechtsstellung des Sachwalters** wird primär durch seine umfassende Aufsichtspflicht geprägt, durch die eine ordnungsgemäße Verfahrensabwicklung durch den Schuldner sichergestellt werden soll (*Vallender* WM 1998, 2129, 2136; KS-*Pape* S 907 Rn 16; *Häsemeyer* InsR Rn 8.19). Der Sachwalter hat grundsätzlich keine eigenen Abwicklungskompetenzen. Jedoch hat er die wirtschaftliche Lage des Schuldners oder Schuldnerunternehmens permanent zu prüfen, die Geschäftsführung sowie die Ausgaben für die Lebensführung zu überwachen (§ 274 Abs 2) sowie die in den §§ 281, 283 Abs 2 geregelten Prüfungs- und Berichtspflichten wahrzunehmen (Einzelheiten bei K/P/B/*Pape* § 270 Rn 144). Weiterhin hat er das Prozessführungsrecht hinsichtlich der Durchsetzung von Gesamthaftungsansprüchen und Anfechtungstatbeständen (§§ 280, 92, 93, 129 ff) sowie die Überwachungspflicht hinsichtlich einer Planerfüllung (§ 284 Abs 2). Eine Masseunzulänglichkeit ist von ihm gegenüber dem Insolvenzgericht gem § 285 anzuzeigen. Trotz der fortbestehenden Rechte des Schuldners bzw Schuldnerunternehmens können sich in vielen Bereichen **Doppelzuständigkeiten** ergeben, die jedoch überwiegend dem Schuldner die eigentliche Handlungsbefugnis einräumen. Grundsätzlich geht der Gesetzgeber davon aus, dass dem Sachwalter nur **Überwachungsfunktionen** zukommen, dem Schuldner dagegen die **eigentliche Insolvenzabwicklung** obliegt. Da nicht alle dem **Schuldner verbleibenden Aufgaben** in den §§ 270 ff vollständig geregelt sind, muss für jeden Einzelfall festgestellt werden, ob es sich um eine Aufgabe des Schuldners oder des Sachwalters handelt (K/P/B/*Pape* § 270 Rn 145; *Häsemeyer* InsR Rn 8.15 ff; *Vallender* WM 1998, 2129, 2134 f). Ua bleiben folgende Aufgaben beim Schuldner: die Eingehung solcher Verbindlichkeiten, die nicht zum **gewöhnlichen Geschäftsbetrieb** gehören (§ 275 Abs 1); die Ausübung der **Rechte aus den §§ 103 ff** bei der Abwicklung gegenseitiger Verträge (§ 279); die **Aufstellung der Verzeichnisse** nach den §§ 151–153 (§ 281 Abs 1); die **Erstattung des Berichts** über die Insolvenzursachen und die Maßnahmen zur Insolvenzabwicklung (§ 281 Abs 2); die **Pflicht zur Rechnungslegung** (§§ 281 Abs 3, 66, 155); das Recht zur **Verwertung von Sicherungsgut** (§ 282 Abs 1); die **Befriedigung der Insolvenzgläubiger** (§ 283 Abs 2) sowie die **Aufstellung eines Insolvenzplans** bei einem Auftrag der Gläubigerversammlung (§ 284 Abs 1).

49   Die gem § 56 notwendige **Unabhängigkeit des Sachwalters** muss gewährleistet sein. Der Sachwalter muss eine **natürliche Person** sein (vgl *Pape* ZIP 1993, 737 ff; *Uhlenbruck* KTS 1989, 229 ff). Im Hinblick auf die Gefahr, „dass Großgläubiger die Eigenverwaltung unter Aufsicht eines Sachwalters instrumentalisieren, um den Schuldner bei der Verfahrensabwicklung für ihre Zwecke benutzen zu können, ist die **Unabhängigkeit des Sachwalters** fast noch wichtiger als die des Insolvenzverwalters" (KS-*Pape* S 907 f Rn 17; *Vallender* WM 1998, 2129, 2139; *Huntemann* in *Kraemer/Vallender/Vogelsang* Hdb Bd 2 Fach 3 Kap 3 Rn 72–76). Es bestehen keine Bedenken, dass der Schuldner mit dem Insolvenzantrag und dem Antrag auf Anordnung der Eigenverwaltung zugleich auch **Vorschläge hinsichtlich der Person des Sachwalters** unterbreitet. Nach *Vallender* (WM 1998, 2129, 2133) entspricht es der gängigen Praxis der Insolvenzgerichte, bei einer vom Schuldner oder Gläubiger vorgeschlagenen Person zum Verwalter dessen Unabhängigkeit besonders sorgfältig zu prüfen. Nichts anderes gilt auch für die Bestellung eines vom Schuldner oder von einzelnen Großgläubigern **vorgeschlagenen Sachwalters**. Die Tatsache, dass der empfohlene Sachwalter im Vorfeld des Insolvenzverfahrens für den Schuldner oder das Schuldnerunternehmen bereits tätig geworden ist, schließt ihn nicht schlechthin von der Sachwaltertätigkeit aus. Vielmehr kann gerade derjenige Berater, der in der Unternehmenskrise den Insolvenzantrag angeraten und für den Schuldner oder das Schuldnerunternehmen den „prepackaged plan" ausgearbeitet hat, durchaus der geeignete Sachwalter sein, der die Durchführung der gerichtlichen Sanierung überwacht. Insoweit ist großzügiger zu verfahren als bei der Verwalterbestellung im Regelinsolvenzverfahren (anders wohl *Vallender* WM 1998, 2129, 2133 f). Eine **Vertrauensperson des Schuldners** muss nicht unbedingt das Misstrauen der Gläubiger hervorrufen. Ist der Planersteller dem Gericht aufgrund vorangegangener Gutachter- oder Insolvenzverwaltertätigkeit als hinreichend zuverlässig und kompetent bekannt und sind die Hauptgläubiger des Schuldners mit der Anordnung der Eigenverwaltung einverstanden und erheben keine Einwendungen gegen die Person des **Planerstellers als Sachwalter**, so bestehen grundsätzlich keine Bedenken, eine solche Person als Sachwalter einzusetzen (*Vallender* WM 1998, 2129, 2134). De lege ferenda wird sogar zu überlegen sein, die Vorschrift des § 56 entsprechend

I. Allgemeines **§ 271**

mit der Einschränkung anzuwenden, dass nicht nur natürliche, sondern auch juristische Personen für die Sachwalterschaft in Betracht kommen. Zur **Bestellung und Rechtstellung des Sachwalters** s auch die Kommentierungen zu § 274 Rn 2 ff u 7 ff.

Die **Haftung und Vergütung des Sachwalters** richtet sich nach den für den Insolvenzverwalter gelten- 50
den Vorschriften (§ 274 Abs 1). Die **Haftung des Sachwalters** gem § 60 ist allerdings auf die amtspflichtbezogenen Tätigkeiten des Sachwalters beschränkt. Für die Nichterfüllung von Masseverbindlichkeiten (§ 61) haftet er nur, wenn er deren Begründung zugestimmt hat oder die Verpflichtung ohne seine Zustimmung nicht wirksam zustande gekommen wäre (§ 277 Abs 1 Satz 2; *Häsemeyer* InsR Rn 8.20).

IX. Forderungsanmeldung beim Sachwalter (§ 270 Abs 3 S 2)

Für die Anmeldung von Forderungen gilt in Abweichung von § 174 Abs 1 S 1, dass die Insolvenz- 51
gläubiger die Forderungen gem § 270 Abs 3 S 2 statt beim Insolvenzverwalter **beim Sachwalter anzumelden** haben. Im Übrigen gelten im Zusammenhang mit der Forderungsanmeldung die allgemeinen Vorschriften der §§ 174 ff. Soweit es die **Tabellenführung** angeht, hat der Sachwalter die Anmeldung zu beanstanden und gegebenenfalls die Forderung zu bestreiten, wenn die Anmeldung nicht ordnungsgemäß ist. Aber auch ansonsten kann der Sachwalter gem § 283 Abs 1 S 1 eine Forderung bestreiten. Sein Bestreiten führt dazu, dass die Forderung nicht als festgestellt gilt (§ 283 Abs 1 S 2). Der Sachwalter nimmt im gesamten Forderungsfeststellungsverfahren die Rolle des Insolvenzverwalters ein (FK-*Foltis* § 270 Rn 62, 63; K/P/B/*Pape* § 270 Rn 144 Rn 327). Im **Verteilungsverfahren** stellt dagegen der Schuldner die Verteilungsverzeichnisse auf und nimmt die Verteilungen vor, während der Sachwalter sich darauf beschränkt, die Verzeichnisse zu überprüfen (§ 283 Abs 2). Wird das Eigenverwaltungsverfahren mit einem **Insolvenzplanverfahren** (§§ 217 ff) verbunden, so erfolgt in Abweichung von § 260 die Überwachung der Planerfüllung durch den Sachwalter (N/R/*Riggert* § 270 Rn 11). Der Sachwalter wirkt an der Ausarbeitung des Insolvenzplans durch den Schuldner gem § 284 Abs 1 S 2 beratend mit. Die Gläubigerversammlung kann auch beschließen, dass der Insolvenzplan vom Sachwalter aufgestellt wird.

X. Registereintragungen (§ 270 Abs 3 S 3)

Gem § 270 Abs 3 S 3 sind die §§ 32 und 33 im Verfahren über die Eigenverwaltung nicht anzuwenden. 52
Das Gesetz hält bei Eigenverwaltung die Eintragung der Verfahrenseröffnung im Grundbuch (§ 32), im Schiffsregister, Schiffsbauregister und im Register für Pfandrechte an Luftfahrzeugen für verzichtbar, da die Befugnis des Schuldners zu Verfügungen über die im Register eingetragenen Gegenstände durch die Verfahrenseröffnung nicht eingeschränkt wird (HK-*Landfermann* § 270 Rn 17; FK-*Foltis* § 270 Rn 64–66; *Graf-Schlicker* § 270 Rn 26). Etwas anderes gilt aber bei der **Anordnung der Zustimmungsbedürftigkeit** nach § 277 Abs 1 S 1. Wird eine Verfügungsbeschränkung dieser Art angeordnet, wird die Anordnung gem § 277 Abs 3 S 1 öffentlich bekannt gemacht und, soweit das Recht zur Verfügung über ein Grundstück, eingetragenes Schiff, Schiffsbauwerk oder Luftfahrzeug, oder ein Recht an solchem Recht beschränkt wird, im jeweiligen Register eingetragen (§ 277 Abs 3 S 3). Im **Handels- und Genossenschaftsregister** werden die Verfahrenseröffnung ebenso wie die Anordnung der Eigenverwaltung immer eingetragen (§§ 32 Abs 1 Nr 3 HGB, 102 Abs 1 Nr 3 GenG). Gleiches gilt für Eintragungen im Partnerschaftsregister (vgl FK-*Foltis* § 270 Rn 67; MüKo-*Wittig/Tetzlaff* § 270 Rn 113). Durch die VO zur Anpassung registerrechtlicher Vorschriften an die InsO v 8. 12. 1998 (BGBl I S 3580) ist klargestellt worden, dass die Anordnung und Aufhebung der Eigenverwaltung unter der Aufsicht eines Sachwalters gem § 19 Abs 2 S 2, § 40 Nr 5 Abs 5 d und § 43 Nr 6 i HRV einzutragen sind. Für **Genossenschaften** gilt § 21 Abs 2 Nr 3 GenRegV v 11. 7. 1889, RGBl 150 idF der VO v 8. 12. 1998 (BGBl I S 3580). Die Eintragung in das Partnerschaftsregister erfolgt gem § 5 Abs 4 Nr 4 PRV. Wird die Eigenverwaltung aufgehoben, hat die Eintragung der Eröffnung des Regelverfahrens in sämtliche Register zu erfolgen (FK-*Foltis* § 270 Rn 67).

§ 271 Nachträgliche Anordnung

¹Hatte das Insolvenzgericht den Antrag des Schuldners auf Eigenverwaltung abgelehnt, beantragt die erste Gläubigerversammlung jedoch die Eigenverwaltung, so ordnet das Gericht diese an. ²Zum Sachwalter kann der bisherige Insolvenzverwalter bestellt werden.

I. Allgemeines

Ähnlich wie in § 57 hat die Gläubigerversammlung als oberstes Verfahrensorgan die Möglichkeit, 1
selbst gerichtliche Entscheidungen zu korrigieren. Bei der Entscheidung, ob Eigenverwaltung angeordnet wird, hat der Gesetzgeber der **Gläubigerautonomie** Priorität vor der richterlichen Entscheidung eingeräumt. Allerdings ist damit eine Korrektur gem § 78 nicht schlechthin ausgeschlossen. Auch kann jeder einzelne Gläubiger oder eine Minderheit die Aufhebung der Anordnung der Eigenverwaltung erreichen, wenn diese zu Nachteilen für die Gläubiger führt (vgl § 272 Abs 1 Nr 2).

Uhlenbruck

II. Voraussetzungen der nachträglichen Anordnung

2   1. Gerichtliche Ablehnung des Antrags auf Eigenverwaltung. Voraussetzung für den Antrag der Gläubigerversammlung ist die bereits erfolgte Ablehnung durch das Insolvenzgericht. Da der Gesetzgeber eine Beschwerdemöglichkeit nicht vorgesehen hat, hat er der Gläubigerversammlung ein Antragsrecht eingeräumt mit der Folge, dass das Gericht nunmehr dem Antrag zu entsprechen hat. Den umgekehrten Fall, dass die Gläubigerversammlung mit der gerichtlichen Anordnung der Eigenverwaltung nicht einverstanden ist, regelt § 272. Unerheblich ist, ob die Ablehnung im Eröffnungsbeschluss oder in einem gesonderten Beschluss erfolgt ist (BerlKo-*Blersch* § 271 Rn 2). Zweifelhaft, aber letztlich zu bejahen ist die Frage, ob die erste Gläubigerversammlung auch **ohne einen entsprechenden Antrag** und **ohne Ablehnung** durch das Gericht die Eigenverwaltung beschließen kann, wenn der **Schuldner einverstanden** ist, das Verfahren in eigener Regie durchzuführen. Nach FK-*Foltis* (§ 271 Rn 5) ist angesichts des klaren Wortlauts des § 271 S 1 die Einräumung einer umfassenden Antragskompetenz für die erste Gläubigerversammlung nur nach einer Gesetzesänderung möglich. Der gesetzlichen Regelung in § 271 liegt der Gedanke zugrunde, dass der Schuldner durch seinen Antrag zum Ausdruck bringen muss, dass er die Eigenverwaltung will. Es kann jedoch durchaus der Fall eintreten, dass die Gläubigerversammlung die Eigenverwaltung wünscht und der Schuldner nunmehr seine Bereitschaft erklärt, das Verfahren in Eigenverwaltung durchzuführen. Solchenfalls brauchen die mit dem Eröffnungsbeschluss verbundenen Verfügungen und Registereintragungen nicht etwa rückgängig gemacht zu werden (s auch MüKo-*Wittig/Tetzlaff* § 271 Rn 8–14; **str aA** OLG Naumburg ZInsO 2001, 810, 811; *Graf-Schlicker* § 271 Rn 2; K/P/B/*Pape* § 271 Rn 1; HK-*Landfermann* § 271 Rn 2; FK-*Foltis* § 271 Rn 5; *Gulde*, Die Anordnung der Eigenverwaltung, S 49sf).

3   2. Antrag der ersten Gläubigerversammlung. Weitere Voraussetzung für eine Anordnung der Eigenverwaltung nach § 271 ist ein entsprechender **Antrag der ersten Gläubigerversammlung** (Berichtstermin). Der Beschluss kann in einer späteren Gläubigerversammlung nicht mehr gefasst werden (N/R/ *Riggert* § 271 Rn 3; HK-*Landfermann* § 271 Rn 2; *Gottwald/Haas* InsR Hdb § 87 Rn 40; BerlKo-*Blersch* § 271 Rn 3; MüKo-*Wittig/Tetzlaff* § 271 Rn 16; FK-*Foltis* § 271 Rn 5). Die Entscheidung muss durch **Beschluss** gefasst werden. Der Beschluss kommt zustande mit den Mehrheiten der §§ 76 Abs 2, 77, also mit **einfacher Mehrheit**, wobei auch den absonderungsberechtigten Gläubigern ein Stimmrecht gem §§ 52 S 1, 76 Abs 2 iVm § 77 zusteht (BerlKo-*Blersch* § 271 Rn 3; *Gottwald/Haas* InsR Hdb § 87 Rn 41). Es ist nicht zu verkennen, dass auf diese Weise einzelnen Großgläubigern die Möglichkeit verschafft wird, im Wege der einfachen Mehrheit ihre Interessen einseitig durchzusetzen (vgl *Smid* BB 1992, 501, 598; *Marotzke* FS Kirchhof S 321, 330; *Häsemeyer* InsR Rn 8.08). Zutreffend der Hinweis von *Pape* (K/P/B/*Pape* § 271 Rn 7), dass noch die Aufhebungsmöglichkeiten des § 272 Abs 1 Nr 1 und 2 zur Verfügung stehen und die gerichtliche Kontrolle nach § 78 eingreift.

III. Anordnung durch das Insolvenzgericht

4   1. Zuständigkeit des Gerichts. Zuständig für die Entscheidung über den Antrag der Gläubigerversammlung ist das Insolvenzgericht. Die Anordnung erfolgt durch **unanfechtbaren Beschluss**. Die funktionelle Zuständigkeit des Rechtspflegers bzw der Rechtspflegerin folgt aus § 18 RPflG, es sei denn, dass der Richter ausdrücklich von dem Vorbehalt nach § 18 Abs 1 RPflG Gebrauch gemacht hat. Während also die Entscheidung über die Eigenverwaltung, wenn sie mit dem Eröffnungsbeschluss zusammen ergeht, in die Zuständigkeit des Richters fällt, ist nunmehr bei der nachträglichen Anordnung der Rechtspfleger ausschließlich zuständig. Eine richterliche Zuständigkeit nach § 271 ist in § 18 RPflG nicht vorgesehen (K/P/B/*Pape* § 271 Rn 11; MüKo-*Wittig/Tetzlaff* § 271 Rn 21; *Hess* § 271 Rn 8).

5   2. Begleitende Verfügungen. Mit der nachträglichen Anordnung der Eigenverwaltung hat das Insolvenzgericht sämtliche Verfügungen zu treffen, die gem § 270 mit der Anordnung der Eigenverwaltung zu treffen sind. Gleichzeitig hat es die mit dem Eröffnungsbeschluss getroffenen Verfügungen aufzuheben bzw rückgängig zu machen. So ist der Anordnungsbeschluss **öffentlich bekannt zu machen**. Öffentlich bekannt zu machen ist, dass das Amt des bisherigen Insolvenzverwalters endet und stattdessen ein Sachwalter bestellt worden ist (K/P/B/*Pape* § 271 Rn 12). Zutreffend der Hinweis von *Pape* (K/P/B/ *Pape* § 271 Rn 12), dass in dem Beschluss entsprechend § 27 unbedingt **Tag und Stunde** der Beschlussfassung angegeben werden sollten, um Abgrenzungsschwierigkeiten hinsichtlich der Wirksamkeit von Rechtshandlungen des Verwalters und des Schuldners zu vermeiden (so auch *Graf-Schlicker* § 271 Rn 3). Die Aufforderung nach § 28 Abs 3 ist zurückzunehmen. Das Gericht hat um Löschung der nach den §§ 32, 33 vorgenommenen Registereintragungen zu ersuchen. Soweit Registereintragungen bestehen bleiben, sind entsprechende Korrekturen bzw Hinweise auf die Eigenverwaltung zu veranlassen.

6   3. Gerichtliche Prüfungskompetenzen. Das Gericht hat nach zwingender Vorschrift des § 271 S 1 dem Beschluss der Gläubigerversammlung zu entsprechen und die Eigenverwaltung anzuordnen. Ein eigenes Ermessen steht ihm nicht zu (*Graf-Schlicker* § 271 Rn 3; MüKo-*Wittig/Tetzlaff* § 271 Rn 19). Nach FK-

V. Bestellung eines Sachwalters § 271

Foltis (§ 271 Rn 8) hat der Antrag der Gläubigerversammlung bereits die **Benennung einer bestimmten natürlichen Person** (§§ 270 Abs 1 S 2, 56 S 1) zu enthalten, die das Insolvenzgericht zum Sachwalter bestellen soll (§ 270 Abs 1 S 2, 57 S 1). Dem ist entgegenzuhalten, dass die erste Gläubigerversammlung lediglich die Eigenverwaltung beantragen kann, jedoch weder ein Weisungs- noch ein Vorschlagsrecht hinsichtlich des Verwalters hat. Ein entsprechender Vorschlag oder „Antrag" kann lediglich als **Anregung** an das Gericht verstanden werden, einen bestimmten Sachwalter einzusetzen (*Braun/Riggert* § 271 Rn 6; *MüKo-Wittig/Tetzlaff* § 271 Rn 17). Im Übrigen hat das Gericht keine eigene Prüfungskompetenz. Es ist somit nicht berechtigt, die Anordnung der Eigenverwaltung mit der Begründung abzulehnen, dass nach den Umständen zu erwarten ist, dass die Anordnung zu einer Verzögerung des Verfahrens oder zu sonstigen Nachteilen für die Gläubiger führen wird (§ 270 Abs 2 Nr 3). Allerdings hat das Gericht sich **vor der Anordnung zu vergewissern**, ob der Schuldner oder die organschaftlichen Vertreter des Schuldnerunternehmens an ihrem Antrag auf Eigenverwaltung festhalten und bereit sind, das Verfahren in Eigenverwaltung durchzuführen (*Graf-Schlicker* § 271 Rn 2; HK-*Landfermann* § 271 Rn 3; FK-*Foltis* § 271 Rn 6). Eine **Anordnung gegen den Willen des Schuldners** oder seiner organschaftlichen Vertreter wäre wenig sinnvoll, zumal damit zu rechnen ist, dass der Schuldner unmittelbar im Anschluss daran die Aufhebung der Eigenverwaltung nach § 272 Abs 1 Nr 3 beantragt (HK-*Landfermann* § 271 Rn 3; *Gottwald/Haas* InsRHdb § 87 Rn 39).

IV. Rechtsmittel

Wird eine Minderheit oder werden einzelne Gläubiger in der ersten Gläubigerversammlung bei der 7 Abstimmung über den Antrag auf Eigenverwaltung überstimmt, steht ihnen wegen § 6 Abs 1 hiergegen **kein Rechtsmittel** zur Verfügung. Hat, was die Regel ist, der **Rechtspfleger** entschieden, so ist gegen die Rechtspflegerentscheidung **keine Erinnerung** möglich, weil einmal das Gericht nicht nach seinem Ermessen entschieden hat, zum andern durch die Anfechtung die Gläubigerautonomie unterlaufen würde (K/P/B/*Pape* § 271 Rn 14; N/R/*Riggert* § 270 Rn 4; BerlKo-*Blersch* § 271 Rn 9; FK-*Foltis* § 271 Rn 7; **str aA** HK-*Landfermann* § 271 Rn 4; HaKo-*Fiebig* § 271 Rn 8 bzgl Nichtzulassung des Antrags auf Abstimmung über die nachträgliche Anordnung der Eigenverwaltung; ebenso AG Dresden ZInsO 2000, 48). Entscheidungen der Gläubigerversammlung können nicht über den Umweg der Rechtspflegererinnerung korrigiert werden, da sie nicht der Anfechtung unterliegen. Dem Gläubiger bleibt nur die Möglichkeit, einen **Antrag nach § 78** oder gem § 272 Abs 1 Nr 2 einen **Antrag auf Aufhebung der Anordnung** bei Gericht zu stellen, weil die Voraussetzungen des § 270 Abs 2 Nr 3 weggefallen sind (Einzelheiten bei K/P/B/*Pape* § 271 Rn 61–21; HK-*Landfermann* § 271 Rn 5; KS-*Pape* S 906 Rn 15; BerlKo-*Blersch* § 271 Rn 9). Kommt es zu einem Antrag nach § 78 Abs 1, so hat das Gericht, wenn dieser Antrag bereits in der ersten Gläubigerversammlung gestellt wird, hierüber durch Beschluss gem § 78 Abs 2 zu entscheiden. Der Beschluss unterliegt der **sofortigen Beschwerde** (§ 78 Abs 2 S 3). Hat der Rechtspfleger entschieden, steht den Beteiligten die **Erinnerung** zu. Durch einen Antrag nach § 78 erlangt das Gericht eine **mittelbare Prüfungskompetenz**, die trotz der umfassenden Gläubigerautonomie im ganzen Verfahren besteht (K/P/B/*Pape* § 271 Rn 16). Nach zutreffender Feststellung von *Pape* (K/P/B/*Pape* § 271 Rn 20). Sollte die Entscheidung des Insolvenzgerichts über die nachträgliche Anordnung der Eigenverwaltung erst getroffen werden, wenn das **Verfahren über den Widerspruch** rechtskräftig abgeschlossen ist (so auch MüKo-*Wittig/Tetzlaff* § 271 Rn 34).

V. Bestellung eines Sachwalters

Gem § 271 S 2 kann der bisherige Insolvenzverwalter zum Sachwalter bestellt werden. Das Gericht 8 ist, wie sich aus der Gesetzesformulierung ergibt, nicht gezwungen, den **bisherigen Verwalter** zum Sachwalter zu bestellen. Auch ist es nicht gezwungen, dem Vorschlagsrecht der Gläubigerversammlung zu entsprechen (MüKo-*Wittig/Tetzlaff* § 271 Rn 24; *Gottwald/Haas* InsRHdb § 87 Rn 30; HK-*Landfermann* § 271 Rn 3; N/R/*Riggert* § 271 Rn 4; K/P/B/*Pape* § 271 Rn 23; **str aA** FK-*Foltis* § 271 Rn 13). Vielmehr kann anstelle des ursprünglichen Insolvenzverwalters auch eine andere Person als Sachwalter bestellt werden, zumal wenn der bisherige Insolvenzverwalter nicht zur Übernahme des Amtes eines Sachwalters bereit ist. **Einzelheiten** in der Kommentierung zu § 274 Rn 7. **Funktionell zuständig** ist der Rechtspfleger, auf den das Verfahren gem § 18 RPflG übergegangen ist (MüKo-*Wittig/Tetzlaff* § 270 Rn 21). Das **gerichtliche Erstbestellungsrecht** geht bei nachträglicher Anordnung der Eigenverwaltung nicht verloren (§ 56; K/P/B/*Pape* § 271 Rn 23). Vielmehr kann die erste (folgende) Gläubigerversammlung gem §§ 270 Abs 1 S 2, 57 S 1 **einen anderen Sachwalter wählen** (s auch *Huhn* Eigenverwaltung § 12 I 1 b). Nach K/P/B/*Pape* (§ 271 Rn 22) sollte die **erste Gläubigerversammlung**, die den Antrag auf Eigenverwaltung beschließt, „sofort darüber entscheiden, ob sie den bisherigen Insolvenzverwalter als Sachwalter beibehält oder ob sie eine andere Person als Sachwalter wählt". Richtig daran ist, dass ein nochmaliges Recht der Versammlung, den Sachwalter auszuwechseln, eine kontinuierliche Verfahrensabwicklung nicht möglich macht. Die Tatsache, dass gem § 57 in der nächsten Gläubigerversammlung erneuter Verwalterwechsel möglich ist, ändert aber nichts daran, dass trotz einer entsprechenden Entscheidung der Gläubigerversammlung das Gericht in eigenem Ermessen die Person des Sachwalters bestimmt. Nach FK-*Foltis* (§ 271 Rn 13) steht den Gläubigern das Wahlrecht zu mit der Folge, dass das Insolvenzgericht die Bestellung des Gewählten nur versagen darf, wenn er für die Annahme des Amtes ungeeignet ist. Diese Lösung hat den Vorteil für sich, dass sie die von *Pape* aufgezeigten Probleme vermeidet. IdR wird das Gericht jedoch schon in der Gläubigerversammlung klarstellen, wen es mit der Sachwalterschaft betraut, und entsprechenden Anregungen der Gläubigerversammlung nachkommen.

VI. Rechtshandlungen des bisherigen Verwalters

9   Kommt es zu einer nachträglichen Anordnung der Eigenverwaltung, bleiben Rechtshandlungen des bisherigen Insolvenzverwalters in vollem Umfang **wirksam** (K/P/B/*Pape* § 271 Rn 25; HaKo-*Fiebig* § 271 Rn 5). Eine bereits erfolgte Insolvenzanfechtung bleibt ebenso wirksam wie eine nach § 113 erfolgte Kündigung. Eigenverwalter und Sachwalter müssen das Verfahren in dem Stadium übernehmen, wie sie es bei nachträglicher Anordnung der Eigenverwaltung vorfinden (K/P/B/*Pape* § 271 Rn 26). Um die Bezahlung von Masseverbindlichkeiten sicherzustellen und sein eigenes Haftungsrisiko zu vermeiden, wird sich der bisherige Insolvenzverwalter idR in seiner Funktion als Sachwalter gem § 275 Abs 2 **die Kassenführung** vorbehalten (HaKo-*Fiebig* § 271 Rn 6). Wird vom Sachwalter **Masseunzulänglichkeit** angezeigt (§§ 208, 285), gelten für den bisherigen Verwalter hinsichtlich der von ihm begründeten Masseverbindlichkeiten die allgemeinen Grundsätze (HaKo-*Fiebig* § 271 Rn 7). Eine Haftung nach § 61 kommt nur dann in Betracht, wenn der frühere Insolvenzverwalter vor Aufhebung der Fremdverwaltung bei ihrer Begründung erkennen konnte, dass die Nichterfüllung wahrscheinlicher war als die Erfüllung (K/P/B/*Pape* § 271 Rn 26).

§ 272 Aufhebung der Anordnung

(1) Das Insolvenzgericht hebt die Anordnung der Eigenverwaltung auf,
1. wenn dies von der Gläubigerversammlung beantragt wird;
2. wenn dies von einem absonderungsberechtigten Gläubiger oder von einem Insolvenzgläubiger beantragt wird und die Voraussetzung des § 270 Abs. 2 Nr. 3 weggefallen ist;
3. wenn dies vom Schuldner beantragt wird.

(2) ¹Der Antrag eines Gläubigers ist nur zulässig, wenn der Wegfall der Voraussetzung glaubhaft gemacht wird. ²Vor der Entscheidung über den Antrag ist der Schuldner zu hören. ³Gegen die Entscheidung steht dem Gläubiger und dem Schuldner die sofortige Beschwerde zu.

(3) Zum Insolvenzverwalter kann der bisherige Sachwalter bestellt werden.

I. Allgemeines

1   Es gehört zu den besonderen Risiken des Eigenverwaltungsverfahrens, dass sich nach der Anordnung Umstände ergeben, die dringlich eine **Korrektur der ursprünglichen gerichtlichen Entscheidung** oder des Beschlusses der Gläubigerversammlung erfordern. Weiterhin muss mangels Beschwerdemöglichkeit den Minderheiten eine Möglichkeit eingeräumt werden, die Aufhebung der Anordnung der Eigenverwaltung zu beantragen und eine erneute Überprüfung der gerichtlichen Entscheidung zu veranlassen. Der Minderheitenschutz greift ebenso wie der Schuldnerschutz unabhängig davon ein, ob das Insolvenzgericht ursprünglich mit der Verfahrenseröffnung die Eigenverwaltung gem § 270 angeordnet oder auf Veranlassung der Gläubigerversammlung nachträglich nach § 271 die Eigenverwaltung beschlossen hat. Die Vorschrift des § 272 hat gleichzeitig **Sanktionswirkung** hinsichtlich des Schuldners bzw Schuldnerunternehmens, denn der Schuldner muss jederzeit damit rechnen, dass wegen gläubigernachteiliger Verfahrensabwicklung oder Unzuverlässigkeit von einem Verfahrensbeteiligten der Antrag gestellt wird, die Anordnung der Eigenverwaltung aufzuheben. Eine **amtswegige Aufhebung** der Eigenverwaltung sieht das Gesetz nicht vor (*Graf-Schlicker* § 272 Rn 2; N/R/*Riggert* § 272 Rn 1; einschränkend für Ausnahmefälle FK-*Foltis* § 272 Rn 4; str aA *Smid* WM 1998, 2489, 2515; *Hess* § 272 Rn 2). Dagegen wird die Entscheidungskompetenz der Gläubigerversammlung erweitert: Während nach § 271 nur die **erste Gläubigerversammlung** die Antragstellung beschließen kann, erweitert § 272 die Entscheidungskompetenz auf **jede Gläubigerversammlung**. Eine Gläubigerversammlung kann somit jederzeit durch erneuten Beschluss ihre ursprüngliche Entscheidung nach § 271 korrigieren.

II. Voraussetzungen für eine Aufhebung der Eigenverwaltung

2   Die Eigenverwaltung endet grundsätzlich mit der Verfahrensaufhebung nach § 200 oder mit der Einstellung des Verfahrens gem §§ 207, 212, 213. Unabhängig von diesen Beendigungsgründen kann die Aufhebung der Eigenverwaltung unter bestimmten Voraussetzungen gem § 272 vorzeitig beendet werden.

3   **1. Aufhebung auf Antrag der Gläubigerversammlung.** Die fast uneingeschränkte Möglichkeit der Gläubigerversammlung, einen Antrag auf Aufhebung der Eigenverwaltung zu stellen und damit eine ur-

II. Voraussetzungen für eine Aufhebung der Eigenverwaltung § 272

sprüngliche Entscheidung uU zu korrigieren, beruht auf dem das gesamte Verfahren beherrschenden **Prinzip der Gläubigerautonomie**. Die Gläubigerversammlung braucht nicht einmal die Gründe anzuführen, warum sie kein Vertrauen mehr in den Schuldner und seine Verfahrensabwicklung hat (MüKo-Wittig/Tetzlaff § 272 Rn 7). Sie entscheidet vielmehr mit der **einfachen Summenmehrheit** des § 76 Abs 2. Das bedeutet, dass letztlich die Großgläubiger, vor allem die Kreditgläubiger, über den Antrag entscheiden würden, wenn nicht der Gesetzgeber dem **Minderheitenschutz** durch die Regelung in § 272 Abs 1 Nr 2 Rechnung getragen hätte. Der Anwendung des § 78 bedarf es insoweit nicht (vgl auch K/P/B/Pape § 272 Rn 3; KS-Pape S 895, 905 f Rn 14, 15; MüKo-Wittig/Tetzlaff § 272 Rn 9). Zuzugeben ist N/R/Riggert (§ 272 Rn 2; vgl auch HK-Landfermann § 272 Rn 3), dass § 78 **nicht schlechthin ausgeschlossen** ist (so auch Huhn Eigenverwaltung § 12 I 3), jedoch ist zu beachten, dass das Insolvenzgericht **ohne weitere Prüfung** die Anordnung der Eigenverwaltung aufzuheben hat, wenn ein entsprechender Beschluss der Gläubigerversammlung vorliegt (K/P/B/Pape § 272 Rn 1 a, 3; Graf-Schlicker § 272 Rn 3; MüKo-Wittig/Tetzlaff § 272 Rn 9; str aA FK-Foltis § 272 Rn 9, 10; HK-Landfermann § 272 Rn 3; Huhn, Eigenverwaltung, Rn 1122–1128; N/R/Riggert § 272 Rn 2; BerlKo-Blersch § 272 Rn 3). Zudem erleiden die überstimmten Gläubiger durch die Aufhebung der Eigenverwaltung idR keinen Rechtsnachteil (K/P/B/Pape § 272 Rn 3). Das Gericht hat keine eigene Prüfungskompetenz, wenn die Gläubigerversammlung den Aufhebungsantrag beschließt. Zum Streitstand s FK-Foltis § 272 Rn 10. Eine **Anhörung des Schuldners** nach § 272 Abs 2 S 2 durch das Insolvenzgericht kommt ebenfalls nicht in Betracht, da einmal der Beschluss der Gläubigerversammlung für ein Ermessen des Gerichts keinen Raum lässt, zum andern aber der Schuldner oder Schuldnervertreter das Recht hat, an der Gläubigerversammlung teilzunehmen. Macht er von seinem Anwesenheitsrecht nach § 74 Abs 1 S 2 keinen Gebrauch, so ist ihm durch diese Vorschrift hinreichend Gelegenheit gegeben, zu dem beabsichtigten Antrag der Gläubigerversammlung Stellung zu nehmen (K/P/B/Pape § 272 Rn 5; N/R/Riggert § 272 Rn 2).

2. Aufhebung auf Antrag eines Gläubigers. Der Gesetzgeber hat in § 272 Abs 1 Nr 2 das Antragsrecht 4 hinsichtlich der Aufhebung der Eigenverwaltung auf **absonderungsberechtigte und nicht nachrangige Insolvenzgläubiger** beschränkt. Demgemäß haben nachrangige Insolvenzgläubiger iSv § 39 Abs 1, 2 kein Recht, einen Antrag auf Aufhebung der Eigenverwaltung zu stellen (K/P/B/Pape § 272 Rn 7; FK-Foltis § 272 Rn 13; MüKo-Wittig/Tetzlaff § 272 Rn 13; Graf-Schlicker § 272 Rn 5; Bähr/Landry in Mohrbutter/Ringstmeier Hdb § 15 Rn 91; Gottwald/Haas InsR Hdb § 88 Rn 4; str aA BerlKo-Blersch § 272 Rn 4; HK-Landfermann § 272 Rn 4). Aus der systematischen Stellung des § 272 Abs 1 Nr 1 folgert Foltis (FK-Foltis § 272 Rn 9), dass sich die Regelung in § 272 Abs 1 Nr 2 auf ein **Aufhebungsverfahren außerhalb einer Gläubigerversammlung** bezieht (so wohl auch HK-Landfermann § 272 Rn 5 a). Während einer Gläubigerversammlung sei Nr 2 unanwendbar (so auch FK-Foltis § 272 Rn 14). Dem kann nicht gefolgt werden. Vielmehr muss es einem Gläubiger, wenn die Gläubigerversammlung sich nicht zu einer Beschlussfassung durchringt, möglich sein, schon in der ersten Gläubigerversammlung einen entsprechenden Antrag an das Insolvenzgericht zu stellen (so auch N/R/Riggert § 272 Rn 3). Das Gesetz knüpft allerdings die Zulässigkeit eines Gläubigerantrags gem § 272 Abs 2 S 1 daran, dass der Wegfall der Voraussetzungen des § 270 Abs 2 Nr 3 mit den Mitteln des § 294 ZPO **glaubhaft gemacht** wird. Der Gläubiger hat somit Tatsachen darzulegen und zugleich eine überwiegende Wahrscheinlichkeit darzutun, die darauf schließen lassen, dass die Eigenverwaltung zu Verfahrensverzögerungen oder sonstigen Nachteilen für die Gläubiger führt. Die Glaubhaftmachung kann gem § 294 ZPO durch präsente Beweismittel oder durch Eidesstattliche Versicherung erfolgen. Das einfache Aufstellen von Behauptungen oder der bloße Hinweis auf eine mögliche Verfahrensverzögerung genügt nicht für die erforderliche Glaubhaftmachung (**LG Potsdam v 16. 5. 2001 ZIP 2001, 1689**; N/R/Riggert § 272 Rn 3; Hess § 272 Rn 20). Entgegen dem Wortlaut des § 272 Abs 1 Nr 2 kommt eine Aufhebung der Eigenverwaltung auch dann in Betracht, wenn die **Voraussetzungen** des § 270 Abs 2 Nr 3 **von Anfang an nicht gegeben** waren, denn solchenfalls sind die Interessen der Gläubiger nicht weniger schutzwürdig (Gottwald/Haas InsR Hdb § 88 Rn 5; HK-Landfermann § 272 Rn 5; N/R/Riggert § 272 Rn 3; FK-Foltis § 272 Rn 17; N/R/Riggert § 272 Rn 3; Koch, Eigenverwaltung S 161 f). Vor einer Entscheidung über den Gläubigerantrag hat das Gericht den **Schuldner gem § 272 Abs 2 S 2 zu hören**. § 10 findet entspr Anwendung (MüKo-Wittig/Tetzlaff § 272 Rn 23). Die **Anhörung des Schuldners** kann – wie im Insolvenzeröffnungsverfahren – zu einem **quasi-streitigen Parteiverfahren** führen, wenn der Schuldner bzw der organschaftliche Vertreter des Schuldnerunternehmens durch **Gegenglaubhaftmachung** die Glaubhaftmachung des Gläubigers erschüttert (K/P/B/Pape § 272 Rn 8 a; MüKo-Wittig/Tetzlaff § 272 Rn 24). In jedem Fall sollte das Gericht vor seiner Entscheidung noch den **Sachwalter** hören, der uU sogar in Zweifelsfällen zugleich als Sachverständiger eingesetzt werden kann (vgl auch K/P/B/Pape § 272 Rn 8 a).

3. Aufhebung der Eigenverwaltung auf Schuldnerantrag. Auch der Schuldner ist gem § 272 Abs 1 5 Nr 3 berechtigt, jederzeit während des Insolvenzverfahrens die Beendigung der Eigenverwaltung zu beantragen. Handelt es sich bei dem Schuldnerunternehmen um eine **juristische Person** oder Gesellschaft ohne Rechtspersönlichkeit, so kann jede alleinvertretungsberechtigte Person oder jede gemeinsam vertretungsberechtigte Mehrzahl von Personen diesen Antrag wirksam stellen, und zwar unabhängig davon, ob sie im Innenverhältnis hierzu berechtigt ist (HK-Landfermann § 272 Rn 8; MüKo-Wittig/

Tetzlaff § 272 Rn 29; HaKo-*Fiebig* § 272 Rn 9; K/P/B/*Pape* § 272 Rn 10b; differenzierend FK-*Foltis* § 272 Rn 14). Die Regelung in § 272 Abs 1 Nr 3 beruht auf der Erkenntnis, dass der Erfolg einer Eigenverwaltung von dem Engagement des Schuldners und seiner organschaftlichen Vertreter abhängt. Nur wenn diese bereit sind, die anfallenden Sanierungs- oder Liquidationsaufgaben mit vollem Einsatz zu bewältigen, kann die Eigenverwaltung als vorteilhaftere Verfahrensgestaltung gegenüber dem Verfahren unter der Ägide eines Insolvenzverwalters durchgeführt werden. Ein Schuldner, der kein Interesse an einer optimalen Gläubigerbefriedigung hat, ist kein geeigneter Sanierer oder Liquidator. Auch eine ursprüngliche **Bereitschaft des Schuldners**, die Sanierung durchzuführen, **kann im Laufe des Verfahrens entfallen** (s auch den Fall „Arcandor" 2009, wo das Interesse bereits vor Verfahrenseröffnung entfiel). So zB, wenn der Schuldner mit den ihm auf Antrag der Gläubigerversammlung oder eines einzelnen Gläubigers gem § 277 auferlegten Einschränkungen oder mit der Ausübung der Zustimmungsbefugnis durch den Gläubigerausschuss gem § 276 nicht einverstanden ist oder sich im Rahmen des Zusammenwirkens erhebliche Friktionen ergeben (vgl *Koch* Eigenverwaltung S 165f; FK-*Foltis* § 272 Rn 20; BerlKo-*Blersch* § 272 Rn 6; *Hess* § 272 Rn 24; *Smid* § 272 Rn 3; N/R/*Riggert* § 272 Rn 4; *Gottwald/Haas* InsR Hdb § 88 Rn 6; K/P/B/*Pape* § 272 Rn 10).

III. Entscheidung des Insolvenzgerichts über den Aufhebungsantrag

6   Die Anordnung der Aufhebung der Eigenverwaltung erfolgt durch gerichtlichen Beschluss. **Funktionell zuständig** ist der **Rechtspfleger/Rechtspflegerin** (*Pape/Uhlenbruck* InsR Rn 149; *Frege/Keller/Riedel* HRP Rn 223; K/P/B/*Pape* § 272 Rn 11). Der Beschluss ist **den Beteiligten zuzustellen** (§ 6 Abs 2). Eine individuelle Zustellung an den Schuldner ist zwar im Gesetz nicht vorgesehen. Sie ist aber schon deswegen zwingend, weil der Schuldner bzw die organschaftlichen Vertreter eines Schuldnerunternehmens die Verwaltungs- und Verfügungsbefugnis hinsichtlich der Insolvenzmasse (§ 35) verlieren (§ 80, s auch *Müller/Tetzlaff* § 272 Rn 38). Nach K/P/B/*Pape* § 272 Rn 11) ist auch eine Zustellung an die Gläubiger und Schuldner zu erwägen, die gem § 8 Abs 3 dem Insolvenzverwalter übertragen werden kann (so auch FK-*Foltis* § 272 Rn 21). **Zuzustellen ist jedenfalls die Entscheidung,** durch die ein **Antrag nach § 272 Abs 1** abgelehnt wird, weil mit der Zustellung die Rechtsmittelfrist in Gang gesetzt wird. Der Rechtspfleger hat in dem Beschluss nach Möglichkeit den genauen Zeitpunkt des Erlasses entsprechend § 27 Abs 2 Nr 3 anzugeben, um eine Abgrenzung der Wirksamkeit einzelner Rechtshandlungen des Schuldners und des nunmehrigen Insolvenzverwalters zu gewährleisten (K/P/B/*Pape* § 272 Rn 11). Der **Beschluss** über die Aufhebung der Eigenverwaltung ist **zu begründen** (N/R/*Riggert* § 272 Rn 5: nur bei Gläubigerantrag). Das Gericht hat die Mitteilungen nach den §§ 31–33 zu veranlassen.

IV. Rechtsmittel

7   Der **Aufhebungsbeschluss** ist, soweit die Aufhebung nach § 272 Abs 1 Nr 1 oder 3 erfolgt, **unanfechtbar** (§ 6 Abs 1). Auch eine **Erinnerung** gegen die Rechtspflegerentscheidung ist nicht gegeben (MüKo-*Wittig/Tetzlaff* § 272 Rn 41; K/P/B/*Pape* § 272 Rn 11 a). Der Beschluss zur Aufhebung der Eigenverwaltung wird somit bei einem **Antrag der Gläubigerversammlung oder des Schuldners** mit dem Erlass rechtskräftig (MüKo-*Wittig/Tetzlaff* § 272 Rn 42). Gegen die Entscheidung über den **Aufhebungsantrag eines einzelnen Gläubigers** steht gem § 272 Abs 2 Satz 3 dem Gläubiger bzw dem Schuldner das Rechtsmittel der **sofortigen Beschwerde** zu. Die Anordnung der Eigenverwaltung bleibt allerdings bis zur Rechtskraft des Beschlusses über die Beschwerde wirksam (FK-*Foltis* § 272 Rn 17). Allerdings kann sich mit Rücksicht auf die Dauer eines Rechtsmittelverfahrens empfehlen, bereits durch einzelne Anordnungen entsprechend §§ 21, 22 die Handlungsfreiheit des Schuldners zu beschränken und eine Verminderung der Haftungsmasse zu verhindern (FK-*Foltis* § 272 Rn 22; K/P/B/*Pape* § 272 Rn 11 c). Ob ohne entsprechenden Antrag die Vorschrift des § 277 Anwendung findet, ist allerdings zweifelhaft und letztlich abzulehnen. Mit der Beschwerde kann der Schuldner vorbringen, dass die Voraussetzungen des § 270 Abs 2 Nr 3 nach wie vor vorliegen. Dies wird allerdings in Regelfall wenig Erfolg haben, weil das Gericht gem § 5 **Amtsermittlungen** anzustellen hat, die die glaubhaft gemachten Tatsachen zur Überzeugung des Gerichts feststellen. In den übrigen Fällen des § 272 Abs 1 ist die sofortige Beschwerde gem § 6 Abs 1 **ausgeschlossen**. Auch hier kann uU die **Vorschrift des § 78 Abs 1** eingreifen, wenn die Aufhebung der Eigenverwaltung dem gemeinsamen Interesse aller Insolvenzgläubiger widerspricht. Allerdings muss ein entsprechender Antrag gestellt werden (BerlKo-*Blersch* § 272 Rn 14). Der Beschluss, mit dem das Gericht den Antragsbeschluss der Gläubigerversammlung aufhebt, unterliegt der sofortigen Beschwerde. Beschwerdeberechtigt ist auch ein nachrangiger Insolvenzgläubiger iSv § 39 Abs 1 (§ 78 Abs 2 S 2). Gegen die Ablehnung des Antrags auf Aufhebung des Antragsbeschlusses der Gläubigerversammlung steht dem Antragsteller die sofortige Beschwerde zu (§ 78 Abs 2 S 3). Der Schuldner selbst kann den Antrag nach § 78 nicht stellen (BerlKo-*Blersch* § 72 Rn 14).

V. Bestellung eines Insolvenzverwalters (§ 272 Abs 3)

8   Die Aufhebung der Anordnung durch das Insolvenzgericht ist endgültig. Eine **erneute Anordnung der Eigenverwaltung** auf Antrag der Gläubigerversammlung ist **ausgeschlossen** (*Gottwald/Haas* InsR Hdb

§ 88 Rn 7). Das Gericht hat mit der Aufhebung einen **Insolvenzverwalter zu bestellen**. Das Gesetz sieht lediglich zwingend vor, dass anstelle des bisherigen Sachwalters ein Insolvenzverwalter bestellt werden muss. Gem § 272 Abs 3 kann der **bisherige Sachwalter zum Insolvenzverwalter** bestellt werden (K/P/B/*Pape* § 272 Rn 12; MüKo-*Wittig/Tetzlaff* § 272 Rn 45; *Vallender* WM 1998, 2129, 2134). Diese Regelung ist nur eine Empfehlung, jedoch ist das Gericht frei, welche Person es als Insolvenzverwalter bestellt. Der bisherige Sachwalter empfiehlt sich nicht zuletzt auch deshalb, weil er die Verhältnisse im Schuldnerunternehmen kennt und sich nicht neu einarbeiten muss (*Vallender* WM 1998, 2129, 2134; K/P/B/*Pape* § 272 Rn 12; BerlKo-*Blersch* § 272 Rn 15; FK-*Foltis* § 272 Rn 23; N/R/*Riggert* § 272 Rn 5). K/P/B/*Pape* (§ 272 Rn 12) empfehlen, schon mit der Entscheidung der Gläubigerversammlung nach § 272 Abs 1 Nr 1 über den Antrag, die Eigenverwaltung aufzuheben, gleichzeitig einen Beschluss zu fassen, ob der bisherige Sachwalter als Verwalter beibehalten werden soll oder ein anderer Verwalter bestellt wird. Dem ist zu folgen, jedoch darauf hinzuweisen, dass dieser Beschluss keine bindende Wirkung für das Insolvenzgericht hat, das in seiner Entscheidung über die Person des Verwalters frei ist. Richtig ist aber, dass auf diese Weise eine Abwahl in der nächsten Gläubigerversammlung vermieden wird. Zweifelhaft könnte die **Zuständigkeit des Rechtspflegers** sein, weil gem § 18 Abs 1 Nr 1 RPflG die **Ernennung des Insolvenzverwalters** dem Richter vorbehalten ist. Letztlich erscheint aber im Hinblick auf die sich aus § 3 Nr 2 e RPflG ergebende umfassende Zuständigkeit des Rechtspflegers auch gerechtfertigt, ihn für die Aufhebung der Eigenverwaltung gem § 272 einschließlich der Bestellung eines Insolvenzverwalters für zuständig anzusehen, wenn nicht der Richter die Entscheidung ausdrücklich an sich zieht (vgl auch *Koch* Eigenverwaltung S 169; HK-*Landfermann* § 272 Rn 10; MüKo-*Wittig/Tetzlaff* § 272 Rn 31).

§ 273 Öffentliche Bekanntmachung

Der Beschluß des Insolvenzgerichts, durch den nach der Eröffnung des Insolvenzverfahrens die Eigenverwaltung angeordnet oder die Anordnung aufgehoben wird, ist öffentlich bekanntzumachen.

I. Allgemeines

Die Vorschrift ordnet die öffentliche Bekanntmachung für die Fälle an, in denen die Eigenverwaltung **1** **nachträglich angeordnet oder aufgehoben** wird (§ 272). Erfolgt die Anordnung der Eigenverwaltung bereits mit dem Eröffnungsbeschluss gem § 270, ist die Anordnung bereits gem § 30 mit dem Eröffnungsbeschluss zu veröffentlichen, da sie Teil des Eröffnungsbeschlusses ist (K/P/B/*Pape* § 273 Rn 1; HK-*Landfermann* § 273 Rn 1; *Hess* § 273 Rn 1; BerlKo-*Blersch* § 273 Rn 1). Durch die öffentliche Bekanntmachung ist gewährleistet, dass der Geschäftsverkehr Klarheit über die Verwaltungs- und Verfügungsbefugnisse im Insolvenzverfahren erhält (*Smid* § 273 Rn 1).

II. Öffentliche Bekanntmachung

Die öffentliche Bekanntmachung erfolgt nach § 9 Abs 1 Satz 1 durch eine zentrale und länderübergrei- **2** fende Veröffentlichung im Internet. Diese kann auch auszugsweise geschehen. Das Insolvenzgericht kann **weitere Veröffentlichungen** veranlassen, soweit dies landesrechtlich bestimmt ist (§ 9 Abs 2 Satz 1). Die Veröffentlichungen haben der VO zu öffentlichen Bekanntmachungen in Insolvenzverfahren im Internet zu entsprechen. Eine zusätzliche auszugsweise Veröffentlichung im Bundesanzeiger sieht das Gesetz nicht vor. Jedoch sind neben der öffentlichen Bekanntmachung der Entscheidung über die Anordnung oder Aufhebung der Eigenverwaltung auch die **weitergehenden Anordnungen** des Gerichts ebenfalls öffentlich bekannt zu machen, wie zB die Aufforderung nach § 28 Abs 3 oder das Erlöschen der Verfügungsbefugnis des Schuldners (*Graf-Schlicker* § 273 Rn 1). Entgegen der Voraufl hat die öffentliche Bekanntmachung **unverzüglich** zu erfolgen, kann also nicht bis zur Rechtskraft des Beschlusses zurückgestellt werden (FK-*Foltis* § 273 Rn 2; HK-*Landfermann* § 273 Rn 1; K/P/B/*Pape* § 273 Rn 7, § 272 Rn 9).

III. Wirksamwerden des Anordnungsbeschlusses

Der Beschluss, durch den die Eigenverwaltung angeordnet wird, wird wirksam in dem Augenblick, in **3** dem er aufhört, eine interne Angelegenheit des Insolvenzgerichts zu sein, also mit dem **Abgeben des Beschlusses in den Geschäftsgang** oder mit der Mitteilung an Dritte vor dem Erlass (vgl BGH v 1. 3. 1982, ZIP 1982, 464; MüKo-*Wittig/Tetzlaff* § 273 Rn 13; K/P/B/*Pape* § 273 Rn 4). Es gelten für die nachträgliche Anordnung der Eigenverwaltung die gleichen Grundsätze wie für den Eröffnungsbeschluss. Der Beschluss wird somit nicht erst mit der Zustellung, sondern schon mit dem Erlass wirksam. Die öffentliche Bekanntmachung ist für das Wirksamwerden ohne Bedeutung, wohl aber für den Beginn der Rechtsmittelfrist.

IV. Beginn der Rechtsmittelfrist

Die Aufhebung der Eigenverwaltung (§ 272 Abs 1 Nr 2, Abs 2) ist gem § 272 Abs 2 S 3 mit der **so-** **4** **fortigen Beschwerde** anfechtbar. Die Rechtsmittelfrist beginnt grundsätzlich erst mit dem **Ablauf des**

zweiten Tages nach dem Tag der Veröffentlichung (vgl K/P/B/*Prütting* § 9 Rn 12 f; K/P/B/*Pape* § 273 Rn 5; *Smid* § 273 Rn 2). Nach K/P/B/*Pape* (§ 273 Rn 2) empfiehlt es sich trotz der öffentlichen Bekanntmachung des Beschlusses, die Entscheidung über die Anordnung oder Aufhebung der Eigenverwaltung den Gläubigern und Schuldnern des Schuldners sowie dem Schuldner selbst **besonders zuzustellen** (§ 8), weil sonst die Wirkungen der §§ 81, 82 erst mit der öffentlichen Bekanntmachung eintreten würden so auch MüKo-*Wittig/Tetzlaff* § 273 Rn 10). Rechtsgrundlage für die gesonderte Zustellung ist § 30 Abs 2. Die Zustellung kann **durch Aufgabe zur Post** erfolgen. Allerdings kann das Gericht nicht etwa den Sachwalter mit der Zustellung beauftragen, weil § 8 Abs 3 eine solche Zustellung nicht vorsieht (K/P/B/*Pape* § 273 Rn 3; MüKo-*Wittig/Tetzlaff* § 273 Rn 11). Zu beachten ist, dass durch die **individuelle Zustellung** nach neuerer Rechtsprechung des **BGH** die **Rechtsmittelfrist** nicht erst mit Ablauf des zweiten Tages nach dem Tag der Veröffentlichung zu laufen beginnt, sondern schon mit der Zustellung (vgl **BGH** v 20. 3. 2003, ZIP 2003, 768, 769; **OLG** Köln ZIP 2000, 195, 196 f; HK-*Kirchhof* § 9 Rn 9; MüKo-*Wittig/Tetzlaff* § 273 Rn 16; *Hess* § 273 Rn 10; **str aA** *Jaeger/Gerhardt* § 9 Rn 6; K/P/B/*Prütting* § 9 Rn 15 ff; K/P/B/*Pape* § 273 Rn 7). Für die Praxis empfiehlt *Pape* (K/P/B/*Pape* § 273 Rn 6), der Auffassung des **BGH** zu folgen, weil andernfalls zu befürchten ist, dass die sofortige Beschwerde als verfristet angesehen wird, wenn sie zwei Wochen nach dem für die öffentliche Bekanntmachung maßgeblichen Zeitpunkt eingeht, obwohl die Zustellung erheblich früher erfolgt ist.

V. Registereintragungen

5   Wird die Eigenverwaltung während des Insolvenzverfahrens aufgehoben, so entfällt die Regelung in § 270 Abs 3 S 3 und ist die Eintragung der Eröffnung des Regelinsolvenzverfahrens im Grundbuch und den sonstigen Registern gem §§ 32, 33 nachzuholen (*Häsemeyer* InsR Rn 8.10; HK-*Landfermann* § 273 Rn 2). Ist bereits in das Grundbuch, Schiffsregister und Grundpfandrechtsregister für Luftfahrzeuge ein Insolvenzvermerk nach den §§ 32, 33 eingetragen worden und wird nachträglich die Eigenverwaltung gem § 271 angeordnet, so sind die ursprünglichen Vermerke im Register wieder zu löschen. Rechtsstellung des Sachwalters

§ 274 Rechtsstellung des Sachwalters

(1) Für die Bestellung des Sachwalters, für die Aufsicht des Insolvenzgerichts sowie für die Haftung und die Vergütung des Sachwalters gelten § 54 Nr. 2 und die §§ 56 bis 60, 62 bis 65 entsprechend.

(2) ¹Der Sachwalter hat die wirtschaftliche Lage des Schuldners zu prüfen und die Geschäftsführung sowie die Ausgaben für die Lebensführung zu überwachen. ²§ 22 Abs. 3 gilt entsprechend.

(3) ¹Stellt der Sachwalter Umstände fest, die erwarten lassen, daß die Fortsetzung der Eigenverwaltung zu Nachteilen für die Gläubiger führen wird, so hat er dies unverzüglich dem Gläubigerausschuß und dem Insolvenzgericht anzuzeigen. ²Ist ein Gläubigerausschuß nicht bestellt, so hat der Sachwalter an dessen Stelle die Insolvenzgläubiger, die Forderungen angemeldet haben, und die absonderungsberechtigten Gläubiger zu unterrichten.

I. Allgemeines

1   Die Rechtsstellung des Sachwalters wird im Wesentlichen durch seine umfassende Aufsichtspflicht geprägt. Sie ähnelt der Rechtsstellung des früheren Vergleichsverwalters nach den §§ 39, 40 VglO. Der Sachwalter ist im Wesentlichen Beobachter und Überwacher des vom Schuldner abzuwickelnden Insolvenzverfahrens. Die aktive Abwicklung liegt grundsätzlich beim Schuldner bzw Schuldnerunternehmen. Der Sachwalter hat lediglich bei besonders wichtigen Rechtsgeschäften mitzuwirken. Teilweise werden ihm vom Gesetz gem §§ 280, 92, 93, 129 ff **unmittelbare Verfahrenspflichten** übertragen. Im Insolvenzplanverfahren hat er die Planerfüllung zu überwachen (§ 284 Abs 2). Ihm obliegt auch die Anzeige der Masseunzulänglichkeit gegenüber dem Insolvenzgericht (§ 285). Zutreffend hat KS-*Pape* (S 895, 907 Rn 16) darauf hingewiesen, dass sich aus den fortbestehenden Rechten des Schuldners in vielen Bereichen **Doppelzuständigkeiten** ergeben, die überwiegend dem Schuldner die eigentlichen Handlungsbefugnisse einräumen, während der Sachwalter nur überwachende Funktionen habe mit der Folge, dass die Stellung des Sachwalters weitgehend durch Aufsichts- und Überwachungsfunktionen geprägt ist. Ob dies zu dem befürchteten **Übergewicht** des Schuldners führt, bleibt abzuwarten. Jedenfalls setzt die Eigenverwaltung mit Sachwalter zwingend ein **einvernehmliches Zusammenwirken** zwischen Schuldner und Sachwalter voraus. Einzelheiten bei *Huhn* Eigenverwaltung § 9 II.

II. Rechtsstellung des Sachwalters

2   Die Rechtsstellung des Sachwalters ist derjenigen des früheren Vergleichsverwalters angenähert, unterscheidet sich wegen seiner Rechts- und Pflichtenstellung jedoch von diesem grundlegend (FK-*Foltis*

II. Rechtsstellung des Sachwalters § 274

§ 274 Rn 3). Der Gesetzgeber hat in den §§ 270 ff zwar trotz einiger Überschneidungen und Doppelfunktionen eine gewisse **Abgrenzung hinsichtlich der Zuständigkeitsbereiche** des Schuldners bzw des Schuldnerunternehmens und des Sachwalters vorgenommen. Eine solche fehlt aber im Hinblick auf andere Gesellschaftsorgane, wie zB die Gesellschafter, einen Aufsichts- oder Verwaltungsrat. So trifft § 274 keine Regelung hinsichtlich der **Vergütung der Gesellschaftsorgane** der eigenverwaltenden Gesellschaft. Für den Abschluss oder die Änderung von Anstellungsverträgen bleiben die Gesellschaftsorgane zuständig (**AG Duisburg** NZI 2006, 112; *Braun/Riggert* § 274 Rn 9; MüKo-*Wittig/Tetzlaff* § 274 Rn 54). Diese haben auch die Vorgaben des am 5. 8. 2009 in Kraft getretenen **Gesetzes zur Angemessenheit der Vorstandsvergütung** (BGBl I 2009, 2509 f) zu beachten. So soll zB die Aufsichtsrat nach § 87 Abs 2 S 1 AktG die Bezüge des Vorstandes auf eine angemessene Höhe herabsetzen, weil die Weitergewährung der Bezüge für die Eigenverwaltung **unbillig** wäre. Sind die Gläubiger mit Entscheidungen der Gesellschaftsorgane nicht einverstanden, können sie nach Aufhebung die Eigenverwaltung beantragen. Offensichtlich **insolvenzzweckwidrige** Vergütungsvereinbarungen sind ohnehin unwirksam. Es ist davon auszugehen, dass die Anordnung der Eigenverwaltung die Funktionen der Gesellschafter und Aufsichtsorgane einer juristischen Person oder Gesellschaft ohne Rechtspersönlichkeit nicht berührt. Trotzdem sind **Überschneidungen** auch hier nicht zu vermeiden. So kann sich zB die Situation ergeben, dass die Eigenverwaltung durch den oder die Geschäftsführer einer GmbH zu **Nachteilen für die Gläubiger** führt. Der Sachwalter hat den Gläubigerausschuss oder das Insolvenzgericht bzw die Insolvenzgläubiger zu unterrichten, nicht aber die Gesellschafter, denen besonders daran gelegen sein muss, dass zB im Rahmen einer fortführenden Sanierung das Unternehmen aus der Insolvenz herausgeführt wird. Sie müssen Gelegenheit haben, zu einem Antrag auf Aufhebung der Eigenverwaltung ebenso gehört zu werden wie vor der Aufhebung selbst, um ihnen Gelegenheit zu geben, zB durch die **Abberufung der Geschäftsführung** die zur Aufhebung der Eigenverwaltung führenden Umstände zu beseitigen.

Ungeklärt ist auch die Frage, in welchem Umfang den **Gesellschaftern** und Aufsichtsorganen im 3 Rahmen der Eigenverwaltung ein **Weisungsrecht** gegenüber den organschaftlichen Vertretern zusteht. Würde man den Gesellschaftern im Rahmen des „nicht verdrängten Bereichs" ein Weisungsrecht absprechen, würden sie sich schlechter stehen als im Regelinsolvenzverfahren (zu den allgemeinen Weisungs- und Kontrollrechten der Gesellschaftsorgane gegenüber der Geschäftsleitung s **AG Duisburg** NZI 2002, 556; *Hess/Ruppe* NZI 2002, 577 ff). Zutr weisen *Hess/Ruppe* (NZI 2002, 577, 579) darauf hin, dass es unter Berücksichtigung des Insolvenzzwecks eine **Funktionsteilung für bestimmte Bereiche** gibt, in denen die Gesellschaftsorgane verdrängt werden, wie zB die Zustimmung zum Nachgründungsvertrag (§ 52 AktG), die nicht der Hauptversammlung, sondern dem Insolvenzverwalter obliegt. Auch wäre es wenig hilfreich, für den Fall der schweren Pflichtverletzung oder des Ausscheidens des Vorstandes einer **AG** bzw der Geschäftsführung einer GmbH automatisch davon auszugehen, dass den Gläubigern Nachteile drohen, die den Antrag auf Aufhebung der Eigenverwaltung rechtfertigen würden. Zum Abschluss eines Anstellungsvertrages von Vorstandsmitgliedern einer **AG** ist auch im Rahmen der Eigenverwaltung der **Aufsichtsrat der AG** zuständig. Insoweit besteht allerdings ein Prüfungsrecht des Sachwalters gem § 274 Abs 2.

Die **Überwachung des Vorstandes einer AG** durch den Aufsichtsrat einerseits und den Sachwalter ande- 4 rerseits vermeidet die häufig heraufbeschworene Gefahr der Schädigung der Gläubiger (*Hess/Ruppe* NZI 2002, 580; *Wehdeking* in *Smid/Flöther/Wehdeking*, Die Eigenverwaltung in der Insolvenz, S 30 ff). *Wehdeking* (ähnlich in *Wehdeking*, Masseverwaltung durch den insolventen Schuldner, S 130 ff) weist darauf hin, dass die Anordnung der Eigenverwaltung beim Schuldner zu keiner „gesellschaftsrechtlichen Metamorphose", insbesondere nicht zu einem gesellschaftsrechtlichen Kompetenzzuwachs beim Leitungsorgan führt. **Beschlüsse der Gläubigerversammlung** sind danach für das Schuldnerunternehmen bindend mit der Folge, dass widersprechende Beschlüsse oder Weisungen etwa der GmbH-Gesellschafterversammlung für das Leitungsorgan unbeachtlich sind. Die Gesellschafter können keine Gläubigerversammlung einberufen. Für den **Fall einer Unternehmensveräußerung** im Insolvenzverfahren (§ 160) bringt *Schlegel* (Eigenverwaltung S 197) folgendes instruktive Beispiel: Der Geschäftsführer einer GmbH will das Unternehmen als Ganzes veräußern und hierzu die Zustimmung des Gläubigerausschusses nach § 160 Abs 2 Nr 1 einholen. Sämtliche Beteiligten sind sich darüber einig, dass die Unternehmensveräußerung eine optimale Verwertung für die Gläubiger darstellt. Nunmehr weisen die Gesellschafter den Geschäftsführer an, gem § 161 die **vorläufige Untersagung der Unternehmensveräußerung** zu beantragen. Weigert sich der Geschäftsführer, gegen seine Überzeugung den Antrag zu stellen, könnten die Gesellschafter ihn abberufen und einen neuen Geschäftsführer berufen. Kommt der Geschäftsführer der Weisung der Gläubigerversammlung nicht nach, ist er uU gegenüber den Gesellschaftern schadenersatzpflichtig nach § 43 GmbHG.

Ohne auf die Streitfrage **gesellschaftsrechtlicher Entscheidungskompetenz** näher einzugehen (vgl 5 hierzu *Prütting/Huhn* ZIP 2002, 777 ff; *Ringstmeier/Homann* NZI 2002, 406 ff; *Wehdeking*, Masseverwaltung durch den insolventen Schuldner, 2005, Kap 6 Rn 26 ff S 130 ff; *Maesch*, Corporate Governance in der insolventen Aktiengesellschaft, 2005, S 196 ff) ist festzustellen, dass das in der Literatur behandelte „Nebeneinander" sich bei näherer Betrachtung als ein „Nacheinander" darstellt (vgl *Uhlenbruck* FS Kirchhof 2003 S 479, 502). Die Gesellschafter bzw das Aufsichtsorgan, wie zB der Aufsichtsrat einer **AG**, sind im Rahmen der Eigenverwaltung berechtigt, die organschaftlichen Vertreter zu bestimmten Verhaltensweisen anzuweisen, denn das **Weisungsrecht** wird durch die Anordnung der Eigenverwaltung nicht eingeschränkt. Die organschaftlichen Vertreter dagegen haben ihre Verhaltensweise **an dem Verfahrensziel** und insolvenzrechtlichen Regeln auszurichten. Sie haben die Weisungen der Gesellschafter bzw des Aufsichtsorgans zunächst eigenverantwortlich daraufhin zu überprüfen, ob sie mit dem Verfahrensziel in Einklang stehen. Handelt es sich um zustimmungs- oder mitwirkungsbedürftige Maßnahmen, haben sie die **Zustimmung der Insolvenzorgane** (§§ 275–277) einzuholen. Wird die **Zustimmung verweigert**, laufen die Gesellschafter nicht nur Gefahr, dass das Rechtsgeschäft nach den §§ 276, 277 iVm §§ 160, 81, 82 unwirksam oder als insolvenzzweckwidrige Maßnahme nichtig ist. Vielmehr besteht die weitere Gefahr, dass bei **Bestehen auf der Weisung** die **Aufhebung der Anordnung der Eigenverwaltung** unter den Voraussetzungen des § 272 erfolgt. Die organschaftlichen Vertreter einer eigenverwaltenden Gesellschaft haben somit nicht nur ein Vorprüfungsrecht, sondern eine **Vorprüfungspflicht**. Verstößt ihrer Meinung nach eine Weisung gegen den Verfahrenszweck oder wird eine Zustimmung nach den §§ 275–277 versagt, haben sie von der Maßnahme Abstand zu nehmen und die Gesellschafter bzw den Aufsichtsrat darauf hinzuweisen. Sie dürfen die Maßnahme nicht durchführen und die Gesellschaft muss für den Fall der **Abberufung der organschaftlichen Vertreter** in solchen Fällen mit dem Antrag auf Aufhebung der Eigenverwaltung rechnen.

6 Durch die **Staffelung** von Vorprüfung durch die organschaftlichen Vertreter, Mitwirkungs- und Zustimmungsbefugnisse der Organe des Insolvenzverfahrens sowie zwingende Rechtsfolgen von Verstößen oder insolvenzzweckwidrigen Handlungen der Organe wird die **Kollisionsproblematik von Gesellschafts- und Insolvenzrecht in der Eigenverwaltung** weitgehend entschärft, zumal nicht jede unternehmerische Fehlentscheidung, die sich zum Nachteil der Gläubiger auswirkt, im Wege der Aufhebung der Eigenverwaltung korrigiert werden muss. Vielmehr kann die Aufhebung der Anordnung der Eigenverwaltung auf Antrag der Gläubigerversammlung oder eines Insolvenzgläubigers immer nur das **letzte Mittel** sein, um Nachteile für die Gesamtheit der Insolvenzgläubiger zu vermeiden. Ohne die Problematik hier auszuschöpfen ist festzustellen, dass der organschaftliche Vertreter einer Insolvenzgesellschaft im Rahmen der Eigenverwaltung sowohl Pflichten gegenüber der Gesellschaft hat als auch Pflichten gegenüber den Verfahrensbeteiligten, vor allem den Gläubigern. Grundsätzlich gehen die **insolvenzrechtlichen Pflichten**, da es sich um ein Gesamtvollstreckungsverfahren handelt, den gesellschaftsrechtlichen Pflichten im Konfliktfall vor (so auch *Schlegel* Eigenverwaltung S 198).

7 **1. Bestellung des Sachwalters durch das Insolvenzgericht.** Für die Bestellung des Sachwalters gilt gem § 274 Abs 1 iVm § 56 das Gleiche wie für die Bestellung eines Insolvenzverwalters. Demgemäß hat das Gericht eine für den jeweiligen Einzelfall geeignete, insbesondere geschäftskundige und von den Gläubigern und dem Schuldner unabhängige natürliche Person zum Sachwalter zu bestellen. Juristische Personen kommen nicht in Betracht (K/P/B/*Pape* § 274 Rn 5; *Pape* ZIP 1993, 737; *Vallender* WM 1998, 2129; *Koch* Eigenverwaltung S 192). Ein **Berater des Schuldners oder Schuldnerunternehmens**, der bereits im Vorfeld des Insolvenzverfahrens eingeschaltet war und zB einen „pre-packaged" Insolvenzplan ausgearbeitet hat, ist nicht ohne Weiteres im Amt eines Sachwalters ausgeschlossen. Allerdings kommt ein früherer Berater des Schuldners idR als Sachwalter schon deswegen nicht in Betracht, weil es an der erforderlichen **Unabhängigkeit** vom Schuldner fehlt (K/P/B/*Pape* § 274 Rn 9; *Graf-Schlicker* § 274 Rn 2; HK-*Landfermann* § 274 Rn 3; *Vallender* WM 1998, 2129, 2133 f). Anderseits muss immer die **Prüfung im Einzelfall** erfolgen. Eine „**Insolvenzberatung und -verwaltung aus einer Hand**" ist grundsätzlich nicht geeignet, das Vertrauen der Gläubiger in das Instrument der Eigenverwaltung zu stärken (MüKo-*Wittig/Tetzlaff* § 274 Rn 10; K/P/B/*Pape* § 274 Rn 9; FK-*Foltis* § 274 Rn 6 a; HaKo-*Fiebig* § 274 Rn 3; **str aA LG Cottbus** ZIP 2001, 2189, 2190 m krit Anm *Lüke* S 2188; großzügiger auch N/R/*Riggert* § 274 Rn 13; *Braun/Uhlenbruck*, Unternehmensinsolvenz, S 723 f). Die **Unabhängigkeit** sollte sich das Insolvenzgericht vor der Bestellung des Sachwalters ausdrücklich von diesem versichern lassen (K/P/B/*Pape* § 274 Rn 10; MüKo-*Wittig/Tetzlaff* § 274 Rn 10). Eine solche Unabhängigkeit besteht nicht, wenn der frühere Berater des Schuldners möglicherweise anfechtbar gewährte Honorare erhalten hat (s auch HaKo-*Fiebig* § 274 Rn 3; FK-*Foltis* § 274 Rn 6 a; N/R/*Riggert* § 274 Rn 14). Im Übrigen gelten für die **Auswahl des Sachwalters** die allgemeinen Grundsätze, wie sie für die Verwalterauswahl nach § 56 Abs 1 entwickelt worden sind (K/P/B/*Pape* § 274 Rn 6). Keineswegs sind an die Person des Sachwalters geringere Anforderungen zu stellen als die eines Insolvenzverwalters im Regelinsolvenzverfahren (MüKo-*Wittig/Tetzlaff* § 274 Rn 8; N/R/*Riggert* § 274 Rn 13). Bei der Auswahl hat das Gericht zu berücksichtigen, dass die jederzeitige Aufhebung der Eigenverwaltung möglich ist und damit die Notwendigkeit besteht, dass der bis dahin überwachende Sachwalter in das Amt eines Insolvenzverwalters gem § 272 Abs 3 einrückt (FK-*Foltis* § 274 Rn 6). Zu berücksichtigen ist auch, dass die **Bestellung eine vorläufige** ist, da in der ersten Gläubigerversammlung ein anderer Sachwalter gewählt werden kann. Letztlich ist bei der Auswahl des Sachwalters darauf zu achten, dass es nach Möglichkeit zu keinem Personenwechsel kommt, wenn die Sachwalterschaft in eine Insolvenzverwalterschaft übergeht (K/P/B/*Pape* § 274 Rn 5). Das Amt des Sachwalter beginnt mit der **Annahme des Amtes**. Der Sachwalter erhält eine **Urkunde** über seine Bestellung, die er bei Beendigung seines Amtes zurückgeben hat.

8 **2. Wahl eines anderen Sachwalters.** Die Gläubiger können in der ersten Gläubigerversammlung, die auf die Bestellung des Sachwalters durch das Insolvenzgericht folgt, an seiner Stelle entspr § 57 eine an-

II. Rechtsstellung des Sachwalters § 274

dere natürliche Person als Sachwalter wählen. Das Gericht kann gem § 57 S 2 die Bestellung des Gewählten nur versagen, wenn der neue Sachwalter für die Übernahme des Amtes nicht geeignet ist (K/P/B/*Pape* § 274 Rn 13; FK-*Foltis* § 274 Rn 7; *Hess* § 274 Rn 12). Wird die Eigenverwaltung gem § 270 Abs 1 S 1 im Eröffnungsbeschluss angeordnet und der Sachwalter bestellt, ist die Verweisung in § 274 Abs 1 auf § 57 unproblematisch. Schwierigkeiten ergeben sich nur bei der **nachträglichen Anordnung der Eigenverwaltung** nach § 271. Die „erste Gläubigerversammlung" nach dem Beschluss der Gläubigerversammlung, die Eigenverwaltung zu beantragen, wäre die **nächste Gläubigerversammlung**. Entgegen der Voraufl und *Koch* (Eigenverwaltung S 199) ist nicht mehr daran festzuhalten, dass die Gläubiger ihr Wahlrecht nur in dem Termin ausüben können, in dem auch die Erstbestellung des Sachwalters stattfindet (K/P/B/*Pape* § 274 Rn 13; FK-*Foltis* § 274 Rn 7). Das Gericht darf im Übrigen entsprechend § 57 S 2 die Bestellung **nur bei Ungeeignetheit des Sachwalters** versagen (K/P/B/*Pape* § 274 Rn 13; MüKo-*Wittig/Tetzlaff* § 274 Rn 15). Kostengesichtspunkte, wie zB dass die Bestellung des Neugewählten mit einer kostenträchtigen Einarbeitungszeit verbunden ist, können ebenso wenig zu einer Versagung der Bestellung führen wie die Gefahr der Beherrschung des Eigenverwaltungsverfahrens durch einen oder wenige Großgläubiger oder eine geschickt agierende Kleingläubigergruppe (FK-*Foltis* § 274 Rn 7; K/P/B/*Pape* § 274 Rn 14). Missbräuchen kann über das Aufhebungsrecht nach § 78 begegnet werden, wobei jedoch immer ein Antrag Voraussetzung ist (FK-*Foltis* § 274 Rn 7; **str aA BGH** v 17. 7. 2003, ZIP 2003, 1613 für die Abwahl des Verwalters; K/P/B/*Pape* § 274 Rn 14).

3. Aufsicht des Insolvenzgerichts. Der Sachwalter steht gem § 274 Abs 1 iVm § 58, 59 unter der Aufsicht des Insolvenzgerichts. Allerdings sind die Aufsichtsbefugnisse des Gerichts den Besonderheiten des Sachwalteramtes anzupassen, weil der Sachwalter die Geschäfte des Schuldners nicht führt, sondern diese nur zu überwachen hat (KS-*Pape* S 895 Rn 19; K/P/B/*Pape* § 274 Rn 17). Demgemäß kann das Gericht gem §§ 274 Abs 1, 58 Abs 1 S 2 auch nur **Auskünfte** oder einen **Bericht** über die Geschäftsführung des Schuldners und deren Überwachung verlangen. Eine **Entlassung des Sachwalters** durch das Insolvenzgericht gem § 59 dürfte nur in besonders schwerwiegenden Ausnahmefällen in Betracht kommen, wenn zB der Sachwalter seine Aufsichts- und Prüfungspflichten in besonders gröblicher Weise vernachlässigt (KS-*Pape* S 908 f Rn 19). Eine Entlassung des Sachwalters ist im Übrigen nur bei gleichzeitiger Neubestellung eines Sachwalters zulässig (FK-*Foltis* § 274 Rn 11). Auch in diesem Fall kann die nächste Gläubigerversammlung einen anderen Sachwalter wählen. Die **Entlassung des Sachwalters aus wichtigem Grund** gem §§ 274 Abs 1, 59 kann immer nur **das letzte Mittel** sein, es kommt somit nur bei schweren oder wiederholten Pflichtverletzungen oder absoluter Unfähigkeit, das Amt ordnungsgemäß auszuüben, in Betracht. So zB eine nachträglich festgestellte fehlende Eignung, Amtsunfähigkeit wegen Krankheit, kollusives masseschädigendes Verhalten, Manipulationen und Verschleierung vom Schuldner vorgenommenen Vermögensverschiebungen, nicht sachgerechte Ausübung des Anfechtungsrechts oder kriminelles Verhalten (vgl *Koch* Eigenverwaltung S 203 f). Macht das Gericht von seiner Entlassungskompetenz nach § 274 Abs 1 iVm § 59 Abs 1 S 1 Gebrauch, so ist der Sachwalter gem § 59 Abs 1 S 3 **vorher anzuhören**. Gegen die Entlassung steht dem Sachwalter entspr § 59 Abs 2 S 1 die **sofortige Beschwerde** zu. Beschwerdeberechtigt sind auch der Verwalter, der Gläubigerausschuss oder jeder Insolvenzgläubiger gem § 59 Abs 2 S 2, wenn das Gericht dem Entlassungsantrag gem § 59 Abs 1 S 2 nicht entsprochen hat.

In Betracht kommt auch die **Bestellung eines Sondersachverwalters**, wenn der amtierende Sachwalter verhindert ist, in einer bestimmten Angelegenheit tätig zu werden oder wenn der Verdacht auf erhebliche Pflichtverletzungen besteht (K/P/B/*Pape* § 274 Rn 27; FK-*Foltis* § 274 Rn 11 a; HK-*Landfermann* § 274 Rn 4).

4. Haftung des Sachwalters. Der Sachwalter ist gem § 274 Abs 1 iVm § 60 allen Beteiligten für eine schuldhafte Verletzung der ihm nach den §§ 270–295 obliegenden Pflichten verantwortlich. Gem § 60 Abs 1 S 2 hat er für die **Sorgfalt eines ordentlichen und gewissenhaften Sachwalters** einzustehen und im Rahmen des § 60 Abs 2 auch für Hilfskräfte und Angestellte des Schuldners bzw Schuldnerunternehmens (BerlKo-*Blersch* § 274 Rn 7; KS-*Pape* S 895, 909 Rn 20; *Koch* Eigenverwaltung S 205 ff; FK-*Foltis* § 274 Rn 13–18; *Hess* § 274 Rn 18–23; MüKo-*Wittig/Tetzlaff* § 274 Rn 41 ff, 44). Ebenso wie bei der gerichtlichen Aufsicht ist auch die Haftung des Sachwalters zu modifizieren und an die gegenüber dem Insolvenzverwalter reduzierten Pflichten anzupassen (*Häsemeyer* InsR Rn 8.20; KS-*Pape* S 895, 909 Rn 20). **Beteiligte**, denen der Sachwalter nach den §§ 274 Abs 1, 60 haftet, sind alle Personen, denen gegenüber der Sachwalter Pflichten zu erfüllen hat (vgl **BGH LM** § 82 KO Nr 3; **BGH WM** 1976, 1336; FK-*Foltis* § 274 Rn 14). Beteiligte sind ua Insolvenzgläubiger, der Schuldner bzw das Schuldnerunternehmen, Aus- und Absonderungsberechtigte, Massegläubiger, die als Hinterlegungsstelle bestimmte Bank, der Nacherbe im Fall des § 83 Abs 2; der Justizfiskus, die Mitglieder des Gläubigerausschusses, Genossen in der Genossenschaftsinsolvenz, soweit ihre Haftung betroffen ist, sowie diejenigen, denen der Sachwalter vertraglich verpflichtet ist oder zu denen er in Vertragsverhandlungen tritt (FK-*Foltis* § 274 Rn 15). So kann eine Pflichtverletzung auch darin gesehen werden, dass der Sachwalter gem § 275 Abs 1 S 2 der Eingehung von Verbindlichkeiten durch den Schuldner nicht widerspricht, obgleich entweder die Gläubiger oder der Vertragspartner durch dieses Geschäft in einer nicht vertretbaren Weise geschädigt werden.

Uhlenbruck

12 Primär haftet der Sachwalter jedoch für die **schuldhafte Verletzung der originären Sachwalterpflichten**, wie zB Überwachungs-, Mitwirkungs- und Informationspflichten (KS-*Pape* S 895 Rn 20; FK-*Foltis* § 274 Rn 16; K/P/B/*Pape* § 274 Rn 30–35; MüKo-*Wittig/Tetzlaff* § 274 Rn 43). Neben den Prüfungs- und Unterrichtungspflichten kommt vor allem die schuldhafte Verletzung **weiterer insolvenztypischer Pflichten** nach den §§ 277 Abs 1 S 1, Abs 2, 279 S 2, 275 Abs 1 S 1, 279 S 1, 282 S 2, 275 Abs 2; 275 Abs 1 S 2, 274 Abs 2, 284, 285 in Betracht. Nach FK-*Foltis* (§ 274 Rn 17 vor § 270 Rn 38) kann das Insolvenzgericht alle erforderlichen Maßnahmen entsprechend § 21 treffen, um eine Gläubigerschädigung zu vermeiden. Dies ist zumindest zweifelhaft, weil das Gericht entspr § 59 Abs 1 S 2 die Möglichkeit hat, den Sachwalter von Amts wegen zu entlassen.

13 § 274 Abs 1 verweist nicht auf die **Haftung des Verwalters für die Begründung von Masseverbindlichkeiten** (§ 61). Das hängt damit zusammen, dass der Sachwalter selbst grundsätzlich nicht zur Eingehung von Verbindlichkeiten berechtigt ist, sondern allenfalls der Begründung solcher Verbindlichkeiten durch den Schuldner gem § 275 Abs 1 zustimmt oder der Begründung solcher Verbindlichkeiten nach § 275 Abs 1 S 2 widerspricht. Aber auch in diesem Bereich haftet der Sachwalter wegen **schuldhafter Pflichtverletzung** gegenüber den Beteiligten, wenn er masseschädigenden Geschäften des Schuldners bzw Schuldnerunternehmens zustimmt oder einen dringend angebrachten Widerspruch nicht erhebt (Einzelheiten K/P/B/*Pape* § 274 Rn 36–39). Weiterhin kann der Sachwalter analog § 61 haftbar sein, wenn er im Rahmen von Aufgaben, die ihm das Gesetz oder das Gericht übertragen hat, wie zB von Anfechtungsprozessen (§ 280), **Masseverbindlichkeiten** begründet (HK-*Landfermann* § 274 Rn 5; FK-*Foltis* § 274 Rn 18; MüKo-*Wittig/Tetzlaff* § 274 Rn 47; krit auch K/P/B/*Pape* § 274 Rn 38).

14 Hat das Gericht im Einzelfall gem § 277 Abs 1 die **Zustimmungsbedürftigkeit zu bestimmten Rechtsgeschäften des Schuldners** angeordnet, so greift über § 277 Abs 1 S 3 die Haftung nach § 61 ein. Die Anordnung der Zustimmungsbedürftigkeit führt nach zutreffender Feststellung von KS-*Pape* (S 895, 909 Rn 21) zu einer verschärften Haftungssituation für den Sachwalter. Die **Beschränkung der Sachwalterhaftung auf den Fall des § 277 Abs 1 S 3** hat nach *Foltis* (FK-*Foltis* § 274 Rn 22) die Folge, dass damit der wesentlichste Bereich der Sachwalterpflichten, nämlich die Prüfung der wirtschaftlichen Lage des Schuldners und seiner Geschäftsführung, aus der Haftung ausgenommen wäre. Die Eigenverwaltung sei schwerpunktmäßig auf Fortführungsfälle angelegt, also auf die Eingehung von Verbindlichkeiten des Schuldners für den laufenden Geschäftsbetrieb. Zutreffend räumt *Foltis* (§ 274 Rn 23) aber ein, dass die Eigenverwaltung nicht den Zweck hat, den Beteiligten einen erleichterten Haftungszugriff auf den Sachwalter als eine Art **Garant für sorgfältiges Schuldnerhandeln** zu eröffnen. Soweit der Sachwalter schuldhaft Prüfungs-, Aufsichts- und Überwachungspflichten verletzt, reicht es aus, dass er gegenüber der Insolvenzmasse auf Schadenersatz haftet. Nur soweit das **Gericht die Zustimmungsbedürftigkeit** bei der Begründung einer Masseverbindlichkeit angeordnet hat, ist es gerechtfertigt, die Haftungsvorschrift des § 61 entsprechend anzuwenden.

15 5. **Die Vergütung des Sachwalters.** Die Vergütung des Sachwalters richtet sich gem § 274 Abs 1 iVm § 65 nach derjenigen des Insolvenzverwalters. Aufgrund der Ermächtigung in § 65 ist die Sachwaltervergütung in den §§ 10, 12 InsVV geregelt. Dem Sachwalter steht entsprechend §§ 274 Abs 1, 63 Abs 2 hinsichtlich der Kosten des Verfahrens, die nach § 4a gestundet worden sind, für seine Vergütung und seine Auslagen ein **Anspruch gegen die Staatskasse** zu, soweit die Insolvenzmasse nicht ausreicht. Durch die Verweisung in § 274 Abs 1 auf die Vorschrift des § 54 Nr 2 ist zugleich sichergestellt, dass die Kosten des Insolvenzverfahrens, zu denen auch die Vergütung und die Auslagen des Sachwalters gehören, sichergestellt sind. **Bemessungsgrundlage** der Vergütung des Sachwalters ist der Wert der Insolvenzmasse zur Zeit der Beendigung des Insolvenzverfahrens. Für den Fall vorzeitiger Verfahrensbeendigung ist die Insolvenzmasse zu schätzen. Nach § 274 Abs 1 iVm § 63 S 1 hat der Sachwalter Anspruch auf Vergütung für seine Geschäftsführung und auf Erstattung angemessener Auslagen. Nach § 12 Abs 1 InsVV erhält der Sachwalter in der Regel **60 Prozent der für den Insolvenzverwalter bestimmten Vergütung** (BerlKo-*Blersch* § 274 Rn 9; *Hess* § 274 Rn 25; K/P/B/*Pape* § 274 Rn 40; FK-*Foltis* § 274 Rn 26). Eine über dem Regelsatz liegende Vergütung ist vor allem festzusetzen, wenn das Insolvenzgericht gem § 277 Abs 1 die Zustimmungsbedürftigkeit zu bestimmten Rechtsgeschäften angeordnet hat. Wie bei der Verwaltervergütung besteht die Schwierigkeit, in Fortführungsfällen die Sachwaltervergütung festzusetzen, weil hier nur der Einnahmeüberschuss berücksichtigt werden soll (§ 1 Abs 2 Nr 4 b InsVV). Die Regelung in § 12 Abs 3 InsVV, dass der Sachwalter sich mit einer Auslagenpauschale in Höhe von 125 Euro gem § 8 Abs 3 InsVV zufrieden geben soll, ist nicht geeignet, das Amt des Sachwalters attraktiv zu machen. **Einzelheiten zur Vergütungsfestsetzung des Sachwalters** bei FK-*Foltis* § 274 Rn 26–42; K/P/B/*Pape* § 274 Rn 40–47; KS-*Pape* S 910 Rn 22; FK-*Foltis* § 274 Rn 26–42; MüKo-*Wittig/Tetzlaff* § 274 Rn 48–53 a; ferner die einschlägigen Kommentierungen des § 12 InsVV bei *Blersch*, Insolvenzrechtliche Vergütungsverordnung, 2000; H/W/F, Vergütung in Insolvenzverfahren InsVV/VergVO 2. Aufl 1999; BerlKo-*Blersch* § 274 Rn 10 a; K/P/B/*Eickmann* InsO VergR Sdb 5 1999; *Hess* InsVV 2. Aufl 2000.

III. Die steuerrechtliche Stellung des Sachwalters

16 Die Aufgaben des Sachwalters sind auf die Prüfung der wirtschaftlichen Lage des Schuldners sowie die Überwachung der Geschäftsführung und der Ausgaben für die Lebensführung beschränkt (§ 274

Abs 2). Er ist mithin **weder Vertreter noch Verfügungsberechtigter** iSv §§ 34, 35 AO (K/P/B/*Pape* § 274 Rn 29). Die Finanzbehörden haben gegenüber dem Sachwalter das **Steuergeheimnis** (§ 30 AO) in vollem Umfang zu wahren. Auskünfte dürfen sie dem Sachwalter nur in dem Umfang erteilen, wie er für Besteuerungszwecke erforderlich ist (OFD Hannover KTS 1999, 67).

IV. Aufgaben des Sachwalters

1. Prüfungspflichten. Nach § 274 Abs 2 S 1 hat der Sachwalter die wirtschaftliche Lage des Schuldners bzw Schuldnerunternehmens zu prüfen. Hierbei handelt es sich um eine **permanente Prüfungspflicht**, weil der Sachwalter nicht nur die **Geschäftsführung und die Ausgaben für die Lebensführung des Schuldners** (§ 278) zu prüfen hat, sondern im Hinblick auf die Anzeigepflicht nach § 285 auch die **jederzeitige Massezulänglichkeit**. Der Sachwalter ist verpflichtet, die vom Schuldner gem § 281 Abs 1 S 1 zu erstellenden Verzeichnisse und Übersichten zu überprüfen, ferner die Rechnungslegung des Schuldners bzw Schuldnerunternehmens, zu der dieser gem § 281 Abs 3 verpflichtet ist. Die Prüfungspflicht des Sachwalters bezieht sich letztlich nicht nur auf die Prüfung des gegenwärtigen Vermögensstandes, sondern auf die gesamte wirtschaftliche Situation des Schuldners bzw Schuldnerunternehmens, die persönlichen Fähigkeiten des Schuldners und seiner organschaftlichen Vertreter sowie auf die Aussichten auf eine ordnungsgemäße und optimale Durchführung des Eigenverwaltungsverfahrens (FK-*Foltis* § 274 Rn 44; K/P/B/*Pape* § 274 Rn 49ff; MüKo-*Wittig/Tetzlaff* § 274 Rn 18 ff; *Gottwald/Haas* InsR Hdb § 89 Rn 13; BerlKo-*Blersch* § 274 Rn 12). Zweifelhaft ist, ob der Sachwalter im Rahmen seiner Prüfungspflichten auch verpflichtet ist, **die Bücher des Schuldnerunternehmens zu prüfen** (so wohl FK-*Foltis* § 274 Rn 48). Der Sachwalter kann sich darauf beschränken zu prüfen, ob der Schuldner bzw die organschaftlichen Vertreter eines Schuldnerunternehmens den verfahrensrechtlichen Pflichten nachkommen, zu denen vor allem auch die **handels- und steuerrechtliche Rechnungslegung** (§ 155) gehört. Inwieweit der Sachwalter verpflichtet ist, Aussagen zu Planrechnungen und zur Liquiditätsplanung des Schuldners, zu einer erforderlichen Umstrukturierung des Schuldnerunternehmens und sich daraus ergebenden Kosten, zu erwartender Wettbewerbsfähigkeit, zu den Chancen einer übertragenden Sanierung etc, zu machen hat, richtet sich nach den Umständen des Einzelfalles. Richtig ist allerdings, dass der Sachwalter nur imstande ist, seiner Anzeigepflicht nach § 274 Abs 3 nachzukommen, bei Rechtshandlungen des Schuldners sachgerecht mitzuwirken und gegebenenfalls auch nach § 285 die Masseunzulänglichkeit anzuzeigen, wenn er während der **gesamten Dauer des Verfahrens den vollen Überblick über die Vermögenslage des Schuldners** hat und die Auswirkung jeder einzelnen Rechtshandlung beurteilen kann (so wörtlich KS-*Pape* S 911 Rn 24; K/P/B/*Pape* § 274 Rn 50; MüKo-*Wittig/Tetzlaff* § 274 Rn 25; FK-*Foltis* § 274 Rn 49, 50).

Eine **besondere Prüfungspflicht** des Sachwalters besteht nach § 283 Abs 1 S 1, wonach er das Recht hat, angemeldete Forderungen zu bestreiten. Da die Forderungen der Insolvenzgläubiger gem § 270 Abs 3 S 2 beim Sachwalter anzumelden sind und diesem ein Bestreitensrecht zusteht, ist der Schluss gerechtfertigt, dass der Sachwalter zugleich auch verpflichtet ist, die zur Tabelle angemeldeten **Forderungen zu prüfen** (so auch FK-*Foltis* § 274 Rn 49; MüKo-*Wittig/Tetzlaff* § 274 Rn 13; *Bähr/Landry* in Mohrbutter/Ringstmeier Hdb § 15 Rn 82). Neben der **Prüfung der Verzeichnisse und der Vermögensübersicht** (§ 281 Abs 1 S 2) obliegt dem Sachwalter die **Prüfung der Schlussrechnung des Schuldners** (§ 281 Abs 2 S 2) sowie die **Prüfung des Verteilungsverzeichnisses** (§ 283 Abs 2 S 2). Ingesamt ist festzustellen, dass allein die Prüfungspflichten des Sachwalters mit einem Arbeitsaufwand und einer haftungsrechtlichen Verantwortung verbunden sind, die durch die in § 12 InsVV vorgesehene Vergütung keineswegs abgedeckt werden können. De lege ferenda ist zu erwägen, juristische Personen, wie zB Wirtschaftsprüfungsgesellschaften, für die Sachwalterschaft zuzulassen, wobei die handelsrechtlichen Abschlussprüfungen mit der generellen Prüfungspflicht mit den Prüfungspflichten der Sachwalterschaft verbunden werden könnten.

2. Aufsichts- und Überwachungspflichten. Der Sachwalter ist gem § 274 Abs 2 S 1 verpflichtet, die wirtschaftliche Lage des Schuldners bzw Schuldnerunternehmens nicht nur zu prüfen; vielmehr hat er die Geschäftsführung sowie die Ausgaben für die Lebensführung des Schuldners zu überwachen. Zur Erfüllung seiner Prüfungs- und Überwachungspflichten stehen dem Sachwalter gem § 274 Abs S 2 die in § 22 Abs 3 normierten **Befugnisse eines vorläufigen Insolvenzverwalters** zu. So ist er ua berechtigt, die Geschäftsräume des Schuldners bzw des Schuldnerunternehmens zu betreten und dort Nachforschungen anzustellen (§ 22 Abs 3 S 1). Er ist berechtigt, **Einsicht in die Bücher und Geschäftspapiere** des Schuldners zu nehmen. Den Rechten des Sachwalters entsprechen die in § 22 Abs 3 S 2, 3, § 97, § 101 Abs 1 S 1 aufgeführten **Mitwirkungs- und Auskunftspflichten des Schuldners** und der organschaftlichen Vertreter eines Schuldnerunternehmens. Zu Recht bezeichnet *Foltis* (FK-*Foltis* § 274 Rn 51) die Frage, **wie der Verwalter seine Befugnisse gegen den Schuldner durchsetzen kann**, als eine der zentralen Fragen des Eigenverwaltungsrechts (s auch FK-*Foltis* vor § 270 Rn 51–73). Zwar ist das Gericht auf Antrag oder Hinweis des Sachwalters berechtigt, entspr §§ 21, 22 **alle erforderlichen Maßnahmen** zu treffen, um eine ordnungsgemäße Verfahrensabwicklung sicherzustellen. Dazu stellt ihm der Gesetzgeber sämtliche Instrumente des Insolvenzantragsverfahrens zur Verfügung. Eine andere Frage ist aber die, ob **Zwangsmaßnahmen im Eigenverwaltungsverfahren** dem Sinn und Zweck der Eigenverwaltung entspricht. Die Vorschriften der § 272 Abs 1 Nr 1 u 2 sowie § 277 bieten ausreichend Möglichkeiten, einem Fehlverhalten des Schuldners zu begegnen (s auch HK-*Landfermann* § 277 Rn 4). Im Zweifel wird der Sachwalter von seiner **Unterrichtungspflicht nach Abs 3** Gebrauch machen, um den Gläubigern die rechtzeitige Stellung eines **Aufhebungsantrags** nach § 272 Abs 1 Nr 1, 2 zu ermöglichen (s auch *Gottwald/Haas* InsRHdb § 89 Rn 12; *Huntemann* in *Kraemer/Vallender/Vogelsang* Hdb Bd 2 Fach 3 Kap 3 Rn 81).

20   Nicht anwendbar sind die Vorschriften über die **Postsperre** (§§ 99, 102), weil der Schuldner im Rahmen der Eigenverwaltung nicht vom Postverkehr ausgeschlossen werden kann (KS-*Pape* S 911 Rn 25; FK-*Foltis* § 274 Rn 51). Missverständlich ist, dass in § 101 Abs 1 S 1 für organschaftliche Vertreter auf die §§ 97–99 verwiesen wird, also auch auf die Postsperre (vgl *Hess* § 274 Rn 44). Die Postsperre kommt im Rahmen der Eigenverwaltung schlechthin nicht in Betracht. Allerdings schließt die Stellung eines Eigenantrags den Erlass einer Postsperre im Eröffnungsverfahren gem § 21 Abs 2 Nr 4 nicht aus. Da die InsO im Bereich der Unternehmensfortführung die **Aufteilung der Befugnisse** zwischen Schuldner und Sachwalter nicht abschließend geregelt hat, kann die Abgrenzung im Einzelfall Schwierigkeiten bereiten. Probleme treten vor allem in den Fällen auf, in denen die **Mitwirkung des Sachwalters nur fakultativ** ist, wie zB bei der Eingehung von außergewöhnlichen Verbindlichkeiten (§ 275 Abs 1), der Erfüllung gegenseitiger Verträge (§ 279) und bei der Verwertung von Sicherungsgut (§ 282). Da es sich hier um sogen Sollvorschriften handelt, stellt sich oftmals die Frage, wie der Sachwalter im Einzelfall zB einen Widerspruch gegen die Eingehung von Verbindlichkeiten nach § 275 Abs 1 S 2 durchsetzen soll. Der Sachwalter ist weitgehend auf freiwillige Informationen des Schuldners angewiesen. Zutreffend deshalb der Hinweis bei K/P/B/*Pape* (§ 274 Rn 57), dass deshalb strenge Anforderungen an die **Informationspflicht** des Schuldners gestellt werden müssen. Gerade in den Fällen, in denen der Schuldner oder Schuldnervertreter keine Zustimmung des Sachwalters einholt oder Verbindlichkeiten gegen den Widerspruch des Sachwalters eingeht, trifft ihn eine **erhöhte Informationspflicht**, nicht nur hinsichtlich des Abschlusses, sondern auch hinsichtlich des Ergebnisses des von ihm abgeschlossenen Geschäftes.

21   **3. Anzeigepflichten bei drohenden Nachteilen.** Stellt der Sachwalter Umstände fest, die erwarten lassen, dass die Fortsetzung der Eigenverwaltung zu Nachteilen für die Gläubiger führen wird, so hat er gem § 274 Abs 3 S 1 dies **unverzüglich dem Gläubigerausschuss und dem Insolvenzgericht anzuzeigen**. Ist ein Gläubigerausschuss nicht bestellt worden, ist die Anzeige an die Insolvenzgläubiger, die ihre Forderungen angemeldet haben, und die absonderungsberechtigten Gläubiger zu richten (§ 274 Abs 3 S 2). Die **Anzeige- und Unterrichtungspflicht** gehört zu den **insolvenzspezifischen Pflichten** des Sachwalters, deren schuldhafte Verletzung zu einer Haftung nach § 274 Abs 1 iVm § 60 führt (K/P/B/*Pape* § 274 Rn 58; FK-*Foltis* § 274 Rn 53 ff; BerlKo-*Blersch* § 274 Rn 18; N/R/*Riggert* § 274 Rn 19; MüKo-*Wittig/Tetzlaff* § 274 Rn 34 ff). Was im Einzelnen zu den unterrichtungspflichtigen Tatsachen gehört, hat das Gesetz offen gelassen. Zu beachten ist, dass das Gesetz einmal durch die Verweisung in § 274 Abs 2 S 2 dem Sachwalter die Möglichkeit eröffnet, die **Auskunfts- und Mitwirkungspflichten des Schuldners** nach § 97 mit den Zwangsmitteln des § 98 durchsetzen zu lassen, was – wie oben dargestellt wurde – oftmals aber nicht sinnvoll ist. Man wird somit bei Verstößen gegen Schuldnerpflichten zunächst einmal den Sachwalter für verpflichtet ansehen müssen, dem Schuldner die durch das Gericht anzuordnenden Zwangsmittel anzudrohen und ihm eine Frist zur Erfüllung zu setzen. Nur dann, wenn dem Sachwalter **Umstände bekannt werden**, die eine Aufhebung der Eigenverwaltung durch den Schuldner rechtfertigen können, hat er den Gläubigerausschuss, das Insolvenzgericht oder bei Fehlen eines Gläubigerausschusses die Insolvenzgläubiger zu benachrichtigen (vgl auch MüKo-*Wittig/Tetzlaff* § 274 Rn 35; N/R/*Riggert* § 274 Rn 19; HaKo-*Fiebig* § 274 Rn 9; FK-*Foltis* § 274 Rn 54). Tatsachen sind dabei nicht nur die Gegenstände seiner unmittelbaren Wahrnehmung, sondern auch die durch die Umstände nahe gelegten Kombinationen und Schlussfolgerungen (FK-*Foltis* § 274 Rn 54; *Huhn* Eigenverwaltung § 11 Ziff 3).

22   **4. Unterrichtungspflichten bei Fehlen eines Gläubigerausschusses.** Ist ein Gläubigerausschuss nicht bestellt und auch nicht gewählt worden, so hat der Sachwalter gem § 274 Abs 3 S 2 an dessen Stelle die **Insolvenzgläubiger**, die Forderungen angemeldet haben, und die **absonderungsberechtigten Gläubiger** zu unterrichten, damit diese von ihrem Antragsrecht nach § 272 Abs 1 Nr 2 Gebrauch machen können (MüKo-*Wittig/Tetzlaff* § 274 Rn 39). Sowohl die Anzeige nach § 274 Abs 3 S 1 als auch die Unterrichtung nach § 274 Abs 3 S 2 hat „unverzüglich" zu erfolgen, dh ohne schuldhaftes Zögern (§ 121 Abs 1 S 1 BGB). Während die Anzeige an den Gläubigerausschuss und das Insolvenzgericht keine praktischen Probleme bringt, verhält es sich mit den **Anzeigen** gegenüber den forderungsanmeldenden **Insolvenzgläubigern** und den **absonderungsberechtigten Gläubigern** anders. Zutreffend weist Foltis (FK-*Foltis* § 274 Rn 58) darauf hin, dass dem Sachwalter der aktuelle Personenkreis nicht ohne weiteres bekannt sein kann, zudem in Großverfahren die Zahl der Gläubiger unüberschaubar sein kann. Neben dem Zeit- und Kostenaufwand für die Unterrichtung kann die mit der Einzelunterrichtung verbundene Verzögerung den Zweck der Unterrichtungspflichten in ihr Gegenteil verkehren (FK-*Foltis* § 274 Rn 58; ähnlich K/P/B/*Pape* § 274 Rn 60). Deshalb empfiehlt es sich in solchen Fällen, Anzeige an das Gericht

zu machen und die Anzeige entsprechend § 277 Abs 3 **öffentlich bekannt zu machen** bzw durch das Insolvenzgericht öffentlich bekannt machen zu lassen (FK-*Foltis* § 274 Rn 58; *Graf-Schlicker* § 274 Rn 7; K/P/B/*Pape* § 274 Rn 60).

5. Sonstige Sachwalterpflichten. Neben den in § 274 Abs 2 normierten Prüfungs- und Überwachungspflichten sieht das Gesetz in einzelnen Vorschriften **weitere originäre Pflichten** des Sachwalters vor, wie zB die sich aus § 270 Abs 3 ergebende Pflicht zur **Führung der Insolvenztabelle** (KS-*Pape* S 913 f Rn 30; HK-*Landfermann* § 270 Rn 23; FK-*Foltis* § 274 Rn 59; str aA N/R/*Riggert* § 270 Rn 10). Zu den sonstigen Rechten und Pflichten des Sachwalters gehören noch folgende: Mitwirkung bei laufenden Geschäften (§ 275), Entscheidung über die Zustimmung zu bestimmten Rechtsgeschäften (§ 277), sofern eine entsprechende Anordnung ergangen ist, Geltendmachung der Gesamtschadensansprüche nach § 92, Durchsetzung der Gesellschafterhaftung nach § 93, Anfechtung von Rechtshandlungen (§ 280 iVm §§ 129 ff), Prüfung der Gläubiger- und Schuldnerverzeichnisse (§ 281), Stellungnahme zum Bericht des Schuldners im Berichtstermin (§ 281 Abs 2) sowie Prüfung des Verteilungsverzeichnisses (§ 283). Die **Regelung im Gesetz ist keineswegs abschließend.** Vielmehr können dem Sachwalter sowohl durch die Gläubigerversammlung als auch vom Gericht auch sonstige, nicht ausdrücklich im **Gesetz übertragene Rechte und Pflichten** übertragen werden (*Hess* § 274 Rn 58–60). Zur Anzeigepflicht bei Masseunzulänglichkeit vgl die Kommentierung zu § 285. Angesichts des vorstehenden Aufgabenkatalogs und der damit zusammenhängenden haftungsrechtlichen Verantwortung ist der Feststellung bei K/P/B/*Pape* (§ 274 Rn 64) zuzustimmen, dass nicht zuletzt auch wegen der in § 12 Abs 1 InsVV geregelten geringen Vergütung die Übernahme des Sachwalteramtes wenig attraktiv erscheint. Zu den Sachwalterpflichten s auch *Huhn* Eigenverwaltung § 11. 23

§ 275 Mitwirkung des Sachwalters

(1) ¹ **Verbindlichkeiten, die nicht zum gewöhnlichen Geschäftsbetrieb gehören, soll der Schuldner nur mit Zustimmung des Sachwalters eingehen.** ² Auch Verbindlichkeiten, die zum gewöhnlichen Geschäftsbetrieb gehören, soll er nicht eingehen, wenn der Sachwalter widerspricht.

(2) Der Sachwalter kann vom Schuldner verlangen, daß alle eingehenden Gelder nur vom Sachwalter entgegengenommen und Zahlungen nur vom Sachwalter geleistet werden.

I. Allgemeines

Die Vorschrift ist dem früheren § 57 VglO nachgebildet, weist aber strukturelle Unterschiede auf (Einzelheiten bei FK-*Foltis* § 275 Rn 1–5; *Koch* Eigenverwaltung S 218 ff; KS-*Grub* S 671, 679 Rn 23; BerlKo-*Blersch* § 275 Rn 1). Die §§ 275–277 sehen „**abgestufte Mitwirkungs- und Zustimmungserfordernisse**" (K/P/B/*Pape* § 275 Rn 1) vor, die einerseits bewirken sollen, dass der Schuldner bzw das Schuldnerunternehmen weitgehend ungehindert durch Eingriffe der Gläubiger oder eines Verwalters weiterarbeiten kann, andererseits aber sichergestellt ist, dass die Eigenverwaltung nicht dazu benutzt wird, die Haftungsmasse zulasten der Gläubiger auszuhöhlen. Dagegen entspricht die **Übernahme der Kassenführung** durch den Sachwalter exakt der Regelung in § 57 Abs 2 VglO, so dass auf die einschlägigen Kommentierungen insoweit zurückgegriffen werden kann (vgl auch *Hartlage-Laufenberg*, Pflichten des Vergleichsverwalters bei der Übernahme der Kassenführung gem § 57 Abs 2 VglO, KTS 1977, 224; MüKo-*Wittig/Tetzlaff* § 275 Rn 2). 1

II. Zustimmung bei Eingehung außergewöhnlicher Verbindlichkeiten

Verbindlichkeiten, die **nicht zum gewöhnlichen Geschäftsbetrieb** des Schuldners bzw Schuldnerunternehmens gehören, soll gem § 275 Abs 1 S 1 der Schuldner nur mit Zustimmung des Sachwalters eingehen. Die Verbindlichkeit durch den Schuldner muss durch Vertrag oder einseitiges Verpflichtungsgeschäft begründet werden. Hierzu gehört der Abschluss verpflichtender Leistungsgeschäfte jeglicher Art (FK-*Foltis* § 275 Rn 6; MüKo-*Wittig/Tetzlaff* § 275 Rn 11). Nicht dagegen gehören hierzu sogen **Cash-Geschäfte** (K/P/B/*Pape* § 275 Rn 7). Darlehensgeschäfte, bei denen der Schuldner Darlehensgeber ist, unterliegen nicht § 275, da sie keine Verpflichtung des Schuldners begründen (FK-*Foltis* § 275 Rn 6). Solche Darlehensgewährungen gehören aber unter die Vorschrift des § 276 S 1. Für **Kreditgeschäfte bei Eigenverwaltung** gelten gem § 270 grundsätzlich die allgemeinen Vorschriften der InsO (*Wittig* bei *K. Schmidt/Uhlenbruck* Rn 9.35 ff S 933 ff; vgl auch *Mönning*, Betriebsfortführung Rn 1024 ff). Gerade im Rahmen der Eigenverwaltung ist oftmals das insolvente Unternehmen auf die **Gewährung von Neukrediten** angewiesen. Einschränkungen bei der Eigenverwaltung ergeben sich daraus, dass der Schuldner bzw das Schuldnerunternehmen solche Kredite, wenn sie nicht zum gewöhnlichen Geschäftsbetrieb gehören, **nur mit Zustimmung des Sachwalters** eingehen soll. Zum andern soll das Unternehmen auch Verbindlichkeiten, die zum gewöhnlichen Geschäftsbetrieb gehören, dann nicht eingehen, wenn der **Sachwalter widerspricht.** Darlehensgeschäfte, bei denen der Schuldner Kreditgeber ist, unterfallen nicht § 275 (K/P/B/*Pape* § 275 Rn 8; FK-*Foltis* § 275 Rn 6). Die fehlende Zustimmung des Sachwalters zu 2

Kreditaufnahmen außerhalb des gewöhnlichen Geschäftsbetriebs bzw sein Widerspruch zur Aufnahme neuer Kredite im gewöhnlichen Geschäftsbetrieb hat auf die **Wirksamkeit des Rechtsgeschäfts** und die Einordnung der hieraus resultierenden Forderungen als Masseforderungen keinen Einfluss (*Wittig* bei K. *Schmidt/Uhlenbruck*, Die GmbH in Krise, Rn 9.389 § 33). Ist in einem Insolvenzverfahren mit Eigenverwaltung ein **Gläubigerausschuss** bestellt, so hat der organschaftliche Vertreter des Schuldnerunternehmens bzw der Schuldner nach § 276 die **Zustimmung des Gläubigerausschusses** einzuholen, wenn Rechtshandlungen vorgenommen werden sollen, die für das Insolvenzverfahren von besonderer Bedeutung sind. Welche Rechtsgeschäfte bedeutsam sind, folgt aus § 160 Abs 2. Die **Aufnahme von Krediten** im eröffneten Insolvenzverfahren zählen hierzu (*Wittig* bei K. *Schmidt/Uhlenbruck* Rn 9.38; FK-*Foltis* § 275 Rn 6). Kreditgeschäfte sind aber auch bei fehlender Zustimmung des Gläubigerausschusses wirksam (§§ 276 S 2, 164). Schließlich hat die Gläubigerversammlung die Möglichkeit, gem § 270 Abs 1 S 1 eine Anordnung des Insolvenzgerichts herbeizuführen, dass bestimmte Rechtsgeschäfte des Schuldners bzw Schuldnerunternehmens nur wirksam sind, wenn der Sachwalter ihnen zustimmt. Dies ist möglich zB generell für die Veräußerung oder Belastung von Grundstücken des Schuldnerunternehmens, aber auch für schuldrechtliche Verträge, wie zB die **Aufnahme von Krediten** und die **Bestellung von Sicherheiten** für diese Kredite (vgl *Wittig* bei K. *Schmidt/Uhlenbruck* Rn 9.40 S 934).

3   Hat das Insolvenzgericht nach § 277 Abs 1 S 1 die **Zustimmungsbedürftigkeit** angeordnet, so greifen bei Verstoß gem § 277 Abs 1 S 2 die Vorschriften der §§ 81 Abs 1, 82 ein. Kreditgeschäfte, die ohne Zustimmung abgeschlossen werden, sind unwirksam. Grundsätzlich erfasst § 275 Abs 1 nur Verbindlichkeiten, die **zum Geschäftsbereich des Schuldners gehören**. Verbindlichkeiten im Rahmen der privaten Lebensführung unterfallen § 278 Abs 1. Die Abgrenzung von Verbindlichkeiten, die zum gewöhnlichen Geschäftsbetrieb gehören, und ungewöhnlichen Verbindlichkeiten hat das Gesetz nicht vorgenommen. Obgleich es sich um eine Sollvorschrift handelt, ist anzunehmen, dass bei **Geschäften von einiger Bedeutung** die Zustimmung des Sachwalters erforderlich ist. Ansätze, was „besonders bedeutsame Rechtshandlungen" sind, die nicht zum Tagesgeschäft gehören, lassen sich dem § 160 entnehmen, der allerdings nicht auf Verbindlichkeiten beschränkt ist. Die Unterscheidung von den gewöhnlichen von den ungewöhnlichen Verbindlichkeiten erfolgt nicht nach der wirtschaftlichen Bedeutung, sondern danach, ob sie nach Art und Umfang des einzelnen Rechtsgeschäfts zB zur normalen Geschäftsfortführung zählen (*Graf-Schlicker* § 275 Rn 2; *N/R/Riggert* § 275 Rn 3). Die **Abgrenzung ist** in der Praxis **nicht immer einfach**. Die Umstellung eines Einzelhandelsgeschäfts auf einen Großhandelsbetrieb erfordert die Zustimmung des Sachwalters (FK-*Foltis* § 275 Rn 8), nicht dagegen der Einkauf von Rohstoffen oder Halbfertigfabrikaten, selbst wenn es sich um Ware handelt, die das Schuldnerunternehmen bislang nicht geführt hat (*Bley/Mohrbutter* 57 VglO Rn 15; FK-*Foltis* § 275 Rn 8; *N/R/Riggert* § 275 Rn 3).

4   Über die **Erteilung der Zustimmung oder deren Versagung** entscheidet der Sachwalter nach pflichtgemäßem Ermessen in eigener Verantwortung. Er ist nicht verpflichtet, sich vorher mit einem Gläubigerausschuss abzustimmen, was jedoch bei schwerwiegenden und weit reichenden Geschäften, die für die weitere Verfahrensgestaltung von Bedeutung sind, durchaus sinnvoll sein kann (FK-*Foltis* § 275 Rn 9). Der Verwalter ist im Rahmen seiner Zustimmungsbefugnis unabhängig und auch von Entscheidungen des Gläubigerausschusses unabhängig (*Huhn* Eigenverwaltung § 11; K/P/B/*Pape* § 275 Rn 15; FK-*Foltis* § 275 Rn 9). Verletzt der Sachwalter das Neutralitätsgebot und handelt er willkürlich oder mangels ausreichender Geschäftskunde den Interessen der Gläubiger zuwider, oder handelt er im Interesse eines Großgläubigers, so ist das Insolvenzgericht verpflichtet, im Aufsichtswege gem § 58 einzuschreiten. Die **Zustimmung des Sachwalters** ist **keine Wirksamkeitsvoraussetzung** für die vom Schuldner eingegangenen Verpflichtungen (FK-*Foltis* § 275 Rn 10). Sie bedarf **keiner bestimmten Form** und kann auch durch schlüssiges Verhalten erteilt werden. Zustimmung bedeutet aber nicht etwa nachträgliche Genehmigung, sondern im Zweifel Einwilligung. Der Schuldner hat den Sachwalter so rechtzeitig zu informieren, dass er die Gründe und Auswirkungen des Verpflichtungsgeschäfts prüfen kann. Die **Zustimmung** kann vom Sachwalter ohne Angabe von Gründen **widerrufen** werden. Allerdings gilt dies nur bis zum Abschluss des Verpflichtungsgeschäfts. Eine **generelle Zustimmung** für die Eingehung sämtlicher Verbindlichkeiten, die nicht zum gewöhnlichen Geschäftsbetrieb des Schuldners gehören, ist **unzulässig** (FK-*Foltis* § 275 Rn 11; K/P/B/*Pape* § 275 Rn 16). Deshalb muss die **Zustimmung für jedes einzelne Verpflichtungsgeschäft** erteilt werden. Die Streitfrage, ob die Zustimmungserklärung nach den §§ 119 ff BGB angefochten werden kann, ist praktisch ohne Bedeutung, weil auch ohne Zustimmung das Schuldnergeschäft wirksam ist.

III. Widerspruchsrecht bei Eingehung gewöhnlicher Verbindlichkeiten

5   Handelt es sich bei der Eingehung der Verbindlichkeit um ein Rechtsgeschäft, das zum gewöhnlichen Geschäftsbetrieb des Schuldners oder Schuldnerunternehmens gehört, so räumt § 275 Abs 1 S 2 dem Sachwalter ein **Vetorecht** ein, dh er kann der Eingehung der Verbindlichkeit widersprechen mit der Folge, dass der Schuldner aber nicht zwingend hieran gebunden ist. Der Schuldner braucht den Sachwalter nicht über jedes normale Geschäft zu informieren, sondern er kann **Verbindlichkeiten im gewöhnlichen Tagesgeschäft** ohne Zustimmung des Sachwalters begründen. Das Widerspruchsrecht macht nur einen Sinn, wenn der Sachwalter Gelegenheit erhält, vor Eingehung des Geschäfts Widerspruch zu erheben

(K/P/B/*Pape* § 275 Rn 20). Hieraus lässt sich aber nicht schließen, dass der Schuldner verpflichtet ist, den Sachwalter über die Eingehung jeglicher Art von Verbindlichkeiten, die zum Tagesgeschäft gehören, zu unterrichten (so auch FK-*Foltis* § 275 Rn 12). Es ist vielmehr **Sache des Sachwalters**, sich, so er das will, laufend über die Geschäftsabschlüsse im Schuldnerunternehmen zu informieren und erforderlichenfalls **Widerspruch** zu erheben (MüKo-*Wittig/Tetzlaff* § 275 Rn 8; BerlKo-*Blersch* § 275 Rn 5). Die Aktivität liegt somit allein beim Sachwalter. Ist im Einzelfall streitig oder fraglich, ob es sich um die Begründung einer Verbindlichkeit handelt, die nicht zum gewöhnlichen Geschäftsbetrieb gehört, wird man den Schuldner für verpflichtet ansehen müssen, den Sachwalter zu informieren (vgl auch FK-*Foltis* § 275 Rn 12). Der Widerspruch ist **an den Schuldner** oder die **organschaftlichen Vertreter des Schuldnerunternehmens** zu richten. Er bedarf keiner besonderen Form, muss aber dem Schuldner bzw Schuldnervertretern vor dem Geschäftsabschluss zugegangen sein. Bei Verletzung der Mitwirkungsrechte durch den Schuldner kann der Sachwalter verpflichtet sein, Anzeige nach § 274 Abs 3 zu erstatten (K/P/B/*Pape* § 275 Rn 21; FK-*Foltis* § 275 Rn 12).

IV. Rechtsfolgen eigenmächtigen Schuldnerhandelns

Durch ein eigenmächtiges Handeln des Schuldners oder der organschaftlichen Vertreter eines Schuldnerunternehmens ohne Zustimmung oder gegen den Widerspruch des Sachwalters wird die **rechtliche Wirksamkeit des Verpflichtungsgeschäfts** nicht berührt (*Hess* § 275 Rn 13; BerlKo-*Blersch* § 275 Rn 7; MüKo-*Wittig/Tetzlaff* § 275 Rn 12; N/R/*Riggert* § 275 Rn 7). Eine Ausnahme gilt nur bei **arglistigem und sittenwidrigem Zusammenwirken des Schuldners mit dem Vertragspartner.** Hier kann im Einzelfall § 138 BGB mit der Nichtigkeitsfolge eingreifen (HK-*Landfermann* § 275 Rn 5; FK-*Foltis* § 275 Rn 15). Hat der Schuldner somit ohne die erforderliche Zustimmung nach § 275 Abs 1 Verbindlichkeiten begründet oder entgegen § 275 Abs 2 Zahlungen entgegengenommen, so sind diese Rechtshandlungen grundsätzlich wirksam (N/R/*Riggert* § 275 Rn 7; *Hess* § 275 Rn 13; BerlKo-*Blersch* § 275 Rn 7; FK-*Foltis* § 275 Rn 15; zum alten Recht vgl auch BGHZ 67, 223). Das Gesetz schützt insoweit das Vertrauen des Vertragspartners in die uneingeschränkte Handlungsfähigkeit des eigenverwaltenden Schuldners. Eine gesetzliche Ausnahme sieht für den Bereich des Insolvenzarbeitsrechts § 279 S 3 vor, wonach die Wirksamkeit hinsichtlich der Rechte nach den §§ 120, 122, 126 von der Zustimmung des Sachwalters abhängig gemacht ist. In diesen Fällen wird man eine **nachträgliche Genehmigung** des Sachwalters mit der Folge zulassen müssen, dass die in den §§ 120, 122, 126 aufgeführten Maßnahmen ex tunc wirksam werden.

V. Die Kassenführung durch den Sachwalter

Der Sachwalter kann gem § 275 Abs 2 vom Schuldner verlangen, dass sämtliche eingehenden Gelder nur von ihm entgegengenommen und Zahlungen nur an ihn geleistet werden. IdR empfiehlt sich die Anlegung eines **Sonder- oder Anderkontos** für Rechnung des Schuldners (BerlKo-*Blersch* § 275 Rn 8). Die Zulässigkeit der Einrichtung eines **Anderkontos** ist allerdings zweifelhaft und bestritten. Nach hM kann er zwar ein **Sonderkonto auf den Namen des Schuldners als Fremdkonto** einrichten, nicht aber ein Anderkonto (FK-*Foltis* § 275 Rn 32; K/P/B/*Pape* § 275 Rn 25; str aA BerlKo-*Blersch* § 275 Rn 8). Die Übernahme der Kassenführung durch den Sachwalter bietet sich vor allem an, wenn Masseunzulänglichkeit droht oder wenn die Gefahr besteht, dass der Schuldner übermäßige Mittel für seine Lebensführung entnimmt (§ 278). Der Sachwalter ist nicht verpflichtet, die Einforderung der Kassenführung zu begründen. Ob er von dem Recht nach § 275 Abs 2 Gebrauch macht, steht in seinem pflichtgemäßen Ermessen (Einzelheiten bei FK-*Foltis* § 275 Rn 18, 19; MüKo-*Wittig/Tetzlaff* § 275 Rn 15; K/P/B/*Pape* § 275 Rn 25–27). Besteht allerdings Veranlassung zur Übernahme der Kassenführung, wie zB bei leichtsinnigem Ausgabeverhalten des Schuldners, so ist der Sachwalter verpflichtet, die Kassenführung zu übernehmen (K/P/B/*Pape* § 275 Rn 25; MüKo-*Wittig/Tetzlaff* § 275 Rn 14 ff; *Graf-Schlicker* § 275 Rn 5; FK-*Foltis* § 275 Rn 18). Gleiches gilt, wenn die Gefahr ungleichmäßiger Befriedigung von Verbindlichkeiten besteht (*Hartlage-Laufenberg* KTS 1977, 224; vgl auch BerlKo-*Blersch* § 275 Rn 8).

Im Rahmen der **Kassenführung** wird der Sachwalter **als gesetzlicher Vertreter des Schuldners** tätig (BGH v 19. 5. 1988, WM 1988, 1222; *Graf-Schlicker* § 275 Rn 6; BerlKo-*Blersch* § 275 Rn 8; *Hess* § 275 Rn 5; FK-*Foltis* § 275 Rn 23). Hinsichtlich der Kassenführung ist der Sachwalter weisungsunabhängig (vgl *Hartlage-Laufenberg* KTS 1977, 224; FK-*Foltis* § 275 Rn 23). Im Rahmen der Kassenführung ist der Sachwalter berechtigt, alle Maßnahmen zu treffen, die erforderlich sind, wie zB Anweisung an die Bank des Schuldners, eine bestimmte Überweisung zurückzuführen oder Abhebungen von Schuldnerkonten vorzunehmen. Der Sachwalter ist **nicht befugt**, etwa Prozesse im Zusammenhang mit dem Zahlungsverkehr zu führen. Der Sachwalter mit Kassenführungsbefugnis ist berechtigt, **Zahlungen entgegenzunehmen oder zu leisten**. Die Tilgungswirkung tritt ein, falls habe die Zahlungen der Schuldner entgegengenommen oder geleistet hat. Vor allem hat der Sachwalter **Neuverbindlichkeiten des Schuldners** (Masseschulden) zu erfüllen, auch wenn sie ohne seine Zustimmung vom Schuldner eingegangen worden sind. Eine quotale Befriedigung findet statt, wenn er gem § 285 Masseunzulänglichkeit angezeigt hat und der Verteilungsschlüssel des § 209 eingreift (zu dem Konfliktpotential in solchen Fällen s auch

MüKo-*Wittig/Tetzlaff* § 275 Rn 17; K/P/B/*Pape* § 275 Rn 28). Der Sachwalter ist sogar berechtigt, **Verbindlichkeiten zulasten der Masse** einzugehen, soweit dies im Rahmen der Kassenführung erforderlich ist (FK-*Foltis* § 275 Rn 27). **Nicht berechtigt ist der Sachwalter** zum Erlass von Forderungen oder zu Aufrechnungen. Wenn auch der Sachwalter keine Prozesse im Rahmen des Zahlungsverkehrs führen kann, muss man ihm das Recht zugestehen, sogen **Hilfsgeschäfte**, wie zB Mahnungen an Schuldner, herauszuschicken und solche für den Schuldner entgegenzunehmen. Auch ist er berechtigt, Schuldscheine und Quittungen auszuhändigen und den Empfang von Zahlungen zu bestätigen, wie zB Wechsel und Schecks zu quittieren (FK-*Foltis* § 275 Rn 29; BerlKo-*Blersch* § 275 Rn 8).

9   Die **Kassenführung ist ein höchstpersönliches Amt**. Es kann nicht vom Sachwalter auf Dritte übertragen werden (*Hartlage-Laufenberg* KTS 1977, 224). Die Kassenführung begründet nicht nur **Außenpflichten des Sachwalters gegenüber Dritten**, sondern auch **interne Pflichten** gegenüber dem Schuldner bzw Schuldnerunternehmen. Nach außen hin hat der Sachwalter für Verschulden gem § 274 Abs 1 iVm § 60 einzustehen, dagegen ist § 61 nicht entsprechend anwendbar. Jedoch findet § 61 gem § 277 Abs 1 S 3 Anwendung, wenn der Sachwalter der Begründung von Masseverbindlichkeiten durch den Schuldner **ausdrücklich zustimmt** (vgl auch BGHZ 67, 223). Wird das Insolvenzverfahren aufgehoben (§§ 270 Abs 1 S 2, 200) oder wird die Eigenverwaltung aufgehoben (§ 272), so ist der Sachwalter nicht nur berechtigt, sondern auch verpflichtet, über die Beendigung des Amtes hinaus die erforderlichen Abwicklungsgeschäfte vorzunehmen (*Bley/Mohrbutter* § 57 VglO Rn 45; FK-*Foltis* § 275 Rn 34).

§ 276 Mitwirkung des Gläubigerausschusses

¹Der Schuldner hat die Zustimmung des Gläubigerausschusses einzuholen, wenn er Rechtshandlungen vornehmen will, die für das Insolvenzverfahren von besonderer Bedeutung sind. ²§ 160 Abs. 1 Satz 2, Abs. 2, § 161 Satz 2 und § 164 gelten entsprechend.

I. Allgemeines

1   Für gewisse Rechtshandlungen von besonderer Bedeutung lässt das Gesetz im Rahmen der Eigenverwaltung die Zustimmung des Sachwalters nicht ausreichen, sondern verlangt die Zustimmung des Gläubigerausschusses und hilfsweise der Gläubigerversammlung. Insoweit wird der Schuldner bzw werden die organschaftlichen Vertreter eines Schuldnerunternehmens wie der Insolvenzverwalter im Regelverfahren in die Gläubigerautonomie eingebunden, wobei § 160 Abs 2 nur beispielhaft Fälle bedeutsamer Rechtshandlungen aufzählt. Insoweit kann auf die Kommentierung zu § 160 Abs 2 verwiesen werden.

II. Zustimmungserfordernis bei Rechtshandlungen von besonderer Bedeutung

2   **1. Besonders bedeutsame Rechtshandlungen.** Nach § 276 S 1 hat der Schuldner die Zustimmung des Gläubigerausschusses und hilfsweise die Zustimmung der Gläubigerversammlung einzuholen, wenn er Rechtshandlungen vorzunehmen beabsichtigt, die für das Insolvenzverfahren von besonderer Bedeutung sind. § 276 S 2 verweist insoweit auf die Regelung in § 160 Abs 1 S 2 und § 161 S 2 sowie § 164. Was eine bedeutsame Rechtshandlung ist, ist in § 160 Abs 2 beispielhaft aufgeführt. Hierunter fällt ua die **Veräußerung des Unternehmens** oder eines Betriebes, eines Warenlagers im Ganzen, eines unbeweglichen Gegenstandes aus freier Hand, einer Beteiligung des Schuldners an einem anderen Unternehmen, die der Herstellung einer dauernden Verbindung zu diesem Unternehmen dienen soll, sowie eines Rechts auf den Bezug wiederkehrender Einkünfte; ferner die **Aufnahme** eines die Masse erheblich belastenden **Darlehens**, die **Anhängigmachung** oder Aufnahme eines **Rechtsstreits** mit erheblichem Streitwert, die Ablehnung der Aufnahme eines solchen Rechtsstreits oder die Beilegung oder Vermeidung eines solchen Rechtsstreits durch Vergleich oder Schiedsvertrag (vgl *Huhn*, Eigenverwaltung, Rn 1159; *Graf-Schlicker* § 276 Rn 4; FK-*Foltis* § 276 Rn 6; MüKo-*Wittig/Tetzlaff* § 276 Rn 6; BerlKo-*Blersch* § 276 Rn 2; N/R/*Riggert* § 276 Rn 4). Zweifelsfrei sind die zustimmungsbedürftigen Angelegenheiten des § 160 Abs 2. Schwierigkeiten bereitet aber die Abgrenzung sonstiger besonders bedeutsamer Rechtshandlungen von den **zum gewöhnlichen Geschäftsbetrieb** gehörenden Rechtshandlungen. Zutreffend der Hinweis von *Foltis* (FK-*Foltis* § 276 Rn 3), dass die Bedeutung des Begriffs zu einer Überschneidung mit den Sachwalterkompetenzen führen kann. Die Annahme einer nicht gewöhnlichen Verbindlichkeit nach § 275 reicht für die Annahme einer besonders bedeutsamen Verpflichtung des Schuldners nicht aus, wohl aber eine ungewöhnlich hohe Investition in den Schuldnerbetrieb oder ungewöhnlich langfristig bindende Verträge oder ein besonders hohes Verpflichtungsvolumen (FK-*Foltis* § 276 Rn 6). Die Bestimmung der besonderen Bedeutsamkeit einer Rechtshandlung ist eine Einzelfallbeurteilung, die sich nach Art und Umfang der einzelnen Verpflichtung, aber auch an den Besonderheiten des Schuldnerunternehmens orientiert (FK-*Foltis* § 276 Rn 6).

3   **2. Zustimmung des Gläubigerausschusses.** Primär verlangt § 276 S 1 die **vorherige Zustimmung des Gläubigerausschusses**, dh die Einwilligung. Diese hat aber der Schuldner einzuholen, nicht der Sachwalter (*Graf-Schlicker* § 276 Rn 2; MüKo-*Wittig/Tetzlaff* § 276 Rn 5; K/P/B/*Pape* § 276 Rn 8). Allerdings

I. Allgemeines § 277

ist eine nachträgliche Zustimmung (Genehmigung) möglich (K/P/B/*Pape* § 276 Rn 9; FK-*Foltis* § 276 Rn 7; str aA MüKo-*Wittig/Tetzlaff* § 276 Rn 8; *Graf-Schlicker* § 276 Rn 5). Die nachträgliche Zustimmung zu dem Handeln des Schuldners beseitigt lediglich die Eigenmächtigkeit. Zutreffend der Hinweis bei K/P/B/*Pape* (§ 276 Rn 12), dass durch die Regelung in § 276 S 1 der in § 69 festgelegte Aufgabenbereich des Gläubigerausschusses erweitert wird, weil dieser nicht nur den Sachwalter zu beraten und zu kontrollieren hat, sondern schwerpunktmäßig den Schuldner. Der Gläubigerausschuss (§§ 67 ff) entscheidet mit der Mehrheit der abgegebenen Stimmen durch Beschluss (§ 72).

3. Hilfsweise Zustimmung der Gläubigerversammlung. Ist ein Gläubigerausschuss nicht bestellt, so findet über § 276 S 2 die Vorschrift des § 160 Abs 1 S 2 entsprechende Anwendung mit der Folge, dass für Rechtshandlungen, die für das Insolvenzverfahren von besonderer Bedeutung sind, der Schuldner die **Zustimmung der Gläubigerversammlung** einzuholen hat. Sowohl der Schuldner als auch der Sachwalter sind berechtigt, die Gläubigerversammlung einzuberufen, weil jeder von ihnen einen Teil der Verantwortung des Insolvenzverwalters übernimmt, so dass ihnen beiden auch die Befugnis nach § 75 Abs 1 Nr 1 eingeräumt werden muss (FK-*Foltis* § 276 Rn 9; K/P/B/*Pape* § 276 Rn 14). 4

III. Vorläufige Untersagung einer Rechtshandlung

Da § 276 S 2 die Vorschrift des § 161 S 2 für entsprechend anwendbar erklärt, kann das Insolvenzgericht auf Antrag einer in § 75 Abs 1 Nr 3 bezeichneten Mehrzahl von Gläubigern und nach Anhörung des Schuldners die Vornahme einer Rechtshandlung vorläufig untersagen und eine Gläubigerversammlung einberufen, die endgültig über die Vornahme der Rechtshandlung beschließt. Mit dieser Regelung wollte der Gesetzgeber die Rechte der Gläubigerversammlung im Verhältnis zum Gläubigerausschuss stärken (vgl Begr RegE zu § 161, abgedr bei K/P, Das neue Insolvenzrecht, S 385; vgl auch FK-*Foltis* § 276 Rn 10). Zwingende Voraussetzung einer vorläufigen Untersagung einer vom Gläubigerausschuss gebilligten Rechtshandlung ist, dass eine Mehrheit von Gläubigern einen Antrag gem § 75 Abs 1 Nr 3 auf Entscheidung durch die Gläubigerversammlung stellt, was sich aus der Verweisung in § 276 S 2 auf § 161 S 2 folgt (K/P/B/*Pape* § 276 Rn 15). 5

IV. Rechtsfolgen fehlender Zustimmung

Ein Verstoß des Schuldners gegen die Mitwirkungspflichten des Gläubigerausschusses und der Gläubigerversammlung führt nicht zur Unwirksamkeit der Rechtshandlung (§ 276 S 2 iVm § 164). Diese Regelung war im Interesse der Rechtssicherheit im Geschäftsverkehr erforderlich, weil die Geschäftspartner des eigenverwaltenden Schuldners darauf vertrauen dürfen, dass dieser sich grundsätzlich an seine internen Verfahrenspflichten hält (vgl FK-*Foltis* § 276 Rn 11; *Hess* § 276 Rn 10; K/P/B/*Pape* § 276 Rn 5). Die Zustimmungserfordernisse des § 276 sind also **keine Wirksamkeitserfordernisse** im Außenverhältnis. Die Verletzung der Pflichten durch den Schuldner hat nur **interne Bedeutung** (K/P/B/*Pape* § 276 Rn 19; MüKo-*Wittig/Tetzlaff* § 276 Rn 2; N/R/*Riggert* § 276 Rn 5). Allerdings muss der Schuldner damit rechnen, dass der schuldhafte Pflichtenverstoß im Innenverhältnis dazu führt, dass gem § 272 Abs 1 der Antrag gestellt wird, die Eigenverwaltung aufzuheben. Zu beachten ist, dass neben § 276 zugleich auch § 277 eingreifen kann, wenn die Zustimmungsbedürftigkeit zu bestimmten Rechtsgeschäften vom Gericht angeordnet worden ist. Insoweit wirkt die Verpflichtungs- und Verfügungsbeschränkung auch gegenüber Dritten (vgl FK-*Foltis* § 276 Rn 12). 6

§ 277 Anordnung der Zustimmungsbedürftigkeit

(1) ¹Auf Antrag der Gläubigerversammlung ordnet das Insolvenzgericht an, daß bestimmte Rechtsgeschäfte des Schuldners nur wirksam sind, wenn der Sachwalter ihnen zustimmt. ²§ 81 Abs. 1 Satz 2 und 3 und § 82 gelten entsprechend. ³Stimmt der Sachwalter der Begründung einer Masseverbindlichkeit zu, so gilt § 61 entsprechend.

(2) ¹Die Anordnung kann auch auf den Antrag eines absonderungsberechtigten Gläubigers oder eines Insolvenzgläubigers ergehen, wenn sie unaufschiebbar erforderlich ist, um Nachteile für die Gläubiger zu vermeiden. ²Der Antrag ist nur zulässig, wenn diese Voraussetzung der Anordnung glaubhaft gemacht wird.

(3) ¹Die Anordnung ist öffentlich bekanntzumachen. ²§ 31 gilt entsprechend. ³Soweit das Recht zur Verfügung über ein Grundstück, ein eingetragenes Schiff, Schiffsbauwerk oder Luftfahrzeug, ein Recht an einem solchen Gegenstand oder ein Recht an einem solchen Recht beschränkt wird, gelten die §§ 32 und 33 entsprechend.

I. Allgemeines

Dem Schuldner wird gem § 270 Abs 1 die Verwaltungs- und Verfügungsbefugnis über sein Vermögen nicht entzogen, wenn es zur Eigenverwaltung kommt. Dies hat zur Folge, dass die §§ 80 bis 82 nicht ein- 1 greifen und Verfügungen des Schuldners sowie Leistungen an den Schuldner nach erfolgter Verfahrenseröffnung wirksam bleiben. Um der Gefahr gläubigernachteiliger Verfügungen des Schuldners bzw der organschaftlichen Vertreter eines Schuldnerunternehmens vorzubeugen, hat der Gesetzgeber in § 277 die Möglichkeit vorgesehen, bestimmte Rechtsgeschäfte des Schuldners bzw Schuldnerunternehmens an die Zustimmung des Sachwalters zu binden, und zwar mit der Rechtsfolge, dass ein Verstoß grundsätzlich zur Unwirksamkeit der Rechtshandlung führt. Eigenverwaltende Maßnahmen des Schuldners, die dem **Insolvenzzweck offensichtlich zuwiderlaufen**, sind wie entsprechende Maßnahmen des Insolvenzverwalters ohnehin unwirksam (*Vallender* WM 1998, 2129, 2138; KS-*Pape* S 895, 918 f Rn 40). Ausgeschlossen ist es, **pauschal für alle Rechtsgeschäfte des Schuldners** die Zustimmungsbedürftigkeit anzuordnen. **Gutgläubige Dritte** werden bei Anordnung der Zustimmungsbedürftigkeit nach § 277 nur noch im Rahmen des § 81 Abs 1 Satz 2 und 3 sowie des § 82 geschützt (K/P/B/*Pape* § 277 Rn 2; *Graf-Schlicker* § 277 Rn 1; MüKo-*Wittig/Tetzlaff* § 277 Rn 2). Durch den **Haftungshinweis** in § 277 Abs 1 Satz 3 soll gewährleistet sein, dass der Sachwalter der Eingehung von neuen Masseverbindlichkeiten nur zustimmt, wenn er sicher ist, dass sie erfüllt werden kann (K/P/B/*Pape* § 277 Rn 3).

II. Anordnung der Zustimmungsbedürftigkeit nach § 277 Abs 1

2   **1. Antrag der Gläubigerversammlung (§ 277 Abs 1).** Die Gläubigerversammlung kann gem § 277 Abs 1 S 1 den Antrag auf Anordnung der Zustimmungsbedürftigkeit bestimmter Rechtsgeschäfte des Schuldners bzw Schuldnerunternehmens stellen. Voraussetzung für den Antrag ist ein wirksamer Beschluss der Gläubigerversammlung. In **Eilfällen**, insbesondere wenn ein nachteiliges Rechtsgeschäft des Schuldners unmittelbar bevorsteht, kann die Zustimmungsbedürftigkeit nach § 277 Abs 2 auch auf **Antrag eines einzelnen Gläubigers** angeordnet werden. Der Antrag ist darauf zu richten, dass **bestimmte Rechtsgeschäfte des Schuldners** nur wirksam sind, wenn der Sachwalter ihnen zustimmt. Der Antrag muss ebenso wie der gerichtliche Beschluss erkennen lassen, welches **konkrete Rechtsgeschäft** dem Zustimmungsvorbehalt unterliegt. Eine bloße Bestimmbarkeit aufgrund außerhalb der Anordnung liegender Umstände genügt nicht (**BGH** LM § 930 BGB Nr 9; **BGH** NJW 1995, 2348; FK-*Foltis* § 277 Rn 4; N/R/*Riggert* § 277 Rn 2; MüKo-*Wittig/Tetzlaff* § 277 Rn 15, 15 a). Die Gläubigerversammlung hat im Antrag den Gegenstand, also zB ein Betriebsgrundstück, bestimmte Maschinen oder Patente etc, zu bezeichnen. Ob allerdings die genaue Grundbuchbezeichnung angegeben werden muss oder bei Fahrzeugen die Fahrgestellnummer und bei Maschinen die Maschinennummer (so FK-*Foltis* § 277 Rn 3), ist zweifelhaft, letztlich aber zu verneinen. Es genügt die Identifizierbarkeit bei Individualisierbarkeit. Der Antrag kann sich auch auf eine **bestimmte Gruppe von Rechtsgeschäften** beziehen, wie zB auf Verpflichtungen oder Verfügungen über Gegenstände des Anlagevermögens (FK-*Foltis* § 277 Rn 4; vgl auch BerlKo-*Blersch* § 277 Rn 2). Möglich ist es, die Verfügungsbeschränkung auf **Geschäfte mit einem bestimmten Volumen** anzuordnen (K/P/B/*Pape* § 277 Rn 7). Auch kann angeordnet werden, dass der Schuldner zur Einziehung von Forderungen nur mit Zustimmung des Sachwalters berechtigt ist oder dass die Belastung von Grundvermögen zwecks Kreditaufnahme von der Zustimmung des Sachwalters abhängig ist (K/P/B/*Pape* § 277 Rn 7). Für zulässig wird man es halten müssen, den Antrag auf Anordnung der Zustimmungsbedürftigkeit auf **besonders bedeutsame Rechtshandlungen** iSv § 160 zu beschränken (MüKo-*Wittig/Tetzlaff* § 277 Rn 16; N/R/*Riggert* § 277 Rn 2). Allerdings ist eine solche Beschränkung wegen § 276 S 2 meist überflüssig, da ohnehin insoweit eine Mitwirkung des Gläubigerausschusses erforderlich ist. Unzulässig wäre es, die Zustimmungsbedürftigkeit **für alle Rechtshandlungen** des Schuldners zu beantragen (*Huhn*, Eigenverwaltung, Rn 754; HK-*Landfermann* § 277 Rn 1; N/R/*Riggert* § 277 Rn 2; K/P/B/*Pape* § 277 Rn 24; **str aA** HaKo-*Fiebig* § 277 Rn 5).

3   Eine **Anordnung der Zustimmungsbedürftigkeit von Amts wegen** in analoger Anwendung des § 21 Abs 2 Nr 2 ist nicht zulässig, denn sie würde voraussetzen, dass § 277 insoweit eine planwidrige Regelungslücke enthält (*Graf-Schlicker* § 277 Rn 3; K/P/B/*Pape* § 277 Rn 12–14; MüKo-*Wittig/Tetzlaff* § 277 Rn 7; HK-*Landfermann* § 277 Rn 4; *Prütting* FS Kirchhof S 433, 437 ff; *Kluth* InsO 2002, 1001, 1003; **str aA** AG Duisburg NZI 2002, 556 = ZInsO 2002, 1046 = ZIP 2002, 1636; *Hess/Ruppe* NZI 2002, 577, 579; FK-*Foltis* § 277 Rn 2; HaKo-*Fiebig* § 277 Rn 2; BerlKo-*Blersch* § 270 Rn 20). Zutr der Hinweis bei K/P/B/*Pape* (§ 277 Rn 13), dass der Gesetzgeber die Eigenverwaltung so konzipiert hat, dass die Gläubiger jederzeit die Möglichkeit haben, diese zu beenden und ins Regelinsolvenzverfahren überzugehen. Eine Änderung dieser Aufgabenverteilung sei unzulässig und führt zu Rechtswidrigkeit einer entsprechenden gerichtlichen Anordnung. Die Gegenmeinung würde bedeuten, dass die Justiz eine bewusste Entscheidung des Gesetzgebers von Amts wegen korrigieren dürfte (so auch *Graf-Schlicker* § 277 Rn 3). Angesichts der eindeutigen gesetzlichen Regelung kann auch kein Unterschied gemacht werden, zwischen der **Anordnung im Eröffnungsbeschluss** und einer Anordnung im eröffneten Verfahren. Fehlendes Vertrauen des Gerichts in eine sachgerechte Verfahrensabwicklung kann nur zur Ablehnung der Eigenverwaltung führen.

4   **2. Gerichtliche Anordnung.** Die Anordnung der Zustimmungsbedürftigkeit erfolgt durch gerichtlichen Beschluss, der gem § 6 Abs 1 **nicht anfechtbar** ist. Eine vorherige Anhörung des Schuldners und des Sachwalters durch das Insolvenzgericht ist im Gesetz nicht vorgesehen, aber auch nicht erforder-

lich (FK-*Foltis* § 277 Rn 5). In dem gerichtlichen Beschluss sind die zustimmungsbedürftigen Rechtsgeschäfte genau zu bezeichnen. Der Sachwalter erteilt die Zustimmung nach pflichtgemäßem Ermessen in eigener Verantwortung. Weder dem Insolvenzgericht noch dem Gläubigerausschuss oder der Gläubigerversammlung steht hinsichtlich der Zustimmungserteilung ein Weisungsrecht zu (*Koch* Eigenverwaltung S 254; *Neumann*, Gläubigerautonomie S 374; zum alten Recht vgl *Uhlenbruck* BB 1976, 1198, 1202).

3. Rechtsfolgen der Anordnung. Nach § 277 Abs 1 S 2 gelten § 81 Abs 1 S 2 und 3 sowie § 82 entsprechend. Obgleich § 277 keinen Hinweis auf § 81 Abs 3 enthält, sollte das Gericht den Beschluss über die Anordnung der Zustimmungsbedürftigkeit nach Tag und Stunde datieren, um im Streitfall die Überprüfung der Frage zu ermöglichen, ob der Schuldner zustimmungswidrig verfügt hat (K/P/B/*Pape* § 277 Rn 18; *Graf-Schlicker* § 277 Rn 9; MüKo-*Wittig/Tetzlaff* § 277 Rn 23; BerlKo-*Blersch* § 277 Rn 3). Vom Schuldner **verbotswidrig vorgenommene Rechtsgeschäfte** sind **absolut (schwebend) unwirksam** (MüKo-*Wittig/Tetzlaff* § 277 Rn 35; K/P/B/*Pape* § 277 Rn 27). Eine nachträgliche Genehmigung durch den Sachwalter nach §§ 184, 185 BGB ist möglich. Ein gutgläubiger Erwerb durch Dritte ist bei Verfügungen des Schuldners gem § 277 Abs 1 S 2 iVm § 81 Abs 1 S 2 nur nach den §§ 892, 893 BGB, §§ 16, 17 des Gesetzes über Rechte an eingetragenen Schiffen und Schiffsbauwerken sowie nach §§ 16, 17 des Gesetzes über Rechte an Luftfahrzeugen möglich. Leistungen an den Schuldner zwecks Erfüllung einer Verbindlichkeit haben **schuldbefreiende Wirkung**, wenn dem Leistenden zum Zeitpunkt der Leistung der Zustimmungsvorbehalt nicht bekannt war. Bei Leistung vor der öffentlichen Bekanntmachung des Zustimmungsvorbehalts wird vermutet, dass der Leistende die Anordnung nicht kannte (§ 277 Abs 1 S 2 iVm § 82). Die Rechtsfolge der Unwirksamkeit des Rechtsgeschäfts ist, dass der andere Teil die Gegenleistung an die Insolvenzmasse zurückzugewähren hat, soweit die Masse durch sie bereichert ist (§ 277 Abs 1 S 2 iVm § 81 Abs 1 S 3; vgl auch FK-*Foltis* § 277 Rn 11; MüKo-*Wittig/Tetzlaff* § 277 Rn 37, 38; K/P/B/*Pape* § 277 Rn 18–20; N/R/*Riggert* § 277 Rn 9; BerlKo-*Blersch* § 277 Rn 4).

4. Sachwalterhaftung nach § 61. Stimmt der Sachwalter der Begründung einer Masseverbindlichkeit zu, so gilt gem § 277 Abs 1 S 3 § 61 entsprechend. Die Vorschrift ist im Zusammenhang mit § 275 zu verstehen. Danach ist eine Verbindlichkeit, die der Schuldner ohne Zustimmung des Sachwalters eingeht, wirksam begründet und haftet der Sachwalter, wenn er die Zustimmung erteilt, nicht nach § 61. Das ändert sich mit der Anordnung der Zustimmungsbedürftigkeit, weil der Sachwalter mit seiner Zustimmung eine **besondere Prüfungspflicht und eine besondere Verantwortung übernimmt**, die eine persönliche Haftung nach § 61 rechtfertigt (K/P/B/*Pape* § 277 Rn 21; FK-*Foltis* § 277 Rn 13; BerlKo-*Blersch* § 277 Rn 6; HK-*Landfermann* § 277 Rn 10; N/R/*Riggert* § 277 Rn 4; MüKo-*Wittig/Tetzlaff* § 277 Rn 33). Die Prüfungspflicht des Sachwalters bei Anordnung der Zustimmungsbedürftigkeit geht also – anders als bei § 275 – dahin, nicht nur die Vertretbarkeit des Rechtsgeschäfts im Hinblick auf die Gläubiger zu beurteilen, sondern gleichzeitig auch mit der Sorgfalt eines ordentlichen Sachwalters zu prüfen, ob die aus dem Rechtsgeschäft resultierenden Verbindlichkeiten aus dem vorhandenen Massebestand gedeckt werden können (K/P/B/*Pape* § 277 Rn 21).

III. Anordnung der Zustimmungsbedürftigkeit in Eilfällen

1. Antragsbefugnisse. In Eilfällen, dh wenn die Anordnung der Zustimmungsbedürftigkeit **unaufschiebbar erforderlich** ist, um Nachteile für die Gläubiger zu vermeiden, räumt das Gesetz sowohl absonderungsberechtigten Gläubigern als auch einem Insolvenzgläubiger iSv § 38 das Recht ein, den Antrag zu stellen (§ 277 Abs 2 S 1). **Absonderungsberechtigte Gläubiger** sind die Gläubiger iSv §§ 49–51. Der Antrag eines einzelnen Gläubigers reicht aus (FK-*Foltis* § 277 Rn 15). Der Antrag ist beim Insolvenzgericht zu stellen. Meist wird es sich beim Antrag eines Gläubigers nur um **ein bestimmtes Rechtsgeschäft** handeln, das dieser mit seinem Antrag verhindern will. Der Antrag kann schriftlich oder mündlich zu Protokoll der Geschäftsstelle (Service-Einheit) erklärt werden.

2. Eilbedürftigkeit. Die Anordnung muss eilbedürftig sein, also unaufschiebbar erforderlich sein, um Nachteile für die Gläubiger zu vermeiden (§ 277 Abs 2 S 1). Die **Unaufschiebbarkeit der Anordnung** ist immer zu bejahen, wenn nur eine sofortige Maßnahme des Insolvenzgerichts gläubigerachteilige Rechtsgeschäfte des Schuldners verhindern kann. Obgleich wegen der Mitwirkung nach § 275 der Sachwalter den besten Einblick in die geschäftliche Situation des Schuldnerunternehmens hat, räumt ihm das Gesetz kein Antragsrecht ein. Verletzt der Schuldner im Rahmen der Eigenverwaltung die Informationspflicht gegenüber dem Sachwalter und wird er demgemäß an der Zustimmung gem § 275 Abs 1 gehindert, so bleibt dem Sachwalter nichts anderes übrig, als den Gläubigerausschuss oder einzelne Gläubiger zu informieren und zu einem Antrag nach § 277 Abs 2 zu veranlassen. Eine Mitteilung an das Gericht reicht nicht aus, da es dem Gericht verwehrt ist, von Amts wegen entsprechend Anordnungen zu treffen. Im Übrigen weist *Foltis* (FK-*Foltis* § 277 Rn 19; ebenso K/P/B/*Pape* § 277 Rn 30) darauf hin, dass die Anordnungsvoraussetzungen dem Arrestgrund gem § 917 ZPO gleichen. Eilbedürftigkeit liegt idR immer dann vor, wenn das nachteilige Rechtsgeschäft des Schuldners unmittelbar bevorsteht, dh die Einberufung der Gläubigerversammlung wegen der Kürze der Zeit nicht mehr möglich ist (*Hess* § 277 Rn 28).

9   **3. Drohende Nachteile für die Gläubiger.** Die Anordnung der Zustimmungsbedürftigkeit ist nur zulässig, wenn sie erforderlich ist, um **Nachteile für die Gläubiger** zu vermeiden (§ 277 Abs 2 S 1). Es genügt jede nachteilige Veränderung in der Vermögenslage des Schuldners bzw Schuldnerunternehmens. Für die Beurteilung gelten die Anordnungsvoraussetzungen des § 917 ZPO (FK-*Foltis* § 277 Rn 19). Es genügt, dass eine Rechtshandlung des Schuldners droht, die die Gläubiger schädigen und die Masse verkürzen wird (N/R/*Riggert* § 277 Rn 6; FK-*Foltis* § 277 Rn 19; K/P/B/*Pape* § 277 Rn 31, 32). Eine **Anhörung des Schuldners** ist zwar nicht vorgeschrieben, sollte jedoch im Hinblick auf den Grundsatz des rechtlichen Gehörs (Art 103 Abs 1 GG) vor Anordnung des Zustimmungsbedürfnisses erfolgen (FK-*Foltis* § 277 Rn 16; MüKo-*Wittig/Tetzlaff* § 277 Rn 19; **str aA** BerlKo-*Blersch* § 277 Rn 9). Eine Ausnahme gilt lediglich, wenn die Gefahr besteht, dass der Schuldner die Anhörung ausnutzt, um das masseschädigende Rechtsgeschäft abzuschließen oder durchzuführen (MüKo-*Wittig/Tetzlaff* § 277 Rn 19; FK-*Foltis* § 277 Rn 16).

10   **4. Glaubhaftmachung.** Der Antrag eines absonderungsberechtigten Gläubigers oder eines Insolvenzgläubigers ist gem § 277 Abs 2 S 2 nur zulässig, wenn die Voraussetzungen des § 277 Abs 2 S 1 gem § 294 ZPO **glaubhaft** werden (zu den Anordnungsvoraussetzungen s FK-*Foltis* § 277 Rn 19). Während die Gläubigerversammlung den entsprechenden Antrag ohne Angabe von Gründen oder Glaubhaftmachung der Gründe stellen kann, will der Gesetzgeber bei Anträgen einzelner Gläubiger der Gefahr beggnen, dass uU haltlose Verdächtigungen dazu führen, die Anordnung der Zustimmungsbedürftigkeit zu veranlassen (vgl MüKo-*Wittig/Tetzlaff* § 277 Rn 10; FK-*Foltis* § 277 Rn 20; BerlKo-*Blersch* § 277 Rn 9; K/P/B/*Pape* § 277 Rn 33, 34). Ist die **Eilbedürftigkeit** und sind die **drohenden Nachteile** mit den Mitteln des § 294 ZPO glaubhaft gemacht, so hat das Gericht **von Amts wegen festzustellen**, ob die Voraussetzungen zu seiner Überzeugung gegeben sind (HK-*Landfermann* § 277 Rn 4). Insoweit gelten die gleichen Grundsätze wie für das Insolvenzantragsverfahren. Es handelt sich um ein quasi-streitiges Parteiverfahren, bei dem der **Schuldner zu hören** ist, wenn einer Anhörung nicht im Einzelfall die besondere Eilbedürftigkeit entgegensteht oder dass der Schuldner die gewonnene Zeit zum Nachteil der Gläubiger ausnutzt (MüKo-*Wittig/Tetzlaff* § 277 Rn 19). Dem Schuldner ist es unbenommen, durch **Gegenglaubhaftmachung** (§ 294 ZPO) die Glaubhaftmachung des Antragstellers zu erschüttern (*Graf-Schlicker* § 277 Rn 6; K/P/B/*Pape* § 277 Rn 28; FK-*Foltis* § 277 Rn 20). Bei streitigem Zulassungsverfahren ist das Gericht wie im Rahmen der Zulassung des Insolvenzantrags verpflichtet, gem § 5 **von Amts wegen zu ermitteln**, ob die Voraussetzungen für die Anordnung der Zustimmungsbedürftigkeit vorliegen. Kommt das Gericht zu dem Ergebnis, dass den Gläubigern Nachteile drohen oder Eilbedürftigkeit gegeben ist, hat es den anordnenden Beschluss zu erlassen. Ein **Rechtsmittel** ist hiergegen wegen § 6 Abs 1 nicht gegeben (MüKo-*Wittig/Tetzlaff* § 277 Rn 24; K/P/B/*Pape* § 277 Rn 35).

IV. Öffentliche Bekanntmachung der Anordnung

11   Die Anordnung der Zustimmungsbedürftigkeit ist gem § 277 Abs 3 S 1 öffentlich bekannt zu machen. Da eine Verweisung auf § 30 Abs 1 fehlt, hat die öffentliche Bekanntmachung nach § 9 zu erfolgen (*Hess* § 277 Rn 33; K/P/B/*Pape* § 277 Rn 37; BerlKo-*Blersch* § 277 Rn 10; FK-*Foltis* § 277 Rn 7). Der Beschluss ist dem Sachwalter formlos zu übersenden. Wegen der Anwendbarkeit des § 82 sollte auch eine **Zustellung an die Schuldner des Schuldners** erfolgen (K/P/B/*Pape* § 277 Rn 37; *Graf-Schlicker* § 277 Rn 14).

V. Registereintragungen

12   Ist der Schuldner im Handels-, Genossenschafts-, Partnerschafts- oder Vereinsregister eingetragen, ist der Beschluss dem Registergericht gem § 277 Abs 3 S 2 iVm § 31 mitzuteilen. Die Beschränkung ist gem § 40 Nr 5 Abs 5 d, § 41 Nr 6 i der Handelsregisterverfügung in das Handelsregister einzutragen. Gleiches gilt gem § 5 Abs 4 Nr 4 der Partnerschaftsregisterverordnung idF der VO zur Anpassung registerrechtlicher Vorschriften an die Insolvenzordnung v 8. 12. 1998 (BGBl 1998 I S 3580). Die Eintragung in das Genossenschaftsregister erfolgt gem § 21 Abs 2 Nr 3 der VO über das Genossenschaftsregister (NZI 1999, 60, 61; vgl K/P/B/*Pape* § 277 Rn 38; MüKo-*Wittig/Tetzlaff* § 277 Rn 30, 31; *Hess* § 277 Rn 35, 36; BerlKo-*Blersch* § 277 Rn 10/11).

§ 278 Mittel zur Lebensführung des Schuldners

(1) Der Schuldner ist berechtigt, für sich und die in § 100 Abs. 2 Satz 2 genannten Familienangehörigen aus der Insolvenzmasse die Mittel zu entnehmen, die unter Berücksichtigung der bisherigen Lebensverhältnisse des Schuldners eine bescheidene Lebensführung gestatten.

(2) Ist der Schuldner keine natürliche Person, so gilt Absatz 1 entsprechend für die vertretungsberechtigten persönlich haftenden Gesellschafter des Schuldners.

I. Allgemeines

Die Vorschrift legt in Anlehnung an § 56 VglO fest, dass im Fall der Eigenverwaltung unter Aufsicht eines Sachwalters nicht nur der notwendige Unterhalt des Schuldners, sondern darüber hinaus Mittel zu einer bescheidenen Lebensführung unter Berücksichtigung der bisherigen Lebensverhältnisse des Schuldners aus der Insolvenzmasse entnommen werden dürfen (so wörtlich Begr RegE zu § 229 [§ 278 InsO], abgedr bei *Balz/Landfermann* S 535 f). Die Unterhaltsgewährung steht nicht im Ermessen der Gläubiger, sondern der Schuldner und seine Angehörigen haben einen **Rechtsanspruch** auf die zu einer bescheidenen Lebensführung erforderlichen Mittel *Andres/Leithaus* § 278 Rn 1; MüKo-*Wittig/Tetzlaff* § 278 Rn 5). In § 278 Abs 2 hat der Gesetzgeber den Rechtsanspruch ausgedehnt auf die persönlich haftenden Gesellschafter von Handelsgesellschaften, nicht jedoch auf die Organe von juristischen Personen (K/P/B/*Pape* § 278 3 9; KS-*Pape* S 895, 920 Rn 44; FK-*Foltis* § 278 Rn 13; N/R/*Riggert* § 278 Rn 5). Maßstab für die Frage, in welchem Umfang die Mittel der Masse entnommen werden dürfen, ist § 100, der die Bewilligung von Unterhalt durch die Gläubigerversammlung im Regelinsolvenzverfahren vorsieht. 1

Vertragliche Entnahmeregelungen werden, da die ursprünglichen Gesellschafterrechte durch § 278 verdrängt werden, außer Kraft gesetzt (FK-*Foltis* § 278 Rn 9). Soweit die **Pfändungsschutzvorschriften** der ZPO eingreifen, wird das Entnahmerecht hierdurch nicht berührt. Das gilt auch, soweit der Schuldner von der Möglichkeit Gebrauch macht, den ihm zustehenden Pfändungsfreibetrag im Fall der Ausübung einer selbstständigen Tätigkeit gerichtlich festsetzen zu lassen (K/P/B/*Pape* § 278 Rn 3, 4). 2

Letztlich geht es bei dem Entnahmerecht nach § 278 um **zusätzlichen Unterhalt**, bei dem jedoch die Grenzen einer **bescheidenen Lebensführung** nicht überschritten werden dürfen (vgl auch HaKo-*Fiebig* § 271 Rn 3 ff mit einer Übersicht über die Entnahmebefugnisse des Schuldners). Das Entnahmerecht bezieht sich auf einen Spitzenbetrag, der über die Pfändungsfreigrenzen oder einen im Rahmen des § 100 festgesetzten Unterhalt hinausgeht. Allerdings darf die Entnahme nicht dazu führen, dass der Schuldner zu Lasten der Gläubiger Profit erzielt (HaKo-*Fiebig* § 278 Rn 3; *Graf-Schlicker* § 278 Rn 3). 3

Der Gesetzgeber weist in der Begründung zu § 278 darauf hin, dass häufig die Mittel zum Lebensunterhalt des Schuldners ganz oder überwiegend **aus dem nicht zur Insolvenzmasse gehörenden unpfändbaren Teil seines laufenden Einkommens** bestritten werden können und insoweit ein Recht zur Entnahme aus der Insolvenzmasse entfällt. *Foltis* (FK-*Foltis* § 278 Rn 6) moniert, dass die Regelung in Widerspruch zur Struktur der Eigenverwaltung steht und praktisch kaum handhabbar ist. Der Schuldner werde seine Kenntnisse und Erfahrungen als bisheriger Geschäftsleiter bei der Verwertung der Insolvenzmasse kaum einbringen, wenn ihm dafür als Gegenleistung nur der unpfändbare Teil seines laufenden Einkommens zusteht. Der Gesetzgeber habe mit der Regelung einen wichtigen Anreiz zur tätigen Mitarbeit in der Insolvenz genommen. Zugleich entfalle damit auch der Anreiz für einen frühzeitigen Eröffnungsantrag (vgl auch *Uhlenbruck*, Familienrechtliche Aspekte der Insolvenzordnung, KTS 1999, 413, 423; *ders* FamRZ 1993, 1026; W. *Gerhardt*, Gedächtnisschrift für A. *Lüderitz* 2000, S 189). 4

Richtig ist der Hinweis, dass bei der **Bewilligung von Unterhalt** aus der Insolvenzmasse nur über eine **Spitze** zu entscheiden ist, die über einen Unterhalt im Rahmen der Pfändungsfreigrenzen hinausgeht (K/P/B/*Pape* § 278 Rn 4; HaKo-*Fiebig* § 278 Rn 3 ff; str aA FK-*Foltis* § 278 Rn 6, 6 a). Hat der Schuldner allerdings kein pfändbares Einkommen, so ist allein § 278 für den Unterhalt maßgeblich (K/P/B/*Pape* § 278 Rn 4). Zutreffend ist auch, dass gem § 274 Abs 2 S 1 der Sachwalter die Geschäftsführung sowie die Ausgaben für die Lebensführung des Schuldners zu überwachen hat. Andererseits dürfte es rechtlich unbedenklich sein, bei aktiver Mitwirkung im Rahmen der Insolvenzabwicklung, vor allem bei fortführender Sanierung durch den Schuldner oder vertretungsberechtigter persönlich haftender Gesellschafter eines Schuldnerunternehmens den Unterhalt über eine bescheidene Lebensführung um ein der Arbeitsleistung **angemessenes Entgelt aufzustocken**. Dazu wäre aber ein Beschluss der Gläubigerversammlung nach § 100 Abs 1 erforderlich (K/P/B/*Pape* § 278 Rn 5; MüKo-*Wittig/Tetzlaff* § 278 Rn 13. Eine Masseschmälerung zulasten der Gläubiger ist nicht zu befürchten, wenn der Schuldner über die Mitwirkungspflicht nach § 97 Abs 2 hinaus im Rahmen der Eigenverwaltung seine volle Arbeitskraft einsetzt, um eine optimale Haftungsverwirklichung zugunsten der Gläubiger herbeizuführen. Ein vertretungsberechtigter persönlich haftender Gesellschafter, dessen Unterhalt sich an den Pfändungsfreigrenzen und den Sätzen des SGB XII (Sozialhilfe) bewegt, wird kaum motiviert sein, überobligationsmäßige Leistungen zugunsten der Gläubiger zu erbringen, ohne eine Gegenleistung zu erhalten. Es wird der Praxis überlassen bleiben, hier in Zukunft angemessene Lösungswege zu finden. Zutreffend weist *Foltis* (FK-*Foltis* § 278 Rn 7) darauf hin, dass fremdnützige Leistungen – auch des Schuldners in der Eigenverwaltung – nur durch eine im Wesentlichen gleichwertige Gegenleistung zu erreichen sind. § 100 Abs 1 iVm § 270 Abs 1 S 2 biete hierzu eine Handhabe. Letztlich werden somit die Mitarbeitsbedingungen **frei aushandelbar**, was mit § 278 nichts mehr zu tun hat. 5

II. Entnahmerecht des Schuldners oder der vertretungsberechtigten persönlich haftenden Gesellschafter

§ 278 Abs 1 bezieht sich nur auf den Schuldner. Ist der Schuldner keine natürliche Person, so gilt gem § 278 Abs 2 die Regelung in Abs 1 entsprechend für die vertretungsberechtigten persönlich haftenden Ge- 6 sellschafter des Schuldners bzw Schuldnerunternehmens. Entnahmen sind demgemäß nur zulässig, wenn der Schuldner Komplementär einer OHG, einer KG oder eine KG aA ist (K/P/B/*Pape* § 278 Rn 9). Auf juristische Personen, also Geschäftsführer einer GmbH oder Vorstandsmitglieder einer AG, findet § 278 keine Anwendung (MüKo-*Wittig/Tetzlaff* § 278 Rn 16; N/R/*Riggert* § 278 Rn 5; *Graf-Schlicker* § 278 Rn 5). In diesen Fällen bleibt für den Fall der Eigenverwaltung nichts anderes übrig, als zwischen den Gläubigern und den organschaftlichen Vertretern der Gesellschaft, sofern diese die Gesellschaft fortführen, eine **Gehaltszahlung zu vereinbaren** (K/P/B/*Pape* § 278 Rn 15; FK-*Foltis* § 278 Rn 9). Soweit das **AG Duisburg** (ZIP 2005, 2035, 2036) eine Vergütungsvereinbarung mit den Gläubigern für unzulässig hält, kann dem nicht gefolgt werden, weil es letztlich um die bestmögliche Befriedigung der Gläubiger und nicht um die Fortsetzung der Gesellschaft geht (so auch K/P/B/*Pape* § 278 Rn 14). Im Übrigen gelten idR **Vergütungsvereinbarungen mit GmbH-Geschäftsführern oder Vorstandmitgliedern einer AG** im eröffneten Verfahren zunächst weiter. Dies schließt eine Neuverhandlung oder -festsetzung der Vergütung aber nicht aus (K/P/B/*Pape* § 278 Rn 15; s aber auch HaKo-*Fiebig* § 278 Rn 8). In den meisten Fällen wird eine **Herabsetzung der Vergütung** entspr § 87 AktG den Erfordernissen des § 278 entsprechen. Das am 5. 8. 2009 in Kraft getretene **Gesetz zur Angemessenheit der Vorstandsvergütung (VorstAG;** BGBl I 2009, 2509 f) ist dabei auch für die GmbH-Geschäftsführer zu beachten. Da im Übrigen das Entnahmerecht für den Schuldner und die vertretungsberechtigten persönlich haftenden Gesellschafter gleich geregelt ist, werden sie auch in der folgenden Kommentierung einheitlich behandelt.

7   **1. Mittel für eine bescheidene Lebensführung.** Die Gläubiger, die – oftmals durch Verschulden des Schuldners – Verluste erlitten haben, würden kein Verständnis dafür aufbringen, wenn der Schuldner zB einen aufwendigen Lebenswandel, der zur Insolvenz geführt hat, im Verfahren fortzusetzen berechtigt wäre. Deshalb ordnet das Gesetz an, dass der Schuldner bzw die vertretungsberechtigten persönlich haftenden Gesellschafter die **Pflicht zur bescheidenen Lebensführung** haben (vgl K/P/B/*Pape* § 278 Rn 6; MüKo-*Wittig/Tetzlaff* § 278 Rn 11; FK-*Foltis* § 278 Rn 5). Dementsprechend wird dem Schuldner und den vertretungsberechtigten persönlich haftenden Gesellschaftern nur ein Anspruch vom Gesetz eingeräumt, diejenigen Mittel der Insolvenzmasse zu entnehmen, die ihnen eine **bescheidene Lebensführung** ermöglichen. Den Besonderheiten des Einzelfalles wird in § 278 Abs 1 dadurch Rechnung getragen, dass die **bisherigen Lebensverhältnisse des Schuldners Berücksichtigung** finden. Dies bedeutet aber nicht, dass der Schuldner das Recht zu einer standesgemäßen Lebensführung hat (K/P/B/*Pape* § 278 Rn 6; MüKo-*Wittig/Tetzlaff* § 278 Rn 11; *Graf-Schlicker* § 278 Rn 3). Nach Auffassung von K/P/B/*Pape* (§ 278 Rn 5) kann die Tatsache, dass sich der Schuldner einem Verfahren mit Eigenverwaltung unterwirft, nicht dazu führen, dass im Einzelfall seine Mitteleinnahmen unverhältnismäßig höher sind als in einem eröffneten Regelverfahren mit Zustimmung der Gläubigerversammlung. Dem ist entgegenzuhalten, dass ein wesentlicher Unterschied zum Regelinsolvenzverfahren darin besteht, dass der Schuldner über die Mitwirkungspflichten des § 97 Abs 2 die Verfahrensabwicklung persönlich durchführt. Die Tatsache, dass im Einzelfall auf die **Zumutbarkeit von Einschränkungen** der bisherigen Lebensführung abzustellen ist, erlaubt es, „in beschränktem Rahmen einen individuellen Maßstab anzulegen" (HK-*Landfermann* § 278 Rn 2; *Graf-Schlicker* § 278 Rn 3; MüKo-*Wittig/Tetzlaff* § 278 Rn 13; vgl auch FK-*Foltis* § 278 Rn 6, 7; BerlKo-*Blersch* § 278 Rn 3). To folgen ist der Auffassung, wonach der eigenverwaltende Schuldner regelmäßig deutlich mehr beanspruchen kann als das „notwendigen Unterhalt" iSv § 100 Abs 2 S 1 und des Sozialhilferechts (HK-*Landfermann* § 278 Rn 3; MüKo-*Wittig/Tetzlaff* § 278 Rn 11; FK-*Foltis* § 278 Rn 2–8; *Hess* § 278 Rn 6; wohl auch N/R/*Riggert* § 278 Rn 3; einlenkend nunmehr auch K/P/B/*Pape* § 278 Rn 6 u 7).

8   **2. Herkunft der Mittel für den Unterhalt.** Die Entnahmen für den Unterhalt sind nicht etwa auf die neu erwirtschaftete Masse beschränkt, vielmehr kann die Entnahme auch aus liquiden Mitteln erfolgen, die als **Massedarlehen** aufgenommen worden sind (MüKo-*Wittig/Tetzlaff* § 278 Rn 7, 8; K/P/B/*Pape* § 278 Rn 9; *Andres/Leithaus* § 278 Rn 4; N/R/*Riggert* § 278 Rn 4; *Graf-Schlicker* § 278 Rn 4; FK-*Foltis* § 278 Rn 8). Vor allem bei der fortführenden Sanierung im Rahmen der Eigenverwaltung zeigt sich, dass sich die früher zur VglO vertretene Auffassung für die InsO nicht aufrechterhalten lässt. Für die Unterhaltszahlungen kann es nicht darauf ankommen, woher die Mittel stammen (FK-*Foltis* § 278 Rn 8). Vielmehr ist der Unterhalt auch zu zahlen, wenn zB Liquidität nur durch Erweiterung der Kreditlinie bei der Hausbank beschafft werden kann, andererseits aber das Unternehmen über hochwertige Produktionsmittel verfügt, die für die Weiterproduktion jedoch dringend benötigt werden. Ist der Schuldner gezwungen, die Masse mit Darlehensverbindlichkeiten zu belasten, um seinen Unterhalt zu bestreiten, werden die Gläubiger idR von ihrem Recht nach § 272 Abs 1 Gebrauch machen und die Aufhebung der Eigenverwaltung beantragen. Bei **Missbrauch des Entnahmerechts** oder einem Verstoß gegen die Pflicht zur bescheidenen Lebensführung kann ebenfalls zur Aufhebung der Eigenverwaltung führen.

9   Die **Einstufung der Ansprüche bei Masseunzulänglichkeit** ist unklar. Mit HaKo-*Fiebig* (§ 278 Rn 10) ist jedoch anzunehmen, dass entsprechend § 209 Abs 1 Nr 3 Halbs 2 der Unterhaltsanspruch hinter die übrigen Masseverbindlichkeiten zurücktritt (so auch K/P/B/*Pape* § 278 Rn 10).

10 **3. Unterhaltsberechtigte Personen.** Hinsichtlich der unterhaltsberechtigten Personen verweist § 278 Abs 1 auf die in § 100 Abs 2 S 2 genannten Familienangehörigen. Danach kann der eigenverwaltende

I. Allgemeines § 279

Schuldner aus der Insolvenzmasse nicht nur die Mittel für sich, sondern auch für **Familienangehörige** entnehmen, ds die minderjährigen unverheirateten Kinder des Schuldners, sein Ehegatte, sein früherer Ehegatte und der andere Elternteil seines Kindes hinsichtlich des Anspruchs nach den §§ 1615 l, 1615 n BGB. Für den Fall, dass vertraglich ein Entnahmerecht geregelt ist, entfällt der Unterhaltsanspruch nach § 278 auch insoweit, als der in § 100 Abs 2 S 2 genannte Personenkreis kein eigenes Forderungsrecht hat (FK-*Foltis* § 278 Rn 9). Bei einer OHG oder Gesellschaft bürgerlichen Rechts mit mehreren vertretungsberechtigten persönlich haftenden Gesellschaftern kann die **Belastung der Insolvenzmasse mit Unterhaltsansprüchen der Gesellschafter** und ihrer uU zahlreichen Angehörigen erheblich sein. Eine derartige Belastung kann aber nicht dazu führen, die Ansprüche generell an den Pfändungsfreigrenzen zu orientieren. Zutreffend weist *Blersch* BerlKo-*Blersch* § 278 Rn 6) darauf hin, dass bei der Erstreckung der Unterhaltsberechtigung auf vertretungsberechtigte persönlich haftende Gesellschafter in § 278 Abs 2 nicht berücksichtigt worden ist, dass der Insolvenzbeschlag über das Vermögen der Gesellschaft das davon getrennte Vermögen dieser Gesellschafter nicht erfasst. Das Vermögen dieses Gesellschafters unterliegt aber über § 280 dem **Zugriff des Sachwalters** nach § 93. Unbedenklich ist allerdings, dass im Rahmen des Haftungszugriffs der Insolvenzverwalter über das Vermögen der Gesellschaft dem Gesellschafter einen bestimmten Betrag als Unterhaltsleistung belässt. Kommt es zu einem Insolvenzverfahren über das Vermögen des persönlich haftenden Gesellschafters, weil dieser im Hinblick auf die Haftung nach § 93 eine Restschuldbefreiung anstrebt, so richten sich dessen Unterhaltsansprüche nach § 100. Eine Berücksichtigung im Gesellschaftsinsolvenzverfahren dürfte wohl nicht in Betracht kommen (BerlKo-*Blersch* § 278 Rn 6). Allerdings will *Blersch* eine Ausnahme gelten lassen, wenn der persönlich haftende Gesellschafter in Anerkennung der Ansprüche aus § 93 sein gesamtes pfändbares Einkommen der Insolvenzmasse, die seiner Verwaltung unterliegt, zur Verfügung stellt und das ihm verbleibende Vermögen nicht ausreicht, um eine bescheidene Lebensführung zu gewährleisten. In diesem Fall kann ausnahmsweise § 278 Abs 1 zur Anwendung kommen.

4. Dauer des Entnahmerechts. Das Recht zur Entnahme der Mittel für den bescheidenen Lebensunterhalt beginnt erst mit der Eröffnung des Insolvenzverfahrens und der Anordnung der Eigenverwaltung. Wird die Eigenverwaltung gem § 271 nachträglich angeordnet, tritt an die Stelle des § 100 die Vorschrift des § 278. Das Entnahmerecht ist an die Eigenverwaltung gebunden, also an die Verwaltungs- und Verfügungsbefugnis des Schuldners (FK-*Foltis* § 278 Rn 10). Das Recht erlischt mit der Aufhebung der Anordnung nach § 272 (*Graf-Schlicker* § 278 Rn 2). 11

5. Rechtsfolgen übermäßiger Entnahme. Die übermäßige Entnahme des Schuldners ist grundsätzlich nicht unmittelbar mit Sanktionen verbunden. Vielmehr ist es Sache der Gläubiger und des Sachwalters, zu reagieren und dem Missbrauch des Entnahmerechts zu begegnen. So ist der Sachwalter gem § 274 Abs 3 verpflichtet, die Gläubiger über den Missbrauch des Entnahmerechts zu informieren. Weiterhin kann er von seinem Recht nach § 275 Abs 2 Gebrauch machen. Im Übrigen bleiben die Entnahmen wirksam. Der Missbrauch hat lediglich **verfahrensrechtliche Folgen** (MüKo-*Wittig/Tetzlaff* § 278 Rn 17b – 24; K/P/B/*Pape* § 278 Rn 16; FK-*Foltis* § 278 Rn 11). Die Gläubiger können im Übrigen die Zustimmungsbedürftigkeit für Entnahmen nach § 277 herbeiführen (vgl im Einzelnen K/P/B/*Pape* § 278 Rn 10; FK-*Foltis* § 278 Rn 11, 12, 12 a; N/R/*Riggert* § 278 Rn 4). 12

§ 279 Gegenseitige Verträge

¹Die Vorschriften über die Erfüllung der Rechtsgeschäfte und die Mitwirkung des Betriebsrats (§§ 103 bis 128) gelten mit der Maßgabe, daß an die Stelle des Insolvenzverwalters der Schuldner tritt. ²Der Schuldner soll seine Rechte nach diesen Vorschriften im Einvernehmen mit dem Sachwalter ausüben. ³Die Rechte nach den §§ 120, 122 und 126 kann er wirksam nur mit Zustimmung des Sachwalters ausüben.

I. Allgemeines

Die §§ 103–128 regeln das Wahlrecht des Insolvenzverwalters, die Kündigungsrechte bei Miet- und Dienstverhältnissen sowie die arbeitsrechtlichen Vorschriften bei Betriebsänderungen, Sozialplan und Kündigungsschutz. Konsequent weist das Gesetz dem Schuldner bzw den organschaftlichen Vertretern des Schuldnerunternehmens die **Befugnisse des Insolvenzverwalters** nach den §§ 103 ff zu. Das hat zur Folge, dass der Schuldner bzw das Schuldnerunternehmen sich von Verträgen lösen kann, die er/es selbst vor Verfahrenseröffnung abgeschlossen hatte. Bei Dauerschuldverhältnissen, bei denen dem Insolvenzverwalter ein besonderes Kündigungsrecht zusteht (§ 109 Abs 1 S 1), kann dieses Recht im Eigenverwaltungsverfahren ebenfalls durch den Schuldner ausgeübt werden. Dem Gläubigerschutz meint der Gesetzgeber dadurch Genüge zu tun, dass er die Ausübung der Rechte an das Einvernehmen mit dem Sachwalter bindet oder, wie in § 279 S 3, an dessen Zustimmung (eingehend hierzu FK-*Foltis* § 279 Rn 1, 2). Über die Erfüllung beiderseits noch nicht voll abgewickelter Verträge soll der Schuldner nur im Einvernehmen mit dem Sachwalter entscheiden. Zur Kündigung von Betriebsvereinbarungen, Durch- 1 führung von Betriebsänderungen und Anträgen im Beschlussverfahren zum Kündigungsschutz bedarf der Schuldner der Zustimmung des Sachwalters nach § 279 S 3. Diese Einschränkungen bedeuten aber nicht, dass es für die Eigenverwaltung ein **besonderes materielles Insolvenzrecht** gibt; vielmehr gelten die gleichen Rechtsgrundsätze wie für die Fremdverwaltung (HK-*Landfermann* § 279 Rn 1; K/P/B/*Pape* § 279 Rn 2; MüKo-*Wittig/Tetzlaff* § 279 Rn 1; FK-*Foltis* § 279 Rn 1).

II. Ausübung des Wahl- und Kündigungsrechts

2 Das Gesetz weist dem Schuldner bzw den organschaftlichen Vertretern eines Schuldnerunternehmens im Rahmen der Eigenverwaltung grundsätzlich die gleichen Rechte und Pflichten zu wie einem Fremdverwalter im Regelinsolvenzverfahren. Dies wird deutlich dadurch, dass der Schuldner **an die Stelle des Insolvenzverwalters** tritt. Der Schuldner bzw die organschaftlichen Vertreter eines Schuldnerunternehmens entscheiden über die **Erfüllung gegenseitiger Verträge** (§§ 103, 107) sowie über die Geltendmachung der Forderungen aus Nichterfüllung eines Fix- oder Finanztermingeschäfts (§ 104). Sie sind berechtigt zur **Kündigung von Miet- und Pachtverhältnissen**, die sie selbst als Mieter oder Pächter eingegangen waren (§ 109), zur **Kündigung von Arbeitsverhältnissen** (§ 113) sowie zur Aufstellung eines Sozialplans nach § 123. Auch die Vereinbarung eines **Interessenausgleichs** über die zu kündigenden Arbeitnehmer (§ 125) ist in die Hände des Schuldners bzw des Schuldnerunternehmens gelegt. Einzelheiten bei K/P/B/*Pape* § 279 Rn 5, 6; MüKo-*Wittig/Tetzlaff* § 279 Rn 5–7; FK-*Foltis* § 279 Rn 3–8. Zur Wahrung der Gläubigerinteressen sieht jedoch das Gesetz ein abgestuftes System von Ab- und Zustimmungserfordernissen vor. Unberührt bleibt dabei das Recht der Gläubigerversammlung, nach § 277 eine Anordnung des Gerichts zu beantragen, nach der andere Rechtsgeschäfte, die nicht unter § 279 S 3 fallen, ebenfalls von der Zustimmung des Sachwalters abhängig gemacht werden können.

III. Die Pflicht zur einvernehmlichen Ausübung der Rechte

3 Nach § 279 S 2 soll der Schuldner seine Rechte nach den §§ 103–128 zwar im **Einvernehmen mit dem Sachwalter** ausüben, Verstöße gegen dieses Gebot berühren jedoch die Wirksamkeit seiner Erklärung ebenso wenig wie Verstöße gegen die Pflicht zur Beteiligung des Gläubigerausschusses nach § 276 in den dort bezeichneten Fällen (MüKo-*Wittig/Tetzlaff* § 279 Rn 8; *Graf-Schlicker* § 279 Rn 2; N/R/*Riggert* § 279 Rn 3; BerlKo-*Blersch* § 279 Rn 2; K/P/B/*Pape* § 279 Rn 7; *Hess* § 279 Rn 10; *Smid* § 279 Rn 5). Die Ausübung der Rechte nach den §§ 103 ff **ohne Einvernehmen mit dem Sachwalter** berührt demgemäß im Außenverhältnis die Wirksamkeit nicht (vgl auch FK-*Foltis* § 279 Rn 9; MüKo-*Wittig/Tetzlaff* § 279 Rn 8; HK-*Landfermann* § 279 Rn 3; *Graf-Schlicker* § 279 Rn 4). Der Vertragspartner braucht sich demnach nicht im Einzelnen darum zu kümmern, ob der Schuldner einvernehmlich mit dem Sachwalter handelt. Er kann grundsätzlich darauf vertrauen, dass die Erklärungen des Schuldners uneingeschränkt wirksam sind (vgl auch HK-*Landfermann* § 279 Rn 3). Etwas anderes gilt nur, wenn die **Zustimmungsbedürftigkeit gem § 277** gesondert angeordnet worden ist. Aus der Regelung in § 279 S 2 folgt, dass der Schuldner bzw die organschaftlichen Vertreter eines Schuldnerunternehmens den Sachwalter vor der Entscheidung über ein Erfüllungsbegehren hinsichtlich der beabsichtigten Maßnahme zu informieren haben (*Hess* § 279 Rn 10). Auf diese Weise muss dem Sachwalter die Möglichkeit gegeben werden, sein Widerspruchsrecht nach § 275 Abs 1 auszuüben. Bei der Erfüllungswahl ist zu beachten, dass für **Rechtshandlungen, die für das Insolvenzverfahren von besonderer Bedeutung sind**, gem § 276 die **Zustimmung des Gläubigerausschusses** einzuholen ist. Kommt der Schuldner seiner Verpflichtung zur einvernehmlichen Handhabung der Rechte nach den §§ 103 ff nicht nach, kann die Gläubigerversammlung gem § 277 Abs 1 S 1 einen Antrag auf **Anordnung der Zustimmungsbedürftigkeit** stellen oder in besonders schwerwiegenden Fällen den **Antrag auf Aufhebung der Eigenverwaltung** gem § 272 (K/P/B/*Pape* § 279 Rn 7; N/R/*Riggert* § 279 Rn 3; HK-*Landfermann* § 279 Rn 3; s auch FK-*Foltis* § 279 Rn 11; MüKo-*Wittig/Tetzlaff* § 279 Rn 9).

IV. Arbeitsrechtliche Besonderheiten (§ 279 S 3)

4 Während der Insolvenzverwalter in die Position des Arbeitgebers einrückt oder zumindest dessen Funktionen ausübt, bleibt im Rahmen der Eigenverwaltung der Schuldner bzw das Schuldnerunternehmen in der bisherigen Arbeitgeberposition (*Bähr/Landry* in *Mohrbutter/Ringstmeier* Hdb § 15 Rn 63). Um den Schutz der Arbeitnehmer zu gewährleisten, macht § 279 S 3 die **Kündigung von Betriebsvereinbarungen** (§ 120), den Antrag nach § 122 S 1 auf **Zustimmung des Arbeitsgerichts zu einer beabsichtigten Betriebsänderung** sowie die Einleitung eines **Beschlussverfahrens zum Kündigungsschutz** nach § 126 von der **Zustimmung des Sachwalters** abhängig (vgl K/P/B/*Pape* § 279 Rn 10–15; MüKo-*Wittig/Tetzlaff* § 279 Rn 13–17; *Graf-Schlicker* § 279 Rn 5; FK-*Foltis* § 279 Rn 15–18; BerlKo-*Blersch* § 279 Rn 3, 4; *Hess* § 279 Rn 15–25; HK-*Landfermann* § 279 Rn 4). In den vorerwähnten Fällen kann ohne Zustimmung des Betriebsrats die Rechtsstellung einer Vielzahl von Arbeitnehmern eingegriffen werden, so dass ein besonderes Schutzbedürfnis entsteht. Ein **Verstoß gegen § 279 S 3** hat **Außenwirkungen**, dh sie sind **absolut (schwebend) unwirksam**. Allerdings kann in den Fällen der §§ 122, 126 die

§ 280 Haftung. Insolvenzanfechtung

Nur der Sachwalter kann die Haftung nach den §§ 92 und 93 für die Insolvenzmasse geltend machen und Rechtshandlungen nach den §§ 129 bis 147 anfechten.

I. Allgemeines

Bestimmte Aufgaben des Insolvenzverwalters hat das Gesetz im § 280 dem Sachwalter vorbehalten, 1 weil es sich entweder um insolvenzspezifische Befugnisse handelt, wie zB die Insolvenzanfechtung nach den §§ 129 ff, oder weil die „Rechtsnähe" des Schuldners die Geltendmachung durch ihn selbst verbietet. So wäre es zB nicht möglich, dass der eigenverwaltende vertretungsberechtigte persönlich haftende Gesellschafter die Komplementärhaftung gegen sich selbst durchsetzt. Während im früheren Vergleichsverfahren eine Insolvenzanfechtung überhaupt nicht vorgesehen war, sieht nunmehr das Gesetz vor, dass die Anfechtungsvorschriften der §§ 129 ff in vollem Umfang auch bei der Eigenverwaltung eingreifen (vgl auch HaKo-*Kirchhof* § 280 Rn 1; K/P/B/*Pape* § 280 Rn 1–4; *Koch* Eigenverwaltung S 254 ff; *Schlegel* Eigenverwaltung S 214 ff; FK-*Foltis* § 280 Rn 1, 2).

II. Die Geltendmachung von Haftungsansprüchen nach §§ 92, 93

Die Vorschrift durchbricht den Grundsatz, dass im Rahmen der Eigenverwaltung nur der Schuldner 2 verwaltungs- und verfügungsberechtigt ist. Grund für die Zuweisung dieser Ansprüche an den Sachwalter ist das Argument, dass der Schuldner oftmals die Haftungsmasse geschädigt hat, wie zB durch Insolvenzverschleppung, und somit diesen Anspruch gegen sich selbst durchsetzen müsste, was nicht nur unzumutbar, sondern auch rechtlich unzulässig wäre (s auch HaKo-*Kirchhof* § 280 Rn 3; K/P/B/*Pape* § 280 Rn 2, 3; FK-*Foltis* § 280 Rn 2; *Huhn*, Eigenverwaltung, Rn 974). Außerdem würde durch Schadenersatzprozesse gegen einen Dritten, der zB ein bedeutsamer Kunde oder Lieferant des fortgeführten Unternehmens sein könnte, die Eigenverwaltung erheblich belastet. Nach Feststellung von *Foltis* (FK-*Foltis* § 280 Rn 2) könnte ein zur Ausübung der Rechte nach § 280 berechtigter Schuldner „geradezu eingeladen werden, in solchen Fällen gläubigerschädigende Abreden mit derartigen Haftungsverpflichteten zu treffen". Da sich auch bei juristischen Personen die **Schadenersatzansprüche iSv § 92 gegen Geschäftsführer oder Vorstände** richten, wie zB Ansprüche nach § 823 Abs 2 BGB iVm § 64 GmbHG, hat der Gesetzgeber gut daran getan, die Realisierung dieser Haftungsansprüche dem Sachwalter zu übertragen (BerlKo-*Blersch* § 280 Rn 1; *Graf-Schlicker* § 280 Rn 1; *Hess* § 280 Rn 3, 4; K/P/B/*Pape* § 280 Rn 2; *Koch* Eigenverwaltung S 255).

Richten sich die **Schadenersatzansprüche gegen den Sachwalter** selbst (§ 274 iVm § 60), so ist auch 3 hier der Sachwalter von der Geltendmachung dieser Ansprüche gegen sich selbst ausgeschlossen. Vielmehr hat das Gericht einen **Sondersachwalter** oder einen neuen Sachwalter zu bestellen, der die Ansprüche gegen den früheren und inzwischen gem §§ 274 Abs 1, 59 entlassenen Sachwalter geltend macht (BerlKo-*Blersch* § 280 Rn 2; HaKo-*Kirchhof* § 280 Rn 4; K/P/B/*Pape* § 280 Rn 7). Zutreffend der Hinweis bei HK-*Landfermann* (§ 280 Rn 2), dass die **praktische Bedeutung** der Vorschrift dadurch vermindert wird, dass Fälle, in denen Haftungsansprüche gegen Gesellschafter oder Geschäftsführer des insolventen Unternehmens geltend zu machen sind, für die Eigenverwaltung „von vornherein weniger geeignet erscheinen" (vgl auch *Koch* Eigenverwaltung S 259 f). Aus gutem Grund hat der Gesetzgeber auch die Befugnis, die **persönliche Haftung eines Gesellschafters** für Gesellschaftsverbindlichkeiten nach § 93 geltend zu machen, dem Sachwalter übertragen. Für die Kompetenzzuweisung an den Sachwalter gelten insoweit die gleichen Argumente wie für die Übertragung der Gesamtschadensliquidation nach § 92. Da es sich bei den haftenden Personen meist um diejenigen handelt, die die Aufgaben des Schuldners oder Schuldnerunternehmens im Rahmen der Eigenverwaltung übernehmen, wäre eine Zuweisung der Haftungsrealisierung an den Schuldner wegen der sodann zwingend auftretenden Interessenkollisionen wenig geeignet. Richtig ist allerdings, dass aus der Übertragung der Rechte auf den Sachwalter „zwangsläufig Reibungspunkte zwischen Schuldner und Sachwalter" entstehen (K/P/B/*Pape* § 280 Rn 2). Zutreffend ist auch, dass der **Mitwirkungspflicht des Schuldners nach § 274 Abs 2 S 2 iVm 22 Abs 3 besondere Bedeutung zukommt**, weil auch ein Verstoß gegen die Mitwirkungspflicht im Rahmen der Realisierung der persönlichen Haftung gegen ihn selbst eine Pflichtverletzung des Schuldners darstellt, die uU die Aufhebung der Eigenverwaltung rechtfertigt s K/P/B/*Pape* § 280 Rn 11).

III. Das Anfechtungsrecht des Sachwalters

Wenn der Gesetzgeber in § 280 das Recht, Rechtshandlungen nach den §§ 129–147 anzufechten, auf 4 den Sachwalter überträgt, so wird damit sichergestellt, dass die Belange der Gläubiger auch insoweit gewahrt werden, als der Schuldner oder einzelne Gläubiger Gegenstände der Haftungsmasse in der Krise beiseite geschafft haben oder auf sonstige Weise gegen den Grundsatz der Gläubigergleichbehandlung verstoßen haben (K/P/B/*Pape* § 280 Rn 4; *Braun/Riggert* § 280 Rn 2). Dies gilt speziell für gläubigerschädigende Bevorzugungen von dem Schuldner nahe stehenden Personen in der Krise, wie zB für Verbindlichkeiten, die der Schuldner oder ein organschaftlicher Vertreter des Schuldnerunternehmens noch beglichen hat. So hat zB der Sachwalter **Sicherungen oder Rückzahlungen auf kapitalersetzende Gesellschafterdarlehen** gem § 135 anzufechten, wenn diese innerhalb der dort in Abs 2 aufgezählten Fristen erfolgt sind (vgl auch *Schlegel* Eigenverwaltung S 214 ff; *Huhn* Eigenverwaltung § 11 Ziff 6).

IV. Prozessuales

5   Soweit § 280 dem Sachwalter die Befugnisse eines Insolvenzverwalters überträgt, hat er die **Rechtsstellung eines Insolvenzverwalters** (FK-*Foltis* § 280 Rn 6). Durch rechtsgeschäftliche Erklärungen wird der Schuldner bzw das Schuldnerunternehmen unmittelbar berechtigt und verpflichtet. Im Prozess handelt der Sachwalter kraft Amtes (K/P/B/*Pape* § 280 Rn 5; *Graf-Schlicker* § 280 Rn 2; FK-*Foltis* § 280 Rn 6). Dem Sachwalter kann **Prozesskostenhilfe** bewilligt werden, wenn die für die Prozessführung notwendigen Mittel aus dem verwalteten Vermögen oder von den am Prozessführung wirtschaftlich Beteiligten nicht aufgebracht werden können (FK-*Foltis* § 280 Rn 8). Zu den Problemen und Besonderheiten einer Anfechtungswiderklage vgl FK-*Foltis* § 280 Rn 10. Mit der zulässigen Widerklage rückt der Schuldner in die Parteistellung ein. Da der Sachwalter mit Wirkung für und gegen die Masse im Rahmen der Befugnisse des § 280 tätig wird, treffen auch die Rechtswirkungen seiner Handlungen unmittelbar die Insolvenzmasse. Die Zwangsvollstreckung aus einem gegen den Sachwalter ergangenen Urteil oder Beschluss ist nur in die **Insolvenzmasse** zulässig (FK-*Foltis* § 280 Rn 11). Einer **Titelumschreibung auf den Schuldner** bedarf es nicht (K/P/B/*Pape* § 280 Rn 5; *Graf-Schlicker* § 280 Rn 2). Vielfach bedarf der Sachwalter zur Durchsetzung seiner Rechte aus § 280 der **Mitwirkung des Schuldners** oder der organschaftlichen Vertreter des Schuldnerunternehmens. Verweigert der Schuldner die erforderliche Mitwirkung, so kann nach Auffassung von *Foltis* (FK-*Foltis* § 280 Rn 13) das Insolvenzgericht auf Antrag des Sachwalters gem §§ 270 Abs 1 S 2, 21 tätig werden und die geeignete oder erforderliche Anordnung treffen. Da nach hier vertretener Auffassung § 21 keine entsprechende Anwendung findet, bleibt nur die Möglichkeit einer Anzeige an das Insolvenzgericht nach § 274 Abs 3 S 1. Die Gläubiger haben aufgrund dieser Anzeige die Möglichkeit, gem § 272 Abs 1 die Aufhebung der Anordnung der Eigenverwaltung zu beantragen (K/P/B/*Pape* § 280 Rn 11).

V. Die Haftung des Sachwalters für Handlungen nach § 280

6   Die Sachwalterhaftung bei schuldhafter Verletzung der Pflichten nach § 280 richtet sich nicht nach § 274 Abs 1, sondern unmittelbar nach den §§ 60–62 (FK-*Foltis* § 280 Rn 14; K/P/B/*Pape* § 280 Rn 13). Im Rahmen des § 280 wird der Sachwalter als „Quasi-Insolvenzverwalter" (*Foltis*) tätig, so dass kein Grund ersichtlich ist, § 61 eine Haftung nach § 61 auszuschließen. Holt also der Sachwalter ein Gutachten über die Erfolgsaussichten eines Anfechtungsprozesses ein und begründet er hierdurch Masseverbindlichkeiten oder strengt er einen Anfechtungsprozess nach den §§ 280, 129 ff an, ohne dass die Kosten gedeckt sind, unterliegt er den strengen Haftungsgrundsätzen des § 61 (FK-*Foltis* § 280 Rn 14). Diese strengere Haftung ist deswegen gerechtfertigt, weil der Sachwalter hinsichtlich der Aufgaben des § 280 nicht nur Aufsichtsorgan ist, sondern wie ein Insolvenzverwalter handelndes Ausführungsorgan.

§ 281 Unterrichtung der Gläubiger

(1) ¹Das Verzeichnis der Massegegenstände, das Gläubigerverzeichnis und die Vermögensübersicht (§§ 151 bis 153) hat der Schuldner zu erstellen. ²Der Sachwalter hat die Verzeichnisse und die Vermögensübersicht zu prüfen und jeweils schriftlich zu erklären, ob nach dem Ergebnis seiner Prüfung Einwendungen zu erheben sind.

(2) ¹Im Berichtstermin hat der Schuldner den Bericht zu erstatten. ²Der Sachwalter hat zu dem Bericht Stellung zu nehmen.

(3) ¹Zur Rechnungslegung (§§ 66, 155) ist der Schuldner verpflichtet. ²Für die Schlußrechnung des Schuldners gilt Absatz 1 Satz 2 entsprechend.

I. Allgemeines

1   Die Vorschrift dient der Abgrenzung der einzelnen Pflichten des Schuldners von den Pflichten des Sachwalters (z Sinn u Zweck der Vorschrift FK-*Foltis* § 281 Rn 1–3). Die Regelung basiert auf der Grundsatzentscheidung, dass die Eigenverwaltung grundsätzlich Sache des Schuldners ist und der Sachwalter lediglich Aufsichts- und Kontrollpflichten hat. Aufgabe des Sachwalters ist es, die vom Schuldner gefertigten Aufstellungen zu überprüfen und zu seinen Ausführungen im Berichtstermin Stellung zu nehmen. Nur auf diese Weise ist eine vollständige und korrekte Unterrichtung der Gläubiger gewähr-

leistet (*Graf-Schlicker* § 281 Rn 1; HK-*Landfermann* § 281 Rn 1). § 281 regelt nur den Fall der **vorläufigen Anordnung der Eigenverwaltung im Eröffnungsbeschluss**, also nicht den Fall nachträglicher Anordnung (§ 281; FK-*Foltis* § 281 Rn 4; HK-*Landfermann* § 281 Rn 5).

II. Pflicht des Schuldners zur Erstellung der Verzeichnisse

Nach § 281 Abs 1 S 1 hat der Schuldner bzw haben die organschaftlichen Vertreter des Schuldnerunternehmens das **Verzeichnis der Massegegenstände** (§ 151), das **Gläubigerverzeichnis** (§ 152) und die **Vermögensübersicht** (§ 153) zu erstellen. Eine Besonderheit bei dem Vermögensverzeichnis ergibt sich daraus, dass gem § 151 Abs 2 der Wert der aufgeführten Gegenstände doppelt angegeben werden muss, wenn, was die Regel ist, für den Fall der Liquidation anders zu bewerten ist als bei Fortführung des Schuldnerunternehmens (*Graf-Schlicker* § 281 Rn 3; MüKo-*Wittig/Tetzlaff* § 281 Rn 7; K/P/B/*Pape* § 281 Rn 7). Gem § 151 Abs 3 S 1 kann der Schuldner beantragen, dass ihm das Insolvenzgericht gestattet, die Aufstellung des Verzeichnisses zu unterlassen. Ist ein Gläubigerausschuss bestellt, kann der Schuldner den Antrag nur mit Zustimmung des Gläubigerausschusses stellen (§ 151 Abs 3 S 2). Der Antrag des Schuldners bedarf der **Zustimmung des Sachwalters**, wenn kein Gläubigerausschuss bestellt worden ist (FK-*Foltis* § 281 Rn 13). Nach K/P/B/*Pape* (§ 281 Rn 9) muss diese Gestattung aber die Ausnahme bleiben, weil gerade bei der Eigenverwaltung die Gefahr droht, dass der Schuldner nicht inventarisierte Massegegenstände später beiseite schafft. Für die **Aufstellung des Gläubigerverzeichnisses** nach § 152 gelten keinerlei Einschränkungen. Der Schuldner bzw die organschaftlichen Vertreter eines Schuldnerunternehmens haben den Gläubigern, aber auch dem Sachwalter einen **vollständigen Überblick** über die Verbindlichkeiten des Schuldners bzw Schuldnerunternehmens zu verschaffen (vgl hierzu die Kommentierung zu § 152; ferner FK-*Foltis* § 281 Rn 14; K/P/B/*Pape* § 281 Rn 14; BerlKo-*Blersch* § 281 Rn 2; *Hess* § 281 Rn 4). Schließlich ist der Schuldner gem § 281 Abs 1 S 1 verpflichtet, eine **vollständige Vermögensübersicht nach § 153** aufzustellen, in der die Aktiva und die Passiva ähnlich wie in einer Bilanz aufgeführt und einander gegenübergestellt werden. Die Bilanzierungsgrundsätze der Handelsbilanz gelten nicht. Einzelheiten in der Kommentierung zu § 153; ferner bei FK-*Foltis* § 281 Rn 15; K/P/B/*Pape* § 281 Rn 11; BerlKo-*Blersch* § 281 Rn 2; MüKo-*Wittig/Tetzlaff* § 281 Rn 6 ff). Gem § 153 Abs 2 S 1 kann nach Aufstellung der Vermögensübersicht das Insolvenzgericht auf Antrag des Sachwalters oder eines Gläubigers dem Schuldner aufgeben, die **Vollständigkeit der Vermögensübersicht eidesstattlich zu versichern**.

III. Prüfungs- und Erklärungspflicht des Sachwalters

Der Sachwalter ist verpflichtet, die Verzeichnisse nach den §§ 151–153 zu prüfen und schriftlich zu erklären, ob hiergegen Einwendungen erhoben werden. Erhebt er Einwendungen, sind diese substantiiert darzulegen (FK-*Foltis* § 281 Rn 18; MüKo-*Wittig/Tetzlaff* § 281 Rn 15 f). Die Prüfungspflicht des Sachwalters erstreckt sich auf die **ordnungsgemäße und vollständige Erfassung** aller Gegenstände und Forderungen. Bestehen Zweifel hinsichtlich der Richtigkeit der Angaben des Schuldners, ist der Sachwalter verpflichtet, eigene Nachforschungen anzustellen (*Hess* § 281 Rn 7). Im Übrigen wird er sich mit der stichprobenweisen Prüfung in den Verzeichnissen und Unterlagen des Rechnungswesens begnügen dürfen (**str aA** MüKo-*Wittig/Tetzlaff* § 281 Rn 28; K/P/B/*Pape* § 281 Rn 1). Erforderlichenfalls ist der Sachwalter berechtigt, auf Kosten der Masse einen **Sachverständigen** zur Klärung besonders schwieriger oder zweifelhafter Bewertungsfragen hinzuzuziehen (BerlKo-*Blersch* § 281 Rn 6). Die Pflicht des Sachwalters zur **Überprüfung der Verzeichnisse** und **Abrechnungen** des Schuldners ist als insolvenzspezifische Pflicht anzusehen, für deren ordnungsgemäße Erfüllung er gem § 274 Abs 1 iVm § 60 haftet (K/P/B/*Pape* § 281 Rn 16; MüKo-*Wittig/Tetzlaff* § 281 Rn 17). Die Verantwortung und das haftungsrechtliche Risiko des Sachwalters hinsichtlich der Überprüfung sind nicht wesentlich geringer als die des Insolvenzverwalters, so dass eine entsprechende Berücksichtigung bei der **Vergütungsfestsetzung des Sachwalters** zu erfolgen hat (K/P/B/*Pape* § 281 Rn 17; FK-*Foltis* § 281 Rn 18).

IV. Berichtspflicht des Schuldners

Im Berichtstermin, dh der ersten Gläubigerversammlung, hat der Schuldner oder haben die organschaftlichen Vertreter eines Schuldnerunternehmens **Bericht zu erstatten** (§ 281 Abs 2 S 1). Der Schuldner hat über die wirtschaftliche Situation des Unternehmens und die Ursachen der Krise zu berichten sowie darzulegen, ob und welche Aussichten bestehen, das Unternehmen als Ganzes oder zumindest teilweise zu erhalten, welche Möglichkeiten für einen Insolvenzplan bestehen und welche Quote die Gläubiger je nach Verfahrensziel zu erwarten haben (§ 156 Abs 1). Der **Sachwalter** hat gem § 281 Abs 2 S 2 **zu dem Bericht Stellung zu nehmen**. Da die Stellungnahme in der Gläubigerversammlung erfolgt, hat sie mündlich zu erfolgen. Die Stellungnahme des Sachwalters hat sich vor allem auch auf die Aussichten einer fortführenden oder übertragenden Sanierung zu erstrecken. Gegebenenfalls sind die verschiedenen Quotenaussichten bei unterschiedlichen Verfahrensarten darzustellen und zu erörtern (Einzelheiten bei FK-*Foltis* § 281 Rn 23–25; MüKo-*Wittig/Tetzlaff* § 281 Rn 19–23).

V. Rechnungslegungspflicht des Schuldners

5 § 281 Abs 3 stellt gegenüber der allgemeinen Regelung in § 270 Abs 1 S 2 klar, dass der Schuldner bei der Abwicklung des Insolvenzverfahrens wie ein Insolvenzverwalter Rechnung zu legen hat (BerlKo-*Blersch* § 281 Rn 8; MüKo-*Wittig/Tetzlaff* § 281 Rn 24). Hieraus folgt, dass er nicht nur zur **insolvenzrechtlichen Rechnungslegung** nach § 66, sondern auch zur **handels- und steuerrechtlichen Rechnungslegung** nach § 155 verpflichtet ist (duale Rechnungslegung). S auch die vom FAR/HFA des IDW am 13. 6. 2008 verabschiedeten **Rechnungslegungshinweise** (ZInsO 2009, 74 u 130 ff) die nach Ziff 7.2 auch für die Eigenverwaltung gelten. Bei Kapitalgesellschaften greifen die besonderen Vorschriften über Jahresabschlüsse im Liquidationsstadium insoweit ein, als dort vorgesehen ist, dass das Registergericht von der Prüfung des Jahresabschlusses und des Lageberichts durch einen Abschlussprüfer befreien kann (§§ 270 Abs 3 AktG, 71 Abs 3 GmbHG; FK-*Foltis* § 281 Rn 27). Auch hier trifft den **Sachwalter eine Prüfungspflicht** gem § 281 Abs 3 S 2 entsprechend § 281 Abs 1 S 2. Allerdings erstreckt sich die Prüfungspflicht des Sachwalters nur auf die **insolvenzrechtliche Rechnungslegung**, also nur auf die Schlussrechnung nach § 166, nicht dagegen auf die Rechnungslegung nach § 155 (K/P/B/*Pape* § 281 Rn 13). Umstritten ist, ob der Sachwalter verpflichtet ist, **Zwischenrechnungen des Schuldners** (§ 66 Abs 3 S 1) ebenfalls zu prüfen (bejahend FK-*Foltis* § 281 Rn 32; HK-*Landfermann* § 281 Rn 6; verneinend K/P/B/*Pape* § 281 Rn 13; MüKo-*Wittig/Tetzlaff* § 281 Rn 30; *Graf-Schlicker* § 281 Rn 14). Richtig ist zwar der Hinweis von *Pape* (K/P/B/*Pape* § 281 Rn 13), dass § 281 Abs 3 S 2 die Prüfungs- und Erklärungspflicht ausdrücklich auf die Schlussrechnung beschränkt. Andererseits weist *Foltis* (FK-*Foltis* § 281 Rn 32) mit Recht darauf hin, dass es keinen sachgerechten Grund gibt, die Zwischenrechnungen von der Prüfungspflicht auszunehmen. In der Tat müsste es auch im Interesse des Sachwalters liegen, dass die Gläubiger durch von ihm geprüfte Zwischenrechnungen vollständig über die Geschäftsführung des Schuldners unterrichtet werden. Gleichzeitig wird damit auch die Schlussrechnungsprüfung vereinfacht (FK-*Foltis* § 281 Rn 32).

VI. Eigene Rechnungslegungs- und Berichtspflichten des Sachwalters nach § 280

6 Soweit der Sachwalter gem § 280 originäre Aufgaben eines Insolvenzverwalters wahrnimmt, bejaht *Foltis* (FK-*Foltis* § 281 Rn 21) eine **Ergänzungspflicht des Sachwalters**. Der Sachwalter müsse dafür sorgen, dass das Verzeichnis der Massegegenstände ebenso wie sonstige Verzeichnisse ergänzt wird, soweit der Sachwalter Ansprüche nach den §§ 92, 93, 129–147 realisiert. Dem Schuldner sei eine Bearbeitungszeit zu gewähren, so dass der Sachwalter das Ergänzungsverzeichnis dem Schuldner entsprechend § 154 spätestens zwei Wochen vor dem Berichtstermin zugeleitet haben müsse. Richtig ist, dass der Sachwalter dafür Sorge zu tragen hat, dass die Verzeichnisse entsprechend dem Ausgang seiner eigenen Bemühungen um Anreicherung der Masse ergänzt und berichtigt werden. Richtig ist aber auch, dass der Schuldner idR außerstande ist, aus eigenem Wissen über die Maßnahmen des Sachwalters Bericht zu erstatten. Deshalb wird man den Sachwalter für verpflichtet ansehen müssen, bezüglich der von ihm im Rahmen seiner Rechte nach den §§ 280, 92, 93, 129–147 durchgeführten Maßnahmen und deren Erfolg **Rechnung zu legen** und **im Schlusstermin persönlich zu berichten**. Auch kann das Insolvenzgericht vom Sachwalter jederzeit einzelne Auskünfte oder einen Bericht über den Sachstand und die Geschäftsführung gem § 274 Abs 1 iVm § 58 Abs 1 S 2 verlangen (FK-*Foltis* § 281 Rn 31; MüKo-*Wittig/Tetzlaff* § 281 Rn 23; wohl auch HK-*Landfermann* § 281 Rn 4; str aA *Graf-Schlicker* § 281 Rn 13).

§ 282 Verwertung von Sicherungsgut

(1) ¹Das Recht des Insolvenzverwalters zur Verwertung von Gegenständen, an denen Absonderungsrechte bestehen, steht dem Schuldner zu. ²Kosten der Feststellung der Gegenstände und der Rechte an diesen werden jedoch nicht erhoben. ³Als Kosten der Verwertung können nur die tatsächlich entstandenen, für die Verwertung erforderlichen Kosten und der Umsatzsteuerbetrag angesetzt werden.

(2) Der Schuldner soll sein Verwertungsrecht im Einvernehmen mit dem Sachwalter ausüben.

I. Allgemeines

1 Bei der Vorschrift geht der Gesetzgeber davon aus, dass idR die Eigenverwaltung unter Aufsicht des Sachwalters in den Fällen angeordnet wird, in denen der Schuldner ein Unternehmen betreibt und in denen Aussichten bestehen, das Unternehmen auf der Grundlage eines Insolvenzplans zu sanieren. Ein ungehinderter Zugriff der absonderungsberechtigten Gläubiger auf ihre Sicherheiten könne ihnen ebenso wenig hingenommen werden wie im Regelinsolvenzverfahren (vgl Begr RegE, abgedr bei K/P, Das neue Insolvenzrecht, S 532). Der Gesetzgeber meinte die Kostenerstattung in § 282 Abs 1 S 1 begrenzen zu können, da dem Schuldner hinsichtlich der Feststellung der Rechte von Gläubigern an Gegenständen der Insolvenzmasse kein Arbeitsaufwand entsteht, weil er hinreichend unterrichtet sei. Kosten fielen insoweit

nicht an und könnten somit auch den Gläubigern nicht in Abzug gebracht werden. Auch eine Verwertungspauschale nach § 171 Abs 1 hielt der Gesetzgeber bei der Eigenverwaltung nicht für angemessen, da bei der Fortführung des Unternehmens regelmäßig keine aufwändigen Verwertungsvorgänge stattfinden. Vielmehr erfolge die Veräußerung von belasteter Ware häufig im laufenden Geschäftsbetrieb ohne besondere Kosten. Die Umsatzsteuerbelastung der Masse aus der Verwertung von Sicherungsgut könne zudem vom Verwertungserlös abgezogen werden. Die **eingeschränkte Übertragung der Verwertungsregeln** des Insolvenzverfahrens auf die Eigenverwaltung ist in der Literatur auf Kritik gestoßen. So weist zB *Foltis* (FK-*Foltis* § 282 Rn 3–13) darauf hin, dass sie zu Systembrüchen führt. Im Übrigen seien die Verwertungsregelungen der InsO widersprüchlich. Neben sonstigen Ungereimtheiten trete vor allem bei der Eigenverwaltungsversteigerung (§§ 165 InsO, 172 ZVG) faktisch eine Versteigerungsunfähigkeit ein (FK-*Foltis* § 282 Rn 13). K/P/B/*Pape* (§ 282 Rn 1) halten vor allem die Regelung in Abs 2, wonach der Schuldner **nur im Einverständnis** mit dem Sachwalter handeln soll, für problematisch. Die Regelung führe – ebenso wie die des § 279 S 2 – dazu, dass „die Mitwirkung des Sachwalters in diesem Zusammenhang stark zurückgedrängt ist und eine wirksame Kontrolle durch den Sachwalter praktisch kaum stattfinden kann".

II. Sicherheitenverwertung durch den Schuldner

Soweit Gläubiger gem §§ 47, 48 zur Aussonderung oder Ersatzaussonderung berechtigt sind, wird das **Aussonderungsrecht** durch die Eigenverwaltung nicht beeinträchtigt. Der Schuldner ist ebenso wie ein Insolvenzverwalter verpflichtet, die auszusondernden Gegenstände an den Berechtigten herauszugeben (MüKo-*Wittig/Tetzlaff* § 282 Rn 9). Bei einem Aussonderungsrecht aufgrund eines **einfachen Eigentumsvorbehalts** können die Gläubiger den Gegenstand allerdings erst nach dem Berichtstermin herausverlangen, es sei denn, es ist eine erhebliche Wertminderung zu erwarten (§§ 270 Abs 1 Satz 2, 107 Abs 2; MüKo-*Wittig/Tetzlaff* § 282 Rn 10; *Graf-Schlicker* § 282 Rn 3). Vereitelt er den Aussonderungsanspruch, tritt an die Stelle der Ersatzaussonderungsanspruch nach § 48 (vgl K/P/B/*Pape* § 282 Rn 3, 4; MüKo-*Wittig/Tetzlaff* § 282 Rn 11). Hinsichtlich der **Verwertung von Gegenständen, an denen Absonderungsrechte bestehen** (§§ 49–51), belässt es der Gesetzgeber bei dem Verwertungsrecht des eigenverwaltenden Schuldners, der an die Stelle des Insolvenzverwalters tritt. Damit soll vor allem verhindert werden, dass dinglich gesicherte Gläubiger durch Realisierung ihrer Sicherungsrechte die Fortführung des schuldnerischen Betriebes unmöglich machen (K/P/B/*Pape* § 282 Rn 6; BerlKo-*Blersch* § 282 Rn 1; *Smid* § 282 Rn 1). Mit der Anordnung der Eigenverwaltung ist der Schuldner in die Rechtsstellung eines Insolvenzverwalters eingerückt mit der Folge, dass er **mit Absonderungsrechten belastete bewegliche Gegenstände** des Schuldnervermögens, die sich in seinem Besitz befinden, ebenso wie abgetretene Forderungen **freihändig gem § 166 verwerten** darf (FK-*Foltis* § 282 Rn 14u 17ff; MüKo-*Wittig/Tetzlaff* § 282 Rn 7; N/R/*Riggert* § 282 Rn 3). Mit dem Recht zur Verwertung der besitzlosen Mobiliarsicherheiten stehen dem Schuldner bei Eigenverwaltung auch die anderen Rechte eines Insolvenzverwalters nach §§ 166–173 zu, vor allem auch das **Recht zur Benutzung** und ggf **zur Verarbeitung** (HK-*Landfermann* § 282 Rn 3). Handelt es sich um einen **unbeweglichen Gegenstand**, kann er die Zwangsversteigerung oder Zwangsverwaltung betreiben (§ 165). Die Gläubiger mit Immobiliarsicherheiten haben jedoch die Möglichkeit, dem § 49 die Zwangsvollstreckung zu betreiben. Dem kann der Schuldner nur durch Anträge nach §§ 30 d ff ZVG begegnen. Durch die Entziehung des Verwertungsrechts werden die Sicherungsgläubiger daran gehindert, eine aussichtsreiche Betriebsfortführung mit dem Ziel der Unternehmenssanierung unmöglich zu machen (*Graf-Schlicker* § 282 Rn 1).

Die Gläubigerinteressen werden hinreichend dadurch gewahrt, dass die Verwertungen **im Einvernehmen mit dem Sachwalter** erfolgen sollen (§ 282 Abs 2). Die unter EV gelieferte Ware kann vom Vorbehaltsverkäufer im Regelinsolvenzverfahren nach § 47 ausgesondert werden, wenn nicht der Insolvenzverwalter gem § 103 Abs 1 die Erfüllung des Kaufvertrages wählt. Auch im Rahmen der Eigenverwaltung kann sich der Schuldner nach §§ 107 Abs 2 S 2, 103 Abs 2 S 2 mit der Ausübung des Wahlrechts bis nach dem Berichtstermin Zeit lassen mit der Folge, dass der Aussonderungsberechtigte das Eigentum zunächst einmal im Unternehmen zu belassen hat. Durch die Übertragung des Verwertungsrechts von Gegenständen, die mit Absonderungsrechten der Gläubiger belastet sind, auf den Schuldner gem § 282 Abs 1 S 1 hat der Gesetzgeber den Zugriff der Sicherungsgläubiger auf das Sicherungsgut beschränkt und damit eine günstige Ausgangsposition für eine angestrebte Unternehmenssanierung geschaffen (A. *Koch*, Eigenverwaltung S 244). Der Schuldner kann – wie auch im Einvernehmen mit dem Sachwalter (§ 282 Abs 2) – selbst entscheiden, welche Betriebsmittel für die Unternehmensfortführung unentbehrlich sind und welche Sicherheiten aus dem technisch-organisatorischen Verbund herausgelöst, also zugunsten der Sicherungsgläubiger verwertet werden können.

Der eigenverwaltende Schuldner unterliegt den gleichen **Verwertungsbeschränkungen** wie der Insolvenzverwalter. So hat er ua die absonderungsberechtigten Gläubiger gem § 167 zu informieren und nach § 168 Mitteilung von einer Veräußerungsabsicht zu machen. Der Schuldner unterliegt ferner der Zinszahlungspflicht nach § 169. Entwertungen beweglicher Sache hat er gem § 172 durch laufende Zahlungen an die absonderungsberechtigten Gläubiger auszugleichen. Ferner ist er berechtigt, den Gegenstand nach Fristsetzung zu verwerten, wenn der absonderungsberechtigte Gläubiger seiner Verwertungspflicht nicht nachkommt (§ 173 Abs 2 S 2).

III. Keine Erhebung von Feststellungskosten

5   Die Tatsache, dass die Verwertung nicht durch einen Fremdverwalter, sondern durch den Schuldner bzw die organschaftlichen Vertreter eines Schuldnerunternehmens selbst erfolgt, war für den Gesetzgeber Veranlassung, die **Kostenbeiträge nach den §§ 170, 171**, die bei der Verwertung durch einen Fremdverwalter anfallen, für den Fall der Eigenverwaltung erheblich zu beschränken. **Feststellungskosten** werden gem § 282 Abs 1 S 2 **nicht erhoben** (MüKo-*Wittig/Tetzlaff* § 282 Rn 21). Es entfällt somit der Anspruch der Insolvenzmasse auf Zahlung der Kostenpauschale in Höhe von vier Prozent. Entsprechendes gilt für die **Feststellung von Grundstückszubehör** (§ 10 Abs 1 Nr 1 a ZVG; MüKo-*Wittig/Tetzlaff* § 282 Rn 22).

IV. Verwertungskosten und Umsatzsteuer

6   Bei der Eigenverwaltung tritt in vielen Fällen eine wesentliche Entlastung der absonderungsberechtigten Gläubiger auch insoweit ein, als von den im Regelverfahren an die Insolvenzmasse abzuführenden Verwertungskosten nach § 171 Abs 2 nur solche Verwertungskosten in Ansatz gebracht werden können, die auch **tatsächlich entstanden** sind und für die Verwertung **erforderlich** waren (vgl BerlKo-*Blersch* § 282 Rn 3; FK-*Foltis* § 282 Rn 16 m Kritik in Rn 4 ff; K/P/B/*Pape* § 282 Rn 7; N/R/*Riggert* § 282 Rn 5; HK-*Landfermann* § 282 Rn 2; MüKo-*Wittig/Tetzlaff* § 282 Rn 23). Hinsichtlich der **abzuführenden Umsatzsteuer** aus dem Verwertungserlös gelten keine Unterschiede zum Regelverfahren und bei Verwertung durch den Insolvenzverwalter. Soweit die Verwertung zugleich einen umsatzsteuerpflichtigen Tatbestand erfüllt, ist der Umsatzsteuerbetrag aus dem Verwertungserlös zu entnehmen und an das FA abzuführen (MüKo-*Wittig/Tetzlaff* § 282 Rn 25). Verwertet der Schuldner den Sicherungsgegenstand gem § 166 selbst, ist nur **ein Umsatz der Insolvenzmasse** gegeben (BFH v 10. 2. 2005, ZInsO 2005, 813; **BGH** BB 1980, 1013; *Marotzke* ZZP (1996), 429, 462 ff; *Vortmann* in Mohrbutter/Ringstmeier Hdb § 31 Rn 92; str aA BFH BStBl II 1997, 585). Der Umsatzsteuerbetrag fällt nicht der Masse zur Last, sondern ist gem §§ 282 Abs 1 S 3, 171 Abs 2 S 3 vorweg aus dem Veräußerungserlös abzuführen. Die Kostenersparnis im Rahmen der Eigenverwaltung macht diese auch für die Sicherungsgläubiger interessant (vgl *Braun/Uhlenbruck* Unternehmensinsolvenz S 694 mit Fallbeispielen in Fn 13, die nach HK-*Landfermann*, § 282 Rn 2 allerdings nicht überzeugen).

V. Verwertung im Einvernehmen mit dem Sachwalter

7   Nach § 282 Abs 2 soll der Schuldner sein Verwertungsrecht im Einvernehmen mit dem Sachwalter ausüben. Der Gesetzgeber weist in der Begr RegE auf die entsprechende Regelung bei gegenseitigen Verträgen in § 279 S 2 hin (BT-Drucks 12/2443 zu § 343 RegE, abgedr bei K/P, Das neue Insolvenzrecht, S 533). Verwertungshandlungen des Schuldners sind, soweit sie nicht **insolvenzzweckwidrig** sind, **grundsätzlich wirksam**. Der Dritte braucht also nicht zu prüfen, ob der Schuldner tatsächlich einvernehmlich mit dem Sachwalter handelt (FK-*Foltis* § 282 Rn 17; BerlKo-*Blersch* § 282 Rn 6). Es handelt sich insoweit um eine **interne Pflicht des Schuldners**, deren schuldhafte Verletzung nicht zu einer Unwirksamkeit im Außenverhältnis führt. *Foltis* (FK-*Foltis* § 282 Rn 18) weist darauf hin, dass in der Praxis die Sachkompetenz des Sachwalters zur „umgekehrten Parteirolle" führen kann mit der Folge, dass der Sachwalter die Absonderungsrechte feststellt und im Einvernehmen mit dem Schuldner verwertet. Diese Fallgestaltung hat aber dem Gesetzgeber nicht vorgeschwebt. Richtig ist, dass der Sachwalter idR die einschlägigen Rechtskenntnisse in das Verfahren einbringt und im Einzelfall besser als der Schuldner beurteilen kann, welche Gegenstände mit welchen Sicherungsrechten belastet sind und ob diese Sicherungsrechte im Insolvenzverfahren Bestand haben. Trotzdem begegnet es Bedenken, „dem Sachwalter die Feststellung und Verwertung im Wesentlichen zu überlassen" (FK-*Foltis* § 282 Rn 18; s aber auch K/P/B/*Pape* § 282 Rn 1). Ein Schuldner, der sich selbst zutraut, die Eigenverwaltung durchzuführen, wird sich entweder die erforderlichen Rechtskenntnisse verschaffen müssen oder einen Berater hinzuziehen (str aA K/P/B/*Pape* § 281 Rn 3, Sachwalter: „Berater des Schuldners"). Allerdings wird man der Gläubigerversammlung das Recht zugestehen müssen, im Berichtstermin zu beschließen, dass das Verwertungsrecht nach § 282 dem Sachwalter ganz oder teilweise zusteht (FK-*Foltis* § 282 Rn 19; str aA *Graf-Schlicker* § 282 Rn 8).

§ 283 Befriedigung der Insolvenzgläubiger

(1) ¹Bei der Prüfung der Forderungen können außer den Insolvenzgläubigern der Schuldner und der Sachwalter angemeldete Forderungen bestreiten. ²Eine Forderung, die ein Insolvenzgläubiger, der Schuldner oder der Sachwalter bestritten hat, gilt nicht als festgestellt.

(2) ¹Die Verteilungen werden vom Schuldner vorgenommen. ²Der Sachwalter hat die Verteilungsverzeichnisse zu prüfen und jeweils schriftlich zu erklären, ob nach dem Ergebnis seiner Prüfung Einwendungen zu erheben sind.

I. Allgemeines

Die Vorschrift regelt Besonderheiten einmal für das Feststellungsverfahren (§§ 174 ff), zum andern 1
für das Verteilungsverfahren (§§ 187 ff) im Rahmen einer gerichtlich angeordneten Eigenverwaltung. Sowohl der Schuldner als auch der Sachwalter können einer angemeldeten Gläubigerforderung mit der Folge widersprechen, dass diese nicht als festgestellt gilt (vgl BT-Drucks 12/2443 zu § 344 RegE, abgedr bei K/P, Das neue Insolvenzrecht, S 532 f). § 283 Abs 2 regelt die Aufgabenverteilung zwischen Schuldner und Sachwalter im Rahmen des Verteilungsverfahrens und stellt klar, dass die eigentliche Verteilung als originäre Verwalteraufgabe dem Schuldner bzw den organschaftlichen Vertretern eines Schuldnerunternehmens obliegt.

II. Prüfungspflicht und Widerspruchsrecht des Schuldners und des Sachwalters

Da die **Führung der Insolvenztabelle** nicht zu den Aufgaben des Schuldners im Eigenverwaltungsverfahren zählt, sondern gem § 270 Abs 3 S 2 dem **Sachwalter** obliegt, sind die Forderungen der Insolvenzgläubiger beim **Sachwalter anzumelden**. Im Rahmen des Anmeldeverfahrens tritt demgemäß an die Stelle des Insolvenzverwalters der Sachwalter (K/P/B/*Pape* § 283 Rn 12). Dieser hat die Anmeldungen nach § 174 entgegenzunehmen und die Eintragungen in die Tabelle (§ 175) vorzunehmen. Während aber § 178 Abs 1 S 2 vorsieht, dass die Feststellung einer Forderung zur Insolvenztabelle durch den **Widerspruch des Schuldners nicht gehindert wird**, sieht § 283 Abs 1 S 2 vor, dass eine Forderung, die ein Insolvenzgläubiger, der Schuldner oder der Sachwalter bestritten hat, nicht als zur Tabelle festgestellt gilt. Nach einer Literaturmeinung hat der Schuldner das Recht, die Wahrnehmung seiner Rechte bei der Einlegung des Widerspruchs **zu spalten** und sowohl in seiner Eigenschaft als Eigenverwalter als auch als Träger der Schuldnerrolle Widerspruch zu erheben, um die unterschiedlichen Wirkungen seines Bestreitens herbeizuführen (*Häsemeyer* InsR Rn 8.16; MüKo-*Schumacher* § 278 Rn 30; BerlKo-*Blersch* § 283 Rn 3). Dem kann nicht zugestimmt werden, weil die Regelung in § 283 Abs 1 Satz 2 entgegensteht (*Graf-Schlicker* § 283 Rn 5; HK-*Landfermann* § 283 Rn 5; FK-*Foltis* § 283 Rn 3; MüKo-*Wittig/Tetzlaff* § 283 Rn 11). Nach KS-*Pape* (S 923 Rn 50) verstößt die **unterschiedliche Ausübung der Widerspruchsrechte** zudem auch gegen die prozessuale Wahrheitspflicht (so auch HK-*Foltis* § 283 Rn 3). 2

III. Feststellungsklage bei Widerspruch des Schuldners oder Sachwalters

Bestreitet der Schuldner sowohl in seiner Eigenschaft als Eigenverwalter als auch als Schuldner eine zur 3
Tabelle angemeldete Forderung im Prüfungstermin, so ist nach Verfahrensaufhebung die Vollstreckung aus dem vollstreckbaren Tabellenauszug gegen ihn gem § 201 Abs 2 ausgeschlossen. Die Rechtswirkungen des § 178 Abs 3 treten nicht ein. Vielmehr hat der Widerspruch des Schuldners die gleiche Wirkung wie ein Widerspruch des Insolvenzverwalters nach § 178 Abs 1 S 1 (vgl auch K/P/B/*Pape* § 283 Rn 14). Der Gläubiger kann die Feststellungswirkung nur herbeiführen, indem er gem § 179 Abs 1 **Feststellungsklage gegen den bestreitenden Schuldner** erhebt (MüKo-*Wittig/Tetzlaff* § 283 Rn 16; FK-*Foltis* § 283 Rn 4). Ist die Forderung bereits vor Verfahrenseröffnung **tituliert** gewesen, so ist es Sache des Schuldners, den Widerspruch gem § 179 Abs 2 im Klagewege oder vor der zuständigen Verwaltungsbehörde (§ 185 S 1) zu verfolgen. War zum Zeitpunkt der Verfahrenseröffnung bereits ein **Rechtsstreit anhängig**, so ist die Feststellung durch Aufnahme des Rechtsstreits nach § 180 Abs 2 zu betreiben. Die **Rechtskraftwirkung der Entscheidung** nach § 183 Abs 1 tritt auch für den Schuldner ein (K/P/B/*Pape* § 283 Rn 14; MüKo-*Wittig/Tetzlaff* § 283 Rn 18).

IV. Aufnahme sonstiger anhängiger Prozesse

Auch wenn mit der Verfahrenseröffnung die Eigenverwaltung angeordnet ist, tritt bei anhängigen 4
Prozessen die **Unterbrechungswirkung des § 240 ZPO** ein (BGH v 7. 12. 2006, ZIP 2007, 249 = ZInsO 2007, 100; K/P/B/*Pape* § 283 Rn 4). Da das Verwaltungs- und Verfügungsrecht hinsichtlich der Insolvenzmasse gem § 270 Abs 1 S 1 beim Schuldner bzw Schuldnerunternehmen geblieben ist, ist der Schuldner berechtigt, gem § 85 einen **anhängigen Aktivprozess aufzunehmen** (K/P/B/*Pape* § 283 Rn 5). Allerdings muss die Aufnahme im Einvernehmen mit dem Sachwalter erfolgen. Eine Freigabewirkung der Ablehnung der Prozessaufnahme durch den Schuldner kommt nicht in Betracht (K/P/B/*Pape* § 283 Rn 6). **Passivprozesse**, die zum Zeitpunkt der Anordnung der Eigenverwaltung gegen den Schuldner oder das Schuldnerunternehmen anhängig waren, können gem § 86 sowohl vom Schuldner als auch vom Gegner aufgenommen werden. Eine Freigabe des Prozessgegenstandes ist ausgeschlossen, da es im Rahmen der Eigenverwaltung zu einer – ohnehin umstrittenen – Freigabe des Prozessgegenstandes nicht kommen kann. Da der Schuldner an die Stelle des Insolvenzverwalters getreten ist, bestehen auch hinsichtlich der **Anwendbarkeit des § 86 Abs 2** grundsätzlich keine Bedenken (so auch K/P/B/*Pape* § 283 Rn 7). Bei **sofortigem Anerkenntnis des Schuldners** nach Aufnahme des Rechtsstreits durch den Gläubiger kann dieser seinen Anspruch auf Erstattung der Kosten des Rechtsstreits nur als Insolvenzgläubiger nach § 38 geltend machen. Soweit anhängige Passivprozesse Insolvenzforderungen betreffen, greift § 87

ein mit der Folge, dass der Prozessgegner seine Forderung zunächst nach den §§ 174 ff beim Sachwalter zur Insolvenztabelle anzumelden hat. Eine Aufnahme kommt gem §§ 180 Abs 2, 184 S 2 aber dann in Frage, wenn die Forderung im Prüfungstermin bestritten wird (K/P/B/*Pape* § 283 Rn 8; FK-*Foltis* § 283 Rn 4).

V. Zuständigkeiten im Verteilungsverfahren

5 **1. Aufgaben des Schuldners.** Auch für das Verteilungsverfahren trägt die InsO in § 283 Abs 2 S 1 der Tatsache Rechnung, dass der Schuldner bei der Eigenverwaltung an die Stelle des Insolvenzverwalters tritt. Obgleich gem § 270 Abs 3 S 2 der **Sachwalter zur Führung der Insolvenztabelle** verpflichtet ist, hat der Schuldner das **Verteilungsverzeichnis** (§ 188) aufzustellen und die Verteilungen gem §§ 283 Abs 2 S 1, 187 Abs 3 durchzuführen. Er ist verpflichtet, das Verteilungsverzeichnis auf der Geschäftsstelle niederzulegen und die Summe der Forderungen sowie den für die Verteilung verfügbaren Betrag aus der Insolvenzmasse öffentlich bekannt zu machen (§ 188 S 2; vgl FK-*Foltis* § 283 Rn 5–9; *Hess* § 283 Rn 8–13; MüKo-*Wittig/Tetzlaff* § 283 Rn 19–24; *Graf-Schlicker* § 283 Rn 10–12; K/P/B/*Pape* § 283 Rn 11–14; BerlKo-*Blersch* § 283 Rn 10).

6 **2. Aufgaben des Sachwalters.** Der Sachwalter hat zunächst die Verteilungsverzeichnisse gem § 283 Abs 2 S 2 zu prüfen. Die Prüfung hat zu erfolgen, bevor das Verzeichnis auf der Geschäftsstelle zur Einsicht der Beteiligten gem § 188 S 2 niedergelegt wird (FK-*Foltis* § 283 Rn 7). Weiterhin hat der Sachwalter gem § 283 Abs 2 S 2 **schriftlich zu erklären**, ob nach dem Ergebnis seiner Prüfung Einwendungen zu erheben sind. Die schriftliche Erklärung des Sachwalters muss mit dem Verzeichnis auf der Geschäftsstelle des Gerichts zur Einsicht der Beteiligten niedergelegt werden. Das Gesetz trifft keine Regelung, wie die **Einwendungen des Sachwalters** zu behandeln sind, falls der Streit hierüber zwischen Schuldner und Sachwalter nicht ausgeräumt werden kann. Es ist davon auszugehen, dass die Gläubiger aufgrund der niedergelegten **schriftlichen Erklärung des Sachwalters** die Möglichkeit haben, entspr § 194 gegen das Verteilungsverzeichnis Einwendungen zu erheben (FK-*Foltis* § 283 Rn 8; str aA *Graf-Schlicker* § 283; einschränkend MüKo-*Wittig/Tetzlaff* § 283 Rn 23; HK-*Landfermann* § 283 Rn 7). Der Schuldner hat gem § 195 Abs 1 dem Gläubigerausschuss die auszuschüttende Quote vorzuschlagen bzw im Verfahren ohne Gläubigerausschuss selbst die **Insolvenzquote zu bestimmen** und nach § 195 Abs 2 die Gläubiger zu unterrichten (BerlKo-*Blersch* § 283 Rn 10). Für die Vornahme der Schlussverteilung nach § 196 Abs 2 bedarf der Sachwalter der Zustimmung des Insolvenzgerichts.

§ 284 Insolvenzplan

(1) ¹Ein Auftrag der Gläubigerversammlung zur Ausarbeitung eines Insolvenzplans ist an den Sachwalter oder an den Schuldner zu richten. ²Wird der Auftrag an den Schuldner gerichtet, so wirkt der Sachwalter beratend mit.

(2) Eine Überwachung der Planerfüllung ist Aufgabe des Sachwalters.

I. Allgemeines

1 Das in den §§ 217 ff geregelte Insolvenzplanverfahren ist besonders geeignet für die Eigenverwaltung. Der Gesetzgeber hat, um das Verfahren der Eigenverwaltung flexibler zu gestalten, der Gläubigerversammlung die Möglichkeit eröffnet, anstelle des Schuldners den Sachwalter mit der Ausarbeitung eines Insolvenzplans zu beauftragen (Ausschuss Ber BT-Drucks 12/7302 S 186 zu § 345 RegE, abgedr bei K/P, Das neue Insolvenzrecht, S 535). Die gesetzliche Regelung hat in der Literatur Kritik erfahren (vgl *Koch* Eigenverwaltung S 240; MüKo-*Wittig/Tetzlaff* § 284 Rn 5; FK-*Foltis* § 284 Rn 3 a/b; K/P/B/*Pape* § 284 Rn 8; *Smid* § 284 Rn 1). Zutreffend weist *Smid* darauf hin, dass kaum ein Fall denkbar ist, in dem das Gericht die Eigenverwaltung anordnet, ohne dass der Schuldner bereits in dem Antrag auf Eigenverwaltung einen sogen „prepackaged plan" vorlegt. Auch K/P/B/*Pape* (§ 284 Rn 2) halten die Regelung für „nur schwer nachvollziehbar". Die ursprünglich auf den Schuldner beschränkte Aufgabe der Planerstellung unter Assistenz des Sachwalters hätte vollauf genügt. In der Tat wird die ursprünglich im Gesetz vorgesehene ausschließliche Beauftragung des Schuldners mit der Ausarbeitung des Insolvenzplans die Regel sein. Ein originäres Vorlagerecht, wie es § 218 Abs S 1 für den Insolvenzverwalter vorsieht, hat der Sachwalter nicht (N/R/*Riggert* § 284 Rn 2). Nach *Graf-Schlicker* (§ 284 Rn 3) kann die Vorlage eines Insolvenzplans im Rahmen der Eigenverwaltung jedoch **bedeutsam** für die Frage sein, ob **Freiberufler ihre Zulassung** oder Bestellung trotz des Insolvenzverfahrens behalten (vgl auch BVerfG NJW 2005, 3057; BVerfG ZVI 2004, 297; BGH ZIP 2004, 1006; *Graf/Wunsch* ZVI 2005, 105).

II. Auftrag der Gläubigerversammlung zur Vorlage eines Insolvenzplans

2 **1. Beauftragung des Schuldners.** Die Gläubigerversammlung kann gem § 284 Abs 1 S 1 den Schuldner mit der Ausarbeitung eines Insolvenzplans beauftragen. Da die Vorschrift der Regelung in § 157 S 2

entspricht, kann sie ihm zugleich auch das **Ziel des Plans vorgeben** (FK-*Foltis* § 284 Rn 5). Dies schließt nicht aus, dass der Schuldner zugleich mit dem Insolvenzantrag und dem Antrag auf Anordnung der Eigenverwaltung (§ 270 Abs 1 S 1) bereits einen „prepackaged plan" vorlegt. Die **Vorlage eines eigenen vorbereiteten Insolvenzplans** schließt die Beauftragung des Schuldners mit der Ausarbeitung eines anderen Insolvenzplans keineswegs aus. Vielmehr bedeutet ein solcher Auftrag nach § 284 Abs 1 S 1, dass die Gläubigerversammlung den vom Schuldner gem § 218 Abs 1 S 1 vorgelegten Plan nicht zu akzeptieren beabsichtigt. Entsprechend der Regelung in § 284 Abs 1 S 1 ist die Gläubigerversammlung auch berechtigt, den Schuldner, der einen Insolvenzplan vorgelegt hat, anzuweisen, einen anderen Insolvenzplan mit neuer Zielvorgabe vorzulegen. Zu eng erscheint die Auffassung von K/P/B/*Pape* (§ 284 Rn 11), dass der „Auftrag" der Gläubigerversammlung „nur die Funktion einer Bestätigung des Einverständnisses der Gläubiger mit der Initiierung eines Insolvenzplanverfahrens" hat. Vielmehr entspricht die Regelung in § 284 Abs 1 S 1 der Vorschrift des § 157 S 2, während das **originäre Planinitiativrecht** des Schuldners durch § 284 nicht berührt wird (vgl auch FK-*Foltis* § 284 Rn 5; BerlKo-*Blersch* § 284 Rn 3; N/R/ *Riggert* § 284 Rn 3). Grundsätzlich erfolgt die Beauftragung des Schuldners in der **ersten Gläubigerversammlung**, also im Berichtstermin (§ 156). Da jedoch die Gläubigerversammlung auch im Rahmen der Eigenverwaltung ihre Entscheidungen in späteren Terminen abändern kann (§§ 270 Abs 1 S 2, 157 S 3), ist auch eine spätere Beauftragung sowohl des Schuldners als auch des Sachwalters mit der Ausarbeitung eines Plans möglich (FK-*Foltis* § 284 Rn 6).

2. Beauftragung des Sachwalters. Wie in § 157 S 2 den Insolvenzverwalter, kann gem § 284 Abs 1 S 1 3 die Gläubigerversammlung auch den Sachwalter mit der Ausarbeitung eines Insolvenzplans beauftragen. Aufgrund der Gläubigerautonomie ist die Gläubigerversammlung wie in § 157 S 2 berechtigt, dem Sachwalter das **Planziel vorzugeben**. In der Regel wird dies die fortführende Sanierung des Unternehmens sein. Zulässig ist aber auch die Vorgabe, das Unternehmen auf einen neuen Rechtsträger zu übertragen, oder die Aufstellung eines **Liquidationsplans** (K/P/B/*Pape* § 284 Rn 4). Wird der **Sachwalter mit der Ausarbeitung des Plans beauftragt**, gilt die Vorschrift des § 218 Abs 3. Der Sachwalter hat den Rat des Gläubigerausschusses, des Schuldners und gegebenenfalls des Betriebsrats und des Sprecherausschusses der leitenden Angestellten einzuholen (vgl FK-*Foltis* § 284 Rn 10). Zutreffend weist *Pape* darauf hin, dass die Beauftragung eines Sachwalters mit der Ausarbeitung eines Insolvenzplans **gegen den Willen des Schuldners** „stets mit einem Antrag auf Aufhebung der Eigenverwaltung verbunden werden sollte, um Störmaßnahmen des Schuldners auszuschließen" (K/P/B/*Pape* § 284 Rn 18; so auch MüKo-*Wittig/Tetzlaff* § 284 Rn 19). Umstritten ist, ob ohne einen Auftrag der Gläubigerversammlung der Sachwalter berechtigt ist, seinerseits einen Insolvenzplan vorzulegen (bejahend *Warrikoff* KTS 1997, 532; *Huhn*, Eigenverwaltung, Rn 1058–1069; verneinend N/R/*Riggert* § 284 Rn 2; HK-*Landfermann* § 284 Rn 3; MüKo-*Wittig/Tetzlaff* § 284 Rn 12; *Graf-Schlicker* § 284 Rn 6). Da der Gesetzgeber in § 284 grundsätzlich davon ausgeht, dass der Schuldner mit der Ausarbeitung eines Insolvenzplans beauftragt wird, ist nicht anzunehmen, dass er dem Sachwalter zugleich auch das dem Insolvenzverwalter gem § 218 zustehende Initiativrecht einräumen wollte (s aber auch K/P/B/*Pape* § 284 Rn 17).

III. Beratungspflicht des Sachwalters

Beauftragt die Gläubigerversammlung den Schuldner mit der Ausarbeitung eines Insolvenzplans, ist 4 der Sachwalter gem § 284 Abs 1 S 2 verpflichtet, an der Ausarbeitung **beratend mitzuwirken**. Diese Regelung war erforderlich, weil der Schuldner idR kaum die ausreichende Sachkunde hat, einen Insolvenzplan ordnungsgemäß zu entwerfen. Wie in § 218 Abs 3 ist der Sachwalter gem § 284 Abs 1 S 2 zu einer **beratenden Mitwirkung verpflichtet** (BerlKo-*Blersch* § 284 Rn 6; FK-*Foltis* § 284 Rn 12; MüKo-*Wittig/Tetzlaff* § 284 Rn 16). Da eine solche Mitwirkung über die dem Sachwalter in den §§ 274 ff zugewiesenen Aufgaben hinausgeht, dürfte es gerechtfertigt sein, für diese Mitwirkung die Sachwaltervergütung entsprechend dem Umfang der Mitwirkung und der Arbeitsbelastung des Sachwalters zu erhöhen (BerlKo-*Blersch* § 284 Rn 6). Die Mitwirkung des Sachwalters wirkt sich entspr § 12 Abs 2 InsVV iVm § 3 Abs 1 InsVV durch einen **Zuschlag vergütungserhöhend** aus (BerlKo-*Blersch* § 284 Rn 6; FK-*Foltis* § 284 Rn 12). Im Übrigen wirken auch bei der Aufstellung des Plans durch den eigenverwaltenden Schuldner der Gläubigerausschuss, Betriebsrat und der Sprecherausschuss der leitenden Angestellten beratend mit (§ 284 Abs 1 S 2).

IV. Überwachung der Planerfüllung

Nach § 284 Abs 2 ist der Sachwalter verpflichtet, die Planerfüllung durch den Schuldner zu überwa- 5 chen. Die Vorschrift knüpft an die Regelung in § 261 Abs 1 S 1 an, der die Überwachung der Planerfüllung (§ 260) dem Insolvenzverwalter überträgt. Bei der Eigenverwaltung greift die **Überwachungspflicht des Sachwalters** ein, gleichgültig, ob der Plan von ihm selbst ausgearbeitet wurde oder vom Schuldner (FK-*Foltis* § 284 Rn 13). Zweifelhaft ist, ob den Sachwalter die Überwachungspflicht hinsichtlich der Planerfüllung nur trifft, wenn dies gem § 260 Abs 1 im Insolvenzplan **ausdrücklich angeordnet** ist (so zB K/P/B/*Pape* § 284 Rn 21; KS-*Maus* S 707 Rn 86; N/R/*Riggert* § 284 Rn 6; FK-*Foltis*

§ 284 Rn 14; BerlKo-*Blersch* § 284 Rn 9). Die Formulierung in § 284 Abs 2 „eine Überwachung" lässt den Schluss zu, dass der Gesetzgeber davon ausging, dass eine Überwachung nur stattfinden soll, wenn dies im gestaltenden Teil des Insolvenzplans vorgesehen ist. Demgemäß ist die **Überwachung keine generelle Pflicht** des Sachwalters, sondern setzt voraus, dass im gestaltenden Teil des Insolvenzplans gem § 260 Abs 1 die Überwachung der Planerfüllung vorgesehen ist (K/P/B/*Pape* § 284 Rn 21; N/R/*Riggert* § 284 Rn 6; FK-*Foltis* § 284 Rn 14). Nur für diesen Fall übernimmt der Sachwalter die Aufgaben des Insolvenzverwalters nach den §§ 261 ff. Die Überwachung der Planerfüllung durch den Sachwalter kann im Rahmen der Vergütungsfestsetzung einen Zuschlag gem § 3 Abs 1 e InsVV rechtfertigen (FK-*Foltis* § 284 Rn 15). Nach BerlKo-*Blersch* (§ 284 Rn 10) ist die Vergütung des Sachwalters für das Überwachungsverfahren gesondert festzusetzen. Im Übrigen richtet sie sich nach § 12 Abs 1 iVm § 6 Abs 2 InsVV und beträgt regelmäßig **60 Prozent** der im Regelinsolvenzverfahren festzusetzenden Vergütung des Insolvenzverwalters (vgl auch K/P/B/*Pape* § 284 Rn 23; MüKo-*Wittig/Tetzlaff* § 284 Rn 29). Die Aufhebung der Überwachung darf gem § 268 erst erfolgen, wenn der Vergütungsanspruch des Sachwalters hinsichtlich der Überwachung befriedigt ist (K/P/B/*Pape* § 284 Rn 23; MüKo-*Wittig/Tetzlaff* § 284 Rn 29).

§ 285 Masseunzulänglichkeit

Masseunzulänglichkeit ist vom Sachwalter dem Insolvenzgericht anzuzeigen.

I. Allgemeines

1   Während im Regelinsolvenzverfahren die Anzeigepflicht bei Masseunzulänglichkeit gem § 208 Abs 1 S 1 dem Insolvenzverwalter obliegt, überträgt § 285 die **Anzeigepflicht** auf den Sachwalter. Dies nicht zuletzt deswegen, weil der Sachwalter nach § 274 Abs 2 S 1 die wirtschaftliche Lage des Schuldners bzw Schuldnerunternehmens und die Geschäftsführung zu überwachen hat und ihm ohnehin die Verpflichtung obliegt, gem § 274 Abs 3 S 1 unverzüglich dem Gläubigerausschuss und dem Insolvenzgericht anzuzeigen, wenn die Fortsetzung der Eigenverwaltung zu Nachteilen für die Gläubiger führen wird. Bei Masseunzulänglichkeit hat die Fortsetzung der Eigenverwaltung schon deswegen wenig Sinn, weil der Verteilungsschlüssel des § 209 eingreift und nunmehr feststeht, dass voraussichtlich keine Quote an die Insolvenzgläubiger gezahlt wird.

2   Mit Recht wird in der Literatur beanstandet, dass eine Überprüfung der Anzeige ebenso wie in § 208 nicht stattfindet, so dass sich die Gläubiger mit einer **„ungeprüften Anzeige"** begnügen müssen und auf Schadenersatzansprüche gegen den Sachwalter verwiesen sind (K/P/B/*Pape* § 285 Rn 2; str aA *Hess* § 285 Rn 5, wonach das Gericht die Masseunzulänglichkeit festzustellen hat). Nach den Vorstellungen des Gesetzgebers sollte der Eingriff in die Rechte der Altmassegläubiger, der mit der Anzeige der Masseunzulänglichkeit verbunden ist (§§ 209, 210), nicht allein vom Willen des Schuldners abhängig gemacht werden (vgl HK-*Landfermann* § 285 Rn 1). Nach Auffassung von *Foltis* (FK-*Foltis* § 285 Rn 1; so auch *Smid* § 285 Rn 3) besteht die **Anzeigebefugnis des Schuldners in der Eigenverwaltung** trotz der Verpflichtung des Sachwalters weiter fort, da der Schuldner als verwaltungs- und verfügungsbefugtes Handlungssubjekt der Eigenverwaltung hierzu ohnehin verpflichtet sei. Hätte der Gesetzgeber den Schuldner bzw die organschaftlichen Vertreter eines Schuldnerunternehmens für verpflichtet angesehen, die Masseunzulänglichkeit dem Insolvenzgericht anzuzeigen, hätte er dies im Gesetzeswortlaut zum Ausdruck bringen müssen. Es erscheint auch letztlich aus praktischen Erwägungen sinnvoll, dass der Schuldner den Sachwalter über die Masseunzulänglichkeit unterrichtet, dieser die Voraussetzungen für eine Anzeige nach § 285 iVm § 208 prüft und sodann je nach dem Ergebnis der Prüfung die Masseunzulänglichkeit anzeigt oder die Anzeige unterlässt. Die grundsätzlich berechtigte Kritik bei K/P/B/*Pape* (§ 285 Rn 2–4) wird dadurch teilweise entschärft, dass die **Prüfung der Masseunzulänglichkeit** durch den Sachwalter vor der Anzeige an das Gericht eine gewisse Garantie für die Gläubiger bietet, dass tatsächlich Masseunzulänglichkeit vorliegt und der Antrag nicht „vorsorglich" gestellt wird, um Vollstreckungen der Massegläubiger zu verhindern. Einzelheiten bei *Huhn* Eigenverwaltung § 11 Ziff 10.

II. Weiterer Verfahrensgang

3   § 285 regelt nicht die Frage, wie bei **völliger Masselosigkeit** zu verfahren ist, wenn also die Voraussetzungen des § 207 vorliegen. Einer solchen Regelung bedurfte es aber auch nicht, weil es wohl kaum jemals ohne die gem § 274 Abs 3 gebotene Anzeige des Sachwalters zur völligen Masseunzulänglichkeit kommen wird. Stellt der Schuldner im Rahmen der Eigenverwaltung **Masselosigkeit** iSv § 207 fest, hat er dies nicht nur dem Sachwalter mitzuteilen, sondern auch darauf hinzuwirken, dass eine Gläubigerversammlung einberufen wird mit dem Ziel der Anhörung zu der Frage, ob jemand bereit ist, einen hinreichenden Geldbetrag iSv § 207 Abs 1 S 2 vorzuschießen (vgl auch K/P/B/*Pape* § 285 Rn 7). **Entgegen der Voraufl** wird nicht mehr daran festgehalten, dass zwischen **Masselosigkeit** und **Masseunzulänglichkeit** zu unterscheiden ist (so aber FK-*Foltis* § 285 Rn 1, 2). Würde man dem Schuldner ein Recht zur Anzeige der Masselosigkeit einräumen, so hätte es der Schuldner allein in der Hand, die **Einstellung des**

III. Wirkungen der Verfahrenseinstellung

Insolvenzverfahrens nach § 207 Abs 1 Satz 1 herbeizuführen (s auch MüKo-*Wittig/Tetzlaff* § 285 Rn 8, 19–22; *Graf-Schlicker* § 285 Rn 3; K/P/B/*Pape* § 285 Rn 11–14; für Anzeige durch den Schuldner FK-*Foltis* § 285 Rn 2; wohl auch K/P/B/*Pape* § 285 Rn 19). Bei **Masseinsuffizienz** findet ein Verfahren nach den §§ 208 ff nicht mehr statt, es sei denn, es wird ein Massekostenvorschuss gezahlt. Ist die vorhandene Barmasse nach Maßgabe des § 207 Abs 3 verteilt, hat das Gericht das Verfahren durch anfechtbaren Beschluss einzustellen (K/P/B/*Pape* § 285 Rn 18; MüKo-*Wittig/Tetzlaff* § 285 Rn 23, 24). Zeigt der Sachwalter dem Gericht die Masseunzulänglichkeit an, so richtet sich das weitere Verfahren nach den §§ 208–211, 215 (K/P/B/*Pape* § 285 Rn 8; BerlKo-*Blersch* § 285 Rn 3; *Smid* § 285 Rn 4). Obgleich § 259 insoweit unklar ist, entspricht es inzwischen der hM, dass die **Anzeigepflicht** auch bei **drohender Masseunzulänglichkeit** (§ 208 Abs 1 S 2) besteht (N/R/*Riggert* § 2975 Rn 1; FK-*Foltis* § 285 Rn 1; BerlKo-*Blersch* § 285 Rn 1; *Graf-Schlicker* § 285 Rn 2; HK-*Landfermann* § 285 Rn 1 a). Die Anzeige der Masseunzulänglichkeit durch den Sachwalter führt nicht etwa dazu, dass die Eigenverwaltung beendet ist. Vielmehr ist auch das masseinsuffiziente Verfahren weiter vom Schuldner durchzuführen, der auch die Rangordnung des § 209 zu beachten hat (K/P/B/*Pape* § 285 Rn 15–17). IdR wird aber die Anzeige der Masseunzulänglichkeit Anlass sein, die Eigenverwaltung aufzuheben bzw einen entsprechenden Antrag zu stellen (§ 274 Abs 3; vgl auch FK-*Foltis* § 285 Rn 3; *Smid* § 285 Rn 4; *ders* WM 1998, 1324). Wird die Eigenverwaltung nicht aufgehoben, treffen den Schuldner bzw die organschaftlichen Vertreter eines Schuldnerunternehmens sämtliche Pflichten eines Insolvenzverwalters bei der Abwicklung masseunzulänglicher Verfahren. Zur **Nachhaftung** s FK-*Foltis* § 285 Rn 3; K/P/B/*Pape* § 285 Rn 30; MüKo-*Wittig/Tetzlaff* § 285 Rn 18. Zur wiederholten Anzeige der Masseunzulänglichkeit s K/P/B/*Pape* § 285 Rn 22–26.

III. Wirkungen der Verfahrenseinstellung

Die Einstellung des masseunzulänglichen Verfahrens führt nicht zu einem **Rückfall der Verfügungsbefugnis** auf den Schuldner (§ 215 Abs 2 S 1), da die Verfügungsbefugnis beim Schuldner geblieben ist. Jedoch hat das Gericht Verfügungsbeschränkungen, die nach § 277 erlassen worden sind, aufzuheben (vgl K/P/B/*Pape* § 285 Rn 31; MüKo-*Wittig/Tetzlaff* § 285 Rn 23). Über § 215 Abs 2 S 2 gelten die Vorschriften der §§ 201, 202 mit der Folge, dass Gläubiger in das Schuldnervermögen vollstrecken können. Vollstreckungstitel ist der Auszug aus der Tabelle. Handelt es sich bei dem Schuldner um eine natürliche Person, hindert die Verfahrenseinstellung nicht die Durchführung eines **Restschuldbefreiungsverfahrens** nach den §§ 286 ff (vgl § 289 Abs 3; *Graf-Schlicker* § 285 Rn 9; MüKo-*Wittig/Tetzlaff* § 285 Rn 25).

ACHTER TEIL. RESTSCHULDBEFREIUNG

Vorbemerkung zu § 286

Übersicht

	Rn
I. Einleitung	1
II. Historische Entwicklung	7
1. Kommissionsbericht	13
2. Referentenentwurf	14
3. Regierungsentwurf	15
4. Stellungnahme des Bundesrats	16
5. Beschlussempfehlung des Rechtsausschusses	17
6. Das Vermittlungsverfahren	18
III. Restschuldbefreiung als weiteres Verfahrensziel, § 1 S 2	20
IV. Sonstige Wege zur Restschuldbefreiung	22
1. Priorität der außergerichtlichen Einigung bei verschuldeten Verbrauchern	25
2. Gerichtlicher Schuldenbereinigungsplan	26
3. Insolvenzplanverfahren	27
V. Internationaler Vergleich	28
1. USA	29
2. England	32
3. Kontinentaleuropäische Rechtsordnungen	33
4. Europäische Gemeinschaft	36
VI. Autonomes deutsches Internationales Insolvenzrecht	37a
VII. Grundzüge der Regelung	38
VIII. Verfahrensrechtliche Vorschriften	44
1. Zuständigkeit	45
a) Sachliche Zuständigkeit	45
b) Örtliche Zuständigkeit	46
c) Funktionelle Zuständigkeit	50
2. Anwendbarkeit der Bestimmungen der ZPO und des GVG	53
IX. Verfassungsrecht und Restschuldbefreiung	54
X. Gebühren und Kosten	57

I. Einleitung

1   Mit der Einführung des Rechtsinstituts der Restschuldbefreiung hat der Gesetzgeber der Bundesrepublik weitgehend juristisches Neuland betreten. Die Vorschriften des Achten Teils der Insolvenzordnung eröffnen verschuldeten **natürlichen Personen** erstmals im deutschen Recht die Möglichkeit, sich auf gesetzlicher Grundlage ohne das Erfordernis der Gläubigerzustimmung von ihren Verbindlichkeiten gegenüber den Insolvenzgläubigern zu befreien. Bei dem Verfahren der Restschuldbefreiung nach §§ 286 ff handelt es sich nicht um ein „Verbraucherprivileg" (KS-*Schmidt* S 1999 Rn 38 ff). Es bietet vielmehr auch für **freiberuflich** oder **gewerblich tätige Personen** die Möglichkeit eines wirtschaftlichen Neuanfangs (vgl **BGH** v 7. 12. 2004 – ZVI 2005, 324, 325). Die unter gesetzlichen Voraussetzungen und in einem rechtsförmigen Verfahren erteilte Restschuldbefreiung beendet die Nachhaftung des Schuldners gemäß § 201 Abs 1 mit seinem künftigen Vermögen (*Häsemeyer* Rn 26.01; *Przikłang* Verbraucherinsolvenz S 53). *Paulus* (FS *Uhlenbruck* S 33, 40) sieht in den Bestimmungen der §§ 286 ff allerdings nur eine vorsichtige Lockerung des Grundsatzes der Universalexekution.

2   Der **Konkursordnung** war die Befreiung des Schuldners von seinen Verbindlichkeiten fremd. Nach Aufhebung des Konkursverfahrens konnten Gläubiger, die sich am Verfahren nicht beteiligt hatten, ihre volle Forderung, Gläubiger, die sich beteiligt hatten, den ungedeckt gebliebenen Teil ihrer Forderung gegen den Schuldner unbeschränkt geltend machen (§ 164 Abs 1 KO).

3   Eine **Restschuldbefreiung in einem anhängigen Konkursverfahren** ist nicht möglich. Ein entsprechender Antrag des Schuldners ist als unzulässig zurückzuweisen (**LG Duisburg** NZI 2000, 29; aA *Bruckmann* Verbraucherinsolvenz § 4 Rn 14). Dies folgt zwingend aus der in Art 103, 104 EGInsO getroffenen eindeutigen und unmissverständlichen Regelung zur Anwendung des früheren und neuen Rechts.

4   Das **Restschuldbefreiungsverfahren** stellt einen **Kompromiss** zwischen dem sozialpolitischen Anliegen einer Entschuldung zahlungsunfähiger natürlicher Personen und den berechtigten Erwartungen der Gläubiger in die Erfüllung ihrer Forderungen dar (*Wimmer* BB 1998, 386, 387; N/R/*Römermann* Vor § 286 Rn 9). Anders als im angloamerikanischen Rechtssystem führt nicht bereits die Verwertung des Schuldnervermögens in einem Insolvenzverfahren zu einer Entschuldung, sondern die Insolvenzordnung normiert darüber hinaus bestimmte Obliegenheiten des Schuldners. Erst nach erfolgreichem Abschluss

des Restschuldbefreiungsverfahrens endet das freie Nachforderungsrecht der Gläubiger. Ausgenommen davon sind die in § 302 genannten Forderungen.

Hätte der Gesetzgeber sich allerdings zu einer Lösung entschlossen, die es den Schuldnern ermöglicht, ohne nennenswerte Anstrengungen von den im Insolvenzverfahren nicht befriedigten Forderungen befreit zu werden, würde dies die Wirtschaftsmoral nachhaltig erschüttern. Ob eine sechsjährige Laufzeit der Abtretungserklärung der „Weisheit letzter Schluss" ist, darf bezweifelt werden. Nicht gefolgt werden kann allerdings der Kritik von *Bindemann* (Verbraucherkonkurs Rn 232), der den Grund für den bis zum Inkrafttreten des InsOÄG 2001 (BGBl I S 2710) maßgeblichen Siebenjahreszeitraum ausschließlich in dem einseitigen Interesse der Wirtschaft an einer möglichst effektiven und langen Gläubigerbefriedigung sieht. Dabei wird übersehen, dass angesichts der geringen pfändbaren Bezüge zahlreicher Schuldner die meisten Insolvenzgläubiger auch nach Ende der Wohlverhaltensperiode einen erheblichen Teil ihrer Forderungen einbüßen.

Mit Recht wurde allerdings schon frühzeitig beanstandet, dass eine **Zusammenfassung familienrechtlich verbundener Personen** im Rahmen des Restschuldbefreiungsverfahrens nicht vorgesehen ist. Dadurch wird die wirtschaftliche Lage der Familie nicht verbessert (siehe dazu näher *Döbereiner* Restschuldbefreiung S 234 ff). Ein wirtschaftlicher **Neuanfang nur eines Familienmitglieds** stellt dann keine Verbesserung dar, wenn der Ehepartner wegen einer Mitschuld oder Bürgschaft seinerseits in Anspruch genommen wird. Der Umstand, dass auch für den Verpflichteten die Möglichkeit der Restschuldbefreiung eröffnet, steht einer etwaigen Sittenwidrigkeit der Bürgschaft eines nahen Angehörigen nicht entgegen (**OLG** Celle v 12. 9. 2007 – 3 U 85/07, WM 2008, 296 mwN). Ebenso wenig hat der Gesetzgeber die **Überschuldung Minderjähriger** bislang als insolvenzrechtliches Problem erkannt, das mit den Mitteln des Insolvenzrechts gelöst werden müsste (näher dazu *Piekenbrock* KTS 2008, 307).

II. Historische Entwicklung

In Deutschland ist der Gedanke einer Restschuldbefreiung nicht völlig neu. So gestattete die **Hamburger Fallitenordnung** von 1753 einem „unglücklichen" Schuldner in Art 107 die cessio bonorum zwecks völliger Abtragung der Schulden, sofern der Schuldner seinen unverschuldeten Vermögensverlust „klärlich documentierte" (*Ackmann* Schuldbefreiung S 10 ff; *Beule* FS Uhlenbruck S 539, 566). Die **Bremer Debitverordnung** von 1843 gewährte dem Schuldner innerhalb von drei Jahren nach Beendigung eines Konkursverfahrens das „benificium competentiae" nach §§ 244 ff (*Uhlenbruck* DGVZ 1992, 33, 34).

In die **wissenschaftliche Diskussion** fand der Gedanke, einem redlichen Schuldner nach Aufhebung des Insolvenzverfahrens die Chance zu bieten, sich von seinem in diesem Verfahren nicht befriedigten Forderungen zu befreien, allerdings erst spät Eingang. Erste Überlegungen in diese Richtung stellte *Heilmann* (KTS 1975, 18 ff) Mitte der siebziger Jahre an. *Kilger* (ZRP 1976, 190, 193) griff den Gedanken einer Entschuldung auf und forderte, das freie Nachforderungsrecht gemäß § 164 KO zu beseitigen oder jedenfalls erheblich einzuschränken, um dadurch dem Schuldner den Anreiz zu geben, ein Insolvenzverfahren rechtzeitig einzuleiten. Damit war eine Diskussion eröffnet, die mehrere Anfang der achtziger Jahre erschienene Dissertationen zur Folge hatte (*Ackmann*, Schuldbefreiung durch Konkurs?, Bonn 1982/83; *Knüllig-Dingeldey*, Nachforderungsrecht oder Schuldbefreiung, Göttingen 1984; *Menzinger*, Das freie Nachforderungsrecht der Konkursgläubiger, Freiburg i. B. 1980/81). Alle drei Untersuchungen gelangten zu dem Ergebnis, dass eine Restschuldbefreiung nach dem Konkurs geboten sei.

Eine **insolvenzrechtliche Lösung der Restschuldbefreiung** wurde 1985 erstmals auf einer Fachtagung der Verbraucherverbände in die rechtspolitische Diskussion eingeführt (*Kohte/Ahrens/Grote* Vor §§ 286 ff Rn 31). Der Vorschlag wurde auch von der Kreditwirtschaft in gewissem Umfang aufgegriffen. So sprach sich *Scholz* (ZIP 1988, 1157) für ein vereinheitlichtes und beschleunigtes Verfahren als Sanierungsinstrument für überschuldete Verbraucherhaushalte aus, das bei gutem Willen und entsprechenden Voraussetzungen einer größeren Zahl redlicher Schuldner einen Weg aus dem „Schuldturm" öffne und eine neue, auch wirtschaftliche Perspektive biete.

Ausgelöst wurde die Diskussion um die Einführung einer Restschuldbefreiung für verschuldete natürliche Personen vor allem durch den den starken Anstieg der Verbraucherkredite und die damit einhergehende wachsende Zahl verschuldeter und überschuldeter Haushalte. Schlagwörter wie „**moderner Schuldturm**" oder „**Schuldenkarrussel**" rückten mehr und mehr in den Mittelpunkt der Diskussion und sollten deutlich machen, dass das freie Nachforderungsrecht der Konkursgläubiger (§ 164 KO) quasi zu einer lebenslangen „Schuldknechtschaft" führe (*Balz* ZRP 1986, 12; *ders* ZIP 1988, 273; 1988, 1438; *Gravenbrucher Kreis* ZIP 1992, 657; *Kohte* ZIP 1994, 184; *Pape* ZRP 1993, 285; *Schmidt-Räntsch* MDR 1994, 321; *Uhlenbruck* MDR 1990, 4; *ders* KTS 1994, 499; *Wenzel* ZRO 1993, 161; *Wochner* BB 1989, 1065).

Überschuldete Verbraucher sind oft junge, geschäftlich unerfahrene Menschen mit kleinen Kindern (so *Korczak/Pfefferkorn* Überschuldungssituation S 68). Neben der Arbeitslosigkeit sind eine Scheidung und unökonomische Haushaltsführung die Hauptursachen für den Übergang von der Verschuldung in die Überschuldung (*Kohte/Ahrens/Grote* Vor §§ 286 ff Rn 3). Neuesten Untersuchungen zufolge liegt die Zahl der verschuldeten Haushalte bei 2,6 Millionen (dazu *Korczak*, GP-Forschungsgruppe, Überschuldungssituation in Deutschland im Jahre 1997). Bei den Erwerbstätigen führt die Überschuldung regelmäßig zu Lohnpfändungen, die häufig eine Beendigung des Arbeitsverhältnisses zur Folge haben. Ehe- und Suchtprobleme, Sozialhilfebezug oder gar der Abstieg in die Kriminalität oder die Verwahrlosung sind weitere zu beobachtende Folgen der Überschuldung (*Korczak* aaO S 161).

12   Nicht nur die Wissenschaft, sondern auch die Politik erkannte die Verschuldung natürlicher Personen als eines der drängendsten sozialen Probleme, für das weder das Konkursrecht (vgl dazu *Scholz* ZIP 1988, 1157 ff; *Uhlenbruck* DGVZ 1992, 33) noch das materielle Bürgerliche Recht (dazu *Döbereiner* KTS 1998, 31 ff) angemessene Lösungen bieten konnten. Gleichwohl lehnten Teile der Rechtswissenschaft das Institut der Restschuldbefreiung ab. *Karsten Schmidt* (KTS 1988, 1, 8) formulierte die Ablehnung in dem prägnanten Satz: „Schuldbefreiung ist nicht Zweck des Konkursverfahrens" (siehe ferner W. *Gerhardt* FLF 1989, 99; „MIT-Standpunkt" Heft 5 (1988), 55).

13   **1. Kommissionsbericht.** Die vom Bundesminister der Justiz 1978 eingesetzte **Kommission für Insolvenzrecht** gelangte in ihrem 2. Bericht 1986 in Leitsatz 6.3. zu dem Ergebnis, dass neben einem erleichterten liquidationsbedingten Zwangsvergleich und einer vereinfachten Schuldenregulierung in einem einheitlichen Insolvenzverfahren eine Restschuldbefreiung nach anglo-amerikanischem Vorbild nicht in Betracht komme (*Uhlenbruck* MDR 1990, 4, 6). Das englische und stärker noch das US-amerikanische Insolvenzrecht diene nicht nur der bestmöglichen und gleichmäßigen Befriedigung der Gläubiger, sondern auch dem Schutz des Schuldners, indem dieser von dem im Insolvenzverfahren unberichtigt gebliebenen Schulden befreit werde. Eine **discharge** nach dem Vorbild des englischen und US-amerikanischen Rechts sei mit den den tragenden Grundprinzipien des einheitlichen Insolvenzverfahrens nicht zu vereinbaren. Das Liquidationsverfahren diene in erster Linie dazu, die Haftung des Schuldners zu verwirklichen. Es sei seiner Funktion nach kein „Entschuldungsverfahren", mit dessen Hilfe sich der Schuldner seiner Verbindlichkeiten entledigen könne.

14   **2. Referentenentwurf.** Der Referentenentwurf eines Gesetzes zur Reform des Insolvenzrechts nach dem Stand vom 1.11.1989, der sich als eine überarbeitete und inhaltlich weiterentwickelte Fassung des Diskussionsentwurfs des Bundesministeriums der Justiz von 1988/89 darstellte, lehnte das von der Kommission für Insolvenzrecht entwickelte und befürwortete Modell der Erleichterung eines konkursbeendenden Zwangsvergleichs ab, indem er die Einführung einer **Restschuldbefreiung ohne Zustimmung der Gläubiger** im Rahmen der Insolvenzordnung vorschlug. Allerdings sollte die Durchführung des Insolvenzverfahrens allein nicht automatisch zur Entschuldung führen. Vielmehr wurde vom Schuldner verlangt, dass er für eine Wohlverhaltensperiode von sieben Jahren seine Arbeitskraft nutzt, um seine Gläubiger zu befriedigen. Die **Restschuldbefreiung** sollte **nur dem redlichen Schuldner** zuteil werden.

15   **3. Regierungsentwurf.** Der Regierungsentwurf vom 21.11.1991 (BT-Drucks 12/2443) knüpfte an die Bestimmungen des Referentenentwurfs an und sah vor, dass das Insolvenzverfahren für redliche Schuldner im Regelfall zu einer gezielten Schuldenbereinigung führt (§§ 235 bis 252). Der Schuldner habe für eine überschaubare Zeitspanne – eine Wohlverhaltensperiode von sieben Jahren – seine Arbeitskraft zu nutzen und sein pfändbares Arbeitseinkommen den Gläubigern zur Verfügung zu stellen. Restschuldbefreiung sei dem Schuldner grundsätzlich nur zu gewähren, wenn er vor der Eröffnung des Insolvenzverfahrens keine gläubigerschädigenden Handlungen begangen habe, wenn er im Insolvenzverfahren konstruktiv mitgewirkt und auch während der siebenjährigen „Wohlverhaltensperiode" die Interessen seiner Gläubiger geachtet habe, insbesondere indem er jeden Arbeitsplatzwechsel anzeige und sich bei Arbeitslosigkeit um einen zumutbaren Arbeitsplatz bemühe (S 246 der Gesetzesbegründung).

16   **4. Stellungnahme des Bundesrats.** Der Bundesrat begrüßte in seiner Stellungnahme vom 14.2.1992 grundsätzlich die Einführung einer Restschuldbefreiung (BT-Drucks 12/2443, S 84, 100 ff). Er regte jedoch an, die Schuldenbereinigung überschuldeter Verbraucher in einem **selbstständigen Verfahren** außerhalb der Insolvenzordnung zu regeln. Darüber hinaus bat er um Überprüfung, wie sichergestellt werden könne, dass die Durchführung des Insolvenzverfahrens und des Verfahrens auf Erteilung von Restschuldbefreiung nicht an dem finanziellen Unvermögen des Schuldners zur Aufbringung der Verfahrenskosten scheitere (BT-Drucks 12/2443, S 255, Nr 29).

17   **5. Beschlussempfehlung des Rechtsausschusses.** Der Rechtsausschuss des Deutschen Bundestags ließ in seiner Beschlussempfehlung (BT-Drucks 12/7302 v 18./19.4.1994) die Regelungen des Regierungsentwurfs über die gesetzliche Restschuldbefreiung im Grundsatz unangetastet (näher dazu *Uhlenbruck* Das neue Insolvenzrecht S 26). Änderungen zielten vor allem darauf ab, die Missbrauchsverhütung zu verbessern, zum Teil das Verfahren zu vereinfachen und die Gerichte zu entlasten.

18   **6. Das Vermittlungsverfahren.** Im Mai 1994 verlangte der Bundesrat die Einberufung des Vermittlungsausschusses zu den Reformgesetzen (vgl BR-Drucks 336/94 und 337/94). Das Anrufungsbegehren war von dem Wunsch getragen, die Insolvenzrechtsreform angemessen in die Justizpraxis umsetzen zu

können (KS-*Beule* S 34 Rn 25). Der **Bundesrat wünschte** unter anderem ein **Konzept zur Verbraucherentschuldung außerhalb der InsO** und weitgehend ohne gerichtliches Verfahren. Er hielt die gesetzliche Ausgestaltung einer Verbraucherentschuldung zwar für sehr wünschenswert, wies aber ua darauf hin, dass die Hilfeleistung für den typischen überschuldeten Verbraucher eine schwierige und zeitaufwändige Aufgabe sei. Das justizförmliche neue Verfahren genüge für eine effektive und in der täglichen Praxis auch realisierbare Verbraucherentschuldung nicht; der betroffene Personenkreis benötige in erster Linie einen wirtschaftlich und psychologisch versierten Helfer, über den die Justiz nicht verfüge.

Erfolg hatte das Vermittlungsverfahren für die Länder nicht (KS-*Beule* S 34 Rn 26). Die Reformgesetze blieben unverändert. Allein das Inkrafttreten der InsO wurde um weitere zwei Jahre hinausgeschoben. Das vom Deutschen Bundestag am 21. 4. 1994 verabschiedete Gesetz sollte ursprünglich bereits am 1. 1. 1997 in Kraft treten. 19

III. Restschuldbefreiung als weiteres Verfahrensziel, § 1 S 2

Dem Insolvenzverfahren liegt ein einheitlicher **Hauptzweck** zugrunde: die bestmögliche Befriedigung der Gläubiger (Begr RegE zu § 1, BR-Drucks 1/92). Diese Aufgabe findet ihren gesetzlichen Niederschlag in § 1 S 1. Daneben ordnet § 1 S 2 an, dass dem **redlichen Schuldner** Gelegenheit gegeben wird, sich von seinen restlichen Verbindlichkeiten zu befreien. Damit dient das Insolvenzverfahren erstmals auch den **Interessen des Schuldners**. 20

Ob mit der temporären Abfolge der Schuldenbefriedigung vor der Schuldenbereinigung eine allgemeine **Hierarchie der Ziele** vorgegeben ist, erscheint fraglich. Nach zutreffender Ansicht kann aus der in der Gesetzesbegründung gegebenen Kennzeichnung der Gläubigerbefriedigung als Hauptzweck des Verfahrens nicht zwingend gefolgert werden, dass konkurrierende gesetzliche Ziele allgemein verdrängt werden (*Ahrens* VuR 2000, 81, 10; ähnlich *Pape* Rpfleger 1997, 237, 241, *Kohte* FS *Remmers* S 479, 484 ff; aA KS-*Thomas* 1. Aufl S 120 Rn 5 ff; *Schmidt* InVo 2001, 156, 157). Diese Wertung dürfte auch mit dem Willen des Gesetzgebers in Einklang stehen, wonach die Interessen des Schuldners, sofern er eine natürliche Person ist, und die seiner Familie nicht vernachlässigt werden dürfen (BegrRegE, BR-Drucks 1/92 S 108). Vor diesem Hintergrund erscheint es sachgerecht, die Vorschriften der §§ 286 ff über die Restschuldbefreiung mit der in § 1 S 1 beschriebenen Zielsetzung der bestmöglichen Gläubigerbefriedigung zu verbinden (*Ahrens* aaO 11) und einen Ausgleich mit diesem Verfahrenszweck herzustellen. 21

IV. Sonstige Wege zur Restschuldbefreiung

Die Regelungen im Achten Teil der Insolvenzordnung sind nicht der einzige Weg zu einem wirtschaftlichen Neubeginn des Schuldners. So soll das Rechtsinstitut der Restschuldbefreiung die **Möglichkeiten einer außergerichtlichen Einigung** des Schuldners mit seinen Gläubigern keineswegs einschränken oder verdrängen (K/P/B/*Prütting* § 1 Rn 38). 22

Ein **Verbraucherschuldner** kann mittels eines Schuldenbereinigungsplans gemäß § 305 Abs 1 Nr 4 im **gerichtlichen Schuldenbereinigungsververfahren** gegen den Willen des Gläubigers zu einer Schuldenbereinigung gelangen. Auf diese Weise können Schuldner und Gläubiger von gesetzlichen Vorgaben abweichen, indem sie beispielsweise eine kürzere Frist für die Begleichung eines Teils der Forderungen oder einen höheren Selbstbehalt des Schuldners vereinbaren (*Smid/Haarmeyer* § 286 Rn 7). 23

Im Regelinsolvenzverfahren ist dem Schuldner die Chance eröffnet, mittels eines **Insolvenzplans** von seinen restlichen Verbindlichkeiten gegenüber seinen Gläubigern befreit zu werden (§ 227). 24

1. Priorität der außergerichtlichen Einigung bei verschuldeten Verbrauchern. Bei der Insolvenz **verschuldeter Verbraucher** räumt der Gesetzgeber dem Versuch einer außergerichtlichen Einigung absolute **Priorität** ein. Eine natürliche Person, die den Regelungen der §§ 304 ff unterliegt, hat erst dann Zugang zum Insolvenzverfahren mit der Möglichkeit einer Restschuldbefreiung auf gesetzlicher Grundlage, wenn sie zuvor – vergeblich – versucht hat, eine außergerichtliche Einigung mit ihren Gläubigern herbeizuführen. Dieser Vorrang des außergerichtlichen Einigungsverfahrens in der **dreistufigen Konzeption des Verbraucherinsolvenzverfahrens** wird dadurch sichergestellt, dass der Schuldner mit seinem Antrag auf Eröffnung des Insolvenzverfahrens die Bescheinigung einer geeigneten Person oder Stelle vorzulegen hat, dass eine außergerichtliche Schuldenbereinigung auf der Grundlage eines Plans in den letzten sechs Monaten vor dem Eröffnungsantrag erfolglos versucht worden ist. 25

2. Gerichtlicher Schuldenbereinigungsplan. Wenn außergerichtliche Verhandlungen zwischen dem Schuldner und seinen Gläubigern gescheitert sind, soll im gerichtlichen Verfahren noch einmal versucht werden, eine gütliche Einigung herbeizuführen. Dem dient das Verfahren über den Schuldenbereinigungsplan. Die **Ersetzungsmöglichkeit gemäß § 309** verhindert, dass die Entschuldung mittels eines Schuldenbereinigungsplans nur an der obstruktiven Verweigerung der Zustimmung durch einzelne Gläubiger scheitert (*Döbereiner* Restschuldbefreiung S 85). Erforderlich für die Ersetzung der Zustimmung ist, dass mehr als die Hälfte der benannten Gläubiger (Kopfmehrheit) zugestimmt hat und die 26

Summe der Ansprüche der zustimmenden Gläubiger mehr als die Hälfte der Summe der Ansprüche der benannten Gläubiger beträgt (Summenmehrheit). In bestimmten Fällen ist eine gerichtliche Ersetzung der Zustimmung ausgeschlossen (§ 309 Abs 1 S 2). Dies dient dem Schutz der Gläubiger, die aus berechtigten Gründen die Zustimmung verweigert haben (vgl BT-Drucks 12/7302 S 192).

27   3. **Insolvenzplanverfahren.** Der Insolvenzplan enthält als **Regeloption die Restschuldbefreiung** für den bestätigten Plan, § 227 (*Braun/Uhlenbruck*, Unternehmensinsolvenz S 522). Beim Fehlen einer abweichenden Bestimmung wird dem Schuldner Befreiung von seinen Verbindlichkeiten gegenüber den Insolvenzgläubigern erteilt, soweit der Plan keine besondere Vorsorge für die Erfüllung dieser Verbindlichkeiten trifft (*Smid/Rattunde* § 227 Rn 2). Enthält der Plan abweichende Regelungen, treten diese an Stelle der §§ 286 ff (*Arnold* DGVZ 1996, 65, 66 ff). Hätte der Schuldner auch ohne den Plan Anspruch auf Erteilung von Restschuldbefreiung nach den §§ 286 bis 303, darf er durch den Plan nicht in geringerem Umfang von seinen restlichen Verbindlichkeiten befreit werden (vgl Begr RegE 12/2443 S 202). Scheitert der Plan an diesem Schlechterstellungsverbot, tritt bei entsprechendem Antrag des Schuldners die gerichtliche Gewährung auf Erteilung von Restschuldbefreiung an die Stelle automomer Entscheidungen der Gläubiger (*Smid/Haarmeyer* § 286 Rn 8).

V. Internationaler Vergleich

28   In zahlreichen ausländischen Rechtsordnungen ist das System der Restschuldbefreiung schon lange beheimatet (näher dazu *Bruns* KTS 2008, 41, 44 ff; *Ehricke* ZVI 2005, 285; *Forsblad* Restschuldbefreiung S 89 ff; *Trendelenburg* Restschuldbefreiung S 109 ff). Vor allem die schuldnerfreundlichen Regelungen des US-amerikanischen Rechts haben die Reformbewegungen in Europa stark beeinflusst. Bis zu Beginn der achtziger Jahre war in den kontinentaleuropäischen Rechtsordnungen noch überwiegend der Grundsatz der freien Nachforderung festgeschrieben (*Ackmann* Schuldbefreiung S 15 ff; *Forsblad* aaO S 89). Eine Ausnahme davon machte Art 265 Abs 2 des Schweizer Schuldbeitreibungs- und Konkursgesetzes, der eine weitgehende Vollstreckungsbeschränkung ohne Zustimmung der Gläubiger zugunsten des Schuldners vorsah, sofern dieser nicht über ein angemessenes Einkommen hinaus zu neuem Vermögen gekommen ist (*Ackmann* aaO S 19 ff). Eine echte Restschuldbefreiung kennt die **Schweiz** indes nicht.

29   1. **USA.** Das mit dem am 1. 10. 1979 in Kraft getretenen Bankruptcy Code grundlegend reformierte US-amerkanische Konkursrecht (Bankruptcy Reform Act v 6. 11. 1978, Public Law No 95–598, 92 Stat 2549) sieht mit dem Liquidationsverfahren nach Chapter 7 *(Straight Liquidation)*, dem Insolvenzplanverfahren nach Chapter 11 und dem Vergleichsverfahren für Personen mit regelmäßigen Einkünften nach Chapter 13 *(Adjustments of debts of an individual with regular income)* **drei** Verfahren vor, die eine endgültige Schuldenbereinigung von Privatpersonen ermöglichen und an deren Ende in der Regel die Erteilung einer Restschuldbefreiung steht (*Bruns* aaO 45/46; *Forsblad* aaO S 129/130; *Trendelenburg* aaO S 109 ff).

30   Während das ohne Mitwirkung der Gläubiger stattfindende Verfahren nach Chapter 7 auf die Verwertung des restlichen, nicht pfändbaren Vermögens des Schuldners gerichtet ist, soll das Verfahren nach Chapter 13 dem Schuldner die Möglichkeit geben, durch einen Vergleich mit seinen Gläubigern nach Ablauf der vereinbarten Planlaufzeit Restschuldbefreiung zu erlangen, ohne dass die Zerschlagung der noch vorhandenen Vermögenswerte erforderlich ist (11 US C § 1306). Im Gegensatz zum Verfahren nach Chapter 7 ist dieses Verfahren auf natürliche Personen beschränkt, die über regelmäßige Einkünfte verfügen. Nach Abschluss der Liquidation hat das Konkursgericht dem Schuldner eine *order of discharge* für den ungetilgten Teil seiner Schulden mit Ausnahme der in 11 US C § 727 (b) und 11 US C § 523 aufgeführten Schulden zu erteilen. Durch den *Bankruptcy Abuse Prevention and Consumer Protection Act* v 20. 4. 2005 hat der US-amerikanische Gesetzgeber die Entschuldung im Liquidationsverfahren zur Eindämmung von Missbräuchen weiter eingeschränkt (näher dazu *Bruns* aaO 46).

31   Im Verfahren nach Chapter 13 erteilt das Gericht dem Schuldner für alle im Plan benannten Forderungen die *order of discharge*, sofern der Schuldner die im Plan übernommenen Verpflichtungen erfüllt und das Gericht keine schriftliche Verzichtserklärung des Schuldners erhält, welche dieser nach Stellung der *order for relief* gestellt hat. Anders als nach der Insolvenzordnung besteht im US-amerikanischen Konkursrecht für Ehepartner die Möglichkeit, gemeinsam ein Verfahren nach Chapter 7 oder Chapter 13 durchzuführen, sogen *joint cases* (vgl 11 US C § 302 (a)).

32   2. **England.** Das System der Restschuldbefreiung *(discharge)* ist in England in wechselnder Form bereits seit über 300 Jahren bekannt und im *Insolvency Act* geregelt. Es gilt für Kaufleute ebenso wie für Nichtkaufleute. An Würdigkeitsvoraussetzungen ist die Erteilung der Restschuldbefreiung nicht geknüpft. 2004 wurde durch den *Enterprise Act 2002* die *automatic discharge* eingeführt. Sie kommt den Schuldnern zugute, die zum ersten Mal insolvent geworden sind. Gem sec 279 (1) (a) Insolvency Act (IA) darf gegen die betreffende Person in den letzten 15 Jahren vor Insolvenzeröffnung kein Insolvenzverfahren eröffnet worden sein und keine „criminal bankruptcy" vorliegen. Ein Jahr nach der Eröff-

nung des Insolvenzverfahrens beginnt die einjährige Wohlverhaltensperiode (sec 279 subs 1 I A). Nach Ablauf dieses Jahres erklärt das Gericht grs die vom Schuldner angestrebte Restschuldbefreiung. Soweit noch Vermögenswerte vorhanden sind, behält der vom Gericht oder der Gläubigerversammlung ernannte Trustee das Recht, diese zu verwerten. Erst mit deren Verwertung endet das Verfahren (näher dazu *Bruns* KTS 2008, 41, 44 ff; *Dimmling* ZInsO 2007, 1198; *Hergenröder/Alsmann* ZVI 2007, 337, 342; *Forsblad* Restschuldbefreiung S 90 ff).

3. Kontinentaleuropäische Rechtsordnungen. Auf dem europäischen Kontinent hat es lange Zeit Bedenken gegen das Insolvenzrecht als Mittel der Entschuldung gegeben (so zutreffend *Niemi-Kiesiläinen* in *Niemi-Kiesiläinen/Ramsay/Whitford* (Hg), Consumer Bankruptcy in global perspective 2003, S 41 ff; *Piekenbrock*, KTS 2008, 307). Inzwischen haben zahlreiche Staaten Regelungen zur Entschuldung natürlicher Personen eingeführt. Dagegen hat **Spanien** davon abgesehen, in seinem neuen Konkursgesetz (vgl Gesetz Nr 22/2003 vom 9. 7. 2003, Boletin Oficial del Estado Nr 164 vom 10. 7. 2003, S 26.905) die Restschuldbefreiung einzuführen. In **Österreich** sollen die durch die Konkursordnungs-Novelle vom 30. 12. 1993 (BGBl – Österreich –, Bundesgesetz Nr 974, S 8539 ff) eingeführten Neuregelungen insbesondere der §§ 181 bis 216 öKO die Sanierung von natürlichen, speziell von unternehmerisch tätigen Personen erleichtern. Während die §§ 193 bis 198 öKO die Schuldenregulierung durch Zahlungsplan ermöglichen, sehen die §§ 199 bis 216 öKO das Abschöpfungsverfahren mit anschließender Restschuldbefreiung vor. 33

In **Frankreich** wurde 1989 mit der *„Loi relative a la prevention des dificultes liees au surendettement des particuliers et des familles"* ein Verfahren zur Entschuldung von Verbrauchern eingeführt (näher dazu *App* DGVZ 1991, 180; *Forsblad* aaO S 171 ff). Dieses sah zunächst ein Güteverfahren der Schuldenregulierungskommission vor, dem sich uU ein gerichtliches Verfahren anschloss. Da dieses Verfahren zu einer Überlastung der Gerichte geführt hatte (*Trendelenburg* Restschuldbefreiung S 117), trat am 1. 8. 1995 ein Reformgesetz in Kraft, das die Stellung der Kommission stärkt. (Zu den Voraussetzungen der Anerkennung einer in Frankreich erteilten Restschuldbefreiung in Deutschland s **BGH** ZInsO 2001, 1009 m Anm *Vallender*.) Im Jahre 1998 wurde ein Wechsel vom Sanierungsmodell hin zur echten Restschuldbefreiung vollzogen. Die weitere Reform im Jahre 2003 sieht nunmehr ein zweistufiges Verfahren vor. Dieses ist erst auf der zweiten Stufe als gerichtliches Restschuldbefreiungsverfahren ausgestaltet und eröffnet dem Schuldner die Möglichkeit der Entschuldung (*retablissement personnel*), wenn sich bei der Ausführung des Sanierungsversuchs die Hoffnungslosigkeit der Bemühungen des redlichen Schuldners (*bonne foi du debiteur*) zeigt. Zu den Möglichkeiten der Restschuldbefreiung für Privatpersonen in den französischen Departements Bas-Rhin, Haut-Rhin und Moselle nach der *faillite civile* siehe *Delzant/Schütze* ZInsO 2008, 540. 34

In **Dänemark** (vgl das Schuldenbereinigungsverfahren, gaeldssanering, in §§ 197–237 des Konkursgesetzes, konkurslov, in der Fassung des Gesetzes vom 9. 5. 1984, Lovtidende A S 625), **Norwegen** (vgl das Gesetz Nr 99 über die freiwillige und erzwungene Schuldensanierung für Privatpersonen (*gjeldsordningsloven*) vom 17. 7. 1992, Norsk Lovtidend S 799), **Finnland** (vgl das Gesetz zur Schuldensanierung von Privatpersonen, *lag om skuldsanering för privatpersoner*, vom 25. 12. 1993, Finlands Författningssamling Nr 57/1993, näher dazu *Kosekelo* ZEuP 1995, 622 ff) und **Schweden** (vgl das Schuldensanierungsgesetz, schuldsaneringsregling, vom 19. 5. 1994, *Svensk Författningssamling* 1993, 334) sind Schuldensanierungsgesetze in Kraft, die Privatpersonen die Regulierung ihrer Schulden erleichtern sollen und eine Restschuldbefreiung am Ende des Verfahrens nach angloamerikanischem Vorbild vorsehen (näher dazu *Arnold* ZIP 1985, 321; *Exner* KTS 1992, 547 ff; *Bogdan* ZEuP 1995, 617 ff; *Koskelo* ZEuP 1995, 622 ff; *Forsblad* aaO S 184 ff). 35

Italien beschränkt die Restschuldbefreiung auf Unternehmer (vgl Art 142 ff. legge fall. in der Fassung der Gesetzesverordnung vom 9. 1. 2006, Nr 5 Suppl. Ord. Nr 13/L G. U. Nr 12 vom 16. 1. 2006. LEX I S 306). Für Verbraucher gibt es dagegen kein Entschuldungsverfahren und auch die (vertragliche) cessione die beni ai creditori (Art 1977 cc.) hat außer bei ausdrücklicher entgegenstehender Vereinbarung keine restschuldbefreiende Wirkung (Art 1984 c.c.). Auch **Polen** (vgl Art 369 des Konkurs- und Sanierungsrechtes, *Prawo upadocioowe i naprawcze*) vom 28. 2. 2003, Dzennik Ustaw 2003, Nr 60 Pos. 535, (in deutscher Übersetzung bei *Paintzer* WiRO 2004, 177, 187 und dazu *Paintzer* WiRO 2003, 337, 338) kennt eine Restschuldbefreiung nur für Unternehmer. In **Belgien** sieht das Schuldensanierungsverfahren, procedure de reglement collectif de dettes, Art 1675/2–1675/19 code judiciaire in der Fassung des Gesetzes vom 5. 7. 1998, Moniteur Belge vom 31. 7. 1998, S 24.613, grundsätzlich nur Vertragshilfen (Art 1675/12) und nach Art 1675/13 § 1 ausnahmsweise Teilerlasse vor. 35a

4. Europäische Gemeinschaft. Nach wie vor ist die Europäische Gemeinschaft von einer Regelung zur Vereinheitlichung privater Schuldenregulierungsverfahren weit entfernt. Reformbestrebungen in diese Richtung sind nicht auszumachen. Auch die Verordnung (EG) Nr 1346/2000 über Insolvenzverfahren (abgedruckt in: ZInsO 2001, 111 ff), die am 31. 5. 2002 in Kraft getreten ist (Art 47), wird an diesem Zustand nichts ändern. Die Regelungen der Restschuldbefreiuung (§§ 286 ff) fallen unter den Anwendungsbereich der EuInsVO. 36

Bezüglich der **Wirkungen einer Restschuldbefreiung** gilt insoweit folgendes: Sie richten sich nach dem Recht des Staates der Verfahrenseröffnung (**Art 4 Abs 2 lit k EuInsVO**). Kommt es nur zur Eröffnung 37 eines Hauptinsolvenzverfahrens, mit dessen Beendigung auch die Wirkungen einer Restschuldbefreiung verbunden sind, führt dies zu einer EU-weiten Restschuldbefreiung in dem Umfang, wie dies das Recht des Eröffnungsstaates vorsieht (*Duursma-Kepplinger/Duursma/Chalupsky* Art 4 EuInsVO Rn 26). Eine in einem Mitgliedstaat der Gemeinschaft erteilte Restschuldbefreiung ist in Deutschland indes nicht zu beachten, wenn sie die (deutsche) öffentliche Ordnung iSv Art 26 EuInsVO, Art 6 EGBGB („ordre public") verletzt. Ein solcher Verstoß liegt vor, wenn das Ergebnis der Anwendung des ausländischen Rechts zu den Grundgedanken der deutschen Regelung und den in ihr enthaltenen Gerechtigkeitsvorstellungen in so starkem Widerspruch steht, dass es nach inländischen Vorstellungen unerträglich erscheint. Dies ist bei einer Erfassung von Forderungen aus vorsätzlich begangener unerlaubter Handlung anzunehmen oder dann der Fall, wenn der Schuldner die Restschuldbefreiung in dem anderen Staat unter arglistigem Verschweigen wesentlicher Umstände erlangt hat (vgl **BGH** v 18. 9. 2001 – IX ZB 51/00, NZI 2001, 646 m Anm *Vallender* ZInsO 2001, 1011; *ders* ZInsO 2009, 616). Im Prozess obliegt die Darlegungslast für einen Verstoß gegen die öffentliche Ordnung dem widersprechenden Gläubiger (BGH aaO).

37a Besonderheiten gelten hinsichtlich eines **Territorialverfahrens** (Verfahren mit räumlich begrenzter Wirkung), bei dem die Gültigkeit der Eröffnung des Verfahrens und seine Wirkungen auf die im Gebiete des Staates der Verfahrenseröffnung belegenen Vermögenswerte anerkannt werden (Art 3 Abs 2 S 2, Art 28). Sieht das Recht des Staates, in dem ein Sekundärinsolvenzverfahren eröffnet worden ist, eine Restschuldbefreiung nicht vor, steht den Gläubigern die Möglichkeit von Einzelzwangsvollstreckungsmaßnahmen zu, die sich jedoch auf das in diesem Staate (künftig belegene) Vermögen beschränken. Wird dem Schuldner indes im Sekundärinsolvenzverfahren Restschuldbefreiung erteilt, findet die Vorschrift des Art 17 Abs 2 S 2 EuInsVO Anwendung. Die Restschuldbefreiung bezieht sich in erster Linie nur auf das im Inland (Eröffnungsstaat des Sekundärinsolvenzverfahrens) belegene Vermögen (*Pannen/Riedemann* Art 17 Rn 18 mwN). Gegenüber den Gläubigern hinsichtlich des in den anderen Staaten belegenen Vermögens wirkt die Restschuldbefreiung nur, wenn die Gläubiger hierzu ihre Zustimmung erteilt haben (s dazu auch Art 34 Abs 2 EuInsVO).

VI. Autonomes deutsches Internationales Insolvenzrecht

37b Die Regelungen der §§ 335 bis 358 finden auch auf das Restschuldbefreiungsverfahren Anwendung. Dafür spricht, dass der deutsche Gesetzgeber die Anwendbarkeit der Regelungen zur Restschuldbefreiung für Partikularverfahren ausdrücklich ausgeschlossen hat (§ 355 Abs 1). Dies lässt den Rückschluss zu, dass die Regelungen in allen übrigen Verfahren anwendbar sind (*Hergenröder* ZVI 2005, 233, 242).

VII. Grundzüge der Regelung

38 Der Schuldner kann **Restschuldbefreiung** nach Maßgabe der §§ 286 ff **nur im Rahmen eines Insolvenzverfahrens** erlangen. Zunächst müssen das Vermögen und die Verbindlichkeiten des Schuldners in einem Insolvenzverfahren festgestellt werden. Ist Teilungsmasse vorhanden und die Schuldenmasse weitgehend geklärt, so schließt sich hieran die Verteilung an. Sobald der Insolvenzverwalter die Masse verwertet hat, findet eine Schlussverteilung statt (§ 196). Nach Genehmigung der Schlussverteilung bestimmt das Insolvenzgericht zugleich einen Schlusstermin. Wird das Verfahren ordnungsgemäß zu Ende geführt, wird nach durchgeführter **Schlussverteilung** regelmäßig das **Verfahren aufgehoben.**

39 Eine **Verfahrenseinstellung** erfolgt dagegen bei vorzeitigem Abbruch des Insolvenzverfahrens. Während bei einer Einstellung des Verfahrens mangels Masse nach § 207 Abs 1 eine Restschuldbefreiung nicht stattfinden kann, reicht die Masseunzulänglichkeit gemäß § 208 für den Antrag auf Erteilung von Restschuldbefreiung aus (§ 289 Abs 3 S 1). Für natürliche Personen, die dem **Regelungsbereich des** § 304 unterliegen, gelten die Sondervorschriften des Neunten Teils der Insolvenzordnung.

40 Das **Restschuldbefreiungsverfahren** selbst vollzieht sich in **vier Schritten** (nach *Hess* § 286 Rn 41 gliedert sich das Verfahren in zwei Verfahrensabschnitte, den Zulassungsabschnitt und die Wohlverhaltensphase). Zunächst hat der Schuldner einen **Antrag** auf Erteilung der Restschuldbefreiung zu stellen, der mit dem Antrag auf Eröffnung des Insolvenzverfahrens verbunden werden soll (§ 287 Abs 1 S 1). Diesem ersten Schritt folgt als zweiter die **Ankündigung der Restschuldbefreiung.** Diese setzt die Aufhebung des Insolvenzverfahrens nach Vollzug der Schlussverteilung gemäß § 200 bzw im Falle der Anzeige der Masseunzulänglichkeit gemäß § 208 die Einstellung des Verfahrens gemäß § 211 nach Befriedigung der Massegläubiger nach Maßgabe des § 209 voraus. Die Ankündigung der Restschuldbefreiung gemäß § 291 Abs 1 kommt nur in Betracht, wenn der Schuldner einen Antrag auf Erteilung der Restschuldbefreiung gestellt hat. Mit seinem Antrag hat der Schuldner darüber hinaus die Erklärung zu verbinden, für die Dauer von sechs Jahren den pfändbaren Teil seiner Bezüge aus einem Dienstverhältnis oder an deren Stelle tretende laufende Bezüge an einen vom Gericht zu bestimmenden Treuhänder abzutreten (§ 287 Abs 2 S 1).

41 Die Entscheidung über den Antrag des Schuldners trifft das Gericht nach Anhörung der Insolvenzgläubiger und des Insolvenzverwalters bzw. des Treuhänders im Schlusstermin des Insolvenzverfahrens (§ 289 Abs 1). Da nur der **redliche Schuldner** Restschuldbefreiung erlangen soll, sieht das Gesetz bei unredlichem Verhalten in § 290 verschiedene Versagungsgründe vor. Die Versagung der Restschuldbe-

VIII. Verfahrensrechtliche Vorschriften   **Vor § 286**

freiung in diesem Verfahrensstadium setzt einen Antrag eines Insolvenzgläubigers im Schlusstermin voraus.

Nach Ankündigung der Restschuldbefreiung hat der Schuldner während der restlichen Laufzeit der 42 Abtretungserklärung bestimmte **Obliegenheiten** (§ 295) zu erfüllen (dritter Schritt). Er soll sich nach besten Kräften bemühen, seine Gläubiger während dieses Zeitraums so weit wie möglich zu befriedigen. Während der Wohlverhaltensperiode ist den Insolvenzgläubigern eine **Zwangsvollstreckung** in Ansprüche auf Arbeitsentgelt nicht gestattet (§ 294 Abs 1). Die **Aufrechnungsbefugnis des Arbeitgebers** des Schuldners ist eingeschränkt (*Hess* § 289 Rn 20). Die Wohlverhaltensperiode ist dadurch gekennzeichnet, dass in ihr für den Zugriff auf das Schuldnervermögen der Grundsatz der Gläubigergleichbehandlung (*par conditio creditorum*) fortbesteht (*Smid* Grundzüge § 27 Rn 17; *Prziklang* Verbraucherinsolvenz S 63). Diesen Grundsatz sichert § 294.

Das Restschuldschuldbefreiungsverfahren endet grundsätzlich nach Ende der sechsjährigen Laufzeit 43 der Abtretungserklärung und der Entscheidung des Insolvenzgerichts gem § 300. Dem Schuldner wird die **Restschuldbefreiung erteilt**, wenn er den Obliegenheiten nachgekommen ist (vierter Schritt). Dabei kommt es nicht darauf an, ob und in welcher Höhe die im Insolvenzverfahren nicht erfüllten Verbindlichkeiten während der Wohlverhaltensperiode erfüllt wurden.

VIII. Verfahrensrechtliche Vorschriften

Bei dem **Restschuldbefreiungsverfahren** handelt es sich um ein in der Insolvenzordnung geregeltes 44 **selbstständiges Verfahren** (*Kohte/Ahrens/Grote* § 286 Rn 18). Dabei schaffen die Vorschriften der §§ 286 bis 303 nicht nur die die materiellrechtlichen Voraussetzungen für die Erteilung der Restschuldbefreiung, sondern enthalten auch eigenständige Verfahrensregelungen. Fehlt es daran, muss auf die **allgemeinen Vorschriften der Insolvenzordnung** (§§ 1 bis 11) zurückgegriffen werden. Enthalten weder die Regelungen des Achten Teils der Insolvenzordnung noch die allgemeinen Vorschriften das Verfahren regelnde Bestimmungen, gelten nach § 4 subsidiär die **Vorschriften der ZPO** (*Döbereiner* Restschuldbefreiung S 292; *N/R/Römermann* Vor § 286 Rn 47).

1. Zuständigkeit. a) Sachliche Zuständigkeit. Sachlich zuständig für das Restschuldbefreiungsverfahren 45 ist das **Insolvenzgericht** (§§ 287 Abs 1, 289 Abs 1, 296–298, 300, 303). Nach § 2 Abs 1 ist Insolvenzgericht das **Amtsgericht**, in dessen Bezirk ein Landgericht seinen Sitz hat. Mithin ist für das Restschuldbefreiungsverfahren dasselbe Amtsgericht in seiner Funktion als Insolvenzgericht zuständig, das auch das Insolvenzverfahren durchgeführt hat (*Döbereiner* aaO S 288).

b) Örtliche Zuständigkeit. Die örtliche Zuständigkeit ist in § 3 Abs 1 geregelt. Danach ist das Insol- 46 venzgericht ausschließlich zuständig, in dessen Bezirk der Schuldner seinen allgemeinen Gerichtsstand nach den §§ 13 ff ZPO hat. Übt der Schuldner keine selbstständige wirtschaftliche Tätigkeit aus, ist auf seinen Wohnsitz abzustellen (§§ 7 Abs 1, 8 bis 11 BGB). Hat der Schuldner keinen Wohnsitz, ist sein inländischer Aufenthaltsort maßgeblich (§ 16 Fall 1 ZPO iVm § 3 Abs 1 S 1). Bei mehrfachem Wohnsitz (§ 7 Abs 2 BGB) greift der Prioritätsgrundsatz (§ 3 Abs 2) ein.

Ein **Wohnsitzwechsel** nach Stellung des Antrags auf Eröffnung des Insolvenzverfahrens ändert grund- 47 sätzlich nichts an der Zuständigkeit des ursprünglich angerufenen Gerichts, § 261 Abs 3 Nr 2 ZPO iVm § 4 InsO (vgl **OLG München** Rpfleger 1987, 78; K/U § 71 KO Rn 6). Dies gilt auch für das sich an das **Insolvenzverfahren** anschließende **Restschuldbefreiungsverfahren**. Auch wenn beide Verfahren eigenständig sind, bilden sie gleichwohl **eine Einheit**, so dass nach dem Eröffnungsantrag eintretende Veränderungen bezüglich des allgemeinen Gerichtsstands keine Auswirkungen auf die Zuständigkeit für das Restschuldbefreiungsverfahren haben (*Döbereiner* Restschuldbefreiung S 288; *N/R/Römermann* Vor § 286 Rn 44).

Für die örtliche Zuständigkeit in einem **grenzüberschreitenden Insolvenzverfahren** sind ebenfalls die 48 Verhältnisse im Zeitpunkt der Antragstellung maßgebend (**BGH** v 13. 11. 2008 – IX ZB 201/07, ZInsO 2008, 1382). Das Gericht eines Mitgliedsstaats der EU, in dessen Gebiet der Schuldner den Mittelpunkt seiner hauptsächlichen Interessen hat, bleibt für die Entscheidung über die Eröffnung dieses Verfahrens zuständig, wenn der Schuldner **nach Antragstellung**, aber vor der Eröffnungsentscheidung den Mittelpunkt seiner hauptsächlichen Interessen in das Gebiet eines anderen Mitgliedsstaats verlegt (**BGH** v 9. 2. 2006 – IX ZB 418/02, ZIP 2006, 529 unter Bezugnahme auf **EuGH** v 17. 1. 2006 – Rs. C-1/04, NZI 2006, 153 m Anm *Mankowski* NZI 2006, 154). Etwas anderes gilt unter Umständen dann, wenn der Schuldner einen Antrag auf Eröffnung des Insolvenzverfahrens über sein Vermögen kurz vor Abmeldung in einer bundesdeutschen Stadt und Anmeldung im **Ausland** ersichtlich aus dem Grund stellt, noch in Deutschland eine Zuständigkeit für die Eröffnung des Verbraucherinsolvenzverfahrens missbräuchlich in Anspruch zu nehmen (vgl **AG Düsseldorf** NZI 2000, 555 mwN).

Ist der **Schuldner selbstständig wirtschaftlich tätig** und liegt der Mittelpunkt dieser Tätigkeit außer- 49 halb des Bezirks desjenigen Insolvenzgerichts, in dem er seinen allgemeinen Gerichtsstand hat, so ist **ausschließlich** das Insolvenzgericht zuständig, in dessen Bezirk dieser Ort liegt (§ 3 Abs 1 S 2). Von der selbstständigen wirtschaftlichen Tätigkeit werden insbesondere die gewerbliche, freiberufliche sowie die

Vallender   2651

land- und forstwirtschaftliche Tätigkeit erfasst. Hat der Schuldner zum Zeitpunkt der Antragstellung seine bis dahin in Deutschland ausgeübte selbstständige wirtschaftliche Tätigkeit aufgegeben und seinen Wohnsitz ins Ausland verlegt, so fehlt es an der **internationalen Zuständigkeit** der deutschen Insolvenzgerichte. Ein Insolvenzverfahren mit einem sich anschließenden Restschuldbefreiungsverfahren scheidet dann von vorneherein aus (OLG Köln NZI 2001, 380 = ZInsO 2001, 622).

50   c) **Funktionelle Zuständigkeit.** Die Verfahren nach der Insolvenzordnung sind grundsätzlich Aufgabe des Rechtspflegers (*Wimmer* InVo 1997, 316). Damit ist der Rechtspfleger grundsätzlich auch für die Bearbeitung der Restschuldbefreiungsverfahrens nach den §§ 287 ff zuständig. Dies gilt zunächst für den Beschluss über die Ankündigung der Restschuldbefreiung nach § 291. Ebenso ist der Rechtspfleger bei einem **unzulässigen Antrag** des Schuldners auf Erteilung der Restschuldbefreiung nach § 3 Nr 2 e RPflG zur Entscheidung berufen (OLG Köln ZInsO 2000, 334; LG Göttingen, Beschl v 4. 11. 2000 – 10 T 142/00, LS in ZInsO-Rechtsprechungsreport ZInsO 2000, 658; *Lücke/Schmittmann* ZInsO 2000, 87, 88; **aA LG Münster** Rpfleger 2000, 83; *Hess* § 287 Rn 107). Des Weiteren obliegen dem Rechtspfleger die Entscheidung über die Erteilung der Restschuldbefreiung, falls nicht ihre Versagung beantragt wurde, der Restschuldbefreiung nach § 298 sowie alle Entscheidungen über die Belange des Treuhänders einschließlich seiner Vergütung (*Kohte/Ahrens/Grote* § 286 Rn 52; *Smid/Haarmeyer* § 286 Rn 28). Auch wenn es sich bei der Entscheidung nach § 314 Abs 3 S 2 um eine Entscheidung handelt, die der rechtsprechenden Tätigkeit iSv Art 92 GG zumindest sehr nahe kommt, ist hierfür der Rechtspfleger zuständig (aA *Kohte/Ahrens/Grote* § 314 Rn 36; K/P/B/*Wenzel* § 286 Rn 99). Die Regelung in § 18 Abs 1 RPflG ist abschließend. Ein Richtervorbehalt ist insoweit nicht vorgesehen. Im Übrigen muss das Gericht bei seiner Entscheidung nicht eine Abwägung zwischen dem Interesse des Schuldners an einer Schuldbefreiung und dem Interesse des Gläubigers an einer optimalen Befriedigung vornehmen. Vielmehr kommt es allein darauf an, ob der Schuldner den nach § 314 Abs S 1 festgesetzten Betrag nach Ablauf der genannten Fristen gezahlt hat. Der Richter kann indes alle diese Geschäfte an sich ziehen oder wieder auf den Rechtspfleger übertragen, § 18 Abs 2 RPflG (näher dazu *Fuchs* ZInsO 2001, 1033 ff).

51   Während der Laufzeit der Abtretungserklärung sind nach § 18 Abs 1 Nr 2 RPflG einige wesentliche Entscheidungen indes dem **Richter** vorbehalten. Dieser **entscheidet** über die Einleitung oder Versagung der Restschuldbefreiung auf der Grundlage des Antrags des Schuldners nach § 289, über die vorzeitige Beendigung des Restschuldbefreiungsverfahrens nach den §§ 296, 297, über die endgültige Erteilung der Restschuldbefreiung nach § 300, wenn ein Gläubiger die Versagung beantragt hat sowie über den Widerruf der Restschuldbefreiung nach § 303.

52   Der **Richtervorbehalt** ist darin begründet, dass die genannten Entscheidungen im Restschuldbefreiungsverfahren der rechtsprechenden Tätigkeit im Sinne von Art 92 GG sehr verwandt sind, in einem **kontradiktorischen Verfahren** nach Anhörung der Beteiligten ergehen und regelmäßig komplizierte Abwägungen und Bewertungen erfordern, die tief in die rechtliche Stellung des Schuldners oder des Gläubigers eingreifen (Begr RegE, EGInsO, BT-Drucks 12/3803 S 65; vgl auch *Döbereiner* Restschuldbefreiung S 279 ff).

53   **2. Anwendbarkeit der Bestimmungen der ZPO und des GVG.** Die **Vorschriften der ZPO** finden über § 4 Anwendung, wenn die Insolvenzordnung keine das Verfahren der Restschuldbefreiung regelnde Bestimmungen enthält. Im Restschuldbefreiungsverfahren kann vor allem der Rückgriff auf die Vorschriften über die Fristen nach den §§ 222, 224 Abs 2, 225 ZPO, über die Wiedereinsetzung in den vorigen Stand nach den §§ 233 ff ZPO, über die **Glaubhaftmachung** gemäß § 294 ZPO im Zusammenhang mit Anträgen von Gläubigern auf Versagung der Restschuldbefreiung sowie über das Regelungen über das Akteneinsichtsrecht von praktischer Relevanz sein (*Döbereiner* aaO S 292/293; N/R/*Römermann* Vor § 286 Rn 47). Darüber hinaus finden auch die Bestimmungen des **Gerichtsverfassungsgesetzes** Anwendung, weil das Restschuldbefreiungsverfahren unter die streitige Gerichtsbarkeit zu fassen ist (*Döbereiner* aaO

IX. Verfassungsrecht und Restschuldbefreiung

54   Ob die Beschränkung des freien Nachforderungsrechts der Insolvenzgläubiger durch die Einführung der Restschuldbefreiung einen Eingriff in den **Schutzbereich der Eigentumsgarantie** darstellt oder mit anderen verfassungsrechtlichen Bestimmungen nicht in Einklang steht, wird nicht einheitlich beurteilt. Mit Recht sprechen sich die meisten Stimmen in der Literatur (*Bruns* KTS 2008, 41, 48 ff; *Arnold* BB 1992, 2227, 2230; *Ackmann* Schuldbefreiung S 107; ZIP 1982, 1266, 1271; *Forsblad* Restschuldbefreiung S 291; *Gerhardt* ZZP 95 (1982), 467, 492; *Hess* § 286 Rn 19; *Seuffert* ZIP 1986, 1157, 1158; K/P/B/*Wenzel* § 286 Rn 69; *Wochner* BB 1989, 1065, 1067) für die Verfassungsmäßigkeit einer Restschuldbefreiung aus. Sie gehen dabei von einer verfassungskonformen Inhalts- und Schrankenbestimmung der Eigentumsgarantie durch das Restschuldbefreiungsverfahren aus. Die Fortschreibung der bisherigen Tendenz der Humanisierung des Vollstreckungsrechts durch Einführung einer Beschränkung der Haftung natürlicher Personen stehe nicht außer Verhältnis zu dem Interesse der Gläubiger an einer effektiven Vollstreckung, weil die Gläubiger wirtschaftlich nicht schlechter als vor der neuen Regelung gestellt seien (K/P/B/*Wenzel* § 286 Rn 56 und 68 mwN).

Das **AG** München (s Vorlagebeschlüsse nach Art 100 GG v 30. 8. 2002 – 1506 IN 656/02, NZI 55
2002, 676; v 25. 9. 2003 – 1507 IN 39/02, ZVI 2003, 546 u v 9. 6. 2004 – 1507 IN 39/02, NZI 2004,
456) und ein Teil des Schrifttums sind dagegen der Auffassung, die Restschuldbefreiung verstoße gegen
Art 14 GG, weil auf diese Weise in das Eigentumsrecht des Gläubigers eingegriffen werde, ohne dass
damit der Sozialbindung gedient werde (*Christmann* DGVZ 1992, 177, 179).

Diese Auffassung ist abzulehnen. Sie setzt sich nicht hinreichend mit der verfassungsgerichtlichen 56
Rechtsprechung zu Art 14 GG auseinander, wonach in erster Linie der sozial Schwache um seiner Freiheit willen des Schutzes bedarf (vgl BVerfG v 24. 3. 1976 – 2 BvR 804/75, BVerfG 42, 64, 77). Unberücksichtigt bleibt auch das zugunsten der Schuldner wirkende Sozialstaatsgebot. Schließlich ist nicht zu verkennen, dass das unbegrenzte Nachforderungsrecht des § 164 Abs 1 KO nur „de jure" gegenüber allen Schuldnern bestand (näher dazu BVerfG aaO Rn 23).

Zwar kann eine Beschränkung oder erhebliche Erschwerung der Durchsetzbarkeit einer Forderung 56a
– wie dies auf Grund einer zugunsten des Schuldners erteilten Restschuldbefreiung der Fall ist – ein Eingriff in das Eigentum des Gläubigers sein (vgl BVerfG v 9. 1. 1991 – 1 BvR 929/89, BVerfGE 83, 201, 211 ff). Der Gesetzgeber hat bei der Bestimmung des Inhalts des Eigentums konkurrierende Grundrechtspositionen in ein ausgewogenes Verhältnis zu bringen und besitzt hierbei eine weite Gestaltungsfreiheit. Dem entspricht die Bindung des Gesetzgebers an den verfassungsrechtlichen Grundsatz der Verhältnismäßigkeit (BVerfG v 30. 11. 1988 – 1 BvR 1301/84, BVerfGE 79, 174, 198). Bei der Frage der **Interessenausgewogenheit** ist auch zu berücksichtigen, inwieweit das eigene Verhalten der Gläubiger, wie zum Beispiel deren Verzicht auf die Wahrnehmung ihrer prozessualen Rechte zur Verteidigung ihres Eigentums, Auswirkungen auf die verfassungsrechtliche Prüfung hat. Darüber hinaus darf in diesem Zusammenhang nicht außer Acht gelassen werden, dass Gläubiger bereits bei Vertragsschluss für eine Absicherung sorgen können und sich das Risiko der mangelnden Durchsetzbarkeit ihrer Forderung auf Grund einer dem Schuldner zu erteilenden Restschuldbefreiung damit teilweise auch auf eigenes, aus der Vertragsautonomie folgendes Verhalten zurückführen lässt (BVerfG v 22. 12. 2005 – 1 BvL 9/05, ZVI 2006, 125). Etwaige Gläubigernachteile können schließlich durch gestärkte Auskunfts- oder Beteiligungsrechte vermieden oder zumindest abgeschwächt werden. Vor diesem Hintergrund begegnen die Vorschriften der Insolvenzordnung über die Restschuldbefreiung keinen durchgreifenden verfassungsrechtlichen Bedenken. Nur sie erlauben es, dass dem Schuldner die Möglichkeit eines wirtschaftlichen Neuanfangs eröffnet wird. Ob allerdings der Wunsch des Gesetzgebers, durch die Restschuldbefreiung würden die Chancen der Insolvenzgläubiger, vom Schuldner tatsächlich Befriedigung zu erlangen, erhöht werden, weil „der Schuldner zu einem redlichen und gläubigerfreundlichen Verhalten ..., während und nach dem Insolvenzverfahren motiviert wird" (BR-Drucks 1/92 S 71 ff, 187 ff), in Erfüllung gehen wird, darf bezweifelt werden. Ausschlaggebend für die Annahme der Verfassungsgemäßheit der Restschuldbefreiung ist dies nicht.

Zutreffend hält *Forsblad* (Restschuldbefreiung S 295 ff) die Regelungen des Restschuldbefreiungsver- 56a
fahrens auch mit dem aus dem Rechtsstaatsprinzip des Art 20 Abs 3 GG abzuleitenden Bestimmtheitsgebot und mit der verfassungsrechtlichen Garantie des Art 19 Abs 4 GG für vereinbar.

Der **Gesetzgeber** hat zwar während des Gesetzgebungsverfahrens den Aspekt der Verfassungsmäßig- 56b
keit der Restschuldbefreiung nicht ausgeblendet, diese Frage aber nur ansatzweise behandelt (Begr RegE Vor § 235, BT-Drucks 12/2443 S 187, 188). So sah der Rechtsausschuss durch die Restschuldbefreiung die verfassungsrechtlichen Zielsetzungen des Schutzes erworbener Rechtspositionen (Art 14 Abs 1 S 1 GG) und der staatlichen Hilfe für in Not geratene Personen (Art 20 Abs 1 GG, Sozialstaatsgebot) in angemessener Weise zum Ausgleich gebracht. Durch die hohen Anforderungen an die gesetzliche Restschuldbefreiung sei gewährleistet, dass die Gläubiger wirtschaftlich im Regelfall nicht schlechter gestellt würden als bei einem unbeschränkten Nachforderungsrecht, das nur mit großen Schwierigkeiten und nur in geringer Höhe durchgesetzt werden könne.

Soweit **ein Gläubiger** eine Überprüfung der Vorschriften über die Restschuldbefreiung wegen Verfas- 56c
sungswidrigkeit durch das **Bundesverfassungsgericht** begehrt, hat er eine Entscheidung nach Maßgabe des Art 93 Abs 1 Nr 2 GG, § 13 Nr 6, §§ 76 BVerfGG herbeizuführen. Dem **Bundesgerichtshof** ist es verwehrt, im Wege der Rechtsbeschwerde das von einem Gläubiger für verfassungswidrig erachtete gesetzgeberische Konzept der Restschuldbefreiung auf seine Vereinbarkeit mit der Verfassung überprüfen zu lassen. Dies genügt nicht den Anforderungen, die das Gesetz (§ 575 Abs 3 Nr 2 ZPO) an die Darlegung der Zulässigkeitsvoraussetzungen stellt (**BGH** v 29. 6. 2004 – IX ZB 30/03, NZI 2004, 510).

X. Gebühren und Kosten

Das Verfahren der Restschuldbefreiung nach §§ 287 ff ist für den Schuldner **grundsätzlich gerichtsge-** 57
bührenfrei (*Frege/Keller/Riedel* Rn 2595). Eine besondere Gebühr wird nur bei einem Antrag auf Versagung oder Widerruf der Restschuldbefreiung (§§ 296, 297, 300, 303) erhoben. Dabei kommt es nicht darauf an, wer den jeweiligen Antrag stellt und ob der Antrag Erfolg hat oder nicht (*Hartmann* KV 2350 Rn 1). Für die Entscheidung des Gerichts fällt eine **Festgebühr** in Höhe von 30,00 Euro nach KV GKG Nr 2350 an. **Gebührenschuldner** ist derjenige Insolvenzgläubiger, der die Versagung oder den Widerruf der Restschuldbefreiung beantragt hat (§ 23 Abs 2 GKG). Für das Verfahren über **die Beschwerde** gegen die Entscheidung fällt eine Festgebühr nach Maßgabe des KV GKG Nr 2361 von 50,00 Euro an.

§ 286　　*Grundsatz*

58　Das **RVG** sieht für das Verfahren über den Antrag auf Restschuldbefreiung anders als § 74 Abs 1 BRAGO eine besondere Gebühr für den **Rechtsanwalt** nicht mehr vor. Bei einem **Antrag auf Versagung oder Widerruf der Restschuldbefreiung** entsteht indes eine Verfahrensgebühr mit einem Gebührensatz von 0,5. Der **Gegenstandswert** ergibt sich aus § 28 Abs 3 RVG.

59　Im Restschuldbefreiungsverfahren entstehen ferner **Kosten** durch die Vergütung des **Treuhänders**. Die Höhe der Mindestvergütung beträgt für das Tätigkeitsjahr 100,00 Euro (§§ 293 Abs 2 iVm 65, § 14 Abs 3 InsVV).

60　Die Vorschriften über die **Kostentragung** gemäß §§ 91 ff ZPO finden auch im Restschuldbefreiungsverfahren Anwendung (N/R/*Römermann* Vor § 286 Rn 61; aA *Döbereiner* aaO S 311). Danach kann der **Schuldner** bei einem unbegründeten Antrag des Gläubigers auf Versagung oder Widerruf der Restschuldbefreiung von dem Antragsteller Kostenerstattung verlangen. Umgekehrt ist auch der Schuldner verpflichtet, dem **Gläubiger** die durch das Verfahren entstandenen Rechtsanwaltskosten zu ersetzen, wenn dessen Antrag auf Versagung oder Widerruf der Restschuldbefreiung Erfolg hat. Dadurch wird der verschuldete Schuldner zwar mit weiteren Verbindlichkeiten belastet. Dies erscheint gerechtfertigt, weil die Versagungsentscheidung auf einem eigenen Verschulden des Schuldners beruht (N/R/*Römermann* aaO).

61　Die **Stundung der Verfahrenskosten** gemäß § 4 a Abs 1 setzt einen Antrag des Schuldners auf Erteilung der Restschuldbefreiung voraus. Sie erstreckt sich bis zur Erteilung der Restschuldbefreiung, weil mit Ablauf der Wohlverhaltensperiode der Schuldner auch wieder über den pfändbaren Teil seines Einkommens verfügen kann.

§ 286 Grundsatz

Ist der Schuldner eine natürliche Person, so wird er nach Maßgabe der §§ 287 bis 303 von den im Insolvenzverfahren nicht erfüllten Verbindlichkeiten gegenüber den Insolvenzgläubigern befreit.

I. Grundsatz des § 286

1　§ 286 enthält den Grundsatz der Restschuldbefreiung (Begr zu § 235 RegE, BR-Drucks 1/92 S 189). Durch die Verweisung auf die Einzelregelungen des Restschuldbefreiungsverfahrens (§§ 287 bis 303) bestimmt die Vorschrift die Restschuldbefreiung **als materiell- und verfahrensrechtliches Institut** (*Kohte/Ahrens/Grote* § 286 Rn 1, 4). Ferner stellt § 286 klar, dass nur der Schuldner, der eine **natürliche Person** ist, auf der Grundlage eines **Insolvenzverfahrens** über sein eigenes Vermögen Restschuldbefreiung erlangen kann und diese nur **gegenüber den Insolvenzgläubigern** eintritt (HK-*Landfermann* § 286 Rn 1). Damit bezeichnet die Vorschrift den gegenständlichen Umfang der Restschuldbefreiung (*Kohte/Ahrens/Grote* § 286 Rn 54).

II. Anwendungsbereich

2　Restschuldbefreiung nach Maßgabe der §§ 286 ff kann nur eine **natürliche Person** erlangen, unabhängig von ihrer sozialen Stellung. Einer Erstreckung der Wirkungen der Restschuldbefreiung auf **juristische Personen** und Gesellschaften ohne Rechtspersönlichkeit bedurfte es nicht. Denn bei juristischen Personen führt das Insolvenzverfahren zur Auflösung, §§ 42 Abs 1 S 1 BGB, 262 Abs 1 Nr 3 AktG, 60 Abs 1 Nr 4 GmbHG, 101 GenG, und regelmäßig auch zur Löschung im Handelsregister. Entsprechendes gilt für Gesellschaften ohne Rechtspersönlichkeit, wenn kein persönlich haftender Gesellschafter eine natürliche Person ist, § 131 HGB, weil das den Gläubigern haftende beschränkte Vermögen regelmäßig durch das Verfahren selbst aufgezehrt ist (*Smid/Haarmeyer* § 286 Rn 22; *Kohte/Ahrens/Grote* § 286 Rn 29). Nach der Löschung im Handelsregister gibt es niemanden, gegen den sich eine Restforderung richten könnte.

3　Die Beschränkung der Vorschriften über das Restschuldbefreiungsverfahren auf natürliche Personen ist die sachlich gerechtfertigte Konsequenz daraus, dass die **Wirkungen des freien Nachforderungsrechts** gemäß § 201 Abs 1 tatsächlich nur diesen Personenkreis treffen (K/P/B/*Wenzel* § 286 Rn 69).

4　**1. Natürliche Person.** Mit Hilfe der Restschuldbefreiung können sich nicht nur **Verbraucher**, sondern auch **unternehmerisch tätige Schuldner**, verschuldete Freiberufler und andere selbstständig tätige natürliche Personen von ihren Verbindlichkeiten befreien. Auf diese Möglichkeit soll das Gericht den Schuldner unmittelbar nach Feststellung der Zulässigkeit des Insolvenzantrags hinweisen (§ 20 Abs 2).

5　Unterschiede zwischen den einzelnen Personengruppen bestehen lediglich hinsichtlich des vorgeschalteten Insolvenzverfahrens (N/R/*Römermann* § 286 Rn 14). So unterliegt eine natürliche Person, die selbstständig wirtschaftlich tätig ist, ausschließlich den Vorschriften des Regelinsolvenzverfahrens, während ein Schuldner, der keine selbstständige wirtschaftliche Tätigkeit ausübt oder ausgeübt hat, das Verbraucherinsolvenzverfahren zu durchlaufen hat, um Restschuldbefreiung zu erlangen. Besonderheiten gelten für denjenigen Schuldner, der eine selbstständige wirtschaftliche Tätigkeit ausgeübt hat (vgl § 304 Abs 1 S 2, Abs 2).

II. Anwendungsbereich § 286

Für **Prozessunfähige** handeln im Insolvenzverfahren grundsätzlich die gesetzlichen Vertreter. Fehlt ein 6
solcher, so bedarf es der Bestellung eines Pflegers (näher dazu *Ley* ZVI 2003, 101 ff). Die Bestimmungen des Restschuldbefreiungsverfahrens gelten auch für **Ausländer**, für die ein deutsches Insolvenzgericht gemäß § 3 zuständig ist. Dies gilt selbst dann, wenn die betreffende Person nach ihrem Heimatrecht nicht insolvenzfähig wäre (*Jaeger/Weber* KO § 102 Rn 7; HK-*Kirchhof* § 11 Rn 5).

Auch bei **ausländischen Regelungen** zur Restschuldbefreiung erstreckt sich der Anwendungsbereich 7
der das Restschuldbefreiungsverfahren betreffenden Vorschriften üblicherweise auf Verbraucher und wirtschaftlich selbstständig Tätige; es gibt jedoch durchaus Ausnahmen (vgl zu den entsprechenden Regelungen in den EU-Ländern, den USA und der Schweiz, *Forsblad* Restschuldbefreiung S 89 ff; *Trendelenburg* Restschuldbefreiung S 109 ff; *dies* IIR (International Insolvency Review) 2000, 111).

2. Vorrang des Insolvenzverfahrens. Die Erteilung der Restschuldbefreiung nach Maßgabe der §§ 286 ff 8
setzt die Durchführung **eines Insolvenzverfahrens** über das **Vermögen der Person** voraus, die Restschuldbefreiung beantragt hat (vgl **OLG Köln** ZIP 2000, 548, 549, dazu *Wenzel* EWiR 2000, 501). Kommt es nicht zur Eröffnung des Insolvenzverfahrens, finden die Vorschriften über die Restschuldbefreiung keine Anwendung.

Der Gesetzgeber rechtfertigt den **Vorrang des Insolvenzverfahrens** damit, dass den Gläubigern die 9
Restschuldbefreiung nur zuzumuten ist, wenn das **gesamte Vermögen des Schuldners** bereits verwertet worden ist und die Erlöse zur zumindest teilweisen Schuldtilgung eingesetzt worden sind (Begr RegE BR-Drucks 1/92 S 245). Dem wird mit Recht entgegengehalten, dass der Vorrang eines Insolvenzverfahrens nur dann sinnvoll erscheint, wenn der Schuldner über verwertungsfähiges Vermögen verfügt (vgl statt vieler *Döbereiner* Restschuldbefreiung S 49 mit weiteren Nachweisen; *Beule* FS *Uhlenbruck* S 539, 556 ff). Dies sei gerade bei Schuldnern, die dem Anwendungsbereich des § 304 ff zuzuordnen sind, nicht der Fall. Das Junktim zwischen der Restschuldbefreiung und der obligatorischen Durchführung eines Verbraucherinsolvenzverfahrens wird vor allem wegen der fehlenden ganzheitlichen Betrachtung der Schuldnersituation kritisiert (*Vallender* FS *Gerhardt* S 999, 1000 ff; *Beule* aaO S 562). Im **Entwurf eines Gesetzes zur Entschuldung mittelloser Personen, zur Stärkung der Gläubigerrechte sowie zur Regelung der Insolvenzfestigkeit von Lizenzen** v 22. 8. 2007 (näher dazu Ausführungen § 304 Rn 18) hat sich der Gesetzgeber der in der Literatur geäußerten Kritik am derzeitigen Entschuldungsmodell insoweit angeschlossen, als in masselosen Verfahren künftig auf die Durchführung eines Insolvenzverfahrens verzichtet werden soll (§ 289 a ff) und der Schuldner Restschuldbefreiung in einem sich an den Abweisungsbeschluss gem § 26 anschließenden Entschuldungsverfahren zu erlangen vermag.

Soweit der Schuldner unter den Anwendungsbereich des § 304 fällt, finden die Vorschriften der 10
§§ 311 bis 314 mit den dort geregelten Besonderheiten Anwendung.

a) Eigenes Insolvenzverfahren über das Vermögen des Schuldners. Da zwingende Voraussetzung für 11
die Erteilung der Restschuldbefreiung ein vorangegangenes **Insolvenzverfahren über das eigene Vermögen des Schuldners** ist, kann der **Ehepartner eines Schuldners**, der wirksam die Mithaftung für dessen Verbindlichkeiten übernommen hat, von dieser Haftung nur befreit werden, wenn er selbst ein Verfahren zur Erlangung der Restschuldbefreiung wirksam durchläuft (K/P/B/*Wenzel* § 286 Rn 72; *Grote* ZInsO 1998, 107, 110; *Smid/ Haarmeyer* § 286 Rn 23). Im Gesetzgebungsverfahren konnte sich der **Bundesrat** (BT-Drucks 12/2443 S 258 unter Nr 36) nicht mit seinem Anliegen durchsetzen, die Wirkung der Restschuldbefreiung auf **Bürgen und Mitschuldner**, die dem Schuldner nahe stehen und mit diesem in häuslicher Gemeinschaft leben, auszudehnen. Das **US-amerikanische Recht** sieht zwar nicht die automatische Restschuldbefreiung eines Ehepartners vor. Jedoch haben Ehepartner die Möglichkeit, gemeinsam einen Konkursantrag zu stellen (sogen *joint cases*, 11 US C § 302 a) und nach Abschluss des Verfahrens gemeinsam Restschuldbefreiung zu erlangen. Mit Recht weist *Ahrens* (in: *Kohte/Ahrens/ Grote* § 286 Rn 33) darauf hin, dass unter den gegebenen gesetzlichen Rahmenbedingungen ein Verbund zweier Entschuldungsverfahren wenig zweckmäßig erscheint.

Auch der **persönlich haftende Gesellschafter** wird bei einem Insolvenzverfahren über das Vermögen 12
der Gesellschaft nicht von seiner Mithaftung (vgl §§ 128, 161 HGB) befreit. Restschuldbefreiung erlangt er insoweit nur dann, wenn er selbst ein Insolvenzverfahren über sein eigenes Vermögen nach Maßgabe der §§ 286 ff durchläuft (*Hess* § 286 Rn 56).

b) Massearme Verfahren. § 289 Abs 3 S 1 stellt klar, dass die Erteilung der Restschuldbefreiung nicht 13
von einer vollständigen Durchführung und Aufhebung des Insolvenzverfahrens nach der Schlussverteilung abhängig ist. Vielmehr eröffnen auch **massearme Verfahren** unter bestimmten Voraussetzungen den Weg in die Restschuldbefreiung. So besteht im Falle der **Masseunzulänglichkeit** gemäß § 208 für den Schuldner die Möglichkeit, Restschuldbefreiung zu erlangen. Dies setzt jedoch voraus, dass der Insolvenzverwalter bzw Treuhänder die Masseunzulänglichkeit angezeigt, die Insolvenzmasse nach § 209 verteilt hat und die Einstellung des Verfahrens nach § 211 erfolgt. Da § 289 Abs 3 S 1 ausdrücklich auf die Vorschrift des § 209 Bezug nimmt, müssen zumindest die Kosten des Verfahrens, die bei der Befriedigung der Massegläubiger generell den ersten Rang einnehmen, gedeckt sein (**OLG Köln** ZIP 2000, 548, 550).

Nur ein durchgeführtes Insolvenzverfahren stellt nach der Vorstellung des Gesetzgebers sicher, dass 14
das pfändbare Vermögen des Schuldners unter Nutzung der Möglichkeiten der Insolvenzanfechtung zur

gemeinschaftlichen Gläubigerbefriedigung herangezogen werden kann (K/P/B/*Wenzel* § 289 Rn 5). Nichts anderes gilt für das vereinfachte Verfahren gemäß §§ 311 ff, weil § 207 nicht zu den in § 313 Abs 3 genannten Vorschriften gehört.

15 Die Ergänzung des § 26 Abs 1 und des § 207 Abs 1 um die **Stundungsregelung nach § 4 a** hat allerdings zur Folge, dass eine Abweisung des Insolvenzantrags mangels Masse bzw eine Einstellung des Verfahrens mangels Masse nicht in Betracht kommt, wenn dem Schuldner die Verfahrenskosten gestundet sind und damit de facto die Deckung der Verfahrenskosten für das gesamte Verfahren gegeben ist (*Pape* ZInsO 2001, 587, 589).

16 Auch die **Einstellungsgründe nach** §§ 212, 213 eröffnen dem Schuldner nicht die Möglichkeit, Restschuldbefreiung nach Maßgabe der §§ 286 ff zu erlangen (*Smid/Haarmeyer* § 286 Rn 26; K/P/B/*Wenzel* § 286 Rn 74; *Wittig* WM 1998, 209, 210; aA *Hess* § 286 Rn 65).

17 **3. Redlichkeit des Schuldners.** § 1 S 2 ordnet als eines der Verfahrensziele der Insolvenzordnung an, dass nur der **redliche Schuldner** Gelegenheit erhalten soll, sich von seinen restlichen Verbindlichkeiten zu befreien. Die **Redlichkeit der natürlichen Person** ist damit gleichzeitig **ungeschriebene Tatbestandsvoraussetzung** des § 286. Der Grundsatz, dass nur der redliche Schuldner, der sich seinen Gläubigern gegenüber nichts hat zuschulden kommen lassen, die Restschuldbefreiung erteilt werden soll (RegE zu § 239, BR-Drucks 1/92 S 190), findet seinen besonderen Niederschlag in dem Versagungstatbestand des **§ 290,** der einzelne funktional ausgestaltete Ausnahmeregelungen bestimmt (**BGH** v 16. 7. 2009 – IX ZB 219/08). Die Vorschrift soll einem **Missbrauch** der Restschuldbefreiung vorbeugen. Tatsächlich kann nicht mehr von einem sozialen und freiheitlichen Anliegen, das mit der Aufnahme der Restschuldbefreiung in die Insolvenzordnung verfolgt wurde, gesprochen werden, wenn einem unredlichen Schuldner das Privileg der Restschuldbefreiung eröffnet würde. Deshalb ist es gerechtfertigt, dem Restschuldbefreiung begehrenden Schuldner die Überprüfung seiner Redlichkeit zuzumuten (*Häsemeyer* Rn 26.02). Diese Prüfung hat sich jedoch an dem im Rechtsverkehr geltenden **Grundsatz eines rechtmäßigen und damit redlichen Verhaltens eines Beteiligten,** hier des Schuldners, zu orientieren (vgl **BGH** v 3. 2. 2005 – IX ZB 37/04, ZVI 2005, 119, 120; *Ahrens* VuR 2000, 8, 12). Jeder Schuldner hat als redlich zu gelten, solange nicht das Gegenteil behauptet und notfalls bewiesen wird (*Häsemeyer* Rn 26.17; kritisch dazu *Trendelenburg* Restschuldbefreiung S 45). Aus diesem Grunde begegnet die von einigen Stimmen in der Literatur (*Balz* BewHi 1989, 103, 112; *Döbereiner* Restschuldbefreiung S 116) erhobene Forderung, dass an den Begriff der Redlichkeit als subjektive Würdigkeitsvoraussetzung ein strenger Maßstab anzulegen sei, Bedenken. Sie lässt sich auch nicht ohne weiteres damit vereinbaren, dass es sich bei der Restschuldbefreiung um ein selbstständiges (so **OLG Köln** ZIP 2000, 548, 550; ähnlich HK-*Landfermann* Vor § 286 Rn 12), konkurrierendes Verfahrensziel und nicht um eine Ausnahme von den sonstigen Zielen der Insolvenzordnung handelt.

III. Befreiung gegenüber den Insolvenzgläubigern

18 Die Erteilung der Restschuldbefreiung bewirkt, dass der Schuldner von den im Insolvenzverfahren und im Schuldbefreiungsverfahren nicht erfüllten Verbindlichkeiten **gegenüber den Insolvenzgläubigern** befreit wird (*Kohte/Ahrens/Grote* § 286 Rn 53). Von den in § 301 Abs 1 normierten Wirkungen der Restschuldbefreiung werden nicht nur die im Insolvenzverfahren angemeldeten Forderungen erfasst, sondern die Forderungen sämtlicher Insolvenzgläubiger, die am Verfahren hätten teilnehmen können.

19 **1. Restschuldbefreiung bei nur einem Gläubiger?** Restschuldbefreiung kann auch ein Schuldner erlangen, der nur einen Gläubiger hat (so auch **LG Koblenz** v 27. 11. 2003 – 2 T 856/03, NZI 2004, 157; **AG Köln** v 18. 8. 2003 – 71 IK 161/03, NZI 2003, 560; HK*Landfermann* § 286 Rn 6; K/P/B/*Wenzel* § 287 Rn 3 b; *Pape* ZInsO 2003, 624; aA **LG Koblenz** v 25. 4. 2003 – 2 T 91/03, ZInsO 2003, 909 m abl Anm *Späth* ZInsO 2003, 910; **AG Koblenz** v 28. 10. 2003 – 21 IK 55/03, NZI 2004, 47; differenzierend *Jansen/Biebinger* ZInsO 2006, 126). Dem steht nicht entgegen, dass die Insolvenzgläubiger in den entsprechenden Vorschriften im Plural genannt werden. Diese Regelungen tragen damit lediglich dem Umstand Rechnung, dass es im Regelfall mehrere Gläubiger gibt (*Trendelenburg* aaO S 185). Auch der Wille des Gesetzgebers lässt sich dafür anführen, dass der Schuldner nicht mehr als einen Gläubiger haben muss. Die vom Bundesrat vermuteten Probleme bei der Durchführung des Verfahrens mit nur einem Gläubiger hat der Bundestag nicht geteilt (BT-Drucks 12/2443, S 266 zu Nr 28). Eine andere Betrachtungsweise würde im Übrigen der Zielsetzung des Gesetzes, redlichen Schuldner Gelegenheit zu geben, sich von ihren restlichen Verbindlichkeiten zu befreien (§ 1 S 2), zuwiderlaufen. Ein Schuldner, der bis auf einen Gläubiger seine Gläubiger befriedigt hat, wäre gezwungen, weitere Verbindlichkeiten zu begründen, um ein Insolvenzverfahren mit anschließender Restschuldbefreiung beantragen zu können.

20 **2. Ausnahmen.** Ausgenommen von den Wirkungen der Restschuldbefreiung sind die in § 302 genannten Forderungen sowie die **Forderungen** sämtlicher Gläubiger, die **nach der Eröffnung des Insolvenzverfahrens** begründet worden und daher nicht in das Verfahren einbezogen sind (vgl § 38). Schließ-

A. Normzweck

lich lässt die Restschuldbefreiung den Zugriff auf Mitschuldner und Bürgen ebenso unberührt wie die Rechte aus einer zur Sicherung des Gläubigers eingetragenen Vormerkung oder aus einem Recht, das im Insolvenzverfahren zur **abgesonderten Befriedigung** berechtigt (§ 301 Abs 2 S 1). Absonderungsrechte sind von den Wirkungen der Restschuldbefreiung auch dann nicht betroffen, wenn der belastete Gegenstand zum Schuldnervermögen gehört (*Noack/Bunke* FS *Uhlenbruck* S 335, 354 Fn 111).

§ 287 Antrag des Schuldners

(1) ¹Die Restschuldbefreiung setzt einen Antrag des Schuldners voraus, der mit seinem Antrag auf Eröffnung des Insolvenzverfahrens verbunden werden soll. ²Wird er nicht mit diesem verbunden, so ist er innerhalb von zwei Wochen nach dem Hinweis gemäß § 20 Abs. 2 zu stellen.

(2) ¹Dem Antrag ist die Erklärung beizufügen, daß der Schuldner seine pfändbaren Forderungen auf Bezüge aus einem Dienstverhältnis oder an deren Stelle tretende laufende Bezüge für die Zeit von sechs Jahren nach der Eröffnung des Insolvenzverfahrens an einen vom Gericht zu bestimmenden Treuhänder abtritt. ²Hatte der Schuldner diese Forderungen bereits vorher an einen Dritten abgetreten oder verpfändet, so ist in der Erklärung darauf hinzuweisen.

(3) Vereinbarungen, die eine Abtretung der Forderungen des Schuldners auf Bezüge aus einem Dienstverhältnis oder an deren Stelle tretende laufende Bezüge ausschließen, von einer Bedingung abhängig machen oder sonst einschränken, sind insoweit unwirksam, als sie die Abtretungserklärung nach Absatz 2 Satz 1 vereiteln oder beeinträchtigen würden.

Übersicht

	Rn
A. Normzweck	1
B. Antrag auf Erteilung von Restschuldbefreiung, Abs 1 S 1	7
I. Keine Restschuldbefreiung ohne eigenen Insolvenzantrag	9
II. Form des Antrags	11
III. Zeitpunkt der Antragstellung	13
1. Belehrung gemäß § 20 Abs 2	14
2. Folgen der Fristversäumung nach ordnungsgemäßer Belehrung	16
3. Fehlerhafte, unvollständige oder unterlassene Belehrung	17
4. Keine Wiedereinsetzung bei Versäumung der Antragsfrist	19
IV. Rücknahme des Antrags	20
V. Wiederholter Restschuldbefreiungsantrag	21 a
C. Abtretungserklärung, Abs 2 S 1	22
I. Form, Inhalt und Bestimmtheit der Abtretungserklärung	24
II. Umfang der Abtretung, Abs 2 S 1	28
1. Forderungen auf Bezüge aus einem Dienstverhältnis	29
2. An Stelle der Forderungen auf Bezüge aus einem Dienstverhältnis tretende laufende Bezüge	32
3. Künftige Bezüge	33
4. Rechtzeitige Vorlage der Abtretungserklärung	34
5. Nachreichung einer fehlenden Abtretungserklärung im eröffneten Verfahren	37 a
III. Rechtsnatur und Wirksamkeit der Abtretung	38
IV. Leistungsbewirkung über den Treuhänder	40
V. Sechsjährige Laufzeit der Abtretungserklärung, Abs 2 S 1	41
1. Beginn der Laufzeit der Abtretung	43
a) Suspendierung der Laufzeit	44
b) Neue Ungleichheiten	46
c) Ende der Laufzeit vor Abschluss des Insolvenzverfahrens	49
2. Verkürzte Laufzeit der Abtretung, Art 107 EGInsO	51
3. Ende der Laufzeit der Abtretung	52 a
VI. Vorherige Abtretung oder Verpfändung, Abs 2 S 2	53
D. Vereinbarte Einschränkungen der Abtretbarkeit, Abs 3	56

A. Normzweck

Die Regelung in § 287 Abs 1 S 1 konstituiert das Restschuldbefreiungsverfahren als **antragsabhängiges Verfahren** (*Kohte/Ahrens/Grote* § 287 Rn 2). Sie stellt ferner klar, dass ein Schuldner Restschuldbefreiung nur auf Grund eines eigenen Antrags auf Eröffnung des Insolvenzverfahrens erlangen kann (näher dazu Rn 10). Damit wird eine Korrektur der bis zum Inkrafttreten des InsOÄG 2001 v 26. 10. 2001 (BGBl I S 2710) bestehenden Rechtslage herbeigeführt, die es einem Verbraucherschuldner bei einem Gläubigerantrag ermöglichte, ohne einen eigenen Insolvenzantrag Restschuldbefreiung zu erlangen. Darin sah der Gesetzgeber eine nicht zu rechtfertigende Entwertung des Schuldenbereinigungsverfahrens (BegrRegE, BT-Drucks 14/5680 S 43). Schließlich soll durch die frühzeitige Antragstellung ein zügiger Verfahrensablauf gefördert werden.

§ 287

2   Der Schuldner hat gemäß § 287 Abs 2 S 1 seinem Antrag auf Erteilung der Restschuldbefreiung die Erklärung beizufügen, dass er seine pfändbaren Forderungen auf Bezüge aus einem Dienstverhältnis oder an deren Stelle tretende laufende Bezüge für die Dauer von sechs Jahren nach Eröffnung des Insolvenzverfahrens an einen vom Gericht zu bestimmenden Treuhänder abtritt.

3   Die Einbeziehung des künftigen Arbeitseinkommens soll dem **Prinzip der Gläubigergleichbehandlung** („par condicio creditorum") zur stärkeren Geltung verhelfen. Regelmäßig stellt das Arbeitseinkommen des Schuldners den wesentlichen Teil seines Vermögens dar, der zur Befriedigung der Gläubiger eingesetzt werden kann. An diesem Vermögenswert sollen möglichst alle Gläubiger teilhaben. Den meisten Schuldnern steht der pfändungsfreie Teil des Arbeitseinkommens ohnehin nicht zur Verfügung, weil er als Kreditsicherungsmittel an eine Bank abgetreten oder von einer Gehaltspfändung erfasst ist (*Wimmer* BB 1998, 386, 387). Das Restschuldbefreiungsverfahren mit der Pflicht zur Abtretung der pfändbaren Bezüge aus einem Dienstverhältnis oder an deren Stelle tretende laufende Bezüge schafft aber eine Grundlage, dass alle Gläubiger über die zusätzlichen Anstrengungen des Schuldners während des Restschuldbefreiungsverfahrens mehr erlangen, als sie nach dem in § 201 Abs 1 normierten Grundsatz der unbeschränkten Nachforderung erhalten würden.

4   Nicht zu übersehen ist indes, dass den **Neugläubigern** durch die Abtretung des pfändbaren Teils des Arbeitseinkommens gemäß § 287 Abs 2 S 1 das künftige Vermögen des Schuldners weitgehend entzogen wird. Dies hat regelmäßig zur Folge, dass der im Restschuldbefreiungsverfahren befindliche Schuldner während der Laufzeit der Abtretungserklärung keine Kreditmöglichkeit mehr hat. Zur Absicherung von neuen Verbindlichkeiten ist er weitgehend außerstande (*Uhlenbruck* MDR 1990, 4, 10).

5   Die Regelung des Absatzes 2 stellt nicht nur eine Zulässigkeitsvoraussetzung für die Erlangung von Restschuldbefreiung dar, sondern erfüllt darüber hinaus eine **Warnfunktion** (OLG Köln ZInsO 2000, 608, 609 = NZI 2000, 587; N/R/*Römermann* § 287 Rn 14; *Smid/Haarmeyer* § 287 Rn 3; HK-*Landfermann* § 287 Rn 1). Dem Schuldner soll mit dem Erfordernis, dem Antrag auf Erteilung der Restschuldbefreiung die in dieser Bestimmung bezeichnete Abtretungserklärung beizufügen, deutlich vor Augen geführt werden, dass er die Restschuldbefreiung nur erlangen kann, wenn er sich für geraume Zeit mit dem pfändungsfreien Arbeitseinkommen begnügt.

6   § 287 Abs 3, der im Zusammenhang mit § 114 Abs 1 gesehen werden muss, stellt klar, dass **Abtretungsverbote** dieser Art der Abtretung nicht entgegenstehen und das für die Restschuldbefreiung vorgesehene Verfahren nicht beeinträchtigen.

B. Antrag auf Erteilung von Restschuldbefreiung, Abs 1 S 1

7   Das Restschuldbefreiungsverfahren als „freiwilliges Verfahren" (*Krug* Verbraucherkonkurs S 59) setzt zwingend einen **Antrag des Schuldners** auf Erteilung der Restschuldbefreiung voraus. Außer dem Schuldner persönlich kann nur sein gesetzlicher oder gewillkürter Vertreter in seinem Namen den Antrag stellen (KS-*Delhaes* S 145 Rn 18). Der Schuldner erhält nur dann Restschuldbefreiung, wenn er erhebliche Eigeninitiative entwickelt und bereit ist, für seine Entschuldung Opfer zu bringen (HK-*Landfermann* § 287 Rn 1; *Forsblad* Restschuldbefreiung S 213; K/P/B/*Wenzel* § 287 Rn 2). Sieht der Schuldner davon ab, einen Antrag auf Erteilung von Restschuldbefreiung zu stellen, ist regelmäßig davon auszugehen, dass er sich den Anforderungen eines Restschuldbefreiungsverfahrens in Gestalt der Forderungsabtretung und der Erfüllung von Obliegenheiten nicht stellen will. Vor diesem Hintergrund erklärt sich, dass einem **Gläubiger**, dem Insolvenzverwalter oder dem Treuhänder ein Antragsrecht nicht zusteht. Ansonsten würde der Schuldner in ein Verfahren gedrängt, dessen Obliegenheiten er unter Umständen nicht erfüllen will (K/P/B/*Wenzel* § 287 Rn 3; *Delhaes* in: *Kraemer/Vallender/Vogelsang* Fach 3 Kap 2 Rn 4).

8   An den Antrag sind **keine** besonderen **inhaltlichen Anforderungen** zu stellen. Insbesondere muss der Schuldner nicht ausdrücklich die Erteilung von Restschuldbefreiung beantragen. Da auch Prozesshandlungen einer Auslegung nach §§ 133, 157 BGB zugänglich sind (BGH FamRZ 1986, 1087), genügt es, wenn das Begehren des Schuldners, Restschuldbefreiung zu erlangen, hinreichend deutlich zum Ausdruck kommt (N/R/*Römermann* § 287 Rn 23). Bei Unklarheiten hat das Gericht unter Umständen beim Schuldner nachzufragen. Dagegen ist ein unter einer außerprozessualen **Bedingung** stehender Antrag **unzulässig** (*Kohte/Ahrens/Grote* § 287 Rn 8).

I. Keine Restschuldbefreiung ohne eigenen Insolvenzantrag

9   Bis zur Neufassung des § 287 Abs 1 durch das InsOÄG 2001 vom 26. 10. 2001 (BGBl I S 2710) war in Rechtsprechung und Literatur heftig umstritten, ob ein dem Anwendungsbereich des § 304 unterliegender Schuldner, der keinen eigenen Insolvenzantrag stellt, auf Grund eines Gläubigerantrags ohne Durchführung eines Schuldenbereinigungsverfahrens eine Restschuldbefreiung erlangen kann (zum Meinungsstand siehe K/P/B/*Wenzel* § 306 Rn 4; *Kohte/Ahrens/Grote* § 306 Rn 18 ff).

10 Auch wenn der Wortlaut des § 287 Abs 1 S 1 „dunkel und orakelhaft" (so *Schmahl* ZInsO 2002, 213) ist, folgen aus der Entstehungsgeschichte und dem Wortlaut sowie der systematischen Stellung der

B. Antrag auf Erteilung von Restschuldbefreiung, Abs 1 S 1 § 287

Vorschrift, dass ein Schuldner ohne **Eigenantrag** weder im Regel- noch im Verbraucherinsolvenzverfahren **Restschuldbefreiung** zu erlangen vermag (**BGH** v 25. 9. 2003 – IX ZB 24/03, NZI 2004, 511; **BGH** v 8. 7. 2004 – IX ZB 209/03, NZI 2004, 593; MüKoInsO-*Stephan* § 287 Rn 13; *Vallender* NZI 2001, 561, 566; FK-*Ahrens* § 287 Rn 6 a; FK-*Schmerbach* § 20 Rn 15; *Delhaes* in: *Kraemer/Vallender/Vogelsang* Fach 3, Kap 2, Rn 9.1 aE; MüKoInsO-*Schmahl* § 20 Rn 89; *ders* ZInsO 2002, 212, 215; *Hess* InsOÄG § 20 Rn 2 u § 287 Rn 7; BK-*Goetsch* § 287 Rn 3; aA *Heyer* ZInsO 2002, 59, 61; *Pape* NZI 2002, 186, 187; *Fuchs* NZI 2002, 298, 300). Dieses Verständnis legt zunächst der Wortlaut des § 287 Abs 1 nahe. Denn der Antrag auf Restschuldbefreiung soll mit einem (eigenen) Antrag auf Eröffnung des Insolvenzverfahrens verbunden werden. Der Vorschrift liegt die Konzeption zweier miteinander zu verbindender Anträge des Schuldners zugrunde. Da der Gläubiger keinen Antrag auf Restschuldbefreiung stellen kann, handelt es sich bei dem in § 287 Abs 1 vorausgesetzten Insolvenzantrag zwangsläufig um denjenigen des Schuldners (BGH aaO). Darüber hinaus zeigt auch die Entstehungsgeschichte der Vorschrift, dass sie einen Eigenantrag des Schuldners auf Eröffnung des Insolvenzverfahrens voraussetzt. Die Verknüpfung von Eigeninsolvenzantrag und Restschuldbefreiungsantrag hat ihren Sinn darin, dass der Schuldner in seinem Eigenantrag den Eröffnungsgrund einräumt und sich bereit erklärt, sein verbleibendes Vermögen den Gläubigern zur gemeinschaftlichen Befriedigung zur Verfügung zu stellen (*Ganter* NZI 2005, 241, 249; *Vallender* FS *Gerhardt* 2004, 1010). Die Frist des § 287 Abs 1 S 2 beginnt deshalb auch nach einem Hinweis gem § 20 Abs 2 nicht zu laufen, solange ein Eigeninsolvenzantrag nicht gestellt ist (**BGH** v 8. 7. 2004 – IX ZB 209/03, NZI 2004, 593, 594).

II. Form des Antrags

Eine besondere Form sieht § 287 für den Antrag auf Erteilung von Restschuldbefreiung nicht vor. 11 Deshalb kann der Schuldner diesen **Antrag** grundsätzlich entweder **schriftlich** beim Insolvenzgericht einreichen oder **zu Protokoll der Geschäftsstelle** erklären. Da § 287 Abs 1 S 1 anders als die bis zum 30. 11. 2001 geltende Fassung der Vorschrift eine Antragstellung beim **Insolvenzgericht** nicht mehr ausdrücklich vorsieht, kann der Schuldner den Antrag bei jedem Amtsgericht zu Protokoll der Geschäftsstelle erklären. Es findet insoweit die Vorschrift des § 129 a ZPO iVm § 4 Anwendung, nach der Anträge und Erklärungen, deren Abgabe vor dem Urkundsbeamten der Geschäftsstelle zulässig ist, vor der **Geschäftsstelle eines jeden Amtsgerichts** zu Protokoll abgegeben werden können. Dadurch wird dem Schuldner die Antragstellung erleichtert. Das aufnehmende Gericht hat den Antrag unverzüglich an das zuständige Insolvenzgericht zu übersenden (*Thomas/Putzo* § 129 a ZPO Rn 1). Ein schriftlich gestellter Antrag unterliegt den Regeln über bestimmende Schriftsätze (*Kohte/Ahrens/Grote* § 287 Rn 8).

Im **Verbraucherinsolvenzverfahren** ist allerdings **nur** ein **schriftlicher Antrag** zulässig. Dies folgt aus 12 dem Wortlaut des § 305 Abs 1 Nr 2. Danach hat der Schuldner mit dem schriftlich einzureichenden Antrag auf Eröffnung des Insolvenzverfahrens den Antrag auf Erteilung von Restschuldbefreiung vorzulegen. Dies setzt zwingend einen schriftlichen Antrag voraus.

III. Zeitpunkt der Antragstellung

Nach der Neufassung des § 287 Abs 1 S 1 soll der Schuldner den Antrag auf Erteilung der Rest- 13 schuldbefreiung mit seinem Antrag auf Eröffnung des Insolvenzverfahrens verbinden. Stellt der Schuldner die beiden Anträge nicht gemeinsam, etwa aus Unkenntnis über die Möglichkeit einer Restschuldbefreiung, so hat er diesen innerhalb von zwei Wochen nachzuholen, nachdem er gemäß § 20 Abs 2 über die Restschuldbefreiung belehrt worden war. Im **Verbraucher- und Kleininsolvenzverfahren** wird die Zweiwochenfrist indes durch die Monatsfrist des § 305 Abs 3 S 2 verdrängt (HK-*Landfermann* § 287 Rn 6 Fn 8).

1. Belehrung gemäß § 20 Abs 2. Der Schuldner soll nicht aus Rechtsunkenntnis die Chance der Rest- 14 schuldbefreiung verlieren (BGH aaO). Aus diesem Grunde sieht § 20 Abs 2 vor, dass er nach Prüfung der Zulässigkeit des Insolvenzantrags auf die Möglichkeit der Erlangung von Restschuldbefreiung nach Maßgabe der §§ 286 bis 303 hingewiesen werden soll. Die Belehrungspflicht besteht sowohl für das Verbraucher- als auch das Regelinsolvenzverfahren (**BGH** v 7. 5. 2009 – IX ZB 202/07, ZInsO 2009, 1171, 1172; **BGH** v 17. 2. 2005 – IX ZB 176/03, NZI 2005, 271, 272). Eine ausdrückliche Regelung, wann die **Belehrung** erfolgen soll, enthält das Gesetz nicht. Aus der systematischen Stellung der Vorschrift ist aber zu folgern, dass der Hinweis unmittelbar nach der Prüfung der Zulässigkeit, jedenfalls aber **frühzeitig** (BGH aaO; *Hess* InsOÄG § 20 Rn 2; MüKoInsO-*Schmahl* § 20 Rn 93) erfolgen soll. Der Hinweis kann in unterschiedlicher Form, etwa auch mündlich in einem Anhörungstermin (**BGH** v 8. 7. 2004 – IX ZB 209/03, NZI 593, 594) oder durch ein entsprechend verfasstes **Formblatt**, bei einem **Gläubigerantrag** in dem Anschreiben nach Maßgabe des § 14 Abs 2 erteilt werden. Dabei bedarf es keiner detaillierten Information des Schuldners. Denn es ist nicht Aufgabe des Gerichts, den Schuldner umfassend rechtlich zu beraten (vgl **LG** Duisburg NZI 2000, 184). Aus **Beweisgründen** sollte die Belehrung dem Schuldner **zugestellt** werden. Denn der Hinweis ist nur erteilt iSd § 20 Abs 2, wenn er vollständig ist – insbesondere über das Antragserfordernis belehrt und den Zeitpunkt des Ablaufs der Frist benennt – und dem Schuldner **tatsächlich zugegangen** ist (**BGH** aaO).

15 Liegt ein **Gläubigerantrag** auf Insolvenzeröffnung vor, ist der Schuldner zunächst darauf aufmerksam zu machen, dass er neben dem Antrag nach § 287 Abs 1 S 1 auch einen **eigenen Antrag** auf Insolvenzeröffnung stellen muss. Dafür ist dem Schuldner eine **angemessene richterliche Frist** zu setzen. Dabei handelt es **sich nicht um eine Ausschlussfrist**, auf die § 230 ZPO entsprechend anzuwenden ist (**BGH** v 3. 7. 2008 – IX ZB 182/07, NJW 2008, 3494, 3495; **BGH** v 25. 9. 2008 – IX ZB 1/08, ZInsO 2008, 1138). Die **Frist** wird wegen des Gebots der Verfahrensbeschleunigung in der Regel **nicht mehr als vier Wochen** ab Zugang der Verfügung betragen und kann bei Bedarf auch verlängert werden (§ 4 InsO iVm § 224 Abs 2 ZPO, **BGH** v 7. 5. 2009 – IX ZB 202/07, ZInsO 2009, 1171, 1172). Der Schuldner kann auch nach Ablauf der richterlichen Frist bis zur Eröffnung des Insolvenzverfahrens auf Antrag des Gläubigers einen Eigenantrag stellen (**BGH** aaO).

16 **2. Folgen der Fristversäumung nach ordnungsgemäßer Belehrung.** Dem Gesetz ist nicht zu entnehmen, welche Folgen an die Versäumung der Zwei-Wochen-Frist nach einer ordnungsgemäßen und dem Schuldner zugegangenen Belehrung geknüpft sind. Da der Gesetzgeber mit der Neufassung des § 287 Abs 1 eine Annäherung des Regelinsolvenzverfahrens und des Verbraucherinsolvenzverfahrens im Hinblick auf die Restschuldbefreiung anstrebt (vgl BegrRegE, BT-Drucks 14/5680 S 43), kann die Fristversäumung nicht sanktionslos bleiben. Könnte der Schuldner in einem Regelinsolvenzverfahren den Antrag jederzeit nachholen, stünde er besser als ein Schuldner im Verbraucherinsolvenzverfahren, dessen Antrag auf Eröffnung des Insolvenzverfahrens spätestens nach Ablauf eines Monats als zurückgenommen gilt, wenn er die Erklärung gemäß § 305 Abs 1 Nr 2 nicht innerhalb der genannten Frist abgegeben hat. Aus diesem Grunde ist ein Antrag des Schuldners auf Erteilung von Restschuldbefreiung, der nicht sogleich mit dem Antrag auf Eröffnung des Insolvenzverfahrens verbunden oder nicht innerhalb von zwei Wochen nach dem Hinweis gemäß § 20 Abs 2 gestellt wird, als **unzulässig** zurückzuweisen (**BGH** v 25. 9. 2003 – IX ZB 24/03, ZVI 2003, 606). Die **Entscheidung** des Insolvenzgerichts ist in diesem Falle bereits **vor dem Schlusstermin** zulässig und in der Regel auch geboten (vgl **OLG** Köln ZInsO 2000, 334; **OLG** Köln ZInsO 2000, 608, 609 = NZI 2000, 587; LG Göttingen, Beschl v 4. 11. 2000 – 10 T 142/00, LS in ZInsO-Rechtsprechungsreport ZInsO 2000, 658; AG Bielefeld ZIP 1999, 1180, 1181; **AG** Köln InVo 2000, 127, 128 = DZWIR 2000, 170, 171; K/P/B/*Wenzel* in: § 289 Rn 3 a; *Holzer* DZWIR 2000, 174; *Lücke/Schmittmann* ZInsO 2000, 87, 88; **aA** LG Münster Rpfleger 2000, 83 = DZWIR 1999, 474 = ZInsO 1999, 724 LS).

17 **3. Fehlerhafte, unvollständige oder unterlassene Belehrung.** Ein fehlerhafter, unvollständiger oder verspäteter Hinweis des Insolvenzgerichts, durch den regelmäßig das Recht des Schuldners auf das **rechtliche Gehör** verletzt wird, darf jenem nicht zum Nachteil gereichen. Hat das Insolvenzgericht versäumt, dem Schuldner für die Nachholung des Insolvenzantrags eine Frist zu setzen oder ist dem Schuldner die Fristsetzung nicht bekannt gemacht worden, läuft die Frist nicht (**BGH** v 17. 2. 2005 – IX ZB 176/03, NZI 2005, 271, 272). Solange ein Eigenantrag nicht vorliegt, beginnt die Frist des § 287 Abs 1 S 2 auch nach einem Hinweis nach § 20 Abs 2 nicht zu laufen (**BGH** v 7. 5. 2005 – IX ZB 202/07, ZInsO 2009, 1171, 1172). Hat der Gläubigerantrag in einem derartigen Fall bereits zur Verfahrenseröffnung geführt und ist ein Eigenantrag des Schuldners deshalb nicht mehr zulässig, muss es zur Erhaltung der Aussicht auf Restschuldbefreiung genügen, dass der Schuldner nunmehr lediglich einen Restschuldbefreiungsantrag stellt. Dies gilt sowohl im Regel- als auch im Verbraucherinsolvenzverfahren. Im Regelinsolvenzverfahren wäre der Eigenantrag nur ein rechtstechnisches Mittel zur Erlangung der Restschuldbefreiung. Etwas anderes gilt indes im Verbraucherinsolvenzverfahren. Nur dann, wenn das Gericht – nach einem Gläubigerantrag – es versäumt hatte, dem Schuldner die Frist des § 287 Abs 1 S 2 mitzuteilen und für einen Eigenantrag eine Frist zu setzen, ist ein erst nach Eröffnung des Insolvenzverfahrens gestellter Restschuldbefreiungsantrag weder verfristet noch wegen des nunmehr nicht mehr behebbaren Fehlens eines Eigenantrags unzulässig (**BGH** aaO 273). Der **Verstoß** gegen den Grundsatz des **rechtlichen Gehörs** (Art 103 Abs 1 GG) rechtfertigt ausnahmsweise **einen isolierten Antrag auf Restschuldbefreiung** bis zum Schlusstermin (s auch **BGH** v 3. 7. 2008 – IX ZB 182/07, NJW 2008, 3494, 3495). Dies ist aber der **späteste Zeitpunkt**, weil § 289 Abs 1 S 1 bestimmt, dass in diesem Termin die Insolvenzgläubiger und der Insolvenzverwalter zu dem Antrag des Schuldners zu hören sind (*Vallender* NZI 2001, 561, 566; aA *Hess* InsOÄG § 20 Rn 7; MükoInsO-*Schmahl* § 20 Rn 101, die eine Nachholung des Antrags bis zur Aufhebung oder Einstellung des Insolvenzverfahrens für zulässig erachten). Soweit allerdings der Hinweis nur dem Schuldner, nicht aber seinem Verfahrensbevollmächtigten erteilt wird, ist darin keine Verletzung des rechtlichen Gehörs zu sehen.

18 Ein Schuldner, der über die Möglichkeit der Restschuldbefreiung fehlerhaft, unvollständig oder nicht belehrt worden ist, kann keine Schadensersatzansprüche gemäß **Art 34 GG iVm § 839 BGB** gegen den Staat geltend machen, wenn er wegen des unterlassenen Hinweises keinen Antrag gestellt und dadurch wirtschaftliche Nachteile erlitten hat. Denn es ist nicht ersichtlich, dass der Schuldner durch die Anordnung in § 20 Absatz 2 aus seiner Eigenverantwortung entlassen werden sollte. Auch ein insolventer Schuldner hat sich über seine gesetzlichen Möglichkeiten zu informieren oder sich entsprechend beraten zu lassen.

B. Antrag auf Erteilung von Restschuldbefreiung, Abs 1 S 1 § 287

4. Keine Wiedereinsetzung bei Versäumung der Antragsfrist. Ein Schuldner, der trotz ordnungsgemä- 19
ßer Belehrung durch das Insolvenzgericht seinen Antrag auf Erteilung der Restschuldbefreiung nach
Ablauf der Zwei-Wochen-Frist des § 287 Abs 1 S 2 stellt, kann wegen der Fristversäumnis nicht mit Erfolg Wiedereinsetzung in den vorigen Stand beantragen (**BGH** v 23. 10. 2008 – IX ZB 112/08, NZI
2009, 120, 121 Rn 10; aA **LG Dresden** v 2. 1. 2008 – 5 T 681/07, ZInsO 2008, 48). Bei der gesetzlichen, nicht verlängerbaren (**BGH** v 17. 2. 2005 – IX ZB 176/03, NZI 2005, 271, 271 Rn 10) vorgenannten Frist handelt es sich weder um eine Notfrist noch um eine andere Frist iSd § 233 ZPO. Eine
entsprechende Anwendung der Regelung des § 233 ZPO auf die Frist des § 287 Abs 1 S 2 kommt nicht
in Betracht, weil es an der erforderlichen Regelungslücke fehlt (vgl *Larenz* Methodenlehre S 370 ff). Der
Gesetzgeber hat beim Erlass der InsO die Frage der Anwendbarkeit der §§ 233 ff ZPO auf die in ihr bestimmten Fristen nicht übersehen, sondern im Einzelfall eine Frist (zB § 307 Abs 1 S 1) gerade wegen
der dann gegebenen Möglichkeit der Wiedereinsetzung in den vorigen Stand als Notfrist ausgestaltet
(**OLG Köln** ZInsO 2000, 608, 610). Darüber hinaus besteht für eine entsprechende Anwendung der
Regelung des § 233 ZPO auf die Frist des § 287 Abs 1 S 2 auch keine Notwendigkeit (offen gelassen
von **LG Duisburg** NZI 2000, 184; vgl auch **LG Göttingen** Beschl v 4. 11. 2000 – 10 T 142/00, LS in
ZInsO-Rechtsprechungsreport ZInsO 2000, 658). Denn der Schuldner kann einen Antrag auf Erteilung
der Restschuldbefreiung ggf in einem erneuten Insolvenzverfahren stellen; die Vorschrift des § 290
Abs 1 Nr 3 steht dem nicht entgegen (*Kohte/Ahrens/Grote* § 287 Rn 12).

IV. Rücknahme des Antrags

Der Schuldner ist grundsätzlich gemäß § 4 iVm § 269 Abs 1 ZPO befugt, seinen Antrag auf Erteilung 20
von Restschuldbefreiung zurückzunehmen (vgl **BGH** v 17. 3. 2005 – IX ZB 214/04, Rn 11, NZI 2005,
399; **LG Dresden** v 22. 1. 2007 – 5 T 0032/07, ZInsO 2007, 557; **LG Freiburg** v 12. 11. 2003 – 4 T
265/03, ZInsO 2003, 1106; *Häsemeyer* Rn 26.16; KS-*Delhaes* S 153 Rn 44; HK-*Landfermann* § 287
Rn 18; *Kohte/Ahrens/Grote* § 290 Rn 57; *Fuchs* ZInsO 2002, 298, 306; aA **AG Königstein** v 4. 7. 2003
– 9a IK 21/00 ZVI 2003, 365; differenzierend *Hackländer* ZInsO 2008, 1308, 1314, der eine Antragsrücknahme nach Eröffnung des Insolvenzverfahrens für unzulässig hält). Eine **Antragsrücknahme** ist
ohne weiteres bis zur **gerichtlichen Ankündigung der Restschuldbefreiung** gemäß § 291 Abs 1 zulässig,
unabhängig davon, ob ein Gläubiger einen Versagungsantrag gestellt hat (**LG Dresden** aaO: bis zur
Rechtskraft über die Versagung; einschränkend **LG Freiburg** aaO, Antragsrücknahme **bis zum Schlusstermin** ohne Zustimmung der Gläubiger). Eine zuvor ergangene Entscheidung ist nach § 4 iVm § 269
Abs 4 ZPO für unwirksam zu erklären. Während der sich anschließenden Wohlverhaltensperiode steht
dem Schuldner das Rücknahmerecht nicht mehr zu, wenn ein Gläubiger Versagung der Restschuldbefreiung wegen Verletzung einer Obliegenheit beantragt hat (*Häsemeyer* Rn 26.16; HK-*Landfermann*
aaO; *Kohte/Ahrens/Grote* § 287 Rn 16; aA *Delhaes* aaO; *Fuchs* aaO). Ließe man die Antragsrücknahme zu, liefe dies dem berechtigten Interesse des Versagungsantragstellers entgegen. Denn der Schuldner
könnte die Antragsrücknahme dazu benutzen, die zehnjährige Sperre gemäß § 290 Abs 1 Nr 3 für eine
erneute Restschuldbefreiung zu umgehen. Die Rücknahme des Antrags auf Erteilung der Restschuldbefreiung stellt gleichzeitig einen **Widerruf der Abtretungserklärung** gemäß § 287 Abs 2 S 1 dar (*Kohte/Ahrens/Grote* § 287 Rn 17).

Im **Regelinsolvenzverfahren** kann der Schuldner nach erfolgter Rücknahme seines Antrags auf Ertei- 21
lung der Restschuldbefreiung bis zum Ablauf der Zwei-Wochen-Frist nach dem Hinweis gemäß § 20
Abs 2 erneut einen Restschuldbefreiungsantrag stellen. Dagegen steht ihm diese Befugnis im **Verbraucherinsolvenzverfahren** nicht zu. Vielmehr ist die Antragsrücknahme mit der Erklärung gemäß § 305
Abs 1 Nr 2, 2. Alt gleichzusetzen, dass er die Restschuldbefreiung nicht will. Deshalb ist eine erneute
Antragstellung innerhalb der Monatsfrist nicht zulässig. Notfalls muss der Schuldner seinen Insolvenzantrag zurücknehmen, um dann erneut die Eröffnung eines Verbraucherinsolvenzverfahrens und Restschuldbefreiung zu beantragen (KS-*Delhaes* S 153 Rn 45).

V. Wiederholter Restschuldbefreiungsantrag

Die Insolvenzordnung, insbesondere §§ 286 ff, sehen keine grundsätzliche Beschränkung dahinge- 21a
hend vor, dass ein erneuter Antrag auf Eröffnung des Insolvenzverfahrens und Restschuldbefreiung bereits unzulässig wäre. Aus der Regelung des § 290 Abs 1 Nr 3 ist vielmehr zu schließen, dass der Gesetzgeber die Zulässigkeit eines Zweitantrags sogar vorausgesetzt hat (**LG Duisburg** v 31. 10. 2008 –
7 T 197/08, ZInsO 2009, 110). So kann dem Schuldner ein **Rechtsschutzinteresse** an der Durchführung
eines Insolvenzverfahrens mit dem Ziel, in dem auf Grund seines Antrags eingeleiteten Insolvenzverfahrens Restschuldbefreiung zuerlangen, nicht abgesprochen werden, wenn ein früher gestellter **Fremdantrag mangels Masse** abgewiesen wurde (**BGH** v 1. 12. 2005 – IX ZB 186/05, NZI 2006, 181, 182; **LG
München** v 12. 8. 2005 – 14 T 14.969/05, NZI 2006, 49; HK-*Landfermann* § 287 Rn 9). Daran ändert
auch nichts der Umstand, dass der Schuldner in dem Erstverfahren einen Eigenantrag hätte stellen und
mittels Stundung die Eröffnung des Insolvenzverfahrens mit der Möglichkeit anschließender Restschuldbefreiung hätte erreichen können. Einen Zwang zur Stellung eines Stundungsantrags sieht das

Gesetz nicht vor (ähnlich **LG** München I v 12. 8. 2005 – 14 T 14.969/05, NZI 2006, 49). Ist der Antrag auf Restschuldbefreiung als **unzulässig** zurückgewiesen worden, kann der Schuldner einen erneuten Antrag stellen, wenn in der Zwischenzeit ein Gläubiger neue Ansprüche gegen ihn geltend macht (LG Duisburg aaO 111).

21b Hat der ordnungsgemäß belehrte Schuldner in einem früheren Insolvenzverfahren den Antrag auf Erteilung der Restschuldbefreiung nicht rechtzeitig gestellt, führt nach Ansicht des Bundesgerichtshofs die **Präklusion des früheren Antrags** zur Unzulässigkeit eines erneuten Restschuldbefreiungsantrags, wenn kein neuer Gläubiger hinzugekommen ist (**BGH** v 6. 7. 2006 – IX ZB 263/05, NJW-RR 2006, 1483 = NZI 2006, 601; **LG** Duisburg aaO). Dieselben Erwägungen sollen auch bzgl des erneuten Eröffnungsantrags gelten, wenn der **Antrag des Schuldners** auf **Restschuldbefreiung** in einem früheren Verfahren **rechtskräftig abgewiesen** wurde (BGH v. 11. 10. 2007 – IX ZB 270/05, NZI 2008, 45, 46). Ein solcher Antrag, der allein dem Ziel der Restschuldbefreiung dient, entbehre eines rechtlich schützenwerten Interesses. Bei anderer Betrachtungsweise hätte dies zur Folge, dass aus allein in der Person des Schuldners liegenden Gründen ein aufwändiges Insolvenzverfahren ein zweites Mal durchgeführt werden müsste. Zutreffend an dieser Argumentation ist, dass sie die Verfahrensökonomie auf ihrer Seite hat. Aus praktischer aber auch dogmatischer Sicht begegnet sie indes Bedenken (siehe **AG** Leipzig v 1. 2. 2007 – 401 IN 4702/06, ZVI 2007, 280; *Büttner* ZVI 2007, 229). So ist es dem Schuldner ohne weiteres möglich, mit einem neu hinzutretenden Gläubiger die Hürde des fehlenden Rechtsschutzinteresses zu überwinden. Darüber hinaus kann sich die Präklusionswirkung nur auf das laufende Insolvenzverfahren beziehen (*Hackländer* ZInsO 2008, 1308, 1311). *Landfermann* (in HK § 287 Rdb 15) weist im Übrigen mit Recht darauf hin, dass der Schuldner wegen der Fristen bei den Versagungsgründen gute Gründe haben kann, den Restschuldbefreiungsantrag erst nach Ablauf einer gewissen Zeit zu stellen oder ihn nach Ablauf dieser Zeit zu wiederholen. Nicht zu verkennen ist allerdings, dass bei einem entsprechenden Fremdantrag des neu hinzugekommenen Gläubigers der Schuldner in diesem Verfahren gem § 287 Abs 1 S 2 einen neuen Antrag auf Restschuldbefreiung stellen könnte. Nach Auffassung des **BGH** (v 16. 7. 2009 – IX ZB 219/08) ist der Restschuldbefreiungsantrag eines Schuldners auch dann unzulässig, wenn er **innerhalb von drei Jahren nach rechtskräftiger Versagung der Restschuldbefreiung** in einem früheren Insolvenzverfahren wegen einer vorsätzlichen oder grob fahrlässigen Verletzung seiner Auskunfts- oder Mitwirkungspflichten gestellt worden ist. Die insoweit bestehende **gesetzliche Lücke** sei durch eine **entsprechende Anwendung der Vorschrift des § 290 Abs 1 Nr 3** zu schließen. Die Einführung einer **Sperrfrist im Wege der richterlichen Fortbildung** sei erforderlich, um die für die Beurteilung der Zulässigkeit von Folgeanträgen notwendige Rechtsklarheit und -sicherheit zu schaffen (Rn 18).

Soweit der Schuldner in einem Erstverfahren seinen **Restschuldbefreiungsantrag zurückgenommen** hat, ist er nach Aufhebung des Erstverfahrens grundsätzlich nicht daran gehindert, erneut einen Restschuldbefreiungsantrag in einem **zweiten Insolvenzverfahren** zu stellen. Der Eröffnungsantrag ist indes nur zulässig, wenn der Schuldner glaubhaft macht, dass verwertbares Vermögen zur Verfügung steht; andernfalls erscheint die Wiederholung eines aufwändigen Verfahrens als Vergeudung staatlicher Ressourcen und damit als rechtsmissbräuchlich (*Hackländer* ZInsO 2008, 1308, 1315; **aA AG** Göttingen v 9. 5. 2008 – 74 IN 67/08, NZI 2008, 447).

Soweit gegen einen Schuldner ein **Insolvenzverfahren nach der GesO** anhängig ist, kann er unbeschadet dessen einen Antrag auf Eröffnung des Insolvenzverfahrens über sein Vermögen mit dem Ziel der Restschuldbefreiung beantragen. Ein Rechtsschutzbedürfnis für ein Zweitinsolvenzverfahren kann dem Schuldner nicht abgesprochen werden, weil die Restschuldbefreiung nach Maßgabe der §§ 286 ff strukturell etwas anderes ist als die Vollstreckungsbeschränkung des **§ 18 Abs 2 S 3 GesO**. Eine andere Betrachtungsweise würde Sinn und Zweck des Art 108 Abs 2 EGInsO widersprechen, dem Schuldner auch nach Erlangung der Vollstreckungsbeschränkung die Möglichkeit zu eröffnen, Restschuldbefreiung nach den Vorschriften der InsO zu erlangen (*Pape/Wenzel* ZInsO 2008, 287, 291).

C. Abtretungserklärung, Abs 2 S 1

22 Der Schuldner hat seinem Antrag auf Erteilung der Restschuldbefreiung die Erklärung beizufügen, dass er seine **pfändbaren Teile des Arbeitsentgelts** oder an deren Stelle tretende laufende Bezüge für die Zeit von **sechs Jahren nach Eröffnung des Insolvenzverfahrens an einen** vom Insolvenzgericht noch zu bestimmenden **Treuhänder abtritt** (§ 287 Abs 2 S 1).

23 Die in Abs 2 S 1 normierte Verpflichtung trifft auch den **selbstständig tätigen Schuldner**. Ansonsten wäre nicht gesichert, dass seine Bezüge allen Insolvenzgläubigern zugute kommen, falls er im Laufe der Wohlverhaltensperiode eine abhängige Tätigkeit aufnimmt (*Trendelenburg* ZInsO 2000, 437, 438). Übt der Schuldner während der gesamten Laufzeit der Abtretungserklärung eine unselbstständige Tätigkeit nicht aus, geht die **Abtretung ins Leere** (Begr zu § 244 RegE, BR-Drucks 1/92 S 192; HK-*Landfermann* § 295 Rn 8; N/R/*Römermann* § 295 Rn 44, 47; *Smid/ Haarmeyer* § 295 Rn 9; K/P/B/*Wenzel* § 295 Rn 14; *Arnold* DGVZ 1996, 65, 69; *Döbereiner* Restschuldbefreiung S 156; *Trendelenburg* aaO 438). Auch wenn regelmäßige, wiederkehrend zahlbare Einkünfte Selbstständiger pfändbar und abtretbar sind (vgl MüKoZPO-*Smid* § 850 ZPO Rn 36), findet auf diese Bezüge die Vorschrift des § 287 Abs 2

C. *Abtretungserklärung, Abs 2 S 1* § 287

keine Anwendung. Denn bei diesen Einkünften handelt es sich nicht um Dienstbezüge im Sinne der Vorschrift, sondern um sonstige Vergütungen anderer Art (*Trendelenburg* aaO; aA *Kohte/Ahrens/Grote* § 287 Rn 90).

I. Form, Inhalt und Bestimmtheit der Abtretungserklärung

Für die Abtretung von Forderungen iSv § 287 Abs 2 gelten die **allgemeinen Grundsätze**, wie etwa 24 diejenigen des Stellvertretungsrechts (OLG Zweibrücken ZInsO 2002, 287, 288). Der Abtretungserklärung des Schuldners, für die ein **bestimmter Wortlaut nicht vorgeschrieben** ist, muss zu entnehmen sein, welche Forderungen für welchen Zeitraum an wen **abgetreten werden** (N/R/*Römermann* § 287 Rn 26). Bei **Unklarheiten** trifft das Gericht eine **Hinweispflicht** (§ 4 iVm § 139 ZPO). Für die Auslegung der Abtretungserklärung gelten die §§ 133, 157 BGB. Bei einer etwa erforderlichen Auslegung der Abtretungserklärung ist auch zu berücksichtigen, dass die Restschuldbefreiung der in geschäftlichen Dingen unerfahrenen natürlichen Person zugute kommen soll (K/P/B/*Wenzel* § 287 Rn 12).

Es empfiehlt sich folgende von *Goetsch* (in: BK-Muster zu § 287 Gruppe 4) – in Anlehnung an den 25 von der Projektgruppe zur Umsetzung der Insolvenzrechtsreform beim Nordrhein-Westfälischen Justizministerium entwickelten Mustervorschlag – vorgeschlagene Formulierung: „Für den Fall der Ankündigung der gerichtlichen Ankündigung der Restschuldbefreiung trete ich meine pfändbaren Forderungen auf Bezüge aus einem Dienstverhältnis oder an deren Stelle tretende laufende Bezüge für die Zeit von sechs Jahren nach der Eröffnung des Insolvenzverfahrens an den vom Insolvenzgericht zu bestimmenden Treuhänder ab". Im Übrigen bietet sich die in Anlage 3 des – amtlichen – Vordrucks zur Verbraucherinsolvenz vorgesehene Formulierung an. In Verbraucherinsolvenzverfahren ist der Schuldner ohnehin an diese Vorgabe gebunden.

Eine besondere **Form** sieht § 287 für die Abtretungserklärung nicht vor. Deshalb kann der Schuldner 26 sie entweder **schriftlich** beim Insolvenzgericht einreichen oder **zu Protokoll der Geschäftsstelle** abgeben. Im **Verbraucherinsolvenzverfahren** gilt indes das Erfordernis der Schriftform (siehe Rn 12).

Nach **§ 287 Abs 2 S 2** hat der Schuldner in seiner Abtretungserklärung ferner darauf hinzuweisen, ob 27 er die an den Treuhänder abzutretenden Forderungen bereits vorher an einen Dritten abgetreten oder verpfändet hatte. Dieser Hinweis ist vom Anwendungsbereich des § 305 Abs 3 erfasst.

Die Abtretungserklärung hat den von der Rechtsprechung entwickelten Erfordernissen zur **Bestimm-** 27a **barkeit abzutretender Forderungen** zu entsprechen (vgl nur BGH v 16. 3. 1995 – IX ZR 2/94, NJW 1995, 1669). Danach muss die abzutretende Forderung bestimmt oder jedenfalls bestimmbar sein. Dies dürfte bei einer Abtretung gem Abs 2 insbesondere im Hinblick auf die Bestimmbarkeit des Drittschuldners nicht in allen Fällen möglich sein. Deshalb reicht es aus, wenn der Schuldner eine Abtretungserklärung abgibt, die sich am Gesetzeswortlaut des Absatzes 2 Satz 1 orientiert (K/P/B/*Wenzel* § 287 Rn 12 mwN).

Folgt man der vom **BGH** (v 13. 7. 2006 – IX ZB 117/04, NZI 2006, 599, 600) vertretenen Auffas- 27b sung, nach der es sich bei der **Abtretungserklärung** nach § 287 Abs 2 S 1 **vorrangig** um eine **Prozesshandlung** handelt (siehe Ausführungen Rn 38 a), ist eine Erklärung des Schuldners, die hinsichtlich des Umfangs der abgetretenen Forderungen oder der Laufzeit der Abtretung über die gesetzlichen Anforderungen hinausgeht, so **auszulegen**, dass der Schuldner die Restschuldbefreiung unter den jeweils gültigen gesetzlichen Bedingungen anstrebt (vgl *Kohte/Ahrens/Grote* § 287 Rn 33, 88). Dies ergebe sich daraus, dass eine Partei mit einer Prozesserklärung das anstrebe, was nach den Maßstäben der Rechtsordnung vernünftig sei und ihrer recht verstandenen Interessenlage entspreche.

II. Umfang der Abtretung, Abs 2 S 1

Die Abtretung erfasst **zwei Gruppen von Forderungen** (*Kohte/Ahrens/Grote* § 287 Rn 34): Die 28 pfändbaren Forderungen aus einem Dienstverhältnis und die pfändbaren Ansprüche auf laufende Bezüge, die an die Stelle von Dienstbezügen treten. Zu den Bezügen aus dem Dienstverhältnis oder an deren Stelle tretende laufende Bezüge zählen wie bei der entsprechenden Gesetzesformulierung in §§ 81 Abs 2 S 1, 114 Abs 1 **alle Vergütungen** aus – bestehenden oder künftigen – Arbeits- oder sonstigen Dienstverhältnissen und alle Ruhestands-, Erwerbsunfähigkeits- und Arbeitslosenleistungen (HK-*Landfermann* § 287 Rn 8).

1. Forderungen auf Bezüge aus einem Dienstverhältnis. Unter die Bezüge aus dem Dienstverhältnis 29 fallen **alle Arten von Arbeitseinkommen** aus unselbständiger Tätigkeit (*Wittig* WM 1998, 209; *Hess* § 287 Rn 63; *Kohte/Ahrens/Grote* § 287 Rn 39). Dabei kommt es nicht darauf an, ob es sich um einmalige oder wiederkehrende Leistungen handelt (BAG DB 1980, 358, 359; LAG Frankfurt DB 1988, 1456; aA *Brox/Walker* Rn 541). Im Einzelnen werden von dem Begriff „Arbeitseinkommen" Lohn, Gehalt, Dienst- und Versorgungsbezüge der Beamten (vgl § 850 Abs 2 ZPO), Dienstbezüge der Soldaten und Zivildienstleistenden (§ 30 SoldatenG, §§ 12 a, 13, 13 a USG), Honorare, Tantiemen, Provisionen, Deputate, Lohnfortzahlung im Krankheitsfall sowie Urlaubsentgelte mit Ausnahme der zusätzlichen Urlaubsentgelte gemäß § 850 a Nr 7 ZPO erfasst. Ferner zählen auch die erst nach dem Ende des Dienst-

Vallender

verhältnisses entstehenden Ansprüche des Schuldners gegen seinen früheren Arbeitgeber oder gegen eine Pensions- oder Unterstützungskasse (zB Ruhegelder) zum Arbeitseinkommen (*Kohte/Ahrens/Grote* § 287 Rn 47).

30 Die **Pfändungsgrenzen für Arbeitseinkommen** sind in § 850c ZPO festgesetzt. Um zu verhindern, dass der Schuldner durch Manipulationen seine Einkünfte reduziert und dadurch die Befriedigungsaussichten der Insolvenzgläubiger während der Laufzeit der Abtretungserklärung schmälert, muss er sich gegenüber diesen Gläubigern so behandeln lassen, als hätte er die **günstigere Steuerklasse** gewählt (vgl **OLG** Köln InVo 2000, 140 = WM 2000, 2114). Im Ergebnis ähnlich entschieden hat das **OLG** Schleswig (InVo 2000, 142 m zust Anm *Ernst*) in einem Fall, in dem der Schuldner ohne sachlichen Grund statt der Steuerklasse IV die Steuerklasse V gewählt hatte. Dies gilt indes nicht, wenn die Wahl der günstigeren Steuerklasse bereits vor dem Antrag auf Erteilung der Restschuldbefreiung getroffen worden ist.

31 **Lohn- oder Steuererstattungsansprüche** des Schuldners werden von der Abtretungserklärung nach § 287 Abs 2 S 1 nicht erfasst (Aufgabe der in der 12. Auflage vertretenen Auffassung) und damit **Bestandteil der Insolvenzmasse**, wenn der die Erstattungsforderung begründende Sachverhalt vor oder während des Insolvenzverfahrens verwirklicht worden ist (**BGH** v 12. 1. 2006 – IX ZB 239/04, NZI 2006, 246). Nach zutreffender Ansicht des **BGH** (v 21. 7. 2005 – IX ZR 115/04, NZI 2005, 565; bestätigt durch **BGH** v 12. 1. 2006, aaO; **BFH** v 7. 6. 2006 – VII B 329/05, DStRE 2006, 1159; ebenso **LG** Koblenz ZInsO 2000, 507, 508; MüKoInsO-*Ehricke* § 294 Rn 39; *Grote* ZInsO 2001, 452, 453; *Gerigk* ZInsO 2001, 931, 935; *Schmittmann* NWB 2002, Fach 19 S 2845; aA **AG** Gifhorn ZInsO 2001, 630; K/P/B/*Wenzel* § 287 Rn 9; *Messner/Hofmeister*, Schuldenfrei S 39) hat der Anspruch auf Erstattung überzahlter Lohnsteuer zwar seinen materiellen Ursprung insofern in dem Arbeitsverhältnis, als zum Arbeitslohn auch die Lohnsteuer gehört, die der Arbeitgeber gem § 38 EStG einzubehalten und an das Finanzamt abzuführen hat. Die Rechtsnatur des als Lohnsteuer einbehaltenen Teils der Bezüge wandelt sich nach ständiger Rechtsprechung des Bundesfinanzhofs (vgl dazu statt aller **BFH** v 27. Oktober 1998 VII B 101/98, **BFH/NV** 1999, 738; zuletzt **BFH** v 21. 11. 2006 – VII R 1/06, EFG 2007, 738) auf Grund des entstehenden Lohnsteueranspruchs des Staates. Im Falle einer Rückerstattung wird aus dem Steueranspruch des Staates der Erstattungsanspruch des Steuerpflichtigen (§ 37 Abs 2 AO), ohne dabei seinen öffentlich-rechtlichen Charakter zu verlieren. Der an den Steuerpflichtigen zu erstattende Betrag erlangt, auch wenn er wirtschaftlich betrachtet das auf den Veranlagungszeitraum entfallende Einkommen erhöht, nicht wieder den Charakter eines Einkommens, das dem Berechtigten auf Grund einer Arbeits- oder Dienstleistung zusteht (**BFH** aaO).

32 **2. An Stelle der Forderungen auf Bezüge aus einem Dienstverhältnis tretende laufende Bezüge.** Von der zweiten Fallgruppe der Abtretung werden vor allem die Rente des Schuldners und sonstige Geldleistungen der Träger der Sozialversicherung und der Bundesanstalt für Arbeit im Falle des Ruhestandes, der Erwerbsunfähigkeit und der Arbeitslosigkeit erfasst (*Döbereiner* Restschuldbefreiung S 191). Abtretbar sind Leistungen gemäß § 53 SGB I, soweit sie nach den §§ 54 SGB I, §§ 850 ff ZPO pfändbar sind (*Kohte/Ahrens/Grote* § 287 Rn 68). Gegen die **Vorausabtretung künftiger Sozialleistungsansprüche** bestehen keine rechtlichen Bedenken (**BGH** NJW 1989, 2383, 2384; *Stein/Jonas/Brehm* § 850i ZPO Rn 71 mwN; *Kohte/Ahrens/Grote* § 287 Rn 70).

33 **3. Künftige Bezüge.** Die Abtretungserklärung des Schuldners umfasst sowohl die gegenwärtigen als auch die künftigen Bezüge. Die Abtretung künftiger Bezüge ist zulässig, wenn die künftige Forderung bei der Abtretung so umschrieben ist, dass sie spätestens bei ihre Entstehung nach Gegenstand und Umfang bestimmt oder zumindest bestimmbar ist, die konkret in Anspruch genommene Forderung also genügend individualisierbar ist (**BGH** WM 1976, 151; **BGH** WM 1989, 1086; **BGH** NJW 1995, 1668, 1669; *Hess* § 287 Rn 58). Danach steht der Wirksamkeit der Abtretung nicht entgegen, wenn die Abtretungserklärung die Ansprüche gegen den jeweiligen Arbeitgeber umfasst, obwohl der Arbeitgeber zurzeit der Abtretungserklärung noch nicht feststeht (**BAG** DB 1993, 1245).

34 **4. Rechtzeitige Vorlage der Abtretungserklärung.** Die rechtzeitige Vorlage der Abtretungserklärung stellt eine **besondere Verfahrensvoraussetzung** für die Gewährung von Restschuldbefreiung dar (**OLG** Köln ZInsO 2000, 608, 609 = NZI 2000, 587; **OLG** Celle ZVI 2002, 29, 30 = ZInsO 2002, 230; **OLG** Zweibrücken ZInsO 2002, 287, 288; **LG** Münster Rpfleger 2000, 83, 84 = DZWIR 1999, 474, 475; **AG** Duisburg NZI 2002, 216; *Kohte/Ahrens/Grote* § 287 Rn 19).

35 Da die Abtretungserklärung nach der Regelung des § 287 Abs 2 S 1 dem Antrag auf Restschuldbefreiung „beizufügen" ist, muss sie auch in einem **Regelinsolvenzverfahren** entweder zusammen mit dem Insolvenzantrag oder spätestens innerhalb von 2 Wochen nach dem Hinweis gemäß § 20 Abs 2 vorgelegt werden (§ 287 Abs 1 S 2). Es reicht nicht aus, wenn bis zum Ablauf der Frist lediglich der Antrag auf Restschuldbefreiung gestellt und die Abtretungserklärung nach diesem Zeitpunkt nachgereicht wird (**OLG** Köln aaO). Sinn der Regelung des § 20 Abs 2 ist es, dass der Schuldner frühzeitig erklärt, ob er von der Möglichkeit der Restschuldbefreiung Gebrauch machen will oder nicht (Begr RegE, BT-Drucks 14/5680 S 28). Dann wird man aber verlangen müssen, dass er auch einen ordnungsgemäßen, dh auch

einen **vollständigen Antrag** stellt; dazu zählt auch die Abtretungserklärung gem § 287 Abs 2 S 1. Enthält eine fristgerecht eingegangene **unvollständige Abtretungserklärung** im Kern hinreichend deutlich die Aussage, dass der Schuldner die für die gesetzliche Restschuldbefreiung erforderliche Abtretung erklären wollte, reicht dies aus (AG Duisburg NZI 2002, 216).

Für das **Verbraucherinsolvenzverfahren** enthält § 305 Abs 1 eine vergleichbare Regelung. Soweit der Schuldner Restschuldbefreiung beantragt, ist die Abtretungserklärung mit dem Antrag auf Eröffnung des Insolvenzverfahrens oder unverzüglich nach diesem Antrag vorzulegen (§ 305 Abs 1 Nr 2). Fehlt diese Erklärung bei einem Antrag auf Eröffnung des Verbraucherinsolvenzverfahrens, so hat das Gericht den Schuldner auf die Notwendigkeit der Abgabe der Erklärung hinzuweisen. Stellt sich erst im Laufe des **eröffneten Verfahrens** heraus, dass die Vorlage der gemäß § 305 Abs 1 Nr 2 iVm § 287 Abs 1 S 2 erforderlichen Abtretungserklärung versehentlich unterblieben ist, hat das Gericht den Schuldner nach § 305 Abs 3 S 1 zur Abgabe dieser Erklärung aufzufordern. Die Vorschrift enthält für das Verbraucherinsolvenzverfahren eine spezielle Regelung, die der entsprechenden Anwendung des § 287 Abs 1 S 2 vorgeht (**BGH** v 23. 10. 2008 – IX ZB 112/08, NZI 2009, 120, 121 = NSW InsO § 305 (BGH-intern); *Graf-Schlicker/Sabel* § 305 Rn 13).

Die **Sanktionen** bei nicht rechtzeitiger Vorlage der Abtretungserklärung sind unterschiedlich. Während im Regelinsolvenzverfahren der Antrag auf Erteilung der Restschuldbefreiung bei verspätet eingereichter Abtretungserklärung durch Beschluss als unzulässig zurückzuweisen ist (OLG Köln aaO 609; LG Duisburg NZI 2000, 184; *Kohte/Ahrens/Grote* § 289 Rn 6; K/P/B/*Wenzel* § 289 Rn 3 a; N/R/*Römermann* § 287 Rn 57; H/W/F Kap 10 Rn 64), greift im Verbraucherinsolvenzverfahren die Rücknahmefiktion des § 305 Abs 3 S 2 (**BGH** aaO; *Vallender* VuR 1997, 156, 157; N/R/*Römermann* § 287 Rn 56 aA *Graf-Schlicker/Kexel* § 287 Rn 5; K/P/B/*Wenzel* § 287 Rn 7 b). Der Antrag auf Eröffnung des Insolvenzverfahrens gilt als zurückgenommen. Funktionell zuständig für die Zurückweisung des – unzulässigen – Antrags auf Erteilung der Restschuldbefreiung ist im Regelinsolvenzverfahren der Rechtspfleger (OLG Köln aaO 588; HK-*Kirchhof* § 2 Rn 7).

5. Nachreichung einer fehlenden Abtretungserklärung im eröffneten Verfahren. Das Gesetz regelt nicht, wie zu verfahren ist, wenn sich im eröffneten Verfahren herausstellt, dass die **Vorlage** der gem § 305 Abs 1 Nr 2 iVm § 287 Abs 1 S 2 erforderlichen **Abtretungserklärung versehentlich unterblieben** ist. In einem solchen Fall hat das Gericht den Schuldner **entsprechend** § 305 Abs 3 S 1 zur Ergänzung seiner Unterlagen aufzufordern und ihn auf die Monatsfrist des § 305 Abs 3 sowie auf die Folgen der Fristversäumung hinzuweisen (**BGH** v 23. 10. 2008 – IX ZB 112/08, NZI 2009, 120, 121; MüKo-InsO-*Stephan* § 287 Rn 19; **aA** OLG Zweibrücken v 30. 1. 2002 – 3 W 235/01, NZI 2002, 670; *Graf-Schlicker/Kexel* § 287 Rn 5). Stellte man auf die Vorschrift des § 287 Abs 1 S 2 ab, würde der Schutz vor einer übereilten Entscheidung, den § 305 Abs 3 S 2 dem Schuldner im Verbraucherinsolvenzverfahren gibt, unterlaufen. Es ergäbe sich ein Wertungswiderspruch zum Eröffnungsverfahren, in dem unzweifelhaft die letztgenannte Bestimmung anzuwenden ist, wenn der Schuldner einen unvollständigen Antrag vorlegt und beispielsweise die Abtretungserklärung fehlt (**BGH** aaO 121).

III. Rechtsnatur und Wirksamkeit der Abtretung

Die **Abtretung** wird erst **wirksam** mit der ausdrücklichen oder konkludenten Übernahme des Amtes durch den Treuhänder (HK-*Landfermann* § 287 Rn 24; N/R/*Römermann* § 287 Rn 29; *Hess* § 287 Rn 54; *Forsblad* Restschuldbefreiung S 213; *Döbereiner* Restschuldbefreiung S 176; *Bruckmann* Verbraucherinsolvenz § 4 Rn 7; *Vallender* VuR 1997, 155, 156; *Wittig* WM 1998, 209, 213; *Scholz* DB 1996, 765, 767).

Der Forderungsübergang beruht auf einer rein vertraglichen Beziehung; bei der **Abtretung** handelt es sich um einen **materiellrechtlichen Vertrag**, der zwischen dem Schuldner (Zedent) und dem im Beschluss gemäß § 291 Abs 1 und 2 zu bestimmenden Treuhänder (Zessionar) zustande kommt. *Wenzel* (in K/P/B § 287 Rn 5) spricht insoweit von einer zivilrechtlichen Forderungsübertragung an einen nicht hoheitlich handelnden Treuhänder. Durch diesen Vertrag überträgt der Zedent die Forderung auf den Zessionar (*Smid/Haarmeyer* § 287 Rn 10 sehen in der Abtretungserklärung weder ein Vertragsangebot noch eine Prozesshandlung, sondern eine Erklärung sui generis). Gegen die Ansicht, die die Abtretungserklärung als materiellrechtliche Erklärung versteht, wird vorgebracht, für eine vertragliche Vereinbarung fehle es an dem notwendigen Zugang der Willenserklärung an den Treuhänder (*Jauernig* FS Uhlenbruck S 3, 16). Im Übrigen sei der Zeitpunkt des Wirksamwerdens der Abtretung unklar, wenn der Treuhänder gemäß § 313 Abs 1 S 2 auch als Verwalter bestimmt ist (*Ahrens* DZWIR 1999, 45 ff; *Kohte/Ahrens/Grote* § 287 Rn 23 ff). Bei der Abtretung handele es sich um eine **prozessuale Erklärung**, die als charakteristische prozessrechtliche Folge eine besondere Prozessvoraussetzung des Restschuldbefreiungsverfahrens bilde (*Kohte/Ahrens/Grote* § 287 Rn 26; *Grote*, Einkommensverwertung und Existenzminimum des Schuldners in der Verbraucherinsolvenz S 99/100 Rn 140; ähnlich *Jauernig* aaO; der in der Erklärung nach § 287 eine „besonders geartete Erklärung" sieht). Auf diese Weise seien Rechtsunsicherheiten auf Grund von Abtretungen zwischen Antragstellung und Eröffnung des Verfahrens auszuschalten. Auch der **BGH** (v 13. 7. 2006 – IX ZB 117/04, NZI 2006, 599, 600) versteht die **Abtretungs-**

erklärung vorrangig als Prozesshandlung. Nur diese Betrachtungsweise ermögliche eine angemessene Auslegung der Erklärung, weil Adressat bei dieser Betrachtungsweise nicht der Treuhänder, sondern das Insolvenzgericht sei. Sie verhindere im Übrigen, dass der Schuldner der Zession nicht durch Anfechtung wegen Willensmängeln die Grundlage entziehen könne.

39 Es ist zwar nicht zu verkennen, dass bei Annahme einer rein vertraglichen Beziehung Rechtsunsicherheiten entstehen können. Die erneute Abtretung der pfändbaren Bezüge nach Antragstellung unterliegt jedoch unter den Voraussetzungen des § 130 der Anfechtung, so dass Unzuträglichkeiten noch korrigiert werden können. Sieht man das **Gericht als Erklärungsboten** an, der die Willenserklärung an den Treuhänder weiterleitet (*Döbereiner* aaO S 177), verliert auch das Argument an Gewicht, für eine vertragliche Vereinbarung fehle es an dem notwendigen Zugang der Willenserklärung an den Treuhänder (kritisch dazu BGH aaO 405). Im Übrigen stellt die Annahme, bei der **Abtretung** handele es sich um einen **materiellrechtlichen Vertrag**, sicher, dass frühere Pfändungen und Abtretungen Vorrang haben (HK-*Landfermann* aaO) und nach einem Arbeitsplatzwechsel auch die neuen Bezüge des Schuldners erfasst werden (K/P/B/*Wenzel* § 287 Rn 5). Für die Annahme einer rein vertraglichen Beziehung zwischen Schuldner und Treuhänder spricht schließlich, dass auch der **Gesetzgeber** ausdrücklich von einer **rechtsgeschäftlichen Abtretungserklärung** ausgeht (Begr zu § 236 RegE, BR-Drucks 1/92, S 189).

IV. Leistungsbewirkung über den Treuhänder

40 Während der Wohlverhaltensperiode erbringt der Schuldner die zur Befriedigung der Insolvenzgläubiger erforderliche **Leistungshandlung** bereits mit Abtretung seiner Ansprüche auf künftige Bezüge bzw. mit der Übertragung sonstiger Tilgungsmittel auf den Treuhänder (*Preuss* Verbraucherinsolvenz S 165/166). Der (teilweise) **Leistungserfolg** tritt erst ein, wenn der Treuhänder seiner Verpflichtung gemäß § 292 Abs 1 S 2 1. HS nachkommt und die durch Abtretung erlangten Beträge an die Insolvenzgläubiger auszahlt (vgl BGH NJW 1986, 2974). Die **Übermittlungsgefahr** bei einem Verlust der Tilgungsmittel trifft den Treuhänder (*Preuss* aaO).

V. Sechsjährige Laufzeit der Abtretung, Abs 2 S 1

41 Die Dauer der Laufzeit der Abtretung wurde durch das InsOÄG 2001 v 26. 10. 2001 (BGBl I S 2710) von sieben auf **sechs Jahre** verkürzt. Gleichzeitig wurde § 287 Abs 2 S 1 dahin geändert, dass die Laufzeit der Abtretung nicht erst mit der Aufhebung, sondern bereits mit der **Eröffnung des Insolvenzverfahrens** beginnt. Darüber hinaus wurde die Dauer der **Wirksamkeit von Lohnabtretungen** von drei auf **zwei Jahre** verkürzt (§ 114 Abs 1 S 1). Ohne eine solche flankierende Maßnahme wäre angesichts des Vorwegbefriedigungsrechts der Staatskasse bei Stundungen (§ 292 Abs 1 S 2. HS) die Befriedigungsquote der Insolvenzgläubiger in nicht vertretbarer Weise eingeschränkt worden.

42 Auf Insolvenzverfahren, die **vor dem Inkrafttreten des InsOÄG v 26. 10. 2001** (BGBl I S 2710) eröffnet worden sind, finden nach **Art 103a EGInsO** weiterhin die bis dahin geltenden Vorschriften Anwendung (der Bundesgerichtshof geht in ständiger Rechtsprechung von der Wirksamkeit dieser Vorschrift aus, vgl BGH v 17. 2. 2005 – IX ZB 237/04, BeckRS 2005, 03.014; BGH v 21. 5. 2004 – IX ZB 274/03, NZI 2004, 452, 453); bei ihnen beträgt die **Laufzeit der Abtretungserklärung** nach Aufhebung des Insolvenzverfahrens **sieben Jahre** (BGH v 11. 10. 2007 – IX ZB 72/06, NZI 2008, 49; FK/*Ahrens* § 287 Rn 89 h). Eine **Verkürzung der Wohlverhaltensperiode** von sieben auf sechs Jahre ist **nicht möglich** (BGH v 10. 1. 2008 – IX ZB 55/07). Das Gericht ist verpflichtet, die Laufzeit im Beschluss festzulegen, weil die Gläubiger und der Schuldner einen Anspruch auf Klarheit über die Dauer der Wohlverhaltensperiode haben (BGH v 11. 10. 2007 – IX ZB 72/06, NZI 2008, 49).

43 **1. Beginn der Laufzeit der Abtretung.** Die sechsjährige **Laufzeit** der Abtretung **beginnt** nach dem Wortlaut des § 287 Abs 2 S 1 **mit** der – rechtskräftigen – **Eröffnung des Insolvenzverfahrens**. Damit wird die für den Schuldner einerseits völlig unbefriedigende Situation beseitigt, dass sich in Einzelfällen das (eröffnete) Insolvenzverfahren über 2 Jahre erstreckt, ohne dass nennenswerte Vermögenswerte des Schuldners feststellbar wären oder er für diese Verfahrensverzögerung verantwortlich wäre (Beschluss-Empf. des RechtsA zu § 287 Abs 2, BT-Drucks 14/6468 S 27).

44 **a) Suspendierung der Laufzeit.** Aus rechtsdogmatischer Sicht betrachtet ist die **Neufassung des § 287 Abs 2 S 1 nicht geglückt** (ähnlich BK-*Goetsch* § 287 Rn 4). Die Vorschrift normiert eine Laufzeit der Abtretungserklärung, die aus rechtlichen Gründen nicht mit dem im Gesetz vorgesehenen Zeitpunkt einsetzen kann. Denn der Schuldner trifft eine Verfügung über Vermögenswerte, die nach Eröffnung des Insolvenzverfahrens nicht mehr seiner Verfügungsmacht unterliegen. Von diesem Zeitpunkt an steht das Verfügungsrecht dem Insolvenzverwalter/Treuhänder zu, auf den das Verwaltungs- und Verfügungsrecht übergegangen ist (§ 80 Abs 1 S 1). Für den Zeitraum des eröffneten Verfahrens fallen die an den Treuhänder – den es zu diesem Zeitpunkt noch nicht gibt – abgetretenen pfändbaren Bezüge als Neuerwerb in die Masse (§ 35). Mithin kann von einer **Laufzeit der Abtretungserklärung** während des eröffneten Verfahrens keine Rede sein. Sie ist für diesen Zeitraum „suspendiert" (*Vallender* NZI 2001,

C. Abtretungserklärung, Abs 2 S 1 § 287

Heft 9 NZI aktuell VII; BK-*Goetsch* aaO; *Gerigk* ZInsO 2001, 931, 937; aA *Schütz* NZI 2001, Heft 9 NZI aktuell VII).

Für die Berechnung der Laufzeit von sechs Jahren ist dieser Umstand allerdings angesichts des eindeutigen gesetzgeberischen Willens unbeachtlich. Auswirkungen hat die Suspendierung indes auf die Verpflichtung des Schuldners, von welchem Zeitpunkt an er seine Obliegenheiten zu erfüllen hat. Diese beginnt erst mit dem Tage, an dem der **Ankündigungsbeschluss Rechtskraft erlangt** (BGH v 18. 12. 2008 – IX ZB 249/07, ZInsO 2009, 299; vgl ferner BGH v 11. 1. 2007 – IX ZR 133/06, FamRZ 2007, 557; LG Göttingen v 20. 7. 2004 – 10 T 83/04, ZVI 2004, 544, 545; AG Mönchengladbach v 7. 1. 2005 – 32 IK 104/02, NZI 2005, 174; AG Köln v 9. 3. 2004 – 71 IK 116/01, NZI 2004, 331; AG Coburg v 15. 1. 2003 – IK 188/00, ZVI 2004, 313; K/P/B/*Wenzel* § 287 Rn 7 a) und endet nach Ablauf der sechsjährigen Laufzeit der Abtretung, die – rein rechnerisch betrachtet – bereits mit der Verfahrenseröffnung begonnen hat. Die insoweit maßgebliche Bestimmung des § 291 Abs 1 (siehe dazu auch BGH v 29. 6. 2004 – IX ZB 90/03, ZVI 2004, 419, 420, bestätigt durch BGH v 5. 4. 2006 – IX 227/04, ZVI 2006, 596 und BGH v 25. 9. 2008 – IX ZB 98/07) ist während des Gesetzgebungsverfahrens ebenso wie die Regelung des § 289 Abs 1 S 1 unverändert geblieben. Hätte der Schuldner bereits während des eröffneten Verfahrens seinen Obliegenheiten gemäß § 295 Abs 1 nachzukommen, erführe er durch die Neufassung des § 287 Abs 2 S 1 eine Schlechterstellung. Neben dem Verlust des Verwaltungs- und Verfügungsrechts wäre er bereits während des eröffneten Verfahrens über den Anwendungsbereich des § 290 hinaus dem Risiko einer Versagung der Restschuldbefreiung ausgesetzt. Dass dies nicht gewollt ist, lässt sich mittelbar der Begründung des Rechtsausschusses zur Änderung des § 287 Abs 2 S 1 (BT-Drucks 14/6468 S 26) entnehmen, nach der die Regelung des § 287 Abs 2 S 1 zu einer „deutlichen Erleichterung für die Schuldner beitragen soll". Im Übrigen sehen die grundlegenden Elemente des Insolvenzverfahrens keine auf eine Erwerbstätigkeit des Schuldners zugunsten der Masse gerichtete Anforderung vor (FK-*Ahrens* § 287 Rn 89 o; § 290 Rn 46 a; aA *Gerigk* ZInsO 2001, 931, 937). Danach treffen den Schuldner sämtliche **Obliegenheiten des § 295 vom Zeitpunkt der Aufhebung des Insolvenzverfahrens und Ankündigung der Restschuldbefreiung** (BGH v 18. 12. 2008 – IX ZB 249/07, NZI 2009, 191; BGH v 11. 1. 2007 – IX ZR 133/06, FamRZ 2007, 557; HK-*Landfermann* § 295 Rn 2; FK/*Ahrens* § 287 Rn 89 o; MükoInsO-*Ehricke* § 295 Rn 12; *Heyer* S 86–89; aA LG Hannover v 12. 2. 2002 – 20 T 2225/01, ZInsO 2002, 449). 45

b) **Neue Ungleichheiten.** Abgesehen davon, dass die **Neufassung des § 287 Abs 1 S 1** – wie aufgezeigt – wegen der fehlenden Harmonisierung mit den übrigen Vorschriften zum Restschuldbefreiungsverfahren zu Auslegungsschwierigkeiten führt, schafft die Bestimmung, die auch unter Gleichbehandlungsgesichtspunkten ergangen ist (Begr Beschl-Empf RechtsA, BT-Drucks 14/6468 S 27), **neue Ungleichheiten** (*Vallender* NZI 2001, Heft 8 NZI-aktuell V). 46

Da die Laufzeit der Abtretungserklärung bereits mit der Eröffnung des Verfahrens beginnt, muss sich eine kurze Dauer des eröffneten Verfahrens für den Schuldner nicht zwangsläufig positiv auswirken. Denn eine längere Wohlverhaltensperiode bedeutet wiederum, dass der Schuldner – über einen längeren Zeitraum – Obliegenheiten zu erfüllen hat, deren Verletzung bei einem erfolgreichen Antrag eines Insolvenzgläubigers zur Versagung der Restschuldbefreiung führen kann. Auf der anderen Seite bietet die frühzeitige Entlassung in die Wohlverhaltensperiode den Vorteil, von den Beschränkungen des § 80 Abs 1 befreit zu sein und auf einen Teil des Neuerwerbs zurückgreifen zu können (§ 295 Abs 1 Nr 2). 47

Bei einer langen Dauer des eröffneten Verfahrens hat der Schuldner unter Umständen überhaupt keine Obliegenheiten mehr zu erfüllen, weil die sechsjährige Laufzeit der Abtretungserklärung bereits vor der Aufhebung des Verfahrens abgelaufen ist. Diese – extreme – Situation stellt ihn im Vergleich zu dem Schuldner, der frühzeitig in die Wohlverhaltensperiode entlassen wurde, wesentlich schlechter, weil er den Motivationsrabatt nicht in Anspruch nehmen kann (vgl § 292 Abs 1 S 4). Darüber hinaus fällt eventueller Neuerwerb vollumfänglich in die Insolvenzmasse. Diese Ungleichheiten vermeidet zwar die geltende Fassung des Gesetzes, weil sie für alle Schuldner grundsätzlich eine gleich lange Dauer der Wohlverhaltensperiode mit all ihren Unwägbarkeiten normiert. Da § 287 Abs 2 S 1 aber insgesamt die Dauer des Zeitraums bis zur Erlangung der Restschuldbefreiung verkürzt und die durch die Neufassung eintretenden Nachteile wiederum durch nennenswerte Vorteile – zumindest teilweise – ausgeglichen werden, kann die Vorschrift trotz ihrer rechtsdogmatisch nicht unproblematischen Fassung nur begrüßt werden. 48

c) **Ende der Laufzeit vor Abschluss des Insolvenzverfahrens.** Weitere Schwierigkeiten ergeben sich, wenn die **Laufzeit der Abtretungserklärung** – ausnahmsweise – **vor Abschluss des Insolvenzverfahrens** endet. In diesem Fall hat das Insolvenzgericht gemäß § 300 eine Entscheidung über den Antrag auf Erteilung von Restschuldbefreiung zu treffen (LG Dresden v 11. 6. 2008 – 5 T 507/08, ZVI 2008, 305; LG Hannover v 12. 12. 2008 – 20 T 153/08, ZInsO 2009, 207; AG Hannover v 18. 3. 2009 – 907 IN 442/02, ZInsO 2009, 685; v *Gleichenstein* ZVI 2009, 93, 98; *Wilhelm* ZInsO 2009, 208; *Vallender* NZI 2001, Heft 9 NZI-aktuell VII; FK-*Ahrens* § 287 Rn 89 f; aA *Heinze* ZVI 2008, 416, 419). Ein Hinauszögern der Entscheidung bis zum Abschluss des Insolvenzverfahrens ist nicht zulässig. Dabei stellt sich zunächst die Frage, ob die Regelung des § 290 Anwendung findet. Dies ist zu bejahen, weil ansonsten der Schuldner, dessen Verfahren über Gebühr lange dauert, gegenüber einem anderen 49

Schuldner, der frühzeitig in die Wohlverhaltensperiode entlassen wird, ohne sachlichen Grund privilegiert wäre. Da das Gericht den Schlusstermin nicht abzuwarten hat, sind die Beteiligten entweder kurz vor Ende der Laufzeit oder unverzüglich danach zu dem Antrag des Schuldners auf Erteilung der Restschuldbefreiung zu hören. Dazu hat das Gericht einen Termin zur Geltendmachung von Versagungsgründen nach § 290 und zur Entscheidung über die Restschuldbefreiung nach § 300 anzuberaumen (**AG** Dresden v 20. 8. 2008 – 536 IN 273/02, NZI 2009, 123) oder im schriftlichen Verfahren zu entscheiden.

50   Die Erteilung der Restschuldbefreiung während des eröffneten Verfahrens beendet das laufende Insolvenzverfahren nicht. Vielmehr hat nach der letzten Abtretungsperiode die Schlussverteilung zu erfolgen (**LG** Hannover aaO 208). Nach Abhaltung des Schlusstermins ist das Verfahren aufzuheben (FK-*Ahrens* § 287 Rn 89 f). Auf die nach Rechtskraft des Beschlusses gem § 300 entstehenden pfändbaren Bezüge des Schuldners darf der Insolvenzverwalter/Treuhänder nicht mehr zurückgreifen. Ein Verwertungsrecht steht ihm nach Rechtskraft des Beschlusses, mit dem Restschuldbefreiung erteilt wird, nicht mehr zu. Denn auf Grund dieser Entscheidung gehen die Forderungen auf Bezüge aus einem Dienstverhältnis oder an deren Stelle tretende laufende Bezüge wieder auf den Schuldner über (ebenso **LG** Hannover aaO; *Kobialka/Schmittmann* ZInsO 2009, 653, 655; **aA** *Heinze* aaO). Einer besonderen Freigabeerklärung oder Abtretung an ihn bedarf es nicht.

51   **2. Verkürzte Laufzeit der Abtretung, Art 107 EGInsO.** Die Regelung des **Art 107 EGInsO**, die bestimmt, dass sich bei Schuldnern, die bereits vor dem 1. 1. 1997 zahlungsunfähig waren, die Laufzeit der Abtretung gem Absatz 2 Satz 1 auf fünf Jahre verkürzt, wurde durch das Gesetz zur Vereinfachung des Insolvenzverfahrens v 13. 4. 2007 (BGBl I 509) **ersatzlos gestrichen**. Allerdings betrifft die Aufhebung gem Art 103c EGInsO nur Insolvenzverfahren, die nach dem 1. 7. 2007 eröffnet werden. Nach der Gesetzesbegründung ist für diese Verfahren die Abkürzung der Wohlverhaltensperiode auf fünf Jahre nicht mehr gerechtfertigt, unabhängig davon, ob der Schuldner bereits vor dem 1. 1. 1997 zahlungsunfähig war.

52   Für Insolvenzverfahren, die vor **dem 1. 7. 2007** eröffnet worden sind, gilt Folgendes:
Bei einer Verfahrenseröffnung vor dem 1. 12. 2001 beträgt die Laufzeit der Abtretungserklärung sieben Jahre, es sei denn, die Voraussetzungen des Art 107 EGInsO liegen vor.
Bei einer Verfahrenseröffnung **nach dem 30. 11. 2001, aber vor dem 1. 7. 2007** ist streitig (näher dazu K/P/B/*Wenzel* § 287 Rn 20 Rn 103), ob die Regelung des Art 107 EGInsO weiterhin gilt.
Es entspricht ständiger Rechtsprechung des Bundesgerichtshofs seit dem Jahre 2004, dass eine Verkürzung der Wohlverhaltensperiode auf fünf Jahre gemäß der vorgenannten Übergangsvorschrift nicht mehr möglich ist (**BGH** v 8. 11. 2007 – IX ZB 203/03; **BGH** v 14. 12. 2006 – IX ZB 305/05; **BGH** v 21. 9. 2006 – IX ZB 31/04; **BGH** v 21. 10. 2004 – IX ZB 73/03, ZVI 2005, 47; **BGH** v 21. 5. 2004 – IX ZB 274/03, NZI 2004, 452 m krit Anm *Ahrens*). Dem ist – unter Aufgabe der in der Vorauflage vertretenen Ansicht – beizupflichten. Die Vorschrift des Art 107 EGInsO sollte von vornherein nur einen vorübergehenden Zustand regeln (*Ganter* NZI 2005, 241, 250). Der Gesetzgeber wollte den Schuldnern entgegenkommen, die bereits vor dem 1. 1. 1997 die Voraussetzungen der Restschuldbefreiung erfüllten und deren Hoffnungen durch das um zwei Jahre hinausgeschobene Inkrafttreten der InsO enttäuscht wurden. Auf ein derartiges enttäuschtes Vertrauen kann sich nicht berufen, wer erst mehrere Jahre nach dem In-Kraft-Treten der InsO den Antrag gestellt hat. Jedenfalls nach dem In-Kraft-Treten des InsOÄG vom 26. 10. 2001 ist für nach dem 30. 11. 2001 eröffnete Verfahren kein Raum mehr für die Anwendbarkeit des Art 107 EGInsO.

52a **3. Ende der Laufzeit der Abtretung.** Die Laufzeit der Abtretung endet sechs Jahre nach der Eröffnung des Insolvenzverfahrens (§ 287 Abs 2 S 1). Für das Fristende ist die Vorschrift des § 188 Abs 2 BGB maßgeblich; abzustellen ist danach auf die numerische Identität der jeweiligen Tagesbezeichnung. Fällt das Fristende nicht auf das Ende des Monats, stellt sich die Frage, ob der Treuhänder den vollen pfändbaren Betrag des monatlichen Einkommens des Schuldners beanspruchen kann oder ob der Betrag nur anteilig von der Abtretung erfasst ist. Stellt man auf die **Fälligkeit der Vergütung** ab, würden die Gläubiger wegen der Regelung des § 614 BGB für den betreffenden Monat „leer ausgehen". Sachgerecht erscheint vielmehr eine entsprechende Anwendung des § 628 S 1 BGB, nach der der Dienstverpflichtete bei einer außerordentlichen Kündigung einen seinen bisherigen Leistungen entsprechenden Teil der Vergütung verlangen kann. Nur auf diese Weise ist gewährleistet, dass dem Sinn und Zweck der Regelung des § 287 Abs 2 S 1 wirksam entsprochen wird.

VI. Vorherige Abtretung oder Verpfändung, Abs 2 S 2

53   Soweit der Schuldner die pfändbaren Bezüge bereits vorher an einen Dritten **abgetreten oder verpfändet** hatte, geht die Abtretung an den vom Gericht zu bestimmenden Treuhänder zunächst ins Leere. Denn der Schuldner verfügt über Forderungen, die ihm nicht zustehen. Die Abtretung oder Verpfändung der Forderung führt jedoch nicht zur Nichtigkeit des Verfügungsgeschäfts. Sie ist vielmehr aufschiebend bedingt und wirkt erst mit deren Ablauf (*Smid/Haarmeyer* § 287 Rn 13). Sie hat auf Grund

der Regelung in § 114 eine nachrangige Stellung (*Wenzel* DB 1990, 975, 976; *Döbereiner* Restschuldbefreiung S 184). Nach Abs 1 dieser Vorschrift ist eine Abtretung oder Verpfändung von Forderungen auf Bezüge aus einem Dienstverhältnis, die vor der Eröffnung des Insolvenzverfahrens erfolgte, nur insoweit wirksam, als sie sich auf eine Zeit von zwei Jahren nach dem Ende des zurzeit der Eröffnung des Verfahrens laufenden Kalendermonats bezieht (krit dazu *Bruchner* WM 1992, 1268; *Weber* Die Bank 1993, 657, 662). Nach dem Ablauf der vorgenannten Fristen stehen die Bezüge während der verbleibenden Laufzeit der Abtretungserklärung der Gesamtheit der Insolvenzgläubiger zur Verfügung.

Durch die zeitliche Begrenzung der früheren Abtretung oder Verpfändung auf zwei Jahre soll der Abtretung nach Maßgabe des § 287 Abs 2 S 1 zumindest ein **potienzieller wirtschaftlicher Wert** beikommen (N/R/*Römermann* § 287 Rn 51). Dieser wird allerdings nicht dadurch erhöht, dass die gesicherten Gläubiger aus den vereinnahmten Beträgen einen Kostenbeitrag nach §§ 170, 171 zu leisten hätten. Eine solche Pflicht ist nur zugunsten des Insolvenzverwalters geregelt; eine Analogie zugunsten des Treuhänders sieht das Gesetz nicht vor (*Smid/Haarmeyer* § 287 Rn 12; *Hess* § 287 Rn 98; aA *Kohte/Ahrens/Grote* § 287 Rn 91).   54

Der in § 287 Abs 2 S 2 vorgesehene **Hinweis des Schuldners** auf frühere Abtretungen oder Verpfändungen soll den Gläubigern von vornherein Klarheit darüber verschaffen, ob und ggf in welcher Höhe sie in den ersten zwei Jahren während der Laufzeit der Abtretungserklärung mit Zahlungen rechnen können (*Hess* § 287 Rn 99; N/R/*Römermann* § 287 Rn 52). Unterlässt der Schuldner im **Verbraucherinsolvenzverfahren** diesen Hinweis und holt er ihn auch nach entsprechender Aufforderung durch das Insolvenzgericht gemäß § 305 Abs 3 S 1 nicht innerhalb der Monatsfrist nach, führt dies zur Rücknahmefiktion gemäß § 305 Abs 3 S 2.   55

D. Vereinbarte Einschränkungen der Abtretbarkeit, Abs 3

Abtretungsverbote für künftige Gehaltsforderungen, die einzelvertraglich (§ 399 BGB) oder kollektivrechtlich durch Tarifvertrag oder Betriebsvereinbarung vereinbart werden können (**BAG** DB 1958, 489; **LAG** Frankfurt DB 1972, 243; **LAG** Düsseldorf DB 1976, 440; *Kohte/Ahrens/Grote* § 287 Rn 94), stehen der Abtretungsregelung in § 287 Abs 2 S 1 entgegen. Abs 3, der erst nachträglich auf Grund der Beschlussempfehlung des Rechtsausschusses Eingang in die Insolvenzordnung gefunden hat (BT-Drucks 12/7302 S 187), soll sicherstellen, dass Abtretungsverbote oder vergleichbare Vereinbarungen das für die Restschuldbefreiung vorgesehene Verfahren nicht beeinträchtigen.   56

Die relevanten Vereinbarungen (Abtretungsverbote, Zustimmungsvorbehalte, vgl BGHZ 102, 293, 300, Anzeigeerfordernisse, vgl BGHZ 112, 387, 389) sind **nicht absolut unwirksam**, sondern nur in dem Maße, in dem sie die Wirkung der Abtretungserklärung vereiteln könnten (N/R/*Römermann* § 287 Rn 63; K/P/B/*Wenzel* § 287 Rn 15 a). Die relative Unwirksamkeit iSv §§ 135, 136 BGB hat zur Folge, dass sich Drittschuldner im Verhältnis zum Schuldner nicht auf ein etwaiges Abtretungsverbot, einen Zustimmungsvorbehalt oder ähnliche Abreden berufen können (K/P/B/*Wenzel* aaO). Gegenüber den durch die Vorschrift des § 114 Abs 1 privilegierten Gläubigern bleibt die relevante Vereinbarung wirksam.   57

Nach einer Rücknahme oder einer rechtskräftigen Zurückweisung des Antrags auf Erteilung der Restschuldbefreiung finden die arbeits- und tarifvertraglichen Abtretungsverbote, die für den Arbeitsvertrag maßgeblich sind, wieder Anwendung (*Hess* § 287 Rn 106).   58

§ 288 Vorschlagsrecht

Der Schuldner und die Gläubiger können dem Insolvenzgericht als Treuhänder eine für den jeweiligen Einzelfall geeignete natürliche Person vorschlagen.

I. Normzweck

Das **Vorschlagsrecht** des Schuldners und der Gläubiger für die Person des Treuhänders wurde auf Empfehlung des Rechtsausschusses des Deutschen Bundestags (BT-Drucks 12/7302 S 187) in das Gesetz aufgenommen. Zur Begründung wurde angeführt, ein solcher Vorschlag sei insbesondere dann zweckmäßig, wenn eine Person bekannt ist, die das Amt des Treuhänders auch **unentgeltlich** auszuüben bereit ist. Damit könnten die Kosten des Verfahrens gering gehalten werden.   1

II. Vorschlagsrecht des Schuldners und der Gläubiger

Der Vorschlag von Schuldner und Gläubigern hat die rechtliche Qualität einer bloßen **Anregung** (K/P/B/*Wenzel* § 288 Rn 2). Deshalb ist das Gericht nicht an den ihm unterbreiteten Vorschlag gebunden (*Kohte/Ahrens/Grote* § 288 Rn 13). Selbst bei einem übereinstimmenden Vorschlag von Schuldner und Gläubigern besteht keine Verpflichtung des Gerichts, den Vorgeschlagenen zu bestimmen. Es entscheidet vielmehr nach freiem Ermessen (K/P/B/*Wenzel* § 288 Rn 3; aA HK-*Landfermann* § 291 Rn 3). Sind allerdings keine konkreten Anhaltspunkte dafür ersichtlich, dass der Vorgeschlagene nicht die an   2 einen Treuhänder zu stellenden Anforderungen erfüllt, besteht kein Grund für das Gericht, den Vorschlag zurückzuweisen. Dies gilt umso mehr, wenn die **Gläubigerversammlung** im Termin mehrheitlich einen bestimmten Treuhänder vorgeschlagen hat. Sieht das Gericht gleichwohl von einer Bestellung ab, sollten in den Beschluss nach § 291 Abs 2 die Gründe für die Ablehnung aufgenommen werden.

3 **1. Zeitpunkt.** Der **Vorschlag** kann bereits **zusammen mit dem Insolvenzantrag** eingereicht werden. Er sollte **spätestens im Schlusstermin** vorliegen, damit er bei der Entscheidung nach § 291 Abs 2 noch berücksichtigt werden kann. Ein Verbrauch des Vorschlagsrechts tritt damit nicht ein. Vielmehr sind der Schuldner und die Gläubiger auch nach einer vorzeitigen Beendigung des Amtes des Treuhänders während des Restschuldbefreiungsverfahrens befugt, von ihrem Vorschlagsrecht erneut Gebrauch zu machen.

4 **2. Form und Inhalt des Vorschlags.** Da das Gesetz eine bestimmte Form nicht vorschreibt, kann der **Vorschlag** dem Insolvenzgericht entweder **schriftlich oder mündlich** unterbreitet werden. In jedem Fall ist die ladungsfähige Anschrift des Vorgeschlagenen mitzuteilen. Dagegen bedarf der Vorschlag keiner Begründung. Gleichwohl empfehlen sich nähere Angaben zur beruflichen und ggf sozialen Stellung der vorgeschlagenen Person (N/R/*Römermann* § 288 Rn 7). Auch wenn Verwandte oder engere Freunde des Schuldners oder der Gläubiger nicht von vornherein als Treuhänder ausscheiden (aA *Smid/Haarmeyer* § 288 Rn 3), sollte eine solche Beziehung zum Vorgeschlagenen nicht verschwiegen werden. Soweit die betreffende Person bereit ist, das **Amt unentgeltlich** anzutreten, ist darauf besonders hinzuweisen.

5 **3. Verschiedene Vorschläge.** Schlagen der Schuldner und die Gläubiger **verschiedene** natürliche **Personen** vor, hängt die Bestimmung des Treuhänders durch das Gericht zunächst davon ab, ob die Vorgeschlagenen für den jeweiligen Einzelfall geeignet sind. Bei gleicher Eignung liegt es im **pflichtgemäßen Ermessen** des Gerichts, ob und ggf welchem Vorschlag es folgt (vgl BK-*Goetsch* § 288 Rn 4). Von besonderer Bedeutung ist dabei, ob der Vorgeschlagene bereit ist, sein Amt unentgeltlich auszuüben. Auch wenn die soziale Betreuung des Schuldners nicht zum Aufgabenkreis des Treuhänders zählt, sollte das Gericht diesen Aspekt bei seiner Entscheidung nicht unberücksichtigt lassen. Eine Vertrauensbeziehung zwischen Schuldner und Treuhänder kann dazu beitragen, die **Motivationslage des Schuldners** zu stärken. Dies liegt wiederum im Interesse der Gläubiger. Denn ein motivierter Schuldner, der regelmäßig seiner Arbeit nachgeht und möglicherweise bestrebt ist, eine höher dotierte Stelle anzutreten, verbessert durch erhöhte pfändbare Bezüge die Befriedigungsaussichten der Gläubiger während der sechsjährigen Laufzeit der Abtretungserklärung. Steht die vorgeschlagene Person dem Schuldner so nahe, dass eine Wahrung der **Interessen der Gläubiger** von ihr nicht erwartet werden kann, sollte das Gericht indes dem Vorschlag nicht entsprechen. Denn die **vorrangige Aufgabe des Treuhänders** ist die Verwaltung und Verteilung der an ihn erbrachten Leistungen an die Gläubiger.

6 **4. Keine Personenidentität.** Ob zwischen dem Treuhänder des vereinfachten Verfahrens und dem des Restschuldbefreiungsverfahren **Personenidentität** bestehen muss (so HK-*Landfermann* § 313 Rn 6; *Smid/Haarmeyer* § 313 Rn 1; *Hess/Obermüller* Rn 1050; *Huntemann/Graf Brockdorff* Kap 17, Rn 122), erscheint fraglich. Zwar soll nach der Beschlussempfehlung des Rechtsausschusses zu § 357j (= § 313) Absatz 1 gewährleisten, dass bei Kleininsolvenzen nur eine Person für die Wahrnehmung der Verwalter- und Treuhänderaufgaben bestellt wird. Dies führe zu einer Vereinfachung des Verfahrens und trage mit dazu bei, das Verfahren kostengünstiger abzuwickeln (dazu BT-Drucks 12/7302 S 193). Zwingend ist dies indes nicht (*Vallender* DGVZ 1997, 53, 56; FK-*Kohte* § 313 Rn 5; *Behr* JurBüro 1998, 517, 520; *Müller* ZInsO 1999, 335; *Hess* § 288 Rn 3). Dies ergibt sich bereits daraus, dass § 288 und § 313 von einem **unterschiedlichen Anforderungsprofil** ausgehen. Während der Treuhänder des Restschuldbefreiungsverfahrens eine für den jeweiligen Einzelfall geeignete Person sein muss, hat der Treuhänder des vereinfachten Verfahrens auf Grund der Verweisung in § 313 Abs 1 S 3 auf die Vorschriften über den Insolvenzverwalter eine für den jeweiligen Einzelfall geeignete, insbesondere geschäftskundige und von den Gläubigern und dem Schuldner unabhängige natürliche Person zu sein. Hätte der im Eröffnungsbeschluss bestimmte Treuhänder im Restschuldbefreiungsverfahren, ohne dass eine neue Bestellung zu erfolgen hätte, (zwingend) auch die in § 292 beschriebenen Aufgaben wahrzunehmen, liefe das Vorschlagsrecht des Schuldners und der Gläubiger gemäß § 288 weitgehend ins Leere. Dem Gericht wäre es verwehrt, dem unter Umständen kostengünstigeren Vorschlag des Schuldners oder Gläubigers zu folgen und einen Treuhänder für das Restschuldbefreiungsverfahren zu bestellen, der sogar bereit wäre, die Aufgabe kostenlos wahrzunehmen. Die praktische Erfahrung zeigt, dass die vorgeschlagenen Personen zwar in der Lage sind, eine Treuhändertätigkeit gemäß § 292 wahrzunehmen, häufig aber nicht über die Qualifikation verfügen, die der Treuhänder des vereinfachten Verfahrens vorzuweisen hat. Würde das Insolvenzgericht einen von seinen speziellen Qualifikationsmerkmalen her ungeeigneten Kandidaten für das Amt des Treuhänders gemäß § 313 bestimmen, käme eine Haftung wegen der fehlerhaften Auswahl nach dem Maßstab des § 56 Abs 1 in Betracht (vgl **OLG München** ZIP 1991, 1367). So ist nach der Rechtsprechung des **BGH** (ZIP 1986, 319) die Bestellung einer Person

Entscheidung des Insolvenzgerichts § 289

zum Verwalter ohne jede Nachprüfung ihrer persönlichen Zuverlässigkeit unstatthaft. Zutreffend weist *Smid* (§ 56 Rn 22) darauf hin, dass dies entsprechend für nicht allgemein unzuverlässige, aber sonst ungeeignete Personen zu gelten habe. Vor diesem Hintergrund verkehrt sich die Vorstellung des Gesetzgebers, durch die Bestellung einer Person für beide Verfahrensabschnitte das Verfahren kostengünstiger abzuwickeln, ins Gegenteil.

III. Für den jeweiligen Einzelfall geeignete natürliche Person

Durch das Tatbestandsmerkmal „natürliche Person" schließt das Gesetz die Übertragung des Treuhänderamtes auf eine **juristische Person** aus (HK-*Landfermann* § 291 Rn 12; *Hoffmann* S 111, N/R/ *Römermann* § 288 Rn 12; aA *Döbereiner* Restschuldbefreiung S 336; *Hess* § 288 Rn 2; K/P/B/*Wenzel*, § 288 Rn 2). Den gegen die Bestellung einer juristischen Person zum Insolvenzverwalter vorgebrachten Argumenten wie mögliche Interessenkollision und Haftungsbeschränkung ist bei der Bestimmung des Treuhänders im Restschuldbefreiungsverfahren allerdings keine wesentliche Bedeutung beizumessen (aA *Pape* ZInsO 2001, 1025, 1026). 7

Das Gesetz lässt offen, wer die für **den jeweiligen Einzelfall geeignete** Person ist (krit hierzu *Pape* ZRP 1993, 285, 289). Auch der Begründung des Regierungsentwurfs ist nicht zu entnehmen, über welche Qualifikation und Fähigkeiten der Treuhänder verfügen muss. Schuldner und Gläubiger werden bei ihrem Vorschlag ebenso wie das Gericht bei der Bestellung bzw Bestimmung des Treuhänders die von diesem im Einzelnen zu erledigenden Aufgaben zu berücksichtigen haben. Diese unterschieden sich in den einzelnen Verfahrensabschnitten erheblich. So nimmt der Treuhänder im vereinfachten Verfahren die Aufgaben des Insolvenzverwalters wahr (siehe hierzu näher § 313 Rn 16 ff). Seine Kompetenzen gehen weit über das hinaus, was ein Treuhänder im Restschuldbefreiungsverfahren an Aufgaben zu erledigen hat. 8

Während des Restschuldbefreiungsverfahrens zählt es zu den wesentlichen Aufgaben des Treuhänders, den zur Zahlung der Bezüge Verpflichteten über die Abtretung zu unterrichten, die eingehenden Gelder aus dem pfändbaren Einkommen des Schulders zu verwalten und sie einmal jährlich auf Grund des Schlussverzeichnisses an die Insolvenzgläubiger zu verteilen. Dies setzt zwingend voraus, dass der Treuhänder in der Lage ist, die Einnahmen und Ausgaben aufzuzeichnen, die Lohn- und Gehaltsabrechnung des Schuldners zu überprüfen und daraus die pfändbaren Beträge zu berechnen (*Müller* ZInsO 1999, 335, 336). Darüber hinaus treffen den Treuhänder zahlreiche weitere Pflichten, die teilweise mehr als nur juristische Grundkenntnisse voraussetzen. 9

Vor diesem Hintergrund sind in jedem Fall **Rechtsanwälte** (bei einer vorhergehenden Vertretung des Schuldners im Schuldenbereinigungsverfahren besteht für den Rechtsanwalt ein **Tätigkeitsverbot**, das ihn an der Treuhänderstellung hindert, näher dazu *Pape* ZInsO 2001, 1025, 1026), **Steuerberater, Wirtschaftsprüfer oder Betriebswirte und Buchführungshelfer**, die über besondere Erfahrungen und Kenntnisse im Insolvenzrecht verfügen, als **geeignet** anzusehen, sowohl im vereinfachten Verfahren als auch im Restschuldbefreiungsverfahren die Aufgaben eines Treuhänders wahrzunehmen. Dagegen kommen Mitarbeiter von Schuldnerberatungsstellen und von karitativen Einrichtungen oder sonstige Personen nur für die Übernahme des Amtes als Treuhänder im Restschuldbefreiungsverfahren in Betracht. Dies gilt gleichermaßen für Gerichtsvollzieher (krit dazu *Döbereiner* Restschuldbefreiung S 339), die allerdings ohne Ergänzung der GVGA zur Übernahme des Amtes nicht befugt wären (*Vallender* DGVZ 1997, 53, 56; BK-*Goetsch* § 288 Rn 7). 10

Anders als die Vorschrift des § 313 nehmen weder § 288 noch § 292 auf die Regelung des § 56 Bezug. Mithin muss die zu bestimmende Person von den Gläubigern und dem Schuldner nicht unabhängig sein (BK-*Goetsch* § 288 Rn 5; aA AG Göttingen v 22. 11. 2004 – 74 IN 137/02, NZI 2005, 117; *Hergenröder* ZVI 2005, 521, 523; *Smid/Haarmeyer* § 288 Rn 3;). Das bedeutet jedoch nicht, dass im Restschuldbefreiungsverfahren auf die Neutralität des Treuhänders verzichtet werden soll (so auch **AG Göttingen** aaO; *Kohte/Ahrens/Grote* § 288 Rn 7ff; MüKoInsO-*Ehricke* § 288 Rn 32). Dies würde unberücksichtigt lassen, dass zu den Aufgaben des Treuhänders die Verfolgung des **ordnungsgemäßen Verfahrensganges** zählt (N/R/*Römermann* § 288 Rn 22). Deshalb dürften Ehepartner bzw Lebensgefährten des Schuldners oder diejenigen Personen, die den Schuldner bei seinem außergerichtlichen Einigungsversuch unterstützt und ihm die Bescheinigung nach § 305 Abs 1 Nr 1 erteilt haben, für das Amt des Treuhänders nicht in Betracht kommen, wenn die Gläubigerversammlung dem Treuhänder zugleich die Überwachung der Erfüllung der Obliegenheiten überträgt (K/P/B/*Wenzel* § 288 Rn 2). Zumindest in diesem Fall besteht die Gefahr, dass der Treuhänder die erforderliche Neutralität vermissen lässt und den Überwachungsaufgaben nicht hinreichend nachkommt (*Döbereiner* Restschuldbefreiung S 337). 11

Erfüllt ein **Gläubiger** die Anforderungen, die an einen Treuhänder zu stellen sind, bestehen keine Bedenken, seinem Vorschlag zu folgen, ihn **zum Treuhänder** zu bestellen. Jedoch muss auch insoweit gewährleistet sein, dass die zu bestimmende Person für einen ordnungsgemäßen Verfahrensgang Sorge trägt. 12

§ 289 Entscheidung des Insolvenzgerichts

(1) ¹**Die Insolvenzgläubiger und der Insolvenzverwalter sind im Schlußtermin zu dem Antrag des Schuldners zu hören.** ²**Das Insolvenzgericht entscheidet über den Antrag des Schuldners durch Beschluß.**

§ 289

(2) ¹Gegen den Beschluß steht dem Schuldner und jedem Insolvenzgläubiger, der im Schlußtermin die Versagung der Restschuldbefreiung beantragt hat, die sofortige Beschwerde zu. ²Das Insolvenzverfahren wird erst nach Rechtskraft des Beschlusses aufgehoben. ³Der rechtskräftige Beschluß ist zusammen mit dem Beschluß über die Aufhebung des Insolvenzverfahrens öffentlich bekanntzumachen.

(3) ¹Im Falle der Einstellung des Insolvenzverfahrens kann Restschuldbefreiung nur erteilt werden, wenn nach Anzeige der Masseunzulänglichkeit die Insolvenzmasse nach § 209 verteilt worden ist und die Einstellung nach § 211 erfolgt. ²Absatz 2 gilt mit der Maßgabe, daß an die Stelle der Aufhebung des Verfahrens die Einstellung tritt.

Übersicht

	Rn
I. Normzweck	1
II. Verfahren	2
1. Anhörung der Insolvenzgläubiger und des Insolvenzverwalters, Abs 1 S 1	5
a) Mündliche Anhörung im Schlusstermin	10
b) Schriftliche Anhörung im vereinfachten Verfahren	13
2. Entscheidung des Insolvenzgerichts	15
a) Zeitpunkt der Entscheidung	16
b) Sachentscheidung	21
c) Zuständigkeit	22
d) Kosten und Gebühren	23
3. Aufhebung des Verfahrens, Abs 2 S 2	25
4. Rechtsmittel, Abs 2 S 1	26
5. Öffentliche Bekanntmachung, Abs 2 S 3	29
III. Einstellung des Verfahrens, Abs 3	30
1. Masseunzulänglichkeit	31
2. Anhörung der Gläubiger	34
3. Insolvenzanfechtung nach Anzeige der Masseunzulänglichkeit	37
4. Verteilungsprobleme	39
5. Befriedigung der Massegläubiger während der Wohlverhaltensperiode	40
6. Öffentliche Bekanntmachung	41
IV. Wirkungen der Entscheidung	42
1. Ankündigung der Restschuldbefreiung	43
2. Versagung der Restschuldbefreiung	45

I. Normzweck

1   Noch während des Insolvenzverfahrens hat das Gericht eine Entscheidung über den Antrag des Schuldners auf Erteilung der Restschuldbefreiung zu treffen. Dies verdeutlicht, dass die Durchführung des Insolvenzverfahrens unabdingbare Voraussetzung für ein sich daran anschließendes Restschuldbefreiungsverfahren ist (BK-*Goetsch* § 289 Rn 1). Dabei bestehen **zwei Entscheidungsmöglichkeiten** (*Hess* § 289 Rn 2). Entweder weist das Gericht den Antrag des Schuldners zurück, weil er die Antragsvoraussetzungen des § 287 nicht erfüllt hat oder die von einem Gläubiger geltend gemachten Versagungsgründe (§ 290) vorliegen oder das Gericht erlässt einen sogen „Ankündigungsbeschluss" nach § 291. Die **endgültige Restschuldbefreiung** erfolgt gemäß § 300 erst nach Ende der Laufzeit der Abtretungserklärung. Vor der Entscheidung über den Antrag des Schuldners auf Erteilung der Restschuldbefreiung ist den Insolvenzgläubigern und dem Insolvenzverwalter rechtliches Gehör zu gewähren. Die **Anhörung** im Schlusstermin bezweckt, für die gesamte Verfahrensdauer festzustellen, ob der Schuldner seinen Auskunfts- und Mitwirkungspflichten genügt hat (Begr zu § 237 RegE, BR-Drucks 1/92, S 189). Die Entscheidung des Insolvenzgerichts erfolgt in Form eines **Beschlusses** (§ 289 Abs 1 S 2). Absatz 3 der Vorschrift ermöglicht die Erteilung der Restschuldbefreiung auch für den Fall, dass das Insolvenzverfahren wegen **Masseunzulänglichkeit** gem § 211 eingestellt wird.

II. Verfahren

2   Nach dem Prüfungstermin kann der Insolvenzverwalter mit der Befriedigung der Gläubiger beginnen (§ 187). Sobald das Insolvenzgericht die Zustimmung zur Schlussverteilung gemäß § 196 Abs 2 erteilt hat, ist von Amts wegen der **Schlusstermin** anzuberaumen. Dieser Termin dient der Erörterung der Schlussrechnung des Insolvenzverwalters, der Erhebung von Einwendungen gegen das Schlussverzeichnis, der Entscheidung der Gläubiger über die nicht verwertbaren Gegenstände der Insolvenzmasse (§ 197 Abs 1 Nr 1 bis 3) sowie der **Anhörung** der Insolvenzgläubiger und des Insolvenzverwalters zu einem Antrag des Schuldners auf Restschuldbefreiung. Darüber hinaus hat die **Gläubigerversammlung** Gelegenheit, in diesem Termin darüber zu entscheiden, ob dem Treuhänder gemäß § 292 Abs 2 S 1 auch die **Überwachung der Erfüllung der Obliegenheiten** des Schuldners übertragen werden soll.

II. Verfahren § 289

Zeichnet sich eine Ankündigung der Restschuldbefreiung ab, empfiehlt es sich, dass das Insolvenzgericht bei Einberufung der Gläubigerversammlung diese Beschlussmöglichkeit mit in die Tagesordnung aufnimmt (§ 74 Abs 2). Hierdurch kann ggf die Anberaumung eines weiteren Termins vermieden werden.

Stellt sich nach Eröffnung des Insolvenzverfahrens heraus, dass die Kosten des Verfahrens gedeckt 3 sind, nicht aber die übrigen Masseverbindlichkeiten, hat der Insolvenzverwalter die **Masseunzulänglichkeit** nach § 208 anzuzeigen. Nach § 289 Abs 3 ist unter den dort genannten Voraussetzungen die Erteilung der Restschuldbefreiung möglich. Bevor das Gericht eine Entscheidung über den Antrag des Schuldners trifft, hat es eine Gläubigerversammlung anzuberaumen, die für die Zwecke der Anhörung und der Bescheidung der Versagungsanträge von Insolvenzgläubigern den Schlusstermin ersetzt (*Häsemeyer* Rn 26.25; HK-*Landfermann* § 289 Rn 16).

1. Anhörung der Insolvenzgläubiger und des Insolvenzverwalters, Abs 1 S 1. Die Insolvenzgläubiger 4 und der Insolvenzverwalter (im Verbraucherinsolvenzverfahren der Treuhänder) sind zu dem Antrag des Schuldners auf Erteilung der Restschuldbefreiung anzuhören. Dies gebietet bereits der **Grundsatz des rechtlichen Gehörs** gemäß Art 103 Abs 1 GG, weil die Restschuldbefreiung in die Rechte der Insolvenzgläubiger eingreift (KS-*Vallender* S 276 Rn 87). Unterlässt das Gericht eine Anhörung der Gläubiger, deren Forderungen nicht von einer Restschuldbefreiung erfasst werden (§ 302), stellt dies keinen Verstoß gegen Art 103 Abs 1 GG dar, weil deren Rechtsposition nicht unmittelbar beeinträchtigt wird.

Das Insolvenzgericht darf sich nicht auf die bloße Anhörung beschränken. Es hat vielmehr auch 5 die im Rahmen der Anhörung vorgebrachten Erwägungen bei seiner Entscheidung zu berücksichtigen (*Döbereiner* Restschuldbefreiung S 295). Für die Verfahrensbeteiligten hat die zu treffende Entscheidung weit reichende Bedeutung, geht es doch darum, ob der Antrag des Schuldners zurückgewiesen wird, weil ein Insolvenzgläubiger erfolgreich einen Versagungsantrag gemäß § 290 gestellt hat oder der Schuldner in die Wohlverhaltensperiode mit der Möglichkeit der Restschuldbefreiung entlassen wird.

Zwar entspricht es allgemeiner Auffassung in Rechtsprechung und Literatur, dass sich die Verweisung 6 in § 4 auch auf § **139 ZPO** erstreckt (siehe nur BGH v 9. 3. 2006 – IX ZB 209/04, ZVI 2006, 351; *Jäger/Gerhardt* InsO § 4 Rn 7; MüKoInsO-*Ganter* § 4 Rn 47). Die konkrete Anwendung des § 139 ZPO durch Ausübung des gerichtlichen **Hinweis- und Fragerechts** hängt von den Umständen des Einzelfalls ab und entzieht sich grundsätzlicher Beurteilung. Das Gericht verletzt jedenfalls dann nicht ohne weiteres seine Hinweis- bzw. Fragepflicht, wenn es auf einen im Schlusstermin gestellten Antrag eines Gläubigers, dem Schuldner die Restschuldbefreiung gemäß § 290 Abs 1 Nr 4 „wegen gerichtlich festgestellter Gläubigerbenachteiligung" zu versagen, nicht weiter eingeht. Dies gilt insbesondere dann, wenn der antragstellende Gläubiger dabei auf ein Urteil Bezug nimmt, das in einem Rechtsstreit ergangen ist, an dem der Schuldner nicht beteiligt war, und in dem dessen Benachteiligungsvorsatz vorrangig auf die aus § 3 Abs 2 S 2 AnfG folgende Vermutung gestützt angenommen wird (**BGH** aaO).

Soweit das Gericht einem Antrag eines Insolvenzgläubigers auf Versagung der Restschuldbefreiung zu 7 entsprechen beabsichtigt, gebietet es der Grundsatz des rechtlichen Gehörs, auch dem **Schuldner** Gelegenheit zur Stellungnahme zu den in Betracht kommenden Versagungsgründen des § 290 Abs 1 Nr 1 bis 6 zu geben (*Vallender* aaO; *Döbereiner* aaO S 296; N/R/*Römermann* § 289 Rn 6). Hält sich der **Schuldner im Ausland** auf oder ist sein Aufenthalt unbekannt, findet die Vorschrift des § 10 Anwendung. Auch wenn dort von der „in diesem Gesetz" vorgeschriebenen Anhörung die Rede ist, bedeutet dies nicht, dass eine Anhörung nicht erforderlich sei (KS-*Vallender* S 252, Rn 5). § 10 findet wegen der identischen Interessenlage auf die Anhörung der Insolvenzgläubiger entsprechende Anwendung (*Döbereiner* aaO S 300; N/R/*Römermann* § 289 Rn 14).

Die **Anhörung des Insolvenzverwalters** dient dagegen allein der Sachverhaltserforschung. Soweit ein 8 **Treuhänder** die Aufgaben des Insolvenzverwalters im vereinfachten Verfahren wahrgenommen hat (§ 313 Abs 1 S 1), ist auch er zu hören (*Vallender* VuR 1997, 155, 157).

Das Gericht kann allerdings von einer Anhörung absehen, wenn der **Antrag** auf Erteilung der Rest- 9 schuldbefreiung **unzulässig** ist (näher dazu Rn 17). Eine Anhörung der Insolvenzgläubiger auch unter dem Gesichtspunkt des rechtlichen Gehörs erscheint in diesem Fall nicht geboten, weil durch die Entscheidung nicht in ihre Rechte eingegriffen wird (AG Köln InVo 2000, 127, 128).

a) Mündliche Anhörung im Schlusstermin. Die **Anhörung** im Schlusstermin hat **mündlich** zu erfolgen. 10 Der Gesetzgeber hat den Schlusstermin als Zeitpunkt für die Anhörung gewählt, damit für die gesamte Verfahrensdauer festgestellt werden kann, ob der Schuldner seinen Auskunfts- und Mitwirkungspflichten genügt hat (Begr zu § 237 RegE, BR-Drucks 1/92, S 189).

Die **schriftliche Ankündigung eines Versagungsantrags** durch einen Insolvenzgläubiger vor diesem 11 Termin verpflichtet das Gericht nur dann zu einer Berücksichtigung der vorgetragenen Tatsachen und Rechtsauffassungen, wenn der Gläubiger oder sein Vertreter im Termin anwesend ist und auf den Schriftsatz vollinhaltlich Bezug nimmt (vgl auch LG Nürnberg-Fürth VuR 2002, 31, 32 m Anm *Kohte*). Es steht dem Schuldner frei, an dem Schlusstermin teilzunehmen und zu etwaigen Versagungsanträgen von Insolvenzgläubigern Stellung zu nehmen. Sieht er von einer Teilnahme am Termin ab, ist das Gericht nicht daran gehindert, über den Restschuldbefreiungsantrag des Schuldners zu entscheiden. Aller-

Vallender

dings sollte dem Schuldner vor der Entscheidung Gelegenheit gegeben werden, zu den vorgetragenen Versagungsgründen Stellung zu nehmen.

12   Da die Anberaumung des Schlusstermins **öffentlich bekanntzumachen** ist (§ 74 Abs 2 S 1, 9 Abs 1), kann sich niemand für die Zeit ab Bewirken der Bekanntmachung darauf berufen, von diesem Termin nichts gewusst zu haben. Zumindest muss der Betreffende eine ihm nützende Unkenntnis beweisen (N/R/*Becker* § 9 Rn 21).

13   **b) Schriftliche Anhörung im vereinfachten Verfahren.** Im **vereinfachten Verfahren** kann das Gericht anordnen, dass das **Verfahren** oder einzelne seiner Teile **schriftlich durchgeführt** werden (§ 5 Abs 2 S 1). Sieht das Gericht von der Anberaumung eines Schlusstermins ab, kann es durch Beschluss anordnen, dass die Gläubiger binnen einer bestimmten Frist zu dem Restschuldbefreiungsantrag **schriftlich Stellung nehmen (BGH** v 9. 3. 2006 – IX ZB 17/05, NZI 2006, 481; **AG** Hamburg NZI 2000, 336; **AG** Köln NZI 2000, 331 = InVo 2000, 127). Der Fristablauf tritt an die Stelle des Schlusstermins. Der Beschluss ist den Beteiligten bekannt zu geben.

14   Gleichzeitig empfiehlt sich, den Gläubigern aufzugeben, binnen dieser Frist die Versagungsgründe für den Fall eines Antrags auf Versagung der Restschuldbefreiung glaubhaft zu machen. Schließlich ist den Gläubigern Gelegenheit zu geben, zu einer etwaigen Beauftragung des Treuhänders mit der Überwachung des Schuldners im Verfahren zur Restschuldbefreiung Stellung zu nehmen (§ 292 Abs 2). Das Gericht kann die Anordnung jederzeit abändern. Geht der Versagungsantrag des Insolvenzgläubigers erst nach Ablauf der dem Insolvenzgläubigern gesetzten Frist, die dem Schlusstermin entspricht, bei Gericht ein, ist der Versagungsantrag unzulässig, weil verspätet (**AG** Mönchengladbach NZI 2001, 492 = ZInsO 2001, 631). Nach Fristablauf hat das Gericht dem Schuldner einen etwaigen Versagungsantrag zur Stellungnahme binnen einer bestimmten Frist zuzuleiten.

15   **2. Entscheidung des Insolvenzgerichts.** Das Insolvenzgericht entscheidet über den Antrag des Schuldners, wenn es zuvor geprüft hat, ob die Antragsvoraussetzungen des § 287 vorliegen, ob Gläubiger Anträge auf Versagung der Restschuldbefreiung gestellt haben und solche Anträge begründet sind (*Häsemeyer* Rn 26.24). Unzulässig ist ein Restschuldbefreiungsantrag, wenn die allgemeinen Prozessvoraussetzungen oder die besonderen Voraussetzungen eines Restschuldbefreiungsverfahrens fehlen (näher dazu FK-*Ahrens* § 289 Rn 6 m weiteren Beispielen).

16   **a) Zeitpunkt der Entscheidung.** Die **Entscheidung** über den Antrag auf Erteilung von Restschuldbefreiung selbst kann noch **im Schlusstermin** oder nach diesem Termin ergehen. Sind weitere Ermittlungen notwendig, kommt regelmäßig eine Entscheidung erst nach dem Schlusstermin in Betracht. Bei einer Beschlussfassung nach dem Schlusstermin ist der Beschluss in der üblichen Weise zu veröffentlichen, um die Rechtsmittelfristen in Gang zu setzen (Smid/*Haarmeyer* § 289 Rn 4).

17   Bei einem **unzulässigen Antrag des Schuldners** auf Erteilung der Restschuldbefreiung ist eine **Entscheidung** des Insolvenzgerichts bereits **vor dem Schlusstermin** über den Antrag des Schuldners auf Erteilung der Restschuldbefreiung zulässig und in der Regel auch geboten (**OLG** Köln ZInsO 2000, 334; **OLG** Zweibrücken ZInsO 2002, 287, 288; **LG** Göttingen, Beschl v 4. 11. 2000 – 10 T 142/00, LS in ZInsO-Rechtsprechungsreport ZInsO 2000, 658; **AG** Bielefeld ZIP 1999, 1180, 1181; **AG** Köln InVo 2000, 127, 128 = DZWIR 2000, 170, 171; K/P/B/*Wenzel* § 289 Rn 3 a; FK-*Ahrens* § 289 Rn 6 a; *Holzer* DZWIR 2000, 174; *Lücke/Schmittmann* ZInsO 2000, 87, 88; **aA LG** Münster Rpfleger 2000, 83 = DZWIR 1999, 474 = ZInsO 1999, 724 LS). Die §§ 289–291 sehen zwar eine Beschlussfassung des Insolvenzgerichts über den Antrag des Schuldners auf Restschuldbefreiung erst im Schlusstermin vor; § 290 Abs 1 bestimmt jedoch lediglich einen Zeitpunkt für die Entscheidung über Restschuldbefreiungsanträge. Hierbei handelt es sich um die Entscheidung über die bei entsprechendem Gläubigerantrag zu prüfenden, enumerativ aufgezählten Versagungsgründe. Diese betreffen indes nur die Begründetheit des Schuldnerantrags. Die Unzulässigkeit ist als Versagungsgrund nicht aufgeführt (**OLG** Köln aaO). Gläubigerrechte werden bei Beschlussfassung vor dem Schlusstermin nicht verletzt, weil mangels Sachentscheidung deren Recht auf Nachforderung aus § 201 Abs 1 nicht gefährdet wird.

18   Soweit ein Gläubiger bereits **vor dem Schlusstermin einen Versagungsantrag** gestellt hat, hat hierüber keine Entscheidung zu ergehen, weil ein solcher Antrag lediglich die **Ankündigung des Antrags** darstellt (**BGH** v 9. 3. 2006 – IX ZB 17/05, NZI 2006, 481). Denn § 290 Abs 1 sieht vor, dass der **Versagungsantrag im Schlusstermin** zu stellen ist.

19   Bei einer **Zurückweisung** des Antrags des Schuldners auf Erteilung der Restschuldbefreiung als unzulässig erst **nach dem Schlusstermin** ist auch der von einem Gläubiger im Schlusstermin gestellte Antrag auf Versagung der Restschuldbefreiung zu bescheiden. Der Antrag ist ebenfalls als unzulässig zurückweisen, weil ein unzulässiger Antrag nicht nur die Sachentscheidung, sondern bereits die Sachverhandlung verhindert (vgl BGH NJW 1978, 2031; 83, 2247).

20   Grundsätzlich ist über den Antrag des Schuldners auf Erteilung der Restschuldbefreiung und über Versagungsanträge der Insolvenzgläubiger in einundemselben Beschluss zu entscheiden (**AG** Mönchengladbach NZI 2001, 492 = ZInsO 2001, 631). Ausnahmsweise kann ein verspäteter Versagungsantrag vorab als unzulässig abgewiesen werden, wenn ein weiterer Versagungsantrag vorliegt, über den das

II. Verfahren § 289

Gericht erst nach weiteren Ermittlungen eine Entscheidung treffen kann. Diese Verfahrensweise trägt zur Konzentration des Verfahrens bei (**AG** Mönchengladbach aaO).

b) Sachentscheidung. Hat kein Gläubiger Antrag auf Versagung der Restschuldbefreiung gestellt oder ist ein entsprechend gestellter Antrag unbegründet, kündigt das Gericht bei Vorliegen der Antragsvoraussetzungen des § 287 die Restschuldbefreiung in dem so genannten „Ankündigungsbeschluss" gemäß § 291 Abs 1 an. Bei Anzeige der Masseunzulänglichkeit kann der Beschluss über die Ankündigung der Restschuldbefreiung erst nach Verteilung der Insolvenzmasse nach § 209 und Einstellung des Insolvenzverfahrens gemäß § 211 erfolgen (§ 289 Abs 3 S 1). Der Antrag auf Erteilung der Restschuldbefreiung ist dagegen als **unbegründet** zurückweisen, wenn die Voraussetzungen des § 290 vorliegen. Erst nach Rechtskraft dieses Beschlusses wird das Insolvenzverfahren aufgehoben (§ 289 Abs 2 S 2). 21

c) Zuständigkeit. Funktionell zuständig für die Entscheidung über den Antrag des Schuldners bei einem Versagungsantrag eines Insolvenzgläubigers ist der Richter (§ 18 Abs 1 Ziffer 2 RPflG). Dies gilt allerdings nicht, wenn bereits der **Antrag des Schuldners** auf Erteilung der Restschuldbefreiung **unzulässig** ist. In diesem Falle ist der Rechtspfleger gemäß § 3 Nr 2 e RPflG zur Entscheidung berufen (**OLG Köln** ZInsO 2000, 334; **OLG Zweibrücken** ZInsO 2002, 287, 288; **LG Göttingen**, Beschl v 4. 11. 2000 – 10 T 142/00, LS in ZInsO-Rechtsprechungsreport ZInsO 2000, 658; MüKoInsO-*Stephan* § 289 Rn 11; *Lücke/Schmittmann* ZInsO 2000, 87, 88; aA **LG Münster** Rpfleger 2000, 83 = DZWIR 1999, 474 = ZInsO 1999, 724 LS). Hat kein Insolvenzgläubiger Antrag auf Versagung der Restschuldbefreiung gestellt, ist bei Vorliegen der Voraussetzungen des § 287 für den Erlass des „Ankündigungsbeschlusses" gemäß § 291 Abs 1 ebenfalls der Rechtspfleger zuständig. Entscheidet indes anstelle des zuständigen Richters der Rechtspfleger, ist der Beschluss unwirksam (**LG Berlin** v 14. 7. 2004 – 86 T 565/04, ZInsO 2004, 987). 22

d) Kosten und Gebühren. Kostenschuldner ist nach § 23 Abs 2 GKG der Insolvenzgläubiger, der die Versagung der Restschuldbefreiung beantragt. Eine besondere **Verfahrensgebühr** für das Versagungsverfahren nach § 290 und die Entscheidung über die Ankündigung der Restschuldbefreiung wird nicht erhoben. Für das Verfahren über die Beschwerde gilt KV GKG Nr 2361. Der Gegenstandswert ist wegen der Festgebühr von 50,00 Euro unbeachtlich 23

Für das Verfahren über den Antrag auf Restschuldbefreiung sieht das RVG für die Tätigkeit des **Rechtsanwalts** keine besondere Gebühr vor. Für den **Versagungsantrag** fällt indes eine eigenständige Gebühr mit einem Gebührensatz von 0,5 an (Nr 3321 VV RVG). 24

3. Aufhebung des Verfahrens, Abs 2 S 2. Die Aufhebung des Insolvenzverfahrens erfolgt gemäß § 200 Abs 1 nach Vollzug der Schlussverteilung (BK-*Breutigam* § 200 Rn 1). Eine hiervon abweichende Regelung enthält § 289 Abs 2 S 2. Danach wird das Insolvenzverfahren erst nach **Rechtskraft des Beschlusses** über den Antrag des Schuldners auf Erteilung der Restschuldbefreiung aufgehoben. Der **Aufhebungsbeschluss** ist unanfechtbar, soweit der Richter entschieden hat (§ 6 Abs 1). Möglich bleibt jedoch für den Fall der Entscheidung durch den Rechtspfleger die sofortige Erinnerung gemäß § 11 Abs 2 S 2 RpflG, über die der Richter gemäß § 11 Abs 2 S 3 RpflG abschließend entscheidet (BK-*Breutigam* § 200 Rn 26; aA HK-*Irschlinger* § 200 Rn 10). 25

4. Rechtsmittel, Abs 2 S 1. Da nur derjenige Rechtsmittel einlegen darf, den die anzufechtende Entscheidung unmittelbar rechtlich benachteiligt (vgl **BGH** NJW 1972, 112), steht dem **Schuldner** gegen den Versagungsbeschluss des Gerichts das Rechtsmittel der **sofortigen Beschwerde** zu (§§ 6, 289 Abs 2 S 1). Ein **Insolvenzgläubiger** ist zur Anfechtung der gerichtlichen Entscheidung berechtigt, wenn er bei Anhörung nach Absatz 1 die Versagung der Restschuldbefreiung beantragt hat und das Gericht die Restschuldbefreiung ankündigt (**LG München I** ZInsO 2000, 519 LS). Da das Gesetz nur dem Insolvenzgläubiger ein Rechtsmittel zugesteht, der sich wegen Vorliegens der Voraussetzungen des § 290 gegen die Erteilung der Restschuldbefreiung gewandt hat, können andere Gläubiger, die aus sonstigen Gründen mit der Ankündigung der Restschuldbefreiung nicht einverstanden sind, den Beschluss nicht anfechten. Fraglich ist, ob auch der Insolvenzgläubiger nach Abs 2 S 3 beschwerdebefugt ist, den das Gericht nicht gemäß § 289 Abs 1 S 1 angehört hat. Eine Regelungslücke liegt nicht vor. Eine analoge Anwendung der Vorschrift des Absatzes 2 S 1 kommt nicht in Betracht, weil hierdurch die in § 6 Abs 1 zum Ausdruck gebrachte gesetzliche Wertung in unzulässiger Weise unterlaufen würde. Ein Verstoß gegen Art 103 Abs 1 GG stellt zwar einen Verfahrensmangel dar, der grundsätzlich die Aufhebung der Entscheidung zur Folge hat (vgl **OLG Düsseldorf** KTS 1959, 175). Da § 289 Abs 2 S 1 die Beschwerdebefugnis auf die Insolvenzgläubiger beschränkt, die einen Versagungsantrag nach § 290 gestellt haben, verbleibt diesem Gläubiger bei einem Verstoß gegen den verfassungsrechtlich abgesicherten Grundsatz des rechtlichen Gehörs zur Überprüfung der Entscheidung nur die Verfassungsbeschwerde (KS-*Vallender* S 255 Rn 14). 26

Der Beschluss, mit dem das Insolvenzgericht den Antrag auf Erteilung der Restschuldbefreiung als **unzulässig** zurückweist, stellt eine gemäß §§ 6, 289 Abs 2 anfechtbare Entscheidung dar. Mit der sofortigen Beschwerde kann der Schuldner nicht nur jede Versagung der Restschuldbefreiung angreifen, die 27 auf die Gründe der §§ 290 Abs 1, 314 Abs 3 S 2 gestützt wird, sondern auch die **Verwerfung des Antrags** auf Erteilung der Restschuldbefreiung als unzulässig (**AG** Düsseldorf NZI 2000, 553, 554; HK-*Landfermann* § 289 Rn 12; MüKoInsO-*Stephan* § 289 Rn 35; *Kohte/Ahrens/Grote* § 289 Rn 17).

28 Einem **Insolvenzgläubiger**, der nicht im Schlusstermin (erfolglos) beantragt hat, die Restschuldbefreiung zu versagen, sondern seine **Gründe** schriftlich und **nachträglich** vorträgt, steht das Rechtsmittel der sofortigen Beschwerde gemäß § 289 Abs 2 S 1 gegen den Beschluss nach § 291 Abs 1 (Ankündigung der Restschuldbefreiung) nicht zu (**LG** München I ZInsO 2000, 519). Die Anfechtbarkeit einer dahingehenden **Entscheidung des Rechtspflegers** richtet sich vielmehr nach § 11 Abs 2 S 1 RpflG, so dass darüber abschließend und unanfechtbar der Insolvenzrichter entscheidet. Der **Treuhänder** ist nicht befugt, gegen seine Bestellung ein Rechtsmittel einzulegen. Da er nicht verpflichtet ist, das Amt zu übernehmen, kann er entsprechend den konkursrechtlichen Grundsätzen die Übernahme des Amtes ablehnen (K/U § 78 Rn 5; FK-*Ahrens* § 289 Rn 17).

28a Die **Statthaftigkeit der Rechtsbeschwerde** gegen einen Beschluss auf Grund einer sofortigen Beschwerde, durch den die Restschuldbefreiung versagt wird, ergibt sich aus § 289 Abs 2 S 1, §§ 6, 7 InsO, § 574 Abs 1 S 1 Nr 1 ZPO. Eine Rechtsbeschwerde nach § 574 Abs 1 S 1 Nr 1 ZPO ist jedoch nur zulässig, wenn die Rechtsbeschwerde entweder grundsätzliche Bedeutung hat oder die Fortbildung des Rechts oder die Sicherung einer einheitlichen Rechtsprechung einer Entscheidung des Rechtsbeschwerdegerichts erfordert.

29 **5. Öffentliche Bekanntmachung, Abs 2 S 3.** Der Beschluss über den Antrag des Schuldners auf Erteilung der Restschuldbefreiung ist zusammen mit dem Beschluss über die Aufhebung des Insolvenzverfahrens (§ 200) gemäß § 9 **öffentlich bekannt zu machen.** Sie erfolgt durch eine zentrale und länderübergreifende **Veröffentlichung im Internet** (www.insolvenzbekanntmachungen.de), § 9 Abs 1 S 1. Die Vorschrift wurde durch das Gesetz zur Vereinfachung des Insolvenzverfahrens v 13. 4. 2007 (BGBl I 509) in der Weise geändert, dass die Bekanntmachung generell und ausschließlich im Internet erfolgt. Jedermann soll durch die Veröffentlichung Gelegenheit erhalten, sich über die Entscheidung des Gerichts zu unterrichten und sein weiteres Verhalten darauf einzurichten (N/R/*Becker* § 9 Rn 1). Die öffentliche Bekanntmachung genügt zum Nachweis der Zustellung an die übrigen Gläubiger, § 9 Abs 3.

III. Einstellung des Verfahrens, Abs 3

30 Wenn ein eröffnetes Verfahren vorzeitig beendet werden muss, weil sein Hauptzweck – die gemeinschaftliche Befriedigung der Insolvenzgläubiger – nicht erreicht werden kann, unterscheidet die Insolvenzordnung zwischen der **Einstellung** mangels Masse gemäß § 207 und der Einstellung nach Anzeige der **Masseunzulänglichkeit** gemäß § 208. Im ersten Fall findet das Verfahren wegen Masselosigkeit sein vorzeitiges Ende, im zweiten Fall, bei dem zwar die Kosten des Verfahrens gedeckt sind, die Insolvenzmasse jedoch nicht ausreicht, um die fälligen sonstigen Masseverbindlichkeiten zu erfüllen, ist das Insolvenzverfahren fortzuführen. So hat der Insolvenzverwalter zunächst die Masse zu verwerten und unter den Massegläubigern zu verteilen. Erst im Anschluss daran wird das Verfahren eingestellt (§§ 208 Abs 3, 211).

31 **1. Masseunzulänglichkeit.** Nur im Falle der Einstellung des Insolvenzverfahrens wegen Masseunzulänglichkeit (§ 208) besteht für den Schuldner die Möglichkeit, Restschuldbefreiung zu erlangen. Dies setzt jedoch voraus, dass der Insolvenzverwalter die **Masseunzulänglichkeit angezeigt**, die Insolvenzmasse nach § 209 verteilt hat und die Einstellung des Verfahrens nach § 211 erfolgt ist. Die Einstellung des Verfahrens hat gem § 289 Abs 3 S 2 iVm § 289 Abs 2 nach Rechtskraft des Beschlusses über die Restschuldbefreiung zu erfolgen (**BGH** v 19. 3. 2009 – IX ZB 134/08; HK-*Landfermann* § 289 Rn 9). Da § 289 Abs 3 S 1 ausdrücklich auf die Vorschrift des § 209 Bezug nimmt, müssen zumindest die Kosten des Verfahrens, die bei der Befriedigung der Massegläubiger generell den ersten Rang einnehmen, gedeckt sein. Nur ein durchgeführtes Insolvenzverfahren stellt nach der Vorstellung des Gesetzgebers sicher, dass das pfändbare Vermögen des Schuldners unter Nutzung der Möglichkeiten der Insolvenzanfechtung zur gemeinschaftlichen Gläubigerbefriedigung herangezogen werden kann (K/P/B/*Wenzel* § 289 Rn 5).

32 Die Ergänzung des § 26 Abs 1 und des § 207 Abs 1 um die **Stundungsregelung nach § 4a** hat allerdings zur Folge, dass eine Abweisung des Insolvenzantrags mangels Masse bzw eine Einstellung des Verfahrens mangels Masse nicht in Betracht kommt, wenn dem Schuldner die Verfahrenskosten gestundet sind und damit de facto die Deckung der Verfahrenskosten für das gesamte Verfahren gegeben ist (*Pape* ZInsO 2001, 587, 589). Der Erteilung der Restschuldbefreiung steht nicht entgegen, dass sich die Insolvenzmasse nach Begleichung (oder Stundung) der Verfahrenskosten auf **Null** beläuft und aus diesem Grunde eine Verteilung an die übrigen Massegläubiger nicht erfolgen kann (**OLG** Stuttgart v 28. 3. 2002 – 8 W 560/01, ZInsO 2002, 836).

33 Auch die **Einstellungsgründe** nach §§ 212, 213 eröffnen dem Schuldner nicht die Möglichkeit, Restschuldbefreiung nach Maßgabe der §§ 286 ff zu erlangen (*Smid/Haarmeyer* § 286 Rn 26; K/P/B/*Wenzel* § 286 Rn 74; *Wittig* WM 1998, 209, 210; aA *Hess* § 286 Rn 65).

III. Einstellung des Verfahrens, Abs 3 § 289

2. Anhörung der Gläubiger. Auch bei einer Einstellung des Verfahrens wegen Masseunzulänglichkeit 34
gemäß § 211 sind die Insolvenzgläubiger und der Insolvenzverwalter zu dem Antrag des Schuldners auf
Erteilung der Restschuldbefreiung zu hören. Allerdings fehlt in § 289 Abs 3 eine Regelung, wann und
auf welche Art und Weise die Anhörung zu erfolgen hat. Im **Regelinsolvenzverfahren** hat das Gericht
eine **Gläubigerversammlung** anzuberaumen, die für die Zwecke des Abs 1 der Anhörung der Gläubiger
sowie des Insolvenzverwalters und des Abs 2 der Stellung von Versagungsanträgen dient (BGH v 19. 3.
2009 – IX ZB 134/08; HK-*Landfermann* § 289 Rn 16; *Kohte/Ahrens/Grote* § 289 Rn 5, 23; *Häsemeyer* Rn 26.25). Ein etwaiger Antrag auf Versagung der Restschuldbefreiung durch einen Gläubiger ist bis
zum Ende dieses Termins zu stellen.

Im **Verbraucherinsolvenzverfahren** kann das Gericht von der Anberaumung eines Termins absehen 35
und den Insolvenzgläubigern und dem Treuhänder Gelegenheit geben, binnen einer bestimmten Frist
schriftlich Gründe glaubhaft zu machen, auf Grund derer die Erteilung einer Restschuldbefreiung schon
vor Eintritt in die Wohlverhaltensperiode ausgeschlossen sein kann und entsprechende Versagungsanträge zu stellen (§ 312 Abs 2). Dabei empfiehlt es sich, in dem Beschluss über die Anordnung des
schriftlichen Verfahrens den Versagungsantrag auf das schriftliche Anhörungsverfahren zu befristen
(ebenso *Pape* in *Mohrbutter/Ringstmeier* Rn 89 f, 102; differenzierend HK-*Landfermann* § 289 Rn 16;
offen lassend **LG Kassel** v 12. 1. 2004 – 3 T 668/03, ZInsO 2004, 160).

Vor der Aufhebung des Insolvenzverfahrens hat das Gericht eine Entscheidung über einen vom 36
Schuldner gestellten Antrag auf Erteilung von Restschuldbefreiung zu treffen.

3. Insolvenzanfechtung nach Anzeige der Masseunzulänglichkeit. Die in Rechtsprechung und Litera- 37
tur kontrovers diskutierte Frage, ob nach Anzeige der Masseunzulänglichkeit die insolvenzrechtlichen
Anfechtungsvorschriften Anwendung finden, hat der **BGH** in seiner Entscheidung vom 19. 7. 2001
(NZI 2001, 585) klar beantwortet. Nach Ansicht des **BGH** entfällt eine Benachteiligung gerade der Insolvenzgläubiger nicht schon deswegen, weil der Verwalter Masseunzulänglichkeit angezeigt hat. Dies
sei für die Anfechtung grundsätzlich bedeutungslos. Das für die Anfechtung vorauszusetzende Merkmal
der Gläubigerbenachteiligung bedeute – nur –, dass die angefochtene Rechtshandlung die Befriedigungsaussichten der Insolvenzgläubiger im Allgemeinen verkürzt hat. Es werde nicht zugleich vorausgesetzt, dass von jeder einzelnen Anfechtung im Ergebnis nur Insolvenzgläubiger nicht jedoch Massegläubiger profitieren. Das sich an die Anzeige der Masseunzulänglichkeit anschließende Verfahren diene
mittelbar der Interessen sämtlicher Gläubiger (BGH aaO 587).

Für das **Restschuldbefreiungsverfahren** hat die vorgenannte Entscheidung des **BGH** erhebliche Auswir- 38
kungen. *Pape* (ZIP 2001, 901, 904) gebührt das Verdienst, die höchst unbefriedigenden Wirkungen der
Ablehnung einer Anfechtung im Hinblick auf die Restschuldbefreiung deutlich gemacht zu haben. Wäh-
rend die Empfänger anfechtbarer Leistungen diese bei Ablehnung einer Anfechtungsmöglichkeit unangetastet behalten können, sind die Insolvenzgläubiger an die Beschränkung der sechsjährigen Laufzeit der
Abtretungserklärung gebunden; nach deren Beendigung müssen sie den **Verlust ihrer Forderungen** nach
Maßgabe des § 301 Abs 1 hinnehmen. Einer individuellen Anfechtungsklage steht die Vorschrift des § 294
Abs 1 entgegen (siehe § 294 Rn 9). Im Übrigen könnte eine erfolgreiche Anfechtbarkeit nach dem AnfG
nicht befriedigen, weil sie anders als die Anfechtung im Insolvenzverfahren nicht zu einer gemeinschaftlichen Befriedigung aller Insolvenzgläubiger führt. Auch dieser Umstand ist ein weiteres Argument dafür,
die Zulässigkeit der Insolvenzanfechtung nach Masseunzulänglichkeit zu bejahen.

4. Verteilungsprobleme. Bei einer vorzeitigen Beendigung des Insolvenzverfahrens stellt sich regelmä- 39
ßig die Frage, nach welchen Vorgaben **die Befriedigung der Insolvenzgläubiger** zu erfolgen hat, wenn
kein **Schlussverzeichnis** aufgestellt worden ist, das sonst gemäß § 292 Abs 1 S 2 für die Befriedigung der
Gläubiger in der Wohlverhaltensperiode maßgeblich ist (*Pape* ZInsO 2001, 587, 590). Sieht man den
Schuldner als verpflichtet an, selbst ein Gläubigerverzeichnis zu erstellen (so *Uhlenbruck* NZI 2001,
408, 410 für das Regelinsolvenzverfahren), ist eine solche Verfahrensweise für die Insolvenzgläubiger
mit erheblichen Risiken verbunden. Vergisst der Schuldner einen Gläubiger in das Verzeichnis aufzunehmen oder unterlässt er dies absichtlich, läuft dieser Gläubiger Gefahr, dass seine Forderung von der
Restschuldbefreiung erfasst wird, ohne dass er während der Wohlverhaltensperiode irgendwelche Zahlungen erhalten hat. Der Versagungsgrund des § 290 Abs 1 Nr 6 findet während der Wohlverhaltensperiode keine Anwendung. Dem „übergangenen" Gläubiger bleibt nichts anderes übrig, als sich bei nachträglicher Kenntnis vom Restschuldbefreiungsverfahren an den Treuhänder zu wenden und darauf
hinzuwirken, dass das vom Schuldner erstellte Gläubigerverzeichnis ergänzt wird. Bei einer **Aufstellung
eines Verteilungsschlüssels** durch das Gericht analog den Vorschriften über die Schlussverteilung (*Kohte/
Ahrens/Grote* § 292 Rn 10; K/P/B/*Pape* § 207 Rn 49 a) können diese Unzulänglichkeiten zwar nicht
gänzlich ausgeschlossen, jedoch erheblich minimiert werden. Bei **bestrittenen Forderungen** dürfte die
Durchführung eines vollständigen Anmelde- und Prüfungsverfahrens unumgänglich sein (*Pape* in
Mohrbutter/Ringstmeier Rn 103 ff).

5. Befriedigung der Massegläubiger während der Wohlverhaltensperiode. Im Falle der Anzeige der 40
Masseunzulänglichkeit gemäß § 208 ist das Verfahren bis zur vollständigen Verwertung der Insolvenz-

masse durchzuführen. Reicht die vorhandene Masse nicht aus, sämtliche **Massegläubiger** zu befriedigen, stellt sich die Frage, ob diese Gläubiger nach Einstellung des Verfahrens und Entlassung des Schuldners in die Wohlverhaltensperiode von dem Treuhänder Erfüllung ihrer nicht voll befriedigten Verbindlichkeiten verlangen können. Der Wortlaut des § 292 Abs 1 S 3 spricht gegen einen solchen Anspruch. Denn die Vorschrift stellt allein auf die Befriedigung der Insolvenzgläubiger ab. Der Begründung zu § 329 Abs 2 RegE (BT-Drucks 12/2443 S 222) ist indes das Gegenteil zu entnehmen. Danach sind Zahlungen, die während der Wohlverhaltensperiode an den Treuhänder geleistet werden, „in erster Linie an die noch nicht befriedigten Massegläubiger zu verteilen". Diesem Postulat haben sich sowohl der Bundesgerichtshof (v 17. 3. 2005 – IX ZB 214/04, NZI 2005, 399 m Anm *Ahrens* NZI 2005, 401) als auch zahlreiche Stimmen in der Literatur angeschlossen (*Pape* NZI 2004, 1, 6; *Mäusezahl* ZVI 2003, 622; *Schmidt* ZInsO 2003, 9, 14; HK-*Landfermann* § 289 Rn 18; KS-*Fuchs* S 1738 Rn 172; *Smid/Haarmeyer* § 289 Rn 10; aA *Adam* DZWIR 2006, 499). In Einklang damit steht die Neufassung des § 292 Abs 1 S 2 2. HS. Der Gesetzgeber hält es für gerechtfertigt, das **Vorwegbefriedigungsrecht der Massegläubiger** aus § 53 hinsichtlich der **gestundeten Verfahrenskosten** auch bei Verteilungen durch den Treuhänder in der Wohlverhaltensperiode anzuwenden. Er begründet dies damit, dass das Restschuldbefreiungsverfahren eng mit dem Insolvenzverfahren verknüpft sei und von insolvenzrechtlichen Grundsätzen geprägt werde (Begr RegE BT-Drucks 14/5680 S 44). Soweit eine Nachhaftung des Schuldners für nicht erfüllte Masseverbindlichkeiten greift (s dazu Ausführungen zu § 301 Rn 2 a), gilt für die Verteilung die Rangfolge des § 209. Danach sind jeweils anteilig zunächst die Neumasseverbindlichkeiten, dann die Altmasseverbindlichkeiten zu erfüllen (HK-*Landfermann* § 289 Rn 18).

41 6. **Öffentliche Bekanntmachung.** Auf die Einstellung des Verfahrens wegen Massezulänglichkeit ist nach § 289 Abs 3 S 2 die Regelung des Abs 2 entsprechend anzuwenden. Die Einstellung des Verfahrens erfolgt erst nach Rechtskraft des Beschlusses über die Versagung oder Ankündigung der Restschuldbefreiung. Beide Beschlüsse sind zusammen öffentlich bekannt zu machen.

IV. Wirkungen der Entscheidung

42 Nach Rechtskraft des Beschlusses über die Ankündigung bzw Versagung der Restschuldbefreiung wird das Insolvenzverfahren aufgehoben (§§ 289 Abs 2 S 2, 200) bzw im Falle der Feststellung der Massezulänglichkeit eingestellt (§§ 289 Abs 3 S 2, 211).

43 1. **Ankündigung der Restschuldbefreiung.** Soweit das Gericht dem Antrag des Schuldners auf Erteilung der Restschuldbefreiung entsprochen hat, schließt sich der Aufhebung bzw Einstellung des Insolvenzverfahrens die Wohlverhaltensperiode an. Mit Aufhebung bzw Einstellung des Verfahrens erlangt der Schuldner mit Ausnahme der pfändbaren Forderungen auf Bezüge aus einem Dienstverhältnis oder an deren Stelle tretende laufende Bezüge das **Verwaltungs- und Verfügungsrecht** über sein Vermögen zurück.

44 Das **Recht der freien Nachforderung** gemäß § 201 Abs 1 **ist** zunächst **suspendiert**. Das Nachforderungsrecht tritt endgültig nicht ein, wenn die Restschuldbefreiung erteilt (§ 300 Abs 1) und nicht widerrufen wird (§ 303 Abs 1).

45 2. **Versagung der Restschuldbefreiung.** Nach rechtskräftiger Versagung der Restschuldbefreiung und Aufhebung des Insolvenzverfahrens (§§ 289 Abs 2 S 2, 200 ff) erhält der Schuldner seine Verwaltungs-, Verfügungs- und Prozessführungsbefugnis hinsichtlich des zur Insolvenzmasse gehörenden Vermögens zurück. Etwas anderes gilt nur für solche Gegenstände, für die eine Nachtragsverteilung nach den §§ 203 ff, 211 Abs 3 in Betracht kommt (vgl **BFH** v 7. 6. 2006 – VII B 329/05, ZInsO 2006, 875; **BGH** NJW 1992, 2894, 2895). Die im Verfahren nicht voll befriedigten Insolvenzgläubiger können ihre noch ausstehenden Forderungen nach Maßgabe des § 201 gegenüber dem Schuldner wieder uneingeschränkt geltend machen. Der Insolvenzverwalter bzw Treuhänder hat die in Ausübung seines Amtes in Besitz genommenen Geschäftsunterlagen dem Schuldner zurückzugeben (BK-*Breutigam* § 200 Rn 24).

§ 290 Versagung der Restschuldbefreiung

(1) In dem Beschluß ist die Restschuldbefreiung zu versagen, wenn dies im Schlußtermin von einem Insolvenzgläubiger beantragt worden ist und wenn
1. der Schuldner wegen einer Straftat nach den §§ 283 bis 283 c des Strafgesetzbuchs rechtskräftig verurteilt worden ist,
2. der Schuldner in den letzten drei Jahren vor dem Antrag auf Eröffnung des Insolvenzverfahrens oder nach diesem Antrag vorsätzlich oder grob fahrlässig schriftlich unrichtige oder unvollständige Angaben über seine wirtschaftlichen Verhältnisse gemacht hat, um einen Kredit zu erhalten, Leistungen aus öffentlichen Mitteln zu beziehen oder Leistungen an öffentliche Kassen zu vermeiden,

3. in den letzten zehn Jahren vor dem Antrag auf Eröffnung des Insolvenzverfahrens oder nach diesem Antrag dem Schuldner Restschuldbefreiung erteilt oder nach § 296 oder § 297 versagt worden ist,
4. der Schuldner im letzten Jahr vor dem Antrag auf Eröffnung des Insolvenzverfahrens oder nach diesem Antrag vorsätzlich oder grob fahrlässig die Befriedigung der Insolvenzgläubiger dadurch beeinträchtigt hat, daß er unangemessene Verbindlichkeiten begründet oder Vermögen verschwendet oder ohne Aussicht auf eine Besserung seiner wirtschaftlichen Lage die Eröffnung des Insolvenzverfahrens verzögert hat,
5. der Schuldner während des Insolvenzverfahrens Auskunfts- oder Mitwirkungspflichten nach diesem Gesetz vorsätzlich oder grob fahrlässig verletzt hat oder
6. der Schuldner in den nach § 305 Abs. 1 Nr. 3 vorzulegenden Verzeichnissen seines Vermögens und seines Einkommens, seiner Gläubiger und der gegen ihn gerichteten Forderungen vorsätzlich oder grob fahrlässig unrichtige oder unvollständige Angaben gemacht hat.

(2) Der Antrag des Gläubigers ist nur zulässig, wenn ein Versagungsgrund glaubhaft gemacht wird.

Übersicht

	Rn
I. Entwicklung der Norm, Normzweck	1
II. Formelle Voraussetzungen	3
1. Antrag eines Insolvenzgläubigers	4
2. Zeitpunkt der Antragstellung	5
3. Glaubhaftmachung, Abs 2	9
a) Mittel der Glaubhaftmachung	10
b) Zeitpunkt der Glaubhaftmachung	11
c) Glaubhaftmachung und Gegenglaubhaftmachung	12
d) Prüfung von Amts wegen und Feststellungslast	13 a
III. Materielle Voraussetzungen	14
1. Insolvenzstraftat, Abs 1 Nr 1	16
a) Maßgebliche Straftatbestände	18
b) Rechtskräftige Verurteilung	21
c) Zeitliche Grenze	24
d) Umfang der Darlegungslast	27
2. Unrichtige oder unvollständige Angaben über wirtschaftliche Verhältnisse, Abs 1 Nr 2	28
a) Unrichtige oder unvollständige Angaben	29
b) Schriftliche Angaben	33
c) Kreditvergabe	34
d) Leistungen aus öffentlichen Mitteln oder Vermeidung von Leistungen an öffentliche Kassen	35
e) Kausalität	37
f) Zeitraum	38
g) Vorsatz oder grobe Fahrlässigkeit	40
h) Finales Handeln	40 a
i) Antragsberechtigung	41
k) Verfahrensrechtliches	42
3. Wiederholter Restschuldbefreiungsantrag, Abs 1 Nr 3	43
a) Frühere Gewährung der Restschuldbefreiung	44
b) Frühere Versagung der Restschuldbefreiung	48
c) Berechnung der Sperrfrist	48
d) Einschränkung der Sperrfrist?	49
4. Verschwenderischer Lebensstil, Abs 1 Nr 4	50
a) Begründung unangemessener Verbindlichkeiten	53
b) Vermögensverschwendung	54
c) Verzögerung des Insolvenzverfahrens	56
d) Beeinträchtigung der Befriedigung der Insolvenzgläubiger	61
e) Zeitraum	63
f) Vorsatz oder grobe Fahrlässigkeit	64
5. Verletzung von Auskunfts- und Mitwirkungspflichten, Abs 1 Nr 5	66
a) Auskunfts- und Mitwirkungspflichten	67
b) Zeitraum	71
c) Vorsatz oder grobe Fahrlässigkeit	72
6. Unrichtige oder unvollständige Verzeichnisse, Abs 1 Nr 6	73
a) Unzutreffende Angaben	77
b) Vorsatz oder grobe Fahrlässigkeit	79
IV. Entscheidung des Insolvenzgerichts	84
1. Entscheidungsalternativen	86
2. Kein Spruchrichterprivileg	88
3. Verfahrensrechtliches	89
4. Kosten und Gebühren	90

I. Entwicklung der Norm, Normzweck

1 Die Versagungsgründe haben vom Diskussionsentwurf (§ 229) bis zur Behandlung der Vorschrift im Rechtsausschuss einerseits Streichungen andererseits Erweiterungen, vor allem aber eine Präzisierung erfahren (N/R/*Römermann* § 290 Rn 1). So wurden Tatbestandsmerkmale gestrichen wie zB der noch im Regierungsentwurf in Ziffer 1 enthaltene Kreditbetrug nach § 265 b StGB (krit dazu *Scholz* Kreditpraxis 1989, Heft 1, 33, 36; *Döbereiner* Restschuldbefreiung S 122). Gegen Ende des Gesetzgebungsverfahrens wurde im Rechtsausschuss der Katalog der Versagungsgründe noch um eine Ziffer 6 ergänzt, um den Schuldner anzuhalten, die im Rahmen des Verbraucherinsolvenzverfahrens vorzulegenden Verzeichnisse nach § 305 Abs 1 InsO sorgfältig zu erstellen (Beschl-Empfehlung des RechsA zu § 346 e, BT-Drucksache 12/7302, S 187/188).

2 § 290 soll dazu beitragen, dass der Zielsetzung des § 1 S 2 entsprechend nur **redliche Schuldner**, die sich ihren Gläubigern gegenüber nichts haben zuschulden kommen lassen, Restschuldbefreiung erlangen (**BGH** v 16. 7. 2009 – IX ZB 219/08; **BGH** v 8. 1. 2009 – IX ZB 73/08, NZI 2009, 253, 254). Durch die einzeln aufgeführten Versagungstatbestände wird die Redlichkeit im Sinne von § 1 S 2 konkretisiert (**AG** Oldenburg ZInsO 2001, 1170, 171; *Hergenröder* DZWIR 2001, 342). Im Rahmen der insolvenzrechtlichen **Redlichkeitsprüfung** findet indes **keine allgemeine Beurteilung der Person des Schuldners** in Bezug auf sein gesetzeskonformes Verhalten statt. Aus diesem Grund stellt zB allein die Begehung von Ordnungswidrigkeiten – im Gegensatz zu den glaubigerschädigenden Straftaten nach § 290 Abs 1 Nr 1 – keinen Versagungsgrund dar (**AG** Oldenburg v 29. 5. 2007 – 60 IK 11/05, ZVI 2005, 328, 329). **Zweck der Vorschrift** ist die Vermeidung einer missbräuchlichen Inanspruchnahme der Restschuldbefreiung (*Döbereiner* Restschuldbefreiung S 114). Die Vorschrift bezeichnet **abschließend** die Gründe, bei deren Vorliegen die Erteilung der Restschuldbefreiung auf Antrag eines Insolvenzgläubigers zu versagen ist, noch bevor es zur Aufhebung des Verfahrens kommt (*Hess* § 290 Rn 1; K/P/B/*Wenzel* § 290 Rn 2). Dabei hat der Gesetzgeber davon abgesehen, die Versagung der Restschuldbefreiung durch eine **Generalklausel** zu gestalten (vgl auch *Landfermann* FS *Henckel* S 515, 528). Dies ist zu begrüßen, weil ein weites Ermessen des Gerichtes eine zu große Unsicherheit für die Beteiligten mit sich bringen würde. Schuldner und Insolvenzgläubiger sollen von vornherein wissen, unter welchen Bedingungen die Restschuldbefreiung erteilt oder versagt werden kann. Nur auf diese Weise können sie die Folgen bestimmter Verhaltensweisen vorausberechnen und erkennen (Begr zu § 239 RegE, BR-Drucks 1/92, S 190/191). Gleichwohl sind Zweifel angebracht, ob die Umschreibung der verschiedenen Fallgruppen mit ihren Eigentümlichkeiten hinreichende Rechtssicherheit bietet und zu gerechten Entscheidungen führt (ebenso *Häsemeyer* Rn 26.18). So bieten beispielsweise die Tatbestandsmerkmale „unangemessene Verbindlichkeiten begründet oder Vermögen verschwendet oder ohne Aussicht auf eine Besserung seiner wirtschaftlichen Lage die Eröffnung des Insolvenzverfahrens verzögert hat" in Abs 1 Nr 4 immer noch einen zu weiten Ermessensspielraum. Der Umstand, dass die allgemein kritisierten **Würdigkeitsvoraussetzungen** für ein (Zwangs-)Vergleichsverfahren wieder eingeführt wurden, ist allein mit dem Zweck der Vorschrift zu rechtfertigen, dass nur der redliche Schuldner ohne Einbeziehung der Gläubiger durch Richterspruch entschuldet werden soll (*Döbereiner* Restschuldbefreiung S 116; *Smid* § 27 Rn 7; *Häsemeyer* Rn 26.17 ff).

II. Formelle Voraussetzungen

3 Die Versagung der Restschuldbefreiung setzt einen **zulässigen Antrag eines Insolvenzgläubigers** voraus (**BGH** v 20. 3. 2003 – IX ZB 388/02, WM 2003, 980, 983). Es kommt nicht darauf an, dass der Gläubiger seine Forderung angemeldet hat und im Schlussverzeichnis aufgeführt ist (**LG** Traunstein v 14. 8. 2003 – 4 T 2025/03, ZVI 2003, 424, 425; **AG** Leipzig v 16. 2. 2007 – 402 IK 2200/03, ZVI 2007, 138, 139; *Büttner* ZVI 2007, 116, 117; K/P/B/*Wenzel* § 290 Rn 3; **aA BGH** v 22. 2. 2007 – IX ZB 120/05, ZVI 2007, 137; **AG** Hamburg v 7. 9. 2005 – 68 g IK 46/04, ZInsO 2005, 1060). Als weitere **Zulässigkeitsvoraussetzung** nennt § 290 Abs 2, dass der Antragsteller den geltend gemachten **Versagungsgrund glaubhaft zu** machen hat.

4 **1. Antrag eines Insolvenzgläubigers.** Als **bestimmender Schriftsatz** hat der Antrag auf Versagung der Restschuldbefreiung die von der Rechtsprechung entwickelten Voraussetzungen wie die persönliche Unterschrift des Antragstellers oder seines Vertreters zu erfüllen (**AG** Köln v 21. 8. 2008 – 71 IK 135/07, NZI 2008, 627). Der durch ein **bevollmächtigtes Inkassounternehmen** gestellte Antrag ist wegen Verstoßes gegen das Gesetz zur Neuregelung des Rechtsberatungsgesetzes (**Rechtsdienstleistungsgesetz,** RDLG v 18. 12. 2007, BGBl 2007, I 509) unwirksam (§ 134 BGB). Auf Grund dieses Gesetzes wurde zwar die Vertretungsbefugnis der Inkassounternehmen im Insolvenzverfahren erweitert. Sie erstreckt sich nunmehr ausdrücklich auf die Schuldenbereinigungsverfahren (§ 305 Abs 4 S 2), nicht aber auf das eröffnete Insolvenzverfahren und das Restschuldbefreiungsverfahren. An der Unwirksamkeit des Antrags ändert sich auch dann nichts, wenn es sich um ein Inkassounternehmen mit Sitz in Liechtenstein handelt, das für einen Gläubiger mit Sitz in der Schweiz tätig wird (eingehend dazu **LG** Kiel v 9. 5. 2006 – 13 T 22/06, ZInsO 2007, 222, 223).

II. Formelle Voraussetzungen
§ 290

Der Antrag auf Versagung der Restschuldbefreiung kann nur auf die sechs gesetzlich bestimmten Gründe gestützt werden. Die Verletzung einer der in § 295 Abs 1 InsO aufgeführten Obliegenheiten rechtfertigt die Versagung der Restschuldbefreiung im Schlusstermin nicht (**BGH** v 25. 9. 2008 – IX ZB 98/07; **BGH** v 29. 6. 2004 – IX ZB 90/03, ZInsO 2004, 851, 852; v 5. 4. 2006 – IX ZB 227/04, ZVI 2006, 596, 597; **AG** Köln aaO 628). Selbst wenn das Gericht zuverlässige Kenntnis vom Vorliegen eines Versagungsgrundes erlangt hat, besteht weder eine Befugnis, ohne entsprechenden – zulässigen und begründeten – Antrag eines Gläubigers die Restschuldbefreiung **von Amts wegen** zu versagen, noch eine Pflicht, die Insolvenzgläubiger auf diesen Umstand hinzuweisen und eine Antragstellung anzuregen (**OLG** Celle v 19. 7. 2001 – 2 W 77/01, ZInsO 2001, 852 ff; aA offenbar *Gerigk* ZInsO 2001, 93) Da der **Versagungsantrag** der **Gläubigerautonomie** unterliegt, kann allein der antragstellende Insolvenzgläubiger ihn **zurückzunehmen oder erweitern** (*Kohte/Ahrens/Grote* § 290 Rn 57 a). Die Rücknahme kann in Anlehnung an die Vorschrift des § 13 Abs 2 bis zur Rechtskraft der Entscheidung über die Ankündigung oder Versagung der Restschuldbefreiung erfolgen. Erklärt der Antragsteller die **Hauptsache für erledigt**, finden die auf die Erledigungserklärung anwendbaren Vorschriften sowie die dazu entwickelten Grundsätze entsprechende Anwendung. Eine **Beschränkung des Antrags** auf Versagung der Restschuldbefreiung auf die Forderung des Antrag stellenden Gläubigers ist **unzulässig**. Sie ist mit dem Gesetz nicht vereinbar (**OLG** Celle v 21. 12. 2006 – 4 W 233/06, ZInsO 2007, 224).

2. Zeitpunkt der Antragstellung. Der **Antrag** auf Versagung der Restschuldbefreiung ist nur zulässig, 5 wenn er von einem Gläubiger im **Schlusstermin** oder in dem entsprechenden schriftlichen Verfahren gestellt wird (**BGH** v 25. 10. 2007 – IX ZB 187/03, NZI 2008, 48; **BGH** v 18. 5. 2006 –IX ZB 103/05, NZI 2006, 538 = ZInsO 2006, 647; **OLG** Celle ZInsO 2001, 757, 759; **LG** Göttingen v 20. 7. 2004 – 10 T 83/04, ZVI 2004, 544; **LG** Nürnberg-Fürth VuR 2002 31, 32 m Anm *Kohte*; KS-*Fuchs* S 1737 Rn 168 ff; HK-*Landfermann* § 289 Rn 4; K/P/B/*Wenzel* § 289 Rn 1; FK-*Ahrens* § 290 Rn 58 ff). Daran ändert nichts, wenn das zur Begründung eines späteren Antrags herangezogene Fehlverhalten des Schuldners erst nach dem Schlusstermin bekannt geworden ist (**BGH** v. 13. 5. 2006 – IX ZB 103/05, NZI 2006, 538). Bis zu dieser Verfahrenszäsur muss der Versagungsgrund geltend gemacht sein; ein **späteres Nachschieben von Gründen** ist unzulässig (vgl **BGH** v 11. 9. 2003 – IX ZB 37/03, BGHZ 156, 139, 142 ff = NJW 2003, 3558 = NZI 2003, 662; vgl auch **LG** Oldenburg v 4. 4. 2007 – 6 T 444/06, ZVI 2007, 384). Der Versagungsgrund kann nicht im **Beschwerdeverfahren** gegen die Zurückweisung des Antrags auf Versagung der Restschuldbefreiung nachgeschoben werden. Dies gilt auch dann, wenn der Gläubiger erst nach dem Schlusstermin von dem Versagungsgrund erfahren habe (**BGH** v 23. 10. 2008 – IX ZB 53/08, NSW InsO § 290 (**BGH**-intern).

Die **Gläubigerautonomie** verbietet es, dass das Gericht seine Versagungsentscheidung **von Amts we-** 5a **gen** auf Umstände stützt, die der Gläubiger zur Begründung seines Versagungsantrags nicht geltend gemacht hat (**BGH** v 25. 10. 2007 – IX ZB 187/03, NZI 2008, 49; einschränkend **LG** Hagen v 7. 12. 2006 – 10 a T 75/06, ZInsO 2007, 387, 388, das zwar die Auffassung vertritt, grundsätzlich könne die Versagung der Restschuldbefreiung nur auf einen solchen konkreten Versagungsgrund gestützt werden, den der Gläubiger im Schlusstermin glaubhaft gemacht habe (so **AG** Oldenburg v 29. 5. 2007 – 60 IK 11/05, ZVI 2007, 328, 329). Sollte aber an Stelle des im Schlusstermin glaubhaft gemachten Versagungsgrundes gemäß § 290 Abs 1 Nr 4 tatsächlich ein Versagungsgrund gemäß § 290 Abs 1 Nr 5 gegeben sein, könne die Versagung hierauf gestützt werden, wenn sich dieser Versagungsgrund aus dem eigenen Vorbringen des Schuldners ergebe und die Ausführungen des Schuldners bereits Gegenstand des im Schlusstermin gestellten Versagungsantrags waren; ähnlich HambKomm/*Streck* § 290 Rn 7, der nach zulässiger Antragstellung die Versagung der Restschuldbefreiung auf einen anderen Versagungsgrund stützen will als den, auf den sich der antragstellende Gläubiger berufen hat; vgl auch *Plümpe* ZInsO 2007, 388, 389). Es ist allein der Entscheidung der Gläubiger überlassen, ob Versagungsgründe zur Überprüfung durch das Gericht gestellt werden. Denn es geht um den Verlust ihrer Forderungen. Ob sie von Versagungsgründen Kenntnis hatten oder nicht, ist unerheblich.

Ein mündlich oder schriftlich **vor dem Schlusstermin gestellter Antrag** ist lediglich als Ankündigung 5b des Versagungsantrags anzusehen (**BGH** v 9. 3. 2006 – IX ZB 17/05, NZI 2006, 481; **LG** Mönchengladbach v 14. 7. 2004 – 5 T 146/04, ZVI 2004, 422; unklar *Kohte/Ahrens/Grote* § 290 Rn 58). Wiederholt der Gläubiger den angekündigten Antrag im Schlusstermin nicht, ist er unbeachtlich und nicht zu bescheiden (so auch **LG** Kleve v 29. 4. 2003 – 4 T 104/03, ZInsO 2003, 577; HK-*Landfermann* § 290 Rn 34; *Pape* ZInsO 2003, 354; aA aber contra legem **LG** Hannover v 19. 1. 2002 – 20 T 54/02, ZInsO 2003, 382; **AG** Kleve v 21. 3. 2003 – 38 IK 2/02, ZInsO 2003, 338). Ein nach dem Schlusstermin bei Gericht eingereichter Antrag ist verspätet und damit als unzulässig zurückzuweisen (**OLG** Celle ZVI 2002, 29, 31 = ZInsO 2002, 230; *Häsemeyer* Rn 26.17; aA *Kohte/Ahrens/Grote* § 290 Rn 59, *Hess* § 290 Rn 19, die den Versagungsantrag noch im Rechtsbehelfsverfahren zulassen wollen). Nichts anderes gilt für die auf einen Versagungsantrag gestützten **Versagungsgründe**. Auch sie können nur im Schlusstermin und nicht **nachträglich** geltend gemacht werden (**BGH** v 12. 2. 2009 – IX ZB 158/08, ZInsO 2009, 684, 865; **LG** München I ZInsO 2000, 519 LS). Daran ändert auch nichts der Umstand, dass der Versagungsantragsteller erst nach dem Schlusstermin von dem Versagungsgrund Kenntnis erlangt hat (**BGH** aaO). Das Insolvenzgericht darf die **Versagung nicht von Amts wegen** auf andere

Vallender 2681

Gründe stützen, als die vom Antragsteller geltend gemachten (**BGH** aaO mwRsprN). Etwas anderes gilt nur dann, wenn der Versagungsantragsteller sich im Schlusstermin hilfsweise auf die von anderen Versagungsantragstellern in diesem Termin vorgebrachten Gründe stützt (**BGH** aaO).

5c Das **Bestreiten** eines im Schlusstermin schlüssig dargelegten **Versagungsgrundes** kann nach Aufhebung des Termins nicht mehr nachgeholt werden (**BGH** v 5. 2. 2009 – IX ZB 185/08, NZI 2009, 256). Andernfalls – so der BGH – würde der Schuldner den Gläubiger zu einer nachträglichen Glaubhaftmachung zwingen, die diesem jedoch versagt ist. Dem Schuldner sei auch zuzumuten, im Schlusstermin zu erscheinen und sich zu dem Antrag des Gläubigers zu erklären. Zu der Frage, ob er die Gründe, die zur Versagung der Restschuldbefreiung führen können, bestreitet und damit die Pflicht des Insolvenzgerichts zur Ermittlung von Amts wegen auslöst (**BGH** v 11. 9. 2003 – IX ZB 37/03, NZI 2003, 662), könne er sich sofort erklären. Diese Auffassung begegnet Bedenken. Ohne entsprechenden Hinweis auf die weitgehenden Folgen einer „Säumnis im Schlusstermin" muss es dem Schuldner grundsätzlich gestattet sein, den Versagungsgrund nachträglich zu bestreiten. Dies gilt umso mehr, wenn der Schuldner ohne Verschulden gehindert war, am Schlusstermin teilzunehmen (näher dazu *Vallender* Verbraucherinsolvenz aktuell 2009, 1).

5d Sofern das Insolvenzgericht für die Beendigung des Verfahrens das **schriftliche Verfahren** angeordnet und eine **Frist** bestimmt hat, innerhalb deren die Gläubiger Einwendungen gegen die Ankündigung der Restschuldbefreiung erheben können, muss der **Versagungsantrag innerhalb dieser Frist im Insolvenzgericht eingehen** (*Sternal* NZI 2008, 329, 333). Es reicht aus, wenn der Antrag bis zum letzten Termin der Stellungnahmefrist gestellt wird (**LG** Magdeburg v 30. 7. 2007 – 3 T 452/07, ZInsO 2007, 998).

6 Bei **Einstellung** des Verfahrens **wegen Masseunzulänglichkeit** in einem Regelinsolvenzverfahren hat das Gericht vor einer Entscheidung über den Antrag des Schuldners auf Erteilung der Restschuldbefreiung eine **Gläubigerversammlung** anzuberaumen, die auch der Anhörung des Insolvenzgläubiger und des Insolvenzverwalters gemäß § 289 Abs 1 InsO dient (*Häsemeyer* Rn 26.25; HK-*Landfermann* § 289 Rn 16; aA *Kohte/Grote/Ahrens*, § 289 Rn 5). Ein etwaiger Antrag auf Versagung der Restschuldbefreiung durch einen Gläubiger ist bis zum Ende dieses Termins zu stellen (aA *Häsemeyer* Rn 26.17). Ein nach diesem Zeitpunkt bei Gericht eingegangener Antrag ist unzulässig. Insbesondere ist der Gläubiger nicht befugt, in entsprechender Anwendung des § 296 Abs 1 S 2 InsO binnen Jahresfrist nach Kenntnis des Versagungsgrundes die Versagung zu beantragen (so aber *Bruckmann*, Verbraucherinsolvenz § 4 Rn 24; K/P/B/*Wenzel* § 290 Rn 6). Dies würde eine Besserstellung gegenüber den Insolvenzgläubigern eines Verfahrens mit Abhaltung eines Schlusstermins bedeuten, für die es keinen sachlichen Grund gibt.

7 Im **Verbraucherinsolvenzverfahren** kann das Gericht von der Anberaumung eines Termins absehen und den Insolvenzgläubigern und dem Treuhänder Gelegenheit geben, binnen einer bestimmten Frist **schriftlich** zu dem Antrag des Schuldners Stellung zu nehmen (§ 5 Abs 2). Dabei empfiehlt es sich, in dem Beschluss über die Anordnung des schriftlichen Verfahrens den Versagungsantrag auf das schriftliche Anhörungsverfahren zu befristen (*Kohte/Ahrens/Grote* § 290 Rn 60).

8 Versäumt der Gläubiger die Frist zur Antragstellung, kommt eine **Wiedereinsetzung in den vorigen Stand** nicht in Betracht. Die Vorschrift des § 233 ZPO iVm § 4 InsO findet keine Anwendung, weil es sich bei der Terminsbestimmung oder der in einem schriftlichen Verfahren gesetzten Frist zur Antragstellung nicht um eine Notfrist iSv § 224 Abs 1 S 2 ZPO und auch keine vergleichbare Frist handelt (*Büttner* ZVI 2007, 116, 118; *Kohte/Ahrens/Grote* § 290 Rn 60).

9 **3. Glaubhaftmachung, Abs 2.** Nach § 290 Abs 2 hat der Insolvenzgläubiger den **Versagungsgrund** nach den für den Zivilprozess geltenden Regeln und Maßstäben (§ 294 ZPO) **glaubhaft** zu machen (**BGH** v 8. 1. 2009 – IX ZB 80/08, ZInsO 2009, 298). Dieses Erfordernis soll verhindern, dass ein Antrag, der auf bloße Vermutungen gestützt wird, zu aufwändigen Ermittlungen des Gerichts führt (**BGH** v 11. 9. 2003 – IX 37/03, NZI 2003, 662; HK-*Landfermann* § 290 Rn 36). Aus diesem Grunde reicht die plausible Darstellung des Sachverhalts grundsätzlich nicht aus (Hess § 290 Rn 23; aA *Bruckmann* Verbraucherinsolvenz § 4 Rn 41). Es ist ausschließlich Sache des Gläubigers, **bis zum Schlusstermin** die zur Glaubhaftmachung notwendigen Beweismittel beizubringen. **Ausnahmsweise** genügt eine **schlüssige Darlegung** der Tatsachen, wenn der Antragsteller den Versagungsantrag auf unstreitige Tatsachen stützt (**BGH** v 5. 2. 2009 – IX ZB 185/08, NZI 2009, 256; **BGH** v 29. 9. 2005 – IX ZB 178/02, ZVI 2005, 614; **AG** Düsseldorf v 17. 8. 2006 – 503 IN 214/02, ZVI 2007, 283; **AG** Göttingen ZInsO 2001, 1120 = NZI 2002, 61; s auch Rn 28) oder der Schuldner die schlüssige Darlegung des Sachverhalts durch den Antragsteller nicht qualifiziert bestreitet (**BGH** v 15. 11. 2007 – IX ZB 159/06, BeckRS 2008, 00.804). Dem Umstand, dass die Gläubiger häufig nicht über präsente Beweismittel verfügen, kann ggf dadurch Rechnung getragen werden, dass die richterliche Würdigung der Darstellung des Gläubigers und der beigebrachten Beweismittel berücksichtigt (**BGH** v 11. 9. 2003 – IX ZB 37/03, ZVI 2003, 538, 539).

10 a) **Mittel der Glaubhaftmachung.** Zur Glaubhaftmachung kann sich der Insolvenzgläubiger gemäß § 4, § 294 Abs 1 ZPO aller Beweismittel bedienen (**BGH** v 11. 9. 2003 – IX ZB 37/03, NJW 2003, 3558 = NZI 2003, 662; vgl auch **LG** München ZInsO 2001, 767). Grundsätzlich kann die Glaubhaftmachung auch durch Vorlage **einfacher Kopien von Schriftstücken** oder Abschriften von **Urkunden** (OLG Köln FamRZ

III. Materielle Voraussetzungen **§ 290**

1983, 709; **LG** Stuttgart ZInsO 2001, 134) erfolgen; den Beweiswert würdigt das Gericht frei (*Thomas/Putzo* § 294 ZPO Rn 2). Eine **fremdsprachige Urkunde** ist nur unter gleichzeitiger Vorlage einer beglaubigten Übersetzung ein geeignetes Mittel der Glaubhaftmachung. Ob das Gericht den Inhalt des Schriftstücks ohne Hilfe anderer zweifelsfrei feststellen und sprachlich verstehen kann, ist ohne Belang (**aA AG** Duisburg v 22. 1. 2007 – 62 IN 212/03). In aller Regel reicht auch eine auf Grund richterlicher Prüfung ergangene **rechtskräftige Entscheidung** zur Glaubhaftmachung des aus ihr ersichtlichen rechtserheblichen Sachverhalts aus, wenn aus dem Versagungsantrag hervorgeht, dass sich der Antragsteller die darin enthaltenen Angaben zu eigen macht (**BGH** v 11. 9. 2003 – IX ZB 37/03, ZVI 2003, 538; **AG** Düsseldorf v 17. 8. 2006 – 503 IN 214/02, ZVI 2007, 283). Die **Bezugnahme auf Berichte des Insolvenzverwalters bzw Treuhänders** (s **LG** Verden v 18. 9. 2006 – 6 T 181/06, ZVI 2006, 469) stellt nur dann ein zulässiges Mittel der Glaubhaftmachung dar, wenn der Antragsteller den Versagungstatbestand benennt und zur näheren Begründung seines Antrags auf die seiner Ansicht nach den konkreten Versagungstatbestand ausfüllenden Ausführungen des Insolvenzverwalters bzw Treuhänders verweist (ähnlich Hamb*Komm/Streck* § 290 Rn 6). Die pauschale Bezugnahme auf einen Schlussbericht reicht für einen ordnungsgemäßen Versagungsantrag jedenfalls dann nicht aus, wenn die Ausführungen des Treuhänders zu einem Versagungsgrund unsubstantiiert sind (**AG** Oldenburg v 29. 5. 2007 – 60 IK 11/05, ZVI 2007, 328, 329). Denn es ist nicht Aufgabe des Insolvenzgerichts, einen Bericht dahin zu überprüfen, ob sich daraus ein Versagungsgrund ergeben könnte. Solange der antragstellende Gläubiger die Versagungsgründe nicht glaubhaft gemacht hat, ist das Insolvenzgericht auch nicht verpflichtet, bei einem auf Abs 1 Nr 1 gestützten Versagungsantrag eine Anfrage nach § 41 BZRG an das Bundeszentralregister zu richten (vgl auch **AG** Hamburg v 12. 2. 2007 – 67 g IN 18/04, ZVI 2007, 209). Denn die **Amtsermittlungspflicht** greift erst nach Glaubhaftmachung des Versagungsgrundes ein (**BGH** aaO; **LG** Berlin v 14. 7. 2004 – 86 T 565/04, ZVI 2005, 98; **AG** Hamburg aaO 210; **AG** Duisburg v 29. 1. 2002 – 62 IN 53/00, NZI 2002, 328, 328).

b) **Zeitpunkt der Glaubhaftmachung.** Die **Glaubhaftmachung** hat **bis zum Schlusstermin** zu erfolgen. **11**
Sie muss sämtliche Elemente des geltend gemachten Versagungsgrundes einschließlich der subjektiven Tatbestandsmerkmale umfassen. Nach dem eindeutigen Wortlaut des § 290 Abs 1 ist eine Glaubhaftmachung nach dem Schlusstermin unzulässig (**BGH** v 5. 4. 2006 – IX ZB 227/04, ZVI 2006, 596, 597; **BGH** v 11. 9. 2003 – IX ZB 37/03, ZVI 2003, 538; **LG** München ZInsO 2001, 742; **AG** Düsseldorf aaO 285; K/P/B/*Wenzel* § 290 Rn 6; MüKoInsO-*Stephan* § 290 Rn 20; **aA** *Kohte/Ahrens/Grote* § 290 Rn 59). Ein **Beweisantritt** des Antragstellers im Schlusstermin ist unzulässig, weil § 294 Abs 2 ZPO (§ 4) nur eine **sofortige Beweisaufnahme** vorsieht.

c) **Glaubhaftmachung und Gegenglaubhaftmachung.** Es genügt zur Glaubhaftmachung die **überwiegende Wahrscheinlichkeit**, dass die Behauptung zutrifft (**OLG Köln** ZIP 1988, 664). Die bloße Glaubhaftmachung einer Forderung reicht nicht aus, wenn daraus nicht zugleich folgt, dass einer der Versagungsgründe des § 290 gegeben ist (**LG** München ZInsO 2001, 767). **12**
Bei Glaubhaftmachung hat der Schuldner die Möglichkeit der **Gegenglaubhaftmachung** (*Vallender* InVo 1998, 169, 178; *Kohte/Ahrens/Grote* § 290 Rn 61). In diesem Falle hat das Gericht zu prüfen, welcher Sachvortrag überwiegend wahrscheinlich ist (vgl **BGH** VersR 1976, 928; *Hess/Obermüller* Rn 981). Spricht bei umfassender Würdigung aller Umstände des Einzelfalls mehr für die Erfüllung eines Versagungstatbestandes, ist dem Gläubiger die Glaubhaftmachung gelungen (**BGH** v 11. 9. 2003 – IX 37/03, NZI 2003, 662, 663).
Vermag der Schuldner durch Gegenglaubhaftmachung die Glaubhaftmachung des Versagungsgrundes zu erschüttern oder gelingt ihm die Glaubhaftmachung des Gegenteils, ist der Antrag des Gläubigers als unzulässig zurückzuweisen (**aA** *Bindemann*, Verbraucherkonkurs; der die Gegenglaubhaftmachung erst bei der Begründetheitsprüfung zulässt). Das Gericht ist in diesem Fall wegen der Bindung an den durch Antrag und Sachverhalt vom Gläubiger bestimmten Verfahrensgegenstand nicht befugt, die Restschuldbefreiung aus einem anderen, vom Gläubiger nicht vorgetragenen Grund zu versagen. **13**

d) **Prüfung von Amts wegen und Feststellungslast.** Bestreitet der Schuldner indes rechtzeitig die maßgeblichen Tatsachen, hat das Gericht im Rahmen der gemäß **§ 5 durchzuführenden Prüfung von Amts wegen** festzustellen, ob tatsächlich ein Versagungsgrund vorliegt (**BGH** v 11. 9. 2003 – IX ZB 37/03, NZI 2003, 662, 664; *Bindemann*, Verbraucherkonkurs Rn 207; *Smid/Krug/Haarmeyer* § 290 Rn 5). **13a**
Der Antrag des Gläubigers auf Versagung der Restschuldbefreiung ist zurückzuweisen, wenn nach Ausschöpfung der gemäß § 5 gebotenen Maßnahmen Zweifel am Vorliegen des geltend gemachten Versagungstatbestandes verbleiben. Denn der Amtsermittlungsgrundsatz ändert nichts daran, dass den Gläubiger im Versagungsverfahren die sogen **Feststellungslast** trifft (**BGH** v 11. 9. 2003 – IX ZB 37/03, NZI 2003, 662, 664; **AG** Göttingen v 23. 5. 2007 – 74 IK 411/06, ZVI 2007, 330, 331; MüKoInsO-*Stephan* § 290 Rn 83).

III. Materielle Voraussetzungen

Die **Fallgruppen** in Nr 1 bis 6 sind **abschließend** (**LG** Hamburg ZVI 2002, 33; **AG** Köln v 21. 8. **14**
2008 – 71 IK 135/07, NZI 2008, 627, 628; *Scholz*, Kreditpraxis 1989, Heft 1, 33, 36; K/P/B/*Wenzel*

§ 290

§ 290 Rn 2; *Hess* § 290 Rn 30; *Kohte/Ahrens/Grote* § 290 Rn 5). Es handelt sich dabei um eine enumerative Aufzählung von Verhaltensweisen des Schuldners, die zu einer vorzeitigen Versagung der Restschuldbefreiung führen können (*Smid/Haarmeyer* § 290 Rn 2; K/P/B/*Wenzel* § 290 Rn 1). Auf andere als die dort genannten Verhaltensweisen kann ein Versagungsantrag nicht gestützt werden, selbst wenn sie ebenfalls als unredlich anzusehen sind (**BGH** v 22. 5. 2003 – IX ZB 456/02, WM 1382, 1383; **BGH** v 12. 1. 2006 – IX ZB 29/04, NZI 2006, 249). Schuldner und Insolvenzgläubiger sollen von vornherein wissen, unter welchen Bedingungen das Privileg der Restschuldbefreiung erteilt oder versagt werden kann (Begr zu § 239 RegE, BT-Drucks 12/2443 S 190). Bei den Versagungsgründen kommt ein **mitwirkendes Verschulden** eines Gläubigers nicht in Betracht, weil es nicht um eine Haftungsverteilung geht, sondern nur die Redlichkeit des Schuldners iSv § 1 S 2 InsO zu beurteilen ist (**AG Hamburg NZI 2001, 46, 47**). Der Schuldner kann sich bei einem begründeten Versagungsantrag eines Insolvenzgläubigers nicht mit Erfolg darauf berufen, dass ihn kein Verschulden treffe, weil er sich im Vorfeld eines Eröffnungantrags eines Rechtsberaters bedient habe; er hat sich dessen Verschulden als eigenes zurechnen zu lassen (vgl **AG Duisburg** v 9. 5. 2005 – 62 IK 188/04, ZVI 2005, 309).

15 Auch die **fehlende Kausalität** eines unredlichen Verhaltens vermag die Pflichtverletzung des Schuldners als solche nicht auszuräumen. Etwas anderes gilt nur im Falle des Abs 1 Nr 2 (**OLG Celle NZI 2001, 596, 597**; *Hoffmann* Verbraucherinsolvenz S 124; aA K/P/B/*Wenzel* § 290 Rn 4 c). Das Gericht hat **nicht von Amts** wegen alle Versagungsgründe des § 290, sondern nur den von dem antragstellenden Gläubiger glaubhaft gemachten **konkreten Versagungsgrund** auf seine Stichhaltigkeit zu prüfen (**OLG Celle aaO**).

15a Der **antragstellende Gläubiger muss nicht selbst Opfer** des unredlichen Verhaltens des Schuldners gewesen sein. Zur Antragstellung berechtigt ist jeder Insolvenzgläubiger (**BGH** v 22. 2. 2007 – IX ZB 120/05, ZVI 2007, 137, 138; **OLG Celle** ZInsO 2000, 456, 457 = NZI 2001, 314; BayObLG NZI 2002, 110 = ZInsO 2001, 1061; K/P/B/*Wenzel* § 290 Rn 5, N/R/*Römermann* § 290 Rn 17; *Messner/Hofmeister*, Schuldenfrei S 24; HK-*Landfermann* § 290 Rn 22; HambKomm/*Streck* § 290 Rn 2; aA *Kohte/Ahrens/Grote* § 290 Rn 27, soweit es um den Versagungsgrund des § 290 Abs 1 Nr 2 geht; AG Mönchengladbach ZInsO 2001, 674, 676; *Ahrens* NZI 2001, 113, 118). Vielmehr hat das Gericht die Restschuldbefreiung bei Vorliegen eines Versagungsgrundes zwingend zu versagen. Eine Rechtfertigung findet diese Rechtsfolge zum einen darin, den Schuldner, der durch unredliches Verhalten das Risiko seines wirtschaftlichen Scheiterns vergrößert hat, das Risiko des Scheiterns alleine tragen zu lassen. Zum anderen kann die Frage der **Redlichkeit des Schuldners**, die Voraussetzung für die Erteilung der Restschuldbefreiung ist, nicht als teilbar angesehen werden (**OLG Celle aaO**).

16 **1. Insolvenzstraftat, Abs 1 Nr 1.** Bei der Entscheidung über den Versagungsantrag gemäß § 290 Abs 1 Nr 1 ist nicht darauf abzustellen, ob die Verurteilung in einem **konkreten Bezug zum aktuellen Insolvenzverfahren** steht (**BGH** v 18. 12. 2002 – IX ZB 121/02, NZI 2003, 163; **OLG Celle** ZInsO 2001, 414, 416 m zust Anm *Fuchs* EWiR 2001, 735; BayObLG ZVI 2002, 28; *Hergenröder* DZWIR 2001, 342, 344; K/P/B/*Wenzel* § 290 Rn 8a; aA *Kohte/Ahrens/Grote* § 290 Rn 15; HK-*Landfermann* § 290 Rn 7). Dies ergibt sich aus dem klaren und eindeutigen Wortlaut der Vorschrift. Die inhaltliche Auseinandersetzung mit dem Strafurteil soll dem Insolvenzrichter erspart bleiben.

17 Ebenso wenig muss der Gläubiger durch die Verurteilung wegen einer Insolvenzstraftat konkret geschädigt worden sein. Vielmehr kann **jeder Gläubiger** den Versagungsgrund des § 290 Abs 1 Nr 1 geltend machen (**OLG Celle aaO**; *Hergenröder* aaO).

18 a) **Maßgebliche Straftatbestände.** Absatz 1 Nr 1 nennt als Versagungsgrund die **rechtskräftige Verurteilung** des Schuldners wegen Bankrotts (§ 283 StGB), besonders schweren Fall des Bankrotts (§ 283 a StGB), Verletzung der Buchführungspflicht (§ 283 b StGB) oder Gläubigerbegünstigung (§ 283 c StGB). **Rechtsgut** der vorgenannten Insolvenzdelikte ist der **Schutz der etwaigen Insolvenzmasse** vor unwirtschaftlicher Verringerung, Verheimlichung und ungerechter Verteilung zum Nachteil der Gesamtgläubigerschaft (*Tröndle/Fischer* Vorbem § 283 StGB Rn 3). Auch wenn der Schuldner seine **Zahlungsunfähigkeit bewusst** dadurch **herbeigeführt** hat, dass er ein selbstständiges Gewerbe aufgegeben und eine unselbstständige Tätigkeit aufgenommen hat (näher dazu *Schulte* ZInsO 2002, 265 ff), rechtfertigt dieses „Totschrumpfen" des Unternehmens nicht den Vorwurf einer Strafbarkeit gem § 283 Abs 1 Nr 2 oder 8 StGB (aA *Schulte* aaO). Eine Garantenstellung erwächst dem Schuldner durch sein Verhalten nicht (näher dazu *Weyand* ZInsO 2002, 270). Niemand kann gezwungen werden, seine Wirtschaftstätigkeit in der einmal begonnenen Art und Weise fortzusetzen (*Tiedemann*, Insolvenstrafrecht Rn 168 aE; *Weyand* aaO 271). Während der Referentenwurf als Versagungsgrund noch den Kreditbetrug gemäß § 265 b StGB vorsah, findet sich im Gesetz gewordenen Regierungsentwurf die Falschangabe zur Erlangung eines Kredits als eigener Versagungsgrund, ohne dass die Voraussetzungen des § 265 b StGB erfüllt sein müssen. Andere Straftatbestände als die in Nr 1 aufgeführten können als Versagungsgrund nicht herangezogen werden, weil die Fallgruppen in Nr 1 bis 6 abschließend sind und deshalb auch keiner Analogie zugänglich sind (LG Hamburg ZVI 2002, 33; N/R/*Römermann* § 290 Rn 25).

19 Anders als bei § 288 StGB bedarf es bei einer Straftat nach den §§ 283 bis 283 c StGB nicht mehr des Nachweises einer **Vereitelungsabsicht** bezüglich der Gläubigerinteressen an einer Befriedigung (*Weyand*,

III. Materielle Voraussetzungen § 290

Insolvenzdelikte S 37). Überträgt der zahlungsunfähige Schuldner Vermögenswerte auf einen Treuhänder (Rechtsanwalt) in der Absicht, dass der Treuhänder im außergerichtlichen Einigungsverfahren der Forderungstilgung zu einer bestimmten Quote erreicht, stellt dies kein **strafbares Verhalten** iSd § 283 Abs 1 Nr 1 StGB dar (**LG München II ZInsO 2000, 677**). Dies gilt selbst dann, wenn der Schuldner und der Treuhänder zum Zeitpunkt der Vermögensübertragung schon wissen, dass die Abgabe der eidesstattlichen Versicherung durch den Schuldner beantragt ist (**OLG München ZIP 2000, 1841, 1842**).

Ob die **Tat** vollendet oder nur **versucht** wurde, ist unerheblich, weil in beiden Fällen das Verhalten 20 des Schuldners dem Zweck des § 1 S 2, nur redlichen Schuldnern eine Entschuldungsmöglichkeit zu bieten, entgegenläuft (K/P/B/*Wenzel* § 290 Rn 8; N/R/*Römermann* § 290 Rn 29).

b) Rechtskräftige Verurteilung. Abs 1 Nr 1 beschränkt den Versagungsgrund auf eine **rechtskräftige** 21 **Verurteilung** (LG Rottweil v 23. 7. 2008 – 1 T 11/08, ZVI 2008, 541), die bis zum Ende des Schlusstermins erfolgt sein muss. § 297 Abs 1 erfasst den sich anschließenden Zeitraum zwischen dem Schlusstermin und der Aufhebung des Insolvenzverfahrens und rechtskräftige Verurteilungen während der Wohlverhaltensperiode. Der Erlass einer zur Bewährung ausgesetzten Freiheitsstrafe schließt die Verwertung der Verurteilung als Versagungsgrund nach § 290 Abs 1 Nr 1 nicht aus (**AG Duisburg ZInsO 2001, 1020**). Dagegen kommt eine Versagung der Restschuldbefreiung wegen **Verwarnung mit Strafvorbehalt (§ 59 StGB)** nicht in Betracht, solange der verwarnte Täter nicht zu der vorbehaltenen Strafe – rechtskräftig – verurteilt worden ist (siehe §§ 59 b, 56 f StGB, § 453 Abs 1, 2 StPO).

Die Anhängigkeit von Ermittlungs- oder Strafverfahren ist unerheblich. Der bloße Verdacht einer 22 Insolvenzstraftat stellt keine hinreichende Grundlage für eine Versagung der Restschuldbefreiung dar (vgl auch **AG Lüneburg** v 3. 11. 2003 – 46 IN 229/03, ZVI 2004, 56). Deshalb besteht auch kein Anlass zu einer Aussetzung eines im Zeitpunkt des Schlusstermins anhängigen Strafverfahrens nach § 4 InsO iVm § 148 ZPO (N/R/*Römermann* § 290 Rn 32). Letztlich soll das Insolvenzgericht nicht damit belastet werden, die objektiven und subjektiven Gründe einer Insolvenzstraftat selbst nachzuprüfen (vgl Gegenäußerung der Bundesregierung zur Änderung von § 239 RegEInsO, BT-Drucks 12/2443, 267 zu Nr 31).

Ist die rechtskräftige Verurteilung des Schuldners vor dem Schlusstermin erfolgt, aber erst nach der 23 rechtskräftigen Ankündigung der Restschuldbefreiung bekannt geworden, sind die Versagungsgründe des § 290 Abs 1 präkludiert (*Döbereiner* JA 1996, 724, 728; *Kohte/Ahrens/Grote* § 297 Rn 2, 4).

c) Zeitliche Grenze. Eine **zeitliche Grenze** für die Berücksichtigung rechtskräftiger Verurteilungen zu 24 Insolvenzstraftaten sieht Nr 1 nicht vor. Wendet man § 290 Abs 1 Nr 1 streng nach seinem Wortlaut an, wäre jede Verurteilung wegen einer Insolvenzstraftat unabhängig von dem Zeitpunkt, zu dem sie erfolgt ist, bei der Entscheidung über die Restschuldbefreiung zu berücksichtigen (so K/P/B/*Wenzel* § 290 Rn 8/8 a). Dies ist zu weitgehend, weil dabei auch der im Rahmen des § 290 Abs 1 Nr 1 zu beachtende **Grundsatz der Verhältnismäßigkeit** unberücksichtigt bliebe. Vielmehr muss es Einschränkungen bei der Verwertung früherer Verurteilungen geben (**OLG Celle ZInsO 2000, 667, 668 = NZI 2000, 155 = NdsRpfl 2001, 86; OLG Celle ZInsO 2001, 414, 416**).

Als zeitliche Grenze der Verwertbarkeit ist der **Ablauf der Tilgungsfristen im BZRG** zu beachten 25 (**OLG Celle aaO;** *Hess* § 290 Rn 33; *Graf-Schlicker/Kexel* § 290 Rn 6; MüKoInsO-*Stephan* § 290 Rn 27; *Pape* ZInsO 2001, 1044; *Häsemeyer* Rn 26.19; *Döbereiner*, Restschuldbefreiung S 121 ff; *Hoffmann*, Verbraucherinsolvenz S 14; N/R/*Römermann* § 290 Rn 33 ff; *Preuss*, Verbraucherinsolvenz S 161; *Graf-Schlicker/Livonius*, Restschuldbefreiung Rn 267; **aA** *Prziklang*, Verbraucherinsolvenz S 58). In seiner Entscheidung vom 18. 1. 2002 (– IX ZB 121/02, NZI 2003, 163, 164) geht der **BGH** davon aus, dass Verurteilungen des Schuldners jedenfalls innerhalb der **fünfjährigen Tilgungsfrist** des § 46 Abs 1 Nr 1 BZRG zu berücksichtigen sind. Das Verwertungsverbot des § 51 Abs 1 BZRG, das generell für sämtliche privaten und öffentlichen Rechtsbeziehungen gilt, kann allerdings nicht allein entscheidend sein (**aA AG München** v 2. 1. 2004 – 1502 IN 876/03, ZVI 2004, 129, 130). Ansonsten würden auch Verurteilungen wegen anderer Straftaten als der §§ 283 bis 283 c StGB zu berücksichtigen sein, sofern diese im Rahmen einer Gesamtstrafenbildung in die Verurteilung eingeflossen sind und auf Grund der **Gesamtstrafenbildung** eine längere Tilgungsfrist eintritt, als die Tilgungsfrist, die sich allein auf Grund der Verurteilung wegen eines Insolvenzdelikts ergibt. Entscheidend ist, welche Tilgungsfrist bezüglich des Teils der Verurteilung bei einer Gesamtstrafenbildung hypothetisch in Ansatz zu bringen ist, welcher auf die Insolvenzstraftat nach §§ 283 bis 283 c StGB entfällt. Denn nach dem Willen des Gesetzgebers ist für die Versagung der Restschuldbefreiung nach § 290 Abs 1 Nr 1 nur die rechtskräftige Verurteilung wegen einer Insolvenzstraftat, nicht jedoch die rechtskräftige Verurteilung wegen anderer Straftaten maßgeblich (**aA AG Duisburg aaO**). Mithin kommt es auf die Tilgungsfristen des § 46 Abs 1 BZRG an (**OLG Celle aaO 417**).

Bei einer **Verurteilung wegen mehrerer Straftaten** iSd § 290 Abs 1 Nr 1 und Bildung einer **Gesamt-** 26 **strafe** ist die **Gesamtstrafe maßgeblich**. Ist der Schuldner wegen mehrerer gesamtstrafenfähiger Delikte iSv § 290 Abs 1 Nr 1 verurteilt und ist insoweit zusammen **mit anderen Delikten** eine Gesamtstrafe gebildet oder sind einzelne Verurteilungen erfolgt und eine Gesamtstrafe noch nicht gebildet, so ist im Rahmen der Entscheidung über die Versagung der Restschuldbefreiung eine **fiktive Gesamtstrafe** zu bilden (*Fuchs* EWiR 2001, 735, 736; *Hergenröder* DZWIR 2001, 342, 344).

27 **d) Umfang der Darlegungslast.** Da der antragstellende Gläubiger regelmäßig nicht im Besitz einer Urteilsabschrift sein dürfte und er auch keine Möglichkeit hat, selbst die Strafakten anzufordern, reicht es grundsätzlich für die Glaubhaftmachung des Versagungsgrundes nach Abs 1 Nr 1 aus, wenn er im Einzelnen darlegt, wann und durch welches Gericht der Schuldner wegen einer Insolvenzstraftat verurteilt worden ist. Die Angabe des Aktenzeichens erleichtert es dem Insolvenzgericht, weitere Ermittlungen anzustellen, ist aber kein zwingendes Erfordernis, dessen Fehlen zur Zurückweisung des Antrags als unzulässig führen würde. Mittels der konkreten Angaben ist es dem Gericht möglich, die entsprechenden Strafakten beizuziehen und einen Auszug aus dem Bundeszentralregister anzufordern. Tritt indes der Schuldner einem Antrag auf Versagung der Restschuldbefreiung, der sich auf ein **Strafurteil** stützt, ohne dass dieses vorgelegt wird, nicht entgegen, so hindert dies eine Versagung nach § 290 Abs 1 Nr 2 nicht (**BGH** v 8. 1. 2009 – IX ZB 95/08, ZInsO 2009, 298). Einer weiteren Ermittlung bedarf es nicht.

28 **2. Unrichtige oder unvollständige Angaben über wirtschaftliche Verhältnisse, Abs 1 Nr 2.** Da nur ein **redlicher Schuldner** Restschuldbefreiung erlangen soll, stellt es einen Versagungsgrund dar, wenn der Schuldner in den letzten **3 Jahren** vor dem Antrag auf Eröffnung des Insolvenzverfahrens oder nach diesem Antrag vorsätzlich oder grob fahrlässig unrichtige Angaben über seine wirtschaftlichen Verhältnisse gemacht hat, um einen Kredit zu erhalten, um Sozialleistungen oder andere Zuwendungen aus öffentlichen Mitteln zu beziehen oder um Steuerzahlungen oder andere Leistungen an öffentlichen Kassen zu vermeiden (Begr zu § 239 RegE, BR-Drucks 1/92, S 190/191). Der **Begriff der wirtschaftlichen Verhältnisse** umfasst das gesamte Einkommen und Vermögen des Schuldners (**BGH** v 11. 9. 2003 – IX ZB 37/03, NZI 2003, 662, 663 = ZVI 2003, 538). Die 3-Jahresfrist berechnet sich im Fall eines Gläubiger- und einer Schuldnerantrags allein nach dem Eingang des Schuldnerantrags. Allein der Schuldnerantrag ist der maßgebliche Antrag für das Restschuldbefreiungsverfahren. Ohne Eigenantrag ist ein Restschuldbefreiungsantrag unzulässig (**AG Dortmund** v 30. 4. 2009 – 260 IN 161/04, ZInsO 2009, 1077, 1078).

29 **a) Unrichtige oder unvollständige Angaben. Angaben** sind alle Erklärungen über das Vorliegen oder Nichtvorliegen eines bestimmten Sachverhalts, wobei dieser aus Tatsachen zu den wirtschaftlichen Verhältnissen des Schuldners bestehen muss. Dazu zählen auch Angaben, die sich auf eine **Personengesellschaft** beziehen, für deren Verbindlichkeiten der Schuldner unbeschränkt haftet (**BGH** v 11. 9. 2003 – IX ZB 37/03, NZI 2003, 662). Denn alle Umstände, die sich auf das Vermögen der Personengesellschaft auswirken, betreffen damit zugleich die wirtschaftlichen Verhältnisse der einzelnen Gesellschafter. Die Bestätigung in einem Kreditvertrag, die vereinbarten monatlichen Raten planmäßig zurückzuzahlen, genügt diesen Anforderungen nicht. Denn der Schuldner hat insoweit keine konkreten Angaben über seine wirtschaftlichen Verhältnisse, zB sein Einkommen oder sonstigen Verbindlichkeiten gemacht (**LG Göttingen** ZInsO 2001, 379, 380 = NZI 2001, 327, 328).

30 Die Angaben müssen im Zusammenhang mit einer Kredit- oder Leistungsbewilligung stehen oder zur Vermeidung von Leistungen abgegeben werden. Nur dann, wenn der Schuldner die Unrichtigkeit oder Unvollständigkeit seiner Angaben kennt, läuft er Gefahr, dass die Restschuldbefreiung vorzeitig versagt wird. Auch wenn beispielsweise die Kreditvergabe von einem Kreditvermittler provoziert wurde, hat es der Schuldner in der Hand, durch Unterschriftsleistung auf dem Kreditvertrag die Verantwortung für die darin enthaltenen – unrichtigen oder unvollständigen – Angaben zu übernehmen. Tut er dies in vorwerfbarer Weise, handelt er unredlich und muss die entsprechenden Konsequenzen tragen (N/R/*Römermann* § 290 Rn 49). Welche Angaben der Schuldner im Einzelnen zu machen hat, folgt aus den konkreten Rechtsverhältnissen (*Kohte/Ahrens/Grote* § 290 Rn 18). Unzutreffende Erklärungen im Rahmen einer **Zwangsvollstreckung** sind unbeachtlich.

31 Da bei § 265 b StGB anders als bei § 290 Abs 1 Nr 2 InsO eine vergleichbare persönliche Zuordnung fehlt, kann die Regelung des § 265 b Abs 1 Nr 1 lit b StGB nicht ohne weiteres zur Auslegung des Tatbestandsmerkmals „wirtschaftlichen Verhältnisse" herangezogen werden (*Kohte/Ahrens/Grote* § 290 Rn 20; aA N/R/*Römermann* § 290 Rn 43). Die **wirtschaftlichen Verhältnisse des Schuldners** werden vielmehr durch sein Einkommen und sein Vermögen geprägt (vgl § 115 Abs 1 2 ZPO). Nach dem eindeutigen Wortlaut der Vorschrift („seine wirtschaftlichen Verhältnisse") kommen **nur Angaben** zu den **eigenen Verhältnissen des Schuldners** in Betracht. Die Verhältnisse dritter Personen sind unbeachtlich.

32 **Unrichtig** sind die Angaben, wenn sie nicht dem wahren Sachverhalt entsprechen (BGHSt 34, 111). Der Schuldner hat auch dann **unrichtige Angaben** gemacht, wenn er die entsprechenden Erklärungen **nicht selbst formuliert**, sondern durch einen **Dritten** hat abfassen lassen (**BGH** v 23. 10. 2008 – IX ZB 17/08; **BGH** v 9. 3. 2006 – IX ZB 19/05, NZI 2006, 414, 415; **BGH** v 11. 9. 2003 – IX ZB 37/03, BGHZ 156, 139, 144; **LG Potsdam** v 29. 4. 2005 – 4 T 90/04, ZInsO 2005, 664). Diese Angaben entsprechen dem Unrechtsgehalt, den § 290 Abs 1 Nr 2 sanktionieren will; sie werden von der Vorschrift in gleicher Weise erfasst (**BGH** aaO). Es kommt nicht darauf an, ob der Schuldner von einem Dritten niedergelegten Angaben nochmals durchgelesen hat, bevor dieser sie an den Gläubiger weitergeleitet hat (**BGH** v 21. 7. 2005 – IX ZB 80/04, NZI 2005, 677). Eine teilweise auf Schätzungen beruhende **Einkommensteuererklärung** ist nur dann unrichtig, wenn die Unrichtigkeit von in ihr enthaltenen Angaben feststeht (**BGH** v 12. 1. 2006 – IX ZB 29/04, ZInsO 2006, 265; zust *Pluta/Heidrich* jurisPR-

III. Materielle Voraussetzungen **§ 290**

InsR 13/2006 Anm 2). Ein **bestandskräftiger**, teilweise auf Schätzungen des Finanzamts beruhender **Steuerbescheid** beweist für sich genommen nicht die Unrichtigkeit der Steuererklärung des Steuerpflichtigen (**BGH** aaO).

Unvollständig sind die Angaben, wenn die im Rahmen einer den Anschein der Vollständigkeit erweckenden Erklärung enthaltenen Angaben als solche zwar richtig sind, durch Weglassung wesentlicher Tatsachen aber ein **falsches Gesamtbild** vermittelt wird (*Schönke/Schröder/Lenckner* § 264 StGB Rn 43). Weist der Schuldner allerdings bei Einreichung der Angaben mündlich auf deren Unvollständigkeit hin, kann die Versagung der Restschuldbefreiung nicht auf die unvollständige schriftliche Angabe gestützt werden. **32a**

b) Schriftliche Angaben. Die Angaben müssen **schriftlich** sein. Dies soll Rechtssicherheit schaffen und zur Entlastung der Gerichte beitragen. Denn falsche mündliche Angaben lassen sich bei Bestreiten des Schuldners nur im Wege der Beweisaufnahme feststellen (*Smid/Haarmeyer* § 290 Rn 12). Die Einführung des Tatbestandsmerkmals „schriftlich" will dies gerade vermeiden helfen, Begr zu § 239 RegE, BR-Drucks 1/92, S 190/191 (siehe auch **BGH** v 22. 5. 2003 – IX ZB 456/02, NZI 2003, 449, 450; krit dazu *Döbereiner* Restschuldbefreiung S 127/128; N/R/*Römermann* § 290 Rn 45). Nicht notwendig für die Schriftlichkeit ist die Unterschrift. Es muss aber erkennbar sein, wer hinter dem die Angaben enthaltenden Schriftstück steht (*Schönke/Schröder/Lenckner* § 265 b StGB Rn 36). Die bloße **Unterschrift** auf einem Antragsformular, in das der Kreditgeber die mündlich gemachten Angaben des Kreditnehmers aufgenommen hat, stellt eine schriftliche Angabe im Sinne der Vorschrift dar (LK-*Tiedemann* § 265 b StGB, Rn 51). Die Vorschrift soll nicht denjenigen privilegieren, der die Angabe der ihm obliegenden Erklärungen an einen Dritten delegiert. Davon ist nicht auszugehen, wenn ein Mitarbeiter des Gläubigers mündliche Angaben des Schuldners in ein Formular einträgt, ohne dass der Schuldner das Formular unterzeichnet. Der mit der Regelung des § 290 Abs 1 Nr 2 verfolgte **Zweck einer Verfahrensvereinfachung** würde vereitelt, wenn über die streitigen Angaben des Gläubigers und des Schuldners zum Inhalt der Erklärung eine Beweisaufnahme erfolgen müsste (**AG Göttingen** NZI 2002, 171). **33**

c) Kreditvergabe. Der Schuldner muss die schriftlich unrichtigen oder unvollständigen Angaben über seine wirtschaftlichen Verhältnisse gemacht haben, um einen Kredit zu erhalten. Der Begriff des „**Kredits**" ist weit zu verstehen. Erforderlich ist, dass der vom Schuldner entgegengenommene Vermögensvorteil aus fremdem Vermögen stammt, nur vorübergehend zur Verfügung gestellt und später zurückgeleistet werden soll (**LG Düsseldorf** v 6. 1. 2009 – 25 T 81/08). Erfasst wird nicht nur die Gewährung eines Darlehens, sondern auch ein anderes Rechtsgeschäft, durch dem der Kreditnehmer Geld oder geldwerte Mittel iwS zeitweise zur Verfügung gestellt werden (*Schönke/Schröder/Lenckner* § 265 b StGB Rn 11). Hierzu zählen auch der Zahlungsaufschub oder eine sonstige Finanzierungshilfe (K/P/B/*Wenzel* § 290 Rn 13). Zu den Gelddarlehen aller Art gehören alle auf Hingabe, zeitweise Belassung und Rückzahlung von Geld gerichteten Verträge, nicht dagegen eine gesellschaftsrechtliche Beteiligung (vgl *Dreher/Tröndle* § 265 a StGB Rn 8). Vorbereitende Kontakte, denen kein Kreditantrag folgt, sind ebenso unerheblich wie Maßnahmen zur Rückgängigmachung einer Kreditankündigung (N/R/*Römermann* § 290 Rn 55). Die **Abrechnung eines gekündigten Lebensversicherungsvertrages** ist nicht unter den Begriff des Kredits zu fassen (**LG Düsseldorf** aaO). **34**

d) Leistungen aus öffentlichen Mitteln oder Vermeidung von Leistungen an öffentliche Kassen. Zu den **Leistungen aus öffentlichen Mitteln** zählen insbesondere Sozialleistungen (so Begr zu § 239 RegE, BR-Drucks 1/92, S 190), Arbeitslosengeld, Arbeitslosenhilfe, Erziehungsgeld, Unterhaltsvorschussleistungen. Wer die Zahlstellenfunktion ausübt, ist unerheblich. Entscheidend ist, dass die Mittel öffentlichen Haushalten entstammen (*Kohte/Ahrens/Grote* § 290 Rn 22). **35**

Die **Vermeidung von Leistungen an öffentliche Kassen** kommt häufig in **Steuerangelegenheiten** durch unrichtige oder unvollständige Angaben vor (*Döbereiner*, Restschuldbefreiung S 126; ausführlich dazu *Kraemer* DStZ 1995, 399 ff). Stellt der Schuldner zB einen Antrag auf Stundung der Steuerrückstände (§ 222 AO) und gibt die zur Verfügung stehenden Mittel zur Tilgung von Steuerverbindlichkeiten zu niedrig an, kann dies zu einer Versagung der Restschuldbefreiung führen. Nichts anderes gilt, wenn der Schuldner einen Antrag auf Erlass gemäß § 227 AO stellt und zur Tilgung der Steuerschuld eigentlich einzusetzenden Vermögensgegenstände im Antragsschreiben nicht benennt (*Kraemer* aaO, 401). Fehlende oder unvollständige Angaben im Antrag auf Vollstreckungsaufschub gemäß § 258 AO können ebenso wie unrichtige Angaben im Verfahren zur Abgabe der eidesstattlichen Versicherung gemäß § 284 AO bei einem entsprechenden Antrag eines Insolvenzgläubigers zu einer Versagung der Restschuldbefreiung führen. Eine Versagung der Restschuldbefreiung kommt auch dann in Betracht, wenn der Schuldner durch **Nichterklärung von Warenumsätzen** Steuern hinterzogen hat (**LG Lüneburg** v 9. 4. 2002 – 3 T 4/02, ZVI 2005, 614). Eine **Selbstanzeige nach § 371 AO** gegenüber der Finanzbehörde entlastet den Schuldner nicht, da sie ändert nichts an der Erfüllung des Tatbestandes § 290 Abs 1 Nr 2 (**AG Duisburg** v 23. 7. 2008 – 62 IN 155/06, ZVI 2008, 452; **AG Celle** v 16. 4. 2003 – 35 IK 23/99, ZVI 2003, 367). Dieser Strafaufhebungsgrund wurde geschaffen, um dem Fiskus bislang verheimlichte Steuerquellen zu erschließen (vgl *Kemper* ZRP 2008, 105). Die Norm gilt nur für die Steuerhinterziehung. Sie **36**

§ 290

ist nicht auf nichtsteuerliche Straftaten anwendbar, selbst wenn diese Taten mit der Steuerhinterziehung in einem engen Zusammenhang stehen (*Pluta/Heidrich* jurisPR-InsR 1/2009 Anm 6).

37 e) **Kausalität.** Die unrichtigen oder unvollständigen Angaben des Schuldners müssen für die Kredit- oder Leistungsgewährung bzw Vermeidung von Leistungen an öffentliche Kassen **nicht ursächlich** gewesen sein (K/P/B/*Wenzel* § 290 Rn 13; *Graf-Schlicker/Livonius* Restschuldbefreiung S 90 Rn 270; *Döbereiner* Restschuldbefreiung S 126; N/R/*Römermann* § 290 Rn 54; aA LG Stuttgart ZInsO 2001, 134, 134; *Kohte/Ahrens/Grote* § 290 Rn 4). Es reicht nach dem Wortlaut der Norm aus, wenn sie hiermit **im Zusammenhang** gestanden haben. Dass ohne das Kausalitätserfordernis die Vorschrift in die Nähe einer strafähnlichen Sanktion gerät (*Kohte/Ahrens/Grote* § 290 Rn 4), ist hinzunehmen. Denn mit seinem – schuldhaften – Verhalten hat der Schuldner seine Unredlichkeit dokumentiert.

38 f) **Zeitraum.** Der Schuldner muss die unrichtigen oder unvollständigen Angaben über seine wirtschaftlichen Verhältnisse **in den letzten drei Jahren** vor dem Antrag auf Eröffnung des Insolvenzverfahrens oder nach diesem Antrag gemacht haben. Soweit der Schuldner die schriftlichen unrichtigen oder unvollständigen **Angaben außerhalb des Zeitraums von drei Jahren** gemacht hat, rechtfertigt der Umstand, dass es der Schuldner unterlässt, diese Angaben **innerhalb der Drei-Jahresfrist zu berichtigen oder zu ergänzen,** die Versagung der Restschuldbefreiung nach § 290 Abs 1 Nr 2 auch nicht, wenn der Schuldner zur Richtigstellung gesetzlich verpflichtet war (**BGH** v 22. 5. 2003 – IX ZB 456/02, NZI 2003, 449, 450). Zwar ist ein solches Verhalten als unredlich anzusehen. Gleichwohl gebührt der Rechtssicherheit Vorrang (**BGH** aaO).

38a Die schriftlichen Angaben sind gemacht, wenn sie dem Kreditgeber oder der Behörde mit Willen dessen, der hinter dem Schriftstück steht, **zugegangen** sind (aA AG Düsseldorf v 17. 8. 2006 – 503 IN 214/02, ZVI 2007, 283, 284, das auf die Abgabe der schriftlichen Erklärung abstellt). Da für die Verwirklichung des Tatbestands des Absatzes 1 Nr 2 nur eine schriftliche Erklärung des Schuldners in Betracht kommt, ist für die Verwirklichung des Tatbestands maßgeblich, dass sie durch Übergabe in den Herrschaftsbereich des Empfängers gelangt ist (vgl **BAG** NJW 1985, 824).

39 Abs 1 Nr 2 erstreckt den Versagungsgrund auf unzutreffende Angaben, die der Schuldner bis zum Schlusstermin gemacht hat (*Kohte/Ahrens/Grote* § 290 Rn 25; K/P/B/*Wenzel* § 290 Rn 13a; aA HK-*Landfermann* § 290 Rn 14). Allerdings dürfte die Vorschrift nach Eröffnung des Insolvenzverfahrens wegen der Publizität des Verfahrens ihre Bedeutung verlieren. Die Frist ist nach § 4, § 222 ZPO gemäß den §§ 187 Abs 1, 188 Abs 2 BGB zu berechnen (N/R/*Römermann* § 290 Rn 58).

40 g) **Vorsatz oder grobe Fahrlässigkeit. Vorsatz** ist das Wissen und Wollen des in § 290 missbilligten Erfolgs. **Grobe Fahrlässigkeit** liegt vor, wenn die im Verkehr erforderliche Sorgfalt in besonders schwerem Maße verletzt worden ist (BGHZ 10, 14, 16 ff). Der Schuldner muss schon einfachste, ganz nahe liegende Überlegungen nicht angestellt und das nicht beachtet haben, was im gegebenen Fall jedem einleuchten muss (BGHZ 89, 153, 161; **BGH** NJW 1980, 887, 888; **BGH** ZIP 1991, 1477, 1478). Bei Annahme eines besonders schweren Verstoßes gegen die durchschnittlichen Anforderungen verlangt die Rechtsprechung auch einen subjektiven Maßstab (vgl **BGH** NJW 1985, 2648). Die Gerichte haben im Einzelfall die intellektuellen Fähigkeiten des Schuldners und die Umstände, unter denen es zu Falschangaben gekommen ist, zu berücksichtigen (**OLG** Celle ZVI 2002, 29, 31; LG Stuttgart ZInsO 2001, 134, 135; *Graf-Schlicker/Livonius,* Restschuldbefreiung Rn 271). Seelische Umstände in der Person des Handelnden wie Überforderung oder psychische Defizite können eine Herabsetzung des Schuldvorwurfs bedingen. Nicht außer Acht gelassen werden dürfen in diesem Zusammenhang neben Unerfahrenheit und Geschäftsungewandtheit auch negative Verhaltensweisen, die im Verkehrskreis anzutreffen sind (*Bindemann,* Verbraucherkonkurs S 162 Rn 214). Nimmt der Schuldner eine wirtschaftlich unsinnige Umschuldung eines Konsumentenkredits auf Druck eines Kreditvermittlers vor oder hat er den Überblick über seine Vermögensverhältnisse verloren, schließt dies unter Umständen den Vorwurf grober Fahrlässigkeit aus (K/P/B/*Wenzel* § 290 Rn 12). Ebenso ist nicht ohne weiteres von dem Vorwurf der groben Fahrlässigkeit des Schuldners auszugehen, wenn er einem **Kreditvermittler** das **Ausfüllen des Kreditantrags** weitgehend überlässt (**BGH** v 21. 7. 2005 – IX ZB 80/04, NZI 2005, 687; LG Hamburg ZVI 2002, 382, 383). Etwas anderes gilt indes dann, wenn Anlass zu der Befürchtung bestand, der Vermittler werde die Angaben nicht ordnungsgemäß in das Vertragsformular eintragen. Dagegen handelt ein Schuldner zumindest grob fahrlässig, wenn er bei der Finanzierung eines Pkw-Kaufs angibt, keine finanziellen Vorbelastungen zu haben, obwohl er bereits zwei Gehaltsabtretungen über 23.000,00 Euro und 13.000,00 Euro abgegeben hat (**AG** Landau i. d. Pfalz v 20. 8. 2004 – 3 IK 91/03, ZVI 2004, 629).

40a Wendet der Schuldner gegenüber dem Versagungsantrag ein, er sei im Zeitpunkt der ihm vorgeworfenen Handlung **schuldunfähig** gewesen, erscheint es trotz des auch im Rahmen des § 290 geltenden Amtsermittlungsgrundsatzes (§ 5) sachlich gerechtfertigt, die Grundsätze des § 827 BGB anzuwenden. Bleibt nach Beweisaufnahme offen, ob er schuldunfähig war, geht dies zu seinen Lasten (**AG** Duisburg v 23. 7. 2008 – 62 IN 155/06, ZVI 2008, 452).

40b h) **Finales Handeln.** Die Vorschrift des § 290 Abs 1 Nr 2 verlangt neben vorsätzlich oder grobfahrlässig gemachten unrichtigen Angaben ein **finales Handeln zur Verwirklichung der Zielsetzung,** einen Kredit oder Leistungen aus öffentlichen Mitteln zu erhalten bzw Leistungen an öffentliche Kassen zu ver-

III. Materielle Voraussetzungen **§ 290**

meiden (**BGH** v 24. 4. 2008 – IX ZB 115/06, ZVI 2008, 753; **BGH** v 9. 2. 2006 – IX ZB 19/05, WM 2006, 1296 ff; *Braun/Lang* InsO § 290 Rn 20; HambKomm/*Streck* § 290 Rn 20). Auch im Fall grob fahrlässiger Falschangaben kommt ein Verzicht auf diesen finalen Zusammenhang nicht in Betracht. Da sich die Unredlichkeit des Schuldners in dem zielgerichteten Handeln hinreichend manifestiert, ist es, wenn zwischen den unrichtigen Angaben und den tatbestandlich vorausgesetzten Leistungen ein objektiver Zusammenhang besteht, ohne Bedeutung, ob der Schuldner mit Hilfe der Falschangaben sein Ziel erreicht hat (**BGH** v 20. 12. 2007 – IX ZB 189/06, ZInsO 2008, 157, 158; MüKoInsO-*Stephan* § 290 Rn 41). Falls der finale Zusammenhang gegeben ist, erfüllen auch **unrichtige Angaben gegenüber den Vollstreckungsbeamten des Finanzamts** den Versagungsgrund des § 290 Abs 1 Nr 2 (**BGH** v 9. 3. 2006 – IX ZB 19/05, WM 2006, 1296 ff; *Fuchs* NZI 2003, 664).

i) Antragsberechtigung. Antragsberechtigt ist nicht nur der **Insolvenzgläubiger,** der seine Forderung zur 41 Tabelle angemeldet hat (**LG** Göttingen v 18. 9. 2007 – 10 T 117/07, NZI 2007, 734) und zu dessen Nachteil die unzutreffenden Angaben erfolgten, sondern antragsberechtigt sind auch solche Insolvenzgläubiger, die durch das schuldnerische Verhalten nicht unmittelbar geschädigt wurden (aA *Kohte/Ahrens/Grote* § 290 Rn 27; krit *Häsemeyer* Rn 26.20). § 290 Abs 1 Nr 2 stellt nicht auf eine unmittelbare Beeinträchtigung ab. Würde man den Kreis der Antragsberechtigten auf die unmittelbar Geschädigten begrenzen, liefe dies dem Sinn und Zweck der Vorschrift entgegen, nur dem redlichen Schuldner die Möglichkeit der Restschuldbefreiung zu eröffnen. § 290 betont im Übrigen nicht den individuellen Interessenschutz gegenüber einer konkreten Handlung, wie insbesondere die Versagungsgründe gemäß Abs 1 Nr 4 bis 6 dokumentieren. Versagungsanträge anderer Insolvenzgläubiger dürften allerdings in der Praxis selten und noch seltener erfolgreich sein, weil es ihnen ohne entsprechende Unterlagen kaum möglich ist, das eine Versagung rechtfertigende Verhalten des Schuldners substantiiert darzulegen und glaubhaft zu machen. Gläubiger, denen gegenüber der Schuldner erst nach Eröffnung des Verfahrens bis zum Zeitpunkt des Schlusstermins unzutreffende Angaben gemacht hat, können sich nur dann auf den Versagungsgrund des § 290 Abs 1 Nr 2 berufen, wenn sie auch Insolvenzgläubiger sind.

k) Verfahrensrechtliches. Das Insolvenzgericht hat bei einem entsprechenden Versagungsantrag autonom zu entscheiden. Eine etwaige strafrechtliche Verurteilung des Schuldners wegen Betruges gemäß § 263 StGB oder Kreditbetruges gemäß § 265 b StGB hat **keine Bindungswirkung,** weil sich die materielle Rechtskraft des Urteils nicht auf die Entscheidungsgründe bezieht. Das Insolvenzgericht muss vielmehr den Sachverhalt ggf selbst ermitteln und subsumieren (*Döbereiner* Restschuldbefreiung S 127); die rechtskräftige Verurteilung des wegen Kreditbetrugs angeklagten Schuldners braucht es nicht abzuwarten (N/R/*Römermann* § 290 Rn 61). Freilich ist das Gericht nicht daran gehindert, bereits vorliegende Ermittlungsergebnisse aus strafrechtlichen Verfahrensakten zu verwerten, soweit sie sich auf die wirtschaftlichen Verhältnisse des Schuldners beziehen. Denn das Gericht kann **Urkunden aus anderen Akten** als Urkundenbeweis verwerten und als solche frei würdigen (vgl § 286 ZPO). Die Beiziehung von Akten anderer Behörden kommt allerdings nur dann in Betracht, wenn der Antragsteller hierauf Bezug genommen hat. Bezieht sich der Antragsteller auf ein Strafurteil, in dem der Schuldner wegen Steuerhinterziehung innerhalb des Zeitraums des § 290 Abs 1 Nr 2 rechtskräftig verurteilt worden ist, ohne dieses vorzulegen, hindert dies die Versagung der Restschuldbefreiung nicht, wenn der Schuldner die der Verurteilung zugrunde liegende Tat nicht bestreitet. Denn eine Glaubhaftmachung ist dann nicht erforderlich, wenn die Tatsachen, auf die der Antragsteller seinen Antrag stützt, unstreitig sind (**BGH** v 8. 1. 2009 – IX ZB 80/08, ZInsO 2009, 298).

Eine Versagung der Restschuldbefreiung darf nach § 290 Abs 1 Nr 2 nur erfolgen, wenn zur **vollen** 42a **Überzeugung des Gerichts** feststeht, dass der Schuldner unrichtige oder unvollständige Angaben gemacht hat (**BGH** v 21. 7. 2005 – IX ZB 80/04, NZI 2005, 677; **BGH** v 12. 1. 2006 – IX ZB 29/04, NZI 2006, 249; **LG** Kaiserslautern v 30. 5. 2006 – 1 T 40/06, ZInsO 2006, 1172).

3. Wiederholter Restschuldbefreiungsantrag, Abs 1 Nr 3. Die Ankündigung der Restschuldbefreiung 43 ist nicht möglich, wenn dem Schuldner in den letzten **10 Jahren** vor dem Antrag auf Eröffnung des Insolvenzverfahrens bereits Restschuldbefreiung erteilt oder diese nach § 296 oder § 297 versagt wurde. Dadurch soll einem **Missbrauch des Insolvenzverfahrens** als ein Mittel zur wiederholten Reduzierung der Schuldenlast vorgebeugt werden (*Heyer,* Verbraucherinsolvenzverfahren S 45; *Arnold* DGVZ 1996, 65, 68; krit dazu *Bindemann,* Verbraucherkonkurs S 158 Rn 211). Nur dann, wenn die Restschuldbefreiung ihren **Ausnahmecharakter** behält, sind die Einbußen der nicht vollständig befriedigten Insolvenzgläubiger zu rechtfertigen. Da die Fallgruppen, in denen dem Schuldner die begehrte Restschuldbefreiung zu versagen ist, in § 290 enumerativ aufgelistet ist, **verbietet sich eine analoge Anwendung** der Vorschrift auf vergleichbare Sachverhalte (**LG** Duisburg v 31. 10. 2008 – 7 T 197/08, ZInsO 2009, 110, 111; MüKoInsO-*Stephan* § 290 Rn 54–56 a).

a) Frühere Gewährung der Restschuldbefreiung. Die **10-jährige Sperrfrist** betrifft lediglich die Erteilung 44 der Restschuldbefreiung nach Maßgabe der §§ 286 ff. Denn der Begriff Restschuldbefreiung wird nur im Zusammenhang mit diesen Vorschriften verwendet (*Döbereiner,* Restschuldbefreiung S 132). Bei einem **Widerruf der Restschuldbefreiung** gemäß § 303 findet die Sperrfrist Anwendung. Denn diesem Widerruf

§ 290   *Versagung der Restschuldbefreiung*

ist zunächst die Erteilung der Restschuldbefreiung vorausgegangen (HK-*Landfermann* § 290 Rn 17; *Graf-Schlicker/Livonius* Restschuldbefreiung S 92; *Hoffmann* Verbraucherinsolvenz S 146; *Hess* § 290 Rn 67; *Prziklang*, Verbraucherinsolvenz S 59; aA *Döbereiner*, Restschuldbefreiung S 130, 144; K/P/B/*Wenzel* § 290 Rn 14; N/R/*Römermann* § 290 Rn 70; *Kohte/Ahrens/Grote* § 290 Rn 31). Im Übrigen entspricht der Widerruf der Versagung der Restschuldbefreiung. Auch die **vorzeitige Erteilung der Restschuldbefreiung** (näher dazu Ausführungen § 289 Rn 40 und § 299 Rn 11) ist wegen ihrer Rechtswirkungen auf die Regelung des § 290 Abs 1 Nr 3 anzuwenden (*Kohte/Ahrens/Grote* § 290 Rn 29 b).

45 Dagegen ist die Regelung des **§ 18 Abs 2 S 3 GesO** keine Form der Restschuldbefreiung im Sinne des Absatzes 1 Nr 3. Der Wortlaut des § 290 Abs 1 Nr 3 macht deutlich, dass es sich bei der zuvor erteilten Schuldbefreiung um eine solche nach der Insolvenzordnung handeln muss (*Krug* Verbraucherkonkurs S 135; *Trendelenburg* Restschuldbefreiung S 211; *Smid/Haarmeyer* § 290 Rn 15). Im Übrigen will § 18 Abs 2 S 3 GesO keine Schuldensanierung ermöglichen, sondern Schutz vor bestimmten Vollstreckungsbemühungen gewähren.

46 Ebenso wenig fällt eine Restschuldbefreiung auf der Grundlage eines **außergerichtlichen Schuldenbereinigungsplans** unter den Anwendungsbereich der Vorschrift (**AG** Göttingen v 1. 11. 2005 – 71 IN 79/05, ZVI 2005, 615; K/P/B/*Wenzel* § 290 Rn 15; HK-*Landfermann* § 290 Rn 17; *Kohte/Ahrens/Grote* § 290 Rn 31; *Scholz* FLF 1995, 92). Denn das Zustandekommen eines solchen Plans basiert auf einer privatautonomen Entscheidung der Gläubiger. § 290 Abs 1 Nr 3 will aber verhindern, dass eine Restschuldbefreiung gegen den Willen der Gläubiger mehrmals erteilt wird (*Döbereiner* Restschuldbefreiung S 131). Nichts anderes gilt für einen im **gerichtlichen Schuldenbereinigungsverfahren** angenommenen Schuldenbereinigungsplan (**AG** Göttingen v 1. 11. 2005 – 71 IN 79/05, ZVI 2005, 615; *Pape* NWB 1999 Fach 19 S 2466). Die Sperrwirkung greift auch nicht ein, wenn der Schuldner seinen Antrag auf Erteilung der Restschuldbefreiung zurückgenommen hat (*Pape* Gläubigerbeteiligung Rn 438).

46a Fraglich erscheint, ob auch die in einem Mitgliedstaat der EU **erteilte Restschuldbefreiung** trotz ihrer automatischen Anerkennung im Inland (vgl Art 4 lit k, 25 Abs 1 EuInsVO) dem Anwendungsbereich der Norm unterliegt (näher dazu *Vallender* ZInsO 2009, 616, 621). Eine **analoge Anwendung des § 290 Abs 1 Nr 3** erscheint angesichts des Bestehens einer Regelungslücke und der Ähnlichkeit des geregelten mit dem nicht geregelten Sachverhalt vertretbar, weil sich ansonsten die Restschuldbefreiung nur eindimensional auswirken würde. Schuldner, die nach den Vorschriften der Insolvenzordnung Restschuldbefreiung erlangt haben, würden gegenüber im Ausland entschuldeten Personen in sachlich nicht gerechtfertigter Weise benachteiligt, wenn bei einem erneuten Antrag des Schuldners auf Eröffnung des Insolvenzverfahrens und Erteilung der Restschuldbefreiung im Inland die Sperrfrist von Abs 1 Nr 3 nicht zur Anwendung gelangen würde.

47 b) **Frühere Versagung der Restschuldbefreiung.** Die Erweiterung des Absatzes 1 Nr 3 durch Aufnahme einer 2. Alternative sollte nach der Vorstellung des Rechtsausschusses die Gefahr eines Missbrauchs der Restschuldbefreiung noch mehr einschränken und gleichzeitig zu einer Entlastung der Gerichte führen (vgl BT-Drucks 12/7302, S 187). Auch die **frühere Versagung der Restschuldbefreiung** ist nur zu berücksichtigen, wenn sie innerhalb der letzten 10 Jahre vor dem Eröffnungsantrag oder nach diesem Antrag erfolgt ist. Da die Vorschrift nur die Versagung gemäß § 296 oder § 297 regelt, steht die Versagung der Restschuldbefreiung wegen eines Fehlverhaltens gemäß § 290 Abs 1 oder gemäß § 298 und § 314 Abs 3 S 2 einer erneuten Antragstellung des Schuldners nicht entgegen (**BGH** v 21. 2. 2008 – IX ZB 52/07, NZI 2008, 318; *Graf-Schlicker/Kexel* § 290 Rn 14; HambKomm/*Streck* § 290 Rn 22; K/P/B/*Wenzel* § 290 Rn 14; *Smid/Haarmeyer* § 290 Rn 14; *Prziklang* Verbraucherinsolvenz S 59). Sperrwirkung entfaltet nur die Versagung der Restschuldbefreiung während der Treuhandperiode. Rechtfertigen lässt sich dies mit der Überlegung, dass hier geringere Verstöße vorliegen, die eine Restschuldbefreiung nur für einen bestimmten Zeitraum ausschließen (HK-*Landfermann* § 290 Rn 17). Fraglich erscheint, ob die **Versagung der Restschuldbefreiung in einem Mitgliedstaat** der EU ebenfalls die Sperrfrist auslöst (so *Hölzle* ZVI 2007, 1, 6). Dies ist im Hinblick auf die Regelungen der Art 4 lit k, 25 Abs 1 EuInsVO allenfalls dann als vertretbar anzusehen, wenn die im Mitgliedstaat getroffene Entscheidung auf Tatbeständen beruht, die § 296 und § 297 weitgehend entsprechen.

48 c) **Berechnung der Sperrfrist.** Für die **Berechnung der Zehnjahresfrist** ist die Vorschrift des § 222 ZPO (§ 4) heranzuziehen, die wiederum auf die §§ 187 Abs 1, 188 Abs 2 BGB verweist. Maßgeblicher Zeitpunkt ist neben der Stellung des Insolvenzantrags der Beschluss über die Gewährung der Restschuldbefreiung nach § 300 bzw der die Restschuldbefreiung versagende Beschluss nach § 296 oder § 297. Abzustellen ist dabei auf den Zeitpunkt der **Rechtskraft der Beschlüsse** über die Erteilung oder Versagung der Restschuldbefreiung (*Döbereiner*, Restschuldbefreiung S 131; N/R/*Römermann* § 290 Rn 71). Bei einem Widerruf der Restschuldbefreiung gemäß § 303 ist maßgebend der Zeitpunkt, zu dem der Erteilungs- und nicht der Widerrufsbeschluss rechtskräftig wird.

49 d) **Einschränkung der Sperrfrist?** Für den **Schuldner von Unterhaltsforderungen** kann sich die Sperrfrist von 10 Jahren als besonders problematisch erweisen. Da die nach Eröffnung des Insolvenzverfahrens begründeten Forderungen nicht am Restschuldbefreiungsverfahren teilnehmen, dürften während des Insolvenzverfahrens und der sich anschließenden Wohlverhaltensperiode erhebliche Unterhaltsforde-

III. Materielle Voraussetzungen **§ 290**

rungen anwachsen, die bei Gewährung von Sozialhilfe an den Unterhaltsgläubiger auf das Sozialamt übergehen. Zwangsvollstreckungsmaßnahmen des Zessionars vereiteln regelmäßig einen so genannten „fresh start" des Schuldners und führen ihn sogleich in einen neuen Schuldturm. Damit wird das Verfahren der Restschuldbefreiung bei einem Schuldner, der laufende Unterhaltsverpflichtungen hat und sie nicht erfüllen kann, ad absurdum geführt (*Schmidt* InVo 2001, 8, 10). Die gleiche Problematik stellt sich, wenn der Schuldner innerhalb der Zehnjahresfrist durch **Krankheit oder Arbeitslosigkeit** in eine Notlage gerät, die außerhalb seines Verantwortungsbereichs liegt. Es stellt sich deshalb die Frage, ob in den Fällen, in denen es an einer subjektiven Vorwerfbarkeit fehlt, ein Abweichen von der starren Regelung des Absatzes 1 Nr 3 zulässig ist. Angesichts des klaren Wortlauts der Bestimmung kommt auch bei fehlendem Verschulden des Schuldners eine Einschränkung der Sperrfrist nicht in Betracht (wie hier *Graf-Schlicker/Livonius* Restschuldbefreiung Rn 278; aA HK-*Landfermann* § 290 Rn 16; *Kohte/Ahrens/Grote* § 290 Rn 29). Da die Zehnjahresfrist der Gefahr des Missbrauchs vorbeugen soll, wird sie überwiegend als angemessen angesehen (*Döbereiner* Restschuldbefreiung S 131; N/R/*Römermann* § 290 Rn 72).

4. Verschwenderischer Lebensstil, Abs 1 Nr 4. Missbräuchliche Verhaltensweisen des Schuldners, die 50 zu einer Beeinträchtigung der Befriedigung der Insolvenzgläubiger geführt haben, rechtfertigen ebenfalls die Versagung der Restschuldbefreiung. Die Vorschrift erfasst vor allem Schuldner, die **rücksichtslos** Schulden machen und ihre Verschuldung **mutwillig** mit dem Ziel herbeiführen, Restschuldbefreiung zu erlangen (K/P/B/*Wenzel* § 290 Rn 17).

Da der Versagungsgrund mehrere **unbestimmte Rechtsbegriffe** enthält, werden die Gerichte vor weit- 51 reichende **Auslegungsprobleme** gestellt (*Pape* Gläubigerbeteiligung Rn 439). Auch wenn die Restschuldbefreiung nicht nur der kleinen Minderheit **absolut redlicher** Schuldner zugute kommen soll, ist die Vorschrift gleichwohl eng auszulegen (*Trendelenburg* Restschuldbefreiung S 215). Dies steht im Einklang mit der Gesetzesbegründung, nach der sich Schuldner im Hinblick auf eine mögliche Restschuldbefreiung nicht bewusst verschulden dürfen. Tatsächlich ist ein Schuldner **nicht schutzwürdig**, wenn die Begründung von Verbindlichkeiten selbst unter Einbeziehung subjektiver Elemente wie Geschäftsunerfahrenheit als grob fahrlässig anzusehen ist. **Umschuldungsmaßnahmen** können grundsätzlich nicht unter § 290 Abs 1 Nr 4 subsumiert werden, weil in ihnen regelmäßig das Bemühen zum Ausdruck kommt, die finanzielle Situation in den Griff zu bekommen (**AG Hamburg** ZVI 2002, 34).

Die verzweifelte Krisensituation schließt den Zurechnungszusammenhang des leichtfertigen Verhal- 52 tens grundsätzlich nicht aus. Der Umstand, dass der Schuldner es unterlässt, einer **Erwerbstätigkeit** nachzugehen, wird von der Regelung des Absatzes 1 Nr 4 allerdings nicht erfasst. Die Vorschrift ist an den konkurs- und vergleichsrechtlichen Vorbildern in den §§ 187 KO, 18 VerglO ausgerichtet, die auf Preisschleuderei, Verlust-, Spekulations- oder Differenzgeschäfte abzielten (*Ahrens* ZInsO 1999, 632, 635; *Kohte/Ahrens/Grote* § 290 Rn 36; *Döbereiner* Restschuldbefreiung S 133; *Smid/Haarmeyer* § 290 Rn 16). Anders als die vorgenannten Bestimmungen zählt Abs 1 Nr 4 einige wichtige Fallgruppen enumerativ auf, so dass nicht alle von der Konkursordnung erfassten Fälle wie etwa das Verheimlichen oder Beiseiteschaffen von Vermögensgegenständen einen Versagungsgrund darstellen (N/R/*Römermann* § 290 Rn 76). **Geschäftliche Fehldispositionen**, wie sie sich zwangsweise aus dem Unternehmerrisiko ergeben, führen ebenfalls nicht zu einer Versagung der Restschuldbefreiung (vgl **LG München** BB 1955, 331; *Heidland* KTS 1968, 81, 90).

a) Begründung unangemessener Verbindlichkeiten. Dieses Tatbestandsmerkmal erfordert einen Beurtei- 53 lungsmaßstab, der für die Prüfung der Unangemessenheit oder Angemessenheit der zu beurteilenden Verhaltensweise des Schuldners heranzuziehen ist. Einen rein objektiven Maßstab kann es hierfür nicht geben, denn es geht um die Beurteilung eines Verhaltens des Schuldners im Verhältnis zu den Vermögensinteressen seiner Gläubiger (**AG Oldenburg** v 16. 4. 2003 – 61 IN 25/99, ZVI 2003, 367, 368). Unangemessen sind insbesondere solche Verbindlichkeiten, die der Schuldner **entgegen der wirtschaftlichen Vernunft** oder im Widerspruch zur bisherigen Gestaltung seiner Lebensverhältnisse eingeht. Von unangemessenen Verbindlichkeiten ist immer dann auszugehen, wenn der Schuldner Ausgaben tätigt, die in keinem vernünftigen Verhältnis zu seiner Einkommenssituation stehen. Der Lebenszuschnitt des Schuldners und die Bedürfnisse, die sich aus seiner Berufstätigkeit ergeben, können als Anhaltspunkte für die Angemessenheit der von ihm begründeten Verbindlichkeit herangezogen werden (HK-*Landfermann* § 290 Rn 19; *Scholz* FLF 1995, 146; *Heyer* Verbraucherinsolvenzverfahren S 45 ff). Deshalb reicht allein objektiv verkehrs- und interessenwidriges Verhalten hoch verschuldeter Personen nicht aus. Allerdings ist im **Kauf** eines teuren Pkw **auf Kredit** die Begründung einer unangemessenen Verbindlichkeit zu sehen, wenn es dem Schuldner ohne weiteres möglich wäre, seine Arbeitsstelle zu Fuß oder mit öffentlichen Verkehrsmitteln zu erreichen. Nichts anderes gilt in dem Fall, dass der Schuldner eine **teure Urlaubsreise** durch Kreditaufnahme finanziert hat (vgl aber **AG Bonn** ZInsO 2001, 1070, 1071). Im Zeitpunkt der Schuldbegründung wird der Schuldner zukünftige Entwicklungen nicht außer Acht lassen dürfen, etwa ob er mit einer Kündigung seines Arbeitsverhältnisses rechnen muss oder ob spätere Verdienstausfälle wegen seines schlechten Gesundheitszustandes wahrscheinlich sind (*Deixler-Hübner* Privatkonkurs S 92 Rn 153).

b) Vermögensverschwendung. Dem Gesetz ist nicht ausdrücklich zu entnehmen, was der Gesetzgeber 54 unter dem Verschwendungsbegriff erfassen wollte. Als typische Fälle der Verschwendung nennt die Begründung zu § 239 Regierungsentwurf Ausgaben für **Luxusaufwendungen** (Flugzeug, Yacht, teure Urlaubsreise, vgl **BGH** MDR 1981, 511) (BR-Drucks 1/92 S 190/191). In der zivilrechtlichen Systematik sind an eine Verschwendung stets weitergehende Anforderungen zu stellen als der bloße Verbrauch (*Palandt/Brudermüller* BGB § 1375 Rn 27). Eine Vermögensverschwendung liegt immer dann vor, wenn der Wertverzehr außerhalb einer nachvollziehbaren Verhaltensweise liegt (*Kohte/Ahrens/Grote* § 290 Rn 36). Dazu zählt das Führen eines unangemessenen **luxuriösen Lebensstils** (**BGH** v 5. 3. 2009 – IX ZB 14/08, NZI 2009, 325, 326; **BGH** v 9. 12. 2004 – IX ZB 132/04, NZI 2005, 233). Ebenso verhält es sich, wenn die Ausgaben im Verhältnis zum Gesamtvermögen und Einkommen des Schuldners als grob unangemessen und wirtschaftlich nicht nachvollziehbar erscheinen (**BGH** v 21. 9. 2006 – IX ZB 24/06, NZI 2006, 712). Danach ist von einer Vermögensverschwendung iSd Vorschrift auszugehen, wenn der Schuldner einen Teil des Entgelts aus der Veräußerung seines Geschäftsbetriebs statt zur Schuldentilgung zur Finanzierung einer Urlaubsreise verwendet (**LG** Düsseldorf v 28. 1. 2004 – 25 T 48/04, NZI 2004, 390). Als Verschwendung können ferner Ausgaben von Summen im Rahmen von Glücksspiel (**LG** Hagen ZInsO 2007, 387), Wetten oder Differenzgeschäften anzusehen sein (N/R/*Römermann* § 290 Rn 82). Auch die schenkweise Hergabe von Vermögensgegenständen ohne nachvollziehbaren Anlass kann als Verschwendung in Betracht kommen. Veräußert der Schuldner ohne zwingenden wirtschaftlichen Grund Waren erheblich unter dem Einkaufs-, Gestaltungs- oder Marktpreis oder erbringt er Leistungen weit unter Wert, kann auch dies den Tatbestand des § 290 Abs 1 Nr 4 erfüllen (**BGH** v 5. 3. 2009 – IX ZB 14/08, NZI 2009, 325, 326). Letztlich kommt es darauf an, ob die Handlungen des Schuldners im Verhältnis zum Gesamtvermögen und dem Einkommen des Schuldners wirtschaftlich noch sinnvoll und nachvollziehbar sind (**BGH** v 21. 9. 2006 – IX ZB 24/06, ZVI 2006, 511). Dies ist zB nicht der Fall, wenn der Schuldner es ablehnt, in eine wesentlich günstigere als die von ihm bewohnte Wohnung umzuziehen. Denn auch die Fortsetzung eines der Situation des Schuldners unangemessenen luxuriöseren Lebensstils kann als Vermögensverschwendung angesehen werden (**BGH** v 9. 1. 2004 – IX ZB 132/04, NZI 2005, 233, 234). Aus dem Versagungsgrund des Absatz 1 Nr 4 lässt sich allerdings keine Verpflichtung des Schuldners ableiten, nach besten Kräften Rücklagen für die zu erwartenden Verfahrenskosten zu bilden (K/P/B/*Wenzel* § 290 Rn 17; aA **BGH** v 21. 9. 2006 – IX ZB 24/06, ZVI 2006, 511, 512). Ebenso wenig liegt eine Verschwendung von Vermögen iSd Vorschrift bereits vor, wenn der Schuldner an einer **freihändigen Verwertung** der in seinem (Mit-)Eigentum stehenden **Immobilie** nicht mitwirkt, sondern stattdessen eine **Verwertung im Wege der Zwangsversteigerung** befürwortet. Denn es gibt keinen feststehenden Grundsatz, dass eine freihändige Verwertung stets zu einem höheren Erlös als eine Verwertung im Wege der Zwangsversteigerung führt (**AG** Köln v 16. 11. 2006 – 72 IN 723/04, NZI 2007, 250). Es stellt auch keine Vermögensverschwendung dar, wenn eine Schuldnerin eine **Verrechnungsabrede für den Mietzins** hinsichtlich des an ihren Ehemann vermieteten Hausgrundstücks mit einem diesem zustehenden Darlehensanspruch getroffen hat, soweit der Insolvenzverwalter das **Grundstück freigegeben** hat (**LG** Göttingen v 2. 12. 2008 – 10 T 89/08, NZI 2009, 122, 123). Soweit das **AG** Duisburg (v 16. 4. 2007 – 62 IK 391/06, NZI 2007, 473 und v 3. 9. 2007 – 60 IN 10/07; ähnlich **LG** Dortmund v 14. 7. 2006 – 9 T 339/06, BeckRS 2007, 65.181) es als Vermögensverschwendung ansieht, wenn der Schuldner ohne zwingenden Grund nach Beantragung eines Insolvenzverfahrens noch Zahlungen in nennenswerter Höhe an einzelne Gläubiger leistet, überdehnt diese Rechtsprechung den unbestimmten Rechtsbegriff „Vermögensverschwendung" (**BGH** v 5. 3. 2009 – IX ZB 141/08, NZI 2009, 325, 326; *Hackenberg/Hohler* ZVI 2008, 229, 231; aA **LG** Stralsund v 18. 6. 2008 – 2 T 369/07, ZInsO 2009, 53). § 290 Abs 1 Nr 4 kann nicht die Obliegenheit des Schuldners entnommen werden, sein Vermögen nach Eintritt der Zahlungsunfähigkeit bis zur Verfahrenseröffnung zum Zwecke der gleichmäßigen Gläubigerbefriedigung wertmäßig in seinem Bestand zu erhalten. Erst Recht liegt in der Zahlung des Schuldners während des Insolvenzverfahrens an einen Gläubiger (Inkassobüro) kein Verstoß gegen die Vorschrift des § 290 Abs 1 Nr 4, wenn die Zahlung aus dem **unpfändbaren Einkommen** erfolgt (**AG** Coburg v 15. 1. 2003 – IK 188/00, ZVI 2004, 313, 314).

54a   Das Tatbestandsmerkmal Vermögensverschwendung kann auch durch das Eingehen von **Verlust- oder Spekulationsgeschäften**, die sich als zweifelsfrei **wirtschaftlich unvertretbar** erweisen, erfüllt werden (vgl *Heidland* KTS 81, 90). Nichts anderes gilt für den Verbrauch oder das Schuldigwerden übermäßiger Beträge durch unwirtschaftliche Ausgaben, Spiel oder Wette. Veräußert der Schuldner Waren erheblich unter ihrem Einstandspreis, ohne dazu auf Grund seiner wirtschaftlichen Gesamtsituation zur Vermeidung größerer Verluste veranlasst worden zu sein, kann ihn dieses Verhalten ebenfalls in die Nähe der Vermögensverschwendung rücken.

55   **Luxusgeschenke** fallen grundsätzlich unter den Anwendungsbereich der Norm. Es kommt nicht darauf an, ob die Gewährung solcher Geschenke anfechtbar ist oder nicht (*Döbereiner*, Restschuldbefreiung S 134; *Hess* § 290 Rn 85). Dagegen fällt eine **Schenkung**, durch die einer sittlichen Pflicht oder einer auf den Anstand zu nehmenden Rücksicht entsprochen wird (vgl § 534 BGB), nicht unter den Anwendungsbereich des Absatzes 1 Nr 4. Zu berücksichtigen sind dabei das Vermögen und die Lebensstellung der Beteiligten sowie ihre persönlichen Beziehungen. Unter die Anstandspflicht fallen gebräuchliche Gelegenheitsgeschenke, insbesondere Geburtstags-, Weihnachts- und Hochzeitsgeschenke. Abzustellen ist auf die Ansichten und Gepflogenheiten sozial Gleichgestellter.

55a   Nicht jede **zum Schadensersatz verpflichtende unerlaubte Handlung** erfüllt zugleich den Tatbestand der Begründung unangemessener Verbindlichkeiten oder Verschwendung von Vermögen. Zum einen

III. Materielle Voraussetzungen **§ 290**

erscheint bereits fraglich, ob sich dies sprachlich begründen lässt. Zum anderen steht eine solche weite Auslegung der Norm mit Sinn und Zweck der Regelung nicht in Einklang (LG Düsseldorf v 6. 1. 2009 – 25 T 810/08, NZI 2009, 193).

c) Verzögerung des Insolvenzverfahrens. Nach der Vorstellung des Gesetzgebers ist die Inanspruchnahme der Restschuldbefreiung missbräuchlich, wenn der Schuldner in aussichtsloser wirtschaftlicher Lage die Eröffnung des Insolvenzverfahrens zum Nachteil seiner Gläubiger verschleppt hat (Begr zu § 239 RegE, BR-Drucks 1/92, S 190/191). Maßgeblich ist dabei, ob ein **ordentlicher Schuldner** im eigenen und im Gläubigerinteresse den Antrag bereits früher gestellt hätte (*Döbereiner* aaO S 135). Ein aussichtsreicher **Sanierungsversuch** kann eine Verzögerung entschuldigen (*Kilger/K. Schmidt* § 18 VglO Anm 3). 56

Die Regelung des Abs 1 Nr 4, 3. Alternative begründet **keine Pflicht** des Schuldners **zur Stellung eines Eröffnungsantrags** (AG Hamburg v 5. 6. 2007 – 68 e IK 50/03, ZVI 2007, 436, 437; AG Göttingen v 13. 8. 2005 – 74 IN 41/04, ZVI 2005, 504) wie sie für Vertretungsorgane juristischer Personen besteht (vgl § 64 Abs 1 GmbHG, § 92 Abs 2 AktG). Sinn und Zweck der Vorschrift ist es, den Schuldner davon abzuhalten, durch eine Täuschung der Gläubiger über seine Vermögensverhältnisse oder in ähnlicher Weise zu verhindern, dass ein unvermeidliches Insolvenzverfahren rechtzeitig beantragt und eröffnet wird. Der Schuldner muss durch **aktives Tun** die rechtzeitige Verfahrenseröffnung verzögert haben (*Kohte/Ahrens/Grote* § 290 Rn 37; *Pape* Gläubigerbeteiligung Rn 440). Allein der Umstand, dass der Schuldner fast zwei Jahre vor Eröffnung des Insolvenzverfahrens in einem gerichtlichen Verfahren einen **Vergleich** (Zahlung von 3000 Euro) schließt, auf den er nur monatlich je 350 Euro zahlt, begründet noch nicht den Vorwurf einer Verzögerung des Insolvenzverfahrens (LG Düsseldorf v 13. 12. 2006 – 25 T 1174/06, ZVI 2007, 387). Eben so wenig reicht die Tatsache, dass der Schuldner es versäumt, selbst einen auf drohende Zahlungsunfähigkeit oder Zahlungsunfähigkeit gestützten Insolvenzantrag zu stellen, für eine Versagung der Restschuldbefreiung aus. Soweit ein Schuldner zunächst versucht, in einem anderen Land ein Insolvenzverfahren mit dem Ziel der Restschuldbefreiung zu durchlaufen, dort aber an der Missbrauchskontrolle scheitert und damit die rechtzeitige Einleitung eines Insolvenzverfahrens in dem für ihn tatsächlich zuständigen Wohnsitzstaat Deutschland verzögert, kann dieses Verhalten den Vorwurf rechtfertigen, er habe im Geltungsbereich der InsO die Eröffnung des Insolvenzverfahrens verzögert (*Hölzle* ZVI 2007, 16). **Vorwerfbar** ist seine Untätigkeit aber nur dann, wenn sich in der Folgezeit seine Vermögensverhältnisse **wesentlich** verschlechtert haben. 57

In der Praxis dürfte die Festellung, durch die verzögerliche Antragstellung habe der Schuldner die Befriedigung der Insolvenzgläubiger beeinträchtigt, Schwierigkeiten bereiten. Da die Regelung primär auf das Regelinsolvenzverfahren zugeschnitten ist, lässt sie sich im Verbraucherinsolvenzverfahren nicht ohne Weiteres umsetzen (*Pape* NWB 1999, Fach 19, S 2466). Ein Schuldner, der durch den **querulatorischen Gebrauch von Rechtsmitteln** die Eröffnung des Insolvenzverfahrens verzögert, erfüllt unter Umständen den Tatbestand des Absatzes 1 Nr 4. 58

Fraglich erscheint dagegen, ob sich ein Schuldner mit Erfolg darauf berufen kann, von der Antragstellung abgesehen zu haben, weil ohnehin eine die Kosten des Verfahrens deckende Masse nicht vorhanden gewesen sei. Da die Regelung darauf hinwirken soll, dass die Insolvenzmasse, die zur Befriedigung der Gläubiger zur Verfügung steht, größer ist als bisher (Begr zu § 239 RegE, BR-Drucks 1/92, S 190/191), kann ein auf die Handlungsalternative „Verzögerung des Insolvenzverfahrens" gestützter Versagungsantrag nur begründet sein, wenn der Schuldner davon ausgehen musste, sein Vermögen reiche zur Eröffnung des Insolvenzverfahrens aus. 59

Der Umstand, dass der Schuldner als **Geschäftsführer einer GmbH** verspätet Antrag auf Eröffnung des Insolvenzverfahrens über das Vermögen der Gesellschaft gestellt hat, rechtfertigt nicht die Versagung der Restschuldbefreiung in dem Insolvenzverfahren über sein Vermögen. Dies folgt bereits aus dem Wortlaut der Norm, die auf die wirtschaftlichen Verhältnisse des Schuldners und nicht dritter Personen abstellt. Daran ändert sich auch nichts, wenn die Insolvenz des Schuldners darauf zurückzuführen ist, dass er sich für Forderungen der Gesellschaft verbürgt hatte (*Döbereiner* Restschuldbefreiung S 135; aA *Kraemer* DStZ 1995, 399, 402). 60

d) Beeinträchtigung der Befriedigung der Insolvenzgläubiger. Die Benachteiligung muss tatsächlich eingetreten sein (vgl BGH v 5. 4. 2006 – IX ZB 50/05, NJW-RR 2006, 1138 = NZI 2006, 413; AG Köln v 16. 11. 2006 – 72 IN 723/04, NZI 2007, 250). Anders als § 303 verlangt Absatz 1 Nr 4 keine erhebliche Beeinträchtigung. Die Anfechtbarkeit einer unredlichen Handlung hebt die Beeinträchtigung grundsätzlich nicht auf (N/R/*Römermann* § 290 Rn 78). Dagegen reicht eine Vermögensgefährdung nicht aus. Im Einzelfall kann sich der Schuldner bei einer ganz unwesentlichen Beeinträchtigung der Befriedigungsaussichten der Gläubiger auf das Verbot des Rechtsmissbrauchs gemäß **§ 242 BGB** berufen (*Bindemann* Verbraucherkonkurs S 160 Rn 11). Dieser Einwand erscheint bei einer völlig unerheblichen Beeinträchtigung der Befriedigung der Gläubiger angesichts der weitreichenden Konsequenzen, die eine Versagung der Restschuldbefreiung mit sich bringt, vertretbar. Die Möglichkeit der Berufung auf einen Verstoß gegen Treu und Glauben erlaubt es, übermäßige Härten zu vermeiden. 61

Die diskriminierte Handlung des Schuldners muss **ursächlich** für die Gläubigerbenachteiligung sein („dadurch beeinträchtigt hat, dass"). Das Verhalten des Schuldners braucht nicht die einzige Ursache 62 für die Beeinträchtigung der Gläubigerbefriedigung zu sein. Es **genügt Mitursächlichkeit** (K/P/B/*Wenzel* § 290 Rn 19). Der Schuldner muss durch sein Verhalten den Ansatz einer höheren Quote verhindert haben (*Döbereiner* aaO S 136 mwN).

63   e) **Zeitraum.** Der Schuldner muss die Befriedigung der Insolvenzgläubiger **im letzten Jahr** vor dem Antrag auf Eröffnung des Insolvenzverfahrens oder nach diesem Antrag beeinträchtigt haben (krit zur Länge der Frist *Trendelenburg* Restschuldbefreiung S 216). Die zeitliche Begrenzung soll vor allem Beweisschwierigkeiten vorbeugen (*Döbereiner* aaO S 137). Ob sie tatsächlich ermöglicht, die Ursachen der Verschuldung und des schuldnerischen Fehlverhaltens hinreichend berücksichtigen zu können, darf bezweifelt werden (in **Österreich** beträgt die Frist bei der Begründung unangemessener Verbindlichkeiten drei Jahre, § 201 Abs 1 Nr 3 KO). Es ist aber nicht zu leugnen, dass die relativ kurze Frist von einem Jahr dem Schuldner die Chance eröffnet, nicht auf Grund von „Jugendsünden" (*Gerhardt* FLF 1989, 99, 101) frühzeitig von der Möglichkeit der Erlangung der Restschuldbefreiung ausgeschlossen zu werden. Die Frist ist nach § 4, § 222 ZPO gemäß den §§ 187 Abs 1, 188 Abs 2 BGB zu berechnen (N/R/*Römermann* § 290 Rn 58).

64   f) **Vorsatz oder grobe Fahrlässigkeit.** Die Tatbestandsmerkmale **vorsätzlich oder grob fahrlässig** erleichtern dem Gericht die Beurteilung des Versagungsgrundes. Da beispielsweise jede **Kreditaufnahme** mit dem Risiko verbunden ist, den Zahlungspflichten zu einem bestimmten Zeitpunkt nicht mehr nachkommen zu können, bedurfte es der verschärften Haftung. Denn für das Gericht wäre es kaum möglich zu beurteilen, ob sich das bei der Kreditaufnahme eingegangene Risiko in den erlaubten Grenzen hält oder ob es bereits leicht fahrlässig war.

65   Unterlässt der Schuldner die rechtzeitige Überprüfung der gegen ihn gerichteten Forderungen und sieht er davon ab, einen Insolvenzantrag zu stellen, weil ihm das Bewusstsein bzw die Einsichtsfähigkeit in die Gefährlichkeit des Handelns fehlt, steht dies unter Umständen der Annahme eines schuldhaften Verhaltens entgegen.

66   5. **Verletzung von Auskunfts- und Mitwirkungspflichten, Abs 1 Nr 5.** Der Gesetzgeber erwartet, dass ein Schuldner, der Restschuldbefreiung begehrt, seine **Auskunfts- oder Mitwirkungspflichten** im Insolvenzverfahren genau erfüllt (Begr zu § 239 RegE, BR-Drucks 1/92 S 190/191). Mit den Pflichten „*nach diesem Gesetz*" sind insbesondere die in §§ 20, 97, 98 oder 101 normierten Pflichten gemeint, die sowohl gegenüber dem Insolvenzgericht als auch gegenüber dem Insolvenzverwalter, dem Gläubigerausschuss und der Gläubigerversammlung bestehen. Die **Auskunfts- und Mitwirkungspflicht des Schuldners** sind so wesentliche Bausteine für die Erreichung der Ziele des Insolvenzverfahrens, dass ihre Verletzung immer bereits die erhebliche Gefährdung der Gläubigeransprüche indiziert (**AG** Oldenburg ZInsO 2001, 1170, 1171). Gleichwohl verlangt § 290 Abs 1 Nr 5 nicht, dass durch die Pflichtverletzung die **Gläubigerinteressen verletzt** worden sind bzw sich die Pflichtverletzung zum Nachteil der Gläubiger im Sinne einer **Beeinträchtigung ihrer Befriedigung** auswirkt (**BGH** v 8. 1. 2009 – IX ZB 73/08, NZI 2009, 253, 254; **LG** Mönchengladbach v 10. 7. 2003 – 5 T 270/03, ZVI 2003, 675, 676; **AG** Leipzig v 16. 2. 2007 – 92 1879/01, ZVI 2007, 143, 146; **AG** Offenburg v 15. 9. 2006 – 2 IK 16/03, ZVI 2007, 34; **AG** Göttingen v 31. 7. 2006 – 74 IK 36/03, ZVI 2007, 34, 35; **AG** Wetzlar v 27. 1. 2006 – 3 IN 75/03, NZI 2007, 57; HK-*Landfermann* § 290 Rn 29; MüKoInsO-*Stephan* § 290 Rn 74; HambKomm/*Streck* § 290 Rn 35; aA **AG** Memmingen v 27. 11. 2003 – IN 106/01, ZInsO 2004, 52, das die Feststellung einer kausal auf das Verhalten des Schuldners zurückzuführenden konkreten Gefährdung wirtschaftlicher Interessen von Gläubigern verlangt; *Kohte/Ahrens/Grote* § 290 Rn 7; noch offengelassen von **BGH** v 23. 7. 2004 – IX ZB 174/03, WM 2004, 1840, 1841).

66a   Ein Schuldner, der seine Auskunfts- und Mitwirkungspflichten verletzt, handelt unredlich. Er hat das **Privileg der Restschuldbefreiung** nicht verdient, denn seine Gläubiger können erwarten, dass er seine Pflichten einschränkungslos erfüllt (**BGH** v 8. 1. 2009 – IX ZB 73/08, NZI 2009, 253, 254). Die Auskunftspflicht ist eine „aktive" Pflicht, ohne dass der Insolvenzverwalter/Treuhänder von sich aus ständig nach Veränderungen nachfragen müsste. Dies betrifft insbesondere die Annahme einer Beschäftigung (**AG** Oldenburg v 26. 1. 2009 – 8 IK 94/06, ZInsO 2009, 696). Ebenso wie der Versagungsgrund des § 290 Abs 1 Nr 6 würde auch der Versagungsgrund des § 290 Abs 1 Nr 5 seiner **verfahrensfördernden Wirkung** beraubt werden, wenn es einem Schuldner gestattet wäre, nach rechtskräftiger Versagung der Restschuldbefreiung wegen Verletzung der Auskunfts- und Mitwirkungspflichten sofort **erneut einen Antrag auf Eröffnung des Insolvenzverfahrens** zu stellen, der allein dem Ziel der Restschuldbefreiung dient (**BGH** v 11. 10. 2007 – IX ZB 270/05, NZI 2008, 45, 46). Bei anderer Betrachtungsweise bestünde für den Schuldner geradezu ein Anreiz, die vorgenannten Pflichten nicht allzu genau zu nehmen, weil stets aufs Neue die Möglichkeit eines weiteren Antrags eröffnet wäre. Damit wäre der **Zweck der Versagungsgründe des § 290 Abs 1**, nur einem redlichen Schuldner die Vergünstigung einer Restschuldbefreiung zuteil werden zu lassen, verfehlt (**BGH** aaO). Ob dieser Umstand es rechtfertigt, erst nach Ablauf einer **Sperrfrist von drei Jahren** in entsprechender Anwendung des § 290 Abs 1 Nr 3 dem Schuldner wieder zu gestatten, einen **erneuten Restschuldbefreiungsantrag** zu stellen (so BGH v 16. 7. 2009 – IX ZB 219/08, ZInsO 2009, 1777), erscheint fraglich. *Stephan* (Verminderung aktuell 2009, 4) hält dem BGH vor, er geriere sich als „Ersatzgesetzgeber". Eine Regelungslücke liege nicht vor.

III. Materielle Voraussetzungen

a) Auskunfts- und Mitwirkungspflichten. Auch der dem **Regelinsolvenzverfahren** unterliegende 67 Schuldner hat bereits in seinem – zulässigen – Eröffnungsantrag seine Vermögensverhältnisse **umfassend und zutreffend** darzustellen (**BGH** v 9. 10. 2008 – IX ZB 212/07, NZI 2009, 65). Die **Auskunftspflicht** bezieht sich auf alle das Verfahren betreffenden Umstände (K/P/B/*Lüke* § 97 Rn 3). Sie erstreckt sich auch auf das Auslandsvermögen, das ebenfalls in die Insolvenzmasse fällt (vgl **BGH** WM 1983, 858 = ZIP 1983, 961). Die Auskunfts- und Mitwirkungspflichten dienen nicht zuletzt auch dazu, das insolvenzrechtliche Ansprüche, namentlich **Anfechtungsansprüche**, durchgesetzt werden können; dies gilt wegen § 313 Abs 2 auch im Verbraucherinsolvenzverfahren (**AG Hamburg** v 5. 6. 2007 – 68 e IK 50/03, ZVI 2007, 436, 437). Ein Schuldner, der von seinen Verbindlichkeiten befreit werden will, hat seine Vermögensverhältnisse offenzulegen, alle verlangten Auskünfte zu erteilen und auf Anordnung des Insolvenzgerichts jederzeit zur Verfügung zu stellen (**BGH** v 8. 1. 2009 – IX ZB 73/08, NZI 2009, 253, 254). Er hat die Umstände, die für die Erteilung der Restschuldbefreiung von Bedeutung sein können, von sich aus, ohne besondere Nachfrage zu offenbaren. Die Auskunftspflicht erschöpft sich nicht in reinen Antwortpflichten auf Nachfragen des Gerichts, der Gläubiger oder des Insolvenzverwalters/Treuhänders. Bei Umständen, die für den Schuldner erkennbar gar nicht Gegenstand von Nachfragen sein können, weil sie den übrigen Verfahrensbeteiligten nicht bekannt sein können, sind diese Auskunftspflichten aktive Pflichten in der Weise, dass der Schuldner solche Umstände auch ohne besondere Nachfrage zu offenbaren hat (**AG Erfurt** v 30. 6. 2006 – 171 IN 24/01, ZInsO 2006, 1173; **AG Oldenburg** ZInsO 2001, 1170). Unterlässt der Schuldner es vorsätzlich oder grob fahrlässig, rechtzeitig (näher dazu § 287 Rn 27, 34 ff) auf eine frühere Abtretung oder Verpfändung seiner an den Treuhänder abgetretenen Forderung auf Bezüge aus einem Dienstverhältnis oder an deren Stelle tretende laufende Bezüge hinzuweisen (§ 287 Abs 2 S 2), kann dies zu einer vorzeitigen Versagung der Restschuldbefreiung wegen Verletzung der Auskunftspflicht führen. Erfährt ein Gläubiger vor Ende des Schlusstermins von **verborgenem Vermögen des Schuldners**, rechtfertigt auch dies bei entsprechendem Antrag eines Insolvenzgläubigers die Versagung der Restschuldbefreiung wegen Verletzung der Auskunftspflicht. **Nach Ankündigung der Restschuldbefreiung** ist es den Gläubigern indes verwehrt, mit Erfolg einen Versagungsantrag gem § 290 Abs 1 Nr 5 zu stellen. Vielmehr kann nach diesem Zeitpunkt die Restschuldbefreiung nur noch aus den in den §§ 296 ff genannten Gründen versagt werden. Auf das Verhalten des Schuldners in der Vergangenheit kommt es nicht mehr an (**AG Oldenburg** v 13. 2. 2002 – 60 IK 40/00, NZI 2002, 327). Allerdings bleibt den Insolvenzgläubigern in diesem Falle noch die Möglichkeit, die **Anordnung einer Nachtragsverteilung** zu beantragen (näher dazu *Hess/Obermüller* Rn 1215). Eine Verletzung von Auskunfts- und Mitwirkungspflichten des Schuldners kann bereits durch **Verschweigen eines Treuhandskontos** in den vorbereitenden Gesprächen zur Erstellung eines Sachverständigengutachtens liegen (**BGH** v 21. 7. 2005 – IX ZB 179/04, ZVI 2005, 551).

Mitwirkungspflichten des Schuldners bestehen sowohl bei der Verwaltung als auch bei der Verwertung des schuldnerischen Vermögens. Das **Zurverfügungstellen der Arbeitsleistung** ist nicht als Mitwirkung zu verstehen. Die Mitwirkung gemäß § 97 Abs 2, auf die sich § 290 Abs 1 Nr 5 bezieht, umfasst nach dem Gesamtzusammenhang der Bestimmung allein die Abgabe notwendiger Willenserklärungen, Verschaffung von Zugang zu Vermögensgegenständen, Mitteilung von Wissen zur Durchsetzung von Ansprüchen, nicht jedoch die Verpflichtung des Schuldners, eine seinen Fähigkeiten und Möglichkeiten entsprechende Arbeitsleistung aufzunehmen und die Gegenleistung der Masse zur Verfügung zu stellen (*Runkel* FS *Uhlenbruck* S 315, 331). Aus diesem Grunde stellt der Abschluss eines zum **Verlust des Arbeitsplatzes** führenden Auflösungsvertrages keine Verletzung der Mitwirkungspflicht dar, weil eine Verpflichtung zur Arbeitsleistung erst während der Wohlverhaltensperiode besteht (**AG Regenburg** v 6. 7. 2004 – 2 IN 337/02, ZVI 2004, 423). 68

Auch wenn der Schuldner in einem Insolvenzverfahren nicht zur Abgabe der **Steuererklärung** verpflichtet ist (s § 34 Abs 1 und 3 AO), trifft ihn selbstverständlich die Pflicht, die für die Erstellung der Steuererklärung durch den Verwalter bzw Treuhänder (§§ 155 Abs 1, 313 Abs 1, 56 InsO, § 56 EStDV) erforderlichen und vom Verwalter zu bezeichnenden Unterlagen zur Verfügung zu stellen. Der Schuldner verletzt deshalb grob fahrlässig seine Mitwirkungspflichten, wenn er gegenüber dem Verwalter bewusst wahrheitswidrig erklärt, die angeforderte Steuererklärung fertig zu haben und diese kurzfristig zuzusenden und er damit den Treuhänder davon abgehalten hat, Maßnahmen zu ergreifen, um eventuelle Steuererstattungsansprüche zu realisieren (**LG Mönchengladbach** v 22. 10. 2004 – 5 T 236/04, NZI 2005, 178). Verfasst der Schuldner trotz einer entsprechenden Aufforderung des Insolvenzverwalters nicht selbst seine Steuererklärung, liegt in diesem Verhalten allerdings keine Verletzung der Auskunfts- und Mitwirkungspflicht, weil die erteilte Auflage nicht rechtmäßig ist (**BGH** v 18. 12. 2008 – IX ZB 197/07, NZI 2009, 327, 328). Etwas anderes gilt indes dann, wenn sich der Schuldner den Anordnungen des Verwalters, die zur Fertigung der Steuererklärungen erforderlichen Unterlagen zur Verfügung zu stellen, durch die Versicherung entzieht, selbst die Steuererklärung beim Finanzamt einzureichen, dem aber nicht nachkommt (**BGH** aaO). Bei wertender Betrachtung muss er sich so behandeln lassen, wie wenn er dem Verwalter die Unterlagen nicht überlassen hätte. 68a

Ebenso kommt eine Versagung der Restschuldbefreiung wegen Verletzung von Auskunfts- und Mitwirkungspflichten in Betracht, wenn der Schuldner seinen **Wohnsitz ins Ausland verlegt**, ohne das Gericht hiervon zu unterrichten (**AG Königsteinv** 4. 7. 2003 – 9 a IK 21/00, ZVI 2003, 365; s auch **LG** 68b

Verden v 18. 9. 2006 – 6 T 181/06, ZVI 2006, 469). Ebenso wie ein **Internist** (dazu **BGH** v 17. 2. 2005 – IX ZB 62/04, NZI 2005, 263) ist auch ein **Arzt für Psychiatrie** verpflichtet, dem Insolvenzverwalter die für die Durchsetzung des Insolvenzbeschlags erforderlichen Daten über die Person des Drittschuldners und die Forderungshöhe mitzuteilen (**BGH** v 5. 2. 2009 – IX ZB 85/08, ZInsO 2009, 734, 735). Zwar unterliegen auch diese Daten dem **Arztgeheimnis**; auf Grund des Zurücktretens der ärztlichen Schweigepflicht gegenüber vorrangigen Belangen Dritter – im Insolvenzverfahren der Insolvenzgläubiger – ist die eingeschränkte Beeinträchtigung des Persönlichkeitsrechts der Patienten hinnehmbar (**BGH** aaO).

68c Soweit der Schuldner erst nach dem Schlusstermin seiner Auskunfts- und Mitwirkungspflicht nachkommt, kommt eine **Heilung** nicht in Betracht (**BGH** v 17. 7. 2008 – IX ZB 183/07, ZInsO 2008, 920, 921; **BGH** v 7. 12. 2006 – ZB 11/06, ZInsO 2007, 96, 97).

69 Die Verletzung der Auskunfts- und Mitwirkungspflichten, die auf einer **gerichtlichen Anordnung** beruht, rechtfertigt allerdings nur dann die Versagung der Restschuldbefreiung, wenn die Anordnung **rechtmäßig ergangen** ist (**BGH** v 20. 3. 2003 – IX ZB 388/02, NJW 2003, 2157 = NZI 2003, 390 m Anm *Kohte*; *Döbereiner* Restschuldbefreiung S 138; *Kohte/Ahrens/Grote* § 290 Rn 46).

70 Anders als beim Versagungstatbestand des § 290 Abs 1 Nr 4 ist die Gläubigerbenachteiligung bei Abs 1 Nr 5 bereits nach dem Gesetzeswortlaut nicht Tatbestandsmerkmal. Sie kann auch nicht im Wege der Auslegung zum ergänzenden Merkmal erhoben werden, weil dies einer Verschiebung der Versagungsgründe einseitig zu Lasten der Gläubiger gleichkäme (**AG** Oldenburg 1071).

71 **b) Zeitraum.** Der Versagungsgrund des § 290 Abs 1 Nr 5 erfasst nicht nur Auskunftspflichten im eröffneten Verfahren nach § 97, sondern bezieht nach Sinn und Zweck der Norm – Ausschluss unredlicher Schuldner von der Restschuldbefreiung – gerade auch Angaben ein, die mit dem Insolvenzantrag oder danach bis zur Eröffnung gemacht werden und bei denen die Pflicht zur wahrheitsgemäßen Auskunftserteilung auf § 20 Abs 1 S 2 beruht (**BGH** v 15. 11. 2007 – IX ZB 159/06, BeckRS 2008, 00.804; **AG** Hamburg NZI 2001, 46, 47; *Kohte/Ahrens/Grote* § 290 Rn 43; N/R/*Römermann* § 290 Rn 93 aE; K/P/B/*Wenzel* § 290 Rn 20; *Graf-Schlicker/Livonius*, Restschuldbefreiung Rn 287). Auch wenn das **Insolvenzeröffnungsverfahren** während des gerichtlichen Schuldenbereinigungsverfahren ruht (§ 306 Abs 1 S 1), sind die den Schuldner in diesem Verfahrensstadium treffenden Pflichten nicht suspendiert. Sie werden ebenfalls von der Regelung des Abs 1 Nr 5 umfasst.

72 **c) Vorsatz oder grobe Fahrlässigkeit.** Der Schuldner muss seine Pflichten **vorsätzlich oder grob fahrlässig** verletzt haben. Der Verschuldensgrad der groben Fahrlässigkeit ist in § 290 nicht definiert. Bei der **groben Fahrlässigkeit** handelt es sich um eine auch subjektiv schlechthin unentschuldbare Pflichtverletzung (**BGH** v 19. 3. 2009 – IX ZB 212/08, ZInsO 2009, 786, 787; **BGH** v 13. 1. 2004 – II ZR 17/03, NJW 2005, 981, 982; **BGH** v 8. 10. 1991 – IX ZR 238/90, WM 1991, 1946, 1948). Nicht jede Verletzung von Auskunftspflichten ist als grob fahrlässig anzusehen (so aber HambKomm/*Streck* § 290 Rn 36). Sind indes bei allgemeiner Fragestellung wesentliche Vermögensveränderungen mitzuteilen oder ist das Auskunftsverlangen durch eine gezielte Fragestellung in einer Weise konkretisiert, die beim Schuldner keine Unklarheit über die von ihm zu erteilenden Angaben aufkommen lassen kann, kann die Beurteilung einer groben Fahrlässigkeit durchgreifen. Davon ist auszugehen, wenn bei der vollständigen Auflistung seiner Gläubiger der Schuldner die Forderung eines Gläubigers nicht angibt, der kurz zuvor die Zahlung unter Androhung gerichtlicher Durchsetzung angemahnt hatte (**BGH** v 12. 6. 2008 – IX ZB 61/06, BeckRS 2008, 13.007). Ebenso handelt der **Schuldner** grob fahrlässig, wenn er im Verzeichnis der gegen ihn gerichteten **Forderungen nicht abgibt, deren Bestehen er bestreitet** (**BGH** v 2. 7. 2008 – IX ZB 63/08, NZI 2009, 562). In einem solchen Fall kann sich der Schuldner auch nicht auf einen nachvollziehbaren Rechtsirrtum berufen, der selbst im Falle der Vermeidbarkeit nur den Vorwurf der einfachen, nicht aber der groben Fahrlässigkeit rechtfertigen würde. Ist die gesetzliche Auskunftspflicht durch eine Erläuterung in dem zu verwendenden amtlichen Formular in einer Weise konkretisiert, die auch bei einem mit insolvenzrechtlichen Begriffen nicht näher vertrauten Schuldner keine Unklarheit über die von ihm zu machenden Angaben aufkommen lassen kann, kann dieser nicht geltend machen, er habe das Gesetz anders verstanden (vgl **BGH** v 19. 3. 2009 – IX ZB 212/08, ZInsO 2009, 786, 787). Dagegen ist dem Schuldner nicht der Vorwurf der groben Fahrlässigkeit zu machen, wenn er während des Insolvenzverfahrens aus dem Nachlass 8000,00 Euro entnimmt und für sich verbraucht, weil er in einem vom Insolvenzgericht übersandten „Merkblatt zur Wohlverhaltensperiode" darüber unterrichtet wurde, Vermögen, das er nach Eröffnung des Insolvenzverfahrens erwerbe, habe er nur zur Hälfte des Werts an den Treuhänder herauszugeben (**BGH** v 9. 2. 2006 – IX ZB 218/04, ZVI 2006, 258, 259). Ein vom Insolvenzgericht verwendetes Merkblatt muss die für einen Schuldner maßgebliche Rechtslage in einer für nicht juristisch vorgebildete Personen in klarer und eindeutiger Weise erläutern. Ähnliche Erwägungen gelten auch bei **unklaren Fragen in der Vermögensübersicht** (**BGH** v 5. 6. 2008 – IX ZB 37/06, ZInsO 2009, 737). In einem solchen Fall erscheint ein Pflichtverstoß „in einem milderen Licht" (**BGH** v 7. 12. 2006 – IX ZB 11/06, ZInsO 2007, 96, 97).

Bei ganz **geringfügigen Verfehlungen** verbietet es bereits der **Verhältnismäßigkeitsgrundsatz**, die harte Sanktion einer Versagung der Restschuldbefreiung zu verhängen (**LG** Rottweil v 23. 7. 2008 – 1 T 11/

08, ZVI 2008, 541; **LG** Hamburg ZVI 2002, 33; vgl aber **LG** Mönchengladbach v 10. 7. 2003 – 5 T 270/03, ZVI 2003, 676, 676; N/R/*Römermann* § 290 Rn 97; *Kohte/Ahrens/Grote* § 290 Rn 54; K/P/B/*Wenzel* § 290 Rn 22). Besteht zwischen einem Gläubiger und dem Schuldner **Streit über Grund oder Höhe der Forderung**, ist die **fehlende Angabe der exakten Höhe** der Forderung in der Vermögensübersicht grundsätzlich kein so wesentlicher Umstand, der eine zweifelsfreie Versagung der Restschuldbefreiung nach Maßgabe des § 290 Abs 1 Nr 5 rechtfertigt (BGH v 12. 6. 2008 – IX ZB 205/07, ZInsO 2008, 860; siehe auch § 305 Rn 90). Etwas anderes gilt indes dann, wenn der Schuldner Gläubiger **streitiger Forderungen** oder Gläubiger, deren Ansprüche er nicht exakt beziffern kann, in seinen Verzeichnissen gar nicht angibt (BGH v 12. 6. 2008 – IX ZB 61/06, BeckRS 2008, 13.007). Das **Verschweigen zweier Forderungen** stellt einen Verstoß gegen die Auskunfts- und Mitwirkungspflicht dar, der die Versagung der Restschuldbefreiung begründet. Der Umstand, dass es sich nach Auffassung des Schuldners um schwierig beizutreibende Forderungen handelt, steht ihrer Berücksichtigung bei der Versagungsentscheidung nicht entgegen. Denn es ist nicht Sache des Schuldners, seine Aktiva zu bewerten und vermeintlich für die Gläubiger uninteressante Positionen zu verschweigen (BGH v 7. 12. 2006 – IX ZB 11/06, ZInsO 2007, 96).

Der **Nachprüfung durch das Rechtsbeschwerdegericht** unterliegt es, ob der Tatrichter den Rechtsbegriff der groben Fahrlässigkeit verkannt oder bei der Beurteilung des Grades der Fahrlässigkeit wesentliche Umstände außer Acht gelassen hat (BGH v 19. 3. 2009 – IX ZB 212/08, ZInsO 2009, 786, 787). 72a

6. Unrichtige oder unvollständige Verzeichnisse, Abs 1 Nr 6. Da § 290 Abs 1 Nr 6 einen Verstoß gegen die Anforderungen aus § 305 Abs 1 Nr 3 in einem Verbraucherinsolvenzverfahren fordert, ist sein **persönlicher Anwendungsbereich** auf Schuldner iSv § 304 beschränkt (*Kohte/Ahrens/Grote* § 290 Rn 50). Der Schuldner hat seinem Insolvenzantrag unter anderem eine Vermögensverzeichnis, eine Vermögensübersicht, ein Verzeichnis der Gläubiger und ein Verzeichnis der gegen ihn gerichteten Forderungen (§ 305 Abs 1 Nr 3 InsO) beizufügen. Ein reibungsloser Ablauf des Verbraucherinsolvenzverfahrens setzt eine ordnungsgemäße und vollständige Erstellung dieser Verzeichnisse voraus (BK-*Goetsch* § 290 Rn 17). Dies rechtfertigt es, an die **schuldhafte Verletzung** der Pflicht, vollständige und richtige Verzeichnisse vorzulegen, die harte Sanktion der Versagung der Restschuldbefreiung zu knüpfen. Dies gilt umso mehr, als der Schuldner bei Erstellung der Verzeichnisse sich der Mitwirkung der Gläubiger insoweit bedienen kann, als sie verpflichtet sind, nach entsprechender Aufforderung auf ihre Kosten dem Schuldner eine schriftliche Aufstellung ihrer gegen diesen gerichteten Forderungen zu erteilen (§ 305 Abs 2 S 2). Vor diesem Hintergrund verstößt ein Schuldner gegen seine Pflicht, ein richtiges und vollständiges Verzeichnis seines Vermögens und seines Einkommens vorzulegen, wenn er im Vermögensverzeichnis ein **unterhaltsberechtigtes Kind nicht aufführt** (AG Frankfurt v 4. 12. 2006 – 810 IK 723/05; ZVI 2007, 211). 73

Bei **ganz geringfügigen Verfehlungen** verbietet es indes der **Verhältnismäßigkeitsgrundsatz**, die harte Sanktion einer Versagung der Restschuldbefreiung zu verhängen (BGH v 8. 1. 2009 – IX ZB 73/08, NZI 2009, 253, 254; BGH v 20. 3. 2003 – IX ZB 388/02, ZVI 2003, 170, 171 ff; BGH v 23. 7. 2004 – IX 174/03, WM 2004, 1841 ff; BGH v 9. 12. 2004 – IX ZB 132/04, NZI 2005, 233; BGH v 17. 3. 2005 – IX ZB 260/03, NZI 2005, 461; LG Saarbrücken NZI 2000, 380, 381). Die Vorschrift will verhindern, dass der Schuldner durch falsche Angaben einzelne Gläubiger zum Nachteil anderer bevorzugt. Wo die **Wesentlichkeitsgrenze** verläuft, ist anhand der **Umstände des Einzelfalls** zu bestimmen (BGH aaO). Das Verschweigen **ausländischen Grundbesitzes** stellt selbst dann keine ganz unwesentliche Pflichtverletzung iSd Ziffer 6 dar, wenn dieser wertausschöpfend belastet ist (BGH v 17. 3. 2005 – IX ZB 260/03, NZI 2005, 461). 74

Die Ergänzung des § 290 um eine Nr 6 war notwendig, weil § 290 Abs 1 Nr 5 seinem Wortlaut nach nur das Insolvenzverfahren, nicht jedoch das vorgelagerte Schuldenbereinigungsverfahren erfasst (*Graf-Schlicker/Livonius* Restschuldbefreiung Rn 290; *Döbereiner* Restschuldbefreiung S 140; K/P/B/*Wenzel* § 290 Rn 21; aA *Kohte/Ahrens/Grote* § 290 Rn 43). Die Vorschrift trägt mit dazu bei, dass der Schuldner nicht einzelne Gläubiger bevorzugt, indem er sie durch Vorlage eines unvollständigen Forderungsverzeichnisses den Wirkungen des nach § 308 festgestellten Schuldenbereinigungsplans entzieht (*Döbereiner* Restschuldbefreiung S 140). 75

§ 290 Abs 1 Nr 6 erfasst wegen der abschließenden Aufzählung der Versagungsgründe in Abs 1 **nicht** unrichtige oder unvollständige Angaben im Zusammenhang mit einem **außergerichtlichen Schuldenbereinigungsplan**. Dieses Verhalten lässt sich auch nicht auf den Versagungsgrund des Abs 1 Nr 5 stützen, weil es sich insoweit nicht um eine Auskunftpflicht nach der Insolvenzordnung handelt (*Döbereiner*, Restschuldbefreiung S 120). 76

a) Unzutreffende Angaben. Die unzutreffende Angabe muss in den in § 305 Abs 1 Nr 3 genannten Verzeichnissen enthalten sein. Entscheidend ist, ob der Schuldner bei der Erstellung der Verzeichnisse, die er gem § 305 Abs 1 Nr 3 vorzulegen hat, oder zu deren Ergänzung er vom Insolvenzgericht aufgefordert wird, oder die er im Änderungsverfahren nach § 307 Abs 3 zu ergänzen hat, vorsätzlich oder grob fahrlässig unvollständige oder unrichtige Angaben gemacht hat (OLG Celle ZInsO 2001, 757, 759 = NZI 2001, 599). Daraus folgt gleichzeitig, dass nur **schriftliche Angaben** des Schuldners relevant sind (*Kohte/Ahrens/Grote* § 290 Rn 51). Fehlerhafte Auskünfte Dritter sind unbeachtlich. 77

§ 290

78 **Unrichtig** sind die Angaben, wenn sie nicht dem wahren Sachverhalt entsprechen (BGHSt 34, 111). **Unvollständig** sind die Angaben, wenn die im Rahmen einer den Anschein der Vollständigkeit erweckenden Erklärung enthaltenen Angaben als solche zwar richtig sind, durch Weglassung wesentlicher Tatsachen aber ein falsches Gesamtbild vermittelt wird (*Schönke/Schröder/Lenckner* § 264 StGB Rn 43). Da § 305 InsO keine Verpflichtung des Schuldners normiert, über die Angabe der Vermögensgegenstände im Vermögensverzeichnis hinaus auch deren **Wert** mitzuteilen, rechtfertigen fehlende Angaben hierzu keine Versagung der Restschuldbefreiung (**BGH** v 8. 5. 2008 – IX ZB 54/07, NJW-Spezial 2008, 438 = BeckRS 2008, 11.164).

79 **b) Vorsatz oder grobe Fahrlässigkeit.** Das Insolvenzgericht hat die subjektiven Voraussetzungen des Vorliegens eines Versagungsgrundes im Sinne des § 290 Abs 1 Nr 6 im Rahmen einer **Gesamtwürdigung** festzustellen, bei der das beiderseits glaubhaft gemachte Vorbringen umfassend zu würdigen ist (**OLG Celle** ZInsO 2001, 757, 759). Eine bloße **Indizienentscheidung**, die etwa das Vorbringen des Schuldners völlig unberücksichtigt lässt, ist demgegenüber nicht geeignet, eine Versagungsentscheidung nach § 290 Abs 1 Nr 6 zu rechtfertigen. Im Rahmen der **Rechtsbeschwerde** ist die **grobe Fahrlässigkeit** im Sinne einer subjektiv schlechthin unentschuldbaren Pflichtverletzung (**BGH** v 27. 9. 2007 – IX ZB 243/06, NZI 2007, 733; vgl ferner **BGH** v 9. 2. 2006 – IX ZB 218/04, NZI 2006, 229 m Anm *Buck*) **nur bedingt anfechtbar**. Der **Nachprüfung unterliegt** aber, ob der Tatrichter den Rechtsbegriff verkannt oder bei der Beurteilung des Grades der Fahrlässigkeit wesentliche Umstände außer Betracht gelassen hat (**BGH** aaO).

80 Bei **falschen Angaben in Verzeichnissen** muss dem Schuldner subjektiv vorgeworfen werden können, eine Mitteilung unterlassen zu haben, deren Bedeutung jedem einleuchten würde, bzw schon geringste Nachforschungen unterlassen zu haben. Dabei dürfen die gerade bei den „klassischen Verbraucherschuldnern" häufig anzutreffende Unerfahrenheit und Geschäftsungewandtheit nicht außer Acht gelassen werden. Allein die Erteilung einer objektiv falschen Auskunft im Vermögensverzeichnis zum **Bestehen von Sicherungsrechten** stellt noch keine **vorwerfbare** Pflichtverletzung dar, die eine Versagung rechtfertigt.

81 Etwas anderes gilt dann, wenn das Gericht den Schuldner gezielt auf Widersprüche und mögliche Lücken in seinen Angaben zu Sicherungsrechten hinweist, ihn zur Klarstellung auffordert und der Schuldner weiterhin unrichtige Angaben macht (**AG Hamburg** NZI 2001, 46, 47). Ebenso ist von einem zumindest grob fahrlässigen Verhalten des Schuldners auszugehen, wenn Gläubiger durch die Vorlage von Grundbuchauszügen glaubhaft machen, dass der Schuldner in dem nach § 305 Abs 1 Nr 3 vorzulegenden Vermögensverzeichnis wesentliche Vermögenswerte (Mitberechtigter an zwei Erbbaurechten) verschwiegen hat und dem der Schuldner auch nicht entgegentritt (**AG Göttingen** ZInsO 1999, 724). Ein Schuldner wird von dem Vorwurf, den Versagungsgrund des § 290 Abs 1 Nr 6 vorsätzlich oder fahrlässig verwirklicht zu haben, nicht ohne weiteres dadurch entlastet, dass er ein ihm von anwaltlicher Seite zur Verfügung gestelltes Formular ausgefüllt hat, in dem Angaben zu seinen Einkommensverhältnissen nicht vorgesehen waren; ein vormals **im Geschäftsleben tätiger Schuldner** muss von sich aus erkennen, dass er insoweit vollständige und richtige Angaben zu machen hat (**OLG Celle** ZVI 2002, 29, 31).

82 Hat der Schuldner im Schuldenbereinigungsplan **erfundene Verbindlichkeiten** angegeben, um auf diese Weise über seine tatsächliche Schuldenhöhe zu täuschen und dadurch seine tatsächlichen Gläubiger zur Annahme des Plans mit einer geringen Quote zu bewegen, rechtfertigt dieses Verhalten zumindest den Vorwurf der groben Fahrlässigkeit und damit die Versagung der Restschuldbefreiung.

83 Etwas anderes gilt aber dann, wenn der Schuldner es **irrtümlich** unterlassen hat, **Forderungen** anzugeben, **aus denen seit Jahren nicht mehr vollstreckt wird**. Dieses Unterlassen stellt grundsätzlich kein grob fahrlässiges Verhalten dar. Selbst wenn der Schuldner nach einem entsprechenden Hinweis des Gläubigers im Schuldenbereinigungsverfahren diese Forderung nicht nachträglich in den Plan aufgenommen hat, kann darauf kein erfolgreicher Antrag auf Versagung der Restschuldbefreiung gestützt werden. Dieses Verhalten hätte einem reibungslosen Ablauf des Schuldenbereinigungsplanverfahrens nicht im Wege gestanden. Im Übrigen könnte der Gläubiger bei einem Zustandekommen des Plans weiterhin aus seiner Forderung gegen den Schuldner vorgehen. Hat der **Schuldner eine Forderung nicht aufgeführt, gegen die er im Mahnverfahren** zuvor erfolglos Einwendungen erhoben hat, rechtfertigt dies den Vorwurf der groben Fahrlässigkeit (**AG Heidelberg** v 25. 4. 2004 – 51 IK 25/02, ZVI 2004, 630). Dagegen kann die Restschuldbefreiung nicht wegen Mängeln der mit dem Antrag auf Eröffnung des Verbraucherinsolvenzverfahrens und auf Restschuldbefreiung eingereichten Unterlagen versagt werden, wenn der Schuldner noch im Eröffnungsverfahren seine ursprünglichen, nicht vorsätzlich falschen Angaben gemäß § 305 Abs 3 S 1 oder § 307 Abs 3 S 1 **korrekt ergänzt oder berichtigt** (**BGH** v 17. 3. 2005 – IX ZB 260/03, NZI 2005, 461; **BayObLG München** v 17. 4. 2002 – 4 Z BR 20/02, NZI 2002, 392; **LG Kleve** v 24. 10. 2006 – 4 T 330/06, ZVI 2007, 33). Die Vorlage der in § 305 Abs 3 S 1 genannten Verzeichnisse dient nicht buchhalterischen Zwecken, sondern der Entlastung des Insolvenzgerichts und der Information der Gläubiger über die Grundlagen der geplanten Schuldenbereinigung.

83a Die Frage, ob **vorsätzliche oder grob fahrlässig unrichtige oder unvollständige Angaben** in den nach § 305 Abs 1 Nr 3 vorzulegenden Verzeichnissen auch dann zur Versagung der Restschuldbefreiung gemäß § 290 Abs 1 Nr 6 führen können, wenn sie sich **nicht zum Nachteil der Gläubiger auswirken**, wird in Rechtsprechung und Schrifttum unterschiedlich beantwortet. Mit Recht geht die herrschende Meinung

IV. Entscheidung des Insolvenzgerichts **§ 290**

(**BGH** v 22. 2. 2007 – IX ZB 120/05, ZVI 2007, 327, 328; **BGH** v 17. 3. 2005 – IX ZB 260/03, NZI 2005, 461; **BGH** v 23. 7. 2004 – IX ZB 174/03, WM 2004, 1840, 1841; **LG** Heilbronn InVo 2002, 417, 418; **LG** Frankfurt aM NZI 2002, 673; **AG** Hamburg ZInsO 2001, 30, 32; MüKoInsO-*Stephan* § 290 Rn 74, 78, **aA LG** Saarbrücken NZI 2000, 380, 381; **AG** Münster NZI 2000, 555, 556; *Ahrens* NZI 2001, 113, 118 ff; *Hess* § 290 Rn 39) davon aus, dass die Versagung der Restschuldbefreiung nach Nr 6 eine die Befriedigung der Insolvenzgläubiger beeinträchtigende Wirkung der falschen oder unvollständigen Angaben **nicht** voraussetzt. Es genügt, dass die falschen oder unvollständigen Angaben ihrer Art nach geeignet sind, die Befriedigung der Insolvenzgläubiger zu gefährden. Denn nach dem Wortlaut der Vorschrift kommt es nicht darauf an, ob die falschen oder unvollständigen Angaben die Befriedigung der Gläubiger tatsächlich verschlechtern. Im Übrigen steht die gegenteilige Auffassung auch nicht mit Sinn und Zweck der Vorschrift im Einklang (**BGH** aaO Rdn 12 ff). Wäre die Versagung der Restschuldbefreiung nach Abs 1 Nr 6 von einer Beeinträchtigung der Befriedigung der Insolvenzgläubiger abhängig, müsste das Insolvenzgericht das Vorliegen dieser Voraussetzung stets prüfen. Insofern kann das Insolvenzgericht jedoch in vielen Fällen keine verbindlichen Entscheidungen treffen. Dies gilt insbesonder für das Erfinden von Forderungen durch den Schuldner.

IV. Entscheidung des Insolvenzgerichts

Bevor das Gericht prüft, ob die materiellen Voraussetzungen für eine Versagung der Restschuldbefreiung vorliegen, hat es zunächst die **Zulässigkeit des Versagungsantrags** festzustellen. Dazu bedarf es nach Abs 2 der Glaubhaftmachung des Versagungsgrundes (s dazu Ausführungen Rn 10 ff). 84

Hat der Schuldner einen oder mehrere der enumerativ aufgezählten Versagungstatbestände erfüllt, hat das Gericht **ohne Ermessen** (*Ahnert* Verbraucherinsolvenz S 124; *Prziklang* Verbraucherinsolvenz S 58; *Smid/Haarmeyer* § 290 Rn 5) die Restschuldbefreiung zu versagen. 85

1. Entscheidungsalternativen. Vermag der Insolvenzgläubiger nicht einmal den Versagungsgrund glaubhaft zu machen, ist der **Antrag als unzulässig zurückzuweisen**. Das Gleiche gilt für den Fall, dass zwar der Versagungsgrund glaubhaft gemacht wird, der Schuldner die Glaubhaftmachung durch Gegenglaubhaftmachung erschüttert oder ihm die Glaubhaftmachung des Gegenteils gelingt. 86

Der **Versagungsantrag** des Insolvenzgläubigers ist **begründet**, wenn die dem Versagungsantrag zugrundeliegenden Tatsachen zur Überzeugung des Gerichts feststehen. Dazu hat das Gericht auf Grund des **Amtsermittlungsgrundsatzes** gemäß § 5 alle Erkenntnis- und Beweismittel auszuschöpfen, wobei sich die Prüfung des Gerichts auf die dargelegten oder offenkundigen Tatsachen zu beschränken hat (N/R/*Römermann* § 290 Rn 106; *Kohte/Ahrens/Grote* § 290 Rn 64; *Döbereiner* Restschuldbefreiung S 141). Eine Versagung der Restschuldbefreiung kommt nur in Betracht, wenn das Gericht nach Ausschöpfung der ihm obliegenden Ermittlungspflicht **zur vollen Überzeugung** gelangt, dass der geltend gemachte Versagungstatbestand erfüllt ist (**BGH** v 11. 9. 2003 – IX ZB 37/03, NZI 2003, 662, 663 = ZVI 2003, 539, 541). 87

Nach **rechtskräftiger Versagung der Restschuldbefreiung** können die Insolvenzgläubiger sofort gegen den Schuldner aus der Eintragung in die Tabelle vollstrecken. Das Vollstreckungsverbot des § 294 Abs 1 InsO steht dem nicht mehr entgegen, vgl § 299 (**BGH** v. 28. 6. 2007 – IX ZR 73/06, ZInsO 2007, 994, 995). In einem solchen Fall ist der Schuldner nur dann befugt, einen **neuen Antrag** auf Eröffnung des Insolvenzverfahrens über sein Vermögen mit dem Ziel der Restschuldbefreiung zu stellen, wenn zumindest ein neuer Gläubiger hinzugetreten ist (**BGH** v 11. 10. 2007 – IX ZB 270/05, NZI 2008, 45, 46; Fortführung von **BGH** v 6. 7. 2006 – IX ZB 263/06, ZInsO 2006, 821 ff). Ansonsten mangelt es dem Antrag an einem rechtlich schützenswerten Interesse, weil bei anderer Betrachtungsweise aus allein in der Person des Schuldners liegenden Gründen ein aufwändiges Verfahren ein zweites Mal durchgeführt werden müsste. 87a

Verbleiben auch nach Ausschöpfung aller Erkenntnis- und Beweismittel Zweifel am Vorliegen eines Versagungsgrundes, ist der Antrag des Gläubigers als **unbegründet** zurückzuweisen. Denn die **Feststellungslast** trägt insoweit der Antragsteller, der aus den nicht erwiesenen Tatsachen einen Versagungsgrund ableitet (*Bindemann*, Verbraucherkonkurs S 55, 207; *Trendelenburg* Restschuldbefreiung S 219). 87b

2. Kein Spruchrichterprivileg. Die Entscheidung des Gerichts fällt nicht unter das **Spruchrichterprivileg** des § 839 Abs 2 S 1 BGB. Auch wenn es sich bei dem Versagungsverfahren um eine Auseinandersetzung zwischen Gläubiger und Schuldner handelt, hat der Beschluss des Insolvenzgerichts nicht den Charakter der für den Zivilprozess typischen Klarstellung des privatrechtlichen Verhältnisses der Beteiligten (vgl **BGH** NJW 1957, 1277, 1278). Im Übrigen weicht das Verfahren insoweit vom zivilprozessualen Verfahren ab, als das Gericht nach Glaubhaftmachung des Versagungsgrundes eine Amtsermittlungspflicht trifft (**BGH** v 11. 9. 2003 – IX ZB 37/03, ZVI 2003, 538). 88

3. Verfahrensrechtliches. An dem Verfahren auf Versagung der Restschuldbefreiung nach §§ 289, 290 sind der oder die antragstellenden Gläubiger und der Schuldner als **Parteien eines Streitverfahrens** beteiligt (**OLG** Celle ZInsO 2001, 757). In dem Beschluss über den Antrag auf Versagung der Restschuldbe- 89 freiung sind die Beteiligten im Rubrum entsprechend aufzuführen. Aus den Gründen der Entscheidung muss sich ergeben, auf Grund welcher Versagungsanträge das Insolvenzgericht und das Beschwerdegericht über den Antrag auf Erteilung der Restschuldbefreiung entschieden haben (**OLG** Celle aaO).

89a Hat ein **Versagungsantragsteller seinen Wohnsitz im Ausland**, ist für die gegen die Ankündigung der Restschuldbefreiung eingelegte **Beschwerde** sachlich allein das Landgericht **zuständig** (§ 72 GVG). Die Ausnahmeregelung des § 119 Abs 1 Nr 1 b GVG findet auch bei Beteiligung eines ausländischen Gläubigers keine Anwendung in einem Verfahren nach der Insolvenzordnung (**BGH** v 23. 10. 2008 – IX ZB 193/06, EuZW 2009, 231; **OLG** Köln v 29. 5. 2007 – 16 W 17/07, NZI 2008, 61, 62 m zust Anm *Mankowski* NZI 2008, 62, 63; **OLG** Zweibrücken v 15. 11. 2007 – 3 W 169/07; ZInsO 2008, 461).

89b Die Regeln über die **Wiederaufnahme des Verfahrens** (§§ 578–591 ZPO) sind grundsätzlich auch auf einen rechtskräftigen die Restschuldbefreiung versagenden Beschluss entsprechend anwendbar (**LG** Göttingen v 5. 1. 2006 – 10 T 27/06, ZVI 2007, 85; vgl auch K/P/B/*Prütting* § 4 Rn 25). In diesem Fall wird das Verfahren durch einen Antrag eingeleitet und nicht, wie in der ZPO für Klageverfahren vorgesehen, durch eine Klage.

90 **4. Kosten und Gebühren.** Eine besondere **Verfahrensgebühr** für das Versagungsverfahren wird nicht erhoben. Die Vorschrift des § 23 Abs 2 GKG und Nr 2350 KV GKG beziehen sich nur auf Versagungsanträge während des Restschuldbefreiungsverfahrens und Widerrufsanträge nach § 303 (HK-*Landfermann* § 290 Rn 38). Für das Verfahren über die **Beschwerde** gegen die Entscheidung fällt eine Festgebühr von 50,00 Euro an (KV GKG Nr 5131).

90a Der **Gegenstandswert** für das einen Antrag auf **Versagung der Restschuldbefreiung** betreffende Verfahren ist gemäß § 3 ZPO nach dem objektiven wirtschaftlichen Interesse desjenigen zu bemessen, der den jeweiligen Antrag stellt oder das entsprechende Rechtsmittel verfolgt. Maßgeblich ist dabei nicht der Nennbetrag der dem verfahrensbeteiligten Gläubiger verbleibenden Forderung (so **AG** Dusiburg ZInsO 2002, 844), sondern deren wirtschaftlicher Wert, bei dem auch die Erfolgaussichten einer künftigen Beitreibung zu berücksichtigen sind. Andernfalls würde es zu Gebührenansätzen kommen, die vielfach in keinem angemessenen Verhältnis zum tatsächlichen Wert des Verfahrens stünden und die der Gläubiger auch nicht durch eine Geltendmachung von Teilforderungen vermeiden könnte (**BGH** v 23. 1. 2003 – IX ZB 227/02, ZInsO 2003, 217). Bestehen keine hinreichenden Anhaltspunkte für eine Schätzung der Werthaltigkeit einer verbleibenden Forderung, ist der für die **Gerichtsgebühr maßgebende Gegenstandswert der Rechtsbeschwerde** in einem Verfahren über die Versagung der Restschuldbefreiung regelmäßig auf 1.200,00 Euro festzusetzen (**BGH** aaO). Die **Beschwerde des Schuldners** gegen die Wertfestsetzung in Verfahren auf Versagung der Restschuldbefreiung ist mangels Rechtsschutzbedürfnisses unzulässig, wenn der Schuldner eine Heraufsetzung des Wertes anstrebt (**OLG** Celle v 21. 12. 2006 – 4 W 233/06, ZInsO 2007, 224).

91 Das **RVG** sieht für das Verfahren über den Antrag auf Restschuldbefreiung anders als § 74 Abs 1 BRAGO keine besondere Gebühr mehr vor. Für den Versagungsantrag fällt indes eine eigenständige Gebühr mit einem Gebührensatz von 0,5 an (Nr 3321 Abs 2 VV RVG). Der **Wert der Beschwerde** gegen die Versagung der Einleitungsentscheidung zur Restschuldbefreiung ist in einem Durchschnittsfall, in dem der Schuldner auf einen hohen Forderungsbestand keine oder nur geringfügige Zahlungen leisten kann, mangels einer greifbaren Schätzungsgrundlage nach Maßgabe der §§ 28 Abs 3, 23 Abs 3 S 2 RVG auf einen Regelstreitwert von 4000,00 Euro festzusetzen (**OLG** Düsseldorf v 5. 6. 2007 – 10 W 6/07; vgl auch **OLG** Celle ZInsO 2002, 32, 33 = ZVI 2002, 36). Dies gilt gleichermaßen für den Gegenstandswert der **Rechtsbeschwerde** (**BGH** v 8. 2. 2007 – IX ZB 266/05). Dieser Betrag ist für die **gerichtliche Streitwertfestsetzung** allerdings nicht bindend (**BGH** v 23. 1. 2003 – IX ZB 227/02, ZInsO 2003, 217).

§ 291 Ankündigung der Restschuldbefreiung

(1) Sind die Voraussetzungen des § 290 nicht gegeben, so stellt das Gericht in dem Beschluss fest, daß der Schuldner Restschuldbefreiung erlangt, wenn er den Obliegenheiten nach § 295 nachkommt und die Voraussetzungen für eine Versagung nach § 297 oder § 298 nicht vorliegen.

(2) Im gleichen Beschluss bestimmt das Gericht den Treuhänder, auf den die pfändbaren Bezüge des Schuldners nach Maßgabe der Abtretungserklärung (§ 287 Abs. 2) übergehen.

Übersicht

	Rn
I. Normzweck	1
II. Ankündigung der Restschuldbefreiung, Abs 1	2
1. Formelle Voraussetzungen	3
2. Materielle Voraussetzungen	9
3. Hinweis auf die Folgen eines Verstoßes gegen §§ 295, 297 und 298	10
III. Bestimmung eines Treuhänders, Abs 2	11
1. Beginn des Amtes	13
2. Ende des Amtes	15

	Rn
IV. Übergang der pfändbaren Bezüge, Abs 2	17
V. Verfahrensrechtliches	20
1. Zeitpunkt der Entscheidung	21
2. Zuständigkeit	23
3. Inhalt der Entscheidung	24
4. Kosten und Gebühren	27
5. Rechtsmittel	29
6. Wirksamkeit des Aufhebungsbeschlusses	30
7. Veröffentlichung	31
8. Haftung bei Auswahlverschulden	32
VI. Rechtsfolgen	33
VII. Erteilung der Restschuldbefreiung im Schlusstermin?	37

I. Normzweck

Der Schuldner soll nur dann die Chance erhalten, Restschuldbefreiung zu erlangen, wenn Versagungsgründe gemäß § 290 nicht vorliegen oder sie nicht in der vorgesehenen Form geltend gemacht werden. § 291 regelt den **Inhalt des Beschlusses**, mit dem das Gericht im **Schlusstermin** über den Antrag des Schuldners auf Erteilung der Restschuldbefreiung entscheidet (HK-*Landfermann* § 291 Rn 1). Zunächst hat der Beschluss die Ankündigung zu enthalten, dass dem Schuldner die Restschuldbefreiung gewährt wird, wenn er den Obliegenheiten nach § 295 nachkommt und die Voraussetzungen für eine Versagung nach § 297 oder § 298 nicht vorliegen (Abs 1). Darüber hinaus ist im Beschluss der Treuhänder zu bestimmen, auf den die pfändbaren Bezüge des Schuldners nach Maßgabe der Abtretungserklärung (§ 287 Abs 2) übergehen (Abs 2). Hierdurch wird gewährleistet, dass diese Beträge an die Insolvenzgläubiger verteilt werden können (Begr zu § 240 RegE, BR-Drucks 1/92 S 191). Zählt der Schuldner zum Personenkreis des § 304 Abs 1, hat das Gericht bereits in Eröffnungsbeschluss einen Treuhänder zu bestellen (§ 313 Abs 1). Will der Schuldner sein Ziel erreichen, hat er während der Wohlverhaltensperiode, an deren Ende die Entscheidung über die Erteilung der Restschuldbefreiung steht, seine Obliegenheiten zu erfüllen. Sein Verhalten in der Vergangenheit hat auf die zu treffende Entscheidung keinen Einfluss mehr (Begr zu § 240 RegE, BR-Drucks 1/92 S 191); auf die Versagungsgründe des § 290 Abs 1 Nr 1 bis 6 können sich die Insolvenzgläubiger nicht mehr berufen.

II. Ankündigung der Restschuldbefreiung, Abs 1

Bei Vorliegen der formellen und materiellen Voraussetzungen hat das Insolvenzgericht – im gesetzlichen Regelfall (vgl **LG Hamburg** ZVI 2002, 33) – die Restschuldbefreiung anzukündigen. Ein Ermessensspielraum steht dem Gericht bei seiner Entscheidung nicht zu (*Kohte/Ahrens/Grote* § 291 Rn 6). Soweit Gegenstand des Versagungsantrags Obliegenheiten des Schuldners sind, die eine **Versagung der Restschuldbefreiung nach § 296 InsO** nach sich ziehen könnten, ist darüber **im Verfahren der Entscheidung nach § 291 nicht zu befinden** (BGH v 29. 6. 2004 – IX ZB 90/03, ZVI 2004, 419, 420, bestätigt durch **BGH** v 5. 4. 2006 – IX 227/04, ZVI 2006, 596). Dies ergibt sich unmittelbar aus dem Gesetz.

1. Formelle Voraussetzungen. Der Schuldner muss rechtzeitig einen **Antrag auf Erteilung der Restschuldbefreiung** gestellt und seine **pfändbaren Bezüge** aus einem Dienstverhältnis oder an deren Stelle tretende laufende Bezüge an den im Ankündigungsbeschluss zu bestimmenden Treuhänder **abgetreten** haben (§ 287 Abs 1, Abs 2 S 1).

Die rechtzeitige Vorlage der Abtretungserklärung stellt eine **besondere Verfahrensvoraussetzung** für die Gewährung von Restschuldbefreiung dar (**OLG Köln** ZInsO 2000, 608, 609 = NZI 2000, 587; **LG Münster** Rpfleger 2000, 83, 84 = DZWIR 1999, 474, 475; *Kohte/Ahrens/Grote* § 287 Rn 19).

Da die Abtretungserklärung nach der Regelung des § 287 Abs 2 S 1 dem Antrag auf Restschuldbefreiung „beizufügen" ist, muss sie auch in einem **Regelinsolvenzverfahren** entweder zusammen mit dem Insolvenzantrag oder spätestens innerhalb von 2 Wochen nach dem Hinweis gemäß § 20 Abs 2 vorgelegt werden (§ 287 Abs 1 S 2). Es reicht nicht aus, wenn bis zu diesem Zeitpunkt lediglich der Antrag auf Restschuldbefreiung gestellt und die Abtretungserklärung nach diesem Zeitpunkt nachgereicht wird (**OLG Köln** aaO).

Für das **Verbraucherinsolvenzverfahren** enthält § 305 Abs 1 eine vergleichbare Regelung. Soweit der Schuldner Restschuldbefreiung beantragt, ist die Abtretungserklärung mit dem Antrag auf Eröffnung des Insolvenzverfahrens oder unverzüglich nach diesem Antrag vorzulegen (§ 305 Abs 1 Nr 2).

Nimmt der Schuldner bis zur Ankündigung der Restschuldbefreiung seinen Antrag auf Erteilung der Restschuldbefreiung zurück, bedarf es keiner Entscheidung nach § 291. Die Ankündigung hat zu unterbleiben (*Häsemeyer* Rn 26.16).

Eine weitere besondere Verfahrensvoraussetzung ist, dass das Insolvenzverfahren nicht wegen Massenlosigkeit gemäß § 207 eingestellt wurde, § 289 Abs 3 S 1 (*Kohte/Ahrens/Grote* § 291 Rn 6).

9 **2. Materielle Voraussetzungen.** Eine Ankündigung der Restschuldbefreiung ist nicht möglich, wenn auf Antrag eines Insolvenzgläubigers die Restschuldbefreiung **rechtskräftig versagt** worden ist. Allein der Umstand, dass ein Insolvenzgläubiger den Antrag gemäß § 290 gestellt hat, reicht nicht aus. Ebenso wenig kommt es darauf an, ob ein Versagungsgrund vorliegt oder nicht. Selbst bei positiver Kenntnis des Gerichts vom Vorliegen eines Versagungsgrundes iSv § 290 Abs 1 ist – soweit auch die formellen Voraussetzungen für die Erteilung der Restschuldbefreiung gegeben sind – die Restschuldbefreiung anzukündigen.

10 **3. Hinweis auf die Folgen eines Verstoßes gegen §§ 295, 297 und 298.** Der **Hinweis** in Abs 1 darauf, dass der Schuldner Restschuldbefreiung erlangt, wenn er den Obliegenheiten nach § 295 nachkommt und die Voraussetzungen für eine Versagung nach §§ 297 oder 298 nicht vorliegen, hat nur **klarstellende Funktion**. Er soll dem Schuldner bereits zu einem frühen Zeitpunkt vor Augen führen, welche Folgen eine nicht sorgfältige Erfüllung von Obliegenheiten hat (*Smid/Haarmeyer* § 291 Rn 1). Ein Unterlassen dieses Hinweises im Ankündigungsbeschluss steht einer späteren Versagung der Restschuldbefreiung bei Vorliegen der entsprechenden Voraussetzungen nicht entgegen.

III. Bestimmung eines Treuhänders, Abs 2

11 Nach Absatz 2 der Vorschrift hat das Gericht in dem Beschluss über die Ankündigung der Restschuldbefreiung zugleich den Treuhänder zu bestimmen. Den Insolvenzgläubigern und dem Schuldner steht ein Vorschlagsrecht zu (vgl dazu die Kommentierung zu § 288). Die Wirksamkeit des Beschlusses über die Bestellung des Treuhänders ist nicht davon abhängig, ob Schuldner und Insolvenzgläubiger vor der Entscheidung des Gerichts hinreichend Gelegenheit zur Ausübung ihres Vorschlagsrechts gemäß § 288 oder zur Stellungnahme hatten (K/P/B/*Wenzel* § 288 Rn 3). Grundsätzlich wirkt die **Bestellung eines Treuhänders im vereinfachten Insolvenzverfahren** für die „Wohlverhaltensperiode" fort. Etwas anderes gilt nur dann, wenn das Gericht im Eröffnungsbeschluss insoweit eine Einschränkung vorgenommen hat, dass die Bestellung zum Treuhänder nur für die Dauer des vereinfachten Verfahrens gelten soll (**BGH** v 24. 7. 2003 – IX ZB 458/02, ZVI 2004, 154; s auch **BGH** v 17. 6. 2004 – IX ZB 92/03, ZVI 2004, 544). Hierzu ist das Gericht befugt, weil **Personenidentität** zwischen dem Treuhänder des vereinfachten Verfahrens und dem des Restschuldbefreiungsverfahren nicht bestehen muss (*Kohte/Ahrens/Grote* § 313 Rn 5; *Behr* JurBüro 1998, 517, 520; *Müller* ZInsO 1999, 335; aA HK-*Landfermann* § 313 Rn 4; *Smid/Haarmeyer* § 313 Rn 1; *Hess/Obermüller* Rn 1050; *Huntemann/Graf Brockdorff* Kap 17, Rn 122). Zwar soll nach der Beschlussempfehlung des Rechtsausschusses zu § 357 (= § 313) Abs 1 dieser Vorschrift gewährleisten, dass bei Kleininsolvenzen nur eine Person für die Wahrnehmung der Verwalter- und Treuhänderaufgaben bestellt wird. Dies führe zu einer Vereinfachung des Verfahrens und damit auch dazu, dass kostengünstiger abgewickelt werden könne (dazu BT-Drucks 12/7302 S 193). Daraus folgt aber nicht zwingend, dass das Gericht nicht berechtigt wäre, für das Restschuldbefreiungsverfahren einen anderen Treuhänder zu bestimmen. Dies ergibt sich bereits daraus, dass § 288 und § 313 von einem **unterschiedlichen Anforderungsprofil** ausgehen. In einem **Regelinsolvenzverfahren** ist ggf der Insolvenzverwalter oder eine andere Person zum Treuhänder zu bestellen.

11a Für die **Dauer der Wohlverhaltensperiode** kann das Gericht nur **einen Treuhänder** bestellen. Die Bestellung eines neuen Treuhänders enthält die schlüssige Entlassung des zuvor bestellten Treuhänders, sofern dessen Bestellung fortbestand (**BGH** v 15. 11. 2007 – IX ZB 237/06, NZI 2008, 114). Gegen diese Entscheidung steht dem entlassenen Treuhänder gemäß § 59 Abs 2 die sofortige Beschwerde zu.

12 Soll der **Treuhänder des vereinfachten Verfahrens** (§ 313 Abs 1 S 2) die Aufgaben des Treuhänders in der Wohlverhaltensperiode wahrnehmen, ist in dem Ankündigungsbeschluss festzustellen, dass er diese Aufgaben kraft Gesetzes wahrnimmt (§§ 291 Abs 2, 292). Der Umstand, dass beide Aufgaben von derselben Person wahrgenommen werden, ändert nichts an der Verschiedenartigkeit der Funktionen; sie sind voneinander zu trennen (*Graf-Schlicker/Livonius* Restschuldbefreiung S 83; K/P/B/*Wenzel* § 291 Rn 3; *Kohte/Ahrens/Grote* § 291 Rn 8).

13 **1. Beginn des Amtes.** Zur Übernahme des Amtes ist der vom Insolvenzgericht bestimmte Treuhänder nicht verpflichtet. Erst mit der ausdrücklich oder konkludent erklärten **Annahme des Amtes** und nicht bereits mit dem Erlass des Ankündigungsbeschlusses wird der gesetzliche Rechts- und Pflichtenkreis des Treuhänders begründet (ebenso N/R/*Römermann* § 291 Rn 8; *Döbereiner,* Restschuldbefreiung S 333; BK-*Goetsch* § 291 Rn 7; *Häsemeyer* Rn 26.29; aA K/P/B/*Wenzel* § 291 Rn 2). Auch wenn dieses Erfordernis nicht ausdrücklich in den §§ 286ff geregelt ist, geht der Gesetzgeber offensichtlich hiervon aus. So heißt es in der Begründung zu § 236 RegE (= § 287), dass die Abtretungserklärung des Schuldners erst wirksam wird, „wenn das Gericht den Treuhänder benennt und dieser durch die Übernahme des Amtes konkludent sein Einverständnis mit der Abtretung erklärt" (BR-Drucks 1/92 S 189).

14 Deshalb ist es auch im Restschuldbefreiungsverfahren angezeigt, dass sich das Insolvenzgericht schon vor der Bestellung von der Bereitschaft des zu bestimmenden Treuhänders zur Amtsübernahme vergewissert. Wenn der in Aussicht Genommene seine Bereitschaft zur Amtsübernahme schon vor seiner Bestellung gegenüber dem Insolvenzgericht kundgetan hat, bedarf es nicht mehr der ausdrücklichen oder

V. Verfahrensrechtliches

konkludenten Amtsannahme nach Erlass des Ernennungsbeschlusses (wie hier KS-*Fuchs* S 1745 Rn 187). Spätestens in der widerspruchslosen Entgegennahme der Mitteilung, dass der Betreffende zum Treuhänder ernannt wurde, ist das Einverständnis mit der Übernahme und dem Beginn des Amtes zu sehen (*Döbereiner* Restschuldbefreiung S 333). Solange der Treuhänder das Amt nicht ausdrücklich oder konkludent angenommen hat, besteht nach Aufhebung des Insolvenzverfahrens die Gefahr, dass Gläubiger in die pfändbaren Bezüge des Schuldners vollstrecken und damit die Befriedigungsaussichten der Insolvenzgläubiger während der Wohlverhaltensperiode einschränken oder gar vereiteln. Denn der Schuldner ist bis zur Annahme des Amtes Inhaber der Forderungen. Eine solche Pfändung würde nach § 832 ZPO auch die später fällig werdenden Bezüge erfassen (*Döbereiner* Restschuldbefreiung S 179).

2. Ende des Amtes. Das einmal übernommene Amt kann der Treuhänder nicht ohne weiteres niederlegen. Es gelten insoweit nicht die Grundsätze, die in der Rechtsprechung für die Niederlegung des Geschäftsführeramtes in einer GmbH entwickelt worden sind (vgl K/U § 78 KO Rn 6). Bei Vorliegen eines wichtigen Grundes ist der Treuhänder aber berechtigt, seine **Entlassung** nach § 313 Abs 1 S 3 iVm § 59 zu betreiben (BGH v 17. 6. 2004 – IX ZB 92/03, ZVI 2004, 154). 15

Das **Amt des Treuhänders** endet bei Versagung der Restschuldbefreiung nach §§ 296, 297 oder 298 (§ 299), mit Rechtskraft der Entscheidung über die Restschuldbefreiung gemäß § 300, durch Tod, Entlassung (§ 59) sowie mit der Ernennung eines neuen Treuhänders und dessen Amtsübernahme. 16

IV. Übergang der pfändbaren Bezüge, Abs 2

Mit ausdrücklicher oder konkludenter Übernahme des Amtes gehen die **pfändbaren Bezüge** des Schuldners aus einem Dienstverhältnis oder an deren Stelle tretende laufende Bezüge auf den Treuhänder über, soweit diese Forderungen von der Abtretungserklärung nach § 287 Abs 2 erfasst werden und soweit nicht frühere Abtretungen und sonstige Verfügungen nach § 114 wirksam bleiben. 17

Dieser Forderungsübergang beruht auf einer rein vertraglichen Beziehung; bei der **Abtretung** handelt es sich um einen **materiellrechtlichen Vertrag**, der mit Übernahme des Amtes durch den Treuhänder wirksam wird (HK-*Landfermann* § 287 Rn 24; N/R/*Römermann* § 287 Rn 29; *Forsblad* Restschuldbefreiung S 213; *Döbereiner* Restschuldbefreiung S 176; *Bruckmann* Verbraucherinsolvenz § 4 Rn 7; *Vallender* VuR 1997, 155, 156). Gegen diese Ansicht wird vorgebracht, für eine vertragliche Vereinbarung fehle es an dem notwendigen Zugang der Willenserklärung an den Treuhänder (*Jauernig* § 95 II 3a; *ders* FS *Uhlenbruck* S 3, 16). Im Übrigen sei der Zeitpunkt des Wirksamwerdens der Abtretung unklar, wenn der Treuhänder gemäß § 313 Abs 1 S 2 auch als Verwalter bestimmt ist (*Ahrens* DZWIR 1999, 45 ff; *Kohte/Ahrens/Grote* § 287 Rn 23 ff). Um Rechtsunsicherheiten auf Grund von Abtretungen zwischen Antragstellung und Eröffnung des Verfahrens auszuschalten, handele es sich bei der Abtretung um eine **prozessuale Erklärung**, die als charakteristische prozessrechtliche Folge eine besondere Prozessvoraussetzung des Restschuldbefreiungsverfahrens bilde (*Kohte/Ahrens/Grote* § 287 Rn 26; *Grote* Verbraucherinsolvenz Rn 140; ähnlich *Jauernig* aaO; der in der Erklärung nach § 287 eine „besonders geartete Erklärung" sieht). 18

Es ist zwar nicht zu verkennen, dass bei Annahme einer rein vertraglichen Beziehung Rechtsunsicherheiten entstehen können. Die erneute Abtretung der pfändbaren Bezüge nach Antragstellung unterliegt jedoch unter den Voraussetzungen des § 130 der Anfechtung, so dass Unzuträglichkeiten noch korrigiert werden können. Sieht man das **Gericht als Erklärungsboten** an, der die Willenserklärung an den Treuhänder weiterleitet (*Döbereiner*, Restschuldbefreiung S 177), verliert auch das Argument an Gewicht, für eine vertragliche Vereinbarung fehle es an dem notwendigen Zugang der Willenserklärung an den Treuhänder. Für die Annahme einer rein vertraglichen Beziehung zwischen Schuldner und Treuhänder spricht im Übrigen, dass auch der **Gesetzgeber** ausdrücklich von einer **rechtsgeschäftlichen Abtretungserklärung** ausgeht (Begr zu § 236 RegE, BR-Drucks 1/92, S 189). 19

V. Verfahrensrechtliches

Die Entscheidung des Insolvenzgerichts, mit der die Restschuldbefreiung angekündigt und ein Treuhänder bestimmt wird, ergeht durch **Beschluss**. Die Form- und Verfahrensvorschriften ergeben sich aus § 289 (N/R/*Römermann* § 291 Rn 4). Angesichts des eindeutigen Wortlauts des Abs 2 („im gleichen Beschluss bestimmt") kommt eine getrennte Beschlussfassung nicht in Betracht. Der Beschluss muss keine Aussage über die Laufzeit der Abtretungserklärung enthalten (BGH v 11. 10. 2007 – IX ZB 72/06, ZVI 2007, 621, 622). 20

1. Zeitpunkt der Entscheidung. Die Ankündigung der Restschuldbefreiung kann erst **nach Anhörung** der Insolvenzgläubiger und des Insolvenzverwalters bzw Treuhänders im Schlusstermin ergehen (§ 289 Abs 1 S 1). Vor diesem Zeitpunkt ist das Insolvenzgericht ausnahmsweise bei einem unzulässigen Antrag des Schuldners auf Erteilung der Restschuldbefreiung zur **Entscheidung** befugt (OLG Köln NZI 2000, 334 = ZInsO 2000, 608; LG Göttingen, Beschl v 4. 11. 2000 – 10 T 142/00, LS in ZInsO-Rechtsprechungsreport ZInsO 2000, 658; **AG** Köln InVo 2000, 127, 128 = DZWIR 2000, 170, 171; K/P/B/ 21

Wenzel § 289 Rn 3 a; *Holzer* DZWIR 2000, 174; **aA LG** Münster Rpfleger 2000, 83 = DZWIR 1999, 474 = ZInsO 1999, 724 LS). Gläubigerrechte werden bei dieser Beschlussfassung nicht verletzt, weil mangels Sachentscheidung deren Recht auf Nachforderung aus § 201 Abs 1 nicht gefährdet wird. Soweit ein Insolvenzgläubiger einen – zulässigen – Versagungsantrag gestellt hat, wird das Gericht regelmäßig erst nach dem Schlusstermin eine Entscheidung treffen können (HK-*Landfermann* § 289 Rn 11).

22   Bei **Anzeige der Masseunzulänglichkeit** kann der Beschluss über die Ankündigung der Restschuldbefreiung erst nach Verteilung der Insolvenzmasse nach § 209 und Einstellung des Insolvenzverfahrens gemäß § 211 erfolgen (§ 289 Abs 3).

23   **2. Zuständigkeit. Funktionell zuständig** ist der **Rechtspfleger** (BK-Goetsch § 291 Rn 2; *Hess* § 291 Rn 3). Hat im Schlusstermin ein Insolvenzgläubiger die **Versagung der Restschuldbefreiung** beantragt hat, obliegt dem **Richter** die Entscheidung über die Ankündigung der Restschuldbefreiung und wegen des Sachzusammenhangs (*Kohte/Ahrens/Grote* § 291 Rn 13) die gleichzeitige Bestimmung des Treuhänders (§ 18 Abs 1 Nr 2 RpflG, s **LG** Berlin v 14. 7. 2004 – 86 T 565/04, ZVI 2005, 98; **LG** Göttingen, ZInsO 2002, 682, 683). Trifft der Rechtspfleger anstelle des Richters die entsprechende Entscheidung, ist der Beschluss unwirksam. Eine Heilung bei einem Verstoß gegen die funktionelle Zuständigkeit kommt nicht in Betracht (BayObLG v 7. 7. 1988 – BReg 3 Z 776/88, Rpfleger 1988, 472 ff; LG Berlin aaO).

24   **3. Inhalt der Entscheidung.** Im **Beschluss** ist zu tenorieren, dass dem Schuldner die Restschuldbefreiung gewährt wird, wenn er den Obliegenheiten nach § 295 nachkommt und die Voraussetzungen für eine Versagung nach § 297 oder § 298 nicht vorliegen. Darüber hinaus ist der Treuhänder mit ladungsfähiger Anschrift im Beschluss aufzuführen. Ferner hat der Beschluss den Ausspruch zu enthalten, dass die pfändbaren Forderungen des Schuldners auf Bezüge aus einem Dienstverhältnis oder an deren Stelle tretende laufende Bezüge nach Maßgabe der Abtretungserklärung für die Dauer ihrer Laufzeit auf den Treuhänder übergehen. Dabei sind aus Gründen der Rechtssicherheit das Datum der Abtretungserklärung, der Beginn und die Dauer der Laufzeit der Abtretung anzugeben. Da das Gericht nach der hier vertretenen Auffassung als Erklärungsbote auftritt, der die Willenerklärung des Schuldners weiterleitet (siehe Rn 19), ist der vorgenannte Ausspruch zwingend.

25   Die **Laufzeit der Abtretung** beginnt gemäß § 287 Abs 2 S 1 mit der Eröffnung des Insolvenzverfahrens. Die Dauer der Laufzeit beträgt entweder sechs Jahre (§ 287 Abs 2 S 1) oder im Falle des Art 107 EGInsO fünf Jahre. Die Entscheidung über die Maßgeblichkeit des Art 107 EGInsO muss nicht zwingend im Beschluss über die Ankündigung der Restschuldbefreiung getroffen werden. Sie kann bereits in einer Zwischenentscheidung während des vereinfachten Verfahrens erfolgen (**AG** Duisburg Rpfleger 2000, 512, 513).

26   Soweit die Gläubigerversammlung dem Treuhänder die Aufgabe übertragen hat, die Erfüllung der Obliegenheiten zu überwachen (§ 292 Abs 2), ist diese Entscheidung ebenfalls im Beschluss aufzuführen. Gleichzeitig ist die Höhe des Stundensatzes der Vergütung des Treuhänders gemäß § 15 Abs 1 S 2 InsVV festzusetzen (§ 16 Abs 1 S 1 InsVV). Haben Insolvenzgläubiger erfolglos einen Antrag auf Versagung der Restschuldbefreiung gestellt, hat der Beschluss den weiteren Tenor zu enthalten, dass der oder die Versagungsanträge zurückgewiesen werden.

27   **4. Kosten und Gebühren.** Eine besondere **Verfahrensgebühr** für das Versagungsverfahren nach § 290 und die Entscheidung über die Ankündigung der Restschuldbefreiung wird nicht erhoben. Die Verfahrensgebühr für das eröffnete Insolvenzverfahren gilt für das gesamte Verfahren einschließlich der vorgenannten Entscheidung.

28   **5. Rechtsmittel.** Der **Insolvenzgläubiger**, dessen Antrag auf Versagung der Restschuldbefreiung in dem Beschluss über die Ankündigung der Restschuldbefreiung zurückgewiesen worden ist, kann die Entscheidung des Gerichts mit der **sofortigen Beschwerde** anfechten (§§ 289 Abs 2 S 1, 6 Abs 1, 2). Ein gesondertes Rechtsmittel gegen die Bestimmung des Treuhänders im gleichen Beschluss sieht das Gesetz nicht vor. Dies gilt auch dann, wenn das Gericht dem Vorschlag des Insolvenzgläubigers oder des Schuldners nicht gefolgt ist. Dem **Treuhänder** steht gegen seine Bestellung ein Rechtsmittel nicht zu. Den sich aus seiner Bestellung ergebenden Aufgaben und Pflichten kann er nur dadurch entgehen, dass er die Übernahme des Amtes ablehnt.

29   **6. Wirksamkeit des Aufhebungsbeschlusses.** Die **Entscheidung** über die Aufhebung bzw Einstellung des Verfahrens wird erst mit der Rechtskraft des Beschlusses über die Restschuldbefreiung **wirksam** (§ 289 Abs 2 S 2, Abs 3 S 2).

30   **7. Veröffentlichung.** Der **rechtskräftige** Beschluss über die Ankündigung der Restschuldbefreiung ist zusammen mit dem Beschluss über die Aufhebung des Insolvenzverfahrens öffentlich bekannt zu machen (§§ 289 Abs 2 S 3, 9). Auf diese Weise erhält jeder Gläubiger die Möglichkeit zu erfahren, dass dem Schuldner die Möglichkeit zur Erlangung der Restschuldbefreiung eingeräumt worden ist (K/P/B/*Wenzel* § 289 Rn 4).

VII. Erteilung der Restschuldbefreiung im Schlusstermin? **§ 291**

8. Haftung bei Auswahlverschulden. Für ein **Auswahlverschulden** des Richters bzw Rechtspflegers 31
(zur Zuständigkeit siehe Rn 23) bei der Bestellung eines Treuhänders hat der Staat nach § 839 BGB
iVm Art 34 GG einzustehen. An die Auswahl des Treuhänders sind allerdings nicht dieselben hohen
Anforderungen zu stellen wie an die Auswahl des Insolvenzverwalters, der weitgehend das Schicksal des Verfahrens bestimmt. Bei der Auswahl des Treuhänders wird das Gericht die gegenwärtige
und zu erwartende Position des Schuldners zu berücksichtigen haben. So sind bei einem selbstständig tätigen Schuldner höhere Anforderungen an die Qualifikation eines Treuhänders zu stellen als
bei einem Schuldner, der keine oder eine unselbstständige Tätigkeit ausübt (*Smid/Haarmeyer* § 291
Rn 5).

VI. Rechtsfolgen

Nach Rechtskraft des Beschlusses über die Ankündigung der Restschuldbefreiung wird das Insol- 32
venzverfahren aufgehoben (§ 289 Abs 2 S 2) bzw im Falle der Feststellung der Masseunzulänglichkeit
eingestellt (§ 289 Abs 3 S 2). Mit der Aufhebung des Verfahrens entfallen die Beschränkungen der
§§ 94 ff. Dies gilt auch im Falle eines sich anschließenden Restschuldbefreiungsverfahrens (**FG Düsseldorf** v 10. 11. 2004 – 18 K 321/04, ZVI 2005, 94). Allerdings schließt § 294 Abs 3 die Aufrechnung
durch Insolvenzgläubiger unter den dort genannten Voraussetzungen aus. Der **Aufhebungs- bzw Einstellungsbeschluss** ist unanfechtbar, soweit der Richter entschieden hat (§ 6 Abs 1). Möglich bleibt jedoch für den Fall der Entscheidung durch den Rechtspfleger die sofortige Erinnerung gemäß § 11 Abs 2
S 2 RpflG, über die der Richter gemäß § 11 Abs 2 S 3 RpflG abschließend entscheidet (BK-*Breutigam*
§ 200 Rn 26; aA HK-*Irschlinger* § 200 Rn 10).

Die **Wohlverhaltensperiode beginnt** erst mit der rechtskräftigen Aufhebung bzw Einstellung des In- 33
solvenzverfahrens. Mit Aufhebung bzw Einstellung des Verfahrens erlangt der Schuldner mit Ausnahme
der abgetretenen Bezüge das **Verwaltungs- und Verfügungsrecht** über sein Vermögen zurück, sodass die
entsprechenden Befugnisse des Insolvenzverwalters bzw des Treuhänders enden.

Das **Recht der freien Nachforderung** gemäß § 201 Abs 1 ist zunächst suspendiert. Das Nachforde- 34
rungsrecht tritt endgültig nicht ein, wenn die Restschuldbefreiung erteilt (§ 300 Abs 1) und nicht widerrufen wird (§ 303 Abs 1).

Um einem Missbrauch der Rechtsschuldbefreiung entgegenzuwirken, hat der Gesetzgeber den 35
Schuldner in der sich an die Aufhebung bzw Einstellung des Verfahrens anschließenden Wohlverhaltensperiode erneut vielfältigen Bindungen ausgesetzt, die allerdings kein in sich konsequent konstruiertes System bilden (*Bruckmann* Verbraucherinsolvenz § 4 Rn 48). Anders als im Insolvenzverfahren führen sie aber nicht zu einer vollständigen Beschränkung der Rechtsmacht des Schuldners. Von
dem Schuldner wird allerdings erwartet, dass er während der Wohlverhaltensperiode die Interessen seiner Gläubiger achtet, insbesondere indem er jeden Arbeitsplatzwechsel anzeigt und sich bei Arbeitslosigkeit um einen zumutbaren Arbeitsplatz bemüht (Begr RegE zum 3. Abschnitt, BR-Drucks 1/92,
S 187).

VII. Erteilung der Restschuldbefreiung im Schlusstermin?

Die Insolvenzordnung gibt keine Antwort auf die Frage, ob in einem **Insolvenzverfahren ohne Forde-** 36
rungsanmeldung eine Restschuldbefreiung vor Ablauf der sechsjährigen Wohlverhaltensperiode erteilt
werden kann. Mit Beschluss vom 17. 2. 2005 (IX ZB 214/04, NZI 2005, 399 m zust Anm *Ahrens* NZI
2005, 401 ff) hat sich der **Bundesgerichtshof** der Meinung in Rechtsprechung und Literatur angeschlossen, die bereits im Schlusstermin **analog § 299** die Erteilung der Restschuldbefreiung für zulässig erachtet, wenn keine Insolvenzgläubiger Forderungen zur Tabelle angemeldet haben und belegt ist, dass die
Verfahrenskosten und die sonstigen Masseverbindlichkeiten getilgt sind (ebenso **LG Frankfurt**
a. M. ZVI 2003, 426; **AG Düsseldorf** v 14. 3. 2000 – 505 IK 9/99; **AG Rosenheim** ZInsO 2001, 96
(LS); *Pape* NZI 2004, 1 ff; *Winter* ZVI 2003, 451; *Lohmann* ZInsO 2000, 445; *Lessing* EWiR 2001,
1101; **aA LG Traunstein** v 14. 8. 2003 – 4 T 2005/03, ZVI 2003, 424; **LG Oldenburg** 5. 3. 2003 – 6 T
141/13, NZI 2004, 44; **AG Köln** NZI 2002, 218; zust *Fuchs* ZInsO 2002, 298, 308; K/P/B/*Wenzel*
§ 299 Rn 3). Nichts anderes gelte, wenn Insolvenzgläubiger ihre Forderungen im Verfahren angemeldet
haben und diese vollständig befriedigt worden seien. Darlegungs- und beweispflichtig für die vollständige Berichtigung der Kosten und Tilgung und aller im Verfahren zu berichtigenden Verbindlichkeiten
sei der Schuldner.

Ergebe sich **während der Wohlverhaltensperiode**, dass keine Kosten mehr offen und sämtliche Ver- 36a
bindlichkeiten getilgt seien, könne der Schuldner ebenfalls analog § 299 einen Antrag auf vorzeitige Beendigung der Wohlverhaltensperiode mit der Möglichkeit der Erteilung der Restschuldbefreiung vor
Ablauf der Laufzeit der Abtretungserklärung stellen (**BGH** aaO).

Mit seiner Entscheidung hat der **BGH** eine planwidrige Gesetzeslücke im Wege der Analogie ge- 36b
schlossen. Mit der vorzeitigen Erteilung der Restschuldbefreiung endet die **Abtretung an den Treuhänder**. Auch die weiteren Treuhänderaufgaben sind obsolet geworden.

§ 292 Rechtsstellung des Treuhänders

(1) ¹Der Treuhänder hat den zur Zahlung der Bezüge Verpflichteten über die Abtretung zu unterrichten. ²Er hat die Beträge, die er durch die Abtretung erlangt, und sonstige Leistungen des Schuldners oder Dritter von seinem Vermögen getrennt zu halten und einmal jährlich auf Grund des Schlußverzeichnisses an die Insolvenzgläubiger zu verteilen, sofern die nach § 4a gestundeten Verfahrenskosten abzüglich der Kosten für die Beiordnung eines Rechtsanwalts berichtigt sind. ³§ 36 Abs. 1 Satz 2, Abs. 4 gilt entsprechend. ⁴Von den Beträgen, die er durch die Abtretung erlangt, und den sonstigen Leistungen hat er an den Schuldner nach Ablauf von vier Jahren seit der Aufhebung des Insolvenzverfahrens zehn vom Hundert und,¹ nach Ablauf von fünf Jahren seit der Aufhebung fünfzehn vom Hundert abzuführen. ⁵Sind die nach § 4a gestundeten Verfahrenskosten noch nicht berichtigt, werden Gelder an den Schuldner nur abgeführt, sofern sein Einkommen nicht den sich nach § 115 Abs. 1 der Zivilprozessordnung errechnenden Betrag übersteigt.

(2) ¹Die Gläubigerversammlung kann dem Treuhänder zusätzlich die Aufgabe übertragen, die Erfüllung der Obliegenheiten des Schuldners zu überwachen. ²In diesem Fall hat der Treuhänder die Gläubiger unverzüglich zu benachrichtigen, wenn er einen Verstoß gegen diese Obliegenheiten feststellt. ³Der Treuhänder ist nur zur Überwachung verpflichtet, soweit die ihm dafür zustehende zusätzliche Vergütung gedeckt ist oder vorgeschossen wird.

(3) ¹Der Treuhänder hat bei der Beendigung seines Amtes dem Insolvenzgericht Rechnung zu legen. ²Die §§ 58 und 59 gelten entsprechend, § 59 jedoch mit der Maßgabe, daß die Entlassung von jedem Insolvenzgläubiger beantragt werden kann und daß die sofortige Beschwerde jedem Insolvenzgläubiger zusteht.

Übersicht

	Rn
I. Normzweck	1
II. Rechtsstellung des Treuhänders	4
1. Art des Treuhandverhältnisses	6
2. Beginn und Ende des Amtes	8
3. Haftung des Treuhänders	11
4. Steuerrechtliche Stellung des Treuhänders	14
III. Gesetzliche Aufgaben und Pflichten des Treuhänders, Abs 1	15
1. Offenlegung der Zession, Abs 1 S 1	16
a) Zahlungsüberwachung	22
b) Gerichtliche Geltendmachung der abgetretenen Forderungen	24
2. Treuhandkonto	25
3. Verteilung der vereinnahmten Beträge, Abs 1 S 2	28
a) Verteilungsmodus	34
b) Berichtigung der gestundeten Verfahrenskosten, Abs 1 S 2 2. HS	38
c) Nicht berücksichtigte Gläubiger	41
d) Selbstbehalt, Abs 1 S 4	44
e) Einschränkung des Vorwegbefriedigungsrechts der Staatskasse, Abs 1 S 5	49
IV. Abtretungsschutz, Abs 1 S 3, § 36 Abs 1 S 2, Abs 4	51
1. Erweiterung oder Beschränkung der Pfändbarkeit	52
2. Antragsberechtigung	53
3. Zuständigkeit	55
V. Überwachung des Schuldners, Abs 2	57
1. Inhalt und Umfang der Aufgabe	59
2. Vergütung für die Überwachung	66
VI. Rechnungslegungspflicht, Abs 3, S 1	67
VII. Aufsicht des Insolvenzgerichts, Abs 3 S 2	72
1. Inhalt und Umfang der Aufsichtspflicht	73
2. Einschreiten gegen Pflichtwidrigkeiten	74
VIII. Entlassung des Treuhänders, Abs 3 S 2	77
1. Wichtiger Grund iSv § 59 Abs 1	78
2. Vergütung des entlassenen Treuhänders	80

I. Normzweck

1 Die Tätigkeit des Treuhänders in der Wohlverhaltensperiode soll maßgeblich dazu beitragen, dass das Verfahren reibungslos und möglichst kostengünstig abgewickelt werden kann. Aufgrund der Abtretung nach Maßgabe des § 287 Abs 2 S 1 erhält der Treuhänder die Verfügungsbefugnis über die pfändbaren Forderungen des Schuldners auf Bezüge aus einem Dienstverhältnis oder an deren Stelle tretende laufende Bezüge. Seine Aufgabe ist es zunächst, den Arbeitgeber des Schuldners oder den sonstigen Zah-

---

¹ Zeichensetzung amtlich.

lungsverpflichteten über die Abtretungserklärung und deren – restliche – Laufzeit zu unterrichten. Darüber hinaus hat er die durch Abtretung erlangten und vom Schuldner zu zahlenden Beträge während der Treuhandphase zu verwalten und einmal jährlich auf Grund des Schlussverzeichnisses an die Gläubiger zu verteilen (Abs 1 S 1). Die Regelung des Absatzes 1 S 4 soll die **Motivation des Schuldners stärken**, die „Wohlverhaltensperiode" durchzustehen (vgl Beschl-Empfehlung des RechtsA zu § 346 g, BT-Drucks 12/7302 S 188).

Soweit die Gläubiger eine **Überwachung des Schuldners** für erforderlich und sinnvoll halten, kann die Gläubigerversammlung einen entsprechenden Beschluss fassen. Abs 2 S 3 stellt sicher, dass der Treuhänder den Schuldner nicht ohne Vergütung überwachen muss. Während noch im Regierungsentwurf für die Übernahme dieser zusätzlichen Aufgabe eine Erhöhung der Vergütung des Treuhänders in Form eines Zuschlags zur Regelvergütung vorgesehen war (Begr zu § 242 RegE, BR-Drucks 1/92, S 191), soll nach der Beschlussempfehlung des Rechtsausschusses zu § 346 g für die Zusatztätigkeit eine andere Kostenregelung getroffen werden als für die sonstigen Aufgaben des Treuhänders. 2

Der Treuhänder steht während der Zeit seiner Amtsausübung unter der Aufsicht des Insolvenzgerichts, das ihn ggf aus seinem Amt entlassen kann. Dies wird durch die **Verweisungsvorschrift** in Abs 3 S 2 auf die Regelungen der §§ 58, 59 klargestellt. 3

II. Rechtsstellung des Treuhänders

Die amtliche Überschrift zu § 292 („Rechtsstellung des Treuhänders") ist ungenau. Denn die Vorschrift selbst beschreibt nur unvollkommen die Rechtsstellung des Treuhänders. Geregelt sind nur die – wesentlichen – Aufgaben und Pflichten, nicht aber der Beginn und das Ende des Amtes oder das Treuhandverhältnis des Treuhänders (*Döbereiner* Restschuldbefreiung S 343; N/R/*Römermann* § 292 Rn 20). 4

Die **Ernennung des Treuhänders** erfolgt in dem Beschluss, mit welchem dem Schuldner die Restschuldbefreiung in Aussicht gestellt wird (§ 291 Abs 2). Mit der Annahme des Amtes übernimmt der Treuhänder Pflichten gegenüber den Insolvenzgläubigern und dem Schuldner. Deshalb hat er sein **Amt neutral** auszuüben. Auch bei dem Treuhänder im Restschuldbefreiungsverfahren darf nicht die **Gefahr von Interessenkonflikten** bestehen, so dass die Bestellung von Personen, die den Schuldner schon bei der außergerichtlichen Einigung vertreten haben, regelmäßig nicht in Betracht kommt (*Pape* ZInsO 2001, 1025, 1026; HK-*Landfermann* § 291 Rn 6; *Kohte/Ahrens/Grote* § 288 Rn 8; K/P/B/*Wenzel* § 288 Rn 2). Das Treuhänderamt ist **höchstpersönlich**. Der Treuhänder kann seine treuhänderspezifischen Aufgaben nicht durch einen Bevollmächtigten wahrnehmen lassen. Das schließt aber nicht aus, dass er sich der Hilfe von Mitarbeitern bedient. Auch wenn sich die Aufgaben des Treuhänders im vereinfachten Verfahren und im Restschuldbefreiungsverfahren unterschiedlich darstellen, ist die Stellung des Treuhänders gleichwohl der des Insolvenzverwalters angenähert (H/W/F § 14 InsVV Rn 4). Der Treuhänder steht unter der Aufsicht des Insolvenzgerichts; er kann durch Zwangsmittel zur Erfüllung seiner Aufgaben angehalten werden; er ist rechnungslegungspflichtig und hat Anspruch auf Vergütung und Ersatz angemessener Auslagen. Schließlich haftet er für schuldhafte Pflichtverletzungen. 5

1. Art des Treuhandverhältnisses. Das Treuhandverhältnis wird im Rahmen des Restschuldbefreiungsverfahrens nicht im Interesse des Treuhänders begründet. Dessen **Aufgabe** ist es, die **Verwaltung** der durch die Abtretung erlangten und vom Schuldner zu zahlenden **Beträge** während der Wohlverhaltensperiode zu übernehmen und die Beträge an die Insolvenzgläubiger zu verteilen. Deshalb handelt es sich bei dieser Tätigkeit nicht um eine eigennützige (Sicherungs-) Treuhand (*Döbereiner* aaO S 343; N/R/*Römermann* § 292 Rn 20). Vielmehr ist die Tätigkeit des Treuhänders nach den Grundsätzen über die **uneigennützige doppelseitige Treuhand** zu beurteilen (*Hess/Obermüller* Rn 1162; *Kohte/Ahrens/Grote* § 292 Rn 2; „uneigennützige Verwaltungstreuhand": K/P/B/*Wenzel* § 292 Rn 3), weil er sowohl im Interesse des Schuldners als auch der Insolvenzgläubiger tätig wird. Der Schuldner überlässt dem Treuhänder die Tilgungsmittel, damit sie zur Begleichung der gegen ihn gerichteten Forderungen eingesetzt werden (*Preuss* NJW 1999, 3450, 3452). 6

Die Insolvenzgläubiger erlangen ihrerseits einen **Auszahlungsanspruch** gegen den Treuhänder, der von der Insolvenzforderung zu unterscheiden ist (*Döbereiner* aaO S 345; *Preuss* Verbraucherinsolvenz S 167). Der **Auszahlungsanspruch** ist auf den quotenmäßigen Anteil des einzelnen Insolvenzgläubigers beschränkt. Er wird mit Ablauf eines jeden Jahres seit Aufhebung des Insolvenzverfahrens **fällig**, so dass der Insolvenzgläubiger von diesem Zeitpunkt an die Auszahlung verlangen kann. Der Treuhänder wird erst mit der tatsächlichen Übermittlung des auszuzahlenden Betrages von seiner Leistungspflicht gegenüber den Insolvenzgläubigern frei. Eine andere Betrachtungsweise würde die Schutzfunktion der Treuhand ins Gegenteil verkehren (*Preuss* aaO S 166). 7

2. Beginn und Ende des Amtes. Der gesetzliche Rechts- und Pflichtenkreis des Treuhänders wird erst mit der ausdrücklich oder konkludent erklärten **Annahme des Amtes** und nicht bereits mit dem Erlass des Ankündigungsbeschlusses begründet (ebenso N/R/*Römermann* § 291 Rn 8; *Döbereiner* Restschuldbefreiung S 333; BK-*Goetsch* § 291 Rn 7; *Häsemeyer* Rn 26.29; aA K/P/B/*Wenzel* § 291 Rn 2). Soweit der Treuhänder sein Amt nicht durch ausdrückliche Erklärung gegenüber dem Insolvenzgericht an- 8 nimmt, bestehen keine Bedenken, in der widerspruchslosen Entgegennahme des Ankündigungsbeschlusses das Einverständnis des Treuhänders mit seiner Bestellung und damit den **Beginn** seiner Tätigkeit zu sehen.

9   Das einmal übernommene Amt kann der Treuhänder nicht ohne weiteres niederlegen. Es gelten insoweit nicht die Grundsätze, die in der Rechtsprechung für die Niederlegung des Geschäftsführeramtes in einer GmbH entwickelt worden sind (vgl K/U § 78 KO Rn 6). Bei Vorliegen wichtiger Gründe ist der Treuhänder aber berechtigt, seine **Entlassung** gemäß §§ 292 Abs 3 S 2, 59 anzuregen. Kommt das Gericht dem nach, **endet das Amt** mit der **Rechtskraft des Entlassungsbeschlusses**. Das Restschuldbefreiungsverfahren und damit auch die Tätigkeit des Treuhänders finden einen Abschluss, wenn der **Schuldner** während der Wohlverhaltensperiode **verstirbt**. Eine Fortführung des Verfahrens mit den Erben ist nicht möglich (HK-*Landfermann* § 286 Rn 3; N/R/*Römermann* § 299 Rn 11; *Messner* ZVI 2004, 433, 441; *Döbereiner* Restschuldbefreiung S 219, 220; *Siegmann* ZEV 2000, 345, 348; **aA** *Kohte/Ahrens/Grote* § 286 Rn 41) Mit Recht weist *Siegmann* (aaO 348) darauf hin, dass der Erbe als Rechtsnachfolger des Schuldners nicht die Obliegenheiten des Erblassers nach § 295 zu erfüllen hat, weil diese nicht auf ihn übergehen; der Erbe haftet für die Verbindlichkeiten des Erblassers nur nach Maßgabe der §§ 1975 ff BGB. Im Übrigen bedarf es für die Erben nicht der Fortführung des Restschuldbefreiungsverfahrens mit der Möglichkeit der Restschuldbefreiung, weil sie die Möglichkeit haben, sich durch eine Erbausschlagung vor einer übermäßigen Verschuldung zu schützen. Eine automatische Verfahrensbeendigung tritt durch den **Tod des Schuldners** allerdings nicht ein. Vielmehr bedarf es wie auch sonst bei allen Verfahren einer **verfahrensabschließenden Entscheidung** (unklar AG Bielefeld v 9. 5. 2005 – 43 IK 556/03, ZVI 2005, 505). Der Ausspruch des Gerichtes lautet, dass das Verfahren durch den Tod des Schuldners beendet sei (so auch *Messner* aaO). Einer vorherigen Anhörung der Erben, Gläubiger und des Treuhänders bedarf es nicht. Dem **Beschluss** kommt **konstitutive Wirkung** bei, weil erst mit der Entscheidung des Gerichts die Tätigkeit des Treuhänders endet.

10 Das Amt des Treuhänders endet ferner mit seinem Tod oder bei Geschäftsunfähigkeit. Schließlich findet die Tätigkeit des Treuhänders ihren Abschluss bei vorzeitiger Versagung der Restschuldbefreiung nach §§ 296, 297 oder 298 mit Rechtskraft der Entscheidung (§ 299) sowie mit dem Ende der Laufzeit der Abtretungserklärung.

11 **3. Haftung des Treuhänders.** Während § 60 Grundsätze der Haftung des Insolvenzverwalters regelt, enthalten die §§ 286 ff keine die Haftung des Treuhänders normierende Vorschrift. Angesichts der vergleichbaren Interessenlage zwischen Insolvenzverwalter und Treuhänder wendet eine Meinung in der Literatur **§ 60 Abs 1** auf die Tätigkeit des Treuhänders in der Wohlverhaltensperiode **entsprechend** an (*Häsemeyer* Rn 26.32; HK-*Landfermann* § 292 Rn 26; H/W/F § 14 InsVV Anm 4; differenzierend *Looff* ZVI 2009, 9,10). Gegen diese Auffassung spricht der Umstand, dass der Gesetzgeber in § 292 Abs 3 lediglich auf die Regelungen der §§ 58, 59 verweist, nicht aber auf die übrigen den Insolvenzverwalter betreffenden Vorschriften. Daraus ist zu schließen, dass er bewusst davon abgesehen hat, die Haftungsregelung des § 60 auf die Tätigkeit des Treuhänders anzuwenden (**OLG** Celle v 2. 10. 2007 – 16 U 29/07, NZI 2008, 52; N/R/*Römermann* § 292 Rn 62; *Kohte/Ahrens/Grote* § 292 Rn 29; K/P/B/*Wenzel* § 292 Rn 16). Da der Treuhänder mit der Amtsübernahme Pflichten gegenüber den Insolvenzgläubigern und dem Schuldner übernimmt, finden auf dieses gesetzliche Schuldverhältnis die **allgemeinen**, die insolvenzrechtlichen Sondergesetze ergänzenden **Vorschriften** Anwendung (*Looff* aaO 12; *Hess/Obermüller* Rn 1162; N/R/*Römermann* § 292 Rn 63; *Kohte/Ahrens/Grote* § 292 Rn 30; BK-*Goetsch* § 292 Rn 7; *Maier/Krafft* BB 1997, 2178). So kommt eine Haftung aus § 280 BGB oder aus Delikt in Betracht (ebenso OLG Celle aaO), wobei deliktische Anspruchsgrundlagen eher selten einschlägig sein dürften. Ein Rückgriff auf die Regelungen über die Geschäftsführung der §§ 675, 662 ff BGB ist nicht möglich, weil der Treuhänder nicht bloß zu einem Beteiligten in Beziehung steht (*Hess/Obermüller* Rn 1162). Aus dem vorgenannten Grunde finden auch die Vorschriften der §§ 1833 und 1908 BGB keine entsprechende Anwendung (aA *Döbereiner* Restschuldbefreiung S 349).

12 Nach allgemeinen Grundsätzen hat der Treuhänder nicht nur Vorsatz, sondern auch jede Fahrlässigkeit zu vertreten. Anders als bei § 60 kommt ein besonderer, speziell auf die Treuhändertätigkeit bezogener Sorgfaltsmaßstab nicht in Betracht. Vielmehr ist der Treuhänder als durch Hoheitsakt bestellter „Verwalter fremden Vermögens" zu dessen ordentlichen Verwaltung verpflichtet (vgl BGHZ 24, 393, 395). Auch bei unentgeltlicher Tätigkeit greift eine **Haftungserleichterung** analog § 599 BGB (*Döbereiner* Restschuldbefreiung S 349, 351) oder eine entsprechende Anwendung der Haftungsregel des Vormunds (§ 1833 BGB) und des Betreuers gemäß § 1908i iVm § 1833 BGB im Verhältnis zwischen Schuldner und Treuhänder (*Kohte/Ahrens/Grote* § 292, Rn 32) nicht ein. Der **Treuhänder** ist als **gerichtlich bestellter Amtswalter** nicht nur einer Person gegenüber verantwortlich, sondern hat Pflichten gegenüber den Insolvenzgläubigern und dem Schuldner. Angesichts dessen kommt eine Herabstufung des Haftungsmaßstabs nicht in Betracht (ähnlich N/R/*Römermann* § 292 Rn 65; K/P/B/*Wenzel* § 292 Rn 17). Hinsichtlich der **Verjährung** der Haftungsansprüche des Treuhänders sind die §§ 195 ff BGB anzuwenden (*Looff* aaO 12; MüKoInsO-*Ehricke* § 292 Rn 74, 76).

13 Bei einem **Verlust der Tilgungsmittel** (zB durch Veruntreuung der Gelder durch den Treuhänder) stellt sich die Frage, wer die Übermittlungsgefahr trägt. Da die Insolvenzforderungen erst mit der Aus-

zahlung durch den Treuhänder anteilig getilgt werden, trifft den Schuldner die Übermittlungsgefahr. Zu den möglichen **Schadensersatzansprüchen** der Beteiligten siehe *Preuss* (NJW 1999, 3450, 3454).

4. Steuerrechtliche Stellung des Treuhänders. Die steuerrechtliche Stellung des Treuhänders hängt davon ab, ob er **Vermögensverwalter** gem § 34 Abs 3 AO oder **Verfügungsberechtigter** gem § 35 AO ist (*Maus* ZInsO 1999, 683 ff; *Onusseit* ZInsO 2000, 363 ff; *Schulz/Gleissner* InVo 2000, 365; *Gerigk* ZInsO 2001, 931, 932). Gehört der Treuhänder zu diesem Personenkreis, so hat er die steuerlichen Pflichten des Schuldners vollumfänglich zu erfüllen (§ 34 Abs 1 AO). Vermögensverwalter sind Personen, denen unter Ausschluss des Eigentümers oder seines gesetzlichen Vertreters auf Grund gesetzlicher Regelungen, behördlicher oder gerichtlicher Anordnungen oder letztwilliger Verfügungen die Verwaltung des gesamten Vermögens oder eines Teils des Vermögens zusteht (*Hübschmann/Hepp/Spitaler/Boeker* § 34 AO Rn 40). Wer auf Grund eines privatrechtlichen Vertrags fremdes Vermögen verwaltet, fällt nicht unter § 34 Abs 3 AO (*Tipke/Kruse* § 34 AO Rn 10). Verfügungsberechtigt gem § 35 AO ist jemand, der rechtlich und wirtschaftlich über Mittel verfügen kann, die einem anderen nach § 39 AO zuzurechnen sind. Der Treuhänder erhält keine uneingeschränkte Verfügungsbefugnis über das von ihm verwaltete Schuldnervermögen. Seine Verfügungsbefugnis ist durch § 292 Abs 1 S 1 und 2 auf die Verteilung des verwalteten Vermögens, also der künftigen Bezüge des Schuldners sowie auf die sonstigen Leistungen des Schuldners oder Dritter, begrenzt. Der Treuhänder erfüllt mithin nicht die Anforderungen, die an eine Rechtsstellung als Vermögensverwalter gem § 34 Abs 3 AO gestellt sind. Die **steuerlichen Pflichten des Schuldners treffen nicht den Treuhänder** (so auch *Smid/Haarmeyer* § 292 Rn 3; *Gerigk* ZInsO 2001, 931, 935). Auch die Finanzverwaltung sieht den Treuhänder nicht als Vertreter iSv §§ 34, 35 AO, sodass ihm Auskünfte nicht erteilt werden dürfen (Vfg OFD Koblenz v 30. 6. 1999, ZInsO 1999, 566; Rdvfg OFD Frankfurt v 15. 3. 2001, ZInsO 2001, 747). Etwas anderes gilt nur dann, wenn der Schuldner im Einzelfall oder allgemein seine Zustimmung zur Offenbarung gegeben hat. In diesem Fall ist das Finanzamt nach § 30 Abs 4 Nr 3 AO berechtigt, die entsprechenden Einzelheiten mitzuteilen.

III. Gesetzliche Aufgaben und Pflichten des Treuhänders, Abs 1

Die Aufgaben des Treuhänders regelt Abs 1 der Vorschrift. Der Treuhänder hat die zur Zahlung der Bezüge Verpflichteten über die Abtretung zu unterrichten, die während der Wohlverhaltensperiode eingehenden Zahlungen zu verwalten und sie einmal jährlich an die Insolvenzgläubiger zu verteilen. Soweit vorrangige Lohnabtretungen vorliegen, sind die Zessionare für die Dauer von zwei Jahren vor den übrigen Gläubigern zu befriedigen (§ 114 Abs 1). Erst nach diesem Zeitraum stehen die Bezüge des Schuldners für eine Verteilung an die Gesamtheit der Insolvenzgläubiger zur Verfügung. Dagegen ist der Treuhänder grundsätzlich nicht zur Überwachung der Erfüllung der Obliegenheiten des Schuldners verpflichtet (*Wittig* WM 1998, 209, 212). Etwas anderes gilt nur dann, wenn die Gläubigerversammlung dem Treuhänder zusätzlich diese Aufgabe übertragen hat (§ 292 Abs 2). Ohne einen solche Auftrag ist der Treuhänder grundsätzlich auch nicht gehalten, vom Schuldner Auskunft über die Erfüllung seiner Obliegenheiten zu verlangen (N/R/*Römermann* § 295 Rn 39).

1. Offenlegung der Zession, Abs 1 S 1. Nach Übernahme seines Amtes hat der Treuhänder den zur Zahlung der Bezüge Verpflichteten (Arbeitgeber des Schuldners oder Sozialleistungsträger) über die Abtretung zu unterrichten und ihn aufzufordern, die pfändbaren Bezüge des Schuldners nur an ihn zu zahlen. Dies setzt freilich voraus, dass ihm der Zahlungspflichtige bekannt ist. Hat er keine Kenntnis darüber, ob der Schuldner in einem Dienstverhältnis steht oder laufende Bezüge erhält, die an deren Stelle treten, hat dieser ihm entsprechende **Auskunft** zu erteilen. Diese umfasst Angaben über die Höhe seiner Bezüge und die Zahl der unterhaltsberechtigten Personen. Darüber hinaus trifft den Schuldner die Verpflichtung, jeden Arbeitgeberwechsel anzuzeigen (§ 295 Abs 1 Nr 3).

Da dem Treuhänder eine Bestellungsurkunde nicht erteilt wird, kann er sich dem Zahlungspflichtigen gegenüber durch Übersendung des Beschlusses gemäß § 291 Abs 2 und einer Kopie der Abtretungserklärung des Schuldners legitimieren (*Kohte/Ahrens/Grote* § 292 Rn 5). Um von vornherein beim Zahlungspflichtigen etwaige Zweifel über die Legitimation des Treuhänders zur Einziehung der abgetretenen Bezüge auszuräumen, empfiehlt sich die Aufnahme nachfolgenden Zusatzes in den Beschluss über die Ankündigung der Restschuldbefreiung: *„Auf den Treuhänder gehen die pfändbaren Forderungen des Schuldners auf Bezüge aus einem Dienstverhältnis oder an deren Stelle tretende laufende Bezüge nach Maßgabe der Abtretungserklärung vom ... für die Dauer ihrer Laufzeit über. Diese beträgt ... Jahre seit Eröffnung des Insolvenzverfahrens".*

Soweit der Schuldner die **pfändbaren Bezüge bereits vorher an einen Dritten abgetreten hatte**, geht die Abtretung an den vom Gericht zu bestimmenden Treuhänder zunächst ins Leere (ebenso *Graf-Schlicker/Pöhlmann* § 114 Rn 12). Denn der Schuldner hat mit der Abtretung an den Treuhänder über Forderungen verfügt, die ihm zu diesem Zeitpunkt nicht zustehen. Die **Abtretung** führt jedoch nicht zur Nichtigkeit der Verfügungsgeschäfts. Sie hat lediglich auf Grund § 114 Abs 1 eine **nachrangige Stellung** (*Wenzel* DB 1990, 975, 976; *Döbereiner* Restschuldbefreiung S 184). Die Abtretung erfasst in diesem Falle nur die Bezüge für die restliche Zeit der Wohlverhaltensperiode. Der Treuhänder hat die **Abtre-

§ 292

tung einer Forderung auf künftige Bezüge aus einem Dienstverhältnis für den Zeitraum von zwei Jahren nach Maßgabe des § 114 Abs 1 auch dann zu beachten, wenn die **Forderung vor der Abtretung von einem anderen Gläubiger gepfändet worden ist** (BGH v 12. 10. 2006 – IX ZR 109/05, ZInsO 2006, 1264). Zwar verstößt eine nach der Pfändung vorgenommene Abtretung gegen das Verfügungsverbot des § 829 Abs 1 S 2 ZPO) und ist deshalb gem §§ 135, 136 BGB dem durch dieses Verbot geschützten Pfändungsgläubiger gegenüber unwirksam. Eine gegen ein nur relativ wirkendes Verfügungsverbot verstoßende Verfügung wird jedoch in vollem Umfang wirksam, wenn das Verbot aufgehoben wird, der von ihm Geschützte die Verfügung genehmigt (BGH v 20. 2. 1997 – III ZR 208/95, NJW 1997, 1581, 1582) oder das durch das Verbot geschützte Recht entfällt. Mit Eröffnung des Insolvenzverfahrens erlischt das Pfändungspfandrecht nach Maßgabe des § 114 Abs 3 S 1 InsO. Damit entfällt auch das mit ihm verbundene Verfügungsverbot. Die Vorschrift des § 91 Abs 1, nach der Rechte an Gegenständen der Insolvenzmasse von der Eröffnung des Insolvenzverfahrens an nicht wirksam erworben werden können, steht dem nicht entgegen (BGH v 12. 10. 2006 – IX ZR 109/05, ZInsO 2006, 1264, 1265). Mithin ist der Treuhänder auf Grund seiner nachrangigen Stellung erst nach Ablauf der Zwei-Jahresfrist des § 114 Abs 1 befugt, die pfändbaren Bezüge einzuziehen.

19 Die Unterrichtung des Zahlungspflichtigen über die Abtretung ist nicht an eine **Form** gebunden. Allerdings hat der Treuhänder Formerfordernisse zu beachten, die sich aus anderen Vorschriften wie zB § 411 BGB ergeben (N/R/*Römermann* § 292 Rn 35). Die **Offenlegung der Zession** hat grundsätzlich **unverzüglich** nach Übernahme des Amtes zu erfolgen. Es muss auf jeden Fall sichergestellt sein, dass während der Wohlverhaltensperiode die abgetretenen Forderungsbeträge auf seinem Treuhandkonto eingehen. Im Falle einer **Lohnabtretung** hat der Treuhänder den Zahlungspflichtigen darüber zu unterrichten, wann die Laufzeit der Abtretungserklärung endet.

20 Fraglich ist, ob er darüber hinaus diese **Abtretungen auf ihre Wirksamkeit** hin zu **überprüfen** hat. Im Regelfall dürfte eine solche Prüfung bereits im Insolvenzverfahren stattgefunden haben. Denn es zählt zu den Pflichten des Insolvenzverwalters bzw Treuhänders des vereinfachten Verfahrens, zur Sicherung der Masse die Wirksamkeit einer beim Drittschuldner vorgelegten **Abtretungserklärung zu überprüfen**. Notfalls hat er die Unwirksamkeit der Abtretung gerichtlich geltend zu machen.

21 Für die Wohlverhaltensperiode ist eine solche Pflicht mangels gesetzlicher Grundlage grundsätzlich abzulehnen. Manche Treuhänder dürften mangels juristischer Kenntnisse hierzu auch nicht in der Lage sein. Soweit sich jedoch konkrete Anhaltspunkte für die Unwirksamkeit einer Lohnabtretung ergeben und der Treuhänder dies erkennt, sollte er die Gläubiger hiervon in Kenntnis setzen. Da zu ihren Gunsten kein Beschlagsrecht an dem treuhänderisch gehaltenen Sondervermögen begründet wird (*Häsemeyer* Rn 26.33), können die Gläubiger die Unwirksamkeit nicht selbst geltend machen. Soweit sie für die Rechtsverfolgungskosten in Vorlage treten, wird man den Treuhänder, zu dessen Aufgaben es gehört, das Sondervermögen vor rechtswidrigen Zugriffen Dritter zu schützen, als verpflichtet ansehen müssen, die Unwirksamkeit der Abtretung geltend zu machen.

21a Der Treuhänder ist auch nicht verpflichtet, in jedem Fall die **monatlichen Bezügeabrechnungen und die darauf erfolgende Zahlung seitens des Arbeitgebers** im Sinne einer Betreuung für den Schuldner auf seine Richtigkeit hin zu überprüfen. Mit Recht sieht das **OLG Celle** (v 2. 10. 2007 – 16 U 29/07, NZI 2008, 52) darin eine Überspannung der Anforderungen an den Treuhänder. Maßgebend sei dabei, dass der Treuhänder auf Grund der Abtretung (§ 287 Abs 2) durch den Schuldner nur insoweit Forderungsberechtigter wird, als ihm die pfändbaren Forderungen abgetreten sind. Für darüber hinausgehende Anteile verbleiben die Ansprüche auf Lohn und Bezüge beim Schuldner, der sie im eigenen Interesse gegenüber seinem Arbeitgeber geltend zu machen habe. Ebenso wenig trifft den Treuhänder die Pflicht, die Höhe der Beträge festzusetzen, die der **selbstständig tätige Schuldner** nach Maßgabe des § 295 Abs 2 abzuführen hat (*Grote* ZInsO 2004, 1109).

22 a) **Zahlungsüberwachung**. Da sich die pfändbaren Bezüge des Schuldners während der Wohlverhaltensperiode ändern können, trifft den Treuhänder die Pflicht, sich über alle Veränderungen in der Entlohnung des Schuldners zu informieren. Dies betrifft auch die **Wahl der günstigsten Steuerklasse** (s dazu BGH v 5. 3. 2009 – IX ZB 2/07, NZI 2009, 326). Um zu verhindern, dass der Schuldner durch Manipulationen seine Einkünfte reduziert und dadurch die Befriedigungsaussichten der Insolvenzgläubiger während der Laufzeit der Abtretungserklärung schmälert, muss er sich gegenüber diesen Gläubigern so behandeln lassen, als hätte er die **günstigere Steuerklasse** gewählt (vgl **OLG Köln** InVo 2000, 140 = WM 2000, 2114). Deshalb kann der Treuhänder gegenüber dem Ehegatten des Schuldners einen Anspruch gem § 850h Abs 2 ZPO analog geltend machen (*Gerigk* ZInso 2001, 931, 936). Dies gilt indes nicht, wenn die Wahl der günstigeren Steuerklasse bereits vor dem Antrag auf Erteilung der Restschuldbefreiung getroffen worden ist.

23 Der Treuhänder hat ferner darauf zu achten, dass der Zahlungspflichtige tatsächlich die geschuldeten Beträge an ihn abführt. **Bei Zahlungsverzug oder Minderleistung** hat der Treuhänder auf eine ordnungsgemäße Zahlung hinzuwirken (*Hess/Obermüller* Rn 1159).

24 b) **Gerichtliche Geltendmachung der abgetretenen Forderungen.** In der Literatur ist streitig, ob der Treuhänder verpflichtet ist, ausbleibende Zahlungen des Zahlungspflichtigen **gerichtlich beizutreiben**. Während eine Ansicht eine solche Pflicht mangels gesetzlicher Grundlage verneint (*Döbereiner* Rest-

III. Gesetzliche Aufgaben und Pflichten des Treuhänders, Abs 1 § 292

schuldbefreiung S 342; *Scholz* FLF 1995, 145, 147; *ders* DB 1996, 765, 769), hält die Gegenmeinung unter Hinweis darauf, dass niemand ausser dem Treuhänder zur Geltendmachung dieser Ansprüche befugt sei, diesen bei Zahlungsverzug oder Minderleistung zur gerichtlichen Geltendmachung der abgetretenen Forderung für verpflichtet (*Häsemeyer* Rn 26.33; HK-*Landfermann* § 292 Rn 24; K/P/B/ *Wenzel*, § 292 Rn 3; *Hess/Obermüller* Rn 1159; ähnlich *Smid/Haarmeyer* § 288 Rn 2). Diese Ansicht berücksichtigt nicht hinreichend, dass auch der Schuldner die Forderung ggf einklagen könnte. Denn der Treuhänder kann ihn entsprechend § 185 BGB **ermächtigen**, die auf ihn übertragene Forderung im eigenen Namen geltend zu machen (vgl **BGH** NJW 1988, 490, 1595). Der Schuldner hätte in diesem Fall auf Leistung an den Treuhänder zu klagen (vgl **KG** MDR 1975, 756). Freilich ist nicht zu verkennen, dass der Schuldner regelmäßig an der gerichtlichen Geltendmachung der Forderung kein Interesse haben dürfte, es sei denn, dass nicht einmal die Mindestvergütung des Treuhänders infolge der ausbleibenden Beträge gedeckt wäre. Zu einer Obliegenheit, deren Nichterfüllung zur Versagung der Restschuldbefreiung führen würde, wird die Ermächtigung durch den Treuhänder nicht. Aus diesem Grunde erscheint es sachgerecht, den Treuhänder zur gerichtlichen Beitreibung offen stehender Forderungen als verpflichtet anzusehen. Als gerichtlich bestelltem Amtswalter steht ihm eine entsprechende Prozessführungsbefugnis für das treuhänderisch gehaltene Sondervermögen zu (*Häsemeyer* Rn 26.33; *Fuchs/ Vallender* ZInsO 2001, 681, 687). Soweit das Sondervermögen die gerichtliche Geltendmachung der Forderung nicht ermöglicht, hat der Treuhänder in entsprechender Anwendung des § 292 Abs 2 S 3 nur tätig zu werden, wenn die Gläubiger ihm die zur Rechtsverfolgung erforderlichen Kosten vorschießen (*Kohte/Ahrens/Grote* § 292 Rn 6). Daneben hat der **Treuhänder als Partei kraft Amtes** bei Vorliegen der Voraussetzungen der §§ 114 ff ZPO Anspruch auf **Gewährung von Prozesskostenhilfe** (*Kohte/Ahrens/ Grote* aaO). Ebenso wenig wie der Insolvenzverwalter ist der Treuhänder wirtschaftlich beteiligt iSv § 116 Nr 1 ZPO (vgl **BGH** WM 1998, 360 mit Anm *Wrobel-Sachs* WuB VII A. § 116 ZPO, 1/98). Ob den Insolvenzgläubigern als wirtschaftlich Beteiligte iSv § 116 Nr 1 ZPO Prozesskostenvorschüsse zuzumuten sind, hängt von den konkreten Umständen des Einzelfalls ab (vgl **BGH** NJW 1991, 40, 41; **OLG** Köln ZIP 1991, 150, 151).

2. Treuhandkonto. Der Treuhänder hat die eingehenden Beträge und sonstigen Leistungen des 25 Schuldners oder Dritter von seinem Vermögen getrennt zu halten. Dies geschieht zweckmäßigerweise durch Einrichtung eines **Treuhandkontos** bei einem Kreditinstitut (HK-*Landfermann* § 292 Rn 23). Dabei hat der Treuhänder dem Kreditinstitut den Treuhandcharakter bei der Kontoeröffnung anzuzeigen und deutlich zu machen, dass das Konto ausschließlich zur Aufnahme von Treuhandgeldern bestimmt sei (**BGH** WM 1987, 922; *Hess/Obermüller* Rn 1173). Verfügungsberechtigter über das Konto ist allein der Treuhänder. Der Treuhänder hat die eingezahlten Gelder möglichst **zinsgünstig** anzulegen (*Hess/Obermüller* Rn 1168; N/R/*Römermann* § 292 Rn 42; *Döbereiner*, Restschuldbefreiung S 347). Die dem Treuhandverhältnis immanente Pflicht zur Wahrnehmung der Interessen des Treugebers gebietet es, dass der Treuhänder keine riskanten Geschäfte eingeht (*Obermüller* InsR Bankpraxis Rn 1.533).

Bei einer **Vollstreckung** von Gläubigern des Treuhänders in das Treuhandkonto ist jeder Insolvenz- 26 gläubiger befugt, gegen diese Vollstreckungsmaßnahme mit der Drittwiderspruchsklage gem § 771 ZPO vorzugehen. Darüber hinaus steht auch dem Schuldner als Treugeber die Drittwiderspruchsklage zu, weil das Treugut wirtschaftlich und haftungsrechtlich zu seinem Vermögen gehört (vgl **BGH** NJW 1959, 1123). Dies gilt selbst dann, wenn das Treuhandverhältnis nicht offenkundig ist (**BGH** BB 1993, 1549). Wird das Kreditinstitut zur Abgabe der Drittschuldnererklärung gemäß § 840 ZPO aufgefordert, hat es lediglich das Vorhandensein dieses Treuhandkontos zu erwähnen, ohne jedoch den Kontostand mitzuteilen.

Gegen **Zwangsvollstreckungsmaßnahmen von Neugläubigern** in das Treuhandkonto steht dem Treu- 27 händer die Erinnerung gemäß § 766 ZPO zu. Daneben sind die Insolvenzgläubiger erinnerungsbefugt. Bei einem Streit über die Zugehörigkeit des Vollstreckungsobjekts zum Sondervermögen ist der Treuhänder auch zur Erhebung der Drittwiderspruchsklage gemäß § 771 ZPO berechtigt (*Häsemeyer* Rn 26.54).

3. Verteilung der vereinnahmten Beträge, Abs 1 S 2. Die Auszahlung der Beträge, die der Treuhänder 28 durch die Abtretung erlangt, und der sonstigen Leistungen des Schuldners oder Dritter hat an die Insolvenzgläubiger auf Grund des **Schlussverzeichnisses** zu erfolgen. Berücksichtigt werden danach nur die Insolvenzgläubiger, die ihre Forderungen im Insolvenzverfahren **angemeldet** hatten (Begr zu § 241 RegE, BT-Drucks 12/2443, S 191). Bei einer **vorzeitigen Beendigung des Verfahrens** gemäß §§ 208, 211 hat das Insolvenzgericht ggf analog den Vorschriften über die Schlussverteilung einen Verteilungsschlüssel festzulegen (*Kohte/Ahrens/Grote* § 292 Rn 10).

Der **Widerspruch des Schuldners gegen die angemeldete Forderung** (vgl § 178 Abs 1 S 2) steht der 29 Berücksichtigung der Gläubiger bei den Verteilungen nicht entgegen (K/P/B/*Pape* § 184 Rn 4).

Der Treuhänder hat bei Vornahme der Auszahlung die Weisungen der Insolvenzgläubiger, wie zB die 30 Überweisung des Betrages auf ein bestimmtes Konto, zu befolgen (*Preuss* NJW 1999, 3450, 3451). Dagegen hat der Schuldner keine Befugnis, Einfluss auf die Auszahlung zu nehmen. Insbesondere ist der Treuhänder nicht verpflichtet, einseitige Treuhändertätigkeit für den Schuldner in der Weise zu übernehmen, dass er Tilgungsmittel nur unter Vorbehalt entgegennimmt und mit ihnen nach Weisung des Schuldners verfährt (*Preuss* aaO).

31   **Lohnabtretungsgläubiger** werden als **Absonderungsberechtigte** in dem Schlussverzeichnis nur insoweit berücksichtigt, als sie mit ihrer Forderung ausgefallen sind oder auf abgesonderte Befriedigung verzichtet haben (§§ 52 S 2, 190 Abs 1). Nach Aufhebung des Insolvenzverfahrens kann der Sicherungszessionar für den Zeitraum des § 114 Abs 1 die Forderung selbst einziehen. Das im Regelinsolvenzverfahren bestehende originäre Einziehungsrecht des Insolvenzverwalters gemäß § 166 Abs 2 erlischt mit der Aufhebung des Insolvenzverfahrens; es geht nicht auf den Treuhänder über (*Hess* § 292 Rn 48). Einen Kostenbeitrag gemäß §§ 170, 171 hat der Absonderungsberechtigte nicht zu leisten, weil sich diese Pflicht auf das Insolvenzverfahren beschränkt. Soweit der absonderungsberechtigte Gläubiger auch nach Ablauf des Abtretungszeitraums von zwei Jahren (§ 114 Abs 1) wegen seiner Forderung nicht befriedigt worden ist, nimmt er mit seiner Ausfallforderung an der Verteilungen durch den Treuhänder während der (restlichen) Wohlverhaltensperiode teil (zur Berechnung der Quote siehe Rn 36).

32   Der Treuhänder ist berechtigt, von den vereinnahmten Beträgen ohne Zustimmung des Insolvenzgerichts (unklar N/R/*Römermann* § 292 Rn 45) einen **Vorschuss** zu entnehmen, wobei sich das Entnahmerecht ausdrücklich auf die vom Treuhänder bereits verdiente Vergütung beschränkt (§ 16 Abs 2 InsVV). Das Entnahmerecht umfasst auch die bereits entstandenen Auslagen (BerlKo-*Blersch* § 16 InsVV Rn 28 mwN). Der nach Entnahme des Vorschusses und des **Selbstbehalts** nach Abs 1 S 4 verbleibende **Restbetrag** ist an die Insolvenzgläubiger auszukehren. Vor einer Verteilung der eingehenden Beträge an die Gläubiger hat der Treuhänder einen für die Überwachung des Schuldners nicht verbrauchten Vorschuss der Gläubiger an diese zurückzuzahlen.

33   Soweit das Insolvenzgericht das Insolvenzverfahren wegen **Masseunzulänglichkeit** nach § 211 eingestellt hat, haben Verteilungen an die Insolvenzgläubiger erst dann zu erfolgen, wenn die Massegläubiger vollständig befriedigt worden sind (**BGH v 17. 3. 2005 – IX ZB 214/04, NZI 2005, 399;** HK-*Landfermann* § 289 Rn 18; KS-*Fuchs* S 1738 Rn 172).

34   **a) Verteilungsmodus.** Die **Auszahlung** an die Gläubiger hat der Treuhänder **einmal jährlich** vorzunehmen. Mithin hat die erste Verteilung im Laufe dieses Jahres zu erfolgen. Die Jahresfrist beginnt mit der Übernahme des Treuhänderamtes.

35   Soweit der Treuhänder größere Beträge während seines Tätigkeitsjahres eingezogen hat (zB Zahlungen des Schuldners auf Grund einer Erbschaft, § 295 Abs 1 Nr 2), ist er berechtigt, bereits vor Ablauf des Jahres eine Auszahlung an die Insolvenzgläubiger vorzunehmen (N/R/*Römermann* § 292 Rn 54). Die Pflicht zur jährlichen Auszahlung dient der Entlastung des Treuhänders, dessen Arbeitsaufwand möglichst gering gehalten werden soll. Im Übrigen würden häufigere Auszahlungen bei Klein- und Kleinstbeträgen an eine Vielzahl von Gläubigern unverhältnismäßig hohe Kosten verursachen (*Hess/Obermüller* Rn 1176).

36   Die an die Insolvenzgläubiger auszuzahlenden **Quoten** errechnen sich nach dem Verhältnis der Forderungen, die ihnen nach dem Schlussverzeichnis zustehen. Die Quotenbestimmung gestaltet sich schwieriger, wenn der Schuldner vor der Eröffnung des Insolvenzverfahrens Bezüge aus einem Dienstverhältnis abgetreten hat. Denn es ist regelmäßig erst nach Ablauf der in § 114 Abs 1 bestimmten Frist feststellbar, in welcher Höhe diese Gläubiger ausfallen (K/P/B/*Wenzel* § 292 Rn 9). Nach dem Wortlaut des § 292 Abs 1 würden Zessionare über das gesetzlich zwingend vorgeschriebene Maß hinaus bevorzugt. Sie würden unter Umständen sogar zu mehr als 100% befriedigt, ohne dass ein Überschuss iSd § 199 vorliegt (siehe das Berechnungsbeispiel von *Moch*, NZI 1998, 68). Deshalb ist § 292 bei einer Lohnabtretung unter dem Gesichtspunkt der Gleichbehandlung der Insolvenzgläubiger in der Weise auszulegen, dass eine Quotenermittlung auf der Grundlage der Forderungen vorzunehmen ist, die **nach Auslaufen** der Lohnabtretungen iSd § 114 Abs 1 noch offen sind (*Moch* aaO; *Grote* ZInsO 1999, 31, 33). Die **Erstellung des Schlussverzeichnisses** kann indes nicht so lange aufgeschoben werden, bis die Sicherungsabtretung ausgelaufen ist. Vielmehr ist danach der gesamte zum Ende der Frist des § 189 noch ausstehende Betrag als vorläufiger Ausfall anzugeben und das Schlussverzeichnis, genauer: die auf den vormaligen Absonderungsberechtigten entfallende Quote, später zu berichtigen, wenn der endgültige Ausfall feststeht (**BGH v 2. 7. 2009 – IX ZR 126/08, NZI 2009, 565**). Damit der Verwalter das Schlussverzeichnis erstellen kann, muss der Absonderungsberechtigte ihm zumindest – rechtzeitig – die Informationen liefern, die der Verwalter zur wenigstens vorläufigen Bemessung der Quote benötigt. Das ergibt sich aus dem Zweck des § 190 der Verwertung von Gegenständen, an denen Absonderungsrechte bestehen, zu verzögern (MünchKomm-InsO/*Füchsl/Weishäupl* § 190 Rn 1).

37   Gläubiger der Insolvenzgläubiger können den **Auszahlungsanspruch** gegen den Treuhänder **pfänden** und sich zur Einziehung überweisen lassen. Da Auszahlungsanspruch und Insolvenzforderung nicht verschiedenen Gläubigern zustehen dürfen, bedarf es der gleichzeitigen Pfändung der Insolvenzforderung (*Preuss* NJW 1999, 3450, 3451 mwN). Bei gleichzeitiger Pfändung der Insolvenzforderung hat der Schuldner den Treuhänder von der Pfändung in Kenntnis zu setzen, um eine Auszahlung der Tilgungsmittel an den nicht mehr einziehungsberechtigten Insolvenzgläubiger zu verhindern.

38   **b) Berichtigung der gestundeten Verfahrenskosten, Abs 1 S 2 2. HS.** Der durch das InsOÄG 2001 v 26. 10. 2001 (BGBl I S 2710) eingefügte Halbsatz in Abs 1 S 2 schafft ein **Vorwegbefriedigungsrecht der Staatskasse** hinsichtlich der gestundeten Verfahrenskosten. Wegen der engen Verknüpfung des Rest-

III. Gesetzliche Aufgaben und Pflichten des Treuhänders, Abs 1 § 292

schuldbefreiungsverfahrens mit dem Insolvenzverfahren hält der Gesetzgeber es jedoch für gerechtfertigt, die eingesetzten öffentlichen Mittel bereits während der Wohlverhaltensperiode zurückfordern zu dürfen (BegrRegE BR-Drucks 14/5680 S 44). Die Stundung der Kosten des Insolvenzverfahrens gem § 4a Abs 1 schiebt zwar die Fälligkeit der auf die Bundes- oder Landeskasse übergegangenen Kostenforderung (§ 4a Abs 3 S 1) hinaus. Dies ändert aber nichts an der Erfüllbarkeit dieser Forderung.

Das **Vorwegbefriedigungsrecht der Staatskasse** gegenüber den nicht oder nicht vollständig befriedigten Massegläubigern (siehe Rn 33) und den Insolvenzgläubigern endet grundsätzlich erst nach vollständiger Berichtigung der gemäß § 4a gestundeten Verfahrenskosten. Solange diese Kosten nicht zurückgeführt sind, findet die Regelung des Abs 1 S 3 keine Anwendung. Da die **Kostenforderung des Staates erfüllbar** ist, hat der Treuhänder diese Forderung auch während der Stundung zu bedienen (Begr RegE BT-Drucks 14/5680 S 44). Dies gilt indes nicht für die Kosten, die durch die **Beiordnung eines Rechtsanwalts** entstehen (§ 292 Abs 1 S 2). Der Gesetzgeber rechtfertigt die Regelung damit, dass die Beiordnung nicht zwingend durch die Abwicklung eines Insolvenzverfahrens veranlasst, sondern Ausdruck einer besonderen Fürsorge gegenüber einem rechtsunkundigen und im Verfahren unbeholfenen Schuldner sei. Aus diesem Grunde könnten diese Kosten nicht auf die Insolvenzgläubiger abgewälzt werden (Begr RegE BT-Drucks 14/5680 S 44). 39

Die Neufassung des § 292 Abs 1 S 2 geht eindeutig zu Lasten der Insolvenzgläubiger. Bei nur geringfügig pfändbarem Arbeitseinkommen des Schuldners erhalten die Insolvenzgläubiger unter Umständen für einen längeren Zeitraum keine Quote auf ihre im Insolvenzverfahren unbefriedigt gebliebenen Forderungen. Dies gilt erst recht bei vorrangigen Lohnabtretungen (vgl § 114 Abs 1). 40

c) **Nicht berücksichtigte Gläubiger.** Hat ein Gläubiger es versäumt, seine Forderung im Insolvenzverfahren rechtzeitig anzumelden, kann er dies im Restschuldbefreiungsverfahren nicht mehr nachholen (*Vallender* ZIP 2000, 1288, 1290; **aA** *Hoffmann* Verbraucherinsolvenz S 103). Nach § 292 Abs 1 S 2 hat der Treuhänder die eingegangenen Beträge an die Gläubiger auf Grund des Schlussverzeichnisses abzuführen. Ist die Forderung des Gläubigers im Schlussverzeichnis nicht aufgeführt, findet sie im Restschuldbefreiungsverfahren keine Berücksichtigung mehr. Mit der Frage, ob ein weiterer Gläubiger zu befriedigen ist und ob dessen Forderung überhaupt besteht, soll der Treuhänder nicht befasst werden (*Bruckmann* Verbraucherinsolvenz § 4 Rn 88; K/P/B/*Wenzel* § 292 Rn 18). 41

Etwas anderes gilt unter Umständen bei einer **vorzeitigen Beendigung des Insolvenzverfahrens**, in dem ein Schlussverzeichnis nicht (mehr) erstellt worden ist. Soweit man in einem solchen Fall den Schuldner als verpflichtet ansieht, selbst ein Verteilungsverzeichnis zu erstellen (*Uhlenbruck* NZI 2001, 408, 410), ist ein in diesem Verzeichnis „übergegangener" Insolvenzgläubiger berechtigt, vom Treuhänder die Aufnahme in das Verteilungsverzeichnis zu verlangen. 42

d) **Selbstbehalt, Abs 1 S 4.** Nach Ablauf von vier Jahren seit der Aufhebung des Insolvenzverfahrens haben die Gläubiger keinen Anspruch mehr auf Auszahlung des **gesamten pfändungsfreien Betrages** der **Arbeitsbezüge** des Schuldners. Vielmehr muss der Treuhänder im fünften Jahr 10% und im sechsten Jahr 15% der durch die Abtretung erlangten Beträge an den Schuldner abführen. Nach dem klaren Wortlaut des Absatzes 1 S 4 sind auch die **sonstigen Leistungen**, die der Treuhänder erhält, vom Motivationsrabatt erfasst. Bei einer **verkürzten Laufzeit** der Abtretungserklärung gemäß **Art 107 EGInsO** auf fünf Jahre kommt demnach nur die erste Stufe des Selbstbehalts von 10% zum Tragen (HK-*Landfermann* § 292 Rn 16 ff). 43

Da die Abtretung sich auf den vollen pfändbaren Lohnanteil bezieht, ist der Arbeitgeber des Schuldners nicht befugt, bei Überweisung des pfändbaren Anteils des Arbeitslohns an den Treuhänder die für den Schuldner vorgesehenen Prozentsätze abzuziehen und an diesen zu überweisen (*Hoffmann* Verbraucherinsolvenz S 139; ähnlich *Krug* Verbraucherkonkurs S 136 ff; N/R/*Römermann* § 292 Rn 50 ff). 44

Für den im Laufe der Jahre wachsenden Anteil des Schuldners ist es ohne Belang, ob in den vorangegangenen Jahren überhaupt Zahlungen auf dem Treuhandkonto eingegangen sind (*Scholz* DB 1996, 65, 69; *Vallender* VuR 1997, 155, 157; N/R/*Römermann* § 292 Rn 45). Ein Mittelwert wird grundsätzlich nicht gebildet (*Kohte/Ahrens/Grote* § 292 Rn 16). 45

Da Abs 1 S 4 nicht nach der Tätigkeit des Schuldners unterscheidet, kann auch der **selbstständig tätige Schuldner** den Selbstbehalt für sich beanspruchen. Der Treuhänder muss allerdings darauf achten, dass nur ein angemessener Rabatt an den Schuldner ausgezahlt wird (K/P/B/*Wenzel* § 292 Rn 9 c). 46

Nach dem eindeutigen Wortlaut des Absatzes 1 S 4 hat der Schuldner Anspruch auf Auszahlung der jeweiligen prozentualen Beträge, die der Treuhänder erlangt (*Kohte/Ahrens/Grote* § 292 Rn 16; HK-*Landfermann* § 292 Rn 13). Der Motivationsrabatt ist nicht um die Treuhändervergütung zu kürzen (so aber K/P/B/*Wenzel* § 292 Rn 9 b; MüKoInsO-*Ehricke* § 292 Rn 37). 47

Wann „der Selbstbehalt" an den Schuldner abzuführen ist, lässt Abs 1 S 4 offen. In Betracht käme eine monatliche oder jährliche Auszahlung des „Selbstbehalts". Da das Gesetz keine Regelung zur Zahlweise enthält, obliegt diese dem pflichtgemäßen Ermessen des Treuhänders (HK-*Landfermann* § 292 Rn 21). Berücksichtigt man, dass die Regelung des Abs 1 S 4 dazu dienen soll, die Motivation und das Durchhaltevermögen des Schuldners zu stärken (Beschl-Empfehlung des RechtsA zu § 346 g, BT-Drucks 12/7302 S 188), erscheint es sachgerecht und vertretbar, dass der Treuhänder **monatlich** den steigenden Selbstbehalt an den Schuldner abführt (ebenso *Heyer*, Verbraucherinsolvenzverfahren S 59; *Döbereiner*, Rest- 48 schuldbefreiung S 189; HK-*Landfermann* § 292 Rn 21). Der Treuhänder verletzt allerdings nicht seine Pflichten gegenüber dem Schuldner, wenn er – in Anlehnung an die Verpflichtung in Abs 1 S 2 – die wegen des steigenden Selbstbehalts abzuführenden Beträge nur einmal jährlich an den Schuldner auszahlt (so K/P/B/*Wenzel* § 292 Rn 9 e).

49 e) **Einschränkung des Vorwegbefriedigungsrechts der Staatskasse, Abs 1 S 5.** Nach Ablauf von vier Jahren seit der Aufhebung des Insolvenzverfahren erfährt das **Vorwegbefriedigungsrecht der Staatskasse** gemäß § 292 Abs 1 S 2 2. HS unter Umständen eine Einschränkung. § 292 Abs 1 S 5 sieht vor, dass der Schuldner auch dann in den Genuss des Motivationsrabatts gelangt, wenn die nach § 4a gestundeten Verfahrenskosten noch nicht berichtigt sind. Der Motivationsrabatt darf indes nicht über das hinausgehen, was dem Schuldner bei **Ratenzahlungen nach § 115 ZPO** verbleiben würde. Dadurch soll verhindert werden, dass dem Schuldner während der Wohlverhaltensperiode ein höherer Teil seines Einkommens verbleibt als nach Erteilung der Restschuldbefreiung (Begr RegE BT-Drucks 14/5680 S 45). Mit Recht hat der Bundesrat in seiner Stellungnahme kritisiert, dass die Regelung des Absatzes 1 S 5 führe vor allem bei **vorrangigen Lohnabtretungen** dazu, dass sich die Rückführung der gestundeten Verfahrenskosten in vielen Fällen bis weit in die Zeit nach Erteilung der Restschuldbefreiung hinziehe.

50 Für den **Treuhänder** dürfte die Regelung angesichts der relativ geringfügigen Vergütung zu einer nicht vertretbaren Mehrbelastung führen (zu den Schwierigkeiten, die sich bei der Berechnung des maßgeblichen Einkommens und Vermögens auf der Grundlage des § 115 ZPO ergeben, siehe *Kalthoener/Büttner/Wrobel-Sachs* Prozesskostenhilfe Rn 208 ff). Er hat mit zwei Berechnungssystemen zu arbeiten. Zur Berechnung der an die Gläubiger abzuführenden Beträge hat er (als Grundlage) den nach den pfändungsfreien Teil des Schuldnereinkommens, zur Berechnung des an die Staatskasse abzuführenden Betrages hingegen den sich aus § 115 Abs 1 ZPO errechnenden Betrag zu ermitteln. Dabei hat er zunächst die absetzbaren Beträge gemäß Abs 1 Nr 1 bis 4 zu addieren. Diese Summe ist sodann vom monatlichen Bruttoeinkommen abzuziehen und auf volle Euro abzurunden (*Thomas/Putzo* § 115 ZPO Rn 16). Das so errechnete einzusetzende Einkommen bestimmt die Höhe der monatlichen Rate. Ohne Mithilfe des Schuldners dürfte dem Treuhänder die korrekte Berechnung kaum möglich sein.

IV. Abtretungsschutz, Abs 1 S 3, § 36 Abs 1 S 2, Abs 4

51 Da Arbeitseinkommen insoweit nicht abgetreten werden kann, als dieses kraft Gesetzes nicht pfändbar ist (§ 400 BGB), beschränkt sich die Pflicht des Schuldners auf die **Abtretung der pfändbaren Bezüge** aus einem Dienstverhältnis oder an deren Stelle tretende laufende Bezüge für die Zeit von sechs Jahren nach der Eröffnung des Insolvenzverfahrens. Ob die abgetretene Forderung aus einem Dienstverhältnis der Pfändung unterworfen ist, ergibt sich grundsätzlich aus § 850c ZPO. Deshalb braucht die Abtretungserklärung keine Bestimmung zu enthalten, dass nur der nach den gesetzlichen Vorschriften pfändbare und damit abtretbare Teil des Arbeitseinkommens abgetreten wird (*Winter* Rpfleger 2000, 149, 150).

52 **1. Erweiterung oder Beschränkung der Pfändbarkeit.** Bis zum Inkrafttreten des InsOÄG 2001 v 26. 10. 2001 (BGBl I S 2710) enthielt die Insolvenzordnung keine ausdrückliche Regelung zu der Frage, ob die §§ 850 ff ZPO im Insolvenzverfahren – und damit auch in der Wohlverhaltensperiode – Anwendung finden (näher dazu *Fuchs/Vallender* ZInsO 2001, 681 ff). Erst auf Grund der Beschlussempfehlung des Rechtsausschusses des Deutschen Bundestags wurde § 36 um die Vorschrift **ergänzt**, dass die §§ 850, 850a, 850c, 850f Abs 1, §§ 850g bis i ZPO entsprechend anzuwenden sind (BT-Drucks 14/6468 S 24). In einem neuen Satz 3 in § 292 Abs 1 wird auf die in § 36 Abs 1 S 2 angeführten Vorschriften der Zivilprozessordnung verwiesen. Gerade in der Treuhandphase des Restschuldbefreiungsverfahrens ist es sinnvoll, diese Bestimmungen anzuwenden, die es erlauben, besonderen Fallkonstellationen Rechnung zu tragen, die von den pauschalierten Pfändungsfreigrenzen nicht erfasst werden (für eine entsprechende Anwendung des § 850f Abs 1 ZPO im Restschuldbefreiungsverfahren hatten sich **AG Krefeld** Beschl v 20. 4. 2001 – 95 IK 11/99; *Hess* § 287 Rn 82; *Kohte* ZIP 1994, 184, 186; *Kohte/Ahrens/Grote* § 287 Rn 53 ff; *Bindemann* Rn 243; *Mäusezahl* ZInsO 2000, 193 ff; *Messner/Hofmeister* Schuldenfrei S 40; *Stephan* ZInsO 2000, 381 und *Trendelenburg* Restschuldbefreiung S 187 ausgesprochen. *Landfermann* (in: HK § 291 Rn 13) hatte dagegen den Anwendungsbereich der Vorschrift auf Ansprüche aus Sozialleistungen beschränkt). Aus der Sicht der Gläubiger ist es von besonderem Interesse, dass zB Ansprüche aus einem zweiten Arbeitsverhältnis des Schuldners nach § 850e Nr 2 ZPO auf Antrag in die Berechnung einbezogen werden (näher dazu *Warrikoff* ZInsO 2004, 1331 ff; HK-*Landfermann* § 292 Rn 14).

53 **2. Antragsberechtigung.** Im Falle der §§ 850e Ziffer 2 S 1, 2a S 1, 4 S 2, 850f Abs 1, 850i Abs 1 S 1 ZPO steht dem **Schuldner** das Antragsrecht zu. Soweit die Zivilprozessordnung in der Einzelzwangsvollstreckung eine Antragsberechtigung des Gläubigers vorsieht (§§ 850c Abs 4 S 1, 850e Ziffer 2 S 1, 2a S 1, 4 S 2 ZPO), ordnet § 36 Abs 4 S 2 für das Gesamtvollstreckungsverfahren und die Wohlverhaltensperiode (§ 292 Abs 1 S 3) ausdrücklich an, dass an dessen Stelle der Insolvenzverwalter bzw Treuhänder tritt. Diese Regelung schließt ein Antragsrecht eines Insolvenzgläubigers aus. Gleichzeitig ist der

Vorschrift zu entnehmen, dass der Treuhänder das Antragsrecht des Schuldners nicht wahrnehmen, wohl aber eine Antragstellung anregen kann (ebenso HK-*Landfermann* § 292 Rn 15; *Graf-Schlicker/ Kexel* § 292 Rn 8; K/P/B/*Wenzel* § 287 Rn 16 b; vgl LAG Kiel v 18. 1. 2006 – 3 Sa 549/05, ZVI 2006, 151).

Der **Treuhänder** ist im Rahmen der Abtretungserklärung als **kraft Gesetzes gewillkürter Prozessstandschafter** anzusehen, weil ihm das pfändbare Arbeitseinkommen des Schuldners treuhänderisch abgetreten ist (vgl *Zöller/Vollkommer* Vor § 50 ZPO Rn 48, 51). Da der Treuhänder im Interesse der Gläubiger bzw des Schuldners die Verpflichtung hat, alle notwendigen Schritte zur Mehrung der Masse einzuleiten, hat er ein entsprechendes Ersuchen eines Gläubigers zu prüfen und bei hinreichender Erfolgsaussicht von dem ihm gesetzlich zugewiesenen Antragsrecht des Gläubigers Gebrauch zu machen. Bei schuldhafter Unterlassung läuft der Treuhänder Gefahr, sich gegenüber den Insolvenzgläubigern schadensersatzpflichtig zu machen (näher dazu § 292 Rn 11 ff). 54

3. Zuständigkeit. Durch die Verweisung in § 292 Abs 1 S 3 auf die in § 36 Abs 1 S 2 angeführten Vorschriften der Zivilprozessordnung ist auch für das Restschuldbefreiungsverfahren geklärt, wer für die Entscheidung zuständig ist, welche Gegenstände der Zwangsvollstreckung unterliegen und damit abtretbar sind. § 36 Abs 4 S 1 begründet insoweit die **Zuständigkeit des Insolvenzgerichts** als besonderes Vollstreckungsgericht (**BGH** IX ZB 119/04, ZVI 2006, 461). Die Regelung ist sachgerecht. Denn dem Insolvenzgericht liegen regelmäßig alle Unterlagen vor, die für die fragliche Entscheidung maßgebend sind (Begr Beschluss-Empf des RechtsA zu § 36, BT-Drucks 14/6468 S 24). Durch die Neufassung der §§ 36, 292 dürfte der Streit, wie der Schuldnerschutz im Falle der Abtretung gerichtlich durchgesetzt werden kann (näher dazu *Fuchs/Vallender* ZInsO 2001, 681 ff), ein Ende gefunden haben. 55

Funktionell zuständig für die Entscheidung über Anträge nach § 36 Abs 1 S 2 iVm §§ 850c Abs 4, 850e Ziffer 2 S 1, 2a S 1, 4 S 2, 850f Abs 1, 850i Abs 1 S 1 ZPO ist der **Rechtspfleger** (§ 3 Ziffer 2 e RPflG). Der Insolvenzrichter ist jedoch befugt, nach § 18 Abs 2 RpflG die entsprechende Entscheidung im Eröffnungsverfahren zu treffen (**AG** Göttingen ZVI 2002, 25, 26). Dabei kann er eine eilbedürftige Anordnung ohne vorherige Anhörung der übrigen Beteiligten unter dem Vorbehalt der Abänderbarkeit treffen. Weist der Rechtspfleger einen entsprechenden Antrag zurück, ist gegen diese in Beschlussform ergehende Entscheidung die befristete Erinnerung nach § 11 Abs 1 S 2 RPflG statthaft, über die – wenn der Rechtspfleger ihr nicht gemäß § 11 Abs 2 S 2 RPflG abhelfen sollte – der Richter des Insolvenzgerichts (abschließend) entscheidet (**OLG** Köln InsO 2000, 499, 500; vgl auch **LG** München II ZInsO 2000, 410; *Schuschke/Walker* § 850f Rn 4; aA **LG** Wuppertal ZInsO 2001, 328, das gegen die Entscheidung des Rechtspflegers nach § 11 RPflG, §§ 793, 577, 567 ff das Rechtsmittel der sofortigen Beschwerde für gegeben hält). 56

V. Überwachung des Schuldners, Abs 2

Die **Gläubigerversammlung** kann dem Treuhänder **zusätzlich** die Aufgabe übertragen, die Erfüllung der Obliegenheiten des Schuldners zu überwachen. Dabei handelt es sich um die in § 295 normierten Pflichten des Schuldners (BerlKo-*Blersch* § 15 InsVV Rn 1). Ein Ablehnungsrecht steht dem Treuhänder nicht zu, wenn er das Treuhänderamt angenommen hat. Der entsprechende Beschluss ist spätestens im Schlusstermin zu fassen (BerlKo-*Goetsch* § 292 Rn 5; K/P/B/*Wenzel* § 292 Rn 12). Die Gläubigerversammlung kann Inhalt und Umfang der Überwachungstätigkeit (jährliche Stundenzahl pp) im Einzelnen festlegen. Während der Wohlverhaltensperiode kann der Treuhänder nicht mehr mit der Überwachung des Schuldners beauftragt werden, weil eine Gläubigerversammlung iSv §§ 74 ff nicht gibt (unzutreffend N/R/*Römermann* § 292 Rn 55). Allerdings kann die Beauftragung während des Insolvenzverfahrens unter einer aufschiebenden Bedingung erfolgen. Dabei hat die Gläubigerversammlung in dem Beschluss den Eintritt des vorgesehenen Ereignisses präzise festzulegen (zB Eintritt der Arbeitslosigkeit des Schuldners; Wechsel des Wohnortes pp). Im Ankündigungsbeschluss des Insolvenzgerichts nach § 291 Abs 2 InsO ist festzustellen, dass die Gläubigerversammlung den Treuhänder mit der Überwachung des Schuldners beauftragt hat. 57

Die für die Überwachung gesondert zu zahlende Vergütung muss entweder aus den Abtretungsbeträgen gedeckt sein oder von den Gläubigern vorgeschossen werden (*Häsemeyer* Rn 26.34). Bei Erreichen der Vergütungshöchstgrenze ist der Treuhänder zur entsprechenden Reduzierung seiner Überwachungstätigkeit berechtigt (BerlKo-*Blersch* § 15 InsVV Rn 8). Die **Überwachungspflicht** des Treuhänders **entfällt**, wenn die Vergütung für die Überwachung nicht gesichert ist (§ 292 Abs 2 S 3). Dies hat er den Gläubigern unverzüglich mitzuteilen. 58

1. Inhalt und Umfang der Aufgabe. Die Überwachungstätigkeit des Treuhänders erstreckt sich in erster Linie darauf, ob der Schuldner eine angemessene Erwerbstätigkeit ausübt oder sich bei Beschäftigungslosigkeit darum bemüht. Bei Erwerb von Vermögen iSv § 295 Abs 1 Nr 2 hat der Treuhänder den an die Gläubiger abzuführenden Anteil festzustellen. Die Art und Weise, wie der Treuhänder seine Überwachungsaufgabe erfüllt, liegt in seinem **pflichtgemäßen Ermessen** (*Kohte/Ahrens/Grote* § 292 Rn 20). Im Hinblick auf die Erwerbsobliegenheit des § 295 Abs 1 Nr 1 wird der Treuhänder den 59

Schuldner auffordern mitzuteilen, welche Maßnahmen er ergriffen hat, um eine angemessene Erwerbstätigkeit aufzunehmen und die Gründe darzulegen, wenn er eine Tätigkeit nicht aufgenommen hat (*Gerigk* ZInsO 2001, 931, 936). Der Treuhänder ist grundsätzlich nicht verpflichtet, von sich aus **Ermittlungen** anzustellen, ob der Schuldner tatsächlich seine Obliegenheiten erfüllt. Vielmehr hat er nur die ihm vorliegenden Informationen auf einen etwaigen Verstoß gegen die Obliegenheiten des Schuldners hin zu überprüfen. Konkreten Anhaltspunkten, die auf eine Pflichtverletzung hindeuten, hat er allerdings nachzugehen. Von besonderer Bedeutung ist in diesem Zusammenhang die Pflicht des Schuldners, dem Treuhänder **auf Verlangen Auskunft** über seine Erwerbstätigkeit oder seine Bemühungen um eine solche sowie über seine Bezüge und sein Vermögen zu erteilen (§ 295 Abs 1 Nr 3). Die Pflicht des Schuldners zur Auskunftserteilung schließt das Recht des Treuhänders ein, den **Nachweis** der Erfüllung der Obliegenheiten durch Vorlage entsprechender Unterlagen zu verlangen. Dagegen ist der Treuhänder mangels gesetzlicher Grundlage nicht befugt, in den Geschäftsräumen des Schuldners Nachforschungen anzustellen.

60 In welchen zeitlichen Abständen der Treuhänder beim Schuldner Auskünfte einzuholen hat, hängt von den Umständen des Einzelfalls ab. Ein regelmäßig Kontakt zum Schuldner dürfte bereits deshalb unerlässlich sein, um einen Wechsel des Wohnsitzes oder der Beschäftigungsstelle zu erkennen (BerlKo-*Blersch* § 15 InsVV Rn 1). Bei einem arbeitslosen oder selbstständig tätigen Schuldner gestaltet sich die Überwachungstätigkeit intensiver als bei einem Schuldner, der in einem festen Arbeitsverhältnis steht. Eine Festlegung der monatlichen Zahlungspflichten des **selbstständig tätigen Schuldners** dürfte ohne eine betriebswirtschaftliche Analyse der Tätigkeit kaum möglich sein (BerlKo-*Blersch* § 15 InsVV Rn 2).

61 Es liegt im wohlverstandenen eigenen Interesse des Treuhänders, seine Überwachungstätigkeit zu dokumentieren. Dies ist zum einen im Hinblick auf die Stundensatzvergütung gemäß § 15 Abs 1 InsVV geboten. Ohne **Stundennachweis** ist eine Festsetzung der Vergütung nicht möglich. Das Ansetzen von Zeitpauschalen oder bloße nachträgliche Schätzungen sind unzulässig (BerlKo-*Blersch* § 16 InsVV Rn 23). Zum anderen erscheint eine ausreichende Dokumentation deshalb sinnvoll, um etwaigen Schadensersatzansprüchen von Insolvenzgläubigern wegen unzureichender Überwachungstätigkeit wirksam begegnen zu können.

62 Sobald der Treuhänder Kenntnis von einer Obliegenheitsverletzung des Schuldners erlangt, hat er die Gläubiger hiervon **unverzüglich** zu unterrichten (Abs 2 S 2). Denn im Regelfall werden die Gläubiger erst durch die Informationen des Treuhänders in die Lage versetzt, einen erfolgreichen Antrag auf Versagung der Restschuldbefreiung zu stellen. Die in § 121 Abs 1 BGB enthaltene Legaldefinition des Begriffs unverzüglich gilt für das gesamte Privatrecht, dem auch das Insolvenzrecht zuzurechnen ist (*Häsemeyer* Rn 1.05). Mithin hat die Benachrichtigung der Gläubiger ohne schuldhaftes Zögern zu erfolgen. Dem Treuhänder ist aber eine angemessene Zeit zur Prüfung der vorliegenden Informationen zuzugestehen (N/R/*Römermann* § 292 Rn 59). Dies gilt umso mehr, als die Feststellung einer Obliegenheitsverletzung nicht ohne weiteres möglich ist, sondern eine gewisse rechtliche Wertung des schuldnerischen Verhaltens erforderlich macht. Eine Pflicht des Insolvenzgerichts, den Treuhänder rechtlich aufzuklären, besteht insoweit nicht. Vielmehr hat der Treuhänder in eigener Verantwortung zu entscheiden, ob das Verhalten des Schuldners eine Obliegenheitsverletzung darstellt.

63 Verletzt der Treuhänder seine Informationspflicht, läuft er Gefahr, sich gegenüber den Gläubigern **schadensersatzpflichtig** zu machen (siehe dazu näher Ausführungen Rn 11 ff). Es obliegt den Gläubigern darzulegen und ggf zu beweisen, welcher materielle Schaden ihnen aus einer unterlassenen oder verspäteten Mitteilung über eine Obliegenheitsverletzung des Schuldners entstanden ist.

64 Fraglich erscheint, ob der Treuhänder, dem Überwachungsaufgaben nicht übertragen worden sind, die Gläubiger über ihm dienstlich bekannt gewordene Obliegenheitsverletzungen des Schuldners informieren muss. Da den Treuhänder nach dem Wortlaut des Abs 2 S 2 („in diesem Fall") nur bei zusätzlicher Aufgabenübertragung eine **Informationspflicht** trifft, besteht für ihn grundsätzlich keine entsprechende Mitteilungspflicht, an deren Verletzung Sanktionen geknüpft werden könnten (*Bruckmann*, Verbraucherinsolvenz § 4 Rn 76). Soweit er allerdings konkret nach einer Obliegenheitsverletzung gefragt wird, hat er sich hierzu angesichts des auch im Verhältnis zu den Insolvenzgläubigern bestehenden gesetzlichen Schuldverhältnisses wahrheitsgemäß zu äußern, ohne dass eine den Gläubigern erteilte Auskunft Schadensersatzansprüche des Schuldners begründen könnte. Denn nach dem auch im Insolvenzrecht geltenden Grundsatz von Treu und Glauben (§ 242 BGB) handelt derjenige rechtsmissbräuchlich, der sein Recht durch ein gesetzwidriges Verhalten erworben hat (BGHZ 57, 111).

65 Aus der Beauftragung zur Überwachung folgt indes keine Pflicht des Treuhänders, den Schuldner zu einer wirtschaftlichen Haushaltsführung anzuhalten und ihn entsprechend zu beraten (aA *Döbereiner* Restschuldbefreiung S 341). Versteht der Treuhänder seine Aufgabe in diesem Sinne und handelt er entsprechend, verletzt er damit aber nicht seine Neutralitätspflicht. Denn ein solches Verhalten liegt gleichermaßen im Interesse von Schuldner und Insolvenzgläubigern.

66 **2. Vergütung für die Überwachung.** Für die Überwachungstätigkeit erhält der Treuhänder **eine zusätzliche Vergütung**, die nach § 15 Abs 1 S 2 InsVV regelmäßig 35,00 Euro je Stunde beträgt. Der Stundensatz kann im Einzelfall höher oder niedriger sein. Zu berücksichtigen sind sowohl die berufli-

che Stellung des Treuhänders als auch die wirtschaftliche Lage des Schuldners. Der Gesamtbetrag der zusätzlichen Vergütung darf nach § 15 Abs 2 InsVV den Gesamtbetrag der Vergütung nach § 14 InsVV nicht überschreiten (zu den weiteren Einzelheiten siehe Kommentierung § 293 Rn 13 ff). Die Gläubigerversammlung darf hiervon jedoch eine abweichende Regelung treffen (BerlKo-*Goetsch* § 292 Rn 6).

VI. Rechnungslegungspflicht, Abs 3, S 1

Bei der **Beendigung seines Amtes** hat der Treuhänder dem Insolvenzgericht **Rechnung zu legen**. Auch wenn § 292 Abs 3 S 1 nicht ausdrücklich auf die Rechnungslegungspflicht des Insolvenzverwalters gemäß § 66 Bezug nimmt, finden gleichwohl die gleichen Grundsätze Anwendung (*Kohte/Ahrens/Grote* § 292 Rn 24; BerlKo-*Goetsch* § 292 Rn 9; *Hess* § 292 Rn 82). Die Rechnungslegung dient dem Zweck, die Abwicklung des Restschuldbefreiungsverfahrens durch den Treuhänder vollständig und korrekt darzustellen und eine Überprüfung durch das Gericht zu ermöglichen (*Döbereiner* aaO S 334). 67

Der Treuhänder hat einen **Schlussbericht** vorzulegen sowie eine Einnahmen- und Ausgabenrechnung (**Überschussrechnung**) vorzunehmen, bei der die Summe aller Einnahmen abzüglich der Summen aller Ausgaben den Sollbestand ergibt (H/W/F Kap 5 Rn 138; *Hess* aaO). Der Nachweis erfolgt durch die Summe aller Guthaben bei Banken oder in der Kasse. Das Gericht hat sich bei jedem Posten davon zu überzeugen, ob es zu Recht berücksichtigt und durch Belege nachgewiesen ist (*Müller* ZInsO 1999, 335, 339). Die Prüfung hat sich auch auf die Angemessenheit der Auslagen zu erstrecken. Die vom Insolvenzgericht vorgenommene Prüfung erstreckt sich auf die **rechnerische Richtigkeit** der Rechnungen. Dabei kann sich das Gericht auf **Stichproben** beschränken, wenn die Rechnung von einem dem Gericht als zuverlässig bekannten Treuhänder erstellt worden ist und die Angaben vollständig erscheinen sowie schlüssig, dh nachvollziehbar sind (*Müller* aaO). 68

Auch bei **vorzeitigem Ende der Wohlverhaltensperiode** hat der Treuhänder eine **Endabrechnung** zu erstellen, aus der ersichtlich ist, an welchen Tagen welche Beträge an welche Empfänger gezahlt worden sind (N/R/*Römermann* § 292 Rn 60). Ist der Treuhänder geschäftsunfähig geworden, so ist der gesetzliche Vertreter, ist er verstorben, so sind seine Erben zur Rechnungslegung verpflichtet (vgl K/U § 86 KO Rn 2). Den neu bestellten Treuhänder trifft diese Pflicht nicht, vielmehr muss ihm Rechnung über die frühere Tätigkeit des Treuhänders gelegt werden. 69

Das Gericht kann gegen den Treuhänder zur Erzwingung der Pflicht zur Rechnungslegung **Zwangsgeld** verhängen (§ 292 Abs 3 S 1 und 2, 58). Zuständig für die vorherige Androhung und Festsetzung des Zwangsgeldes ist der Rechtspfleger. 70

Zur Geltendmachung seines **Vergütungsanspruchs** ist der Treuhänder erst am Ende seiner Tätigkeit berechtigt (N/R/*Römermann* § 293 Rn 5; *Keller* Rn 229; unzutreffend *Kohte/Ahrens/Grote* § 293 Rn 8, wonach die Vergütung sich nach den jährlich vereinnahmten Beträgen richte). In Übereinstimmung damit bestimmt § 16 Abs 1 S 2 InsVV, dass die Vergütung und die zu erstattenden Auslagen des Treuhänders erst bei der Beendigung seines Amtes festgesetzt werden. Der nach § 292 Abs 3 S 1 rechnungslegungspflichtige Treuhänder kann bei der Vergütungsberechnung auf diese Rechnungslegung Bezug nehmen (H/W/F § 16 InsVV Rn 1; *Keller* Rn 242). 71

VII. Aufsicht des Insolvenzgerichts, Abs 3 S 2

Absatz 3 S 2 verweist zur Aufsicht des Insolvenzgerichts auf die Vorschriften für den Insolvenzverwalter. Die Aufsichtspflicht des Gerichts erstreckt sich auf die **gesamte Tätigkeit** des Treuhänders während der Wohlverhaltensperiode. Bei entsprechender Anwendung des § 58 sind allerdings der im Vergleich zum Insolvenzverwalter erheblich reduzierte Aufgabenkreis sowie die konkrete Befähigung des Treuhänders zu berücksichtigen (*Smid/Haarmeyer* § 292 Rn 11). 72

1. Inhalt und Umfang der Aufsichtspflicht. Inhalt und Umfang der Aufsichtspflicht werden im Wesentlichen von den Pflichten bestimmt, die der Treuhänder zu erfüllen hat (vgl KS-*Naumann* S 442 ff Rn 24 ff). Der Überwachungspflicht entspricht ein Überwachungsrecht (K/U § 83 KO Rn 1). Dieses Recht umfasst die Befugnis, **jederzeit** Auskunft über die Tätigkeit oder einen Bericht über den Sachstand und die Geschäftsführung des Treuhänders zu verlangen (§ 58 Abs 2 S 1). Dazu kann das Insolvenzgericht Bücher und Belege einsehen und den Kassenstand prüfen. Eine **regelmäßige Rechnungsprüfung** obliegt dem Gericht nicht. Zur Kontrolle der beim Treuhänder eingehenden Gelder ist es nur verpflichtet, wenn es durch Hinweise der Beteiligten oder in anderer Weise von einem ordnungswidrigen Verhalten des Treuhänders Kenntnis erhält. Im Übrigen steht es im pflichtgemäßen Ermessen des Gerichts, wie oft und wie weit es von seinen Befugnissen Gebrauch machen will (vgl **BGH WM 1965, 1958, 1959**). 73

2. Einschreiten gegen Pflichtwidrigkeiten. Das Gericht hat gegen **Pflichtwidrigkeiten des Treuhänders** von Amts wegen einzuschreiten und den Treuhänder zur ordnungsgemäßen Erledigung seiner Aufgaben anzuhalten. Ein Treuhänder, der auf entsprechende Anforderung des Gerichts keinen Bericht über den bisherigen Verlauf seiner Tätigkeit abgibt oder Anfragen des Gerichts unbeantwortet lässt, handelt 74 pflichtwidrig. Nichts anderes gilt, wenn der Treuhänder Fremdgelder statt auf dem Treuhandkonto auf seinem allgemeinen Geschäftskonto belässt oder seine Treuhandstellung bei der Einrichtung des Kontos nicht offen legt. Die schuldhafte Verletzung der Aufsichtspflicht über den Treuhänder kann zu Amtshaftungsansprüchen nach § 839 BGB iVm Art 34 GG führen.

75   Hinweisen von Verfahrensbeteiligten hat das Gericht nachzugehen, wenn sie begründeten Anlass zur Annahme eines pflichtwidrigen Verhaltens des Treuhänders bieten. Das Gericht ist befugt, seine Anordnungen durch **Zwangsgeld** zu erzwingen (§ 59 Abs 2 S 1). Dies gilt auch für die Durchsetzung der Herausgabepflichten eines entlassenen Treuhänders (§ 58 Abs 3). Der Festsetzung hat eine entsprechende Androhung voranzugehen. Ob bereits ein erster Pflichtverstoß den Erlass einer Zwangsmaßnahme rechtfertigt, hängt von den gesamten Umständen ab.

76   **Insolvenzgläubiger** können auf die ordnungsgemäße Erledigung der Treuhändertätigkeit nur dadurch Einfluss nehmen, dass sie die Entlassung aus dem Amt anregen. Ein Antragsrecht steht dem einzelnen Gläubiger nicht zu (vgl § 59 Abs 1 S 2). Auch zur **Abwahl des Treuhänders** sind die Insolvenzgläubiger nicht befugt. Die Verweisungsvorschrift des Abs 3 S 2 nimmt auf § 57 nicht Bezug. Der **Schuldner** hat allenfalls mittelbare Einwirkungsmöglichkeiten, indem er das Gericht über mögliche Pflichtverletzungen des Treuhänders informiert und Aufsichtsmaßnahmen anregt.

VIII. Entlassung des Treuhänders, Abs 3 S 2

77   Durch die Verweisung in Abs 3 S 2 auf die Vorschrift des § 59 ist klargestellt, dass auch der Treuhänder aus seinem Amt entlassen werden kann. Die **Entlassung aus wichtigem Grund** kann nur von Amts wegen erfolgen. Einem Insolvenzgläubiger steht ein Antragsrecht, wie es im eröffneten Verfahren für den Gläubigerausschuss oder die Gläubigerversammlung vorgesehen ist (vgl § 59 Abs 1 S 2), nicht zu. Ebenso wenig hat der Schuldner ein Antragsrecht. Vor der Entlassung ist der Treuhänder zu **hören**. Dem Treuhänder steht gegen den Entlassungsbeschluss das **Rechtsmittel** der sofortigen Beschwerde zu (§ 59 Abs 2 S 1), sofern er nicht selbst die Entlassung beantragt hat (zB wegen Erkrankung) und somit nicht beschwert ist. Mangels Antragsrecht steht einem Insolvenzgläubiger auch kein Beschwerderecht zu. § 59 Abs 2 S 2 findet keine entsprechende Anwendung. Die Vorschrift setzt einen Antrag der Gläubigerversammlung voraus, die es im Restschuldbefreiungsverfahren nicht gibt.

78   **1. Wichtiger Grund iSv § 59 Abs 1.** Nicht jede Pflichtverletzung des Treuhänders stellt einen Entlassungsgrund dar (*Hess/Obermüller* Rn 1157). Vielmehr setzt die Entlassung wiederholte Pflichtverletzungen oder einen besonders schweren Pflichtenverstoß voraus. Denn nur dann ist eine **Untauglichkeit des Treuhänders** für sein Amt gegeben, die Voraussetzung für seine Entlassung ist (BGH v 24. 7. 2003 – IX ZB 458/02, ZVI 2004, 129; vgl auch KG Rpfleger 1987, 211, 212).

79   Die Gründe für die Entlassung müssen auf konkreten, sachlich fundierten Umständen beruhen. Das pflichtwidrige Verhalten muss tatsächlich feststehen. Der böse Schein einer nicht ordnungsgemäßen Verwaltungstätigkeit reicht grundsätzlich nicht aus (vgl LG Halle ZIP 1993, 1739). Der wichtige Grund für eine Entlassung kann insbesondere in schuldhafter Nichterfüllung der Treuhänderpflichten bestehen. Dies ist zB der Fall, wenn der Treuhänder aus den von ihm verwalteten Mitteln einen „echten Vorschuss" für zukünftige Tätigkeiten entnimmt (BerlKo-*Blersch* § 11 InsVV Rn 27). Eine Entlassung des Treuhänders aus seinem Amt kann ferner geboten sein, wenn er sich objektiv den Aufgaben nicht gewachsen zeigt.

80   **2. Vergütung des entlassenen Treuhänders.** Der Treuhänder hat auch bei einer Entlassung aus wichtigem Grund einen Anspruch auf Vergütung für seine bisherige Tätigkeit (vgl K/P/B/*Eickmann* InsO VergütR Vor § 1 InsVV Rn 10). Der Vorwurf der mangelhaften Geschäftsführung hat die Festsetzung der Vergütung nicht zu beeinflussen. Die sich daraus ergebenden Folgen sind im Rahmen von Schadensersatzansprüchen auszugleichen (K/P/B/*Lüke* § 59 Rn 10; *Smid/Haarmeyer* § 292 Rn 15). Etwas anderes gilt bei **schwersten Verfehlungen**, wie sie beispielsweise bei einer **Untreue** vorliegen (vgl BayObLG Rpfleger 1992, 24). Eine so schwere Pflichtverletzung wie die Untreue rechtfertigt grundsätzlich die Verwirkung des Vergütungsanspruchs des Treuhänders (vgl LG Konstanz ZInsO 1999, 589).

§ 293 Vergütung des Treuhänders

(1) ¹Der Treuhänder hat Anspruch auf Vergütung für seine Tätigkeit und auf Erstattung angemessener Auslagen. ²Dabei ist dem Zeitaufwand des Treuhänders und dem Umfang seiner Tätigkeit Rechnung zu tragen.

(2) § 63 Abs. 2 sowie die §§ 64 und 65 gelten entsprechend.

I. Normzweck

1   Ohne Vorbild im deutschen Recht ist die Regelung über die Vergütung des Treuhänders während der Wohlverhaltensperiode. Da grundsätzlich niemand bereit ist, über einen längeren Zeitraum im öffentli-

II. Anspruch auf Vergütung und Erstattung angemessener Auslagen § 293

chen Interesse kostenlos tätig zu werden, schafft § 293 eine **Anspruchsgrundlage für eine angemessene Vergütung** (*H/W/F* VergVO Einl Rn 23 ff). Dieser Anspruch besteht gesondert neben dem Anspruch des Insolvenzverwalters bzw Treuhänders für seine Tätigkeit im eröffneten Insolvenzverfahren. Für die Höhe der Vergütung sollen der Zeitaufwand des Treuhänders und der Umfang seiner Tätigkeit maßgeblich sein. Die **Einzelheiten** sind in §§ 14 bis 16 der Insolvenzrechtlichen Vergütungsverordnung (InsVV) des Bundesministeriums der Justiz vom 19. 8. 1998, BGBl I S 2205 (zuletzt geändert durch Gesetz v 21. 12. 2006, BGBl I 3389) geregelt. Diese Vorschriften schließen allerdings nicht aus, dass der Treuhänder im Einzelfall sein **Amt unentgeltlich** ausübt.

II. Anspruch auf Vergütung und Erstattung angemessener Auslagen

Abs 1 der Vorschrift bildet die gesetzliche Grundlage für den Vergütungsanspruch des Treuhänders. **2** Da der in dieser Bestimmung geregelte Vergütungsanspruch an das Amt des Treuhänders anknüpft, steht dem Insolvenzverwalter vor einer Entscheidung des Insolvenzgerichts gemäß § 291 Abs 2 InsO über die Bestellung als Treuhänder eine Treuhändervergütung nicht zu (**BGH** v 18. 12. 2003 – IX ZB 60/03, NZI 2004, 156). Durch die **Verweisung in Abs 2 auf § 65** finden §§ 14 bis 16 der Insolvenzrechtlichen Vergütungsverordnung (InsVV) Anwendung. Diese Bestimmungen regeln die Höhe der Vergütung des Treuhänders im Restschuldbefreiungsverfahren.

1. Vergütung für die gesetzlich vorgeschriebene Tätigkeit, § 292 Abs 1. Die gesetzlich vorgeschriebene **3** Tätigkeit des Treuhänders im Restschuldbefreiungsverfahren (§ 292 Abs 1) wird für den gesamten Abtretungszeitraum einheitlich durch eine – nach oben offene – **degressive Staffelvergütung** abgegolten (K/P/B/*Wenzel* § 293 Rn 2; *Blersch* VergVO § 14 Rn 6).

a) **Berechnungsgrundlage und Höhe der Vergütung.** Berechnungsgrundlage für die Vergütung nach **4** § 14 Abs 2 InsVV sind die während der **Gesamtdauer des Abtretungszeitraums eingenommenen Beträge**. Dazu zählen die Beträge, die der Treuhänder durch Abtretung erlangt und sonstige Leistungen des Schuldners, etwa auf Grund einer Erbschaft, oder dritter Personen.

Der Treuhänder erhält von den ersten 25.000,00 Euro 5% **5**
von dem Mehrbetrag bis 50.000,00 Euro 3%
von dem darüber hinausgehenden Betrag 1%.

Besondere Umstände wie Probleme bei der Realisierung der an die Gläubiger zu verteilenden Beträge **6** erlauben keine Erhöhung der Vergütung (*Blersch* VergVO § 14 Rn 22). Ebenso wenig haben **Vereinbarungen** zwischen dem Treuhänder und dem Schuldner oder den Gläubigern Auswirkungen auf die Höhe der Vergütung. Solche Vereinbarungen sind nach § 134 BGB unwirksam, weil die Festsetzung der Vergütung ausschließlich dem Insolvenzgericht vorbehalten ist (N/R/*Römermann* § 293 Rn 12).

Fällig wird der Anspruch mit der Erledigung der zu honorierenden Tätigkeit (K/P/B/*Eickmann*/ **7** *Prasser* InsO VergütR Vor § 1 InsVV Rn 5). Mithin ist der Treuhänder erst **am Ende seiner Tätigkeit** zur Geltendmachung seines Vergütungsanspruchs berechtigt (N/R/*Römermann* § 293 Rn 5; *Keller* Rn 229; unzutreffend *Kohte/Ahrens/Grote* § 293 Rn 8, wonach die Vergütung sich nach den jährlich vereinnahmten Beträgen richte). In Übereinstimmung damit bestimmt § 16 Abs 1 S 2 InsVV, dass die Vergütung und die zu erstattenden Auslagen des Treuhänders erst bei der Beendigung seines Amtes festgesetzt werden. Der nach § 292 Abs 3 S 1 **rechnungslegungspflichtige Treuhänder** kann bei der Vergütungsberechnung auf diese Rechnungslegung Bezug nehmen (H/W/F § 16 InsVV Rn 1).

b) **Mindestvergütung.** Die **Mindestvergütung** des Treuhänders beläuft sich gemäß § 14 Abs 3 InsVV **8** auf 100,00 Euro für jedes Jahr seiner Tätigkeit. Dieser Betrag muss spätestens am Ende des Tätigkeitsjahres durch die abgeführten Beträge gedeckt sein. Abgeführte Beträge sind sämtliche Zahlungen oder Gelder, die auf dem Treuhandkonto eingehen. Hierzu zählen insbesondere Zahlungen auf Grund der Abtretungserklärung nach § 287 Abs 2, aber auch Leistungen des Schuldners oder Dritter (N/R/*Römermann* § 298 Rn 13). Der Treuhänder hat Anspruch auf die Mindestvergütung auch dann, wenn keine Zahlungen bei ihm eingehen. Ist der Betrag der Mindestvergütung nicht gedeckt, läuft der Schuldner Gefahr, dass die Restschuldbefreiung auf Antrag des Treuhänders versagt wird (§ 298). Allerdings eröffnet § 298 Absatz 2 S 2 dem Schuldner, der zwar die in § 54 genannten Kosten berichtigen konnte, in der Wohlverhaltensperiode aber nicht mehr in der Lage ist, die Mindestvergütung für den Treuhänder aufzubringen, die Möglichkeit, noch während der Laufzeit der Abtretungserklärung unter den Voraussetzungen des § 4a Abs 1 **Stundung** zu beantragen. Der Antrag kann noch bis zur rechtskräftigen Entscheidung über den Versagungsantrag des Treuhänders gestellt werden. Bei einer vorzeitigen Beendigung des Restschuldbefreiungsverfahrens nach § 299 kommt entsprechend dem bis dahin verstrichenen Zeitraum die Jahresvergütung nach § 14 Abs 3 ggf anteilig zum Ansatz (*Blersch* VergVO § 14 Rn 24).

Hat der Treuhänder die durch die Abtretung eingehenden Beträge an mehr als 5 Gläubiger verteilt, so **8a** erhöht sich diese Vergütung je 5 Gläubiger um 50 Euro (§ 14 Abs 3 InsVV).

Da die Regelungen des § 14 Abs 2, § 14 Abs 3 S 1 und 2 InsVV in Konkurrenz zueinander stehen, ist daher im Einzelfall zu prüfen, welche der drei Möglichkeiten maßgeblich für die Ermittlung der Vergütung ist. Die **absolute Untergrenze** der Vergütung beläuft sich auf **100,00 Euro** pro Jahr nach § 14 Abs 3 S 1 InsVV (*Graeber*, Vergütung in Insolvenzverfahren von A–Z, Rn 314).

9   **c) Vorschuss.** Nach § 16 Abs 2 S 1 InsVV kann der Treuhänder aus den eingehenden Beträgen ohne Zustimmung des Insolvenzgerichts Vorschüsse auf seine Vergütung entnehmen. Während § 9 S 2 InsVV als Kriterien der Ermessensausübung bei der Zustimmung des Gerichts zur Vorschussentnahme ein länger als sechs Monate andauerndes Verfahren oder die Notwendigkeit besonders hoher Auslagen nennt, enthält Abs 2 S 1 keine Regelung über den Vorschusszeitraum. Es begegnet keinen Bedenken, dass der Treuhänder, der die eingenommenen Beträge einmal jährlich auf Grund des Schlussverzeichnisses an die Insolvenzgläubiger zu verteilen hat, vor dieser Ausschüttung einen Vorschuss entnimmt. Die Höhe des Vorschusses muss dem bisher verdienten Teil der Vergütung entsprechen und darf die Mindestvergütung seiner Tätigkeit nicht überschreiten (§ 16 Abs 2 S 2 InsVV). Dies bedeutet allerdings nicht, dass dem Treuhänder nur ein Vorschuss von maximal 100,00 Euro jährlich zusteht. Träfe dies zu, verlöre das Tatbestandsmerkmal „bisher verdienten Teil der Vergütung" seine Bedeutung. Denn dieser Betrag kann nicht geringer als die Mindestvergütung sein (K/P/B/*Eickmann* InsO VergütR § 16 InsVV Rn 10; aA BerlKo-*Blersch* § 16 InsVV Rn 26). Die Regelung des § 16 Abs 2 InsVV ist trotz des Wortlautes des § 19 InsVV zugunsten der Treuhänder in **Insolvenzverfahren, die vor dem 1. 1. 2004 eröffnet worden sind**, dahingehend anzuwenden, dass auch diesen Treuhändern ein Vorschuss auf seine Vergütung zusteht (AG Marburg/L v 22. 11. 2004 – 24 IK 11/02, ZInsO 2005, 38). Bei einer **Stundung der Verfahrenskosten** hat der Treuhänder gegen die Staatskasse einen Anspruch auf Erstattung eines Vorschusses auf die zu erwartende Vergütung sowie die Auslagen (LG Chemnitz v 21. 7. 2004 – 3 T 2796/04; *Graf-Schlicker/Kexel*, InsO, § 293 Rn 4).

10 **d) Auslagen und Umsatzsteuer.** Der Treuhänder hat nach Abs 1 S 1 der Vorschrift Anspruch auf gesonderte Erstattung von **Auslagen**. Er hat sie nach § 16 Abs 1 S 3 InsVV einzeln aufzuführen und zu belegen. Die Vorschrift des § 8 Abs 3 InsVV findet keine Anwendung (H/W/F § 16 InsVV Rn 2). **Angemessene Auslagen** iSd § 293 Abs 1 S 1 sind solche Auslagen, die ein durchschnittlicher Treuhänder bei ordnungsgemäßer Ausführung seines Amtes als notwendig ansehen durfte (N/R/*Römermann* § 293 Rn 15).

11 Der Treuhänder ist befugt, vor der endgültigen Festsetzung seiner Vergütung und Auslagen aus den eingehenden Beträgen die bereits entstandenen Auslagen als Vorschuss zu entnehmen. Dies sieht § 16 Abs 2 InsVV zwar nicht vor, stellt aber die Begründung zum Entwurf einer InsVV (§ 16) fest (K/P/B/*Eickmann* InsO VergütR § 16 InsVV Rn 11; *Blersch* VergVO § 16 Rn 28).

12 Ist der Treuhänder **umsatzsteuerpflichtig**, hat das Gericht ihm die volle, von ihm nach dem jeweils geltenden Umsatzsteuerrecht geschuldete Steuer auf Vergütung und Auslagen zu ersetzen (§§ 16 Abs 1 S 4, 7 InsVV). Insoweit bedarf es eines besonderen Hinweises des Treuhänders.

13 **2. Vergütung für die Überwachung, § 292 Abs 2.** Die Gläubigerversammlung kann dem Treuhänder zusätzlich die Aufgabe übertragen, die Erfüllung der Obliegenheiten des Schuldners zu überwachen. Für diese Tätigkeit erhält er eine zusätzliche Vergütung, die nach § 15 Abs 1 S 2 InsVV regelmäßig 35,00 Euro je Stunde beträgt. Der **Stundensatz** kann im Einzelfall höher oder niedriger sein. Zu berücksichtigen sind sowohl die berufliche Stellung des Treuhänders als auch die wirtschaftliche Lage des Schuldners. Der Gesamtbetrag der zusätzlichen Vergütung darf nach § 15 Abs 2 InsVV den Gesamtbetrag der Vergütung nach § 14 InsVV nicht überschreiten. Die Einführung dieser **Kappungsgrenze** kann sich im Einzelfall als kontraproduktiv erweisen (K/P/B/*Eickmann* InsO VergütR § 15 InsVV Rn 4; BerlKo-*Blersch* § 15 InsVV Rn 11). Ob eine nachträgliche Änderung des zunächst festgesetzten Stundensatzes möglich ist, erscheint zweifelhaft (siehe hierzu näher BerlKo-*Blersch* § 15 InsVV Rn 15).

14 Unzuträglichkeiten bei der Festsetzung der Vergütung für die Überwachung der Obliegenheiten des Schuldners können dadurch vermieden werden, dass die Gläubigerversammlung von der Möglichkeit des Abs 2 S 2 Gebrauch macht und eine von Abs 1 S 2 abweichende Regelung trifft. Der entsprechende Beschluss muss keine absolute Höchstgrenze enthalten. Es reicht vielmehr aus, wenn er festlegt, dass die zusätzliche Vergütung des Treuhänders für seine Überwachungstätigkeit die Vergütung des § 14 InsVV überschreiten darf (BerlKo-*Blersch* § 15 InsVV Rn 13).

15 Der **Stundensatz** ist vom Insolvenzgericht bei der Ankündigung der Restschuldbefreiung und der Bestellung des Treuhänders im Beschluss nach § 291 festzusetzen (§ 16 Abs 1 S 1 InsVV). Begründet wird diese „systematisch fragwürdige" (H/W/F § 16 InsVV Rn 1) Regelung damit, dass auf diese Weise für alle Beteiligten Klarheit geschaffen werde, welche Aufwendungen durch die Überwachung der Obliegenheiten des Schuldners entstehen. Der Treuhänder werde in die Lage versetzt festzustellen, ob die Höchstgrenze der Vergütung nach § 14 Abs 2 InsVV erreicht ist, um die Überwachungstätigkeit rechtzeitig entsprechend einschränken zu können (Begr zu § 16 des Entwurfs einer Insolvenzrechtlichen Vergütungsverordnung). Der Treuhänder kann bei Beendigung seines Amtes seinen Antrag auf Festsetzung der Treuhändervergütung nach § 14 InsVV mit seinem Antrag auf Festsetzung der zusätzlichen Überwachungsvergütung nach § 15 InsVV verbinden.

16 **3. Verzicht auf die Vergütung.** Der Treuhänder kann auf seine Vergütung **verzichten**. Auf diese Möglichkeit wurde während des Gesetzgebungsverfahrens mehrfach hingewiesen (siehe Beschl-Empfehlung des RechtsA zu § 346 h, BT-Drucks 12/7302, S 188). Durch den Verzicht sollen die **Kosten des Insol-**

IV. Sekundäranspruch des Treuhänders gegen die Staatskasse **§ 293**

venzverfahrens möglichst **gering** gehalten werden. Der Treuhänder kann den Verzicht zu jedem Zeitpunkt gegenüber dem Insolvenzgericht ganz oder teilweise erklären (*Kohte/Ahrens/Grote* § 293 Rn 9). Eine Verzichtserklärung des Treuhänders gegenüber den Insolvenzgläubigern oder dem Schuldner entfaltet keine Wirkung, weil die Festsetzung der Vergütung des Treuhänders ausschließlich durch das Insolvenzgericht erfolgt. Bei nicht eindeutiger Erklärung sind an die Feststellung eines solchen Willens des Treuhänders strenge Anforderungen zu stellen. Denn es ist ein Erfahrungssatz, dass ein Verzicht nicht zu vermuten ist. Aus Gründen der Rechtssicherheit ist eine Rücknahme oder ein Widerruf der Verzichtserklärung ebenso wenig möglich wie eine Anfechtung wegen Willensmängeln.

III. Festsetzungsverfahren, Abs 2 iVm § 64

Der **Verweisung in Abs 2 auf die Vorschrift des § 64** ist zu entnehmen, dass die **Vergütung des Treuhänders gerichtlich festzusetzen ist**. **Funktionell zuständig** für die Entscheidung zur Festsetzung der Vergütungs- und Auslagenersatzansprüche ist gemäß § 3 Nr 2 lit e, § 18 Abs 1 RpflG der **Rechtspfleger**. An dieser Zuständigkeit ändert sich auch dann nichts, wenn dem Antrag auf Festsetzung der Vergütung eine Versagungsentscheidung des Richters vorangegangen ist (K/P/B/*Eickmann* InsO VergütR § 16 InsVV Rn 4). Etwas anderes gilt nur dann, wenn der Richter sich das Verfahren vorbehalten hat (§ 18 Abs 2 S 1 RpflG). 17

Das Festsetzungsverfahren ist in § 16 InsVV gesondert geregelt. Die Vergütung und die zu erstattenden Auslagen werden auf **Antrag des Treuhänders** bei der Beendigung seines Amtes festgesetzt (§ 16 Abs 1 S 2 InsVV). Das Amt des Treuhänders endet gemäß § 299 bei Rechtskraft des Beschlusses, der gemäß §§ 296, 297 oder 298 die Restschuldbefreiung versagt. Eine **vorzeitige Beendigung des Verfahrens** tritt ferner bei Tod des Schuldners oder vollständiger Befriedigung aller Gläubiger (vgl § 299 Rn 8 ff) und bei Tod des Treuhänders oder seiner Entlassung aus dem Amt ein. Schließlich endet das Amt des Treuhänders bei Abschluss des Verfahrens durch rechtskräftige Erteilung oder Versagung der Restschuldbefreiung nach § 300. 18

Der **Antrag** muss im Hinblick auf den allgemeinen Grundsatz der Antragsbestimmtheit in den der ZPO unterliegenden Verfahren (§ 4) einen **konkreten Betrag** enthalten. Eine **Anhörung der Insolvenzgläubiger** vor der Festsetzung der Vergütung ist im Gesetz nicht vorgesehen und folgt auch nicht zwingend aus Art 103 GG (vgl K/P/B/*Eickmann* InsO VergütR § 8 InsVV Rn 7). Obwohl nach § 293 Abs 1 S 2 bei der Vergütungsfestsetzung dem Zeitaufwand des Treuhänders und dem Umfang seiner Tätigkeit Rechnung zu tragen ist, steht dem Gericht bei seiner Entscheidung **kein Ermessensspielraum** zu. Denn die Festsetzung der Vergütung hat ausschließlich auf der Grundlage der eingegangenen Geldbeträge zu erfolgen (§ 14 Abs 2 InsVV). Der Festsetzungsbeschluss ist zu begründen, weil ansonsten eine Nachprüfung seiner Richtigkeit nicht möglich ist (vgl **LG Köln ZIP 1987, 1470, 1472**; K/P/B/*Eickmann* InsO VergütR § 8 InsVV Rn 11; H/W/F § 8 InsVV Rn 21). Dem Treuhänder kann gestattet werden, nach Rechtskraft des Beschlusses den festgesetzten Betrag dem verwalteten Kassenbestand zu entnehmen. 19

Das Gericht hat den **Beschluss**, mit dem die Vergütung und die zu erstattenden Auslagen des Treuhänders festgesetzt werden, nach §§ 293 Abs 2, 64 Abs 2 **öffentlich bekannt zu machen** und dem Schuldner sowie dem Treuhänder besonders zuzustellen. Die festgesetzten Beträge sind nicht zu veröffentlichen. In der öffentlichen Bekanntmachung ist darauf hinzuweisen, dass der vollständige Beschluss in der Geschäftsstelle des Insolvenzgerichts eingesehen werden kann. 20

Gegen den Beschluss steht dem Treuhänder, dem Schuldner und jedem Insolvenzgläubiger die **sofortige Beschwerde** zu, für die § 567 Abs 2 ZPO entsprechend gilt (§§ 293 Abs 2, 64 Abs 3 S 2). Danach muss der Wert des Beschwerdegegenstandes 200,00 Euro übersteigen. Da die InsO ausdrücklich gegen die Entscheidung des Rechtspflegers das Rechtsmittel der sofortigen Beschwerde vorsieht, gilt § 11 Abs 1 RpflG. Auf Grund der Regelung in § 572 Abs 1 S 1 ZPO, dessen Geltung nicht ausgeschlossen ist (BT-Drucks 14/4722 S 114), hat der Rechtspfleger zu prüfen, ob er der **Beschwerde abhelfen** will (FK-*Schmerbach* § 6 Rn 37). Auch in **masselosen Verfahren** kann ein Insolvenzgläubiger gegen die Festsetzung der Vergütung für den Treuhänder ein Rechtsmittel einlegen (**BGH** v 2. 2. 2006 – IX ZB 78/04, NZI 2006, 250). Dies erscheint konsequent, denn auch in diesen Verfahren ist eine mit der Vergütungsfestsetzung verbundene Beeinträchtigung der Interessen der Gläubiger nicht völlig auszuschließen; es steht nicht endgültig fest, dass die Gläubiger während der Laufzeit der Abtretungserklärung keine Befriedigung erlangen können (*Sternal* NZI 2007, 257, 264). 21

IV. Sekundäranspruch des Treuhänders gegen die Staatskasse

§ 63 Abs 2 bestimmt, dass im Falle einer **Stundung der Verfahrenskosten** gemäß § 4 a dem Insolvenzverwalter für seine Vergütung und seine Auslagen ein Anspruch gegen die Staatskasse zusteht, soweit die Insolvenzmasse dafür nicht ausreicht. Die **Verweisung in** § 293 Abs 2 auf die Vorschrift des § 63 Abs 2 stellt klar, dass auch dem Treuhänder ein Sekundäranspruch gegen die Staatskasse zusteht, sofern die an ihn abgeführten pfändbaren Bezüge des Schuldners nicht ausreichen, um seinen Vergütungsanspruch abzudecken. Eine Parallele zu dieser Regelung findet sich in § 1836 a BGB. Ergänzend bestimmt 22

Vallender

Nr 9017 KV GKG, dass die Staatskasse nach Maßgabe der Stundung die verauslagten Beträge bei dem Schuldner geltend machen kann.

23 Da die Vergütung und die zu erstattenden Auslagen des Treuhänders auf seinen **Antrag** erst bei der Beendigung seines Amtes festgesetzt werden (§ 16 Abs 1 S 2 InsVV), kann der Sekundaranspruch grundsätzlich erst zu diesem Zeitpunkt geltend gemacht werden. Nichts anderes gilt hinsichtlich der Mindestvergütung des Treuhänders gemäß § 14 Abs 3 InsVV Sie beträgt mindestens 100,00 Euro für jedes Jahr seiner Tätigkeit. Dieser Betrag muss spätestens am **Ende des Tätigkeitsjahres** durch die abgeführten Beträge gedeckt sein. Abgeführte Beträge sind sämtliche Zahlungen oder Gelder, die auf dem Treuhandkonto eingehen. Hierzu zählen insbesondere Zahlungen auf Grund der Abtretungserklärung nach § 287 Abs 2, aber auch Leistungen des Schuldners oder Dritter (N/R/*Römermann* § 298 Rn 13). Da dem Treuhänder nicht zuzumuten ist, seine Tätigkeit über einen längeren Zeitraum unentgeltlich auszuüben, erscheint es gerechtfertigt, ihm wegen seines **Sekundäranspruchs** einen **Vorschussanspruch** auf die Mindestvergütung zuzubilligen (FK-*Ahrens* § 293 Rn 20).

§ 294 Gleichbehandlung der Gläubiger

(1) Zwangsvollstreckungen für einzelne Insolvenzgläubiger in das Vermögen des Schuldners sind während der Laufzeit der Abtretungserklärung nicht zulässig.

(2) Jedes Abkommen des Schuldners oder anderer Personen mit einzelnen Insolvenzgläubigern, durch das diesen ein Sondervorteil verschafft wird, ist nichtig.

(3) Gegen die Forderung auf die Bezüge, die von der Abtretungserklärung erfaßt werden, kann der Verpflichtete eine Forderung gegen den Schuldner nur aufrechnen, soweit er bei einer Fortdauer des Insolvenzverfahrens nach § 114 Abs. 2 zur Aufrechnung berechtigt wäre.

Übersicht

	Rn
I. Normzweck	1
II. Zwangsvollstreckungsverbot, Abs 1	4
1. Erfasste Forderungen	5
2. Verbotene Maßnahmen	8
3. Zeitgrenze	11
4. Entscheidung über unzulässige Vollstreckungsmaßnahmen	13
5. Vollstreckung durch Neugläubiger	17
III. Verbot von Sonderabkommen, Abs 2	21
1. Abkommen	22
2. Bevorzugung	23
3. Zeitpunkt des Abkommens	25
4. Nichtigkeit des Sonderabkommens	26
5. Anspruchsausschluss gemäß § 817 S 2 BGB	29
IV. Einschränkung der Aufrechnung, Abs 3	30
1. Aufrechnung durch den zur Zahlung der Bezüge Verpflichteten	31
2. Aufrechnung durch andere Insolvenzgläubiger	34

I. Normzweck

1 Der das gesamte Insolvenzverfahren beherrschende **Grundsatz der** „par condicio creditorum" hat auch im Restschuldbefreiungsverfahren durch die Vorschrift des § 294 seinen besonderen Ausdruck gefunden. So verbietet **Absatz 1**, dass sich einzelne Insolvenzgläubiger während der Laufzeit der Abtretungserklärung durch einen Sonderzugriff auf das Vermögen des Schuldners ein besseres Recht auf Befriedigung verschaffen als die übrigen. Da das Insolvenzverfahren die gemeinschaftliche, anteilsmäßige Befriedigung aller persönlichen Gläubiger des Schuldners bezweckt, kann es dem einzelnen Insolvenzgläubiger nicht gestattet sein, neben der Inanspruchnahme der Beträge, die auf Grund der Abtretung der pfändbaren Forderungen auf Bezüge aus einem Dienstverhältnis oder an deren Stelle tretende laufende Bezüge (vgl § 287 Abs 2 S 1) oder durch Zahlungen des Schuldners (vgl § 295) beim Treuhänder eingehen, für sich persönlich noch Zwangsvollstreckungen in das Vermögen des Schuldners auszubringen. Die Regelung des Abs 1 bezweckt nicht den generellen Schutz des Schuldners vor Zwangsvollstreckungsmaßnahmen, sondern will erreichen, dass sich die Befriedigungsaussichten der Insolvenzgläubiger untereinander nicht verschieben (Begr zu § 243 RegE, BR-Drucks 1/92 S 191/192). Ferner soll der Neuerwerb des Schuldners, der nicht gemäß § 287 Abs 2 an den Treuhänder abgetreten oder an diesen gemäß § 295 herauszugeben ist, dem Zugriff der Insolvenzgläubiger entzogen sein. Hieraus folgt, dass das **Zwangsvollstreckungsverbot** des § 294 Abs 1 **umfassend** zu gelten hat (**BGH** v 21. 7. 2005 – IX ZR 115/04, BGHZ 163, 391, 395 = NJW 2005, 2988 = NZI 2005, 565).

2 Auch die Regelung in **Absatz 2** beruht auf dem Gedanken, dass die gleichmäßige Befriedigung der Insolvenzgläubiger während der Laufzeit der Abtretungserklärung ein wesentlicher Grundsatz der Regeln über die Restschuldbefreiung ist (Begr zu § 243 RegE, BR-Drucks 1/92 S 191/192). Deshalb erklärt die

Vorschrift sogen Sonderabkommen, durch die dieser Grundsatz durchbrochen würde, für nichtig. Damit stellt auch diese Bestimmung ein haftungsrechtliches Instrumentarium dar, das die einheitliche Haftungsverwirklichung schützen soll (*Kohte/Ahrens/Grote* § 294 Rn 1). Darüber hinaus trägt die Vorschrift mit dazu bei, dass es dem Schuldner verwehrt ist, gegenüber Insolvenzgläubigern die Restschuldbefreiung als eine Art Stillhalteabkommen zu erkaufen, damit der Insolvenzgläubiger keinen Versagungsantrag nach § 295 Abs 1 Nr 4 stellt (MüKoInsO-*Ehricke* § 294 Rn 2, 26).

Absatz 3 erstreckt die Beschränkungen der Aufrechnung, die während des Insolvenzverfahrens für den Arbeitgeber des Schuldners – oder den sonst zur Zahlung von Bezügen an den Schuldner Verpflichteten – gelten, in die Zeit der „Wohlverhaltensperiode" (Begr zu § 243 RegE, BR-Drucks 1/92 S 191/192). Die Vorschrift gewährleistet, dass die dem Treuhänder zur Verteilung an die Insolvenzgläubiger zur Verfügung stehenden Tilgungsmittel nicht durch Aufrechnungen der Gläubiger, die gemäß § 406 BGB dem Treuhänder gegenüber wirksam wären, vollends aufgezehrt werden (*Preuss*, Verbraucherinsolvenz S 176). 3

II. Zwangsvollstreckungsverbot, Abs 1

Während der Dauer der Laufzeit der Abtretungserklärung verbietet Abs 1 Zwangsvollstreckungsmaßnahmen einzelner **Insolvenzgläubiger** in das **Vermögen des Schuldners**. Das Vollstreckungsverbot umfasst das treuhänderisch verwaltetet Sondervermögen (§ 292 Abs 1) ebenso wie das sonstige Vermögen des Schuldners, zu dem auch der **Neuerwerb** des Schuldners zählt. Hatte der Schuldner Gegenstände aus seinem Vermögen, das bereits vor Verfahrenseröffnung vorhanden war (sogen **Altvermögen**), der Verwertung durch den Insolvenzverwalter/Treuhänder im eröffneten Verfahren entzogen, so unterliegen auch diese Gegenstände während der Wohlverhaltensperiode nicht der Zwangsvollstreckung durch die Insolvenzgläubiger (*Hess/Obermüller* Rn 1065 ff). Um zu verhindern, dass der Schuldner durch unredliches Verhalten die Befriedigungsaussichten der Gläubiger schmälert, kann das Insolvenzgericht auf Antrag des Gläubigers oder auch von Amts wegen während der Wohlverhaltensperiode eine **Nachtragsverteilung** des Altvermögens analog § 203 Abs 1 Nr 3 anordnen (*Hess/Obermüller* Rn 1067; N/R/*Römermann* § 294 Rn 10). 4

1. Erfasste Forderungen. Das **Vollstreckungsverbot** erfasst die Forderungen sämtlicher Gläubiger, die in dem vorangegangenen Insolvenzverfahren die Rechtsstellung von **Insolvenzgläubigern** hatten (HK-*Landfermann* § 294 Rn 3). Ansprüche aus vorsätzlich begangener unerlaubter Handlung zählen ebenso dazu wie Geldbußen und Geldstrafen (N/R/*Römermann* § 294 Rn 7; krit zu dieser Regelung *Wette* KKZ 1989, 230, 233). Ob der Gläubiger seine Forderung im Insolvenzverfahren geltend gemacht hat oder nicht, ist unerheblich (**BGH** v 13. 7. 2006 – IX ZB 288/03, NZI 2006, 602; **LG** Erfurt v 23. 7. 2003 – 2 T 185/03, ZVI 2004, 549; *Braun/Buck* InsO § 294 Rn 4; HK-*Landfermann*, § 294 Rn 3; *Fortmann* ZInsO 2005, 140; *Vallender* ZIP 2000, 1288, 1290; K/P/B/*Wenzel* § 294 Rn 2 c; aA *Schmidt* DGVZ 2004, 49, 50). Da Gläubiger von Forderungen ohne weiteres die Möglichkeit haben, Kenntnis von der Eröffnung des Insolvenzverfahrens über das Vermögen ihres Schuldners zu erlangen, ist die Schutzbedürftigkeit der am Verfahren nicht teilnehmenden Gläubiger nicht zu erkennen. 5

Unterhalts- und Deliktsgläubigern, deren Forderungen bereits **vor Eröffnung** des Insolvenzverfahrens 6 begründet waren (näher dazu K/P/B/*Holzer* § 38 Rn 12), ist auch eine Vollstreckung in den erweitert pfändbaren Teil der Bezüge des Schuldners („Vorratsbereich", §§ 850 d, 850 f Abs 2 ZPO) untersagt (**BGH** v 13. 7. 2006 – IX ZB 288/03, ZInsO 2006, 872; *Kolbe* Deliktische Forderungen und Restschuldbefreiung 2008, S 256; HK-*Landfermann* § 294 Rn 3; *Balz* BewHi 1989, 102, 120). Diese Einschränkung gilt nicht, wenn diese Gläubiger nicht zugleich als Insolvenzgläubiger an der gemeinschaftlichen Befriedigung im Insolvenzverfahren beteiligt waren (§ 89 Abs 2 S 2). Die vorgenannte Bestimmung eröffnet den (Neu-)Gläubigern im Blick auf ihre besondere Schutzbedürftigkeit die Vollstreckung in den – von einer Abtretung an einen Treuhänder gemäß § 287 Abs 2 S 1 nicht erfassten – nicht allgemein pfändbaren Teil der künftigen Bezüge (**OLG** Zweibrücken ZInsO 2001, 625).

Die Ansprüche von **Massegläubigern** unterliegen nicht dem Vollstreckungsverbot des Abs 1 (**BGH** v 7 28. 6. 2007 – IX ZR 73/06, ZInsO 2007, 994, 995; *Kohte/Ahrens/Grote* § 294 Rn 14; *Obermüller* Rn 1.544). Für oktroyierte Massebindlichkeiten gilt zwar das Vollstreckungsverbot des § 90. Die dort bestimmte Frist von sechs Monaten, die mit der Eröffnung des Insolvenzverfahrens beginnt, endet in jedem Falle mit der Aufhebung des Verfahrens nach § 200 oder dessen Einstellung nach §§ 208, 211 (vgl K/P/B/*Lüke* § 90 Rn 15; *Hess* § 90 Rn 19), so dass Massegläubiger nach Beginn der Wohlverhaltensperiode uneingeschränkt in das **insolvenzfreie Vermögen** des Schuldners vollstrecken können. Soweit der **Inhaber einer oktroyierten Masseverbindlichkeit** nach Eintritt des Schuldners in die sogen Wohlverhaltensperiode noch nicht über einen Titel verfügt, kann er den **Schuldner persönlich verklagen** (**BGH** aaO 995; *Braun/Kießner* § 201 Rn 5). Ein Rechtsschutzinteresse für eine solche Klage besteht, weil ein Massegläubiger seine Forderung nicht zur Tabelle anmelden kann. Dagegen fehlt der Klage eines Insolvenzgläubigers, der nur eine **Teilforderung zur Tabelle angemeldet** hat, das Rechtsschutzinteresse für eine Klage auf Zahlung der Restforderung, weil auch dieser Teil der Forderung von der Restschuldbefreiung erfasst würde. Etwas anderes gilt nur dann, wenn der Gläubiger substantiiert darlegen kann, dass die Erteilung der Restschuldbefreiung nicht zu erwarten ist.

Vallender

7a **Aussonderungsberechtigte und Inhaber von Absonderungsrechten** sind von der Regelung in Abs 1 nicht betroffen. Sie sind nach Maßgabe der geltenden Bestimmungen zur Wahrnehmung ihrer Rechte befugt (K/P/B/*Wenzel* § 294 Rn 3).

8 **2. Verbotene Maßnahmen.** Unter die Vorschrift des Abs 1 fällt nicht bloß die **Pfändung** einer beweglichen Sache (§§ 804 ff ZPO) oder einer Forderung (§§ 828 ff ZPO) und der Zugriff auf das unbeweglicheVermögen (§§ 864 ff ZPO), sondern auch die **Erzwingung anderer Ansprüche als Geldforderungen** (§§ 883 ff ZPO), wenn nur der Anspruch Insolvenzforderung ist.

9 Darüber hinaus erfasst § 294 Abs 1 auch die **Anfechtung eines Insolvenzgläubigers** nach dem **Anfechtungsgesetz**. Inhalt des zwischen dem Gläubiger der befriedigungsbedürftigen Forderung und dem Anfechtungsgegner bestehenden Anfechtungsschuldverhältnisses ist nach § 11 AnfG die Verpflichtung des Anfechtungsgegners, was durch die anfechtbare Rechtshandlung aus dem Vermögen des Schuldners veräußert, weggegeben oder aufgegeben ist, dem **zwangsweisen Zugriff** zur Verfügung zu stellen (*Huber* AnfG § 11 Rn 8). Die Anfechtung stellt quasi das Surrogat einer Zwangsvollstreckungsmaßnahme dar; gerichtet ist sie auf Wiederherstellung der Zugriffslage. Denn der (Insolvenz-)Gläubiger hätte ohne die anfechtbare Rechtshandlung die Möglichkeit, wegen seiner Geldforderung die Zwangsvollstreckung in den Gegenstand nach Maßgabe der Vorschrift der ZPO (§§ 803 ff) zu betreiben (*Huber* aaO).

10 Dagegen bezieht sich das Verbot des Abs 1 nicht auf **Akte, die die Zwangsvollstreckung nur vorbereiten** sollen, zB Vollstreckbarkeitserklärungen, Erteilung der Vollstreckungsklausel. Insbesondere ist der Gläubiger, der seine Forderung im Insolvenzverfahren angemeldet hat, befugt, nach der Aufhebung des Verfahrens gem § 201 Abs 2 **die Erteilung einer vollstreckbaren Ausfertigung** seiner festgestellten Forderungen zu verlangen (**LG** Arnsberg v 27. 2. 2004 – 3 S 22/04, ZVI 2004, 699; HK-*Landfermann* § 294 Rn 4). Solange nicht vollstreckt wird, ist der Grundsatz der Gleichbehandlung der Gläubiger nicht gefährdet (**OLG** Frankfurt v 30. 10. 2010 – 20 W 587/99, ZInsO 2002, 33; **LG** Tübingen v 29. 8. 2006 – 5 T 292/06, NZI 2006, 647; **LG** Göttingen v 22. 9. 2005 – 10 T 89/05, ZInsO 2005, 1113). Die **Erhebung der Klage** wegen Ansprüchen, die bereits bei Eröffnung des Insolvenzverfahrens bestanden, ist nach Aufhebung des Insolvenzverfahrens möglich (**LG** Arnsberg aaO; differenzierend HK-*Landfermann* § 294 Rn 5). Das Rechtsschutzbedürfnis für eine solche Klage besteht, weil die Restschuldbefreiung noch versagt oder nach § 303 widerrufen werden könnte und die Vollstreckung aus dem Titel dann zulässig wäre. Ebenso sind zulässig eine Umschreibung von Vollstreckungstiteln und Zustellungen, sofern Letztere nicht die Vollstreckungswirkung unmittelbar herbeiführen (vgl *Mümmler* JurBüro 1971, 578; *Behr* DGVZ 1977, 49).

11 **3. Zeitgrenze.** Das Vollstreckungsverbot erstreckt sich nach Abs 1 auf die gesamte Laufzeit der **Abtretungserklärung** (vgl dazu **AG** Göttingen v 2. 10. 2006 – 74 IN 351/05, ZVI 2006, 522, 523). Während des eröffneten Verfahrens gilt indes als besondere Regelung das Vollstreckungsverbot des § 89. Das Vollstreckungsverbot des § 294 Abs 1 **beginnt** mit dem Tag der Beendigung des Insolvenzverfahrens durch Aufhebung oder Einstellung, §§ 200 Abs 1, 289 Abs 2 S 1, 3 (**aA** H/W/F Kap 10 Rn 68, die auf die Rechtskraft des Beschlusses über die Ankündigung der Restschuldbefreiung abstellen, dabei aber nicht berücksichtigen, dass die Aufhebung oder Einstellung des Verfahrens erst nach diesem Zeitpunkt erfolgt), an den sich **übergangslos** die Wohlverhaltensperiode anschließt. Mithin kann zwischenzeitlich ein Pfändungspfandrecht nicht entstehen (weitergehend *Kohte/Ahrens/Grote* § 294 Rn 16, nach deren Auffassung auch keine Verstrickung eintritt), weil bis zur Beendigung des Insolvenzverfahrens das Vollstreckungsverbot des § 89 gilt.

12 Da Abs 1 das Vollstreckungsverbot auf die Dauer der (restlichen) Laufzeit der Abtretungserklärung beschränkt, wäre nach dem Wortlaut der Vorschrift der einzelvollstreckungsrechtliche Zugriff bereits nach Ablauf der fünf- bzw sechsjährigen Laufzeit der Abtretungserklärung zulässig. Dies widerspricht der Zielsetzung des Gesetzgebers, nach der sich die Befriedigungsaussichten der Insolvenzgläubiger untereinander nicht verschieben sollen (Begr zu § 243 RegE, BR-Drucks 1/92 S 191/192). Deshalb **endet das Vollstreckungsverbot** erst mit (rechtskräftiger) Erteilung oder Versagung der Restschuldbefreiung (*Kohte/Ahrens/Grote* § 294 Rn 17; K/P/B/*Wenzel* § 294 Rn 2; *Graf-Schlicker/Kexel* § 294 Rn 2; HambKomm/*Streck* § 294 Rn 5).

13 **4. Entscheidung über unzulässige Vollstreckungsmaßnahmen.** § 294 enthält keine ausdrückliche Regelung zur Behandlung von Verstößen gegen das Vollstreckungsverbot (BerlKo-*Goetsch* § 294 Rn 2). Wegen des nahezu gleichen Wortlauts der Vorschrift bietet es sich an, die zu § 89 entwickelten Grundsätze insoweit heranzuziehen, als sie nicht nur Geltung für die Besonderheiten des eröffneten Verfahrens beanspruchen (ähnlich *Häsemeyer* Rn 26.44 Fn 29). Für § 89 ist allgemein anerkannt, dass Zwangsvollstreckungsmaßnahmen, die entgegen dem Verbot des Abs 1 vorgenommen werden, **materiellrechtlich unwirksam** sind (vgl statt vieler N/R/*Wittkowski* § 89 Rn 22). Sie bestehen vollstreckungsrechtlich allerdings solange fort, bis sie förmlich aufgehoben sind (*Jaeger/Henckel* § 14 KO Rn 32, K/U § 14 KO Rn 17; *Vallender* ZIP 1997, 1993, 2000). Die Vollstreckungssperre ist von Amts wegen zu beachten.

14 Bei der Vollstreckung eines Insolvenzgläubigers in das auf den Treuhänder übertragene Vermögen ist dieser zur Einlegung der **Erinnerung gemäß § 766 ZPO** berechtigt. Die gleiche Befugnis hat auch jeder

Insolvenzgläubiger (BerlKo-*Goetsch* § 294 Rn 2; **aA** *Kohte/Ahrens/Grote* § 294 Rn 24). Dem Schuldner steht ebenfalls der Rechtsbehelf der Erinnerung zu, wenn ein Insolvenzgläubiger in sein sonstiges Vermögen vollstreckt (*Kohte/Ahrens/Grote* § 294 Rn 24; *Häsemeyer* Rn 26.44). Sachlich zuständig ist ausschließlich das Amtsgericht als Vollstreckungsgericht, in dessen Bezirk das Vollstreckungsverfahren stattfinden soll bzw stattgefunden hat (§§ 764 Abs 1, 802 ZPO).

Bei einer **Pfändung in das Arbeitseinkommen** des Schuldners ist das Gericht zuständig, das den Pfändungs- und Überweisungsbeschluss erlassen hat (§§ 764 Abs 2 828 ZPO). Funktionell zuständig für die Entscheidung über die Erinnerung gemäß § 766 ZPO ist der Richter, § 20 Nr 17 S 2 RpflG. Hat der Rechtspfleger die Vollstreckungsmaßnahme erlassen, kann er der Erinnerung abhelfen. Dies gilt nicht, wenn man sich der Auffassung anschließt, dass das Insolvenzgericht zur Entscheidung über die Erinnerung berufen sei. Denn der dortige Rechtspfleger hat den Pfändungs- und Überweisungsbeschluss nicht erlassen. Da ein direkter Verweis auf die Vorschrift des § 89 Abs 3 fehlt, erscheint allerdings fraglich, ob der Insolvenzrichter über die Erinnerung zu entscheiden hat. Mangels einer dem § 89 Abs 3 vergleichbaren Vorschrift ist das **Vollstreckungsgericht** nach allgemeinen Grundsätzen zur Entscheidung über Erinnerungen nach § 766 ZPO berufen (HK-*Landfermann* § 294 Rn 8; *Häsemeyer* Rn 26.44; *Smid/Haarmeyer* § 294 Rn 2; *Kolbe*; **aA** *Kohte/Ahrens/Grote* § 294 Rn 24, die sich in entsprechender Anwendung des § 89 Abs 3 für eine **Zuständigkeit des Insolvenzgerichts** aussprechen; ebenso KS-*Hintzen* S 1120 Rn 50; *Riedel* KKZ 1999, 217, 223). 15

Bei einem Streit über die Zugehörigkeit des Vollstreckungsobjekts zum Sondervermögen oder zum freien Vermögen ist der Treuhänder auch zur Erhebung der Drittwiderspruchsklage gemäß § 771 ZPO befugt (*Häsemeyer* Rn 26.54; BerlKo-*Goetsch* § 294 Rn 2). 16

5. Vollstreckung durch Neugläubiger. Für **Neugläubiger**, dh Inhaber von Forderungen, die erst nach Eröffnung des Insolvenzverfahrens begründet werden (vgl § 38), gilt das Vollstreckungsverbot des Abs 1 nicht. Sie dürfen in das freie, nicht auf den Treuhänder übertragene Vermögen des Schuldners vollstrecken (vgl *Bork* Einf Rn 394; *Gottwald/Riedel*, Praxishandbuch Teil 11/5.3.1). Da auch dieses Vermögen häufig unpfändbar ist, sieht man einmal von Vermögenszuwächsen durch Lottogewinn oder Erbschaft (vgl § 295 Abs 1 Nr 2) oder dem Motivationsrabatt gemäß § 292 Abs 1 S 3 ab, dürften erfolgreiche Vollstreckungsmaßnahmen von Neugläubiger die Ausnahme bleiben (so auch **OLG** Zweibrücken ZInsO 2001, 625, 626; *Behr* JurBüro 1999, 66, 68). Die ausgebrachte Pfändung eines Neugläubigers in den an den Treuhänder abgetretenen allgemein pfändbaren Teil des Arbeitseinkommens des Schuldners geht zunächst ins Leere, bleibt jedoch für die Zukunft erhalten (*Vallender* ZIP 1997, 1993, 2000). Dies gilt auch für solche Teile des Arbeitseinkommens, die erst durch eine entsprechende Anordnung des Insolvenzgerichts gem §§ 292 Abs 1 S 3, 36 Abs 1 S 2, Abs 4 S 1 pfändbar werden, weil diese Einkommensteile von der Abtretung an den Treuhänder ebenso umfasst sind wie das nach § 850 c ZPO pfändbare Einkommen (*Riedel* KKZ 1999, 217, 224). 17

Gläubiger von Unterhaltsforderungen, die **nach Eröffnung** des Verfahrens entstanden sind, haben die Möglichkeit der Pfändung in den **Vorratsbereich**, §§ 850 d, 850 f ZPO (KS-*Hintzen* S 1117 Rn 42). Bei einem Zusammentreffen mit Zwangsvollstreckungsmaßnahmen von Deliktsgläubigern, die ebenfalls zu den privilegierten Gläubigern zählen, ist die normale Rangfolge von Pfändungen maßgebend. 18

Gegen Zwangsvollstreckungsmaßnahmen des Neugläubigers in das schuldnereigene, aber unter Amtswalterschaft stehende Sondervermögen steht dem **Treuhänder** die **Erinnerung gemäß § 766 ZPO** zu. Daneben sind die Insolvenzgläubiger erinnerungsbefugt. Bei einem Streit über die Zugehörigkeit des Vollstreckungsobjekts zum Sondervermögen ist der Treuhänder auch zur Erhebung der Drittwiderspruchsklage gemäß § 771 ZPO berechtigt (*Häsemeyer* Rn 26.54). 19

Vollstreckt ein **Gläubiger des Treuhänders** in das schuldnereigene, aber unter Amtswalterschaft stehende Sondervermögen, kann sich nicht nur der Schuldner sondern jeder Insolvenzgläubiger dagegen mit der Drittwiderspruchsklage gemäß § 771 ZPO wehren (*Preuss* NJW 1999, 3450 Fn 1). 20

III. Verbot von Sonderabkommen, Abs 2

Jedes **Abkommen**, durch welches einzelne Insolvenzgläubiger bevorzugt werden sollen, ist **nichtig**. § 294 Abs 2 beruht auf dem Gedanken, dass die **gleichmäßige Befriedigung der Insolvenzgläubiger** auch während der Dauer der Wohlverhaltensperiode ein wesentlicher Grundsatz der Regeln über die Restschuldbefreiung ist (Begr zu § 243 RegE, BR-Drucks 1/92 S 191/192). 21

1. Abkommen. Abkommen iSv Abs 2 sind nicht nur Verträge im rechtstechnischen Sinne, sondern auch einseitige Rechtsakte wie zB eine Ermächtigung (vgl K/U § 181 KO Rn 5 mwN; K/P/B/*Wenzel* § 294 Rn 5; **aA** *Kohte/Ahrens/Grote* § 294 Rn 26). Die Vorschrift hat insbesondere solche Vorzugsabkommen im Auge, die mit Gläubigern hinter dem Rücken der anderen geschlossen werden (vgl RGZ 61, 298). Es sollen Abkommen verhütet werden, durch die ein Gläubiger ohne Wissen und Willen der übrigen bevorzugt wird. Abtretungen an die Insolvenzgläubiger unterfallen ebenfalls dem Anwendungsbereich des Abs 2, weil sie den betreffenden Insolvenzgläubigern Sondervorteile verschaffen (*Kohte/Ahrens/Grote* § 294 Rn 26). Da Abs 2 an ein **kollusives Handeln gegen die Gläubigergleichbehandlung** 22 anknüpft, stellen **einseitige Verrechnungen** durch Banken kein Abkommen dar (vgl **BGH** NJW 1987, 1883 = ZIP 1987, 626).

23   **2. Bevorzugung. Bevorzugung** ist jede **sachliche Besserstellung** gegenüber den übrigen Insolvenzgläubigern. Dabei ist eine wirtschaftliche Betrachtungsweise maßgeblich. Die Bevorzugung kann sowohl durch Verpflichtungs- als auch Verfügungsgeschäfte erfolgen. Ob die Bevorzugung **erheblich** war, ist ohne Belang (vgl **RG** HRR 1937, Nr 334). Umgehungen des Abs 2, die eine sachliche Besserstellung des einzelnen Insolvenzgläubigers zur Folge haben, sind ebenso wie direkte Zuwiderhandlungen nichtig. Abs 2 erfasst nicht nur Bevorzugungen durch den Schuldner selbst, sondern auch **Versprechen und Erfüllungshandlungen Dritter.** Deshalb ist eine Abrede nichtig, mit der sich der Arbeitgeber des Schuldners verpflichtet, in Abweichung von § 114 Teile des Arbeitsentgeltes einem einzelnen Gläubiger unmittelbar zufließen zu lassen (K/P/B/*Wenzel* § 294 Rn 6). Ebenso wenig ist eine Regelung in einem **Insolvenzplan** wirksam, die Planläubigern eine Vorzugsstellung in einem Insolvenzplan in der Weise einräumt, dass sie aus Planverbindlichkeiten gegen den persönlich haftenden Gesellschafter einer OHG oder KG auch während der Wohlverhaltensperiode vorgehen können. Denn Forderungen aus einem im Gesellschaftsinsolvenzverfahren vereinbarten Plan sind im Gesellschafterverfahren Insolvenzforderungen. Dagegen schließt Abs 2 nicht aus, dass der Schuldner an einen Insolvenzgläubiger **Zahlungen aus seinem pfändungsfreien Vermögen** (vgl **AG** Göttingen v 5. 8. 2005 – 74 IN 162/04, ZVI 2005, 557; *Adam* ZInsO 2006, 1132; MüKoInsO-*Ehricke* § 294 Rn 32; *Ehlenz/Wiesmeier* InVo 2007, 93, 95) oder aus Mitteln erbringt, die ihm in dem gem § 295 Abs 1 Nr 2 zulässigen Rahmen aus einer **Erbschaft** zugeflossen sind (HambKomm/*Streck* § 294 Rn 11; K/P/B/*Wenzel* § 294 Rn 5).

24   Auch ein zu einer **Geldstrafe** verurteilter Schuldner ist nicht berechtigt, Zahlungen über den an den Treuhänder abgeführten Betrag hinaus an die **Staatsanwaltschaft** zu leisten. Denn jedes Abkommen zwischen dem Schuldner und einzelnen Insolvenzgläubigern über Sondervorteile ist nichtig. Auch die Staatsanwaltschaft ist in einem solchen Fall verpflichtet, die zur Tilgung der Geldstrafe überobligationsmäßig erhaltenen Beträge an den Treuhänder zur Verteilung an die übrigen Gläubiger auszukehren (*Franke* NStZ 1999, 548; *Vallender/Elschenbroich* NZI 2002, 130). Dieser Umstand erhöht die Gefahr der Vollstreckung einer **Ersatzfreiheitsstrafe** nach § 43 StGB. Das gesetzgeberische Anliegen, einem redlichen Schuldner Gelegenheit zu geben, sich von seinen restlichen Verbindlichkeiten zu befreien, würde allerdings konterkariert, wenn man durch eine Ersatzfreiheitsstrafe dem Schuldner die Erwerbsarbeit als regelmäßige Folge einer Inhaftierung nähme (*Franke* aaO). Einen Ausweg bietet bei relativ geringen Geldstrafen die Möglichkeit der Straftilgung durch gemeinnützige Arbeit (Art 293 EGStGB).

25   **3. Zeitpunkt des Abkommens.** Keine Voraussetzung für die Rechtsfolge des Abs 2 ist, dass das Abkommen erst während des Restschuldbefreiungsverfahrens geschlossen wird (K/P/B/*Wenzel* § 294 Rn 6). Der Zeitpunkt des Zustandekommens des Abkommens kann auch schon vor Ankündigung der Restschuldbefreiung gemäß § 291 liegen. Es reicht insoweit aus, dass bei Abschluss des Abkommens von den Partnern die **Ankündigung der Restschuldbefreiung als möglich** angesehen wurde und das Abkommen auch für diesen Fall gelten sollte. Etwas anderes gilt nur dann, wenn dem Restschuldbefreiungsverfahren ein Verbraucherinsolvenzverfahren vorausgegangen ist. Ließe man ein Sonderabkommen beim außergerichtlichen oder gerichtlichen Einigungsversuch nicht zu, würde ein entsprechendes Verbot die Einigungschancen ohne Not beeinträchtigen (*Kohte/ Ahrens/Grote* § 294 Rn 28).

26   **4. Nichtigkeit des Sonderabkommens.** Ein **Verstoß gegen das Verbot** des Abs 2 führt zur **Nichtigkeit des Abkommens.** Die Nichtigkeit trifft das Sonderabkommen als Ganzes, und zwar das **Verpflichtungs- und das Verfügungsgeschäft;** beide Rechtsgeschäfte werden einheitlich von gesetzwidrigen Begünstigungswillen getragen. Der Empfänger ist mithin hinsichtlich der Vorzugsleistungen mit Ausnahme der gesetzlichen Fälle wie zB Vermischung oder Verbindung kein Eigentümer der Leistungsgegenstände geworden (K/U § 181 KO Rn 10). Bei der unwirksamen Bestellung von Grundpfandrechten wird das Grundbuch unrichtig. Zur Verhinderung gutgläubigen Erwerbs kann ein Widerspruch eingetragen werden (§ 899 BGB).

27   Die **Rückforderung** des auf Grund eines nichtigen Sonderabkommens Erlangten geschieht auf Grund des ursprünglichen Rechts des Schuldners, also zB durch Eigentumsherausgabeklage. § 817 S 2 BGB steht einem solchen Begehren nicht entgegen, weil ohne Rücksicht auf den möglichen Rückforderungsanspruch keine Anwendung findet (vgl **BGH** NJW 1951, 643; *Kilger/K. Schmidt* § 181 KO Anm 4; s dazu näher Rn 29).

28   Ist das Sonderabkommen nur Bestandteil eines anderen Rechtsgeschäfts, so erstreckt sich die Nichtigkeit nach § 139 BGB im Zweifel auf das ganze Geschäft. Sie wirkt nicht bloß gegenüber den zurückversetzten Gläubigern, sondern gegenüber jedermann, auch dem Schuldner. Die Nichtigkeit kann auch der Schuldner geltend machen. Die Verschaffung eines Sondervorteils hat nicht nur die Nichtigkeit des Abkommens zur Folge, sondern stellt gleichzeitig eine **Obliegenheitsverletzung** dar, die zur Versagung der Restschuldbefreiung führen kann (§§ 295 Abs 1 Nr 4, 296 Abs 1 S 1).

29   **5. Anspruchsausschluss gemäß § 817 S 2 BGB.** Fraglich ist, ob und inwieweit § 817 S 2 BGB der Rückforderung von Leistungen des Schuldners oder dritter Personen (zB Zahlungen) entgegensteht, die

IV. Einschränkung der Aufrechnung, Abs 3 **§ 294**

zur Erfüllung von unwirksamen Sonderabkommen erbracht worden sind. Nahezu einig ist man sich insoweit lediglich über zwei notwendige Korrekturen des Gesetzeswortlauts: Erstens muss § 817 S 2 BGB auch dann gelten, wenn nur dem Leistenden (und nicht zugleich) dem Leistungsempfänger ein Gesetzes- oder Sittenverstoß zur Last fällt: Der Empfänger darf bei einwandfreiem Verhalten nicht schlechter stehen als bei makelhaftem. Und zweitens schließt § 817 S 2 BGB nicht bloß die Kondiktion nach § 817 S 1 BGB aus, sondern ebenso die übrigen Arten der Leistungskondiktion (*Medicus* Rn 696). Der Einwand des § 817 S 2 BGB gilt auch gegen den Rechtsnachfolger des Leistenden (BGHZ 106, 169 ff). Da ein Kondiktionsausschluss die Zuwiderhandlung gegen das gesetzliche Verbot des Abs 2 doppelt sanktionieren und ein erfülltes Sonderabkommen folgenlos stellen würde, findet § 817 S 2 BGB auf die Rückforderung von Leistungen, die auf dem insolvenzrechtlich verbotenen Sonderabkommen des § 294 Abs 2 beruhen, keine Anwendung (ebenso *Kohte/Ahrens/Grote* § 294 Rn 34; s auch *Ehlenz/Wiesmeier* InVo 2007, 93, 95).

IV. Einschränkung der Aufrechnung, Abs 3

Grundsätzlich muss für Verfügungsbeschränkungen, wie sie das **Aufrechnungsverbot** darstellt, als 30 Ausnahme zu der im Schuldrecht bestehenden Dispositionsfreiheit der Vertragspartner eine gesetzliche Grundlage vorhanden sein (LG Koblenz ZInsO 2000, 508). Eine solche die Aufrechnungsbefugnis einschränkende Vorschrift stellt Absatz 3 dar. Die Vorschrift schließt die Aufrechnung durch Insolvenzgläubiger gegen Forderungen aus, die gem § 287 Abs 2 von der Abtretung an den Treuhänder erfasst sind und gegen die bei fortlaufendem Insolvenzverfahren gem § 114 Abs 2 außerhalb des in § 114 Abs 1 bezeichneten Zeitraums die Aufrechnung ebenfalls ausgeschlossen wäre (BGH v 21. 7. 2005 – IX ZR 115/04, NZI 2005, 565). Sie soll verhindern, dass durch die **Aufrechnung gegen die Lohn- und Gehaltsansprüche des Schuldners** der kollektive Zugriff auf die Einkünfte während der Wohlverhaltensperiode vereitelt wird (näher dazu *Wochner* BB 1989, 1065, 1066; *Döbereiner* Restschuldbefreiung S 268 ff). Denn zählt der dem Schuldner zur Zahlung wiederkehrender Bezüge Verpflichtete zu den Insolvenzgläubigern, wird seine Aufrechnungsbefugnis durch die Abtretung der gegen sie gerichteten Forderungen an den Treuhänder (vgl § 287 Abs 2 InsO) grundsätzlich nicht beeinträchtigt, § 406 BGB (*Häsemeyer* Rn 26.46; *Preuss* Verbraucherinsolvenz S 176).

1. Aufrechnung durch den zur Zahlung der Bezüge Verpflichteten. Aus der Verweisung in Abs 3 auf 31 die Vorschrift des § 114 Abs 2 folgt, dass der Arbeitgeber als Insolvenzgläubiger mit Forderungen, die er **bereits zurzeit der Eröffnung** des Insolvenzverfahrens erworben hatte (zB der Anspruch auf Rückerstattung eines Arbeitgeberdarlehens), gegen **die pfändbaren Forderungen** auf Bezüge aus einem Dienstverhältnis oder an deren Stelle tretende laufende Bezüge nur für die Dauer von zwei Jahren nach Eröffnung des Insolvenzverfahrens aufrechnen kann. Dazu bedarf es des Vorliegens der allgemeinen Voraussetzungen des § 387 BGB (*Adam* WM 1998, 801, 802). Die pfändbaren Bezüge des Schuldners stehen den Insolvenzgläubigern in diesem Fall wie bei einer Lohnvorausabtretung erst ab Beginn des dritten Jahres seit Verfahrenseröffnung zur Verfügung. **Unbeschränkt** kann der zur Zahlung der Bezüge Verpflichtete gegen Forderungen aufrechnen, die zum freien Vermögen des Schuldners gehören (*Häsemeyer* Rn 26.46), zB Vermögenswerte nach § 295 Abs 1 Nr 2.

Eine **Aufrechnung gegen den unpfändbaren Teil der Bezüge** schließt Abs 3 nicht aus (Begr zu § 243 32 RegE, BR-Drucks 1/92 S 192; missverständlich Hess § 294 Rn 33). Diese scheitert allerdings grundsätzlich an der Bestimmung des § 394 BGB, die verhindern will, dass dem Gläubiger der unpfändbaren Forderung die Lebensgrundlage gänzlich entzogen wird. Das zwingende Aufrechnungsverbot gemäß § 394 BGB (RGZ 146, 401) tritt allerdings zurück, soweit Treu und Glauben dies erfordern. So ist eine Aufrechnung mit Ansprüchen aus einer vorsätzlich begangenen unerlaubten Handlung in den unpfändbaren Teil der Bezüge zulässig (BGHZ 30, 36, 38; **BGH** NJW 1993, 2105 mwN), soweit diese aus demselben Lebensverhältnis stammen. Dies gilt auch für Ansprüche aus einem Arbeitsverhältnis (**BAG** NJW 1960, 1590; NJW 65, 70). Eine solche Aufrechnung beeinträchtigt die Befriedigung der anderen Insolvenzgläubiger nicht, weil die Forderungen der Insolvenzgläubiger während der Wohlverhaltensperiode nur aus dem pfändbaren Teil des Arbeitseinkommens befriedigt werden (*Döbereiner,* Restschuldbefreiung S 270/271).

Eine Aufrechnung mit Forderungen, die der zur Zahlung der Bezüge Verpflichtete erst **nach Eröff-** 33 **nung** des Insolvenzverfahrens erlangt, ist unzulässig. Dies ergibt sich aus § 294 Abs 3 iVm § 114 Abs 2 S 2 iVm § 96 Nr 2, Nr 4 (Begr zu § 243 RegE, BR-Drucks 1/92 S 191/192). Nichts anderes gilt, wenn der Arbeitgeber die Aufrechnungsmöglichkeit durch anfechtbare Rechtshandlung erlangt hat (§§ 96 Nr 3, 114 Abs 2 S 2).

2. Aufrechnung durch andere Insolvenzgläubiger. Die Frage, ob **§ 294 Abs 3** sich als eine die Auf- 34 rechnung in bestimmten Fällen gestattende **Ausnahmevorschrift** zu einem ansonsten nach § 294 Abs 1 InsO iVm § 394 S 1 BGB geltenden Aufrechnungsausschluss interpretieren lasse, wird unterschiedlich beantwortet. Nach zutreffender Ansicht des **Bundesgerichtshofs** (v 21. 7. 2005 – IX ZR 115/04, NZI 2005, 565; ihm folgend **BFH** v 21. 11. 2006 – VII R 1/06, 2007, 137, unter Aufgabe der in insoweit in der 12. Aufl vertretenen Auffassung) besteht in der **Wohlverhaltenspriode kein Aufrechnungsverbot** (ebenso HambKomm/*Streck* § 294 Rn 14; aA AG Göttingen ZInsO 2001, 329; AG Neuwied NZI 2000, 335). Der InsO – so der BGH – sei keine die Aufrechnungsbefugnis von Insolvenzgläubigern in der Wohlverhaltensperiode allgemein ausschließende Bestimmung zu entnehmen, insbesondere könne dieses nicht aus dem Zwangsvollstreckungsverbot des **§ 294 Abs 1 InsO** hergeleitet werden. Eine willkürliche Privilegierung dessen, der sich vor anderen Gläubigern durch Aufrechnung befriedigen kann, liege darin nicht, weil ein solcher Gläubiger – anders als es bei einer Zwangsvollstreckung in das Vermögen des insolventen Schuldners der Fall wäre – Befriedigung nur gegen Aufgabe seiner eigenen Forderung gegen diesen erlangt. Mithin kann zB das Finanzamt mit einer **Steuerforderung**, die schon vor Verfahrenseröffnung begründet war, gegen einen während der Wohlverhaltenperiode entstandenen **Steuererstattungsanspruch** des Schuldners aufrechnen (**BGH** aaO; **BFH** aaO mwN; HambKomm/*Streck* § 294 Rn 14). Die **Aufrechnung** erfolgt durch eine **einseitige empfangsbedürftige öffentlich-rechtliche Willenserklärung** (§ 226 Abs 1 AO iVm § 388 S 1 BGB). Da es sich nicht um einen Verwaltungsakt handelt (§ 118 AO), sind Einspruch (§ 347 Abs 1 AO) und Anfechtungsklage (§ 40 Abs 1 3. Alt FGO) unmittelbar gegen die Aufrechnungserklärung ausgeschlossen (*Bartone* jurisPR-SteuerR 26/2007 Anm 6). Einwendungen gegen eine vom Finanzamt erklärte Aufrechnung muss der Steuerpflichtige durch Antrag auf Erlass eines Abrechnungsbescheids (§ 218 Abs 2 AO) geltend machen, der seinerseits mit Einspruch und ggf mit Anfechtungsklage angefochten werden kann (*Bartone* Jus 2004, 996, 1000).

35 Einer **Aufrechnung nach Erteilung der Restschuldbefreiung** steht die Vorschrift des § 301 entgegen. Da die von der Restschuldbefreiung erfasste Forderung des Gläubigers zu einer unvollkommenen Verbindlichkeit wird (§ 301), hindert § 387 BGB, nach der die zur Aufrechnung gestellte Forderung voll wirksam und durchsetzbar sein muss, den Insolvenzgläubiger daran, wirksam die Aufrechnung zu erklären (*Grote* ZInsO 2001, 452, 455).

§ 295 Obliegenheiten des Schuldners

(1) Dem Schuldner obliegt es, während der Laufzeit der Abtretungserklärung
1. eine angemessene Erwerbstätigkeit auszuüben und, wenn er ohne Beschäftigung ist, sich um eine solche zu bemühen und keine zumutbare Tätigkeit abzulehnen;
2. Vermögen, das er von Todes wegen oder mit Rücksicht auf ein künftiges Erbrecht erwirbt, zur Hälfte des Wertes an den Treuhänder herauszugeben;
3. jeden Wechsel des Wohnsitzes oder der Beschäftigungsstelle unverzüglich dem Insolvenzgericht und dem Treuhänder anzuzeigen, keine von der Abtretungserklärung erfaßten Bezüge und kein von Nummer 2 erfaßtes Vermögen zu verheimlichen und dem Gericht und dem Treuhänder auf Verlangen Auskunft über seine Erwerbstätigkeit oder seine Bemühungen um eine solche sowie über seine Bezüge und sein Vermögen zu erteilen;
4. Zahlungen zur Befriedigung der Insolvenzgläubiger nur an den Treuhänder zu leisten und keinem Insolvenzgläubiger einen Sondervorteil zu verschaffen.

(2) Soweit der Schuldner eine selbständige Tätigkeit ausübt, obliegt es ihm, die Insolvenzgläubiger durch Zahlungen an den Treuhänder so zu stellen, wie wenn er ein angemessenes Dienstverhältnis eingegangen wäre.

Übersicht

	Rn
I. Normzweck	1
II. Obliegenheiten bei unselbständiger Erwerbstätigkeit, Abs 1 Nr 1	7
1. Ausübung einer angemessenen Erwerbstätigkeit, Nr 1	9
a) Erwerbstätiger Schuldner	10
aa) Teilzeitbeschäftigung	13
bb) Fort- und Weiterbildung	14
cc) Verlust des Arbeitsplatzes	18
dd) Wahl der Steuerklasse	20 a
b) Arbeitsloser Schuldner	21
aa) Bemühungen um Arbeit	22
bb) Zumutbare Tätigkeit	25
2. Verfassungsgemässheit der Erwerbsobliegenheiten	28
III. Vermögenserwerb von Todes wegen oder mit Rücksicht auf künftiges Erbrecht, Nr 2	31
1. Erwerb von Todes wegen	32
2. Gleichstehende Arten des Erwerbs	33
3. Ausschlagung einer Erbschaft, Erbverzicht, Pflichtteilsverzicht	34
4. Herausgabe des halben Wertes der Erbschaft	37
a) Zahlungspflicht des Schuldners	38
b) Gefahr des Vollstreckungszugriffs durch Neugläubiger	40
IV. Sonstiges Vermögen	42

	Rn
V. Mitteilungs-, Offenbarungs- und Auskunftspflichten, Nr 3	43
1. Mitteilungspflichten	44
a) Wohnsitzwechsel	45
b) Wechsel der Beschäftigungsstelle	46
2. Offenbarungspflichten	47
3. Auskunftspflichten	49
4. Unverzüglich	53
VI. Gleichbehandlungspflicht, Nr 4	54
1. Umfang der Obliegenheit	55
2. Treuhänder als Zahlungsadressat	56
3. Verschaffung eines Sondervorteils	58
VII. Obliegenheiten bei selbständiger Erwerbstätigkeit, Abs 2	61
1. Selbständige Tätigkeit	64
2. Abtretung künftiger Bezüge gemäß § 287	65
3. Zahlung eines angemessenen Betrages an den Treuhänder	66
a) Zahlungszeitpunkt	67
b) Fiktives Gesamteinkommen als Vergleichsmaßstab	68
aa) Kein eigenständiges Verfahren zur Feststellung der zu leistenden Zahlung	70
bb) Unterschreiten der Befriedigungsquote	72
cc) Überschreiten der Befriedigungsquote	76

I. Normzweck

Die Vorschrift des § 295 zählt zu den **zentralen Regelungen der Restschuldbefreiung**. Sie legt die Obliegenheiten des Schuldners fest, die dieser während der Dauer der Wohlverhaltensperiode zu beachten hat. Die Obliegenheiten bestehen nur im Verhältnis zu den Insolvenzgläubigern, die im Schlussverzeichnis aufgeführt sind, weil Voraussetzung für eine Versagung der Restschuldbefreiung ist, dass die Obliegenheitsverletzung zu einer Beeinträchtigung der Insolvenzgläubiger geführt hat. Da aber nach § 292 Abs 1 S 2 nur die im Schlussverzeichnis genannten Gläubiger bei der Verteilung während der Wohlverhaltensperiode zu berücksichtigen sind, kann es nur auf die Beeinträchtigung deren Befriedigung ankommen. 1

Obwohl die **sechsjährige Laufzeit der Abtretungserklärung** auf Grund der Neufassung des § 287 Abs 2 S 1 bereits mit der Eröffnung des Insolvenzverfahrens beginnt, setzt die so genannte Wohlverhaltensperiode und damit das Restschuldbefreiungsverfahren im eigentlichen Sinne erst mit dem Tage ein, an dem der Ankündigungsbeschluss gemäß § 291 Abs 1 Rechtskraft erlangt (**BGH** v 18. 12. 2008 – IX ZB 249/07, ZInsO 2009, 299 Rn 8 f; näher dazu § 287 Rn 41 ff). Von diesem Zeitpunkt an kann die Restschuldbefreiung dem Schuldner nur noch versagt werden, wenn er gegen seine Obliegenheiten verstößt (*Prziklang* Verbraucherinsolvenz S 63). Ein Verstoß gegen die Obliegenheiten gemäß § 295 Abs 1 während des eröffneten Verfahrens kann nicht zur Versagung der Restschuldbefreiung führen, auch wenn die vorgenannte Bestimmung dem Schuldner auferlegt, während der Laufzeit der Abtretungserklärung seine Obliegenheiten zu erfüllen (**LG Göttingen** v 20. 7. 2004 – 10 T 83/04, ZVI 2004, 544, 545; **AG Köln** v 9. 3. 2004 – 71 IK 116/01, NZI 2004, 331; *Vallender* NZI 2001, 561, 567; FK-*Ahrens* § 295 Rn 7 a). Durch die Neufassung des § 287 Abs 2 S 1 erhält die Wohlverhaltensperiode bzw Treuhandzeit eine relative Dauer (FK-*Ahrens* § 300 Rn 3 b), die aus der sechs- bzw fünfjährigen Laufzeit der Abtretungserklärung abzüglich der Zeit für das durchgeführte Insolvenzverfahren zu errechnen ist. 2

Unter **Obliegenheiten** sind nichtverpflichtende Verhaltensanforderungen zu verstehen, deren Nichtbeachtung zu einem Nachteil für den Belasteten führt (vgl *Brox* Rn 567). 3

Abs 1 Nr 1 normiert die **bedeutsamsten Obliegenheiten** des Schuldners. Der Gesetzgeber verlangt vom Schuldner, dass er sich **nach besten Kräften** bemühen soll, während der Dauer der Wohlverhaltensperiode seine Gläubiger soweit wie möglich zu befriedigen, um anschließend endgültig von seinen restlichen Verbindlichkeiten befreit zu werden (Begr zu § 244 Reg, BR-Drucks 1/92 S 192/193). Dabei ist während dieser Zeit das **pfändbare Arbeitseinkommen** des Schuldners die **wesentliche Grundlage der Befriedigung der Insolvenzgläubiger**. Dazu hat er vor allem seine Arbeitskraft einzusetzen. Hat sich allerdings ein **arbeitsloser Schuldner** nach besten Kräften vergeblich bemüht, eine angemessene Erwerbstätigkeit zu finden, steht der Umstand, dass während der (restlichen) Laufzeit der Abtretungserklärung keine pfändbaren Bezüge an die Gläubiger verteilt werden konnten, der Erteilung der Restschuldbefreiung nicht entgegen (aA *Huntemann/Graf Brockdorff* Kap 16 Rn 55). Das **Risiko der Arbeitslosigkeit** trifft mithin die Insolvenzgläubiger (*Döbereiner*, Restschuldbefreiung S 151; N/R/*Römermann* § 295 Rn 10). Für den Schuldner ist diese Situation allerdings auch nicht risikofrei. Vermag er nicht einmal die Mindestvergütung des Treuhänders zu decken, droht die Versagung der Restschuldbefreiung nach § 298. Es besteht jedoch für ihn die Möglichkeit, unter den Voraussetzungen des § 4a eine Stundung der Verfahrenskosten zu erlangen (§ 298 Abs 1 S 2). 4

Als weitere Obliegenheit hat der Schuldner Vermögen, welches er von Todes wegen erwirbt, an den Treuhänder zur **Hälfte des Wertes** herauszugeben (**Abs 1 Nr 2**). Es wäre unbillig, einem Schuldner, der während der Wohlverhaltensperiode als Erbe Vermögen erlangt, die Restschuldbefreiung zu gewähren, 5 ohne dass er dieses Vermögen antasten müsste. Hätte er die Erbschaft ganz an den Treuhänder abzuführen, würde dies in vielen Fällen dazu beitragen, dass der Schuldner durch Ausschlagung der Erbschaft oder in anderer Weise dafür sorgt, dass ihm das betreffende Vermögen gar nicht zufällt (Begr zu § 244 RegE, BR-Drucks 1/92 S 192/193).

6   Während die in Abs 1 Nr 1 und 2 normierten Obliegenheiten eine **optimale Befriedigung** der Insolvenzgläubiger sicherstellen sollen, tragen die in **Abs 1 Nr 3** aufgeführten Obliegenheiten dazu bei, die **Kontrolle der Erfüllung der übrigen Verhaltenspflichten** für das Insolvenzgericht und den Treuhänder zu erleichtern. Die in **Abs 1 Nr 4** aufgeführten Obliegenheiten betonen den **Grundsatz der gleichmäßigen Befriedigung der Gläubiger**. Die Regelung soll dazu beitragen, dass die Aktivitäten des Schuldners zur Gläubigerbefriedigung allen Gläubigern zugute kommen. Auch die Regelung in **Absatz 2** soll sicherstellen, dass sich der Schuldner nach besten Kräften bemüht, seine Gläubiger während der Wohlverhaltensperiode so weit als möglich zu befriedigen. Nur dann erscheint er würdig, das „Privileg" der Restschuldbefreiung zu erhalten (krit zur Regelung des § 295 Abs 2: *Arnold* DGVZ 1996, 65, 69; *Döbereiner* Restschuldbefreiung S 157/158; *Scholz* DB 1996, 765, 769; *Vallender* VuR 1997, 155, 159).

II. Obliegenheiten bei unselbstständiger Erwerbstätigkeit, Abs 1 Nr 1

7   § 295 Abs 1 Nr 1 stellt an den Schuldner Verhaltensanforderungen (**Obliegenheiten**), deren Verletzung bei einem entsprechenden Antrag eines Insolvenzgläubigers zu einer Versagung der Restschuldbefreiung führen kann (*Wenzel* VuR 1990, 121, 127; *ders* NZI 1999, 15, 16; K/P/B/*Wenzel* § 295 Rn 2).

8   Insgesamt nennt das Gesetz in Abs 1 Nr 1 **drei Obliegenheiten** des nicht selbstständig tätigen Schuldners. Während sich die erste Obliegenheit, eine angemessene Tätigkeit auszuüben, an den **erwerbstätigen Schuldner** richtet, hat sich der **beschäftigungslose Schuldner** um eine angemessene Erwerbstätigkeit zu bemühen; er darf keine zumutbare Tätigkeit ablehnen. Den Schuldner trifft aber **keine Rechtspflicht**, irgendeine Berufstätigkeit aufzunehmen. Aus diesem Grunde können die Insolvenzgläubiger den Schuldner nicht klageweise zwingen, eine besser bezahlte oder überhaupt eine geregelte Erwerbsarbeit aufzunehmen.

9   **1. Ausübung einer angemessenen Erwerbstätigkeit, Nr 1.** Welche verbindlichen Kriterien zur Beurteilung der **Angemessenheit einer Tätigkeit** zu berücksichtigen sind, ist im Gesetz nicht geregelt. In der Begründung zum Regierungsentwurf (BR-Drucks 1/92 S 192) heißt es insoweit: *„Die Obliegenheit hat jedoch auch zum Inhalt, dass der Schuldner das ihm Mögliche tun muss, um durch die Ausübung einer angemessenen Erwerbstätigkeit oder, falls er ohne Arbeit ist, die Annahme einer zumutbaren Arbeit seinen Teil zur Gläubigerbefriedigung beizutragen. An die Zumutbarkeit im Sinne dieser Vorschrift sind strenge Anforderungen zu stellen. Anzunehmen ist zum Beispiel auch eine berufsfremde Arbeit, eine auswärtige Arbeit, notfalls auch eine Aushilfs- oder Gelegenheitstätigkeit."* Auch unter Zugrundelegung dieser Anforderungen bleibt es letztlich der Rechtsprechung vorbehalten, Kriterien für die Angemessenheit einer Tätigkeit herauszuarbeiten (KS-*Fuchs* S 1739 Rn 175; *Prziklang*, Verbraucherinsolvenz S 69; K/P/B/*Wenzel* § 295 Rn 2). Dabei ist die zu treffende Entscheidung immer Sache des Einzelfalls und hat die konkreten Umstände des Einzelfalls zu berücksichtigen.

10 a) **Erwerbstätiger Schuldner.** Grundsätzlich erfüllt ein erwerbstätiger Schuldner seine Obliegenheiten, wenn er während der Wohlverhaltensperiode einer Erwerbstätigkeit nachgeht, die seiner Ausbildung und seinen Fähigkeiten entspricht. Dies gilt auch, wenn er während der Wohlverhaltensperiode seine Arbeitsstelle wechselt. Entscheidend ist nur, dass hierdurch die Befriedigungschancen der Gläubiger nicht geschmälert werden. Deshalb stellt es grundsätzlich keinen Verstoß gegen die Obliegenheit des § 295 Abs 1 Nr 1 dar, wenn der Schuldner einer **Erwerbstätigkeit im Ausland** nachgeht. Soweit in diesem Land indes deutlich höhere Pfändungsgrenzen oder ein weitergehendes Abtretungsverbot bestehen, ist vom Schuldner zu verlangen, dass er dem deutschen Recht entsprechende Leistungen an den Treuhänder erbringt (ebenso *Hergenröder* ZVI 2005, 233, 245).

11 Eine angemessene Erwerbstätigkeit setzt nicht nur eine gebührende Arbeitsleistung, sondern auch eine **angemessene Bezahlung** voraus (AG Dortmund NZI 1999, 420, 421). Deshalb muss sich ein Schuldner, der **in einem familieneigenen Betrieb Einkünfte nur unterhalb der Pfändungsgrenzen** erzielt, darauf verweisen lassen, eine Tätigkeit außerhalb der eigenen Familie auszuüben, wo die Bezahlung seiner Qualifikation entspricht (**AG Duisburg** v 6. 4. 2004 – 62 IK 27/02, ZVI 2004, 364, 366; AG Dortmund aaO; K/P/B/*Wenzel* § 295 Rn 6; aA *Hess* § 295 Rn 19). Findet der Schuldner trotz aller Bemühungen wiederum keine Arbeitsstelle, bei der die **Einkünfte unter der Pfändungsgrenze des § 850 c ZPO** liegen, stellt dies keinen Obliegenheitsverstoß dar, wenn er diese Tätigkeit ablehnt und weiterhin seiner ursprünglichen Tätigkeit nachgeht. Denn Sinn und Zweck der Regelung des § 295 Abs 1 Nr 1 ist es, dass der Schuldner seine Gläubiger während der Wohlverhaltensperiode so weit wie möglich befriedigt. Allgemeines Wohlverhalten verlangt die Vorschrift nicht (*Bruckmann* Verbraucherinsolvenz § 4 Rn 52; ähnlich *Bindemann* Verbraucherkonkurs S 192 Rn 259). Abzustellen ist dabei auf den erzielbaren Verdienst zum Zeitpunkt der abgelehnten Tätigkeit.

Dagegen stellt es einen Verstoß gegen die Erwerbsobliegenheit des § 295 Abs 1 Nr 1 dar, wenn der **12** Schuldner im Zusammenwirken mit seinem Arbeitgeber sein **Einkommen verschleiert** oder „umleitet" (*Kohte/Ahrens/Grote* § 295 Rn 24; KS-*Fuchs* S 1740 Rn 177). Näher in Betracht zu ziehen sind dabei Vereinbarungen, die vorsehen, dass dem Schuldner während der Laufzeit der „Wohlverhaltensperiode" ein geringes und zum Ausgleich dafür anschließend ein höheres Gehalt gezahlt wird, Teile seines Gehalts mittelbar oder unmittelbar an einen Dritten ausgezahlt werden oder ein Teil seines Gehalts „schwarz" oder in Form anderer Zuwendungen geleistet wird (AG Darmstadt v 6. 10. 2008 – 9 IK 370/04, ZInsO 2009, 111; KS-*Fuchs* aaO).

aa) Teilzeitbeschäftigung. Als angemessene Erwerbstätigkeit ist grundsätzlich nur eine **Vollzeitbe- 13 schäftigung** mit einer durchschnittlichen wöchentlichen Arbeitszeit zwischen 35 und 40 Stunden anzusehen (AG Coburg v 15. 1. 2003 – IK 188/00, ZVI 2004, 313, 314; AG Hamburg ZInsO 2001, 278; ähnlich *Kohte/Ahrens/Grote* § 295 Rn 25). Ein 30-jähriger Schuldner, der ledig und kinderlos ist, kommt seiner Obliegenheit nach § 295 Abs 1 Nr 1 nicht nach, wenn er lediglich eine Beschäftigung mit einer Wochenarbeitszeit von 25 Stunden ausübt. Dies gilt insbesondere, wenn ihm bekannt ist, dass die wirtschaftliche Situation seines Arbeitgebers eine Vollzeitbeschäftigung nicht zulässt und er sich trotz dieser Kenntnis nicht um eine angemessene Erwerbstätigkeit bemüht (AG Hamburg aaO).

bb) Fort- und Weiterbildung. Bietet sich dem Schuldner die Möglichkeit, auf Grund entsprechender **14 Fort- und Weiterbildungsmaßnahmen** eine besser dotierte Arbeit ausüben zu können, so ist es ihm unter den nachgenannten Voraussetzungen gestattet, für einen gewissen Zeitraum unter Einkommensverlust an einer beruflichen Fortbildung teilzunehmen (Begr zu § 244 RegE, BR-Drucks 1/92 S 192). Zunächst muss – nicht nur die theoretische, sondern wahrscheinliche – Möglichkeit bestehen, nach der Fortbildung ein höheres Einkommen zu erzielen. Darüber hinaus muss die **finanzielle Einbuße**, die durch die Fort- oder Weiterbildungsmaßnahme verursacht wird, durch die Erwartung auf höhere Einkünfte nach Ende der Fortbildung **und** innerhalb der Wohlverhaltensperiode **ausgeglichen** werden. Das erzielte höhere Einkommen hat den Gläubigern – auch unter Berücksichtigung des progressiv gestaffelten Prozentanteils – zugute zu kommen. Je länger die Fortbildungsmaßnahme mit Einkommensverlust andauert, desto sorgfältiger hat der Schuldner vor Teilnahme an dieser Maßnahme zu prüfen, ob er den Verlust noch innerhalb der Wohlverhaltensperiode ausgleichen kann. Bei grober Verkennung der Lage und dadurch bedingter Beeinträchtigung der Gläubigerbefriedigung kommt bei einem etwaigen Versagungsantrag eines Insolvenzgläubigers eine Exkulpation gemäß § 296 Abs 1 S 1 nicht in Betracht. Nach Auffassung des AG Neu-Ulm (v 19. 2. 2002 – IK 317/03, ZVI 2004, 131, 132) verletzt ein Schuldner seine Obliegenheit, wenn er sich nur für Teilzeitstellen arbeitsuchend meldet oder eine Weiterbildung anstrebt, obwohl ihm Vollzeitstellen vermittelt werden konnten.

Da sich der Schuldner nach besten Kräften bemühen soll, seine Verbindlichkeiten so weit wie möglich **15** zu tilgen, ehe er anschließend von seinen restlichen Schulden befreit wird, kann die Aufnahme eines **Universitäts- oder Fachhochschulstudiums** während des Insolvenz- oder des sich anschließenden Restschuldbefreiungsverfahrens zu einer Versagung der Restschuldbefreiung führen (einschränkend **AG Göttingen** ZVI 2002, 82, 83). Denn die häufig recht langwierige Ausbildung liefe den Interessen der Gläubiger diametral entgegen. Sie könnte dazu führen, dass der Schuldner die gesamte Wohlverhaltensperiode mit einem Studium ausfüllt, ohne in dieser Zeit abtretbare Einkünfte zu erzielen. Durch Aufnahme einer **Nebentätigkeit** könnte er zwar Mittel für eine Befriedigung der Gläubiger erwirtschaften. Jedoch ist diese Aussicht regelmäßig zu ungewiss, als dass sie in jedem Fall als ein Bemühen um eine angemessene Erwerbstätigkeit iSd § 295 Abs 1 Nr 1 anzusehen ist. Im Übrigen stünde sich der Schuldner, der sogleich nach dem Schulabschluss eine Berufsausbildung aufnimmt und Einkünfte erzielt, die durch die berufliche Qualifikation während der Wohlverhaltensperiode noch gesteigert werden können, schlechter als jemand, der sich für die Aufnahme eines Studiums entscheidet. Damit wird keineswegs der Verzicht auf ein Studium gefordert. Nur muss sich derjenige, der Restschuldbefreiung wünscht, entscheiden, ob er erst nach Beendigung des Studiums und Aufnahme einer Erwerbstätigkeit ein Insolvenzverfahren beantragt oder sich sogleich den Obliegenheiten des § 295 Abs 1 Nr 1 unterwirft. Auf keinen Fall kann es hingenommen werden, dass ein Schuldner quasi „durch die Flucht in ein Studium" die Befriedigung seiner Gläubiger während der Laufzeit der Abtretungserklärung umgeht.

Dagegen stellt es grundsätzlich keine Obliegenheitsverletzung dar, wenn ein Schuldner ein zum Zeit- **16** punkt der Einleitung des Insolvenzverfahrens bereits begonnenes Studium auch während der Laufzeit der Abtretungserklärung fortsetzt und auf Grund dessen keine abtretbaren Einkünfte iSv § 287 Abs 2 S 1 erzielt. Solange aber der Schuldner noch keine Zwischenprüfung abgelegt oder sämtliche Leistungsnachweise für die Zulassung zum Examen erlangt hat, ist ihm die Aufgabe des Studiums und die Aufnahme einer Erwerbstätigkeit zuzumuten.

Im Übrigen ist dem Studium eine Regelstudienzeit zugrunde zu legen. Das endgültige Nichtbestehen **17** der Prüfung rechtfertigt keinen Studienwechsel. Die **Promotion** gehört in der Regel nicht zum Regelabschluss. Deshalb hat sich ein Schuldner nach erfolgreichem Abschluss des Studiums **unverzüglich** um eine angemessene Erwerbstätigkeit zu bemühen. Selbst bei hervorragender Begabung muss er den Wunsch nach einer Promotion angesichts des Interesses der Gläubiger an einer Befriedigung ihrer Forderungen zurückstellen.

18 cc) **Verlust des Arbeitsplatzes.** Ein Verlust der Arbeitsstelle bedeutet nicht zwangsläufig eine Obliegenheitsverletzung durch den Schuldner. Vielmehr ist auf die Gründe abzustellen, die zur Beendigung des Arbeitsverhältnisses geführt haben (*Kohte/Ahrens/Grote* § 295 Rn 15; N/R/*Römermann* § 295 Rn 11). Eine **Kündigung des Arbeitsverhältnisses durch den Schuldner** oder die einvernehmliche Aufhebung des Arbeitsvertrages stellt regelmäßig eine Obliegenheitsverletzung dar. Etwas anderes gilt nur dann, wenn dafür anerkennenswerte Motive (zB Krankheit) bzw beachtliche Gründe (s dazu die Beispiele bei *Kohte/Ahrens/Grote* § 295 Rn 19) bestehen (N/R/*Römermann* § 295 Rn 11; K/P/B/*Wenzel* § 295 Rn 6a; siehe dazu auch das instruktive Beispiel von *Hergenröder* ZVI 2005, 233, 245). Eine **betriebsbedingte Kündigung** des Arbeitsverhältnisses durch den Arbeitgeber rechtfertigt grundsätzlich nicht den Vorwurf der Obliegenheitsverletzung. Mangels Anleitungen, die bei einem **Verlust der Arbeitsstelle durch verschuldete Leistungsunfähigkeit** eine sichere Grundlage für die Entscheidung im Einzelfall ermöglichen, bietet sich bei darauf gestützten Kündigungen eine Orientierung an der **Rechtsprechung der Arbeitsgerichte** zu verhaltensbedingten Kündigungen an. Dies vermeidet Auslegungsschwierigkeiten, erhöht die Rechtssicherheit und trägt zur Entlastung der Insolvenzgerichte bei (*Trendelenburg* Restschuldbefreiung S 257; aA *Döbereiner* Restschuldbefreiung S 150 ff).

19 Verliert der Schuldner auf Grund seiner **Alkoholsucht** (vgl *Uhlenbruck* MDR 1990, 4, 10) seinen Arbeitsplatz, stellt dies nicht ohne weiteres einen Versagungsgrund iSv Abs 1 Nr 1 dar. Denn es gibt keinen Erfahrungssatz des Inhalts, dass chronische Trunksucht eine selbstverschuldete Krankheit ist (vgl nur **BAG** DB 1983, 2420). Eine andere Beurteilung erfährt der Verlust des Arbeitsplatzes wegen Alkoholgenusses entgegen einem innerbetrieblichen Verbot (*Kittner/Trittin*, § 1 Rn 180ff). Sofern dieses Verhalten nicht auf einer Krankheit beruht, kommt eine verhaltensbedingte Kündigung in Betracht, die eine Obliegenheitsverletzung darstellt.

20 Bei einem Verlust des Arbeitsplatzes durch **Kündigung** des Arbeitsverhältnisses **wegen einer Straftat des Schuldners**, die einen Bezug zur Arbeit aufweist, liegt eine Verletzung der Erwerbsobliegenheit vor (**AG** Holzminden v 8. 2. 2006 – 10 IK 96/02, ZVI 2006, 260; *Trendelenburg*, Restschuldbefreiung S 259; aA *Kohte/Ahrens/Grote* § 295 Rn 17). Eine Kündigung, die der Arbeitgeber wegen einer durch eine außerdienstliche Straftat verursachten **Strafhaft** ausspricht, rechtfertigt den Vorwurf der Obliegenheitsverletzung, wenn dem Schuldner vorgeworfen werden kann, sein Verhalten lasse eine bewusste, womöglich sogar gezielte Rücksichtslosigkeit gegenüber den Gläubigern erkennen. Dabei vermag der Anspruch auf Entgelt für die in der Justizvollzugsanstalt geleistete Arbeit nach § 43 StVollzG den Schuldner nicht zu entlasten, weil er im Vergleich zu der Entlohnung außerhalb des Strafvollzugs die Befriedigung der Gläubiger beeinträchtigt.

20a dd) **Wahl der Steuerklasse.** Ein verheirateter Schuldner ist verpflichtet, im Rahmen der Erwerbsobliegenheit auf die **Wahl einer geeigneten Steuerklasse** zu achten. Wählt der verheiratete Schuldner ohne hinreichenden sachlichen Grund eine für den Gläubiger ungünstige Steuerklasse, kann darin ein Verstoß gegen die Erwerbsobliegenheit liegen (**BGH** v 5. 3. 2009 – IX ZB 2/07, NZI 2009, 326; *Braun/Lang* § 295 Rn 5; HK-*Landfermann* § 295 Rn 6). Entsprechendes gilt bei § 4c Nr 5. Danach ist dem Schuldner im Hinblick auf die Verfahrenskostenstundung zuzumuten, in die Steuerklasse IV zu wechseln, um sein liquides Einkommen zu erhöhen, wenn er ohne sachlichen Grund die Steuerklasse V gewählt hat, um seinem nicht insolventen Ehegatten die Vorteile der Steuerklasse III zukommen zu lassen (**BGH** v 3. 7. 2008 – IX ZB 65/07, NZI 2008, 624).

21 b) **Arbeitsloser Schuldner.** Nach § 295 Abs 1 Nr 2 hat sich der **beschäftigungslose Schuldner** um eine Arbeit zu bemühen; eine zumutbare Arbeit darf er nicht ablehnen. Diese beiden Pflichten bilden eine Einheit (N/R/*Römermann* § 295 Rn 9). Gelingt es dem Schuldner nicht, eine seiner Ausbildung, seinen Fähigkeiten, dem Lebensalter und dem Gesundheitszustand entsprechende (vgl § 1574 Abs 2 BGB) Arbeitsstelle zu finden, muss er ggf eine **berufsfremde**, eine auswärtige und notfalls eine Aushilfs- oder Gelegenheitstätigkeit annehmen (vgl Begr zu § 244 RegE, BR-Drucks 1/92 S 192; *Hess* § 295 Rn 31 ff; H/W/F Kap 10 Rn 74).

22 aa) **Bemühungen um Arbeit.** Der arbeitslose Schuldner muss sich selbst um eine Arbeitsstelle bemühen (vgl Begr zu § 244 RegE, BR-Drucks 1/92 S 192). Von ihm ist zu verlangen, dass er regelmäßigen **Kontakt zum Arbeitsamt** hält. Die bloße Meldung reicht nicht aus (HK-*Landfermann* § 295 Rn 4; *Prziklang*, Verbraucherinsolvenz S 69). Insbesondere darf der Schuldner nicht abwarten, ob ihm das Arbeitsamt eine Stelle vermittelt (*Hess/Obermüller* Rn 1142). Ferner ist er verpflichtet, sich anhand der **Stellenanzeigen** in örtlichen Zeitungen über Angebote zu informieren und sich zu bewerben. Dabei hat der Schuldner die Möglichkeit, auf Antrag vom Arbeitsamt **Bewerbungskosten** (Reisekosten) bis zu einem Betrag von 250,00 Euro jährlich erstattet zu bekommen (§§ 45, 46 SGB III). Sieht der **beschäftigungslose Schuldner** davon ab, sich um eine Erwerbstätigkeit zu bemühen, weil er die eigenen Erwerbsaussichten als gering einschätzt, stellt dies eine Obliegenheitsverletzung dar (**LG** Kiel v 15. 7. 2002 – 13 T 178/01, ZVI 2002, 474). Ein solches Verhalten macht zumindest die generelle Verbesserung der Befriedigungsaussichten für die Gläubiger unmöglich. Ebenso stellt es eine Obliegenheitsverletzung dar, wenn sich der erwerbslose Schuldner erst nach eineinhalb Jahren bei der Arbeitsagentur meldet (**AG** Düsseldorf v 26. 4. 2007 – 503 IK 72/02, ZVI 2007, 482, 483).

II. Obliegenheiten bei unselbstständiger Erwerbstätigkeit, Abs 1 Nr 1 § 295

Da der Schuldner auf Verlangen des Treuhänders Auskunft über seine Erwerbstätigkeit und seine 23
Bemühungen um eine solche zu erteilen hat (§ 295 Abs 1 Nr 3), empfiehlt es sich, die entsprechenden Bewerbungsunterlagen aufzubewahren. Angesichts der wirtschaftlichen Lage des Schuldners wird man von ihm grundsätzlich nicht verlangen können, dass er selbst Stellenanzeigen schaltet (aA *Trendelenburg* Restschuldbefreiung S 256; *Döbereiner* Restschuldbefreiung S 151). Ob es gegen ein ernsthaftes Bemühen um einen Arbeitsplatz spricht, wenn der Schuldner bei seinen Bewerbungsgesprächen wiederholt auf die Erfüllung seiner Obliegenheiten im Hinblick auf die Erteilung der Restschuldbefreiung hinweist, erscheint fraglich. Eine mangelnde Arbeitsmotivation ist dem Schuldner nur dann vorzuwerfen, wenn er durch diese Hinweise seine Ungeeignetheit für die Arbeitsstelle demonstrieren will. Letztlich ist auf die gesamten Umstände abzustellen.

Bei seinen **Bemühungen um einen Arbeitsplatz** darf der Schuldner sich nicht auf einen zu kleinen Teil 24
des Arbeitsmarktes beschränken. So reicht es bei einem vor seiner **Arbeitslosigkeit im Dienstleistungsbereich** tätig gewesenen Schuldner nicht aus, sich lediglich bei Zeitarbeitsfirmen zu bewerben, die jegliche kaufmännische Dienstleistungen vermitteln. Absagen durch solche Firmen lassen nicht ohne weiteres den Schluss zu, dass der Schuldner auch dann keine Chance auf einen Arbeitsplatz gehabt hätte (bzw noch hat), wenn er in weiterem Umfang direkte Bemühungen um einen Arbeitsplatz – insbesondere im Dienstleistungsbereich – unternommen hätte (bzw unternehmen würde) (LG Hamburg ZInsO 1999, 649; dazu auch *Ahrens* ZInsO 1999, 634). Um unrealistische oder bloß theoretische Möglichkeiten einer Beschäftigung braucht sich der beschäftigungslose Schuldner indes nicht zu bemühen (vgl BGH NJW 1986, 3080, 3081 ff; *Kohte/Ahrens/Grote* § 295 Rn 29).

bb) **Zumutbare Tätigkeit.** Nach der Begründung zum Gesetzentwurf sind an die Zumutbarkeit im 25
Sinne der Vorschrift **strenge Anforderungen** zu stellen (BR-Drucks 1/92 S 192/193). So hat der Schuldner unter Umständen eine berufsfremde, eine auswärtige und notfalls auch eine Aushilfs- oder Gelegenheitstätigkeit anzunehmen. Angesichts dieser strengen Anforderungen, die der Gesetzgeber an die Erfüllung des Tatbestandsmerkmals „zumutbare Tätigkeit" stellt, gelangt *Ahnert* (Verbraucherinsolvenz S 143) zu der Folgerung, dass „die **Zumutbarkeit** (...) den **Regelfall**, die Unzumutbarkeit den absoluten Ausnahmefall" darstelle, der Schuldner also quasi **jede** ihm angebotene **Arbeit** annehmen müsse (ähnlich *Hoffmann* Verbraucherinsolvenz S 133; *Prziklang* Verbraucherinsolvenz S 70). Dies erscheint zu weitgehend. Andererseits kommt auch eine **einengende Auslegung** des unbestimmten Rechtsbegriffs der Zumutbarkeit wegen eines möglichen Verstoßes gegen verfassungsrechtliche Normen nicht in Betracht (aA *Bindemann* Verbraucherkonkurs S 191 Rn 258). Vielmehr bietet sich bei der Auslegung des unbestimmten Rechtsbegriffs „zumutbare Tätigkeit" eine **Orientierung** an den bereits vorhandenen Normierungen aus dem **Arbeits-, Unterhalts- und Sozialhilferecht** an (*Döbereiner* Restschuldbefreiung S 152; *Kohte/Ahrens/Grote* § 295 Rn 33; *K/P/B/Wenzel* § 295 Rn 8; *Messner/Hofmeister* Schuldenfrei S 164 ff). Da der Gesetzgeber die Erfüllung der Obliegenheiten in einen engen Kontext mit der bestmöglichen Befriedigung der Gläubiger stellt, erscheint es indes gerechtfertigt, die Unzumutbarkeitsschwelle zu § 295 höher anzusiedeln als im Sozial- und Unterhaltsrecht (so auch *Scholz* DB 1996, 765, 768; N/R/*Römermann* § 295 Rn 13; ähnlich *Döbereiner* Restschuldbefreiung S 152).

Nach der Regelung in § 121 SGB III (bis 31. 12. 1997 § 103 b AFG) sind für einen Arbeitslosen **alle** 26
seiner Arbeitsfähigkeit entsprechenden Beschäftigungen zumutbar. Allgemeine oder persönliche Gründe können allerdings zu einer Beschränkung der Zumutbarkeit führen (vgl § 121 Abs 1 SGB III). In diesem Zusammenhang spielen das **Lebensalter** und die **Gesundheit** des Schuldners eine besondere Rolle (HK-*Landfermann* § 295 Rn 5). So ist bei einem 60-jährigen arbeitslosen Koch oder Kellner davon auszugehen, dass er in seinem Beruf konjunktur- oder altersbedingt kaum noch eine Anstellung mehr findet (AG Göttingen ZInsO 2001, 527). Erwerbsunfähigen im Sinne der gesetzlichen Rentenversicherung (§ 44 Abs 2 SGB VI), Personen über 65 Jahren und Beziehern eines vorgezogenen Altersruhegeldes ist eine Arbeit generell nicht mehr zuzumuten *(Messner/Hofmeister* Schuldenfrei S 168). Eine Tätigkeit, die erhebliche körperliche oder physische Kräfte erfordert, kann ebenfalls im Hinblick auf das Lebensalter nicht mehr zumutbar sein. Ebenso wenig kann ein Schuldner auf Erwerbstätigkeiten verwiesen werden, die seinem Gesundheitszustand nicht angemessen sind. Im Zweifel ist dies durch ein amts- oder vertrauensärztliches **Gutachten** zu klären.

Grundsätzlich ist ein Schuldner verpflichtet, einen **Ortswechsel** in Kauf zu nehmen. Allerdings sind 27
familiäre Gesichtspunkte geeignet, diese Pflicht einzuschränken. So kann eine Arbeit unzumutbar sein, wenn dadurch die geordnete Erziehung eines Kindes gefährdet würde (vgl § 18 Abs 3 S 2 BSHG). Einem allein erziehenden Elternteil, dessen Kind die Grundschule besucht, kann dann die Aufnahme einer Ganztagsbeschäftigung zugemutet werden, wenn die Betreuung und Pflege des Kindes durch die Schule, durch Dritte (zB Verwandte) oder eine Tagespflegestelle nach § 23 SGB VIII gewährleistet sind (vgl BVerwG FEVS 46, 12). Die Rücksichtnahme auf familiäre Pflichten des Schuldners darf insbesondere nicht dazu führen, dass der Schuldner in Absprache mit seinem Ehegatten die Erziehung übernimmt, während der andere nunmehr erwerbstätig ist (*Döbereiner* Restschuldbefreiung S 152/153).

2. Verfassungsgemäßheit der Erwerbsobliegenheiten. Die **Normierung der Erwerbsobliegenheiten** in 28
Abs 1 Nr 1 stellt keinen Verstoß gegen Art 12 Abs 1, Art 12 Abs 2 GG oder Art 2 Abs 1 GG dar *(Dö-*

bereiner Restschuldbefreiung S 154 ff; *Bruckmann* Verbraucherinsolvenz § 4 Rn 51; *Hess* § 295 Rn 33; aA *Reifner* VuR 1990, 132, 133; *Bindemann* Verbraucherkonkurs S 186 ff Rn 252 ff). Eine Verletzung des durch Art 12 Abs 1 GG geschützten Rechts, Beruf, Arbeitsplatz und Ausbildungsstätte frei wählen zu können, liegt nicht vor, weil die Verpflichtung, ggf eine berufsfremde Arbeit aufnehmen zu müssen, in **den Befriedigungsbelangen der Gläubiger** ihre Rechtfertigung findet. Der Gesetzgeber hat diese Belange mit Recht zu besonders gewichtigen Gemeinwohlinteressen erhoben. Soweit *Bindemann* (Verbraucherkonkurs S 190/191) den Gläubigern ein überwiegendes Mitverschulden an der Verbraucherverschuldung unterstellt und aus diesem Grunde das zu ihren Gunsten postulierte Gemeinwohlinteresse verneint, vermag diese Wertung zu pauschal. Sie verkennt, dass es keinen homogenen Kreis von Gläubigern gibt und durch das Verhalten der Schuldner vor allem private Gläubiger wie Handwerker ihrerseits der Gefahr der Insolvenz ausgesetzt sein können.

29   Ein Verstoß gegen Art 12 Abs 2 GG scheitert bereits daran, dass auf den Schuldner **kein Arbeitszwang** ausgeübt wird. Dem Betroffenen bleibt es überlassen, ob er die ihm angebotene Arbeit leisten will oder nicht. Die Möglichkeit der Versagung der Restschuldbefreiung bei einem Verstoß gegen die Erwerbsobliegenheit regelt nur die Folgen einer schuldhaften Untätigkeit (*Döbereiner* Restschuldbefreiung S 155).

30   Schließlich stellt die Anordnung der Erwerbsobliegenheit auch keinen Verstoß gegen Art 2 Abs 1 GG dar. Es widerspricht nicht dem **Verhältnismäßigkeitsgrundsatz**, den Schuldner ggf auch zur Aufnahme berufsfremder Tätigkeiten zu verpflichten. Bei Abwägung der einander widersprechenden Interessen von Gläubigern und Schuldner ist zu berücksichtigen, dass der Schuldner für die von ihm automom gewählte Beeinträchtigung seiner Handlungsfreiheit die Möglichkeit der Restschuldbefreiung und damit seine wirtschaftliche Bewegungsfreiheit wiedererlangt.

III. Vermögenserwerb von Todes wegen oder mit Rücksicht auf künftiges Erbrecht, Nr 2

31   Die **Obliegenheit des § 295 Abs 1 Nr 2** betrifft Vermögen, das der Schuldner von Todes wegen erlangt. Dabei kommt es nicht darauf an, ob die gesetzliche oder die gewillkürte Erbfolge maßgeblich ist oder ob die gewillkürte Erbfolge auf einem Testament oder Erbvertrag beruht (Begr zu § 244 RegE, BR-Drucks 1/92 S 192/193; *Döbereiner* aaO S 162). Die **Mitteilungspflicht** des Schuldners von der Erbschaft gegenüber dem Treuhänder oder dem Gericht entsteht erst, wenn der Schuldner definitiv von seiner Stellung als Erbe ausgehen kann (LG Göttingen v 15. 1. 2008 – 10 T 1/08, ZVI 2008, 180). Von diesem Zeitpunkt an hat er unverzüglich, dh spätestens binnen einer Frist von zwei Wochen seine Stellung als Erbe anzuzeigen (aA AG Neubrandenburg v 4. 9. 2006 – 9 IN 148/03, NZI 2006, 647). Die „aktive" Auskunftspflicht ist das notwendige Korrelat dazu, dass der Treuhänder gesetzlich keine Überwachungspflicht während der Wohlverhaltensperiode hat (AG Oldenburg v 3.2. 2009 – 61 IN 21/03, ZInsO 2009, 787, 789). Auch wenn der Schuldner beabsichtigt, eine angefallene Erbschaft auszuschlagen, ist er gleichwohl verpflichtet, den Treuhänder vom Erbfall zu unterrichten (*Messner* ZVI 2004, 433, 435). Verschweigt der Schuldner die Annahme der Erbschaft, läuft er selbst nach Erteilung der Restschuldbefreiung Gefahr, dass die Restschuldbefreiung **widerrufen** wird (*Siegmann* ZEV 2000, 345).

Der Schuldner muss die **Hälfte des Wertes des erlangten Vermögens** an den Treuhänder herausgeben, damit dieser davon die Schulden deckt. Die andere Hälfte kann er für sich behalten und darf darüber frei verfügen. Als Inhaber des Rechtes ist der Schuldner unbeschadet der Verpflichtung aus Nr 2 zur **Verfügung über den ganzen Vermögensgegenstand** berechtigt. Trifft er eine solch wirksame Verfügung, läuft er allerdings Gefahr, dass die Restschuldbefreiung wegen einer Obliegenheitsverletzung versagt wird. Ein Zugriff auf den weggegebenen Vermögensgegenstand ist nur noch unter den Voraussetzungen des AnfG möglich. Eine Ausdehnung der Bestimmung des Abs 1 Nr 2 auf eine **vor Verfahrenseröffnung angefallene Erbschaft** ist nicht zulässig. Hat der Schuldner im Vermögensverzeichnis gemäß § 305 Abs 1 Nr 3 ererbtes Vermögen nicht angegeben, rechtfertigt dies eine Versagung der Restschuldbefreiung nach § 290 Abs 1 Nr 6; für den weiteren Verfahrensablauf ist ein solcher Versagungsgrund ausgeschlossen (AG Mönchengladbach ZInsO 2002, 45 = ZVI 2002, 86). Ebenso wenig kommt eine Versagung der Restschuldbefreiung über eine analoge Anwendung des § 290 Abs 1 Nr 6 in Betracht, wenn eine **verschwiegene Erbschaft** erst nach dem Schlusstermin bekannt und deshalb kein rechtzeitiger Versagungsantrag gestellt wird (LG Hof v 11. 9. 2003 – 22 T 109/03, ZVI 2003, 545).

32   **1. Erwerb von Todes wegen.** Unter den **Erwerb von Todes wegen** fällt der Erwerb des Erben auf Grund gesetzlicher, testamentarischer oder erbvertraglicher Erbfolge (*Kohte/Ahrens/Grote* § 295 Rn 38; *Döbereiner* Restschuldbefreiung S 162). Dies gilt auch für den Fall der Mit-, Vor oder Nacherbschaft. Zu dem Erwerb von Todes wegen zählen ferner der Erwerb aus **Vermächtnis**, Abfindungen für einen Erbverzicht und das aus einer Erbauseinandersetzung bzw auf Grund eines Vergleichs in einem Erbschaftsstreit Erlangte (*Döbereiner* aaO S 166; *Kohte/Ahrens/Grote* aaO). Nach überwiegender Ansicht werden auch **Pflichtteilsansprüche** von der Obliegenheit des Abs 1 Nr 2 erfasst (differenzierend N/R/ *Römermann* § 295 Rn 24).

33   **2. Gleichstehende Arten des Erwerbs.** Einer Erbschaft stehen andere Arten des Erwerbs „von Todes wegen oder mit Rücksicht auf ein künftiges Erbrecht" gleich (§ 295 Abs 1 Nr 2). Da die Formulierung

III. Vermögenserwerb von Todes wegen oder mit Rücksicht auf künftiges Erbrecht, Nr 2   § 295

an § 1374 Abs 2 BGB angelehnt ist, kann auf dessen Auslegung verwiesen werden (HK-*Landfermann* § 295 Rn 16). Die Vorschrift erfasst daher zB die Übertragung von Vermögensgegenständen in **Vorwegnahme einer Erbschaft** (MüKoInsO-*Ehricke* § 295 Rn 58; *Hess/Obermüller* Rn 1146; *Kohte/ Ahrens/Grote* § 295 Rn 39) sowie alles, was nach dem Willen der Parteien den Erwerb von Todes wegen ersetzen soll (zB Hofübergabe, Grundstücksübertragung, Unternehmensübertragung, vgl *Bork* Einf S 179 Rn 391 Fn 8; *Prziklang* Verbraucherinsolvenz S 71 Fn 257). Eine **Schenkung** fällt unter den Tatbestand des § 295 Abs Nr 2, wenn sie einen solchen erbrechtlichen Einschlag hat, dass sie sich objektiv betrachtet als ein **Fall der vorweggenommenen Erbfolge** darstellt (AG Oldenburg v 3. 2. 2009 – 61 IN 21/ 03, ZInsO 2009, 787, 788). Ein Erwerb mit Rücksicht auf ein künftiges Erbrecht kann auch als **Kauf** erfolgen (**BGH** v 1. 2. 1978 – IV ZR 142/76, NJW 1978, 1809, 1810), doch darf der Erwerber keine vollwertige Gegenleisung erbringen (MüKoInsO-*Ehricke* aaO). Ob es sich bei einem **Vertrag unter Verwandten** um vorweggenommene Erfolge handelt, muss durch Auslegung des Vertrags unter Berücksichtigung aller Umstände einschließlich der Vorgeschichte und der Interessenlage der Beteiligten ermittelt werden. Falls sowohl der Vertrag selbst auch auch die übrigen vorgetragenen Tatsachen und bekannten Umstände für einen **Kaufvertrag** und nicht für die Regelung eines künftigen Erbrechts sprechen, ist nicht von einem Vertrag auszugehen, der zur Regelung der vorweggenommenen Erbfolge geschlossen worden ist (LG Göttingen v 9. 10. 2007 – 10 T 122/07, NZI 2008, 53).

3. Ausschlagung einer Erbschaft, Erbverzicht, Pflichtteilsverzicht. § 83 regelt die Sonderstellung des 34 dem Schuldner als Erben (Vorerbe) oder Vermächtnisnehmer zustehenden Ausschlagungs- bzw Annahmerechts in Bezug auf §§ 80, 81. Aus dieser **alleinigen persönlichen Entscheidungsmacht des Schuldners** folgt, dass die **Ausschlagung der Erbschaft keine Obliegenheitsverletzung** darstellt (LG Mainz v 23. 4. 2003 – 8 T 79/03, ZInsO 2003, 525; *Messner* ZVI 2004, 433, 434; *Döbereiner* Restschuldbefreiung S 167; *Vallender* InVo 1998, 177; KS-*Fuchs* S 1742 Rn 183; N/R/*Römermann* § 295 Rn 27; HK-*Landfermann* § 295 Rn 14; K/P/B/*Wenzel* § 295 Rn 19 b; *Kohte/Ahrens/Grote* § 295 Rn 42; aA *Leipold/ Dieckmann* S 132/133; *Bruckmann* Verbraucherinsolvenz § 4 Rn 59; *Thora* ZInsO 2002, 176 ff). Dies erscheint insoweit konsequent, als die Ausschlagung einer Erbschaft auch dann nicht der Anfechtung nach §§ 129 ff unterliegt, wenn der Schuldner sie in der Absicht vorgenommen hat, seine Gläubiger zu benachteiligen (vgl **BGH** NJW 1997, 2384). Soll der Vermögensgegenstand in einem Insolvenzverfahren nicht dem Zugriff der Gläubigergemeinschaft unterliegen, kann für das sich daran anschließende Restschuldbefreiungsverfahren nichts anderes gelten. Dies gilt umsomehr, als nach dem Wortlaut des § 295 Abs 1 Nr 2 auf das tatsächlich erworbene Vermögen und nicht auf die Möglichkeit des Erwerbs abzustellen ist (N/R/*Römermann* aaO).

Die gleichen Erwägungen gelten im Hinblick auf einen **Erbverzicht** nach § 2446 BGB oder § 2352 35 BGB, den **Pflichtteilsverzicht** (vgl LG Tübingen v 18. 7. 2008 – 5 T 20/08, ZVI 2008, 450) und den Verzicht auf ein Vermächtnis nach § 2352 BGB (*Döbereiner* aaO S 167; N/R/*Römermann* § 295 Rn 28). Hätte der **Pflichtteilsanspruch** des Schuldners, der mit dem Erbfall entsteht, schon während des eröffneten Verfahrens geltend gemacht werden können, führt ein Antrag auf Versagung der Restschuldbefreiung, der erst bei Ankündigung und Aufhebung des Insolvenzverfahrens gestellt wird, nicht zur Versagung der Restschuldbefreiung. Der Pflichtteilsanspruch gehört in diesem Fall nicht zum Neuerwerb des Schuldners in der Wohlverhaltensperiode (**BGH** v 16. 7. 2009 – IX ZB 72/09, ZInsO 2009, 1831, 1832; **BGH** v 18. 12. 2008 – IX ZB 249/07, ZInsO 2009, 299). Ebenso wenig stellt es einen Verstoß gegen die Obliegenheiten des § 295 Abs 1 Art 2 dar, wenn der Schuldner es bei einem in der Wohlverhaltensphase eingetretenen Erbfall unterlässt, einen Pflichtteilsanspruch geltend zu machen (**BGH** v 25. 6. 2009 – IX ZB 196/08, NZI 2009, 563). Allerdings ist hinsichtlich des Pflichtteils zu beachten, dass der Schuldner hierauf nicht mehr verzichten kann, wenn der Anspruch bei Verfahrenseröffnung anerkannt oder rechtshängig gemacht worden ist. In diesem Fall gehört er zur Insolvenzmasse (siehe die Nachweise bei *Messner* aaO 438).

Bei dem Vorstehenden darf aber nicht übersehen werden, dass dieses Ergebnis unbefriedigend sein 36 kann. So hat es der Schuldner in der Hand, letztlich auf das gesamte Vermögen, das er von Todes wegen erwirbt, zurückzugreifen, indem er beispielsweise mit seinen Kindern eine Vereinbarung trifft, die ihm nach Ablauf der Wohlverhaltensperiode den Erbschaftsertrag zukommen lässt (*Hess/Kranemann/Pink* Rn 407; *Thora* aaO 179).

4. Herausgabe des halben Wertes der Erbschaft. Nach Abs 1 Nr 2 ist der Schuldner verpflichtet, den 37 **halben Wert der Erbschaft** an den Treuhänder herauszugeben. Damit ist klargestellt, dass der Treuhänder bei Eintritt des Erbfalls keine unmittelbaren Ansprüche gegen den Erben bzw die Erbengemeinschaft erwirbt, sondern der **Erwerb** zunächst **in der Person des Schuldners** eintritt (*Hess/Obermüller* Rn 1147; N/R/*Römermann* § 295 Rn 29; K/P/B/*Wenzel* § 295 Rn 19 a). Bei der **Wertfeststellung** bietet sich die sinngemäße Anwendung der Vorschriften der §§ 2303 ff BGB an, die die Höhe des Pflichtteils, der in der Hälfte des Werts des gesetzlichen Erbteils besteht, behandeln (*Messner* aaO 434).

a) Zahlungspflicht des Schuldners. Besteht die Erbschaft aus **Barvermögen**, hat der Schuldner die 38 Hälfte dieses Betrages an den Treuhänder herauszugeben. Auch wenn das Gesetz keine unverzügliche

Herausgabepflicht normiert, liegt es wegen des möglichen Vollstreckungszugriffs von Neugläubigern im eigenen Interesse des Schuldners, seiner Verpflichtung ohne schuldhaftes Zögern nachzukommen.

39 Handelt es sich dagegen nicht um Barvermögen, stellt sich die Frage, auf welche Art und Weise der Schuldner seine Obliegenheit zu erfüllen hat. Der Wortlaut des § 295 Abs 1 Nr 2 legt es nahe, von einer tatsächlichen Herausgabe auszugehen. Danach müsste der **Schuldner als Alleinerbe** einzelne Vermögensgegenstände auf den Treuhänder übertragen, bis deren Wert die Hälfte des Erbschaftswertes erreicht. Als **Miterbe** hätte er, solange die Erbengemeinschaft nicht auseinander gesetzt ist, seinen Erbteil durch einen notariell beurkundeten Vertrag gemäß § 2033 Abs 1 BGB zu übertragen (*Döbereiner* aaO S 160, 161; *Messner/Hofmeister* Schuldenfrei S 169/170). Dies hätte jedoch zur Folge, dass den Treuhänder die Verwertungspflicht träfe. Mag dies auch sinnvoll sein, so gibt es dafür im Gesetz keine Anhaltspunkte. Die Aufgaben des Treuhänders sind in § 292 abschließend geregelt. Deshalb ist davon auszugehen, dass der Schuldner (nur) zur **Zahlung in Höhe dieses Wertes** verpflichtet ist (ebenso HK-*Landfermann* § 295 Rn 15; *Häsemeyer* Rn 26.53; *Bruckmann* § 4 Rn 57). Dies bedeutet, dass der Schuldner sich selbst um die Verwertung des Erbteils zu kümmern und anschließend einen entsprechenden Geldbetrag an den Treuhänder auszuzahlen hat (**AG** Neubrandenburg v 4. 9. 2006 – 9 IN 148/03, NZI 2006, 647; *Hoffmann* Verbraucherinsolvenz S 134; N/R/*Römermann* § 295 Rn 30). Dabei hat er sich um eine bestmögliche Verwertung zu bemühen. Zeichnet sich ab, dass eine Verwertung durch den Schuldner bis zum Ablauf der Laufzeit der Abtretungserklärung objektiv nicht möglich ist, besteht die Gefahr, dass die Gläubiger aus der Erbschaft keine Befriedigung erhalten. Denn nach Erteilung der Restschuldbefreiung besteht keine Verpflichtung des Schuldners, den realisierten Wert des Erbteils an die Gläubiger auszukehren. Ein Widerruf der Restschuldbefreiung nach § 303 kommt nicht in Betracht. Vor diesem Hintergrund erscheint es sachgerecht, dass das Insolvenzgericht dem Rechtsgedanken des § 292 Abs 2 entsprechend den Treuhänder beauftragt, den Vermögenswert zu sichern. Dies kann in der Weise geschehen, dass der Schuldner künftigen Erlösanteil an den Treuhänder abtritt und dieser nach Abschluss der Verwertung auszahlt. Weigert sich der Schuldner zur Mitwirkung, stellt dies eine Obliegenheitsverletzung iSd § 295 Abs 1 Nr 2 dar und rechtfertigt die Versagung der Restschuldbefreiung.

39a Sieht der Schuldner von einer Verwertung ab, so hat er an den Treuhänder jedenfalls den Betrag herauszugeben, den er bei einer Veräußerung hätte erzielen können. Damit ist der **Nettobetrag** gemeint, so dass etwaige Kosten und Belastungen (Nachlassverbindlichkeiten, Verbindlichkeiten aus Pflichtteilsrechten, Vermächtnisse oder Auflagen) in Abzug zu bringen sind (*Döbereiner* Restschuldbefreiung S 160 ff; *Preuss* Verbraucherinsolvenz S 174; *Kohte/Ahrens/Grote* § 295 Rn 41; N/R/*Römermann* § 295 Rn 31). Erklärt sich der Treuhänder damit einverstanden, dass ihm der Schuldner einzelne Sachwerte zur Verwertung überlässt, stellt dies keinen Verstoß gegen die Obliegenheit des § 295 Abs 1 Nr 2 dar.

40 **b) Gefahr des Vollstreckungszugriffs durch Neugläubiger.** Da den Schuldner die Herausgabepflicht nicht unverzüglich, sondern erst nach Klärung etwaiger Erbschaftsauseinandersetzungen trifft, besteht die Gefahr des **Vollstreckungszugriffs** auf den Vermögenswert **durch Neugläubiger,** die auf diese Weise die Befriedigungsmöglichkeiten der Insolvenzgläubiger beeinträchtigen oder gar vereiteln würden. Dem kann nur durch **sofortige Übertragung** der einzelnen Vermögensgegenstände oder unverzügliche Abtretung des Erbanteils an den Treuhänder wirksam gegnet werden (*Döbereiner* aaO S 160; *Preuss* NJW 1999, 3450, 3452; *dies* aaO S 174). Bei Immobilien kann dies jedoch mit erheblichen Kosten verbunden sein. Hinzu kommt, dass es – wie bereits ausgeführt – nicht zu den Aufgaben des Treuhänders zählt, Vermögensgegenstände des Schuldners zu verwerten (HK-*Landfermann* § 295 Rn 15). Angesichts der Haftungsrisiken, die mit einer Verwertung verbunden sind, sollte der Treuhänder diese zusätzliche Aufgabe nur bei entsprechendem Auftrag, Kostenübernahme und Vergütungszusage und nicht ohne Zustimmung der Insolvenzgläubiger übernehmen. Bei Übernahme der Verwertung können die Insolvenzgläubiger und der Schuldner einer Vollstreckung durch Neugläubiger in die übertragenen Vermögensgegenstände mit einer **Drittwiderspruchsklage** nach § 771 ZPO wirksam begegnen.

41 Lehnt der Treuhänder die Verwertung ab und wollen die Insolvenzgläubiger einem Vollstreckungszugriff von Neugläubigern zuvorkommen, so besteht nur die Möglichkeit, durch **Einzelzwangsvollstreckungsmaßnahmen** in den betreffenden Vermögensgegenstand anteilmäßige Befriedigung zu suchen. Das Treugut haftet den Insolvenzgläubigern allerdings nur insoweit, als sie aus dem Erlös nach Abzug der Verfahrenskosten Auszahlung nach Maßgabe des § 292 Abs 1 S 2 und S 4 verlangen können (vgl *Preuss* NJW 1999, 3450, 3452). § 294 steht einer solchen Vollstreckungsmaßnahme nicht entgegen, weil eine Ungleichbehandlung der Gläubiger nicht vorliegt. Nach Beendigung der Zwangsvollstreckung kann der Treuhänder die Auszahlung an die verbleibenden Gläubiger aus dem restlichen Verwertungserlös vornehmen.

IV. Sonstiges Vermögen

42 Die Obliegenheit des § 295 Abs 1 Nr 2 beschränkt sich auf das Vermögen, dass der Schuldner von Todes wegen oder mit Rücksicht auf ein künftiges Erbrecht erwirbt. Der **Gesetzgeber hat** unter Hinweis auf den entstehenden Überwachungsaufwand sowie umfangreiche Manipulationsmöglichkeiten auf eine extensivere Herausgabepflicht bewusst verzichtet (vgl Begr zu § 244 RegE, BR-Drucks 1/92 S 192). Mithin ist der Schuldner nicht verpflichtet, **Schenkungen** ohne Bezug auf ein Erbrecht oder **Lotteriegewinne** zur Befriedigung der Gläubiger herauszugeben (*Kohte/Ahrens/Grote* § 295 Rn 40; K/P/B/*Wenzel* § 295 Rn 20; N/R/*Römermann* § 295 Rn 20; KS-*Fuchs* S 1742 Rn 184; *Prziklang*, Verbraucherinsolvenz S 71). Eine analoge Anwendung der Norm kommt angesichts des eindeutigen gesetzgeberischen Willens nicht in Betracht (aA *Bruckmann* Verbraucherinsolvenz § 4 Rn 62). Da der **Zugewinnausgleich** gemäß §§ 1373 ff BGB nicht mit einem erbrechtlichen Erwerb gleichzusetzen ist, wird er von der Vorschrift nicht erfasst, wenn er während der Wohlverhaltensperiode anfällt (KS-*Fuchs* S 1742 Rn 193; HK-*Landfermann* § 295 Rn 16; K/P/B/*Wenzel* § 295 Rn 19 a; abweichend *Leipold* FS *Gaul* S 367, 373; *Kohte/Ahrens/Grote* § 295 Rn 38).

V. Mitteilungs-, Offenbarungs- und Auskunftspflichten, Nr 3

Während der Wohlverhaltensperiode treffen **jeden Schuldner** – unabhängig davon, ob er in einem Beschäftigungsverhältnis steht oder selbstständig tätig ist – Mitteilungs-, Offenbarungs- und Auskunftspflichten. So ist jeder Wechsel des Wohnsitzes oder der Beschäftigungsstelle unverzüglich dem Insolvenzgericht und dem Treuhänder anzuzeigen (AG Osnabrück v 11. 8. 2006 – 27 IK 26/03, ZVI 2007, 89), so darf der Schuldner keine von der Abtretungserklärung erfassten Bezüge und kein von Nr 2 erfasstes Vermögen verheimlichen. Schließlich hat er dem Gericht und dem Treuhänder auf Verlangen Auskunft über seine Erwerbstätigkeit oder seine Bemühungen um eine solche sowie über seine Bezüge und sein Vermögen zu erteilen. Dabei reicht es nicht aus, wenn der Schuldner zum Nachweis seiner Erwerbstätigkeit lediglich einen Arbeitsvertrag mit flexiblen Arbeitszeiten von 0–40 Stunden vorlegt. Vielmehr hat er darzulegen, wie viele Stunden er tatsächlich arbeitet und welchen Verdienst er damit erzielt (**BGH** v 8. 1. 2009 – IX ZB 95/08, ZInsO 2009, 298). Die Erfüllung der in Nr 3 genannten Obliegenheiten soll es dem Treuhänder und dem Insolvenzgericht ermöglichen, das Verhalten des Schuldners ohne großen eigenen Untersuchungsaufwand zu überwachen und erforderlichenfalls zu überprüfen (Begr zu § 244 RegE, BR-Drucks 1/92 S 192/193). Anders als im Insolvenzeröffnungsverfahren oder im eröffneten Insolvenzverfahren kann das Insolvenzgericht zur Durchsetzung dieser Pflichten **keine Zwangsmittel** verhängen. Ein solches Bedürfnis besteht nicht, weil der Schuldner bei Nichtbefolgung der Obliegenheiten Gefahr läuft, dass ein Insolvenzgläubiger einen Versagungsantrag stellt und die Restschuldbefreiung versagt wird. 43

1. Mitteilungspflichten. Für die Befriedigungsaussichten der Gläubiger von besonderer Bedeutung ist die Pflicht des Schuldners, jeden **Wechsel des Wohnsitzes** oder der **Beschäftigungsstelle** unverzüglich dem Insolvenzgericht und dem Treuhänder anzuzeigen. Sinn und Zweck der Mitteilung des Wohnsitzwechsel ist es, die Erreichbarkeit für den Treuhänder zu gewährleisten (AG Hannover v 16. 11. 2006 – 905 IK 181/02, ZInsO 2007, 48, 49; K/P/B/*Wenzel* § 295 Rn 21 mwN). Eine Mitteilungspflicht gegenüber den Insolvenzgläubigern besteht nicht (*Kohte/Ahrens/Grote* § 295 Rn 44). Diese haben indes die Möglichkeit, durch Beauftragung des Treuhänders nach § 292 Abs 2 S 1 nähere Kenntnis davon zu erhalten, ob der Schuldner seine Obliegenheiten erfüllt. Eine bestimmte **Form** ist für die Mitteilung nicht vorgeschrieben. Aus diesem Grunde reicht auch eine **mündliche Mitteilung** an den Treuhänder aus, wenn der Schuldner davon ausgehen konnte, dass seine Nachricht diesem tatsächlich zur Kenntnis gelangen würde (vgl AG Hannover aaO). 44

a) **Wohnsitzwechsel.** Unter Wohnsitz ist der **Ort des tatsächlichen Aufenthalts** zu verstehen (näher dazu *Kohte/Ahrens/Grote* § 295 Rn 46). Auf eine etwaige Eintragung im Melderegister kommt es nicht an (N/R/*Römermann* § 295 Rn 35). Die Anzeige des Wohnungswechsels dient insbesondere dazu, dass der Schuldner **erreichbar** ist. Die Aufgabe des bisherigen Wohnsitzes ohne ausdrückliche Begründung eines neuen Wohnsitz erzeugt ebenso eine Mitteilungspflicht wie der nur vorübergehende Aufenthalt an einem anderen Ort (zB Studienort, Gefängnis, Frauenhaus, Bundeswehrkaserne). Entscheidend ist, dass sich der Treuhänder oder das Insolvenzgericht ohne weiteres mit dem Schuldner in Verbindung setzen können und nicht erst Einwohnermeldeamtsanfragen starten müssen, um seinen Aufenthaltsort zu erfahren (ähnlich K/P/B/*Wenzel* § 295 Rn 22; aA *Kohte/Ahrens/Grote* § 295 Rn 46). 45

b) **Wechsel der Beschäftigungsstelle.** Durch Mitteilung einer neuen **Beschäftigungsstelle** wird der Treuhänder in die Lage versetzt, die zu seinen Gunsten bestehende Abtretungserklärung dem jeweils gegenüber dem Schuldner zur Leistung laufender Bezüge Verpflichteten anzuzeigen und damit die Zahlung des pfändbaren Teils der Bezüge an sich zu sichern (BerlKo-*Goetsch* § 295 Rn 26). Die Abtretung entfaltet mit dem Wechsel der Arbeitsstelle sofort Wirkung bezüglich des neuen Arbeitgebers. Die Aufgabe der Beschäftigungsstelle ohne Annahme einer neuen Tätigkeit begründet keine Anzeigepflicht, kann sich aber als Verstoß gegen die Obliegenheit aus § 295 Abs 1 Nr 1 darstellen (*Kohte/Ahrens/Grote* § 295 Rn 48). 46

2. Offenbarungspflichten. Die weitere in Nr 3 genannte Obliegenheit des Schuldners, keine von der Abtretung erfassten pfändbaren Bezüge und kein von § 295 Abs 1 Nr 2 erfasstes Vermögen zu verheimlichen, soll vor allem dazu beitragen, dass die von der Abtretungserklärung erfassten Bezüge **vollständig** 47 an den Treuhänder abgeführt werden. Beachtet der Arbeitgeber die Abtretungserklärung nicht und führt er die pfändbaren Bezüge nicht an den Treuhänder sondern an den Schuldner ab, ist dieser verpflichtet, sie unverzüglich an den Treuhänder weiterzuleiten (Begr zu § 244 RegE, BR-Drucks 1/92 S 192/193). Rechtsgrundlage für einen etwaigen **Herausgabeanspruch** des Treuhänders gegen den Schuldner ist **§ 816 Abs 2 BGB**.

48 **Verheimlichen** bedeutet nicht, dass der Schuldner unrichtige Angaben macht oder auf entsprechende Fragen keine oder nur eine unzureichende Auskunft erteilt. Vielmehr erfüllt er das Tatbestandsmerkmal bereits dann, wenn er nicht über eine Erbschaft oder über pfändbare Bezüge, die entgegen der Abtretungserklärung nicht an den Treuhänder geflossen sind, **unaufgefordert** dem Insolvenzgericht oder dem Treuhänder **berichtet** (LG Heilbronn v 5. 5. 2009 – 1 T 8/09, ZInsO 2009, 1217; **AG** Göttingen v 18. 7. 2007 – 74 IK 130/00, ZInsO 2007, 1001, 1003/1004; **AG** Holzminden v 8. 2. 2006 – 10 IK 96/02, ZVI 2006, 260; HK-*Landfermann* § 295 Rn 17; K/P/B/*Wenzel* § 295 Rn 24; *Mohrbutter/Ringstmeier/Pape* § 17 Rn 145; aA **AG** Neubrandenburg v 4. 9. 2006 – 9 IN 148/03, NZI 2006, 647, 648, das für ein Verheimlichen von Vermögen ein ausdrückliches Handeln des Schuldners gegenüber dem Treuhänder mit der Zielsetzung zu verhindern, dass der Treuhänder Kenntnis von dem Vermögenserwerb (Erbfall und dem Nachlassvermögen) erlangt, verlangt (*Kohte/Ahrens/Grote* § 295 Rn 49 ff; offengelassen von **AG** Hannover aaO 49). Eine andere Betrachtungsweise liefe der Zielvorstellung des Gesetzgebers entgegen, wonach sich der Schuldner nach besten Kräften bemühen soll, während der Laufzeit der Abtretungserklärung seine Gläubiger so weit wie möglich zu befriedigen, um anschließend endgültig von seinen restlichen Schulden befreit zu werden (vgl Begr zu § 244 RegE, BR-Drucks 1/92 S 192/193). Mit Recht weist das **AG** Göttingen (aaO 1004) darauf hin, dass es häufig von Zufälligkeiten abhängig ist, ob der Vermögenserwerb im eröffneten Verfahren oder nach Aufhebung des Verfahrens in der Wohlverhaltensperiode erfolgt. Für das eröffnete Verfahren sei aber anerkannt, dass der Schuldner den Insolvenzverwalter gem § 290 Abs 1 Nr 5 zu informieren habe. Eine unterschiedliche Betrachtungsweise der Verpflichtungen des Schuldners zur Mitteilung des Vermögenserwerbs sei nicht gerechtfertigt. Teilt der Schuldner dem Treuhänder einen etwaigen **Gewinn aus seiner selbstständigen Tätigkeit** nicht mit, liegt darin **kein Verheimlichen** iSd Vorschrift (BGH v 4. 5. 2006 – IX ZB 50/05, NZI 2006, 413).

49 **3. Auskunftspflichten.** Der Schuldner hat dem Treuhänder und dem Insolvenzgericht **auf Verlangen** Auskunft über seine Erwerbstätigkeit und seine Bemühungen um eine angemessene Erwerbstätigkeit sowie über seine Bezüge und sein Vermögen zu erteilen. Der Umfang der Auskunft wird durch ihren Zweck bestimmt (vgl BGHZ 126, 109, 116 ff; *Kohte/Ahrens/Grote* § 295 Rn 51). Der Schuldner hat dem Gericht den Wegfall einer unterhaltsberechtigten Person anzuzeigen (**BGH** aaO 921). Soweit der Treuhänder oder das Insolvenzgericht dem Schuldner eine Frist zur Auskunftserteilung nicht gesetzt hat, ist ihm ein **angemessener Zeitraum** zur Erfüllung der Obliegenheit zuzubilligen. Je umfangreicher und detaillierter sich das Auskunftsverlangen darstellt, desto großzügiger ist die Frist zu bemessen. In diesem Zusammenhang ist ferner zu berücksichtigen, dass es gerade geschäftsungewandten Schuldnern häufig schwer fällt, sich präzise und themenbezogen zu artikulieren. Da eine Auskunftspflicht des Schuldners nur auf Verlangen gegenüber dem Gericht und dem Treuhänder besteht, stellt eine Aufforderung des Treuhänders an den Schuldner, einem Insolvenzgläubiger die Auskunft zu erteilen, keine Obliegenheitsverletzung dar (**AG** Leipzig v 12. 10. 2004 – 94 IN 1357/01, ZVI 2004, 758. 759; *Kohte/Ahrens/Grote* InsO § 295 Rn 44).

50 Der Schuldner ist verpflichtet, auch einem **wiederholten Auskunftsverlangen** Folge zu leisten. Dies gilt vor allem, wenn seine **Auskunftserteilung unzureichend** war. Bedenken gegen regelmäßige Ersuchen in einem zeitlichen Abstand von einem Jahr bestehen nicht. Die **Auskunft** hat **schriftlich** zu erfolgen. Der Treuhänder oder die Geschäftsstelle des Insolvenzgerichts sind nicht verpflichtet, mündlich erteilte Auskünfte zu protokollieren.

51 Angesichts des klaren Wortlauts der Norm ist der Schuldner nur zur Auskunft, nicht aber zur **Vorlage der das Auskunftsverlangen betreffenden Unterlagen** verpflichtet (*Kohte/Ahrens/Grote* § 295 Rn 51; aA N/R/*Römermann* § 295 Rn 40). Es liegt jedoch im eigenen Interesse des Schuldners, Anstellungs- oder Arbeitsverträge und Bewerbungsunterlagen sowie Gehalts- und Lohnmitteilungen, Rentenbescheide oder Erbscheine aufzubewahren, weil er durch Vorlage dieser Unterlagen ohne größere Schwierigkeiten darlegen kann, dass er seinen Obliegenheiten nachgekommen ist (ebenso *Döbereiner* Restschuldbefreiung S 170).

52 In der umfassenden Auskunftsobliegenheit ist **kein Verstoß gegen Art 2 Abs 1 GG** zu sehen, weil ohne die Auskunftspflicht das durch Art 14 Abs 1 GG geschützte Interesse der Gläubiger an der Realisierung ihrer Forderungen nicht hinreichend gesichert ist (näher dazu *Döbereiner* aaO S 170/171; N/R/*Römermann* § 295 Rn 41).

53 **4. Unverzüglich.** Die **Auskunft** hat nach Sinn und Zweck der Vorschrift **unverzüglich** zu erfolgen (**BGH** v 17. 7. 2008 – IX ZB 183/07, ZInsO 2008, 920, 921). Entsprechend der Legaldefinition des § 121 BGB bedeutet **unverzüglich** ohne schuldhaftes Zögern. Dem Begriff „unverzüglich" kommt dann Bedeutung zu, wenn die **verspätete Mitteilung** die Befriedigung der Insolvenzgläubiger beeinträchtigt

(vgl § 296 Abs 1 S 1). Bei geschäftlich unerfahrenen bzw ungewandten Schuldnern, die häufig bei der Wahrung ihrer eigenen Interessen Schwierigkeiten haben (vgl *Korczak/Pfefferkorn* S 280 ff), besteht zwar leicht die Gefahr, dass sie gegen die in Nr 3 genannte Obliegenheit verstoßen und ein Insolvenzgläubiger einen darauf gestützten Antrag auf **Versagung der Restschuldbefreiung** stellt. Allerdings hat nicht jeder Verstoß die Versagung der Restschuldbefreiung zur Folge. Bei ganz **unwesentlichen Verstößen** kann die Anwendung des § 242 BGB zu einer Entlastung des Schuldners führen (vgl Bericht des Rechtsausschusses, BT-Drucks 12/7302 S 188; *Trendelenburg* Restschuldbefreiung S 262). Davon ist nicht auszugehen, wenn der Schuldner erst nach 10 Monaten ein neues Beschäftigungsverhältnis angibt (**AG** Mannheim v 27. 7. 2005 – IN 113/02, ZVI 2005, 383). Im Übrigen muss der Schuldner schuldhaft gehandelt haben.

VI. Gleichbehandlungspflicht, Nr 4

Um dem auch im Restschuldbefreiungsverfahren geltenden **Grundsatz der gleichmäßigen Befriedigung der Insolvenzgläubiger** Geltung zu verschaffen, bestimmt Nr 4, dass zusätzliche Zahlungen nur an den Treuhänder geleistet (Alt 1) und keinem der Insolvenzgläubiger Sondervorteile verschafft werden dürfen (Alt 2), vgl Begr zu § 244 RegE, BR-Drucks 1/92 S 192/193. Die Vorschrift beinhaltet ein **Zahlungsgebot**, das sich ausschließlich an den Schuldner richtet (**AG** Passau v 27. 11. 2008 – 2 IN 404/06, ZInsO 2009, 493; *Kohte/Ahrens/Grote* § 295 Rn 54; *K/P/B/Wenzel* § 295 Rn 26). 54

1. Umfang der Obliegenheit. Der Wortlaut der Vorschrift des Absatzes 1 Nr 4 erfasst nicht Leistungen des Schuldners auf andere Forderungen als Insolvenzforderungen oder an andere Gläubiger. Aus diesem Grunde kann der Schuldner **sanktionslos neue Gläubiger** aus seinem nicht in die Haftungsmasse einbezogenen Vermögen **befriedigen** (*K/P/B/Wenzel* § 295 Rn 26). Es stellt auch keine Leistung an einen Insolvenzgläubiger dar, wenn der Schuldner aus seinem **pfändungsfreien Vermögen** Zahlungen an Gläubiger leistet (**AG** Göttingen v 5. 8. 2005 – 74 IN 162/04, ZInsO 2005, 1001; **AG** Coburg v 15. 12. 2003 – IK 188/00, ZVI 2004, 313; *Kohte/Ahrens/Grote* § 295 Rn 59; MüKoInsO-*Ehricke* § 294 Rn 32). 55

2. Treuhänder als Zahlungsadressat. Die **1. Alternative** des in Nr 4 geregelten Gleichbehandlungsgebots verpflichtet allein **den Schuldner**, unabhängig davon, ob er in einem Beschäftigungsverhältnis steht oder selbstständig tätig ist, **Zahlungen zur Befriedigung der Insolvenzgläubiger nur an den Treuhänder** zu leisten. Demnach liegt eine Obliegenheitsverletzung bereits vor, wenn der Schuldner unter Umgehung des Treuhänders an alle oder auch nur an einzelne Insolvenzgläubiger Zahlungen leistet. Dieses Verhalten gefährdet die gleichmäßige Befriedigung der Gläubiger. Allerdings dürfte ein Verstoß gegen die 1. Alternative nur dann zu einer Versagung der Restschuldbefreiung führen, wenn die Zahlungen an die Insolvenzgläubiger zu einem **Sondervorteil für einzelne Gläubiger** geführt haben und dadurch die Befriedigung der Insolvenzgläubiger beeinträchtigt ist (*Kohte/Ahrens/Grote* § 295 Rn 55). Für den zu einer **Geldstrafe** verurteilten Schuldner bedeutet dies, dass er bei Leistungsfähigkeit nur im Einverständnis der Gläubiger und des Treuhänders Zahlungen leisten darf. Führt er ohne dieses Einverständnis Beträge unmittelbar an die **Staatsanwaltschaft** ab, läuft er Gefahr, dass auf Antrag eines Gläubigers die Restschuldbefreiung versagt wird (*Vallender/Elschenbroich* NZI 2002, 130, 132). Da im Regelfall die Insolvenzgläubiger mit einer Sonderbefriedigung des Staates nicht einverstanden sein dürften, stellt sich ebenso wie bei Uneinbringlichkeit der Geldstrafe die Frage nach der **Verhängung einer Ersatzfreiheitsstrafe**. Eine Lösung dieses Konflikts bietet das Gesetz nicht an. In Betracht zu ziehen ist eine Zurückstellung der Vollstreckung der Ersatzfreiheitsstrafe bis zum Abschluss des Restschuldbefreiungsverfahrens. Es besteht allerdings auch die Möglichkeit der Straftilgung durch gemeinnützige Arbeit. In Ausnahmesituationen könnte auch ein Antrag nach § 459 f StPO (Absehen der Vollstreckung wegen unbilliger Härte) gestellt werden. Ultima Ratio wäre die Verhängung und Vollstreckung der Ersatzfreiheitsstrafe (näher dazu *Vallender/Elshenbroich* aaO). Die in Abs 1 Nr 4 normierte Obliegenheit impliziert das Gebot an den Schuldner, zumindest die pfändbaren Einkommensteile, die von der Abtretung nach § 287 Abs 2 S 1 erfasst sind, an den Treuhänder weiterzuleiten, wenn dieser die Abtretung gegenüber dem Arbeitgeber des Schuldners nicht gem § 292 Abs 1 S 1 offengelegt hat (**AG** Passau aaO). 56

Zahlungen eines Dritten auf eine Insolvenzforderung stellen nur dann einen Verstoß gegen das Zahlungsgebot des Abs 1 Nr 4 Alt 1 dar, wenn der Dritte als Vertreter oder Erfüllungsgehilfe des Schuldners auftritt (*K/P/B/Wenzel* § 295 Rn 26; *Kohte/Ahrens/Grote* § 295 Rn 56; ähnlich BerlKo-*Goetsch* § 295 Rn 28). 57

3. Verschaffung eines Sondervorteils. Die **2. Alternative** des in Nr 4 geregelten Gleichbehandlungsgebots enthält die an den Schuldner gerichtete Auflage, keinem Insolvenzgläubiger einen **Sondervorteil** zu verschaffen. Allein die rechtsgeschäftliche Vereinbarung eines Sonderabkommens stellt noch keine Obliegenheitsverletzung im Sinne der Vorschrift dar. Vielmehr muss noch der **Leistungserfolg** hinzutreten (*Kohte/AhrensGrote* § 295 Rn 58; *K/P/B/Wenzel* § 295 Rn 26). Auf die Willensrichtung des Schuldners kommt es dabei nicht an, weil die Vorschrift allein auf die Verwirklichung objektiver Tatbestandsmerk- 58 male abstellt. Aus diesem Grunde handelt es sich auch bei einer ohne Wissen des Treuhänders erfolgten **Zahlung** pfändbaren Einkommens **an die Staatsanwaltschaft** zur Abwendung der Vollstreckung einer Ersatzfreiheitsstrafe um die Gewährung eines Sondervorteils iSd Vorschrift (**AG** Mannheim – IN 113/02, ZVI 2005, 383).

59 Auch **Leistungen,** die der Schuldner **auf Druck** einzelner Insolvenzgläubiger erbringt, stellen eine Obliegenheitsverletzung dar (aA *Kohte/Ahrens/Grote* § 295 Rn 58), rechtfertigen im Regelfall aber keine Versagung der Restschuldbefreiung, weil es an einem Verschulden des Schuldners mangeln dürfte. Dies gilt gleichermaßen, wenn ein Insolvenzgläubiger eine **Sonderleistung** beim Schuldner **gegen bestimmte Versprechungen** anregt, nur im nachfolgend der Versagung der Restschuldbefreiung zu beantragen (offen gelassen von *Krug* Verbraucherkonkurs S 65 Fn 359). Selbst wenn der Schuldner sich nicht hinreichend entlasten kann, verstieße dieses Verhalten des Gläubigers gegen die Vorschrift von Treu und Glauben. Fraglich erscheint in diesem Fall, ob dem Gläubiger die entsprechende Absicht nachzuweisen ist.

60 Die **Rückforderung** des auf Grund eines nichtigen Sonderabkommens **Erlangten** geschieht auf Grund des ursprünglichen Rechts des Schuldners, also zB durch Eigentumsherausgabeklage. § 817 S 2 BGB steht einem solchen Begehren nicht entgegen, weil diese Vorschrift auf den dinglichen Rückforderungsanspruch keine Anwendung findet (vgl **BGH** NJW 1951, 643; *Kilger/ K. Schmidt,* KO, § 181 Anm 4).

VII. Obliegenheiten bei selbstständiger Erwerbstätigkeit, Abs 2

61 Der Schuldner ist nicht verpflichtet, während der Wohlverhaltensperiode eine abhängige Tätigkeit aufzunehmen. Abs 2 stellt vielmehr klar, dass er auch dann Restschuldbefreiung erlangen kann, wenn er während der Laufzeit der Abtretungserklärung eine **selbstständige Tätigkeit** ausübt, etwa ein Gewerbe betreibt (Begr zu § 244 RegE, BR-Drucks 1/92 S 192/193; kritisch zu der Regelung des § 295 Abs 2: *Henckel* ZZP 97 (1984), 105, 112; *Leipold/Gerhardt* S 1, 3; *Grub* ZIP 1993, 393, 398; *ders* AnwBl 1993, 458, 459; *Grub/Rinn* ZIP 1993, 1583, 1586; *Döbereiner* Restschuldbefreiung S 156 ff). Vermag der Schuldner bei einem **Wiedergestattungsverfahren gem § 35 Abs 6 GewO** die wirtschaftliche Leistungsfähigkeit für die beabsichtigte Gewerbetätigkeit nachzuweisen, ist ein Wiedergestattungsantrag bei einem laufenden Restschuldbefreiungsverfahren positiv zu bescheiden (*Leibner* ZInsO 2002, 61, 63).

62 Dem Schuldner ist es sogar gestattet, während der Laufzeit der Abtretungserklärung zwischen einer nicht abhängigen und einer abhängigen Erwerbstätigkeit sowie umgekehrt zu wechseln (*Häsemeyer* Rn 26.52; *Kohte/Ahrens/Grote* § 295 Rn 62; *Trendelenburg* ZInsO 2000, 437, 440). Ein solcher **Wechsel erscheint** dann **sinnvoll,** wenn der Selbstständige **Forderungen** aus seinem Gewerbebetrieb **im Voraus abgetreten** hat. Diese Beträge fallen nicht unter § 114, weil die Vorschrift nur Bezüge aus einem Dienstverhältnis oder an deren Stelle tretende laufende Bezüge erfasst. Ist der Schuldner wegen der Abtretung nicht in der Lage, den gemäß § 295 Abs 2 an die Gläubiger abzuführenden Betrag zu erbringen, bietet in diesem Fall oft nur die Aufnahme einer abhängigen Erwerbstätigkeit die Chance, einer Versagung der Restschuldbefreiung wegen schuldhafter Verletzungen seiner Obliegenheiten zu entgehen (*Trendelenburg* aaO). Bei einem **Wechsel des Schuldners** von abhängiger zu selbstständiger Tätigkeit wird die Abtretungserklärung gemäß § 287 Abs 2 wirkungslos. Ob der Schuldner seine Obliegenheit erfüllt, bestimmt sich sodann allein nach § 295 Abs 2 (**LG** Mönchengladbach v 27. 8. 2004 – 20 IK 52/01, ZVI 2004, 550).

63 Den Selbstständigen trifft ebenso wie den abhängig Tätigen die Pflicht, sich um Arbeit zu bemühen und Gewinne an die Gläubiger abzuführen. Dabei hat der selbstständig Tätige die Insolvenzgläubiger durch Zahlungen so zu stellen, als würden ihnen die pfändbaren Bezüge aus einem entsprechenden angemessenen Dienstverhältnis zukommen. Es stellt keine Obliegenheitsverletzung dar, wenn der Schuldner nach Aufnahme einer selbstständigen Tätigkeit **sozialrechtliche Mitteilungspflichten** für eigene Arbeitnehmer nicht erfüllt (**AG** Leipzig v 12. 10. 2004 – 94 IN 1357/01, ZVI 2004, 758, 759).

63a Geht der **selbstständig tätige Schuldner** zusätzlich einer **abhängigen Beschäftigung** nach, muss er die dem Treuhänder auf Grund der Abtretung zufließenden Einkünfte um den Betrag aufstocken, der den Gläubigern zugeflossen wäre, wenn er anstelle der selbstständigen Tätigkeit auch insoweit abhängig beschäftigt gewesen wäre (**BGH** v 5. 4. 2006 – IX ZB 50/05 – Rn 13, NZI 2006, 413; **AG** Göttingen v 2. 3. 2009 – 74 IN 137/02, NZI 2009, 334, 335).

64 **1. Selbstständige Tätigkeit.** Eine selbstständige Tätigkeit liegt vor, wenn diese **auf eigene Rechnung und auf eigene Verantwortung** ausgeübt wird. Dabei kommt es nicht allein auf die vertragliche Bezeichnung, die Art der Tätigkeit oder die Form der Entlohnung an. Entscheidend ist das **Gesamtbild der Verhältnisse.** Es müssen die für und gegen die Selbstständigkeit sprechenden Umstände gegeneinander abgewogen werden, die gewichtigeren Merkmale sind dann für die Gesamtbeurteilung maßgebend (vgl **BFH** BStBl 62 III S 125; **BFH** BStBl 69 II S 143). Eine selbstständige Tätigkeit üben vor allem die in § 18 Abs 1 Nr 1 EStG aufgeführten **Katalogberufe** wie Architekt, Arzt, Rechtsanwalt und Steuerberater aus. Bei einem Reisevertreter ist im Allgemeinen Selbstständigkeit anzunehmen, wenn er die typische Tätigkeit eines Handelsvertreters iSv § 84 HGB ausübt. Dagegen handelt der Reisevertreter unselbstständig, wenn er in das Unternehmen seines Auftraggebers derart eingegliedert ist, das er dessen Weisungen zu folgen verpflichtet ist.

VII. Obliegenheiten bei selbstständiger Erwerbstätigkeit, Abs 2 § 295

2. Abtretung künftiger Bezüge gemäß § 287. Der Schuldner hat nach § 287 Abs 2 S 1 seinem Antrag 65
auf Erteilung von Restschuldbefreiung die Erklärung beizufügen, dass er seine pfändbaren **Bezüge aus
einem Dienstverhältnis** oder an deren Stelle tretende laufende Bezüge abtritt. Diese Verpflichtung trifft
auch den selbständig tätigen Schuldner (K/P/B/*Wenzel* § 295 Rn 14). Ansonsten wäre nicht gesichert,
dass seine Bezüge allen Insolvenzgläubigern zugute kommen, falls er im Laufe der Wohlverhaltensperiode eine abhängige Tätigkeit aufnimmt (*Trendelenburg* ZInsO 2000, 437, 438). Übt der Schuldner
während der gesamten Laufzeit der Abtretungserklärung eine unselbstständige Tätigkeit nicht aus, geht
die **Abtretung ins Leere** (Begr zu § 244 RegE, BR-Drucks 1/92 S 192; HK-*Landfermann* § 295 Rn 8;
N/R/*Römermann* § 295 Rn 44, 47; *Smid/Haarmeyer* § 295 Rn 9; K/P/B/*Wenzel* § 295 Rn 14; *Arnold*
DGVZ 1996, 65, 69; *Döbereiner* Restschuldbefreiung S 156; *Trendelenburg* Restschuldbefreiung S 438).
Auch wenn regelmäßige, wiederkehrend zahlbare Einkünfte Selbstständiger pfändbar und abtretbar
sind (vgl MüKoZPO-*Smid* § 850 ZPO Rn 36), findet auf diese Bezüge die Vorschrift des § 287 Abs 2
keine Anwendung. Denn bei diesen Einkünften handelt es sich nicht um Dienstbezüge im Sinne der
Vorschrift, sondern um sonstige Vergütungen anderer Art (*Trendelenburg* aaO; **aA** *Kohte/Ahrens/
Grote* § 287 Rn 50 ff).

3. Zahlung eines angemessenen Betrages an den Treuhänder. Da bei selbstständiger Tätigkeit keine 66
Zahlungen auf Grund der Vorausabtretung an den Treuhänder fließen, hat der Gesetzgeber in Abs 2
dem Selbstständigen die Verpflichtung auferlegt, zumindest den Betrag an den Treuhänder abzuführen,
den er bei Eingehung eines **angemessenen**, nicht notwendig der selbstständigen Tätigkeit entsprechenden **Dienstverhältnisses** abzuführen hätte. Angemessen ist nur eine dem Schuldner mögliche abhängige
Tätigkeit (BGH v 5. 4. 2006, IX ZB 50/05, NZI 2006, 413, 414). Danach sind die Gläubiger so zu stellen, wie sie stehen würden, wenn der Schuldner ein Dienstverhältnis eingegangen wäre, das von seiner
Ausbildung und seinem beruflichen Werdegang her angemessen wäre (N/R/*Römermann* § 295 Rn 48;
Preuss Restschuldbefreiung S 172). Die diesem Dienstverhältnis entsprechende angemessene Vergütung
richtet sich im Allgemeinen nach dem **Tariflohn** oder der **üblichen Vergütung** für solche Dienstleistungen (*Zöller/Stöber* § 850h ZPO Rn 5; *Bindemann* Verbraucherkonkurs S 193/194). Der Schuldner hat
soviel an den Treuhänder abzuführen, wie er an **pfändbarem Arbeitseinkommen** aus diesem Dienstverhältnis erzielt hätte. Deshalb kann der Schuldner sich nicht mit Erfolg darauf berufen, infolge **steuerlicher Abschreibungen** sei sein Einkommen derart reduziert, dass er nur geringere Beträge als bei unselbstständiger Tätigkeit abführen könne. Gleichwohl ist der abzuführende Betrag der **Höhe nach zu
begrenzen** durch den Betrag, den der Schuldner maximal abführen könnte, ohne den Bestand des Unternehmens zu gefährden (LG Mönchengladbach v 27. 8. 2004 – 20 IK 52/01, ZVI 2004, 550;
K/P/B/*Wenzel* § 295 Rn 15).

a) Zahlungszeitpunkt. Die an den Treuhänder zu leistenden Zahlungen brauchen nicht gleichmäßig 67
zu erfolgen. Vielmehr hat der Schuldner selbst zu entscheiden, ob und in welcher Höhe die **wirtschaftliche Lage des Gewerbebetriebes** Zahlungen ermöglicht. Vermag der Schuldner gar keine oder zeitweilig
nur geringere Leistungen zu erbringen, so hat er dies später **durch höhere Zahlungen** wieder **auszugleichen** (Begr zu § 244 RegE, BR-Drucks 1/92 S 193). Ebenso ist ein etwaiger **Zinsverlust** auszugleichen.
Sinnvoll erscheinen **regelmäßige Zahlungen nach Erstellung der Jahresbilanz** am Ende des Jahres (wie
hier K/P/B/*Wenzel* § 295 Rn 17 b). Dies erleichtert es dem Schuldner zu beurteilen, in welcher Höhe er
Zahlungen leisten kann und führt gleichzeitig zu einer Entlastung des Treuhänders (*Döbereiner* Restschuldbefreiung S 157). Der Schuldner muss zu dem Abrechnungstermin **am Ende der Wohlverhaltensperiode** die gesamten ihm obliegenden Zahlungen erbracht haben (Begr zu § 244 RegE, BR-Drucks 1/
92 S 192 ff; *Kohte/Ahrens/Grote* § 295 Rn 65). Der Gläubiger hat in concreto darzulegen, dass der
Schuldner an den Treuhänder nicht den Betrag abgeführt hat, den er bei Ausübung einer vergleichbaren
abhängigen Tätigkeit – etwa nach BAT – hätte abführen müssen (BGH v 7. 5. 2009 – IX ZB 133/07,
ZInsO 2009, 1217). Der Schuldner muss sich dann von dem Vorwurf entlasten, seine Obliegenheitspflichten schuldhaft verletzt zu haben (§ 296 Abs 1 S 1, letzter HS).

b) Fiktives Gesamteinkommen als Vergleichsmaßstab. Nach § 295 Abs 2 hat der Selbstständige den 68
Betrag an die Gläubiger abzuführen, den er als abhängig Erwerbstätiger erzielt hätte. Es ist mithin ein
fiktives Gesamteinkommen als Vergleichsmaßstab anzulegen (AG Memmingen v 22. 12. 2008 – IN
47/02, ZInsO 2009, 1220; N/R/*Römermann* § 295 Rn 48). Der Schuldner ist nicht verpflichtet, das fiktive Gesamteinkommen bereits bei seinem Antrag auf Erteilung der Restschuldbefreiung mitzuteilen
(*Kohte/Ahrens/Grote* § 295 Rn 64; **aA** H/W/F Kap 10 Rn 62; *Prziklang* Verbraucherinsolvenz S 70).

In Ausnahmefällen kann der Umstand, dass § 295 Abs 2 eine **fixe Vergleichsgröße** und keine Min- 69
destgröße enthält (*Preuss* Verbraucherinsolvenz S 172), zu Schwierigkeiten bei der Feststellung der Leistungspflicht des Schuldners führen (s die anschaulichen Beispiele bei *Hoffmann* Verbraucherinsolvenz
S 35; *Preuss* aaO S 173).

aa) Kein eigenständiges Verfahren zur Feststellung der zu leistenden Zahlung. Da die Insolvenzord- 70
nung kein eigenständiges **Verfahren zur Feststellung der zu leistenden Zahlungen** enthält (*Hoffmann*
aaO S 137; *Preuss* aaO S 173; K/P/B/*Wenzel* § 295 Rn 17a), ist der selbstständig Erwerbstätige einem

Vallender

besonderen Risiko ausgesetzt. Denn die verbindliche Klärung der Frage, welche Beträge der Schuldner an den Treuhänder hätte abführen müssen, ist als **Vorfrage** de lege lata erst bei der Entscheidung des Gerichts über einen Versagungsantrag eines Insolvenzgläubigers möglich (vgl **AG** München v 5. 4. 2005 – 1502 IK 58/01, ZVI 2005, 384, 385; **AG** Regensburg v 20. 4. 2004 – 2 IN 217/02, ZVI 2004, 499, 500).

71 Allerdings ist es zunächst Aufgabe des antragstellenden Gläubigers darzulegen und glaubhaft zu machen, dass der Schuldner ein höheres Einkommen hätte erzielen können. Da bestimmte Zahlungstermine gesetzlich nicht vorgeschrieben sind, stellt es keine Obliegenheitsverletzung dar, wenn der Schuldner erst am Ende der Laufzeit der Abtretungserklärung seine **gesamten Leitungen** (zzgl Zinsen) erbringt (**LG** Bayreuth v 17.6. 2009 – 42 T 65/09, ZInsO 2009, 1555). Da § 295 Abs 2 keine Mindestgröße vorschreibt, besteht weder für den Schuldner noch für den Treuhänder vor Stellung eines Versagungsantrags die Möglichkeit, den Umfang der vom Selbstständigen zu leistenden Zahlungen verbindlich festlegen zu lassen. Ob dem Schuldner bei Streit über die zutreffende Vergleichsgröße der Nachweis gelingt, er habe die Obliegenheit des § 295 Abs 2 nicht schuldhaft verletzt, erscheint fraglich. Das Risiko einer Versagung der Restschuldbefreiung kann er allenfalls dadurch auf ein erträgliches Maß reduzieren, dass er mit allen Gläubigern eine Einigung über eine bestimmte Vergleichsgröße erzielt (K/P/B/*Wenzel* § 295 Rn 17a; HambKomm/*Streck* § 295 Rn 25; krit dazu *Warrikoff* ZInsO 2005, 1179, 1180).

72 bb) **Unterschreiten der Befriedigungsquote.** Erreicht der Schuldner am Ende der Wohlverhaltensperiode nicht die gleiche Befriedigungsquote wie im Falle der Ausübung einer unselbstständigen Tätigkeit, kann dies bei entsprechendem Antrag eines Insolvenzgläubigers zur Versagung der Restschuldbefreiung führen. Auf **fehlendes Verschulden** (vgl § 296 Abs 1 S 1) wegen **schlechter Auftragslage** kann sich der selbstständig Tätige grundsätzlich nicht mit Erfolg berufen (**AG** Neu-Ulm v 19. 2. 2002 – IK 317/03, ZVI 2004, 131, 132; *Döbereiner* Restschuldbefreiung S 157; *Hess/Obermüller* Rn 1143; N/R/*Römermann* § 295 Rn 48). Dies würde zu einer nicht gerechtfertigten Besserstellung des Selbstständigen im Vergleich zum unselbstständig Tätigen führen.

73 Erkennt der Schuldner, dass er während der Wohlverhaltensperiode den Anforderungen an die Obliegenheit in Abs 2 nicht gerecht werden kann, muss er sich um ein Dienst- oder Arbeitsverhältnis bemühen (**BGH** v 7. 5. 2009 – IV ZB 133/07, ZInsO 2009, 1217; **AG** Neu-Ulm aaO; *Balz* BewHi 1989, 103, 118; *Döbereiner* aaO S 157; aA *Trendelenburg* ZInsO 2000, 437, 439 Fn 31). Diese Obliegenheit folgt aus § 295 Abs 1. Dabei stellt sich die Frage, wann der Schuldner bei vernünftiger Vorausschau spätestens davon ausgehen musste, es sei besser, die selbstständige Tätigkeit aufzugeben und eine abhängige Stellung anzunehmen.

74 Soweit der Schuldner aus **persönlichen Gründen** (Krankheit, Alter) keine angemessene Anstellung finden würde, kommt die Versagung der Restschuldbefreiung nicht in Betracht, wenn er seine selbstständige Tätigkeit fortführt und auf diese Weise weniger an Einkünften erzielt als bei Aufnahme eines angemessenen Dienstverhältnisses.

75 Es bestehen keine Bedenken dagegen, dass der **Treuhänder** den Schuldner bei seinen Bemühungen um Erfüllung der Obliegenheiten unterstützt. Er ist indes **nicht verpflichtet**, den Schuldner bei schlechter Ertragslage seines Unternehmens dazu anzuhalten, sich um eine abhängige Stellung zu bemühen. Insbesondere hat er sich nicht um die Einholung eines diese Frage klärenden betriebswirtschaftlichen Gutachtens zu bemühen. Für eine solche Verpflichtung und die Übernahme etwaiger Kosten durch die vom Treuhänder verwaltete Masse fehlt jegliche Grundlage (aA *Smid/Harmeyer* § 295 Rn 10).

76 cc) **Überschreiten der Befriedigungsquote.** Da Abs 2 die zu berücksichtigenden Beträge vom tatsächlichen wirtschaftlichen Erfolg der selbstständigen Tätigkeit des Schuldners löst (**BGH** v 5. 4. 2006 – IX ZB 50/05, NZI 2006, 413), besteht deshalb für einen Schuldner, der mit seinem Wirtschaftsbetrieb überdurchschnittlich erfolgreich ist, keine Pflicht, einen **etwaigen Überschuss** an den Treuhänder herauszugeben (BT-Drucks 12/2443 S 257, 267; HK-*Landfermann* § 295 Rn 12; N/R/*Römermann* § 295 Rn 48; *Bindemann* Verbraucherkonkurs S 194; *Hoffmann* Verbraucherinsolvenz S 136; aA *Wenzel* NZI 1999, 18). Denn maßgeblich ist nur der erwirtschaftete Betrag, den die Gläubiger im Falle eines angemessenen Dienstverhältnisses des Schuldners erhalten hätten. In Ausnahmefällen kann dies dazu führen, dass ein Schuldner die gesamten erwirtschafteten Einnahmen behalten darf, wenn er gegenüber einem Versagungsantrag eines Insolvenzgläubigers einwenden könnte, es sei ihm in seiner konkreten Situation unmöglich gewesen, überhaupt ein Dienstverhältnis einzugehen (vgl *Trendelenburg* aaO 439).

§ 296 Verstoß gegen Obliegenheiten

(1) ¹Das Insolvenzgericht versagt die Restschuldbefreiung auf Antrag eines Insolvenzgläubigers, wenn der Schuldner während der Laufzeit der Abtretungserklärung eine seiner Obliegenheiten verletzt und dadurch die Befriedigung der Insolvenzgläubiger beeinträchtigt; dies gilt nicht, wenn den Schuldner kein Verschulden trifft. ²Der Antrag kann nur binnen eines Jahres nach dem Zeitpunkt gestellt werden, in dem die Obliegenheitsverletzung dem Gläubiger bekanntgeworden ist. ³Er ist nur zulässig, wenn die Voraussetzungen der Sätze 1 und 2 glaubhaft gemacht werden.

II. Formelle Voraussetzungen § 296

(2) ¹Vor der Entscheidung über den Antrag sind der Treuhänder, der Schuldner und die Insolvenzgläubiger zu hören. ²Der Schuldner hat über die Erfüllung seiner Obliegenheiten Auskunft zu erteilen und, wenn es der Gläubiger beantragt, die Richtigkeit dieser Auskunft an Eides Statt zu versichern. ³Gibt er die Auskunft oder die eidesstattliche Versicherung ohne hinreichende Entschuldigung nicht innerhalb der ihm gesetzten Frist ab oder erscheint er trotz ordnungsgemäßer Ladung ohne hinreichende Entschuldigung nicht zu einem Termin, den das Gericht für die Erteilung der Auskunft oder die eidesstattliche Versicherung anberaumt hat, so ist die Restschuldbefreiung zu versagen.

(3) ¹Gegen die Entscheidung steht dem Antragsteller und dem Schuldner die sofortige Beschwerde zu. ²Die Versagung der Restschuldbefreiung ist öffentlich bekanntzumachen.

Übersicht

	Rn
I. Normzweck	1
II. Formelle Voraussetzungen	2
1. Antrag eines Insolvenzgläubigers, Abs 1 S 1	3
2. Jahresfrist, Abs 1 S 2	5
a) Kenntnis der Obliegenheitsverletzung	6
b) Amtsermittlung	8
c) Ausschlussfrist	9
3. Glaubhaftmachung, Abs 1 S 3	10
III. Materielle Voraussetzungen	13
1. Obliegenheitsverletzung	14
2. Beeinträchtigung der Befriedigung der Insolvenzgläubiger	17
a) Beeinträchtigung	18
b) Treu und Glauben	21
c) Ursächlicher Zusammenhang	22
3. Verschulden	23
a) Feststellungslast	24
b) Vorsatz und Fahrlässigkeit	25
IV. Verfahren, Abs 2	26
1. Rechtliches Gehör	27
a) Anhörung im schriftlichen Verfahren	29
b) Mündliche Verhandlung	30
2. Pflichten des Schuldners	31
a) Auskunftserteilung	32
b) Eidesstattliche Versicherung des Schuldners, Abs 2 S 2	34
3. Folgen eines Verstoßes gegen Verfahrensobliegenheiten, Abs 2 S 3	30
a) Fernbleiben vom Termin	40
b) Ohne hinreichende Entschuldigung	41
V. Gerichtliche Entscheidung	43
1. Zuständigkeit	44
2. Zurückweisung als unzulässig	45
3. Zurückweisung als unbegründet	46
4. Versagung der Restschuldbefreiung	47
a) Versagung von Amts wegen, Abs 2 S 3	47
b) Versagung bei Vorliegen der materiellen Voraussetzungen	48
VI. Rechtsmittel, Abs 3	49
VII. Öffentliche Bekanntmachung	51
VIII. Kosten und Gebühren	52
IX. Rechtsfolgen der Versagung	56

I. Normzweck

Die Restschuldbefreiung soll nur dem **redlichen Schuldner** zuteil werden (BGH v 16. 7. 2009 – ZB 219/08). Auf Antrag eines Insolvenzgläubigers wird die Restschuldbefreiung versagt, wenn dem Schuldner nach Aufhebung des Insolvenzverfahrens bis zum Ablauf der Wohlverhaltensperiode **illoyales Verhalten** zur Last fällt. Ohne den Versagungsgrund des § 296 Abs 1 S 1 wäre nicht sichergestellt, dass der Schuldner den Obliegenheiten nach § 295 auch tatsächlich nachkommt. Neben dem Verstoß gegen eine der Obliegenheiten des § 295 muss eine Beeinträchtigung der Gläubigerbefriedigung eingetreten sein. Darüber hinaus ist die Sanktion der Versagung der Restschuldbefreiung an ein **schuldhaftes Verhalten** des Schuldners geknüpft. Von der Regelung des § 296 verspricht sich der Gesetzgeber „heilsame Wirkungen auf die Schuldnermoral."

II. Formelle Voraussetzungen

Die Versagung der Restschuldbefreiung vor Ablauf der Wohlverhaltensperiode ist an bestimmte formelle Voraussetzungen gebunden. Zunächst bedarf es des entsprechenden Antrags eines Insolvenzgläu-

1

2

bigers. Den Versagungsantrag kann der Gläubiger nicht unbefristet geltend machen. Vielmehr ist er gemäß § 296 Abs 1 S 2 innerhalb eines Jahres seit dem Bekanntwerden des Versagungsgrundes zu stellen. Als **besondere Zulässigkeitsvoraussetzung** bestimmt § 296 Abs 1 S 3, dass die Obliegenheitsverletzung während der Laufzeit der Abtretungserklärung und die Einhaltung der Jahresfrist glaubhaft zu machen sind.

3   **1. Antrag eines Insolvenzgläubigers, Abs 1 S 1. Antragsberechtigt** ist jeder Insolvenzgläubiger. Nach der Legaldefinition von § 38 sind dies nur diejenigen Gläubiger, die einen zurzeit der Eröffnung des Insolvenzverfahrens begründeten Vermögensanspruch gegen den Schuldner haben (und im **Schlussverzeichnis** aufgeführt sind) (BGH v 9. 10. 2008 – IX ZB 16/08, ZInsO 2009, 52; BGH v 17. 3. 2005 – IX ZB 214/04, NZI 2005, 399, 400; HK-*Landfermann* § 296 Rn 6; MüKoInsO-*Stephan* § 296 Rn 4; HambKomm/*Streck* § 296 Rn 3; K/P/B/*Wenzel* § 296 Rn 2; *Lessing* EWiR 2001, 1001; unter Aufgabe der in der 12. Aufl vertretenen Auffassung; aA AG Köln v 28. 1. 2002 – 71 IK 1/00, NZI 2002, 218, 219; *Büttner* ZVI 2007, 116, 117; *Braun/Riggert/Buck* § 296 Rn 5).

3a   Da das Versagungsverfahren der Gläubigerautonomie unterliegt, ist das Gericht auch bei positiver Kenntnis eines Versagungsgrundes **nicht befugt, von Amts wegen** ein Verfahren einzuleiten (BGH v 8. 2. 2007 – IX ZB 88/06, WM 2007, 661; MüKoInsO-*Stephan* § 296 Rn 4; *Kohte/Ahrens/Grote* § 296 Rn 17; HK-*Landfermann* § 296 Rn 9; aA K/B/P/*Wenzel* § 296 Rn 7). Der Antrag ist an keine **Form** gebunden. Er kann schriftlich oder zu Protokoll der Geschäftsstelle mündlich erklärt werden (N/R/*Römermann* § 296 Rn 19). Einem Gläubiger, der gegen den Schuldner erst während der Wohlverhaltensperiode auf Grund dessen selbstständiger Tätigkeit eine Forderung erworben hat (**Neugläubiger**), steht nach dem eindeutigen Wortlaut des § 296 Abs 1 S 1 ein Antragsrecht nicht zu (AG Hannover v 9. 11. 2006 – 906 IN 316/02, ZInsO 2007, 50, 51; K/P/B/*Wenzel* § 296 Rn 2).

3b   Ein **zulässiger Antrag** setzt die Darlegung der Obliegenheitsverletzung (AG Göttingen v 7. 2. 2007 – 74 IN 182/01, NZI 2007, 251) und die Wahrnehmung der Jahresfrist voraus (§ 296 Abs 1 S 3). Ausreichend ist die **konkrete Bezugnahme auf andere Schriftstücke** wie zB einen Strafbefehl (BGH v 17. 7. 2008 – IX ZB 183/07, ZInsO 2008, 920; BGH v 17. 3. 2003 – I ZR 295/00, BGH-Report 2003, 1438). Die lediglich ins Blaue hinein gemachte Behauptung, der Schuldner, der unstreitig Frührentner ist und eine Berufsunfähigkeitsrente bezieht, bemühe sich nicht ausreichend um die Aufnahme einer Erwerbstätigkeit, ist unsubstantiiert und damit unzulässig (LG Göttingen v 21. 1. 2005 – 10 T 14/05, NZI 2005, 346). Ebenso wenig reicht der **abstrakte Hinweis** eines Gläubigers auf die **allgemeine Lage des regionalen Arbeitsmarktes** aus (LG Landshut v 7. 3. 2007 – 32 T 485/07, ZInsO 2007, 615, 616; AG Duisburg v 6. 4. 2004 – 62 IK 27/02). Erst Recht genügt die **pauschale Vermutung** einer Gläubigerbeeinträchtigung nicht den Erfordernissen an einen zulässigen Versagungsantrag (LG Hamburg v 19. 2. 2004 – 326 T 76/03, ZVI 2004, 259). Unzulässig ist auch ein **pauschaler Versagungsantrag** mit einem allgemeinen Hinweis auf § 295 ohne Nennung einzelner Versagungsgründe und -sachverhalte (AG Dresden v 15. 11. 2006 – 559 (553) IK 3176/03, ZVI 2007, 331). Der antragstellende Gläubiger kann seinen Antrag bis zur Rechtskraft der Entscheidung über den Versagungsantrag zurücknehmen.

4   Bei dem **Versagungsantrag der Finanzbehörde** handelt es sich um schlichtes Verwaltungshandeln, nicht um einen Verwaltungsakt (*Gottwald/Schmidt-Räntsch/Frotscher* InsR Hdb S 958 Rn 10). Die Finanzbehörde trifft ihre Entscheidung nach pflichtgemäßem Ermessen. Soweit der Steuerpflichtige sich gegen einen solchen Antrag im Wege der Leistungsklage wendet und vorläufigen Rechtsschutz durch § 114 FGO begehrt, hat die Entscheidung des Finanzgerichts keine Auswirkungen auf die Versagungsentscheidung des Insolvenzgerichts.

5   **2. Jahresfrist, Abs 1 S 2.** Die Antragsfrist gemäß § 296 Abs 1 S 2 dient der Rechtssicherheit (vgl Begr zu § 245 RegE, BR-Drucks 1/92, S 193). Sie bezweckt darüber hinaus den Schutz des Schuldners, der im Vertrauen auf die Aussicht oder Erteilung der Restschuldbefreiung seinen Obliegenheiten nachkommt und bereits wieder langfristig plant (*Döbereiner*, Restschuldbefreiung S 323).

6   **a) Kenntnis der Obliegenheitsverletzung.** Kenntnis der entsprechenden Tatsachen, die eine Versagung der Restschuldbefreiung rechtfertigen, der Antragsteller sich selber zu verschaffen. Grundlage für die Kenntniserlangung liefern ua die Berichte des Insolvenzverwalters/Treuhänder. Der Antragsteller hat im Einzelnen darzulegen, wann, von wem und unter welchen Umständen er zum ersten Mal von den Tatsachen erfahren hat, auf die sein Versagungsantrag gestützt wird. Eine Kenntnis des Wissensvertreters steht der Kenntnis des antragstellenden Gläubigers gleich (BGH NJW 1989, 2323). Von wem der Gläubiger die Informationen über die Obliegenheitsverletzung erlangt hat, ist ohne Belang. Gegen die **gläubigerinterne Weitergabe von Informationen** bestehen grundsätzlich keine Bedenken (aA *Kohte/Ahrens/Grote* § 296 Rn 22). Sinn und Zweck der Regelung des § 296 ist es, eine vorzeitige Beendigung der Wohlverhaltensperiode herbeizuführen, wenn der Schuldner in dieser Zeit vorsätzlich oder fahrlässig die ihm in § 295 auferlegten Obliegenheiten in nicht ganz unerheblichem Maße verletzt und dadurch die Befriedigung der Insolvenzgläubiger beeinträchtigt. Berücksichtigt man, dass es für die Insolvenzgläubiger naturgemäß schwierig ist, die für die Darlegung eines Obliegenheitsverstoßes erforderlichen Informationen zu beschaffen und dem Schuldner bei schuldhafter Obliegenheitsverletzung die

II. Formelle Voraussetzungen § 296

Redlichkeit abgesprochen werden muss, stellt es keine rechtsmissbräuchliche Ausnutzung einer formalen Rechtsstellung dar, wenn ein Gläubiger auf den Informationsstand anderer Gläubiger zurückgreift. **Rechtsmissbräuchlich** handelt jedoch derjenige Gläubiger, der die erstmals im Versagungsverfahren erworbene Kenntnis über den Obliegenheitsverstoß des Schuldners zum Anlass nimmt, nunmehr selbst einen auf diese Verletzung gestützten Versagungsantrag zu stellen.

Nach dem Wortlaut des § 296 ist auch im Falle der **Abtretung der Forderung** allein auf die Kenntnis des Gläubigers abzustellen. Da die Norm aber nicht nach Alt- und Neugläubiger unterscheidet, erscheint fraglich, ob allein die Kenntnis des Zessionars von der Obliegenheitsverletzung maßgeblich ist. Folgende Differenzierung erscheint sach- und interessengerecht. Hatte der Zedent keine Kenntnis von der Obliegenheitsverletzung des Schuldners, versteht sich von selbst, dass es auf die Kenntnis des Zessionars ankommt. Bei Kenntnis des Zedenten stellt sich dagegen die Frage, ob sich der gutgläubige Zessionar dessen Kenntnis zurechnen lassen muss. Für eine entsprechende Anwendung des § 166 BGB besteht kein Raum, weil der Zessionar nicht „im Lager" des Zedenten steht. Vielmehr ist zu berücksichtigen, dass sich die Rechtsstellung des Zessionars durch die Abtretung nicht verschlechtern soll. Vor diesem Hintergrund erscheint es gerechtfertigt, auf den Zeitpunkt für den Lauf der Jahresfrist abzustellen, von dem an der Zessionar Kenntnis von der Obliegenheitsverletzung erlangt hat. Eine ähnliche Regelung enthält § 406 BGB im Falle der Aufrechnung durch den Schuldner gegenüber dem neuen Gläubiger. 7

b) Amtsermittlung. Der antragstellende Gläubiger hat die Richtigkeit seiner Angaben glaubhaft zu machen. Die Glaubhaftmachung ist Voraussetzung für die Zulässigkeit des Antrags. Bestreitet der Schuldner nach entsprechender Glaubhaftmachung die Einhaltung der Jahresfrist, hat das Gericht auf Grund des **Amtsermittlungsgrundsatzes** gemäß § 5 alle Erkenntnis- und Beweismittel auszuschöpfen, wobei sich die Prüfung auf die dargelegten oder offenkundigen Tatsachen zu beschränken hat. Das Gericht ist nicht verpflichtet, von sich aus zur Erforschung der Wahrheit tätig zu werden (**AG Duisburg** v 6. 4. 2004 – 62 IK 27/02, ZVI 2004, 364; *Kohte/Ahrens/Grote* § 296 Rn 27). Vermag das Gericht nach Ausschöpfung aller Erkenntnisquellen die Einhaltung der Frist nicht festzustellen, geht dies zu Lasten des Antragstellers. Denn die Einhaltung der Frist ist ein Tatbestandsmerkmal für die Versagung der Restschuldbefreiung. 8

c) Ausschlussfrist. Die Jahresfrist läuft für jeden Versagungsgrund gesondert (*Kohte/Ahrens/Grote* § 296 Rn 23). Sie ist eine **Ausschlussfrist** (*Döbereiner* Restschuldbefreiung S 325 ff; N/R/*Römermann* § 296 Rn 27). Auf diese Frist sind die Vorschriften der §§ 214 bis 229 ZPO, abgesehen von der Berechnung nach § 222 ZPO, nicht anzuwenden (*Baumbach/Lauterbach/Hartmann* Übers Rn 11 vor § 214 ZPO). Die Frist berechnet sich nach § 4, § 222 ZPO, §§ 187 Abs 1, 188 Abs 2 BGB. Bei Fristversäumung kommt eine **Wiedereinsetzung in den vorigen Stand** nicht in Betracht. 9

3. Glaubhaftmachung, Abs 1 S 3. Ein Versagungsantrag ist nur zulässig, wenn der antragstellende Insolvenzgläubiger darlegt und **glaubhaft** macht, dass der Schuldner während der Laufzeit der Abtretungserklärung seine Obliegenheiten verletzt **und** dadurch die Befriedigung der Insolvenzgläubiger beeinträchtigt hat, Abs 1 S 1(vgl **LG Hamburg** v 19. 2. 2004 – 326 T 76/03, ZVI 2004, 259, 260). Dieses Erfordernis soll verhindern, dass ein Antrag, der auf bloße Vermutungen gestützt wird, zu aufwändigen Ermittlungen des Gerichts führt. Macht der **Schuldner keine Angaben zu seinen Vermögensverhältnissen**, genügt ausnahmsweise der Versagungsantragsteller seiner Darlegungslast zur Beeinträchtigung der Befriedigung der Insolvenzgläubiger, indem er vorträgt, der Schuldner habe seine Einkommensverhältnisse nicht offengelegt und sei seinen Verpflichtungen nicht nachgekommen, einer angemessenen Erwerbstätigkeit nachzugehen oder sich um eine solche zu bemühen. Dies gilt selbst dann, wenn die Wahrscheinlichkeit, dass der Schuldner Einkommen in pfändbarer Höhe bezieht, gering ist. Bei anderer Betrachtungsweise würden an die Gläubiger ansonsten nicht zu erfüllende Anforderungen gestellt (**AG Göttingen** v 15. 9. 2008 – 74 IK 730/06, ZVI 2009, 44, 45). Im Übrigen soll nur ein redlicher Schuldner Restschuldbefreiung erhalten (vgl **BGH** v 8. 1. 2009 – IX ZB 73/08, NZI 2009, 253, 254). Verweigert der Schuldner jegliche Mitwirkung, kann von redlichem Verhalten keine Rede sein. Ferner hat der Antragsteller die Einhaltung der Jahresfrist in Abs 1 S 2 glaubhaft zu machen. Dagegen bedarf es **keiner Glaubhaftmachung des Verschuldens**, weil der Schuldner darlegungs- und beweispflichtig dafür ist, dass ihn an der Verletzung keine Schuld trifft (*Prziklang* Verbraucherinsolvenz S 72/73; aA *Kohte/Ahrens/Grote* § 296 Rn 26; *Smid* Grundzüge § 27 Rn 33). 10

Zur Glaubhaftmachung kann sich der Insolvenzgläubiger gemäß § 4, § 294 Abs 1 ZPO aller Beweismittel bedienen (**BGH** v 11. 9. 2003 – IX ZB 37/03, NZI 2003, 662; **AG Leipzig** v 12. 10. 2004 – 94 IN 1357/01, ZVI 2004, 758). Die pauschale **Bezugnahme auf Berichte des Treuhänders** (siehe **BGH** v 5. 6. 2008 – IX ZB 119/06; **LG Verden** v 18. 9. 2006 – 6 T 181/06, ZVI 2006, 469) stellt kein zulässiges Mittel der Glaubhaftmachung dar. Denn es ist nicht Aufgabe des Insolvenzgerichts, einen Bericht dahin zu überprüfen, ob sich daraus möglicherweise ein Versagungsgrund ergeben könnte. Soweit der Antragsteller zur näheren Begründung seines Antrags auf der seiner Ansicht nach den konkreten Versagungstatbestand ausfüllenden Ausführungen des Insolvenzverwalters bzw Treuhänders verweist, fehlt es bereits an der substantiierten Darlegung der Obliegenheitsverletzung. Wohl ist der Antragsteller beispielsweise befugt, seinem Versagungsantrag eine schriftliche Erklärung des Treuhänders beizufügen, 11 wonach der Schuldner nach einer Beendigung seines Arbeitsverhältnisses trotz Aufforderung durch den Treuhänder keine Auskunft über seine Bemühungen, einen neuen Arbeitsplatz zu finden, gegeben hat (Begr zu § 245 RegE, BR-Drucks 1/92, S 193; s dazu auch LG Fulda v 29. 6. 2006 – 3 T 226/06, ZVI 2006, 597, das einen zulässigen Versagungsantrag bejaht, wenn der Antragsteller auf ein Schreiben des Treuhänders Bezug nimmt, aus dem zu ersehen ist, dass der Schuldner seiner Obliegenheitspflicht gem § 295 Abs 1 Nr 3 nicht nachgekommen ist; ähnlich BGH aaO). Weitergehende Erkenntnismöglichkeiten dürften den Gläubigern regelmäßig nicht zur Verfügung stehen. Haben sie auf Grund eigener Beobachtungen eine Obliegenheitsverletzung des Schuldners festgestellt, kommt eine Glaubhaftmachung auch durch Abgabe einer **eidesstattlichen Versicherung** in Betracht. Ausnahmsweise ist eine Glaubhaftmachung entbehrlich, wenn der maßgebliche **Sachverhalt unstreitig** ist (**BGH** v 17. 7. 2008 – IX ZB 183/07, ZInsO 2008, 920). Ob davon auszugehen ist, hängt im Regelfall von der Stellungnahme des Schuldners zum Versagungsantrag ab.

12 Die **Glaubhaftmachung** hat bereits **bei Antragstellung** zu erfolgen. Es genügt zur Glaubhaftmachung die **überwiegende Wahrscheinlichkeit**, dass die Behauptung zutrifft (**OLG Köln** ZIP 1988, 664). Gelingt dem Gläubiger die Glaubhaftmachung und bestreitet der Schuldner die maßgeblichen Tatsachen, hat das Gericht im Rahmen der gemäß § 5 durchzuführenden Prüfung von Amts wegen festzustellen, ob tatsächlich ein Versagungsgrund vorliegt (*Bindemann* Verbraucherkonkurs S 155 Rn 207; *Smid/Haarmeyer* § 290 Rn 5). Allerdings hat der Schuldner die Möglichkeit der **Gegenglaubhaftmachung** (*Vallender* InVo 1998, 169, 178; *Kohte/Ahrens/Grote* § 290 Rn 61). In diesem Falle hat das Gericht zu prüfen, welcher Sachvortrag überwiegend wahrscheinlich ist (vgl **BGH** VersR 1976, 928; *Hess/Obermüller* Rn 981). Die gerichtliche Würdigung der Darstellung und der beigebrachten Beweismittel hat auch die für den Gläubiger bestehenden Schwierigkeiten, den Sachverhalt hinreichend aufzuklären, zu berücksichtigen (**BGH** v 5. 4. 2006 – IX ZB 50/05, NZI 2006, 413; **BGH** v 11. 9. 2003 – IX ZB 37/03, BGHZ 156, 139, 141 ff zu § 290 Abs 2). Vermag der Schuldner durch Gegenglaubhaftmachung die Glaubhaftmachung des Versagungsgrundes zu erschüttern oder gelingt ihm die Gegenglaubhaftmachung, ist der Antrag des Gläubigers als unzulässig zurückzuweisen (aA *Bindemann* aaO; der die Gegenglaubhaftmachung erst bei der Begründetheitsprüfung zulässt).

III. Materielle Voraussetzungen

13 Wenn der Schuldner die in § 295 bezeichneten Obliegenheiten während der Wohlverhaltensperiode nicht erfüllt, dadurch die Befriedigung der Insolvenzgläubiger beeinträchtigt und schuldhaft gehandelt hat, liegt ein Grund vor, die Restschuldbefreiung zu versagen.

14 **1. Obliegenheitsverletzung.** Nur **Obliegenheitsverletzungen nach rechtskräftiger Ankündigung der Restschuldbefreiung gem § 291 Abs 1** können zu einer Versagung der Restschuldbefreiung führen (*Kohte/Ahrens/Grote* § 295 Rn 7 a; § 296 Rn 6; *Vallender* ZIP 2000, 1288, 1290). Eine Versagung der Restschuldbefreiung wegen Obliegenheitsverletzungen des Schuldners während des Eröffnungsverfahrens und des Insolvenzverfahrens, die § 290 Abs 1 unterfallen, kann ein Insolvenzgläubiger im Restschuldbefreiungsverfahren nicht mit Erfolg geltend machen.

15 Der antragstellende Insolvenzgläubiger hat **im Einzelnen** den Verstoß des Schuldners gegen seine Obliegenheiten iSv § 295 **darzulegen**. Die Richtigkeit dieser Angaben hat er glaubhaft zu machen. Die Glaubhaftmachung ist Voraussetzung für die Zulässigkeit des Antrags (siehe Rn 10). Nach Auffassung des Rechtsausschusses soll **bei ganz unwesentlichen Verstößen** die Restschuldbefreiung nicht versagt werden, um übermäßige Härten im Einzelfall zu vermeiden (vgl Beschl-Empfehlung des RechtsA zu § 346 k, BT-Drucks 12/7302 S 188). Da die Gewährung der Restschuldbefreiung den verfassungsrechtlich geschützten Anspruch der Gläubiger auf Durchsetzung ihrer Forderung nach Art 14 GG beeinträchtigt, ist die Zurückweisung des Versagungsantrags bei **minimalen Verstößen gegen Obliegenheiten** auf Ausnahmefälle zu beschränken (N/R/*Römermann* § 296 Rn 8).

16 Bestreitet der Schuldner den Obliegenheitsverstoß, hat das Gericht ihm aufzugeben, über die Erfüllung seiner Obliegenheiten Auskunft zu erteilen (§ 296 Abs 2 S 2). Bei der Feststellung des vom Antragsteller dargelegten und glaubhaft gemachten Obliegenheitsverstoßes hat das Gericht auf Grund des **Amtsermittlungsgrundsatzes** gemäß § 5 alle Erkenntnis- und Beweismittel auszuschöpfen, wobei sich die Prüfung auf die dargelegten oder offenkundigen Tatsachen zu beschränken hat. Das Gericht ist nicht verpflichtet, von sich aus zur Erforschung der Wahrheit tätig zu werden (*Kohte/Ahrens/Grote* § 296 Rn 27). Vermag das Gericht nach Ausschöpfung aller Erkenntnisquellen die Verletzung der Obliegenheiten nicht festzustellen, geht dies zu Lasten des Antragstellers (krit dazu *Bankenfachverband*, Anlage zum Stenographischen Protokoll der 74. Sitzung des Rechtsausschusses, 124, 134; *Wacket* FLF 1989, 65, 67). Denn der Obliegenheitsverstoß ist ein Tatbestandsmerkmal für die Versagung der Restschuldbefreiung.

17 **2. Beeinträchtigung der Befriedigung der Insolvenzgläubiger.** Weitere Voraussetzung für die Versagung der Restschuldbefreiung ist, dass durch die Obliegenheitsverletzung die Befriedigung der Insolvenzgläubiger **beeinträchtigt** worden ist (Abs 1 S 1). Diese Voraussetzung hat der Antragsteller glaub-

III. Materielle Voraussetzungen **§ 296**

haft zu machen. Es reicht insoweit nicht aus, dass die Gläubigerbenachteiligung nur pauschal vermutet wird (**LG** Hamburg v 19. 2. 2004 – 326 T 76/03, ZVI 2004, 259, 260). Mit der Regelung des § 296 Abs 1 S 1 und 3 hat der Gesetzgeber hinreichend Vorsorge dafür getroffen, dass „Bagatellverstöße" nicht zu einer vorzeitigen Versagung der Restschuldbefreiung führen (*Krug* Verbraucherkonkurs S 138).

a) Beeinträchtigung. Die Beeinträchtigung ist durch einen Vergleich zwischen einem ordnungsgemäß und dem unter Obliegenheitsverstößen durchgeführten Restschuldbefreiungsverfahren zu bemessen (*Kohte/Ahrens/Grote* § 296 Rn 10; K/P/B/*Wenzel* § 296 Rn 5). Allein die Gefährdung der Befriedigungsaussichten der Insolvenzgläubiger reicht nicht aus (**BGH** v 5. 4. 2006 – IX ZB 50/05 Rn 4, NZI 2006, 413 m Anm *Vallender* WuB VI A § 296 InsO 1.06). Eine Beeinträchtigung der Befriedigung der Insolvenzgläubiger liegt vor, wenn bei **wirtschaftlicher Betrachtung** eine **konkret messbare Schlechterstellung** der Gläubiger wahrscheinlich ist. Erforderlich dazu ist, dass – ggf nach Abzug der Verfahrenskosten – ein **pfändbarer Anteil** verbleibt (**AG** Göttingen 13. 1. 2006 – 74 IK 59/99, NZI 2006, 300; **AG** Regensburg v 20. 4. 2004 – 2 IN 217/02, ZInsO 2004, 692; FK-*Ahrens*, § 296 Rn 5). Bei einer 50 Jahre arbeitslosen Schuldnerin, die im Landkreis Landshut wohnt und kein Auto besitzt, und der auch das Arbeitsamt keine Stelle vermitteln konnte, ist nicht davon auszugehen, dass sie mit vertretbaren Bemühungen eine Arbeitsstelle mit einem Nettoeinkommen über der Pfändungsgrenze von rund 985 Euro findet (**LG** Landshut v 7. 3. 2007 – 32 T 485/07, ZInsO 2007, 615, 616). Übt der Schuldner neben seiner abhängigen Beschäftigung eine **selbstständige Tätigkeit** aus, aus der er lediglich Verluste erwirtschaftet, sind die Insolvenzgläubiger nicht beeinträchtigt, wenn der Schuldner keine Möglichkeit hat, anstelle der selbstständigen Tätigkeit in ein weiteres Arbeitsverhältnis einzugehen (**BGH** aaO).

Anders als im Falle des Widerrufs der Restschuldbefreiung nach § 303 Abs 1 muss die **Beeinträchtigung nicht erheblich** sein. Lehnt ein arbeitsloser Schuldner eine Arbeitsstelle ab, bei der der Lohn unterhalb der Pfändungsfreigrenzen liegt, ist darin nicht ohne weiteres eine fehlende Beeinträchtigung der Befriedigung der Insolvenzgläubiger zu sehen (aA *Bindemann* Verbraucherkonkurs S 191/192 Rn 259). Es gibt keinen Erfahrungssatz, nach dem ein Einkommen unterhalb der Pfändungsfreigrenzen keine Aussicht auf Befriedigung der Gläubiger bietet. Zum einen besteht die Möglichkeit der Gehaltserhöhung, zum anderen hat der Schuldner bei einer Teilzeitarbeit die Chance, durch besonderes Engagement eine Festanstellung mit einem Einkommen oberhalb der Pfändungsfreigrenzen zu erhalten (*Trendelenburg* Restschuldbefreiung S 266; aA *Kohte/Ahrens/Grote* § 296 Rn 13, die der Auffassung sind, dass auf zukünftig mögliche Veränderungen nicht abgestellt werden dürfe, weil für eine solche Prognose jeder Maßstab fehle und zudem ein Widerspruch gegen den Gedanken des § 309 Abs 1 Nr 2 HS 2 vorliege). Abgesehen davon würde die in § 295 Abs 1 Nr 1 normierte Obliegenheit weitgehend leer laufen, wenn dem Schuldner sanktionslos gestattet würde, sich innerhalb der Pfändungsfreigrenzen einzurichten.

Soweit ein Schuldner durch **Schwarzarbeit** Einkommen erzielt, kommt die Versagung der Restschuldbefreiung wegen einer Obliegenheitsverletzung gemäß § 295 Abs 1 Nr 1 in Betracht, wenn der Schuldner die Insolvenzgläubiger nicht so stellt wie bei Ausübung einer angemessenen (legalen) Erwerbstätigkeit stünden.

Die Möglichkeit, die Beeinträchtigung durch **nachträgliche Zahlungen** auszugleichen, sieht das Gesetz nicht vor. Sie ist wegen der damit verbundenen Missbrauchsmöglichkeiten abzulehnen (offengelassen von **BGH** v 17. 7. 2008 – IX ZB 183/07, ZInsO 2008, 920, 921, der jedenfalls eine Zahlung nach Versagungsantragstellung nicht ausreichen lässt; K/P/B/*Wenzel* § 296 Rn 5; aA *Kohte/Ahrens/Grote* § 296 Rn 14; HK-*Landfermann* § 296 Rn 2).

b) Treu und Glauben. Im Einzelfall kann sich der Schuldner bei einer **ganz unwesentlichen Beeinträchtigung** der Befriedigungsaussichten der Gläubiger auf das Verbot des Rechtsmissbrauchs gemäß § 242 BGB berufen (vgl Beschl-Empfehlung des RechtsA zu § 346k, BT-Drucks 12/7302 S 188). Dieser Einwand erscheint bei völlig unerheblichen Beeinträchtigung der Befriedigungsaussichten der Gläubiger angesichts der weit reichenden Konsequenzen, die eine Versagung der Restschuldbefreiung mit sich bringt, vertretbar (wie hier *Döbereiner* Restschuldbefreiung S 202). Die Möglichkeit der Berufung auf einen Verstoß gegen Treu und Glauben erlaubt es, übermäßige Härten zu vermeiden. Tatsächlich stünde die weit tragende Rechtsfolge der Versagung der Restschuldbefreiung in keinem angemessenen Verhältnis zum begangenen Verstoß, wenn dieser beitragsmäßig nur ganz geringe Nachteile ausgelöst hat. Wann eine völlig unerhebliche Beeinträchtigung anzunehmen ist, lässt sich nur im Einzelfall feststellen. Als Berechnungsgrundlage bietet sich das Verhältnis der Forderungshöhe zu der eingetretenen Vermögenseinbuße an (N/R/*Römermann* § 296 Rn 12).

c) Ursächlicher Zusammenhang. Erforderlich ist ein **ursächlicher Zusammenhang** zwischen dem Verstoß gegen die Obliegenheiten und der Gläubigerbenachteiligung („dadurch"), **BGH** v 17. 7. 2008 – IX ZB 183/07, ZInsO 2008, 920, 921; **BGH** v 5. 4. 2006 – IX ZB 50/05, NZI 2006, 413. Ohne die Obliegenheitsverletzung hätte die Befriedigung der Insolvenzgläubiger günstiger sein müssen (**BGH** aaO 921; **BGH** v 5. 4. 2006 – IX ZB 50/05, WM 2006, 1158), wobei für die Beurteilung eine wirtschaftliche Betrachtungsweise entscheidend ist (vgl **BGH** NJW 1980, 1580 = ZIP 1980, 250, 252; **BGH** WM 1979, 776). Daran wird es zB fehlen, wenn der Schuldner zwar einen Wohnortwechsel nicht oder verspätet mitteilt, dieses Versäumnis aber keine Folgen für die Gläubigerbefriedigung zeitigt.

23 **3. Verschulden.** Grundsätzlich muss jede Partei die tatsächlichen Voraussetzungen derjenigen Rechtsnormen behaupten und beweisen, deren Rechtsfolgen sie geltend macht (**BGH** WM 1970, 712). Eine Ausnahme hiervon schafft jedoch die Vorschrift des § 296 Abs 1 S 1 2. HS.

24 a) **Feststellungslast.** Aus der Formulierung „kein Verschulden" ist abzuleiten, dass es sich dabei um einen Umstand handelt, der die Versagung verhindert. Der Schuldner hat die mangelnde Schuldhaftigkeit der Obliegenheitsverletzung darzulegen und ggf zu beweisen (**AG** Göttingen v 15. 9. 2008 – 74 IK 730/06, ZVI 2009, 44, 45; HambKomm/*Streck* § 296 Rn 8; aA *Kohte/Ahrens/Grote* § 296 Rn 26 „Beweis des ersten Anscheins"). Wenn das Gericht nicht feststellen kann, ob der Schuldner bezüglich der Obliegenheitsverletzung schuldhaft gehandelt hat, trifft ihn das Risiko der Nichterweislichkeit und damit die **Feststellungslast** (*Döbereiner,* Restschuldbefreiung S 204/205; N/R/*Römermann* § 296 Rn 18). Steht die Obliegenheitsverletzung fest, ist bei einem „offenen Beweisergebnis" (H/W/F Kap 10 Rn 80) die Restschuldbefreiung zu versagen.

25 b) **Vorsatz und Fahrlässigkeit.** Unter Verschulden im Sinne der Vorschrift sind gemäß § 276 Abs 1 S 1 BGB **Vorsatz und Fahrlässigkeit** zu verstehen. Dabei gilt ein auf die allgemeinen Verkehrsbedürfnisse ausgerichteter objektiv-abstrakter Sorgfaltsmaßstab (*Palandt/Heinrichs* § 276 BGB Rn 15). Die individuelle Unfähigkeit eines Betroffenen führt nicht zum Haftungsausschluss. Dass dies für einen verschuldeten Verbraucher im Einzelfall eine große Härte bedeuten kann, liegt auf der Hand. Da im Rahmen des § 276 BGB bezüglich der Einzelpersonen nicht nach individueller Fähigkeit differenziert werden kann, läuft der wirtschaftlich unerfahrene Schuldner leicht Gefahr, dass wegen einer fahrlässigen Obliegenheitsverletzung die Restschuldbefreiung versagt wird (N/R/*Römermann* § 296 Rn 17). Es widerspräche jedoch dem **Grundsatz der objektiven Bestimmung der erforderlichen Sorgfalt,** wenn im Rahmen des § 296 bei Schuldnern, die selbstständig wirtschaftlich tätig sind und den typischen Verbrauchern unterschiedliche Sorgfaltsmaßstäbe angelegt werden (*Trendelenburg* Restschuldbefreiung S 268; aA *Kohte/Ahrens/Grote* § 296 Rn 11). Da den Schuldner keine Rechtspflicht zur Erfüllung der Obliegenheiten trifft, ist es sachlich nicht gerechtfertigt, vom objektiven Sorgfaltsmaßstab abzurücken und auf ein Verschulden gegen sich selbst abzustellen (K/P/B/*Wenzel* § 296 Rn 4).

IV. Verfahren, Abs 2

26 Es steht im **freien Ermessen** des Gerichts, ob es seine Entscheidung im **schriftlichen Verfahren** trifft oder auf Grund einer **mündlichen Verhandlung** entscheidet. Anders als frühere Gesetzesentwürfe verzichtet § 296 Abs 1 S 1 bewusst auf einen zwingenden mündlichen Termin (N/R/*Römermann* § 296 Rn 30; aA K/P//B/*Wenzel* § 296 Rn 6). Die Anberaumung einer mündlichen Verhandlung empfiehlt sich, wenn ein Insolvenzgläubiger einen zulässigen Versagungsantrag nach § 296 form- und fristgerecht gestellt hat und Zeugen zu vernehmen sind. Ferner kommt sie bei einer großen Zahl von Gläubigern aus Kostengründen in Betracht (*Smid/Haarmeyer* § 296 Rn 7).

27 **1. Rechtliches Gehör.** Vor der Entscheidung über den Antrag auf Versagung der Restschuldbefreiung hat das Insolvenzgericht den Treuhänder, den Schuldner und alle Insolvenzgläubiger zu hören. Dies gebietet bereits der **Grundsatz des rechtlichen Gehörs** gemäß Art 103 Abs 1 GG, weil die Versagung der Restschuldbefreiung in die Rechte des Schuldners eingreift (KS-*Vallender* S 276 Rn 87). Die **Anhörung des Treuhänders** dient der Sachverhaltserforschung. Hält sich der **Schuldner im Ausland** auf oder ist sein Aufenthalt unbekannt, findet die Vorschrift des § 10 Anwendung. Auch wenn dort von der „in diesem Gesetz" vorgeschriebenen Anhörung die Rede ist, bedeutet dies nicht, dass eine Anhörung nicht erforderlich sei (KS-*Vallender* S 252 Rn 5). § 10 findet wegen der identischen Interessenlage auf die Anhörung der Insolvenzgläubiger entsprechende Anwendung (**AG** Dresden v 15. 11. 2006 – 559 (533) IK 3176/03, ZVI 2007, 331; *Döbereiner* Restschuldbefreiung S 300; N/R/*Römermann* § 289 Rn 25).

28 Das Insolvenzgericht darf sich nicht auf die bloße Anhörung beschränken. Es hat vielmehr die im Rahmen der Anhörung vorgebrachten Erwägungen bei seiner Entscheidung auch zu berücksichtigen (*Döbereiner* aaO S 295). Eine **Anhörung** ist **entbehrlich,** wenn ein zulässiger Versagungsantrag nicht vorliegt (**LG** Göttingen v 21. 1. 2005 – 10 T 14/05, ZInsO 2005, 154, 155; **LG** Hamburg v 19. 2. 2004 – 326 T 76/03, ZVI 2004, 259, 260; **AG** Göttingen v 7. 2. 2008, 74 IN 182/01, NZI 2007, 251; **AG** Duisburg v 29. 1. 2002 – 62 IN 53/00, ZVI 2002, 163, 165).

29 a) **Anhörung im schriftlichen Verfahren.** Bei einer Anhörung im **schriftlichen Verfahren** ist den Beteiligten Gelegenheit zu geben, binnen einer vom Gericht zu bestimmenden Frist zu dem Versagungsantrag Stellung zu nehmen. Gleichzeitig ist der Schuldner darauf hinzuweisen, dass er auch verpflichtet ist, innerhalb dieser Frist über die Erfüllung seiner Obliegenheiten richtig, also vollständig und wahrheitsgemäß, Auskunft zu erteilen (§§ 296 Abs 2 S 2, 98 Abs 1). Das Gericht hat den Zugang des die Anhörung einleitenden Schriftstückes mit Rücksicht auf die weitreichenden Folgen einer Fristversäumung durch **Zustellungsurkunde** sicherzustellen. Die Einlassung des Schuldners ist den am Anhörungsverfahren Beteiligten – formlos – zuzusenden (*Smid/Haarmeyer* § 296 Rn 8). Ob dem Schuldner nach Eingang der Stellungnahme durch die Gläubiger und den Treuhänder erneut rechtliches Gehör zu gewähren ist, hängt vom Inhalt dieser Stellungnahmen ab.

b) Mündliche Verhandlung. Sieht das Gericht davon ab, im schriftlichen Verfahren zu entscheiden, 30 hat es einen **Anhörungstermin** zu bestimmen, zu dem der Schuldner, der Treuhänder und die Insolvenzgläubiger zu laden sind. Der Schuldner ist verpflichtet, der Terminsladung Folge zu leisten. Bei der Anhörung sind auch die Insolvenzgläubiger, die keinen Versagungsantrag gestellt haben, befugt, sich zu äußern. Auf entsprechende Aufforderung hat der Schuldner Auskunft über die Erfüllung seiner Obliegenheiten zu erteilen. Dabei beschränkt sich die Verpflichtung nicht nur auf die Tatsachen, die vom Antragsteller zur Begründung seines Versagungsantrags vorgetragen worden sind. Vielmehr erstreckt sich die Auskunftspflicht nach dem Wortlaut des Absatzes 1 S 2 auf sämtliche Obliegenheiten des § 295 (näher dazu unter Rn 32).

2. Pflichten des Schuldners. Die Verpflichtung des Schuldners, über die Erfüllung seiner Obliegenhei- 31 ten Auskunft zu erteilen und, wenn es der Gläubiger beantragt, die Richtigkeit dieser Auskunft an Eides statt zu versichern, setzt einen zulässigen Versagungsantrag eines Insolvenzgläubigers voraus. Die Offenbarungspflicht des Schuldners nach Abs 2 S 2 dient nicht dazu, dem Gläubiger erst die nötigen Informationen für einen zulässigen und begründeten Versagungsantrag zu verschaffen (*Bruckmann*, Verbraucherinsolvenz § 4 Rn 85).

a) Auskunftserteilung. Bestreitet der Schuldner den Obliegenheitsverstoß, wird das Gericht zur Er- 32 leichterung der Sachaufklärung und zur Vorbereitung seiner Entscheidung dem Schuldner aufgeben, über die Erfüllung seiner Obliegenheiten **Auskünfte zu erteilen**. Da die Gefahr besteht, dass die Auskünfte zu allgemein gehalten sind, bietet es sich an, dem Schuldner insbesondere die Auflage zu erteilen, etwaige Einwände gegen die Darstellung des Antragstellers näher zu begründen. Bei bestrittenen Behauptungen hat der Schuldner den wahren Sachverhalt im Einzelnen genau und vollständig zu schildern. Schriftliche Unterlagen, auf die verwiesen wird, hat er möglichst im Original vorzulegen. Zeugen sind mit Namen und vollständiger Anschrift zu benennen.

Wegen der weitreichenden Folgen einer Versagung der Restschuldbefreiung empfiehlt es sich, den 33 Schuldner darauf **hinzuweisen**, dass das Gericht Angaben der Gegenseite, die nicht ausreichend bestritten werden, als zugestanden behandele. Ferner sollte das Anschreiben den Hinweis enthalten, dass **eine Versagung der Restschuldbefreiung** bei unentschuldigtem Unterlassen der Mitwirkungspflichten gemäß § 296 Abs 2 S 2 **von Amts wegen** (§ 296 Abs 2 S 3) in Betracht kommt (wie hier *Döbereiner* Restschuldbefreiung S 206 ff; HK-*Landfermann* § 296 Rn 12).

b) Eidesstattliche Versicherung des Schuldners, Abs 2 S 2. Auf entsprechenden Antrag des Insolvenz- 34 gläubigers hat der Schuldner die Richtigkeit der von ihm erteilten Auskunft an Eides Statt zu versichern. **Antragsberechtigt** ist nur der Gläubiger, der einen **zulässigen Versagungsantrag** gestellt hat. Dies folgt aus dem Wortlaut der Norm („der Gläubiger"). Stünde die Befugnis jedem anderen Insolvenzgläubiger zu, hätte es einer anderen Gesetzesformulierung (zB ein Gläubiger) bedurft (ebenso **AG** Göttingen v 13. 1. 2006 – 74 IK 59/99, NZI 2006, 300). Der Antrag bedarf weder einer bestimmten Form noch einer Begründung (N/R/*Römermann* § 296 Rn 32).

Die Verpflichtung zur Abgabe der eidesstattlichen Versicherung obliegt dem Schuldner **persönlich**, 35 nicht seinen Angehörigen und Angestellten. Für den nicht prozessfähigen Schuldner gibt der gesetzliche Vertreter die eidesstattliche Versicherung ab.

Die eidesstattliche Versicherung kann entweder schriftlich erfolgen (aA *Bruckmann* Verbraucherin- 36 solvenz § 4 Rn 85) oder bei Anberaumung eines Termins in der mündlichen Verhandlung. Der **Inhalt** der eidesstattlichen Versicherung des Schuldners beschränkt sich auf die Angaben zur Erfüllung seiner Obliegenheiten. In seiner Versicherung hat der Schuldner zu erklären, er habe die verlangten Auskünfte zur Erfüllung seiner Obliegenheiten **richtig** erteilt. Entscheidend ist der Zeitpunkt der Abgabe der eidesstattlichen Versicherung (K/P/B/*Lüke* § 98 Rn 4). Adressat der eidesstattlichen Versicherung ist das Insolvenzgericht.

Die vom Schuldner zur Bekräftigung seiner Angaben gemachte eidesstattliche Versicherung ist gemäß 37 § 156 StGB **strafbewehrt** (vgl *Richter* KTS 1985, 443; *Vallender* ZIP 1996, 529, 533). Die Vorschrift setzt voraus, dass der Täter vor einer zur Abnahme der Versicherung an Eides Statt zuständigen Behörde eine solche Versicherung falsch abgibt oder unter Berufung auf eine solche Versicherung falsch aussagt. Abs 2 S 2 erlaubt es dem Gericht nicht, den Schuldner die Richtigkeit sonstiger Auskünfte, die über die Auskunft zur Erfüllung seiner Obliegenheiten hinausgehen, eidesstattlich versichern zu lassen (vgl **BGH** KTS 1989, 651, 652).

Lehnt der Schuldner es ab, die Richtigkeit der Auskünfte über die Erüllung der Obliegenheiten zu 38 versichern, kann er anders als im Falle des § 98 Abs 2 Nr 1 hierzu nicht gezwungen werden. Da bei Verweigerung der eidesstattlichen Versicherung regelmäßig davon auszugehen ist, dass der Schuldner falsche Angaben gemacht hat, erscheint die in Abs 2 S 3 vorgesehene Rechtsfolge der Versagung der Restschuldbefreiung sachgerecht.

3. Folgen eines Verstoßes gegen Verfahrensobliegenheiten nach Abs 2 S 2 (Abs 2 S 3). Gibt der Schuldner 39 die vom ihm verlangte Auskunft oder die eidesstattliche Versicherung ohne hinreichende Entschuldigung nicht innerhalb der ihm gesetzten Frist ab bzw. verweigert er ernstlich und endgültig die Auskunft (**BGH**

v 25. 1. 2007 – IX ZB 156/04, NZI 2007, 534) oder erscheint er trotz ordnungsgemäßer Ladung ohne hinreichende Entschuldigung nicht zu einem Termin, den das Gericht für die Erteilung der Auskunft oder die eidesstattliche Versicherung anberaumt hat, so ist die **Restschuldbefreiung von Amts wegen zu versagen**, § 296 Abs 2 S 3 (BGH v 5. 3. 2009 – IX ZB 162/08; BGH aaO). Das Gleiche gilt, wenn der Schuldner im schriftlichen Verfahren oder im Termin ernstlich und endgültig die Auskunft verweigert. Diese Sanktion ist hart, aber vor dem Hintergrund gerechtfertigt, dass es im eigenen Interesse des Schuldners liegt, seinen Auskunftsobliegenheiten während der Wohlverhaltensperiode nachzukommen. Sieht er ohne hinreichende Entschuldigung davon ab, ist davon auszugehen, dass er **unredlich** ist **oder kein Interesse** an der weiteren Durchführung des Restschuldbefreiungsverfahrens hat (*Döbereiner* Restschuldbefreiung S 206). Nach § 296 Abs 2 S 3 kann – anders als nach § 296 Abs 1 S 1 (vgl hierzu BGH v 12. 6. 2008 – IX ZB 91/06, VuR 2008, 434) – die Restschuldbefreiung unabhängig von einer etwaigen **Beeinträchtigung der Befriedigung der Gläubiger** versagt werden (BGH v 14. 5. 2009 – IX ZB 116/08, NZI 2009, 481, 482; BGH v 5. 3. 2009 –IX ZB 162/08; *Graf-Schlicker/Kexel* § 296 Rn 12; K/P/B/*Wenzel* § 296 Rn 6).

40 a) **Fernbleiben vom Termin.** Die Versagung der Restschuldbefreiung wegen Verstoßes gegen die Erscheinensobliegenheit setzt zunächst voraus, dass der Schuldner zu dem vom Gericht anberaumten Termin **ordnungsgemäß geladen** worden ist. Über § 4 gelten die Ladungsvorschriften der Zivilprozessordnung (§§ 214 ff). Ladungsmängel, die nicht ursächlich für das Nichterscheinen des Schuldners sind, stehen der Versagung nicht entgegen *(Döbereiner* aaO S 206). Darüber hinaus ist der Schuldner in geeigneter Weise darüber aufzuklären, dass seine **Mitwirkung** – die nicht erzwungen werden kann – **sanktionsbewehrt** ist und im Fall einer unentschuldigten Verweigerung die Versagung der Restschuldbefreiung droht (BGH v 14. 5. 2009 – IX ZB 116/08 NZI 2009, 481, 482). Über Selbstverständliches ist der Verfahrensbeteiligte ohne eine besondere gesetzliche Verpflichtung allerdings nicht zu belehren.

41 b) **Ohne hinreichende Entschuldigung.** Da es für die Versagung der Restschuldbefreiung darauf ankommt, dass der Schuldner dem Termin unentschuldigt ferngeblieben ist, muss das Gericht alle Entschuldigungsgründe beachten (vgl auch BGH v 25. 1. 2007 – IX ZB 156/04, NZI 2007, 534; HK-*Landfermann* § 296 Rn 11; HambKomm/*Streck* § 296 Rn 17; aA MüKoInsO-*Stephan* § 296 Rn 30). Es gilt der **Amtsermittlungsgrundsatz.** Dies bedeutet, dass das Gericht etwaigen Anhaltspunkten für ein entschuldigtes Fernbleiben vom Termin nachzugehen hat. Anders als § 298 Abs 1 sieht § 296 Abs 2 S 3 keine Verpflichtung des Gerichts vor, den Schuldner auf die Folgen seines unentschuldigten Fernbleibens im Termin hinzuweisen. Mithin vermag den Schuldner ein Unterlassen dieses Hinweises nicht zu entschuldigen.

42 Bloße Zweifel an der Richtigkeit des tatsächlichen Vorbringens des Schuldners und an der Beweiskraft vorgelegter Urkunden rechtfertigen nicht die Annahme, der Schuldner sei ohne hinreichende Entschuldigung dem Termin ferngeblieben. Das Gericht darf die Restschuldbefreiung wegen eines Verstoßes gegen die Erscheinensobliegenheit nur versagen, wenn es davon **überzeugt** ist, dass der Schuldner ohne hinreichende Entschuldigung nicht erschienen ist (*Döbereiner* aaO S 207/208).

V. Gerichtliche Entscheidung

43 Das Insolvenzgericht entscheidet nach Anhörung der Insolvenzgläubiger, des Schuldners und des Treuhänders über den Antrag auf Versagung der Restschuldbefreiung. Die Entscheidung ergeht in Form eines **Beschlusses.** Sie ist zu begründen.

44 1. **Zuständigkeit.** Für die Versagungsentscheidung ist **ausschließlich der Insolvenzrichter zuständig**, § 18 Abs 1 Nr 2 RPflG, (*Kohte/Ahrens/Grote* § 296 Rn 37; *Smid/Krug/Haarmeyer* § 296 Rn 9; aA HK-*Landfermann* § 296 Rn 14). Dies gilt auch im Falle der Versagung der Restschuldbefreiung wegen Verletzung der Mitwirkungspflichten des Schuldners nach § 296 Abs 2 S 2. § 18 Abs 1 Nr 2 RpflG betrifft seinem Wortlaut nach nicht nur die Versagung der Restschuldbefreiung wegen eines Obliegenheitsverstoßes, sondern umfasst – quasi als Vorstufe zu dieser Entscheidung – auch die Versagung wegen Verletzung der Mitwirkungspflichten.

45 2. **Zurückweisung als unzulässig.** Vermag der Insolvenzgläubiger die Voraussetzungen des § 296 Abs 1 S 1 und 2 nicht glaubhaft zu machen, ist der **Antrag als unzulässig zurückweisen** (*Hess* § 296 Rn 22; K/P/B/*Wenzel* § 296 Rn 3). Nichts anderes gilt für den Fall, dass zwar der Versagungsgrund glaubhaft gemacht wird, der Schuldner die Glaubhaftmachung durch Gegenglaubhaftmachung erschüttert oder ihm der Beweis des Gegenteils gelingt. Da es sich bei der Einhaltung der Jahresfrist um eine formelle Voraussetzung für die Versagung der Restschuldbefreiung handelt, ist der Antrag des Insolvenzgläubigers als unzulässig zurückzuweisen, wenn das Gericht sich nach entsprechender Glaubhaftmachung unter Ausschöpfung aller Erkenntnis- und Beweismittel nicht davon überzeugen kann, dass die Frist eingehalten wurde (*Döbereiner* aaO S 324 ff).

46 3. **Zurückweisung als unbegründet.** Hat der Insolvenzgläubiger einen zulässigen Antrag auf Versagung der Restschuldbefreiung gestellt, verbleiben aber Zweifel am Vorliegen eines Versagungsgrundes,

ist der Antrag des Gläubigers als **unbegründet** zurückzuweisen. Denn die **Feststellungslast** trägt insoweit der Antragsteller, der aus den nicht erwiesenen Tatsachen einen Versagungsgrund ableitet (*Döbereiner* aaO; *Bindemann* Verbraucherkonkurs S 155 Rn 207; *Trendelenburg* Restschuldbefreiung S 219). Dies entspricht allgemeinen Grundsätzen. Danach muss jede Partei die tatsächlichen Voraussetzungen derjenigen Rechtsnormen behaupten und beweisen, deren Rechtsfolgen sie geltend macht (**BGH** WM 1970, 712).

4. Versagung der Restschuldbefreiung. a) Versagung von Amts wegen gemäß Abs 2 S 3. Das Gericht hat die Restschuldbefreiung **von Amts wegen** zu versagen, wenn der Schuldner seinen Mitwirkungspflichten gemäß § 296 Abs 2 S 2 schuldhaft nicht nachkommt. Eines Versagungsantrags eines Gläubigers bedarf es nicht (**BGH** v 5. 3. 2009 – IX ZB 162/08). 47

b) Versagung bei Vorliegen der materiellen Voraussetzungen. Der Versagungsantrag des Insolvenzgläubigers ist **begründet**, wenn die dem Versagungsantrag zugrunde liegenden Tatsachen zur Überzeugung des Gerichts feststehen. Dazu hat das Gericht auf Grund des **Amtsermittlungsgrundsatzes** gemäß § 5 alle Erkenntnis- und Beweismittel auszuschöpfen, wobei sich die Prüfung des Gerichts auf die dargelegten oder offenkundigen Tatsachen zu beschränken hat. Das Gericht ist nicht verpflichtet, von sich aus zur Erforschung der Wahrheit tätig zu werden (*Kohte/Ahrens/Grote* § 296 Rn 27). Wegen der Bindung an den durch Antrag und Sachverhalt vom Gläubiger bestimmten Verfahrensgegenstand kann die Versagung der Restschuldbefreiung nicht auf einen anderen, vom Gläubiger nicht vorgetragenen Grund gestützt werden (**BGH** v 25. 10. 2007 – IX ZB 187/03, ZVI 2007, 574, 575; **BGH** v 17. 3. 2005 – IX ZB 214/04, ZVI 2005, 322, 323; *Kohte/Ahrens/Grote* § 296 Rn 17; **aA** K/P/B/*Wenzel* § 296 Rn 7). Der Tenor der gerichtlichen Entscheidung lautet: Die Restschuldbefreiung wird versagt. 48

Eine **Ergänzung** oder **Berichtigung** unrichtiger oder unrichtiger oder unvollständiger Angaben entlastet den Schuldner nicht. Eine andere Betrachtungsweise würde dem Sinn und Zweck der Vorschrift des § 296 Abs 2 S 2 widersprechen (**BGH** v 14. 5. 2009 – IX ZB 116/08, NZI 2009, 481, 482). Das Ziel, die Gerichte von weiterer Ermittlungstätigkeit zu den Versagungsgründen des § 295 zu entlasten, würde verfehlt, wenn der Schuldner seine Obliegenheiten ohne Risiko für die von ihm angestrebte Restschuldbefreiung nachträglich erfüllen könnte (**BGH** aaO). 48a

VI. Rechtsmittel, Abs 3

Da nur derjenige Rechtsmittel einlegen darf, den die anzufechtende Entscheidung unmittelbar rechtlich benachteiligt (vgl **BGH** NJW 1972, 112), steht dem **Schuldner** gegen den Versagungsbeschluss des Gerichts das Rechtsmittel der sofortigen Beschwerde zu (§§ 6, 296 Abs 3 S 1). Für das Rechtsmittel der sofortigen Beschwerde und **der Rechtsbeschwerde** gelten die §§ 6, 7 sowie die §§ 4, 567 ff, 574 ff ZPO. Ein Insolvenzgläubiger ist zur Anfechtung der gerichtlichen Entscheidung berechtigt, wenn das Gericht seinen Antrag als unzulässig oder unbegründet zurückweist. Da das Gesetz nur dem **Antragsteller** ein Rechtsmittel zugesteht, der wegen Vorliegens der Voraussetzungen des § 295 die Versagung der Restschuldbefreiung begehrt, können andere Gläubiger, die aus sonstigen Gründen mit der Zurückweisung des Versagungsantrags nicht einverstanden sind, den Beschluss nicht anfechten. 49

Fraglich ist, ob auch der Insolvenzgläubiger beschwerdebefugt ist, den das Gericht entgegen der Regelung in § 296 Abs 2 S 1 nicht anhörtet hat. Eine Regelungslücke liegt nicht vor. Ein Verstoß gegen Art 103 Abs 1 GG stellt zwar einen Verfahrensmangel dar, der grundsätzlich die Aufhebung der Entscheidung zur Folge hat (vgl OLG Düsseldorf KTS 1959, 175). Da § 296 Abs 3 S 1 die Beschwerdebefugnis auf den Antragsteller beschränkt, verbleibt einem Insolvenzgläubiger bei einem Verstoß gegen den verfassungsrechtlich abgesicherten Grundsatz des rechtlichen Gehörs zur Überprüfung der Entscheidung nur die Verfassungsbeschwerde (KS-*Vallender* S 255 Rn 14). 50

VII. Öffentliche Bekanntmachung

Der – rechtskräftige – Beschluss über die **Versagung der Restschuldbefreiung** ist gemäß § 296 Abs 3 S 2 **öffentlich bekannt zu machen** (§ 9). Jedermann soll hierdurch Gelegenheit erhalten, sich über die Entscheidung des Gerichts zu unterrichten und sein weiteres Verhalten darauf einzurichten (N/R/*Becker* § 9 Rn 1). 51

VIII. Kosten und Gebühren

Für die **Gerichtskosten** gilt die Pauschalgebühr KV Nr 2350 in Höhe von 30,00 Euro. **Schuldner** dieser Gebühr und der Auslagen des Gerichts (vgl § 1 Abs 1 GKG) ist **allein** der antragstellende **Gläubiger** nach § 23 Abs 2 GKG (LG Göttingen v 22. 11. 2007 – 10 T 139/07, ZInsO 2007, 1359, 1360). Kosten für die Veröffentlichung der Entscheidung entstehen gem Nr 9004 KV GKG. Die Regelung des § 23 Abs 2 GKG soll gewährleisten, dass ein Insolvenzgläubiger nur in aussichtsreichen Fällen einen Antrag auf Versagung der Restschuldbefreiung stellt (Begr zu Art 27 Nr 8 RegE EG, BT-Drucks 12/3803 52

S 72 ff). Bei einem begründeten Antrag hat der Gläubiger zwar einen Anspruch auf Ersatz der Kosten, die Realisierung der Forderung dürfte in den meisten Fällen jedoch an der Vermögenslosigkeit des Schuldners scheitern (K/P/B/*Pape* § 54 Rn 19; *Keller* Rn 304).

53 Über **Erinnerungen** des Kostenschuldners und der Staatskasse gegen den Kostenansatz entscheidet das Insolvenzgericht (§ 66 Abs 1 S 1 GKG). Nach Abs 2 der Vorschrift findet gegen die Entscheidung über die Erinnerung die Beschwerde statt, wenn der Wert des Beschwerdegegenstandes 200,00 Euro übersteigt. Die Beschwerde ist auch zulässig, wenn sie das Gericht, das die angefochtene Entscheidung erlassen hat, wegen der grundsätzlichen Bedeutung der zur Entscheidung stehenden Frage in dem Beschluss zulässt.

53a Der **Gegenstandswert** für das einen Antrag auf **Versagung der Restschuldbefreiung** betreffende Verfahren ist gemäß § 3 ZPO nach dem objektiven wirtschaftlichen Interesse desjenigen zu bemessen, der den jeweiligen Antrag stellt oder das entsprechende Rechtsmittel verfolgt. Maßgeblich ist dabei nicht der Nennbetrag der dem verfahrenbeteiligten Gläubiger verbleibenden Forderung (so **AG** Duisburg v 12. 6. 2002 – 62 IN 53/00, ZInsO 2002, 844), sondern deren wirtschaftlicher Wert, bei dem auch die Erfolgaussichten einer künftigen Beitreibung zu berücksichtigen sind. Andernfalls würde es zu Gebührenansätzen kommen, die vielfach in keinem angemessenen Verhältnis zum tatsächlichen Wert des Verfahrens stünden und der Gläubiger auch nicht durch eine Geltendmachung von Teilforderungen vermeiden könnte (BGH v 23. 1. 2003 – IX ZB 227/02, ZInsO 2003, 217). Bestehen keine hinreichenden Anhaltspunkte für eine Schätzung der Werthaltigkeit einer verbleibenden Forderung, ist der für die **Gerichtsgebühr** maßgebende **Gegenstandswert** der **Rechtsbeschwerde** in einem Verfahren über die Versagung der Restschuldbefreiung regelmäßig auf 1200,00 Euro festzusetzen (**BGH** aaO). Für das Verfahren über die **Beschwerde** gegen die Entscheidung fällt eine Festgebühr von 50,00 Euro nach Maßgabe von KV GKG Nr 2361 an.

54 Der **Rechtsanwalt** erhält im Verfahren über einen Antrag auf Versagung der Restschuldbefreiung eine Verfahrensgebühr gemäß Nr 3321 VV RGV mit einem Gebührensatz von 0,5. **Mehrere Anträge auf Versagung** der Restschuldbefreiung sind als eine Angelegenheit anzusehen (§ 15 RVG iVm Nr 3321 Abs 1 VV RVG).

55 Der **Gegenstandswert** der Gebühr bestimmt sich nach §§ 28 Abs 3, 23 Abs 3 S 2 RVG. Ausgangspunkt für die Gegenstandsbewertung ist zunächst das wirtschaftliche Interesse, das der Auftraggeber im Verfahren verfolgt, wobei dieses auf Grund der ausdrücklichen Aufnahme des § 23 Abs 3 S 2 in § 28 Abs 3 RVG nicht isoliert, sondern nach billigem Ermessen zu ermitteln ist. Verfolgt ein Gläubiger die Versagung der Restschuldbefreiung, so ist es vertretbar, als Gegenstandswert den vollen Betrag der zur Insolvenztabelle angemeldeten Forderungen anzusetzen (**aA AG** Duisburg v 12. 6. 2006 – 62 IN 53/00, NZI 2002, 619). Ist der Schuldner teilweise in der Lage, eine wenn auch nur geringfügige Befriedigung der gegen ihn bestehenden Forderungen zu gewährleisten, kommt eine Ansetzung des hälftigen Betrages der zur Insolvenztabelle angemeldeten Forderungen in Betracht (**LG** Bochum ZInsO 2001, 564, 566). Nur wenn genügende tatsächliche Anhaltspunkte für eine Schätzung fehlen, ist **im Zweifel** der **Gegenstandswert von 4 000,00 Euro** gemäß §§ 28 Abs 3, 23 Abs 3 S 2 RVG **anzunehmen** (vgl **OLG** Celle ZInsO 2002, 32, 33; 74, 76; 230, 232; *Vallender* MDR 1999, 598, 600).

IX. Rechtsfolgen der Versagung

56 Der rechtskräftige Versagungsbeschluss bewirkt eine vorzeitige Beendigung der Treuhandzeit mit den in § 299 ausgesprochenen Konsequenzen (*Kohte/Ahrens/Grote* § 296 Rn 38). Die Laufzeit der Abtretungserklärung endet ebenso wie das Amt des Treuhänders. Ferner wird die Beschränkung der Rechte der Insolvenzgläubiger aufgehoben und das **freie Nachforderungsrecht** der Insolvenzgläubiger lebt wieder auf (§ 201 Abs 1). Die Insolvenzgläubiger sind nicht mehr durch die Vorschrift des § 294 Abs 1 daran gehindert, die Zwangsvollstreckung in das Vermögen des Schuldners zu betreiben. Als **Titel** für eine Zwangsvollstreckung gegen den Schuldner gilt der **Tabelleneintrag**. Für die Vollstreckung aus dem Tabelleneintrag und die Erteilung der Vollstreckungsklausel nach §§ 724, 750 ZPO gelten die allgemeinen Vorschriften (*Häsemeyer* Rn 25.24). Von dem Zeitpunkt der rechtskräftigen Versagung beginnt die Zehn-Jahres-Frist zu laufen, innerhalb derer der Schuldner den Antrag auf Erteilung der Restschuldbefreiung nicht wieder stellen darf, § 290 Abs 1 Nr 3.

57 Nach rechtskräftigem Abschluss des Versagungsverfahrens ist das Insolvenzgericht zur **Aufhebung** einer etwa gewährten **Stundung** gem § 4c Nr 5 berechtigt. Dabei führt die Versagungsentscheidung nicht automatisch zur Aufhebung der Stundung. Vielmehr handelt es sich bei der vom Insolvenzgericht zu treffenden Entscheidung um eine **Ermessensentscheidung** (näher dazu FK-*Kohte* § 4c Rn 34 ff).

§ 297 Insolvenzstraftaten

(1) Das Insolvenzgericht versagt die Restschuldbefreiung auf Antrag eines Insolvenzgläubigers, wenn der Schuldner in dem Zeitraum zwischen Schlußtermin und Aufhebung des Insolvenzverfahrens oder während der Laufzeit der Abtretungserklärung wegen einer Straftat nach den §§ 283 bis 283c des Strafgesetzbuchs rechtskräftig verurteilt wird.

(2) § 296 Abs. 1 Satz 2 und 3, Abs. 3 gilt entsprechend.

I. Entwicklung der Norm, Normzweck

Die Vorschrift in ihrer jetzigen Fassung geht auf eine Empfehlung des Rechtsausschusses des Deutschen Bundestags zurück (BT-Drucks 12/7302 S 187 ff). Sie entspricht im Wesentlichen einem Vorschlag des Bundesrats, dem die Bundesregierung zugestimmt hat (Stellungnahme des Bundesrats und Gegenäußerung der Bundesregierung, BT-Drucks 12/2443 S 257, 267 jeweils bei Nr 34). Während die Entwurfsfassung des Bundesrats vor einer Entscheidung des Gerichts noch die Anhörung der Beteiligten vorsah, verzichtete der Rechtsausschuss auf eine Verweisung auf § 346 Abs 2 (§ 245 Abs 2 RegE), weil er eine Anhörung für nicht erforderlich erachtete. § 297 schließt die Lücke, die § 290 Abs 1 Nr 1 offen lässt. Ohne die Regelung des § 297 könnte dem Schuldner bei einer rechtskräftigen Verurteilung erst nach dem Schlusstermin und der Aufhebung des Insolvenzverfahrens Restschuldbefreiung erteilt werden. Bei geschicktem strategischen Verhalten hätte es der Schuldner in der Hand, durch Hinauszögern der strafrechtlichen Verurteilung den Rechtsfolgen des § 290 Abs 1 Nr 1 zu entgehen (*Kohte/Ahrens/Grote* § 297 Rn 1).

II. Rechtskräftige Verurteilung wegen einer Insolvenzstraftat nach den §§ 283 bis 283 c StGB

Eine Versagung der Restschuldbefreiung nach § 297 kommt nur in Betracht, wenn der Schuldner zwischen dem Schlusstermin und der Aufhebung des Insolvenzverfahrens oder während der – restlichen – Laufzeit der Abtretungserklärung wegen einer Straftat nach den §§ 283 bis 283 c des Strafgesetzbuchs **rechtskräftig verurteilt** wird. Hierzu zählen insbesondere das Beiseiteschaffen oder Verheimlichen von Vermögenswerten oder Vermögensverschleuderung, die Verletzung der Buchführungspflicht oder Gläubigerbegünstigung. In den meisten Fällen wird es sich um Verurteilungen handeln, die in dem aufgehobenen Insolvenzverfahren ihre Ursache haben (*Smid/Haarmeyer* § 297 Rn 2). Zu den Anforderungen der Versagung wegen einer Insolvenzstraftat siehe im Einzelnen § 290 Rn 17 ff.

1. Maßgeblicher Zeitraum. Die **rechtskräftige Verurteilung** des Schuldners muss in dem Zeitraum zwischen Schlusstermin und Aufhebung des Insolvenzverfahrens oder während der – restlichen – Laufzeit der Abtretungserklärung erfolgt sein. Deshalb kommt eine Versagung der Restschuldbefreiung nach § 297 nicht in Betracht, wenn die rechtskräftige Verurteilung des Schuldners vor dem Schlusstermin erfolgt, aber erst nach der rechtskräftigen Ankündigung der Restschuldbefreiung bekannt geworden ist. Von diesem Zeitpunkt an sind die Versagungsgründe des § 290 Abs 1 präkludiert (*Döbereiner* JA 1996, 724, 728; *Kohte/Ahrens/Grote* § 297 Rn 2, 4).

Bei einer **rechtskräftigen Verurteilung** wegen einer Straftat nach den §§ 283 bis 283 c StGB **vor dem Schlusstermin** findet die Vorschrift des § 290 Abs 1 Nr 1 Anwendung. Dagegen erfasst § 297 den Fall, dass die Verurteilung vor dem Schlusstermin erfolgt, der Eintritt der Rechtskraft erst danach oder während der Wohlverhaltensperiode liegt. Die Vorschrift schließt nämlich an § 290 Abs 1 Nr 1 an. Dort werden nur Verurteilungen erfasst, die im Zeitpunkt des Schlusstermins bereits rechtskräftig sind.

Ob auch Verurteilungen einzubeziehen sind, die bei Ende der Wohlverhaltensperiode schon erfolgt, aber noch nicht rechtskräftig sind, erscheint fraglich. Da der antragstellende Gläubiger den Versagungsantrag nicht glaubhaft machen kann, hätte das Gericht die Restschuldbefreiung zu erteilen. Bei Rechtskraft der Entscheidung würde damit auch einem unredlichen Schuldner die Wohltat des Gesetzes zukommen. Dies entspricht nicht der Zielsetzung in § 1 S 2. Aus diesem Grunde erscheint eine **Aussetzung der Entscheidung** nach § 4 iVm. § 148 ZPO vertretbar (*Döbereiner* Restschuldbefreiung S 224; N/R/*Römermann* § 300 Rn 4; KS-*Fuchs* S 1751 Rn 209; aA *Kohte/Ahrens/Grote* § 297 Rn 4). Dabei ist allerdings zu berücksichtigen, dass unter Umständen erst nach vielen Jahren eine abschließende Entscheidung über den Antrag auf Erteilung der Restschuldbefreiung getroffen werden kann.

2. Rechtskräftige Verurteilung. § 297 Abs 1 stellt auf auf ein **rechtskräftiges** Urteil ab. Allein die Anhängigkeit eines Verfahrens wegen einer Straftat nach den §§ 283 bis 283 c StGB rechtfertigt die Versagung der Restschuldbefreiung nicht (*Wittig* WM 1998, 209, 216). Ebenso wenig kommt es für die Anwendbarkeit der Vorschrift des § 297 auf den Tatzeitpunkt an (unklar HK-*Landfermann* § 297 Rn 2). Hierdurch sollte eine eigene Prüfung der Strafbarkeit durch das Insolvenzgericht vermieden werden (N/R/*Römermann* § 297 Rn 5).

Wird das **rechtskräftige Urteil** im Wiederaufnahmeverfahren nach §§ 359 ff StPO auf Grund einer erneuten Hauptverhandlung gemäß § 373 StPO **aufgehoben oder der Schuldner** ohne Hauptverhandlung nach Maßgabe des § 371 StPO freigesprochen, muss es ihm entsprechend dem Rechtsgedanken des § 580 Nr 6 ZPO iVm § 4 gestattet sein, auch nach Rechtskraft des Versagungsbeschlusses eine erneute Entscheidung über seinen Antrag auf Erteilung der Restschuldbefreiung herbeizuführen.

III. Versagungsverfahren

Eine Versagung der Restschuldbefreiung von Amts wegen sieht das Gesetz nicht vor. Vielmehr bedarf es wie bei einem Verstoß gegen Obliegenheiten eines **Antrags eines Insolvenzgläubigers**. Der Antrag ist unter den Voraussetzungen des § 297 Abs 2 iVm § 296 Abs 1 S 2 und 3 zulässig. Den Umfang der richterlichen Prüfung bestimmt der Versagungsgrund (*Kohte/Ahrens/Grote* § 297 Rn 6).

9 1. **Antrag eines Insolvenzgläubigers. Formelle Voraussetzung** für die Versagung der Restschuldbefreiung ist der **Antrag** eines Insolvenzgläubigers, der im Schlussverzeichnis aufgeführt ist (s § 296 Rn 3). Selbst wenn das Insolvenzgericht positive Kenntnis von einer rechtskräftigen Verurteilung des Schuldners wegen einer Straftat nach den §§ 283 bis 283c des Strafgesetzbuchs erlangt hat, kommt die Einleitung eines **Versagungsverfahrens von Amts wegen** nicht in Betracht, weil die Versagung der gesetzlichen Restschuldbefreiung nach § 297 Abs 1 der einseitigen Parteidisposition durch die Gläubiger unterliegt (*Kohte/Ahrens/Grote* § 297 Rn 6). Deshalb bedarf es keiner Meldung vom Strafgericht an das Insolvenzgericht (HK-*Landfermann* § 297 Rn 7; aA *Maier/Krafft* BB 1997, 2173; *Hess/Obermüller* Rn 1189). Eine entsprechende Information der Insolvenzgläubiger durch das Gericht verbunden mit der Anregung, einen Versagungsantrag nach § 297 zu stellen, rechtfertigt eine Ablehnung wegen Besorgnis der Befangenheit gemäß § 4 iVm §§ 41 ff ZPO.

10 Der Antrag des Insolvenzgläubigers ist nicht an eine bestimmte **Form** gebunden. Der Gläubiger muss allerdings zum Ausdruck bringen, er beabsichtige die Versagung der Restschuldbefreiung nach § 297 (N/R/*Römermann* § 297 Rn 6). Bis zur Rechtskraft der Entscheidung über den Versagungsantrag ist eine **Rücknahme des Versagungsantrags** zulässig (einschränkend LG Freiburg v 12. 11. 2003 – 4 T 265/03, ZInsO 2003, 1106, 1107, Antragsrücknahme bis zur Ankündigung oder Versagung der Restschuldbefreiung).

11 2. **Antragsfrist und Glaubhaftmachung.** Der Antrag kann nur **binnen eines Jahres** nach dem Zeitpunkt gestellt werden, in dem die Verurteilung dem Gläubiger bekannt geworden ist (§ 297 Abs 2 iVm § 296 Abs 1 S 2). Die Rechtskraft der Entscheidung als solche muss dem antragstellenden Gläubiger nicht bekannt gewesen sein (*Kohte/Ahrens/Grote* § 297 Rn 7 mwN). Die Berechnung der Frist erfolgt gemäß §§ 4, 222 Abs 1 ZPO, 187 ff BGB. Da es sich bei der Frist des § 296 Abs 1 S 2 nicht um eine der in § 233 ZPO genannten Fristen handelt, kommt bei Versäumung der Antragsfrist eine Wiedereinsetzung in den vorigen Stand nicht in Betracht.

12 Der antragstellende Insolvenzgläubiger hat **glaubhaft** zu **machen**, dass der Schuldner in dem Zeitraum zwischen Schlusstermin und Aufhebung des Insolvenzverfahrens oder während der – restlichen – Laufzeit der Abtretungserklärung wegen einer Straftat nach den §§ 283 bis 283c StGB rechtskräftig verurteilt worden ist und er, der Gläubiger, davon weniger als ein Jahr vor seinem Antrag Kenntnis erlangt hat (§ 297 Abs 2 iVm § 296 Abs 1 S 3). Die **Glaubhaftmachung des Versagungsgrundes** kann nicht nur durch Vorlage einer Abschrift des rechtskräftigen Urteils erfolgen. Hierzu wird ein Insolvenzgläubiger regelmäßig nicht in der Lage sein. Vielmehr reicht es aus, wenn der Antragsteller **an Eides statt versichert** (§§ 4, 294 Abs 1 ZPO), dass der Schuldner in dem maßgeblichen Zeitraum rechtskräftig verurteilt worden ist und das betreffende Gericht und das Aktenzeichen der Strafakte mitteilt. Das Gericht kann dann die Akten beiziehen. Ohne Angabe des Aktenzeichens besteht keine weitergehende Ermittlungspflicht des Gerichts. Gelingt dem Insolvenzgläubiger die Glaubhaftmachung nicht, ist der Versagungsantrag als unzulässig zurückzuweisen.

13 3. **Rechtliches Gehör.** § 297 sieht eine Anhörung der Beteiligten vor der Versagungsentscheidung nicht vor. Dies geht auf eine Empfehlung des Rechtsausschusses des Deutschen Bundestags zurück (BT-Drucks 12/7302 S 188). Derjenige, der wegen einer Straftat nach den §§ 283 bis 283c StGB rechtskräftig verurteilt worden ist, muss damit rechnen, dass die Versagung der Restschuldbefreiung die Konsequenz seines Handelns ist (KS-*Vallender* S 277 Rn 90). Auch wenn dem Gericht bei seiner Entscheidung ein Ermessensspielraum nicht zusteht, erscheint gleichwohl die **schriftliche Anhörung des Schuldners** sinnvoll, schon um **Verwechslungen des Schuldners** mit einer anderen Person auszuschließen (*Kohte/Ahrens/Grote* § 297 Rn 8; aA K/P/B/*Wenzel* § 297 Rn 2; *Smid/Haarmeyer* § 297 Rn 3). Sie berücksichtigt im Übrigen den Anspruch des Schuldners auf rechtliches Gehör gemäß Art 103 GG (N/R/*Römermann* § 297 Rn 8). Rechtsnachteile für andere Verfahrensbeteiligte sind bei Gewährung des rechtlichen Gehörs nicht zu befürchten.

14 4. **Entscheidung des Insolvenzgerichts.** Das Insolvenzgericht entscheidet durch Beschluss. Zuständig für die Entscheidung ist der Richter nach § 18 Abs 1 Nr 2 RpflG. Der Beschluss ist zu begründen.

15 a) **Rechtsmittel.** Bei einer **Zurückweisung des Versagungsantrags** als unzulässig oder unbegründet steht dem antragstellenden Insolvenzgläubiger, bei **Versagung der Restschuldbefreiung** dem Schuldner gegen die Entscheidung des Gerichts das **Rechtsmittel der sofortigen Beschwerde** iSv § 6 zu (§ 297 Abs 2 iVm § 296 Abs 3 S 1). Die Versagung der Restschuldbefreiung ist öffentlich bekannt zu machen (§ 297 Abs 2 iVm § 296 Abs 3 S 2, § 9).

16 b) **Öffentliche Bekanntmachung.** Der – rechtskräftige – Beschluss über die **Versagung der Restschuldbefreiung** ist gemäß § 297 Abs 2, 296 Abs 3 S 2 **öffentlich bekannt zu machen** (§ 9). Jedermann soll hierdurch Gelegenheit erhalten, sich über die Entscheidung des Gerichts zu unterrichten und sein weiteres Verhalten darauf einzurichten (N/R/*Becker* § 9 Rn 1).

I. Normzweck

c) Kosten und Gebühren. Für die **Gerichtskosten** gilt die Pauschalgebühr KV GKG Nr 2350 GKG in Höhe von 30,00 Euro. Kosten für die Veröffentlichung entstehen gem KV GKG Nr 9004. **Schuldner** dieser Gebühr ist **allein** der antragstellende **Gläubiger** nach § 23 Abs 2 GKG. Bei einem begründeten Antrag hat der Gläubiger zwar einen Anspruch auf Ersatz der Kosten, die Realisierung der Forderung dürfte in den meisten Fällen jedoch an der Vermögenslosigkeit des Schuldners scheitern (K/P/B/*Pape* § 54 Rn 19; *Keller* Rn 304). Für die **Beschwerde** wird eine Festgebühr in Höhe von 50,00 Euro nach Maßgabe des KV GKG Nr 2361 GKG fällig.   17

Der **Rechtsanwalt** erhält im Verfahren über einen Antrag auf Versagung der Restschuldbefreiung eine Verfahrensgebühr gemäß Nr 3321 VV RGV mit einem Gebührensatz von 0,5. Mehrere Anträge auf Versagung der Restschuldbefreiung sind als eine Angelegenheit anzusehen (§ 15 RVG iVm Nr 3321 Abs 1 VV RVG). Der **Gegenstandswert** der Gebühr bestimmt sich nach §§ 28 Abs 3, 23 Abs 3 S 2 RVG.   18

§ 298 Deckung der Mindestvergütung des Treuhänders

(1) ¹Das Insolvenzgericht versagt die Restschuldbefreiung auf Antrag des Treuhänders, wenn die an diesen abgeführten Beträge für das vorangegangene Jahr seiner Tätigkeit die Mindestvergütung nicht decken und der Schuldner den fehlenden Betrag nicht einzahlt, obwohl ihn der Treuhänder schriftlich zur Zahlung binnen einer Frist von mindestens zwei Wochen aufgefordert und ihn dabei auf die Möglichkeit der Versagung der Restschuldbefreiung hingewiesen hat. ²Dies gilt nicht, wenn die Kosten des Insolvenzverfahrens nach § 4a gestundet wurden.

(2) ¹Vor der Entscheidung ist der Schuldner zu hören. ²Die Versagung unterbleibt, wenn der Schuldner binnen zwei Wochen nach Aufforderung durch das Gericht den fehlenden Betrag einzahlt oder ihm dieser entsprechend § 4a gestundet wird.

(3) § 296 Abs. 3 gilt entsprechend.

Übersicht

	Rn
I. Normzweck	1
II. Versagung der Restschuldbefreiung wegen nicht gedeckter Mindestvergütung	3
1. Fehlende Deckung der Mindestvergütung	5
2. Schriftliche Zahlungsaufforderung durch den Treuhänder	7
3. Zweck und Inhalt der Zahlungsaufforderung	8
III. Versagungsverfahren	11
1. Antrag des Treuhänders	12
2. Anhörung des Schuldners	15
a) Schriftliche Anhörung und Zahlungsaufforderung	16
b) Mündliche Anhörung und Zahlungsaufforderung	17
3. Fristgerechte Zahlung	19
4. Entscheidung des Insolvenzgerichts	20
a) Rechtsmittel, §§ 298 Abs 3, 296 Abs 3	23
b) Öffentliche Bekanntmachung und Kosten	24
IV. Wirkungen und Folgen der Versagung der Restschuldbefreiung	25
V. Stundung der Verfahrenskosten	26

I. Normzweck

Verfügt der Schuldner über ein geregeltes Einkommen, kann die Vergütung des Treuhänders regelmäßig aus den Beträgen gedeckt werden, die auf Grund seiner Abtretungserklärung gemäß § 287 Abs 2 S 1 beim Treuhänder eingehen. Im Falle von Arbeitslosigkeit oder Krankheit kann sich die Einkommenssituation des Schuldners jedoch derartig verschlechtern, dass er nicht einmal in der Lage ist, den jährlichen Mindestbetrag von 100,00 Euro (§ 14 Abs 3 InsVV) aufzubringen. Der Begründung zu § 246 des Regierungsentwurfs (BR-Drucks 1/92 S 193) ist zu entnehmen, dass es dem Treuhänder nicht zugemutet werden kann, über einen längeren Zeitraum hinweg ohne jede Vergütung tätig zu sein (krit hierzu *Pape* Rpfleger 1995, 133, 137 Fn 58). Notfalls müsse der Schuldner die Mindestvergütung des Treuhänders aus seinem unpfändbaren Einkommen aufbringen. Dagegen hat der Rechtsausschuss des Deutschen Bundestags in seiner Beschlussempfehlung zu § 346 h (BT-Drucks 12/7302 S 188) zu verstehen gegeben, dass der Treuhänder auf eine Vergütung verzichten kann, um das Verfahren für den Schuldner möglichst kostengünstig durchführen zu können. Besteht der Treuhänder bei fehlender Deckung seiner Mindestvergütung auf seinem Anspruch, ist nach erfolgloser Mahnung und Fristsetzung durch den Treuhänder und das Gericht die Restschuldbefreiung zu versagen. Auf einen etwaigen Verstoß gegen Obliegenheiten kommt es nicht an.   1

Bei einer **Stundung der Verfahrenskosten** gemäß § 4a steht dem Treuhänder, dessen Mindestvergütung nicht gedeckt ist, gemäß § 293 Abs 2 ein Sekundäranspruch gegen die Staatskasse zu, soweit die eingezogenen Beträge dafür nicht ausreichen (näher dazu Rn 26 ff). § 298 Abs 1 S 2 enthält insofern lediglich eine Klarstellung. Abs 2 S 2 eröffnet dem Schuldner noch während der Wohlverhaltensperiode   2 die Möglichkeit, eine Stundung zu beantragen, um auf diese Weise eine Versagung der Restschuldbefreiung wegen Nichtzahlung der Mindestvergütung zu vermeiden.

II. Versagung der Restschuldbefreiung wegen nicht gedeckter Mindestvergütung

3   Decken die an den Treuhänder abgeführten **Beträge für das vorangegangene** Jahr seiner Tätigkeit nicht einmal die Mindestvergütung und zahlt der Schuldner den fehlenden Betrag nicht ein, obwohl ihn der Treuhänder schriftlich zur Zahlung binnen einer Frist von mindestens zwei Wochen aufgefordert und ihn dabei auf die Möglichkeit der Versagung der Restschuldbefreiung hingewiesen hat, kann der Treuhänder die Versagung der Restschuldbefreiung beantragen. Eine Pflicht zur Antragstellung besteht nicht. Dem Treuhänder bleibt es unbenommen, kostenlos tätig zu werden. Soweit der Schuldner über die Möglichkeit der Stundung der Verfahrenskosten nicht unterrichtet ist, sollte ihn der Treuhänder hierüber informieren. Auch wenn das Gesetz eine Verpflichtung des Treuhänders, den Schuldner auf die Möglichkeit der Stundung der Verfahrenskosten hinzuweisen, nicht normiert, liegt es doch im eigenen Interesse des Treuhänders, dem Schuldner die Antragstellung anzuraten. Unterlässt der Treuhänder den Hinweis, trifft das Insolvenzgericht spätestens bei der **Anhörung gem § 298 Abs 2 S 1** diese Pflicht. Dies folgt aus der in § 4 a Abs 2 S 1 zum Ausdruck gebrachten Fürsorgepflicht des Gerichts.

4   Hatte der Treuhänder bereits auf die ihm zustehende Vergütung verzichtet, verstößt sein Antrag auf Versagung der Restschuldbefreiung wegen nicht gedeckter Mindestvergütung gegen Treu und Glauben und ist deshalb als unzulässig zurückzuweisen (N/R/*Römermann* § 298 Rn 22).

5   **1. Fehlende Deckung der Mindestvergütung.** Der Versagungsantrag des Treuhänders setzt zunächst voraus, dass die Mindestvergütung für das vergangene Jahr seiner Tätigkeit nicht gedeckt ist. § 298 Abs 1 stellt auf das **Tätigkeitsjahr** und nicht auf das Kalenderjahr ab. Das erste Tätigkeitsjahr beginnt mit dem Zeitpunkt der Rechtskraft des Beschlusses, in dem die Restschuldbefreiung in Aussicht gestellt und der Treuhänder bestellt wird (§ 291). Nimmt der Treuhänder sein Amt erst nach diesem Zeitpunkt an, ist auf die Annahmeerklärung gegenüber dem Insolvenzgericht abzustellen. Soweit in der Literatur die Ansicht vertreten wird, das vorangegangene Jahr sei das Geschäftsjahr, das jeweils mit dem Datum der Aufhebung des Insolvenzverfahrens beginne (*Häsemeyer* Rn 26.42; *Kohte/Ahrens/Grote* § 298 Rn 10), berücksichtigt diese Auffassung nicht hinreichend, dass die Beschlüsse nach § 291 und § 200 nicht zum selben Zeitpunkt ergehen müssen. Regelmäßig wird die Aufhebung des Verfahrens nach Beschlussfassung über die Ankündigung der Restschuldbefreiung erfolgen (*Smid/Haarmeyer* § 291 Rn 3).

6   Die **Mindestvergütung** ergibt sich aus der nach § 293 Abs 2 iVm § 65 vom Bundesministerium der Justiz erlassenen Insolvenzrechtlichen Vergütungsverordnung (InsVV v 19. 8. 1996 (BGBl I S 2205). Nach § 14 Abs 3 dieser Verordnung beträgt die Vergütung des Treuhänders mindestens 100,00 Euro für jedes Jahr seiner Tätigkeit. Dieser Betrag muss spätestens am **Ende des Tätigkeitsjahres** durch die abgeführten Beträge gedeckt sein. Abgeführte Beträge sind sämtliche Zahlungen oder Gelder, die auf dem Treuhandkonto eingehen. Hierzu zählen insbesondere Zahlungen auf Grund der Abtretungserklärung nach § 287 Abs 2 S 1, aber auch Leistungen des Schuldners oder Dritter (N/R/*Römermann* § 298 Rn 13).

7   **2. Schriftliche Zahlungsaufforderung durch den Treuhänder.** Dem Antrag auf Versagung der Restschuldbefreiung wegen Nichtzahlung der Mindestvergütung hat die – erfolglose – **schriftliche Aufforderung** an den Schuldner voranzugehen, den Fehlbetrag binnen einer Frist von **mindestens zwei Wochen** zu bezahlen. Eine mündliche Aufforderung führte ebenso wie eine kürzere Fristsetzung zur Unzulässigkeit des Versagungsantrags (aA *Döbereiner*, Restschuldbefreiung S 212, der den Versagungsantrag für unbegründet hält). Die Aufforderung darf erst nach Ablauf des Tätigkeitsjahres, in dem die Mindestvergütung des Treuhänders nicht gedeckt war, erfolgen. Eine vor diesem Zeitpunkt an den Schuldner gerichtete Aufforderung ist wirkungslos (N/R/*Römermann* § 298 Rn 14). Da der Treuhänder die Voraussetzungen des § 298 Abs 1 darzulegen und ggf zu beweisen hat, sollte er für einen **Nachweis des Zugangs** des Aufforderungsschreibens Rechnung tragen.

8   **3. Zweck und Inhalt der Zahlungsaufforderung.** Spätestens mit der Zahlungsaufforderung erlangt der Schuldner Kenntnis davon, dass die Mindestvergütung des Treuhänders nicht gedeckt ist. Den einzuzahlenden Betrag hat der Treuhänder zu benennen und dem Schuldner die Zahlung binnen einer Frist von mindestens zwei Wochen aufzugeben. Die schriftliche Aufforderung ist mit dem **Hinweis** zu verbinden, dass die Restschuldbefreiung versagt werden kann, wenn der Schuldner der Aufforderung nicht nachkommt. Hierbei handelt es sich um ein Formerfordernis, dessen Nichtbeachtung die Unzulässigkeit des Versagungsantrags zur Folge hat. Der Hinweis soll den Schuldner warnen, die Aufforderung ernst zu nehmen.

9   Soweit der Schuldner einen **Stundungsantrag** nicht schon zusammen mit seinem Antrag auf Eröffnung des Insolvenzverfahrens gestellt hat, hat er innerhalb der Zwei-Wochen-Frist Gelegenheit, diesen Antrag nachzuholen, um bei einer Bewilligung der Stundung der drohenden Versagung der Restschuldbefreiung wegen nicht gedeckter Mindestvergütung des Treuhänders zu entgehen.

Eine **Zahlung** der Mindestvergütung **nach Ablauf** der dem Schuldner gesetzten **Frist** hindert den 10
Treuhänder nicht daran, einen – zulässigen – Versagungsantrag zu stellen. Wendet der Schuldner allerdings Zahlung ein und erbringt er den erforderlichen Nachweis, ist der Antrag des Treuhänders unbegründet (*Döbereiner* aaO S 212).

III. Versagungsverfahren

Eine Versagung der Restschuldbefreiung von Amts wegen sieht das Gesetz nicht vor. Vielmehr bedarf 11
es einer Antrags. Antragsberechtigt ist allein der Treuhänder. Der Antrag ist zulässig, wenn die **formellen Voraussetzungen** des § 298 Abs 1 erfüllt sind.

1. Antrag des Treuhänders. Der **Antrag** des Treuhänders ist weder **form- noch fristgebunden**. Allerdings 12
kann der Treuhänder seinen Versagungsantrag nur auf Fehlbeträge stützen, die nicht länger als
ein Jahr zurückliegen (*Kohte/Ahrens/Grote* § 298 Rn 8). Für den Schuldner muss Klarheit bestehen, ob
er noch mit der Erteilung der Restschuldbefreiung rechnen kann (vgl MüKoInsO-*Ehricke* § 298 Rn 14;
K/P/B/*Wenzel* § 298 Rn 3). Ein Versagungsantrag ist verspätet und damit unzulässig, wenn im Jahr
nach dem Ausfall der Mindestvergütung wieder gedeckt ist und der Treuhänder erst nach Ende der darauf folgenden Tätigkeitsjahres die Versagung der Restschuldbefreiung beantragt. Der Treuhänder kann
seinen Antrag bis zur Rechtskraft der Versagungsentscheidung des Gerichts zurücknehmen. Ein erst
nach Ablauf der Wohlverhaltensperiode gestellter Versagungsantrag des Treuhänders eröffnet ihm nicht
die Möglichkeit der Einlegung der sofortigen Beschwerde gegen die Erteilung der Restschuldbefreiung.

Eine **Entscheidung über die Zulässigkeit und Begründetheit des Versagungsantrags** ist dem Gericht 13
nur möglich, wenn ihm die entsprechenden Unterlagen über die eingegangenen Zahlungen und das
Aufforderungsschreiben des Treuhänders vorgelegt werden. So hat der Treuhänder seinem Antrag eine
Auflistung der Geldbeträge, die im vorangegangenen Jahr seiner Tätigkeit an ihn abgeführt worden
sind, beizufügen. Dabei hat die Auflistung jeweils den Tag des Zahlungseingangs, den Einzahlenden und
den Betrag anzugeben. Darüber hinaus hat der Treuhänder die vollständigen Belege zu überreichen, aus
denen sich im Einzelnen die Richtigkeit seiner Angaben über die eingegangenen Geldbeträge ergibt.
Schließlich ist das Aufforderungsschreiben an den Schuldner vorzulegen, aus dem sich entnehmen lassen muss, dass es den Vorgaben des § 298 Abs 1 entspricht.

Ist der **Antrag** des Treuhänders **unvollständig**, hat das Gericht ihn nach § 4, § 139 ZPO auf diesen 14
Umstand im Einzelnen hinzuweisen und ihm eine Frist zur Ergänzung zu setzen. Kommt der Treuhänder der ihm erteilten Auflage nicht fristgerecht nach, ist sein Antrag als **unzulässig** zurückzuweisen. Eine
Übersendung des Beschlusses an den Schuldner ist nicht geboten, weil ihm ein unvollständiger Antrag
eines Treuhänders nicht zur Stellungnahme zuzuleiten ist.

2. Anhörung des Schuldners. Das Gericht hat den Schuldner vor seiner Entscheidung über den Antrag 15
auf Versagung der Restschuldbefreiung zu hören (§ 298 Abs 2 S 1). Die **Anhörung** kann **schriftlich oder
mündlich** erfolgen. Einer Anhörung der Gläubiger bedarf es nicht (KS-*Vallender* S 229 Rn 89; K/P/B/-*Wenzel* § 298 Rn 2; aA *Döbereiner* Restschuldbefreiung S 298).

a) Schriftliche Anhörung und Zahlungsaufforderung. Bei **schriftlicher Anhörung** ist dem Schuldner 16
der Versagungsantrag des Treuhänders zuzuleiten. Das Gericht kann die Anhörung des Schuldners mit
der Aufforderung verbinden, **binnen zwei Wochen** ab Zustellung des Schreibens den fehlenden Betrag,
den es selbst zu berechnen und zu benennen hat, zu zahlen (§ 298 Abs 2 S 2). Dabei hat das Gericht zu
bestimmen, ob der Betrag an die Gerichtskasse, den Treuhänder oder auf ein bestimmtes Konto zu leisten ist (*Smid/Haarmeyer* § 298 Rn 6). Der Fristlauf beginnt mit der Zustellung der Aufforderung, die
wiederum mit einem Hinweis auf die Folgen der Nichtzahlung versehen sein sollte. Eine Verlängerung
der Frist ist nicht möglich, § 4, § 224 Abs 2 ZPO (aA *Kohte/Ahrens/Grote* § 298 Rn 11).

b) Mündliche Anhörung und Zahlungsaufforderung. Bei Anberaumung eines **Termins zur Anhörung** 17
des Schuldners ist diesem zur Vorbereitung des Termins der Versagungsantrag zuzuleiten. Die dem
Schuldner einzuräumende Nachfrist von zwei Wochen zur Einzahlung des fehlenden Betrages läuft vom
Tage der Anhörung an. Auf die Berechnung der Frist finden die Bestimmungen des § 4, § 222 Abs 1
ZPO, §§ 187, 188, 193 BGB Anwendung.

Aus Gründen der Verfahrensbeschleunigung empfiehlt es sich, dem Treuhänder eine Abschrift der 18
Verfügung des Gerichts zuzuleiten und ihm aufzugeben, einen eventuellen Zahlungseingang unverzüglich unter Angabe des Zahlungsdatums und des Betrages mitzuteilen. Unterlässt der Treuhänder diese
Mitteilung, bedarf es vor der Entscheidung des Gerichts einer Erinnerung, wobei dem Schuldner wiederum eine Abschrift dieses Schreibens übersandt werden sollte. Wird dem Gericht nach Ablauf der im
Erinnerungsschreiben gesetzten Frist der Nachweis der Zahlung der Mindestvergütung nicht erbracht,
ist der Antrag auf Erteilung der Restschuldbefreiung zurückzuweisen.

3. Fristgerechte Zahlung. Erfolgt die **Zahlung des geschuldeten Betrages innerhalb der Frist** von zwei 19
Wochen, hat sich der Versagungsantrag des Treuhänders erledigt. Ihm steht es frei, seinen Versagungs-

antrag für erledigt zu erklären oder zurückzunehmen. Würde er seinen Antrag aufrechterhalten, hätte das Gericht ihn kostenpflichtig als unbegründet zurückzuweisen. Bei Rücknahme des Antrags trifft ihn allerdings nach § 4, § 269 Abs 3 S 2 ZPO die Kostentragungspflicht. Um dem zu entgehen, besteht für den Treuhänder die Möglichkeit, das Verfahren in der Hauptsache für erledigt zu erklären und eine Kostenentscheidung des Gerichts herbeizuführen (§§ 4, 91 a ZPO). Dem Schuldner ist zuvor rechtliches Gehör zu gewähren.

20 4. **Entscheidung des Insolvenzgerichts.** Das Insolvenzgericht entscheidet über den Versagungsantrag des Treuhänders durch **Beschluss. Zuständig** für die Entscheidung ist der **Rechtspfleger** (BerlKo-*Goetsch* § 298 Rn 11; *Hess* § 298 Rn 6).

21 Ein **unzulässiger Antrag** des Treuhänders ist ohne vorherige Anhörung des Schuldners zurückzuweisen. Der **Antrag** des Treuhänders ist **begründet**, wenn trotz erfolgter Zahlungsaufforderungen die Mindestvergütung nicht gezahlt wurde (N/R/*Römermann* § 298 Rn 27) bzw die Kosten des Insolvenzverfahrens nach § 4a nicht gestundet wurden. Ein **Ermessen** steht dem Gericht angesichts des Wortlauts des § 298 Abs 1 *("versagt ..., wenn ...")* nicht zu. Das Gericht ist insbesondere nicht verpflichtet, die Gründe für die Nichtzahlung der Mindestvergütung zu ermitteln. Auf die Höhe des fehlenden Betrages kommt es ebenso wenig an wie auf den Umstand, ob der Schuldner seine Obliegenheiten erfüllt hat oder nicht.

22 Eine Zahlung nach Ablauf der vom Gericht gesetzten Frist führt nicht dazu, dass der Antrag unbegründet wird. Solange eine Entscheidung des Insolvenzgerichts noch nicht ergangen ist, hat der Treuhänder es in der Hand, durch **Rücknahme seines Antrags** den Schuldner vor Versagung der Restschuldbefreiung zu bewahren.

23 a) **Rechtsmittel, §§ 298 Abs 3, 296 Abs 3.** Bei einer Zurückweisung des Versagungsantrags als unzulässig oder unbegründet steht dem **Treuhänder** gegen die Entscheidung des Gerichts das **Rechtsmittel der sofortigen Beschwerde** gem § 298 Abs 3 iVm § 296 Abs 3 S 1 zu. Dieses „Beschwerderecht" ist unabhängig davon, ob der Schuldner die Vergütung nach Ablauf der Zwei-Wochen-Frist des Abs 1 nachentrichtet hat (N/R/*Römermann* § 300 Rn 26; aA *Hoffmann* Verbraucherinsolvenz S 144 Fn 220). Soweit das Gericht die Restschuldbefreiung versagt hat, weil es die nachträgliche Zahlung als wirkungslos ansieht, fehlt es allerdings an der für eine zulässige Beschwerde erforderlichen Beschwer des Treuhänders. Dem **Schuldner** steht gegen den Versagungsbeschluss ebenfalls das Rechtsmittel der sofortigen Beschwerde zu (§ 298 Abs 3 iVm § 296 Abs 3 S 1).

24 b) **Öffentliche Bekanntmachung und Kosten.** Die Verweisung auf § 296 Abs 3 S 2 bewirkt, dass – wie auch sonst durchgängig für die Versagung der Restschuldbefreiung – diese **öffentlich bekannt** zu machen ist (§§ 298 Abs 3, 296 Abs 3 S 2). Die Entscheidung des Gerichts ergeht **gerichtsgebührenfrei** (HK-*Landfermann* § 300 Rn 9).

IV. Wirkungen und Folgen der Versagung der Restschuldbefreiung

25 Die **Wirkungen** der vorzeitigen Beendigung des Restschuldbefreiungsverfahrens treten erst mit **der Rechtskraft der Versagungsbeschlusses** gemäß § 298 Abs 1 ein (§ 299). Damit verlieren die Entscheidungen aus § 291 ihren Bestand (näher dazu Ausführungen § 296 Rn 56 ff).

V. Stundung der Verfahrenskosten

26 Bei einer Stundung der Verfahrenskosten wird die rigide Rechtsfolge einer Versagung der Restschuldbefreiung vermieden; das formal bestehende Recht des Treuhänders, unter den Voraussetzungen des § 298 einen Versagungsantrag zu stellen, wird „faktisch suspendiert" (BerlKo-*Goetsch* § 298 Rn 4). Die Stundung der Kosten des Insolvenzverfahrens umfasst auch die Kosten des Verfahrens zur Restschuldbefreiung (§ 4a Abs 1 S 2). Der Vergütungsanspruch des Treuhänders ist gedeckt, weil diesem bereits nach § 293 Abs 2 ein **Sekundäranspruch gegen die Staatskasse** hinsichtlich seiner Vergütung eingeräumt wird. Vor diesem Hintergrund begegnet die Vorschrift des § 298 Abs 1 **keinen grundlegenden verfassungsrechtlichen Bedenken** (zum Diskussionsstand vor Inkrafttreten des InsOÄG v 26. 10. 2001, BGBl I S 2710 ff, siehe *Hess* § 298 Rn 4). Dem Schuldner kann nicht entgegengehalten werden, er müsse die Mindestvergütung für den Treuhänder gegebenenfalls aus seinem unpfändbaren Einkommen bezahlen. § 4a Abs 1 stellt nämlich auf das **Vermögen des Schuldners** ab. Damit ist das pfändbare Einkommen des Schuldners gemeint. Dies entspricht der Regelung in §§ 35, 36.

27 § 298 Abs 2 S 2. HS eröffnet dem Schuldner, der zwar die in § 54 genannten Kosten berichtigen konnte, in der Wohlverhaltensperiode aber nicht mehr in der Lage ist, die Mindestvergütung für den Treuhänder aufzubringen, die Möglichkeit, noch **während der Wohlverhaltensperiode** unter den Voraussetzungen des § 4a Abs 1 Stundung zu beantragen. Der Antrag kann noch bis zur rechtskräftigen Entscheidung über den Versagungsantrag des Treuhänders gestellt werden. Da bis zur Entscheidung über die Stundung die in § 4a Abs 3 S 1 genannten Wirkungen der Stundung einstweilig eintreten, hat das Insolvenzgericht erst nach **Rechtskraft der Entscheidung über den Stundungsantrag** eine Entschei-

dung über den Versagungsantrag des Treuhänders zu treffen. Denn von dieser Entscheidung hängt es wiederum ab, ob die Mindestvergütung des Treuhänders gedeckt ist oder nicht.

§ 299 Vorzeitige Beendigung

Wird die Restschuldbefreiung nach §§ 296, 297 oder 298 versagt, so enden die Laufzeit der Abtretungserklärung, das Amt des Treuhänders und die Beschränkung der Rechte der Gläubiger mit der Rechtskraft der Entscheidung.

I. Normzweck

§ 299 regelt bei einer Versagung der Restschuldbefreiung nach den §§ 296, 297 und § 298 die **Rechtsfolgen** der vorzeitigen Beendigung des Restschuldbefreiungsverfahrens. Dabei beschränkt sich die Vorschrift auf drei Folgerungen (*Kohte/Ahrens/Grote* § 299 Rn 3). Die Laufzeit der Abtretungserklärung endet mit der Rechtskraft des Versagungsbeschlusses ebenso wie das Amt des Treuhänders, ohne dass es einer besonderen gerichtlichen Entscheidung bedarf. Darüber hinaus lebt das freie Nachforderungsrecht im Sinne des § 201 Abs 1 wieder uneingeschränkt auf (vgl Begr RegE, BR-Drucks 1/92 S 193).

II. Wirkungen und Folgen der vorzeitigen Beendigung

Die **Wirkungen** der vorzeitigen Beendigung des Restschuldbefreiungsverfahrens treten erst mit **der Rechtskraft der Versagungsbeschlusses** ein. Damit verlieren die Entscheidungen aus § 291 ihren Bestand.

1. Ende der Laufzeit der Abtretungserklärung. Bei einem vorzeitigen Ende der fünf- bzw sechsjährigen Laufzeit der Abtretungserklärung stehen die an den Treuhänder abgetretenen pfändbaren Forderungen auf Bezüge aus einem Dienstverhältnis oder an deren Stelle tretende laufende Bezüge wieder dem Schuldner zu. Er wird mit **Rechtskraft der Entscheidung** über den Antrag auf Versagung der Restschuldbefreiung nach den §§ 296, 297 und § 298 Inhaber der Forderungen und erlangt das volle Verfügungsrecht hierüber zurück (aA N/R/*Römermann*, § 299 Rn 9). Einer besonderen Freigabeerklärung oder Abtretung an ihn bedarf es nicht. Nichts anderes gilt im Falle des Todes des Schuldners. Der Erbe tritt als Gesamtrechtsnachfolger in die Rechtsstellung des Erblassers ein. Ein etwaiges Guthaben auf seinem Treuhandkonto hat der Treuhänder an den Schuldner bzw den Erben auszuzahlen. Dies gilt gleichermaßen für Zahlungen, die nach Rechtskraft der Versagungsentscheidung an ihn geleistet worden sind.

2. Ende der Amtszeit des Treuhänders. Mit der vorzeitigen Beendigung des Restschuldbefreiungsverfahrens endet ferner das Amt des **Treuhänders**. Das Gericht hat ihn über die Versagung der Restschuldbefreiung zu informieren und ihm gleichzeitig aufzugeben, binnen einer bestimmten Frist Bericht zu erstatten und **Rechnung zu legen** (§ 292 Abs 3 S 1). Der Treuhänder hat eine **Endabrechnung** zu erstellen, aus der ersichtlich ist, an welchen Tagen welche Beträge an welche Empfänger gezahlt worden sind (N/R/*Römermann*, § 292 Rn 60). Seinem Bericht hat er die Belege über Eingang und Verwendung der von ihm verwalteten Gelder beizufügen.

Einer besonderen Nachricht an die Insolvenzgläubiger über das Ende des Forderungsübergangs bedarf es dagegen grundsätzlich nicht, weil die Versagungsentscheidung öffentlich bekannt zu machen ist (§§ 296 Abs 3 S 2, 297 Abs 2, 298 Abs 3) und eine zusätzliche Information der Insolvenzgläubiger insbesondere bei einer Vielzahl von Gläubigern nur mit weiteren, vermeidbaren Kosten verbunden ist (aA *Kohte/Ahrens/Grote* § 299 Rn 12). Bei einer Rücknahme des Restschuldbefreiungsantrags oder in sonstigen Fällen vorzeitiger Erledigung des Restschuldbefreiungsverfahrens erscheint dagegen eine entsprechende Mitteilung an die Insolvenzgläubiger sinnvoll. Dies gilt umso mehr, als ein die vorzeitige Beendigung des Restschuldbefreiungsverfahrens feststellender Beschluss durch das Gericht nicht notwendig ist (siehe Rn 14).

3. Wiederaufleben des freien Nachforderungsrechts. Mit der Rechtskraft des Versagungsbeschlusses wird die Beschränkung der Rechte der Insolvenzgläubiger aufgehoben. Das freie Nachforderungsrecht der Insolvenzgläubiger lebt wieder auf (§ 201 Abs 1). Die Insolvenzgläubiger sind nicht mehr durch die Vorschrift des § 294 Abs 1 daran gehindert, die Zwangsvollstreckung in das Vermögen des Schuldners zu betreiben. Als **Titel** für eine Zwangsvollstreckung gegen den Schuldner gilt der **Tabelleneintrag**. Für die Vollstreckung aus dem Tabelleneintrag und die Erteilung der Vollstreckungsklausel nach §§ 724, 750 ZPO gelten die allgemeinen Vorschriften (*Häsemeyer* Rn 25.24).

4. Lohnabtretung bzw -verpfändung. Anders als das österreichische Insolvenzrecht (§ 12a Abs 4 öst KO) sieht die Insolvenzordnung bei einer vorzeitigen Beendigung des Restschuldbefreiungsverfahrens ein **Wiederaufleben der unwirksam gewordenen Lohnabtretung bzw -verpfändung** (vgl § 114 Abs 1) nicht vor (K/P/B/*Wenzel* § 299 Rn 2; *Kohte/Ahrens/Grote* § 299 Rn 14; MüKoInsO-*Ehricke* § 299 Rn 10; *Döbereiner* Restschuldbefreiung S 215 ff; *Vallender* VuR 1997, 155, 158; *Wittig* WM 1998, 157, 209, 220). Dies begegnet erheblichen Bedenken, weil es der Schuldner in der Hand hat, durch Obliegenheitsverletzungen vertragliche Sicherungsrechte an seinen laufenden Bezügen zum Erlöschen zu bringen (*Forsblad* Restschuldbefreiung S 232). Unredliches Verhalten des Schuldners würde mit einem Rechtsvorteil belohnt. Im Übrigen bewirkt der Umstand, dass Sicherheiten im Fall des Scheiterns des Restschuldbefreiungsverfahrens nicht wiederaufleben, eine Schlechterstellung der gesicherten Gläubiger im Verhältnis zu den ungesicherten Gläubigern, die nach einer vorzeitigen Beendigung des Restschuldbefreiungsverfahrens nicht mehr durch die Regelung des § 294 Abs 1 an einer Zwangsvollstreckung in die pfändbaren Lohnansprüche des Schuldners gehindert sind. Mit der vorzeitigen Beendigung des Restschuldbefreiungsverfahrens sind die Gründe, die für die Einschränkung der Rechte am laufenden Einkommen des Schuldners angeführt werden, entfallen. Das Wiederaufleben der unwirksam gewordenen Lohnabtretung bzw -verpfändung wäre die daraus zu ziehende Konsequenz und entspräche auch dem im Zessionsrecht geltenden Prioritätsprinzip (*Döbereiner* aaO S 216).

III. Sonstige vorzeitige Beendigung

8   Der Gesetzgeber ist offensichtlich von der Vorstellung ausgegangen, dass eine vorzeitige Beendigung des Restschuldbefreiungsverfahrens nur in den Fällen der Versagung der Restschuldbefreiung nach den §§ 296, 297 oder 298 in Betracht kommt. Denn die Vorschrift des § 299 beschränkt sich auf die vorgenannten Gründe für eine vorzeitige Beendigung. Es ist jedoch nicht auszuschließen, dass sämtliche **Gläubiger** vor Ablauf der Laufzeit der Abtretungserklärung **voll befriedigt** werden. Die gesetzliche Regelung der Restschuldbefreiung steht auch dem **Abschluss eines außergerichtlichen Vergleichs** zur Abkürzung der Laufzeit der Abtretungserklärung nicht entgegen. Der **Tod des Schuldners** während der Wohlverhaltensperiode führt ebenfalls zu einer vorzeitigen Verfahrensbeendigung (näher dazu § 292 Rn 9). Darüber hinaus ist es dem Schuldner unbenommen, durch **Rücknahme seines Antrags** auf Erteilung der Restschuldbefreiung das Verfahren vorzeitig zu beenden oder den Antrag auf Erteilung der Restschuldbefreiung für **erledigt zu erklären** (BGH v 17. 3. 2005 – IX ZB 214/04, NJW-RR 2005, 1363 = NZI 2005, 399, 400).

9   **1. Tod des Schuldners.** Mit dem Tod des Schuldners endet das Restschuldbefreiungsverfahren **entsprechend § 299** (BGH aaO m insoweit abl Anm *Ahrens* NZI 2005, 402). Einer ausdrücklichen Versagung der Restschuldbefreiung bedarf es nicht (aA AG Bielefeld v 9. 5. 2005 – 43 IK 558/03, ZVI 2005, 505). Wohl hat das Gericht die Verfahrensbeendigung und deren Wirkungen durch Beschluss auszusprechen (ebenso *Messner* ZVI 2004, 433, 440). Eine **Fortführung des Verfahrens mit dem Erben** ist **nicht möglich** (HK-*Landfermann* § 286 Rn 3; N/R/*Römermann* § 299 Rn 11; *Döbereiner* aaO S 219, 220; *Siegmann* ZEV 2000, 345, 348; aA *Kohte/Ahrens/Grote* § 286 Rn 41) Mit Recht weist *Siegmann* (aaO 348) darauf hin, dass der Erbe als Rechtsnachfolger des Schuldners nicht die Obliegenheiten des Erblassers nach § 295 zu erfüllen hat, weil diese nicht auf ihn übergehen; der Erbe haftet für die Verbindlichkeiten des Erblassers nur nach Maßgabe der §§ 1975 ff BGB. Im Übrigen bedarf es für die Erben nicht der Fortführung des Restschuldbefreiungsverfahrens mit der Möglichkeit der Restschuldbefreiung, weil sie die Möglichkeit haben, sich durch eine Ausschlagung der Erbschaft (§ 1943 BGB) vor einer übermäßigen Verschuldung zu schützen.

10 **2. Rücknahme des Antrags auf Erteilung von Restschuldbefreiung.** Der Schuldner ist grundsätzlich befugt, seinen Antrag auf Erteilung von Restschuldbefreiung zurückzunehmen (näher dazu § 287 Rn 20 ff). Da § 299 nach seinem Wortlaut keine abschließende Regelung trifft, erscheint es sachgerecht, die Vorschrift über ihren unmittelbaren Anwendungsbereich hinaus auch auf den Fall der Antragsrücknahme anzuwenden (K/P/B/*Wenzel* § 299 Rn 4; *Kohte/Ahrens/Grote* § 299 Rn 3, 8; *Fuchs* ZInsO 2002, 298, 307; ähnlich HK-*Landfermann* § 299 Rn 5). Dies bedeutet, dass das Insolvenzgericht die in § 299 genannten Rechtsfolgen – mit Ausnahme der Versagung der Restschuldbefreiung – durch einen **deklaratorischen Beschluss** auszusprechen hat (BGH v 17. 3. 2005 – IX ZB 214/04, NZI 2005, 399; *Braun/Lang* § 299 Rn 3; MüKoInsO-*Ehricke* § 299 Rn 18; aA N/R/*Römermann* § 299 Rn 9 ff, die einen Beschluss nicht für erforderlich halten).

11 **3. Befriedigung der Insolvenzgläubiger.** Bei Zustimmung aller Insolvenzgläubiger steht die gesetzliche Regelung der Restschuldbefreiung der vorzeitigen Ablösung der Forderungen nicht entgegen, weil die **Gläubiger-Schuldnerbeziehungen** nach wie vor **privatautonom** geregelt werden können (*Häsemeyer* Rn 26.45). Das Erlöschen der Forderungen der im Schlussverzeichnis genannten Gläubiger kann entweder auf einer Vereinbarung zwischen Schuldner und den Insolvenzgläubigern über eine vergleichsweise (Teil-)Befriedigung, einen Teil-/Forderungsverzicht oder auf einer Vollbefriedigung (zB durch eine angefallene Erbschaft oder durch Zahlungen Dritter) beruhen.

12 Berücksichtigt man, dass nach dem in § 299 und § 199 zum Ausdruck gebrachten allgemeinen Rechtsgedanken Beträge, die den Insolvenzgläubigern nicht gebühren, an den Schuldner auszuzahlen

sind bzw dass die Abtretung endet, wenn keine Zahlungen an die Insolvenzgläubiger zu erbringen sind, ist daraus zu folgern, dass die Abtretung an den Treuhänder endet. Darüber hinaus hat der Schuldner auch keine Obliegenheiten mehr zu erfüllen (näher dazu § 291 Rn 37 ff). Sind keine Kosten mehr offen und alle Verbindlichkeiten befriedigt, kann der Schuldner bereits vor Ablauf der Wohlverhaltensperiode analog § 299 einen Antrag auf (vorzeitige) Erteilung der Restschuldbefreiung stellen (**BGH** v 17. 3. 2005 – IX ZB 214/04, NZI 2005).

Dagegen verfehlt die **vorzeitige Erteilung der Restschuldbefreiung** vor Ablauf der Wohlverhaltensperiode ihren Sinn und Zweck, wenn eine vorgezogene Schlusszahlung von einem Kreditinstitut gegen eine Gehaltsabtretung vorfinanziert wird (**AG Köln** NZI 2002, 218, 219; *Leipold/Dieckmann* S 135; *Fuchs* aaO 309). In diesem Falle ist der Schuldner nicht mit einer Person vergleichbar, die die Wohlverhaltensperiode durchlaufen hat und nach diesem Zeitpunkt regelmäßig auf einen wirtschaftlichen Neuanfang setzen kann. Der Schuldner setzt letztlich die Wohlverhaltensperiode mit nur einem Gläubiger fort. 13

§ 300 Entscheidung über die Restschuldbefreiung

(1) Ist die Laufzeit der Abtretungserklärung ohne eine vorzeitige Beendigung verstrichen, so entscheidet das Insolvenzgericht nach Anhörung der Insolvenzgläubiger, des Treuhänders und des Schuldners durch Beschluß über die Erteilung der Restschuldbefreiung.

(2) Das Insolvenzgericht versagt die Restschuldbefreiung auf Antrag eines Insolvenzgläubigers, wenn die Voraussetzungen des § 296 Abs. 1 oder 2 Satz 3 oder des § 297 vorliegen, oder auf Antrag des Treuhänders, wenn die Voraussetzungen des § 298 vorliegen.

(3) ¹Der Beschluß ist öffentlich bekanntzumachen. ²Gegen den Beschluß steht dem Schuldner und jedem Insolvenzgläubiger, der bei der Anhörung nach Absatz 1 die Versagung der Restschuldbefreiung beantragt hat, die sofortige Beschwerde zu.

Übersicht

	Rn
I. Allgemeines	1
II. Anhörung der Beteiligten, Abs 1	2
III. Versagungsanträge, Abs 2	5
1. Versagungsantrag eines Insolvenzgläubigers	6
2. Versagungsantrag des Treuhänders	9
IV. Gerichtliche Entscheidung	10
1. Schriftliches Verfahren	11
2. Zuständigkeit	12
3. Form und Inhalt der Entscheidung	13
4. Kosten und Gebühren	14
5. Öffentliche Bekanntmachung, Abs 3 S 1	16
6. Rechtsmittel, Abs 3 S 2	18
V. Wirkungen	21
1. Versagung der Restschuldbefreiung	22
2. Erteilung der Restschuldbefreiung	25
3. Übergang des Verfügungsrechts über die abgetretene Forderung	28
VI. Nachtragsverteilung	29

I. Allgemeines

Der Schuldner erlangt Restschuldbefreiung nicht allein durch den Ablauf der Laufzeit der Abtretungserklärung. Vielmehr sieht § 300 Abs 1 im **Interesse der Rechtsklarheit** (HK-*Landfermann*, § 300 Rn 1) eine gerichtliche Entscheidung in Form eines Beschlusses vor. Der Entscheidung hat die **Anhörung der Beteiligten** vorauszugehen. Während der Regierungsentwurf (§ 248 S 1) noch die Anberaumung eines Termins zur Anhörung vorsah, hat die Entscheidung des Gerichts nach der geltenden Fassung des Gesetzes im **schriftlichen Verfahren** zu erfolgen. Die Zusammenfassung der §§ 248 und 249 des Regierungsentwurfs dient der Verfahrensvereinfachung (Beschl-Empf des RechtsA zu § 346 o, BT-Drucks 12/7302 S 189). Beantragt ein Insolvenzgläubiger die **Versagung der Restschuldbefreiung**, hat das Gericht dem bei Vorliegen der Voraussetzungen des § 296 Abs 1 oder Abs 2 S 3 oder des § 297 zu entsprechen. Darüber hinaus darf das Gericht Restschuldbefreiung nicht gewähren, wenn der Treuhänder die Versagung beantragt hat, weil seine Mindestvergütung nicht gedeckt ist (§ 298). § 300 Abs 2 enthält eine **abschließende Aufzählung der Versagungsgründe**. Versagungsgründe iSv § 290 können nicht mehr geltend gemacht werden. Etwas anderes gilt nur dann, wenn die Laufzeit der Abtretungserklärung ausnahmsweise vor Abschluss des Insolvenzverfahrens endet (siehe Kommentierung § 287 Rn 49 ff). 1

II. Anhörung der Beteiligten, Abs 1

Nach Ablauf der Laufzeit der Abtretungserklärung (vgl § 287 Abs 2 S 1) hat das Gericht **von Amts wegen** die Insolvenzgläubiger, den Treuhänder und den Schuldner darüber zu unterrichten, dass die 2

Entscheidung über den Antrag des Schuldners auf Erteilung der Restschuldbefreiung anstehe. Gleichzeitig ist den Beteiligten Gelegenheit zur Stellungnahme innerhalb einer kalendermäßig bestimmten **Frist** zu gewähren. Unter den Voraussetzungen des § 224 Abs 2 ZPO (§ 4) kann die gesetzte Frist verlängert werden. Erhebliche Gründe für eine Fristverkürzung dürften regelmäßig nicht vorliegen. Nach Ablauf der Frist eingegangene Versagungsanträge sind nicht zu berücksichtigen (ebenso *Kohte/Ahrens/Grote* § 300 Rn 6; HambKomm/*Streck* § 300 Rn 3; aA AG Göttingen v 6. 6. 2008 – 74 IN 314/01, ZVI 2008, 499, 500). Die Vorschriften der §§ 233 ff ZPO (§ 4) finden jedoch Anwendung.

3   Dem Schreiben an die Gläubiger sollte der Hinweis beigefügt werden, dass ein etwaiger Versagungsantrag den gleichen Voraussetzungen, Fristen und Verfahrensregeln wie ein Versagungsantrag während der Laufzeit der Abtretungserklärung unterliegt (§§ 300, 296, 297). Soweit der Treuhänder bereits Antrag auf Festsetzung seiner Vergütung gestellt hat, ist den Insolvenzgläubigern Gelegenheit zu geben, auch zu diesem Antrag Stellung zu nehmen. Eine **Anhörung** der Beteiligten **vor Ende der Wohlverhaltensperiode** ist zwar zulässig, empfiehlt sich aber nicht, weil Obliegenheitsverletzungen des Schuldners noch bis zum Ablauf der Laufzeit zu berücksichtigen sind. Die Frist sollte so gesetzt werden, dass sie zwei bis drei Wochen nach dem Ablauf der Wohlverhaltensperiode endet. Das Gericht ist nicht verpflichtet, von Amts wegen den Aufenthaltsort eines Gläubigers zu ermitteln. Der Gläubiger hat vielmehr dem Gericht bei seinem Wohnungswechsel seine Anschrift unaufgefordert mitzuteilen, damit Zustellungen an die neue Adresse erfolgen können.

4   Die **Anhörung** der Beteiligten kann **schriftlich** erfolgen (KS-*Fuchs* S 1751 Rn 210). Der Schuldner ist nicht verpflichtet, sich schriftlich zu äußern. Liegt nach Ablauf der Wohlverhaltensperiode bereits ein Versagungsantrag eines Gläubigers oder des Treuhänders vor, ist dem Schuldner bereits bei der Anhörung im schriftlichen Verfahren Gelegenheit zu geben, hierzu Stellung zu nehmen. Ob darüber hinaus nach Ablauf der Frist zur Anhörung ein Termin zur mündlichen Anhörung anzuberaumen ist, hängt vom Inhalt der Stellungnahme des Schuldners ab.

III. Versagungsanträge, Abs 2

5   Treuhänder und Insolvenzgläubiger haben nach § 300 Abs 2 vor der Entscheidung über die Restschuldbefreiung nochmals Gelegenheit, einen Versagungsantrag zu stellen. Ein im schriftlichen Anhörungsverfahren gestellter Versagungsantrag eines Insolvenzgläubigers ist dem Treuhänder und dem Schuldner zur Stellungnahme binnen einer kalendermäßig zu bestimmenden Frist zuzuleiten (*Smid/Krug/Haarmeyer* § 300 Rn 4). Eine erneute Anhörung des Schuldners hat auch bei einem Versagungsantrag des Treuhänders nach § 298 zu erfolgen.

6   **1. Versagungsantrag eines Insolvenzgläubigers.** Die **Insolvenzgläubiger** können ihren Versagungsantrag nur noch auf die Tatbestände des § 296 Abs 1 oder 2 S 3 oder des § 297 stützen (N/R/*Römermann* § 300 Rn 4). Die Verweisung in Abs 2 auf die vorgenannten Bestimmungen besagt zugleich, dass auch für diesen Versagungsantrag die **Frist** von einem Jahr seit der Kenntnis von der Obliegenheitsverletzung gilt und der Insolvenzgläubiger die Voraussetzungen des Antrags **glaubhaft zu machen** hat (Begr zu § 249 RegE, BR-Drucks 1/92 S 193; *Vallender* VuR 1997, 155, 159; *Behr* JurBüro 1998, 513, 524; N/R/*Römermann* § 300 Rn 4; *Hess* § 300 Rn 12; *Kohte/Ahrens/Grote* § 300 Rn 10). Aus diesem Grunde ist ein Gläubiger, der sich bereits im Schuldenbereinigungsverfahren auf Verheimlichung von Einkommen berufen hat, mit einem Antrag auf Versagung der Erteilung der Restschuldbefreiung gemäß § 300 InsO wegen Versäumung der Jahresfrist des § 296 Abs 1 S 2 InsO präkludiert (**AG** Göttingen v 13. 1. 2006 – 74 IK 59/99, ZVI 2006, 37). Der Versagungsantrag ist dem Treuhänder und dem Schuldner zur Stellungnahme binnen einer bestimmten Frist zuzuleiten (*Smid/Haarmeyer* § 300 Rn 4). Soweit ein Gläubiger einen **unzulässigen** Versagungsantrag gestellt hat, bedarf es keiner Anhörung der übrigen Beteiligten (LG Göttingen v 21. 1. 2005 – 10 T 14/05, ZInsO 2005, 154).

7   Das Gericht kann auch nach schriftlicher Anhörung des Schuldners noch einen **Termin zur Auskunft** über die Erfüllung der Obliegenheiten des Schuldners bestimmen (§§ 300 Abs 2, 296 Abs 2 S 3). Hat der Antragsteller zusätzlich den **Antrag auf Abgabe der eidesstattlichen Versicherung** gestellt, ist der Schuldner verpflichtet, im Termin über die Erfüllung seiner Obliegenheiten richtig, also vollständig und wahrheitsgemäß, Auskunft zu erteilen und die Richtigkeit der Auskunft an Eides statt zu versichern. Gibt er die Auskunft oder die eidesstattliche Versicherung ohne hinreichende Entschuldigung nicht innerhalb der ihm gesetzten Frist ab oder erscheint er trotz ordnungsmäßiger Ladung ohne hinreichende Entschuldigung nicht zu diesem Termin, so ist die Restschuldbefreiung zu versagen (§§ 300 Abs 2, 296 Abs 2 S 3).

8   Nur bei einer **rechtskräftigen Verurteilung** wegen einer Insolvenzstraftat nach den §§ 283 bis 283 c **StGB nach dem Schlusstermin** kann das Gericht die Restschuldbefreiung auf Antrag eines Gläubigers unter Berufung auf § 297 versagen. Ob auch Verurteilungen einzubeziehen sind, die bei Ende der Wohlverhaltensperiode schon erfolgt, aber noch nicht rechtskräftig sind, erscheint fraglich (näher dazu § 297 Rn 5).

9   **2. Versagungsantrag des Treuhänders.** Der **Treuhänder** kann seinen Versagungsantrag darauf stützen, dass die Mindestvergütung für das vergangene Tätigkeitsjahr nicht gedeckt sei (§ 298). Er hat dem An-

trag eine genaue Auflistung der Geldbeträge, die im vergangenen Jahr seiner Tätigkeit an ihn abgeführt worden sind, beizufügen. Dabei hat er in der Einzahlungsliste jeweils den Tag des Zahlungseingangs, den Einzahlenden und den Betrag anzugeben. Ein zulässiger Versagungsantrag nach § 298 setzt ferner die Vorlage einer Abschrift eines den Vorgaben des § 298 Abs 1 entsprechenden Aufforderungsschreibens an den Schuldner und den Nachweis über den Zugang des Schreibens voraus. Eine Zahlung der restlichen Vergütung bis zum Abschluss des Versagungsverfahrens lässt das Rechtsschutzbedürfnis für den Versagungsantrag entfallen (*Hoffmann* Verbraucherinsolvenz S 144; *Kohte/Ahrens/Grote* § 300 Rn 9). Nimmt der Treuhänder seinen Antrag nicht zurück, ist er als unzulässig zurückzuweisen.

IV. Gerichtliche Entscheidung

Das Gericht hat dem Antrag des Schuldners auf Erteilung der Restschuldbefreiung stattzugeben, wenn die Laufzeit der Abtretungserklärung ohne vorzeitige Beendigung wegen Obliegenheitsverletzungen, Verurteilung wegen einer Insolvenzstraftat oder fehlender Deckung der Mindestvergütung des Treuhänders (§§ 296 bis 298) verstrichen und bis zum Ablauf der Frist zur Abgabe der Stellungnahme ein zulässiger und begründeter Versagungsantrag des Treuhänders oder der Insolvenzgläubiger nicht gestellt worden ist *(Kohte/Ahrens/Grote* § 300 Rn 12). Ein Ermessensspielraum steht dem Gericht nicht zu, unabhängig davon, ob der Schuldner Obliegenheiten verletzt hat oder nicht. Das Gericht ist auch nicht befugt, die Erteilung der Restschuldbefreiung von der Zahlung einer Mindestquote abhängig zu machen (*Forsblad* Restschuldbefreiung S 252 ff; *Döbereiner* Restschuldbefreiung S 225 ff; *Kohte/Ahrens/Grote* § 300 Rn 12). Hat ein Insolvenzgläubiger einen unzulässigen oder unbegründeten Versagungsantrag gestellt, können die Bescheidung des Antrags und die Erteilung der Restschuldbefreiung in einem Beschluss erfolgen. Der **Tod des Schuldners nach Ablauf der Wohlverhaltensphase** begründet beim Verfahrenshindernis für die noch beschlossene Erteilung der Restschuldbefreiung. Der verfahrensrechtliche Anspruch auf Erteilung der Restschuldbefreiung (§§ 291 Abs 1, 300 Abs 2) ist nicht mehr an den Schuldner höchstpersönlich gebunden, sondern kann im Wege der Gesamtrechtsnachfolge (§ 1922 BGB) auf die Erben übergehen (**AG** Duisburg v 25. 5. 2009 – 62 IK 59/00, NZI 2009, 659; *Messner* ZVI 2004, 433, 440; *Köke/Schmerbach* ZVI 2007, 497, 505). Die Restschuldbefreiung ist in diesem Fall mit der Maßgabe auszusprechen, dass sie den Erben des Schuldners hinsichtlich der nicht erfüllten persönlichen, zur Zeit der Eröffnung des Insolvenzverfahrens bereits begründeten Verbindlichkeiten des Schuldners gegenüber seinen Insolvenzgläubigern erteilt wird (**AG** Duisburg aaO).

1. Schriftliches Verfahren. Grundsätzlich wird das Gericht seine Entscheidung im **schriftlichen Verfahren** treffen. Zulässig ist aber auch die Anberaumung einer mündlichen Verhandlung. Sie empfiehlt sich, wenn ein Insolvenzgläubiger einen zulässigen Versagungsantrag nach § 296 form- und fristgerecht gestellt hat und Zeugen zu vernehmen sind. Da sich bei einem Versagungsantrag nach § 297 die für die Entscheidung erforderlichen Tatsachen im Wesentlichen aus den Strafakten ergeben, ist grundsätzlich eine erneute mündliche Anhörung der Beteiligten nicht geboten. Nichts anderes gilt bei einem Versagungsantrag des Treuhänders nach § 298.

2. Zuständigkeit. Zuständig für die Entscheidung ist der **Rechtspfleger**, wenn ein Gegenantrag nicht gestellt ist (*Hess* § 300 Rn 15; aA *Smid/Haarmeyer* § 300 Rn 5; *Pape* NWB 1999 Fach 19 S 2461, 2475). Der **Richter** ist nach dem eindeutigen Wortlaut des § 18 Abs 1 Nr 2 RpflG nur bei einem **Versagungsantrag eines Insolvenzgläubigers** zur Entscheidung berufen. Eine Erweiterung seiner Zuständigkeit bei einem Versagungsantrag des Treuhänders nach § 298 kommt nicht in Betracht. Von einem Versehen des Gesetzgebers ist nicht auszugehen. Die Entscheidung nach § 298 kommt anders als die Entscheidung über einen Versagungsantrag des Insolvenzgläubigers der rechtsprechenden Tätigkeit iSv Art 92 GG nicht nahe (vgl Begr zu Art 14 RegE zu Nummer 5, BT-Drucks 12/3803, S 64–66). Schwierige Abwägungen und Bewertungen sind dabei nicht erforderlich. Vielmehr ist anhand der vom Treuhänder vorgelegten Unterlagen lediglich festzustellen, ob die Mindestvergütung des Treuhänders gedeckt ist und die weiteren – formalen – Voraussetzungen des § 298 Abs 1 erfüllt sind.

3. Form und Inhalt der Entscheidung. Die Entscheidung über die Erteilung der Restschuldbefreiung ergeht in Form eines Beschlusses. Der Beschluss bedarf nur im Falle der Bescheidung eines Versagungsantrags einer **Begründung**. Zwar greift auch der Beschluss, mit dem Restschuldbefreiung gewährt wird, in die Rechte der Insolvenzgläubiger ein, weil ihre Forderungen zu unvollkommenen Verbindlichkeiten werden (siehe dazu näher § 301 Rn 10). Hierbei handelt es sich jedoch um eine gesetzliche Folge. Bei einer Entscheidung über einen Antrag auf Versagung bedarf die Entscheidung des Gerichts einer Begründung, weil ansonsten die Grundlage für die Nachprüfbarkeit durch den Beschwerten und das Gericht fehlen würde (vgl **OLG** Hamburg FamRZ 78, 906).

4. Kosten und Gebühren. Die Entscheidung ergeht **gerichtsgebührenfrei**. Für die **Beschwerde** wird eine Festgebühr in Höhe von 50,00 Euro nach nach Maßgabe des KV GKG Nr 2361 fällig.

15 Der **Rechtsanwalt** erhält im Verfahren über einen Antrag auf Versagung der Restschuldbefreiung eine Verfahrensgebühr gemäß Nr 3321 VV RGV mit einem Gebührensatz von 0,5. **Mehrere Anträge auf Versagung** der Restschuldbefreiung sind als eine Angelegenheit anzusehen (§ 15 RVG iVm Nr 3321 Abs 1 VV RVG). Der **Gegenstandswert** der Gebühr bestimmt sich nach §§ 28 Abs 3, 23 Abs 3 S 2 RVG.

16 **5. Öffentliche Bekanntmachung, Abs 3 S 1.** Der Beschluss über die Erteilung der Restschuldbefreiung ist gemäß § 300 Abs 3 S 1 **öffentlich bekannt zu machen** (§ 9). Die öffentliche Bekanntmachung genügt zum Nachweis der Zustellung an die übrigen Gläubiger, § 9 Abs 3.

17 Seit dem 1. 7. 2007 ist gemäß § 300 Abs 3 S 1 iVm § 9 Abs 1 idF d G v 13. 4. 2007, BGBl I 509 der Beschluss, mit dem die Restschuldbefreiung erteilt oder versagt wird, im Internet öffentlich bekannt zu machen. Es empfiehlt sich, vor jeder Veröffentlichung abzuwarten, ob gegen die Entscheidung sofortige Beschwerde eingelegt wird (**AG** Göttingen v 7. 2. 2007 – 74 IN 182/01, NZI 2007, 251; HK-*Landfermann* § 300 Rn 10).

18 **6. Rechtsmittel, Abs 3 S 2.** Stellt weder ein Gläubiger noch der Treuhänder einen Antrag auf Versagung der Restschuldbefreiung, so findet ein Rechtsmittel gegen den Beschluss, mit dem die Restschuldbefreiung erteilt wird, nicht statt.

19 Da nur derjenige Rechtsmittel einlegen darf, den die anzufechtende Entscheidung unmittelbar rechtlich benachteiligt (vgl **BGH** NJW 1972, 112), steht dem **Schuldner** gegen den Versagungsbeschluss des Gerichts das Rechtsmittel der sofortigen Beschwerde zu (§§ 6, 300 Abs 3 S 2). Ein **Insolvenzgläubiger** ist zur Anfechtung der gerichtlichen Entscheidung berechtigt, wenn er bei der Anhörung nach Abs 1 die Versagung der Restschulbefreiung beantragt hat und das Gericht dem Schuldner die Restschuldbefreiung erteilt. Da das Gesetz nur dem Insolvenzgläubiger ein Rechtsmittel zugesteht, der sich wegen Vorliegens der Voraussetzungen des § 296 Abs 1 oder Abs 2 S 3 oder des § 297 gegen die Erteilung der Restschuldbefreiung gewandt hat, können andere Gläubiger, die aus sonstigen Gründen mit der Gewährung der Restschuldbefreiung nicht einverstanden sind, den Beschluss nicht anfechten (*Smid/Haarmeyer* § 300 Rn 7).

20 Bei einer Versagung der Restschuldbefreiung durch den Rechtspfleger auf Antrag des **Treuhänders** (§ 298) steht dem Schuldner gegen den Beschluss des Gerichts ebenfalls das Rechtsmittel der sofortigen Erinnerung (§ 11 Abs 2 S 1 RpflG) zu. Dieselbe Befugnis hat der Treuhänder bei Zurückweisung seines Versagungsantrags (*Kohte/Ahrens/Grote* § 300 Rn 16; HambKomm/*Streck* § 300 Rn 6; *Hess* § 300 Rn 18; aA *Braun/Lang* § 300 Rn 3; K/P/B/*Wenzel* § 300 Rn 1; offengelassen von **AG** Göttingen v 6. 1. 2009 – 74 IN 270/02, ZInsO 2009, 736, 737).

V. Wirkungen

21 Da der Beschluss über die Erteilung bzw Versagung der Restschuldbefreiung öffentlich bekannt zu machen ist, bedarf es keiner weiteren Nachricht des Gerichts an die Drittschuldner.

22 **1. Versagung der Restschuldbefreiung.** Wird die Restschuldbefreiung nach Ablauf der Treuhandzeit versagt, endet das Amt des **Treuhänders**. Das Gericht hat ihm aufzugeben, binnen einer bestimmten Frist Bericht zu erstatten und **Rechnung zu legen** (§ 292 Abs 3 S 1). Der Treuhänder hat eine **Endabrechnung** zu erstellen, aus der ersichtlich ist, an welchen Tagen welche Beträge an welche Empfänger gezahlt worden sind (N/R/*Römermann* § 292 Rn 60). Seinem Bericht hat er die Belege über Eingang und Verwendung der von ihm verwalteten Gelder beizufügen. Ein etwaiges Guthaben auf seinem Treuhandkonto hat der Treuhänder an den Schuldner bzw den Erben des Schuldners auszuzahlen. Dies gilt gleichermaßen für Zahlungen, die nach Rechtskraft der Versagungsentscheidung an ihn geleistet worden sind.

23 Ferner wird mit **Rechtskraft** des Versagungsbeschlusses die Beschränkung der Rechte der Insolvenzgläubiger aufgehoben (*Kohte/Ahrens/Grote* § 300 Rn 11). Das **freie Nachforderungsrecht** der Insolvenzgläubiger lebt wieder auf (§ 201 Abs 1). Die Insolvenzgläubiger sind nicht mehr durch die Vorschrift des § 294 Abs 1 daran gehindert, die Zwangsvollstreckung in das Vermögen des Schuldners zu betreiben. Als **Titel** für eine Zwangsvollstreckung gegen den Schuldner gilt der **Tabelleneintrag**. Für die Vollstreckung aus dem Tabelleneintrag und die Erteilung der Vollstreckungsklausel nach §§ 724, 750 ZPO gelten die allgemeinen Vorschriften (*Häsemeyer* Rn 25.24).

24 Nach rechtskräftigem Abschluss des Versagungsverfahrens ist das Insolvenzgericht zur **Aufhebung** einer etwa gewährten **Stundung** gem § 4c Nr 5 berechtigt. Dabei führt die Versagungsentscheidung nicht automatisch zur Aufhebung der Stundung. Vielmehr handelt es sich bei der vom Insolvenzgericht zu treffenden Entscheidung um eine **Ermessensentscheidung** (näher dazu FK-*Kohte* § 4c Rn 34 ff).

25 **2. Erteilung der Restschuldbefreiung.** Die Wirkungen der Restschuldbefreiung normieren §§ 286, 301. Während die Vorschrift des § 286 bestimmt, welche Verbindlichkeiten von der Restschuldbefreiung erfasst werden, beschreibt § 301 vor allem die Auswirkungen der Restschuldbefreiung auf die Forderungen der Insolvenzgläubiger und auf die mithaftenden Personen.

Übersicht § 301

Bis zur Erteilung der Restschuldbefreiung sind Zwangsvollstreckungsmaßnahmen einzelner Insolvenzgläubiger nicht zulässig. Dies gilt selbst dann, wenn die Laufzeit der Abtretungserklärung bereits verstrichen ist (*Kohte/Ahrens/Grote* § 300 Rn 11). Entsprechend der gesetzlichen Zielsetzung sollen die Gläubiger in diesem Zeitraum nicht in das Schuldnervermögen vollstrecken können (K/P/B/*Wenzel* § 300 Rn 2). 26

Eine **Durchbrechung der Rechtskraft** des Beschlusses, mit dem das Gericht Restschuldbefreiung erteilt, kommt auch dann nicht in Betracht, wenn das Verhalten des Schuldners im Insolvenzverfahren den Tatbestand einer vorsätzlichen sittenwidrigen Schädigung gemäß § 826 BGB erfüllt (zB Verschweigen von Vermögensgegenständen). Das Insolvenz- und Restschuldbefreiungsverfahren bieten mit den Versagungsgründen gemäß §§ 290, 296 und § 297 hinreichende Möglichkeiten, unredliches Verhalten des Schuldners zu sanktionieren (aA *Obermüller* InsR Bankpraxis Rn 1.562). 27

3. Übergang des Verfügungsrechts über die abgetretene Forderung. Mit Ende der Laufzeit der Abtretungserklärung stehen die an den Treuhänder abgetretenen pfändbaren Forderungen auf Bezüge aus einem Dienstverhältnis oder an deren Stelle tretende laufende Bezüge wieder dem Schuldner zu. Er wird allerdings erst mit Rechtskraft der dem Rechtschuldbefreiungsantrag stattgebenden Entscheidung **Inhaber der Forderungen** und erlangt das volle Verfügungsrecht über die Forderung wieder. Einer besonderen Freigabeerklärung oder Abtretung an ihn bedarf es nicht. 28

VI. Nachtragsverteilung

Taucht **nach Erteilung der Restschuldbefreiung** Schuldnervermögen auf, stellt sich die Frage, ob noch eine **Nachtragsverteilung** solcher nachträglich zur Masse ermittelter Vermögenswerte zulässig ist (vgl dazu OGH ZIK 2001, 27 zur Nachtragsverteilung im österreichischem Recht trotz erteilter Restschuldbefreiung). § 203 steht dem nicht entgegen. Denn Abs 2 der Vorschrift lässt eine **Nachtragsverteilung** nach Aufhebung des Verfahrens ausdrücklich zu, **ohne** dass die Norm eine **verfahrensmäßige Begrenzung** vornimmt. Auch wenn die von der Nachtragsverteilung erfassten Forderungen der Insolvenzgläubiger nicht mehr erfüllbar und damit nicht mehr durchsetzbar sind (näher dazu § 301 Rn 10 ff), muss den Gläubigern weiterhin der Anspruch zugebilligt werden, vorenthaltene Vermögenswerte im Wege der Nachtragsverteilung ausgeschüttet zu erhalten. Hierfür spricht folgende Überlegung: Der Vollzug der Nachtragsverteilung erfolgt auf Grund des Schlussverzeichnisses (§ 205). Berücksichtigt man, dass – worauf *Hess/Obermüller* (Rn 1219) zutreffend hinweisen – auch solche Forderungen an einer Nachtragsverteilung teilnehmen, die zwischenzeitlich auf Grund von **Verjährung** undurchsetzbar geworden sind, kann für solche Forderungen, die aus einem anderen Grund, etwa einem Beschluss über die Erteilung der Restschuldbefreiung, nicht mehr erfüllbar sind, nichts anderes gelten. Im Übrigen spricht für die Zulässigkeit einer Nachtragsverteilung nach Erteilung der Restschuldbefreiung der Umstand, dass den Schuldner die Verpflichtung trifft, sein gesamtes pfändbares Vermögen quasi als Vorleistung für eine Restschuldbefreiung zur Verfügung zu stellen. Wer mittels Restschuldbefreiung von seinen Verbindlichkeiten loskommen will, muss vorher sein der Pfändung unterliegendes Vermögen bekannt geben und zur Verfügung stellen (vgl *Konecny* ZIK 2001, 146). Die Haftung des redlichen Schuldners soll im Übrigen nur mit solchem Vermögen ausgeschlossen werden, das er nach der Restschuldbefreiung erwirbt (*Hess/Obermüller* aaO). 29

§ 301 Wirkung der Restschuldbefreiung

(1) ¹Wird die Restschuldbefreiung erteilt, so wirkt sie gegen alle Insolvenzgläubiger. ²Dies gilt auch für Gläubiger, die ihre Forderungen nicht angemeldet haben.

(2) ¹Die Rechte der Insolvenzgläubiger gegen Mitschuldner und Bürgen des Schuldners sowie die Rechte dieser Gläubiger aus einer zu ihrer Sicherung eingetragenen Vormerkung oder aus einem Recht, das im Insolvenzverfahren zur abgesonderten Befriedigung berechtigt, werden durch die Restschuldbefreiung nicht berührt. ²Der Schuldner wird jedoch gegenüber dem Mitschuldner, dem Bürgen oder anderen Rückgriffsberechtigten in gleicher Weise befreit wie gegenüber den Insolvenzgläubigern.

(3) Wird ein Gläubiger befriedigt, obwohl er auf Grund der Restschuldbefreiung keine Befriedigung zu beanspruchen hat, so begründet dies keine Pflicht zur Rückgewähr des Erlangten.

Übersicht

	Rn
I. Normzweck	1
II. Umfang der Restschuldbefreiung, Abs 1 S 1	2
1. Nicht oder nicht rechtzeitig angemeldete Forderungen, Abs 1 S 2	3
2. Von der Restschuldbefreiung ausgenommene Verbindlichkeiten	6
III. Wirkung der Restschuldbefreiung	9
1. Insolvenzforderung als Naturalobligation	10

	Rn
2. Neubegründungsvereinbarungen	12
3. Verordnung (EG) Nr 1346/2000 über Insolvenzverfahren	13
IV. Sicherungsrechte, Abs 2 S 1	15
1. Forthaftung von Bürgen	16
2. Forthaftung von Mitschuldnern	20
3. Vormerkung	23
4. Absonderungsrechte	24
V. Rückgriffsansprüche, Abs 2 S 2	26
VI. Ausschluss des Rückforderungsrechts Abs 3	29
VII. Sonstige Wirkungen der Restschuldbefreiung	32
1. Zwangsvollstreckung	33
2. Steuerliche Aspekte	35
3. Gesellschafter und Gesellschaftsverbindlichkeiten	38

I. Normzweck

1   Mit der Erteilung der Restschuldbefreiung soll dem redlichen Schuldner ein sog „fresh start" ermöglicht werden (*Wenzel* VuR 1990, 121, 131), indem er nach Ende der Laufzeit der Abtretungserklärung (§ 287 Abs 2 S 1) von den im Insolvenzverfahren nicht erfüllten Verbindlichkeiten befreit wird (§ 286). § 301 regelt die rechtliche Wirkung des Beschlusses, mit dem die Restschuldbefreiung ausgesprochen wird. Die Restschuldbefreiung erfasst die **Forderungen sämtlicher Insolvenzgläubiger**. Dagegen werden die Rechte der Insolvenzgläubiger gegen Mitschuldner und Bürgen des Schuldners sowie die Rechte dieser Gläubiger aus einer zu ihrer Sicherung eingetragenen Vormerkung oder aus einem Recht, das im Insolvenzverfahren zur abgesonderten Befriedigung berechtigt, durch die Restschuldbefreiung nicht berührt. Der Schuldner wird allerdings gegenüber dem Mitschuldner, dem Bürgen oder anderen Rückgriffsberechtigten in gleicher Weise befreit wie gegenüber den Insolvenzgläubigern. § 301 Abs 2 entspricht den Regelungen in § 193 KO und § 82 VglO. Gäbe es die Regelung des § 301 Abs 2 S 2 nicht, liefe die Restschuldbefreiung weitgehend ins Leere, weil dann der Schuldner, für den andere Personen mithaften, zwar im Verhältnis zu seinen Gläubigern von seinen Schulden befreit würde, aber infolge des Rückgriffs sich einer Forderung (in gleicher Höhe) ausgesetzt sähe. Lediglich der Gläubiger wäre ein anderer (*Fuchs* ZIP 2000, 1089, 1095). Eine dem § 301 Abs 2 entsprechende Regelung findet sich in § 254 Abs 2.

II. Umfang der Restschuldbefreiung, Abs 1 S 1

2   Die Restschuldbefreiung wirkt gegen **alle Insolvenzgläubiger**. Dies sind die Inhaber von Forderungen, die einen zurzeit der Eröffnung des Insolvenzverfahrens begründeten **Vermögensanspruch** gegen den Schuldner haben (§ 38). Sie umfasst grundsätzlich alle Vermögensansprüche der Insolvenzgläubiger gegen den Schuldner (*Kohte/Ahrens/Grote* § 301 Rn 3). Die Rechte der **Ab- und Aussonderungsberechtigten** bleiben von der Erteilung der Restschuldbefreiung ebenso unberührt (N/R/*Römermann* § 301 Rn 10) wie **Verfahrenskosten**, die dem Schuldner nach § 4a gestundet worden sind (vgl § 4 b).

2a   Nur soweit der Schuldner nach Abschluss des Insolvenzverfahrens überhaupt für **Forderungen der Massegläubiger** haftet, kann sich im Anschluss daran die Frage stellen, ob diese Forderungen von der Restschuldbefreiung erfasst werden. Unabhängig davon, ob man der Meinung folgt, dass der Schuldner auch nach Aufhebung des Insolvenzverfahrens nur für die nicht erfüllten Masseverbindlichkeiten (aufgezwungenen) Masseverbindlichkeiten persönlich, dh unter Einschluss seines neu erworbenen Vermögens, haftet (vgl nur **OLG** Stuttgart v 13. 6. 2007 – 5 W 11/07, ZIP 2007, 1616 ff; *Braun/Bäuerle* § 53 Rn 20), oder ob man sich der Gegenauffassung anschließt, nach der sämtliche Masseverbindlichkeiten der uneingeschränkten Nachhaftung des Schuldners unterliegen (*Jaeger/Windel* § 80 Rn 44; *Uhlenbruck* § 80 Rn 56), steht der eindeutige Wortlaut des § 301 der Erfassung von Masseverbindlichkeiten von der Restschuldbefreiung entgegen (*Kohte/Ahrens/Grote* § 301 Rn 7; MüKoInsO-*Stephan* § 301 Rn 8; offengelassen von **BGH** v 28. 6. 2007 – IX ZR 73/06, ZInsO 2007, 994, 995; vgl dazu *Pape* ZInsO 2007, 1312). In Verfahren, in denen der Ankündigung der Restschuldbefreiung regelmäßig die vollständige Befriedigung der Massegläubiger vorangeht (§§ 200, 289 Abs 2), stellt sich die Frage der Restschuldbefreiung nicht (HK-*Landfermann* § 301 Rn 11). Etwas anderes könnte indes gelten, wenn auf der Grundlage des § 289 Abs 3 die Restschuldbefreiung mit der Einstellung des Verfahrens nach Anzeige der Masseunzulänglichkeit angekündigt worden ist. Da der Treuhänder auch die sonstigen offenen Masseverbindlichkeiten zu befriedigen hat, bevor er Auschüttungen an die Insolvenzgläubiger vornimmt (**BGH** v 17. 3. 2005 – IX ZB 214/04, NZI 2005, 399, 400), erscheint es zwar nachvollziehbar, dass insoweit die Ansicht vertreten wird, auch die nicht befriedigten Masseverbindlichkeiten unterlägen den Wirkungen der Restschuldbefreiung (*Wischemeyer* KTS 2008, 495, 504, der § 301 auf oktroyierte Masseverbindlichkeiten wegen einer Regelungslücke analog anwendet; s ferner HK-*Landfermann* § 301 Rn 12; *Voigt* ZInsO 2002, 572). Letztlich spricht jedoch der eindeutige Wortlaut des § 301 gegen eine solche Annahme (*Kröpelin* Die massearme Insolvenz S 30 ff; *Kießner* FS Braun 2007, 205, 215).

II. Umfang der Restschuldbefreiung, Abs 1 S 1 § 301

1. Nicht oder nicht rechtzeitig angemeldete Forderungen, Abs 1 S 2. Die Restschuldbefreiung erstreckt sich auch auf die **nicht oder nicht rechtzeitig angemeldete Forderung** eines Insolvenzgläubigers (*Pape* ZIP 1992, 1289, 1290; *Hess* § 301 Rn 5; K/P/B/*Wenzel* § 301 Rn 2; *Kohte/Ahrens/Grote* § 301 Rn 4; N/R/*Römermann* § 301 Rn 10; *Smid/Krug/Haarmeyer* § 301 Rn 3; *Vallender* ZIP 2000, 1288, 1290; KS-*Fuchs* S 1752 Rn 213; *Preuss* Verbraucherinsolvenz S 184; *Prziklang* Verbraucherinsolvenz S 78). Dies gilt unabhängig davon, ob der Gläubiger seine fehlende oder verspätete Anmeldung hinreichend entschuldigen kann (**aA** *Döbereiner* Restschuldbefreiung S 244). Ein **Verstoß gegen Art 14 GG** ist darin nicht zu sehen (N/R/*Römermann* § 301 Rn 13).

Der **unberücksichtigt gebliebene Gläubiger** kann eine Forderung nicht mehr gegen den Schuldner durchsetzen; ihre Vollstreckbarkeit entfällt. Dies gilt auch für Titel, die der Gläubiger gegen den Schuldner aus der Zeit vor Eröffnung des Insolvenzverfahrens erlangt hat. Dem Gläubiger ist es auch verwehrt, wegen der nicht oder verspätet zur Tabelle angemeldeten Forderung einen Titel zu erwirken. Eine entsprechende Klage des Gläubigers wäre als unbegründet abzuweisen (*Kohte/Ahrens/Grote* § 301 Rn 12).

Soweit für im Verbraucherinsolvenzverfahren unberücksichtigt gebliebene Forderungen eine entsprechende Anwendung der Vorschrift des § 308 Abs 3 S 1 vorgeschlagen wird (*Bruckmann* Verbraucherinsolvenz § 4 Rn 90), kann dem nicht gefolgt werden (*Vallender* aaO 1290). Eine Regelungslücke liegt nicht vor. § 301 Abs 1 S 2 erstreckt die Wirkung der Restschuldbefreiung auch auf die Insolvenzgläubiger, die ihre Forderung nicht angemeldet haben, ohne danach zu unterscheiden, aus welchem Grunde die Anmeldung nicht erfolgt ist. Nichts anderes gilt für **ausländische Gläubiger**. Auch ihnen ist es zuzumuten, von den im **Internet** veröffentlichten Verlautbarungen über anhängige Insolvenzverfahren Kenntnis zu nehmen (**BGH** v 23. 10. 2008 – IX ZB 193/06, WM 2009, 95). Der Gläubiger, dessen Forderung der Schuldner vorsätzlich nicht in die Verzeichnisse nach § 305 Abs 1 Nr 3 und den Schuldenbereinigungsplan aufgenommen hat, ist dadurch aber nicht schutzlos gestellt. Vielmehr besteht gegen diesen Schuldner unter Umständen ein **Schadensersatzanspruch gemäß §§ 823, 826 BGB** (näher dazu *Vallender* aaO). Dieser wäre wegen der Regelung des § 302 Nr 1 nicht von der Restschuldbefreiung erfasst.

2. Von der Restschuldbefreiung ausgenommene Verbindlichkeiten. Von der Restschuldbefreiung ausgenommen sind nachfolgende Verbindlichkeiten:
– Verbindlichkeiten des Schuldners aus einer vorsätzlich begangenen unerlaubten Handlung, sofern der Gläubiger die entsprechende Forderung unter Angabe dieses Rechtsgrundes nach § 174 Abs 2 angemeldet hatte (§ 302 Nr 1);
– Geldstrafen, Geldbußen, Ordnungsgelder und Zwangsgelder sowie solche Nebenfolgen einer Straftat oder Ordnungswidrigkeit, die zu einer Geldzahlung verpflichten (§ 302 Nr 2 iVm § 39 Abs 1 Nr 3);
– Verbindlichkeiten aus zinslosen Darlehen, die dem Schuldner zur Begleichung der Kosten des Insolvenzverfahrens gewährt wurden (§ 302 Nr 3);
– Rückgriffsansprüche von Mitschuldnern, Bürgen und anderen Rückgriffsberechtigten (§ 301 Abs 2 S 2);
– nicht vermögensrechtliche Ansprüche wie Unterlassungsansprüche, Anfechtungsansprüche;
– Forderungen von Gläubigern, die ihre Rechte **nach Verfahrenseröffnung** erworben haben (**Neugläubiger**).

Für **familienrechtliche Unterhaltsansprüche** gilt nichts anderes (krit dazu *Häsemeyer* Rn 26.62; KS-*Kohte* S 809 Rn 97 ff; *Uhlenbruck* FamRZ 1998, 1473 ff). Lediglich die bis zur Verfahrenseröffnung entstandenen rückständigen Unterhaltsforderungen sind Insolvenzforderungen iSv § 38 und werden von der Restschuldbefreiung erfasst (**BGH** v 23. 2. 2005 – XII ZR 114/03, BGHZ 162, 234). Später entstehende Ansprüche richten sich gegen das insolvenzfreie Vermögen des Schuldners (*Häsemeyer* aaO Rn 16.19; *ders* FS W. Henckel S 353, 362, 365; *Uhlenbruck* aaO 1474). Eine Ausnahme besteht nur, soweit der Schuldner als Erbe des Verpflichteten haftet (§ 40 S 1). Die Gläubiger von familienrechtlichen Unterhaltsansprüchen, die erst nach Verfahrenseröffnung entstanden sind, erfahren gegenüber den restlichen Neugläubigern insoweit eine Privilegierung, als sie bereits während des Insolvenzverfahrens in den **erweitert pfändbaren Teil der Bezüge** des Schuldners vollstrecken, dh von diesem die Herausgabe der Differenzbetrages zwischen den Pfändungsfreigrenzen und dem absoluten Existenzminimum erwirken können, vgl § 89 Abs 2 S 2, § 850 d ZPO (*Prziklang* Verbraucherinsolvenz S 83).

Während die seit Eröffnung des Insolvenzverfahrens laufenden **Zinsen** der Forderungen der Insolvenzgläubiger die Qualität von Insolvenzforderungen haben und damit von den Wirkungen der Restschuldbefreiung erfasst werden, handelt es sich bei den während des Restschuldbefreiungsverfahrens entstandenen Zinsen um die Ansprüche von „Neugläubigern". Mit Recht sprechen sich die meisten Stimmen in der Literatur (*Döbereiner* Restschuldbefreiung S 246 ff; HK-*Landfermann* § 301 Rn 4; *Hess* § 301 Rn 7; KS-*Fuchs* S 1752 Rn 212; N/R/*Römermann* § 301 Rn 9; K/P/B/*Wenzel* § 301 Rn 4; *Kohte/Ahrens/Grote* § 301 Rn 6; MüKoInsO-*Stephan* § 301 Rn 13; *Hess* § 301 Rn 7) insoweit für eine entsprechende Anwendung des § 39 aus (aA *Smid/Haarmeyer* § 301 Rn 4). Da die Zinsschuld in ihrer Entstehung von der Hauptschuld abhängig ist (*Kollhosser* ZIP 1986, 1435), erscheint es gerechtfertigt, sie das Schicksal der Hauptschuld teilen zu lassen, unabhängig davon, ob sie vor oder während des

Restschuldbefreiungsverfahrens entstanden ist. Danach ist sie ab Rechtskraft der Restschuldbefreiung nicht mehr durchsetzbar.

III. Wirkung der Restschuldbefreiung

9 Die rechtskräftige Erteilung der Restschuldbefreiung bewirkt, dass der Schuldner von den im Insolvenzverfahren und bis zum Ende der Wohlverhaltensperiode nicht erfüllten Forderungen der Insolvenzgläubiger befreit wird (§ 286).

10 1. **Insolvenzforderung als Naturalobligation.** Wie im Zwangsvergleich nach § 193 KO oder im Vergleichsverfahren (§ 82 VglO) besteht die von der Restschuldbefreiung erfasste Insolvenzforderung jedoch als unvollkommene Verbindlichkeit (**Naturobligation**) fort. Sie bleibt ihrem Wesen nach unverändert. Die Forderung ist nicht erzwingbar, aber erfüllbar (**BGH** v 25. 9. 2008 – IX ZB 205/06 ZInsO 2008, 1279, 1280; vgl ferner RGZ 153, 342/343; BGHZ 83, 104; **BGH** ZIP 1982, 467, 468 = NJW 1982, 1765, 1766; Begr zu § 250 RegE, BR-Drucks 1/92, S 194; *Döbereiner* JA 1996, 728; *Maier/Krafft* BB 1997, 2180; *Wittig* WM 1998, 216; *Vallender* VuR 1997, 155, 159). Dies folgt aus der Regelung des Abs 2 S 2, die den rechtlichen Fortbestand der im Restschuldbefreiungsverfahren nicht erfüllten Forderung als notwendige Voraussetzung hat. Ein Erlöschen der nicht befriedigten Insolvenzforderungen hätte zur Folge, dass auch die Ansprüche gegen Mitschuldner und Bürgen des Schuldners sowie vorgemerkte Rechte und Rechte, die im Insolvenzverfahren zur abgesonderten Befriedigung berechtigt hätten, nicht erhalten blieben. Im Übrigen ergibt sich aus der Regelung des § 301 Abs 3, dass von der Entstehung unvollkommener, gegen den Schuldner nicht mehr erzwingbarer Verbindlichkeiten auszugehen ist. Auch mit der dortigen Regelung wäre das vollständige Erlöschen der Verbindlichkeiten durch die Restschuldbefreiung nicht zu vereinbaren (*Pape* NWB 1999 Fach 19 S 1923, 1938).

11 Auch wenn die von der Restschuldbefreiung erfasste Forderung des Insolvenzgläubigers als unvollkommene Verbindlichkeit fortbesteht, ist es diesem verwehrt, mit dieser Forderung die **Aufrechnung** gegen eine während der Laufzeit der Abtretungserklärung entstandene Forderung des Schuldners zu erklären. Denn die zur Aufrechnung gestellte Forderung muss vollwirksam und fällig sein (BGHZ 2, 302; **OLG** Bremen NJW 1987, 847), dh es muss sich um eine Forderung handeln, deren Erfüllung erzwungen werden kann (*Palandt/Heinrichs* § 387 BGB Rn 11). Dagegen besteht eine Aufrechnungsbefugnis des Insolvenzgläubigers mit Forderungen, die erst nach Eröffnung des Insolvenzverfahrens entstanden sind, weil es sich insoweit nicht um eine Insolvenzforderung handelt, die von den Wirkungen des § 301 erfasst wird.

11a Hat der Schuldner die **Restschuldbefreiung in unredlicher Weise durch bewusstes Verschweigen einer Forderung erlangt,** kann der betroffene Gläubiger seinen Anspruch unter Berufung auf § 826 BGB nur im streitigen Verfahren verfolgen (**BGH** v 9. 10. 2008 – IX ZB 16/08, ZInsO 2009, 52; **LG** Schwerin v 15. 5. 2006 – 2 S 66/06, VersR 2007, 400). Tritt ein Schuldner der Vollstreckung des Gläubigers mit der Vollstreckungsgegenklage entgegen, ist in einem solchen Verfahren das unredliche Verhalten des Schuldners, die Restschuldbefreiung durch eine vorsätzliche sittenwidrige Schädigung iSd § 826 BGB erwirkt zu haben, zu würdigen (**BGH** aaO).

12 2. **Neubegründungsvereinbarungen.** In der Literatur ist die Frage umstritten, ob Schuldner und Gläubiger nach Erteilung der Restschuldbefreiung die hiervon erfassten Forderungen durch Vereinbarung neu begründen können (zum Meinungsstand s K/P/B/*Wenzel* § 301 Rn 1 a). Rechtliche Bedenken gegen die Neubegründung von Altforderungen nach Erteilung der Restschuldbefreiung bestehen nicht (vgl RGZ 160, 134, 138; *Forsblad* Restschuldbefreiung S 272; *Kohte/Ahrens/Grote* § 301 Rn 11; N/R/*Römermann* § 301 Rn 18; aA *Döbereiner* Restschuldbefreiung S 235 ff). Entscheidend ist, dass die Forderung weiterhin erfüllbar ist. Im Übrigen beruht die Novation auf einem freiwilligen Entschluss des Schuldners. Diesen hat die Rechtsordnung grundsätzlich zu respektieren.

13 3. **Verordnung (EG) Nr 1346/2000 über Insolvenzverfahren.** Die Verordnung (EG) Nr 1346/2000 über Insolvenzverfahren vom 29. 5. 2000 (ABl Nr L 160/1 vom 30. 6. 2000), die am 31. 5. 2002 in Kraft getreten ist (Art 47), sieht eine automatische Anerkennung eines in einem Mitgliedsstaat eröffneten Insolvenzverfahrens durch die anderen Mitgliedsstaaten vor, ohne dass eine vorherige Entscheidung eines Gerichts des ersuchten Staates erforderlich ist (Art 16, Erwägungsgrund 22). Da nach der Konzeption der Verordnung jeder Schuldner nur einen Mittelpunkt seiner hauptsächlichen Interessen besitzt (vgl Art 3 Abs 1), ist in der Gemeinschaft nur **ein Hauptinsolvenzverfahren** denkbar (*Wimmer* ZInsO 2001, 97, 99; *ders* FK-*Wimmer* Anhang I Rn 76).

14 Die Wirkungen, die das Recht des Staates der Verfahrenseröffnung des Hauptverfahrens beilegt, werden auf alle Mitgliedsstaaten ausgedehnt, sofern die Verordnung nichts anderes bestimmt und solange in dem anderen Mitgliedstaat kein Verfahren nach Art 3 Abs 2 eröffnet ist (Art 17 Abs 1). Die **Wirkungen der Restschuldbefreiung** richten sich demnach nach dem **Recht des Staates der Verfahrenseröffnung** (zu den Voraussetzungen der Anerkennung einer in Frankreich erteilten Restschuldbefreiung in Deutschland s **BGH** ZInsO 2001, 1009 m Anm *Vallender*; näher zum Ganzen *Vallender* 2009, 616).

IV. Sicherungsrechte, Abs 2 S 1

Unberührt von der Restschuldbefreiung bleiben die Rechte der Gläubiger gegen Mitschuldner und 15
Bürgen, die Rechte der Insolvenzgläubiger aus einer zu ihrer Sicherung eingetragenen Vormerkung sowie die Rechte der Insolvenzgläubiger aus einem Recht, das im Insolvenzverfahren zur abgesonderten Befriedigung berechtigt. Die Bestimmung des § 301 Abs 2 S 1 entspricht damit der Zielsetzung gegenüber einer Mehrzahl von Haftenden, das Insolvenzrisiko zugunsten des Gläubigers zu verteilen (*Evers* ZInsO 1999, 340). Das Gesetz will nur demjenigen Schuldner einen wirtschaftlichen Neuanfang ermöglichen, der für einen Zeitraum von sechs bzw fünf Jahren sein pfändbares Vermögen zur Befriedigung seiner Gläubiger zur Verfügung gestellt hat und ggf den mühsamen Weg des Restschuldbefreiungsverfahrens erfolgreich zu Ende gegangen ist. Erst wenn sämtlichen Mithaftenden die Restschuldbefreiung erteilt wurde, kann der Gläubiger seine ausstehende Forderung nicht mehr durchsetzen.

1. Forthaftung von Bürgen. Auch nach erteilter Restschuldbefreiung besteht die **Bürgschaft** als Bürgschaft fort. Abs 2 S 1 stellt für die Bürgenhaftung eine Ausnahme von den §§ 767, 768 BGB dar, wonach 16
für die Verpflichtung des Bürgen der jeweilige Bestand der Hauptverbindlichkeit maßgebend ist (vgl RGZ 92, 123; 134, 39). Diese Regelung stieß schon frühzeitig vor allem wegen der geänderten Zielsetzung des Insolvenzverfahrens, dem Schuldner einen wirtschaftlichen Neuanfang zu ermöglichen, auf Kritik (*Hörmann* WM 1992, 1223; *Scholz* FLF 1995, 145, 148). Berücksichtigt man, dass Bürgschaften in unzulässiger Weise als Kreditsicherungsmittel entwertet worden wären, wenn auch die Rechte der Insolvenzgläubiger gegen Bürgen von einer Restschuldbefreiung mit erfasst würden, erscheint die Regelung vertretbar. Sie berücksichtigt allerdings nicht in hinreichender Weise die Belange sich verbürgender Ehegatten oder sonst nahe stehender Angehörigen des Schuldners, die überwiegend in einem ähnlichen wirtschaftlichen und sozialen Umfeld und in einer ähnlichen Einkommens- und Vermögenssituation wie der Schuldner selbst leben (*Forsblad* Restschuldbefreiung S 266/267; eine nähere Darstellung der Rechtsprechung zur Mithaftung naher Angehöriger findet sich bei *Fischer* WM 1998, 1749; *Martis* MDR 1998, 882 ff; *Odersky* ZGR 1998, 169, 171 ff; *Tonner* ZIP 1999, 901 ff). Durch die Bürgschaft werden die Schulden auf diese Personen abgewälzt (*Bindemann* Verbraucherkonkurs Rn 270). Sie werden in ein für sie unübersehbares nicht zu bewältigendes Haftungsrisiko einbezogen (*Gottwald/Schmidt-Räntsch* InsRHdb S 596 Rn 4 mwN). Allerdings ist nicht einzusehen, dass ein Schuldner auch dann von der Rückzahlungsverpflichtung befreit sein soll, wenn er später zu beträchtlichen Vermögenswerten gelangt, während der Mitschuldner oder Bürge durch seine Inanspruchnahme seinerseits in die Gefahr einer Insolvenz gerät (vgl *Thurner* AnwBl 1992, 819; *Deixler-Hübner* Privatkonkurs S 110 Rn 188).

Auch die **Höhe der Bürgschaftsverpflichtung** wird durch die Restschuldbefreiung nicht beeinträchtigt. Dies bedeutet, dass der Gläubiger gegen den Bürgen **in voller Höhe** aus der Bürgschaft vorgehen 17
kann, obwohl die Hauptforderung nicht mehr erfüllbar ist. Grundlage der Bürgschaft ist nicht der Fortbestand der Hauptschuld in Gestalt einer unvollkommenen Verbindlichkeit, weil auch die akzessorische Sicherheit in eine unvollkommene Verbindlichkeit umgewandelt wird (*Kohte/Ahrens/Grote* § 301 Rn 14 mwN). Letztlich ermöglicht allein die Regelung des § 301 Abs 2 die Überwindung der Akzessorietät. Diese **Durchbrechung bzw Überwindung des Grundsatzes der Akzessorietät** ist deswegen gerechtfertigt, weil gerade die Bürgschaft eine Sicherung gegen den Vermögensverfall des Schuldners verschaffen soll (vgl K/U § 193 KO Rn 9).

Für die **Haftung des Bürgen** kommt es nicht darauf an, ob der Gläubiger die Rechte gegen diesen vor 18
oder nach Eröffnung des Insolvenzverfahrens erworben hat (*Döbereiner* Restschuldbefreiung S 230). Stellt sich die Bürgschaft allerdings als Sondervereinbarung iSv § 294 Abs 2 dar, ist das Rechtsgeschäft **nichtig**. Das Gleiche gilt, wenn die übernommene **Bürgschaft** als sittenwidrig erweist (s dazu näher BGH ZIP 2001, 189 ff; BGH NJW 1999, 58 ff; 135 ff; 2584 ff; BGH NJW 1998, 894 ff; BGH NJW 1997, 1005 ff; BGH NJW 1994, 1341 ff). Ob die Rechtsprechung des Bundesgerichtshofs, die einem Bürgschaftsvertrag in den Fällen „krasser Überforderung" auch ohne Hinzutreten des Bürgen besonders belastender Umstände die Anerkennung versagt, angesichts der Möglichkeit des Bürgen, Restschuldbefreiung erlangen zu können, aufrechterhalten werden kann, erscheint fraglich (*Müller* KTS 2000, 57, 59). Auch wenn die Restschuldbefreiung anders als die höchstrichterlichen Entscheidungen den Schuldner nicht sofort und total entlastet, liegt hierin aber die rechtsdogmatisch bedenkliche Verlagerung des Schuldnerschutzes vom Vollstreckungsrecht in das materielle Recht (*Prütting* ZIP 1992, 882, 883). Aus diesem Grunde muss sich ein Schuldner, der allein mit Rücksicht auf seine **finanzielle Überforderung** vor dem Zugriff seines Vertragspartners geschützt werden soll, auf den Weg des Insolvenz- und Restschuldbefreiungsverfahrens verweisen lassen und kann sich nicht mit Erfolg auf die Sittenwidrigkeit des Bürgschaftsvertrages berufen (*Aden* NJW 1999, 3763; *Foerster*, JZ 2002, 562, 564; *Zöllner* WM 200, 1, 5; *Schnabl* WM 2006, 760, 709 f; **aA BGH** v 16. 6. 2009 – XI ZR 539/07, NZI 2009, 609; *Ahrens* NZI 2009, 597; *Gernhuber* JZ 1995, 1086, 1094 f). Offen ist nach wie vor, ob im Vorfeld eines Insolvenz- oder Restschuldbefreiungsverfahrens etwas anderes zu gelten hat (dazu *Ahrens* aaO 598). Diese Regelungen sind für den Schuldner nicht unzumutbar. Durch die in § 4a eröffnete Möglichkeit der Stundung der Verfahrenskosten ist ihm jedenfalls aus finanziellen Gründen der Weg in dieses Verfahren nicht versperrt.

19 Eine echte, unter § 301 Abs 2 S 1 fallende Bürgenhaftung entspringt auch aus der Verbürgung eines persönlich haftenden Gesellschafters bei offenen Handelsgesellschaften und Kommanditgesellschaften für eine Gesellschaftsschuld (*Jaeger/Weber* § 193 KO Rn 18).

20 **2. Forthaftung von Mitschuldnern. Mitschuldner** iSd Vorschrift sind nur die durch Mithaftung oder durch ein gegenseitiges Rückgriffsrecht verbundenen Schuldner (vgl K/U § 193 KO Rn 9). Diesen ist gemeinsam, dass sie nebeneinander für dieselbe Leistung aufs Ganze haften (K/U § 68 KO Rn 2). Das trifft auf das **echte Gesamtschuldverhältnis** des § 421 BGB zu (*Jaeger/Henckel* § 3 KO Rn 54). Die **kumulative Schuldübernahme** begründet selbst dann ein echtes Gesamtschuldverhältnis, wenn die Mitverpflichtung durch ein abstraktes Schuldversprechen (§ 780 BGB) übernommen wird (RGZ 70, 409; 77, 323). Mitschuldner iSd Vorschrift sind auch die nach Art 47 WG haftenden Wechselschuldner. Aufgrund einer **harten Patronatserklärung** haftet der Erklärende bei Insolvenz des Schuldners, für den die Erklärung abgegeben wurde, **neben**, nicht nach diesem (K/U § 68 KO Rn 5 c).

21 Dagegen bilden der Schuldner und der akzessorisch haftende Bürge keine Schuldnermehrheit. Im Einzelfall kann es eine Auslegungsfrage sein, ob eine gemeinschaftliche Schuld im engeren Sinne oder eine Gesamtschuld vorliegt. Eine Weiterhaftung des Gesamtschuldners ergibt sich ohnehin aus §§ 423, 425 BGB.

22 Die Kriterien zur Nichtigkeit von Bürgschaften naher Angehöriger gelten sinngemäß auch für die Fälle der **Mitdarlehensnehmerschaft** (BGH NJW 1991, 923, 924 ff m Anm *Grün*; *Bindemann* Verbraucherkonkurs Rn 270). Dem einzelnen Gläubiger steht es selbstverständlich frei, auf seine Rechte gegen Mitschuldner oder Bürgen zu verzichten.

23 **3. Vormerkung.** Auch das Recht aus einer im Grundbuch (§ 883 BGB), Schiffsregister oder im Register für Pfandrechte an Luftfahrzeugen bzw in der Luftfahrzeugrolle eingetragenen Vormerkung wird durch die Restschuldbefreiung nicht beeinträchtigt. Dies ist eine Folge der im § 106 anerkannten dinglichen Sicherung, die durch die Vormerkung begründet wird. Zur Vermeidung eines Zweifels stellt Abs 2 S 1 dies ausdrücklich fest. Ohne Zustimmung des Gläubigers kann mithin die Restschuldbefreiung dem vormerkungsgeschützten Anspruch nichts anhaben (*Marotzke* ZZP 109 (1996), 429, 438 ff m Fn 47; *Assmann*, Die Vormerkung (§ 883 BGB), 1998, S 254 ff). Ob die Auflassungsvormerkung auf Grund einer Bewilligung oder einer einstweiligen Verfügung erwirkt wurde, ist ohne Belang (*Döbereiner* Restschuldbefreiung S 231).

24 **4. Absonderungsrechte.** Die Rechte der Gläubiger, die im Insolvenzverfahren **abgesonderte Befriedigung** verlangen können (vgl §§ 49 bis 51), werden durch die Restschuldbefreiung nicht berührt. Auch nach Erteilung der Restschuldbefreiung sind die Absonderungsberechtigten befugt, ihr Absonderungsrecht geltend zu machen. Eine Einschränkung erfahren allerdings die Sicherungszessionen (§ 51 Nr 1) und Verpfändungen (§ 50 Abs 1) von Forderungen auf Bezüge aus einem Dienstverhältnis oder an deren Stelle tretende laufende Bezüge. Sie werden zwei Jahre nach Eröffnung des Insolvenzverfahrens, gerechnet zum Monatsende, unwirksam, § 114 Abs 1 (vgl dazu **AG** Göttingen v 2. 10. 2006 – 74 IN 351/05, ZVI 2006, 522, 523).

25 Soweit der **Schuldner** dem absonderungsberechtigten Gläubiger **persönlich haftet**, ist dieser in voller Höhe seiner Forderung Insolvenzgläubiger. Allerdings ist das Befriedigungsrecht in den Verteilungen – ungeachtet der umfassenden Feststellung – auf den mutmaßlichen bzw endgültigen Ausfall beschränkt (§ 190), soweit der Gläubiger nicht auf das Absonderungsrecht verzichtet. Während die persönlichen Ansprüche von der Restschuldbefreiung erfasst werden, **sichert** § 301 Abs 2 die dingliche Haftung für die ganze Forderung.

V. Rückgriffsansprüche, Abs 2 S 2

26 Rückgriffsansprüche aus §§ 426 Abs 2, 670, 774 Abs 1 BGB werden ebenfalls von der Restschuldbefreiung erfasst. Im Falle der Inanspruchnahme der zur Sicherung bestellten Hypothek oder Grundschuld durch den Gläubiger steht dem vom Schuldner personenverschiedenen Eigentümer ebenfalls ein Rückgriffsanspruch gegen den Schuldner aus dem Innenverhältnis zu (*Döbereiner* Restschuldbefreiung S 245). Diese Rückgriffsansprüche stellen sich nach der Erteilung von Restschuldbefreiung als Naturalobligation dar. **§ 301 Abs 2 S 2 verhindert ein Vorgehen aus den Rückgriffsansprüchen gegen den Schuldner**, indem er sie wie Insolvenzforderungen den Wirkungen der Restschuldbefreiung unterstellt. Dies erscheint folgerichtig, weil ansonsten die Wirkung der Restschuldbefreiung durch Rückgriffsansprüche von Bürgen, Mitschuldnern oder Eigentümern von mit Hypotheken oder Grundschulden belasteten Grundstücken nach einer Inanspruchnahme durch die Gläubiger zunichte gemacht werden würde.

27 Das Tatbestandsmerkmal „in gleicher Weise" bedeutet: Die Forderung des Gläubigers und der Rückgriffsanspuch des Gesamtschuldners bzw Bürgen erhalten zusammen eine Quote. Für den Regress bleibt daher nur, was der Gläubiger dem Insolvenzschuldner nicht abverlangt (*Leipold/Bork* S 51, 53; *Noack/Bunke* FS *Uhlenbruck* S 335, 360 mit einem instruktiven Berechnungsbeispiel).

VII. Sonstige Wirkungen der Restschuldbefreiung § 301

Wegen des **potienziellen Regressausfalls** bei Erteilung der Restschuldbefreiung legt *Smid* (§ 44 Rn 2) 28
die Vorschrift des § 44 verfassungskonform dahin aus, dass dem Gesamtschuldner bzw Bürgen im Insolvenzverfahren rechtliches Gehör zu gewähren ist. *Noack/Bunke* (in FS *Uhlenbruck* S 335, 363) halten dies nicht für erforderlich, weil der Bürge bzw Gesamtschuldner auch ohne eigene Stimmberechtigung als Insolvenzgläubiger im Verfahren über die Erteilung der Restschuldbefreiung zu hören sei.

VI. Ausschluss des Rückforderungsrechts, Abs 3

Nach Erteilung der Restschuldbefreiung steht den Insolvenzgläubigern wegen ihrer restlichen Forderungen kein unbeschränktes Nachforderungsrecht gegen den Schuldner zu (vgl § 201 Abs 1). Befriedigt 29
der Schuldner den Gläubiger gleichwohl, ist dieser zur Rückgewähr des Erlangten wegen ungerechtfertigter Bereicherung gemäß § 812 Abs 1 S 1 BGB nicht verpflichtet. Die von der Restschuldbefreiung erfasste Forderung besteht als unvollkommene Verbindlichkeit fort. Sie bildet den **Rechtsgrund für die Leistung des Schuldners** an den Gläubiger *(Hoffmann* Verbraucherinsolvenz S 141). Die Vorschrift des § 301 Abs 3 enthält **zwingendes Recht**. Dies folgt aus dem Sinn und Zweck der Restschuldbefreiung (*Döbereiner* Restschuldbefreiung S 229; N/R/*Römermann* § 301 Rn 10).

Die Vorschrift erfasst nicht nur die Fälle realer Leistungen, sondern auch die Abgabe selbstständiger 30
Schuldversprechen oder -anerkenntnisse. Letztlich handelt es sich bei der Regelung des Absatzes 3 um eine Ausprägung des allgemeinen Grundsatzes von Treu und Glauben (vgl *Palandt/Sprau* § 814 BGB Rn 1). Anders als § 814 BGB stellt § 301 Abs 3 nicht auf die Kenntnis des Leistenden vom Fehlen seiner Verpflichtung ab. Der Rückforderungsanspruch ist auch bei einer Leistung ausgeschlossen, die ohne positive Kenntnis von der Nichtschuld erfolgte.

Erlangt ein Gläubiger trotz rechtskräftiger Erteilung der Restschuldbefreiung eine vollstreckbare Aus- 31
fertigung der Eintragung in die Tabelle (§ 201 Abs 2) gegen den Schuldner, findet Abs 3 keine Anwendung, wenn dieser unter dem **Druck einer drohenden Zwangsvollstreckung** Zahlung leistet (vgl *Medicus* Rn 689).

VII. Sonstige Wirkungen der Restschuldbefreiung

Die **fehlende Durchsetzbarkeit der Forderung** wirkt sich auch auf ein späteres Erkenntnisverfahren 32
aus (*Kohte/Ahrens/Grote* § 301 Rn 12). So ist es dem Gläubiger verwehrt, wegen der nicht oder verspätet zur Tabelle angemeldeten Forderung einen Titel zu erwirken. Eine entsprechende Klage des Gläubigers wäre als unbegründet abzuweisen. Darüber hinaus ist auf Antrag eines Insolvenzgläubigers die Restschuldbefreiung zu versagen, wenn der Schuldner sie nicht früher als zehn Jahre vor dem Antrag auf Eröffnung des Insolvenzverfahrens schon einmal erlangt hat (§ 290 Abs 1 Nr 3).

1. Zwangsvollstreckung. Da das freie Nachforderungsrecht der Gläubiger infolge der Restschuldbe- 33
freiung nicht entsteht, darf das Insolvenzgericht einem Insolvenzgläubiger nach Erteilung der Restschuldbefreiung keine vollstreckbare Ausfertigung der Eintragung in die Tabelle erteilen (HK-*Landfermann* § 301 Rn 3). Dies gilt auch für eine **Forderung aus vorsätzlich begangener unerlaubter Handlung**, bei der der Gläubiger bei der Anmeldung dieser Forderung nicht darauf hingewiesen hat, dass sie nach seiner Einschätzung auf einer vorsätzlich begangenen unerlaubten Handlung beruht (§§ 302 Nr 1; 174 Abs 2).

Gegenüber einer **Zwangsvollstreckungsmaßnahme aus dem Ursprungstitel** kann sich der Schuldner al- 34
lein mit der **Vollstreckungsgegenklage** gemäß § 767 ZPO erfolgreich zur Wehr setzen (**BGH** v 25. 9. 2008 – IX ZB 205/06, ZInsO 2008, 1279; *Braun/Lang* § 301 Rn 5; *Graf-Schlicker/Kexel* § 301 Rn 20; MüKoInsO-*Stephan* § 301 Rn 20; *Pape* KTS 1992, 185 ff; KS-*Fuchs* S 1756 Rn 229). Denn dieser Titel ist verbraucht. Bei einer **Vollstreckung aus dem Tabelleneintrag** kann der Schuldner zwar nach §§ 775 Nr 1, 776 ZPO die Einstellung der Zwangsvollstreckung und die Aufhebung bereits getroffener Vollstreckungsmaßnahmen verlangen (*Arnold* DGVZ 1996, 65, 70; HK-*Landfermann* § 301 Rn 3; *Kohte/ Ahrens/Grote* § 301 Rn 12; *Vallender* ZIP 2000, 1288, 1290). Sieht das Vollstreckungsorgan, das Einwendungen des Schuldners gegen den materiellen Anspruch des Vollstreckungstitels nicht zu beachten hat (allgem Meinung zB LG Münster NJW-RR 1992, 1531), indes nicht von der weiteren Durchführung der Zwangsvollstreckung ab, bleibt dem Schuldner nur die Möglichkeit, die Zwangsvollstreckung mit der **Vollstreckungsgegenklage nach § 767 ZPO** für unzulässig erklären lassen (*Bindemann* Verbraucherkonkurs Rn 267; *Döbereiner* Restschuldbefreiung S 228; N/R/*Römermann* § 301 Rn 17; HK-*Landfermann* § 301 Rn 3). Soweit *Kohte/Ahrens/Grote* (§ 301 Rn 12) und *Streck* (HambKomm § 310 Rn 10) die **Erinnerung nach § 766 ZPO** für zulässig erachten, steht dem entgegen, dass mit dieser Vorschrift nur Verfahrensverstöße gerügt werden können, nicht aber Einwendungen gegen den titulierten Anspruch. Die Umgestaltung der Forderung zu einer unvollkommenen Verbindlichkeit (siehe § 301 Rn 10) bewirkt einen materiell-rechtlichen Einwand, der nur mit der Vollstreckungsgegenklage verfolgt werden kann.

2. Steuerliche Aspekte. Bei **betrieblich begründeten Verbindlichkeiten** bewirkt die **Restschuldbefrei-** 35
ung eine **steuerpflichtige Betriebseinnahme** (*Kroschel/Wellisch* DStR 1998, 1661, 1664). Da der Ge-

setzgeber möglicherweise übersehen hat, dass die Restschuldbefreiung zu einer Steuerschuld führen kann, stellt sich die Frage, ob nicht der Erlass der festgesetzten Steuerschuld gemäß § 227 AO in Betracht kommt, soweit diese nicht durch einen **Verlustvortrag** gedeckt ist. Da die Befreiung von den im Insolvenzverfahren nicht erfüllten Verbindlichkeiten gegenüber den Insolvenzgläubigern nach Maßgabe der §§ 286ff ohnehin ein Abweichen vom Leistungsfähigkeitsprinzip darstellt, erscheint die Heranziehung der Vorschrift des § 227 AO und ein Verzicht auf die Steuererhebung aus Billigkeitsgründen in den Fällen vertretbar, in denen die Restschuldbefreiung einen eventuellen Verlustvortrag übersteigt (*Kroschel/Wellisch* aaO 1665).

35a Das **BMF** (Schreiben v 27. 3. 2003 – IV 6 – 2140 – 8/03, BStBl I 240, Tz 2 S 2) führt hierzu ausdrücklich an, dass die nach abschließender Prüfung und nach Feststellung der endgültigen auf den verbleibenden zu versteuernden Sanierungsgewinn anfallende Steuer nach § 227 AO zu erlassen sei (Ermessensreduzierung auf null). Ggf erhobene Stundungszinsen seien nach § 227 AO zu erlassen, soweit sie auf gestundete Steuerbeträge entfallen, die nach S 1 erlassen worden sind. Nach Auffassung der **OFD** Münster (Kurzinformation ESt Nr 027 v 21. 10. 2005, ZInsO 2006, 135) kommt ein Erlass etwaiger Einkommensteuernachforderungen aus sachlichen Billigkeitsgründen nicht in Betracht, weil die Restschuldbefreiung nicht zu einem begünstigten Sanierungsgewinn führe. Wohl aber könne im Einzelfall ein Erlass aus persönlichen Billigkeitsgründen geboten sein. Damit hat der Schuldner aber keinerlei Planungssicherheit, weil Billigkeitsmaßnahmen aus persönlichen Gründen Erlassbedürftigkeit und Erlasswürdigkeit voraussetzen (*Schmittmann* ZInsO 2006, 136, 137 mwN). Das Bemühen von Schuldnern um einen unbelasteten Neuanfang wird vor allem in den Fällen erheblich beeinträchtigt, in denen sie zuletzt vor der Insolvenz zur ESt geschätzt wurden, also keine Verlustvorträge besitzen oder durch Verwertungsmaßnahmen des Insolvenzverwalters stille Reserven aufgedeckt wurden, die etwaige Vorträge weitgehend verbraucht haben.

35b Dagegen besteht keine Notwendigkeit zur **Steuerfreiheit der Restschuldbefreiung**, wenn ihr ein entsprechender Verlustvortrag gegenüber steht. Denn der Steuerpflichtige hat in diesem Fall die Verluste auf Grund der Restschuldbefreiung wirtschaftlich nicht zu tragen.

36 Ist die **Restschuld privat begründet**, ist die Befreiung von der Restschuld steuerlich unbeachtlich. Der Erlass einer privaten Verbindlichkeit lässt sich unter keine der sieben Einkunftsarten des EStG subsumieren (*Kroschel/Wellisch* aaO 1665).

37 Im **gemischten Insolvenzverfahren** muss die Restschuld für steuerliche Zwecke in einen betrieblichen sowie einen privaten Teil eingeteilt werden.

38 **3. Gesellschafter und Gesellschaftsverbindlichkeiten.** Der **persönlich haftende Gesellschafter** einer **OHG** oder **KG** wird bei Erteilung der Restschuldbefreiung auch von der Haftung für **Gesellschaftsverbindlichkeiten** befreit. Dabei kommt es nicht darauf an, ob die Forderungen der Insolvenzgläubiger auf § 128 HGB oder aus einer zusätzlich übernommenen Bürgschaft resultieren (*Brinkmann* S 164). Soweit im Gesellschaftsinsolvenzverfahren ein **Insolvenzplan** zustande gekommen ist, erfasst die Erteilung der Restschuldbefreiung auch die **Planverbindlichkeiten**. Nur bei einem Verzicht des Gesellschafters auf das Recht, Restschuldbefreiung zu beantragen, können die Insolvenzgläubiger, deren Forderungen aus dem Plan im Gesellschafterverfahren Insolvenzforderungen sind, ihre Rechtsposition sichern (zum Ganzen *Brinkmann* S 165).

§ 302 Ausgenommene Forderungen

Von der Erteilung der Restschuldbefreiung werden nicht berührt:
1. Verbindlichkeiten des Schuldners aus einer vorsätzlich begangenen unerlaubten Handlung, sofern der Gläubiger die entsprechende Forderung unter Angabe dieses Rechtsgrundes nach § 174 Abs. 2 angemeldet hatte;
2. Geldstrafen und die diesen in § 39 Abs. 1 Nr. 3 gleichgestellten Verbindlichkeiten des Schuldners;
3. Verbindlichkeiten aus zinslosen Darlehen, die dem Schuldner zur Begleichung der Kosten des Insolvenzverfahrens gewährt wurden.

Übersicht

	Rn
I. Normzweck	1
II. Vorsätzlich begangene unerlaubte Handlung, Nr 1	2
1. Schutzgesetze iSd § 823 Abs 2 BGB	3
2. Unterhaltsansprüche	7
3. Cessio legis	9
4. Vorsätzliche Verletzung von Vertragspflichten	11
5. Steuerforderungen	12
6. Hinweis auf unerlaubte Handlung, § 174 Abs 2	13
a) Fehlender Hinweis auf Schuldgrund	14
b) Hinweis auf Schuldgrund	15

	Rn
7. Hinweispflicht des Gerichts, § 175 Abs 2	16
8. Schuldnerverhalten	18
a) Fehlender Widerspruch des Schuldners	19
b) Widerspruch des Schuldners	23
c) Kein Widerspruchsrecht des Insolvenzverwalters	24 d
III. Geldstrafen und gleichgestellte Verbindlichkeiten, Nr 2	25
IV. Verbindlichkeiten aus zinslosen Darlehen, Nr 3	28
1. Zinsen	30
2. Zweckbindung der Forderung	31
3. Forderungsanmeldung durch Darlehensgeber	32
V. Rechtliche Stellung der begünstigten Gläubiger	34

I. Normzweck

Die Vorschrift normiert **drei Ausnahmefälle**, in denen Forderungen nicht von der Erteilung der Restschuldbefreiung berührt werden. Dem Gesetzgeber erschien es im Hinblick auf die **Ausgleichsfunktion des Deliktrechts** sachgerecht, Schadensersatzpflichten aus vorsätzlich begangenen unerlaubten Handlungen (Nr 1) von der Schuldbefreiung auszunehmen (Begr zu § 251 RegE, BR-Drucks 1/92, S 194). Die Herausnahme von Geldstrafen und die diesen in § 39 Abs 1 Nr 3 gleichgestellten Verbindlichkeiten des Schuldners aus dem Wirkungsbereich der Restschuldbefreiung (Nr 2) dient dazu, den **Sanktionscharakter** derartiger Anordnungen zu bewahren (krit dazu *Scholz* Kreditpraxis 1989 Heft 1, S 33, 38). Der Schuldner soll sich auch durch das neu geschaffene Verfahren der Restschuldbefreiung der Erfüllung solcher Verbindlichkeiten nicht entziehen können. Stiftungen, öffentliche oder karitative Einrichtungen, die den Schuldner bei der Aufbringung der Verfahrenskosten unterstützen, sollen zum **Zwecke der Refinanzierung** die kreditierten Verfahrenskosten gegenüber dem Schuldner nach dessen wirtschaftlicher Erholung wieder geltend machen können (Nr 3). 1

II. Vorsätzlich begangene unerlaubte Handlung, Nr 1

Die Regelung erfasst Verbindlichkeiten aus einer **vorsätzlich begangenen unerlaubten Handlung** iSv **§§ 823 ff BGB**. Angesichts des klaren Wortlauts der Norm reicht grobe Fahrlässigkeit nicht aus. Bedingter Vorsatz genügt jedoch. Im Fall des § 823 Abs 1 BGB muss sich der Vorsatz auf die Verletzung des absolut geschützten Rechts oder Rechtsguts, bei § 823 Abs 2 BGB auf die Verletzung des Schutzgesetzes beziehen. Der eingetretene Schaden muss vom Vorsatz nicht umfasst sein (vgl **BGH** v 20. 11. 1979 – VI ZR 238/78, NJW 1980, 996). Dies gilt auch im Rahmen des § 302 Nr 1 (*Kohte/Ahrens/Grote* § 302 Rn 8; MüKoInsO-*Stephan* § 302 Rn 7 ff). 2

Zu den Verbindlichkeiten aus einer vorsätzlich begangenen unerlaubten Handlung zählen auch die aus einer solchen Tat folgenden Ansprüche auf Zahlung von **Schmerzensgeld** und **Zinsen**, unabhängig davon, ob es sich um Verzugszinsen oder Zinsansprüche gem § 849 BGB handelt (HK-*Landfermann* § 302 Rn 11; aA KG v 21. 11. 2008 – 7 U 47/08, NZI 2009, 121, 122). **Prozesskosten**, die bei der Geltendmachung eines Anspruchs aus vorsätzlich begangener unerlaubter Handlung entstanden sind, werden ebenso wenig von der Restschuldbefreiung erfasst (**LG Köln** v 10. 2. 2005 – 2 O 651/03, NZI 2005, 406; HK-*Landfermann* § 302 Rn 11; *Pape* InVo 2007, 308 ff). Sie sind als Kosten der Rechtsverfolgung eine adäquat-kausale Folge der unerlaubten Handlung und damit zugleich auch eine Verbindlichkeit aus dieser (aA KG aaO; *Kohte/Ahrens/Grote* § 302 Rn 9; MüKoInsO-*Stephan* § 302 Rn 8). Würden diese Forderungen nicht von der Restschuldbefreiung ausgeklammert, wäre die von § 302 bezweckte Gläubigerprivilegierung unvollständig. 2a

Ansprüche aus **Gefährdungshaftung** fallen dagegen nicht unter die Regelung des § 302 Nr 1 (*Döbereiner* Restschuldbefreiung S 249). Da Ansprüche aus einer **fahrlässig begangenen unerlaubten Handlung** von den Wirkungen der Restschuldbefreiung erfasst werden, bedarf es der in der Rechtsprechung unternommenen Versuche, die unbeschränkte **deliktische Haftung Minderjähriger** über die Vorschrift des § 242 BGB einzugrenzen (vgl **LG Bremen** NJW-RR 1991, 1432, 1433; LG Dessau NJW-RR 1997, 214 ff), nicht mehr. Da der Gesetzgeber des BGB das Ausgleichsinteresse des Geschädigten höher bewertet hat als die Bewahrung des Schädigers vor mitunter ruinösen Haftungsfolgen, ist es auch einem Jugendlichen zuzumuten, das in der Insolvenzordnung vorgesehene Verfahren zu durchlaufen, ehe eine Befreiung von seinen restlichen Verbindlichkeiten zu Lasten seiner Gläubiger in Betracht kommen kann (*Müller* KTS 2000, 57, 65, 67). 2b

Nach zutreffender Ansicht des **Bundesgerichtshofs** (v 21. 6. 2007 – IX ZR 29/06, NZI 2007, 532) kann der vorsätzliche Verstoß gegen Vorschriften, die dem Schutz der Teilnehmer am Straßenverkehr dienen, und die dadurch herbeigeführte fahrlässige Verletzung eines Menschen nicht einer vorsätzlichen Körperverletzung gleichgestellt werden. Entsprechende Schadensersatzverbindlichkeiten seien von der Restschuldbefreiung nicht ausgenommen. Der Gesetzgeber habe die Nachhaftung des Schuldners auf Ausnahmen beschränken wollen. Etwas anderes habe bei Taten mit einem deutlichen höheren Unrechtsgehalt wie zB für den Fall zu gelten, dass das Opfer eines Raubes infolge der hierbei aus- 2c geübten Gewalteinwirkung zu Tode komme, ohne dass das diese Folge vom Vorsatz des Täters umfasst war.

2d Die Auslegung des § 302 Nr 1, nach der bei Schadensersatzansprüchen aus **vorsätzlicher unerlaubter Handlung** eine Restschuldbefreiung nicht in Betracht kommt, bedarf für den Fall der **Minderjährigenhaftung** nicht einer Korrektur in Form einer verfassungskonformen Auslegung. Der Wortlaut der Vorschrift lässt für eine solche Auslegung keinen Raum. Hierfür besteht auch keine verfassungsrechtliche Notwendigkeit. Die Erwägungen des BVerfG zur Einschränkung der Minderjährigenhaftung betreffen nicht die Folgen vorsätzlicher Rechtsverletzungen (vgl BVerfG v 13. 8. 1987 – 1 BvL 25/96, NJW 1998, 3557, 3558).

3 **1. Schutzgesetze iSv § 823 Abs 2 BGB.** Forderungen aus einer vorsätzlichen Verletzung von **Schutzgesetzen** iSv § 823 Abs 2 BGB sind ebenfalls von den Wirkungen der Restschuldbefreiung ausgenommen (*Kohte/Ahrens/Grote* § 302 Rn 5). Hierzu zählen beispielsweise § 142 StGB (unerlaubtes Entfernen vom Unfallort), §§ 185 ff StGB (bei Persönlichkeitsrechtsverletzung neben § 823 Abs 1 BGB anwendbar, BGHZ 95, 212), **§ 64 S 1 GmbHG** (BGH v 21. 6. 2007 – IX ZR 29/06, ZVI 2008, 269, 270; BGHZ 108, 134), §§ 1, 5 und 6 des PflichtversG. Auch die Vorschrift des **§ 263 StGB** zählt zu den Schutzgesetzen iSv § 823 Abs 2 BGB (BGHZ 57, 137). Ist der Schuldner in einem Zeitpunkt, als er bereits zahlungsunfähig war, eine vertragliche Verpflichtung eingegangen und hat er die Gegenleistung in Anspruch genommen, stellt dieses Verhalten einen sogen **Eingehungsbetrug** dar, wenn der Schuldner sich hierbei im Klaren darüber war, dass er seine Zahlungspflicht aus dem Vertrag nicht mehr werde erfüllen können (*Hoffmann* Verbraucherinsolvenz S 142; *Heyer* Verbraucherinsolvenzverfahren S 51).

4 Von praktischer Bedeutung ist vor allem die Vorschrift des **§ 266 a StGB**, die ebenfalls zu den Schutzgesetzen iSd § 823 Abs 2 BGB zählt (**BGH** VersR 1989, 922; **BGH** ZInsO 2001, 367; **OLG** Celle v 12. 3. 2003 – 9 U 133/02, ZVI 2004, 46; vgl dazu auch *Schulte-Kaubrügger* DZWIR 1999, 95, 97; ferner *Groß* ZIP 2001, 945 ff; *Leithaus/Rein* NZI 2001, Heft 7 NZI-aktuell V). Vor allem **frühere Geschäftsführer** einer insolventen GmbH sehen sich häufig mit einer auf § 823 Abs 2 BGB, §§ 14 Abs 1 Nr 1, 266 a StGB gestützten Schadensersatzforderung konfrontiert. Bei der Haftung nach den vorgenannten Bestimmungen ist zunächst zu berücksichtigen, dass die **Beitragspflicht zur gesetzlichen Sozialversicherung** durch die versicherungspflichtige Beschäftigung eines Arbeitnehmers gegen Entgelt entsteht (vgl § 23 Abs 1 S 2 SGB IV). Es kommt dafür nicht darauf an, ob das Entgelt für die Tätigkeit bereits geleistet oder empfangen ist (**BGH NJW 2000, 2993 = VersR 2000, 981; OLG** Düsseldorf NZI 2001, 324).

5 Ein nach § 266 a StGB strafbares und damit über § 823 Abs 2 BGB auch haftungsrechtlich relevantes Verhalten fällt dem Arbeitgeber nur dann zur Last, wenn er die Abführung der Arbeitnehmerbeiträge zur Sozialversicherung unterlassen hat, obwohl sie ihm möglich gewesen wäre. Mithin fehlt es an einer Tatbestandsverwirklichung, wenn der Arbeitgeber zur Erfüllung der konkret von ihm in § 266 a StGB geforderten Handlungspflicht im Zeitpunkt der Fälligkeit **aus tatsächlichen oder rechtlichen Gründen** außer Stande war (*Groß* aaO 949).

6 Für den Vorsatz, wie ihn § 266 a Abs 1 StGB voraussetzt, ist das Bewusstsein und der Wille erforderlich, die Abführung der Beiträge bei Fälligkeit zu unterlassen. Im Rahmen des hier ausreichenden bedingten Vorsatzes sind diese Voraussetzungen auch dann erfüllt, wenn der Arbeitgeber trotz Vorstellung von der Möglichkeit der Beitragsvorenthaltung diese gebilligt und nicht in dem erforderlichen Maße auf Erfüllung der Ansprüche der Sozialversicherungsträger auf Abführung der Arbeitnehmerbeiträge hingewirkt hat (BGHZ 134, 304, 314; OLG Celle ZInsO 2001, 1109). Ein **Irrtum des Geschäftsführers** über den Umfang seiner Pflicht zur Überwachung einer an die Buchhaltung erteilten Anweisung zur Zahlung fälliger Arbeitnehmerbeiträge ist ein Verbotsirrtum, der in der Regel den Vorsatz hinsichtlich des Vorenthaltens dieser Beiträge nicht entfallen lässt (**BGH** ZInsO 2001, 367, 369).

7 **2. Unterhaltsansprüche. Unterhaltsansprüche** für die **Zeit nach der Eröffnung des Insolvenzverfahrens** sind keine Insolvenzforderungen (§ 40). Sie werden nicht von der Restschuldbefreiung erfasst (*Uhlenbruck* KTS 1992, 499, 518; *ders* DGVZ 1992, 33, 39; *ders* FamRZ 1993, 1026; KS-*Kohte* S 809 Rn 97; krit dazu *Scholz* ZIP 1988, 1157, 1162; *Forsblad* Restschuldbefreiung S 262; *Knüllig-Dingelcdey* S 214). Kommt das **Sozialamt** während des eröffneten Verfahrens und der sich anschließenden Wohlverhaltensperiode für Differenzbeträge zugunsten Unterhaltsberechtigter auf, kann es auch nach Erteilung der Restschuldbefreiung wegen der kraft Gesetzes übergegangenen Ansprüche weiterhin Befriedigung beim Schuldner suchen. *Kohte* (in KS S 811 Rn 104) plädiert in diesen Fällen für einen Anspruch des Schuldners auf ermessensfehlerfreie Bescheidung seines Erlassgesuchs gegenüber dem öffentlichen Träger.

8 Dagegen wandeln sich **Unterhaltsansprüche, die bereits vor** der Eröffnung des Verfahrens fällig geworden sind, bei einer Restschuldbefreiung als Insolvenzforderungen in eine Naturalobligation um. Etwas anderes gilt allerdings dann, wenn der Unterhaltsverpflichtete seine gesetzlichen **Unterhaltspflichten** gegenüber Ehegatten und Kindern **vorsätzlich verletzt** hat. Denn § 170 b StGB stellt ein Schutzgesetz iSd § 823 Abs 2 BGB dar (**BGH** NJW 1974, 1868).

9 **3. Cessio legis.** Der Übergang der Ansprüche des Geschädigten auf einen Dritten durch **cessio legis** führt nicht dazu, dass die Forderung gegen den Schuldner nunmehr von der Restschuldbefreiung erfasst

II. Vorsätzlich begangene unerlaubte Handlung, Nr 1 § 302

wird. Dies würde der Zielvorstellung des Gesetzgebers, der Ausgleichfunktion des Deliktsrechts Vorrang vor dem Gedanken der Entschuldung zu verschaffen, zuwiderlaufen (*Forsblad* aaO S 256; K/P/B/*Wenzel* § 302 Rn 1; aA *Knüllig-Dingeldey* S 209). Auch wenn bei Zahlung der Schadenssumme durch einen privaten oder gesetzlichen Versicherer die Versichertengemeinschaft den Forderungsverlust leichter als der Schuldner selbst tragen kann, ist es nicht gerechtfertigt, vorsätzlich verursachte finanzielle Verpflichtungen des Schuldners endgültig zu sozialisieren (*Forsblad* aaO S 257).

Allerdings darf der Zessionar der Forderung sich nicht passiv verhalten. Vielmehr muss er seine Forderung anmelden und bei der Anmeldung die Tatsachen angeben, aus denen sich nach seiner Einschätzung ergibt, dass ihr eine vorsätzlich begangene unerlaubte Handlung des Schuldners zugrunde liegt (näher dazu Rn 13 ff). Sieht er hiervon ab, so wird die Forderung von der Restschuldbefreiung erfasst (§ 302 Nr 1). **10**

4. Vorsätzliche Verletzung von Vertragspflichten. Die **vorsätzliche Verletzung von Vertragspflichten** ist als solche keine unerlaubte Handlung. Sie kann aber, wenn sie den Tatbestand der §§ 823 ff BGB erfüllt, auch eine unerlaubte Handlung darstellen. Stützt der Gläubiger seine Forderung sowohl auf Vertrag als auch auf eine vorsätzlich begangene unerlaubte Handlung, wandelt sich der vertragliche Anspruch trotz einer Verjährung des vorsätzlichen deliktischen Anspruchs nicht in eine **Naturalobligation** um (*Döbereiner* Restschuldbefreiung S 250). Allerdings hat der Gläubiger bei der Forderungsanmeldung wiederum die Tatsachen anzugeben, aus denen sich nach seiner Einschätzung ergibt, dass ihr (auch) eine vorsätzlich begangene unerlaubte Handlung des Schuldners zugrunde liegt (§ 174 Abs 2). **11**

5. Steuerforderungen. Die Finanzbehörden zählen wegen ihrer Steueransprüche nicht zu den gemäß § 302 begünstigten Gläubigern, weil **Steuerforderungen** aus dem Gesetz, § 38 AO, und nicht aus vorsätzlich begangener unerlaubter Handlung resultieren (**AG** Regensburg ZInsO 2000, 516, 517; *App* DStZ 1994, 280, 281; *Kohte/Ahrens/Grote* § 302 Rn 7; *Häsemeyer* FS *Henckel* S 353, 365). Auch eine **Steuerhinterziehung** gemäß § 370 AO führt zu keiner anderen Beurteilung, weil die Vorschrift kein Schutzgesetz iSd § 823 Abs 2 BGB darstellt (**BFH** v 19. 8. 2008 – VII R 6/07, DB 2008, 2345). Denn der Inhalt der Vorschrift dient nicht auch einem gezielten **Individualzweck**, und er ist auch nicht gegen eine näher bestimmte Art der Schädigung eines im Gesetz festgelegten Rechtsguts oder Individualinteresses gerichtet (**FG** Hamburg v 2. 2. 2007 – 2 K 106/06, NZI 2007, 738; m zust Anm *Farr* NZI 2007, 739; *Loose* EFG 2007, 1311; *Palandt/Thomas* § 823 BGB Rn 141; krit *Schmittmann* VR 2008, 41, 43). **12**

6. Hinweis auf unerlaubte Handlung, § 174 Abs 2. Die Neufassung des § 302 Nr 1 durch das InsO-ÄG 2001 v 26. 10. 2001 (BGBl I S 2710) soll dem Interesse des Schuldners Rechnung tragen, möglichst frühzeitig darüber informiert zu werden, welche Forderungen nicht von einer Restschuldbefreiung erfasst werden (BegrRegE, BT-Drucks 14/5680 S 41/42). Danach ist eine Forderung von der Restschuldbefreiung in den Verfahren, die nach dem 30. 11. 2001 eröffnet worden sind, nur dann ausgenommen, wenn der Gläubiger sie im Verfahren besonders angemeldet hat. Hieraus folgt, dass der **Gläubiger am Verfahren teilgenommen** haben muss (*Pape* in: Mohrbutter/Ringstmeier § 17 Rn 201). § 302 Nr 1 stellt eine **notwendige Ergänzung** der in § 174 Abs 2 geregelten Verpflichtung des anmeldenden Gläubigers dar, den Grund und den Betrag der Forderung sowie die Tatsachen anzugeben, aus denen sich nach seiner Einschätzung ergibt, dass ihr eine vorsätzliche unerlaubte Handlung des Schuldners zugrunde liegt. Sinn und Zweck der Regelung des § 174 Abs 2 ist es, den Streit um die Frage, ob eine Forderung im Hinblick auf § 302 Nr 1 nicht von der Restschuldbefreiung erfasst wird, nicht erst nach Abschluss des Restschuldbefreiungsverfahrens austragen zu lassen. Ob allein die Eintragung des Schuldgrundes in die Tabelle tatsächlich zu einem Ausschluss **aller** gegen den Bestand der Forderungen gerichteten **Einwendungen** führt und durch den Feststellungsvermerk abgeschnitten sind, ist dem Gesetz nicht zweifelsfrei zu entnehmen. **13**

a) Fehlender Hinweis auf Schuldgrund. Die Forderung eines Gläubigers aus vorsätzlich begangener unerlaubter Handlung wird von der Restschuldbefreiung erfasst, wenn der Gläubiger bei der Anmeldung seiner Forderung nicht die Tatsachen angibt, aus denen sich nach seiner Einschätzung ergibt, dass ihr eine vorsätzliche begangene unerlaubte Handlung des Schuldners zugrunde liegt (FK-*Ahrens* § 287 Rn 10a; *Fuchs* NZI 2002, 298, 302; BerlKo-*Goetsch* § 302 Rn 5; K/P/B/*Pape* § 174 Rn 44; K/P/B/*Wenzel* § 302 Rn 1 a). Dies gilt erst recht, wenn der Gläubiger seine Forderung überhaupt nicht anmeldet (ebenso K/P/B/*Wenzel* § 302 Rn 1 b). Auch in diesem Fall kann der Schuldner nicht frühzeitig einschätzen, ob er sich überhaupt einer Forderung mit anschließender Restschuldbefreiung überhaupt unterwerfen will (vgl Begr Reg-E, BT-Drucks 14/5680 S 41). Soweit der Gläubiger einen Antrag auf Erteilung einer vollstreckbaren Ausfertigung aus der Tabelle stellt, fehlt diesem Antrag – jedenfalls nach der Erteilung der Restschuldbefreiung – das Rechtsschutzinteresse. Bei Erteilung einer vollstreckbaren Ausfertigung unmittelbar nach Aufhebung des Insolvenzverfahrens könnte sich der Schuldner der Vollstreckung erfolgreich mit der **Vollstreckungsgegenklage** gem § 767 ZPO widersetzen. **14**

b) Hinweis auf Schuldgrund. Gibt der Gläubiger die erforderlichen Tatsachen an, hängt es vom weiteren Verhalten der Verfahrensbeteiligten ab, ob die angemeldete Forderung von der Restschuldbefrei- **15**

ung berührt wird. Einer Darlegung der Tatsachen gemäß § 174 Abs 2 bedarf es nicht, wenn der Gläubiger der Forderungsanmeldung einen Titel beifügt, dessen Tenor, Tatbestand oder Entscheidungsgründe eine entsprechende **Tatsachenfeststellung** zu einer vorsätzlich begangenen unerlaubten Handlung des Schuldners enthalten. In diesem Fall reicht die Bezugnahme auf den Titel aus (einschränkend K/P/B/*Pape* § 174 Rn 27). Fehlen dort Angaben, bedarf es eines entsprechenden Sachvortrags, aus dem sich die Einschätzung ergibt, dass der Forderung eine vorsätzlich begangene unerlaubte Handlung zugrunde liegt (K/P/B/*Pape* § 174 Rn 45).

16 7. **Hinweispflicht des Gerichts, § 175 Abs 2.** Die Vorschrift des § 174 Abs 2 kann nur dann ihren Zweck erfüllen, wenn der Schuldner überhaupt Kenntnis davon nimmt, dass sich ein Gläubiger einer Forderung aus vorsätzlich begangener unerlaubter Handlung berühmt. Dazu bedarf es der Einsichtnahme in die gemäß § 175 S 2 niedergelegte Tabelle oder der **aktiven Teilnahme** am Prüfungstermin. Da der Verwalter bzw Treuhänder die angemeldete Forderung mit den in § 174 Abs 2 genannten Angaben in eine Tabelle einzutragen hat, besteht für den Schuldner eine hinreichende Informationsmöglichkeit.

17 Auf Empfehlung des Rechtsausschusses (BT-Drucks 14/6468) wurde **§ 175** um einen Absatz 2 ergänzt, nach dem das Insolvenzgericht den Schuldner auf die Rechtsfolgen des § 302 und auf die Möglichkeit des Widerspruchs hinzuweisen hat (näher zu der in der Vorschrift verankerten – individuellen – Belehrung MüKoInsO-*Stephan* § 302 Rn 12 ff). Die Vorschrift ist Ausdruck der besonderen Fürsorge gegenüber rechtlich wenig informierten Schuldnern. Die **Belehrung** hat **individuell** auf die einzelne Forderung abzustellen; sie kann nicht pauschal etwa in einem Antragsformular erfolgen (Begr Beschl-Empf RechtsA, BT-Drucks 14/6468 S 26; *Graf-Schlicker/Remmert* NZI 2001, 569, 572; BerlKo-*Breutigam* § 175 Rn 14; K/P/B/*Pape* § 175 Rn 8). Die Hinweispflicht des Gerichts ist **zwingend** vorgeschrieben. Dies ergibt sich aus dem Wort „hat" in § 175 Abs 2. Der Schuldner ist so rechtzeitig zu belehren, dass er seine Rechte wahrzunehmen in der Lage ist (*Vallender* NZI 2001, 561, 567). Da es dem Insolvenzgericht häufig nicht möglich ist, rechtzeitig vor dem Prüfungstermin festzustellen, dass Forderungen aus einer vorsätzlich begangenen unerlaubten Handlung angemeldet worden sind, ist es mangels einer ausdrücklichen anderslautenden gesetzlichen Regelung als zulässig anzusehen, dass der **individuelle Hinweis** nach § 175 Abs 2 **(erst) im Prüfungstermin** erfolgt (*Fuchs* aaO 302). Aus Gründen äußerster Vorsicht sollte das Insolvenzgericht schon vor dem Prüfungstermin (pauschal) auf das Widerspruchsrecht nach § 175 Abs 2 hinweisen und gleichzeitig mitteilen, der Schuldner werde – soweit dies nicht bereits vorher möglich ist – erst im Prüfungstermin informiert, ob und ggf welche Forderungen als solche aus einer vorsätzlich begangenen unerlaubten Handlung angemeldet worden seien. Nimmt der Schuldner trotz dieser allgemeinen Belehrung unentschuldigt nicht am Prüfungstermin teil, kann er sich nicht mit Erfolg darauf berufen, er sei nicht hinreichend iSv § 175 Abs 2 unterrichtet worden. Eine **Wiedereinsetzung in den vorigen Stand** nach § 186 kommt nur dann in Betracht, wenn die Belehrung gänzlich unterblieben oder nicht in der erforderlichen Form erteilt worden ist. § 234 Abs 3 ZPO stellt die äußerste Zeitschranke für den Wiedereinsetzungsantrag dar (FK-*Ahrens* § 302 Rn 10 d).

18 8. **Schuldnerverhalten.** Der Schuldner kann der angemeldeten Forderung insgesamt oder auch hinsichtlich der Behauptung widersprechen, sie beruhe auf einer vorsätzlich begangenen unerlaubten Handlung (BGH v 18. 1. 2007 – IX ZR 176/05, ZInsO 2007, 265, 266; K/P/B/*Pape* § 174 Rn 46). Nur durch dieses Bestreiten kann der Schuldner erreichen, dass die Forderung von der Wirkung der Restschuldbefreiung erfasst wird (FK-*Ahrens* § 302 Rn 10 d; FK-*Kießner* § 175 Rn 18; *Fuchs* aaO).

19 a) **Fehlender Widerspruch des Schuldners.** Sofern weder der Schuldner noch der Insolvenzverwalter der Anmeldung der Forderung aus einer vorsätzlich begangenen unerlaubten Handlung widersprochen haben, bewirkt die Eintragung des Feststellungsergebnisses durch das Insolvenzgericht, was Betrag und Rang der Insolvenzforderung betrifft, wie ein rechtskräftiges Urteil, § 178 Abs 3 (FK-*Ahrens* § 302 Rn 12; FK-*Kießner* § 174 Rn 26; K/P/B/*Wenzel* § 302 Rn 1 a; BerlKo-*Breutigam* § 175 Rn 13; vgl auch *Leibner* NZI 2001, 574; *Vallender* NZI 2001, 561, 567; K/P/B/*Pape* § 174 Rn 44; krit *Graf-Schlicker/Remmert* NZI 2001, 569; *Fuchs* NZI 2002, 298, 302). Die Forderung ist dann von der Restschuldbefreiung ausgeschlossen. Der Gläubiger kann aus der Eintragung in die Tabelle wie aus einem vollstreckbaren Urteil die Zwangsvollstreckung gegen den Schuldner betreiben (§ 201 Abs 2 S 1). Der durch die insolvenzmäßige Feststellung gegen den Schuldner vollstreckbar gewordene Anspruch verjährt nach § 218 BGB in 30 Jahren seit der Feststellung. Während des Insolvenzverfahrens ist der Gläubiger durch § 89 Abs 1 und in der sich anschließenden Wohlverhaltensperiode durch § 294 Abs 1 an einer Vollstreckung gehindert.

20 Da die Regelung des § 178 Abs 3 sich nach ihrem Wortlaut lediglich auf Betrag und Rang der Forderung bezieht, erscheint fraglich, ob bei entsprechender Darlegung durch den Gläubiger die **Rechtskraftwirkung auch bezüglich des Schuldgrundes** eintritt. Davon scheint der Gesetzgeber auszugehen (vgl Begr RegE BT-Drucks 14/6468 S 41/42). Eine Ergänzung des § 178 Abs 3 um die Wörter „ihrem Schuldgrund" hätte für die nötige Klarheit gesorgt.

21 Nach Erteilung der Restschuldbefreiung kann sich der Schuldner gegen die Zwangsvollstreckung aus der nach seiner Ansicht von der Restschuldbefreiung nicht erfassten Forderung nicht mit Erfolg zur Wehr

II. Vorsätzlich begangene unerlaubte Handlung, Nr 1 § 302

setzen. Erhebt er Vollstreckungsgegenklage, ist er nach § 767 Abs 2 ZPO **mit allen Einwendungen ausgeschlossen**, die vor dem Zeitpunkt entstanden sind, zu dem er die letzte Möglichkeit des Widerspruchs hatte; dies ist regelmäßig der Schluss des Prüfungstermins (vgl KS-*Eckhardt* S 767 Rn 45). Danach kann der Schuldner nicht damit gehört werden, die Forderung beruhe nicht auf einer vorsätzlich begangenen unerlaubten Handlung.

Ein Schuldner, der auf die Rechtsfolgen des § 302 und die Möglichkeit des Widerspruchs nicht ordnungsgemäß hingewiesen worden ist und aus diesem Grunde keinen Widerspruch gegen die Forderung erhoben hat, kann unter den Voraussetzungen des **Art 34 GG iVm § 839 BGB** Schadensersatzansprüche gegen den Staat geltend machen. 22

b) **Widerspruch des Schuldners.** In einem **mündlich** durchgeführten Verfahren hat der Schuldner bzw sein Vertreter den Widerspruch im Termin zu erklären. Wird das Verfahren **schriftlich** durchgeführt, ist der Widerspruch schriftlich gegenüber dem Gericht abzugeben. Ein **Widerspruch des Schuldners** gegen die angemeldete Forderung schließt die insolvenzmäßige Feststellung und deren Eintragung in die Tabelle zwar nicht aus, verhindert aber, dass gegenüber dem Schuldner **persönlich** Rechtskraft und Vollstreckbarkeit einsetzen, die sich außerhalb des Insolvenzverfahrens und nach diesem auswirken könnten (vgl *Jaeger* § 144 KO Rn 3; N/R/*Becker* § 178 Rn 25). Ein **Schuldtitel** wird zwar durch den Widerspruch nicht entkräftet. Der Widerspruch bewirkt aber, dass der Tabellenauszug zur Zwangsvollstreckung nicht benutzt werden kann (**BGH** v 18. 5. 2006 – IX ZR 187/04, NZI 2006, 536, 537; N/R/*Becker* § 184 Rn 6). 23

Die Eintragung des Widerspruchs verhindert, dass der Gläubiger den Feststellungseintrag nach Beendigung des Insolvenzverfahrens gemäß § 201 Abs 2 zur Zwangsvollstreckung benutzt (N/R/*Becker* § 178 Rn 25). Er muss sich in diesem Fall einen Titel gegen den Schuldner persönlich beschaffen bzw kann auf den vorab erwirkten Titel zurückgreifen (**BGH** aaO). 24

Beschränkt der Schuldner seinen Widerspruch auf den Rechtsgrund „vorsätzlich begangene unerlaubte Handlung", ist die Forderung selbst nicht streitig. Will der Gläubiger den Widerspruch des Schuldners beseitigen, muss er vor dem Prozessgericht analog § 184 Abs 1 klagen, dass seine Forderung aus dem Rechtsgrund einer vorsätzlich begangenen unerlaubten Handlung begründet ist (**BGH** v 21. 6. 2007 – IX ZR 29/06, ZInsO 2007, 814, 815; **BGH** v 18. 1. 2007 – IX ZR 176/06, ZInsO 2007, 265; **BGH** aaO; **BGH** v 18. 9. 2003 – IX ZB 44/03, NZI 2004, 39 = WM 2003, 2342; **OLG** Hamm ZInsO 2005, 1329; **LG** Dresden v 18. 3. 2004 – 10 O 2038/04, ZInsO 2004, 988; *Kohte/Ahrens/Grote* § 302 Rn 11; HambKomm/*Streck* § 302 Rn 11; *Kahlert* ZInsO 2006, 409; *Peters* KTS 2006, 127, 128; *Pape* in: *Mohrbutter/Ringstmeier* § 17 Rn 204). Der Widerspruch des Schuldners stellt einen ausreichenden Anhaltspunkt dafür dar, dass es früher oder später zu einer gerichtlichen Auseinandersetzung über die Zulässigkeit der Zwangsvollstreckung kommen wird. Die Erhebung der Feststellungsklage stellt sich quasi als notwendige prozessuale Reaktion des Gläubigers auf den Widerspruch dar. Auch die Existenz eines etwa vorhandenen Titels schließt das Rechtsschutzbedürfnis des Gläubigers, das mit der Einlegung des Widerspruchs durch den Schuldner entsteht, für eine **Feststellungsklage** nicht aus. Die **Rechtskraftwirkung eines Vollstreckungsbescheids** reicht indes nicht so weit, dass der Schuldner sich in dem Feststellungsprozess nicht mehr gegen den Vorwurf der vorsätzlich begangenen unerlaubten Handlung wehren kann (**BGH** v 18. 5. 2006 – ZR 187/04, NZI 2006, 536, 537). Dies gilt auch dann, wenn im Vollstreckungsbescheid ein Anspruch aus § 823 Abs 2 BGB iVm §§ 266a Abs 1, 14 StGB tituliert ist. Titel, die ohne eine richterliche Schlüssigkeitsprüfung auf Grund einseitiger Angaben des Gläubigers ergangen sind, vermögen die weitreichenden Folgen des § 302 Nr 1 nicht zu rechtfertigen. Etwas anderes gilt dann, wenn der Schuldner in einem **gerichtlichen Vergleich** auch den Rechtsgrund der dadurch titulierten Forderung als vorsätzlich begangene unerlaubte Handlung außer Streit gestellt hat. Für einen etwaigen Feststellungsprozess steht dann bindend fest, dass die Forderung auf einer entsprechenden Handlung beruht (**BGH** v 25. 6. 2009 – IX ZR 154/08, NZI 2009, 612). 24a

Das Gesetz sieht eine **Frist für die Erhebung der Feststellungsklage** nicht vor. Nach einer Meinung in der Literatur obliegt dem Gläubiger die **Klageerhebung** gegen den beschränkten Widerspruch des Schuldners gemäß § 175 Abs 2 in analoger Anwendung von § 189 Abs 1 innerhalb einer **Ausschlussfrist von zwei Wochen** nach der öffentlichen Bekanntmachung des Verzeichnisses der Schlussverteilung (vgl *Braun/Specovius* § 184 Rn 2; FK-*Kießner*, 4. Aufl § 184 Rn 10, § 189 Rn 26; K/P/B/*Pape* Rn 110 f; *Breutigam/Kahlert* ZInsO 2002, 469 ff). Nach anderer Ansicht soll das Rechtsschutzbedürfnis für eine Feststellungsklage des Gläubigers nur bis zur Ankündigung der Restschuldbefreiung bestehen (*Hattwig* ZInsO 2004, 636 ff). Der bisherigen Rechtsprechung des Bundesgerichtshofes ist zu entnehmen, dass die Klage des Gläubigers erhoben werden kann, sobald der Schuldner der entsprechenden rechtlichen Einordnung der Forderung in der Anmeldung zur Insolvenztabelle widersprochen hat (**BGH** 18. 5. 2006 – IX ZR 187/04, ZInsO 2006, 704, 705; v 18. 1. 2007 – IX ZR 176/05; ZInsO 2007, 265, 266 Rn 8; v 17. 1. 2008 – IX ZR 220/06, ZInsO 2008, 325, 327 Rn 16). Dieses Feststellungsinteresse dauert grundsätzlich auch nach Beendigung des Insolvenzverfahrens fort. Es kann nicht im Wege der Rechtsfortbildung an die Einhaltung einer bestimmten Klage- oder Ausschlussfrist, wie sie § 189 Nr 1 enthält, gekoppelt werden (**BGH** v 9. 12. 2008 – IX ZR 124/08, NZI 2009, 189; **OLG** Stuttgart ZIP 2008, 2090; **LG** Aschaffenburg ZInsO 2006, 1335, 1336; **LG** Dessau v 26. 10. 2006 – 6 O 475/06, 24b juris; MünchKomm-InsO/*Schumacher* § 184 Rn 3 aE; *Frege/Keller/Riedel*, Insolvenzrecht Rn 1649 k). Aus diesem Grunde ist die Feststellungsklage des Gläubigers zur Beseitigung eines Widerspruchs des Schuldners gegen die Anmeldung einer Forderung als solche auf Grund einer vorsätzlich begangenen unerlaubten Handlung nicht an die Einhaltung einer Klagefrist gebunden (**BGH** aaO).

24c Grundsätzlich ist der **Schuldner** nicht befugt, eine **negative Feststellungsklage** zu erheben, deren Ziel die Negation des Vorliegens einer vorsätzlich begangenen unerlaubten Handlung ist. Für eine solche Klage besteht kein Rechtsschutzbedürfnis, weil der Schuldner durch den Widerspruch, der vom Gläubiger beseitigt werden muss, hinreichend geschützt ist (K/P/B/*Pape* § 184 Rn 99 mit weiteren Rechtsprechungs- und Literaturnachweisen). Etwas anderes gilt indes dann, wenn der Schuldner seinen Widerspruch auf den Rechtsgrund „vorsätzlich begangene unerlaubte Handlung" beschränkt hat und für die Forderung ein vollstreckbarer Schuldtitel oder ein Endurteil vorliegt, in dem nach einer **Sachprüfung durch das Gericht** eine vorsätzlich unerlaubte Handlung als Rechtsgrund festgestellt ist. Auf einen solchen Fall ist der auf Grund des Gesetzes zur Vereinfachung des Insolvenzverfahrens vom 13. 4. 2007 (BGBl I 509) am 1. 7. 2007 in Kraft getretene **§ 184 Abs 2** entsprechend anzuwenden (*Kolbe* aaO S 215; HK-*Landfermann* § 302 Rn 14; K/P/B/*Pape* § 184 Rn 101, 102, 107). Der Schuldner muss innerhalb eines Monats Klage erheben. Da das Gericht an die rechtskräftigen Feststellungen des Verfahrens, in dem die Titulierung der Forderung erfolgt ist, gebunden ist, dürfte für eine solche Klage nur Raum sein, wenn der Schuldner – in den Sonderfällen der §§ 578 ff ZPO und § 826 BGB – die Rechtskraftbindung zu überwinden vermag oder Einwendungen vorbringen kann, die nach § 767 Abs 2 ZPO nicht mehr von den zeitlichen Grenzen der Rechtskraft erfasst werden (*Kolbe* aaO S 226). Reagiert der Schuldner nicht innerhalb der Monatsfrist, gilt sein Widerspruch als nicht erhoben. Für eine entsprechende Anwendung des § 184 Abs 2 ist dann kein Raum, wenn die gerichtliche Titulierung nicht auf einer Sachprüfung des Gerichts beruht. In einem solchen Fall obliegt es allein dem Gläubiger, den Widerspruch des Schuldners durch Feststellungsklage (siehe Rn 24 a) zu beseitigen.

24d c) **Kein Widerspruchsrecht des Insolvenzverwalters.** Dem **Insolvenzverwalter/Treuhänder** steht ein **isoliertes Widerspruchsrecht** gegen eine Forderung aus vorsätzlich begangener unerlaubter Handlung **nicht zu** (BGH v 12. 6. 2008 – IX ZR 100/07, NZI 2008, 569; Fortführung von **BGH** v 17. 1. 2008 – IX ZR 220/06, NZI 2008, 250). Er hat zwar die angemeldete Forderung unter allen rechtlichen Gesichtspunkten, die den Forderungsbestand in Frage stellen können, zu prüfen. Über den Rechtsgrund der Forderung hat er nach herrschender Meinung (BGH aaO; HambKomm/*Streck* § 302 Rn 5; MüKo-InsO-*Stephan* § 302 Rn 15) keine Entscheidung zu treffen. Vielmehr ist er verpflichtet, sogar für eine bereits zur Tabelle festgestellte Forderung von dem Gläubiger nachträglich angemeldete Tatsachen, aus denen sich nach dessen Einschätzung ergibt, dass ihr eine vorsätzlich begangene unerlaubte Handlung des Schuldners zugrunde liegt, in die Tabelle einzutragen (BGH v 12. 6. 2008 – IX ZR 100/07, NZI 2008, 569). Bei einem isolierten Widerspruch des Insolvenzverwalters ist es dem Gläubiger nicht zuzumuten, den Streit über den Charakter der Forderung vom Ausgang eines Rechtsstreits über eine von dem Schuldner zu erhebende Vollstreckungsgegenklage zu überlassen. Er kann vielmehr gegenüber dem Verwalter Feststellungsklage erheben (**BGH** aaO Rn 6).

III. Geldstrafen und gleichgestellte Verbindlichkeiten, Nr 2

25 Zu den **Geldstrafen** in § 39 Abs 1 Nr 3 gleichgestellten Verbindlichkeiten zählen Geldbußen, Ordnungsgelder und Zwangsgelder sowie die Nebenfolgen einer Straftat oder Ordnungswidrigkeit, die zu einer Geldzahlung verpflichtet. Hierunter fallen beispielsweise die Einziehung des Wertersatzes nach § 73 a StGB, § 21 OWiG oder die Abführung des Mehrerlöses gemäß § 8 WiStG. In der Praxis dürfte die Ausnahmeregelung von Nr 2 regelmäßig von untergeordneter Bedeutung sein, weil die Dauer der Vollstreckungsverjährung bei Geldstrafen nach § 79 StGB nur fünf Jahre beträgt (*Franke* NStZ 1999, 548).

26 Auf Geldzahlungen gerichtete **Bewährungsauflagen** nach § 56 b Abs 2 Nr 2 und 4 StGB sowie mit **Einstellungsverfügungen** nach § 153 a StPO verbundene Auflagen zur Zahlung eines Geldbetrages werden ebenfalls nicht von der Restschuldbefreiung erfasst, weil sie nicht die Qualität einer Insolvenzforderung haben (*Hoffmann* Verbraucherinsolvenz S 143). Sie haben vielmehr den Charakter einer strafähnlichen Maßnahme (*Tröndle/Fischer* § 56 b StGB Rn 2).

27 Da es sich bei **Steuersäumniszuschlägen** nach § 240 AO nicht um ein Zwangsgeld handelt (BFH NJW 1974, 719, 720), fallen sie ebenso wenig wie Säumniszuschläge nach § 24 SGB IV, Vertragsstrafen oder die Kosten der Strafverfolgung und der Vollstreckung unter den Anwendungsbereich des § 302 Nr 2.

IV. Verbindlichkeiten aus zinslosen Darlehen, Nr 3

28 Die durch das InsOÄG 2001 v 26. 10. 2001 (BGBl I S 2710) in § 302 neu aufgenommene Nr 3 privilegiert nur **Darlehen**, die zB Stiftungen, öffentliche oder karitative Einrichtungen Schuldnern gewähren, die zur Aufbringung der Verfahrenskosten nicht in der Lage sind. Die Vorschrift soll es dem Darlehensgeber ermöglichen, zum Zwecke der Refinanzierung die kreditierten Verfahrenskosten gegenüber dem

Schuldner nach dessen wirtschaftlicher Erholung geltend zu machen, um diese Mittel dann für andere überschuldete Personen einsetzen zu können (vgl Begr Reg-E, BT-Drucks 14/5680 S 47). Ob es überhaupt der Ergänzung des § 302 bedurft hätte, kann angesichts der in § 4a vorgesehen Stundung der Kosten des Verfahrens bezweifelt werden.

Um jeglichen Missbrauch auszuschließen, nehmen Verbindlichkeiten aus Darlehen nur dann nicht an **29** der Restschuldbefreiung teil, wenn sie *zinslos und rein zweckgebunden* zur Begleichung der Verfahrenskosten gewährt wurden (*Vallender* NZI 2001, 561, 568; FK-*Ahrens* § 302 Rn 16 d).

1. Zinsen. Zinsen sind die nach der Laufzeit bemessene, gewinn- und umsatzunabhängige Vergütung **30** für den Gebrauch eines auf Zeit überlassenen Kapitals (**BGH** NJW 1979, 541, 806; *Canaris* NJW 1978, 1892). Hierzu gehören auch **Kreditgebühren**. Zwar zählen laufzeitunabhängige Leistungen des Kreditnehmers, wie Bearbeitungs- und Vermittlungsgebühren, nicht zu den Zinsen im Sinne des bürgerlichen Rechts (**BGH** aaO; **OLG Frankfurt** NJW 1978, 1928; **KG** WM 1984, 430). Bei Verfahrenseröffnung entstandene Rückerstattungsansprüche von Kreditgebern, die einem Schuldner zur Finanzierung der Verfahrenskosten einen zinslosen Kredit gewähren, für den dieser aber **Bearbeitungs- oder Vermittlungsgebühren** zu zahlen hat, werden von der Restschuldbefreiung erfasst. Denn die Privilegierung von zinslosen Darlehen zur Begleichung der Verfahrenskosten soll nach dem erklärten Willen des Gesetzgebers unseriöse Geschäftemacher von der Regelung des § 302 Nr 3 ausschließen (Begr Reg-E, BT-Drucks 14/5680 S 47). Ließe man es zu, dass dem Schuldner solche Gebühren aufgebürdet werden könnten, verlöre die Bestimmung gänzlich ihre Bedeutung. Denn in diesem Falle wäre es für einen Schuldner in jedem Fall finanziell günstiger, eine Stundung der Verfahrenskosten anzustreben. Damit würde aber die mit den Fördermaßnahmen angestrebte Entlastung der Staatskasse nicht erreicht.

2. Zweckbindung der Forderung. Einer **Abtretung** des **Rückerstattungsanspruchs** durch den Darle- **31** hensgeber steht die Zweckbindung der Forderung entgegen (§ 399 BGB). Denn nach Abtretung der Forderung kann der Zweck, vom Schuldner rückerstattete Mittel für andere Schuldner einsetzen zu können, nicht erreicht werden. Eine gegen die Vorschrift des § 399 BGB verstoßende Abtretung ist unwirksam (vgl BGHZ 102, 301).

3. Forderungsanmeldung durch Darlehensgeber. Da von der Restschuldbefreiung nur die **Forderun-** **32** **gen der Insolvenzgläubiger** erfasst werden, bezieht sich die Regelung des § 302 Nr 3 nur auf solche **Darlehen**, die dem Schuldner **vor Eröffnung des Insolvenzverfahrens** gewährt wurden (s § 38). Als Insolvenzgläubiger kann der Darlehensgläubiger seine Forderung zur Tabelle anmelden. Anders als bei einer Forderung aus vorsätzlich begangener unerlaubter Handlung wird die Forderung des Darlehensgebers auch dann nicht von der Restschuldbefreiung erfasst, wenn er sie im Insolvenzverfahren nicht angemeldet hat (vgl Rn 41).

Auch wenn es für die Fälligkeit des Rückerstattungsanspruchs einer Kündigung des Darlehens gemäß **33** § 488 Abs 3 S 1 BGB bedarf, gilt die Forderung auf Rückzahlung des Darlehens als fällig (§ 41 Abs 1). Die angemeldete Forderung nimmt mithin an der Verteilung im vereinfachten Verfahren (§§ 187 ff) und im Restschuldbefreiungsverfahren gemäß § 292 Abs 1 S 2 teil (vgl *Vallender* ZIP 2000, 1290).

V. Rechtliche Stellung der begünstigten Gläubiger

Während des Insolvenz- und Restschuldbefreiungsverfahrens erfahren die von der Restschuldbefrei- **34** ung ausgenommenen Forderungen dieselbe rechtliche Behandlung wie die übrigen Insolvenzforderungen (HK-*Landfermann* § 302 Rn 19). Sie werden anteilig bedient. Nach Erteilung der Restschuldbefreiung bleiben die nicht getilgten Forderungen der gemäß § 302 begünstigten Gläubiger unverändert bestehen (*Kohte/Ahrens/Grote* § 302 Rn 17).

Die privilegierten Gläubiger dürfen erst nach rechtskräftiger Entscheidung darüber, ob die Rest- **35** schuldbefreiung erteilt oder sie auf Grund der §§ 296 Abs 1 und 2, 297 Abs 1, 298 Abs 1 versagt wird (§ 300), wegen ihrer nicht befriedigten Forderungen in das Vermögen des Schuldners vollstrecken (HK-*Landfermann* § 302 Rn 19; *Kohte/Ahrens/Grote* § 302 Rn 18; K/P/B/*Wenzel* § 302 Rn 4). Ließe man die Zwangsvollstreckung durch diese Gläubiger bereits nach Ende der Laufzeit der Abtretungserklärung zu (vgl § 294 Abs 1), würde dies eine sachlich nicht gerechtfertigte Bevorzugung gegenüber den anderen Gläubigern bedeuten (*Kohte/Ahrens/Grote* aaO). Als **Titel** gilt der **Tabelleneintrag**. Für die Vollstreckung aus dem Tabelleneintrag und die Erteilung der Vollstreckungsklausel nach §§ 724, 750 ZPO gelten die allgemeinen Vorschriften (*Häsemeyer* InsR 25.24).

Bezüglich des zulässigen Rechtsbehelfs bei einer Zwangsvollstreckung aus einem **früher erwirkten Ti-** **36** **tel** ist danach zu unterscheiden, ob der Gläubiger am Insolvenzverfahren teilgenommen hat oder nicht. Hat er seine Forderung zur Tabelle angemeldet und wird sie zur Tabelle festgestellt, steht dem Schuldner gegen die **Vollstreckung aus dem ursprünglichen Titel** der Rechtsbehelf der Erinnerung gemäß § 766 ZPO zu. Denn es handelt sich um einen Fall des Wegfalls der Vollstreckbarkeit eines Titels (N/R/*Westphal* § 201 Rn 16 Fn 7). Hat der Gläubiger von einer Anmeldung der Forderung abgesehen, bleibt der Titel uneingeschränkt bestehen. Soweit die Forderung von der Restschuldbefreiung nicht erfasst wird, kann der Gläubiger nach Ablauf der Vollstreckungssperre aus dem ursprünglichen Titel gegen den Schuldner vorgehen.

37 Beruht die nicht angemeldete Forderung auf einer **vorsätzlich begangenen unerlaubten Handlung**, hat die fehlende Anmeldung der Forderung zur Folge, dass dem Insolvenzgläubiger auch ein Zurückgreifen auf den ursprünglichen Titel nicht mehr möglich ist. Wenn bereits die fehlende Angabe der Tatsachen, aus denen sich nach Einschätzung des Gläubigers ergibt, dass ihr eine vorsätzlich begangene unerlaubte Handlung des Schuldners zugrunde liegt (vgl § 174 Abs 2), dazu führt, dass sich die Wirkung der Restschuldbefreiung auch auf diese Forderung erstreckt, muss dies erst recht für eine unterlassene Anmeldung der Forderung gelten.

§ 303 Widerruf der Restschuldbefreiung

(1) Auf Antrag eines Insolvenzgläubigers widerruft das Insolvenzgericht die Erteilung der Restschuldbefreiung, wenn sich nachträglich herausstellt, dass der Schuldner eine seiner Obliegenheiten vorsätzlich verletzt und dadurch die Befriedigung der Insolvenzgläubiger erheblich beeinträchtigt hat.

(2) Der Antrag des Gläubigers ist nur zulässig, wenn er innerhalb eines Jahres nach der Rechtskraft der Entscheidung über die Restschuldbefreiung gestellt wird und wenn glaubhaft gemacht wird, daß die Voraussetzungen des Absatzes 1 vorliegen und daß der Gläubiger bis zur Rechtskraft der Entscheidung keine Kenntnis von ihnen hatte.

(3) ¹ Vor der Entscheidung sind der Schuldner und der Treuhänder zu hören. ² Gegen die Entscheidung steht dem Antragsteller und dem Schuldner die sofortige Beschwerde zu. ³ Die Entscheidung, durch welche die Restschuldbefreiung widerrufen wird, ist öffentlich bekanntzumachen.

I. Normzweck

1 Mit dem Widerrufsantrag bei **vorsätzlicher Verletzung der Obliegenheiten** durch den Schuldner und dadurch eingetretener erheblicher Beeinträchtigung der Befriedigung der Insolvenzgläubiger wird diesen Gelegenheit gegeben, ihren Interessen trotz der bereits gewährten Restschuldbefreiung Geltung zu verschaffen (*Döbereiner*, Restschuldbefreiung S 321). Damit trägt die Vorschrift dem in § 1 S 2 verankerten Grundsatz Rechnung, dass nur dem **redlichen Schuldner** Gelegenheit gegeben wird, sich von seinen restlichen Verbindlichkeiten zu befreien. Ohne Widerrufsmöglichkeit würde den Schuldnern ein Anreiz geboten, Obliegenheitsverstöße zu begehen und diese bis zur Rechtskraft des Beschlusses über die Erteilung der Restschuldbefreiung zu verschleiern (*Döbereiner* aaO S 258; *Hess* § 303 Rn 2). Die Vorschrift ermöglicht mithin für den **Sonderfall**, dass ein **besonders schwerer Verstoß** des Schuldners gegen seine Obliegenheiten erst nachträglich bekannt geworden ist, die **Durchbrechung der Rechtskraft** des Gerichtsbeschlusses, durch den die Restschuldbefreiung erteilt wird (HK-*Landfermann* § 303 Rn 1). Wegen des **Ausnahmecharakters** der Vorschrift soll die bloß fahrlässige Pflichtverletzung ebenso wenig wie eine auf Grund vorsätzlicher Verletzung entstandene unerhebliche Beeinträchtigung der Gläubigerinteressen den Widerruf der Restschuldbefreiung rechtfertigen. Dem **Grundsatz der Rechtssicherheit** trägt Abs 2 dadurch Rechnung, dass der Antrag nur zulässig ist, wenn er innerhalb eines Jahres nach Rechtskraft der Entscheidung über die Restschuldbefreiung gestellt wird.

II. Voraussetzungen des Widerrufs, Abs 1

2 Wegen des **Ausnahmecharakters** des § 303 sind die Voraussetzungen des Widerrufs enger gefasst als diejenigen für eine Versagung der Restschuldbefreiung. Das Gericht wird nur auf **Antrag eines Insolvenzgläubigers** tätig. Antragsberechtigt ist jeder Insolvenzgläubiger. Ein Widerruf der Restschuldbefreiung von Amts wegen kommt nicht in Betracht. Der Schuldner muss eine der Obliegenheiten gemäß § 295 vorsätzlich verletzt haben. Die **Verletzungshandlung** muss **ursächlich** für eine **erhebliche Beeinträchtigung** der Gläubiger sein. Schließlich darf der Gläubiger von der Pflichtverletzung bis zum Zeitpunkt des Eintritts der Rechtskraft der Entscheidung nach § 300 **keine Kenntnis** gehabt haben. Ein Verstoß gegen die **Obliegenheiten aus § 296 Abs 2 S 2 und 3** gestattet dagegen keinen Widerruf, obwohl diese systematisch ebenfalls zu den im Verlauf der Treuhandzeit aktualisierten Obliegenheiten zählen. Da sie nur noch entfernt dem mit der Treuhandzeit verfolgten Ziel einer Haftungsverwirklichung dienen, erscheint es vertretbar, sie von der Regelung des § 303 auszunehmen (*Kohte/Ahrens/Grote* § 303 Rn 8).

3 Nach dem **Tode des Schuldners** kann der **Widerruf** auch **gegenüber den Erben** erfolgen (*Siegmann* ZEV 2000, 345, 348; *Krug* ZERB 1999, 10; *Döbereiner* Restschuldbefreiung S 329). Zwar war der Erbe nicht am Verfahren beteiligt. Der Widerruf der Restschuldbefreiung innerhalb der kurzen Frist des § 303 Abs 2 und unter den strengen Voraussetzungen des Abs 1 wirkt sich nämlich im Ergebnis aus wie die Ausübung eines Gestaltungsrechts. Mit dem Widerruf wird aus der unvollkommenen Verbindlichkeit (siehe dazu näher § 301 Rn 10) wieder eine vollkommene Verbindlichkeit. Gestaltungsrechte setzen sich aber in der Regel gegen den Erben durch (vgl RGZ 30, 17; *Lange/Kuchinke* § 47 II 1; *Siegmann* aaO). Dem Erben verbleibt nach dem ihm gegenüber erklärten Widerruf weiterhin die Möglichkeit der Beschränkung der Haftung auf den Nachlass.

1. Vorsätzliche Obliegenheitsverletzung. In Betracht kommen nur **vorsätzliche** Verletzungen der Obliegenheiten nach § 295. Dabei genügt bedingter Vorsatz, der die nachteiligen Folgen der Obliegenheitsverletzung nicht umfassen muss (*Kohte/Ahrens/Grote* § 303 Rn 9; *Hess* § 303 Rn 7). Zutreffend weist *Hoffmann* (Verbraucherinsolvenz S 145) darauf hin, dass der Antragsteller den „Nachweis" des Vorsatzes nur für die Obliegenheitsverletzung erbringen muss, weil der Begriff des Vorsatzes in § 303 in direktem Zusammenhang mit der Obliegenheitsverletzung, nicht aber mit der Gläubigerbeeinträchtigung stehe (ebenso *Häsemeyer* Rn 26.60 Fn 54; HK-*Landfermann* § 303 Rn 2; K/P/B/*Wenzel* § 303 Rn 2). Mithin kommt ein Widerruf auch dann in Betracht, wenn der Schuldner die wirtschaftlichen Folgen seines Handelns nicht bedacht hatte. Handelt der Schuldner **arglistig**, ohne dass dabei die weiteren Tatbestandsvoraussetzungen des § 303 erfüllt sind, rechtfertigt dieses Verhalten nicht den Widerruf der Restschuldbefreiung (*Balz* BewHi 1989, 103, 121; HK-*Landfermann* § 303 Rn 7; aA K/P/B/*Wenzel* § 303 Rn 3; *Obermüller* InsR Bankpraxis Rn 1.561 ff). Anders als bei der Versagung nach § 296 Abs 1 reicht eine fahrlässige Verletzung der Obliegenheiten nicht aus (krit dazu *Döbereiner* aaO S 260). 4

2. Erhebliche Beeinträchtigung der Befriedigung der Insolvenzgläubiger. Eine Beeinträchtigung der Befriedigung der Insolvenzgläubiger setzt voraus, dass die Befriedigungsquote infolge des Verstoßes gegen die Obliegenheiten gem § 295 geringer ausfällt als ohne die Obliegenheitsverletzung. Für die dabei erforderliche Ursächlichkeitsbeziehung gelten die **allgemeinen Grundsätze der Kausalität** (*Döbereiner* aaO S 260; vgl auch *Palandt/Heinrichs* Vor v § 249 BGB Rn 54 ff). 5

Während für die in § 296 geregelte Versagung der Restschuldbefreiung bereits eine geringfügige Beeinträchtigung der Gläubiger ausreicht, setzt der Widerruf der Restschuldbefreiung nach § 303 voraus, dass die Beeinträchtigung der Gläubigerbefriedigung **erheblich ist**. Da das Gesetz einen bestimmten Betrag bzw Prozentsatz nicht nennt, erscheint es bedenklich, bei Überschreitung eines bestimmten Prozentsatzes ohne Berücksichtigung sonstiger Umstände des Falles eine Erheblichkeit iSd Vorschrift anzunehmen. *Wenzel* (in: K/P/B § 303 Rn 2) geht lediglich von einem Anhaltspunkt für ein Überschreiten der Erheblichkeitsschwelle aus, wenn die erreichte Quote um mehr als 5% hinter der erreichbaren zurückgeblieben ist. Dagegen bejaht *Haarmeyer* (in *Smid* § 303 Rn 4) eine erhebliche Beeinträchtigung der Befriedigungsaussichten der Gläubiger, wenn durch die Verletzungshandlung die Befriedigung aller Gläubiger um mehr als 10% verschlechtert worden ist (ähnlich N/R/*Römermann* § 303 Rn 5). *Döbereiner* (Restschuldbefreiung S 261) hält es gar für angemessen, bei einer Verschlechterung von mehr als 5% von einer erheblichen Beeinträchtigung zu sprechen. Letztlich hängt es von dem **Umständen des Einzelfalls** ab, wann eine erhebliche Beeinträchtigung anzunehmen ist (ebenso *Kohte/Ahrens/Grote* § 303 Rn 10; MüKoInsO-*Stephan* § 303 Rn 15; *Graf-Schlicker/Kexel* § 303 Rn 4; *Przikiang* Verbraucherinsolvenz S 85; KS-*Fuchs* S 1754 Rn 218). Jedenfalls ist eine allgemein gültige Definition der Erheblichkeitsschwelle nicht möglich (so mit Recht N/R/*Römermann* § 303 Rn 5). Das alleinige Abstellen auf eine bestimmte Quote hat den Nachteil, dass hierdurch Schuldner mit einer Vielzahl von Gläubigern bevorzugt werden (*Hess* § 303 Rn 7). 6

3. Nachträgliches Bekanntwerden. Unter **nachträglich** iSv Abs 1 ist der Zeitpunkt nach Rechtskraft des Beschlusses gemäß § 300 Abs 1 zu verstehen (N/R/*Römermann* § 303 Rn 6; *Hoffmann* Verbraucherinsolvenz S 145). Abzustellen ist dabei auf die Kenntnis des Antragstellers und nicht auf die des Gerichts (N/R/*Römermann*; § 303 Rn 6; K/P/B/*Wenzel* § 303 Rn 1 b). Kenntnis erhält man nur durch **sicheres Wissen**, nicht schon durch ein bloßes Gerücht. Ergaben sich für den Gläubiger allerdings im Zeitpunkt der Erteilung der Restschuldbefreiung bereits eine Vielzahl von Indizien, die bei verständiger Würdigung des Sachverhalts den sicheren Schluss auf eine Obliegenheitsverletzung des Schuldners zuließen, ist er mit der Geltendmachung der Obliegenheitsverletzung auch dann präkludiert, wenn er erst nach Erteilung der Restschuldbefreiung darüber letzte Gewissheit erlangt (N/R/*Römermann* § 303 Rn 6). Nach dem Wortlaut des § 303 Abs 2 hindert die **Präklusion** eines Gläubigers die übrigen Gläubiger nicht daran, diesen Widerrufsgrund weiterhin geltend machen, sofern sie nicht ebenfalls vorzeitig Kenntnis hatten (*Döbereiner* aaO S 265). 7

III. Besondere Zulässigkeitsvoraussetzungen, Abs 2

Abs 2 enthält **besondere Zulässigkeitsvoraussetzungen für den Antrag** auf Widerruf der Restschuldbefreiung. Im Interesse der **Rechtssicherheit** für alle Beteiligten hat der Antragsteller den Antrag **innerhalb eines Jahres** nach Rechtskraft der Entscheidung über die Restschuldbefreiung zu stellen. Ferner hat er **glaubhaft** zu machen, dass die Voraussetzungen des Abs 1 vorliegen und dass der Gläubiger bis zur Rechtskraft der Entscheidung keine Kenntnis von ihnen hatte. 8

1. Jahresfrist. Die Jahresfrist des Abs 2 ist eine **Ausschlussfrist** (*Smid/Haarmeyer* § 303 Rn 2). Auf diese Frist sind die Vorschriften der §§ 214 bis 229 ZPO, abgesehen von der Berechnung nach **§ 222** 9

ZPO, nicht anzuwenden. Die Frist berechnet sich nach § 4, § 222 ZPO, §§ 187 Abs 1, 188 Abs 2 BGB. Bei Fristversäumung kommt eine **Wiedereinsetzung in den vorigen Stand** nicht in Betracht. Ein nach Ablauf der Frist gestellter Antrag ist auch dann als unzulässig zurückweisen, wenn der Gläubiger erst zu diesem Zeitpunkt von dem Obliegenheitsverstoß erfahren hat (N/R/*Römermann* § 303 Rn 10).

10   **2. Glaubhaftmachung.** Der antragstellende Gläubiger hat die Widerrufsvoraussetzungen des Abs 1 – innerhalb der Jahresfrist (MüKoInsO-*Stephan* § 303 Rn 7) – glaubhaft zu machen. Die **Glaubhaftmachung** erfolgt nach Maßgabe des **§ 294 ZPO**. Der Antragsteller kann sich zur Glaubhaftmachung aller (Streng-)Beweismittel und der – notfalls eigenen – eidesstattlichen Versicherung bedienen. Unzulässig sind Beweisanträge, das Gericht solle Zeugen und Sachverständige laden, Akten beiziehen oder amtliche Auskünfte einholen (vgl **OLG** München WM 1978, 400; **OLG** Frankfurt NJW 1985, 811). Gelingt dem Gläubiger die Glaubhaftmachung nicht, ist der Widerrufsantrag als unzulässig zurückzuweisen.

11   Wo Glaubhaftmachung zugelassen ist, gilt dies auch für den „Gegenbeweis" (ähnlich *Bruckmann*, Verbraucherinsolvenz § 4 Rn 99). Der Schuldner hat die Möglichkeit, mit einer **Gegenglaubhaftmachung** die vom Gläubiger behaupteten Tatsachen anzugreifen und damit den ursprünglich zulässigen Antrag unzulässig zu machen (*Vallender* MDR 1999, 280, 281). Auch für die Gegenglaubhaftmachung gilt die überwiegende Wahrscheinlichkeit, dass die Behauptung des Schuldners zutrifft. Während wegen der Beweislastumkehr, wie sie § 296 Abs 1 S 1 HS 2 normiert, ein **non liquet** stets zu Lasten des Schuldners geht (*Smid/Haarmeyer* § 303 Rn 3), führt die Gegenglaubhaftmachung der den Widerruf begründenden Tatsachen zur Zurückweisung des Antrags als unzulässig (vgl K/P/B/*Pape* § 14 Rn 7).

IV. Rechtliches Gehör, Abs 3 S 1

12   Wegen der weitreichenden Wirkungen eines Widerrufs sind sowohl der **Schuldner** als auch der **Treuhänder** vor der Entscheidung über den Antrag auf Widerruf der Restschuldbefreiung zu hören (Art 103 Abs 1 GG). Ein Ermessen ist dem Gericht dabei nicht eingeräumt. Ein Verstoß gegen die Pflicht zur Gehörsgewährung stellt einen Verfahrensmangel dar, der grundsätzlich zur Aufhebung der Entscheidung führt (vgl **OLG** Düsseldorf, KTS 1959, 175). Da der Treuhänder nicht als Verfahrensbeteiligter zu hören ist (*Häsemeyer* Rn 26.60), berührt dessen Nichtanhörung nicht die Wirksamkeit der Widerrufsentscheidung.

13   Eine **Anhörung der Insolvenzgläubiger** sieht das Gesetz nicht vor. Eine Verpflichtung des Gerichts besteht insoweit nicht (KS-*Vallender* S 278 Rn 92; N/R/*Römermann* § 303 Rn 13; aA *Döbereiner*, Restschuldbefreiung S 299). Eine Beeinträchtigung der Rechtsposition der Gläubiger, die unter Umständen eine Anhörung gebieten könnte, tritt nicht ein. Aufgrund der Erteilung der Restschuldbefreiung gemäß §§ 300, 301 können die Gläubiger ihre Insolvenzforderungen nicht mehr gegen den Schuldner durchsetzen, wobei von dieser Wirkung die in § 302 aufgeführten Forderungen ausgenommen sind. Der Antrag eines Gläubigers auf Widerruf der Restschuldbefreiung kann nur zu einer Verbesserung der Rechtsposition der Gläubiger führen. Entweder ist der Antrag des Gläubigers erfolgreich und die materiellrechtlichen Wirkungen einer erteilten Restschuldbefreiung gemäß § 301 sind aufgehoben, also der Haftungswirkungen der Schuld wieder hergestellt, oder es verbleibt bei der Rechtslage, die vor Antragstellung bestand. Eine unmittelbare Beeinträchtigung der Rechtsposition der Gläubiger liegt nicht vor, vielmehr perpetuiert die den Antrag des Gläubigers zurückweisende Entscheidung des Gerichts nur den Status quo (*Vallender* aaO). Dem Insolvenzgericht ist es allerdings unbenommen, zur weiteren Sachaufklärung auch die anderen Insolvenzgläubiger zu hören (*Kohte/Ahrens/Grote* § 303 Rn 19).

V. Gerichtliche Entscheidung

14   Die Entscheidung über den Antrag auf Widerruf der Restschuldbefreiung ergeht durch **Beschluss**. Der Beschluss bedarf einer Begründung. **Zuständig** ist gemäß § 18 Abs 1 Nr 2 RpflG der **Richter** des Insolvenzgerichts. Eine entsprechende Anwendung der Vorschrift des § 584 Abs 1 ZPO kommt nicht in Betracht (*Kohte/Ahrens/Grote* § 303 Rn 18).

15   **1. Kosten und Gebühren.** Für den Widerrufsantrag wird eine Gebühr iHv 30,00 Euro erhoben (KV GKG Nr 2350). **Kostenschuldner** ist nach § 23 Abs 2 GKG der Insolvenzgläubiger, der den Widerruf der Restschuldbefreiung beantragt. Für die **Beschwerde** wird eine Festgebühr in Höhe von 50,00 Euro nach Maßgabe des KV GKG Nr 2361 fällig. Treuhänderanträge sind gebührenfrei (HK-*Landfermann* § 300 Rn 9).

16   **2. Rechtsmittel, Abs 3 S 2.** Weist das Gericht den Antrag des Insolvenzgläubigers als unzulässig oder unbegründet zurück, steht dem Antragsteller gegen den Beschluss das Rechtsmittel der **sofortigen Beschwerde** zu. Der Schuldner wiederum kann den Beschluss anfechten, wenn die Restschuldbefreiung widerrufen wird. Für die Rechtsmittel der sofortigen Beschwerde und der Restbeschwerde gelten die §§ 6, 7. Dem Treuhänder steht ein Rechtsmittel gegen die Entscheidung des Gerichts nicht zu (*Hoffmann* Verbraucherinsolvenz S 145).

VI. Öffentliche Bekanntmachung der Widerrufsentscheidung, Abs 3 S 3

Der Beschluss, durch den die Restschuldbefreiung widerrufen wird, ist gemäß § 9 öffentlich bekannt zu machen. Jedermann soll hierdurch Gelegenheit erhalten, sich über die Entscheidung des Gerichts zu unterrichten und sein weiteres Verhalten darauf einzurichten (N/R/*Becker*, § 9 Rn 1). Die öffentliche Bekanntmachung genügt zum Nachweis der Zustellung an die übrigen Gläubiger, § 9 Abs 3.

VII. Wiederaufleben des Nachforderungsrechts

Nach Rechtskraft des Beschlusses, durch den die Restschuldbefreiung widerrufen wird, können **alle Insolvenzgläubiger** ihre **Restforderungen** ohne Beschränkungen gegen den Schuldner geltend machen (*Häsemeyer* Rn 26.61). Die Insolvenzgläubiger sind wie im Falle der Aufhebung eines Insolvenzverfahrens zu behandeln, in dem kein Restschuldbefreiungsantrag gestellt worden ist (vgl HK-*Landfermann* § 299 Rn 1). § 201 Abs 3 entfaltet keine Wirkungen mehr. Die Insolvenzgläubiger können aus der Eintragung in die Tabelle wie aus einem vollstreckbaren Urteil die Zwangsvollstreckung gegen den Schuldner betreiben (§ 201 Abs 2 S 1). Soweit während der Wohlverhaltensperiode Zahlungen an die Gläubiger geleistet worden sind, verringert sich die zur Insolvenztabelle festgestellte Forderung um diesen Betrag (ungenau *Hoffmann* Verbraucherinsolvenz S 145, der allein auf die in der Insolvenztabelle festgestellten Forderungen abstellt). Den Abzug dieses Betrages kann der Schuldner notfalls mittels Vollstreckungsabwehrklage (§ 767 ZPO) geltend machen.

Der Widerruf der Restschuldbefreiung wirkt **ex-tunc** (*Döbereiner* Restschuldbefreiung S 266). Dies hat zur Folge, dass der Schuldner für die Zeit zwischen der Erteilung der Restschuldbefreiung und dem Widerruf **Verzugszinsen** zu zahlen hat. Die **nach** § 114 Abs 1 und 3 unwirksam gewordenen **Sicherungsrechte** leben allerdings nicht wieder auf.

NEUNTER TEIL. VERBRAUCHERINSOLVENZVERFAHREN UND SONSTIGE KLEINVERFAHREN

Vorbemerkung zu §§ 304–314

I. Allgemeines

1   Mit dem im Neunten Teil der Insolvenzordnung geregelten **Verbraucherinsolvenzverfahren** sollte **ein besonderes Verfahren** geschaffen werden, das den Bedürfnissen von Verbrauchern und Kleingewerbetreibenden angepasst ist und nicht zu einer übermäßigen Belastung der Gerichte führt (vgl Beschlussempf und Bericht des RechtsA BT-Drucks 12/7302 S 189). Auch wenn dieses Verfahren primär dazu dient, das Vermögen des Schuldners zur Befriedigung seiner Gläubiger unter Wahrung der Gleichbehandlung heranzuziehen, ist es für den in § 304 genannten Personenkreis letztlich die **unabdingbare Vorstufe zur endgültigen Befreiung** von den gegenüber den Insolvenzgläubigern bestehenden **Verbindlichkeiten** auf Grund des Restschuldbefreiungsverfahrens (*Gottwald/Riedel* Praxishandbuch Teil 10/3.; *Vallender* DGVZ 2000, 97). *Ahrens* (VuR 2000, 8, 11) spricht insoweit von einer „Konkordanz der Ziele".

II. Anwendungsbereich

2   Die Sonderregelungen des Neunten Teils gelten für alle **natürlichen Personen**, die zeitlebens keine selbstständige wirtschaftliche Tätigkeit ausgeübt haben (§ 304 Abs 1 S 1). Daneben werden auch diejenigen Schuldner in den Anwendungsbereich des Verbraucherinsolvenzverfahrens einbezogen, die zum Zeitpunkt der Antragstellung keine selbstständige wirtschaftliche Tätigkeit mehr ausüben, weniger als 20 Gläubiger haben und gegen die keine Forderungen aus gegenwärtigen oder früheren Arbeitsverhältnissen bestehen (*Pape/Pape* ZIP 2000, 1553, 1554).

III. Regelungskonzept

3   Während der Weg zur **Entschuldung** über **vier Schritte** vollzogen wird, wobei der jeweils nächste Schritt erst nach Beendigung der vorherigen durchlaufen werden kann (*Graf-Schlicker/Livonius* Restschuldbefreiung Rn 35), führt das **Verbraucherinsolvenzverfahren** bei einem Antrag des Schuldners über **drei Stufen**.

4   Auf der **ersten Stufe** trifft den Schuldner die Pflicht, außergerichtlich eine gütliche Einigung mit seinen Gläubigern auf der Grundlage eines Plans zu versuchen. Ist eine **außergerichtliche Einigung** mit den Gläubigern gescheitert, kann der Schuldner bei Vorliegen der allgemeinen und besonderen Voraussetzungen Antrag auf Eröffnung des Verbraucherinsolvenzverfahrens stellen. Der Schuldner hat seinem Antrag die in § 305 Abs 1 genannten Verzeichnisse, Erklärungen und Unterlagen beizufügen.

5   Die **zweite Stufe** auf dem Weg zur Entschuldung ist das **gerichtliche Schuldenbereinigungsverfahren**, während dessen das Insolvenzverfahren nach § 306 ruht. Bei diesem Verfahren handelt es sich um ein eigenständiges gerichtliches Verfahren (H/W/F Kap 10 Rn 31). Häufig ist bereits bei Einleitung dieses Verfahrens offensichtlich, dass eine gütliche Einigung auch vor dem Insolvenzgericht nicht erreicht werden kann. § 306 Abs 1 S 3 gestaltet deshalb das **Schuldenbereinigungsverfahren fakultativ** aus. Es steht im Ermessen des Insolvenzrichters, ob dieser Verfahrensabschnitt durchgeführt werden soll oder nicht. Sieht das Gericht von der Durchführung dieses Verfahrens ab, hat es unverzüglich eine Entscheidung über den Eröffnungsantrag zu treffen. Ansonsten hat das Gericht den vom Schuldner genannten Gläubigern die in § 307 Abs 1 S 1 genannten Unterlagen zuzuleiten und sie dabei aufzufordern, sich zu dem Schuldenbereinigungsplan zu äußern.

6   Scheitert auch dieses Verfahren an der fehlenden oder nicht ersetzbaren Zustimmung der Gläubiger, hat das Gericht das Verfahren über den Eröffnungsantrag von Amts wegen wiederaufzunehmen. Liegt der Insolvenzgrund der drohenden Zahlungsunfähigkeit oder der Zahlungsunfähigkeit vor und sind die Kosten des Verfahrens gedeckt bzw hat das Gericht auf Antrag des Schuldners die Kosten des Verfahrens gemäß § 4a Abs 1 S 1 gestundet, wird das **vereinfachte Verfahren** eröffnet. Damit ist die **dritte Stufe** auf dem Weg zur Entschuldung erreicht. Gegenüber dem Regelinsolvenzverfahren weist dieses Verfahren einige Besonderheiten auf, die zu einer Entlastung der Gerichte beitragen sollen. Es findet nur ein Prüfungstermin und kein Berichtstermin statt. Das Verfahren kann unter den Voraussetzungen des § 312 Abs 2 schriftlich durchgeführt werden. Die Anfechtung und Verwertung von Sicherungsgut durch Gläubiger unterliegt besonderen Regelungen. Die Vorschriften über den Insolvenzplan und die Eigenverwaltung finden keine Anwendung. Soweit der Neunte Teil keine Regelungen enthält, greifen ergänzend die Vorschriften der InsO für das Regelinsolvenzverfahren ein (§ 304 Abs 1 S 1).

Zwar trifft natürliche Personen im Gegensatz zu juristischen Personen keine Pflicht, einen Insolvenzantrag über ihr Vermögen zu stellen. Erscheint indes ein **Verbraucherinsolvenzverfahren** zulässig und geeignet, den **Unterhaltsansprüchen minderjähriger oder ihnen gleichgestellter Kinder** nach § 1603 Abs 2 BGB Vorrang vor sonstigen Verbindlichkeiten des Unterhaltsschuldners einzuräumen, trifft den Unterhaltsschuldner eine **Obliegenheit zur Einleitung dieses Verfahrens**, wenn er nicht Umstände vorträgt, die eine Antragspflicht im konkreten Einzelfall als unzumutbar darstellen (**BGH** v 23. 2. 2005 – XII ZR 114/03, NZI 2005, 342; **OLG** Hamm v 31. 5. 2000 – 8 UF 558/99, NJW-RR 2001, 220; **OLG** Dresden v 10. 1. 2003 – 10 UF 684/02, FamRZ 2003, 1028; **OLG** Karlsruhe v 30. 10. 2003 – 5 UF 70/03, FamRZ 2004, 656; **aA OLG** Naumburg v 5. 3. 2003 – 8 WF 202/02, NZI 2003, 615). Ob es tatsächlich der Einleitung eines Insolvenzverfahrens bedarf, erscheint fraglich. Es kann bereits ausreichen, den Schuldner zu verpflichten, sich auf die Pfändungsfreigrenzen zu berufen, weil es die §§ 850a ff ZPO sind, die die unterhaltsrechtliche Liquidität des Pflichtigen erhöhen (*Hauß* BGHReport 2005, 715). Keine Obliegenheit zur Einleitung eines Verbraucherinsolvenzverfahrens mit Restschuldbefreiung besteht jedenfalls bei Unterhaltsansprüchen aus § 1615 Abs S 1 BGB aus Anlass der Geburt (**OLG** Koblenz v 21. 7. 2005 – 7 UF 773/04, NZI 2005, 637).

IV. Gesetzgebungsgeschichte

Die Auseinandersetzung um ein Verbraucherinsolvenzverfahren mit der Möglichkeit einer Restschuldbefreiung zog sich gleichsam wie ein roter Faden durch das gesamte Gesetzgebungsverfahren (KS-*Beule* S 31 Rn 17). Während die **Reformkommission** für natürliche Personen eine vereinfachte Schuldenregulierung ohne vereinfachtes Verfahren vorgeschlagen hatte (vgl Zweiter Bericht, Vorbem zu Leitsatz 6.2 S 162–164), bezeichnete der **Regierungsentwurf** die Restschuldbefreiung als weiteren Zweck des einheitlichen Insolvenzverfahrens. Der **Bundesrat** regte in seiner Stellungnahme vom 14. 2. 1992 an zu prüfen, ob die Schuldenbereinigung überschuldeter Verbraucher nicht in einem selbstständigen Verfahren außerhalb der Insolvenzordnung geregelt werden sollte (BT-Drucks 12/2443 S 255 Nr 28). Diese Anregung wies die Bundesregierung zurück (BT-Drucks 12/2443 S 266 Nr 28, 29).

In seiner 74. Sitzung am 28. 4. 1993 führte der **Rechtsausschuss des deutschen Bundestages** eine öffentliche Anhörung zum Entwurf einer Insolvenzordnung und zum Entwurf eines Einführungsgesetzes zur Insolvenzordnung durch. Aufgrund der von vielen Seiten geäußerten Kritik an den beiden Entwürfen schlug der Rechtsausschuss zahlreiche Änderungen vor und empfahl gleichzeitig die Schaffung eines eigenständigen Verbraucherinsolvenzverfahrens anstelle des vom Bundesrat abgelehnten Kleininsolvenzverfahrens ohne Sachwalter. Dieses vom Rechtsausschuss des Bundestages neu entwickelte Verfahren bereitete Sorge, weil es als eine in ihren Auswirkungen kaum einschätzbare „Zeitbombe" für die Belastung der Justiz gewertet wurde (*Hoffmann* DRiZ 1994, 441, 416). Nachdem der Rechtsausschuss den aus dem verwalterlosen Kleinverfahren fortentwickelten „Verbraucherkonkurs" weitgehend entschärft hatte, war der Weg für die Verabschiedung des Gesetzes geebnet. Am 21. 4. 1994 verabschiedete der **Deutsche Bundestag** ohne Gegenstimmen die Insolvenzordnung nebst Einführungsgesetz in der vom Rechtsausschuss empfohlenen Fassung (Protokoll der 222. Sitzung in der 12. Wahlperiode; vgl auch *Uhlenbruck* WiB 1994, 849).

In seiner Sitzung vom 20. 5. 1994 rief der Bundesrat jedoch den **Vermittlungsausschuss** mit mehreren Anrufungsbegehren an. Der **Bundesrat wünschte** unter anderem ein **Konzept zur Verbraucherentschuldung außerhalb der InsO** und weitgehend ohne gerichtliches Verfahren (vgl BR-Drucks 336/94 [Beschluss] und 337/94 [Beschluss]). Er hielt die gesetzliche Ausgestaltung einer Verbraucherentschuldung zwar für sehr wünschenswert, wies aber ua darauf hin, dass die Hilfeleistung für den typischen überschuldeten Verbraucher eine schwierige und zeitaufwendige Aufgabe sei. Das justizförmliche neue Verfahren genüge für eine effektive und in der täglichen Praxis auch realisierbare Verbraucherentschuldung nicht; der betroffene Personenkreis benötige in erster Linie einen wirtschaftlich und psychologisch versierten Helfer, über den die Justiz nicht verfüge. Erfolg hatte das Vermittlungsverfahren für die Länder nicht (*Beule* aaO Rn 26). Der Vermittlungsausschuss griff in seiner Sitzung vom 15. 6. 1994 das Anliegen des Bundesrats nicht auf. Die **Reformgesetze** blieben **unverändert**. Allein das Inkrafttreten der InsO wurde um weitere zwei Jahre hinausgeschoben. Das vom Deutschen Bundestag am 21. 4. 1994 verabschiedete Gesetz sollte ursprünglich bereits am 1. 1. 1997 in Kraft treten. Durch Gesetz vom 19. 12. 1998 (BGBl I S 3836) wurde insbesondere die Vorschrift des § 305 durch Anfügung der Absätze 4 und 5 ergänzt (vgl *Wimmer* DZWIR 1999, 62 ff).

Da das Verfahren die in es gesetzten Erwartungen nur ansatzweise erfüllte, wurde bereits im Mai 1999 eine Bund-Länder-Arbeitsgruppe „Insolvenzrecht" damit beauftragt, systemimmanente Lösungen zur Bewältigung der Schwierigkeiten im neuen Insolvenzrecht zu finden. Nach einjähriger Analyse der von Praxis und Wissenschaft gleichermaßen aufgezeigten Probleme der praktischen Anwendungen und Schwachstellen des neuen Insolvenzrechts legte die Arbeitsgruppe zur 71. Konferenz der Justizminister einen umfassenden Bericht vor, der sich vor allem mit dem Verbraucherinsolvenzverfahren befasst. Im August 2000 wurden wesentliche Teile dieser Vorschläge in einen **RefE des BMJ** aufgenommen, dem am 7. 12. 2000 der **RegE** folgte (BT-Drucks 14/5680). Kernstück der Reformvorschläge ist die Stundungsregelung, nach der überschuldeten Verbrauchern der wirtschaftliche Neuanfang über eine Rest-

Vor §§ 304–314

schuldbefreiung durch die Stundung von Verfahrenskosten erleichtert werden soll. Eine weitere Änderung zielt darauf, aktive und auch ehemalige Kleinunternehmer aus dem Anwendungsbereich des Verbraucherinsolvenzverfahrens auszuschließen. Der Stellungnahme des Bundesrates vom 16. 2. 2001 folgte am 28. 3. 2001 die Gegenäußerung der Bundesregierung. Am 5. 4. 2001 fand die erste Beratung des Gesetzentwurfs im Deutschen Bundestag statt. Nachdem der Deutsche Bundestag am 28. 6. 2001 das Gesetz zur Änderung der Insolvenzordnung und anderer Gesetze verabschiedet (BT-Drucks 14/6468) und der Bundesrat in seiner Sitzung am 27. 9. 2001 einen Antrag auf Einberufung des Vermittlungsausschusses zu dem – nicht zustimmungsbedürftigen – Gesetz nicht gestellt hatte, stand dem Inkrafttreten der Novelle zum 1. 12. 2001 nichts mehr im Wege.

V. Entwicklung nach Inkrafttreten der Insolvenzordnung

11 Die Gründe für die bis zu diesem Zeitpunkt eher moderate Anzahl der bei den Insolvenzgerichten eingereichten Anträge auf Eröffnung eines Verbraucherinsolvenzverfahrens (näher dazu *Vallender* DGVZ 2000, 97, 98) sind mannigfach. Sie reichen von Finanzierungsproblemen der Schuldnerberatungsstellen bis zum „Widerspruch zwischen der von Politik und Medien vermittelten Vision einer Restschuldbefreiung und der komplizierten gesetzlichen Regelung" (KS-*Beule* S 72 Rn 139).

12 **1. Die Situation der geeigneten Stellen.** Vor allem von Seiten der Schuldnerberatung wird die **unzureichende Finanz-, Personal- und Sachausstattung** bei den geeigneten Stellen infolge zu geringer Fördermittel der Bundesländer beklagt (*Hofmeister* ZInsO 1999, 503, 504; *Grote* VuR 2000, 3). So sollen bei einem Bedarfsschlüssel von zwei Beratern pro 50.000 Einwohner nach Angaben der Arbeitsgemeinschaft der Schuldnerberatung der Wohlfahrtsverbände bundesweit ca 2300 Stellen in der Schuldnerberatung fehlen. Demzufolge sind Wartezeiten von mehr als 8 Monaten bei öffentlich geförderten Beratungsstellen keine Seltenheit.

13 **2. Anwaltliche Beratung und Vertretung.** Soweit verschuldete Verbraucher nicht bereit sind, die vielerorts beklagten langen Wartezeiten bei Schuldnerberatungsstellen in Kauf zu nehmen, bietet sich ihnen als Alternative die **Beratung und Vertretung durch einen Anwalt** an, der auf jeden Fall befugt ist, eine Bescheinigung iSv § 305 Abs 1 Nr 1 auszustellen. Das Interesse der Anwaltschaft an einer Beratung und Vertretung verschuldeter Verbraucher beim außergerichtlichen Einigungsversuch ist jedoch angesichts der meist desolaten finanziellen Situation dieser Personen nicht stark ausgeprägt. Selbst der Hinweis auf die Möglichkeit von **Bewilligung von Beratungshilfe** für die außergerichtliche Streitschlichtung stellt keinen besonderen finanziellen Anreiz dar, sich den Anliegen dieses Personenkreises anzunehmen. Denn nach allgemeiner Auffassung decken die Gebühren der Beratungshilfe nicht einmal die laufenden Kosten der Anwälte. So beträgt die Gebühr für die Beratungstätigkeit mit dem Ziel einer außergerichtlichen Einigung mit den Gläubigern über die Schuldenbereinigung auf der Grundlage eines Plans 60,00 Euro (Nr 2502 VV RVG). Für seine Tätigkeit mit dem Ziel einer außergerichtlichen Einigung mit den Gläubigern über die Schuldenbereinigung auf der Grundlage eines Plans erhält der Rechtsanwalt bei bis zu fünf Gläubigern eine Gebühr von 224,00 Euro (Nr 2504 VV RVG), bei 6 bis 10 Gläubigern 336,00 Euro (Nr 2505 VV RVG), bei 11 bis 15 Gläubigern 448,00 Euro (Nr 2506 VV RVG) und bei mehr als 15 Gläubigern 560,00 Euro (Nr 2507 VV RVG). Ist der Schuldner aufgrund von Zuwendungen aus der Familie oder dem Freundeskreis in der Lage, mit dem Anwalt eine besondere Honorarvereinbarung zu treffen, mag sich ein größerer Anreiz für eine Beratung und Vertretung beim außergerichtlichen Einigungsversuch ergeben (*Vallender* MDR 1999, 598).

14 **3. Staatliche Finanzierung des Verfahrens.** Als wenig ermutigend hatte sich darüber hinaus für viele Schuldner die ungeklärte Rechtslage zur staatlichen **Finanzierung des gerichtlichen Verbraucherinsolvenzverfahrens** erwiesen (näher dazu HK-*Landfermann* Vor §§ 304–314 Rn 11 ff; H/W/F Kap 10 Rn 39–42). Weder der Berater des Schuldners noch der Betroffene selbst konnten die Risiken und Chancen des Verfahrens sicher kalkulieren. Dies galt umso mehr, als an manchen Insolvenzgerichten selbst innerhalb der Richterschaft keine Einigkeit darüber bestand, ob für das Verbraucherinsolvenz- und Restschuldbefreiungsverfahren **Prozesskostenhilfe** bewilligt werden kann oder nicht. Die Frage, ob einem völlig mittellosen Schuldner der Zugang zum Verbraucherinsolvenzverfahren mit anschließendem Restschuldbefreiungsverfahren über die Gewährung von Prozesskostenhilfe ermöglicht werden kann, war von Anfang an heftig umstritten.

15 Durch die Einführung der **Stundungsregelungen** (§§ 4 a–c) ist diese Frage weitgehend entschärft worden, weil nunmehr **allen natürlichen Personen** die Möglichkeit zur Durchführung eines Insolvenzverfahrens auch dann eröffnet wird, wenn das Vermögen nicht ausreicht, um die Kosten zu decken (H/W/F Kap 10 Rn 43). Das sogen **Stundungsmodell** zeichnet sich dadurch aus, dass auf die Erhebung von Gerichtskostenvorschüssen verzichtet wird, die Verfahrenskosten gestundet werden, ein Sekundäranspruch von Treuhänder bzw Insolvenzverwalter im Regelinsolvenzverfahren gegen die Landeskasse bei mangelnder Kostendeckung durch die Insolvenzmasse begründet wird und in besonderen Situationen eine Anwaltsbeiordnung in Betracht kommt (siehe Kommentierung zu §§ 4 a ff). Die Stundung nach § 4 a

entbindet den Schuldner nicht von der Verpflichtung, die notwendigen eigenen Anstrengungen zur Zahlung der Verfahrenskosten und Befriedigung der Gläubiger zu unternehmen, um das Ziel der Restschuldbefreiung zu erreichen (*Graf-Schlicker* FS *Uhlenbruck* S 573, 583). Eine Vertretung des Schuldners in der ersten Phase des gerichtlichen Schuldenbereinigungsverfahrens ist grundsätzlich nicht erforderlich (*Graf-Schlicker/Kexel* § 305 Rn 6). Selbst bei besonderen Sprachproblemen ist ihm für die Stellung eines Insolvenzantrags kein Rechtsanwalt im Wege der Stundung beizuordnen (BVerfG v 18. 3. 2003 – 1 BvR 329/03, NJW 2003, 2668). Anwaltliche Hilfe kann der Schuldner insoweit nach Maßgabe des Beratungshilfegesetzes in Anspruch nehmen (BVerfG aaO).

Die Konzeption einer Stundung der Verfahrenskosten ist auch ausländischen Rechtsordnungen nicht fremd. Bei fehlender Verfahrenskostendeckung werden zB nach § 184 der **österreichischen Konkursordnung** die Verfahrenskosten vorläufig aus der Staatskasse bezahlt, wenn letztlich eine Restschuldbefreiung zu erwarten ist. Der Staat kann sich den entsprechenden Betrag nach der Konkursmasse bzw im Abschöpfungsverfahren aus abgetretenen Forderungen des Schuldners zurückholen. Der Schuldner hat die Beträge auch nach Beendigung des Verfahrens zu zahlen, soweit und sobald er ohne Beeinträchtigung des notwendigen Unterhalts dazu in der Lage ist (*Mohr* ZInsO 1999, 311, 312). 16

4. Eignung des Personenkreises. Berücksichtigt man schließlich, dass der Weg zur Erteilung der Restschuldbefreiung mit zahlreichen Hindernissen versehen ist, erscheint fraglich, ob die Mehrzahl der verschuldeten Verbraucher für das Verfahren geeignet ist. Denn es bedarf neben einer erheblichen **Disziplin** eines ausgeprägten **Durchhaltevermögens** des Schuldners, um die gesetzlichen Erfordernisse bis zur ersehnten Restschuldbefreiung zu erfüllen. Hinzu kommt, dass nicht jeder Schuldner bereit sein dürfte, sich über einen Zeitraum von 5 bzw 6 Jahren der Kontrolle durch einen Treuhänder und die Gläubiger auszusetzen. *Bindemann* (Verbraucherkonkurs S 23) befürchtet gar, dass die Verbraucherinsolvenzreform scheitern werde, wenn nicht „zumindest die unsinnig lange Treuhandphase auf maximal vier Jahre begrenzt" werde. 17

5. Entwurf eines Gesetzes zur Entschuldung mittelloser Personen, zur Stärkung der Gläubigerrechte sowie zur Regelung der Insolvenzfestigkeit von Lizenzen v 22. 8. 2007. Die Arbeiten an einem verbesserten Entschuldungsverfahren sind noch längst nicht abgeschlossen. Bereits der Diskussionsentwurf des BMJ aus April 2003 (näher dazu *Stephan* ZVI 2003, 145) hatte zwar Forderungen aus der Praxis aufgegriffen, ohne indes eine „radikale Neuausrichtung des Entschuldungsverfahrens" durch außerhalb des Insolvenzverfahrens liegende Lösungen wie zB eine Restschuldbefreiung durch Verjährung (*Wiedemann* ZVI 2004, 645 ff) vorzunehmen. Der Gesetzentwurf der Bundesregierung von September 2004 sah im Hinblick auf die gestiegene Zahl an Verbraucherinsolvenzverfahren Verfahrenserleichterungen sowie eine Versagung der Restschuldbefreiung von Amts wegen vor. Am 25. 11. 2004 sprachen sich die Justizminister bei ihrer Herbstkonferenz für eine Reform der Verbraucherentschuldung aus. Bemängelt wurde insbesondere der hohe Aufwand der Abwicklung der Verfahren bei den Insolvenzgerichten. Dem stünde in masselosen Verfahren kein ausreichender Ertrag gegenüber. Auch die Verfahrensvorschriften zur Restschuldbefreiung würden einer Überprüfung bedürfen. 18

Nachdem am 2. März 2006 auf der Grundlage der Überlegungen der Bund-Länder-Arbeitsgruppe „Neue Wege zu einer Restschuldbefreiung" das Modell eines treuhänderlosen Entschuldungsverfahrens der Öffentlichkeit vorgestellt worden war, das indes weitgehend Ablehnung erfahren hatte (näher dazu *Vallender* NZI 2006, 279) präsentierte das Bundesjustizministerium **am 27. 1. 2007 den Diskussionsentwurf eines Gesetzes zur Entschuldung völlig mittelloser Personen und zur Änderung des Verbraucherinsolvenzverfahrens** (näher dazu *Frind* ZInsO 2007, 1097 ff; *Grote* ZInsO 2007, 918 ff; *Jäger* ZVI 2007, 507 ff; *Pape* NZI 2007, 681; *Schmerbach* NZI 2007, 710 ff; *Stephan* ZVI 2007, 441 ff; *Vallender* NZI 2007, 617 ff) Auch dieser Entwurf blieb zwar von Kritik nicht verschont, fand indes im Gegensatz zum sogen „Eckpunktepapier" große Zustimmung (*Vallender* InVo 2007, 219, 222) Dem Diskussionsentwurf vom 27. 1. 2007 folgte am 22. 8. 2007 der **Regierungsentwurf eines Gesetzes zur Entschuldung mittelloser Personen, zur Stärkung der Gläubigerrechte sowie zur Regelung der Insolvenzfestigkeit von Lizenzen** (BT-Drucks 16/7416), der im Wesentlichen an das Konzept des Januar 2007 vorgestellten Entwurfes anknüpft. Neben Regelungen, die das Verbraucher- und Restschuldbefreiungsverfahren flexibler, effektiver und weniger aufwändig gestalten sollen, enthält der Entwurf weitere Änderungen des Insolvenzverfahrens, die zu einer Stärkung der Gläubigerrechte beitragen sollen sowie eine Regelung zur Insolvenzfestigkeit von Lizenzen. In seiner Stellungnahme vom 12. 10. 2007 (BR-Drucks 600/07) zum Gesetzentwurf forderte der Bundesrat unter anderem, dass ein Schuldner die Kosten für den ihm zur Seite gestellten Treuhänder „vollständig" aufzubringen habe (BR-Drucks 600/07 S 16). Die Bundesregierung führte dazu in ihrer Gegenäußerung (BT-Drucks 16/7416 Anlage 4 S 148) vom 5. 12. 2007 überzeugend aus, dass die daraus entstehende Belastung von einem Großteil der Schuldner nicht getragen werden könne. Damit würde ihnen der Zugang zum Entschuldungsverfahren versperrt. *Ahrens* (NZI 2008, 87) befürchtet gar, dass bei einer zusätzlichen Kostenbelastung des Schuldners das Entschuldungsmodell am Verdikt der Verfassungswidrigkeit zu scheitern drohe.

Bereits der Referentenentwurf vom 27. 1. 2007 hatte der allgemein verbreiteten Auffassung Rechnung getragen, dass die gegenwärtige Entschuldung völlig mitteloser Personen über ein Insolvenzverfahren mit anschließender Restschuldbefreiung lediglich einen aufwändigen Formalismus darstellt, der erhebliches Personal sowohl in der Justiz als auch bei den Schuldnerberatungsstellen bindet, ohne dass in diesen Fällen das Verfahren ein nennenswertes Ergebnis zeigen würde. Durch **Streichung der Stundungsvorschriften** (Art 1 Nr 2 des Entwurfs; krit dazu *Ahrens* aaO) und eine **Kostenbeteiligung des Schuldners** (§ 289a Abs 2 S 1 RegE-InsO, Art 10 Nr 5c des Entwurfs) soll eine spürbare **finanzielle Entlastung des Justizfiskus** erreicht werden. Dies ist insofern nachvollziehbar, als die Zahl der Verbraucherinsolvenzverfahren seit Inkrafttreten der Insolvenzordnung „explosionsartiges" gestiegen ist. Beantragten im Jahre 1999 erst 2.030 Personen die Eröffnung eines Insolvenzverfahrens, stieg die Zahl im Jahre 2008 auf 77.310 (Quelle: Creditreform). Gleichzeitig will der Entwurf sicherstellen, dass die Interessen der Gläubiger nicht der Verfahrensökonomie geopfert werden (BT-Drucks 16/7416 S 30). Nach der Vorstellung des Gesetzgebers soll das vereinfachte Verfahren möglichst nahtlos in das geltende Insolvenzverfahren eingepasst werden (BT-Drucks 16/7416 Allgemeiner Teil des Entwurfs S 23). Auch der Regierungsentwurf verzichtet in masselosen Fällen auf die Eröffnung eines – überflüssigen – Insolvenzverfahrens. Nach einer Abweisung des Insolvenzantrags mangels Masse wird vom Eröffnungsverfahren unmittelbar in das Restschuldbefreiungsverfahren übergeleitet. Durch die **obligatorische Beauftragung eines vorläufigen Treuhänders** in masselosen Fällen (§ 289a Abs 1 RegE-InsO) soll sichergestellt werden, dass die Vermögensverhältnisse des Schuldners weitgehend aufgeklärt werden und das Verfahren strukturiert wird. Damit wird diese Person nach der Vorstellung des Gesetzgebers zur **zentralen Figur** des Entschuldungsverfahrens (BT-Drucks 16/7416 S 64). Ob das Gesetz jemals in Kraft treten wird, ist fraglich. Die Anhörung von Sachverständigen im Rechtsausschuss des Deutschen Bundestages am 9. 4. 2008 scheint die Abgeordneten nicht davon überzeugt zu haben, dass es zwingend einer Änderung der geltenden Vorschriften bedarf (näher dazu *Vallender* NZI 2008 Heft 5 NZI-aktuell V).

§ 304 Grundsatz

(1) ¹Ist der Schuldner eine natürliche Person, die keine selbständige wirtschaftliche Tätigkeit ausübt oder ausgeübt hat, so gelten für das Verfahren die allgemeinen Vorschriften, soweit in diesem Teil nichts anderes bestimmt ist. ²Hat der Schuldner eine selbständige wirtschaftliche Tätigkeit ausgeübt, so findet Satz 1 Anwendung, wenn seine Vermögensverhältnisse überschaubar sind und gegen ihn keine Forderungen aus Arbeitsverhältnissen bestehen.

(2) Überschaubar sind die Vermögensverhältnisse im Sinne von Absatz 1 Satz 2 nur, wenn der Schuldner zu dem Zeitpunkt, zu dem der Antrag auf Eröffnung des Insolvenzverfahrens gestellt wird, weniger als 20 Gläubiger hat.

Übersicht

	Rn
I. Normzweck	1
II. Persönlicher Anwendungsbereich	4
1. Natürliche Personen	6
2. Keine selbständige wirtschaftliche Tätigkeit, Abs 1 S 1	7
3. Zurechnung selbständiger wirtschaftlicher Tätigkeit	11
a) Persönlich haftende Gesellschafter einer Personenhandelsgesellschaft	12
b) Gesellschafter einer Kapitalgesellschaft	13
III. Frühere selbständige wirtschaftliche Tätigkeit, Abs 1 S 2	14
1. Überschaubarkeit der Vermögensverhältnisse	16
a) Weniger als 20 Gläubiger, Abs 2	19
b) Zeitpunkt der Antragstellung	21
2. Forderungen aus Arbeitsverhältnissen	22
3. Vollständige Aufgabe der selbständigen wirtschaftlichen Tätigkeit	24
IV. Verfahrensrecht	26
1. Gläubigerantrag	27
2. Schuldnerantrag	29
a) Feststellung der richtigen Verfahrensart	30
b) Bindung an bestimmten Schuldnerantrag	32
3. Veränderung der Gläubigerzahl nach Antragstellung	35
a) Verringerung der Gläubigerzahl	36
b) Erhöhung der Gläubigerzahl	38
4. Sonstige Veränderungen nach Antragstellung	39
5. Überleitungsvorschrift, Art 103a EGInsO	40

I. Normzweck

1   Die durch das InsOÄG 2001 vom 26. 10. 2001 (BGBl I S 2710) völlig neugefasste Vorschrift des § 304 will das Verbraucherinsolvenzverfahren von seinem persönlichen Anwendungsbereich auf die Fälle konzentrieren, in denen die Vorteile des Verfahrens zum Tragen kommen, etwaige Nachteile aber möglichst vermieden werden (Allgem Begr RegE, BT-Drucks 14/5680 S 7). Als nachteilig hatten sich in

der gerichtlichen Praxis die Schwierigkeiten bei der Abgrenzung der sogen „Kleingewerbetreibenden" von anderen Unternehmern erwiesen. Darüber hinaus hatte sich die Grundannahme, bei einer geringfügigen selbstständigen wirtschaftlichen Tätigkeit seien regelmäßig überschaubare Vermögensverhältnisse gegeben, als unzutreffend herausgestellt (*Graf-Schlicker/Remmert* ZInsO 2000, 321). Aus diesem Grunde sind **aktiv tätige Freiberufler, Handwerker, Landwirte sowie Kleinunternehmer** aus dem Anwendungsbereich des Verbraucherinsolvenzverfahrens ausgeschlossen (§ 304 Abs 1 S 1). Diese Personen unterfallen dem **Regelinsolvenzverfahren**, haben allerdings auch nach Maßgabe der §§ 286 ff die Möglichkeit der Restschuldbefreiung. Die Zuordnung dieser Personen zum Regelinsolvenzverfahren hat den Vorteil, dass sie einen Insolvenzplan vorlegen und einen Antrag auf Anordnung der Eigenverwaltung stellen können. Diese Instrumente ermöglichen eine schnellere Entschuldung als das Verbraucherinsolvenzverfahren mit dem „schwerfälligeren" Schuldenbereinigungsverfahren (*Graf-Schlicker/Remmert* aaO 322).

Auch **ehemalige Kleinunternehmer** unterliegen **grundsätzlich** dem Anwendungsbereich des **Regelinsolvenzverfahrens** (Begr RegE, BTDrucks 14/5680 S 48). Tatsächlich bereiteten der gerichtlichen Praxis Verfahren mit ehemaligen Gewerbetreibenden, die ihr Gewerbe aufgegeben haben oder aufgeben mussten, erhebliche Probleme, wenn diese den Ansprüchen einer großen Zahl von Gläubigern ausgesetzt waren (vgl dazu LG Frankfurt/O ZInsO 2000, 290 m Anm *Förster*: Verbindlichkeiten in Höhe von fast 1,7 Millionen DM, die sich auf über 800 Gläubiger verteilten; ferner *Schmerbach/Stephan* ZInsO 2000, 541, 542). Diese Praxis wurde als unerfreulich empfunden, weil das Verbraucherinsolvenzverfahren an sich ein einfaches Verfahren darstellen sollte (*Bruckmann* InVo 2001, 41, 42). Im Gegensatz zum bis Inkrafttreten des InsOÄG 2001 geltenden Abs 1 S 1 stellt die Vorschrift nicht mehr darauf ab, welche Tätigkeit der Schuldner aktuell ausübt. 2

Eine Ausnahme von dem **Grundsatz**, dass auch ehemalige und noch aktive Unternehmer generell dem Regelinsolvenzverfahren unterliegen, macht § 304 Abs 1 S 2 für diejenigen Schuldner, deren Vermögensverhältnisse überschaubar sind **und** gegen die keine Verbindlichkeiten aus Arbeitsverhältnissen bestehen. Der Gesetzgeber rechtfertigt die Einbeziehung dieser Personengruppe in das Verbraucherinsolvenzverfahren damit, dass ihre Verschuldensstruktur der von Verbrauchern ähnele (Begr RegE, BT-Drucks 14/5680 S 48). Maßgeblich ist insoweit der **Zeitpunkt der Antragstellung**. Abs 2 definiert die Überschaubarkeit der Vermögensverhältnisse. Da nach den bislang gemachten Erfahrungen eine hohe Zahl von Gläubigern eine einvernehmliche Schuldenbereinigung erschwert, begrenzt die Vorschrift die Zahl der Gläubiger bei den ehemals selbstständig Tätigen auf weniger als 20 Personen (krit dazu *Bruckmann* aaO; *Grote* Rpfleger 2000, 521, 522; *Göbel* ZInsO 2000, 383, 384; *Fuchs* NZI 2001, 15, 16; H/W/F Kap 10 Rn 36). Ehemals Selbstständige mit 20 oder mehr Gläubigern sind danach dem Regelinsolvenzverfahren zuzuordnen. Mit Recht weist *Grote* (aaO) in diesem Zusammenhang auf die Gefahr hin, dass ein erheblicher Teil der ehemals Selbstständigen – insbesondere in den neuen Bundesländern – die Entschuldung ohne die fehlende Betreuung der geeigneten Stellen nicht erreichen wird (so auch *Göbel* ZInsO 2000, 84). 3

Schuldner, die keine selbstständige wirtschaftliche Tätigkeit ausüben oder ausgeübt haben (§ 304 Abs 1 S 1), sind **ausschließlich** den Regelungen des Verbraucherinsolvenzverfahrens zuzuordnen. Auf die Zahl der Gläubiger kommt es nicht an, so dass in Ausnahmefällen die zuvor geschilderten Probleme bei Insolvenzanträgen ehemaliger „Kleinunternehmer" auch nach der Neufassung des § 304 auftreten können.

II. Persönlicher Anwendungsbereich

Das Verbraucherinsolvenzverfahren als **Ausnahmefall** (BGH v 25. 9. 2008 – IX ZB 233/07, ZInsO 2008, 1324; BGH v 24. 7. 2003 – IX ZA 12/03, NZI 2003, 647, 648; LG Köln v 30. 6. 2004 – 19 T 115/04, NZI 2004, 673) steht allen **natürlichen Personen** offen, die keine selbstständige wirtschaftliche Tätigkeit ausüben oder ausgeübt haben (§ 304 Abs 1 S 1). Für die Anwendung der Vorschriften über das Verbraucherinsolvenzverfahren ist es ohne Bedeutung, ob die natürliche Person relativ vermögend ist oder nicht (K/P/B/*Wenzel* § 304 Rn 3; N/R/*Römermann* § 304 Rn 19; *Müller* NZI 1999, 172, 173; *Scholz* FLF 1995, 88, 89). Unter **Vormundschaft** stehende Minderjährige und volljährige Betreute werden durch ihren Vormund allgemein und durch den Betreuer entsprechend dem angeordneten Aufgabenkreis im Insolvenzverfahren gesetzlich vertreten. Etwas anderes gilt nur dann, wenn der Betreute geschäftsfähig ist und der Betreuer sich nicht am Verfahren beteiligt (näher dazu *Ley* ZVI 2003, 101 ff). 4

Von dem Grundsatz, dass **aktive und ehemalige Unternehmer** dem Unternehmensinsolvenzrecht zuzuordnen sind, schafft § 304 Abs 1 S 2 eine **Ausnahme**. Hat der Schuldner eine selbstständige wirtschaftliche Tätigkeit ausgeübt, unterfällt er dem Verbraucherinsolvenzverfahren, wenn er im Zeitpunkt der Antragstellung weniger als 20 Gläubiger hat und gegen ihn keine Forderungen aus gegenwärtigen oder früheren Arbeitsverhältnissen bestehen. Insoweit unterscheidet sich die jetzige Fassung der Norm von der früheren Regelung, die sich ausschließlich an der Person des Schuldners orientierte, nicht aber an der Art der Forderung. Allerdings ist es für die Zuordnung eines selbstständig Tätigen in das Regelinsolvenzverfahren ohne Bedeutung, ob die Verbindlichkeiten aus seiner geschäftlichen oder privaten Sphäre stammen. 5

§ 304

6   **1. Natürliche Personen.** Das Verbraucherinsolvenzverfahren gemäß § 304 Abs 1 ist ausschließlich für **natürliche Personen** vorgesehen. Damit sind **alle Gesellschaften**, auch Gesellschaften ohne Rechtspersönlichkeit (BGB-Gesellschaft), vom Anwendungsbereich der Vorschriften **ausgeschlossen** (*Arnold* DGVZ 1996, 131 ff; HK-*Landfermann* § 304 Rn 4; *Kohte/Ahrens/Grote* § 304 Rn 14). Auch **Ausländern** steht das Verbraucherinsolvenzverfahren offen.

7   **2. Keine selbstständige wirtschaftliche Tätigkeit, Abs 1 S 1.** Die Vorschrift erfasst zunächst die natürlichen Personen, die **überhaupt nicht wirtschaftlich tätig** sind, wie Rentner, Arbeitslose und Sozialhilfeempfänger. Ferner sind dem Verbraucherinsolvenzverfahren die Personen zuzuordnen, die **nicht selbstständig wirtschaftlich tätig** sind. Dazu zählen die **Arbeitnehmer**, also alle abhängigen und weisungsgebundenen Beschäftigten. Im Gegensatz zu den selbstständig wirtschaftlich Tätigen üben sie ihre Tätigkeit nicht in eigenem Namen, für eigene Rechnung und in eigener Verantwortung aus (MüKoBGB-*Ulmer* § 6 HWiG Rn 8; *Arnold* DGVZ 1996, 129, 131). Dies gilt gleichermaßen für Beamte, Studenten, Schüler, Auszubildende, Anlernlinge, Volontäre, Praktikanten und Wehr- und Zivildienstleistende. Die **Vermietung von zwei Eigentumswohnungen** ist keine selbstständige wirtschaftliche Tätigkeit iSd § 304, vielmehr dient die Vermietung von Immobilien – sofern es sich jedenfalls um eine begrenzte Anzahl handelt – der **privaten Vermögensverwaltung** (LG Göttingen v 15. 12. 2006 – 10 T 130/06, ZInsO 2007, 166, 167).

8   **Arbeitnehmerähnliche Personen** (freie Rundfunkmitarbeiter, Heimarbeiter, Einfirmenvertreter) sind trotz fehlendem Anstellungsvertrag den unselbstständig beruflich Tätigen gleichzustellen (**OLG** Düsseldorf BB 1999, 1784; LG Rostock NJW-RR 1994, 1015; MüKoBGB-*Ulmer* § 1 VerbrKrG Rn 21; K/P/B/*Wenzel* § 304 Rn 10 aA *Graf-Schlicker/Kexel* § 304 Rn 6). Auch freischaffende Künstler und Wissenschaftler unterliegen den Regelungen des Verbraucherinsolvenzverfahrens, weil es am Erwerbszweck als Anstoß für ihre Tätigkeit fehlt (MüKoBGB-*Ulmer* § 6 HWiG Rn 7). Der Weg in das Verbraucherinsolvenzverfahren steht grundsätzlich auch dem **Geschäftsführer einer GmbH** offen. Die Geschäftsführung einer GmbH ist eine angestellte berufliche, also keine selbstständige Tätigkeit (**BGH** v 22. 9. 2005 – IX ZB 55/04, NZI 2005, 676; vgl ferner **BGH** WM 1996, 1258; WM 1996, 1781 = Wub I E 2 v 14. 3. 2001 – 7 U 913/00; vgl auch OLG Brandenburg ZInsO 2002, 283; AG Duisburg v 8. 8. 2007 – 62 IN 181/07, ZIP 2007, 1963).

9   Eine Person, die entweder überhaupt nicht oder nicht selbstständig wirtschaftlich tätig ist, aber gelegentlich einer **Nebentätigkeit** nachgeht, die sich noch nicht zu einer eigenen Organisation verdichtet hat, übt keine selbstständige Erwerbstätigkeit aus (vgl **LG** Rostock aaO). Auch bei einer Nebentätigkeit kann nur dann von einer selbstständigen wirtschaftlichen Tätigkeit ausgegangen werden, wenn sie im eigenen Namen, für eigene Rechnung und in eigener Verantwortung ausgeübt wird. Der Erwerbstätige muss das mit der Tätigkeit verbundene wirtschaftliche Risiko tragen und darf keinen fremden Weisungen unterworfen sein (MüKoBGB-*Ulmer* § 6 HWiG Rn 8). Wesentliches Merkmal ist insoweit die persönliche Freiheit. Davon ist auszugehen, wenn der Schuldner im Wesentlichen seine Tätigkeit frei gestalten und seine Arbeitszeit bestimmen kann, also in der Regel ohne bestimmten Tagesplan, Mindestarbeitszeit und Arbeitspensum. Mithin unterliegt ein Schuldner in vollem Umfange den Bestimmungen des Regelinsolvenzverfahrens, wenn die von ihm ausgeübte Nebentätigkeit die vorgenannten Kriterien erfüllt. Angesichts der Abgrenzungsschwierigkeiten ist bei der Zuordnung zur Verfahrensart nicht darauf abzustellen, ob der Charakter der unselbstständigen oder der selbstständigen Tätigkeit überwiegt (vgl auch AG Hamburg v 13. 10. 2004 – 67 e IN 285/04, NZI 2004, 675).

10 Eine **Strafbarkeit** nach § 283 Abs 2 iVm Abs 1 Nr 1 StGB setzt keine selbstständige wirtschaftliche, insbesondere auch keine unternehmerische Tätigkeit voraus (**BGH** NZI 2001, 496, 497 = ZInsO 2001, 666 ff; näher dazu *Krüger* wistra 2002, 52 ff; *Schramm* wistra 2002, 55 ff). Die ausdrücklichen Regelungen des Insolvenzverfahrens über das Vermögen von natürlichen Personen (§§ 11 Abs 1, 304 Abs 1) lassen keinen Rückschluss auf den Anwendungsbereich des § 283 StGB zu. Mit der Einführung des Verbraucherinsolvenzverfahrens ist lediglich faktisch eine Erweiterung des Täterkreises verbunden (vgl *Lackner/Kühl* § 283 StGB Rn 2; *Weyand* Insolvenzdelikte S 37).

11 **3. Zurechnung selbstständiger wirtschaftlicher Tätigkeit.** Rechtssystematisch sind **Gesellschafter** nicht als selbstständig wirtschaftlich Tätige einzuordnen, weil ausschließlich die **Gesellschaft Träger des Unternehmens** ist. Dies gilt auch für die BGB-Gesellschaft, die gem § 11 Abs 2 Nr 1 insolvenzfähig und nach der neueren Rechtsprechung des **BGH** (ZInsO 2001, 218) rechtsfähig und im Zivilprozess aktiv und passiv parteifähig ist. Gleichwohl stellt sich hinsichtlich des Schuldenbereinigungs-Reorganisationsverfahrens die Frage, ob nicht nach dem Sinn und Zweck des § 304 eine **Gleichstellung** des persönlich haftenden Gesellschafter mit der Personenhandelsgesellschaft bzw der Gesellschafter einer Kapitalgesellschaft mit der Kapitalgesellschaft in der Weise vorzunehmen ist, dass den **Gesellschaftern die Tätigkeit der Gesellschaft zuzurechnen** ist.

12 **a) Persönlich haftende Gesellschafter einer Personenhandelsgesellschaft.** Persönlich haftende Gesellschafter einer Personenhandelsgesellschaft (OHG, KG), deren unbeschränkte persönliche Haftung ein wesentliches Merkmal eigenwirtschaftlicher Unternehmenstätigkeit ist und ihr Äquivalent im Unter-

nehmergewinn findet (**BGH** GmbHR 1990, 72, 73), sind dem Personenkreis zuzuordnen, auf den die Vorschriften des Regelinsolvenzverfahrens Anwendung finden. Ihnen ist die Tätigkeit der Gesellschaft – wie die enge Verklammerung von Gesellschaftsinsolvenz und Gesellschafterhaftung in §§ 93, 227 zeigt – zuzurechnen (**BGH** v 22. 9. 2005 – IX ZB 55/04, NZI 2005, 676; MüKoInsO-*Ott* § 304 Rn 50; *Kohte* ZInsO 2002, 53, 55; *Kohte/Ahrens/Grote* § 304 Rn 17; HK-*Landfermann* § 304 Rn 6; *Hess* § 304 Rn 44). Dies gilt gleichermaßen für den **Mitgesellschafter einer GbR** (LG Göttingen ZInsO 2002, 244; AG Göttingen ZVI 2002, 25; AG Köln ZInsO 2002, 344 (LS) = ZVI 2002, 69).

b) **Gesellschafter einer Kapitalgesellschaft.** Für **Mehrheitsgesellschafter** einer Kapitalgesellschaft ist § 304 teleologisch in der Weise zu reduzieren (*Kohte* aaO 56), dass sie ebenfalls den Bestimmungen des Regelinsolvenzverfahrens unterliegen (*Kohte* aaO; *Kohte/Ahrens/Grote* § 304 Rn 21; K/P/B/*Wenzel* § 304 Rn 21; *Hess* § 304 Rn 44; *Hoffmann* Verbraucherinsolvenz S 6; *Häsemeyer* Rn 29.14; HK-*Landfermann* § 304 Rn 6; aA *Schmidt/Uhlenbruck/Wittig* 2. Aufl Rn 1168; *Preuss* Verbraucherinsolvenz S 28). Im Ergebnis sind diese Personen für das eigene Unternehmen tätig. Diese Personen sind dem Unternehmen so stark verbunden, dass sie es wirtschaftlich betrachtet als ihr eigenes ansehen können. Ihnen ist deshalb die Tätigkeit der Kapitalgesellschaft zuzurechnen, so dass **von einer selbstständigen wirtschaftlichen Tätigkeit auszugehen ist.** Dem entsprechend ist auch für den **Gesellschafter-Geschäftsführer einer Einpersonen-GmbH** die Unternehmensinsolvenz das zuständige Verfahren (so auch **BGH** v 22. 9. 2005 – IX ZB 55/04, NZI 2005, 676, der insbesondere darauf abstellt, ob die **Verschuldensstruktur** derjenigen eines Verbrauchers entspricht; siehe ferner BayObLG Beschl v 11. 9. 2000 – 4 Z BR 14/00; LG Köln v 30. 6. 2004 – 19 T 115/04, NZI 2004, 673 = ZIP 2004, 2249; AG Nürnberg Beschl v 10. 4. 2000 – 8002 IK 113/00; aA *Heinze* DZWIR 2006, 83, der zwar die Anwendbarkeit des Regelinsolvenzverfahrens für gerechtfertigt hält, dies aber über eine teleologische Reduktion des § 304 erreichen möchte). Der geschäftsführende Alleingesellschafter wird zwar unmittelbar im eigenen Namen, in eigener Verantwortung, für eigene Rechnung und auf eigenes Risiko tätig. Angesichts seiner Teilhabe am Erfolg oder Misserfolg der Gesellschaft ist er aber wirtschaftlich betrachtet wie bei einer Tätigkeit im eigenen Namen betroffen (**BGH** aaO). Soweit er für die Gesellschaftsschulden einstehen muss, ist seine Haftung mit der eines Verbrauchers typischerweise nicht vergleichbar. Nichts anderes gilt für den geschäftsführenden Mehrheitsgesellschafter einer GmbH, wenn die GmbH persönlich haftende Gesellschafterin einer **GmbH & Co KG** ist (**BGH** v 12. 2. 2009 – IX ZB 215/08, ZInsO 2009, 682, 683).

III. Frühere selbstständige wirtschaftliche Tätigkeit, Abs 1 S 2

Für die Annahme der **Selbstständigkeit** ist ein planmäßiges Auftreten am Markt erforderlich (*Kohte/Ahrens/Grote* § 304 Rn 9). Hierfür sprechen zB das Vorliegen eines eigenen Unternehmens, die eigene Tragung der Kosten und Risiken der Geschäftstätigkeit, eigene Geschäftsräume, eine Geschäftseinrichtung, Buchführung (vgl **OLG München** NJW 1957, 1767), die Freiheit in Arbeitsumfang und Arbeitsgestaltung sowie das Auftreten unter einer eigenen Firma (vgl **BGH** VersR 1964, 331; BAG BB 1980, 1471). Danach übt auch ein Franchisenehmer oder ein Ein-Firmenhandelsvertreter unter Umständen eine selbstständige wirtschaftliche Tätigkeit aus (*Preis* ZHR 1994, 567, 608).

Bei Schuldnern, die einer selbstständigen wirtschaftlichen Tätigkeit nachgegangen sind, kommt es entscheidend darauf an, ob ihre Vermögensverhältnisse überschaubar sind **und** gegen sie keine Forderungen aus Arbeitsverhältnissen bestehen. Nur wenn beide Voraussetzungen erfüllt sind, ähnelt ihre **Verschuldensstruktur** der von Verbrauchern, so dass ihre Zuordnung zum Verbraucherinsolvenzverfahren gerechtfertigt erscheint.

1. **Überschaubarkeit der Vermögensverhältnisse. Überschaubar** sind die Vermögensverhältnisse des Schuldners, der eine selbstständige wirtschaftliche Tätigkeit ausgeübt hat, nur dann, wenn er zu dem Zeitpunkt, zu dem der Antrag auf Eröffnung des Insolvenzverfahrens gestellt wird, **weniger als 20 Gläubiger** hat. Abs 2 steht in einem **Ausnahmeverhältnis** zu Abs 1 und enthält die **unwiderlegliche gesetzliche Vermutung,** dass die Vermögensverhältnisse nur dann überschaubar sind, wenn der Schuldner zum Zeitpunkt der Antragstellung weniger als 20 Gläubiger hat. Hat der Schuldner zum Zeitpunkt der Antragstellung 20 oder mehr Gläubiger und fällt einer danach während des Eröffnungsverfahrens weg, so ändert sich infolge der klaren gesetzlichen Bestimmung nichts daran, dass das Verfahren als Regelinsolvenzverfahren durchzuführen ist. Auch wenn ein Schuldner mit mehr als 19 Gläubigern **vor vielen Jahren** selbstständig wirtschaftlich tätig war, ist diese Person weiterhin dem Regelinsolvenzverfahren zuzuordnen (wie hier BerlKo-*Fluck* § 304 Rn 28; K/P/B/*Wenzel* § 304 Rn 17; *Fuchs* NZI 2002, 239, 241; aA *Kohte* ZInsO 2002, 53, 55 ff, der die in Abs 2 getroffene gesetzliche Anordnung im Zweifel für widerlegbar hält und im Einzelfall eine teleologische Reduktion in der Weise für zulässig erachtet, dass bei Schuldnern, bei denen Verbindlichkeiten aus Verbrauchergeschäften dominieren oder zumindest die Verschuldung prägen, eine Zuordnung zum Verbraucherinsolvenzverfahren möglich sei). Folgte man dieser Auffassung, hätte das Gericht bei einem ehemals selbstständig Tätigen mit mehr als 19 Gläubigern in jedem Fall zu ermitteln, inwieweit es sich um Schulden aus der Selbstständigkeit handelt. Dies schafft neue Abgrenzungsprobleme, die nach der Neufassung des Gesetzes gerade vermieden werden sollten.

§ 304 *Grundsatz*

17 Obwohl das Wort „nur" in Abs 2 den Eindruck erweckt, dass einziges Kriterium für die Überschaubarkeit der Vermögensverhältnisse die Zahl der Gläubiger ist, kann das Gericht bei einem Schuldner, der eine selbstständige wirtschaftliche Tätigkeit ausgeübt hat und weniger als 20 Gläubiger aufweist, das Regelinsolvenzverfahren eröffnen, wenn ungeachtet der geringen Gläubigerzahl die Vermögensverhältnisse **aus sonstigen Gründen nicht überschaubar** sind (BGH v 12. 2. 2009 – IX ZB 215/08, ZInsO 2009, 682, 684; LG Göttingen ZInsO 2002, 244, 245; AG Göttingen ZInsO 2002, 147, 148). Dabei ist **im Einzelfall** zu entscheiden, ob die **Verschuldenstruktur** des Schuldners sich von ihrem **Umfang und Gesamterscheinungsbild** so darstellt, dass sie den Verhältnissen eines Schuldners entspricht, der in das Regelinsolvenzverfahren fällt (BGH v 25. 9. 2008 – IX ZB 233/07, ZInsO 2008, 1324; BGH v 22. 9. 2005 – IX ZB 55/04, NZI 2005, 676; BGH v 24. 7. 2003 – IX ZA 12/03, NZI 2003, 647; LG Göttingen aaO; K/P/B/*Wenzel* § 304 Rn 18). Hiervon scheint auch der Gesetzgeber auszugehen (Begr-RegE, BT-Drucks 14/5680 S 48). Bei anderer Betrachtungsweise hätte es im Übrigen nicht eines besonderen Absatzes 2 bedurft. **Im Zweifel** sind die Vorschriften des Regelinsolvenzverfahrens anzuwenden (BGH v 12. 2. 2009 – IX ZB 215/08, ZInsO 2009, 682, 684).

18 Sonstige Gründe, die gegen eine Überschaubarkeit der Vermögensverhältnisse sprechen können, sind beispielsweise zahlreiche streitige Forderungen in nicht unbeträchtlicher Höhe, eine Vielzahl von ausländischen Gläubigern oder komplexe Anfechtungssachverhalte.

19 **a) Weniger als 20 Gläubiger, Abs 2.** Nach dem Willen des Gesetzgebers sowie dem Sinn und Zweck der Neuregelung ist für die Zahl der Gläubiger entscheidend, dass sich hinter diesen Gläubigern nicht mehr als 19 „verbergen" (H/W/F Kap 10 Rn 36). Bei **Gemeinschaftssteuern von Bund und Land** sind für die Ermittlung der nach § 304 Abs 2 maßgeblichen Gläubigerzahl nicht die tatsächlich steuerberechtigten Körperschaften zu zählen, sondern das **Finanzamt** als **einziger Gläubiger** (näher dazu *App* InVo 2002, 87, 89). Etwas anderes gilt bei der Gewerbesteuer, die mehreren Gemeinden zusteht. Hinsichtlich der Zahl der Gläubiger ist nach der eindeutigen gesetzlichen Regelung auf den **Zeitpunkt der Antragstellung** abzustellen (näher dazu Rn 21 ff). Die Zahl der Gläubiger als zentrales Abgrenzungskriterium bindet das Gericht nicht bei seiner Zuordnungsentscheidung, weil sie nicht das einzige Abgrenzungskriterium darstellt (Rn 17).

20 Die starre Grenze von „weniger als 20 Gläubiger" birgt allerdings die **Gefahr des Missbrauchs durch Manipulation** der Gläubigerzahl in sich (*Schmerbach/Stephan* ZInsO 2000, 541, 542; *Fuchs* NZI 2001, 15, 16). Ein Schuldner, der sich den außergerichtlichen Einigungsversuch ersparen will und deshalb den Zugang zum Regelinsolvenzverfahren sucht, kann dies bei „nur" 19 Gläubigern durch Begründung einer Verbindlichkeit gegenüber einer weiteren Person erreichen. Umgekehrt kann es im Hinblick auf die Regelung in § 313 Abs 2 für einen Schuldner unter Umständen attraktiver sein, ein Verbraucherinsolvenzverfahren zu durchlaufen. Bei einer Gläubigerzahl von 20 Gläubigern muss er, um dieses Ziel erreichen zu können, einen Gläubiger vorab befriedigen (*Fuchs* aaO). Durch Teil- oder Vollabtretung von Forderungen haben auch die Gläubiger die Möglichkeit, Einfluss auf die Verfahrensart zu nehmen. Deshalb hätte es sich angeboten, durch **Einführung einer Öffnungsklausel** dem Gericht die Möglichkeit zu eröffnen, einzelfallbezogene, der Verschuldungsstruktur angemessene Entscheidungen zu treffen (*Fuchs* aaO; *Grote* Rpfleger 2000, 521, 522; *Schmerbach/Stephan* aaO).

21 **b) Zeitpunkt der Antragstellung.** Um bei der Abgrenzung des Regel- vom Verbraucherinsolvenzverfahren die nötige Rechtssicherheit zu schaffen, stellt das Gesetz bei einem Schuldner, der eine selbstständige wirtschaftliche Tätigkeit ausgeübt hat, auf den **Zeitpunkt der Antragstellung** ab. Diese Regelung entspricht der von der herrschenden Meinung in Rechtsprechung und Literatur vertretenen Ansicht zu der nach früherem Recht umstrittenen Frage, auf welchen Zeitpunkt es für die Ausübung einer geringfügigen selbstständigen wirtschaftlichen Tätigkeit ankomme (**OLG** Frankfurt ZinsO 2000, 296; **OLG** Schleswig NZI 2000, 164 = ZinsO 2000, 145; **OLG** Jena InVo 2000, 378; **OLG** Naumburg NZI 2000, 603; **OLG** Köln InVo 2000, 381; **OLG** Rostock NZI 2001, 213; **OLG** Oldenburg ZInsO 2001, 560; **LG** Dessau ZInsO 2000, 466; **AG** Köln NZI 1999, 241; *Vallender* ZIP 1999, 125, 129; einschränkend **OLG** Celle v 28. 2. 2000 – 2 W 9/00, NZI 2000, 229). Nach einer anderen Meinung sollte der Zeitpunkt vor Eintritt der Insolvenz entscheidend sein (**LG** Kassel ZInsO 1999, 421; HK-*Landfermann* § 304 Rn 5). Eine weitere Ansicht hielt den Zeitpunkt der Entscheidung des Insolvenzgerichts über den Eröffnungsantrag für maßgebend (*Kohte/Ahrens/Kohte* § 304 Rn 11; *Bork* ZIP 1999, 301, 304; *Fuchs* ZInsO 1999, 185, 188). Das **AG** Hamburg (ZIP 2000, 323) stellte darauf ab, aus welchem Zeitraum die Schulden stammen. Für die **Überschaubarkeit der Vermögensverhältnisse** und des Nichtbestehens von Forderungen aus Arbeitsverhältnissen iSv § 304 Abs 1 S 2 ist nach dem Wortlaut der Gesetzesbegründung auf den **Antragszeitpunkt** abzustellen (BT-Drucks 14/5680 S 30; ebenso *Vallender* NZI 2001, 561, 563; *Hess* InsOÄG § 304 Rn 10; K/P/B/*Wenzel* § 304 Rn 19; *Kohte* ZInsO 2002, 53, 56; *Fuchs* NZI 2002, Heft 5.II). Dies gilt auch dann, wenn über das Vermögen des Schuldners **mehrere Insolvenzanträge** gestellt wurden und sich im Lauf des Eröffnungsverfahrens die Voraussetzungen für die Anwendbarkeit der jeweiligen Verfahrensart geändert haben. Die gesetzliche Regelungslücke ist durch entsprechende Anwendung des § 139 Abs 2 zu schließen (HK-*Landfermann* § 304 Rn 7; MüKoInsO-*Ott* § 304 Rn 70).

IV. Verfahrensrecht § 304

2. Forderungen aus Arbeitsverhältnissen. Bestehen gegen den Schuldner **Verbindlichkeiten aus früheren oder gegenwärtigen Arbeitsverhältnissen**, führt dies zu einem **zwingenden Ausschluss aus dem Verbraucherinsolvenzverfahren** (BegrRegE, BT-Drucks 14/5680 S 8). Unter einem **Arbeitsverhältnis** ist das Dauerschuldverhältnis zwischen Arbeitnehmer und Arbeitgeber zu verstehen, bei dem auf die Entgeltlichkeit abgestellt wird (vgl *Weber* RdA 1980, 289 mwN). Das **faktische Arbeitsverhältnis** stellt eine besondere Form des Arbeitsverhältnisses dar. Es liegt vor, wenn ein Arbeitnehmer ohne oder ohne wirksamen Arbeitsvertrag Arbeit leistet (*Palandt/Putzo* Einf v § 611 BGB Rn 29). Während der Dauer des faktischen Arbeitsverhältnisses richten sich Rechte und Pflichten von Arbeitnehmern grundsätzlich nach den Vorschriften, die für einen wirksamen Arbeitsvertrag gelten (ständige Rechtsprechung des **BAG**). 22

Abs 1 S 2 erfasst nur solche Forderungen, die der **Schuldner als Arbeitgeber** begründet hat. Da der Gesetzgeber den Terminus „Verbindlichkeiten aus Arbeitsverhältnissen" weit verstanden wissen will, zählen hierzu nicht nur die Forderungen der (ehemaligen) Arbeitnehmer des Schuldners selbst, sondern auch **rückständige Sozialversicherungsbeiträge** und **Forderungen der Finanzverwaltung** gegen den Schuldner, soweit sie einem Arbeitsverhältnis entspringen und nicht lediglich den Schuldner selbst betreffen (Allgem Begr RegE, BT-Drucks 14/5680 S 9; **BGH** v 22. 9. 2005 – IX ZB 55/04, NZI 2005, 676; **LG** Düsseldorf v 22. 7. 2003 – 25 T 346/03, NZI 2004, 160; H/W/F Kap 10 Rn 36; *Graf-Schlicker* WM 2000, 1984, 1986; K/P/B/*Wenzel* § 304 Rn 16; *Fuchs* aaO; BerlKo-*Fluck* § 304 Rn 29; *Hess* InsOÄG § 304 Rn 7; BMF-Schreiben v 11. 1. 2002, BStBl I S 132). Soweit *Kohte* (ZInsO 2002, 53, 57 ff) die Ansicht vertritt, unter „Forderungen aus Arbeitsverhältnissen" iSv § 304 Abs 1 S 2 seien nur **Verbindlichkeiten aus der privatrechtlichen Rechtsbeziehung** zwischen Arbeitgeber und Arbeitnehmer, nicht aber öffentlich-rechtliche Beitragsforderungen zu verstehen, streitet für seine Meinung der Wortlaut des § 304 Abs 1 S 2. Gleichwohl verdient die herrschende Auffassung insbesondere vor dem Hintergrund, dass nach der Begründung zum Regierungsentwurf der Terminus „Forderungen aus Arbeitsverhältnissen" weit zu verstehen ist (BT-Drucks 14/5680 S 48), den Vorzug. War der Schuldner als Arbeitgeber iSv §§ 38, 42 d EStG anzusehen, haftet er gegenüber dem Finanzamt für die Lohnsteuer, die er einzubehalten oder abzuführen hat. Ebenso werden die auf die Bundesanstalt für Arbeit übergegangenen Ansprüche nach § 187 SGB III von der Regelung des § 304 Abs 1 S 2 erfasst (so auch **LG** Halle v 23. 11. 2003 – 8 T 82/02, DZWIR 2003, 86). **Insolvenzgeld** erhalten Arbeitnehmer (§ 183 SGB III) im arbeitsrechtlichen Sinne, ferner arbeitnehmerähnliche Personen, unselbstständige Handelsvertreter (§ 92a HGB) sowie die wegen gleicher Abhängigkeit in Berufsbildung Beschäftigten (*Häsemeyer* Rn 23.21). 23

3. Vollständige Aufgabe der selbstständigen wirtschaftlichen Tätigkeit. Da Abs 1 S 2 darauf abstellt, dass die selbstständige Tätigkeit abgeschlossen ist („Hat ... ausgeübt"), finden die Vorschriften des **Regelinsolvenzverfahrens** Anwendung, wenn der Schuldner eine frühere selbstständige wirtschaftliche Tätigkeit im Zeitpunkt der Stellung des Antrags auf Verfahrenseröffnung noch nicht vollständig aufgegeben hat (vgl **OLG** Celle ZIP 2000, 802, 805). Dies gilt auch dann, wenn er zwischenzeitlich bereits eine Arbeitnehmerstellung übernommen hat. Solange die bisherigen Betriebsstrukturen noch vorhanden sind, kommt jederzeit eine Ausweitung des Betriebes in Betracht, die wiederum eine Führung nach kaufmännischen Grundsätzen erfordert. Bei der Durchführung des Insolvenzverfahrens geht es dann nicht nur um die Befriedigung bestehender Verbindlichkeiten wie bei einer schon längere Zeit zurückliegenden Geschäftsaufgabe des Schuldners, sondern um die Entscheidung, ob ein bestehendes Unternehmen fortzuführen, ggf durch einen Insolvenzplan zu sanieren oder aber zu beenden und abzuwickeln ist (**OLG** Celle aaO). Erst wenn der Betrieb des Schuldners nach **vollständiger Beendigung der Betriebstätigkeit** nicht mehr reorganisationsfähig ist oder der Schuldner das Unternehmen auf einen Dritten übertragen hat (BerlKo-*Fluck* § 304 Rn 9), kann für den bisherigen Unternehmensinhaber die Ausnahmevorschrift des § 304 Abs 1 S 2 zur Anwendung gelangen (vgl *Kohte/Ahrens/Grote* § 304 Rn 13). 24

Der Gesetzgeber hat davon abgesehen, eine **zeitliche Komponente** einzuführen. Dabei hätte ein Übergangszeitraum von einem Jahr zwischen Einstellung der selbstständigen wirtschaftlichen Tätigkeit und Antragstellung den Vorteil, dass innerhalb dieser Zeitspanne in der Regel eine gewisse Klärung der Situation und der Forderungen stattgefunden hat. Dies hätte die Tätigkeit der geeigneten Person oder Stelle erleichtert (*Grote* Rpfleger 2000, 521, 522). 25

IV. Verfahrensrecht

Auch in einem Verbraucherinsolvenzverfahren hat das Insolvenzgericht den gestellten Insolvenzantrag auf seine Zulässigkeit hin zu untersuchen und – falls erforderlich – auf eine Ergänzung der unvollständigen Angaben hinzuwirken (**BGH** v 22. 4. 2004 – IX ZB 64/03, ZVI 2004, 281; s auch **BGH** v 12. 12. 2002 – IX ZB 426/02, BGHZ 153, 205, 209 = ZVI 2003, 64). Zu dieser Prüfung ist es während des gesamten Eröffnungsverfahrens berufen und befugt (**BGH** v 25. 9. 2008 – IX ZB 233/07, ZInsO 2008, 1324, 1325). Auf die **Zahl der Gläubiger** kommt es für die Zulässigkeit des Insolvenzantrags nicht an. Auch bei nur einem Gläubiger ist der Schuldner befugt, die Eröffnung eines Verbraucherinsolvenzverfahrens zu beantragen (**LG** Koblenz v 27. 11. 2003 – 2 T 856/03, NZI 2004, 157; **AG** 25a

§ 304

Köln v 18. 8. 2003 – 71 IK 161/03, NZI 2003, 560; **aA LG** Koblenz v 25. 4. 2003 – 2 T 91/03, ZInsO 2003, 909 m abl Anm *Späth* ZInsO 2003, 910; **AG** Koblenz v 28. 10. 2003 – 21 IK 55/03, NZI 2004, 47). Ebensowenig steht dem Rechtsschutzinteresse des Schuldners entgegen, dass seine **Gesamtverbindlichkeiten niedriger** sind **als** die nach Erteilung der Restschuldbefreiung fälligen **Verfahrenskosten** (LG Dresden v 11. 10. 2005 – 5 T 518/05, ZVI 2005, 553; ähnlich LG Göttingen v 23. 8. 2006 – 10 T 75/06, NZI 2006, 603; krit dazu *Stefan Schmidt* ZVI 2005, 621, dem die Entscheidung vor dem Hintergrund der Reform zur Verfahrenskostendeckung sowie aus fiskalischen und wirtschaftlichen Gründen widersinnig erscheint). Weist das Insolvenzgericht den Insolvenzantrag eines Gläubigers **mangels Masse** ab, fehlt nicht das Rechtsschutzinteresse für einen **Antrag des Schuldners** auf Eröffnung des Verbraucherinsolvenzverfahrens über sein Vermögen mit dem Ziel der Restschuldbefreiung (LG München v 12. 8. 2005 – 14 T 14.969/05, NZI 2006, 49). Dagegen ist der **Antrag eines Gläubigers** in einem solchen Fall nur zulässig, wenn er Anhaltspunkte für einen zwischenzeitlichen Vermögenserwerb des Schuldners aufzeigt und darlegt, aus welchem besonderen Grund ein neuerlicher Antrag geboten erscheint (LG Kassel v 21. 11. 2004 – 3 T 537/04, ZVI 2005, 435). Strebt der Schuldner mit einem Antrag auf Eröffnung des Insolvenzverfahrens über sein Vermögen die Restschuldbefreiung an, ist das Rechtsschutzinteresse für einen solchen Antrag auch dann zu bejahen, wenn ein von ihm zuvor gestellter Antrag wegen Fehlens einer Zulässigkeitsvoraussetzung als **unzulässig zurückgewiesen** worden ist.

26 Das **Regelinsolvenzverfahren** und das **Verbraucherinsolvenzverfahren** bilden einander **ausschließende unterschiedlich strukturierte Verfahrensarten.** Liegen die Voraussetzungen eines Regelinsolvenzverfahrens vor, darf kein Verbraucherinsolvenzverfahren und umgekehrt unter den Voraussetzungen eines Verbraucherinsolvenzverfahrens kein Regelinsolvenzverfahren eröffnet werden (OLG Köln ZIP 2000, 172, 174; OLG Celle ZIP 2000, 802, 803; LG Halle ZInsO 2000, 227; LG Göttingen ZInsO 2002, 244, 245; AG Köln NZI 1999, 241, 242 = ZInsO 1999, 422; K/P/B/*Wenzel*, § 304 Rn 2 c; *Kohte/Ahrens/Grote* § 304 Rn 48; *Kohte* ZInsO 2002, 53). Ein Wahlrecht zwischen diesen beiden Verfahrensarten steht dem Schuldner nicht zu. Nach der Konzeption des Verbraucherinsolvenzverfahrens müssen die dem Anwendungsbereich der §§ 304 ff zuzuordnenden natürlichen Personen zunächst das außergerichtliche und ggf das gerichtliche Schuldenbereinigungsverfahren durchlaufen, bevor es zur Entscheidung über den Antrag auf Eröffnung des Verfahrens kommt. Das Gericht hat **von Amts wegen** die zulässige Verfahrensart zu ermitteln und festzustellen (LG Frankfurt ZIP 2000, 1067; LG Traunstein ZInsO 2001, 525, 526; AG Köln aaO; *Vallender/Fuchs/Rey* NZI 1999, 218, 219; *Henckel* ZIP 2000, 2051; *Preuss* Verbraucherinsolvenz S 37; *Smid/Haarmeyer* § 304 Rn 1; *Kirchhof* ZInsO 1998, 54, 55; K/P/B/*Wenzel* § 304 Rn 2 a; *Fuchs* NZI 2002, 239, 243).

26a Die im Eröffnungsbeschluss getroffene Entscheidung des Insolvenzgerichts, welche Verfahrensart eingreift, ist jedenfalls mit Ablauf der Beschwerdefrist unangreifbar. Demzufolge kann nachträglich weder ein Verbraucherinsolvenzverfahren in ein Regelinsolvenzverfahren noch ein Regelinsolvenzverfahren in ein Verbraucherinsolvenzverfahren umgewandelt werden (BGH v 21. 2. 2008 – IX ZB 62/05, ZInsO 2008, 453, 455 Rn 16).

27 1. **Gläubigerantrag.** Soweit ein **Gläubiger Antrag** auf Eröffnung des Insolvenzverfahrens über das Vermögen des Schuldners stellt, hat sich sein Antrag allein an den Voraussetzungen des § 14 Abs 1 messen zu lassen. Der Gläubiger ist nicht verpflichtet, in seinem Antrag anzugeben, ob er die Eröffnung eines Regel- oder Verbraucherinsolvenzverfahrens anstrebe (*Vallender* ZIP 1999, 125; K/P/B/*Pape* § 13 Rn 12 a). Ein Antrag des Gläubigers auf Eröffnung des Verbraucherinsolvenzverfahrens wäre ohnehin unzulässig (*Ley* in Anwaltshandbuch § 16 Rn 87). Eine Hinweispflicht des Gerichts besteht nicht. Insbesondere bedarf es keines Hilfsantrags des Gläubigers (**aA LG** Mannheim ZInsO 2000, 679, 680). Vielmehr hat das Gericht **von Amts wegen zu ermitteln,** welche Verfahrensart zutrifft. Diese Klärung ist bereits deshalb erforderlich, weil das Gericht bei Vorliegen der Voraussetzungen des Verbraucherinsolvenzverfahrens die Pflicht trifft, dem Schuldner Gelegenheit zu geben, selbst einen Antrag zu stellen (§ 306 Abs 3 S 1). Der Antrag des Gläubigers, das Verfahren in einer bestimmten Verfahrensart zu eröffnen, hat keine bindende Wirkung.

28 Das Gericht ist nicht verpflichtet, vorab über die Frage zu entscheiden, ob die Voraussetzungen für ein Regel- oder Verbraucherinsolvenzverfahren vorliegen (OLG Celle v 7. 11. 2000 – 2 W 101/00 ZInsO 2001, 95). Vielmehr wird es regelmäßig mit den Ermittlungen zum Vorliegen des Insolvenzgrundes und zur Verfahrenskostendeckung auch die **erforderlichen Ermittlungen** zur richtigen Verfahrensart **einleiten.** Dies kann durch Einholung eines **Sachverständigengutachtens** geschehen. Dem Schuldner ist erst dann Gelegenheit zur Stellung eines Eigenantrages gem § 306 Abs 3 S 1 zu geben, wenn feststeht, dass er den Vorschriften über das Verbraucherinsolvenzverfahren unterliegt.

29 2. **Schuldnerantrag.** Der Schuldner ist nicht verpflichtet, bereits bei Antragstellung mitzuteilen, ob er das Regel- oder Verbraucherinsolvenzverfahren für gegeben hält (**aA** *Bruckmann* Verbraucherinsolvenz § 3 Rn 119). Sein Antrag auf Eröffnung des Insolvenzverfahrens über sein Vermögen ist als zulässig zu behandeln, wenn die allgemeinen Verfahrensvoraussetzungen vorliegen und er in substantiierter und nachvollziehbarer Form vorträgt, er sei **zahlungsunfähig** bzw es drohe Zahlungsunfähigkeit (BGH v 12. 12. 2002 – IX ZB 426/02, ZIP 2003, 358, 359). Soweit der Schuldner seinen Insolvenzantrag auf **drohende**

IV. Verfahrensrecht § 304

Zahlungsunfähigkeit stützt, hat er einen **Liquiditätsplan** vorzulegen, aus dem sich die überwiegende Wahrscheinlichkeit der Zahlungsunfähigkeit in der Zukunft ergibt (K/P/B/*Pape* § 18 Rn 10). Im Anschluss daran setzt die **Amtsermittlungspflicht des Insolvenzgerichts** gemäß § 5 ein.

a) Feststellung der richtigen Verfahrensart. Um die richtige Verfahrensart hinreichend sicher feststellen 30 zu können, hat ein Schuldner, der bei Antragstellung keine näheren Angaben zu seinen persönlichen und wirtschaftlichen Verhältnissen macht, dem Gericht auf entsprechende Aufforderung mitzuteilen, ob er eine selbstständige wirtschaftliche Tätigkeit ausübt (**OLG Köln** ZInsO 2000, 612). Ferner hat er bei früherer unternehmerischer Tätigkeit die **Gläubigerzahl zum Zeitpunkt der Antragstellung** und darüber hinaus mitzuteilen, ob gegen ihn Forderungen aus Arbeitsverhältnissen bestehen. Die **Auskunftspflicht des Schuldners** folgt aus § 20. Trägt der der Schuldner nicht vor, dass er trotz umfassender Nachforschungen und Anstrengungen zur Überschaubarkeit seiner Vermögensverhältnisse nichts darlegen könne, rechtfertigt dies die Zurückweisung des Insolvenzantrags als unzulässig (vgl **BGH** v 24. 7. 2003 – IX ZA 12/03, NZI 2003, 647). Ist der Schuldner dagegen tatsächlich nicht in der Lage, zur zutreffenden Verfahrensart hinreichend substanziiert vorzutragen, ist von der **Anwendbarkeit des Regelinsolvenzverfahrens** auszugehen, wenn er darlegt, dass der **Ausnahmefall des Verbraucherinsolvenzverfahrens** nicht vorliegt (ebenso K/P/B/*Wenzel* § 304 Rn 20; offengelassen von **BGH** v 24. 7. 2003 – IX ZA 12/03, aaO).

Hat der Schuldner bei Antragstellung dagegen nähere Angaben zu seinen persönlichen und wirt- 31 schaftlichen Verhältnissen gemacht oder entsprechende Unterlagen vorgelegt, wird das Gericht zunächst anhand deren die richtige Verfahrensart festzustellen versuchen. Reichen die Angaben oder unterbreiteten Unterlagen zur Feststellung der in Betracht kommenden Verfahrensart nicht aus, hat der Schuldner ergänzend Stellung zu nehmen. Zur weiteren Aufklärung kann das Gericht auch einen Sachverständigen beauftragen.

b) Bindung an bestimmten Schuldnerantrag. Auch wenn dem Schuldner ein Wahlrecht nicht zusteht, 32 ist das Gericht nach § 4 iVm § 308 ZPO gleichwohl an einen **bestimmten Antrag des Schuldners gebunden**. Eine schlichte Abgabe bei Wahl einer falschen Verfahrensart (Unternehmensinsolvenz- statt Verbraucherinsolvenz oder umgekehrt) von Amts wegen an den Richter, der die nach Ansicht richtige Verfahrensart zu bearbeiten hat, ist nicht zulässig (**LG Göttingen** v 15. 1. 2006 – 10 T 130/06, ZInsO 2007, 167; **LG Göttingen** ZInsO 2002, 244, 245; **AG Köln** NZI 1999, 241, 242; *Vallender/Fuchs/Rey* NZI 1999, 218, 219; K/P/B/*Wenzel* § 304 Rn 2 d). Die §§ 304 ff stellen gegenüber dem Regelinsolvenzverfahren ein völlig abweichendes, auf andere Personenkreise (natürliche und juristische Personen) zugeschnittenes Verfahren mit erheblichen verfahrensrechtlichen Besonderheiten dar. Regelinsolvenzverfahren und Verbraucherinsolvenzverfahren sind als eigenständige, sich gegenseitig ausschließende Verfahrensarten unter dem Dach der Insolvenzordnung anzusehen.

Eine **analoge Anwendung des § 17 Abs 2 und Abs 3 GVG** scheitert bereits daran, dass § 17 a GVG 33 die Abgabe zwischen verschiedenen Gerichtsbarkeiten bei Unzulässigkeit des zunächst beschrittenen Rechtswegs betrifft, es sich bei dem hier auftretenden Problem jedoch um den Wechsel zwischen zwei Verfahrensarten innerhalb desselben Gesetzes handelt (**AG Köln** aaO; *Vallender/Fuchs/Rey* aaO; aA **AG Frankfurt/M** InVo 1999, 313; *Bork* ZIP 1999, 301, 303; N/R/*Römermann* § 304 Rn 37, 38).

Bevor das Gericht eine Entscheidung über den – unzulässigen – Insolvenzantrag trifft, ist dem 34 Schuldner Gelegenheit zu geben, seinen Antrag umzustellen oder zumindest hilfsweise die Eröffnung in der nach Ansicht des Gerichts zulässigen Verfahrensart zu beantragen (**LG Göttingen** v 15. 1. 2006 – 10 T 130/06, ZInsO 2007, 167 m zust Anm *Fuchs* EWiR 2007, 629; **LG Göttingen** NZI 2001, 218, 219; ZInso 2002, 244, 245; **LG Mannheim** NZI 2000, 490, 491). Das Gericht trifft insoweit eine Hinweispflicht nach § 139 Abs 2 ZPO iVm § 4 InsO (vgl **BGH** NJW-RR 1986, 1119), deren Nichtbeachtung die Verletzung rechtlichen Gehörs bedeutet. Ändert der Schuldner seinen **Antrag** nicht, ist dieser durch beschwerdefähigen Beschluss (§ 34) als **unzulässig** abzuweisen (**OLG Celle** ZIP 2000, 802 = DZWIR 2000, 334 = NZI 2000, 229; **OLG Schleswig** NZI 2000, 164; **LG Göttingen** v 15. 12. 2006 – 10 T 130/06, ZInsO 2007, 166, 167; **AG Köln** NZI 2000, 241, 243 *Vallender/Fuchs/Rey* NZI 1999, 218, 219; K/P/B/*Wenzel* § 304 Rn 2 e; *Henckel* ZIP 2000, 2051, 2052; offengelassen von **BGH** v 25. 9. 2008 – IX ZB 233/07, ZInsO 2008, 1324, 1325). Allerdings ist der **Schuldner nicht beschwert,** wenn er ausschließlich die Eröffnung des Verbraucherinsolvenzverfahrens beantragt, das Insolvenzgericht von einer Überführung in das Regelinsolvenzverfahren absieht (**BGH** aaO).

3. Veränderung der Gläubigerzahl nach Antragstellung. Nicht selten teilen Schuldner während des 35 gerichtlichen Schuldenbereinigungsverfahrens mit, dass sich die **Zahl der Gläubiger verringert** habe. Dies kann darauf zurückzuführen sein, dass ein Gläubiger auf seine Forderung verzichtet und gleichzeitig erklärt hat, am Verfahren nicht mehr beteiligt sein zu wollen, oder er durch einen Dritten befriedigt worden ist. Das **Hinzutreten von weiteren Gläubigern** beruht häufig auf einer unsorgfältigen Vorbereitung des Verfahrens oder auf Ansprüchen, die bei Einreichung des Antrags nicht ohne weiteres erkennbar waren oder nach diesem Zeitpunkt begründet worden sind.

a) Verringerung der Gläubigerzahl. Verringert sich nach Einleitung eines **Verbraucherinsolvenzver-** 36 **fahrens** gegen einen Schuldner, der vor Antragstellung eine selbstständige wirtschaftliche Tätigkeit ausgeübt hatte (§ 304 Abs 1 S 2), die Gläubigerzahl, hat diese **Veränderung grundsätzlich keinen Einfluss auf den weiteren Verfahrensgang.**

37 Wurde bei einem früher unternehmerisch tätig gewesenen Schuldner allein auf Grund der Gläubigerzahl das **Regelinsolvenzverfahren** eingeleitet und reduziert sich die Zahl der Gläubiger auf weniger als zwanzig, finden ohne Hinzutreten weiterer Umstände die Vorschriften des Verbraucherinsolvenzverfahrens Anwendung. Da es sich beim **Regel- und beim Verbraucherinsolvenzverfahren** um zwei unterschiedlich strukturierte und sich **gegenseitig ausschließende Verfahrensarten** handelt (OLG Köln ZIP 2000, 172, 174; OLG Celle ZIP 2000, 802, 803; LG Halle ZInsO 2000, 227; AG Köln NZI 1999, 241, 242; K/P/B/*Wenzel* § 304 Rn 2 c; *Kohte/Ahrens/Grote* § 304 Rn 48), hat das Gericht darauf hinzuweisen, dass sich die Verfahrensart geändert hat. Gleichzeitig ist dem Schuldner Gelegenheit zu geben, seinen Antrag umzustellen. Solange noch keine Entscheidung über den Eröffnungsantrag vorliegt, ist ein Wechsel der Verfahrensart zulässig. Stellt der Schuldner seinen Antrag auf Eröffnung des Regelinsolvenzverfahrens nicht innerhalb der ihm gesetzten Frist in einen Antrag auf Eröffnung des Verbraucherinsolvenzverfahrens um, ist sein Antrag als unzulässig zurückzuweisen.

38 b) **Erhöhung der Gläubigerzahl.** Stellt sich nach Einleitung des Verbraucherinsolvenzverfahrens heraus, dass der früher selbständig wirtschaftlich tätig gewesene Schuldner über 20 Gläubiger verfügt, finden auf ihn die Vorschriften des Regelinsolvenzverfahrens Anwendung. Insoweit ist im Rahmen des § 304 Abs 2 hinsichtlich der Anzahl der Gläubiger nach dem eindeutigen Wortlaut der Vorschrift der **Zeitpunkt der Antragstellung maßgebend.** Die Entscheidung darüber, welche Verfahrensart letztlich Anwendung findet, erfolgt allerdings erst nach Feststellung der Überschaubarkeit der Vermögensverhältnisse. So muss es dem Gericht erlaubt sein, trotz einer Gläubigerzahl von weniger als 20 die Bestimmungen des Regelinsolvenzverfahrens anzuwenden, wenn nach Anfechtungssachverhalte erst nach Antragstellung entstanden sind. Dagegen führt die **Begründung neuer Verbindlichkeiten nach dem Eröffnungsantrag** nicht ohne weiteres dazu, dass nunmehr die Vorschriften des Regelinsolvenzverfahrens Anwendung finden, wenn sich dadurch die Zahl der Gläubiger auf 20 oder mehr erhöht hat. Da nach der hier vertretenen Auffassung auch spätere Veränderungen Berücksichtigung finden können, hat das Gericht allerdings zu prüfen, ob nicht durch das Hinzutreten weiterer Gläubiger die Vermögensverhältnisse iSv § 304 Abs 1 S 2 unüberschaubar geworden sind. Hinsichtlich des weiteren Verfahrensablaufs gelten die Ausführungen zu Rn 37.

39 **4. Sonstige Veränderungen nach Antragstellung.** Ergeben sich nach Einleitung eines Verbraucherinsolvenzverfahrens Umstände, die zu einer **Unüberschaubarkeit der Vermögensverhältnisse** des früher unternehmerisch tätig gewesenen Schuldners führen, rechtfertigt diese Veränderung die Behandlung des Verfahrens als Regelinsolvenzverfahren. Die gleiche Betrachtungsweise ist anzustellen, wenn sich nach Antragstellung herausstellt, dass zumindest eine Forderung gegen den Schuldner aus einem **Arbeitsverhältnis** besteht (siehe § 304 Abs 1 S 2). Dieser Umstand führt zu einem **zwingenden Ausschluss** des Schuldners **aus dem Verbraucherinsolvenzverfahren** (Allgem Begr RegE, BT-Drucks 14/5680 S 8). In beiden Fällen hat das Gericht dem Schuldner Gelegenheit zu geben, seinen Antrag umzustellen.

39a Wie zu verfahren ist, wenn ein Gläubiger einen Insolvenzantrag stellt und auf Grund der eingeleiteten Ermittlungen feststeht, dass der Schuldner dem Regelinsolvenzverfahren zuzuordnen ist, der Schuldner anschließend einen Eigenantrag stellt und er nunmehr auf Grund zwischenzeitlich eingetretener Veränderungen den Regelungen des Verbraucherinsolvenzverfahrens unterworfen wäre, ist dem Gesetz nicht zu entnehmen. Dem **Rechtsgedanken des § 139 Abs 2 und § 3 Abs 2** entsprechend ist auf den Erstantrag abzustellen, so dass bei Eröffnungsreife das Verfahren als Regelinsolvenzverfahren zu eröffnen und die beiden Anträge im Eröffnungsbeschluss zu verbinden sind.

40 **5. Überleitungsvorschrift, Art 103 a EGInsO.** Art 103 a EGInsO (eingeführt durch das InsOÄG 2001 v 26. 10. 2001 BGBl I S 2710) bestimmt, dass auf Insolvenzverfahren, die vor dem Inkrafttreten des vorgenannten Gesetzes eröffnet worden sind, die bis dahin geltenden Vorschriften weiter anzuwenden sind. Daraus folgt im Umkehrschluss, dass alle Verfahren, die erst nach Inkrafttreten des Gesetzes eröffnet werden, nach dem neuen Recht abzuwickeln sind.

41 Dies hat zur Konsequenz, dass das Gericht jedes im Zeitpunkt des Inkrafttretens des InsOÄG noch nicht eröffnete Verbraucherinsolvenzverfahren zunächst darauf zu überprüfen hat, ob die Voraussetzungen des § 304 vorliegen oder nicht. Unterliegt der Schuldner (weiterhin) den **Regeln des Verbraucherinsolvenzverfahrens, finden** auch die **weiteren Neuerungen Anwendung.** Soweit bereits die Zustellung der in § 307 Abs 1 aF genannten Unterlagen an die benannten Gläubiger erfolgt ist, bedarf es nicht der erneuten Zustellung der Vermögensübersicht (vgl § 305 Abs 1 Nr 3), weil es sich dabei um ein Minus gegenüber dem Vermögensverzeichnis handelt. Da auch die Regelung des § 306 Abs 1 S 3 Anwendung findet, kann das Gericht ggf ein **bereits eingeleitetes Schuldenbereinigungsverfahren abbrechen** und sogleich eine Entscheidung über den Eröffnungsantrag treffen (vgl § 309 Rn 112). Um eine Überraschungsentscheidung zu vermeiden, sollten die Beteiligten auf die geänderten Umstände hingewiesen werden.

42 Alle anhängigen **Verfahren ehemals Selbstständiger** sind **von Amts** wegen in das Regelinsolvenzverfahren **überzuleiten,** wenn es an den Voraussetzungen des § 304 Abs 2 InsO fehlt (**BGH** v 20. 6. 2002 – IX ZB 36/02, ZVI 2002, 374; **BGH** v 12. 9. 2002 – IX ZB 147/02, ZVI 2002, 360).

Zweiter Abschnitt. Schuldenbereinigungsplan

§ 305 Eröffnungsantrag des Schuldners

(1) Mit dem schriftlich einzureichenden Antrag auf Eröffnung des Insolvenzverfahrens (§ 311) oder unverzüglich nach diesem Antrag hat der Schuldner vorzulegen:
1. eine Bescheinigung, die von einer geeigneten Person oder Stelle ausgestellt ist und aus der sich ergibt, daß eine außergerichtliche Einigung mit den Gläubigern über die Schuldenbereinigung auf der Grundlage eines Plans innerhalb der letzten sechs Monate vor dem Eröffnungsantrag erfolglos versucht worden ist; der Plan ist beizufügen und die wesentlichen Gründe für sein Scheitern sind darzulegen; die Länder können bestimmen, welche Personen oder Stellen als geeignet anzusehen sind;
2. den Antrag auf Erteilung von Restschuldbefreiung (§ 287) oder die Erklärung, daß Restschuldbefreiung nicht beantragt werden soll;
3. ein Verzeichnis des vorhandenen Vermögens und des Einkommens (Vermögensverzeichnis), eine Zusammenfassung des wesentlichen Inhalts dieses Verzeichnisses (Vermögensübersicht), ein Verzeichnis der Gläubiger und ein Verzeichnis der gegen ihn gerichteten Forderungen; den Verzeichnissen und der Vermögensübersicht ist die Erklärung beizufügen, dass die enthaltenen Angaben richtig und vollständig sind;
4. einen Schuldenbereinigungsplan; dieser kann alle Regelungen enthalten, die unter Berücksichtigung der Gläubigerinteressen sowie der Vermögens-, Einkommens- und Familienverhältnisse des Schuldners geeignet sind, zu einer angemessenen Schuldenbereinigung zu führen; in den Plan ist aufzunehmen, ob und inwieweit Bürgschaften, Pfandrechte und andere Sicherheiten der Gläubiger vom Plan berührt werden sollen.

(2) ¹In dem Verzeichnis der Forderungen nach Absatz 1 Nr. 3 kann auch auf beigefügte Forderungsaufstellungen der Gläubiger Bezug genommen werden. ²Auf Aufforderung des Schuldners sind die Gläubiger verpflichtet, auf ihre Kosten dem Schuldner zur Vorbereitung des Forderungsverzeichnisses eine schriftliche Aufstellung ihrer gegen diesen gerichteten Forderungen zu erteilen; insbesondere haben sie ihm die Höhe ihrer Forderungen und deren Aufgliederung in Hauptforderung, Zinsen und Kosten anzugeben. ³Die Aufforderung des Schuldners muß einen Hinweis auf einen bereits bei Gericht eingereichten oder in naher Zukunft beabsichtigten Antrag auf Eröffnung eines Insolvenzverfahrens enthalten.

(3) ¹Hat der Schuldner die in Absatz 1 genannten Erklärungen und Unterlagen nicht vollständig abgegeben, so fordert ihn das Insolvenzgericht auf, das Fehlende unverzüglich zu ergänzen. ²Kommt der Schuldner dieser Aufforderung nicht binnen eines Monats nach, so gilt sein Antrag auf Eröffnung des Insolvenzverfahrens als zurückgenommen. ³Im Falle des § 306 Abs. 3 Satz 3 beträgt die Frist drei Monate.

(4) ¹Der Schuldner kann sich im Verfahren nach diesem Abschnitt vor dem Insolvenzgericht von einer geeigneten Person oder einem Angehörigen einer als geeignet anerkannten Stelle im Sinne des Absatzes 1 Nr. 1 vertreten lassen. ²Für die Vertretung des Gläubigers gilt § 174 Abs. 1 Satz 3 entsprechend.

(5) ¹Das Bundesministerium der Justiz wird ermächtigt, durch Rechtsverordnung mit Zustimmung des Bundesrates zur Vereinfachung des Verbraucherinsolvenzverfahrens für die Beteiligten Formulare für die nach Abs. 1 Nr. 1 bis 4 vorzulegenden Bescheinigungen, Anträge, Verzeichnisse und Pläne einzuführen. ²Soweit nach Satz 1 Formulare eingeführt sind, muß sich der Schuldner ihrer bedienen. ³Für Verfahren bei Gerichten, die die Verfahren maschinell bearbeiten, und für Verfahren bei Gerichten, die die Verfahren nicht maschinell bearbeiten, können unterschiedliche Formulare eingeführt werden.

Übersicht

	Rn
A. Normzweck	1
B. Außergerichtlicher Einigungsversuch	3
I. Obligatorischer Einigungsversuch	4
II. Informationspflichten des Schuldners	6
III. Kein Vollstreckungsschutz	9
IV. Einigung auf der Grundlage eines Plans	11
1. Inhalt des Plans	12
2. Zustandekommen des Plans	14
3. Wirkungen des zustande gekommenen Plans	16
C. Antrag des Schuldners auf Eröffnung des Verbraucherinsolvenzverfahrens, Abs 1 Nr 1	17
I. Allgemeine Antragsvoraussetzungen	19
1. Zuständigkeit des Insolvenzgerichts	20
2. Schriftform	22

	Rn
3. Vordruckzwang	24
a) Zurückweisung des Insolvenzantrags	26
b) Nachträgliche Einreichung der zuzustellenden Unterlagen	27
4. Darlegung des Insolvenzgrundes	28
5. Antrag mit einem Gläubiger	29
II. Besondere Antragsvoraussetzungen	30
1. Bescheinigung über das Scheitern des außergerichtlichen Einigungsversuchs, Abs 1 Nr 1	31
a) Geeignete Person oder Stelle	34
aa) Ermächtigung durch die Länder, Abs 1 Nr 1 2. Halbsatz	35
bb) Geeignete Person	49
(1) Rechtsberatungsgesetz	50
(2) Anwaltliche Tätigkeit	53
(3) Beratungshilfe	55
cc) Geeignete Stelle	56
dd) Aufgaben der geeigneten Person oder Stelle	61
b) Einigungsversuch auf der Grundlage eines Plans	65
c) Innerhalb der letzten sechs Monate vor dem Eröffnungsantrag	70
aa) Erneute Antragstellung	73
bb) Folgen der Fristüberschreitung	74
2. Vorlage des außergerichtlichen Plans und Darlegung der Gründe für sein Scheitern, Abs 1 Nr 1	75
3. Erklärung zur Restschuldbefreiung, Abs 1 Nr 2	79
a) Zeitpunkt der Antragstellung	80
b) Form und Inhalt des Antrags	83
c) Erklärung, dass Restschuldbefreiung nicht beantragt werden soll	85
4. Verzeichnisse, Abs 1 Nr 3	87
a) Vermögensverzeichnis	90
b) Vermögensübersicht	94
c) Gläubigerverzeichnis	96
d) Forderungsverzeichnis	100
aa) Streitige Forderungen	101
bb) Auskunfts- und Unterstützungspflicht der Gläubiger, Abs 2 S 2	104
5. Erklärung des Schuldners nach § 305 Abs 1 Nr 3 2. HS	111
6. Schuldenbereinigungsplan, Abs 1 Nr 4 InsO	113
a) Schriftform	114
b) Angemessene Schuldenbereinigung	115
c) Privatautonomie	117
aa) Null-Plan, Fast-Null-Plan, flexibler Null-Plan	122
bb) Einmalzahlung	124
d) Auswirkung auf Sicherheiten	126
aa) Akzessorische Sicherheiten	128
bb) Abstrakte Sicherheiten	130
cc) Lohn- und Gehaltsabtretungen	131
e) Steuerschulden	132
III. Umfang der gerichtlichen Überprüfungspflicht	133
1. Außergerichtlicher Einigungsversuch	134
a) Bescheinigung eines Rechtsanwalts	135
b) Unrichtige Bescheinigung	137
2. Angemessenheit des Schuldenbereinigungsplans	139
IV. Antragsrücknahme	140
D. Nachträgliche Ergänzung der Unterlagen, Abs 3	141
I. Rücknahmefiktion, Abs 3 S 2	144
1. Fristbeginn	145
2. Eintritt der Wirkungen des § 305 Abs 3 S 2 verschuldensunabhängig	146
3. Gesetzliche Fiktion	147
4. Neuer Antrag	148
5. Beschränkung auf Verbraucherinsolvenzverfahren	149
II. Vorangegangener Gläubigerantrag, Abs 3 S 3	151
III. Rechtsbehelfe	152
1. Ergänzungsaufforderung	153
2. Formloser Hinweis auf Rücknahmefiktion	156
3. Beschluss des Insolvenzgerichts	157
4. Anfechtbarkeit von Entscheidungen	159
E. Gerichtliche Vertretung durch geeignete Person oder Stelle, Abs 4	160
F. Formularzwang, Abs 5	161

A. Normzweck

1   Abweichend von den Vorschriften des Regelinsolvenzverfahrens sieht § 305 vor, dass der Schuldner seinem **schriftlich** einzureichenden Antrag auf Verfahrenseröffnung eine Reihe weiterer Unterlagen

(Nr 1–4) beizufügen hat. Diese Regelung soll zur **Verfahrensbeschleunigung und Entlastung der Gerichte** beitragen (*Uhlenbruck* Das neue Insolvenzrecht S 706). Damit der Schuldner auch in der Lage ist, die geforderten Unterlagen sorgfältig zu erstellen, wird ihm ein **Auskunftsanspruch** gegen seine Gläubiger gewährt (Abs 2 S 2). Der Entlastung der Gerichte soll insbesondere der Umstand Rechnung tragen, dass die Zulässigkeit des Antrags von einer – erfolglos versuchten – außergerichtlichen Einigung abhängig gemacht wird. Dies hat der Schuldner durch eine Bescheinigung zu belegen (Nr 1). Durch die in Nr 2 getroffene Regelung wird frühzeitig Klarheit darüber geschaffen, ob der Schuldner bei Scheitern des Schuldenbereinigungsplans die gesetzliche Restschuldbefreiung erreichen will (N/R/*Römermann* § 305 Rn 3).

Das **Kernstück** der vom Schuldner einzureichenden Unterlagen ist der **Schuldenbereinigungsplan** 2 (Nr 4), der das Instrument der gütlichen Einigung zwischen dem Schuldner und den Gläubigern sein soll (BT-Drucks 12/7302 S 190). Die in Abs 3 enthaltene Regelung dient ebenfalls der **Verfahrensbeschleunigung**. Durch das Gesetz zur Änderung des Einführungsgesetzes zur Insolvenzordnung und anderer Gesetze (EGInsOÄndG) vom 19. 12. 1998 (BGBl I S 3836) wurde § 305 auf Beschlussempfehlung des Rechtsausschusses im Dezember 1998 um die Absätze 4 und 5 ergänzt. Durch § 305 Abs 4 wird es den dort genannten Personen gestattet, den Schuldner nicht nur außergerichtlich, sondern auch im gerichtlichen Verfahren zu vertreten. Der in Abs 5 vorgesehene **Vordruckzwang** soll dem Gericht eine zügige Prüfung des Antrages insbesondere auf Vollständigkeit erleichtern und die Entwicklung einheitlicher Software fördern (Stellungnahme des Bundesrates zum RegE EGInsOÄndG, BT-Drucks 14/49 S 9).

B. Außergerichtlicher Einigungsversuch

Den Zugang zum gerichtlichen Verfahren findet nur der Schuldner, der zuvor eine **außergerichtliche** 3 **Einigung** mit den Gläubigern über die Schuldenbereinigung auf der Grundlage eines Plans innerhalb der letzten sechs Monate vor dem Eröffnungsantrag erfolglos versucht hat (§ 305 Abs 1 Nr 1). Nähere Bestimmungen zum Ablauf dieses Schuldenbereinigungsversuchs enthält die Insolvenzordnung nicht. Sie regelt den **Einigungsversuch** zwischen Schuldner und Gläubiger lediglich als **Zugangsvoraussetzung** für die Einleitung des Verfahrens *(Graf-Schlicker/Livonius* Restschuldbefreiung Rn 50). Der Schuldner muss noch nicht zahlungsunfähig sein oder es in absehbarer Zeit werden. Denn die **Eröffnungsgründe** müssen nur für die Eröffnung des gerichtlichen Verbraucherinsolvenzverfahrens nach Scheitern des außergerichtlichen und des gerichtlichen Einigungsversuchs vorliegen, nicht aber für die außergerichtliche Schuldenbereinigung. Wann der Schuldner den außergerichtlichen Einigungsversuch unternimmt, ist allein seiner Entscheidung überlassen. Er handelt nicht unredlich, wenn er sich erst nach der **Verjährung von Forderungen** dazu entschließt, eine außergerichtliche Einigung mit den Gläubigern über die Schuldenbereinigung auf der Grundlage eines Plans anzustreben. Die Gläubiger haben es selbst in der Hand, durch entsprechende Maßnahmen für eine Hemmung der Verjährung Sorge zu tragen (§ 204 Abs 1 Nr 1 BGB).

Der Schuldner ist nicht befugt, von der Durchführung des außergerichtlichen Einigungsversuchs als 3a besondere Zulässigkeitsvoraussetzung für seinen Antrag auf Eröffnung des Insolvenzverfahrens abzusehen, wenn ein Gläubiger bereits auf Grund einer Ankündigung des Schuldners, demnächst ein Insolvenzverfahren durchzuführen, die **Zwangsvollstreckung** gegen ihn betreibt. Von einem Scheitern des außergerichtlichen Einigungsversuchs ist auszugehen, wenn der Gläubiger die von ihm eingeleitete Vollstreckungsmaßnahme nicht umgehend zurücknimmt, falls der vom Schuldner vorgelegte Plan vorsieht, dass der Gläubiger auf die durch die Zwangsvollstreckungsmaßnahme erlangte Sicherheit verzichtet (so zutreffend *Graf-Schlicker/Sabel* § 305 a Rn 4).

I. Obligatorischer Einigungsversuch

Es stellt **keinen ernsthaften außergerichtlichen Einigungsversuch** dar, wenn der Schuldner seinen Plan 4 nur demjenigen Gläubiger zuleitet, von dem der größte Widerstand zu erwarten ist. Eine solche Verfahrensweise widerspricht dem Wortlaut des § 305 Abs 1 Nr 1 („mit den Gläubigern"). Zwar hätte eine Ablehnung des Plans durch diesen Gläubiger zur Folge, dass der außergerichtliche Einigungsversuch gescheitert ist. Den übrigen Gläubigern würde jedoch durch Vorenthaltung des Plans jede Möglichkeit genommen, auf den Planinhalt Einfluss zu nehmen und den ablehnenden Gläubiger möglicherweise zu einer Änderung seiner ablehnenden Haltung zu bewegen. Eine andere Betrachtungsweise widerspräche dem Sinn und Zweck des Gesetzes, durch das Zustandekommen einer außergerichtlichen Einigung zwischen dem Schuldner und seinen Gläubigern die Gerichte zu entlasten (Beschl-Empfehlung des RechtsA zu § 357b, BT-Drucks 12/7302 S 190). Mithin ist der Plan **allen Gläubigern** zuzuleiten (**AG** Nürnberg v 5. 11. 2003 – 8002 IK 1177/03, ZVI 2004, 185; einschränkend **AG** Köln ZInsO 2002, 344 LS).

Ist der Schuldner diesem Erfordernis nachgekommen, ist er nicht verpflichtet, bei wesentlicher Ver- 4a besserung seiner wirtschaftlichen Verhältnisse mit der Aussicht auf Annahme des Plans durch alle Gläubiger diesen erneut einen neuen Plan zuzuleiten. Das Gesetz sieht eine entsprechende Verpflichtung nicht vor. Ebenso wie das Gericht nach freiem Ermessen darüber entscheidet, ob es bei Durchführung des gerichtlichen Schuldenbereinigungsverfahren dem Schuldner Gelegenheit zur Änderung oder Ergänzung des Plans gibt, bleibt es der freien Entscheidung des Schuldners überlassen, einen weiteren außergerichtlichen Einigungsversuch mit seinen Gläubigern zu unternehmen.

5   Bislang hat das **obligatorisch** vorrangig zu durchlaufende außergerichtliche Einigungsverfahren nicht die gewünschte Wirkung einer Bewältigung der Überschuldung von Verbrauchern durch einvernehmliche Schuldenbereinigung gezeigt (krit dazu *Grote* ZInsO 2001, 17 ff; *Martini* ZInsO 2001, 249). **Schuldnerberater** führen dies vor allem auf mangelnde Einigungsbereitschaft der Gläubiger, namentlich der Gläubiger öffentlich-rechtlicher Forderungen sowie auf überzogene Erwartungen an die außergerichtlichen Regulierungsangebote zurück (*Hofmeister* ZInsO 1999, 503 ff; s ferner *Hofmeister/Sanio/Roth* ZInsO 2000, 587 ff; *Martini* aaO; *Batge* InVo 2001, 390). **Gläubiger** beanstanden ihrerseits mangelnde Informationsbereitschaft der Schuldner über ihre Vermögensverhältnisse. Darüber hinaus ist gelegentlich der Vorwurf zu hören, dass die Angaben des Schuldners unzutreffend seien und von einem ernsthaften Bemühen um eine außergerichtliche Einigung keine Rede sein könne (*Vallender* DGVZ 2000, 97, 99). Aufgrund der **Einführung der Stundungsregelungen** (§§ 4 a ff) könnten sich – worauf *Kohte* (ZInsO 2002, 53, 54) zutreffend hinweist – sowohl für Gläubiger als auch für den Schuldner **neue Kalkulationsgrundlagen** ergeben, die dem außergerichtlichen Schuldenbereinigungsverfahren zu einer Aufwertung in der Gesamtkonzeption des Verbraucherinsolvenzverfahrens verhelfen dürften. Denn bei Bewilligung von Verfahrenskostenstundung und Durchführung eines Insolvenzverfahrens mit den **Privilegien des Justizfiskus** (§§ 53, 292 Abs 1 S 2 2. HS) ist jedenfalls bei ehemals Selbstständigen regelmäßig zu erwarten, dass eine an die Gläubiger verteilbare Masse nicht oder nicht in nennenswertem Umfange zur Verfügung steht. Zahlungsangebote – vor allem Einmalzahlungen – in einem Schuldenbereinigungsplan gewinnen damit an Attraktivität (vgl dazu auch *Graeber* ZInsO 2001, 1040, 1042). Abgesehen davon bietet das außergerichtliche Schuldenbereinigungsverfahren für die Gläubiger die Möglichkeit, sich frühzeitig auf ein evtl bevorstehendes Insolvenzverfahren einzustellen. Aber auch für den **Schuldner** kann sich das Zustandekommen eines Schuldenbereinigungsplans als vorteilhaft erweisen. Vielfach ist nicht zu erwarten, dass die Kosten eines Insolvenzverfahrens aus der Masse befriedigt werden können. In diesem Fall trifft den Schuldner die **Nachhaftung gem § 4 b** (*Kohte* aaO 55). Darüber hinaus erhält der Schuldner durch den außergerichtlichen Einigungsversuch häufig erstmals Gelegenheit, seine wirtschaftliche Krise zur Umorientierung zu nutzen (*Göttner* ZInsO 2001, 406, 407). Eine Entschuldung dürfte ohnehin nur dauerhaft sein, wenn der Schuldner in Vermögensangelegenheiten „umlernt" und der **Familienhaushalt reorganisiert** wird (*Kocher* DZWIR 2002, 45, 48).

II. Informationspflichten des Schuldners

6   Auch wenn das außergerichtliche Einigungsverfahren quasi als **Spiegelbild des gerichtlichen Schuldenbereinigungsverfahrens** anzusehen ist, dürfen insoweit nicht dieselben Anforderungen an die **Informationspflichten des Schuldners** wie im gerichtlichen Verfahren gestellt werden. Zu berücksichtigen ist in diesem Zusammenhang, dass es für den außergerichtlichen Einigungsversuch an einer dem § 21 Abs 2 Nr 3 entsprechenden Regelung fehlt, die es dem Gericht erlaubt, während des gerichtlichen Schuldenbereinigungsverfahrens Maßnahmen der Zwangsvollstreckung gegen den Schuldner zu untersagen oder einstweilen einzustellen (siehe Rn 9 ff). Wäre der Schuldner gezwungen, seinen Gläubigern ein der Vorschrift des § 305 Abs 1 Nr 2 entsprechendes Vermögensverzeichnis zu unterbreiten, könnte dies bei noch „freien" Vermögenswerten zu Einzelzwangsvollstreckungsmaßnahmen verleiten, die einen erfolgreichen außergerichtlichen Einigungsversuch von vornherein zum Scheitern verurteilen (vgl § 305 a). Deshalb bedarf es nicht einer umfassenden, aufwändigen Datenoffenbarung mit den dazugehörigen Verzeichnissen und Belegen (*Vallender* aaO).

7   Den Gläubigern müssen jedoch so viele **Informationen und Daten** mitgeteilt werden, dass sie das Angebot des Schuldners verlässlich beurteilen können. Hierzu zählen in jedem Fall das pfändbare Einkommen des Schuldners einschließlich des Nebeneinkommens, sofern dieses nicht nur vorübergehend besteht, die Anzahl der unterhaltsberechtigten Personen, der Pfändungsbetrag, die Anzahl der Gläubiger sowie die Gesamtverschuldungssumme (Arbeitshilfe InsO S 94). Im Einzelfall kann es erforderlich sein, dass der Schuldner den Gläubigern darüber hinaus mitteilt, ob eine **Abtretung** vorliegt, wobei er ggf das Datum und den Betrag der Abtretungserklärung mitteilen sollte. Von besonderem Interesse können auch das Alter des Schuldners, die Beschäftigungsdauer bzw die Dauer der Erwerbslosigkeit und evtl bestehende Krankheiten sein (Arbeitshilfe InsO S 94/95). Den Gläubigern muss es erlaubt sein, unzureichende Angaben, die in keiner Weise geeignet sind, eine sachgerechte Beurteilung des vom Schuldner angestrebten Schuldenerlasses oder Forderungsteilverzichtes vorzunehmen, zu beanstanden und entsprechende Nachweise zu fordern. Solange die Gläubiger die Angaben des Schuldners nicht überprüfen können, werden sie befürchten, der Schuldner verschweige Vermögenswerte oder stelle seine Vermögenslage zu negativ dar. Weigert sich indes der Schuldner, eine **Verdienstbescheinigung** vorzulegen, rechtfertigt dies nicht den Vorwurf, sich nicht ernsthaft um eine außergerichtliche Einigung mit seinen Gläubigern bemüht zu haben.

8   Ist der Schuldner Eigentümer eines unbelasteten **Grundstücks**, das er zur Befriedigung seiner Gläubiger einsetzen will, ist er berechtigt, das Grundstück im Plan nur nach ungefährer Größe, Bebaubarkeit und Wert, ohne die genaue postalische Lage oder gar die grundbuchrechtliche Bezeichnung anzugeben.

III. Kein Vollstreckungsschutz

Anders als im gerichtlichen Verfahren greifen während des außergerichtlichen Einigungsversuchs **keine** **9** **Schutzmechanismen vor Einzelzwangsvollstreckungen** (*Vallender* DGVZ 1997, 97, 99; KS-*Fuchs* S 1679, 1691 Rn 34). Die masseschützenden Instrumente der Anfechtung und der Rückschlagsperre sind zwar im vereinfachten Insolvenzverfahren anwendbar, können aber aus Gründen des zeitlichen Ablaufs des außergerichtlichen Einigungsversuchs häufig nicht greifen. Durch den Zugriff von Vollstreckungsgläubigern auf noch vorhandene Vermögenswerte des Schuldners wird das Ansparen von Masse für einen Vergleich oder die Verfahrenskosten erschwert oder gar vereitelt (vgl *Veit/Reifner* Außergerichtliches Verbraucherinsolvenzverfahren S 91). Eine gerichtliche **einstweilige Einstellung einzelner Zwangsvollstreckungsmaßnahmen** kommt allenfalls gemäß § 765a ZPO in Betracht (LG Itzehoe NZI 2001, 100; AG Elmshorn NZI 2000, 329; *Winter* Rpfleger 2002, 119ff; krit dazu *Bruckmann* InVo 2001, 1).

Eine Entscheidung des Vollstreckungsgerichts über einen Antrag des Schuldners auf Erhöhung der **10** Pfändungsfreigrenzen gemäß § 850f ZPO ist für den außergerichtlichen Einigungsversuch ohne Bedeutung. Sie wirkt nur inter partes und nur für das Vollstreckungsverfahren (näher dazu *Fuchs/Vallender* ZInsO 2001, 681).

IV. Einigung auf der Grundlage eines Plans

Nach dem Willen des Gesetzgebers ist der **Schuldenbereinigungsplan**, der Grundlage für das gerichtliche Verfahren ist, **Leitfaden** für den Inhalt des außergerichtlichen Plans (BT-Drucks 12/7303, S 272). **11** Soll ein außergerichtlicher Einigungsversuch erfolgreich sein, hat sich der Wert des den Gläubigern unterbreiteten Regulierungsvorschlags nicht auf die **nominelle Höhe der Zahlungen** zu beschränken, sondern muss auch Faktoren wie die **Realisierungswahrscheinlichkeit** und den **Zeitpunkt der Zahlungen** berücksichtigen (*Krüger/Reifner/Jung* ZInsO 2000, 12, 13).

1. Inhalt des Plans. Der vom Schuldner zur **außergerichtlichen Einigung** mit den Gläubigern unterbreitete **12** **Plan** kann ebenso wie der in einem späteren Verbraucherinsolvenzverfahren vorzulegende Schuldenbereinigungsplan alle Regelungen enthalten, die unter Berücksichtigung der Gläubigerinteressen sowie der Vermögens-, Einkommens- und Familienverhältnisse des Schuldners geeignet sind, zu einer **angemessenen Schuldenbereinigung** zu führen (vgl § 305 Abs 1 Nr 4). Es gilt der **Grundsatz der Privatautonomie**. Schuldner und Gläubiger können jede denkbare Form der Schuldenbereinigung verwirklichen, soweit sie sich innerhalb der gesetzlichen Grenzen hält (K/P/B/*Wenzel* § 305 Rn 13; N/R/*Römermann* § 305 Rn 49; *Vallender* DGVZ 1997, 97, 98; *ders* VuR 1997, 44; *Uhlenbruck* NZI 2000, 15). Ein Plan sollte sich mittelbar an dem orientieren, was im gerichtlichen Schuldenbereinigungsverfahren zustimmungsfähig ist (*Pape* Gläubigerbeteiligung Rn 378). In Betracht kommen Pläne mit einmaligen Zahlungen, mit Stundungs- oder Ratenzahlungsvereinbarungen, Regelungen zur Verzinsung oder Zinsverzicht, Regelungen zur Sicherheitenverwertung, der Erlass oder Teilerlass von Forderungen oder **Anpassungs- und Verfallklauseln**. Die Anpassung des Planinhalts für den Fall einer Änderung der wirtschaftlichen Verhältnisse des Schuldners erscheint sowohl für die Gläubiger als auch den Schuldner ratsam (vgl dazu OLG Frankfurt ZInsO 2000, 288). Den Gläubigern können Pläne mit festen oder variablen Ratenzahlungen und einmalige Restschulderlasszahlungen angeboten werden (*Bindemann* Verbraucherkonkurs S 35). Zulässig sind auch sogen **Wiederauflebensklauseln** iSv § 255 (*Kraemer/Vallender/Vogelsang* Fach 3, Kap 1 Rn 51; *Pape* Gläubigerbeteiligung Rn 383). Dem Schuldner ist es auch gestattet, mit seinen Gläubigern unterschiedliche Regelungen zu treffen. Das Gleichbehandlungsgebot der § 294 Abs 2 gilt zu diesem Zeitpunkt noch nicht (*Hess/Obermüller* Rn 745). Im Rahmen des außergerichtlichen Einigungsversuchs ist die **Staatsanwaltschaft** nicht befugt, dem Angebot eines Schuldners, der zu einer **Geldstrafe** verurteilt worden ist, zu entsprechen und auf die Forderung zu verzichten oder einer Reduzierung zuzustimmen. Ihr steht **keine Dispositionsbefugnis** über die Reduzierung einer einmal verhängten Geldstrafe zu. Im regulären Vollstreckungsverfahren käme eine solche Möglichkeit allenfalls durch eine entsprechende Gnadenentscheidung in Betracht (näher dazu *Vallender/Elschenbroich* NZI 2002, 130; *Zeitler* Rpfleger 2001, 337).

Gesicherte Gläubiger wie Sicherungseigentümer, Sicherungszessionare oder Grundpfandgläubiger **13** brauchen Eingriffe in ihre Rechtsposition nicht zu dulden. Sie können die Beeinträchtigung ihrer Sicherheiten dadurch verhindern, dass sie die Zustimmung zum Plan ganz verweigern oder davon abhängig machen, dass in den außergerichtlichen Plan eine ausdrückliche Regelung aufgenommen wird, die den Fortbestand der Sicherungsrechte und ihre Inanspruchnahme ermöglicht (*Wittig* WM 1998, 209, 217). Die Vorschriften der §§ 491ff BGB sind bei der Aufstellung des Plans grundsätzlich nicht zu beachten (näher dazu *Hess* § 304 Rn 98). Insbesondere ist die Aufnahme eines Widerrufsrechts gemäß § 495 BGB mit den Vorschriften der Insolvenzordnung nicht zu vereinbaren. Der Schuldner hat seinen Plan ohne Vorbehalte zu konzipieren und den Gläubigern zu unterbreiten.

2. Zustandekommen des Plans. Der Plan kommt zustande, wenn ihm **alle Gläubiger zustimmen**. Die **14** von den Beteiligten getroffenen Regelungen unterliegen in diesem Fall allein dem materiellen Recht. Sie modifizieren und begründen Rechte in dem vereinbarten Rahmen (*Bruckmann* Verbraucherkonkurs § 2 Rn 19). Anders als im gerichtlichen Verfahren gibt es **keine Mehrheitsentscheidungen**. Gläubiger, die dem vom Schuldner vorgelegten Plan nicht zustimmen, handeln nicht rechtsmissbräuchlich. Eine Klage gegen eine Kommune als Gläubiger einer Abgabenforderung auf Zustimmung zu einem außergerichtlichen Schuldenbereinigungsplan ist mangels Klagebefugnis (§ 42 Abs 2 VwGO) unzulässig (**SchleswH VG** v 4. 4. 2005 – 4 A 533/02). Entsprechend der allgemeinen Regelung gilt Schweigen nicht als Zustimmung; es laufen auch keine Fristen für eine Erklärung. Die Zustimmungserklärung des einzelnen Gläubigers entfaltet für das weitere Verfahren keine Bindungswirkung (*Kraemer/Vallender/Vogelsang* Fach 3 Kap 1 Rn 82). Die Forderungen und Rechte aller Gläubiger bleiben beim Scheitern des Plans unberührt.

15   Soweit **Steuer- und Abgabenforderungen** zu begleichen sind, ist die Chance des Zustandekommens des Plans relativ gering, weil die Zustimmungsbefugnisse der Finanzverwaltung eng begrenzt sind (vgl dazu die **Schreiben des BMF** zur Zustimmungserteilung im außergerichtlichen Verfahren vom 10. 12. 1998, abgedruckt in ZInsO 1999, 89 ff und ZIP 1999, 258 ff). Im Einvernehmen mit den obersten Finanzbehörden der Länder wurde der letzte Absatz in Nummer 3 des oa BMF-Schreibens wie folgt neu gefasst: „Eine angemessene Schuldenbereinigung ist nicht deshalb auszuschließen, weil der Plan Zahlungen des Schuldners nicht vorsieht (Null-Plan). Ebenso kann der Vorschlag einer einmaligen Zahlung im Rahmen der außergerichtlichen Einigung akzeptiert werden" (BMF-Schreiben v 3. 7. 2000 – IV A – S 1900 – 51/00; s ferner Schreiben des BMF v 11. 1. 2002, BStBl I S 132; NZI 2002, 193 ff). Danach kommt ein **Verzicht auf Abgabenforderungen** in Betracht, wenn der Schuldner **erlassbedürftig und** im außergerichtlichen Schuldenbereinigungsverfahren **erlasswürdig** ist (§§ 163, 227 AO).

16   **3. Wirkungen des zustande gekommenen Plans.** Der Plan schafft als **außergerichtlicher (materiellrechtlicher) Vergleich iSv § 779 BGB** die künftige Grundlage für die Inanspruchnahme des Schuldners durch die Gläubiger (ausführlich dazu *Ahnert* Verbraucherinsolvenz S 50). Einen Vollstreckungstitel bildet er allerdings nicht (krit dazu *Pape/Pape* ZIP 2000, 1553, 1557). Die Titulierung der in dem Plan von dem Schuldner übernommenen Zahlungsverpflichtungen erfordert eine gesonderte gerichtliche Geltendmachung im Mahn- oder Klageverfahren oder, wenn der Schuldner in dem Plan eine entsprechende Verpflichtung übernommen hat, eine Unterwerfung unter die Zwangsvollstreckung nach allgemeinen Regeln, etwa aus einer notariellen Urkunde (§ 794 Abs 1 Nr 5 ZPO). Auf die ursprünglichen Forderungen können die am Plan beteiligten Gläubiger nur zurückgreifen, wenn dies im Plan durch **Wiederauflebens- und Verfallklauseln** festgelegt ist (*Pape*, Gläubigerbeteiligung Rn 389).

16a   Der außergerichtliche Einigungsversuch oder die Annahme des Plans ist nicht als Liquidationsverfahren iSd Art 2 lit c EuInsVO iVm Anhang B anzusehen. Denn bei einem Liquidationsverfahren muss es sich um ein Insolvenzverfahren iSd Art 2 lit a EuInsVO handeln. Dies trifft auf den außergerichtlichen Schuldenbereinigungsplan nicht zu, weil insoweit ein zumindest teilweiser Vermögensbeschlag nicht erfolgt (*Martini* ZInsO 2002, 905, 908).

C. Antrag des Schuldners auf Eröffnung des Verbraucherinsolvenzverfahrens, Abs 1 Nr 1

17   Ist die **außergerichtliche Einigung gescheitert**, kann der Schuldner **einen Antrag auf Eröffnung des Insolvenzverfahrens** stellen. Das Antragsrecht steht nur dem Schuldner oder seinem gesetzlichen bzw gewillkürten Vertreter in seinem Namen zu. Da es sich bei dem Antrag auf Eröffnung des Insolvenzverfahrens um einen bestimmenden Schriftsatz handelt, ist die **eigenhändige Unterschrift** Wirksamkeitserfordernis (vgl BGH NJW 1987, 2588; *Zöller/Greger* § 130 ZPO Rn 5).

18   Im Gegensatz zur Rechtslage bei juristischen Personen besteht für natürliche Personen **keine rechtliche Verpflichtung**, bei drohender Zahlungsunfähigkeit oder Zahlungsunfähigkeit einen Insolvenzantrag zu stellen (*Vallender* ZAP 2002 Fach 14 S 428). Ebenso wenig existiert eine Strafvorschrift, die dies fordert (*Hoffmann* Verbraucherinsolvenz S 51).

I. Allgemeine Antragsvoraussetzungen

19   Der **Eigenantrag** hat unverzichtbare Angaben zu enthalten, damit er vom Insolvenzgericht zugelassen werden kann. Aus dem Wortlaut der §§ 305 Abs 1, 306 Abs 1, 2, 311 ergibt sich, dass es sich bei dem Antrag des Schuldners auf Eröffnung des Insolvenzverfahrens um einen **Insolvenzantrag** handelt, auf den die Vorschriften der §§ 13, 14 Anwendung finden (*Vallender/Fuchs/Rey* NZI 1999, 218 ff; N/R/ *Römermann* § 305 Rn 7; *Hoffmann* Verbraucherinsolvenz S 62 ff; *Uhlenbruck* NZI 2000, 15, 16). Der Antrag muss auf Eröffnung eines Insolvenzverfahrens lauten und darf **nicht bedingt oder befristet** sein (vgl AG Köln NZI 2000, 284; *Graf-Schlicker/Livonius* Restschuldbefreiung Rn 76). Ein Antrag, der sich nur auf die Durchführung eines Schuldenbereinigungsverfahrens richtet, ist als unzulässig zurückzuweisen. Den **Insolvenzantrag** kann nur **jeweils von einer Person** gestellt werden. Dies gilt auch für **Ehepaare**.

20   **1. Zuständigkeit des Insolvenzgerichts.** Der Schuldner muss seinen Wohnsitz angeben, da sich daraus die **örtliche Zuständigkeit des Insolvenzgerichts** ergibt (§§ 3, 13). Stellt der Schuldner einen Antrag auf

C. Antrag des Schuldners auf Eröffnung des Verbraucherinsolvenzverfahrens § 305

Eröffnung des Insolvenzverfahrens über sein Vermögen kurz vor Abmeldung in einer bundesdeutschen Stadt und **Anmeldung im Ausland** ersichtlich aus dem Grund, noch in Deutschland eine Zuständigkeit für die Eröffnung des Verbraucherinsolvenzverfahrens missbräuchlich in Anspruch zu nehmen, wird durch den Wohnsitz eine Zuständigkeit des entsprechenden Insolvenzgerichts nicht begründet (**AG Düsseldorf NZI 2000, 555**).

Das Insolvenzgericht hat auch in Verbraucherinsolvenzverfahren stets seine **internationale Zuständigkeit** von Amts wegen zu prüfen (vgl **BGH NJW 1999, 1395, 1396**). Verneint das Gericht die internationale Zuständigkeit, hat es den Antrag auf Eröffnung des Insolvenzverfahrens als unzulässig zurückzuweisen (*Zöller/Geimer* IZPR Rn 95). Ein Insolvenzverfahren scheidet dann von vornherein aus (vgl **LSG Schleswig-Holstein ZIP 1988, 1140, 1142**). Die internationale Zuständigkeit bestimmt sich allein nach der **lex fori**. Maßgebend ist daher die in § 3 getroffene Regelung der örtlichen Zuständigkeit (allg Meinung, vgl **OLG Köln NZI 2001, 380, 381**). Wegen der Grenzen der deutschen Gerichtsbarkeit kommt für § 13 ZPO nur der Wohnsitz im Inland in Betracht (*Thomas-Putzo* § 13 ZPO Rn 2). Eine Ausdehnung des Anwendungsbereichs des § 15 ZPO im Wege der Analogie auf alle Deutschen mit Wohnsitz im Ausland verbietet sich, weil der Gesetzgeber mit dieser Vorschrift eine Ausnahmeregelung in Bezug auf einen speziellen Personenkreis getroffen und damit zum Ausdruck gebracht hat, dass diese Ausnahmeregelung auf den im Gesetz klar umrissenen Personenkreis beschränkt sein soll (**OLG Köln** aaO).

2. Schriftform. Nach § 305 Abs 1 bedarf der Antrag des Schulders auf Eröffnung des Insolvenzverfahrens über sein Vermögen der **Schriftform**. Hierdurch sollen die Amtsgerichte von der Entgegennahme von Anträgen zu Protokoll der Geschäftsstellen (§ 129a ZPO) entlastet werden (*Kohte/Ahrens/Grote* § 305 Rn 10). Während der Bundesrat (BT-Drucks 14/49 S 9) und der Rechtsausschuss des Deutschen Bundestages (BT-Drucks 14/120 S 34) die Einfügung des Wortes „schriftlich" in Abs 1 S 1 durch das Gesetz zur Änderung des Einführungsgesetzes zur Insolvenzordnung und anderer Gesetze (EG-InsOÄndG) vom 19. 12. 1998 (BGBl I S 3836) als bloße Klarstellung ansahen, widersprach die Bundesregierung (BT-Drucks 14/49 S 10) dieser Auffassung. Sie wies darauf hin, nach allgemeinen Grundsätzen des Insolvenzrechts könne der Eröffnungsantrag zu Protokoll gestellt werden.

Für die **Zulässigkeit eines Eröffnungsantrags des Schuldners** ist entsprechend § 253 Abs 2 Nr 2 ZPO iVm § 4 zu verlangen, dass der Schuldner einen Eröffnungsgrund in substantiierter, nachvollziehbarer Form darlegt. Erforderlich – aber auch genügend – ist die Mitteilung von Tatsachen, welche die wesentlichen Merkmale eines Eröffnungsgrunds iSv §§ 17 ff erkennen lassen (**BGH v 12. 12. 2002 – IX ZB 426/02, NZI 2003, 147**). Für das Verbraucherinsolvenzverfahren ist die Streitfrage, ob der Schuldner bereits mit der Antragstellung ein Verzeichnis der Gläubiger und Schuldner sowie eine Übersicht der Vermögensmasse beizufügen oder zumindest nachzureichen hat (siehe dazu näher K/P/B/*Pape* § 13 Rn 11; *Vallender* MDR 1999, 280, 281), durch die Regelung in § 305 Abs 1 InsO entschieden, die ausdrücklich vorsieht, dass der Schuldner die dort aufgeführten Unterlagen vorzulegen hat.

3. Vordruckzwang. Das Bundesministerium der Justiz hat von der in § 305 Abs 5 enthaltenen Ermächtigung Gebrauch gemacht und durch Rechtsverordnung mit Zustimmung des Bundesrates zum 1. 3. 2002 Vordrucke für die nach Abs 1 Nr 1 bis 4 vorzulegenden Bescheinigungen, Anträge, Verzeichnisse und Pläne eingeführt (Verordnung zur Einführung von Vordrucken für das Verbraucherinsolvenzverfahren und das Restschuldbefreiungsverfahren (Verbraucherinsolvenzvordruckverordnung, VbrInsVV, s Rn 162).

Die **bundesweit einheitlichen Antragsformulare** (abrufbar unter www.bmj.bund.de) sollen sicherstellen, dass die Anträge vollständig und geordnet bei den Gerichten eingehen und dort zügig und beanstandungsfrei bearbeitet werden können. Der Verordnungsgeber war bestrebt, durch den gegliederten Aufbau und die Strukturierung der Vordrucke in Anlagen und Ergänzungsblätter eine Reduzierung der vom Schuldner einzureichenden Unterlagen auf das unumgängliche Maß zu erreichen.

a) Zurückweisung des Insolvenzantrags. Die **amtlichen Formulare** sind **vom Schuldner** zwingend zu verwenden (§ 305 Abs 5 S 2). Eine Abweichung ist nur unter den in § 2 der Verordnung zur Einführung von Vordrucken für das Verbraucherinsolvenzverfahren und das Restschuldbefreiungsverfahren (Verbraucherinsolvenzvordruckverordnung [VbrInsVV]) genannten Voraussetzungen zulässig (näher dazu Ausführungen Rn 161 ff).

b) Nachträgliche Einreichung der zuzustellenden Unterlagen. Der Schuldner hat seinem Antrag nicht sogleich die für die Zustellung an die benannten Gläubiger erforderlichen Abschriften des Schuldenbereinigungsplans und der Vermögensübersicht beizufügen. Denn bei Antragstellung steht noch nicht fest, ob das Insolvenzgericht auf die Durchführung des Schuldenbereinigungsverfahrens verzichten will. Vielmehr hat das Insolvenzgericht den Schuldner erst nach entsprechender Entscheidung aufzufordern, innerhalb von zwei Wochen die Abschriften über die zuzustellenden Unterlagen nachzureichen (§ 306 Abs 2 S 2). Dabei hat der Schuldner die einzureichenden Unterlagen in genügender Stückzahl für alle Gläubiger vorzulegen (§ 4 iVm § 133 Abs 1 ZPO). Die für die Gläubiger bestimmten Unterlagen müssen entweder persönlich vom Schuldner unterzeichnet sein oder in beglaubigter Abschrift zum Zwecke der Zustellung an die Gläubiger beim Gericht eingereicht werden (*Graf-Schlicker/Livonius* Restschuldbefreiung Rn 79). Auf diese Weise kann unnötiger Kopieraufwand vermieden werden. Kommt der Schuldner dieser Verpflichtung nicht nach, greift die Rücknahmefiktion des § 305 Abs 3 ein (§ 306 Abs 2 S 3).

28 **4. Darlegung des Insolvenzgrundes.** Für eine natürliche Person kommen nur die Insolvenzauslösetatbestände der Zahlungsunfähigkeit (§ 17) und der drohenden Zahlungsunfähigkeit (§ 18) in Betracht. Der Schuldner muss bei Antragstellung einen dieser Tatbestände nicht glaubhaft machen, aber zumindest **behaupten** (*Hess* § 305 Rn 35; *Vallender* MDR 1999, 280, 281) Im Regelfall dürfte sich der Insolvenzgrund aus den vorzulegenden Verzeichnissen ableiten lassen (*Pape* WM 1998, 2125, 2128). Bei einem auf **drohende Zahlungsunfähigkeit** gestützten Insolvenzantrag bestehen keine Bedenken dagegen, den Schuldner zur Vorlage eines **Liquiditätsplans** aufzufordern. Ohne diese Angaben ist die (spätere) Feststellung des Insolvenzgrundes für das Gericht praktisch nicht möglich (*Pape* aaO). Ob der Schuldner die behauptete **Zahlungsunfähigkeit** dadurch **gezielt herbeigeführt** hat, dass er ein selbstständiges Gewerbe aufgegeben und eine unselbstständige Tätigkeit aufgenommen hat (näher dazu *Schulte* ZInsO 2002, 265 ff), ist ohne Belang. Auf seine Motive kommt es im Zusammenhang mit der Zulassung des Insolvenzantrags und der späteren Feststellung des Eröffnungsgrundes nicht an. Niemand kann gezwungen werden, seine Wirtschaftstätigkeit in der einmal begonnenen Art und Weise fortzusetzen (*Tiedemann* Insolvenzstrafrecht Rn 168 aE; *Weyand* ZInsO 2002, 270, 271).

29 **5. Antrag mit einem Gläubiger.** Auch der Insolvenzantrag eines Schuldners mit nur **einem Gläubiger** ist zulässig (**LG Göttingen ZInsO 2000, 118; LG Oldenburg ZInsO 1999, 586; AG Hamburg NZI 2000, 446;** aA *Haarmeyer* NWB Nr 31 Fach 19; *Bindemann* Verbraucherkonkurs Rn 15). Der Wille des Gesetzgebers steht dem nicht entgegen. Die vom Bundesrat vermuteten Probleme bei der Durchführung des Verfahrens mit nur einem Gläubiger hat der Bundestag nicht geteilt (BT-Drucks 12/2443 S 266 zu Nr 28). Eine andere Betrachtungsweise würde im Übrigen der Zielsetzung des Gesetzes, redlichen Schuldnern Gelegenheit zu geben, sich von ihren restlichen Verbindlichkeiten zu befreien (§ 1 S 2), zuwiderlaufen. Ein Schuldner, der bis auf einen Gläubiger seine Gläubiger befriedigt hat, wäre gezwungen, weitere Verbindlichkeiten zu begründen, um ein Verbraucherinsolvenzverfahren mit anschließender Restschuldbefreiung zu beantragen. Der das Verbraucherinsolvenzverfahren betreibende Schuldner ist allerdings auch bei nur einem Gläubiger verpflichtet, dem Insolvenzgericht ein Gläubiger- und Forderungsverzeichnis sowie einen Schuldenbereinigungsplan vorzulegen (**LG Göttingen ZInsO 2000, 118**).

II. Besondere Antragsvoraussetzungen

30 Mit dem Antrag auf Eröffnung des Insolvenzverfahrens oder unverzüglich danach hat der Schuldner ferner eine Bescheinigung über das Scheitern des außergerichtlichen Einigungsversuchs, die von einer geeigneten Person oder Stelle ausgestellt ist (§ 305 Abs 1 Nr 1), den Antrag auf Restschuldbefreiung oder die Erklärung, dass Restschuldbefreiung nicht beantragt wird (§ 305 Abs 1 Nr 2), eine Abtretungserklärung, falls der Antrag auf Restschuldbefreiung gestellt wird (§ 287 Abs 2), den außergerichtlichen Plan und eine Darstellung der wesentlichen Gründe für sein Scheitern, ein Vermögensverzeichnis und eine Vermögensübersicht (§ 305 Abs 1 Nr 3), ein Gläubigerverzeichnis (§ 305 Abs 1 Nr 3), ein Forderungsverzeichnis (§ 305 Abs 1 Nr 3) und den Schuldenbereinigungsplan (§ 305 Abs 1 Nr 4) vorzulegen.

31 **1. Bescheinigung über das Scheitern des außergerichtlichen Einigungsversuchs, Abs 1 Nr 1.** Aus der Bescheinigung gemäß § 305 Abs 1 Nr 1 muss hervorgehen, dass eine außergerichtliche Einigung mit den Gläubigern **innerhalb der letzten sechs Monate vor Antragstellung** auf der Grundlage eines Plans versucht worden ist. Um feststellen zu können, ob die Frist gewahrt ist, hat die geeignete Person oder Stelle das genaue Datum mitzuteilen, an welchem Tag die letzte Stellungnahme eines Gläubigers zum außergerichtlichen Einigungsversuch eingegangen bzw wann die den Gläubigern gesetzte Frist zur Stellungnahme abgelaufen ist. Allein die Mitteilung, dass innerhalb der in § 305 Abs 1 Nr 1 genannten Frist der außergerichtliche Einigungsversuch gescheitert sei, reicht grundsätzlich nicht aus, weil das Gesetz auf den Eröffnungsantrag abstellt. Damit ist der Eingang des Antrags bei Gericht gemeint. Ob zu diesem Zeitpunkt die Sechs-Monats-Frist bereits abgelaufen ist, muss der Überprüfung durch das Gericht überlassen bleiben.

32 Die Bescheinigung muss zudem von einer **geeigneten Person oder Stelle** stammen und die **Unterschrift der autorisierten Person** enthalten. Einen weitergehenden Inhalt der Bescheinigung verlangt das Gesetz nicht. Insbesondere müssen die Bemühungen des Schuldners nicht in nachvollziehbarer Weise für das Gericht dargelegt werden (*Grote* ZInsO 1998, 107, 110; *Vallender* ZIP 1999, 125, 127; aA *Graf-Schlicker/Livonius* Restschuldbefreiung Rn 81; *Hoffmann* Verbraucherinsolvenz S 68 ff). Diese **Pflicht trifft** allein gemäß § 305 Abs 1 Nr 1 **den Schuldner**, der die wesentlichen Gründe für das Scheitern des außergerichtlichen Einigungsversuchs darzulegen hat.

Angesichts des eindeutigen Gesetzeswortlauts kann selbst dann, wenn ein Gläubiger eindeutig und 33
unmissverständlich erklärt, zu einer außergerichtlichen Einigung nicht bereit zu sein, und diese Erklärung dem Gericht in schriftlicher Form vorgelegt werden kann, auf die Vorlage der Bescheinigung nicht verzichtet werden (aA AG Hamburg NZI 1999, 419, 429; K/P/B/*Wenzel* § 305 Rn 6). Auch eine **isolierte Ausstellung der Bescheinigung** durch die geeignete Person oder Stelle genügt nicht den gesetzlichen Erfordernissen (**AG** Hamburg v 11. 9. 2007 – 68 a IK 530/07, ZVI 2008, 211).

a) Geeignete Person oder Stelle. Das Gesetz enthält keine Aufzählung der zur Ausstellung der ver- 34
langten Bescheinigung geeignet erscheinenden Personen oder Stellen. Die Länder können bestimmen, welche Person oder Stelle als geeignet anzusehen ist. Die in § 305 Abs 1 Nr 1 2. HS enthaltene Ermächtigung ist unter dem Gesichtspunkt geschaffen worden, die Gerichte von Prüfungsaufwand zu entlasten, eine einheitliche Rechtsprechung zu gewährleisten und regionalen Besonderheiten wie dem Stand des Ausbaus des Netzes an Schuldnerberatungsstellen Rechnung zu tragen (s Begründung des Rechtsausschusses zu § 357 b RegE).

aa) Ermächtigung durch die Länder, Abs 1 Nr 1 2. HS. Von der in § 305 Abs 1 Nr 1 2. HS enthalte- 35
nen Ermächtigung der Länder zur näheren Festlegung, welche Personen oder Stellen als geeignet anzusehen sind, haben sämtliche Bundesländer Gebrauch gemacht und entsprechende **Ausführungsgesetze** erlassen (ausführlich dazu *Becker* KTS 2000, 157 ff). Dabei haben sie sich nicht damit begnügt, geeignete Personen oder Stellen, welche Bescheinigungen über den fruchtlosen Versuch einer Schuldenbereinigung nach § 305 Abs 1 Nr 1 HS 1 ausstellen dürfen, lediglich zu benennen. Die einzelnen Ausführungsgesetze (abgedruckt in NZI 1998, 69 ff; 115 ff; NZI 1999, 18 ff; NZI 2000, 70 ff; NJW 2000, Beilage Heft 7) enthalten auch Vorschriften über die finanzielle Unterstützung von Schuldnerberatungsstellen und über die nähere Bezeichnung der Aufgaben geeigneter Personen oder Stellen (näher dazu *Graf-Schlicker/Livonius*, Restschuldbefreiung Rn 83 ff).

Baden-Württemberg hat in seinem Gesetz zur Ausführung der Insolvenzordnung vom 16. 6. 1998 36
(GBL BW 1998, 436, abgedruckt in: NZI 1998, 71) sowohl zu den geeigneten Personen als auch zu den geeigneten Stellen Regelungen getroffen.

Bayern hat im bayerischen Gesetz zur Ausführung des Verbraucherinsolvenzverfahrens und der In- 37
solvenzordnung (AGInsO) vom 1. 7. 1998 (Bay GVBl 1998, 414, 415, abgedruckt in: NZI 1998, 72) lediglich zur geeigneten Stelle Regelungen getroffen. Nach Ansicht des **VG** Düsseldorf (v 16. 3. 2004 – 3 K 8683/03, ZVI 2005, 266) reicht eine mehr als zehnjährige Tätigkeit als Rechtsanwalt nicht aus, um dem Erfordernis des § 2 Abs 1 InsOAG BY, nach dem die Anerkennung als geeignete Stelle ausgeschlossen ist, wenn in ihr nicht mindestens eine Person mit ausreichender praktischer Erfahrung in der Schuldnerberatung – in der Regel über den Zeitraum von zwei Jahren – tätig ist, zu genügen. Diese Ansicht überspannt die Anforderungen an die praktischen Erfahrungen in der Schuldnerberatung jedenfalls dann, wenn der Rechtsanwalt unstreitig in diesem Bereich jahrelang tätig gewesen ist.

Das Gesetz zur Ausführung der Insolvenzordnung (AGInsO) des Landes **Berlin** vom 16. 6. 1998 38
(GVBl Berlin 1998, 196, 197, abgedruckt in: NZI 1998, 72) enthält ebenso wie das **Brandenburgische** Gesetz zur Ausführung der Insolvenzordnung vom 26. 11. 1998 (GBBl Brandenburg I 1998, 218 ff, abgedruckt in: NZI 1999, 18) Regelungen zu den geeigneten Personen und geeigneten Stellen.

Das **Bremische** Gesetz zur Ausführung der Insolvenzordnung und zur Anpassung des Landesrechts 39
vom 24. 11. 1998 (Bremer GVBl 1998, 305 ff, abgedruckt in: NZI 1999, 65) und das **Hamburgische** Ausführungsgesetz zur Insolvenzordnung (HmbAGInsO) vom 8. 7. 1998 (GVBl Hamburg 1998, 105, abgedruckt in: NZI 1998, 73) treffen nur Regelungen zu den geeigneten Stellen.

Das Land **Hessen** hat am 18. 5. 1998 das Gesetz zur Ausführung der Insolvenzordnung und zur An- 40
passung des Landesrechts an die Insolvenzordnung verabschiedet (Hess GVBl I 1998, 191 ff, abgedruckt in: NZI 1998, 115). Das Gesetz trifft nur Regelungen zu den geeigneten Stellen. Ein Anspruch einer anerkannten Schuldnerberatungsstelle auf finanzielle Förderung durch das Land Hessen lässt sich daraus nicht ableiten (VGH Kassel v 3. 3. 2005 – 6 TG 2352/04, NJW 2005, 1963).

Dagegen finden sich im Gesetz zur Ausführung der Insolvenzordnung und zur Änderung anderer Geset- 41
ze des Landes **Niedersachsen** vom 17. 2. 1998 (Nds GVBl 1998, 710 ff, abgedruckt in: NZI 1999, 107, idF v 23. 11. 2004 (Nds GVBl 512) Regelungen zu den geeigneten Stellen und Personen. Nach Ansicht des **VG** Hannover (v 20. 3. 2007 – 7 A 6882/06, ZVI 2007, 471) verstößt die Vorschrift des **§ 3 Abs 1 Nr 1 Nds AGInsO**, welche die Anerkennung von juristischen Personen des privaten Rechts als geeignete Stelle für die Ausstellung der Bescheinigung nach § 305 Abs 1 Nr 1 davon abhängig macht, dass sie ausschließlich und unmittelbar gemeinnützige oder mildtätige Zwecke verfolgt, nicht gegen höherrangiges Recht.

Das Land **Mecklenburg-Vorpommern** hat am 17. 11. 1999 ein Gesetz zur Ausführung der Insolvenz- 42
ordnung erlassen (InsOAG M-V, GVOBl 1999, 611). Das Ausführungsgesetz widmet sich allein der Schuldnerberatung (*Becker* KTS 2000, 157, 187). Nach § 1 Abs 1 InsOAG M-V sind Rechtsanwälte, Notare, Steuerberater, Steuerbevollmächtigte, Wirtschaftsprüfer, vereidigte Buchprüfer und entsprechende berufsrechtlich zulässige Gesellschaften geeignete Personen. Stellen bedürfen behördlicher Anerkennung (§ 1 Abs 2 S§ 1 Abs 1 InsOAG M-V mit § 4 InsOAG M-V).

Nordrhein-Westfalen hat in seinem Gesetz zur Ausführung der Insolvenzordnung vom 23. 6. 1998 43
(GVBl NW 1998, 435, abgedruckt in: NZI 1998, 73) ebenso wie **Rheinland-Pfalz** im rheinland-

pfälzischen Landesgesetz zur Ausführung der Insolvenzordnung (AGInsO) vom 20. 7. 1998 (GVBl Rh-Pf 1998, 216, 217, abgedruckt in: NZI 1998, 115, 116) lediglich eine Regelung zu den geeigneten Stellen getroffen. Zuverlässigkeit iSd § 3 Abs 1 AGInsO bedeutet, dass sowohl der Träger als auch die leitenden und mitarbeitenden Personen nach dem Gesamtbild ihres Verhaltens die Gewähr dafür bieten, dass sie die Aufgaben gemäß § 2 AGInsO zukünftig ordnungsgemäß wahrnehmen werden. Dabei kann die Zuverlässigkeit des Trägers der Stelle auch aus einer **wirtschaftlichen Leistungsfähigkeit** abzuleiten sein (vgl **VG** Mainz ZInsO 2000, 462, 463). Die für die Anerkennung als geeignete Stelle und § 305 notwendige praktische Erfahrung in der Schuldnerberatung nach § 2 Abs 1 Nr 4 AGInsO NW kann nicht durch eine Tätigkeit bei einer Stelle, die mehrfach gegen geltendes Recht verstoßen hat, erworben werden (**VG** Aachen v 9. 2. 2004 – 3 K 9693, ZVI 2005, 266).

44   Die Ausführungsbestimmungen zur Insolvenzordnung sind im **Saarland** im Gesetz Nr 1408 zur Anpassung und Bereinigung von Landesrecht (6. RBG) vom 24. 6. 1998 (ABlSaarl 1998, 518–522, abgedruckt in: NZI 1998, 116) enthalten. In Artikel I regelt dieses Gesetz die Anerkennung von geeigneten Stellen im Verbraucherinsolvenzverfahren. Die Anerkennung von geeigneten Personen im Sinne des § 305 Abs 1 Nr 1 InsO ist im Gesetz zur Ausführung bundesrechtlicher Justizgesetze geregelt (§ 50 b).

45   Während das Land **Sachsen** im Sächsischen Gesetz zur Ausführung des § 305 InsO und zur Anpassung des Landesrechts an die Insolvenzordnung vom 10. 12. 1998 (GVBl Sachsen 1998, 662 ff, abgedruckt in: NZI 1999, 64) lediglich Regelungen zu den geeigneten Stellen getroffen hat, enthält das Sachsen-Anhaltinische Gesetz über die Ausführung der Insolvenzordnung und zur Anpassung landesrechtlicher Vorschriften vom 17. 11. 1998 (GVBl Sachsen-Anhalt 1998, 461 ff, abgedruckt in: NZI 1999, 19) des Landes **Sachsen-Anhalt** Regelungen zu den geeigneten Personen und geeigneten Stellen.

46   **Schleswig-Holstein** hat im Schleswig-Holsteinischen Gesetz zur Ausführung der Insolvenzordnung (AGInsO) vom 11. 12. 1998 (GVOBlSchl-H 1998, 370 ff, abgedruckt in: NZI 1999, 107) Regelungen zu geeigneten Personen und Stellen getroffen.

47   Für das Land **Thüringen** sieht das Thüringer Gesetz zur Ausführung der Insolvenzordnung (ThürAGInsO) vom 29. 9. 1998 (GVBl Thüringen 1998, 287 ff, abgedruckt in: NZI 1998, 74) Regelungen zu den geeigneten Personen und zu den geeigneten Stellen vor.

48   Soweit keine ergänzenden Bestimmungen der Länder (Nr 1 HS 2) getroffen sind, haben die Gerichte bestimmte Anforderungen an die Eignung der Personen oder Stellen zu stellen. Es muss gewährleistet sein, dass **keine Gefälligkeitsbescheinigungen** ausgestellt werden (Bericht des BT-Rechtsausschusses, BT-Drucks 12/7302 S 190 zu § 357 b).

49   **bb) Geeignete Person.** Die Angehörigen rechtsberatender Berufe (**Rechtsanwälte, Notare**) und die Steuerberater sind als „geborene" **geeignete Personen** anzusehen, weil durch das Berufs- und Standesrecht eine verantwortungsbewusste Tätigkeit gesichert ist (Bericht des BT-Rechtsausschusses aaO). Das schließt nicht aus, dass auch andere Personen befugt sind, eine Bescheinigung über den erfolglosen außergerichtlichen Einigungsversuch auszustellen. Allerdings wird das Gericht hier weitere Angaben von Seiten des Schuldners verlangen, anhand derer die Eignung geprüft werden kann (*Vallender/Fuchs/Rey* NZI 1999, 219, 220; *Hess/Obermüller* Rn 912). § 1 Abs 1 des Ausführungsgesetzes des Landes Baden-Württemberg (GVBl 1998, 436) nennt außerdem die **Wirtschaftsprüfer,** die **vereidigten Buchprüfer** und die Erlaubnisinhaber nach dem Rechtsberatungsgesetz, die Mitglied einer Rechtsanwaltskammer sind, als geeignete Personen. Wenn ein **Rechtsanwalt** dem Schuldner die Erfolglosigkeit des Versuchs einer außergerichtlichen Einigung mit den Gläubigern bescheinigt hat, ist es im Hinblick auf die Stellung des Rechtsanwalts als **Organ der Rechtspflege** (§ 1 BRAO) nicht angebracht, weitere Nachweise zu fordern (OLG Schleswig v 1. 2. 2000 – 1 W 51/99, ZVI 2006, 242).

50   (1) **Das Rechtsberatungsgesetz** wurde am 1. 7. 2008 durch das **Rechtsdienstleistungsgesetz** (RDG; BGBl I 2007, 2840) abgelöst. Da das Rechtsdienstleistungsgesetz nur die Befugnis zur **Erbringung außergerichtlicher Rechtsdienstleistungen** regelt, wurden zugleich die Vorschriften der Verfahrensordnungen über die **gerichtliche Vertretung neu gestaltet.** Während sich die Befugnis der **Rechtsanwälte,** Rechtsdienstleistungen zu erbringen, aus der BRAO ergibt, hat das RDG ebenso wie im Bereich der **Wirtschaftsprüfer** und **Vereidigten Buchprüfer** von einer Sonderregelung für **Steuerberater** abgesehen. Daher muss sich die Zulässigkeit von Rechtsdienstleistungen dieser Berufsgruppen aus § 5 RDG ergeben. Die Regulierung fremder Schulden, die über bloße Buchführungsaufgaben hinausgeht, und in deren Rahmen etwa Forderungen abgewehrt oder **außergerichtliche Vergleiche** angestrebt werden, ist grundsätzlich Rechtsdienstleistung iSd RDG (vgl **BGH** v 24. 6. 1987 – 1 ZR 74/85, NJW 1987, 3003; **OLG** Frankfurt v 10. 11. 2005 – 12 U 157/05, AnwBl 2006, 140; **OLG** Celle v 25. 5. 2004 – 222 Ss 71/04 (OWi), NJW 2004, 3790). Da bei der Vorbereitung eines Verbraucherinsolvenzverfahrens die rechtliche Bewertung und Bewältigung der Überschuldungssituation im Vordergrund der Tätigkeit steht, kann diese nicht als bloße Nebenleistung zu einem anderweitigen Berufs- oder Tätigkeitsbild angesehen werden (*Grunewald/Römermann* § 5 RDG Rn 156). Aus diesem Grunde handelt es sich bei der außergerichtlichen Schuldenregulierung von Steuerberatern, Wirtschaftsprüfern oder Vereidigten Buchprüfern um eine **nicht erlaubte Rechtsdienstleistung.** Etwaige vertragliche Vergütungsvereinbarungen sind nach § 134 BGB nichtig.

51   Nach wie vor kann die Durchführung der außergerichtlichen Einigung zur Vorbereitung eines Verbraucherinsolvenzverfahrens **nur durch Rechtsanwälte oder durch geeignete Stellen** im Sinne des § 305

Abs 1 Nr 1 erbracht werden, für die das RDG auf Grund ihrer öffentlichen Anerkennung eine eigenständige Rechtsdienstleistungsbefugnis vorsieht (§ 8 Abs 1 Nr 3 RDG). Aus diesem Grunde handelt es sich auch bei einer **aus dem Ausland erbrachten Rechtsdienstleistung**, welche die Schuldenbereinigung nach §§ 305 ff betrifft, um eine unerlaubte Tätigkeit (vgl **BGH** v 5. 10. 2006 – I ZR 7/04, NZI 2006, 472), es sei denn, die Person oder Stelle erfüllt die gesetzlichen Voraussetzungen. Ob diese Rechtsprechung auch dann Bestand haben wird, wenn sich ein gewerblicher Schuldnerberater mit Sitz im europäischen Ausland auf die **Dienstleistungsfreiheit gem Art 49 ff** EG beruft, erscheint fraglich.

Gewerblichen Unternehmen bleibt damit die Tätigkeit außerhalb der im Kern wirtschaftlichen Beratung, aber auch bereits die irreführende Werbung mit weitergehenden Rechtsdienstleistungen (**OLG Oldenburg** v 8. 9. 2005 – 1 U 28/05, ZVI 2005, 546) weiterhin untersagt. Allerdings haben solche Unternehmen die Möglichkeit, weitergehende Rechtsdienstleistungen künftig in Zusammenarbeit mit Rechtsanwälten anzubieten, vgl § 5 Abs 3 RDG (BT-Drucks 623/06 S 85). Die Versagung der Anerkennung von gewerblichen Unternehmen als geeignete Person oder Stelle iSd § 305 Abs 1 Nr 1 verstößt regelmäßig nicht gegen Art 12 Abs 1 GG (näher dazu *Hergenröder* ZVI 2003, 577, 587; im Ergebnis ebenso **VG Hannover** v 20. 3. 2007 – 7 A 6882/06, ZVI 2007, 471, 473). 52

(2) Anwaltliche Tätigkeit. Das **Interesse der Anwaltschaft** an einer Beratung und Vertretung verschuldeter Verbraucher beim außergerichtlichen Einigungsversuch war angesichts der zumeist desolaten finanziellen Situation dieser Personen nicht stark ausgeprägt (*Vallender* DGVZ 2000, 97, 98). Dies hat sich in den letzten Jahren angesichts explosionsartig gestiegener Verbraucherinsolvenzverfahren und einer begrenzten Kapazität der Schuldnerberatungsstellen geändert. Im Jahre 2006 haben Rechtsanwälte genauso viele außergerichtliche Einigungsversuche durchgeführt wie die öffentlich geförderten Schuldnerberatungsstellen (näher dazu *Heuer* ZVI 2008, 505 ff). Dabei konzentriert sich das Beratungsangebot jedoch auf relativ wenige Kanzleien, die sich auf die Beratung und Vertretung spezialisiert haben. 53

Bestehen für den Schuldner bei bereits eingetretener **Zahlungsunfähigkeit verschiedene Handlungsmöglichkeiten** (hier: Einleitung eines Regelinsolvenzverfahrens durch Eigenantrag oder Schaffung der Voraussetzungen für ein Verbraucherinsolvenzverfahren), handelt der Berater **pflichtwidrig**, wenn er dem Mandanten **einseitig** nur eine dieser Varianten, und zwar als alternativlose Handlungsoption, vorstellt. Der Anwalt muss vielmehr bei einer solchen Beratung die Handlungsmöglichkeiten bei Zahlungsunfähigkeit seines Mandanten und die damit jeweils verbundenen Chancen und Risiken kennen und mit seinem Mandanten besprechen (**OLG Naumburg** v 17. 1. 2008 – 1 U 74/07, ZVI 2008, 407). 53a

Überträgt der zahlungsunfähige Schuldner Vermögenswerte auf einen Treuhänder (**Rechtsanwalt**) in der Absicht, dass der Treuhänder im außergerichtlichen Einigungsverfahren die Forderungstilgung zu einer bestimmten Quote erreicht, stellt dies kein **strafbares Verhalten** iSv § 283 Abs 1 Nr 1 StGB oder § 288 StGB dar (**LG München II** ZInsO 2000, 677). Dies gilt selbst dann, wenn der Schuldner und der Treuhänder zum Zeitpunkt der Vermögensübertragung von einem Wissen, dass die Abgabe der eidesstattlichen Versicherung durch den Schuldner beantragt ist (**OLG München** ZIP 2000, 1841, 1842). 54

(3) Beratungshilfe. Die Frage, ob der Schuldner **Anspruch auf Bewilligung von Beratungshilfe für die Durchführung des außergerichtlichen Einigungsversuchs** hat, ist in Rechtsprechung und Literatur umstritten (bejahend **AG Hamm** v 19. 12. 2005 – 23 II 1297/05, ZVI 2005, 628; **AG Schwerte** v 1. 7. 2004 – 3 II a 273/02, ZInsO 2004, 1215; **AG Bochum** v 30. 3. 2000 – 52 II 1733/00, Rpfleger 2000, 461; **AG Köln** Rpfleger 1999, 497; *Vallender* InVo 1998, 1719; *ders* MDR 1999, 598, 599; *I. Pape* NZI 1999, 90; *HK-Landfermann*, § 305 Rn 17; *Fuchs/Beyer* Rpfleger 2000, 1, *Kohte* VuR 2000, 22; *Späth* Insolvenzrechtsreport Nr 23.2001 S 1; *Schmitz-Winnenthal* ZVI 2004, 582, 587; *Beicht* ZVI 2005, 71; verneinend **AG Emmerich** v 19. 6. 2006 – 8 II 239/06, ZVI 2005, 296; **AG Lüdenscheid** v 22. 5. 2006 – 22 II 30/06, ZVI 2006, 296; **AG Duisburg-Ruhrort** v 16. 9. 2005 – 13 II 814/05, ZVI 2005, 629; **AG Bergheim** v 9. 10. 1998 – 80 UR II 594/98; **AG Rheda-Wiedenbrück** v 25. 11. 1998 – 8 UR II 365/98; **AG Schwelm**, Beschl v 21. 1. 1999 – 19 UR II 7/99; *Landmann* RPfleger 2000, 196 ff; differenzierend **AG Kaiserslautern** v 20. 6. 2007 – 1 UR II 498/07, ZInsO 2007, 840; **AG Bad Sobernheim** v 24. 10. 2006 – 7 UR IIa 267/06, Rpfleger 2007, 207). Nach Auffassung des **Bundesverfassungsgerichts** ist die Gewährung von Beratungshilfe für den außergerichtlichen Schuldenbereinigungsversuchs zwar dem Grundsatz nach möglich (Beschl v 4. 9. 2006 – 1 BvR 1911/06, ZVI 2006, 438; Beschl v 18. 3. 2003 – 1 BvR 329/03 NJW 2003, 2668). Einfachrechtlich sei aber die Auslegung des § 1 Abs 1 Nr 2 BerHG, wonach das Aufsuchen einer Schuldnerberatungsstelle grundsätzlich eine andere Möglichkeit für die Hilfe darstellt, deren Inanspruchnahme dem Rechtssuchenden zuzumuten ist, gut vertretbar und daher keineswegs willkürlich. Aus der gesetzlich vorgesehenen Vergütung eines Rechtsanwalts im Rahmen des außergerichtlichen Schuldenbereinigungsversuchs folge nicht, dass es unzulässig ist, den Schuldner zunächst an Schuldnerberatungsstellen zu verweisen und Beratungshilfe erst zu gewähren, wenn diese wegen Überlastung keine Hilfe leisten können. Danach entscheidet ein Amtsgericht nicht rechtsfehlerhaft, wenn es den Schuldner wegen der Durchführung des außergerichtlichen Einigungsversuchs zunächst an Schuldnerberatungsstellen verweist. 55

Dass auch der Gesetzgeber ersichtlich davon ausgeht, die Gewährung von Beratungshilfe für den außergerichtlichen Schuldenbereinigungsversuchs sei dem Grundsatz nach möglich, zeigt die Regelung des § 132 Abs 4 BRAGO aF bzw Nr 2502 ff RVG-VV.

§ 305

56 cc) **Geeignete Stelle.** Als geeignete Stellen kommen hinreichend zuverlässige **Schuldnerberatungsstellen**, Sozialämter, Träger der Freien Wohlfahrtspflege oder ähnliche Einrichtungen in Betracht (K/P/B/*Wenzel* § 305 Rn 3). Nach Ansicht des Rechtsausschusses (BT-Drucks 12/7302) sollen auch Gütestellen iSv § 794 Abs 1 Nr 1 ZPO und Schiedsstellen die außergerichtliche Schuldenbereinigung durchführen können (skeptisch insoweit KS-*Beule* Rn 55; *Kohte/Ahrens/Grote* § 305 Rn 17). Nach Einschätzung des **Bundesverfassungsgerichts** (Beschl v 4. 9. 2006 – 1 BvR 1911/06, ZVI 2006, 438) sind **Schuldnerberatungsstellen** wegen ihres umfassenden Ansatzes für die Durchführung des außergerichtlichen Schuldenbereinigungsversuchs nicht nur geeignet, sondern regelmäßig auch besonders qualifiziert. Im Regelfall ist die Inanspruchnahme der Schuldnerberatungsstellen durch den Schuldner **kostenfrei**.

56a Eine analoge Anwendung des § 3 BerHG, nach dem **Beratungshilfe** (außer von Amtsgerichten) durch Rechtsanwälte und Rechtsbestände, die Mitglieder einer Rechtsanwaltskammer sind, sowie durch auf Grund einer Vereinbarung mit der Landesjustizverwaltung eingerichtete Beratungsstellen, gewährt wird, auf im Sinne von § 305 Abs 1 Nr 1 anerkannte Stellen für Verbraucherinsolvenzberatung kommt nicht in Betracht, weil eine planwidrige Lücke im Gesetz nicht vorliegt (näher dazu OLG Düsseldorf v 23. 2. 2006 – 10 W 115/05, ZVI 2006, 290; LG Landau v 8. 8. 2005 – 3 T 105/05, NZI 2005, 639; AG Duisburg-Ruhrort aaO; aA AG Hamm v 19. 12. 2005 – 23 II 1297/05, ZVI 2005, 628; AG Landau v 16. 3. 2005 – 3 UR II a 114/04, NZI 2005, 407). Dies begegnet keinen verfassungsrechtlichen Bedenken (BVerfG v 4. 12. 2006 – 1 BvR 1198/06, NZI 2007, 181). Die ordnungsgemäße Erfüllung der Aufgabe der Gewährung von Beratungshilfe ist allein bei Rechtsanwälten und Kammerrechtsbeiständen gewährleistet, weil diese Personen die Gewähr dafür bieten, über entsprechendes Fachwissen zu verfügen. Nur diese Berufsträger unterliegen den besonderen anwaltlichen Pflichtenbindungen in Bezug auf Unabhängigkeit, Verschwiegenheit und Neutralität. Vor allem aber sind nur sie zur Übernahme von Beratungshilfe verpflichtet, weshalb der Staat für diese Heranziehung ihnen auch die Zahlung einer Vergütung schuldet (BVerfG aaO; BVerfG v 1. 7. 1980 – 1 BvR 349/75, 1 BvR 378/76, NJW 1980, 2179).

57 Nach wie vor kann die Durchführung der außergerichtlichen Einigung zur Vorbereitung eines Verbraucherinsolvenzverfahrens nur durch Rechtsanwälte oder durch geeignete Stellen im Sinne des § 305 Abs 1 Nr 1 erbracht werden, für die das RDG auf Grund ihrer öffentlichen Anerkennung eine eigenständige Rechtsdienstleistungsbefugnis vorsieht (§ 8 Abs 1 Nr 3 RDG).

58 Nach den meisten Gesetzen zur Ausführung der Insolvenzordnung (AGInsO) ist für die **Anerkennung als geeignete Stelle** erforderlich, dass diese von einer zuverlässigen Person geleitet wird, die auch die Zuverlässigkeit der einzelnen Mitarbeiter gewährleistet. Ferner muss sie auf Dauer angelegt sein und in ihr müssen mindestens drei Personen tätig sein, von denen eine über ausreichende praktische Erfahrungen in der Schuldnerberatung verfügen muss. Darüber hinaus muss die erforderliche Rechtsberatung sichergestellt sein. Schließlich muss die Stelle über zeitgemäße technische, organisatorische und räumliche Voraussetzungen für eine ordnungsgemäße Schuldnerberatung verfügen. Von ausreichender praktischer Erfahrung in der Schuldnerberatung ist in der Regel bei dreijähriger Tätigkeit auszugehen. Der Leiter oder eine sonstige in der Stelle tätige Person soll über eine Ausbildung als Diplom-Sozialarbeiter, als Bankkaufmann, als Betriebswirt, als Ökonom oder als Ökotrophologe oder über eine Ausbildung im gehobenen Verwaltungs- oder Justizdienst oder über eine zur Ausübung des Anwalts- oder Steuerberaterberufs befähigende Ausbildung oder eine vergleichbare Ausbildung verfügen (vgl Gesetz zur Ausführung der Insolvenzordnung (AGInsO) des Landes **Berlin** vom 16. 6. 1998; GVBl Berlin 1998, 196, 197, abgedruckt in: NZI 1998, 72).

59 Soweit in einem auf Grund der Ermächtigung des § 305 Abs 1 Nr 1 ergangenen **Ausführungsgesetz** auf die **Zuverlässigkeit** der Stelle abgestellt wird, bedingt dieses Tatbestandsmerkmal eine Seriosität, die – auch – begründet wird durch die Darlegung eines Finanzierungskonzepts und die Offenlegung der Finanzierungsquellen. Der Begriff der Zuverlässigkeit verlangt gerade vor dem Hintergrund des Tätigkeitsgebietes der Stelle, welche die Anerkennung als geeignete Stelle begehrt, dass diese ihrerseits zweifelsfrei über eine entsprechende wirtschaftliche Leistungsfähigkeit verfügt. Kann oder will eine Stelle im Anerkennungsverfahren hierüber keine Angaben machen, so begründet schon allein die Tatsache der Weigerung durchgreifende Zweifel an der Zuverlässigkeit des Trägers der Stelle (VG Mainz ZInsO 2000, 462). Allein der Umstand, dass sich bei einem als gemeinnützig anerkannten eingetragenen **Verein** Vereinsmitglieder verpflichten, eventuelle Schulden des Vereins zu übernehmen, begründet nicht die Annahme der wirtschaftlichen Leistungsfähigkeit. Denn als juristische Person ist ein Verein in seinem Bestand grundsätzlich von dem Wechsel der Mitglieder unabhängig.

60 Lässt sich der Schuldner im gerichtlichen Schuldenbereinigungsverfahren wirksam von einer Schuldnerberatungsstelle vertreten, so sind rechtsmittelfähige Beschlüsse an diese zuzustellen (LG München ZInsO 2000, 506).

61 dd) **Aufgaben der geeigneten Person oder Stelle.** Dem Gesetz ist nicht zu entnehmen, welche **Aufgaben** die geeignete Person oder Stelle in dem außergerichtlichen Einigungsverfahren ausüben soll (zur Tätigkeit der Insolvenzberatungsstellen 1999 siehe *Hofmeister/Sanio/Roth* ZInsO 2000, 587 ff; ferner *Göttner* ZInsO 2001, 406; *Schmitz-Winnenthal* ZVI 2004, 582). § 305 Abs 1 Nr 1 verlangt lediglich als besondere Zulässigkeitsvoraussetzung **die Vorlage einer Bescheinigung** durch den Schuldner, aus der sich ergibt, dass eine außergerichtliche Einigung mit den Gläubigern über die Schuldenbereinigung auf der Grundlage eines Plans innerhalb der letzten sechs Monate vor dem Eröffnungsantrag erfolglos versucht worden ist. *Henckel* (FS *Gaul* 1999, 201) entnimmt dem Bericht des Rechtsausschusses des Deutschen Bundestags, dass wohl an eine den außergerichtlichen Einigungsversuch begleitende oder vermittelnde Tätigkeit gedacht ist. Denn danach habe das Gericht bei der Prüfung, ob die Person oder Stelle geeignet ist, zu berücksichtigen, ob sie entsprechend qualifiziert ist, um eine Schuldenbereinigung zu versuchen (BT-Drucks 12/7302 S 190).

Die meisten Landesgesetze zur Ausführung der Insolvenzordnung sehen vor, dass Aufgabe der Person 62 oder Stelle die **Beratung, Unterstützung und Vertretung** von Schuldnern bei der Schuldenbereinigung, insbesondere bei der außergerichtlichen Einigung mit den Gläubigern auf der Grundlage eines Plans ist (vgl nur § 2 Abs 1 und 3 des rheinland-pfälzischen Landesgesetzes zur Ausführung der Insolvenzordnung (AGInsO) vom 20. 7. 1998; GVBl Rh-Pf 1998, 216, 217, abgedruckt in: NZI 1998, 115, 116). Daraus lässt sich aber nicht zwingend herleiten, dass die geeignete Person oder Stelle **beim außergerichtlichen Einigungsversuch aktiv mitgewirkt** haben muss. Die einzelnen Ausführungsgesetze sollen lediglich sicherstellen, dass die geeignete Person oder Stelle die im Zusammenhang mit dem außergerichtlichen Einigungsversuch anfallenden Aufgaben kompetent wahrnehmen kann.

Da § 305 einen Vertretungszwang für den außergerichtlichen Einigungsversuch gerade nicht voraussetzt, 63 muss es dem Schuldner erlaubt sein, auch **ohne Mitwirkung einer geeigneten Person oder Stelle** den außergerichtlichen Einigungsversuch auf der Grundlage eines Plans zu unternehmen (OLG Schleswig ZInsO 2000, 170; *Kohte/Ahrens/Grote* § 305 Rn 15; *Stephan* ZInsO 1999, 78; aA *Hoffmann* Verbraucherinsolvenz S 45; *Przikläng* Verbraucherinsolvenz S 21). Andernfalls würde sich das Verfahren angesichts der langen Wartezeiten, die bei Schuldnerberatungsstellen bestehen, bzw der geringen Bereitschaft der Anwaltschaft, sich in diesem Rechtsbereich zu engagieren (*Hess/Obermüller* Rn 853; *Vallender* DGVZ 2000, 97, 99), unnötig verzögern. Hinzu kommt, dass Schuldner, die unternehmerisch tätig waren, häufig in der Lage sind, selbstständig einen Schuldenbereinigungsplan zu erstellen und mit ihren Gläubigern in Kontakt zu treten. Ein solcher Einigungsversuch bedarf indes einer ausreichenden **Dokumentation**, damit die geeignete Person oder Stelle in verantwortungsvoller Weise die Ernsthaftigkeit des gescheiterten Einigungsversuchs prüfen kann. Abgesehen davon bedarf es bereits deshalb der Dokumentation des außergerichtlichen Einigungsversuchs, weil der Schuldner bei Antragstellung die wesentlichen Gründe für dessen Scheitern darzulegen hat.

Für die geeignete Person oder Stelle iSv § 305 Abs 1 Nr 1 InsO besteht keine Pflicht, sich vom Vorliegen 64 der drohenden oder eingetretenen Zahlungsunfähigkeit des Schuldners zu überzeugen. Der außergerichtliche Einigungsversuch ist kein gerichtliches Insolvenzverfahren, so dass eine entsprechende Anwendung der Vorschriften der Insolvenzordnung ausscheidet (*Uhlenbruck* NZI 2000, 15).

b) Einigungsversuch auf der Grundlage eines Plans. Der Einigungsversuch auf der Grundlage eines 65 Plans soll gewährleisten, dass eine außergerichtliche Einigung ernstlich betrieben wird (krit dazu *Grote* ZInsO 2001, 17 ff). Über Form und Inhalt des Plans sowie die Art und Weise des außergerichtlichen Einigungsversuchs enthält das Gesetz keine Regelungen. Die Gestaltung des Plans überlässt es weitgehend der Privatautonomie.

Der Schuldner bzw die geeignete Person oder Stelle ist erst dann in der Lage einen Plan aufzustellen, 66 wenn der Schuldner sich zunächst eine Übersicht über sein Vermögen, sein Einkommen sowie die gegen ihn gerichteten Forderungen verschafft hat (*Wittig* WM 1998, 157, 161; *Graf-Schlicker/Livonius* Restschuldbefreiung Rn 52).

Es stellt keinen ernsthaften außergerichtlichen Einigungsversuch dar, wenn der Schuldner mit seinen 67 Gläubigern nur ein kurzes Telefonat führt (Beschl-Empfehlung des RechtsA zu § 357 b, BT-Drucks 12/7302 S 190). Ein Einigungsversuch ohne einen **schriftlich ausgearbeiteten Plan** entspricht nicht dem Erfordernis eines ernsthaften außergerichtlichen Einigungsversuchs. Ein mündlich unterbreiteter Vorschlag erlaubt dem Planadressaten regelmäßig keine hinreichende Überprüfung des unterbreiteten Angebots. Versteht man den außergerichtlichen Einigungsversuch als Spiegelbild des gerichtlichen Schuldenbereinigungsplanverfahrens, genügt ein **mündlich vorgetragener Plan** nicht den Anforderungen, die an einen ernsthaften Einigungsversuch zu stellen sind. Dies entspricht im Übrigen der Regelung in § 305 Abs 1 Nr 1. Danach hat der Schuldner bei Antragstellung seinem Insolvenzantrag unter anderem den (außergerichtlichen) Plan beizufügen.

Berücksichtigt man, dass nach der Vorstellung des Gesetzgebers das Verfahren über den Schuldenbereinigungsplan 68 so ausgestaltet worden ist, dass es auch als Leitfaden („Gebrauchsanweisung") für eine außergerichtliche Schuldenbereinigung dienen kann, liegt ein ernsthafter Einigungsversuch des Schuldners nicht vor, wenn er sich lediglich an den Gläubiger wendet, von dem eine Zustimmung zum Plan nicht zu erwarten ist. Für das gerichtliche Verfahren sieht § 307 Abs 1 vor, dass der Schuldenbereinigungsplan **allen** vom Schuldner benannten **Gläubigern** zuzustellen ist. Einer formlosen Übersendung des Plans bedarf es auch beim außergerichtlichen Einigungsversuch, zumal nicht auszuschließen ist, dass auch der entschiedenste Gegner einer gütlichen Einigung bei Zustimmung anderer Gläubiger mit ähnlicher Interessenlage sein ablehnendes Votum überdenkt und sich einer außergerichtlichen Einigung nicht verschließt. Im Übrigen ist kaum anzunehmen, dass die bei den außergerichtlichen Verhandlungen nicht angehörten Gläubiger bereit sind, den im gerichtlichen Schuldenbereinigungsplan unterbreiteten Vorschlag zu akzeptieren.

69 Nimmt der Schuldner nur einen Teil der vorhandenen Gläubiger in den Plan auf, sind entsprechende außergerichtliche Bemühungen um eine Schuldenbereinigung von Abs 1 Nr 1 ausgeschlossen. Dies gilt nicht, wenn der Schuldner die mangelnde Einbeziehung eines Gläubigers nicht zu vertreten hat (*Smid-Haarmeyer* § 305 Rn 13).

70 **c) Innerhalb der letzten sechs Monate vor dem Eröffungsantrag.** Mit der Bestimmung einer Sechs-Monats-Frist meint der Gesetzgeber einen hinreichenden zeitlichen Zusammenhang zwischen außergerichtlichem Einigungsversuch und dem Antrag auf Eröffnung des Insolvenzverfahrens geschaffen zu haben. **Maßgeblicher Zeitpunkt** für die Fristberechnung ist nicht der Beginn der Verhandlungen des Schuldners mit seinen Gläubigern, sondern der **Zeitpunkt der letzten Ablehnung oder Zustimmung**, wobei dieser Zeitpunkt bei keinem der Gläubiger länger als sechs Monate zurückliegen darf (**AG Köln** v 6. 11. 2006 – 71 IK 357/06, NZI 2007, 57; **AG Göttingen** v 29. 6. 2005 – 74 IK 162/05, ZVI 2005, 371; *Kohte/Ahrens/Grote* § 305 Rn 12; KS-*Fuchs* S 1692 Rn 38). Wenn Gläubiger zu dem unterbreiteten Plan keine Stellung nehmen, ist ggf das Datum der Fristsetzung in dem Begleitschreiben zum Plan als Datum des Scheiterns anzusehen.

71 Im Falle des § 305a beginnt die Frist mit der Kenntnis des Schuldners von der Zwangsvollstreckungsmaßnahme des im außergerichtlichen Plan aufgeführten Gläubigers. Denn die Zwangsvollstreckung dieser Gläubiger löst die Fiktion des Scheiterns des außergerichtlichen Einigungsversuchs aus.

72 Der Insolvenzantrag hat innerhalb der Sechs-Monats-Frist beim **zuständigen Insolvenzgericht** einzugehen. Im Hinblick auf die Wahrung der Sechs-Monats-Frist gemäß § 305 Abs 1 Nr 1 handelt es sich bei dem Insolvenzantrag um ein fristgebundenes Schriftstück. Dessen Einreichung bei Gericht ist eine einseitige Prozesshandlung der Partei, die keiner Mitwirkung eines Bediensteten des betreffenden Gerichts bedarf (vgl BVerfG NJW 1980, 580). Der Eingang des Insolvenzantrags beim unzuständigen Gericht reicht deshalb zur Fristwahrung nicht aus (vgl **OLG Köln** NJW-RR 1989, 572; *Zöller/Greger* § 270 ZPO Rn 6 b). Etwas anderes gilt allenfalls bei einer irrtümlich erfolgten Adressierung.

73 **aa) Erneute Antragstellung.** Fraglich erscheint, ob ein Schuldner, der nach erfolglosem Abschluss des gerichtlichen Schuldenbereinigungsverfahrens seinen **Insolvenzantrag zurückgenommen** hat oder dessen Antrag als unzulässig oder **mangels Masse abgewiesen** worden ist (§ 26) und im Anschluss daran **erneut einen Insolvenzantrag** stellt, bei Ablauf der Sechs-Monats-Frist gemäß § 305 Abs 1 Nr 1 wiederum das außergerichtliche Schuldenbereinigungsverfahren durchlaufen muss. Soweit der erneute Insolvenzantrag noch innerhalb der Sechs-Monats-Frist des § 305 Abs 1 Nr 1 bei Gericht eingegangen ist, ist schon nach dem Wortlaut der Vorschrift kein zusätzlicher außergerichtlicher Einigungsversuch erforderlich. Ansonsten bedarf es wiederum der **Vorlage einer Bescheinigung** einer geeigneten Person oder Stelle, aus der sich ergibt, dass innerhalb der letzten sechs Monate vor Antragstellung eine außergerichtliche Einigung mit den Gläubigern über die Schuldenbereinigung erfolglos versucht worden ist. Da die Eröffnungsvoraussetzungen für den jeweils in Rede stehenden Insolvenzantrag gesondert zu prüfen sind, kommt eine Unterbrechung oder Hemmung der in § 305 Abs 1 Nr 1 vorgegebenen Frist bis zur Beendigung eines laufenden Insolvenzverfahrens mit der Folge, dass dessen Dauer auf den Fristablauf für einen erst nachfolgend gestellten weiteren Insolvenzantrag angerechnet würde, nicht in Betracht. Eine solche würde auch der eindeutigen Intention des Gesetzgebers, außergerichtlichen Einigungsversuchen klaren Vorrang vor der Eröffnung des Verbraucherinsolvenzverfahrens einzuräumen, zuwiderlaufen (**LG Köln**, Beschl v 13. 3. 2002 – 19 T 23/02, nv).

74 **bb) Folgen der Fristüberschreitung.** Stellt das Gericht fest, dass die Sechs-Monats-Frist des § 305 Abs 1 Nr 1 bei Eingang des Insolvenzantrags überschritten ist, hat es den Schuldner gemäß § 305 Abs 3 S 1 aufzufordern, den außergerichtlichen Einigungsversuch binnen eines Monats nachzuholen. Bei dem Tatbestandsmerkmal „innerhalb der letzten sechs Monate vor dem Eröffnungsantrag" handelt es sich um eine besondere Zulässigkeitsvoraussetzung, die das Gericht zu prüfen und deren Nichterfüllung es zu beanstanden hat. Dabei unterliegt die in der vorzulegenden Bescheinigung enthaltene Erklärung der geeigneten Person oder Stelle zur Sechs-Monats-Frist dem Anwendungsbereich des § 305 Abs 3.

75 **2. Vorlage des außergerichtlichen Plans und Darlegung der Gründe für sein Scheitern, Abs 1 Nr 1.** Der **Schuldner** ist verpflichtet, seinem Eröffnungsantrag stets auch den im außergerichtlichen Verfahren erstellten Plan beizufügen und **kurz zu erläutern**, aus welchen Gründen dieser gescheitert ist (§ 305 Abs 1 Nr 1 2. HS). Das Gericht ist nicht befugt, den Plan inhaltlich zu überprüfen. Die vom Schuldner vorzulegenden Unterlagen sollen dem Gericht lediglich die Prognose erlauben, ob das Schuldenbereinigungsverfahren als ein sinnvolles Instrument zu einer einvernehmlichen Schuldenbereinigung anzusehen ist (Begr RegE BT-Drucks 14/5680 S 49).

76 Dagegen trifft den Schuldner nicht die Pflicht, sämtliche schriftlichen Stellungnahmen der Gläubiger zum außergerichtlichen Schuldenbereinigungsplan vorzulegen. *Pape* (ZInsO 2001, 587, 591) befürchtet gar in diesem Zusammenhang, dass Gerichte von der Rücknahmefiktion des § 305 Abs 3 S 2 selbst dann Gebrauch machen werden, wenn es dem Schuldner nach entsprechender Aufforderung nicht gelingt, schriftliche Erklärungen der Gläubiger zum außergerichtlichen Plan vorzulegen. Soweit ein Gläu-

biger den Plan abgelehnt hat, empfiehlt sich die Übersendung einer Kopie des Schreibens, wenn die ablehnende Stellungnahme mit Gründen versehen ist.

Die **Darstellung der wesentlichen Gründe für das Scheitern des Plans** umfasst zwingend Angaben 77 darüber, wie viele Gläubiger mit welcher Forderung den Plan angenommen, ihn abgelehnt oder geschwiegen haben. Sieht der Schuldner davon ab, Kopien der ablehnenden Stellungnahmen vorzulegen, hat er darzulegen, aus welchen Gründen sich die Gläubiger mit seinem Angebot nicht einverstanden erklärt haben. Ohne diese Grundinformationen kann das Gericht keine vernünftige Prognose treffen, ob eine Mehrheit der Gläubiger nach Summen und Köpfen der Schuldenbereinigung zustimmen könnte, und damit die Chance zu einer Zustimmungsersetzung nach § 309 besteht. Ist der **außergerichtliche Einigungsversuch** auf Grund von **Vollstreckungsmaßnahmen** einzelner Gläubiger nach Aufnahme der Verhandlungen gescheitert (§ 305 a), bedarf es ferner der Mitteilung der Namen der vollstreckenden Gläubiger und der Angabe des Aktenzeichens des Gerichts oder des Gerichtsvollziehers (vgl lfd Nr 17 des amtlichen Vordrucks).

Die **Beanstandungspflicht gemäß § 305 Abs 3 S 1** bezieht sich sowohl auf die Vorlage des außerge- 78 richtlichen Plans als auch auf die Darlegung der wesentlichen Gründe für das Scheitern der außergerichtlichen Einigung (*Fuchs* NZI 2001, 15, 16).

3. Erklärung zur Restschuldbefreiung, Abs 1 Nr 2. Der Schuldner hat mit dem Eröffnungsantrag 79 **zugleich oder unverzüglich** danach den Antrag auf Erteilung der Restschuldbefreiung vorzulegen oder zu erklären, dass Restschuldbefreiung nicht beantragt werde. Dies soll dazu dienen, frühzeitig Klarheit darüber zu erlangen, ob der Schuldner bei Scheitern des Schuldenbereinigungsplans die gesetzliche Restschuldbefreiung erlangen will (Beschl-Empfehlung des RechtsA zu § 357 b = § 305, BT-Drucks 12/7302, 190; **AG Köln** InVo 2000, 127, 130).

a) **Zeitpunkt der Antragstellung.** Dem Begriff „unverzüglich" in § 305 Abs 1 kommt keine besondere 80 praktische Bedeutung bei. Selbst wenn das Gericht feststellen sollte, dass der Schuldner die fehlende Erklärung bereits vor Ablauf der Monatsfrist des § 305 Abs 3 S 2 hätte einreichen können, sind an einen späten, aber noch rechtzeitigen Eingang der Unterlagen keine Sanktionen geknüpft (*Hess/Obermüller* Rn 940).

Auf § 287 Abs 1 S 2, der im **Regelinsolvenzverfahren** den Antrag auf Restschuldbefreiung nur inner- 81 halb von **zwei Wochen** nach dem Hinweis gemäß § 20 Abs 2 zulässt, kann sich der Schuldner allerdings nicht berufen. Die Vorschrift findet im Verbraucherinsolvenzverfahren keine Anwendung. § 305 Abs 1 Nr 2 ist lex specialis zu § 287 Abs 1 (vgl **OLG Köln** NZI 2000; **AG Düsseldorf** ZInsO 2000, 111, 112; BerlKo-*Fluck* § 305 Rn 15 ff).

Unterlässt der Schuldner es versehentlich, die Erklärung gemäß § 305 Abs 1 Nr 2 abzugeben, trifft 82 das Insolvenzgericht die Pflicht, dies zu beanstanden (§ 305 Abs 3 S 1), den Schuldner zur Ergänzung seiner Unterlagen aufzufordern und auf die Monatsfrist des § 305 Abs 3 S 2 sowie die Folgen der Fristversäumung hinzuweisen (**BGH** v 23. 10. 2008 – IX ZB 112/08 NZI 2009, 120; MüKoInsO-*Stephan* § 287 Rn 19).

b) **Form und Inhalt des Antrags.** Der **Antrag** kann nur **schriftlich** und nicht zu Protokoll der Ge- 83 schäftsstelle gestellt werden (so auch KS-*Fuchs* S 1694 Rn 41). Dies folgt aus dem Wortlaut des § 305 Abs 1 Nr 2. Danach hat der Schuldner mit dem schriftlich einzureichenden Antrag auf Eröffnung des Insolvenzverfahrens den Antrag auf Erteilung von Restschuldbefreiung vorzulegen. Dies setzt zwingend einen schriftlichen Antrag voraus.

An den Antrag sind **keine** besonderen **inhaltlichen Anforderungen** zu stellen. Insbesondere muss der 84 Schuldner nicht ausdrücklich die Erteilung von Restschuldbefreiung beantragen. Da auch Prozesshandlungen einer Auslegung nach §§ 133, 157 BGB zugänglich sind (**BGH** FamRZ 1986, 1087), genügt es, wenn das Begehren des Schuldners, Restschuldbefreiung zu erlangen, hinreichend deutlich zum Ausdruck kommt (N/R/*Römermann* § 287 Rn 23; KS-*Fuchs* aaO). Bei Unklarheiten hat das Gericht unter Umständen beim Schuldner nachzufragen. Dagegen ist ein unter einer außerprozessualen Bedingung gestellter Antrag unzulässig (*Kohte/Ahrens/Grote* § 287 Rn 8).

c) **Erklärung, dass Restschuldbefreiung nicht beantragt werden soll.** Erklärt der Schuldner, dass er 85 einen Antrag auf Restschuldbefreiung nicht stellen will, stehen ihm das gerichtliche Verfahren über den Schuldenbereinigungsplan (§§ 307 bis 309) und das vereinfachte Insolvenzverfahren (§§ 311 bis 314) gleichwohl offen (HK-*Landfermann* § 305 Rn 33). Nach der Beschlussfassung des Rechtsausschusses liegt diese Erklärung nahe, wenn der Schuldner die gesetzlichen Voraussetzungen für die Restschuldbefreiung nicht erfüllen kann, etwa weil ein Versagungsgrund nach § 290 gegeben ist (BT-Drucks 12/7302, 190).

Der Antrag auf Erteilung von Restschuldbefreiung ist bei Verzicht auf den Eigenantrag nicht mehr 86 nachholbar (K/P/B/*Wenzel* § 306 Rn 4).

4. Verzeichnisse, Abs 1 Nr 3. Der Schuldner hat seinem Antrag ein Verzeichnis des vorhandenen Ver- 87 mögens und des Einkommens (Vermögensverzeichnis), eine Zusammenfassung des wesentlichen Inhalts dieses Verzeichnisses (Vermögensübersicht), ein Verzeichnis der Gläubiger und ein Verzeichnis der gegen ihn gerichteten Forderungen beizufügen, wobei auch auf die beizufügende Forderungsaufstellung der Gläubiger Bezug genommen werden kann (§ 305 Abs 2). Die Vorlage der Verzeichnisse dient der Entlastung der Justiz (Bericht des RechtsA zu § 357 Abs 1 S 1 RegE, BT-Drucks 12/7302 S 190).

88 Über den **Inhalt der Verzeichnisse** enthält das Gesetz keine näheren Angaben. Auch in den Gesetzesmaterialien finden sich hierzu keine Hinweise. Nachdem das Bundesministerium der Justiz von der in Abs 5 enthaltenen Ermächtigung Gebrauch gemacht hat, sind die Verzeichnisse an die dort bestimmte Form und den vorgegebenen Inhalt gebunden.

89 Soweit der Schuldner nicht in der Lage ist, die genaue **Forderungshöhe eines Gläubigers** anzugeben, weil dieser ihm die erbetene Aufstellung seiner gegen ihn gerichteten Forderungen nicht erteilt hat, sollte er bei seiner Erklärung auf diesen Umstand hinweisen (*Graf-Schlicker/Livonius*, Restschuldbefreiung Rn 165). Macht der Schuldner unrichtige oder unvollständige Angaben, so kann ihm auf Antrag eines Insolvenzgläubigers gemäß § 290 Abs 1 Nr 6 bereits im Schlusstermin des vereinfachten Insolvenzverfahrens die Restschuldbefreiung versagt werden.

90 a) **Vermögensverzeichnis.** Das Vermögensverzeichnis soll nicht nur dem Gericht helfen, sich schnell und zuverlässig einen **Überblick über die wirtschaftlichen Verhältnisse des Schuldners** und damit die Möglichkeiten einer Schuldenbereinigung zu verschaffen (vgl **BGH** v 17. 3. 2005 – IX ZB 260/03, NZI 2005, 461; BayObLG München v 17. 4. 2002 – 4 Z BR 20/02, NZI 2002, 392), sondern es ist auch für die Gläubiger von besonderer Bedeutung. Nur bei **größtmöglicher Transparenz** der finanziellen Situation des Schuldners kann ein Gläubiger hinreichend sicher einschätzen, ob eine Zustimmung zum Plan wirtschaftlich sinnvoll ist. Das Vermögensverzeichnis hat eine Aufstellung aller dem Schuldner gehörenden Vermögenswerte zu enthalten (*Kohte/Ahrens/Grote* § 305 Rn 23; HambKomm/*Streck* § 305 Rn 21). Ob das Vermögensverzeichnis inhaltlich den Anforderungen des § 807 ZPO zu entsprechen hat, ist umstritten (befürwortend MüKoInsO-*Ott* § 305 Rn 38; N/R/*Römermann*, InsO, § 305 Rn 40; aA *Kohte/Ahrens/Grote* aaO; offen gelassen von **BGH** aaO). § 305 Abs 1 Nr 3 begründet indes keine Verpflichtung des Schuldners, über die Angabe der Vermögensgegenstände hinaus auch deren Wert mitzuteilen (**BGH** v 8. 5. 2008 – IX ZB 54/07, WuM 2008, 416). Sind **Ansprüche gegen Dritte** bereits aus Rechtsgründen **wirtschaftlich wertlos**, bedarf es nicht zwingend ihrer Aufnahme in das Vermögensverzeichnis (**BGH** v 8. 7. 2004 – IX ZB 463/02, ZVI 2004, 696). Jedenfalls rechtfertigt die Nichtangabe nicht den Vorwurf grober Fahrlässigkeit iSd § 290 Abs 1 Nr 6 (**LG Aachen** v 2. 9. 2002 – 3 T 267/02, ZVI 2004, 696).

91 Soweit der amtliche Vordruck im Ergänzungsblatt 5 A (lfd Nr 31) die Bezeichnung der Kontonummern und die genaue Bezeichnung der kontoführenden Stelle vorsieht, kann sich der Schuldner dem nicht entziehen. Gleichwohl begegnet diese Verpflichtung Bedenken.

92 Der amtliche Vordruck gestattet es dem Schuldner unter lfd Nr 30, hinsichtlich seines Vermögens und seiner Einkünfte auf die Angaben in der **Vermögensübersicht** (dazu Rn 94) Bezug zu nehmen.

93 Soweit vorhanden hat der Schuldner **ergänzende Angaben** zu Guthaben auf Konten, Wertpapieren, Schuldbuchforderungen und Darlehensforderungen (Anlage 5 A), zum Hausrat, Mobiliar, Wertgegenständen und Fahrzeugen (Anlage 5 B), zu Forderungen und Rechten aus Erbfällen (Anlage 5 C), zu Grundstücken, Eigentumswohnungen und Erbbaurechten sowie Rechten an Grundstücken (Anlage 5 D), zu Beteiligungen, Aktien und Genussrechten (Anlage 5 E), zu immateriellen Vermögensgegenständen und sonstigem Vermögen (Anlage 5 F), zu laufendem Einkommen (Anlage 5 G), zu Sicherungsrechten Dritter und Zwangsvollstreckungsmaßnahmen (Anlage 5 H), zu regelmäßig wiederkehrenden Verpflichtungen (Anlage 5 J) sowie zu Schenkungen und entgeltlichen Veräußerungen (Anlage 5 K) zu machen. Das Vermögensverzeichnis dient nicht dazu, einzelnen Gläubigern während des gerichtlichen Schuldenbereinigungsverfahrens erst die Zwangsvollstreckung zu ermöglichen.

94 b) **Vermögensübersicht.** Neben dem eigentlichen Vermögensverzeichnis hat der Schuldner im Hinblick auf die Neufassung des § 307 Abs 1 S 1 „eine Zusammenfassung des wesentlichen Inhalts dieses Verzeichnisses" vorzulegen. Dabei handelt es sich um **eine besondere Zulässigkeitsvoraussetzung**, die ebenfalls dem Anwendungsbereich des § 305 Abs 3 unterliegt.

95 Welchen Inhalt und Umfang diese Vermögensübersicht im Einzelnen haben muss, ist weder dem Gesetz selbst noch der Gesetzesbegründung zu entnehmen. In der Begründung zu § 307 findet sich lediglich der Hinweis, dass die Gläubiger durch die Zusammenfassung des Vermögensverzeichnisses eine knappe Übersicht über die Vermögenssituation erhalten sollen (BT-Drucks 14/5680 S 49). Der **amtliche Vordruck** enthält in Anlage 4 die insoweit erforderlichen Angaben. Der Schuldner hat in gedrängter Form Auskünfte zu seinem Vermögen, zu seinen monatlichen und jährlichen Einkünften, zum sonstigen Lebensunterhalt sowie zu den regelmäßig wiederkehrenden Zahlungsverpflichtungen zu erteilen.

96 c) **Gläubigerverzeichnis.** In das **Gläubiger-** und **Forderungsverzeichnis** hat der Schuldner **alle Gläubiger** mit allen gegen ihn gerichteten Forderungen aufzunehmen. Hierunter sind die **persönlichen Gläubiger** zu verstehen, die in dem Zeitpunkt der angestrebten Eröffnung des Insolvenzverfahrens einen begründeten Vermögensanspruch gegen den Schuldner haben; denn ihrer Befriedigung dient das Insolvenzverfahren (**BGH** v 7. 4. 2005 – IX 129/03, ZInsO 2005, 537). Dabei genügt im Gläubigerverzeichnis die Kurzbezeichnung des Gläubigers; die **vollständigen Angaben zu den Gläubigern** muss der

C. Antrag des Schuldners auf Eröffnung des Verbraucherinsolvenzverfahrens § 305

Schuldner im Allgemeinen Teil des **gerichtlichen Schuldenbereinigungsplans** erfassen (vgl Anlage 6 des amtlichen Vordrucks). Dies erscheint sinnvoll, weil gem § 307 Abs 1 S 1 an die Gläubiger lediglich der Schuldenbereinigungsplan und die Vermögensübersicht zuzustellen sind. Die Angabe eines **Postfachs** reicht nicht aus. Bei einer Firma bedarf es der Angabe des Inhabers bzw der Gesellschaftsform (**AG Gießen** ZInsO 2000, 232).

Soweit der Schuldner trotz intensiver Bemühungen nicht in der Lage ist, die ladungsfähige Anschrift 97 eines Gläubigers mitzuteilen, kann er sich auf die Mitteilung der letzten bekannten Anschrift beschränken, wenn zu erwarten ist, dass der gerichtliche Schuldenbereinigungsplan auch bei einer (eventuellen) Zustimmung dieses Gläubigers keine Kopf- und Summenmehrheit finden wird. Dies gilt insbesondere, wenn dem Schuldner die Erben eines Gläubigers nicht bekannt sind oder eine juristische Person im Handelsregister bereits gelöscht ist (dazu näher § 307 Rn 15). Es wäre reiner Formalismus, würde man den Schuldner zu kostenintensiven und zeitaufwändigen Recherchen bzw Maßnahmen verpflichtet ansehen, wenn davon auszugehen ist, dass das Gericht von der Durchführung des gerichtlichen Schuldenbereinigungsverfahrens absehen wird. Auf diesen Umstand hat der Schuldner bei seiner Darstellung des Scheiterns des außergerichtlichen Plans besonders hinzuweisen. Teilt das Gericht die Auffassung des Schuldners nicht, besteht wieder vollumfänglich die Pflicht zur Mitteilung der ladungsfähigen Anschrift des Gläubigers.

Hat der Schuldner einen Verfahrensbevollmächtigten des Gläubigers benannt, bedarf es der Vorlage 98 einer **Vollmacht** für das Verbraucherinsolvenzverfahren, damit das Gericht eine wirksame Zustellung an diese Person veranlassen kann. Der Umstand, dass ein **Rechtsanwalt oder Rechtsbeistand** für den Gläubiger beim außergerichtlichen Einigungsversuch tätig war, reicht nicht aus. Gemäß § 178 ZPO hat die Zustellung an den Prozessbevollmächtigten zu erfolgen, wenn das Verfahren neues Vorbringen im Verfahren der Zwangsvollstreckung zum Gegenstand hat. Gleiches gilt für Zustellungen zur Einleitung der Zwangsvollstreckung (*Zöller/Stöber* § 178 ZPO Rn 1). Bei der Zustellung des Schuldenbereinigungsplans handelt es sich aber weder um eine Zustellung zur Einleitung der Zwangsvollstreckung noch um neues Vorbringen (KS-*Fuchs* S 1706/1707 Rn 81). Die **Benennung der außergerichtlichen Vertreter** erscheint in jedem Fall sinnvoll. Die Angabe der Adresse des Vertreters hat den Vorteil, dass sie dem Gericht bei möglichen eigenen Recherchen weiterhelfen kann.

Hat der Gläubiger seinen Sitz im **Ausland**, kann das Gericht nicht selbst zustellen, sondern ist auf die 99 Rechtshilfe des deutschen Konsuls oder Botschafters oder des ausländischen Staates angewiesen (§ 4, §§ 199, 208 ZPO).

d) **Forderungsverzeichnis.** Der Schuldner hat die schuldrechtlichen Forderungen seiner Gläubiger diffe- 100 renziert nach **Hauptforderung, Zinsen und Kosten** aufzunehmen. Die Angabe des Schuldgrundes sieht zwar nicht das Gesetz, wohl aber das Antragsformular (Anlage 6) vor. Sie ist angezeigt, um den Gläubigern eine bessere Beurteilung ihrer Situation zu ermöglichen. Bei **Forderungen**, die im Zeitpunkt der Antragstellung noch **gestundet** oder aus sonstigen Gründen **nicht fällig** sind, muss mitgeteilt werden, wann sie fällig werden. Andernfalls wäre schon das Vorliegen eines Insolvenzgrundes nicht nachprüfbar (BGH v 7. 4. 2005 – IX ZB 195/03, NZI 2005, 403); K/P/B/*Wenzel* § 305 Rn 25). Gläubiger, deren Forderungen nicht in das Verzeichnis aufgenommen worden sind, können im Rahmen des gerichtlichen Schuldenbereinigungsplans nicht berücksichtigt werden. Sie behalten ihren Anspruch auf vollständige Erfüllung ihrer Forderungen (§ 308 Abs 3 S 1).

aa) **Streitige Forderungen.** Auch nicht titulierte Forderungen, deren Bestand der Schuldner ganz oder 101 teilweise bestreitet, sind in den Plan aufzunehmen (BGH v 2. 7. 2009 – NZI 2009, 562). Dabei empfiehlt sich der Hinweis des Schuldners, dass er mit dem Gläubiger über den Bestand der Forderung streite. Die Forderung ist im Forderungsverzeichnis nur mit dem vom Schuldner als begründet angesehenen Wert anzusetzen. Hält der Schuldner die Forderung dem Grunde nach für nicht berechtigt, sollte er sie **mit Plan mit Null** bezeichnen und entsprechend erläutern (HK-*Landfermann* § 305 Rn 38; *Smid/Haarmeyer* § 305 Rn 43; *Pzriklang* Verbraucherinsolvenz S 27; HambKomm/*Streck* § 305 Rn 24). Sollte die Forderung noch bestehen, würde sie nach § 308 Abs 3 S 2 erlöschen, falls der Gläubiger die Angaben des Schuldners nicht fristgerecht ergänzt (BT-Drucks 12/7302, S 191). Ebenso sollte der Schuldner verfahren, wenn er weder vom Gläubiger noch von dem Bürgen Auskunft über die Inanspruchnahme einer **Bürgschaft** erhält. In diesem Fall empfiehlt es sich, den Bürgen ebenfalls in den Schuldenbereinigungsplan aufzunehmen, seine Forderung allerdings mit Null zu bewerten.

Diese Vorgehensweise erscheint vor dem Hintergrund der Tatsache gerechtfertigt, dass die Gläubiger 102 vom Gericht im weiteren Verfahren unter ausdrücklichem Hinweis auf die in § 308 Abs 3 S 2 normierte Rechtsfolge zur Prüfung der Schuldnerangaben aufgefordert werden (§ 307 Abs 1 S 2) und ein etwaiger Rechtsverlust somit auf eigener Passivität beruht (*Pzriklang* aaO).

Droht das Zustandekommen des Plans am Streit über die Forderung zu scheitern, empfiehlt sich die 103 Aufnahme einer **Klausel**, die eine Berücksichtigung der strittigen Forderung in Abhängigkeit vom Ausgang eines gesonderten Rechtsstreits vorsieht (*Ahnert* Verbraucherinsolvenz S 76 ff; *Pzriklang* aaO S 33).

bb) **Auskunfts- und Unterstützungspflicht der Gläubiger, Abs 2 S 2.** Abs 2 S 2 gewährt dem Schuld- 104 ner einen **einklagbaren Auskunftsanspruch** gegen seine Gläubiger zur Erstellung des Forderungsverzeichnisses (**LG Düsseldorf ZInsO** 2000, 519). Damit trägt der Gesetzgeber dem Umstand Rechnung, dass dem Schuldner in der Praxis häufig die genaue Aufstellung seiner Verbindlichkeiten Probleme bereitet. Für die Gläubiger bedeutet die Auskunftspflicht keine unzumutbare Härte, weil für die Anmeldung im Insolvenzverfahren ohnehin die Forderungen genau berechnet werden müssen (*Balz/Landfermann* S 569). Der Anspruch auf Auskunfterteilung ist erst dann erfüllt, wenn die – **schriftliche** – Auskunft den **aktuellen Stand** bzgl Hauptforderung, Zinsen und Kosten wiedergibt (**AG Sigmaringen** v 6. 3. 2007 – 1 C 639/06, InVo 2007, 238; *Batge* InVo 2001, 390, 391) und unmissverständlich deutlich macht, dass darüber hinaus keine Ansprüche gegen den Schuldner geltend gemacht werden (**LG** Düsseldorf aaO).

105 Soweit *Wenzel* (in: K/P/B § 305 Rn 12) dem Gläubiger gestatten will, ein **Entgelt** für die Forderungsaufstellung zu verlangen, das bei Zustandekommen des Schuldenbereinigungsplans erstattet werde, findet diese Ansicht im Gesetz keine Stütze. Sie mag zwar geeignet sein, „lästige" Aufforderungen abzuwehren, steht aber mit dem eindeutigen Wortlaut der Norm „auf ihre Kosten" nicht im Einklang.

106 Verlangt der Schuldner vom Gläubiger **Kopien von Unterlagen**, besteht eine Pflicht zur Herausgabe. Der Anspruch leitet sich aus § 810 BGB ab. Allerdings hat der Schuldner dem Gläubiger die entstehenden Kosten zu ersetzen (vgl **BGH** ZIP 1992, 938 ff; *Derleder/Wosnitza* ZIP 1990, 901).

107 Der in **Abs 2 Satz 3** geforderte **Hinweis des Schuldners** auf einen bereits gestellten oder in naher Zukunft beabsichtigten Insolvenzantrag soll die Gläubiger vor **wiederholten Aufforderungen** des Schuldners schützen (skeptisch zu dieser Regelung *Hess/Obermüller* Rn 924). Diese kann der Gläubiger zurückweisen (*Smid/Haarmeyer* § 305 Rn 39). Dem Schuldner ist angesichts der kurzen Frist von einem Monat, innerhalb der er auf Aufforderung des Gerichts Fehlendes zu ergänzen hat (Abs 3), nicht anzuraten, die Gläubiger **nach Antragstellung** zur schriftlichen Aufstellung ihrer gegen ihn gerichteten Forderungen aufzufordern. Da die Rechtsfolge des Abs 3 S 2 verschuldensunabhängig ist, kann sich der Schuldner nicht mit Erfolg darauf berufen, der Gläubiger habe ihm die Aufstellung nicht rechtzeitig übersandt (aA *Smid/Haarmeyer* § 305 Rn 48 ff).

108 Die Gläubiger sind grundsätzlich nicht befugt, die Fertigung der Aufstellung davon abhängig zu machen, dass der Schuldner ihnen das entsprechende Geschäfts- oder Aktenzeichen mitteilt. Damit würde der Sinn und Zweck der Vorschrift, den Schwierigkeiten des Schuldners bei der Forderungsaufstellung Rechnung zu tragen, ins Gegenteil verkehrt. Über das Einsichtsrecht nach § 811 BGB kann der Schuldner von den Gläubiger **Fotokopien von Vertrags- und Vollstreckungsunterlagen** verlangen (*Kohte/Ahrens/Grote* § 305 Rn 33; *Hess* § 305 Rn 82; *Derleder/Wosnitza* aaO).

109 Kommt der Gläubiger seiner Verpflichtung nicht nach, besteht gegen ihn ein **einklagbarer Anspruch** auf schriftliche Aufstellung seiner gegen den Schuldner gerichteten Forderungen (siehe Rn 104). Eine Klage empfiehlt sich aus Kosten- und Zeitgründen grundsätzlich nicht. Vielmehr ist dem Schuldner anzuraten, bei fehlender Unterstützung durch den Gläubiger dessen Forderung nur insoweit in das Forderungsverzeichnis aufzunehmen, als sie für den Schuldner sicher feststellbar ist. Gleichzeitig sollte der Schuldner auf die unterlassene Auskunft des Gläubigers hinweisen (*Häsemeyer* Rn 29.24; **HK-**Landfermann § 305 Rn 36). Nach Ansicht des **OLG** Frankfurt aM (v 15. 1. 2007 – 4 W 91/06, **OLG** Report 2007, 595) richtet sich der **Streitwert einer Auskunftsklage** nicht nach dem Wert der Forderung, sondern nach dem Aufwand des Schuldners im Fall einer eigenständigen Ermittlung von Bestand und Höhe der Forderung des Gläubigers.

110 Eine **Verletzung der Auskunfts- und Unterstützungspflicht** zieht keine Schadensersatzansprüche nach sich. Die Gläubiger werden auch nicht vom Verfahren ausgeschlossen oder laufen Gefahr, auf Grund der Pflichtverletzung ihre Forderungen zu verlieren (*Hess* § 305 Rn 83). Allerdings liegt es in ihrem eigenen Interesse, dem Auskunftsbegehren im Hinblick auf die Regelung in § 308 Abs 3 S 2 nachzukommen.

111 5. Erklärung des Schuldners nach § 305 Abs 1 Nr 3 2. HS. Den Verzeichnissen hat der Schuldner die **Erklärung** beizufügen, dass die in diesen enthaltenen Angaben **richtig und vollständig** sind. Selbst wenn der Schuldner durch die vollständige Offenbarung der Vermögensverhältnisse Gefahr läuft, dass zB das Finanzamt nach Kenntnisnahme der den Schuldner belastenden Tatsachen Ermittlungen anstellt, berechtigt ihn dies nicht, diese Tatsachen zu verschweigen. Dies folgt aus der Vorschrift des **§ 97 Abs 1 S 2**, die auch im Verbraucherinsolvenzverfahren gemäß § 304 Abs 1 Anwendung findet. Da die Regelung des § 305 Abs 1 Nr 3 als besondere Ausprägung der den Schuldner im Insolvenzverfahren treffenden Auskunftspflicht zu verstehen ist, dürfen die Angaben in einem Strafverfahren oder in einem Verfahren nach dem Gesetz über Ordnungswidrigkeiten gegen den Schuldner oder einen in § 52 Abs 1 StPO bezeichneten Angehörigen des Schuldners nur mit Zustimmung des Schuldners verwendet werden (§ 97 Abs 1 S 3).

112 Der Schuldner muss die **Erklärung** gemäß § 305 Abs 1 Nr 3 2. HS **persönlich abgeben und unterzeichnen** (*Hess/Obermüller* Rn 921). Ist der Schuldner prozessunfähig, müssen der oder die gesetzlichen Vertreter (§ 4 iVm § 51 ZPO) für den Schuldner und in dessen Namen handeln, und zwar diejenigen, die gesetzliche Vertreter zurzeit der Einreichung des Antrags bei Gericht sind (*Thomas/Putzo* § 807 ZPO Rn 14). Die **Erklärung des Verfahrensbevollmächtigten** des Schuldners reicht dagegen nicht aus, weil die Erklärungspflicht dazu dient, den Schuldner auf die Bedeutung seiner Wahrheitspflicht hinzuweisen. Das Insolvenzgericht ist befugt, dem Schuldner aufzugeben, seine Angaben an Eides statt zu versichern (§§ 304 Abs 1 S 1, 20, 98 Abs 1), falls es Zweifel an den Erklärungen des Schuldners hegt (*Messner/Hofmeister* Schuldenfrei S 101).

6. Schuldenbereinigungsplan, Abs 1 Nr 4 InsO. Der Schuldenbereinigungsplan ist das **Kernstück** der 113 vom Schuldner einzureichenden Unterlagen. Der Schuldner kann den gescheiterten außergerichtlichen Plan unverändert bei Gericht einreichen (*Hess/Obermüller* Rn 931; *Hoffmann* Verbraucherinsolvenz S 10; *Prziklang* Verbraucherinsolvenz S 27), hat aber deutlich zu machen, dass es sich bei dem vorgelegten Plan um den gerichtlichen Schuldenbereinigungsplan handelt. Die Vorlage des Schuldenbereinigungsplans lässt das **Rechtsschutzinteresse** für eine gegen ihn gerichtete **Leistungsklage** nicht entfallen, weil das Schuldenbereinigungsverfahren nicht zwangsläufig zu einer Titulierung der im Plan berücksichtigten Ansprüche führt (**BGH** v 9. 7. 2009 – IX ZR 29/09, NZI 2009, 613; näher dazu *Anger* Verbraucherinsolvenz aktuell 2009, 3).

a) **Schriftform.** Der Plan bedarf der **Schriftform**, so dass die Grundsätze des § 126 BGB anzuwenden 114 sind (**AG Gießen** ZInsO 2000, 231, 232). Er muss zweifelsfrei als gerichtlicher Schuldenbereinigungsplan erkennbar und aus sich heraus nachvollziehbar und verständlich sein. Diesen Anforderungen genügt nicht ein Plan, der nur aus einer Kopie des vorgerichtlich vom Berater des Schuldners versandten Plans unter Beibehaltung von dessen Briefkopf, Treuhandkonto und Unterschrift besteht (*Glomski* DZWIR 2000, 485, 489).

b) **Angemessene Schuldenbereinigung.** Der **Schuldenbereinigungsplan** soll das **Instrument der gütli-** 115 **chen Einigung** mit seinen Gläubigern bilden (BT-Drucks 12/7302 S 190). Hauptziel des Plans ist es, unter sachgerechter Abwägung der Gläubigerinteressen einerseits und der Vermögens-, Einkommens- und Familienverhältnisse des Schuldners andererseits eine **angemessene Schuldenbereinigung** herbeizuführen, § 305 Abs 1 Nr 4 (s dazu *Paulus* FS *Uhlenbruck* S 33, 36). Danach empfiehlt es sich, einerseits **Unterhaltspflichten des Schuldners** bei der Abfassung des Schuldenbereinigungsplans zu berücksichtigen. Andererseits besteht auch die Möglichkeit, im Plan vorzusehen, dass der **vermögende Ehegatte oder Lebensgefährte** des Schuldners freiwillig Leistungen erbringt oder entsprechende **Sicherheiten** für die Erfüllung der im Plan übernommenen Verpflichtungen zur Verfügung stellt (BerlKo-*Goetsch/Fluck* § 305 Rn 42). Als „angemessen" ist grundsätzlich all das anzusehen, was im Falle widerstreitender Interessen für alle Parteien eine zumutbare und akzeptable Lösung verspricht (*Krug* Verbraucherinsolvenz S 112; *Prziklang* aaO S 28).

Ein materielles **Prüfungsrecht** hinsichtlich der **Angemessenheit** des mit dem Eröffnungsantrag vorzu- 116 legenden Schuldenbereinigungsplans steht dem Insolvenzgericht **grundsätzlich** nicht zu (**BayObLG** NJW 2000, 221 = NZI 1999, 451 = ZInsO 1999, 645, 647; **OLG Köln** NJW 2000, 223 = NZI 1999, 494; **OLG Karlsruhe** NZI 2000, 163; **OLG Karlsruhe** v 20. 12. 1999 – 9 W 82/99, NZI 2000, 163; **LG Oldenburg** NZI 2000, 486; **AG Hamburg** NZI 2000, 336; *Vallender/Fuchs/Rey* NZI 1999, 218, 220; *Krug* aaO S 115; *Prziklang* aaO S 31; differenzierend *Glomski* DZWIR 2000, 485, 487). Das Gericht hat **ausnahmsweise** die Regelungen im vorgelegten Schuldenbereinigungsplan zu überprüfen, wenn ein Gläubiger Gründe und Tatsachen iSv § 309 Abs 1 S 2 Nr 1, Nr 2, Abs 3 benennt und nach § 309 Abs 2 und Abs 3 glaubhaft macht, die einer Ersetzung entgegenstehen (vgl **OLG Köln** ZInsO 2001, 230, 231).

c) **Privatautonomie.** Da die Parteien auch bei dem Versuch der gütlichen Einigung im gerichtlichen 117 Schuldenbereinigungsverfahren der **Privatautonomie** unterliegen (**OLG Köln** ZInsO 2001, 230, 231; **LG Oldenburg** NZI 2000, 487; **LG Traunstein** ZInsO 2001, 525, 526), können sie jede theoretisch denkbare Form der Schuldenbereinigung verwirklichen. In Betracht kommen Pläne mit Stundungs- oder Ratenzahlungsvereinbarungen, Regelungen zur Verzinsung oder Zinsverzicht, Sicherheitenverwertung, Erlass oder Teilerlass von Forderungen oder **Anpassungs- und Verfallklauseln.** Die Anpassung des Planinhalts für den Fall einer Änderung der wirtschaftlichen Verhältnisse des Schuldners erscheint sowohl für die Gläubiger als auch den Schuldner ratsam (vgl dazu **OLG Frankfurt** ZInsO 2000, 288). Den Gläubigern können Pläne mit festen oder variablen Ratenzahlungen und einmalige Restschuldenlasszahlungen angeboten werden (*Bindemann* Verbraucherkonkurs S 35). Soweit ein Gläubiger im Besitz einer titulierten Forderung ist und bereits vollstreckt, könnte seine Einbindung in den Plan in der Weise erfolgen, dass er auf Einzelzwangsvollstreckungsmaßnahmen verzichtet.

Im Rahmen der bestehenden **Privatautonomie** ist ein Schuldner auch nicht gehindert, seinen Gläubi- 118 gern mit dem Plan als Lösung seiner finanziellen Schwierigkeiten eine **einmalige Zahlung** anzubieten (**OLG Köln** ZInsO 2001, 230, 231; näher dazu Rn 124). Wenn sich die Gläubiger mit einer solchen „Einmalzahlung" einverstanden erklären, ist die Schuldenbereinigung erreicht und dem Gesetzeszweck Genüge getan. Zur Bildung homogener Gläubigergruppen ist der Schuldner nicht verpflichtet. Es steht ihm frei, Gläubiger geringerer Forderungen **Einmalbeträge** und den Gläubigern mit größeren Forderungsbeträgen **Ratenzahlungen** anzubieten. Im Hinblick auf die Vorschrift des § 309 hat er indes darauf zu achten, dass bei einem solchen Angebot die quotale Befriedigung der Gläubiger bei wirtschaftlicher Betrachtungsweise praktisch gleich bleibt (**OLG Celle** ZInsO 2001, 374, 376). Der Plan kann auch Hinweise auf bereits früher erfolgte **Tilgungsleistungen** enthalten (**OLG Köln** NZI 2002, 58, 59).

119 Der Schuldner kann sich in seinem Plan zu Leistungen über den pfändbaren Betrag seines Einkommens hinaus verpflichten. Da das Schuldenbereinigungsverfahren häufig länger als drei Monate dauert (siehe § 306 Abs 1 S 2), empfiehlt es sich, die an die Gläubiger zu leistenden Zahlungen mit dem Monat beginnen zu lassen, der dem gerichtlichen Feststellungsbeschluss gemäß § 308 Abs 1 S 1 folgt. Hierdurch werden unnötige Änderungen des Plans infolge der Überschreitung des Zeitpunkts des Zahlungsbeginns vermieden.

120 Die **Vertragsfreiheit** findet ihre Grenze freilich dort, wo sie in Widerspruch zu unserer Rechts- und Sittenordnung tritt: Regelungen, denen zwingende Rechtssätze entgegenstehen oder die gegen §§ 134, 138 BGB verstoßen, sind aus materiellrechtlichen Gründen unwirksam (*Vallender* VuR 1997, 44; *ders* DGVZ 1997, 97, 98).

121 Soweit der Schuldner in der Lage ist, seinen Gläubigern einen Teilbetrag zur Befriedigung ihrer Forderungen anzubieten, sollte der Plan zumindest den Verteilungsbetrag, Beginn und Ende seiner Laufzeit und den Verteilungsschlüssel enthalten. Der **Stichtag**, auf den die Forderungen der Insolvenzgläubiger und die Quoten zu berechnen sind, sollte möglichst nahe am Tag der Stellung des Insolvenzantrags bzw am Tage der Nachreichung des Schuldenbereinigungsplans liegen, damit der Plan von den Gläubigern nicht als zeitlich überholt zurückgewiesen wird. Häufig wachsen bei Gläubigern, die aus der Hauptforderung **Zinsen** verlangen können, angesichts der Länge des Schuldenbereinigungsverfahrens und der Höhe der Verzugszinse die Ansprüche im Vergleich zur Angabe im Schuldenbereinigungsplan an. Dies kann dazu führen, dass sich im Zusammenhang mit der Zustimmungsersetzung gem § 309 Abs 1, 3 Probleme ergeben (siehe dazu näher § 309 Rn 49). Bei einer **bestrittenen Forderung**, die der Schuldner zunächst mit Null bewertet hat, kann festgelegt werden, dass dieser Gläubiger, sollte er in einem noch anzustrengenden oder bereits anhängigen Rechtsstreit obsiegen, dieselbe anteilige Quote wie die übrigen Gläubiger erhält (*Messner/Hofmeister* Schuldenfrei S 105; K/P/B/*Wenzel* § 305 Rn 17).

122 aa) **Null-Plan, Fast-Null-Plan, flexibler Null-Plan.** Nach § 305 Abs 1 Nr 4 kann der vom Schuldner vorzulegende Plan alle Regelungen enthalten, die unter Berücksichtigung der Gläubigerinteressen sowie der Vermögens-, Einkommens- und Familienverhältnisse des Schuldners geeignet sind, zu einer angemessenen Schuldenbereinigung zu führen. Tatsächlich schreibt das Gesetz für den Plan einen bestimmten Mindestinhalt nicht vor. Es verlangt auch **keine Mindestquote** zur Tilgung der Schulden. Eine solche Quote müsste aus Gründen der Rechtssicherheit eindeutig gesetzlich bestimmt sein. Dies ist an keiner Stelle geschehen. Zwar hat es entsprechende Vorschläge der Justizministerkonferenz vom Juni 1997 gegeben (vgl *Beule* InVo 1997, 197, 203). Diese sind weder bei der Novellierung der Insolvenzordnung im Dezember 1998 (Gesetz zur Änderung des Einführungsgesetzes zur Insolvenzordnung und anderer Gesetze vom 19. 12. 1998, BGBl I S 3836) noch auf Grund des InsOÄG 2001 v 26. 10. 2001 (BGBl I S 2710) in das Gesetz aufgenommen worden. Der Inhalt des Schuldenbereinigungsplans unterliegt vollständig der **Privatautonomie** des Schuldners und seiner Gläubiger. Die Beteiligten sind bei der Gestaltung frei und können in den Plan jede rechtlich zulässige Regelung aufnehmen (*Heyer* JR 1996, 314, 316; *Vallender* VuR 1997, 44). Hierzu gehören nicht nur Vereinbarungen über Modalitäten der Tilgung der Verbindlichkeiten, sondern auch Bestimmungen über ihren teilweisen oder vollständigen Erlass (vgl § 397 Abs 1 BGB). Der Schuldner ist deshalb befugt, seinen Gläubigern als Lösung seiner finanziellen Schwierigkeiten einen vollständigen vertraglichen Schuldenerlass, sog **Null-Plan** oder – im Fall des **flexiblen Null-Plans** – eine Verpflichtung zur Zahlung nur für den Fall einer Besserung seiner wirtschaftlichen Verhältnisse anzubieten (BayObLG NJW 2000, 221 = NZI 1999, 451 = ZInsO 1999, 645, 647; **OLG** Köln NJW 2000, 223 = NZI 1999, 494 = ZIP 1999, 1929; NZI 2001, 230, 231; **OLG** Karlsruhe NZI 2000, 163; LG Mainz NZI 2000, 549; LG Essen NZI 1999, 1137; LG Hamburg ZIP 1999, 809, 812; **LG** Würzburg ZIP 1999, 1718; **AG** München ZIP 1998, 2172; **AG** Duisburg NZI 1999, 373; **AG** Hamburg ZInsO 1999, 236, 240; **AG** Göttingen NZI 1999, 124; **AG** Köln DZWIR 1999, 123, 126; **AG** Wolfratshausen ZIP 1999, 721; **AG** Offenbach/Main ZInsO 1999, 124; **AG** Hamburg NZI 2000, 336; *Heyer* aaO; *G. Pape* Rpfleger 1997, 237, 241; *Krug* Verbraucherkonkurs S 113; *Vallender* DGVZ 1997, 97, 100; *ders* InVo 1998, 169, 171; *Vallender/Fuchs/Rey* NZI 1999, 218; *Prziklang*, Verbraucherinsolvenz S 31; N/R/*Römermann* § 305 Rn 56 ff; *Kohte/Ahrens/Grote* § 309 Rn 33–36; aA **AG** Würzburg ZIP 1999, 319 u 454; **AG** Baden-Baden NZI 1999, 125; **AG** Essen ZInsO 1999, 239; **AG** Nürnberg Rpfleger 1999, 348; **AG** Stendal ZIP 1999, 929; *Arnold* DGVZ 1996, 129, 133 ff; KS-*Thomas* (1. Aufl), S 1205, 109 ff; *Behr* JurBüro 1998, 513, 516; *Henckel* FS Gaul S 199, 204; offengelassen von **BGH** v 21. 10. 2004 – IX ZB 427/02, NZI 2005, 46, 47 Rn 16; differenzierend *Graf-Schlicker/Livonius*, Restschuldbefreiung Rn 59, die verlangen, dass der Plan zumindest die Verpflichtung des Schuldners enthalten müsse, für die nächsten sechs Jahre, sein pfändbares Einkommen an die Gläubiger zu verteilen, sogen **flexibler Null-Plan;** nach Ansicht von *Kirchhof* (Leitfaden S 159) kommt ein Nullplan nur bei ungesicherten Gläubigern in Frage, weil der Plan den gesicherten Gläubigern zumindest den mutmaßlichen Erlös ihrer insolvenzfesten Sicherheiten erhalten müsse). Das **AG München** v 12. 11. 2008 – 1506 IK 1550/08, ZVI 2008, 474 vertritt demgegenüber die Ansicht, eine Aufforderung an alle Gläubiger, ersatzlos auf sämtliche Ansprüche zu verzichten, stelle keinen gerichtlichen Schuldenbereinigungsplan dar. Mangels zwingend vorzulegender Unterlagen finde die Vorschrift des § 305 Abs 3 S 2 Anwendung.

C. Antrag des Schuldners auf Eröffnung des Verbraucherinsolvenzverfahrens **§ 305**

Das **BMF** (Bundesministerium der Finanzen) hat seine bisherige ablehnende Haltung zum Null-Plan 123
aufgegeben (vgl Nr 3 letzter Absatz des BMF-Schreibens vom 10. 12. 1998, BStBl I 1998, S 1497). Mit
Schreiben vom 3. 7. 2000 (BStBl I 2000 S 117) hat es das vorgenannte Schreiben wie folgt neu gefasst:
„*Eine angemessene Schuldenbereinigung ist nicht allein deshalb auszuschließen, weil der Plan Zahlungen des Schuldners nicht vorsieht (Null-Plan). Ebenso kann der Vorschlag einer einmaligen Zahlung im Rahmen der außergerichtlichen Einigung akzeptiert werden.*"

bb) Einmalzahlung. Angebote des Schuldners mit **einmaligen Restschulderlasszahlungen** haben re- 124
gelmäßig große Aussicht auf Annahme durch die Gläubiger. Zum einen erhalten diese den gewünschten
Kapitalbetrag sofort (Abzinsung nach Kapitalverzinsung). Zum anderen müssen sie nicht wie bei Ratenzahlungen zukünftige ungewisse Ereignisse wie Einkommenseinbußen durch Dauerarbeitslosigkeit
oder völligen Vermögensverfall durch Erwerbsunfähigkeit des Schuldners befürchten (*Bindemann* Verbraucherkonkurs S 37; *Krüger/Reifner/Jung* ZInsO 2000, 12, 14). Für **Kreditinstitute** hat die Einmalzahlung den Vorteil, sogleich eine Teilbefriedigung zu erhalten und dann die Forderung ausbuchen zu
können. Demgegenüber verursacht das Restschuldbefreiungsverfahren mit der Notwendigkeit, jedes
Jahr Teilzahlungen zu verbuchen, erhebliche Kosten (*Wimmer* BB 1998, 386, 387). Das Gericht hat
ausnahmweise die Regelungen im vorgelegten Schuldenbereinigungsplan und damit die angebotene Einmalzahlung zu überprüfen, wenn ein Gläubiger Gründe und Tatsachen iSv § 309 Abs 1 S 2 Nr 1, Nr 2,
Abs 3 benennt und nach § 309 Abs 2 und Abs 3 glaubhaft macht, die einer Ersetzung entgegenstehen
(vgl **OLG Köln** ZInsO 2001, 230, 231).

Verwandte, Freunde oder Dritte sind berechtigt, dem Schuldner einen bestimmten Geldbetrag zur 125
Verfügung zu stellen. Das Angebot des Schuldners an seine Gläubiger kann auch in Gestalt einer Verpflichtungserklärung des Dritten erfolgen (*Hess/Obermüller* Rn 873).

d) Auswirkung auf Sicherheiten. Soweit Forderungen der Gläubiger gesichert sind, hat der **Schul-** 126
denbereinigungsplan den **Hinweis** darauf zu enthalten, ob und inwieweit **Bürgschaften, Pfandrechte
und andere Sicherheiten der Gläubiger** vom Plan berührt werden sollen (§ 305 Abs 1 Nr 4 2. HS). Hierdurch sollen Irrtümer der Beteiligten über die Wirkungen des Schuldenbereinigungsplans vermieden werden (*Balz/Landfermann* S 569; *Hess/Obermüller* Rn 931; N/R/*Römermann* § 305 Rn 64). Enthält der Plan insoweit keine Bestimmungen, ist er **unvollständig** iSv § 305 Abs 3 S 1 InsO (**AG
Duisburg** NZI 2001, 105, 106). Der Schuldner kommt der **zwingenden Vorschrift** des § 305 Abs 1
Nr 4 (**OLG Celle** ZInsO 2002, 285, 286) nicht dadurch nach, dass er auf die Sicherheiten und deren
Behandlung unsystematisch in einem anderen Zusammenhang hinweist (*Hess* § 305 Rn 90 ff;
HK-*Landfermann* § 305 Rn 49; N/R/*Römermann* § 305 Rn 64; K/P/B/*Wenzel* § 305 Rn 40). Er hat
hierzu **im Schuldenbereinigungsplan** Angaben zu machen. Dementsprechend enthält der amtliche
Vordruck unter lfd Nr 72 in Anlage 7 B zum Besonderen Teil des Schuldenbereinigungsplans eine besondere Rubrik. Eine **Erklärungspflicht** des Schuldners besteht auch dann, wenn **Sicherheiten** vom Plan
nicht berührt werden sollen (**OLG Celle** ZInsO aaO; unter Aufgabe der Ansicht im Beschl v 16. 10.
2000 – 2 W 99/00, ZInsO 2000, 601 = ZIP 2001, 340, 342; **AG Duisburg** aaO; *Fuchs* EWiR 2001,
539). Dies gilt vor allem im Hinblick auf die Reduzierung der den Gläubigern zuzustellenden Unterlagen.

Regelmäßig wird der Schuldner dem Gläubiger nur einen Bruchteil seiner Forderung anbieten kön- 127
nen. Zu berücksichtigen ist in diesem Zusammenhang, dass jede Beschränkung einer gesicherten Forderung durch den Schuldenbereinigungsplan dazu führen kann, dass auch die Sicherheiten nicht oder
nicht in voller Höhe in Anspruch genommen werden können (*Maier/Krafft* BB 1997, 2173).

aa) Akzessorische Sicherheiten. Bei **akzessorischen Sicherheiten** (zB Bürgschaft, Hypothek) ergibt sich 128
eine Einschränkung der Sicherungsrechte durch die gesetzliche Verknüpfung von gesicherter Forderung
und Sicherungsrecht. Bürgschaften erlöschen durch den Vergleich des Hauptschuldners mit dem Gläubiger in dem Umfange, in dem die Schuld erlassen wird, sofern mit dem Sicherungsnehmer nicht ausdrücklich etwas anderes vereinbart wird (**LG Traunstein** ZInsO 2001, 525, 526; N/R/*Römermann*
§ 305 Rn 55). Zulässig ist beispielsweise eine vertragliche Abrede, dass der Bürge sich auf einen Vergleich zwischen dem Gläubiger und dem Hauptschuldner nicht berufen kann (**OLG Frankfurt** DB
1974, 2245). Dazu bedarf es jedoch der Mitwirkung des Bürgen. Hypotheken werden zu Eigentümergrundschulden (§§ 1163 Abs 1 S 2, 1177 Abs 1 BGB).

Marotzke (ZZP 109 [1996], 429, 440; *ders* in HK § 106 Rn 31) hält eine Anwendung des § 305 129
Abs 1 Nr 4 auf die **Vormerkung** prinzipiell nicht für ausgeschlossen. Er geht weiter zutreffend davon
aus, dass eine Ersetzung der Zustimmung des vormerkungsgeschützten Gläubigers meist an § 309
Abs 1 S 2 Nr 2 scheitern werde.

bb) Abstrakte Sicherheiten. Bei den **nicht akzessorischen Sicherheiten** (zB Grundschuld, Sicherungs- 130
abtretung, Sicherungsübereignung) sind regelmäßig die Befugnisse des Sicherungsnehmers im Hinblick
auf die Sicherheit, insbesondere zu ihrer Verwertung, durch den Sicherungsvertrag an den Bestand und
Umfang der gesicherten Forderung gebunden (*Wittig* WM 1998, 209, 218). Bei abstrakten Sicherheiten
erwirbt der Sicherungsgeber einen **Freigabeanspruch,** wenn die Sicherheiten von ihrem Wert her die gesicherte Restforderung nunmehr erheblich übersteigen *(Hess/Obermüller* Rn 932).

131 cc) **Lohn- und Gehaltsabtretungen.** Der Schuldner hat im Falle einer Abtretung anzugeben, welche Forderungen der Abtretung zugrunde liegen. Für die Gläubiger, die einem Schuldenbereinigungsplan zustimmen sollen, ist diese Angabe von erheblicher Bedeutung (**BGH** v 7. 4. 2005 – IX ZB 195/03, NZI 2005, 403). Bei **Lohn- und Gehaltsabtretungen** findet die Vorschrift des § 114 Abs 1, nach der Vorausverfügungen nur wirksam für die Zeit von 2 Jahren nach dem Ende des der Eröffnung des Verfahrens laufenden Monats begründet werden können, im Falle der Annahme des Plans **keine Anwendung.** Denn die Anträge auf Eröffnung des Insolvenzverfahrens und auf Erteilung von Restschuldbefreiung gelten als zurückgenommen (§ 308 Abs 2). Will der Schuldner erreichen, dass auch die nicht privilegierten Gläubiger dem Plan zustimmen, muss er sich überlegen, ob er im Rahmen einer gerichtlichen Kompromisslösung die übrigen Gläubiger an den Zessionserlösen beteiligen will (*Prziklang* Verbraucherinsolvenz S 29; *Hess* § 305 Rn 94).

132 d) **Steuerschulden.** Soweit der Schuldner mit der Zahlung von Steuern und steuerlichen Nebenleistungen (Verspätungszuschläge, Zinsen, Säumniszuschläge, Zwangsgelder, §§ 3 Abs 3 AO) in Rückstand geraten ist, hat er bei seiner Plangestaltung vor allem die **Erlassvorschriften der AO** (§§ 222, 227 AO) zu beachten (ausführlich dazu *Kraemer/Vallender/Vogelsang* Fach 3 Kap 1 Rn 61 ff). Aufgrund des BMF-Schreibens vom 10. 12. 1998 (BStBl 1998, S 1497 ff) sind die Finanzverwaltungen dazu übergegangen, ihrer Prüfung der **Voraussetzungen der Erlassbedürftigkeit** eine verbraucherfreundlichere Interpretation des Begriffs „persönliche Unbilligkeit" zugrunde zu legen. Die Finanzämter haben primär zu prüfen, ob ein gerichtliches Schuldenbereinigungs- bzw ein Verbraucherinsolvenzverfahren mit anschließendem Restschuldbefreiungsverfahren Erfolg versprechend wäre. „*In diesem Falle kann angenommen werden, dass der Erlass entsprechend der BFH-Rechtsprechung dem Schuldner und nicht den Gläubigern zugute kommt*" (BMF-Schreiben vom 10. 12. 1998, S 1498).

III. Umfang der gerichtlichen Überprüfungspflicht

133 Prüfungsmaßstab des Insolvenzgerichts ist zunächst die **quantitative Vollständigkeit** der gemäß § 305 Abs 1 Nr 1 bis 4 vorzulegenden Unterlagen. Das Gericht hat dabei zu prüfen, ob die vorgelegten Schriftstücke die im Gesetz angeführten Unterlagen darstellen (BayObLG ZIP 1999, 1926, 1928; *Kohte/Ahren/Grote* § 305 Rn 9). Eine **inhaltliche Überprüfung** nimmt das Insolvenzgericht nicht vor. Stellt das Insolvenzgericht gesetzwidrige Anforderungen an den Insolvenzantrag des Schuldners, verlangt es das Angebot einer Mindestquote durch den Schuldner oder stellt es bestimmte, im Gesetz nicht geregelte Anforderungen an die Bescheinigung des Scheiterns der Verhandlungen über den außergerichtlichen Schuldenbereinigungsplan, steht dem Schuldner **ausnahmsweise** gegen einen darauf gestützten Beschluss, mit dem das Insolvenzgericht den Insolvenzantrag als **unzulässig** zurückweist, die **sofortige Beschwerde analog** § 34 zu (OLG Celle ZIP 2000, 802 = OLGR 2000, 180, dazu *Wenzel* EWiR 2000, 739; ZIP 2000, 1992, 193; OLG Schleswig ZInsO 2000, 170 [LS], krit dazu *Bruckmann* InVo 2001, 1, 2).

134 **1. Außergerichtlicher Einigungsversuch.** Nach Auffassung des Bayerischen Obersten Landesgericht (NZI 1999, 412 = ZInsO 1999, 542 = ZIP 1999, 1767 = DZWIR 1999, 456 = InVo 1999, 344; ähnlich **AG Schwerin** DZWIR 1999, 296 m Anm *Smid*) hat das Insolvenzgericht neben der rein formellen Kontrolle, ob überhaupt eine Bescheinigung iSd § 305 Abs 1 Nr 1 vorgelegt wurde, auch zu prüfen, ob die „**Bescheinigung**" hinsichtlich der materiellen Anforderungen des § 305 Abs 1 Nr 1 bis 4 wenigstens insgesamt schlüssige Erklärungen enthält. Mit einer weiteren Entscheidung vom 2. 12. 1999 (ZIP 2000, 320) hat dasselbe Gericht die zuvor geäußerte Auffassung dahingehend eingeschränkt, dass eine **inhaltliche Überprüfung** der vom Schuldner vorzulegenden Unterlagen nicht vorzunehmen sei. Das Gericht habe lediglich zu prüfen, ob die vorgelegten Schriftstücke die im Gesetz angeführten Unterlagen darstellen. Die letztgenannte Ansicht ist zutreffend. Die Prüfungspflicht des Insolvenzgerichts bezüglich der Bescheinigung gemäß § 305 Abs 1 Nr 1 hat sich darauf zu beschränken, dass eine geeignete Person oder Stelle bescheinigt, innerhalb der letzten sechs Monate vor Antragstellung habe der Schuldner eine außergerichtliche Einigung mit den Gläubigern auf der Grundlage eines Plans versucht. Eine inhaltliche Prüfung der bescheinigten Tatsachen findet dagegen nicht statt (*Vallender/Fuchs/Rey* NZI 1999, 218, 220). Durch das Merkmal der „Geeignetheit" hat der Gesetzgeber die Insolvenzgerichte von einer inhaltlichen Prüfung entbunden (**OLG Schleswig** ZInsO 2000, 170). Die Eignung der Person oder Stelle bietet die Gewähr dafür, dass die bescheinigten Umstände vorliegen. Das Merkmal der Eignung würde seine Bedeutung verlieren, wenn man das Gericht gleichwohl für verpflichtet ansehen würde, eine inhaltliche Prüfung vorzunehmen.

135 a) **Bescheinigung eines Rechtsanwalts.** Hat ein **Rechtsanwalt** dem Schuldner die erfolglose außergerichtliche Einigung bescheinigt, besteht im Hinblick auf die Stellung des Rechtsanwalts als unabhängiges Organ der Rechtspflege grundsätzlich kein Anlass, weitere Nachweise zu fordern (**OLG Schleswig** ZInsO 2000, 170; *Vallender* ZIP 1999, 125, 127).

136 Etwas anderes gilt freilich dann, wenn der **Schuldner** den **außergerichtlichen Einigungsversuch selbst unternommen** und der Rechtsanwalt oder eine andere geeignete Person oder Stelle nur die entsprechende Bescheinigung erteilt hat. In diesem Fall muss sich aus der Bescheinigung ergeben, auf welche Weise sich der Bescheinigende von der Richtigkeit der Angaben vergewissert hat (KS-*Fuchs* S 1693 Rn 39). Machen einzelne Gläubiger geltend, der Schuldner habe mit ihnen keinen ernsthaften Versuch einer Einigung unternommen, berührt dies zwar nicht die Zulässigkeit des Eröffnungsantrags des Schuldners, dürfte aber kaum die Bereitschaft erhöhen, den Schuldenbereinigungsplan anzunehmen.

b) Unrichtige Bescheinigung. Soweit eine geeignete Person oder Stelle eine **unrichtige Bescheinigung** 137 ausgestellt hat, kann dies Anlass sein, die Anerkennung der betreffenden Person oder Stelle als geeignet in Zweifel zu ziehen. Hat eine **geeignete Stelle** die Bescheinigung ausgestellt, sind in erster Linie die zuständigen Verwaltungsbehörden zur Überprüfung berufen.

Im einzelnen Insolvenzverfahren kann die Pflicht, etwaigen Zweifeln an der Geeignetheit der Person 138 oder Stelle nachzugehen, nur in Ausnahmefällen Bedeutung erlangen, wenn sich dem Gericht bei einer Häufung solcher Unregelmäßigkeiten in mehreren Verfahren die fehlende Eignung der Stelle oder Person aufdrängt. Leidet der eingereichte Antrag selbst an erheblichen Mängeln, genügt der Schuldnerbereinigungsplan nicht den Anforderungen für einen vollstreckungsfähigen Titel, ist die Schuldnerberatungsstelle erkennbar nur einseitig im Interesse des Schuldners tätig geworden und hat sachdienliche gerichtliche Hinweise missachtet, rechtfertigt dies nach Auffassung des LG Schwerin (ZInsO 1999, 413 = DZWIR 1999, 341) den Schluss auf die Ungeeignetheit einer nur vorläufig zugelassenen Stelle durch das Insolvenzgericht.

2. Angemessenheit des Schuldenbereinigungsplans. Das Insolvenzgericht ist auch nicht befugt, die 139 Angemessenheit des Schuldenbereinigungsplans zu überprüfen, weil die inhaltliche Ausgestaltung des Schuldenbereinigungsplans der Privatautonomie unterliegt. Der Schuldner genügt seiner Pflicht zur Vorlage eines Schuldenbereinigungsplans auch dadurch, dass er seinen Gläubigern eine so genannte Null- oder Fast-Nulllösung anbietet (BayObLG NZI 2000, 129 = InVo 2000, 269 = ZInsO 2000, 161 = KTS 2000, 134 = DZWIR 2000, 156; **OLG** Celle NZI 2001, 254 = ZInsO 2000, 601 = ZIP 2001, 340 = NdsRpfl 2001, 85 = **OLG** Report 2001, 84; *Fuchs* EWiR 2001, 539).

IV. Antragsrücknahme

Der Schuldner kann den von ihm gestellten Insolvenzantrag bis zur Eröffnung des Verbraucherinsol- 140 venzverfahrens oder bis zur rechtskräftigen Abweisung mangels Masse zurücknehmen (§ 13 Abs 2). Eine Antragsrücknahme nach Eröffnung des Verbraucherinsolvenzverfahrens kommt auch dann nicht in Betracht, wenn der Schuldner sich bei Antragstellung in einem Irrtum über die Höhe des pfändbaren Teils seines Einkommens befunden hat (LG Düsseldorf NZI 2002, 60, 61). Eine Anfechtung scheitert daran, dass der Insolvenzantrag als Prozesshandlung nicht der Anfechtung wegen Willensmängel unterliegt (BerlKo-*Goetsch* § 13 Rn 4). Angeordnete Sicherungsmaßnahmen hat das Gericht nach Antragsrücknahme aufzuheben. Bei erneuter Antragstellung hat der Schuldner die Sechs-Monats-Frist des § 305 Abs 1 Nr 1 zu beachten. Ist diese Frist bereits verstrichen, muss der Schuldner grundsätzlich (s Rn 73) einen – weiteren – außergerichtlichen Schuldenbereinigungsversuch unternehmen. Ansonsten ist nur das gerichtliche Schuldenbereinigungsverfahren zu durchlaufen (*Delhaes* in: *Kraemer/Vallender/ Vogelsang* Fach 3 Kap 1 Rn 235). Die Rücknahme des Insolvenzantrags durch den Schuldner hat auf den von einem Gläubiger gestellten Insolvenzantrag keinen Einfluss. Dieses Verfahren wird bis zur Entscheidung über den Eröffnungsantrag fortgesetzt.

D. Nachträgliche Ergänzung der Unterlagen, Abs 3

Das Gericht prüft die vom Schuldner eingereichten Unterlagen nur auf ihre **Vollständigkeit** (s auch 141 Rn 133). Prüfungsmaßstab für die nach § 305 Abs 1 Nr 1 bis 4 vorzulegenden Unterlagen ist deren quantitative Vollständigkeit. Das Gericht fordert den Schuldner zur Ergänzung der eingereichten Unterlagen auf, wenn etwas fehlt oder eine der Unterlagen offensichtlich unzulänglich ist. Auch wenn der Schuldner beim außergerichtlichen Einigungsversuch anwaltlich vertreten war, hat die **Zustellung des Aufforderungsschreibens** grundsätzlich an ihn zu erfolgen. Aus einer anwaltlichen Beratung im außergerichtlichen Verfahren kann nicht ohne weiteres auf eine Vertretung im gerichtlichen Verfahren geschlossen werden, weil es sich um unterschiedliche selbstständige Verfahrensabschnitte mit eigenständigen gebührenrechtlichen Regelungen handelt (OLG Celle ZIP 2000, 1992, 1993).

Dem Gericht ist es zwar nicht verwehrt, einen **Anhörungstermin** zu bestimmen, in dem die Mängel 142 des Insolvenzantrags mit dem Schuldner mündlich erläutert werden. Ein solcher Termin trägt aber regelmäßig nicht zur Verfahrensbeschleunigung bei, weil zunächst die Ladung des Schuldners zu erfolgen hat und ggf über eine Vertagung zu entscheiden ist. Im Übrigen dürften die Beanstandungen eine mündliche Erörterung nicht erfordern. Im Falle einer mündlichen Anhörung beginnt die Monatsfrist nach mündlicher Erläuterung der Mängel zu laufen. Etwaige Änderungen im Gläubiger- und Forderungsverzeichnis hat der Schuldner selbst in die Unterlagen einzuarbeiten. Das Gericht ist hierzu nicht verpflichtet und sollte bereits aus Haftungsgründen davon absehen.

143 Kommt der Schuldner der Aufforderung durch das Gericht innerhalb der Monatsfrist nur unzureichend nach (die beanstandete unvollständige Anschrift eines Gläubigers enthält zB weiterhin nur die Angabe des – bereits beanstandeten – Postfachs), besteht grundsätzlich keine Verpflichtung des Gerichts, ihn unverzüglich auf diesen Mangel hinzuweisen. Etwas anderes gilt dann, wenn der Schuldner innerhalb der Monatsfrist mitteilt, dass sich **zwischenzeitlich** Veränderungen im Gläubigerverzeichnis und im Plan infolge einer Zession oder eines Forderungsverzichts ergeben hätten. In diesem Fall ist ihm Gelegenheit zu geben, diesem Umstand dadurch Rechnung zu tragen, dass das Gericht ihn wiederum auffordert, binnen eines Monats die Änderungen zu berücksichtigen (§ 305 Abs 3 S 1).

I. Rücknahmefiktion, Abs 3 S 2

144 Nach der Vorstellung des Gesetzgebers dient die in Abs 3 enthaltene Regelung insgesamt der **Verfahrensbeschleunigung und -vereinfachung**. Mit der Fristbestimmung in Satz 2 soll auf ein zügiges Handeln des Schuldners hingewirkt werden (Beschl-Empfehlung des RechtsA zu § 357b, BT-Drucks 12/7302 S 190). Dem Begriff „unverzüglich" kommt keine besondere praktische Bedeutung bei. Selbst wenn das Gericht feststellen sollte, dass der Schuldner die fehlenden Unterlagen bereits vor Ablauf der Monatsfrist hätte einreichen können, sind an einen späten, aber noch rechtzeitigen Eingang der Unterlagen keine Sanktionen geknüpft (*Hess/Obermüller* Rn 940).

145 **1. Fristbeginn.** Der Lauf der Monatsfrist beginnt mit dem Zugang der Aufforderung beim Schuldner. Aus Beweisgründen empfiehlt sich die förmliche Zustellung des Aufforderungsschreibens. Da es sich bei der Monatsfrist um eine **gesetzliche Ausschlussfrist** handelt, ist eine Verlängerung der Frist nach Abs 3 nicht möglich (§ 4 iVm § 224 Abs 2 ZPO). Gesetzliche Fristen können nur in den vom Gesetz ausdrücklich bestimmten Fällen verlängert werden (vgl § 224 Abs 2 ZPO). § 305 Abs 3 sieht eine Verlängerung der Monatsfrist nicht vor. Über den **Antrag auf die** – nicht zulässige – **Fristverlängerung** hat das Insolvenzgericht durch Verfügung oder durch Beschluss zu entscheiden (§ 225 Abs 1 ZPO iVm § 4 InsO). Die Entscheidung ist unanfechtbar (vgl § 225 Abs 3 ZPO).

146 **2. Eintritt der Wirkungen des § 305 Abs 3 S 2 verschuldensunabhängig.** Auch wenn § 305 Abs 3 das Gericht nicht verpflichtet, dem Schuldner die Folgen der Fristversäumnis aufzuzeigen, sollte es wegen der weitreichenden Folgen der Fristversäumnis gleichwohl ausdrücklich auf die Wahrung der Monatsfrist und die Rechtsfolgen einer Versäumung dieser Frist hinweisen. Ein unterlassener gerichtlicher Hinweis lässt den Eintritt der Rechtsfolgen der Fristversäumnis unberührt. Im Übrigen treten die Wirkungen des § 305 Abs 3 S 2 ohne Rücksicht darauf ein, ob den Antragsteller ein Verschulden trifft (*Hess/Obermüller* Rn 941). Bei **Fristversäumnis** kommt eine **Wiedereinsetzung in den vorigen Stand nicht in Betracht**, weil die Regelungen der §§ 233 ff ZPO bei gesetzlichen Ausschlussfristen keine Anwendung finden (vgl auch **AG Stuttgart** NZI 2000, 386, 387).

147 **3. Gesetzliche Fiktion.** Die **Rücknahme des Insolvenzantrags** wird nach fruchtlosem Ablauf der Ausschlussfrist von einem Monat **durch Gesetz fingiert**, wobei das Gesetz weder eine ausdrückliche Mitteilung an den Schuldner von dem Eintritt der Wirkung fordert (**LG Göttingen**, DZWIR 2000, 119, 120 = Rpfleger 2000, 176; K/P/B/*Wenzel* § 305 Rn 9 b) noch dem Insolvenzgericht oder den Rechtsmittelinstanzen die Möglichkeit einräumt, nach Ablauf der Frist die einmal eingetretene Wirkung wieder abzuändern (**OLG Köln** ZIP 2000, 173, 173; **OLG Köln** NZI 2000, 317, 318). Dies gilt selbst dann, wenn dem Vorbringen des Schuldners ausdrücklich oder schlüssig zu entnehmen ist, dass er an seinem Eröffnungsantrag festhalten will (N/R/*Römermann* § 305 Rn 71).

148 **4. Neuer Antrag.** Dem Schuldner bleibt aber die Möglichkeit, durch Einreichung eines **neuen Antrags** die Eröffnung des Insolvenzverfahrens anzustreben, weil § 305 Abs 3 nicht im Sinne einer Notfrist einen erneuten Antrag ausschließt (**OLG Köln** ZIP 2000, 1732, 1734; ZIP 2000, 1449, 1450 = ZInsO 2000, 401; **BayObLG** ZIP 2000, 1767, 1768 = NZI 1999, 412, 413; **LG Schwerin** DZWIR 1999, 341, 342; K/P/B/*Wenzel* § 305 Rn 9 b; *Vallender* EWiR 1999, 955). Allerdings steht die Anhängigkeit eines Rechtsmittels gegen die Mitteilung des Insolvenzgerichts, ein Antrag gelte auf Grund der Fiktion des § 305 Abs 3 S 2 als zurückgenommen, einer erneuten Antragstellung solange entgegen, bis das Rechtsmittelverfahren abgeschlossen ist (**AG Potsdam** ZVI 2002, 71). Sind seit dem endgültigen Scheitern des außergerichtlichen Einigungsversuchs bereits mehr als sechs Monate verstrichen, muss der Schuldner auch den außergerichtlichen Einigungsversuch wiederholen.

149 **5. Beschränkung auf Verbraucherinsolvenzverfahren.** Die Vorschrift des § 305 Abs 3 S 2 findet grundsätzlich keine Anwendung, wenn der Schuldner einen **Eröffnungsantrag im Regelinsolvenzverfahren** gestellt hat. Dies gilt auch, wenn das Insolvenzgericht mit Hinweisen auf die Einschlägigkeit des Verbraucherinsolvenzverfahrens, die der Schuldner jedoch nicht aufnimmt, auf den Insolvenzantrag reagiert. Auch in diesem Fall muss das Insolvenzgericht eine Entscheidung über den Eröffnungsantrag des Schuldners treffen, die der sofortigen Beschwerde nach §§ 6, 34 unterliegt (**OLG Celle** NZI 2000,

D. Nachträgliche Ergänzung der Unterlagen, Abs 3 **§ 305**

229/230; *Pape* ZIP 1999, 2037, 2039 ff). Unterlässt das Insolvenzgericht eine solche Entscheidung, weil es der Auffassung ist, die Rücknahmefiktion des § 305 Abs 3 S 2 sei einschlägig, ist auch ohne einen entsprechenden Beschluss die sofortige Beschwerde statthaft (**OLG Celle** aaO).

Bis zum Inkrafttreten des InsOÄG 2001 v 26. 10. 2001 (BGBl I S 2710) wurde teilweise – allerdings zu Unrecht – eine **entsprechende Anwendung des** § 305 Abs 3 bei Nichtzahlung des gemäß § 68 GKG aF angeforderten Auslagenvorschusses innerhalb der vom Gericht gesetzten Monatsfrist befürwortet (AG Stuttgart NZI 2000, 386; *Sabel* ZIP 1999, 305 ff). Diese Ansicht ist im Hinblick auf § 10 GKG nicht mehr haltbar. **150**

II. Vorangegangener Gläubigerantrag, Abs 3 S 3

Der **Schuldner** kann gemäß § 287 Abs 1 S 1 Restschuldbefreiung nur erlangen, wenn er einen **eigenen Insolvenzantrag** stellt (näher dazu § 287 Rn 10). Bei einem vorangegangenen Gläubigerantrag hat er zunächst eine außergerichtliche Einigung mit seinen Gläubigern zu versuchen, wenn er Restschuldbefreiung erlangen will. Da ein solcher Einigungsversuch nicht in der Monatsfrist des Absatzes 3 S 2 zu bewerkstelligen ist, räumt Abs 3 S 3 dem Schuldner im Falle eines **vorhergehenden Gläubigerantrags** eine Frist von 3 Monaten ein (näher dazu § 306 Rn 72). **151**

III. Rechtsbehelfe

Bezüglich der Fiktion der Rücknahme des Insolvenzantrags nach § 305 Abs 3 S 2 ist eine sofortige Beschwerde im Gesetz nicht angeordnet. Gleichwohl sollen nach gefestigter Rechtsprechung einiger Oberlandesgerichte Entscheidungen des Insolvenzgerichts, mit denen die **Rücknahmefiktion** des § 305 Abs 3 S 2 ausgelöst bzw festgestellt werden soll, unter bestimmten Voraussetzungen gemäß § 304 Abs 1, 34 Abs 1 anfechtbar sein. Dies gilt gleichermaßen für die **Ergänzungsaufforderung** nach § 305 Abs 3 S 1. **152**

1. Ergänzungsaufforderung. Die **Ergänzungsaufforderung nach § 305 Abs 3 S 1** stellt mangels eines bedeutsamen Eingriffs in die Rechte des Schuldners nach dem System der InsO regelmäßig noch **keine förmliche Nichteröffnungsentscheidung** iSd § 34 Abs 1 dar, so dass **im Regelfall die sofortige Beschwerde nicht statthaft** ist (**BGH** v 7. 4. 2005 – IX ZB 195/03, NZI 2005, 403; BayObLGZ 1999, 200 = NJW-RR 1999, 1570 = NZI 1999, 412 = ZIP 1999, 1767; BayObLG NZI 2000, 129, 130; LG Berlin NZI 2000, 546; vgl auch **BGH** v 7. 4. 2005 – IX ZB 195/03, NZI 2005, 403, wonach eine sofortige Beschwerde in analoger Anwendung des § 34 Abs 1 auch dann nicht in Betracht kommt, wenn der Schuldner auf eine Aufforderung des Gerichts zwar Ergänzungen nachreicht, diese aber noch immer nicht den Anforderungen genügen). **153**

Nach Auffassung des BayObLG (NZI 2000, 129, 130 = ZIP 2000, 320; ebenso *Ahrens* NZI 2000, 201, 206) soll indes etwas anderes gelten, wenn das Gericht den Schuldner gemäß § 305 Abs 3 S 1 zur Ergänzung von Unterlagen auffordert, obwohl von vornherein eindeutig erkennbar ist, dass der Schuldner aus tatsächlichen Gründen zur Beibringung solcher Unterlagen nicht in der Lage sein wird. Gegen diese Aufforderung stehe dem Schuldner das **Rechtsmittel der sofortigen Beschwerde** zu, weil sich die Entscheidung des Gerichts in ihrer materiellen Auswirkung als eine endgültige Ablehnung des Antrags der Schuldnerin auf Eröffnung des Insolvenzverfahrens iSd § 34 darstellt (offengelassen von BGH aaO). **154**

Ahrens (NZI aaO) sieht auch in den Fällen grundlegender rechtlicher Differenzen zwischen dem Insolvenzgericht und dem Antragsteller eine offensichtlich und durch die Anwendung von § 34 Abs 1 zu schließende **Rechtsschutzlücke**, ohne dass damit der Anwendungsrahmen für eine erweiternde Auslegung von § 34 erschöpft sei. Hiergegen bestehen insoweit rechtssystematische Bedenken, als ein den Eröffnungsantrag zurückweisender Beschluss vor Ablauf der gesetzlichen Frist nicht ergehen darf, während er nach Ablauf der Frist nicht mehr ergehen kann (*Vallender* ZIP 1999, 125, 128 ff; KS-*Fuchs* S 1679 Rn 68). **155**

2. Formloser Hinweis auf Rücknahmefiktion. Die **formlose Mitteilung des Insolvenzgerichts**, mit der auf die Rücknahmewirkung des § 305 Abs 3 S 2 hingewiesen wird, ist einem **Rechtsmittel** dann **nicht zugänglich**, wenn es nicht um inhaltliche Anforderungen an den Insolvenzantrag ging (BGH v 7. 4. 2005 – IX 195/03, NZI 2005, 414, 415; BGH v 16. 10. 2003 – IX ZB 599/02, ZInsO 2003, 1040; BayObLG ZIP 1999, 412; OLG Frankfurt NZI 2000, 137; OLG Köln NZI 2000, 317, 318; OLG Naumburg, Beschl v 24. 2. 2000 – 5 W 13/00 –; LG Schwerin ZInsO 1999, 413 = DZWIR 1999, 341; LG Düsseldorf v 9. 4. 2003 – 25 T 248/03, ZVI 2004, 124; LG Köln v 4. 12. 2002 – 19 T 187/02, ZVI 2003, 73). Dies verstößt weder gegen das Grundgesetz noch gegen die Europäische Menschenrechtskonvention (OLG Köln ZInsO 2000, 401). Selbst wenn man in der formlosen Mitteilung eine Entscheidung iSv § 6 sieht, ist eine Rechtsmittelfähigkeit unter keinem Gesichtspunkt gegeben. Die InsO sieht weder ein Rechtsmittel gegen die in § 305 Abs 3 S 2 enthaltene gesetzliche Rücknahmefiktion noch gegen die Mitteilung dieser Wirkung an den Schuldner vor. Ebenso wenig kommt eine Anfech- **156**

tungsmöglichkeit entsprechend § 34 Abs 1 mangels Regelungslücke in Betracht (**BGH** aaO 1041; **OLG** Köln NJW-RR 2000, 782 = NZI 2000, 130 = ZIP 2000, 552, 553). Schließlich ist die (formlose) Mitteilung auch nicht mit einer **außerordentlichen Beschwerde** wegen greifbarer Gesetzwidrigkeit angreifbar (**OLG** Köln ZIP 1732, 1733). Dadurch, dass gegen die gesetzliche Fiktion der Rücknahme des Insolvenzantrags nach § 305 Abs 3 S 2 und gegen ihre Mitteilung an den Antragsteller kein Rechtsmittel gegeben ist, wird dieser schon deshalb nicht unzumutbar beschwert, weil ihm jederzeit die Möglichkeit bleibt, mit einem **neuen Insolvenzantrag** die Eröffnung eines Insolvenzverfahrens anzustreben.

157 3. **Beschluss des Insolvenzgerichts.** Auch ein die **Rücknahmewirkung feststellender Beschluss** ist dann **nicht anfechtbar**, wenn es nicht um inhaltliche Anforderungen an den Insolvenzantrag ging. Er unterliegt insbesondere nicht gemäß § 269 Abs 3 S 5 ZPO aF der sofortigen Beschwerde (BayObLG ZInsO 2000, 161; **OLG** Frankfurt NZI 2000, 137, 138; **LG** Berlin ZInsO 2000, 349; **LG** Berlin v 30. 1. 2003 – 86 T 286/03, ZInsO 2003, 286; aA **OLG** Karlsruhe v 20. 12. 1999 – 9 W 82/99, NZI 2000, 163; *Kohte/Ahrens/Grote* § 305 Rn 50 a; *Hoffmann* NZI 1999, 425, 431; *Ahrens* DZWIR 1999, 458, 460), weil er sich nicht auf eine Antragsrücknahme durch Erklärung bezieht, sondern auf die vom Gesetz in § 305 Abs 3 S 2 angeordnete Rücknahmefiktion. Eine über § 4 – doppelte – entsprechende Anwendung des § 269 Abs 3 ZPO scheitert bereits an § 6 Abs 1. Die vom Gesetz ausdrücklich angeordnete Beschränkung der Rechtsmittel auf in der Insolvenzordnung als anfechtbar bezeichnete Entscheidungen lässt grundsätzlich keinen Raum für die Zulassung ungeschriebener Beschwerdemöglichkeiten (BayObLG ZInsO 2000, 161 = NZI 2000, 129; K/P/B/*Prütting* § 6 Rn 12).
158 Der die Rücknahmewirkung festzustellende Beschluss unterliegt auch nicht in entsprechender Anwendung des § 34 der sofortigen Beschwerde (**LG** Berlin NZI 2000, 546, 547).

159 4. **Anfechtbarkeit von Entscheidungen. Ausnahmsweise** sind Entscheidungen des Insolvenzgerichts, mit denen die Rücknahmefiktion des § 305 Abs 3 S 2 ausgelöst bzw festgestellt werden soll, anfechtbar, wenn die **gerichtliche Aufforderung** im Hinblick auf die beizubringenden Unterlagen und Erklärungen **nicht erfüllbar** ist oder vom Insolvenzgericht Anforderungen gestellt werden, die mit den vom Schuldner zu erfüllenden gesetzlichen Anforderungen des § 305 Abs 1 nicht in Einklang stehen (**BGH** v 7. 4. 2005 – IX 195/03, NZI 2005, 414, 415; **OLG** Celle v 14. 1. 2002 – 2 W 96/01, NZI 2002, 270; s bereits Rn 154) bzw wenn die Entscheidung auf diesem Fehler beruht (**LG** Berlin v 10. 10. 2007 – 86 T 367/07, ZInsO 2007, 1356). Letzteres ist nicht der Fall, wenn die Gläubigerforderungen in Anlage 6 des Antrags nicht ausreichend individualisiert bezeichnet sind und dies vom Insolvenzgericht nach § 305 Abs 3 S 1 beanstandet wird. Eine **inhaltliche Überprüfung des Schuldenbereinigungsplans** ist durch das Gesetz nicht gedeckt. Findet eine solche Überprüfung gleichwohl statt und wird auf ihr Ergebnis die Bestätigung der fiktiven Rücknahme des Antrags gestützt, ist ein solcher Beschluss nach **§§ 304 Abs 1, 34 Abs 1 anfechtbar** (BayObLG ZInsO 1999, 644; BayObLG ZIP 2000, 320; **OLG** Köln ZIP 1999, 1929 = MDR 2000, 230; **OLG** Celle ZIP 2001, 340, 341 = NZI 2001, 254; ZInsO 2000, 601 = OLG Report 2001, 84; *Fuchs* EWiR 2001, 539; zusammenfassend *Pape* ZInsO 2000, 214 ff).

E. Gerichtliche Vertretung durch geeignete Person oder Stelle, Abs 4

160 Das Gesetz zur Änderung des Einführungsgesetzes zur Insolvenzordnung und anderer Gesetze (EG-InsOÄndG) vom 19. 12. 1998 (BGBl I S 3836) hatte durch Änderungen des Rechtsberatungs- und des Steuerberatungsgesetzes klargestellt, dass die nach Landesrecht als geeignet im Sinne des § 305 Abs 1 Nr 1 anerkannten Stellen befugt sind, im Rahmen ihres Aufgabenbereichs Rechtsangelegenheiten zu besorgen, ohne dass § 157 ZPO dem entgegenstand. Dazu gehört nicht nur die Rechtsberatung beim außergerichtlichen Einigungsversuch, sondern auch die Vertretung im gerichtlichen Schuldenbereinigungsverfahren (*Graf-Schlicker/Livonius* Restschuldbefreiung Rn 156). Die Vorschrift erfasst dagegen nicht die gerichtliche Vertretung des Schuldners im vereinfachten Insolvenzverfahren (**BGH** v 29. 4. 2004 – IX ZB 30/04, NZI 2004, 510, 511; K/P/B/*Wenzel* § 305 Rn 43; HK-*Landfermann* § 305 Rn 60).
160a Die Regelung zur Unanwendbarkeit des § 157 S 1 ZPO in § 305 Abs 4 aF wurde durch das **Rechtsdienstleistungsgesetz** vom 12. 12. 2007 (BGBl 2007 I S 2840), inkraftgetreten am 1. 7. 2008, als Folge der grundlegenden Umgestaltung des § 157 ZPO aufgehoben. Der neue Satz 2 erstreckt nunmehr die Vertretungsbefugnis der **Inkassounternehmen** auf das gerichtliche Schuldenbereinigungsverfahren. Dies hat für den vertretenen Gläubiger den Vorteil, dass er sich nicht selbst um die Wahrung seiner Rechte zu kümmern oder für seine Vertretung im Schuldenbereinigungsplanverfahren einen Rechtsanwalt zu beauftragen hat.

F. Formularzwang, Abs 5

161 § 305 Abs 5 ermächtigt das Bundesministerium der Justiz, durch Rechtsverordnung mit Zustimmung des Bundesrates zur Vereinfachung des Verbraucherinsolvenzverfahrens für die Beteiligten Vordrucke

I. Normzweck **§ 305a**

für die nach Abs 1 Nr 1 bis 4 vorzulegenden Bescheinigungen, Anträge, Verzeichnisse und Pläne einzuführen. Der **Vordruckzwang** soll dem Gericht eine zügige Prüfung des Antrages insbesondere auf Vollständigkeit erleichtern und die Entwicklung einheitlicher Software fördern (Stellungnahme des Bundesrates zum RegE EGInsOÄndG, BT-Drucks 14/49 S 9). Gleichzeitig entfällt das Erfordernis, einen Sachverständigen mit der Prüfung eines Insolvenzgrundes und einer die Kosten des Verfahrens deckenden Masse zu beauftragen. In massearmen Verfahren kann nach Stundung der Verfahrenskosten sogleich die Verfahrenseröffnung erfolgen (vgl auch *Schmerbach* ZInsO 2004, 697, 699). Mit der Verordnung zur Einführung von Vordrucken für das Verbraucherinsolvenzverfahren und das Restschuldbefreiungsverfahren (**Verbraucherinsolvenzvordruckverordnung [VbrInsVV]**) vom 17. 2. 2002 (BGBl I 703) hat das Bundesministerium der Justiz von der Ermächtigung Gebrauch gemacht und zum 1. 3. 2002 **bundesweit einheitliche Antragsformulare**, veröffentlicht am 22. 2. 2002 (BGBl I S 703), eingeführt (abrufbar unter www.bmj.de; www.justiz.de/Formulare oder www.nzi.beck.de). Aufgrund der Änderung des Abs 5 durch das Justizkommunikationsgesetz v 22. 3. 2005 (BGBl I 837) kann in Zukunft auch die Benutzung elektronischer Formulare vorgeschrieben werden.

Der **strenge Formularzwang** erfasst insbesondere den Allgemeinen Teil des Schuldenbereinigungsplans (Anlage 7), die Anlage 7 B, die insbesondere die nach Abs 1 Nr 4 erforderlichen Angaben zu Sicherheiten der Gläubiger enthält. Dagegen ist umstritten, ob der gestaltende Teil der Anlage 7 A dem Formularzwang unterliegt. Auch wenn die beiden angebotenen Vordrucke die Bezeichnung „Musterplan" tragen und die Gestaltungsmöglichkeiten unbefriedigend eingeschränkt erscheinen (*Hartenbach* ZVI 2003, 63), ergibt sich aus § 2 VbrInsVV keine Ermächtigung zu Abweichungen. *Ley* (in: Anwaltshandbuch Insolvenzrecht § 16 Rn 222) weist mit Recht darauf hin, dass gerade die Verwendung eines der beiden Muster das Insolvenzgericht von ständigen Hinweisen auf die fehlende Vollstreckbarkeit selbst entworfener Zahlungspläne entbinde. Dies sei Sinn und Zweck eines vorgeschriebenen Vordrucks; aA *Graf-Schlicker/Sabel* § 305 Rn 5; *Mäusezahl* ZVI 2002, 201). Mithin ist der Schuldner nicht befugt, einen von Anlage 7 A abweichenden Besonderen Teil des Schuldenbereinigungsplans einzureichen (wie hier K/P/B/*Wenzel* § 305 Rn 45; BerlKo-*Fluck* § 305 Rn 34; aA HK-*Landfermann* § 305 Rn 64 unter Bezugnahme auf das Hinweisblatt (unter Nr 68); s auch LG Kleve v 30. 4. 2002 – 4 T 166/02, ZVI 2002, 200). Ein **Vordruck mit Firmenaufschrift** erfüllt nicht die Anforderungen der Vordruckverordnung und löst auch dann die Rücknahmefiktion des § 305 Abs 3 S 2 aus, wenn er ansonsten mit den amtlichen Vordrucken übereinstimmt (AG Köln v 15. 10. 2002 – 71 IK 103/02, ZVI 2002, 370; abweichend AG Dresden v 7. 6. 2002 – 532 IK 591/02, ZVI 2002, 415, das eine Zurückweisung des Insolvenzantrags als unzulässig befürwortet). Eine Anfechtungsmöglichkeit gegen die Rücknahmefiktion besteht nicht (LG Köln v 25. 11. 2002 – 19 T 168/02, ZVI 2002, 464).

162a

Reicht der Schuldner einen **Antrag** ein, **ohne** die **Vordrucke** zu benutzen, so hat ihm das Gericht Gelegenheit zu geben, den Mangel innerhalb einer bestimmten Frist zu korrigieren. Kommt der Schuldner der Auflage nicht nach, ist der Antrag als unzulässig zurückzuweisen, weil er nicht den besonderen Zulässigkeitsvoraussetzungen entspricht.

162b

§ 305 a Scheitern der außergerichtlichen Schuldenbereinigung

Der Versuch, eine außergerichtliche Einigung mit den Gläubigern über die Schuldenbereinigung herbeizuführen, gilt als gescheitert, wenn ein Gläubiger die Zwangsvollstreckung betreibt, nachdem die Verhandlungen über die außergerichtliche Schuldenbereinigung aufgenommen wurden.

I. Normzweck

Die Insolvenzordnung schützt die **gerichtlichen Schritte der Verbraucherentschuldung** durch verschiedene Mechanismen vor Einzelzwangsvollstreckungsmaßnahmen. So ist in der Phase des gerichtlichen Schuldenbereinigungsverfahrens nach § 306 Abs 2 trotz Ruhens des Verfahrens über den Antrag auf Eröffnung des Insolvenzverfahrens eine Einstellung oder Untersagung der Zwangsvollstreckung nach § 21 Abs 2 Nr 3 möglich. Nach Verfahrenseröffnung greift das Verbot der Einzelzwangsvollstreckung (§ 89). Während der Wohlverhaltensperiode untersagt § 294 Abs 1 die Einzelzwangsvollstreckung.

1

§ 305 a stellt neben der Erweiterung der Rückschlagsperre auf 3 Monate (§ 88) eine sinnvolle Ergänzung dieser Schutzmechanismen für das **außergerichtliche Einigungsverfahren** dar (krit dazu *Grote* ZInsO 2001, 17, 19; *ders* FK-InsO § 305 a Rn 3; *Göbel* ZInsO 2000, 383, 384). Die Vorschrift fingiert das Scheitern des außergerichtlichen Einigungsversuchs, wenn die in die Einigungsbemühungen involvierten Gläubiger Zwangsvollstreckungsmaßnahmen initiieren, nachdem die Verhandlungen über die außergerichtliche Schuldenbereinigung aufgenommen wurden (Begr RegE, BT-Drucks 14/5680 S 50). Ein Gläubiger, der nach Übersendung des Plans Vollstreckungsmaßnahmen gegen den Schuldner ergreift, gibt hinreichend deutlich zu verstehen, dass er die Zustimmung zu dem ihm unterbreiteten Plan verweigert. Damit erscheint es gerechtfertigt, in einer Einzelzwangsvollstreckungsmaßnahme zugleich das Scheitern des außergerichtlichen Einigungsversuchs zu sehen. Nur für diesen Fall ist ein Verzicht auf die (weitere) Durchführung der außergerichtlichen Verhandlungen vorgesehen.

2

II. Fiktion des Scheiterns des außergerichtlichen Einigungsversuchs

3   Die Fiktion des Scheiterns des außergerichtlichen Einigungsversuchs setzt voraus, dass ein Gläubiger gegen den Schuldner die **Zwangsvollstreckung** betreibt, **nachdem** die geeignete Person oder Stelle die Verhandlungen über die außergerichtliche Schuldenbereinigung auf der Grundlage eines Plans eingeleitet hatte.

4   **1. Betreiben der Zwangsvollstreckung.** Der **Begriff der Zwangsvollstreckung** ist **weit auszulegen** und erfasst alle Maßnahmen, die auf einen Zugriff auf das schuldnerische Vermögen abzielen (K/P/B/*Wenzel* § 305 a Rn 6). Um den außergerichtlichen Einigungsversuch nicht zu entwerten, reicht die Ankündigung eines Gläubigers, Zwangsvollstreckungsmaßnahmen einzuleiten, für das Eingreifen der Fiktion nicht aus. Ebenso wenig erfüllt ein an das Vollstreckungsorgan gerichteter Zwangsvollstreckungsantrag die Tatbestandsvoraussetzungen des § 305 a. Zwar gibt der Gläubiger damit zu erkennen, an einer außergerichtlichen Schuldenbereinigung nicht interessiert zu sein. Da ein solcher Antrag aber unter Umständen zurückgewiesen werden kann, wenn die allgemeinen oder besonderen Vollstreckungsvoraussetzungen nicht erfüllt sind, würde die Fiktion zu früh greifen, wenn man bereits auf diesen Zeitpunkt abstellen würde. Im Übrigen muss der Schuldner wegen des nach Scheitern des außergerichtlichen Einigungsversuchs beginnenden Laufs der Sechs-Monats-Frist gemäß § 305 Abs 1 Nr 1 genaue Kenntnis der gegen ihn betriebenen Vollstreckungsmaßnahme haben. Aus diesem Grunde erscheint es geboten, das Betreiben der Zwangsvollstreckung grundsätzlich mit dem **Beginn der Vollstreckungshandlung** gleichzusetzen. Der Beginn der Zwangsvollstreckung liegt in der ersten gegen den Schuldner gerichteten Vollstreckungshandlung des Vollstreckungsorgans (vgl **OLG** Köln JurBüro 1989, 870; **LG** Berlin DGVZ 1991, 9). Das ist bei der Vollstreckung wegen einer Geldforderung in bewegliche Sachen die Pfändung durch den Gerichtsvollzieher (*Brox/Walker* § 39 Rn 1189), bei der Vollstreckung in Forderungen und Rechte bereits der Erlass des Pfändungsbeschlusses (vgl BGHZ 25, 60, 63 ff). Für den Zeitpunkt des Scheiterns des außergerichtlichen Einigungsversuchs ist allerdings auf die Zustellung des Beschlusses an den Schuldner gemäß § 829 Abs 2 S 2 ZPO abzustellen, weil er erst von diesem Zeitpunkt an aktuelle Kenntnis der Zwangsvollstreckung hat.

5   Die Begründung zu § 305 a geht offensichtlich davon aus, dass allein die Zwangsvollstreckungsmaßnahme eines **in die Einigungsbemühungen involvierten Gläubigers** zum Eingreifen der Fiktion führen kann. Dem Wortlaut der Vorschrift ist dies allerdings nicht ohne weiteres zu entnehmen. Deshalb stellt sich die Frage, ob die Vorschrift auch bei Zwangsvollstreckungsmaßnahmen von Gläubigern Anwendung findet, die der Schuldner – sei es aus Nachlässigkeit oder bewusst – im Schuldenbereinigungsplan nicht aufgeführt hat. Ein Gläubiger, der in Unkenntnis der Bemühungen des Schuldners um eine außergerichtliche Einigung die Vollstreckung betreibt, muss nicht zwangsläufig an einer gütlichen Einigung mit dem Schuldner desinteressiert sein. Unter Umständen ist er bei einem vernünftigen Zahlungsangebot im Plan vergleichsbereit (ähnlich *Grote* ZInsO 2000, 17, 19). Dies gilt umso mehr, wenn ihm vor Augen geführt wird, dass seine Vollstreckungsmaßnahme unter Umständen wegen § 88 unwirksam ist. Aus diesem Grunde greift die Fiktion des Scheiterns nur ein, wenn ein Gläubiger **in Kenntnis** des Planinhalts die Vollstreckung betreibt.

6   Vor Aufnahme der Verhandlungen eingeleitete Zwangsvollstreckungsmaßnahmen wie die Pfändung des Einkommens des Schuldners lösen die Fiktion nicht aus (ebenso HambKomm/*Streck* § 305 a Rn 5; K/P/B/*Wenzel* § 305 a Rn 8). Nach dem Sinn und Zweck der Vorschrift sollen erst **neue Vollstreckungsmaßnahmen** die Einigung als gescheitert erscheinen lassen (*Bruckmann* InVo 2001, 4) so dass nur der **nach Kenntnis des Planinhalts** gefasste Entschluss, gegen den Schuldner die Zwangsvollstreckung zu betreiben, die Annahme rechtfertigt, dass der Gläubiger die Zustimmung zu dem ihm unterbreiteten Plan verweigert (ebenso MüKoInsO-*Ott* § 305 a Rn 3; aA *Kohte/Ahrens/Gote* § 305 a Rn 4).

7   **2. Aufnahme der Verhandlungen.** Trotz zum Teil heftiger Kritik in der Literatur (*Grote* ZInsO 2000, 17) hat der Gesetzgeber am Modell des obligatorischen außergerichtlichen Einigungsversuchs festgehalten. Die Fiktion des Scheiterns setzt zwingend die Aufnahme von Verhandlungen über die außergerichtliche Schuldenbereinigung voraus. Reine Vorbereitungshandlungen, die noch keine Außenwirkung entfaltet haben, sind nicht ausreichend (BerlKo-*Fluck* § 305 a Rn 2). Die an die Gläubiger gerichtete Aufforderung des Schuldners gemäß § 305 Abs 2 S 2, ihm zur Vorbereitung des Forderungsverzeichnisses eine schriftliche Aufstellung ihrer gegen diesen gerichteten Forderungen zu erteilen, stellt keine Aufnahme von Verhandlungen iSd § 305 a dar. Dieses Ersuchen dient lediglich der Vorbereitung von Verhandlungen. Auch wenn der Wortlaut des § 305 a als Auslöser für die Fiktion des Scheiterns des außergerichtlichen Einigungsversuchs allein auf die Einleitung von Zwangsvollstreckungsmaßnahmen durch einen Gläubiger abstellt, entspricht es dem Sinn und Zweck der Vorschrift, auch die **Stellung eines Insolvenzantrags durch einen Gläubiger** nach Aufnahme der Verhandlungen als ausreichend und geeignet anzusehen, die Fiktion des § 305 a auszulösen (BerlKo-*Fluck* § 305 a Rn 3; aA *Graf-Schlicker/Sabel* § 305 a Rn 5; HK-*Landfermann* § 305 a Rn 3). Der Gläubiger gibt mit diesem Verhalten hinreichend zu verstehen, dass er an einer außergerichtlichen Einigung auf der Grundlage eines Plans nicht interessiert ist. Im Übrigen ist die Stellung eines Insolvenzantrags die stärkste Form einer Zwangsvollstreckungsmaßnahme.

8   Die Verhandlungen des Schuldners haben gemäß § 305 Abs 1 Nr 1 auf der **Grundlage eines Plans** zu erfolgen. Ein **mündlich vorgetragener Plan** genügt nicht den Anforderungen, die an einen ernsthaften

Einigungsversuch zu stellen sind. Davon geht auch der Gesetzgeber aus. Denn der Schuldner hat nach dem Scheitern des außergerichtlichen Einigungsversuchs seinem Antrag auf Eröffnung des Insolvenzverfahrens den Plan beizufügen (§ 305 Abs 1 Nr 1).

Die Aufnahme der Verhandlungen setzt voraus, dass der Plan den Gläubigern zugegangen ist oder sie auf andere Weise vom Planinhalt Kenntnis nehmen konnten (FK-*Grote* § 305 a Rn 3; *Hess* InsOÄG § 305 a Rn 7; aA K/P/B/*Wenzel* § 305 a Rn 7). Eine förmliche Zustellung verlangt das Gesetz nicht. Sie hätte freilich den Vorteil, die Fiktion des Scheiterns zeitlich genau festzulegen, was im Hinblick auf die Sechs-Monats-Frist bedeutsam sein kann. 9

Soweit es in der Begründung des Regierungsentwurfs heißt, nur solche Vollstreckungsmaßnahmen sollten die Fiktion des Scheiterns auslösen, die eingeleitet wurden, nachdem bereits über den Plan zur außergerichtlichen Einigung **beraten wurde** (BT-Drucks 14/5680 S 50), ist dies missverständlich. Da keine Verpflichtung der Gläubiger besteht, auf das Angebot des Schuldners im Plan zu reagieren, reicht schon die Einleitung von Zwangsvollstreckungsmaßnahmen nach der Möglichkeit, vom Planinhalt Kenntnis zu nehmen, zur Auslösung der Fiktion aus. Dabei muss der Plan nicht zwingend sämtlichen Gläubigern zugegangen sein. Entscheidend ist, dass der die Vollstreckung betreibende Gläubiger Kenntnis vom Planinhalt hatte. 10

3. Folgen des Scheiterns der Verhandlungen. Der Schuldner ist seiner Verpflichtung entbunden, (weiterhin) eine außergerichtliche Einigung mit seinen Gläubigern auf der Grundlage eines Plans zu versuchen. Begonnene Verhandlungen müssen nicht weiter fortgeführt werden. Eine Verpflichtung des Schuldners, die beteiligten Gläubiger über das Scheitern des außergerichtlichen Einigungsversuchs zu unterrichten, besteht nicht. 11

Die Fiktion des § 305 a ist **unwiderleglich**, dh der außergerichtliche Einigungsversuch gilt auch dann als gescheitert, wenn im Einzelfall durchaus Chancen bestehen würden, den die Vollstreckung betreibenden Gläubiger umzustimmen (K/P/B/*Wenzel* § 305 a Rn 4). 11a

Das Scheitern der Verhandlungen eröffnet dem Schuldner die Möglichkeit, in einem überschaubaren Zeitraum die Antragsunterlagen nach § 305 zusammenzustellen und einen Antrag auf Eröffnung des Verbraucherinsolvenzverfahrens einzureichen. Dies ist indes **nicht zwingend**. Vielmehr steht es dem Schuldner trotz Eingreifens der Fiktion frei, seine Bemühungen um eine außergerichtliche Einigung fortzusetzen. Dies bietet sich an, wenn die Vollstreckungsmaßnahmen fruchtlos erscheinen und aus seiner Sicht weiterhin eine Einigung mit seinen Gläubigern auf der Grundlage des Plans möglich erscheint (*Graf-Schlicker/Sabel* § 305 a Rn 6). Dies ist zB auch bei Erfolg versprechenden Pfändungsmaßnahmen möglich, wenn die Erwartung besteht, dass den Vollstreckungsgläubiger der Hinweis auf die Rückschlagsperre zu einer Rücknahme seines Vollstreckungsauftrags bzw zu einem Verzicht auf das bereits erlangte Absonderungsrecht veranlassen wird (HK-*Landfermann* § 305 a Rn 7). Vermag der Schuldner eine Einigung nicht herbeizuführen, steht ihm weiterhin der Weg in das gerichtliche Verfahren offen. Dabei hat er zu beachten, dass er seinen Antrag rechtzeitig innerhalb der Sechs-Monats-Frist des § 305 Abs 1 Nr 1 stellt. Maßgeblicher Zeitpunkt ist der Zeitpunkt der letzten Ablehnung oder Zustimmung eines Gläubigers auf ein Angebot des Schuldners (*Kohte/Ahrens/Grote* § 305 Rn 12). Auf den Zeitpunkt, in dem die Fiktion des Scheiterns einsetzte, kommt es bei fortgeführten Einigungsbemühungen des Schuldners mit seinen Gläubigern nicht an. 12

§ 306 Ruhen des Verfahrens

(1) ¹Das Verfahren über den Antrag auf Eröffnung des Insolvenzverfahrens ruht bis zur Entscheidung über den Schuldenbereinigungsplan. ²Dieser Zeitraum soll drei Monate nicht überschreiten. ³Das Gericht ordnet nach Anhörung des Schuldners die Fortsetzung des Verfahrens über den Eröffnungsantrag an, wenn nach seiner freien Überzeugung der Schuldenbereinigungsplan voraussichtlich nicht angenommen wird.

(2) ¹Absatz 1 steht der Anordnung von Sicherungsmaßnahmen nicht entgegen. ²Ruht das Verfahren, so hat der Schuldner die für die Zustellung erforderliche Zahl Abschriften des Schuldenbereinigungsplans und der Vermögensübersicht innerhalb von zwei Wochen nach Aufforderung durch das Gericht nachzureichen. ³§ 305 Abs. 3 Satz 2 gilt entsprechend.

(3) ¹Beantragt ein Gläubiger die Eröffnung des Verfahrens, so hat das Insolvenzgericht vor der Entscheidung über die Eröffnung dem Schuldner Gelegenheit zu geben, ebenfalls einen Antrag zu stellen. ²Stellt der Schuldner einen Antrag, so gilt Absatz 1 auch für den Antrag des Gläubigers. ³In diesem Fall hat der Schuldner zunächst eine außergerichtliche Einigung nach § 305 Abs. 1 Nr. 1 zu versuchen.

Übersicht

	Rn
A. Allgemeines	1
B. Ruhen des Verfahrens, Abs 1 S 1	4
I. Ruhen als Sonderfall der Aussetzung	5
II. Beginn des Ruhens des Verfahrens	6

	Rn
III. Prüfung der Zulässigkeitsvoraussetzungen trotz Ruhens des Verfahrens	7
1. Prüfung der allgemeinen Verfahrensvoraussetzungen	8
2. Feststellung der zulässigen Verfahrensart	11
IV. Keine Begründetheitsprüfung	15
V. Abs 1 S 2 als Ordnungsvorschrift	16
VI. Schuldnerantrag vor Gläubigerantrag	17
C. Fakultatives Schuldenbereinigungsverfahren, Abs 1 S 3	18
I. Prognoseentscheidung	19
II. Anhörung des Schuldners	21
III. Anordnung der Fortsetzung des Verfahrens	23
D. Anordnung von Sicherungsmaßnahmen, Abs 2 S 1	27
I. Zulässigkeit der Anordnung	28
II. Sicherungsmaßnahmen im Einzelnen	31
1. Untersagung oder einstweilige Einstellung der Zwangsvollstreckung, § 21 Abs 2 Nr 3 ...	32
a) Untersagung der Zwangsvollstreckung	34
b) Einstweilige Einstellung der Zwangsvollstreckung	35
aa) Anordnung der Hinterlegung	38
bb) Schicksal des vom Einstellungsbeschluss erfassten Betrages	39
cc) Erzwingung der eidesstattlichen Versicherung	43
c) Ausweitung des Vollstreckungsverbots auf Absonderungsberechtigte	44
d) Erinnerungsbefugnis und sachliche Zuständigkeit	45
2. Bestellung eines vorläufigen Treuhänders, § 21 Abs 2 Nr 1	46
a) Bestellung als Ausnahmefall	47
b) Aufgaben und Befugnisse	49
aa) Antragsberechtigung gemäß § 30 d Abs 4 ZVG	50
bb) Steuerliche Pflichten	51
c) Vergütung des vorläufigen Treuhänders	52
d) Rechnungslegungspflicht	54
3. Erlass eines allgemeinen Verfügungsverbots, § 21 Abs 2 Nr 2	55
III. Rechtliches Gehör	58
E. Vorlage der zuzustellenden Unterlagen, Abs 2 S 2	59
I. Zwei-Wochen-Frist	60
II. Entsprechende Anwendung von § 305 Abs 3 S 2	62
F. (Isolierter) Insolvenzantrag eines Gläubigers, Abs 3	64
I. Hinweispflicht des Gerichts gemäß Abs 3 S 1	67
1. Entscheidungsfreiheit des Schuldners	69
2. Keine Restschuldbefreiung ohne eigenen Insolvenzantrag des Schuldners	70
II. Verfahren nach einem Anschlussantrag des Schuldners	71
1. Obligatorischer außergerichtlicher Einigungsversuch, Abs 3 S 3	74
a) Fristbeginn	75
b) Eintritt der Wirkungen des § 305 Abs 3 S 3 verschuldensunabhängig	77
c) Gesetzliche Fiktion und Fortgang des Verfahrens	78
d) Neuer Antrag	79
2. Verfahren nach erfolglosem außergerichtlichem Einigungsversuch	80

A. Allgemeines

1   Die Vorschrift des § 306 geht auf eine Empfehlung des Rechtsausschusses des Deutschen Bundestags zurück. Die Regelung in **Absatz 1 S 1** stellt sicher, dass die Eröffnung des Insolvenzverfahrens unterbleibt, solange eine Entscheidung über die Durchführung des Schuldenbereinigungsverfahrens bzw die Annahme des Schuldenbereinigungsplans nicht getroffen worden ist. Sie schafft damit einen **Vorrang der einvernehmlichen Schuldenbereinigung** vor dem gerichtlichen Insolvenzverfahren (*Kohte/Ahrens/Grote* § 306 Rn 1). Der Aufwand eines eröffneten Verfahrens wird vermieden, wenn zwischen Schuldner und Gläubigern auf der Grundlage des Schuldenbereinigungsplans eine Einigung zustande kommt. Es unterliegt keinem Zweifel, dass ein erfolgreicher Abschluss des Schuldenbereinigungsverfahrens die Justiz entlastet. Einer Entscheidung über den Eröffnungsantrag bedarf es nicht mehr; die Anträge auf Eröffnung des Insolvenzverfahrens und auf Erteilung von Restschuldbefreiung gelten als zurückgenommen (§ 308 Abs 2). Nach dem Willen des Gesetzgebers soll das Schuldenbereinigungsverfahren **im Regelfall** durchgeführt werden (vgl Begr RegE, BT-Drucks 14/5680 S 51). Ein Schuldenbereinigungsverfahren, bei dem allerdings von vornherein abzusehen ist, dass es nicht zu einer Ersetzung der Einwendungen eines Gläubigers gegen den Schuldenbereinigungsplan durch eine Zustimmung gemäß § 309 Abs 1 S 1 kommen kann, verfehlt diesen Zweck und dient keinem der Beteiligten. Der durch das InsOÄG 2001 v 26. 10. 2001 (BGBl I S 2710) eingefügte **Abs 1 S 3** eröffnet dem Insolvenzgericht die Möglichkeit, von der Durchführung eines Schuldenbereinigungsverfahrens abzusehen, wenn keine Chance besteht, das Verfahren erfolgreich abzuschließen. Vor der Prognoseentscheidung ist der Schuldner zu hören. Die Erfahrung der letzten Jahre hat gezeigt, dass die überwiegende Zahl von Schuldnern die Durchführung eines gerichtlichen Schuldenbereinigungsverfahrens für aussichtslos erachtet.

B. Ruhen des Verfahrens, Absatz 1 S 1 § 306

Absatz 2 stellt klar, dass trotz des in Abs 1 angeordneten Ruhens des Verfahrens vom Gericht **Sicherungsmaßnahmen** im Sinne des § 21 angeordnet werden können. Die Regelung in Abs 2 S 2 dient der Kostensenkung. Die Vorschrift birgt ein beträchtliches Gefahrenpotential für den Schuldner in sich, weil bei einem Überschreiten der Zwei-Wochen-Frist die Rücknahmefiktion des § 305 Abs 3 S 2 greift.

Absatz 3 regelt das Verfahren nach Eingang eines Gläubigerantrags gegen den Schuldner, der den Vorschriften des Verbraucherinsolvenzverfahrens unterliegt und selbst noch keinen eigenen Antrag auf Eröffnung des Insolvenzverfahrens über sein Vermögen gestellt hat. Die Vorschrift bezweckt den Schutz des Schuldners, weil dieser die Restschuldbefreiung grundsätzlich nur auf Grund eines eigenen Insolvenzantrags erlangen kann (**BGH** v 25. 9. 2003 – IX ZB 24/03, NZI 2004, 511; grundlegend **BGH** v 8. 7. 2004 – IX ZB 209/03, NZI 2004, 593). Durch die Ergänzung des Absatzes 3 um den Satz 3 hat der Gesetzgeber der Auffassung, nach der eine vorhergehenden Gläubigerantrag eine Restschuldbefreiung auch ohne den außergerichtlichen Einigungsversuch möglich ist (*Pape* ZInsO 1998, 354; *Forsblad* Restschuldbefreiung S 202; *Hess/Obermüller* Rn 905; *Bruckmann* Verbraucherinsolvenz § 3 Rn 126), eine klare Absage erteilt. Die Vorschrift sieht vor, dass der Schuldner bei einem vorangegangenen Gläubigerantrag zunächst innerhalb von drei Monaten einen außergerichtlichen Einigungsversuch unternommen haben muss.

B. Ruhen des Verfahrens, Abs 1 S 1

Bei Durchführung des gerichtlichen Schuldenbereinigungsverfahrens **ruht das Verfahren über den Antrag des Schuldners auf Eröffnung des Insolvenzverfahrens** bis zur Entscheidung über den Schuldenbereinigungsplan. Das Schuldenbereinigungsverfahren wird somit im Stadium zwischen dem Eröffnungsantrag und dessen Entscheidung angesiedelt (*Smid/Haarmeyer* § 306 Rn 3). Eine **Einschränkung der Amtsermittlung** gemäß § 5 Abs 1 lässt sich daraus indes nicht ableiten (**BGH** v 22. 4. 2004 – IX ZB 64/03, ZVI 2004, 281).

I. Ruhen als Sonderfall der Aussetzung

Das **Ruhen** des Verfahrens ist ein **Sonderfall der Aussetzung** (OLG Frankfurt FamRZ 1978, 919). Es ist ein nicht rechtlich sondern tatsächlich bedingter Stillstand des Verfahrens; es tritt anders als nach § 251 ZPO kraft Gesetzes ein. Seine Bedeutung erschöpft sich darin, dass über den Antrag auf Eröffnung des Insolvenzverfahrens vorläufig nicht entschieden wird (HK-*Landfermann* § 306 Rn 6). Notfristen oder Rechtsmittelbegründungsfristen werden dadurch nicht unterbrochen (*Zöller/Stephan* Vor § 239 ZPO Rn 6). Einer Beschlussfassung durch das Insolvenzgericht, mit der das Ruhen des Verfahrens festgestellt und erklärt wird, bedarf es nicht; ein entsprechender Beschluss hat rein deklaratorische Wirkung. Sinnvoll erscheint es aber, den Verfahrensbeteiligten mitzuteilen, dass das Verfahren für die Dauer des gerichtlichen Schuldenbereinigungsversuchs ruht (KS-*Fuchs* S 1702 Rn 70). Auch wenn dem Gericht während des Ruhens des Verfahrens eine Entscheidung über den Eröffnungsantrag verwehrt ist, verliert eine in diesem Zeitraum getroffene Entscheidung nicht ihre Wirksamkeit, sie ist aber unter den Voraussetzungen des § 34 anfechtbar (*Kohte/Ahrens/Grote* § 306 Rn 5).

II. Beginn des Ruhens des Verfahrens

Von welchem Zeitpunkt an das Verfahren ruht, ist § 306 Abs 1 nicht zweifelsfrei zu entnehmen. Aus der Systematik zu § 305 ist jedoch zu schließen, dass mit dem Eingang des Eröffnungsantrags des Schuldners bei Gericht das Ruhen des Verfahrens beginnt (*Braun/Riggert/Kind* Neuregelungen S 216; aA *Bruckmann* Verbraucherinsolvenz § 3 Rn 62). Danach wäre das Insolvenzgericht daran gehindert, die **Zulässigkeit des Insolvenzantrags** zu prüfen und hierüber zu entscheiden. Denn es herrscht Einverständnis darüber, dass während des Ruhens des Verfahrens eine Entscheidung über die Zulässigkeit eines Verfahrensantrags nicht ergehen darf (MüKoZPO-*Feiber* § 249 Rn 21 ff; *Stein/Jonas/Roth* § 249 ZPO Rn 24 ff; dies gilt allerdings nicht für die Entscheidung über einen Prozesskostenhilfeantrag, vgl BGH NJW 1966, 1126). Dagegen müssen die gesetzlichen Zulässigkeitsvoraussetzungen gemäß § 305 Abs 1 allein schon wegen der „Exklusivität des Kleininsolvenzverfahrens" stets geprüft werden (*Häsemeyer* Rn 29.21).

III. Prüfung der Zulässigkeitsvoraussetzungen trotz Ruhens des Verfahrens

Offensichtlich ist der Gesetzgeber aber davon ausgegangen, dass auch nach dem Beginn des Ruhens des Verfahrens dem Gericht die **Prüfung der Zulässigkeitsvoraussetzungen** nicht nur nicht verwehrt ist, sondern hierzu eine Pflicht besteht (wie hier KS-*Fuchs* S 1703 Rn 72; s dazu auch **BGH** v 22. 4. 2004 – IX ZB 64/03, ZVI 2004, 281; *Graf-Schlicker/Sabel* § 306 Rn 4). Ansonsten ergäbe die Vorschrift des § 305 Abs 1, 1. HS, wonach Unterlagen (unverzüglich) nachgereicht werden dürfen, keinen Sinn. Verstärkt wird diese Annahme durch die Regelung in § 305 Abs 3 (*Smid*, Grundzüge S 363 Rn 19; BerlKo-

Goetsch/Fluck § 306 Rn 4). Denn eine Aufforderung an den Schuldner, Fehlendes unverzüglich zu ergänzen, ist nur nach vorheriger Prüfung der besonderen Zulässigkeitsvoraussetzungen des § 305 Abs 1 möglich. Wäre dem Gericht die Prüfung der allgemeinen und besonderen Zulässigkeitsvoraussetzungen verwehrt, hätte es selbst bei einem unzulässigen Insolvenzantrag das gerichtliche Schuldenbereinigungsverfahren einzuleiten (ebenso *Häsemeyer* Rn 29.17, 29.27; H/W/F Kap 10 Rn 35; *Henckel* ZIP 2000, 2045, 2051; aA *Kohte/Ahrens/Grote* § 306 Rn 7; *Hess/Obermüller* Rn 938). Dieses Ergebnis widerspräche allgemeinen Grundsätzen. Würde das Schuldenbereinigungsverfahren bereits eingeleitet, obwohl die Voraussetzungen für das Verbraucherinsolvenzverfahren noch nicht festgestellt sind, führte dies zu einer unzulässigen Präjudizierung der Beteiligten (*Häsemeyer* Rn 29.18). Schließlich dürfen Sicherungsmaßnahmen nach Maßgabe des § 306 Abs 2 erst angeordnet werden, wenn ein zulässiger Insolvenzantrag gestellt ist (*Henckel* aaO).

8   **1. Prüfung der allgemeinen Verfahrensvoraussetzungen.** Das Gericht hat zunächst festzustellen, ob der Antrag des Schuldners die allgemeinen Angaben enthält, die auch für einen Eröffnungsantrag im Regelinsolvenzverfahren iSv § 13 erforderlich sind. Dem Antrag muss ferner zu entnehmen sein, dass ein Antrag auf Eröffnung des Insolvenzverfahrens gestellt wird. Name und Anschrift des Antragstellers sind allein deshalb erforderlich, weil ansonsten die **örtliche Zuständigkeit des Insolvenzgerichts** nicht bestimmt werden kann (*Huntemann/Graf Brockdorff* Kap 17 Rn 44). Bei fehlender örtlicher Zuständigkeit ist der Antrag als unzulässig zurückzuweisen. Eine Zustellung der in § 307 Abs 1 genannten Unterlagen kommt nicht mehr in Betracht.

9   Darüber hinaus hat der Schuldner einen Eröffnungsgrund darzulegen (aA *Smid/Haarmeyer* § 305 Rn 5; unklar BerlKo-*Goetsch/Fluck* § 306 Rn 7), ohne dass das Gericht bereits zu diesem Zeitpunkt eine abschließende Prüfungspflicht trifft, (siehe § 309 Rn 82 ff und § 306 Rn 15).

10 Selbst wenn sich während des Ruhens des Verfahrens herausstellt, dass die allgemeinen Zulässigkeitsvoraussetzungen wie zB örtliche Zuständigkeit des Gerichts oder Vorliegen des Rechtsschutzbedürfnisses nicht gegeben sind, muss es dem Gericht bereits aus Gründen der Verfahrensbeschleunigung gestattet sein, eine Entscheidung über die Zulässigkeit des Antrags zu treffen, die der sofortigen Beschwerde nach §§ 6, 34 unterliegt (*Henckel* FS *Gaul* 1997 S 199, 203; K/P/B/*Wenzel* § 306 Rn 1; aA LG Mainz NZI 2000, 549, 550).

11 **2. Feststellung der zulässigen Verfahrensart.** Zur Zulässigkeitsprüfung zählt auch die **Ermittlung und Feststellung der zulässigen Verfahrensart** (LG Frankfurt, ZIP 2000, 1067; AG Köln NZI 1999, 241 = ZInsO 1999, 422; *Vallender/Fuchs/Rey* NZI 1999, 218, 219; *Henckel* ZIP 2000, 2045, 2051).

12 Das Gericht ist nach § 308 ZPO, auf den § 4 verweist, an einen bestimmten Antrag des Schuldners gebunden. Eine schlichte Abgabe bei Wahl einer falschen Verfahrensart (Unternehmensinsolvenz- statt Verbraucherinsolvenzverfahren oder umgekehrt) von Amts wegen an den Richter, der die nach Ansicht richtige Verfahrensart zu bearbeiten hat, ist nicht zulässig (AG Köln NZI 1999, 241, 242). Die §§ 304 ff stellen gegenüber dem Regelinsolvenzverfahren ein völlig abweichendes, auf andere Personenkreise zugeschnittenes Verfahren mit erheblichen verfahrensrechtlichen Besonderheiten dar. Regelinsolvenzverfahren und Verbraucherinsolvenzverfahren sind als eigenständige, sich gegenseitig ausschließende Verfahrensarten unter dem Dach der Insolvenzordnung anzusehen. Ein **Wahlrecht** kommt den Beteiligten nicht zu. Bevor das Insolvenzgericht indes die Unzulässigkeit eines Antrags feststellt, ist vorrangig der **Antrag selbst auszulegen** (AG Hamburg ZIP 2001, 2241; *Kohte* ZInsO 2002, 53, 58). Bei einem unspezifizierten Antrag kann das Gericht davon ausgehen, dass der Schuldner die Zuordnung zu dem nach Ansicht des Gerichts zutreffenden Verfahren wünscht (MükoInsO-*Schmahl* § 13 Rn 81; *Kohte* aaO). Soweit der Schuldner indes ausdrücklich die Eröffnung in einer bestimmten Verfahrensart beantragt hat, ist für eine Auslegung kein Raum (ähnlich *Kohte* aaO; aA AG Hamburg aaO).

13 Eine **analoge Anwendung des § 17 Abs 2 und Abs 3 GVG** scheitert bereits daran, dass § 17a GVG die Abgabe zwischen verschiedenen Gerichtsbarkeiten bei Unzulässigkeit des zunächst beschrittenen Rechtswegs betrifft, es sich bei dem hier auftretenden Problem jedoch um den Wechsel zwischen zwei Verfahrensarten innerhalb desselben Gesetzes handelt (AG Köln NZI 1999, 241, 242; aA *Bork* ZIP 1999, 301, 303; AG Frankfurt/M InVo 1999, 313).

14 Bevor das Gericht eine Entscheidung über den – unzulässigen – Insolvenzantrag trifft, ist dem Schuldner Gelegenheit zu geben, seinen Antrag umzustellen. Das Gericht trifft insoweit eine Hinweispflicht nach § 139 Abs 2 ZPO iVm § 4 (vgl BGH NJW-RR 1986, 1119; *Kohte* aaO). Ändert der Schuldner seinen **Antrag** nicht, ist dieser durch beschwerdefähigen Beschluss (§ 34) als **unzulässig** abzuweisen (OLG Celle ZIP 2000, 802 = DZWIR 2000, 334 = NZI 2000, 229; OLG Schleswig NZI 2000, 164; AG Köln NZI 2000, 241, 243; *Vallender/Fuchs/Rey* NZI 1999, 218, 219; *Henckel* ZIP aaO 2052).

IV. Keine Begründetheitsprüfung

15 Eine **Begründetheitsprüfung** hat das Insolvenzgericht nach Eingang eines zulässigen Antrags des Schuldners auf Eröffnung des Insolvenzverfahrens über sein Vermögen gemäß § 305 noch nicht vorzu-

nehmen (*Graf-Schlicker/Sabel* § 306 Rn 4; *Kraemer/Vallender/Vogelsang* Fach 3 Kap 1 Rn 95; *Wittig* WM 1998, 157, 162; KS-*Fuchs* S 1703 Rn 72; N/R/*Römermann* § 306 Rn 5; einschränkend *Pape* WM 1998, 2125 ff; aA BGH v 22. 4. 2004 – IX ZB 64/03, ZVI 2004, 281, 282; K/P/B/*Wenzel* § 306 Rn 13, die verlangen, dass das Gericht bereits vor dem Eintritt des Ruhens des Verfahrens von dem **Vorliegen eines Insolvenzgrundes** überzeugt sein muss; *Heyer* Verbraucherinsolvenzverfahren S 27 ff, der bereits in der zweiten Stufe eine Prüfung der Insolvenzgründe durch das Gericht für erforderlich hält; ebenso AG Göttingen ZIP 1999, 1365; vgl ferner OLG Stuttgart ZInsO 2002, 140). Die Feststellung, ob Zahlungsunfähigkeit oder bei einem Eigenantrag drohende Zahlungsunfähigkeit vorliegt und eine die Kosten des Verfahrens deckende Masse vorhanden ist, hat das Gericht erst nach Aufnahme des Verfahrens über den Eröffnungsantrag gemäß § 311 zu treffen (*Vallender* EWiR 1999, 847; BerlKo-*Goetsch/Fluck* § 306 Rn 6; *Uhlenbruck* NZI 2000, 15, 17). Denn nach § 16 muss ein Insolvenzgrund im Zeitpunkt der Eröffnung des Verfahrens vorliegen. Der von *Pape* (WM 1998, 2125) befürchtete Missbrauch lässt sich im Rahmen der Prüfung der Schlechterstellung der widersprechenden Gläubiger auffangen (HK-*Landfermann* § 306 Rn 6).

V. Abs 1 S 2 als Ordnungsvorschrift

Um den Fortgang des Verfahrens zu beschleunigen, sieht Abs 1 S 2 vor, dass das Ruhen des Verfahrens einen Zeitraum von drei Monaten nicht überschreiten soll. Diese Frist ist als bloße **Ordnungsvorschrift** einzustufen, an deren Überschreitung keine Sanktionen geknüpft sind (*Arnold* DGVZ 1996, 129, 134). In zahlreichen Fällen ist die Einhaltung der Frist bereits deshalb nicht möglich, weil vor allem bei einer größeren Zahl von Gläubigern die wirksame Zustellung des Schuldenbereinigungsplans nebst Anlagen infolge unzutreffender Gläubigeranschrift oder unbekannten Aufenthalts des Zustelladressaten auf Schwierigkeiten stößt und Rückfragen beim Schuldner erfordert. Bei notwendiger Auslandszustellung wird die Frist regelmäßig überschritten. Eine Überschreitung der Frist hat auf etwa angeordnete Sicherungsmaßnahmen keine Auswirkung (*Vallender* ZIP 1997, 1993, 2000). 16

VI. Schuldnerantrag vor Gläubigerantrag

Auch wenn der Schuldner bereits einen Antrag auf Eröffnung des Insolvenzverfahrens über sein Vermögen gemäß § 305 gestellt hat, bleibt es den Gläubigern unbenommen, ihrerseits bis zur Rechtskraft des Eröffnungsbeschlusses die Eröffnung des Insolvenzverfahrens über das Vermögen des Schuldners zu beantragen (*Kraemer/Vallender/Vogelsang* Fach 3 Kap 1 Rn 129). Dieses Verfahren ruht ebenfalls bis zur Beendigung des Schuldenbereinigungsverfahrens (§ 306 Abs 3). Das Gericht sollte den antragstellenden Gläubiger über das Ruhen des Verfahrens unterrichten. Dem Schuldner ist allerdings nicht Gelegenheit zu geben, erneut einen (überflüssigen) Insolvenzantrag zu stellen. 17

C. Fakultatives Schuldenbereinigungsverfahren, Abs 1 S 3

Die Durchführung eines gerichtlichen Schuldenbereinigungsverfahrens erscheint nur sinnvoll, wenn tatsächlich eine Chance besteht, dieses **Verfahren zum Erfolg zu bringen** und zumindest mittels einer gerichtlichen Zustimmungsersetzung abzuschließen (*Pape/Pape* ZIP 2001, 1553, 1558). In vielen Verfahrenssituationen steht jedoch von vornherein fest, dass die notwendige Kopf- und Summenmehrheit iSd § 309 Abs 1 nicht zu erreichen ist. Die zwingende Durchführung eines Verfahrens, dessen Scheitern bereits zu Beginn feststeht, ist aber ein reiner Formalismus, der lediglich Zeit und Geld vergeudet (Begr RegE, BT-Drucks 14/5680 S 11). Deshalb eröffnet Abs 1 S 3 dem Insolvenzgericht die Möglichkeit, auf die Durchführung des Schuldenbereinigungsverfahrens zu verzichten, wenn nach seiner **freien Überzeugung** der Schuldenbereinigungsplan voraussichtlich nicht angenommen werden wird. 18

I. Prognoseentscheidung

Die Entscheidung darüber, ob das Schuldenbereinigungsverfahren durchgeführt werden soll oder nicht, trifft das Insolvenzgericht nach **pflichtgemäßem Ermessen** (krit zur Entscheidungsbefugnis des Gerichts *Grote* ZInsO 1999, 383 ff; *ders* ZInsO 2001, 17, 19; *Vallender* DGVZ 2000, 97, 103; *Pape/Pape* ZIP 2000, 1553, 1558; *Schmerbach/Stephan* ZInsO 2000, 542; *Goebel* ZInsO 2000, 383, 385; *Kohte* VuR 2000, 333). Die Verwendung des Begriffes „voraussichtlich" soll klarstellen, dass das Gericht hierbei eine **Prognose** vorzunehmen und dabei nur einzuschätzen hat, dass der Eintritt des Ereignisses, hier das Scheitern des Schuldenbereinigungsverfahrens, wahrscheinlicher sein muss als der Nichteintritt. **Eine Amtsermittlungspflicht des Gerichts besteht nicht.** 19

Die Durchführung eines gerichtlichen Schuldenbereinigungsverfahrens erscheint mithin nur dann sinnvoll, wenn für das Gericht auf Grund des vom Schuldner vorgelegten außergerichtlichen Schuldenbereinigungsplans und der Darlegung der wesentlichen Gründe für das Scheitern des Einigungsversuchs **konkrete Anhaltspunkte** dafür vorhanden sind, dass eine Mehrheit der Gläubiger nach Summen und 20

Köpfen dem Schuldenbereinigungsplan zustimmen könnte und damit die Chance besteht, die Minderheit zwangsweise in die Schuldenbereinigung einzubinden (*Pape/Pape* ZIP 2000, 1553, 1558). Bei einem **Nullplan** dürfte hiervon regelmäßig nicht auszugehen sein (**AG** Göttingen ZVI 2002, 69, 70). Nichts anderes gilt in den Fällen, in denen die Mehrheitsgläubiger, deren Zustimmung gemäß § 309 nicht ersetzt werden kann, schon während des außergerichtlichen Einigungsversuchs eindeutig und unmissverständlich den ihnen zuletzt angebotenen Vorschlag zur Schuldenbereinigung abgelehnt haben und ein hiervon abweichender Schuldenbereinigungsplan nicht vorgelegt wird (*Vallender* NZI 2001, 561, 564; BerlKo-*Goetsch/Fluck* § 306 Rn 31).

II. Anhörung des Schuldners

21   Nach der Begründung des Gesetzentwurfs ist die Anhörung des Schuldners vor der Entscheidung des Gerichts, von der Durchführung des Schuldenbereinigungsverfahrens abzusehen, **zwingend vorgeschrieben**. Aus seiner Teilnahme am außergerichtlichen Schuldenbereinigungsplanverfahren verfüge der Schuldner häufig über Informationen, die für die Einschätzung der Erfolgsaussichten des gerichtlichen Einigungsversuchs von erheblicher Bedeutung seien und sich nicht aus den vorgelegten Unterlagen erschlössen (Begr RegE, BT-Drucks 14/5680 S 51). Da der Schuldner ohnehin die wesentlichen Gründe des Scheiterns des außergerichtlichen Schuldenbereinigungsversuchs darzulegen hat, erscheint fraglich, ob die Anhörung noch weiter gehende Erkenntnisse bringt. Im Übrigen handelt es sich bei der Anhörung ohnehin um eine „stumpfe Waffe" (*Vallender* aaO). Denn die **Verletzung des rechtlichen Gehörs** kann nicht sanktioniert werden, weil die Entscheidung des Gerichts, von einem Schuldenbereinigungsverfahren abzusehen, einem Rechtsmittel nicht zugänglich ist. Dem Schuldner bleibt es aber unbenommen, das Gericht durch eine **Gegenvorstellung** von der Notwendigkeit eines Schuldenbereinigungsverfahrens zu überzeugen. Gelingt es dem Schuldner, den Insolvenzrichter zu veranlassen, seine Prognoseentscheidung noch einmal zu überdenken, bestehen bis zum Zeitpunkt der Entscheidung über den Eröffnungsantrag gegen eine Anordnung des gerichtlichen Schuldenbereinigungsverfahrens keine Bedenken. Soweit der Schuldner bereits in seinem Insolvenzantrag klargestellt hat, dass er die Durchführung des gerichtlichen Schuldenbereinigungsverfahrens für nicht Erfolg versprechend halte und deshalb von diesem Verfahren abgesehen werden möge, bedarf es keiner weiteren Anhörung, wenn das Insolvenzgericht zu derselben Einschätzung gelangt.

22   Eine Verpflichtung des Gerichts, auch die **Gläubiger** mit in die Prognoseentscheidung einzubinden, besteht nicht. Da eine Erklärung des angehörten Gläubigers für das weitere Verfahren ohnehin keine bindende Wirkung hat, ist grundsätzlich von einer solchen Anhörung abzusehen (aA *Schmerbach/Stephan* ZInsO 2000, 541, 545). Anlass dazu kann allenfalls bestehen, wenn der gerichtliche Schuldenbereinigungsplan eine wesentlich höhere Befriedigungsquote als der im außergerichtlichen Einigungsverfahren unterbreitete Plan aufweist und die überwiegende Zahl der Gläubiger zu dem außergerichtlichen Plan des Schuldners geschwiegen hat.

III. Anordnung der Fortsetzung des Verfahrens

23   Sieht das Gericht von der Durchführung des Schuldenbereinigungsverfahrens ab, hat es die **Fortsetzung des Verfahrens über den Eröffnungsantrag** anzuordnen. Diese Maßnahme ergeht in Gestalt eines **Beschlusses**. Einer Begründung bedarf diese einem Rechtsmittel nicht zugängliche Entscheidung (s dazu LG Berlin v 21. 1. 2003 – 86 T 2/03, ZInsO 2003, 188) nicht (für eine Zulassung der Überprüfung der gerichtlichen Entscheidung *Pape/Pape* ZIP 2000, 1553, 1558). Soweit *Grote* (FK-InsO § 306 Rn 7 b) die Ansicht vertritt, das Gericht habe in Anlehnung an § 286 ZPO die wesentlichen Grundlagen seiner Entscheidung darzulegen, kann dem nicht gefolgt werden. Bei der nach § 306 Abs 1 S 3 zu treffenden Entscheidung handelt es sich nicht um eine nach Durchführung eines (förmlichen) Beweisverfahrens zu treffende sondern um eine Prognoseentscheidung, die naturgemäß keinen absoluten Anspruch auf Richtigkeit haben kann (*Fuchs* ZInsO 2002, 298, 302).

24   **Unverzüglich nach der Anordnung** über die Fortsetzung des Verfahrens hat das Gericht über die Eröffnung des Insolvenzverfahrens zu entscheiden. Dabei hat es seine Entscheidung, ob der Verfahrensstand Anlass für Ermittlungen bietet, ohne Bindung an Behauptungen oder Anregungen Beteiligter zu treffen (HK-*Kirchhof* § 5 Rn 8).

25   Ob das Verfahren zu eröffnen oder der Antrag des Schuldners auf Eröffnung des Insolvenzverfahrens abzuweisen ist, richtet sich nach den allgemeinen Vorschriften über die Eröffnungsvoraussetzungen. Das Vorliegen des Eröffnungsgrundes der drohenden Zahlungsunfähigkeit oder der Zahlungsunfähigkeit und das Vorhandensein einer ausreichenden Insolvenzmasse iSv § 26 Abs 1 ergibt sich regelmäßig aus den Angaben des Schuldners in den nach § 305 Abs 1 Nr 3 vorzulegenden Verzeichnissen, deren Richtigkeit und Vollständigkeit er zu versichern hat. Da aktiv Selbstständige nicht mehr dem Verbraucher-, sondern dem Regelinsolvenzverfahren unterfallen (§ 304), dürfte die Zahlungsunfähigkeit überschuldeter Verbraucher regelmäßig ohne die Hinzuziehung von Sachverständigen festzustellen sein.

26   Das Gericht ist indes nicht gehindert, einen **Sachverständigen** mit weiteren Ermittlungen zu beauftragen. Hierzu besteht unter Umständen Anlass, wenn die Erfolgsaussichten eines Anfechtungsverfahrens

D. Anordnung von Sicherungsmaßnahmen, Abs 2 S 1

Da während des Ruhens des Verfahrens Handlungen des Gerichts ohne rechtliche Wirkungen sind, bedurfte es einer ausdrücklichen Regelung in § 306 Abs 2 S 1, wonach das Ruhen des Insolvenzeröffnungsverfahrens bis zur Entscheidung über den Schuldenbereinigungsplan der Anordnung von Sicherungsmaßnahmen nicht entgegenstehe. In Anbetracht der Tatsache, dass die Vorschrift eine Einschränkung der Sicherungsmaßnahmen nicht vorsieht, kommen sämtliche von § 21 umfassten Sicherungsmaßnahmen in Betracht (wie hier *Smid*, Grundzüge S 364 Rn 21; aA *Hess/Obermüller* Rn 945; *Huntemann/Graf Brockdorff* Kap 17 Rn 78). Soweit in der Beschlussempfehlung des Rechtsausschusses zu § 357c (BT-Drucks 12/7302 S 191) von sinnvollen Sicherungsmaßnahmen die Rede ist, führt dieser Hinweis nicht weiter. Die Anordnung des Gerichts hat sich allein am Wortlaut des § 21 Abs 1 S 1 zu orientieren. Danach ist entscheidend, ob die Maßnahme erforderlich ist, um bis zur Entscheidung über den Antrag eine den Gläubigern nachteilige Veränderung in der Vermögenslage des Schuldners zu verhüten. 27

I. Zulässigkeit der Anordnung

Die Anordnung von Sicherungsmaßnahmen setzt einen **zulässigen Insolvenzantrag** voraus. Sicherungsmaßnahmen sind erst zulässig, wenn das Gericht die Vorprüfung abgeschlossen und den **Insolvenzantrag zugelassen** hat (BGH v 22. 3. 2007 – IX ZB 164/06, NZI 2007, 344; K/P/B/*Pape*, § 21 Rn 10; OLG Köln ZIP 1988, 664; aA offensichtlich *Fuchs/Beyer* ZInsO 2000, 429, 434). Nur ein zugelassener Antrag rechtfertigt es, die Verfahrensbeteiligten den Beschränkungen des § 21 zu unterwerfen. Aus diesem Grunde ist es dem Insolvenzgericht verwehrt, ohne weitere Prüfung sogleich nach Eingang des Antrags auf Eröffnung des Insolvenzverfahrens Sicherungsmaßnahmen anzuordnen. Vielmehr darf das Gericht eine entsprechende Anordnung erst nach Bejahung der allgemeinen und besonderen Zulässigkeitsvoraussetzungen des § 305 Abs 1 treffen (einschränkend *Haarmeyer* ZInO 2001, 203, 205). Allerdings können bei zweifelhaften Gerichtsstand berechtigte Sicherungsinteressen der Insolvenzgläubiger es gebieten, Sicherungsmaßnahmen vor der Feststellung der Zulässigkeit des Insolvenzantrags zu treffen, wenn sich das Insolvenzgericht letzte Gewissheit erst im weiteren Verfahrensverlauf verschaffen kann (BGH aaO). 28

Da die Anordnung von Sicherungsmaßnahmen im pflichtgemäßen Ermessen des Gerichts steht (BGH NJW-RR 1986, 1188; *Vallender* ZIP 1997, 1993, 1996; K/P/B/*Pape* § 21 Rn 10; *Haarmeyer* aaO 206), bindet ein entsprechender **Antrag** eines **Verfahrensbeteiligten** nicht, sondern stellt lediglich eine **Anregung** dar, die Voraussetzungen des § 21 zu prüfen. Ein **Beschwerderecht** gegen die angeordnete Maßnahme ist lediglich dem Schuldner eingeräumt (§ 21 Abs 1 S 2). 29

Angeordnete Sicherungsmaßnahmen sind grundsätzlich aufrechtzuerhalten. Eine Aufhebung kommt erst in Betracht, wenn eine Entscheidung über die Eröffnung – aus welchen Gründen auch immer – nicht mehr ergeht (H/W/F Kap 3 Rn 261). Nur wenn besondere Umstände vorliegen, ist die Maßnahme bereits vor Erlass einer abschließenden Entscheidung unverzüglich aufzuheben. 30

II. Sicherungsmaßnahmen im Einzelnen

Als sinnvolle Sicherungsmaßnahme kann sich vor allem die **Untersagung oder einstweilige Einstellung der Zwangsvollstreckung** gemäß § 21 Abs 2 Nr 3 erweisen, weil sie für den Zeitraum des Ruhens des Verfahrens ein geeignetes Instrument ist, um pfändbares Einkommen des verschuldeten Verbrauchers vor dem Zugriff einzelner Gläubiger zu schützen. Gleichzeitig ist sie geeignet dazu beizutragen, die Möglichkeiten einer vergleichsweisen Regelung zu erhöhen (*Uhlenbruck* InVo 1996, 85, 91; N/R/*Römermann* § 306 Rn 14; *Smid/Haarmeyer* § 306 Rn 6). Eine angeordnete Vollstreckungsbeschränkung bezieht sich auch auf die Pfändung von Arbeitseinkommen des Schuldners durch **Unterhalts- oder Deliktgläubiger**. Es ist dabei ohne Belang, dass eine solche Pfändung nur den sogen Vorratsbereich der §§ 850d bzw 850f ZPO betrifft (*Riedel* KM 1999, 218). 31

1. Untersagung oder einstweilige Einstellung der Zwangsvollstreckung, § 21 Abs 2 Nr 3. Die Untersagung oder einstweilige Einstellung der Zwangsvollstreckung umfasst auch die **Vollstreckung von Geldstrafen** durch die Staatsanwaltschaft als nachrangiger Gläubiger iSd § 39 Abs 1 Nr 3. Dies hat unter Umständen zur Folge, dass die Vollstreckungsbehörde die Geldstrafe als uneinbringlich iSd § 43 StGB, § 459e StPO ansieht und die Vollstreckung einer Ersatzfreiheitsstrafe anordnet mit der Gefahr des Verlustes des Arbeitsplatzes des Schuldners. Die Möglichkeit der Straftilgung durch gemeinnützige Arbeit (Art 293 EGStGB) wird in vielen Fällen nur eingeschränkt gegeben sein (näher dazu *Vallender/Elschenbroich* NZI 2002, 130, 132). 32

33 Die Anordnung nach § 21 Abs 2 Nr 3 ist einem Rechtsmittel durch den pfändenden Gläubiger nicht zugänglich (**AG Heidelberg** ZInsO 2000, 172). Für die Einstellung oder Untersagung der Zwangsvollstreckung in das **unbewegliche Vermögen** des Schuldners gelten die Vorschriften der §§ 30 d ff, 153 b ff ZVG. Zuständig ist insoweit das Vollstreckungsgericht.

34 a) **Untersagung der Zwangsvollstreckung.** Durch eine **Untersagung der Zwangsvollstreckung** wird die Wirkung des Vollstreckungsverbotes, das erst mit der Eröffnung des Insolvenzverfahrens eintritt (§ 89), in das Eröffnungsverfahren vorgezogen. Eine routinemäßige Untersagung der Zwangsvollstreckung begegnet Bedenken, weil das Gericht vor der Anordnung eine Interessenabwägung vorzunehmen hat. Sicherungsmaßnahmen gemäß § 21 Abs 2 Nr 3 beeinträchtigen nämlich den Anspruch des Gläubigers auf effiziente Rechtsverwirklichung, der aus dem Grundsatz der staatlichen Justizgewährung folgt (*Vallender* ZIP aaO; aA *Schmidt* ZIP 1999, 915, 916). Deshalb bietet sich eine **Untersagung der Zwangsvollstreckung nur im Einzelfall** an, etwa wenn ein Gläubiger versuchen, den Schuldner mit sinnlosen Zwangsvollstreckungsmaßnahmen unter Druck zu setzen, oder durch Pfändungsverfahren die Existenz des Schuldners gefährdet ist (*Kohte/Ahrens/Grote* § 306 Rn 10). Im Übrigen dürfte bereits wegen der **Rückschlagsperre** gemäß § 88 ein erhöhtes Sicherungsbedürfnis nicht bestehen. Maßgeblich für das, was in die Rückschlagssperrfrist fällt, ist der Erwerbszeitpunkt (*FK-App* § 88 Rn 16). Mithin ist bei der Forderungspfändung auf den Zeitpunkt der Zustellung des Pfändungsbeschlusses an den Drittschuldner abzustellen (§ 829 Abs 2 S 1, Abs 3 ZPO). Sofern ohne Beschränkung eine Rate wirksam gepfändet wird, erstreckt sich die Pfändung auf die künftig fällig werdenden Raten, auch wenn sie im Pfändungsausspruch nicht erwähnt sind (*Thomas/Putzo* § 832 ZPO Rn 2).

35 b) **Einstweilige Einstellung der Zwangsvollstreckung.** Die Anordnung der **einstweiligen Einstellung der Zwangsvollstreckung** erscheint dann sinnvoll, wenn zumindest die Möglichkeit besteht, die zu sichernden Werte später zur Masse zu ziehen. Dies ist wegen der in § 312 Abs 1 S 3 normierten **erweiterten Rückschlagsperre** grundsätzlich bei allen Zwangsvollstreckungsmaßnahmen nicht der Fall, die in den letzten drei Monaten vor dem Antrag auf Eröffnung des Insolvenzverfahrens oder nach diesem Antrag erfolgt sind. Voraussetzung hierfür ist indes, dass das Verfahren **auf Antrag des Schuldners** eröffnet wird.

36 Eine einstweilige Einstellung kann insbesondere geboten sein, wenn ein Gläubiger vollstreckt, der unbeachtliche Einwendungen gegen den Schuldenbereinigungsplan erhebt oder dessen Einwendungen gegen den Plan gemäß § 309 Abs 1 S 1 durch eine Zustimmung des Gerichts ersetzt werden könnten (*Vallender* DGVZ 1997, 97, 100; N/R/*Römermann* § 306 Rn 18; KS-*Fuchs* S 1703 Rn 73). Dagegen kann eine Sicherungsmaßnahme nach § 21 Abs 2 Nr 3 nicht auf den Zweck einer Sicherung des Schuldenbereinigungsplans und dessen Durchführung ausgedehnt werden (**AG Hamburg** WM 2000, 895, 896). Die Maßnahmen müssten nämlich mit der Annahme des Plans aufgehoben werden, weil der Insolvenzantrag dann als zurückgenommen gilt (§ 308 Abs 2).

37 Soweit ein Pfändungsgläubiger mehr als drei Monate vor der Stellung des Antrags auf Eröffnung des Insolvenzverfahrens über das Vermögen des Schuldners ein **Pfändungspfandrecht an den fortlaufenden Bezügen** einschließlich aller künftig fällig werdenden Beträge (§ 832 ZPO) erworben hat (vgl **OLG Köln** ZInsO 2000, 606), erscheint eine Einstellung der Zwangsvollstreckung nicht von vornherein wirtschaftlich sinnlos und damit ermessensfehlerhaft (**aA AG Hamburg** WM 2000, 895). Es trifft zwar zu, dass ein **wirksam entstandenes Pfandrecht** dem Gläubiger im eröffneten Verfahren gemäß § 50 Abs 1 die Befugnis zur abgesonderten Befriedigung verleiht. Die Pfändung ist jedoch nur insoweit wirksam, als sie sich auf die Bezüge für den zurzeit der Eröffnung des Verfahrens laufenden Kalendermonat bezieht (§ 114 Abs 2 S 1). Ob der Pfändungsgläubiger tatsächlich ein Pfändungspfandrecht an den fortlaufenden Bezügen einschließlich aller künftig fällig werdenden Beträge erworben hat, kann das Insolvenzgericht ohne nähere Kenntnisse der Vollstreckungsmaßnahme nicht beurteilen.

38 aa) **Anordnung der Hinterlegung.** Die einstweilige Einstellung der Zwangsvollstreckung beseitigt zwar die Vollstreckbarkeit des Titels, nicht aber die bereits eingetretenen Wirkungen der Vollstreckungsmaßnahme, so dass der **Rang** des durch eine Pfändung begründeten Pfandrechts gewahrt bleibt. Bei der Pfändung von Forderungen und sonstigen Rechten gemäß §§ 828 ff ZPO ist es dem Drittschuldner auf Grund des Einstellungsbeschlusses verwehrt, an den Pfändungsgläubiger zu zahlen. Eine Sicherung des gepfändeten Betrages kann durch Anordnung der Hinterlegung gemäß § 21 Abs 1 erreicht werden (*Vallender* ZIP 1997, 1993, 1996; *Fuchs/Bayer* ZInsO 2000, 429, 432). In dem Beschluss gemäß § 21 Abs 2 Nr 3, der die einstweilige Einstellung der Zwangsvollstreckung anordnet, kann dem Drittschuldner gleichzeitig aufgegeben werden, den fälligen Geldbetrag zu hinterlegen. Dieser Beschluss, der dem Drittschuldner zuzustellen ist (*Zöller/Stöber* § 775 ZPO Rn 10), bildet den Hinterlegungsgrund iSv § 1 HintO. Der Drittschuldner hat auf Grund des entsprechenden Beschlusses des Insolvenzgerichts die fällige Leistung gem § 1281 BGB analog für den Schuldner und den Pfändungsgläubiger gemeinsam zu hinterlegen (vgl **BGH** NJW 1999, 953; **LG Berlin** Rpfleger 1973, 63, 64; *Hintzen/Wolf*, Mobiliarvollstreckung S 75 Rn 278).

39 bb) **Schicksal des vom Einstellungsbeschluss erfassten Betrages.** Erst der **Ausgang des Insolvenzeröffnungsverfahrens** entscheidet darüber, ob der von dem Einstellungsbeschluss erfasste Betrag zur gemein-

D. Anordnung von Sicherungsmaßnahmen, Absatz 2 S 1 § 306

samen Befriedigung der Insolvenzgläubiger verwendet werden kann oder nicht. Kommt es zur Eröffnung des Verfahrens, fällt der hinterlegte oder vom Drittschuldner zurückbehaltene Betrag in die Masse, soweit er der Rückschlagsperre des § 88 unterliegt. Bei einer Hinterlegung hat der Treuhänder den Pfändungsgläubiger zur Freigabe aufzufordern.

Vor der Anordnung der Sicherungsmaßnahme wirksam entstandene Pfandrechte nach § 50 können 40 nur durch Anfechtung beseitigt werden (**AG** Hamburg WM 2000, 895, 896; K/P/B/*Pape*, § 21 Rn 20; *Kohte/Ahrens/Grote* § 306 Rn 11, 12).

Hat der Drittschuldner trotz Kenntnis der Einstellung der Zwangsvollstreckung an den Pfändungs- 41 gläubiger geleistet, so kann er sich nicht auf die §§ 407 ff BGB, § 836 ZPO berufen. Bei einem erfolgreichen **Abschluss des Schuldenbereinigungsverfahrens** hängt es vom Inhalt des angenommenen Schuldenbereinigungsplans ab, wem der Betrag gebührt.

Kommt es nicht zur Eröffnung des Insolvenzverfahrens, hat das Gericht angeordnete Sicherungs- 42 maßnahmen mangels eines Sicherungsbedürfnisses aufzuheben (HK-*Kirchhof* § 21 Rn 52). Das schuldnerische Vermögen unterliegt danach wieder dem ungeschützten Zugriff der Gläubiger. Die Pfändungsgläubiger dürfen sich aus dem zu ihren Gunsten entstandenen Pfandrecht befriedigen.

cc) **Erzwingung der eidesstattlichen Versicherung.** Die einstweilige Einstellung von Zwangsvollstre- 43 ckungsmaßnahmen nach § 21 Abs 2 Nr 3 hindert grundsätzlich nicht die **Erzwingung der eidesstattlichen Versicherung** des Schuldners gemäß § 807 ZPO (**LG** Würzburg NZI 1999, 504 = ZInsO 1999, 724; **AG** Rostock NZI 2000, 142; **AG** Heilbronn DGVZ 1999, 187; *Thomas/Putzo* § 807 ZPO Rn 6; aA **LG** Heilbronn v 26. 9. 2007 – 1 T 294/07, Rpfleger 2008, 88; **LG** Darmstadt v 10. 7. 2003 – 5 T 272/03, NZI 2003, 609; **AG** Wilhelmshaven NZI 2001, 436/437; *Graf-Schlicker/Sabel* § 306 Rn 8; *Stein/Jonas/Münzberg* § 807 ZPO Rn 22; *Baumbach/Lauterbach/Albers/Hartmann* § 807 ZPO Rn 3 aE; *Steder* NZI 2000, 456; zur früheren Rechtslage s auch **LG** Hannover Rpfleger 1997, 490 mwN für § 106 KO; **AG** München DGVZ 1985, 158). Die Untersagung von Maßnahmen der Individualvollstreckung dient dazu, eine nachteilige Veränderung in der Vermögenslage des Schuldners zu verhindern. Dem läuft die Abnahme der eidesstattlichen Versicherung durch den Gerichtsvollzieher regelmäßig nicht entgegen, weil damit lediglich der Vermögensbestand des Schuldners für alle Gläubiger festgestellt werden soll, ohne dass diese Vollstreckungsmaßnahme die Durchführung des Verfahrens beeinträchtigt. Im Übrigen liefe § 807 Abs 2 ZPO zumindest von dem zeitlichen Umfang der Offenbarungspflicht ins Leere, würde der Schuldner auf Grund des Beschlusses gemäß § 21 Abs 2 Nr 3 nicht mehr verpflichtet sein, die eidesstattliche Versicherung gem §§ 807, 900 Abs 1 ZPO abzugeben (**AG** Rostock aaO). Etwas anderes gilt unter Umständen, wenn ein Gläubiger aufgrund der Abgabe der eidesstattlichen Versicherung erstmals Kenntnis von dem Arbeitsverhältnis des Schuldners erlangt und eine anschließende Lohn- und Gehaltspfändung zur Folge hätte, dass der Arbeitgeber das Arbeitsverhältnis kündigt. Verlöre der Schuldner seinen Arbeitsplatz und damit die Möglichkeit, seinen Gläubigern den pfändbaren Teil seines Arbeitseinkommens zur Verfügung zu stellen, würde die Abgabe der eidesstattlichen Versicherung zu einer nachteiligen Veränderung der Vermögenslage des Schuldners führen.

c) **Ausweitung des Vollstreckungsverbots auf Absonderungsberechtigte.** Das **Vollstreckungsverbot** 44 gemäß § 21 Abs 2 Nr 3 kann auch auf **absonderungsberechtigte Gläubiger** ausgeweitet werden. Sinnvoll erscheint eine solche Maßnahme dann, wenn zB der absonderungsberechtigte Gläubiger auf Grund einer titulierten Forderung in einen ihm vom Schuldner sicherungsübereigneten Pkw vollstreckt, auf den der Schuldner dringend angewiesen ist, um zur Arbeitsstelle zu gelangen. Die Einstellung der Zwangsvollstreckung trüge insoweit zur Massesicherung bei, als der Schuldner weiter seiner Arbeit nachgehen und pfändbares Arbeitseinkommen des Schuldners auch für die Zeit nach Eröffnung des Insolvenzverfahrens zur Verteilung an die Gläubiger gesichert werden könnte. Es ist aber nicht zu verkennen, dass ein solches Verbot die Gefahr des Missbrauchs in sich birgt. Deshalb bedarf es vor Anordnung eines solchen Vollstreckungsverbots einer Abwägung der gegenseitigen Interessen der Beteiligten.

d) **Erinnerungsbefugnis und sachliche Zuständigkeit.** Sachlich und funktionell zuständig für die Ent- 45 scheidung über die **Erinnerung gemäß § 766 ZPO gegen Zwangsvollstreckungsmaßnahmen** nach Anordnung der einstweiligen Einstellung oder Untersagung der Zwangsvollstreckung gemäß §§ 306 Abs 2, 21 Abs 2 Nr 3 ist entsprechend dem Rechtsgedanken des § 89 Abs 3 das **Insolvenzgericht** (HK-*Kirchhof* § 21 Rn 42; K/P/B/*Pape* § 21 Rn 20; FK-*Schmerbach* § 21 Rn 83 b; *Prütting* NZI 2000, 145, 147; *Hintzen* ZInsO 1999, 174, 175; *Vallender* ZIP 1997, 1993, 1996; aA KS-*Fuchs* S 1703/1704 Rn 74). Soweit das **AG** Köln (NZI 1999, 381) die Ansicht vertritt, dass für Einwendungen, die auf Grund einer Anordnung des Vollstreckungsverbotes gemäß § 21 Abs 2 Nr 3 erhoben werden, das Vollstreckungsgericht zuständig sei, kann dem nicht gefolgt werden. Die Systematik des Gesetzes und die Sachnähe stehen der Annahme einer Entscheidung iSv § 775 ZPO entgegen.

2. **Bestellung eines vorläufigen Treuhänders.** Zu den zulässigen Sicherungsmaßnahmen gemäß §§ 306 46 Abs 2 zählt auch die **Bestellung eines vorläufigen Treuhänders** in analoger Anwendung der §§ 21, 22 (**BGH** v 12. 7. 2007 – IX ZB 82/03, VuR 2007, 470; **AG** Köln ZIP 2000, 418, 420 = ZInsO 2000, 118;

dazu *Grub* EWiR 2000, 403; **AG** Ludwigshafen EzInsR § 11 InsVV Rn 4; K/P/B/*Wenzel* § 306 Rn 10, N/R/*Römermann* § 306 Rn 16; *Smid/Haarmeyer* § 306 Rn 6; *Kohte/Ahrens/Grote* § 306 Rn 13; *Maier-Krafft* BB 1997, 2175; *Hess*, Insolvenzrechtsreport 2001, Nr 24 S 1 ff; *Schmidt* ZIP 1999, 915). Nach Auffassung von *Landfermann* (HK § 306 Rn 11) steht die – regelmäßige – Bestellung eines vorläufigen Treuhänders allerdings im Widerspruch zu dem Ziel, Aufwand und Kosten im Insolvenzeröffnungsverfahren möglichst gering zu halten. Soweit ferner die Ansicht vertreten wird, mit Anordnung dieser Sicherungsmaßnahme würde das Insolvenzgericht über das hinausgehen, was selbst bei negativem Ausgang des Schuldenbereinigungsverfahrens im endgültigen Verfahren zu erwarten ist (*Hess/Obermüller* Rn 945; *Huntemann/Graf Brockdorff* Kap 17 Rn 78), kann dem nicht gefolgt werden. Es trifft zwar zu, dass die Aufgaben und Pflichten eines Treuhänders im eröffneten Verfahren hinter denen des Insolvenzverwalters im Regelinsolvenzverfahren zurückbleiben. Die Anordnung kann indes in der Weise erfolgen, dass das Insolvenzgericht dem vorläufigen Treuhänder gemäß § 22 Abs 2 S 1 analog eine Rechtsmacht einräumt, die nicht über die Rechte und Pflichten des Treuhänders im eröffneten Verfahren hinausgeht (*Smid/Haarmeyer* § 306 Rn 3; *Vallender* InVo 1998, 169, 173; aA K/P/B/*Wenzel* § 306 Rn 1 a).

47 **a) Bestellung als Ausnahmefall.** Die **Bestellung** eines vorläufigen Treuhänders dürfte **regelmäßig nicht erforderlich** sein, weil die Vermögensverhältnisse der dem Anwendungsbereich des § 304 unterliegenden Personen überschaubar und häufig außer dem pfändbaren Arbeitseinkommen weitere dem Insolvenzbeschlag unterliegende Vermögensgegenstände nicht vorhanden sind (wie hier *Haarmeyer* ZInsO 2001, 203, 207; KS-*Fuchs* S 1704 Rn 75; KS-*Uhlenbruck* S 325 ff; aA AG Kaiserslautern ZInsO 2000, 624; KS-*Hintzen* S 1113 Rn 23). Es ist zwar nicht zu verkennen, dass insbesondere bei der Einstellung von Zwangsvollstreckungsmaßnahmen die Bestellung eines vorläufigen Treuhänders, der ermächtigt wird, die gepfändeten Beträge einzuziehen, zur Massesicherung beitragen kann (*Schmidt* ZIP 1999, 915, 916). Diese Sicherung lässt sich kostengünstiger dadurch erreichen, dass dem Drittschuldner im Einstellungsbeschluss oder in einem gesonderten Beschluss aufgegeben wird, den gepfändeten Betrag bei der Hinterlegungsstelle des Amtsgerichts, an dem das Insolvenzgericht seinen Sitz hat, zu hinterlegen (*Vallender* ZIP 1997, 1993, 1996; *Fuchs/Bayer* ZInsO 2000, 429, 434).

48 Die Bestellung eines vorläufigen Treuhänders ist allerdings dann geboten, wenn das Gericht ein **vorläufiges Verfügungsverbot** erlässt (siehe dazu näher Rn 55). Denn für das Vermögen des späteren Schuldners muss auch bis zur Entscheidung über den Eröffnungsantrag ein Verfügungsbefugter vorhanden sein (KS-*Gerhardt* S 162 Rn 8).

49 **b) Aufgaben und Befugnisse.** Die Rechtsposition des vorläufigen Treuhänders ist der des vorläufigen Insolvenzverwalters angenähert. Mithin sind die allgemeinen Regelungen über den vorläufigen Insolvenzverwalter auf den vorläufigen Treuhänder entsprechend anwendbar, sofern sich aus den Regelungen über den Treuhänder oder seiner Stellung nichts anderes ergibt (*Schulz/Gleissner* InVo 2000, 365, 367; aA K/P/B/*Wenzel* § 306 Rn 1 a). Dies folgt im Übrigen aus der Verweisung in § 304 Abs 1 auf die allgemeinen Vorschriften.

50 **aa) Antragsberechtigung gemäß § 30 d Abs 4 ZVG.** Verfügt der Schuldner über **Immobilien**, ist im Falle einer Zwangsversteigerung der vorläufige Treuhänder nicht nur berechtigt, sondern unter Umständen sogar verpflichtet, einen **Antrag gemäß § 30 d Abs 4 ZVG** auf einstweilige Einstellung der Zwangsversteigerung zu stellen. Der Umstand, dass die Vorschrift als Antragsberechtigte den vorläufigen Insolvenzverwalter und nicht den vorläufigen Treuhänder nennt, steht ihrer Anwendung nicht entgegen. Soweit *Wenzel* (NZI 1999, 101) die Ansicht vertritt, im Verbraucherinsolvenzverfahren komme eine Einstellung gemäß § 30 d ZVG nicht in Betracht, kann dem nicht gefolgt werden (ebenso *Hintzen* Rpfleger 1999, 256, 262). Es trifft zwar zu, dass im vereinfachten Insolvenzverfahren das Recht zur Verwertung des Grundstücks den grundpfandrechtlich gesicherten Gläubigern zusteht. Unter den Voraussetzungen des § 313 Abs 3 S 3 iVm § 173 Abs 2 analog kann aber auch der Treuhänder verwertungsbefugt sein. Es ist nicht ausgeschlossen, dass auch im Verbraucherinsolvenzeröffnungsverfahren eine Situation entstehen kann, welche die Anordnung einer Maßnahme gemäß § 30 d Abs 4 ZVG zur Verhütung nachteiliger Veränderungen in der Vermögenslage des Schuldners erforderlich erscheinen lässt. Der Schuldner selbst ist indes nicht antragsberechtigt. Angesichts des klaren Wortlauts des § 30 d Abs 4 ZVG scheidet eine entsprechende Anwendung der Vorschrift aus (aA *Hintzen* ZInsO 1999, 262).

51 **bb) Steuerliche Pflichten.** Bei Erlass eines allgemeinen Verfügungsverbots gilt für den vorläufigen Treuhänder nichts anderes als für den vorläufigen Insolvenzverwalter. Er ist **Vermögensverwalter** oder Verfügungsberechtigter gemäß §§ 34 Abs 3, 35 AO mit allen sich aus dieser Rechtsstellung ergebenden Rechten und Pflichten (*Maus* ZInsO 1999, 683, 688; *Schulz/Gleissner* InVo 2000, 365, 367). Hat das Gericht bei Anordnung der vorläufigen Treuhandschaft von der Auferlegung eines allgemeinen Verfügungsverbots abgesehen, ist nur im Einzelfall, beim Vorliegen besonderer, eine Verfügungsbefugnis begründender Umstände, von einer Verpflichtung aus § 35 AO auszugehen (*Schulz/Gleissner* aaO).

52 **c) Vergütung des vorläufigen Treuhänders.** Die **Vergütung des vorläufigen Treuhänders** ist in der InsVV nicht ausdrücklich geregelt. Sie hat sich jedoch an §§ 11, 13 InsVV zu orientieren. Auch wenn

eine **analoge Anwendung** des § 11 InsVV (OLG Köln v ZInsO 2001, 128; AG Rosenheim ZInsO 2001, 218; AG Köln ZIP 2000, 418, 420 = ZInsO 2000, 118; dazu *Grub* EWiR 2000, 403; AG Ludwigshafen EzInsR § 11 InsVV Nr 4; *Keller* DZWIR 2000, 127; *Fuchs/Bayer* ZInsO aaO 432) die Gefahr in sich birgt, dass die üblicherweise bestehenden Sicherungsrechte wie eine Entgeltabtretung oder Sicherungsübereignung langlebiger Haushaltsgüter zu wesentlich höheren Ansätzen führen können, die mit den Regelsätzen des § 13 InsVV nicht mehr in Übereinstimmung zu bringen sind (*Kohte* EWiR 2000, 586), führt diese Auffassung regelmäßig zu sachgerechten Ergebnissen und verdient deshalb den Vorzug (aA AG Kaiserslautern ZInsO 2000, 624, 625; K/P/B/*Eickmann* InsOVergütR § 13 InsVV Rn 9; *Kohte* aaO; *Keller* ZIP 2000, 914, 919 ff; *Grub* EWiR 2000, 403; offengelassen v BGH v 12. 7. 2007 – IX ZB 82/03, VuR 2007, 470, 471). **Berechnungsgrundlage** ist die verwaltete Masse (HambKomm/Büttner § 13 InsVV Rn 18). Die **Höhe der Vergütung** richtet sich nach dem Leistungsbild der entfalteten Tätigkeit (vgl BGH v 17. 7. 2003 – IX ZB 10/03, ZInsO 2003, 748, 749). Ein **Regelsatz von 15%** bezogen auf die Regelvergütung des Insolvenzverwalters erscheint angemessen (*Hess*, Insolvenzrechtsreport 2001, Nr 24 S 2). Die generelle Erhöhung der Regelvergütung eines vorläufigen Treuhänders infolge der Anordnung eines Zustimmungsvorbehalts ist nicht gerechtfertigt. Es kommt vielmehr auf den konkreten Tätigkeitsumfang an (BGH aaO).

Für die Festsetzung der Vergütung des vorläufigen Treuhänders ist der **Richter** nur dann **funktionell** **53** **zuständig**, wenn der Antrag vor dem Eröffnungszeitpunkt gestellt worden ist (OLG Köln ZIP 2000, 1993, 1995; LG Frankfurt InVo 1999, 276; LG Halle ZIP 1995, 486; *Haarmeyer* Rpfleger 1997, 273; *Franke/Burger* NZI 2001, 403, 406; aA AG Köln ZInsO 2000, 118; AG Kaiserslautern ZInsO 2000, 624, 625). Ansonsten ist der **Rechtspfleger** zur Entscheidung **berufen**.

d) **Rechnungslegungspflicht**. Bei Beendigung seines Amtes hat der vorläufige Treuhänder **Rechnung** **54** **zu legen**, §§ 304 Abs 1, 21 Abs 2 Nr 1, 66. Adressat der Prüfungspflicht ist das Insolvenzgericht.

3. **Erlass eines allgemeinen Verfügungsverbots, § 21 Abs 2 Nr 2**. Für den Erlass eines allgemeinen **55** **Verfügungsverbots** gemäß § 21 Abs 2 Nr 2 als umfassendste Maßnahme zur Massesicherung (N/R/ *Mönning* § 21 Rn 100) besteht nur dann Anlass, wenn dem Insolvenzgericht konkrete Anhaltspunkte dafür vorliegen, dass der Schuldner über Vermögensgegenstände zu verfügen beabsichtigt. In diesem Fall dürfte es indes meist ausreichen, das **Verfügungsverbot auf bestimmte Vermögensgegenstände** zu **beschränken**, um zB Lohn- und Gehaltsabtretungen oder die Veräußerung besonders wichtiger Vermögensgegenstände zu verhindern (so auch *Haarmeyer* ZInsO 2001, 203, 207). Diese Beschränkung führt nur zu einem relativen Verfügungsverbot gemäß § 135 BGB (N/R/*Mönning* § 21 Rn 122) und zwingt das Gericht nicht dazu, gleichzeitig einen vorläufigen Treuhänder zu bestellen. Bei Erlass eines allgemeinen Verfügungsverbotes wäre diese Maßnahme wegen der damit einhergehenden absoluten Verfügungsbeschränkung auch nicht geboten. Die **Wirkung** des allgemeinen Verfügungsverbots tritt bereits mit dem Erlass ein (vgl BGH ZIP 1995, 40; HK-*Kirchhof* § 21 Rn 21).

Soweit das Insolvenzgericht ausnahmsweise von § 21 Abs 2 Nr 2 1. Alt Gebrauch macht, hindert diese **56** Anordnung den Schuldner nicht daran, mit den Gläubigern im Rahmen des gerichtlichen Schuldenbereinigungsverfahrens **wirksame Vergleichsvereinbarungen** zu treffen. Die Anordnung eines allgemeinen Verfügungsverbots lässt die Befugnis des Schuldners unberührt, **schuldrechtliche Verträge** abzuschließen. Eine **Verfügung des Schuldners** über verwertbares Vermögen kann frühestens mit Abschluss des Vergleichs, dh mit seiner gerichtlichen Bestätigung gemäß § 308 Abs 1 erfolgen (*Krug*, Verbraucherkonkurs S 119).

Findet das Schuldenbereinigungsverfahren mit der Annahme des Schuldenbereinigungsplans seinen **57** Abschluss, sind angeordnete Sicherungsmaßnahmen von Amts wegen aufzuheben, weil keine Notwendigkeit mehr besteht, die Masse bis zu einer eventuellen Verfahrenseröffnung zu sichern.

III. Rechtliches Gehör

Im Insolvenzeröffnungsverfahren erfährt das **verfassungsrechtliche Gebot des Art 103 Abs 1 GG** **58** nicht unerhebliche Einschränkungen. So ist dem Schuldner grundsätzlich vor dem Erlass von Sicherungsmaßnahmen rechtliches Gehör nicht zu gewähren (KS-*Vallender* S 219 ff; *Haarmeyer* ZInsO 2001, 203, 208). Etwas anderes gilt indes vor dem Erlass eines Haftbefehls als Maßnahme zur Durchsetzung der Auskunfts- und Mitwirkungspflichten des Schuldners (siehe dazu OLG Celle ZVI 2002, 21). Unterbleibt eine vorherige Anhörung, ist sie unverzüglich nachzuholen. Die vorherige Anhörung der Gläubiger bei Anordnung der einstweiligen Einstellung oder Untersagung der Zwangsvollstreckung verbietet sich allein deshalb, weil sie dem Zweck der Maßnahme diametral entgegenliefe.

E. Vorlage der zuzustellenden Unterlagen, Abs 2 S 2

Soweit das Gericht die Durchführung des Schuldenbereinigungsverfahrens für sinnvoll erachtet, hat **59** es den Schuldner aufzufordern, in der für die Zustellung erforderlichen Zahl Abschriften des Schuldenbereinigungsplans und der Vermögensübersicht **innerhalb von zwei Wochen nach Aufforderung durch** das Gericht nachzureichen. Diese Regelung lehnt sich an die Vorschrift des § 253 Abs 5 ZPO an (Begr RegE, BT-Drucks 14/5680 S 51). Durch dieses Vorgehen soll unnötiger Kopieraufwand vermieden werden.

I. Zwei-Wochen-Frist

60 Der Gesetzgeber rechtfertigt die Verpflichtung des Schuldners, die Unterlagen innerhalb von zwei Wochen nachzureichen, mit Gründen der **Verfahrensbeschleunigung** (BegrRegE, BT-Drucks 14/5680 S 51). Dies trifft indes nur vordergründig zu. Tatsächlich führt die Regelung zu einer erheblichen **Mehrbelastung** der Justiz, weil an die Gläubiger beglaubigte Abschriften zugestellt werden müssen. Der Urkundsbeamte der Geschäftsstelle ist demnach verpflichtet, im Rahmen der ordnungsgemäßen Beglaubigung Blatt für Blatt die Identität von Original und Abschriften zu überprüfen (*Schmerbach/Stephan* ZInsO 2000, 541, 546).

61 Die Frist beginnt mit dem Zugang der entsprechenden Aufforderung durch das Gericht. Sie ist nach § 4 iVm § 222 ZPO iVm §§ 187 Abs 1, 188 Abs 2 BGB zu berechnen. Der Schuldner hat Anspruch auf volle Ausnutzung der Frist (vgl BVerfG NJW 1975, 1405). Die Unterlagen müssen rechtzeitig in den Gewahrsam des Insolvenzgerichts gelangen. Die Frist kann weder abgekürzt noch verlängert werden (§ 4 iVm § 224 ZPO). Um die Fristwahrung hinreichend sicher feststellen zu können, bedarf es einer **förmlichen Zustellung des Aufforderungsschreibens** des Gerichts.

II. Entsprechende Anwendung von § 305 Abs 3 S 2

62 Die etwas verdeckte und in der Gesetzesbegründung überhaupt nicht erwähnte Regelung des § 306 Abs 2 S 3, nach der die Vorschrift des **§ 305 Abs 3 S 2** entsprechende Anwendung findet, birgt für den Schuldner ein **erhebliches Risiko** in sich. Überschreitet er die gesetzliche Frist zur Nachreichung der Unterlagen, gilt sein Antrag auf Eröffnung des Insolvenzverfahrens als zurückgenommen. Das Gericht trifft in diesem Falle keine Pflicht, die erforderlichen Abschriften fertigen zu müssen (aA *Schmerbach/Stephan* ZInsO 2000, 541, 546, die übersehen, dass bei Fristüberschreitung der Antrag als zurückgenommen gilt). Unabhängig davon, ob das Gericht die **Wirkung der Antragsrücknahme** in einem **förmlichen Beschluss** ausspricht oder diese Folge lediglich **formlos** mitteilt, steht dem Schuldner hiergegen ein Rechtsmittel nicht zu (LG Düsseldorf v 9. 4. 2003 – 25 T 248/03, NZI 2003, 505). Da eine Verlängerung der Frist nicht möglich ist, greift die **Rücknahmefiktion** auch dann ein, wenn der Schuldner bis zum Ablauf der Frist die Unterlagen nur unvollständig eingereicht hat (*Vallender* NZI 2001, 561, 565).

63 Wegen der weitreichenden Wirkungen einer Fristversäumnis hat das Gericht den Schuldner darauf hinzuweisen, dass bei Überschreiten der Frist der Insolvenzantrag als zurückgenommen gilt. Das Eingreifen der Rücknahmefiktion hat indes nicht zur Folge, dass der Schuldner nicht einen neuen Antrag auf Eröffnung des Insolvenzverfahrens stellen könnte.

F. (Isolierter) Insolvenzantrag eines Gläubigers, Abs 3

63a Absatz 3 regelt das Verfahren nach **Eingang eines Gläubigerantrags gegen den Schuldner**, der den Vorschriften des Verbraucherinsolvenzverfahrens unterliegt und selbst noch keinen eigenen Antrag auf Eröffnung des Insolvenzverfahrens über sein Vermögen gestellt hat. Die Vorschrift erfasst nach ihrer systematischen Stellung im Neunten Teil der InsO nur **Gläubigeranträge gegen Verbraucherschuldner** (*Graf-Schlicker/Sabel* § 306 Rn 22).

64 Für den Antrag des Gläubigers auf Eröffnung des Insolvenzverfahrens über das Vermögen des Schuldners gelten die allgemeinen Zulässigkeitsvoraussetzungen gemäß § 14 Abs 1. Eine darüber hinausgehende Darlegungspflicht besteht nicht. Insbesondere ist es nicht Aufgabe des Gläubigers vorzutragen und ggf glaubhaft zu machen, welche Verfahrensart anzuwenden sei (*Bruckmann* Verbraucherinsolvenz § 3 Rn 118). Etwas anderes gilt nur dann, wenn ein Gläubiger ausdrücklich die Eröffnung eines Verbraucherinsolvenzverfahrens beantragt. In diesem Fall trifft ihn auch die entsprechende Darlegungslast. Ansonsten hat das Gericht von einem Regelinsolvenzverfahren auszugehen und nach Zulassung des Antrags seine Amtsermittlungspflicht gemäß § 5 nicht nur auf das Vorliegen eines Insolvenzeröffnungsgrundes und einer Massekostendeckung, sondern auch darauf zu erstrecken, ob der Antragsgegner dem Personenkreis des § 304 Abs 1 zuzurechnen ist (**AG Köln** NZI 1999, 241 = ZInsO 1999, 422; *Vallender* ZIP 1999, 125, 130; *Jauernig* § 94 III 2; *Kohte/Ahrens/Grote* § 306 Rn 18; *Kögel* DZWIR 1999, 235, 240; K/P/B/*Wenzel* § 306 Rn 14).

65 Welche Maßnahmen das Gericht im Einzelnen zur Feststellung der entscheidungserheblichen Tatsachen zu treffen hat, unterliegt seinem pflichtgemäßen Ermessen. Den **Schuldner** trifft dabei eine **umfassende Auskunftspflicht** gemäß § 20 Abs 1 S 1, die mit den Mitteln der §§ 97, 98 erzwungen werden kann (so auch **OLG Celle** ZVI 2002, 21, 22).

66 Sind die Voraussetzungen des § 304 Abs 1 nicht gegeben, nimmt das Regelinsolvenzverfahren seinen Fortgang. Eine besondere Verweisung von Amts wegen in dieses Verfahren analog § 17a GVG kommt

F. (Isolierter) Insolvenzantrag eines Gläubigers, Abs 3 § 306

nicht in Betracht (aA *Kohte/Ahrens/Grote* § 306 Rn 19–21). Etwas anderes gilt nur dann, wenn der Gläubiger ausdrücklich einen Antrag auf Eröffnung des Verbraucherinsolvenzverfahrens gestellt hat. In diesem Fall ist ihm Gelegenheit zu geben, seinen Antrag auf die zulässige Verfahrensart umzustellen. Nimmt der Antragsteller die Gelegenheit innerhalb der gesetzten Frist nicht wahr, ist sein Antrag insgesamt mit verfahrensabschließender Wirkung als unzulässig zuweisen (aA *Bruckmann* Verbraucherinsolvenz Rn 119). Gegen den zurückweisenden Beschluss steht dem Gläubiger das Rechtsmittel der sofortigen Beschwerde gemäß § 34 zu.

I. Hinweispflicht des Gerichts gemäß Abs 3 S 1

Da jedem Schuldner – unabhängig davon, welcher Verfahrensart er unterliegt – frühzeitig Gelegenheit zu geben ist, selbst einen Insolvenzantrag zu stellen, um auf diese Weise in den Genuss der Restschuldbefreiung zu gelangen (BGH v 17. 2. 2005 – IX ZB 176/03, NJW 2005, 1433, 1434), trifft das Gericht in **jedem Antragsverfahren** gegen eine **natürliche Person** eine entsprechende **Hinweispflicht**. Es bietet sich an, den Hinweis nach Abs 3 S 1 mit dem nach § 20 Abs 2 erforderlichen Hinweis an den Schuldner zu verbinden. 66a

Der Hinweis hat spätestens **vor der Entscheidung über die Eröffnung** des Insolvenzverfahrens zu ergehen. Eine **Frist** zur Stellung des Insolvenzantrags nennt das Gesetz nicht. Eine richterliche **Frist von vier Wochen** ab Zugang der Verfügung erscheint im Hinblick auf die Interessen der Gläubiger an einer raschen Entscheidung über den Eröffnungsantrag angemessen. Dabei handelt es **sich nicht um eine Ausschlussfrist**, auf die § 230 ZPO entsprechend anzuwenden ist (BGH v 3. 7. 2008 – IX ZB 182/07, NJW 2008, 3494, 3495; BGH v 25. 9. 2008 – IX ZB 1/08 ZInsO 2008, 1138). Die Frist kann bei Bedarf auch verlängert werden (§ 4 InsO iVm § 224 Abs 2 ZPO). Der Schuldner kann auch nach Ablauf der richterlichen Frist bis zur Eröffnung des Insolvenzverfahrens auf Antrag des Gläubigers einen Eigenantrag stellen (BGH aaO). Innerhalb der ihm gesetzten Frist hat der Schuldner ausreichend Zeit zu prüfen, ob er dem Gläubigerantrag entgegentreten oder ob er sich dem Antrag des Gläubigers mit einem eigenen Insolvenz- und Restschuldbefreiungsantrag anschließen soll. 67

1. Entscheidungsfreiheit des Schuldners. Dem Schuldner steht es frei, bei einem auf Grund eines Gläubigerantrags eingeleiteten Insolvenzverfahren selbst einen Antrag auf Eröffnung des Insolvenzverfahrens über sein Vermögen zu stellen; einen Hinweis des Insolvenzgerichts nach § 306 Abs 3 S 2 braucht er nicht abzuwarten. Stellt der Schuldner einen Eigenantrag, ohne gleichzeitig Restschuldbefreiung zu beantragen, trifft das Gericht insoweit eine (erneute) Hinweispflicht (näher dazu Ausführungen § 287 Rn 14 ff). Wird dem Schuldner der Hinweis nach § 20 Abs 2 erteilt, kann er nicht das dreimonatige Ruhen des Verfahrens ausnutzen, um in diesem Zeitraum (so MüKoInsO-*Stephan* § 287 Rn 20; HK-*Landfermann* § 287 Rn 19; *Kohte/Ahrens/Grote* § 287 Rn 11, 11 b) auch den etwaigen Antrag auf Erteilungs der Restschuldbefreiung nachzureichen. Vielmehr hat er den Antrag innerhalb der Zwei-Wochen-Frist des § 287 Abs 1 S 2 zu stellen (vgl BGH v 23. 10. 2008 – IX ZB 112/08, NZI 2009, 120; *Foerste* ZInsO 2009, 319, 320). 68

Sieht der Schuldner von einer Antragstellung ab, gelangen lediglich der erste und dritte Abschnitt des neunten Teils zur Anwendung; ein außergerichtliches und ein gerichtliches Schuldenbereinigungsverfahren finden nicht statt. Bei Vorliegen der entsprechenden Voraussetzungen kann auf den Gläubigerantrag hin unmittelbar das vereinfachte Insolvenzverfahren eröffnet werden. Ein eigenes Planinitiativrecht steht dem Gläubiger nicht zu (*Hess/Obermüller* Rn 904). Entschließt sich der Schuldner erst nach Eröffnung des Insolvenzverfahrens auf Grund des Gläubigerantrags, seinerseits einen Insolvenzantrag zu stellen, um auf diese Weise in den Genuss der Restschuldbefreiung zu gelangen, ist dieser Antrag als unzulässig zurückzuweisen. Diesem Antrag fehlt das Rechtsschutzinteresse. 69

2. Keine Restschuldbefreiung ohne eigenen Insolvenzantrag des Schuldners. Der **Schuldner** vermag nur dann Restschuldbefreiung zu erlangen, wenn er **selbst einen Insolvenzantrag stellt** (§ 287 Abs 1 S 1). Dies entspricht dem ausdrücklich erklärten Willen des Gesetzgebers, soweit es das Verbraucherinsolvenzverfahren betrifft (Begr RegE, BT-Drucks 14/5680 S 43). Danach „soll im Interesse einer einvernehmlichen Schuldenbereinigung und um die Justiz möglichst nicht zu belasten, eine Restschuldbefreiung des Schuldners nur möglich sein, wenn vor Eröffnung des vereinfachten Verfahrens ein vollständiges Schuldenbereinigungsverfahren durchgeführt wurde, unabhängig davon, ob zunächst ein Gläubiger die Verfahrenseröffnung beantragt hat" (Begr RegE, BT-Drucks 14/5680 S 43, 51/52; s dazu auch BGH v 8. 7. 2004 – IX ZB 209/03, ZVI 2004, 492, 493; OLG Köln ZIP 2000, 1628 m abl Anm *Delhaes* ZInsO 2000, 358; AG Köln DZWIR 2000, 170 = InVo 2000, 127, 129; HK-*Landfermann* § 306 Rn 14; K/P/B/*Wenzel* § 306 Rn 4; KS-*Fuchs* S 1734 Rn 163; *Bruckmann* Verbraucherinsolvenzverfahren § 3 Rn 128). Tatsächlich würde es zu einer erheblichen Entwertung des Schuldenbereinigungsverfahrens führen, wenn der Schuldner durch den Insolvenzantrag eines ihm wohlgesonnenen Gläubigers den außergerichtlichen und gerichtlichen Einigungsversuch umgehen könnte. Dadurch würde das gesetzgeberische Ziel, die Gerichte zu entlasten, verfehlt und die Regelung in § 306 Abs 3 wäre überflüssig (AG Köln aaO; KS-*Fuchs* S 1735 Rn 164). 70

71 Mit der Neufassung des § 287 Abs 1 und der Ergänzung des § 306 Abs 3 um den Satz 3 durch das InsOÄG 2001 v 26. 10. 2001 (BGBl I S 2710) hat der Gesetzgeber der Auffassung eine klare Absage erteilt, die dem Schuldner den Weg in das Restschuldbefreiungsverfahren auch dann eröffnen wollte, wenn er keinen eigenen Insolvenzantrag gestellt hat oder sein Antrag an § 305 Abs 3 gescheitert ist (**AG Bielefeld** ZIP 1999, 1180, 1181; *Kohte/Ahrens/Grote* § 306 Rn 23; *Grote* ZInsO 2000, 146, 147; *Hess/Obermüller* Rn 905; *Bindemann* Verbraucherkonkurs S 62/63 Rn 45; *Delhaes* aaO; *Holzer* EWiR 2000, 133, 134; *Kirchhof* ZInsO 1998, 60; *Smid/Haarmeyer* § 306 Rn 13; *Wittig* WM 1998, 157, 163).

II. Verfahren nach einem Anschlussantrag des Schuldners

72 Der Anschlussantrag des Schuldners unterliegt den gleichen Anforderungen wie ein Insolvenzantrag, den ein Schuldner ohne vorherigen Gläubigerantrag eingereicht hat. Zur Vorlage der in § 305 Abs 1 genannten Unterlagen ist ein Schuldner, der dem Anwendungsbereich des § 304 unterliegt, bei Antragstellung (noch) nicht verpflichtet. Da er noch einen außergerichtlichen Einigungsversuch zu unternehmen hat, wäre er ohnehin nicht in der Lage, dem Erfordernis des § 305 Abs 1 Nr 1 zu genügen. Der nach § 305 Abs 1 Nr 4 vorzulegende Plan bedürfte unter Umständen einer Korrektur auf Grund des Verhaltens der Gläubiger während des außergerichtlichen Einigungsversuchs. Schließlich erwiese sich die Vorlage der Unterlagen als überflüssig, wenn der zwingend durchzuführende **außergerichtliche Einigungsversuch** erfolgreich abgeschlossen würde. In diesem Fall hätten sich alle anhängigen Insolvenzanträge des Schuldners und des Gläubigers in der Hauptsache erledigt.

Das Insolvenzgericht hat nach Antragseingang insbesondere zu prüfen, ob der Schuldner den Regelungen des Verbraucher- oder Regelinsolvenzverfahrens unterliegt. Bei Unklarheiten trifft das Gericht eine Aufklärungspflicht. Der **Schuldner** ist gemäß § 20 Abs 1 S 1 zur **umfassenden Auskunft verpflichtet**. Die Pflicht kann mit den Mitteln der §§ 97, 98 erzwungen werden (so auch **OLG Celle** ZVI 2002, 21, 22).

73 Ist der **Schuldner Verbraucher**, gelten für alle anhängigen Verfahren die besonderen Vorschriften des Neunten Teils der InsO (*Graf-Schlicker/Sabel* § 306 Rn 27). Mit dem Eingang des Antrags setzt das **Ruhen des Verfahrens** ein (§§ 306 Abs 3 S 2, Abs 1 S 1). Dies gilt auch dann, wenn der Schuldner zwar zum Zeitpunkt der Anhängigkeit des Gläubigerantrags (noch) selbstständig wirtschaftlich tätig war, bei Antragstellung indes die Voraussetzungen des Verbraucherinsolvenzverfahrens gegeben sind.

74 **1. Obligatorischer außergerichtlicher Einigungsversuch, Abs 3 S 3.** Der Schuldner hat **innerhalb von drei Monaten nach Antragstellung einen außergerichtlichen Einigungsversuch mit seinen Gläubigern** zu unternehmen. Die Regelung des Abs 3 S 3 ist von der Vorstellung des Gesetzgebers getragen, dass das Schuldenbereinigungsverfahren erheblich entwertet würde, wenn der Schuldner durch den Insolvenzantrag eines ihm wohlgesonnenen Gläubigers den außergerichtlichen und den gerichtlichen Einigungsversuch umgehen könnte (Begr RegE, BT-Drucks 14/5680 S 43; krit dazu *Pape/Pape* ZIP 2000, 1553, 1557, die mit Recht darauf hinweisen, dass es einen erheblichen Widerspruch in sich selbst darstellt, dass im außergerichtlichen Verfahren die Ergreifung von Maßnahmen der Einzelzwangsvollstreckung den sofortigen Abbruch dieses Verfahrens durch Ausstellen der Bescheinigung über das Scheitern des Verfahrens rechtfertigen soll, während auf der anderen Seite bei einem schon anhängigen Antrag auf Eröffnung des Insolvenzverfahrens über das Vermögen des Schuldners nun zunächst dem Schuldner die Pflicht auferlegt werden soll, ein außergerichtliches Verfahren durchzuführen).

75 **a) Fristbeginn.** Die Frist zur Aufnahme der Verhandlungen mit den Gläubigern beginnt mit dem Eingang des Insolvenzantrags des Schuldners bei Gericht. Ob die Frist von drei Monaten ausreicht, erscheint angesichts der langen Wartezeiten bei Schuldnerberatungsstellen und der geringen Neigung von Rechtsanwälten, sich im Bereich der außergerichtlichen Schuldenbereinigung zu engagieren, zweifelhaft.

76 Da es sich bei der Dreimonatsfrist um eine **gesetzliche Ausschlussfrist** handelt (§ 305 Abs 3 S 3), ist eine Verlängerung der Frist nicht möglich (§ 4 InsO iVm § 224 Abs 2 ZPO). Gesetzliche Fristen können nur in den vom Gesetz ausdrücklich bestimmten Fällen verlängert werden (vgl § 234 Abs 2 ZPO). § 305 Abs 3 sieht eine Verlängerung der Frist nicht vor. Über den **Antrag auf** die – nicht zulässige – **Fristverlängerung** hat das Insolvenzgericht durch Verfügung oder durch Beschluss zu entscheiden (§ 225 Abs 1 ZPO iVm § 4 InsO). Die Entscheidung ist unanfechtbar (vgl § 225 Abs 3 ZPO).

77 **b) Eintritt der Wirkungen des § 305 Abs 3 S 3 verschuldensunabhängig.** Auch wenn § 305 Abs 3 das Gericht nicht verpflichtet, den Schuldner auf die Folgen der Fristversäumnis hinzuweisen, sollte es wegen der weitreichenden Folgen der Fristversäumnis gleichwohl ausdrücklich auf die Dreimonatsfrist und die Rechtsfolgen einer Fristversäumnis hinweisen. Ein unterlassener gerichtlicher Hinweis ändert allerdings nichts an dem Eintritt der Rechtsfolge der Fristversäumnis. Die Wirkungen des § 305 Abs 3 S 2 treten ohne Rücksicht darauf ein, ob den Antragsteller ein Verschulden trifft (vgl *Hess/Obermüller* Rn 941). Bei Fristversäumnis kommt eine **Wiedereinsetzung in den vorigen Stand nicht in Betracht**, weil die Regelungen der §§ 233 ff ZPO bei gesetzlichen Ausschlussfristen keine Anwendung finden (vgl auch **AG Stuttgart** NZI 2000, 386, 387).

c) **Gesetzliche Fiktion und Fortgang des Verfahrens.** Die Rücknahme des Insolvenzantrags des Schuldners wird nach fruchtlosem Ablauf der gesetzlichen Ausschlussfrist **durch Gesetz fingiert**, wobei das Gesetz weder eine ausdrückliche Mitteilung an den Schuldner von dem Eintritt der Wirkung fordert (**LG** Göttingen, DZWIR 2000, 119, 120 = Rpfleger 2000, 176; K/P/B/*Wenzel* § 305 Rn 9 b) noch dem Insolvenzgericht oder den Rechtsmittelinstanzen die Möglichkeit einräumt, nach Ablauf der Frist die einmal eingetretene Wirkung wieder abzuändern (**OLG** Köln ZIP 2000, 173, 1733; **OLG** Köln NZI 2000, 317, 318). Dies gilt selbst dann, wenn dem Vorbringen des Schuldners ausdrücklich oder schlüssig zu entnehmen ist, dass er an einem Eröffnungsantrag festhalten will (N/R/*Römermann* § 305 Rn 71). Bei Vorliegen der entsprechenden Voraussetzungen kann auf den Gläubigerantrag hin unmittelbar das vereinfachte Insolvenzverfahren eröffnet werden. 78

d) **Neuer Antrag.** Dem Schuldner bleibt aber die Möglichkeit, durch Einreichung eines neuen Antrags die Eröffnung des Insolvenzverfahrens anzustreben, weil § 305 Abs 3 nicht im Sinne einer Notfrist einen erneuten Antrag ausschließt (**OLG** Köln ZIP 2000, 1732, 1734; ZIP 2000, 1449, 1450 = ZInsO 2000, 401; BayObLG ZIP 2000, 1767, 1768 = NZI 1999, 412, 413; LG Schwerin DZWIR 1999, 341, 342; K/P/B/*Wenzel* § 305 Rn 9 b; *Vallender* EWiR 1999, 955). Soweit eine Verfahrenseröffnung auf Grund des Gläubigerantrags bereits erfolgt ist, wäre ein erneuter Antrag des Schuldners allerdings unzulässig (vgl **BGH** v. 18. 5. 2004 – IX ZB 189/03, NZI 2004, 444; aA AG Göttingen v 12. 10. 2007 – 74 IN 304/07 m Anm *Tetzlaff* jurisPR-InsR 2/2008 Anm 6). Sind seit dem endgültigen Scheitern des außergerichtlichen Einigungsversuchs bereits mehr als sechs Monate verstrichen, muss der Schuldner auch den außergerichtlichen Einigungsversuch wiederholen. 79

2. Verfahren nach erfolglosem außergerichtlichem Einigungsversuch. Nach erfolglosem Abschluss des Einigungsverfahrens **innerhalb der Dreimonatsfrist** des § 305 Abs 3 S 3 hat der Schuldner unverzüglich die in § 305 Abs 1 genannten Unterlagen vorzulegen. Hierzu zählen die Bescheinigung über das Scheitern des außergerichtlichen Einigungsversuchs, die von einer geeigneten Person oder Stelle ausgestellt ist (§ 305 Abs 1 Nr 1), der Antrag auf Restschuldbefreiung oder die Erklärung, dass Restschuldbefreiung nicht beantragt wird (§ 305 Abs 1 Nr 2), eine Abtretungserklärung, falls der Antrag auf Restschuldbefreiung gestellt wird (§ 287 Abs 2), der außergerichtliche Plan und eine Darstellung der wesentlichen Gründe für sein Scheitern, ein Vermögensverzeichnis und eine Vermögensübersicht (§ 305 Abs 1 Nr 3), ein Gläubigerverzeichnis (§ 305 Abs 1 Nr 3), ein Forderungsverzeichnis (§ 305 Abs 1 Nr 3) und der Schuldenbereinigungsplan (§ 305 Abs 1 Nr 4). Hatte das Gericht ihn allerdings nach Stellung des Eigenantrags gem § 20 Abs 2 belehrt, unterliegt der Restschuldbefreiungsantrag der Ausschlussfrist des § 287 Abs 1 S 2 (vgl **BGH** v 23. 10. 2008 – IX ZB 112/08, NZI 2009, 120; *Foerste* ZInsO 2009, 319, 320). Ob das Schuldenbereinigungsverfahren durchgeführt werden soll, entscheidet das Gericht nach pflichtgemäßem Ermessen (§ 306 Abs 1 S 3). In diesem Falle ist der Schuldner aufzufordern, in der für die Zustellung erforderlichen Zahl Abschriften des Schuldenbereinigungsplans und der Vermögensübersicht innerhalb von zwei Wochen nachzureichen (§ 306 Abs 2 S 2). Bei **Durchführung eines gerichtlichen Schuldenbereinigungsverfahren** und Annahme des Plans gelten sowohl der Gläubiger- als auch der Schuldnerantrag als zurückgenommen (§ 308 Abs 2). Das gerichtliche Schuldenbereinigungsverfahren ist nicht als Liquidationsverfahren iSd Art 2 lit c EuInsVO iVm Anhang B anzusehen. Denn bei einem Liquidationsverfahren muss es sich um ein Insolvenzverfahren iSd Art 2 lit a EuInsVO handeln. Dies trifft auf ein Verfahren nach Maßgabe der §§ 307 ff grundsätzlich nicht zu, weil insoweit regelmäßig ein zumindest teilweiser Vermögensbeschlag nicht erfolgt (*Martini* ZInsO 2002, 95, 908). 80

Sieht das Gericht von der Durchführung des Schuldenbereinigungsverfahrens ab und liegen die Eröffnungsvoraussetzungen vor, können die anhängigen Verfahren unter Führung des Eigenantragsverfahrens in dem Eröffnungsbeschluss verbunden werden, § 4 iVm § 148 ZPO (näher dazu § 312 Rn 19). 81

§ 307 Zustellung an die Gläubiger

(1) ¹Das Insolvenzgericht stellt den vom Schuldner genannten Gläubigern den Schuldenbereinigungsplan sowie die Vermögensübersicht zu und fordert die Gläubiger zugleich auf, binnen einer Notfrist von einem Monat zu den in § 305 Abs. 1 Nr. 3 genannten Verzeichnissen und zu dem Schuldenbereinigungsplan Stellung zu nehmen; die Gläubiger sind darauf hinzuweisen, dass die Verzeichnisse beim Insolvenzgericht zur Einsicht niedergelegt sind. ²Zugleich ist jedem Gläubiger mit ausdrücklichem Hinweis auf die Rechtsfolgen des § 308 Abs. 3 Satz 2 Gelegenheit zu geben, binnen der Frist nach Satz 1 die Angaben über seine Forderungen in dem beim Insolvenzgericht zur Einsicht niedergelegten Forderungsverzeichnis zu überprüfen und erforderlichenfalls zu ergänzen. ³Auf die Zustellung nach Satz 1 ist § 8 Abs. 1 Satz 2, 3, Abs. 2 und 3 nicht anzuwenden.

(2) ¹Geht binnen der Frist nach Absatz 1 Satz 1 bei Gericht die Stellungnahme eines Gläubigers nicht ein, so gilt dies als Einverständnis mit dem Schuldenbereinigungsplan. ²Darauf ist in der Aufforderung hinzuweisen.

(3) ¹Nach Ablauf der Frist nach Absatz 1 Satz 1 ist dem Schuldner Gelegenheit zu geben, den Schuldenbereinigungsplan binnen einer vom Gericht zu bestimmenden Frist zu ändern oder zu

§ 307   Zustellung an die Gläubiger

ergänzen, wenn dies auf Grund der Stellungnahme eines Gläubigers erforderlich oder zur Förderung einer einverständlichen Schuldenbereinigung sinnvoll erscheint. ²Die Änderungen oder Ergänzungen sind den Gläubigern zuzustellen, soweit dies erforderlich ist. ³Absatz 1 Satz 1, 3 und Absatz 2 gelten entsprechend.

Übersicht

	Rn
I. Allgemeines	1
II. Zustellungen, Abs 1 S 1	4
1. Kein Auswahlermessen des Gerichts	8
2. Zustelladressaten	9
a) Zustellung an Vertreter	10
b) Zustellung an Inkassounternehmen	11
c) Zustellung an Finanzämter	12
d) Zustellung bei Forderungsabtretung	13
e) Zustellung bei Insolvenz einer Handelsgesellschaft	14
f) Zustellung an im Handelsregister gelöschte GmbH	15
3. Zustellung im Ausland	16
4. Wirksamkeit der Zustellung	17
III. Hinweis auf Niederlegung des Vermögensverzeichnisses	20
IV. Unbekannter Aufenthalt eines Gläubigers	23
1. Zustellung durch öffentliche Bekanntmachung gemäß § 185 ZPO	24
2. Keine öffentliche Bekanntmachung gemäß § 9	25
3. Vorlage eines geänderten Plans	26
V. Auftreten weiterer Gläubiger	28
VI. Aufforderung an die Gläubiger und Hinweise, Abs 1 S 2, Abs 2 S 2	31
1. Wiedereinsetzung in den vorigen Stand	32
a) Rechtsmittel	34
b) Wirkungen der Wiedereinsetzung	35
2. Hinweispflicht	36
VII. Stellungnahme der Gläubiger	39
1. Form und Inhalt	43
2. Erklärungsadressat	45
3. Erklärung durch Rechtsbeistand	47
4. Erklärung durch Inkassounternehmen	48
5. Einverständnis mit dem Plan	51
6. Ablehnung des Plans	53
a) Modifizierte Annahme	56
b) Stellungnahmen von mehreren Gläubigern einer Forderung	58
c) Stellungnahme eines Gläubigers mit mehreren Forderungen	59
d) Ablehnung des Plans und Zustimmung nach Ablauf der Notfrist	59a
VIII. Schweigen als Zustimmung, Abs 2	60
IX. Abbruch des Schuldenbereinigungsverfahrens	62
1. Überleitungsbeschluss	63
2. Weiterer Verfahrensablauf	65
X. Änderung oder Ergänzung des Plans, Abs 3	66
1. Gerichtlicher Ermessensspielraum, Abs 3 S 1 2. Alt	68
a) Kein Anspruch des Schuldners auf Vorlage eines geänderten oder ergänzten Plans	71
b) Wiederholte Planvorlage	72
2. Fristsetzung	73
3. Rechtliches Gehör des Schuldners	74
4. Vorlage eines modifizierten Plans	76
a) Mündliche Verhandlung	77
b) Übersendung des modifizierten Plans	78
aa) Förmliche Zustellung	78
bb) Formlose Übersendung	80
c) Planrücknahme	82
XI. Unbekannter Aufenthalt des Schuldners	84
XII. Tod des Schuldners	85

I. Allgemeines

1 § 307 regelt über den zu engen Wortlaut der Überschrift hinaus nicht nur die Zustellung an die Gläubiger, sondern enthält gleichzeitig Bestimmungen zum sogen **Vermittlungsverfahren** (H/W/F Kap 10 Rn 35; *Hess/Obermüller* Rn 956; N/R/*Römermann* § 307 Rn 2). Dieses Verfahren kann entweder mit einer einstimmigen Annahme des Schuldenbereinigungsplans, mit einem Scheitern des Planverfahrens und der Wiederaufnahme des Verfahrens über den Eröffnungsantrag oder mit dem Eintritt in das Zustimmungsersetzungsverfahren gemäß § 309 enden.

2 Das nach § 307 zu berücksichtigende Verfahren stellt sich als Konsequenz des Anspruchs der Verfahrensbeteiligten auf Gewährung **rechtlichen Gehörs** dar. Bei der Bewirkung der Zustellung hat das Ge-

richt zunächst nur eine **Weiterleitungsfunktion** (*Kohte/Ahrens/Grote* § 307 Rn 4). **Die Neufassung des Abs 1 S 1** auf Grund des InsOÄG v 26. 10. 2001 (BGBl I S 2710), nach der den Gläubigern nur noch der Schuldenbereinigungsplan und eine Vermögensübersicht zuzustellen ist, wird damit begründet, dass durch die Beschränkung der zuzustellenden Unterlagen zwar keine Zustellkosten, jedoch Vervielfältigungen und Beglaubigungen eingespart werden können (Begr RegE BT-Drucks 14/5680 S 51). Gläubiger- und Forderungsverzeichnis seien entbehrlich, da der Schuldenbereinigungsplan die notwendigen Informationen enthalte.

Im Interesse einer **zügigen Abwicklung** des Verfahrens, das **schriftlich** durchgeführt werden kann, sind die Gläubiger nach Abs 2 verpflichtet, zu dem Schuldenbereinigungsplan innerhalb einer **Notfrist** von einem Monat Stellung zu nehmen. Den Gläubigern steht es frei, den Plan ausdrücklich oder stillschweigend anzunehmen, ihm zu widersprechen oder Änderungsvorschläge zu unterbreiten. Abs 3 eröffnet dem Gericht die Möglichkeit, eine einverständliche Schuldenbereinigung zu fördern. 3

II. Zustellungen, Abs 1 S 1

Die Zustellung der in § 307 Abs 1 S 1 genannten Unterlagen, von denen der Schuldner innerhalb von zwei Wochen nach Aufforderung durch das Gericht die erforderliche Zahl der Abschriften vorzulegen hat (§ 306 Abs 2 S 3), setzt einen zulässigen Eröffnungsantrag voraus (siehe § 305 Rn 19 ff). Das Insolvenzgericht hat den im Gläubigerverzeichnis aufgeführten Gläubigern eine **beglaubigte Abschrift** (§ 169 Abs 2 S 1 ZPO) des Schuldenbereinigungsplans und der Vermögensübersicht **von Amts wegen förmlich zuzustellen** (§ 8 Abs 1 S 1 iVm § 307 Abs 1 S 3). Die **Vereinfachungsvorschriften** des § 8 Abs 1 S 2 und 3 sowie Abs 2 und 3 **finden** wegen der möglichen weitreichenden Konsequenzen für die Gläubiger **keine Anwendung**. Mithin ist auch eine Übertragung von Zustellungen auf einen vorläufigen Treuhänder, der im Rahmen von Sicherungsmaßnahmen eingesetzt werden könnte (§§ 306 Abs 2, 21 Abs 2 Nr 1), ausgeschlossen (BerlKo-*Goetsch* § 307 Rn 4). 4

Die förmliche Zustellung an alle Gläubiger hat die Funktion, möglichst schnell feststellen zu können, ob der Schuldenbereinigungsplan Grundlage für eine einvernehmliche Lösung sein kann (**OLG Frankfurt** NZI 2000, 536, 537 = ZInsO 2000, 565). Da die **Zustellungserleichterungen** des § 8 Abs 2 und Abs 3 nach Abs 1 S 3 ausdrücklich **abbedungen** sind, kommen Zustellungen gem § 168 Abs 1 S 2 nicht in Betracht (**OLG Frankfurt** aaO; K/P/B/*Wenzel* § 307 Rn 2; BerlKo-*Goetsch* § 307 Rn 4; *Sabel* ZIP 1999, 305; *Hess/Obermüller* Rn 959). 5

Das Gesetz nimmt den bei der förmlichen Zustellung erforderlichen Aufwand und die dabei entstehenden Kosten wegen der einschneidenden Folgen, die das Schweigen auf die Zustellung des Schuldenbereinigungsplans und die entsprechenden Erklärungsaufforderungen des Gerichts hat, bewusst in Kauf (**OLG Frankfurt** aaO; HK-*Landfermann* § 307 Rn 1). Es stellt nicht darauf ab, in welchem Umfang der einzelne Gläubiger nach dem Schuldenbereinigungsplan befriedigt werden soll bzw in welcher Höhe er Forderungen gegen den Schuldner geltend machen kann und in welchem Verhältnis die geltend gemachte Forderung zu derjenigen der übrigen Gläubiger steht. 6

Nach dem Sinn der Regelung ist auch eine Ersetzung der **Zustellung durch eine öffentliche Bekanntmachung** (vgl § 9 Abs 3) **ausgeschlossen** (HK-*Landfermann* § 307 Rn 8; KS-*Fuchs* S 1706 Rn 79). Jeder Gläubiger muss unmittelbar Gelegenheit zur Stellungnahme erhalten (*Smid/Haarmeyer* § 307 Rn 2; HK-*Landfermann* § 307 Rn 8; N/R/*Römermann* § 307 Rn 4). 7

1. Kein Auswahlermessen des Gerichts. Das Gericht hat die Zustellung an **alle** vom Schuldner genannten **Gläubiger** zu veranlassen (*Kohte/Ahrens/Grote* 307 Rn 7). Ein Auswahlermessen steht ihm angesichts des eindeutigen Wortlauts des Abs 1 S 1 nicht zu. Von der Notwendigkeit der förmlichen Zustellung des Schuldenbereinigungsplans an alle Gläubiger des Schuldners (§ 307 Abs 1 S 1) kann auch dann nicht abgesehen werden, wenn es sich bei einem der Gläubiger um eine im Handelsregister gelöschte GmbH handelt und damit für eine wirksame Zustellung an diese GmbH die Bestellung eines Nachtragsliquidators erforderlich ist (**OLG Frankfurt** aaO). Das Gericht ist nicht befugt, zur Vermeidung von Kosten eine **sukzessive Zustellung** in der Weise vorzunehmen, dass die Zustellung nur an den oder die Gläubiger erfolgt, mit dessen bzw deren Widerspruch zu rechnen ist und dessen bzw deren Zustimmung mangels Erreichbarkeit der Summenmehrheit nicht ersetzt werden kann (KS-*Fuchs* S 1706 Rn 80; aA *Späth* ZInsO 2000, 483). 8

2. Zustelladressaten. Die Zustellung hat grundsätzlich an den jeweiligen **Gläubiger persönlich** zu erfolgen. Allein die Tatsache, dass der Schuldner einen Rechtsanwalt als Gläubigervertreter benennt, begründet keine Verpflichtung des Insolvenzgerichts, die Zustellung an ihn zu veranlassen, soweit nicht vom Schuldner die **Bevollmächtigung** des Rechtsanwalts für das Schuldenbereinigungsplanverfahren **nachgewiesen** wird (AG Regensburg ZInsO 2000, 516; *Vallender/Caliebe* ZInsO 2000, 301; **aA** *Bruckmann*, Verbraucherinsolvenz § 3 Rn 67). Dies gilt selbst dann, wenn der Rechtsanwalt den Gläubiger nachweislich im gerichtlichen Verfahren vertreten hat. Nach § 172 ZPO hat die Zustellung an den Prozessbevollmächtigten zu erfolgen, wenn das Verfahren neues Vorbringen im Verfahren der Zwangsvollstreckung zum Gegenstand hat. Gleiches gilt für Zustellungen zur Einleitung der Zwangsvollstre- 9 ckung (*Zöller/Stöber* § 172 ZPO Rn 1). Bei der Zustellung des Schuldenbereinigungsplans handelt es sich weder um neues Vorbringen im Sinne des § 172 Abs 1 S 1 u 2 ZPO noch um eine Zustellung zur Einleitung der Zwangsvollstreckung (KS-*Fuchs* S 1706 Rn 81).

10 **a) Zustellung an Vertreter.** Soweit ein **Gläubiger-Vertreter** sich selbst oder der Gläubiger dem Gericht gegenüber angezeigt hat, dass ein Vertreter für ihn tätig werde, ist gemäß § 176 ZPO an diesen im weiteren Verfahren zuzustellen (AG Regensburg ZInsO 2000, 516). Für Vertreter muss dem Gericht aber eine **schriftliche Vollmacht** gemäß §§ 80 Abs 1, 88 Abs 2 ZPO iVm § 4 vorliegen, soweit der Vertreter kein Rechtsanwalt ist (aA *Graf-Schlicker/Sabel* § 307 Rn 4).

11 **b) Zustellung an Inkassounternehmen.** Die Zustellung an ein im Gläubigerverzeichnis als Gläubiger genanntes Inkassounternehmen kann gemäß § 307 Abs 1, 4, §§ 191 ff ZPO iVm §§ 166 ff ZPO wirksam erfolgen (**OLG Köln** ZIP 2000, 2312, 2314). Soweit eine Registrierung des Instituts nach § 10 Abs 1 Nr 1 RDG nicht vorliegt, wirkt sich die **berufsrechtliche Beschränkung** auf die außergerichtliche Einziehungstätigkeit im Bereich der Zustellung nicht aus (*Vallender/Caliebe* ZInsO 2000, 301, 302). Zur Wirksamkeit der Stellungnahme eines Inkassounternehmens siehe Rn 48 ff.

12 **c) Zustellung an Finanzämter.** Die Zustellung hat an die zuständigen Finanzämter gemäß §§ 163, 227 AO zu erfolgen. Die zugrunde liegende Steuerschuld bedarf dabei keiner näheren Feststellung (*Zipperer*, Insolvenzrechtsreport Nr 11 Juni 2001). Das Gericht hat insbesondere nicht zu ermitteln, wem die Steuer tatsächlich zusteht. Hat der Schuldner **verschiedene Finanzämter** als einzelne Gläubiger aufgeführt, sind die Unterlagen an diese Gläubiger zuzustellen.

13 **d) Zustellung bei Forderungsabtretung.** Hat der Schuldner **vor Zustellung** der in § 307 Abs 1 genannten Unterlagen **Kenntnis** von einer zwischenzeitlich erfolgten Abtretung der Forderung seines Gläubigers erlangt, ist der Neugläubiger in das Gläubigerverzeichnis aufzunehmen. Die Zustellung hat in diesem Fall an den **Neugläubiger** zu erfolgen. Bei **fehlender Kenntnis des Schuldners** von der Abtretung und Zustellung der in § 307 Abs 1 genannten Unterlagen an den **Altgläubiger** muss der Neugläubiger sich das Schweigen bzw das sonstige Verhalten des Altgläubigers nach § 407 BGB zurechnen lassen (*Kohte/Ahrens/Grote* § 308 Rn 16). Beanstandet der Altgläubiger die an ihn erfolgte Zustellung innerhalb der Monatsfrist des § 307 Abs 1 S 1 und weist er die Zession nach, ist dem Schuldner zunächst Gelegenheit zu geben, die Verzeichnisse und den Plan entsprechend zu ändern. Im Anschluss daran ist die Zustellung an den **Neugläubiger** zu veranlassen. Darüber hinaus bietet es sich an, die übrigen Gläubiger durch formlose Übersendung der geänderten Unterlagen von der Zession zu informieren.

14 **e) Zustellung bei Insolvenz einer Handelsgesellschaft.** Im Falle der **Eröffnung eines Insolvenzverfahrens** über das Vermögen einer OHG oder KG ist der einzelne Gesellschafter befugt, auch während der Dauer dieses Verfahrens – bei Vorliegen der entsprechenden Voraussetzungen – selbst einen Antrag auf Eröffnung des Insolvenzverfahrens über sein Vermögen zu stellen. Hat der Schuldner private Gläubiger, ist der Plan an diese zuzustellen. Hinsichtlich der im Schuldenbereinigungsplan angeführten Forderungen der **Gesellschaftsgläubiger** käme eine Zustellung an den **Insolvenzverwalter** über das Vermögen der Gesellschaft in Betracht. Die Zuständigkeit des Insolvenzverwalters könnte sich nur aus § 93, ggf aus dem der Norm zugrunde liegenden Rechtsgedanken ergeben (*Fuchs* ZIP 2000, 1089, 1091). Da dem Insolvenzverwalter keine Verfügungsbefugnis über die Forderung des Gesellschaftsgläubigers zusteht (*Fuchs* aaO 1094), kann er einem vom Gesellschafter unterbreiteten Schuldenbereinigungsplan nicht zustimmen. Mithin hat die **Zustellung an die Gesellschaftsgläubiger** zu erfolgen.

15 **f) Zustellung an im Handelsregister gelöschte GmbH.** Häufig scheitern Zustellungen daran, dass die vom Schuldner als Gläubiger im Plan angegebene GmbH bereits im Handelsregister gelöscht ist und eine zustellfähige Anschrift nicht mehr existiert. Die bestandskräftige Löschungsverfügung durch das zuständige Registergericht führt zwar zur Auflösung der GmbH. Ihre anschließende Löschung im Handelsregister hat aber nur dann die liquidationsmäßige Beendigung zur Folge, wenn die Gesellschaft tatsächlich **vermögenslos** ist. Hat die GmbH noch verwertbares Vermögen, bleibt sie mit ihrem Restvermögen parteifähig (BGHZ 48, 307; BGH GmbHR 1994, 260). Aufgrund der vom Schuldner im Schuldenbereinigungsplan angegebenen Forderung gilt die Gesellschaft mithin weiterhin als parteifähig, so dass auf eine Zustellung nicht verzichtet werden kann. Eine wirksame Zustellung an die weiterhin parteifähige GmbH setzt voraus, dass die gelöschte Gesellschaft von Amts wegen als Liquidationsgesellschaft im Handelsregister einzutragen ist (**OLG Düsseldorf** GmbHR 1979, 228). Da mit der vorgehenden Löschung der Gesellschaft im Handelsregister das Amt der bisherigen Geschäftsführer erloschen ist (**BFH** GmbHR 1988, 449), bedarf es eines Antrags an das Registergericht auf Bestellung eines Nachtragsliquidators, der in der Praxis regelmäßig auf Schwierigkeiten stößt. Diesen Antrag hat der Schuldner zu stellen. Denn es gehört zu seinen Obliegenheiten, sich vor Stellung eines Insolvenzantrags oder jedenfalls im Verfahren über seinen Antrag auf Eröffnung des Insolvenzverfahrens bei dem für den Sitz der GmbH zuständigen Registergericht um die **Bestellung eines Nachtragsliquidators** zu bemühen, an den die erforderliche Zustellung zu erfolgen hat (**OLG Frankfurt** NZI 2000, 536 = ZInsO 2000, 565, 566; m ironischer Anm v *Gerlinger* ZInsO 2000, 586).

3. Zustellung im Ausland. Hat der Gläubiger seinen Sitz im **Ausland**, kann das Gericht nicht selbst zustellen, sondern ist auf die **Rechtshilfe** des deutschen Konsuls oder Botschafters oder des ausländischen Staates angewiesen. Die Zustellung erfolgt nach Maßgabe des § 183 ZPO. Der zuständige Richter ersucht schriftlich um Rechtshilfe (§ 183 Abs 1 Nr 2 ZPO). Staatsverträge und Rechtshilfeverordnung für Zivilsachen (ZRHO) regeln die Einzelheiten.

4. Wirksamkeit der Zustellung. Für die **Wirksamkeit der Zustellung** müssen die Prozesshandlungsvoraussetzungen wie Partei-, Prozess- und Postulationsfähigkeit sowie Vollmacht beim Zustellungsadressaten bzw -empfänger vorliegen (*Thomas/Putzo* Vor § 166 ZPO Rn 13). Da die Zustellungsvorschriften neben ihrer Beweissicherungsfunktion hinsichtlich des Zugangs von Schriftstücken in ihrem materiellen Kern die Sicherstellung bezwecken, dass der Zustellungsadressat das zuzustellende Schriftstück erhält, vermag die **Übersendung unvollständiger Unterlagen** an die genannten Gläubiger **keine wirksame Zustellung** zu begründen (vgl LG Paderborn NJW 1977, 2077). Eine **Heilung** von Zustellungsmängeln ist **nicht möglich**, weil es sich bei der Frist des § 307 Abs 1 S 1 um eine Notfrist handelt (vgl BGH NJW 1965, 104; VersR 1967, 754).

Sind die Gläubiger **juristische Personen mit Filialnetz**, so kann sowohl an die Filiale als auch an die Zentrale wirksam zugestellt werden (BGHZ 4, 62, 65; AG Leipzig WM 1998, 812; *Kohte/Ahrens/Grote* § 307 Rn 4). Eine wirksame Zustellung oder Ersatzzustellung (§§ 180–184 ZPO) kann nicht unter einem angegebenen **Postfach** erfolgen, weil dort der Zustellempfänger nicht angetroffen werden und ihm das Schriftstück nicht übergeben werden kann, §§ 170, 208 ZPO (*Glomski* DZWIR 2000, 485, 488). Vielmehr hat der Schuldner den genauen Aufenthaltsort des Gläubigers in Form einer zustellfähigen Anschrift zu benennen (*Zöller/Greger* § 253 ZPO Rn 8).

Sieht das Gericht von der Zustellung der in § 307 Abs 1 S 1 genannten Unterlagen an alle genannten Gläubiger ab, ist der davon Betroffene in seinem verfassungsrechtlich garantierten **Recht auf Gehör** (Art 103 GG) verletzt (*Vallender*, DGVZ 2000, 97, 103). Dies stellt einen Verfahrensmangel dar (KS-*Vallender* S 255 Rn 14). Eine Planbestätigung gemäß § 308 wäre nicht möglich.

III. Hinweis auf Niederlegung des Vermögensverzeichnisses

Während nach der bis zum Inkrafttreten des InsOÄG v 26. 10. 2001 (BGBl I S 2710) geltenden Fassung des § 307 Abs 1 S 1 den vom Schuldner genannten Gläubigern das Vermögensverzeichnis, das Gläubigerverzeichnis, die Forderungsverzeichnis sowie der Schuldenbereinigungsplan zuzustellen war, beschränkt die Neufassung des Abs 1 S 1 den Umfang der zuzustellenden Unterlagen auf die **Vermögensübersicht** und den **Schuldenbereinigungsplan**. Der Gesetzgeber hält die Übermittlung des Gläubiger- und Forderungsverzeichnisses für entbehrlich, weil dem Schuldenbereinigungsplan die notwendigen Informationen zugrunde liegen. Dann ist aber nicht einzusehen, weshalb hinsichtlich der Richtigkeit der Angaben zur Forderung auf das Forderungsverzeichnis abgestellt wird (*Fuchs* NZI 2001, 15, 18).

Das Gericht hat gemäß § 307 Abs 1 S 1 die Aufforderung zur Stellungnahme mit dem ausdrücklichen **Hinweis** darauf zu verbinden, dass die **Verzeichnisse** gemäß § 305 Abs 1 Nr 3 beim Insolvenzgericht zur Einsicht niedergelegt sind. Eine **Verletzung der Hinweispflicht** rechtfertigt bei unterlassener oder verspäteter Stellungnahme weder eine Wiedereinsetzung in den vorigen Stand noch berührt sie den Eintritt der Wirkungen gemäß § 308 Abs 3. Dem Gläubiger kann jedoch unter den Voraussetzungen des Art 34 GG iVm § 839 BGB ein Schadensersatzanspruch wegen **Amtspflichtverletzung** zustehen.

Die Neufassung des § 307 Abs 1 S 1 läuft den materiellen Interessen der Gläubiger zuwider (*Bruckmann* InVo 2001, 41, 43) und trägt nicht dazu bei, die Vergleichsbereitschaft der Gläubiger zu fördern. Ein Gläubiger, der seine Forderung nicht schon abgeschrieben hat, wird im Hinblick auf die Regelung des § 308 Abs 3 S 2 quasi dazu gezwungen, Einsicht in die beim Insolvenzgericht niedergelegten Verzeichnisse zu nehmen. Die meisten Gläubiger werden jedoch schon aus Kosten- und Zeitgründen die Verzeichnisse nicht bei Gericht einsehen können oder wollen. Vielfach werden sie sich entweder professioneller Hilfe bedienen oder Anfragen nach Übersendung von Ablichtungen der entsprechenden Unterlagen an das Insolvenzgericht richten. Da die Verzeichnisse gemäß § 305 Abs 1 Nr 3 Bestandteil der Insolvenzakten sind, haben die Gläubiger als Verfahrensbeteiligte gemäß § 4 iVm § 299 Abs 1 ZPO Anspruch auf Erteilung von Abschriften (*Fuchs* aaO). Dadurch entstehen auf Seiten der Gläubiger zusätzliche Kosten. Gleichzeitig werden die Geschäftsstellen durch Anfragen über Gebühr belastet (*Vallender* MDR 2002, 181, 183). Hinzu kommt, dass die Niederlegung der Verzeichnisse nicht dazu beiträgt, die Zustimmungsbereitschaft der Gläubiger zu fördern. Die gerichtliche Praxis zeigt, dass Gläubiger sofort umfassend und vollständig und nicht sukzessive informiert werden möchten (*Schmerbach/Stephan* ZInsO 2000, 541, 546).

IV. Unbekannter Aufenthalt eines Gläubigers

Kann die Zustellung der Unterlagen an einen vom Schuldner benannten Gläubiger unter der mitgeteilten Anschrift nicht erfolgen, ist dem Schuldner aufzugeben, binnen einer vom Gericht zu bestimmenden Frist die **ladungsfähige Anschrift** des Gläubigers mitzuteilen. Es ist nicht Aufgabe des Gerichts, die Anschrift zu ermitteln. Der **Amtsermittlungsgrundsatz** des § 5 **gilt nicht** (*Späth* ZInsO 2000, 483, 484; aA *Bruckmann* InVo 2000, 196). Dies folgt aus der Regelung des § 305 Abs 1 Nr 3. Danach hat der Schuldner – als besondere Zulässigkeitsvoraussetzung – seinem Antrag ein Verzeichnis der Gläubiger mit den ladungsfähigen Anschriften beizufügen. Das Gericht sollte eine angemessene Frist setzen, weil erfahrungsgemäß Anfragen an Einwohnermeldeämter nur zögerlich beantwortet werden. Gelingt es dem Schuldner innerhalb der ihm gesetzten Frist nicht, die Anschrift des Gläubigers zu ermitteln, empfiehlt sich dringend, das Gericht hiervon rechtzeitig zu unterrichten. Ansonsten besteht die Gefahr, dass der Insolvenzantrag insgesamt als **unzulässig zurückgewiesen** wird. Denn die Angabe der ladungsfähigen Anschrift der Gläubiger ist eine besondere Zulässigkeitsvoraussetzung des Verbraucherinsolvenzverfahrens (§ 305 Abs 1 Nr 3), deren Nichtbeachtung die vorgenannte Entscheidung zur Folge hat. Die Vorschrift des § **305 Abs 3 S 1** findet **keine Anwendung** (aA *Späth*, ZInsO 2000, 483, 484). Sie ist durch den Eintritt in das Schuldenbereinigungsverfahren „verbraucht".

24 1. **Zustellung durch öffentliche Bekanntmachung gemäß § 185 ZPO.** Eine Zustellung an **Gläubiger mit unbekanntem Aufenthalt** durch öffentliche Bekanntmachung gemäß § 4 iVm § 185 Nr 1 ZPO ist möglich (AG Saarbrücken ZInsO 2002, 247; *Hess* § 307 Rn 15; N/R/*Römermann* § 307 Rn 4; *Kohte/Ahrens/Grote* § 307 Rn 7; aA K/P/B/*Wenzel* § 307 Rn 2). Der Schuldner hat vor entsprechender Anordnung des Gerichts **eingehende Ermittlungen** anzustellen und den Nachweis von deren Erfolglosigkeit beizubringen. Der Umstand, dass der Verfahrensbevollmächtigte eines Gläubigers sich weigert, die Anschrift des Mandanten mitzuteilen, rechtfertigt die öffentliche Zustellung nicht.

25 2. **Keine öffentliche Bekanntmachung gemäß § 9.** Bei unbekanntem Aufenthalt eines vom Schuldner genannten Gläubigers ist eine **öffentliche Bekanntmachung gemäß § 9** nicht zulässig (aA *Späth* ZInsO 2000, 484; ungenau KS-*Fuchs* S 1706 Rn 79, der nicht hinreichend deutlich zwischen § 185 ZPO und § 9 unterscheidet). Die öffentliche Bekanntmachung dient demselben Zweck wie § 8, der gemäß § 307 Abs 1 S 3 bei Zustellungen an die vom Schuldner benannten Gläubiger nur eingeschränkte Anwendung findet, ist jedoch an **alle Betroffenen** im Allgemeinen gerichtet. Vor diesem Hintergrund und angesichts der weit reichenden Folgen des Schweigens gemäß § 307 Abs 2 sind strenge Anforderungen an den Eintritt der Wirkungen des Schweigens zu stellen. Im Gegensatz zu § 185 ZPO erfüllt § 9 diese Anforderungen nicht.

26 3. **Vorlage eines geänderten Plans.** Vermag der Schuldner den Nachweis für die Voraussetzungen einer öffentlichen Zustellung gemäß § 203 ZPO nicht zu führen, kann er einer Zurückweisung des Insolvenzantrags dadurch entgehen, dass er den betreffenden Gläubiger aus dem Plan herausnimmt und gegebenenfalls einen neuen Plan einreicht. Der geänderte Plan ist den restlichen Gläubigern grundsätzlich erneut zuzustellen.

27 Hat sich indes auf Grund der Zustellung des ursprünglichen Plans erst herausgestellt, dass eine Kopf- und Summenmehrheit auch nach Änderung des Plans nicht zu erreichen ist, kann von einer Zustellung des geänderten Plans abgesehen werden. Das Gesetz enthält insoweit eine **Regelungslücke**, als die Entscheidung, von der Durchführung des gerichtlichen Schuldenbereinigungsplanverfahrens abzusehen und die Fortsetzung des Verfahrens über den Eröffnungsantrag anzuordnen, nur für den Zeitpunkt unmittelbar nach Antragstellung vorgesehen ist. Nach Sinn und Zweck der geänderten Regelung in § 306 Abs 1 S 3 ist es jedoch vertretbar, das eingeleitete, aber noch nicht abgeschlossene gerichtliche Schuldenbereinigungsverfahren abzubrechen und die Fortsetzung des Eröffnungsverfahrens anzuordnen. Allerdings setzt die Beschlussfassung voraus, dass eine eventuelle Zustimmung des oder der Gläubiger, an die der Plan nicht zugestellt werden konnte, nicht zu einer Kopf- und Summenmehrheit führt.

V. Auftreten weiterer Gläubiger

28 Der Schuldner ist berechtigt, dem Gericht auch vor Ablauf der in Abs 1 S 1 genannten Monatsfrist einen geänderten bzw ergänzten Plan (nebst einem ergänzten Gläubiger- und Forderungsverzeichnis) zwecks Zustellung an die von ihm benannten Gläubiger vorzulegen, wenn zwischenzeitlich **neue Gläubiger** hinzugekommen sind oder er nachträglich auf Gläubiger stößt, die bereits im ersten Plan hätten berücksichtigt werden müssen. Dies gilt gleichermaßen für **weitere Forderungen** bereits benannter Gläubiger. Dabei kommt es nicht darauf an, ob ihn insoweit ein Verschulden trifft oder nicht. Um der möglichen **Gefahr eines Versagungsantrags nach § 290 Abs 1 Nr 6** zu entgehen, sollte der Schuldner eine Erklärung dazu abgeben, weshalb eine Korrektur der Verzeichnisse erfolgt.

29 Über die **Zustellung des neuen Plans** sollte das Gericht erst nach Ablauf der Monatsfrist des § 307 Abs 1 S 1 entscheiden. Von einer erneuten Zustellung ist abzusehen, wenn dies nach dem Ergebnis der Auswertung der Stellungnahmen zum ursprünglichen Plan zur Förderung einer einverständlichen Schuldenbereinigung nicht sinnvoll erscheint. Dies ist dann der Fall, wenn der Plan die erforderlichen Mehrheiten gemäß § 309 Abs 1 nicht erreicht hat und davon auszugehen ist, dass auch bei unterstellter Annahme des Plans durch die neuen Gläubiger die Ersetzung von Einwendungen durch eine Zustimmung des Gerichts nicht möglich ist.

Wie oft der Schuldner zur Vorlage geänderter Pläne befugt ist, lässt sich dem Gesetz nicht entnehmen. 30
Eine dem § 231 Abs 2 vergleichbare Vorschrift enthalten die Bestimmungen zum Verbraucherinsolvenzverfahren nicht. Da Abs 3 unter den dort genannten Voraussetzungen davon ausgeht, dass im Schuldenbereinigungsplanverfahren den Gläubigern zumindest ein geänderter oder ergänzter Plan unterbreitet werden kann, hat das Gericht bei Auftreten weiterer Gläubiger und Forderungen dem Antrag auf Zustellung eines neuen Plans bei Vorliegen der Voraussetzungen des § 307 Abs 3 S 1 zu entsprechen. Dies gilt vor allem vor dem Hintergrund, dass Gläubiger nicht berücksichtigter Forderungen nach § 308 Abs 3 S 1 bei Zustandekommen des Plans von dem Schuldner Erfüllung verlangen können. Die **Grenze** ist dort zu ziehen, wo sich das Verhalten des Schuldners als **rechtsmissbräuchlich** erweist. Ein „Stellungnahmekarussell" (so *Krug* Verbraucherkonkurs S 120) ist allerdings nicht zu befürchten, weil das Gericht die Zulassung allein davon abhängig zu machen hat, ob dies auf Grund der Stellungnahme eines Gläubigers **erforderlich** oder zur Förderung einer einverständlichen Schuldenbereinigung **sinnvoll** erscheint (Abs 3 S 1). Den geänderten Verzeichnissen ist wiederum die Erklärung beizufügen, dass die in diesen enthaltenen Angaben richtig und vollständig sind (§ 305 Abs 1 Nr 4).

VI. Aufforderung an die Gläubiger und Hinweise, Abs 1 S 2, Abs 2 S 2

Das Gericht fordert die Gläubiger auf, binnen einer **Notfrist von einem Monat** zu den Verzeichnissen 31
und dem Schuldenbereinigungsplan Stellung zu nehmen und die Angaben über ihre Forderungen in dem Forderungsverzeichnis zu überprüfen sowie erforderlichenfalls zu ergänzen. Die Frist beginnt mit der Zustellung; sie ist nach § 4 iVm § 222 ZPO iVm §§ 187 Abs 1, 188 Abs 2 BGB zu berechnen. Der Gläubiger hat Anspruch auf volle Ausnutzung der Frist (vgl BVerfG NJW 1975, 1405). Die Stellungnahme muss rechtzeitig in den Gewahrsam des Gerichts gelangen. Die Frist kann weder abgekürzt noch verlängert werden (§ 4 iVm § 224 ZPO). Eine **nach Ablauf** der durch die Zustellung in Gang gesetzten **Notfrist** von einem Monat bei Gericht eingegangene **ablehnende Erklärung** wird als Zustimmung behandelt (§ 307 Abs 2 S 1).

Zu Bürgschaften, Pfandrechten und anderen **Sicherheiten** bedarf es nur dann einer Stellungnahme des 31a
Gläubigers, wenn diese vom Plan berührt werden sollen (§ 305 Abs 1 Nr 4 HS 2).

1. Wiedereinsetzung in den vorigen Stand. Versäumt der Gläubiger diese Frist schuldlos, hat er An- 32
spruch auf **Wiedereinsetzung in den vorigen Stand** (§ 233 ZPO). Die Bestimmungen der §§ 233 bis 238 ZPO sind gemäß § 4 auch im Insolvenzverfahren anzuwenden (vgl **OLG** Köln NZI 1999, 458 = ZIP 1999, 1850; **OLG** Köln ZIP 2000, 281; HK-*Kirchhof* § 4 Rn 11). Die Wiedereinsetzung kann nur erfolgen, wenn der Gläubiger den Antrag binnen zwei Wochen nach Behebung des Hindernisses stellt (§ 234 ZPO) und im Antrag die Gründe benennt und glaubhaft macht, die ihn gehindert haben, rechtzeitig zu dem Plan Stellung zu nehmen (§ 236 Abs 2 ZPO).

Unterlässt das Gericht in seiner Aufforderung zur Stellungnahme den Hinweis auf die Rechtsfolgen 33
des Schweigens (vgl § 307 Abs 2 S 2), rechtfertigt dies keine **Wiedereinsetzung in den vorigen Stand**. Die Unkenntnis der gesetzlichen Bestimmungen ist regelmäßig kein Wiedereinsetzungsgrund iSv § 233 ZPO, weil es dem Verfahrensbeteiligten möglich und zuzumuten ist, sich über die zu beachtenden Vorschriften zu erkundigen (vgl **BGH** NJW 1992, 1700, 1701; **BGH** NJW 1997, 1989; **OLG** Köln ZIP 2000, 280, 282). Dem Gläubiger, der zu dem Plan nicht oder nicht rechtzeitig Stellung nimmt, ist vorzuwerfen, er habe bei Nichtbeachtung der vom Gericht gesetzten Frist mit für ihn nachteiligen Konsequenzen rechnen und sich ggf informieren müssen. Dagegen kommt unter Umständen eine Wiedereinsetzung in Betracht, wenn die nach Fristablauf bei Gericht eingegangene Stellungnahme eines Gläubigers darauf beruht, dass die Zustellung an eine andere Bankfiliale als diejenige erfolgte, die mit dem Schuldner in Geschäftsbeziehungen steht (*Kirchhof* ZInsO 1998, 54, 58).

a) **Rechtsmittel.** Die Entscheidung über den Antrag auf Wiedereinsetzung in den vorigen Stand ergeht 34
durch Beschluss. Gegen die Versagung der Wiedereinsetzung ist ein Rechtsmittel zulässig, soweit ein solches gegen die Hauptsacheentscheidung gegeben ist. Da der die Annahme des Schuldenbereinigungsplans bestätigende Beschluss einem Rechtsmittel nicht zugänglich ist, kann der betreffende Gläubiger den Beschluss, mit dem das Gericht den Antrag auf Wiedereinsetzung zurückweist, nicht wirksam anfechten.

b) **Wirkungen der Wiedereinsetzung.** Soweit das Gericht einem Gläubiger wegen Versäumung der 35
Notfrist des § 307 Abs 1 **Wiedereinsetzung in den vorigen Stand** gewährt, wird der die Annahme des Schuldenbereinigungsplans feststellende **Beschluss gemäß § 308 Abs 1 rückwirkend gegenstandslos** (AG Hamburg NZI 2000, 446; vgl auch *Zöller/Greger* § 238 ZPO Rn 3). Einer besonderen Aufhebung des Beschlusses bedarf es nicht. Diese Wirkung erfasst auch die fiktive Rücknahme des Insolvenzantrags und des Antrags auf Restschuldbefreiung nach § 308 Abs 2. Das Gericht hat zugleich über das weitere Verfahren über den Schuldenbereinigungsplan zu entscheiden, dh entweder über eine Ersetzung gemäß § 309 oder über die Wiederaufnahme des Verfahrens nach § 311.

2. Hinweispflicht. Das Gericht hat gemäß § 307 Abs 1 S 2 die Aufforderung zur Ergänzung des For- 36
derungsverzeichnisses nach Satz 2 mit dem ausdrücklichen **Hinweis** darauf zu verbinden, dass ein

Gläubiger, der eine Forderung oder Teilforderung nicht ergänzt, nach dem Zustandekommen des Schuldenbereinigungsplans insoweit nicht mehr Erfüllung verlangen kann. Dadurch wird darauf hingewirkt, dass die Gläubiger in Kenntnis der Rechtslage aktiv an der Schuldenbereinigung mitwirken (Beschl-Empfehlung des Rechtsausschusses zu § 357d, BT-Drucks 12/7302 S 191). Die Wirkung des § 308 Abs 3 S 2 tritt auch bei einer **Verletzung der Hinweispflicht** ein (aA *Jauernig* § 94 III c). Dem Gläubiger kann jedoch unter den Voraussetzungen des Art 34 GG iVm § 839 BGB ein Schadensersatzanspruch wegen **Amtspflichtverletzung** zustehen.

37   Das Gericht hat ferner darauf hinzuweisen, dass ein **Schweigen des Gläubigers** binnen der Monatsfrist als Einverständnis mit dem Schuldenbereinigungsplan gilt. Da abweichend von der allgemeinen Regel, dass bloßes Schweigen weder Zustimmung noch Ablehnung bedeutet (*Medicus* § 4 Rn 52), Abs 2 S 1 das Schweigen auf den Vorschlag des Schuldners aber als Zustimmung fingiert, bedarf es dieses Hinweises.

38   Eine Verpflichtung des Gerichts, die Gläubiger auf die Bedeutung der Notfrist von einem Monat und die Folgen einer Säumnis hinzuweisen, lässt sich aus Abs 1 S 2 nicht ableiten (aA *Hess/Obermüller* Rn 962).

VII. Stellungnahme der Gläubiger

39   Die Stellungnahme des Gläubigers kann in einer **Zustimmung** zum Plan oder einer **Ablehnung** des Plans bestehen. Da die Erklärung des Gläubigers das Verfahren unmittelbar gestaltet, fortsetzt oder inhaltlich verändert, ist das Schreiben, in dem sie enthalten ist, ein **bestimmender Schriftsatz** oder zumindest mit diesem vergleichbar (*Zöller/Greger* § 129 ZPO Rn 3).

40   Bei **unklaren Stellungnahmen** ist durch **Auslegung** zu ermitteln (§§ 133, 157 BGB), ob die Erklärung des Gläubigers gegenüber dem Angebot des Schuldners im Plan Änderungen enthält (BGH v 12. 1. 2006 – IX ZB 140/04, NZI 2006, 248; *Vallender* ZInsO 2000, 441, 442). Dem Insolvenzgericht ist es dabei auch nicht verwehrt, den Gläubiger um Klarstellung seiner Äußerung aufzufordern (BGH aaO). Eine **widersprüchliche Stellungnahme** des Gläubigers (zB Verzicht auf nicht aufgeführte Forderung bei Erhalt des angemeldeten Betrages ohne Stellungnahme zur Quote von 0,93%) ist **der Auslegung als Einverständnis** des Gläubigers mit dem Plan **nicht zugänglich** (LG Berlin ZVI 2002, 12, 13). Soweit ein Gläubiger erklärt, er stimme dem Plan nur unter der Voraussetzung zu, dass ihm auch alle anderen benannten Gläubiger zustimmen, handelt es sich dabei um eine **aufschiebende Bedingung**. Bei Zustimmung aller übrigen benannten Gläubiger zum Plan wird der Schwebezustand beendet und der Plan kommt ipso iure zustande (näher dazu Ausführungen Rn 59 a).

41   Ein Gläubiger ist nicht verpflichtet, sich zu dem Schuldenbereinigungsplan zu äußern (OLG Celle NZI 2000, Heft 12 NZI aktuell VI; aA *Hess/Obermüller* Rn 961). Sieht er davon ab, binnen eines Monats zum Schuldenbereinigungsplan Stellung zu nehmen, gilt dieser als von ihm angenommen, § 307 Abs 2 S 1.

42   Die Zustimmungsfiktion des § 307 Abs 2 greift ein, wenn der Gläubiger sich in seiner fristgerecht eingegangenen Stellungnahme zum Schuldenbereinigungsplan die Zustimmungserklärung zunächst vorbehalten und von der Erfüllung bestimmter Auflagen abhängig gemacht hat. Eine nach Ablauf der Notfrist eingehende Erklärung, mit der der Schuldner den Plan ablehnt, bestätigt nur seinen Widerspruch gegen den Schuldenbereinigungsplan (OLG Köln v 22. 12. 2000 – 2 W 165/00 ZInsO 2001, 855).

43   **1. Form und Inhalt.** Die **Stellungnahme** hat **schriftlich** zu erfolgen (*Hess/Obermüller* Rn 965; *Prziklang*, Verbraucherinsolvenz S 37). Sie ist eigenhändig und **handschriftlich** zu unterzeichnen, um klarzustellen, dass nicht nur ein Entwurf einer Stellungnahme, sondern eine gewollte Erklärung vorliegt (vgl **BGH NJW 1987, 2588**; LG Münster NZI 2002, 215; *Zöller/Greger* 130 ZPO Rn 5; *Thomas/Putzo* § 129 ZPO Rn 6). Insoweit findet der Rechtsgedanke des § 129 ZPO Anwendung. Eine **Heilung** ist möglich. Spätestens bei Ablauf der Monatsfrist muss das Schreiben unterzeichnet sein, weil die Heilung nur ex-nunc wirkt (vgl **BGH NJW 1976, 966**; MüKoZPO-*Lüke* Einl Rn 279). Auf die fehlende Unterschrift hat das Gericht hinzuweisen (§ 4 iVm § 139 ZPO), wenn noch ausreichend Gelegenheit besteht, den Mangel innerhalb der Monatsfrist zu beheben. Ist dagegen die Einlegung des Widerspruchs durch einen **Vertreter ohne Vorlage einer Vollmacht** nach § 88 Abs 2 ZPO erfolgt, kann sie nachgereicht werden; hierfür kann das Gericht eine Frist bestimmen (§ 80 ZPO). Nach Fristablauf kommt eine Heilung nicht in Betracht (vgl **LG Gießen** v 17. 6. 2003 – 7 T 219/03, ZInsO 2003, 719 mwN).

44   Eine Verpflichtung des Gläubigers, für alle am Verfahren beteiligten anderen Gläubiger **Ablichtungen** der an das Gericht zu richtenden Schreiben nebst aller dazu gehörenden Anlagen den jeweiligen Stellungnahmen in der entsprechenden Zahl beizufügen, besteht nicht (aA AG Gießen ZInsO 2000, 171 LS). Die Vorschrift des § 133 ZPO findet insoweit keine Anwendung. Unmittelbarer „Gegner" des einzelnen am Verfahren beteiligten Gläubigers ist nur der Schuldner, nicht aber die weiteren benannten Gläubiger, so dass es nur der Beifügung einer Abschrift nebst Anlagen an den Schuldner bedarf.

45   **2. Erklärungsadressat.** Die Erklärung ist **gegenüber dem Insolvenzgericht** abzugeben. Eine gegenüber dem Schuldner bzw Schuldner-Vertreter verweigerte Zustimmung ist nur dann beachtlich, wenn sie innerhalb der Monatsfrist des § 307 Abs 1 S 1 bei Gericht eingegangen ist (vgl § 307 Abs 2).

VII. Stellungnahme der Gläubiger § 307

Einem Gläubiger bleibt es unbenommen, seine Stellungnahme zum Schuldenbereinigungsplan dem 46
Gericht per **Telefax** zu übermitteln. Die Versendung von Telefaxen begegnet keinen rechtlichen Bedenken. In der Rechtsprechung besteht Einigkeit darüber, dass vorbereitende und bestimmende Schriftsätze wirksam per Telefax übermittelt werden können (**KG** NJW 1998, 3357 ff; **LSG** Rheinland-Pfalz NZA 1992, 524). Grundvoraussetzungen hierfür sind, dass Absender und Adressat hinreichend zuverlässig erkennbar sind, der Inhalt der abzugebenden Erklärung vollständig und das Schriftstück handschriftlich unterschrieben ist (*Liwinska* MDR 2000, 500, 501). Nicht einheitlich wird dagegen die Frage beurteilt, inwieweit der Zugang eines Telefaxschreibens bewiesen werden kann. Nach Ansicht des **BGH** (NJW 1995, 665) begründet die Absendung von Telefaxdokumenten trotz OK-Vermerks im Sendebericht keinen Anscheinsbeweis für deren Zugang, sondern nur ein Indiz. Bewiesen sei lediglich das ordnungsgemäße Absenden des Faxes. Während das **OLG** Rostock (NJW 1996, 1831) auf die Umstände des Einzelfalls abstellt, ist das **OLG** München (MDR 1999, 286) der Ansicht, dass durch den Sendebericht – in Verbindung mit einer eidesstattlichen Versicherung des Absendenden – der Beweis des ersten Anscheins dafür erbracht werde, dass die Daten einer per Telefax versandten Willenserklärung an den Empfänger übermittelt wurden und damit zugegangen sind. Ob angesichts der rasanten Entwicklung der Telekommunikation und ihrer Technik der Bundesgerichtshof an seiner Entscheidung aus dem Jahre 1994 auch heute noch festhalten würde, darf bezweifelt werden. Vor diesem Hintergrund sollte sich ein Gläubiger nicht darauf beschränken, seine Stellungnahme allein per Telefax zu übermitteln.

3. Erklärung durch Rechtsbeistand. Soweit ein **Rechtsbeistand** als Vertreter des Gläubigers am Schul- 47
denbereinigungsverfahren teilnimmt, liegt eine ordnungsgemäße anwaltliche Vertretung des Gläubigers nur dann vor, wenn der für ihn auftretende Rechtsbeistand die Erlaubnis besitzt, entsprechend in fremden Rechtsangelegenheiten tätig zu werden (**OLG** Köln ZIP 2000, 2312, 231; vgl hierzu allgemein: *Zöller/Vollkommer* Vor § 78 ZPO Rn 7 ff).

4. Erklärung durch Inkassounternehmen. Bis zum Inkrafttreten des **Rechtsdienstleistungsgesetzes** am 48
1. 7. 2008 konnten **Inkassounternehmen** im Schuldenbereinigungsplanverfahren keine wirksame Stellungnahme abgeben (**OLG** Köln ZIP 2000, 2312, 2314; **OLG** Köln v 22. 12. 2000 – 2 W 165/00 ZInsO 2001, 855; **AG** Köln NZI 2000, 491; *Vallender/Caliebe* ZInsO 2000, 301, 302; *Hess* § 307 Rn 20; **aA** *Bernet* NZI 2001, 73, 74), weil sich die nach Art 1 § 1 Abs 1 S 2 Nr 5 RBerG erteilte Erlaubnis ausschließlich auf die „außergerichtliche Einziehung von Forderungen" bezog. Seit dem 1. 7. 2008 sieht § 305 Abs 4 S 2 die Befugnis von Personen, die Inkassodienstleistungen erbringen (registrierte Personen nach § 10 Abs 1 Nr 1 des Rechtsdienstleistungsgesetzes), zur Vertretung des Gläubigers im gerichtlichen Schuldenbereinigungsverfahren vor. Für Inkassounternehmen, die ihre Tätigkeit in einem anderen Mitgliedstaat der Europäischen Gemeinschaft rechtmäßig ausüben, hat das RDG in Umsetzung der Richtlinie 2005/36/EG des Europäischen Parlaments und des Rates vom 7. 9. 2005 über die Anerkennung von Berufsqualifikationen (ABl EG Nr L 255 S 22) Vorschriften sowohl für die Niederlassung (§ 12) als auch für die nur vorübergehende Erbringung von Rechtsdienstleistungen im Inland (§ 15) geschaffen. Das bis zum 1. 7. 2008 bestehende Erlaubnis- und Aufsichtsverfahren wurde zu einem Registrierungsverfahren umgestaltet (§ 12 ff RDG).

Liegt eine Registrierung nach § 10 Abs 1 Nr 1 RGG indes nicht vor, ist die entsprechende eigene Stel- 49
lungnahme des Inkassoinstituts zum Schuldenbereinigungsplan **unwirksam** (vgl **AG** Köln NZI 2000, 492; **AG** Regenburg ZInsO 2000, 516; *Vallender/Caliebe* ZInsO 2000, 301, 302; **aA** *Bernet* NZI 2001, 73, 74). In diesem Falle muss sich der Gläubiger so behandeln lassen, als wenn er zum Schuldenbereinigungsplan geschwiegen hätte (*Vallender/Caliebe* aaO 303). Dies gilt gem § 307 Abs 2 S 1 als Einverständnis mit dem Plan. Gegen ein Auftreten des Inkassounternehmens als Bote des Gläubigers bestehen keine rechtlichen Bedenken. Abzustellen ist dabei auf die Stellungnahme des Gläubigers.

Soweit jedoch eine entsprechende **Bevollmächtigung** vorliegt und das – nicht registrierte – Inkassoun- 50
ternehmen **anwaltlich vertreten** wird, kann es gegenüber dem Gericht durch den anwaltlichen Vertreter zu den übersandten Unterlagen Erklärungen abgeben (**OLG** Köln v 22. 12. 2000 – 2 W 164/00). Dabei nimmt es auf Grund der erteilten Vollmacht bzw der erteilten Ermächtigung für den jeweiligen Gläubiger am Schuldenbereinigungsverfahren teil. Weil lediglich die Rechte Dritter wahrgenommen werden, stehen dem Inkassounternehmen so viele Stimmen zu, wie es in dem Verfahren unterschiedliche Gläubiger wirksam vertritt. Hierbei besteht für das Inkassounternehmen auch die Möglichkeit, zu dem Schuldenbereinigungsplan für jeden Gläubiger unterschiedlich Stellung zu nehmen (**OLG** Köln ZIP 2000, 2312, 2314).

5. Einverständnis mit dem Plan. Die **Zustimmung** der Gläubiger zum Plan kann in einer einfachen 51
Einverständniserklärung ohne weitere Begründung bestehen. Eine Begründung ist nur in den Fällen erforderlich, in denen das Gesetz dies vorschreibt, wie zB §§ 520, 544 Abs 2 S 1 ZPO (*Hess/Obermüller* Rn 965). Ein **Widerruf der Zustimmung** ist grundsätzlich **nicht möglich**. Bei der Zustimmungserklärung handelt es sich um eine unwiderrufliche und unanfechtbare Prozesshandlung (**AG** Bochum v 7. 2. 2000 – 80 IK 35/99, m Anm *Hucke* ZAP 2000, Fach 14 S 407).

52 An der **Bindungswirkung** ändert auch nichts der Umstand, dass der Schuldner nach Abgabe der Stellungnahme der Gläubiger zum Plan arbeitslos wird und die im Plan übernommenen Verpflichtungen bis auf Weiteres nicht mehr erfüllen kann.

53 6. **Ablehnung des Plans.** Die ablehnende Stellungnahme bedarf keiner weiteren Begründung. Bei der Entscheidung der Gläubiger, nach § 307 Abs 1 S 1 dem Plan zuzustimmen oder dem Plan zu widersprechen, handelt es sich um eine autonom von den Gläubigern zu treffende Entscheidung, die an keine weiteren Voraussetzungen gebunden ist (**OLG** Celle NZI 2001, 27). Für Gericht und Schuldner ist es allerdings hilfreich, wenn der Gläubiger die Gründe darlegt, die ihn zu seiner ablehnenden Haltung bestimmt haben. Dadurch wird dem Gericht eine bessere Grundlage für seine Entscheidung gegeben, ob es dem Schuldner eine Gelegenheit zur Nachbesserung seines Angebots einräumen soll. Der Schuldner wiederum erhält Anhaltspunkte dafür, ob der Plan eine Chance hat, angenommen zu werden.

54 Soweit Gläubiger eine Anpassung des Plans an veränderte Umstände anstreben, empfiehlt sich die Aufnahme von **Anpassungsklauseln.** Die Aufnahme solcher Klauseln in den Plan können sie allerdings nicht erzwingen. Um dem Schuldner Gelegenheit zu geben, dem entsprechenden Vorschlag nachzukommen, empfiehlt sich eine ablehnende Stellungnahme unter Hinweis darauf, dass man bei Aufnahme der Klausel in den Plan bereit sei, diesen anzunehmen.

55 Ein **schriftlicher Vollmachtsnachweis** ist bei der Ablehnung des Schuldenbereinigungsplans durch den Vertreter eines Gläubigers erforderlich (außer bei anwaltlicher Vertretung, vgl § 88 Abs 2 ZPO). Einer besonderen Prozessvollmacht bedarf es nicht bei gesetzlichen Vertretern (zB Prokuristen, § 49 HGB, Handlungsbevollmächtigten, § 54 HGB), die eine entsprechende Urkunde – zB einen Handelsregisterauszug vorlegen (*Zöller/Vollkommer* § 80 ZPO Rn 8). Dies gilt gleichermaßen für Stellungnahmen von Behörden (*Rein* Insolvenzrechtsreport 2001 Nr 13 S 1; **aA AG** Gießen NZI 2001, 160). Die Vorschrift des § 80 ZPO soll für Gericht und Gegner klare Verhältnisse schaffen und die Prozessführung in eine Hand legen (**BGH** VersR 1971, 1174). Diese Notwendigkeit besteht bei der Stellungnahme einer Behörde nicht. Das Gericht wäre im Übrigen auch nicht ohne weiteres in der Lage zu überprüfen, ob der Vollmachtgeber tatsächlich zur Erteilung der Vollmacht befugt ist. Soweit die Stellungnahme nicht vom Vorstand der Behörde gedeckt ist, liegt dies im Verantwortungsbereich des Gläubigers, der die sich daraus ergebenden Folgen hinzunehmen hat. Ebensowenig muss das Schreiben der Behörde mit einem **Dienstsiegel** versehen sein (aA AG Gießen aaO), weil die Vollmacht nicht vorgelegt worden ist. Die Rechtsprechung lässt bei bestimmenden Schriftsätzen die maschinenschriftliche Wiedergabe des Namens des Verfassers mit einem Beglaubigungsvermerk genügen (GemSen ObG BGHZ 75, 340, 350 ff). Es ist aber nicht erforderlich, dass der Beglaubigungsvermerk mit einem Dienstsiegel versehen ist.

56 a) **Modifizierte Annahme.** Erklärt ein Gläubiger, er nehme den Plan an, möchte aber gleichzeitig **Auflagen** wie Wiederauflebens- oder Verfallklauseln in den Plan aufgenommen sehen, handelt es sich dabei dem **Rechtsgedanken des § 150 Abs 2 BGB** nach jedenfalls nicht um eine Zustimmung zum Plan (**BGH** v 12. 1. 2006 – IX ZB 140/04, NZI 2006, 248). Die **Folgen einer Erklärung des Gläubigers**, er stimme dem Plan unter Vorbehalt oder unter einer Bedingung zu, sind allerdings alleine der Regelung des § 307 zu entnehmen. Eine Zustimmung zum Plan liegt nicht vor, wenn der Gläubiger sich in seiner fristgerecht eingegangenen Stellungnahme zum Schuldenbereinigungsplan die **Zustimmungserklärung zunächst vorbehalten** und von der Erfüllung bestimmter Auflagen abhängig gemacht hat (**OLG** Köln ZInsO 2001, 855, 856),

57 Die bloße Bitte um Aufnahme besserer Bedingungen im Plan bedeutet dann keine Ablehnung des Angebots, wenn die Auslegung ergibt, dass der Annehmende notfalls auch mit den angebotenen Bedingungen einverstanden ist (vgl **BGH** WPM 1982, 1330). Häufig stimmen Gläubiger dem Plan zu, berühmen sich aber gleichzeitig einer höheren Forderung. Ist der Stellungnahme des Gläubigers zu entnehmen, dass er wegen der höheren Forderung Befriedigung sucht, stellt diese Erklärung regelmäßig eine Ablehnung des Plans dar (vgl **AG** Köln ZIP 2000, 83, 85). Dies gilt auch in den Fällen, in denen der Gläubiger **weiter auflaufende Zinsen** im Tilgungsangebot berücksichtigt sehen möchte. Es ist zwar nicht zu verkennen, dass der zeitliche Ablauf des Verfahrens regelmäßig bei allen Gläubigern erhöhte Forderungen auf Grund laufender Zinsansprüche bedingt. Soweit eine Ansicht zur Lösung des Problems allein auf die **Forderungshöhe zum Zeitpunkt der Vorlage des Schuldenbereinigungsplans** und des ihm zugrunde liegenden Forderungsverzeichnisses abstellt (*Späth* ZInsO 2000, 483, 485), berücksichtigt sie nicht hinreichend die Regelung des § 309 Abs 3. Zwar wird sich das Verhältnis der Forderungen der Insolvenzgläubiger untereinander und damit die Summenmehrheiten und Quoten im Regelfall nicht durch die anwachsenden Zinsen ändern. Bei hohen Forderungen und der Geltendmachung hoher Zinsen durch nur einige Gläubiger eröffnet sich indes eine Widerspruchsmöglichkeit. Die Praxis zeigt, dass die Nichtangabe von Zinsen durchaus zu einer Gefährdung der Zustimmungsersetzung führen kann (**AG** Mönchengladbach ZInsO 2000, 232; *Pape/Pape* ZIP 2000, 1553, 1559). Dem kann de lege lata nur durch ein arbeitsaufwändiges Änderungs- und Ergänzungsverfahren wirksam begegnet werden.

58 b) **Stellungnahmen von mehreren Gläubigern einer Forderung.** Geben **mehrere Gläubiger einer Forderung** unterschiedliche Stellungnahmen zu dem Angebot des Schuldners ab, liegt bei einer Gesamtgläubigerschaft iSv § 428 BGB eine Ablehnung des Plans vor. Denn ihr Stimmrecht können diese Gläu-

IX. Abbruch des Schuldenbereinigungsverfahrens   § 307

biger nur gemeinsam ausüben (vgl **BGH** NJW 1979, 2207). Bei einer Mitgläubigerschaft gemäß § 432 BGB ist bei unterschiedlichen Stellungnahmen der einzelnen Gläubiger ebenfalls von einer Ablehnung des schuldnerischen Angebots auszugehen.

c) **Stellungnahme eines Gläubigers mit mehreren Forderungen.** Ein Gläubiger mit mehreren Forde- 59 rungen hat nur **eine Stimme** (OLG Köln ZIP 2000, 2312, 2314). Die Summierung seiner Forderungsrechte findet Niederschlag und Berücksichtigung im Rahmen der erforderlichen Summenmehrheit. Da ein Gläubiger mit mehreren Forderungen einheitlich – mit einer Stimme – abstimmen muss (vgl *Uhlenbruck* § 182 KO Rn 3 e, 4 a mwN zum Vergleichsrecht), hat bereits der Widerspruch gegen eine der Forderungen zur Folge, dass auch im Hinblick auf die weiteren Forderungen von einer Ablehnung des Plans durch diesen Gläubiger auszugehen ist.

d) **Ablehnung des Plans und Zustimmung nach Ablauf der Notfrist.** Eine **Zustimmung** zum Plan 59a kann auch noch **nach einer zunächst erklärten Ablehnung** erfolgen (BGH v 12. 1. 2006 – IX ZB 140/04, NJW-RR 2006, 850 = NZI 2006, 248; OLG Köln ZInsO 2001, 855, 856; AG Köln NZI 2000, 493; *Vallender* WuB VI A § 307 InsO 1.06; *Smid* jurisPR-BGHZivilR 11/2206 Anm 4). Dies entspricht verfahrensökonomischen Grundsätzen. Dass das Gesetz eine Einigung der Beteiligten auch nach Ablauf der Monatsfrist in § 307 Abs 1 ermöglicht, folgt bereits aus § 307 Abs 3. Ausdrücklich ausgeschlossen sind nur Einwendungen des Gläubigers nach Fristablauf (§ 307 Abs 2). Ließe man eine **nachträgliche Zustimmung** nicht zu, müsste entweder ein Zustimmungsersetzungsverfahren nach § 309 durchgeführt oder – wenn die Voraussetzungen des § 309 nicht erfüllt sind – das Insolvenzverfahren eröffnet werden, obwohl der betroffene Gläubiger den zunächst streitigen Schuldenbereinigungsplan mittlerweile akzeptiert. Dies erscheint nicht zweckmäßig und widerspräche außerdem dem Anliegen des Gesetzes, die einvernehmliche Bereinigung der Schulden zu fördern (BGH aaO).

VIII. Schweigen als Zustimmung, Abs 2

Unterlässt es ein Gläubiger, binnen eines Monats zum Schuldenbereinigungsplan Stellung zu nehmen, 60 so wird dies als Zustimmung zum Plan gewertet. Dies gilt indes nur bei einer **wirksamen Zustellung** der in § 307 Abs 1 S 1 genannten Unterlagen bei gleichzeitiger Aufforderung, binnen einer Notfrist von einem Monat zu den Verzeichnissen und dem Schuldenbereinigungsplan Stellung zu nehmen (ebenso LG Berlin ZVI 2002, 12, 13). Die Rechtsfolge ist dabei allein an die Tatsache geknüpft, dass der Gläubiger nicht auf die Zustellung des Plans reagiert hat. Die **Fiktion der Zustimmungsersetzung** soll verhindern, dass sich die Gläubiger durch bloßes Schweigen einer Erklärung zu dem Schuldenbereinigungsplan entziehen und ihre Mitwirkung im Verfahren verweigern (OLG Celle NZI 2001, 27).

Die **Fiktion des Abs 2 S 1** bewirkt, dass die gesetzliche Entscheidung an die Stelle der fehlenden Parteient- 61 scheidung gesetzt wird (*Kohte/Ahrens/Grote* § 307 Rn 8). Darüber hinaus führt das Schweigen des Gläubigers unter den Voraussetzungen des § 308 Abs 3 S 2 zum Erlöschen seiner im Forderungsverzeichnis nicht vermerkten Ansprüche. Dies bezieht sich sogar auf Forderungen, die erst zwischen der Einreichung des Forderungsverzeichnisses und dem Ablauf der Frist entstanden waren (*Hoffmann* Verbraucherinsolvenz S 93/94). Dass **Schweigen als Zustimmung** gilt, ist ein weiteres Mittel des Gesetzes, die Gläubiger zur Mitarbeit zu veranlassen und das Verfahren insgesamt zu vereinfachen und zu beschleunigen.

IX. Abbruch des Schuldenbereinigungsverfahrens

Aus der Regelung des **Art 103 a EGInsO**, nach der auf Insolvenzverfahren, die vor Inkrafttreten des 62 EGInsOÄG 2001 v 26. 10. 2001 (BGBl I S 2710) eröffnet worden sind, die bis dahin geltenden gesetzlichen Vorschriften weiter anzuwenden sind, folgt im Umkehrschluss, dass die **neuen Vorschriften auf alle nicht eröffneten Verfahren Anwendung** finden. Unterliegt ein Schuldner nach der Neufassung des § 304 nicht mehr den Bestimmungen des Verbraucherinsolvenzverfahrens, ist ein bereits eingeleitetes, aber noch nicht abgeschlossenes **Schuldenbereinigungsverfahren abzubrechen** und **von Amts wegen** in ein Regelinsolvenzverfahren überzuleiten. Eines Antrags bedarf es nicht. Dies gilt auch dann, wenn das Gericht bereits eine Entscheidung nach § 309 getroffen hat, dieser **Beschluss** aber noch **nicht rechtskräftig** geworden ist (näher dazu § 309 Rn 112).

1. **Überleitungsbeschluss.** Auf welche Art und Weise die Überleitung des eingeleiteten Verbraucherin- 63 solvenzverfahrens in ein Regelinsolvenzverfahren zu geschehen hat, ist dem Gesetz nicht zu entnehmen. Auch wenn die Vorschrift des § 306 Abs 1 S 3, die vor Anordnung der Fortsetzung des Verfahrens die Anhörung des Schuldners zwingend vorsieht, keine unmittelbare Anwendung findet, sollte dem **Schuldner** allein wegen der weitreichenden Folgen der Entscheidung zuvor **rechtliches Gehör** gewährt werden. Aus Gründen der Klarstellung bietet sich eine **Entscheidung durch** – nicht anfechtbaren – **Beschluss** an, der mit einer Begründung versehen und den vom Schuldner benannten Gläubigern formlos zugesandt werden sollte. Eine Überprüfung der Überleitungsentscheidung ist erst auf Grund einer Anfechtung des Eröffnungsbeschlusses möglich. Mit seiner **sofortigen Beschwerde** nach § 34 kann der Schuldner rügen, nicht die Vorschriften des Regelinsolvenzverfahrens, sondern die Regelungen gemäß §§ 304 ff fänden

weiterhin Anwendung. Darin ist seine materielle Beschwer zu sehen. Wird auf Grund dessen der Eröffnungsbeschluss aufgehoben, ist das – abgebrochene – Schuldenbereinigungsverfahren fortzusetzen.

64 Bei einer allein am Wortlaut des Art 103 a EGInsO orientierten Anwendung der Bestimmung hätte das Gericht auch dann einen Überleitungsbeschluss zu fassen, wenn nur noch die **Planbestätigung nach § 308** aussteht. Da der Gesetzgeber der gütlichen Einigung zwischen Schuldner und Gläubigern Vorrang vor einem Insolvenzverfahren einräumt, erscheint es vertretbar und sachgerecht, dass das Gericht in einem solchen Fall von einer Überleitung des Verbraucherinsolvenzverfahrens in ein Regelinsolvenzverfahren absieht und den Plan bestätigt (so auch *Göbel* ZInsO 2001, 500, 501).

65 **2. Weiterer Verfahrensablauf.** Mit der Überleitung in das Regelinsolvenzverfahren finden die für dieses Verfahren maßgeblichen Bestimmungen Anwendung. Da die vom Schuldner eingereichten Unterlagen regelmäßig eine hinreichende Grundlage für die Entscheidung über den Antrag auf Eröffnung des Insolvenzverfahrens bieten, bleibt die Beauftragung eines Sachverständigen auf Ausnahmefälle beschränkt. Bei Vorliegen der Eröffnungsvoraussetzungen hat das Gericht unverzüglich das Insolvenzverfahren als Regelinsolvenzverfahren zu eröffnen.

X. Änderung oder Ergänzung des Plans, Abs 3

66 Absatz 3 verfolgt den Zweck, sinnvolle Änderungen des Plans, der in der ursprünglich unterbreiteten Fassung keine Kopf- und Summenmehrheit gefunden hat, zu erleichtern. Damit trägt die Vorschrift gleichzeitig dazu bei, die Erfolgsaussichten für eine gütliche Einigung zu fördern (Beschl-Empf des RechtsA zu § 357 d, BT-Drucks 12/7302 S 192).

67 Erheben Gläubiger innerhalb der Monatsfrist des Abs 1 S 1 Einwendungen gegen den Plan, trifft das Gericht nur dann die **Pflicht**, dem Schuldner Gelegenheit zu geben, den Plan zu ändern oder zu ergänzen, wenn dies auf Grund der Stellungnahme eines Gläubigers **erforderlich** erscheint (Abs 3 S 1 1. Altern.). Das Insolvenzgericht muss nach Prüfung der eingegangenen Stellungnahmen nach außen hin zu erkennen geben, ob es den Schuldenbereinigungsplan für änderungsbedürftig hält. Erfolgt kein derartiger **Hinweis**, darf das Insolvenzgericht seine spätere Zustimmungsersetzungsentscheidung nicht damit begründen, der Schuldner habe es unterlassen, einen geänderten Plan vorzulegen (**OLG Celle** ZInsO 2001, 1062, 1063 = NZI 2002, 213, 214). Haben alle benannten Gläubiger dem Plan zugestimmt, findet Abs 3 S 1 keine Anwendung. Die Regelung des § 308 Abs 1 S 1 reduziert in diesem Fall den Ermessensspielraum des Gerichts auf Null. Dagegen hat das Gericht einen **Ermessensspielraum** bei der Entscheidung über die Frage, ob eine Änderung oder Ergänzung des Plans zur Förderung einer einverständlichen Schuldenbereinigung sinnvoll erscheint (Abs 3 S 1 2. Altern.).

68 **1. Gerichtlicher Ermessensspielraum, Abs 3 S 1 2. Altern.** Bei der seinem **pflichtgemäßen Ermessen** unterliegenden Entscheidung (**BGH** v. 12. 1. 2006 – IX ZB 140/04, NZI 2006, 248; BayObLG NZI 2002, 110, 111 = ZVI 2002, 8, 9; **LG Hannover** ZIP 2001, 208, 209; K/P/B/*Wenzel* § 309 Rn 12 mwN) wird das Gericht vor allem zu berücksichtigen haben, ob Mehrheiten deutlich verfehlt wurden und welche Einwendungen die den Plan ablehnenden Gläubiger erhoben haben (*Kohte/Ahrens/Grote* § 307 Rn 15 ff). Dabei hat es die Wahrscheinlichkeit einer Einigung gegenüber einer Pflicht zur zügigen Durchführung des Verfahrens abzuwägen. Das Verfahren nach § 307 Abs 3 soll sinnvolle Änderungen des Planes erleichtern und so die Erfolgsaussichten für gütliche Einigungen fördern. Diese Funktion kann es nur erfüllen, wenn **offensichtlich vorhandene Möglichkeiten**, eine Einigung zwischen Gläubiger und Schuldner herbeizuführen, von Seiten des Gerichts auch genutzt werden (BGH aaO).

69 Erklärt ein Gläubiger im Schuldenbereinigungsverfahren, dass er den Vorschlag des Schuldners nur unter zusätzlichen Bedingungen annehme, und hängt von dessen Zustimmung ab, ob eine Zustimmungsersetzung der übrigen Gläubiger möglich ist, so hat das Gericht dem Schuldner Gelegenheit zur Ergänzung des Plans zu geben (**OLG Karlsruhe** ZInsO 2000, 238).

70 Eine Änderung des Plans kann zur **Förderung einer einverständlichen Schuldenbereinigung** sinnvoll erscheinen, wenn Gläubiger auf ihre Forderung ganz oder teilweise verzichtet haben oder sich einer höheren als im Plan angegebenen Forderung berühmen. Ebenso kommt die Vorlage eines geänderten Plans in Betracht, wenn während des Ersetzungsverfahrens gemäß § 309 der Schuldner dem Gericht mitteilt, die in den Schuldenbereinigungsplan aufgenommene Forderung eines Gläubigers bestehe nicht, weil das Urteil, das die Forderung festgestellt habe, zwischenzeitlich aufgehoben worden sei. Die Anpassung des Plans ist durchaus geeignet, eine einverständliche Schuldenbereinigung zu fördern. Denn der Wegfall der Forderung eines Gläubigers führt unter Umständen zu einer wesentlichen Erhöhung der an die übrigen Gläubiger auszuzahlenden Quote. Lehnt der Schuldner es ab, der Aufforderung des Gerichts nachzukommen, ist das Ersetzungsverfahren fortzusetzen. In diesem Fall sind die widersprechenden Gläubiger vor einer Entscheidung über den Ersetzungsantrag über die veränderten Umstände zu informieren. Bei der Aufforderung zur Änderung des Plans darf die **Leistungsfähigkeit des Schuldners** nicht außer Acht gelassen werden. Verlangen Gläubiger eine höhere Quote, erscheint die Aufforderung zur Planänderung nur sinnvoll, wenn Anhaltspunkte dafür vorhanden sind, dass der Schuldner diesem Begehren in angemessener Frist wird entsprechen können.

X. Änderung oder Ergänzung des Plans, Abs 3 § 307

a) Kein Anspruch des Schuldners auf Vorlage eines geänderten oder ergänzten Plans. Der dem Gericht eingeräumte Ermessensspielraum verdeutlicht, dass der **Schuldner keinen Anspruch auf Änderung oder Ergänzung** seines Plans hat (*Smid/Krug/Haarmeyer* § 307 Rn 8). Einer förmlichen Ablehnung eines entsprechenden Begehrens durch das Gericht bedarf es nicht. Ein **Rechtsmittel** gegen die Entscheidung des Gerichts, von einer erneuten Planvorlage abzusehen und das Verfahren über den Eröffnungsantrag von Amts wegen wieder aufzunehmen, sieht das Gesetz nicht vor, vgl § 6 (**OLG** Köln NZI 2001, 593, 594; **LG** Duisburg NZI 2001, 102). 71

b) Wiederholte Planvorlage. Eine Beschränkung auf die Zulassung eines geänderten Plans enthält das Gesetz nicht. Insbesondere ist dem Wortlaut des § 307 Abs 3 S 1 nicht zwingend zu entnehmen, dass der Schuldner nur zu einer einzigen Änderung des Schuldenbereinigungsplans befugt ist. Hält das Gericht die **wiederholte Ergänzung oder Änderung des Plans** auf Grund der Stellungnahme eines Gläubigers für erforderlich oder erscheint dies weiterhin zur Förderung einer einverständlichen Schuldenbereinigung sinnvoll, sind weitere Änderungen und daraufhin erneute Zustellungen zulässig (N/R/*Römermann* § 307 Rn 23; differenzierend **LG** Hannover ZIP 2001, 208; aA **LG** Münster InVo 2001, 325, 326; K/P/B/ *Wenzel* § 307 Rn 12; HK-*Landfermann* § 307 Rn 15; *Kohte/Ahrens/Grote* § 307 Rn 20; *Przikląng* Verbraucherinsolvenz S 37). Bei der seinem pflichtgemäßen Ermessen unterliegenden Entscheidung hat das Gericht die **Wahrscheinlichkeit einer Einigung** mit der **Pflicht der zügigen Durchführung des Verfahrens** abzuwägen. Für eine wiederholte Ergänzung oder Änderung des Plans spricht im Übrigen der Umstand, dass der Schuldner es in der Hand hat, nach Scheitern des erstmals nachgebesserten Schuldenbereinigungsplans seinen Antrag auf Durchführung des Insolvenzverfahrens zurückzunehmen (vgl § 13 Abs 2) und den zum zweiten Male ergänzten bzw geänderten Plan zur Grundlage eines neuen Insolvenzantrags zu machen (**LG** Hannover aaO 209). Dagegen ist eine **Änderung des Plans im Beschwerdeverfahren** nicht mehr möglich (**LG** Münster aaO 326, aA **LG** Ansbach Beschl v 12. 6. 2001 – 4 T 1039/01 m Anm *Frind* EWiR 2001, 819). 72

2. Fristsetzung. Hält das Gericht eine schriftliche Nachbesserungsaufforderung an den Schuldner für sinnvoll, setzt es ihm eine **Notfrist von einem Monat** zur Vornahme der Änderungen oder Ergänzungen (BerlKo-*Goetsch* § 307 Rn 6; N/R/*Römermann* § 307 Rn 22). Ein Ermessensspielraum steht dem Gericht nicht zu, weil nach Abs 3 S 3 die Regelung des Abs 2 S 1 entsprechende Anwendung findet (**aA** *Kohte/Ahrens/Grote* § 307 Rn 17). Aus diesem Grunde ist auch eine Verkürzung oder Verlängerung der Frist nicht zulässig. Mangels Ermächtigungsgrundlage ist das Gericht nicht befugt, die Zustimmung des Schuldners zu den Planänderungswünschen in entsprechender Anwendung von § 307 Abs 2 zu fingieren, wenn er nicht innerhalb der ihm gesetzten Frist den Änderungen widerspricht (aA *Smid/ Haarmeyer* § 307 Rn 11). 73

3. Rechtliches Gehör des Schuldners. Auch wenn Abs 3 dies nicht ausdrücklich bestimmt, versteht sich von selbst, dass dem Schuldner mit der Aufforderung zur Änderung oder Ergänzung des Plans die ablehnenden Stellungnahmen der Gläubiger zuzuleiten sind. Ohne Kenntnis des Inhalts der Stellungnahmen ist es dem Schuldner nicht möglich, der Aufforderung des Gerichts nachzukommen, seinen Plan zu ändern oder zu ergänzen. 74

Der Schuldner ist nicht verpflichtet, der Aufforderung zur Änderung oder Ergänzung des Plans Folge zu leisten. Der Gesetzgeber hat allerdings nicht geregelt, wie das Gericht entscheiden soll, wenn der Schuldner keine Planänderung vornimmt. Lässt er die ihm gesetzte Frist verstreichen, ist im Interesse eines zügigen Verfahrensfortgangs das Eröffnungsverfahren analog § 311 wieder aufzunehmen (Bay-ObLG NZI 2001, 145, 146; **OLG** Köln NZI 2001, 593, 594; **AG** Halle-Saalkreis ZInsO 2001, 185; HK-*Landfermann* § 307 Rn 15). Einer entsprechenden Anwendung des § 305 Abs 3 S 2 (so *Krug*, Verbraucherkonkurs S 124, 125; K/P/B/*Wenzel* § 307 Rn 6 a) steht entgegen, dass die Vorschrift auf die Anfangsphase des Verfahrens zugeschnitten ist (**AG** Halle-Saalkreis aaO). 75

4. Vorlage eines modifizierten Plans. Absatz 3 schreibt nicht vor, welches Ausmaß die Änderungen bzw Ergänzungen haben müssen bzw worauf sie sich zu beziehen haben. Die Vorschrift erlaubt auch **marginale Änderungen** bzw **Ergänzungen**, soweit sie zur Förderung einer einverständlichen Schuldenbereinigung sinnvoll bzw auf Grund der Stellungnahmen der Gläubiger erforderlich erscheinen. Der Schuldner kann Änderungen in einem weiteren Plan allein auf die Zahlungstermine beschränken (**AG** Köln ZIP 2000, 83, 89). Auch bei Anordnung eines allgemeinen Verfügungsverbots gemäß § 306 Abs 2 S 1 iVm § 21 Abs 2 Nr 2 ist der Schuldner zu Plananpassungen befugt, weil das Angebot vom Abschluss eines Vergleichs noch keine Verfügung darstellt. Eine Verfügung kann frühestens mit Abschluss des Vergleichs, d h mit seiner gerichtlichen Bestätigung gemäß § 308 Abs 1, erfolgen (*Krug* aaO S 119). Ersetzt der Schuldner einen Schuldenbereinigungsplan durch einen neuen Plan, so sind **benannte Gläubiger** im Sinne des § 309 Abs 1 S 1 nur mehr die vom Schuldner in seinem allein noch zur Prüfung gestellten **neuen Schuldenbereinigungsplan** aufgeführten Gläubiger (BayObLG ZInsO 2001, 849). 76

a) Mündliche Verhandlung. Das Gesetz geht erkennbar von der **Schriftlichkeit des Schuldenbereinigungsverfahrens** aus. Gleichwohl ist der Richter befugt, einen Termin zur mündlichen Verhandlung 77 über den Schuldenbereinigungsplan anzuberaumen. Von dieser Möglichkeit sollte er jedoch nur in den Fällen Gebrauch machen, in denen die Teilnahme der Gläubiger am Termin und die Annahme des Plans überwiegend wahrscheinlich ist. Denn die Teilnahme an diesem Termin ist für die meisten Gläubiger mit erheblichen Kosten verbunden, die unter Umständen in keinem angemessenen Verhältnis zu der angebotenen Befriedigung ihrer Forderungen stehen. Da das Gesetz an das Nichterscheinen im Termin keine Sanktionen knüpft (*Hoffmann*, Verbraucherinsolvenz S 95), sollte die Anberaumung eines Termins auf Ausnahmefälle beschränkt bleiben. Findet eine Verhandlung allein auf der Grundlage des abgelehnten Plans statt, so ist die Ersetzung der Zustimmung nur möglich, wenn sich für den ursprünglichen Plan eine Kopf- und Summenmehrheit im Termin findet. **Planänderungen im Termin** führen dazu, dass bereits bei Fehlen eines Gläubigers der geänderte Plan diesem Gläubiger mit einer Fristsetzung zur Stellungnahme zugeleitet werden muss. Denn das Fernbleiben des nicht anwesenden Gläubigers zu dem geänderten Plan kann weder als Zustimmung noch als Ablehnung gewertet werden. Dies gilt auch dann, wenn der Schuldner zur Vorbereitung des Erörterungstermins einen geänderten Plan vorlegt, den das Gericht den Gläubigern formlos zuleitet.

78 **b) Übersendung des modifizierten Plans. aa) Förmliche Zustellung.** Grundsätzlich sind den Gläubigern die vom Schuldner vorgenommenen **Änderungen oder Ergänzungen** des Plans gemäß Abs 3 S 2 **förmlich zuzustellen** (LG Münster InVo 2001, 325, 326; K/P/B/*Wenzel* § 307 Rn 15; *Kohte/Ahrens/Grote* § 307 Rn 19; *Arnold* DGVZ 1996, 128, 134; *Hess* § 307 Rn 40; *Preiss* S 69; aA BerlKo-*Goetsch* § 307 Rn 6, der eine Zustellung nur an die von der Planänderung betroffenen Gläubiger verlangt, und zwar selbst dann, wenn nur ein Gläubiger die Zustimmung verweigert hatte). § 307 Abs 3 S 2 schränkt diese Pflicht vermeintlich mit den Worten „soweit dies erforderlich ist" ein. Damit ist aber nicht die Unterrichtung der Gläubiger gemeint. Das Erfordernis der Unterrichtung der Gläubiger ergibt sich aus **Art 103 Abs 1 GG**. Zu berücksichtigen ist ferner, dass es sich bei dem Schuldenbereinigungsverfahren um ein Verfahren der gemeinschaftlichen Haftungsverwirklichung handelt, bei dem es ein Gläubiger nicht hinzunehmen braucht, wenn ein anderer Gläubiger im Verhältnis zu den Übrigen unangemessen bevorzugt wird (K/P/B/*Wenzel* § 305 Rn 15).

79 Für die Zustellung gilt § 307 Abs 1 S 1 u 3. Nach § 307 Abs 1 S 1, Abs 2 sind erneute Hinweise und Aufforderungen erforderlich (N/R/*Römermann* § 307 Rn 20). Unterbleibt eine Stellungnahme, gilt auch dieses **Schweigen als Zustimmung** zu den vorgenommenen Änderungen oder Ergänzungen (BerlKo-*Goetsch* § 307 Rn 6; H/W/W aaO). Findet der geänderte Plan keine Kopf- und Summenmehrheit, kommt die Ersetzung der Zustimmung nach § 309 Abs 1 S 1 nicht in Betracht. Das Gericht wird in diesem Fall das Verfahren über den Eröffnungsantrag von Amts wegen wieder aufnehmen (§ 311).

80 **bb) Formlose Übersendung.** Das Gericht kann gemäß § 307 Abs 3 S 2 **ausnahmsweise** von einer förmlichen Zustellung des geänderten Plans absehen („soweit dies erforderlich ist"), wenn der dem Plan widersprechende Gläubiger seine Zustimmung an die Aufnahme bestimmter Änderungen oder Ergänzungen im Plan geknüpft hat, denen der Schuldner im geänderten Plan nachkommt (so auch HambKomm/*Streck* § 307 Rn 14). Weitere Voraussetzung für das Absehen von der förmlichen Zustellung ist jedoch, dass sich die **Korrekturen des Schuldners im Bereich des § 319 ZPO** bewegen. Verpflichtet sich der Schuldner in dem geänderten Plan, an die Gläubiger zusätzlich zu dem bisherigen Angebot Zahlungen aus dem unpfändbaren Teil seines Vermögens oder aus dem Vermögen Dritter zu leisten, reicht die formlose Übersendung des Plans aus. Eine **Schlechterstellung eines Gläubigers** ist nicht möglich, weil auch bei Durchführung des Verfahrens über die Anträge auf Eröffnung des Insolvenzverfahrens und Erteilung von Restschuldbefreiung keine Zugriffsmöglichkeit auf diese Vermögenswerte besteht. Da auch bei einer minimalen Veränderung der Quoten im neuen Plan keine Schlechterstellung iSv § 309 Abs 1 S 2 Nr 2 in Betracht kommt, bedarf es ebenfalls keiner förmlichen Zustellung des geänderten Plans. Nichts anderes gilt für den Fall der nachträglichen Aufnahme einer **Verfallklausel** in den Plan (vgl LG Saarbrücken NZI 2000, 380, 381).

81 Leitet das Gericht den Gläubigern den geänderten **Plan** nebst den Hinweise und Aufforderungen nach Abs 1 S 2 **ausnahmsweise** formlos zu, gilt das Schweigen auf den modifizierten Plan nicht als Annahme (*Bruckmann* Verbraucherinsolvenz § 3 Rn 81). Da nach allgemeinen Grundsätzen das Schweigen keinen Erklärungstatbestand setzt, bringt der Gläubiger durch sein Schweigen weder Zustimmung noch Ablehnung zum Ausdruck. Dies bedeutet, dass weiterhin **die ursprünglichen Erklärungen maßgeblich** sind.

82 **c) Planrücknahme.** Erweist sich nach erneuter Planvorlage der **geänderte Plan** als **nicht durchführbar**, weil zB die dem Plan zugrunde gelegten Bedingungen aus nicht vorhersehbaren Gründen nicht erfüllt werden können, steht es dem Schuldner frei, den Plan zurückzuziehen. Die Zustellung eines Plans, der nicht erfüllt werden kann, liefe der Zielsetzung des Schuldenbereinigungsplanverfahrens, eine einvernehmliche Schuldenbereinigung zwischen dem Schuldner und seinen Gläubigern herbeizuführen, entgegen. Eine Rücknahme des Plans ist indes nach bereits erfolgter Zustellung der Unterlagen an die Gläubiger nicht mehr möglich. Denn nach § 130 BGB wird das im Plan enthaltene Angebot zum Abschluss des Vergleichs mit Zugang beim Gläubiger wirksam. Etwas anderes gilt nur dann, wenn dem Empfänger vorher oder gleichzeitig mit der Erklärung ein Widerruf zugeht (§ 130 Abs 1 S 2 BGB).

Bei wirksamer Rücknahme des Plans wird der vor Einreichung des geänderten Plans bestehende Zustand wieder hergestellt. Der Eröffnungsantrag ist von Amts wegen wieder aufzunehmen (§ 311) und eine Entscheidung über den Insolvenzantrag zu treffen. 83

XI. Unbekannter Aufenthalt des Schuldners

Stellt sich während des Schuldenbereinigungsverfahrens heraus, dass der **Schuldner unbekannt verzogen ist**, verbleibt es bei der Zuständigkeit des angerufenen Gerichts, wenn im Zeitpunkt der Einreichung des Insolvenzantrags der Schuldner seinen allgemeinen Gerichtsstand im Bezirk des Insolvenzgerichts hatte (§§ 3 Abs 1, 4 iVm § 261 Abs 3 Nr 2 ZPO). Nach Ablauf der Monatsfrist des § 307 Abs 1 S 1 hat eine Auswertung der Stellungnahmen der Gläubiger zu erfolgen. Hat kein Gläubiger Einwendungen gegen den Schuldenbereinigungsplan erhoben, gilt dieser als angenommen (§ 308 Abs 1 S 1). Soweit ein Antrag eines Gläubigers oder des Schuldners auf Ersetzung der fehlenden Zustimmung bereits vorliegt, ist in das Verfahren nach § 309 einzutreten. Ansonsten ist der Eröffnungsantrag von Amts wegen wieder aufzunehmen (§ 311) und eine Entscheidung über den Insolvenzantrag zu treffen. 84

XII. Tod des Schuldners

Verstirbt der Schuldner **während des Schuldenbereinigungsverfahrens**, kann dieses Verfahren wegen der Unvereinbarkeit zwischen Nachlassinsolvenzverfahren und Verbraucherinsolvenzverfahren nach §§ 304 ff gegen den Erben nicht fortgeführt werden (*Siegmann* ZEV 2000, 345, 347; ähnlich *Gminatakis* BB 1999, 224, 225; aA BGH v 21. 2. 2008 – IX ZB 62/05, NZI 2008, 382, 383 Rn 12; *Kohte/Ahrens/Grote* § 286 Rn 36; N/R/*Becker* § 1 Rn 11). Der Erbe wäre ansonsten schlechter gestellt als in einem Regelinsolvenzverfahren. Denn bei Annahme des Schuldenbereinigungsplans könnte er keine Haftungsbeschränkung erlangen, weil sein Eröffnungsantrag als zurückgenommen gälte (§ 308 Abs 2). Darüber hinaus liefe der Erbe Gefahr, dass ihm im Wege der vereinfachten Verteilung gemäß § 314 der Nachlass aufgedrängt werden könnte, während er nach den Vorschriften des BGB (§§ 1973, 1992) insoweit eine Abwendungsbefugnis hat (*Siegmann* aaO 347). Der Antrag auf Eröffnung des Insolvenzverfahrens ist als unzulässig zurückzuweisen. Dieser Entscheidung kann der Erbe nur dadurch entgehen, dass er den ursprünglichen Antrag umstellt im Sinne der Eröffnung des Nachlassinsolvenzverfahrens. Dieses Verfahren folgt sodann ausschließlich den Regeln der §§ 315 ff. Diese bestimmen den Kreis der Insolvenzgläubiger (§§ 38, 325, 327) und der Masseverbindlichkeiten. 85

§ 308 Annahme des Schuldenbereinigungsplans

(1) ¹Hat kein Gläubiger Einwendungen gegen den Schuldenbereinigungsplan erhoben oder wird die Zustimmung nach § 309 ersetzt, so gilt der Schuldenbereinigungsplan als angenommen; das Insolvenzgericht stellt dies durch Beschluß fest. ²Der Schuldenbereinigungsplan hat die Wirkung eines Vergleichs im Sinne des § 794 Abs. 1 Nr. 1 der Zivilprozeßordnung. ³Den Gläubigern und dem Schuldner ist eine Ausfertigung des Schuldenbereinigungsplans und des Beschlusses nach Satz 1 zuzustellen.

(2) Die Anträge auf Eröffnung des Insolvenzverfahrens und auf Erteilung von Restschuldbefreiung gelten als zurückgenommen.

(3) ¹Soweit Forderungen in dem Verzeichnis des Schuldners nicht enthalten sind und auch nicht nachträglich bei dem Zustandekommen des Schuldenbereinigungsplans berücksichtigt worden sind, können die Gläubiger von dem Schuldner Erfüllung verlangen. ²Dies gilt nicht, soweit ein Gläubiger die Angaben über seine Forderung in dem beim Insolvenzgericht zur Einsicht niedergelegten Forderungsverzeichnis nicht innerhalb der gesetzten Frist ergänzt hat, obwohl ihm der Schuldenbereinigungsplan übersandt wurde und die Forderung vor dem Ablauf der Frist entstanden war; insoweit erlischt die Forderung.

Übersicht

	Rn
I. Allgemeines	1
II. Annahme des Schuldenbereinigungsplans, Abs 1 S 1	2
1. Der Plan als Vertrag	3
2. Keine Gestaltungsmöglichkeit durch das Gericht	6
3. Gewährung rechtlichen Gehörs	7
4. Feststellung der Annahme des Plans durch Beschluss	8
5. Rechtsbehelfe gegen den Bestätigungsbeschluss	11
III. Wirkungen des Plans, Abs 1 S 2	13
1. Sicherheiten	17
a) Akzessorische Sicherheiten	18
b) Abstrakte Sicherheiten	21

	Rn
2. Mietverpflichtung	22
3. Löschung der Eintragung im Schuldnerverzeichnis	23
4. Verweisung auf § 794 Abs 1 Nr 1 ZPO	24
5. Nichterfüllung des Plans	25
6. Streit um die Wirksamkeit des Plans	28
IV. Zustellung, Abs 1 S 3	29
V. Beendigung des Verfahrens über den Eröffnungsantrag, Abs 2	30
VI. Nicht berücksichtigte Forderungen, Abs 3	32
1. Außenstehende Gläubiger, Abs. 3 S 2	33
2. Beteiligte Gläubiger, Abs 3 S 2	35
a) Teilforderungen	39
b) Entstehen der Forderung	40

I. Allgemeines

1 Das Zustandekommen des Schuldenbereinigungsplans wird im Interesse einer klaren Rechtslage durch einen – nicht anfechtbaren – Beschluss festgestellt (Beschl-Empfehlung des RechtsA zu § 357 e, BT-Drucks 12/7302 S 192). Das Schuldenbereinigungsverfahren findet mit der Feststellung der Planannahme sein Ende. Die Anträge auf Eröffnung des Insolvenzverfahrens und auf Erteilung von Restschuldbefreiung gelten als zurückgenommen (Abs 2). **Absatz 3** der Vorschrift dient dem **Gläubigerschutz** und soll die aktive Beteiligung an dem Schuldenbereinigungsverfahren gewährleisten (LG Göttingen ZInsO 2002, 41, 42; *Smid/Haarmeyer* § 308 Rn 1).

II. Annahme des Schuldenbereinigungsplans, Abs 1 S 1

2 Der Schuldenbereinigungsplan gilt als angenommen, wenn kein Gläubiger Einwendungen gegen den Plan erhoben hat oder die fehlende Zustimmung **aller widersprechenden Gläubiger** zum Plan nach § 309 ersetzt wird (BayObLG ZIP 2001, 204, 205 = NZI 2001, 145 = MDR 2001, 233 = InVo 2001, 90 = DZWIR 2001, 118 m Anm *Grote*). Anders als für den Insolvenzplan gilt nicht das Mehrheits- (vgl § 244), sondern das **Einstimmigkeitsprinzip**. Dies folgt aus der Regelung des § 311, wonach das Eröffnungsverfahren von Amts wegen wieder aufgenommen wird, wenn Einwendungen erhoben werden, die nicht gemäß § 309 ersetzt werden (BayObLG aaO; *Smid/Haarmeyer* § 309 Rn 3).

3 **1. Der Plan als Vertrag.** Der Plan kommt als **Vertrag** zwischen dem Schuldner und seinen Gläubigern zustande (*Häsemeyer* Rn 29.31; aA LG Hechingen v 6. 8. 2004 – 3 S 21/04, ZInsO 2005, 49, 50), unabhängig davon, ob alle Gläubiger dem Plan ausdrücklich zustimmen. Das Handeln der Beteiligten wird vom zivilrechtlichen **Grundsatz der Vertragsfreiheit** ohne Typenzwang bestimmt (*Vallender* VuR 1997, 43, 46). Das Angebot zum Abschluss des Vertrages geht vom Schuldner aus, während die Annahme in der Zustimmung der Gläubiger zum Plan liegt. Dabei kann die Zustimmung ausdrücklich oder konkludent erklärt werden. Unter den Voraussetzungen des § 309 werden Einwendungen eines Gläubigers gegen den Plan, die eine Ablehnung darstellen, durch gerichtliche Zustimmung ersetzt. Die Bindung überstimmter Gläubiger an Mehrheitsentscheidungen ist nur damit zu rechtfertigen, dass der Schuldenbereinigungsplan eine Verbesserung der Gläubigerrechte erwarten lässt und dem Grundsatz der Gläubigergleichbehandlung genügt (*Häsemeyer* aaO).

4 Inhaltlich handelt es sich bei dem angenommenen Schuldenbereinigungsplan um einen **Vertrag eigener Art** über die Stundung oder den Erlass von Forderungen. Ist der Plan durch eine **arglistige Täuschung oder Drohung** zustande gekommen, können die Beteiligten ihre **Willenserklärung anfechten** (*Theiß* ZInsO 2005, 29, 30 ff; *Schmidt-Räntsch* MDR 1994, 321, 326; *Arnold* DGVZ 1996, 129, 135; *Häsemeyer* Rn 29.41; *Kirchhof* ZInsO 1998, 54, 59; *Wittig* WM 1998, 167; *Schäferhoff* ZInsO 2001, 687, 690). *Hess* (§ 308 Rn 18) nennt als Anwendungsfall das Beispiel, dass der Schuldner eine Arbeitslosigkeit nur vortäuscht.

5 Anfechtbar ist wegen der Fiktion nach § 308 Abs 1 S 1 nicht nur die ausdrückliche Annahmeerklärung, sondern darüber hinaus auch das Schweigen (N/R/*Römermann* § 308 Rn 16). Ein **Irrtum über die Voraussetzungen der Zustimmung** begründet dagegen keine Anfechtung. Das Risiko des Forderungsverlustes bei Arbeits- bzw Erwerbslosigkeit des Schuldners kann der zustimmungsbereite Gläubiger zB dadurch mindern, dass er seine Zustimmung zum Plan von einer Wiederauflebensklausel abhängig macht. **Schweigen** innerhalb der Frist des § 307 Abs 2 S 1 gilt als **Zustimmung** (siehe dazu näher Rn 60 ff).

5a Ficht ein Gläubiger den Schuldenbereinigungsplan nach gerichtlicher Feststellung und Annahme wegen arglistiger Täuschung oder Drohung **an, entscheidet das Insolvenzgericht** über die Wirksamkeit der Anfechtung (vgl auch AG Mönchengladbach v 3. 3. 2009 – 19 IK 11/08, ZVI 2009, 150). Einer im Prozessrechtsweg verfolgten Feststellungsklage fehlt das Feststellungsinteresse. Der Umstand, dass der Insolvenzantrag mit der Annahme des Schuldenbereinigungsplans als zurückgenommen gilt, ändert nichts daran, dass der Prozessvergleich seine Grundlage in dem Insolvenzeröffnungsverfahren findet (vgl **BGH** v 21. 2. 2008 – IX ZR 202/06, NZI 2008, 384). Vor diesem Hintergrund erscheint es – auch zur Vermei-

II. Annahme des Schuldenbereinigungsplans, Abs 1 S 1 § 308

dung streitiger Erkenntnisverfahren – sachgerecht, die Entscheidungskompetenz des Insolvenzgerichts nutzbar zu machen. Das Insolvenzgericht war bereits bis zur Planbestätigung mit der Frage der Wirksamkeit von Zustimmungserklärungen zum Plan befasst. Von daher liegt es nahe, dass es über die Frage der Wirksamkeit der Zustimmung nach erfolgter Anfechtung der Zustimmungserklärung entscheidet. Der Prozessweg ist nicht eröffnet, weil nicht ein Streit um die dem Prozessvergleich zugrunde liegende Forderung, mit der das Insolvenzgericht anders als bei einem Prozessvergleich in der Sache nicht befasst ist, zu entscheiden ist.

2. Keine Gestaltungsmöglichkeit durch das Gericht. Für eine Ergänzung oder Änderung des Plans 6 durch das Gericht ist kein Raum. Selbst wenn das Gericht die Vereinbarungen für nicht zweckmäßig erachtet, hat es bei Vorliegen der Voraussetzungen des § 308 Abs 1 S 1 die Annahme des Plans durch Beschluss festzustellen (*Kohte/Ahrens/Grote* § 307 Rn 12). Die Beteiligten können sich über alles einigen, was in Übereinstimmung mit dem materiellen Recht geregelt werden kann. Die **Vertragsfreiheit der Parteien** bei der Plangestaltung findet dort ihre Grenzen, wo sie in **Widerspruch zu unserer Rechts- und Sittenordnung** tritt: Regelungen, denen zwingende Rechtssätze entgegenstehen oder die gegen §§ 134, 138 BGB verstoßen, sind aus materiellrechtlichen Gründen unwirksam (*Vallender* VuR 1997, 43, 44; *ders* DGVZ 1997, 97, 98; *Smid/Haarmeyer* § 308 Rn 6; aA *Bruckmann* Verbraucherinsolvenz § 3 Rn 74). Soweit ein Schuldenbereinigungsplan zum Beispiel den **Erlass rückständigen Unterhalts** vorsieht, ist in dieser Verlagerung des Risikos auf öffentliche Kassen wegen der Regelung in § 91 BSHG regelmäßig kein Verstoß gegen § 138 BGB zu sehen (KS-*Kohte* S 795 Rn 52). Dagegen ist bei **Verzichtsvereinbarungen für künftigen Unterhalt** von einer Sittenwidrigkeit der Vereinbarung auszugehen, wenn das Risiko künftiger Unterhaltszahlungen auf den Träger der Sozialhilfe verschoben werden soll. Eine Einschränkung für die Vereinbarungen über die Höhe des geschuldeten laufenden Unterhalts enthält § 1614 Abs 1 BGB. Danach kann für die Zukunft auf den Unterhalt nicht verzichtet werden.

Soweit der Plan nach Maßgabe des § 308 Abs 1 S 1 als angenommen gilt, ist es dem Schuldner wegen 6a dessen Bindungswirkung verwehrt, einen neuen Plan vorzulegen, der die Aufnahme eines weiteren oder mehrerer weiterer Gläubiger vorsieht. Das Gericht hat auch in einem solchen Fall die Feststellung der Annahme des Plans zu treffen. Es ist nicht befugt, den Plan erneut zuzustellen.

3. Gewährung rechtlichen Gehörs. Bevor das Gericht die Annahme des Plans durch Beschluss fest- 7 stellt, sollte es sämtliche vom Schuldner benannten Gläubiger **formlos** davon **unterrichten**, dass es von einer übereinstimmenden Annahme des Plans ausgehe (*Vallender* ZInsO 2000, 441, 444). Dies erscheint angesichts der Gefahrenquellen und damit verbundenen Risiken, die eine Planbestätigung gemäß § 308 Abs 1 S 1 mit sich bringen kann, geboten. Durch die **Gewährung rechtlichen Gehörs** wird einem Gläubiger, dessen Stellungnahme unberücksichtigt geblieben ist oder unzutreffend bewertet wurde, Gelegenheit gegeben, das Gericht über die unzureichende Sachbearbeitung aufzuklären und zu einer Selbstkontrolle zu veranlassen. Nichts anderes gilt in den Fällen, in denen das Gericht Einwendungen eines Gläubigers gegen den Schuldenbereinigungsplan durch eine Zustimmung zu ersetzen beabsichtigt. Da § 309 Abs 2 S 1 lediglich die Anhörung des Gläubigers vorsieht, der Einwendungen gegen den Plan erhoben hat, kann mit einer **Unterrichtung sämtlicher benannten Gläubiger** über das Ergebnis des Schuldenbereinigungsplanverfahrens eine unzureichende Sachbearbeitung noch rechtzeitig korrigiert werden.

4. Feststellung der Annahme des Plans durch Beschluss. Die Annahme des Plans durch alle Gläubiger 8 oder die – rechtskräftige – Ersetzung der Einwendungen widersprechender Gläubiger gemäß § 309 hat das Insolvenzgericht nach § 308 Abs 1 S 1 letzter HS durch **Beschluss festzustellen**. Der Beschluss hat nur klarstellende Wirkung. Er dokumentiert, dass gegen den Plan keine Einwendungen erhoben wurden oder fehlende Zustimmungen ersetzt worden sind. Eine **inhaltliche Überprüfung** nimmt das Gericht grds nicht vor (HambKomm/*Streck* § 308 Rn 4 mwN; teilweise aA LG Traunstein v 20. 3. 2001 – 4 T 2962/00, ZInsO 2001, 525).

Bei übereinstimmender Annahme des Plans auf Grund **nachträglicher Zustimmung** durch einen 9 Gläubiger erfolgt die Feststellung der Annahme des Plans nach § 308 Abs 1 S 1 1 Altern (AG Köln NZI 2000, 493).

Soweit einem Gläubiger wegen Versäumung der Notfrist des § 307 Abs 1 **Wiedereinsetzung in den** 10 **vorigen Stand** gewährt wird (dazu näher § 307 Rn 32 ff), wird der die Annahme des Schuldenbereinigungsplans feststellende **Beschluss rückwirkend gegenstandslos** (AG Hamburg NZI 2000, 446; vgl auch *Zöller/Greger* § 238 ZPO Rn 3). Einer besonderen Aufhebung des Beschlusses bedarf es nicht. Diese Wirkung erfasst auch die fiktive Rücknahme des Insolvenzantrags und des Antrags auf Restschuldbefreiung nach § 308 Abs 2. Das Gericht hat zugleich über das weitere Verfahren bezüglich des Schuldenbereinigungsplans zu entscheiden, dh entweder über eine Ersetzung gemäß § 309 oder über die Wiederaufnahme des Verfahrens nach § 311.

5. Rechtsbehelfe gegen den Bestätigungsbeschluss. Ein **Rechtsmittel** gegen den Beschluss gemäß § 308 11 Abs 1 S 1 sieht die Insolvenzordnung nicht vor. Aus diesem Grunde ist eine Beschwerde gegen den Fest-

Vallender

stellungsbeschluss nach § 308 Abs 1 nicht statthaft, § 6 Abs 1 (BayObLG ZIP 2001, 204, 206; **AG Hamburg** NZI 2000, 446). Die fehlende Beschwerdeberechtigung stellt keinen Verstoß gegen die grundgesetzliche Rechtsschutzgarantie dar. Art 19 Abs 4 GG gewährt Rechtsschutz durch den Richter, nicht gegen richterliche Entscheidungen. Ein Instanzenzug wird durch Art 19 Abs 4 GG nicht vorgeschrieben (BVerfGE 31, 364, 368; **OLG Köln** ZIP 1999, 1714; **OLG Köln** NZI 2000, 130, 131; *Hoffmann* NZI 1999, 425; *Ahrens* NZI 2000, 205). Daraus folgt aber nicht, dass ein genereller Ausschluss jeder Rechtsmittelinstanz uneingeschränkt zulässig ist. Eine **außerordentliche Beschwerde** kommt – wenn überhaupt – nur dann in Betracht, wenn die Entscheidung der Vorinstanz jeder rechtlichen Grundlage entbehrt und dem Gesetz inhaltlich fremd ist (**BGH** NJW 1990, 840; **BGH** NJW 1997, 3318; **BGH** NJW 1998, 1715; **OLG Köln** NZI 1999, 415; **OLG Köln** NZI 2000, 131, 132). Auf diesen außerordentlichen Rechtsbehelf ist jedoch erst als letztes Mittel zurückzugreifen, falls keine der InsO immanenten Lösungen herangezogen werden können. Allein der Umstand, dass der Richter eine Stellungnahme inhaltlich unzutreffend bewertet hat, führt noch nicht zur greifbaren Gesetzeswidrigkeit der Entscheidung. Problematischer stellt sich die Rechtslage dar, wenn das Gericht eine rechtzeitig eingegangene Stellungnahme nicht berücksichtigt hat. Nach Auffassung des Bundesgerichtshofs begründet weder die Rüge, das **rechtliche Gehör** sei nicht gewährt worden, noch der tatsächliche Verstoß gegen Art 103 Abs 1 GG die außerordentliche Beschwerde (BGHZ 109, 41, 44; **BGH** MDR 1997, 559 mwN). Es wird in diesen Fällen jedoch für zulässig erachtet, dass im Wege der **Gegenvorstellung** die Korrektur des Beschlusses durch das Ausgangsgericht („Selbstkorrektur") möglich – und angezeigt – sei (vgl BVerfGE 55, 1; **BGH** NJW 1995, 403 und 2497; N/R/*Römermann* § 308 Rn 7; *Vallender* ZInsO 2000, 441, 443; *Hoffmann* Verbraucherinsolvenz S 97/98). Zu berücksichtigen ist indes, dass der Bestätigungsbeschluss selbst keine rechtlichen Wirkungen zeitigt, sondern nur klarstellende Funktion hat. Nicht der gerichtliche Beschluss, sondern der Schuldenbereinigungsplan hat die Wirkung eines Vergleichs iSv § 794 Abs 1 Nr 1 ZPO. Gleichwohl erscheint es vertretbar, bei einer **Verletzung des rechtlichen Gehörs** durch Nichtberücksichtigung einer rechtzeitig eingegangenen Stellungnahme eine Selbstkorrektur des Bestätigungsbeschlusses auf Grund Gegenvorstellung zuzulassen.

12 Kommt es in Fällen der Ersetzung der Zustimmung widersprechender Gläubiger nach § 309 Abs 1 S 1 durch Gerichtsbeschluss auf die gemäß § 309 Abs 2 S 3 statthafte Beschwerde des Schuldners oder eines Gläubigers zur Aufhebung der Ersetzungsentscheidung, so wird die **beschlussmäßige Feststellung** des Insolvenzgerichts nach § 308 Abs 1 S 1, dass der Schuldenbereinigungsplan als angenommen gilt, **gegenstandslos**, ohne dass es einer förmlichen Aufhebung bedarf (BayObLG ZIP 2001, 204, 206 = NZI 2001, 145 = MDR 2001, 233 = InVo 2001, 90 = DZWIR 2001, 118 m Anm *Grote*).

III. Wirkungen des Plans, Abs 1 S 2

13 Die mit der Antragstellung verbundene Vorlage des Schuldenbereinigungsplans (§ 305 Abs 1 Nr 4 InsO) schafft in Verbindung mit der Zustimmung der Gläubiger und der Feststellung des Plans durch gerichtlichen Beschluss (§ 308 Abs 1 S 1 und 2 InsO) einen die betreffenden Forderungen **materiellrechtlich umgestaltenden** (HK-*Landfermann* § 308 Rn 7) **vollstreckbaren Prozessvergleich iSd** § 794 **Abs 1 Nr 1 ZPO** (BGH v 21. 2. 2008 – IX ZR 202/06, NZI 2008, 384). Die in den Plan einbezogenen Forderungen bestehen nur nach dessen Maßgabe, dh mit dort festgestelltem Inhalt und im dort festgestellten Umfang, fort (MüKoInsO-*Ott* § 308 Rn 9). Den **vollstreckbaren Titel** bildet der gerichtliche Feststellungsbeschluss in Verbindung mit einem Auszug aus dem Schuldenbereinigungsplan (BT-Drucks 12/7302 S 192; **BGH** v 21. 2. 2008 – ZR 202/06, NZI 2008, 384, 386). Soweit eine im Schuldenbereinigungsplan aufgenommene Forderung bereits tituliert war, wird der ursprüngliche Titel verdrängt und durch den neuen Titel ersetzt, der auch den Umfang der Haftung bestimmt. Vollstreckt ein Gläubiger nach Feststellung der Annahme auf Grund des alten Titels, steht dem Schuldner die Vollstreckungsgegenklage zu.

13a Mit der Regelung des § 308 Abs 1 S 2 verfolgt der Gesetzgeber **eine doppelte Zielrichtung**: Einerseits will er die Vollstreckbarkeit des Schuldenbereinigungsplans sichern, andererseits die Bedeutung der Vertragsfreiheit für die materiellrechtlichen Elemente des Vergleichs betonen (KS-*Kohte* S 795 Rn 51; *Bork* Einf Rn 417 ff).

14 Daraus ergeben sich indes keine Anforderungen an den Inhalt des Plans (**OLG Köln** ZIP 1999, 1929, 1932). Forderungen können von den am Verfahren beteiligten Gläubigern grundsätzlich nur nach **Maßgabe des Planinhalts** geltend gemacht werden. Demnach kann der Schuldner die rechtshemmende Wirkung des Plans auch dem Finanzamt entgegensetzen (**FG Düsseldorf** v 8. 12. 2006 – 18 K 2707/05 AO, EFG 2007, 738 Rn 15). Hat der Plan die Forderung eines Gläubigers nicht beschränkt, kann dieser nach Bestätigung des Plans seine Forderung unverkürzt und ungehindert gegen den Schuldner geltend machen (vgl *Schiessler* Insolvenzplan S 193; *Smid/Smid/Rattunde* § 255 Rn 2). Da es im Schuldenbereinigungsverfahren eine § **255** entsprechende Regelung nicht gibt, leben bei Zahlungsverzug des Schuldners die ursprünglichen Forderungen der Gläubiger nur dann wieder auf, wenn dies im Plan vorgesehen ist (HK-*Landfermann* § 309 Rn 19; *Schulte-Kaubrügger* DZWIR 1999, 95, 97; *Pape* NWB Fach 19, 2405, 2417; aA *Heyer* Verbraucherinsolvenzverfahren S 34). **Verfallklauseln**, die weder den Bestimmungen der §§ 305 ff BGB noch den Regelungen der §§ 491 ff, 655 a bis 3 BGB standhalten,

III. Wirkungen des Plans, Abs 1 S 2   **§ 308**

müssen sich allerdings an den Regelungen der §§ 138, 242 BGB messen lassen (*Vallender* DGVZ 1997, 97, 98; *Kohte/Ahrens/Grote* § 308 Rn 14).

Gläubiger sind wegen ihrer Forderungen auch dann an den Plan gebunden, wenn der Schuldner nach Planbestätigung wieder Vermögen oder pfändbare Einkünfte erwirbt (*Obermüller/Hess* Rn 986). Einer **nachträglichen wesentlichen Veränderung der wirtschaftlichen Verhältnisse** des Schuldners kann allerdings durch die Aufnahme einer **Anpassungsklausel** hinreichend Rechnung getragen werden. Enthält der Plan insoweit keine Regelung, ist eine **Abänderungsklage** nach § 323 Abs 1, 4 ZPO in Betracht zu ziehen (*Vallender* DGVZ 1997, 97, 101; *HK-Landfermann* § 308 Rn 9; *Hess* § 308 Rn 20; K/P/B/ *Wenzel* § 309 Rn 6 a; aA OLG Karlsruhe NZI 2001, 422/423; N/R/*Römermann* § 308 Rn 18; *Kohte* in: *Kohte/Ahrens/Grote* § 308 Rn 23 befürwortet dagegen einen Rückgriff auf die Grundsätze über den Wegfall der Geschäftsgrundlage; offengelassen von BGH v 21. 2. 2008 – IX ZR 202/06, NZI 2008, 384, 385). 15

Sind im Schuldenbereinigungsplan vorgesehene **feste Zahlungstermine** bei Bestätigung des Plans (teilweise) **verstrichen**, können sie im Wege der ergänzenden Vertragsauslegung entsprechend des Zeitablaufs zwischen Antragstellung und Annahme des Schuldenbereinigungsplans umgerechnet werden (AG Regensburg ZInsO 2000, 516, 517). 16

1. Sicherheiten. Anders als bei der Restschuldbefreiung (siehe § 301 Abs 2) trifft die Insolvenzordnung keine Bestimmung darüber, welche Wirkungen ein Schuldenbereinigungsplan auf Sicherheiten hat. Mithin bleibt es bei den allgemeinen Regelungen des Zivilrechts. Es ist darauf abzustellen, welche **ausdrücklichen Vereinbarungen** die Beteiligten im Plan getroffen haben. Sieht der Plan ein (teilweises) Erlöschen der Forderung vor, ist zu berücksichtigen, dass jede **Beschränkung einer gesicherten Forderung** durch den Schuldenbereinigungsplan dazu führen kann, dass auch die Sicherheiten nicht oder nicht in voller Höhe in Anspruch genommen werden können. 17

a) **Akzessorische Sicherheiten.** Bei akzessorischen Sicherheiten (zB Bürgschaft, Hypothek) ergibt sich eine Einschränkung der Sicherungsrechte durch die gesetzliche Verknüpfung von gesicherter Forderung und Sicherungsrecht. Zu den akzessorischen Sicherheiten zählt auch das **Pfändungspfandrecht**. Es erlischt unter den Voraussetzungen, unter denen ein rechtsgeschäftliches oder gesetzliches Pfandrecht untergehen würde. Sieht der Plan einen vollständigen oder teilweisen Verzicht der Forderung vor, geht entsprechend § 1252 BGB auch das Pfändungspfandrecht unter (vgl *Vallender* InVo 1998, 169, 174). Die Verstrickung der gepfändeten Forderung bleibt allerdings bestehen, bis sie vom Vollstreckungsorgan (Rechtspfleger) aufgehoben wird (*Vallender* ZIP 1997, 1393, 1398). 18

Bürgschaften und Pfandrechte erlöschen (RGZ 134, 155), wenn die Beteiligten im Plan die Aufhebung des Schuldverhältnisses derart mit der Begründung eines neuen Schuldverhältnisses verbinden, dass das neue an die Stelle des alten tritt (**Novation**). Eine Novation darf wegen ihrer weitreichenden Folgen nur bejaht werden, wenn der auf Schuldumschaffung gerichtete Wille der Parteien deutlich hervortritt (BGH NJW 1986, 1490). Trifft der Plan ausdrücklich Aussagen zu Sicherheiten der Gläubiger, kann dies ein starkes Indiz für eine Schuldumschaffung sein. 19

Beabsichtigt der Gläubiger, für den Fall der späteren Zahlungsunfähigkeit des Schuldners in voller Höhe der ursprünglichen Forderung auf den Bürgen zurückzugreifen, muss er mit dem **Bürgen** eine entsprechende Vereinbarung treffen (*Kraemer/Vallender/Vogelsang* Fach 3 Kap 1 Rn 79; vgl auch OLG Frankfurt DB 1974, 2245). 20

b) **Abstrakte Sicherheiten.** Bei den **nicht akzessorischen Sicherheiten** (zB Grundschuld, Sicherungsabtretung, Sicherungsübereignung) sind regelmäßig die Befugnisse des Sicherungsnehmers im Hinblick auf die Sicherheit, insbesondere zu ihrer Verwertung, durch den Sicherungsvertrag an den Bestand und Umfang der gesicherten Forderung gebunden (*Wittig* WM 1998, 209, 218; N/R/*Römermann* § 308 Rn 12); im Ergebnis gilt also nichts anderes als bei akzessorischen Sicherheiten. Regelungen in einem Schuldenbereinigungsplan, die die gesicherte Forderung einschränken oder entfallen lassen, führen regelmäßig zu entsprechenden Beschränkungen bei der Inanspruchnahme der dafür bestellten Sicherheiten, sofern nicht der Schuldenbereinigungsplan ausdrücklich eine abweichende Regelung trifft (missverständlich K/P/B/ *Wenzel* § 308 Rn 5). 21

2. Mitverpflichtung. Bei einer **Gesamtschuldnerschaft** (§§ 421 bis 427 BGB) kann ein Vergleich so auszulegen sein, dass er für beide Mitverpflichteten gilt, wenn der Schuldner im Innenverhältnis zum vollen Ausgleich verpflichtet ist (OLG Hamm MDR 1990, 338; vgl ferner OLG Köln NJW-RR 1992, 1398; BGH WM 2000, 1303 ff). Diese Auslegungsregel findet keine Anwendung, wenn der Schuldenbereinigungsplan ausdrücklich vorsieht, dass die Ansprüche gegen den Mitschuldner bestehen bleiben sollen. In einem solchen Fall hat der Plan nur Einzelwirkung. 22

3. Löschung der Eintragung im Schuldnerverzeichnis. Auch bei Annahme des Plans durch diejenigen Gläubiger, die gegen den Schuldner das Verfahren zur Abnahme der eidesstattlichen Versicherung betrieben haben, kommt eine Löschung der Eintragung im **Schuldnerverzeichnis** nur unter den Voraussetzungen des § 915 a ZPO in Betracht. Die Löschung ist eine rechtlich gebundene Entscheidung. Sie liegt 23 deshalb weder im Ermessen des Gerichts noch sind für sie Billigkeitserwägungen maßgebend (LG Duisburg v 11. 5. 2001 – 7 T 82/01; **AG** Duisburg ZInsO 2001, 573; **aA** *Robrecht* KTS 2000, 529, 532). Selbst wenn sämtliche benannten Gläubiger auf ihre Forderung verzichtet haben oder der Schuldner die Gläubiger befriedigt hat, kommt eine vorzeitige Löschung der Eintragung im Schuldnerverzeichnis nicht in Betracht. Die Schutzfunktion der Eintragung, der Gläubigerschutz, ist höher einzustufen als das Löschungsinteresse des Schuldners (AG Köln v 15. 8. 2003 – 71 IK 45/00, NZI 2003, 611).

24   **4. Verweisung auf § 794 Abs 1 Nr 1 ZPO.** Der Plan iVm dem gerichtlichen Bestätigungsbeschluss eröffnet die Zwangsvollstreckung. Er kann nach § 795 ZPO vollstreckt werden, wenn und soweit er einen zur **Vollstreckung geeigneten Inhalt** hat (vgl **LG** Schwerin DZWIR 1999, 341, 342; *Kirchhof* ZInsO 1998, 54, 59; *Stein/Jonas/Münzberg* § 794 ZPO Rn 34). Die Wirkungen des Abs 1 S 2 treten auch dann ein, wenn der vom Gericht bestätigte Plan nicht den Anforderungen an die inhaltliche Bestimmtheit eines Vollstreckungstitels (zB Nullplan) genügt. Denn der vollstreckungsfähige Inhalt ist keine notwendige Voraussetzung der Wirksamkeit eines zur Beendigung eines Verfahrens geschlossenen Vergleichs (vgl **OLG** Zweibrücken FamRZ 1998, 1126). Sieht der Plan den **Beitritt eines Dritten** auf Seiten des Schuldners vor, kann auch gegen die beitretende Person vollstreckt werden (vgl **BGH** NJW 1983, 1433). Die **Vollstreckungsklausel** erteilt der Urkundsbeamte der Geschäftsstelle, § 4 iVm §§ 724 Abs 2, 795 ZPO (*Vallender* VuR 1997, 46).

25   **5. Nichterfüllung des Plans.** Das Gesetz enthält keine Regelungen darüber, welche Folgen bei nicht eingehaltener Zahlungsverpflichtung eintreten. Haben die Parteien insoweit keine Vereinbarung getroffen, bleibt der Schuldenbereinigungsplan mit dem vom Gericht bestätigten Inhalt bestehen. Der Gläubiger kann zB festgelegte Ratenzahlungen ggf gegen den Schuldner vollstrecken.

26   Sieht der Plan eine Stundung oder den teilweisen bzw vollständigen Erlass von Forderungen der Gläubiger vor, so werden Stundung oder Erlass bei **Nichterfüllung des Plans** nur hinfällig, wenn die Planbeteiligten dies ausdrücklich vereinbart haben. Dies kann durch Vereinbarung einer **Wiederauflebensklausel** geschehen. Eine dem § 255 entsprechende Regelung enthält das gerichtliche Schuldenbereinigungsverfahren nicht. Nach Auffassung von *Theiß* (ZInsO 2005, 29, 32; ihm folgend K/P/B/*Wenzel* § 308 Rn 6a; **aA** LG Hechingen v 6. 8. 2004 – 3 S 21/04, ZInsO 2005, 49, 50; HK-*Landfermann* § 308 Rn 10) soll ein Gläubiger unter den Voraussetzungen des § 323 BGB vom Schuldenbereinigungsplan zurücktreten können.

26a Die Gläubiger müssen bei Nichterfüllung des Plans ihre Forderung selbst realisieren. Die Einsetzung eines Verwalters oder Treuhänders, der die Planerfüllung durch den Schuldner überwacht, sieht das Gesetz nicht vor (*Pape* NWB Fach 19, S 2405, 2417; *Scholz* DB 1996, 765, 767). Ebenso wenig hat das Insolvenzgericht dafür Sorge zu tragen, dass der Schuldner seinen Verpflichtungen aus dem Schuldenbereinigungsplan nachkommt. Mit der Bestätigung des Plans ist das Verfahren bei Gericht beendet. Im Falle eines erneuten Antrags auf Eröffnung des Insolvenzverfahrens steht der frühere, wirtschaftlich gescheiterte Plan einer gesetzlichen Restschuldbefreiung nicht entgegen, weil er die Voraussetzungen des § 290 Abs 1 Nr 3 noch nicht erfüllt (*Kirchhof* ZInsO 1999, 54, 59; *Hess* § 308 Rn 15).

27   Bei einer **nachträglichen Veränderung der wirtschaftlichen Verhältnisse des Schuldners** (zB Arbeitslosigkeit, Einkommenssteigerung) kommt eine Anpassung an die veränderten Umstände grundsätzlich nur bei entsprechender Vereinbarung in Gestalt eines flexiblen Plans oder durch Einbeziehung von Anpassungsregelungen in Betracht. Eine Anpassung der früher getroffenen Vereinbarung an die veränderten Umstände wegen **Wegfalls der Geschäftsgrundlage** gemäß § 242 BGB (vgl *Palandt/Heinrichs* § 242 BGB Rn 110 ff) scheidet regelmäßig aus, weil die Möglichkeit, dass solch veränderte Umstände eintreten, bereits bei Zustandekommen des Schuldenbereinigungsplans abzusehen war (aA *Kohte/Ahrens/Grote* § 308 Rn 24). Möglich sind indes **Nachverhandlungen** mit dem jeweiligen Gläubiger. Rechtliche Bedenken bestehen insoweit nicht, weil es sich bei den Vereinbarungen im Schuldenbereinigungsplan um Einzelvergleiche mit den Gläubigern handelt.

28   **6. Streit um die Wirksamkeit des Plans.** Es entspricht **gefestigter Rechtsprechung des Bundesgerichtshofs**, dass die Wirksamkeit eines Prozessvergleichs in Fortsetzung des bisherigen Rechtsstreits und nicht in einem neuen Rechtsstreit zu entscheiden ist, wenn – aus verfahrensrechtlichen oder sachlichrechtlichen Gründen – die Unwirksamkeit des Vergleichs geltend gemacht und seine den Prozess beendende Wirkung in Frage gestellt wird (NJW 1958, 1970; 1966, 1658; 1967, 2014; 1971, 467; 1972, 159; vgl ferner **BGH** NJW 1977, 583). Dieser Verfahrensregelung liegen vor allem prozesswirtschaftliche Erwägungen zugrunde, die sich im Wesentlichen aus der Unwirksamkeit des Prozessvergleichs und der mit ihm verbundenen Prozessbeendigung rechtfertigen lassen (**BGH** NJW 1977, 583). Im Verbraucherinsolvenzverfahren stellt sich die Sachlage nicht grundlegend anders dar. Würde man mit *Kohte* (*Kohte/Ahrens/Grote* § 308 Rn 21) auch den **Streit um die Wirksamkeit des Schuldenbereinigungsplans** in ein Klageverfahren verlagern, wäre zwar im Interessen des Gläubigers, der seine ursprüngliche Forderung wieder durchzusetzen beabsichtigt, Genüge getan. Das legitime Interesse des redlichen Schuldners an einer möglichst baldigen Befreiung von seinen Verbindlichkeiten würde dagegen nur unzureichend berücksichtigt. Er müsste bei einem Obsiegen des Klägers in einem Zivilprozessverfahren einen erneuten

VI. Nicht berücksichtigte Forderungen, Abs 3

Antrag auf Eröffnung des Verbraucherinsolvenzverfahrens stellen, um in den Genuss einer Restschuldbefreiung zu gelangen. Tatsächlich lässt sich bei **Fortsetzung des Schuldenbereinigungsplanverfahrens** kostengünstiger klären, ob gegen verfahrens- oder sachlichrechtliche Bestimmungen verstoßen wurde oder nicht und der Plan aus diesem Grunde unwirksam ist (*Vallender* ZInsO 2000, 441, 443; aA K/P/B/*Wenzel* § 308 Rn 6 a).

IV. Zustellung, Abs 1 S 3

Den Gläubigern und dem Schuldner ist eine Ausfertigung des Schuldenbereinigungsplans und des Beschlusses nach Satz 1 zuzustellen. Beides zusammen stellt den **Vollstreckungstitel** dar (BGH v 21. 2. 2008 – IX ZR 202/06, NZI 2008, 384, 386). Bei der **Ausfertigung** handelt es sich um die Abschrift einer bei den Akten verbleibenden, regelmäßig öffentlichen Urkunde in gesetzlich vorgeschriebener Form. Die gerichtliche Ausfertigung hat einen vom Urkundsbeamten der Geschäftsstelle unterschriebenen, mit dem Gerichtssiegel versehenen Ausfertigungsvermerk zu tragen. Da die Vorschrift des § 8 uneingeschränkt gilt, kann die Zustellung auch durch Aufgabe zur Post erfolgen (HK-*Landfermann* § 308 Rn 10).   29

V. Beendigung des Verfahrens über den Eröffnungsantrag, Abs 2

Abs 2 der Vorschrift bestimmt, dass mit der Bestätigung des Plans **die Anträge** auf Eröffnung des Insolvenzverfahrens und auf Erteilung von Restschuldbefreiung als zurückgenommen gelten. Die **Rücknahmefiktion** umfasst auch einen etwaigen **Antrag eines Gläubigers**. Die Regelung stellt sicher, dass bei Zustandekommen einer Schuldenbereinigung das Insolvenzverfahren nicht weiter betrieben wird (*Smid/Haarmeyer* § 308 Rn 3). Etwaige entgegenstehende Erklärungen sind wegen der Fiktion des Abs 2 unbeachtlich (N/R/*Römermann* § 308 Rn 22). Die gesetzlich fingierte Rücknahme berührt nicht die Wirksamkeit der zuvor durch die Antragstellung ausgelösten Rechtsfolgen. Der durch den Eröffnungsantrag im Insolvenzverfahren geschaffene **Titel bleibt auch nach Antragsrücknahme bestimmungsgemäß bestehen** (BGH v 21. 2. 2008 – IX ZR 202/06, NZI 2008, 384, 386). Sieht ein solcher Titel die Abtretung der pfändbaren Dienstbezüge des Schuldners an einen Gläubiger vor, erscheint es angemessen, an der durch § 36 Abs 4 S 1 und 3 für Vollstreckungsentscheidungen begründeten **Zuständigkeit des Insolvenzgerichts** festzuhalten (BGH aaO).   30

Das Gericht hat zuvor angeordnete **Sicherungsmaßnahmen** gemäß § 25 aufzuheben. Bei der Einstellung von **Zwangsvollstreckungsmaßnahmen** gemäß § 21 Abs 2 Nr 3 hängt es vom Inhalt des angenommenen Schuldenbereinigungsplans ab, wem der Einstellungsbeschluss erfasste Vermögenswerte gebührt. Soweit der Plan nichts anderes vorsieht, unterliegt das schuldnerische Vermögen nach der Aufhebung von Sicherungsmaßnahmen wieder dem ungeschützten Zugriff der Gläubiger. Die **Pfändungsgläubiger** dürfen sich aus dem zu ihren Gunsten entstandenen Pfandrecht befriedigen. Die Vorschrift des § 88 findet keine Anwendung.   31

VI. Nicht berücksichtigte Forderungen, Abs 3

Außenstehende Gläubiger, die **im Forderungsverzeichnis und im Schuldenbereinigungsplan nicht aufgeführt** sind, werden von den Wirkungen eines bestätigten Schuldenbereinigungsplans nicht erfasst: sie können ihre Forderung weiterhin gegen den Schuldner geltend machen (§ 308 Abs 3 S 1). Von diesem Grundsatz macht § 308 Abs 3 S 2 eine Ausnahme für die Gläubiger, deren **Forderungen im Forderungsverzeichnis unvollständig aufgeführt** sind und die es unterlassen haben, die Angaben über ihre Forderung in dem beim Insolvenzgericht zur Einsicht niedergelegten Forderungsverzeichnis zu ergänzen. Ihre Forderungen erlöschen insoweit. Durch diese rigide Rechtsfolge sollen die Gläubiger zur Mitarbeit im Verfahren angehalten werden (*Smid/Haarmeyer* § 308 Rn 1).   32

1. Außenstehende Gläubiger, Abs 3 S 1. Die dem **Gläubigerschutz** dienende Regelung des Abs 3 S 1 stellt klar, dass ein Gläubiger, der im Forderungsverzeichnis nicht aufgeführt und dessen Forderung auch nicht nachträglich bei dem Zustandekommen des Schuldenbereinigungsplans berücksichtigt worden ist, von den Wirkungen und Rechtsfolgen des Schuldenbereinigungsplans nicht betroffen ist (Berl-Ko-*Goetsch* § 308 Rn 4; K/P/B/*Wenzel* § 308 Rn 7). Dieser Gläubiger kann seine **Forderung weiterhin gegen den Schuldner uneingeschränkt** geltend machen (zu den Risiken, denen ein solcher Gläubiger unter Umständen ausgesetzt ist, siehe Rn 7). Dies gilt auch dann, wenn der Gläubiger, an den eine Zustellung der Vermögensübersicht und des Schuldenbereinigungsplans nicht erfolgt ist, auf andere Weise Kenntnis von dem Schuldenbereinigungsplanverfahren erlangt. Eine sachgerechte Stellungnahme ist ihm nur bei ordnungsgemäßer Zustellung des Plans und des gemäß § 307 Abs 1 erteilten Hinweises, dass die vom Schuldner eingereichten Verzeichnisse beim Insolvenzgericht zur Einsicht niedergelegt sind, möglich (vgl Beschl-Empfehlung des RechtsA zu § 357e BT-Drucks 12/7302 S 192). Da die Vorschrift des Abs 3 S 1 nur einen typischen Fall nennt, weshalb ein Gläubiger an dem Schuldenbereinigungsverfahren nicht beteiligt wurde, gilt für andere nicht beteiligte Gläubiger nichts anderes (K/P/B/*Wenzel* aaO).   33

§ 308

34   Hat der Schuldner von einer zwischenzeitlich erfolgten **Abtretung** der Forderung seines Gläubigers keine Kenntnis erlangt und führt er deshalb den **Altgläubiger** im Plan auf, muss der **Neugläubiger** sich das Schweigen bzw das sonstige Verhalten des Altgläubigers nach § 407 BGB zurechnen lassen (*Kohte/ Ahrens/Grote* § 308 Rn 16; *K/P/B/Wenzel* § 308 Rn 8). Zahlungen, die der Schuldner an den Altgläubiger (Zedenten) leistet, sind im Verhältnis zum Neugläubiger (Zessionar) wirksam. Erfährt der Schuldner zwischenzeitlich von der Abtretung, kann er nicht mehr schuldbefreiend an den Zedenten leisten (§ 407 Abs 1). Die Ansprüche des Neugläubigers gegen den Altgläubiger richten sich nach § 816 BGB und dem Kausalverhältnis unter Umständen in Verbindung mit den Grundsätzen der positiven Vertragsverletzung (nunmehr § 280 BGB, vgl RGZ 111, 303). Einer Vollstreckung aus dem Plan durch den Altgläubiger kann der Schuldner mit der **Vollstreckungsgegenklage** gemäß § 767 ZPO iVm § 795 ZPO (vgl **BGH** NJW 1997, 2887) ohne Beschränkung des § 767 Abs 2 (§ 797 Abs 4 ZPO) entgegentreten.

35   **2. Beteiligte Gläubiger, Abs 3 S 2.** Fehlt eine von mehreren Forderungen eines benannten Gläubigers im Forderungsverzeichnis und im zugestellten Schuldenbereinigungsplan oder ist eine aufgeführte Forderung zu niedrig angegeben und hat der Gläubiger dies nicht innerhalb der Frist des § 307 Abs 1 S 1 beanstandet, so **erlischt die nicht aufgeführte Forderung** bzw der nicht aufgeführte Teil der Forderung (HK-*Landfermann* § 308 Rn 17). Die scharfe Sanktion des Abs 3 S 2 gilt auch für **gesicherte Forderungen** (*Marotzke* ZZP 1996, 440), erfasst aber nach dem eindeutigen Wortlaut der Norm nicht die der Forderung zugrunde liegenden Sicherheiten, selbst wenn diese gem § 305 Abs 1 Nr 4 Gegenstand des Schuldenbereinigungsplans werden sollen.

36   Da nach der Regelung in § 307 Abs 1 S 1 das Forderungsverzeichnis nicht mehr zugestellt wird, ist insofern auf den **Schuldenbereinigungsplan** abzustellen, der ebenfalls eine Übersicht über die Gläubiger und deren Forderungen enthält (Begr RegE, BT-Drucks 14/5680 S 53).

37   Das Gesetz geht davon aus, dass der Gläubiger die Nichtberücksichtigung seiner Forderung selbst zu vertreten hat (*Krug*, Verbraucherkonkurs S 53). Nach Ansicht des **Bundesgerichtshofs** (v 13. 7. 2006 – IX ZB 288/03, ZVI 2006, 403, 404) ist eine Schutzbedürftigkeit am Insolvenzverfahren nicht teilnehmender Gläubiger nicht anzuerkennen (aA *Wagner* ZVI 2007, 9). Angesichts des Umstands, dass seit 1999 für natürliche Personen die Möglichkeit der Restschuldbefreiung bestehe, müssten Gläubiger seither verstärkt damit rechnen, dass auch ihr Schuldner einen Insolvenzantrag stellt. Jedenfalls erscheine es für die **Inhaber einer titulierten Forderung** nicht unzumutbar, die im Verbraucherinsolvenzverfahren nach § 312 Abs 1 vorgesehenen Bekanntmachungen zu verfolgen. Kommt ein Gläubiger, der einen **unvollständigen Schuldenbereinigungsplan** erhalten hat, der entsprechenden gerichtlichen Aufforderung, die Angaben über seine Forderungen in dem beim Insolvenzgericht zur Einsicht niedergelegten Forderungsverzeichnis zu überprüfen und erforderlichenfalls zu ergänzen (§ 307 Abs 1 S 2), nicht nach, kann er nicht mit Erfolg die Nichtberücksichtigung seiner Forderung geltend machen (vgl **LG Göttingen** ZInsO 2002, 41, 42). Dies gilt auch dann, wenn es sich bei dem Gläubiger um einen Unternehmer oder eine juristische Person handelt, die selbstständige Betriebs- oder Verwaltungsabteilungen unterhalten (**LG Berlin** v 9. 8. 2005 – 13 O 130/05, ZInsO 2005, 946). Die Wirkung des Abs 3 S 2 tritt auch bei einer **Verletzung** der in § 307 Abs 1 S 2 normierten Pflicht ein (aA *Jauernig* § 94 III c). Abs 3 S 2 macht das Erlöschen der Forderung nicht von der Erteilung des Hinweises über den möglichen Rechtsverlust abhängig, sondern stellt allein auf unvollständige Angaben im Forderungsverzeichnis ab. Dem Gläubiger kann jedoch unter den Voraussetzungen des Art 34 GG iVm § 839 BGB ein Schadensersatzanspruch wegen **Amtspflichtverletzung** zustehen (näher dazu *Vallender* ZIP 2000, 1288 ff). Darüber hinaus kann dem Gläubiger gegenüber dem **Erlöschenseinwand die Arglisteinrede** gemäß § 242 BGB entgegengehalten werden, wenn der Schuldner die Forderung des Gläubigers **bewusst** nicht in den Schuldenbereinigungsplan aufgenommen hat (vgl **BGH** v 9. 10. 2008 – IX ZB 16/08, ZInsO 2009, 52). Darlegungs- und beweispflichtig ist insoweit der Gläubiger.

38   Das Erlöschen der Forderung bzw des nicht aufgeführten Teils der Forderung setzt voraus, dass ein **Schuldenbereinigungsplan zustande kommt**. Dies lässt sich zum einen der amtlichen Überschrift des § 308 entnehmen und folgt im Übrigen aus dem systematischen Zusammenhang des Satzes 2 in Absatz 3 (**AG Regensburg** InVo 1998, 278; *K/P/B/Wenzel* § 308 Rn 10; *N/R/Römermann* § 308 Rn 24).

39   **a) Teilforderungen.** Ob in den Anwendungsbereich des Abs 3 auch **Teilforderungen** einzubeziehen sind, wird unterschiedlich beurteilt. Einige Stimmen in der Literatur (HK-*Landfermann*, § 308 Rn 1; *Smid/Haarmeyer* § 308 Rn 1; *K/P/B/Wenzel* § 308 Rn 9) befürworten unter Berufung auf den Bericht des Rechtsausschusses (siehe *Balz/Landfermann* S 432) eine Berücksichtigung von Teilforderungen. Diese Auffassung begegnet erheblichen Bedenken. Sie führt dazu, dass ein Gläubiger, der sich im Rahmen des § 309 Abs 3 auf eine höhere Forderung als im Verzeichnis angegeben beruft und die Forderungsdifferenz auch angibt, einen Nachteil nicht erleiden kann. Denn er behält seinen im Forderungsverzeichnis nicht enthaltenen und auch nachträglich nicht berücksichtigten höheren Forderungsteil; eine Benachteiligung bei Annahme des Plans und damit ein Ausschlussgrund nach § 309 Abs 3 kann nicht angenommen werden. Dieses Ergebnis steht jedoch in Widerspruch zu dem Wortlaut des § 309 Abs 3, der gerade auch den widersprechenden Gläubiger, der sich auf einen „höheren" Betrag als dem der vom Schuldner angegebenen Forderung beruft, bei Vorliegen der weiteren Voraussetzungen vor ei-

ner Zustimmungsersetzung schützen will. Dieser **Widerspruch** lässt sich nur lösen, wenn sich der Anwendungsbereich des § 308 Abs 3 nicht auf Teile ein und derselben Forderung erstreckt (AG Köln ZIP 2000, 83, 86; HambKomm/*Streck* § 309 Rn 10). Der Wortlaut des Abs 3 deckt die Ausklammerung von Teilforderungen aus dem Anwendungsbereich der Norm. Denn dort ist nur von „Forderungen" und nicht wie bei § 309 Abs 3 von höheren oder niedrigeren Beträgen derselben Forderung die Rede. Zudem entspricht es nicht dem **Sinn und Zweck** des § 308 Abs 3, dass dem Gläubiger beispielsweise auch solche Teilforderungen erhalten bleiben sollen, die allein daraus resultieren, dass infolge des Zeitablaufs weitere Zinsen und Kosten anfallen. Bei anderer Betrachtungsweise wäre der Schuldner gezwungen, seine Forderung ständig um weitere Zinsen und Kosten zu aktualisieren. Zweck des § 308 Abs 3 ist es klarzustellen, welche von mehreren **eigenständigen Forderungen** eines Gläubigers vom Plan erfasst werden und welche dieser Forderungen vom Plan unberührt bleiben (**AG Köln** aaO).

b) **Entstehen der Forderung.** Die Sanktion des Abs 3 S 2 erfasst nur Forderungen, die bereits bestanden, als der Gläubiger Gelegenheit zur Stellungnahme hatte (HK-*Landfermann* § 308 Rn 19). Vor Ablauf der in § 307 Abs 1 S 1 genannten Notfrist von einem Monat „**entstanden**" ist eine **Forderung** nur, wenn sich ihr gesamter Entstehenstatbestand bis zu diesem Zeitpunkt verwirklicht hat (K/P/B/*Wenzel* § 308 Rn 12). Bei einem Dienstvertrag entsteht der Vergütungsanspruch nicht schon mit dem Abschluss des Vertrages, sondern erst mit der Leistung der vertraglichen Dienste (RGZ 142, 295). Vom Entstehen ist die Fälligkeit des Anspruchs zu unterscheiden (vgl § 16 BRAGO; § 641 BGB). Die Miete als Entgelt für die periodische Gebrauchsüberlassung entsteht dabei ebenso jeweils neu wie Zinsen für eine Kapitalüberlassung (BGH ZIP 1997, 513, 514). Verzugszinsen entstehen unter den Voraussetzungen des § 286 BGB.

40

§ 309 Ersetzung der Zustimmung

(1) ¹Hat dem Schuldenbereinigungsplan mehr als die Hälfte der benannten Gläubiger zugestimmt und beträgt die Summe der Ansprüche der zustimmenden Gläubiger mehr als die Hälfte der Summe der Ansprüche der benannten Gläubiger, so ersetzt das Insolvenzgericht auf Antrag eines Gläubigers oder des Schuldners die Einwendungen eines Gläubigers gegen den Schuldenbereinigungsplan durch eine Zustimmung. ²Dies gilt nicht, wenn
1. der Gläubiger, der Einwendungen erhoben hat, im Verhältnis zu den übrigen Gläubigern nicht angemessen beteiligt wird oder
2. dieser Gläubiger durch den Schuldenbereinigungsplan voraussichtlich wirtschaftlich schlechter gestellt wird, als er bei Durchführung des Verfahrens über die Anträge auf Eröffnung des Insolvenzverfahrens und Erteilung von Restschuldbefreiung stünde; hierbei ist im Zweifel zugrunde zu legen, daß die Einkommens-, Vermögens- und Familienverhältnisse des Schuldners zum Zeitpunkt des Antrags nach Satz 1 während der gesamten Dauer des Verfahrens maßgeblich bleiben.

(2) ¹Vor der Entscheidung ist der Gläubiger zu hören. ²Die Gründe, die gemäß Absatz 1 Satz 2 einer Ersetzung seiner Einwendungen durch eine Zustimmung entgegenstehen, hat er glaubhaft zu machen. ³Gegen den Beschluß steht dem Antragsteller und dem Gläubiger, dessen Zustimmung ersetzt wird, die sofortige Beschwerde zu. ⁴§ 4 a Abs. 2 gilt entsprechend.

(3) Macht ein Gläubiger Tatsachen glaubhaft, aus denen sich ernsthafte Zweifel ergeben, ob eine vom Schuldner angegebene Forderung besteht oder sich auf einen höheren oder niedrigeren Betrag richtet als angegeben, und hängt vom Ausgang des Streits ab, ob der Gläubiger im Verhältnis zu den übrigen Gläubigern angemessen beteiligt wird (Absatz 1 Satz 2 Nr. 1), so kann die Zustimmung dieses Gläubigers nicht ersetzt werden.

Übersicht

	Rn
I. Entstehungsgeschichte	1
II. Normzweck	2
III. Zustimmung der Mehrheit der benannten Gläubiger, Abs 1 S 1	3
1. Kopfmehrheit	5
a) Gläubiger mit mehreren Forderungen	7
b) Mehrere Gläubiger mit einer Forderung	11
c) Inkassounternehmen	12
d) Pattsituation	13
e) Verzicht auf Forderung	14
f) Verzicht auf Teilnahme am Verfahren	16
2. Summenmehrheit	17
3. Feststellung der Kopf- und Summenmehrheit	20 a
IV. Antragstellung	21
1. Frist, Form, Inhalt	23
2. Rücknahme des Antrags	25

	Rn
3. Hinweispflicht des Gerichts	26
4. Rückkehr ins Schuldenbereinigungsverfahren	27
V. Ersetzung der Einwendungen durch Zustimmung	28
1. Regel-/Ausnahmeverhältnis	32
a) Enge Auslegung der Ausnahmevorschrift	33
b) Keine Erweiterung des „Negativkatalogs"	34
2. Keine Amtsermittlungspflicht	36
3. Keine Zustimmungsersetzung in Verfahren mit nur einem oder zwei Gläubigern	37
VI. Angemessene Beteiligung, Abs 1 S 2 Nr 1	38
1. Keine mathematisch genaue Anteilsberechnung	47
2. Zinsen	49
3. Forderungen gesicherter Gläubiger	51
a) Akzessorische und abstrakte Sicherheiten	53
b) Keine Prüfungsbefugnis des Insolvenzgerichts	56
4. Nachrangige Forderungen	56 a
VII. Keine wirtschaftliche Schlechterstellung durch den Plan, Abs 1 S 2 Nr 2	57
1. Prognose	59
2. Fiktive Vergleichsrechnung	60
a) Lohnabtretung	65
b) Vorangegangene Vollstreckungsmaßnahmen und anfechtbare Rechtshandlungen	66
c) Privilegierte Gläubiger gemäß § 302	67
d) Aufrechnung und Verrechnung	69
3. Unveränderbarkeit der wirtschaftlichen Verhältnisse, Nr 2, 2. HS	71
4. Aufnahme von Klauseln	77
5. Richterliche Überzeugung vom Vorliegen eines Insolvenzgrundes	82
6. Prüfung des Vorliegens eines Versagungsgrundes nach § 290	83
7. Null-Plan, Fast-Null-Plan, flexibler Null-Plan	88
8. Verkürzte Wohlverhaltensperiode	89
VIII. Anhörung der Gläubiger vor Zustimmungsersetzung, Abs 2 S 1	90
IX. Glaubhaftmachung der Einwendungen, Abs 2 S 2	92
1. Art und Umfang der Glaubhaftmachung	93
2. Gegenglaubhaftmachung	96
X. Ausschluss der Ersetzung, Abs 3	97
1. Ernsthafte Zweifel über das Bestehen der Forderung	102
2. Ernsthafte Zweifel über die Höhe der Forderung	105
XI. Stellung der Gläubiger bei Scheitern des Plans	107
XII. Verfahrensrechtliches	108
1. Rechtsmittel, Abs 2 S 3	110
2. Überleitungsvorschrift, Art 103 a EGInsO	112
3. Beiordnung eines Rechtsanwalts, § 309 Abs 2 S 4, § 4 a Abs 2	113
XIII. Kosten und Gebühren	116

I. Entstehungsgeschichte

1 Die Vorschrift ist vom Rechtsausschuss des Deutschen Bundestags als § 357f der Beschlussempfehlung eingefügt worden *(Balz/Landfermann* S 573). Durch Art 2 Nr 17 des Gesetzes vom 19. 12. 1998 (EGInsOÄndG, BGBl I S 3936) ist in Absatz 1 Satz 2 Nr 2 das Wort „voraussichtlich" in den Gesetzestext aufgenommen worden. Damit soll klargestellt werden, dass das Gericht nur eine **voraussichtliche Bewertung** vorzunehmen hat, ob eine wirtschaftliche Schlechterstellung des Gläubigers wahrscheinlicher ist als ihr Nichteintritt (siehe Beschl-Empf und Bericht des Rechtsausschusses, BT-Drucks 14/120, zu Art 2 Nr 17 [§ 309], S 35).

II. Normzweck

2 Die Zustimmungsersetzung dient dem Ziel, dem in einer unbegründeten Zustimmungsverweigerung liegenden **Missbrauch** einzelner Gläubiger **vorzubeugen**. Das Zustandekommen eines von der Kopf- und Summenmehrheit der Gläubiger gewünschten Plans soll nicht an dem irrationalen Widerstand einzelner Gläubiger scheitern können. Die Ersetzung der Zustimmung bildet damit ein wichtiges Instrument zur Förderung gütlicher Einigungen und zur Entlastung der Gerichte. Da die Möglichkeit der Zustimmungsersetzung für die Gläubiger, deren Zustimmung ersetzt wird, wegen des Verlustes der gegen die insolvente Person gerichteten Forderungen, soweit diese im Schuldenbereinigungsplan keine Berücksichtigung gefunden haben (§ 308 Abs 1 Satz 2), einen erheblichen Eingriff in die durch **Art 14 GG** geschützte Eigentumsposition darstellt, bedarf sie einer **besonderen Legitimation**. Die Legitimation bildet in Fällen mit mehreren Gläubigern die mehrheitliche Annahme des Plans durch die anderen Gläubiger und die Realisierung des Ausgleichs der unterschiedlichen Gläubigerinteressen. Durch die Absätze 2 und 3 wird vermieden, dass das Insolvenzgericht bei der Entscheidung über die Ersetzung einer Zustimmung langwierige Prüfungen und Beweisaufnahmen zum Bestehen und zur Höhe streitiger Forderungen durchführen muss *(Balz/Landfermann* S 573).

III. Zustimmung der Mehrheit der benannten Gläubiger, Abs 1 S 1

Das Gericht ersetzt auf Antrag eines Gläubigers oder des Schuldners die Einwendungen eines Gläubigers gegen den Schuldenbereinigungsplan durch eine Zustimmung, wenn eine **Kopf- und Summenmehrheit** der **Gläubiger** dem Plan zugestimmt hat, wobei die gemäß § 307 Abs 2 S 1 fingierte Zustimmung ausreicht (**OLG Köln** ZIP 2000, 2312, 2314). Insoweit entspricht das Schuldenbereinigungsverfahren dem Insolvenzplanverfahren (vgl § 244), bei dem allerdings nur die tatsächlich abstimmenden Gläubiger berücksichtigt werden. Hat der Schuldner einen **Schuldenbereinigungsplan durch einen neuen Plan ersetzt**, so sind benannte Gläubiger im Sinne des § 309 Abs 1 S 1 nur mehr die vom Schuldner in seinem allein noch zur Prüfung gestellten neuen Schuldenbereinigungsplan aufgeführten Gläubiger (BayObLG ZInsO 2001, 849). 3

Die **Zustimmung** der Gläubiger zum Plan kann in einer einfachen Einverständniserklärung ohne weitere Begründung bestehen. Eine ablehnende Stellungnahme bedarf ebenfalls keiner weiteren Begründung. Eine Begründung ist nur in den Fällen erforderlich, in denen das Gesetz dies vorschreibt, wie zB §§ 519, 544 ZPO (*Hess/Obermüller* Rn 965). **Schweigen** innerhalb der Frist des § 307 Abs 2 S 1 gilt als Zustimmung. Bei **unklaren oder widersprüchlichen Stellungnahmen** ist durch Auslegung zu ermitteln (§§ 133, 157 BGB), ob die Erklärung des Gläubigers gegenüber dem Angebot des Schuldners im Plan Änderungen enthält (*Vallender* ZInsO 2000, 441, 442). 4

Die **Zustimmung des Finanzamts** ist **kein Verwaltungsakt** (FG Düsseldorf v 8. 12. 2006 – 18 K 27.017/05 AO, EFG 2007, 738 Rn 14; *Loose* in: *Tipke/Kruse* § 251 AO Rn 131; *Becker* DStZ 2001, 381, 385). Das Steuerschuldverhältnis wird nur durch aus Anlass der Zustimmung ergehende Verwaltungsakte wie Billigkeitserlass und Stundung umgestaltet (BMF-Schreiben v 11. 11. 2002 IV A 4 – S 0550 – 1/02, BStBl I 2002, 132 Tz 6.1). 5

1. Kopfmehrheit. Für die Ermittlung der nach § 309 Abs 1 S 1 erforderlichen **Kopfmehrheit** enthält die Insolvenzordnung keine ausdrückliche Regelung, insbesondere ist nicht bestimmt, wie zu verfahren ist, wenn einem Gläubiger zwei oder noch mehr Forderungen gegenüber dem Schuldner zustehen. Insoweit ist auf die für den Abschluss eines Zwangsvergleichs nach der Konkursordnung, eines Vergleichs nach der Vergleichsordnung bzw nach der Gesamtvollstreckungsordnung anerkannten Grundsätze zurückzugreifen (**OLG Köln** NZI 2001, 88, 89 = ZInsO = 2001, 85 = Rpfleger 2001, 143). Die Kopfmehrheit beurteilt sich nach der Zahl der Gläubigerrechte (vgl *Gerhardt* ZIP 1988, 490 ff). 6

Bei einer **bestrittenen Forderung** ist es dem Schuldner gestattet, diese im Plan mit null anzuführen. Gibt der Gläubiger im Schuldenbereinigungsverfahren keine Stellungnahme ab, ist er bei Feststellung der Kopfmehrheit gleichwohl zu berücksichtigen. 7

a) **Gläubiger mit mehreren Forderungen.** Ein Gläubiger mit mehreren Forderungen hat nur **eine Stimme** (OLG Köln ZIP 2000, 2312, 2314; *Schäferhoff* ZInsO 2001, 687, 688). Davon geht ersichtlich auch das Gesetz aus, das in § 305 Abs 1 Nr 3 gerade nicht verlangt, dass das Gläubiger- und Forderungsverzeichnis detaillierte Angaben zu den Forderungsgründen zu enthalten hat (*Schäferhoff* aaO). Die Summierung der Forderungsrechte des Gläubigers findet Niederschlag und Berücksichtigung im Rahmen der erforderlichen Summenmehrheit. Der Gläubiger kann seine Stimme nur einheitlich abgeben. Stimmt er wegen einer ihm zustehenden Forderung oder eines Forderungsteils zu und widerspricht er wegen einer anderen Forderung oder eines anderen Forderungsteils, ist in Anlehnung an § 150 Abs 2 BGB von einem **Widerspruch** dieses Gläubigers **insgesamt** auszugehen (*Schäferhoff* aaO). 8

Hat der Schuldner bei mehreren **Filialen einer Bank** verschiedene Darlehensverbindlichkeiten begründet, sieht er sich nur einem Gläubiger gegenüber (*Späth* ZInsO 2000, 483, 485; *Zipperer* Insolvenzrechtsreport Nr 11 Juni 2001). 9

Dagegen hat ein **Vertreter mehrerer Gläubiger** so viele Stimmen, als er Gläubiger vertritt. Er kann für die einzelnen Vertretenen verschiedenartig abstimmen, während ein Gläubiger mit mehreren Forderungen einheitlich – mit einer Stimme – abstimmen muss (vgl *Uhlenbruck* § 182 KO Rn 3 e, 4 a mwN zum Vergleichsrecht). 10

Hat der Schuldner **mehrere Finanzämter** in seinem Schuldenbereinigungsplan aufgeführt, sind diese nicht als ein Gläubiger zu behandeln. Darin ist keine Privilegierung des Steuerfiskus zu sehen. Die Gefahr der Obstruktion ist bei Entscheidungen der Finanzämter nicht gegeben (*Zipperer* aaO), weil die beteiligten Finanzämter nach dem Grundsatz der Selbstbindung der Verwaltung (**BFH** BStBl II 1972, 649) verpflichtet sind, nach ausschließlich sachlichen Kriterien zu entscheiden. Dies unterscheidet sie beispielsweise von Banken, die ihre Entscheidungen privatautonom treffen. 11

b) **Mehrere Gläubiger mit einer Forderung.** Gibt der Schuldner **mehrere Gläubiger** als Inhaber einer Forderung an, hängt es von den konkreten Umständen ab, ob die Gläubiger Gesamtgläubiger gemäß § 428 BGB oder Mitgläubiger iSd § 432 BGB sind. Unabhängig von der rechtlichen Qualifizierung der Gläubigerstellung haben die Gläubiger nur **eine Stimme**. 12

c) **Inkassounternehmen.** Soweit ein Gläubiger ein **Inkassounternehmen** bevollmächtigt hat kann es gegenüber dem Gericht zu den übersandten Unterlagen wirksam Erklärungen abgeben (vgl § 305 Abs 1 Nr 4 S 2). Dabei nimmt es auf Grund der erteilten Vollmacht bzw der erteilten Ermächtigung für den 13

§ 309

jeweiligen Gläubiger am Schuldenbereinigungsverfahren teil. Weil lediglich die Rechte Dritter wahrgenommen werden, stehen dem Inkassounternehmen so viele Stimmen zu, wie es in dem Verfahren unterschiedliche Gläubiger wirksam vertritt. Hierbei besteht für das Inkassounternehmen auch die Möglichkeit, zu dem Schuldenbereinigungsplan für jeden Gläubiger unterschiedlich Stellung zu nehmen (OLG Köln NZI 2001, 88, 90 = ZInsO 2001, 85 = Rpfleger 2001, 143).

14   d) **Pattsituation.** Bei einer **Pattsituation** kann eine Ersetzung nicht stattfinden (OLG Köln aaO 90; K/P/B/*Wenzel* § 309 Rn 1; *Kohte/Ahrens/Grote* § 309 Rn 13; *Vallender/Fuchs/Rey* NZI 1999, 218; *Hess* § 309 Rn 27). Vielmehr muss eine Kopfmehrheit von **über 50%** dem Plan des Schuldners zugestimmt haben.

15   e) **Verzicht auf Forderung.** Ein Gläubiger, der auf seine **Forderung** gegen den Schuldner **verzichtet** hat, nimmt am Schuldenbereinigungsverfahren nicht teil. Hat der Schuldner diesen Gläubiger gleichwohl im Plan aufgeführt, wird er im Rahmen der Abstimmung gemäß § 309 nicht berücksichtigt (OLG Karlsruhe NZI 2000, 375, 376; OLG Köln aaO 90; OLG Braunschweig ZInsO 2001, 227; LG München ZInsO 2001, 720 = InVo 2001, 409; AG Braunschweig Beschl v 7. 9. 2000 – 271 IK 13/00 a; *Schäferhoff* ZInsO 2001, 687, 688). Denn es ist nicht möglich, jemanden an einem gerichtlich geregelten Verfahren als Gläubiger zu beteiligen, dem keine Forderung mehr gegen den Schuldner zusteht.

16   Regelmäßig ist das Gericht bei einem Verzicht auf die Forderung nicht befugt, die fehlende Zustimmung eines Gläubigers zum Plan zu ersetzen. Vielmehr hat der Schuldner grundsätzlich einen **neuen Plan** vorzulegen, der regelt, ob und wie die verbleibenden Mittel auf die Gläubiger verteilt werden sollen (AG Köln v 26. 9. 2007 – 71 IK 98/07, NZI 2007, 735 = ZInsO 2007, 524; *Schäferhoff* aaO). Zwar kann eine Forderung nicht durch einseitigen Verzicht sondern nur durch einen gegenseitigen Vertrag erlassen werden. Im Zustimmungsersetzungsverfahren führen prozessrechtliche Erwägungen (vgl § 306 ZPO) jedoch zur Berücksichtigung von Forderungen verzichtender Gläubiger (AG Köln aaO). Verbleiben nach dem Forderungsverzicht eines oder mehrerer Gläubiger nur noch Gläubiger, die dem Plan widersprochen haben, besteht für eine Ersetzung der Zustimmung kein Raum (LG München aaO).

17   f) **Verzicht auf Teilnahme am Verfahren.** **Verzichtet** dagegen der **Gläubiger auf die Teilnahme an dem Schuldenbereinigungsverfahren**, ist er bei der Ermittlung der Kopfmehrheit gemäß § 307 Abs 2 S 1 als zustimmender Beteiligter zu berücksichtigen (OLG Köln aaO 90). Denn der Gläubiger hat es nicht in der Hand, sich den Wirkungen der §§ 307 ff durch einen **Verzicht der Teilnahme an dem gerichtlichen Schuldenbereinigungsverfahren** zu entziehen. Nach der Konzeption des Gesetzes obliegt ihm nicht die Entscheidung über eine Beteiligung an dem Verfahren.

18   **2. Summenmehrheit.** Für die Ermittlung der **Summenmehrheit** kommt es grundsätzlich auf die vom Schuldner im Plan genannten Forderungen an (LG Berlin ZInsO 2000, 404; AG Köln ZIP 2000, 83, 85; AG Regensburg ZInsO 2000, 516, 517; *Kohte/Ahrens/Grote* § 309 Rn 9; *Schäferhoff* ZInsO 2001, 687, 689). Allerdings sind abweichende Angaben der Gläubiger zum Bestand oder Höhe der Forderungen nach § 309 Abs 3 zu berücksichtigen. Dies gilt auch schon für die Mehrheitsfeststellung nach § 309 Abs 1 S 1 (BGH v 21. 10. 2004 – IX ZB 427/02, NZI 2005, 46). Denn vom Ausgang des Streits hängt nicht nur ab, ob der Gläubiger in dem vorgelegten Schuldenbereinigungsplan im Verhältnis zu den übrigen Gläubigern angemessen beteiligt wird (§ 309 Abs 1 S 2 Nr 1). Die Frage kann vielmehr schon sein, ob ohne die bestrittenen Forderungen überhaupt die Kopf- und Summenmehrheit erreicht wird. Hat der Schuldner schon nach § 309 Abs 1 S 1 gegen den (Mehrheits-)Gläubiger keinen Anspruch auf Ersetzung der versagten Zustimmung, kommt es auf einen Versagungsgrund des Gläubigers nach § 309 Abs 1 S 2 nicht (mehr) an.

19   Es muss eine **Summenmehrheit** von **über 50%** dem Plan zugestimmt haben. Für die **Forderungshöhe** ist maßgeblich auf den **Zeitpunkt der Stellung des Insolvenzantrags** durch den Schuldner abzustellen, weil nur auf diese Weise ein **einheitlicher Vergleichsmaßstab** hergestellt werden kann, der von den Zufälligkeiten des Verfahrensablaufs (zB unterschiedliche Entwicklung der Forderungen wegen unterschiedlicher Zinshöhen) abhängig ist (AG Regensburg ZInsO 2000, 516, 517).

20   **3. Feststellung der Kopf- und Summenmehrheit.** Ein Beschluss, mit dem das Insolvenzgericht die eingegangenen Stellungnahmen der Gläubiger ausgewertet und das Ergebnis dahin zusammengefasst hat, die formalen Voraussetzungen für die Ersetzung fehlender Zustimmungen seien erfüllt, stellt keine bindende Feststellung dar, die von keinem der Gläubiger mehr in Frage gestellt werden kann. Der Beschluss bewirkt keine materielle Rechtskraft (BGH v 17. 1. 2008 – IX ZB 142/07, NZI 2008, 316 m Anm *Vallender* WuB VI A § 309 InsO 08).

IV. Antragstellung

21   Die Ersetzung der Einwendungen eines Gläubigers durch eine Zustimmung setzt den entsprechenden **Antrag** eines Gläubigers oder des Schuldners voraus. Sie ist nur unter Einhaltung der enumerativen Voraussetzungen des § 309 Abs 1 und **nicht von Amts wegen** möglich (BayObLG ZIP 2001, 204, 206; LG Koblenz ZInsO 2000, 171; *Schäferhoff* ZInsO 2001, 687, 689).

V. Ersetzung der Einwendungen durch Zustimmung § 309

Ersetzungsanträge für die Erstfassung eines Schuldenbereinigungsplans werden durch Vorlage eines 22
geänderten Plans **gegenstandslos** (**AG Regensburg** InVo 1999, 278). Forderungen, die im ursprünglichen Plan noch nicht enthalten waren und auch innerhalb der Monatsfrist des § 307 Abs 1 S 1 nicht geltend gemacht wurden, erlöschen in diesem Falle nicht, weil die Rechtsfolgen des § 308 Abs 3 S 1 nur bei Annahme des Schuldenbereinigungsplans eintreten (K/P/B/*Wenzel* § 308 Rn 10).

1. Frist, Form, Inhalt. Der **Schuldner** kann den Antrag auf Ersetzung der Zustimmung bereits bei Einreichung des Insolvenzantrags und des Schuldenbereinigungsplans stellen (KS-*Fuchs* 1710 Rn 92). Dies 23
bietet sich an, wenn der Schuldner denselben Schuldenbereinigungsplan vorlegt, der bereits außergerichtlich nicht angenommen worden ist (N/R/*Römermann* § 309 Rn 11). Die frühzeitige Antragstellung trägt im Übrigen zur Beschleunigung des Verfahrens bei. Der Antrag auf Ersetzung der Zustimmung ist nicht an bestimmte **Formererfordernisse** gebunden.

Eine **Frist**, bis zu der dieser Antrag gestellt sein muss, enthält das Gesetz nicht. Soweit ein Gläubiger 24
oder der Schuldner den Antrag erst nach Wiederaufnahme des Insolvenzeröffnungsverfahrens stellt, ist eine Rückkehr in das Schuldenbereinigungsverfahren nicht ausgeschlossen (**LG Göttingen** v 11. 3. 2009 – 10 T 18/09, NZI 2009, 330, 331). Allerdings setzt die Rückkehr in das Schuldenbereinigungsverfahren die **Zustimmung aller Einwendungsgläubiger** voraus (**AG Hamburg** NZI 2000, 445), weil sie das erneute Ruhen des Insolvenzeröffnungsverfahrens zur Folge hat (§ 306 Abs 1 S 1). Dagegen ist das Gericht nicht befugt, bei einem verspätet gestellten Ersetzungsantrag einen bereits ergangenen Eröffnungsbeschluss von Amts wegen aufzuheben und wieder in das Schuldenbereinigungsverfahren einzutreten (aA *Hess* § 309 Rn 42). Die Aufhebung des Eröffnungsbeschlusses kommt allein unter den Voraussetzungen des § 34 Abs 2 in Betracht. Hat der Schuldner den Eröffnungsbeschluss angefochten, muss das Gericht auch einen erst nach Eröffnung des Insolvenzverfahrens und damit **verspätet gestellten Antrag auf Zustimmungsersetzung** berücksichtigen, weil der Eröffnungsbeschluss infolge der sofortigen Beschwerde nicht rechtskräftig geworden ist (**LG Göttingen** aaO 331).

2. Rücknahme des Antrags. Der Antragsteller kann seinen **Antrag** auf Ersetzungen der Einwendungen 25
gegen den Schuldenbereinigungsplan durch eine Zustimmung jederzeit **zurücknehmen**. Allerdings führt diese Erklärung nicht zwangsläufig zur Beendigung des Schuldenbereinigungsverfahrens. Die Wiederaufnahme des Insolvenzeröffnungsverfahrens ist erst zulässig, wenn die Zustellung der in § 307 Abs 1 aufgeführten Unterlagen an sämtliche vom Schuldner benannten Gläubiger abgeschlossen ist.

3. Hinweispflicht des Gerichts. Führt die Auswertung der Stellungnahmen der Gläubiger zu dem Er- 26
gebnis, dass eine Ersetzung der Einwendungen der Gläubiger durch Zustimmung in Betracht kommt, ohne dass ein entsprechender Antrag vorliegt, trifft das Gericht gemäß § 4 iVm § 139 ZPO eine **Hinweispflicht**. Dabei ist den Beteiligten eine Frist zur Stellung des Antrags zu setzen. Nach ergebnislosem Ablauf der Frist hat das Gericht das Verfahren über den Eröffnungsantrag wieder aufzunehmen (§ 311). Ein **verspätet eingegangener Antrag** kann so lange berücksichtigt werden, bis eine Entscheidung über den Eröffnungsantrag noch nicht ergangen ist.

4. Rückkehr ins Schuldenbereinigungsverfahren. Der Beschluss, mit dem das Gericht das Verfahren 27
über den Eröffnungsantrag wieder aufgenommen hat, steht der **Rückkehr in das Schuldenbereinigungsverfahren** ebenso wenig entgegen wie die Aufforderung an den Schuldner oder die Gläubiger zur Zahlung des Massekostenvorschusses gemäß § 26 Abs 1 S 2 (im Ergebnis ebenso *Köhler* Insolvenzrechtsreport Nr 8, 2000 S 1/2). Allerdings setzt die Rückkehr in das Schuldenbereinigungsverfahren die **Zustimmung aller Einwendungsgläubiger** voraus (**AG Hamburg** NZI 2000, 445), weil sie das erneute Ruhen des Insolvenzeröffnungsverfahrens zur Folge hat (§ 306 Abs 1 S 1). Gegen den erklärten Widerspruch der „Gegenpartei" kommt kein Verfahren formell zum Ruhen (vgl § 251 ZPO). Der im Gläubigerverzeichnis nach § 305 Abs 1 Nr 3 benannte Gläubiger ist jedenfalls dann als Gegner des Schuldners anzusehen, wenn er dem Plan widersprochen hat.

V. Ersetzung der Einwendungen durch Zustimmung

Die gesetzliche Bestimmung des § 309 sieht **als Regel** die Zustimmungsersetzung durch das Insol- 28
venzgericht vor, wenn dem Schuldenbereinigungsplan mehr als die Hälfte der benannten Gläubiger, deren Anspruchssumme mehr als die Hälfte der Summe der Ansprüche der benannten Gläubiger beträgt, entweder **ausdrücklich** zugestimmt haben oder ihre Zustimmung **fingiert** wird, weil sie Einwendungen nicht innerhalb der einmonatigen Notfrist des § 307 Abs 1 S 1 oder erst danach erhoben haben (vgl § 307 Abs S 1). Bei der Ermittlung der Kopf- und Summenmehrheit sind die Angaben des Schuldners zugrunde zu legen (**LG Berlin** ZInsO 2000, 404; **AG Köln** ZIP 2000, 83, 85; *Kohte/Ahrens/Grote* § 309 Rn 9). **Ausnahmsweise** erfolgt dann eine Zustimmungsersetzung nicht, wenn die Voraussetzungen des § 309 Abs 1 S 2 Nr 1 (gegebenenfalls iVm Abs 3) oder Nr 2 vorliegen.

Auch wenn das Gesetz nur einen Gläubiger erwähnt, ist auch die **Ersetzung von Einwendungen mehre-** 29
rer Gläubiger durch Zustimmung möglich, wenn sie die Minderheit bilden (*Hess/Obermüller* Rn 830).

§ 309

30 Die **detaillierte Darlegung eines Sachverhalts und die Glaubhaftmachung** konkreter Umstände, aus denen sich entweder eine Benachteiligung im Verhältnis zu den übrigen Gläubigern oder eine wirtschaftliche Schlechterstellung durch den Schuldenbereinigungsplan gegenüber der Durchführung des vereinfachten Verfahrens und des Restschuldbefreiungsverfahrens ergibt, ist eine **Zulässigkeitsvoraussetzung** dafür, dass das Gericht überhaupt in eine Prüfung darüber eintritt, ob die beantragte Ersetzung der Einwendungen durch eine Zustimmung erfolgen kann (**OLG Köln** ZInsO 2001, 807, 809; **BayObLG** NZI 2001, 145, 147; **OLG Celle** NZI 2001, 321: **LG Berlin** ZInsO 2001, 857, 858).

31 Das Gericht hat grundsätzlich nur diejenigen Gründe zu berücksichtigen, die der betroffene Gläubiger selbst geltend macht (**LG Berlin** ZInsO 2000, 404; aA **AG Köln** ZIP 2000, 83, 85; HK-*Landfermann* § 309 Rn 26). Die **Einwendungen anderer Gläubiger** sind nicht erheblich. Dies folgt aus dem Grundgedanken des § 309, der es im Rahmen des Minderheitenschutzes jedem einzelnen Gläubiger selbst überlässt zu entscheiden, ob und in welchem Umfang er den Schuldenbereinigungsplan beanstanden will (so auch **LG Kaiserslautern** v 3. 9. 2008 – 1 T 118/08, NZI 2008, 694, 695; HambKomm/*Streck* § 309 Rn 29 ff; MüKoInsO-*Ott/Vuia* § 309 Rn 31).

32 **1. Regel-/Ausnahmeverhältnis.** Das **Regel-/Ausnahmeverhältnis** der Bestimmungen des § 309 Abs 1 S 1 und Abs 1 S 2 zueinander (**LG Memmingen** NZI 2000, 233, 234) folgt unmittelbar aus der gesetzlichen Formulierung: Nach Satz 1 *ersetzt* das Gericht bei Vorliegen der dort genannten Voraussetzungen die Zustimmung. Nach Satz 2 *„gilt dies nicht",* wenn die Normvoraussetzungen der Nr 1 oder der Nr 2 gegeben sind.

33 a) **Enge Auslegung der Ausnahmevorschrift.** § 309 Abs 1 S 2 ist **als Ausnahmevorschrift** eng auszulegen. Eine Zustimmungsersetzung ist demnach nur dann zu verweigern, wenn die Ausnahmetatbestände entweder des § 309 Abs 1 S 2 Nr 1 oder des Abs 1 S 2 Nr 2 vorliegen. Die **Ausschlussgründe** sind in den genannten Vorschriften **abschließend** aufgeführt. Andere als die dort genannten Ausschlussgründe können zur Versagung der Zustimmungsersetzung nicht herangezogen werden (**LG Memmingen** aaO 234; *Hess* § 309 Rn 139). Dies folgt aus dem Wortlaut des § 309 Abs 1 S 1, nach dem das Gericht die Zustimmung zu ersetzen hat, wenn keiner der genannten Ausschlussgründe vorliegt.

34 b) **Keine Erweiterung des „Negativkatalogs".** Eine Erweiterung des „Negativkatalogs" ist **nicht zulässig** (**LG Bonn** ZInsO 2000, 341). Insbesondere darf das Gericht bei seiner Entscheidung nicht berücksichtigen, dass es sich um bestimmte Gläubiger handelt, beispielsweise **um öffentlich-rechtliche Gläubiger** (zB Finanzamt) (**OLG Köln** NZI 2000, 596; **OLG Zweibrücken** ZInsO 2001, 970, 971; **LG Bonn** ZInsO 2000, 341; **LG Memmingen** aaO; **AG Regensburg** ZInsO 2000, 516, 517; *Graf-Schlicker/Livonius* Restschuldbefreiung S 69; K/P/B/*Wenzel* § 309 Rn 2; *Ernst* DStR 2001, 1035, 1036; aA **AG Bonn**, Beschl v 3. 11. 1999 – 98 IK 20/99) oder solche, deren Forderungen besonders hoch sind oder die als Kleingläubiger besonderen Schutz verdienen würden (aA *Kohte/Ahrens/Grote* § 309 Rn 18; *Hess* § 309 Rn 46; *Kohte* ZInsO 2002, 53, 58). Die Beachtung der **Vorschriften der AO** zur Frage von Stundung und Erlass ist eine behördeninterne Angelegenheit (siehe auch **Schreiben des BMF** zur Behandlung von Steuerschuldverhältnissen im Insolvenzverfahren vom 17. 12. 1998, BStBl 1998, I S 1500 ff). Bei der etwaigen Ersetzung der Zustimmung hat das Insolvenzgericht allein die Vorschrift des § 309 zu beachten, weil es sich um eine insolvenzspezifische Entscheidung handelt, zu deren tatbestandlichen Voraussetzungen die Erhebung von Einwendungen durch das Finanzamt oder andere Gläubiger gehört (**OLG Köln** aaO)

35 Demgegenüber vertritt *Vogelsang* (in: Kraemer/Vallender/Vogelsang Fach 3 Kap 1 Rn 159) die Auffassung, das Insolvenzgericht dürfe sich nicht über die Intention des Gesetzgebers hinwegsetzen, dass der Erlass einer Steuerforderung eine Begünstigung des einzelnen Steuerpflichtigen zulasten der Allgemeinheit darstelle. Ohne Änderung der §§ 222, 227 AO sei eine Zustimmungsersetzung nicht möglich. Die Befugnis des Insolvenzgerichts, die Zustimmung des Finanzamts zu ersetzen, habe sich auf die Fälle zu beschränken, in denen die Abgabenordnung dem Steuergläubiger eine Stundungs- und Erlassmöglichkeit eröffne. Die Stundung und der Erlass rückständiger **Einkommensteuer** sei möglich, nicht aber der (teilweise) Erlass rückständiger **Lohnsteuer**.

36 **2. Keine Amtsermittlungspflicht.** Eine **Prüfung** der der Zustimmungsersetzung entgegenstehenden Gründe ist nur dann geboten, wenn diese durch den einem Schuldenbereinigungsplan widersprechenden Gläubiger konkret **vorgetragen und glaubhaft** gemacht werden (BT-Drucks 12/7302 S 572; **BayObLG** ZIP 2001, 204, 206 m Anm *Fuchs* EWiR 2001, 681; **OLG Köln** ZInsO 2001, 230, 231; **OLG Köln** NZI 2002, 58; **OLG Celle** ZInsO 2001, 374, 376; **OLG Celle** ZInsO 2001, 468; **OLG Zweibrücken** ZInsO 2001, 970; **LG Kaiserslautern** v 3. 9. 2008 – 1 Z 118/08, NZI 2008, 694, 695; *Kohte/Ahrens/Grote* § 309 Rn 37; N/R/*Römermann* § 309 Rn 29; *Smid/Haarmeyer* § 309 Rn 1). Fehlt es daran oder trägt der Gläubiger nur allgemein seine Unzufriedenheit vor, muss sich das Gericht mit diesem Vorbringen nicht einmal befassen (**BayObLG** aaO). Es gilt nicht der Amtsermittlungsgrundsatz des § 5 Abs 1 S 1; dies entspricht dem Grundsatz der **Privatautonomie**, dem der Schuldenbereinigungsplan zugrunde liegt (vgl dazu BT-Drucks 12/7302 S 572; **OLG Köln** NZI 2001, 594, 595 = InVo 2001, 405; **LG Berlin** ZInsO 2000, 404; aA **LG Memmingen** NZI 2000, 233, 235).

VI. Angemessene Beteiligung, Abs 1 S 2 Nr 1 § 309

3. Keine Zustimmungsersetzung in Verfahren mit nur einem oder zwei Gläubigern. Wenn auch gegen 37
die Zulässigkeit eines Insolvenzantrags des Schuldners mit nur **einem Gläubiger** keine Bedenken bestehen (siehe dazu näher § 305 Rn 29; aA *Haarmeyer* NWB Nr 31, Fach 19; *Bindemann* Verbraucherkonkurs Rn 15), kommt die gerichtliche Ersetzung der Zustimmung des dem Plan widersprechenden einzigen benannten Gläubigers nicht in Betracht, weil das Erfordernis der Kopf- und Summenmehrheit gemäß § 309 Abs 1 nicht erreicht ist. Sähe man insoweit vom **Mehrheitsprinzip** ab, würde es dem erheblichen Eingriff in die durch Art 14 GG geschützte Eigentumsposition infolge der Zustimmungsersetzung an der besonderen Legitimation fehlen. Ebenso wenig ist das Gericht befugt, bei Benennung von **zwei Gläubigern** die fehlende Zustimmung des dem Plan widersprechenden Gläubigers zu ersetzen, wenn der dem Plan zustimmende Gläubiger Inhaber der höheren Forderung ist (vgl *Göbel* ZInsO 2000, 383, 385). Eine andere Betrachtungsweise widerspräche dem in § 309 Abs 1 S 1 zugrunde liegenden Mehrheitsprinzip.

VI. Angemessene Beteiligung, Abs 1 S 2 Nr 1

Die Ersetzung von Einwendungen eines oder mehrerer Gläubiger durch Zustimmung des Insolvenz- 38
gerichts ist ausgeschlossen, wenn der Gläubiger, der Einwendungen erhoben hat, im Verhältnis zu den übrigen Gläubigern **nicht angemessen beteiligt** wird. Dabei sind Quoten zugrunde zu legen, die nach dem Verhältnis der jeweiligen **Gesamtforderungen** der Gläubiger errechnet wird (**AG Mönchengladbach** ZInsO 2000, 232; **AG Stuttgart** ZInsO 2001, 381, 382 = NZI 2001, 328). Bei dem Erfordernis der angemessenen Beteiligung handelt es sich um eine Ausprägung des Gleichbehandlungsgebots des § 294 Abs 2 (*Krüger/Reifner/Jung* ZInsO 2000, 12, 14 ff; *Hess* § 309 Rn 46).

Das Gericht hat nicht zu prüfen, ob der widersprechende Gläubiger im Verhältnis zu anderen **im** 39
Schuldenbereinigungsplan nicht benannten Gläubigern benachteiligt wird. Dies folgt daraus, dass die Ausnahmeregel des § 309 Abs 1 S 2 Nr 1 allein auf die vom Schuldner im Schuldenbereinigungsplan benannten Gläubiger abstellt (BayObLG ZInsO 2001, 849, 850 = KTS 2001, 611).

Maßstab für die Prüfung der angemessenen Beteiligung eines Gläubigers im Verhältnis zu den übri- 40
gen Gläubigern sind die in den §§ 1, 305 Abs 1 Nr 4 aufgeführten Ziele des Insolvenzverfahrens, insbesondere das Ziel der gemeinschaftlichen Gläubigerbefriedigung (**AG Stuttgart** ZInsO aaO; *Döbereiner* JA 1996, 603; KS-*Fuchs* S 1711 Rn 94 ff; *Kohte/Ahrens/Grote* § 309 Rn 11; K/P/B/*Wenzel* § 309 Rn 3; *Pape* NWB Fach 19, S 2405; *Schmidt-Räntsch* MDR 1994, 321). Dieses geht vom **grundsätzlichen Gleichrang der Forderungen** aus. Abweichungen vom Gleichrangprinzip sind zwar zulässig; sie bedürfen jedoch einer sachlichen Rechtfertigung sowohl dem Grunde als auch dem Ausmaß nach (*Kohte/Ahrens/Grote* § 309 Rn 12; *Wittig* WM 1998, 157, 166). Die gesetzliche Unterscheidung von Haupt-, Zins- und Kostenforderung (§ 305 Abs 2 S 2) rechtfertigt deren unterschiedliche Behandlung durch den Schuldenbereinigungsplan nicht. **Nebenforderungen** der genannten Art sind nach der Wertung der Insolvenzordnung den **Hauptforderungen gleichrangig**.

Eine Differenzierung in der Weise, dass den Gläubigern geringerer Forderungen **Einmalbeträge** und 41
den Gläubigern mit größeren Forderungsbeträgen **Ratenzahlungen** angeboten werden, ist mit dem Gleichbehandlungsgrundsatz zu vereinbaren, wenn die quotale Befriedigung der Gläubiger bei wirtschaftlicher Betrachtung praktisch gleich ist (**OLG Celle** ZInsO 2001, 374, 376; vgl **OLG Köln** ZInsO 2001, 807, 808). Eine andere Betrachtungsweise würde dem Zweck des § 309 nicht gerecht, zu verhindern, dass die Schuldenbereinigung an der obstruktiven Verweigerung der Zustimmung einzelner Gläubiger scheitert. Etwas anderes kann unter Umständen dann gelten, wenn der Schuldner bei einer entsprechenden Differenzierung zwischen Einmalzahlungen und Ratenzahlungen sehr hohe Ratenzahlungen verspricht und der Gläubiger konkrete Tatsachen schlüssig vorträgt und glaubhaft macht, aus denen sich ergibt, dass der Schuldner voraussichtlich nicht in der Lage sein wird, diese Ratenzahlungsverpflichtungen zu erfüllen.

§ 309 Abs 1 S 2 Nr 1 schützt diejenigen Gläubiger, die die Zustimmung zu dem Plan aus berechtigten 42
Gründen verweigert haben; die Gläubiger dürfen gegen ihren Willen nicht weniger erhalten als andere, **rechtlich gleichgestellte Gläubiger**. Insbesondere erfahren **Unterhaltsforderungen** im Schuldenbereinigungsplan keine privilegierte Stellung (vgl *Uhlenbruck* FamRZ 1998, 1474). Das Gesetz enthält für eine unterschiedliche Bewertung von Forderungen keine Anhaltspunkte (K/P/B/*Wenzel* § 309 Rn 3).

Bei der Ermittlung der Mehrheitsverhältnisse nach § 309 Abs 1 S 1 darf die Behauptung, die Forde- 42a
rung des widersprechenden Gläubigers sei höher als in dem Plan benannt, nicht berücksichtigt werden, wenn sie für die **angemessene Beteiligung des widersprechenden Gläubigers** im Verhältnis zu den übrigen Gläubigern irrelevant ist. Gläubiger, die mit ihrem Widerspruch ihre Rechtsstellung nicht verbessern können, verdienen keinen Schutz (**BGH** v 17. 1. 2008 – IX ZB 142/07, NZI 2008, 316, 317).

Bei der Beurteilung der Frage der angemessenen Beteiligung steht dem Gericht ein begrenzter **Ermes-** 43
sensspielraum zu (BerlKo-*Goetsch* § 309 Rn 6; *Graf-Schlicker/Livonius*, Restschuldbefreiung Rn 206; *Pape*, Gläubigerbeteiligung Rn 419; aA HK-*Landfermann* § 309 Rn 15). Es hat bei seiner Entscheidung auf das Verhältnis desjenigen Gläubigers, der dem Plan widerspricht, zu den übrigen Gläubigern abzustellen.

44 Eine deutliche Bevorzugung einzelner Gläubiger ist nicht zulässig. Etwas anderes gilt nur für **gesicherte Gläubiger**, in deren Rechtsstellung auch durch das Schuldenbereinigungsverfahren nicht eingegriffen werden kann *(Pape aaO)*. Dagegen stellt es eine nicht angemessene Beteiligung iSv Abs 1 S 2 Nr 1 dar, wenn der Plan für einen **Großgläubiger** im Verhältnis zu **Kleingläubigern** eine geringere Befriedigungsquote vorsieht (**AG** Saarbrücken ZInsO 2002, 340).

45 Grundsätzlich bleibt es dem Belieben des Schuldners überlassen, ob und wem gegenüber er bei **Vollendung der Verjährung** von dem in § 214 BGB normierten **Leistungsverweigerungsrecht** Gebrauch macht. Von diesem Grundsatz schafft das gerichtliche Schuldenbereinigungsverfahren bezüglich rechtlich gleichgestellter Gläubiger eine Ausnahme. So verstößt der Schuldner gegen die Regelung in Abs 1 S 2 Nr 1, wenn er sich gegenüber dem Darlehensanspruch eines Kreditinstituts wegen der Zinsforderung auf die Einrede der Verjährung beruft, dies aber bei Verwandten unterlässt, die ebenfalls Darlehensforderungen geltend machen. Ein solches Verhalten lässt im Übrigen Zweifel an der Redlichkeit des Schuldners aufkommen.

46 Auch wenn ein Schuldenbereinigungsplan Hinweise auf bereits früher erfolgte **Tilgungsleistungen** enthält, bedeutet dies nicht, dass solche Tilgungsleistungen auch im Rahmen der Angemessenheitsprüfung nach § 309 Abs 1 S 2 Nr 1 Berücksichtigung finden könnten. Für die Beurteilung der Angemessenheit kann vielmehr von vornherein nur darauf abgestellt werden, was bei Ausführung des Plans an verteilbarem Vermögen (noch) zur Verfügung steht und welche Zugänge voraussichtlich für die Dauer des geplanten Abwicklungszeitraums erwartet werden können. Bereits erfolgte Tilgungsleistungen sind in diesem Zusammenhang **offenkundig irrelevant**, das sie sich nur auf die Höhe der Restforderung des davon begünstigten Gläubigers auswirken, für die mit dem Plan angestrebte gleichmäßige Tilgung aller Gläubigerforderungen aber nicht mehr zur Verfügung stehen (**OLG** Köln NZI 2002, 58, 59).

47 **1. Keine mathematisch genaue Anteilsberechnung.** Eine **angemessene Beteiligung** setzt keine „mathematisch genaue Anteilsberechnung" (*Schmidt-Räntsch* MDR 1994, 321, 325) voraus und ermöglicht geringfügige Abweichungen, wenn die Verteilung im Übrigen ausgewogen ist (vgl BT-Drucks 12/7302 S 572; **OLG** Köln ZInsO 2001, 807, 808; **OLG** Köln v 9. 10. 2000 – 2 W 190/00 NZI 2002, 58; Hanseatisches **OLG** v 21. 2. 2000 – 6 W 9/00 ZInsO 2000, 219; **LG** Berlin ZInsO 2000, 404, 405; **AG** Mönchengladbach ZInsO 2000, 232, 233; **AG** Hamburg NZI 2000, 283; **AG** Göttingen ZInsO 2000, 233, 234; **AG** Köln ZInsO 2000, 461 = NZI 2000, 441; *Kohte/Ahrens/Grote* § 309 Rn 7; N/R/*Römermann* § 309 Rn 16; HK-*Landfermann* § 309 Rn 16). So stellt eine **Quotenabweichung** von bis zu 0,50% bzw eine Abweichung bis zu einem Betrag in Höhe von 51,13 € (**AG** Göttingen DZWIR 2000, 526) noch keine unangemessene Benachteiligung dar (vgl auch *Smid/Haarmeyer* § 309 Rn 1, die sogar eine Abweichung von bis zu 5% der Gesamtforderung für unbeachtlich halten).

48 Eine Ungleichbehandlung des widersprechenden Gläubigers liegt nicht vor, wenn zwar einzelne Gläubiger höhere Quoten als der Widersprechende erhalten sollen, andere aber auch schlechter gestellt sein sollen, so dass im Ergebnis der Widersprechende exakt die Quote erhält, die sich für seine Forderung aus dem **Durchschnitt der Befriedigungsleistungen** des Schuldners ergibt (**OLG** Köln v 9. 10. 2000 – 2 W 190/00, abgedruckt in ZInsO 2001, ZInsO-Rechtsprechungsreport 34).

49 **2. Zinsen.** Zu berücksichtigen sind auch **Zinsforderungen**, die je nach Zinshöhe und Zinslaufzeit das Verhältnis zwischen den Gesamtforderungen der Gläubiger deutlich beeinflussen können (**AG** Mönchengladbach ZInsO 2000, 232). Deshalb entspricht ein Schuldenbereinigungsplan grundsätzlich nur dann dem Gleichbehandlungsgebot, wenn er Vermögenswerte nach dem **Verhältnis der Gesamtforderungen** auf die Gläubiger verteilt.

50 Eine Benachteiligung eines Gläubigers liegt nicht vor, wenn er eine höhere Zinsforderung als im Schuldenbereinigungsplan berücksichtigt geltend macht, der Plan für den nachfolgenden Zeitraum die Zinsen der übrigen Gläubiger ebenfalls nicht berücksichtigt (**LG** Berlin ZInsO 2001, 857, 858).

51 **3. Forderungen gesicherter Gläubiger.** Die fehlende Zustimmung eines gesicherten Gläubigers zum Schuldenbereinigungsplan kann nicht ersetzt werden, wenn er auf Grund des Plans nicht mindestens eine solche Tilgung erhält, wie er sie bei **Verwertung der Sicherheiten** erlangt hätte (*Wittig* WM 1998, 209, 218; *Kirchhof* ZInsO 1998, 54, 59; *Obermüller* WM 1998, 483, 493; *Pape* ZInsO 1998, 126 ff; K/P/B/*Wenzel* § 309 Rn 6 ff). Dabei ist zunächst zu berücksichtigen, dass jede Beschränkung einer gesicherten Forderung durch den Schuldenbereinigungsplan dazu führen kann, dass die Sicherheiten nicht oder nicht in voller Höhe in Anspruch genommen werden können. Damit das Gericht auf den **wirtschaftlichen Wert der Sicherheit** des Gläubigers Rücksicht nehmen kann, empfiehlt es sich, in der Stellungnahme zum Schuldenbereinigungsplan zum Wert des Sicherungsrechtes näher vorzutragen und ggf ein Wertgutachten eines vereidigten Sachverständigen vorzulegen (*Hess/Obermüller* Rn 976).

Lässt der Schuldenbereinigungsplan die dinglichen Sicherungsrechte eines widersprechenden Gläubigers unberührt, sind bei der Prüfung des Summenmehrheit die Forderungen der gesicherten Gläubiger nicht in voller Höhe einzubeziehen. Vielmehr ist der Gläubiger nur mit seinem voraussichtlichen **Forderungsausfall** an der Abstimmung über die Annahme des Plans zu beteiligen (**BGH** v 17. 1. 2008 – IX ZB 142/07, NZI 2008, 316, 317; aA *Kohte/Ahrens/Grote* § 309 Rn 9; HK-*Landfermann*, § 309 Rn 9;

K/P/B/*Wenzel* § 309 Rn 1; HambKomm/*Streck* § 309 Rn 2; *Braun/Buck* § 309 Rn 6). Dafür spricht bereits der Umstand, dass sich der Gläubiger, sofern die Sicherheiten insolvenz- und anfechtungsfest bestellt sind, ohne Einschränkung befriedigen kann, soweit die Sicherheit werthaltig ist. Würde dem gesicherten Gläubiger in Höhe der gesamten besicherten Forderung ein Stimmrecht zugebilligt, bestünde die Gefahr, dass das mit dem Schuldenbereinigungsplan anzustrebende Ziel, einen angemessenen Ausgleich der beteiligten Interessen zu erzielen, verfehlt wird (BGH aaO).

Unterliegt die Sicherung des Gläubigers der **Rückschlagsperre** nach § 88 InsO, ist der Schuldner berechtigt, den so gesicherten Gläubiger im Schuldenbereinigungsplan als ungesicherten Gläubiger zu behandeln (HK-*Landfermann* § 309 Rn 21). 52

a) **Akzessorische und abstrakte Sicherheiten.** Bei **akzessorischen Sicherheiten** (zB Bürgschaft, Hypothek) ergibt sich eine Einschränkung der Sicherungsrechte durch die gesetzliche Verknüpfung von gesicherter Forderung und Sicherungsrecht. Bei den **nicht akzessorischen Sicherheiten** (zB Grundschuld, Sicherungsabtretung, Sicherungsübereignung) sind regelmäßig die Befugnisse des Sicherungsnehmers im Hinblick auf die Sicherheit, insbesondere zu ihrer Verwertung, durch den Sicherungsvertrag an den Bestand und Umfang der gesicherten Forderung gebunden (*Wittig* aaO); im Ergebnis gilt also nichts anderes als bei akzessorischen Sicherheiten. Regelungen in einem Schuldenbereinigungsplan, die die gesicherte Forderung einschränken oder entfallen lassen, führen regelmäßig zu entsprechenden Beschränkungen bei der Inanspruchnahme der dafür bestellten Sicherheiten, sofern nicht der Schuldenbereinigungsplan ausdrücklich eine abweichende Regelung trifft. 53

Aus diesem Grund kann die **Bevorzugung eines gesicherten Gläubigers** im Plan **sachlich gerechtfertigt** sein (wie hier *Prziklang*, Verbraucherinsolvenz S 38/39; HK-*Landfermann* § 309 Rn 14). Fließen einem gesicherten Gläubiger auf Grund seiner Sicherheiten verhältnismäßig höhere Beträge zu als ungesicherten Gläubigern, liegt darin eine Differenzierung auf Grund sachgerechter Kriterien und **keine Ungleichbehandlung** (LG Saarbrücken NZI 2000, 380). 54

Eine Ungleichbehandlung kann insbesondere dann gerechtfertigt sein, wenn einzelne Gläubiger über Sicherheiten verfügen, die im Schuldenbereinigungsverfahren von Bestand sind. Dies ist zB bei einer **wirksamen Abtretung** des pfändbaren Arbeitseinkommens der Fall, die dem Zessionar nach §§ 50, 114 in den ersten zwei Jahren nach Verfahrenseröffnung einen vorrangigen Zugriff auf den Neuerwerb des Schuldners ermöglicht (*Kohte/Ahrens/Grote* § 309 Rn 13; *Hess/Obermüller* Rn 831). Deshalb wird ein Gläubiger an dem Schuldenbereinigungsplan nicht angemessen beteiligt, wenn er trotz einer zu seinen Gunsten bestehenden Lohnabtretung in gleicher Weise wie die übrigen Gläubiger befriedigt werden soll (AG Saarbrücken v 19. 2. 2001 – 64 IK 24/00). Etwas anderes gilt indes dann, wenn das pfändbare Einkommen dauerhaft unterhalb der Pfändungsgrenze liegt (AG Nordhorn v 21. 11. 2006 – 7 IK 68/06, ZVI 2007, 70, bestätigt durch LG Osnabrück v 10. 1. 2007 – 5 T 1063/06). 55

b) **Keine Prüfungsbefugnis des Insolvenzgerichts.** Das Insolvenzgericht ist nicht befugt, im Rahmen des Zustimmungsersetzungsverfahrens nach § 309 den Bestand und gegebenenfalls den nur eingeschränkten Umfang der Bevorrechtigung der Gläubigerforderung des widersprechenden Gläubigers zu klären. § 309 Abs 3 steht der **Prüfung dieser materiellrechtlichen Frage** entgegen (LG München NZI 2000, 382; AG Köln NZI 2000, 492; *Kohte/Ahrens/Grote* § 309 Rn 14; K/P/B/*Wenzel* § 309 Rn 5a; *Pape* ZInsO 2000, 36 Fn 76; aA AG Köln ZInsO 2000, 461 = NZI 2000, 441 = ZIP 2000, 1542 m zust Anm v *Kind* EWiR 2001, 923; AG Göttingen NdsRpfl 2000, 139; AG Mönchengladbach v 31. 10. 2000 – 32 IK 59/00; *Bernet* NZI 2001, 73, 74; differenzierend LG Köln ZInsO 2000, 676, wonach das Insolvenzgericht bei **eindeutiger Rechtslage** befugt sei zu prüfen, ob Sicherheiten wirksam entstanden sind). 56

4. **Nachrangige Forderungen.** Die Gläubiger nachrangiger Forderungen können bei der Abstimmung über die Annahme eines Schuldenbereinigungsplans nur mit einem **Erinnerungswert** (= Null) beteiligt werden, solange der widersprechende Gläubiger nicht glaubhaft macht, dass die (gewöhnlichen) Insolvenzgläubiger voll befriedigt werden (BGH v 17. 1. 2008 – IX ZB 142/07, NZI 2008, 316, 317). 56a

VII. Keine wirtschaftliche Schlechterstellung durch den Plan, Abs 1 S 2 Nr 2

Bei seiner Entscheidung, ob der zustimmungsverweigernde Gläubiger bei Fortsetzung des Insolvenzantragsverfahrens voraussichtlich wirtschaftlich besser stehen würde als bei Annahme des Schuldenbereinigungsplans, hat das Insolvenzgericht zunächst zu prognostizieren, ob es überhaupt zur Eröffnung des Insolvenzverfahrens kommen würde (BerlKo-*Goetsch* § 309 Rn 7). Dabei hat es **die ihm bekannten Hinderungsgründe** zu berücksichtigen. So führt jede Kürzung der Forderungen des betroffenen Gläubigers zu einer Schlechterstellung, wenn das Insolvenzverfahren überhaupt nicht eröffnet werden könnte, sei es, dass der Schuldner nicht insolvent ist, sei es, dass eine die Kosten des Verfahrens deckende Masse nicht vorhanden ist (*Schmidt-Räntsch* MDR 1994, 321, 325; N/R/*Römermann* § 309 Rn 23). 57

Beruft sich ein beteiligter **Gläubiger** auf eine wirtschaftliche Schlechterstellung, hat er **konkrete Tatsachen darzulegen und glaubhaft** zu machen, die den Schluss darauf zulassen, dass er bei einer vollständigen Verfahrensdurchführung einen höheren Betrag erhielte als im Schuldenbereinigungsplan vor- 58 gesehen (**OLG** Dresden ZInsO 2001, 805; **OLG** Köln ZInsO 2001, 230, 231; **LG** Berlin ZInO 2000, 404, 405). Dies entspricht den Regelungen über die Versagung der Restschuldbefreiung, §§ 290 Abs 2, 296 Abs 1 S 3 (*Bruckmann* InVo 2001, 1, 5).

59 1. **Prognose.** Mit der Einfügung des Wortes „**voraussichtlich**" verlangt der Gesetzgeber eine **Prognose**, dh eine vorausschauende Bewertung, ob eine wirtschaftliche Schlechterstellung des Gläubigers wahrscheinlicher ist als ihr Nichteintritt (*Krüger/Reifner/Jung* ZInsO 2000, 12, 18). Auf Grund dieses als normatives Element eingefügten Tatbestandsmerkmals obliegt es den Insolvenzgerichten **selbstständig** einzuschätzen, wie sich die Einkommenssituation des Schuldners zukünftig wahrscheinlich entwickeln wird. Dabei hat das Gericht regelmäßig ohne Hilfe eines Sachverständigen zu entscheiden, welchen zukünftigen Ertrag es dem wahrscheinlichen Verlauf der Restschuldbefreiung ableiten will (*Krüger/Reifner/Jung* aaO).

60 2. **Fiktive Vergleichsrechnung.** Beim Vergleich der in § 309 Abs 1 S 2 Nr 2 genannten Alternativen hat das Gericht das Angebot des Schuldners im Plan den prognostisch zu erwartenden Beträgen im Verbraucherinsolvenzverfahren mit anschließendem Restschuldbefreiungsverfahren gegenüberzustellen und auf Abweichungen hin zu überprüfen (**OLG** Frankfurt ZInsO 2000, 288, 289; **LG** Kaiserslautern v 3. 9. 2008 – 1 T 118/08, NZI 2008, 694, 695; **LG** Berlin ZInsO 2000, 404, 405; *Kohte/Ahrens/Grote* § 309 Rn 21; *Krug*, Verbraucherinsolvenz S 126/127). Dabei ist das Ergebnis der Vermögensverwertung während des vereinfachten Verfahrens und der Wert des Neuerwerbs in diesem und dem sich anschließenden Restschuldbefreiungsverfahren zu prognostizieren. Der so ermittelte Betrag ist um die davon zu bestreitenden **Kosten des Verfahrens** zu bereinigen. Hierzu zählen die Kosten eines fiktiven vereinfachten Insolvenzverfahrens einschließlich des Eröffnungsverfahrens. Diese umfassen auch die Mehrkosten für die Veröffentlichung pp. Zu berücksichtigen sind ferner die Vergütung und Auslagen des Treuhänders im Restschuldbefreiungsverfahrens (**LG** Berlin ZInsO 2000, 404; **AG** Göttingen ZInsO 2000, 233, 234; *Krug* aaO) sowie der Selbstbehalt des Schuldners gemäß § 292 Abs 1 S 3. Zu beachten ist ferner, inwieweit eine **Verkürzung der Laufzeit der Abtretungserklärung** (näher hierzu *Vallender* ZIP 1996, 2058 ff) sowie eine Abtretung bzw Verpfändung der Bezüge iSv § 114 Abs 1 in Betracht kommen würde.

61 **Arbeitseinkommen**, das sich innerhalb der **Pfändungsgrenzen des** § 850c ZPO bewegt, bleibt unberücksichtigt, weil es nicht zur Insolvenzmasse gehört. Sind Ansprüche nicht als solche geschützt, sondern erst durch eine gerichtliche Entscheidung von der Pfändbarkeit ausgenommen, sind sie bei Fehlen einer entsprechenden Entscheidung voll massezugehörig. Dabei ist bei der Betrachtung, was dem Schuldner möglicherweise im Rahmen des Insolvenzverfahrens bleibt, angesichts der Entscheidungsbefugnis der Gläubigerversammlung gemäß § 100 ein eher **restriktiver Maßstab** anzulegen (**LG** Hamburg NZI 2000, 108, 109).

62 Bietet ein Schuldner **Zahlungen aus dem unpfändbaren Einkommensteil** an, ist ein solcher Verzicht auf den Pfändungsschutz unwirksam (vgl RGZ 71, 181, 183; 81, 85; BayObLG NJW 1950, 697; **KG** NJW 1960, 682; *Brox/Walker* Rn 302) und die entsprechende Regelung im Plan, soweit sie den unpfändbaren Betrag betrifft, nicht vollstreckbar. Eine wirtschaftliche Schlechterstellung der Gläubiger tritt dadurch aber nicht ein, weil nach §§ 304 Abs 1, 35, 36 Abs 1 zur Insolvenzmasse nur die pfändbaren Vermögensgegenstände gehören (*Schäferhoff* ZInsO 2001, 687, 690). Mithin ist auch bei solchen Plänen eine Zustimmungsersetzung möglich.

63 Bei einem Angebot des Schuldners auf **Einmalzahlung** ist bei der fiktiven Vergleichsrechnung diesem Betrag der **Kapitalwert** der den Gläubigern im eröffneten Insolvenzverfahren und in der Wohlverhaltensperiode als nachschüssige Jahresrente zufließenden Zahlungen – gemindert um die in diesen Verfahren anfallenden Kosten – gegenüberzustellen (**AG** Hamburg NZI 2001, 48; dazu näher *Reifner/Krüger/Jung* ZInsO 2000, 12, 14 ff).

64 Für den Vergleich der wirtschaftlichen Situation des Gläubigers bei Durchführung des Schuldenbereinigungsverfahrens und bei Eröffnung des Insolvenzverfahrens werden nur die Zahlungen herangezogen, die der Gläubiger bei Eröffnung des Insolvenzverfahrens aus der Insolvenzmasse erhalten würde. **Leistungen Dritter**, wie zB Insolvenzgeld gem § 183 Abs 1 iVm § 208 Abs 1 S 1 SGB III, **bleiben unberücksichtigt** (**LG** Göttingen DZWIR 2001, 345; **LG** Göttingen ZInsO 2001, 859, 860; **aA** BayObLG ZVI 2002, 8, 9 = InVo 2002, 102).

65 a) **Lohnabtretung.** Bei wirksamer Vereinbarung eines **Lohn- bzw Gehaltsabtretungsverbotes** kann sich der Zessionar der Lohn- bzw Gehaltsabtretung nicht darauf berufen, er werde durch den Schuldenbereinigungsplan wirtschaftlich schlechter gestellt, als er bei Durchführung des Verfahrens über die Anträge auf Eröffnung des Insolvenzverfahrens und Erteilung von Restschuldbefreiung stünde. Dies gilt auch dann, wenn die Vereinbarung des Lohn- bzw Gehaltsabtretungsverbotes zeitlich der Lohn- bzw Gehaltsabtretung folgt und der Arbeitgeber sich weigert, die Abtretung zu bedienen. Handeln Schuldner und Arbeitgeber zulasten des Zessionars kollusiv zusammen, kann sich der Sicherungsnehmer trotz des Lohn- bzw Gehaltsabtretungsverbotes auf die Lohnabtretung berufen (**LG** Mönchengladbach v 29. 9. 2000, 5 T 271/00).

VII. Keine wirtschaftliche Schlechterstellung durch den Plan, Abs 1 S 2 Nr 2 § 309

b) Vorangegangene Vollstreckungsmaßnahmen und anfechtbare Rechtshandlungen. Soweit ein 66
Gläubiger durch **Vollstreckungsmaßnahmen** eine **Sicherheit** erlangt hat, ist bei der anzustellenden Vergleichsrechnung zu prüfen, ob und wie lange sie ihm zusteht. Dabei sind die Vorschriften der §§ 88, 114 Abs 3 zu berücksichtigen (**LG Trier** v 21. 4. 2005 – 4 T 1/05, NZI 2005, 405; **LG Kassel** InVo 2001, 290 m Anm *Ernst*; *Henckel* FS *Gaul* S 207; HK-*Landfermann* § 309 Rn 22). Dies gilt gleichermaßen für einen etwaigen Vermögenszufluss auf Grund **anfechtungsrechtlicher Bestimmungen** gemäß §§ 129 ff (vgl **AG Mönchengladbach** ZInsO 2001, 674, 676; *Hucke* ZAP 2000 Fach 14 S 407; HK-*Landfermann* aaO; K/P/B/*Wenzel* § 309 Rn 7; *Kraemer/Vallender/Vogelsang* Fach 3 Kap 1 Rn 166; aA *Hess* 309 Rn 62, der darauf verweist, es obliege dem konkurrierenden Gläubiger, die Möglichkeiten, die ihm das AnfG biete, wahrzunehmen). In einem solchen Fall kann zwar damit gerechnet werden, dass der widersprechende Gläubiger im eröffneten Verfahren die Anfechtung betreiben wird (§ 313 Abs 2 S 1). Dadurch besteht die Möglichkeit, dass er bei Durchführung des vereinfachten Verfahrens und erfolgreicher Anfechtung wirtschaftlich besser gestellt sein wird als nach dem Schuldenbereinigungsplan (*Kraemer/Vogelsang* aaO). Im Regelfall dürfte es indes einem Gläubiger kaum möglich sein, die der Zustimmungsersetzung entgegenstehenden Gründe konkret vorzutragen und glaubhaft zu machen (vgl BT-Drucks 12/7302, S 572; BayObLG ZIP 2001, 204, 206; **OLG Köln** ZInsO 2001, 230, 231; **OLG Celle** ZInsO 2001, 374, 376; *Kohte/Ahrens/Grote* § 309 Rn 37; N/R/*Römermann* § 309 Rn 36; *Smid/Haarmeyer* § 309 Rn 1).

Nach Auffassung des **LG Trier** (aaO) verliert die Pfändung von Bezügen aus einem Dienstverhältnis 66a im gerichtlichen Schuldenbereinigungsverfahren nach den Grundsätzen von Treu und Glauben in dem Zeitpunkt ihre Wirksamkeit, in dem das Insolvenzgericht gem § 308 Abs 1 die Annahme des Schuldenbereinigungsplans durch Beschluss feststellt. Trotz wirtschaftlicher Schlechterstellung sei das Insolvenzgericht befugt, die insoweit erhobenen Einwendungen des Gläubigers durch eine Zustimmung zu ersetzen. *Wenzel* (in: K/P/B § 309 Rn 9 c) hält dem mit Recht entgegen, dass Abs 1 S 2 als zwingendes Recht eine über die dort genannten Gründe hinausgehende Zustimmungsersetzung ausschließe.

c) Privilegierte Gläubiger gemäß § 302. Die Möglichkeit, dass er durch den Plan wirtschaftlich 67 schlechter gestellt wird als er bei Durchführung des Insolvenzverfahrens und dem sich anschließenden Restschuldbefreiungsverfahren stünde, besteht auch bei einem Plan widersprechenden Gläubiger, der zu dem **Kreis der iSv § 302 privilegierten Gläubiger** zählt (*Kraemer/Vallender/Vogelsang* Fach 3 Kap 1 Rn 166; näher dazu *Schäferhoff* ZInsO 2001, 687, 690; K/P/B/*Wenzel* § 309 Rn 7 a). Voraussetzung für eine Berücksichtigung privilegierter Forderungen gemäß § 302 Nr 1 im Rahmen der Ersetzungsentscheidung gemäß § 309 Abs 1 S 2 Nr 2 ist zunächst, dass der Gläubiger das Vorliegen der vorsätzlich begangenen unerlaubten Handlung darlegt und glaubhaft macht. Die Bezeichnung abstrakter Straftatbestände reicht nicht aus, um die Zustimmungsersetzung zu verhindern (**OLG Zweibrücken** NZI 2001, 663 = ZInsO 2001, 970, 971; **LG Heilbronn** v 23. 4. 2002 – 1 b T 65/02, ZVI 2003, 163, 164; aA *Derleder/Rotstegge* ZInsO 2002, 1108, 114). Genügt der Gläubiger diesen Anforderungen, kann das Insolvenzgericht die fehlende Zustimmung eines solchen Gläubigers nur dann ersetzen, wenn der Umstand, dass die Forderung nicht an der Restschuldbefreiung teilnimmt, nicht durch eine höhere Leistung oder ein sonstiges Zugeständnis des Schuldners berücksichtigt wird (**LG München** ZInsO 2001, 720, 721; **LG Münster** InVo 2001, 324; *Kohte/Ahrens/Grote* § 309 Rn 25).

Unabhängig davon dürfte dem Gericht bei seiner Entscheidung im Zusammenhang mit § 302, ob es 67a den angebotenen Betrag oder die angebotene Regelung für ausreichend erachtet, ein **gewisser Ermessensspielraum** zustehen, weil für diese Gläubiger eine vollständige Realisierung ihre von der Restschuldbefreiung ausgenommene Forderung auch nach erteilter Restschuldbefreiung nicht sicher ist (*Kohte/Ahrens/Grote* § 309 Rn 25 a; K/P/B/*Wenzel* § 309 Rn 6 a; *Graf-Schlicker/Sabel* § 309 Rn 28).

Bei Aufnahme einer vom Schuldner zu zahlenden **Geldstrafe** in den Plan wird die Staatsanwaltschaft 68 dem Plan nur dann zustimmen können, wenn darin eine vollständige Begleichung der Geldstrafe vorgesehen ist. Denn über den Geldstrafenbetrag kann kein Vergleich geschlossen werden, allenfalls könnte eine Gnadenentscheidung ergehen etwa hinsichtlich der Tagessatzhöhe (*Franke* NStZ 1999, 548, 549). Die fehlende Zustimmung kann das Gericht nicht ersetzen. Wenn die Geldstrafe nach dem Schuldenbereinigungsplan nicht voll bezahlt wird, wird die Staatskasse schlechter gestellt, als sie wegen der Regelung in § 302 Nr 2 nach dem Insolvenzverfahren mit Restschuldbefreiung stünde.

d) Aufrechnung und Verrechnung. In der fehlenden Vereinbarung einer Aufrechnungsmöglichkeit ge- 69 gen Steuererstattungsansprüche des Schuldners kann eine wirtschaftliche Schlechterstellung eines Gläubigers zu sehen sein (**FG Düsseldorf** v 8. 12. 2006 – 18 K 2707/05 AO, EFG 2007, 738; **LG Koblenz** ZInsO 2000, 507 m zust Anm *Hilbertz/Busch* ZInsO 2000, 491; HambKomm/*Streck* § 309 Rn 21; aA **AG Neuwied** NZI 2000, 334, 335; **AG Göttingen** ZInsO 2001, 329, 330; *Grote* ZInsO 2001, 452, 454). Dies folgt daraus, dass aus § 294 Abs 3 kein allgemeines Aufrechnungsverbot gegen während der Wohlverhaltensperiode entstandene Ansprüche des Schuldners herzuleiten ist (vgl Ausführungen zu § 294 Rn 34). Zwar ergibt sich aus dem Schuldenbereinigungsplan nicht unmittelbar ein Einfluss auf eine Aufrechnungsmöglichkeit. Diese bleibt im Grundsatz unberührt (*Schmors* jurisPR-InsR 8/2008 Anm 5). Ein mittelbarer Einfluss kann sich indes daraus ergeben, dass vom Plan erfasste Forderungen modifiziert werden. Sieht der Plan zB die Stundung einer fälligen Forderung vor, steht der Aufrechnung die

§ 309

Regelung des § 387 BGB entgegen. Will sich ein Gläubiger die Aufrechnungsmöglichkeit sichern, sollte er in einem solchen Fall seine Zustimmung zum Plan ausdrücklich von der Vereinbarung einer Aufrechnungsmöglichkeit abhängig machen (**FG Düsseldorf aaO**).

70 Die Ersetzung der fehlenden Zustimmung eines gemäß § 52 SGB I **verrechnungsbefugten Sozialversicherungsträgers** wegen behaupteter wirtschaftlicher Schlechterstellung ist ebenfalls zulässig. Die gesetzlichen Regelungen über die Aufrechnung für den Fall der **Verrechnung gemäß § 52 SGB I** sind nicht anzuwenden, weil es zum einen an der Gegenseitigkeit der Forderungen fehlt und zum anderen durch die Zulassung einer Verrechnung das Verfahrensziel des § 89 unterlaufen werden könnte (BayObLG ZIP 2001, 970; **OLG Karlsruhe** ZInsO 2001, 913 = NZI 2001, 662; LG Göttingen ZInsO 2001, 324; aA **AG Bielefeld** ZInsO 2001, 240 LS; offen gelassen von **AG Hamburg** NZI 2000, 283). Im Übrigen hat das Ziel der Gläubigergleichbehandlung (§ 1) Vorrang vor dem Ziel der Verwaltungsvereinfachung und engen Zusammenarbeit der Sozialleistungsträger (BayObLG aaO 973).

71 **3. Unveränderbarkeit der wirtschaftlichen Verhältnisse, Nr 2, 2. HS.** Bei dem Vergleich zwischen den nach dem Schuldenbereinigungsplan vorgesehenen Zahlungen gegenüber den prognostisch bei Durchführung des Insolvenzverfahrens zu erwartenden Beträgen ist nach § 309 Abs 1 S 2 Nr 2 2. HS **im Zweifel** davon auszugehen, dass sich die **wirtschaftlichen und familiären Verhältnisse des Schuldners** während der Dauer des Insolvenzverfahrens und der anschließenden Wohlverhaltensperiode bis zur gesetzlichen Restschuldbefreiung **nicht verändern**. Das Schuldenbereinigungsangebot ist den **prognostisch zu erwartenden Beträgen** im Verbraucherinsolvenzverfahren mit anschließender Treuhandphase bis zur gesetzlichen Restschuldbefreiung gegenüberzustellen und auf Abweichungen hin zu überprüfen (**OLG Frankfurt** ZInsO 2000, 288, 289; *Kohte/Ahrens/Grote* § 309 Rn 21).

72 Da die Vermutung des 2. Halbsatzes nur „**im Zweifel**" gilt, **sind nicht unwesentliche Veränderungen** dann zu berücksichtigen, wenn deren Eintritt nach Lage der Dinge **konkret absehbar** ist (**OLG Frankfurt** ZInsO 2000, 288, 289; **OLG Karlsruhe** NZI 2001, 422; **LG Heilbronn** NZI 2001, 434, 435; **AG Regensburg** ZInsO 2000, 216, 217; HK-*Landfermann* § 309 Rn 17). Der Gläubiger, der sich gegen die Ersetzung seiner Zustimmung zum Plan wendet, hat **im Einzelnen** aufzuzeigen, in welchem Umfang sich die wirtschaftlichen Verhältnisse des Schuldners in Zukunft verändern könnten. Allein die **abstrakte Möglichkeit**, dass der Schuldner durch die Aufnahme einer Erwerbstätigkeit unter Umständen in Zukunft ein höheres Einkommen erzielen könnte, ist unerheblich (**OLG Köln** ZInsO 2001, 230, 232; H/W/F Kap 10 Rn 40).

73 So kommt eine Zustimmungsersetzung bei einem Schuldenbereinigungsplan, der keine oder nur sehr geringfügige Zahlungen an die Gläubiger vorsieht, nicht in Betracht, wenn der Schuldner einer **absehbaren** nicht unwesentlichen Änderung seiner Einkommensverhältnisse im Schuldenbereinigungsplan nicht Rechnung trägt und dadurch den Gläubiger schlechter stellt, als er bei Durchführung des Verfahrens über die Anträge auf Eröffnung des Insolvenzverfahrens und Erteilung von Restschuldbefreiung stünde (**OLG Frankfurt** aaO 290).

74 Etwaige zukünftige **Änderungen der §§ 850c ff ZPO**, die zu einem niedrigeren pfändbaren Betrag führen, bleiben außer Betracht. Vielmehr sind die Pfändungsfreigrenzen im Zeitpunkt der Ersetzungsentscheidung als fortbestehend zu behandeln. Nichts anderes gilt für den Fall, dass dem Schuldner infolge des **Wegfalls von Steuervorteilen** ein erheblich vermindertes Nettoeinkommen zur Verfügung stehen wird (**LG Traunstein** ZInsO 2001, 525, 526).

75 Dagegen ist ein **Zinsgewinn** des Einwendungsgläubigers auf Grund einer früheren Zahlung gemäß dem Schuldenbereinigungsplan bei dem anzustellenden Vergleich zwischen den nach dem Schuldenbereinigungsplan vorgesehenen Zahlungen gegenüber den prognostisch bei Durchführung des Insolvenzverfahrens zu erwartenden Beträgen zu berücksichtigen.

76 Da das Gericht auch Veränderungen über Verhältnisse des Schuldners bis zur Entscheidung über den Antrag auf Ersetzung zu beachten hat, ist im Ergebnis auf die **Gegebenheiten zum Entscheidungszeitpunkt** abzustellen (**LG Heilbronn** NZI 2001, 434, 435; N/R/*Römermann* § 309 Rn 25).

77 **4. Aufnahme von Klauseln.** Das Gesetz verlangt nicht die Aufnahme von bestimmten Klauseln in den Plan (**OLG Frankfurt** ZInsO 2000, 288 = NZI 2000, 473 = InVo 2000, 345; *Schäferhoff* ZInsO 2001, 687, 690). Allerdings benachteiligt ein Plan, der **kein Wiederaufleben der Ansprüche der Gläubiger** für den Fall vorsieht, dass durch das Verschulden des Schuldners Gründe eintreten, die zu einer Versagung der Restschuldbefreiung führen würden, die widersprechenden Gläubiger in rechtlicher Hinsicht (**LG Hechingen** v 6. 8. 2004 – 3 S 21/04, ZInsO 2005, 49 m abl Anm *Theiß* ZInsO 2005, 29; **LG Köln** v 7. 5. 2003 – 19 T 87/03, NZI 2003, 559, 560; **LG Memmingen** NZI 2000, 233, 235; **LG Lübeck** ZVI 2002, 10; K/P/B/*Wenzel* § 309 Rn 8; *Pape* NJW 2006, 2744, 2745; offengelassen von **OLG Celle** ZVI 2002, 19; aA **LG Hannover** v 28. 1. 2004 – 20 T 68/03, ZVI 2005, 49, 50; **LG Dortmund** ZVI 2002, 32; **AG Bremerhaven** ZVI 2007, 21; **AG Ludwigshafen** EzInsR § 309 InsO Nr 6; differenzierend *Kohte/Ahrens/Grote* § 309 Rn 23). Eine Ersetzung der fehlenden Zustimmung nach § 309 Abs 1 S 2 Nr 2 ist nicht möglich. Dagegen kann ein Gläubiger sich nicht mit Erfolg darauf berufen, dass das Fehlen einer Wiederauflebensklausel ihn wirtschaftlich schlechter stelle, wenn der Schuldenbereinigungsplan ihm ein **Kündigungsrecht** für den **Eintritt des Verzuges** (Überschreiten der kalendermäßig bestimmten Leis-

VII. Keine wirtschaftliche Schlechterstellung durch den Plan, Abs 1 S 2 Nr 2 § 309

tungszeit) gewährt. Der Umstand, dass die volle Forderung des Gläubigers bei Zahlungsverzug nicht ohne weiteres wieder auflebt, sondern es noch der Kündigung bedarf, mag zwar eine **rechtliche Schlechterstellung** bedeuten, diese ist aber im Rahmen des § 309 Abs 1 S 2 Nr 2 **unbeachtlich** (AG Köln NZI 2002, 116 = ZVI 2002, 14, 15). Sieht eine Verfall- bzw Wiederauflebensklausel im Schuldenbereinigungsplan vor, dass für den Fall des **Zahlungsverzugs des Schuldners** den Gläubigern zwar ein Kündigungsrecht zusteht, gleichwohl jedoch die Forderung je nach bisherigem Verhalten des Schuldners als erlassen gilt (25%-iger Erlass bei ordnungsgemäßer Erfüllung während eines Viertels der Gesamtlaufzeit), stellt dies eine wirtschaftliche Schlechterstellung des dem Plan widersprechenden Gläubigers dar (**LG Göttingen** NZI 2000, 487). Eine Zustimmungsersetzung kommt ferner nicht in Betracht, wenn der Schuldner auch bei einem **vorzeitigen Scheitern des Plans** für jedes Jahr der Planerfüllung einen **Teilerlass** auf die Gesamtforderung begehrt (**LG Münster** InVO 2001, 324). Denn ein Gläubiger braucht einen Teilerlass seiner Forderung nicht zu fürchten, falls es im weiteren Verlauf der Wohlverhaltenszeit zu einer Obliegenheitsverletzung durch den Schuldner kommt. Auch das Fehlen einer sogen **Besserungsklausel in einem Null-Plan** benachteiligt die widersprechenden Gläubiger in rechtlicher Hinsicht. Eine Ersetzung der fehlenden Zustimmung nach § 309 Abs 1 S 2 Nr 2 ist nicht möglich (**AG Göttingen** ZInsO 2000, 628). Enthält ein Plan eine Klausel, nach der nur **Einkommenssteigerungen** des Schuldners, die 10% übersteigen, den Gläubigern zugute kommen, ist darin eine Schlechterstellung des widersprechenden Gläubigers zu sehen. Denn bei Durchführung des Insolvenzverfahrens müssten sämtliche **pfändbaren Bezüge** an einen Treuhänder abgeführt werden (**LG Göttingen** ZInsO 2001, 325, 326). Eine **Klausel im Schuldenbereinigungsplan,** nach der die **Verpflichtung des Bürgen in voller Höhe erhalten bleibt,** während gleichzeitig der Schuldner nur zur teilweisen Befriedigung des Gläubigers verpflichtet sein soll, ist **unwirksam** (**AG Saarbrücken** ZInsO 2002, 151 = ZVI 2002, 15, 16). In einem solchen Fall liegt eine **wirtschaftliche Schlechterstellung** des widersprechenden Gläubigers vor. Denn bei Durchführung des Insolvenz- und Restschuldbefreiungsverfahrens bliebe der Bürge trotz Restschuldbefreiung für den Schuldner gem § 301 Abs 2 S 1 gegenüber dem Gläubiger zur vollen Leistung verpflichtet, während bei Zustandekommen des Schuldenbereinigungsplans die Forderung gegen den Bürgen aus dem Bürgschaftsvertrag gem § 768 BGB nicht mehr durchsetzbar wäre, weil sich dieser auf das Erlöschen der restlichen, nach der Regelung im Schuldenbereinigungsplan nicht zu tilgenden Forderung des Gläubigers berufen könnte.

Dagegen kann sich ein Gläubiger nicht mit Erfolg darauf berufen, dass der Plan keine Klausel enthalte, die es den Gläubigern erlaube, auf unbegrenzte Zeit in später durch **Erbschaft** erworbenes Vermögen der Schuldnerin vollstrecken zu können. Dies würde de facto zu einer unbegrenzten Fortdauer der Haftung des Schuldners führen und ist daher mit dem Grundgedanken der Restschuldbefreiung unvereinbar (**LG Saarbrücken** NZI 2000, 380, 382). Etwas anderes gilt dann, wenn der Gläubiger **konkrete Umstände** darlegt und glaubhaft macht, die eine Erbschaft als in dem relevanten Zeitraum absehbar erscheinen lassen (**OLG Karlsruhe** NZI 2001, 422 = ZInsO 2001, 913). Es stellt auch keinen **Verstoß** gegen das **Verbot der Schlechterstellung** dar, wenn der Schuldner sich in dem Schuldenbereinigungsplan nicht verpflichtet, außer der Hälfte des Vermögenswertes, den er von Todes wegen oder mit Rücksicht auf ein künftiges Erbrecht erwirbt, **weiteren Vermögenszuwachs** an die Gläubiger herauszugeben (**AG Göttingen** ZInsO 2000, 233). Diese Verpflichtung sehen auch die Bestimmungen des Restschuldbefreiungsverfahrens nicht vor.

Sieht ein Schuldenbereinigungsplan die **Einbeziehung bisher nicht benannter Gläubiger,** deren Forderungen allerdings bereits beim Abschluss des Vergleichs entstanden sind, unter Neuverteilung entsprechend dem erhöhten Forderungsbetrag vor, liegt darin keine Schlechterstellung der bisherigen Gläubiger im Vergleich zum Restschuldbefreiungsverfahren iSv § 309 Abs 1 S 2 Nr 2. Eine solche Klausel ist geeignet, entsprechend dem Gesetzeszweck schon auf der ersten Stufe des gerichtlichen Verfahrens möglichst viele Verfahren zum Abschluss zu bringen (**AG Göttingen** NZI 1999, 468 = VuR 2000, 28, 29). 79

Die Aufnahme einer **Anpassungsklausel** in den Schuldenbereinigungsplan kann nur dann verlangt werden, wenn auf Grund der Sachverhaltsgestaltung gesicherte und **konkrete Anhaltspunkte** für eine wahrscheinlich eintretende und signifikante Änderung der Einkommensverhältnisse vorhanden sind (**OLG Frankfurt** ZInsO 2000, 288, 289; *Schäferhoff* ZInsO 2001, 687, 690). 80

Ob die vom Schuldner angebotenen Mittel tatsächlich aufgebracht und an die Gläubier gezahlt werden können, ist für die Ersetzung der fehlenden Zustimmung ohne Belang. Das Gesetz geht davon aus, dass den Gläubigerinteressen in Gestalt der Möglichkeit der Einzelzwangsvollstreckung bzw der Beantragung eines neuen Insolvenzverfahrens insoweit hinreichend Genüge getan ist (**LG Saarbrücken** NZI 2000, 380, 382). Aus diesem Grunde kann auch ein Schuldenbereinigungsplan, der keine **Sanktionen** für seine **Nichteinhaltung** vorsieht, nicht erfolgreich mit der Begründung abgelehnt werden, dass dadurch eine wirtschaftliche Schlechterstellung eintrete (**LG Münster** InVo 2001, 324). Einer solchen Regelung bedarf es nicht, weil die Folgen der Nichterfüllung einer vertraglich eingegangenen Verbindlichkeit im BGB geregelt sind. 81

5. Richterliche Überzeugung vom Vorliegen eines Insolvenzgrundes. In Rechtsprechung und Literatur umstritten ist die Frage, ob der Insolvenzrichter für die Durchführung des gerichtlichen Schuldenbereinigungsverfahrens vom Vorliegen eines Insolvenzgrundes überzeugt sein muss. Eine Meinung (*Vallen-* 82

§ 309 *Ersetzung der Zustimmung*

der EWiR 1999, 849; *Hess/Obermüller* Rn 105) lehnt die Anwendung der §§ 16, 17, 18 im gerichtlichen Schuldenbereinigungsverfahren mit der Begründung ab, das Gericht sei in diesem Verfahrensstadium bereits aus rechtlichen Gründen daran gehindert, über das Vorliegen eines Eröffnungsgrundes Amtsermittlungen nach § 5 anzustellen. Demgegenüber vertreten *Pape* (in: K/P/B § 16 Rn 6; WM 1998, 2125 ff), *Wenzel* (in: K/P/B § 309 Rn 6), *Wittig* (WM 1998, 157, 167), *Scholz* (DB 1996, 765 ff) und *Krug* (Der Verbraucherkonkurs S 115 ff) die Auffassung, die Vorschrift des § 16 finde uneingeschränkt auch im Verbraucherinsolvenzverfahren Anwendung mit der Folge, dass das Gericht sich die notwendige Überzeugung vom Vorliegen eines Insolvenzgrundes verschaffen müsse. Nach einer weiteren Meinung (**AG** Göttingen ZIP 1999, 1365 m Anm *Vallender* aaO; *Häsemeyer* Rn 29.35; *Uhlenbruck* NZI 2000, 15, 17) muss diese Überzeugung spätestens in dem Zeitpunkt vorliegen, in dem ein Beschluss nach § 309 ergeht (offen gelassen von **OLG** Frankfurt ZInsO 2000, 288, 289). Nach einer vierten Auffassung (*Kohte/Ahrens/Grote* § 309 Rn 30) kann die Zustimmung nach § 309 nur dann nicht ersetzt werden, wenn der Schuldner das Vorliegen einer Zahlungsunfähigkeit behauptet, der Gläubiger aber das Fehlen des Insolvenzgrundes glaubhaft macht, da er dann nach § 309 Abs 1 Nr 2 **schlechter gestellt würde**, als er bei der Durchführung des Verfahrens stünde. Auch wenn nicht zu verkennen ist, dass die Ersetzungsentscheidung einen schwerwiegenden Eingriff in die Gläubigerposition darstellt, besteht mangels gesetzlicher Grundlage für das Insolvenzgericht keine Verpflichtung, sich vor seiner Entscheidung über den Eröffnungsantrag vom Vorliegen des Insolvenzgrundes zu überzeugen.

83   **6. Prüfung des Vorliegens eines Versagungsgrundes nach § 290.** Versagungsgründe gemäß § 290 Abs 1 sind bei der Einschätzung des voraussichtlichen Verlaufs eines Insolvenzverfahrens mit zu berücksichtigen, weil die Frage der Restschuldbefreiung für den **wirtschaftlichen Ausgang des Insolvenzverfahrens** mit entscheidend ist (**OLG** Köln ZInsO 2001, 807, 809 = NZI 2001, 594; **OLG** Celle ZInsO 2000, 456, 457; **LG** Göttingen NZI 2001, 327; 328; **LG** Saarbrücken NZI 2000, 380, 381; **AG** Göttingen NZI 2001, 605; *Kirchhof* ZInsO 1999, 54, 59; HK-*Landfermann* § 309 Rn 20; K/P/B/*Wenzel* § 306 Rn 6). Hiervon hängt es nämlich ab, ob die Gläubiger ein Nachforderungsrecht haben oder nicht (N/R/*Römermann* § 309 Rn 23).

84   Gegen eine uneingeschränkte Berücksichtigung eines Versagungsgrundes nach § 290 Abs 1 wird vorgebracht, wegen des Antragserfordernisses müsse das Gericht zunächst abschätzen, ob die Stellung des Antrags auf Versagung der Restschuldbefreiung wahrscheinlich ist; nur dann sei die Vorschrift zu berücksichtigen (N/R/*Römermann* § 309 Rn 23). Demgegenüber lässt die überwiegende Meinung (**LG** Saarbrücken NZI 2000, 380, 381; **LG** Göttingen ZInsO 2001, 379, 380; *Hess/Obermüller* Rn 836; K/P/B/*Wenzel* § 309 Rn 6; *Kohte/Ahrens/Grote* § 309 Rn 31; *Kirchhof* ZInsO 1998, 54, 59; *Schulte-Kaubrügger* DZWIR 1999, 95, 98) den **objektiv vorhandenen Versagungsgrund** ausreichen. Sie weist mit Recht darauf hin, man könne regelmäßig davon ausgehen, dass im Schlusstermin eines Insolvenzverfahrens ein Versagungsantrag gestellt werde, wenn die Voraussetzungen für eine Versagung der Restschuldbefreiung gemäß § 290 vorlägen.

85   Der **antragstellende Gläubiger muss nicht selbst Opfer** des unredlichen Verhaltens des Schuldners gewesen sein (**OLG** Celle NZI 2000, 456, 457; K/P/B/*Wenzel* § 290 Rn 5, N/R/*Römermann* § 290 Rn 17; *Messner/Hofmeister* Schuldenfrei S 24; *Schäferhoff* ZInsO 2001, 687, 689; aA *Kohte/Ahrens/Grote* § 290 Rn 27, soweit es um den Versagungsgrund des § 290 Abs 1 Nr 2 geht; **AG** Mönchengladbach ZInsO 2001, 674, 676; *Ahrens* NZI 2001, 113, 118). Vielmehr hat das Gericht die Restschuldbefreiung bei Vorliegen eines Versagungsgrundes zwingend zu versagen. Eine Rechtfertigung findet diese Rechtsfolge zum einen darin, den Schuldner, der durch unredliches Verhalten das Risiko seines wirtschaftlichen Scheiterns vergrößert hat, das Risiko des Scheiterns alleine tragen zu lassen. Zum anderen kann die Frage der **Redlichkeit des Schuldners**, die Voraussetzung für die Erteilung der Restschuldbefreiung ist, nicht teilbar angesehen werden (**OLG** Celle aaO).

86   Eine Versagung der Restschuldbefreiung gemäß § 290 Abs 1 Nr 6 kommt allerdings ebenso wie bei § 290 Abs 1 Nr 5, dessen Ergänzung Nr 6 für die Zeit vor Eröffnung des Insolvenzverfahrens bezweckt (N/R/*Römermann* § 290 Rn 97), nur in Betracht, wenn es sich um **Pflichtverletzungen** handelt, die eine gewisse **Erheblichkeit** haben und nicht ganz geringfügig sind. Sie müssen sich zum Nachteil der am Verfahren beteiligten Gläubiger auswirken (**LG** Saarbrücken NZI 2000, 380, 382).

87   Dagegen ist im Rahmen des Zustimmungsersetzungsverfahrens nicht zu berücksichtigen, ob und inwieweit der Schuldner seinen Obliegenheiten während der Wohlverhaltensperiode nachkommen wird (vgl *Schulte-Kaubrügger* DZWIR 1999, 95, 98).

88   **7. Null-Plan, Fast-Null-Plan, flexibler Null-Plan.** Eine Zustimmungsersetzung kommt nicht nur bei Plänen in Betracht, die nur geringfügige Zahlungen an die Gläubiger vorsehen (sogen **Fast-Nullplan**) oder die die Verpflichtung des Schuldners enthalten, bei einer Verbesserung der Einkommensverhältnisse die pfändbaren Beträge an die Gläubiger abzuführen, sogen **flexibler Nullplan** (**LG** Ansbach v 12. 6. 2001 – 4 T 1039/91; **AG** Göttingen NZI 1999, 468, 469; **AG**, Göttingen ZInsO 2001, 974), sondern ist auch bei einem Plan möglich, der keine Zahlungen an die Gläubiger vorsieht, sogen **Null-Plan** (**OLG** Frankfurt ZInsO 2000, 288, 289; **LG** Memmingen NZI 2000, 233, 234; **LG** Neubrandenburg ZInsO 2001, 1120; N/R/*Römermann* § 309 Rn 30; *Hess* § 309 Rn 96; **aA LG** Mönchengladbach ZInsO 2001,

IX. Glaubhaftmachung der Einwendungen, Abs 2 S 2 § 309

1115 m Anm *Grote*; K/P/B/*Wenzel* § 309 Rn 7a; MüKoInsO-*Ott* § 309 Rn 18; ausdrücklich offengelassen in der Entscheidung OLG Köln ZIP 1999, 1929, 1933). Da die **Parteien** den Inhalt des Schuldenbereinigungsplans **privatautonom bestimmen**, hat das Gericht weder die Aufgabe noch die Möglichkeit, den Inhalt des Plans zu kontrollieren oder zu beanstanden. Nur bei einer Glaubhaftmachung gemäß § 309 Abs 2 S 2 ist das Gericht zu einer inhaltlichen Überprüfung des Minderheitenschutzes befugt. Einwendungen eines Gläubigers gegen den Plan können nicht ersetzt werden, wenn er bei Durchführung des Insolvenz- und Restschuldbefreiungsverfahrens Zahlungen erhalten würde. Dies setzt freilich voraus, dass der Schuldner über **pfändbare Vermögenswerte** verfügt, diese seinen Gläubigern in einem Schuldenbereinigungsplan aber nicht anzubieten bereit ist. Ebenso wenig darf das Insolvenzgericht die Zustimmung eines Gläubigers zu dem vom Schuldner vorgelegten **Fast-Nullplan** ersetzen, wenn der widersprechende Gläubiger Tatsachen glaubhaft macht, aus denen sich ernsthafte Zweifel ergeben, ob eine vom Schuldner angegebene Forderung besteht oder sich auf einen höheren oder niedrigeren Betrag richtet als angegeben, und vom Ausgang des Streites abhängt, ob die Kopf- und Summenmehrheit der zustimmenden Gläubiger erreicht wird (BGH v 21. 10. 2004 – IX ZB 427/02, NZI 2005, 46).

Beruft sich ein Gläubiger auf eine **künftige Veränderung der Vermögensverhältnisse** des Schuldners, muss der Eintritt der Veränderungen nach Lage der Dinge konkret absehbar sein (OLG Frankfurt ZInsO 2000, 288, 289; OLG Karlsruhe NZI 2001, 433 = ZInsO 2001, 913; *Grote* ZInsO 2001, 1118). Dies hat der Gläubiger konkret darzulegen und glaubhaft zu machen. 88a

8. Verkürzte Wohlverhaltensperiode. Nur wenn ein Schuldner **zeitnah zum 1. 1. 1997** zahlungsunfähig war, stellt der auf eine Laufzeit von 60 Monaten angelegte Schuldenbereinigungsplan die Gläubiger nicht schlechter, als sie bei Durchführung des Insolvenzverfahrens stünden (näher dazu § 287 Rn 51 ff). Bei einer Ratenzahlung zur Vermeidung von Vollstreckungsmaßnahmen ist erst dann davon auszugehen, dass die Zahlungsunfähigkeit des Schuldners beseitigt ist, wenn sämtliche Raten gezahlt sind und die Forderung des Gläubigers endgültig erfüllt ist (LG Göttingen NZI 2001, 327, 328). 89

VIII. Anhörung der Gläubiger vor Zustimmungsersetzung, Abs 2 S 1

Auf die Anhörung des Gläubigers, der Einwendungen gegen den Schuldenbereinigungsplan erhoben hat, kann grundsätzlich nicht verzichtet werden (OLG Köln ZInsO 2001, 807, 809; *Vallender* EWiR 1999, 847, 848; aA AG Göttingen ZIP 1999, 1365). Dabei ist den Gläubigern förmlich eine Gelegenheit zur Stellungnahme einzuräumen. Für die Anhörung einer nicht erreichbaren Person gilt § 10 (N/R/ *Römermann* § 309 Rn 34). 90

Das Absehen von einer Anhörung vor der Entscheidung des Gerichts über den Antrag auf Ersetzung der Zustimmung stellt jedenfalls dann eine Verletzung des Verfassungsgrundsatzes des **rechtlichen Gehörs** dar, wenn den Gläubigern, die Einwendungen erhoben haben, vor der Entscheidung des Gerichts nicht die Gelegenheit gegeben wurde, die Gründe, die gemäß § 309 Abs 1 S 1 einer Ersetzung ihrer Einwendungen über eine Zustimmung entgegenstehen, glaubhaft zu machen. Soweit nicht bereits bei der Zustellung des Schuldenbereinigungsplans (§ 307) der Hinweis auf das Erfordernis der Glaubhaftmachung erfolgt ist, ist er spätestens nach den ablehnenden Stellungnahmen der Gläubiger zu geben (*Vallender* aaO). 91

IX. Glaubhaftmachung der Einwendungen, Abs 2 S 2

Der Antragsteller hat die Gründe, die gemäß Abs 1 S 2 einer Ersetzung seiner Einwendungen durch eine Zustimmung entgegenstehen, glaubhaft zu machen. Insoweit gilt der Amtsermittlungsgrundsatz des § 5 Abs 1 S 1 nicht (OLG Köln ZInsO 2001, 807, 809; LG Berlin ZInsO 2000, 404). Vermag keiner der Einwendungsgläubiger Hinderungsgründe glaubhaft zu machen, darf das Gericht keine eigenen Ermittlungen anstellen. Vielmehr hat es zwingend die Ersetzung auszusprechen. Ein Ermessen steht dem Gericht hierbei nicht zu. Die Glaubhaftmachung kann auch nach Ablauf der Frist des § 307 Abs 1 erfolgen (AG Regensburg ZInsO 2000, 516, 517). Sie ist **Zulässigkeitsvoraussetzung** für die Prüfung iSv § 309 (BayObLG ZIP 2001, 204, 206; OLG Köln aaO). Es genügt zur Glaubhaftmachung die **überwiegende Wahrscheinlichkeit**, dass die Behauptung zutrifft (OLG Köln ZIP 1988, 664). 92

1. Art und Umfang der Glaubhaftmachung. Zur Glaubhaftmachung kann sich der Insolvenzgläubiger gemäß § 4, § 294 Abs 1 ZPO aller Beweismittel bedienen. So ist beispielsweise die Vorlage **unbeglaubigter Kopien** von Schriftstücken ein zulässiges Mittel der Glaubhaftmachung (OLG Köln FamRZ 1983, 709; LG Stuttgart ZInsO 2001, 134); den Beweiswert würdigt das Gericht frei (*Thomas/Putzo* § 294 ZPO Rn 2). 93

Die **Anforderungen an die Glaubhaftmachung** hängen auch im Insolvenzverfahren – ähnlich wie die Substantiierungspflicht im Zivilprozess – von dem Verhalten der anderen Seite ab. Bestreitet der Schuldner weder die Forderung noch den der Forderung zugrunde liegenden Lebenssachverhalt, reicht die **schlüssige Darlegung** durch den Gläubiger aus (LG München ZInsO 2001, 720, 721). Dagegen 94 stellt die **abstrakte Benennung von Straftatbeständen,** deren Begehung der widersprechende Gläubiger dem Schuldner vorwirft, keine hinreichende Glaubhaftmachung in dem Sinne dar, dass Versagungsgründe iSv § 309 vorliegen (**OLG** Celle ZInsO 2001, 468; **OLG** Zweibrücken NZI 2001, 663 = ZInsO 2001, 970, 971). Trägt ein Gläubiger vor, die Zustimmungsersetzung sei zu versagen, weil ihm gegen den Schuldner eine Forderung aus unerlaubter Handlung zustehe (§ 823 Abs 2 BGB iVm § 266a StGB), muss er schlüssig darlegen, dass ein solcher Anspruch gegeben ist und eine Benachteiligung durch den Schuldenbereinigungsplan eintritt (**OLG** Dresden ZInsO 2001, 805; s auch **LG** Mannheim v 15. 11. 2001 – 1 T 128/01, ZVI 2002, 367). Hierzu zählen auch eine konkrete **Darlegung des subjektiven Tatbestands** (LG Göttingen ZInsO 2001, 859, 860).

95 Sieht der Plan einen **Eingriff in Sicherheiten** gegen den Willen des gesicherten Gläubigers vor, muss dieser den **Wert der Sicherheit** glaubhaft machen.

96 **2. Gegenglaubhaftmachung.** Gelingt es dem Insolvenzgläubiger, die Gründe, die gemäß Abs 1 S 2 einer Ersetzung seiner Einwendungen durch eine Zustimmung entgegenstehen, glaubhaft zu machen, ist die Ersetzung ausgeschlossen. Allerdings hat der Schuldner die Möglichkeit der **Gegenglaubhaftmachung** (*Kohte/Ahrens/Grote* § 309 Rn 39; N/R/*Römermann* § 309 Rn 37). Dazu hat das Gericht ihm die vom Gläubiger glaubhaft gemachten Hinderungsgründe vor seiner Entscheidung bekannt zu geben (N/R/ *Römermann* § 309 Rn 34). Widerspricht der Schuldner dem Vorbringen des Gläubigers hinreichend substantiiert und macht diesen Sachvortrag glaubhaft, hat das Gericht zu prüfen, welcher Sachvortrag überwiegend wahrscheinlich ist (vgl **BGH** VersR 1976, 928; *Hess/Obermüller* Rn 981; *Hess* § 309 Rn 92). Die Zulassung der **Gegenglaubhaftmachung** steht dem Willen des Gesetzgebers nicht entgegen. Denn die Absätze 2 und 3 sollen vermeiden, dass das Insolvenzgericht vor der Entscheidung über die Ersetzung einer Zustimmung **langwierige Prüfungen und Beweisaufnahmen** zum Bestehen und zur Höhe streitiger Forderung durchführen muss. Dies ist bei einer Gegenglaubhaftmachung nicht der Fall. Eine inhaltliche Prüfung ist bereits mit der Glaubhaftmachung verbunden.

X. Ausschluss der Ersetzung, Abs 3

97 § 309 Abs 3 behandelt den **Sonderfall streitiger Forderungen.** Die Regelung vermeidet, dass das Insolvenzgericht bei der Entscheidung über die Ersetzung einer Zustimmung langwierige Prüfungen und Beweisaufnahmen zum Bestehen und zur Höhe streitiger Forderungen durchführen muss (Beschl-Empfehlung des RechtsA zu § 357f (= § 309) BT-Drucks 12/7302 S 192/193). Einen **ernsthaften Streit über den rechtlichen Bestand von Forderungen** braucht das Insolvenzgericht nicht selbst im Schuldenbereinigungsplanverfahren zu entscheiden. Insoweit steht den Parteien der **Zivilrechtsweg** offen (*Schmidt-Räntsch* MDR 1994, 321, 325).

98 Das Insolvenzgericht hat lediglich zu prüfen, ob Tatsachen **glaubhaft gemacht sind,** aus denen sich „ernsthafte Zweifel" hinsichtlich Bestand oder Höhe der umstrittenen Forderung ergeben, nicht jedoch, in welcher konkreten Höhe die bestrittene Forderung anzuerkennen ist (**OLG** Köln ZInsO 2001, 855, 857; HK-*Landfermann* § 309 Rn 26; N/R/*Römermann* § 309 Rn 45; *Kohte/Ahrens/Grote* § 309 Rn 38; K/P/B/*Wenzel* § 309 Rn 5a). Einem beteiligten Gläubiger ist eine **Glaubhaftmachung solange unmöglich,** wie der Schuldner seinerseits keine näheren Angaben zum Hintergrund der angezweifelten Forderung macht. Dies folgt daraus, dass sich sämtliche zugrunde liegenden Tatsachen ausschließlich in der Sphäre des Schuldners befinden (LG Berlin v 27. 1. 2004 – 86 T 1061/02, ZInsO 2004, 214).

99 Die Ersetzung von Einwendungen gegen den Schuldenbereinigungsplan durch eine Zustimmung ist nicht möglich, wenn der widersprechende **Gläubiger konkrete Tatsachen glaubhaft** macht (zu den Voraussetzungen der Glaubhaftmachung siehe Rn 92ff), aus denen sich ernsthafte Zweifel am Bestehen oder der Höhe einer Forderung ergeben, **und** wenn vom Ausgang des Streits die angemessene Beteiligung des Gläubigers iSd **Abs 1 S 2 Nr 1** abhängt. Die Abweichung ist in Beziehung zu setzen zur Beteiligung des Gläubigers an den **Gesamtforderungen** und die auf ihn angesichts der angebotenen Tilgungsleistungen entfallende Quote. Maßgeblich ist insoweit eine **wirtschaftliche Betrachtungsweise** und nicht nur ein rechnerischer Vergleich. Richtet sich der Streit nur auf einen geringfügigen Betrag, so kommt gleichwohl die Ersetzung einer Zustimmung in Betracht, weil das Gericht im Rahmen der Angemessenheit einen gewissen Spielraum bei der Bewertung des Plans hat (BT-Drucks 12/7302 S 192).

100 Abs 3 stellt sich als **lex specialis** zu Abs 1 S 2 Nr 1 dar (**AG** Köln ZIP 2000, 83, 86). Während § 309 Abs 1 S 2 Nr 1 allgemein eine nicht angemessene Beteiligung eines Gläubigers verhindern will, behandelt § 309 Abs 3 den speziellen Fall, dass die unangemessene Beteiligung ihre Ursache in unterschiedlichen Angaben über die Forderungshöhe hat. Dabei werden nach dem Wortlaut der Norm nicht nur die vom Schuldner angegebenen Forderungen anderer Gläubiger erfasst, sondern auch die vom Schuldner angegebene Forderung des widersprechenden Gläubigers (HK-*Landfermann* § 309 Rn 26).

101 Der Ausschluss der Zustimmungsersetzung kann nicht auf den Umstand gestützt werden, dass Forderungen des widersprechenden Gläubigers im Verzeichnis und im Plan keine Berücksichtigung gefunden haben. Dies folgt aus dem Wortlaut des Abs 3, der auf die **von dem Schuldner angegebene Forderung** abstellt (**AG** Köln aaO). Dem widersprechenden Gläubiger bietet insoweit die Vorschrift des § 308

XI. Stellung der Gläubiger bei Scheitern des Plans   § 309

Abs 3 ausreichenden Schutz, die dem Gläubiger im Forderungsverzeichnis und auch nachträglich bei Zustandekommen des Planes nicht berücksichtigte, aber vor Ablauf der Frist des § 307 Abs 1 S 1.

1. Ernsthafte Zweifel über das Bestehen der Forderung. Der Umstand, dass der Schuldner ein **nota- 102 rielles Schuldanerkenntnis** bezüglich einer im Schuldenbereinigungsplan angegebenen Forderung eines Verwandten oder des Ehepartners vorlegt, entbindet das Insolvenzgericht bei entsprechender Antragstellung nicht von seiner Pflicht zu prüfen, ob ernsthafte Zweifel hinsichtlich der dem Schuldanerkenntnis angeblich zugrunde liegenden Forderungen bestehen und das Schuldanerkenntnis gegebenenfalls ohne eigentliche rechtliche Verpflichtung abgegeben worden ist (**LG Bielefeld ZIP 1999, 1275**). Dagegen ist allein der Umstand, dass der Schuldner im Schuldenbereinigungsplan eine Forderung seiner Lebensgefährtin angegeben hat, noch keine Tatsache, die ernsthafte Zweifel am Bestehen der Forderung begründen würde (**LG Memmingen NZI 2000, 233, 235**). Das **Fehlen schriftlicher Darlehensunterlagen** kann aber als **Indiz** für begründete Zweifel am Bestand der Forderung gewertet werden (**OLG Köln, Beschl v 26. 6. 2000 – 2 W 82/00, LS in ZInsO-Rechtsprechungsreport 2000, 657**). Dies gilt gleichermaßen für eine in einem Vollstreckungsbescheid, Anerkenntnis- oder Versäumnisurteil titulierte Forderung. Auch bei diesen Titeln besteht die **Gefahr des kollusiven Zusammenwirkens** zwischen Schuldner und angeblichem Gläubiger, weil die Forderung ohne vorheriges kontradiktorisches Verfahren tituliert worden ist. Zwar ist den Bestimmungen der Insolvenzordnung eine Verpflichtung des Schuldners oder der Gläubiger, im Schuldenbereinigungsverfahren nähere Angaben über die im Gläubigerverzeichnis aufgeführte Forderung zu machen, nicht zu entnehmen. Kommen jedoch Schuldner und Gläubiger einer entsprechenden Aufforderung des Gerichts nicht nach, verstärkt dies die Annahme, dass die Forderungen nicht bestehen (**OLG Celle ZInsO 2000, 456; LG Bielefeld ZIP 1999, 1275; vgl auch AG Aschaffenburg ZInsO 1999, 482 [LS]**).

Vom Gläubiger glaubhaft gemachte begründete Zweifel am Bestand einer vom **Schuldner** angegebe- 103 nen **Forderung seiner Mutter** können der Ersetzung der Zustimmung des widersprechenden Gläubigers entgegenstehen, sofern der Gläubiger nicht nur seine Unzufriedenheit mit dem Plan des Schuldners zum Ausdruck bringt, sondern vielmehr konkrete Umstände vorträgt, die gegen den Bestand der angegebenen Forderung sprechen. Das Insolvenzgericht darf bei Überprüfung des Widerspruchs eines Gläubigers auch vom Schuldner selbst vorgelegte Unterlagen berücksichtigen (**OLG Köln Beschl v 26. 6. 2000 – 2 W 82/00, LS in ZInsO-Rechtsprechungsreport 2000, 657**).

Der dem Abs 3 zugrunde liegende Rechtsgedanke, Streitigkeiten über die Wirksamkeit von Forderun- 104 gen von den Insolvenzgerichten fern zu halten, erfordert eine Anwendung dieser Bestimmung auch dann, wenn „nur" die **Wirksamkeit einer Sicherheit** der Gläubigerforderung streitig ist. Das Insolvenzgericht ist nicht befugt, im Rahmen des Zustimmungsersetzungsverfahrens nach § 309 InsO den Bestand und gegebenenfalls den nur eingeschränkten Umfang der Bevorrechtigung der Gläubigerforderung des widersprechenden Gläubigers zu klären (**LG München NZI 2000, 382; AG Köln NZI 2000, 492;** *Kohte/Ahrens/Grote*, § 309 Rn 14; *K/P/B/Wenzel* § 309 Rn 5 a; *Pape* ZInsO 2000, 36 Fn 76; aA **AG Köln ZInsO 2000, 461 = NZI 2000, 441; AG Göttingen NdsRpfl 2000, 139; AG Mönchengladbach v 31. 10. 2000 – 32 IK 59/00;** *Bernet* NZI 2001, 73, 74; differenzierend **LG Köln ZInsO 2000, 676**, wonach das Insolvenzgericht bei eindeutiger Rechtslage befugt sei zu prüfen, ob Sicherheiten wirksam entstanden sind).

2. Ernsthafte Zweifel über die Höhe der Forderung. Eine Ersetzung der fehlenden Zustimmung eines 105 Gläubigers kommt nicht in Betracht, wenn auch die Änderung des Schuldenbereinigungsplans durch den Schuldner nach § 307 Abs 3 nicht zu einer Einigung über **die Höhe der bestehenden Forderung** mit dem widersprechenden Gläubiger führt (**AG Aschaffenburg ZInsO 1999, 482**). Nichts anderes gilt, wenn sich aus den eigenen Angaben des Schuldners im Schuldenbereinigungsplan erhebliche Zweifel hinsichtlich Grund und Höhe vorgeblich vorrangiger Ansprüche von Familienmitgliedern ergeben, die für die Berücksichtigung anderer Gläubiger wesentliche Bedeutung haben. Berühmt sich der Gläubiger einer höheren **Nettoforderung** als der im Schuldenbereinigungsplan ausgewiesenen, muss er im Einzelnen dartun, welche höhere Forderung ihm zusteht. Dies gilt auch für einen Arbeitnehmer, dessen Forderung mit einem Bruttobetrag tituliert ist (**LG Berlin ZInsO 2000, 404, 405**).

Soweit nach **Vorlage eines geänderten Plans** der Gläubiger erstmals eine höhere Forderung einwendet 106 als die vom Schuldner in der ursprünglichen Fassung des Plans angegebe, kommt eine Ersetzung der fehlenden Zustimmung bei Vorliegen der Voraussetzungen des Abs 3 nicht in Betracht. Die Forderung ist nicht dadurch erloschen, dass der Gläubiger sie nicht innerhalb der Monatsfrist des § 307 Abs 1 bei Erstfassung des Plans ergänzt hat (**AG Regensburg InVo 1999, 278 m zust Anm von** *Ernst*; **Bruckmann InVo 2000, 185, 188**). Ein Erlöschen tritt nur bei Annahme des Plans sein.

XI. Stellung der Gläubiger bei Scheitern des Plans

Nach dem (endgültigen) Scheitern des Schuldenbereinigungsplanverfahrens sind die Gläubiger **formell** 107 **nicht mehr am Verfahren** über den Eröffnungsantrag des Schuldners **beteiligt**. Eine Beteiligung tritt erst wieder ein, wenn das Insolvenzverfahren eröffnet wird und die Gläubiger ihre Forderung angemeldet haben. Dies hindert das Gericht indes nicht daran, die Gläubiger im Falle einer die Kosten des Verfahrens nicht deckenden Masse aufzufordern, einen ausreichenden Geldbetrag vorzuschießen (§ 26 Abs 1). Reagieren die Gläubiger auf die Aufforderung nicht und gelingt es dem Schuldner auch nicht, Dritte zur Zahlung des Vorschusses zu bewegen oder eine Stundung der Verfahrenskosten gemäß § 4 a zu erhalten, ist der Insolvenzantrag mangels Masse abzuweisen.

XII. Verfahrensrechtliches

108 Das Insolvenzgericht entscheidet über den Antrag, Einwendungen eines Gläubigers gegen den Schuldenbereinigungsplan durch eine Zustimmung zu ersetzen, durch **Beschluss** (§ 309 Abs 2 S 3). **Funktionell zuständig** ist der **Richter** gemäß § 18 Abs 1 Nr 1 RpflegerG (wie hier *Schäferhoff* ZInsO 2001, 687; *Kohte/Ahrens/Grote* § 309 Rn 40; unzutreffend N/R/*Römermann* § 309 Rn 39, die von der Zuständigkeit des Rechtspflegers ausgehen).

109 Bei seiner Entscheidung muss das Gericht angeben, von welchen tatsächlichen Umständen es ausgeht. Enthält der **Beschluss**, mit dem das Gericht den Antrag auf Ersetzung der Zustimmung zurückweist, nur eine **formelhafte Begründung** und die Wiedergabe des Gesetzestextes, liegt hierin ein **erheblicher Mangel** des Verfahrens (LG München ZInsO 2000, 506). Es empfiehlt sich eine förmliche Zustellung des Beschlusses (*Fuchs* EWiR 2001, 681, 682).

110 **1. Rechtsmittel, Abs 2 S 3.** Gegen den Beschluss steht dem Antragsteller und dem Gläubiger, dessen Zustimmung ersetzt wird, die **sofortige Beschwerde** zu (§ 309 Abs 2 S 3). Das Beschwerdeverfahren folgt den Regelungen der §§ 6, 7. Ein als „Einspruch" bezeichnetes Rechtsmittel ist unschädlich, wenn als Ziel klar erkennbar ist, dass der Beschwerdeführer die versagte gerichtliche Ersetzung der Zustimmung eines Gläubigers in einem zweitinstanzlichen Beschwerdeverfahren überprüfen lassen will (BayObLG ZIP 2001, 204, 205). Hat der Schuldner selbst keinen Ersetzungsantrag gestellt, steht ihm gegen die gerichtliche Entscheidung ein Rechtsmittel nicht zu (N/R/*Römermann* § 309 Rn 40).

111 Soweit das Gericht trotz ausdrücklicher Ablehnung des Plans mangels Wirksamkeit dieser Erklärung von einer Zustimmung des Gläubigers zum Plan ausgeht, steht diesem Gläubiger ein Beschwerderecht gemäß § 309 Abs 2 S 3 nur zu, wenn er einen Antrag auf Ersetzung der Zustimmung gestellt hat. Nur in diesem Fall wird ihm die Ersetzungsentscheidung des Gerichts zugestellt. Auch wenn die unterlassene Mitteilung der Entscheidung den betreffenden Gläubiger nicht in seinem Grundrecht auf rechtliches Gehör verletzt, sollte ihm gleichwohl die Entscheidung formlos zur Kenntnisnahme übersandt werden.

112 **2. Überleitungsvorschrift, Art 103 a EGInsO.** Nach Art 103 a EGInsO gilt der durch die Neufassung des § 304 auf Grund des InsOÄG 2001 v 26. 10. 2001 (BGBl I S 2710) eingetretene Paradigmenwechsel für alle Schuldner, für die das Insolvenzverfahren am 1. 12. 2001 noch nicht eröffnet war. Dies kann dann zu **unbilligen Ergebnissen** führen, wenn das **Verfahren** über die Annahme des Schuldenbereinigungsplans bereits **weit vorangeschritten**, aber noch nicht vollständig abgeschlossen war (*Bork* ZVI 2002, 2; FK-*Grote* § 309 Rn 40 a). Da die **Grenze** für die Anwendung des neuen Rechts eindeutig mit der **Verfahrenseröffnung bis zum 30. 11. 2001** gezogen werden sollte, kann ein zu diesem Zeitpunkt noch nicht abgeschlossenes Zustimmungsersetzungsverfahren nicht fortgeführt werden (OLG Celle ZInsO 2002, 191, 192 = ZVI 2002, 19, 21; LG Hannover ZVI 2002, 66; *Göbel* ZInsO 2001, 500, 501; aA FK-*Grote* aaO, der eine Unterbrechung des Schuldenbereinigungsplanverfahrens dann für geboten erachtet, wenn bereits eine Einigung oder Zustimmungsersetzung erfolgt, diese aber noch nicht rechtskräftig ist; ähnlich *Bork* aaO 4, der die Kombination von § 304 und Art 103 a EGInsO für kontraproduktiv und die auf Grund der Neuregelung entfaltete unechte Rückwirkung für verfassungswidrig hält). Vertretbar erscheint es indes, von einer Überleitung abzusehen, wenn nur noch der Bestätigungsbeschluss gem § 308 zu fassen ist. Die Anwendbarkeit des neuen Rechts wirkt sich für Schuldner allerdings insoweit positiv aus, als sie nunmehr die Möglichkeit der Stundung der Verfahrenskosten nach den §§ 4 a bis d haben (OLG Celle aaO).

113 **3. Beiordnung eines Rechtsanwalts, § 309 Abs 2 S 4, § 4 a Abs 2.** Der Schuldner bzw Schuldnervertreter muss sich nicht von einem Rechtsanwalt vertreten lassen, weil das Ausgangsverfahren nicht als Anwaltsprozess zu führen ist (vgl OLG Schleswig NZI 2000, 165). Angesichts der rechtlichen Schwierigkeiten, die sich bei Ersetzungsentscheidungen ergeben können, und der weitreichenden Wirkungen eines erfolgreichen Abschlusses des Schuldenbereinigungsverfahrens kann es indes auch in diesem Verfahrensstadium erforderlich sein, dass das Gericht dem Schuldner einen zur Vertretung bereiten **Rechtsanwalts beiordnet**. Dies gilt insbesondere bei Zurückweisung des Antrags des Schuldners auf Ersetzung der Einwendungen durch eine Zustimmung. Für den Schuldner kann es in diesem Fall wichtig sein, dass gegebenenfalls durch ein höheres Gericht überprüft wird, ob die entsprechenden Voraussetzungen vorgelegen haben. § 309 Abs 2 S 3 sieht deshalb die Möglichkeit der sofortigen Beschwerde gegen einen die Zustimmungsersetzung ablehnenden Beschluss vor. Die **Beiordnung eines Rechtsanwalts** dürfte vor allem **bei einer schwierigen Sach- und Rechtslage** erforderlich sein (Begr RegE, BT-Drucks 14/5680 S 53).

II. Umfang der Norm § 310

Ob die Beiordnung eines Rechtsanwalts erforderlich erscheint, wenn der Schuldner bereits durch eine **Schuldnerberatungsstelle als Verfahrensbevollmächtigter** vertreten ist (vgl § 8 Abs 1 Nr 3 RDG), hängt von den Umständen des Einzelfalls ab. Für das Schuldenbereinigungsverfahren selbst kommt regelmäßig die zusätzliche Beiordnung eines Anwalts wegen der dem Gericht obliegenden Hinweispflicht (§ 4 iVm § 139 ZPO) nicht in Betracht. Etwas anderes gilt indes im Beschwerdeverfahren, wenn sich die Rechtslage als schwierig erweist. In diesen Fällen dürften die Mitarbeiter der Schuldnerberatungsstellen, bei denen es sich in seltenen Fällen um Personen mit zwei abgeschlossenen juristischen Staatsexamina handelt, mit der sachgerechten Vertretung überfordert sein. 114

Die **Beiordnung** setzt zwingend voraus, dass der Schuldner einen **Antrag auf Stundung der Kosten** des Insolvenzverfahrens gestellt hat. Da die Entscheidung über die Stundung noch nicht im Schuldenbereinigungsplanverfahren erfolgt, bedurfte es der Regelung in Abs 2 S 4, dass die Vorschrift des § 4a Abs 2 in diesem Verfahrensstadium entsprechend anzuwenden ist. Gegen einen die Beiordnung des Rechtsanwalts ablehnenden Beschluss steht dem Schuldner ein Rechtsmittel nicht zu, weil gemäß Abs 2 S 4 nur § 4a Abs 2, nicht aber auch § 4d Abs 2 für entsprechend anwendbar erklärt wird (BerlKo-*Goetsch* § 309 Rn 8). Im Falle der Beiordnung eines Rechtsanwalts steht der Staatskasse ebenso wenig ein Rechtsbehelf zu. 115

XIII. Kosten und Gebühren

Da das gerichtliche Schuldenbereinigungsverfahren in das Insolvenzeröffnungsverfahren eingebettet ist (§ 306 Abs 1), fallen besondere **Gerichtsgebühren** nicht an. Es entsteht nur die Antragsgebühr nach KV GKG Nr 2310 oder 2311. An erstattungsfähigen **Auslagen** sind die Kosten der Zustellungen des Schuldenbereinigungsplans an die betroffenen Gläubiger nach § 307 Abs 1 S 1, 3, § 8 zu berücksichtigen. 116

Für die **Beschwerde** wird eine Gebühr in Höhe von 50,00 Euro nach KV GKG Nr 2361 nur fällig, wenn das Rechtsmittel verworfen oder zurückgewiesen wird. Auslagen und Gebühren entstehen nicht, wenn die Beschwerde ganz oder teilweise erfolgreich ist (*Keller* Rn 310). Der Gegenstandswert bestimmt sich nach § 3 ZPO (K/P/B/*Pape* § 54 Rn 16). 117

Die Gebühren für das Eröffnungsverfahrens erhöhen sich für den **Rechtsanwalt** nach Nr 3315 VV RVG (für den Schuldner) von 1.0 auf 1.5 und nach Nr 3316 VV RVG (für den Gläubiger) von 0,5 auf 1.0. 118

§ 310 Kosten

Die Gläubiger haben gegen den Schuldner keinen Anspruch auf Erstattung der Kosten, die ihnen im Zusammenhang mit dem Schuldenbereinigungsplan entstehen.

I. Normzweck

Die Vorschrift geht auf eine Empfehlung des Rechtsausschusses des Deutschen Bundestags zurück. Ohne sie könnten die Gläubiger die ihnen im Zusammenhang mit dem Schuldenbereinigungsplan bei der Wahrnehmung ihrer Rechte entstehenden Kosten als **Verzugsschaden** vom Schuldner erstattet verlangen. Dazu würden nicht nur die durch die Hinzuziehung eines Anwalts anfallenden Kosten, sondern auch die Kosten für die Einschaltung von **Inkassounternehmen** zählen. 1

Der Gesetzgeber erhofft sich durch die „rechtspolitisch nicht ganz unbedenkliche" Regelung des § 310 (N/R/*Römermann* § 310 Rn 3) zum einen eine aktive Beteiligung der Gläubiger an außergerichtlichen Einigungen, zum anderen soll sie einem Verhalten der Gläubiger entgegenwirken, mit welchem diese bei Verbraucherinsolvenzen außergerichtliche Kosten in großer Höhe verursachen und damit dem Schuldner jede Möglichkeit für eine gütliche Schuldenbereinigung nehmen. Die Vorschrift des § 310 steht im Einklang mit der Regelung in § 305 Abs 2 S 2 (HK-*Landfermann*) § 310 Rn 1). Danach sind die **Gläubiger** auf Aufforderung des Schuldners verpflichtet, **auf ihre Kosten** dem Schuldner zur Vorbereitung des Forderungsverzeichnisses eine schriftliche Aufstellung ihrer gegen diesen gerichteten Forderungen zu erteilen. 2

II. Umfang der Norm

§ 310 differenziert nicht zwischen dem auf der Grundlage eines Schuldenbereinigungsplans durchgeführten außergerichtlichen Einigungsversuch und dem gerichtlichen Schuldenbereinigungsverfahren. Es wird allein auf die Kosten abgestellt, die im Zusammenhang mit dem **Schuldenbereinigungsplan** entstehen. Deshalb sind auch Kosten, die vor Stellung des Antrags auf Eröffnung des Insolvenzverfahrens im Zusammenhang mit dem außergerichtlichen Einigungsversuch entstanden sind, von § 310 erfasst (aA K/P/B/*Wenzel* § 310 Rn 1). Deutlich wird dies bereits durch die amtliche Überschrift des zweiten Abschnitts. Dieses erfasst regelungstechnisch auch das außergerichtliche Schuldenbereinigungsverfahren „auf der Grundlage eines Plans", § 305 Abs 1 S 1. 3

Die Vorschrift des § 310 bezweckt eine umfassende Freistellung des Schuldners von Kostenerstattungsansprüchen des Gläubigers unabhängig davon, auf welchen Rechtsgrund diese gestützt sind (LG 3a

Karlsruhe v 9. 3. 2004 – 11 T 380/03 –, NZI 2004, 330, 331). Neben dem gerichtlichen Erstattungsanspruch sind deshalb selbst schadensersatzrechtliche Haftungstatbestände, etwa aus Verzug oder vertragliche Kostenerstattungsregelungen, ausgeschlossen (*Braun/Buck* § 310 Rn 2).

3b Soweit das Gericht im kontradiktorischen Zustimmungsersetzungsverfahren gemäß § 309 eine **Kostenentscheidung** trifft, steht dem beteiligten Gläubiger bei einem Scheitern des Antrags des Schuldners, die Einwendungen eines Gläubigers gegen den Schuldenbereinigungsplan durch eine Zustimmung zu ersetzen, **kein Kostenerstattungsanspruch** zu (LG Karlsruhe aaO; *Kohte/Ahrens/Grote* § 310 Rn 2).

4 Eine **Vereinbarung zwischen Gläubiger und Schuldner**, die entgegen der Regelung in § 310 eine Kostenerstattungspflicht des Schuldners vorsieht, ist wegen Verstoßes gegen ein gesetzliches Verbot gemäß § 134 BGB **unwirksam** (N/R/*Römermann* § 310 Rn 5; *Hess* § 307 Rn 3; K/P/B/*Wenzel* § 310 Rn 2). Ebenso verbietet § 310 auch Entgeltregelungen, die als Aufwendungsersatz bezeichnet werden (*Kohte/Ahrens/Grote* § 310 Rn 5).

5 Der Ausschluss der Kostenerstattungspflicht greift indes nicht, wenn der Schuldner seinem Einigungsversuch mit den Gläubigern keinen Plan zugrunde gelegt hat. Ein solches Verhalten stellt im Übrigen keine geeignete Grundlage für ein zulässiges gerichtliches Verfahren dar.

Dritter Abschnitt. Vereinfachtes Insolvenzverfahren

§ 311 Aufnahme des Verfahrens über den Eröffnungsantrag

Werden Einwendungen gegen den Schuldenbereinigungsplan erhoben, die nicht gemäß § 309 durch gerichtliche Zustimmung ersetzt werden, so wird das Verfahren über den Eröffnungsantrag von Amts wegen wieder aufgenommen.

Übersicht

	Rn
A. Voraussetzungen der Aufnahme	1
I. Wiederaufnahme von Amts wegen	3
II. Rückkehr in das Schuldenbereinigungsverfahren	5
III. Nachträgliche Anordnung des Schuldenbereinigungsverfahrens	6
B. Amtsermittlungspflicht	7
I. Umfang der Ermittlungspflicht	8
II. Beauftragung eines Sachverständigen	11
C. Verfahrensabschließende Entscheidungen	13
I. Erledigung der Hauptsache	14
II. Zurückweisung des Antrags als unzulässig oder unbegründet	15
III. Abweisung mangels Masse	18
1. Vorschussanforderung	20
a) Berechnung des Vorschusses	26
aa) Gerichtskosten	27
bb) Treuhändervergütung	28
b) Fristsetzung	29
2. Abweisungsbeschluss	30
3. Aufhebung von Sicherungsmaßnahmen	32
4. Rechtsmittel	34
IV. Eröffnung des Verfahrens	36
1. Inhalt des Eröffnungsbeschlusses	40
2. Kein Wechsel der Verfahrensart	41
3. Rechtsmittel	43
4. Verordnung (EG) Nr 1346/2000 über Insolvenzverfahren	44
D. Kosten und Gebühren	46

A. Voraussetzungen der Aufnahme

1 Das nach einem zulässigen Antrag des Schuldners auf Eröffnung des Insolvenzverfahrens über sein Vermögen einsetzende Ruhen des Verfahrens (§ 306 Abs 1 und 3) endet, wenn das **Schuldenbereinigungsplanverfahren endgültig gescheitert** ist. Dies ist zum einen der Fall, wenn dem Schuldenbereinigungsplan nicht mehr als die Hälfte der benannten Gläubiger zugestimmt hat und die Summe der Ansprüche der zustimmenden Gläubiger nicht mehr als die Hälfte der Summe der Ansprüche der benannten Gläubiger beträgt (§ 309 Abs 1 S 1). Zum anderen liegt ein Scheitern vor, wenn das Gericht trotz Erreichens der Kopf- und Summenmehrheit die Einwendungen eines Gläubigers gegen den Schuldenbereinigungsplan nicht durch eine Zustimmung ersetzt. Eine Aufnahme des Verfahrens kommt nicht in Betracht, wenn bei einem Gläubigerantrag der Schuldner von der Möglichkeit, selbst einen Insolvenzantrag zu stellen, keinen Gebrauch macht (unzutreffend *Smid/Haarmeyer* § 311 Rn 2, die übersehen, dass das Ruhen des Verfahrens erst nach Eingang des Schuldnerantrags bei Gericht einsetzt, §§ 306 Abs 3 S 2, 306 Abs 1 S 1).

B. *Amtsermittlungspflicht* **§ 311**

Da nach der hier vertretenen Auffassung das Ruhen des Verfahrens mit dem Eingang des Eröffnungs- 2
antrags des Schuldners bei Gericht beginnt (§ 306 Rn 6), kommt eine Aufnahme des Verfahrens nach
Maßgabe des § 311 ferner in Betracht, wenn das Gericht nach Prüfung des vom Schuldner vorgelegten
außergerichtlichen Plans und der Darlegung der wesentlichen Gründe für sein Scheitern von der Durchführung des Schuldenbereinigungsplanverfahrens absieht. In diesem Fall hat es die **Fortsetzung des Verfahrens** über den Eröffnungsantrag anzuordnen (§ 306 Abs 1 S 3). Diese Anordnung stellt gleichsam die Wiederaufnahme des Verfahrens dar.

I. Wiederaufnahme von Amts wegen

Die Aufnahme des Verfahrens setzt keinen Antrag eines der Verfahrensbeteiligten voraus. Um das 3
Verfahren zu beschleunigen (vgl BT-Drucks 12/7302, S 193), sieht § 311 vielmehr vor, dass das Insolvenzgericht nach dem Scheitern des Schuldenbereinigungsplans das Verfahren **von Amts wegen** aufzunehmen hat. Eines Beschlusses, der ausdrücklich die Verfahrensfortsetzung anordnet, bedarf es nicht (HK-*Landfermann* § 311 Rn 1 aA *Kohte/Ahrens/Grote* § 311 Rn 1), weil das Gericht mit der Aufnahme des Verfahrens noch keine Entscheidung trifft. Die Aufnahme des Verfahrens kann vielmehr in Form einer Verfügung angeordnet werden.

Dagegen hat die nach vorheriger Anhörung des Schuldners getroffene Anordnung, das **Verfahren** 4
über den Eröffnungsantrag fortzusetzen (§ 306 Abs 1 S 3) in Gestalt eines **Beschlusses** zu ergehen, weil es sich dabei um eine Entscheidung des Gerichts handelt. Einer Begründung bedarf diese einem Rechtsmittel nicht zugängliche **Entscheidung** nicht.

II. Rückkehr in das Schuldenbereinigungsverfahren

Der Beschluss oder die Verfügung, mit dem bzw der die Aufnahme des Verfahrens über den Eröff- 5
nungsantrag ergeht, steht der **Rückkehr in das Schuldenbereinigungsverfahren** ebenso wenig entgegen wie die Aufforderung zur Zahlung des Massekostenvorschusses gemäß § 26 Abs 1 S 2 (im Ergebnis ebenso *Köhler* Insolvenzrechtsreport Nr 8, 2000 S 1/2). Allerdings setzt die Rückkehr in das Schuldenbereinigungsverfahren die **Zustimmung aller Einwendungsgläubiger** voraus (AG Hamburg NZI 2000, 445), weil sie das erneute Ruhen des Insolvenzeröffnungsverfahrens zur Folge hat (§ 306 Abs 1 S 1). Gegen den erklärten Widerspruch der „Gegenpartei" kommt kein Verfahren formell zum Ruhen (vgl § 251 ZPO). Daran ändert auch nichts der Umstand, dass die vom Schuldner benannten Gläubiger nach dem (endgültigen) Scheitern des Schuldenbereinigungsplanverfahrens **formell nicht mehr am Verfahren** über den Eröffnungsantrag des Schuldners **beteiligt** sind. Durch die beabsichtigte Rückkehr in das Schuldenbereinigungsverfahren lebt ihr „Beteiligungsrecht" insoweit wieder auf. Dem steht nicht entgegen, dass der Schuldner seinen Insolvenzantrag zurücknehmen und durch Stellung eines neuen Insolvenzantrags bei entsprechender gerichtlicher Anordnung eine Beteiligung der Gläubiger am Schuldenbereinigungsverfahren erreichen könnte. Bei einer Rückkehr in das Schuldenbereinigungsverfahren bedarf es zunächst einer Aufhebung des Beschlusses, mit dem die Wiederaufnahme des Verfahrens über den Eröffnungsantrag angeordnet worden ist.

III. Nachträgliche Anordnung des Schuldenbereinigungsverfahrens

Von einer „Rückkehr" in das Schuldenbereinigungsverfahren kann nicht die Rede sein, wenn das Ge- 6
richt von der **Durchführung des Schuldenbereinigungsverfahrens abgesehen** und die Fortsetzung des Verfahrens angeordnet hatte (§ 306 Abs 1 S 3) und es nach dieser Anordnung auf Grund besonderer Umstände die Durchführung des Schuldenbereinigungsverfahrens für sinnvoll erachtet. Solche Umstände können zB in der Mitteilung des Schuldners an das Gericht zu sehen sein, dass Hauptgläubiger nachträglich ihre Zustimmung zum Schuldenbereinigungsplan signalisiert hätten und auf Grund dessen eine Kopf- und Summenmehrheit zu erwarten sei. Rechtliche Bedenken gegen eine Aufhebung des Beschlusses und die (nachträgliche) Durchführung des Schuldenbereinigungsverfahrens bestehen nicht. Einer Anhörung oder gar Zustimmung der Gläubiger bedarf es nicht. Solange eine Entscheidung über den Eröffnungsantrag nicht getroffen ist, kann das Gericht die Zustellung der in § 307 Abs 1 genannten Unterlagen an die Gläubiger anordnen. Dies gilt umso mehr, als nach dem Willen des Gesetzgebers das **Schuldenbereinigungsverfahren als Regelfall** durchgeführt werden soll (BegrRegE, BT-Drucks 14/5680 S 51).

B. Amtsermittlungspflicht

Mit der Wiederaufnahme des Verfahrens setzt die volle **Amtsermittlungspflicht** gemäß § 5 Abs 1 ein, 7
die nur durch eine Rücknahme des Insolvenzantrags, die gemäß § 13 Abs 2 bis zur Eröffnung des Verfahrens oder bis zur rechtskräftigen Abweisung des Antrags möglich ist, unterbunden werden kann. Sofern das Gericht nicht schon im Verfahren über den Schuldenbereinigungsplan Sicherungsmaßnahmen

I. Umfang der Ermittlungspflicht

8   Das Gericht hat insbesondere zu ermitteln, ob ein Insolvenzeröffnungsgrund (§§ 17, 18) vorliegt (*Pape* WM 1998, 2125) und eine die Kosten des Verfahrens deckende Masse vorhanden ist (§ 26). Zutreffend weist *Kohte* (in: *Kohte/Ahrens/Grote* § 311 Rn 4) darauf hin, dass die zentralen Probleme für die Eröffnung des Verbraucherinsolvenzverfahrens in der Vorschrift des § 26 Abs 1 S 1 begründet liegen.

9   Im Rahmen seiner Amtsermittlungspflicht wählt das Gericht die – zulässigen und zweckmäßigen – Aufklärungsmittel nach pflichtgemäßem Ermessen aus (HK-*Kirchhof* § 5 Rn 9).

10 Da ein ordnungsgemäßer Insolvenzantrag des Schuldners die Vorlage eines richtigen und vollständigen Verzeichnisses des vorhandenen Vermögens und Einkommens sowie eines Verzeichnisses der Gläubiger und der gegen ihn gerichteten Forderungen voraussetzt, bedarf es nach dem endgültigen Scheitern des Schuldenbereinigungsplanverfahrens regelmäßig keiner weiteren Ermittlungen zum Eröffnungsgrund und zur Massekostendeckung. Insbesondere dürfte auch **die Beauftragung eines Sachverständigen**, die zu einer weiteren kostenmäßigen Belastung des Schuldners führt, im Regelfall entbehrlich sein (*Vallender* ZIP 1999, 125, 130; BerlKo-*Goetsch* § 311 Rn 3).

II. Beauftragung eines Sachverständigen

11 Etwas anderes gilt dann, wenn die eingereichten Verzeichnisse Anlass zu Zweifel geben. Dabei trifft den Schuldner eine umfassende Auskunftspflicht gemäß §§ 20 Abs 1 S 2, 97 Abs 1 (so auch **OLG** Celle ZVI 2002, 21, 22). Die Beauftragung eines Sachverständigen kann auch dann angezeigt sein, wenn Gläubiger im Rahmen des Schuldenbereinigungsplanverfahrens Hinweise auf Vermögensbestandteile geben, die der Schuldner in seinem Vermögensverzeichnis nicht angegeben hat.

12 Beauftragt das Gericht **ausnahmsweise** einen Sachverständigen mit den weiteren Ermittlungen zum Vorliegen des Eröffnungsgrunds und der Frage, ob eine die Kosten des Verfahrens deckende Masse vorhanden ist, hat dieser vor allem bei der Berechnung des möglicherweise erforderlichen Vorschusses (§ 26) besondere Sorgfalt zu beachten, damit die Anforderung nicht das notwendige Maß übersteigt (vgl die Arbeitshinweise des **AG** Duisburg für Insolvenzsachverständige im Eröffnungsverfahren, NZI 1999, 308, 310). Dem Schuldner, der Restschuldbefreiung beantragt, darf nicht durch eine unrealistische Kostenberechnung der Weg zur Eröffnung des Verfahrens versperrt werden. Der Sachverständige hat deshalb auch zu prüfen, ob eine Deckung der erst später anfallenden Verfahrenskosten durch künftig zufließende Einnahmen, etwa aus laufenden Einkünften des Schuldners, erreicht werden kann. In geeigneten Fällen sollte der Sachverständige den Schuldner fragen, ob er zur Einzahlung des erforderlichen Vorschusses bereit ist.

C. Verfahrensabschließende Entscheidungen

13 Bis zum Erlass des Eröffnungsbeschlusses gemäß § 27 (OLG Brandenburg ZInsO 1998, 138, 139) bzw bis zur rechtskräftigen Abweisung mangels Masse gemäß § 26 (*Smid/Smid* § 13 Rn 15 mwN) kann der Antrag auf Eröffnung des Insolvenzverfahrens zurückgenommen werden (§ 13 Abs 2). Entscheidungen, die bis zu diesem Zeitpunkt ergangen sind, werden wirkungslos, ohne dass es eines ausdrücklichen Ausspruchs bedarf (§ 269 Abs 3 S 1 ZPO iVm § 4). Aufgrund der **Rücknahme** hat der Antragsteller die Kosten des Eröffnungsverfahrens gemäß § 4 iVm § 269 Abs 3 S 2 ZPO zu tragen.

I. Erledigung der Hauptsache

14 Befriedigt der Schuldner den antragstellenden Gläubiger oder treffen die Parteien eine Ratenzahlungsvereinbarung, kann der Gläubiger die **Hauptsache für erledigt erklären** und beantragen, eine Entscheidung über die Kostentragungspflicht zu treffen. Die Erledigungserklärung kann bis zur Eröffnung des Insolvenzverfahrens abgegeben werden (**OLG** Brandenburg ZInsO 1998, 138, 139).

II. Zurückweisung des Antrags als unzulässig oder unbegründet

15 Liegen die allgemeinen oder die besonderen Zulässigkeitsvoraussetzungen eines Insolvenzantrags nicht vor, so weist die Gericht den Antrag als **unzulässig** zurück. Das Gericht ist verpflichtet, den **Schuldner** auf diesen Umstand **hinzuweisen** und ihm Gelegenheit zu geben, seinen Antrag umzustellen, wenn im Zeitpunkt der Entscheidung über den Antrag auf Eröffnung des Insolvenzverfahrens die Voraussetzungen des § 304 nicht (mehr) vorliegen. Beantragt der Schuldner nicht die Eröffnung des Regelinsolvenzverfahrens, ist sein Antrag als unzulässig abzuweisen (*Henckel* ZIP 2000, 2045, 2053).

C. Verfahrensabschließende Entscheidungen § 311

Vermag sich das Insolvenzgericht nach Abschluss seiner Ermittlungen nicht vom Vorliegen eines Insolvenzgrundes zu überzeugen, weist es den Antrag als **unbegründet** zurück (vgl **BGH** WM 1957, 67). Eine Abweisung des Insolvenzantrags als unzulässig dürfte in diesem Verfahrensstadium regelmäßig nicht mehr in Betracht kommen, weil das Gericht bereits unmittelbar nach Eingang des Insolvenzantrags die allgemeinen und besonderen Zulässigkeitsvoraussetzungen des § 305 zu prüfen und bei Nichtvorliegen die entsprechenden Maßnahmen anzuordnen bzw eine entsprechende Entscheidung zu treffen hat. 16

Da mit der Abweisung des Insolvenzantrags als unzulässig oder unbegründet eine Entscheidung über die Eröffnung nicht mehr ergeht, sind **Sicherungsmaßnahmen** aufzuheben. Bei einer Zurückweisung des Insolvenzantrags als **unzulässig oder unbegründet** steht (nur) dem Antragsteller gegen diese Entscheidung das Rechtsmittel der **sofortigen Beschwerde** zu (§ 34 Abs 1). 17

III. Abweisung mangels Masse

Nach § 26 Abs 1 weist das Insolvenzgericht den Antrag auf Eröffnung des Insolvenzverfahrens ab, wenn das Vermögen des Schuldners voraussichtlich nicht ausreichen wird, um die Kosten des Verfahrens zu decken. Die Vorschrift ist auch im Verbraucherinsolvenzverfahren anwendbar (BayObLG NZI 2000, 434 = ZInsO 2000, 684 = NJW-RR 2000, 1435; **OLG** Köln ZIP 2000, 548, 549 = NJW-RR 2000, 927 = NZI 2000, 217 = DZWIR 2000, 206 = ZInsO 2000, 239; AG Duisburg ZIP 1999, 1399, 1405 = NZI 1999, 373, 375). Dies folgt aus dem Gesetzeswortlaut der auf die allgemeinen Vorschriften auch des Eröffnungsverfahrens der Unternehmensinsolvenz (§§ 11 bis 34) verweisenden § 304 Abs 1, § 306 Abs 1, § 311, dem systematischen Zusammenhang dieser Vorschriften und den Intentionen des Gesetzgebers (K/P/B/*Wenzel* § 311 Rn 2; HK-*Kirchhof* § 26 Rn 3; BerlKo-*Goetsch* § 311 Rn 5). 18

Aufgrund der durch das InsOÄG 2001 v 26. 10. 2001 (BGBl I S 2710) eingeführten **Stundungsvorschriften (§§ 4 a ff)** stellen Entscheidungen gemäß § 26 die Ausnahme dar. Denn die Vorschrift bewirken, dass die Verfahrenskosten, die durch die Masse zu decken sind, nicht schon bei der Eröffnung vorhanden sein müssen. Diese sind erst aus der später anzusammelnden Insolvenzmasse aufzubringen (*Kirchhof* ZInsO 2001, 1, 13; *Köhler* ZInsO 2001, 743, 746). Soweit eine Stundung der Verfahrenskosten nicht beantragt oder ein entsprechender Antrag zurückgewiesen worden ist, hat das Gericht zunächst zu prüfen, ob die vorhandene freie Masse ausreicht, um die Kosten des Verfahrens gemäß § 54 zu decken. 19

1. Vorschussanforderung. Soweit auch ein **Gläubiger** den **Antrag** auf Eröffnung des Insolvenzverfahrens gestellt hat, muss das Gericht ihm in seinem (anhängigen) Verfahren die Möglichkeit eröffnen, durch Zahlung eines Kostenvorschusses die Eröffnung des Verfahrens herbeizuführen (§ 26 Abs 1 S 2). 20

Auch vom **antragstellenden Schuldner** kann entsprechend der früheren Rechtsprechung zur KO vor Eröffnung des Insolvenzverfahrens ein Vorschuss angefordert werden, wenn Anhaltspunkte dafür bestehen, dass der Schuldner einen Vorschuss erbringen kann und will (**OLG** Köln ZInsO 2000, 505, 506; LG Traunstein NZI 2000, 439; LG Berlin ZInsO 2001, 718, 719; HK-*Kirchhof* § 26 Rn 24; *Vallender* InVo 1998, 4, 6). Für das **Regelinsolvenzverfahren** wird zwar angenommen, dass bei einem Eigenantrag die Vorschussanforderung von vornherein ausscheidet (N/R/*Mönning* § 26 Rn 33). Dies gilt indes nicht für das **Verbraucherinsolvenzverfahren,** das als zwingende Vorstufe zur Erlangung der Restschuldbefreiung konzipiert ist. § 26 Abs 1 S 2 unterscheidet nicht danach, wer den Vorschuss einzuzahlen hat. Im Übrigen hat die gerichtliche Erfahrung bis zur Einführung der Stundungsvorschriften gezeigt, dass in den meisten Fällen der Vorschussanforderung die entsprechende Zahlung erfolgt. Meist waren es Ehepartner, Lebensgefährten, Verwandte oder sonstige Dritte, die der gerichtlichen Auflage entsprochen haben. Von einer Vorschussanforderung beim Schuldner sollte nur dann abgesehen werden, wenn dieser bereits mitgeteilt hat, dass er nicht in der Lage sei, die Kosten des Verfahrens zu decken. 21

Auch wenn ein Schuldner nach einem vorangegangenen Gläubigerantrag keinen Antrag auf Eröffnung des Insolvenzverfahrens gestellt hat (vgl § 306 Abs 3 S 1) und ein Dritter den erforderlichen Auslagenvorschuss geleistet hat, kann die Eröffnung des Verfahrens nicht mit der Begründung abgelehnt werden, der Schuldner habe zunächst eine außergerichtliche Schuldenbereinigung durchzuführen (**LG Heilbronn** v 19. 5. 2000 – 1 c T 203/00; aA AG Heilbronn v 28. 1. 2000 – 4 IK 127/99). 22

Ein vom Schuldner geleisteter **Vorschuss** stellt dann aber ein **treuhänderisches Sondervermögen** mit der ausschließlichen Bestimmung der Massekostendeckung, wenn die Mittel nachweislich massefrei sind oder von einem Dritten stammen (*Henckel* in: 100 Jahre Konkursordnung S 178, 182). Andernfalls sind sie als Teil der allgemeinen Insolvenzmasse anzusehen. 23

Bei der Berechnung des Massekostenvorschusses sind die **Kosten des Restschuldbefreiungsverfahrens** gemäß §§ 286 ff nicht zu berücksichtigen. Denn mit Kosten des Verfahrens iSv § 26 Abs 1 sind nur die Kosten des Insolvenzverfahrens gemeint. 24

Alle im Wege der Zwangsvollstreckung in den letzten drei Monaten vor dem Eröffnungsantrag oder danach erlangten Sicherungen an dem zur Insolvenzmasse gehörenden Vermögen des Schuldners sind gemäß §§ 312, Abs 1 S 3, 88 unwirksam. Aus diesem Grunde können sie bei der Kostendeckung berücksichtigt werden (*Fuchs/Bayer*, ZInsO 2000, 429 435). 25

§ 311

26   **a) Berechnung des Vorschusses.** Der anzufordernde Vorschuss hat sich an den voraussichtlich entstehenden Verfahrenskosten zu orientieren. Bei der erforderlichen Prognoseentscheidung sollte das Gericht nach dem Vorsichtigkeitsprinzip eine **großzügige Schätzung** vornehmen (**LG** Berlin ZInsO 2001, 718, 719; HK-*Kirchhof* § 26 Rn 11; **aA LG** Traunstein NZI 2000, 439, das eine möglichst **genaue Berechnung** verlangt). Dem verwertbaren Vermögen sind die voraussichtlichen Kosten für das **gesamte Insolvenzverfahren** gegenüberzustellen (HK-*Kirchhof* § 26 Rn 8). Eine Deckung der sonstigen Masseverbindlichkeiten nach § 55 verlangt das Gesetz nicht.

27   **aa) Gerichtskosten.** An Gerichtskosten gemäß § 54 ist die Gebühr nach § 3 Abs 2 GKG iVm KV GKG Nr 2320 oder 2330 zuzüglich Auslagen für Zustellungen und öffentliche Bekanntmachungen (KV GKG Nr 9002, 9004) einschließlich der Kosten für einen etwaigen Sachverständigen (KV GKG Nr 9005) zu berücksichtigen.

28   **bb) Treuhändervergütung. Die Vergütung des Treuhänders** gemäß § 313 Abs 1 bemisst sich nach § 13 InsVV. In der Regel erhält er 15 vom Hundert der Insolvenzmasse (§ 13 Abs 1 S 1 InsVV). Ein Zurückbleiben hinter dem Regelsatz ist insbesondere dann gerechtfertigt, wenn das vereinfachte Verfahren vorzeitig beendet wird (§ 13 Abs 1 S 2 InsVV). Der Treuhänder entnimmt seine Vergütung aus den pfändbaren Überschüssen der Einkünfte des Schuldners. Wird der Treuhänder von dem Insolvenzgericht nach dem **Tod des Schuldners** nicht zum Nachlassinsolvenzverwalter ernannt, kann er lediglich die Vergütung eines Treuhänders beanspruchen. Eine den Regelsatz übersteigende Vergütung des Treuhänders kommt in Betracht, wenn er nach dem Tod des Schuldners Tätigkeiten entfaltet, die typischerweise in den Aufgabenbereich eines Nachlassinsolvenzverwalters fallen (**BGH** v 21. 2. 2008 – IX ZB 62/05, ZVI 2008, 183, 185).

29   **b) Fristsetzung.** Eine Fristsetzung von 3 Wochen zur Einzahlung des Kostenvorschusses ist angemessen (vgl **OLG** Köln ZIP 2000, 548, 551). Soweit dies angesichts der finanziellen Situation des Schuldners notwendig erscheint, kann das Gericht **ausnahmsweise** eine längere Frist setzen. Hierbei hat es insbesondere bei zuvor angeordneten Sicherungsmaßnahmen wie der Einstellung oder Untersagung der Zwangsvollstreckung auch die Interessen der Gläubiger zu berücksichtigen. Einem Aufschub der Eröffnungsentscheidung steht grundsätzlich der das Insolvenzverfahren beherrschende Beschleunigungsgrundsatz, wie er etwa in den § 305 Abs 1 S 1, § 305 Abs 3, § 306 Abs 1 S 2, § 107 Abs 1 S 1, § 107 Abs 2, § 107 Abs 3 S 1 sowie in den §§ 6, 34 seinen Niederschlag gefunden hat, entgegen (**OLG** Köln ZIP 2000, 548, 551).

30   **2. Abweisungsbeschluss.** Reicht das Vermögen des Schuldners voraussichtlich nicht aus, um die Kosten des Verfahrens zu decken, ist der Antrag auf Eröffnung des Insolvenzverfahrens durch **Beschluss** abzuweisen. Die Abweisung unterbleibt, wenn ein ausreichender Geldbetrag vorgeschossen wird oder die **Kosten nach § 4 a** gestundet werden (§ 26 Abs 1 S 2). Das Gericht ist verpflichtet, einen nach dem 1. 12. 2001 eingegangenen Antrag auf Stundung der Verfahrenskosten gemäß § 4 a bei der zu treffenden Entscheidung über den Antrag auf Eröffnung eines Insolvenzverfahrens im Rahmen der Kostendeckungsprognose gemäß § 26 Abs 1 S 2 zu berücksichtigen (**OLG** Köln ZInsO 2002, 236, 237).

31   Soweit auch ein Gläubiger einen Antrag auf Eröffnung des Insolvenzverfahrens gestellt hat, darf die Abweisung erst erfolgen, wenn die dem Gläubiger gesetzte Frist zur Einzahlung des Kostenvorschusses ergebnislos verstrichen ist oder der Gläubiger von vornherein die Einzahlung des Vorschusses abgelehnt hat (FK-*Schmerbach* § 26 Rn 64). Gegen den Beschluss steht sowohl dem Schuldner als auch dem antragstellenden Gläubiger gemäß § 34 Abs 1 das Rechtsmittel der **sofortigen Beschwerde** zu. Nach Auffassung des LG Cottbus (ZInsO 2002, 296, LS) soll das Landgericht die Verfahrenseröffnung beschließen können, wenn der Schuldner den Verfahrenskostenvorschuss während des Beschwerdeverfahrens in vollem Umfang entrichtet hat.

32   **3. Aufhebung von Sicherungsmaßnahmen.** Da mit der Abweisung des Insolvenzantrags mangels Masse das Sicherungsbedürfnis entfallen ist, sind angeordnete **Sicherungsmaßnahmen aufzuheben.** Hat das Gericht ausnahmsweise einen **vorläufigen Treuhänder** bestellt **und** gleichzeitig ein **allgemeines Verfügungsverbot** erlassen, ist die Vorschrift des § 25 Abs 2 zu beachten. Dem vorläufigen Treuhänder ist Gelegenheit zu geben, aus dem Vermögen des Schuldners seine Vergütung, seine Auslagen und sonstigen entstandenen Kosten zu begleichen und die von ihm begründeten Verbindlichkeiten zu erfüllen. Erst im Anschluss daran ist die Sicherungsmaßnahme aufzuheben.

33   Hatte sich das Insolvenzgericht damit begnügt, einen **vorläufigen Treuhänder mit Zustimmungsvorbehalt** zu bestellen, kann ihm das Risiko der Uneinbringlichkeit seiner Vergütung nicht dadurch genommen werden, dass die angeordnete Sicherungsmaßnahme analog § 25 Abs 2 weiter aufrechterhalten wird. Die Vorschrift darf jedenfalls nicht dazu dienen, durch Festhalten an solchen Sicherungsmaßnahmen, die durch den Zweck des § 25 Abs 2, dem vorläufigen Treuhänder die Befriedigung der von ihm beründeten Masseansprüche zu ermöglichen, nicht gedeckt sind, Druck auf den Schuldner auszuüben (**OLG** Celle 2001, 796, 797; *Vallender* EWiR 2002, 69).

C. Verfahrensabschließende Entscheidungen § 311

4. Rechtsmittel. Bei einer **Abweisung des Insolvenzantrags mangels Masse** ist auch der Schuldner berechtigt, sofortige Beschwerde gemäß § 34 Abs 1 einzulegen. Für den Schuldner kann sich bei einer Abweisung des Insolvenzantrags mangels Masse die Einlegung der sofortigen Beschwerde dann als sinnvoll erweisen, wenn er nach Erlass des Beschlusses entweder den erforderlichen Massekostenvorschuss zusammengetragen oder hinreichende Gewähr dafür hat, dass ein Dritter zur Leistung des Massekostenvorschusses bereit ist. Denn auch im Falle der Abweisung des Insolvenzantrags mangels Masse kann ein Schuldner in der Beschwerdeinstanz die Eröffnung des Verfahrens erreichen, wenn nunmehr ein hinreichender Massekostenvorschuss aufgebracht wird (vgl **OLG Koblenz** ZIP 1991, 1604). 34

Dagegen ist der Beschluss des Insolvenzgerichts, der die Einzahlung eines Kostenvorschusses gemäß § 26 zur Deckung der Treuhänderkosten anordnet, nicht mit der sofortigen Beschwerde anfechtbar (**LG Göttingen** NZI 2000, 438 = DZWIR 2000, 392; K/P/B/*Pape* § 26 Rn 18; BerlKo-*Goetsch* § 26 Rn 39; Hess/*Pape* Rn 183; FK-*Schmerbach* § 26 Rn 24; aA *Kohte/Ahrens/Grote*, § 311 Rn 27, 34, 35; H/W/F Kap 3 Rn 293; offen gelassen von **LG Köln** v 18. 7. 2000 – 19 T 96/00), weil § 34 die Rechtsmittel im Eröffnungsverfahren auf die sofortige Beschwerde gegen den Beschluss über die Verfahrenseröffnung und die Abweisung des Eröffnungsantrags beschränkt. Erst wenn das Gericht den Antrag des Schuldners auf Eröffnung des Insolvenzverfahrens mangels Masse abweist, kann im Wege der sofortigen Beschwerde die Frage der zutreffenden Berechnung des Vorschusses überprüft werden (**LG Göttingen** NZI 2000, 438 = DZWIR 2000, 392; K/P/B/*Pape* § 26 Rn 18; FK-*Schmerbach* § 26 Rn 24, 76). 35

IV. Eröffnung des Verfahrens

Liegen die **formellen und materiellen Voraussetzungen** für die Eröffnung des Insolvenzverfahrens vor, hat der Insolvenzrichter (§ 18 Abs 1 Nr 1 RpflG) über die Eröffnung des Insolvenzverfahrens zu beschließen. Neben der Insolvenzfähigkeit ist auch die **Prozessfähigkeit** des Schuldners als die Fähigkeit, selbst oder durch bestellte Vertreter Prozesshandlungen wirksam vor- und entgegenzunehmen, Voraussetzung für die Eröffnung des Insolvenzverfahrens (vgl **OLG Dresden** Beschl v 12. 10. 1999 – 7 W 1754/99; **OLG Köln** ZIP 2000, 280, 282). Die Frage, ob in einem Vollstreckungsverfahren neben der Prozessfähigkeit des Antragstellers stets oder nur unter bestimmten Voraussetzungen auch die Prozessfähigkeit des Antragsgegners (Schuldners) gegeben sein muss, wird allerdings nicht einheitlich beantwortet (vgl **OLG Stuttgart** Rpfleger 1996, 36; *Baumbach/Lauterbach/Hartmann* Grundzüge Vor § 704 ZPO Rn 40 mwN). Der Schuldner ist vor der Entscheidung über die Eröffnung des Verfahrens nicht zu hören, weil er mit dieser Entscheidung rechnen muss (KS-*Vallender* S 265 Rn 49). 36

Die Vorlage eines „**Null-Plans**" steht der Eröffnung des Verfahrens nicht entgegen, solange die Verfahrenskosten gedeckt sind (Hess/*Obermüller* Rn 1014; H/W/F Kap 10 Rn 51). 37

Soweit ein **Gläubiger** neben dem Schuldner einen **Insolvenzantrag** gestellt hat, ist dieser mit der Entscheidung über den Antrag des Schuldners auf Eröffnung des Insolvenzverfahrens gegenstandslos geworden. Vor der Eröffnungsentscheidung sollte das Gericht jedoch die einzelnen Verfahren zur gemeinsamen Entscheidung verbinden (§ 4 iVm § 147 ZPO; einen Anspruch auf Verbindung verschiedener Anträge haben die Beteiligten nicht, *Uhlenbruck/Delhaes* HRP Rn 240). Ist eine solche Verbindung nicht erfolgt, sollte das Gericht dem Gläubiger eine Abschrift des Eröffnungsbeschlusses übersenden und anheim stellen, den Antrag auf Eröffnung des Insolvenzverfahrens zurückzunehmen und die geltend gemachte Forderung im eröffneten Verfahren anzumelden. Im Hinblick auf die Regelung in § 312 Abs 1 S 3 sollte das Gericht das Verfahren auf Antrag des Schuldners eröffnen. 38

Ein **Nachlassinsolvenzverfahren** kann nicht als Verbraucherinsolvenzverfahren eröffnet werden. Das in § 1975 BGB vorausgesetzte Nachlassinsolvenzverfahren ist ein einheitliches Verfahren für jeden Erben. Auf die Person des Erblassers und dessen berufliche Tätigkeit kommt es ebenso wenig an wie auf die berufliche Stellung des Erben. Wohl ist aber ein Erbe im Falle seiner unbeschränkten Haftung berechtigt, zusätzlich das Insolvenzverfahren über sein Eigenvermögen zu beantragen (§ 331), um dort über eine Schuldenbereinigung oder die Restschuldbefreiung zu einer Milderung der Folgen der unbeschränkten Haftung zu gelangen (*Krug* ZERB 1999, 10; *Siegmann* ZEV 2000, 345, 349). 39

1. Inhalt des Eröffnungsbeschlusses. Der **Eröffnungsbeschluss** enthält gemäß §§ 27, 28 Angaben über den Schuldner, den Namen und die Anschrift des Treuhänders, die Stunde der Eröffnung sowie die Aufforderung an die Gläubiger, ihre Forderungen binnen einer Frist von mindestens zwei Wochen und höchstens drei Monaten anzumelden. Ferner sind die Gläubiger aufzufordern, dem Treuhänder unverzüglich mitzuteilen, welche Sicherheiten ihnen bestellt worden sind, auf die sie zurückgreifen wollen, aus welchen Vereinbarungen sich diese ergeben und worauf sie sich beziehen. 40

2. Kein Wechsel der Verfahrensart. Stellt sich **nach rechtskräftiger Eröffnung des Verbraucherinsolvenzverfahrens** heraus, dass dessen **Voraussetzungen** im Zeitpunkt der Eröffnungsentscheidung **nicht vorgelegen** haben, kommt ein Übergang in das Regelinsolvenzverfahren wegen der Bindungswirkung des rechtskräftigen Eröffnungsbeschlusses nicht in Betracht (*Henckel* ZIP 2000, 2052 mwN). Das Verfahren ist weiter durchzuführen. Eine vorzeitige Beendigung ist nur unter den Voraussetzungen der §§ 207 ff möglich. 41

42 Etwas anderes gilt indes, wenn zum Zeitpunkt seines **Todes** über das Vermögen **des Schuldners** ein Insolvenzeröffnungsverfahren anhängig war. In diesem Fall wird das unzulässigerweise eröffnete vereinfachte Verfahren als Nachlassinsolvenzverfahren fortgesetzt (vgl K/U § 214 KO Rn 13). Ein Rechtsmittel steht den Erben insoweit nicht zu.

43 **3. Rechtsmittel.** Wird das **Insolvenzverfahren eröffnet,** steht gemäß **§ 34 Abs 2** ausschließlich dem Schuldner das Recht zur sofortigen Beschwerde zu. Dabei kann der Schuldner rügen, statt eines Verbraucher- habe ein Regelinsolvenzverfahren oder umgekehrt eröffnet werden müssen (**OLG** Köln ZInsO 2001, 422; HK-*Kirchhof* § 34 Rn 7; FK-*Schmerbach* § 6 Rn 10 f). Dagegen ist die Beschwerde eines Schuldners gegen die von ihm selbst beantragte Eröffnung des Insolvenzverfahrens mit dem Ziel, eine Abweisung mangels Masse zu erreichen, nicht zulässig (**OLG** Celle ZInsO 2000, 600; **OLG** Stuttgart NZI 1999, 491).

44 **4. Verordnung (EG) Nr 1346/2000 über Insolvenzverfahren.** Die **Verordnung (EG) Nr 1346/ 2000 über Insolvenzverfahren** vom 29. 5. 2000 (ABl Nr L 160/1), die am 31. 5. 2002 in Kraft getreten ist (Art 47), findet auch auf Verbraucherinsolvenzverfahren Anwendung (*Ehricke/Ries* JuS 2003, 313, 314; *Hergenröder* ZVI 2005, 233, 235). Art 1 Abs 2 EuInsVO schließt die Geltung der Verordnung lediglich für Insolvenzverfahren bestimmter Unternehmen des Finanzdienstleistungsbereichs aus, um spezielle Vorschriften nationaler Aufsichtsbehörden nicht zu umgehen (*Leible/Staudinger* KTS 2000, 533, 540). Die Verordnung sieht eine automatische Anerkennung des in einem Mitgliedsstaat **eröffneten Insolvenzverfahrens** durch die anderen Mitgliedsstaaten vor, ohne dass eine vorherige Entscheidung eines Gerichts des ersuchten Staates erforderlich ist (Art 16, Erwägungsgrund 22). Da nach der Konzeption der Verordnung jeder Schuldner nur einen Mittelpunkt seiner hauptsächlichen Interessen besitzt (vgl Art 3 Abs 1), ist in der Gemeinschaft nur **ein Hauptinsolvenzverfahren** denkbar (*Wimmer* ZInsO 2001, 97, 99). Die **Wirkungen,** die das Recht des Staates der Verfahrenseröffnung des Hauptverfahrens beilegt, werden **auf alle Mitgliedstaaten ausgedehnt,** sofern die Verordnung nichts anderes bestimmt und solange in dem anderen Mitgliedsstaat kein Verfahren nach Art 3 Abs 2 eröffnet ist (Art 17 Abs 1).

45 Der **Treuhänder** darf im Gebiet des anderen Mitgliedsstaates alle Befugnisse ausüben, die ihm im vereinfachten Verfahren zustehen, solange in dem anderen Staat nicht ein weiteres Insolvenzverfahren eröffnet oder eine gegenteilige Sicherungsmaßnahme auf einen Antrag auf Eröffnung eines Insolvenzverfahrens hin ergriffen worden ist (Art 18 Abs 1 S 1). Er kann insbesondere vorbehaltlich der Art 5 und 7 die zur Masse gehörenden Gegenstände aus dem Gebiet des Mitgliedsstaats entfernen, in dem sich die Gegenstände befinden (Art 18 Abs 1 S 2).

D. Kosten und Gebühren

46 Für das Verfahren über den **Antrag auf Eröffnung** eines Insolvenzverfahrens wird nach KV GKG Nr 2310, 2311 eine halbe **Gebühr** erhoben. Bei Antragstellung durch den Gläubiger beträgt die Mindestgebühr 150,00 Euro. Durch die Gebühr wird jede gerichtliche Tätigkeit im Insolvenzeröffnungsverfahren abgegolten. Die Gebühr entsteht für jeden Antragsteller gesondert. Soweit das Verfahren nicht eröffnet wird, trifft den Antragsteller die Kostenhaftung (§ 23 Abs 1 S 1 GKG).

47 Die **Verfahrensgebühr** für das **eröffnete Verfahren** beträgt bei einem Gläubigerantrag das Dreifache des Gebührensatzes nach § 3 GKG (KV GKG Nr 2330), bei Durchführung des Insolvenzverfahrens auf Antrag des Schuldners entsteht eine 2,5 Gebühr (KV GKG Nr 2320). Hat der Schuldner Antrag auf Eröffnung des Insolvenzverfahrens gestellt, ermäßigt sich im Falle der **Einstellung des Verfahrens** vor oder nach dem Ende des Prüfungstermins nach §§ 207, 211 die Gebühr nach Maßgabe der KV GKG Nr 2321, 2322. Für die **Beschwerde** entstehen die in KV GKG Nr 2360 oder 2361 genannten Gebühren.

48 Die **anwaltlichen Gebühren** bestimmen sich für das Insolvenzeröffnungsverfahren nach Nr 3313 VV RVG, für das eröffnete Verfahren nach Nr 3314 VV RVG

§ 312 Allgemeine Verfahrensvereinfachungen

(1) ¹Öffentliche Bekanntmachungen erfolgen auszugsweise; § 9 Abs. 2 ist nicht anzuwenden. ²Bei der Eröffnung des Insolvenzverfahrens wird abweichend von § 29 nur der Prüfungstermin bestimmt. ³Wird das Verfahren auf Antrag des Schuldners eröffnet, so beträgt die in § 88 genannte Frist drei Monate.

(2) Die Vorschriften über den Insolvenzplan (§§ 217 bis 269) und über die Eigenverwaltung (§§ 270 bis 285) sind nicht anzuwenden.

Übersicht

	Rn
A. Entstehungsgeschichte	1
B. Normzweck	4

A. Entstehungsgeschichte   § 312

	Rn
C. Eröffnung des Verfahrens	5
I. Eröffnungsbeschluss	7
II. Veröffentlichung (§ 312 Abs 1 S 1) und Zustellung	11
III. Wirkungen der Verfahrenseröffnung	14
1. Übergang des Verwaltungs- und Verfügungsrechts auf den Treuhänder	15
2. Erweiterte Rückschlagsperre, Abs 1 S 3	19
3. Vollstreckungsverbot	24
IV. Bestandteile der Insolvenzmasse	29
1. Pfändbares Vermögen	30
2. Schutz des Arbeitseinkommens des Schuldners	31
a) Beschlagnahmefreies Arbeitseinkommen	34
b) Lohnabtretung und Lohnpfändung	35
c) Unpfändbarer Betrag kein Teil der Ist-Masse	37
d) Lohnschiebung und -verschleierung	40
e) Bestimmung der „Pfändungsfreigrenzen"	42
aa) Antragsberechtigung	43
bb) Zuständigkeit	44
V. Die Abwicklung gegenseitiger Verträge	47
VI. Tod des Schuldners nach Eröffnung des Verfahrens	49
D. Bestimmung des Prüfungstermins, Abs 1 S 2	50
E. Weiterer Verfahrensablauf	58
I. Schlusstermin	59
1. Entscheidung des Insolvenzgerichts über den Antrag auf Erteilung der Restschuldbefreiung	60
2. Verzicht auf Abhaltung des Schlusstermins	64
II. Beendigung des vereinfachten Verfahrens	66
1. Schlussverteilung	67
2. Aufhebung des Verfahrens	70
F. Möglichkeit der Anordnung des schriftlichen Verfahrens, § 5 Abs 2 S 1	72
I. Zulässigkeitsvoraussetzungen	73
II. Anfechtbarkeit des Anordnungsbeschlusses	76
III. Forderungsanmeldung und schriftliches Verfahren	78
IV. Schlusstermin und schriftliches Verfahren	80
V. Versagung der Restschuldbefreiung im schriftlichen Verfahren	80 a
VI. Aufhebung oder Änderung der Anordnung des schriftlichen Verfahrens	81
G. Ausschluss des Insolvenzplan- und Eigenverwaltungsverfahrens, Abs 2	82

A. Entstehungsgeschichte

In der Diskussion um den Regierungsentwurf war vor allem die Komplexität des 1992 vorgesehenen 1 einheitlichen Insolvenzverfahrens bemängelt worden (*Kohte/Kemper* Blätter der Wohlfahrtspflege 1993, 81 ff). Quasi in letzter Minute (s DRiZ-Interview mit der damaligen Bundesjustizministerin *Leuthäusser-Schnarrenberger* DRiZ 1994, 190) entschärfte der Rechtsausschuss des Deutschen Bundestages (BT-Drucks 12/7302 S 193 zu § 357 i) den aus dem verwalterlosen Kleinverfahren fortentwickelten Verbraucherkonkurs (vgl *R. Schmidt-Räntsch* MDR 1994, 321 ff). In der Schlussphase der parlamentarischen Beratungen fügte der Rechtsausschuss den neu konzipierten 9. Teil „Verbraucherinsolvenzerfahren und sonstige Kleinverfahren" in die Insolvenzordnung ein. Die Neuregelung konnte vor der Verabschiedung des Gesetzes im April 1994 nicht öffentlich diskutiert werden. Auch erfolgte keine Prüfung der gesetzlichen Bestimmungen durch die Länder und externe Sachverständige.

Das vom Rechtsausschuss neuentwickelte Verbraucherinsolvenzverfahren bereitete insoweit große 2 Sorge, als es als eine in seinen Auswirkungen kaum einschätzbare „Zeitbombe" für die Belastung der Justiz gewertet wurde (*Hofmann* DRiZ 1994, 411, 416). In seiner Sitzung vom 20. 5. 1994 rief der Bundesrat den Vermittlungsausschuss ua mit dem Anrufungsbegehren an, eine neue Konzeption der Verbraucherentschuldung vorzulegen, die außerhalb der Insolvenzordnung angesiedelt sei und Stellen außerhalb der Justiz übertragen werde. Der Vermittlungsausschuss hat in seiner Sitzung vom 15. 6. 1994 von den Anrufungsgründen des Bundesrates lediglich das Anliegen aufgegriffen, das Inkrafttreten der Reform aufzuschieben (*Hofmann* aaO 417). Am 8. 7. 1994 beantragte Nordrhein-Westfalen, der Bundesrat möge Einspruch gegen die Reformgesetze einlegen (BR-Drucks 643 und 644/1/94). Der von Bayern unterstützte Antrag fand jedoch keine Mehrheit.

Durch das **InsOÄG 2001 vom 26. 10. 2001** (BGBl I S 2710) wurde Absatz 1 der Vorschrift ergänzt. Die 3 Neufassung des Satzes 1 soll den Belangen der überschuldeten Verbraucher, die in einem Verbraucherinsolvenzverfahren anfallenden Kosten so gering als möglich zu halten, Rechnung tragen (BegrRegE, BT-Drucks 14/5680 S 12). Die **Ausdehnung der Rückschlagsperre** (Abs 1 S 3) soll Störungen des außergerichtlichen Einigungsversuchs durch den Vollstreckungszugriff einzelner Gläubiger unterbinden helfen (BegrRegE, BT-Drucks 14/5680 S 54).

Auf Grund des **Gesetzes zur Vereinfachung des Insolvenzverfahrens** vom 13. 4. 2007 (BGBl I 509) 3a wurde die Vorschrift des **§ 312 Abs 2**, nach der das Gericht anordnen kann, dass das Verfahren oder

§ 312

einzelne seiner Teile schriftlich durchgeführt werden, wenn die Vermögensverhältnisse des Schuldners überschaubar und die Zahl der Gläubiger oder die Höhe der Verbindlichkeiten gering sind, **aufgehoben**. Eine inhaltsgleiche Regelung findet sich nunmehr in § 5 Abs 2 S 1 und 2. Auf Verfahren, die vor dem 1. 7. 2007 eröffnet worden sind, ist der frühere Absatz 2 anzuwenden (Art 103 c EGInsO). § 312 Abs 2 hatte folgenden Wortlaut:

„(2) Sind die Vermögensverhältnisse des Schuldners überschaubar und die Zahl der Gläubiger oder die Höhe der Verbindlichkeiten gering, so kann das Insolvenzgericht anordnen, dass das Verfahren oder einzelne seiner Teile schriftlich durhgeführt werden. Es kann diese Anordnung jederzeit aufheben oder abändern."

B. Normzweck

4   § 312 fasst einige der **Verfahrensvereinfachungen** zusammen. So sieht Abs 1 eine Beschränkung der Zahl der Gläubigerversammlungen vor. Absatz 2 erklärt die Vorschriften über den Insolvenzplan und die Eigenverwaltung für unanwendbar.

C. Eröffnung des Verfahrens

5   Der Verfahrensablauf beim **Verbraucherinsolvenzverfahren** ist gegenüber dem Regelinsolvenzverfahren **einfacher gestaltet**. Soweit die §§ 312 bis 314 nichts Abweichendes bestimmen, gelten auch für das Verbraucher- und Kleininsolvenzverfahren die allgemeinen Regelungen, vgl § 304 Abs 1 S 1 (**BGH** v 1. 12. 2005 – IX ZB 17/04, ZIP 2006, 143).

6   Liegen die formellen und materiellen Voraussetzungen für die Eröffnung des Insolvenzverfahrens vor, hat der Insolvenzrichter (§ 18 Abs 1 Nr 1 RpflG) die Eröffnung des Insolvenzverfahrens zu beschließen. Ein Vorschlagsrecht zur Benennung des Treuhänders im vereinfachten Verfahren steht weder dem Schuldner noch den Gläubigern zu (näher dazu *Hergenröder* ZVI 2005, 521, 534 ff). Der **Eröffnungsbeschluss** ist für das gesamte weitere von Amts wegen durchzuführende Verfahren **von grundlegender Bedeutung** (*Kohte/Ahrens/Grote* § 312 Rn 4). War die Eröffnung des Verfahrens vor dem Inkrafttreten des InsOÄG 2001 v 26. 10. 2001 (BGBl I S 2710) erfolgt, finden nach **Art 103 a EGInsO** die bis dahin geltenden Vorschriften weiterhin Anwendung. Dies hat unter anderem zur Folge, dass für solche Verfahren, bei denen am 1. 12. 2001 bereits eine Verfahrenseröffnung erfolgt ist, eine Stundung der Verfahrenskosten gemäß § 4 a nicht möglich ist.

I. Eröffnungsbeschluss

7   Der Eröffnungsbeschluss hat Angaben über den Schuldner (§ 27 Abs 2 Nr 1), Namen und Anschrift des vom Gericht ernannten **Treuhänders** (§§ 27 Abs 2 Nr 2, 313), die Stunde der Eröffnung sowie die Aufforderung an die Gläubiger, ihre Forderungen binnen einer Frist von mindestens zwei Wochen und höchstens drei Monaten anzumelden (§ 28 Abs 1), zu enthalten. Diese **Anmeldung** kann nicht dadurch ersetzt werden, dass das Insolvenzgericht dem Treuhänder das vom Schuldner bereits mit dem Eröffnungsantrag eingereichte Forderungsverzeichnis übergibt (so aber *Krug* Verbraucherkonkurs S 132). Zum einen zeigt die praktische Erfahrung, dass die Angaben des Schuldners häufig von Gläubigern wegen Unvollständigkeit beanstandet werden. Zum anderen kann das zwingend vorgeschriebene Verfahren gemäß § 174 nicht allein aus verfahrensökonomischen Gründen ausgehebelt werden.

8   Die Gläubiger sind ferner aufzufordern, dem Treuhänder unverzüglich mitzuteilen, welche Sicherheiten ihnen bestellt worden sind, auf die sie zugreifen wollen, aus welchen Vereinbarungen sich diese ergeben und worauf sie sich beziehen (§ 28 Abs 2).

9   Im vereinfachten Insolvenzverfahren entfällt der im Regelinsolvenzverfahren obligatorische Berichtstermin, in dem die Gläubiger über den Fortgang des Verfahrens entscheiden (§ 157). Das Gericht bestimmt lediglich einen **Prüfungstermin**. Da der Rechtspfleger für die Durchführung dieses Termins zuständig ist (§ 18 Abs 2 RpflG), sollte die Terminsbestimmung in dessen Einvernehmen erfolgen. Dies kann in der Weise geschehen, dass der Richter den Rechtspfleger vor Erlass des Eröffnungsbeschlusses bittet, ihm den Prüfungstermin zu benennen (ähnlich *Bruckmann* Verbraucherinsolvenz § 3 Rn 140; *Uhlenbruck/Delhaes* HRP Rn 442). Nichts anderes gilt für die Bestimmung der Anmeldefrist gemäß § 28 Abs 1.

10   Soweit die Bearbeitung der **Insolvenzverfahren EDV-gestützt** erfolgt (s hierzu näher KS-*Beule* S 23, 73 Rn 141 ff), bestehen keine Bedenken dagegen, dass der Rechtspfleger nach Absprache mit dem Richter die Termine und Fristen bereits in das Fachsystem eingibt. Betonen allerdings sowohl Richter als auch Rechtspfleger ihre Selbstständigkeit, kann der Richter, der „Herr des Verfahrens" bleibt (vgl § 18 Abs 2 RpflG), auch ohne Absprache mit dem Rechtspfleger den Prüfungstermin bestimmen, den dieser wahrzunehmen hat. Das Programm muss schließlich wissen, wer Entscheider ist (*Beule* aaO S 39 Rn 41).

II. Veröffentlichung (§ 312 Abs 1 S 1) und Zustellung

Der Eröffnungsbeschluss ist sofort öffentlich bekannt zu machen (§ 30 Abs 1 S 1) und den Gläubigern und Schuldnern des Schuldners und dem Schuldner besonders zuzustellen (§ 30 Abs 2). Da die Frage der Publizität im Verbraucherinsolvenzverfahren nicht den Stellenwert wie in einem Regelinsolvenzverfahren hat, sieht § 312 Abs 1 S 1 bei der Eröffnung des vereinfachten Verfahrens die **Veröffentlichung nur auszugsweise** vor. Eine weitere und wiederholte Veröffentlichung nach § 9 Abs 2 schließt § 312 Abs 1 S 1 2. HS ausdrücklich aus. Der Gesetzgeber rechtfertigt diese Regelung damit, es sei davon auszugehen, dass der Schuldner nach bestem Wissen und Gewissen seine Gläubiger benannt habe (krit dazu *Wagner* ZVI 2007, 9). Diese seien auf Grund des außergerichtlichen Einigungsversuchs und des gerichtlichen Schuldenbereinigungsverfahrens bereits über das Verfahren informiert (Begr RegE, BT-Drucks 14/5680 S 54). Tatsächlich erscheint die Bekanntmachung des Eröffnungsbeschlusses in der vorgesehenen Form ausreichend. Auf diese Weise können die gerichtlichen Auslagen gesenkt und die Bekanntmachungskosten verringert werden.

§ 32 sieht ferner die **Eintragung** der Eröffnung des Insolvenzverfahrens **in das Grundbuch** vor, wenn der Schuldner Eigentümer eines Grundstücks ist oder dem Schuldner in das Grundbuch eingetragene Rechte an Grundstücken Dritter zustehen, über die der Schuldner zum Nachteil der Gläubiger verfügen kann. Sinn und Zweck der gesetzlichen Regelung erfordern es, den Insolvenzvermerk auch bei dem im Eigentum einer Gesamthandsgemeinschaft stehenden Grundstück einzutragen, wenn über das Vermögen eines der **Gesamthänder** das Insolvenzverfahren eröffnet worden ist. Nur auf diese Weise kann eine Schmälerung der Masse vermieden werden, die durch eine nach Insolvenzeröffnung erfolgte Verfügung des Schuldners im Hinblick auf die Möglichkeit des Gutglaubenserwerbs nach § 892 BGB eintreten kann (LG Neubrandenburg NZI 2001, 325; LG Dessau ZInsO 2001, 626; LG Hamburg ZIP 1986, 1590; aA LG Leipzig Rpfleger 2000, 111; LG Neuruppin ZInsO 2002, 145).

Soweit dem Insolvenzgericht solche Grundstücke oder Rechte bekannt sind, hat es das **Grundbuchamt** von Amts wegen um die Eintragung zu ersuchen. Die Eintragung kann auch vom Treuhänder beim Grundbuchamt beantragt werden (§ 32 Abs 2). Eine Pflicht, auf die Eintragung hinzuwirken, besteht sowohl für das Insolvenzgericht als auch den Treuhänder. Eine Verzögerung oder Unterlassung der Eintragung kann zu einer Schadensersatzpflicht führen (*Häsemeyer* Rn 7.54).

III. Wirkungen der Verfahrenseröffnung

Auch im Verbraucherinsolvenzverfahren äußert der **Eröffnungsbeschluss weit greifende Rechtswirkungen**. Trotz der eingeschränkten Befugnisse des Treuhänders bedeutet der Eröffnungsbeschluss für den Schuldner im Zusammenhang mit der Ernennung des Treuhänders „eine partielle Entmündigung" (so *Oetker* (zum Konkurseröffnungsbeschluss) FS *Windisch*, 1888, 5).

1. Übergang des Verwaltungs- und Verfügungsrechts auf den Treuhänder. Die Eröffnung des vereinfachten Verfahrens bewirkt, dass der Schuldner die Befugnis verliert, sein zur Insolvenzmasse gehörendes Vermögen zu verwalten und darüber zu verfügen (§ 80 Abs 1). An die Stelle des Schuldners tritt der Treuhänder. Dieser übernimmt keine weitergehenden Rechte als der Schuldner (vgl BGHZ 24, 18; 44, 4). Selbst wenn die Veräußerung von Einrichtungsgegenständen zur Finanzierung des Lebensunterhalts erforderlich sein sollte, kann der Schuldner ohne Zustimmung des Treuhänders hierüber keine wirksame Verfügung treffen. Dass es einen erheblichen Eingriff in die Privatsphäre des Schuldners bedeutet, wenn er vor jedem Geschäft, das im Rahmen seiner Lebensführung anfällt, unter Umständen auf das „Wohlwollen" des Treuhänders angewiesen ist, liegt auf der Hand und ist einer der Schwächen des Insolvenzrechts zur Überwindung der Überschuldungssituation natürlicher Personen (näher dazu *Döbereiner*, Restschuldbefreiung S 55). Eigentums- und Gläubigerrechte an den Massegegenständen bleiben von dem Übergang der Verwaltungs- und Verfügungsbefugnis unberührt. Der Schuldner behält weiterhin seine **Rechts- und Geschäftsfähigkeit**. Allerdings geht in Bezug auf das insolvenzbefangene Vermögen die **Prozessführungsbefugnis** auf den Treuhänder über (vgl RGZ 26, 68, 37; 47, 374; *Runkel* FS *Uhlenbruck* S 315, 321 ff mwN).

Hatte das Insolvenzgericht ausnahmsweise bereits im Insolvenzeröffnungsverfahren einen vorläufigen Treuhänder bestellt und dem Schuldner ein allgemeines Verfügungsverbot auferlegt (§ 21 Abs 2 Nr 1 u 2), so musste dieser bereits mit dieser Entscheidung den Übergang der Verwaltungs- und Verfügungsbefugnis über sein Vermögen auf den vorläufigen Treuhänder hinnehmen.

Verfügt der Schuldner trotz des Verlustes seiner Verwaltungs- und Verfügungsbefugnis über das massezugehörige Vermögen, regeln §§ 81, 91 die Rechtsfolgen. Rechtshandlungen des Schuldners sind grundsätzlich unwirksam.

Soweit der Schuldner zu einer **Geldstrafe** verurteilt worden ist, dürfte wegen der Wirkungen des eröffneten Verfahrens die Uneinbringlichkeit dieser Strafe feststehen. Zum einen dürfte regelmäßig eine Befriedigung dieser nachrangigen Insolvenzforderung (§ 39 Abs 1 Nr 3) aus der Masse nicht möglich sein. Zum anderen sind Vollstreckungsmaßnahmen zur Beitreibung der Geldstrafe verboten. Damit stellt sich die Frage nach **der Verhängung einer Ersatzfreiheitsstrafe**. Angesichts der relativ langen Dauer eines vereinfachten Verfahrens würde bei einem – möglichen – Absehen von der Verhängung einer Ersatzfreiheitsstrafe eine Konfliktsituation mit dem Gebot der nachdrücklichen und beschleunigten Vollstreckung gemäß § 2 VollstrO entstehen. Dabei darf jedoch nicht außer Acht gelassen werden, dass die Gründe für die lange Verfahrensdauer regelmäßig nicht in der Person des Insolvenzschuldners begründet sind (näher dazu *Pape* ZVI 2007, 7; *ders* InVo 2006, 453; *Fortmann* ZInsO 2005, 140; *Vallender/Elschenbroich* NZI 2002, 130 ff).

Das BVerfG (v. 24. 8. 2006 – 2 BvR 1552/06 NJW 2006, 3626 = NZI 2006, 711; ähnlich LG Osnabrück v 22. 6. 2006 – 1 Qs 37/06, ZInsO 2007, 111; LG Potsdam v 14. 9. 2006 – 21 Qs 108/06, NJW 2007, 1544 L = ZInsO 2007, 390) hat gegen die **Anordnung einer Ersatzfreiheitsstrafe wegen der Uneinbringlichkeit einer Geldstrafe** nach Eröffnung des Insolvenzverfahrens keine verfassungsrechtlichen Bedenken. Aus der Regelung des § 39 Abs 1 Nr 3 InsO folge kein allgemeiner Vorrang des Insolvenzrechts vor dem Strafvollstreckungsrecht. Die Vollstreckung einer Ersatzfreiheitsstrafe sei nicht mit derjenigen einer Geldforderung gleichzusetzen.

19   **2. Erweiterte Rückschlagsperre, Abs 1 S 3.** Die Rückschlagsperre des § 88, nach der **Sicherungen** unwirksam sind, die bestimmte Gläubiger während der Krise durch Vollstreckung erlangt haben, soll die ungestörte Verfahrensabwicklung gewährleisten (vgl HK-*Eickmann* § 88 Rn 1). Um **Störungen des außergerichtlichen Einigungsversuchs** durch den Vollstreckungszugriff einzelner Gläubiger effizienter entgegenzuwirken, sieht Abs 1 S 3 eine Ausdehnung der Rückschlagsperre auf einen Zeitraum von **3 Monaten** vor, wenn das **Verfahren auf Antrag des Schuldners eröffnet** wird. Ein effektiver Schutz der Gläubigergesamtheit ist danach bei einem **Zusammentreffen von Gläubiger- und Schuldnerantrag** nur gewährleistet, wenn das Insolvenzgericht bei Eröffnungsreife das Verfahren in jedem Fall auf Grund des Schuldnerantrags eröffnet.

20   Oft werden Gläubiger, die jahrelang keine Vollstreckungsmaßnahmen mehr ergriffen haben, erst durch die Kontaktaufnahme von Seiten der geeigneten Person oder Stelle darauf aufmerksam, dass ein Entschuldungsverfahren bevorsteht. Durch einen vorgenommenen Zugriff auf pfändbare Vermögensbestandteile, auf die ein Gläubiger erst durch die zugeleiteten Unterlagen aufmerksam geworden ist, wird das Ansparen von Masse für einen außergerichtlichen Vergleich oder die Gerichtskosten erschwert oder gar vereitelt (*Veit-Reifner*, Außergerichtliches Verbraucherinsolvenzverfahren S 91).

21   § 312 Abs 1 S 3 orientiert sich an der Vorschrift des § 131 Abs 2 Nr 2, 3 (BegrRegE, BT-Drucks 14/5680 S 54). Bei **inkongruenten Deckungen** ist darauf abzustellen, ob die inkriminierte Rechtshandlung innerhalb des zweiten oder dritten Monats vor dem Eröffnungsantrag vorgenommen wurde. Soweit ein Gläubiger bereits vor Beginn der Dreimonatsfrist wirksam ein Pfändungspfandrecht erlangt hat, greift die Rückschlagsperre nicht mehr. In einem eröffneten Verfahren stünde dem Gläubiger in den Grenzen der §§ 114 Abs 3, 110 Abs 2 S 2 ein Absonderungsrecht zu. Dem soll in gewissem Umfange die Vorschrift des § 305 a entgegenwirken. Danach ist der Versuch, eine außergerichtliche Einigung mit den Gläubigern über die Schuldenbereinigung herbeizuführen, als gescheitert anzusehen, wenn ein Gläubiger die Zwangsvollstreckung betreibt, nachdem die Verhandlungen über die außergerichtliche Schuldenbereinigung aufgenommen wurden. Durch die **Fiktion der Zustimmungsverweigerung** wird erreicht, dass Sicherungen, die durch Einzelzwangsvollstreckungsmaßnahmen in der außergerichtlichen Einigungsphase erlangt werden, jedenfalls im Regelfall mit Unwirksamkeit bedroht sind. Denn dem Schuldner wird nach dem Scheitern des außergerichtlichen Einigungsversuchs die Möglichkeit eröffnet, in einem überschaubaren Zeitraum die Antragsunterlagen nach § 305 zusammenzustellen und einen Antrag auf Eröffnung des Verbraucherinsolvenzverfahrens zu stellen.

22   Die Erweiterung der Rückschlagsperre von einem auf drei Monate soll nach der Gesetzesbegründung einen größeren **Schutz der Gläubigergesamtheit** gewähren und dem Grundsatz der Gleichbehandlung bereits in der Zeit der Krise vor Verfahrenseröffnung Rechnung tragen (krit dazu *Grothe* KTS 2001, 205, 239, der zwar die Verbraucherinsolvenz als einen Bereich betrachtet, in dem eine Rückschlagsperre noch am ehesten überzeugt, die tatbestandliche Anlehnung an § 88 jedoch in jedem Fall als misslungen ansieht). Bedeutung dürfte die Regelung insbesondere bei einer Pfändung des Arbeitseinkommens des Schuldners innerhalb der Frist erlangen. Eine Masseanreicherung mit den so gesicherten Einkommensteilen setzt allerdings voraus, dass die gepfändeten Beträge tatsächlich gesichert werden, dh entweder von der Auszahlungsstelle nach dem Amtsgericht hinterlegt oder an einen vorläufigen Treuhänder gezahlt werden (*Grote* Rpfleger 2000, 521, 524).

23   Die Schutzwirkung des 312 Abs 1 S 3 in Kombination mit der Fiktion der Zustimmungsverweigerung gemäß § 305 a setzt in den Fällen nicht ein, in denen der vollstreckende Gläubiger während der Drei-Monats-Frist **Befriedigung** aus seinem Pfandrecht erlangt. Da die Rückschlagsperre gemäß § 88 nur erlangte (dingliche) Sicherheiten regelt, wird die durch eine Zwangsmaßnahme erlangte Befriedigung des Gläubigers nicht unwirksam (K/P/B/*Lüke* § 88 Rn 10; *Vallender* ZIP 1997, 1993, 1394). Demnach ergibt sich ein Anspruch des Treuhänders gegen den Gläubiger aus ungerechtfertigter Bereicherung aus (*Vallender* aaO; aA *Bruckmann* InVo 2001, 41, 42). In Betracht kommt jedoch eine **Anfechtung nach § 131 Abs 1 Nr 1** durch einen Gläubiger oder den Treuhänder nach entsprechender Beauftragung durch die Gläubigerversammlung (§ 313 Abs 3 S 3). Denn es entspricht gefestigter Rechtsprechung, dass auch der durch seine Verwertung noch vor Verfahrenseröffnung erlangte Erlös als

C. Eröffnung des Verfahrens § 312

inkongruente Deckung iSd § 131 anzusehen sei (RGZ 10, 33; **BGH** WM 1991, 150; ZIP 1996, 1015; ZInsO 2000, 333; krit dazu K/P/B/*Paulus* § 130 Rn 23 ff; *Paulus/Allgayer* ZInsO 2001, 241). Anfechtungsprozesse, die sich häufig über einen längeren Zeitraum hinziehen, belasten jedoch die Justiz in einem größeren Umfang als Einstellungsbeschlüsse nach dem im Regierungsentwurf noch vorgesehenen § 765 a Abs 3 S 4 ZPO, der auf Vorschlag des Rechtsausschusses des Bundesrates gestrichen wurde (ähnlich *Göbel* ZInsO 2000, 383, 384).

3. Vollstreckungsverbot. Nach § 89 sind **Einzelzwangsvollstreckungen** von **Insolvenzgläubigern** vom 24 Zeitpunkt der Eröffnung bis zur Beendigung des Insolvenzverfahrens **unzulässig**. Der Begriff Zwangsvollstreckung beinhaltet jede Art der zwangsweisen Durchsetzung der persönlichen Haftung und umfasst daher auch Arreste, einstweilige Verfügungen sowie die Abgabe der eidesstattlichen Versicherung als ein Hilfsmittel des Gläubigers zur Durchführung der Zwangsvollstreckung wegen einer Geldforderung (§ 807 ZPO) und wegen der Herausgabe einer beweglichen Sache (§ 883 ZPO). Auch ein schon vor Insolvenzeröffnung erlangter Zwangsvollstreckungstitel (§§ 704 ff ZPO) gestattet nicht die Zwangsvollstreckung in die Insolvenzmasse, sondern berechtigt die Insolvenzgläubiger lediglich zu einer Anmeldung der Forderung zur Insolvenztabelle (§§ 28, 38, 174). Eine **Ausnahme** gilt gemäß § 89 Abs 2 S 2 jedoch dann, wenn **bevorrechtigte Unterhaltsgläubiger** gemäß § 850 d ZPO oder **Deliktsgläubiger nach** § 850 f Abs 2 ZPO in das Arbeitseinkommen des Schuldners vollstrecken (*Hellwich* NZI 2000, 460, 461). Denn für diese Gläubiger ist der Teil des Arbeitseinkommens, der als Unterschiedsbetrag zwischen § 850 c ZPO und § 850 d ZPO bzw § 850 f ZPO **privilegiert pfändbar** ist, auch während des Verbraucherinsolvenzverfahrens von dem Vollstreckungsverbot des § 89 nicht erfasst (*Stöber* Forderungspfändung Rn 972 a).

Vollstreckt ein Insolvenzgläubiger trotz des Vollstreckungsverbots in insolvenzgebundene Gegenstände, 25 steht dem Schuldner ein Erinnerungsrecht mangels Rechtsschutzinteresse nicht zu (*Hess/Obermüller* Rn 1045). Ebenso wenig sind die Insolvenzgläubiger erinnerungsbefugt. Ihre Interessen werden ausschließlich vom Treuhänder wahrgenommen. Er kann gegen unzulässige Vollstreckungsmaßnahmen **Erinnerung nach § 766 ZPO** einlegen. Bei Streit über die Massezugehörigkeit des Vollstreckungsobjektes ist er ferner berechtigt, Drittwiderspruchsklage gemäß § 771 ZPO zu erheben. Für **Massegläubiger** gilt das Vollstreckungsverbot nur in den Grenzen des § 90.

Ein Gläubiger, der nach Eröffnung des Verfahrens eine Forderung gegen den Schuldner erlangt hat 26 (**Neugläubiger**), kann diese während des Insolvenzverfahrens titulieren lassen und die Zwangsvollstreckung gegen den Schuldner einleiten. Soweit der Treuhänder nach Eröffnung der vereinfachten Verfahrens das gesamte zur Insolvenzmasse gehörende Vermögen in Besitz und Verwaltung genommen hat (§ 148 Abs 1), ist dem Neugläubiger der Zugriff auf die Masse verwehrt. Zwar regelt das Gesetz das Verhältnis zwischen einer Zwangsvollstreckung eines Neugläubigers in die Insolvenzmasse und dem Recht bzw der Pflicht des Treuhänders zur Übernahme der Insolvenzmasse nicht. Unter Zugrundelegung des Präventions-(Prioritäts-)prinzips schließt der früher erfolgte Zugriff den späteren aus (*Bruckmann* Verbraucherinsolvenz § 3 Rn 186). Praktische Relevanz dürfte einer Vollstreckung von Neugläubigern kaum beizumessen sein, weil der Treuhänder im Zeitpunkt der Titulierung der Forderung und der Einleitung von Vollstreckungsmaßnahmen die Insolvenzmasse bereits übernommen hat.

Einer **Zwangsvollstreckung von Neugläubigern in die künftigen Einkünfte** des Schuldners aus einem 27 Dienstverhältnis oder an deren Stelle tretende laufende Bezüge steht während der Dauer des Verfahrens § 89 Abs 2 entgegen. Ausgenommen davon sind **Neugläubiger von Unterhalts- und Deliktsansprüchen**, § 89 Abs 2 S 2 (**BGH** v 27. 9. 2007 – IX ZB 16/06, NZI 2008, 50, vgl auch schon **BGH** v 28. 6. 2006 – VII ZB 161/05, NZI 2006, 593). Da in vielen Fällen die Pfändungsfreibeträge nicht einmal das Existenzminimum decken bzw beide Beträge fast identisch sind, werden die Unterhaltsgläubiger in der Regel leer ausgehen (*Uhlenbruck* FamRZ 1998, 1473, 1477).

Das Vollstreckungsverbot des § 89 bezieht sich dagegen nach seinem klaren Wortlaut nicht auf **ab-** 28 **sonderungsberechtigte Gläubiger** (LG Traunstein NZI 2000, 438; **AG** Rosenheim ZInsO 2000, 291; N/R/*Wittkowski* § 89 Rn 19; *Palandt/Bassenge* § 1123 Rn 17). Der Treuhänder ist gegenüber den Vollstreckungsmaßnahmen einzelner absonderungsberechtigter Gläubiger nicht schutzlos. Wird die geordnete Verfahrensabwicklung durch eine solche Maßnahme gestört, so kann er **Vollstreckungsschutz nach § 765 a ZPO** verlangen (LG Traunstein aaO; N/R/*Wittkowski* aaO).

IV. Bestandteile der Insolvenzmasse

Zur Insolvenzmasse zählt nach §§ 35 ff das gesamte, einer Zwangsvollstreckung unterliegende Ver- 29 mögen, das dem Schuldner zurzeit der Eröffnung des Verfahrens gehört und das er während des Verfahrens erlangt oder das im Wege der Anfechtung zur Insolvenzmasse zurückgelangt. Die **Einbeziehung des Neuerwerbs** in den Begriff der Insolvenzmasse wird mit der Einführung der Restschuldbefreiung nach den §§ 286 bis 303 begründet, die dem Schuldner eine effektivere Möglichkeit des Neuanfangs eröffne (N/R/*Andres* § 35 Rn 2).

1. Pfändbares Vermögen. Die §§ 808 bis 812 ZPO regeln, inwieweit Vermögensgegenstände des 30 Schuldners der Zwangsvollstreckung und damit auch dem Insolvenzbeschlag unterliegen (FK-*Schu-*

§ 312 *Allgemeine Verfahrensvereinfachungen*

macher § 36 Rn 3). Die **Unpfändbarkeit eines Vermögensgegenstandes** ergibt sich entweder aus einer ausdrücklichen Regelung, sie folgt aber auch aus dem gesetzlichen Ausschluss der Übertragbarkeit, § 851 Abs 1 ZPO (HK-*Eickmann* § 36 Rn 5). Den Schutz des Schuldners vor einem Verlust sämtlicher Vermögensgegenstände bezwecken vor allem §§ 811, 811c, 812 ZPO. Da das Insolvenzverfahren mit der sich anschließenden Restschuldbefreiung dem Schuldner einen „fresh start" ermöglichen soll, erscheint es vertretbar, bei der Abgrenzung des pfändbaren vom unpfändbaren Vermögen des Schuldners eine großzügige Betrachtungsweise vorzunehmen *(Kohte/Ahrens/Grote* § 312 Rn 23; *Hess* § 312 Rn 10). So ist der **Pkw** eines Schuldners, der seinen Arbeitsplatz mit öffentlichen Verkehrsmitteln nicht erreichen kann, nicht der Pfändung unterworfen und damit nicht Bestandteil der Insolvenzmasse (vgl **OLG Hamm** MDR 1984, 855; **LG** Heilbronn NJW 1988, 148).

31 **2. Schutz des Arbeitseinkommens des Schuldners**. Da der **Insolvenzbeschlag sämtliche pfändbaren Forderungen** umfasst, ist für die Abgrenzung der Insolvenzmasse die Systematik der §§ 850 ff ZPO von grundlegender Bedeutung (*Kohte/Ahrens/Grote* § 312 Rn 26).

32 Sind Ansprüche nicht als solche geschützt, sondern erst durch eine gerichtliche Entscheidung den Regeln des § 850c ZPO unterstellt, sind sie bis zu einer solchen Entscheidung voll massezugehörig (HK-*Eickmann* § 36 Rn 8). Freilich können die besonderen Bedürfnisse des Schuldners aus persönlichen oder beruflichen Gründen einen zusätzlichen Schutz gegen eine Abführung des pfändbaren Teils seines Arbeitseinkommens in die Masse erforderlich machen (näher dazu Rn 42 ff).

33 **Einkünfte aus nicht selbstständiger Tätigkeit** (Arbeitseinkommen, Lohn, Gehalt) fallen nur in dem Umfang in die Insolvenzmasse, in dem sie gemäß §§ 850 ff ZPO der Pfändung unterliegen. Entgelt iSv § 850 ZPO betrifft Vergütungen für Dienstleistungen aller Art, die die Erwerbstätigkeit des Schuldners vollständig oder zu einem wesentlichen Teil in Anspruch nehmen (§ 850 Abs 4 ZPO). Der Begriff des Arbeitseinkommens ist weit auszulegen (K/P/B/*Moll* § 114 Rn 39).
Die Vorschriften der §§ 850 ff ZPO finden auch auf die laufenden Einkommen derjenigen dem Personenkreis des § 304 zuzurechnenden Schuldner Anwendung, die nicht in einem Arbeits- und Beschäftigungsverhältnis stehen.
Ausgezahlte Beihilfen des Dienstherrn für Aufwendungen im Krankheitsfall gehören zur Insolvenzmasse eines Beamten, der Anspruch auf diese Leistung jedoch erst, wenn sich seine Zweckbindung zugunsten des Gläubigers, dessen Forderung als Aufwand der konkreten Beihilfegewährung zugrunde liegt, erledigt hat (BGH v 8. 11. 2007 – IX ZB 221/03, ZInsO 2007, 1348).

34 **a) Beschlagnahmefreies Arbeitseinkommen.** Beschlagnahmefrei bleiben die nach § 850c ZPO unpfändbaren Teile des Arbeitseinkommens (**OLG** Frankfurt NZI 2000, 531, 532; K/P/B/*Holzer* § 35 Rn 77; FK-*Schumacher* § 35 Rn 5; *Smid/Smid* § 35 Rn 18; vgl auch **OLG** Köln ZIP 1998, 113). Ebenso wenig sind die bedingt pfändbaren Bezüge (§ 850b ZPO) Bestandteil der Insolvenzmasse.

35 **b) Lohnabtretung und Lohnpfändung.** Gerade in Verbraucherinsolvenzverfahren erfährt die Masse häufig dadurch eine Schmälerung, dass der Schuldner bereits vor Einleitung des Insolvenzverfahrens über sein pfändbares Arbeitseinkommen zum Zwecke der Kreditsicherung (**Lohnabtretung**) verfügt hat oder Gläubiger gegen ihn **Lohnpfändungen** ausgebracht haben. **§ 114** begrenzt indes die zeitliche Wirksamkeit solcher Verfügungen oder Zwangsvollstreckungsmaßnahmen. Abs 1 bestimmt, dass die **Abtretung künftiger Entgeltansprüche** aus Dienstverhältnissen zwei Jahre nach der Eröffnung des Insolvenzverfahrens ihre Wirkung verliert. Stichtag für die Berechnung der Zweijahresfrist ist das Ende des Kalendermonats, in den die Verfahrenseröffnung fällt (K/P/B/*Moll* § 114 Rn 21).

36 **Wirksame Pfändungen von Dienstbezügen** sind in ihren Wirkungen auf den zurzeit der Verfahrenseröffnung laufenden Monat (§ 114 Abs 3 S 1) oder den darauf folgenden Monat beschränkt (§ 114 Abs 3 S 2). Da Zwangsvollstreckungsmaßnahmen während der Dauer des Insolvenzverfahrens nach § 89 Abs 1, Abs 2 S 1 unzulässig sind, werden pfändbare Forderungen auf Bezüge aus einem Dienstverhältnis oder an deren Stelle tretende laufende Bezüge spätestens in dem auf die Verfahrenseröffnung folgenden Kalendermonat für die Masse frei, soweit nicht eine wirksame Lohnabtretung vorliegt.

37 **c) Unpfändbarer Betrag kein Teil der Ist-Masse.** Soweit *Smid* (in: *Smid* § 36 Rn 2; *ders* FS *Rolland* S 358; *ders* Grundzüge Einf Rn 7) die Ansicht vertritt, auch der unpfändbare Teil des Arbeitseinkommens sei Teil der **Ist-Masse** (K/U § 1 KO Rn 1) und daher vom Treuhänder einzuziehen, kann dem nicht gefolgt werden. Zwar wird der tatsächliche Umfang der Insolvenzmasse (Ist-Masse) dadurch größer, dass der Treuhänder nicht zur Insolvenzmasse gehöriges Vermögen zur Masse zieht. Da das der Zwangsvollstreckung nicht unterliegende Arbeitseinkommen des Schuldners nicht zur Insolvenzmasse gehört (§ 36 Abs 1), kann es nur dadurch zur Ist-Masse werden, dass der Treuhänder es zur Masse einzieht. Hierzu ist er jedoch nicht befugt (**LAG** Kiel v 18. 1. 2006 – 3 Sa 549/05, ZVI 2006, 151; ähnlich N/R/*Andres* § 35 Rn 37; HK-*Irschlinger* § 148 Rn 1; *Steder* ZIP 1999, 1874, 1876; *Ott/Zimmermann* ZInsO 2000, 421). Daran ändert auch nichts der Umstand, dass nach § 80 Abs 1 durch die Eröffnung des vereinfachten Verfahrens das Verwaltungs- und Verfügungsrecht auf den Treuhänder übergeht. Dieser Übergang bezieht sich nur auf das zur Insolvenzmasse gehörende Vermögen des Schuldners. Der pfändungsfreie Betrag gehört aber gerade nicht zur Insolvenzmasse (§ 36 Abs 1). Es bleibt Sache des

Arbeitnehmers, den Anspruch auf das pfändbare Einkommen zu erheben und gerichtlich durchzusetzen (LAG Kiel aaO; LAG Düsseldorf v 2. 6. 2004 – 12 Sa 361/04, LAGE § 36 InsO Nr 1).

Zwar obliegt es dem Treuhänder festzustellen, inwieweit der Insolvenzbeschlag gemäß § 36, § 850 c Abs 1 oder auch Abs 4 ZPO (**BGH** v 7. 5. 2009 – IX ZB 211/08, NZI 2009, 423) reicht. Dieser Pflicht kann er dadurch hinreichend Rechnung tragen, dass er den Drittschuldner veranlasst, an den Schuldner den pfändungsfreien und an ihn den pfändbaren Teil des Arbeitseinkommens auszuzahlen. Die Mitteilung an den Arbeitgeber des Schuldners hat ohne schuldhaftes Zögern zu erfolgen. Wenn zweifelhaft ist, ob ein bestimmter Betrag von der Pfändung erfasst ist, kann der Arbeitgeber diesen Betrag hinterlegen (§ 372 BGB). Er kann sich allerdings auch darauf beschränken, den streitigen Betrag bis zur Klärung der Anspruchsberechtigung zu verwahren. Wären mit einer Hinterlegung für den Schuldner Kosten verbunden, so muss der Arbeitgeber aus dem Gesichtspunkt der Fürsorgepflicht diese Verwahrung unter Umständen der Hinterlegung vorziehen (*Brecht* BB 1963, 859). Eine Verpflichtung des Arbeitgebers, den Treuhänder von der Beendigung des Arbeitsverhältnisses zu benachrichtigen, besteht nicht. 38

Eine **korrekte Berechnung des pfändbaren Teils des Arbeitseinkommens** durch den Treuhänder setzt freilich voraus, dass diesem die erforderlichen Daten bekannt sind. Da im Verbraucherinsolvenzverfahren regelmäßig die Bestellung eines Sachverständigen oder gar vorläufigen Treuhänders nicht erforderlich ist, erlangt der im Eröffnungsbeschluss bestellte Treuhänder erst mit Übersendung der Insolvenzakten durch das Insolvenzgericht nähere Kenntnis vom Insolvenzverfahren. Dies bedingt, dass das Insolvenzgericht ihm nicht nur sofort nach Eröffnung des Verfahrens den Eröffnungsbeschluss durch Telefax zu übermitteln, sondern ihm auch möglichst umgehend die Akten zu übersenden hat. Reichen die darin enthaltenen Angaben zur ordnungsgemäßen Berechnung des pfändbaren Teils des Arbeitseinkommens nicht aus, hat der Schuldner – schon im eigenen wohlverstandenen Interesse – dem Treuhänder auf Verlangen gemäß § 97 Abs 1 S 1 die erforderliche Auskunft zu erteilen. Die **Auskunftspflicht** umfasst auch die Überlassung von Unterlagen, aus denen der Treuhänder den pfändbaren Teil des Arbeitseinkommens des Schuldners berechnen kann. 39

d) Lohnschiebung und -verschleierung. Schwierigkeiten bei der Berechnung des pfändbaren Teils des Arbeitseinkommens des Schuldners können sich in Fällen der **Lohnschiebung und -verschleierung** ergeben. Den Interessen der Insolvenzgläubiger an der Durchsetzung ihrer Forderungen gegen einen Schuldner auch bei Lohnhinterziehung trägt **§ 850 h ZPO** Rechnung. Die Vorschrift erfasst zum einen die Lohnschiebung. Sie liegt in der Vereinbarung des Schuldners mit seinem Arbeitgeber, dass die Vergütung für Arbeiten oder Dienste des Schuldners ganz oder teilweise an einen Dritten bewirkt werden soll. Der Lohnanspruch wird also in der Person des Dritten begründet. Zum anderen bekämpft § 850 h Abs 2 ZPO die Lohnverschleierung, die in einer unentgeltlichen oder unverhältnismäßig gering vergüteten Arbeitsleistung zu sehen ist. Die Vorschrift findet nur bei ständigem Arbeits- oder Dienstverhältnis Anwendung. 40

Ob § 850 h ZPO zugunsten der Insolvenzmasse angewendet werden kann, wird nicht einheitlich beurteilt (näher dazu *Ott/Zimmermann* ZInsO 2000, 421, 424 mwN). Berücksichtigt man, dass die sich aus § 850 h ZPO ergebenden fiktiven Einkommensbeiträge und damit die hieraus resultierenden Pfändungsbeträge nicht dem Schuldner zustehen (**LAG** Frankfurt DB 1991, 1388), fallen sie nicht in die Insolvenzmasse. Der Treuhänder ist gleichwohl auf Grund seiner Rechtsposition berechtigt, entsprechende rechtliche Schritte gegen den Drittschuldner einzuleiten. Im Streitfall hat das **Prozessgericht** zu entscheiden, ob und in welcher Höhe ein Anspruch für den Zugriff des Treuhänders im Verhältnis zwischen ihm zum Drittschuldner als Empfänger der Arbeits- oder Dienstleistung tatsächlich anzunehmen ist. Im Prozess trifft den Treuhänder grundsätzlich die **Beweislast**. Für die Mitarbeit des Schuldners im Geschäft des Ehepartners kann allerdings im Einzelfall eine tatsächliche Vermutung bestehen, so dass der als Drittschuldner in Anspruch genommene Ehepartner des Schuldners beweispflichtig dafür ist, dass der Schuldner tatsächlich nicht mitarbeitet (vgl **ArbG** Kaiserslautern DB 1958, 1332). 41

e) Bestimmung der „Pfändungsfreigrenzen". Bis zum Inkrafttreten des InsOÄG 2001 (BGBl 1 S 2710) enthielt die Insolvenzordnung keine ausdrückliche Regelung zu der Frage, ob die §§ 850 ff ZPO im Insolvenzverfahren Anwendung finden (näher dazu *Fuchs/Vallender* ZInsO 2001, 681 ff). Erst auf Grund der Beschlussempfehlung des Rechtsausschusses des Deutschen Bundestags wurde § 36 in Abs 1 S 2 um die Regelung **ergänzt**, dass die §§ 850, 850 a, 850 c, 850 e, 850 f Abs 1, §§ 850 g bis i ZPO entsprechend anzuwenden sind (BT-Drucks 14/6468 S 24). Da die **Pfändungsfreigrenzen** zum 1. 1. 2002 **deutlich angehoben** worden sind (BT-Drucks 14/6812 und BR-Drucks 905/01 v 16. 11. 2001), ist der Regelung in § 36 Abs 4 S 2 keine erhöhte Praxisrelevanz beizumessen. 42

aa) Antragsberechtigung. Im Falle der §§ 850 e Ziffer 2 S 1, 2 a S 1, 4 S 2, 850 f Abs 1, 850 i Abs 1 S 1 ZPO steht dem **Schuldner** das Antragsrecht zu. Soweit die Zivilprozessordnung in der Einzelzwangsvollstreckung eine Antragsberechtigung des Gläubigers vorsieht (§§ 850 c Abs 4 S 1, 850 e Ziffer 2 S 1, 2 a S 1, 4 S 2 ZPO), ordnet § 36 Abs 4 S 2 für das Gesamtvollstreckungsverfahren ausdrücklich an, dass an dessen Stelle der Insolvenzverwalter bzw Treuhänder tritt. Diese Regelung schließt ein Antragsrecht eines Insolvenzgläubigers aus. Gleichzeitig ist der Vorschrift zu entnehmen, dass der Treuhänder das Antragsrecht des Schuldners nicht wahrnehmen, wohl aber eine Antragstellung anregen kann. 43

44 **bb) Zuständigkeit.** § 36 Abs 4 S 1 bestimmt, dass für Entscheidungen, ob ein Gegenstand nach den in § 36 Abs 1 S 2 genannten Vorschriften der Zwangsvollstreckung unterliegt, das **Insolvenzgericht zuständig** ist. Die Regelung ist sachgerecht. Denn dem Insolvenzgericht liegen regelmäßig alle Unterlagen vor, die für die fragliche Entscheidung maßgebend sind (Begr Beschluss-Empf des RechtsA zu § 36, BT-Drucks 14/6468 S 24).

45 Bis zum Inkrafttreten des InsOÄG war heftig umstritten, welches Gericht zur Bescheidung des Antrags auf Festsetzung der Pfändungsfreigrenzen sachlich zuständig sei. Während sich das **LG Köln** Beschl v 14. 7. 2000 – 19 T 65/00; AG Duisburg ZInsO 2000, 346; AG Köln NZI 2001, 160; AG Köln NZI 2001, 162 für eine Zuständigkeit des **Prozessgerichts** aussprachen, vertraten das **OLG Köln** NZI 2000, 529 = NJW-RR 2001, 191 = ZInsO 2000, 499; **OLG Hamburg** NZI 2001, 320; **LG Wuppertal** NZI 2000, 327; **LG München** ZInsO 2000, 410; **AG München** ZInsO 2000, 407; **AG Memmingen** ZInsO 2000, 240; **AG Solingen** ZInsO 2000, 240; **AG Aachen** v 13. 7. 2000, 19 IK 29/99; *Grote* ZInsO 2000, 490, 491; *Mäusezahl* ZInsO 2000, 193; *Steder* ZIP 1999, 1874, 1877; *Stephan* ZInsO 2000, 376, 381; *Sternal* NZI 2001, NZI aktuell V die Auffassung, zuständiges Gericht sei das **Insolvenzgericht**. Nach Ansicht des LG Dortmund (NZI 2000, 182) sollte eine gerichtliche Entscheidung über einen Antrag des Schuldners auf Erhöhung des zu gewährenden Unterhalts gemäß § 850f ZPO erst möglich sein, wenn der Treuhänder bzw der Gläubigerausschuss sich weigern, eine Erhöhung des Unterhalts zu bewilligen. Durch die Neufassung des § 36 hat der Streit ein Ende gefunden.

46 **Funktionell zuständig** für die Entscheidung über Anträge nach § 36 Abs 1 S 2 iVm §§ 850c Abs 4, 850e Ziffer 2 S 1, 2a S 1, 4 S 2, 850f Abs 1, 850i Abs 1 S 1 ZPO ist der **Rechtspfleger** (§ 3 Ziffer 2e RpflG). Weist der Rechtspfleger einen entsprechenden Antrag zurück, hat über das Rechtsmittel gegen diese in Beschlussform ergehende Entscheidung der Richter des Insolvenzgerichts gemäß § 11 Abs 2 S 2 RpflG abschließend zu entscheiden (**OLG Köln** ZInsO 2000, 499, 500; **OLG Stuttgart** NZI 2002, 52, 53; **LG München II** ZInsO 2000, 410; **LG Bückeburg** ZInsO 2001, 1166; aA **LG Wuppertal** ZInsO 2001, 328; offengelassen von **OLG Celle** NZI 2001, 603).

V. Die Abwicklung gegenseitiger Verträge

47 Auch im vereinfachten Verfahren werden Vertragsschuldverhältnisse, die bei Eröffnung des Verfahrens noch nicht vollständig erfüllt worden sind, nach besonderen Vorschriften abgewickelt. § 103 räumt dem Treuhänder die Befugnis ein, die Erfüllung gegenseitiger Verträge zu verlangen oder dies zu unterlassen. Machen **Warenkreditgeber** aus dem Gesichtspunkt des einfachen Eigentumsvorbehalts Aussonderungsansprüche geltend, ist dem Treuhänder eine angemessene Überlegungsfrist zur Prüfung der Frage einzuräumen, ob er Vertragserfüllung wählen soll (*Hess* § 312 Rn 8). Dabei ist auch der Schutzzweck des § 107 zu beachten (*Kohte/Ahrens/Grote* § 312 Rn 19ff).

48 **Mietverträge** über Grundstücke und Räume (Wohnungen), die der Schuldner als Mieter abgeschlossen hat, bestehen für die Insolvenzmasse fort (§ 108 Abs 1). Während die vor Eröffnung entstandenen Forderungen der Vermieters Insolvenzforderungen sind (§ 108 Abs 2), sind die nach Verfahrenseröffnung erwachsenden Forderungen Masseverbindlichkeiten (§ 55 Abs 1 Nr 2). Ist Gegenstand des Mietverhältnisses die Wohnung des Schuldners, ist dem Treuhänder das Recht zur vorzeitigen Kündigung gemäß § 109 Abs 1 S 1 versagt. Vielmehr bestimmt § 109 Abs 1 S 2, dass **an die Stelle** der Kündigung das Recht des Treuhänders zu erklären tritt, dass Ansprüche, die nach Ablauf der in Satz 1 genannten Frist fällig werden, nicht im Insolvenzverfahren geltend gemacht werden können (näher dazu § 313 Rn 28 ff). Ein **Dienstverhältnis**, das der Schuldner eingegangen ist, besteht auch nach Verfahrenseröffnung fort.

VI. Tod des Schuldners nach Eröffnung des Verfahrens

49 Verstirbt der Schuldner **nach Eröffnung des Verbraucher- oder Kleinverfahrens**, geht das vereinfachte Verfahren ohne Unterbrechung in ein **allgemeines Nachlassverfahren** (§§ 315 ff) über (BGH v 21. 2. 2008 – IX ZB 62/05, NZI 2008, 382; *Siegmann* ZEV 2000, 345, 347; ähnlich *Gminatakis* BB 1999, 224, 225; *Döbereiner*, Restschuldbefreiung S 219; aA *Nöll*, Der Tod des Schuldners in der Insolvenz, 2005, Rn 218 ff, 228 ff; *Kohte/Ahrens/Grote* § 286 Rn 36; N/R/*Becker* § 1 Rn 11; *Schmerbach* NZI 2008, 353, 354 für den Fall eines masselosen Verbraucherinsolvenzverfahrens). Einer Fortführung des Verbraucher- und Kleininsolvenzverfahrens als Nachlassverfahren stehen die unterschiedlichen Verfahrenszwecke entgegen (BGH aaO 383). Eine Verfahrensunterbrechung erfolgt nach dem Tod des Schuldners nicht. Insbesondere bedarf es nicht des Antrags des Erben auf Fortsetzung als Nachlassinsolvenzverfahren.

49a Schuldner ist der Erbe. Das weitere Verfahren folgt sodann ausschließlich den Regeln der §§ 315 ff. Diese bestimmen den Kreis der Insolvenzgläubiger (§§ 38, 325, 327) und die Masseverbindlichkeiten. Der Erbe tritt anstelle des Erblassers in das Verfahren ein. Das zwischen Eröffnung des Verfahrens und Erbfall erworbene pfändbare Vermögen des Erblassers gehört zur Masse, so dass sich die Neugläubiger des Erblassers bzw die Gläubiger der Erbfallschulden an das bisher nicht pfändbare Restvermögen halten müssen (*Siegmann* aaO 347). Die Überleitung des Verbraucherinsolvenzverfahrens in ein Nachlassinsolvenzverfahren bewirkt indes nicht, dass der Treuhänder allein infolge der Verfahrensumgestaltung in die eines Nachlassinsolvenzverwalters einrückt. Das Insolvenzgericht kann den **Treuhänder** allerdings trotz Rechtskraft des Eröffnungsbeschlusses **nachträglich zum Insolvenzverwalter ernennen**, weil der nach Verfahrenseröffnung eingetretene Tod des Schuldners eine neue, nicht durch die Rechtskraft präkludierte Tatsache bildet. Zu einer solchen Maßnahme besteht Veranlassung, wenn sich die Abwicklung des Verfahrens in Folge des Todes des Schuldners **besonders arbeitsintensiv** gestaltet, weil beispielsweise eine Vielzahl von Masseverbindlichkeiten zu berücksichtigen ist (BGH aaO 384). Sieht das Insolvenzgericht davon ab, den Treuhänder zum Nachlassinsolvenzverwalter zu bestellen, hat dieser lediglich einen Anspruch auf **Vergütung** eines Treuhänders. Eine den Regelsatz übersteigende Vergütung kommt in Betracht, wenn der Treuhänder Tätigkeiten entfaltet, die typischerweise in den Aufgabenbereich eines Nachlassinsolvenzverwalters fallen (BGH aaO.).

D. Bestimmung des Prüfungstermins, Abs 1 S 2

Für das vereinfachte Insolvenzverfahren hat der Gesetzgeber von der Durchführung eines Berichtstermins, in dem die Gläubigerversammlung auf der Grundlage eines Berichts des Treuhänders über den Fortgang des Insolvenzverfahrens beschließt (§ 29 Abs 1 Nr 1), abgesehen. Dies ist plausibel, weil der Erörterungsbedarf spätestens nach Scheitern des Schuldenbereinigungsplans weitgehend erschöpft ist (*Hess/Obermüller* Rn 1015). Grundsätzlich ist der **Prüfungstermin** zugleich die **erste Gläubigerversammlung**. Dieser Termin ist zwingend vorgeschrieben (§ 312 Abs 1 S 2). Der Zeitraum zwischen dem Ablauf der Frist zur Anmeldung der Forderungen und dem Prüfungstermin soll mindestens eine Woche und höchstens zwei Monate betragen (§ 29 Abs 1 Nr 2). 50

Soweit ausnahmsweise hierzu Bedarf besteht, kann das Insolvenzgericht vor dem Prüfungstermin einen **Gläubigerausschuss** einsetzen (§ 67). Dem steht nicht entgegen, dass § 313 Abs 1 S 3 lediglich die entsprechende Anwendung des § 66 anordnet. Zutreffend weisen *Braun/Riggert/Kind* (Neuregelungen S 228) darauf hin, dass der Verweis sich nur auf die Rechtsstellung des Treuhänders bezieht. Regelungstechnisches Grundprinzip sei, dass die Vorschriften über das Regelinsolvenzverfahren Anwendung finden, soweit die §§ 311 keine abweichenden Regelungen enthalten. Der Gläubigerausschuss hat demnach die gleichen Aufgaben wie im Regelinsolvenzverfahren. Im Regelfall dürfte die Einsetzung eines Gläubigerausschusses aber nicht geboten sein, weil die Gläubigerautonomie bereits durch die den Gläubigern in §§ 313 Abs 2 u. 3 normierten Befugnisse hinreichend gewährleistet ist (BerlKo-*Goetsch/Fluck* § 312 Rn 6). 51

Im Prüfungstermin ist die **Anwesenheit des Treuhänders** unverzichtbar (vgl HK-*Irschlinger* § 176 Rn 2; N/R/*Becker* § 176 Rn 9). Aus diesem Grunde ist dem Treuhänder bei der Anberaumung des Termins rechtliches Gehör zu gewähren (**AG Hohenschönhausen NZI 2000, 139/140**). Kann der Treuhänder wegen eines langfristig geplanten Aufenthalts in Übersee am Prüfungstermin nicht teilnehmen, ist die Verlegung des Termins aus einem erheblichen Grund iSv § 227 ZPO geboten (**AG Hohenschönhausen aaO**). 52

Im Prüfungstermin werden die **angemeldeten Forderungen** ihrem Betrag und ihrem Rang nach **geprüft**, bestrittene Forderungen werden einzeln erörtert (§ 176). Festgestellte Forderungen werden in eine Tabelle eingetragen und wirken wie ein rechtskräftiges Urteil gegenüber dem Treuhänder und allen Insolvenzgläubigern (§ 178). Die Feststellung streitiger Forderungen hat vor dem Prozessgericht zu erfolgen (§§ 179, 180). 53

Der Prüfungstermin kann auch zur Erörterung der Fragen genutzt werden, ob der Treuhänder oder einzelne Gläubiger mit **Anfechtungen** beauftragt werden sollen (vgl § 313 Abs 2 S 3) und ob eine vereinfachte Verteilung gemäß § 314 in Betracht kommt (HK-*Landfermann* § 312 Rn 7). Schließlich kommen als **Tagesordnungspunkte** auch die Wahl eines anderen Treuhänders, §§ 313 Abs 1, 57, Unterhaltszahlungen aus der Masse, § 100, Zustimmungen zu bedeutsamen Rechtshandlungen des Treuhänders, §§ 160 bis 163, oder Auflagen an den Treuhänder, § 58, in Betracht (*Hintzen* Rpfleger 1999, 256, 262). 54

Die Entscheidung, ob der Schuldner schon vor dem 1. 1. 1997 zahlungsunfähig war (**Art 107 EGInsO**), kann nach Anhörung der Gläubigerversammlung und des Treuhänders als Zwischenentscheidung bereits im Prüfungstermin ergehen. Sie muss nicht zwingend im Beschluss über die Ankündigung der Restschuldbefreiung getroffen werden (**AG Duisburg Rpfleger 2000, 512, 513**). 55

Die **Terminkonzentration** in § 312 Abs 1 S 2 schließt indes nicht aus, dass eine als Berichtstermin vorgesehene erste Gläubigerversammlung einberufen werden kann (aA *Kohte/Ahrens/Grote* § 312 Rn 68), wenn der Treuhänder, der Gläubigerausschuss oder fünf Gläubiger dies beantragen und diese Forderungen geltend machen, die 20% aller gegen den Schuldner erhobenen Forderungen ausmachen, oder ein Gläubiger, der wenigstens 40% aller nicht nachrangigen Forderungen repräsentiert, dies fordert (§ 75). 56

Die Ansetzung eines weiteren Termins wie zB zur Beschlussfassung über die Bestellung des Treuhänders schließt § 312 Abs 1 ebenfalls nicht aus (*Häsemeyer* Rn 29.48 Fn 63; *R. Schmidt-Räntsch* MDR 1994, 326). Das weitere Verfahren nimmt bis zum Schlusstermin und zur Schlussverteilung den glei- 57 chen Verlauf wie ein Regelinsolvenzverfahren (HK-*Landfermann* § 312 Rn 9; H/W/F Kap 10 Rn 50; aA *Heyer,* Restschuldbefreiung im Insolvenzverfahren S 62).

E. Weiterer Verfahrensablauf

58   Nach dem allgemeinen Prüfungstermin kann das Gericht **Abschlagsverteilungen** vornehmen, sooft hinreichende Barmittel in der Masse vorhanden sind (§ 187). Die **Schlussverteilung** darf nach § 196 Abs 1 erst vorgenommen werden, wenn die Insolvenzmasse mit Ausnahme eines laufenden Einkommens vollständig verwertet, mithin der letzte verwertbare Massegegenstand in Geld umgesetzt ist (Berl-Ko-*Breutigam* § 196 Rn 2).

I. Schlusstermin

59   Stimmt das Insolvenzgericht auf Antrag des Treuhänders dem von diesem aufgestellten Schlussverzeichnis und damit der von ihm vorgeschlagenen Schlussverteilung zu (vgl § 196 Abs 2), hat es gleichzeitig **von Amts wegen** die Gläubigerversammlung für den **Schlusstermin** einzuberufen (§ 197), in dem die Schlussrechnung des Treuhänders zu erörtern und ggf abzunehmen ist und Einwendungen gegen das Schlussverzeichnis erhoben werden können.

60   **1. Entscheidung des Insolvenzgerichts über den Antrag auf Erteilung der Restschuldbefreiung.** Der Schlusstermin im Verbraucherinsolvenzverfahren hat insoweit **erhöhte Bedeutung,** als er auch dazu dient, dass das Gericht nach Anhörung der Beteiligten zu **einem Antrag des Schuldners auf Restschuldbefreiung** eine entsprechende Entscheidung trifft (§ 289 Abs 1). Insolvenzgläubiger haben in diesem Termin letztmalig die Gelegenheit, eine Versagung der Restschuldbefreiung auch wegen einer Verletzung der Auskunfts- und Mitwirkungspflichten des Schuldners zu verlangen (*Kohte/Ahrens/Grote* § 289 Rn 5).

61   Eine **Entscheidung** des Insolvenzgerichts über den Antrag des Schuldners auf Erteilung der Restschuldbefreiung **vor diesem Termin** ist bei einem unzulässigen Antrag zulässig, in der Regel auch geboten (**OLG Köln** NZI 2000, 587 = ZInsO 2000, 608 = ZIP 2001, 252 = Rpfleger 2001, 41; **AG Köln** InVo 2000, 127, 128 = DZWIR 2000, 170, 171; K/P/B/*Wenzel* § 289 Rn 3a; *Holzer* DZWIR 2000, 174; aA LG Münster Rpfleger 2000, 83 = DZWIR 1999, 474 = ZInsO 1999, 724 LS).

62   **Funktional zuständig** für die Entscheidung über den Antrag des Schuldners auf Erteilung der Restschuldbefreiung ist der Rechtspfleger (§ 18 Abs 1 Ziffer 2 PflG).

63   Einem **Insolvenzgläubiger,** der im Schlusstermin nicht (erfolglos) beantragt hat, die Restschuldbefreiung zu versagen, sondern seine **Gründe** schriftlich und **nachträglich** vorträgt, steht das Rechtsmittel der sofortigen Beschwerde gemäß § 289 Abs 2 S 1 gegen den Beschluss nach § 291 Abs 1 (Ankündigung der Restschuldbefreiung) nicht zu (LG München ZInsO 2000, 519).

64   **2. Verzicht auf Abhaltung des Schlusstermins.** Auf den Schlusstermin kann – wie auf alle Gläubigerversammlungen – nur bei Anordnung des **schriftlichen Verfahrens** (§ 5 Abs 2) verzichtet werden (HK-*Landfermann* § 312 Rn 9).

65   Kommt es nicht zur Durchführung des Schlusstermins, weil der Treuhänder die **Masseunzulänglichkeit** nach § 208 angezeigt hat und nach Verteilung der Insolvenzmasse (§ 209) das vereinfachte Verfahren gemäß § 211 wegen Masseunzulänglichkeit eingestellt wurde, ist ein Restschuldbefreiungsverfahren gleichwohl zulässig, § 289 Abs 3 S 2. Das Gericht hat sowohl für die Versagungsanträge der Insolvenzgläubiger als auch für die Anhörung nach § 289 Abs 1 S 1 einen besonderen Zeitpunkt zu bestimmen. Es empfiehlt sich, durch entsprechende Beschlussfassung den Versagungsantrag auf das mündliche oder schriftliche Anhörungsverfahren zu befristen (*Kohte/Ahrens/Grote* § 290 Rn 60). Das Insolvenzgericht ist befugt, auch die **Entscheidung über den Antrag des Schuldners** auf Erteilung der Restschuldbefreiung **im schriftlichen Verfahren** zu treffen. Der Einberufung einer Gläubigerversammlung bedarf es nicht.

II. Beendigung des vereinfachten Verfahrens

66   Für die Beendigung des vereinfachten Verfahrens gelten die allgemeinen Bestimmungen. Die Aufhebung des Verfahrens gemäß § 200 Abs 1 kommt erst nach der **Schlussverteilung** und der Rechtskraft der Entscheidung über den Restschuldbefreiungsantrag des Schuldners in Betracht (*Huntemann/Graf Brockdorff* Kap 17 Rn 140).

67   **1. Schlussverteilung.** Nach der bis zum Inkrafttreten des InsOÄG 2001 v 26. 10. 2001 (BGBl I S 2710) geltenden Fassung von § 196 Abs 1 ergaben sich Auslegungsschwierigkeiten bei dem nicht abgetretenen pfändbaren Teil des Arbeitseinkommens des Schuldners. Diese rührten daher, dass ein Insolvenzverfahren gemäss § 35 2. HS auch das Vermögen erfasst, das die insolvente Person während des Verfahrens erlangt.

F. Möglichkeit der Anordnung des schriftlichen Verfahrens (§ 5 Abs 2 S 1) § 312

Bei streng am Wortlaut des § 196 Abs 1 orientierter Betrachtungsweise hätte die Verwertung so lange nicht beendet werden können, als ständig neues verwertbares Vermögen hinzuerworben wurde (so **AG** Düsseldorf ZInsO 2001, 572, m abl Anm *Haarmeyer*; aA **BGH** ZInsO 2001, 1009, 1011 m Anm *Vallender*). Zur Lösung dieses Problems empfahlen *Grub/Smid* (DZWIR 1999, 2, 7) eine korrigierende Auslegung des § 35 2. HS in der Weise, dass nur der Neuerwerb vom Insolvenzbeschlag erfasst wird, den der Schuldner bis zum Abschluss der Verwertung seines Vermögens im Übrigen erlangt (vgl auch **AG** Duisburg Rpfleger 2001, 261 m Anm *Fuchs* 262; *Kohte/Ahrens/Grote* § 314 Rn 17; KS-*Fuchs* S 1679, 1725 Rn 142; *Henning* ZInsO 1999, 333 ff). *Runkel* (FS *Uhlenbruck* S 326) gelangte im Wege teleologischer Auslegung der Norm zu dem Ergebnis, dass der Begriff „Verfahren" als Summe der Verwertungshandlungen des Vermögens zu begreifen sei, das dem Schuldner im Zeitpunkt der Eröffnung des Verfahrens gehört.

Nach der nunmehr geltenden Fassung des § 196 Abs 1 kann die Schlussverteilung erfolgen, sobald 68 die Insolvenzmasse ohne Berücksichtigung des laufenden Einkommens verwertet ist, bzw der Schuldner den Betrag nach § 314 Abs 1 bezahlt hat.

Soweit das **AG** Duisburg (aaO) bei einem auf Grund eines Gläubigerantrags eingeleiteten Verfahren 69 bei **fehlendem Antrag des Schuldners auf Erteilung der Restschuldbefreiung** eine Schlussverteilung erst zulässt, wenn das zur Masse gehörende Vermögen verwertet und anschließend das laufende Einkommen vorbehaltlich der Bestimmung des § 114 Abs 1 für die Zeit von sechs Jahren zur Insolvenzmasse eingezogen wurde, kann dem nicht gefolgt werden. Eine rechtliche Grundlage für diese Verfahrensweise gibt es nicht. Sie stellt im Übrigen eine Ungleichbehandlung gegenüber dem Schuldner dar, der bei einem Eigenantrag erklärt, dass Restschuldbefreiung nicht beantragt werden soll (s hierzu näher *Fuchs* Rpfleger 2001, 262, 263). Nicht zu verkennen ist allerdings, dass nach einer Aufhebung des Verfahrens eine gleichmäßige Befriedigung aller Gläubiger entfällt und das Vermögen des Schuldners wieder dem uneingeschränkten Zugriff der einzelnen Gläubiger unterliegt (§ 201). Dies entspricht dem erklärten Willen des Gesetzgebers und kann nicht durch richterliche Rechtsfortbildung in der Weise korrigiert werden, dass der Schuldner über einen Zeitraum von sechs Jahren „ohne Not" den Beschränkungen eines Insolvenzverfahrens unterliegen soll.

2. Aufhebung des Verfahrens. Die **Aufhebung des Verfahrens** erfolgt erst nach Vornahme der Schluss- 70 verteilung (§ 200 Abs 1) und deren Nachweis durch den Treuhänder gegenüber dem Insolvenzgericht (HK-*Irschlinger* § 200 Rn 1). Trotz der Neufassung des § 196 Abs 1 ist die Frage weiterhin ungeklärt, was mit vom Treuhänder eingezogenen pfändbaren Beträgen aus laufendem Arbeitseinkommen des Schuldners zu geschehen hat, die erst nach Auskehrung des Verwertungserlöses an die Gläubiger, aber noch vor der beabsichtigten Aufhebung des Verfahrens in die Masse geflossen sind. Zwar könnte dieser Betrag vor einer Aufhebungsentscheidung wiederum verteilt werden. Es besteht jedoch die Gefahr, dass nach Abschluss dieser Verteilung ein erneuter Massezufluss zu verzeichnen ist. Um einem „ewigen Insolvenzverfahren" zu entgehen, bietet sich im Anschluss an die Aufhebungsentscheidung **die Anordnung der Nachtragsverteilung gemäß § 203 Abs 1** an (*Vallender* ZInsO 2001, 1011; näher dazu § 313 Rn 46 a). Hierbei ist jedoch zu berücksichtigen, dass ein zur Nachtragsverteilung führender Massezufluss nur aus den im Gesetz erschöpfend aufgezählten Fallgruppen erfolgen kann (K/P/B/*Holzer* § 203 Rn 8). Da der hier in Rede stehende Sachverhalt unter keine der in § 203 Abs 1 genannten Fallgruppen zu subsumieren ist, hat der Treuhänder den noch zur Verfügung stehenden Betrag an den Schuldner auszukehren.

Etwas anderes gilt nur dann, wenn der Schuldner einen Antrag auf Erteilung der Restschuldbefreiung 71 gestellt und das Gericht die Restschuldbefreiung gemäß § 291 Abs 1 angekündigt hat. In diesem Fall empfiehlt sich die Überlassung des zur Masse geflossenen Betrages an den Treuhänder zwecks späterer Verteilung an die Gläubiger (vgl § 292 Abs 1 S 2).

F. Möglichkeit der Anordnung des schriftlichen Verfahrens (§ 5 Abs 2 S 1)

Auf Grund des **Gesetzes zur Vereinfachung des Insolvenzverfahrens** vom 13. 4. 2007 (BGBl I 509) wurde 72 die Vorschrift des **§ 312 Abs 2**, nach der das Gericht anordnen kann, dass das Verfahren oder einzelne seiner Teile schriftlich durchgeführt werden, wenn die Vermögensverhältnisse des Schuldners überschaubar und die Zahl der Gläubiger oder die Höhe der Verbindlichkeiten gering sind, **aufgehoben**. Eine inhaltsgleiche Regelung findet sich nunmehr § 5 Abs 2 S 1 u 2. Sachlich hat sich damit nichts an den Voraussetzungen für die Anordnung des schriftlichen Verfahrens in einem Verbraucherinsolvenzverfahren geändert. Die Vorschrift des § 5 Abs 2 findet gemäß § 304 Abs 1 S 1 auch im Verbraucherinsolvenzverfahren Anwendung.

Die Durchführung des schriftlichen Verfahrens erfordert eine ausdrückliche Anordnung des Gerichts. Sie kann sich auf das gesamte Verfahren oder auf einzelne Verfahrenabschnitte wie den Prüfungstermin oder den Schlusstermin (**AG** Hamburg NZI 2000, 136) beziehen.

I. Zulässigkeitsvoraussetzungen

Die **Anordnung** des schriftlichen Verfahrens ist **zulässig**, wenn die Vermögensverhältnisse des Schuld- 73 ners überschaubar und die Zahl der Gläubiger oder die Höhe der Verbindlichkeiten gering ist (§ 5

Abs 2 S 1). Hat sich bereits im Schuldenbereinigungsverfahren ergeben, dass der **Schuldner** entweder **vermögenslos** ist oder jedenfalls nicht über nennenswerte Vermögensgegenstände verfügt, bestehen gegen die Anordnung des schriftlichen Verfahrens keine Bedenken. In der Regel dürften die vom Schuldner vorgelegten Verzeichnisse einen geeigneten Überblick über den Umfang bzw die Überschaubarkeit seiner Vermögensverhältnisse geben. Sind Anfechtungstatbestände erkennbar oder ist dem Gericht angezeigt worden, dass eine Auswechslung des Treuhänders angestrebt werde, erscheint eine Anordnung nicht sinnvoll (*Hess/Obermüller* Rn 1053). Nichts anderes gilt, wenn die vom Schuldner eingereichten Unterlagen ein vertieftes Studium von Verträgen und erhebliche Nachfragen erfordern (N/R/*Römermann* § 312 Rn 16) oder das Schuldenbereinigungsverfahren in erster Linie an rechtlichen Divergenzen über Stand und Höhe von Forderungen gescheitert ist (*Kohte/Ahrens/Grote* § 312 Rn 71).

74 Während *Döbereiner* (Restschuldbefreiung S 104) die Zahl von fünf oder weniger Gläubigern als gering ansieht, lässt *Haarmeyer* (in *Smid* § 312 Rn 8) die Anordnung des schriftlichen Verfahrens bei weniger als 10 Gläubigern zu. *Römermann* (N/R § 312 Rn 17) sieht dagegen die Geringfügigkeitsgrenze erst bei mehr als zehn Gläubigern überschritten (ebenso AG Hamburg NZI 2000, 336). Angesichts der Bewertung, die der Gesetzgeber in § 304 Abs 2 zur Überschaubarkeit der Vermögensverhältnisse vorgenommen hat, erscheint die Anordnung des schriftlichen Verfahrens bei mehr als 19 Gläubigern in keinem Fall mehr sinnvoll. Demgegenüber hält das AG Göttingen ZInsO 2002, 292 m Anm *Schmerbach* eine entsprechende Anwendung des § 312 Abs 2 aF in den Fällen für zulässig, die auf Grund der Neuregelung des § 304 nicht mehr dem Verbraucherinsolvenzverfahren, sondern dem Regelinsolvenzverfahren unterliegen.

75 Wann von einer geringen Höhe der Verbindlichkeiten auszugehen ist, wird ebenfalls nicht einheitlich beurteilt. Betragen die Verbindlichkeiten mehr als 25.000,- Euro, verbietet sich die Anordnung des schriftlichen Verfahrens. Letztlich hängt die Entscheidung vom Einzelfall ab (KS-*Fuchs* S 1719 Rn 124).

II. Anfechtbarkeit des Anordnungsbeschlusses

76 Die Anordnung, das Verfahren oder einzelne Teile schriftlich durchzuführen, hat wegen der damit verbundenen Rechtsfolgen grundsätzlich durch (nicht beschwerdefähigen) Beschluss zu erfolgen (BGH v 9. 3. 2006 – IX ZB 17/05, NZI 2006, 481). Die Entscheidung ist den Beteiligten bekannt zu machen (BGH v 20. 3. 2003 – IX ZB 388/02, NJW 2003, 2167 = NZI 2003, 389). § 5 Abs 2 S 3 sieht die **öffentliche Bekanntmachung** nunmehr wegen den mit der Anordnung verbundenen Rechtsfolgen für die Gläubiger ausdrücklich vor (BT-Drucks 16/3227 S 13). Die Entscheidung kann bereits in den **Eröffnungsbeschluss** aufgenommen werden. Dies erscheint freilich nur sinnvoll, wenn sich der Richter das Verfahren vorbehält oder er bei einem Absehen vom Vorbehalt (§ 18 Abs 2 RpflG) die Entscheidung zuvor mit dem Rechtspfleger abgestimmt hat. In diesem Fall ist gegen die Anordnung ein **Rechtsmittel** nicht gegeben (§ 6 Abs 1). Die Einlegung eines Rechtsmittels allein mit dem Ziel der Eröffnung unter der Bedingung, dass das vereinfachte Verfahren nicht schriftlich durchgeführt werde, ist mangels Beschwer unzulässig (vgl OLG Köln ZIP 1986, 386; HK-*Kirchhof* § 34 Rn 6).

77 Eine **gesonderte Anordnung**, die ggf mit der Rechtspflegererinnerung gemäß § 11 Abs 2 RpflG anfechtbar ist, hat durch Beschluss zu ergehen. Eine **Anhörung der Beteiligten** vor Anordnung ist zulässig, aber nicht notwendig, weil durch Einberufung einer Gläubigerversammlung auf die getroffene Entscheidung Einfluss genommen werden kann.

III. Forderungsanmeldung und schriftliches Verfahren

78 Besteht Streit über den Bestand und die Höhe der angemeldeten Forderungen, sollte das Gericht davon absehen, den **Prüfungstermin schriftlich** durchzuführen. Sind sich jedoch Gläubiger und Schuldner nach Durchführung des gerichtlichen Schuldenbereinigungsverfahrens über Rechtsgrund und Höhe der Forderungen einig, bedarf es keiner eingehenden mündlichen Erörterung der einzelnen Forderungen gemäß § 176. In diesem Fall bestehen keine Bedenken dagegen, den Prüfungstermin schriftlich durchzuführen (KS-*Fuchs* S 1719 Rn 124).

79 Bei einer **nachträglichen Anmeldung von Forderungen** (§ 177) muss allerdings auch bei Anordnung des schriftlichen Verfahrens gewährleistet sein, dass die widerspruchsberechtigten Gläubiger die Möglichkeit erhalten, von der Forderungsanmeldung Kenntnis zu nehmen. Deshalb hat auch nach dem Ende der allgemeinen Auslegung ein entsprechender Tabellenauszug, der die verspäteten Anmeldungen enthält, weiterhin in der Geschäftsstelle des Insolvenzgerichts zur Einsicht der Beteiligten auszuliegen (KS-*Eckardt* S 595 Rn 33). Das Insolvenzgericht ist zudem berechtigt, die Möglichkeit, der angemeldeten Forderung schriftlich zu widersprechen, entsprechend § 128 Abs 2 S 2 ZPO zu befristen. Diese Frist ist dann eine (prozessuale) Ausschlussfrist, nach deren Ablauf ein schriftliches Bestreiten nicht mehr wirksam möglich ist (*Eckardt* aaO).

IV. Schlusstermin und schriftliches Verfahren

80 Verzichtet das Gericht auf die **Durchführung des Schlusstermins** und ordnet stattdessen eine schriftliche Entscheidung über die Schlussverteilung an, muss den Gläubigern Gelegenheit gegeben werden zu

klären, ob die Schlussrechnung des Treuhänders korrekt ist, ob Einwände gegen das Schlussverzeichnis bestehen und was mit den nicht verwertbaren Gegenständen der Masse geschehen soll. Dazu bedarf es der Übersendung der Schlussrechnung des Treuhänders an die Beteiligten mit der Aufforderung, binnen einer vom Gericht zu bestimmenden Frist dazu Stellung zu nehmen, ob der Treuhänder das Berechnete erhalten soll, ob die Schlussrechnung akzeptiert wird und was mit den verbleibenden Gegenständen geschehen soll (*Bruckmann*, Verbraucherinsolvenz § 3 Rn 438). Die Entscheidung darüber, ob der Schlusstermin schriftlich durchgeführt werden soll, wird das Gericht in der Regel erst im weiteren Verlauf des Verfahrens und nicht schon zum Zeitpunkt des Eröffnungsbeschlusses treffen können.

V. Versagung der Restschuldbefreiung im schriftlichen Verfahren

Von dem Erfordernis, dass der **Versagungsantrag** im Schlusstermin zu stellen ist und eine Entscheidung darüber erst danach ergehen darf (§§ 289 Abs 1, 290 Abs 1), kann nur in den Fällen abgesehen werden, in denen es die InsO dem Insolvenzgericht gestattet, auf die Abhaltung eines Schlusstermins ganz zu verzichten. Das Insolvenzgericht kann sowohl im Regel- als auch im Verbraucherinsolvenzverfahren gemäß § 5 Abs 2 das schriftliche Verfahren anordnen. In diesem Verfahren kann über den Antrag auf Versagung der Restschuldbefreiung entschieden werden (**BGH** v 9. 3. 2006 – IX ZB 17/05, NZI 2006, 481; **BGH** v 20. 3. 2003 – IX ZB 388/02, NZI 2003, 389, 391). Ordnet das Gericht für die Beendigung des Verfahrens das schriftliche Verfahren an und bestimmt eine Frist, innerhalb derer die Gläubiger Einwendungen gegen die Ankündigung der Restschuldbefreiung erheben können, müssen die entsprechenden Anträge **innerhalb der Frist** beim Insolvenzgericht **eingehen**. Vor der Anordnung gestellte Anträge der Gläubiger sind unbeachtlich. Dies gilt auch dann, wenn das Insolvenzgericht auf Grund eigener Fehler den Beschluss mit der Fristbestimmung aufhebt und in einem weiteren Beschluss eine neue Frist für die Anträge auf Versagung der Restschuldbefreiung bestimmt (**LG Göttingen** v 11. 9. 2006 – 10 T 64/06, NZI 2007, 121, 122). Für die Zulässigkeit des Antrags kommt es darauf an, dass der Antrag auf Versagung der Restschuldbefreiung **bis** zum letzten Tag der Stellungnahmefrist gestellt wird (**LG Magdeburg** v 30. 7. 2007 – 3 T 452/07 ZInsO 2007, 998). Ein Versagungsantrag, der erst **nach Ablauf** der vom Insolvenzgericht gesetzten Frist bei Gericht eingeht, ist **unzulässig**. Dies gilt auch dann, wenn sich das Verfahren nach dem Schlusstermin bis zur rechtskräftigen Entscheidung über die Versagung der Restschuldbefreiung erheblich verzögert (**LG Göttingen** v 29. 11. 2006 – 10 T 97/06, NZI 2008, 120, 121). 80a

VI. Aufhebung oder Änderung der Anordnung des schriftlichen Verfahrens

Das Gericht kann die von ihm getroffene Anordnung, das Verfahren oder einzelne seiner Teile schriftlich durchzuführen, jederzeit **aufheben oder ändern** (§ 5 Abs 2 S 2). Eine Aufhebung des schriftlichen Verfahrens kann zB in Betracht kommen, wenn ein Gläubiger gemäß § 174 Abs 2 wirksam eine Forderung aus vorsätzlich begangener unerlaubter Handlung anmeldet und das Insolvenzgericht nach Belehrung des Schuldners gemäß § 175 Abs 2 einen Bedarf für die mündliche Erörterung sieht (*Schmerbach* ZInsO 2002, 292, 293). Die Abänderung bezieht sich auf die Anordnung für einen bestimmten Verfahrensabschnitt. Trotz Anordnung des schriftlichen Verfahrens ist eine Gläubigerversammlung einzuberufen, wenn dies vom Treuhänder, einem etwa bestellten Gläubigerausschuss (vgl Rn 51) oder von den in § 75 Abs 1 Nr 3 und Nr 4 genannten Gläubigern beantragt wird. Ob das Insolvenzgericht in einem solchen Fall seine Anordnung aufrechterhält, unterliegt allein seinem pflichtgemäßen Ermessen. Soweit die Gläubigerversammlung die Aufhebung der Anordnung des schriftlichen Verfahrens beschließt, hat das Gericht diesem Begehren zu entsprechen. Lehnt es gleichwohl die Abänderung oder Aufhebung ab, ist gegen die Entscheidung des Gerichts die Rechtspflegererinnerung gemäß § 11 RpflG gegeben, wenn der Rechtspfleger die beanstandete Entscheidung getroffen hat. Hatte sich der Richter das Verfahren vorbehalten, ist gegen seine Entscheidung ein Rechtsmittel nicht gegeben (§ 6 Abs 1). 81

G. Ausschluss des Insolvenzplan- und Eigenverwaltungsverfahrens, Abs 2

Da in der Verbraucherinsolvenz der Schuldenbereinigungsplan die Funktion übernimmt, die im Regelinsolvenzverfahren dem **Insolvenzplan** zukommt (HK-*Landfermann* § 312 Rn 12), hat der Gesetzgeber das Insolvenzplanverfahren aus dem vereinfachten Verfahren herausgenommen. Im Übrigen hätte die Möglichkeit eines Insolvenzplanverfahrens im vereinfachten Verfahren zu einer unnötigen Belastung der Gerichte geführt, insbesondere durch die Prüfungspflicht gemäß § 231 und die Durchführung von Erörterungs- und Abstimmungsterminen, § 235 (*Smid/Haarmeyer* § 312 Rn 19). 82

Der Ausschluss der **Eigenverwaltung** iSv §§ 270 bis 285 wird damit gerechtfertigt, dass das Verfahren bei Anordnung dieses neuen Rechtsinstituts unnötig kompliziert würde. Da es im vereinfachten Verfahren regelmäßig um die baldige Liquidierung des schuldnerischen Vermögens nach Scheitern des Schuldenbereinigungsplanverfahrens gehe, bestehe kein Bedarf für ein Eigenverwaltungsverfahren, das in erster Linie dazu diene, dem unternehmerisch tätigen Schuldner die Fortführung seines Unternehmens im 83

§ 313 Treuhänder

Insolvenzverfahren zu ermöglichen (Beschl-Empf des RechtsA zu § 357i, BT-Drucks 12/7302 S 193; siehe auch HK-*Landfermann* § 312 Rn 13; K/P/B/*Wenzel* § 312 Rn 3).

§ 313 Treuhänder

(1) ¹Die Aufgaben des Insolvenzverwalters werden von dem Treuhänder (§ 292) wahrgenommen. ²Dieser wird abweichend von § 291 Abs. 2 bereits bei der Eröffnung des Insolvenzverfahrens bestimmt. ³Die §§ 56 bis 66 gelten entsprechend.

(2) ¹Zur Anfechtung von Rechtshandlungen nach den §§ 129 bis 147 ist nicht der Treuhänder, sondern jeder Insolvenzgläubiger berechtigt. ²Aus dem Erlangten sind dem Gläubiger die ihm entstandenen Kosten vorweg zu erstatten. ³Die Gläubigerversammlung kann den Treuhänder oder einen Gläubiger mit der Anfechtung beauftragen. ⁴Hat die Gläubigerversammlung einen Gläubiger mit der Anfechtung beauftragt, so sind diesem die entstandenen Kosten, soweit sie nicht aus dem Erlangten gedeckt werden können, aus der Insolvenzmasse zu erstatten.

(3) ¹Der Treuhänder ist nicht zur Verwertung von Gegenständen berechtigt, an denen Pfandrechte oder andere Absonderungsrechte bestehen. ²Das Verwertungsrecht steht dem Gläubiger zu. ³§ 173 Abs. 2 gilt entsprechend.

Übersicht

	Rn
A. Entstehungsgeschichte	1
B. Die Stellung des Treuhänders	2
I. Keine Personenidentität des Treuhänders gemäß § 313 und § 292	3
II. Bestellung des Treuhänders	4
1. Auswahl des Treuhänders	8
2. Wahl eines anderen Treuhänders	12
3. „Rechtsstellung des Treuhänders"	13
III. Ende des Amtes	14
IV. Aufgaben und Befugnisse des Treuhänders	16
1. Übernahme und Sicherung der Insolvenzmasse	17
2. Fertigung bzw Überprüfung der Verzeichnisse	25
3. Erfüllung der Rechtsgeschäfte	27
a) Mietverhältnis des Schuldners	28
aa) Freigabe durch Treuhänder	29
bb) Erklärung gemäß § 109 Abs 1 S 2	30
cc) Mietkaution	35
b) Girovertrag und Überweisungsvertrag	36
4. Prozessführung	38
5. Verwertung der Insolvenzmasse	40
a) Verwertungsbeginn	41
b) Art und Weise der Verwertung	42
c) Unterrichtung des Schuldners bei Verwertungsmaßnahmen von existenzieller Bedeutung	44
d) Streit über die Art und Weise der Verwertung	45
e) Anordnung einer Nachtragsverteilung	46a
6. Rechtliche Prüfung des Kreditengagements des Schuldners	47
7. Steuerliche Pflichten	48
8. Sonstige Befugnisse, Aufgaben und Pflichten	50
a) Erinnerungsbefugnis	51
b) Adressat der Forderungsanmeldung	53
c) Befriedigung der Insolvenzgläubiger	54
V. Vergütung des Treuhänders	56
C. Anfechtung, Abs 2	64
I. Rechtslage bis zum 30. 11. 2001	65
II. Neufassung des § 313 Abs 2 S 3	67
III. Anfechtung durch Insolvenzgläubiger, Abs 2 S 1 u S 3	71
1. Kostenteilungsvereinbarung	73
2. Erhebung der Einrede der Anfechtbarkeit durch den Treuhänder	74
3. Das aus der Anfechtung Erlangte	75
4. Behebung von Informationsdefiziten der Gläubiger	76
a) Auskunftsrecht der Gläubiger	77
b) Informationspflicht des Treuhänders	78
5. Anfechtungsprozess	79
6. Urteilswirkungen	81
7. Kostenerstattung und Kostenrisiko	82
IV. Anfechtung durch den Treuhänder, Abs 2 S 3	84
1. Beendigung des Auftrags	87
2. Vergütungsfragen	88

	Rn
D. Verwertungsrecht der gesicherten Gläubiger, Abs 3	90
I. Realisierung des Absonderungsrechtes	91
1. Verwertung bei rechtsgeschäftlichem Pfandrecht an Rechten	92
2. Verwertung bei rechtsgeschäftlichem Pfandrecht an Sachen	93
3. Verwertung bei Pfändungspfandrecht an Forderungen und Rechten	94
4. Verwertung bei Sachpfändung	95
5. Verwertung bei gesetzlichem Pfandrecht	96
6. Verwertung von Sicherungseigentum	97
7. Verwertung bei einem Zurückbehaltungsrecht	103
8. Verwertung von Grundpfandrechten	104
a) Keine freihändige Veräußerung durch Grundpfandgläubiger	105
b) Kein originäres Verwertungsrecht des Treuhänders	106
c) Antrag auf Einstellung der Zwangsversteigerung	107
II. Kein Kostenbeitrag des gesicherten Gläubigers	108
III. Untätigkeit des gesicherten Gläubigers	110
1. Überleitung des Verwertungsrechts auf den Treuhänder, §§ 313 Abs 3 S 3, 173 Abs 2 S 2 analog	111
2. Verwertung durch den Treuhänder	112
a) Fristablauf	113
b) Anwendbarkeit der §§ 170, 171	116

A. Entstehungsgeschichte

In ihrem Zweiten Bericht hatte die Kommission für Insolvenzrecht vorgeschlagen, bei Kleininsolvenzverfahren unter bestimmten Voraussetzungen von der Bestellung eines Insolvenzverwalters abzusehen (Leitsatz 6.1.3.2 Abs 1). Der **Referentenentwurf** ging noch einen Schritt weiter und schlug ein **Kleinverfahren ohne Insolvenzverwalter** vor. Aus Kostengründen war auch im Regierungsentwurf für Kleinverfahren die Möglichkeit vorgesehen, auf eine Verwaltungs- oder Aufsichtsperson ganz zu verzichten. Dem vermochte sich der Bundesrat nicht anzuschließen. Er lehnte eine „Eigenverwaltung ohne Sachwalter bei Kleinverfahren" (§§ 347 bis 357 RegE) als besonders gerichtsbelastend und zugleich als Überforderung des Schuldners ab (HK-*Landfermann* § 313 Rn 1). Bereits auf der Würzburger Arbeitstagung der Vereinigung der Zivilprozessrechtslehrer zum Referentenentwurf einer Insolvenzordnung in der Zeit vom 28. 2. bis 3. 3. 1990 hatte sich der Freiburger Zivilrechtslehrer *Leipold* dafür ausgesprochen, auch im Kleinverfahren von Anfang an einen Insolvenzverwalter zu bestellen (in: *Leipold* S 180). Der **Rechtsausschuss des Deutschen Bundestages** empfahl, die Regelung des Regierungsentwurfs, dass der Schuldner bei Kleinverfahren die Insolvenzmasse ohne Insolvenzverwalter und ohne Sachwalter selbst verwalten darf, nicht zu übernehmen. Die durch den Rechtsausschuss eingefügte Regelung des § 313 sieht nunmehr bei Verbraucher- und Kleininsolvenzen eine dem Treuhänder zu übertragende Verwaltung mit eingeschränkten Befugnissen vor.

B. Die Stellung des Treuhänders

Im vereinfachten Verfahren werden die Aufgaben des Insolvenzverwalters von dem Treuhänder wahrgenommen (näher dazu *Hergenröder* ZVI 2005, 521 ff). Dieser wird bereits bei Eröffnung des Insolvenzverfahrens bestimmt (§ 313 Abs 1). Mit seiner Ernennung verlautbart das Insolvenzgericht die allgemeinverbindliche Einstufung des Verfahrens als vereinfachtes Verfahren. Infolge der Rechtskraft des Eröffnungsbeschlusses wird bindend festgestellt, dass der Treuhänder den Beschränkungen des § 313 Abs 2 u 3 unterliegt und die Gläubiger die dort genannten besonderen Rechte haben (**BGH** v 21. 2. 2008 – IX ZB 62/05, ZVI 2008, 183, 185). Für die Rechte und Pflichten des Treuhänders gelten die Vorschriften über den Insolvenzverwalter gemäß § 313 Abs 1 S 3 (§§ 56 bis 66) entsprechend. Allerdings sind bestimmte Aufgaben, die im Regelinsolvenzverfahren dem Insolvenzverwalter obliegen, auf die Gläubiger verlagert. So ist der Treuhänder nicht zur Anfechtung von Rechtshandlungen nach den §§ 129 bis 147 kraft seines Amtes berechtigt. Das Anfechtungsrecht steht vielmehr jedem einzelnen Insolvenzgläubiger zu. Allerdings kann die Gläubigerversammlung den Treuhänder mit der Anfechtung beauftragen (§ 313 Abs 2 S 3). Das Verwertungsrecht bezüglich der Gegenstände, an denen Pfandrechte oder andere Absonderungsrechte bestehen, obliegt dem Gläubiger und nicht dem Treuhänder. Der Treuhänder ist jedoch unter den in § 173 Abs 2 normierten Voraussetzungen zur Verwertung berechtigt (§ 313 Abs 3 S 3).

I. Keine Personenidentität des Treuhänders gemäß § 313 und § 292

Ob zwischen dem Treuhänder des vereinfachten Verfahrens und dem des Restschuldbefreiungsverfahrens **Personenidentität** bestehen muss (so HK-*Landfermann* § 313 Rn 4; *Smid/Haarmeye* § 313 Rn 1; *Hess/Obermüller* Rn 1050; *Huntemann/Graf Brockdorff* Kap 17 Rn 122), erscheint fraglich (offengelassen von **BGH** v 24. 7. 2003 – IX ZB 458/02, ZVI 2004, 129). Allerdings lässt sich aus den

Ausführungen des Senats, dass jedenfalls dann, wenn im Eröffnungsbeschluss keine Einschränkung enthalten ist, die Bestellung zum Treuhänder auch das Restschuldbefreiungsverfahren umfasse, der Umkehrschluss ziehen, dass auch eine andere Vorgehensweise möglich ist. Zwar soll nach der Beschlussempfehlung des Rechtsausschusses zu § 357j (= § 313) Abs 1 der Vorschuss gewährleisten, dass bei Kleininsolvenzen nur eine Person für die Wahrnehmung der Verwalter- und Treuhänderaufgaben bestellt wird. Dies führe zu einer Vereinfachung des Verfahrens und damit auch dazu, dass kostengünstiger abgewickelt werden könne (dazu BT-Drucks 12/7302 S 193). Zwingend ist dies nicht (*Hergenröder* ZVI 2005, 521, 535; *Kohte/Ahrens/Grote* § 313 Rn 5; *Behr* JurBüro 1998, 517, 520; *Müller* ZInsO 1999, 335). Dies ergibt sich bereits daraus, dass § 288 und § 313 von einem **unterschiedlichen Anforderungsprofil** ausgehen. Während der Treuhänder des Restschuldbefreiungsverfahrens eine für den jeweiligen Einzelfall geeignete Person sein muss, hat der Treuhänder des vereinfachten Verfahrens auf Grund der Verweisung in § 313 Abs 1 S 3 auf die Vorschriften über den Insolvenzverwalter eine für den jeweiligen Einzelfall geeignete, insbesondere geschäftskundige und von den Gläubigern und dem Schuldner unabhängige natürliche Person zu sein. Hätte der im Eröffnungsbeschluss bestimmte Treuhänder im Restschuldbefreiungsverfahren, ohne dass eine neue Bestellung zu erfolgen hätte, (zwingend) auch die in § 292 beschriebenen Aufgaben wahrzunehmen, liefe das Vorschlagsrecht des Schuldners und der Gläubiger gemäß § 288 weitgehend ins Leere. Dem Gericht wäre es verwehrt, dem unter Umständen kostengünstigeren Vorschlag des Schuldners oder Gläubigers zu folgen und einen Treuhänder für das Restschuldbefreiungsverfahren zu bestellen, der sogar bereit wäre, die Aufgabe kostenlos wahrzunehmen. Die praktische Erfahrung zeigt, dass die vorgeschlagenen Personen zwar in der Lage sind, eine Treuhändertätigkeit gemäß § 292 wahrzunehmen, nicht aber über die Qualifikation verfügen, die der Treuhänder des vereinfachten Verfahrens aufzuweisen hat. Würde das Insolvenzgericht einen von seinen speziellen Qualifikationsmerkmalen her ungeeigneten Kandidaten für das Amt des Treuhänders gemäß § 313 bestimmen, käme eine Haftung wegen der fehlerhaften Auswahl nach dem Maßstab des § 56 Abs 1 in Betracht (vgl **OLG** München ZIP 1991, 1367). So ist nach der Rechtsprechung des BGH (ZIP 1986, 319) die Bestellung einer Person zum Verwalter ohne jede Nachprüfung ihrer persönlichen Zuverlässigkeit unstatthaft. Zutreffend weist *Smid* (in: *Smid* § 56 Rn 22) darauf hin, dass dies entsprechend für nicht allgemein unzuverlässige, aber sonst ungeeignete Personen zu gelten habe. Vor diesem Hintergrund verkehrt sich die Vorstellung des Gesetzgebers, durch die Bestellung einer Person für beide Verfahrensabschnitte das Verfahren kostengünstiger abzuwickeln, ins Gegenteil.

II. Bestellung des Treuhänders

4   Die **Bestellung** des Treuhänders erfolgt **im Eröffnungsbeschluss**. Funktionell zuständig ist der Richter und nicht der Rechtspfleger. Nach § 18 Abs 1 Nr 1 RpflG bleibt dem Richter das Verfahren bis zur Entscheidung über den Eröffnungsantrag **unter Einschluss dieser Entscheidung** vorbehalten (aA KS-*Bernsen* S 1860 Rn 48). Da der Treuhänder bei der Eröffnung des Verfahrens bestimmt wird, ist dessen Bestellung von der richterlichen Entscheidungskompetenz umfasst. Etwas anderes ergibt sich nicht daraus, dass sowohl in § 27 als auch in § 18 RpflG nur der Insolvenzverwalter erwähnt ist. Entscheidend ist, dass der Treuhänder anstelle des Insolvenzverwalters bestimmt wird (KS-*Fuchs* S 1720 Rn 126). Die Ernennung eines Treuhänders erwächst in **materielle Rechtskraft**, weil von der rechtswirksamen Bestellung des Treuhänders die Gültigkeit seines Handelns abhängt (**BGH** v 21. 2. 2008 – IX ZB 62/05, ZVI 2008, 183, 185; vgl **BGH** v 17. 10. 1985 – III ZR 105/84, ZIP 1986, 319, 322). Der **Hoheitsakt der Bestellung** eines Treuhänders kann nur in dem dafür vorgesehenen Verfahren beseitigt werden und bleibt, solange dies nicht geschehen ist, wirksam (**BGH** aaO).

5   Zur Übernahme des Amtes ist der vom Insolvenzgericht bestimmte Treuhänder nicht verpflichtet. Erst mit der **Annahme des Amtes** und nicht bereits mit dem Erlass des Eröffnungsbeschlusses oder der Zustellung des Eröffnungsbeschlusses wird der gesetzliche Rechts- und Pflichtenkreis des Treuhänders begründet (vgl **OLG** Düsseldorf KTS 1973, 270, 272). Das Treuhänderamt beginnt erst mit dessen ausdrücklicher oder stillschweigender Übernahme. Da das Insolvenzgericht im Regelfall weder einen Sachverständigen noch einen vorläufigen Treuhänder bestellt, empfiehlt es sich, mit dem zu bestimmenden Treuhänder vor dessen Bestellung im Eröffnungsbeschluss Kontakt aufzunehmen und sich schon vor der Bestellung von der Bereitschaft des zu bestimmenden Treuhänders zur Amtsübernahme zu vergewissern. Die Kontaktaufnahme mit dem Treuhänder sollte gleichzeitig dazu genutzt werden, bereits eine Terminsabsprache über den anzuberaumenden Prüfungstermin vorzunehmen. Auch wenn der in Aussicht Genommene seine Bereitschaft zur Amtsübernahme schon vor seiner Bestellung gegenüber dem Insolvenzgericht kundgetan hat, muss die Amtsannahme nach Erlass des Eröffnungsbeschlusses gleichwohl ausdrücklich oder konkludent zum Ausdruck gebracht werden. Nach Übernahme des Amtes kann sich der Treuhänder seines Amtes nur bei Vorliegen eines wichtigen Grundes entledigen, § 59 Abs 1 (**BGH** v 17. 6. 2004 – IX ZB 92/03, ZVI 2004, 544; N/R/*Andres* § 56 Rn 15 Fn 5 mwN).

6   Durch die **Verweisung in § 313 Abs 1 S 3 InsO auf die Vorschrift des § 56 InsO** wird verlangt, dass es sich bei dem Treuhänder um eine für den jeweiligen Einzelfall geeignete, insbesondere geschäftskundige und von den Gläubigern und dem Schuldner unabhängige natürliche Person handeln muss (dazu **OLG** Celle NZI 2002, 169).

B. Die Stellung des Treuhänders § 313

Da der vom Gericht bestellte Treuhänder das Amt des Treuhänders nicht anzunehmen braucht, steht 7
ihm gegen den Eröffnungsbeschluss, in dem er zum **Treuhänder bestimmt** wird, ein Beschwerderecht
nicht zu (vgl **OLG** Düsseldorf ZIP 1993, 135; BerlKo-*Goetsch* § 34 Rn 9; HK-*Kirchhof* § 34 Rn 14;
N/R/*Mönning* § 27 Rn 25; § 34 Rn 27; aA H/W/F Kap 4 Rn 36).

Dieselbe Person kann im Eröffnungsbeschluss als Treuhänder sowohl für das vereinfachte Insolvenz- 7a
verfahren als auch für das Restschuldbefreiungsverfahren bestellt werden. Aus § 313 Abs 1 S 1 u 2
folgt, dass dies nach der Vorstellung des Gesetzgebers sogar den Regelfall darstellen soll (**BGH** v 24. 7.
2003 – IX ZB 458/02, ZVI 2004, 129). Die **Bestellung eines Treuhänders** im vereinfachten Insolvenzverfahren für die „Wohlverhaltensperiode" mit den in § 292 InsO beschriebenen Aufgaben **fort**,
wenn die Bestellung zum Treuhänder im Eröffnungsbeschluss keine Einschränkung enthält (**BGH** aaO;
BGH v 17. 4. 2004 – IX ZB 92/03, ZVI 2004, 544; **BGH** v 21. 2. 2008 – IX ZB 62/05, ZVI 2008, 183,
185; **BGH** v 15. 11. 2007 – IX ZB 237/06, NZI 2008, 114). Der Treuhänder, der dieses Amt nicht weiter bekleiden will, muss seine **Entlassung nach** § 313 Abs 1 S 3 iVm § 59 betreiben. Auch die Entlassung des Treuhänders auf seinen eigenen Antrag hin setzt einen wichtigen Grund voraus.

1. Auswahl des Treuhänders. Der Umstand, dass die Befugnisse des Treuhänders gegenüber denen des 8
Insolvenzverwalters im Regelinsolvenzverfahren erheblich reduziert sind, ändert nichts daran, dass seine Qualifikation jedenfalls dem **Mindeststandard** zu entsprechen hat, der durch § 56 Abs 1 sichergestellt wird. Ebenso wenig wie im Regelinsolvenzverfahren hat der Richter bei der Auswahl des Treuhänders eine schematische Entscheidung zu treffen. Vielmehr hat die Bestimmung konkret auf den Fall
bezogen zu erfolgen (vgl K/P/B/*Lüke* § 56 Rn 4).

Der Treuhänder muss sowohl vom Schuldner als auch von den Insolvenzgläubigern **unabhängig** sein. 9
Aus diesem Grunde kommt weder der Schuldnerberater noch ein Rechtsanwalt, der den Schuldner bei
seinem außergerichtlichen Einigungsversuch beraten und vertreten hat, als Treuhänder für das vereinfachte Verfahren in Betracht (so auch *Pape* ZInsO 2001, 1025, 1026). Da auch im vereinfachten Verfahren **juristische Kenntnisse** notwendig sind, dürften für die Aufgaben des Treuhänders ebenso wie im
Regelinsolvenzverfahren weiterhin die rechtsberatenden Berufe dominieren (*Kohte/Ahrens/Grote* § 313
Rn 7; *Maier/Krafft* BB 1997, 2173, 2176; *Grote* ZInsO 1999, 31, 35). Auf wirtschaftliche Kompetenz
der zu bestimmenden Person kommt es weniger an, weil dem Sanierungsgedanken im vereinfachten
Verfahren keine Bedeutung beikommt (zust *Hergenröder* ZVI 2005, 521, 522). Ein Rechtsanwalt, Steuerberater oder Wirtschaftsprüfer dürfte ohne weiteres die persönlichen Voraussetzungen für die Übernahme des Amtes eines Treuhänders erfüllen. Andere Personen wie zB Betriebswirte kommen hierfür
nur dann in Betracht, wenn sie sich durch eine mehrjährige Beschäftigung mit Insolvenzsachen besondere Kenntnisse auf diesem Rechtsgebiet erworben haben (*Müller* ZInsO 1999, 335; 336; s aber **LG**
Halle v 27. 9. 2004 – 2 T 213/04, DZWIR 2004, 526).

Bei der Bestimmung des Treuhänders hat das Gericht darauf zu achten, dass „angesichts der für Ver- 10
braucherinsolvenzverfahren generell bestehenden Asymmetrie des wirtschaftlichen und sozialen Sachverhalts" (*Kohte/Ahrens/Grote* § 313 Rn 8) Verflechtungen zwischen Treuhänder und einzelnen Gläubigern vermieden werden (vgl *Uhlenbruck* KTS 1989, 229, 233 ff).

Es versteht sich von selbst, dass der vom Insolvenzgericht zu bestellende Treuhänder etwaige **Interes-** 11
senkollisionen anzeigt. Hierdurch wird die Wahl eines neuen Treuhänders weitgehend vermieden. Eine
Verletzung dieser Anzeigepflicht kann insolvenzspezifische Schadensersatzansprüche nach sich ziehen
(*Henssler* Insolvenzrecht 1996, RWS Forum 9 S 165 ff; *Pape* aaO). Die **Bestimmung des Treuhänders**
unterliegt der sachlichen Unabhängigkeit des Richters; er hat sie nach **pflichtgemäßem Ermessen** vorzunehmen.

2. Wahl eines anderen Treuhänders. In der **ersten Gläubigerversammlung**, die auf die Bestimmung des 12
Treuhänders erfolgt, können die Gläubiger anstelle des vom Insolvenzgericht bestimmten Treuhänders
eine andere Person auswählen (§ 57). Die andere Person ist gewählt, wenn neben der in § 76 Abs 2 genannten Mehrheit auch die Mehrheit der abstimmenden Gläubiger für sie gestimmt hat (§ 57 S 2). Eine
spätere Neuwahl ist angesichts des klaren Wortlauts des § 57 nicht möglich (K/P/B/*Lüke* § 57 Rn 4; aA
Hegmanns EWiR 1987, 1223). Sofern die Gläubigerversammlung einen anderen Treuhänder wählt, unterliegt dieser Beschluss nicht der Aufhebung nach § 78 Abs 1, sondern nur der gerichtlichen Kontrolle
im Rahmen der Entscheidung über die Bestellung des Gewählten nach § 57 S 2 InsO (vgl **OLG** Naumburg NZI 2000, 428). Erste Gläubigerversammlung ist grundsätzlich der **Prüfungstermin** (§ 312 Abs 1
S 1).

3. „Rechtsstellung des Treuhänders". Der Treuhänder ist nicht ein zwangsweise eingesetzter Vertreter 13
des Schuldners in Bezug auf die Insolvenzmasse (so *Heyer* Verbraucherinsolvenzverfahren S 39), son-
dern wie der Insolvenzverwalter ein **Amtswalter** (*Häsemeyer* Rn 29.51; H/W/F Ins VV § 1 1 Rn 4; zum
Stand der Diskussion um das Amt des Verwalters siehe *Kluth* ZInsO 2000, 352; *Häsemeyer*
Rn 15.01 ff). Mit Recht weist *Blersch* (in: BerlKo § 56 Rn 19) darauf hin, eine praktisch brauchbare
Theorie zur Rechtsstellung des Insolvenzverwalters müsse gewährleisten, dass der Verwalter bei der
Verfahrensabwicklung die neutrale Position eines gerichtlich im Allgemeininteresse bestellten Treuhän-

ders innehat, höchstpersönlich eigene, oftmals vom Schuldner unabhängige, ihm gesetzlich auferlegte Pflichten zu erfüllen hat, und seine Handlungen gleichzeitig Rechtswirkung für und gegen den Schuldner haben, ohne dass er als dessen allgemeiner Vertreter fungiert. Darauf reduziert, leiste die bislang herrschende Amtstheorie sowohl prozessual als auch rechtsgeschäftlich immer noch die besten Dienste. Auch wenn die Befugnisse des Treuhänders gegenüber denen des Insolvenzverwalters im Regelinsolvenzverfahren erheblich reduziert sind, treffen ihn wie jenen gleichwohl zahlreiche Aufgaben und Pflichten, die es geboten erscheinen lassen, ihn der Amtstheorie zu unterstellen und nicht im Lager des Schuldners anzusiedeln.

III. Ende des Amtes

14   Das einmal übernommene Amt kann der Treuhänder nicht ohne weiteres niederlegen. Es gelten insoweit nicht die Grundsätze, die in der Rechtsprechung für die Niederlegung des Geschäftsführeramtes in einer GmbH entwickelt worden sind (vgl K/U § 78 KO Rn 6). Bei Vorliegen wichtiger Gründe ist der Treuhänder aber berechtigt, seine **Entlassung anzuregen**.

15   **Das Amt des Treuhänders endet** mit der Beendigung des vereinfachten Verfahrens (Ausnahme: § 203), durch Tod, Entlassung (§ 59) sowie mit der Ernennung eines neuen Treuhänders und dessen Amtsübernahme. In der nachhaltigen Weigerung, zu Anträgen des Schuldners und zu gerichtlichen Anträgen Stellung zu nehmen, kann eine schwere Verletzung von Verfahrenspflichten liegen, die die Entlassung des Treuhänders rechtfertigt (**BGH** v 3. 4. 2003 – IX ZB 373/02 nv). Bei einer **Entlassung nach § 59** hat das Insolvenzgericht das Vorliegen des wichtigen Grundes unter Berücksichtigung der Interessen der Verfahrensbeteiligten und der Zweck- und Rechtmäßigkeit der Verfahrensdurchführung festzustellen (**BGH** v 17. 6. 2004 – IX ZB 92/03, ZVI 2004, 129 Rn 2). In allen Fällen, in denen die Person des Treuhänders während des vereinfachten Verfahrens wechselt, behalten die vom Vorgänger vorgenommenen Rechtshandlungen grundsätzlich ihre Wirksamkeit (vgl K/U § 78 KO Rn 6).

IV. Aufgaben und Befugnisse des Treuhänders

16   Auch die Rechte und Pflichten des Treuhänders beziehen sich vornehmlich auf die Insolvenzmasse. Er hat die Masse zu sichern, zu verwalten, zu verwerten und auf die Insolvenzgläubiger zu verteilen. Ebenso wie der Insolvenzverwalter hat er für einen reibungslosen und effizienten Verfahrensablauf Sorge zu tragen (N/R/*Becker* § 173 Rn 19).

17   **1. Übernahme und Sicherung der Insolvenzmasse.** Zu den vordringlichsten Pflichten des Treuhänders nach Eröffnung des vereinfachten Verfahrens zählt – ebenso wie im Regelinsolvenzverfahren – die sofortige **Inbesitznahme und Verwaltung** des gesamten zur Insolvenzmasse gehörenden Vermögens des Schuldners (§ 148 Abs 1). Dazu hat er den Schuldner unmittelbar nach seiner Bestellung aufzusuchen und sich – soweit dies nicht bereits im Zusammenhang mit einem etwaigen Gutachterauftrag geschehen ist – von der Richtigkeit der Angaben des Schuldners in den bereits mit dessen Eröffnungsantrag vorgelegten Verzeichnissen zu vergewissern. Es reicht nicht aus, dass der Treuhänder nur telefonischen oder schriftlichen Kontakt zum Schuldner aufnimmt.

17a   Nach Auffassung des **LG Lübeck** (v 24. 6. 2008 – 7 T 169/08 und 7 T 170/08, DZWIR 2008, 392) sowie des **AG Hamburg** (v 28. 6. 2007 – 68g IK272/07, NZI 2007, 598) zust *Wilhelm* DZWIR 2008, 364 ff; *Penzlin* ZInsO 2009, 315, 319, ist der Treuhänder auch verpflichtet, sämtliche **Lastschriften**, mit denen eine schuldnerisches Guthabenkonto vor der Eröffnung im Wege des bisherigen **Einziehungsermächtigungsverfahrens** belastet worden ist, zu widerrufen (aA **AG** München v 7. 3. 2008 – 1506 IK 3260/07, NZI 2009, 483). Darauf, ob die Buchungsvorgänge im Falle ihrer Genehmigung, sei es durch ausdrückliche Genehmigung oder aber durch Eintritt der Genehmigungsfiktion des § 7 Abs 3 AGB-Banken bzw § 7 Abs 4 AGB-Sparkassen, das pfändbare oder das unpfändbare Einkommen des Schuldners beträfen, komme es nicht an. Auch die eingezogenen Wohnraummieten seien zu widerrufen. Diese Auffassung steht zwar im Einklang mit der höchstrichterlichen Rechtsprechung (**BGH** v 21. 9. 2006 – IX ZR 173/02, NZI 2006, 697; **BGH** v 4. 11. 2004 – IX ZR 82/03, ZInsO 2005, 40 dazu EWiR 2005, 123), bedarf indes im Hinblick auf die Kündigungsgefahr, der ein Schuldner nach einem solchen Widerruf unterliegt, bezüglich der **Wohnraummietlastschriften** einer Einschränkung (näher dazu *Dawe* ZVI 2007, 549, 552; ebenso *Penzlin* aaO). Zu berücksichtigen ist ferner der Umstand, dass nicht sämtliche Beträge dem Treuhänder zustehen. Aufgrund der Systematik des Insolvenzrechts gehören nur diejenigen Beträge zur Insolvenzmasse nach den §§ 35, 36, die vor Verfahrenseröffnung pfändbar waren (näher dazu *Homann* ZVI 2008, 156, 162).

17b   **Nicht zuständig** ist das Insolvenzgericht für Entscheidungen darüber, ob der Treuhänder Lastschriften widerrufen darf (**BGH** v 25. 9. 2008 – IX ZA 23/08, ZIP 2008, 2135). Ein Streit zwischen dem Treuhänder und dem Schuldner darüber, ob ein Vermögensgegenstand zur Masse gehört, ist – von den in der Insolvenzordnung ausdrücklich abweichend geregelten Fällen abgesehen – vor dem Prozessgericht auszutragen (vgl etwa **BGH** v 10. 1. 2008 – IX ZB 427/02, ZIP 2008, 417, 418 Rn 7; **LG** Hamburg v 6. 2. 2009 – 326 T 120/08, ZInsO 2009, 916; *Jaeger/Henckel* § 35 Rn 129; MüKoInsO-*Lwowski/*

B. Die Stellung des Treuhänders **§ 313**

Peters § 35 Rn 30). Soweit ein Schuldner meint, der Treuhänder verstoße gegen seine Pflichten, kann er Aufsichtsmaßnahmen des Insolvenzgerichts anregen (§ 58). Gegen die Entscheidung des Insolvenzgerichts, dem Verwalter oder Treuhänder keine Weisung zu erteilen, ist jedoch ein Rechtsmittel nicht gegeben (**BGH** v 13. 6. 2006 – IX ZB 136/05, NZI 2006, 593).

Die **Verordnung (EG) Nr 1346/2000 über Insolvenzverfahren** vom 29. 5. 2000 (Abl Nr L 160/1) vom 30. 6. 2000, die am 31. 5. 2002 in Kraft getreten ist (Art 47), sieht eine automatische Anerkennung des in einem Mitgliedstaat **eröffneten Insolvenzverfahrens** durch die anderen Mitgliedstaaten vor, ohne dass eine vorherige Entscheidung eines Gerichts des ersuchten Staates erforderlich ist (Art 16, Erwägungsgrund 22). Der Treuhänder darf im Gebiet des anderen Mitgliedstaates alle Befugnisse ausüben, die ihm im vereinfachten Verfahren zustehen, solange in dem anderen Staat nicht ein weiteres Insolvenzverfahren eröffnet ist oder eine gegenteilige Sicherungsmaßnahme auf einen Antrag auf Eröffnung eines Insolvenzverfahrens hin ergriffen worden ist (Art 18 Abs 1 S 1). Er kann insbesondere vorbehaltlich der Art 5 und 7 die zur Masse gehörenden **Gegenstände aus dem Gebiet des Mitgliedstaats entfernen**, in dem sich die Gegenstände befinden (Art 18 Abs 1 S 2). **18**

Steht der Schuldner in einem **Arbeitsverhältnis**, hat der Treuhänder unverzüglich nach dem Erlass des Eröffnungsbeschlusses dessen Arbeitgeber darüber zu informieren, dass dieser den pfändbaren Teil des Arbeitseinkommens der Schuldners an ihn zu zahlen habe (*Ott/Zimmermann* ZInsO 2000, 421, 423; *Kohte/Ahrens/Grote* § 313 Rn 10). Auch wenn der Treuhänder diese Anzeige unterlässt, wird ab dem Zeitpunkt der öffentlichen Bekanntmachung der Verfahrenseröffnung vermutet, dass der Arbeitgeber die Eröffnung kannte (§ 82 S 2). Führt der Arbeitgeber trotz Anzeige des Treuhänders auch den pfändbaren Betrag an den Schuldner ab, hat diese Zahlung keine schuldbefreiende Wirkung (*Hoffmann*, Verbraucherinsolvenz S 113). Etwas anderes gilt nur dann, wenn im Zeitpunkt der Zahlung der Arbeitgeber die Eröffnung des Verfahrens nicht kannte und auch die Vermutung des § 82 S 2 nicht eingreift. **19**

Smid/Wehdeking (InVo 2000, 293, 298; ebenso LG Köln v 8. 10. 2003 – 23 S 48/03, NZI 2004, 36) vertreten die Auffassung, der Treuhänder sei befugt, das gesamte Nettoarbeitseinkommen des Schuldners zu vereinnahmen (§ 148 InsO). Daraus habe der Treuhänder die pfändungsfreien, nicht zur Soll-Masse gehörigen Beträge an den Schuldner auszukehren (**aA** *Vallender* InVo 1999, 334, 339; *Ott/Zimmermann* ZInsO 2000, 421, 423; *Steder* ZIP 1999, 1874, 1876; *Braun/Bäuerle* § 36 Rn 11 ff). Der Streit über den Umfang der auszuzahlenden Beträge stelle sich als **Aussonderungsstreit** dar, der vor den ordentlichen Gerichten im Prozesswege auszutragen sei; zur Sicherung des Unterhalts stehe dem Schuldner das Verfahren des vorläufigen Rechtsschutzes offen. **20**

Auch bei **selbstständig tätigen Schuldnern** hat der Treuhänder das gesamte zur Insolvenzmasse gehörende Vermögen sofort in Besitz und Verwaltung zu nehmen, insbesondere bereits entstandene sowie künftige Vergütungsansprüche des Schuldners gegen Dritte bei Fälligkeit einzuziehen (*Fischer* NZI 2004, 281, 295). Der Treuhänder kann dem Schuldner, vorbehaltlich einer Stilllegungsentscheidung, die für die Fortführung seiner selbstständigen Tätigkeit erforderlichen Mittel aus der Insolvenzmasse zur Verfügung stellen (**BGH** v 20. 3. 2003 – IX ZB 388/02, NJW 2003, 2167 = NZI 2003, 389). **20a**

Soweit der Treuhänder **verwertbare Massegegenstände** vorfindet, bedarf es nicht unbedingt der Begründung unmittelbaren Besitzes. Vielmehr kann ein Besitzmittlungsverhältnis begründet werden, wenn eine ordnungsgemäße Aufbewahrung der dem Verwertungsrecht des Treuhänders unterliegenden Gegenstände durch den Schuldner sichergestellt ist. In diesem Falle kann der Treuhänder die vom Insolvenzbeschlag erfassten Sachen in der Wohnung oder anderen Räumen des Schuldners belassen (vgl **OLG** Hamburg ZIP 1996, 386; *Kohte/Ahrens/Grote* § 313 Rn 11). Dies gilt freilich nicht für Urkunden und Dokumente, die für eine spätere Rechtsdurchsetzung oder Verwertung von Bedeutung sind (*Kohte/Ahrens/Grote* § 313 Rn 11). **21**

Obwohl der Treuhänder ohne vorherige Fristsetzung durch das Insolvenzgericht gemäß § 173 Abs 2 analog nicht zur Verwertung von Gegenständen berechtigt ist, an denen **Pfandrechte oder andere Absonderungsrechte** bestehen, § 313 Abs 3 S 2 und S 3 (s dazu näher Rn 110 ff), hat er auch diese Gegenstände in Besitz zu nehmen. Gegenüber dem Schuldner kann der Treuhänder die Herrschaft über die Sache mit Hilfe des Eröffnungsbeschlusses erzwingen (§ 148 Abs 2 HS 1). **22**

Verwertet der Treuhänder eine bewegliche Sache oder eine Forderung, an der ein Absonderungsrecht besteht, erlangt der Gläubiger ein **Ersatzabsonderungsrecht** (siehe N/R/*Becker* § 173 Rn 4). Etwas anderes gilt dann, wenn der Treuhänder nach Ablauf der durch das Gericht gesetzten Frist gemäß § 173 Abs 2 die Verwertung vornimmt. **23**

Zur Sicherung der Masse hat der Treuhänder auch die Wirksamkeit einer beim Drittschuldner vorgelegten **Abtretungserklärung zu überprüfen**. Notfalls hat er die Unwirksamkeit der Abtretung gerichtlich geltend zu machen. Gerade in der Verbraucherinsolvenz stellt der pfändbare Teil des Neuerwerbs, der ansonsten auf Grund der Beschlagnahmewirkung des Eröffnungsbeschlusses während der Dauer des Verfahrens in die Masse fließen würde, den wesentlichen Teil der Masse dar (*Grote* ZInsO 1999, 31, 33). **24**

2. Fertigung bzw Überprüfung der Verzeichnisse. Der Treuhänder hat ein **Verzeichnis der Massegegenstände** anzufertigen (§ 151), es sei denn, er lässt sich von dieser Aufgabe entbinden (§ 151 Abs 3). Nach § 152 und § 153 hat der Treuhänder ein Verzeichnis aller Gläubiger des Schuldners sowie eine **25**

auf den Zeitpunkt der Eröffnung des Insolvenzverfahrens geordnete Übersicht aufzustellen, in der die Gegenstände der Insolvenzmasse und die Verbindlichkeiten des Schuldners aufgeführt und einander gegenübergestellt werden. Im Regelfall wird der Treuhänder auf die vom Schuldner im Schuldenbereinigungsverfahren überreichten Unterlagen zurückgreifen können, ohne dass ihn dies von der Verpflichtung zur Überprüfung der Richtigkeit und Vollständigkeit der Angaben befreit. Etwas anderes gilt jedoch dann, wenn das Insolvenzverfahren aufgrund eines Gläubigerantrags eröffnet wird und der Schuldner von der Möglichkeit, selbst einen Insolvenzantrag zu stellen (§ 306 Abs 3), keinen Gebrauch gemacht hat. In diesem Falle obliegt dem Treuhänder die gesamte Aufbereitung des Verfahrens (H/W/F InsVV § 13 Rn 3). Ergeben sich für den Treuhänder konkrete Anhaltspunkte dafür, dass der Schuldner einzelne zur Insolvenzmasse gehörende Gegenstände beiseitegeschafft hat, sollte er nach Aufstellung des Vermögensverzeichnisses von der Möglichkeit des § 153 Abs 2 Gebrauch machen. Danach kann das Gericht auf Antrag des Treuhänders oder eines Gläubigers dem Schuldner aufgeben, die Vollständigkeit der Vermögensübersicht eidesstattlich zu versichern.

26   Findet der Treuhänder **Lebensversicherungsverträge** vor, hat er zu prüfen, ob dem Schuldner noch ein widerrufliches Bezugsrecht vor dem Versicherungsfall zusteht. Ein solcher Anspruch fällt in die Insolvenzmasse und verpflichtet den Treuhänder, von der Möglichkeit des Widerrufs Gebrauch zu machen (näher dazu *Müller-Feldhammer* NZI 2001, 343 ff).

27   **3. Erfüllung der Rechtsgeschäfte.** Auch im vereinfachten Verfahren werden Vertragsschuldverhältnisse, die zurzeit der Eröffnung des Verfahrens vom Schuldner und vom anderen Teil nicht oder nicht vollständig erfüllt worden sind, nach besonderen Vorschriften abgewickelt. Betroffen sind Schuldverhältnisse aus gegenseitigen (entgeltlichen) Verträgen. Dabei räumt § 103 dem Treuhänder die Befugnis ein, die Erfüllung gegenseitiger Verträge zu verlangen oder dies zu unterlassen. Die Überlegungsfrist des § 107 Abs 2 beim Vorbehaltskauf läuft im vereinfachten Verfahren für den Treuhänder bis zum Prüfungstermin (HK-*Landfermann* § 312 Rn 7; *Winter* ZVI 2005, 272). Für Geschäftsbesorgungsverträge gelten Sondervorschriften (§§ 115 bis 118).

28   **a) Mietverhältnis des Schuldners. Mietverträge** über Grundstücke und Räume (Wohnungen), die der Schuldner als Mieter abgeschlossen hat, bestehen mit Wirkung für die Insolvenzmasse fort (§ 108 Abs 1 S 1). Während die vor Verfahrenseröffnung entstandenen Forderungen des Vermieters Insolvenzforderungen sind (§ 108 Abs 2), haben die nach diesem Zeitpunkt erwachsenden Forderungen die Qualität von Masseverbindlichkeiten, § 55 Abs 1 Nr 2 (vgl BGH ZIP 1993, 1874; *Bindemann* Verbraucherkonkurs S 135 Rn 168; *Smid/Smid* § 112 Rn 1; K/U § 19 KO Rn 14; aA *Marotzke* KTS 1999, 269 ff; HK-*Marotzke* § 108 Rn 19, § 109 Rn 3; *Grote* NZI 2000, 66, 69).

29   **aa) Freigabe durch Treuhänder.** Im Verbraucherinsolvenzverfahren ergibt sich häufig das Problem, dass die ohnehin geringe Masse durch Mietzinsansprüche des Vermieters als Masseverbindlichkeiten aufgezehrt wird und ein Fortbestehen des Mietverhältnisses damit zwangsläufig zur Anzeige der Masseunzulänglichkeit gemäß § 208 Abs 1 führt. Dem kann der Treuhänder dadurch entgehen, dass er die **Freigabe der Mietwohnung** des Schuldners erklärt mit der Folge, dass die Masse nicht mehr für die laufende Miete haftet. Die Freigabe bedarf jedoch der Einwilligung des Vermieters, dem der Verwalter nicht einseitig die Ansprüche entziehen kann (*Eckert* NZM 2000, 260, 262). Da der Vermieter sich sicherer fühlen dürfte, wenn die Miete als Masseverbindlichkeit zu erfüllen ist, wird er häufig nicht zur Einwilligung bereit sein.

30   **bb) Erklärung gemäß § 109 Abs 1 S 2.** Während der Treuhänder bis zur Neufassung des § 109 auf Grund des InsOÄG 2001 v 26. 10. 2001 (BGBl I S 2710) befugt war, das Mietverhältnis des Schuldners gem § 109 Abs 1 S 1 außerordentlich durch Kündigung zu beenden, verfolgt § 109 Abs 1 S 2 (nF) den Zweck, dem **vertragstreuen Schuldner die Wohnung** zu erhalten (näher dazu *Eckert* aaO; *Marotzke* KTS 2001, 67, 68). Die Vorschrift nimmt dem Treuhänder das Sonderkündigungsrecht; zur ordentlichen Kündigung bleibt er berechtigt.

31   Ohne Auflösung des Mietvertrages verhindert die Erklärung des Treuhänders nach § 109 Abs 1 S 2 das Entstehen weiterer Masseverbindlichkeiten, wobei zum Schutz des Vermieters diese Wirkung erst nach einer Zeitspanne eintritt, die der gesetzlichen Kündigungsfrist entspricht. Die nach dem in § 109 Abs 1 S 1 u 2 genannten Termin fälligen Ansprüche des Vermieters auf Zahlung der Miete sowie sonstige Ansprüche (zB auf Durchführung von Schönheitsreparaturen) richten sich gegen den Schuldner. Dieser muss hierzu sein pfändungsfreies Vermögen einsetzen.

32   Bei **Bedürftigkeit** kann der Mieter **Wohngeld** beanspruchen, in das der Vermieter ggf nach §§ 850i Abs 2, 851 ZPO vollstrecken kann (*Kocher* DZWIR 2002, 45, 52). Fällt der Vermieter mit seinen Erfüllungsansprüchen aus, steht ihm als Insolvenzgläubiger Schadensersatz zu (§ 109 Abs 1 S 3).

33   Das **Recht des Vermieters zur außerordentlichen Kündigung** wird durch die Regelung des § 109 Abs 1 S 2 nicht berührt (*Keller* NZI 2001, 449, 454). Der Vermieter kann bei Vorliegen der entsprechenden Voraussetzungen den Mietvertrag gem §§ 543, 569 BGB fristlos kündigen und ggf die zwangsweise Räumung nach Erwirkung eines entsprechenden Urteils betreiben (§ 885 ZPO).

34   Da § 109 Abs 1 S 2 das Mietverhältnis über die vom Schuldner selbst und seiner Familie genutzte Wohnung schützt, ist damit eine **Räumungsvollstreckung des Treuhänders** auf Grund des mit der Voll-

streckungsklausel versehenen Eröffnungsbeschlusses gemäß § 148 Abs 2 nicht zu vereinbaren (*Eckert* aaO 262).

cc) **Mietkaution.** Da durch die Erklärung gemäß § 109 Abs 1 S 2 der Mietvertrag nicht beendet wird, 35 kann der Treuhänder auf eine etwaige Mietkaution nicht zurückgreifen. Solange der Mietvertrag andauert, hat der Mieter lediglich einen durch das Vertragsende aufschiebend bedingten Anspruch auf Rückzahlung der Kaution (BGHZ 84, 345).

b) **Girovertrag und Überweisungsvertrag.** Nach §§ 115 Abs 1, 116 S 1 erlöschen die von dieser Vor- 36 schrift erfassten **Geschäftsbesorgungsverträge** durch die Eröffnung des Insolvenzverfahrens, und zwar schlechthin, also nicht nur im Verhältnis zur Masse, sondern auch gegenüber dem Schuldner persönlich und für die Zeit nach dem Insolvenzverfahren (*Gottwald/Huber* InsRHdb § 36 Rn 41). Allerdings werden Auftragsverhältnisse, die das **insolvenzfreie Vermögen** oder rein persönliche Verhältnisse des Schuldners betreffen, durch die Verfahrenseröffnung nicht berührt (K/U § 23 KO Rn 4). Zu den Geschäftsbesorgungsverträgen zählt auch der **Girovertrag** (RGZ 54, 329; BGH WM 1982, 816; WM 1991, 317). Das Verwaltungs- und Verfügungsrecht des Treuhänders erstreckt sich darauf nicht (*Kohte/Ahrens/Grote* § 313 Rn 41). Der Girovertrag erlischt mit Eröffnung des Insolvenzverfahrens (*Obermüller* ZInsO 1999, 690, 695 mwN). Soweit der Girovertrag indes zur Einziehung der **unpfändbaren Forderungen** des Schuldners dient, bleibt er bestehen. Der Schuldner ist weiterhin befugt, über die unpfändbaren Beträge zu verfügen. Einer Kündigung des Girovertrages durch die Bank stünde das Verbot des widersprüchlichen Verhaltens entgegen (*Kohte/Ahrens/Grote* § 313 Rn 42).

Als Ausnahme zu den Regelungen der §§ 115 Abs 1, 116 S 1 ordnet § 116 S 3 an, dass für den 37 **Überweisungsvertrag** gemäß § 676a BGB (s Überweisungsgesetz v 21. 7. 1999, BGBl I S 1642) die Vorschrift des § 115 nicht entsprechend gilt. Dieser Vertrag besteht auch nach der Eröffnung des Insolvenzverfahrens mit Wirkung für die Masse fort. Überweisungsaufträge, die die Bank noch nicht angenommen hat, werden von § 116 S 3 nicht erfasst.

4. Prozessführung. Laufende Prozesse, in die der Schuldner verwickelt ist, kann der Treuhänder auf- 38 nehmen. Dabei prozessiert er als Partei kraft Amtes in **gesetzlicher Prozessstandschaft.** Daraus folgt, dass ein Insolvenzgläubiger auch gegen den Treuhänder keine Einzelzwangsvollstreckung durchführen kann. Ebenso wenig kann gegen den Treuhänder ein Leistungsurteil erstritten werden, soweit damit allgemeine Insolvenzforderungen tituliert werden. Das **Recht zur Aufnahme des nach § 17 Abs 1 S 1 AnfG** durch die Insolvenzeröffnung unterbrochenen Rechtsstreits des Gläubigers gegen den Drittschuldner und zur Geltendmachung des Anfechtungsanspruchs steht auch im Verbraucherinsolvenzverfahren nur dem Treuhänder zu (§§ 17 Abs 1 S 2, 16 Abs 1 S 1 AnfG iVm § 313 Abs 1 S 1), **OLG** Koblenz v 18. 1. 2007 – 10 W 654/06, ZInsO 2007, 334, 335. Der Treuhänder ist befugt, einen nach § 240 ZPO unterbrochenen Prozess aufzunehmen und von ihm behauptete Ansprüche des Schuldners aus einer betrieblichen Altersversorgung zur Masse zu ziehen (**LAG** Hamburg v 23. 1. 2008 – 5 Sa 47/07 Rn 35, ZInsO 2008, 1335, 1336).

Lehnt es der Treuhänder ab, den Aktivprozess aufzunehmen, fällt die Prozessführungsbefugnis an den 39 Schuldner gemäß § 85 Abs 2 zurück. Die Vorschrift des § 265 ZPO findet insoweit keine Anwendung (**BGH** v 24. 7. 2003 – IX ZR 333/00; vgl **ferner** BGHZ 46, 249). Der Treuhänder ist auch befugt, den Schuldner zur Klage zu ermächtigen (vgl **BGH** NJW 1963, 297). In diesem Fall klagt der Schuldner in gewillkürter Prozessstandschaft.

5. Verwertung der Insolvenzmasse. Eine weitere wesentliche Aufgabe des Treuhänders ist die Verwer- 40 tung der Insolvenzmasse. Im Regelinsolvenzverfahren hat die Verwertung des zur Insolvenzmasse gehörenden Vermögens unverzüglich nach dem Berichtstermin zu erfolgen, soweit die Beschlüsse der Gläubigerversammlung nicht entgegenstehen (vgl § 159). Erkennt der Treuhänder zugunsten der Gläubigergemeinschaft verbesserte Verwertungsmöglichkeiten, hat er diese aufzugreifen. Bedarf es der Stellung eines bestimmten Antrags, um den Umfang der Insolvenzbeschlagnahme des Einkommens (Pfändungsumfang) zu erweitern und Beträge zur Insolvenzmasse zu ziehen und damit das Zugriffsvermögen zu erhöhen, ist der Treuhänder nicht nur antragsberechtigt (§§ 313 Abs 1 S 1, 36 Abs 4 S 2), sondern ihn trifft gleichzeitig die **Pflicht zur Antragstellung** (*Ott/Zimmermann* ZInsO 2000, 421, 424; so wohl auch HK-*Eickmann* § 36 Rn 10). Dies stellt § 36 Abs 4 S 2 klar. Der Treuhänder ist nicht berechtigt, eingegangene Beträge zurückzuhalten, um eine **Rückstellung für die Verfahrenskosten** zu bilden, die während der Wohlverhaltensperiode entstehen. Er hat alle eingehenden Beträge zu verteilen, auch wenn die Deckung der Kosten des Restschuldbefreiungsverfahrens ungewiss ist (**LG** Kleve v 31. 7. 2006 – 4 T 174/06, ZInsO 2006, 1002; HK-*Landfermann* § 292 Rn 10).

Soweit der **Treuhänder** eingezogene **Beträge veruntreut**, bilden darauf beruhende Schadensersatz- 40a sprüche den Treuhänder einen neuen Vermögensgegenstand und fallen in die Masse. Dagegen fällt ein vom Schuldner gegen den Treuhänder wegen der **Ausschüttung unpfändbaren Vermögens** erwirkter Schadensersatzanspruch als **Einzelschaden**, der einen Ausgleich für diese die Gläubiger rechtswidrig begünstigende Maßnahme bildet, nicht in die Masse sondern steht allein dem Schuldner zu (**BGH** v 10. 7. 2008 – IX ZB 172/07 NZI 2008, 560). In Verbraucherinsolvenzverfahren kann die **Verwertung des**

§ 313

schuldnerischen Kfz den Treuhänder vor allem wegen der Beachtung von Pfändungsschutzbestimmungen vor zahlreiche Probleme stellen (näher dazu *Winter* ZVI 2005, 569 ff).

41 a) **Verwertungsbeginn.** Im Berichtstermin treffen die Gläubiger die Grundentscheidung über den Verlauf des Insolvenzverfahrens (§ 156). § 159 will die alleinige Kompetenz der Gläubiger gewährleisten, über das Schicksal des Unternehmens zu entscheiden. Den Gläubigern soll es vorbehalten bleiben, die ihnen am günstigsten erscheinende Lösung einer Verwertung zu wählen (Allgemeine Begr zum RegE, BT-Drucks 12/2443, S 77/78). Der Umstand, dass es **im vereinfachten Verfahren keinen Berichtstermin** gibt, kann nicht dazu führen, den Gläubigern ihre Entscheidungskompetenz über den Beginn und die Art und Weise der Verwertung des schuldnerischen Vermögens zu nehmen (aA *Huntemann/Graf Brockdorff* Kap 17 Rn 134; HK-*Landfermann* § 312 Rn 7) und dem Treuhänder die Verwertung unverzüglich nach Eröffnung des Verfahrens zu gestatten. Dies widerspräche dem Grundsatz der Gläubigerautonomie, dem im vereinfachten Verfahren besondere Bedeutung beikommt, wie die Regelungen des § 313 Abs 2 u 3 zeigen. Mithin darf der Treuhänder grundsätzlich erst nach dem Prüfungstermin, der ersten Gläubigerversammlung nach Eröffnung des Verfahrens, mit der Verwertung des zur Insolvenzmasse gehörenden Vermögens beginnen, soweit die Beschlüsse der Gläubigerversammlung nicht entgegenstehen (*Vallender* InVo 1999, 334, 337; *Hess* 313 Rn 32). Dieser Termin ist eine Gläubigerversammlung, in der auch Beschlüsse über die Art und Weise der Verwertung des schuldnerischen Vermögens gefasst werden können. Eine vor diesem Termin getroffene Verwertungsmaßnahme berührt die Wirksamkeit der Handlung des Treuhänders nicht (§ 164).

42 b) **Art und Weise der Verwertung.** In der Regel erfolgt die **Verwertung** des zur Insolvenzmasse gehörenden Vermögens **in Form des freihändigen Verkaufs** (*Kohte/Ahrens/Grote* § 313 Rn 21). Der Treuhänder kann die Massebestandteile einzeln, in Gruppen oder insgesamt verkaufen (*Hess/Obermüller* 1059). **Forderungen des Schuldners** gegen Dritte hat der Treuhänder einzuziehen und notfalls klageweise geltend zu machen. Erscheint die Einziehung der Forderung nicht sinnvoll, steht es dem Treuhänder frei, die Forderung an ein auf die Durchsetzung problematischer Forderungen spezialisiertes Unternehmen zu verkaufen.

43 Der Treuhänder kann die Verwertung aber auch dem Schuldner überlassen. So ist ihm die Befugnis eingeräumt, bei dem Insolvenzgericht zu beantragen, statt der Verwertung der Insolvenzmasse dem Schuldner aufzugeben, binnen einer bestimmten Frist einen Ablösebetrag zu zahlen (§ 314 Abs 1).

44 c) **Unterrichtung des Schuldners bei Verwertungsmaßnahmen von existenzieller Bedeutung.** Soweit Verwertungsmaßnahmen für den Schuldner von **existenzieller Bedeutung** sind, hat der Treuhänder diesen vorab zu informieren, um dem Schuldner Gelegenheit zu geben, Rechtsaufsichtsmaßnahmen des Insolvenzgerichts anzuregen (näher dazu *Kohte/Ahrens/Grote* § 313 Rn 22 ff). Verletzt der Treuhänder seine Anzeige- bzw Informationspflicht, begründet dies unter Umständen eine Schadensersatzverpflichtung (*Hess* § 312 Rn 33).

45 d) **Streit über die Art und Weise der Verwertung.** Die **Verwertung** steht grundsätzlich **im Ermessen des Treuhänders.** Richtschnur seines Handelns muss es jedoch sein, einen möglichst hohen Preis zu erzielen. Daneben verfolgt das Insolvenzverfahren auch den partiell gegenläufigen Zweck, den Insolvenzgläubigern möglichst schnell Verwertungserlöse zukommen zu lassen (*Häsemeyer* Rn 13.36). Daraus können sich Konflikte entwickeln, für die in der Insolvenzordnung keine konkreten Regelungsmechanismen vorgesehen sind. Ist eine Abstimmung des Treuhänders mit den Insolvenzgläubigern nicht möglich, kommt zwar dessen Abberufung in Betracht. Diese ist allerdings nur im Prüfungstermin möglich (§ 57). Ob der Streit über die Art und Weise der Verwertung eine Entlassung des Treuhänders durch das Insolvenzgericht gemäß § 59 zulässt, erscheint fraglich und dürfte Extremfällen vorbehalten bleiben. Führt die Verwertung oder das Unterlassen der Verwertung zu einem Schaden der Insolvenzgläubiger, sind Haftungsansprüche gemäß § 60 näher in Erwägung zu ziehen.

46 Die **Einbindung des Insolvenzgerichts** bei Verwertungsentscheidungen ist unter den Voraussetzungen des § 161 vorgesehen. Die Vorschrift bezieht sich auf besonders bedeutsame Rechtshandlungen iSv § 160. Ob eine Maßnahme bedeutend ist oder nicht, beurteilt sich allein danach, welche Auswirkungen sie für die Gläubiger, insbesondere die Befriedigung ihrer Ansprüche hat (N/R/*Balthasar* § 160 Rn 7). Im Regelfall dürften davon Verwertungshandlungen des Treuhänders, die nach Auffassung der Insolvenzgläubiger nicht in angemessener Weise erfolgen, nicht erfasst sein.

46a e) **Anordnung einer Nachtragsverteilung.** Die Vorschrift des § 203 InsO ist auch im Verbraucherinsolvenzverfahren anwendbar (BGH v 1. 12. 2005 – IX ZB 17/04, NZI 2006, 180 = NJW-RR 2006, 153; LG Koblenz v 13. 1. 2004 – 2 T 901/03, ZInsO 2004, 161). Dies gilt jedenfalls dann, wenn auch im vereinfachten Insolvenzverfahren ein der Vorschrift des § 197 entsprechender Schlusstermin stattfindet. Die Befugnis des Treuhänders zur Antragstellung gemäß § 203 Abs 1 folgt daraus, dass auf den Treuhänder die Vorschriften über Aufgaben und Befugnisse des Insolvenzverwalters weitgehend entsprechend anzuwenden sind. Gegenstände der Masse werden auch dann nachträglich im Sinne des Abs 1 Nr 3 ermittelt, wenn ein absonderungsberechtigter Gläubiger einen zunächst nicht erwarteten Übererlös erzielt (BGH aaO). Dagegen kommt eine Nachtragsverteilung bei einem vom Schuldner ge-

B. Die Stellung des Treuhänders § 313

gen den Treuhänder wegen der **Ausschüttung unpfändbaren Vermögens** erwirkten **Schadensersatzanspruchs** nicht in Betracht. Diese Forderung fällt nicht in die Insolvenzmasse und unterliegt nicht der Nachtragsverteilung (**BGH** v 10. 7. 2008 – IX ZB 172/07, NZI 2008, 560). Dieser Anspruch steht allein dem Schuldner zu, der durch die Verteilung unpfändbaren Vermögens einen Einzelschaden erlitten hat.

6. Rechtliche Prüfung des Kreditengagements des Schuldners. Der Treuhänder hat den gesamten Bereich des Kreditengagements des Schuldners einer rechtlichen Prüfung zu unterziehen. Dies kann insbesondere bei Bürgschaftsverpflichtungen des Schuldners im Hinblick auf eine etwaige Sittenwidrigkeit der Vereinbarung oder bei Ratenkreditverträgen angezeigt sein. Gelangt der Treuhänder dabei zu dem Ergebnis, dass eine geltend gemachte Forderung nicht bestehe, hat er bereits aus haftungsrechtlichen Gründen für eine gerichtliche Klärung der Angelegenheit Sorge zu tragen. 47

7. Steuerliche Pflichten. Der Treuhänder hat im eröffneten vereinfachten Verfahren nach § 34 Abs 1 und 3 AO sämtliche **Steuererklärungs- und Voranmeldungspflichten** zu erfüllen, die außerhalb der Insolvenz dem Schuldner obliegen (**BGH** v 24. 5. 2007 – IX ZR 8/06; NZI 2007, 455; **LG** Mönchengladbach v 22. 10. 2004 – 5 T 236/04, NZI 2005, 173; *Onusseit* ZInsO 2000, 363, 366; *Frotscher* Besteuerung S 286). Er ist Vermögensverwalter iSv § 34 Abs 3 AO und Verfügungsberechtigter iSv § 35 AO (*Maus* ZInsO 1999, 683, 689). Nach Auffassung der Finanzverwaltung ist der **Treuhänder** für die Dauer des Insolvenzverfahrens als **Vertreter des Schuldners** iSv §§ 34, 35 AO anzusehen (BMF-Schreiben v 17. 12. 1998, ZIP 1999, 775; OFD Frankfurt/M, Rdvfg v 29. 3. 1999, DStR 1999, 938; OFD Nürnberg – Schreiben v 23. 2. 2000, ZInsO 2000, 148). Folglich dürfen ihm durch das Finanzamt Auskünfte erteilt werden, die zur Erfüllung steuerlicher Pflichten benötigt werden (OFD Frankfurt/M, Rdvfg v 15. 3. 2001, ZInsO 2001, 747). 48

Bei gemeinsamer Veranlagung von Ehegatten umfasst die vom Treuhänder abzugebende **Einkommensteuererklärung** die insolvenzgebundenen und -freien Einkünfte des Schuldners sowie diejenigen des Ehegatten. Der Treuhänder hat die ihn betreffenden Besteuerungsgrundlagen dem Finanzamt gesondert bekannt zu geben, wenn der Schuldner und/oder sein Ehegatte nicht zur Mitwirkung bei der Erklärung bereit sind (*Onusseit* aaO). Können die Kosten für die Erstellung der Steuererklärung durch einen Steuerberater nicht aus der Insolvenzmasse beglichen werden, empfiehlt *Maus* (aaO) dem Treuhänder, die Zweckmäßigkeit eines Antrags nach § 314 Abs 1 S 1 zu prüfen. Der Treuhänder übt für einen verheirateten Schuldner das Wahlrecht zwischen einer Getrennt- oder Zusammenveranlagung zur **Einkommensteuer** aus (**BGH** aaO; vgl auch **OLG** Brandenburg v 1. 2. 2007 – 9 U 11/06, ZVI 2008, 30). Da es sich bei dem Veranlagungswahlrecht nicht um einen Vermögensgegenstand sondern um ein Verwaltungsrecht handelt, steht der Entscheidung auch nicht die vom Bundesfinanzhof (vgl **BFH** v 21. 6. 2007 – III R 59/06, NJW-RR 2007, 1458) angenommene Unübertragbarkeit des Wahlrechts entgegen. 49

8. Sonstige Befugnisse, Aufgaben und Pflichten. Dem Treuhänder obliegt es ferner festzustellen, inwieweit bei **Arbeitseinkommen des Schuldners** der Insolvenzbeschlag gemäß § 36, § 850c Abs 1 oder auch Abs 4 ZPO reicht (s dazu näher § 312 Rn 42 ff). Dagegen hat er bei der Schlussverteilung **keine Sicherheiten für streitige Masseansprüche** einzubehalten, weil die entsprechende Anwendung des § 258 Abs 2 zu den Voraussetzungen der Aufhebung des Insolvenzplans im vereinfachten Insolvenzverfahren nach § 312 Abs 2 nicht anwendbar ist (**AG** Tempelhof-Kreuzberg v 10. 11. 2006 – 37 IK 113/03, ZVI 2007, 479). 50

a) **Erinnerungsbefugnis.** Die **Unwirksamkeit von Sicherungen**, die durch Zwangsvollstreckung erlangt sind (§ 88), kann nur der Treuhänder geltend machen (K/P/B/*Wenzel* § 313 Rn 4; *Henckel* FS *Gaul* S 211; *Vallender* ZIP 1997, 1993, 1998; aA *Wagner* ZIP 1999, 689, 692, der nach der ratio des § 313 Abs 2 und dem Sinn und Zweck des § 88 die Geltendmachung der Rückschlagsperre dem Insolvenzgläubiger überantworten will). Diese Unwirksamkeit betrifft die Art und Weise der künftigen Zwangsvollstreckung, so dass als Rechtsbehelf die **Erinnerung gemäß § 766 ZPO** einzulegen ist. 51

Soweit es um die **Unwirksamkeit von Pfändungen in Dienstbezüge oder Surrogate gemäß § 114 Abs 3** geht, ist der Treuhänder befugt, gegen die Vollstreckungsmaßnahme Erinnerung gemäß § 766 ZPO einzulegen, wenn der Pfandgläubiger nach entsprechender Aufforderung keinen Verzicht auf die weiteren Pfändungswirkungen erklärt (**LG** München I Rpfleger 2000, 467, 468 m Anm *Zimmermann*). Nach Auffassung des **LG** München (aaO) ist das Vollstreckungsgericht und nicht das Insolvenzgericht zuständig für die Entscheidung über die Erinnerung, weil § 114 Abs 3 lediglich auf § 89 Abs 2 S 2, nicht jedoch auch auf § 89 Abs 3 verweist (**aA** FK-*Wegener* § 114 Rn 11; HK-*Irschlinger* § 114 Rn 7; *Zimmermann* Rpfleger 2000, 468). 52

b) **Adressat der Forderungsanmeldung.** Der Treuhänder hat nach § 174 Abs 1 S 1 **Forderungsanmeldungen** der Gläubiger entgegenzunehmen. Er muss eine Tabelle anlegen, in welche die Forderungen der Gläubiger aufgenommen werden (§ 175). Zur Teilnahme am Prüfungstermin mit den sich daraus ergebenden Rechten ist er verpflichtet. Vor allem bei der Anmeldung von **Bürgschaftsforderungen** zur Tabelle hat der Treuhänder die Wirksamkeit der Bürgschaftsverpflichtung zu prüfen, auf die der anmel- 53 dende Insolvenzgläubiger seine Forderung stützt. Dagegen ist der Treuhänder nicht verpflichtet, den Schuldner auf die Möglichkeit des Widerspruchs gemäß § 175 Abs 2 hinzuweisen. Diese Aufgabe obliegt dem Insolvenzgericht.

54   c) **Befriedigung der Insolvenzgläubiger.** Den Treuhänder trifft ferner die Pflicht, ein **Verteilungsverzeichnis** zu erstellen, in dem die Forderungen, die aus dem Erträgen befriedigt werden sollen, aufgeführt sind (§ 188). Er ist auch zuständig für die Berichtigung des Verteilungsverzeichnisses gemäß § 193.

55   Der Treuhänder ist befugt, Vorschläge für die Bestimmung von **Abschlagszahlungen** an die Gläubiger zu unterbreiten (§ 195). Am Ende des vereinfachten Verfahrens hat er die **Verteilung von Erlösen** nach der Verwertung von Gegenständen vorzunehmen (§§ 187 ff). Der Treuhänder führt schließlich die **Schlussverteilung** durch (§ 196), befriedigt die Massegläubiger nach Anzeige der Masseunzulänglichkeit (§ 209), veranlasst die Hinterlegung zurückbehaltener Beträge (§ 198) und die Herausgabe von Überschüssen an den Schuldner (§ 199). Soweit dies erforderlich ist, veranlasst der Treuhänder die Stellung eines Antrags auf Nachtragsverteilung (§ 203). Nach Beendigung seines Amtes hat der Treuhänder der Gläubigerversammlung **Rechnung zu legen**, § 66 (dazu näher *Uhlenbruck* NZI 1999, 289 ff).

V. Vergütung des Treuhänders

56   Aus der Verweisung auf die §§ 56 bis 66 folgt, dass der Treuhänder Anspruch auf Vergütung und Erstattung angemessener Auslagen hat. Die Vergütungsansprüche sind im Einzelnen geregelt im zweiten Abschnitt der InsVV (BGBl I 1998, S 2205, zuletzt geändert durch Gesetz v 21. 12. 2006, BGBl I 3389). Die Festsetzung der **Vergütung** des Treuhänders erfolgt in **zwei Stufen.** Zunächst ist die **Berechnungsmasse** festzustellen. **Berechnungsgrundlage** der Vergütung des Treuhänders ist die Summe aller Einnahmen und des Zuerwerbs während der Dauer des Insolvenzverfahrens(vgl BGH v 24. 5. 2005 – IX ZB 6/03, ZInsO 2005, 760). Insoweit hat das Wort Insolvenzmasse in § 13 Abs 1 S 1 InsVV die gleiche Bedeutung wie in § 1 Abs 1 InsVV (OLG Schleswig ZInsO 2001, 180). Die Berechnungsmasse ist nach den Kriterien von § 1 Abs 2 InsVV zu bereinigen (H/W/*Förster* InsVV § 13 Rn 5; *Hess/Klaas* InVo 1999, 193, 198; *Keller* S 124 Rn 218). Von der sich sodann ergebenden vergütungsrechtlichen Insolvenzmasse erhält der Treuhänder **als Regelvergütung** linear 15% (§ 13 Abs 1 S 2 InsVV). Sofern der Schuldner eine – geringfügige – **selbstständige Tätigkeit** ausübt, ist nur der Überschuss zu berücksichtigen, der sich nach Abzug der Ausgaben von den Einnahmen ergibt (K/P/B/*Wenzel* § 313 Rn 7).

57   Eine Ermittlung von **Zu- und Abschlägen** erfolgt nicht, weil § 13 Abs 2 InsVV die Anwendbarkeit von § 3 InsVV ausschließt. Ebenso wenig findet die Vorschrift des § 2 Anwendung.

58   Der Regelsatz von 15% kann je nach den Umständen des Einzelfalls sowohl unter- als auch überschritten werden (**OLG** Schleswig aaO; *Blersch* VergVO § 13 InsVV Rn 22; H/W InsVV § 13 Rn 6; aA *Eickmann/Prasser* § 13 InsVV Rn 5; *Keller* S 127 Rn 225). Hierfür spricht bereits der Wortlaut der Norm, der eine Begrenzung nach oben ("in der Regel") nicht enthält. Auch der in § 13 Abs 2 InsVV angeordnete Ausschluss von § 3 InsVV steht dem nicht entgegen. Der Regelung in Abs 2 ist lediglich zu entnehmen, dass die in § 3 InsVV angeführten Kriterien für Zu- und Abschläge keine Geltung haben sollen, wenn es darum geht, die Höhe des Vergütungssatzes eines Treuhänders zu bestimmen. Ließe man die Erhöhung der Vergütung durch Zuschläge nicht zu, ergäbe die Regelung des § 13 Abs 1 S 2 InsVV wenig Sinn (**BGH** aaO Rn 17; **OLG** Schleswig aaO).

59   Mithin kann der Treuhänder eine den Regelsatz übersteigende Vergütung auch dann beanspruchen, wenn die **Verwertung des mit einem Absonderungsrecht belasteten Gegenstandes** einen erheblichen Teil seiner Tätigkeit ausgemacht hat und ein entsprechender Mehrbetrag nach § 1 Abs 2 Nr 1 InsVV nicht angefallen ist (aA *Hess/Klaas* aaO 200). Eine solche Verwertungsbefugnis steht dem Treuhänder unter den Voraussetzungen der §§ 313 Abs 3 S 3, 173 Abs 2 S 2 zu.

60   Bis zum 4. 10. 2004 betrug die **Vergütung** idR mindestens 250,00 Euro (§ 13 Abs 1 S 3 InsVV aF). Sie konnte bei geringer Tätigkeit des Treuhänders bis auf 100,00 Euro herabgestuft werden. Als gerechtfertigt wurde dies nur in außergewöhnlich einfachen oder in vorzeitig beendeten Verbraucherinsolvenzverfahren angesehen (**LG** Koblenz NZI 2001, 99 = InVo 2001, 133).

60a   Mit Beschluss v 15. 1. 2004 hat der **BGH** (IX ZB 46/03, NZI 2004, 196 = ZVI 2004, 132) die **InsVV als mit der Berufsfreiheit des Art 12 Abs 1 GG für unvereinbar erklärt** (siehe dazu auch *Keller* DZWIR 2004, 171; *Rendels* EWiR 2005, 609) Die Gebühr von 250,00 Euro sei zu niedrig, weil sie den Zeitaufwand im Verfahren nicht decke. Eine Querfinanzierung der masselosen und damit niedrig vergüteten Verfahren durch massereiche Verfahren sei zwar zulässig, in praxi angesichts des Überhangs an massearmen Verfahren kaum möglich. Nach Ansicht des **BGH** erfasst die Verfassungswidrigkeit der InsVV jedoch erst Bestellungsentscheidungen ab dem 1. 1. 2004. Demgegenüber ist das BVerfG (v 31. 8. 2005 – 1 BvR 700/05, NZI 2005, 618) der Ansicht, dass die **Regelungen des § 13 InsVV aF** in Insolvenzverfahren, die vor dem 1. 1. 2004 eröffnet wurden, **nicht Art 12 Abs 1 GG verletzen**. Dies gelte auch dann, wenn man die Rechtsprechung des **BGH** (aaO) zu Grunde lege, dass die darin gewährte Vergütung unangemessen niedrig sei.

60b   Seit dem 4. 10. 2004 ist die **Nachfolgeverordnung** (Verordnung zur Änderung der Insolvenzrechtlichen Vergütungsverordnung) in Kraft (BGBl I 2569). Die **Mindestvergütung des Treuhänders** beträgt nunmehr **600,00 Euro**, die sich je nach Gläubigerzahl weiter erhöht (§ 13 Abs 1 S 3–5 InsVV).Nach Auffassung des **BGH** (v 13. 3. 2008 – IX ZB 60/05, NZI 2008, 444) hält sich die **Neueregelung der Mindestvergütung** des Treuhänders in § 13 Abs 1 S 3 InsVV im Rahmen der Ermächtigungsgrundlage und ist **nicht verfassungswidrig**. Sie verstoße weder gegen §§ 63, 65 noch gegen Art 12 Abs 1 GG. Eine davon abweichende, selbstständige Festsetzung der Vergütung des Treuhänders durch die Insolvenzgerichte sei nicht zulässig.

Bei einer **vereinfachten Verteilung** nach § 314 tritt an die Stelle der Teilungsmasse gegebenenfalls der 61 nach § 314 an den Treuhänder gezahlte Betrag (*Eickmann/Prasser* § 13 InsVV Rn 4).

Für die Festlegung der Vergütung des Treuhänders gelten die Vorschriften über die Geschäftskosten 62 (§ 4 InsVV), die Nachtragsverteilung (§ 6 InsVV), die Umsatzsteuer (§ 7 InsVV), die Auslagenfestsetzung (§ 8 InsVV) und den Vergütungsvorschuss (§ 9 InsVV) (**AG** Potsdam NZI 2001, 159 = ZInsO 2001, 189; *Hess* § 13 InsVV Rn 6). Nach Inkrafttreten der Änderungsverordnung vom 4. 10. 2004 können die sächlichen Kosten, die dem **Treuhänder** im vereinfachten Insolvenzverfahren infolge der **Übertragung des Zustellungswesens** durch das Insolvenzgericht entstanden sind, **neben** der allgemeinen Auslagenpauschale geltend gemacht werden (**BGH** v 13. 3. 2008 – IX ZB 60/05, NZI 2008, 444, 445).

Schließt sich an das vereinfachte Insolvenzverfahren ein Restschuldbefreiungsverfahren an, so hat das 63 Insolvenzgericht auf Antrag zunächst die Vergütung für die Tätigkeit im vereinfachten Verfahren und im Anschluss daran die Vergütung für die Tätigkeit im Restschuldbefreiungsverfahren festzusetzen (BerlKo-*Goetsch* § 313 Rn 9).

C. Anfechtung, Abs 2

Durch die Insolvenzanfechtung wird ein Weg geschaffen, zum Nachteil der Gläubiger eingetretene 64 Schmälerungen des Schuldnervermögens oder der Masse, insbesondere Vermögensverschiebungen, wieder rückgängig zu machen (**BGH** WM 1965, 450; WM 1964, 196). Zur Anfechtung berechtigt ist gemäß § 313 Abs 2 S 1 jeder **Insolvenzgläubiger**. Dagegen steht dem **Treuhänder** kraft seines Amtes ein originäres Anfechtungsrecht nicht zu. Vielmehr hat er eine solche Befugnis nur nach entsprechender Beschlussfassung durch die Gläubigerversammlung (§ 313 Abs 2 S 3). Davon zu unterscheiden ist indes das Recht des Treuhänders, über die Anfechtungsmöglichkeit und den Rückgewähranspruch zu verfügen (*Henckel* FS *Gaul* S 199, 212; *Kohte/Ahrens/Grote* § 313 Rn 85 ff). Nach der neueren Rechtsprechung des Bundesgerichtshofs braucht eine auf §§ 129 ff beruhende Anfechtbarkeit im Prozess nicht besonders „geltend gemacht" zu werden, weil die „konkursrechtliche" Anfechtung keine Gestaltungserklärung verlangt. Vielmehr ist es Sache des Gerichts, in einem bereits anhängigen Prozess auch die anfechtungsrechtlichen Anspruchsgrundlagen mitzuberücksichtigen (vgl BGHZ 135, 140 (149 ff) = KTS 1997, 510, 514 ff = ZIP 1997, 737, 739 ff; anders noch BGHZ 109, 47, 54 = KTS 1990, 95). Eine Klage, mit der ein anfechtungsrechtlicher Anspruch durchgesetzt werden soll, verlangt demnach einen bestimmten Klageantrag und den Vortrag des diesen Antrag rechtfertigenden Sachverhalts.

I. Rechtslage bis zum 30. 11. 2001

Im vereinfachten Verfahren war bis zur Neufassung des § 313 Abs 2 durch das InsOÄG 2001 vom 65 26. 10. 2001 (BGBl I S 2710) das **Anfechtungsrecht des Treuhänders ausgeschlossen**. Die Befugnis zur Anfechtung von Rechtshandlungen nach den §§ 129 bis 147 stand allein dem einzelnen Insolvenzgläubiger zu (§ 313 Abs 2 S 1 aF). Der Gesetzgeber hatte die Verlagerung dieser Aufgabe auf die Gläubiger damit gerechtfertigt, dass sie motiviert und in der Lage seien, selbst die Anfechtung gläubigerschädigender Handlungen durchzuführen. Die Vergütung des Treuhänders könne durch die Beschränkung seines Aufgabenbereichs geringer werden (Beschl-Empfehlung des RechtsA zu § 357j = § 313, BT-Drucks 12/7302 S 193/194).

Praxis und Literatur haben die Regelung des § 313 Abs 2 aF frühzeitig kritisiert (siehe nur *Häsemeyer* 66 Rn 29.53; *Henckel* FS *Gaul* S 210; *ders* in: KS S 854 Rn 97; *Marotzke* KTS 2001, 67, 70). Tatsächlich hat sie in manchen Verfahren zu einem **Funktionsverlust der Anfechtung** geführt. So mussten vereinfachte Insolvenzverfahren mangels Masse eingestellt werden, obwohl handfeste Anhaltspunkte vorlagen, dass erhebliche Vermögenswerte im Vorfeld der Insolvenz in anfechtbarer Weise verschoben wurden. Dass die (ursprüngliche) Verlagerung der Insolvenzanfechtungsbefugnis auf die Insolvenzgläubiger als Prozessstandschafter (siehe dazu näher Rn 79) in einigen Lagen sogar Effekte zeitigt, die sozialpolitisch erwünscht zu sein scheinen, weist *Smid* (Grundzüge § 14 Rn 7, 35 und 36) mit einem Beipielsfall aus dem Miet- und Sozialhilferecht nach.

II. Neufassung des § 313 Abs 2 S 3

Nach § 313 Abs 2 S 3 kann die **Gläubigerversammlung den Treuhänder oder einen Gläubiger mit der** 67 **Anfechtung beauftragen**. Mit dieser Regelung hat der Gesetzgeber der nahezu übereinstimmenden Kritik an der ursprünglichen Fassung des § 313 Abs 2 Rechnung getragen. Die Beauftragung eines Gläubigers durch die Gläubigerversammlung ist indes kein Novum. Sie war bereits in § 313 Abs 2 S 3 aF vorgesehen.

68 Da nicht absehbar ist, ob die Gläubigerversammlung überhaupt von ihrer Befugnis Gebrauch machen wird, dürfte die Vorschrift in den Fällen nicht zum Tragen kommen, in denen infolge der anfechtbaren Vermögensverschiebung nicht mehr genügend Masse vorhanden ist, um überhaupt das Verfahren eröffnen zu können (*Fuchs* NZI 2001, 15, 18; *Vallender* NZI 2001, 562, 565).

69 Probleme ergeben sich darüber hinaus bei mangelndem Interesse der Gläubiger am Verfahren. **Beschlussfähig** ist die Gläubigerversammlung zwar auch dann, wenn sie nur von einem einzigen Gläubiger besucht wird (K/P/B/*Kübler* § 76 Rn 22 mwN). Nimmt an einer ordnungsgemäß einberufenen Gläubigerversammlung jedoch niemand teil, ist die Gläubigerversammlung beschlussunfähig (*Ehricke* NZI 2001, 59, 60 mwN). Das Insolvenzgericht ist in diesem Fall nicht befugt, nach pflichtgemäßem Ermessen Beschlüsse zu ersetzen bzw den Verfahrensgang fördernde Maßnahmen zu ergreifen. Da diese Situation in Verbraucherinsolvenzverfahren gelegentlich zu beobachten ist, verliert die Regelung des § 313 Abs 2 S 3 bei Nichtteilnahme eines Gläubigers weitgehend ihre Wirkung. Um dem wirksam entgegentreten zu können, empfehlen *Gundlach/Frenzel/Schmidt* (ZVI 2002, 5, 7), dass das **Insolvenzgericht** auf Antrag des Treuhänders diesen mit der Anfechtung von Rechtshandlungen beauftragen kann. Das Gericht werde dabei zum Schutz der gemeinsamen Interessen der Insolvenzgläubiger tätig. Diese Auffassung, die im Gesetz keine Stütze findet, begegnet erheblichen Bedenken. Das Gericht hat – wie § 76 Abs 1 deutlich macht – in der Gläubigerversammlung **keine Entscheidungsbefugnis**. Seine „Schiedsrichterrolle" erlaubt es ihm nicht, sich an die Stelle der Gläubiger zu setzen (vgl *Pape* Rpfleger 1993, 430; *ders* ZInsO 1999, 305, 306). Die besondere Übertragung von Aufgaben auf den Treuhänder durch das Insolvenzgericht ist auf die Ausnahmeregelung des § 313 Abs 3 S 3 beschränkt.

70 Die zuvor geschilderte Problematik der Verfahrenseröffnung und das mangelnde Interesse der Gläubiger, an der Gläubigerversammlung teilzunehmen, lassen erhebliche Zweifel an der Effizienz und Praxistauglichkeit der Neufassung aufkommen. Es hätte sich angeboten, das Anfechtungsrecht wie im Regelinsolvenzverfahren zu gestalten und § 313 Abs 2 ganz zu streichen (so auch *Fuchs* NZI 2001, 15, 18; *Marotzke* KTS 2001, 67, 70). *Marotzke* (aaO) weist in diesem Zusammenhang mit Recht darauf hin, dass einem Treuhänder, der gegen einen durch gläubigerbenachteiligende Handlungen Begünstigten auf Rückgewähr klagt und als Anspruchsgrundlagen nur §§ 812 ff, §§ 823 ff und § 985 BGB sowie vielleicht noch § 771 ZPO, §§ 21 Abs 2 Nr 2, 24 Abs 1, 81 und § 88 erwähnt, nicht die Chance genommen werden sollte, dass das Prozessgericht von Amts wegen auch §§ 129 ff in die Betrachtung einbezieht.

III. Anfechtung durch Insolvenzgläubiger, Abs 2 S 1 u S 3

71 Im Verbraucherinsolvenzverfahren hat jeder Insolvenzgläubiger ein **originäres Anfechtungsrecht**. § 313 Abs 2 S 1 gibt entweder einem Gläubiger allein, mehreren Gläubigern allein oder gemeinsam oder sämtlichen Gläubigern die Möglichkeit, Rechtshandlungen und Rechtsgeschäfte des Schuldners mit Dritten anzufechten (*Hess/Obermüller* Rn 1028; *Huntemann/Graf Brockdorff* Kap 17 Rn 125).

72 Es erscheint indes nicht sinnvoll, dass mehrere Gläubiger unabhängig voneinander wegen derselben nachteiligen Rechtshandlung einen Anfechtungsprozess führen. Dies führt zu erhöhten Kosten und Synergieverlusten. Aus diesem Grunde sieht § 313 Abs 2 S 3 u 4 vor, dass die Gläubigerversammlung entweder den Treuhänder oder **einen Gläubiger** – allerdings nur mit dessen Einverständnis – mit der Anfechtung beauftragen kann. Bei einem entsprechenden **Auftrag der Gläubigerversammlung** wird der Gläubiger quasi als organschaftlicher Vertreter der Insolvenzmasse tätig.

73 **1. Kostenteilungsvereinbarung.** Bei Beauftragung eines Gläubigers mit der Anfechtung sollten die Gläubiger eine **Kostenteilungsvereinbarung** nicht nur für den Fall treffen, dass sie untereinander abstimmen, wer ggf Klage erheben soll. Eine entsprechende Vereinbarung bietet sich auch bei einem **Beschluss der Gläubigerversammlung** nach § 313 Abs 2 S 3 an (vgl *Hess/Obermüller* Rn 1029). Zwar hat der Gläubiger einen Anspruch auf Erstattung der ihm entstandenen Kosten aus der Insolvenzmasse, soweit sie nicht aus dem Erlangten gedeckt werden können. Ohne eine Kostenteilungsvereinbarung mit den übrigen Gläubigern hätte der Gläubiger bei Massearmut die Kosten alleine zu tragen.

74 **2. Erhebung der Einrede der Anfechtbarkeit durch den Treuhänder.** Fraglich erscheint, ob der Treuhänder, den die Gläubigerversammlung nicht mit der Anfechtung beauftragt hat, berechtigt ist, der Zahlungsklage eines Gläubigers entgegenzuhalten, dieser habe sein Recht anfechtbar erlangt. Es ist anerkannt, dass der Insolvenzverwalter, der einen gegen die Masse gerichteten, in anfechtbarer Weise erlangten Anspruch abwehren will, dies durch entsprechende **Einrede** geltend machen kann (RGZ 95, 225; *Hess*, Anfechtungsrecht § 129 InsO Rn 88). Bei strenger Betrachtungsweise der Regelung des § 313 Abs 2 ist es dem Treuhänder verwehrt, sich bei seiner Rechtsverteidigung auf die Einrede der Anfechtung zu stützen, weil dies im Ergebnis der Anfechtung der Rechtshandlung nach Maßgabe der §§ 129 ff gleichkommt. Damit gerät er jedoch in einen Widerstreit seiner Pflichten. Denn seine Aufgabe ist es auch, die Masse zu sichern. Befindet er sich im Besitz eines Vermögensgegenstandes, den ein Dritter durch anfechtbare Rechtshandlung erworben hat, ist er verpflichtet, die Masse durch Abwehr dieses Be-

gehrens zu sichern. Mithin muss ihm auch erlaubt sein, die **Anfechtung durch Einrede** geltend zu machen (aA HK-*Landfermann* § 313 Rn 14).

3. Das aus der Anfechtung Erlangte. Die aus der Anfechtung erlangten Beträge stehen der **Insolvenzmasse** und damit der Gläubigergesamtheit zu. Dies folgt aus der Verweisung in § 313 Abs 2 S 1 auf die Vorschrift des § 143. Verstärkt wird diese Annahme noch durch die Vorschrift des § 313 Abs 2 S 2, nach der „aus dem Erlangten dem Gläubiger die ihm entstandenen Kosten vorweg zu erstatten" sind. Flösse der Ertrag der besonderen Form der Insolvenzanfechtung dem sie betreibenden Gläubiger zu, widerspräche dies dem Verbot der Ungleichbehandlung im Verfahren („cum iam **par condicio** omnium creditorum facta esset"). Mithin ist der Gläubiger auch nicht berechtigt, den aus der Anfechtung erlangten Betrag mit seiner Forderung zu verrechnen (*Hess/Obermüller* Rn 1030; *Wagner* ZIP 1999, 1989, 689, 691; *Henckel* FS Gaul, S 209, 211). 75

4. Behebung von Informationsdefiziten der Gläubiger. Die Anfechtung durch einen Gläubiger vermag nur dann zum Erfolg zu führen, wenn ihm die Umstände, die zur Anfechtung berechtigen, bekannt sind. Auch wenn das Anfechtungsrecht in der Insolvenzordnung verschärft worden ist, dürften viele Anfechtungen bereits daran scheitern, dass ein Gläubiger meist nicht über die erforderlichen Informationen verfügt, um ggf mit Erfolg einen Anfechtungsprozess zu führen (*Vallender* InVo 1999, 334, 341; *Gundlach/Frenzel/Schmidt* ZVI 2002, 5). Regelmäßig dürfte der Treuhänder der Einzige sein, der sich Kenntnis der anfechtungsrelevanten Tatsachen verschaffen kann (*Henckel* aaO S 210). Das **Informationsdefizit** des den Anfechtungsprozess führenden Gläubigers wirkt sich dann besonders nachteilig aus, wenn er eine Zwangsvollstreckungsmaßnahme eines Mitgläubigers anficht und sich während des Prozesses herausstellt, dass diese in den letzten drei Monaten vor dem Antrag auf Eröffnung des Insolvenzverfahrens oder sogar noch danach erfolgt. Der anfechtende Insolvenzgläubiger würde, wenn er die Voraussetzungen eines Anfechtungstatbestandes nicht nachweisen kann, den Prozess verlieren, obwohl wegen der Regelung des § 88 InsO feststeht, dass der Gegenstand zur Masse zurückzugewähren ist (so *Wagner* ZIP 1999, 689, 692). 76

a) Auskunftsrecht der Gläubiger. Der **Schuldner** ist dem einzelnen Gläubiger gegenüber nicht zur Auskunft verpflichtet. Wohl aber kann das Insolvenzgericht anordnen, dass der Schuldner der **Gläubigerversammlung** über alle das Verfahren betreffende Verhältnisse Auskunft zu erteilen hat (§ 97 Abs 1 S 1). Dabei bezieht sich die Auskunftspflicht des Schuldners auch auf mögliche Anfechtungstatbestände. Haben sich zB Anhaltspunkte dafür ergeben, dass der Schuldner mit den sogen nahe stehenden Personen, insbesondere mit Verwandten Rechtsgeschäfte vor Eröffnung des Verfahrens geschlossen hat, sollte der Schuldner zum Prüfungstermin geladen und zur Auskunftserteilung aufgefordert werden. 77

b) Informationspflicht des Treuhänders. Ergeben sich aus den Unterlagen des Schuldners oder auf Grund der vom Treuhänder angestellten Ermittlungen zur Vermögenslage des Schuldners **konkrete Anhaltspunkte für Anfechtungstatbestände**, hat er die Gläubiger im Prüfungstermin oder einem späteren Termin über den entsprechenden Sachverhalt zu unterrichten. Diese Verpflichtung folgt aus dem Wesen des Amtes, das den Einsatz für die maximale Realisierung der Werte des Schuldners für die Gläubiger bezweckt (*Bruckmann*, Verbraucherinsolvenz § 3 Rn 376). Dem steht umgekehrt **ein Auskunftsrecht des Insolvenzgläubigers** gegenüber. Zwar besteht kein genereller Anspruch des Insolvenzgläubigers gegen den Treuhänder auf Auskunft zum Stand des Verfahrens. Vermag indes ein Insolvenzgläubiger Informationen zur materiellen Durchsetzung einer Forderung, zu der ihn § 313 Abs 2 S 1 legitimiert, weder aus den Insolvenzakten noch durch Nachfrage bei Gericht zu erlangen, hat der Treuhänder ihm die gewünschten Auskünfte – soweit er dazu in der Lage ist – zu erteilen (im Ergebnis ebenso *Wagner* ZIP 1999, 689, 692). 78

5. Anfechtungsprozess. Prozessiert ein Gläubiger **auf eigene Kosten**, wird er mit seinem eigenen Vermögen Partei. Er handelt damit als **gesetzlicher Prozessstandschafter** aus eigenem Interesse für die Masse (*Häsemeyer* ZZP 108 [1995], 409, 411). Das eingeklagte Recht unterliegt nicht der Verfügung des Rechtsträgers, sondern des amtlichen Verwalters, des Treuhänders. Das Recht, über die Anfechtungsmöglichkeit und den Rückgewähranspruch zu verfügen, verbleibt beim Treuhänder (*Henckel* FS *Gaul* S 209, 212). Deshalb steht dem Gläubiger nicht das Recht zu, über den Streitgegenstand ohne Rücksprache mit dem Treuhänder zu verfügen. Ein Urteil, welches die Klage eines Gläubigers abweist, wirkt nicht zulasten der anderen (K/P/B/*Wenzel* § 313 Rn 2; *Henckel* aaO 214). Bei einem **Auftrag der Gläubigerversammlung** tritt der Gläubiger ebenfalls als Prozessstandschafter auf. 79

Die Anfechtungsklage ist am zuständigen Prozessgericht zu erheben. Die Klage des Insolvenzgläubigers ist nicht wie nach dem AnfG auf Duldung der Zwangsvollstreckung in den aus der Masse verschobenen Vermögensgegenstand, sondern **auf Rückgewähr zur Masse** gerichtet (*Smid* Grundzüge § 14 Rn 7). Dabei hat der Gläubiger/Kläger den Gegenstand und die Tatsachen zu bezeichnen, aus denen er die Anfechtungsberechtigung herleitet. Ein Sachvortrag, der nicht erkennen lässt, welche konkrete Rechtshandlung angefochten werden soll, genügt nicht den Anforderungen an einen ordnungsgemäßen Klageantrag (**BGH** NJW 1992, 624, 626; NJW 1995, 1668, 1671; DtZ 1997, 52, 53). 80

81 **6. Urteilswirkungen.** Da jeder Insolvenzgläubiger befugt ist, den Anfechtungsanspruch durchzusetzen, ohne dass die Gläubiger insoweit verfügungsbefugt sind, bindet ein klageabweisendes Urteil die übrigen Insolvenzgläubiger nicht (*Henckel* aaO 213; *Wagner* aaO 692). Solange nicht der Anfechtungsanspruch verjährt (§ 146) oder die letzte Klage eines Anfechtungsberechtigten rechtskräftig abgewiesen worden ist, muss der Anfechtungsgegner befürchten, wegen des Erlangten noch gerichtlich in Anspruch genommen werden zu können.

82 **7. Kostenerstattung und Kostenrisiko.** Nach § 313 Abs 2 S 2 sind dem Gläubiger, der den Anfechtungsprozess geführt hat, aus dem Erlangten die ihm entstandenen Kosten vorweg zu erstatten. Hat der **Gläubiger/Kläger obsiegt**, kann er nicht sogleich von dem Treuhänder Kostenerstattung verlangen. Vielmehr hat er im Wege der **gerichtlichen Kostenfestsetzung** seinen gegenüber dem Anfechtungsgegner bestehenden Kostenerstattungsanspruch bei der unterliegenden Partei des Anfechtungsprozesses geltend zu machen und beizutreiben (*Huntemann/Graf Brockdorff* Kap 17 Rn 127). Um sicherzugehen, dass bei erfolgloser Beitreibung das Erlangte noch zur Kostenerstattung zur Verfügung steht, sollte der Gläubiger dem Treuhänder eine Abschrift des Kostenfestsetzungsbeschlusses zuleiten, so dass dieser über die Höhe des Erstattungsanspruchs unterrichtet ist. Erst wenn eine Zwangsvollstreckung erfolglos geblieben ist oder aussichtslos erscheint, ist der Treuhänder dem Gläubiger zur Erstattung der Kosten aus dem **zur Masse geflossenen Erlangten** gegen Abtretung der Kostenerstattungsansprüche, die gegenüber der unterliegenden Prozesspartei bestehen, verpflichtet. Zu den Kosten iSv § 313 Abs 2 S 2 zählen auch etwaige Vollstreckungskosten. Der Treuhänder hat dafür Sorge zu tragen, dass das Erlangte dem Gläubiger tatsächlich zur Kostenerstattung zur Verfügung steht. Ein Rückgriff auf die Insolvenzmasse sieht das Gesetz nur vor, wenn die Gläubigerversammlung den Gläubiger mit der Anfechtung beauftragt hat.

83 Grundsätzlich trägt der anfechtende **Gläubiger** im Falle des **Unterliegens das volle Prozesskostenrisiko**. Er hat die eigenen Kosten sowie die des Gegners gemäß §§ 91 ff ZPO selbst zu tragen. Dies gilt indes nicht, wenn die Gläubigerversammlung den Gläubiger gemäß § 313 Abs 2 S 3 mit der Führung eines Anfechtungsprozesses beauftragt hat. In diesem Fall sind dem prozessführenden Insolvenzgläubiger die entstandenen Kosten, soweit sie nicht – im Falle des Obsiegens – von dem Prozessgegner beglichen werden oder aus dem Erlangten gedeckt werden können, aus der Insolvenzmasse zu erstatten (*Huntemann/Graf Brockdorff* Kap 17 Rn 128). Der Gläubiger trägt auch bei Beauftragung durch die Gläubigerversammlung das alleinige Kostenrisiko, wenn die Masse für eine Kostenerstattung nicht ausreicht. Dem kann nur dadurch wirksam begegnet werden, dass die Gläubiger vereinbaren, im Falle der Masselosigkeit die Kosten gemeinsam zu tragen.

IV. Anfechtung durch den Treuhänder, Abs 2 S 3

84 Mit der **Beauftragung des Treuhänders zur Anfechtung** durch die Gläubigerversammlung wird die Rechtslage unter dem Regelinsolvenzverfahren insoweit wieder hergestellt, als dort der Insolvenzverwalter gemäß § 129 allein anfechtungsberechtigt ist. Während der Insolvenzverwalter das Anfechtungsrecht kraft seines Amtes ausübt und dieses Recht mit dem Amt untrennbar verbunden ist (*Smid/Zeuner* § 129 Rn 20 Fn 56 mwN), erhält der Treuhänder im Verbraucherinsolvenzverfahren seine **Legitimation zur Anfechtung durch die autonome Entscheidung der Gläubigerversammlung** (so auch *Gundlach/Frenzel/Schmidt* ZVI 2002, 5). Als Gläubigerversammlung ist dabei ausschließlich eine vom Insolvenzgericht einberufene und vom Gericht geleitete Zusammenkunft der Gläubiger anzuerkennen (BGH v 19. 7. 2007 – IX ZR 77/06, NZI 2007, 732 m Anm *Vallender* WuB VI A § 313 InsO 1.108; *Fuchs* ZInsO 2002, 358). Die vom Gesetzgeber gewählte Systematik, wonach dem Treuhänder die Befugnis zur Anfechtung lediglich durch die Gläubigerversammlung übertragen werden kann, lässt **keinen Raum für eine Ausnahmeregelung**. Aus diesem Grunde kommt eine Berechtigung des Treuhänders zur Anfechtung unter dem Gesichtspunkt einer Beauftragung durch den einzigen Gläubiger des Verfahrens nicht in Betracht (BGH aaO; OLG Rostock v 13. 3. 2006 – 3 U 136/05, NZI 2006, 357). Die Übertragung des Anfechtungsrechts auf die Gläubiger betrifft nur Anfechtungen nach der InsO, nicht jedoch die Weiterverfolgung von Anfechtungsansprüchen nach dem **AnfG** (OLG Koblenz v 18. 1. 2007 – 10 W 654/06, ZInsO 2007, 224).

85 Der Treuhänder nimmt mit der Anfechtung die **Interessen sämtlicher Beteiligten** wahr. Sie dient der Realisierung der Vermögenshaftung und stellt sicher, dass die durch die Anfechtung erlangten Mittel zur Minderung der Schulden des Schuldners verwendet werden (*Häsemeyer* Rn 21.106). Die Beauftragung durch die Gläubigerversammlung kann sich auf die Anfechtung einer einzelnen Rechtshandlung beschränken, sie kann aber auch jedwede Anfechtungsmöglichkeit umfassen. Im Gegensatz zu dem von der Gläubigerversammlung beauftragten Gläubiger kann der Treuhänder den Auftrag zur Anfechtung nicht ablehnen. Mit der Annahme des Amtes als Treuhänder unterliegt er in vollem Umfange den gesetzlichen Pflichten. Soweit die Gläubigerversammlung von ihrem in § 313 Abs 2 S 3 verankerten Recht der Beauftragung Gebrauch macht, erwächst aus dieser Entscheidung eine entsprechende Pflicht des Treuhänders.

86 Hat die Gläubigerversammlung den Treuhänder mit der Anfechtung beauftragt, schließt diese Entscheidung die gleichzeitige Beauftragung eines Gläubigers mit der Wahrnehmung des Anfechtungsrechts

aus. Dies folgt daraus, dass Abs 2 S 3 der Gläubigerversammlung die Übertragungsbefugnis nicht kumulativ, sondern alternativ einräumt. Da das in einem Anfechtungsprozess eingeklagte Recht nicht der Verfügung des Schuldners, sondern der des Treuhänders unterliegt, führt dieser nach entsprechender Beauftragung durch die Gläubigerversammlung den Prozess als **Partei kraft Amtes in gesetzlicher Prozessstandschaft.**

1. Beendigung des Auftrags. Die **Anfechtungsbefugnis des Treuhänders** im vereinfachten Verfahren ist 87 kein mit dem Amt verbundenes eigenständiges (vgl **BGH ZIP 1982, 467, 468**), sondern ein durch die Gläubigerversammlung als Basisorgan der Selbstverwaltung der Gläubiger (so *Pape,* Gläubigerbeteiligung S 61 Rn 174) **verliehenes Recht.** Aus diesem Grunde kann die Gläubigerversammlung ihren Beschluss ändern und dem Treuhänder das **Anfechtungsrecht entziehen.** Mit dieser Entscheidung werden die **Rechtshandlungen** des Treuhänders im Zusammenhang mit der Ausübung des ihm übertragenen Anfechtungsrechts aber nicht unwirksam. Sie **bleiben** vielmehr für und gegen die Masse **wirksam.** Prozessual hat die Entziehung der Anfechtungsbefugnis zur Folge, dass der Treuhänder die Rechtsmacht verliert, den Prozess weiter führen zu dürfen. Vergleichbar ist diese Situation mit dem Erlöschen der Vollmacht gemäß § 87 ZPO, so dass es sich anbietet, auf die prozessualen Befugnisse und Pflichten des Treuhänders nach Entziehung der Anfechtungsbefugnis die vorgenannte Bestimmung entsprechend anzuwenden.

2. Vergütungsfragen. War der von der Gläubigerversammlung beauftragte **Treuhänder als Rechtsan-** 88 **walt** tätig, kann er seine Anfechtungstätigkeit gemäß § 5 InsVV gesondert nach der BRAGO gegenüber der Masse abrechnen (vgl H/W/F § 2 InsVV Rn 16). Handelt es sich um einen Anfechtungsprozess, der nicht dem Anwaltszwang unterliegt, ist darauf abzustellen, ob ein qualifizierter Treuhänder, der nicht Rechtsanwalt ist, aber die für das Amt vorauszusetzende allgemeine Sachkunde und Geschäftsgewandtheit besitzt, einen Rechtsanwalt mit der Führung eines solchen Prozesses beauftragt hätte (H/W/F § 5 InsVV Rn 15 mwN). Dies dürfte angesichts der rechtlichen Schwierigkeiten, die regelmäßig mit einem Anfechtungsprozess verbunden sind, zu bejahen sein.

Nach der Begründung zum Regierungsentwurf (BT-Drucks 14/5860) soll sich die zusätzliche Tätigkeit 89 des Treuhänders bei der Bemessung seiner **Vergütung nach § 13 InsVV** niederschlagen. Auch im Regelinsolvenzverfahren stellt die Anfechtung von Rechtshandlungen selbst regelmäßig Sonderaufwand dar, weil die Regelungen der InsO die Anfechtung als eine „Kann-Regelung" erfassen (H/W/F § 2 InsVV Rn 16). Eine Erhöhung des Regelsatzes von 15% (vgl dazu **OLG** Schleswig ZInsO 2001, 180) erscheint allerdings nur in den Fällen gerechtfertigt, in denen gem § 5 InsVV nach der BRAGO eine gesonderte Abrechnung gegenüber der Masse nicht möglich ist (ähnlich FK-*Kohte* § 313 Rn 86).

D. Verwertungsrecht der gesicherten Gläubiger, Abs 3

Abweichend von den Vorschriften des Regelinsolvenzverfahrens steht das **Verwertungsrecht** an **sämt-** 90 **lichen Gegenständen,** die mit Pfandrechten oder anderen Absonderungsrechten belastet sind, allein dem **Gläubiger** zu (§ 313 Abs 3 S 2). Dies ändert indes nichts daran, dass der mit einem Absonderungsrecht belastete Gegenstand zur Masse gehört und der Schuldner die Verfügungsbefugnis auch insoweit durch die Eröffnung des Insolvenzverfahrens verliert (**BGH v 24. 7. 2003 – IX ZR 333/00, ZVI 2003, 541, 542**). Gleichzeitig ist damit das Absonderungsgut der Verwaltungsbefugnis des Treuhänders nach Maßgabe des § 148 Abs 1 unterworfen. Daraus folgt, dass ein Rechtsstreit über solche Gegenstände mit der Eröffnung des Verbraucherinsolvenzverfahrens gem § 240 S 1 ZPO unterbrochen ist. Erklärt der Treuhänder im vereinfachten Verfahren dem Schuldner, er erkenne das Absonderungsrecht eines Dritten an der vom Schuldner gerichtlich geltend gemachten Forderung an und werde deshalb insoweit keine Verwertung vornehmen, bringt er damit in der Regel zum Ausdruck, dass er die Aufnahme des unterbrochenen Rechtsstreits ablehnt (**BGH aaO**).

Aus der Zuordnung des Absonderungsgutes zur Insolvenzmasse folgt ferner, dass ein **Vorsteuerrück-** 90a **forderungsanspruch** nach § 15 a UStG als Masseverbindlichkeit nach § 55 Abs 1 Nr 1 zu qualifizieren sein dürfte, auch wenn dem Treuhänder nach § 313 Abs 3 S 1 die Verwertung absonderungsbelasteten Vermögens entzogen ist (vgl **BFH v 15. 2. 2008 – XI B 179/07; BFH/NV 2008, 819; BFH v 7. 4. 2005 – V R 5/04, BStBl II 2005, 848; BFH v 24. 6. 1992 – V R 130/89, BFH/NV 1993, 201**).

Das Verwertungsrecht des Gläubigers beschränkt sich nicht auf das vertragliche Pfandrecht an beweglichen Sachen und das vertragliche Pfandrecht an Forderungen, sondern umfasst auch die dem Verwertungsrecht des Insolvenzverwalters unterliegenden Absonderungsrechte (§§ 165, 166). Eine **Verwertungsbefugnis des Treuhänders** ist nur unter den Voraussetzungen des § 173 Abs 2 gegeben. Soweit *Bruckmann* (Verbraucherinsolvenz § 3 Rn 215) die **sicherungshalber abgetretenen Forderungen** der uneingeschränkten Verwertungsbefugnis des Treuhänders zuweist, findet diese Ansicht im Gesetz keine Stütze. § 51 stellt die Sicherungszessionare den in § 50 genannten Gläubigern gleich. Im Regelinsolvenzverfahren des Sicherungsgebers-Schuldners kann der Sicherungsnehmer-Gläubiger nur abgesonderte Befriedigung verlangen (*Häsemeyer* Rn 18.41). § 313 Abs 3 nimmt **alle Gegenstände,** an denen

Pfandrechte oder andere Absonderungsrechte bestehen, vom Verwertungsrecht des Treuhänders aus. Diese Aufgabenverlagerung rechtfertigt der Gesetzgeber damit, dass die Gründe, die bei Unternehmensinsolvenzen für ein Recht des Verwalters zur Verwertung von Sicherungsgut sprechen – insbesondere die Wahrung der Chancen für Sanierungen und Gesamtveräußerungen –, in der Verbraucherinsolvenz nicht zum Tragen kommen (Beschl-Empfehlung des RechtsA zu § 357j (= § 313) BT-Drucks 12/7302, S 193/194). Die Regelung des § 313 Abs 3 soll den Treuhänder entlasten und die an ihn zu zahlenden Gebühren reduzieren (R. *Schmidt-Räntsch* MDR 1994, 321, 326).

I. Realisierung des Absonderungsrechtes

91 Die gesicherten Gläubiger führen die ihnen zustehende Verwertung so aus, wie dies die gesetzlichen und vertraglichen Regeln des Rechtsverhältnisses vorsehen, aus dem das Absonderungsrecht hervorgeht. Es steht ihnen aber auch frei, eine **Verwertungsabrede mit dem Treuhänder** unter Beteiligung der Insolvenzmasse zu treffen.

92 **1. Verwertung bei rechtsgeschäftlichem Pfandrecht an Rechten.** Ein Gläubiger, dem ein Recht verpfändet ist, hat kein Verwertungsrecht; er kann seine Befriedigung aus dem Pfand nur auf Grund eines vollstreckbaren Titels nach den für die Zwangsvollstreckung geltenden Vorschriften suchen, falls nichts anderes bestimmt ist (§ 1277 BGB). Der Pfandgläubiger einer Forderung kann, sobald seine Forderung fällig geworden ist, die Pfandforderung einziehen, soweit es zu seiner Befriedigung erforderlich ist.

93 **2. Verwertung bei rechtsgeschäftlichem Pfandrecht an Sachen.** Der Gläubiger ist befugt, sich ohne gerichtliches Verfahren zu befriedigen. Die Verwertung der Pfandsache zugunsten des Pfandgläubigers erfolgt durch Pfandverkauf (§§ 1257, 1228 BGB). Die Berechtigung zum Pfandverkauf erfordert die Fälligkeit der Forderung.

94 **3. Verwertung bei Pfändungspfandrecht an Forderungen und Rechten.** Die Verwertung erfolgt durch einen **Überweisungsbeschluss**, der die Forderung dem Gläubiger überweist. Der Vollstreckungsgläubiger wird dadurch ermächtigt, die Forderung einzuziehen (§ 836 Abs 1 ZPO). Die Vollstreckungsforderung erlischt nur, wenn und soweit die gepfändete Forderung durch Zahlung an den Vollstreckungsgläubiger getilgt wird. In aller Regel beantragt der Gläubiger gleichzeitig einen Pfändungs- und Überweisungsbeschluss, der dann vom Vollstreckungsgericht in einer einzigen Urkunde erlassen wird (zu den Einzelheiten siehe *Brox/Walker* § 17 Rn 502 ff). Soweit ein Gläubiger die Lohnansprüche des Schuldners gepfändet hat, findet die Vorschrift des § 114 Abs 3 Anwendung, nach der die Pfändung von künftigen Ansprüchen nur für den Monat wirksam ist, in dem das Insolvenzverfahren eröffnet wird. Ist die Eröffnung nach dem 15. des Monats erfolgt, wird auch noch der Anspruch für den folgenden Monat erfasst.

95 **4. Verwertung bei Sachpfändung.** Die §§ 814 ff ZPO bieten für die Pfandverwertung besondere Garantien, zu denen gegebenenfalls noch die Haftung des Staates für Verschulden des Gerichtsvollziehers nach Art 34 GG, § 839 BGB tritt. Soweit die Pfändung der Rückschlagsperre des § 88 unterliegt, hat der Treuhänder die Unwirksamkeit der Pfändung geltend zu machen.

96 **5. Verwertung bei gesetzlichem Pfandrecht.** Die gesetzlichen Pfandgläubiger (§ 1257 BGB) haben die Befugnis zur Selbstverwertung nur, wenn sie die Pfandsachen im Besitz haben (**OLG** Düsseldorf ZIP 1990, 1014). Die Verwertung der Pfandsache zugunsten des Pfandgläubigers erfolgt durch Pfandverkauf (§§ 1257, 1228 BGB). Die Berechtigung zum Pfandverkauf erfordert die Fälligkeit der Forderung. Eines vollstreckbaren Titels gegen den Eigentümer auf Duldung der Pfandverwertung bedarf es nicht (*Schwab/Prütting* § 71 Rn 804).

97 **6. Verwertung von Sicherungseigentum.** Kraft der **Sicherungsvereinbarung** ist der Sicherungseigentümer im Regelfall berechtigt, sich aus dem Sicherungseigentum zu befriedigen. Eine freihändige Verwertung durch den Gläubiger kommt nur in Betracht, wenn die **Sicherungsabrede** zwischen Schuldner und Gläubiger dies erlaubt. Da der Insolvenzverwalter im Rahmen der Regelinsolvenz zur freihändigen Verwertung beweglicher Sachen, an denen ein Absonderungsrecht besteht und die in seinem Besitz sind, berechtigt ist, kann sich die alleinige Verwertungsbefugnis des Gläubigers im Verbraucherinsolvenzverfahren unter Umständen schwieriger gestalten, wenn die Sicherungsabrede die Befugnis zum freihändigen Verkauf nicht vorsieht.

98 Das Befriedigungsrecht des Gläubigers besteht unabhängig davon, ob er das Gut in seinem unmittelbaren Besitz hat oder nicht. Hat sich der Gläubiger in den Besitz der Sache gesetzt, ohne dazu berechtigt zu sein, ist der Treuhänder bei der Geltendmachung der normalen bürgerlich-rechtlichen Ansprüche auf Rückgabe beschränkt (*Bruckmann*, Verbraucherinsolvenz § 3 Rn 212). Das Verhalten des Gläubigers stellt in diesem Fall eine verbotene Eigenmacht dar. Einem Herausgabeverlangen des Treuhänders steht jedoch die Vorschrift des § 242 BGB entgegen, wenn bereits Pfand- bzw **Verwertungsreife** (vgl §§ 1257, 1128 Abs 2 BGB) eingetreten ist. Nach Eintritt der Verwertungsreife kann der Absonderungsberechtigte Herausgabe ohne Beschränkung nach § 803 Abs 1 S 2 ZPO verlangen (vgl **BGH** BB 1961, 463). Deshalb handelt ein Treuhänder, der nach verbotener Eigenmacht des Absonderungsberechtigten trotz Verwertungsreife die Sache an sich herausverlangt, rechtsmissbräuchlich. Ein schutzwürdiges Interesse zur Rechtsausübung fehlt nämlich, wenn jemand eine Leistung fordert, die alsbald zurückzugewähren wäre (*dolo agit, qui petit, quod statim redditurus est*, BGHZ 10, 75; 79, 204; 94, 246; 110, 33). Etwas anderes gilt allerdings dann, wenn ein Sicherungseigentümer, den ein Insolvenzgläubiger erfolglos auf Rückübereignung des anfechtbar erlangten Sicherungseigentums verklagt hat, den Treuhänder zur Herausgabe des in dessen Besitz stehenden Sicherungsgutes zum Zwecke der Verwertung auffordert. Da sich der anfechtbar weggegebene Gegenstand im Besitz des Treuhänders befindet, kann sich dieser auf die haftungsrechtliche Unwirksamkeit berufen und damit den Zugriff des Anfechtungsgegners einredeweise abwehren (**Einrede der Anfechtbarkeit**) (K/P/B/*Paulus* § 143 Rn 3). Das Urteil, das die Klage des anfechtenden Insolvenzgläubigers abweist, bindet den Treuhänder nicht (*Henckel* FS *Gaul* S 209, 212). Auch wenn § 313 Abs 2 S 1 dem Insolvenzgläubiger das Recht der Anfechtung zuweist, kann sich der Treuhänder auf die Anfechtungseinrede berufen (siehe Rn 74). Denn die Ansprüche der Anfechtungsgegner, gegen die eine Anfechtungseinrede in Betracht kommt, richten sich gegen die Masse und sind deshalb gegen den Treuhänder zu erheben.

Hat der Treuhänder das Sicherungseigentum, wie das zumeist der Fall ist, im Besitz, so kann der Sicherungseigentümer Herausgabe zum Zweck der abgesonderten Befriedigung verlangen (**BGH** NJW 1978, 632). Der Sicherungseigentümer kann diesen Herausgabeanspruch gegen den Treuhänder durch einstweilige Verfügung sichern lassen (vgl **KG** JZ 1956, 123). 99

In Anlehnung an § 1234 BGB verlangt die Rechtsprechung (vgl **BGH** NJW 1997, 1063, 1064; **OLG** Düsseldorf BB 1990, 1016), dass der Sicherungsnehmer dem Sicherungsgeber den Verkauf der Sache vorher anzudrohen und den Geldbetrag zu bezeichnen hat, wegen dessen die Verwertung stattfinden soll. Hierdurch wird dem Schuldner Gelegenheit gegeben, die drohende Verwertung durch rechtliche Einwendungen oder durch Geltendmachung des Ablösungsrechts nach § 1249 BGB zu verhindern (*Kohte/Ahrens/Grote* § 314 Rn 10). 100

Der Sicherungseigentümer darf nicht mehr Gegenstände verwerten, als zu seiner Befriedigung erforderlich ist. Bei der Verwertung hat er tunlichst die Interessen des Sicherungsgebers zu berücksichtigen (K/U § 127 KO Rn 13). Er hat, wenn bei Anwendung der erforderlichen Sorgfalt ein höherer Preis zu erzielen war, den dem Sicherungsgeber aus dieser Pflichtverletzung entstandenen Schaden zu ersetzen (**BGH** BB 1962, 663). Der Absonderungsberechtigte ist verpflichtet, den Treuhänder unverzüglich von der Verwertung des Gegenstandes, an dem ein Absonderungsrecht besteht, und dem Ergebnis der Verwertung zu benachrichtigen (vgl § 1241 BGB). 101

Soweit der Verwertungserlös die Forderung des gesicherten Gläubigers abdeckt, besteht für den Absonderungsberechtigten kein Anlass mehr für ein weiteres Verfahren. Hat der Absonderungsberechtigte einen Übererlös erzielt, ist dieser an den Treuhänder abzuführen (vgl **BGH** NJW 1978, 632, 633). Ist dagegen der Erlös geringer als die dem Gläubiger zustehende Forderung, ist er nach Maßgabe des § 52 zur anteilsmäßigen Befriedigung aus der Insolvenzmasse berechtigt. Er kann die persönliche Forderung in voller Höhe für den Ausfall zur Tabelle anmelden. Soweit der Absonderungsberechtigte dem Schuldner durch die Verwertung der Sache pflichtwidrig einen Schaden zugefügt hat, trifft den Treuhänder im Prüfungstermin die Pflicht, die angemeldete Forderung zu bestreiten. Erst nach (positiver) Prüfung wird dann ggf die ganze Forderung „als Insolvenzforderung für den Ausfall" festgestellt (N/R/*Andres* § 52 Rn 5 Fn 4 mwN). Eine Zahlung auf seine persönliche Forderung erhält der Absonderungsberechtigte freilich nur, wenn er bis zum Ablauf der Frist des § 189 Abs 1 seinen Ausfall nachweist, § 190 Abs 1 S 1. 102

7. Verwertung bei einem Zurückbehaltungsrecht. Das kaufmännische Zurückbehaltungsrecht (§ 51 Nr 3) gibt dem Gläubiger nach Erlangung eines vollstreckbaren Schuldtitels (§ 371 HGB) und § 1003 BGB dem Besitzer wegen Verwendungen auf die Sache die Befugnis, aus den zurückbehaltenen Gegenständen nach den Vorschriften über den Pfandverkauf seine Befriedigung zu suchen (K/U § 127 KO Rn 13 a). 103

8. Verwertung von Grundpfandrechten. Nach § 49 sind Gläubiger, denen ein Recht auf Befriedigung aus Gegenständen zusteht, die der Zwangsvollstreckung in das unbewegliche Vermögen unterliegen, nach Maßgabe des Gesetzes über die Zwangsversteigerung und die Zwangsverwaltung zur abgesonderten Befriedigung berechtigt. Das sind Gläubiger der Rechte am Grundstück (§ 10 Abs 1 Nr 4 ZVG), also der Hypotheken, Grund- und Rentenschulden sowie der durch Anordnung der Zwangsversteigerung (§ 15 ZVG) oder Zulassung des Beitritts (§ 27 ZVG) erlangte Anspruch eines in das Grundstück vollstreckenden (bislang dinglich nicht gesicherten) Gläubigers, § 10 Abs 1 Nr 5 ZVG (*Stöber* NZI 1998, 106). 104

a) Keine freihändige Veräußerung durch Grundpfandgläubiger. Soweit das **LG** Hamburg (NZI 1999, 504) den Grundpfandgläubigern die Befugnis zugesteht, das Grundvermögen des Schuldners **freihändig zu veräußern**, kann dieser Ansicht nicht gefolgt werden. § 313 Abs 3 S 2 will diesen Gläubigern im ver- 105 einfachten Verfahren kein weitergehendes Verwertungsrecht als im Regelinsolvenzverfahren einräumen. Die Vorschrift muss im Zusammenhang mit den Bestimmungen zur Unternehmensinsolvenz betrachtet werden (LG Kiel v 15. 9. 2004 – 24 T 14/04, Rpfleger 2004, 730; *Hintzen* ZInsO 1999, 659; *Pape* ZInsO 2000, 268, 269; *Vallender* MittRhNotK 2000, 31). Der Gesetzgeber sah sich zu der Regelung des § 313 Abs 3 S 2 veranlasst, weil die Gründe, die bei der Unternehmensinsolvenz für ein Recht des Verwalters zur Verwertung von Sicherungsgut sprechen – insbesondere die Wahrung der Chancen für Sanierungen und Gesamtveräußerungen –, bei Verbraucherinsolvenzen und sonstigen Kleininsolvenzen kaum zum Tragen kommen (BT-Drucks 12/7302, § 357j RegE S 193 ff). Berücksichtigt man, dass die Bestimmungen zur Verwertung des Immobiliarvermögens des Schuldners keine Veränderung durch die Insolvenzordnung erfahren haben, kann sich das in § 313 Abs 3 S 2 InsO normierte Verwertungsrecht der gesicherten Gläubiger auf dem Hintergrund der vorgenannten Gesetzesbegründung allein auf bewegliche Gegenstände beziehen, an denen ein Absonderungsrecht besteht. Ein anderes Verständnis der Vorschrift würde Grundpfandgläubigern die Befugnis zur Selbsthilfe eröffnen, die ihnen im Regelinsolvenzverfahren nicht eingeräumt ist und nach dem Grundverständnis des Vollstreckungsrechts auch für das Verbraucherinsolvenzverfahren nicht gewollt sein kann. Der Grundpfandrechtsgläubiger kann sich nur nach Maßgabe des § 49 aus seinem Grundpfandrecht befriedigen.

106 **b) Kein originäres Verwertungsrecht des Treuhänders.** Dem Treuhänder steht ein eigenständiges Verwertungsrecht an dem mit Grundpfandrechten belasteten Grundstück des Schuldners im Wege der Zwangsverwaltung oder Zwangsversteigerung gemäß § 165, § 172 ZVG nicht zu (*Bruckmann*, Verbraucherinsolvenz § 3 Rn 217; HK-*Landfermann* § 313 Rn 17; *Wenzel* NZI 1999, 101; *Wittig* WM 1998, 209, 219). Betriebe der Treuhänder die Zwangsversteigerung und dürfte er einen Antrag nach § 174a ZVG (zur Kritik an dieser Vorschrift s *Marotzke* ZZP 109 [1996], 419, 461 ff; *Stöber* NJW 2000, 3600) stellen, wären die Grundpfandrechte der Absonderungsberechtigten dadurch in ihrem Bestand gefährdet, dass sie nicht in das geringste Gebot aufgenommen werden (*Muth* ZIP 1999, 945, 952). Eine analoge Anwendung des § 165 iVm § 172 ZVG kommt angesichts des klaren Wortlauts des § 313 Abs 3 grundsätzlich nicht in Betracht (**aA** N/R/*Becker* § 165 Rn 56; § 173 Rn 19; *Evers* ZInsO 1999, 340, 342; siehe aber Rn 111).

106a Ob eine **freihändige Verwertung der Immobilie durch den Treuhänder** bei Ablösung der Rechte der Absonderungsberechtigten zulässig ist, erscheint fraglich. *Hergenröder* (ZVI 2005, 521, 526) spricht sich dafür aus, weil dem Treuhänder auch im Verbraucherinsolvenzverfahren das Verwaltungs- und Verfügungsrecht über das schuldnerische Vermögen zusteht (ebenso HK-*Landfermann* § 313 Rn 18; *Kohte/Ahrens/Grote* § 313 Rn 66 d). Nach Auffassung des LG Kiel (v 15. 9. 2004 – 24 T 14/04, Rpfleger 2004, 730) soll der Treuhänder auch ohne die Einhaltung der Voraussetzungen des § 173 Abs 2 iVm § 313 Abs 3 S 3 zur Verwertung eines mit Absonderungsrechten belasteten Grundstücks im Wege der freihändigen Veräußerung berechtigt sein, wenn die absonderungsberechtigten Gläubiger, denen nach § 313 Abs 3 S 2 das primäre Verwertungsrecht zusteht, in die Veräußerung durch den Treuhänder eingewilligt haben. Tatsächlich wäre bei einer solchen Sachlage die Fristsetzung nach § 173 Abs 2 eine reine Förmelei. Letztlich haben die absonderungsberechtigten Gläubiger mit ihrem Einverständnis zum Ausdruck gebracht, dass die diese Art der Verwertung der eigenen Verwertung im Wege der Zwangsversteigerung vorziehen.

107 **c) Antrag auf Einstellung der Zwangsversteigerung.** Betreibt ein Gläubiger die Zwangsversteigerung in das Grundstück des Schuldners, ist der Treuhänder allerdings berechtigt, die einstweilige **Einstellung der Zwangsversteigerung gemäß §§ 30 d Abs 1 Nr 1, 2 und 4 ZVG** zu beantragen. Diese auf das Regelinsolvenzverfahren zugeschnittenen Bestimmungen sind auch im vereinfachten Verfahren entsprechend anwendbar (*Bruckmann*, Verbraucherinsolvenz § 3 Rn 221; *Hintzen* Rpfleger 1999, 256, 262; *Bindemann*, Verbraucherkonkurs S 114; *Kohte/Ahrens/Grote* § 313 Rn 66; aA *Wenzel* NZI 1999, 101; N/R/*Becker* § 165 Rn 56). Der Absonderungsberechtigte wird nach Einstellung des Verfahrens durch laufende Zahlungen aus der Insolvenzmasse entschädigt, wobei die Entschädigung aus Ausgleichszahlungen für Zinsverlust wegen Verzögerung und Wertverlust wegen Benutzung besteht.

II. Kein Kostenbeitrag des gesicherten Gläubigers

108 Verwertet der gesicherte Gläubiger einen – im Regelinsolvenzverfahren dem Verwertungsrecht des Insolvenzverwalters unterliegenden – mit einem Absonderungsrecht belasteten Gegenstand, hat er keinen Kostenbeitrag gemäß §§ 170, 171 zu leisten. Sein Anspruch auf den vollen Verwertungserlös bleibt unberührt (*Huntemann/Graf Brockdorff* Kap 17 Rn 136; HK-*Landfermann* § 313 Rn 16; K/P/B/*Wenzel* § 313 Rn 3; *Hess/Obermüller* Rn 1062; *Wittig* WM 1998, 209, 218; krit dazu *Henckel* FS Gaul S 209). Es ist zwar nicht zu verkennen, dass auch im Verbraucherinsolvenzverfahren Kosten der Feststellung entstehen können. Der klare Wortlaut des Gesetzes steht indes einer Kostenbeitragspflicht des absonderungsberechtigten Gläubiger entgegen (*Bruckmann* aaO Rn 225).

109 Dies gilt auch bei einer **Verwertung des** mit einem Grundpfandrecht belasteten **Grundstücks** des Schuldners durch Zwangsversteigerung. Der Kostenbeitrag gemäß § 10 Abs 1 Nr 1 a ZVG für die Feststellung des mithaftenden Zubehörs fällt nicht an (*Evers* ZInsO 1999, 340, 342; HK-*Landfermann*,

D. Verwertungsrecht der gesicherten Gläubiger, Abs 3 § 313

§ 313 Rn 16). Die Vorschrift findet bereits nach ihrem Wortlaut keine Anwendung. Nach der vorgenannten Bestimmung sind die **Feststellungskosten** nur dann vorrangig aus dem Versteigerungserlös zu begleichen, wenn „ein Insolvenzverwalter" eingesetzt ist. Zutreffend weist *Wittig* (WM 1998, 209, 219) darauf hin, dass die Vorschrift die Verwertung von Sicherungsgegenständen durch den Insolvenzverwalter voraussetzt. Im Übrigen gebe es keinen sachlichen Grund dafür, im Verbraucherinsolvenzverfahren gesicherte Gläubiger unterschiedlich zu behandeln in Abhängigkeit davon, ob ihnen bewegliche Gegenstände auf Grund einer Sicherungsübereignung oder auf Grund der Mithaftung als Zubehör als Sicherheit dienen.

III. Untätigkeit des gesicherten Gläubigers

Eine Verpflichtung des Grundpfandgläubigers zur Verwertung des mit einem Absonderungsrecht belasteten Gegenstands besteht nicht. Ob dem Treuhänder bei Untätigkeit des Absonderungsberechtigten **ausnahmsweise** ein Verwertungsrecht nach denselben Grundsätzen zuzubilligen ist, die für den Insolvenzverwalter im Regelinsolvenzverfahren gelten, ist streitig. Eine Ansicht in der Literatur bejaht ein Verwertungsrecht des Treuhänders an Immobilien, wenn ein Erlösüberschuss durch Zwangsversteigerung oder freihändigen Kauf zu erzielen wäre (*Vallender* NZI 2000, 148 ff unter Aufgabe der in InVo 1999, 334, 340 vertretenen Auffassung; grundsätzlich zustimmend *Pape* ZInsO 2000, 268, 269). Der in § 1 S 1 normierte Insolvenzzweck der gemeinschaftlichen Befriedigung der Gläubiger des Schuldners durch Verwertung des schuldnerischen Vermögens und Verteilung des Erlöses gebietet insoweit eine vom eindeutigen Wortsinn abweichende Auslegung (aA AG Postdam ZInsO 2000, 234, 235; K/P/B/*Wenzel* § 313 Rn 3). *Landfermann* (in: HK § 313 Rn 17) geht noch insoweit einen Schritt weiter, als er die Auffassung vertritt, der Treuhänder sei ohne weiteres zu einem freihändigen Verkauf des Grundstücks berechtigt, weil § 313 Abs 3 nur die besonderen, in den §§ 165 ff angesprochenen Rechte des Insolvenzverwalters zur Realisierung von Sicherheiten, nicht dessen allgemeine Verwertungsbefugnis nach § 159 betreffe. Der Streit dürfte durch die Neufassung des § 313 Abs 3 weitgehend seine Erledigung gefunden haben (s Rn 111).

1. Überleitung des Verwertungsrechts auf den Treuhänder, §§ 313 Abs 3 S 3, 173 Abs 2 S 2 analog. Durch die in Abs 3 S 3 angeordnete **entsprechende Anwendung** von § 173 Abs 2 auf Grund des InsO-ÄG 2001 v 26. 10. 2001 (BGBl I S 2710) erhält das Gericht die Befugnis, auf **Antrag des Treuhänders** eine Frist für die Verwertung durch den gesicherten Gläubiger zu bestimmen. Nach Ablauf der Frist ist der Treuhänder zur Verwertung berechtigt (§ 173 Abs 2 S 2). Nach seinem klaren Wortlaut findet § 173 Abs 2, der auf § 173 Abs 1 aufbaut, nur Anwendung auf mit einem Absonderungsrecht belastete **bewegliche Sachen und Forderungen**, zu deren Verwertung der Verwalter nicht berechtigt ist. Würde man die Bestimmung auf ihren unmittelbaren Anwendungsbereich beschränken, liefe die Gesetzesänderung, die vor allem darauf abzielt, dem Treuhänder die **Verwertung von Immobilien** zu ermöglichen, ins Leere. Nach der Gesetzesbegründung zu § 313 Abs 3 S 3 soll durch die entsprechende Anwendung von § 173 Abs 2 aber gerade die **Verwertung von Immobilien** durch den Treuhänder ermöglicht werden (ebenso *Hess* InsOÄG § 313 Rn 7; FK-*Kohte* § 313 Rn 66 d; aA K/P/B/*Wenzel* § 313 Rn 3 a). Mithin bedarf es quasi einer **doppelten Analogie** bzw einer teleologischen Analogie der Vorschrift, um die gewünschten Ergebnisse zu erzielen. Ob diese Konstruktion eine größere Rechtssicherheit bietet als die Versuche in der Literatur, durch Auslegung des § 313 Abs 3 zu einem Verwertungsrecht des Treuhänders zu gelangen, kann bezweifelt werden. Rechtsdogmatische Bedenken an einer Zulässigkeit der doppelten Analogie bleiben trotz der Gesetzesbegründung zu § 313 Abs 3 S 3 bestehen, weil § 173 nur für bewegliche Sachen gilt. Sein Vorbild ist § 127 Abs 2 KO, nicht aber auch § 126 KO (*Henckel* FS *Gaul* S 209). Da auch Fälle denkbar sind, in denen die **Verwertung gesicherter Mobilien**, die sich im **Besitz des Treuhänders** befinden, einen **Massezufluss** ermöglichen können, ist es nur konsequent, sie bei Untätigkeit des gesicherten Gläubigers dem Anwendungsbereich des § 173 Abs 2 zu unterstellen.

2. Verwertung durch den Treuhänder. Das Verwertungsrecht geht auf den Treuhänder über, nachdem der gesicherte Gläubiger eine vom Insolvenzgericht gesetzte Verwertungsfrist ungenutzt hat verstreichen lassen. Zu berücksichtigen ist allerdings in diesem Zusammenhang, dass der Grundpfandgläubiger zur **freihändigen Verwertung** des Grundstücks nicht berechtigt ist (*Vallender* MittRhNotK 2000, 31; *Marotzke* KTS 2001, 67, 72; aA LG Hamburg NZI 1999, 504). Vielmehr hat er entweder die Zwangsversteigerung oder Zwangsverwaltung zu beantragen (§ 1147 BGB). Dies kann sich aus mehreren Gründen als kontraproduktiv erweisen (näher dazu *Marotzke* aaO).

a) Fristablauf. Nach Ablauf der Frist ist nur noch der Treuhänder verwertungsberechtigt (HK-*Landfermann* § 173 Rn 5; N/R/*Becker* § 173 Rn 32; aA FK-*Wegener* (2. Aufl) § 173 Rn 4). Nach dem Wortlaut des § 173 Abs 2 S 1 („zu verwerten hat") muss der Eintritt des Absonderungsberechtigten innerhalb der gesetzten Frist abgeschlossen sein. Ist dies nicht der Fall, beginnt der Treuhänder mit der Verwertung oder führt die bereits begonnene Verwertung zu Ende. Der Treuhänder kann die Verwertung in Gestalt der Zwangsversteigerung oder durch freihändige Veräußerung des Grundstücks vornehmen (**LG Kiel v 15. 9. 2004 – 24 T 14/04**, Rpfleger 2004, 730; *Hintzen* ZinsO 2004, 713, 714). Er darf die Verwertung nicht nach Belieben verzögern, sondern hat sie in angemessener Zeit durchzuführen.

114 Der Treuhänder ist berechtigt, das auf ihn übergegangene Verwertungsrecht auf den Gläubiger zurückzuübertragen. Hierzu besteht indes nur Anlass, wenn der Gläubiger über eine bessere Verwertungsmöglichkeit verfügt und gewährleistet ist, dass dieser nunmehr mit der gebotenen Zügigkeit zur Verwertung schreitet. In diesem Fall findet die Vorschrift des § 170 Abs 2 entsprechende Anwendung.

115 Befindet sich der zu verwertende Gegenstand nicht im Besitz des Treuhänders, kann er die **Herausgabe nach Übergang des Verwertungsrechts** nur nach den allgemeinen Vorschriften verlangen (N/R/*Becker* § 173 Rn 36). Da die Vorschrift des § 172 allein an die Verwertungsberechtigung des Verwalters anknüpft, ist der Treuhänder nach Übergang des Verwertungsrechts zur Nutzung und Verwendung der Sache berechtigt (K/P/B/*Kemper* § 173 Rn 17), darf dabei aber nicht außer Acht lassen, dass er für eine zügige Abwicklung des Verfahrens Sorge zu tragen hat. Eine Mitteilungspflicht des Treuhänders gemäß § 168 besteht dagegen nicht, weil der Gläubiger im Falle des Übergangs des Verwertungsrechts auf den Treuhänder gemäß § 173 Abs 2 S 2 keinen Schutz verdient.

116 **b) Anwendbarkeit der §§ 170, 171.** Bei einer **Verwertung von Mobilien durch den Treuhänder** finden die Regelungen der §§ **170, 171** Anwendung (HK-*Landfermann* § 173 Rn 5; N/R/*Becker* § 173 Rn 33; aA K/P/B/*Kemper* § 173 Rn 16). Hierbei ist zunächst zu berücksichtigen, dass die Feststellung des Sicherungsguts regelmäßig mit besonderem Aufwand verbunden ist. Häufig wird gerade die Feststellung solchen Sicherungsguts, dessen Besitz der Gläubiger sich vor Eröffnung des Verfahrens verschafft hat, besondere Schwierigkeiten bereiten (*Onusseit* ZInsO 2000, 586, 587).

117 Die Verwertung von Sicherungsgut durch den Treuhänder führt regelmäßig zu einer Erhöhung seiner Vergütung nach § 13 InsVV (siehe Rn 59). Das erhöhte Honorar wird aus der freien Masse entnommen. Lehnte man einen Verfahrensbeitrag der gesicherten Gläubiger ab, würde sich die Quote der ungesicherten Gläubiger dementsprechend verringern. Dies erscheint nicht gerechtfertigt. Im Falle der Zwangsversteigerung einer Immobilie auf Antrag des Treuhänders gemäß § 172 ZVG findet die Vorschrift des § 10 Abs 1 Nr 1 a ZVG dagegen keine Anwendung.

§ 314 Vereinfachte Verteilung

(1) ¹**Auf Antrag des Treuhänders ordnet das Insolvenzgericht an, daß von einer Verwertung der Insolvenzmasse ganz oder teilweise abgesehen wird.** ²In diesem Fall hat es dem Schuldner zusätzlich aufzugeben, binnen einer vom Gericht festgesetzten Frist an den Treuhänder einen Betrag zu zahlen, der dem Wert der Masse entspricht, die an die Insolvenzgläubiger zu verteilen wäre. ³Von der Anordnung soll abgesehen werden, wenn die Verwertung der Insolvenzmasse insbesondere im Interesse der Gläubiger geboten erscheint.

(2) **Vor der Entscheidung sind die Insolvenzgläubiger zu hören.**

(3) ¹**Die Entscheidung über einen Antrag des Schuldners auf Erteilung von Restschuldbefreiung (§§ 289 bis 291) ist erst nach Ablauf der nach Absatz 1 Satz 2 festgesetzten Frist zu treffen.** ²Das Gericht versagt die Restschuldbefreiung auf Antrag eines Insolvenzgläubigers, wenn der nach Absatz 1 Satz 2 zu zahlende Betrag auch nach Ablauf einer weiteren Frist von zwei Wochen, die das Gericht unter Hinweis auf die Möglichkeit der Versagung der Restschuldbefreiung gesetzt hat, nicht gezahlt ist. ³Vor der Entscheidung ist der Schuldner zu hören.

I. Normzweck

1 Eine der **Hauptaufgaben des Treuhänders** im vereinfachten Verfahren ist die in seinem pflichtgemäßen Ermessen stehende Verwertung der Insolvenzmasse. Nach der Vorstellung des Gesetzgebers sollen in einem Verfahren, bei dem verwertungsfähige Masse in nennenswertem Umfang nicht vorhanden ist, der **Verfahrensaufwand** auf ein Minimum **reduziert** und die **Verfahrenskosten** insgesamt **gering** gehalten werden (vgl Begründung Rechtsausschuss, BT-Drucks 12/7302 S 194; HambKomm/*Nies* § 314 Rn 1). Dem trägt § 314 dadurch Rechnung, dass das Insolvenzgericht auf Antrag des Treuhänders anordnen kann, die Verwertung der Masse habe ganz oder teilweise zu unterbleiben. Dem Schuldner ist stattdessen aufzugeben, einen dem Wert der Masse entsprechenden Betrag zur Verteilung an die Gläubiger zur Verfügung zu stellen. Die **vereinfachte Verteilung** soll nur stattfinden, wenn der Schuldner in der Lage ist, den Ablösungsbetrag aus seinem pfändungsfreien Vermögen oder aus Zuwendungen Dritter aufzubringen (Begründung Rechtsausschuss, BT-Drucks 12/7302 S 194). Damit stellt sich die **Verwertung** nach § 314 als eine **qualifizierte Freigabe** dar, die das Verfahren zu einem frühzeitigen Abschluss bringen kann (*Kohte/Ahrens/Grote* § 314 Rn 5; FK-InsO/*Schumacher*, § 35 Rn 17). Dagegen dient die vereinfachte Verteilung nicht dazu, die Pflicht des Treuhänders zur Verwertung der Masse auf den Schuldner zu verlagern und diesen mit dem Verwertungsrisiko zu belasten (K/P/B/*Wenzel* § 314 Rn 3).

II. Verfahrensablauf

Einen Verzicht auf die Verwertung der Insolvenzmasse wird der Treuhänder in Erwägung ziehen, wenn 2
die verwertbare Masse durch die Kosten der Verwertung nahezu aufgezehrt wird oder eine Verwertung kaum aussichtsreich erscheint (*Smid/Haarmeyer* § 314 Rn 2; *Vallender* NZI 1999, 385). Dies gilt auch für Gegenstände, deren Verkehrswert vergleichsweise gering, deren Nutzungswert für den Schuldner aber hoch ist (*Hess/Obermüller* Rn 1060).

Das Gericht wird **nicht von Amts wegen** tätig, sondern nur auf **Antrag des Treuhänders**. Der Gläubi- 3
gerversammlung oder einem einzelnen Insolvenzgläubiger ist ein Antragsrecht nicht eingeräumt. Ebenso wenig sieht das Gesetz ein Antragsrecht des Schuldners vor. Dies schließt freilich nicht aus, dass er eine Anordnung gemäß § 314 Abs 1 anregen kann, um auf diese Weise besonders wichtige Gegenstände wie beispielsweise sein Fahrzeug vor einer Verwertung zu bewahren (*Wittig* WM 1998, 157, 169; N/R/*Römermann* § 314 Rn 5). Dies gilt gleichermaßen bei der **Sicherungsübereignung** eines Gegenstandes **an ein Kreditinstitut**. Dem Schuldner ist im Hinblick darauf, dass die Sicherungsnehmer auf die berechtigten Belange des Sicherungsgebers Rücksicht zu nehmen hat, vor der Verwertung eine entsprechende Frist einzuräumen, damit er die Aufbringung der erforderlichen Mittel sicherstellen kann (*Kohte/Ahrens/Grote* § 314 Rn 10). Gelingt ihm dies, gebührt ihm der Vorzug vor einer freihändigen Verwertung des Sicherungsguts durch den Sicherungsnehmer. Den entsprechenden Vertrag hat der Treuhänder mit dem Schuldner abzuschließen.

Soweit das Einfamilienhaus des Schuldners mit **Grundpfandrechten** belastet ist, kommt die Anordnung 4
einer vereinfachten Verteilung nicht in Betracht. Denn der Treuhänder ist nicht zur Verwertung von Gegenständen, an denen Pfandrechte oder andere Absonderungsrechte bestehen, befugt; das Verwertungsrecht steht dem Gläubiger zu (§ 313 Abs 3 S 2). Den **absonderungsberechtigten Gläubigern** steht es indes frei, dem Schuldner den ihrem Verwertungsrecht unterliegenden Gegenstand gegen Zahlung des Wertes zu belassen. Diese Zahlung fließt allerdings nicht in die Masse, sondern ist dem gesicherten Gläubiger zu überlassen (*Huntemann/Graf Brockdorff* Kap 17 Rn 137).

1. Abstimmung mit dem Schuldner. §§ 158 Abs 2 S 1, 161 S 1 sehen bei bestimmten Verwertungsent- 5
scheidungen eine Unterrichtung des Schuldners vor. Dagegen ist der Treuhänder nach den Bestimmungen zur Verbraucherinsolvenz nicht verpflichtet, sich mit dem Schuldner darüber abzustimmen, ob er auf die Verwertung von Massegegenständen **verzichtet** oder nicht.

a) Freigabeersuchen des Schuldners. Tritt jedoch der Schuldner an den Treuhänder heran und bietet 6
ihm an, die Masse oder zumindest einen Gegenstand aus der Masse durch Zahlung abzulösen, hat der Treuhänder diesem Angebot grundsätzlich nachzugehen. Dies gilt vor allem dann, wenn der Schuldner ein konkretes Angebot unterbreitet, einzelne Massegegenstände entsprechend dem Verkehrswert abzulösen, und schlüssig darlegt, zur Zahlung des Betrages iSd § 314 Abs 1 S 2 innerhalb einer angemessenen Frist in der Lage zu sein. Ließe der Treuhänder dieses Angebot unbeachtet, würde er seine auch gegenüber dem Schuldner als Beteiligtem des Verfahrens (vgl **BGH ZIP** 1985, 423) bestehenden Pflichten verletzen. Unabhängig davon sollte der Treuhänder bei Vorliegen der Voraussetzungen für einen Verzicht auf die Verwertung mit dem Schuldner abklären, ob er den Betrag zu zahlen in der Lage ist, der dem Wert der Masse entspricht, die an die Insolvenzgläubiger zu zahlen wäre. Ohne eine solche Abstimmung besteht die Gefahr, dass die erfolgreiche Umsetzung des gerichtlichen Beschlusses nicht gewährleistet ist, was im Ergebnis zu einer Verzögerung des Verfahrens führt.

b) Rechtsnatur einer Vereinbarung zwischen Treuhänder und Schuldner. Vereinbaren Treuhänder 7
und Schuldner die Freigabe von Massegegenständen, ist darin der Abschluss eines Kaufvertrages über ein Recht zu verstehen, mit dem sich der Treuhänder als Verkäufer verpflichtet, einen oder mehrere Gegenstände in das insolvenzfreie Vermögen des Schuldners zu überführen (*Kohte/Ahrens/Grote* § 314 Rn 13). Die **Freigabe** als einseitige empfangsbedürftige Willenserklärung des Treuhänders gegenüber dem Schuldner stellt das entsprechende **Verfügungsgeschäft** dar, durch das der Massegegenstand dem Schuldner zur freien Verfügung überlassen wird. Aus Gründen der Rechtssicherheit ist die Freigabeerklärung unwiderruflich (RGZ 60, 109; OLG Nürnberg MDR 1957, 683). Die Massezugehörigkeit kann nur durch eine Anfechtung wegen arglistiger Täuschung (§ 123 BGB) erreicht werden (**BGH WM** 1957, 1017, 1018). Verfahrensrechtliche Folge der Nichterfüllung der Käuferpflichten ist die **Versagung der Restschuldbefreiung**.

2. Antrag des Treuhänders. Der Antrag des Treuhänders auf Anordnung der vereinfachten Verteilung 8
kann entweder **schriftlich** erfolgen oder **mündlich** in der Gläubigerversammlung gestellt werden. Der Antragstellung sollte eine Abstimmung mit dem Schuldner vorangehen (s Rn 6). Nur auf diese Weise lässt sich klären, ob der Schuldner zur Aufbringung des Geldbetrages bei realistischer Betrachtung in der Lage ist (K/P/B/*Wenzel* § 314 Rn 3; *Vallender* NZI 1999, 385, 386).

Der Antrag des Treuhänders sollte näher begründet werden, um dem Gericht eine tragfähige Ent- 9
scheidungsgrundlage zu schaffen. Eine nähere Begründung des Antrags trägt ferner den Belangen der Insolvenzgläubiger hinreichend Rechnung. Eine sachgerechte Stellungnahme im Rahmen der Anhörung

gemäß Abs 2 ist ohne Darlegung der Gründe, die einen Verzicht auf die Verwertung rechtfertigen, angesichts des Informationsdefizits der Gläubiger kaum möglich.

10   Das Antragsrecht des Treuhänders auf vereinfachte Verwertung geht nicht über den Umfang seiner Verwertungsbefugnis hinaus (*Hess* § 314 Rn 5; *Prziklang* Verbraucherinsolvenz S 51).

11   **3. Rechtliches Gehör der Insolvenzgläubiger, Abs 2.** Durch die in Abs 2 vorgesehene Anhörung soll den Insolvenzgläubigern Gelegenheit gegeben werden mitzuteilen, ob ihre Interessen der Anordnung einer vereinfachten Verteilung entgegenstehen. Damit genügt der Gesetzgeber dem Gebot, dass grundsätzlich demjenigen, in dessen Rechte eingegriffen wird, vor der Entscheidung des Gerichts ausreichend Gelegenheit zur Stellungnahme gegeben werden muss (BVerfG NJW 1982, 1681).

12   a) **Mündliche Anhörung.** Die Anhörung der Gläubiger zum Antrag des Treuhänders auf vereinfachte Verwertung und Verteilung kann in der **Gläubigerversammlung** erfolgen. Der entsprechende Tagesordnungspunkt ist entweder in den Eröffnungsbeschluss oder in die Einberufung der weiteren Versammlung aufzunehmen. Ansonsten könnte ein Gläubiger, der dem Termin fern geblieben ist, geltend machen, sein Recht auf Gehör sei verletzt worden. Nimmt ein Insolvenzgläubiger dagegen die ihm eingeräumte Gelegenheit zur Stellungnahme schuldhaft nicht wahr, hat das Gericht seiner Pflicht Genüge getan (KS-*Vallender* S 253 Rn 10). Beschließt die Gläubigerversammlung auf Antrag des Treuhänders eine vereinfachte Verteilung, entfaltet dieser Beschluss keine Bindungswirkung gegenüber dem Insolvenzgericht.

13   b) **Anhörung im schriftlichen Verfahren.** Die Anhörung der Gläubiger kann auch im schriftlichen Verfahren (§ 5 Abs 2) stattfinden. Das an die Gläubiger gerichtete Schreiben sollte mit der Aufforderung verbunden werden, eine wirtschaftlich sinnvolle Verwertungsmöglichkeit dem Gericht und Treuhänder mitzuteilen. Bei **schriftlicher Anhörung** darf das Gericht erst nach Ablauf einer gesetzten Erklärungsfrist seine Entscheidung treffen (BVerfG, NJW 1988, 1773). Ein Verstoß gegen das durch Art 103 GG garantierte Recht auf Gehör stellt einen Verfahrensmangel dar. Grundsätzlich ist die Entscheidung wegen des Verstoßes aufzuheben (vgl **OLG** Düsseldorf, KTS 1959, 175). Zu den **Rechtsmitteln** gegen den Anordnungsbeschluss s Rn 26.

14   c) **Öffentliche Bekanntmachung.** Bei einer **großen Zahl von Gläubigern** empfiehlt sich die Anhörung der Gläubiger durch öffentliche Bekanntmachung. Zwar sieht § 314 eine entsprechende Anordnung nicht vor. In den Fällen, in denen die öffentliche Bekanntmachung nicht gesetzlich vorgeschrieben ist (vgl dagegen §§ 313 Abs 1 S 3, 64 Abs 2 S 1), kann das Gericht nach pflichtgemäßem Ermessen die Bekanntmachung neben der Zustellung anordnen (HK-*Kirchhof*, § 9 Rn 3).

15   d) **Anhörung des Schuldners.** Eine besondere **Anhörung des Schuldners** sieht das Gesetz nicht vor. Gleichwohl sollte auch dem Schuldner Gelegenheit gegeben werden, zu dem Antrag des Treuhänders Stellung zu nehmen. Dies kann dadurch geschehen, dass er bei mündlicher Anhörung der Insolvenzgläubiger zu dem Termin besonders geladen wird. Bei einer **Anhörung im schriftlichen Verfahren** sollte ihm der Antrag des Treuhänders übersandt werden. Soweit dem Antrag des Treuhänders eine Abstimmung mit dem Schuldner über eine andere Verwertung nicht vorangegangen ist, sollte dem Schuldner aufgegeben werden mitzuteilen, ob ihm eine wirtschaftlich sinnvolle und dem Treuhänder zumutbare Verwertungsmöglichkeit bekannt ist, ob er, der Schuldner, sich selbst um eine solche Verwertungsmöglichkeit bemüht hat und ob der vom Treuhänder genannte Geldbetrag auf andere Weise aufgebracht werden kann oder aus welchen Gründen ihm die Zahlung nicht zuzumuten sei.

16   **4. Entscheidung des Gerichts. Das Gericht entscheidet** über den Antrag des Treuhänders **durch Beschluss.** Bei einer Entscheidung durch den Rechtspfleger bedarf der Beschluss einer Begründung, weil er dem Rechtsmittel der Rechtspflegererinnerung gemäß § 11 RpflG unterliegt (vgl zum Begründungszwang KG NJW 1974, 2010; **OLG** Hamm OLGZ 77, 414 mwN). Hatte sich der Richter das Verfahren vorbehalten (§ 18 Abs 2 S 1 RpflG), stellt es keinen Verfahrensmangel dar, wenn der Beschluss ohne Begründung erlassen wird. Denn die Entscheidung des Richters ist einem Rechtsmittel nicht zugänglich (vgl § 6 Abs 1). Freilich empfiehlt es sich auch in diesem Fall, zur Unterrichtung der Verfahrensbeteiligten den Beschluss mit einer Begründung zu versehen.

17   Das Gericht hat seine Entscheidung nach **pflichtgemäßem Ermessen** zu treffen. Der Wortlaut des Abs 1 S 1 („ordnet … an") steht dem nicht entgegen. Dies folgt aus der Regelung in Abs 1 S 3, die von einer Interessenabwägung zwischen dem Begehren des Treuhänders nach möglichst einfacher und effizienter Abwicklung des Verfahrens und den Interessen der Gläubiger an einer optimalen Verwertung der Insolvenzmasse ausgeht (*Vallender* NZI 1999, 385, 387). Führt die Anordnung zu einer schnellen Beendigung des Verfahrens, ohne dass damit erhebliche Vermögenseinbußen der Insolvenzgläubiger gegenüber einer Verwertung durch den Treuhänder verbunden sind, bewegt sich das Gericht mit seiner Entscheidung im Rahmen seines pflichtgemäßen Ermessens.

18   Das Gericht ist nicht verpflichtet, von Amts wegen die Umstände zu ermitteln, die für oder gegen die Anordnung einer vereinfachten Verteilung sprechen. Vielmehr wird es vor allem die Ausführungen des Treuhänders in seinem Antrag und die Stellungnahmen der Gläubiger bei ihrer Anhörung gemäß Abs 2 (s dazu näher Rn 11 ff) zur Grundlage seiner Entscheidung machen. Hat der Schuldner dem Antrag des

II. Verfahrensablauf § 314

Treuhänders widersprochen, weil er nicht in der Lage ist, an den Treuhänder den bezeichneten Betrag zu zahlen, wird das Gericht dieses Vorbringen nicht unberücksichtigt lassen dürfen. Denn bei Nichterfüllung der ihm auferlegten Pflicht läuft der Schuldner Gefahr, dass die Restschuldbefreiung versagt wird. Allerdings bedarf es eines **substantiierten Vorbringens** des Schuldners, damit auch seinen Belangen hinreichend Rechnung getragen werden kann. Dass auch der Gesetzgeber bei einer vereinfachten Verteilung von der **Leistungsfähigkeit des Schuldners** ausgeht, ist der Beschlussempfehlung des Rechtsausschusses zu § 357k (BT-Drucks 12/7302 S 194) zu entnehmen („Wenn der Schuldner in der Lage ist, aus seinem pfändungsfreien Vermögen oder aus Zuwendungen Dritter"). Eine Entscheidung des Gerichts, die diesen Umstand außer Acht lässt, wäre mit dem **Übermaßverbot** nicht vereinbar (so zutreffend *Kohte/Ahrens/Grote* § 314 Rn 14; vgl auch *Pape* Rpfleger 1997, 243; *Bindemann* Verbraucherkonkurs Rn 210; HK-*Landfermann*, § 314 Rn 4). Sie widerspräche im Übrigen dem Interesse der Gläubiger.

a) Zurückweisung des Antrags. Die **Zurückweisung des Antrags** kommt vor allem in Betracht, wenn 19 die Verwertung der Insolvenzmasse im Interesse der Gläubiger geboten ist. Da der Treuhänder auf Grund der ihm verliehenen Rechtsmacht zur Verwertung von Gegenständen, an denen Absonderungsrechte bestehen, nicht befugt ist, hat das Gericht einen Antrag, der sich auf diese Gegenstände bezieht, zurückzuweisen. Schließlich scheidet eine vereinfachte Verteilung gemäß § 314 Abs 1 aus, wenn die einzige Möglichkeit des Schuldners, sich die erforderlichen flüssigen Mittel zu beschaffen, darin besteht, selbst den verwertbaren Teil seines Vermögens zu verwerten. *Wenzel* (in: K/P/B § 314 Rn 3) weist mit Recht darauf hin, dass § 314 Abs 1 nicht dem Ziel dient, die Bemühungen um eine angemessene Verwertung des Schuldnervermögens vom Treuhänder auf den Schuldner zu verlagern.

aa) Entgegenstehende Interessen der Gläubiger, Abs 1 S 3. Als besonderen Grund, von der Anord- 20 nung einer vereinfachten Verteilung abzusehen, nennt das Gesetz in Abs 1 S 3 das Interesse der Gläubiger an einer Verwertung. Davon ist zB auszugehen, wenn eine Veräußerung durch den Treuhänder einen über dem tatsächlichen Wert der Gegenstände liegenden Erlös bringt (*Huntemann/Graf Brockdorff* Kap 17 Rn 135). Nichts anderes gilt für den Fall, dass der Ablösungsbetrag nicht dem Wert der Insolvenzmasse entspricht (*Trendelenburg* Restschuldbefreiung S 183). Zwingend ist eine Zurückweisung des Antrags bei entgegenstehenden Interessen der Gläubiger nicht. Dies folgt bereits daraus, dass es sich bei der Regelung in Abs 1 S 3 um eine „Soll-Vorschrift" handelt (*Vallender* NZI 1999, 385, 388; ähnlich *Häsemeyer* Rn 29.50 Fn 64).

bb) Sonstige Gründe. Obwohl das Gesetz vordringlich auf die Interessen der Gläubiger abstellt, sollte 21 das Gericht von einem Verzicht auf die Verwertung durch den Treuhänder absehen, wenn der Schuldner weder zur Aufbringung des Geldbetrages innerhalb einer angemessenen Frist noch zur Erbringung von Sicherheiten in der Lage ist. Letztlich liefe eine Anordnung gemäß § 314 Abs 1 wiederum den Interessen der Insolvenzgläubiger zuwider. Die Anordnung würde den Schuldner in die Lage versetzen, den von der Verwertung ausgenommenen Gegenstand weiter zu nutzen. Dies könnte die Gefahr einer Vermögensverschlechterung vergrößern (*Hess/Obermüller* Rn 1060). Ebenso wenig bietet sich die Anordnung bei nicht zu behebenden Meinungsverschiedenheiten zwischen Treuhänder und Schuldner über den Wert der Gegenstände an.

b) Anordnung des Verzichts auf Verwertung, Abs 1 S 1. Gibt das Gericht dem Antrag des Treuhän- 22 ders statt, ordnet es an, dass von einer Verwertung ganz oder teilweise abgesehen wird. Soweit sich der Verzicht auf die Verwertung nur auf einzelne Massegegenstände bezieht, sind diese genau zu bezeichnen (N/R/*Römermann* § 314 Rn 8). Das Gericht hat dem Schuldner **zusätzlich** aufzugeben, binnen einer bestimmten Frist an den Treuhänder den Betrag zu zahlen, der dem Wert der Masse entspricht, die an die Insolvenzgläubiger zu verteilen wäre (§ 314 Abs 1 S 2). Das Wort „zusätzlich" macht deutlich, dass an die Gläubiger ein Betrag zu verteilen ist, der bei einer konventionellen Verwertung des Schuldnervermögens zu erzielen wäre (K/P/B/*Wenzel* § 314 Rn 4). Der zu zahlende Betrag ist genau anzugeben. Soweit Schuldner und Treuhänder eine vertragliche Vereinbarung über den Verzicht auf die Verwertung getroffen haben, sollte die Festsetzung der Zahlungsfrist zumindest der vertraglich vereinbarten Frist entsprechen (*Kohte/Ahrens/Grote* § 314 Rn 16). Auf Antrag des Schuldners kann diese **Frist verlängert** werden, wenn erhebliche Gründe glaubhaft gemacht werden (§ 4 iVm § 224 Abs 2 ZPO). Macht der Schuldner glaubhaft, dass er zur Zahlung des festgesetzten Betrages in der Lage ist und sich die Auszahlung aus von ihm nicht zu vertretenden Gründen nur um eine kurze Zeit verzögert, sollte dem Antrag stattgegeben werden.

Der Schuldner erlangt das **Verwaltungs- und Verfügungsrecht** über sein gesamtes Vermögen zurück, 23 wenn das Insolvenzgericht anordnet, dass von einer Verwertung der Insolvenzmasse ganz abgesehen werde. Der Treuhänder erfüllt in diesem Fall die Voraussetzungen des § 34 Abs 3 AO nicht mehr (*Maus* ZInsO 1999, 683, 689; *Onusseit* ZInsO 2000, 363, 365). Zur Erstellung von **Steuererklärungen** notwendige Unterlagen müssen dem Schuldner zur Verfügung gestellt werden (*Onusseit* aaO).

c) Aufhebung oder Abänderung der Entscheidung. Das Gericht ist zu einer **Abänderung oder Aufhe-** 24 **bung** seiner Entscheidung befugt, wenn sie sich im Nachhinein als unzweckmäßig erweist (HK-

Landfermann § 314 Rn 9; KS-*Fuchs* S 1725 Rn 141). Dies gilt vor allem in den Fällen, in denen der Schuldner der ihm erteilten Auflage zur Zahlung des festgesetzten Betrages ohne sein Verschulden nicht nachzukommen in der Lage ist. Bliebe die Anordnung aufrechterhalten, griffe die Sanktion des § 314 Abs 3 S 2 ein, ohne dass dem Schuldner insoweit ein Vorwurf zu machen wäre. Nach Änderung oder Aufhebung der Entscheidung steht die **Befugnis zur Verwertung** der (gesamten) Insolvenzmasse unter Berücksichtigung der Regelung in § 313 Abs 3 wieder dem Treuhänder zu.

25   Soweit der Treuhänder bereits die Freigabe des Massegegenstandes erklärt hat, sollte der Aufhebungs- oder Abänderungsbeschluss mit der Auflage versehen werden, dass seine Wirksamkeit davon abhängt, dass der Schuldner dem Treuhänder wieder das Verwertungsrecht an dem Gegenstand einräumt. Andernfalls liefen die Insolvenzgläubiger Gefahr, dass ihnen für das Insolvenzverfahren das Haftungsobjekt entzogen wäre. Ein besonderes Interesse an einer Rückgabe dürfte indes nur der Schuldner zeigen, der einen Antrag auf Erteilung der Restschuldbefreiung gestellt hat. Ihn trifft die Sanktion des Abs 3 S 2.

26   **d) Rechtsmittel.** Eine Anfechtung des Beschlusses, mit dem die vereinfachte Verteilung angeordnet wird, ist nur möglich, wenn der Rechtspfleger entschieden hat. In diesem Fall sieht das Gesetz die **Rechtspflegererinnerung** gemäß § 11 Abs 2 RpflG vor (BerlKo-*Goetsch* § 314 Rn 5; HK-*Landfermann* § 314; KS-*Fuchs* S 1722 Rn 132). Neben einer etwaigen Verletzung des rechtlichen Gehörs könnten Insolvenzgläubiger zB geltend machen, dass die verfahrens- und materiellrechtlichen Voraussetzungen einer qualifizierten Freigabe nicht vorliegen (*Kohte/Ahrens/Grote* § 314 Rn 35). Hatte sich dagegen der **Richter** das Verfahren vorbehalten und die Entscheidung getroffen, ist diese **nicht anfechtbar**, weil § 314 insoweit ein Rechtsmittel nicht vorsieht (vgl § 6 Abs 1).

III. Die Umsetzung der gerichtlichen Anordnung

27   Der Treuhänder ist verpflichtet sicherzustellen, dass der im gerichtlichen Beschluss festgesetzte Betrag tatsächlich an ihn gezahlt wird. Um eine Schädigung der Insolvenzgläubiger zu vermeiden, darf eine Freigabe des Massegegenstandes nicht vor Zahlung durch den Schuldner erfolgen (ebenso *Hergenröder* ZVI 2005, 521, 525 ff; HK-*Landfermann* § 314 Rn 9; vgl die Regelung des § 249 für das Insolvenzplanverfahren). Denn die **Freigabe** durch den Treuhänder löst den Gegenstand aus dem Insolvenzbeschlag. Der Schuldner erlangt die freie Verfügungsbefugnis zurück; der Gegenstand wird insolvenzfreies Vermögen (**BGH WM 1961, 747**). Ein Wiederaufleben der Verwaltungs- und Verfügungsbefugnis des Treuhänders über die aus der Masse ausgeschiedenen Gegenstände käme nur auf Grund einer Anfechtung der Freigabeerklärung bei arglistiger Täuschung durch den Schuldner (§ 123 BGB) in Betracht. Liegen die Voraussetzungen hierfür nicht vor oder gelingt dem Treuhänder nicht der entsprechende Beweis, wäre den Insolvenzgläubigern das Haftungsobjekt entzogen. Nach Aufhebung des Verfahrens wären sie wegen ihrer nicht befriedigten Forderungen auf das freie Nachforderungsrecht gemäß § 201 beschränkt.

28   Nichts anderes gilt für den Fall, dass Treuhänder und Schuldner eine **Verwertung durch den Schuldner** vereinbart haben. Die Freigabe des zu verwertenden Gegenstandes sollte erst erklärt werden, wenn die Zahlung des Kaufpreises durch den Dritten erfolgt oder zB durch Stellung einer Bürgschaft sichergestellt ist. Zwar ist eine Verfügung des Schuldners über den dem Insolvenzbeschlag unterliegenden Gegenstand gemäß § 81 Abs 1 S 1 unwirksam. Ein Dritter dürfte deshalb bei Kenntnis der Rechtslage an dem Abschluss eines Vertrages nur dann interessiert sein, wenn er trotz der vorgenannten Regelung wirksam Eigentum zu erwerben in der Lage ist. Dies kann in der Weise geschehen, dass der Treuhänder in entsprechender Anwendung des § 185 Abs 2 BGB die Verfügung genehmigt (vgl *Jauernig* § 69 IV 2; KS-*Landfermann* S 163 Rn 7). Diese **Genehmigung** stellt gleichsam die Freigabe dar (§ 185 Abs 2 2. Alt BGB analog).

29   Soweit der Treuhänder dem Schuldner bereits vom Zeitpunkt der Anordnung der vereinfachten Verteilung die **Nutzung der Massegegenstände** gestattet, sollte dies von der Zahlung einer Nutzungsentschädigung bis zur Zahlung des festgesetzten Betrages abhängig gemacht werden.

30   Der Treuhänder wird bei einer qualifizierten Freigabe des (gesamten) Schuldnervermögens von seinen **steuerlichen Verpflichtungen** aus den §§ 34, 35 AO befreit (*Schulz/Gleissner* InVo 2000, 365, 368; *Maus* ZInsO 1999, 683, 689; aA OFD Nürnberg, Schreiben v 23. 2. 2000, ZInsO 2000, 148). Der an den Treuhänder zu zahlende Betrag gehört nicht zum ursprünglichen Vermögen des Schuldners (vgl *Onusseit* ZInsO 2000, 363, 365). Die Voraussetzungen des § 34 Abs 3 AO sind insoweit nicht mehr erfüllt, da die dem Treuhänder verbleibenden Aufgaben für die Annahme einer Vermögensverwaltung nicht ausreichen (*Schulz/Gleissner* aaO). Bei Vorliegen der besonderen Voraussetzungen des § 35 AO kann sich insoweit allerdings noch eine steuerliche Pflicht ergeben.

30a   Handelt es sich bei dem „freigegebenen" Gegenstand um ein **Kraftfahrzeug**, hat die Kfz-Steuer nach der Rechtsprechung des **Bundesfinanzhofs** (v 16. 6. 2006 – IX R 58/05, ZIP 2007, 2081) weiterhin **Masseverbindlichkeitscharakter**. Dies begegnet erheblichen Bedenken, weil der Schuldner in den Genuss des Fahrzeugs kommt. Er kann unbeschränkt über das Fahrzeug verfügen. Eine Veräußerungsanzeige an die Steuer- und Zulassungsbehörden ist nicht geboten, weil die Sachlage in Erfüllung richterlicher Anordnung entstanden ist (*Klein/Humberg* JR 2008, 224, 228, 229).

IV. Entscheidung über den Antrag auf Erteilung von Restschuldbefreiung, Abs 3

Im **Schlusstermin** sind die Insolvenzgläubiger und der Treuhänder zu einem Antrag des Schuldners auf Erteilung der Restschuldbefreiung zu hören (§ 289 Abs 1 S 1). Das Insolvenzgericht entscheidet über den Antrag des Schuldners durch **Beschluss** (§ 289 Abs 1 S 2). Die Behandlung des Versagungsantrags und die Entscheidung über den Antrag sind dem **Richter** vorbehalten (§ 18 Abs 1 Nr 2 RpflG).

1. Zeitpunkt der Entscheidung. Durch die Bezugnahme in § 314 Abs 3 S 1 auf die §§ 289 bis 291 ist klargestellt, dass die Entscheidung über den Versagungsantrag eines Gläubigers erst nach dem Schlusstermin erfolgen kann. Dies gilt auch dann, wenn die Nachfrist des § 314 Abs 3 S 2 bereits abgelaufen ist. Vor der Entscheidung ist dem Schuldner rechtliches Gehör zu gewähren (§ 314 Abs 3 S 3). Damit genügt der Gesetzgeber dem Gebot, dass grundsätzlich demjenigen, in dessen Rechte eingegriffen wird, vor der Entscheidung des Gerichts ausreichend Gelegenheit zur Stellungnahme gegeben werden muss (BVerfG NJW 1982, 1681). Die Anhörung kann vor der abschließenden Gläubigerversammlung im schriftlichen Verfahren erfolgen.

2. Versagung der Restschuldbefreiung. Eine **Versagung** der Restschuldbefreiung wegen Nichterfüllung der gerichtlichen Zahlungsauflage erfolgt **nicht von Amts wegen** (*Vallender* InVo 1998, 169, 177; KS-*Fuchs* S 1724 Rn 139; K/P/B/*Wenzel* § 314 Rn 6; *Kohte/Ahrens/Grote* § 314 Rn 36; aA *Smid/Haarmeyer* § 314 Rn 6). Vielmehr bedarf es insoweit des **Antrags eines Insolvenzgläubigers** (§ 314 Abs 3 S 2). Um den Schuldner vor unangemessen harten Versagungsentscheidungen zu bewahren (vgl Begründung Rechtsausschuss, BT-Drucks 12/7302 S 194), muss das Gericht eine **Nachfrist von weiteren zwei Wochen** setzen und den Schuldner auf die Möglichkeit der Versagung der Restschuldbefreiung im Falle der Nichtzahlung innerhalb dieser Frist hinweisen. Erst nach Ablauf der Frist darf die Versagung ausgesprochen werden. Eine Verlängerung dieser gesetzlichen Frist ist nicht zulässig (vgl § 4 iVm § 224 Abs 2 2. HS ZPO). Es stellt einen nicht behebbaren Verfahrensmangel dar, wenn das Gericht keine Nachfrist gesetzt oder die Belehrung unterlassen hat. Die **Sperrfrist** des § 290 Abs 1 Nr 2 greift bei einer Versagung der Restschuldbefreiung gemäß § 314 Abs 3 S 2 nicht ein.

a) Verschulden. § 314 Abs 3 S 2 enthält keinen eigenständigen Versagungsgrund, sondern ist ein Sonderfall des § 290 Abs 1 Nr 5. Nach dieser Vorschrift versagt das Gericht auf Antrag die Restschuldbefreiung, wenn der Schuldner während des Insolvenzverfahrens **vorsätzlich** oder **grob fahrlässig** seine Auskunfts- oder Mitwirkungspflichten verletzt hat. Die Erfüllung der Zahlungsauflage nach § 314 ist eine Mitwirkungspflicht des Schuldners im Verfahren. Eine Versagung der Restschuldbefreiung ist demnach nur zulässig, wenn der Schuldner entgegen der gerichtlichen Anordnung über die vereinfachte Verwertung und Verteilung den festgesetzten Geldbetrag auch innerhalb der Nachfrist von zwei Wochen nicht gezahlt hat und ihm insoweit **Vorsatz oder grobe Fahrlässigkeit** vorzuwerfen ist (HambKomm/*Nies* § 314 Rn 6; aA *Kohte/Ahrens/Grote* § 314 Rn 3, 14; HK-Landfermann § 314 Rn 7).

b) Funktionelle Zuständigkeit. Auch wenn es sich bei der Entscheidung nach § 314 Abs 3 S 2 um eine Entscheidung handelt, die der rechtsprechenden Tätigkeit iSv Art 92 GG zumindest sehr nahe kommt, ist hierfür der Rechtspfleger funktionell zuständig (HK-InsO/*Landfermann*, § 314 Rn 8; aA *Kohte/Ahrens/Grote* § 314 Rn 37; K/P/B/*Wenzel* § 286 Rn 99; HambKomm/*Nies* § 314 Rn 6). Die Regelung in § 18 Abs 1 RpflG ist abschließend. Ein Richtervorbehalt ist insoweit nicht vorgesehen. Im Übrigen muss das Gericht bei seiner Entscheidung nicht eine Abwägung zwischen dem Interesse des Schuldners an einer Schuldbefreiung und dem Interesse des Gläubigers an einer optimalen Befriedigung vornehmen. Vielmehr kommt es allein darauf an, ob der Schuldner den nach § 314 Abs 1 S 2 festgesetzten Betrag nach Ablauf der genannten Fristen gezahlt hat.

c) Rechtsmittel. Die Entscheidung des Insolvenzgerichts ergeht durch Beschluss. Weist es den Antrag auf Erteilung der Restschuldbefreiung zurück, steht dem Schuldner gegen diese Entscheidung die **sofortige Beschwerde** zu (§§ 6, 289 Abs 2 S 1, § 567 ZPO). Die Vorschrift des § 289 Abs 2 findet unmittelbare Anwendung, weil die Entscheidung über den Versagungsantrag nach § 314 immer zugleich eine Entscheidung über die Ankündigung der Restschuldbefreiung nach §§ 289 Abs 1, 291 ist. Daneben ist jedem Insolvenzgläubiger, der im Schlusstermin erfolglos beantragt hat, die Restschuldbefreiung zu versagen, die sofortige Beschwerde eröffnet.

ZEHNTER TEIL. BESONDERE ARTEN DES INSOLVENZVERFAHRENS

Erster Abschnitt. Nachlassinsolvenzverfahren

§ 315 Örtliche Zuständigkeit

¹Für das Insolvenzverfahren über einen Nachlaß ist ausschließlich das Insolvenzgericht örtlich zuständig, in dessen Bezirk der Erblasser zur Zeit seines Todes seinen allgemeinen Gerichtsstand hatte. ²Lag der Mittelpunkt einer selbständigen wirtschaftlichen Tätigkeit des Erblassers an einem anderen Ort, so ist ausschließlich das Insolvenzgericht zuständig, in dessen Bezirk dieser Ort liegt.

Früher § 214 KO (davor § 202 unverändert. Mot S 452 ff, Prot S 125, 196); § 358 RegE.

I. Allgemeines

1   Über einen Nachlass kann gemäß § 11 Abs 2 Nr 2 ein Insolvenzverfahren eröffnet und nach Maßgabe der §§ 315 ff durchgeführt werden. Das Nachlassinsolvenzverfahren ist ein **Sonderinsolvenzverfahren** über einen abgegrenzten Teil des Vermögens. Die Vorschriften über das Nachlassinsolvenzverfahren enthalten abschließend die verfahrensrechtlichen Abweichungen vom Regelinsolvenzverfahren. Im Übrigen kommen aber alle Vorschriften des Regelinsolvenzverfahrens zur Anwendung, insbesondere auch die Vorschriften über die Anordnung von Sicherungsmaßnahmen (§§ 21 ff) nach einem Antrag auf Eröffnung eines Nachlassinsolvenzverfahrens. Die §§ 315 ff orientieren sich an der KO (§§ 214–235 KO), denen sie zum Großteil wörtlich – bis auf redaktionelle Änderungen – entsprechen. Ein Vergleichsverfahren über den Nachlass (§ 113 VglO) gibt es nicht mehr. Die InsO hat ein einheitliches Verfahren geschaffen. Der Nachlass kann Regelungsgegenstand eines Insolvenzplanverfahrens sein (vgl § 1989 BGB; HK-*Marotzke* vor §§ 315–334 Rn 4). *Häsemeyer* (Insolvenzrecht Rn 33.05 f) rügt konzeptionelle Schwächen des Nachlassinsolvenzverfahrens bei der Behandlung von Nachlassgläubigern in der Zwangsvollstreckung, bei der Begründung von Masseverbindlichkeiten durch den Erben und bei der Haftungsbeschränkung auf den Nachlass im Interesse des Erben. Im Fall der Insolvenz des Erben ein „Gesamtinsolvenzverfahren" anzustreben, wie aus der Praxis berichtet wird, kann jedoch nicht zu einer Vereinigung der unterschiedlichen Haftungsmassen und auch nicht zu einer gleichartigen Berechtigung der unterschiedlichen Gläubigergruppen führen.

2   Scheidet die Komplementärin der Insolvenzschuldnerin in Gestalt der KG aus und verbleibt allein eine Kommanditistin, sind auf diese **Vollbeendigung der KG** die §§ 315 ff analog anzuwenden. Dann wird das Insolvenzverfahren mit der Kommanditistin, der das Vermögen der KG als beschränkt haftendes Sondervermögen zugefallen ist, fortgesetzt und zwar als Partikularinsolvenzverfahren, also beschränkt auf das ehemalige KG-Vermögen (**OLG Hamm** 30. 5. 2007, ZIP 2007, 1233, 1237 f; **AG Hamburg** 10. 1. 2006, ZIP 2006, 390, 391; **LG Dresden** 7. 3. 2005, ZIP 2005, 955, 956). Das gilt auch in der umgekehrten Konstellation der Gesamtrechtsnachfolge bei der einzig verbleibenden Komplementärin (AG Hamburg 30. 5. 2005, ZInsO 2005, 838, 840).

II. Zweck des Nachlassinsolvenzverfahrens

3   **1. Doppelter Zweck.** Das Insolvenzverfahren über den Nachlass einer verstorbenen oder für tot erklärten Person dient, wie die Nachlassverwaltung, einem **doppelten Zweck (BGH** 21. 2. 2008, BGHZ 175, 307, 311): einerseits die grundsätzlich unbeschränkte Haftung des Erben für Nachlassverbindlichkeiten auf den Nachlass zu beschränken (§ 1975 BGB) und andererseits den Nachlass im Interesse der Nachlassgläubiger von dem sonstigen Vermögen des Erben abzusondern, um ihn vorzugsweise zu ihrer Befriedigung zu verwenden (Braun/*Bauch* § 315 Rn 10; K/U § 214 KO Rn 1 c). Das gesonderte Erbenvermögen steht im Einzelfall zur Befriedigung der Nachlassgläubiger zur Verfügung (§§ 1989, 1990, 1973 BGB). Die Eröffnung des Nachlassinsolvenzverfahrens wird nicht dadurch ausgeschlossen, dass der Erbe die Erbschaft noch nicht angenommen hat, dass der Erbe bereits für die Nachlassverbindlichkeiten unbeschränkt haftet (§ 316 Abs 1) oder dass die Erbschaft bereits geteilt ist (§ 316 Abs 2).

4   **2. Haftung für Geschäftsverbindlichkeiten.** Die aufgezeigten Haftungsgrundsätze gelten auch für den Erben eines Einzelkaufmanns in Bezug auf die Geschäftsverbindlichkeiten (K/P/*Kemper* § 315 Rn 13; K/U § 214 KO Rn 1; MüKoInsO-*Siegmann* 1967 BGB Rn 39). Gleiches gilt bei **Fortführung der bisherigen Firma des Erblassers** gem § 27 HGB. Im letzteren Fall tritt die unbeschränkte Haftung nach § 25 Abs 1 HGB jedoch **nicht** ein, wenn die Fortführung des Geschäfts **vor** dem Ablauf von drei Monaten nach dem Zeitpunkt, in dem der Erbe von dem Anfall der Erbschaft Kenntnis erlangt hat, eingestellt wird (§ 27 Abs 2 S 1 HGB). Umstritten ist, ob der Erbe auch bei Fortführung des Unternehmens unter

III. Insolvenzmasse § 315

der bisherigen Firma über drei Monate hinaus die Möglichkeit der Haftungsbeschränkung hat, wenn er entsprechend § 25 Abs 2 HGB durch einseitige Erklärung die unbeschränkte handelsrechtliche Haftung ablehnt und diese Erklärung vor Fristablauf in das Handelsregister eingetragen und bekannt gemacht hat oder dem Gläubiger vom Erwerber mitgeteilt wird (zum Streitstand vgl *Reuter* ZHR 135, 524; *Johannsen* FamRZ 1980, 1074, 1075; MüKoInsO-*Siegmann* § 1967 BGB Rn 40). Da es vorrangig um den Vertrauensschutz im Handelsverkehr geht, ist kein vorrangiges Interesse der Gläubiger erkennbar, den Erben auf die Dreimonatsfrist zu verweisen (ebenso Soergel/*Stein* Vor § 1967 Rn 19).

3. Haftungsbeschränkung. Das Gesetz gibt dem Erben zur **Herbeiführung der Haftungsbeschränkung** 5 verschiedene Optionen. Der Erbe kann sich zunächst die Möglichkeit der Haftungsbeschränkung offen halten, die Haftung vorläufig bis zur Klärung der Nachlassverbindlichkeiten beschränken oder sich unter Freigabe des Nachlasses zur Befriedigung der Nachlassgläubiger mit dem verbleibenden Überschuss begnügen (vgl §§ 1993 ff BGB, 780, 781 ZPO; 1970 BGB iVm 946 ff ZPO; 1975, 1984, 1985, 1986 BGB; 1990, 1991 BGB; vgl K/U § 214 KO Rn 1 a; Einzelheiten bei *Jaeger/Weber* § 214 KO Rn 1 ff). Die Haftungsbeschränkung für den Erben auf den Nachlass tritt auch ein, wenn das Nachlassinsolvenzverfahren eröffnet wird (§ 1975 BGB). Sie tritt dagegen nicht ein (allein) durch **Inventarerrichtung** (§§ 1993 ff BGB; vgl **LG Fulda** 13. 10. 2006, ZVI 2007, 129, 130), da die Vermutung des § 2009 BGB widerlegbar ist.

4. Abweisung des Eröffnungsantrags. Gleiches gilt bei Ablehnung des Antrages auf Eröffnung des In- 6 solvenzverfahrens wegen Fehlens einer die Verfahrenskosten deckenden Masse nach § 26 Abs 1 S 1 (§ 1990 Abs 1 S 1 BGB). **Die Abweisung des Insolvenzantrags mangels Masse** gestattet dem Erben, die Einrede der Dürftigkeit oder Unzulänglichkeit des Nachlasses zu erheben. Damit ist nach dem Willen des Gesetzgebers aufgrund der Änderung des § 1990 Abs 1 BGB durch Art 33 EGInsO bei Massearmut den Rechten des Erben ausreichend Genüge getan. Dies gilt auch für den Fall der Einstellung des Insolvenzverfahrens gem § 207 Abs 1 S 1, wenn sich nach der Eröffnung herausstellt, dass die Insolvenzmasse nicht verfahrenskostendeckend ist (*Jaeger/Weber* § 214 KO Rn 5; K/U § 214 KO Rn 1b; MüKo-InsO-*Siegmann* § 1990 BGB Rn 2, 3). Zwar finden über § 4 die Vorschriften über die Gewährung von Prozesskostenhilfe (§§ 114 ff ZPO) entsprechende Anwendung, jedoch ist die Bewilligung von Prozesskostenhilfe zur Deckung der notwendigen Verfahrenskosten nach § 26 abzulehnen (**AG Flensburg** 19. 4. 1999, ZInsO 1999, 422; **AG Bielefeld** 1. 7. 1999, ZIP 1999, 1223).

III. Insolvenzmasse

Zur Insolvenzmasse gehört gemäß § 35 das gesamte Schuldnervermögen nach Maßgabe der §§ 11, 7 315, so dass nur der Nachlass, nicht aber das Eigenvermögen des Erben zur **Insolvenzmasse** (vgl aber § 2013 Abs 1 BGB für die Haftung des Erben **außerhalb** der Nachlassinsolvenz) gehört (MüKoInsO-*Siegmann* § 315 Anh InsO Rn 9). Entscheidender Stichtag ist der Tag der **Verfahrenseröffnung** (Braun/*Bauch* § 315 Rn 5; BerlKo-*Goetsch* § 315 Rn 12; K/P/*Kemper* § 315 Rn 11; N/R/*Riering* § 315 Rn 23; Smid/*Fehl* § 315 Rn 9; vgl zum Streit bezüglich des Stichtages nach zvO **RG** 24. 8. 1939, HRR 1940, 423; **OLG Köln** 29. 6. 1988, ZIP 1988, 1203; Kilger/*K Schmidt* § 214 KO Bem 2; K/U § 214 KO Rn 2; str aA *Hess* § 315 Rn 14, der auf den Zeitpunkt des Erbfalls abstellt). Soweit Gegenstände nicht der Zwangsvollstreckung unterliegen, gehören sie nicht zur Insolvenzmasse (§ 36 Abs 1). Bei der Ermittlung relativ unpfändbarer Gegenstände (§ 811 Nr 1–7, 10 ZPO) kommt es auf die Person des Erben an, da er der Schuldner ist (*Jaeger/Weber* § 214 KO Rn 33 mwN; Kilger/*K Schmidt* § 214 KO Bem 2; K/U § 214 KO Rn 2). Zur Insolvenzmasse gehört auch all das, was in der Zeit **zwischen** Erbfall und Insolvenzeröffnung dem Nachlassvermögen zugewachsen ist, ferner dasjenige, was der Erbe durch Veräußerung von Nachlassgegenständen oder auf sonstige Weise bei der Verwaltung des Nachlasses erworben hat (K/U § 214 KO Rn 2). Besonderheiten gelten für Erträge aus der Fortführung eines **zum Nachlass gehörenden Unternehmens**. Streitig ist insoweit, ob Erträge, die Erben mit einem solchen Unternehmen erwirtschaften, uneingeschränkt zur Insolvenzmasse gehören (Kilger/*K Schmidt* § 214 KO Bem 2). Die Frage dürfte nur im Einzelfall zu beantworten sein. Entscheidend ist, inwieweit der Ertrag, also nicht die ohnehin ererbte Substanz, als „ererbt" oder als durch den persönlichen Einsatz des Erben erarbeitet, angesehen werden muss. Im letzteren Fall haben die Nachlassgläubiger keinen Anspruch auf diese Erträge (ähnlich zumindest bei jahrelanger Fortführung **OLG Braunschweig** 23. 7. 1909, OLGZ 19, 231, 232; Braun/*Bauch* § 315 Rn 6; *Jaeger/Weber* § 214 KO Rn 29; K/U § 214 KO Rn 4; N/R/*Riering* § 315 Rn 36). Die §§ 2019 Abs 1, 2041 BGB, die für den Erbschaftsbesitzer und die Erben untereinander gelten, sind jedoch **nicht** entsprechend anwendbar (**RG** 12. 7. 1913, WarnR 1913, S 519, Nr 427; **OLG Braunschweig** 23. 7. 1909, OLGZ 19, 231, 232; **OLG Karlsruhe** 16. 10. 1907, DJZ 1908, 1349; *Hess* § 315 Rn 26; *Jaeger/Weber* § 214 KO Rn 26; K/U § 214 KO Rn 2; Smid/*Fehl* § 315 Rn 9).

1. Keine Surrogation. Nach allgemeiner Auffassung tritt **keine Surrogation** ein (Kilger/*K Schmidt* 8 § 214 KO Bem 2; K/U § 214 KO Rn 3). Ein Rechtsgeschäft, das der Erbe zwar in eigenem Namen, wirtschaftlich betrachtet jedoch zur Verwaltung des Nachlasses abgeschlossen hat, gilt als für Rechnung des Nachlasses abgeschlossen (**RG** 2. 12. 1931, RGZ 134, 257, 259). Der **BGH** hat offen gelassen, ob der Erbe „kraft Parteiwillens" Gegenstände mit dinglicher Wirkung für den Nachlass erwerben kann (**BGH** 13. 7. 1989, NJW-RR 1989, 1226, 1227). Jedenfalls hat der **BGH** die eindeutig herrschende Auffassung dahingehend bestätigt, dass eine dingliche Surrogation nur dann stattfindet, wenn sie gesetzlich vorgesehen ist – zB in § 2041 BGB für die Erbengemeinschaft –; eine Rechtsanalogie wurde für den Anwendungsbereich des § 1990 BGB verneint (**BGH** 13. 7. 1989, NJW-RR 1989, 1226, 1227).

9   **2. Ersatzansprüche.** Zur Insolvenzmasse gehören auch **alle Ersatzansprüche**, die gegen den Erben, den Nachlassverwalter oder Dritte (zB wegen Zerstörung, Beschädigung oder Entziehung von Nachlassgegenständen, wegen Schuldnerverzugs) entstanden sind. Nach §§ 1978 Abs 2, 1980, 1985 BGB ist der Erbe bzw der Nachlassverwalter den Gläubigern so verantwortlich, als wenn er von der Annahme der Erbschaft an die Verwaltung des Nachlasses für sie als Beauftragter zu führen gehabt hätte, und für die Zeit vor Annahme der Erbschaft wie ein Geschäftsführer ohne Auftrag. Die Vorschriften der §§ 666–668, 681 BGB sind entsprechend anwendbar (**OLG Braunschweig** 23. 7. 1909, OLGZ 19, 231, 232; K/U § 214 KO Rn 4). Sie geben nur einen **schuldrechtlichen Verschaffungsanspruch**. Hat der Erbe einen Nachlassgegenstand veräußert, so kann der Insolvenzverwalter nur Abtretung des Anspruchs auf den noch ausstehenden Gegenwert verlangen. Der Erbe ist dem Insolvenzverwalter auch zur **Auskunfts- und Rechnungslegung** verpflichtet. Führt der Erbe den Geschäftsbetrieb des Erblassers fort, gilt im Allgemeinen (vgl aber Rn 7) nichts anderes, da das Geschäft des Erblassers zur Insolvenzmasse gehört. Haftet der Erbe allen Nachlassgläubigern **unbeschränkt**, so besteht kein Anspruch aus § 1978 BGB, weil überflüssig (vgl § 2013 BGB). Was der Erbe bereits veräußert hat, ist der Masse endgültig verloren, soweit die Veräußerung nicht der Anfechtung unterliegt (**OLG Köln** 29. 6. 1988, ZIP 1988, 1203). Der Erbe bleibt verpflichtet, die Nachlassgegenstände selbst herauszugeben; denn diese Pflicht beruht nicht auf § 1978 BGB, sondern auf §§ 148, 159 InsO (*Jaeger/Weber* § 214 KO Rn 27; § 223 Rn 2; Kilger/*K Schmidt* § 214 KO Bem 2; K/U § 214 KO Rn 4; *Mohrbutter/Ernestus* Hdb XV. 158; N/R/*Riering* § 315 Rn 32). Zur Insolvenzmasse gehört weiter der Ersatzanspruch wegen nicht rechtzeitiger Beantragung der Insolvenzeröffnung (§ 1980 BGB); auch er entfällt aber bei unbeschränkter Haftung des Erben (§ 2013 BGB). Die Insolvenzantragspflicht ist nur begründet, wenn der Erbe noch nicht allgemein unbeschränkbar haftet. Die Zugehörigkeit des Ersatzanspruchs zur Insolvenzmasse ergibt sich aus §§ 1978 Abs 2, 1985 Abs 2, 1980 BGB und § 328 Abs 2 (vgl auch MüKoInsO-*Siegmann* § 1980 BGB Rn 11).

10 **3. Versicherungsansprüche.** Ein Anspruch des Erblassers aus einer **Versicherung**, den der Erbe, etwa durch eine Obliegenheitsverletzung, verwirkt hat, ist für die Masse verloren (**RG** 13. 12. 1910, WarnR 1911, S 217, Nr 200; K/U § 214 KO Rn 5).

IV. Schuldner im Nachlassinsolvenzverfahren

11 Schuldner im Nachlassinsolvenzverfahren ist der oder sind die Erben als Träger der in der Masse vereinten Vermögenswerte und Nachlassverbindlichkeiten (**RG** 20. 4. 1919, JW 1913, 752; **RG** 12. 11. 1914, WarnR 1915, S 32, Nr 27; **BGH** 16. 5. 1969, NJW 1969, 1349; BerlKo-*Goetsch* § 315 Rn 22; HK-*Marotzke* vor §§ 315–334 Rn 7; *Jaeger/Weber* § 214 KO Rn 7 mwN; K/P/*Kemper* § 315 Rn 2; K/U § 214 KO Rn 6; MüKoInsO-*Siegmann* § 315 Anh InsO Rn 1; N/R/*Riering* § 315 Rn 11; Smid/*Fehl* § 315 Rn 11). Der Nachlass ist keine insolvenzfähige Person. Würde man den Erben nicht als Schuldner ansehen, so würde es im Nachlassinsolvenzverfahren an einem Rechtssubjekt fehlen, gegen das sich der Eröffnungsantrag richtet. Entscheidend ist nicht, dass der Insolvenzgrund nicht in der Person des Erben entstanden ist. Die **staatsbürgerlichen Rechte des Erben** werden durch das Nachlassinsolvenzverfahren nicht berührt. Das Insolvenzverfahren ist nicht auf seine Person bezogen (*Hess* § 315 Rn 26; Kilger/ *K Schmidt* § 214 KO Bem 3 a). Beschränkungen nach dem bürgerlichen Recht (zB der Ausschluss der Einrede der Vorausklage gem § 773 Abs 1 Nr 3 BGB) treffen ihn nicht (Kilger/*K Schmidt* § 214 KO Bem 3 a; die in K/U § 214 KO Rn 6 u 7 genannten Beschränkungen existieren nicht mehr, da § 1670 BGB mit KindRG vom 16. 12. 1997 (BGBl I, S 2942) und § 1781 Nr 3 BGB durch Art 33 Nr 30 EG-InsO aufgehoben wurden). Auch für die Anfechtungsvorschriften (§§ 129 ff) kann der Erbe beim Nachlassinsolvenzverfahren als Schuldner anzusehen sein (Einzelheiten bei Rn 13). Im Hinblick auf §§ 81, 82 ist der Erbe nach dem Erbfall die maßgebliche Person. Im Falle der Nacherbfolge während des Nachlassinsolvenzverfahrens (§ 329) und beim Erbschaftskauf (§ 330) tritt ein Wechsel in der Person des Schuldners ein (K/U § 214 KO Rn 6; *Mohrbutter/Ernestus* Hdb XV. 154). Ist der Erbe oder sind die Erben noch nicht im Grundbuch eingetragen, reicht es aus, zB bei § 32 Abs 1 Nr 1, wenn der Erblasser eingetragen ist (**OLG Düsseldorf** 18. 3. 1998, ZIP 1998, 870, 871).

12 **1. Rechte und Pflichten des Schuldners.** Im Nachlassinsolvenzverfahren hat der Erbe alle Rechte und Pflichten eines Schuldners (K/P/*Kemper* § 315 Rn 6; K/U § 214 KO Rn 7; MüKoInsO-*Siegmann* § 315 Anh InsO Rn 3 f; N/R/*Riering* § 315 Rn 17). So ist er **berechtigt**: zu allen Anträgen, welche die InsO

dem Schuldner zuerkennt; zur sofortigen Beschwerde gegen den Eröffnungsbeschluss (§ 34 Abs 2); zur Einsichtnahme (§§ 175, 188); zum Bestreiten von Forderungen im Prüfungstermin (§ 176 Satz 2); zur Geltendmachung von Ersatzansprüchen gegen den Insolvenzverwalter und Gläubigerausschussmitglieder (§§ 60, 71); zur Anhörung und Zuziehung in den Fällen der §§ 10, 14, 151. Dem bedürftigen Erben und seiner Familie kann kein Unterhalt (§ 100) gewährt werden (HK-*Eickmann* § 100 Rn 2; K/P/*Kemper* § 315 Rn 6; str aA zur KO: *Jaeger/Weber* § 214 KO Rn 11). Zu seinen **Pflichten** gehört namentlich: Auskunft nach §§ 20, 97 Abs 1 und Abs 3 zu erteilen; den Verwalter bei der Erfüllung von dessen Aufgaben zu unterstützen (§ 97 Abs 2); eine eidesstattliche Versicherung (§§ 98 Abs 1, 153 Abs 2) abzugeben; ihn treffen auch Zwangsmittel des § 98 und die Postsperre nach § 99. Wenn der Erbe im Prüfungstermin (§ 176) das Bestreiten einer angemeldeten Forderung unterlässt, so erlangt der Gläubiger durch die Eintragung der Forderung in die Tabelle einen Titel (§ 201 Abs 2); damit kann er in das Erbenvermögen vollstrecken, falls der Erbe unbeschränkt haftet (*Jaeger/Weber* § 214 KO Rn 12; K/U § 214 KO Rn 7). Der Erbe hat keinen Anspruch auf Prozesskostenhilfe für das Verfahren (**BGH** 16. 3. 2000, ZIP 2000, 755, 757; Braun/*Bauch* § 315 Rn 13).

2. Mehrheit von Erben. Grundsätzlich gilt für mehrere Erben die Regelung in § 2040 Abs 1 BGB, **13** wonach über einen Nachlassgegenstand von den Erben nur gemeinschaftlich verfügt werden kann. Mehrere Erben sind **zusammen Schuldner**. Als Gesamthänder müssen sie gemeinschaftlich und einheitlich handeln. Zur Vorlage eines Insolvenzplans sind mehrere Erben nur gemeinschaftlich berechtigt (HK-*Marotzke* vor §§ 315–334 Rn 4) Eine **Erbengemeinschaft** ist jedoch auch nach Anerkennung der Rechtsfähigkeit der GbR (vgl **BGH** 11. 9. 2002, NJW 2002, 3389, 3390) **nicht insolvenzfähig** (AG Duisburg 4. 8. 2003, NZI 2004, 97, 98; MüKoInsO-*Siegmann* § 316 InsO Rn 6). Nach einer zur KO erlassenen Entscheidung des **OLG Hamburg** wird der Mangel der Konkursfähigkeit einer Erbengemeinschaft, die den Geschäftsbetrieb des Erblassers fortgeführt hat, durch die Rechtskraft des Konkurseröffnungsbeschlusses geheilt mit der Folge, dass ein Sonderkonkurs über das Geschäftsvermögen der Miterben zugunsten der Geschäftsgläubiger durchzuführen ist (**OLG Hamburg** 12. 10. 1983, ZIP 1984, 348). Der Entscheidung ist zuzustimmen. Den Insolvenzantrag kann jeder Erbe allein stellen (§ 317 Abs 1). Jeder einzelne Erbe kann sofortige Beschwerde gegen den Eröffnungsbeschluss erheben (§ 34 Abs 2) und angemeldete Nachlassforderungen bestreiten (§ 176 S 2). Dagegen sind Erbprätendenten nicht beschwerdeberechtigt (**LG Wuppertal** 10. 8. 1999, ZIP 1999, 1536). Der Widerspruch eines Miterben hindert die Zwangsvollstreckung außerhalb des Insolvenzverfahrens gegenüber den anderen Miterben nicht (§ 201 Abs 2; Kilger/*K Schmidt* § 214 KO Bem 3 b; K/U § 214 KO Rn 8). Ist eine Forderung zur Tabelle festgestellt worden, so kann der Miterbe bei einer Inanspruchnahme trotz fehlenden Widerspruchs gegen die Forderung seine beschränkte Haftung geltend machen (*Jaeger/Weber* § 214 KO Rn 12; Kilger/*K Schmidt* § 214 KO Bem 3 b; K/U § 214 KO Rn 8).

3. Anfechtung. Soweit zur Insolvenzanfechtung (§§ 129 ff) Rechtshandlungen gehören, die vor der **14** Eröffnung des Insolvenzverfahrens vorgenommen worden sind und die Insolvenzgläubiger benachteiligen, kommt für die Zeit **zwischen** Erbfall und Insolvenzeröffnung die Person des Erben und für die Zeit **vor** dem Erbfall die Person des Erblassers in Betracht (K/U § 214 KO Rn 9). Dabei ist zu beachten, dass nach der Anfechtung wegen inkongruenter Deckung gemäß § 131 InsO, die anstelle des Konkursanfechtungstatbestands von § 30 Nr 2 KO getreten ist, keine Begünstigungsabsicht mehr erforderlich ist; der **BGH** hatte für die Zeit **nach** dem Erbfall auf die Kenntnis des Erben abgestellt (**BGH** 16. 5. 1969, NJW 1969, 1349). Bei Ausschlagung der Erbschaft ist die Kenntnis des **vorläufigen** Erben maßgebend, wenn er die anfechtbare Rechtshandlung vorgenommen hat (**BGH** 16. 5. 1969, NJW 1969, 1349); dieser Rechtsauffassung dürfte unverändert gefolgt werden. Ebenso ist auf die Person des vorläufigen, noch ausschlagungsberechtigten Erben wegen dessen Haftung abzustellen (§§ 1959, 1978 Abs 1 S 2 BGB; vgl *Hanisch*, FS für Henckel, 369, 379). Soweit es für die §§ 129 ff auf die Zeit **vor** dem Erbfall ankommt, ist dagegen der **Erblasser als Schuldner** anzusehen (*Hess* § 315 Rn 31; *Jaeger/Weber* § 214 KO Rn 7, 8; Kilger/*K Schmidt* § 214 KO Bem 3 a). Eine Zahlungseinstellung des Erblassers gilt als solche des Schuldners (**RG** 16. 12. 1902, LZ 1912, 461). Anfechtbare Rechtshandlungen des Erben werden in § 322 geregelt; Einzelheiten bei der Kommentierung zu § 322.

V. Stellung des Insolvenzverwalters

Der Insolvenzverwalter übt seine Tätigkeit aufgrund eines eigenständigen Rechts aus, das ihm durch **15** die gerichtliche Bestellung nach Maßgabe der einschlägigen Bestimmungen übertragen wird. Die Ausübung dieses Rechts ist von dem Willen der Erben unabhängig und demgemäß keine Rechtsausübung namens der Erben (K/U § 214 KO Rn 10). Darum hat die Fortführung des Geschäfts des Erblassers durch den Insolvenzverwalter nicht die Folge des § 27 HGB (**BGH** 27. 3. 1961, BGHZ 35, 13, 17). Der Nachlassinsolvenzverwalter kann gerichtlich klären lassen, ob Ersatzansprüche gegen den Erben, den Nachlassverwalter oder Dritte bestehen und ob ein von ihm beanspruchter Gegenstand zur Masse gehört (**OLG Köln** 29. 6. 1988, ZIP 1988, 1203; *Jaeger/Weber* § 214 KO Rn 35). Die Freigabe einer dem Insolvenzbeschlag unterliegenden Sache durch den Nachlassinsolvenzverwalter hat nur zur Folge, dass der freigegebene Gegenstand aus der Masse, nicht aber aus dem Nachlass ausscheidet (*Jaeger/Henckel* § 6 KO Rn 18; K/U § 214 KO Rn 10). Die Haftung des Gegenstandes für Nachlassverbindlichkeiten besteht also fort.

VI. Nachlassverwalter, Nachlasspfleger und Testamentsvollstrecker

16　Mit der Eröffnung des Nachlassinsolvenzverfahrens endet das Amt des Nachlassverwalters (§ 1988 Abs 1 BGB). Eine nach § 1960 BGB bestellte Nachlasspflegschaft bleibt dagegen bestehen (**KG** 21. 6. 1909, KGJ 38, 116); noch während des Insolvenzverfahrens kann ein Nachlasspfleger für den unbekannten Erben bestellt werden (**OLG Hamburg** 12. 11. 1902, OLGZ 5, 436). Die Hauptaufgabe des Nachlasspflegers ist die Sicherung und Erhaltung des Nachlasses (§ 1960 Abs 2 BGB). Der Nachlasspfleger ist insoweit der gesetzliche Vertreter des oder der Erben (**BGH** 6. 10. 1982, NJW 1983, 226). Das Amt des Testamentsvollstreckers endet nicht mit der Eröffnung des Nachlassinsolvenzverfahrens (arg ex § 2225 BGB; *Haegele* KTS 1969, 159; *Kilger/K Schmidt* § 214 KO Bem 5). Seine Tätigkeit beschränkt sich aber auf die unpfändbaren Vermögensstücke des Nachlasses und die Wahrnehmung der Rechte der Erben (K/U § 214 KO Rn 11; Einzelheiten bei *Jaeger/Weber* § 214 KO Rn 20; *Smid/Fehl* § 315 Rn 18), da die Verwaltungs- und Verfügungsbefugnis auf den Nachlassinsolvenzverwalter übergeht. Er kann sofortige Beschwerde gegen den Eröffnungsbeschluss einlegen und Forderungen im Prüfungstermin bestreiten. Zur Problematik, wenn das Geschäft des Erblassers dem Firmenrecht des HGB unterfällt und der Erblasser den Nachlass oder auch nur das nachlasszugehörige Geschäft der Verwaltung eines Testamentsvollstreckers unterstellt hat, vgl eingehend *Jaeger/Weber* § 214 KO Rn 31.

VII. Zuständigkeit

17　Die **sachliche Zuständigkeit** bestimmt sich nach § 2, während § 315 die **örtliche Zuständigkeit** mit dem vorrangig zu beachtenden Satz 2 regelt. Für das Insolvenzverfahren über einen Nachlass ist nach § 315 **Satz 1** ausschließlich das Amtsgericht als Insolvenzgericht (§ 2) örtlich zuständig, in dessen Bezirk der Erblasser zur Zeit seines Todes seinen allgemeinen Gerichtsstand hatte (§§ 4 InsO, 12, 13, 16 ZPO). Für die örtliche Zuständigkeit wird damit an die Verhältnisse des Erblassers zur Zeit seines Todes angeknüpft. Satz 1 entspricht damit sachlich vollkommen § 214 KO. In erster Linie soll sich jedoch auch im Insolvenzverfahren über einen Nachlass die örtliche Zuständigkeit nach dem Ort des Mittelpunktes der selbständigen wirtschaftlichen Tätigkeit des Erblassers zur Zeit seines Todes richten (vgl § 3 Abs 1 S 2). Lag der Mittelpunkt einer selbständigen wirtschaftlichen Tätigkeit des Erblassers, die bis kurz vor dem Tode ausgeübt wurde (HK-*Marotzke* § 315 Rn 3; *Vallender/Fuchs/Rey* NZI 1999, 355 Fn 3; **str aA** MüKoInsO-*Siegmann* § 315 InsO Rn 3 mwN), an einem anderen als an dem Ort, an dem er seinen allgemeinen Gerichtsstand hatte, so ist – primär – nach § 315 **Satz 2** das Amtsgericht als Insolvenzgericht ausschließlich zuständig, in dessen Bezirk dieser Ort liegt. Nach der Begründung des Regierungsentwurfs soll durch diese Abweichung von der KO erreicht werden, dass das Insolvenzverfahren über den Nachlass eines Einzelkaufmanns am Unternehmenssitz durchgeführt werden kann (abgedr. bei *Balz/Landfermann* S 439). Der Gesetzgeber hat ganz bewusst den Nachteil in Kauf genommen, dass die örtliche Zuständigkeit des Nachlassinsolvenzgerichts für den Fall einer selbstständigen wirtschaftlichen Tätigkeit des Erblassers von der Nachlassgerichts abweicht. Dieser Abweichung wurde „geringes Gewicht" beigemessen. Dem Nachlassgericht ist ua das Verfahren zum Aufgebot der Nachlassgläubiger und die Anordnung einer Nachlassverwaltung zugeordnet (§§ 1970 ff BGB, 73 ff FGG). Der Gesetzgeber hebt in der Begründung des Regierungsentwurfs hervor, dass sich Abweichungen zwischen den Zuständigkeiten von Nachlass- und Insolvenzgericht auch aus der Konzentration der Insolvenzverfahren bei Schwerpunktgerichten ergeben können (§ 2 Abs 2; vgl *Balz/Landfermann* S 439; BerlKo-*Goetsch* § 315 Rn 27). Die InsO enthält überdies auch keine dem § 229 KO entsprechende Regelung. Die Anmeldung einer Forderung im Aufgebotsverfahren macht die Anmeldung im Insolvenzverfahren nicht entbehrlich. Hatte der Erblasser zur **Zeit seines Todes mehrere allgemeine Gerichtsstände**, so ist das Amtsgericht zuständig, das zuerst für die Eröffnung des Nachlassinsolvenzverfahrens angerufen wird (§ 3 Abs 2). Bei **Exterritorialität des Erblassers** (§§ 18 ff GVG) findet § 15 Abs 1 ZPO Anwendung (§ 4), sofern der Erblasser Deutscher war. Er behält den Gerichtsstand seines letzten inländischen Wohnsitzes. Gibt es keinen, hat er seinen allgemeinen Gerichtsstand am Sitz der Bundesregierung (K/P/*Kemper* § 315 Rn 20; **str aA** *Kilger/K Schmidt* § 214 KO Bem 4, nach denen jede konkursgerichtliche Zuständigkeit entfallen soll; N/R/*Riering* § 315 Rn 53: Anwendung von § 3). Hatte der Erblasser zur Zeit seines Todes keinen allgemeinen Gerichtsstand in der Bundesrepublik Deutschland, so wurde in K/U § 214 KO Rn 12 vertreten, dass § 238 Abs 2 KO zur Anwendung komme, wonach ein Inlandskonkursverfahren stattfindet, soweit der Schuldner „im Inlande mit in mit Wohn- und Wirtschaftsgebäuden versehenes Gut als Eigentümer, Nutznießer oder Pächter bewirtschaftet". Nach Art 102 Abs 3 S 1 EGInsO kann nunmehr ein gesondertes Insolvenzverfahren durchgeführt werden, das nur das Schuldnervermögen erfasst, welches sich im Inland befindet. Allerdings trifft das Gesetz keine Aussage zur internationalen Zuständigkeit. Nach geltendem Recht gibt es folglich keine internationale Zuständigkeit inländischer Gerichte zur Eröffnung eines Partikular-Insolvenzverfahrens (vgl eingehend *Lüer* in Kölner

VIII. Fortgesetztes Insolvenzverfahren

Stirbt der Schuldner nach Eingang des Eröffnungsantrags bei Gericht, bleibt dieser Antrag maßgebend für die Eröffnungsentscheidung (**BGH** 22. 1. 2004, BGHZ 157, 350, 354; Braun/*Bauch* § 315 Rn 16). Das Regelinsolvenzverfahren geht in ein Nachlassinsolvenzverfahren über, wenn der Schuldner während des Regelinsolvenzverfahrens über sein Vermögen stirbt (**BGH** aaO; K/U § 214 KO Rn 13). Gleiches gilt für ein Verbraucherinsolvenzverfahren (**BGH** 21. 2. 2008, BGHZ 175, 307, 309). Die §§ 315 ff finden ohne eventuelle Verweisung an das eigentlich örtlich zuständige Insolvenzgericht Anwendung, soweit sich nicht daraus etwas anderes ergibt, dass das Verfahren bereits läuft. Schuldner ist der Erbe (Smid/*Fehl* § 315 Rn 19). Es kommt nicht mehr auf Überschuldung oder Zahlungsunfähigkeit an, nachdem der Gesetzgeber in § 320 auch die Zahlungsunfähigkeit als Nachlassinsolvenzgrund anerkannt hat. 18

XI. Insolvenzverfahren über den Nachlass des phG einer Personenhandelsgesellschaft

1. Zur bisherigen Rechtslage: Der Tod eines persönlich haftenden Gesellschafters einer Personenhandelsgesellschaft führte zur Auflösung der Gesellschaft, sofern nichts anderes vereinbart war (§§ 131 Nr 4, 161 Abs 2 HGB aF). Ob der Konkurs über den Nachlass eines Gesellschafters einer offenen Handelsgesellschaft (oHG) oder eines persönlich haftenden Gesellschafters einer Kommanditgesellschaft (KG) in entsprechender Anwendung des § 131 Nr 5 HGB aF zur Auflösung der Gesellschaft führte, war streitig (dagegen: **BGH** 30. 4. 1984, BGHZ 91, 132 = **BGH** BB 1984, 1313 = ZIP 1984, 952; Großkommentar/*Schäfer* § 139 HGB Rn 35; K/U § 214 KO Rn 14; **str aA** Kilger/K *Schmidt* § 214 KO Bem 6). Zu den weiteren Einzelheiten bezüglich der Inkongruenz von Gesellschafts- und Erbrecht ist auf K/U § 214 KO Rn 14–14c zu verweisen. 19

2. Zur neuen Rechtslage: Streitfragen zum alten Recht haben sich durch das am 1. 7. 1998 in Kraft getretene Handelsrechtsreformgesetz und der damit verbundenen Neufassung des § 131 HGB erledigt (G zur Neuregelung des Kaufmanns- und Firmenrechts und zur Änderung anderer handels- und gesellschaftsrechtlicher Vorschriften (HRefG) vom 22. 6. 1998, BGBl I, 1474). Die Vorschrift von § 131 Nr 5 HGB aF, welche die Auflösung der oHG und KG (über § 161 Abs 2 HGB) bei Eröffnung des Konkurses über das Vermögen eines Gesellschafters vorsah, wurde aufgehoben. Nunmehr gilt für den Fall des Todes eines Gesellschafters und der Eröffnung eines Insolvenzverfahrens über das Vermögen eines Gesellschafters, dass er grundsätzlich zum Ausscheiden aus der Gesellschaft führt, soweit nichts anderes im Gesellschaftsvertrag bestimmt ist (§ 131 Abs 3 Nr 1 und Nr 2 HGB). Die grundsätzliche Fortführung des Unternehmens trotz Tod oder Insolvenz eines Gesellschafters rechtfertigt sich aus dem gewandelten Verständnis der Personenhandelsgesellschaft. Die Unternehmens- wird vor die Personenkontinuität gestellt (Begr RegE HRefG, BT-Drucksache 13/9444, 41). Der Gesellschaftsanteil des ausscheidenden Gesellschafters wächst den anderen Gesellschaftern zu, während der mit dem Ausscheiden entstehende Auseinandersetzungs- und Abfindungsanspruch in den Nachlass bzw die Masse des Nachlassinsolvenzverfahrens fällt (§§ 105 Abs 2 HGB, 738 Abs 1 S 1 und S 2 BGB). 20

3. Exkurs: Für die BGB-Gesellschaft gilt nach wie vor die alte Rechtslage. Der Tod eines Gesellschafters führt zur **Auflösung der Gesellschaft**, sofern nichts anderes vereinbart ist (§ 727 Abs 1 BGB). Das eröffnete Insolvenzverfahren über das Vermögen eines Gesellschafters oder der Gesellschaft führt ebenfalls zur Auflösung der Gesellschaft (§ 728 Abs 1 S 1 und Abs 2 S 1 BGB). Der Tod eines Kommanditisten löst die KG nicht auf, sofern nichts anderes bestimmt ist; die Gesellschaft wird fortgesetzt (§ 177 HGB). 21

Nachfolgeklauseln, die die Fortsetzung der Gesellschaft bestimmen (§ 736 BGB), sind demnach nur noch für die **BGB-Gesellschaft** notwendig; ansonsten wird eine oHG oder KG fortgesetzt. Besteht eine Nachfolgeklausel, wächst der Gesellschaftsanteil dem oder den Erben zu (§ 738 Abs 1 S 1 BGB). Sämtliche Erben werden in der Höhe ihres Erbteils Gesellschafter. Es stellt sich die Frage, ob im Fall der Nachlassinsolvenz § 131 Abs 3 Nr 2 HGB analog angewendet werden kann (so K/P/*Kemper* § 315 Rn 19 ff). Die Vorschrift gilt dem Wortlaut nach nur für die Eröffnung des Insolvenzverfahrens über das Vermögen des Gesellschafters. Die besseren Gründe sprechen dafür, dass im Fall der Nachlassinsolvenz der Erbe aus der Gesellschaft ausscheidet. Die **Unternehmenskontinuität** soll gewahrt werden. Die Gläubiger des verstorbenen Gesellschafters können sich an dem in die Insolvenzmasse fallenden Abfindungsanspruch befriedigen. Besteht eine **qualifizierte Nachfolgeklausel**, dh nur ein oder mehrere Erben treten in die Gesellschafterstellung des Erblassers ein, fallen etwaige Ausgleichsansprüche weiterer Erben gegen den durch die qualifizierte Nachfolgeklausel begünstigten Erben in das persönliche Vermögen der Erben und nicht in den Nachlass. Sie gehören nicht zur Insolvenzmasse (*Jaeger/Weber* § 214 KO Rn 31 g; K/P/*Kemper* § 315 Rn 21). 22

23 **4. Haftung des Erben eines phG.** Er haftet für die vor seinem Eintritt begründeten Gesellschaftsverbindlichkeiten auch dann unbeschränkt, wenn die Gesellschaft zwar in diesem Zeitpunkt wegen Rückgangs des Geschäftsbetriebs nur noch eine Gesellschaft bürgerlichen Rechts darstellte, auch wenn sie im Handelsregister noch als Handelsgesellschaft eingetragen war (K/U § 214 KO Rn 14 c). Ist jedoch die Gesellschaft zum Zeitpunkt des Erbfalls bereits aufgelöst gewesen, so kann der Erbe die Haftung auf den Nachlass beschränken (**BGH** 6. 7. 1981, NJW 1982, 45 für den Fall der Konkursabweisung mangels Masse).

§ 316 Zulässigkeit der Eröffnung

(1) Die Eröffnung des Insolvenzverfahrens wird nicht dadurch ausgeschlossen, daß der Erbe die Erbschaft noch nicht angenommen hat oder daß er für die Nachlaßverbindlichkeiten unbeschränkt haftet.

(2) Sind mehrere Erben vorhanden, so ist die Eröffnung des Verfahrens auch nach der Teilung des Nachlasses zulässig.

(3) Über einen Erbteil findet ein Insolvenzverfahren nicht statt.

Absätze 1 und 2 früher § 216 KO (davor § 204 KO verändert. Mot. S 545, 455, Prot. S 125, 196, Begr Seite 46); Absatz 3 früher § 235 KO (Vorschrift der Konkursnovelle, Begr S 56); §§ 359, 377 RegE.

I. Allgemeines

1 Das Nachlassinsolvenzverfahren kann eröffnet werden, auch wenn
1. der Erbe die Erbschaft noch nicht angenommen hat (Abs 1 Fall 1),
2. er für die Nachlassverbindlichkeiten unbeschränkt haftet (Abs 1 Fall 2) oder
3. der Nachlass bereits geteilt ist (Abs 2).

2 Die Vorschrift stellt inhaltlich übereinstimmend mit § 216 KO klar, dass die Trennung des Nachlasses vom sonstigen Vermögen des Erben durch Eröffnung des Nachlassinsolvenzverfahrens schon vor der Annahme der Erbschaft zulässig ist und dass ihr weder der Eintritt endgültig unbeschränkter Haftung des Erben für die Nachlassverbindlichkeiten noch die Teilung des Nachlasses unter den Miterben entgegensteht. Die früher in § 235 KO enthaltene Regelung, dass kein gesondertes Erbteilinsolvenzverfahren stattfindet, findet sich jetzt in § 316 Abs 3 (kritisch dazu HK-*Marotzke* § 316 Rn 2). Anders als nach der VglO, die in § 113 Abs 1 Nr 3 vorsah, dass kein Vergleichsverfahren bei unbeschränkter Erbenhaftung oder durchgeführter Nachlassteilung stattfindet, kann ein Insolvenzplanverfahren durchgeführt werden (K/P/*Kemper* § 316 Rn 2).

II. Fehlende Erbschaftsannahme

3 **Das Nachlassinsolvenzverfahren vor Erbschaftsannahme ist zulässig** (Abs 1 Fall 1). Dem vorläufigen Erben kann für das Nachlassinsolvenzverfahren ein Nachlasspfleger (§ 1960 BGB) bestellt werden. Falls Testamentsvollstreckung angeordnet ist, wird er durch den Testamentsvollstrecker vertreten. Der vorläufige Erbe kann den Antrag auf Eröffnung des Nachlassinsolvenzverfahrens stellen (HK-*Marotzke* § 316 Rn 2; K/U § 216 KO Rn 2). In dem Antrag liegt nicht notwendig die Annahme der Erbschaft (BerlKo-*Goetsch* § 316 Rn 5; *Jaeger/Weber* § 216 KO Rn 1; Kilger/*K Schmidt* § 216 KO Bem 1 a; K/P/*Kemper* § 316 Rn 2; K/U § 216 KO Rn 2; N/R/*Riering* § 216 KO Rn 2). Regelmäßig wird darin eine Verwaltungshandlung zu sehen sein (vgl § 1959 BGB). Dass der Erbe unbekannt ist, steht der Eröffnung des Nachlassinsolvenzverfahrens nicht entgegen. Die Nachlassgläubiger können ihre Ansprüche ungehindert durch § 1958 BGB in der Insolvenz (durch Anmeldung und Feststellungsklage) geltend machen (*Jaeger/Weber* § 216 KO Rn 1; K/U § 216 KO Rn 2). Sie können aber als Nachlassgläubiger auch einen Antrag auf Eröffnung des Nachlassinsolvenzverfahrens stellen (vgl § 317 Abs 1; *Jaeger/Weber* § 216 KO Rn 1; K/U § 216 KO Rn 2).

III. Unbeschränkte Erbenhaftung

4 **Die unbeschränkte Haftung des Erben** für die Nachlassverbindlichkeiten hindert die Eröffnung des Nachlassinsolvenzverfahrens nicht (Abs 1 Fall 2). Das Nachlassinsolvenzverfahren hat dann nicht den Zweck, die Haftung des Erben für die Nachlassverbindlichkeiten zu beschränken, sondern nur den Zweck, den Nachlass zur Befriedigung der Nachlassgläubiger vor den persönlichen Gläubigern des Erben zu verwenden. Dieses Absonderungsrecht muss ihnen auch bei unbeschränkter Erbenhaftung erhalten bleiben (*Jaeger/Weber* § 216 KO Rn 2; K/P/*Kemper* § 316 Rn 9; K/U § 216 KO Rn 3; MüKo-*Siegmann* § 316 InsO Rn 3; *v Wilmowski/Kurlbaum* Anm 2; *Petersen/Kleinfeller* Anm 13; *Bleyer* Anm 3). Bei unbeschränkter Haftung des Erben können die Nachlassgläubiger ihre Forderungen, auch während des Nachlassinsolvenzverfahrens, in das eigene Vermögen desselben geltend machen und vollstrecken (§ 2013 BGB); § 89 findet keine Anwendung (K/P/*Kemper* § 316 Rn 11; MüKo-*Siegmann* § 316

InsO Rn 3; N/R/*Riering* § 316 Rn 5). Anderes gilt nur, wenn auch über das Eigenvermögen des Erben das Insolvenzverfahren eröffnet ist; dann werden die Nachlassgläubiger in diesem Insolvenzverfahren wie absonderungsberechtigte Gläubiger behandelt (§ 331 Abs 1). Auch der unbeschränkt haftende Erbe ist zum Antrag auf Eröffnung des Nachlassinsolvenzverfahrens berechtigt; § 317 nimmt ihn nicht aus.

IV. Nachlassteilung

Auch die **Teilung des Nachlasses** schließt die Eröffnung des Nachlassinsolvenzverfahrens nicht aus 5 (Abs 2). Das erklärt sich daraus, dass die Nachlassgläubiger bei der Regelung, welche die Erbengemeinschaft in den §§ 2032 ff, 2058 ff BGB gefunden hat, daran interessiert sein müssen, dass der Nachlass zu ihren Gunsten auch dann noch als einheitliche Masse behandelt wird, wenn die Teilung vor Berichtigung der Nachlassverbindlichkeiten bewirkt ist (Begr S 46, 47; *Jaeger/Weber* § 216 KO Rn 5; K/U § 216 KO Rn 4). Die Miterben haben der Insolvenzmasse alles zurückzugeben, was sich an Nachlassgegenständen in ihren Händen befindet. Wird also das Nachlassinsolvenzverfahren erst **nach** Vollzug der Teilung (§§ 2042 Abs 2, 752 ff BGB) eröffnet, so ist der Insolvenzverwalter gem §§ 80 Abs 1, 148, 159 berechtigt und verpflichtet, sämtliches Vermögen in Besitz und Verwaltung zu nehmen, das zur Insolvenzmasse gehört (*Jaeger/Weber* § 216 KO Rn 6; K/P/*Kemper* § 316 Rn 13; K/U § 216 KO Rn 4; N/R/*Riering* § 316 Rn 7).

Herausgabe- und Ersatzansprüche der Nachlassgläubiger gem § 1978 Abs 2 BGB stehen dem Insol- 6 venzverwalter zu, so dass dieser entweder das Surrogat vom Erben oder Schadensersatz verlangen kann (K/P/*Kemper* § 316 Rn 13; K/U § 216 KO Rn 4). Im Übrigen gilt dazu § 315 Rn 6 ff. Gegenstände, die ein Dritter aus dem Nachlass erworben hat, können nur dann zurückgefordert werden, wenn das Rechtsgeschäft anfechtbar ist (§§ 129 ff; K/P/*Kemper* § 316 Rn 13; MüKo-*Siegmann* § 316 InsO Rn 4; N/R/*Riering* § 316 Rn 8).

V. Unzulässigkeit des Insolvenzverfahrens über einen Erbteil

Ein Insolvenzverfahren über einen Erbteil findet nicht statt (Abs 3), auch nicht über einen einzelnen 7 Nachlassgegenstand (Braun/*Bauch* § 316 Rn 9), obwohl die Zwangsvollstreckung in einen Erbteil zulässig ist (§ 859 Abs 2 ZPO). Das rechtfertigt sich dadurch, dass das Rechtsverhältnis der Miterben als Gemeinschaft zur gesamten Hand gestaltet (§§ 2039, 2040 BGB) und das Nachlassinsolvenzverfahren auch noch **nach** der Teilung zulässig ist (§ 316 Abs 2; vgl LG Osnabrück 20.11.1961, KTS 1962, 126 m Anm *Mohrbutter*; K/U § 235 KO).

K. Schmidt (in Festschrift 100 Jahre KO S 255; Handelsrecht S 91) will im Wege der **Rechtsfortbil-** 8 **dung** zwar nicht die Sonderinsolvenz über das ererbte Unternehmen, wohl aber die Insolvenzfähigkeit der Erbengemeinschaft anerkannt wissen. Erkenne man die Erbengemeinschaft als Unternehmensträgerin an, müsse man ihr auch die **Insolvenzfähigkeit** zusprechen. Richtig ist, dass das Nachlassinsolvenzverfahren nach § 315 nicht mehrere Erben voraussetzt. Nach – auch bestrittener – Auffassung in der Literatur hat der Gesetzgeber die Erbengemeinschaft als Gesamthand und damit auch als Unternehmensträgerin angesehen. Hieraus lässt sich die Insolvenzfähigkeit der Erbengemeinschaft jedoch nicht herleiten (K/U § 235 KO). Dagegen spricht ferner, dass § 11 Abs 2 Nr 1 zwar zuerkennt, dass ein Insolvenzverfahren über das Vermögen einer Gesellschaft ohne Rechtspersönlichkeit eröffnet werden kann, die Erbengemeinschaft dort allerdings nicht aufgezählt wird. Zu überprüfen wäre jedoch die hM, die ein Sonderinsolvenzverfahren nur über das ererbte Unternehmen verneint. Fällt zB eine GmbH in den Nachlass, so wird hierdurch ihre Insolvenzfähigkeit nicht aufgehoben und die gesetzlichen Antragspflichten der Geschäftsführer werden nicht etwa suspendiert (Einzelheiten bei *Jaeger/Weber* § 235 KO Rn 1 ff; Kilger/*K Schmidt* § 235 KO Bem 2; K/U § 235 KO). Auch im Fall einer Erbenmehrheit findet das Nachlassinsolvenzverfahren nur als **einheitliches Sonderinsolvenzverfahren** statt. Der Insolvenzgrund ist demgemäß für den gesamten Nachlass, nicht dagegen für einen einzelnen Erbteil festzustellen.

VI. Jederzeitige Eröffnung

Die Eröffnung des Nachlassinsolvenzverfahrens ist **ohne zeitliche Beschränkung**, also auch noch Jah- 9 re nach dem Erbfall zulässig (RG 24.8.1939, HRR 1940, 423; Kilger/*K Schmidt* § 216 KO Bem 3; K/P/*Kemper* § 316 Rn 12; K/U § 216 KO Rn 5; N/R/*Riering* § 316 Rn 9). Das **Antragsrecht der Nachlassgläubiger** ist aber auf 2 Jahre nach Erbschaftsannahme befristet (§ 319).

VII. Wiederauftauchen Verschollener

Stellt sich heraus, dass ein Verschollener noch lebt, so wird dadurch die Eröffnung des Nachlassin- 10 solvenzverfahrens nicht unwirksam. Der wiederaufgetauchte Verschollene ist der Schuldner (K/U § 216 KO Rn 6). Er kann demzufolge sofortige Beschwerde (§ 34 Abs 2) gegen den Eröffnungsbeschluss einlegen (K/P/*Kemper* § 315 Rn 32; N/R/*Riering* § 316 Rn 10; Smid/*Fehl* § 316 Rn 7; **einschränkend** FK-*Schallenberg/Rafiqpoor* § 316 Rn 11); dies gilt selbst nach Ablauf der Beschwerdefrist, da er nicht nach

§ 317

Vorschrift der Gesetze vertreten war (§§ 579 Abs 1 Nr 4, 577 Abs 2 Satz 3, 586 ZPO). Er kann geltend machen, dass der tatsächlich angenommene Insolvenzgrund (Überschuldung des Nachlasses) mangels Erbfalls nicht vorliegt und andere Insolvenzgründe nicht gegeben sind (Kilger/K Schmidt § 216 KO Bem 4; K/U § 216 KO Rn 5; N/R/*Riering* § 316 Rn 10).

§ 317 Antragsberechtigte

(1) Zum Antrag auf Eröffnung des Insolvenzverfahrens über einen Nachlaß ist jeder Erbe, der Nachlaßverwalter sowie ein anderer Nachlaßpfleger, ein Testamentsvollstrecker, dem die Verwaltung des Nachlasses zusteht, und jeder Nachlaßgläubiger berechtigt.

(2) ¹Wird der Antrag nicht von allen Erben gestellt, so ist er zulässig, wenn der Eröffnungsgrund glaubhaft gemacht wird. ²Das Insolvenzgericht hat die übrigen Erben zu hören.

(3) Steht die Verwaltung des Nachlasses einem Testamentsvollstrecker zu, so ist, wenn der Erbe die Eröffnung beantragt, der Testamentsvollstrecker, wenn der Testamentsvollstrecker den Antrag stellt, der Erbe zu hören.

Früher § 217 KO (davor § 205 KO verändert. Mot. S 455, 456 Prot S 135, 196, Begr S 47); § 360 RegE.

I. Allgemeines

1   Die Vorschrift entspricht § 217 KO. Der Kreis der Antragsberechtigten beim Nachlassinsolvenzverfahren wird weit gezogen. Die Einschränkungen, die sich aus dem Recht des Nachlassvergleichs für die Antragsberechtigung ergaben (§ 113 Abs 1 Nr 1 VglO), wurden ebenso nicht übernommen wie die Antragsbeschränkungen für besondere Gläubigergruppen nach § 219 KO, vgl unten Rn 12.

II. Die Antragsberechtigten

2   **1. Der Erbe. a) Kreis der Erben.** Jeder Erbe, der beschränkt wie der unbeschränkt haftende, und auch der Fiskus sind antragsberechtigt. Die Antragsberechtigung hat der Erbe schon vor Annahme und noch nach Teilung der Erbschaft. Der **Vorerbe** ist antragsberechtigt, solange der Nacherbfolgfall nicht eingetreten ist, da er nur so lange Erbe ist (§ 2139 BGB); mit Eintritt der Nacherbfolge ist der **Nacherbe** antragsberechtigt (Braun/*Bauch* § 317 Rn 3; *Hess* § 317 Rn 20; HK-*Marotzke* § 317 Rn 4). Zur Erweiterung der Antragsberechtigung auf der Schuldnerseite in den Fällen der Gütergemeinschaft vgl § 318 Abs 1 (Einzelheiten bei *Jaeger/Weber* § 217–220 KO Rn 2; Gottwald/*Döbereiner* InsR Hdb § 112 Rn 7). Der die Erbschaft ausschlagende Erbe ist nicht mehr **antragsberechtigt** (OLG Koblenz 21. 9. 1989, Rpfleger 1989, 510; BerlKo-*Goetsch* § 317 Rn 3; *Hess* § 317 Rn 11; Kilger/K Schmidt § 217 KO Bem 1 a; K/P/*Kemper* § 317 Rn 4; N/R/*Riering* § 317 Rn 2; Smid/*Fehl* § 317 Rn 5). Der Erbe hat als **Zulässigkeitsvoraussetzung** seine Antragsberechtigung, also seine Erbenstellung nachzuweisen, wozu der Erbschein regelmäßig ausreicht, nicht aber allein das Testament (LG Köln 24. 6. 2003, ZInsO 2003, 720).

3   **b) Antragspflicht.** § 317 regelt nur die Antragsberechtigung. Die **Antragspflicht** ergibt sich aus § 1980 BGB. Die Erben sind den Nachlassgläubigern gegenüber zur Stellung des Eröffnungsantrages verpflichtet, wenn der Nachlass schon ohne Rücksicht auf Vermächtnisse und Auflagen (§ 1980 Abs 1 S 3 BGB) überschuldet ist oder Zahlungsunfähigkeit eingetreten ist (§ 1980 Abs 1 S 1 BGB). **Vor Annahme der Erbschaft** besteht keine Antragspflicht (*Jaeger/Weber* §§ 217–220 KO Rn 21; K/U § 217 KO Rn 2; *Planck* § 1980 BGB Anm 2; *RGRK* § 1980 BGB Anm 7; *Wolff* Anm 6). Die schuldhafte Unterlassung unverzüglicher Antragstellung nach Kenntnis von der Überschuldung oder der Zahlungsunfähigkeit macht den **Erben den Nachlassgläubigern gegenüber schadenersatzpflichtig** (§ 1980 Abs 1 S 2 BGB), und zwar mehrere gesamtschuldnerisch (*Jaeger/Weber* §§ 217–220 KO Rn 20). Der Kenntnis der Überschuldung oder Zahlungsunfähigkeit steht die auf Fahrlässigkeit beruhende Unkenntnis gleich (§ 1980 Abs 2 S 1 BGB). Der Schadensersatzanspruch gehört zur Insolvenzmasse und wird vom Insolvenzverwalter geltend gemacht (K/U § 217 KO Rn 2). Der Schaden kann darin bestehen, dass einzelne Nachlassgläubiger sich im Wege der Zwangsvollstreckung aus dem Nachlass befriedigen. Die Verletzung der Insolvenzantragspflicht durch den oder die Erben hat nicht den Verlust des Rechts zur Beschränkung der persönlichen Haftung zur Folge (K/U § 217 KO Rn 2). Haftet allerdings der Erbe unbeschränkt, so ist der Schadensersatzanspruch gegenstandslos, seine unbeschränkte Erbenhaftung verdrängt den Ersatzanspruch der Masse (*Jaeger/Weber* §§ 217–220 KO Rn 21; K/U § 217 KO Rn 2). Die Antragspflicht des Erben entfällt, wenn die Insolvenzmasse zur Deckung der Kosten nicht ausreicht (*Jaeger/Weber* §§ 217–220 KO Rn 26; K/U § 217 KO Rn 2; Staudinger/*Marotzke* § 1980 BGB Rn 7; str aA N/R/*Riering* § 317 Rn 6; zu Schadenersatzansprüchen vgl aber MüKoInsO-*Siegmann* § 1980 BGB Rn 12). Dies ergibt sich aus § 1990 Abs 1 S 2 BGB. Bei Dürftigkeit des Nachlasses hat der Erbe diesen zum Zwecke der Gläubigerbefriedigung im Wege der Zwangsvollstreckung herauszugeben.

4   **c)** Beruhen die **Überschuldung** des Nachlasses oder die Zahlungsunfähigkeit nur auf **Vermächtnissen** und **Auflagen**, so steht den Erben die Möglichkeit des § 1992 BGB offen. Diese Bestimmung ist aber

II. Die Antragsberechtigten § 317

nur anwendbar, wenn der Erbe das Recht der Haftungsbeschränkung noch nicht verloren hat (§ 2013 BGB).

d) Dagegen löst die **Überschuldung** oder **Zahlungsunfähigkeit** durch **Pflichtteilsansprüche** die gesetzliche Insolvenzantragspflicht nach § 1980 Abs 1 S 1 BGB aus (K/U § 217 KO Rn 2; N/R/*Riering* § 317 Rn 5). 5

e) Glaubhaftmachung des Eröffnungsgrunds. Haben nicht alle Erben den Antrag gestellt, so hängt seine Zulassung von der Glaubhaftmachung des Eröffnungsgrundes ab (Abs 2 S 1). Bezüglich der Glaubhaftmachung ist auf § 294 ZPO zu verweisen (über § 4). Die übrigen Erben sind jetzt zwingend anzuhören, ohne den noch in § 217 Abs 2 KO eingeräumten Ermessensspielraum („soweit tunlich", vgl Abs 2 S 2). Die Vorschrift bezweckt, Verzögerungen und Schwierigkeiten, besonders bei einer größeren Zahl von Miterben, zu vermeiden; damit sind die Vorschriften der §§ 10, 14 außer Anwendung gesetzt. Soweit jedoch eine Verfahrensverzögerung droht, zB wegen unbekannten Aufenthalts eines Miterben, kann die Anhörung unterbleiben (K/P/*Kemper* § 317 Rn 15). Das Ermessen des Gerichts über die Anordnung sachdienlicher Ermittlungen (§ 5 Abs 1) entscheidet auch dann, wenn einzelne Miterben den Eröffnungsgrund bestreiten (*Jaeger/Weber* §§ 217–220 KO Rn 20). § 15 findet beim Nachlassinsolvenzverfahren Anwendung. Soll der Eröffnungsgrund allein aus einer **einzigen – bestrittenen – Forderung** abgeleitet werden, muss sie für die Eröffnung des Insolvenzverfahrens voll bewiesen werden (**BGH 14. 12. 2005, ZIP 2006, 247; BGH 9. 12. 1991, ZIP 1992, 947**). 6

2. Der Nachlassverwalter und jeder andere Nachlasspfleger. Die Nachlassverwaltung ist begrifflich eine Unterart der Nachlasspflegschaft (**RG 4. 1. 1932, RGZ 135, 305, 307; RG 30. 3. 1936, RGZ 151, 57, 59**). Der **Nachlassverwalter** ist unter denselben Voraussetzungen wie der Erbe den Nachlassgläubigern gegenüber antragspflichtig (§§ 1980 Abs 1, 1985 Abs 2 BGB). Im Einzelnen ist aber umstritten, ob andere **Nachlasspfleger** ebenfalls entsprechend § 1980 BGB zur Stellung des Insolvenzantrages verpflichtet sind (Gottwald/*Döbereiner* InsR Hdb § 112 Rn 13; *Jaeger/Weber* §§ 217, 220 KO Rn 24; MüKoInsO-*Siegmann* § 1980 BGB Rn 12; Einzelheiten bei *Uhlenbruck* ZAP 1991, Fach 14, S 51 ff). Der **Nachlasspfleger** im Sinne des § 1960 BGB hat das Antragsrecht aus § 317 Abs 1 **ausschließlich** im Interesse des Erben zur Sicherung und Erhaltung des Nachlasses, **nicht** aber auch im Interesse der Nachlassgläubiger wahrzunehmen (**BGH 8. 12. 2004, BGHZ 161, 281, 287**). Das ergibt sich auch durch Gegenschluss aus § 1985 Abs 2 S 2 BGB. Bei Unterlassung ist der Nachlasspfleger gegenüber dem Erben schadensersatzpflichtig (FK-*Schallenberg/Rafiqpoor* § 317 Rn 20; *Jaeger/Weber* §§ 217–220 KO Rn 24; K/U § 217 KO Rn 4; MüKoInsO-*Siegmann* § 317 InsO Rn 7; str aA K/P/*Kemper* § 317 Rn 10; N/R/*Riering* § 317 Rn 7). Der Nachlassinsolvenzverwalter kann aber den Schadensersatzanspruch für die Masse pfänden und ihr überweisen lassen, soweit ihr vollstreckungsreife Forderungen gegen den Erben zustehen (§§ 1978 Abs 2, 1980 BGB). Der Nachlasspfleger kann den Insolvenzantrag auch im Interesse der unbekannten Erben stellen (**KG 7. 2. 1975, KTS 1975.230**; vgl auch FK-*Schallenberg/Rafiqpoor* § 317 Rn 19; wohl auch HK-*Marotzke* § 317 Rn 12; *Jaeger/Weber* §§ 217–220 KO Rn 23; Kilger/K Schmidt § 217 KO Bem 1 b und c; K/U § 217 KO Rn 4). Mehrere Nachlasspfleger müssen den Antrag gemeinschaftlich stellen, bei Meinungsverschiedenheiten entscheidet das Nachlassgericht (arg §§ 1797 Abs 1, 1915, 1962 BGB; vgl auch Kilger/K Schmidt § 217 KO Bem 1 c, wobei die Rechtsfolge aus § 2224 BGB hergeleitet wird). Fehlt die erforderliche Mitwirkung der anderen bestellten Nachlasspfleger, so sind diese zunächst einmal anzuhören, da sie die Antragstellung durchaus genehmigen können. Bei fehlender Mitwirkung kommen nämlich die §§ 177 ff BGB zur Anwendung (**RG 14. 2. 1913, RGZ 81, 325**). Eine analoge Anwendung des § 317 Abs 2 Satz 1, dh die Zulässigkeit des nur von einem Nachlasspfleger gestellten Eröffnungsantrags unter Glaubhaftmachung des Eröffnungsgrunds anzuerkennen, scheidet aus (*Hess* § 317 Rn 26). Der Eröffnungsantrag eines Nachlasspflegers ist **zulässig**, wenn er eine Überschuldung des Nachlasses in substanziierter, nachvollziehbarer Form darlegt, wobei Schlüssigkeit im technischen Sinn nicht erforderlich ist (**BGH 12. 7. 2007, ZIP 2007, 1868**). 7

3. Der Testamentsvollstrecker. Dem Verwaltungs-Testamentsvollstrecker (§§ 2197 ff BGB) steht das Antragsrecht zu, **nicht** aber dem nach §§ 2208, 2223 BGB **beschränkten** Testamentsvollstrecker (FK-*Schallenberg/Rafiqpoor* § 317 Rn 21; *Hess* § 317 Rn 28). **Mehrere Testamentsvollstrecker** müssen den Antrag gemeinschaftlich stellen, bei Meinungsverschiedenheiten unter ihnen entscheidet das Nachlassgericht (§ 2224 BGB) (vgl Rn 7). Hinsichtlich der Antragspflicht gilt für den mit der Verwaltung des Nachlasses betrauten Testamentsvollstrecker gemäß § 2219 Abs 1 BGB das Gleiche wie für den Nachlasspfleger (vgl Rn 7). Es gelten die Vorschriften der §§ 1915 Abs 1, 1833, 2216, 2219 BGB für die Verantwortlichkeit gegenüber den Erben. 8

a) Erben. Neben dem Testamentsvollstrecker ist auch jeder **Erbe** antragsberechtigt (vgl Abs 3). Wenn der Testamentsvollstrecker den Antrag stellt, ist der oder sind die Erben, wenn ein Erbe den Antrag stellt, der Testamentsvollstrecker anzuhören. 9

b) Gesamtvermögen. Falls über das **Gesamtvermögen** des Erben das **Insolvenzverfahren** eröffnet ist, hat auch der **Insolvenzverwalter** das Recht und die Pflicht gegenüber den Erben, das Nachlassinsol- 10

Lüer

venzverfahren zu beantragen, um diesem die Haftungsbeschränkung zu sichern (**BGH** 11. 5. 2006, BGHZ 167, 353, 357; K/U § 217 KO Rn 7; N/R/*Riering* § 317 Rn 10).

11 c) **Handelsgesellschaft.** Befindet sich im Nachlass ein **selbstständig insolvenzfähiges Handelsunternehmen** oder eine **Kapitalgesellschaft**, so wird man den Insolvenzverwalter nicht als berechtigt ansehen dürfen, auch hinsichtlich dieses Sondervermögens Insolvenzantrag zu stellen; denn insoweit ist allein der **organschaftliche Vertreter** zum Insolvenzantrag berechtigt und uU verpflichtet (vgl § 15; FK-*Schallenberg/Rafiqpoor* § 317 Rn 24; N/R/*Riering* § 317 Rn 10; zur Testamentsvollstreckung über kaufmännische Unternehmen vgl *John* BB 1980, 757 ff).

12 4. **Jeder Nachlassgläubiger.** Nach nunmehr geltendem Recht ergibt sich keine Beschränkung des Antragsrechts für die früher in § 219 KO bestimmten nachrangigen Nachlassgläubiger. § 219 KO beruhte auf dem Gedanken, dass nachrangigen Gläubigern das Rechtsschutzbedürfnis für den Antrag auf Eröffnung des Nachlasskonkurses fehlt, da sie aus einem überschuldeten Nachlass bei zusätzlicher Berücksichtigung der Verfahrenskosten keine Befriedigung erwarten können (Begr Regierungsentwurf zu § 317). Auf das Nachlassinsolvenzverfahren treffen diese Erwägungen nicht zu. Das Nachlassinsolvenzverfahren soll auch bei Zahlungsunfähigkeit oder drohender Zahlungsunfähigkeit eröffnet werden können. Der Nachlass kann im Insolvenzverfahren auch an wirtschaftlichem Wert gewinnen. Ein zum Nachlass gehörendes Unternehmen kann etwa auch fortgeführt werden (Begr RegE zu § 317). Für den Antrag des Nachlassgläubigers gelten die allgemeinen Vorschriften der InsO. Das **Rechtsschutzbedürfnis** ist nach § 14 zu prüfen (FK-*Schallenberg/Rafiqpoor* § 317 Rn 31 „allg Regelungen"; K/P/*Kemper* § 317 Rn 13). Der Gläubiger muss ein **rechtliches Interesse** an der Eröffnung des Insolvenzverfahrens haben und seine Forderung und den Eröffnungsgrund glaubhaft machen. Bei nur einer einzigen – zudem bestrittenen – Forderung reicht die Glaubhaftmachung nicht. Die Forderung muss voll bewiesen werden (**BGH** 14. 12. 2005, ZIP 2006, 247; **BGH** 9. 12. 1991, ZIP 1992, 947). Ist der Antrag zulässig, ist der Schuldner anzuhören (§ 14 Abs 2). Für den Antrag des Nachlassgläubigers gilt die Antragsfrist des § 319.

III. Beschwerdeberechtigung

13 Wer die Eröffnung des Nachlassinsolvenzverfahrens antragsgerecht herbeigeführt hat, ist gegen die Eröffnungsentscheidung **nicht beschwerdeberechtigt**, da er das Beantragte bereits erreicht hat (vgl **BGH** 18. 1. 2007, WM 2007, 553 ff; MüKoInsO-*Siegmann* § 317 InsO Rn 11 mwN). Dies ist jedoch für einen Nachlassverwalter anders, der zur Antragstellung nach §§ 1985 Abs 2, 1980 Abs 1 BGB verpflichtet war, im Hinblick auf die Kosten des Nachlassinsolvenzverfahrens, wenn er mit dem Insolvenzantrag zugleich die Ablehnung der Eröffnung des Insolvenzverfahrens mangels Masse angeregt hatte (**OLG Frankfurt** 2. 12. 1970, MDR 1971, 491; str aA MüKoInsO-*Siegmann* § 317 InsO Rn 11 aE).

§ 318 Antragsrecht beim Gesamtgut

(1) ¹Gehört der Nachlaß zum Gesamtgut einer Gütergemeinschaft, so kann sowohl der Ehegatte, der Erbe ist, als auch der Ehegatte, der nicht Erbe ist, aber das Gesamtgut allein oder mit seinem Ehegatten gemeinschaftlich verwaltet, die Eröffnung des Insolvenzverfahrens über den Nachlaß beantragen. ²Die Zustimmung des anderen Ehegatten ist nicht erforderlich. ³Die Ehegatten behalten das Antragsrecht, wenn die Gütergemeinschaft endet.

(2) ¹Wird der Antrag nicht von beiden Ehegatten gestellt, so ist er zulässig, wenn der Eröffnungsgrund glaubhaft gemacht wird. ²Das Insolvenzgericht hat den anderen Ehegatten zu hören.

(3) Die Absätze 1 und 2 gelten für Lebenspartner entsprechend.

Früher § 218 KO (Vorschrift der Konkursnovelle, geändert durch GleichberG v 18. 6. 1957, BGBl I 634, BEGR, S 47); § 361 RegE.

I. Allgemeines

1 § 318 entspricht sachlich § 218 KO. Die Antragsberechtigung für die Stellung des Insolvenzantrages wird in § 318 Abs 1 S 1 erweitert, sofern ein in **Gütergemeinschaft** (§§ 1415 ff BGB) lebender Ehegatte Erbe oder Miterbe ist und der Nachlass zum **Gesamtgut** gehört (§ 1416 Abs 1 S 2 BGB – soweit nicht ein Erblasser durch letztwillige Verfügung Gegenstände zu **Vorbehaltsgut** erklärt, § 1418 Abs 2 Nr 2 BGB), und zwar auf die Person des Ehegatten, der nicht Erbe ist, wenn er das Gesamtgut allein (§§ 1422 ff BGB) oder gemeinschaftlich mit dem Erben-Ehegatten (§§ 1450 ff BGB) verwaltet; der Erbe-Ehegatte selbst ist bereits nach § 317 Abs 1 antragsberechtigt. Die Antragsberechtigung soll dem allein verwaltenden oder mitverwaltenden Ehegatten die selbstständige Möglichkeit zur Haftungsbeschränkung einräumen, da ansonsten möglicherweise gegen seinen Willen sein persönliches Vermögen für die Nachlassverbindlichkeiten haftbar wird (§§ 1487 Abs 2, 1459 Abs 2 BGB; *Jaeger/Weber* §§ 217–220 KO Rn 5). § 318 Abs 3 wurde durch das Gesetz zur Überarbeitung des Lebenspartnerschaftsrechts mit Wirkung zum 1. 1. 2005 eingefügt, so dass das Folgende insoweit sinngemäß gilt. Das setzt voraus, dass die eingetragenen Lebenspartner Gütergemeinschaft vereinbart haben (vgl § 6 LPartG; MüKoInsO-*Siegmann* § 318 InsO Rn 1).

II. Antragsberechtigung

Gehört ein Nachlass zum Gesamtgut der Gütergemeinschaft, so gilt Folgendes: wird das Gesamtgut entweder von beiden Ehegatten gemeinschaftlich oder allein von dem Ehegatten verwaltet, der nicht Erbe ist, so kann jeder Ehegatte ohne Zustimmung des anderen (Abs 1 S 2) die Eröffnung des Nachlassinsolvenzverfahrens beantragen (§ 318 Abs 1 S 1). Wird das Gesamtgut allein von dem Ehegatten verwaltet, der Erbe ist, so ist nur er und nicht auch der andere Ehegatte entsprechend der Regel des § 317 Abs 1 antragsberechtigt (vgl BerlKo-*Goetsch* § 318 Rn 5; *Hess* § 318 Rn 4; *Jaeger/Weber* §§ 217–220 KO Rn 4 ff; Kilger/*K Schmidt* § 218 KO Bem 2 a; K/P/*Kemper* § 318 Rn 2; K/U § 218 KO Rn 1; N/R/*Riering* § 318 Rn 2). **Bei Beendigung der Gütergemeinschaft** verbleibt es nach Abs 1 S 3 bei dem Antragsrecht nach Abs 1 S 1. 2

III. Antragsvoraussetzungen und Anhörung

§ 318 Abs 2 entspricht § 317 Abs 2; vgl zur Glaubhaftmachung und der Anhörung des anderen Ehegatten die Kommentierung zu § 317 Rn 6. 3

§ 319 Antragsfrist
Der Antrag eines Nachlaßgläubigers auf Eröffnung des Insolvenzverfahrens ist unzulässig, wenn seit der Annahme der Erbschaft zwei Jahre verstrichen sind.

Früher § 220 KO (Vorschrift der Konkursnovelle. Begr S 49); § 362 RegE.

I. Allgemeines

Die § 220 KO entsprechende Antragsfrist für Nachlassgläubiger findet ihre Parallele in § 1981 Abs 2 S 2 BGB. Der Antrag auf Nachlassverwaltung kann ebenfalls nur innerhalb von **zwei Jahren seit Annahme der Erbschaft** gestellt werden. Die Befristung ist sachlich richtig, da sich mit zunehmendem Zeitablauf Eigenvermögen und Nachlass kaum mehr trennen lassen werden (vgl Begr RegE zu § 362; abgedr bei *Balz/Landfermann* S 441; *Palandt/Edenhofer* § 1981 BGB Rn 3). 1

II. Nachlassgläubigerantrag

Die Antragsfrist gilt nur für den Antrag der **Nachlassgläubiger**. Die Eröffnung des Nachlassinsolvenzverfahrens aufgrund des Antrages eines anderen Antragsberechtigten (Erbe, Nachlassverwalter, Nachlasspfleger, Testamentsvollstrecker) ist noch Jahre nach dem Erbfall zulässig (vgl K/P/*Kemper* § 319 Rn 2; K/U § 220 KO Rn 2). Der **Erbe** ist nach § 1980 Abs 1 S 1 BGB gehalten, **unverzüglich** nach Kenntniserlangung von einem Insolvenzgrund den Antrag auf Eröffnung des Insolvenzverfahrens zu stellen. 2

III. Ausschlussfrist

Die Antragsfrist des § 319 ist eine **Ausschlussfrist** (FK-*Schallenberg/Rafiqpoor* § 319 Rn 2; K/P/*Kemper* § 319 Rn 4; K/U § 220 KO Rn 1). Sie beginnt mit der Annahme (auch wenn sie konkludent erfolgt, Braun/*Bauch* § 319 Rn 1; HK-*Marotzke* § 319 Rn 3) der Erbschaft (§ 1943 HS 1 BGB) und dem Ablauf der Ausschlagungsfrist (§§ 1943 HS 2, 1944 Abs 1 BGB) bzw der wirksamen Anfechtung einer fristgerechten Ausschlagung (§ 1957 Abs 1 HS 2 BGB). Bei der Nacherbfolge beginnt sie mit der Annahme der Nacherbschaft (K/U § 220 KO Rn 1). Sind mehrere Erben berufen, so beginnt die Frist erst, wenn sämtliche Erben angenommen oder ausgeschlagen haben (*Hess* § 319 Rn 6; *Jaeger/Weber* §§ 217–220 KO Rn 19; Kilger/*K Schmidt* § 220 KO Bem 1; MüKoInsO-*Siegmann* § 319 InsO Rn 2; N/R/*Riering* § 319 Rn 2). Im Hinblick auf die Ausschlagungsfrist des § 1944 Abs 2 BGB, deren Beginn sich ganz erheblich hinauszögern kann, wird sich auch der Fristablauf nach § 319 im Einzelfall erheblich verzögern können (FK-*Schallenberg/Rafiqpoor* § 319 Rn 3; *Hess* § 319 Rn 7). Ist der Nachlass in die Verwaltung eines Testamentsvollstreckers gelegt, so greift die ratio legis der Vorschrift (vgl oben Rn 1) nicht ein. Insofern ist es gerechtfertigt, die Frist des § 319 erst mit Beendigung der Testamentsvollstreckung (§§ 2210, 2225–2227 BGB) beginnen zu lassen (HK-*Marotzke* § 319 Rn 4; *Muscheler*, Die Haftungsordnung der Testamentsvollstreckung, S 134 ff). 3

§ 320 Eröffnungsgründe
¹**Gründe für die Eröffnung des Insolvenzverfahrens über einen Nachlaß sind die Zahlungsunfähigkeit und die Überschuldung.** ²Beantragt der Erbe, der Nachlaßverwalter oder ein anderer

§ 320 *Eröffnungsgründe*

Nachlaßpfleger oder ein Testamentsvollstrecker die Eröffnung des Verfahrens, so ist auch die drohende Zahlungsunfähigkeit Eröffnungsgrund.

Früher § 215 KO (davor § 203 unverändert. Mot S 452 ff, Prot S 125, 196); § 363 RegE.

I. Allgemeines

1   Nach altem Recht war nur die **Überschuldung** Grund für die Eröffnung des Nachlasskonkurses. Der Gesetzgeber hat sich entschieden, das Nachlassinsolvenzverfahren auch bezüglich der Eröffnungsgründe dem Regelinsolvenzverfahren (§§ 17–19) anzupassen. Durch die Einführung der Eröffnungsgründe der **Zahlungsunfähigkeit** und der **drohenden Zahlungsunfähigkeit** wird eine Einheit zwischen Regelinsolvenzverfahren und Nachlassinsolvenzverfahren hergestellt, die praktisch zu begrüßen ist und zu Vereinfachungen führt, zB im Fall des Todes des Schuldners beim Übergang vom Regelinsolvenzverfahren zum Nachlassinsolvenzverfahren. Gleichrangige Eröffnungsgründe sind nunmehr die Überschuldung und die Zahlungsunfähigkeit (S 1). Unter bestimmten Voraussetzungen, die sich danach richten, wer den Eröffnungsantrag stellt, ist auch die drohende Zahlungsunfähigkeit ein Eröffnungsgrund (S 2). Die Zulassung der Zahlungsunfähigkeit als Eröffnungsgrund für das Nachlassinsolvenzverfahren wurde damit begründet, dass der Nachlass keine statische Vermögensmasse ist, sondern Veränderungen, zB durch Prozesse, Kursgewinne oder Kursverluste von Wertpapieren, die zum Nachlass gehören, unterworfen ist. Die Möglichkeit wirtschaftlicher Veränderungen ist noch viel offenkundiger, wenn zu dem Nachlass ein Unternehmen gehört, das fortgeführt wird (Begr RegE zu § 363; abgedr bei *Balz/Landfermann* S 442). Für die Einführung der Zahlungsunfähigkeit – und auch der drohenden Zahlungsunfähigkeit – wurde weiter angeführt, dass die Feststellung der Überschuldung des Nachlasses oft zu lange dauert und während dieser Zeit selbst bei Nachlassverwaltung in den Nachlass vollstreckt werden und damit der Nachlass geschmälert werden kann (Begr RegE zu § 363; abgedr bei *Balz/Landfermann* S 442). In allen Fällen reicht eine Glaubhaftmachung im Sinne des § 317 Abs 2 Satz 1 nicht aus, wenn der Eröffnungsgrund aus einer **einzigen – bestrittenen – Forderung** abgeleitet werden soll; sie muss für das Eröffnungsverfahren voll bewiesen werden (BGB 14. 12. 2005, ZIP 2006, 247; BGH 9. 12. 1991, ZIP 1992, 947).

II. Zahlungsunfähigkeit

2   Die **Zahlungsunfähigkeit** ist ein **neu eingeführter Eröffnungsgrund** für das Nachlassinsolvenzverfahren. Zahlungsunfähigkeit liegt vor, wenn der Schuldner seine fälligen Zahlungspflichten nicht erfüllen kann (§ 17 Abs 2 S 1). Es besteht eine Regelannahme für den Eintritt der Zahlungsunfähigkeit bei **Zahlungseinstellung** des Schuldners (§ 17 Abs 2 S 2). Die von der KO nicht beantwortete Frage, ob das Verfahren unabhängig vom Vorliegen einer Überschuldung als Nachlassinsolvenz weitergeführt werden kann, wenn über das Vermögen eines Schuldners das Verfahren wegen Zahlungsunfähigkeit eröffnet wird und dieser dann stirbt, wird durch § 320 nunmehr positiv beantwortet (vgl auch FK-*Schallenberg/Rafiqpoor* § 320 Rn 13; HK-*Marotzke* § 320 Rn 8). Bei der Feststellung der Zahlungsunfähigkeit und auch der drohenden Zahlungsunfähigkeit sind nur die im Nachlass vorhandenen flüssigen Mittel zu berücksichtigen (*Vallender/Fuchs/Rey*, NZI 1999, 355). Die sonstigen Vermögensverhältnisse des Erben bleiben außer Betracht (Begr RegE zu § 363). Im Übrigen wird auf die Kommentierung zu § 17 verwiesen.

III. Überschuldung

3   **Überschuldung** liegt nach der Legaldefinition des § 19 Abs 2 S 1 vor, wenn der Wert des Nachlasses die bestehenden Verbindlichkeiten nicht mehr deckt (zur KO: BayObLG 11. 1. 1999, NJW-RR 1999, 590, 591). Abzustellen ist nicht auf den Erbfall oder den Tag des Antrags, sondern auf den Zeitpunkt der gerichtlichen Entscheidung über die Eröffnung (FK-*Schallenberg/Rafiqpoor* § 320 Rn 14; *Hess* § 320 Rn 16; K/P/*Kemper* § 320 Rn 4; MüKoInsO-*Siegmann* § 320 InsO Rn 6; N/R/*Riering* § 320 Rn 3). Ausschlaggebend für § 320 ist die rechnerische Überschuldung, zu deren Ermittlung von **Liquidationswerten** auszugehen ist (zur KO: BayObLG 11. 1. 1999, NJW-RR 1999, 590, 591; BerlKo-*Goetsch* § 320 Rn 7; K/U § 215 KO Rn 2; MüKoInsO-*Siegmann* § 320 InsO Rn 4; Smid/*Fehl* § 320 Rn 5). Als Verbindlichkeiten kommen dabei außer den in §§ 54, 55 bezeichneten auch die in den §§ 324 ff bezeichneten Verbindlichkeiten in Betracht, ebenso Vermächtnisse und Auflagen, obwohl der Erbe nicht verpflichtet ist, das Nachlassinsolvenzverfahren zu beantragen, falls nur die Vermächtnisse und Auflagen aus dem Nachlass nicht befriedigt werden können (§ 1980 Abs 1 S 3 BGB; **RG** 13. 6. 1908, *Gruchot* 52. Jahrgang, 1082, 1085; K/P/*Kemper* § 320 Rn 4). § 1980 Abs 1 S 3 BGB besagt nicht etwa, dass eine Überschuldung nur dann vorliegt, wenn die Nachlassverbindlichkeiten nur bei Einrechnung der Vermächtnisse und Auflagen den Wert der Nachlassgegenstände übersteigen. Das gilt auch für ausgeschlossene Nachlassverbindlichkeiten (*Jaeger/Weber* § 215 KO Rn 3; K/U § 215 KO Rn 2). § 1980 Abs 1 S 3 BGB hat nur Bedeutung hinsichtlich der Insolvenzantragspflicht, nicht dagegen hinsichtlich der Feststellung der Überschuldung. Die durch Vermächtnisse und Auflagen verursachte Überschuldung wird gemäß § 1992 BGB auch als **Überschwerung** bezeichnet (MüKoInsO-*Siegmann* § 1992 BGB Rn 1; *Palandt/Edenhofer* § 1992 BGB

II. Betroffene Vollstreckungsmaßnahmen § 321

Rn 1). Beruht die Überschuldung auf Pflichtteilsschulden, so sind diese im Rahmen der Überschuldungsprüfung voll zu berücksichtigen (*Jaeger/Weber* § 215 KO Rn 3). Entscheidend sind die Zeitwerte der einzelnen Nachlassgegenstände. Bedingte, betagte, ungewisse oder auf wiederkehrende Hebungen gerichtete Rechte und Verbindlichkeiten sind entsprechend den §§ 41, 42, 43, 45 und 46 anzusetzen, jedoch nach Maßgabe der Einschränkung des § 2313 BGB (*Jaeger/Weber* § 215 KO Rn 4). Ist ein Unternehmen im Nachlass, so ist bei der Bewertung des Vermögens die Fortführung des Unternehmens zugrunde zu legen, wenn diese nach den Umständen überwiegend wahrscheinlich ist (§ 19 Abs 2 S 2). Im Übrigen wird auf die Kommentierung zu § 19 verwiesen.

IV. Drohende Zahlungsunfähigkeit

Die **drohende Zahlungsunfähigkeit** ist dann nach S 2 ein Eröffnungsgrund, wenn der Erbe, der Nachlassverwalter oder ein anderer Nachlasspfleger oder ein Testamentsvollstrecker die Eröffnung des Verfahrens beantragt; lediglich der Antrag eines **Nachlassgläubigers** kann **nicht** auf die **drohende Zahlungsunfähigkeit** gestützt werden. Die Zahlungsunfähigkeit droht, wenn die bestehenden Zahlungspflichten im Zeitpunkt der Fälligkeit voraussichtlich nicht erfüllt werden können (§ 18 Abs 2). Die drohende Zahlungsunfähigkeit löst keine Antragspflicht des Erben aus (vgl § 1980 BGB). Es wird im Übrigen auf die Kommentierung zu § 18 verwiesen. 4

§ 321 Zwangsvollstreckung nach Erbfall

Maßnahmen der Zwangsvollstreckung in den Nachlaß, die nach dem Eintritt des Erbfalls erfolgt sind, gewähren kein Recht zur abgesonderten Befriedigung.

Früher § 221 KO (Vorschrift der Konkursnovelle, Begr S 49; Kommissionsbericht S 46, 47); § 364 RegE.

I. Allgemeines

Die Vorschrift ist zwar gegenüber § 221 KO sprachlich völlig neu gefasst und gestrafft worden – Wegfall der Unwirksamkeitsanordnung einer im Wege der einstweiligen Verfügung erlangten Vormerkung nach Eintritt des Erbfalls, vgl § 221 Abs 2 KO –, sachlich ergibt sich jedoch keine tief greifende Änderung: das Recht auf abgesonderte Befriedigung (§§ 49, 50) wird durch § 321 eingeschränkt (MüKoInsO-*Siegmann* § 321 InsO Rn 1). Arrest und einstweilige Verfügung werden nicht mehr ausdrücklich in § 321 genannt (vgl auch § 89), da sie ohne weiteres von den Vorschriften der Zwangsvollstreckung im 8. Buch der ZPO erfasst werden (Begr RegE zu § 364; abgedr bei *Balz/Landfermann* S 443; **LG Stuttgart** 14. 2. 2002, ZEV 2002, 370). Insofern brauchte auch die besondere Regelung des § 221 Abs 2 KO (vgl auch § 14 Abs 2 KO) zur im Wege der einstweiligen Verfügung erlangten Vormerkung nicht mehr in das Gesetz aufgenommen zu werden (vgl § 89 Abs 1). § 321 enthält für das Nachlassinsolvenzverfahren eine **Erweiterung des Vollstreckungsverbots** des § 89. Für die Zwecke des Nachlassinsolvenzverfahrens soll diejenige Rechtslage wieder hergestellt werden, die bei Eintritt des Erbfalls bestand (Begr RegE zu § 364; abgedr bei *Balz/Landfermann* S 443). Die Zwangsvollstreckung in den Nachlass gibt, falls es zum Nachlassinsolvenzverfahren kommt, kein Absonderungsrecht. Auf diese Weise wird einerseits der Grundsatz der Trennung des Privatvermögens des Erben vom Nachlass (§§ 1976, 1977 BGB) gegenüber Privatgläubigern des Erben verwirklicht, die in den Nachlass vollstreckt haben. Andererseits wird gegenüber Nachlassgläubigern, die sich nach dem Erbfall gegenüber dem Nachlass ein Pfändungspfandrecht verschafft haben, das Ziel des Insolvenzverfahrens nach § 1 S 1 – nämlich die gemeinschaftliche, anteilsmäßige Gläubigerbefriedigung – durchgesetzt. 1

II. Betroffene Vollstreckungsmaßnahmen

§ 321 betrifft nur **Vollstreckungsmaßnahmen**, die zu einer **Sicherung** des Gläubigers geführt haben (*Hess* § 321 Rn 5; *Jaeger/Weber* § 221 KO Rn 6; *Kilger/K Schmidt* § 221 KO Bem. 1 c; K/U § 221 KO Rn 2). Zwangsvollstreckungsmaßnahmen, durch die sich ein Nachlassgläubiger noch **vor** Beginn des Nachlassinsolvenzverfahrens **Befriedigung** verschafft hat, fallen **nicht** unter § 321, können aber, uU auch wegen inkongruenter Deckung (**BGH** 10. 2. 2005, BGHZ 162, 143, 148 f; HK-*Marotzke* § 321 Rn 8), anfechtbar (§§ 129 ff) sein (*Hess* § 321 Rn 12; HK-*Marotzke* § 321 Rn 8; *Jaeger/Weber* § 221 KO Rn 6; K/U § 221 KO Rn 2; *Kilger/K Schmidt* § 221 KO Bem 1 c). Mit Recht sieht *Häsemeyer* (Insolvenzrecht Rn 33.05) hierin eine Schwäche der Verfahrenskonzeption. Hat die Vollstreckung zu einer unanfechtbaren Befriedigung des **Nachlassgläubigers** geführt, so ist eine Rückforderung auch nach bereicherungsrechtlichen Grundsätzen ausgeschlossen (K/U § 221 KO Rn 2). Die umstrittene Rechtslage ist anders, wenn sich ein **Privatgläubiger** des Erben im Vollstreckungswege Befriedigung aus dem Nachlass verschafft hat. Dieser ist im Fall des Nachlassinsolvenzverfahrens so zu behandeln, als habe er das Erlangte nicht von seinem Schuldner erhalten. Denn es gelten, wie sich aus § 321 ergibt, **Nachlass** und **Eigenvermögen** des Erben trotz ihrer mit dem Erbfall eingetretenen Vereinigung als **getrennte Vermögen**. Der Privatgläubiger des Erben hat das Erlangte aus ungerechtfertigter Bereicherung an die Nachlassinsolvenzmasse herauszugeben (FK-*Schallenberg/ Rafiqpoor* § 321 Rn 8; *Hess* § 321 Rn 9; HK-*Marotzke* § 321 Rn 8; *Jaeger/Weber* § 221 KO Rn 6; Kilger/ 2

Lüer

§ 322 Anfechtbare Rechtshandlungen des Erben

K Schmidt § 221 KO Bem 1 c; K/U § 221 KO Rn 2; N/R/*Riering* § 321 Rn 7; **str aA** *Dauner-Lieb*, FS Gaul, 93, 97; K/P/*Kemper* § 321 Rn 8 ff). Zu den einzelnen Zwangsmaßnahmen zählen Pfändungen, Anordnungen der Zwangsversteigerung bzw der Zwangsverwaltung oder die Eintragung einer Zwangs- bzw Arresthypothek (HK-*Marotzke* § 321 Rn 3; Kilger/*K Schmidt* § 221 KO Bem 1 b; K/U § 221 KO Rn 2). § 321 gilt auch für eine durch einstweilige Verfügung erlangte Vormerkung (**LG Stuttgart** 14. 2. 2002, ZEV 2002, 370, 371). § 321 gilt auch für Vollstreckungsmaßnahmen (§§ 281 ff AO) des Finanzamts. Ist zB gem § 34 AO gegen einen Nachlasspfleger ein Steuerbescheid oder ein Haftungsbescheid nach den §§ 69, 191 AO ergangen, und hat die Vollstreckungsbehörde ein Pfändungspfandrecht iSv § 282 AO erlangt, so wird mit der Nachlassinsolvenzeröffnung das Absonderungsrecht hinfällig. Ausnahme: die Vollstreckungsmaßnahme hat zur vollständigen Befriedigung des Gläubigers geführt. In diesem Fall besteht aber noch die Möglichkeit einer Anfechtung nach den §§ 129 ff.

3   **§ 321 gilt nicht für rechtsgeschäftlich oder gesetzlich begründete Pfandrechte**, mögen sie auch für eine persönliche Schuld des Erben entstanden sein (BerlKo-*Goetsch* § 321 Rn 15; Kilger/*K. Schmidt* § 221 KO Bem 1 b; K/U § 221 KO Rn 4; N/R/*Riering* § 321 Rn 9). Gesetzliche oder rechtsgeschäftliche Pfandrechte bleiben vom Nachlassinsolvenzverfahren unberührt (*Hess* § 321 Rn 10). § 321 greift deshalb auch dann nicht ein, wenn der Vermieter eine seinem gesetzlichen Pfandrecht unterliegende Sache gepfändet oder der Hypothekengläubiger das belastete Grundstück zwecks Zwangsversteigerung beschlagnahmt hat (K/U § 221 KO Rn 4).

III. Zeitpunkt

4   **Vor** dem **Erbfall** vorgenommene, beendete Vollstreckungsmaßnahmen bleiben, sofern sie nicht anfechtbar sind (§§ 129 ff), **wirksam** (*Hess* § 321 Rn 12; HK-*Marotzke* § 321 Rn 5; *Jaeger/Weber* § 221 KO Rn 6; Kilger/*K Schmidt* § 221 KO Bem 1 b; MüKoInsO-*Siegmann* § 321 InsO Rn 5). Die **nach dem Erbfall**, aber **vor Verfahrenseröffnung** in den Nachlass vorgenommenen **Vollstreckungsmaßnahmen** werden mit der Eröffnung des Nachlassinsolvenzverfahrens gegenüber **jedermann unwirksam** (vgl **BGH** 19. 1. 2006, BGHZ 166, 74, 77 zu § 88; MüKoInsO-*Siegmann* § 321 InsO Rn 3). Für **nach der Eröffnung des Nachlassinsolvenzverfahrens** vorgenommene Zwangsvollstreckungsmaßnahmen gilt § 89. Eine vor dem Erbfall bewirkte **Vorpfändung** einer zum Nachlass gehörenden Forderung (§ 845 ZPO) wird von § 321 betroffen, wenn der Pfändungsbeschluss erst nach dem Erbfall zugestellt wird (**RG** 15. 2. 1907, JW 1907, 207; *Jaeger/Weber* § 221 KO Rn 4 mwN; K/P/*Kemper* § 321 Rn 5).

IV. Wirkungen der Vorschrift

5   Die Vorschrift hat nicht bloß die verfahrensrechtliche Bedeutung, dass dem betroffenen Gläubiger das Recht auf abgesonderte Befriedigung genommen wird. Die Vorschrift hat auch einen **sachlich-rechtlichen Gehalt** (**RG** 29. 4. 1938, RGZ 157, 294, 295; **OLG Köln** 20. 4. 1967, MDR 1969, 401 mwN; BerlKo-*Goetsch* § 321 Rn 12; Kilger/*K Schmidt* § 221 KO Bem 2; K/U § 221 KO Rn 6). Es würde keinen Sinn machen, dem Gläubiger für die Dauer des Nachlassinsolvenzverfahrens das Absonderungsrecht abzusprechen, wenn nicht der Insolvenzverwalter zugleich das Recht haben sollte, den Gegenstand, in den vollstreckt wurde, zugunsten der Masse zu verwerten (**RG** 29. 4. 1938, RGZ 157, 294, 295). Mit der Verfahrenseröffnung tritt **absolute**, also gegenüber jedermann wirkende, **schwebende Unwirksamkeit** der Zwangsvollstreckungsmaßnahme ein (vgl **BGH** 19. 1. 2006, BGHZ 166, 74, 77 ff zu § 88; MüKoInsO-*Siegmann* § 321 InsO Rn 3). Sie führt zu einem endgültigen Zustand, falls der Gegenstand der Vollstreckung für die Masse verwertet wird oder die andernfalls mit der Beendigung des Nachlassinsolvenzverfahrens oder der Freigabe der Sache aufhört (**RG** 29. 4. 1938, RGZ 157, 294, 295; **OLG Hamm** 11. 11. 1958, NJW 1958, 1928). Der Insolvenzverwalter kann die Verwertung des Pfandgegenstands durch den Pfändungspfandgläubiger nach § 766 ZPO verhindern. Handelt es sich um eine Zwangshypothek, so kann er ihre Löschung verlangen, es sei denn, dass das Grundstück überbelastet oder aus einem sonstigen Grund unverwertbar ist (**RG** 29. 4. 1938, RGZ 157, 294, 295). Unterbleibt die Verwertung des Grundstücks, nachdem die Hypothek in Anwendung des § 321 gelöscht worden ist, so hat der Insolvenzverwalter ihre Wiedereintragung zu veranlassen (§ 894 BGB; zum Rechtsschutzinteresse für eine vom Konkursverwalter erhobene Klage aus § 894 BGB auf Löschung einer vor der Eröffnung des Nachlasskonkurses gem § 221 Abs 2 KO unwirksamen Vormerkung vgl **OLG Celle** 18. 5. 1976, KTS 1977, 47). Der von § 321 betroffene Gläubiger kann seine Forderung zur Tabelle anmelden, wenn er zu den Nachlassgläubigern gehört. Nach Aufhebung des Nachlassinsolvenzverfahrens infolge Einstellung gem § 213 oder infolge Einstellung mangels Masse (§ 207) wird die Vollstreckungsmaßnahme voll wirksam.

§ 322 Anfechtbare Rechtshandlungen des Erben

Hat der Erbe vor der Eröffnung des Insolvenzverfahrens aus dem Nachlaß Pflichtteilsansprüche, Vermächtnisse oder Auflagen erfüllt, so ist diese Rechtshandlung in gleicher Weise anfechtbar wie eine unentgeltliche Leistung des Erben.

Früher § 222 KO (Vorschrift der Konkursnovelle, Begr S 49); § 365 RegE.

I. Allgemeines

Die Vorschrift dient ebenso wie § 321 der Herstellung der Rechtslage, wie sie zZ des Erbfalles bestanden hat (Begr RegE zu § 365; abgedr bei *Balz/Landfermann* S 443). § 222 KO wurde fast wortgleich übernommen. Es heißt nur statt „Leistung" in § 222 KO jetzt „Rechtshandlung" und statt „unentgeltliche Verfügung" jetzt „unentgeltliche Leistung" des Erben. Sachliche Änderungen ergeben sich dadurch, dass § 322 auf die Anfechtung wegen einer unentgeltlichen Leistung (§ 134) verweist und die Anfechtungsvorschriften grundlegend geändert worden sind. **Pflichtteilsansprüche, Vermächtnisse** und **Auflagen** dürfen im Nachlassinsolvenzverfahren oder, wenn dessen Eröffnung wegen Unzulänglichkeit der Erben nicht tunlich ist (§ 1990 BGB), auch außerhalb des Nachlassinsolvenzverfahrens nur **nach allen übrigen Nachlassverbindlichkeiten** befriedigt werden (§§ 327 Abs 1 Nr 1 u 2, 1991 Abs 4 BGB). Deshalb wird ihre **vor** Eröffnung des Nachlassinsolvenzverfahrens aus dem Nachlass vorgenommene **Erfüllung** wie eine **unentgeltliche Leistung** des Erben der **Anfechtung** unterworfen (K/U § 222 KO Rn 1). Daneben gelten auch im Nachlassinsolvenzverfahren die §§ 134, 143 fort (FK-*Schallenberg/Rafiqpoor* § 322 Rn 1; K/P/*Kemper* § 322 Rn 6; N/R/*Riering* § 322 Rn 3). **Unentgeltliche Zuwendungen**, die der Erblasser während der Zugewinngemeinschaft mit seinem Ehegatten gemacht und bei denen er die Anrechnung auf die künftige Ausgleichsforderung bestimmt hat (§ 1380 Abs 1 S 1 BGB) oder bei denen die Anrechnung anzunehmen ist (§ 1380 Abs 1 S 2 BGB), sind nicht nach § 322 **anfechtbar** (vgl *Jaeger/Weber* § 222 KO Rn 5). Die Anfechtbarkeit erfasst nicht nur Nachlassverbindlichkeiten iS von § 1979 BGB, sondern alle erstattungspflichtigen Leistungen gegenüber den Nachlassgläubigern gem § 1978 Abs 1 BGB (*Jaeger/Weber* § 222 KO Rn 8; N/R/*Riering* § 322 Rn 3; wohl auch HK-*Marotzke* § 322 Rn 3, 5; Einzelheiten bei *Gottwald/Döbereiner* InsR Hdb § 113 Rn 40). Gegen Erben findet die Anfechtung dagegen nicht statt wegen solcher Rechte, die mit dem Tod des ursprünglichen Anfechtungsschuldners vollständig erloschen sind (**BGH** 11. 7. 1996, NJW 1996, 3006, 3007 f).

II. Voraussetzungen

1. Art der Verbindlichkeit. Nur **Pflichtteilsansprüche, Vermächtnisse** (auch die §§ 1932, 1967 BGB; MüKoInsO-*Siegmann* § 322 InsO Rn 2) und **Auflagen** fallen unter § 322. Ererbte Rechte dieser Art und andere nachrangige Verbindlichkeiten (§ 39) gehören nicht dazu (*Hess* § 322 Rn 2; Kilger/K *Schmidt* § 222 KO Bem 1; K/P/*Kemper* § 322 Rn 3; K/U § 222 KO Rn 2).

2. Erfüllung aus dem Nachlass. „Aus dem Nachlass erfüllt" ist nicht bloß ein mit Nachlassmitteln getilgter Anspruch (vgl MüKoInsO-*Siegmann* § 322 InsO Rn 3). Auch die Verwendung eigener Mittel des Erben gehört dazu, falls der Erbe den Umständen nach annehmen durfte, dass der Nachlass zur Berichtigung aller Nachlassverbindlichkeiten ausreicht (§ 1979 BGB) und noch nicht unbeschränkt haftet (§ 2013 BGB; K/P/*Kemper* § 322 Rn 4; K/U § 222 KO Rn 3). Verfügungen der Allein- oder Miterben, von Vor- oder Nacherben und von Testamentsvollstreckern begründen ebenfalls einen Rückgewähranspruch (K/U § 222 KO Rn 3; N/R/*Riering* § 322 Rn 5; Einzelheiten bei *Jaeger/Weber* § 222 KO Rn 9 Abs 2).

3. Gläubigerbenachteiligung. Hat der Erbe in Kenntnis oder schuldhafter Unkenntnis der Unzulänglichkeit des Nachlasses mit Nachlassmitteln geleistet und hat deshalb die Masse einen Ersatzanspruch gegen ihn, so kann der Insolvenzverwalter, weil es sonst an der zur Anfechtung erforderlichen Gläubigerbenachteiligung fehlt, von § 322 nur Gebrauch machen, falls der Erbe zahlungsunfähig ist oder feststeht, dass er zur Ersatzleistung außerstande ist (FK-*Schallenberg/Rafiqpoor* § 322 Rn 4; *Jaeger/Weber* § 222 KO Rn 8; K/U § 222 KO Rn 4; N/R/*Riering* § 322 Rn 5).

4. Erfüllungsersatz, Sicherung. § 322 greift auch bei Erfüllung durch Aufrechnung, Leistung an Erfüllungs Statt und bei der Gewährung einer Sicherung ein (**RG** 13. 6. 1908, LZ 08, 946; FK-*Schallenberg/Rafiqpoor* § 322 Rn 3; *Hess* § 322 Rn 6; Kilger/K *Schmidt* § 222 KO Bem 1; K/P/*Kemper* § 322 Rn 2; K/U § 222 KO Rn 5).

III. Zeitschranken

Die Zeitschranken der §§ 134, 146 gelten auch für § 322 (FK-*Schallenberg/Rafiqpoor* § 322 Rn 5; K/P/*Kemper* § 322 Rn 5). Die Zeitschranke für die Anfechtung wegen unentgeltlicher Leistung gem § 134 Abs 1 ist wesentlich verlängert. Anfechtbar ist nunmehr eine unentgeltliche Leistung, die nicht früher als 4 Jahre vor dem Antrag auf Eröffnung des Insolvenzverfahrens vorgenommen worden ist. Auch die Verjährung des Anfechtungsanspruchs gem § 146 hat sich verändert. Nach § 146 Abs 1 verjährt der Anfechtungsanspruch in 2 Jahren seit der Eröffnung des Insolvenzverfahrens. Für die Fristberechnung nach § 134 wird auf § 139 verwiesen.

IV. Rückgewähr

Für die Rückgewähr gilt § 143. Nach § 143 Abs 2 S 1 hat der Empfänger einer unentgeltlichen Leistung diese nur zurückzugewähren, soweit er durch sie bereichert ist. Der Empfänger kann die Einrede der fehlenden Bereicherung nicht mehr erheben, sobald er weiß oder den Umständen nach wissen musste, dass die unentgeltliche Leistung die Gläubiger benachteiligt (§ 143 Abs 2 S 2). Der Pflichtteilsanspruch, das Vermächtnis oder der Auflagenanspruch leben mit Rückgewähr als nachrangige Verbindlichkeit gemäß § 327 wieder auf (§ 144 Abs 1).

§ 323 Aufwendungen des Erben

Dem Erben steht wegen der Aufwendungen, die ihm nach den §§ 1978, 1979 des Bürgerlichen Gesetzbuchs aus dem Nachlaß zu ersetzen sind, ein Zurückbehaltungsrecht nicht zu.

Früher § 223 KO (Vorschrift der Konkursnovelle. Begr S 49, 50); § 366 RegE.

I. Kein Zurückbehaltungsrecht

1   Der Erbe kann aus dem Nachlass **Ersatz seiner Aufwendungen** verlangen (§ 1978 Abs 3 BGB), wenn er nicht unbeschränkt haftet (§ 2013 BGB). Der Anspruch richtet sich nach § 683 oder § 670 BGB, je nachdem ob es sich um Aufwendungen **vor** oder **nach** Annahme der Erbschaft handelt. Nach der ausdrücklichen Anordnung des § 323, die ohne jede sachliche Änderung § 223 KO entspricht, hat der Erbe wegen dieses Anspruchs zur Beschleunigung des Verfahrens **kein Zurückbehaltungsrecht** (§ 273 BGB) an den zum Nachlass gehörenden Gegenständen. Sein Anspruch auf Aufwendungsersatz ist aber nach § 324 Abs 1 Nr 1 Masseverbindlichkeit (K/P/*Kemper* § 323 Rn 1; K/U § 223 KO Rn 1; N/R/*Riering* § 323 Rn 2). An Nachlassgegenständen, die der Erbe aufgrund des Vertrages mit dem Erblasser in Besitz hat, kann er für Verwendungen, die er im Rahmen dieses Vertragsverhältnisses gemacht hat, das Zurückbehaltungsrecht des § 273 BGB geltend machen; es wirkt nach §§ 50, 51 Nr 2 wie ein Pfandrecht (FK-*Schallenberg/Rafiqpoor* § 323 Rn 4; K/P/*Kemper* § 323 Rn 4; K/U § 223 KO Rn 1). Der Erbe kann auch die Herausgabe von Gegenständen nicht verweigern, wenn er zur Herausgabe gem §§ 1978 Abs 1, 667, 681 BGB verpflichtet ist (*Jaeger/Weber* § 223 KO Rn 3; K/U § 223 KO Rn 1).

II. Aufrechnung

2   Das Recht der **Aufrechnung** wird durch § 323 jedoch **nicht ausgeschlossen**. Sie richtet sich nach den §§ 94 ff (BerlKo-*Goetsch* § 323 Rn 7; FK-*Schallenberg/Rafiqpoor* § 323 Rn 5; *Jaeger/Weber* § 223 KO Rn 6; Kilger/K *Schmidt* § 223 KO Bem 2; K/P/*Kemper* § 323 Rn 5; K/U § 223 KO Rn 2; N/R/*Riering* § 323 Rn 2; Smid/*Fehl* § 323 Rn 2). Eine unzulässige Aufrechnung iSv § 96 Abs 1 Nr 3 bleibt wirksam, wenn der Insolvenzverwalter die gerichtliche Geltendmachung binnen der Frist iSv § 146 versäumt (BGH 12. 7. 2007, NJW-RR 2007, 1643, 1644).

§ 324 Masseverbindlichkeiten

(1) Masseverbindlichkeiten sind außer den in den §§ 54, 55 bezeichneten Verbindlichkeiten:
1. die Aufwendungen, die dem Erben nach den §§ 1978, 1979 des Bürgerlichen Gesetzbuchs aus dem Nachlaß zu ersetzen sind;
2. die Kosten der Beerdigung des Erblassers;
3. die im Falle der Todeserklärung des Erblassers dem Nachlaß zur Last fallenden Kosten des Verfahrens;
4. die Kosten der Eröffnung einer Verfügung des Erblassers von Todes wegen, der gerichtlichen Sicherung des Nachlasses, einer Nachlaßpflegschaft, des Aufgebots der Nachlaßgläubiger und der Inventarerrichtung;
5. die Verbindlichkeiten aus den von einem Nachlaßpfleger oder einem Testamentsvollstrecker vorgenommenen Rechtsgeschäften;
6. die Verbindlichkeiten, die für den Erben gegenüber einem Nachlaßpfleger, einem Testamentsvollstrecker oder einem Erben, der die Erbschaft ausgeschlagen hat, aus der Geschäftsführung dieser Personen entstanden sind, soweit die Nachlaßgläubiger verpflichtet wären, wenn die bezeichneten Personen die Geschäfte für sie zu besorgen gehabt hätten.

(2) Im Falle der Masseunzulänglichkeit haben die in Absatz 1 bezeichneten Verbindlichkeiten den Rang des § 209 Abs. 1 Nr. 3.

Früher § 224 KO (Vorschrift der Konkursnovelle. Begr S 50); § 367 RegE.

I. Allgemeines

1   § 324 Abs 1 erweitert für den Bereich des Nachlassinsolvenzverfahrens den Kreis der **Masseverbindlichkeiten**. Es werden Aufwendungen als Masseverbindlichkeiten qualifiziert und begünstigt, die typischerweise nach Eintritt des Erbfalls im Rahmen einer ordnungsgemäßen Verwaltung der Erbschaft erfolgt sind (Begr RegE zu § 367; abgedr bei *Balz/Landfermann* S 444). Dazu gehören, über den Wortlaut hinaus, auch Verbindlichkeiten aus einem nach der Eröffnung des Nachlassinsolvenzverfahrens ge-

schlossenen Sozialplan (HK-*Marotzke* § 324 Rn 5; auch für Ansprüche iS § 100: *Siegmann* ZEV 2000, 221, 222). § 324 Abs 1 entspricht § 224 Abs 1 KO. Die Masseverbindlichkeiten nach § 324 Abs 1 Nr 1–6 ergänzen die Masseverbindlichkeiten nach den §§ 54, 55. § 324 Abs 2 passt den bisherigen § 224 Abs 2 KO an die neu gestaltete Rangordnung der Masseverbindlichkeiten an (Begr RegE zu § 367; abgedr bei *Balz/Landfermann* S 444). Reicht die Nachlassinsolvenzmasse zur vollen Befriedigung der Masseverbindlichkeiten dieses Rangs nicht aus, so tritt verhältnismäßige Befriedigung ein (§ 209 Abs 1). Die Kosten des Insolvenzverfahrens (§ 54) gehen vor (vgl § 209 Abs 1 Nr 1), ebenso die Masseverbindlichkeiten, die nach der Anzeige der Masseunzulänglichkeit begründet worden sind, ohne zu den Kosten des Verfahrens zu gehören (§ 209 Abs 1 Nr 2), und die ihnen gleichgestellten Masseverbindlichkeiten nach § 209 Abs 2. Die Verjährung wird durch ihre Geltendmachung dem Insolvenzverwalter gegenüber unterbrochen (K/U § 224 KO Rn 1).

II. Masseverbindlichkeiten des § 324 Abs 1

1. Erstattungsansprüche des Erben nach §§ 1978, 1979 BGB (Nr 1). Der Ersatzanspruch aus §§ 1978, 1979 BGB, der keine Vergütung sondern lediglich Aufwendungsersatz gewährt (BGH 29. 4. 1993, BGHZ 122, 297, 306; MüKoInsO-*Siegmann* § 324 InsO Rn 3), steht nur dem beschränkt, nicht aber dem unbeschränkt haftenden Erben zu (§ 2013 BGB). Der beschränkt haftende Erbe hat wegen dieser **Ansprüche** kein Zurückbehaltungsrecht gegenüber dem Insolvenzverwalter (§ 323), darüber, ob eine vom Erben begründete Nachlassverbindlichkeit oder eine Eigenverbindlichkeit des Erben vorliegt, vgl **RG** 9. 11. 1905, RGZ 62, 38; **RG** 26. 3. 1917, RGZ 90, 91; **RG** 21. 11. 1925, RGZ 112, 129; eingehend auch *Jaeger/Weber* § 224 KO Rn 1, 2; *Gottwald/Döbereiner* InsR Hdb § 114 Rn 1 ff).

2. Beerdigungskosten (Nr 2). Im Gegensatz zu § 224 Abs 1 Nr 2 sind nach § 324 Abs 1 Nr 2 nicht mehr die Kosten einer „standesmäßigen" Beerdigung zu ersetzen, sondern lediglich „die Kosten der Beerdigung". Entsprechend redaktionell geändert und der Terminologie des BGB (§§ 844 Abs 1, 1615 Abs 2, 1615 m BGB) angepasst worden ist § 1968 BGB durch Art 33 EGInsO. Eine inhaltliche Änderung ist nicht beabsichtigt gewesen (Begr RegE EG; abgedr bei *Balz/Landfermann* S 550). Ohne dass sich allgemein gültige Grundsätze aufstellen lassen, sind die Verhältnisse des Einzelfalles maßgebend. Die Leistungsfähigkeit des Nachlasses und die Leistungsfähigkeit der Erben können bei der Abgrenzung berücksichtigt werden (**RG** 9. 2. 1933, RGZ 139, 393, 394; **RG** 13. 5. 1939, RGZ 160, 255, 256; **BGH** 19. 2. 1960, BGHZ 32, 72, 73). Unter Nr 2 fällt nicht bloß das unbedingt Notwendige, sondern alles, was nach der Lebensstellung des Erblassers und nach den in den Kreisen des Erblassers herrschenden Auffassungen und Bräuchen zu einer würdigen und angemessenen Bestattung gehört (**BGH** 20. 9. 1973, BGHZ 61, 238, 239). Aufgrund der Neufassung des § 324 Abs 1 Nr 2 gilt umso mehr, dass an dem für eine würdige Bestattung Erforderlichen die Vorschrift auch ihre Grenze findet. Die **Feuerbestattung** steht der Beerdigung gleich. **Reisekosten**, die ein Angehöriger des Verstorbenen aufwendet, um an der Beerdigung teilnehmen zu können, gehören nur dann zu den Beerdigungskosten, wenn der Angehörige infolge Bedürftigkeit an der Beerdigung nicht hätte teilnehmen können, und der Erbe nach sittlicher Anschauung gehalten ist, ihm durch Erstattung der Reisekosten die Teilnahme zu ermöglichen, oder wenn sie unmittelbare Aufwendungen zur Vorbereitung und Durchführung der Beerdigung darstellen, wie zB **Überführung der Leiche** (BGH 19. 2. 1960, BGHZ 32, 72, 75; K/U § 224 KO Rn 3). Zu den Beerdigungskosten gehören die Kosten für ein **angemessenes Grabdenkmal** (RG 9. 2. 1933, RGZ 139, 393, 395 mwN; BerlKo-*Goetsch* § 324 Rn 9; FK-*Schallenberg/Rafiqpoor* § 324 Rn 13; K/U § 224 KO Rn 3; N/R/*Riering* § 324 Rn 6; *Wacke* DGVZ 1986, 161, 165). Nicht zu den Beerdigungskosten gehören dagegen die Aufwendungen für die **Instandhaltung** und **Pflege der Grabstätte** und des **Grabdenkmals** (RG 13. 5. 1939, RGZ 160, 255, 256; BGH 20. 9. 1973, BGHZ 61, 238, 239). Ebenso fallen unter die Vorschrift die Kosten angemessener **Bewirtung der Trauergäste** („Leichenschmaus") (AG Grimma 9. 4. 1997, NJW-RR 1997, 1027; Palandt/*Edenhofer* § 1968 BGB Rn 2; Staudinger/*Marotzke* § 1968 BGB Rn 7; Soergel/*Stein* § 1968 BGB Rn 5; BerlKo-*Goetsch* § 324 Rn 9; FK-*Schallenberg/Rafiqpoor* § 324 Rn 14; Smid/*Fehl* § 324 Rn 2; str aA *Jaeger/Weber* § 224 KO Rn 4; K/U § 224 KO Rn 3; offen lassend BGH 19. 2. 1960, BGHZ 32, 72, 75). Auch im fortgesetzten Nachlassinsolvenzverfahren sind die Kosten der Beerdigung des Erblassers Masseverbindlichkeiten. Als Gläubiger kommen die Personen in Betracht, die die Kosten zu fordern haben. Hat der Erbe die Kosten aus seinem Eigenvermögen bezahlt, so ist er Gläubiger nach Nr 1 (vgl § 326 Abs 2).

3. Kosten der Todeserklärung (Nr 3). Die Todeserklärung richtet sich nach § 34 Abs 2 VerschollenheitsG v 15. 1. 1951 (BGBl I 63), ihre Kosten bestimmen sich nach § 128 KostO (Einzelheiten bei *Jaeger/Weber* § 224 KO Rn 7).

4. Bestimmte Nachlasskosten (Nr 4). Dass die Kosten der Eröffnung einer Verfügung des Erblassers von Todes wegen (§§ 2260 ff, 2273, 2300 BGB), der gerichtlichen Sicherung des Nachlasses (§ 1960 BGB), einer Nachlasspflegschaft (§§ 1960 ff BGB; BGH 15. 13. 2005, FamRZ 2006, 411) – dazu gehört auch die Nachlassverwaltung (§§ 1981 ff BGB; **RG** 4. 1. 1932, RGZ 135, 305, 307; **RG** 30. 3. 1936, RGZ 151, 57, 59) –, des Aufgebots der Nachlassgläubiger (§§ 1970 BGB, 989 ff ZPO) und der Inventarerrichtung (§§ 1993 ff BGB) Masseverbindlichkeiten sind, erklärt sich daraus, dass sie auch den Nachlassgläubigern zugute kommen (Begr zu § 224 KO, S 50; eingehend zu den einzelnen Kosten *Jaeger/Weber* § 224 KO Rn 8 ff).

6   **5. Verbindlichkeiten aus Rechtsgeschäften des Nachlasspflegers, Nachlassverwalters oder Testamentsvollstreckers (Nr 5).** Der Vorschrift liegt der Gedanke zugrunde, dass bei Geschäften, die im Interesse der Nachlassgläubiger vorgenommen werden, die aus ihnen Berechtigten nicht auf die Quote verwiesen werden dürfen (**RG** 21. 1. 1905, RGZ 60, 30, 31). Die Verbindlichkeiten der Nr 5 müssen aus Rechtsgeschäften eines Nachlasspflegers (Nachlassverwalters) oder Testamentsvollstreckers entstanden sein. Es muss sich aber um Rechtsgeschäfte handeln, welche die **ordnungsmäßige Verwaltung** des Nachlasses erfordert (**RG** 21. 1. 1905, RGZ 60, 30, 32). Unter dieser Voraussetzung trifft § 324 Abs 1 Nr 5 auch für eine **Wechselverpflichtung** zu, die eine der genannten Personen für eine Nachlassverbindlichkeit eingegangen ist (**RG** 21. 1. 1905, RGZ 60, 30, 31). Das Gleiche gilt von der **Kostenschuld aus einem Rechtsstreit** mit einem Nachlasspfleger (Testamentsvollstrecker) über ein von ihm vorgenommenes Rechtsgeschäft (**RG** 21. 1. 1905, RGZ 60, 30, 31). Prozesse, die der Nachlassverwalter über Rechtsgeschäfte des Erblassers führt, sind zwar keine Rechtsgeschäfte, aber die daraus erwachsenden Kosten sind den Verbindlichkeiten aus Rechtsgeschäften gleichzusetzen (**OLG** Stuttgart 22. 2. 1990, Rpfleger 1990, 312; **OLG** Kassel 25. 10. 1909, LZ 1910, 171; **OLG** Frankfurt 10. 12. 1913, LZ 1913, 253; **OLG** Düsseldorf 16. 8. 1984, Rpfleger 1985, 40; BerlKo-*Goetsch* § 324 Rn 14; *Haegele* KTS 1969, 162; *Hess* § 324 Rn 12; *Jaeger/Weber* § 224 KO Rn 14; *Kilger/K Schmidt* § 224 KO Bem 1e; K/P/*Kemper* § 324 Rn 9; K/U § 224 KO Rn 6). Eine vom Nachlasspfleger empfangene, den Erben nicht zustehende Leistung ist als Masseschuld herauszugeben (**BGH** 14. 5. 1985, BGHZ 94, 312 ff; str aA *Kilger* EWiR 1985, 505). Der Auffassung des **BGH** ist zuzustimmen, da der Zweck des § 324 dahin geht, dass Rechtsgeschäfte bestimmter Art dem Interesse der Gläubiger dienen (*Uhlenbruck* WuB VI. B., § 224 Abs 1 Nr 5 KO 1.85). Zu den Masseverbindlichkeiten iS von § 324 Abs 1 Nr 5 gehören auch **Steuerforderungen**, die durch Rechtsgeschäfte eines Testamentsvollstreckers oder Nachlasspflegers ausgelöst worden sind (*Geist*, Insolvenzen + Steuern Rn 146; K/U § 224 KO Rn 6; Mohrbutter/*Ringstmeier* Hdb § 19 Rn 51).

7   **6. Verbindlichkeiten des Erben gegenüber einem Nachlasspfleger, Testamentsvollstrecker oder einem ausschlagenden Erben (Nr 6).** Ansprüche, die ein Nachlasspfleger (Nachlassverwalter), Testamentsvollstrecker oder ein Erbe, der die Erbschaft ausgeschlagen hat, aus der Geschäftsführung gegen den endgültigen Erben hat, sind nicht schlechthin, sondern nur insoweit **Masseforderungen**, als die Geschäftsbesorgung dem **Interesse der Nachlassgläubiger** und ihrem **mutmaßlichen Willen** entsprochen hat (vgl §§ 670, 677 BGB; K/P/*Kemper* § 324 Rn 10; N/R/*Riering* § 324 Rn 12). Dies besagt die in Nr 6 enthaltene Einschränkung. Auch der Anspruch auf eine angemessene Vergütung der Tätigkeit der genannten Personen gehört hierher; die dem Testamentsvollstrecker vom Erblasser ausgesetzte Vergütung ist nur Masseverbindlichkeit, soweit sie angemessen ist. Der darüber hinausgehende Betrag ist als Vermächtnis anzusehen und fällt daher unter § 327 Abs 1 Nr 2 (*Jaeger/Weber* § 224 KO Rn 15; K/U § 224 Rn 7; MüKoInsO-*Siegmann* § 324 InsO Rn 12). Hat der Erbe einen Anspruch der in § 324 Abs 1 Nr 6 genannten Art aus eigenen Mitteln erfüllt, so nimmt er die Stelle als Gläubiger ein, es sei denn, dass er für die Nachlassverbindlichkeiten unbeschränkt haftet (§ 326 Abs 2; **RG** 1. 7. 1903, RGZ 55, 157, 161). Unter Nr 6 fallen auch Aufwendungserstattungsansprüche des Nachlasspflegers, Nachlassverwalters nach den für den Antrag geltenden Vorschriften (§§ 1960 Abs 2, 1975 iVm 1835, 1915, 2218 BGB). Die Vergütungsansprüche des Nachlasspflegers (§§ 1836, 1915 BGB; **BGH** 15. 12. 2005, FamRZ 2006, 411; **AG** Ottweiler 19. 5. 2000, ZInsO 2000, 520) sind ebenso Masseverbindlichkeiten wie diejenigen eines Nachlassverwalters (§ 1987 BGB), die schon unter Nr 4 fallen (*Jaeger/Weber* § 224 KO Rn 15; *Kilger/K Schmidt* § 224 KO Bem 1 f; K/U § 224 KO Rn 7). Nach richtiger Meinung lässt sich ein allgemeiner Grundsatz, dass die Kosten einer im Interesse der Gläubiger erfolgenden Verwaltung durch eine behördlich oder gerichtlich eingesetzte Vertrauensperson in einem Nachlassinsolvenzverfahren aus dem verwalteten Vermögen vorweg zu decken sind, aus § 324 nicht herleiten (*Kilger/K Schmidt* § 224 KO Bem 1 f; K/U § 224 KO Rn 7; str aA **OLG** Rostock 14. 6. 2004, ZIP 2004, 1857, 1858; **LG** Hamburg 15. 4. 1994, NJW 1994, 1883, 1884, jeweils mit der Ausdehnung auf einen amtlich bestellten Kanzleiabwickler. MüKoInsO-*Siegmann* § 324 InsO Rn 3 aE tritt bei Kanzleiabwicklung für § 324 Abs 1 Nr 6 analog ein.

III. Rang bei Masseunzulänglichkeit

8   In einem massearmen Nachlassinsolvenzverfahren haben die in § 324 Abs 1 bezeichneten Verbindlichkeiten den Rang des § 209 Abs 1 Nr 3, vgl Rn 1.

§ 325 Nachlaßverbindlichkeiten

Im Insolvenzverfahren über einen Nachlaß können nur die Nachlaßverbindlichkeiten geltend gemacht werden.

Früher § 226 Abs 1 KO (Vorschrift der Konkursnovelle. Begr S 51, 52); 368 RegE.

I. Allgemeines

§ 325 entspricht § 226 Abs 1 KO mit der Klarstellung, dass **nur** die Nachlassverbindlichkeiten geltend gemacht werden können. Dass Nachlassinsolvenzverfahren dient der **Befriedigung der Nachlassgläubiger** aus dem Nachlass. Deswegen können im Nachlassinsolvenzverfahren alle Nachlassverbindlichkeiten im Sinne des § 1967 BGB geltend gemacht werden. Eigenschulden des Erben sind nur dann zu berücksichtigen, wenn sie zugleich Nachlassverbindlichkeiten sind, sog **Nachlasserbenschulden** (Begr RegE zu § 368; abgedr bei *Balz/Landfermann* S 445; HK-*Marotzke* § 325 Rn 3). Teilnahmeberechtigte Gläubiger sind nur **Nachlassgläubiger**, nicht dagegen Gläubiger des Erben (*Jaeger/Weber* §§ 226, 227 KO Rn 1). Für das Nachlassinsolvenzverfahren gestattet der Gesetzgeber in Abweichung von den Grundsätzen des Regelinsolvenzverfahrens sämtlichen Nachlassgläubigern die Teilnahme. Die Qualifikation der einzelnen Forderungen wird ergänzt um die Gruppe der nachrangigen Verbindlichkeiten (§ 327). § 325 gilt nur für die Geltendmachung von Nachlassverbindlichkeiten im Nachlassinsolvenzverfahren. Eigengläubiger des Erben können außerhalb des Nachlassinsolvenzverfahrens in das Eigenvermögen des Erben vollstrecken (HK-*Marotzke* § 325 Rn 6; MüKoInsO-*Siegmann* § 325 InsO Rn 10). Eigengläubiger sind aber gehindert, in den Nachlass zu vollstrecken, wobei die Zeitpunkte der §§ 321, 88, 89 zu beachten sind (HK-*Marotzke* § 325 Rn 6).

II. Begriff der Nachlassverbindlichkeiten

1. Nachlassverbindlichkeiten. Zu den Nachlassverbindlichkeiten gehören die vom Erblasser herrührenden, vererbten Schulden, die man als **Erblasserschulden** bezeichnet. Ferner gehören hierzu die **Erbfallschulden**, die den Erben als solchen treffen (§ 1967 Abs 2 BGB). Zutreffend weist MüKoInsO-*Siegmann* § 1967 BGB Rn 10 darauf hin, dass die heute übliche Bezeichnung „Erbfallschulden" ungenau ist, weil sie nicht den ganzen Umfang der neben den Erblasserschulden verbleibenden Verbindlichkeiten des Erben deckt. Zu den Erbfallschulden gehören auch die Nachlassverwaltungsschulden.

2. Erblasserschulden. Erblasserschulden sind die Schulden, die der Erblasser „vererbt", die also von ihm selbst herrühren (Einzelheiten bei *Jaeger/Weber* §§ 226, 227 KO Rn 5 ff; MüKoInsO-*Siegmann* § 1967 BGB Rn 5 ff). Die Erblasserschulden können auf Vertrag, unerlaubter Handlung, Geschäftsführung ohne Auftrag, ungerechtfertigter Bereicherung oder auf anderen gesetzlichen Bestimmungen beruhen (K/U § 226 KO Rn 1).

a) **Unterhaltspflichten.** Es gibt aber Schulden, die mit dem Tode des Erblassers **erlöschen**. Dies gilt namentlich für die **Unterhaltspflichten** gegenüber der Ehefrau, seinen Eltern, Kindern und Enkelkindern (§§ 1360 a Abs 3, 1615 BGB) und von dem Versprechen einer Rentenschenkung, soweit sich aus ihm nicht ein anderes ergibt (§ 520 BGB). Es erlöschen auch die Unterhaltsansprüche des unehelichen Kindes (§§ 1615 a, 1615 BGB). Dagegen geht die **Unterhaltspflicht bei geschiedener oder aufgehobener Ehe** mit dem Tode des Verpflichteten auf den Erben als Nachlassverbindlichkeit über (§ 1586 b BGB). Der Erbe haftet jedoch nicht über einen Betrag hinaus, der dem Pflichtteil entspricht, welcher dem Berechtigten zustände, wenn die Ehe nicht geschieden worden wäre (§ 1586 b Abs 1 S 3 BGB). Der begrenzte Anspruch hat jedoch nicht den Rang des Pflichtteilsberechtigten nach § 327 Abs 1 Nr 1 (K/U § 226 KO Rn 2; N/R/*Riering* § 325 Rn 5).

b) **Sonstige Erblasserschulden.** Zu den Erblasserschulden gehören weiterhin: die Verpflichtungen des Erblassers, der Mutter des nichtehelichen Kindes die Kosten der Entbindung und den Unterhalt aus Anlass der Geburt zu zahlen (§ 1615 l BGB), wie sich aus den §§ 1615 l Abs 3 S 5, 1615 n BGB ergibt; die Zugewinnausgleichsforderung des überlebenden Ehegatten nach § 1371 Abs 2, 3 BGB (K/U § 226 KO Rn 2 a). Der Tod des Verpflichteten führt zum Wegfall des **schuldrechtlichen Anspruchs auf Versorgungsausgleich** (§ 1587 f BGB; bejahend: Gottwald/*Döbereiner* InsR Hdb § 114 Rn 5; MüKoInsO-*Siegmann* § 1967 BGB Rn 7). Das BVerfG hat in seiner Entscheidung vom 08. April 1986 zum Versorgungsausgleich geurteilt, dass in dem Fall, dass der (schuldrechtlich) Ausgleichspflichtige stirbt, alle Ausgleichsansprüche des Berechtigten erlöschen (BVerfG 8. 4. 1986, NJW 1986, 1321, 1322). Dieser Auffassung ist zuzustimmen, da auch die gesetzlichen Regelungen zeigen, dass die Unterhalts- und Versorgungsausgleichspflichten nur beschränkt oder gar nicht auf den Erben übergehen sollen (N/R/*Riering* § 325 Rn 5). Auch der **BGH** hat entschieden, dass der Anspruch auf Ausgleichsrente mit dem Tod des Verpflichteten endet (**BGH** 12. 4. 1989, NJW-RR 1989, 963, 964). Ferner gehören zu den Erblasserschulden die werdenden und schwebenden Rechtsbeziehungen des Erblassers, also auch bedingte oder künftige Verbindlichkeiten und Lasten (**BGH** 9. 6. 1960, BGHZ 32, 367, 369; **BGH** 20. 10. 1967, WM 1968, 37; **BGH** 30. 6. 1976, WM 1976, 808; **BGH** 19. 3. 1981, WM 1981, 719; K/P/*Kemper* § 325 Rn 3; K/U § 226 KO Rn 2 a; MüKoInsO-*Siegmann* § 1967 BGB Rn 9). **Prozesskosten** können sowohl Erblasser- als auch Nachlasserbenschulden sein, je nachdem ob sie in der Person des Erblassers entstanden sind oder durch die Fortführung des Rechtsstreits in der Person des Erben entstehen (K/U § 226 KO Rn 2 a; MüKoInsO-*Siegmann* § 1967 BGB Rn 37). Für die Kosten eines vom Erben selbst für den Nachlass geführten Rechtsstreits haftet dieser immer unbeschränkt. Verbindlichkeiten aus **unerlaubten Handlungen** des Erblassers sind auch dann Erblas-

§ 325

serschulden, wenn sich die schädlichen Folgen erst nach dem Erbfall eingestellt haben (**RG** 10. 2. 1942, HRR 1942, Nr 522; K/U § 226 KO Rn 2 a; MüKoInsO-*Siegmann* § 1967 BGB Rn 9).

6 c) **Höchstpersönliche Verbindlichkeiten.** Nicht vererblich sind in der Regel Verpflichtungen aus **Auftrag** und **Geschäftsbesorgung** (§ 673 BGB) sowie auf Leistung persönlicher Dienste (§ 613 BGB). Keine Erblasserschulden sind auch Verbindlichkeiten, bei denen es in der Ausführung auf die Person des Ausführenden ankommt, wie zB beim Verlagsvertrag (K/U § 226 KO Rn 2 b).

7 d) **Rückständige Arbeitnehmeransprüche.** Zur gesetzlichen Qualifikation von **rückständigen Arbeitnehmeransprüchen** in der Insolvenz für die letzten sechs Monate vor dem Ableben des Gemeinschuldners, vgl K/U § 59 Abs 1 Nr 3 KO und die dortige Kommentierung. Die Arbeitnehmer haben nach §§ 183 ff SGB III AFG **Anspruch auf Zahlung von Insolvenzgeld** für die letzten der Eröffnung des Insolvenzverfahrens vorausgehenden drei Monate des Arbeitsverhältnisses. Zur Erbschaftssteuer im Nachlassinsolvenzverfahren vgl *Michel* KTS 1968 18 ff.

8 3. **Erbfallschulden. a) Typische Erbfallschulden.** Zu den Verbindlichkeiten, die den Erben regelmäßig treffen, gehören diejenigen aus Pflichtteilsrechten, Vermächtnissen und Auflagen (§ 1967 Abs 2 BGB), die Masseschulden des § 324, die von ihm für den Nachlass eingegangenen Verbindlichkeiten (zB die Anerkennung einer Schuld als Nachlassschuld, **RG** 9. 11. 1905, RGZ 62, 38, 40), nicht aber die Erbschaftssteuer nach Maßgabe des § 9 ErbStG (**OLG** Hamm 3. 7. 1990, MDR 1990, 1014 f; FK-*Schallenberg/Rafiqpoor* § 325 Rn 9; **aA**: K/U § 226 KO Rn 3; N/R/*Riering* § 325 Rn 7). Zu den Erbfallschulden zählen neben den vorgenannten Ansprüchen noch: das Vorausvermächtnis (§ 2150 BGB); der Ausbildungsanspruch der Stiefabkömmlinge (§ 1371 Abs 4 BGB); die Unterhaltsverpflichtung nach § 1963 BGB; die Verpflichtung zur Kostentragung einer Beerdigung des Erblassers (§ 1968 BGB); die Kosten der Todeserklärung (§ 34 Abs 2 VerschG); Kosten der Todesanzeigen; Kosten aus Geschäftsfortführung (§§ 673, 727, 1893, 2218 BGB; vgl auch Gottwald/*Döbereiner* InsR Hdb § 114 Rn 3; K/U § 226 KO Rn 3).

9 b) **Nachlassverwaltungsschulden.** Zu den Erbfallschulden gehören auch die **Nachlassverwaltungsschulden** wie zB die in § 324 Abs 1 Nr 4 genannten Verbindlichkeiten; Nachlasssicherungskosten (§ 1960 BGB); Kosten einer Nachlasspflegschaft (§ 1961 BGB); Kosten einer Nachlassverwaltung (§§ 1975, 1981 BGB); Kosten des Gläubigeraufgebots (§ 1970 BGB); vgl aber auch §§ 1993 ff BGB; die Kosten eines Nachlassinsolvenzverfahrens (Einzelheiten bei K/U § 226 KO Rn 3 a; MüKoInsO-*Siegmann* § 1967 BGB Rn 12).

10 c) **Nachlasserbenschulden.** Von ihnen spricht man dann, wenn der Erbe im Rahmen der Fortführung eines zum Nachlass gehörenden Geschäfts oder Unternehmens **Verbindlichkeiten mit Wirkung für und gegen den Nachlass** eingeht (K/U § 226 KO Rn 3 b). Der Erbe kann in solchen Fällen gegenüber dem Geschäftspartner seine Haftung ausdrücklich oder auch stillschweigend auf den Nachlass beschränken (**RG** 21. 1. 1935, RGZ 146, 343; **BGH** 25. 3. 1968, WM 1968, 798; *Jaeger/Weber* § 215 KO Rn 26; K/U § 226 KO Rn 3 b; MüKoInsO-*Siegmann* § 1967 BGB Rn 23). Eine **Eigenschuld** des Erben ist keine Nachlasserbenschuld, für die der Nachlass haftet. Eigenschuld ist der Ersatzanspruch der Nachlassgläubiger gegen den Erben wegen fehlerhafter Verwaltungsmaßnahmen nach den §§ 1978, 1979 BGB sowie die Haftung des Erben für unerlaubte Handlung (FK-*Schallenberg/Rafiqpoor* § 325 Rn 11; K/U § 226 KO Rn 3 b). Bei Eigenhaftung des Erben ist den Gläubigern der Zugriff auf den Nachlass nach der Absonderung des Nachlasses verwehrt (§ 1984 Abs 2 BGB). Bei **echten Nachlasserbenschulden**, die aus ordnungsgemäßer Verwaltung des Nachlasses resultieren, liegt sowohl eine Nachlassverbindlichkeit als auch eine Eigenschuld des Erben vor (**BGH** 10. 2. 1960, BGHZ 32, 60 = NJW 1960, 959; **BGH** 30. 3. 1978, BGHZ 71, 180 = NJW 1978, 1385, K/U § 226 KO Rn 3 b; MüKoInsO-*Siegmann* § 1967 BGB Rn 25). Dies gilt selbst für Schadensersatzansprüche, die aus schuldhafter Pflichtverletzung des Erben hinsichtlich solcher Verträge entstehen, die für den Nachlass abgeschlossen worden sind. Zweifelhaft ist, ob deliktisches Verhalten und die entsprechenden Schadensersatzpflichten neben einer Eigenhaftung zugleich auch eine Verbindlichkeit des Nachlasses begründen (Einzelheiten bei *Jaeger/Weber* §§ 226, 227 KO Rn 15 ff). Die Rückforderung von Rentenzahlungen, die irrtümlich nach dem Tode des Rentenberechtigten an dessen Erben gelangt sind, richten sich nach den Vorschriften über die Herausgabe einer ungerechtfertigten Bereicherung. Derartige Rückzahlungsverpflichtungen sind Nachlasserbenschulden (**BGH** 30. 3. 1978, BGHZ 71, 180 = NJW 1978, 1385, 1386; *Palandt/Edenhofer* § 1967 BGB Rn 9; str aA **AG** Kassel 31. 1. 1992, NJW-RR 1992, 585, 586; FK-*Schallenberg/Rafiqpoor* § 325 Rn 8).

11 4. **Einzelvollstreckung.** Haftet der Erbe für die Nachlassverbindlichkeiten unbeschränkt, so können die Nachlassgläubiger auch während des Nachlassinsolvenzverfahrens ihre Forderungen gegen den Erben verfolgen und in sein Eigenvermögen vollstrecken (**OLG** Kassel 1. 7. 1909, OLGZ 19, 137); § 89 steht dem nicht entgegen.

III. Erfüllung von Nachlassverbindlichkeiten durch den Erben (Abs 2) § 326

§ 326 Ansprüche des Erben

(1) Der Erbe kann die ihm gegen den Erblasser zustehenden Ansprüche geltend machen.

(2) Hat der Erbe eine Nachlaßverbindlichkeit erfüllt, so tritt er, soweit nicht die Erfüllung nach § 1979 des Bürgerlichen Gesetzbuchs als für Rechnung des Nachlasses erfolgt gilt, an die Stelle des Gläubigers, es sei denn, daß er für die Nachlaßverbindlichkeiten unbeschränkt haftet.

(3) Haftet der Erbe einem einzelnen Gläubiger gegenüber unbeschränkt, so kann er dessen Forderung für den Fall geltend machen, daß der Gläubiger sie nicht geltend macht.

Früher § 225 KO (Vorschrift der Konkursnovelle. Begr S 50); § 369 RegE.

I. Allgemeines

Die Vorschrift des § 326 übernimmt den Regelungsinhalt des § 225 KO. Im Rahmen des gesetzlichen 1 Forderungsübergangs nach § 326 Abs 2 hat der Gesetzgeber statt der „Berichtigung" der Nachlassverbindlichkeit den Begriff der „Erfüllung" gewählt.

II. Ansprüche des Erben gegen den Erblasser (Abs 1)

Mit der Eröffnung des Nachlassinsolvenzverfahrens gelten die infolge des Erbfalls durch Vereinigung 2 von Recht und Verbindlichkeit oder von Recht und Belastung erloschenen Rechtsverhältnisse als **nicht erloschen** (§ 1976 BGB). Die Forderungen des Erben gegen den Erblasser leben samt allen Nebenrechten (Pfandrechten, Hypotheken, Bürgschaften) wieder auf. Dementsprechend kann der Erbe seine Forderungen gegen den Erblasser im Nachlassinsolvenzverfahren geltend machen, sei es als Insolvenzgläubiger, sei es als Absonderungsberechtigter (zufolge eines für die Forderung bestehenden Pfand-, Hypotheken- oder Zurückbehaltungsrechts), sei es als Aussonderungsberechtigter (wenn es sich um einen Herausgabeanspruch handelt). Unerheblich ist, ob der Erbe für die Nachlassverbindlichkeiten beschränkt oder unbeschränkt haftet. Denn in § 2013 BGB ist § 1976 BGB nicht in Bezug genommen, da die Trennung des Nachlassvermögens vom Privatvermögen des Erben auch im Interesse der Nachlassgläubiger liegt. Der Erbe kann im Nachlassinsolvenzverfahren auch Massegläubiger sein, selbst wenn die Ansprüche nicht erst nach dem Erbfall entstanden sind, sondern auf einem mit dem Erblasser geschlossenen gegenseitigen Vertrag beruhen (vgl auch **BGH** 1. 6. 1967, BGHZ 48, 214, 219; *Hess* § 326 Rn 4; Einzelheiten bei *Jaeger/Weber* § 225 KO Rn 1, 2; *Kilger/K Schmidt* § 225 KO Bem 1; K/P/*Kemper* § 326 Rn 2; K/U § 225 KO Rn 1; N/R/*Riering* § 326 Rn 2).

III. Erfüllung von Nachlassverbindlichkeiten durch den Erben (Abs 2)

1. Grundsatz. Hat der Erbe eine Nachlassverbindlichkeit berichtigt, so tritt er an die Stelle des Gläu- 3 bigers, wenn er nicht unbeschränkt haftet (§ 326 Abs 2 aE) und nicht die Fiktion des § 1979 BGB eingreift (§ 326 Abs 2 HS 1). Da es sich um einen **gesetzlichen Forderungsübergang** handelt, tritt er an die Stelle des bisherigen Gläubigers (§§ 412, 398 BGB), und zwar so, wie die Forderung dem befriedigten Gläubiger zustand, als Massegläubiger, Absonderungsberechtigter oder einfacher Insolvenzgläubiger (RG 1. 7. 1903, RGZ 55, 157, 161; K/U § 225 KO Rn 2). Auch alle Nebenrechte gehen auf ihn über (§§ 412, 401 BGB; HK-*Marotzke* § 326 Rn 5; K/P/*Kemper* § 326 Rn 4; K/U § 225 KO Rn 2). Andererseits muss er sich auch alle **Einwendungen** gefallen lassen, die der Forderung des Gläubigers entgegengesetzt werden konnten. Hat der Gläubiger sich mit einer geringeren Summe als dem Forderungsbetrag abfinden lassen, so kann der Erbe trotzdem den ganzen Forderungsbetrag im Insolvenzverfahren geltend machen (eingehend hierzu *Jaeger/Weber* § 225 KO Rn 4 ff; K/U § 225 KO Rn 2).

2. Voraussetzungen. Der Erwerb der Gläubigerstellung setzt **einmal** voraus, dass der **Erbe** für die 4 Nachlassverbindlichkeiten **nicht unbeschränkt haftet** (Ausnahme: Abs 3); **zum anderen** darf die Berichtigung der Nachlassverbindlichkeit **nicht** nach § 1979 BGB **als für Rechnung des Nachlasses** erfolgt gelten. Liegt ein Fall des § 1979 BGB vor, durfte also der Erbe ohne Fahrlässigkeit annehmen, dass der Nachlass zur Berichtigung aller Nachlassverbindlichkeiten ausreichen würde, so hat der Erbe, falls er Mittel des Nachlasses verwendet hat, dem Nachlass nichts zu ersetzen und seinerseits keine Forderungen gegen den Nachlass. Hat er dagegen eigene Mittel aufgewendet, so kann er, weil sonst die Insolvenzmasse auf seine Kosten bereichert wäre, Ersatz beanspruchen, und zwar nach § 324 Abs 1 Nr 1 als Massegläubiger (Einzelheiten bei *Jaeger/Weber* § 225 KO Rn 4, 9). Liegt der Fall des § 1979 BGB nicht vor, so ist es gleich, ob der Erbe Nachlassverbindlichkeiten mit Mitteln des Nachlasses oder mit eigenen Mitteln berichtigt, denn in beiden Fällen werden die **Nachlassgläubiger**, falls der Erbe nicht unbeschränkt haftet, **auf dessen Kosten bereichert: erstens** dadurch, dass der Erbe der Insolvenzmasse Ersatz zu leisten hat, während der befriedigte Gläubiger nicht mehr am Insolvenzverfahren teilnimmt; **zweitens** deshalb, weil der Erbe die Insolvenzmasse mit seinem Vermögen von einer Schuld befreit hat. Darum erklärt das Gesetz den Erben, falls § 1979 BGB nicht zutrifft, für berechtigt, die Forderung des Gläubigers an dessen Stelle geltend zu machen. Möglicherweise erhält er so zwar nur die Insolvenzquote;

Lüer

dies ist aber auch berechtigt, da er an die Berichtigung von Nachlassverbindlichkeiten herangegangen ist, obwohl er wusste oder wissen musste, dass der Nachlass zur Berichtigung aller Nachlassverbindlichkeiten nicht ausreichte (vgl FK-*Schallenberg/Rafiqpoor* § 326 Rn 7; *Jaeger/Weber* § 225 KO Rn 9; N/R/*Riering* § 326 Rn 3 f; K/U § 225 KO Rn 3; str aA HK-*Marotzke* § 326 Rn 4). Eine **Aufrechnung**, die ein Nachlassgläubiger vor dem Insolvenzverfahren mit einer Privatforderung des Erben ohne dessen Zustimmung erklärt hat, gilt als nicht erfolgt, wenn der Erbe nicht unbeschränkt für die Nachlassverbindlichkeiten haftet (§§ 1977 Abs 1, 2013 BGB). Das Gleiche gilt, wenn ein Privatgläubiger des Erben gegen eine Nachlassschuld aufgerechnet hat (§§ 1977 Abs 2, 2013 BGB).

IV. Ansprüche des unbeschränkt haftenden Erben (Abs 3)

5 Eine Ausnahme zu Abs 2 macht das Gesetz in § 326 Abs 3 zugunsten des Erben, der nur einem **einzelnen Gläubiger** gegenüber unbeschränkt haftet. Unterlässt ein Gläubiger mit Rücksicht auf die ihm gegenüber bestehende unbeschränkte Erbenhaftung die Geltendmachung einer Forderung im Nachlassinsolvenzverfahren, so würden diejenigen Gläubiger, die sich nicht an das Eigenvermögen des Erben halten können, auf dessen Kosten einen unberechtigten Vorteil gewinnen. Der Erbe soll deshalb im **Nachlassinsolvenzverfahren** die **Forderung des Gläubigers** für den Fall geltend machen dürfen, dass sie der Gläubiger nicht geltend macht (FK-*Schallenberg/Rafiqpoor* § 326 Rn 12; HK-*Marotzke* § 326 Rn 8; N/R/*Riering* § 326 Rn 6). Der Erbe macht die Forderung als **Fremdanspruch** geltend. Deshalb können ihm Einreden aus der Person des Nachlassgläubigers entgegengehalten werden (*Jaeger/Weber* § 225 KO Rn 12; K/U § 225 KO Rn 4; N/R/*Riering* § 326 Rn 6). Die vom Erben geltend gemachte Forderung ist daher bis zur Schlussverteilung wie eine **aufschiebend bedingte** zu behandeln. Es findet deshalb § 191 entsprechende Anwendung, wenn der Gläubiger Insolvenzgläubiger ist (*Jaeger/Weber* § 225 KO Rn 12; Kilger/*K Schmidt* § 225 KO Bem 3; K/U § 225 KO Rn 4; MüKoInsO-*Siegmann* § 324 InsO Rn 7). Hatte der Erbe bei Beginn des Nachlassinsolvenzverfahrens die Möglichkeit der Haftungsbeschränkung im Allgemeinen verwirkt, greift § 326 Abs 3 nicht mehr ein (*Jaeger/Weber* § 225 KO Rn 11; K/U § 225 KO Rn 4).

§ 327 Nachrangige Verbindlichkeiten

(1) Im Rang nach den in § 39 bezeichneten Verbindlichkeiten und in folgender Rangfolge, bei gleichem Rang nach dem Verhältnis ihrer Beträge, werden erfüllt:
1. die Verbindlichkeiten gegenüber Pflichtteilsberechtigten;
2. die Verbindlichkeiten aus den vom Erblasser angeordneten Vermächtnissen und Auflagen.

(2) ¹Ein Vermächtnis, durch welches das Recht des bedachten auf den Pflichtteil nach § 2307 des Bürgerlichen Gesetzbuchs ausgeschlossen wird, steht, soweit es den Pflichtteil nicht übersteigt, im Rang den Pflichtteilsrechten gleich. ²Hat der Erblasser durch Verfügung von Todes wegen angeordnet, daß ein Vermächtnis oder eine Auflage vor einem anderen Vermächtnis oder einer anderen Auflage erfüllt werden soll, so hat das Vermächtnis oder die Auflage den Vorrang.

(3) ¹Eine Verbindlichkeit, deren Gläubiger im Wege des Aufgebotsverfahrens ausgeschlossen ist oder nach § 1974 des Bürgerlichen Gesetzbuchs einem ausgeschlossenen Gläubiger gleichsteht, wird erst nach den in § 39 bezeichneten Verbindlichkeiten und, soweit sie zu den in Absatz 1 bezeichneten Verbindlichkeiten gehört, erst nach den Verbindlichkeiten erfüllt, mit denen sie ohne die Beschränkung gleichen Rang hätte. ²Im übrigen wird durch die Beschränkungen an der Rangordnung nichts geändert.

Früher § 226 Abs 2 bis 4 KO (Vorschrift der Konkursnovelle. Begr S 51, 52); § 370 RegE. § 327 Abs 1 Nr 3 wurde durch Artikel 6 ErbGleichG vom 16. 12. 1997 (BGBl I, S 2968 f) gestrichen.

I. Allgemeines

1 In § 327 Abs 1 sind nicht mehr die nachrangigen Nachlassverbindlichkeiten des § 226 Abs 2 Nr 1 (Zinsen der Konkursforderung), Nr 2 (Nebenfolgen einer Straftat oder Ordnungswidrigkeit) und Nr 3 (Verbindlichkeiten aus einer Freigebigkeit des Erblassers unter Lebenden) enthalten. Dies ist deshalb nicht mehr notwendig, weil nunmehr § 39 Abs 1 Nr 1–3 die **Nachrangigkeit dieser Forderungen** bestimmt, was grundsätzlich auch im Nachlassinsolvenzverfahren gilt (HK-*Marotzke* § 327 Rn 1 f; K/P/*Kemper* § 327 Rn 1; N/R/*Riering* § 327 Rn 1). Bezüglich § 39 Abs 1 Nr 3 (Nachrangigkeit von Geldstrafen, Geldbußen, Ordnungsgelder, Zwangsgelder und Nebenfolgen einer Straftat oder Ordnungswidrigkeit, die zu einer Geldzahlung verpflichten) ist auf folgende **Besonderheit** hinzuweisen: Die Vollstreckung dieser Forderungen ist wegen der Sanktionierung nur gegen den noch lebenden Vollstreckungsschuldner, nicht jedoch gegen den Erben angebracht (Kilger/*K Schmidt* § 226 KO Bem 3 d; K/P/*Holzer* § 39 Rn 13 f). Nach §§ 459 c Abs 3 StPO, 101 OWiG können Geldstrafen und Geldbußen im Nachlass des Betroffenen vollstreckt werden. Dementsprechend sah bereits § 226 Abs 2 Nr 2 KO Einschränkungen vor (vgl *Jaeger/Weber* §§ 226, 227 KO Rn 14; Kilger/*K Schmidt* § 226 KO Bem 3 B; K/U § 226 KO Rn 7). Diese Einschränkungen hat der Gesetzgeber, obwohl beabsichtigt (Begr RegE zu § 370; abgedr bei *Balz/*

II. Die nachrangigen Verbindlichkeiten (Abs 1) **§ 327**

Landfermann S 446), weder in § 39 noch in § 327 übernommen. Insoweit liegt die Annahme eines Redaktionsversehens nahe (so *Holzer* NZI 1999, 44, 45) mit der Folge, dass § 39 Abs 1 Nr 3 im Sinne von § 226 Abs 2 Nr 2 KO auszulegen sein wird (K/P/*Holzer* § 39 Rn 14; *Holzer* NZI 1999, 44, 45). Im Übrigen wird die Regelung der KO inhaltlich übernommen. Es wird klargestellt, dass die Verbindlichkeiten gegenüber Pflichtteilsberechtigten und Vermächtnissen und Auflagen **im Rang nach allen anderen Verbindlichkeiten** einzuordnen sind (Begr RegE zu § 370; abgedr bei *Balz/Landfermann* S 446). Durch das Erbrechtsgleichstellungsgesetz vom 16. Dezember 1997 (BGBl I, S 2968) wurden die Vorschriften zur **Erbersatzberechtigung nichtehelicher Kinder** (§§ 1934 a bis 1934 e, 2338 a) aufgehoben (Artikel 1). § 226 Abs 2 Nr 6 KO wurde ebenso gestrichen (Artikel 5) wie § 327 Abs 1 Nr 3 (Artikel 6). Allerdings ist Art 227 Abs 1 EGBGB zu beachten. Danach finden die zum 1. 4. 1998 aufgehobenen Vorschriften über das Erbrecht nichtehelicher Kinder weiterhin Anwendung, wenn vor diesem Zeitpunkt der Erblasser gestorben, über den Erbausgleich eine wirksame Vereinbarung getroffen oder der Erbausgleich durch rechtskräftiges Urteil zuerkannt worden ist. **Übergangsrechtlich** ist von einer Fortgeltung des § 226 Abs 1 Nr 6 KO für vor dem 1. 1. 1999 beantragte Konkursverfahren und des § 327 Abs 1 Nr 3 für nach dem 31. 12. 1998 beantragte Insolvenzverfahren auszugehen (HK-*Marotzke* § 327 Rn 12).

II. Die nachrangigen Verbindlichkeiten (Abs 1)

1. Nachrangigkeit. Die Nachlassverbindlichkeiten von Nr 1 und 2 sind minderberechtigte Forderungen. Der Gesetzgeber will verhüten, dass die übrigen Nachlassgläubiger durch weitere Zulassung anderer Gläubiger benachteiligt werden (K/P/*Kemper* § 327 Rn 2; K/U § 226 KO Rn 5). Deshalb werden die minderberechtigten Forderungen erst nach den nachrangigen Insolvenzgläubigern gem § 39 und in der bezeichneten Rangfolge, bei gleichem Rang nach dem Verhältnis ihrer Beträge, berichtigt (vgl § 39 und K/U § 226 KO Rn 5). Die Anmeldung von Forderungen nachrangiger Gläubiger erfolgt nur nach besonderer Aufforderung durch das Insolvenzgericht; bei der Anmeldung ist auf den Nachrang hinzuweisen und die Rangstelle zu bezeichnen (§ 174 Abs 3). Auf den Stimmrechtsausschluss in der Gläubigerversammlung (§ 77 Abs 1 S 2) und den Ausschluss bei der Abschlagsverteilung (§ 187 Abs 2 S 2) wird hingewiesen. Nachrangige Gläubiger werden grundsätzlich in den Insolvenzplan mit einbezogen (K/P/*Kemper* § 327 Rn 12). Anderes galt für die in § 39 aufgeführten Forderungen nach § 29 VglO und für die Verbindlichkeiten nach § 327 nach § 113 Abs 1 Nr 7 VglO. Ist im Insolvenzplan keine andere Bestimmung getroffen worden, gelten jedoch die Forderungen nachrangiger Insolvenzgläubiger als erlassen (§ 225 Abs 1). Ist eine Bestimmung getroffen worden, so sind die Angaben gem § 224 zu machen und die Planannahme-Zustimmungserfordernisse nach § 246 zu beachten. Die Minderberechtigung wird bei der Prüfung festgestellt und in der Tabelle vermerkt. Ein Streit ist im Feststellungsverfahren (§§ 179 ff) auszutragen (**OLG Hamburg** 21. 4. 1909, OLGZ 18, 324; vgl *Hess* § 327 Rn 8; *Jaeger/ Weber* §§ 226, 227 KO Rn 21 ff; *Kilger/K Schmidt* § 226 KO Bem 2; K/U § 226 KO Rn 5; *von Lübtow* Erbrecht Band II, § 3 S 1157 f). Kosten, die den einzelnen Gläubigern durch Teilnahme am Nachlassinsolvenzverfahren entstehen, sind auch im Nachlassinsolvenzverfahren nicht anmeldbar (K/U § 226 KO Rn 5). Ein besser berechtigter Gläubiger kann eine minderberechtigte Forderung bestreiten und umgekehrt; am Bestreiten des Ranges eines Minderberechtigten hat der Besserberechtigte jedoch kein Interesse (K/U § 226 KO Rn 5).

2. Pflichtteilsrechte. Die **Pflichtteilsrechte** nach Nr 1 (§§ 2303 ff BGB) sind zwar unentgeltlicher Natur, entstehen aber von Todes wegen und fallen darum nicht schon unter § 39 Abs 1 Nr 4 (K/U § 226 KO Rn 9). § 327 Abs 2 S 1 stellt das Pflichtteilsvermächtnis dem Pflichtteil gleich; ohne diese Bestimmung würde der Bedachte als Vermächtnisnehmer hinter den Pflichtteilsberechtigten rangieren (§ 327 Abs 1 Nr 2) und zur Ausschlagung des Vermächtnisses gezwungen sein, wollte er in der Rangstufe der Nr 1 bedacht werden; nur für den Betrag des Vermächtnisses, der den Pflichtteil übersteigt, gehört sein Anspruch zu Nr 2 (K/U § 226 KO Rn 9). Die **Ausgleichsforderung des überlebenden Ehegatten** im Güterstand der Zugewinngemeinschaft (§§ 1371 Abs 2, 1373 ff BGB) ist dem Pflichtteilsanspruch **nicht gleichrangig** und steht **gewöhnlichen Nachlassverbindlichkeiten gleich** (*Baur* FamRZ 1958, 252, 258; FK-*Schallenberg/Rafiqpoor* § 327 Rn 6; *Hess* § 327 Rn 11; *Kilger/K Schmidt* § 226 KO Bem 3 d; K/U § 226 KO Rn 9; MüKoInsO-*Koch* § 1378 BGB Rn 22, 23; *Reinicke* DB 1960, 267; *RGRK* § 1378 BGB Rn 18). Der Pflichtteil ist von dem Nachlasswert zu berechnen, der nach Abzug der Ausgleichsforderung verbleibt. Durch die Regelungen des Erbrechtsgleichstellungsgesetzes (vgl Rn 1) haben **nichteheliche Kinder** erbrechtlich die **gleiche Stellung** wie **eheliche Abkömmlinge**, auch im Insolvenzrecht. Für den Pflichtteilsanspruch des nichtehelichen Kindes gilt daher § 327 Abs 1 Nr 1 (FK-*Schallenberg/Rafiqpoor* § 327 Rn 11). Eine Ausnahme kann nach Artikel 227 EGBGB bestehen, wenn der Erblasser vor dem 1. 4. 1998 gestorben ist (vgl Rn 1).

3. Vermächtnisse und Auflagen. Die in Abs 1 **Nr 2** genannten Vermächtnisse und Auflagen (§§ 1939 ff BGB) sind an **letzter Stelle** zu berichtigen (**OLG Thüringen** 7. 1. 2003, OLG-NL 2003, 89 ff). Hierher gehört auch das Recht des Dreißigsten (§ 1969 BGB) und das Recht des Ehegatten auf den Voraus (§§ 1932 ff BGB); der Anspruch auf die Haushaltsgegenstände und Hochzeitsgeschenke ist nach § 45 in

Lüer

§ 328   Zurückgewährte Gegenstände

einen Geldanspruch umzuwandeln (K/U § 226 KO Rn 10). Der gesetzliche Unterhaltsanspruch der Mutter gem § 1963 Abs 2 BGB ist keine Vermächtnisforderung, sondern lediglich nicht bevorrechtigte Insolvenzforderung (Gottwald/*Döbereiner* InsR Hdb § 114 Rn 20; *Jaeger/Weber* §§ 226, 227 KO Rn 32; Kilger/K *Schmidt* § 226 KO Bem 3 e; K/U § 226 KO Rn 10; N/R/*Riering* § 327 Rn 5). **Auflagen** (§§ 2192 ff BGB) sind von demjenigen anzumelden, der ihre Vollziehung verlangen kann, nicht vom Begünstigten, weil dieser keinen Anspruch hat. Der Auflageberechtigte macht den Anspruch für den Begünstigten, nicht als dessen Vertreter, geltend (*Jaeger/Weber* §§ 226, 227 KO Rn 33; K/U § 226 KO Rn 10; N/R/*Riering* § 327 Rn 6). Pflichtteilsansprüche, Vermächtnisse und Auflagen, mit denen der Erblasser beschwert war, gehören nicht unter Nr 1 und 2; sie sind vielmehr im Nachlassinsolvenzverfahren vollberechtigte Insolvenzforderungen (*Jaeger/Weber* §§ 226, 227 KO Rn 33; K/U § 226 KO Rn 10).

III. Vermächtnisse zum Abschluss des Pflichttteils und vorrangige Vermächtnisse und Auflagen (Abs 2)

5   S 1 betrifft das **Pflichtteilsvermächtnis**, S 2 verleiht der Anordnung des Erblassers, dass ein Vermächtnis oder eine Auflage vor den übrigen Beschwerungen den Vorrang haben soll (§ 2189 BGB), auch im Nachlassinsolvenzverfahren Wirksamkeit. Im Übrigen hat das nach § 2307 BGB den Pflichtteil ersetzende Vermächtnis bis zur Höhe des Pflichtteilsbetrages zugleich auch Pflichtteilsrang. Mit der den Pflichtteil übersteigenden Forderung ist der Gläubiger dagegen wie ein Vermächtnisnehmer zu behandeln (*Jaeger/Weber* §§ 226, 227 KO Rn 30; Kilger/K *Schmidt* § 226 KO Bem 4 b; K/P/*Kemper* § 327 Rn 8; K/U § 226 KO Rn 12). Soll ein Vermächtnis oder eine Auflage nach Anordnung des Erblassers vor einem anderen Vermächtnis oder vor einer anderen Auflage erfüllt werden, so hat es gem. § 327 Abs 2 S 2 vor den anderen den Vorrang (*von Lübtow*, S 1158; K/U § 226 KO Rn 12).

IV. Ausgeschlossene Gläubiger (Abs 3)

6   Im **Aufgebotsverfahren** ausgeschlossene Gläubiger (§§ 1970 ff BGB; 989 ff ZPO) und solche, die nach § 1974 BGB gleichstehen, verlieren ihren Rang. Deren Verbindlichkeiten werden erst nach den in § 39 bezeichneten Verbindlichkeiten und, soweit sie zu den in § 327 Abs 1 bezeichneten Verbindlichkeiten gehören, erst nach diesen Verbindlichkeiten erfüllt, mit denen sie ohne die Beschränkung gleichen Rang hätten (§ 327 Abs 3 S 1). Anders, wenn es sich bei diesen Forderungen um Pflichtteils-, Vermächtnis- oder Auflageforderungen handelt (Kilger/K *Schmidt* § 226 KO Bem 4 b; K/U § 226 KO Rn 13). Wenn sie aber Pflichtteilsberechtigte, Vermächtnisnehmer und Auflageberechtigte sind, so gehen sie den Verbindlichkeiten nach, die ohne die Beschränkungen den gleichen Rang haben würden (K/U § 226 KO Rn 13). Pflichtteilsrechte, Vermächtnisse und Auflagen werden allerdings durch das Aufgebot nicht betroffen (§ 1972 BGB), aber sie stehen nach § 1974 BGB den ausgeschlossenen Verbindlichkeiten gleich, falls sie nicht binnen 5 Jahre nach dem Erbfall dem Erben gegenüber geltend gemacht worden sind, es sei denn, dass er von ihnen Kenntnis hatte. Da jedoch der Erbe diese Verbindlichkeiten regelmäßig aus der letztwilligen Verfügung kennt, ist Abs 3 für sie ohne große praktische Bedeutung (K/U § 226 KO Rn 12). Hinsichtlich derjenigen Gläubiger, die ihre Forderungen im Aufgebotsverfahren anmelden mussten, findet Abs 3 auch dann Anwendung, wenn der Antragsteller sie trotz Kenntnis ihrer Forderung im Verzeichnis (§ 992 ZPO) nicht aufgeführt hatte (RG 12. 5. 1910, LZ 1910, 864). Die ausgeschlossenen und die ihnen gleichstehenden Gläubiger behalten untereinander den Rang, der ohne die Beschränkung gelten würde (§ 327 Abs 3 S 2; Gottwald/*Döbereiner* InsR Hdb § 114 Rn 27; *Jaeger/Weber* § 226, 227 KO Rn 26; K/P/*Kemper* § 327 Rn 10; MüKoInsO-*Siegmann* § 327 InsO Rn 4; str aA K/U § 226 KO Rn 13; Kilger/K. *Schmidt* § 226 KO Bem 4 c).

V. Aufrechnung

7   Die **Aufrechnung** minderberechtigter Gläubiger iSv § 327 Abs 1 ist grundsätzlich zulässig. Zum Beispiel sind Gläubiger nach § 39 Abs 1 Nr 1–3 berechtigt, unter den Voraussetzungen der §§ 94 ff gegen Nachlassforderungen **aufzurechnen** (*Jaeger/Weber* §§ 226, 227 KO Rn 42); anders hinsichtlich der minderberechtigten Insolvenzforderungen iSv § 327 Abs 1 Nr 1 u 2, Abs 3 (K/U § 226 KO Rn 14). Liegen die Voraussetzungen der §§ 1973 Abs 1 S 1, 1990 Abs 1 S 1, 1991 Abs 4, 1992 BGB vor, so kann keine Aufrechnungslage mehr bestehen (Einzelheiten bei *Jaeger/Weber* §§ 226, 227 KO Rn 42; K/U § 226 KO Rn 14; **str aA** bezüglich für die durch Aufgebot ausgeschlossenen Gläubiger N/R/*Riering* § 327 Rn 11); anderes ist jedoch anzunehmen, wenn eine einmal entstandene Aufrechnungslage auch im Nachlassinsolvenzverfahren erhalten bleibt (Einzelheiten bei *Jaeger/Weber* §§ 226, 227 KO Rn 43).

§ 328 Zurückgewährte Gegenstände

(1) Was infolge der Anfechtung einer vom Erblasser oder ihm gegenüber vorgenommenen Rechtshandlung zur Insolvenzmasse zurückgewährt wird, darf nicht zur Erfüllung der in § 327 Abs. 1 bezeichneten Verbindlichkeiten verwendet werden.

I. Nachlassinsolvenzverfahren und Nacherbfolge § 329

(2) Was der Erbe auf Grund der §§ 1978 bis 1980 des Bürgerlichen Gesetzbuchs zur Masse zu ersetzen hat, kann von den Gläubigern, die im Wege des Aufgebotsverfahrens ausgeschlossen sind oder nach § 1974 des Bürgerlichen Gesetzbuchs einem ausgeschlossenen Gläubiger gleichstehen, nur insoweit beansprucht werden, als der Erbe auch nach den Vorschriften über die Herausgabe einer ungerechtfertigten Bereicherung ersatzpflichtig wäre.

Früher § 228 KO (Vorschrift der Konkursnovelle, Begr S 53. Geändert durch Gesetz vom 19. 8. 1969 BGBl I S 1243); § 371 RegE.

I. Allgemeines

§ 328 entspricht inhaltlich § 228 KO. In Abs 1 wurde statt des Begriffs der „Berichtigung" in § 228 Abs 1 KO der Begriff der „Erfüllung" gewählt. Nicht erfüllt werden dürfen die in § 327 Abs 1 bezeichneten Verbindlichkeiten, die (nach Wegfall von § 327 Abs 1 Nr 3) den in § 226 Abs 2 Nr 4 und 5 KO angeführten entsprechen. Zweck der Bestimmung ist, dass die Anfechtung der vor dem Erbfall vorgenommenen Rechtshandlungen zum Vorteil derjenigen Gläubiger gereichen soll, die seinerzeit schon Forderungen gegen den Erblasser hatten (Begr KO-Novelle Hahn/Mugdan Band VII S 256; K/U § 228 KO Rn 1; N/R/Riering § 328 Rn 2). 1

II. Gläubigeranfechtung (Abs 1)

Die Anfechtung einer vor dem Erbfall vorgenommenen Rechtshandlung soll den Pflichtteilsberechtigten, Vermächtnisnehmern und den durch Auflagen Begünstigten nicht zugute kommen, sondern nur denjenigen, die bereits Gläubiger des Erblassers waren (BerlKo-Goetsch § 328 Rn 3; FK-Schallenberg/Rafiqpoor § 328 Rn 3; Hess § 328 Rn 3; Kilger/K Schmidt § 228 KO Bem 1; K/P/Kemper § 328 Rn 2; K/U § 228 KO Rn 1; N/R/Riering § 318 Rn 2). Anfechtung iS § 328 Abs 1 ist nur eine nach den §§ 129 ff, nicht aber eine iSv §§ 119 ff BGB (Braun/Bauch § 328 Rn 2). Rückgewähr (§ 143) kommt nur insoweit in Betracht, als dies zur Befriedigung aller sonstigen Nachlassverbindlichkeiten erforderlich ist; der Mehrbetrag ist dem Anfechtungsgegner zurückzuerstatten (Gottwald/Döbereiner InsR Hdb § 114 Rn 33; Hess § 328 Rn 5; Jaeger/Weber § 228 KO Rn 4; K/U § 228 KO Rn 1). Der Anfechtungsgegner kann bereits im Anfechtungsprozess den Einwand erheben, dass er nicht im vollen Umfang zurückzugewähren habe. Der Insolvenzverwalter muss den Einwand entkräften, da er die objektive Gläubigerbenachteiligung als klagebegründende Tatsache nachzuweisen hat (FK-Schallenberg/Rafiqpoor § 328 Rn 4; Jaeger/Weber § 228 KO Rn 3; K/U § 228 KO Rn 1; Wolff Anm 1; str aA Petersen/Kleinfeller Anm 3). Wird das Verfahren wegen Zahlungsunfähigkeit oder Überschuldung des Nachlasses eröffnet, hat dagegen der Anfechtungsgegner seine Behauptung der ausreichenden Masse darzulegen (MüKoInsO-Siegmann § 329 InsO Rn 3). 2

III. Ersatzansprüche gegen den Erben (Abs 2)

Nach den §§ 1978 bis 1980 BGB ist der Erbe verpflichtet, der Masse 3
– den Schaden, den er ihr durch Verletzung der ihm in § 1978 Abs 1 BGB auferlegten Sorgfaltspflicht zugefügt hat,
– die zur Berichtigung von Nachlassverbindlichkeiten entnommenen Beträge, falls § 1979 BGB darauf nicht zutrifft, und
– den Schaden, der den Nachlassgläubigern durch Unterlassung rechtzeitiger Insolvenzanmeldung entstanden ist,
zu ersetzen. Hierauf haben jedoch die ausgeschlossenen und die ihnen nach § 1974 BGB gleichgestellten Gläubiger nur insoweit Anspruch, als der Erbe ungerechtfertigt bereichert sein würde (§ 1973 Abs 2 S 1 BGB; Einzelheiten bei Jaeger/Weber § 228 KO Rn 5; K/U § 228 KO Rn 2). § 328 Abs 2 kann dazu führen, dass Pflichtteilsrechte, Vermächtnisse und Auflagen, obwohl ihnen die ausgeschlossenen Gläubiger vorgehen, vor diesen berichtigt werden, da sie ohne die Einschränkung dieser Vorschrift erfüllt werden können. Die Bestimmung findet keine Anwendung, wenn der Erbe allgemein unbeschränkt haftet; das folgt aus § 2013 BGB (Gottwald/Döbereiner InsR Hdb § 114 Rn 35; Jaeger/Weber § 228 KO Rn 5; Kilger/K Schmidt § 228 KO Bem 2; K/U § 228 KO Rn 2). 4

§ 329 Nacherbfolge

Die §§ 323, 324 Abs. 1 Nr. 1 und § 326 Abs. 2, 3 gelten für den Vorerben auch nach dem Eintritt der Nacherbfolge.

Früher § 231 KO (Vorschrift der Konkursnovelle. Geändert durch Gesetz vom 17. 7. 1974 (BGBl 1974, 1485) Begr S 54); § 373 RegE.

I. Nachlassinsolvenzverfahren und Nacherbfolge

Zu unterscheiden ist zwischen dem Nachlassinsolvenzverfahren vor Eintritt der Nacherbfolge und demjenigen nach Eintritt. Wird das Nachlassinsolvenzverfahren nach dem Eintritt der Nacherbfolge er- 1 öffnet, so ist nur der **Nacherbe** Schuldner. Der gesamte vorhandene Nachlass fällt in die Insolvenzmasse (Gottwald/*Döbereiner* InsR Hdb § 117 Rn 4; Einzelheiten bei *Jaeger/Weber* § 231 KO Rn 2; Kilger/ *K Schmidt* § 231 KO Bem 2; K/U § 231 KO Rn 1). Mit dem Eintritt der **Nacherbfolge während** des Nachlassinsolvenzverfahrens wird der Nacherbe anstelle des Vorerben Schuldner; er tritt in die Schuldnerstellung in der Lage ein, in der sie sich befindet (K/P/*Kemper* § 329 Rn 2; K/U § 231 KO Rn 1). Versäumnisse des Vorerben, zB Versäumung einer Beschwerdefrist, muss der Nacherbe gegen sich gelten lassen (K/U § 231 KO Rn 1; N/R/*Riering* § 329 Rn 5). Hatte aber der Vorerbe den Widerspruch gegen eine angemeldete Nachlassforderung unterlassen, so gereicht diese Unterlassung dem Nacherben nicht zum Nachteil. Denn ebenso wenig wie ein gegen den Vorerben ergangenes Urteil gegen den Nacherben Wirkung hat (§ 326 Abs 1 ZPO), wirkt die einem rechtskräftigen Urteil gleichstehende Feststellung einer Forderung im Prüfungstermin, wenn der Vorerbe keinen Widerspruch erhoben hatte, gegen den Nacherben. Aus 2115 BGB kann die gegenteilige Ansicht nicht hergeleitet werden, weil es sich dort um Verfügungen des Vorerben über Nachlassgegenstände handelt (BerlKo-*Goetsch* § 329 Rn 4; FK-*Schallenberg/Rafiqpoor* § 329 Rn 5; *Hess* § 329 Rn 7; *Jaeger/Weber* § 231 KO Rn 1; Kilger/*K Schmidt* § 231 KO Bem 1; K/P/*Kemper* § 329 Rn 2 mit anderem Ansatz analog § 326 Abs 2 ZPO; K/U § 231 KO Rn 1; N/R/*Riering* § 329 Rn 5; Smid/*Fehl* § 329 Rn 2).

II. Stellung des Vorerben

2 Wenn auch der Vorerbe mit dem Eintritt der Nacherbfolge aufhört, Schuldner und Erbe zu sein (§ 2139 BGB), so sollen für und gegen ihn doch die herangezogenen Vorschriften Anwendung finden (Einzelheiten bei Gottwald/*Döbereiner* InsR Hdb § 117 Rn 5–7; K/U § 231 KO Rn 2). Er soll auch weiterhin wegen seiner Ersatzansprüche gegen den Nachlass **kein Zurückbehaltungsrecht** ausüben können; dafür aber wird sein Ersatzanspruch auch ferner als **Masseverbindlichkeit** behandelt (§§ 323, 324 Abs 1 Nr 1). Auch soll er anstelle des nach § 1979 BGB befriedigten Gläubigers dessen Forderung im Insolvenzverfahren geltend machen können, soweit er nicht unbeschränkt haftet (§ 326 Abs 2); und dies auch dann, wenn er nur einem einzelnen Gläubiger gegenüber unbeschränkt haftet, und der Gläubiger die Forderung nicht geltend macht (§ 326 Abs 3). Die Tatsache, dass der Vorerbe immer die ihm gegen den Erblasser zustehenden Ansprüche geltend machen kann (§ 326 Abs 1), bedurfte im Hinblick auf § 2143 BGB (§ 2143 BGB) in § 329 keiner besonderen Hervorhebung.

§ 330 Erbschaftskauf

(1) Hat der Erbe die Erbschaft verkauft, so tritt für das Insolvenzverfahren der Käufer an seine Stelle.

(2) ¹Der Erbe ist wegen einer Nachlaßverbindlichkeit, die im Verhältnis zwischen ihm und dem Käufer diesem zur Last fällt, wie ein Nachlaßgläubiger zum Antrag auf Eröffnung des Verfahrens berechtigt. ²Das gleiche Recht steht ihm auch wegen einer anderen Nachlaßverbindlichkeit zu, es sei denn, daß er unbeschränkt haftet oder daß eine Nachlaßverwaltung angeordnet ist. ³Die §§ 323, 324 Abs. 1 Nr. 1 und § 326 gelten für den Erben auch nach dem Verkauf der Erbschaft.

(3) Die Absätze 1 und 2 gelten entsprechend für den Fall, daß jemand eine durch Vertrag erworbene Erbschaft verkauft oder sich in sonstiger Weise zur Veräußerung einer ihm angefallenen oder anderweit von ihm erworbenen Erbschaft verpflichtet hat.

Früher §§ 232, 233 KO (Vorschriften der Konkursnovelle. Geändert durch Gesetz vom 17. 7. 1974. Begr S 54, 55, Kommissionsbericht S 47, 48); §§ 374, 375 RegE.

I. Allgemeines

1 § 330 fasst den Inhalt der §§ 232, 233 KO in teilweise veränderter Form zusammen. § 233 KO wird zu § 330 Abs 3. Da der **Erbschaftskäufer** den Nachlassgläubigern nach § 2382 BGB haftet, soll wie nach Nachlasskonkursrecht bei einem Verkauf der Erbschaft das Nachlassinsolvenzverfahren gegen den Erbschaftskäufer ermöglicht werden. Der Erbe soll zum Eröffnungsantrag berechtigt sein, wenn er vom Käufer die Erfüllung einer Nachlassverbindlichkeit verlangen kann oder wenn er die Verfahrenseröffnung als Mittel zur Haftungsbeschränkung benötigt. Bei einem Weiterverkauf der Erbschaft gilt Entsprechendes (Begründung RegE zu §§ 374, 375; abgedr bei *Balz/Landfermann* S 448).

II. Die Stellung des Erbschaftskäufers im Nachlassinsolvenzverfahren (Abs 1)

2 Nach § 2382 Abs 2 S 1 BGB **haftet** der **Käufer** einer **Erbschaft** oder des Anteils eines Miterben vom Abschluss des Kaufes an den **Nachlassgläubiger** unbeschadet der Fortdauer der Haftung des Verkäufers. Gleiches gilt für den Kauf der Vorerbschaft und der Anwartschaft des Nacherben (MüKoInsO-*Siegmann* § 330 InsO Rn 2 mwN). Der Käufer wird durch den Erbschaftskauf zwar nicht Erbe; er haftet jedoch wie ein Erbe (Gottwald/*Döbereiner* InsR Hdb § 117 Rn 9; Einzelheiten bei *Jaeger/Weber* §§ 232, 233 KO Rn 1; K/U § 232 KO Rn 2). Er haftet unbeschränkt, soweit der Verkäufer zur Zeit des

VI. Weiterverkauf der Erbschaft (Abs 3) § 330

Verkaufs unbeschränkt haftete (§ 2383 Abs 1 S 2 BGB). Für das **Nachlassinsolvenzverfahren** tritt er **an die Stelle** des **Erben** (§ 330 Abs 1; OLG Köln 3. 1. 2000, ZIP 2000, 627, 628). Den Gegenstand des Nachlassinsolvenzverfahrens soll der Nachlass und nicht die Kaufpreisforderung oder dasjenige bilden, was der Erbe als Gegenleistung erhalten hat (K/U § 232 KO Rn 1; N/R/*Riering* § 330 Rn 3). In die Rechtsstellung des Erben tritt der Käufer mit Abschluss des Kaufvertrages ein (§ 2382 BGB), weil er von da ab für die Nachlassverbindlichkeiten haftet (K/U § 232 KO Rn 1). Mit Abschluss des Kaufvertrages entfällt für den Verkäufer in seiner Eigenschaft als Erbe das Recht (§ 317) und die Pflicht (§ 1980 BGB), die Eröffnung des Nachlassinsolvenzverfahrens zu beantragen; er ist nur noch in seiner etwaigen Eigenschaft als Nachlassgläubiger antragsberechtigt (vgl Rn 5; Staudinger/*Olshausen* § 2383 BGB Rn 21; Soergel/*Zimmermann* § 2383 BGB Rn 6; MüKoInsO-*Musielak* § 2383 BGB Rn 7). Der Käufer hat alle Rechte und Pflichten des Schuldners, insbesondere das Widerspruchsrecht (§ 178), die Pflicht zur Auskunftserteilung (§§ 20, 97) und zur Abgabe einer eidesstattlichen Versicherung (§ 153 Abs 2 S 1).

III. Die Insolvenzmasse

Die Insolvenzmasse bilden die Nachlassgegenstände, die Ersatzansprüche gegen den Erben sowie gegen den Käufer aus ihrer Verwaltung oder wegen Zerstörung oder Verschlechterung von Nachlassgegenständen und die Anfechtungsansprüche aus §§ 129 ff wegen Rechtshandlungen, die vom Erben oder vom Käufer gegen diese vorgenommen worden sind (K/P/*Kemper* § 330 Rn 4, 5; K/U § 232 KO Rn 2). Auch soweit Nachlassgegenstände noch im Besitz des Verkäufers sind, fallen sie in die Insolvenzmasse (*Jaeger/Weber* §§ 232, 233 KO Rn 16; Kilger/*K Schmidt* § 232 KO Bem 3; K/P/*Kemper* § 330 Rn 4; MüKoInsO-*Musielak* § 2383 BGB Rn 7; MüKoInsO-*Siegmann* § 330 InsO Rn 5). 3

IV. Prozessunterbrechung

Prozesse, welche die Insolvenzmasse (Nachlassgegenstände, Nachlassforderungen) betreffen, werden durch die Eröffnung des Nachlassinsolvenzverfahrens **unterbrochen** (§ 240 ZPO), gleichgültig, ob der Erbe oder der Käufer Partei ist (K/U § 232 KO Rn 3); anderes gilt bei Prozessen über Nachlassverbindlichkeiten, die gegen den Erben anhängig sind (*Jaeger/Weber* §§ 232, 233 KO Rn 18; Kilger/*K Schmidt* § 232 KO Bem 3; K/U § 232 KO Rn 3; N/R/*Riering* § 330 Rn 4; MüKoInsO-*Siegmann* § 330 InsO Rn 8; str aA von *Wilmowski/Kurlbaum* Anm 6). Nach zutreffender Auffassung, insbesondere von *Jaeger/Weber*, unterbricht nur die Eigeninsolvenz des Verkäufers die gegen seine Person gerichtete Rechtsverfolgung (*Jaeger/Weber* §§ 232, 233 KO Rn 18; K/U § 232 KO Rn 3; N/R/*Riering* § 330 Rn 4). 4

V. Antragsbefugnis des Erben (Abs 2)

§ 330 Abs 1 wahrt die **Interessen der Nachlassgläubiger** (K/U § 232 KO Rn 4). Zur Wahrung der Interessen des Erbschaftsverkäufers bedurfte es noch der Vorschrift des § 330 Abs 2 (Begr KO-Novelle, Hahn/Mugdan Band VII, S 258). Nach § 2378 Abs 1 BGB fallen dem Käufer im Verhältnis zum Verkäufer die Nachlassverbindlichkeiten zur Last, soweit nicht der Erbe nach § 2376 BGB dafür zu haften hat, dass sie nicht bestehen. Deshalb ist nach **§ 330 Abs 2 S 1** der **Erbe wegen** einer **Nachlassverbindlichkeit**, die dem Käufer im Verhältnis zu ihm zur Last fällt, in derselben Weise wie ein Nachlassgläubiger zu dem **Antrag** auf Eröffnung des Verfahrens **berechtigt**, und zwar ohne Unterschied, ob er für diese Verbindlichkeiten beschränkt oder unbeschränkt haftet (*Hess* § 330 Rn 10; *Jaeger/Weber* §§ 232, 233 KO Rn 7 ff; K/P/*Kemper* § 330 Rn 6; K/U § 232 KO Rn 4). Weil der Erbe unter den gleichen Voraussetzungen wie ein Nachlassgläubiger antragsberechtigt ist, muss er den Eröffnungsgrund **glaubhaft machen** (§ 14 Abs 1). Er kann den Antrag auch nur binnen zwei Jahren seit Annahme der Erbschaft stellen (§ 319; FK-*Schallenberg/Rafiqpoor* § 330 Rn 8). 5

Obwohl der **Erbe** wegen einer Nachlassverbindlichkeit, für die der Käufer ihm gegenüber nicht auf Erfüllung haftet (§§ 2376, 2379 S 2 BGB – das sind insbesondere Pflichtteilsansprüche, Vermächtnisse und Auflagen –), nicht Gläubiger des Käufers ist, kann er die **Eröffnung des Verfahrens beantragen** (§ 330 Abs 2 S 2 HS 1). Denn er muss auch insoweit die Möglichkeit haben, durch den Antrag auf Nachlassinsolvenzverfahren seine Haftung zu beschränken (FK-*Schallenberg/Rafiqpoor* § 330 Rn 9; *Jaeger/Weber* § 232, 233 KO Rn 8; K/P/*Kemper* § 330 Rn 6; K/U § 232 KO Rn 4). Darum versagt ihm § 330 Abs 2 S 2 HS 2 diese Antragsbefugnis, falls er den Nachlassgläubigern unbeschränkt haftet. Andererseits braucht er das Antragsrecht nicht, wenn Nachlassverwaltung angeordnet ist, weil dann die beschränkte Erbenhaftung schon erreicht ist (§ 1975 BGB). 6

§ 330 Abs 2 S 3 entspricht § 329, erweitert auf § 326 Abs 1. 7

VI. Weiterverkauf der Erbschaft (Abs 3)

§ 2385 Abs 1 BGB erklärt die Vorschriften über den Erbschaftskauf auf den **Weiterverkauf einer Erbschaft** und auf die **Übertragung einer Erbschaft** durch einen anderen Vertrag als Kauf (zB Tausch, 8

Lüer

Schenkung) für entsprechend anwendbar. § 330 Abs 3 verfährt in beiden Fällen ebenso mit § 330 Abs 1, 2. Demzufolge tritt der weitere Erwerber oder derjenige, der die Erbschaft durch einen anderen Vertrag als durch Kauf erworben hat, in die Stellung des Schuldners ein (K/U § 233 KO Rn 1). Unter § 330 Abs 3 fällt auch ein Vertrag, durch den ein **Erbschaftskauf** später **rückgängig** gemacht wird (FK-*Schallenberg/Rafiqpoor* § 330 Rn 11; *Hess* § 330 Rn 13; K/U § 233 KO Rn 1; N/R/*Riering* § 330 Rn 6).

9   Nach § 2385 Abs 2 S 2 BGB hat der Schenker außer bei arglistigem Verschweigen nicht dafür einzustehen, dass der Nachlass nicht mit Pflichtteilsrechten, Vermächtnissen und Auflagen beschwert ist. Von der Ausnahme beim Vorliegen einer arglistigen Täuschung abgesehen, hat daher der Beschenkte im Verhältnis zum Schenker alle Nachlassverbindlichkeiten zu tragen. Das ist für die Anwendung des § 330 Abs 2 von Bedeutung (FK-*Schallenberg/Rafiqpoor* § 330 Rn 12; K/U § 233 KO Rn 2).

§ 331 Gleichzeitige Insolvenz des Erben

(1) Im Insolvenzverfahren über das Vermögen des Erben gelten, wenn auch über den Nachlaß das Insolvenzverfahren eröffnet oder wenn eine Nachlaßverwaltung angeordnet ist, die §§ 52, 190, 192, 198, 237 Abs. 1 Satz 2 entsprechend für Nachlaßgläubiger, denen gegenüber der Erbe unbeschränkt haftet.

(2) Gleiches gilt, wenn ein Ehegatte der Erbe ist und der Nachlaß zum Gesamtgut gehört, das vom anderen Ehegatten allein verwaltet wird, auch im Insolvenzverfahren über das Vermögen des anderen Ehegatten und, wenn das Gesamtgut von den Ehegatten gemeinschaftlich verwaltet wird, auch im Insolvenzverfahren über das Gesamtgut und im Insolvenzverfahren über das sonstige Vermögen des Ehegatten, der nicht Erbe ist.

Früher § 234 KO (Vorschrift der Konkursnovelle, geändert durch Artikel 3 I. 4 GleichberechtigungsG v 18. 6. 57, BGBl I 635); § 376 RegE.

I. Allgemeines

1   § 331 entspricht sinngemäß § 234 KO. Im Insolvenzverfahren über das Vermögen des unbeschränkt haftenden Erben können die Nachlassgläubiger nur für den Teil ihrer Forderung **anteilsmäßige Befriedigung** verlangen, für den sie im Nachlassinsolvenzverfahren keine Befriedigung erhalten (§ 331 Abs 1). Insoweit wird grundsätzlich auf die Regelungen verwiesen, die für absonderungsberechtigte Gläubiger gelten. Ausgenommen von der Verweisung sind allerdings die Vorschriften, nach denen die Absonderungsberechtigten in der Gläubigerversammlung mit dem vollen Wert des Absonderungsrechts abstimmen (§§ 74 Abs 1 S 2, 76 Abs 2 HS 2). Das Stimmrecht der Nachlassgläubiger im Insolvenzverfahren über das Vermögen des Erben richtet sich generell nach ihrer Ausfallforderung, in der Gläubigerversammlung ebenso wie bei der Abstimmung über einen Insolvenzplan (vgl Verweisung auf § 237 Abs 1 S 2). § 331 Abs 2 überträgt diese Regelung auf den Fall, dass der Nachlass zum Gesamtgut einer Gütergemeinschaft gehört (Begr RegE zu § 376, abgedr. bei *Balz/Landfermann* S 448).

II. Gesamtinsolvenz und Doppelinsolvenz

2   **1. Unterscheidungen.** Zu unterscheiden ist zwischen der **Eigeninsolvenz** des Erben (Erbeninsolvenz), dem **Nachlassinsolvenzverfahren** und dem **Insolvenzverfahren** über das **Gesamtvermögen** des Erben, wenn sich Nachlassvermögen und Eigenvermögen zu einer Gesamtheit vereinigt haben. Letzterenfalls spricht man von einer **Gesamtinsolvenz**, bei Nachlassinsolvenzverfahren und Erbeninsolvenz nebeneinander von einer **Doppelinsolvenz** (vgl Gottwald/*Döbereiner* InsR Hdb § 118 Rn 2; *v Lübtow* Erbrecht Band II S 1159 f; K/U § 234 KO Rn 1).

3   **2. Gesamtinsolvenz.** In der Gesamtinsolvenz nehmen sowohl die Eigengläubiger des Erben als auch die Nachlassgläubiger am Insolvenzverfahren teil (K/U § 234 KO Rn 1; N/R/*Riering* § 331 Rn 3). Als gewöhnliche Insolvenzforderungen können deshalb Pflichtteilsrechte, Vermächtnisansprüche und Ansprüche aus Auflagen geltend gemacht werden (*Jaeger/Weber* § 234 KO Rn 3; K/U § 234 KO Rn 1). Wird über das Gesamtvermögen des Erben das Insolvenzverfahren eröffnet, so ist trotzdem ein Nachlassinsolvenzverfahren oder eine Nachlassverwaltung möglich (*Jaeger/Weber* § 234 KO Rn 4; K/U § 234 KO Rn 1). Nachlassinsolvenzverfahren und Nachlassverwaltung führen zur Vermögenssonderung, dh zur **Trennung** zwischen **Nachlass** und **Eigenvermögen** (K/U § 234 KO Rn 1; N/R/*Riering* § 331 Rn 3). Waren schon Verteilungen erfolgt, so bleibt trotz der nachträglichen Separierung der Vermögen eine bereits erfolgte Ausschüttung wirksam (*Jaeger/Weber* § 234 KO Rn 4; K/U § 234 KO Rn 1; N/R/*Riering* § 331 Rn 3).

4   **3. Nachlass- und Erbeninsolvenz. a) Doppelinsolvenz.** Wird neben dem Nachlassinsolvenzverfahren zugleich das **Insolvenzverfahren** über das **Vermögen** des **Erben** (Eigeninsolvenz) eröffnet, so sind beide Insolvenzverfahren rechtlich selbstständig abzuwickeln (K/P/*Kemper* § 331 Rn 3; K/U § 234 KO Rn 3).

II. Gesamtinsolvenz und Doppelinsolvenz   § 331

Der Insolvenzverwalter über das Vermögen des Nachlasses ist ebenso wie der Insolvenzverwalter über das Eigenvermögen des Erben berechtigt, im jeweils anderen Insolvenzverfahren Forderungen anzumelden und Rechte geltend zu machen (*Jaeger/Weber* § 234 KO Rn 9 ff; K/U § 234 KO Rn 3; MüKoInsO-*Siegmann* § 331 InsO Rn 2). Beim Nebeneinander von Nachlassinsolvenzverfahren und Erbeninsolvenz können die Eigengläubiger des Erben niemals im Nachlassinsolvenzverfahren ihre Forderungen geltend machen. Das gilt umgekehrt auch für Nachlassgläubiger in der Erbeninsolvenz, denen der Erbe nur beschränkt haftet (§ 1975 BGB; K/U § 234 KO Rn 3).

b) Rechtsstellung des Erben. Im Insolvenzverfahren über das Eigenvermögen des Erben – das ist sein 5 Vermögen ohne den Nachlass – können, falls auch das Nachlassinsolvenzverfahren eröffnet ist, Nachlassgläubiger, denen er unbeschränkt haftet, nicht ihre volle Forderung, sondern nur den Betrag geltend machen, zu dem sie auf Befriedigung im Nachlassinsolvenzverfahren verzichten (also Verzicht auf Geltendmachung, nicht Verzicht auf die Forderung; Braun/*Bauch* § 331 Rn 2 Fn 5) oder mit dem sie im Nachlassinsolvenzverfahren ausgefallen sind (K/U § 234 KO Rn 3; MüKoInsO-*Siegmann* § 331 InsO Rn 3). Aus welchem Grund der Erbe einem oder mehreren Nachlassgläubigern unbeschränkt haftet, zB wegen Verweigerung der eidesstattlichen Versicherung (§ 2006 Abs 3 BGB) oder gem § 27 HGB, ist gleichgültig (K/U § 234 KO Rn 3). Nachlassgläubiger, denen gegenüber der Erbe nur beschränkt haftet, können ihre Forderung zur Erbeninsolvenz überhaupt nicht anmelden, da das Nachlassinsolvenzverfahren gerade ein Mittel ist, die Haftung der Erben auf den Nachlass zu beschränken (§ 1975 BGB; K/U § 234 Rn 3). Der Erbe ist sowohl im Nachlass- wie im Erbeninsolvenzverfahren Schuldner (**RG** 12. 11. 1914, WarnR 1915, S 32, Nr 27; K/U § 234 KO Rn 3). Es geht bei den beiden Verfahren um die Insolvenz zweier **getrennter Vermögensmassen** derselben Person (K/U § 234 KO Rn 3). § 331 wendet darauf nicht die gesamtschuldnerische Haftung nach § 43 an, sondern die für absonderungsberechtigte Gläubiger geltenden Vorschriften. Ohne die in § 331 angeordnete Beschränkung würden die Nachlassgläubiger, denen der Erbe unbeschränkt haftet, in unbilliger Weise vor den Privatgläubigern des Erben bevorzugt werden, da diese von der Teilnahme am Nachlassinsolvenzverfahren ausgeschlossen sind (Begr zu § 234 KO S 56; Einzelheiten bei Gottwald/*Döbereiner* InsR Hdb § 118 Rn 11 ff; K/U § 234 KO Rn 3).

4. Nachlassverwaltung und Erbeninsolvenz. Durch die Nachlassverwaltung wird der Nachlass ebenso 6 wie durch das Nachlassinsolvenzverfahren vom Eigenvermögen des Erben zugunsten der Nachlassgläubiger **abgesondert** (§§ 1975, 1984 BGB). Deshalb gelten für das Zusammentreffen einer Nachlassverwaltung mit der Erbeninsolvenz dieselben Regeln.

5. Testamentsvollstreckung und Erbeninsolvenz. Anders als beim Nachlassinsolvenzverfahren be- 7 rührt die Insolvenz des Gesamtvermögens des Erben eine **Testamentsvollstreckung**, die mit der Verwaltung des Nachlasses verbunden ist (§§ 2197 ff BGB), bis zum Abschluss der Testamentsvollstreckung nicht (*Jaeger/Weber* § 234 KO Rn 6; K/U § 234 KO Rn 4). Die Rechte des Insolvenzverwalters in der Erbeninsolvenz sind durch die fortbestehenden Rechte des Testamentsvollstreckers eingeschränkt. Ein der Testamentsvollstreckung unterliegender Nachlass fällt zwar mit der Eröffnung des Insolvenzverfahrens über das Vermögen des Erben in die Insolvenzmasse. Doch der unter Testamentsvollstreckung stehende Nachlass, der in die Insolvenzmasse fällt, bildet bis zur Beendigung der Testamentsvollstreckung eine **Sondermasse**, auf die Nachlassgläubiger, nicht aber Erbengläubiger zugreifen können; § 331 gilt analog (**BGH** 11. 5. 2006, BGHZ 167, 352, 355 f; MüKoInsO-*Siegmann* § 331 InsO Rn 7), wobei das Merkmal des Verlusts des Haftungsbeschränkungsrechts entfällt (HK-*Marotzke* § 331 Rn 7). Dem Insolvenzverwalter ist es also verwehrt, die der Testamentsvollstreckung unterliegende Nachlassteilungsmasse zu verwerten (*Jaeger/Weber* § 234 KO Rn 8; K/U § 234 KO Rn 4). Auf diese Weise werden also zumindest zeitweise die Gegenstände des Nachlasses dem Zugriff der Erbengläubiger entzogen (**BGH** aaO; vgl auch Gottwald/*Döbereiner* InsR Hdb § 118 Rn 6).

6. Geltendmachung von Nachlassverbindlichkeiten. In der Erbeninsolvenz können, die unbeschränkte 8 Haftung des Erben vorausgesetzt, alle Nachlassverbindlichkeiten geltend gemacht werden, deren Geltendmachung als Insolvenzforderung statthaft ist. Den Unterschied von voll- und minderberechtigten Nachlassgläubigern (§ 327) gibt es nicht. Ebenso wenig kommt § 324 in Betracht. Nicht insolvenzfähig sind die Forderungen aus § 39 Abs 1 Nr 1 und 2 (laufende Zinsen von Nachlassverbindlichkeiten und Teilnahmekosten; *Jaeger/Weber* § 234 KO Rn 12; K/U § 234 KO Rn 5; *Wolff* Anm 1; **str aA** *Petersen/Kleinfeller* Anm 1), wohl aber Geldstrafen, die gegen den Erblasser rechtskräftig verhängt worden waren, und Forderungen aus unentgeltlichen Leistungen des Erblassers, weil Geldstrafen und unentgeltliche Leistungen des Schuldners nicht in den Nr 1 u 2, sondern in den Nr 3 u 4 des § 39 Abs 1 genannt sind (**RG** 9. 1. 1899, RGZ 43, 228, 236). Die Vorschrift des § 331 findet keine Anwendung; es gilt § 43, wenn der Erbe den Nachlassgläubigern noch aus einem besonderen Rechtsgrund, zB aus einer Bürgschaft oder einer kumulativen Schuldübernahme, haftet (**RG** 9. 2. 1937, RGZ 154, 72, 79 und 86; K/U § 234 KO Rn 5; N/R/*Riering* § 331 Rn 8). Gleiches gilt auch hinsichtlich der Erbschaftsteuer und wenn das Nachlassinsolvenzverfahren mangels Masse eingestellt worden ist (**RG** 19. 9. 1910, RGZ 74,

231, 234). Ein Anspruch, den die Insolvenzmasse gegen den Erben hat (zB aus §§ 1978, 1979, 1980 BGB), ist keine Nachlassverbindlichkeit, sondern ein zum Nachlassvermögen gehöriger Anspruch, der vom Verwalter des Nachlassinsolvenzverfahrens gegen den Erben und daher in der Erbeninsolvenz unbeschränkt als Insolvenzforderung geltend gemacht werden kann (K/U § 234 KO Rn 5; N/R/*Riering* § 331 Rn 8). Andererseits macht der Insolvenzverwalter in der Erbeninsolvenz die Ansprüche des Erben gegen den Nachlass (§ 326) geltend, wie überhaupt der Verwalter des einen Insolvenzverfahrens im anderen Verfahren Forderungen anmelden und die Aussonderung und Absonderung von Vermögensgegenständen beanspruchen kann (**RG** 12. 11. 1915, WarnR 1915, S 32, Nr 27).

III. Haftung der Erben

9 **1. Haftung nach Beendigung des Nachlassinsolvenzverfahrens.** Die rechtskräftige Aufhebung des Eröffnungsbeschlusses im Beschwerdeverfahren (§ 34 Abs 2, 3) beseitigt die Wirkungen der Insolvenzeröffnung mit rückwirkender Kraft. Die Haftungsbeschränkung des § 1975 BGB entfällt ebenfalls. Haftet der Erbe allen oder einzelnen Nachlassgläubigern schon vor Eröffnung des Nachlassinsolvenzverfahrens unbeschränkbar und damit unbeschränkt, so bleibt es auch nach Insolvenzbeendigung dabei (§ 2013 Abs 1 S 1 BGB). Ist das Nachlassinsolvenzverfahren durch **Verteilung der Masse** beendet, so finden die Vorschriften der §§ 1989, 1973 BGB Anwendung (MüKoInsO-*Siegmann* § 1975 BGB Rn 8 und § 1989 BGB Rn 3 ff; *v. Lübtow* Erbrecht Band II S 1161; K/U § 234 KO Rn 6). Der Erbe haftet für den Fall der Insolvenzbeendigung nach Verteilung der Masse nur noch so, als hätte ein Aufgebotsverfahren stattgefunden und als wären in diesem Verfahren alle Gläubiger ausgeschlossen. Werden nach Vollzug der Schlussverteilung Beträge, die zurückbehalten worden sind, für die Gläubiger frei oder fließen Beträge, die aus der Masse gezahlt worden sind, an die Nachlassinsolvenzmasse zurück, oder stellt sich nachher noch Insolvenzvermögen heraus, so hat der Nachlassinsolvenzverwalter eine **Nachtragsverteilung** vorzunehmen. Hierdurch wird im Ergebnis die Haftung des Erben weiter eingeschränkt. Wird das Nachlassinsolvenzverfahren mit Zustimmung aller Gläubiger eingestellt (§ 213), so wird zugleich auch die Wirkung des § 1975 BGB beseitigt (FK-*Schallenberg*/*Rafiqpoor* § 331 Rn 18; *Jaeger*/*Weber* § 230 KO Rn 9; K/U § 234 KO Rn 6; MüKoInsO-*Siegmann* § 1989 BGB Rn 2; **str aA** *v. Lübtow* Erbrecht Bd II S 1161 f; N/R/*Riering* § 331 Rn 12; Palandt/*Edenhofer* § 1989 BGB Rn 2). Die Gründe, die der **BGH** für eine Fortdauer der Beschränkung bei Beendigung der Nachlassverwaltung angeführt hat (**BGH** 17. 12. 1953, NJW, 1954, 635), treffen für die Verfahrenseinstellung nach § 213 nicht zu. Nach Einstellung gem § 213 haftet der Erbe wie vor Insolvenzeröffnung. Die Haftungsbeschränkung kann also nur noch durch Nachlassverwaltung oder Nachlassinsolvenzverfahren herbeigeführt werden, wenn nicht die §§ 1973, 1974, 1990, 1992 BGB eingreifen. In der Regel wird die Problematik deswegen nicht aktuell, weil die Verfahrenseinstellung und die entsprechenden Zustimmungen der Gläubiger auf Verzichtsvereinbarungen mit dem Erben beruhen (K/U § 234 KO Rn 6).

10 **2. Haftung bei Einstellung des Insolvenzverfahrens.** Bei Einstellung des Insolvenzverfahrens mangels einer weiteren, die Verfahrenskosten deckenden Masse gem § 207 bestimmt sich die Erbenhaftung nach § 1990 Abs 1 S 1 BGB. Es greift die sog **Erschöpfungseinrede** ein. Gem § 1990 Abs 1 BGB hat die Berufung auf die Dürftigkeit oder Unzulänglichkeit des Nachlasses zur Folge, dass der Nachlass zum Zwecke der Befriedigung der Gläubiger im Wege der **Zwangsvollstreckung** herauszugeben ist. Für die ausgeschlossenen und säumigen Gläubiger gelten auch bei Einstellung des Verfahrens nach § 207 die Vorschriften der §§ 1973, 1974 BGB (FK-*Schallenberg*/*Rafiqpoor* § 331 Rn 19; K/U § 234 KO Rn 7; N/R/*Riering* § 331 Rn 13; Palandt/*Edenhofer* § 1989 BGB Rn 2).

V. Zugehörigkeit des Nachlasses zum Gesamtgut

11 Ist ein **Ehegatte** der Erbe, gehört der Nachlass zum Gesamtgut einer Gütergemeinschaft und befindet sich sowohl der Ehegatte, der das Gesamtgut verwaltet, als auch der Ehegatte, welcher der Erbe ist, in der Insolvenz, so können diejenigen Nachlassgläubiger, denen der Erbe unbeschränkt haftet, ihre Forderungen sowohl im Insolvenzverfahren des Erben – das ergibt sich aus § 331 Abs 1 – wie im Insolvenzverfahren desjenigen Ehegatten, der das Gesamtgut verwaltet – das sagt § 331 Abs 2 –, nur insoweit geltend machen, als sie auf Befriedigung in dem anderen Insolvenzverfahren verzichtet haben oder dort ausgefallen sind (vgl FK-Schallenberg/*Rafiqpoor* § 331 Rn 21; *Hess* § 331 Rn 10; *Jaeger*/*Weber* § 234 KO Rn 16; Kilger/*K Schmidt* § 234 KO Bem 2; K/U § 234 KO Rn 8; Pagenstecher/*Grimm* § 65 Rn VI.). Ist ein Ehegatte der Erbe, gehört der Nachlass zum Gesamtgut und wird das **Gesamtgut von beiden Ehegatten gemeinschaftlich verwaltet**, und wird dann das Insolvenzverfahren sowohl über das **Gesamtgut** als auch über das **sonstige Vermögen** beider Ehegatten eröffnet, so können diejenigen Nachlassgläubiger, denen der Erbe unbeschränkt haftet, sowohl im Insolvenzverfahren des Ehegatten, der Erbe ist (folgt aus Abs 1), das auch im Insolvenzverfahren über das Gesamtgut und im Insolvenzverfahren des Ehegatten, der nicht Erbe ist (sagt Abs 2), nur denjenigen Betrag geltend machen, auf den sie im anderen Insolvenzverfahren verzichtet haben oder mit dem sie dort ausgefallen sind (K/U § 234 KO Rn 8). Haben die Ehegatten vereinbart, dass der eine Ehegatte als Erbe das Gesamtgut alleine verwaltet, so er-

fasst das Insolvenzverfahren über das Vermögen des verwaltenden Ehegatten auch das sonstige Gesamtgut. Verwaltet derjenige Ehegatte, der nicht Erbe ist, das Gesamtgut, und wird über sein Vermögen das Insolvenzverfahren eröffnet, so erfasst das Insolvenzverfahren auch das Gesamtgut (Einzelheiten bei Gottwald/*Döbereiner* InsR Hdb § 118 Rn 17 ff; *Jaeger/Weber* § 234 KO Rn 17 ff; ferner Kilger/*K. Schmidt* § 234 KO Bem 3; K/U § 234 KO Rn 8).

Zweiter Abschnitt. Insolvenzverfahren über das Gesamtgut einer fortgesetzten Gütergemeinschaft

§ 332 Verweisung auf das Nachlaßinsolvenzverfahren

(1) Im Falle der fortgesetzten Gütergemeinschaft gelten die §§ 315 bis 331 entsprechend für das Insolvenzverfahren über das Gesamtgut.

(2) Insolvenzgläubiger sind nur die Gläubiger, deren Forderungen schon zur Zeit des Eintritts der fortgesetzten Gütergemeinschaft als Gesamtgutsverbindlichkeiten bestanden.

(3) ¹Die anteilsberechtigten Abkömmlinge sind nicht berechtigt, die Eröffnung des Verfahrens zu beantragen. ²Sie sind jedoch vom Insolvenzgericht zu einem Eröffnungsantrag zu hören.

Früher § 236 KO (Vorschrift der Konkursnovelle. Begr S 56, 57); § 378 RegE.

I. Allgemeines

Die Vorschriften über das Nachlassinsolvenzverfahren werden in § 332 Abs 1 auf das Insolvenzverfahren über das **Gesamtgut einer fortgesetzten Gütergemeinschaft** (vgl § 11 Abs 2 Nr 2) für entsprechend anwendbar erklärt. § 332 Abs 2 umschreibt den Kreis der Insolvenzgläubiger. Die Vorschrift geht von dem Grundsatz aus, dass im Insolvenzverfahren über das Gesamtgut der fortgesetzten Gütergemeinschaft diejenigen Gläubiger des überlebenden Ehegatten vom Zugriff auf das Gesamtgut ausgeschlossen werden sollen, die nicht schon bei Eintritt der fortgesetzten Gütergemeinschaft Gesamtgutsgläubiger waren (Begr RegE zu § 378; abgedr bei *Balz/Landfermann* S 449). Dies ist insofern konsequent, als im Nachlassinsolvenzverfahren auch die Eigengläubiger des Erben vom Zugriff auf den Nachlass ausgeschlossen sind. Die frühere Formulierung in § 236 S 2 KO wird in § 332 Abs 2 dahingehend verdeutlicht, dass die Forderungen bei Eintritt der fortgesetzten Gütergemeinschaft als Gesamtgutsverbindlichkeiten bestanden haben müssen. Nach § 236 S 3 KO war den Gläubigern, denen der überlebende Ehegatte zur Zeit des Eintritts der fortgesetzten Gütergemeinschaft persönlich haftete (§§ 1437, 1459 BGB), das Recht versagt, das Insolvenzverfahren über das Gesamtgut zu beantragen, so dass sie nur ein einheitliches, das Vermögen ihres Schuldners und das Gesamtgut umfassendes Insolvenzverfahren beantragen konnten. Diese Regelung wird in die InsO nicht übernommen. Vielmehr können auch die genannten Gläubiger ein rechtliches Interesse daran haben, das Gesamtgut dem Zugriff neuer Gesamtgutsgläubiger zu entziehen. Ob ein solches Interesse besteht, ist bei Stellung des Eröffnungsantrages gem § 14 Abs 1 zu prüfen. Die **anteilsberechtigten Abkömmlinge** können den **Insolvenzantrag** gem § 332 Abs 3 S 1 **nicht stellen.** Dies entspricht § 236 S 4 KO. Für den genannten Personenkreis folgt dies daraus, dass sie aus der fortgesetzten Gütergemeinschaft keine persönliche Haftung für die Gesamtgutsverbindlichkeiten trifft (§ 1489 Abs 3 BGB), und sie daher **kein schutzwürdiges Interesse** an der Eröffnung des Insolvenzverfahrens haben können. Sie bekommen lediglich vom Insolvenzgericht die Gelegenheit zur Stellungnahme zum Eröffnungsantrag (§ 332 Abs 3 S 2; Begr RegE zu § 378, abgedr bei *Balz/Landfermann* S 449).

1

II. Fortgesetzte Gütergemeinschaft

Die Ehegatten können durch Ehevertrag vereinbaren, dass die Gütergemeinschaft nach dem Tode eines Ehegatten zwischen dem überlebenden Ehegatten und den gemeinschaftlichen Abkömmlingen fortgesetzt wird (§ 1483 Abs 1 S 1 BGB). Wird eine solche Vereinbarung zwischen den Ehegatten getroffen, so wird die Gütergemeinschaft mit den gemeinschaftlichen Abkömmlingen fortgesetzt, die gesetzlicher Erbfolge als Erben berufen sind (§ 1483 Abs 1 S 2 BGB). Die Fortsetzung der Gütergemeinschaft kann von dem überlebenden Ehegatten abgelehnt werden (§ 1484 BGB). Ist über das Vermögen des überlebenden Ehegatten das Insolvenzverfahren eröffnet worden, so bleibt das Recht zur Erklärung der Annahme oder Ablehnung beim Schuldner (§ 83 Abs 1 S 2 iVm Abs 1 S 1). Der Anteil des verstorbenen Ehegatten an dem Gesamtgut gehört im Fall der Ablehnung dann zu dessen Nachlass (§§ 1484 Abs 3, 1482 S 1 BGB; RG 10. 3. 1932, RGZ 136, 19, 21). Daher kommt im Fall der Ablehnung ein Insolvenzverfahren über das Gesamtgut nicht in Frage (K/U § 236 KO Rn 1). Wird die Gütergemeinschaft fortgesetzt, so finden nach § 1489 Abs 2 BGB, soweit die persönliche Haftung den überlebenden Ehegatten nur infolge des Eintritts der fortgesetzten Gütergemeinschaft trifft, die für die Haftung des Erben für die Nachlassverbindlichkeiten geltenden Vorschriften entsprechende Anwendung. An die Stelle des Nachlas-

2

§ 332

ses tritt das Gesamtgut in dem Bestand, den es zur Zeit des Eintritts der fortgesetzten Gütergemeinschaft hatte. Es kommen daher die Bestimmungen der §§ 1975 ff BGB über die Nachlassverwaltung und das Nachlassinsolvenzverfahren zur entsprechenden Anwendung. An die Stelle der Nachlassverwaltung tritt die **Gesamtgutsverwaltung**, an diejenige des Nachlassinsolvenzverfahrens das **Insolvenzverfahren** über das **Gesamtgut** (K/U § 236 KO Rn 1). Das **Gesamtgutsinsolvenzverfahren** hat wie das Nachlassinsolvenzverfahren den **doppelten Zweck**, die persönliche Haftung des überlebenden Ehegatten, soweit er nur nach § 1489 Abs 1 BGB haftet, auf das Gesamtgut zu beschränken und den Gesamtgutsgläubigern, die zur Zeit des Eintritts der fortgesetzten Gütergemeinschaft vorhanden waren, **abgesonderte Befriedigung** aus dem Gesamtgut zu verschaffen (FK-InsO/*Schallenberg/Rafiqpoor* § 332 Rn 34; K/U § 236 KO Rn 1; N/R/*Riering* § 332 Rn 2). Auf das Gesamtgutsinsolvenzverfahren finden die Vorschriften der §§ 315–331 über das Nachlassinsolvenzverfahren entsprechende Anwendung (§ 332 Abs 1).

III. Eröffnungsgründe

3   Da § 332 Abs 1 auf § 320 S 1 verweist, sind Eröffnungsgründe nunmehr neben der **Überschuldung** des **Gesamtguts** auch die **Zahlungsunfähigkeit**. Beantragt der überlebende Ehegatte oder ein Gesamtgutsverwalter die Eröffnung, so ist auch die **drohende Zahlungsunfähigkeit** ein Eröffnungsgrund (§ 332 Abs 1 iVm § 320 S 2). Die in dem Sonderinsolvenzverfahren verfolgten Verbindlichkeiten müssen den Wert der Gesamtgutsgegenstände übersteigen (*Jaeger/Weber* § 236 KO Rn 10; K/U § 236 KO Rn 1a). Die Überschuldung, die Zahlungsunfähigkeit und die drohende Zahlungsunfähigkeit müssen **im Zeitpunkt der Eröffnung des Insolvenzverfahrens** vorliegen, nicht etwa schon zur Zeit des Eintritts der fortgesetzten Gütergemeinschaft (Begr RegE zu § 378; FK-*Schallenberg/Rafiqpoor* § 332 Rn 44; HK-*Marotzke* § 332 Rn 3; *Jaeger/Weber* § 236 KO Rn 10; Kilger/K *Schmidt* § 236 KO Bem 2; K/U § 236 KO Rn 1 a; N/R/*Riering* § 332 Rn 8).

IV. Schuldner

4   **Schuldner** ist der **überlebende Ehegatte** (FK-*Schallenberg/Rafiqpoor* § 332 Rn 36; *Hess* § 332 Rn 11; HK-*Marotzke* § 332 Rn 5; *Jaeger/Weber* § 236 KO Rn 15; Kilger/K *Schmidt* § 236 KO Bem 2; K/P/*Kemper* § 332 Rn 3; K/U § 236 KO Rn 1b; N/R/*Riering* § 332 Rn 7). Die anteilsberechtigten Abkömmlinge des Erblassers sind keine Schuldner (FK-*Schallenberg/Rafiqpoor* § 332 Rn 37; HK-*Marotzke* § 332 Rn 6; K/P/*Kemper* § 332 Rn 3; K/U § 236 KO Rn 1b; MüKoInsO-*Siegmann* § 332 InsO Rn 3). Sie haben weder ein Antragsrecht (§ 332 Abs 3 S 1) noch haften sie persönlich für die Gesamtgutsverbindlichkeiten (§ 1489 Abs 3 BGB).

V. Insolvenzmasse

5   Maßgebend für den Umfang der **Insolvenzmasse** ist nicht der Zeitpunkt der Insolvenzeröffnung, sondern der **Zeitpunkt** des **Eintritts** der **fortgesetzten Gütergemeinschaft** (§ 1489 Abs 2 BGB; FK-*Schallenberg/Rafiqpoor* § 332 Rn 40; *Hess* § 332 Rn 12; *Jaeger/Weber* § 236 KO Rn 22; Kilger/K *Schmidt* § 236 KO Bem 2; K/P/*Kemper* § 332 Rn 5; K/U § 236 KO Rn 2; MüKoInsO-*Kanzleiter* § 1489 BGB Rn 5; N/R/*Riering* § 332 Rn 10). Zur Insolvenzmasse gehört der in diesem Zeitpunkt vorhandene Vermögensbestand des Gesamtguts nebst dem Zuwachs, den das Vermögen ohne Zutun des überlebenden Ehegatten erhalten hat (K/U § 236 KO Rn 2; N/R/*Riering* § 332 Rn 10). Die Insolvenz eines Abkömmlings lässt das Gesamtgut unberührt. Ferner gehören zur Insolvenzmasse die Ersatzansprüche aus der Verwaltung (§§ 1489 Abs 2 iVm 1978 Abs 2 BGB). Der dem Gesamtgut seit Eintritt der fortgesetzten Gütergemeinschaft zugeflossene **Neuerwerb** fällt **nicht** in die Insolvenzmasse (FK-*Schallenberg/Rafiqpoor* § 332 Rn 41; Kilger/K *Schmidt* § 236 KO Bem 2; K/U § 236 KO Rn 2; N/R/*Riering* § 332 Rn 10; Smid/*Fehl* § 332 Rn 5; str aA Braun/*Bauch* § 332 Rn 9; *Hess* § 332 Rn 13; K/P/*Kemper* § 332 Rn 5). Problematisch ist im Bereich der Gütergemeinschaft die Einbeziehung von Neuerwerb, wie allgemein in § 35 vorgesehen ist. Die Unsicherheit rührt daher, dass der Gesetzgeber die Vorschriften der KO nahezu unverändert übernommen hat; sie beruhen jedoch bei der haftungsrechtlichen Zuordnung auf der früheren Gesetzeslage, die den Neuerwerb nicht in die Masse fallen ließ (vgl K/P/*Holzer* § 35 Rn 33 ff). Zur Insolvenzmasse gehört ferner alles, was durch **anfechtbare Rechtshandlungen** des Verwalters des Gesamtguts vor Eintritt der fortgesetzten Gütergemeinschaft oder nach deren Eintritt durch anfechtbare Rechtshandlungen des überlebenden Ehegatten dem Gesamtgut entzogen worden ist und demzufolge (§§ 129 ff) zurückzugewähren ist (vgl *Jaeger/Weber* § 236 KO Rn 22).

VI. Insolvenzgläubiger

6   **Insolvenzgläubiger** sind nur die **Gesamtgutsgläubiger**, deren Forderungen schon zur Zeit des Eintritts der fortgesetzten Gütergemeinschaft bestanden haben (§ 332 Abs 2). Wie für den Umfang der Insolvenzmasse ist auch für die Insolvenzgläubigereigenschaft der Zeitpunkt des Eintritts der fortgesetzten Gütergemeinschaft und nicht derjenige der Insolvenzeröffnung maßgebend. Demnach sind alle nachher

entstandenen Gesamtgutsverbindlichkeiten keine Insolvenzforderungen im Gesamtgutsinsolvenzverfahren (HK-*Marotzke* § 332 Rn 4; *Jaeger/Weber* § 236 KO Rn 18, 19 ff; K/U § 236 KO Rn 3 f). Als minderberechtigte Insolvenzforderungen kommen die in § 327 Abs 1 Nr 1 bis 2 bezeichneten Forderungen in Betracht. Pflichtteilsrechte, Vermächtnisse und Auflagen sind keine Gesamtgutsinsolvenzforderungen, da sie erst mit Eintritt der fortgesetzten Gütergemeinschaft entstehen (§ 332 Abs 2; *Jaeger/Weber* § 236 KO Rn 19; Kilger/K *Schmidt* § 236 KO Bem 2; K/U § 236 KO Rn 3; N/R/*Riering* § 332 Rn 9; K/P/ *Kemper* § 332 Rn 4).

VII. Antragsrecht

1. Antragsberechtigung. Antragsberechtigt ist der **überlebende Ehegatte**, wenn das Gesamtgut von 7 ihm oder von den Ehegatten gemeinschaftlich verwaltet wurde. Verwaltete der verstorbene Ehegatte das Gesamtgut, so sind der **überlebende Ehegatte** und die **Gläubiger** (vgl § 14) derjenigen Gesamtgutsverbindlichkeiten antragsberechtigt, die schon zu Lebzeiten des Verstorbenen bestanden (K/U § 236 KO Rn 4). Antragsberechtigt ist auch ein etwaiger Gesamtgutsverwalter (§§ 332 Abs 1, 317 Abs 1; HK-*Marotzke* § 332 Rn 5; *Jaeger/Weber* § 236 KO Rn 11; K/P/*Kemper* § 332 Rn 4; K/U § 236 KO Rn 3; N/R/*Riering* § 332 Rn 13). Antragsberechtigt ist nunmehr, nachdem die Regelung des § 236 S 3 KO nicht übernommen worden ist, auch die **Gläubiger**, denen der überlebende Ehegatte zur Zeit des Eintritts der fortgesetzten Gütergemeinschaft persönlich haftet (K/P/*Kemper* § 332 Rn 6; N/R/*Riering* § 332 Rn 11).

Demgegenüber haben **Abkömmlinge** grundsätzlich **kein Antragsrecht** (§ 332 Abs 3 S 1), es sei denn, 8 sie sind auch Insolvenzgläubiger nach § 332 Abs 2 (FK-*Schallenberg/Rafiqpoor* § 332 Rn 61; K/P/ *Kemper* § 332 Rn 6; MüKoInsO-*Siegmann* § 332 InsO Rn 2). Dies erklärt sich daraus, dass sie persönlich nicht für die Gesamtgutsverbindlichkeiten haften (§ 1489 Abs 3 BGB). Sie sind jedoch zu dem Eröffnungsantrag vom Insolvenzgericht zu hören (§ 332 Abs 3 S 2; HK-*Marotzke* § 332 Rn 6; *Jaeger/Weber* § 236 KO Rn 11; Kilger/K *Schmidt* § 236 KO Bem 3; K/P/*Kemper* § 332 Rn 6; K/U § 236 KO Rn 5).

2. Antragspflicht. Der überlebende Ehegatte hat die Eröffnung des Nachlassinsolvenzverfahrens zu 9 beantragen, sobald sich die Überschuldung oder Zahlungsunfähigkeit herausstellt (§§ 1980, 1489 Abs 2 BGB). Maßgebend ist der Zeitpunkt der Eröffnung des Insolvenzverfahrens (K/U § 236 KO Rn 6).

3. Zuständigkeit. Zuständig ist gem § 315 S 2 zunächst ausschließlich das Amtsgericht als Insolvenz- 10 gericht, in dessen Bezirk der Ort liegt, wo der Erblasser den Mittelpunkt seiner selbstständigen wirtschaftlichen Tätigkeit hatte. Ansonsten ist ausschließlich das Amtsgericht als Insolvenzgericht zuständig, in dessen Bezirk der verstorbene Ehegatte seinen allgemeinen Gerichtsstand hatte (§ 315 S 1).

VIII. Gesamtgutsinsolvenzverfahren nach Auseinandersetzung

Das Gesamtgutsinsolvenzverfahren ist auch noch **nach Auseinandersetzung der Gütergemeinschaft** 11 zulässig. Das folgt daraus, dass § 316 Abs 2 von der Inbezugnahme nicht ausgenommen ist und dass den Gesamtgutsgläubigern das Recht auf abgesonderte Befriedigung aus dem Gesamtgut nicht durch beschleunigte Auseinandersetzung der Gütergemeinschaft verkürzt werden darf. § 316 Abs 2 ist ebenso wie die übrigen für das Nachlassinsolvenzverfahren maßgebenden Vorschriften entsprechend anwendbar (FK- *Schallenberg/Rafiqpoor* § 332 Rn 55; Kilger/K *Schmidt* § 236 KO Bem 4; K/U § 236 KO Rn 8; str AA MüKoInsO-*Siegmann* § 332 InsO Rn 2 mit beachtlicher Kritik).

Dritter Abschnitt. Insolvenzverfahren über das gemeinschaftlich verwaltete Gesamtgut einer Gütergemeinschaft

§ 333 Antragsrecht. Eröffnungsgründe

(1) Zum Antrag auf Eröffnung des Insolvenzverfahrens über das Gesamtgut einer Gütergemeinschaft, das von den Ehegatten gemeinschaftlich verwaltet wird, ist jeder Gläubiger berechtigt, der die Erfüllung einer Verbindlichkeit aus dem Gesamtgut verlangen kann.

(2) ¹Antragsberechtigt ist auch jeder Ehegatte. ²Wird der Antrag nicht von beiden Ehegatten gestellt, so ist er zulässig, wenn die Zahlungsunfähigkeit des Gesamtguts glaubhaft gemacht wird; das Insolvenzgericht hat den anderen Ehegatten zu hören. ³Wird der Antrag von beiden Ehegatten gestellt, so ist auch die drohende Zahlungsunfähigkeit Eröffnungsgrund.

Früher § 236 a Abs 2 und Abs 3 (eingefügt durch Artikel 3 Abs 1 S 5 Gleichberechtigungsgesetz vom 18. Juni 57 BGBl I, 635, Abs 2 geändert durch Gesetz vom 17. 7. 1974, BGBl I, 1485); die Vorschrift entspricht § 378 a Empfehlung Rechtsausschuss, der im Wesentlichen auf §§ 19, 22 RegE beruht.

§ 333

I. Allgemeines

1 § 333 Abs 1 trifft Bestimmungen zum Antragsrecht für die Eröffnung des Insolvenzverfahrens über das **Gesamtgut einer Gütergemeinschaft** in Anlehnung an § 236a Abs 2 KO. Wird das Gesamtgut einer Gütergemeinschaft von den Ehegatten gemeinschaftlich verwaltet, so kann jeder Gläubiger, der die Erfüllung einer Verbindlichkeit aus dem Gesamtgut verlangen kann, den Eröffnungsantrag stellen. Für den Antrag eines Gläubigers ist gem § 14 Abs 1 ein **rechtliches Interesse** erforderlich (Begr RegE zu § 19, abgedr bei *Balz/Landfermann* S 451). Ferner ist – entsprechend § 236a Abs 3 S 1 KO – auch jeder Ehegatte antragsberechtigt (§ 333 Abs 2 S 1). Stellen nicht beide Ehegatten den Eröffnungsantrag, so muss die Zahlungsunfähigkeit des Gesamtgutes glaubhaft gemacht werden (§ 333 Abs 2 S 2 HS 1), wobei der andere Ehegatte vom Insolvenzgericht zu hören ist (§ 333 Abs 2 S 2 HS 2); dies entspricht § 236a Abs 3 S 2 und S 3 KO. Neu ist, dass auch die **drohende Zahlungsunfähigkeit** Eröffnungsgrund ist, wenn der Eröffnungsantrag von **beiden Ehegatten** gestellt wird (§ 333 Abs 2 S 3). Da nicht auf die §§ 315 ff verwiesen wird, gelten die allgemeinen Vorschriften, soweit nicht in §§ 333, 334 Abweichungen besonders geregelt sind (FK-*Schallenberg/Rafiqpoor* § 333 Rn 5 ff).

II. Insolvenzverfahren über das Gesamtgut

2 **1. Zulässigkeit des Sonderinsolvenzverfahrens.** Ein Sonderinsolvenzverfahren über das Gesamtgut ist zulässig, wenn die Ehegatten in **Gütergemeinschaft** leben, sie das Gesamtgut gemeinschaftlich verwalten und die **Zahlungsunfähigkeit droht** bzw **eingetreten ist** (§§ 11 Abs 2 Nr 2, 333).

3 **2. Eröffnungsgründe.** Eröffnungsgründe sind die Zahlungsunfähigkeit des Gesamtguts und die drohende Zahlungsunfähigkeit (§ 333 Abs 2). **Umstritten** ist, ob für die Ermittlung der Zahlungsunfähigkeit oder drohenden Zahlungsunfähigkeit nur auf das **Gesamtgut** abzustellen ist (*Bork*, Einführung in das neue Insolvenzrecht, Rn 438; Braun/*Bauch* § 333 Rn 5; FK-*Schallenberg/Rafiqpoor* § 333 Rn 26; MüKoInsO-*Siegmann* § 333 InsO Rn 6, 13; wohl auch HK-*Marotzke* § 333 Rn 3; N/R/*Riering* § 333 Rn 5), oder ob wegen der gesamtschuldnerischen Haftung (§ 1459 Abs 2 BGB) auch das sonstige Vermögen der Ehegatten (Sonder- und Vorbehaltsgut) zu berücksichtigen ist (K/P/*Kemper* § 315, Rn 6; zur KO: *Jaeger/Weber* §§ 236a–c KO Rn 11). Für die zweite Ansicht spricht zwar auf den ersten Blick, dass die Gesetzesbegründung nicht ausdrücklich eine inhaltliche Änderung gegenüber der früheren Rechtslage erkennen lässt; danach war bisher die **persönliche Haftung** entscheidend. Allerdings spricht für die erste Ansicht nicht nur der **eindeutige Wortlaut**, der auf das Gesamtgut abstellt, sondern auch die Tatsache, dass sich die Eröffnungsgründe auf das jeweilige **Sondervermögen** beziehen (§ 11 Abs 2 Nr 2) und nicht auf die Rechtsträger (K/P/*Prütting* § 11 Rn 30). Dieser Auffassung ist daher der Vorzug einzuräumen.

4 **3. Schuldner.** Schuldner sind **beide Ehegatten** (FK-*Schallenberg/Rafiqpoor* § 333 Rn 12; K/P/*Kemper* § 333 Rn 8; K/U § 236a KO Rn 3; MüKoInsO-*Siegmann* § 333 InsO Rn 8; *Schuler* NJW 1958, 1609, 1610), weil sie für die Gesamtgutsverbindlichkeiten gesamtschuldnerisch haften (§ 1459 Abs 2 BGB). Demzufolge können auch nur beide Ehegatten die Einstellung des Verfahrens beantragen (vgl § 213). Beide Ehegatten sind zu hören (§§ 10, 14). Mitteilungen nach den §§ 158, 161 haben an beide Ehegatten zu erfolgen, da jedem die Antragsbefugnisse zustehen (*Jaeger/Weber* §§ 236a–c KO Rn 21; K/U § 236a KO Rn 3; N/R/*Riering* § 333 Rn 2). Hat der eine Ehegatte dem anderen Vollmacht erteilt, so genügt die Mitteilung an den **bevollmächtigten Ehegatten**. Zustellungen haben an beide Ehegatten zu erfolgen (K/U § 236a KO Rn 3). Jeder von ihnen kann dagegen Insolvenzforderungen im Prüfungstermin bestreiten (§ 176 S 2) und Einwendungen gegen die Schlussrechnung (§§ 66, 197) erheben (K/U § 236a KO Rn 3). Hat nur ein Ehegatte eine Forderung bestritten, so kann nur gegen ihn auf Feststellung der Forderung geklagt oder ein über die Forderung bereits anhängiger Rechtsstreit aufgenommen werden; wird der Widerspruch nicht ausgeräumt, so bildet der Tabelleneintrag nur gegen den anderen Ehegatten einen Vollstreckungstitel (§ 201 Abs 2); wegen § 740 Abs 2 ZPO ist dann die Zwangsvollstreckung ins Gesamtgut nicht schon aufgrund des Tabelleneintrags zulässig (K/U § 236a KO Rn 3). Hat keiner der Ehegatten die Forderung bestritten, so kann aufgrund des Tabelleneintrags sowohl in das **Gesamtgut** als auch in das **Vorbehaltsgut** und, soweit zulässig, in das **Sondergut** vollstreckt werden (K/U § 236a KO Rn 3). Die Schuldnerpflichten obliegen im Insolvenzverfahren über das gemeinschaftlich verwaltete Gesamtgut jedem Ehegatten (FK-*Schallenberg/Rafiqpoor* § 333 Rn 15; *Jaeger/Weber* §§ 236a–c KO Rn 23; K/U § 236a KO Rn 3). Das gilt vor allem für die Pflichten nach §§ 20, 97, 98, 99, 153 Abs 2. Soweit die Rechtsordnung auf Rechtshandlungen des Schuldners abstellt, müssen beim Gesamtgutsinsolvenzverfahren **beide Ehegatten** handeln.

5 **4. Antragsberechtigung.** Antragsberechtigt ist **jeder Gläubiger**, der die Berichtigung einer Verbindlichkeit aus dem Gesamtgut verlangen kann (§ 333 Abs 1), und **jeder Ehegatte** (§ 333 Abs 2 S 1). Nicht antragsberechtigt sind Gläubiger, die allein Befriedigung aus dem Sonder- oder Vorbehaltsgut eines Ehegatten verlangen können (MüKoInsO-*Siegmann* § 333 InsO Rn 9). Stellen beide Ehegatten den An-

I. Allgemeines

trag, so bleibt es bei der Regel, dass der Schuldner die Zahlungsunfähigkeit nicht glaubhaft zu machen hat. Stellt nur ein Ehegatte den Antrag, so muss er die Zahlungsunfähigkeit glaubhaft machen (§ 333 Abs 2 S 2 HS 1), wofür § 294 ZPO gilt; in diesem Fall ist der andere Ehegatte zu hören (§ 333 Abs 2 S 2 HS 2). Für den Eröffnungsgrund der **drohenden Zahlungsunfähigkeit** muss der Eröffnungsantrag von beiden Ehegatten gestellt werden. Ist ein Ehegatte in der Insolvenz, so fällt das Recht zur Antragstellung hinsichtlich seiner Person nicht dem Insolvenzverwalter oder dem vorläufigen Insolvenzverwalter zu (Einzelheiten bei *Jaeger/Weber* §§ 236a–c KO Rn 13; K/U § 236a KO Rn 4; wohl auch MüKoInsO-*Siegmann* § 333 InsO Rn 10). Wird das Insolvenzverfahren auf Antrag nur eines Ehegatten eröffnet, so ist der andere Ehegatte beschwerdeberechtigt (§ 34 Abs 2; FK-*Schallenberg/Rafiqpoor* § 333 Rn 13, 21; K/P/*Kemper* § 333 Rn 8). Wird der Eröffnungsantrag eines Ehegatten abgelehnt, so hat nur er und nicht auch der andere Ehegatte die Möglichkeit der sofortigen Beschwerde (§ 34 Abs 1; K/U § 236a KO Rn 4; N/R/*Riering* § 333 Rn 4).

5. Ehegatte als Gläubiger im Sonderinsolvenzverfahren. Im Sonderinsolvenzverfahren über das Gesamtgut kann **jeder Ehegatte** auch **Insolvenzgläubiger** sein, zB wegen eines dem Gesamtgut aus dem Vorbehaltsgut gewährten Darlehens. Alsdann ist dieser Ehegatte auch stimmberechtigt (FK-*Schallenberg/Rafiqpoor* § 333 Rn 16; K/P/*Kemper* § 333 Rn 9; K/U § 236a KO Rn 4). 6

6. Anfechtung. Die Anfechtung von Rechtshandlungen setzt die **Zahlungseinstellung beider Ehegatten** voraus (vgl §§ 333, 17; K/U § 236a KO Rn 7; N/R/*Riering* § 333 Rn 7). Hierauf muss sich nach §§ 130, 131 auch die Kenntnis des Anfechtungsgegners erstrecken. Die Benachteiligungsabsicht nach § 133 braucht nur bei einem Ehegatten vorhanden zu sein (K/U § 236a KO Rn 7). Es ist darauf zu verweisen, dass Ehegatten **nahestehende Personen** iS von § 138 Abs 1 Nr 1 sind, für welche die Vermutungswirkungen der §§ 130 Abs 3, 131 Abs 2 S 2, 132 Abs 3 und 133 Abs 2 S 1 gelten. Der Anfechtungsausschluss nach § 137 gilt für die Wechsel- und Scheckzahlung jedes Ehegatten (Einzelheiten bei *Jaeger/Weber* §§ 236a–c KO Rn 25; K/U § 236a KO Rn 7). 7

7. Die **Insolvenzmasse** umfasst die beschlagfähigen Gegenstände, die im Zeitpunkt der Eröffnung des Verfahrens zum Gesamtgut gehören (§ 1416 BGB; FK-*Schallenberg/Rafiqpoor* § 333 Rn 24; K/P/*Kemper* § 333 Rn 10). Vorbehalts- und Sondergut eines Ehegatten gehören nicht zur Insolvenzmasse (§§ 1417, 1418 BGB; wegen der Einzelheiten wird auf *Jaeger/Weber* § 236a Rn 30 ff verwiesen); vielmehr hat er ein Aussonderungsrecht iSv § 47 (MüKoInsO-*Siegmann* § 333 InsO Rn 17). Bei gemeinsam verwaltetem Gesamtgut berührt das Insolvenzverfahren über das Vermögen eines Ehegatten das Gesamtgut nicht (§ 37 Abs 2). 8

III. Insolvenzverfahren über das gemeinsam verwaltete Gesamtgut einer beendeten Gütergemeinschaft

Kritisch ist anzumerken, dass es der Gesetzgeber, entgegen der Vorschläge in § 13 Abs 3 RegE, unterlassen hat, ausdrücklich die Zulässigkeit eines Insolvenzverfahrens über das gemeinsam verwaltete Gesamtgut bei **Beendigung** der **Gütergemeinschaft** zu regeln. Diese Fallgestaltung könne der Rechtsprechung vorbehalten bleiben, wie der Rechtsausschuss des Bundestages konstatiert hat. Auch wenn die entsprechende Regelung schon unter der KO gefehlt hat, wird man gleichwohl zum Schutz der Gläubiger von der Zulässigkeit eines solchen Insolvenzverfahrens analog § 333 auszugehen haben (FK-*Schallenberg/Rafiqpoor* § 333 Rn 30 f; K/P/*Kemper* § 333 Rn 12; K/U § 2 KO Rn 6; zur KO: *Schuler* NJW 1958, 1609). 9

§ 334 Persönliche Haftung der Ehegatten

(1) Die persönliche Haftung der Ehegatten für die Verbindlichkeiten, deren Erfüllung aus dem Gesamtgut verlangt werden kann, kann während der Dauer des Insolvenzverfahrens nur vom Insolvenzverwalter oder vom Sachwalter geltend gemacht werden.

(2) Im Falle eines Insolvenzplans gilt für die persönliche Haftung der Ehegatten § 227 Abs. 1 entsprechend.

I. Allgemeines

§ 334 Abs 1 regelt die **Geltendmachung** der **persönlichen Haftung** der **Ehegatten** im **Insolvenzverfahren** über das gemeinschaftlich verwaltete Gut. Die InsO weicht insoweit von § 236c KO ab, als unter bestimmten Voraussetzungen und in bestimmtem Umfang die Geltendmachung durch Gläubiger unmittelbar möglich war. Die InsO orientiert sich jedoch in § 334 Abs 1 an der Regelung von § 93, wonach die Geltendmachung der persönlichen Haftung eines Gesellschafters für die Verbindlichkeiten der Gesellschaft durch den Insolvenzverwalter vorgesehen ist, wenn über das Vermögen einer Gesellschaft 1 ohne Rechtspersönlichkeit oder einer Kommanditgesellschaft auf Aktien das Insolvenzverfahren eröffnet wurde (wohl auch: FK-*Schallenberg/Rafiqpoor* § 334 Rn 5; HK-*Marotzke* § 334 Rn 1; K/P/*Kemper* § 334 Rn 1). Ein Wettlauf der Gläubiger soll vermieden werden (*Hess* § 334 Rn 3). Die Gesamtheit der Gläubiger soll gleichmäßig befriedigt werden. Im Insolvenzverfahren über das Gesamtgut einer fortgesetzten Gütergemeinschaft kann, wie § 334 Abs 2 zu entnehmen ist, auch ein **Insolvenzplan** aufgestellt werden. Insoweit gilt für die **persönliche Haftung der Ehegatten**, dass sie mit der im gestaltenden Teil vorgesehenen Befriedigung der Insolvenzgläubiger von den restlichen Verbindlichkeiten gegenüber diesen Gläubigern befreit werden, sofern im Insolvenzplan nichts anderes bestimmt ist (§ 227 Abs 1). Die Vorschrift hat in gewisser Weise in §§ 236 b Abs 2 KO, 114a Nr 3 VglO ein Vorbild, wonach ein Zwangsvergleich die persönliche Haftung der Ehegatten begrenzte.

II. Geltendmachung der persönlichen Haftung der Ehegatten

2   **1. Haftungslage.** Bei gemeinschaftlicher Verwaltung des Gesamtguts durch die Ehegatten sind die Ehegatten nur gemeinschaftlich berechtigt, über das Gesamtgut zu verfügen und Rechtsstreitigkeiten zu führen, die sich auf das Gesamtgut beziehen, wobei der Besitz an den zum Gesamtgut gehörenden Sachen den Ehegatten gemeinschaftlich zusteht (§ 1450 Abs 1 BGB). Gegenüber den Ehegatten abzugebende Willenserklärungen brauchen nur gegenüber einem Ehegatten abgegeben zu werden (§ 1450 Abs 2 BGB). **Gesamtgutsverbindlichkeiten** bei der gemeinsamen Verwaltung sind in § 1459 Abs 1 BGB geregelt. Gläubiger des Mannes und Gläubiger der Frau können aus dem Gesamtgut Befriedigung verlangen, soweit sich aus den §§ 1460–1462 BGB nichts anderes ergibt (§ 1459 Abs 1 BGB). Die **Ehegatten haften** auch **persönlich** als Gesamtschuldner für die **Gesamtgutsverbindlichkeiten** (§ 1459 Abs 2 S 1 BGB). **Gesamtgutsverbindlichkeiten** sind grundsätzlich alle Verbindlichkeiten der Eheleute, gleichgültig welcher Art, ob aus Vertrag, Delikt usw und ebenfalls aus der Zeit vor Eintragung der Gütergemeinschaft. Die praktische Bedeutung der Haftung liegt vor allem darin, dass das Bestehen einer Gesamtgutverbindlichkeit materiell-rechtlich auch im Prozess gegen nur einen Ehegatten festgestellt werden kann (**BGH** 19. 3. 1975, FamRZ 1975, 405). Die **persönliche Haftung erlischt** erst mit Beendigung der Gütergemeinschaft (§ 1470 BGB). § 1460 BGB beschränkt die Haftung des Gesamtguts aus Rechtsgeschäften eines Ehegatten auf die Fälle, in denen der andere Ehegatte zugestimmt hat (§ 1460 Abs 1 BGB). Das Gesamtgut haftet ferner nicht für Verbindlichkeiten eines Ehegatten, die durch den Erwerb einer Erbschaft oder eines Vermächtnisses entstehen, wenn der Ehegatte die Erbschaft oder das Vermächtnis während der Gütergemeinschaft als Vorbehaltsgut oder als Sondergut erwirbt (§ 1461 BGB). Schließlich haftet das Gesamtgut nicht für eine Verbindlichkeit eines Ehegatten, die während der Gütergemeinschaft infolge eines zum Vorbehaltsgut oder zum Sondergut gehörenden Rechts oder des Besitzes einer dazugehörigen Sache entsteht (§ 1462 S 1 BGB). Abweichend hiervon ist die Haftung jedoch gegeben, wenn das Recht oder die Sache zu einem Erwerbsgeschäft gehört, das ein Ehegatte mit Einwilligung des anderen Ehegatten selbstständig betreibt oder wenn die Verbindlichkeit zu den Lasten des Sondergutes gehört, die aus den Einkünften beglichen zu werden pflegen (§ 1462 S 2 BGB).

3   **2. Geltendmachung.** Zur **Geltendmachung** der **persönlichen Haftung** ist während der Dauer des Insolvenzverfahrens nur der **Insolvenzverwalter** oder der **Sachwalter** berechtigt (§ 334 Abs 1). Das bedeutet, dass allein der Insolvenzverwalter die Ansprüche der Gesamtgutsgläubiger gegen die persönlich mit ihrem Eigenvermögen haftenden Ehegatten geltend machen kann (MüKoInsO-*Siegmann* § 334 InsO Rn 5). Zahlt ein Ehegatte trotz Eröffnung des Insolvenzverfahrens an einen Gläubiger, so kann der Insolvenzverwalter nach §§ 812 ff BGB vorgehen (K/P/*Kemper* § 334 Rn 4). Die Leistung des Ehegatten aus seinem Eigenvermögen an den Gläubiger hat keine Erfüllungswirkung, wohingegen eine Leistung eines Schuldners an die Insolvenzmasse die Forderung des Gesamtguts tilgt (vgl für § 93 **BGH** 9. 10. 2006, ZIP 2007, 79, 80; MüKoInsO-*Siegmann* § 334 InsO Rn 10). Eine Aufrechnung des Gesamtgutgläubigers mit einer Forderung gegen den Ehegatten wegen einer Gesamtgutverbindlichkeit ist nach Eröffnung des Verfahrens ausgeschlossen (K/P/*Kemper* § 334 Rn 4). Bei Zahlung vor Eröffnung des Insolvenzverfahrens kann Rückgewähr nur nach §§ 129 ff verlangt werden (K/P/*Kemper* § 334 Rn 4). Der Sachwalter führt die Aufsicht bei der Eigenverwaltung des Schuldners gem. §§ 270 ff. Damit wird indirekt zum Ausdruck gebracht, dass die Schuldner im Insolvenzverfahren über das gemeinschaftlich verwaltete Gesamtgut einer Gütergemeinschaft den Antrag auf **Eigenverwaltung** stellen können (§ 270 Abs 2 Nr 1). Das Gesetz regelt nicht ausdrücklich die **Antragsberechtigung**. § 270 Abs 2 Nr 1 sagt, dass der Schuldner den Antrag auf Eigenverwaltung stellen muss. Schuldner sind beide Ehegatten. Beide Ehegatten müssen daher den Antrag auf Eigenverwaltung stellen. Der Antrag ist eine Verwaltungshandlung, so dass sich keine Abweichung von der Regel des § 1450 Abs 1 BGB ergibt. Auch § 333 Abs 2 zeigt, dass grundsätzlich beide Ehegatten Anträge – hier den Antrag auf Eröffnung des Insolvenzverfahrens – stellen müssen. Ist über das Gesamtgut und über das sonstige Vermögen eines oder beider Ehegatten das Insolvenzverfahren eröffnet worden, kann in jedem Verfahren der volle Forderungsbetrag geltend gemacht werden (§ 43; *Häsemeyer* Insolvenzrecht Rn 34.06).

III. Haftungsbeschränkung bei Insolvenzplan

§ 334 Abs 2 regelt die entsprechende Anwendung des § 227 Abs 1 für die persönliche Haftung der 4
Ehegatten bei einem Insolvenzplan; vgl insoweit die Kommentierung zu § 227. Mittelbar geht aus § 334
Abs 2 somit hervor, dass im Insolvenzverfahren über das gemeinschaftlich verwaltete Gesamtgut einer
Gütergemeinschaft ein Insolvenzplan (§§ 217 ff) vorgelegt werden kann. Vorlageberechtigt ist nach
§ 218 Abs 1 Satz 1 neben dem Insolvenzverwalter der Schuldner. Auch insofern ist davon auszugehen,
dass beide Ehegatten als Schuldner einen Plan, und zwar einen gemeinschaftlichen Plan, vorlegen können. Einander widersprechende Pläne der Ehegatten sind nicht zulässig (K/P/*Kemper* § 334 Rn 9).

ELFTER TEIL. INTERNATIONALES INSOLVENZRECHT

Erster Abschnitt. Allgemeine Vorschriften

Vorbemerkungen zu §§ 335–358

Übersicht

	Rn
I. Einleitung	1
1. Überblick	1
2. Begriff des (deutschen) internationalen Insolvenzrechts (IIR)	3
3. D-IIR als nationales Recht	5
4. Gesetzgebung im Inland	6
a) §§ 335–358	6
b) Früheres Recht	7
5. Europäische Rechtsvereinheitlichung	8
a) Inkrafttreten der EuInsVO	8
b) Arbeiten auf der Grundlage von Art 220 EGV aF	9
c) Richtlinie 98/26/EG vom 19. Mai 1998	12
d) Richtlinie für Kreditinstitute und Versicherungsunternehmen	13
e) Neufassung von Art 102 EGInsO	14
6. UNCITRAL	15
II. Rechtsquellen des D-IIR	17
1. Das D-IIR	17
2. Sonstige Vorschriften der Insolvenzordnung	18
a) Auslandssacherhalte	19
b) Einzelfälle	20
c) Anspruch auf extraterritoriale Geltung	21
3. Art 102 EGInsO nF	22
4. Europäische Insolvenzverordnung (VO (EG) Nr 1346/2000)	23
5. Konkurrenzverhältnis zwischen InsO/EuInsVO/EGInsO	24
III. Wesentliche Prinzipien des IIR	27
1. Gleichbehandlungsprinzip	27
2. Universalitätsprinzip	28
3. Territorialitätsprinzip	29
4. Sonderanknüpfungen	31
5. Minimum Kontakt	32
6. Ordre-public-Vorbehalt	33
IV. Exkurs: Behandlung der Scheinauslandsgesellschaft	34
1. Begriff	34
2. Insolvenzrechtliche Behandlung	35
a) Anerkennung	35
b) Gläubigerschutz	36
c) Haftung für Insolvenzverschleppung	37
V. Literatur zum Internationalen und Europäischen Insolvenzrecht	38

I. Einleitung

1 **1. Überblick.** Als Folge der stetigen Internationalisierung bzw Globalisierung der Wirtschaft sind mehr und mehr Insolvenzen vor allem von Unternehmen durch Bezüge zu ausländischen Rechtsordnungen und im Ausland belegene Massebestandteile (**cross border – Insolvenzen**) gekennzeichnet. Mit den durch das am 20. 3. 2003 in Kraft getretene Gesetz zur Neuordnung des Internationalen Insolvenzrechts vom 14. 3. 2003 (BGBl I 2003, 345) neu in die InsO eingefügten §§ 335–358 formuliert der deutsche Gesetzgeber erstmals ausführlich das sogenannte **autonome (deutsche) Internationale Insolvenzrecht (D-IIR)**, das für Insolvenzverfahren mit Auslandsbezug verfahrensrechtliche ebenso wie materiell-rechtliche Abgrenzungen des deutschen inländischen Insolvenzrechts zu den betroffenen ausländischen nationalen Insolvenzregimes regelt.

2 Praktisch wird der Anwendungsbereich der §§ 335–358 erheblich durch das in der Verordnung (EG) Nr 1346/2000 des Rates über Insolvenzverfahren vom 29. 5. 2000, ABl L 160 (**Europäische Insolvenzverordnung bzw EuInsVO**) normierte und für grenzüberschreitende Insolvenzverfahren in den EU-Mitgliedstaaten (mit Ausnahme von Dänemark) unmittelbar und vorrangig geltende **supranationale europäische Insolvenzrecht** begrenzt. **Verfahrensrechtliche Ausführungsvorschriften** für die Umsetzung der EuInsVO in Deutschland sind in **Art 102 §§ 1–11 EGInsO nF**, die nun den Platz der ursprünglichen fragmentarischen Kodifizierung des D-IIR in Art 102 EGInsO aF einnehmen und zeitgleich mit den §§ 335–358 in Kraft getreten sind. Für Insolvenzverfahren, die am 20. 3. 2003 bereits eröffnet waren,

I. Einleitung

gilt Art 102 EGInsO aF allerdings nach wie vor (Braun-*Liersch*, InsO Vorbem §§ 335–358 Rn 16; HambKomm-*Undritz*, InsO Vorbem §§ 335 ff Rn 15).

2. Begriff des (deutschen) internationalen Insolvenzrechts (IIR). Die Vorschriften der §§ 335–358 sind mit „Internationales Insolvenzrecht" überschrieben; diese Terminologie schließt an die herkömmliche Begrifflichkeit an, grenzüberschreitende Sachverhalte und damit die Frage der räumlichen Rechtsanwendung in erster Linie kollisionsrechtlich zu charakterisieren. Der **Begriff IIR** ersetzt den herkömmlichen Begriff des „Internationalen Konkursrechts" (IKR), der sich in enger Anlehnung an den des „Internationalen Privatrechts" entwickelt hatte (*Lüer* KTS 1990, 377, 394 f; K/P/B-*Kemper/Paulus* vor §§ 335–358 Rn 1). Wie dieser kennzeichnet mithin das IIR in erster Linie den Bereich des räumlichen Kollisionsrechts (vgl *Jaeger/Jahr* §§ 237, 238 KO Rn 38; FK-*Wenner/Schuster* Vor §§ 335 ff Rn 1, 7). Internationales Insolvenzrecht umfasst danach zunächst solche Normen, die für grenzüberschreitende Insolvenztatbestände bestimmen, welchen Staates Insolvenzrecht anzuwenden ist. Da es sich bei den durch den Eintritt der Insolvenz ausgelösten Veränderungen stets um eine Fülle von zu erfassenden Tatbeständen und Rechtsfolgen handelt, werden sie regelmäßig vom zuständigen Gesetzgeber als ein einheitliches Regime verstanden und geregelt, das kollisionsrechtlich als **Gesamtstatut** begriffen und behandelt wird. Dementsprechend führt die Verweisung auf das auf eine Insolvenz und seine Folgen anwendbare Recht regelmäßig zu einem bestimmten **Insolvenzstatut**, das grundsätzlich in seiner Gesamtheit zur Anwendung berufen wird, wie am Beispiel von § 335 leicht nachvollziehbar ist.

Das D-IIR erschöpft sich jedoch nicht in der Regelung der Anwendbarkeit räumlich konkurrierender Insolvenzstatute im engeren Sinn. Auch die Vorschriften des anwendbaren **Verfahrensrechts** bei grenzüberschreitenden Tatbeständen, insbesondere die Normen über die **internationale Zuständigkeit** der mit der Eröffnung und Durchführung befassten Gerichte zählen herkömmlich zum IIR (vgl *Leipold* FS-Baumgärtel S 289, 293). Ebenso werden dem IIR **Sachnormen** zugerechnet wie etwa die Regelung der in § 342 Abs 1 vorgesehenen Herausgabepflicht, die das eigene Sachrecht bei bestimmten grenzüberschreitenden Tatbeständen ergänzen (vgl FK-*Wenner/Schuster* Vor §§ 335 ff Rn 7). Zur Abgrenzung des Insolvenzstatuts als Gesamtstatut gegenüber Rechtsverhältnissen, die von ihm nicht erfasst werden sollen, dienen **Sonderanknüpfungen**, die regelmäßig im **Verkehrsinteresse** den Schutz Dritter anstreben und dem jeweiligen Einzelstatut (lex causae), wie die Vorschriften der §§ 336–340 belegen. Auch sie sind dem IIR im weiteren Sinne zuzurechnen ebenso wie jene Vorschriften des anwendbaren materiellen Insolvenzrechts, deren Anwendungsanspruch nicht räumlich begrenzt ist, sondern auch **Auslandssachverhalte** zu erfassen suchen („extraterritorialer Geltungsanspruch"). Dies gilt etwa für die Vorschriften der §§ 35, 89, 148 hinsichtlich des im Ausland belegenen Vermögens des Schuldners, das von inländischen Verfahren erfasst wird. Schließlich zählen zum IIR auch all jene **Verfahrensvorschriften** über die Art und Weise, wie bei ausländischem Insolvenzstatut im Inland verfahren werden soll. Hierzu hatte der inländische Gesetzgeber stets geschwiegen und es blieb nur die Möglichkeit, die Wirkungen etwaiger Anerkennung im Inland „inzidenter" zu vollziehen. Anders verhält es sich nunmehr mit den Vorschriften aus Art 1 des Gesetzes zur Neuregelung des Internationalen Insolvenzrechts vom 14. 3. 2003 (BGBl I S 345), wo es im Wesentlichen um die praktische **Durchführung der Anerkennung** von ausländischen Insolvenzverfahren nach der EuInsVO geht. Alle diese Normen ganz unterschiedlicher Qualität und Funktion werden von dem Begriff des **IIR im weiteren Sinn** umfasst.

3. D-IIR als nationales Recht. Die Normen des D-IIR sind **nationales Recht**. Sie bestimmen aus inländischer Sicht bei grenzüberschreitenden Insolvenztatbeständen, ob inländisches oder ausländisches Insolvenzrecht anzuwenden ist. Soweit dabei eine Kollisionsnorm nur bestimmt, wann inländisches Insolvenzrecht anzuwenden ist (so früher aus §§ 237, 238 KO abgeleitet, vgl *Jaeger/Jahr* §§ 237, 238, Rn 243 ff), spricht man von einer „einseitigen" Kollisions- bzw Verweisungsnorm. Regelt die Kollisionsnorm hingegen in allgemeiner Form, unter welchen Voraussetzungen in- oder ausländisches Recht gleichermaßen zur Anwendung berufen ist wie heute § 335, so handelt es sich um eine „allseitige" Kollisions- bzw Verweisungsnorm (vgl *Kegel/Schurig* IPR S 301). Stets geht es dabei um die Bestimmung des anwendbaren Rechts aus der Sicht des deutschen Insolvenz-Kollisionsrechts. Demgegenüber gibt es kein eigentliches „internationales" Insolvenzrecht, weder als Kollisionsrecht noch als grenzüberschreitendes materielles Insolvenzrecht. Wohl aber gibt es seit 31. 5. 2002 auch die **EuInsVO**, die als Verordnung (EG) Nr 1346/2000 des Rats über Insolvenzverfahren vom 29. 5. 2000 (ABlEG Nr L 160 vom 30. 6. 2000) zu diesem Zeitpunkt in Kraft getreten ist. Diese EuInsVO gilt neben dem autonomen deutschen IIR nach den Vorschriften der §§ 335–358 als **europaweites, einheitliches Recht**, jeweils jedoch nur im Verhältnis zu den übrigen Vertragsstaaten der EU. Das geltende inländische IIR ist mithin zweigeteilt (**Rechtsspaltung**) und teilweise sogar unterschiedlich ausgestaltet. Es kommt die Besonderheit hinzu, dass die Vorschriften der EuInsVO und ihre Begriffe nicht aus dem autonomen inländischen Recht zu interpretieren sind, sondern abgehoben hiervon im **europäischen Kontext** ausgelegt werden müssen (vgl Duursma-Keplinger/*Duursma*/Chalipsky Teil 4 Vorbem EuInsVO Rn 20; *Mohrbutter/Wenner* § 20 Rn 10). Nur für ihre Auslegung gilt deshalb auch das **Vorabentscheidungsverfahren** beim EuGH nach Art 234, 68 EGV (im Einzelnen hierzu Duursma-Kepplinger/*Duursma*/Chalipsky Eur Rn 17 ff). Dies ändert jedoch nichts daran, dass auch die Vorschriften der EuInsVO einen Teil des im Inland unmittelbar geltenden Rechts bilden.

6   **4. Gesetzgebung im Inland. a)** Mit dem Inkrafttreten der §§ 335–358 am 20. 3. 2003 (BGBl I 345, 346–349) ist die InsO um eine detaillierte Regelung des autonomen IIR ergänzt worden, zu der sich der Gesetzgeber früher nicht hatte entschließen können (zur Vorgeschichte vgl *Leipold* FS Henckel, S 533 ff; *Lüer* in KS-InsO, S 297, 298 ff; FK-*Wenner/Schuster* Vor §§ 335 ff Rn 2). Kern der Neuregelung ist die in § 335 enthaltene **Grundnorm** des heute geltenden autonomen IIR: Das Insolvenzverfahren und seine Wirkungen unterliegen im Grundsatz dem Recht des Staats, in dem das Verfahren **eröffnet** worden ist. Auf dieser gesetzlich genormten Regelung baut das heute geltende Recht auf: Ein im Inland eröffnetes Insolvenzverfahren unterliegt daher mit seinen Wirkungen inländischem Recht, mithin der InsO und ihren Nebengesetzen. Wird ein Insolvenzverfahren im Ausland eröffnet, so unterliegt es dem am Eröffnungsort geltenden Insolvenzstatut. Um diesen heute gesetzlich geregelten allseitigen kollisionsrechtlichen Ansatz ist lange gerungen worden; seine gesetzliche Anerkennung ist ein großer Fortschritt.

7   **b)** Die Vorschriften der §§ 335–358 haben die bis dahin geltende Regelung in **Art 102 EGInsO aF** in ihrer Fassung aus dem Jahr 1994 ersetzt, die am 1. 1. 1999 in Kraft getreten war. Diese Vorschrift ist vielfach kritisiert und als unzureichend angesehen worden; denn sie hat trotz der Überschrift „Internationales Insolvenzrecht" nur drei fast willkürlich zusammengestellte Tatbestände geregelt, die zwar Anhangaltspunkte für das intendierte IIR enthielten, jedoch der weithin für erforderlich gehaltenen Rechtsklarheit nicht entsprach. In dieser Beziehung konnte sie auch nicht als entscheidende Verbesserung des bis dahin geltenden Rechts bzw der bis dahin geltenden gesetzlichen Normen angesehen werden. Dies gilt einmal für die §§ 237, 238 KO, die mehr als ein Jahrhundert die Grundlage für das bildeten, was im Inland als Internationales Konkursrecht gelten sollte. Zum anderen löste Art 102 EGInsO aF auch § 22 GesO ab, eine Vorschrift, die im Bereich der „neuen" Bundesländer seit Einführung des Gesetzes im Jahre 1990 galt. Aus dieser relativ kurzfristigen Abfolge gesetzlicher Neuerungen ergibt sich, dass sich die gesetzliche Grundlagen des autonomen inländischen IIR innerhalb von fünf Jahren zweimal nachhaltig geändert haben. Die Tatsache, dass dies nicht zu größerer Verwirrung geführt hat, ist wohl darin begründet, dass die heute mit den Vorschriften der §§ 335–358 geltenden Regelungen zum Teil bereits unter den früheren Statuten materiell entwickelt worden waren, insbesondere durch die Hinwendung von Rechtsprechung und Lehre zur Anerkennung des Universalitätsprinzips als Grundlage des geltenden IIR (hierzu unter Rn 28).

8   **5. Europäische Rechtsvereinheitlichung. a)** Die Bestrebungen der Rechtsvereinheitlichung in Europa im Bereich des Internationalen Insolvenzrechts haben fast vier Jahrzehnte angedauert, ehe sie mit dem Inkrafttreten der EuInsVO am 31. 5. 2002 in beträchtlichem Umfang realisiert worden ist. Sie enthält im Inland unmittelbar geltendes Recht im Verhältnis zu den übrigen EU-Vertragsstaaten; sie leistet damit einen bedeutenden Schritt der Rechtsvereinheitlichung innerhalb Europas. Da die materiellen Insolvenzrechte der europäischen Staaten sowohl in ihren rechtspolitischen Zielsetzungen als auch in ihren rechtstechnischen Umsetzungen erheblich divergieren und durch viele Besonderheiten nationaler Rechtssysteme gekennzeichnet sind, beschränkt sich die EuInsVO im Wesentlichen auf eine **kollisionsrechtliche Rechtsvereinheitlichung**. Tendenziell baut sie auf dem **Universalitätsprinzip** auf; sie geht daher von der gleichen kollisionsrechtlichen Grundnorm aus, wie sie heute in § 335 definiert ist und bereits für Art 102 Abs 1 EG InsO aF angenommen worden war. Trotz mancher Abweichungen in der Rechtstechnik, etwa hinsichtlich der Substantiierung des Insolvenzstatuts in Art 4 Abs 2 EuInsVO, stimmt sie weitgehend mit den Vorschriften überein, die insolvenzrechtlich für das autonome inländische IIR gelten und über Art 102 EGInsO auch schon vorher weithin anerkannt worden waren (vgl *Prütting* ZIP 1996, 1277, 1279; K/P/B-*Kemper/Paulus* vor §§ 335–358 Rn 16). Bereits vor Inkrafttreten der Verordnung war sie de facto im Inland relevant als Auslegungsstütze des vom Inland aus zu bestimmenden Anfechtungsstatus (vgl **BGH** 14. 11. 1996, BGHZ 134, 79, 86 f; vgl auch *Gottwald* S 13–17).

9   **b)** Der Weg zur europaweiten EuInsVO war langwierig und beschwerlich. Gestützt auf **Art 220 EGV aF** hatten die Ausschussarbeiten für ein europäisches Übereinkommen, die sich auf die gerichtliche Zuständigkeit, die Anerkennung und Vollstreckung von Entscheidungen in Zivil- und Handelssachen und die Vollstreckung öffentlicher Urkunden bezogen, bereits 1960 begonnen (hierzu *Bülow*, RabelsZ 29 (1965), 473 ff; *Berges* KTS 1965, 73–79). Sie sollten ursprünglich auch zu einem europäischen Konkurs- bzw Insolvenzübereinkommen führen. Hierfür wurde später ein zusätzlicher Ausschuss gebildet, dessen Tätigkeit seinen Niederschlag findet in dem Vorentwurf 1970 zu einem europäischen Konkursabkommen (abgedruckt in KTS 1971, 167–187 und in RabelZ 36 [1972], 734–766 einschließlich Anlagen I, II sowie Protokoll). Dieser Vorentwurf 1970 wurde in Deutschland überwiegend reserviert, teilweise auch sehr kritisch aufgenommen (vgl *Jahr* RabelsZ 36 [1972] 620, 652; *Nadelmann* KTS 1971, 65–81; Stellungnahme des DAV in KTS 1975, 59–76; *Schmidt* KTS 1976, 11–35). Zehn Jahre danach hat dann die EG Kommission den überarbeiteten Entwurf 1980 eines europäischen Übereinkommens über den Konkurs, Vergleiche und ähnliche Verfahren vorgelegt (abgedruckt in KTS 1981, 167–192 = ZIP 1980, 582–593, 811–819 mit Bericht *Lemontey* ZIP 1981, 547–562, 673–686, 791–806). Trotz erheblicher Verbesserungen ist auch dieser Entwurf in der inländischen Literatur eher zurückhaltend beurteilt worden (*Thieme* RabelsZ 45 [1981], 459–499; *Großfeld* ZIP 1981, 925–933; *Lüer* KTS 1981,

147–165). Der Versuch, die tief greifenden Unterschiede der einzelnen nationalen europäischen Insolvenzrechte zu überbrücken, hat damals zu einem recht komplizierten kollisionsrechtlichen Regelwerk geführt, dessen begrüßenswerter Ansatz (kollisionsrechtliches Universalitätsprinzip bei einheitlicher Anknüpfung) durch eine Vielzahl von Sonderanknüpfungen erheblich belastet wurde (*Lüer* KTS 1981, 147 ff). Auch wenn es nie in Kraft getreten ist, so wurde es gleichwohl zuweilen von der Rechtsprechung als Orientierung herangezogen (vgl **OLG** Düsseldorf 17. 8. 1982, ZIP 1982, 1341, 1343; hierzu *Hanisch* ZIP 1983, 1289, 1298 ff).

Der frühere Fehlschlag in Brüssel hat dann Mitte der achtziger Jahre beim **Europarat** in Strassburg zu 10 einer neuen Initiative für eine europäische Rechtsvereinheitlichung geführt (*Arnold* IPRax 1986, 133–138; *ders* ZIP 1984, 1144–1152). Dabei kam es zu zwei Entwürfen. Die **erste Fassung** (abgedruckt ZIP 1984, 1192–1195) konzentrierte sich auf dem Boden des **Universalitätsprinzips** auf die Anerkennung des Konkursverwalters im Ausland und das Recht aller Gläubiger, an Verfahren in einem anderen Vertragsstaat mit ihren Forderungen teilnehmen zu können. Die **zweite Fassung** enthielt dann, dem Vernehmen nach überwiegend auf Wunsch südeuropäischer Länder, erstmals das sogenannte **Sekundärinsolvenzverfahren**, das territorial beschränkte Verfahren der Gesamtvollstreckung ermöglichen sollte. Der Modellcharakter, der diesem Entwurf zuweilen zuerkannt wurde, ist von mannigfaltiger Kritik überlagert worden (vgl die ablehnende Stellungnahme des DAV, *Lüer*, AnwBl 1990, 444 f; siehe auch *Fletcher*, FS Hanisch, S 89–107; *Mohrbutter/Wenner* Hdb 7. Aufl Rn XXIII. 3). Gleichwohl bildete der zweite Entwurf die Grundlage für das **Europaratsübereinkommen**, das dann von der Bundesrepublik und einer Reihe anderer europäischer Staaten am 5. 6. 1990 in **Istanbul** unterzeichnet worden ist (FK-*Wenner/Schuster* Anh 7 nach § 358). Die BRD hat dieses Übereinkommen nie ratifiziert, ebenso wenig alle anderen Signatarstaaten außer Zypern.

Weitere fünf Jahre später lag dann mit dem **EuIÜ** vom 20. 9. 1995 das zeitlich letzte Projekt eines 11 über dreißigjährigen europäischen Bemühens vor, im Verhältnis der Mitgliedstaaten der **Europäischen Gemeinschaften** bzw der **Europäischen Union** untereinander auf der Grundlage eines gemeinsamen Übereinkommens zu einer einheitlichen Regelung des jeweiligen IIR zu kommen (hierzu *Balz* ZIP 1996, 948–955; *Funke* InVo 1996, 170–175; *Strub* EnZW 1996, 71–74). Die Fassung dieses Übereinkommens geht ganz wesentlich auf deutsche Initiative zurück, die parallel zu den Vorarbeiten für die Regelung des IIR im Regierungsentwurf für die neue InsO (§§ 379–399 RegEInsO) im BJM ergriffen worden war. Eine ganze Reihe von Übereinstimmungen findet hierin ihre Erklärung (vgl K/P/B-*Kemper* Anh II, Art 102 EGInsO Rn 45). Die Erwartungen des Rechtsausschusses des deutschen Bundestages bei der Beratung der InsO, dass die laufenden Verhandlung in Brüssel über ein Konkursübereinkommen der europäischen Gemeinschaften in absehbarer Zeit erfolgreich abgeschlossen werden könnten (*Balz/Landfermann* S 663 mit dem Ausschussbericht zu Art 102 EGInsO), haben sich zunächst zwar insoweit erfüllt, als sich die Verhandlungspartner zumindest auf einen einheitlichen Text einigen konnten. Gleichwohl ist das Übereinkommen von einem Mitgliedstaat der EU (Vereinigtes Königreich) innerhalb der vorgesehenen Frist nicht unterzeichnet worden (*Prütting* ZIP 1996, 1277, 1278; K/P/B-*Kemper* Anh II, Art 102 EGInsO Rn 40), so dass die Übereinkommen nicht zustande gekommen ist. Immerhin war offenkundig, dass es innerhalb der Mitgliedstaaten der EG noch nie ein so hohes Maß an Übereinstimmung zur Rechtsvereinheitlichung des IIR gegeben hatte, wie es das vorgesehene **EuIÜ** enthielt (*Flessner* IPRax 1997, 1, 2; *Prütting* ZIP 1996, 1277, 1278). Dies wird durch die inzwischen eingetretene Entwicklung belegt. Denn auf Betreiben einiger weniger Länder der EG, insbesondere der BRD und Finnlands, hat der **Rat der Europäischen Gemeinschaft** den Text des **EuIÜ** inhaltlich nahezu unverändert zum Gegenstand der **EuInsVO** gemacht, wie sie am 31. 5. 2002 in Kraft getreten ist. Damit ist die europäische Rechtsvereinheitlichung auf dem Gebiet des internationalen Insolvenzrechts nach fast vier Jahrzehnten einen großen Schritt vorangekommen, wie er nicht vorhergesehen wurde.

c) Ein Stück **europäischer Rechtsvereinheitlichung** im Insolvenzbereich war bereits durch die Richtli- 12 nie 98/26/EG vom 19. 5. 1998 und ihre Umsetzung im Inland (ABl EG L Nr 166 vom 11. 6. 1998, 45 ff) vollzogen worden. Die **Richtlinie** befasst sich mit der **Wirksamkeit von Abrechnungen in Zahlungs- sowie Wertpapierliefer- und Abrechnungssystemen** im Fall der Insolvenz eines Teilnehmers (FK-*Wenner/Schuster* Anh 3 nach § 358, Rn 5 ff). Sie gibt den Mitgliedsstaaten nach ihrem Art 11 Abs 1 auf, ihr vor dem 11. 12. 1999 nachzukommen. Die BRD hat die Richtlinie durch das Änderungsgesetz insolvenzrechtlicher und kreditwesenrechtlicher Vorschriften vom 9. 12. 1999 (BGBl I 2384) umgesetzt (vgl §§ 96 Abs 2, 147 Abs 1, 166 Abs 2, 223 Abs 1 InsO). Dem Gegenstand nach strebt die Richtlinie für den institutionellen Zahlungs- und Wertpapierhandelsverkehr einen Insolvenzschutz an, der die eingerichteten Systeme von der Insolvenz einzelner Teilnehmer unabhängig macht. Domino-Effekte durch Zahlungsstockungen, unwirksame Verfügungen und durch Anspruch auf Rückerstattungen sollen ebenso vermieden werden wie der Verlust von Sicherheiten. Durch europaweit eingeführte **Sachnormen**, eingefügt in die jeweils anwendbaren materiellen Insolvenzrechten, sollen die Rechtswirkungen der Verrechnung innerhalb solcher Systeme nicht durch ein Erlöschen der Verrechnungsabrede tangiert werden, das durch die Eröffnung eines Insolvenzverfahrens ausgelöst werden könnte. Eine bereits durchgeführte Verrechnung soll nicht nachträglich unwirksam werden und die in dem jeweiligen System vorgesehenen Sicherheiten sollen für das Funktionieren des Systems verwertbar bleiben.

13   d) Von besonderer Bedeutung könnten für die weitere europäische Rechtsvereinheitlichung die beiden Richtlinien werden, welche die **Sanierung und Liquidation von Kreditinstituten** (Richtlinie 2001/24/EG des Europäischen Parlaments und des Rats vom 4. 4. 2001) und **Versicherungsunternehmen** (Richtlinie 2001/17/EG des Europäischen Parlaments und des Rates vom 19. 3. 2001) zum Gegenstand haben. Beide Richtlinien zielen abweichend von der EuInsVO darauf ab, bei Insolvenzen von **Banken und Versicherungen** das Prinzip der **Universalität** voll durchzusetzen und dementsprechend Sekundärinsolvenzverfahren auszuschließen (FK-*Wenner/Schuster* Anh 4 nach § 358, Rn 3, 9). Die Insolvenz von Finanzinstituten soll demnach im Grundsatz als **einheitliches, umfassendes Schuldenregelungsverfahren** durchgeführt werden. Vorbehalten bleiben lediglich Tatbestände, die über Sonderanknüpfungen zur Anwendung von einzelnen Sachstatuten führen (zB Arbeitsverträge, grundstücksbezogene Verträge, Nettingvereinbarungen ua). Entscheidend ist, dass das Insolvenzverfahren über das Vermögen von Kreditinstituten und Versicherungen nur nach dem Recht des **Herkunftsmitgliedstaates** eröffnet und durchgeführt werden können soll, also dem Recht des Staates, in dem die Zulassung zur Führung von Kredit- bzw Versicherungsgeschäften erteilt worden ist. Wird das Insolvenzverfahren von dem international und örtlich zuständigen Gericht eröffnet, so soll es alle, auch in den übrigen Staaten belegenen Niederlassungen erfassen, ohne dass an deren Sitz und über deren Vermögen ein eigenständiges Sekundärinsolvenzverfahren durchgeführt werden darf (FK-*Wenner/Schuster* Anh 4 nach § 358, Rn 4, 8).

14   e) Ergänzend ist schließlich auf die **Neufassung von Art 102 EGInsO** hinzuweisen, welche die Vorschrift durch Art 1 des Gesetzes zur Neuregelung des Internationalen Insolvenzrechts vom 14. 3. 2003 (BGBl I S 345) erhalten hat, wobei die Überschrift nunmehr „Durchführung der Verordnung (EG) Nr 1346/2000 über Insolvenzverfahren" lautet. In elf Paragraphen regelt der inländische Gesetzgeber nunmehr eine Reihe von Tatbeständen, die der möglichst reibungslosen **Umsetzung der EuInsVO** im Inland dienen sollen. Die Vorschriften beschränken sich darauf, solche Gegenstände zu regeln, die der europäische Verordnungsgeber dem jeweiligen nationalen Gesetzgeber offen gehalten hat, der sie nach Bedarf oder Zweckmäßigkeit durch autonomes Recht eigenständig regeln kann (FK-*Wenner/Schuster* Anh 2 nach § 358, Rn 2). Als autonomes inländisches Recht sind diese Vorschriften auch nach **inländischem Recht auszulegen**; sie unterliegen daher grundsätzlich auch nicht der europäischen Rechtskontrolle. Lediglich die Frage, ob ihre konkrete Ausgestaltung vorrangige Vorschriften der EuInsVO verletzt, ist im Rahmen des Vorabentscheidungsverfahrens gem Art 234, 68 EGV nach europäischem Recht zu klären (vgl oben Rn 5).

15   6. UNCITRAL. Zu Beginn des vergangenen Jahrzehnts hat sich UNCITRAL in enger Zusammenarbeit mit der International Association of Insolvency Practitioners (INSOL) und mit Unterstützung der International Bar Association (IBA) die Aufgabe gestellt, ein **Modellgesetz** zu entwickeln, das nicht nur die **Vereinheitlichung materieller Rechte** vorschlägt, sondern auch die **gegenseitige Anerkennung ausländischer Insolvenzverfahren** vorsieht, die Unterstützung der Rechtsverfolgung im Ausland ermöglichen soll und eine Koordinierung von gleichzeitig stattfindenden Hauptverfahren mit räumlich begrenzten Nebenverfahren regelt (vgl hierzu FK-*Wenner/Schuster* Anh 5 nach § 358, Rn 3; K/P/B-*Kemper* Anh II, Art 102 EGInsO Rn 46–50). Die ersten Verhandlungen hierüber wurden im Jahre 1992 eingeleitet; sie verliefen zunächst eher schleppend, bevor durch großes Engagement von Seiten englischer, amerikanischer und kanadischer Praktiker ein konkreter Gesetzgebungsvorschlag erarbeitet worden ist (siehe auch *Wimmer* ZIP 1997, 2220–224). Die Vollversammlung der UN hat dann im Dezember 1997 das von UNCITRAL vorgeschlagene Model Law verabschiedet (FK-*Wenner/Schuster* Anh 5 nach § 358, Rn 1), um es den Mitgliedstaaten der Vereinten Nationen als Gesetzgebungsvorschlag zu unterbreiten (abgedruckt in ZIP 1997, 2224–2228).

16   Auch wenn die Mitgliedstaaten der Vereinten Nationen nicht verpflichtet sind, die Vorschläge von UNCITRAL in nationales Recht zu übernehmen, so sollte die mittel- und langfristige Bedeutung der vorgeschlagenen Regelungen nicht unterschätzt werden (FK-*Wimmer* Anh I, Rn 239). Der **mexikanische Gesetzgeber** hat als erster das UNCITRAL Model Law in das nationale Recht aufgenommen. Die entsprechenden Vorschriften sind inzwischen auch in den **amerikanischen US Bankruptcy Code 1978** in Chapter 15 – „Ancillary and other Cross-Border Cases" aufgenommen werden (vgl Bankruptcy Code, Bankruptcy Reform Act of 1978, as amended, and related statutory provisions, Collier Pamphlet Edition 2008; dazu *Utsch* ZInsO 2006, 1305 ff). Entsprechende Vorhaben sind auch aus England und Kanada bekannt geworden. Es ist durchaus denkbar, dass sich nicht nur in der übrigen angelsächsischen Welt, sondern auch in Südamerika, Afrika und Südostasien eine ganze Reihe von Ländern für das von UNCITRAL vorgeschlagene Model Law entscheiden werden. Dies liegt nicht zuletzt daran, dass es in zahlreichen Ländern hinsichtlich des IIR erhebliche Gesetzgebungsdefizite gibt; sie werden erst nach und nach durch den Anschluss an die weltliche Wirtschaftswelt deutlich. Die Möglichkeit, diese Defizite auf der Basis eines weltweiten Konsenses abzubauen mit Regelungen einer „loi uniforme", die ihren Ursprung aus angelsächsischen Rechtssystemen, insbesondere dem amerikanischen Konkursrecht, ableitet, muss durch die weltweite angelsächsische Präsenz durchaus attraktiv erscheinen. Da sich das Model Law im Ansatz nach US-amerikanischem Recht auf Kernbereiche der Anerkennung ausländischer Insolvenzverwalter und Gläubiger, der Zusammenarbeit von Insolvenzgerichten in verschiedenen Ländern und der Unterordnung

von Partikularverfahren und ein bestimmendes Hauptverfahren konzentriert, lässt es den Ländern, die mit ihrer Gesetzgebung dem Model Law folgen wollen, hinreichend Gestaltungsmöglichkeiten für Regelungen anderer grenzüberschreitender Tatbestände (vgl *Benning/Wehling* EuZW 1997, 618, 623). Das Model Law ist durchaus auf die Praxis zugeschnitten und gestaltet mehrere Ansätze aus, die sich schon früher in dem sogenannten MIICA-Vorschlag der International Bar Association fanden und von Praktikern erarbeitet worden waren (vgl *Lüer*, in Stellungnahmen und Gutachten, S 96, 132 mit Text S 134–143). Mittelfristig erscheint es nicht ausgeschlossen, dass sich schließlich auf der einen Seite das EuIÜ in Europa und auf der anderen Seite das UNCITRAL Model Law in zahlreichen Ländern der übrigen Welt nebeneinander durchsetzen werden.

II. Rechtsquellen des D-IIR

1. Das D-IIR. Der deutsche Gesetzgeber formuliert in §§ 335–358 InsO das sogenannte autonome 17 (deutsche) Internationale Insolvenzrecht (D-IRR). Das D-IRR trifft Regelungen für Sachverhalte mit grenzüberschreitendem Bezug durch Kollisions- und durch Sachnormen. Eine **Kollisionsnorm** liegt durch eine Verweisung auf eine der berührten Rechtsordnungen vor und gliedert sich in einseitige und allseitige Normen, die den jeweiligen räumlichen Anwendungsbereich regeln. **Einseitige Kollisionsnormen** legen dabei immer nur den räumlichen Anwendungsbereich des eigenen Rechts fest (zB §§ 349, 350, 351), wohingegen **allseitige Kollisionsnormen** regeln, wann eigenes und wann fremdes Recht anzuwenden ist (zB §§ 336, 337; vgl *Kegel/Schurig* IPR, 301 ff; HK-*Stephan* Vorbem §§ 335 ff, Rn 4; MüKoInsO-*Reinhart* Vorbem §§ 335 ff, Rn 53; K/P/B-*Kemper/Paulus* vor §§ 335–358 Rn 2). Eine **Sachnorm** ist gegeben, wenn die Norm die Rechtsfolge für den zu regelnden Sachverhalt mit Auslandsbezug selbst enthält (zB §§ 341, 342; HK-*Stephan* Vorbem §§ 335 ff, Rn 4; K/P/B-*Kemper/Paulus* vor §§ 335–358 Rn 2).

2. Sonstige Vorschriften der Insolvenzordnung. Soweit schon nach bisherigem Recht außer den 18 §§ 237, 238 KO auch andere Vorschriften der Konkursordnung im Zusammenhang mit grenzüberschreitenden Sachverhalten angeführt worden sind, um sie für kollisionsrechtliche Überlegungen zu verwenden, handelte es sich jeweils um **materiell-rechtliche Normen** des deutschen Konkursrechts (vgl die Übersicht bei *Jaeger/Jahr* §§ 237, 238 KO, Rn 101–102). Dies ist auch nach der nunmehr geltenden Insolvenzordnung nicht anders; denn die Verweisung auf §§ 3, 10, 35, 38, 87 ff InsO (K/P/B-*Kemper* Anh II, Art 102 EGInsO, Rn 22) bedeutet die Anführung von Tatbeständen, die bei inländischen Insolvenzverfahren auch immer wieder im Ausland verwirklicht werden können. Bei der Anwendung dieser Normen geht es mithin ausschließlich um die Klärung der Frage ihres **extraterritorialen Geltungsanspruchs**. Hierbei handelt es sich jedoch nicht um kollisionsrechtliche Fragestellungen, sondern um die Klärung des räumlichen Anwendungsbereichs von Sachnormen. Aus dem IPR sind solche Konstellationen und den Begriffen „Auslandssachverhalte" (*Soergel/Kegel* Vorbem 164 vor Art 3) oder auch „Substitution" (MüKoBGB-*Sonnenberger*, Einleitung IPR, Rn 550 ff) bekannt.

a) Der klassische Fall des **Auslandssachverhalts** bei Eintritt der Insolvenz stellt sich regelmäßig bei Anwendung der §§ 35, 89, 148 InsO (bisher §§ 1, 14, 117 KO) bezüglich des im Ausland belegenen Vermögens des Schuldners. Nach dem Wortlaut der §§ 35, 189 kann nicht zweifelhaft sein, dass sich das inländische Insolvenzverfahren auch auf das im Ausland belegene Vermögen des Schuldners zu erstrecken hat, um die gleichmäßige Befriedigung aller Gläubiger zu gewährleisten (FK-*Wenner/Schuster* vor § 358 ff Rn 31; K/P/B-*Kemper* Anh II, Art 102 EGInsO, Rn 168; bisher schon zu § 1 KO *Kilger/K. Schmidt* § 1 Bemerkung 1) B a; *Hanisch*, FS Konkursordnung 1977, S 139, 158; *ders* KTS 1978, 193, 197, 199; *Jaeger/Jahr* §§ 237, 238 KO Rn 191; *Lüer* KTS 1978, 200, 212 und KTS 1979, 12, 21). Dementsprechend wird auch künftig das Vollstreckungsverbot nach § 89 (bisher § 14 KO) für das im Ausland belegene Vermögen des inländischen Schuldners gelten (K/P/B-*Kemper* Anh II, Art 102 EGInsO, Rn 207; bisher schon BGH 13. 7. 1983, ZIP 1983, 961, 963 und Berufung auf *Kilger* § 14 Bem 2 a; *Canaris* ZIP 1983, 647, 650; *Lüer* KTS 1978, 200, 214; *Mohrbutter/Wenner* Hdb § 20 Rn 109), ohne dass es darauf ankäme, ob das Recht am Ort der Belegenheit des Vermögensgegenstandes dies beachtet oder nicht. Diese Beurteilung ergibt sich zwingend durch die rechtspolitischen Zielsetzungen der inländischen Sachnormen. Sie sind darauf ausgerichtet, mit dem allgemeinen inländischen Insolvenzverfahren (i) eine umfassende Schuldenregelung zugunsten der Gläubiger zu erzielen, (ii) hierfür das gesamte vollstreckungsfähige Vermögen des Schuldners zu erfassen und (iii) die Erledigung in einem einheitlichen Verfahren zu erzielen.

b) Zutreffend ist bereits früher darauf hingewiesen worden, dass sich solche **Auslandssachverhalte in** 20 **vielfältiger Form** ergeben können (*Jaeger/Jahr* §§ 237, 238 KO Rn 101 ff sprechen von „Internationalität"). Beispiele hierfür sind etwa die Anfechtbarkeit von Vermögensverfügungen des inländischen Gemeinschuldners im Ausland, Einzelzwangsvollstreckungen in Vermögen des Schuldners im Ausland, die Behandlung von im Ausland begründeten und dort belegenen Sonderrechten, der gesetzliche Auftrag an den Insolvenzverwalter nach § 148 Abs 1, das gesamte, auch im Ausland belegene Vermögen des Schuldners in Besitz und Verwaltung zu nehmen, und in diesem Zusammenhang bestehende Mitwirkungspflichten des Schuldners. Stets handelt es sich dabei um materielles Insolvenzrecht, mithin um Normen, welche die inhaltlichen Ziele des Insolvenzverfahrens regeln. Wird durch ihre Auslegung ermittelt (vgl MüKoBGB-*Sonnenberger*, Einleitung IPR, Rn 550 mit Nachweisen in Fn 1420), dass bestimmte grenzüberschreitende Tatbestände erfasst werden, weil dies die Durchsetzung der materiellrechtlichen Ziele des inländischen Insolvenzverfahrens erfordert, ist auch aus inländischer Sicht der extraterritoriale Geltungsanspruch gerechtfertigt (Prinzip der Extraterritorialität, *Jaeger/Jahr* §§ 237, 238 KO Rn 49). In allen diesen Fällen ist die Frage der Anwendbarkeit des inländischen Insolvenzrechts bereits entschieden, wenn sich die Frage des räumlichen Geltungsbereichs der einzelnen Sachnormen stellt. Aus diesem Grund bilden diese Sachnormen der Insolvenzordnung mit möglichen grenzüberschreitenden Regelungstatbeständen grundsätzlich keine Rechtsquelle für das deutsche IIR. Sie begründen jeweils nur den extraterritorialen Geltungsanspruch der Normen der inländischen Insolvenzordnung.

21 c) Der **extraterritoriale Geltungsbereich** der angeführten Vorschriften der Insolvenzordnung lässt sich jedoch nicht verallgemeinern; denn es gibt zahlreiche Normen der Insolvenzordnung, die im Ausland keine Wirkung entfalten können. Dies gilt insbesondere für den gesamten Bereich der **Verfahrensvorschriften** und der **unmittelbaren Auswirkung hoheitlicher Gewalt**. Ausgehend von dem allgemeinen Grundsatz des internationalen Prozessrechts, dass die Gerichte jeweils das Verfahren ihres eigenen Landes (lex fori) ausschließlich anwenden („*forum regit processum*", *Geimer* IZPR Rn 319), gilt nichts anderes für das Insolvenzverfahrensrecht (FK-*Wenner/Schuster* § 335, Rn 14, 17 f). Auch das Recht der Einzelzwangsvollstreckung richtet sich grundsätzlich nach dem Recht des Ortes, an dem die Maßnahmen der Einzelzwangsvollstreckung durchgeführt werden sollen (*Soergel/Kronke* Art 38 Anh IV, Rn 213). Hieraus ergibt sich zwangsläufig, dass der Unterscheidung von Verfahrensrecht und materiellem Insolvenzrecht erhebliche Bedeutung zukommt: Grundsätzlich kann nur das materiell-rechtliche Insolvenzrecht Auslandssachverhalte regeln und daher für die Anerkennung und Umsetzung im Ausland in Frage kommen (vgl Rn*Jaeger/Jahr* §§ 237, 238 KO Rn 50).

22 **3. Art 102 EGInsO nF.** Ursprünglich war in Art 102 EGInsO aF das autonome Internationale Insolvenzrecht geregelt. Durch das Gesetz zur Neuregelung des Internationalen Insolvenzrechts vom 14. 3. 2003 wurde in Deutschland das Internationale Insolvenzrecht in Art 102 EGInsO und § 335 InsO jedoch neu normiert (BGBl I, 345). Die deutschen Ausführungsbestimmungen zur EuInsVO sind in Art 102 §§ 1–11 EGInsO nF enthalten. Die verfahrensrechtlichen Ausführungsvorschriften für die Eingliederung der EuInsVO in deutsches Recht nahmen den Platz der ursprünglich fragmentarischen Kodifizierung des autonomen deutschen Internationalen Insolvenzrechts ein und traten zeitgleich mit den §§ 335–358 InsO in Kraft. Da Art 102 EGInsO nF eine Ausführungsvorschrift zur EuInsVO ist, findet sie nur bei internationalen Insolvenzverfahren im Geltungsbereich der EuInsVO Anwendung. Art 102 §§ 1–11 beschränkt sich auf die dem jeweiligen nationalen Gesetzgeber durch die EuInsVO offen gehaltenen Regelungsbereiche (FK-*Wenner/Schuster* Anh 2 nach § 358, Rn 2; MüKoInsO-*Reinhart* Vorbem Art 102 Rn 1 f). Im Einzelnen betrifft Art 102 die örtliche Zuständigkeit bei nach der EuInsVO gegebener internationaler Zuständigkeit deutscher Gerichte (§ 1), den Kompetenzkonflikt bei Zuständigkeitsfragen (§§ 2–4), die Bekanntmachung des ausländischen Insolvenzverfahrens und dessen Eintragung in öffentliche Register (§§ 5–7), die Vollstreckung aus der nach Art 16 EuInsVO im Inland anzuerkennenden Eröffnungsentscheidung (§ 8), die Möglichkeit der Einschränkung der Rechte der Gläubiger durch einen Insolvenzplan (§ 9), den Schutz der absonderungsberechtigten Gläubiger bei einer Verzögerung der Verwertung nach Art 33 EuInsVO (§ 10) und die Unterrichtung der Gläubiger aus anderen Mitgliedstaaten (§ 11).

23 **4. Europäische Insolvenzverordnung (VO (EG) Nr 1346/2000).** Es ist bereits dargestellt worden, dass die VO (EG) Nr 1346/2000 (unter **Anh I**) am 31. 5. 2002 in Kraft getreten ist (oben Rn 2). Im Verhältnis zu den europäischen Mitgliedstaaten (außer den Vorbehalten in Art 44 Abs 3 VO (EG) Nr 1346/2000 zugunsten von Dänemark, Großbritannien und Irland) gilt die EU-Insolvenz-VO (im Folgenden auch „VO (EG)"), im Verhältnis zu allen übrigen Staaten hingegen die neue gesetzliche Regelung in Art 102 EG InsO. Überschneidungen bzw Abgrenzungen zusätzlicher Art werden sich intertemporal ergeben durch Art 47 VO (EG) Nr 1346/2000 im Verhältnis zu Art 102 EGInsO (vgl auch *Lüer*, in KS-InsO, S 297 Rn 6–9 und VO [EG] Nr 1346/2000 Art 47 Anmerkung 1–3).

24 **5. Konkurrenzverhältnis zwischen InsO/EuInsVO/EGInsO.** Die EuInsVO gilt unmittelbar und verdrängt bei europäischen Insolvenzverfahren das nationale deutsche Insolvenzrecht, soweit dies Sachnormen enthält, die in grenzüberschreitenden europäischen Sachverhalten eine abschließende Regelung treffen und die im Widerspruch zum deutschen Recht stehen (vgl Braun-*Liersch* Vorbem §§ 335–358 Rn 24 f).

25 Im Verhältnis zu Drittstaaten ist das autonome deutsche Internationale Insolvenzrecht (§§ 335 ff InsO) anzuwenden. Umgekehrt gilt dieses jedoch nicht nur im Verhältnis zu Drittstaaten. Es kann auch bei europäischen Insolvenzverfahren zur Anwendung kommen, wenn weder die EuInsVO noch die Aus-

führungsbestimmungen des Art 102 EGInsO Sondervorschriften enthalten (BT-Drucksache 15/16, 12; *Pannen/Riedemann* NZI 2004, 301). Es besteht ein so genanntes *Ergänzungsverhältnis* (BT-Drucksache 15/16, 13) zwischen den Normen.

Die EuInsVO regelt beispielsweise nicht, wie das Mitwirkungsrecht des Verwalters in Art 32 Abs 3 EuInsVO für das Parallelverfahren ausgestaltet sein soll. Gem § 341 Abs 3 InsO gilt der Verwalter als bevollmächtigt, das Stimmrecht der in seinem Verfahren angemeldeten Forderungen auszuüben, sofern ein Gläubiger nichts Abweichendes bestimmt. Von dieser Möglichkeit können wegen des Ergänzungsverhältnisses auch Verwalter von Insolvenzverfahren, auf die die EuInsVO anwendbar ist, Gebrauch machen, obwohl es sich bei § 341 InsO um eine Norm des deutschen autonomen Internationalen Insolvenzrechts handelt (Regierungsentwurf eines Gesetzes zur Neuregelung des Internationalen Insolvenzrechts, BT-Drucksache 15/16, 13).

Die EuInsVO hat Vorrang gegenüber den Ausführungsbestimmungen der EGInsO (MüKoInsO- **26** *Reinhart* Vor Art 102 Rn 2; *Lersch* NZI 2003, 302). Denn aufgrund der unmittelbaren Geltung bedarf sie keines Umsetzungsaktes. Der deutsche Gesetzgeber nahm durch die EGInsO Anpassungen an die Regelungen der EuInsVO vor. Diese sollten helfen, einen reibungslosen Ablauf grenzüberschreitender Insolvenzverfahren zu ermöglichen und die notwendig allgemein gehaltenen Regelungen der Verordnung im deutschen Recht zu konkretisieren (vgl FK-*Wenner/Schuster* Anh 2 nach § 358, Rn 2; HK-*Undritz* Vorbem §§ 335 ff Rn 13).

III. Wesentliche Prinzipien des IIR

1. Grundsatz der Gleichbehandlung. Kein anderes rechtspolitisches Prinzip des deutschen Insolvenz- **27** rechts ist in der Vergangenheit so häufig beschworen worden wie der Grundsatz der Gleichbehandlung aller Gläubiger, die Forderung nach der **par conditio creditorum** (*Lüer* KTS 1978, 200, 210 mit Nachweisen; siehe auch *NR-Mincke* Art 102 EGInsO Rn 34 ff). Der **BGH** hat dieses „Kernstück des Konkurses" im **Sparkassenfall** zum „Ausgangspunkt" seiner entscheidenden Überlegungen zum räumlichen Anwendungsbereich von §§ 1, 14 KO gemacht (BGH 13. 7. 1983, ZIP 1983, 961, 963), wobei er an entsprechende frühere Feststellungen anknüpfte (BGH 29. 1. 1964, BGHZ 41, 98, 101). Dieser Ansatz ist völlig zutreffend, wenn es um die Auslegung der zur Anwendung berufenen Normen des deutschen Insolvenzrechts geht. Denn die Forderung nach der par conditio creditorum ist in erster Linie ein **materiellrechtliches Prinzip**, das durch die Normen des materiellen Insolvenzrechts in einem einheitlichen Verfahren verwirklicht wird. Diese Argumentation bedarf jedoch unter der Insolvenzordnung einer gewissen Korrektur. Denn die par conditio creditorum gilt zwar weiterhin für das Insolvenzverfahren, wenn es um die Verwertung des Vermögens des Schuldners und seine gleichmäßige Verteilung unter die Gläubiger geht (§§ 38, 187 ff). Der Grundsatz der par conditio creditorum ist sogar eher noch verstärkt worden durch die Abschaffung der Rangordnung verschiedenartiger ungesicherter Konkursforderungen, wie sie § 61 Abs 1 Nr 1–5 KO vorsah (vgl K/P/B-*Holzer* § 39 Rn 2; H/W/F 1 Rn 28; *Smid*, InsO, § 38 Rn 2). Wenn die Forderung nach der par conditio creditorum heute jedoch nicht mehr als ganz umfassend tragendes Grundprinzip des inländischen Insolvenzverfahrens hervorgehoben wird, so liegt dies trotz § 226 insbesondere an der Ausgestaltung des Planverfahrens (§§ 217 ff), das eine gewisse Ungleichbehandlung der Gläubiger im bisher verstandenen Sinn durch die Bildung von Gruppen nach § 222 geradezu postuliert (eingehend *Häsemeyer* Rn 28.23–28.26). Ungeachtet der Tragweite, die dem Grundsatz der par conditio creditorum auch heute noch zukommt, wird das inländische Insolvenzverfahren im Wesentlichen jedoch dadurch geprägt, dass es die umfassende Schuldenregelung zugunsten der Gläubiger und Verwertung des gesamten vollstreckungsfähigen Vermögens des Schuldners in einem **einheitlichen Ordnungsverfahren** anstrebt. Die Einheit des Insolvenzverfahrens steht ebenso wie bisher im Vordergrund und damit die rechtspolitische Zielsetzung, für die Gesamtheit der Gläubiger gleichermaßen eine für alle gleich zumutbare und erträgliche Gesamtvollstreckung durchzuführen. Die nach dem inländischen Insolvenzstatut aufeinander abgestimmten Normen stellen ein in sich geschlossenes System dieses Ordnungsverfahrens dar, das deshalb in seiner Gesamtheit Geltung beansprucht. Der Durchsetzung des materiellen Universalitätsprinzips dient der **extraterritoriale Geltungsanspruch** des zur Anwendung berufenen Insolvenzstatuts.

2. Universalitätsprinzip. Rückt man von der isolierten Betrachtungsweise des Geltungsanspruchs des **28** inländischen Insolvenzstatuts ab und erkennt an, dass grundsätzlich jedes national geregelte Insolvenzverfahren den gleichen oder zumindest vergleichbaren Anspruch umfänglicher Schuldenregelung erhebt, dann ist der entscheidende Ansatz zur Verfolgung eines kollisionsrechtlichen **Universalitätsprinzips** geleistet. Denn dadurch wird die Gleichwertigkeit verschiedener nationaler Insolvenzverfahren grundsätzlich anerkannt (*Müller-Freienfels*, in FS Dölle, S 359, 382 f; OLG Düsseldorf 17. 8. 1982, ZIP 1982, 1341, 1342) ebenso wie der internationale Entscheidungseinklang gefördert wird (*Lüer* KTS 1990, 377, 397; vgl auch *Kegel/Schurig*, IPR, S 112). Das Universalitätsprinzip ist insbesondere geeignet, kollisionsrechtlich die Einheit des Insolvenzverfahrens zu gewährleisten (FK-*Wenner/Schuster* vor §§ 335 ff, Rn 18). Wenn der einseitige Geltungsanspruch des inländischen Insolvenzrechts seine Berechtigung darin findet, dass die **einheitliche Erfassung** von **Vermögen, Verwaltung** und **Verteilung** unter einem **einheitlichen Gesamtstatut** anzustreben ist, um ein möglichst geschlossenes System insolvenzrechtlicher Normen zur Anwendung zu bringen, so gilt dies **allseitig**: Kollisionsrechtlich erscheint es geboten, die Einheit des Insolvenzverfahrens auch dann zu verwirklichen, wenn es um ein ausländisches Insolvenzverfahren geht (*Geimer* IZPR Rn 3383, 3386–3390; siehe auch *NR-Mincke* Art 102 EGInsO Rn 39, 40–43). Dadurch wird gewährleistet, dass eine Vielfalt aufeinander abgestimmter Rechtsnormen zur Anwendung gelangt. Gleichzeitig wird sichergestellt, dass die Durchsetzung dieser Normen nicht an nationalen Grenzen scheitert. Dabei geht es nicht um die Verwirklichung eines scholastisch auszulegenden Universalitätsprinzips, wie teilweise zu Unrecht behauptet worden ist (vgl die Bedenken bei *Hanisch* ZIP 1983, 1289, 1298). Vielmehr ermöglicht die Hinwendung zum Universalitätsprinzip im deutschen IIR, dass insolvenzbezogene Rechtsverhältnisse im In- und Ausland denselben Rechtsnormen unterliegen. Dieser äußere, „internationale" Entscheidungseinklang wird durch die einheitliche Anknüpfung an den Ort der Verfahrenseröffnung zumindest im Ansatz geleistet (*Kegel/Schurig*, IPR S 112; MüKoBGB-*Sonnenberger*, Einleitung IPR, Rn 84ff). Dabei wird für das deutsche IIR nichts anderes gefordert, als was das deutsche materielle Recht selbst voraussetzt: Wer bei Anwendung seines eigenen Insolvenzrechts auch Auslandssachverhalte zu regeln sucht und die Beachtung im Ausland erwartet (extraterritorialer Geltungsanspruch), wird im umgekehrten Fall auch ausländisches Insolvenzrecht beachten müssen, wo es Inlandssachverhalte anspricht (zutreffend **OLG** Düsseldorf 17. 8. 1982, ZIP 1982, 1341, 1342; *Soergel/Kegel* Rn 692 vor Art 7; zum internationalen Entscheidungseinklang auch *Thieme* RabelsZ 37 [1973] 682, 702; *Jayme*, FS Riesenfeld, S 116, 126; siehe auch oben Rn 12). Insoweit stellt sich die in Art 16, 17 EuInsVO nunmehr normierte Anerkennung des ausländischen Insolvenz-Vermögensstatuts als hilfreicher Ansatz dar; denn was hier einseitig und nur auf das Schuldnervermögen ausgerichtet geregelt ist, muss **allseitig** und **umfassend** gelten: Der gesetzlichen Regelung liegt die allseitige Kollisionsnorm zugrunde, dass sich die **Wirkungen** eines Insolvenzverfahrens grundsätzlich nach dem Recht des Landes beurteilen, in dem es eröffnet worden ist, mithin dem Insolvenzstatut zu entnehmen sind (*Geimer* IZPR Rn 3390; *Leipold*, in FS Henckel S 533, 538; *Lüer*, in KS-InsO, S 1217 Rn 18; FK-*Wenner/Schuster* vor §§ 335 ff, Rn 18).

29 **3. Territorialitätsprinzip.** Das Territorialitätsprinzip widerstreitet der Durchsetzung der angeführten allseitigen Kollisionsnorm. Denn wer dem Territorialitätsprinzip folgt, missachtet ausländisches, möglicherweise zur Anwendung berufenes Recht und setzt an dessen Stelle die Anwendung eigener Normen (*Lüer* KTS 1981, 12, 14; *ders*, in Gutachten und Stellungnahmen, S 96, 130; *Mohrbutter/Wenner* Hdb 7. Aufl Rn XXIII. 39). Genau dies sieht nunmehr Art 102 Abs 3 EGInsO in Ersetzung von § 238 KO vor: Ungeachtet eines ausländischen Insolvenzverfahrens und ungeachtet des extraterritorialen Geltungsanspruchs von Normen des ausländischen Insolvenzstatuts soll das im Inland belegene Vermögen des Schuldners Gegenstand eines Partikular- bzw Sekundär-Insolvenzverfahrens werden können. Ob und in welchem Umfang diese Vorschrift geeignet ist, den Grundsatz der Universalität und die in Erweiterung von Art 102 Abs 1 EGInsO entwickelten allseitigen Kollisionsnormen des deutschen IIR außer Kraft zu setzen, wird entscheidend dadurch bestimmt werden, in welchem Umfang es **tatsächlich zur Eröffnung solcher**, auf das **im Inland belegene Vermögen** eines ausländischen Schuldners **beschränkten Verfahren** kommen wird.

30 Die Gründe, die in der Vergangenheit zugunsten des **Territorialitätsprinzips** angeführt worden sind, erweisen sich aus heutiger Sicht als **nicht tragfähig**. Die Lehre von der Nichtanerkennung ausländischer Insolvenzeröffnung als Ausfluss ausländischer hoheitlicher Machtausübung ist hier zur Begründung des Territorialitätsprinzips ebenso ungeeignet (vgl *Pielorz* S 37 ff) wie der Gedanke des umfänglichen Gläubigerschutzes im Inland (vgl *Müller-Freienfels*, FS Dölle, S 359, 378 f; *Thieme* RabelsZ 37 [1973], 682, 691 ff). Es gibt keine Vermutung dafür, dass inländische Gläubiger bei inländischen Partikular- und Sekundärinsolvenzverfahren grundsätzlich besser stehen als bei der Teilnahme an allgemeinen ausländischen Insolvenzverfahren; dies gilt umso weniger, als die Teilnahme am inländischen Partikular- bzw Sekundärinsolvenzverfahren im Einzelfall dazu führen kann, dass die Gläubiger bei gleichzeitiger Rechtsverfolgung im ausländischen Insolvenzverfahren Rechtsnachteile erleiden. Ebenso wenig rechtfertigt sich das Territorialitätsprinzip im Hinblick auf etwaige materiellrechtliche Unterschiede in den einzelnen nationalen Insolvenzrechten. Ist das ausländische Schuldenregelungsverfahren überhaupt als „Insolvenzverfahren" zu qualifizieren, dann ist wie auch sonst im gesamten Bereich des internationalen Privatrechts davon auszugehen, dass die einzelnen Rechtsordnungen durchaus „gleichwertige" umfängliche Schuldenregelungen anstreben (vgl *Müller-Freienfels*, FS Dölle, S 359, 382 f), auch wenn sie anderen materiellrechtlichen Prinzipien folgen mögen als das deutsche Insolvenzrecht (vgl **OLG** Düsseldorf 17. 8. 1982, ZIP 1982, 1341, 1342 zur Gleichwertigkeit der Konkursrechte im Verhältnis zu den Niederlanden). Im Fall des Auslandskonkurses erschien von besonderer Bedeutung, dass das Territorialitätsprinzip planmäßig eine Vermögensspaltung und „hinkende Rechtsverhältnisse" provoziert (vgl *Geimer* IZPR Rn 3393; ablehnend auch *Mohrbutter/Wenner* Hdb 7. Aufl Rn XXIII. 39). Denn das Ignorieren ausländischen Insolvenzrechts führt notwendigerweise dazu, dass im Inland verwirklichte Tatbestände nach inländischem Recht anders als nach ausländischem Insolvenzrecht beurteilt werden. Es liegt jedoch im kollisionsrechtlich zu beachtenden Ordnungsinteresse am äußeren Entscheidungsein-

klang (vgl *Kegel*, IPR, S 112 f), dass solche Friktionen möglichst vermieden werden. Gerade im Hinblick auf die starke internationale wirtschaftliche Verflechtung erscheint das Verfolgen eines ausgedehnten Territorialitätsprinzips, das planmäßig zu Störungen und Widersprüchlichkeiten im grenzüberschreitenden Rechtsverkehr führt, für das deutsche IIR ungeeignet. Im Übrigen wird der schon mit der Abschaffung von § 237 KO verfolgte Zweck, die Einzelzwangsvollstreckung im Inland zulasten der von Ausland beanspruchten Insolvenzmasse nicht länger zuzulassen, weithin außer Kraft gesetzt, wenn statt dessen großzügig mit der Eröffnung von Partikular- bzw Sekundärinsolvenzen im Inland verfahren werden würde. Denn in beiden Fällen führt die Durchsetzung des Territorialitätsprinzips zur Abspaltung des im Inland belegenen Vermögens des Schuldners von der vom ausländischen Insolvenzverfahren beanspruchten Insolvenzmasse. Tendenziell ist daher rechtspolitisch geboten, die Eröffnung von Partikular- bzw Sekundärinsolvenzverfahren möglichst scharfen Anforderungen zu unterwerfen und nur dort zuzulassen, wo dies aufgrund der gesetzlichen Regelung unumgänglich erscheint. Dem liegt die gleiche rechtspolitische Wertung zugrunde, die zum früheren Recht die Auffassung vertrat, den Anwendungsbereich der §§ 237, 238 KO möglichst restriktiv abzugrenzen (vgl zur früheren Rechtslage die Nachweise in K/U/*Lüer* §§ 237, 238, Rn 80–86, 95–98).

4. Sonderanknüpfungen. Auch die Berücksichtigung von Sonderanknüpfungen führt zur Einschränkung des Geltungsbereichs des Insolvenzstatuts als Gesamtstatut und damit des Universalitätsprinzips. Insbesondere Verkehrsinteressen, also der Schutz unbeteiligter Dritter, die auf einen ungestörten Rechtsverkehr vertrauen, können den Vorrang des Einzelstatuts gebieten. Dies gilt etwa für Forderungs-, Pfändungspfand- und Vollstreckungsstatute, die jeweils unabhängig vom Insolvenzstatut ermittelt werden (str, vgl *Lüer* KTS 1979 12, 21 f; aA FK-*Wenner/Schuster* § 335, Rn 12). Gerade im Hinblick auf solche Sonderanknüpfungen kann es auch im Inlands-Insolvenzverfahren trotz inländischen Insolvenzstatuts in vielfacher Weise zur Anwendung ausländischen Rechts kommen. Die Insolvenzanfechtung nach der InsO ist bei grenzüberschreitenden Tatbeständen nur dann durchzusetzen, wenn Gleiches auch nach ausländischem Wirkungsstatut gilt. Danach ist nicht berechtigt, dass bei der Anfechtung von Vermögensverschiebungen im Ausland im inländischen Insolvenzverfahren nur die Regeln der Insolvenzordnung gelten. Gerade im Hinblick auf Sonderanknüpfungen kann es mithin auch bei inländischem Insolvenzverfahren durchaus zur Anwendung ausländischen Rechts kommen. Um Missverständnissen und Fehlschlüssen vorzubeugen, erscheint es jedoch geboten, auf die Vielfalt der Möglichkeiten des Zusammentreffens verschiedener Einzelstatute mit dem Insolvenzstatut als Gesamtstatut hinzuweisen (anders *Hanisch* ZIP 1983, 1289, 1290 Fn 10), was nicht zuletzt durch die Entscheidung des **BGH** im Sparkassenfall belegt wird: Der **BGH** hat ohne weiteres deutsches Bereicherungsrecht angewendet (**BGH** 13. 7. 1983, BGHZ 88, 147, 156), obwohl zu erwägen war, ob nicht schweizerisches Bereicherungsrecht anwendbar gewesen wäre (vgl *Canaris* ZIP 1983, 647, 651). Wann Sonderanknüpfungen geboten sind, lässt sich nicht abschließend abstrakt definieren. Tendenziell wird man jedoch sagen können, dass **Sonderanknüpfungen** überall dort geboten sein können, wo die Unterwerfung einer einzelnen im Ausland geschaffenen bzw vorhandenen Rechtsposition und das inländische Gesamtstatut (oder umgekehrt) nicht gerechtfertigt ist, weil das **Interesse am ungestörten Rechtsverkehr überwiegt.** Es geht dabei um einen Vertrauensschutz, der nur durch eine sorgfältige Abwägung widerstreitender Interessen im Einzelfall durchgesetzt werden kann.

5. Minimum Kontakt. Daneben wird die Beachtung des ausländischen Insolvenzstatuts stets dann problematisch erscheinen, wenn das ausländische Insolvenzverfahren in einem Staat eröffnet worden ist, der zum Schuldner und seinem Vermögen **keinen** oder nur einen sehr **geringfügigen Kontakt** besitzt. Beansprucht dann das ausländische Insolvenzstatut gleichwohl Geltung über die Grenzen des Insolvenzeröffnungsstaates hinaus, so kann die Anwendung ausländischen Insolvenzrechts im Inland unberechtigt oder gar willkürlich erscheinen. Das Recht des Staats, in dem ein Insolvenzverfahren eröffnet worden ist, wird nur dann zur Anwendung berufen, wenn die Gerichte der Verfahrenseröffnung nach inländischem Recht international zuständig sind. Dieser Vorbehalt wird durch § 328 Abs 1 Nr 1 ZPO unterstützt, wo die Anerkennung ausländischer gerichtlicher Entscheidungen an die internationale Zuständigkeit des erkennenden Gerichts geknüpft wird (vgl *J. Schmidt* S 123).

6. Ordre-public-Vorbehalt. Schließlich erscheint es selbstverständlich, was § 343 Abs 1 S 1 Nr 2 InsO nunmehr regelt, nämlich die Anwendung ausländischen Insolvenzrechts nur unter dem **Vorbehalt** des inländischen **ordre public**. Er ist schon nach bisher geltendem Recht aus Art 6 EGBGB abgeleitet worden: Soweit die Anwendung einer ausländischen Norm gegen die guten Sitten oder gegen den Zweck eines deutschen Gesetzes verstoßen würde, ist sie im Inland unbeachtlich (*Mohrbutter/Wenner* Hdb § 20 Rn 193; zum ordre public im internationalen Insolvenzrecht vgl auch *Spellenberg* in: Stellungnahmen und Gutachten, S 83–200). Nach der Rechtsprechung des **BGH** ist darauf abzustellen, „ob das Ergebnis der Anwendung des ausländischen Rechts für den Grundgedanken der deutschen Regelung und der in ihnen liegenden Gerechtigkeitsvorstellungen in so starkem Widerspruch steht, dass es von uns für untragbar gehalten wird" (so **BGH** 17. 9. 1968, BGHZ 50, 370, 375; hierzu MüKoBGB-*Sonnenberger*, Art 6 Rn 70 ff; *Soergel/Kegel* Art 6 Rn 20 ff mit zahlreichen Nachweisen). Für welche Vorschriften des ausländischen Insolvenzrechts dies möglicherweise gilt, ist im Einzelfall zu prüfen (hierzu *Pielorz*

S 77 ff). Der **BGH** hat ausdrücklich einen Verstoß verneint für die vollstreckungshemmende Wirkung der nach schweizerischem Recht vorgesehenen Restschuldbefreiung bzw -beschränkung (**BGH** 27. 5. 1993, BGHZ 122, 373, 379; ebenso bereits *Flessner* ZIP 1989, 749, 757). Anderes kann jedoch zutreffen, wenn etwa das ausländische Insolvenzverfahren nicht die Schuldenregelung zugunsten der Gläubiger zum Ziel hat, sondern dem Zweck der Enteignung oder Konfiskation dient (*Kilger/K. Schmidt* § 237 Bem 6). Dass die Anwendung der Vorbehaltsklausel von Art 102 Abs 1 S 2 Nr 2 EGInsO dazu führen kann, nach deutschem Kollisionsrecht an sich berufenes ausländisches Recht im Inland nicht zu beachten, steht der Anerkennung des Universalitätsprinzips nicht grundsätzlich entgegen (vgl K/P/B-*Kemper*, Anh II Art 102 EGInsO Rn 13). Denn es handelt sich um einen Vorbehalt, der nur in Ausnahmefällen gilt, ebenso wie es Art 6 EGBGB für das gesamte inländische Kollisionsrecht vorsieht.

IV. Exkurs: Behandlung der Scheinauslandsgesellschaft

34 **1. Begriff.** Als „Scheinauslandsgesellschaft" wird eine **Gesellschaft ausländischer Rechtsform** bezeichnet, die im Ausland nur ihren Satzungssitz hat, ihre geschäftliche Tätigkeit aber ausschließlich im Inland entfaltet und hier ihren effektiven Verwaltungssitz hat (HambKomm-*Undritz* Art 4 EuInsVO Rn 11; HambKomm-*Undritz* Art 4 EuInsVO Rn 11; Ebenroth/Boujong/Joost/Strohn-*Pentz*, HGB, § 13 d Rn 24; *Leutering* ZRP 2008, 73; *Pannen* in FS Fischer, 403). Die Entstehung einer Scheinauslandsgesellschaft hängt von der Belegenheit des kollisionsrechtlichen Anknüpfungspunkts im Inland ab. Es können zwei Entstehungsformen unterschieden werden; entweder ist bereits bei der Gründung im Ausland beabsichtigt, den Unternehmensschwerpunkt der Gesellschaft von Anfang an im Inland zu errichten, sogenannte **anfängliche Scheinauslandsgesellschaft** oder auch „Briefkastengesellschaft" genannt (**EuGH** Slg 1999, I-1459 = NJW 1999, 2027 – „Centros"; *Kindler* NJW 2003, 1078; *Eidenmüller* JZ 2004, 25), oder der Unternehmensschwerpunkt soll erst nachträglich vom Ausland (Gründungsstaat oder Drittstaat) ins Inland verlagert werden. Dann handelt es sich um eine **nachträgliche Scheinauslandsgesellschaft**, sogenannter Zuzugsfall (**EuGH** Slg 2002, I-9919 = NJW 2002, 3614 – „Überseering").

35 **2. Insolvenzrechtliche Behandlung. a) Anerkennung.** Zur Niederlassungsfreiheit von Scheingesellschaften sind drei Grundsatzurteile des EuGHs ergangen, „Centros", „Überseering" und „Inspire Art" (**EuGH** Slg 1999, I-1459 Rn 17 f, 29 = NJW 1999, 202; **EuGH** Slg 2002, I-9919 = NJW 2002, 3614; **EuGH** Slg 2003, I-10.155 Rn 95 f, 139 = NJW 2003, 3331; ausf. *Hirte/Bücker*, Grenzüberschreitende Gesellschaften, 2. A. 2006). Sie leiteten einen Umbruch in der inländischen Diskussion zum GmbH- und Insolvenzrecht ein. Bis dahin galt als gefestigter Grundsatz, dass die faktische Sitzverlegung einer im Ausland gegründeten Gesellschaft in das Inland ihre inländische Neugründung notwendig mache, jedenfalls aber die Anwendung inländischen Rechts auf sie. Dies hatte jedenfalls den Wechsel des Gesellschaftsstatuts zur Folge (*Behrens* IPRax 2003, 194 ff mwN). Seit diesen Entscheidungen gehen Rechtsprechung und die herrschende Meinung im Schrifttum davon aus, dass Scheinauslandsgesellschaften auf Grund der **EG-Niederlassungsfreiheit** das Recht haben, ohne Änderung ihres Gründungsstatuts ihren faktischen Sitz in das Inland zu verlagern und damit rechts- und parteifähig anerkannt zu werden (**BGH** 7. 5. 2007 Z 172, 200 ff; Österreichisches OGH EuZW 2000, 159; **OLG** Hamburg NZG 2007, 598; **AG** Bad Segeberg 24. 3. 2005 = NZI 2005, 411; HambKomm-*Undritz* Art 4 EuInsVO Rn 12; *Leutering* ZRP 2008, 74; *Ulmer* NJW 2004, 1201 ff; *Weller* DStR 2003, 1800; *Leible/Hoffmann* ZIP 2003, 926; *Pannen* in FS Gero Fischer 403, 404; aA *Altmeppen* NJW 2004, 97; *Kindler*, NJW 2003, 1077; NZG 2003, 1088). Kollisionsrechtlich gesehen ist damit die Sitztheorie durch die **Gründungstheorie** jedenfalls insoweit verdrängt worden, als die Scheinauslandsgesellschaft in einem der EU-Mitgliedstaaten gegründet wurde (für die Ausdehnung auch auf Gesellschaften aus EWR-Staaten OLG Frankfurt am Main 28. 5. 2003; IPRax 2004, 56, und *Baudenbacher/Buschle*, IPRax 2004, 26; *Pannen* in FS Gero Fischer, 409). Praktische Bedeutung erlangt diese Anerkennungspraxis insbesondere hinsichtlich der englischen „private limited company" (Ltd), deren Gründungsrecht im Gegensatz zum deutschen GmbH-Recht kein gesetzliches Mindestkapital kennt (LG Bielefeld 11. 8. 2005, GmbHR 2006, 89; LG Kiel 20. 4. 2006, GmbHR 2006, 710; *Ulmer* NJW 2001, 2101; *Pannen* MDR 2005, 496).

36 **b) Gläubigerschutz.** Kontrovers diskutiert wird, welche Instrumente des nationalen Rechts zu Gunsten eines effizienten Gläubigerschutzes trotz der Anerkennung von Scheinauslandsgesellschaften anwendbar sind. Aus dem Urteil „Inspire Art" (**EuGH** Slg 2003, I-10.155 Rn 95, 139) ergibt sich die Bestätigung der Folgerung aus dem Urteil „Überseering" (**EuGH** Slg 2002, I-9919 = NJW 2002, 3614), dass die Anwendung des **inländischen Kapitalgesellschaftsrechts** nur ausnahmsweise zulässig ist. Von der gemeinschaftsrechtlich vorgegebenen Geltung des ausländischen Gesellschaftsstatuts werden auch die Gläubigerschutzvorschriften erfasst (*Paefgen* ZIP 2004, 2253). Die Heranziehung nationalen Rechts ist allein zur Schließung **nicht hinnehmbarer Schutzlücken** im Recht des Gründungsstaates gestattet (AG Hamburg 14. 5. 2003, NJW 2003, 2836; *Weller* IPRax 2003, 520). Deutsches Recht kann nur Anwendung finden, soweit sich einzelne Gläubigerschutzregeln im Wege der kollisionsrechtlichen Qualifikation dem Insolvenzstatut oder dem allgemeinen Verkehrsrecht (Deliktsstatut, c. i. c., Rechtsscheinhaftung) zurechnen lassen (**BGH** 23. 2. 1983, BGHZ 87, 27, 33; **OLG** Köln 7. 1. 1998; NJW-RR 1998,

756; *Paefgen* ZIP 2004, 2253). Ein Ausnahmefall liegt bei einem **Missbrauch der Niederlassungsfreiheit** gem Art 43, 48 EG vor (**EuGH** Slg 1999, I-1459 Rn 17 f, 29 = NJW 1999, 202). Dieser Begriff ist jedoch restriktiv auszulegen, da er nicht aus der Sicht des nationalen, sondern aus der des EG-Rechts zu beurteilen ist (**AG Hamburg** 14. 5. 2003, NJW 2003, 2836; *Weller* IPRax 2003, 520). Insbesondere kann der Missbrauch nicht schon mit der geringen Kapitalausstattung der Auslandsgesellschaft begründet werden (**AG Bad Segeberg** 24. 3. 2005, NZI 2005, 411 ff). Nach dem **Vier-Punkte-Test des EuGH** kann ein Verstoß gegen die Niederlassungsfreiheit dann gerechtfertigt sein, wenn die Beschränkung nicht diskriminierend wirkt, dem Schutz der zwingenden Allgemeininteressen dient und zu diesem Zweck geeignet und erforderlich ist (**EuGH** Slg 1999, I-1459 = ZIP 1999, 438 ff; **EuGH** Slg 1979, 649; dazu im Einzelnen *Pannen*, in FS Fischer, 403, 410 ff).

c) **Haftung für Insolvenzverschleppung.** Die Haftung der Geschäftsleiter einer Kapitalgesellschaft für 37 Insolvenzverschleppung wurde bisher für das deutsche Recht aus §§ 64 Abs 1 GmbHG, 92 Abs 2 AktG abgeleitet. Danach war die **Insolvenzantragspflicht als Schutzgesetz im Sinne des § 823 Abs 2 BGB** anzusehen (*Palandt* BGB § 823 Rn 64; *Pannen*, in FS Fischer, 403, 417). Nach Inkrafttreten des **Gesetzes zur Modernisierung des GmbH-Rechts und zur Bekämpfung von Missbräuchen** (MoMiG 23. 10. 2008, BGBl I, 2026) richtet sich die Insolvenzantragspflicht nunmehr nach § 15 a Abs 1 InsO. Diese Norm ist dabei ebenfalls als Schutzgesetz im Sinne des § 823 Abs 2 BGB zu qualifizieren. Unabhängig von der Frage der Einordnung von § 15 a InsO als gesellschafts- oder insolvenzrechtliche Norm, ergibt sich aus der rechtsformneutralen Regelung die Insolvenzantragspflicht juristischer Personen und ihnen vergleichbarer Gesellschaften. Vom Anwendungsbereich werden danach zur Vermeidung von Rechtsschutzlücken vor allem die „echten" Auslandsgesellschaften sowie die Scheinauslandsgesellschaften erfasst. Nach Art 4 EuInsVO gilt deutsches Insolvenzrecht für die Voraussetzungen, Durchführung und die Beendigung des Insolvenzverfahrens, wenn nach Art 3 EuInsVO die Zuständigkeit deutscher Insolvenzgerichte für die Abwicklung einer Kapitalgesellschaft begründet ist. Aufgrund einer insolvenzrechtlichen Qualifikation richten sich deshalb nicht nur die Insolvenzfähigkeit ausländischer Kapitalgesellschaften (vgl § 11 InsO, Art 4 Abs 2 lit a EuInsVO), sondern auch die Insolvenzgründe (vgl §§ 17 ff InsO) nach deutschem Recht. Grund für die Einführung des § 15 a InsO ist der Rechtsgedanke, dass eine Gesellschaft, die zwar im Ausland – in der Regel unter Inanspruchnahme erleichterter Gründungsvoraussetzungen – gegründet wurde, aber unter (einseitiger) Ausnutzung der Rechtsprechung zur Niederlassungsfreiheit (vgl zB **EuGH** Slg 2003, I-10.155 Rn 95, 139, „Inspire Art"; **EuGH** Slg 2002, I-9919 = NJW 2002, 3614, „Überseering"; **EuGH** Slg 1999, I-1459 = NJW 1999, 2027, „Centros") im Inland ihren Verwaltungssitz bzw den ganz überwiegenden oder sogar ausschließlichen Teil ihres operativen Geschäfts unterhält, im Falle eines inländischen Insolvenzverfahrens auch dem deutschen (Insolvenz-Haftungsregime) unterliegen soll (*Poertzgen* ZInsO 2007, 575; *Vallender* ZGR 2006, 441 mwN). Mit der Regelung des § 15 a InsO hat der Gesetzgeber einen ersten Schritt zur erforderlichen umfassenden Reform der organschaftlichen Insolvenzverschleppungshaftung unternommen (vgl dazu im Einzelnen *Poertzgen* Organhaftung wegen Insolvenzverschleppung, 234 ff mwN).

V. Literatur zum Internationalen und Europäischen Insolvenzrecht

Ackmann/Wenner, Auslandskonkurs und Inlandsprozess: Rechtssicherheit contra Universalität im deutschen Interna- 38 tionalen Konkursrecht?, IPRax 1989, 144 ff; *dies*, Inlandswirkung des Auslandskonkurses: Verlustscheine und Restschuldbefreiungen, IPRax 1990, 209 ff; *Adam*, Zuständigkeitsfragen bei der Insolvenz internationaler Unternehmensverbindungen (2006); *Adam/Poertzgen*, Überlegungen zum Europäischen Konzerninsolvenzrecht, ZInsO 2008, 281 ff, 347 ff; *Aderhold*, Auslandskonkurs im Inland (1992); *Ahrens*, Rechte und Pflichten ausländischer Insolvenzverwalter im internationalen Insolvenzrecht (2002); *Altmeppen*, Schutz vor „europäischen" Kapitalgesellschaften, NJW 2004, 97 ff; *Arnold*, Straßburger Entwurf eines Europäischen Konkursabkommens, IPRax 1986, 133 ff;
Balz, Richtlinienvorentwurf zur Endgültigkeit von Abrechnungen in EU-Zahlungssystemen, ZIP 1995, 1639 ff; *ders*, Das neue europäische Insolvenzübereinkommen, ZIP 1996, 948 ff; *ders*, Anmerkung zu BGH 11. 7. 1996 – IX ZR 304/95, EWiR 1996, 841 f; *Balz/Landfermann*, Die neuen Insolvenzgesetze (1999); *Baudenbacher/Buschle*, Niederlassungsfreiheit für EWR-Gesellschaften nach *Überseering*, IPRax 2004, 26 ff; *Baumgärtel*, Die Grenzen der deutschen internationalen Konkurszuständigkeit im Falle des § 238 Abs 1 KO, FS Fragistas I (1966), S 319 ff = AWD/RIW 1971, 557 ff; *Bayer*, Die EuGH-Entscheidung „Inspire Art" und die deutsche GmbH im Wettbewerb der europäischen Rechtsordnungen, BB 2003, 2357 ff; *Becker*, Insolvenz in der Europäischen Union – zur Verordnung des Rates über Insolvenzverfahren, ZEuP, 2002, 287 ff; *Behrens*, Das Internationale Gesellschaftsrecht nach dem Überseering-Urteil des EuGH und den Schlussanträgen zu Inspire Art, IPRax 2003, 193 ff; *ders*, Gemeinschaftsrechtliche Grenzen der Anwendung inländischen Gesellschaftsrechts aus Auslandsgesellschaften nach Inspire Art, IPRax 2004, 20 ff; *Beissenhirz*, Die Insolvenzanfechtung in Deutschland und England (2003); *Benning/Wehling*, Das „Model Law on Cross-Border Insolvency", EuZW 1997, 618 ff; *Blitz*, Sonderinsolvenzverfahren im Internationalen Insolvenzrecht und besonderer Berücksichtigung der Europäischen Verordnung über Insolvenzverfahren vom 29. 5. 2000 (2001); *Bloching*, Pluralität und Partikularinsolvenz: Eine Untersuchung zum deutschen internationalen Insolvenzrecht (2000); *Borges*, Gläubigerschutz bei ausländischen Gesellschaften mit inländischem Sitz, ZIP 2004, 733 ff; *Buchner*, Zur internationalen Zuständigkeit des Konkursverwalters, speziell im deutsch-schweizerischen Verhältnis, ZIP 1985, 1114 ff; *Bous*, Die Konzernleitungsmacht im Insolvenzverfahren konzernverbundener Kapitalgesellschaften (2001); *Braun/Uhlenbruck*, Unternehmensinsolvenz (1997); *Buchberger/Buchberger*, Das System der „kontrollierten" Universalität des Konkursverfahrens nach der Europäischen Insolvenzverordnung, ZIK 2000, 149 ff; *Bülow*, Vereinheitlichtes IZPR der

Europäischen Wirtschaftsgemeinschaft, RabelsZ 29 (1965) 473 ff; *Bull*, Der Bankruptcy Reform Act – das neue amerikanische Konkursgesetz von 1978, ZIP 1980, 843 ff.
Von Campe, Insolvenzanfechtung in Deutschland und Frankreich (1996); Canaris, Die Auswirkungen eines im Ausland ausgebrachten Arrests im inländischen Konkurs und Vergleich, ZIP 1983, 647 ff; *Carstens*, Internationale Zuständigkeit im europäischen Insolvenzrecht (2005); *Carrara*, COMI- Forum shopping and why time is crucial, eurofenix 2008, 20 ff; *Celestine/Felsner*, Verbesserter Gläubigerschutz nach dem neuen französischen Insolvenzrecht, WM 1996, 425 ff;
Dawe, Der Sonderkonkurs des deutschen Internationalen Insolvenzrechts (2005); *Deipenbrock*, Das neue europäische Internationale Insolvenzrecht – von der „quantité négligeable" zu einer quantité indispensable", EWS, 2001, 113 ff; *Drobnig*, Vorrechte, Sicherheiten und Eigentumsvorbehalte im EG-Konkursübereinkommen, in: Kegel (Herausgeber), Vorschläge und Gutachten zum Entwurf eines EG-Konkursübereinkommens (bearbeitet von Thieme, 1988), 357 ff; *ders*, Die Verwertung von Mobiliarsicherheiten in einigen Ländern der Europäischen Union, RabelsZ 1996, 40 ff; *ders*, Die in grenzüberschreitenden Insolvenzverfahren anwendbaren Rechtsordnungen, in: Stoll (Herausgeber), Stellungnahmen und Gutachten zur Reform des deutschen internationalen Insolvenzrechts (1992), 51 ff; *Duursma/Duursma-Kepplinger*, Gegensteuerungsmaßnahmen bei ungerechtfertigter Inanspruchnahme der internationalen Zuständigkeit gem Art 3 Abs 1 EuInsVO, DZWIR 2003, 447 ff; *Duursma-Kepplinger*, Checkliste zur Eröffnung eines Insolvenzverfahrens nach der Insolvenzverordnung und zum anwendbaren Recht, NZI 2003, 87 ff; *Duursma-Kepplinger/Duursma/Chalupsky*, Europäische Insolvenzverordnung (2002);
Ebenroth, Die Inlandswirkungen der ausländischen lex fori concursus bei Insolvenz einer Gesellschaft, ZZP 101 (1988), 121 ff; *Ehricke* Konzernunternehmen; *ders*, Die Zusammenfassung von Insolvenzverfahren mehrerer Unternehmen desselben Konzerns, DZWIR 1999, 353 ff; *ders*, Verfahrenskoordination bei grenzüberschreitenden Unternehmensinsolvenzen, in: Aufbruch nach Europa, 75 Jahre Max-Planck-Institut für Privatrecht (2001), S 337 ff; *ders*, Zur gemeinschaftlichen Sanierung insolventer Unternehmen eines Konzerns, ZInsO 2002, 393 ff; *ders*, Die neue Europäische Insolvenzverordnung und grenzüberschreitende Konzerninsolvenzen, EWS, 2002, 101 ff; *ders*, Zur Einflussnahme des Hauptinsolvenzverwalters auf die Verwertungshandlungen des Sekundärinsolvenzverwalters nach der EuInsVO, ZInsO 2004, 633 ff; *ders*, Die Zusammenarbeit der Insolvenzverwalter bei grenzüberschreitenden Insolvenzen nach der EuInsVO, WM 2005, 397 ff; *Ehricke/Ries*, Die neue Europäische Insolvenzverordnung, JuS 2003, 313 ff; *Eidenmüller*, Grenzüberschreitende Insolvenzen im Spannungsfeld von Territorialität und Ubiquität des Rechts; JNPÖ 1999, 81 ff; *ders*, Europäische Verordnung über Insolvenzverfahren und zukünftiges deutsches internationales Insolvenzrecht, IPRax 2001, 2 ff; *ders*, Der Markt für internationale Konzerninsolvenzen: Zuständigkeitskonflikte und der EuInsVO, NJW 2004, 3455 ff; *ders*, Mobilität und Restrukturierung von Unternehmen im Binnenmarkt, JZ 2004, 24 ff; *Eisner*, Kapitalersatz- und Insolvenzverschleppungshaftung im Fall der Scheinauslandsgesellschaft, ZInsO 2005, 20 ff;
Favoccia Mobiliarsicherheiten; *v. d. Fecht*, Die Insolvenzverfahren nach der neuen EG-Verordnung, FS Metzeler (2003), S 119 ff; *Felsenfeld*, International Insolvency (2000); *M. Fischer*, Die Verlagerung des Gläubigerschutzes vom Gesellschafts- in das Insolvenzrecht nach „Inspire Art", ZIP 2004, 1477 ff; *Flessner*, Entwicklungen im internationalen Konkursrecht, besonders im Verhältnis Deutschland-Frankreich, ZIP 1989, 750 ff; *ders*, Internationales Insolvenzrecht in Europa, FS Heinsius (1991), S 111 ff; *ders*, Ausländischer Konkurs und inländischer Arrest, FS Merz (1992), S 93 ff; *ders*, Das amerikanische Reorganisationsverfahren vor deutschen Gerichten, IPRax 2001, 151 ff; *ders*, Internationales Insolvenzrecht in Deutschland nach der Reform, IPRax 1997, 1 ff; *ders*, Grundsätze des europäischen Insolvenzrechts, ZEuP 2004, 887 ff; *Flessner/Schulz*, Zusammenhänge zwischen Konkurs, Arrest und internationaler Zuständigkeit, IPRax 1991, 162 ff; *Fletcher*, Cross-Border Insolvency: National and Comparative studies (1990); *ders*, The Istanbul Convention and the Draft EEC Convention, FS Hanisch (1994), S 89 ff; *ders*, The European Union Regulation on Insolvency Proceedings, in: INSOL – Cross-Border Insolvency, A Guide to Recognition and Enforcement (2003), S 15 ff; *Förger*, Die Stellung des Konkursverwalters im IPR (1969); *Frind* Forum shopping – made in Germany?, ZinsO 2008, 261 ff; *Fritz/Bähr*, Die Europäische Verordnung über Insolvenzverfahren – Herrausforderung an Gerichte und Verwalter, DZWIR 2001, 221 ff; *Funke*, Das Übereinkommen über Insolvenzverfahren, InVo 1996, 170 ff;
Garasic, Anerkennung ausländischer Insolvenzverfahren (2005); *Geimer*, IZPR (5. Auflage 2005); *Göpfert*, In re Maxwell Communications – ein Beispiel einer koordinierten Insolvenzverwaltung in parallelen Verfahren, ZZP Int 1996, 269 ff; *Goeth*, VO (EG) Nr 1346/2000 über Insolvenzverfahren, ZIK 2000, 148 ff; *Gottwald*, Auslandskonkurs und Registereintragung im Inland, IPRax 1991, 168 ff; *ders*, Grenzüberschreitende Insolvenzen (1997); *Gottwald*, Internationales Insolvenzrecht, in: Gottwald, InsRHdb, Kapital XIII; *Gottwald/Pfaller*, Aspekte der Anerkennung ausländischer Insolvenzverfahren im Inland, IPRax 1998, 170 ff; *Gramming*, Die Wirkungen des ausländischen Konkurses auf das Inland nach deutschem Reichsrecht, Zeitschrift für internationales Privat- und Strafrecht, Band 5 (1895), 344 ff; *Grasmann*, Inlandswirkungen des Auslandskonkurses über das Vermögen eines im Konkurseröffnungsstaat ansässigen Gemeinschuldners, KTS 1990, 152 ff; *Großfeld*, Internationales Insolvenzrecht im Werden?, ZIP 1981, 925 ff;
Haß/Huber/Gruber/Heiderhoff, Kommentar zur EuInsVO (2005), in: Geimer/Schütze (Herausgeber), Internationaler Rechtsverkehr in Zivil- und Handelssachen; *Habscheid*, Internationales Konkursrecht und Einzelrechtsverfolgung, KTS 1989, 593 ff; *ders* Entwicklungstendenzen des internationalen Konkursrechts, ZaöRV 1990, 282 ff; *ders* Öffentlich-rechtliche Forderungen, insbesondere Steuerforderungen im Konkurs, KTS 1996, 201 ff; *ders*, Grenzüberschreitendes (internationales) Insolvenzrecht der Vereinigten Staaten von Amerika und der BRD (1998); *ders*, Das deutsche internationale Insolvenzrecht und die vis attractiva concursus, ZIP 1999, 1113 ff; *Hagemann*, Die Handlungsbefugnis des ausländischen Konkursverwalters in Deutschland, KTS 1960, 161 ff; *Hanisch*, Parallel-Insolvenzen und Kooperation im internationalen Insolvenzfall, FS Bosch (1976), S 381 ff; *ders*, Auslandsvermögen des Schuldners im Inlands-Insolvenzverfahren und vice versa, FS Einhundert Jahre Konkursordnung 1877–1977 (1977), S 139 ff; *ders*, Gegenseitigkeit, comitas und Gläubigergleichbehandlung im internationalen Insolvenzrecht, KTS 1978, 193 ff; *ders*, Internationale privatrechtliche Probleme des insolvenzrechtlichen Konkordats, FS Adolf F. Schnitzer (1979), S 223 ff; *ders*, Pflicht des Gemeinschuldners zur Vollmachterteilung bezüglich seines Auslandvermögens, ZIP 1980, 170 ff; *ders*, IPR der Gläubigeranfechtung, ZIP 1981, 569 ff; *ders*, Deutsches internationales Insolvenzrecht in Bewegung, ZIP 1983, 1289 ff; *ders*, Realisierung einer Forderung des deutschen Gemeinschuldners gegen einen Schuldner in der Schweiz zugunsten der deutschen Konkursmasse, IPRax 1983, 195 ff; *ders*, Die Wende im deutschen internationalen Insolvenzrecht, ZIP 1985, 1233 ff, *ders*, Erlöse aus der Teilnahme an einem ausländi-

schen Parallel-Insolvenzverfahren – Ablieferung an die inländische Konkursmasse oder Anrechnung auf die Inlandsdividende?, ZIP 1989, 273 ff; *ders,* Grenzüberschreitende Nachlassinsolvenzverfahren, ZIP 1990, 1241 ff; *ders,* Deutscher Eigentumsvorbehalt im französischen Insolvenzverfahren, IPRax 1992, 187 ff; *ders,* Bemerkungen zur Geschichte des internationalen Insolvenzrechts, FS Merz (1992), S 159 ff; *ders,* Das Recht grenzüberschreitender Insolvenzen: Auswirkungen im Immobiliensektor, ZIP 1992, 1125 ff; *ders,* Extraterritoriale Wirkung eines allgemeinen Veräußerungsverbots im Konkurseröffnungsverfahren – Revisibilität ermessensfehlerhafter Ermittlung ausländischen Rechts – Durchgriff – Auf die Insolvenzanfechtung anwendbares Recht, IPRax 1993, 69 ff; *ders,* Vollmacht und Auskunft des Insolvenzschuldners über sein Auslandsvermögen, IPRax 1994, 351 ff; *ders,* allgemeine kollisionsrechtliche Grundsätze im internationalen Insolvenzrecht, FS Jahr, 1993, S 455 ff; *Heine/Keller/Vischer/Volken,* IPRG Kommentar (1993), Rn 1413 ff; *Henckel,* Die internationalprivatrechtliche Anknüpfung der Konkursanfechtung, FS Nagel (1987), S 93 ff; *Herchen,* Die Befugnisse des deutschen Insolvenzverwalters hinsichtlich der „Auslandsmasse" nach Inkrafttreten der EG-Insolvenzverordnung, ZInsO 2002, 345 ff; *ders,* Scheinauslandsgesellschaften im Anwendungsbereich der Europäischen Insolvenzverordnung – Anmerkungen zur Entscheidung des High Court of Justice Chancery Division (Company Court) vom 7. 2. 2003, ZInsO 2003, 742 ff; *ders,* Aktuelle Entwicklungen im Recht der internationalen Zuständigkeit zur Eröffnung vom Insolvenzverfahren: Der Mittelpunkt der (hauptsächlichen) Interessen im Mittelpunkt der Interessen, ZInsO 2004, 825 ff; *ders,* International-insolvenzrechtliche Kompetenzkonflikte in der Europäischen Gemeinschaft – zugleich Besprechung der Entscheidung des High Court of Justice Leeds vom 16. 5. 2003 und des AG Düsseldorf 19. 5./6. 2. 2003, ZInsO 2004, 61 ff; *ders,* Das Prioritätsprinzip im internationalen Insolvenzrecht, ZIP 2005, 1401 ff; *Hirte,* Die organisierte „Bestattung" von Kapitalgesellschaften: Gesetzgeberischer Hanslungsbedarf im Gesellschafts- und Insolvenzrecht, ZInsO 2003, 833 ff; *Hirte/Bücker,* Grenzüberschreitende Gesellschaften, 2. A. 2006; *Homann,* System der Anerkennung eines ausländischen Insolvenzverfahrens und die Zulässigkeit der Einzelrechtsverfolgung (2000); *Hommelhoff,* Konzernrecht für den Europäischen Binnenmarkt, ZGR 1992, 121 ff; *P. Huber,* Internationales Insolvenzrecht in Europa – Das internationale Privat- und Verfahrensrecht der Europäischen Insolvenzverordnung, ZZP 114 (2001), 133 ff; *ders,* Die Europäische Insolvenzverordnung, EuZW 2002, 490 ff; *ders,* Der deutsch-englische Justizkonflikt – Kompetenzkonflikte im Internationalen Insolvenzrecht, FS Heldrich (2005), S 679 ff; *U. Huber,* Inländische Insolvenzverfahren über Auslandsgesellschaften nach der Europäischen Insolvenzverordnung, FS Gerhardt (2004), S 397 ff;
Jahn/Sahm, Insolvenzen in Europa (4. Auflage 2005); *Jahr,* Vereinheitlichtes internationales Konkursrecht in der Europäischen-Wirtschafts-Gemeinschaft, RabelsZ 36 (1972), 620 ff; *Jayme,* Sanierung von Großunternehmen und internationales Konkursrecht, FS Riesenfeld (1983), S 117 ff; *Jeremias,* Internationale Insolvenzaufrechnung (2005);
Kegel/Schurig, IPR (9. Auflage 2004); *Kegel/Thieme,* Vorschläge und Gutachten zum Entwurf eines EG-Konkursübereinkommens (1988); *Kemper,* Die Verordnung (EG) Nr 1346/2000 über Insolvenzverfahren, ZIP 2001, 1609 ff; *Kindler,* Auf dem Weg zur Europäischen Briefkastengesellschaft?, NJW 2003, 1073 ff; *ders,* „Inspire Art" – Aus Luxemburg nichts Neues zum internationalen Gesellschaftsrecht, NZG 2003, 1086 ff; *Klöhn,* Verlegung des Mittelpunkts der hauptsächlichen Interessen im Sinne des Art 3 Abs 1 S 1 EuInsVO vor Stellung des Insolvenzantrags, KTS 2006, 259 ff; *Klumb,* Kollisionsrecht der Insolvenzanfechtung (2005); *Knof/Mock,* Noch einmal: Forumshopping in der Konzerninsolvenz, ZinsO 2008, 499 ff; *Koch,* Auslandskonkurs und Unterbrechung des Inlandsprozesses, NJW 1989, 3072 f.; *Kirchhof,* Grenzüberschreitende Insolvenzen im Europäischen Binnenmarkt, insbesondere und Beteiligung von Kreditinstituten, WM 1993, 1401 ff; *Koch,* Europäisches Insolvenzrecht und Schuldbefreiungs-Tourismus, FS Jayme (2004), S 437 ff; *Kolmann,* Kooperationsmodelle im internationalen Insolvenzrecht (2001); *Krebber,* Europäische Insolvenzverordnung, Drittstaatengesellschaft, Drittstaatensachverhalte und innergemeinschaftliche Konflikte, IPRax 2004, 540 ff; *Kübler,* Konzern und Insolvenz – Zur Durchsetzung konzernmäßiger Sanierungsziele an den Beispielsfällen AEG und Korf, ZGR 1984, 560 ff; *ders,* Der Mittelpunkt der hauptsächlichen Interessen nach Art 3 Abs 1 EuInsVO, FS Gerhardt (2004), S 527 ff; *Kuhn,* Anmerkungen zum BGH 4. 2. 1960 – VII ZR 161/57, MDR 1960, 579; *Kuntz,* Die Insolvenz der Limited mit deutschem Verwaltungssitz – EU-Kapitalgesellschaften in Deutschland nach „Inspire Art", NZI 2004, 424 ff;
Lau, Zur Änderung der Rechtsprechung des BGH über die Wirkung des Auslandskonkurses im Inland, BB 1986, 1450 ff; *Laukemann,* Rechtshängigkeit im Europäischen Insolvenzrecht, RIW 2005, 104 ff; *Laut,* Universalität und Sanierung im internationalen Insolvenzrecht (1997); *Lawlor,* Die Anwendbarkeit englischen Gesellschaftsrechts bei der Insolvenz einer englischen Limited in Deutschland, NZI 2005, 432 ff; *Leible/Hoffmann,* „Überseering" und das deutsche Gesellschatskollisionsrecht, ZIP 2003, 925 ff; *dies,* Wie inspiriert ist „Inspire Art"?, EuZW 2003, 677 ff; *Leible/Staudinger,* Die europäische Verordnung über Insolvenzverfahren, KTS 2000, 553 ff; *Leipold,* Wege zu einem funktionsfähigen internationalen Konkursrecht, FS 30-jähriges Jubiläum des Instituts für Rechtsvergleichung der Waseda-Universität (1988), 787 ff; *ders,* Ausländischer Konkurs und inländischer Zivilprozess, FS Schwab (1990), S 289 ff; *ders,* Zur Internationalen Zuständigkeit im Insolvenzrecht, FS Baumgärtel (1990), 291 ff; *ders,* Miniatur oder Bagatelle: Die internationale Insolvenzrecht im deutschen Reformwerk 1994, FS Henckel (1995), 533 ff; *ders,* Zuständigkeitslücken im neuen Europäischen Insolvenzrecht, FS Ishikawa (2001), S 221 ff; *Leitner,* Der grenzüberschreitende Konkurs: Lösungsmöglichkeiten und -modelle aus österreichischer Sicht (1995); *Liersch,* Deutsches Internationales Insolvenzrecht, NZI 2003, 302 ff; *ders,* Sicherungsrechte im Internationalen Insolvenzrecht (2005); *Ludwig,* Neuregelungen des deutschen Internationalen Insolvenzrechts (2004); *Lüderitz,* Anmerkungen zum BGH 11. 7. 1985 – IX 178/84, JZ 1986, 96 f; *Lüer,* Einzelzwangsvollstreckung im Ausland bei inländischen Insolvenzverfahren, KTS 1978, 200 ff sowie KTS 1979, 12 ff; *ders,* Einheitliches Insolvenzrecht innerhalb der Europäischen Gemeinschaften – Die Quadratur des Kreises? KTS 1981, 147 ff; *ders,* allgemeine Wirkungen des Konkurses, in: Kegel (Herausgeber, bearbeitet von Thieme), Vorschläge und Gutachten zum Entwurf eines EG-Konkursübereinkommens (1988), S 341 ff; *ders,* Überlegungen zu einem künftigen Deutschen Internationalen Insolvenzrecht, KTS 1990, 377 ff; *ders,* Europäisches Übereinkommen über den Konkurs, Stellungnahme des Deutschen Anwaltvereins (Zusammenfassung), AnwBl 1990, 444 ff; *ders,* Zur Neuordnung des deutschen Internationalen Insolvenzrechts, in: Stoll (Herausgeber), Stellungnahmen und Gutachten zur Reform des deutschen internationalen Insolvenzrechts (1992), 96 ff; *ders,* Deutsches Internationales Insolvenzrecht nach der neuen Insolvenzordnung, in: Kölner Schrift zur InsO (2. Auflage 2000), S 297 ff; *ders,* Art 102 Abs 3 EGInsO – eine verpasste Chance, FS Uhlenbruck (2000) S 843 ff; *ders,* Art 3 Abs 1 EuInsVO – Grundlagen für ein europäisches Konzerninsolvenzrecht oder Instrumentarium eines „Insolvenz-Imperialismus"?, FS Greiner (2005), S 201 ff; *Lüke,* Zu neueren Entwicklungen im

deutschen internationalen Konkursrecht, KTS 1986, 1 ff; *ders,* Das europäische internationale Insolvenzrecht, ZZP 111 (1998), 275 ff;
Mankowski, Konkursgründe beim inländischen Partikularkonkurs, ZIP 1995, 1650 ff; *ders,* Grenzüberschreitender Umzug und das centre of main interests im europäischen Internationalen Insolvenzrecht, NZI 2005, 368 ff; *ders,* Insolvenznahe Verfahren und Sicherung eines Eigentumsvorbehalts im Grenzbereich zwischen EuInsVO und EuGVVO, NZI 2008, 604 ff; *Mansell,* Internationalprivatrechtliche Anpassung bei Liquidationsgesellschaften im deutschenglischen Rechtsverkehr, Liber Amicorum Gerhard Kegel (2002), S 111 ff; *Markus,* Zum Internationalen Insolvenzrecht – Die Arbeiten der UNCITRAL an einem Modellgesetz, Der Schweizer Treuhänder 1997, 295 ff; *v. Marschall/ Hanisch/Lemontey/Riesenfeld,* Probleme des internationalen Insolvenzrechts (1982); *Martinez Ferber,* European Insolvency Regulation – Substantive Consolidation, the threat of Forum Shopping and a German point of view (2004); *Martini,* Die Europäische Insolvenzverordnung über Insolvenzverfahren vom 29. 5. 2000 und die Rechtsfolgen für die Praxis, ZInsO 2002, 905 ff; *Melchior,* S 316 ff, 410 f; *Mertens,* Empfiehlt sich die Einführung eines konzernbezogenen Reorganisationsverfahrens?, ZGR 1984, 542 ff; *Merz,* Probleme bei Insolvenzverfahren im internationalen Rechtsverkehr, ZIP 1983, 136 ff; *ders,* Probleme des internationalen Konkursrechts im Verhältnis zwischen der BRD und Italien, Jahrbuch für Italienisches Recht, Band 1 (1988), S 3 ff; *Meyer-Löwy/Poertzgen,* Eigenverwaltung (§§ 270 ff InsO) löst Kompetenzkonflikt nach der EuInsVO, ZInsO 2004, 195 ff; *Mock/Schildt,* Insolvenz ausländischer Kapitalgesellschaften mit Sitz in Deutschland, ZInsO 2003, 396 ff; *Mohr,* Insolvenzrecht 2002: Insolvenzrechtsnovelle 2002, Europäische Insolvenzverordnung (2002); *Moltrecht,* Inlandsfolgen des ausländischen Konkursverfahrens, RIW 1986, 93 ff; *Morscher,* Die europäische Insolvenzverordnung EuInsVO (2002); *Morse,* Cross-Border Insolvency in the European Union, FS Juenger (2001), S 233 ff; *Moss/Fletcher/Isaacs,* The EC Regulation on Insolvency Proceedings (2002); *H.-F. Müller,* Insolvenz ausländischer Kapitalgesellschaften mit inländischem Verwaltungssitz, NZG 2003, 414 ff; *MüllerFreienfels,* Auslandskonkurs und Inlandsfolgen, FS Dölle, Band II (1963), S 359 ff;
Nadelmann, The German Bankruptcy Act's Conflict of Laws Rules Revisited in the Company of Zimmermann, RabelsZ 41 (1977), 707 ff; *ders,* Internationales Insolvenzrecht: Die Kosmos-Entscheidung des RG, Leopold Levy und Josef Kohler, KTS 1979, 221 ff; *ders,* Ausländisches Vermögen und dem Vorentwurf eines Konkursabkommens für die EWG-Staaten, KTS 1971, 65 ff; *Nagel,* Internationales Zivilprozessrecht (3. Auflage 1991); *Neuhaus; Niggemann/Blenske,* Die Auswirkungen der VO (EG) Nr 1346/2000 auf den deutsch-französischen Rechtsverkehr, NZI 2003, 471 ff; *Nussbaum,* Deutsches IPR (1932);
Oberhammer, Europäisches Insolvenzrecht in Praxis – „Was bisher geschah", ZInsO 2004, 761 ff; *ders,* Zur internationalen Anfechtungsbefugnis des Sekundärverwalters, KTS 2008, 271 ff;
Oberhammer/Vogler, Europäisches Insolvenzrecht ante portas, ecolex 2001, 658 ff; *v. Oertzen,* Inlandandswirkungen eines Auslandskonkurses (1990); *Otte,* Inländischer einstweiliger Rechtsschutz im Inland bei Auslandskonkurs – ein neuer internationaler Justizkonflikt?, RabelsZ 58 (1994), 292 ff;
Pannen (Herausgeber), Europäische Insolvenzverordnung (2007); *ders,* Die „Scheinauslandsgesellschaft" im Spannungsfeld zwischen dem ausländischen Gesellschaftsstatut und dem inländischen Insolvenzstatut, FS Gero Fischer (2008), 403 ff; *Pannen/Riedemann,* Die deutschen Ausführungsbestimmungen zur EuInsVO – Ein Überblick zu den Regelungen des Art 102 EGInsO nF, NZI 2004, 301 ff; *dies,* Der Begriff des „centre of main interests" im Sinne des Art 3 Abs 1 S 1 EuInsVO im Spiegel aktueller Fälle aus der Rechtsprechung, NZI 2004, 646 ff; *Pannen/Riedemann,* Checkliste: Die englische „Ltd" mit Verwaltungssitz in Deutschland in der Insolvenz, MDR 2005, 496 ff; *Pannen/Riedemann/Kühnle,* Zur Stellung der Insolvenzgläubiger nach der Europäischen Verordnung über Insolvenzverfahren (EuInsVO), NZI 2001, 303 ff *Paulus,* „Protokolle" – ein anderer Zugang zur Abwicklung grenzüberschreitender Insolvenzen, ZIP 1998, 977 ff; *ders,* Entwicklungslinien des modernen Insolvenzrechts, KTS 2000, 347 ff; *ders,* Verbindungslinien des modernen Insolvenzrechts, ZIP 2000, 2189 ff; *ders,* Die europäische Insolvenzverordnung und der deutsche Insolvenzverwalter, NZI 2001, 505 ff; *ders,* Änderungen des deutschen Insolvenzrechts durch die Europäische Insolvenzverordnung, ZIP 2002, 729 ff; *ders,* Das inländische Parallelverfahren nach der Europäischen InsO, EWS 2002, 497 ff; *ders,* Kommentar zu High Court of Justice in Leeds (Companies Court), Beschluss vom 16. 5. 2003 – No 861–867/03, EWiR 2003, 709 f; *ders,* Zuständigkeitsfragen nach der Europäischen Insolvenzverordnung, ZIP 2003, 1725 ff; *ders,* Über den Einfluss des europäischen Insolvenzrechts auf das deutsche Insolvenzwesen, FS Kreft (2004), S 469 ff; *ders,* Erkannte und unerkannte Klippen der europäischen Insolvenzverordnung, in: Kebekus (Herausgeber), Grenzüberschreitende Insolvenzen in der Insolvenzpraxis (2004), S 5 ff; *ders,* Das neue internationale Insolvenzrecht der USA, NZI 2005, 439 ff; *ders,* Überlegungen zu einem modernen Konzerninsolvenzrecht, ZIP 2005, 1948 ff; *ders,* Anerkennung eines vorläufigen Insolvenzverfahrens mit Verfügungsverbot als universell wirkendes Hauptverfahren, EWiR 2008, 653 ff; *Penzlin/Riedemann,* Anmerkung zu High Court of Justice Birmingham, Beschluss vom 18. 4. 2005 – 2375 bis 2383/05, NZI 2005, 469 ff; *Pfeiffer,* Internationale Zuständigkeit und prozessuale Gerechtigkeit (1995); *Pielorz* Auslandskonkurs; *ders,* Inlandsvermögen im Auslandskonkurs, ZIP 1980, 239 ff; *ders,* Wende im deutschen internationalen Insolvenzrecht, IPRax 1984, 241 ff; *Poertzgen,* Die rechtsformneutrale Insolvenzantragspflicht (§ 15 a InsO), ZInsO 2007, 574 ff; *ders,* Organhaftung wegen Insolvenzverschleppung (2006); *Poertzgen/Adam,* Die Bestimmung des „centre of main interests" gem Art 3 Abs 1 EuInsVO, ZInsO 2006, 505 ff; *Potthast,* Probleme eines Europäischen Konkursübereinkommens (1995); *Prütting,* Aktuelle Entwicklungen des internationalen Insolvenzrechts, ZIP 1996, 1277 ff; *ders,* Pratische Fälle nach der EuInsVO, in: Breitenbücher/Ehricke (Herausgeber), Insolvenzrecht 2003 (2003), S 59 ff;
Raape/Sturm; Reinhart, Sanierungsverfahren im internationalen Insolvenzrecht (1995); *ders,* Zur Anerkennung ausländischer Insolvenzverfahren, ZIP 1997, 1734 ff; *Reisch/Winkler,* Die Tücken der Eröffnung eines Parallelverfahrens nach der EuInsVO: Eröffnungsverfahren, ZIK 2004, 80 ff; *Reithmann/Martiny,* Rn 983 ff; *Riedemann,* Das Auseinanderfallen von Gesellschafts- und Insolvenzrecht, GmbHR 2004, 345 ff; *Riegel,* Grenzüberschreitende Konkurswirkungen zwischen der BRD, Belgien und den Niederlanden (1991); *Riegel,* Prozessunterbrechung nach § 240 ZPO im Fall ausländischer Konkurseröffnung, RIW 1990, 546 ff; *Riegger,* Centros – Überseering – Inspire Art Folgen für die Praxis, ZGR 2004, 510 ff; *Riera/Wagner,* Kurzkomm zu Tribunale di Cibvile di Parma, Urteil vom 19. 2. 2004 – 53/04, EWiR 2004, 597 f; *Riesenfeld,* Das neue Gesicht des deutschen Internationalen Konkursrechts aus ausländischer Sicht, FS Merz (1992), S 497 ff; *Ringleb,* Universalität und Territorialität im deutschen internationalen Konkursrecht (1968); *Rossbach,* Europäische Insolvenzverwalter in Deutschland (2006); *Rossbach,* Europäische Insolvenzverwalter in Deutschland (2006); *Rüfner,* Neues internationales Insolvenzrecht in den USA, ZIP 2005, 1859 ff;

V. Literatur zum Internationalen und Europäischen Insolvenzrecht

Sabel, Hauptsitz als Niederlassung im Sinne der EuInsVO?, NZI 2004, 126 ff; *Sabel/Schlegel,* Kurzkommentar zu High Court of Justice Chancery Division Companies Court (England), Urteil vom 7. 2. 29.003 – 0042/2003, EWiR 2003, 367 ff; *Schack,* Internationales Zivilverfahrensrecht (3. Auflage 2002); *Schanze/Jüttner,* Anerkennung und Kontrolle ausländischer Gesellschaften, AG 2003, 30 ff; *dies,* Die Entscheidung für Pluralität: Kollisionsrecht und Gesellschaftsrecht nach der EuGH-Entsch „Inspire Art", AG 2003, 661 ff; *Scheel,* Konzerninsolvenzrecht – Eine rechtsvergleichende Darstellung des US-amerikanischen und des deutschen Rechts (1995); *Schilling/Jessica Schmidt,* COMI und vorläufiger Insolvenzverwalter – Problem gelöst?, ZInsO 2006, 113 ff; *Schlosser,* Europäische Wege aus der Sackgasse des deutschen internationalen Insolvenzrechts, AWD/RIW 1983, 473 ff; *Joachim Schmidt,* Französisches Recht für Europa – Der „Konkursdurchgriff" im Vorentwurf eines EG-Konkursabkommens, KTS 1976, 11 ff; *Schmidt; K. Schmidt,* Das internationale Unternehmensrecht als Lehrmeister des internationalen Insolvenzrechts, FS Großfeld (1998), S 1031 ff; *Schmiedeknecht,* Der Anwendungsbereich der Europäischen Insolvenzverordnung und die Auswirkungen auf das deutsche Insolvenzrecht (2004); *Schneider,* Zu Fragen des Konkursabkommens der EWG-Staaten, KTS 1965, 88 ff; *Schollmeyer; ders,* Die vis attractiva concursus im deutsch-österreichischen Konkursvertrag, IPRax 1998, 29 ff; *ders,* § 240 ZPO und Auslandskonkurs, IPRax 1999, 26 ff; *Schulz,* (Schein-)Auslandsgesellschaften in Europa – ein Schein-Problem?, NJW 2003, 2705 ff; *Schumann,* Die englische Limited mit Verwaltungssitz in Deutschland: Kapitalaufbringung, Kapitalerhaltung und Haftung bei Insolvenz, DB 2004, 743 ff; *Serick,* Aktien des Gemeinschuldners in ausländischer Verwahrung, FS Möhring (1965), S 127 ff; *Sester,* Plädoyer gegen ein materielles Konzerninsolvenzrecht, ZIP 2005, 2099 ff; *Skrotzki,* Artur, Der Gerichtsstand im Insolvenzverfahren, KTS 1960, 71 ff; *Smart,* Cross-Border Insolvency (2. Auflage 1998); *Smid,* Grenzüberschreitende Insolvenzverwaltung, FS Geimer (2002), S 1215 ff; *ders,* Vier Entscheidungen englischer und deutscher Gerichte zur europäischen internationalen Zuständigkeit zur Eröffnung von Hauptinsolvenzverfahren, DZWIR 2003, 397 ff; *ders,* Judikatur zum internationalen Insolvenzrecht, DZWIR 2004, 397 ff; *ders,* Deutsches und Europäisches Internationales Insolvenzrecht (2004); *ders,* Anmerkungen zu Supreme Court of Ireland, Judgment vom 27. 7. 2004, DZWIR 2005, 64 ff; *ders,* Gegen den Strom – Eröffnet das deutsche Insolvenzgericht durch Bestellung eines vorläufigen Insolvenzverwalters ein Hauptinsolvenzverfahren, NZI 2009, 150 ff; *Spahlinger,* Sekundäre Insolvenzverfahren bei grenzüberschreitenden Insolvenzen (1998); *Spellenberg,* Der ordre public im Internationalen Insolvenzrecht, in: Stoll (Herausgeber), Stellungnahmen und Gutachten zur Reform des deutschen Internationalen Insolvenzrechts (1992), S 183 ff; *Spennemann,* Insolvenzverfahren in Deutschland – Vermögen im Ausland: Das Beispiel Herstatt – Fragen des Insolvenzrechtes der BRD und der USA (1981); *Staak,* Mögliche Probleme im Rahmen der Koordination von Haupt- und Sekundärinsolvenzverfahren nach der Europäischen Insolvenzverordnung (EuInsVO), NZI 2004, 480 ff; *Stadler,* Anerkennung ausländischer (Zwangs-)Vergleiche, Anmerkungen zum BGH 14. 11. 1996 – IX ZR 339/95, IPRax 1998, 91 ff; *Stoll* (Herausgeber), Stellungnahmen und Gutachten zur Reform des deutschen Internationalen Insolvenzrechts (1992); *ders* (Herausgeber), Vorschläge und Gutachten zur Umsetzung des EU-Übereinkommens über Insolvenzverfahren im deutschen Recht (1997); *Strub,* Insolvenzverfahren im Binnenmarkt, EuZW 1994, 424 ff; *ders,* Das Europäische Konkursübereinkommen, EuZW 1996, 71 ff; *Summ,* Anerkennung ausländischer Konkurse in der BRD (1992); *Stummel,* Konkurs und Integration (1991); *Taupitz,* Das (zukünftige) europäische Internationale Insolvenzrecht – insbesondere aus international privatrechtlicher Sicht, ZZP 111 (1998), 315 ff; *Taylor,* Fallstudie aus der Sicht des englischen Insolvenzverwalters, ISA I./II., in: Kebekus (Herausgeber), Grenzüberschreitende Insolvenzen in der Insolvenzpraxis (2004), S 59 ff; *Thieme,* Inlandsvollstreckung und Auslandskonkurs, RabelsZ 37 (1973), 682 ff; *ders,* Der Entwurf eines Konkursübereinkommens der EG-Staaten von 1980, RabelsZ 45 (1981), 459 ff; *Torremans,* Cross Border Insolvencies in EU, English and Belgian Law (2002); *Trunk,* Dogmatische Grundlagen der Anerkennung von Auslandskonkursen, KTS 1987, 415 ff; *ders,* Vorschläge und Gutachten zum Entwurf eines EG-Konkursübereinkommens (1988); *ders,* Auslandskonkurs und inländische Zivilprozesse, ZIP 1989, 279 ff; *ders,* Arbeitnehmer in Niederlassungskonkurs: International-insolvenzrechtliche Aspekte, ZIP 1994, 1586 ff; *ders,* Zur bevorstehenden Neuregelung des deutschen Internationalen Insolvenzrechts, KTS 1994, 33 ff; *ders,* Internationales Insolvenzrecht (1998); *Tschernig,* Haftungsrechtliche Probleme der Konzerninsolvenz (1995); *Uhlenbruck,* Konzerninsolvenz als Problem der Insolvenzrechtsreform, KTS 1986, 419 ff; *Ulmer,* Gläubigerschutz bei Scheinauslandsgesellschaften, NJW 2004, 1201 ff; *ders,* Insolvenzrechtlicher Gläubigerschutz gegenüber Scheinauslandsgesellschaften ohne hinreichende Kapitalausstattung, KTS 2004, 291 ff; *Utsch,* Das internationale Insolvenzrecht in der USA, ZInsO 2006, 1305; *Vallender,* Die Voraussetzungen für die Einleitung eines Sekundärverfahrens nach der EuInsVO, InVo 2005, 41 ff; *ders,* Die Insolvenz von Scheinauslandsgesellschaften, ZGR 2006, 425 ff; *Vallender/Fuchs,* Die Antragspflicht organschaftlicher Vertreter einer GmbH vor dem Hintergrund der Europäischen Insolvenzverordnung, ZIP 2004, 829 ff; *Vallens/Dammann,* Die Problematik der Behandlung von Konzerninsolvenzen nach der EuInsVO, NZI 2006, 29 ff; *Virgós/Gracimartín,* The European Insolvency Regualtion: Law and Practice (2004); *Virgós/Schmit,* Erläuternder Bericht zu dem EU-Übereinkommen über Insolvenzverfahren, in: Stoll (Herausgeber). Vorschläge und Gutachten zur Umsetzung des EU-Übereinkommens über Insolvenzverfahren im deutschen Recht (1997), S 32 ff; *Völker,* Zur Dogmatik des ordre public (1998); *Vogler,* Die internationale Zuständigkeit für Insolvenzverfahren, ZIK 2001, 189 ff; *dies,* Die internationale Zuständigkeit für Insolvenzverfahren (1998); *Wachter,* Auswirkungen des EuGH-Urteils in Sachen Inspire Art Ltd Auf Beratungspraxis und Gesetzgebung, GmbHR 2004, 88 ff; *Weber,* Zur Zulässigkeit eines Vergleichsverfahrens über das deutsche Vermögen eines ausländischen Schuldners, KTS 1965, 95 ff; *Wehdeking,* Die Reform des Internationalen Insolvenzrechts in Deutschland und Österreich, DZWIR 2003, 133 ff; *Weissbrodt,* Disproving the COMI presumption, eurofenix 2008, 14 ff; *Weller,* Einschränkung der Gründungstheorie bei missbräuchlicher Auslandsgründung?, IPRax 2003, 520 ff; *ders* „Inspire Art": Weitgehende Freiheiten beim Einsatz ausländischer Briefkastengesellschaften, DStR 2003, 1800 ff; *ders,* Forum Shopping im Internationalen Insolvenzrecht?, IPRax, 2004, 412 ff; *ders,* Inländische Gläubigerinteressen bei internationalen Konzerninsolvenzen, ZHR 169 (2005), 570 ff; *Wenner,* Ausländisches Sanierungsverfahren, Inlandsarrest unter § 238 KO, KTS 1990, 429 ff; *H. P. Westermann,* Auslandsvollstreckung während eines inländischen Vergleichsverfahrens?, FS Werner (1984), S 989 ff; *Wienberg/Sommer,* Anwendbarkeit von deutschem Eigenkapitalersatzrecht auf EU-Kapitalgesellschaften am Beispiel eines Partikularinsolvenzverfahrens im engeren Sinn nach Art 3 I i, IV EuInsVO, NZI 2005, 353 ff; *Willemer,* Vis attractiva concursus und die Europäische Insolvenzverordnung (2006); *v. Wilmowsky,* In-

§ 335 Grundsatz

ternationales Insolvenzrecht – Plädoyer für eine Neuorientierung, WM 1997, 1461 ff; *ders*, Sicherungsrechte im Europäischen Insolvenzübereinkommen, EWS 1997, 295 ff; *Wimmer*, Die UNCITRAL-Modellbestimmungen über grenzüberschreitende Insolvenzverfahren, ZIP 1997, 2220 ff; *ders*, Die Besonderheiten von Sekundärinsolvenzverfahren und besonderer Berücksichtigung des Europäischen Insolvenzübereinkommens, ZIP 1998, 982 ff; *ders*, Die VO (EG) Nr 1346/2000 über Insolvenzverfahren, ZInsO 2001, 97 ff; *ders*, Die Richtlinien 2001/17 EG und 2001/24 EG über die Sanierung und Liquidation von Versicherungsunternehmen und Kreditinstituten, ZInsO 2002, 397 ff; *ders*, Die EU-Verordnung zur Regelung grenzüberschreitender Insolvenzverfahren, NJW 2002, 2427 ff; *ders*, Einpassung der EuInsVO in das deutsche Recht durch das Gesetz zur Neuregelung des Internationalen Insolvenzrechts, FS Kirchhof (2003); *ders*, Anmerkungen zum Vorlagebeschluss der irischen Supreme Court in Sachen Parmalat, ZInsO 2005, 119 ff; *Wiórek*, Das Prinzip der Gläubigergleichbehandlung im Europäischen Insolvenzrecht (2005); *Wittinghofer*, Der nationale und internationale Insolvenzverwaltungsvertrag (2004); *Wolf*, Erlöschen von Kreditsicherheiten Dritter nach US-amerikanischem Insolvenzrecht und Wirkungsanerkennung im Inland, IPRax 1999, S 444 ff; *Wood*, Principles of International Insolvency (1995);
Ziemons, Freie Bahn für den Umzug von Gesellschaften nach Inspire Art?, ZIP 2003, 1913 ff; *Zimmer*, Nach „Inspire Art": Grenzenlose Gestaltungsfreiheit für deutsche Unternehmen?, NJW 2003, 3585 ff.

§ 335 Grundsatz

Das Insolvenzverfahren und seine Wirkungen unterliegen, soweit nichts anderes bestimmt ist, dem Recht des Staates, in dem das Verfahren eröffnet worden ist.

Übersicht

	Rn
I. Normzweck und Systematik	1
II. Allgemeines inländisches Insolvenzverfahren	3
1. Internationale Zuständigkeit	3
a) Analogie zu § 3 Abs 1	4
b) Analogie zu § 3 Abs 2	5
c) Gegenständlich beschränkte Verfahren	7
2. Geltungsbereich des inländischen Insolvenzstatuts	8
a) Verfahrensnormen	9
b) Materielles Insolvenzrecht	10
c) Wirkungen und Rechtsfolge	11
3. Insolvenzvermögensstatut	12
a) Vermögen des Schuldners	13
b) Ausgenommenes Vermögen	14
c) Gesamtgut des Ehegatten	15
d) Rechte Dritter	16
aa) Gesonderte Anknüpfung	17
bb) Legitime Verkehrsschutzinteressen	18
cc) Inländischer Ansatz	19
dd) Ableitung an § 47 S 2	21
ee) Bedeutung zu Art 5 EuInsVO	22
e) Verfügungsbefugnis des Insolvenzverwalters	23
f) Insolvenzrechtliche Anfechtung	24
g) Insolvenzrechtliche Aufrechnung	25
h) Verfahrensunterbrechung nach § 240 ZPO	26
i) Vollstreckungsschutz nach §§ 88, 89	27
j) Verstoß gegen vermögensrechtliche Schutzzuschriften	28
aa) Erlös der Einzelzwangsvollstreckung	29
bb) Erlös aus ausländischen Insolvenzverfahren	31
cc) Gesamtbehandlung	33
4. Insolvenzverwaltungsstatut	34
a) Verwaltungs- und Verfügungsbefugnis	35
b) Nichtanerkennung im Ausland	37
c) Rechtsverfolgung im Ausland durch Gläubiger	40
d) Schwebende Rechtsgeschäfte	41
e) Erlöschen von Rechtsgeschäften	42
f) Verwertung der Insolvenzmasse	43
5. Insolvenzverteilungsstatut	44
a) Massekosten und Masseverbindlichkeiten	45
b) Rangfolge von Gläubigerforderungen	46
c) Berücksichtigung von Gläubigerforderungen	47
d) Wirkungen der Abwicklung	48
6. Insolvenzplanstatut	49
a) Verfahrensrechte	50
b) Materielles Insolvenzplanrecht	51
7. Restschuldbefreiungsstatut	52

I. Normzweck und Systematik

Mit § 335 formuliert der Gesetzgeber die Grundregel des deutschen (autonomen) Internationalen Insolvenzrechts (D-IIR, siehe Vorbem §§ 335 ff Rn 1), wonach sich das anzuwendende Insolvenzrecht vorbehaltlich abweichender Einzelanknüpfungen nach der Rechtsordnung des Staats richtet, in dem das jeweilige Insolvenzverfahren eröffnet worden ist; diese Rechtsordnung des Staates der Verfahrenseröffnung wird als „Eröffnungsstatut" oder *lex fori concursus* bezeichnet. Auch zahlreiche ausländische Jurisdiktionen stellen auf die Geltung des Eröffnungsstatuts ab. Die *lex fori concursus* umfasst neben dem materiellen Insolvenzrecht auch verfahrensrechtliche Vorschriften und Kollisionsnormen.

Das Insolvenzstatut ist von anderen Statuten abzugrenzen, die nach den Einzelregelungen in §§ 336 ff entweder dem Insolvenzstatut vorgehen oder hinter ihm zurücktreten müssen; jenseits der ausdrücklichen Regelungen in §§ 336 ff gibt es kollisions- oder materiellrechtliche Regeln, die schon zum früher geltenden Recht entwickelt worden sind und auch noch heute gelten.

II. Allgemeines inländisches Insolvenzverfahren

1. Internationale Zuständigkeit. Ebenso wenig wie die früheren Gesetze enthält die Insolvenzordnung eine ausdrückliche Regelung der internationalen Zuständigkeit inländischer Insolvenzgerichte. Auch § 343 Abs 1 S 1 Nr 1 enthält keine Regelung der internationalen Zuständigkeit, sondern erwähnt sie nur für ausländische Insolvenzverfahren als Voraussetzung der Anerkennung. Deshalb bleibt es auch für das nunmehr geltende Recht bei der Ableitung der internationalen Zuständigkeit aus der Regelung der örtlichen Zuständigkeit in § 3, in dem dieselben Anknüpfungsmerkmale herangezogen werden (vgl Rn*Geimer*, IZPR, Rn 3407; K/P/B-*Kemper* Anh II, Art 102 EGInsO, Rn 171; Soergel/*Kronke* Art 38, Anh IV, Rn 225; ausführlich zur internationalen Zuständigkeit im Insolvenzrecht *Leipold*, FS Baumgärtel S 291–301). Für das allgemeine inländische Insolvenzverfahren, das nach dem Universalitätsprinzip den Anspruch extraterritorialer Wirkung erhebt, gilt im Einzelnen Folgendes:

a) Analog § 3 Abs 1 sind inländische Insolvenzgerichte international zuständig für Verfahren, bei denen der Schuldner seinen allgemeinen Gerichtsstand im Inland hat (NR-Mincke Art 102 EGInsO Rn 67; zu § 71 KO vgl OLG Düsseldorf 2. 11. 1977, DB 1977, 581). Für natürliche Personen gelten §§ 13, 15, 16 ZPO, mithin die Anknüpfungen zuerst an den Wohnsitz, dann an den Aufenthalt bzw den letzten Wohnsitz im Inland. In gleicher Weise kommt für juristische Personen und Vermögensmassen, die Gegenstand eines inländischen Insolvenzverfahrens werden können, § 17 ZPO zu entsprechender Anwendung. Danach ist in erster Linie an den Sitz anzuknüpfen, § 17 Abs 1 S 1 ZPO. Dieser bestimmt sich insbesondere bei den Kapitalgesellschaften nach der Satzung und ist aus dem Handelsregister zu ersehen (vgl §§ 3, 10 GmbHG, 5, 23 Abs 3, 39 AktG, 6 GenG). Fehlt es im Einzelfall an einem satzungsmäßigen Sitz, so ist auf den Verwaltungsort abzustellen, § 17 Abs 1 S 2 ZPO. Dieser dürfte regelmäßig an dem Ort belegen sein, wo sich der Mittelpunkt der selbstständigen wirtschaftlichen Tätigkeit befindet, wie § 3 Abs 1 S 2 als weiteres Anknüpfungsmoment vorsieht. Die gleichen Regeln gelten für alle passiv parteifähigen Personenvereinigungen ohne eigene Rechtspersönlichkeit, insbesondere die Personenhandelsgesellschaften und den nicht rechtsfähigen Verein, über deren Vermögen ein Insolvenzverfahren nach § 11 Abs 1 S 2, Abs 2, 3 eröffnet werden kann.

b) Auch der **analogen Anwendung von § 3 Abs 2** steht grundsätzlich nichts im Wege: Sind bei entsprechender Anwendung von § 3 Abs 1 in- und ausländische Gerichte konkurrierend international zuständig, so verdrängt die erste Antragstellung auf Eröffnung des Verfahrens bei einem der international zuständigen Gerichte die Zuständigkeit aller übrigen. Die Priorität der internationalen Zuständigkeit des zuerst angegangenen Gerichts bereitet keine Schwierigkeiten, wenn der Antrag auf Eröffnung des Insolvenzverfahrens zunächst im Inland gestellt worden ist. Analog § 3 Abs 2 erscheint dann eine parallele ausländische internationale Zuständigkeit nicht mehr gegeben. Wird gleichwohl im Ausland später auch ein Insolvenzverfahren eröffnet, so ist dies im Inland nicht zu beachten, da die wesentliche Voraussetzung der Anerkennung des ausländischen Insolvenzverfahrens (internationale Zuständigkeit nach deutschem IIR) nicht gegeben ist. Wird umgekehrt bei einem Gericht im Ausland, das entsprechend § 3 Abs 1 international zuständig ist, zuerst die Eröffnung eines Insolvenzverfahrens beantragt, so sind inländische Gerichte entgegen der herrschenden Meinung zur Eröffnung eines allgemeinen Insolvenzverfahrens gleichfalls analog § 3 Abs 2 international unzuständig (abweichend noch Jaeger/*Jahr* §§ 237, 238 KO Rn 100; Soergel/*Kegel* Rn 698 vor Art 7). Die hier vertretene Auffassung rechtfertigt sich aus dem Gebot der Anerkennung des ausländischen Insolvenzverfahrens im Inland, sofern das im Ausland angegangene Gericht nach deutschem internationalem Insolvenzrecht international zuständig ist (vgl oben Rn 2). Eine analoge Anwendung von § 3 Abs 2 scheidet dagegen aus, wenn das Insolvenzverfahren im Ausland bei einem Gericht beantragt wird, das entsprechend § 3 Abs 1 international unzuständig ist. Gleiches gilt, wenn im Ausland nur ein gegenständlich beschränktes Insolvenzverfahren beantragt bzw eröffnet worden ist. Im Übrigen gilt die Zuständigkeitssperre analog § 3 Abs 2 nur so lange, wie das im Ausland beantragte Insolvenzverfahren läuft, oder bis die Ablehnung seiner Eröffnung rechtskräftig beschlossen worden ist.

6 Soweit *Leipold* abweichend vom Vorstehendem eine Modifizierung in der Weise vorgeschlagen hat, dass bei gleichzeitiger, mehrfacher internationaler Zuständigkeit nicht die Priorität der Antragstellung, sondern der Zeitpunkt der Verfahrenseröffnung gelten soll (*Leipold*, FS Henckel S 533, 537), gibt es hierfür kaum eine zwingende rechtstechnische Begründung. Wohl aber könnten Gründe der Praktikabilität im Einzelfall dafür sprechen, dieser Modifizierung zu folgen, etwa dann, wenn nicht mit Sicherheit festgestellt werden kann, wann ein ausländisches Insolvenzverfahren beantragt worden ist. Auch in den Fällen, in denen fehlerhafte, unvollständige oder zunächst unberechtigte Anträge auf Eröffnung eines Verfahrens gestellt werden, könnte das Abstellen auf die Antragstellung selbst unzweckmäßig sein. Auch der Fall eines unerwünschten „forum shopping" durch verfrühte und unberechtigte Insolvenzanträge könnte hierbei in Betracht gezogen werden. In solchen Sonderfällen erscheint es durchaus berechtigt, der Auffassung von Leipold zu folgen, ohne dass dadurch die oben beschriebenen Grundsätze außer Kraft treten müssten.

7 c) Getrennt von der **internationalen Zuständigkeit** inländischer Insolvenzgerichte zur Eröffnung allgemeiner Insolvenzverfahren ist die internationale Zuständigkeit der inländischen Insolvenzgerichte zur Eröffnung **gegenständlich beschränkter Insolvenzverfahren** zu sehen. Aus § 354 Abs 1 ergibt sich zunächst, dass im Inland ein „Partikularverfahren" eröffnet werden kann, das nur das im Inland befindliche Vermögen des Schuldners erfasst. Weder die InsO noch das EGInsO regeln für solche gegenständlich beschränkten Partikularinsolvenzverfahren die Voraussetzungen der internationalen Zuständigkeit. Ein Rückgriff auf § 3 ist nicht möglich, da bei inländischem allgemeinem Gerichtsstand nur ein allgemeines inländisches Insolvenzverfahren eröffnet werden darf, nicht jedoch ein gegenständlich, auf das im Inland belegene Vermögen beschränktes Verfahren (FK-*Wenner/Schuster* § 354 Rn 3; abweichend K/P/*Kemper/Paulus* § 354 Rn 4; K/P/B-*Kemper*, Anh II, Art 102 EGInsO, Rn 253 unter Berufung auf Gottwald/*Arnold* InsR Hdb, Nachtrag, IX Rn 20; *Leipold*, FS Henckel S 533, 539). Diese Auffassung ergibt sich geradezu zwingend aus der InsO selbst: An keiner Stelle wird den Insolvenzgerichten eine Entscheidung darüber eingeräumt, ob sie bei internationaler Zuständigkeit, die auf den allgemeinen inländischen Gerichtsstand gestützt wird, ein Wahlrecht hätten zwischen der Eröffnung eines allgemeinen oder eines gegenständlich beschränkten Insolvenzverfahrens. Für ein solches Wahlrecht gibt es keinerlei gesetzliche Grundlagen; nicht nur aus der Systematik des Gesetzes, sondern auch aufgrund der früheren gesetzlichen Regelung nach § 238 KO und der rechtspolitischen Zielsetzung der Zulassung von Partikularinsolvenzverfahren ergibt sich zwingend, dass für sie im Inland kein Raum ist, wenn die inländischen Insolvenzgerichte aufgrund der Anknüpfung an den allgemeinen Gerichtsstand zur Eröffnung eines Insolvenzverfahrens international zuständig sind. Lediglich in dem Fall, dass zeitlich vorausgehend ein ausländisches (europäisches) Insolvenzgericht ein allgemeines Insolvenzverfahren eröffnet hat, das im Inland anzuerkennen ist (Art 16 Abs 1 EuInsVO), gilt anderes.

8 **2. Geltungsbereich des inländischen Insolvenzstatuts.** Auszugehen ist von der Grundnorm des deutschen IIR, die das Insolvenzverfahren und seine Wirkungen grundsätzlich dem Insolvenzstatut zuweist, bei im Inland eröffneten allgemeinen Insolvenzverfahren mithin dem inländischen Insolvenzrecht. Wenn früher davon gesprochen wurde, dass das Konkursstatut die Regelung aller konkurstypischen Sachverhalte erfasse ebenso wie die der konkurstypischen Rechtsfolgen (so insbesondere Jaeger/*Jahr*, §§ 237, 238, Rn 10–12), so entspricht dies der Sache nach einer etwas anderen systematischen Aufteilung, wie sie sich inzwischen eingebürgert hat: Aufbauend auf der Unterscheidung zwischen Insolvenzverfahrensrecht und materiellem Insolvenzrecht werden beide dem eigentlichen Gegenstand des Insolvenzstatuts zugerechnet. Innerhalb des materiellen Insolvenzrechts werden die Regelungsbereiche unterschieden, die sich schwerpunktmäßig mit dem Vermögen des Schuldners und seiner Verwaltung befassen (Vermögensstatut), seine Verwertung betreffen und die Verteilung des Nettoerlöses auf die Gläubiger zum Gegenstand haben (Verteilungsstatut). Diese systematische Aufteilung bietet sich aus Gründen der Zweckmäßigkeit an, da ihnen ganz überwiegend die wichtigsten Bereiche des materiellen Insolvenzrechts zugeordnet werden können, ohne dass es spitzfindiger juristischer Unterscheidungen bedarf (vgl *Lüer*, in Stellungnahmen und Gutachten, S 98, 115–117; ebenso *Geimer*, IZPR, Rn 3376–3378). Ihnen hinzuzurechnen sind die mit der InsO neu eingeführten Regelungen zum Planverfahren (§§ 217 ff), der Eigenverwaltung (§§ 270 ff), der Restschuldbefreiung (§§ 286 ff) und der Verbraucherinsolvenz- und Kleinverfahren (§§ 304 ff). Die umfängliche Zuweisung des Insolvenzverfahrensrechts einerseits und des materiellen Insolvenzrechts andererseits an das Insolvenzstatut entspricht bestmöglich dem Grundsatz der Einheit des insolvenzrechtlichen Ordnungsverfahrens.

9 a) Innerhalb des Insolvenzstatuts werden insbesondere alle **verfahrensrechtlichen Normen** zur Anwendung berufen (formelles Insolvenz- oder Konkursrecht). Dies entspricht dem allgemeinen Grundsatz, dass gerichtliche Verfahren nach der *lex fori* zu beurteilen sind (Kegel/*Schurig* IPR S 1055 ff). Danach gelten in einem im Inland eröffneten Insolvenzverfahren alle Normen der InsO und der EGInsO, soweit sie verfahrensrechtlichen Charakter haben. Im Einzelnen zählen hierzu insbesondere die verfahrensrechtlichen allgemeinen Vorschriften (§§ 1–10), welche die Grundlage des Insolvenzverfahrens bilden. Gleichermaßen gilt dies für die Vorschriften des Eröffnungsverfahrens (§§ 11 ff), die Vorschriften über den Insolvenzverwalter und die Organe der Gläubiger (§§ 56 ff), die verfahrensrechtliche Durchsetzung materieller insol-

II. Allgemeines inländisches Insolvenzverfahren § 335

venzrechtlicher Regelungen innerhalb der allgemeinen Wirkungen (§§ 80 ff), der Erfüllung der Rechtsgeschäfte (§§ 103 ff) und der Insolvenzanfechtung (§§ 129 ff). Auch die Vorschriften über die Verwaltung und Verwertung der Insolvenzmasse (§§ 148 ff), die Feststellung der Forderungen (§§ 174 ff), der Verteilung und der Einstellung des Verfahrens ebenso wie die Vorschriften über die bereits angeführten besonderen Verfahren, die neu in die InsO eingefügt worden sind.

b) Vom Insolvenzstatut gleichermaßen umfasst ist das gesamte **materielle Insolvenzrecht**, also der Bereich der insolvenzrechtlichen Normen, die sich mit der Erfassung des schuldnerischen Vermögens, seiner Abgrenzung gegenüber Dritten, seiner Inbesitznahme durch den Insolvenzverwalter, seine Verwendung und Verwertung im Interesse der Gläubiger und der Behandlung der Verbindlichkeiten im Rahmen des Verfahrens und danach befassen. Es umfasst auch den Eingriff in schwebende Rechtsverhältnisse, insbesondere in noch nicht vollständig abgewickelte Verträge, noch nicht fällige Forderungen oder Verbindlichkeiten und die Ausübung schuldrechtlicher Wahlrechte aus Anlass der Insolvenz im Bereich der Leistungsstörungen. Systematisch geordnet lassen sich die Normen des materiellen Insolvenzrechts einteilen in Vorschriften, die sich mit den insolvenzbetroffenen Rechten und dem Vermögen des Schuldners befassen (Insolvenzvermögensstatut), seine Verwaltung und Verwertung vorsehen (Insolvenzverwaltungsstatut), im Falle der Liquidation die Verteilung des Erlöses auf die Gläubiger regeln (Insolvenzverteilungsstatut) und bei Fortführung die Regeln des Planverfahrens festschreiben (Insolvenzplanstatut), wie bereits dargestellt worden ist (oben Rn 8). Hierzu zählen schließlich auch die Normen, die das Schicksal der Verbindlichkeiten des Schuldners nach Abschluss des Verfahrens regeln (Insolvenzwirkungsstatut), insbesondere die Vorschriften über die Restschuldbefreiung (vgl hierzu auch *Geimer* IZPR Rn 3376–3378; NR-*Mincke* Art 102 EGInsO Rn 85, 39–43). 10

c) Die Abgrenzung des Geltungsbereichs des inländischen Insolvenzstatuts ist in keiner Weise davon abhängig, ob die im Inland angeordneten **Wirkungen und Rechtsfolgen** der Insolvenz im Ausland beachtet und anerkannt werden (**BGH** 13. 7. 1983, BGHZ 88, 147, 153; **BGH** 10. 12. 1976, BGHZ 68, 16, 17; NR-*Mincke* Art 102 EGInsO Rn 91). Auszugehen ist vielmehr von dem extraterritorialen Geltungsanspruch des zur Anwendung kommenden Insolvenzstatuts, das dem inländischen Anspruch auf Universalität entspricht (siehe oben Vorbem zu §§ 335 ff Rn 8, 18–21). Da Insolvenzverfahren prinzipiell eine einheitliche Schuldenregelung anstreben, bei der die einheitliche Erfassung von Vermögen, Verwaltung und Verteilung unter einem einheitlichen Gesamtstatut angestrebt wird, folgt hieraus zwangsläufig ein extraterritorialer Geltungsanspruch, das heißt die Erfassung von Auslandssachverhalten, die für die Durchführung des Insolvenzverfahrens und seiner Maximen erforderlich sind. Dieser extraterritoriale Geltungsanspruch ist unabhängig davon, ob das Ausland ihm im Einzelfall entspricht, die inländische Regelung mithin anerkennt (vgl FK-*Wenner/Schuster* § 335 Rn 17 für die Stellung des Insolvenzverwalters; *Gottwald/Gottwald* InsR Hdb § 131 Rn 1). Wenn etwa § 35 (wie früher §§ 1, 3 KO) das gesamte der Einzelzwangsvollstreckung unterliegende Vermögen des Schuldners ungeachtet seiner Belegenheit dem Insolvenzverfahren unterwirft, so gilt dies uneingeschränkt auch dann, wenn ausländisches Recht am Ort der Belegenheit einzelner Vermögensgegenstände die Eröffnung des inländischen Insolvenzverfahrens und die hier vorgesehenen Rechtsfolgen ganz oder teilweise ignoriert (zutreffend Kilger/*K. Schmidt* § 1 Bem 1 b; früher zu § 14 KO vgl **BGH** 13. 7. 1983, BGHZ 88, 147, 153 sowie *Canaris* ZIP 1983, 647, 650 und *Lüer* KTS 1978, 200, 214). Werden die vom inländischen Insolvenzstatut angeordneten Rechtsfolgen im Ausland missachtet, so bleibt es dem inländischen Insolvenzstatut vorbehalten, die Rechtsfolgen dieses Tatbestands zu regeln, wie dies inzwischen in § 342 geschieht. Wenn im Ausland die Anerkennung der im inländischen Insolvenzstatut vorgesehenen Rechtsfolgen an besondere Voraussetzungen geknüpft wird, so obliegt es dem inländischen Insolvenzverwalter, diese interessewahrend bestmöglich zu erfüllen. Unabhängig davon hat der inländische Insolvenzverwalter, sofern er hierzu rechtlich und faktisch in der Lage ist, seinen Auftrag aus §§ 148 Abs 1, 159 soweit wie möglich zu verfolgen, selbst wenn am Ort der ausländischen Belegenheit des Vermögens das inländische Insolvenzverfahren bzw die Rechtsstellung des Insolvenzverwalters ignoriert bzw nicht anerkannt wird (vgl **BGH** 10. 12. 1976, BGHZ 68, 16 f). Steht der Rechtsverfolgung des inländischen Insolvenzverwalters im Ausland nichts entgegen, so ist der Insolvenzverwalter selbstverständlich auch zu entsprechendem Vorgehen im Ausland verpflichtet. Unterlässt der Insolvenzverwalter die Ausübung und Verfolgung der ihm nach inländischem Insolvenzstatut übertragenen Rechte ohne zwingenden Grund zum Nachteil des Schuldners oder der Gläubiger, so ist er diesen Beteiligten gegenüber nach § 60 Abs 1 zum Schadensersatz verpflichtet. 11

3. **Insolvenzvermögensstatut**. Zunächst gilt der allgemeine Grundsatz, dass sich alle Fragen des Vermögens des Schuldners, das dem Insolvenzverfahren unterliegt, einheitlich aus dem inländischen Vermögensstatut beantworten (ebenso *Geimer* IZPR Rn 3376). Dies gilt nicht nur für die einzelnen Vermögensgegenstände, welche die Insolvenzmasse ausmachen. Das Vermögensstatut regelt auch, wie diese Gegenstände gegenüber dem sonstigen Vermögen des Schuldners abzugrenzen sind, welche Rechte vorgehen und wie dies im Verfahren berücksichtigt wird, wie die Soll-Insolvenzmasse etwa durch Anfechtung hergestellt werden kann oder durch die Abwehr unzulässiger Aufrechnungen erhalten wird, wie sie vor dem unberechtigten Zugriff Dritter geschützt wird und welche Rechtsfolgen sich aus dem unbe- 12

§ 335 *Grundsatz*

rechtigten Zugriff Dritter ergeben. Ebenso ist dem Vermögensstatut die Behandlung schwebender Rechtsgeschäfte zuzurechnen, da hieraus Ansprüche der Insolvenzmasse hervorgehen können ebenso wie Verbindlichkeiten. Schließlich sind dem Vermögensstatut auch alle Regeln zu entnehmen, die der Feststellung und dem Schutz der Insolvenzmasse dienen einschließlich der Auskunfts- und Mitwirkungspflichten des Schuldners (*Geimer* IZPR Rn 3376). Alle diese rechtlichen Gesichtspunkte zur Erfassung und Herstellung der Insolvenzmasse führen bei grenzüberschreitenden Tatbeständen zu teilweise schwierigen kollisionsrechtlichen Fragestellungen, bei denen sich regelmäßig das inländische Insolvenzvermögensstatut als Gesamtstatut im Widerstreit befindet, getrennt anzuknüpfenden, ausländischen Einzelstatuten.

13   a) Gegenstand des Insolvenzverfahrens ist das **Vermögen des Schuldners**. Nach § 35 umfasst die (Soll-)Insolvenzmasse das gesamte Vermögen, das dem Schuldner zur Zeit der Eröffnung des Verfahrens gehört und das er während des Verfahrens erlangt. Die Vorschrift knüpft ausschließlich an die Rechtsträgerschaft an, nicht jedoch an die Belegenheit der Vermögensgegenstände, die der Insolvenzmasse zuzurechnen sind. Schon aufgrund der KO hatte sich die heute herrschende Auffassung gebildet, dass der Insolvenzmasse nicht nur das im Inland belegene, sondern auch das Auslandsvermögen des Schuldners zuzurechnen sei (vgl **BGH** 13. 7. 1983, BGHZ 88, 147, 153; **BGH** 10. 12. 1976, BGHZ 68, 16, 16; Jaeger/*Jahr*, §§ 237, 238, Rn 84 ff; Kilger/K. *Schmidt* § 1 Bem 5; *Mohrbutter/Wenner* Hdb § 20 Rn 80). Das im Ausland belegene Vermögen des Schuldners unterliegt mithin auch der haftungsrechtlichen Zuweisung zugunsten der Insolvenzmasse, mithin dem Insolvenzbeschlag (früher Konkursbeschlag, **BGH** 30. 4. 1992, BGHZ 118, 151, 159; **BGH** 13. 7. 1983, BGHZ 88, 147, 153; Kilger/K. *Schmidt* § 1 Bem 1) B a) etwa MüKoInsO-Reinhart § 335 Rn 44; FK-*Schmerbach* § 27 Rn 26, 34. Erlässt das Insolvenzgericht nach Antragstellung Maßnahmen zur Sicherung der Insolvenzmasse nach § 21 Abs 1, 2 InsO, so gelten sie grundsätzlich auch für das im Ausland belegene Vermögen des Schuldners. Ein nach § 21 Abs 2 Nr 2 verhängtes allgemeines Verfügungsverbot gilt insbesondere auch für das Auslandsvermögen des Schuldners (vgl **BGH** 30. 4. 1992, IPRax 1993, 87, 89 f). Dementsprechend hat der Insolvenzverwalter nach § 148 Abs 1 auch die Pflicht, nach der Eröffnung des Insolvenzverfahrens das im Ausland belegene Vermögen des Schuldners, das zur Insolvenzmasse zählt, in Besitz und Verwaltung zu nehmen (vgl **BGH** 10. 12. 1976, BGHZ 68, 16, 17; ebenso bereits *Serick*, in FS Möhring, S 127, 128 f). Das in- und ausländische Vermögen des Schuldners bildet insgesamt ein einheitliches Vermögen, das Gegenstand des Insolvenzverfahrens ist. Die Vorstellung, das Insolvenzgericht oder die Verfahrensbeteiligten könnten sich darauf verständigen, auf die Einbeziehung des im Ausland belegenen Vermögens in das inländische Insolvenzverfahren einverständlich zu verzichten (so *Drobnig*, in Stellungnahmen und Gutachten, S 51, 54, 68 zum Vorentwurf 1989), lässt sich zum geltenden Recht nicht aufrechterhalten (zutreffend *Geimer* IZPR Rn 3447; ebenso *Mohrbutter/Wenner* Hdb § 20 Rn 82). Da der Insolvenzverwalter bei der Rechtsverfolgung im Ausland, insbesondere bei der Inbesitznahme des im Ausland belegenen Vermögens des Schuldners, großen Schwierigkeiten begegnen kann (vgl *Lüer*, in Stellungnahmen und Gutachten, S 96, 102–104), empfiehlt sich den Insolvenzgerichten, im Insolvenzeröffnungsbeschluss ausdrücklich klarzustellen, dass sich das inländische Insolvenzverfahren auch auf das ausländische Schuldnervermögen erstreckt (*Lüer* KTS 1990, 377, 382 f; ebenso Mohrbutter/*Wenner* Hdb Rn XXIII. 58).

14   b) Nach § 36 Abs 1 gehören nicht zur Insolvenzmasse die Gegenstände des Schuldners, die **nicht der Zwangsvollstreckung** unterliegen. Im Inland belegene Gegenstände unterliegen nicht der Zwangsvollstreckung, soweit sie nach den Vollstreckungsschutzvorschriften der ZPO unpfändbar sind (vgl §§ 811, 850 ff ZPO). Diese Vollstreckungsschutzvorschriften gelten jedoch nicht für das im Ausland belegene Vermögen des Schuldners. Zwar gilt auch für das im Ausland belegene Vermögen der Grundsatz, dass es nur insoweit zur Insolvenzmasse zählt, als es der Zwangsvollstreckung unterliegt. Ob dies zutrifft, entscheidet sich jedoch nicht nach dem inländischen Gesamtstatut, sondern ist getrennt anzuknüpfen und nach dem Statut der Einzelzwangsvollstreckung zu beurteilen (zutreffend Jaeger/*Jahr* §§ 237, 238 KO Rn 307). Mithin ist durch selbstständige kollisionsrechtliche Anknüpfung die Frage, ob ein bestimmter, im Ausland belegener Gegenstand der Zwangsvollstreckung unterliegt, im Wege der Vorfrage vorab zu klären. Dabei kommt regelmäßig das Recht des Landes als lex fori (Vollstreckungsrecht als Verfahrens- und Justiz-Hoheitsrecht) zur Anwendung, in dem die Einzelzwangsvollstreckung betrieben wird (vgl *Lüer* KTS 1979, 12, 22; Soergel/*Kronke* Art 38 EGBGB Anh IV Rn 213–215 mit zahlreichen Nachweisen), was regelmäßig zur Berufung des Rechts am Ort der Belegenheit der jeweiligen Vermögensgegenstandes führt (Jaeger/*Jahr* §§ 237, 238 KO Rn 307). Dies folgt aus der Anknüpfung an die Belegenheit für die internationale Zuständigkeit zur Begründung der Vollstreckungshoheit (vgl Soergel/*Kronke* Art 38 EGBGB Anh IV Rn 214). Für die Forderungspfändung ist analog § 828 Abs 2 ZPO an den allgemeinen Gerichtsstand des Schuldners anzuknüpfen (ebenso Soergel/*Kronke* Art 38 EGBGB Anh IV Rn 214; vgl auch *Geimer* IZPR Rn 3211–3217).

15   c) Wenn § 37 Abs 1 das **Gesamtgut**, das von einem **Ehegatten** allein verwaltet wird, über dessen Vermögen das Insolvenzverfahren eröffnet wird, der Insolvenzmasse zugeordnet, so ist bei grenzüberschreitenden Tatbeständen die Frage, ob es sich um Gesamtgut handelt, kollisionsrechtlich getrennt anzuknüpfen und ebenso als Vorfrage zu behandeln. Die Frage beantwortet sich nach dem anwendbaren

II. Allgemeines inländisches Insolvenzverfahren § 335

Güterrechtsstatut, das über Art 15 Abs 1 EGBGB zu bestimmen ist und im Regelfall nach den Anknüpfungsmerkmalen, die Art 14 EGBGB festschreibt, gefunden wird. Eine Besonderheit gilt insoweit, als die Ehegatten nach Art 15 Abs 2 EGBGB es selbst in der Hand haben, das Güterrechtsstatut zu wählen. In einem inländischen Insolvenzverfahren ist mithin bei einem Schuldner, dessen Güterrecht ausländischem Recht (Güterrechts- bzw Familienstatut) unterliegt, nach diesem zu entscheiden, ob es sich um Gesamtgut handelt und was ihm zuzurechnen ist.

d) Das zur Insolvenzmasse zählende Vermögen des Schuldners ist abzugrenzen gegenüber den **Rechten Dritter**, die nicht in die Insolvenzmasse einbezogen werden. Umstritten ist im Einzelnen jedoch, ob das inländische Insolvenzstatut auch dann maßgeblich ist, wenn sich Sonderrechte aus Rechtspositionen ableiten, die im Ausland begründet worden sind. Dabei geht es vorrangig um alle Arten von Aus-, Absonderungs- und sonstigen Vorrechten, die zur Abgrenzung gegenüber dem Vermögen bzw an Vermögensgegenständen des Schuldners beansprucht werden. Bei grenzüberschreitenden Tatbeständen kann es dabei zu Konflikten zwischen dem inländischen Insolvenzstatut und ausländischem Belegenheitsrecht kommen, in denen es um Rechte an diesen Gegenständen geht, die dort belegen sind. Denn jeder Vermögensgegenstand besitzt ein eigenes Sachstatut (Einzelstatut), nach dem sich die Begründung oder Entstehung von Rechten beurteilt, ihr Gegenstand und mögliche Verfügungen zugunsten Dritter. Mobilien und Immobilien unterstehen der lex rei sitae, also dem Recht am Ort der tatsächlichen Belegenheit (vgl MüKoInsO-*Reinhart*, vor §§ 335 ff Rn 50; Soergel/*Kegel* Art 38 Anh II Rn 1 ff). In gleicher Weise sind die Sachstatute für Forderungen aus vertraglichen oder gesetzlichen Schuldverhältnissen ebenso selbstständig anzuknüpfen wie bei sonstigen immateriellen Gütern. Lässt sich die Belegenheit von Mobilien und Immobilien regelmäßig leicht bestimmen (tatsächlicher Lageort), so kann der Ort der Belegenheit von Rechten durchaus zweifelhaft sein. Hier wird grundsätzlich darauf abzustellen sein, an welchem Ort auf die Rechte tatsächlich Zugriff genommen werden kann (vgl MüKoBGB-*Sonnenberger* Art 3 Rn 35). Bei schuldrechtlichen Forderungen wird dies regelmäßig am Sitz (Wohnsitz) des Schuldners sein, auch wenn die Forderung selbst (zB durch Vereinbarung) einem anderen Statut unterliegt. Von Sachstatut des einzelnen Vermögensgegenstandes zu unterscheiden ist das Statut der Einzelzwangsvollstreckung. Wohl aber beurteilt sich wiederum nach dem Sachstatut, ob und in welchem Umfang durch die Zwangsvollstreckung Pfändungspfandrechte zur Entstehung gelangen für Fahrnis (siehe MüKoBGB-*Kreuzer* 3. Aufl, nach Art 38, Anh I Rn 116; *Lüer* KTS 1979, 12, 22). Ebenso ist nach dem Sachstatut zu entscheiden, ob im Einzelfall vorrangige dingliche Rechte durch Rechtsgeschäft oder Kraft Gesetzes zur Entstehung gelangt sind (hierzu im Einzelnen MüKoBGB-*Kreuzer* 3. Aufl, nach Art 38 Anh I Rn 82 ff). Kollisionsrechtlich gilt der allgemeine Grundsatz, dass die Insolvenzeröffnung die Regeln des Sachstatuts insoweit unberührt lässt, als es um den Inhalt der an ihnen bestehenden dinglichen Rechte und die Anforderungen für wirksame Verfügungen über sie geht. Dem Insolvenzstatut bleibt jedoch die wirtschaftliche Zuordnung der einzelnen Vermögensgegenstand zur Insolvenzmasse vorbehalten, soweit er qua Rechtszuständigkeit dem Schuldner gehört und soweit er danach über ihn verfügen kann. Konflikte können jeweils dort entstehen, wo es um den Bestand der Rechtszuständigkeit geht oder gleichzeitig Rechte von Schuldnern und Dritten an demselben Vermögensgegenstand bestehen.

aa) Schon immer gab es zahlreiche Fürsprecher, **Sonderrechte grundsätzlich getrennt anzuknüpfen** und nach der lex rei sitae zu beurteilen, insbesondere bei ausländischen Insolvenzverfahren und Belegenheit der Sicherungsrechte im Inland (vgl die Nachweise bei *Mohrbutter/Wenner* Hdb § 20 Rn 221). Diese getrennte Anknüpfung soll nicht nur für die Entstehung und den Gegenstand der Sonderrechte gelten, sondern auch ihre Durchsetzung unabhängig vom ausländischen Insolvenzverfahren ermöglichen. Für diese Auffassung werden im Wesentlichen Verkehrsschutzinteressen angeführt, was den sicherungsnehmenden Gläubiger entgegenkommen soll (vgl MüKo-*Ebenroth*, IPR (2. Aufl), nach Art 10, Rn 360; Aderhold S 282; *Geimer* IZPR Rn 3553; RnK/P/B-*Kemper*, Art 102 EGInsO, Rn 219). Diese Auffassung wird nachhaltig geprägt durch die Vorstellung, die im Inland entwickelten Institute wie Eigentumsvorbehalt und Sicherungsübereignung verdienten auch im Falle ausländischer Insolvenzen den Gläubigerschutz, der im Inland vorgesehen ist, mithin am Ort der Belegenheit, wo das Sicherungsrecht begründet wird (so insbesondere MüKo-*Ebenroth*, IPR (2. Aufl), nach Art 10, Rn 360). § 335 erreicht dieser Sonderanknüpfungen insoweit, als danach auch die Verträge, die eindringliches Recht an einem unbeweglichen Gegenstand oder ein Recht zur Nutzung eines unbeweglichen Gegenstands betreffen, gleichfalls die lex rei sitae der betreffenden Immobilie zugeordnet werden. Mit dieser Regelung wird der Verkehrsschutz erheblich ausgeweitet über den Bereich hinaus, für den dies bisher schon galt.

bb) Tatsächlich ist nicht von der Hand zu weisen, dass grundsätzlich alle dinglichen Rechtspositionen und die sie begründenden Verträge legitime Verkehrsschutzinteressen begründen (vgl NR-*Mincke* Art 102 EGInsO Rn 120). Fraglich kann nur sein, ob und in welchem Umfang die jeweiligen Rechtspositionen des Dritten nach dem Einzelstatut (lex causae) im Verhältnis zum jeweiligen ausländischen Insolvenzstatut als Gesamtstatut zu berücksichtigen sind. Die Abgrenzung der Interessen, die auf der einen Seite das Einzelstatut des Sicherungsrechts und auf der anderen Seite das Gesamtstatut der Insolvenz betreffen, erfolgt rechtstechnisch im Wege der Qualifikation in jenem „magischen Viereck" von in-

16

17

18

und ausländischen Einzel- und Gesamtstatuten, die hier aufeinanderprallen (so zutreffend MüKo-*Ebenroth*, IPR (2. Aufl), nach Art 10, Rn 360 Fn 1241). Im Gegensatz zu der oben aufgeführten Auffassung erscheint dem Verkehrsschutzinteresse jedoch zunächst hinreichend genügt, wenn nur die Begründung und der Inhalt der Sicherungsrechte der jeweiligen lex rei sitae im Wege der Sonderanknüpfung zugewiesen werden (ebenso K/P/B-*Kemper*, Art 102 EGInsO, Anh II Rn 216). Welche Sicherungs- und Befriedigungsmöglichkeiten diese Rechte dann im Fall der Insolvenz gewähren, bestimmt sich hingegen grundsätzlich nach dem Insolvenzstatut, wie zunehmend vertreten wird (vgl *Favoccia* S 50, 86; Riegel S 201; *Hanisch* IPRax 1992, 187, 190; *ders* in: FS Jahr, S 455, 466; *Kirchhof* WM 1993, 1401, 1404; Lau BB 1986, 1450 f; Mohrbutter/*Wenner*, Hdb Rn XXIII. 212, 213). Dem spezifischen Sicherungsinteresse der gewerblichen Kreditwirtschaft (vgl MüKo-*Ebenroth*, IPR (2. Aufl), nach Art 10 Rn 360) an der Aufrechterhaltung ihrer Sicherungspositionen im Fall der ausländischen Insolvenz ist nicht dogmatisch, sondern praktisch gerecht zu werden: Wer Kredit an ausländische Schuldner gewährt, wird sich hinsichtlich der ihm zur Verfügung gestellten Sicherheiten darauf einzurichten haben, wie er im Fall einer etwaigen Insolvenz des Schuldners im Ausland stehen wird (zutreffend *Lau* BB 1986, 1450, 1451; vgl auch Mohrbutter/*Wenner* Hdb Rn XXIII. 213; *Kirchhof* WM 1993, 1401, 1404; *Riegel* S 197; abweichend MüKo-*Ebenroth* IPR (2. Aufl), nach § 10 Rn 360 Rn 1244). Diese Fragestellung betrifft in der Praxis ohnehin nicht den Bereich der Klein- und Konsumentenkredite mit entsprechenden Sachsicherheiten im Inland; vielmehr konzentriert sich die Problematik auf die Kreditgewährung an ausländische gewerbliche Unternehmungen. Schon im Hinblick auf den Geschäftsumfang und die Grundsätze aus § 18 KWG erscheint es angemessen, dass inländische Kreditinstitute bei Kreditgewährung klären, wie sie ihre Sicherungsrechte im Hinblick auf ein etwaiges ausländisches Verfahren zu gestalten haben und welcher Sicherungswert ihnen im Fall der Insolvenz im Ausland zukommt.

19   cc) Bei **inländischem Insolvenzstatut** kann grundsätzlich nichts anderes gelten: Ob Sicherungsrechte im Ausland an Vermögensgegenständen des Schuldners wirksam begründet worden sind, richtet sich nach der ausländischen lex rei sitae; wie diese Dritten bestellten Rechte am Vermögen des Schuldners im inländischen Insolvenzverfahren zu behandeln sind, insbesondere ob sie zur Aussonderung berechtigen oder in welchem Umfang sie zur abgesonderten Befriedigung in Anspruch genommen werden können, unterliegt jedoch grundsätzlich inländischem Insolvenzrecht (im Ergebnis ebenso K/P/B-*Kemper*, Art 102 EGInsO, Anh II, Rn 216–218; *Mohrbutter/Wenner* Hdb § 20 Rn 358; Lau BB 1986, 1450, 1451; Jaeger/*Jahr* §§ 237, 238 KO Rn 324, 333). Die entgegenstehende abstrakte These, „ausländisches Sachrecht und seine Haftungsverwirklichung" ließen sich nicht trennen (so Baur/*Stürner*, Rn 37.14),
20   enthält keine schlüssige Begründung für den durchgehenden Vorrang des Einzelstatuts. Sie wird auch den unterschiedlichen Konstellationen bei den verschiedenartigen Drittrechten nicht gerecht. Denn bereits nach geltendem Recht lassen sich gewisse Maßstäbe dafür entwickeln, wie die Sicherungsrechte kollisionsrechtlich differenziert und sachgerecht zu behandeln sind.

21   dd) Kollisionsrechtlich kann aus der **Sachnorm von § 47 S 2** der Grundsatz abgeleitet werden, dass alle Rechte, die zur Aussonderung berechtigen, ausschließlich nach dem jeweiligen Sachstatut zu beurteilen sind, das für ihre Entstehung, ihren Gegenstand und ihre Durchsetzung gilt. Was Dritten gehört, steht dem Insolvenzverfahren des Schuldners nicht zur Verfügung. In gleicher Weise ergibt sich mittelbar aus der Sachnorm von § 49 der kollisionsrechtliche Grundsatz, dass sich das Recht zur abgesonderten Befriedigung aus Rechten am unbeweglichen Vermögen des Schuldners nach dem Belegenheitsrecht (lex rei sitae) beurteilt, da die Anwendbarkeit des ZVG über die Zuständigkeitsregelung durch die Belegenheit des belasteten Grundstücks im Inland begründet wird (vgl § 1 Abs 1 ZVG). Im Gegensatz hierzu stehen jedoch die sonstigen Absonderungsrechte nach § 50 Abs 1 und 2 sowie nach § 51 Nr 1 bis 3, soweit sie inhaltliche Beschränkungen der Befriedigungsmöglichkeiten des Gläubigers oder eigenständige Verwertungsrechte des Verwalters nach § 166 m Rechtsfolgen nach §§ 170, 171 vorsehen: Diese insolvenzrechtlichen Normen beanspruchen als Gesamtstatut gegenüber allen Gläubigern unabhängig davon Geltung, ob die zur Absonderung berechtigenden Rechtspositionen wegen der Belegenheit des belasteten Gegenstands in- oder ausländischem Sachstatut unterliegen. Da den Absonderungsrechten regelmäßig Sicherungsansprüche von Gläubigern zugrunde liegen, rechtfertigt sich dieser extraterritoriale Geltungsanspruch des inländischen Insolvenzstatuts schon und dem Gesichtspunkt der Gleichbehandlung aller Gläubiger. Auch in der neueren Literatur wird diese Beurteilung zumindest als konsequent und systemgerecht angesehen (vgl K/P/B-*Kemper*, Art 102 EGInsO, Anh II, Rn 218). Dieser Regel ist auch künftig zu folgen.

22   ee) Wenn demgegenüber jedoch gleichzeitig unter Hinweis auf Art 5 EuInsVO die Auffassung vertreten wird, zum Schutz des Wirtschaftsverkehrs oder ganz allgemein des Verkehrsinteresses am Ort der Belegenheit des belasteten Gegenstands sei das Einzelstatut vorrangig anzuerkennen (K/P/B-*Kemper* Art 102 EGInsO, Anh II, Rn 219 f) oder die insolvenzrechtlichen Vorschriften am Ort der ausländischen Belegenheit seien rechtfertigend heranzuziehen, so ist festzustellen, dass diese Sonderanknüpfungen weder geboten noch hilfreich sind. Aus Sicht der Praxis kommt es beim inländischen Insolvenzverfahren in Zukunft ausschließlich darauf an, wie sich die Regelungen von §§ 50, 51 durchsetzen lassen an Gegenständen des schuldnerischen Vermögens, die im Ausland belegen sind und an denen die zur Absonde-

II. Allgemeines inländisches Insolvenzverfahren § 335

rung berechtigenden Sonderrechte geltend gemacht werden. Da sie sich nicht in der Hand des Insolvenzverwalters befinden, scheidet die Verwertung nach § 166 Abs 1 in diesen Fällen ohnehin aus mit der Folge, dass auch die Belastungen nach §§ 170, 171 entfallen. Der ausländische Gläubiger, der im Ausland aus eigenem Recht das Sonderrecht verfolgt und verwertet, erhält mithin nicht mehr, als was ihm nach dem inländischen Insolvenzstatut zusteht. Problematisch hingegen wird sich die Durchsetzung des Verwertungsrechts des inländischen Insolvenzverwalters nach § 166 Abs 2 bei Sicherungszessionen im Ausland gestalten: Wird die Sicherungszession dem jeweiligen Schuldner am Sitz im Ausland offen gelegt, so wird sich der ausländische Schuldner regelmäßig durch Zahlung an den Zessionar von seiner Verbindlichkeit befreien können, selbst bei Anerkennung des inländischen Insolvenzstatuts, da dieses die Erfüllungswirkung der Leistung nicht ausschließt. Der inländische Insolvenzverwalter wird deshalb regelmäßig gar nicht in der Lage sein, im Ausland belegenen Forderungen, die „nur" zur Sicherheit abgetreten sind, selbst zu verwerten. Für ihn stellt sich dann lediglich die Frage, ob er bei Geltendmachung der Ausfallforderung durch den Gläubiger, der unberechtigt eingezogen hat, den Entgang der Rechte aus §§ 170, 171 forderungs- oder quotenmindernd geltend machen kann. Diese Frage wird man nur dann bejahen können, wenn man den Vorrang des inländischen Insolvenzstatuts insoweit durchgehend anerkennt. Diese Möglichkeit entfällt natürlich, wenn sich der Gläubiger qua Absonderung im Ausland voll befriedigt oder auch am inländischen Verfahren teilnimmt. Im Übrigen bleibt das Verwertungsrecht des Insolvenzverwalters außer Betracht, soweit es sich um die Durchsetzung von Pfandrechten an Forderungen handelt, die von § 166 Abs 2 nicht erfasst werden mit der Folge, dass der inländischen Masse nichts entgeht bei Pfandverwertung im Ausland. Hat der Gläubiger schließlich noch Vorbehaltseigentum an Gegenständen, die im Ausland verblieben sind, so wird dessen Verwendung und Verwertung ohnehin von der Behandlung des zugrunde liegenden Schuldvertrags abhängen.

e) Nach § 80 Abs 1 geht mit der Eröffnung des Insolvenzverfahrens das Recht des Schuldners, über 23 sein **Vermögen zu verfügen, auf den Insolvenzverwalter** über. Diese Rechtsänderung muss sich ganz zwangsläufig auf das gesamte Vermögen des Schuldners beziehen, das der Insolvenzmasse zuzurechnen ist, also auch auf das im Ausland belegene Vermögen des Schuldners (NR-*Mincke* Art 102 EGInsO Rn 203). Denn nur so wird verhindert, dass der Schuldner durch eigene Verfügungen im Ausland belegenes Vermögen zum Nachteil der Insolvenzmasse und der Gläubiger an Dritte überträgt oder belastet. Der extraterritoriale Geltungsanspruch von § 80 Abs 1 leitet sich mithin aus dem Anspruch des inländischen Insolvenzstatuts ab, die Verfügungsbefugnis über das der Insolvenzmasse zugeordnete Vermögen einheitlich dem Insolvenzverwalter vorzubehalten, nicht zuletzt um seiner Aufgabenstellung im In- und Ausland gleichermaßen gerecht zu werden. Kollisionsrechtlich ist die Veränderung der Verfügungsbefugnis als insolvenztypischer Eingriff in die Rechtsstellung des Schuldners zu qualifizieren mit der Folge, dass sie dem Insolvenzstatut als Gesamtstatut untersteht (vgl *Gottwald/Gottwald* InsR Hdb § 130, Rn 135; K/P/B-*Kemper* Art 102 EGInsO, Anh II, Rn 195) und sich auf das im Ausland belegene Vermögen erstreckt.

f) Durch die **insolvenzrechtliche Anfechtung** (§§ 129 ff) hat der Insolvenzverwalter die Möglichkeit, 24 Vermögensverschiebungen vor Eröffnung des Verfahrens zugunsten der Insolvenzmasse rückgängig zu machen und dadurch das den Gläubigern zugedachte Vermögen wieder herzustellen. Transaktionen, die der Schuldner im Inland vorgenommen hat, die sich auf das Inland beschränken, unterliegen selbstverständlich dem inländischen Insolvenzstatut. Anderes kann jedoch gelten, wenn der Schuldner Verfügungen ins Ausland oder im Ausland zulasten seines Vermögens vorgenommen hat, die durch die Anfechtung angegriffen werden sollen. In diesen Fällen konkurriert das inländische insolvenzrechtliche Gesamtstatut mit dem Verkehrsschutz, den der Erwerber möglicherweise nach dem Recht am Ort der Vermögensverschiebung bzw am ausländischen Ort des Rechtserwerbs genießt. Das Recht am Ort, an dem die Verfügung wirksam wird (Wirkungsstatut), gewährt dabei möglicherweise dem Erwerber größeren Schutz als das Insolvenzstatut. Wiederum im Verkehrsinteresse hat der Gesetzgeber nun in § 339 die Beachtung des ausländischen Sachstatuts vorgeschrieben; denn danach kann eine Rechtshandlung nur erfolgreich angefochten werden, wenn dies nach der lex fori concursus möglich ist, es sei denn, der Anfechtungsgegner weist nach, dass die angefochtenen Rechtshandlungen nach der für sie geltenden ausländischen lex causae in keiner Weise angreifbar ist. Diese gesetzliche Neuregelung ersetzt die bisher geltende Regelung aus Art 102 Abs 2 EGInsO aF, die dem Verkehrsschutz noch weitergehend Rechnung trug; denn nach dieser Vorschrift, allseitig erweitert, sollte für die erfolgreiche Anfechtung neben der lex fori concursus die lex cause kumulativ zu beachten sein, und zwar ausschließlich des jeweiligen, ihr zuzuordnenden Insolvenzrechts. Offenkundig in der Absicht, die in Art 4 Abs 2, 13 EuInsVO enthaltene europäische Regelung in das autonome deutsche IIR aufzunehmen, hat der Gesetzgeber den entsprechenden Gleichklang nunmehr hergestellt. Damit ist eine jahrzehntelange Auseinandersetzung über das insolvenzrechtliche Anfechtungsstatut de lege late beendet worden. Sie war geprägt von der anhaltenden Antinomie des Vorrangs des Insolvenzstatuts einerseits und der immer wieder geforderten Beachtung der lex causae bzw des ausländischen Wirkungsstatuts (vgl hierzu im Einzelnen die Darstellung bei *Lüer* in Vorauf Art 102 Rn 152 ff).

g) Die insolvenzrechtlichen **Beschränkungen des Rechts zur Aufrechnung** (vgl §§ 95, 96) dienen dem 25 Erhalt der Insolvenzmasse und hindern ihre Schmälerung durch eine Art bevorzugter Befriedigung (vgl

K/P/B-*Kemper*, Art 102 EGInsO, Anh II, Rn 213). Sie enthalten einen insolvenztypischen Eingriff in das zivilrechtlich begründete Recht zur Aufrechnung, das ohne Eintritt der Insolvenz nach den allgemeinen Regeln ausübbar wäre. Als wesentlicher Teil des inländischen Insolvenzvermögensstatuts beanspruchen diese Beschränkungen nach übereinkommender Auffassung extraterritoriale Wirkung, das heißt sie sollen auch etwa gegenüber einem ausländischen Gläubiger bzw Schuldner gelten (vgl *Thieme*, RabelsZ 37 (1973), 682, 703 Fn 50). Kollisionsrechtlich sind sie dem Insolvenzstatut zugeordnet; mithin beurteilt sich die insolvenzrechtliche Zulässigkeit der Aufrechnung in erster Linie nach dem Insolvenzstatut (**BGH** 11. 7. 1985, BGHZ 95, 256, 273; *Jaeger/Jahr* §§ 237, 238 KO Rn 399, 404; *Geimer* IZPR Rn 3562; wohl auch *Gottwald/Gottwald* InsR Hdb § 131, Rn 65). An dieser Stelle bringt nun § 338 einen wichtigen Einschnitt. Wieder im Verkehrsschutzinteresse wie bei gleichzeitiger Übernahme der europäischen Regelung in Art 4 Abs 2 d, 6 Abs 1 EGInsO bleibt die Aufrechnung möglich, wenn die ausländische lex causae sie zulässt. Mithin ist die Aufrechnung zu Lasten des Gläubigers nur dann unzulässig, wenn sie sowohl nach dem anwendbaren Insolvenzstatut als auch nach dem berufenen Sachrecht, nämlich dem Recht, dem die Gegenforderung des Schuldners unterliegt, untersagt ist. Ob die materiellrechtlichen Voraussetzungen der Aufrechnung gegeben sind, ob sie wirksam erklärt worden ist und welche Wirkungen sie entfaltet, ist hingegen nicht dem Insolvenzstatut, sondern dem getrennt anzuknüpfenden Aufrechnungsstatut zu entnehmen (**BGH** 11. 7. 1985, BGHZ 95, 256, 273; *Geimer* IZPR Rn 3562; wohl auch *Gottwald/Gottwald* InsR Hdb § 131, Rn 66; K/P/B-*Kemper*, Art 102 in EGInsO, Anh II, Rn 214). Dieses wird im inländischen IPR durch Anknüpfung an das Recht der Hauptforderung bestimmt (**BGH** 11. 7. 1985, BGHZ 95, 256, 273; **BGH** 22. 11. 1962, BGHZ 38, 254, 256; Soergel/*v. Hoffmann* Art 32 Rn 49; MüKo-*Spellenberg* Art 32 Rn 50; NR-*Mincke* Art 102 EGInsO Rn 191). Die Tatsache, dass diese gleichzeitige Geltung sich gegenseitig überlappender Regelungen zu Normenwidersprüchen führen kann (vgl Jaeger/*Jahr* §§ 237, 238 KO, Rn 399 ff; *Hanisch* ZIP 1985, 1233, 1237 f), zwingt im Einzelfall möglicherweise zu Angleichungen nach den allgemeinen kollisionsrechtlichen Grundsätzen (hierzu insbesondere Soergel/*Kegel* vor Art 3, Rn 154 ff; *Kegel*/Schurig, IPR, S 357 ff; MüKoBGB-Sonnenberger Einl IPR Rn 593 ff).

26 h) Mit der neu gefassten Vorschrift von § 240 ZPO erweitert der Gesetzgeber den schon bisher vorgesehenen Schutz der Insolvenzmasse durch die **Verfahrensunterbrechung**, die bei schwebenden Rechtsstreitigkeiten mit der Verfahrenseröffnung eintritt. Denn dies soll nunmehr auch schon dann gelten, wenn das Insolvenzgericht einem vorläufigen Verwalter die Verwaltungs- und Verfügungsbefugnis über das Vermögen des Schuldners überträgt. Die Vorschrift verfolgt den Zweck, das Vermögen des Schuldners bestmöglich zu erhalten und dem Insolvenzverwalter die Möglichkeit zu geben, im besten Interesse für die Insolvenzmasse die Rechtsstreitigkeiten in Übereinstimmung mit den insolvenzrechtlichen Vorschriften fortzuführen (vgl *Zöller/Greger*, ZPO, § 240 Rn 1). Zweifellos entspräche es dem angestrebten Schutz der Insolvenzmasse, wenn die in § 240 ZPO vorgesehene Wirkung nicht nur im Inland, sondern auch bei ausländischen Verfahren eingreifen würde. Genau diesen extraterritorialen Geltungsanspruch kann die Vorschrift jedoch nicht erheben; denn es handelt sich nicht um eine insolvenzrechtlich, sondern zivilverfahrensrechtlich zu qualifizierende Vorschrift mit der Folge, dass sie als lex fori lediglich für inländische Rechtsstreitigkeiten gilt und insolvenzrechtliche Normen lediglich als tatbestandliche Voraussetzungen ins Spiel kommen. Kollisionsrechtlich ist allenfalls im Wege der Vorfrage zu klären, ob ein Insolvenzverfahren im Ausland wirksam eröffnet worden ist oder ob dort die Voraussetzungen vorläufiger Sicherungsmaßnahmen dekretiert worden sind, wie sie § 240 S 2 ZPO umschreibt.

27 i) Der Vollstreckungsschutz hingegen, den §§ 88, 89 (bisher §§ 14 KO, 47 VglO) vorsehen, ist insolvenzrechtlich zu qualifizieren, denn er dient in umfassender Weise dem Schutz der Insolvenzmasse mit dem Ziel, die Gläubiger einheitlich und gleich zu behandeln, einseitige Zugriffe einzelner Gläubiger hingegen auszuschließen. Die Vorschriften der §§ 88, 89 beanspruchen mithin auch extraterritoriale Wirkung; denn es geht insbesondere auch um den Schutz des im Ausland belegenen Schuldnervermögens vor Maßnahmen der Einzelzwangsvollstreckung zum Nachteil aller übrigen Gläubiger. Für das Verbot der Einzelzwangsvollstreckung nach § 14 KO hatte dies der **BGH** in seiner grundlegenden Entscheidungen vom 13. 7. 1983 ausdrücklich anerkannt (BGHZ 88, 147, 150; ebenso Kilger/K. *Schmidt* § 14 Bem 1 c); *Canaris* ZIP 1983, 647, 650; *Lüer* KTS 1978, 200, 214; *Geimer* IZPR Rn 3400). Die Tatsache, dass die inländischen Vollstreckungsschutzvorschriften im Ausland möglicherweise nicht anerkannt oder missachtet werden, steht dem extraterritorialen Geltungsanspruch nicht entgegen (zutreffend *Mohrbutter/Wenner* Hdb § 20 Rn 109; K/P/B-*Kemper*, Art 102 EGInsO, Anh II, Rn 207). Wird der Vollstreckungsschutz im Ausland missachtet, so muss das inländische Insolvenzstatut die Frage beantworten, wie mit dieser Gesetzesverletzung umzugehen ist (hierzu unten Rn 94–96). Nach dem Wegfall von § 237 KO stellt sich auch nicht mehr die Frage, ob spiegelbildlich zu dieser Vorschrift die Einzelzwangsvollstreckung wenigstens unter bestimmten Voraussetzungen zugelassen werden soll. Es besteht jedoch kein Grund, die rechtspolitisch längst als verfehlt eingestufte, dem kollisionsrechtlichen Universalitätsprinzip widerstreitende Vorschrift von § 237 KO auch nur im Ansatz fortzuführen. Aus der Beseitigung dieser Vorschrift ist vielmehr zu schließen, dass der Gesetzgeber damit den extraterritorialen Geltungsanspruch der §§ 88, 89 uneingeschränkt einfordert.

II. Allgemeines inländisches Insolvenzverfahren § 335

j) Schließlich richten sich auch die Folgen des **Verstoßes gegen Vorschriften zum Schutz der Insolvenzmasse** selbst dann nach dem inländischen Insolvenzstatut, wenn sie sich auf im Ausland belegenes Vermögen des Gemeinschuldners beziehen. Verstößt etwa der Gemeinschuldner durch Verfügungen im Ausland gegen das ihm obliegende Verfügungs- bzw Veräußerungsverbot, so sind im Rahmen des inländischen Insolvenzstatuts §§ 80–82, 21, 24 ebenso wie §§ 135, 136 BGB anwendbar (so bereits zur KO Jaeger/*Lent* §§ 237, 238, Rn 53). Allerdings wird nach ausländischem Sachstatut zu beurteilen sein, inwieweit der Begünstigte in seinem Vertrauen auf das Nichtbestehen des Verfügungsverbots geschützt wird; denn der in § 24 Abs 1, 81, Abs 1 vorgesehene Vertrauensschutz ist sachrechtlich zu qualifizieren mit der Folge, dass die entsprechenden ausländischen Normen dem jeweiligen Belegenheitsrecht zu entnehmen sind (zutreffend Jaeger/*Jahr* §§ 237, 238 KO, Rn 317 f). Erweist sich die Verfügung nach dem Sachstatut als wirksam, so untersteht gleichwohl die Rechtsfolge der Verletzung des inländischen Verfügungsverbots inländischem Recht, das herkömmlich einen Anspruch aus ungerechtfertigter Bereicherung vorsieht (vgl K/P/B-*Kemper*, Art 102 EGInsO, Anh II, Rn 188). Der Anspruch richtet sich gegen in- und ausländische Gläubiger gleichermaßen (*Flessner* ZIP 1989, 749, 752). Schließlich richten sich auch die Folgen der Vornahme einer anfechtbaren Handlung im Ausland nach inländischem Insolvenzrecht (vgl Jaeger/*Lent* § 29 Rn 43). Dies gilt insbesondere für die Ansprüche auf Rückgewähr nach § 143 Abs 1 mit der bereicherungsrechtlichen Beschränkung in § 143 Abs 2 und für die Erhaltung der Rechte des Anfechtungsgegners nach § 144 sowie in Besonderheit bei der Anfechtung gegenüber Rechtsnachfolgern nach § 145. Alle diese Vorschriften gelten auch dann, wenn die jeweiligen Tatbestände im Ausland verwirklicht worden sind. Insoweit gilt der allgemeine Grundsatz, dass nicht nur die Vorschriften zum Schutz der Insolvenzmasse des allgemeinen inländischen Insolvenzverfahrens dem inländischen Insolvenzstatut unterstehen, sondern auch alle Normen, die zur Durchsetzung des Schutzes gelten. Zwei besondere Konstellationen bedürfen in diesem Zusammenhang weitergehender Erläuterung: 28

aa) Besonders umstritten war in der Vergangenheit die Behandlung jener Fälle, in denen ein Gläubiger unter Verletzung von § 14 KO (heute § 89) im Ausland erfolgreich die Einzelzwangsvollstreckung betrieben hatte. Denn die materiellrechtliche Unwirksamkeit der Vollstreckung, die bei einem Verstoß im Inland angenommen wird und die im Inland im Wege der Erinnerung nach § 766 ZPO geltend zu machen ist, wird durch die im ausländischen Vollstreckungs- bzw Pfändungsstatut vorgesehene Wirksamkeit überspielt (vgl *Canaris* ZIP 1983, 647, 648; *Lüer* KTS 1979, 12, 22). Nach früher herrschender Auffassung führte dies im Ergebnis dazu, dass der vollstreckende Gläubiger nicht als verpflichtet angesehen worden ist, den Erlös aus der Zwangsvollstreckung im Ausland an den inländischen Insolvenzverwalter herauszugeben (grundlegend **RG** 28. 2. 1903, RGZ 54, 193 f) oder eine Kürzung der ihm im Inland zustehenden Forderung bzw Quote hinzunehmen (**BayOLG** 17. 2. 1908, LZ 1908, Sp 550–553; ebenso noch **OLG Köln**, KTS 1978, 249 mit Anmerkung *Kalter* 253). Diese auch in der älteren Literatur weit verbreitete Auffassung (Nachweise bei *Lüer* KTS 1978, 200, 204 f) ist dann zunehmend abgelehnt worden (vgl Voraufl Art 102 Rn 33 ff). 29

Unter Abkehr von der früher herrschenden Auffassung hat dann der **BGH** in seiner grundlegenden Entscheidung von 13. 7. 1983 festgestellt, dass der inländische Konkursgläubiger an den Konkursverwalter wegen ungerechtfertigter Bereicherung herauszugeben habe, was er durch eine im Ausland zulässige Einzelzwangsvollstreckung in dort belegenes, zur Konkursmasse zählendes Vermögen des Gemeinschuldners erlangt hat („Sparkassenfall" BGHZ 88, 147–57; zustimmend *Hanisch* ZIP 1983, 1289, 1291 f; *Canaris* ZIP 1983, 647, 649 f; Kilger/*K. Schmidt* § 237 Bem 5; *Mohrbutter/Wenner* Hdb § 20 Rn 109; K/P/B-*Kemper*, Art 102 EGInsO, Anh II, Rn 209; *Gottwald/Gottwald* InsR Hdb § 130, Rn 62). Der **BGH** hat eine zuerst von *Hanisch* vorgeschlagene Lösung aufgegriffen (*Hanisch* in FS KO 1977, S 139, 157 f; vgl auch *Canaris* ZIP 1983, 647, 650). Diese Umkehr der Rechtsprechung ist im Ergebnis zu begrüßen, auch wenn der Rückgriff auf das Institut der Eingriffskondiktion (**BGH** 13. 7. 1983, BGHZ 88, 147, 154) sowohl kollisionsrechtlich wie auch bezüglich der anspruchsbegründenden Voraussetzungen erheblichen Zweifeln unterliegt (vgl *Hanisch* ZIP 1983, 1289, 1291; NR-*Mincke* Art 102 EGInsO Rn 141–145), auch wenn der Rechtsbegriff auf die bereicherungsrechtlichen Rechtsfolgen inzwischen weithin akzeptiert wird (vgl Kilger/*K. Schmidt* § 237, Bem 5; Geimer IZPR Rn 3401; *Mohrbutter/Wenner* Hdb § 20 Rn 109; K/P/B-*Kemper*, Art 102 EGInsO, Anh II, Rn 209). Dieser Betrachtungsweise entspricht in vollem Umfang die nunmehr Gesetz gewordene Regelung in § 342 Abs 1; sie sieht den insolvenzrechtlichen Herausgabeanspruch vor und unterstellt die Rechtsfolgen der entsprechenden Anwendung der Bereicherungsvorschriften. In gleicher Weise sieht auch Art 20 Abs 1 VO (EG) Nr 1346/2000 einen materiellrechtlichen Herausgabeanspruch vor. Beide Vorschriften ziehen dogmatisch korrekt die Schlussfolgerungen aus der Entwicklung, wie sie im Inland mit der Entscheidung des **BGH** im Sparkassenfall (BGHZ 88, 147, 153 ff) neu ausgerichtet worden ist. 30

bb) Höchst kontrovers wurde gleichfalls die Frage diskutiert, ob die Teilnahme an ausländischen Insolvenzverfahren mit der gleichen Rechtsfolge belegt werden soll, nämlich dem Herausgabenspruch des Insolvenzverwalters hinsichtlich der ausländischen Quote, oder ob die im ausländischen Insolvenzverfahren erfolgende Auskehr zum Vorteil der teilnehmenden Gläubiger im Inland unbeachtet bleibt. 31

Herkömmlich wurde hierzu ganz überwiegend die Auffassung vertreten, dem inländischen Insolvenz- bzw Konkursverwalter stehe grundsätzlich kein Anspruch auf Herausgabe des Erlöses an die inländische 32

Insolvenzmasse zu (so **OLG** Köln, 31. 1. 1989, ZIP 1989, 321 im Rahmen eines Streitwertbeschlusses ohne tragende Begründung; ebenso *Aderhold,* Auslandskonkurs, S 317; Baur/*Stürner* Bd II Rn 37.17; *Flessner* ZIP 1989, 749, 752; *Grasmann* KTS 1990, 159 Fn 8; *Hanisch* ZIP 1989, 273–279; *ders,* ZIP 1992, 1125, 1135 unter Hinweis auf § 383 Abs 2 RegE; *Riegel,* S 268–270; *Summ,* S 99 f; ebenso noch K/P/B-*Kemper,* Art 102 EGInsO, Anh II, Rn 192; Kilger/*K. Schmidt* § 238 Bem 4 b; *Geimer* IZPR Rn 3403). Demgegenüber ist mehrfach darauf hingewiesen worden, dass die überkommene Auffassung sowohl rechtspolitisch unberechtigt als auch in den praktischen Konsequenzen untragbar sei (Nachweise im Einzelnen *Lüer* in Voraufl Art 102 Rn 98 ff). Auch insoweit hat der Gesetzgeber mit § 342 Abs 2 Klarheit geschaffen, und zwar grundsätzlich im Sinn der herkömmlichen Auffassung, wonach der Gläubiger behalten darf, was er im ausländischen Insolvenzverfahren erlangt hat. Der Erlös bleibt jedoch nicht ganz außer Betracht: Nach § 342 Abs 2 S 2 wird der Gläubiger bei der im Inland stattfindenden Verteilung erst berücksichtigt, wenn die bisherigen (ungesicherten) Gläubiger ihm gleichgestellt sind.

33   cc) Beurteilt man die gesetzlichen Neuregelungen in § 342 Abs 1 und Abs 2 nach dem Anspruch auf extraterritoriale Durchsetzung des materiellen Universalitätsprinzips (siehe oben **Rn 27 ff** Vorbem §§ 335 ff und **Rn 11** zu § 335), so entspricht § 342 Abs 1 in vollem Umfang diesem Anspruch. Da er in § 342 Abs 2 nur dann verwirklicht wird, wenn das inländische Insolvenzverfahren so ertragreich ist, dass der an einem ausländischen Verfahren teilnehmende Gläubiger auch hier noch zusätzlich berücksichtigt wird, kann man § 342 Abs 2 inhaltlich nur teilweise als Verwirklichung des materiellen Universalitätsprinzips ansehen, was der früheren Kritik an dieser Lösung entspricht (vgl *Lüer* in Voraufl Art 102 Rn 97 ff mit zahlreichen Nachweisen).

34   **4. Insolvenzverwaltungsstatut.** Unter dem Gesichtspunkt der Einheit der Verwaltung ist dem inländischen Insolvenzstatut auch für das im Ausland belegene Vermögen des Gemeinschuldners zu entnehmen, welche Rechtsmacht dem Insolvenzverwalter und dem vorläufigen Insolvenzverwalter zukommt, nach welchen Regeln ihm die Inbesitznahme des Vermögens des Schuldners zufällt, welche Mitwirkungspflichten dabei den Schuldner obliegen, wie schwebende Rechtsgeschäfte zu behandeln sind, wie die Geschäfte des Schuldners fortgeführt werden können, ob das Vermögen des Schuldners zu verwerten (Liquidation) oder im Unternehmen zu verwenden (Planverfahren) ist und wie der Insolvenzverwalter mit Aus- und Absonderungsrechten umzugehen hat. Alle diese Aspekte der Inbesitznahme, Verwaltung und Verwertung des schuldnerischen Vermögens dienen einheitlich der bestmöglichen Befriedigung der Gläubiger oder der Vorbereitung eines erfolgreichen Planverfahrens im Sinne von Gläubigern und Schuldnern gleichermaßen. Nur wenn der Insolvenzverwalter die ihm kraft Gesetzes zugeordneten Kompetenzen auch hinsichtlich des im Ausland belegenen Vermögens des Schuldners durchsetzen kann, wird man zu einer einheitlichen Verwaltung des gesamten Vermögens kommen, das Gegenstand des inländischen Insolvenzverfahrens ist (vgl auch *Geimer* IZPR Rn 3377).

35   a) Grundlage der Rechtsstellung des Insolvenzverwalters und seiner Rechtsmacht ist der Übergang des **Verwaltungs- und Verfügungsbefugnis** nach § 80 Abs 1, der mit der Eröffnung des Insolvenzverfahrens eintritt. Gleiches gilt schon für den vorläufigen Insolvenzverwalter nach § 22 Abs 1, wenn das Insolvenzgericht dem Schuldner ein allgemeines Verfügungsverbot auferlegt, weil dann die Verwaltungs- und Verfügungsbefugnis über sein Vermögen auf den vorläufigen Verwalter übergeht. Mit dem Übergang der Rechtsmacht auf den Insolvenzverwalter verbunden ist seine Pflicht nach § 148 Abs 1, das gesamte zur Insolvenzmasse gehörende Vermögen sofort in Besitz und Verwaltung zu nehmen. Es entspricht inzwischen allgemeiner Auffassung, dass der Übergang an Rechtsmacht und die Verpflichtung zur Inbesitznahme und Verwaltung für das gesamte der Zwangsvollstreckung unterliegende Vermögen des Schuldners gilt, in Übereinstimmung mit § 35 mithin auch bezüglich des im Ausland belegenen Vermögens (**BGH** 13. 7. 1983, BGHZ 88, 147, 150; **BGH** 10. 12. 1976, BGHZ 68, 16, 17; **OLG** Koblenz 30. 3. 1993, ZIP 1993, 844; **LG** Köln 31. 10. 1997, ZIP 1997, 2161, 2162; Jaeger/*Weber* § 117, Rn 5; Kilger/*K. Schmidt* § 1 Bem 1 B a; K/P/B-*Kemper,* Art 102 EGInsO, Anh II, Rn 195; *Mohrbutter/Wenner* Hdb § 20 Rn 80). Rechtsmacht und gesetzlicher Auftrag an den Insolvenzverwalter sind unabhängig davon, ob er sie im Ausland mit Erfolg durchsetzen kann (K/P/B-*Kemper,* Art 102 EGInsO, Anh II, Rn 201; *Mohrbutter/Wenner* Hdb § 20 Rn 82). Nur wenn sie im Ausland anerkannt werden, kann er dort auch von ihnen Gebrauch machen.

36   Schwierigkeiten bereitet in der Praxis regelmäßig, dass es dem inländischen Insolvenzverwalter bei der angestrebten Rechtsausübung bzw Rechtsverfolgung im Ausland schwer fällt, seine Rechtsmacht und seinen gesetzlichen Verwaltungs- bzw Verwertungsauftrag zu dokumentieren (hierzu im Einzelnen *Lüer,* in Stellungnahmen und Gutachten, S 96, 102–109; *ders,* KTS 1990, 377, 381–388; siehe auch *Geimer* IZPR Rn 3398 f; 3474 ff). Die Vollstreckungsmöglichkeiten, die dem Verwalter im Inland über § 148 Abs 2 mit einer vollstreckbaren Ausfertigung des Eröffnungsbeschlusses gegeben sind, helfen im Ausland wenig, weil sie regelmäßig den Gegenstand der Vollstreckung und die Rechtsmacht des Insolvenzverwalters nicht deutlich machen. Den Insolvenzgerichten ist deshalb zu empfehlen, in Verfahren mit Auslandsbezug die Rechte und Aufgabenstellungen des Insolvenzverwalters und insbesondere sein Recht zur Inbesitznahme der im Ausland belegenen Vermögensgegenstände des Schuldners so zu bezeichnen, dass es auch noch im Wege einer Übersetzung nachvollziehbar ist (vgl *Lüer* KTS 1990, 377,

II. Allgemeines inländisches Insolvenzverfahren § 335

383; *ders* in Stellungnahmen und Gutachten, S 96, 104; K/P/B-*Kemper*, Art 102 EGInsO, Anh II, Rn 195; *Mohrbutter/Wenner* Hdb § 20 Rn 82). Auch wenn auf diese Weise nicht zwangsläufig im Ausland vollstreckbare Urkunden entstehen, so hilft doch die auf den konkreten Fall zugeschnittene Darstellung der Rechtsmacht des Insolvenzverwalters, seiner Aufgabenstellung hinsichtlich des im Ausland belegenen Vermögens und der Zielsetzung des inländischen Verfahrens (vgl hierzu insbesondere **AG Köln** 24. 1. 1986, abgedruckt im Tatbestand des Beschlusses **OLG Köln** 3. 3. 1986, ZIP 1986, 384, 385) besser gerecht zu werden. Dies gilt im Übrigen auch für die Prozessführungsbefugnis des Insolvenzverwalters, die ihm nicht nur im Verhältnis zu Dritten, sondern insbesondere auch gegenüber dem Schuldner im Ausland zukommen muss. Die Tatsache, dass der Gesetzgeber mit der Insolvenzordnung nicht die Gelegenheit ergriffen hat, die entsprechenden gesetzlichen Klarstellungen in das Gesetz einzufügen (vgl *Lüer*, in Stellungnahmen und Gutachten, S 96, 123 f; zustimmend *Geimer* IZPR Rn 3398 f, 3474 ff), ist kaum verständlich. Auch die Neufassung von Art 102 EGInsO (zuletzt geändert durch Gesetz vom 23. 10. 2008, BGBl I S 2911) schafft keine Abhilfe. Die Praxis wird sich mithin auf sehr pragmatische Weise zu behelfen haben wie bisher, um im Einzelfall Sinn und Zweck des inländischen Insolvenzverfahrens wirksam durchzusetzen.

b) Werden Rechtsmacht und Auftrag des Insolvenzverwalters im Ausland **nicht anerkannt**, so behält 37 der Schuldner trotz der Verfahrenseröffnung im Inland dort seine uneingeschränkte Rechtsmacht. Er kann mithin zum eigenen Vorteil und zum Nachteil der Insolvenzmasse veräußern und verfügen, soweit ihm der inländische Insolvenzverwalter dort nicht entgegentreten kann. Die Neufassung der §§ 97, 98 in Ersetzung der früheren §§ 109–111 KO bringt unglücklicherweise insoweit keine Verbesserung; denn die Formel von § 97 Abs 2 zur Unterstützung des Verwalters bei Erfüllung seiner Aufgaben und die nach § 97 Abs 3 vom Gericht anzuordnende Auskunfts- und Mitwirkungspflichten sind so abstrakt gefasst, dass sie ohne nähere Konkretisierung dem Insolvenzverwalter nicht helfen. Dies gilt im Ausland sowohl im Verhältnis zu Schuldner als auch gegenüber Dritten. Deshalb wird es auch in Zukunft der inländischen Rechtsprechung überlassen bleiben, wie sich der Insolvenzverwalter im Inland gegenüber dem Schuldner so durchsetzen kann, dass er sich in die Lage versetzt, im Ausland anstelle des Schuldners dessen Vermögensrechte geltend zu machen, um sie der Insolvenzmasse zuzuführen. Hierzu war in der Vergangenheit umstritten, in welchem Umfang der Schuldner verpflichtet werden sollte, dem Konkurs-(Insolvenz-)Verwalter zur Verfügung zu stehen. Verneint wurde ursprünglich, dass der Verwalter vom Schuldner die Einräumung einer Vollmacht verlangen könne, die ihn zu Verfügungen im Ausland zugunsten der inländischen Insolvenzmasse berechtigt (so **OLG Koblenz** 15. 5. 1979, KTS 1980, 68 f). Die Kritik an dieser Entscheidung ist im Ergebnis zutreffend (vgl *Hanisch* ZIP 1980, 170–172). Inzwischen haben sich Rechtsprechung und Rechtslehre ganz überwiegend dafür ausgesprochen, dass der Insolvenzverwalter gegenüber dem Schuldner einen Anspruch auf Erteilung einer entsprechenden Vollmacht besitzt (**OLG Köln** 28. 4. 1986, OLGZ 1987, 69–71; **OLG Koblenz** 30. 3. 1993, ZIP 1993, 844; **LG Köln** 31. 10. 1997, ZIP 1997, 61 f; *Geimer* IZPR Rn 3479; K/P/B-*Kemper*, Art 102 EGInsO, Anh II Rn 197–198; *Mohrbutter/Wenner* Hdb § 20 Rn 102). Unglücklicherweise hat der Gesetzgeber auch insoweit mit der Insolvenzordnung keine Klarstellung herbeigeführt, wie dies lange vor ihrem Inkrafttreten gefordert worden ist (*Lüer*, in Stellungnahmen und Gutachten, S 96, 124; *ders*, KTS 1990, 377, 400). So können immer noch Zweifel darüber bestehen, wie der Insolvenzverwalter diesen Anspruch letztlich durchsetzen kann (vgl auch NR-*Mincke* Art 102 EGInsO Rn 161–163).

Gibt das Insolvenzgericht dem Schuldner im Eröffnungsbeschluss auf, „alle Vollmachten zu erteilen, 38 die es ihm ermöglichen, im Ausland belegenes und zum Nachlass gehörendes Vermögen nach den rechtlichen Bestimmungen des jeweiligen Belegenheitsstaates in Besitz zu nehmen und zugunsten der in- und ausländischen Gläubiger zu verwerten" (so **AG Köln** 24. 1. 1986, mitgeteilt bei **OLG Köln** 3. 3. 1986, ZIP 1986, 384, 385 im „Kaussen-Fall"), stellt sich die Frage, wie zu verfahren ist, wenn sich der Schuldner der Durchsetzung mit Zwangsmitteln (§ 98) entzieht oder trotz ihrer Verhängung die erforderlichen Vollmachten nicht erteilt. Richtigerweise wird man anzunehmen haben, dass dem Insolvenzverwalter ein ungeschriebener, mittelbar aus § 97 Abs 2 folgender, insolvenzrechtlicher Anspruch gegen den Schuldner auf Erteilung der entsprechenden Vollmacht zusteht, der im ordentlichen Rechtsweg verfolgt werden kann (zutreffend **LG Köln** 31. 10. 1997, ZIP 1997, 61 f mit der Folge, dass die Abgabe der entsprechenden Erklärung nach § 894 ZPO per Rechtskraft herbeigeführt wird (ebenso K/P/B-*Kemper*, Art 102 EGInsO, Anh II, Rn 198; *Paulus* ZIP 1998, 977, 978). Für die Praxis kann dahinstehen, ob ein solcher materiell-rechtlicher Anspruch noch aus § 97 Abs 2 abgeleitet wird (so **LG Köln** 31. 10. 1997, ZIP 2161, 2162; ebenso *Geimer* IZPR Rn 3479) oder ob er im Wege kollisionsrechtlicher Angleichung begründet wird: denn der Normenwiderspruch zwischen inländischem Insolvenzrecht (Übergang der Rechtsmacht auf den Insolvenzverwalter) und ausländischem Belegenheitsrecht (Einzelstatut bei Nichtanerkennung des ausländischen Verwalters) ist im inländischen materiellen Insolvenzrecht durch den entsprechenden Anspruch des inländischen Insolvenzverwalters zu lösen. Inhaltlich ist er darauf ausgerichtet, durch die Mitwirkung des Schuldners die erforderlichen Urkunden herzustellen, mit denen der inländische Insolvenzverwalter seine Ansprüche auf Erlangung und Verwertung des im Ausland belegenen Schuldnervermögens durchsetzen kann (vgl **OLG Koblenz** 30. 3. 1993, ZIP 1993, 844; **OLG Köln** 28. 4. 1986, OLGZ 1987, 69–71).

§ 335

39   Die Bedenken, die gegen einen solchen Anspruch des Insolvenzverwalters gegen den Schuldner auf Erteilung entsprechender Vollmacht erhoben worden sind (insbesondere v *Leipold*, FS Waseda Universität S 787, 791; Baur/*Stürner* Rn 37.5), sind unberechtigt (vgl auch *Mohrbutter/Wenner* Hdb § 20 Rn 102). Die Befürchtung, die entsprechend „erzwungene" Vollmacht werde möglicherweise im Ausland nicht anerkannt, spricht nicht gegen die materielle Berechtigung des Anspruchs selbst oder die Wirksamkeit der erteilten Vollmacht. Das Argument, der Anspruch auf Erteilung der Vollmacht entspreche zwar dem Universalitätsprinzip, sei jedoch verfassungsrechtlich bedenklich und stelle sich als „fragwürdiges Institut mit Täuschungstendenz" dar (so Baur/*Stürner* Rn 37.5), beruht offenbar auf einem groben Missverständnis: Wer einen bereicherungsrechtlichen Herausgabeanspruch gegenüber dem Gläubiger bejaht, der in ausländisches Schuldnervermögen erfolgreich vollstreckt, um das materiellrechtliche Universalitätsprinzip durchzusetzen (Baur/*Stürner* Rn 37.7), kann schwerlich dem Insolvenzverwalter verwehren, sich mit Hilfe der Vollmacht des Schuldners schon vorher um das im Ausland belegene Schuldnervermögen zu kümmern, wozu er gesetzlich verpflichtet ist. Wird analog § 97 Abs 2 oder im Sinne kollisionsrechtlicher Angleichung (vgl hierzu Kegel/*Schurig* IPR S 357 ff) argumentiert, hat dies nichts mit Täuschungstendenz zu tun. Getäuscht wird in der Praxis niemand, wenn im Ausland die entsprechendem Urkunden vorgelegt und der Weg ihrer Erlangung offenbart werden; dies wird allein schon deshalb nötig werden, weil sich der Schuldner im Ausland zur Wehr setzen wird, wenn er schon im Inland nicht kooperiert.

40   c) Wird die Rechtsmacht des inländischen Insolvenzverwalters im Ausland nicht anerkannt und haben deshalb die Gläubiger die Möglichkeit, entweder im Wege der Einzelzwangsvollstreckung oder durch die Teilnahme an Insolvenzverfahren im Ausland auf das Schuldnervermögen Zugriff zu nehmen, so kann sich der inländische Insolvenzverwalter darauf konzentrieren, den jeweiligen Vollstreckungserlös für das inländische Insolvenzverfahren nutzbar zu machen. Will er zunächst nicht tatenlos zusehen, so ist vorgeschlagen worden, dass sich der Insolvenzverwalter auf der Grundlage eines Auftrags mit einem Gläubiger verabredet, der die Rechtsverfolgung im Ausland betreibt mit dem Ziel, den Erlös einer Zwangsvollstreckung oder Teilnahme am ausländischen Insolvenzverfahren einzubringen (*Geimer* IZPR Rn 3485; *Mohrbutter/Wenner* Hdb § 20 Rn 107; *Hanisch* IPRax 1994, 351, 352). Ebenso ist vorgeschlagen worden, dass sich der Insolvenzverwalter von inländischen Gläubigern bevollmächtigen lässt, seinerseits an einem ausländischen Insolvenzverfahren teilzunehmen aus abgetretenem Recht, um auf diese Weise den Erlös aus einem ausländischen Verfahren in das inländische zu überführen (*Merz* ZIP 1983, 136, 140), was über die nunmehr gesetzlich vorgesehene Ermächtigung nach § 341 Abs 2 S 1 hinausgeht. Dieser Weg ist insbesondere dann gangbar und empfehlenswert, wenn an einem inländischen Insolvenzverfahren zahlreiche Kleingläubiger teilnehmen, die selbst nicht jeweils allein in der Lage wären, auch an dem ausländischen Verfahren teilzunehmen (wie in dem kanadischen Kaussen-Fall Quebec Court of Appeal 8. 2. 1988, 47 DLR (4th) 626–632). Auch die Abführung von Prämien zugunsten solcher Gläubiger, die im Ausland für den inländischen Insolvenzverwalter tätig werden, ist erörtert worden (vgl *Geimer* IZPR Rn 3485; *Mohrbutter/Wenner* Hdb § 20 Rn 107). Alle diese Gestaltungen können im Einzelfall geeignet sein, den Insolvenzverwalter in die Lage zu versetzen, die Soll-Insolvenzmasse nach § 35 bestmöglich herzustellen. Solange der Gesetzgeber keine entsprechenden gesetzlichen Maßnahmen ergreift, wie sie mehrfach und konkret vorgeschlagen worden sind zur Rechtsverfolgung im Ausland (vgl *Lüer*, Stellungnahmen und Gutachten, S 96, 116 f; 119–124; ders KTS 1990, 377, 400; vgl auch *Geimer* IZPR 3477, 3397–3399), ist die Praxis angewiesen, durch pragmatische Gestaltungen das materiellrechtliche Universalitätsprinzip bestmöglich zu verwirklichen.

41   d) Die Behandlung **schwebender Rechtsgeschäfte**, die der Insolvenzverwalter bei Eröffnung des Verfahrens antrifft, gehört zu seinen besonders wichtigen Verwaltungsaufgaben. Dies gilt für die Ausübung des Wahlrechts nach § 103 Abs 1, die Behandlung der Fix- und Finanzierungsgeschäfte nach § 104 und der noch nicht abgewickelten Vorbehaltskäufe bzw -verkäufe nach § 107. Die dem Insolvenzverwalter im inländischen Insolvenzstatut hierzu eingeräumten Eingriffsmöglichkeiten in privatrechtliche Schuldverhältnisse kommen ihm ungeachtet dessen zu, ob die Schuldverhältnisse mit in- oder ausländischen Geschäftspartnern bestehen oder ob sie in- oder ausländischem Recht unterliegen (*Gottwald/Gottwald* § 131, Rn 43; Reithmann/Martiny/*Merz* Rn 983; *Riegel*, S 179–181; NR-*Mincke* Art 102 EGInsO Rn 199). Kommt es aufgrund der Entscheidung des Insolvenzverwalters nicht zur ungestörten Abwicklung des jeweiligen Schuldverhältnisses, so kann fraglich sein, ob sich eventuell Schadensersatzansprüche des Vertragspartners nach dem inländischen Insolvenzstatut (vgl § 103 Abs 2) oder aus dem Recht des gestörten Schuldverhältnisses (lex causae) beurteilen. Rechtsprechung und Rechtslehre haben in der Vergangenheit den Schadensersatz wegen Nichterfüllung überwiegend als vertraglichen Anspruch qualifiziert und deshalb aus dem gegenseitigen Schuldverhältnis abgeleitet (zum Beispiel **BGH** 13. 7. 1967, NJW 1967, 2203, 2204; **BGH** 30. 5. 1963, WM 1963, 964, 965; RGZ 135, 167, 170; Jaeger/ Lent § 17 Rn 41 f; *Musielak* AcP 179 [1979] 189–213 [203] mit Nachweisen), während eine Mindermeinung den spezifisch konkursrechtlichen Charakter solcher Schadensersatzansprüche hervorgehoben hat (Jaeger/*Henckel* § 17 Rn 171). Mit Recht ist darauf verwiesen worden, dass diese Unterscheidung für das inländische Recht nicht von entscheidender Bedeutung ist (**BGH** 5. 5. 1977, BGHZ 68, 379, 380; Jaeger/*Henckel* § 17 Rn 171). Kollisionsrechtlich könnte sich jedoch aus der Qualifikation als ver-

II. Allgemeines inländisches Insolvenzverfahren § 335

traglichem Schadensersatzanspruch und der Anwendung der lex causae ergeben, dass der Schadensersatzanspruch danach im Umfang größer oder kleiner ist, als nach dem inländischen Insolvenzstatut anzunehmen wäre. Da der Vertragspartner ohnehin darauf beschränkt bleibt, seine Schadensersatzforderung im inländischen Verfahren geltend zu machen (§ 103 Abs 2), wird man ihm im Ergebnis nicht verwehren können, dass er sich hinsichtlich der Höhe des Schadens auf das für ihn günstigere ausländische Schuldstatut stützt. Der Durchsetzung von „punitive damages" oder Mehrfachschäden nach anglo-amerikanischem Recht dürfte in diesen Fällen allerdings der deutsche ordre public entgegenstehen (vgl hierzu *Geimer* IZPR Rn 2974 mit Nachweisen).

e) Das **Erlöschen von Aufträgen, Geschäftsbesorgungsverträgen und Vollmachten** des Schuldners 42 nach §§ 115–117 ist zum Schutz der Verwaltungs- und Verfügungsbefugnis des Insolvenzverwalters gegenüber dem früheren Recht (§§ 23, 27 KO) erweitert und teilweise neu geregelt worden. Auch für diese Tatbestände gilt Gleiches wie für die schwebenden Rechtsgeschäfte: Der Eingriff in die Verpflichtungsgeschäfte (Aufträge und Geschäftsbesorgungsverträge) sowie das Erlöschen der Vollmachten sind insolvenzrechtlicher Natur und beurteilen sich nach dem inländischen Insolvenzstatut; dies gilt unabhängig davon, welchem Recht Aufträge, Geschäftsbesorgungsverträge und Vollmachten im Einzelfall unterliegen. Erneut stellt sich auch hier die Frage der Qualifikation hinsichtlich der Rechtsfolgen; selbst wenn man sie in erster Linie dem Insolvenzstatut vorbehält, so wird man doch im Verkehrsschutzinteresse des Vertragspartners anzunehmen haben, dass ihm ein weitergehender Schutz, als §§ 115, 116 zulassen, nach der ausländischen lex causae zukommen muss, der insoweit Vorrang einzuräumen ist. Hinsichtlich des Erlöschens der Vollmachten wird man nach allgemeinen kollisionsrechtlichen Grundsätzen den Verkehrsschutz auf den Fortbestand der Vollmacht dem Wirkungsstatut zu entnehmen haben (streitig, vgl im Einzelnen MüKo-*Spellenberg* vor Art 11 Rn 209, 222 f; Soergel/*Lüderitz* Art 10 Anh Rn 101, 107 jeweils mit zahlreichen Nachweisen).

f) Die **Verwertung der Insolvenzmasse** zählt zu den wichtigsten Aufgaben des Insolvenzverwalters. 43 War sie ursprünglich einheitlich mit der Inbesitznahme gesetzlich geregelt (vgl § 117 Abs 1 KO), so ist sie nun im Hinblick auf das Planverfahren in der Insolvenzordnung systematisch neu eingegliedert und gesondert geregelt worden (vgl insbesondere §§ 159, 162, 165, 166). Dem gesetzlichen Auftrag zur Verwertung entspricht die Rechtsmacht des Verwalters, entsprechende Verpflichtungs- und Verfügungsgeschäfte einzugehen. Dies gilt für das gesamte Vermögen, das die Insolvenzmasse ausmacht (§ 35), mithin auch für das im Ausland belegene Vermögen des Schuldners. Soweit die Rechtsmacht des Insolvenzverwalters nach inländischem Insolvenzrecht im Ausland anerkannt wird, hat sich der Insolvenzverwalter an das inländische Insolvenzrecht zu halten, wobei die ihm bzw der Insolvenzmasse zustehenden Rechte selbst jeweils nach eigenem Sachstatut getrennt anzuknüpfen sind. So wird dem Insolvenzverwalter das Verwertungsrecht nach § 166 Abs 1 im Ausland nur dann zustehen, wenn es ihm möglich gewesen ist, die mit einem Absonderungsrecht belastete Mobilie in seinen Besitz zu bringen. Bei Grundstücken wird er die Verwertung grundsätzlich nur nach dem am Lageort geltenden Recht (lex rei sitae) abweichend von § 165 geltend machen können (vgl K/P/B-*Kemper*, Art 102 EGInsO, Anh II, Rn 216). Welche Aussonderungsrechte und welche Absonderungsrechte der Insolvenzverwalter an dem im Ausland belegenen Schuldnervermögen zu beachten hat, ist mithin gleichfalls nach dem jeweiligen Sachstatut festzustellen; insoweit gelten die allg kollisionsrechtlichen Grundsätze des IPR (vgl K/P/B-*Kemper* Art 102 Anh II Rn 216). Inländischem Insolvenzstatut jedoch bleibt vorbehalten zu bestimmen, welche dinglichen Rechte an den im Ausland belegenen Vermögensgegenständen Ab- und Aussonderungsrechte begründen (*Gottwald/Gottwald* InsR Hdb § 131 Rn 22; *Mohrbutter/Wenner* Hdb § 20 Rn 357 f; K/P/B-*Kemper*, Art 102 Anh II, Rn 218).

5. Insolvenzverteilungsstatut. Führt das Insolvenzverfahren, was auch künftig regelmäßig der Fall 44 sein wird, zur Liquidation des schuldnerischen Vermögens, so unterliegt die Verteilung der Insolvenzmasse einheitlich dem inländischen Insolvenzstatut (vgl auch *Gottwald/Gottwald* InsR Hdb § 131 Rn 7; *Mohrbutter/Wenner* Hdb § 20 Rn 356). Danach regelt inländisches Insolvenzrecht, welches Vermögen den Gläubigern zur Verteilung zukommt, welche Ansprüche der Gläubiger zu berücksichtigen sind, mit welchen Fälligkeiten und in welcher Höhe dies zu geschehen hat, wie unbestimmte Ansprüche in betragsmäßig ausgewiesene übergeleitet werden und wie gegebenenfalls Umrechnungen und Bewertungen vorzunehmen sind, um die Vergleichbarkeit mit anderen bezifferten Gläubigeransprüchen herzustellen. Ebenso bestimmt das Insolvenzstatut, welches Vermögen des Schuldners nicht zur Verteilung kommt, welche Sonderrechte einzelnen Gläubigern aufgrund von Sicherungsrechten zukommen und in welchem Umfang Veränderungen von Gläubigeransprüchen während des Verfahrens zu berücksichtigen sind, etwa durch die rechtmäßige Ausübung von Sicherungs- und Gestaltungsrechten. In diesem Zusammenhang können Qualifikations-, Angleichungs- und Auslegungsfragen auftreten, die nur teilweise einheitlich behandelt werden.

a) Unumstritten ist die Maßgeblichkeit des Insolvenzstatuts für die Bestimmung, was als **Massekos-** 45 **ten und Masseverbindlichkeiten** (§§ 54, 55 InsO) zu gelten hat und vorweg auszugleichen ist (vgl Jaeger/ *Jahr* §§ 237, 238 KO 8. Aufl, Rn 377; *Mohrbutter/Wenner* Hdb § 20 Rn 364 ff; NR-*Mincke* Art 102

EGInsO Rn 215). Das Insolvenzstatut regelt auch die Rechtsstellung der Massegläubiger untereinander und im Verhältnis zu den Insolvenzgläubigern. Gleiches gilt für das Verhältnis zu den gesicherten Gläubigern und die Beachtung ihrer Sicherungsrechte.

46 b) Das Insolvenzstatut bestimmt auch die **Rang- und Reihenfolge**, in der das Vermögen des Schuldners an die Gläubiger ausgefolgt wird. So ist dem inländischen Insolvenzstatut zu entnehmen, dass zunächst Massekosten und Masseverbindlichkeiten zu begleichen sind, ehe die ungesicherten Gläubiger bedient werden können. Ebenso bestimmt das Insolvenzstatut, wie die einzelnen Gläubigerrechte zu bedienen sind. Nach Abschaffung der verschiedenen Gläubigervorrechte nach § 61 Abs 1 KO (vgl § 38 InsO) ist dieser Aspekt von untergeordneter Bedeutung geworden. Dies gilt insbesondere auch für die Fragestellung, ob im inländischen Insolvenzverfahren Vorrechte berücksichtigt werden können, die nur nach ausländischem Forderungsstatut begründet sein mögen. Nach Abschaffung von § 61 Abs 1 KO ist dies im inländischen Insolvenzverfahren zu verneinen (vgl auch NR-Mincke Art 102 EGInsO Rn 225). Zum bisherigen Konkursrecht stellte sich die Frage, ob die in § 61 Abs 1 KO vorgesehenen Gläubigervorrechte auch für Forderungen gelten sollten, die nach ausländischem Recht begründet worden sind (vgl hierzu Baur/*Stürner* Rn 37.17–19). Zu § 61 Abs 1 KO war stets vorherrschende Auffassung, dass etwa ausländische Steuerforderungen, soweit sie überhaupt aufgrund entsprechender Vollstreckungsübereinkommen im Inland verfolgt werden konnten, grundsätzlich nur als einfache Konkursforderungen eingestuft wurden (vgl *Lüer* in §§ 237, 238 Rn 67). Nach heute geltendem Insolvenzrecht kann uneingeschränkt festgestellt werden, dass Vorrechte, welche die inländische InsO nicht vorsieht, im inländischen Verfahren auch nicht zu berücksichtigen sind.

47 c) Alle verfahrensrechtlichen **Voraussetzungen der Berücksichtigung von Gläubigerforderungen** im Rahmen der Verteilung beginnend mit der formgerechten Anmeldung und Berechnung sind ebenso dem inländischen Insolvenzstatut zu entnehmen wie auch die Art und Weise, in der betagte, bedingte oder dem Gegenstand nach unbestimmte Forderungen im inländischen Verfahren zu berücksichtigen sind, unabhängig davon, welchem Sachstatut sie im Einzelnen unterliegen. Auch die Umrechnung von Gläubigerforderungen, die auf ausländische Währung lauten, auf die gesetzliche Inlandswährung unterliegt dem inländischen Insolvenzstatut (vgl **OLG Köln** 22. 6. 1988, WM 1988, 1648, 1649 f).

48 d) Schließlich bestimmt das inländische Insolvenzstatut, welche Wirkungen die Durchführung und der Abschluss des Verfahrens auf die Rechte des Schuldners, die Gegenstand des Verfahrens geworden sind, und die Rechte der Gläubiger haben (vgl *Mohrbutter/Wenner* Hdb § 20 Rn 368). Dementsprechend wurde in der Vergangenheit angenommen, dass etwa bei einem inländischen Zwangsvergleich die inhaltliche Änderung der Gläubigerforderungen, insbesondere der Erlass, nach inländischem Recht zu beurteilen war (vgl **BGH** 14. 11. 1996, BGHZ 134, 79, 80 ff; K/P/B-*Kemper* Art 102 EGInsO, Anh II Rn 229; *Mohrbutter/Wenner* Hdb § 20 Rn 367). In diesem Sinn war auch die Anwendung des Konkursstatuts angenommen worden für die Fragen, wie eine auf ausländische Währung lautende Konkursforderung im Zwangsvergleich zu berücksichtigen sei und ob aus der Valutaforderung durch den Zwangsvergleich eine Forderung auf Zahlung in inländischer Währung wird (vgl **OLG Köln** 22. 6. 1988, RIW 1989, 312). Mit dem Inkrafttreten der InsO werden diese Fragen nur noch für jene Verfahren Bedeutung behalten, in denen das bisherige Recht anwendbar bleibt. Im Übrigen hat das Insolvenzplanverfahren sowohl die Möglichkeiten des Fortführungsvergleichs nach der VglO als auch des Zwangsvergleichs nach der KO ersetzt; wie sich der Insolvenzplan kollisionsrechtlich darstellt, wird nachfolgend getrennt erörtert.

49 6. **Insolvenzplanstatut.** Nach § 217 können die Befriedigung der absonderungsberechtigten Gläubiger und der Insolvenzgläubiger, die Verwertung der Insolvenzmasse und deren Verteilung an die Beteiligten sowie die Haftung des Schuldners nach der Beendigung des Insolvenzverfahrens in einem Insolvenzplan abweichend von den gesetzlichen Vorschriften geregelt werden. Die InsO regelt im Einzelnen, wie das Insolvenzplanverfahren abläuft, wie es zur Annahme des Insolvenzplans kommt und sein Zustandekommen von der gerichtlichen Bestätigung (§ 148) abhängt. Dieses Insolvenzplanverfahren ist für das inländische Insolvenzrecht neu, ersetzt in gewisser Weise die VgfO und strebt die Reorganisation und Fortführung insolventer Unternehmen an, deren Fortbestand nach entsprechenden Eingriffen Erfolg verspricht. Insoweit gleicht das Insolvenzplanverfahren materiell seinem amerikanischen Vorbild, dem Reorganisationsverfahren nach dem US BC, Chapter 11. In gewisser Weise ersetzt das Insolvenzplanverfahren aber auch die Vorschriften über den Zwangsvergleich, wie sie in der bisher geltenden KO vorgesehen waren. Es stellt sich alternativ als eine Ausgestaltung des Insolvenzverfahrens dar, das nicht auf Liquidation, sondern auf Fortführung des schuldnerischen Unternehmens ausgerichtet ist. Für die kollisionsrechtliche Qualifikation stellt sich mithin das Insolvenzplanverfahren als eine Version der Durchführung des Insolvenzverfahrens dar; es trägt rundum insolvenzrechtlichen Charakter.

50 a) Das **Verfahrensrecht** des Insolvenzplans richtet sich uneingeschränkt als lex fori nach dem inländischen Insolvenzstatut. Insoweit gelten die allgemeinen kollisionsrechtlichen Grundsätze.

51 b) Auch in **materieller Hinsicht** unterliegen Durchführung und Wirkungen des Insolvenzplans dem inländischen Insolvenzstatut. Insoweit gilt hier ebenso wie bei der Liquidation der Vorrang des Gesamt-

statuts vor dem Einzelstatut. Unterliegen die betroffenen Rechte nach Entstehung und Gegenstand ausländischem Recht (lex causae), so bestimmt gleichwohl das inländische Insolvenzstatut, wie sie sich durch den bestätigten Insolvenzplan verändern. Dies gilt im Einzelnen für die Gläubigerforderungen, in die durch den Plan eingegriffen werden mag, bis hin zu Stundung, Erlass oder Verzicht auf Nebenforderungen, ihre unterschiedliche Behandlung bei der Bildung von Gruppen (vgl § 222) und die Heranziehung der für sie bestellten Sicherheiten im Rahmen des Planverfahrens zugunsten der Masse (vgl § 223 Abs 2). Gleiches gilt für die Rechtspositionen des Schuldners; werden sie durch den bestätigten Insolvenzplan verändert, so trifft dies auch für Rechtspositionen zu, die nach ausländischem Recht begründet worden sind und die ihm unterliegen. Um die Durchsetzbarkeit im Ausland zu erleichtern, wird es sich empfehlen, im Insolvenzplan etwaige Mitwirkungspflichten des Schuldners festzulegen, entsprechende Erklärungen des Schuldners schon vor der Bestätigung des Plans einzuholen und im Übrigen alle Maßnahmen zu treffen, die der Durchsetzung im Ausland zu dienen geeignet sind. Soll durch den Insolvenzplan in Gesellschafterrechte des Schuldners im Ausland eingegriffen werden, so muss sichergestellt werden, dass sie nach ausländischem Gesellschaftsstatut auch vollzogen werden können.

7. Restschuldbefreiungsstatut. Nach § 286 können sich natürliche Personen als Schuldner nach Abschluss eines Insolvenzverfahrens endgültig von ihren nicht erfüllten Verbindlichkeiten gegenüber den Insolvenzgläubigern befreien. Sind die Voraussetzungen hierfür im Einzelnen erfüllt, so wirkt die Restschuldbefreiung gegenüber allen Insolvenzgläubigern, auch gegenüber solchen, die ihre Forderungen im Insolvenzverfahren nicht angemeldet haben (§ 301 Abs 1). Aus § 301 Abs 3 ist zu entnehmen, dass die Wirkung der Restschuldbefreiung sich auf den verpflichtenden Teil der Verbindlichkeit beschränkt, die causa etwaiger Zuwendung jedoch nicht beseitigt; durch die Restschuldbefreiung bestehen mithin Naturalobligationen, die von Schuldner erfüllt werden können, jedoch nicht müssen. Diese inhaltliche Veränderung ist kollisionsrechtlich als typische Folge der Insolvenz bzw des Insolvenzverfahrens anzusehen und damit auch entsprechend zu qualifizieren (vgl *Geimer* IZPR Rn 3564). Unabhängig vom jeweiligen Einzelstatut, dem der entsprechende Anspruch der Gläubiger entstammt, wirkt die Befreiung von der Verbindlichkeit ausschließlich nach Maßgabe des Insolvenzstatuts (ebenso K/P/B-*Kemper* Art 102 EGInsO, Anh II Rn 240; *Gottwald/Gottwald* InsR Hdb § 132 Rn 84; *Aderhold* S 259). Nach den inländischen Regeln der Restschuldbefreiung richtet sich mithin im inländischen Insolvenzverfahren die Frage, ob eine nach amerikanischem Recht begründete Kaufpreisforderung des Gläubigers gegen den Schuldner auch nach Eintritt der Wirkungen der Restschuldbefreiung verfolgt werden kann. Wird Restschuldbefreiung nicht erreicht und bleiben die Verbindlichkeiten des Schuldners nach § 201 vollstreckbar, so gilt das entsprechende Recht der Nachforderung für alle Gläubigerforderungen, unabhängig davon, ob eine etwaige ausländische lex causae den Entschuldungsgrundsatz verfolgt oder nicht (abweichend Baur/*Stürner* Rn 37.12). Denn wenn das inländische Insolvenzstatut keine insolvenzrechtliche Wirkung wie Stundung, Erlass oder Befreiung vorsieht, so gibt es keinen Anlass für irgendeine „Angleichung", aufgrund derer neben der ausländischen lex causae, der die Forderung unterliegt, auch noch das ausländische Insolvenzstatut beachtet werden könnte oder müsste. Auch für die Restschuldbefreiung gilt, dass sie eine Form des Eingriffs in Gläubigerrechte vorsieht, die allein dem Insolvenzstatut entspringt; sind ihre Voraussetzungen nicht erfüllt, so bleiben die Gläubigerrechte nach der jeweiligen lex causae unberührt.

§ 336 Vertrag über einen unbeweglichen Gegenstand

¹Die Wirkungen des Insolvenzverfahrens auf einen Vertrag, der ein dingliches Recht an einem unbeweglichen Gegenstand oder ein Recht zur Nutzung eines unbeweglichen Gegenstandes betrifft, unterliegen dem Recht des Staats, in dem der Gegenstand belegen ist. ²Bei einem im Schiffsregister, Schiffsbauregister oder Register für Pfandrechte an Luftfahrzeugen eingetragenen Gegenstand ist das Recht des Staats maßgebend, unter dessen Aufsicht das Register geführt wird.

I. Systematik, Normzweck und Anwendungsbereich

In Form einer **allseitigen Kollisionsnorm** (Rn 5, 6 zu § 335) verweist § 336 abweichend vom allgemeinen Insolvenzstatut (*lex fori concursus*, § 335) auf das Rechts des Belegenheitsorts (*lex rei sitae*) bzw des Registersitzes (*lex libri siti*). Es handelt sich um eine **Gesamtverweisung**, die das Kollisionsrecht der Rechtsordnung, auf die verwiesen wird, mitumfasst (MüKoInsO-*Reinhart* § 336 Rn 14).

Die in § 336 formulierte **ausschließliche Sonderanknüpfung** ist historisch gewachsen (*Hanisch*, ZIP 1992, 1125, 1129, *ders*, FS Merz S 159, 166) und schützt den Vertragspartner des Insolvenzschuldners: durch den Belegenheitsort des unbeweglichen Gegenstand bzw den Registereintrag für Schiffe und Luftfahrzeuge sind die damit im Zusammenhang stehenden Verträge in besonderer Weise mit einer Rechtsordnung verknüpft; diese Zuordnung soll auch im Insolvenzfall maßgeblich bleiben (BT-Drucks 15/16, S 18; K/P/B-*Kemper/Paulus* § 336 Rn 1 f; kritisch Braun-*Liersch/Tashiro* § 336 Rn 1 ff; MüKoInsO-*Reinhart* § 336 Rn 2; *Liersch*, NZI 2003, 302, 304).

Gem § 336 bestimmen sich die Wirkungen des Insolvenzverfahrens über das Vermögen einer Vertragspartei nach dem jeweiligen **Belegenheits- bzw Registerstatut**, und zwar unabhängig vom Ort der Eröffnung des Insolvenzverfahrens.

4   Soweit die vorrangigen europäischen Regelungen des **Art 8 EuInsVO** einschlägig ist (Rn 24 ff in Vorbem zu §§ 335–358; Rn 1 ff in Vorbem zur EuInsVO), gilt § 336 nicht. Jedoch ist eine Anwendung des § 336 sowohl bei inländischen wie ausländischen Insolvenzverfahren möglich, wenn sich der in Frage stehende unbewegliche Gegenstand trotz eröffnetem persönlichen Anwendungsbereich der EuInsVO (siehe Artikel 1 Abs 2 EuInsVO, Rn 4 zu Art 1 EuInsVO) räumlich außerhalb mitgliedstaatlichen Gebiets befindet bzw wenn sich Belegenheitsort oder Registersitz zwar auf mitgliedstaatlichem Gebiet befinden, das ausländische Insolvenzverfahren jedoch nicht in einem Mitgliedsstaat eröffnet worden ist (MüKoInsO-*Reinhart* § 336 Rn 3 f).

5   **Inhaltlich** geht § 336 über Art 8 EuInsVO hinaus, indem die deutsche Vorschrift in ihrem Anwendungsbereich nicht auf Verträge *„zum Erwerb oder zur Nutzung"* eines unbeweglichen Gegenstandes beschränkt ist (MüKoInsO-*Reinhart* § 336 Rn 1; Rn 7 ff zu Art 8 EuInsVO).

6   Mit § 336 werden korrespondierende Regelungen der Richtlinien über die Sanierung und Liquidation von Versicherungsunternehmen bzw Kreditinstituten (Rn 13 in Vorbem zu §§ 335–385) umgesetzt; diese sind bei der Auslegung des § 336 ergänzend heranzuziehen (MüKoInsO-*Reinhart* § 336 Rn 1).

II. Vertrag über dingliches Recht an unbeweglichem Gegenstand (S 1)

7   **1. Unbeweglicher Gegenstand.** Das Vorliegen eines unbeweglichen Gegenstands richtet sich nach dem Recht des Belegenheitsorts, bei inländischen Gegenständen mithin nach der Legaldefinition des § 49 (MüKoInsO-*Reinhart* § 336 Rn 5). Für ausländische Gegenstände ist nicht auf § 49, sondern auf die *lex rei sitae* abzustellen (tendenziell zu eng auf § 49 abstellend BT-Drucks 15/16, S 18; K/P/B-*Kemper/ Paulus* § 336 Rn 4; Braun-*Liersch/Tashiro* § 336 Rn 5; HK-*Stephan* § 336 Rn 3).

8   **2. Dingliches Recht.** Ob ein dingliches Recht an einem unbeweglichen Gegenstand vorliegt, beurteilt sich ebenfalls nach der *lex rei sitae*; ergänzend sind die zu Art 5 EuInsVO entwickelten Grundsätze heranzuziehen (MüKoInsO-*Reinhart* § 336 Rn 1; Rn 7 ff zu Art 8 EuInsVO).

9   **3. Vertrag. a) Rechtsnatur.** Von § 336 werden sowohl **schuldrechtliche** Rechtsgeschäfte (zum Beispiel Grundstückskauf-, aber auch Tausch- oder Schenkungsvertrag) als auch **dingliche Verträge** (Verfügungsgeschäfte) erfasst (**streitig**, wie hier MüKoInsO-*Reinhart* § 336 Rn 10; MüKoInsO-*Reinhart* § 336 Rn 8; aA HK-*Stephan* § 336 Rn 1; K/P/B-*Kemper/Paulus* § 336 Rn 5; Braun-*Liersch/Tashiro* § 336 in Fn 1 zu Rn 2). Während man die – im Ergebnis zu bejahende – Anwendung des § 336 auf schuldrechtliche Verträge noch in Zweifel ziehen kann (kritisch etwa Braun-*Liersch/Tashiro* § 336 Rn 1), ist die Berechtigung einer Anknüpfung an das Recht des Belegenheitsortes für Verfügungsgeschäfte naheliegend. Bei schuldrechtlichen Verträgen muss die beabsichtigte Änderung sachenrechtlicher Verhältnisse jedoch Gegenstand einer Hauptleistungspflicht sein, andernfalls ist § 336 nicht anwendbar (MüKoInsO-*Reinhart* § 336 Rn 12).

10 **b) Zustandekommen des Vertrags.** In zeitlicher Hinsicht werden von § 336 nur Verträge erfasst, die zum Zeitpunkt der Eröffnung des Insolvenzverfahrens **bereits wirksam zustande** gekommen sind (FK-*Wimmer* § 336 Rn 5; Braun-*Liersch/Tashiro* § 336 Rn 11; ausführlich MüKoInsO-*Reinhart* § 336 Rn 8 f). Bei Rechtsgeschäften mit Auslandsbezug beurteilt sich die Frage des Zustandekommens nach Internationalem Privatrecht (K/P/B-*Kemper/Paulus* § 336 Rn 8).

11 **4. Wirkungen des Insolvenzverfahrens auf den Vertrag.** Ausschließlich das Recht des Belegenheitsstaates ist für die Auswirkungen des Insolvenzverfahrens auf Bestand, Erfüllung bzw Abwicklung des Vertrags sowie die Möglichkeit eines gutgläubigen Erwerbs (siehe dazu die Sondervorschrift des § 349) maßgebend. Ein nach dem Insolvenzstatut bestehendes Wahlrecht des Verwalters findet also keine Anwendung (FK-*Wimmer* § 336 Rn 2). Das Insolvenzstatut findet selbst dann keine (subsidiäre) Anwendung, wenn sich das Belegenheitsstatut im Verhältnis zur *lex fori concursus* im Einzelfall nachteilig für den Vertragspartner des Insolvenzschuldners auswirkt (K/P/B-*Kemper/Paulus* § 336 Rn 9).

12 Eine **Rechtswahl** ist ebenso wie eine anderweitige kollisionsrechtliche Anknüpfung **unbeachtlich**, soweit hiervon die Wirkungen des Insolvenzverfahrens betroffen sein würden (MüKoInsO-*Reinhart* § 336 Rn 13; MüKoBGB-*Kindler* IntInsR Rn 961; Graf-Schlicker-*Kebekus/Sabel* § 336 Rn 1; HK-*Stephan* § 336 Rn 1).

III. Vertrag über Recht zur Nutzung eines unbeweglichen Gegenstands (S 1)

13 Der Begriff des Vertrags (Rn 9 f) über die Nutzung eines unbeweglichen Gegenstands (Rn 7) ist weit zu verstehen (MüKoInsO-*Reinhart* § 336 Rn 11). Erfasst werden sämtliche vertraglichen Nutzungsmöglichkeiten, und zwar schuldrechtliche (Miete, Pacht, Leasing) ebenso wie dingliche (Grunddienstbarkeit, Nießbrauch). Ob die Nutzung gewerblich erfolgt, ist ebenso unerheblich wie die konkrete Nutzungsart (Andres/Leithaus-*Dahl* § 336 Rn 7); zu den Wirkungen des Insolvenzverfahrens auf den Nutzungsvertrag Rn 11 f.

IV. Eingetragene Schiffe und Luftfahrzeuge (S 2)

Für registrierte Schiffe und Luftfahrzeuge, die in Art 8 EuInsVO nicht erwähnt werden, ist anstelle 14
des typischerweise oft wechselnden Belegenheitsorts zur Vermeidung eines häufigen Statutenwechsels
das **Registerstatut** (*lex libri siti*) maßgeblich. Ob im Fall eines ausländischen Registers ein Register im
Sinne des § 336 vorliegt, ist nach funktionalen Kriterien zu beurteilen (K/P/B-*Kemper/Paulus* § 336
Rn 10; MüKoInsO-*Reinhart* § 336 Rn 15). Der Begriff des Registers ist grundsätzlich weit auszulegen;
das Register muss nicht staatlich geführt werden, es muss jedoch unabhängig sein und unter staatlicher
Aufsicht stehen (Andres/Leithaus-*Dahl* § 336 Rn 11; K/P/B-*Kemper/Paulus* § 336 Rn 10).

§ 337 Arbeitsverhältnis

Die Wirkungen des Insolvenzverfahrens auf ein Arbeitsverhältnis unterliegen dem Recht, das
nach dem Einführungsgesetz zum Bürgerlichen Gesetzbuche für das Arbeitsverhältnis maßgebend
ist.

I. Systematik, Normzweck und Anwendungsbereich

In Form einer **allseitigen Kollisionsnorm** formuliert § 337 als Ausnahme vom allgemeinen Insolvenz- 1
statut (*lex fori concursus*, § 335) eine **ausschließliche Sonderanknüpfung** für Arbeitsverhältnisse. Danach beurteilen sich die Wirkungen des Insolvenzverfahrens auf ein Arbeitsverhältnis nicht nach dem
Recht des Eröffnungsstaates, sondern nach der für das Arbeitsverhältnis maßgeblichen Jurisdiktion,
dem sogenannten **Arbeits(vertrags)statut**. Die Vorschrift stellt einen Gleichlauf zwischen dem Arbeitsstatut und dem anwendbaren Insolvenzrecht her (MüKoInsO-*Reinhart* § 337 Rn 2) dient damit dem
Schutz des Arbeitnehmers: das Arbeitsverhältnis ist regelmäßig in das Rechts- und Sozialgefüge des
Staates eingegliedert, in dem die Arbeitsleistung erbracht wird, und bleibt diesem auch im Insolvenzfall
unterworfen. Der Arbeitnehmer soll sich darauf verlassen können, dass in der für ihn ohnehin problematischen Insolvenzsituation bezüglich seines Arbeitsverhältnisses das insoweit bekannte Schutzstatut
gilt und er sich nicht mit einer anderen Rechtsordnung auseinandersetzen muss (**BAG 27. 2. 2007, ZIP
2007, 2047, 2051**; K/P/B-*Kemper/Paulus* § 337 Rn 1; HK-*Stephan* § 337 Rn 2; Braun-*Liersch/Tashiro*
§ 337 Rn 3; zu Abgrenzungsfragen und Rn 7 ff).

§ 337 ist nicht nur im Fall der Insolvenz des Arbeitgebers einschlägig (insoweit finden sich in §§ 113, 2
120–128 Sonderregeln für Arbeitsverhältnisse, die deutschem Recht unterliegen, vgl Braun-*Liersch/
Tashiro* § 337 Rn 5), sondern ebenso im Fall der Arbeitnehmerinsolvenz. Allerdings gilt § 337 nicht,
soweit die vorrangige europäische Regelung des Art 10 EuInsVO Anwendung findet. Da § 337 und
Art 10 EuInsVO inhaltsgleiche Regelungen darstellen, hat die Abgrenzung der Anwendungsbereiche
keine praktische Bedeutung (zu Einzelheiten siehe MüKoInsO-*Reinhart* § 337 Rn 4 f).

II. Begriff des Arbeitsverhältnisses

Der für das Insolvenzrecht und damit § 337 maßgebliche Begriff des Arbeitsverhältnisses bestimmt 3
sich nach **allgemeinen Regeln**, insbesondere der international-privatrechtlichen Vorschrift des Art 30
EGBGB (Braun-*Liersch/Tashiro* § 337 Rn 4) und ist vor dem Hintergrund des europäischen Gemeinschaftsrechts auszulegen (MüKoInsO-*Reinhart* § 337 Rn 6).

§ 337 erfasst gleichermaßen das wirksam durch **Arbeitsvertrag** begründete wie das **faktische Arbeits-** 4
verhältnis. Ein Arbeitsvertrag ist die rechtsgeschäftliche Vereinbarung zwischen Arbeitgeber und Arbeitnehmer, durch die sich der Arbeitnehmer gegen Entgelt zu fremdbestimmter, abhängiger oder unselbstständiger Arbeitsleistung unter Leitung und Weisung des Arbeitgebers verpflichtet. Auch Auszubildende, Teilzeitbeschäftigte und sogenannte Scheinselbstständige sind Arbeitnehmer und unterfallen
daher § 337, nicht dagegen Verträge über die Erbringung von Dienstleistungen in wirtschaftlicher und
sozialer Selbstständigkeit des Verpflichteten (HK-*Stephan* § 337 Rn 5).

§ 337 betrifft allein das **individuelle Arbeitsverhältnis**, also nicht das auf etwaige kollektiv-rechtliche 5
Regelungen anwendbare Recht (streitig, vgl MüKoInsO-*Reinhart* § 337 Rn 7; K/P/B-*Kemper/Paulus*
§ 337 Rn 3). Im Übrigen ist der Wortlaut der Vorschrift dahingehend zu verstehen, dass nur das bei
Verfahrenseröffnung **bereits bestehende**, nicht jedoch das erst während des Insolvenzverfahrens begründete Arbeitsverhältnis erfasst wird (K/P/B-*Kemper/Paulus* § 337 Rn 4; FK-*Wimmer* § 337 Rn 4).
Vor dem Hintergrund des von § 337 bezweckten Arbeitnehmerschutzes wird man davon ausgehen
müssen, dass ein Arbeitsverhältnis in diesem Sinn regelmäßig bereits mit Abschluss des Arbeitsvertrages,
nicht erst mit Beginn der Arbeitsleistung besteht.

III. Anwendbares Recht für Arbeitsverhältnisse und Abgrenzungsfragen

1. Bestimmung des Arbeitsstatuts. § 337 unterwirft die Auswirkungen der Insolvenz auf das Arbeits- 6
verhältnis der Rechtsordnung, der das konkrete Arbeitsverhältnis unterliegt. Die Vorschrift verweist insoweit auf das nach Internationalem Privatrecht (IPR) maßgebliche Recht. Nach deutschem IPR kommt

es hier gem Art 27, 30 EGBGB in erster Linie auf die von den Parteien des Arbeitsverhältnisses gewählte Rechtsordnung an. Nach Art 30 Abs 1 EGBGB darf die Rechtswahl jedoch nicht dazu führen, dass solche Vorschriften des Arbeitnehmerschutzes keine Anwendung finden, die ohne eine entsprechende Rechtswahl gem Art 30 Abs 2 EGBGB für den jeweiligen Arbeitsort einschlägig wären (siehe MüKoBGB-*Martiny*, EGBGB Art 30 Rn 32 ff). Insoweit ist ein **Günstigkeitsvergleich** vorzunehmen (FK-*Wimmer* § 337 Rn 3). Hiernach gilt in jedem Fall das für den Arbeitnehmer günstigere Recht, so dass sich der Arbeitnehmer auf die für ihn günstigeren Bestimmungen eines fremden Arbeitsstatuts auch dann berufen kann, wenn für das Arbeitsverhältnis deutsches Recht gewählt worden ist (HK-*Stephan* § 337 Rn 7).

7   **2. Abgrenzung des Arbeitsstatus vom Insolvenzstatut. a) Grundsatz.** § 337 verweist lediglich wegen der (unmittelbaren) „Wirkungen des Insolvenzverfahrens" auf den materiellen Bestand des Arbeitsverhältnisses auf das Arbeitsstatut (K/P/B-*Kemper/Paulus* § 337 Rn 7); das betrifft insbesondere Begründung, Inhalt, Änderung sowie Beendigung des Arbeitsverhältnisses aufgrund des Insolvenzereignisses (MüKoInsO-*Reinhart* § 337 Rn 9; FK-*Wimmer* § 337 Rn 5). Dagegen werden (insolvenz-) verfahrensrechtliche Fragen und spezifisch insolvenzrechtliche Sachverhalte (etwa die Bevorrechtigung von Masseverbindlichkeiten oder die Verteilung der Insolvenzmasse) nicht von § 337 erfasst; insoweit bleibt es bei der Geltung des allgemeinen Insolvenzstatuts gem § 335 (Braun-*Liersch/Tashiro* § 337 Rn 3; HK-*Stephan* § 337 Rn 11). Gem § 123 Abs 2 Satz 1 regelt das (deutsche) allgemeine Insolvenzstatut auch die Qualifizierung eines Sozialplananspruchs als Masseverbindlichkeit. Das Insolvenzstatut regelt auch Ansprüche des Arbeitnehmers, die als Folge eines Tätigwerdens auf Verlangen des Insolvenzverwalters entstanden sind (K/P/B-*Kemper/Paulus* § 337 Rn 8).

8   **b) Betriebsübergang gem § 613a BGB.** Die Frage des Übergangs eines Arbeitsverhältnisses im Rahmen eines Betriebsübergangs unterfällt dem Arbeitstatut, da § 613a BGB vor allem den Schutz individueller Interessen der betroffenen Arbeitnehmer bezweckt (streitig, vgl *Wimmer* § 337 Rn 5; K/P/B-*Kemper/Paulus* § 337 Rn 7; anderer Ansicht *Birk*, RabelsZ 46 (1982), 396; *Koch*, RIW 1994, 594).

9   **c) Anmeldung und Pfändbarkeit von (Insolvenz-)Forderungen.** Die Frage der Pfändung von Forderungen sowie deren Anmeldung und Rang im Insolvenzverfahren richtet sich nicht nach dem Arbeitsstatut; hierfür ist das allgemeine Insolvenzstatut maßgeblich (MüKoInsO-*Reinhart* § 337 Rn 9; K/P/B-*Kemper/Paulus* § 337 Rn 8; Braun-*Liersch/Tashiro* § 337 Rn 9).

10 **d) Betriebsverfassungsrecht.** Die Anwendung des BetrVG ist vom Vorliegen eines inländischen Betriebssitzes und damit auch vom Arbeitsstatut abhängig (FK-*Wimmer* § 337 Rn 6; HK-*Stephan* § 337 Rn 9).

11 **e) Insolvenzgeld.** Das Bestehen des sozialversicherungsrechtlichen Anspruchs auf Insolvenzgeld beurteilt sich nicht nach § 337, sondern richtet sich nach § 183 SGB III. Hiernach kann im Fall eines inländischen Beschäftigungsverhältnisses auch ein ausländisches Insolvenzereignis einen Anspruch des Arbeitnehmers auf Insolvenzgeld begründen (ausführlich dazu FK-*Wimmer* § 337 Rn 8 f; sowie *Liersch*, NZI 2003, 302, 305; *Braun/Wierzioch*, ZIP 2003, 2001, 2006).

12 **f) BetrAV.** Ansprüche aus BetrAV unterfallen dem Arbeitsstatut (HK-*Stephan* § 337 Rn 10; ausführlich FK-*Wimmer* § 337 Rn 7; K/P/B-*Kemper/Paulus* § 337 Rn 7).

§ 338 Aufrechnung

Das Recht eines Insolvenzgläubigers zur Aufrechnung wird von der Eröffnung des Insolvenzverfahrens nicht berührt, wenn er nach dem für die Forderung des Schuldners maßgebenden Recht zur Zeit der Eröffnung des Insolvenzverfahrens zur Aufrechnung berechtigt ist.

I. Systematik, Normzweck und Anwendungsbereich

1   Durch § 338 wird die Aufrechnungsmöglichkeit zugunsten der Gläubiger des Insolvenzschuldners in Form einer **alternativen Sonderanknüpfung** erweitert: Die Aufrechnung ist nicht nur zulässig, wenn sie nach dem allgemeinem Insolvenzstatut (*lex fori concursus*, § 335) erlaubt ist, sondern alternativ auch, wenn sie nach der *lex causae* (Forderungs- bzw Aufrechnungsstatut, siehe Rn 10 f) der Forderung des Insolvenzschulders gegen den Gläubiger (sog Passiv- oder Hauptforderung) zulässig ist. Umgekehrt ist die Aufrechnung nur dann unzulässig bzw eingeschränkt, wenn sowohl das Insolvenzstatut als auch (kumulativ) das Statut der Passivforderung die Unzulässigkeit bzw Einschränkung vorsehen (MüKoInsO-*Reinhart* § 338 Rn 3). Insoweit ordnet § 338 InsO die Geltung der Rechtsordnung mit der weitestgehenden Aufrechnungsmöglichkeit an (K/P/B-*Kemper/Paulus* § 338 Rn 7; MüKoInsO-*Reinhart* § 338 Rn 10). Die umstrittene Frage, ob es sich bei § 338 um eine **Sachnorm** handelt (siehe oben K/P/B-*Kemper/Paulus* § 338 Rn 2; *Liersch*, NZI 2003, 302, 305; HK-*Stephan* § 338 Rn 3; aA MüKoInsO-*Reinhart* § 338 Rn 3, differenzierend *Jeremias*, Internationale Insolvenzaufrechnung S 281), hat für die Praxis

II. Aufrechnungsbefugnis des Gläubigers **§ 338**

keine Bedeutung; relevant ist allein, dass es sich um eine Günstigkeitsregelung und gerade keine exklusive Sonderanknüpfung handelt.

Mit der Vorschrift des § 338 ist die frühere Rechtsprechung überholt, wonach die Aufrechnungsbefugnis ausschließlich anhand des Insolvenzstatus zu beurteilen war (**BGH** 11. 7. 1985, BGHZ 95, 256, 273; siehe oben § 335 Rn 24). Indem das Gesetz jetzt eine Aufrechnung gegebenenfalls auch (alternativ) und dem für die Passivforderung maßgeblichen Sachstatut ermöglichen will, soll dem Gläubiger, der auf die Möglichkeit einer Aufrechnung auch bzw gerade in Ansehung der Insolvenz seines Geschäftspartners vertraut hat, eine Rechtsposition erhalten bleiben, die im Ergebnis wirtschaftlich wie ein Absonderungsrecht wirke (BT-Drucks 15/16, S 18). 2

Als **allseitige Kollisionsnorm** gilt § 338 für inländische ebenso wie ausländische Insolvenzverfahren (K/P/B-*Kemper/Paulus* § 338 Rn 2), allerdings nur insoweit, als nicht die vorrangige, jedoch inhaltsgleiche europäische Regelung des Art 6 Abs 1 EuInsVO Anwendung findet. 3

Bei Insolvenzverfahren, die im **Inland** eröffnet worden sind, kann § 338 mithin angewendet werden, wenn der Schuldner von Anwendungsbereich der EuInsVO ausgenommen ist oder jedenfalls Art 6 EuInsVO keine Anwendung findet, weil die Passivforderung nicht der Rechtsordnung eines Mitgliedstaats unterliegt (*Balz*, ZIP 1996, 948, 950; *Bork*, ZIP 2002, 690, 694; *Huber*, ZZP 114 (2001), 133, 162; aA MüKoInsO-*Reinhart* § 338 Rn 4, der ohne nähere Begründung darauf abstellt, dass der aufrechnende Gläubiger sein *„centre of main interests"* (Art 3 Abs 1 EuInsVO, sog „comi", siehe Rn 9 zu Art 3 EuInsVO) außerhalb der Mitgliedstaaten haben muss, damit § 338 anwendbar sei, ausführlich zu dieser Auffassung Rn 3 f zu Art 6 EuInsVO; praktisch hat der Meinungsstreit keine Auswirkungen, da § 338 und Art 6 EuInsVO einen identischen Regelungsgehalt haben). 4

Im Fall eines im **Ausland** eröffneten Verfahrens kommt § 338 dementsprechend zur Anwendung, wenn entweder der Staat der Verfahrenseröffnung kein Mitgliedstaat ist oder wenn das Verfahren zwar in einem Mitgliedstaat eröffnet, jedoch der Schuldner vom Anwendungsbereich der EuInsVO ausgenommen ist oder wenn die Passivforderung nicht der Rechtsordnung eines Mitgliedstaates unterliegt (siehe die Nachweise in Rn 4 sowie Rn 3 f zu Art 6 EuInsVO). 5

Soweit durch § 338 die Vorschriften des Art 23 Abs 1 der RiLi für Kreditinstitute und des Art 22 Abs 1 der RiLi für Versicherungsunternehmen in nationales Recht umgesetzt werden, gilt § 338 auch im Verhältnis zu den europäischen Mitgliedsstaaten (K/P/B-*Kemper/Paulus* § 338 Rn 2; FK-*Wimmer* § 338 Rn 5). 6

II. Aufrechnungsbefugnis des Gläubigers

1. Aufrechnungsmöglichkeit nach dem Insolvenzstatut. a) Aufrechnung mit Insolvenzforderungen. Die Regelung des § 338 erweitert die Möglichkeit des Gläubigers, mit einer bei Verfahrenseröffnung bereits bestehenden Forderung (bei inländischen Verfahren also **Insolvenzforderungen** im Sinne des § 38) gegen Forderungen des Schuldners aufzurechnen. Die Vorschrift gilt entsprechend, wenn sich die Qualität des Anspruchs als Insolvenzforderung aufgrund ausdrücklicher gesetzlicher Anordnung ergibt (bei inländischen Insolvenzverfahren etwa § 103 Abs 2 S 1, § 109 Abs 1 S 3, zu etwaigen zeitlichen Beschränkungen in diesem Zusammenhang nach der herrschenden Meinung siehe unten Rn 11). 7

Keine Anwendung findet § 338 dagegen, wenn der Gläubiger gegen Forderungen aus Rechtsgeschäften mit dem Verwalter bzw sonstigen nach Verfahrenseröffnung entstandenen Forderungen aufrechnen will; die Zulässigkeit einer solchen Aufrechnung ist allein nach dem Insolvenzstatut zu beurteilen (Hess-*Hess* § 338 Rn 2; bei inländischen Verfahren dürfte die Aufrechnung regelmäßig an § 96 Abs 1 Nr 1 InsO scheitern). 8

b) Insolvenzrechtliche Einschränkungen maßgeblich. Nach § 338 ist eine Aufrechnung bereits dann zulässig, wenn sie keinen Aufrechnungsbeschränkungen nach der *lex fori concursus* unterliegt. Erfasst werden von § 338 insoweit lediglich **insolvenzrechtliche Einschränkungen** für die in Frage stehende Aufrechnung, nicht dagegen etwaige allgemein-zivilrechtliche Aufrechnungsbeschränkungen (Braun-*Liersch/Tashiro* § 338 Rn 2; MüKoInsO-*Reinhart* § 338 Rn 7; K/P/B-*Kemper/Paulus* § 338 Rn 5; relevant wird diese Unterscheidung vor allem in Bezug auf Aufrechnungslage und -erklärung, vgl etwa §§ 390 ff BGB; insoweit richtet sich die Aufrechnungsmöglichkeit nach dem Recht der Passivforderung, Art 3 Abs 1 Nr 4, 1. Alternative EGBGB (Aufrechnungsstatut). Ist die Aufrechnung bereits unter materiellen Gesichtspunkten nicht möglich, hilft auch § 338 dem Gläubiger nicht weiter (MüKoInsO-*Reinhart* § 338 Rn 7). Bei inländischen Insolvenzverfahren sind insoweit vor allem §§ 94 ff zu prüfen. 9

2. Aufrechnungmöglichkeit nach dem Forderungsstatut der Passivforderung. a) Grundsatz. Die Aufrechnungsbefugnis des Gläubigers für Insolvenzforderungen (Rn 7) kann sich alternativ zum Insolvenzstatut auch aus dem Forderungsstatut der Forderung der Insolvenzschuldnerin gegen den Gläubiger (Passivforderung; Rn 1) ergeben. Auch insoweit kommt es für § 338 allein auf insolvenzrechtliche Beschränkungen der Aufrechnungsmöglichkeit an (Rn 9), auch wenn die ebenfalls nach der *lex causae* zu beurteilenden allgemein-zivilrechtlichen Aufrechnungsbeschränkungen (Rn 9) selbstverständlich unberührt bleiben. 10

11 b) **Zeitpunkt der Verfahrenseröffnung maßgeblich.** Hinsichtlich einer Aufrechnung nach dem Aufrechnungsstatut der Passivforderung stellt § 338 auf die Berechtigung des Gläubigers „zur Zeit der Eröffnung des Insolvenzverfahrens" ab. Die **herrschende Meinung** zieht aus dieser Formulierung den Schluss, dass bei Verfahrenseröffnung die Aufrechnungslage vollständig vorliegen müsse bzw allein die Aufrechnungserklärung noch ausstehen dürfe (K/P/B-*Kemper/Paulus* § 338 Rn 3; HK-*Stephan* § 338 Rn 2; FK-*Wimmer* § 338 Rn 4; Andres/Leithaus-*Dahl* § 338 Rn 5; *Bork*, ZIP 2002, 690, 694). Nach der **Gegenauffassung** genügt es, wenn bei Verfahrenseröffnung gegenseitige Forderungen vorliegen und es zur Vollendung der Aufrechnungslage mit Ausnahme der Aufrechnungserklärung keiner weiteren Handlungen oder rechtsgeschäftlichen Erklärungen der Parteien mehr bedürfe (MüKoInsO-*Reinhart* § 338 Rn 9). Relevant wird die Streitfrage, wenn die Forderungen bei Verfahrenseröffnung noch nicht gleichartig sind oder die Fälligkeit wenigstens einer Forderung und damit die Aufrechnungslage erst im Verfahren eintritt (so bei inländischen Verfahren nach § 95 Abs 1 S 1): nach der herrschenden Meinung kann in diesen Fällen nur nach der *lex fori concursus* aufgerechnet werden (FK-*Wimmer* § 338 Rn 4). Tatsächlich erscheint das Verständnis der **herrschenden Meinung** von § 338 zu eng. Die Vorschrift stellt zwar nach ihrem Wortlaut zwar ausdrücklich auf den Eröffnungszeitpunkt ab, doch wird die Berechtigung des Gläubigers zur Aufrechnung dann vielfach bereits entstanden und lediglich in ihrer Ausübung gehemmt sein (vgl § 95 Abs 1 S 1, der als rein zeitlicher Aufschub formuliert ist: „(…) Aufrechnung [kann] erst erfolgen, wenn (…)." Im Übrigen würde es dem § 338 zugrunde liegenden Günstigkeitsprinzip und dem Gesichtspunkt des Vertrauensschutzes widersprechen, wenn der Gläubiger zwar (unstreitig) nach dem Insolvenzstatut aufrechnen kann, wenn die Aufrechnungslage erst im Verfahren entsteht, nicht aber nach dem Statut der Passivforderung, wodurch seine Aufrechnungsbefugnis jedoch ausdrücklich erweitert und eben nicht eingeschränkt werden soll: nach § 338 soll die Aufrechnungsbefugnis durch die Verfahrenseröffnung gerade „nicht berührt" werden. Es ist also davon auszugehen, dass der Gläubiger nach dem Forderungsstatut der Passivforderung auch dann aufrechnen kann, wenn sein Anspruch und die Gegenforderung des Schuldners lediglich entstanden sind (MüKoInsO-*Reinhart* § 338 Rn 9).

§ 339 Insolvenzanfechtung

Eine Rechtshandlung kann angefochten werden, wenn die Voraussetzungen der Insolvenzanfechtung nach dem Recht des Staats der Verfahrenseröffnung erfüllt sind, es sei denn, der Anfechtungsgegner weist nach, dass für die Rechtshandlung das Recht eines anderen Staats maßgebend und die Rechtshandlung nach diesem Recht in keiner Weise angreifbar ist.

I. Systematik, Normzweck und Anwendungsbereich

1 In Form einer **allseitigen Kollisionsnorm** formuliert § 339 für das Recht der Insolvenzanfechtung eine **alternative Sonderanknüpfung** an die Rechtsordnung, der die anzufechtende Rechtshandlung unterliegt (*lex causae* bzw Wirkungsstatut). Zulasten des anfechtenden Insolvenzverwalters wird die Geltung des allgemeinen Insolvenzstatuts (*lex fori concursus*, § 335) damit eingeschränkt: weist der Anfechtungsgegner nach, dass eine vom Insolvenzstatut abweichenden Rechtsordnung für die fragliche Rechtshandlung maßgeblich ist und dass sie nach der *lex causae* in ihrer Wirksamkeit nicht angegriffen werden kann, so kann der Verwalter eine nach der *lex fori concursus* bestehende Anfechtungsmöglichkeit nicht ausüben.

2 Die Vorschrift des § 339 ist vom Gesetzgeber ausdrücklich in Anlehnung an die europäische Parallelregelung des Art 13 EuInsVO (siehe unten Rn 4 ff) ausgestaltet (BT-Drucks 15/16, S 19) worden, um Wertungswidersprüche zwischen dem europäischen und dem D-IIR zu vermeiden. Wie gem Art 13 EuInsVO soll das **Vertrauen des Anfechtungsgegners** in die Maßgeblichkeit der für die fragliche Rechtshandlung geltenden Jurisdiktion auch in Bezug auf das Recht der Insolvenzanfechtung **geschützt** werden. Diese Wertung ist trotz der an sich begrüßenswerten Bestrebung zur Harmonisierung europäischer und nationaler Vorschriften **problematisch** (Andres/Leithaus-*Dahl* § 339 Rn 1: „*rechtpolitisch verfehlte Ausnahmevorschrift*"), da § 339 wie Art 13 EuInsVO in der Praxis tendenziell zur Wahl einer *lex causae* mit möglichst „schwacher" Anfechtungsmöglichkeit führen wird (Andres/Leithaus-*Dahl* § 339 Rn 1); nur eine ausschließliche Anwendbarkeit anfechtungsrechtlicher Vorschriften des Insolvenzstatus würde dem Gebot der Gläubigergleichbehandlung (*par conditio creditorum*) bestmöglich gerecht (Hess-*Hess* § 339 Rn 2). Ob insoweit die in § 339 angeordnete Beweislastregelung zulasten des Anfechtungsgegners (und Rn 16) wertungsmäßig einen hinreichenden Ausgleich für die Einschränkung des Gleichbehandlungsgebots darstellt, dürfte nicht zutreffen.

3 Als **Vorgängervorschrift** des § 339 enthielt Art 102 Abs 2 EGInsO aF eine vergleichbare, jedoch als einseitige Kollisionsnorm ausgestaltete Regelung (ausführlich zu den vor Inkrafttreten des § 339 bzw Art 102 Abs 2 EGInsO aF vertretenen Theorien zum internationalen Anfechtungsrecht FK-*Wimmer* § 339 Rn 2 ff). Ob es sich bei § 339 um eine Sachnorm oder eine Kollisionsnorm handelt, ist umstritten (Sachnorm: Andres/Leithaus-*Dahl* § 339 Rn 3; K/P/B/*Kemper/Paulus* § 339 Rn 2; Kollisionsnorm: MüKoInsO-*Reinhart* § 339 Rn 2; Hess-*Hess* § 339 Rn 3; HK-*Stephan* § 339 Rn 2; vgl zu den Auswirkungen des Streits auch Andres/Leithaus-*Dahl* § 339 Rn 8).

III. Unangreifbarkeit der Rechtshandlung nach maßgeblicher Rechtsordnung   § 339

Von § 339 werden inländische ebenso wie ausländische Insolvenzverfahren erfasst, allerdings nur insoweit, als der vorrangige, jedoch inhaltsgleiche Art 13 EuInsVO keine Anwendung findet. 4

Bei Insolvenzverfahren, die im **Inland** eröffnet worden sind, kann § 339 angewendet werden, wenn der Schuldner von Anwendungsbereich der EuInsVO ausgenommen ist oder jedenfalls Art 13 EuInsVO keine Anwendung findet, weil der Vermögensgegenstand, auf den sich der Anfechtungsanspruch bezieht, bei Vornahme der anfechtbaren Rechtshandlung nicht nach Maßgabe des Art 2 lit g EuInsVO in einem Mitgliedsstaat belegen war (MüKoInsO-*Reinhart* § 339 Rn 3). 5

Im Fall eines im **Ausland** eröffneten Verfahrens kommt § 339 dementsprechend zur Anwendung, wenn entweder der Staat der Verfahrenseröffnung kein Mitgliedsstaat ist, wenn das Verfahren zwar in einem Mitgliedsstaat eröffnet, jedoch der Schuldner vom Anwendungsbereich der EuInsVO ausgenommen ist und der streitgegenständliche Vermögensgegenstand bei Vornahme der anfechtbaren Rechtshandlung nicht nach Maßgabe des Art 2 lit g EuInsVO in einem Mitgliedsstaat belegen war (MüKoInsO-*Reinhart* § 339 Rn 4). 6

Da § 339 ausdrücklich an Art 13 EuInsVO angelehnt ist, kann die europäische Regelung bei der **Auslegung** der deutschen Vorschrift ergänzend herangezogen werden (MüKoInsO-*Reinhart* § 339 Rn 1). 7

Soweit durch § 339 die Vorschriften des Art 30 der RiLi für Kreditinstitute und des Art 24 der RiLi für Versicherungsunternehmen in nationales Recht umgesetzt werden, gilt § 339 auch im Verhältnis zu Mitgliedsstaaten. 8

II. Anfechtbarkeit einer Rechtshandlung nach dem Insolvenzstatut

Die Verweisung des § 339 auf das Recht der Insolvenzanfechtung des Verfahrensstaats umfasst als **kollisionsrechtliche Gesamtverweisung** auch das Kollisionsrecht der *lex fori concursus* (MüKoInsO-*Reinhart* § 339 Rn 5). Unter den Begriff des Insolvenzanfechtungsrechts fallen sämtliche materiell- und verfahrensrechtlichen Rechte bzw Rechtsbehelfe, die der Auffüllung der Insolvenzmasse bzw der Gewährleistung der Gläubigergleichbehandlung (*par conditio creditorum*) dienen, und zwar einschließlich der Anfechtungsvoraussetzungen, -fristen und -rechtsfolgen sowie etwaiger Verjährungsregelungern bzw Verteidigungsmittel des Anfechtungsgegners (HK-*Stephan* § 339 Rn 3; MüKoInsO-*Reinhart* § 339 Rn 6). Erfasst werden nicht nur die **Anfechtungsvorschriften** im engeren Sinn (bei inländischen Verfahren §§ 129 ff), sondern auch dem Anfechtungsrecht verwandte Regelungen wie etwa insolvenzrechtliche Beschränkungen der Zwangsvollstreckung (zB die **Rückschlagsperre** des § 88, Braun-*Liersch/Tashiro* § 339 Rn 5; Andres/Leithaus-*Dahl* § 339 Rn 2) und der **Aufrechnung** (etwa § 96 Abs 1 Nr 3, wonach in inländischen Insolvenzverfahren eine Prüfung der Anfechtbarkeit nach § 339 der Frage einer Aufrechnungsmöglichkeit gem § 338 vorgeht, Braun-*Liersch/Tashiro* § 339 Rn 6); dagegen werden Anfechtungsregelungen außerhalb des Insolvenzrecht (etwa des AnfG) von § 339 nicht erfasst (ebenso Braun-*Liersch/Tashiro* § 339 Rn 4). 9

Nach allgemeiner Auffassung findet § 339 nur für Rechtshandlungen (positive Handlung oder Unterlassen) Anwendung, die **vor Verfahrenseröffnung** vorgenommen worden sind (Andres/Leithaus-*Dahl* § 339 Rn 4; K/P/B/*Kemper/Paulus* § 339 Rn 5); Rechtshandlungen des Schuldners nach Verfahrenseröffnung werden in aller Regeln ohnehin wegen dessen fehlender Verfügungsbefugnis unwirksam sein (K/P/B/*Kemper/Paulus* § 339 Rn 5). 10

Die Darlegungs- und Beweislast für die Anfechtbarkeit einer Rechtshandlung nach dem Insolvenzstatut liegt nach allgemeinen Grundsätzen beim anfechtenden Insolvenzverwalter (Andres/Leithaus-*Dahl* § 339 Rn 6). 11

III. Unangreifbarkeit der Rechtshandlung nach maßgeblicher Rechtsordnung

1. Maßgeblichkeit einer vom Insolvenzstatut abweichenden Rechtsordnung. Für eine nach der *lex fori concursus* anfechtbare Rechtshandlung ist eine vom Insolvenzstatut abweichende Rechtsordnung maßgeblich, wenn die fragliche Rechtshandlung nach allgemeinen Regeln des Internationalen Privatrechts in Bezug auf ihre zivilrechtliche Wirksamkeit einer von Insolvenzstatut abweichenden Jurisdiktion unterliegt (MüKoInsO-*Reinhart* § 339 Rn 9). Hierbei kommt es auf das schuldrechtliche Verpflichtungsgeschäft der Rechtshandlung an, nicht dagegen auf den dinglichen Übertragungsakt (Andres/Leithaus-*Dahl* § 339 Rn 8; MüKoInsO-*Reinhart* § 339 Rn 9; differenzierend K/P/B/*Kemper/Paulus* § 339 Rn 6). 12

2. Unangreifbarkeit der Rechtshandlung nach der *lex causae*. Die nach dem Insolvenzstatut anfechtbare Rechtshandlung darf nach der *lex causae* „in keiner Weise angreifbar" sein. Insoweit ist nicht nur das Insolvenzanfechtungsrecht des Wirkungsstatuts (einschließlich der Anfechtungsfristen (Braun-*Liersch/Tashiro* § 339 Rn 12) und des Umfangs eines Rückgewähranspruchs, vgl HK-*Stephan* § 339 Rn 3) zu prüfen, sondern sämtliche denkbaren Nichtigkeits- und sonstigen Unwirksamkeitsgründe wie etwa Willensmängel, Sittenwidrigkeit und ein Verstoß gegen Verbotsgesetze (BT-Drucks 15/16, S 19; MüKoInsO-*Reinhart* § 339 Rn 11; FK-*Wimmer* § 339 Rn 13). Die Unangreifbarkeit der Rechtshandlung beurteilt sich allein nach den Tatbestandsvoraussetzungen der Anfechtungs- bzw Unwirksamkeits- 13 vorschriften; ihre jeweilige Rechtsfolge ist im Rahmen des § 339 unbeachtlich (Braun-*Liersch/Tashiro* § 339 Rn 15).

14 Umstritten ist, ob der *lex causae* auch die maßgebliche **Verjährungsregelung** zu entnehmen ist. Die wohl **herrschende Meinung** verneint dies: es komme nicht auf die Anwendbarkeit der jeweils kürzeren Frist an, sondern stets auf die Verjährung nach der *lex fori concursus* (MüKoInsO-*Reinhart* § 339 Rn 12; Braun-*Liersch/Tashiro* § 339 Rn 14; *Balz*, ZIP 1996, 948, 951 insbesondere dort Fn 25; *Liersch*, NZI 2003, 302, 305). Dem ist nicht zu folgen: die Verjährungsregelungen sind keine verfahrensrechtlichen Bestimmungen (so aber Braun-*Liersch/Tashiro* § 339 Rn 14), sondern gehören zum materiellen Recht, auf das § 339 für das Wirkungsstatut umfassend verweist („in keiner Weise"). Damit ist die Rechtshandlung nach der *lex causae* nur dann unangreifbar, wenn Verjährung nach dem Wirkungsstatut eingetreten ist; auf eine abweichende Verjährungsregelung nach der *lex fori concursus* kommt es also nicht an (ebenso *Kranemann*, Insolvenzanfechtung S 145; K/P/B/*Kemper/Paulus* § 339 Rn 7; Haß/Huber-*Gruber* EuInsVO Art 13 Rn 6).

15 Ist die Anwendung der *lex causae* das Ergebnis einer **Rechtswahl** der Parteien, ist vor der Prüfung der Unangreifbarkeit der Rechtshandlung nach dem Wirkungsstatut die Wirksamkeit bzw Anfechtbarkeit der Rechtswahl wiederum nach der *lex causae* zu prüfen (MüKoInsO-*Reinhart* § 339 Rn 10).

16 **3. Nachweis durch den Anfechtungsgegner.** Die Unangreifbarkeit der Rechtshandlung nach der *lex causae* ist vom zuständigen Gericht nicht von Amts wegen zu prüfen (zur Frage der internationalen Gerichtszuständigkeit gem Art 1 Abs 2 EuGVVO für den Bereich der Insolvenzanfechtung siehe den Vorlagebeschluss BGH 21. 6. 2007, ZIP 2007, 1415 ff mit Anmerkung *Klöhn/Berner*, ZIP 2007, 1418 ff, des Weiteren OLG Frankfurt/Main 26. 1. 2006, ZInsO 2006, 715 ff; *Mankowski/Willmer*, NZI 2006, 648 ff), sondern grundsätzlich vom Anfechtungsgegner darzulegen und zu beweisen (MüKoInsO-*Reinhart* § 339 Rn 15). Der erforderliche Nachweis bezieht sich nicht nur auf die Tatsachengrundlage der anfechtbaren Rechtshandlung, sondern auch auf die Maßgeblichkeit einer vom Insolvenzstatut abweichenden Rechtsordnung sowie deren Auswirkungen auf die Rechtshandlung (K/P/B/*Kemper/Paulus* § 339 Rn 9; Andres/Leithaus-*Dahl* § 339 Rn 11; zugunsten des Anfechtungsgegners insoweit einschränkend FK-*Wimmer* § 339 Rn 12, der auf § 293 ZPO abstellt; gegen die Anwendung des § 293 ZPO ausdrücklich MüKoInsO-*Reinhart* § 339 Rn 16). Der insoweit dem Anfechtungsgegner nach § 339 in Bezug auf sämtliche Anfechtungs- bzw Unwirksamkeitsgründe nach der *lex causae* auferlegte **Negativbeweis** kann praktisch nach den Grundsätzen einer abgestuften Verteilung der Darlegungs- und Beweislast erleichtert werden (MüKoInsO-*Reinhart* § 339 Rn 15 f); im Hinblick auf die rechtspolitischen Bedenken gegen eine Sonderanknüpfung an die *lex causae* für den Bereich der Insolvenzanfechtung (oben Rn 2) sollten die Anforderungen an den vom Anfechtungsgegner zu erbringenden Nachweis in Bezug auf die Unangreifbarkeit der Rechtshandlung jedoch nicht erleichtert werden.

§ 340 Organisierte Märkte. Pensionsgeschäfte

(1) **Die Wirkungen des Insolvenzverfahrens auf die Rechte und Pflichten der Teilnehmer an einem organisierten Markt nach § 2 Abs. 5 des Wertpapierhandelsgesetzes unterliegen dem Recht des Staats, das für diesen Markt gilt.**

(2) **Die Wirkungen des Insolvenzverfahrens auf Pensionsgeschäfte im Sinne des § 340b des Handelsgesetzbuchs sowie auf Schuldumwandlungsverträge und Aufrechnungsvereinbarungen unterliegen dem Recht des Staats, das für diese Verträge maßgebend ist.**

(3) **Für die Teilnehmer an einem System im Sinne von § 1 Abs. 16 des Kreditwesengesetzes gilt Absatz 1 entsprechend.**

I. Normzweck

1 In Abweichung vom allgemeinen Insolvenzstatut (§ 335) formuliert § 340 insgesamt drei **selbstständige Sonderanknüpfungen** für bestimmte Marktsysteme bzw Finanzgeschäfte. Bei der Vorschrift handelt es sich um eine **allseitige Kollisionsnorm**, die für inländische ebenso wie für ausländische Insolvenzverfahren gilt, soweit der vorrangige Art 9 EuInsVO keine Anwendung findet. Trotz des uneinheitlichen Wortlauts von § 340 und Art 9 EuInsVO betreffen beide Vorschriften dieselben Marktsysteme und Finanzgeschäfte (K/P/B-*Kemper/Paulus* § 340 Rn 2; Graf-Schlicker-*Kebekus/Sabel* § 340 Rn 1; Braun-*Liersch/Tashiro* § 340 Rn 7).

2 Mit § 340, dessen Regelungsbereich über den seiner Vorgängervorschrift Art 102 Abs 4 EGInsO hinausgeht, werden Art 25–27 der EU-Richtlinie für Kreditinstitute (ABl L 125/15, 5. 5. 2001) und des Art 23 der EU-Richtlinie für Versicherungsunternehmen (ABl L 110/28, 20. 4. 2001) sowie die sogenannte **Finalitätsrichtlinie** (ABl EG Nr 2 166 S 45) in nationales Recht umgesetzt (MüKoInsO-*Jahn* § 340 Rn 1; *Liersch* NZI 2003, 302, 303). Da insoweit der subjektive Anwendungsbereich des Art 9 EuInsVO nicht eröffnet ist, gilt § 340 in Bezug auf Kreditinstitute und Versicherungsunternehmen auch im Verhältnis zu anderen Mitgliedstaaten; entsprechendes gilt im Ergebnis auch für Wertpapierhan-

III. Pensionsgeschäfte, Schuldumwandlungsverträge, Aufrechnungsvereinbarungen (Abs 2) § 340

delsunternehmen und -banken im Sinn des § 1 Abs 3 d S 2 f KWG (dazu Braun-*Liersch/Tashiro* § 340 Rn 7, *Braun/Heinrich*, NZI 2005, 578 ff).

Die von § 340 für organisierte Märkte und Finanzgeschäfte zugelassene Abkehr vom Insolvenzstatut 3 rechtfertigt sich unter **Verkehrsschutzgesichtspunkten**: organisierte Märkte und Finanzgeschäfte stellen tatsächlich und juristisch komplexe Systeme dar, die typischerweise eine Vielzahl von Geschäftsvorfällen bzw (Einzel-)Rechtsbeziehungen betreffen und infolgedessen unterschiedliche Rechtsordnungen berühren können; daher sollen insolvenzbedingte Störungen dieser Systeme, die sich im Zuge eines „Domino-Effekts" schnell im internationalen Finanzsystem ausbreiten können, durch Verweise auf die jeweils **sachnächste Rechtsordnung** zumindest kalkulierbar werden (FK-*Wimmer* § 340 Rn 1; Andres/Leithaus-*Dahl* § 340 Rn 1; Braun-*Liersch/Tashiro* § 340 Rn 2).

Indem die jeweils für den konkreten Markt bzw Vertrag oder das betroffene Finanzsystem geltende 4 Jurisdiktion auch im Insolvenzfall maßgeblich ist, sollen nachhaltige Beeinträchtigungen des Transaktionsgeschehens („Systemrisiken") sowie des Vertrauens in den Markt vermieden und damit die **Rechtssicherheit** gefördert werden (BT-Drucks 15/16 S 19; *Ehricke*, ZIP 2003, 1065, 1074; HK-*Stephan* § 340 Rn 3; K/P/B-*Kemper/Paulus* § 340 Rn 6; ausführlich zur Gesetzesbegründung Hess-*Hess* § 340 Rn 1 ff). Daher kommt § 340 besonders für den Fall der Insolvenz von Kreditinstituten und Versicherungsunternehmen Bedeutung zu (Braun-*Liersch/Tashiro* § 340 Rn 7; Andres/Leithaus-*Dahl* § 340 Rn 1; K/P/B-*Kemper/Paulus* § 340 Rn 1).

II. Organisierte Märkte gem § 2 Abs 5 WpHG

Ein organisierter Markt im Sinn des § 2 Abs 5 des Wertpapierhandelsgesetzes (WpHG) ist nach der 5 **Legaldefinition** dieser Vorschrift ein Markt, der von staatlich anerkannten Stellen geregelt und überwacht wird, regelmäßig stattfindet und für das Publikum unmittelbar oder mittelbar zugänglich ist.

Der Begriff des organisierten Markts ist weitgehend inhaltsgleich mit dem Begriff „geregelter Markt" 6 im Sinn des Art 1 Nr 13 der Wertpapierdienstleistungs-RiLi 93/22/EWG (ABl Nr L 141/27) bzw Art 27 der Richtlinie 2001/24/EG (MüKoInsO-*Jahn* § 340 Rn 3; FK-*Wimmer* § 340 Rn 2).

In **Deutschland** erfasst § 340, dessen Anwendungsbereich organisierte Märkte in Mitgliedstaaten der 7 EU ebenso wie in Drittstaaten einschließt (K/P/B-*Kemper/Paulus* § 340 Rn 3; Andres/Leithaus-*Dahl* § 340 Rn 3), vor allem den **Regulierten Markt** (§§ 32 ff BörsG, erfasst werden der Prime Standard ebenso wie General Standard) als Zusammenfassung des vormaligen Amtlichen Markts und des Geregelten Markts und die **Terminbörse Eurex** (Andres/Leithaus-*Dahl* § 340 Rn 3), nicht dagegen den Freiverkehr (§ 48 BörsG), da dieser ausschließlich privatrechtlich organisiert ist (ebenso FK-*Wimmer* § 340 Rn 3).

Zur Anwendung kommt Abs 1, wenn ein **Teilnehmer** des organisierten Markts insolvent wird (K/P/B- 8 *Kemper/Paulus* § 340 Rn 4), soweit der Markt im **Zeitpunkt der Verfahrenseröffnung** besteht (Andres/Leithaus-*Dahl* § 340 Rn 4).

Im Fall der Insolvenz eines Marktteilnehmers bestimmen sich **Rechte und Pflichten** der betroffenen 9 Parteien nicht nach dem Insolvenzstatut (§ 335 InsO), sondern nach der Rechtsordnung des Staats, in dem der organisierte Markt verfasst ist. Gemeint sind sämtliche privat- und öffentlich-rechtlichen Rechte und Pflichten, die sich aus der Teilnahme am organisierten Markt ergeben (FK-*Wimmer* § 340 Rn 7).

Abs 1 verweist umfassend auf die für den Markt geltende Rechtsordnung. Dies betrifft praktisch vor 10 allem **Aufrechnungen, Verrechnungen**, bestehende **Verträge** und die Verwertung von **Sicherheiten**: insoweit beurteilen sich die Auswirkungen der Insolvenz eines Marktteilnehmers nach dem Insolvenzrecht der für den Markt relevanten Jurisdiktion (wobei allerdings § 351 als *lex specialis* zu beachten ist, vgl auch die in § 21 Abs 2 S 2, § 81 Abs 3 S 2, § 130 Abs 1 S 2, § 166 Abs 3 formulierten Sonderregelungen, dazu *Wimmer*, ZInsO 2004, 1 ff; *Obermüller*, ZInsO 2004, 187 ff). Die Verweisung des Abs 1 erfasst jedoch nicht allein das Insolvenzrecht des Staates, in dem sich der Markt befindet, sondern das gesamte materielle Recht dieser Rechtsordnung (K/P/B-*Kemper/Paulus* § 340 Rn 6).

III. Pensionsgeschäfte, Schuldumwandlungsverträge, Aufrechnungsvereinbarungen (Abs 2)

1. Pensionsgeschäfte gem § 340 b des HGB. Die in § 340 b Abs 1 des HGB definierten Pensionsge- 11 schäfte sind Verträge, durch die ein Kreditinstitut oder der Kunde eines Kreditinstituts (Pensionsgeber) ihm gehörende Vermögensgegenstände (regelmäßig Wertpapiere) einem anderen Kreditinstitut oder einem seiner Kunden (Pensionsnehmer) gegen Zahlung eines Betrags überträgt und dabei gleichzeitig vereinbart wird, dass die Vermögensgegenstände später gegen Entrichtung des empfangenen oder eines im Voraus vereinbarten anderen Betrags an den Pensionsgeber zurückübertragen werden müssen oder können. Im Prinzip handelt es sich bei solchen Pensionsgeschäften um **Verkaufsgeschäfte mit gleichzeitiger Rückkaufvereinbarung** (HK-*Stephan* § 340 Rn 4; K/P/B-*Kemper/Paulus* § 340 Rn 7).

Indem Abs 2 umfassend auf § 340 b HGB verweist, durch den Art 12 Abs 1 der RiLi 86/636/EWG in 12 nationales Recht umgesetzt wird, sind gleichermaßen echte wie unechte Pensionsgeschäfte erfasst, und zwar sowohl in Mitgliedstaaten als auch in Drittstaaten (K/P/B-*Kemper/Paulus* § 340 Rn 7). In jedem Fall muss das Pensionsgeschäft aber im Zeitpunkt der Eröffnung des Insolvenzverfahrens bereits zustande gekommen sein (K/P/B-*Kemper/Paulus* § 340 Rn 10).

13   Im Fall der Insolvenz des Pensionsgebers oder des Pensionsnehmers findet nach Abs 2 nicht die für den Insolvenzschuldner geltende *lex fori concursus* (§ 335) Anwendung, sondern die Rechtsordnung, der das jeweilige Pensionsgeschäft unterliegt. Hierfür ist in erster Linie die **Rechtswahl** der Parteien maßgeblich, wobei das gesamte materielle Recht der gewählten Jurisdiktion Anwendung finden (Andres/Leithaus-*Dahl* § 340 Rn 9); haben die Parteien keine Rechtswahl getroffen, kommt es auf das Recht am Sitz der kontoführenden Bank an (FK-*Wimmer* § 340 Rn 8; Graf-Schlicker-*Kebekus*/*Sabel* § 340 Rn 5). Soweit das Pensionsgeschäft deutschem Recht unterliegt, ist die Sondervorschrift § 104 zu beachten (Andres/Leithaus-*Dahl* § 340 Rn 9).

14   Die Nichtanwendung des Insolvenzstatuts auf Pensionsgeschäfte soll Systemwidersprüche vermeiden und der Rechtssicherheit dienen (siehe oben Rn 3 f; ohne nähere Begr kritisch in Bezug auf Pensionsgeschäfte Braun-*Liersch*/*Tashiro* § 340 Rn 3).

15   **2. Schuldumwandlungsverträge.** Ein Schuldumwandlungsvertrag ist eine Sonderform der Aufrechnungsvereinbarung (siehe unten Rn 16), die jedoch in der Praxis keine große Bedeutung hat (MüKoInsO-*Jahn* § 340 Rn 5; K/P/B-*Kemper*/*Paulus* § 340 Rn 9). Die auch **Novation** genannte Schuldumwandlung ist dadurch gekennzeichnet, dass an die Stelle bestehender oder noch abzuschließender Vereinbarungen, die am selben Tag zu erfüllende, wechselseitige Liefer- oder Zahlungsansprüche in gleicher Währung zwischen den Parteien zum Gegenstand haben, eine einzige schuldersetzende Nettovereinbarung tritt (K/P/B-*Kemper*/*Paulus* § 340 Rn 9; Boos/Fischer/*Schulte-Mattler* (KWG) § 12 Rn 2).

16   **3. Aufrechnungsvereinbarungen.** Der Begriff verweist nicht auf die bürgerlich-rechtliche Aufrechnung gem §§ 387 ff BGB, sondern ist die übergeordnete Bezeichnung für vielgestaltige **finanzmarktspezifische Verrechnungsformen** („netting agreements" oder „close-out netting"-Vereinbarungen). Im Grundsatz werden beim **Netting** mehrere außerbörsliche Geschäfte (unter anderem sog Zinssatz-Swaps, Währungsswaps, „credit default swaps" etc) durch Vereinbarung einer einheitlichen Beendigung und Abrechnung bzw Liquidation zu einem einzigen (Gesamt-) Saldo zusammengefasst (K/P/B-*Kemper*/*Paulus* § 340 Rn 8; MüKoInsO-*Jahn* § 340 Rn 6; Ehricke, ZIP 2003, 1065, 1074; vgl auch BT-Drucks 15/16 S 19), und zwar in aller Regel auf der Grundlage **standardisierter Rahmenverträge** (vor allem der „ISDA" (International Swaps and Derivatives Association) und der „ISLA" (International Securities Lenders Association), welche häufig englischem Recht oder dem Recht des Staates New York unterworfen werden (MüKoInsO-*Jahn* § 340 Rn 6).

17   Anders als Systeme nach Abs 3, der insoweit auf § 1 Abs 16 KWG verweist (siehe unten Rn 20 ff), handelt es sich bei den Verrechnungsvereinbarungen nicht notwendigerweise um geschlossene Systeme; vielmehr steht die Teilnahme an Verrechnungssystemen nach Abs 2 einer grundsätzlich unbeschränkten Anzahl von Marktakteuren offen (vgl *Ehricke*, ZIP 2003, 1065, 1075).

18   Netting-Vereinbarungen dienen der Liquiditätssicherung von Kreditinstituten und senken sowohl Zahlungsverkehrs- als auch Eigenkapitalkosten der Banken (FK-*Wimmer* § 340 Rn 9; Braun-*Liersch*/*Tashiro* § 340 Rn 4). Das Funktionieren solcher Vereinbarungen beruht gerade in grenzüberschreitenden Konstellationen im Wesentlichen auf gesetzlichen Sonderregelungen, etwa dem Ausschluss des Verwalterwahlrechts (FK-*Wimmer* § 340 Rn 9; Graf-Schlicker-*Kebekus*/*Sabel* § 340 Rn 6) oder der Einschränkung der Insolvenzanfechtung; für deutsche Insolvenzverfahren gilt die Sonderregelung von § 104. Insbesondere für Aufrechnungsvereinbarungen leuchtet daher der Ausschluss einer Anwendung der *lex fori concursus* (§ 335) zugunsten der von den Parteien auch für den Insolvenzfall gewählten Rechtsordnung unmittelbar ein; zum Umfang des Verweises auf die für die Aufrechnungsvereinbarung maßgebliche Rechtsordnung siehe Rn 10, 13.

19   Soweit eine Netting-Vereinbarung auch die Möglichkeit einer Aufrechnung im Sinn der §§ 387 ff BGB regelt, ist § 338 als Sonderregelung zu beachten (Braun-*Liersch*/*Tashiro* § 340 Rn 4; *v. Wilmowsky*, WM 2002, 2264, 2277); eine Anfechtbarkeit von Transaktionen im Rahmen des Netting ist nach § 339 zu beurteilen.

IV. Systeme gem § 1 Abs 16 KWG (Abs 3)

20   Ein System im Sinne von § 1 Abs 16 KWG ist ein aus mindestens drei Teilnehmern bestehendes (K/P/B-*Kemper*/*Paulus* § 340 Rn 13) **Zahlungssystem** bzw ein **Wertpapierabwicklungs- oder -liefersystem** aufgrund einer schriftlichen Vereinbarung nach Art 2 lit a der RiLi 98/26/EG, die durch Abs 3 umgesetzt wird (Andres/Leithaus-*Dahl* § 340 Rn 10) einschließlich der Vereinbarung zwischen einem Teilnehmer und einem indirekt teilnehmenden Kreditinstitut, die einer von den Teilnehmern gewählten Rechtsordnung unterliegt und von der Deutschen Bundesbank bzw einer anderen zuständigen Stelle der EU-Kommission gemeldet worden ist, oder einem entsprechendes Drittstaatensystem, soweit es einem von der Richtlinie erfassten System im Wesentlichen entspricht (HK-*Stephan* § 340 Rn 6; MüKoInsO-*Jahn* § 340 Rn 9; K/P/B-*Kemper*/*Paulus* § 340 Rn 13). Teilnehmer des Systems können gem Art 2 lit f der Richtlinie 98/26/EG Kreditinsitute, eine zentrale Vertragspartei bzw eine Verrechnungs- oder Clearingstelle sein (K/P/B-*Kemper*/*Paulus* § 340 Rn 13; HK-*Stephan* § 340 Rn 6).

II. Anmelderecht des Gläubigers (Abs 1) § 341

Von Abs 3, der inhaltlich der Regelung des Art 102 Abs 4 EGInsO aF entspricht (Braun-*Liersch/* 21 *Tashiro* § 340 Rn 5), werden auch **Verrechnungsvereinbarungen** (Netting) erfasst, die jedoch anders als die in Abs 2 genannten Transaktionen einen beschränkten Teilnehmerkreis haben müssen (so genannte geschlossene Systeme, vgl oben Rn 17).

Beispiele für Systeme im Sinne des § 1 Abs 16 KWG sind das Clearingsystem der Deutsche Börse 22 Clearing **AG** und das Sparkassen-Gironetz (K/P/B-*Kemper/Paulus* § 340 Rn 13).

Zur Anwendung kommt Abs 3 im Fall der Insolvenz eines **Teilnehmers** des Systems (K/P/B-*Kemper/* 23 *Paulus* § 340 Rn 13), soweit das System im **Zeitpunkt der Verfahrenseröffnung** besteht (Andres/ Leithaus-*Dahl* § 340 Rn 10). Gem Art 2 lit a der RiLi 98/26/EG richtet sich das Zustandekommen des Systems nach dem von den Teilnehmern gewählten Recht.

Im Fall der Insolvenz eines Systemteilnehmers bestimmen sich **Rechte und Pflichten** der betroffenen 24 Parteien nicht nach dem Insolvenzstatut (§ 335 InsO), sondern nach der Rechtsordnung des Staats, die für das System gilt. Gemeint sind sämtliche privat- und öffentlich-rechtlichen Rechte und Pflichten, die sich aus der Teilnahme am System im Sinn des § 1 Abs 16 KWG ergeben (K/P/B-*Kemper/Paulus* § 340 Rn 15; zum Umfang der Verweisung oben Rn 10).

§ 341 Ausübung von Gläubigerrechten

(1) Jeder Gläubiger kann seine Forderungen im Hauptinsolvenzverfahren und in jedem Sekundärinsolvenzverfahren anmelden.

(2) ¹Der Insolvenzverwalter ist berechtigt, eine in dem Verfahren, für das er bestellt ist, angemeldete Forderung in einem anderen Insolvenzverfahren über das Vermögen des Schuldners anzumelden. ²Das Recht des Gläubigers, die Anmeldung abzulehnen oder zurückzunehmen, bleibt unberührt.

(3) Der Verwalter gilt als bevollmächtigt, das Stimmrecht aus einer Forderung, die in dem Verfahren, für das er bestellt ist, angemeldet worden ist, in einem anderen Insolvenzverfahren über das Vermögen des Schuldners auszuüben, sofern der Gläubiger keine anderweitige Bestimmung trifft.

I. Normzweck

Als **Sachnorm** regelt der praktisch bedeutsame § 341 zum einen die **grenzüberschreitende Beteiligung** 1 **von Gläubigern** im Fall einer Mehrheit von Insolvenzverfahren über das Vermögen desselben Schuldners und zum anderen die Rechte eines **Insolvenzverwalters** in Bezug auf eben diese weiteren Verfahren. Hierbei konkretisiert § 341 das allgemeine Insolvenzstatut (*lex fori concursus*, § 335) und ist auch Ausdruck der **eingeschränkten Universalität** des Insolvenzverfahrens.

Als Sachnorm sollte § 341 nur im Fall eines **inländischen Insolvenzverfahrens** anwendbar sein, da der 2 deutsche Gesetzgeber nur über die **Gesetzgebungskompetenz** für in Deutschland eröffnete Insolvenzverfahren verfügt (ebenso MüKoInsO-*Reinhart* § 341 Rn 2): demnach würde § 341 im Wesentlichen nur die Teilnahme ausländischer Gläubiger und Verwalter an Verfahren in Deutschland regeln und wäre weitgehend obsolet, da die InsO insoweit nicht zwischen in- und ausländischen Verfahrensbeteiligten differenziert (so auch HK-*Stephan* § 341 Rn 4; K/P/B-*Kemper/Paulus* § 341 Rn 4). Dem rechtspolitischen Sinn entsprechend kann § 341 auch für in- und ausländische Verfahren gelten und ist mit dieser Absicht offensichtlich auch vom Gesetzgeber konzipiert worden (vgl BT-Drucks 12/2443, S 246). Trotz der dargestellten Bedenken wird sich die **Praxis** also auf die **Geltung** des § 341 für in- und ausländische Haupt- und Partikularverfahren einzustellen haben (im Ergebnis ebenso K/P/B-*Kemper/Paulus* § 341 Rn 2 und 4f; Andres/Leithaus-*Dahl* § 341 Rn 2; HK-*Stephan* § 341 Rn 4; Hess-*Hess* § 341 Rn 1; einschränkend MüKoInsO-*Reinhart* § 341 Rn 2 und 7).

Eine gegenüber Abs 1 und Abs 2 vorrangige, jedoch inhaltsgleiche Regelung enthält **Art 32 EuInsVO** 3 Rn 3 zu Art 32 EuInsVO). Demnach findet § 341 nur dann Anwendung, wenn der persönliche Anwendungsbereich der EuInsVO nicht eröffnet ist bzw in Sekundärverfahren, soweit das Hauptverfahren nicht in einem Mitgliedsstaat eröffnet worden ist (MüKoInsO-*Reinhart* § 341 Rn 4). Innerhalb des Anwendungsbereichs von Art 32 EuInsVO gilt § 341, wenn der Gläubiger in einem Drittstaat ansässig ist (**streitig**).

Art 32 EuInsVO enthält jedoch keine dem Abs 3 entsprechende Regelung, so dass Abs 3 auch im 4 Verhältnis zu den Mitgliedsstaaten gilt (ebenso K/P/B-*Kemper/Paulus* § 341 Rn 2; MüKoInsO-*Reinhart* § 341 Rn 6; HambKomm-*Undritz* § 341 Rn 2).

II. Anmelderecht des Gläubigers (Abs 1)

Ein Gläubiger kann nach Abs 1 seine Forderung in jedem Insolvenzverfahren über das Vermögen des 5 Schuldners anmelden, unabhängig davon, ob es sich um ein Haupt-, Sekundär oder sonstiges Partikularverfahren handelt (**Recht zur Mehrfachanmeldung**, MüKoInsO-*Reinhart* § 341 Rn 8; K/P/B-*Kemper/ Paulus* § 341 Rn 3; HK-*Stephan* § 341 Rn 3; FK-*Wimmer* § 341 Rn 4). Insoweit formuliert § 341 eine

Option, die eine Abweichung vom allgemeinen Insolvenzstatut (§ 335) begründet, da die Anmeldebefugnis grundsätzlich abschließend von der *lex fori concursus* geregelt wird. Nach dem jeweiligen Insolvenzstatut des Staates, in dem angemeldet werden soll, richten sich aber nach wie vor Frist, Form und Umfang der einzelnen Forderungsanmeldung (HK-*Stephan* § 341 Rn 3).

6   Nach Abs 1 steht es dem Gläubiger neben einer Mehrfachanmeldung auch frei, seine Forderung nur selektiv in bestimmten Verfahren anzumelden und in anderen Verfahren eine Anmeldung ausdrücklich zu unterlassen (HK-*Stephan* § 341 Rn 4; FK-*Wimmer* § 341 Rn 4); dennoch dürfte es für einen Forderungsinhaber grundsätzlich zweckmäßig sein, seinen Anspruch in möglichst vielen Verfahren anzumelden, auch wenn dadurch zusätzliche Kosten entstehen.

7   Das Wahlrecht nach Abs 1 bezieht sich auf Verfahren im In- und Ausland (siehe oben Rn 2).

III. Anmelderecht des Insolvenzverwalters (Abs 2 S 1)

8   Die Anmeldebefugnis des Verwalters nach Abs 2 stellt ebenso wie das Recht zur Mehrfachanmeldung durch einen Gläubiger nach Abs 1 eine Abweichung vom Insolvenzstatut dar (oben Rn 5).

9   Das Verfahren, in dem die Anmeldebefugnis ausgeübt wird, kann ein in- oder ausländisches Haupt- oder Partikularverfahren sein (oben Rn 2). Meldet ein ausländischer Verwalter Forderungen aufgrund des Abs 2 an, ist seine Eigenschaft als Insolvenzverwalter dahingegend zu prüfen, ob er hinsichtlich seiner Aufgaben und Befugnisse einem deutschen Verwalter im Wesentlichen vergleichbar ist (sog Qualifikation); insoweit kann ergänzend Art 2 lit b EuInsVO in Verbindung mit Anh C der EuInsVO als Auslegungshilfe herangezogen werden (K/P/B-*Kemper/Paulus* § 341 Rn 7).

10   Im Verfahren, für das der anmeldende Verwalter bestellt ist, muss die Forderung als Voraussetzung für die Anmeldung im anderen Insolvenzverfahren bereits angemeldet sein. Den anmeldenden Verwalter trifft in Bezug auf seine Bestellung als Verwalter die Nachweispflicht (K/P/B-*Kemper/Paulus* § 341 Rn 8). Im Übrigen hat der Verwalter die Anforderungen des Insolvenzstatuts des Staats zu erfüllen, wenn er seine Befugnis nach Abs 2 ausüben will (Braun-*Liersch/Tashiro* § 341 Rn 7).

11   Der Verwalter kann die Anmeldebefugnis nach Abs 2 für jedes in Frage kommende Verfahren ausüben oder Forderungen nur in ausgewählten Verfahren anmelden bzw eine Anmeldung vollständig unterlassen; im letzteren Fall hat der Verwalter aber jedenfalls sicherzustellen, dass die Gläubiger Kenntnis vom ausländischen Verfahren haben (Braun-*Liersch/Tashiro* § 341 Rn 9).

12   Neben einer Anmeldung sämtlicher Forderungen in Form einer **Sammelanmeldung** (MüKoInsO-*Reinhart* § 341 Rn 17) steht es dem Verwalter auch offen, nur ausgewählte der in seinem Verfahren angemeldeten Forderungen in einem anderen Insolvenzverfahren anzumelden. Dies wird praktisch vor allem dann der Fall sein, wenn einzelne Gläubiger die Anmeldung ihrer Forderungen auch in anderen Verfahren ausdrücklich nicht wünschen, in dem sie von ihrem Ablehnungs- bzw Rücknahmerecht nach Abs 2 S 2 Gebrauch machen.

13   Aus der Möglichkeit einer Anmeldung nach Abs 2 resultiert die Pflicht des Verwalters, die Gläubiger über die Möglichkeit einer Verwalteranmeldung nach Abs 2 zu informieren (K/P/B-*Kemper/Paulus* § 341 Rn 10); für den Verwalter dürfte es zur Minimierung des Risikos eigener Haftung, die Gläubigerversammlung bzw einen Gläubigerausschuss über die Vornahme einer Verwalteranmeldung nach Abs 2 abstimmen zu lassen (MüKoInsO-*Reinhart* § 341 Rn 16) bzw die Gläubiger im Rahmen der erstmaligen Forderungsanmeldung durch ein entsprechendes Formular Weisungen erteilen bzw zumindest auf das Ablehnungsrecht nach Abs 2 S 2 (siehe unten Rn 17ff) verzichten zu lassen.

14   Die Prüfung einer Forderungsanmeldung gem Abs 2 in einem ausländischen Verfahren ist für einen deutschen Insolvenzverwalter eine wesentliche Verwalterpflicht (K/P/B-*Kemper/Paulus* § 341 Rn 10); insbesondere muss der Verwalter sorgfältig abwägen, ob es im Hinblick auf die bestmögliche Befriedigung der Gläubiger auch in Ansehung der entstehenden Kosten und Gebühren, die seiner Insolvenzmasse zur Last fallen (MüKoInsO-*Reinhart* § 341 Rn 13; aA FK-*Wimmer* § 341 Rn 5; Braun-*Liersch/Tashiro* § 341 Rn 5; *Pannen/Kühnle/Riedemann*, NZI 2003, 72, 76) sinnvoll bzw geboten ist, die in seinem Verfahren angemeldeten Forderungen auch in anderen (womöglich besonders massestarken) Verfahren anzumelden. Zweckmäßig kann eine Anmeldung nach Abs 2 auch zum Erlangen des durch die angemeldeten Forderungen vermittelten Stimmrechts nach Abs 3 sein, damit so auf den Fortgang des Verfahrens (etwa eine grenzüberschreitende Sanierung bzw ein länderübergreifender Verkauf von Vermögenswerten) Einfluss genommen werden kann.

15   Ist die Wahrnehmung der Anmeldebefugnis für den Verwalter erkennbar aussichtsreich, kann er zur Anmeldung nach Abs 2 sogar verpflichtet sein (K/P/B-*Kemper/Paulus* § 341 Rn 10, aA HK-*Stephan* § 341 Rn 5 f, *Liersch*, NZI 2003, 302, 309: der Verwalter muss den Gläubiger lediglich über die Möglichkeit einer aussichtsreichen Anmeldung informieren); unterlässt der Verwalter die Anmeldung in einem solchen Fall dennoch, kann er nach **§ 60 haftbar** werden (K/P/B-*Kemper/Paulus* § 341 Rn 10; Graf-Schlicker-*Kebekus/Sabel* § 341 Rn 5).

16   Macht der Verwalter von seiner Anmeldebefugnis nach Abs 2 Gebrauch, so hat der darauf hinzuwirken, dass er in der Tabelle des Verfahrens, in dem er anmeldet, als gesetzlicher Vertreter der betroffenen Forderungsinhaber vermerkt wird (Braun-*Liersch/Tashiro* § 341 Rn 28).

V. Stimmrecht des Insolvenzverwalters (Abs 3) § 341

Die Anmeldebefugnis nach Abs 2 umfasst nicht auch das Recht des Verwalters, die angemeldete Forderung im Bestreitensfall gerichtlich feststellen zu lassen (Hess-*Hess* § 341 Rn 11; HK-*Stephan* § 341 Rn 6; K/P/B-*Kemper/Paulus* § 341 Rn 11 und Verweis auf BT-Drucks 15/16 S 21; aA Andres/Leithaus-*Dahl* § 341 Rn 7); die Erhebung einer Feststellungsklage obliegt dem Gläubiger, der zur Wahrnehmung seines Rechts zuvor allerdings vom Verwalter über das Bestreiten seiner Forderung informiert worden sei muss; auch insoweit kann der Verwalter nach § 60 einstandspflichtig werden. 17

IV. Recht des Gläubigers zur Ablehnung oder Rücknahme (Abs 2 S 2)

Die Regelung des Abs 2 S 2 ist Konsequenz der durch das Insolvenzverfahren nicht eingeschränkten grundsätzlichen Dispositionsbefugnis des Gläubigers über seine Forderung: hätte der Gläubiger seine Forderung im Verfahren, für das der in Abs 2 genannte Verwalter bestellt ist, gar nicht angemeldet, könnte der Verwalter diese Forderung auch nicht in anderen Verfahren anmelden (oben Rn 10). Als Konsequenz muss der Gläubiger, der eine Anmeldung seiner Forderung in anderen Verfahren nicht wünscht, eine Anmeldung durch den Verwalter verhindern („ablehnen") oder rückgängig machen können („zurücknehmen"). 18

Praktisch hat Abs 2 S 2 zur Konsequenz, dass der Verwalter zur Anmeldung nach Abs 2 berechtigt ist, soweit keine gegenteilige Weisung der Gläubiger vorliegt (MüKoInsO-*Reinhart* § 341 Rn 17; zur praktischen Umsetzung oben Rn 13). 19

Das Recht des Gläubigers zur Ablehnung einer Anmeldung durch den Verwalter richtet sich nach dem Insolvenzstatut des Staats, in dem der Gläubiger seine Forderung erstmals angemeldet hat (K/P/B-*Kemper/Paulus* § 341 Rn 13). 20

Die Möglichkeit einer Rücknahme einer Verwalteranmeldung nach Abs 2 S 1 richtet sich dagegen nach der *lex fori concursus* des Verfahrens, in dem der Verwalter seine Anmeldebefugnis nach Abs 2 ausgeübt hat (K/P/B-*Kemper/Paulus* § 341 Rn 14). Bei einer Rücknahme hat der Gläubiger – gerade wenn die Anmeldung in Form einer Sammelanmeldung erfolgt ist (oben Rn 12) – seine Forderung zu spezifizieren und darauf hinzuweisen, dass er Zurücknahme befugt ist, weil der Verwalter im Rahmen der Anmeldung lediglich als sein Bevollmächtigter gehandelt hat. 21

Besteht keine Rücknahmemöglichkeit oder ist sie verfristet und fällt dem Verwalter insoweit ein Verschulden zur Last, kann dem Gläubiger unter Umständen ein Schadensersatzanspruch zustehen (K/P/B-*Kemper/Paulus* § 341 Rn 15; Andres/Leithaus-*Dahl* § 341 Rn 7).

V. Stimmrecht des Insolvenzverwalters (Abs 3)

Nach Abs 3 ist der Verwalter **zur Ausübung des Stimmrechts** von Forderungen, die in seinem Verfahren angemeldet worden sind, auch in anderen Verfahren über das Vermögen des Schuldners **berechtigt**. Normtechnisch handelt es sich um eine Fiktion („gilt als bevollmächtigt"), da das Gesetz vom Vorliegen einer Vollmacht ausgeht, obwohl eine solche tatsächlich nicht vorliegt (Braun-*Liersch/Tashiro* § 341 Rn 10; unrichtig dagegen K/P/B-*Kemper/Paulus* § 341 Rn 16); allerdings gilt diese Fiktion nur, „sofern der Gläubiger keine anderweitige Bestimmung trifft". Insoweit kann sich der Forderungsinhaber die Ausübung des Stimmrechts selbst vorbehalten, einen Dritten bevollmächtigen oder den Verwalter in Bezug auf Umfang, Art und Inhalt der Stimmrechtsausübung anweisen (K/P/B-*Kemper/Paulus* § 341 Rn 18). 22

Der Verwalter ist an entsprechende Vorgaben des Gläubigers gebunden (FK-*Wimmer* § 341 Rn 7) und kann auch insoweit nach § 60 haftbar werden. Zur Vermeidung späterer Beweisschwierigkeiten bietet es sich an, wenn der Verwalter den Gläubiger bereits in den erläuternden Unterlagen zur Forderungsanmeldung in dem Verfahren, für das er zum Verwalter bestellt ist, zur Erteilung von Weisungen auffordert und darauf hinweist, dass er bei Fehlen entsprechender Weisungen das Stimmrecht nach Abs 3 selbst ausüben werde (ähnlich K/P/B-*Kemper/Paulus* § 341 Rn 18). 23

Der Gläubiger trägt die Darlegungs- und Beweislast für das Vorliegen einer Weisung bzw einer „anderweitige[n] Bestimmung". 24

Die Stimmrechtsausübung durch den Verwalter setzt voraus, dass die Forderung sowohl im Insolvenzverfahren, für das der Verwalter bestellt ist, als auch im Verfahren, in dem das Stimmrecht ausgeübt werden soll, angemeldet worden ist (MüKoInsO-*Reinhart* § 341 Rn 20). Die Anmeldung im Verfahren der Stimmrechtsausübung kann entweder durch den Gläubiger oder durch den Verwalter nach Abs 2 S 1 erfolgt sein. 25

Für die Ausübung des Stimmrechts unterliegt der Verwalter denselben Regeln des Insolvenzstatuts des Staates, in dem das Stimmrecht ausgeübt werden soll, denen auch der Gläubiger unterliegen würde. Für ausländische Verwalter, die nach Abs 3 Stimmrechte in einem deutschen Verfahren ausüben, gilt insoweit § 77 (Hess-*Hess* § 341 Rn 11; HK-*Stephan* § 341 Rn 8). Als Voraussetzung für die Stimmrechtsausübung muss der Verwalter seine Bestellung nachweisen; für ausländische Verwalter trifft § 347 hierzu ausdrückliche Regelungen. 26

§ 342 Herausgabepflicht. Anrechnung

(1) ¹Erlangt ein Insolvenzgläubiger durch Zwangsvollstreckung, durch eine Leistung des Schuldners oder in sonstiger Weise etwas auf Kosten der Insolvenzmasse aus dem Vermögen, das nicht im Staat der Verfahrenseröffnung belegen ist, so hat er das Erlangte dem Insolvenzverwalter herauszugeben. ²Die Vorschriften über die Rechtsfolgen einer ungerechtfertigten Bereicherung gelten entsprechend.

(2) ¹Der Insolvenzgläubiger darf behalten, was er in einem Insolvenzverfahren erlangt hat, das in einem anderen Staat eröffnet worden ist. ²Er wird jedoch bei den Verteilungen erst berücksichtigt, wenn die übrigen Gläubiger mit ihm gleichgestellt sind.

(3) Der Insolvenzgläubiger hat auf Verlangen des Insolvenzverwalters Auskunft über das Erlangte zu geben.

I. Normzweck

1   Als **Sachnorm** formuliert § 342 wichtige praktische Einzelregelungen, mit denen das Grundprinzip der **Gläubigergleichbehandlung** (*par conditio creditorum*) auch in grenzüberschreitenden Insolvenzfällen gewährleistet werden soll. Zu diesem Zweck konkretisiert § 342 das allgemeine Insolvenzstatut (*lex fori concursus*, § 335); die Vorschrift ist insoweit Ausdruck einer **eingeschränkten Universalität** des Insolvenzverfahrens, als es bei Art 2 nicht um die Durchsetzung des einheitlichen Vermögensstatus geht. Grundsätzlich erfasst die Eröffnung des Insolvenzverfahrens in einem Staat grundsätzlich auch das in anderen Staaten belegene Vermögen des Schuldners gleichwohl können Gläubiger ihre Ansprüche gegen den Schuldner in jedem Land verfolgen bzw zur Tabelle anmelden, in dem sich Vermögen des Schuldners befindet bzw ein Insolvenzverfahren eröffnet worden ist (§ 341 Abs 1). Doch müssen zur Gewährleistung der Gleichbehandlung sämtlicher Gläubiger auch korrigierende Mechanismen eingreifen, damit nicht einzelne, besonders engagierte oder lediglich besser informierte Gläubiger, die ihre Ansprüche in mehreren Insolvenzverfahren geltend machen, letztlich auf Kosten anderer Forderungsinhaber, die ihre Ansprüche womöglich nur im Verfahren ihres Heimatlandes anmelden, eine erhöhte Quote erhalten. Solche **Korrekturmechanismen** enthält § 342 in Form einer Herausgabe- (Abs 1), einer Auskunftsverpflichtung (Abs 3) sowie einer Anrechnungsregelung (Abs 2). Zur Entwicklung und normativen Zielsetzung der nunmehr in Kraft getretenen Regelung siehe ergänzend die Darlegungen oben § 335 Rn 27–33.

2   Als Sachnorm ist § 342 grundsätzlich nur im Fall eines **inländischen Insolvenzverfahrens** anwendbar (MüKoInsO-*Reinhart* § 342 Rn 3 f; HK-*Stephan* § 342 Rn 14, vgl auch BT-Drucks 15/16, S 21, aA K/P/B-*Kemper/Paulus* § 342 Rn 2; Andres/Leithaus-*Dahl* § 342 Rn 1, jedoch ohne nähere Begründung). Praktisch wird die Frage nach dem Anwendungsbereich des § 342 jedoch dadurch relativiert, dass der Herausgabeanspruch des Abs 1 nur zugunsten inländischen Hauptinsolvenzverwalters bestehen kann: im Fall eines inländischen Partikularverfahrens (§§ 354 ff) scheidet eine Masseanreicherung durch Geltendmachung des Herausgabeanspruchs aus, da das Partikularverfahren auf die Verwertung des inländischen Vermögens beschränkt ist, § 354 Abs 1. Dagegen gilt Abs 2 ebenso für Hauptinsolvenzverfahren wie für Partikularverfahren, jedoch nur soweit diese im Inland eröffnet worden sind (MüKoInsO-*Reinhart* § 342 Rn 5, aA K/P/B-*Kemper/Paulus* § 342 Rn 2; Andres/Leithaus-*Dahl* § 342 Rn 1): in solchen inländischen Verfahren darf der Gläubiger behalten, was er in ausländischen Verfahren erlangt.

3   Eine gegenüber § 342 vorrangige, jedoch weitgehend inhaltsgleiche Regelung enthält **Art 20 EuInsVO**. Der Herausgabeanspruch nach Abs 1 besteht jedoch auch bei ansonsten eröffnetem Anwendungsbereich der EuInsVO, wenn der Gläubiger Vermögenswerte durch Leistung oder Zwangsvollstreckung aus einem Drittstaat erlangt: denn Art 20 EuInsVO gilt nach seinem ausdrücklichen Wortlaut nur für Gegenstände, die gem Art 2 lit g EuInsVO in einem Mitgliedsstaat belegen sind (ebenso MüKoInsO-*Reinhart* § 342 Rn 6).

4   Der auf inländische Insolvenzverfahren beschränkte Abs 2 (oben Rn 2) findet dagegen nur dann Anwendung, wenn der Schuldner vom persönlichen Anwendungsbereich der EuInsVO ausgenommen ist oder wenn das Hauptinsolvenzverfahren nicht in einem Mitgliedsstaat eröffnet worden ist (ebenso MüKoInsO-*Reinhart* § 342 Rn 7).

5   Dagegen besteht der Auskunftsanspruch nach Abs 3 selbst bei eröffnetem Anwendungsbereich des Art 20 EuInsVO, da die europäische Vorschrift keinen Auskunftsanspruch vorsieht (ebenso Braun-*Liersch/Tashiro* § 342 Rn 22).

II. Herausgabepflicht des Insolvenzgläubigers (Abs 1)

6   **1. Herausgabepflicht (S 1).** Abs 1 bezieht sich auf **sämtliche Handlungen des Gläubigers** bzw Leistungen des Schuldners, durch die der Gläubiger einen **Vermögensvorteil** erlangt, durch den eine vollständige oder teilweise **Befriedigung** seiner Forderung bewirkt wird (K/P/B-*Kemper/Paulus* § 342 Rn 5). Als Beispiele nennt der Gesetzgeber Zwangsvollstreckungsmaßnahmen und Leistungen des Schuldners.

III. Anrechnung des Erlangten (Abs 2)

Aus der Formulierung „in sonstiger Weise" ist jedoch zu kennen, dass sämtliche Arten von Vermögensverschiebungen zulasten des Schuldnervermögens erfasst werden, etwa auch die unbefugte Nutzung bzw Verarbeitung und Vermischung von Vermögensgegenständen, die zur Insolvenzmasse gehören (MüKoInsO-*Reinhart* § 342 Rn 12; K/P/B-*Kemper/Paulus* § 342 Rn 8). Die zivilrechtliche Wirksamkeit des entsprechenden Vermögenstransfers richtet sich nach allgemeinen Grundsätzen bzw nach den außerhalb des Insolvenzrechts für die jeweilige Zwangsvollstreckungsmaßnahme bzw Leistung geltenden Vorschriften (K/P/B-*Kemper/Paulus* § 342 Rn 6 f).

Der Vermögenstransfer muss sich auf einen Gegenstand beziehen, der **in einem anderen Land** als dem Staat der Verfahrenseröffnung **belegen** ist; dies bestimmt sich nach deutschem Recht (MüKoInsO-*Reinhart* § 342 Rn 8). 7

Die fragliche Rechtshandlung muss zeitlich **nach Eröffnung des Insolvenzverfahrens** erfolgen, damit das durch sie Erlangte tauglicher Gegenstand eines Herausgabeanspruchs nach Abs 1 werden kann. Hat der Vermögenstransfer dagegen vor Verfahrenseröffnung stattgefunden, beurteilt sich seine Wirksamkeit bzw sein langfristiger Bestand nach den jeweils anwendbaren Vorschriften des **Insolvenzanfechtungsrechts** (HK-*Stephan* § 342 Rn 8). 8

Die Geltendmachung wirksam entstandener **Aus- und Absonderungsrechte** begründet keinen Herausgabeanspruch nach Abs 1, da der Gläubiger insoweit nichts „auf Kosten der Insolvenzmasse" erlangt: denn der fragliche Gegenstand gehört bei Bestehen eines Aus- oder Absonderungsrechts nicht zum frei verwertbaren Massevermögen. Soweit der Gläubiger Inhaber eines Absonderungsrechts ist, muss allenfalls ein bei der Verwertung des Absonderungsguts erzielter **Überschuss** nach Abs 1 an den Verwalter ausgekehrt werden (Andres/Leithaus-*Dahl* § 342 Rn 7; Braun-*Liersch/Tashiro* § 342 Rn 8; K/P/B-*Kemper/Paulus* § 342 Rn 9). 9

Ein Herausgabeanspruch nach Abs 1 besteht auch dann nicht, wenn der Gläubiger die Befriedigung nicht aus der Masse, sondern von einem Dritten erlangt oder wenn der Gläubiger im Auftrag des Insolvenzverwalters im Ausland gegen den Schuldner vorgeht (K/P/B-*Kemper/Paulus* § 342 Rn 10). 10

Gläubiger des Herausgabeanspruchs ist allein der Insolvenzverwalter des Hauptinsolvenzverfahrens. 11

2. Verweis auf Recht der ungerechtfertigten Bereicherung (S 2). Nach dem eindeutigen Wortlaut von S 2 ist die dort formulierte Verweisung auf §§ 812 ff BGB eine **Rechtsfolgenverweisung**. Sie verweist auf die allgemeinen Regeln der Rechtsfolgen bei Bereicherungsansprüchen, also einmal auf die Möglichkeit, gem § 818 Abs 3 BGB dem Herausgabeverlangen den Einwand der **Entreicherung** entgegenzuhalten, und zum anderen auf die Haftungsverschärfung nach §§ 819, 818 Abs 4 BGB zu haften (K/P/B-*Kemper/Paulus* § 342 Rn 11; gegen eine Anwendung der Saldotheorie MüKoInsO-*Reinhart* § 342 Rn 16). 12

III. Anrechnung des Erlangten (Abs 2)

1. Recht zum Behalten des Erlangten (S 1). Was ein Gläubiger aus einem oder mehreren ausländischen Insolvenzverfahren (zu der hier vertretenen Lesart des § 342 oben Rn 2) als vollständige oder teilweise Befriedigung seiner Forderung erhält, darf er nach S 1 (endgültig) behalten. Die Vorschrift formuliert einen gesetzlichen Behaltensgrund im Verhältnis zum inländischen Insolvenzverwalter; sie ist jedoch nicht anwendbar, wenn das ausländische Verfahren, aus dem der Gläubiger die Quote erhalten hat, vor der Eröffnung des inländischen Verfahrens bereits aufgehoben worden ist (K/P/B-*Kemper/ Paulus* § 342 Rn 12). 13

2. Anrechnung des Erlangten auf die Quote (S 2). Die Anrechnung der aus dem ausländischen Verfahren erzielten Quote nach S 2 ist neben der Herausgabeverpflichtung nach Abs 1 das zentrale Instrument zur Gewährleistung einer weitest möglichen **Gläubigergleichbehandlung**. Die Vorschrift des Abs 2 S 2 soll gewährleisten, dass kein Gläubiger mehr als eine vollständige Befriedigung seiner Forderung erhält, auch wenn er die Forderung zulässigerweise in mehreren Insolvenzverfahren angemeldet (§ 341 Abs 1) und dort an den jeweiligen Quotenausschüttungen partizipiert hat. 14

Soweit der Gläubiger in einem ausländischen Verfahren (siehe oben Rn 2) eine Quotenausschüttung erhalten hat, wird er im Rahmen der Ausschüttung im inländischen Verfahren nur insoweit berücksichtigt, als die inländische Ausschüttung die im Ausland erzielte Befriedigung **quotal übersteigt**. Die Anrechnung nach S 2 setzt voraus, dass der Gläubiger seine Forderung jeweils in vollem Umfang (und auch nicht nur für den Ausfall) angemeldet hat (K/P/B-*Kemper/Paulus* § 342 Rn 16). 15

Bleibt die im inländischen Verfahren ausgeschüttete Quote hinter der aus dem ausländischen Verfahren erhaltenen Quote zurück, darf der Gläubiger die vereinnahmte **Quotendifferenz** nach Abs 2 S 1 behalten (ausführlich Andres/Leithaus-*Dahl* § 342 Rn 11). Die insoweit drohende Ungleichbehandlung der Gläubiger ist hinzunehmen; jedem Gläubiger kann grundsätzlich geraten werden, seine Forderung in möglichst vielen Insolvenzverfahren über das Vermögen des Schuldners anzumelden, auch wenn dadurch zusätzliche Kosten entstehen können (vgl § 341 Abs 1; ähnlich FK-*Wimmer* § 341 Rn 4). 16

Die für die Anrechnung bzw die Quotenrelation maßgebliche **Vergleichsgruppe** bilden sämtliche Insolvenzgläubiger, deren Forderungen derselben Rangklasse angehören (K/P/B-*Kemper/Paulus* § 342 Rn 17; HK-*Stephan* § 342 Rn 11). 17

IV. Auskunftsverpflichtung (Abs 3)

18 Nach Abs 3 ist der Gläubiger dem Verwalter zur Auskunft über das gem Abs 1 oder Abs 2 Erlangte verpflichtet. Der Auskunftsanspruch dient zur Vorbereitung eines Herausgabeverlangens nach Abs 1 bzw zur Ermöglichung der Anrechnung nach Abs 2 (K/P/B-*Kemper/Paulus* § 342 Rn 19).

19 Der Auskunftsanspruch des Verwalters nach Abs 3 besteht neben einer etwaigen Auskunftsverpflichtung des Gläubigers aus anderem Rechtsgrund sowie neben einem Auskunftsanspruch des Verwalters gegen den Schuldner oder einen ausländischen Insolvenzverwalter aufgrund der Unterrichtungs- und Kooperationspflicht gem § 357 bzw Art 31 EuInsVO und ist auch von sonstigen Informationsquellen des Verwalters unabhängig (Braun-*Liersch/Tashiro* § 342 Rn 19; MüKoInsO-*Reinhart* § 342 Rn 22).

20 Die vom Gläubiger nach Abs 3 geschuldete Auskunft ist „auf Verlangen" des Insolvenzverwalters zu erteilen. An die Geltendmachung des Auskunftsanspruchs sind keine hohen Anforderungen zu stellen, da dem Verwalter im Fall des Abs 1 regelmäßig entsprechende Tatsachenkenntnisse fehlen werden (MüKoInsO-*Reinhart* § 342 Rn 23). Im Fall des Abs 2 ist ihm nicht zuzumuten, sich vor einer Inanspruchnahme des Gläubigers erst selbst über den Stand des ausländischen Insolvenzverfahrens zu informieren. Ein allgemeines Auskunftsverlangen des Verwalters (gegebenenfalls mittels eines Formblatts oder Fragebogens, den der Gläubiger vor Erhalt einer Quotenausschüttung im inländischen Verfahren auszufüllen hat), stellt ein für Abs 3 hinreichendes Auskunftsverlangen dar. Im Übrigen ist der Anspruch nach allgemein zivilprozessualen Regeln durchzusetzen (MüKoInsO-*Reinhart* § 342 Rn 23).

Zweiter Abschnitt Ausländisches Insolvenzverfahren

§ 343 Anerkennung

(1) ¹Die Eröffnung eines ausländischen Insolvenzverfahrens wird anerkannt. ²Dies gilt nicht,
1. wenn die Gerichte des Staats der Verfahrenseröffnung nach deutschem Recht nicht zuständig sind;
2. soweit die Anerkennung zu einem Ergebnis führt, das mit wesentlichen Grundsätzen des deutschen Rechts offensichtlich unvereinbar ist, insbesondere soweit sie mit den Grundrechten unvereinbar ist.

(2) Absatz 1 gilt entsprechend für Sicherungsmaßnahmen, die nach dem Antrag auf Eröffnung des Insolvenzverfahrens getroffen werden, sowie für Entscheidungen, die zur Durchführung oder Beendigung des anerkannten Insolvenzverfahrens ergangen sind.

I. Einführung

1 Die §§ 343 ff betreffen im Ausland eröffnete Insolvenzverfahren, die Wirkungen im Inland erzeugen (K/P/B-*Kemper/Paulus* § 343 Rn 1). Nach dem Universalitätsprinzip betrifft ein Insolvenzverfahren das weltweite Vermögen des Gemeinschuldners (Andres/Leithaus/*Dahl*, § 343 Rn 2). § 343 ist zunächst auf Hauptinsolvenzverfahren anwendbar. Auf Partikularverfahren ist es in Einzelfällen anwendbar, soweit dieses auch für Gläubiger aus anderen Staaten als dem Eröffnungsstaat wirkt (K/P/B-*Kemper/Paulus*, § 343, Rn 1; aA *Andres/Leithaus/Dahl* § 343 Rn 2, wonach § 343 grundsätzlich auf Partikularverfahren anzuwenden sei). Nach der Systematik der InsO sind die Vorschriften des ersten Abschnitts (§§ 335 bis 342) als allgemeine Vorschriften ergänzend anwendbar (Andres/Leithaus/*Dahl*, § 343 Rn 1).

II. Anerkennung (Abs 1 S 1)

2 Abs 1 S 1 der Vorschrift bestimmt schlicht, dass die Eröffnung eines ausländischen Insolvenzverfahrens anerkannt wird. Es handelt sich um eine automatische Anerkennung, die kein besonderes Anerkennungsverfahren voraussetzt (Graf-Schlicker-Kebekus/*Sabel*, § 343 Rn 1; K/P/B-*Kemper/Paulus*, § 343 Rn 2; Braun/*Liersch*, § 343 Rn 5). Voraussetzung ist, dass es sich um ein Insolvenzverfahren handelt, das im Ausland eröffnet worden ist.

3 **1. Insolvenzverfahren.** Anerkennungsfähig ist nur ein **Insolvenzverfahren**. Ob ein solches vorliegt, erfordert zunächst eine **Qualifikation** des ausländischen Verfahrens (K/P/B-*Kemper/Paulus*, § 343 Rn 4). Auszugehen ist von der **lex fori concursus**. Das ausländische Verfahren muss bei **funktionaler Betrachtung** einem deutschen Insolvenzverfahren entsprechen. Dass bedeutet, dass das Verfahren **im Wesentlichen den gleichen Zielen** dienen muss, wie das inländische Insolvenzverfahren (K/P/B-*Kemper/Paulus*, § 343 Rn 4). Dessen Hauptziel ist die bestmögliche Befriedigung aller Gläubiger (K/P/B-*Kemper/Paulus*, § 343 Rn 4). Der entscheidende Gesichtspunkt ist jedoch, dass es sich bei dem betreffenden Verfahren um eine **Gesamtvollstreckung** und nicht um eine Einzelvollstreckung handeln muss.

4 **2. Ausländisches Verfahren.** Ferner muss es sich um ein **ausländisches** Insolvenzverfahren handeln. Dies ist dann der Fall, wenn die Eröffnung **außerhalb des Hoheitsgebiets der Bundesrepublik** stattfindet

III. Versagung der Anerkennung (Abs 1 S 2) § 343

(K/P/B-*Kemper/Paulus*, § 343 Rn 3). Erfasst sind somit im Grundsatz auch Verfahren, die innerhalb der europäischen Union eröffnet werden. Aufgrund des **Vorrangs der EUInsVO** richtet sich die Anerkennung von Insolvenzverfahren in Mitgliedstaaten der EU jedoch nicht nach §§ 343 ff, sondern **ausschließlich** nach § 16 EUInsVO (K/P/B-*Kemper/Paulus*, § 343 Rn 3).

3. Eröffnung. Schließlich muss das Insolvenzverfahren **eröffnet** worden sein. Auch die Frage der Eröffnung des Insolvenzverfahrens wird aufgrund einer **funktionalen Qualifikation** nach der lex fori beantwortet. Es ist danach zu fragen, ob der entsprechende Verfahrensschritt bei funktionaler Betrachtung nach deutschem Recht als Eröffnung qualifiziert werden kann. Nach deutschem Recht ist gem § 30 Abs 1 S 1 ein **Eröffnungsbeschluss** des Insolvenzgerichts erforderlich, in dem Schuldner und Insolvenzverwalter benannt werden. Entscheidend ist, ob durch einen **staatlichen Hoheitsakt** ein **formales Verfahren** eingeleitet wird, das auf **bestmögliche Befriedigung aller Gläubiger** im Wege der **Gesamtvollstreckung** gerichtet ist. Maßgebend ist daher die finale Bestimmung des Verfahrensziels. 5

III. Versagung der Anerkennung (Abs 1 S 2)

Abs 1 S 2 regelt zwei Ausnahmen vom Grundsatz der automatischen Anerkennung nach S 1. Danach wird die Eröffnung des Verfahrens dann nicht anerkannt, wenn die Gerichte des Staats der Verfahrenseröffnung nach deutschem Recht nicht zuständig sind (Nr 1) oder wenn die Anerkennung gegen den inländischen **ordre public**, insbesondere gegen die Grundrechte (Nr 2) verstoßen würde. 6

1. Unzuständigkeit nach deutschem Recht. Zuständigkeit meint hier **internationale Zuständigkeit** (K/P/B-*Kemper/Paulus*, § 343 Rn 9). Ihre Prüfung erfolgt von Amts wegen (K/P/B-*Kemper/Paulus*, § 343 Rn 9). Ermittelt wird die internationale Zuständigkeit aufgrund der Vorschriften über die **örtliche Zuständigkeit**, da diese doppelfunktionalen Charakter haben. Es ist daher für die Frage der Feststellung der internationalen Zuständigkeit zu prüfen, ob das Gericht des ausländischen Staats für die Eröffnungsentscheidung zuständig wäre, wenn dort die deutsche Insolvenzordnung gelten würde (**BGH** 3. 12. 1992, BGHZ 120, 334, 337; *Leipold*, in: FS Henkel S 533, 537; K/P/B-*Kemper/Paulus* § 343 Rn 11). Das ist gem § 3 Abs 1 S 2 zu bejahen, wenn der **Mittelpunkt einer selbstständigen wirtschaftlichen Tätigkeit des Schuldners** am Ort der Eröffnung im **Ausland** liegt (K/P/B-*Kemper/Paulus*, § 343 Rn 11). Anderenfalls ist der **allgemeine Gerichtsstand** des Schuldners maßgeblich (§ 3 Abs 1 S 2), also bei natürlichen Personen der **Wohnsitz**, bei juristischen Personen der **Sitz**. Maßgeblicher Zeitpunkt ist derjenige des Eröffnungsantrags (**OLG Hamm** 14. 1. 2000, NZI 2000, 220, 221; **OLG Frankfurt/Main** 21. 5. 2002, ZIP 2002, 1956, 1957; K/P/B-*Kemper/Paulus*, § 343 Rn 12). Ein späterer Wegfall der die Zuständigkeit begründenden Merkmale nach dem maßgeblichen Zeitpunkt wirkt sich nicht aus (HK-*Stephan*, § 343 Rn 10; K/P/B-*Kemper/Paulus*, § 343 Rn 12). 7

Ordre public-Vorbehalt (Nr 2). Abs 1 S 2 Nr 2 schließt aus, dass die Anerkennung eines ausländischen Insolvenzverfahrens zu einem Ergebnis führt, das mit wesentlichen Grundsätzen des deutschen Rechts **offensichtlich unvereinbar** ist, insbesondere wenn die Anerkennung mit den **Grundrechten unvereinbar** ist. Diese Vorschrift entspricht § 328 Abs 1 Nr 4 ZPO. 8

a) Die Norm regelt zunächst den **verfahrensrechtlichen ordre public** (K/P/B-*Kemper/Paulus* § 343 Rn 15). Er betrifft die Auswirkung der Ergebnisse der Rechtsanwendung durch das ausländische Gericht auf die Anerkennung im Inland (**BGH** 4. 6. 1992, ZIP 1992, 1256, 1260; K/P/B-*Kemper/Paulus* § 343 Rn 15). 9

b) Abs 1 S 2 Nr 2 betrifft gleichzeitig den **materiellrechtlichen ordre public**. Dieser betrifft die Auswirkungen des Ergebnisses einer auf dem Insolvenzstatut beruhenden Folgewirkung der ausländischen Verfahrenseröffnung auf das Inland (HK-*Stephan*, § 343 Rn 13; K/P/B-*Kemper/Paulus*, § 343 Rn 15). 10

c) Das Gericht prüft den ordre public-Verstoß **von Amts wegen** (K/P/B-*Kemper/Paulus*, § 343 Rn 15). Ähnlich wie im deutschen Recht die Frage streitig ist, ob es für die Beurteilung der Sittenwidrigkeit gem § 138 Abs 1 BGB auf den Zeitpunkt der Errichtung des Rechtsgeschäfts ankommt oder auf den Zeitpunkt, an dem dieses seine Wirksamkeit entfaltet, kommen auch bei der Frage der Beurteilung des Ordre-public-Verstoßes zwei Zeitpunkte in Betracht: einmal der Zeitpunkt der Verfahrenseröffnung und zum anderen der Zeitpunkt der Anerkennung der Entscheidung im Inland. Einigkeit besteht darüber, dass es jedenfalls für das internationale Insolvenzrecht nur auf den **Zeitpunkt der Anerkennung der Entscheidung im Inland** ankommen kann (K/P/B-*Kemper/Paulus*, § 343 Rn 15). Denn es geht allein darum, der Entscheidung die Anerkennung im Inland zu versagen. 11

d) Der **Normzweck** des ordre public-Vorbehalts besteht in einem **Einzelfallkorrektiv**, das für sich genommen eigentlich den Grundsätzen des internationalen Privatrechts Grund ist. Denn dessen Ausgangspunkt, die Prämisse, dass der Gesetzgeber es im Interesse der **international privatrechtlichen Gerechtigkeit** bewusst in Kauf nimmt, Entscheidungen anzuerkennen, die von den nach dem eigenen Recht eigentlich zu fällenden abweichen (Palandt/*Heldrich*, EGBGB Art 6 Rn 1). Allerdings darf der Staat dadurch nicht zur Anerkennung von Entscheidungen genötigt werden, die im Ergebnis grundle- 12 genden deutschen Rechtsanschauungen krass widerstreiten (Palandt/*Heldrich*, EGBGB Art 6 Rn 1). Eine solche Vorbehaltsklausel findet sich im Grundsatz im internationalen Zivilverfahrensrecht aller Staaten, stärker noch im materiellen internationalen Privatrecht. Nicht ausreichend für die Anwendung des ordre public-Vorbehalts ist es daher, wenn die Entscheidung lediglich zu einem anderen Ergebnis kommt als es das deutsche Recht vorsehen würde. Erforderlich ist vielmehr, dass das Ergebnis der Anwendung (HK-*Stephan*, § 343 Rn 11) ausländischen Rechts zu dem Grundgedanken der jeweils deutschen Regelung so stark im Widerspruch steht, dass es aus deutscher Sicht **untragbar** ist (**BGH** 17. 9. 1968 BGHZ 50, 370, 376; **BGH** 4. 6. 1992 ZIP 1992, 1256, 1264; Palandt/*Heldrich*, EGBGB Art 6 Rn 4).

13 e) Erforderlich ist ferner, dass diese Unvereinbarkeit **offensichtlich** ist. Das bedeutet, dass der betreffende Verstoß so deutlich ist, dass er sich einem verständigen Anwender unermittelbar erschließt (K/P/B-*Kemper/Paulus*, § 343 Rn 16).

14 f) Das Gesetzt geht davon aus, dass eine solche offensichtliche Unvereinbarkeit insbesondere dann gegeben ist, wenn die Anerkennung zu einem Ergebnis führt, das mit den **Grundrechten** unvereinbar ist. Nicht ausreichend ist insoweit ein **bloßer Grundrechtsverstoß** erforderlich ist vielmehr ein besonders **krasser Verstoß gegen Grundrechte**, vor allem gegen **Verfahrensgrundrechte**. Hier ist in erster Linie das Recht auf rechtliches Gehör (Art 103 GG) zu nennen (HK-*Stephan* § 343 Rn 14; K/P/B-*Kemper/Paulus*, § 343 Rn 17).

15 g) Vom Normzweck her kann der ordre public-Vorbehalt nur eingreifen, wenn die Entscheidung einen hinreichenden **Bezug zum Inland** aufweist (vgl Palandt/*Heldrich*, 63. Aufl, EGBGB Art 6 Rn 6; K/P/B-*Kemper/Paulus*, § 343 Rn 19). Er liegt vor, wenn im Inland geschützte Interessen durch die ausländische Verfahrenseröffnung tangiert werden (K/P/B-*Kemper/Paulus*, § 343 Rn 19). Insoweit kann auf die zu § 328 ZPO entwickelten Kriterien (deutsche Staatsangehörigkeit der Verfahrensbeteiligten, ständiger Aufenthalt eines Verfahrensbeteiligten im Inland oder die Belegenheit von Vermögensgegenständen im Inland) zurückgegriffen werden (Zöller/*Geimer*, ZPO, § 328 Rn 167; K/P/B-*Kemper/Paulus*, § 343 Rn 19). Ausweislich des Gesetzeswortlauts erfolgt die Anerkennung nicht, „soweit" ein ordre public-Verstoß vorliegt. Betrifft er nur Teilbereiche im Sinn einzelner Wirkungen der Eröffnungsentscheidung, so ist eine **Teilanerkennung** der Entscheidungen möglich, soweit sie nicht gegen den ordre public verstößt (HK-*Stephan*, § 343 Rn 12; *Hanisch*, in: FS Jahr, S 455, 473; K/P/B-*Kemper/Paulus*, § 343 Rn 20). Die Anerkennungsvoraussetzungen in § 343 sind **abschließend**, sodass es weder des Erfordernisses der Verbürgung der Gegenseitigkeit (vgl dazu **BGH** 11. 7. 1985, ZIP 1985, 944, 949, **BGH** 27. 5. 1993, BGHZ 122, 373, 375; *Leipold*, FS Henckel S 533, 537; K/P/B-*Kemper/Paulus*, § 343 Rn 21) noch eines besonderen Anerkennungsverfahrens bedarf (HK-*Stephan* § 343 Rn 18). Vor allem bedarf es auch keines besonderen Anerkennungstitels (*Hanisch*, ZIP 1985, 1233, 1235). Abweichendes gilt jedoch, wenn die Eröffnungsentscheidung einen Inhalt hat, der vollstreckungsfähig ist. § 353 fordert insoweit für die Durchsetzung der Entscheidung im Inland ein **Vollstreckungsurteil**.

IV. Entsprechende Anwendung auf Sicherungsmaßnahmen (Abs 2)

16 Anerkennungsfähig sind auch Sicherungsmaßnahmen und zur Durchführung oder Beendigung anerkannter Insolvenzverfahren ergangene Entscheidung. Auch hier findet kein besonderes Anerkennungsverfahren statt; es gilt vielmehr die automatische Anerkennung.
Anerkennungsgegenstand ist in diesem Fall nicht das ausländische Insolvenzverfahren (so *Liersch*, NZI 2003, 302, 306), sondern die **Anordnung der Sicherungsmaßnahme** (K/P/B-*Kemper/Paulus*, § 343 Rn 23) oder die sonstigen Entscheidungen. Das Gesetz ordnet insoweit die entsprechende Geltung von Abs 1 an, so dass dessen Voraussetzungen vorliegen müssen. Die zu Abs 1 dargestellte Problematik der Qualifikation stellt sich hier entsprechend (oben Rn 3). **Sicherungsmaßnahmen** verfolgen das Ziel der Sicherstellung des Grundsatzes der gleichmäßigen Gläubigerbefriedigung im Zeitraum zwischen Antragstellung und Eröffnung des Insolvenzverfahrens (K/P/B-*Kemper/Paulus*, § 343 Rn 23). **Durchführungsentscheidungen** sind alle verfahrensleitenden Entscheidungen des Gerichts, die in laufenden Insolvenzverfahren getroffen werden, um eine Verfahrenshandlung vorzunehmen, einen Verfahrensabschnitt zu gestalten oder einen Verfahrensfortschritt zu erzielen (K/P/B-*Kemper/Paulus*, § 343 Rn 24). **Beendigungsentscheidungen** sind abschließende Entscheidungen, die das Verfahren insgesamt oder einzelne Verfahrensabschnitte förmlich beendet (K/P/B-*Kemper/Paulus*, § 343 Rn 24).

§ 344 Sicherungsmaßnahmen

(1) Wurde im Ausland vor Eröffnung eines Hauptinsolvenzverfahrens ein vorläufiger Verwalter bestellt, so kann auf seinen Antrag das zuständige Insolvenzgericht die Maßnahmen nach § 21 anordnen, die zur Sicherung des von einem inländischen Sekundärinsolvenzverfahren erfassten Vermögens erforderlich erscheinen.

(2) Gegen den Beschluss steht auch dem vorläufigen Verwalter die sofortige Beschwerde zu.

I. Normzweck

§ 343 Abs 2 sieht die grundsätzliche Anerkennung von vorläufigen Sicherungsmaßnahmen vor, die durch ein ausländisches Gericht vor der Verfahrenseröffnung getroffen werden. § 344 erweitert dies dahingehend, dass auf Antrag eines ausländischen Insolvenzverwalters Sicherungsmaßnahmen, die nach nationalem Recht zulässig sind, durch das zuständige Insolvenzgericht erlassen werden können (K/P/B-*Kemper/Paulus*, § 344 Rn 1). In der Begründung zum RegE (IIRNeuRG (zu § 344), BT-Drucks 15/16, S 21) heißt es dazu, dass im Interesse der Erhaltung der zukünftigen Insolvenzmasse des universellen ausländischen Verfahrens eine zügige Massesicherung gewährleistet werden müsse. Abs 1 entspricht Art 38 EuInsVO. § 344 stellt eine Sachnorm dar, die von der Beantragung bis zur Eröffnung eines ausländischen Hauptinsolvenzverfahrens gilt, das Wirkungen in Deutschland erzeugen soll (K/P/B-*Kemper/Paulus*, § 344 Rn 2).

II. Sicherungsmaßnahmen (Abs 1)

1. Im Ausland. Die Vorschrift betrifft nur **ausländische**, nicht aber inländische Hauptinsolvenzverfahren. Voraussetzung ist daher, dass der Schuldner in einem Drittstaat den Mittelpunkt seiner hauptsächlichen Interessen hat (K/P/B-*Kemper/Paulus* § 344 Rn 3).

2. Vor Eröffnung des Hauptinsolvenzverfahrens. Die Eröffnung des Insolvenzverfahrens muss beantragt, das Verfahren selbst aber noch nicht eröffnet worden sein (vgl HK-*Stephan* § 344 Rn 7; K/P/B-*Kemper/Paulus* § 344 Rn 3). Das Verfahren muss für den Fall seiner Eröffnung das Hauptinsolvenzverfahren darstellen. Das inländische Gericht hat zu prüfen, ob das beantragte ausländische Verfahren im Inland anerkennungsfähig ist, weil der im ausländischen Verfahren bestellte vorläufige Verwalter im Inland Zwangsbefugnisse ausüben soll (K/P/B-*Kemper/Paulus*, § 344 Rn 4). Zu prüfen ist daher, ob es sich bei dem beantragten Verfahren um ein Insolvenzverfahren handelt (**funktionale Qualifikation**), ob das ausländische Gericht **international zuständig** sein wird und ob die Verfahrenseröffnung nicht gegen den ordre public verstößt (vgl HK-*Stephan*, § 344 Rn 11; K/P/B-*Kemper/Paulus*, § 344 Rn 4).

3. Bestellung eines vorläufigen Insolvenzverwalters. Die Vorschrift verlangt, dass ein vorläufiger Verwalter bestellt ist. Die Voraussetzungen der Bestellung richten sich nach dem Recht des Eröffnungsstaats (HK-*Stephan* § 344 Rn 8; K/P/B-*Kemper/Paulus* § 344 Rn 5). Analog § 347 Abs 1 kann der Nachweis seiner Bestellung durch eine beglaubigte Abschrift – gegebenenfalls zuzüglich einer Übersetzung – der Bestellungsurkunde erbracht werden (vgl K/P/B-*Kemper/Paulus*, § 347 Rn 3; § 344 Rn 5).

4. Antrag. Nur der vorläufige ausländische Verwalter hat das **Recht**, die erforderlichen Sicherungsmaßnahmen beim Gericht **zu beantragen**. Er kann sich im Inland vertreten lassen durch Erteilung wirksamer Vollmacht.

5. Erforderliche Sicherungsmaßnahmen nach § 21. Das Gericht ist nicht an den Antrag bestimmter Sicherungsmaßnahmen gebunden, sondern ordnet von sich aus die erforderlichen Maßnahmen zur Sicherung des von einem inländischen Sekundärverfahren erfassten Vermögens an (K/P/B-*Kemper/Paulus*, § 344 Rn 8.) Dem Gericht steht dabei grundsätzlich der gesamte Maßnahmenkatalog des § 21 Abs 2 offen, auch die Einweisung in die Aufgaben des vorläufigen Insolvenzverwalters nach § 21 Abs 2 Nr 1 oder Nr 2, wenn der ausländische vorläufige Verwalter als geschäftskundige Person (vgl § 56 Abs 1) anzusehen ist (vgl K/P/B-*Kemper/Paulus*, § 344 Rn 8).

6. Vermögenssicherung. Die Sicherungsmaßnahmen nach § 21 dürfen nur Schuldnervermögen betreffen, das von einem **inländischen Sekundärinsolvenzverfahren** erfasst wird. Ein solches ist jedoch von der Eröffnung des – noch zu eröffnenden – Hauptinsolvenzverfahrens abhängig. Hinsichtlich des Antragsrechts ist daher **hypothetisch zu prüfen**, ob über das im Inland belegene Schuldnervermögen ein Sekundärinsolvenzverfahren eröffnet werden könnte, wenn im betreffenden Drittstaat das Hauptinsolvenzverfahren eröffnet wird (vgl Begr RegE IIRNeuRG zu § 344, BT-Drucks 15/16, S 22; HK-*Stephan*, § 344 Rn 9). Dies richtet sich nach §§ 354 ff unter Außerachtlassung des Antrags auf Verfahrenseröffnung (K/P/B-*Kemper/Paulus* § 344 Rn 7). Diese Voraussetzungen, vor allem die der inländischen Niederlassung des Schuldners (vgl § 354 Abs 1), muss das Gericht vor Anordnung der Sicherungsmaßnahme prüfen (HK-*Stephan*, § 344 Rn 11; K/P/B-*Kemper/Paulus*, § 344 Rn 11). Das weitere Verfahren nach Anordnung richtet sich ebenfalls nach den Vorschriften der InsO.

7. Zuständiges Insolvenzgericht. Die Zuständigkeit des Gerichts wird durch § 348 bestimmt (vgl K/P/B-*Kemper/Paulus*, § 344 Rn 6). Es handelt sich um eine Entscheidung, die nach § 18 Abs 1 Nr 3 RPflG dem Richter vorbehalten ist (vgl Begr RegE IIRNeuRG (zu Art 4 Nr 2), BT-Drucks 15/16, S 26; K/P/B-*Kemper/Paulus*, § 344 Rn 6).

III. Rechtsbehelfe (Abs 2)

9 Gegen den Beschluss steht dem vorläufigen ausländischen Insolvenzverwalter die sofortige Beschwerde zu. Nach dem Wortlaut des Abs 2 kann sich diese Beschwerde sowohl gegen die Ablehnung einer beantragten Sicherungsmaßnahme als auch gegen die Anordnung einer gerichtlichen Maßnahme richten. Das Beschwerderecht des Schuldners, der sich nur gegen die Anordnung richten kann, richtet sich ausschließlich nach § 21 Abs 1 S 2 (K/P/B-*Kemper/Paulus*, § 344 Rn 11).

§ 345 Öffentliche Bekanntmachung

(1) ¹Sind die Voraussetzungen für die Anerkennung der Verfahrenseröffnung gegeben, so hat das Insolvenzgericht auf Antrag des ausländischen Insolvenzverwalters den wesentlichen Inhalt der Entscheidung über die Verfahrenseröffnung und der Entscheidung über die Bestellung des Insolvenzverwalters im Inland bekannt zu machen. ²§ 9 Abs. 1 und 2 und § 30 Abs. 1 Satz 1 gelten entsprechend. ³Ist die Eröffnung des Insolvenzverfahrens bekannt gemacht worden, so ist die Beendigung in gleicher Weise bekannt zu machen.

(2) ¹Hat der Schuldner im Inland eine Niederlassung, so erfolgt die öffentliche Bekanntmachung von Amts wegen. ²Der Insolvenzverwalter oder ein ständiger Vertreter nach § 13e Abs. 2 Satz 5 Nr. 3 des Handelsgesetzbuchs unterrichtet das nach § 348 Abs. 1 zuständige Insolvenzgericht.

(3) ¹Der Antrag ist nur zulässig, wenn glaubhaft gemacht wird, dass die tatsächlichen Voraussetzungen für die Anerkennung der Verfahrenseröffnung vorliegen. ²Dem Verwalter ist eine Ausfertigung des Beschlusses, durch den die Bekanntmachung angeordnet wird, zu erteilen. ³Gegen die Entscheidung des Insolvenzgerichts, mit der die öffentliche Bekanntmachung abgelehnt wird, steht dem ausländischen Verwalter die sofortige Beschwerde zu.

I. Normzweck

1 Zweck der Regelung ist, dem Verwalter eines ausländischen Insolvenzverfahrens die Veröffentlichung der Verfahrenseröffnung im Inland zu ermöglichen. Durch Unterrichtung der Beteiligten und des geschäftlichen Verkehrs flankiert die Norm den grenzüberschreitenden Charakter des ausländischen Insolvenzverfahrens. Darüber hinaus sieht Abs 2 die öffentliche Bekanntmachung des ausländischen Verfahrens von Amts wegen vor, soweit im Inland eine Niederlassung besteht.

2 Weder ist die öffentliche Bekanntmachung Voraussetzung für die Anerkennung eines ausländischen Insolvenzverfahrens noch hindert sie die Versagung der Anerkennung eines ausländischen Verfahrens in einem späteren Rechtsstreit (K/P/B-*Kemper/Paulus*, § 345 Rn 2; HK-*Stephan*, § 345 Rn 4).

II. Antrag des ausländischen Insolvenzverwalters (Abs 1 S 1)

3 **1. Voraussetzungen der Anerkennung.** Ausgangspunkt der Prüfung des Gerichts, ob dem Antrag des ausländischen Verwalters auf Bekanntmachung der Verfahrenseröffnung im Inland stattzugeben ist, bildet die Prüfung der **Anerkennungsfähigkeit der Eröffnung des ausländischen Insolvenzverfahrens** von Amts wegen gem § 343 (Begr RegE II RNeuRG (zu § 345), BT-Drucks 15/16, S 22; K/P/B-*Kemper/Paulus*, § 345 Rn 8). Es ist insoweit ausreichend, dass der Verwalter gem Abs 3 S 1 die tatsächlichen Voraussetzungen für die Anerkennung der Verfahrenseröffnung glaubhaft macht. Dies stellt eine Zulässigkeitsvoraussetzung dar. Entscheidend ist, dass insoweit die entsprechenden Tatsachen im Hinblick auf die Eröffnung des ausländischen Insolvenzverfahrens vorgetragen werden.

4 **2. Antragsbefugnis des Verwalters.** Der ausländische Verwalter ist befugt, die Bekanntmachung des wesentlichen Inhalts der Entscheidung über die Verfahrenseröffnung und der Entscheidung über seine Bestellung zu beantragen. Ob der Verwalter den Antrag auf Bekanntmachung stellt, steht in seinem Ermessen (Begr RegE II RNeuRG (zu § 345) BT-Drucks 15/16, 22; K/P/B-*Kemper/Paulus*, § 345 Rn 45). Die Kosten der Bekanntmachung fallen grundsätzlich der Masse zur Last. Daher wird sich der Insolvenzverwalter bei seiner Entscheidung im Wesentlichen an wirtschaftlichen Kriterien zu orientieren haben. Ein Anhaltspunkt dafür können Art und Umfang des im Inland gelegenen Vermögens, aber auch die Zahl der inländischen Gläubiger sein (K/P/B-*Kemper/Paulus*, § 345 Rn 5).

5 Bekannt gemacht werden kann nur der wesentliche Inhalt der Eröffnungsentscheidung. Dazu gehören: der Name des Schuldners, der Eröffnungszeitpunkt, die Aufforderung an die Gläubiger, ihre Forderungen anzumelden sowie dazu korrespondierend eine Fristsetzung. Darüber, was zum tatsächlichen Inhalt der Eröffnungsentscheidung gehört, entscheidet das Insolvenzgericht. Bekannt gemacht werden muss ebenso die Bestellung des Insolvenzverwalters. Erforderlich ist auch die Angabe, ob es sich um ein Haupt- oder Partikularinsolvenzverfahren handelt (HK-*Stephan*, § 345 Rn 10; K/P/B-*Kemper/Paulus*, § 345 Rn 6). Zuständig ist das Insolvenzgericht nach § 348. Es entscheidet durch den Richter gem § 18 Abs 1 Nr 3 RPflG (RegE II RNeuRG (Art 4 Nr 2), BT-Drucks 15/16, S 26).

3. Öffentliche Bekanntmachung anerkennungsfähiger Sicherungsmaßnahmen.

Abs 1 bezieht sich nicht auf die öffentliche Bekanntmachung der in einem ausländischen Insolvenzeröffnungsverfahren angeordneten vorläufigen Sicherungsmaßnahmen, die ebenfalls anerkennungsfähig sind (§ 343 Abs 2). Werden Sicherungsmaßnahmen nach § 344 Abs 1 vom Insolvenzgericht angeordnet, richtet sich die Bekanntmachung nach § 23 Abs 1 (K/P/B-*Kemper/Paulus*, § 345 Rn 10). Soweit es sich um von einem ausländischen Gericht angeordnete Sicherungsmaßnahmen handelt, sind diese gem Abs 1 analog bekanntzumachen (K/P/B-*Kemper/Paulus*, § 345 Rn 10). Insoweit ist auch Abs 3 analog anzuwenden.

4. Verfahren (Abs 1 S 2).

Im Hinblick auf das Verfahren der Veröffentlichung verweist Abs 1 S 2 auf § 9 Abs 1 und 2 sowie § 30. Die Bekanntmachung erfolgt daher ebenso wie bei der Bekanntmachung einer inländischen Verfahrenseröffnung. Durch den Verweis auf § 9 Abs 2 wird zudem klargestellt, dass das zuständige Insolvenzgericht auch von Amts wegen weitere und wiederholte Veröffentlichungen veranlassen kann, ohne dass es eines entsprechenden Antrags des ausländischen Verwalters bedürfte.

5. Bekanntmachung der Verfahrensbeendigung (Abs 1 S 3).

Abs 1 S 3 bestimmt, dass auch die Beendigung des Verfahrens bekanntzumachen ist, wenn die Eröffnung öffentlich bekannt gemacht wurde. Ein Antrag ist hierzu nicht erforderlich. Vielmehr erfolgt die Bekanntmachung von Amts wegen, und zwar sobald das Insolvenzgericht Kenntnis von der Beendigung erlangt (HK-*Stephan*, § 345 Rn 12).

III. Bekanntmachung der Eröffnung von Amts wegen (Abs 2)

Das nach § 348 zuständige Insolvenzgericht hat unter bestimmten Voraussetzungen die Eröffnung eines ausländischen Insolvenzverfahrens von Amts wegen bekanntzumachen. Zuständig ist gem § 18 Abs 1 Nr 3 RPflG der Richter (RegE II RNeuRG (Art 4 Nr 2) BT-Drucks 15/16, S 26). Das ist der Fall, wenn der Schuldner des ausländischen Insolvenzverfahrens im Inland eine Niederlassung hat und diese Niederlassung bereits zum Zeitpunkt der Eröffnung des ausländischen Insolvenzverfahrens im Inland bestanden hat. In diesem Fall ist das Insolvenzgericht von Amts wegen zur Bekanntmachung verpflichtet, ein Antragsrecht des Insolvenzverwalters besteht nicht. Allerdings besteht auch keine Amtsermittlungspflicht des Gerichts (K/P/B-*Kemper/Paulus*, § 345 Rn 16). Erforderlich ist, dass der ausländische Verwalter bzw bei einer **AG** oder GmbH mit Sitz im Ausland der nach § 13 e Abs 2 S 4 Nr 3 HGB befugte ständige Vertreter des Insolvenzgericht von der Eröffnung des Insolvenzverfahrens im Drittstaat unterrichtet wird (RegE II RNeuRG (zu § 345) BT-Drucks 15/16, S 22).

IV. Glaubhaftmachung der tatsächlichen Voraussetzungen für die Anerkennung der Verfahrenseröffnung (Abs 3)

Die **tatsächlichen Voraussetzungen** für die Anerkennung der Verfahrenseröffnung sind **glaubhaft zu machen**. Es gilt insoweit § 294 ZPO, aber auch § 293 ZPO. Die Vorschrift trägt der Tatsache Rechnung, dass der Richter in Abweichung des Grundsatzes *iura novit curia* fremdes Recht nicht zu kennen hat. Die darunter fallenden Rechtssätze sind deshalb einem Beweisverfahren zugänglich (*Musielak/Huber*, ZPO, 6. Aufl 2008, § 293 Rn 1).

V. Verfahren der Bekanntmachung; Rechtsmittel (Abs 3)

Dem Verwalter ist die Ausfertigung des die Bekanntmachung anordnenden Beschlusses zu erteilen. Aus systematischen Gründen wie auch vom Normzweck her gilt dies sowohl im Fall der antragsgemäßen Bekanntgabe (Abs 1) als auch bei der Bekanntgabe von Amts wegen (Abs 2).

Gegen die Ablehnung des Antrags steht dem ausländischen Verwalter die **sofortige Beschwerde** zu. Die Beschwerde kann nicht darauf gestützt werden, dass die Anerkennung mit anderem als dem beantragten Inhalt veröffentlicht wird. Der Inhalt der Bekanntmachung liegt im richterlichen Ermessen (Andres/Leithaus-*Dahl*, § 345 Rn 14).

§ 346 Grundbuch

(1) Wird durch die Verfahrenseröffnung oder durch Anordnung von Sicherungsmaßnahmen nach § 343 Abs. 2 oder § 344 Abs. 1 die Verfügungsbefugnis des Schuldners eingeschränkt, so hat das Insolvenzgericht auf Antrag des ausländischen Insolvenzverwalters das Grundbuchamt zu ersuchen, die Eröffnung des Insolvenzverfahrens und die Art der Einschränkung der Verfügungsbefugnis des Schuldners in das Grundbuch einzutragen:
1. bei Grundstücken, als deren Eigentümer der Schuldner eingetragen ist;
2. bei den für den Schuldner eingetragenen Rechten an Grundstücken und an eingetragenen Rechten, wenn nach der Art des Rechts und den Umständen zu befürchten ist, dass ohne die Eintragung die Insolvenzgläubiger benachteiligt würden.

(2) ¹Der Antrag nach Absatz 1 ist nur zulässig, wenn glaubhaft gemacht wird, dass die tatsächlichen Voraussetzungen für die Anerkennung der Verfahrenseröffnung vorliegen. ²Gegen die Ent-

scheidung des Insolvenzgerichts steht dem ausländischen Verwalter die sofortige Beschwerde zu. ³Für die Löschung der Eintragung gilt § 32 Abs. 3 Satz 1 entsprechend.

(3) Für die Eintragung der Verfahrenseröffnung in das Schiffsregister, das Schiffsbauregister und das Register für Pfandrechte an Luftfahrzeugen gelten die Absätze 1 und 2 entsprechend.

I. Allgemeines

1   **1. Normzweck.** Die Vorschrift dient der Verhinderung eines gutgläubigen Erwerbs an im Inland belegenen Grundstücken (Abs 1) und an eingetragenen Schiffen und Luftfahrzeugen (Abs 3) nach der Eröffnung eines Insolvenzverfahrens im Ausland. Die Eintragung im Grundbuch ist erforderlich, um die Wirkungen des § 349 InsO zu unterbinden. Insoweit wird auch im Grundbuch eine Publizität über die Eröffnung eines ausländischen Hauptinsolvenzverfahrens bzw die Anordnung von Verfügungsbeschränkungen erreicht. Dieses Vorgehen trägt dem Schutz der Insolvenzgläubiger Rechnung, indem durch die Eintragung der Insolvenzeröffnung oder des Veräußerungsverbots ein gutgläubiger Erwerb verhindert wird.

2   **2. Europäisches Insolvenzrecht.** Die Norm des § 346 InsO ist vergleichbar mit der Regelung des Art 22 EuInsVO. Im Unterschied zu § 346 InsO hat der ausländische Insolvenzverwalter bei Art 22 EuInsVO die Eintragung grundsätzlich unmittelbar bei der zuständigen Registerstelle zu beantragen. Darüber hinaus können nach Art 22 EuInsVO auch Eintragungen im Handelsregister oder anderen öffentlichen Registern veranlasst werden.

II. Anwendungsbereich

3   Die Vorschrift gilt als Sachnorm nur für das eröffnete ausländische Hauptinsolvenzverfahren. Nur ein solches erstreckt sich im Gegensatz zum ausländischen Partikularverfahren auch auf Gegenstände außerhalb des Eröffnungsstaats und kann daher für den gutgläubigen Erwerb im Inland von Bedeutung sein (K/P/B-*Kemper/Paulus*, § 346 Rn 3). Für rein inländische Insolvenzverfahren findet sich eine vergleichbare Regelung in § 32 InsO.

III. Eintragung im Grundbuch (Abs 1)

4   **1. Ausländisches Hauptinsolvenzverfahren.** Voraussetzung für ein derartiges Eintragungsverfahren ist die Eröffnung eines ausländischen Hauptinsolvenzverfahrens in einem Drittstaat. Zudem muss in diesem Verfahren bereits ein ausländischer Insolvenzverwalter bestellt worden sein. Dies richtet sich regelmäßig nach den Vorschriften des ausländischen Verfahrensstaates (K/P/B-*Kemper/Paulus*, § 346 Rn 4). Hat vorliegend lediglich eine Anordnung von Sicherungsmaßnahmen gegenüber dem Schuldner stattgefunden, bedarf es der Bestellung eines vorläufigen Insolvenzverwalters.

5   **2. Antragsbefugnis.** Der ausländische (vorläufige) Insolvenzverwalter ist antragsbefugt im Sinn des § 346 InsO. Es steht in seinem Ermessen, ob er sodann einen Eintragungsantrag beim zuständigen Insolvenzgericht vornimmt (Andres/Leithaus-*Dahl*, § 346 Rn 4). Aufgrund des wirksamen gutgläubigen Erwerbs nach § 349 InsO ist eine kurzfristige Eintragung im Grundbuch in der Regel jedoch anzuraten.

6   **3. Adressat des Antrags.** Das zuständige inländische Insolvenzgericht ist Adressat des Antrags. Dieses ersucht sodann das Grundbuchamt, die beantragte Eintragung vorzunehmen. Zu beachten ist, dass das Grundbuchamt selbst kein tauglicher Adressat im Sinn von § 346 InsO ist (anders bei § 32 InsO). Die Zwischenschaltung des Insolvenzgerichts dient der Entlastung des Grundbuchamts, indem die Prüfungskompetenz im Hinblick auf die Anerkennung ausländischer Entscheidungen in die Hände eines Richters gegeben wird (HK-*Stephan*, § 346 Rn 4). Die Entscheidung über den Antrag des Verwalters bleibt dem Richter vorbehalten (vgl § 18 I Nr 3 RPflG).

7   **4. Anerkennungsfähigkeit des ausländischen Insolvenzverfahrens.** Die Prüfung der Anerkennung eines ausländischen Insolvenzverfahrens richtet sich nach § 343 InsO. Diese Prüfung erfolgt von Amts wegen. Der antragstellende Verwalter hat alle tatsächlichen Voraussetzungen für die Anerkennung der Verfahrenseröffnung glaubhaft zu machen (vgl Abs 2 S 1). Dies kann gegebenenfalls unter anderem durch die Vorlage des Eröffnungsbeschlusses geschehen. Ferner ist die Einschränkung der Verfügungsbefugnis des Schuldners im Hinblick auf Art und Umfang zu überprüfen.

8   **5. Einschränkungen der Verfügungsbefugnis.** Eintragungsfähig im Sinne des § 346 InsO ist sowohl die Eröffnung des ausländischen Insolvenzverfahrens als auch die **Art der Einschränkung der Verfügungsbefugnis**. Als Einschränkung der Verfügungsbefugnis ist nicht nur ein allgemeines Verfügungsverbot anzusehen, sondern jede Beschränkung, etwa auch die Anordnung eines Zustimmungsvorbehalts.

I. Normzweck

Grundsätzlich sind jedoch nur solche Verfügungsbeschränkungen der Eintragung fähig, welche dem deutschen Recht bekannt sind (*numerus clausus* des Sachenrechts). Die Verfügungsbeschränkung muss mithin eintragungsfähig sein. Gegebenenfalls kann eine Anpassung des ausländischen Verbots an das inländische Recht interessengerecht sein. Die Eintragung im Grundbuch entspricht dabei grundsätzlich dem gleichen Umfang der einzutragenden ausländischen Verfügungsbeschränkungen. Es bedarf hierbei lediglich einer Anpassung im Hinblick auf etwaige Normenwidersprüche.

6. Stellung des Schuldners. Nach Abs 1 Nr 1 muss der Schuldner Eigentümer des jeweiligen Grundstücks sein, und nach Abs 1 Nr 2 müssen für den Schuldner Rechte an einem fremden Grundstück eingetragen sein. In diesen Fällen ist eine Eintragung von Bedeutung, in denen zu befürchten ist, dass ohne sie eine Benachteiligung der Insolvenzgläubiger eintreten würde (HK-*Stephan*, § 346 Rn 12). Das Vorliegen der tatsächlichen Voraussetzungen gem Abs 1 Nr 1 und Nr 2 beurteilt sich nach den allgemeinen Vorschriften des BGB.

7. Eintragungsverfahren. Nach §§ 38, 29 Abs 3 GBO hat das inländische Insolvenzgericht das Grundbuchamt zu ersuchen, die Eröffnung des ausländischen Hauptinsolvenzverfahrens bzw die Art der Einschränkung der Verfügungsbefugnis im Grundbuch einzutragen. Die Form der Eintragung unterliegt deutschem Recht. Die Eintragung erfolgt bei dem jeweiligen Grundstück in Abt II des Grundbuchs.

IV. Rechtsmittel des ausländischen Insolvenzverwalters (Abs 2 S 2)

Gegen die ablehnende Entscheidung des Insolvenzgerichts steht dem ausländischen Insolvenzverwalter die sofortige Beschwerde zu. § 6 InsO gilt entsprechend. Er kann sich zudem auch gegen die Entscheidung des Gerichts über die Art der Verfügungsbeschränkung mit dem Rechtsmittel der sofortigen Beschwerde wehren.

V. Löschung der Eintragung (Abs 2 S 3)

Die Löschung erfolgt entsprechend der Vorschrift des § 32 Abs 3 S 1 InsO. Die Eintragung einer Löschung setzt einen Antrag an das zuständige Gericht voraus. Antragsbefugt sind hierbei der ausländische Insolvenzverwalter, der Schuldner oder auch ein anderer an der Freigabe oder Veräußerung Beteiligter (K/P/B-*Kemper/Paulus*, § 346 Rn 16, Braun/Liersch, § 346 Rn 9, aA HK-*Stephan*, § 346 Rn 15, wonach der ausländische Insolvenzverwalter mangels Verweises auf § 32 Abs 2 S 2 nicht antragsbefugt sei). Nach Antragsstellung ersucht das Insolvenzgericht wiederum das Grundbuchamt um Löschung (vgl §§ 38, 29 Abs 3 GBO).

VI. Eintragung in das Schiffsregister, das Schiffsbauregister und das Register für Pfandrechte an Luftfahrzeugen (Abs 3)

Die Abs 1 und 2 gelten nach Abs 3 entsprechend für die Eintragung an der Verfahrenseröffnung in das Schiffsregister, das Schiffsbauregister und das Register für Pfandrechte an Luftfahrzeugen.

§ 347 Nachweis der Verwalterbestellung. Unterrichtung des Gerichts

(1) ¹Der ausländische Insolvenzverwalter weist seine Bestellung durch eine beglaubigte Abschrift der Entscheidung, durch die er bestellt worden ist, oder durch eine andere von der zuständigen Stelle ausgestellte Bescheinigung nach. ²Das Insolvenzgericht kann eine Übersetzung verlangen, die von einer hierzu im Staat der Verfahrenseröffnung befugten Person zu beglaubigen ist.

(2) Der ausländische Insolvenzverwalter, der einen Antrag nach den §§ 344 bis 346 gestellt hat, unterrichtet das Insolvenzgericht über alle wesentlichen Änderungen in dem ausländischen Verfahren und über alle ihm bekannten weiteren ausländischen Insolvenzverfahren über das Vermögen des Schuldners.

I. Normzweck

§ 347 trifft Regelungen für das Tätigwerden des ausländischen Insolvenzverwalters im Inland und enthält in seinen beiden Absätzen zwei verschiedene Regelungsbereiche.

Die Vorschrift des § 347 Abs 1 ist dabei nahezu gleichlautend mit der Vorschrift des Art 19 EuInsVO (siehe dazu K/P/B-*Kemper*, Art 19 EuInsVO Rn 1) und betrifft den Nachweis der Verwalterbestellung. Die Vorschrift dient der Erleichterung des Tätigwerdens des Verwalters im Inland. In Abs 2 entspricht die Vorschrift weitestgehend dem Art 18 der UNCITRAL-Modellbestimmung (UNCITRAL Model Law On Cross-Border Insolvency, abgedruckt in ZIP 1997, 2224). Dieser normiert die Informationspflichten des Verwalters gegenüber dem inländischen Insolvenzgericht über den Fortgang des Verfahrens, nachdem der Insolvenzverwalter Anträge nach §§ 344 bis 346 gestellt hatte. Ohne den Erhalt jeglicher Informationen wäre das inländische Insolvenzgericht ansonsten vom Fortgang des Verfahrens gänzlich abgeschnitten. § 347 gilt hierbei sowohl für das eröffnete ausländische Hauptinsolvenzverfahren sowie für das eröffnete Partikularverfahren.

II. Nachweise der Verwalterbestellung (Abs 1)

1. Verwalterbestellung (Abs 1 S 1). Die Nachweispflicht des Abs 1 gilt sowohl für den **ausländischen Verwalter** des eröffneten Insolvenzverfahrens als auch für den ausländischen **vorläufigen Verwalter** (K/P/B-*Kemper/Paulus*§ 347 Rn 3). Die Befugnisse des ausländischen Insolvenzverwalters im Inland sind Ausfluss der automatischen Anerkennung des ausländischen Verfahrens und bestimmen sich nach der **lex fori concursus** (vgl § 335 InsO). Mithin kann der Verwalter grundsätzlich ohne besondere Erlaubnisse oder Förmlichkeiten zur Verfahrensdurchführung im Inland tätig werden. Die Vorschrift begründet daher zwar keine Pflicht des Verwalters, seine Bestellung nachzuweisen; sie bezweckt jedoch ein erleichtertes Tätigwerden insbesondere gegenüber amtlichen Stellen, durch den schriftlichen Nachweis der Befugnis.

2. Beglaubigte Abschrift. Nach § 347 Abs 1 kann der ausländische Insolvenzverwalter *„seine Bestellung durch eine* **beglaubigte Abschrift** *der Entscheidung oder durch eine andere von der zuständigen Stelle ausgestellte Bescheinigung"*. Ausreichend ist hierbei auch eine beglaubigte Abschrift der Eröffnungsentscheidung, soweit der Verwalter darin bestellt wurde (MüKoInsO-*Reinhart* § 347 Rn 4). Darüber hinausgehende Förmlichkeiten hat der Verwalter nicht zu beachten; es bedarf keiner gesonderten **Legalisation** der Bestellungsurkunde (so auch Art 19 EuInsVO).

3. Übersetzung (Abs 1 S 2). Der Nachweis der Bestellung kann grundsätzlich in der Sprache des Staats der Verfahrenseröffnung vorgelegt werden. Das zuständige Insolvenzgericht kann nach § 347 Abs 1 S 2 jedoch eine **beglaubigte Übersetzung** verlangen, wenn der ausländische Insolvenzverwalter ein Tätigwerden des Gerichts nach § 348 InsO erreichen möchte (Wimmer, § 347 Rn 4). Dies soll auch für andere Dienststellen gelten, etwa für Gläubiger (so K/P/B-*Kemper/Paulus*, § 347 Rn 6; aA Braun/Liersch, § 347 Rn 4; *Liersch*, NZI 2003, 302, 307). Diese Auffassung dürfte zur Führung der formalen Rechtsklarheit zutreffend sein. Der antragstellende Verwalter ist nach der Aufforderung zur Vorlage und Beibringung der Übersetzung verpflichtet (MüKoInsO § 347 Rn 8). Die Übersetzung ist von einer hierzu im Staat der Verfahrenseröffnung befugten Person zu beglaubigen.

III. Unterrichtung des Insolvenzgerichts (Abs 2)

Nach Abs 2 ist der Insolvenzverwalter verpflichtet, das Insolvenzgericht unverzüglich über **wesentliche Änderungen** im Hinblick auf das ausländische Verfahren **zu unterrichten**. Diese Informationspflicht besteht nach dem Wortlaut des § 347 Abs 2 jedoch nur dann, wenn der Verwalter gegenüber dem Gericht Anträge nach §§ 344–246 gestellt hat. Die Informationspflicht erstreckt sich auch auf die ihm bekannt werdenden weiteren Verfahrenseröffnungen über das Vermögen des Schuldners in Drittstaaten (vgl Begr der RegE, BR-Drucks 715/02 S 27 f). **Empfänger** der Information ist das nach § 348 zuständige Insolvenzgericht.

§ 348 Zuständiges Insolvenzgericht

(1) ¹Für die Entscheidungen nach den §§ 344 bis 346 ist ausschließlich das Insolvenzgericht zuständig, in dessen Bezirk die Niederlassung oder, wenn eine Niederlassung fehlt, Vermögen des Schuldners belegen ist. ²§ 3 Abs. 2 gilt entsprechend.

(2) ¹Die Landesregierungen werden ermächtigt, zur sachdienlichen Förderung oder schnelleren Erledigung der Verfahren durch Rechtsverordnung die Entscheidungen nach den §§ 344 bis 346 für die Bezirke mehrerer Insolvenzgerichte einem von diesen zuzuweisen. ²Die Landesregierungen können die Ermächtigungen auf die Landesjustizverwaltungen übertragen.

(3) ¹Die Länder können vereinbaren, dass die Entscheidungen nach den §§ 344 bis 346 für mehrere Länder den Gerichten eines Landes zugewiesen werden. ²Geht ein Antrag nach den §§ 344 bis 346 bei einem unzuständigen Gericht ein, so leitet dieses den Antrag unverzüglich an das zuständige Gericht weiter und unterrichtet hierüber den Antragsteller.

I. Normzweck

Die Vorschrift regelt die **örtliche Zuständigkeit** des Insolvenzgerichts für die Anträge des Verwalters nach den Vorschriften der §§ 344–346. Hiernach kann der ausländische Insolvenzverwalter Sicherungsmaßnahmen beantragen (vgl § 344), die Verfahrenseröffnung öffentlich im Inland bekannt machen (vgl § 345) sowie die Eintragung der Verfahrenseröffnung im Grundbuch erwirken (vgl § 346). Da

I. Normzweck

ein Insolvenzverfahren bislang lediglich im Ausland eröffnet oder zumindest beantragt wurde und im Inland ein solches Verfahren noch nicht anhängig ist, mangelt es (bislang noch) an einem zuständigen Verfahrensgericht in Deutschland. § 348 Abs 1 füllt diese Lücke. Die Regelungen in **Abs 2 und 3** ermöglichen darüber hinaus eine Konzentration der Zuständigkeit bei wenigen Insolvenzgerichten. Abs 2 enthält die Konzentrationsermächtigung der Länder und Abs 3 lässt zudem auch eine länderübergreifende Konzentration zu.

II. Zuständigkeit des Insolvenzgerichts (Abs 1)

Das Insolvenzgericht ist für die Anträge des ausländischen Insolvenzverwalters nach §§ 344–346 **sachlich und funktional** zuständig (Andres/Leithaus-*Dahl*, § 348 Rn 1; K/P/B-*Kemper/Paulus*, § 348 Rn 2). 2

Soweit der ausländische Insolvenzverwalter im Inland Unterstützungshandlungen für sein Verfahren beantragt, richtet sich die **örtliche Zuständigkeit** des Insolvenzgerichts primär und ausschließlich nach der **Niederlassung** des Schuldners.

Der Niederlassungsbegriff (K/P/B-*Kemper/Paulus*, § 354 Rn 6; FK-*Wimmer*, § 354 Rn 3ff) ist auch hier weit auszulegen; im Sinn von § 354 ist es jeder für Dritte erkennbare Tätigkeitsort, an dem der Schuldner einer wirtschaftlichen Aktivität von nicht nur vorübergehender Art nachgeht, die den Einsatz von Personal und Vermögenswerten bedingt. Unterhält der Schuldner im Inland keine Niederlassung, so bestimmt sich der Gerichtsstand danach, wo **Vermögensgegenstände** des Schuldners im Inland belegen sind. Verfügt der Schuldner über mehrere Niederlassungen oder über mehrere Vermögensgegenstände im Inland, so können mehrere Insolvenzgerichte zuständig sein (K/P/B-*Kemper/Paulus*, § 348 Rn 5). Hierbei gilt nach Abs 1 S 2 in Verbindung mit § 3 Abs 2 der **Grundsatz der Priorität**, sodass das Insolvenzgericht örtlich zuständig ist, bei dem zuerst ein Antrag nach §§ 344–346 gestellt wurde. 3

III. Verweisung (Abs 3 S 2)

Nach Abs 3 S 2 sind hiernach unzuständige Gerichte verpflichtet, bei ihnen fälschlich eingegangene Anträge an das sachlich und örtlich zuständige Gericht weiterzuleiten. Es ist daher ausgeschlossen, dass ein, bei einem unzuständigen Gericht, eingereichter Antrag als unzulässig abgewiesen wird (FK-*Wimmer*, § 348 Rn 5). 4

IV. Konzentrationsermächtigung (Abs 2, 3 S 1)

Abs 2 ermächtigt die Landeregierungen, durch Rechtsverordnung die Entscheidungen nach §§ 344–346 für die Bezirke mehrerer Insolvenzgerichte bei einem Insolvenzgericht zu konzentrieren. Diese Ermächtigung weicht von der ausschließlichen örtlichen Zuständigkeit nach Abs 1 ab. Nach dem Wortlaut der Regelung ist primäres Ziel die sachdienliche Förderung oder die schnellere Erledigung der Verfahren. Dies stellt zudem eine Förderung der Bildung von Fachkompetenz an den betreffenden Gerichten dar. Eine Übertragung der Ermächtigung an die Landesjustizverwaltungen ist nach Abs 2 S 2 möglich. Durch eine Vereinbarung der Länder kann diese Konzentration auch nach Abs 3 S 1 über die Landesgrenzen hinweg erfolgen. 5

§ 349 Verfügungen über unbewegliche Gegenstände

(1) Hat der Schuldner über einen Gegenstand der Insolvenzmasse, der im Inland im Grundbuch, Schiffsregister, Schiffsbauregister oder Register für Pfandrechte an Luftfahrzeugen eingetragen ist, oder über ein Recht an einem solchen Gegenstand verfügt, so sind die §§ 878, 892, 893 des Bürgerlichen Gesetzbuchs, § 3 Abs. 3, §§ 16, 17 des Gesetzes über Rechte an eingetragenen Schiffen und Schiffsbauwerken und § 5 Abs. 3, §§ 16, 17 des Gesetzes über Rechte an Luftfahrzeugen anzuwenden.

(2) Ist zur Sicherung eines Anspruchs im Inland eine Vormerkung im Grundbuch, Schiffsregister, Schiffsbauregister oder Register für Pfandrechte an Luftfahrzeugen eingetragen, so bleibt § 106 unberührt.

I. Normzweck

Nach § 349 wird im Falle des gutgläubigen Erwerbs an unbeweglichen Gegenständen oder registerpflichtigen sonstigen Gegenständen (Abs 1) sowie der Insolvenzfestigkeit inländischer Vormerkungen (Abs 2) von der grundsätzlich anzuwendenden *lex fori concursus* (vgl § 335 InsO) abgewichen. In den genannten Fällen ist nicht das Recht des ausländischen Staats maßgeblich, in dem das Verfahren eröffnet worden ist, sondern im Vertrauen auf den Inhalt der jeweiligen Eintragung inländisches Recht. Bei § 349 handelt es sich daher um einen Sonderanknüpfungstatbestand zum Schutze des inländischen Rechtsverkehrs. Solange der Insolvenzvermerk über die Eröffnung des ausländischen Verfahrens nicht 1 in das inländische Grundbuch oder in vergleichbare Register eingetragen ist, wird der gute Glaube eines Dritten, zu dessen Gunsten der Schuldner verfügt hat, ebenso geschützt wie im Falle eines inländischen Insolvenzverfahrens (vgl BT Drucks 12/2443, S 243).

2   Die Norm verweist nicht generell auf die Anwendbarkeit des deutschen Rechts, sondern explizit auf die §§ 878, 892, 893 BGB bzw auf die speziellen Regelungen zu eingetragenen Schiffen, Schiffsbauwerken und Luftfahrzeugen. § 349 erstreckt die inländischen Gutglaubensvorschriften zudem auf jede Art von Verfügungen. Die parallele Vorschrift des § 14 EuInsVO ist ihrem Wortlaut nach auf entgeltliche Verfügungen beschränkt.

3   Im Schrifttum besteht Streit zu der Frage, ob es sich bei § 349 um eine Sachnorm handelt (so K/P/B-*Kemper/Paulus*, § 349 Rn 2; aA MüKoInsO-*Reinhart*, § 349 Rn 3). Der ablehnenden Meinung ist zu folgen. § 349 verweist ausdrücklich auf die einschlägigen materiellen Vorschriften des deutschen Rechts, ohne die Frage des gutgläubigen Erwerbs selbst zu regeln. Die Verweisung definiert zugleich den Umfang des Regelungsgehalts dieser einseitigen Kollisionsnorm. Für alle Fragen, die durch die in Bezug genommen deutschen Normen nicht geregelt werden, bleibt es bei dem Grundsatz des § 335 und der dort verankerten *lex fori concursus*.

4   Abs 2 erklärt § 106 für anwendbar. Dadurch können Ansprüche, die durch eine Vormerkung gesichert sind, gegenüber dem ausländischen Verwalter in gleicher Weise durchgesetzt werden, wie in einem inländischen Insolvenzverfahren. Im europäischen Bereich enthält Art 5 Abs 3 EuInsVO eine in ihren Wirkungen vergleichbare Regelung.

5   Im Interesse des Rechtsverkehrs sind auch Verfügungen während des Eröffnungsverfahrens schutzwürdig. Im Fall einer planwidrigen Schutzlücke ist § 349 analog anzuwenden (Andres/Leithaus-*Dahl*, § 349 Rn 2).

II. Verfügungen über unbewegliche Gegenstände (Abs 1)

6   **1. Voraussetzungen.** Abs 1 erfasst Verfügungen über unbewegliche Vermögensgegenstände wie Grundstücke, im Schiffsregister registrierte Schiffe und Schiffswerke sowie Pfandrechte an Luftfahrzeugen, die im Register für Pfandrecht an Luftfahrzeugen eingetragen sind, und alle Rechte an einem der vorgenannten Gegenstände. Unberücksichtigt bleiben hingegen die Luftfahrzeuge selbst. Sie werden als bewegliche Gegenstände behandelt.

7   Die vorbezeichneten Gegenstände müssen **Teil der Insolvenzmasse** sein, so dass Verfügungen des Schuldners über sein insolvenzfreies Vermögen (§ 36) nicht erfasst sind. Die Verfügungen müssen auf Grund eines insolvenzrechtlichen Verfügungsverbots unberechtigt sein. Sowohl die Zugehörigkeit zur Insolvenzmasse als auch die Verstrickung schuldnerfremden Vermögens richtet sich nach *lex fori concursus*.

8   § 349 erfasst grundsätzlich nur Verfügungen des Schuldners oder seines gesetzlichen Vertreters oder Bevollmächtigten, die **nach Eröffnung** des ausländischen Hauptinsolvenzverfahrens wirksam werden. Eine vor der Insolvenzeröffnung vorgenommene Verfügung unterfällt der Vorschrift allerdings dann, wenn der Rechtsträgerwechsel tatsächlich erst nach Verfahrenseröffnung durch Eintragung des Erwerbers im betreffenden Register vollendet wird.

9   Der Begriff der **Verfügung** richtet sich nach dem Recht des Lageorts. Nach deutschem Verständnis im Sinn des § 81 InsO zählt hierzu jedes Rechtsgeschäft, durch das der Verfügende auf das Recht rechtsmindernd einwirkt, in dem er es auf einen Dritten überträgt, es mit einem Drittrecht belastet, das Recht selbst aufhebt oder es in sonstiger Weise verändert (BGH 15. 3. 1951, BGHZ 1, 294, 304). Schuldrechtliche Verpflichtungen des Schuldners sind ebenso ausgenommen wie Rechtsänderungen, die nicht durch Verfügungen des Schuldners eintreten, sondern im Wege der Zwangsvollstreckung herbeigeführt werden (MüKoInsO-*Reinhart* § 349 Rn 5).

10 **2. Rechtsfolgen.** Liegen die Voraussetzungen des § 349 vor, können die in der Vorschrift genannten Gegenstände und Rechte im Vertrauen auf die jeweilige Registereintragung durch einen Dritten gutgläubig erworben werden. Inwieweit sich der Schutz der Norm entfaltet, hängt entscheidend davon ab, ob der Antrag auf Eintragung der Rechtsänderung vor oder nach dem Antrag auf Eintragung der Verfügungsbeschränkung gem § 346 bei der jeweiligen Registerstelle eingeht.

11 Nach § 878 BGB, § 3 Abs 3 SchiffsRegG, § 5 Abs 3 LuftfzRG ist eine Verfügung unter den beschriebenen Voraussetzungen trotz der Verfügungsbeschränkung wirksam, wenn die darauf gerichtete Erklärung des Schuldners zum Eintrittszeitpunkt der Beschränkung für diesen bereits bindend geworden ist, und der Eintragungsantrag (zB beim Grundbuchamt) vor Eröffnung des ausländischen Insolvenzverfahrens bereits gestellt wurde. Der Antrag gem § 346 muss dem auf Rechtsänderung gerichteten Antrag also zeitlich nachfolgen. In diesen Fällen ist für den Schutz eines Dritten allein die Grundbuchlage maßgebend, eine sonstige Kenntnis ist nicht relevant. Ist § 878 BGB nicht erfüllt, wirkt zugunsten des Erwerbers der Gutglaubensschutz des § 892 BGB, § 16 Abs 3 SchiffsRegG und § 16 Abs 3 LuftfzRG.

12 Die Vorschrift gilt aufgrund der Verweisungen auf § 893 BGB, § 18 SchiffsRegG § 17 LuftfzRG über ihren Wortlaut hinaus auch für Leistungen an den Schuldner. Vor diesem Hintergrund ist § 349 die speziellere Regelung gegenüber § 350 (MüKoInsO-*Reinhart* § 349 Rn 10; FK-*Wimmer*, § 349 Rn 4).

II. Schuldbefreiende Leistung (S 1) § 350

3. Anfechtung. Der Gutglaubenserwerb nach § 349 kann im Wege der Insolvenzanfechtung nach ausländischem Recht vernichtet werden. Die Anfechtung steht unter dem Vorbehalt, dass der Anfechtungsgegner die Einwendungen des § 339 erhebt. Insoweit gilt das Vertragsstatut. Fehlt nach ausländischem Recht eine dem § 147 vergleichbare Regelung, kann es zu einem Fall des Normenmangels kommen (Andres/Leithaus-*Dahl*, § 349 Rn 10) mit der Folge, dass die Lücke im Wege der Angleichung zu schließen ist (Kegel/*Schurig*, IPR, S 366, 357). 13

III. Vormerkung (Abs 2)

Der Verweis auf § 106 macht registerrechtlich geschützte Vormerkungen insolvenzfest. Voraussetzung ist, dass die Vormerkung vor Verfahrenseröffnung bereits eingetragen worden ist. Im Falle der Bewilligung muss der Eintragungsantrag vor der Eröffnung des ausländischen Verfahrens gestellt worden sein. Die durch eine Vormerkung gesicherten Ansprüche erfahren im ausländischen Verfahren den gleichen Schutz wie ihn § 106 im Inland gewährt. Der ausländische Verwalter kann ihre Erfüllung nicht verweigern. 14

§ 350 Leistung an den Schuldner

¹Ist im Inland zur Erfüllung einer Verbindlichkeit an den Schuldner geleistet worden, obwohl die Verbindlichkeit zur Insolvenzmasse des ausländischen Insolvenzverfahrens zu erfüllen war, so wird der Leistende befreit, wenn er zur Zeit der Leistung die Eröffnung des Verfahrens nicht kannte. ²Hat er vor der öffentlichen Bekanntmachung nach § 345 geleistet, so wird vermutet, dass er die Eröffnung nicht kannte.

I. Normzweck

§ 350 enthält eine Sonderregelung für die Frage, unter welchen Voraussetzungen ein Drittschuldner auch nach Verfahrenseröffnung noch schuldbefreiend an den Schuldner leisten kann. Die Norm entspricht in ihrem Regelungsgehalt § 82, der den gutgläubig Leistenden in einem rein inländischen Insolvenzverfahren schützt. § 350 erweitert den Anwendungsbereich um den Fall der ausländischen Verfahrenseröffnung. Die Vorschrift hebt die universale Wirkung ausländischer Insolvenzverfahren nach § 335 auf (Andres/Leithaus-*Dahl*, § 350 Rn 1). Die Befreiung von der Leistungspflicht tritt zum Schutz des gutgläubig leistenden Drittschuldners ein, wenn dieser ohne Kenntnis von der Verfahrenseröffnung an den Insolvenzschuldner statt an die Insolvenzmasse zahlt. Die ausländische Verfahrenseröffnung wird nach § 345 Abs 2 nur im Falle einer Niederlassung des Insolvenzschuldners im Inland von Amts wegen bekannt gemacht. Somit dient die Regelung der Rechtssicherheit bei grenzüberschreitenden Sachverhalten. Das Interesse des ausländischen Insolvenzverwalters wird insoweit geschützt, als für ihn die Möglichkeit besteht, die Verfahrenseröffnung gem § 345 öffentlich bekannt machen zu lassen. 1

§ 350 findet aufgrund des Vorrangs der EuInsVO nur Anwendung, wenn es sich um ein Insolvenzverfahren handelt, das in einem Drittstaat (außerhalb der Mitgliedstaaten der EuInsVO) eröffnet wurde (MüKoInsO-*Reinhart*, § 350 Rn 3). Zudem muss dem Insolvenzschuldner mit Eröffnung des Insolvenzverfahrens die Verfügungsbefugnis entzogen worden sein (FK-*Wimmer*, § 350 Rn 2). 2

II. Schuldbefreiende Leistung (S 1)

1. Voraussetzungen. a) Der Drittschuldner muss an den Schuldner **zur Erfüllung einer Verbindlichkeit** geleistet haben. Erfasst werden hierbei nur Leistungen auf schuldrechtliche Ansprüche. Art und Umfang der Verbindlichkeit bestimmen sich nach dem zwischen den Parteien geschlossenen Rechtsgeschäft. 3

b) Die Leistung muss **im Inland** erfolgt sein. Der Leistungsort (§ 269 BGB) muss im Inland liegen und wird hierbei definiert als der Ort, an dem der Schuldner seine Leistungshandlung vorzunehmen hat (Braun/*Liersch*, § 350 Rn 6; K/P/B-*Kemper/Paulus*, § 350 Rn 5; FK-*Wimmer*, § 350 Rn 4), wobei bereits die Absendung der Ware oder Geldleistung im Inland für eine inländische Leistung genügt (HK-*Stephan*, § 350 Rn 6; K/P/B-*Kemper/Paulus*, § 350 Rn 5). Der Ort, an dem rechtlich die Erfüllung eintritt, ist unerheblich. Maßgeblich ist der Ort, an dem die Leistungshandlung des Drittschuldners erfolgt. 4

c) Zum Zeitpunkt der Vornahme der Leistungshandlung des Drittschuldners muss das ausländische **Insolvenzverfahren** bereits **eröffnet sein** (Braun/*Liersch*, § 350 Rn 4). 5

d) Die **Leistungspflicht** muss zudem gegenüber der **ausländischen Insolvenzmasse** bestanden haben. Ob die Leistung an die Insolvenzmasse erfolgen muss und ob der ausländische Insolvenzverwalter zuständiges Empfangsorgan ist, richten sich nach dem Insolvenzstatut des Eröffnungsstaats. 6

e) Der Drittschuldner darf zum Zeitpunkt der Vornahme der Leistungshandlung **keine positive Kenntnis** von der Verfahrenseröffnung gehabt haben. Der gute Glaube bezieht sich ausschließlich auf die Verfahrenseröffnung (Andres/Leithaus-*Dahl*, § 350 Rn 8). Die bloße Kenntnis von der Krise des 7

Schuldners oder dem Antrag auf Verfahrenseröffnung reichen dagegen nicht aus (K/P/B-*Kemper/Paulus*, § 350 Rn 9).

8 f) Wurde die ausländische Verfahrenseröffnung nach § 345 im Inland bekannt gemacht, trägt der Drittschuldner die **Beweislast** für seine Unkenntnis. Er muss gegenüber dem ausländischen Insolvenzverwalter darlegen und beweisen, dass er zum Zeitpunkt der Leistung keine Kenntnis von der Verfahrenseröffnung hatte. Der Vollbeweis der mangelnden Kenntnis ist mitunter schwer zu führen. Umgekehrt führt eine öffentliche Bekanntmachung der Verfahrenseröffnung im Ausland nicht schon zu dieser Beweislastumkehr (Andres/Leithaus-*Dahl*, § 350 Rn 10; Braun/*Liersch*, § 350 Rn 8; HK-*Stephan*, § 350 Rn 10).

9 2. **Rechtsfolgen.** Der Drittschuldner ist nach § 350 von der Leistung befreit, wenn er zur Zeit der Leistung die Verfahrenseröffnung nicht kannte. Dem ausländischen Insolvenzverwalter ist es damit versagt, den Drittschuldner nochmals zur Leistung in Anspruch zu nehmen.

III. Vermutung des guten Glaubens (S 2)

10 S 2 enthält eine Beweislastregel. Es wird widerleglich vermutet, dass der Drittschuldner, der **vor der öffentlichen Bekanntmachung** nach § 345 leistet, die Eröffnung des Verfahrens nicht kannte.

11 Der ausländische Insolvenzverwalter kann die Vermutung widerlegen, indem er darlegt und beweist (§ 286 ZPO), dass der Drittschuldner zum Zeitpunkt der Vornahme seiner Leistung positive Kenntnis von der Verfahrenseröffnung des Schuldners hatte (FK-*Wimmer*, § 350 Rn 8; K/P/B-*Kemper/Paulus*, § 350 Rn 10). Auf die Kommentierung von § 82 S 2 kann insoweit verwiesen werden.

IV. Entsprechende Anwendung bei Erlass eines Verfügungsverbots

12 Offen bleibt, ob die Wirkungen des § 350 bereits im Eröffnungsverfahren gelten, sofern der Schuldner bereits Beschränkungen dergestalt unterliegt, dass an ihn nicht mehr schuldbefreiend geleistet werden kann. Ein Verfügungsverbot dieser Art ist nach § 343 Abs 2 grundsätzlich anerkennungsfähig (K/P/B-*Kemper/Paulus*, § 350 Rn 11; MüKoInsO-*Reinhart*, § 350 Rn 12) und kann analog § 345 Abs 1 öffentlich bekannt gemacht werden (Andres/Leithaus-*Dahl*, § 350 Rn 11). Für das inländische Insolvenzverfahren gilt für Verfügungen des Schuldners nach Erlass der Verfügungsbeschränkung nach § 24 Abs 1 die Vorschrift von § 82. Dieser ordnet die schuldbefreiende Wirkung an, wenn der gutgläubige Drittschuldner bei seiner Leistung die Bekanntmachung der Verfügungsbeschränkung nicht kannte. Eine unmittelbare Anwendung der vorstehend genannten Normen wurde für das ausländische Insolvenzverfahren nicht getroffen. Nach wohl herrschender Auffassung soll diese Regelungslücke jedoch über eine analoge Anwendung von § 350 geschlossen werden (K/P/B-*Kemper/Paulus* § 350 Rn 11; MüKoInsO-*Reinhart* § 350 Rn 12; aA Andres/Leithaus-*Dahl* § 350 Rn 11). Mithin wird auch der im Inland leistende Drittschuldner befreit, wenn er zum Zeitpunkt seiner Leistung die Verfügungsbeschränkung des Insolvenzschuldners im ausländischen Eröffnungsverfahren nicht kannte.

§ 351 Dingliche Rechte

(1) Das Recht eines Dritten an einem Gegenstand der Insolvenzmasse, der zur Zeit der Eröffnung des ausländischen Insolvenzverfahrens im Inland belegen war, und das nach inländischem Recht einen Anspruch auf Aussonderung oder auf abgesonderte Befriedigung gewährt, wird von der Eröffnung des ausländischen Insolvenzverfahrens nicht berührt.

(2) Die Wirkungen des ausländischen Insolvenzverfahrens auf Rechte des Schuldners an unbeweglichen Gegenständen, die im Inland belegen sind, bestimmen sich, unbeschadet des § 336 Satz 2, nach deutschem Recht.

I. Normzweck

1 Zum Schutz des **Rechtsverkehrs** enthält § 351 InsO eine Einschränkung der **universalen Wirkung** des ausländischen Insolvenzverfahrens (§ 343). Die Vorschrift stellt klar, wie dingliche **Sicherungsrechte Dritter** im Falle einer ausländischen Insolvenzeröffnung zu behandeln sind. Ziel ist es, ungeachtet der ausländischen Insolvenz den **wirtschaftlichen Wert** der Sicherheit zu erhalten. Dies ist insbesondere für die Bankpraxis von Bedeutung.

2 § 351 **Abs 1** schützt wie der fast gleich lautende Art 5 EuInsVO bestehende Sicherungsrechte Dritter an Gegenständen der Insolvenzmasse, die zur Zeit der Eröffnung des ausländischen Insolvenzverfahrens im Inland belegen waren. Die Regelung gilt allerdings nur einseitig, das heißt nicht in einem inländischen Verfahren mit Auslandsbezug, bei dem ausländische dingliche Rechte betroffen sind. Dies dürfte dem Ziel eines einheitlichen Insolvenzverfahrens abträglich sein. Denn der ausländische Verwalter wird in Bezug auf die im Inland belegenen Vermögensgegenstände nicht umhin kommen, ein Sekundärverfahren einzuleiten.

II. Dingliche Rechte Dritter (Abs 1)

Die von § 351 Abs 1 erfassten Sicherungsrechte müssen dem Dritten einen Anspruch auf Aussonderung oder abgesonderte Befriedigung gewähren. Sie werden sodann von der Eröffnung des ausländischen Insolvenzverfahrens nicht berührt. Die Rechte müssen zum Zeitpunkt der Eröffnung des Verfahrens bereits entstanden sein. Die Frage, ob ein Sicherungsrecht wirksam begründet wurde oder zwischenzeitlich untergegangen ist, wird allerdings allein nach allgemeinem Kollisionsrecht entschieden (FK-*Wimmer*, § 351 Rn 2). Es ist mithin zu differenzieren zwischen der kollisionsrechtlichen getrennt anzuknüpfenden Vorfrage, ob und welches Sicherungsrecht besteht, und der sich anschließenden Frage, nach welchem Recht sich die insolvenzrechtlichen Beschränkungen bei der Verwertung und Verteilung des Sicherungsrechts richten sollen (MüKoInsO-*Reinhart*, § 351 Rn 1). 3

§ 351 **Abs 2** dient wie die Parallelnorm des Art 11 EuInsVO dem Schutz der Rechte des Schuldners an einem unbeweglichen Gegenstand, der im Inland belegen ist. Zweck der Vorschrift ist es, bei Eröffnung des ausländischen Insolvenzverfahrens keine Wirkungen an Rechten des Schuldners an unbeweglichen Gegenständen zuzulassen, die das deutsche (Sachen-)Recht nicht kennt. Sie wird als Sachnorm verstanden (Braun/*Liersch* § 351 Rn 1; K/P/B-*Kemper/Paulus* § 351 Rn 2). 4

§ 351 InsO ist nicht so zu verstehen, als dass Abs 1 für alle Gegenstände außer unbeweglichen Sachen einschlägig wäre und Abs 2 eine Sonderregel für Immobilien und damit unbeweglichen Gegenständen darstellen würde. Die Unterschiede zwischen Abs 1 und Abs 2 ergeben sich vielmehr aus den unterschiedlichen Fallkonstellationen. 5

II. Dingliche Rechte Dritter (Abs 1)

1. Voraussetzungen. Der Dritte muss ein Recht an einem im Inland belegenen Gegenstand erworben haben. Dieses Recht muss ihm nach inländischem Recht ein Aus- oder Absonderungsrecht gewähren. 6

a) Als **Dritter** im Sinn von § 351 Abs 1 InsO kommt jeder außer dem Schuldner in Betracht. In der Regel wird Dritter ein Gläubiger sein (Andres/Leithaus-*Dahl* § 351 Rn 5; K/P/B-*Kemper/Paulus*, § 351 Rn 4). 7

b) **Gegenstände der Insolvenzmasse** im Sinne der Vorschrift sind bewegliche und unbewegliche Sachen, Forderungen, Immaterialgüterrechte und auch sonstige Vermögensrechte, welche der ausländischen Insolvenzmasse zuzuordnen sind (K/P/B-*Kemper/Paulus*, § 351 Rn 5; Andres/Leithaus-*Dahl*, § 351 Rn 7). 8

c) Der betreffende Gegenstand, an dem das Recht begründet wird, muss sich im Zeitpunkt der Verfahrenseröffnung im Inland befunden haben, also hier „belegen sein". Die **Belegenheit im Inland** muss dabei bereits vor Verfahrenseröffnung im Inland bestanden haben. Wird der betreffende Gegenstand erst nach Verfahrenseröffnung und gegebenenfalls sogar gegen den Willen des ausländischen Insolvenzverwalters nach Deutschland verbracht, gilt allein das Recht des Verfahrensstaats; § 351 InsO findet keine Anwendung (FK-*Wimmer*, § 351 Rn 6). Auch ein späterer Rechtserwerb des Dritten an einem dieser Gegenstände, der nach Verfahrenseröffnung ins Inland verbracht wird, fällt nicht unter § 351 InsO. Die Frage, wo ein bestimmter Gegenstand belegen ist, richtet sich nach dem Lageortrecht, bei Forderungen nach dem Wohnsitz des Schuldners, § 23 S 2 ZPO (K/P/B-*Kemper/Paulus* § 351 Rn 8). 9

d) Es muss ein dingliches Recht eines Dritten vorliegen, das ihm nach inländischem deutschem Recht einen Anspruch auf **Aussonderung** oder **abgesonderte Befriedigung** gewährt. Als **dingliche Rechte** bezeichnet man Rechte, die gegenüber jedermann wirken. Zu ihnen zählen beispielsweise die Grunddienstbarkeit, der Nießbrauch, beschränkt persönliche Dienstbarkeiten, Reallasten, Hypotheken, Grundschulden, Rentenschulden und das Pfandrecht an beweglichen Sachen und Rechten. 10

Nach § 47 InsO werden Gegenstände, die rechtlich nicht zur Insolvenzmasse gehören, einem **Aussonderungsrecht** unterworfen (vgl auch Braun/*Bäuerle* § 47 Rn 1). Ein solches Aussonderungsrecht besteht in einem dinglichen oder persönlichen Recht, das auf Herausgabe oder Rückgewähr gerichtet ist, weil der Gegenstand haftungsrechtlich nicht dem Schuldner zugeordnet ist (zB Eigentum, beschränkt dingliche Rechte, Besitz, Erbschaftsanspruch, gewerbliche Schutzrechte, Forderungen). 11

§ 49 InsO gewährt Gläubigern, die ein Recht auf Befriedigung aus unbeweglichen Gegenständen der Insolvenzmasse haben, die bevorzugte Befriedigung aus dem Veräußerungserlös (**Absonderungsrecht**). 12

2. Rechtsfolgen. Die Sicherungsrechte des aus- bzw absonderungsberechtigten Dritten an Gegenständen der Insolvenzmasse werden von der Eröffnung des ausländischen Insolvenzverfahrens „nicht berührt". Für sie ist allein das Lageortrecht maßgeblich, nicht aber das Insolvenzstatut des Eröffnungsstaats. Die so gesicherten Gläubiger können daher ungeachtet der Insolvenzeröffnung im Ausland von ihren Rechten Gebrauch machen. Der absonderungsberechtigte Gläubiger ist somit in der Lage, das im Inland belegene Schuldnervermögen zu verwerten. § 351 Abs 1 soll demnach insbesondere dem Interesse gesicherter Gläubiger dienen. 13

Dem ausländischen Insolvenzverwalter bleiben kaum Möglichkeiten, Gegenstände, die mit einem Aus- oder Absonderungsrecht belastet sind, zugunsten der ausländischen Insolvenzmasse zu nutzen. Er ist grundsätzlich gehindert, derartige Gegenstände für die Insolvenzmasse zu verwerten. Es steht ihm 14 aber offen, im Inland die Eröffnung eines Sekundärinsolvenzverfahrens nach § 356 InsO zu beantragen, auf das sodann die §§ 166 ff Anwendung finden (Braun/*Liersch*, § 351 Rn 12 f; Andres/Leithaus-*Dahl*, § 351 Rn 10). Alternativ könnte er den Dritten ablösen, um auf diese Weise die Verfügungsmöglichkeit über den Gegenstand zu erlangen. In beiden Fällen wird der Sicherungsgegenstand sodann zugunsten aller Gläubiger einer Verwertung zugeführt.

III. Rechte des Schuldners an unbeweglichen Gegenständen (Abs 2)

15 Im Falle des Abs 2 muss der Schuldner im Zeitpunkt der Eröffnung eines ausländischen Hauptinsolvenzverfahrens ein dingliches Recht an einem unbeweglichen Gegenstand im Inland haben. § 49 InsO definiert **unbewegliche Gegenstände** im Sinne von § 351 Abs 2 als Gegenstände, die der Zwangsvollstreckung in das unbewegliche Vermögen unterliegen. Hierunter fallen nach § 864 ZPO Grundstücke, Wohnungseigentum (§ 1 WEG), die im Schiffsregister eingetragenen Schiffe und Schiffsbauwerke oder eingetragene Luftfahrzeuge. Dingliche Rechte sind auf Herausgabe des unbeweglichen Gegenstands (Eigentum oder Besitz) oder auf Befriedigung aus dem Gegenstand gerichtet (Grundschuld oder Hypothek). Ob ein dingliches Recht des Schuldners wirksam begründet wurde, richtet sich nach deutschem Recht.

16 Der unbewegliche Gegenstand muss zur Zeit der Eröffnung des ausländischen Insolvenzverfahrens im „**Inland belegen sein**". Für Grundstücke ist hierbei auf den Lageort abzustellen.

17 Nach § 351 Abs 2 sollen in Bezug auf die Rechte des Schuldners an unbeweglichen Gegenständen im Inland alle Wirkungen des ausländischen Insolvenzverfahrens, die im deutschen Recht nicht vorgesehen sind, ausgeschlossen werden. Das im Ausland eröffnete Insolvenzverfahren beeinträchtigt mithin die Rechte des Schuldners an einer im Inland belegenen Immobilie nur in dem Umfang, der bei inländischen Verfahren gilt. Damit werden alle Wirkungen ausgeschlossen, die dem deutschen Recht unbekannt sind (HK-*Stephan*, § 351 Rn 9). Etwaige vom ausländischen Insolvenzstatut vorgesehene weitergehende Wirkungen werden obsolet. Insbesondere können keine dem deutschen Sachenrecht fremde Generalhypotheken oder Superprivilegien an dem im Inland belegenen Grundstück entstehen (HK-*Stephan*, § 351 Rn 9; Andres/Leithaus-*Dahl*, § 351 Rn 12).

§ 352 Unterbrechung und Aufnahme eines Rechtsstreits

(1) ¹Durch die Eröffnung des ausländischen Insolvenzverfahrens wird ein Rechtsstreit unterbrochen, der zur Zeit der Eröffnung anhängig ist und die Insolvenzmasse betrifft. ²Die Unterbrechung dauert an, bis der Rechtsstreit von einer Person aufgenommen wird, die nach dem Recht des Staats der Verfahrenseröffnung zur Fortführung des Rechtsstreits berechtigt ist, oder bis das Insolvenzverfahren beendet ist.

(2) Absatz 1 gilt entsprechend, wenn die Verwaltungs- und Verfügungsbefugnis über das Vermögen des Schuldners durch die Anordnung von Sicherungsmaßnahmen nach § 343 Abs. 2 auf einen vorläufigen Insolvenzverwalter übergeht.

I. Normzweck

1 Mit der Einführung in § 352 ist eine lang enthaltende rechtsdogmatische Auseinandersetzung beendet worden im Sinne des Unversehrtheitsprinzips, wie sie Ende der 90'er Jahre de facto bereits entscheiden worden war (vgl **BGH** 26. 11. 1997, ZIP 1998, 659–663; Pressemitteilung des **BGH** 26. 3. 1998, NJW 1998, 1543; vgl der eingehende Darstellung der Entwicklung in Vorauflage, Art 102 EGInsO Rn 160 ff). Inhaltlich stellt sich § 352 als eine prozessuale Sachnorm dar, die im europäischen Verband Art 15 EuInsVO entspricht. Sie regelt unmittelbar die Frage der Prozessunterbrechung im internationalen Bezug. Hierbei orientiert sich der Regelungsgehalt an § 240 ZPO. Auch bei einem ausländischen Insolvenzverfahren soll die Erlangung eines Titels gegen den Schuldner im Rahmen eines inländischen Prozesses nur unter strengen Voraussetzungen möglich sein. Abs 1 ordnet daher mit der Eröffnung des ausländischen Insolvenzverfahrens die Unterbrechungswirkung des im Inland anhängigen Prozesses an. So soll sowohl dem ausländischen Verwalter als auch den beteiligten Prozessparteien Gelegenheit gegeben werden, sich auf die durch die ausländische Insolvenzeröffnung entstandene, veränderte rechtliche und wirtschaftliche Lage einzustellen (FK-*Wimmer* § 352 Rn 2, MüKoInsO-*Reinhart*, § 352 Rn 1). Wie in § 240 ZPO regelt § 352 Abs 1 S 2 die Wiederaufnahme des unterbrochenen Rechtsstreits. In Abs 2 hat der Gesetzgeber die Rechsprechung der Unterbrechungswirkung von Sicherungsanordnungen im Eröffnungsverfahren übernommen (**BGH** 21. 6. 1999, NJW 1999, 2822).

2 Die Vorschrift gilt für das ausländische Hauptinsolvenzverfahren. Ihre Anwendung auf das eröffnete ausländische Partikularverfahren ist umstritten. Nach einer Auffassung ist sie grundsätzlich ausgeschlossen, da sich der Anwendungsbereich des ausländischen Partikularverfahrens auf das im Staat der Verfahrenseröffnung belegene Vermögen beschränkt (K/P/B-*Kemper/Paulus*, § 352 Rn 2). Die Gegenauffassung differenziert jedoch zutreffend nach der Wirkung, die das im Ausland eröffnete Verfahren lediglich bezüglich solcher Gegenstände hat, die dem ausländischen Verfahren, gleichgültig, ob Haut-

oder Partikularverfahren, zuzuordnen und Gegenstand des im Inland anhängigen Rechtsstreits sind. Deshalb soll die Unterbrechungswirkung mit der ersten Verfahrenseröffnung einsetzen, auch wenn zunächst hier ein Partikularverfahren eröffnet wurde (MüKoInsO-*Reinhart*, § 352 Rn 2). Klärt sich später, dass der streitgegenständliche Vermögenswert nicht dem ausländischen Partikularverfahren zuzuordnen ist, kann die Beendigung der Unterbrechung herbeigeführt werden.

II. Unterbrechung und Aufnahme des Rechtstreits (Abs 1)

1. Unterbrechung (Abs 1 S 1). Nach § 352 InsO wird ein - zum Zeitpunkt der ausländischen Verfahrenseröffnung - im Inland anhängiger Rechtsstreit durch die Eröffnung des nach § 343 Abs 1 anerkennungsfähigen ausländischen Insolvenzverfahrens unterbrochen (vgl **BGH** 10. 11. 2005, NZI 2003, 123 f; **OLG** Frankfurt 20. 2. 2007, ZIP 2007, 932, 933 f; **OLG** München 12. 11. 2008 – 7 U 3047/08, unveröffentlicht; Hans OLG 17. 4. 2008– 10 U 9/07, unveröffentlicht). 3

a) Für den Zeitpunkt der Eröffnung des ausländischen Insolvenzverfahrens ist auf den **formellen Eröffnungsbeschluss** abzustellen. Er muss das Vermögen einer Prozesspartei (Kläger oder Beklagter) betreffen. Betrifft der Eröffnungsbeschluss lediglich das Vermögen eines Streithelfers im inländischen Prozess, findet § 352 InsO keine Anwendung; die Unterbrechungswirkung tritt dann nicht ein (K/P/B-*Kemper/Paulus*, § 352 Rn 3; FK-*Wimmer*, § 352 Rn 2, 6). 4

Zwingende Voraussetzung für eine Unterbrechung des Rechtsstreits ist die **Anhängigkeit** eines Verfahrens **im Inland** zum Zeitpunkt des Erlasses des Eröffnungsbeschlusses. Diese Voraussetzung ist unabhängig davon, ob es sich dabei um einen Aktiv- oder Passivprozess handelt (MüKoInsO-*Reinhart*, § 352 Rn 7). Zu den Rechtsstreitigkeiten zählen alle kontradiktorischen Streitigkeiten. Dies sind beispielsweise auch Kostenfestsetzungs-, Arrest- und einstweilige Verfügungsverfahren (HK-*Stephan*, § 352 Rn 6). 5

Zudem muss der Rechtsstreit die **Insolvenzmasse** betreffen, die durch das nach § 335 InsO bestimmte Insolvenzstatut ermittelt wird. Hierbei reicht es in der Regel aus, wenn nur Teile des Streitgegenstands die Insolvenzmasse betreffen oder auch nur eine mittelbare Beziehung zur Insolvenzmasse besteht. Lässt das Insolvenzstatut insolvenzfreies Vermögen zu, greift § 352 nicht ein. Eine Unterbrechungswirkung tritt in diesem Fall nicht ein. 6

b) Bei Vorliegen der Voraussetzungen wird der Rechtsstreit nach Abs 1 S 1 mit der Eröffnung des ausländischen Insolvenzverfahrens **automatisch unterbrochen**. Die Folgen einer derartigen Unterbrechung richten sich nach den allgemeinen Bestimmungen des deutschen Rechts (vgl hierzu insbesondere § 249 ZPO). Die Unterbrechung erfolgt unabhängig von einer etwaigen Kenntnis des Gerichts oder der Parteien von der ausländischen Verfahrenseröffnung; sie ist von Amts wegen zu beachten. Sie dauert solange fort, bis der Rechtsstreit wieder aufgenommen oder das Insolvenzverfahren beendet wird (vgl Abs 1 S 2). Ein trotz Unterbrechung erlassenes Urteil ist zwar nicht per se nichtig, eröffnet aber jeder Partei das Recht, die Entscheidung durch entsprechende Rechtsmittel anzugreifen. 7

2. Aufnahme oder Beendigung des Rechtsstreits (Abs 1 S 2). Nach Abs 1 S 2 kann der Rechtsstreit von einer nach dem Recht des Verfahrensstaats prozessführungsbefugten Person **aufgenommen** werden. Dies wird in aller Regel der Insolvenzverwalter sein. Denkbar sind aber auch Sondervorschriften im jeweiligen Prozessstatut, die die Aufnahme abweichend regeln. Schließlich kann auch der Prozessgegner einen unterbrochenen Rechtsstreit nach den Regeln der *lex fori concursus* aufnehmen. Die Aufnahme erfolgt durch Einreichung eines Schriftsatzes bei Gericht und dessen Zustellung von Amts wegen an den Prozessgegner (vgl § 250 ZPO). Die Wirkungen und Folgen einer Aufnahme des Rechtsstreits bestimmen sich wie bei der Unterbrechung ebenfalls nach deutschem Prozessrecht. 8

Gem Abs 1 S 2 am Ende **endet** die Unterbrechung ebenfalls mit Beendigung des Insolvenzverfahrens oder mit Aufhebung der Verwaltungs- und Verfügungsbefugnis des Verwalters im vorläufigen Insolvenzverfahren. 9

III. Unterbrechung und Aufnahme im Eröffnungsverfahren (Abs 2)

Hat das zur Eröffnung zuständige Gericht durch die Anordnung von Sicherungsmaßnahmen nach § 343 Abs 2 veranlasst, dass die Verwaltungs- und Verfügungsbefugnis über das Schuldnervermögen auf einen vorläufigen Insolvenzverwalter übergeht, tritt eine Unterbrechung des im Inland anhängigen Prozesses auch dann ein, wenn der Antrag auf Eröffnung des Hauptinsolvenzverfahrens in einem Drittstaat gestellt wurde, das Verfahren aber noch nicht eröffnet worden ist. Mit der Anordnung der Sicherungsmaßnahmen verliert der Schuldner seine Prozessführungsbefugnis, so dass eine Unterbrechung bereits im Eröffnungsverfahren erforderlich ist. Für die Wirkung und die Dauer der Unterbrechung sowie die Aufnahme des Rechtsstreits gelten die Regelungen des Abs 1 entsprechend. § 352 Abs 2 erfasst hingegen nicht den Fall der Anordnung der Verwaltungs- und Verfügungsbefugnis über das inländische Schuldnervermögen gem §§ 344 Abs 1, 21 Abs 2 Nr 2. Diese Regelungslücke die durch eine analoge Anwendung von Abs 2 zu schließen (K/P/B-*Kemper/Paulus*, § 352 Rn 10). 10

§ 353 Vollstreckbarkeit ausländischer Entscheidungen

(1) ¹Aus einer Entscheidung, die in dem ausländischen Insolvenzverfahren ergeht, findet die Zwangsvollstreckung nur statt, wenn ihre Zulässigkeit durch ein Vollstreckungsurteil ausgesprochen ist. ²§ 722 Abs. 2 und § 723 Abs. 1 der Zivilprozessordnung gelten entsprechend.

(2) Für die in § 343 Abs. 2 genannten Sicherungsmaßnahmen gilt Absatz 1 entsprechend.

I. Normzweck

1 Außerhalb der Geltung der EuInsVO sind Entscheidungen, die in einem ausländischen Verfahren ergangen sind, im Inland nur vollstreckbar, wenn die Zulässigkeit der Zwangsvollstreckung durch ein inländisches Vollstreckungsurteil bestätigt wurde. Zu diesem Zweck verweist § 353 Abs 1 S 2 für Verfahren in Drittstaaten außerhalb der EU auf die Regeln des Exequaturverfahrens nach §§ 722, 723 ZPO, die für die Vollstreckbarkeit ausländischer Urteile gelten. Durch den eingeschränkten Verweis auf § 723 Abs 1 ZPO ist eine bereits in der ausländischen Entscheidung angeordnete Vollstreckbarkeit im Inland unbeachtlich. Dies gilt gem § 353 Abs 2 auch für Sicherungsmaßnahmen im Sinne des § 343 Abs 2. Hier ist ein inländischer Titel ebenfalls erforderlich. § 353 ist eine einseitige Sachnorm und folgt nicht dem Modell der Art 25 EuInsVO, der eine erleichterte Vollstreckung ausländischer Entscheidungen eines Mitgliedsstaats der EU im Inland durch ein vereinfachtes Exequaturverfahren nach Art 38 ff EuGVVO zulässt. Die Vorschrift gilt daher für eröffnete Hauptinsolvenzverfahren. Auf ausländische Partikularverfahren ist sie nicht anwendbar.

II. Vollstreckung von Entscheidungen aus einem ausländischen Insolvenzverfahren

2 **1. Voraussetzungen.** a) Von § 353 werden Entscheidungen erfasst, die in einem bereits **eröffneten ausländischen Hauptinsolvenzverfahren** ergangen sind. Entscheidungen vor der Eröffnung des Verfahrens werden von Abs 2 erfasst. Der Begriff der Entscheidung ist in diesem Zusammenhang weit auszulegen. Es bedarf keines Urteils im technischen Sinn. Abs 1 erfasst vielmehr jede von der zuständigen Stelle getroffene Entscheidung, die einen im Wege der Anerkennung nicht unmittelbar materiell wirkenden Inhalt hat, welcher der Durchsetzung durch Vollstreckung bedarf (K/P/B-*Kemper/Paulus*, § 353 Rn 6). Dies schließt nach der Gesetzesbegründung (RegE, BT-Drucks 15/16, S 24) behördliche wie gerichtliche Verfahrensentscheidungen ein wie beispielsweise die Entscheidung über die Eröffnung des Verfahrens, die Gewährung von Auskunftsansprüchen, die Verfahrensbeteiligung, die Postsperre, die Bestätigung eines Vergleichs oder eines Insolvenzplans und die Feststellung bestrittener Forderungen. Es spielt hierbei keine Rolle, ob die Entscheidung nach deutschem Insolvenzrecht als Entscheidung in einem Insolvenzverfahren zu werten wäre. Die ausländische Entscheidung muss nicht bereits rechtskräftig sein (K/P/B-*Kemper/Paulus*, § 353 Rn 7). Dies würde sonst dem erklärten gesetzgeberischen Ziel einer zügigen Durchführung des Insolvenzverfahrens widersprechen. Sie muss jedoch einen nach dem Recht des Eröffnungsstaats vollstreckungsfähigen Inhalt haben.

3 b) Eine bereits in der **ausländischen Entscheidung** angeordnete **Vollstreckbarkeitserklärung** ist trotz des Gesichtspunkts der Respektierung der Souveränität fremder Staaten im Inland unbeachtlich. Die fehlende, für das Inland geltende Vollstreckbarerklärung dieser Entscheidung kann nur im Wege einer Klage erreicht werden. Die Klage ist auf Vollstreckbarerklärung der ausländischen Entscheidung gerichtet. Das vor diesem Hintergrund erlassene deutsche Vollstreckungsurteil ergänzt die ausländische Entscheidung und verleiht ihr im Inland originär die fehlende Vollstreckbarkeit. Eine Überprüfung der Gesetzmäßigkeit der Entscheidung durch das erkennende Gericht erfolgt nicht (§ 353 Abs 1 S 2 iVm § 723 Abs 1 ZPO). Wurde der Inhalt der Entscheidung bereits anerkannt, so gilt diese Anerkennung gem § 343 InsO im Inland unmittelbar. Soweit die Vollstreckung im Einzelfall erforderlich ist, erfasst § 353 InsO ebenfalls die Entscheidung, die das ausländische Insolvenzverfahren unmittelbar selbst betreffen (zB Entscheidung zur Durchführung und Beendigung des Verfahrens).

4 c) Die **sachliche Zuständigkeit** einer Klage des ausländischen Insolvenzverwalters auf Erlass eines Vollstreckungsurteils richtet sich nach §§ 23, 71 GVG. Die **örtliche Zuständigkeit** des Vollstreckungsgerichts ergibt sich aus dem Verweis von § 722 Abs 2 auf den allgemeinen Gerichtsstand des Schuldners bzw in allen anderen Fällen auf den besonderen Vermögensgerichtsstand gem § 23 ZPO.

5 **2. Rechtsfolgen.** Bei Vorliegen der Voraussetzungen ergeht ein Vollstreckungsurteil des deutschen Gerichts, in welchem die in einem ausländischen Insolvenzverfahren getroffene Entscheidung im Inland für vollstreckbar erklärt wird.

III. Entscheidungen aus einem ausländischem Eröffnungsverfahren (Abs 2)

6 Nach Abs 2 ist das in Abs 1 beschriebene Verfahren auch auf vorläufige Sicherungsmaßnahmen anwendbar, die nach dem Insolvenzantrag, jedoch vor Eröffnung des Insolvenzverfahrens vom ausländi-

schen Insolvenzgericht angeordnet wurden. Um auch hier überprüfen zu können, ob diese Maßnahmen mit den wesentlichen Grundsätzen des deutschen Rechts vereinbar sind, bedarf es eines dem Abs 1 entsprechenden Verfahrens (FK-*Wimmer*, § 353 Rn 7). Sicherungsmaßnahmen im Sinne dieser Vorschrift sind die in § 21 beschriebenen Maßnahmen.

Dritter Abschnitt Partikularverfahren über das Inlandsvermögen

§ 354 Voraussetzungen des Partikularverfahrens

(1) Ist die Zuständigkeit eines deutschen Gerichts zur Eröffnung eines Insolvenzverfahrens über das gesamte Vermögen des Schuldners nicht gegeben, hat der Schuldner jedoch im Inland eine Niederlassung oder sonstiges Vermögen, so ist auf Antrag eines Gläubigers ein besonderes Insolvenzverfahren über das inländische Vermögen des Schuldners (Partikularverfahren) zulässig.

(2) ¹Hat der Schuldner im Inland keine Niederlassung, so ist der Antrag eines Gläubigers auf Eröffnung eines Partikularverfahrens nur zulässig, wenn dieser ein besonderes Interesse an der Eröffnung des Verfahrens hat, insbesondere, wenn er in einem ausländischen Verfahren voraussichtlich erheblich schlechter stehen wird als in einem inländischen Verfahren. ²Das besondere Interesse ist vom Antragsteller glaubhaft zu machen.

(3) ¹Für das Verfahren ist ausschließlich das Insolvenzgericht zuständig, in dessen Bezirk die Niederlassung oder, wenn eine Niederlassung fehlt, Vermögen des Schuldners belegen ist. ²§ 3 Abs. 2 gilt entsprechend.

I. Allgemeines

1. Normzweck. § 354 InsO ist **eine der zentralen Normen** des deutschen internationalen Insolvenzrechts (vgl MüKoInsO-*Reinhart*, Rn 1). Zweck der Vorschrift ist der Schutz lokaler Gläubiger und des inländischen Rechtsverkehrs über die Vorschriften der §§ 336 ff hinaus. § 354 erlaubt die Durchführung von eigenständigen, auf das Inlandsvermögen beschränkten, sogenannten **Partikularinsolvenzverfahren**. Im Rahmen eines solchen Verfahrens werden die im Inland belegenen Vermögenswerte dem **inländischen Insolvenzbeschlag** unterstellt (vgl FK-*Wimmer*, Rn 1). Ziel ist, den inländischen Gläubigern die Durchsetzung ihrer Rechte zu erleichtern. Die Vorschrift stellt eine **Durchbrechung des Universalitätsprinzips** dar, nach dem ein am Mittelpunkt der wirtschaftlichen Interessen des Schuldners eröffnetes Insolvenzverfahren grundsätzlich dessen gesamtes in- und ausländisches Vermögen erfasst (vgl K/P/B-*Kemper/Paulus*, Rn 1).

§ 354 InsO regelt als **Sachnorm** die Voraussetzungen der Verfahrenseröffnung (Abs 1), den Kreis der antragsberechtigten Gläubiger (Abs 2) und die örtliche Zuständigkeit (Abs 3) bei Partikularinsolvenzverfahren über inländische Vermögen.

2. Europäisches Insolvenzrecht. Dem § 354 Abs 1 InsO entspricht die Vorschrift des Art 3 Abs 2 S 1 EuInsVO. § 354 InsO ist jedoch dahingehend weiter gefasst, dass die Eröffnung eines Partikularverfahrens auch über im Inland belegenes „sonstiges Vermögen" zulässig ist. Demgegenüber ist nach der EuInsVO die Eröffnung eines Partikularverfahrens nur bei Vorliegen einer inländischen Niederlassung möglich.

Diese **Erweiterung** des Anwendungsbereichs der §§ 354 ff InsO gegenüber der Parallelvorschrift Art 3 Abs 2 S 1 EuInsVO um einen reinen Vermögensgerichtsstand wurde bereits während des Gesetzgebungsverfahrens **wiederholt kritisiert** (vgl bereits *Lüer*, Stellungnahmen und Gutachten, S 96, 102 f sowie die Nachweise bei MüKoInsO-*Reinhart*, Fn 12). Sie birgt letztlich das **Risiko einer Zersplitterung des Hauptinsolvenzverfahrens** in eine Vielzahl von Partikularverfahren und läuft hierdurch letztlich Sinn und Zweck des Partikularverfahrens, nämlich der vereinfachten Durchsetzung der Gläubigerrechte, entgegen.

II. Anwendungsbereich

1. Praktische Bedeutung der Vorschrift. Neben der Erleichterung der Durchsetzung inländischer Gläubigerrechte, kann das Partikularinsolvenzverfahren auch der **Entzerrung komplexer grenzüberschreitender Insolvenzmassen** dienen.

2. Allgemeines. a) Der Anwendungsbereich der §§ 354 ff InsO ist beschränkt auf solche Insolvenzverfahren über im Inland belegenes Vermögen, die **keine Universalwirkung** in Anspruch nehmen und die in Bezug auf das Hauptinsolvenzverfahren **nicht in den Anwendungsbereich der EuInsVO** fallen. Dies gilt für solche Hauptsacheverfahren, die entweder der Zuständigkeit eines Gerichts eines Mitgliedsstaats unterliegen oder die vom Anwendungsbereich der EuInsVO nach deren Art 1 Abs 2 ausgenommen sind. Die Eröffnung eines inländischen Partikularinsolvenzverfahrens neben einem eröffneten ausländischen Hauptinsolvenzverfahren (sog **Sekundärinsolvenzverfahren**) ist ebenfalls zulässig, vgl § 356 InsO.

7   **b) Ausnahmen.** Partikularinsolvenzverfahren über das (inländische) Vermögen von Kreditinstituten bzw Versicherungsunternehmen sind nach § 46e Abs 2 KWG, § 88 Abs 1b VAG stets **unzulässig**.

III. Voraussetzungen für die Eröffnung eines Partikularverfahrens (Abs 1)

8   **1. Keine internationale Zuständigkeit.** Die Eröffnung eines Partikularinsolvenzverfahrens ist unzulässig, wenn die deutschen Gerichte nach den allgemeinen Vorschriften für die Eröffnung des Hauptinsolvenzverfahrens international zuständig sind. Der Schuldner darf demnach weder seinen Wohnsitz (vgl § 3 Abs 1 S 1 InsO) noch den Mittelpunkt seiner selbstständigen Tätigkeit (vgl § 3 Abs 1 S 2 InsO) im Inland haben.

9   **2. Inländisches Vermögen des Schuldners. a)** Der Begriff der **Niederlassung** ist in den Vorschriften zum internationalen Insolvenzrecht **nicht definiert** (vgl K/P/B-*Kemper/Paulus*, Rn 5). Im Anwendungsbereich der EuInsVO ist gem Art 2 lit h EuInsVO eine Niederlassung *„jeder Tätigkeitsort, an dem der Schuldner für Dritte erkennbar einer wirtschaftlichen Aktivität von nicht nur vorübergehender Art nachgeht, die den Einsatz von Personal und Vermögenswerten voraussetzt".* Für die Übertragung dieser Definition auch auf Partikularinsolvenzverfahren spricht der Normzweck von § 354 InsO. Der Begriff der wirtschaftlichen Aktivität erfasst im weitesten Sinne alle nach außen gerichteten, rechtlich zulässigen Aktivitäten, die unter dem Einsatz von wirtschaftlichen Mitteln erfolgen (vgl K/P/B-*Kemper/Paulus*, Rn 6). Es erscheint nicht zweckmäßig, hiervon abweichend den Begriff der Niederlassung einschränkend im Sinne von § 21 ZPO auszulegen (vgl Braun-*Liersch/Delzant*, Rn 5). Denn rechtspolitisch besteht ein unübersehbares Interesse daran, die inländischen Vorschriften des anzuwendenden IIR möglichst in Einklang mit der EuInsVO auszulegen.

10   **b) Sonstiges Vermögen.** Dem Anwendungsbereich des § 354 InsO unterliegt ferner im Inland belegenes sonstiges Schuldnervermögen. Sonstiges Vermögen ist jeder körperliche oder unkörperliche Gegenstand im Rechtssinn, dem ein gewisser selbstständiger Vermögenswert innewohnt (vgl MüKoInsO-*Reinhart*, Rn 9).

11   **c) Belegenheit des Vermögensgegenstands.** Eine ausdrückliche Regelung zur Bestimmung der **Belegenheit** eines Vermögensgegenstands fehlt in den §§ 354 ff InsO. Insoweit sind ergänzend die Grundsätze der Internationalen Zwangsvollstreckung über § 828 Abs 2 in Verbindung mit § 23 ZPO heranzuziehen. Ort der Belegenheit einer **Sache gem § 90 BGB** ist demnach **grundsätzlich der Lageort**. Eine Ausnahme besteht nach richtiger Auffassung für Schiffe und Flugzeuge sowie für Sachen, die sich auf dem Durchfuhrtransportweg und somit zum Zeitpunkt der Verfahrenseröffnung nur zufällig in Deutschland befinden. Hier rechtfertigen die Zufälligkeit der Belegenheit und der Schutzzweck des Partikularverfahrens nicht die Einbeziehung in das inländische Verfahren. Abweichendes mag sich dann ergeben, wenn an solchen Gegenständen bereits ein inländisches Pfändungspfandrecht begründet wurde, das die Einbeziehung in die inländische Insolvenzmasse begründet (vgl MüKoInsO-*Reinhart*, Rn 13).

12   Als Ort der Belegenheit von **Forderungen** ist mit der Rechtsprechung der **Wohnsitz des Drittschuldners**, bei juristischen Personen der Sitz im Sinn von § 17 ZPO anzusehen (vgl MüKoInsO-*Reinhart*, Fn 18). Die Belegenheit einer Forderung ist auch allein maßgeblich für die Einbeziehung einer dinglichen Sicherheit zur Insolvenzmasse des inländischen Partikularverfahrens. Allein die Belegenheit der Sicherheit im Inland nach § 23 S 2 ZPO genügt nicht; denn im Falle eines ausländischen Wohnsitzes könnte diese zu divergierenden Belegenheitsorten führen mit der Folge, dass Forderungen und an ihr gestellte Sicherheiten unterschiedlichen Verfahren zugerechnet werden könnten.

13   **3. Zeitpunkt.** Die Tatsachen, welche die Zuständigkeit nach § 354 InsO begründen, müssen bei Antragstellung, spätestens aber im Zeitpunkt der Verfahrenseröffnung vorliegen. Lagen die Tatsachen im Zeitpunkt der Antragstellung noch nicht vor, ist zu prüfen, ob gegebenenfalls ein Fall der Zuständigkeitserschleichung vorliegt. Dies ist dann anzunehmen, wenn die Tatsachen in der Absicht begründet werden, um die Durchführung eines inländischen Partikularverfahrens erst noch zu ermöglichen. Werden im umgekehrten Fall die Tatsachen beseitigt (zum Beispiel durch Verbringen der Vermögensgegenstände ins Ausland), ist die Durchführung eines Partikularverfahrens ausgeschlossen. Auch eine Insolvenzanfechtung scheidet in einem solchen Fall aus, da die Vermögensgegenstände weiterhin der Beschlagnahme eines Haupt- oder Partikularverfahrens am Ort der neuen Belegenheit unterliegen. Insoweit fehlt es für eine Anfechtung an dem Merkmal der Gläubigerbenachteiligung.

14   Sind im Zeitpunkt der Verfahrenseröffnung Vermögensgegenstände im Inland belegen, kann das Insolvenzgericht geeignete Sicherungsmaßnahmen anordnen, um ein Fortschaffen von Vermögenswerten ins Ausland zu verhindern.

15   **4. Weitere Voraussetzungen.** Für die Eröffnung eines Partikularverfahrens müssen zusätzlich die allgemeinen Voraussetzungen für die Eröffnung eines inländischen Insolvenzverfahrens gegeben sein.

Restschuldbefreiung. Insolvenzplan § 355

Grundsätzlich hat das für das Partikularverfahren zuständige Gericht das Vorliegen der Voraussetzungen selbstständig festzustellen. Ist bereits ein ausländisches Hauptverfahren eröffnet, ist die ausdrückliche Feststellung entbehrlich, § 356 Abs 3 InsO.

a) Die **Insolvenzgründe** sind nach allgemeiner Auffassung für das Partikularverfahren grundsätzlich 16 nach dem *lex fori concursus separati* zu ermitteln, mithin nach den §§ 16 ff InsO. Für die Feststellung der **Zahlungsunfähigkeit** ist indes auf das **weltweite Zahlungsverhalten** des Schuldners abzustellen. Hieraus können sich für den antragstellenden Gläubiger Beweisschwierigkeiten ergeben, da Beweise für das weltweite Zahlungsverhalten regelmäßig nur schwer zugänglich und allenfalls durch erfolglose Vollstreckungsversuche im Ausland beizubringen sein werden. Insoweit lässt die Rechtsprechung eine nachgewiesene Zahlungseinstellung der Hauptniederlassung bzw von Zweigniederlassungen im Inland und europäischen Ausland als Anhaltspunkte für den Anscheinsbeweis ausreichen (vgl MüKoInsO-*Reinhart*, Rn 25 mit Nachweisen in Fn 38).

Der Eröffnungsgrund der **Überschuldung** bezieht sich auf den Schuldner als Rechtsträger. Die Über- 17 schuldung ist nach herrschender Meinung durch Saldierung sämtlicher Aktiva und Passiva des Schuldners festzustellen (vgl *Lüer*, KS, Rn 41; ebenso MüKoInsO-*Reinhart*, Rn 27 mwN).

b) Die Anforderungen, die **Insolvenzfähigkeit** und die Sicherstellung der **Kostendeckung** bestimmen 18 sich nach den allgemeinen Regelungen der §§ 11 f und § 26 InsO. Für die Kostendeckung ist allein auf das dem inländischen Verfahren unterliegende Vermögen abzustellen, da nur dieses die Aktivmasse des Partikularverfahrens bildet.

IV. Antrag und Rechtsschutzbedürfnis

1. Antrag. Die Eröffnung eines Partikularverfahrens setzt einen Antrag der in § 13 Abs 1 S 2 InsO 19 genannten antragsberechtigten Personen voraus. Der Antrag richtet sich allgemein auf die Eröffnung eines Insolvenzverfahrens, da es sich bei dem Partikularverfahren nicht um eine besondere Verfahrensart handelt, die eines besonderen Antrags bedarf. Ein Hinweis in der Antragsschrift, dass es sich bei dem Verfahren um ein Partikularverfahren handelt, ist entbehrlich, gleichwohl aber unschädlich. Der Gläubigerantrag muss den Voraussetzungen von § 14 InsO genügen, wobei das Vorliegen des rechtlichen Interesses der Regelfall sein wird.

2. Rechtsschutzbedürfnis des Gläubigers. Für den Gläubigerantrag im Falle des § 354 Abs 1 alterna- 20 tiv 2 InsO („sonstiges Vermögen") stellt § 354 Abs 2 InsO die zusätzliche Voraussetzung eines **besonderen Rechtsschutzbedürfnisses** auf als Korrektiv des gegenüber der EuInsVO erweiterten Tatbestands. Das besondere rechtliche Interesse ist **bei Antragsstellung** im Sinne von § 294 ZPO **glaubhaft zu machen.**

Das besondere rechtliche Interesse geht über das rechtliche Interesse von § 14 hinaus. Es ist nach 21 § 354 Abs 2 InsO dann gegeben, wenn der Gläubiger sich bei Durchführung eines ausländischen Verfahrens schlechter stehen würde als bei einer Verfahrenseröffnung im Inland. Ein **rein wirtschaftliches Interesse genügt nicht.** Das besondere rechtliche Interesse ist somit abzugrenzen von rein wirtschaftlichen Beeinträchtigungen (zB Übersetzungs- und Reisekosten). Auch rechtliche Unterschiede zwischen dem in- und ausländischen Verfahrensgang reichen für die Begründung des besonderen rechtlichen Interesses nicht aus. Das Interesse muss sich vielmehr **auf erhebliche, für den Gläubiger ungünstige, materiellrechtliche oder verfahrensrechtliche Auswirkungen des ausländischen Insolvenzverfahrens** beziehen (vgl K/P/B-*Kemper/Paulus*, Rn 12).

Ein solches Interesse liegt unter anderem vor bei einem im ausländischen Verfahren drohenden Ver- 22 lust oder Beeinträchtigung einer Rechtsposition oder einer Ungleichbehandlung ausländischer Gläubiger gegenüber Gläubigern aus dem Staat des ausländischen Verfahrens.

V. Zuständigkeit (Abs 3)

Für die Eröffnung eines inländischen Partikularverfahrens ist das Insolvenzgericht örtlich und sach- 23 lich zuständig, in dessen Bezirk das schuldnerische Vermögen belegen ist (zur Belegenheit oben **Rn 12 f**). Abs 3 begründet eine **ausschließliche Zuständigkeit**. Bei gleichzeitiger Zuständigkeit mehrerer Insolvenzgerichte (Vermögen des Schuldners ist im Sprengel verschiedener Insolvenzgerichte belegt) findet die **Prioritätsregel** des § 3 Abs 2 InsO Anwendung.

§ 355 Restschuldbefreiung. Insolvenzplan

(1) Im Partikularverfahren sind die Vorschriften über die Restschuldbefreiung nicht anzuwenden.

(2) Ein Insolvenzplan, in dem eine Stundung, ein Erlass oder sonstige Einschränkungen der Rechte der Gläubiger vorgesehen sind, kann in diesem Verfahren nur bestätigt werden, wenn alle betroffenen Gläubiger dem Plan zugestimmt haben.

§ 355

Restschuldbefreiung. Insolvenzplan

I. Normzweck

1   Die Vorschrift des § 355 InsO schränkt als **Sachnorm** die inhaltlichen Möglichkeiten eines inländischen Partikularverfahrens ein. Die Restschuldbefreiung ist nach Abs 1 im Partikularverfahren ausgeschlossen. Die Bestätigung eines Insolvenzplans in diesem Verfahren bedarf der Zustimmung aller betroffenen Gläubiger (Abs 2).

2   Diese Regelung dient dem besonderen Schutz der Gläubiger des Insolvenzverfahrens denn ein derartig massiver Eingriff in deren Rechte kann nur dann für zulässig erachtet werden, wenn das gesamte Vermögen des Schuldners weltweit in ein Insolvenzverfahren einbezogen wurde (Graf-Schlicker-*Kebekus/Sabel*, § 355 Rn 1). Dies ist aber bei einem Partikularverfahren, das nur das inländische Vermögen einbezieht, regelmäßig nicht der Fall. Zweck der Regelung ist, dass nicht sämtliche Gläubiger des Schuldners mit ihren Ansprüchen aufgrund derartiger Regelungen in einem Partikularinsolvenzverfahren ausgeschlossen werden sollen.

II. Vergleich zur EuInsVO

3   Dem § 355 InsO entspricht die Vorschrift von Art 34 Abs 2 EuInsVO. Eine Differenzierung zwischen Restschuldbefreiung und Insolvenzplan findet sich dort jedoch nicht. Nach Art 34 Abs 2 EuInsVO hat auch die Restschuldbefreiung Auswirkungen auf das nicht von diesem Verfahren betroffene Vermögen des Schuldners, wenn alle betroffenen Gläubiger ausdrücklich zustimmen (so bezüglich des Insolvenzplans auch § 355 Abs 2 InsO). § 355 Abs 1 InsO schließt dies hingegen grundsätzlich aus.

III. Anwendungsbereich

4   **1. Praktische Bedeutung.** Der Anwendungsbereich von § 355 InsO ist auf inländische Partikularverfahren, einschließlich des Sekundärinsolvenzverfahrens (vgl § 356 InsO) beschränkt. Die praktische Bedeutung der Vorschrift insgesamt ist außerordentlich begrenzt.

5   **2. Restschuldbefreiung (Abs 1).** Die Vorschriften über die Restschuldbefreiung sind im inländischen Partikularverfahren nach Abs 1 nicht anzuwenden. Mithin finden die §§ 286 bis 303 InsO auf ein im Inland eröffnetes Partikularverfahren keine Anwendung, unabhängig ob sich dies als ein isoliertes Partikularverfahren oder als ein Sekundärverfahren darstellt (HK-*Stephan*, § 355 Rn 3). Ein Antrag des Schuldners auf Restschuldbefreiung nach § 287 InsO ist als unzulässig abzuweisen.

6   Die Untersagung einer Restschuldbefreiung ergibt sich aus allgemeinen insolvenzrechtlichen Grundsätzen. Eine gesetzliche Schuldbefreiung sei den Gläubigern gegenüber nur dann zuzumuten, wenn sowohl das gesamte inländische als auch das gesamte ausländische Vermögen umfasst und verwertet werde (vgl BT-Drucks 15/16 S 25 zu § 355 InsO; BT-Drucks 12/2443 S 245). Dem Gläubiger steht jedoch bei einem rein inländischen Partikularverfahren auch nur die inländische Vermögensmasse des Schuldners zur Befriedigung zur Verfügung.

7   Sobald mit Vollziehung der Schlussverteilung das Partikularverfahren nach § 200 InsO aufgehoben wurde, können die Insolvenzgläubiger nach § 201 InsO ihre restlichen Forderungen gegen den Schuldner unbeschränkt geltend machen. Eine Anmeldung weiterer Forderungen ist sodann in einem weiteren ausländischen Partikularverfahren und in dem Hauptinsolvenzverfahren möglich.

8   Eine **Ausnahme von dem Verbot der Restschuldbefreiung** gilt nach allgemeiner Auffassung jedoch nicht für sogenannte **Schuldenbereinigungspläne** (vgl §§ 305 bis 310 InsO; Liersch-*Liersch/Delzant*, § 355 Rn 6; Andres/Leithaus-*Dahl*, § 355 Rn 20). Aufgrund ihrer Ähnlichkeit zum Insolvenzplan erscheint hier die entsprechende Anwendung von Abs 2 sachgerecht. Das Schuldbereinigungsplanverfahren ist mithin nicht nach Abs 1 für unanwendbar zu erklären, sondern bedarf zu seiner Gültigkeit der Zustimmung aller Gläubiger im Partikularverfahren (§ 355 Abs 2 analog InsO). § 309 InsO findet hingegen keine Anwendung.

9   **3. Insolvenzplanverfahren (Abs 2).** a) Abs 2 modifiziert die Regelungen der §§ 217 ff; denn grundsätzlich ist das Erstellen eines Insolvenzplans in einem eröffneten inländischen Partikularverfahren möglich (FK-*Wimmer*, § 355 Rn 4). Soweit der Insolvenzplan jedoch eine Stundung, einen Erlass oder sonstige Einschränkungen der Rechte der Gläubiger vorsieht, ist Abs 2 zu beachten. Für die zulässige Bestätigung der Erstellung eines solchen Insolvenzplans bedarf es nach Abs 2 der ausdrücklichen Zustimmung aller betroffenen Gläubiger.

10   b) Zunächst bedarf es der Vorlage eines **Insolvenzplans** im Sinne der §§ 217 ff InsO. Zur Vorlage berechtigt sind nach § 217 InsO der Insolvenzverwalter des Partikularverfahrens sowie der Schuldner. In einem Sekundärinsolvenzverfahren wird durch § 357 Abs 2 InsO der Kreis der Vorlageberechtigten auf den ausländischen Insolvenzverwalter ausgeweitet. Dabei muss der Insolvenzplan eine Stundung, einen Erlass oder etwaige sonstige Einschränkungen der Rechte der Gläubiger vorsehen. Dies ist in der Regel ein wichtiger Teil des Insolvenzplans, der typischerweise eine Änderung der Rechtsstellung der Gläubiger sowie anderer Beteiligter zum Inhalt hat. Deshalb müssen die betroffenen Gläubiger nach Abs 2

II. Anwendungsbereich § 356

stets zustimmen, damit die Regelungen des Insolvenzplans ihre Wirksamkeit entfalten. Betroffene Gläubiger sind hierbei solche, deren Rechte durch die Regelung im Plan inhaltlich verändert, eingeschränkt oder aufgehoben werden. Erfasst sind dabei sowohl die inländischen als auch die ausländischen Gläubiger des Schuldners (HK-*Stephan*, § 355 Rn 5; K/P/B-*Kemper/Paulus*, § 355 Rn 4).

Die fehlende Zustimmung einzelner Gläubiger kann weder **ersetzt** noch nach § 245 InsO **fingiert** 11 werden. Auch reicht das Bestehen einer **Mehrheit** für das Zustandekommen des Insolvenzplanes nicht aus (Braun/Liersch-*Delzant*, § 355 Rn 1). Ausgeschlossen ist weiterhin auch die Ersetzung der fehlenden Zustimmung einzelner Gläubiger durch die **Bestätigung anderer Insolvenzpläne**, die im Rahmen parallel stattfindender Haupt- oder Partikularinsolvenzverfahren vereinbart worden sind (K/P/B-*Kemper/Paulus*, § 355 Rn 5; Andres/Leithaus-*Dahl*, § 355 Rn 18; so aber Braun-*Liersch*, § 355 Rn 17).

c) Rechtsfolgen. Fehlt es an der einstimmigen Zustimmung aller betroffenen Gläubiger, kann der In- 12 solvenzplan nicht bestätigt werden er kommt somit nicht zustande (vgl § 248 InsO).

Aufgrund dieses Zustimmungserfordernisses sind die Chancen für ein Zustandekommen eines Insolvenzplans, der die Rechte der Gläubiger im Sinne von Abs 2 beschränkt, als sehr gering einzuschätzen.

Durch den Abschluss eines sogenannten **Gesamtplans** nach Eröffnung eines Hauptinsolvenzverfah- 13 rens und nach Umwandlung des Partikularverfahrens in ein Sekundärinsolvenzverfahren können die Gläubigerinteressen im Wege einer Koordination der beiden Verfahren hinreichend berücksichtigt werden. Zwar werden die beiden Verfahren getrennt voneinander beendet, jedoch kann über eine Zusammenarbeit der Verwalter der verschiedenen Verfahren nach § 357 InsO eine Koordination der Beschlüsse über die Schuldbefreiung des Schuldners erreicht werden. Auf diesem Wege kann das Zustandekommen eines Plans im Sekundärinsolvenzverfahren doch ermöglicht werden (Andres/Leithaus-*Dahl*, § 355 Rn 19, K/P/B-*Kemper/Paulus*, § 355 Rn 7).

§ 356 Sekundärinsolvenzverfahren

(1) ¹Die Anerkennung eines ausländischen Hauptinsolvenzverfahrens schließt ein Sekundärinsolvenzverfahren über das inländische Vermögen nicht aus. ²Für das Sekundärinsolvenzverfahren gelten ergänzend die §§ 357 und 358.

(2) Zum Antrag auf Eröffnung des Sekundärinsolvenzverfahrens ist auch der ausländische Insolvenzverwalter berechtigt.

(3) Das Verfahren wird eröffnet, ohne dass ein Eröffnungsgrund festgestellt werden muss.

I. Normzweck

Auch mit Anerkennung eines ausländischen Insolvenzverfahrens sind Parallelinsolvenzverfahren im 1 Inland weiterhin möglich und zuzulassen. Das **Sekundärinsolvenzverfahren** findet parallel zu dem ausländischen Hauptinsolvenzverfahren statt und richtet sich ausschließlich nach deutschem Recht. § 356 InsO begrenzt somit als einseitige Sachnorm die Universalität des ausländischen Hauptinsolvenzverfahrens (K/P/B-*Kemper/Paulus* § 356 Rn 1).

Die Durchführung mehrer Insolvenzverfahren im In- und Ausland dient der Erleichterung der Ver- 2 fahrensabwicklung bei komplexen Vermögens- und Rechtsverhältnissen. Die inländischen Gläubiger, die darauf vertraut haben, dass sie bei einer Zwangsvollstreckung auch auf die wesentlichen Vermögensgegenstände des Schuldners, die ebenfalls in Deutschland belegen sind, zugreifen können, sind grundsätzlich schutzwürdig. Das Sekundärinsolvenzverfahren ist ein vollwertiges inländisches Verfahren. Es soll zum einem den lokalen Gläubigern dienen und zum anderen die Verfahrensabwicklung im Interesse des Hauptinsolvenzverwalters erleichtern (FK-*Wimmer* § 357 Rn 14; Andres/Leithaus-*Dahl* § 356 Rn 1). Die Vorschrift im Übrigen Art 27 EuInsVO.

II. Anwendungsbereich

1. Praktische Bedeutung. Der Anwendungsbereich des § 356 InsO ist beschränkt auf **inländische Se-** 3 **kundärinsolvenzverfahren**. Ziel dieses Verfahrens kann sowohl die Liquidation des Schuldnervermögens als auch die Sanierung des Schuldners sein.

2. Eröffnung eines inländischen Sekundärinsolvenzverfahrens. Nach Abs 1 ist die Eröffnung eines in- 4 ländischen Sekundärinsolvenzverfahrens grundsätzlich zulässig neben dem bereits eröffneten ausländischen Hauptinsolvenzverfahren; es bezieht sich nur auf das im Inland belegene Vermögen des Schuldners. Bei Eröffnung sind zunächst die Vorschriften der §§ 354 ff InsO und bei der Durchführung die §§ 357, 358 InsO zu beachten.

Notwendige Voraussetzung für die Eröffnung eines Sekundärinsolvenzverfahrens ist, dass das Vorlie- 5 gen eines **eröffneten Hauptinsolvenzverfahrens** am Mittelpunkt der wirtschaftlichen Interessen des Schuldners in einem anderen Mitgliedstaat der EU eröffnet worden ist.

6 Solange ein Antrag auf Eröffnung eines ausländischen Hauptinsolvenzverfahrens nicht beschieden ist, erscheint der Antrag auf Eröffnung eines Sekundärinsolvenzverfahren nicht unzulässig, sondern wird als Antrag auf Eröffnung eines Partikularverfahren im Sinne von § 354 InsO behandelt (Andres/Leithaus-*Dahl*, § 356 Rn 3). Wird das ausländische Hauptinsolvenzverfahren eröffnet, wird das inländische Partikularverfahren als Sekundärinsolvenzverfahren fortgeführt, damit die notwendige Koordination der beiden Verfahren gesichert ist.

7 **3. Antragsbefugnis.** Eine grundlegende Regelung des Antragsrechts findet sich in § 354 Abs 1 InsO. Auf die dortige Kommentierung kann mithin verwiesen werden.

8 a) Abs 2 erlaubt es insbesondere „auch" einem **ausländischen Insolvenzverwalter**, einen Antrag auf Eröffnung eines Sekundärinsolvenzverfahrens im Inland zu stellen. Grundsätzlich werden keine besonderen Voraussetzungen an die Antragsbefugnis des ausländischen Insolvenzverwalters geknüpft. Ihm muss lediglich nach dem jeweiligen ausländischen Insolvenzstatut die Befugnis zukommen, im Ausland handeln zu können.

9 Die weiteren allgemeinen Voraussetzungen richten sich nach § 354 Abs 1 InsO. Der ausländische Insolvenzverwalter braucht jedoch im Gegensatz zu den Gläubigern nach § 354 Abs 2 InsO kein besonderes Interesse an der Verfahrenseröffnung im Inland darzulegen (Andres/Leithaus-*Dahl*, § 356 Rn 5; HK-*Stephan*, § 356 Rn 6; aA Braun/Liersch-*Delzant*, § 356 Rn 9). Auf der einen Seite ermöglicht dies dem ausländischen Insolvenzverwalter eine erhebliche Verfahrensvereinfachung, indem eine inländische Niederlassung auch nach inländischem Recht abgewickelt wird. Auf der anderen Seite besteht jedoch die große Gefahr, dass die universale Wirkung eines im Ausland anhängigen Hauptinsolvenzverfahrens durch inländische Sekundärverfahren eingeschränkt wird. Nicht zuletzt aus diesem Grund sieht sich diese sehr weite Auslegung der Antragsbefugnis des ausländischen Insolvenzverwalters erheblicher Kritik ausgesetzt. Denn allein das bloße Bankkonto oder ein Grundstück des Schuldners im Inland reichen aus, um die Eröffnung eines Sekundärinsolvenzverfahrens durchzusetzen.

10 b) Neben der ausdrücklich normierten Antragsbefugnis des ausländischen Insolvenzverwalters bleibt es auch den in- und ausländischen **Gläubigern** unbenommen, einen zulässigen Antrag nach § 356 InsO zu stellen. Diese Antragsbefugnis unterliegt indes ebenfalls den Voraussetzungen des § 354 InsO. Der antragstellende Gläubiger muss jedoch im Gegensatz zum ausländischen Insolvenzverwalter bei einer Niederlassung des Schuldners im Inland ein rechtliches Interesse nach § 14 Abs 1 InsO darlegen können (K/P/B-*Kemper/Paulus*, § 356 Rn 11). Ist indes lediglich Vermögen des Schuldners im Inland belegt, muss der Gläubiger gem § 354 Abs 2 InsO ein besonderes Interesse an der Eröffnung darlegen und glaubhaft machen.

11 c) Dem **Schuldner** kommt im Sinne der InsO keine Befugnis zu, eine Eröffnung eines Parallelverfahrens im Inland zu initiieren. Sowohl im Partikular- als auch im Sekundärinsolvenzverfahren kommt dem Schuldner damit kein Antragsrecht zu. Bereits mit Eröffnung des Hauptinsolvenzverfahrens verliert der Schuldner seine Verwaltungs- und Verfügungsbefugnis über das gesamte insolvenzbefangene Vermögen (MüKoInsO-*Reinhart*, § 356 Rn 8; FK-*Wimmer*, § 356 Rn 14; HK-*Stephan*, § 356 Rn 4).

12 **4. Zeitpunkt der Eröffnung.** Wie schon im früheren Recht nach § 238 Abs 3 KO ist auch nach § 356 Abs 3 InsO für die Eröffnung des Sekundärinsolvenzverfahrens die Feststellung eines Eröffnungsgrunds entbehrlich. Die Anerkennung des ausländischen Hauptinsolvenzverfahrens nach § 343 InsO begründet die gesetzliche Vermutung, dass der Schuldner auch im Inland zahlungsunfähig oder überschuldet ist. Diese Vermutung ist unwiderleglich (K/P/B-*Kemper/Paulus*, § 356 Rn 13; aA HK-*Stephan*, § 356 Rn 7). Hierdurch soll insbesondere eine abweichende Beurteilung der Insolvenzlage des Schuldners im In- und Ausland verhindert werden, insbesondere wenn die Eröffnung des Hauptverfahrens im Ausland auf Eröffnungsgründen beruht, die dem deutschen Recht fremd sind (vgl BT-Drucks 15/16, S 25).

13 **5. Sonstige Verfahrensbesonderheiten.** Das Sekundärinsolvenzverfahren setzte voraus, dass bei Eröffnung eine die Verfahrenskosten deckende Masse (§ 26) vorhanden ist. Der Massebegriff beschränkt sich hierbei auf § 35 InsO (K/P/B-*Kemper/Paulus*, § 356 Rn 15).

§ 357 Zusammenarbeit der Insolvenzverwalter

(1) ¹Der Insolvenzverwalter hat dem ausländischen Verwalter unverzüglich alle Umstände mitzuteilen, die für die Durchführung des ausländischen Verfahrens Bedeutung haben können. ²Er hat dem ausländischen Verwalter Gelegenheit zu geben, Vorschläge für die Verwertung oder sonstige Verwendung des inländischen Vermögens zu unterbreiten.

(2) Der ausländische Verwalter ist berechtigt, an den Gläubigerversammlungen teilzunehmen.

(3) ¹Ein Insolvenzplan ist dem ausländischen Verwalter zur Stellungnahme zuzuleiten. ²Der ausländische Verwalter ist berechtigt, selbst einen Plan vorzulegen. ³§ 218 Abs. 1 Satz 2 und 3 gilt entsprechend.

III. Anwendungsbereich **§ 357**

I. Normzweck

§ 357 InsO regelt als **einseitige Sachnorm** einerseits die Mitteilungspflichten des inländischen Verwalters eines Sekundärinsolvenzverfahrens und andererseits die Vorschlags- und Mitwirkungsrechte des Verwalters eines ausländischen Hauptinsolvenzverfahrens (vgl Graf-Schlicker-*Kebekus/Sabel*, Rn 1). Die Vorschrift dient dem Interesse der Insolvenzgläubiger, eine optimale Verwertung des schuldnerischen Vermögens sicherzustellen (vgl K/P/B-*Kemper/Paulus*, Rn 1; Andres/Leithaus-*Dahl*, Rn 1). Sie ist insoweit Ausdruck der untergeordneten Funktion des Sekundärinsolvenzverfahrens, dessen Verwalter den Verwalter des Hauptinsolvenzverfahrens durch Informationen unterstützen soll (vgl Abs 1, Abs 3 S 1). Gleichzeitig gewährt die Vorschrift dem Verwalter des Hauptinsolvenzverfahrens Vorschlags- und Mitwirkungsrechte in Bezug auf das Sekundärinsolvenzverfahren (vgl Abs 2, 3 S 2). Die in § 357 InsO normierten Mitwirkungsrechte und -pflichten legen lediglich einen Mindestmaß der Kooperation zwischen inländischem Sekundär- und ausländischem Hauptinsolvenzverwalter dar (vgl FK-*Wimmer*, Rn 1). 1

II. Europäisches Insolvenzrecht

§ 357 InsO ist mit Art 31, 32 Abs 3 EuInsVO vergleichbar (vgl Andres/Leithaus-*Dahl*, Rn 3). Diese enthalten ergänzend über § 357 hinausgehende, wechselseitige Kooperationsrechte und -pflichten für den Verwalter von Haupt- und Sekundärinsolvenzverfahren. Anders als im Anwendungsbereich der EuInsVO ist eine im ausländischen Hauptinsolvenzverfahren angeordnete Liquidationssperre im inländischen Insolvenzverfahren unbeachtlich (unten Rn 15). 2

III. Anwendungsbereich

1. Praktische Bedeutung der Vorschrift. Der Anwendungsbereich von § 357 InsO ist auf inländische Sekundärinsolvenzverfahren beschränkt. Die Unterstützung des Verwalters eines ausländischen Sekundärinsolvenzverfahrens gegenüber dem Verwalter eines inländischen Hauptinsolvenzverfahrens richtet sich ausschließlich nach der *lex fori concursus* des Staats, in dem das Sekundärinsolvenzverfahren eröffnet wurde. Eine analoge Anwendung von § 357 InsO auf ausländische Sekundärinsolvenzverfahren scheidet daher aus. Entsprechend der herrschenden Meinung zum früheren Recht ist im Anwendungsbereich von § 357 InsO auch der Abschluss von Kooperationsverträgen zwischen den Verwaltern von Haupt- und Sekundärinsolvenzverfahren als zulässig anzusehen (vgl MüKoInsO-*Reinhart*, Rn 1; FK-*Wimmer*, Rn 4; K/P/B-*Kemper/Paulus*, Rn 8). 3

2. Pflichten des Verwalters des Sekundärinsolvenzverfahrens. a) Die **Mitteilungspflichten** setzen keine vorherige Aufforderung des Hauptinsolvenzverwalters voraus. Der inländische Sekundärinsolvenzverwalter muss vielmehr **selbst tätig werden** und Informationen an den Hauptinsolvenzverwalter übermitteln (vgl K/P/B-*Kemper/Paulus*, Rn 3). Die Pflichten des Sekundärinsolvenzverwalters sind jedoch nicht auf reine Informationsübermittlung beschränkt. Vielmehr ist der Sekundärinsolvenzverwalter auch zu **sonstigen Mitwirkungshandlungen** verpflichtet, zB zur Herausgabe von Dokumenten (vgl FK-*Wimmer*, Rn 3). Zu den Pflichten gehört weiterhin, dem Hauptinsolvenzverwalter die Wahrnehmung seiner Rechte aus § 357 InsO zu ermöglichen. Der Hauptinsolvenzverwalter ist demnach so zeitnah von anstehenden Terminen zu unterrichten, dass ihm eine Wahrnehmung seiner Rechte noch möglich ist (vgl Andres/Leithaus-*Dahl*, Rn 7). Nicht ausreichend ist demnach eine nachträglich erfolgte Information (vgl HK-*Stephan*, Rn 9). 4

Informationen muss der Sekundärinsolvenzverwalter **unverzüglich** an den Hauptinsolvenzverwalter übermitteln (vgl Braun-*Liersch/Delzant*, Rn 3). Unverzüglich ist im Sinne von § 121 Abs 1 BGB zu verstehen (vgl Andres/Leithaus-*Dahl*, Rn 6). Die Nichtbeachtung oder verspätete Erfüllung von Kooperationspflichten kann eine **Haftung des inländischen Verwalters nach § 60 InsO** auslösen (vgl HK-*Stephan*, Rn 19). Darüber hinaus kommen auch **aufsichtsrechtliche Maßnahmen nach § 58 InsO** in Betracht (vgl K/P/B-*Kemper/Paulus*, Rn 5; Braun-*Liersch/Delzant*, Rn 4 mwN; Andres/Leithaus-*Dahl*, Rn 6; aA HK-*Stephan*, Rn 18). Die Wirksamkeit einer Verwertungsmaßnahme wird von einem Verstoß des Sekundärinsolvenzverwalters gegen die Pflichten aus § 357 InsO nicht berührt (vgl Andres/Leithaus-*Dahl*, Rn 7). 5

b) Welche Informationen der inländische Sekundärinsolvenzverwalter zur Verfügung stellen soll, wird von § 357 InsO nicht geregelt. In jedem Fall werden jene Informationen mitzuteilen sein, die der Sekundärinsolvenzverwalter auch in seinen Berichten an das Insolvenzgericht darzulegen hat (vgl Graf-Schlicker-*Kebekus/Sabel*, Rn 2). Vor dem Hintergrund des Interesses der Insolvenzgläubiger an einer optimalen Verwertung der Masse ist nach richtiger Auffassung die **Informationspflicht** umfassend zu verstehen (vgl RegE BT-Drucks 15/16 S 26; K/P/B-*Kemper/Paulus*, Rn 4). Es sind von dem Sekundärinsolvenzverwalter vielmehr **alle Informationen** zur Verfügung zu stellen, die **für die Durchführung des ausländischen Hauptinsolvenzverfahrens wesentlich** sein können (vgl K/P/B-*Kemper/Paulus*, Rn 4). Eine 6

Beschränkung der Informationspflicht lediglich auf Informationen zu bedeutenden Teilen der Masse oder wichtigen verfahrensleitenden Entscheidungen ist abzulehnen (aA HK-*Stephan*, Rn 6; Braun-*Liersch/Delzant*, Rn 3 mwN). Gleichwohl darf der Umfang der Informationspflichten nicht dazu führen, die Selbstständigkeit des Sekundärinsolvenzverfahrens in Frage zu stellen.

7   Der Sekundärinsolvenzverwalter hat nach der hier vertretenen Auffassung dem Hauptinsolvenzverwalter insbesondere Informationen mitzuteilen über die Zahl der Insolvenzgläubiger, deren angemeldete Forderungen einschließlich deren Rang, den Vermögensbestand des Schuldners, die vorhandene Insolvenzmasse und deren Verwertungsmöglichkeiten, den Stand des Verfahrens, Prüftermine und Termine für Gläubigerversammlungen einschließlich deren Ergebnis, die Vornahme der Schlussverteilung oder Eintritt von Massenzulänglichkeit. Weiterhin ist eine Informationspflicht auch anzunehmen für beabsichtigte Sanierungs- oder Vergleichsmaßnahmen (RegE BT-Drucks 15/16 S 26; wie hier auch: K/P/B-*Kemper/Paulus*, Rn 4). Hierzu gehören auch Informationen über Klagen, die zur Wiedererlangung von Massegegenständen angestrengt werden sollen.

8   **3. Rechte des Verwalters des Hauptinsolvenzverfahrens.** a) Der Hauptinsolvenzverwalter hat das Recht, im Sekundärinsolvenzverfahren **Vorschläge** zur Verwertung oder anderweitigen Verwendung des Vermögens, eher zur Fortführung eines Unternehmens, zu unterbreiten.

9   Der Sekundärinsolvenzverwalter ist an diese **Vorschläge grundsätzlich nicht gebunden** (vgl K/P/B-*Kemper/Paulus*, Rn 7; HK-*Stephan*, Rn 9; Braun-*Liersch/Delzant*, Rn 6; **aA** wohl *Staak*, NZI 2004, 480, 484). Gegen eine generelle Bindung des Sekundärinsolvenzverwalters an die Vorschläge spricht bereits die rechtliche Selbstständigkeit des Sekundärinsolvenzverfahrens. Zudem ist der Sekundärinsolvenzverwalter im Interesse der Insolvenzgläubiger zur bestmöglichen Verwertung der Masse seines Verfahrens verpflichtet (vgl MüKoInsO-*Reinhart*, Rn 12). Ausnahmsweise wird eine Bindung des Sekundärinsolvenzverwalters wohl für den Fall zu bejahen sein, dass bei der Nichtberücksichtigung eines Vorschlags über die sonstige Verwendung andernfalls schwerwiegende Nachteile für das Hauptinsolvenzverfahren entstehen würden, zB die Vornahme einer Verwertung durch den Sekundärinsolvenzverwalter die Fortführung des Unternehmens durch den Hauptinsolvenzverwalter gefährdet (vgl FK-*Wimmer*, Rn 5, Braun-*Liersch/Delzant*, Rn 5).

10 Eine **im ausländischen Hauptinsolvenzverfahren ausgesprochene Liquidationssperre** ist entgegen einer vereinzelt geäußerten Ansicht im inländischen Sekundärinsolvenzverfahren nicht zu beachten (vgl MüKoInsO-*Reinhart*, Rn 13). Eine dem Art 32 EuInsVO entsprechende Regelung hat der Gesetzgeber in Kenntnis dieser Norm gerade nicht in § 357 InsO übernommen.

11 b) Der Hauptinsolvenzverwalter hat das Recht, an den Gläubigerversammlungen des Sekundärinsolvenzverfahrens teilzunehmen. Eine **Pflicht zur Ladung des Hauptinsolvenzverwalters** ist nicht ausdrücklich vorgesehen, wird jedoch nach der Begründung des Regierungsentwurfs als Pflicht angenommen (vgl RegE BT-Drucks 15/16 S 26; Braun-*Liersch/Delzant*, Rn 7; Andres/Leithaus-*Dahl*, Rn 8 mwN; aA K/P/B-*Kemper/Paulus*, Rn 9). Bei Abstimmungs- und Erörterungsterminen folgt die Pflicht zur Ladung aus analoger Anwendung des § 235 Abs 2 InsO.

12 Ausfluss des Teilname- und Vorschlagsrechts nach § 357 Abs 1 S 2 und Abs 2 InsO ist weiterhin ein Rede- und Vorschlagsrecht des Hauptinsolvenzverwalters in der Gläubigerversammlung (vgl HK-*Stephan*, Rn 12 mwN). Ein Stimmrecht steht dem Hauptinsolvenzverwalter in der Gläubigerversammlung demgegenüber nur in den Grenzen des § 341 InsO zu (vgl K/P/B-*Kemper/Paulus*, Rn 10). Eine Abstimmung über seine Vorschläge kann der Hauptinsolvenzverwalter nicht herbeiführen (vgl K/P/B-*Kemper/Paulus*, Rn 10 mwN; MüKoInsO-*Reinhart*, Rn 12; aA HK-*Stephan*, Rn 12).

13 c) § 357 Abs 3 S 1 InsO erweitert den Kreis der Personen, denen nach § 232 InsO der **Insolvenzplan** zur Stellungnahme zuzuleiten ist (vgl RegE BT-Drucks 15/16 S 26). Dem Hauptinsolvenzverwalter soll hierdurch die Möglichkeit gegeben werden, die Auswirkungen des Plans auf das Hauptinsolvenzverfahren zu prüfen und Änderungsvorschläge zu unterbreiten.

14 Über das Recht zur Stellungnahme zu einem bestehenden Insolvenzplan hinaus gewährt Abs 3 S 2 dem Hauptinsolvenzverwalter das Recht, einen eigenen Insolvenzplan vorzulegen. Hierdurch wird der Kreis der nach § 218 InsO vorlageberechtigten Personen erweitert (vgl HK-*Stephan*, Rn 15). Das Recht des Hauptinsolvenzverwalters umfasst neben der Vorlage eines Gegenvorschlags zu dem Plan einer anderen im Sinne von § 218 InsO vorlageberechtigten Person auch die erstmalige Vorlage eines Insolvenzplans im Sekundärinsolvenzverfahren. Möglich ist daher, dass zwei abweichende Pläne von Haupt- und Sekundärinsolvenzverwalter vorgelegt werden (vgl FK-*Wimmer*, Rn 7).

15 Ergänzend findet auf das Recht zur Stellungnahme und das Planinitiativrecht **§ 218 Abs 1 S 2 und 3 entsprechende Anwendung**. Ein Insolvenzplan kann demnach frühestens mit dem Antrag auf Eröffnung des inländischen Sekundärinsolvenzverfahrens und spätestens bis zum Schlusstermin in diesem Verfahren vorgelegt werden. Unter den Voraussetzungen des § 355 Abs 2 InsO ist für die Bestätigung des Plans die Zustimmung aller Gläubiger erforderlich. In der Praxis wird durch diese Einschränkung die Bestätigung eines eigenständigen Plans im Sekundärinsolvenzverfahren nahezu unmöglich werden (vgl HK-*Stephan*, Rn 17 mit weiteren Nachweisen).

§ 358 Überschuss bei der Schlussverteilung

Können bei der Schlussverteilung im Sekundärinsolvenzverfahren alle Forderungen in voller Höhe berichtigt werden, so hat der Insolvenzverwalter einen verbleibenden Überschuss dem ausländischen Verwalter des Hauptinsolvenzverfahrens herauszugeben.

I. Normzweck

Nach § 199 InsO ist ein nach der Schlussverteilung verbleibender Überschuss an den Schuldner herauszugeben. Diese allgemeine Regelung wird für das Sekundärinsolvenzverfahren von § 358 InsO verdrängt, der die Herausgabe des Überschusses an den Verwalter des ausländischen Hauptinsolvenzverfahrens anordnet. Die Vorschrift ist eine **klarstellende Sachnorm** (vgl MüKoInsO-*Reinhart*, Rn 1 mwN). Besteht das Hauptinsolvenzverfahren nach der Schlussverteilung im Sekundärinsolvenzverfahren fort, ist eine schuldbefreiende Leistung an den Schuldner aufgrund der Beschlagnahmewirkung des Hauptinsolvenzverfahrens ausgeschlossen (vgl Regierungsentwurf BT-Drucks 15/16 S 26; HK-*Stephan*, Rn 2). Für den Bereich des Internationalen Insolvenzrechts ist § 358 InsO zugleich auch eine Ausprägung der hierarchisch übergeordneten Stellung des Hauptinsolvenzverfahrens gegenüber dem Sekundärinsolvenzverfahren (vgl FK-*Wimmer*, Rn 2). Im Anwendungsbereich der EuInsVO befindet sich eine dem § 358 **entsprechende Regelung in Art 35 EuInsVO** (vgl dort).

1

II. Anwendungsbereich

1. Bedeutung der Vorschrift in der Praxis. Die praktische Bedeutung der Vorschrift wird letztlich gering bleiben. Sofern sich im Sekundärinsolvenzverfahren eine Vollbefriedigung aller Gläubiger ergibt, wird dies einzelne Gläubiger aus dem Hauptinsolvenzverfahrens veranlassen, ihre Forderungen auch im Sekundärinsolvenzverfahren gem § 341 Abs 1 InsO anzumelden (vgl MüKoInsO-*Reinhart*, Rn 6). Das hierdurch jeweils Erlangte ist nach § 342 Abs 2 InsO in den anderen Verfahren auf die dort angemeldete Forderung anzurechnen (vgl HK-*Stephan*, Rn 2).

2

Im Hinblick auf § 341 Abs 2 InsO wird bei Vorliegen einer derart werthaltigen Masse zum Teil (vgl FK-*Wimmer*, Rn 3) eine Pflicht des Verwalters des Hauptinsolvenzverfahrens angenommen, die in seinem Verfahren angemeldeten Forderungen auch im Sekundärinsolvenzverfahren anzumelden. Eine Anmeldung nach § 341 Abs 2 InsO durch den Verwalter des Hauptinsolvenzverfahrens dürfte zudem auch zur Herstellung einer internationalen Gleichbehandlung der Insolvenzgläubiger erforderlich und geboten sein (vgl MüKoInsO-*Reinhart*, Rn 6 mwN).

3

2. Voraussetzungen. a) Die Vorschrift setzt voraus, dass ein **ausländisches Hauptinsolvenzverfahren eröffnet** wurde und dieses zum Zeitpunkt der Schlussverteilung im Sekundärinsolvenzverfahren **noch nicht beendet** ist. Sollte das Hauptinsolvenzverfahren bereits beendet sein, kann eine Übertragung nur dann erfolgen, wenn die *lex fori concursus* des Hauptinsolvenzverfahrens eine Nachtragsverteilung zulässt (vgl MüKoInsO-*Reinhart*, Rn 4). Besteht diese Möglichkeit nicht, verbleibt es bei der allgemeinen Vorschrift des § 199 InsO. Der Überschuss ist dann an den Insolvenzschuldner herauszugeben. Die Möglichkeit zur Herausgabe an den Verwalter eines anderen Sekundärinsolvenzverfahrens besteht nach § 358 InsO nicht (vgl HK-*Stephan*, Rn 8).

4

b) Ferner setzt § 358 InsO einen bei der Schlussverteilung verbleibenden **Überschuss** im Sinne von § 199 InsO voraus (vgl Andres/Leithaus-*Dahl*, Rn 1). Die Verwertung der Masse des Sekundärinsolvenzverfahrens muss demnach zu einer **Befriedigung aller angemeldeten und festgestellten Forderungen** geführt haben und auch die **Masseverbindlichkeiten decken**. Dies gilt auch für solche Masseforderungen nach § 206 Nr 2 InsO, die erst nach Abschluss des Verfahrens bekannt geworden sind (vgl Braun-*Liersch/Delzant*, Rn 2). Sofern der Verwalter des Hauptinsolvenzverfahrens keine entsprechende Freigabe erklärt hat, gehören zum **Überschuss auch möglicherweise nicht verwertete Vermögensgegenstände** (vgl MüKoInsO-*Reinhart*, Rn 5).

5

c) **Herausgabe.** Der Überschuss ist von dem Verwalter des Sekundärinsolvenzverfahrens an den Verwalter des Hauptinsolvenzverfahrens herauszugeben. Die Übertragung ist von dem Verwalter des Sekundärinsolvenzverfahrens vorzunehmen (vgl Andres/Leithaus-*Dahl*, Rn 1; K/P/B-*Kemper/Paulus*, Rn 2).

6

ZWÖLFTER TEIL. INKRAFTTRETEN

§ 359 Verweisung auf das Einführungsgesetz

Dieses Gesetz tritt an dem Tage in Kraft, der durch das Einführungsgesetz zur Insolvenzordnung bestimmt wird.

I. Gegenstand

1   Die InsO regelt ihr Inkrafttreten nicht selbst; der durch das Gesetz zur Neuregelung des Internationalen Insolvenzrechts vom 14. 3. 2003 (BGBl I 2003 I, S 345) eingeführte § 359, der wörtlich seiner Vorgängerregelung § 335 aF entspricht, verweist vielmehr auf das EGInsO, wo das Inkrafttreten der InsO in Art 110 EGInsO geregelt ist.

2   Vor diesem Hintergrund erscheint die Regelung des § 359 auf den ersten Blick überflüssig. Wenn der Gesetzgeber die Vorschrift gleichwohl als **reine Verweisungsnorm** im letzten Gesetzgebungsakt hinzugefügt hat, so erklärt sich diese Handhabung aus Art 82 Abs 2 GG (vgl Ausschussbericht zu § 378 c, abgedr bei *Balz/Landfermann* S 451; ebenso MüKoInsO-*Schmahl* § 359 Rn 1). § 359 sollte mithin jeden Zweifel darüber ausschließen, wann die Vorschriften der InsO in Kraft treten würden.

II. Inkrafttreten der InsO

3   Nach Art 110 Abs 1 EGInsO sind die Vorschriften der Insolvenzordnung und des Einführungsgesetzes am 1. 1. 1999 in Kraft getreten, soweit nicht in Art 110 Abs 2 und Abs 3 Ausnahmen vorgesehen sind.

4   Dies heißt jedoch nicht, dass die Rechtspaltung zwischen InsO einerseits und KO/VglO/GesO andererseits inzwischen endgültig beseitigt wäre (vgl hierzu *Lüer*, in Kölner Schrift (S 297 ff) Rn 6 f); denn die **intertemporale Abgrenzung** hat die Regelungen in Art 103–109 EGInsO zu beachten. Aus diesen Vorschriften ergibt sich zunächst die Fortgeltung bisherigen Rechts für „Altverfahren": Denn nach Art 103 EGInsO gilt bisheriges Recht für Konkurs-, Vergleichs- und Gesamtvollstreckungsverfahren fort, die vor dem 1. 1. 1999 beantragt worden sind. Gleiches gilt für Anschlusskonkursverfahren, bei denen der dem Verfahren vorausgehende Vergleichsantrag vor dem 1. 1. 1999 gestellt worden ist. Komplementär hierzu sieht Art 104 EGInsO die Anwendung der InsO vor für alle Insolvenzverfahren, die nach dem 31. 12. 1998 beantragt worden sind. Nur die „Neuverfahren" seit 1. 1. 1999 unterliegen mithin der InsO. Soweit einzelne Vorschriften der InsO bereits vor dem 1. 1. 1999 in Kraft getreten sind, etwa § 104 Abs 2, 3 durch Art 105 Abs 1, 2, 110 Abs 3 EGInsO, bleiben sie natürlich für Altverfahren neben den bisher anwendbaren Gesetzen relevant.

5   Als Folge von **Änderungen der InsO nach ihrem Inkrafttreten** enthalten die Art 103a-103d EGInsO besondere Regelungen zu den jeweils anzuwendenden Fassungen der InsO. So formuliert Art 104 EGInsO eine intertemporale Abgrenzung in Bezug auf die allgemeine Behandlung von Rechtsverhältnissen und Rechten, die zwar vor dem 1. 1. 1999 (Art 110 Abs 1, dazu oben Rn 3) begründet worden sind, jedoch Gegenstand eines Insolvenzverfahrens sind, das nach dem 31. 12. 1998 beantragt worden ist. Art 105–109 EG InsO enthalten zusätzliche Abgrenzungsregelungen für spezifische Arten von Rechtsverhältnissen bzw Rechtsbeziehungen.

6   Die durch das Finanzmarktstabilisierungsgesetz vom 17. 10. 2008, BGBl I 2008, 1982 ff (FMStG) eingeführte Änderung des **Überschuldungsbegriffs** (§ 19 Abs 2 S 1 InsO) ist nicht Gegenstand einer gesonderten Übergangsregelung in der EGInsO, sondern gilt unmittelbar für die Beurteilung des Vorliegens einer Überschuldung ab dem Tag des Inkrafttretens des FMStG, also dem 18. 10. 2008 (Art 5, 7 FMStG, dazu auch *Hirte/Knof/Mock*, ZInsO 2008, 1217, 1224; *Böcker/Poertzgen*, GmbHR 2008, 1289, 1290). Entsprechendes gilt, sobald die bis zum 17. 10. 2008 gültige Fassung des § 19 Abs 2 InsO ab dem 1. 1. 2011 wieder als § 19 Abs 2 S 1 und 2 InsO nF gelten wird (Art 6 Abs 3 iVm Art 7 FMStG).

2. KOMMENTIERUNG DES ART. 102 EGINSO

Einführungsgesetz zur Insolvenzordnung vom 5. 10. 1994 (BGBl I S 2911)

zuletzt geändert durch Gesetz vom 23. 10. 2008 (BGBl I S 2026)

Art 102. Durchführung der VO (EG) Nr 1346/2000 über Insolvenzverfahren

Vorbemerkungen

I. Regelungsbereich der Ausführungsvorschriften

Art 102 EGInsO aF regelte ursprünglich das autonome Internationale Insolvenzrecht (siehe dazu Vorauf Art 102 Rn 1 ff). Mit der am 31. 5. 2002 in Kraft getretenen VO (EG) Nr 1346/2000 des Rats vom 28. 5. 2000 über Insolvenzverfahren (EuInsVO) wurde für grenzüberschreitende Insolvenzen innerhalb der EU (mit Ausnahme Dänemarks nach Art 1 und 2 des Protokolls über die Position Dänemarks, das dem Vertrag über die EU und dem EGV angehängt ist) ein einheitlicher Rechtsrahmen geschaffen. Die EuInsVO gilt in den Mitgliedstaaten nach Art 249 Abs 2 EGV als Sekundärrechtsakt allgemein und unmittelbar, so dass es keines gesonderten Umsetzungsaktes in nationales Recht bedurfte. Der deutsche Gesetzgeber nahm jedoch Anpassungen an die Regelungen der EuInsVO vor (FK-*Wimmer* Vorbem 2 Anh II nach § 358; HK-*Undritz* Vorbem §§ 335 ff Rn 13). Durch das Gesetz zur Neuregelung des Internationalen Insolvenzrechts vom 14. 3. 2003 wurde in Deutschland das Internationale Insolvenzrecht in Art 102 EGInsO und §§ 335 ff InsO neu normiert (BGBl I 345). Die deutschen Ausführungsbestimmungen zur EuInsVO sind nunmehr in Art 102 §§ 1–11 EGInsO nF enthalten. 1

Im Einzelnen betrifft Art 102 die **örtliche Zuständigkeit** inländischer Gerichte bei gegebener internationaler Zuständigkeit (§ 1), den **Kompetenzkonflikt** bei Zuständigkeitsfragen (§§ 2–4), die **Bekanntmachung** des ausländischen Insolvenzverfahrens und dessen Eintragung in öffentliche Register (§§ 5–7), die **Vollstreckung** aus der nach Art 16 EuInsVO im Inland anzuerkennenden Eröffnungsentscheidung (§ 8), die Möglichkeit der Einschränkung der Rechte der Gläubiger durch einen **Insolvenzplan** (§ 9), den **Schutz der absonderungsberechtigten Gläubiger** bei einer Verzögerung der Verwertung nach Art 33 EuInsVO (§ 10) und die **Unterrichtung** der Gläubiger aus anderen Mitgliedstaaten (§ 11). 2

II. Konkurrenzverhältnis zwischen EGInsO, EuInsVO und InsO

Bei europäischen Insolvenzverfahren hat die EuInsVO gegenüber den Ausführungsbestimmungen der EGInsO Vorrang (MüKoInsO-*Reinhart* Vorbem Art 102 Rn 2; *Liersch* NZI 2003, 302). Sie verdrängt das nationale deutsche Insolvenzrecht, soweit sie Sachnormen enthält, die für grenzüberschreitende europäische Sachverhalte eine abschließende Regelung treffen, die im Widerspruch zum deutschen Recht stehen (vgl Braun-*Liersch* Vorbem §§ 335 ff Rn 25). Im Verhältnis zu Drittstaaten ist das autonome deutsche Internationale Insolvenzrecht (§§ 335 ff InsO) anzuwenden. Umgekehrt gilt dies jedoch nicht nur im Verhältnis zu Drittstaaten. Es kann vielmehr auch bei europäischen Insolvenzverfahren zur Anwendung kommen, wenn weder die EuInsVO noch die Ausführungsbestimmungen des Art 102 EGInsO Sondervorschriften enthalten. 3

Als autonomes inländisches Recht unterliegen die Vorschriften der EGInsO grundsätzlich nicht der europäischen Rechtskontrolle. Aus der Sicht des Europarechts ist der deutsche Gesetzgeber jedoch nicht befugt, den Inhalt von EG-Verordnungen zu wiederholen, weil dies unmittelbare Geltung verschleiern könnte (zutr MüKoInsO-*Reinhart* EGInsO Vorbem Art 102 Rn 5 unter Bezugnahme auf EuGH 28. 3. 1985, Slg 1985, 1057 sowie Geimer in Schütze-*Geimer* EU-ZVR § 1 Rn 2). Im Folgenden wird der jeweils eigenständige Regelungsbereich der Art 102 §§ 1–11 EGInsO in Abgrenzung zur EuInsVO dargelegt. 4

§ 1 Örtliche Zuständigkeit

(1) Kommt in einem Insolvenzverfahren den deutschen Gerichten nach Artikel 3 Abs 1 der Verordnung (EG) Nr 1346/2000 des Rats vom 29. Mai 2000 über Insolvenzverfahren (ABl EG Nr L 160 S 1) die internationale Zuständigkeit zu, ohne dass nach § 3 der Insolvenzordnung ein inländischer Gerichtsstand begründet wäre, so ist das Insolvenzgericht ausschließlich zuständig, in dessen Bezirk der Schuldner den Mittelpunkt seiner hauptsächlichen Interessen hat.

(2) ¹Besteht eine Zuständigkeit der deutschen Gerichte nach Art 3 Abs 2 der VO (EG) Nr 1346/2000, so ist ausschließlich das Insolvenzgericht zuständig, in dessen Bezirk die Niederlassung des Schuldners liegt. ² § 3 Abs 2 der Insolvenzordnung gilt entsprechend.

(3) ¹Unbeschadet der Zuständigkeit nach den Absätzen 1 und 2 ist für Entscheidungen oder sonstige Maßnahmen nach der Verordnung (EG) Nr 1346/2000 jedes inländische Insolvenz-

EGInsO Art 102 § 1 Örtliche Zuständigkeit

gericht zuständig, in dessen Bezirk Vermögen des Schuldners belegen ist. ²Die Landesregierungen werden ermächtigt, zur sachdienlichen Förderung oder schnelleren Erledigung der Verfahren durch Rechtsverordnung die Entscheidungen oder Maßnahmen nach der Verordnung (EG) Nr 1346/2000 für die Bezirke mehrerer Insolvenzgerichte einem von diesen zuzuweisen. ³Die Landesregierungen können die Ermächtigung auf die Landesjustizverwaltungen übertragen.

I. Einleitung

1   Art 102 § 1 EGInsO stellt eine deutsche **Zuständigkeitsnorm** für grenzüberschreitende europäische Insolvenzen dar und betrifft den Fall, dass die internationale und die örtliche Zuständigkeit auseinanderfallen. Ein Auseinanderfallen der Zuständigkeiten ist dann gegeben, wenn Art 3 EuInsVO den deutschen Gerichten die internationale Zuständigkeit zuweist, die Anwendung des § 3 InsO aber keine örtliche Zuständigkeit im Inland begründen würde.

2   In der Regel wird zwar die internationale Zuständigkeit durch die örtliche Zuständigkeit indiziert (BGH 17. 12. 1998, ZIP 1999, 196; **OLG** Köln 23. 4. 2001, ZInsO 2001, 622, 623; vgl auch oben § 335 InsO Rn 3; Graf-Schlicker-*Kexel* § 3 InsO Rn 12); Art 102 § 1 EGInsO trifft jedoch eine Sonderregelung, wonach innerhalb der Mitgliedstaaten der Europäischen Union **Art 3 Abs 1 EuInsVO** der **Vorrang gegenüber § 3 InsO** eingeräumt wird (vgl *Pannen/Riedemann* NZI 2004, 301; Graf-Schlicker-*Kexel* § 3 InsO Rn 12). § 1 Abs 2 trifft eine entsprechende Regelung für Sekundär- und Partikularinsolvenzverfahren nach Art 3 Abs 2 EuInsVO und Art 102 § 1 Abs 3 regelt die örtliche Zuständigkeit für Entscheidungen oder sonstige Maßnahmen nach der EuInsVO, für die deutsche Gerichte international zuständig sind. Die nach Art 102 § 1 zugewiesenen Zuständigkeiten sind ausschließlicher Natur, so dass Gerichtsstandsvereinbarungen unzulässig sind (HK-*Stephan* Art 102 § 1 Rn 6; FK-*Wimmer* Anh II, Art 102 § 1 Rn 6; MüKoInsO-*Reinhart* Art 102 § 1 Rn 18).

II. Zuständigkeit für Hauptinsolvenzverfahren (Abs 1)

3   Unter Art 102 § 1 Abs 1 fällt ungeachtet von Art 25 EuInsVO lediglich die Zuständigkeit der **Insolvenzgerichte für die Durchführung der Insolvenzverfahren**. Die Vorschrift gilt damit weder für andere Gerichte noch für Entscheidungen des Insolvenzgerichts, die nicht die Eröffnung des Verfahrens betreffen (**BGH** 27. 5. 2003, NZI 2003, 545 f; MüKoInsO-*Reinhart*, Art 102 § 1 Rn 8).

4   Art 102 § 1 Abs 1 legt fest, welchen deutschen Gerichten die **örtliche Zuständigkeit** in einem der InsO unterfallenden Hauptinsolvenzverfahren zukommt, wenn über die Zuweisung der internationalen Zuständigkeit die deutschen Gerichte in ihrer Gesamtheit zur Entscheidung berufen sind, aber nach den allgemeinen Vorschriften kein deutsches Gericht örtlich zuständig wäre (BT-Drucks 15/15, 14; FK-*Wimmer* Anh II, Art 102 § 1 Rn 2). Die internationale Zuständigkeit richtet sich nach Art 3 EuInsVO, wonach das Hauptinsolvenzverfahren in dem Mitgliedstaat zu eröffnen ist, in dem der Schuldner den „**Mittelpunkt seiner hauptsächlichen Interessen hat**" (vgl unten Art 3 EuInsVO Rn 9 ff). Dies soll der Ort sein, an dem der Schuldner üblicher Weise – und für Dritte erkennbar – der Verfolgung seiner Interessen nachgeht (Erwägungsgrund Nr 13 EuInsVO). Mit dieser Formulierung wird jeder Hinweis auf eine geschäftliche Aktivität des Schuldners vermieden, damit auch Verbraucher vom persönlichen Anwendungsbereich der VO erfasst werden (Erläuternder Bericht Rn 75; *Schmid* Europäisches Internationales Insolvenzrecht 2002, 39; FK-*Wimmer* Anh II, Art 102 § 1 Rn 3). Die internationale Zuständigkeit soll danach dort begründet sein, wo sich aller Voraussicht nach die Masse des schuldnerischen Vermögens und der Großteil der Gläubiger befinden (FK-*Wimmer* Anh II, Art 102 § 1 Rn 3; vgl auch die Zusammenfassung unter Art 3 EuInsVO Rn 33).

Da die EuInsVO die innerstaatliche örtliche Zuständigkeit nicht regelt, richtet sich diese nach nationalem Recht (HambKomm-*Undritz* Anh, Art 102 § 1 Rn 2). § 3 Abs 1 InsO ist im Vergleich zu Art 3 EuInsVO enger gefasst und knüpft an zwei unterschiedliche Merkmale an. Nach § 3 Abs 1 S 1 InsO ist das Insolvenzgericht ausschließlich örtlich zuständig, in dessen Bezirk der Schuldner seinen allgemeinen Gerichtsstand hat. Bei unselbstständiger wirtschaftlicher Tätigkeit handelt es sich dabei um den Wohnsitz des Schuldners gem § 13 ZPO. Bei einer selbstständigen wirtschaftlichen Tätigkeit bestimmt sich die örtliche Zuständigkeit gem § 3 Abs 1 S 2 InsO nach dem „Mittelpunkt einer selbstständigen wirtschaftlichen Tätigkeit" des Schuldners. Da die Anknüpfungskriterien nicht deckungsgleich sind, können **Zuständigkeitslücken** entstehen (vgl Beispiel *Wimmer* in FS Kirchhof, 523: *Ein in Deutschland wohnhafter Arbeitnehmer ist in Frankreich abhängig beschäftigt und geht dort zudem nebenberuflich einer nicht nur nebensächlichen selbstständigen Tätigkeit nach*). Art 3 EuInsVO ist nach Art 102 § 1 Abs 1 vorrangig zu beachten, so dass in diesen Fällen ebenfalls auf den „Mittelpunkt des hauptsächlichen Interesses" abzustellen ist.

5   Kommt das deutsche Insolvenzgericht zu der Auffassung, dass die deutsche internationale Zuständigkeit gegeben, örtlich jedoch nach Art 102 § 1 Abs 1 ein anderes Insolvenzgericht zuständig ist, so kann das Insolvenzgericht auf Antrag des Antragstellers das Verfahren an das örtlich zuständige Insolvenzgericht verweisen (MüKoInsO-*Reinhart* Art 102 § 1 Rn 9; MüKoInsO-*Ganter* § 3 InsO Rn 28 ff).

III. Zuständigkeit für Sekundärinsolvenzverfahren (Abs 2)

Anders als bei der Bestimmung der örtlichen Zuständigkeit für das Hauptverfahren ist Art 102 § 1 6 Abs 2 **unmittelbar anwendbar**, da sich keine entsprechende Regelung in der InsO findet. Da bei reinen Inlandsinsolvenzen keine parallelen Verfahren zulässig sind, bedarf es keiner Regelung zum „Sekundärinsolvenzverfahren". Eine vorrangige Anwendung von § 354 Abs 3 S 1 InsO scheidet aus, da die Vorschrift lediglich die örtliche Zuständigkeit für das Partikularverfahren regelt, das aufgrund des autonomen Rechts durchgeführt wird und nicht die Zuständigkeit nach der EuInsVO eröffnet.

Nach Art 102 § 1 Abs 2 muss die Zuständigkeit gem Art 3 Abs 2 EuInsVO gegeben sein. Danach ist 7 die Durchführung eines **Sekundärinsolvenzverfahrens** dann erlaubt, wenn sich in einem anderen Mitgliedstaat als dem des Hauptverfahrens eine **Niederlassung** befindet (vgl unter Art 2 EuInsVO Rn 13 ff und Art 3 EuInsVO Rn 44). Der Begriff der Niederlassung in § 1 Abs 2 entspricht dem in Art 3 Abs 2 S 1 EuInsVO (vgl MüKoInsO-*Reinhart* Art 102 § 1 Rn 12; HK-*Stephan* Art 102 § 1 Rn 6), so dass die Legaldefinition der Niederlassung gem Art 2 lit h EuInsVO heranzuziehen ist und damit jeder Tätigkeitsort umfasst ist, an dem der Schuldner einer wirtschaftlichen Aktivität nicht nur vorübergehender Art nachgeht, die den Einsatz von Personal und Vermögenswerten voraussetzt.

Die Eröffnung **mehrerer Sekundärinsolvenzverfahren** im Inland ist nach Art 3 Abs 2 EuInsVO nicht 8 zulässig, so dass auch dann nur ein Sekundärinsolvenzverfahren eröffnet werden kann, wenn der Schuldner mehrere Niederlassungen unterhält. Zuständig ist entweder das Insolvenzgericht der Hauptniederlassung oder, wenn diese nicht erkennbar ist, das Gericht, bei dem zuerst der Eröffnungsantrag gem Art 102 § 1 Abs 2 S 2 iVm § 3 Abs 2 InsO eingegangen ist (HK-*Stephan*, EGInsO Art 102 § 1 Rn 7). Dabei ist anders als in der EuInsVO auf den Zeitpunkt der Antragstellung abzustellen (B/B/G-*Pannen* Art 102 § 1 Rn 11; HambKomm-*Undritz* Anh, Art 102 Rn 8; MüKoInsO-*Reinhart* Art 102 § 1 Rn 13). Es kann auch dann kein zweites Sekundärverfahren eröffnet werden, wenn weitere Vermögensgegenstände an einem anderen Ort im Inland als dem Niederlassungsort belegen sind (BT-Drucks 15/16, 14).

IV. Zuständigkeit für Entscheidungen und sonstige Maßnahmen (Abs 3)

1. Zuständigkeit ohne Verfahrenseröffnung. Nach Art 102 § 1 Abs 3 S 1 ist für Entscheidungen und 9 sonstige Maßnahmen jedes inländische Gericht zuständig, in dessen Bezirk Vermögen des Schuldners belegen ist. Vom Anwendungsbereich sind jegliche Entscheidungen und Maßnahmen erfasst, die ein inländisches Gericht anstelle des Insolvenzgerichts des ausländischen Hauptverfahrens trifft. Die EuInsVO sieht, auch wenn kein Verfahren eröffnet wird, vielfach Mitwirkungshandlungen der inländischen Gerichte vor. Dazu gehört insbesondere die öffentliche Bekanntmachung gem Art 21 EuInsVO oder die Eintragung in öffentliche Register nach Art 22 EuInsVO, aber auch weitere in der VO nicht benannte Unterstützungsleistungen (unter anderem Auskünfte, Übersendung von Dokumenten). Örtlich zuständig ist dann das inländische Insolvenzgericht, in dessen Bezirk Vermögen des Schuldners belegen ist. Unter Vermögen ist dabei jeder Vermögensgegenstand oder vermögenswerte Anspruch zu verstehen (MüKoInsO-*Reinhart* Art 102 § 1 Rn 16). Zur Bestimmung der Belegenheit ist Art 2 lit g EuInsVO heranzuziehen (vgl Art 3 EuInsVO Rn 44).

2. Konzentrationsermächtigung. Art 102 § 1 Abs 3 S 2 bestimmt, dass die Landesregierungen – oder 10 nach S 3 soweit ermächtigt, auch die Landesjustizverwaltungen – die Entscheidungen oder Maßnahmen nach der EuInsVO für die Bezirke mehrerer Insolvenzgerichte einem von diesen zuweisen können. Die Konzentration soll bewirken, dass Richter und Rechtspfleger besondere Erfahrungen und Sachkunde auf diesem Gebiet erwerben und damit den erhöhten Anforderungen an die Abwicklung grenzüberschreitender Insolvenzverfahren gewachsen sind (FK-*Wimmer* Anh II, Art 102 § 1 Rn 8). Von der Konzentrationsermächtigung haben bisher aber weder die Landesregierungen noch die Landesjustizverwaltungen Gebrauch gemacht (HK-*Stephan*, EGInsO Art 102 § 1 Rn 10).

§ 2 Begründung des Eröffnungsbeschlusses

Ist anzunehmen, dass sich Vermögen des Schuldners in einem anderen Mitgliedstaat der Europäischen Union befindet, sollen im Eröffnungsbeschluss die tatsächlichen Feststellungen und rechtlichen Erwägungen kurz dargestellt werden, aus denen sich eine Zuständigkeit nach Art 3 der Verordnung (EG) Nr 1346/2000 für die deutschen Gerichte ergibt.

I. Einleitung

Da im Anwendungsbereich der EuInsVO nach Art 3 lediglich die Eröffnung eines Hauptinsolvenz- 1 verfahrens über das Vermögen des Schuldners zulässig ist, verpflichtet Art 102 § 2 das inländische Insolvenzgericht, die tatsächlichen und rechtlichen Erwägungen zur internationalen Zuständigkeit im Eröffnungsbeschluss zum Hauptinsolvenzverfahren zu begründen. Dies dient in erster Linie der Vermeidung **positiver Kompetenzkonflikte**. Wird mehr als ein Hauptinsolvenzverfahren eröffnet und tritt damit ein solcher Kompetenzkonflikt ein, so ist er nach dem **Prioritätsprinzip** (vgl oben § 335 Rn 5 und unter Art 3 EuInsVO Rn 3 ff) zu lösen. Danach ist das zuerst eröffnete Verfahren das Hauptverfahren und alle anderen eröffneten Verfahren sind als Sekundärinsolvenzverfahren nach Art 3 Abs 2 EuInsVO zu qualifizieren. Weder die InsO noch die EuInsVO enthalten eine Begründungspflicht. Allerdings wird in § 343 InsO sowie in Art 16 EuInsVO der Grundsatz der **Anerkennung** geregelt, aus dem sich ergibt, dass die Gerichte dazu verpflichtet sind, die Eröffnungsentscheidungen anderer Mitgliedstaaten anzuerkennen, ohne diese nachzuprüfen (vgl zu § 343 InsO Rn 2 und Art 16 EuInsVO Rn 7). In diesem Zusammenhang sorgt die Begründungspflicht für ein gewisses Maß an **Rechtssicherheit**; sie erleichtert gleichzeitig die Einlegung von Rechtsmitteln gegen den Eröffnungsbeschluss des jeweiligen Mitgliedstaates (FK-*Wimmer* Anh II, Art 102 § 2 Rn 2; K/P/B/*Kemper* Art 102 § 2 Rn 1; MüKoInsO-*Reinhart* Art 102 § 2 Rn 3).

II. Voraussetzungen und Rechtsfolge

2 Der Anwendungsbereich von § 2 ist beschränkt auf den Eröffnungsbeschluss eines deutschen Insolvenzgerichts (MüKoInsO-*Reinhart* Art 102 § 2 Rn 4); er gilt sowohl für Haupt- als auch für Sekundär- und Partikularinsolvenzverfahren (K/P/B/*Kemper* Art 102 § 2 Rn 3).

3 Ein Umstand, der eine Begründung des nationalen Gerichts erforderlich macht, liegt schon dann vor, wenn anzunehmen ist, dass schuldnerisches **Vermögen** in einem anderen Mitgliedstaat belegen ist (BT-Drucks 15/16, 15; *Pannen/Riedemann* NZI 2004, 302). Unter den Begriff des Vermögens fällt dabei jeder Vermögensgegenstand oder vermögenswerte Anspruch (vgl MüKoInsO-*Reinhart* Art 102 § 1 Rn 16). Die **Belegenheit** des Vermögens ist nicht nach den Vorschriften des deutschen autonomen Rechts zu ermitteln (vgl Rn 10–12 zu § 354 InsO), sondern nach den Vorschriften der EuInsVO (vgl Rn 12 zu Art 2 EuInsVO). Ausreichend ist die **begründete Vermutung**, dass sich Vermögen in einem anderen Mitgliedstaat befinden könnte (FK-*Wimmer* Anh II, Art 102 § 2 Rn 3; K/P/B/*Kemper* Art 102 § 2 Rn 4; MüKoInsO-*Reinhart* Art 102 § 2 Rn 5). Das Gericht ist danach nicht verpflichtet, umfassend zu ermitteln oder den Sachverhalt im einzelnen aufzuklären; es hat lediglich eine Evidenzprüfung vorzunehmen, indem es den Eröffnungsantrag heranzieht und tatsächliche Angaben vom Insolvenzverwalter erbittet; soweit ein solcher nicht bestellt wurde, müssen Angaben vom Gutachter eingeholt werden (FK-*Wimmer* Anh II, Art 102 § 2 Rn 3).

4 Trotz des Wortlauts „sollen" entfaltet die Begründungspflicht obligatorische Wirkung und eröffnet keinen Ermessensspielraum (*Wehdeking* DZWiR 2003, 136; MüKoInsO-*Reinhart* Art 102 § 2 Rn 9). Sie bezieht sich sowohl auf die festgestellten Tatsachen als auch auf die rechtlichen Erwägungen, die das Gericht der Annahme der internationalen Zuständigkeit nach Art 3 EuInsVO zugrunde legt. Dabei hat das Gericht insbesondere die Zentralbegriffe des Art 3 EuInsVO „**Mittelpunkt seiner hauptsächlichen Interessen**" und – soweit es seinen Beschluss darauf stützt, – auch den Begriff der „**Niederlassung**" darzulegen (BT-Drucks 15/16, 15). Auch muss angegeben werden, ob es sich um ein Hauptinsolvenzverfahren im Sinne des § 3 Abs 1 S 1 EuInsVO handelt, oder aber um ein Sekundärinsolvenzverfahren im Sinne des § 3 Abs 1 S 2 EuInsVO (HK-*Stephan* Art 3 EuInsVO Rn 8), obwohl die Bezeichnung lediglich deklaratorische Wirkung hat (**BGH** 21. 2. 2008, IX ZB 96/07, unveröffentlicht; HK-*Stephan* Art 3 EuInsVO Rn 10; HambKomm-*Undritz* Anh, Art 3 EuInsVO Rn 2 ff).

5 Da es sich bei § 2 um eine reine Ordnungsvorschrift handelt, ist der Eröffnungsbeschluss nicht nichtig, wenn er ohne Prüfung und Begründung der internationalen Zuständigkeit erlassen wird (FS-*Kirchhof Wimmer*, 525; HK-*Stephan* Art 102 § 2 Rn 6; *Vallender*, KTS 2005, 312). Es können aber **Amtshaftungsansprüche** wegen des gegen § 2 verstoßenden Beschlusses geltend gemacht werden, wenn das ausländische Insolvenzgericht das deutsche Verfahren als **Partikularinsolvenzverfahren** (Insolvenzverfahren, die in einem Niederlassungsstaat zeitlich vor Eröffnung eines Hauptinsolvenzverfahrens in einem anderen Mitgliedstaat eröffnet werden) ansieht und aus diesem Grund im Ausland ein Hauptinsolvenzverfahren eröffnet wird (vgl *Wehdeking* DZWiR 2003, 136; *Pannen/Riedemann* NZI 2004, 302; HambKomm-*Undritz* Anh II, Art 102 Rn 2; aA MüKoInsO-*Reinhart* Art 102 § 2 Rn 11, der sich im wesentlichen auf die Subsidiarität der Haftung stützt, die eine solche jedoch nicht grundsätzlich ausschließt).

§ 3 Vermeidung von Kompetenzkonflikten

(1) ¹Hat das Gericht eines anderen Mitgliedstaats der Europäischen Union ein Hauptinsolvenzverfahren eröffnet, so ist, solange dieses Insolvenzverfahren anhängig ist, ein bei einem inländischen Insolvenzgericht gestellter Antrag auf Eröffnung eines solchen Verfahrens über das zur Insolvenzmasse gehörende Vermögen unzulässig. ²Ein entgegen Satz 1 eröffnetes Verfahren darf nicht fortgesetzt werden. ³Gegen die Eröffnung des inländischen Verfahrens ist auch der Verwalter des ausländischen Hauptinsolvenzverfahrens beschwerdebefugt.

(2) Hat das Gericht eines Mitgliedstaats der Europäischen Union die Eröffnung des Insolvenzverfahrens abgelehnt, weil nach Art 3 Abs 1 der Verordnung (EG) Nr 1346/2000 die deutschen Gerichte zuständig seien, so darf ein deutsches Insolvenzgericht die Eröffnung des Insolvenzverfahrens nicht ablehnen, weil die Gerichte eines anderen Mitgliedstaats zuständig seien.

§ 3 Vermeidung von Kompetenzkonflikten Art 102 EGInsO

I. Einleitung

Art 102 § 3 regelt die **Folgen von Kompetenzkonflikten** bei der Zuständigkeit für die Eröffnung 1
grenzüberschreitender Hauptinsolvenzverfahren und dient der Vermeidung von Konflikten mit Insolvenzgerichten anderer Mitgliedstaaten. Dabei befasst sich § 3 Abs 1 mit den Folgen positiver Kompetenzkonflikte und § 3 Abs 2 mit den Folgen negativer Kompetenzkonflikte. § 3 Abs 1 regelt die Unzulässigkeit eines Antrags auf Eröffnung eines zweiten Hauptinsolvenzverfahrens in Deutschland, die Einstellung eines fehlerhaft eröffneten zweiten Hauptinsolvenzverfahrens sowie die Beschwerdebefugnis des ausländischen Insolvenzverwalters. § 3 Abs 2 legt fest, dass ein deutsches Gericht die Eröffnung eines Hauptinsolvenzverfahrens dann nicht mit der Begründung ablehnen darf, dass die Gerichte eines anderen Mitgliedstaats zuständig seien, wenn zuvor ein Gericht eines Mitgliedstaats die Eröffnung aufgrund der Zuständigkeit deutscher Gerichte abgelehnt hat.

Die EuInsVO regelt die Folgen solcher Kompetenzkonflikte nicht ausdrücklich; allerdings ergeben sie sich für positive Kompetenzkonflikte mittelbar aus dem Grundsatz und der Wirkung der Anerkennung gem Art 16, 17 EuInsVO und dem Grundsatz der Priorität (vgl oben Art 102 EGInsO § 2 Rn 1 mit Nachweisen), wonach nur das erste eröffnete Verfahren Hauptverfahren sein kann. Die Folgen eines negativen Kompetenzkonfliktes können aus dem in Art 25 EuInsVO festgeschriebenen Grundsatz der Anerkennung sonstiger Entscheidungen hergeleitet werden.

II. Positiver Kompetenzkonflikt (Abs 1)

Durch § 3 Abs 1 kommt der **Grundsatz des gemeinschaftlichen Vertrauens** zum Ausdruck; die Eröff- 2
nungsentscheidung des ersten Gerichts innerhalb der EU genießt Vorrang nach dem Grundsatz zeitlicher Priorität (HK-*Stephan*, EGInsO Art 102 § 3 Rn 2). Gleichzeitig wird der in Art 16 EuInsVO verankerte Anerkennungsgrundsatz konkretisiert.

1. Voraussetzungen. Ein **positiver Kompetenzkonflikt** im Sinne des § 3 Abs 1 setzt voraus, dass ein 3
anderer Mitgliedstaat in der EU ein **Hauptinsolvenzverfahren eröffnet** hat. Eine Verfahrenseröffnung liegt vor, wenn das Insolvenzgericht zumindest einen vorläufigen Verwalter bestellt hat und die Entscheidung den Vermögensbeschlag gegen den Schuldner zur Folge hat (*Parmalat/Eurofood*-Entscheidung des EuGH vgl Rn 30 zu Art 3 EuInsVO; EuGH 2. 5. 2006, ZInsO 2006, 484 f mit Anmerkung *Poertzgen/Adam*, ZInsO 2006, 505 ff). Vermögensbeschlag bedeutet, dass der Schuldner die Befugnis zur Verwaltung seines Vermögens verliert (AG München 5. 2. 2007, 1503 IE 4371/06 = NZI 2007, 358 ff). Ein Hauptinsolvenzverfahren im Sinne des § 3 Abs 1 ist gegeben, wenn dass Insolvenzgericht mit dem Vermögensbeschlag eine Zuständigkeit nach Art 3 Abs 1 EuInsVO in Anspruch nimmt, so dass es nicht auf den formalen Eröffnungsbeschluss ankommt (MüKoInsO-*Reinhart* Art 102 § 3 Rn 5). Ungeschriebene Voraussetzung für den Vorrang des ausländischen Verfahrens ist darüber hinaus dessen Anerkennung. Sie ist jedoch der Regelfall, da keine Überprüfung der Eröffnungsentscheidung stattfindet. Die Verweigerung der Anerkennung kann nur auf einen *ordre public*-Verstoß nach Art 26 EuInsVO gestützt werden (MüKoInsO-*Reinhart* Art 102 § 3 Rn 6). Ferner muss die Eröffnung durch ein „Gericht eines anderen Mitgliedstaats der Europäischen Union" erfolgt sein. Da Dänemark als Mitgliedstaat der Europäischen Union jedoch nicht in den räumlichen Anwendungsbereich der EuInsVO fällt und die EGInsO in deren Sinne auszulegen ist (vgl Rn 2 zu Art 1 EuInsVO), muss der **räumliche Anwendungsbereich teleologisch reduziert werden** (die teleologische Interpretation fragt nach dem eigentlichen Gesetzeszweck; zur normreduzierenden Interpretation vgl MüKoBGB-*Säcker* Einleitung, Rn 134 ff; *Larenz* Methodenlehre S 391); Teile der Literatur halten es für ein redaktionelles Versehen, dass Dänemark nicht aus räumlichen Anwendungsbereich herausgenommen wurde (vgl MüKoInsO-*Reinhart* Art 102 § 3 Rn 7) oder sind der Ansicht, dass Dänemark aufgrund des Wortlauts in den Anwendungsbereich mit einzubeziehen sei (vgl FK-*Wimmer* Anh II, Art 102 § 3 Rn 3). Dies widerspricht aber dem Zweck der EGInsO (vgl Vorbem Rn 1). In jedem Fall sind zumindest die Voraussetzungen des § 343 InsO zu prüfen, bevor dem ausländischen Verfahren Priorität eingeräumt wird.

2. Rechtsfolge. a) Liegen die tatbestandlichen Voraussetzungen vor, so ist nach § 3 Abs 1 S 1 der bei 4
einem deutschen Gericht eingegangene Antrag auf Eröffnung eines Hauptinsolvenzverfahrens **unzulässig** und deshalb abzuweisen (BGH 29. 5. 2008, ZIP 2008, 1338, 1340; MüKoInsO-*Reinhart* Art 102 EGInsO § 3 Rn 9). Dabei ist die Rechtsfolge auf die Verfahren zu beschränken, in denen keine sonstige internationale Zuständigkeit gegeben ist. Die Sperrwirkung der ausländischen Verfahren bezieht sich darauf, dass kein weiteres Hauptinsolvenzverfahren eröffnet werden darf (MüKoInsO-*Reinhart* Art 102 § 3 Rn 8). Bevor das Insolvenzgericht den Antrag auf Eröffnung eines Hauptinsolvenzverfahrens als unzulässig abweist, hat es demnach zunächst eine Umdeutung in Betracht kommen („EMBIC I" vgl Rn 19 zu Art 3 EuInsVO; AG Mönchengladbach 27. 4. 2004, ZIP 2004.1064 f; AG Köln 1. 12. 2005, NZI 2006, 57; AG München 5. 2. 2007, ZIP 2007, 495 f). Streitig ist, ob allein ein Antrag auf Eröffnung eines Hauptinsolvenzverfahrens in einen Antrag auf Eröffnung eines Sekundärinsolvenzverfahrens umgedeutet werden kann oder ob auch eine umgekehrte Umdeutung möglich ist (im

Einzelnen MüKoInsO-*Reinhart* Art 102 § 3 Rn 10). Regelmäßig dürfte es dem Interesse eines lokalen Gläubigers entsprechen, sich im Inland zumindest an einem Sekundärinsolvenzverfahren beteiligen zu können (vgl FK-*Wimmer* Anh II, Art 102 § 3 Rn 4). Deshalb ist der Antrag dann nicht als unzulässig abzuweisen, wenn die Zuständigkeit für die Eröffnung des Sekundärinsolvenzverfahrens nach Art 3 Abs 2 EuInsVO gegeben und die übrigen Verfahrensvoraussetzungen (vgl Art 27 EuInsVO) entsprechend dargelegt werden.

5   b) Ist im Inland ein Hauptinsolvenzverfahren eröffnet worden, obwohl bereits in einem der Mitgliedstaaten der Europäischen Union ein solches anhängig war, so darf das Verfahren nach § 3 Abs 1 S 2 **nicht fortgesetzt** werden. Es ist jedoch nur dann von Amts wegen gem § 4 einzustellen, wenn für das inländische Insolvenzgericht keine Zuständigkeit für die Durchführung des Sekundärinsolvenzverfahrens nach Art 3 Abs 2 EuInsVO besteht (vgl Rn 5). Soll das Verfahren als Sekundärinsolvenzverfahren fortgeführt werden, so bedarf es keiner Einstellung des Verfahrens und einer anschließenden Neueröffnung (MüKoInsO-*Reinhardt* Art 102 § 3 Rn 14). Die Unrichtigkeit im Eröffnungsbeschluss ist gem § 2 von Amts wegen zu berichtigen.

6   c) Nach § 3 Abs 1 S 3 ist der ausländische Insolvenzverwalter zur Durchsetzung seiner und der Interessen ausländischer Gläubiger befugt, im Wege der **Beschwerde** den Vorrang seines Verfahrens durchzusetzen (**LG** Hamburg 18. 8. 2005, EuZW 2006, 62 f; **AG** Düsseldorf 12. 3. 2004, DZWiR 2004, 432).

III. Negativer Kompetenzkonflikt (Abs 2)

7   § 3 Abs 2 soll einen **negativen Kompetenzkonflikt** vermeiden. Hat ein Mitgliedstaat die Eröffnung des Hauptinsolvenzverfahrens mit der Begründung abgelehnt, ihm fehle es an der internationalen Zuständigkeit, so ist es dem deutschen Insolvenzgericht verwehrt, seine Zuständigkeit mit der Begründung zu verneinen, die internationale Zuständigkeit läge doch bei dem Staat, der sie abgelehnt hat.

8   Gleichwohl besteht keine Bindungswirkung an die Feststellung der internationalen Zuständigkeit des ausländischen Gerichts; es muss dem deutschen Insolvenzgericht unbenommen bleiben, die Zuständigkeit im Hinblick darauf abzulehnen, dass sich der Mittelpunkt der hauptsächlichen Interessen des Schuldners in einem dritten Mitgliedstaat befinde (vgl BT-Drucks 15/16, 15; HK-*Stephan* Art 102 § 3 Rn 7; FK-*Wimmer* Anh II, Art 102 § 3 Rn 6).

§ 4 Einstellung des Insolvenzverfahrens zugunsten der Gerichte eines anderen Mitgliedstaats

(1) ¹Darf das Insolvenzgericht ein bereits eröffnetes Insolvenzverfahren nach § 3 Abs 1 nicht fortsetzen, so stellt es von Amts wegen das Verfahren zugunsten der Gerichte des anderen Mitgliedstaats der Europäischen Union ein. ²Das Insolvenzgericht soll vor der Einstellung den Insolvenzverwalter, den Gläubigerausschuss, wenn ein solcher bestellt ist, und den Schuldner hören. ³Wird das Insolvenzverfahren eingestellt, so ist jeder Insolvenzgläubiger beschwerdebefugt.

(2) ¹Die Wirkungen des Insolvenzverfahrens, die vor dessen Einstellung bereits eingetreten und nicht auf die Dauer dieses Verfahrens beschränkt sind, bleiben auch dann bestehen, wenn sie Wirkungen eines in einem anderen Mitgliedstaats der Europäischen Union eröffneten Insolvenzverfahrens widersprechen, die sich nach der Verordnung (EG) Nr 1346/2000 auf das Inland erstrecken. ²Dies gilt auch für Rechtshandlungen, die während des eingestellten Verfahrens vom Insolvenzverwalter oder ihm gegenüber in Ausübung seines Amtes vorgenommen worden sind.

(3) ¹Vor der Einstellung nach Abs 1 hat das Insolvenzgericht das Gericht des anderen Mitgliedstaats der Europäischen Union, bei dem das Verfahren anhängig ist, über die bevorstehende Einstellung zu unterrichten; dabei soll angegeben werden, wie die Eröffnung des einzustellenden Verfahrens bekannt gemacht wurde, in welchen öffentlichen Büchern und Registern die Eröffnung eingetragen und wer Insolvenzverwalter ist. ²In dem Einstellungsbeschluss ist das Gericht des anderen Mitgliedstaats zu bezeichnen, zu dessen Gunsten das Verfahren eingestellt wird. ³Diesem Gericht ist eine Ausfertigung des Einstellungsbeschlusses zu übersenden. ⁴§ 215 Abs 2 der Insolvenzordnung ist nicht anzuwenden.

I. Einleitung

1   Die Norm regelt das Verfahren der Einstellung eines Insolvenzverfahrens zugunsten der Gerichte eines anderen Mitgliedstaats. Wurde trotz eines wirksam eröffneten **ausländischen Hauptinsolvenzverfahrens** ein **deutsches Hauptinsolvenzverfahren** eröffnet, so ist dieses nach § 3 Abs 1 unzulässig und darf **nicht fortgesetzt** werden. Das inländische Hauptinsolvenzverfahren ist gem § 4 Abs 1 von Amts wegen einzustellen, nachdem die Beteiligten angehört wurden (**BGH** 29. 5. 2008, ZIP 2008, 1338, 1340; **AG** Düsseldorf 12. 3. 2004, ZIP 2004, 623, 624; HambKomm-*Undritz* Anh, Art 102 § 4 Rn 1). Allerdings bleibt zu beachten, dass die Möglichkeit zur Durchführung eines **Sekundärinsolvenzverfahrens parallel zum Hauptinsolvenzverfahren** verbleibt (vgl § 3 Rn 5). Die Wirkungen des Verfahrens, die

nicht auf die Verfahrensdauer beschränkt sind, bleiben bei der Verfahrenseinstellung erhalten gem § 4 Abs 2. Damit sich das ausländische Gericht auf die neue Situation einstellen kann, sieht § 4 Abs 3 S 3 eine Informationspflicht (Übersendung des Einstellungsbeschlusses) vor.

II. Einstellung von Amts wegen (Abs 1)

Wenn im Inland ein zweites **Hauptinsolvenzverfahren** eröffnet wurde, ohne dass eine Umdeutung in ein Sekundärinsolvenzverfahren möglich ist (vgl § 3 Rn 5), so ist dieses Verfahren gem § 4 Abs 1 zugunsten des ausländischen Gerichts einzustellen, dem die internationale Zuständigkeit für das Hauptinsolvenzverfahren zukommt. Ist eine **Umdeutung** möglich, so ist der Eröffnungsbeschluss von Amts wegen zu berichtigen und das Verfahren ausdrücklich **als Sekundärverfahren** gem Art 3 Abs 2, 27 EuInsVO fortzusetzen, mit der Folge, dass sich die Wirkungen des Insolvenzverfahrens auf das im Inland belegene Vermögen beschränken (vgl § 3 Rn 5; Rn 8 zu Art 27 EuInsVO). 2

Zur Wahrung des Grundsatzes des rechtlichen Gehörs sind vor der Einstellung des Verfahrens gem § 4 Abs 1 S 2 vom deutschen Gericht der inländische Insolvenzverwalter, der Schuldner und ein gegebenenfalls bestehender Gläubigerausschuss anzuhören. Dies gilt auch für die Änderung eines vermeintlichen Hauptinsolvenzverfahrens in ein Sekundärinsolvenzverfahren (vgl MüKoInsO-*Reinhart* Art 102 § 4 Rn 7). 3

Da den lokalen Gläubigern durch die Einstellung das Recht genommen wird, an einem inländischen Insolvenzverfahren teilzunehmen, wird ihnen nach S 3 die **Beschwerdebefugnis** gegen die Einstellung eingeräumt. Unter dem Begriff des Insolvenzgläubigers sind nur die Gläubiger im Sinne des § 38 InsO zu verstehen (das heißt diejenigen, die zur Zeit der Eröffnung des Insolvenzverfahrens begründete Vermögensansprüche gegen den Schuldner haben; Andres/Leithaus-*Dahl* Art 102 § 4 Rn 2; *Smid*, Internationales Insolvenzrecht, Art 102 § 4 Rn 2). 4

§ 215 Abs 1 InsO findet auf die Einstellung des Hauptinsolvenzverfahrens entsprechende Anwendung (*Wimmer* FS Kirchhof, 526; HambKomm-*Undritz* Anh, Art 102 § 4 Rn 4). Das Insolvenzgericht hat gem §§ 215 Abs 1 S 1, 31 bis 33 InsO die dort genannten Register zu informieren, so dass der Insolvenzvermerk gelöscht werden kann. Nach § 209 InsO analog muss der deutsche Insolvenzverwalter die im Inland begründeten Masseverbindlichkeiten berichtigen. 5

Gegen den Einstellungsbeschluss ist die **sofortige Beschwerde** zulässig. Strittig ist allein, ob sie sich nach § 216 InsO richtet (K/P/B/*Kemper* Art 102 § 4 Rn 7) oder nach §§ 567 ff ZPO (FK-*Wimmer* Anh II, Art 102 § 4 Rn 4); die insolvenzverfahrensrechtliche Anknüpfung erscheint vorzugswürdig. 6

III. Wirkungen der Einstellung (Abs 2)

Die Einstellung des Verfahrens gem § 4 wirkt **ex nunc** (K/P/B/*Kemper* Art 102 § 4 Rn 8; MüKoInsO-*Reinhart* Art 102 § 4 Rn 10; aA *Weller* IPRax 2004, 417, der aufgrund des Anwendungsvorrangs des Europarechts eine universelle Beschlagswirkung annimmt und argumentiert, dass dann keine Masse zur Eröffnung eines zweiten Verfahrens übrig bleibe). Die Wirkungen des einzustellenden Insolvenzverfahrens bleiben nach Abs 2 S 1 bestehen, sofern diese nicht auf die Dauer des Verfahrens beschränkt sind (*Wimmer* FS Kirchhof, 526). Auf die Dauer des Verfahrens beschränkt sind beispielsweise materiellrechtliche Wirkungen wie Vollstreckungsverbote nach §§ 89, 90 InsO, die Verjährungshemmung gem § 204 Abs 1 Nr 10 BGB und die Prozessunterbrechung nach § 204 ZPO sowie verfahrensrechtliche Anordnungen des Insolvenzgerichts, wie zB die Postsperre nach § 99 InsO (FK-*Wimmer* Anh II, Art 102 § 4 Rn 6; HK-*Stephan* Art 102 § 4 Rn 5; K/P/B/*Kemper* Art 102 § 3 Rn 9, 10). 7

§ 4 Abs 2 S 2 erweitert den Grundsatz **des Fortbestehens auf sämtliche Handlungen** des inländischen Insolvenzverwalters, die vor der Verfahrenseinstellung vorgenommen wurden, so dass auch diese wirksam bleiben. Dadurch wird die universale Beschlagwirkung des Hauptinsolvenzverfahrens eingeschränkt (vgl FK-*Wimmer* Anh II, Art 102 § 4 Rn 5; MüKoInsO-*Reinhart* Art 102 § 4 Rn 11). Deshalb wird zu Recht vertreten, dass die in § 4 Abs 2 getroffene Anordnung auf „inländische" Wirkungen zu beschränken sei (MüKoInsO-*Reinhart* Art 102 § 4 Rn 11). 8

Wenn das Verfahren in ein Sekundärinsolvenzverfahren umgewandelt wird, gelten die vorstehend dargelegten Regeln (Rn 7 f) entsprechend. 9

Art 102 § 4 Abs 2 findet jedoch dann **keine Anwendung**, wenn das zweite Insolvenzverfahren im Inland nicht irrtümlich, sondern **in Kenntnis** des ersten Hauptinsolvenzverfahrens im Ausland **eröffnet** worden ist. Diese Einschränkung ergibt sich aus dem Anwendungsvorrang des EG-Rechts und den Gesetzesmaterialien zu Art 102 § 4 (**BGH** 29. 5. 2008, ZIP 2008, 1338, 1342). In diesem Fall ist vielmehr die Eröffnung des inländischen Insolvenzverfahrens **schwebend unwirksam** und der als **Scheinverwalter** anzusehende inländische Insolvenzverwalter darf nicht über die Masse verfügen (**BGH** 29. 5. 2008, ZIP 2008, 1338, 1342). Dies ergibt sich aus der universalen Geltung des Hauptinsolvenzverfahrens, das einen unbeschränkten Zugriff auf das Vermögen des Schuldners ermöglichen soll (**EuGH** 17. 1. 2006, ZIP 2006, 188 f mit Anm *Knof/Mock*; *Vogel* EWiR 2006, 141). 10

IV. Kooperation (Abs 3)

11 Damit sichergestellt werden kann, dass der ausländische Hauptinsolvenzverwalter möglichst schnell alle Maßnahmen ergreifen kann, um das im Inland belegene Vermögen des Schuldners zu sichern, bestimmt Abs 3, dass das deutsche Insolvenzgericht das Gericht des anderen Staats, bei dem das Hauptverfahren anhängig ist, über die bevorstehende Einstellung zu unterrichten hat. Dabei ist anzugeben, wie die Eröffnung des einzustellenden Verfahrens bekannt gemacht wurde, wer der zuständige Insolvenzverwalter ist und in welchen öffentlichen Büchern und Registern die Eröffnung eingetragen wurde (MüKoInsO-*Reinhart* Art 102 § 4 Rn 13). Diese **Unterrichtung** erfolgt durch formlose Mitteilung, da eine förmliche Zustellung weder vorgesehen noch geboten ist (vgl K/P/B/*Kemper* Art 102 § 4 Rn 14; HK-*Stephan* Art 102 § 4 Rn 8). Ferner muss das Gericht nach Abs 3 S 2 das Gericht des anderen Mitgliedstaats bezeichnen, zu dessen Gunsten das Verfahren eingestellt wurde. Abs 3 S 2 schreibt ausdrücklich die Übersendung einer Ausfertigung des Einstellungsbeschlusses an das ausländische Gericht des Hauptinsolvenzverfahrens vor. § 4 Abs 3 gilt entsprechend, wenn das inländische Insolvenzverfahren nicht eingestellt wird, sondern in ein Sekundärinsolvenzverfahren umgewandelt.

§ 5 Öffentliche Bekanntmachung

(1) ¹Der Antrag auf öffentliche Bekanntmachung des wesentlichen Inhalts der Entscheidungen nach Art 21 der VO (EG) Nr 1346/2000 ist an das nach § 1 zuständige Gericht zu richten. ²Das Gericht kann eine Übersetzung verlangen, die von einer hierzu in einem der Mitgliedstaaten der Europäischen Union befugten Person zu beglaubigen ist. ³ § 9 Abs 1 und 2 und § 30 Abs 1 S 1 der Insolvenzordnung gelten entsprechend.

(2) ¹Besitzt der Schuldner im Inland eine Niederlassung, so erfolgt die öffentliche Bekanntmachung nach Abs 1 von Amts wegen. ²Ist die Eröffnung des Insolvenzverfahrens bekannt gemacht worden, so ist die Beendigung in gleicher Weise bekannt zu machen.

I. Einleitung

1 Nach Art 21 Abs 1 EuInsVO ist auf Antrag des EU-Insolvenzverwalters die Eröffnungsentscheidung entsprechend den Bestimmungen des anderen Mitgliedstaats zu veröffentlichen. Dabei sind die Kosten der Bekanntmachung Massekosten gem Art 23 EuInsVO und sind nach § 51 GKG vom ausländischen Insolvenzverwalter zu tragen. Im Übrigen legt die EuInsVO kein einheitliches Verfahren fest, so dass dieses den Mitgliedstaaten obliegt, in denen die Bekanntmachung erfolgen soll (*Pannen/Riedemann* NZI 2004, 303). Art 102 § 5 füllt diesen Gestaltungsspielraum aus und regelt, wie der ausländische Insolvenzverwalter vorgehen muss, um eine **Veröffentlichung** des ausländischen Insolvenzverfahrens und die **Eintragung** desselben in deutsche Register zu erreichen. Dabei spezifiziert § 5 die örtliche und sachliche **Zuständigkeit** zur Antragstellung sowie das **Verfahren** der Veröffentlichung. Dabei dient die zusätzliche Bekanntmachung dem **Schutz des Wirtschaftsverkehrs**, der über den neuen Status des Schuldners informiert werden soll.

II. Veröffentlichung auf Antrag (Abs 1)

2 Mit Art 102 § 5 Abs 1 S 1 wird in Deutschland das für die Bekanntmachung zuständige Gericht bestimmt. Der ausländische Insolvenzverwalter hat sich danach an das nach Art 102 § 1 sachlich zuständige **Insolvenzgericht** zu wenden und bei ihm die Veröffentlichung des Insolvenzverfahrens zu beantragen. Stellt der Verwalter des **Hauptinsolvenzverfahrens** den Antrag, so ist entweder nach Art 102 § 1 Abs 2 das Insolvenzgericht örtlich zuständig, in dem der Schuldner seine Niederlassung hat, oder nach Art 102 § 1 Abs 3 das Gericht in dem sich Vermögen des Schuldners befindet. Wenn der Verwalter des **Sekundärinsolvenzverfahrens** den Antrag stellt, so ist die Begründung sämtlicher örtlicher Zuständigkeiten aus Art 102 § 1 möglich. Geht der Antrag bei einem örtlich unzuständigen Insolvenzgericht ein, so ist Art 102 § 6 Abs 3 zu entnehmen, dass dieses Gericht den Antrag unverzüglich an das zuständige Gericht weiterzuleiten hat und der Antragsteller darüber zu informieren ist (MüKoInsO-*Reinhart* Art 102 § 5 Rn 5; K/P/B/*Kemper* Art 102 § 5 Rn 2).

3 Der Weg über das Insolvenzgericht bei der Veröffentlichung wurde auch für das deutsche autonome Internationale Insolvenzrecht gewählt (vgl Rn 2 zu § 345 InsO). Durch den Verweis in Art 102 § 5 Abs 1 S 3 auf §§ 9 Abs 1, 30 InsO wird sichergestellt, dass das ausländische Verfahren **wie ein inländisches veröffentlicht** wird.

4 Das zuständige Insolvenzgericht prüft inzidenter, ob die Voraussetzungen für die **Anerkennung** gem Art 16 EuInsVO (vgl Rn 4–6 zu Art 16 EuInsVO) des einzutragenden ausländischen Insolvenzverfahrens vorliegen (K/P/B/*Kemper* Art 102 § 5 Rn 3; MüKoInsO-*Reinhart* Art 102 § 5 Rn 7).

III. Veröffentlichung von Amts wegen (Abs 2)

5 Art 21 Abs 2 EuInsVO sieht vor, dass jeder Mitgliedstaat, in dem der Schuldner seine Niederlassung hat, eine **obligatorische Bekanntmachung** verlangen kann. Wie im deutschen autonomen Insolvenzrecht (vgl Rn 9 zu § 345 InsO) macht Art 102 § 5 Abs 2 von dieser Ermächtigung Gebrauch. Hat der Schuldner eine Niederlassung in Deutschland, so muss das ausländische Gericht bzw der ausländische Insolvenzverwalter das inländische Insolvenzgericht über die Eröffnung des ausländischen Insolvenzverfahrens unterrichten, damit es eine öffentliche Bekanntmachung veranlasst (*Pannen/Riedemann* NZI 2004, 303). Anders als bei Abs 1 muss es sich dabei um ein **Hauptinsolvenzverfahren** im Sinne des Art 3 Abs 1 EuInsVO handeln (FK-*Wimmer* Anh II, Art 102 § 5 Rn 13; K/P/B/*Kemper* Art 102 § 5 Rn 9; MüKoInsO-*Reinhart* Art 102 § 5 Rn 9).

Die Bekanntmachung darf allerdings nicht zu einer Bedingung für die Anerkennung erklärt werden, da dies dem Grundsatz der **automatischen Anerkennung** (vgl Rn 1 zu 16 EuInsVO) widersprechen würde (*Virgós/Schmit* in: Stoll, Vorschläge und Gutachten zur Umsetzung des EU-Übereinkommens über Insolvenzverfahren im deutschen Recht, 95; HambKomm-*Undritz* Anh, Art 102 § 5 Rn 4). 6

IV. Inhalt der Veröffentlichung

Nach Art 102 § 5 Abs 1 ist der **wesentliche Inhalt des Eröffnungsbeschlusses** öffentlich bekannt zu machen. Dies beinhaltet die Angaben über den Schuldner, den Eröffnungszeitpunkt sowie die entscheidende Stelle nach Art 21 Abs 1 EuInsVO (vgl Rn 14 zu Art 21 EuInsVO; K/P/B/*Kemper* Art 102 § 5 Rn 4; MüKoInsO-*Reinhart* Art 102 Rn 11). Zur Erleichterung für das Gericht sieht Abs 1 S 2 vor, dass entsprechend Art 19 S 2 EuInsVO eine **Übersetzung** verlangt werden kann, die von einer in einem Mitgliedstaat befugten Person zu beglaubigen ist (Rn 8 zu Art 19 EuInsVO; FK-*Wimmer* Anh II, Art 102 § 5 Rn 9). 7

Zum Schutz des Rechtsverkehrs ist nach Art 102 § 5 Abs 2 S 2 nicht nur die Eröffnung, sondern auch die **Einstellung oder Aufhebung** des ausländischen Verfahrens öffentlich bekannt zu machen (vgl FK-*Wimmer* Anh II, Art 102 § 5 Rn 1, 2). 8

§ 6 Eintragung in öffentliche Bücher und Register

(1) ¹Der Antrag auf Eintragung nach Art 22 der Verordnung (EG) Nr 1346/2000 ist an das nach § 1 zuständige Gericht zu richten. ²Dieses ersucht die registerführende Stelle um Eintragung, wenn nach dem Recht des Staats, in dem das Hauptverfahren eröffnet wurde, die Verfahrenseröffnung ebenfalls eingetragen wird. ³ § 32 Abs 2 S 2 der Insolvenzordnung findet keine Anwendung.

(2) ¹Die Form und der Inhalt der Eintragung richten sich nach deutschem Recht. ²Kennt das Recht des Staats der Verfahrenseröffnung Eintragungen, die dem deutschen Recht unbekannt sind, so hat das Insolvenzgericht eine Eintragung zu wählen, die der des Staats der Verfahrenseröffnung am nächsten kommt.

(3) Geht der Antrag nach Abs 1 oder nach § 5 Abs 1 bei einem unzuständigen Gericht ein, so leitet dieses den Antrag unverzüglich an das zuständige Gericht weiter und unterrichtet hierüber den Antragsteller.

I. Einleitung

Die Eintragung der Verfahrenseröffnung in öffentliche Register erfolgt nach Art 22 Abs 1 EuInsVO auf Antrag des ausländischen Insolvenzverwalters „in das Grundbuch, das Handelsregister und alle sonstigen Register". Darunter sind nicht nur die Registergerichte zu verstehen, sondern alle **Register, die öffentlich zugänglich sind**. Neben Grundbuch und Handelsregister fallen darunter auch Genossenschaftsregister, das Vereinsregister, das Schiffs- und Luftfahrzeugregister sowie die sonstigen Register des gewerblichen Rechtsschutzes. Im Wege der **teleologischen Reduktion** (zum Begriffsverständnis vgl Rn 3 zu Art 102 § 3) sind darunter nur die Register zu verstehen, in die nach der **lex fori concursus** (Recht des Staats der Verfahrenseröffnung) eine Eintragung zu erfolgen hat (Andres/Leithaus-*Dahl* Art 102 § 6 Rn 1; FK-*Wimmer* Anh II, Art 102 § 6 Rn 5; FS-Kirchhof-*Wimmer*, 528; *Pannen/Riedemann*, NZI 2004, 304; aA MüKoInsO-*Reinhart* Art 102 § 6 Rn 9). 1

Da in der EuInsVO nicht geregelt ist, an wen sich der ausländische Insolvenzverwalter in dem anderen Mitgliedstaat zu wenden hat und wie die Eintragung von dieser Stelle zu bewirken ist, wird die Regelungslücke durch Art 102 § 6 geschlossen (FK-*Wimmer* Anh II, Art 102 § 6 Rn 1). Abs 1 legt die **sachliche und örtliche Zuständigkeit** des Gerichts fest, an das der Eintragungsantrag zu richten ist; Abs 2 enthält nähere Vorgaben über **Inhalt und Form** und Abs 3 begründet eine **Weiterleitungspflicht**, wenn der Antrag bei einem unzuständigen Gericht eingereicht worden ist. 2

Die Eintragung ist keine Voraussetzung der Anerkennung eines ausländischen Insolvenzverfahrens; sie dient lediglich der **Rechtssicherheit** (Andres/Leithaus-*Dahl* Art 102 § 6 Rn 1; K/P/B/*Kemper* Art 102 § 6 Rn 1; *Pannen/Riedemann* NZI 2004, 304; *Virgos/Schmit* in: Stoll, Vorschläge und Gutachten zur Umsetzung des EU-Übereinkommens über Insolvenzverfahren im deutschen Recht, 32 ff, Rn 182). 3

II. Eintragung auf Antrag (Abs 1)

4 Gem Art 102 § 6 Abs 1 S 1 ist der Antrag auf Eintragung in Deutschland nicht an die registerführende Stelle direkt zu stellen, sondern an das nach § 1 **zuständige Insolvenzgericht**, das sich sodann an die registerführende Stelle richtet. Dies dient dem Zweck, die Registergerichte zu entlasten, da ihnen die Anerkennungsprüfung (Rn 1 zu Art 16 EuInsVO) erspart bleibt. Ferner soll für den ausländischen Insolvenzverwalter die Registereintragung dadurch vereinfacht werden, dass er den Antrag an eine **zentrale Stelle** zu richten hat (Andres/Leithaus-*Dahl* Art 102 § 6 Rn 3; HambKomm-*Undritz* Anh, Art 102 § 6 Rn 1; FK-*Wimmer* Anh II, Art 102 § 6 Rn 3; MüKoInsO-*Reinhart* Art 102 § 6 Rn 5; *Pannen/Riedemann* NZI 2004, 304). Dadurch werden widersprechende Entscheidungen über die Registereintragung vermieden (BT-Drucks 15/16, 16). Dies gilt im Gegensatz zu § 32 Abs 2 S 2 InsO auch für Eintragungen in das Grundbuch nach Art 102 § 6 Abs 1 S 3.

5 Antragsberechtigt ist nur der Verwalter des ausländischen **Hauptinsolvenzverfahrens** (MüKoInsO-*Reinhart* Art 102 § 6 Rn 2).

6 Bevor das Insolvenzgericht die registerführenden Stellen ersucht, die Eintragung vorzunehmen, hat es die **Anerkennungsvoraussetzungen** (vgl Rn 4 ff zu Art 16 EuInsVO) zu prüfen, da ansonsten der Schutzzweck der Sicherung des Rechtsverkehrs in sein Gegenteil verkehrt würde (vgl MüKoInsO-*Reinhart* Art 102 § 6 Rn 8).

III. Form und Inhalt der Eintragung (Abs 2)

7 Form und Inhalt der Eintragung richten sich gem Art 102 § 6 Abs 2 S 1 nach deutschem Recht (**Recht des Registerstaats** im Gegensatz zur *lex fori concursus*). Für die Eintragung in das Grundbuch gelten die §§ 38, 29 Abs 3 GBO, für das Handelsregister die §§ 32, 34 Abs 5 HGB, für das Vereinsregister § 75 BGB, für das Genossenschaftsregister § 102 GenG und für das Schiffsregister oder das Register für Luftfahrzeuge die §§ 45, 37 Abs 3 SchRegO, §§ 18, 86 Abs 1 LuftzRG (FK-*Wimmer* Anh II, Art 102 § 6 Rn 6).

8 Der Inhalt der Eintragung beschränkt sich auf die nach deutschem Recht zulässigen Angaben. Im Regelfall handelt es sich dabei um den **Insolvenzvermerk** mit der Angabe, dass über das Vermögen des Eigentümers oder eines sonst registerrechtlich Berechtigten das Insolvenzverfahren eröffnet worden ist (K/P/B/*Kemper* Art 102 Rn 7). Eine dem deutschen Recht unbekannte ausländische Eintragung hat das Gericht gem Art 102 § 6 Abs 2 S 2 durch eine entsprechende inländische Eintragung zu **substituieren** (dazu Andres/Leithaus-*Dahl* Art 102 § 6 Rn 5; *Hanisch* ZRP 1992, 1127). Dabei ist die Eintragung zu wählen, die derjenigen des Eröffnungsstaats am nächsten kommt (K/P/B/*Kemper* Art 102 Rn 7). Nur bei fehlender Substituierbarkeit kann von einem Ersuchen an die registerführende Stelle abgesehen werden (BT-Drucks 15/16, 16; FK-*Wimmer* Anh II, Art 102 § 6 Rn 7).

IV. Weiterleitungspflicht (Abs 3)

9 Sollte der Antrag auf öffentliche Bekanntmachung nach Art 102 § 5 oder der Antrag auf Eintragung in öffentliche Bücher oder Register nach Art 102 § 6 an ein sachlich oder örtlich unzuständiges Gericht gestellt worden sein, so darf er nicht abgelehnt werden; das angerufene Gericht ist vielmehr verpflichtet, den Antrag an das zuständige Gericht **weiterzuleiten** (vgl HambKomm-*Undritz* Anh, Art 102 § 6 Rn 4; FK-*Wimmer* Anh II, Art 102 § 6 Rn 9). Im Sinn des Beschleunigungsgebots hat dies **unverzüglich** zu erfolgen und der ausländische Insolvenzverwalter ist von der Weiterleitung **formlos** zu unterrichten (K/P/B/*Kemper* Art 102 Rn 9; MüKoInsO-*Reinhart* Art 102 § 6 Rn 12).

§ 7 Rechtsmittel

¹Gegen die Entscheidung des Insolvenzgerichts nach § 5 oder § 6 findet die sofortige Beschwerde statt. ²§ 7 der Insolvenzordnung gilt entsprechend.

I. Einleitung

1 Das Rechtsmittel der sofortigen Beschwerde gem Art 102 § 7 ist statthaft gegen die Entscheidung des Insolvenzgerichts über die **Bekanntmachung** gem Art 102 § 5 sowie gegen die Entscheidung über die **Registereintragung** nach Art 102 § 6. Dies liegt darin begründet, dass sich die **Beweislast** für den guten Glauben eines Dritten, der nach der Verfahrenseröffnung an den Schuldner leistet, nach erfolgter Bekanntmachung auf den Leistenden verlagert (vgl Art 14, 24 Abs 2 S 2 EuInsVO; Andres/Leithaus-*Dahl* Art 102 § 7 Rn 1; BK-*Pannen* Art 102 § 7 Rn 2; *Pannen/Riedemann* NZI 2004, 304). Deshalb hat der ausländische Insolvenzverwalter ein besonderes Interesse an der möglichst schnellen Eintragung der Verfahrenseröffnung in die öffentlichen Register. Gegen die Entscheidung über die sofortige Beschwerde findet gem Art 102 § 7 S 2 in Verbindung mit § 7 InsO die Rechtsbeschwerde statt.

II. Sofortige Beschwerde (S 1)

Nach Art 102 § 7 ist die sofortige Beschwerde gegen Entscheidung des Insolvenzgerichts nach 2
Art 102 §§ 5 und 6 statthaft. Erfasst wird die den Antrag des ausländischen Verwalters ablehnende Entscheidung auf **Bekanntmachung** oder **Eintragung** der Verfahrenseröffnung in ein öffentliches Register.

Da die Beschwerdebefugnis nicht ausdrücklich bestimmt ist, erscheint zweifelhaft, ob allein dem **aus-** 3
ländischen Insolvenzverwalter die Beschwerdebefugnis zusteht (so K/P/B/*Kemper* Art 102 § 7 Rn 2; FK-*Wimmer* Anh II, Art 102 § 7 Rn 3; HambKomm-*Undritz* Anh, Art 102 § 7 Rn 1; *Pannen/Riedemann* NZI 2004, 304) oder auch dem Schuldner, sofern er sich auf den ordre public Einwand beruft (so MüKoInsO-*Reinhart* Art 102 § 7 Rn 4). Diese Ansicht überzeugt wenig, da die Gutglaubensregelungen (vgl Art 14, 24 Abs 2 S 2 EuInsVO) bis zur Eintragung dem Schuldner zu Gute kommen und es insoweit am Rechtsschutzinteresse fehlt. Denn ein etwaiger Eingriff in die Rechtssphäre des Schuldners erfolgt durch die Eröffnung des ausländischen Insolvenzverfahrens und nicht durch die mangelnde Eintragung im Inland, so dass er ein Recht auf die Einlegung der Rechtsbehelfe gegen die Eröffnungsentscheidung im Verfahrensstaat beschränkt bleibt.

Der ausländische Insolvenzverwalter als Beschwerdeführer ist immer dann **beschwert**, wenn sein An- 4
trag auf Bekanntmachung oder Registereintragung abgelehnt oder die Bekanntmachung oder Registereintragung aufgrund von Anpassungsfragen nicht in der beantragten Form ergehen soll (MüKoInsO-*Reinhart* Art 102 § 7 Rn 5).

Die sofortige Beschwerde richtet sich nach §§ 6, 4 InsO in Verbindung mit §§ 563 ff ZPO. Nach § 6 5
Abs 2 InsO beginnt die **Notfrist von zwei Wochen** mit der Verkündung der Entscheidung. Wenn keine **Verkündung** erfolgt, dann mit der **Zustellung** der Entscheidung, die in § 329 ZPO geregelt ist. Einzelheiten der Zustellung ergeben sich aus § 8 InsO. Da die Zustellung jedoch im Regelfall in einem anderen Mitgliedstaat der EU zu bewirken ist, ist die VO (EG) Nr 1348/2000 des Rats vom 29. 5. 2000 über die Zustellung gerichtlicher und außergerichtlicher Schriftstücke in Zivil- oder Handelssachen in den Mitgliedstaaten, ABl EG Nr L 160/37 (EuZVO) anwendbar. Soweit nach § 8 Abs 1 InsO eine förmliche Zustellung erfolgt, wird sie nach § 4 Abs 1 EuZVO unmittelbar von der Ermittlungsstelle zur Empfangsstelle bewirkt oder aber nach den Vorgaben des § 8 Abs 1 S 2 InsO in Verbindung mit Art 14 EuZVO durch die Aufgabe zur Post.

III. Rechtsbeschwerde (S 2)

Durch den Verweis in Art 102 § 7 S 2 auf § 7 InsO ist gegen die Entscheidung über die sofortige Be- 6
schwerde die Rechtsbeschwerde statthaft. § 7 InsO verweist über § 4 InsO auf §§ 574 ff ZPO, wonach die Rechtsbeschwerde nur dann zulässig ist, wenn die Rechtssache grundsätzliche Bedeutung hat oder die Fortbildung des Rechts oder die Sicherung einer einheitlichen Rechtsprechung eine Entscheidung erfordert. Die Rechtsbeschwerde ist innerhalb einer Notfrist von einem Monat ab Zustellung beim **OLG** als Rechtsbeschwerdegericht einzulegen (vgl § 575 Abs 1 ZPO, § 119 Abs 1 Nr 2 GVG).

IV. Sonstige Rechtsmittel

Nach der Gesetzesbegründung soll der ausländische Insolvenzverwalter neben der sofortigen Be- 7
schwerde auch die **Rechtsmittel** einlegen können, die für das jeweilige Eintragungsverfahren vorgesehen sind. Als Beispiel werden für Grundbuchsachen die **§§ 71 ff GBO** genannt (BT-Drucks 15/16, 16; HambKomm-*Undritz* Anh, Art 102 § 7 Rn 1; FK-*Wimmer* Anh II, Art 102 § 7 Rn 6; Andres/Leithaus-*Dahl* Art 102 § 7 Rn 2; HK-*Stephan* Art 102 § 7 Rn 3). Obwohl der ausländische Insolvenzverwalter keinen eigenen Eintragungsantrag gestellt hat, ist er danach beschwerdebefugt.

§ 8 Vollstreckung aus der Eröffnungsentscheidung

(1) ¹Ist der Verwalter eines Hauptinsolvenzverfahrens nach dem Recht des Staats der Verfahrenseröffnung befugt, auf Grund der Entscheidung über die Verfahrenseröffnung die Herausgabe der Sachen, die sich im Gewahrsam des Schuldners befinden, im Wege der Zwangsvollstreckung durchzusetzen, so gilt für die Vollstreckbarkeitserklärung im Inland Art 25 Abs 1 Unterabsatz 1 der Verordnung (EG) Nr 1346/2000. ²Für die Verwertung von Gegenständen der Insolvenzmasse im Wege der Zwangsvollstreckung gilt S 1 entsprechend.

(2) § 6 Abs 3 findet entsprechende Anwendung.

I. Einleitung

Nach Art 18 EuInsVO kann der Insolvenzverwalter in jedem anderen Mitgliedstaat alle Befugnisse 1
ausüben, die ihm nach der **lex fori concursus** zustehen (vgl Rn 9 zu Art 18 EuInsVO; *Pannen/Riedemann* NZI 2004, 304). Art 102 § 8 Abs 1 verdeutlicht, dass der ausländische Insolvenzverwalter für die Herausgabe von Sachen vom Schuldner oder für die Verwertung von Teilen der Insolvenzmasse

im Wege der Zwangsvollstreckung eine **Vollstreckbarerklärung** benötigt. Die Vorschrift dient damit der Klarstellung und wiederholt den Regelungsgehalt des Art 18 EuInsVO sowie des Art 25 Abs 1 Unterabsatz 1 EuInsVO, auf den Art 102 § 8 Abs 1 S 1 verweist (MüKoInsO-*Reinhart* Art 102 § 8 Rn 2; K/P/B/*Kemper* Art 102 Rn 1; FK-*Wimmer* Anh II, Art 102 § 8 Rn 1). Art 102 § 8 Abs 2 hingegen enthält durch den Verweis auf § 6 Abs 3 einen über die EuInsVO hinausgehenden Regelungsbereich. Die Pflicht zur **Weiterleitung an das zuständige Gericht** zielt darauf ab, Zuständigkeitskonflikte zu vermeiden.

II. Erfasste Vollstreckungsmaßnahmen (Abs 1)

2 **1. Verweisung auf Art 25 Abs 1 Unterabsatz 1 EuInsVO.** Art 102 § 8 Abs 1 regelt die Vollstreckbarerklärung bestimmter Zwangsvollstreckungstitel und knüpft dabei an bestimmte Vollstreckungsmaßnahmen an (die Herausgabe von Sachen aus einem Eröffnungsbeschluss sowie die Verwertung von Massegegenständen). Für beide Vollstreckungsmaßnahmen fordert Art 102 § 8 Abs 1 die Vollstreckbarerklärung des Titels nach Art 25 Abs 1 Unterabsatz 1 EuInsVO. Art 25 Abs 1 EuInsVO seinerseits verweist auf das EGVÜ (Übereinkommen über die gerichtliche Zuständigkeit und Vollstreckung gerichtlicher Entscheidungen in Zivil- und Handelssachen von 27. 9. 1968). Da dieses zum 1. 3. 2002 durch die EuGVVO (VO Nr 44/2001 des Rats über die gerichtliche Zuständigkeit und die Anerkennung und Vollstreckung von Entscheidungen in Zivil- und Handelssachen vom 22. 12. 2000, ABl EG Nr L 12/1 vom 16. 1. 2001) ersetzt wurde, verweist Art 25 Abs 1 S 2 EuInsVO nunmehr auf die Art 38 bis 51 EuGVVO (Rn 12 zu Art 25 EuInsVO; N/R/*Mincke* InsO, Art 102 § 8 Rn 3; FK-*Wimmer* Anh II, Art 102 § 8 Rn 3; Andres/Leithaus-*Dahl* Art 102 § 8 Rn 3). Das vereinfachte Exequaturverfahren, wonach die Vollstreckung erfolgen soll, beinhaltet nach Art 38 EuGVVO, dass die in einem Mitgliedstaat ergangene Entscheidung in einem anderen Mitgliedstaat auf Antrag des Berechtigten vollstreckt werden kann, wenn sie dort auf Antrag eines Berechtigten für vollstreckbar erklärt wurde. Das Verfahren richtet sich nach den Ausführungsbestimmungen des AVAG (Gesetz zur Ausführung zwischenstaatlicher Verträge und zur Durchführung der Verordnung der Europäischen Gemeinschaften auf dem Gebiet der Anerkennung und Vollstreckung in Zivil- und Handelssachen vom 19. 2. 2001, BGBl I 288, 436).

3 **2. Herausgabe von Sachen (Abs 1 S 1).** Art 102 § 8 Abs 1 S 1 erfasst den Fall, dass in einem Mitgliedstaat der EU ein Hauptinsolvenzverfahren nach Art 3 Abs 1 EuInsVO eröffnet und dort ein Verwalter nach Art 2 lit b EuInsVO bestellt worden ist. In Deutschland, wie auch in den anderen Mitgliedstaaten üblich (vgl N/R/*Mincke* Art 102 § 8 Rn 1; MüKoInsO-*Reinhart* Art 102 § 8 Rn 4), bestimmt § 148 Abs 1 InsO, dass der Insolvenzverwalter nach der Eröffnung des Insolvenzverfahrens das gesamte zur Insolvenzmasse gehörige Vermögen in Besitz und Verwaltung zu nehmen hat. Der Insolvenzverwalter kann nach § 148 Abs 2 InsO eine vollstreckbare Ausfertigung des Eröffnungsbeschlusses verlangen, die als Herausgabetitel im Sinne des § 794 Abs 1 Nr 2 ZPO anzusehen ist. Auch wenn das Recht des Verfahrensstaats entsprechende Befugnisse zugunsten des Insolvenzverwalters vorsieht, so ist Voraussetzung für die Vollstreckung der ausländischen Eröffnungsentscheidung eine **Vollstreckbarerklärung** nach den Vorschriften des vereinfachten Verfahrens der Art 38 ff EuGVVO.

4 Die **örtliche Zuständigkeit** wird gem Art 39 EuGVVO nach dem Ort bestimmt, an dem die Zwangsvollstreckung durchgeführt werden soll. Nach Anh II der EuGVVO ist in Deutschland der Vorsitzende einer Kammer des **LG** funktional zuständig, wobei die Einreichung beim **LG** selbst einer Entscheidung nicht entgegensteht (LG Hamburg 8. 1. 1975, 5 O 186/74, nicht veröffentlicht; LG Hamburg 20. 3. 1975, 5 O 35/75, nicht veröffentlicht). Das zuständige Gericht prüft das Vorliegen der formellen Voraussetzungen von Amts wegen. Eine Prüfung des Anerkennungshindernisse nach Art 25 Abs 2 und Art 26 EuInsVO in Form der Art 34, 35 EuGVVO erfolgt nach Art 41 EuGVVO nicht. Gegen die ablehnende Entscheidung auf Erteilung der Vollstreckungsklausel des zuständigen Gerichts steht dem ausländischen Verwalter nach § 11 AVAG die **Beschwerde** zum **OLG** zu. § 15 AVAG sieht ferner die **Rechtsbeschwerde** gegen den Beschluss des Beschwerdegerichts unter den Voraussetzungen des § 574 Abs 1 Nr 1, Abs 2 ZPO vor.

5 **3. Verwertung der Insolvenzmasse (Abs 1 S 2).** Art 102 § 8 Abs 1 S 2 erklärt die Vorschriften der EuGVVO über Art 25 Abs 1 Unterabsatz 1 EuInsVO auch für die **Verwertung von Gegenständen** im Wege der Zwangsvollstreckung für anwendbar. Gewährt die lex fori concursus dem ausländischen Insolvenzverwalter entsprechend § 165 InsO das Recht, Bestandteile der Masse im Wege der Zwangsvollstreckung zu verwerten, so ist auch für solche Vollstreckungsmaßnahmen erforderlich, dass die ausländische Eröffnungsentscheidung im Inland für vollstreckbar erklärt wird (FK-*Wimmer* Anh II, Art 102 § 8 Rn 4). Der Ansicht, dass ein Verweis auf § 165 InsO aufgrund der Vorschrift des Art 18 Abs 3 EuInsVO unglücklich sei und sich der Anwendungsbereich deshalb nicht darauf beschränke (vgl MüKoInsO-*Reinhart* Art 102 § 8 Rn 6), ist nicht zu folgen; denn diese Auslegung widerspräche dem Willen des Gesetzgebers widerspräche (BT-Drucks 15/16, 17). Es geht auch nicht darum, § 165 InsO unmittelbar oder entsprechend anzuwenden. Vielmehr ist entscheidend, ob der ausländische Verwalter nach der für ihn maßgeblichen **lex fori concursus** eine vergleichbare Norm vorfindet, die ihm erlaubt, Bestandtei-

le der Masse im Wege der Zwangsvollstreckung zu verwerten (vgl Andres/Leithaus-*Dahl* Art 102 § 8 Rn 2; FK-*Wimmer* Anh II, Art 102 § 8 Rn 4; HambKomm-*Undritz* Anh, Art 102 § 8 Rn 1).

III. Unzuständiges Gericht (Abs 2)

Über die Verweisung in Art 102 § 8 Abs 2 findet Art 102 § 6 Abs 3 Anwendung, mit der Folge, dass 6 der Antrag auf Vollstreckbarerklärung, sofern er bei einem unzuständigen Gericht eingeht, unverzüglich an das zuständige Gericht weiterzuleiten und der Antragsteller hierüber zu informieren ist (**vgl § 6 Rn 9**).

§ 9 Insolvenzplan

Sieht ein Insolvenzplan eine Stundung, einen Erlass oder sonstige Einschränkungen der Rechte der Gläubiger vor, so darf er vom Insolvenzgericht nur bestätigt werden, wenn alle betroffenen Gläubiger dem Plan zugestimmt haben.

I. Einleitung

Art 102 § 9 konkretisiert die in Art 34 EuInsVO vorgesehene Möglichkeit der Erstellung eines Insol- 1 venzplans in einem Sekundärinsolvenzverfahren. Art 34 EuInsVO sieht vor, dass die in dem Plan vorgesehenen Einschränkungen der Rechte der Insolvenzgläubiger nur dann Auswirkungen auf das **nicht vom Sekundärinsolvenzverfahren** betroffene Vermögen haben, wenn **alle betroffenen Gläubiger der Maßnahme** zustimmen (Rn 5 zu Art 34 EuInsVO). Das bedeutet im Umkehrschluss, dass die Zustimmung einzelner Gläubiger zu einem **im Sekundärinsolvenzverfahren** vorgeschlagenen Insolvenzplan ersetzt werden kann, sofern nur das vom Partikularverfahren erfasste Vermögen betroffen ist (BT-Drucks 15/16, 17). Zumindest die Gläubiger, die einem solchen Insolvenzplan nicht zugestimmt haben, könnten sich dann an dem Hauptinsolvenzverfahren beteiligen und dort ihre Forderungen anmelden. Dies widerspräche aber der Vorschrift des § 254 Abs 1 InsO, da der Plan danach mit der Rechtskraft seiner Bestätigung rechtsgestaltende Wirkung gegenüber **allen Beteiligten** entfaltet. Deshalb sieht Art 102 § 9 vor, dass **eine Bestätigung des Plans nur dann zugelassen wird, wenn alle betroffenen Gläubiger zugestimmt haben**. Damit greift die Norm den Regelungsgehalt des § 355 Abs 2 EuInsVO auf. Es soll verhindert werden, dass ausländische Gläubiger, die an einem in Deutschland durchgeführten Sekundärinsolvenzverfahren teilnehmen, durch einen Insolvenzplan überstimmt und in ihren Rechten beschnitten werden (BT-Drucks 15/16, 17; K/P/B/*Kemper* Art 102 § 9 Rn 1).

Vom Wortlaut der Norm sind sowohl Haupt- als auch Sekundärinsolvenzverfahren erfasst. Nach der 2 Begründung des Regierungsentwurfes wird jedoch darauf verwiesen, dass § 9 die Regelung des Art 34 Abs 2 EuInsVO im Sinne des § 355 InsO umsetzt, der aufgrund seiner systematischen Stellung allein auf Partikularverfahren für das Inlandsvermögen anwendbar ist (BT-Drucks 15/16, 17). Deshalb ist § 9 einschränkend so auszulegen (zum Begriffsverständnis vgl Rn 3 zu § 3), dass die Vorschrift nur auf **Sekundärinsolvenzverfahren** nach §§ 27 ff EuInsVO anzuwenden ist (Andres/Leithaus-*Dahl* Art 102 § 9 Rn 1; N/R/*Mincke* Art 102 § 9 Rn 2, K/P/B/*Kemper* Art 102 § 9 Rn 1; MüKoInsO-*Reinhart* Art 102 § 9 Rn 3; aA FK-*Wimmer* Anh II, Art 102 § 9 Rn 3, der § 9 nur auf unabhängige Partikularverfahren anwenden will).

II. Voraussetzungen und Rechtsfolgen

1. Voraussetzungen. Art 102 § 9 findet nur auf inländische **Sekundärinsolvenzverfahren** Anwendung 3 (oben Rn 2). Ferner muss der Insolvenzplan eine **Stundung, einen Erlass oder sonstige Einschränkungen der Rechte der Gläubiger** vorsehen. Die Regelung weicht damit zwar vom Wortlaut des Art 34 Abs 2 EuInsVO ab („*Beschränkungen der Rechte der Gläubiger, wie zum Beispiel eine Stundung oder Schuldbefreiung ...*"), entspricht dieser Regelung jedoch inhaltlich. Damit ist jede Modifikation der schuldoder sachenrechtlichen Stellung der Gläubiger gegenüber dem Schuldner mit umfasst, ohne dass auf das wirtschaftliche Gewicht der Einschränkung abzustellen ist (MüKoInsO-*Reinhart* Art 102 § 9 Rn 8). Der Begriff des **Insolvenzplans** ist entsprechend der teleologischen Reduktion (zum Begriffsverständnis Rn 3 zu Art 102 § 3) des Anwendungsbereichs der Norm (oben Rn 2) nur auf die Pläne zu beziehen, die für das Sekundärverfahren aufgestellt wurden, sei es auch in Form paralleler Insolvenzpläne (*Reinhart* Sanierungsverfahren, 309 ff; MüKoInsO-*Reinhart* Art 102 § 9 Rn 9; FK-*Wimmer* Anh II, Art 102 § 9 Rn 3).

2. Rechtsfolgen. Art 102 § 9 untersagt im Gegensatz zu Art 34 Abs 2 EuInsVO nicht nur die Wir- 4 kungserstreckung des Insolvenzplans in anderen Mitgliedsstaaten, sondern schon die **Bestätigung** des Insolvenzplans, sofern nicht alle betroffenen Gläubiger zugestimmt haben. Dadurch werden die Voraussetzungen der Planbestätigung und die in § 244 f InsO enthaltenen Mehrheitsbestimmungen modifiziert.

5 Betroffene Gläubiger sind zwar grundsätzlich alle zur Anmeldung berechtigten Gläubiger, allerdings erfolgt aufgrund des begrenzten Anwendungsbereichs (Rn 2) eine Beschränkung auf die teilnehmenden Gläubiger des Sekundärinsolvenzverfahrens (HambKomm-*Undritz* Anh, Art 102 § 9 Rn 1; MüKoInsO-*Reinhart* Art 102 § 9 Rn 11).

§ 10 Aussetzung der Verwertung

Wird auf Antrag des Verwalters des Hauptinsolvenzverfahrens nach Art 33 der Verordnung (EG) Nr 1346/2000 in einem inländischen Sekundärinsolvenzverfahren die Verwertung eines Gegenstands ausgesetzt, an dem ein Absonderungsrecht besteht, so sind dem Gläubiger laufend die geschuldeten Zinsen aus der Insolvenzmasse zu zahlen.

I. Einleitung

1 Art 102 § 10 dient der Konkretisierung des Art 33 Abs 1 EuInsVO. Der Hauptinsolvenzverwalter kann nach Art 33 Abs 1 EuInsVO die Aussetzung der Verwertung im Sekundärinsolvenzverfahren beantragen. Dadurch zeigt sich, dass das Hauptinsolvenzverfahren Vorrang gegenüber dem/den Sekundärinsolvenzverfahren hat (vgl *Ehricke* ZInsO 2004, 633 ff; Andres/Leithaus-*Dahl* Art 102 § 10 Rn 1). Durch Art 102 § 10 EGInsO wird ein **Mindestschutz** für die inländischen Sekundärinsolvenzverfahren festgelegt (BT-Drucks 15/16, 17; K/P/B/*Kemper* Art 102 Rn 5; HambKomm-*Undritz* Anh, Art 102 § 10 Rn 1). Die geschuldeten **Zinsen** sind an die Gläubiger, die durch den Verwertungsstopp gehindert sind, ihr Absonderungsrecht durchzusetzen, zu zahlen. Den absonderungsberechtigten Gläubigern wird auch gegenüber den in einem EU-Ausland eröffneten Verfahren der in § 169 InsO vorgesehene Schutz gewährt (vgl *Pannen/Riedemann* NZI 2004, 305; FK-*Wimmer* Anh II, Art 102 § 10 Rn 1; Andres/Leithaus-*Dahl* Art 102 § 10 Rn 2). Bei den zu zahlenden Zinsen handelt es sich entweder um die vertraglich vereinbarten Zinsen oder um die gesetzlichen Verzugszinsen (BT-Drucks 15/16, 17; HK-*Stephan* Art 102 § 10 Rn 6; K/P/B/*Kemper* Art 102 Rn 4).

II. Voraussetzungen

2 **1. Aussetzung der Verwertung.** Voraussetzung ist zunächst die Aussetzung der Verwertung nach Art 33 EuInsVO, die auf Antrag des im Hauptinsolvenzverfahren bestellten Verwalters möglich ist. Tatsächlich kann es vorteilhaft erscheinen, im Rahmen eines Gesamtverkaufs oder einer übertragenden Sanierung das **gesamte schuldnerische Vermögen** zusammenhängend zu verwerten (BT-Drucks 15/16, 17; FK-*Wimmer* Anh II, Art 102 § 10 Rn 2; MüKoInsO-*Reinhart* Art 102 § 10 Rn 4).

3 **2. Gegenstand des Absonderungsrechts.** Sodann muss sich die Aussetzung der Verwertung auf einen mit einem Aussonderungsrecht belasteten Gegenstand beziehen. Dies beurteilt sich nach §§ 49 ff InsO (K/P/B/*Kemper* Art 102 § 10 Rn 3).

III. Rechtsfolgen

4 **1. Zinszahlung.** Dem Gläubiger sind nach Art 102 § 10 „laufend" die aus der Insolvenzmasse geschuldeten Zinsen zu zahlen. Darunter sind **regelmäßige Zahlungen** zu verstehen, die sich unter Heranziehung der Auslegung des § 169 InsO nach den **vereinbarten zeitlichen Abständen** bestimmen. Fehlen solche Abreden, sind Auszahlungen in angemessenen Abständen vorzunehmen, was **monatliche** und höchstens **quartalsmäßige Zeitintervalle** umfasst (K/P/B/*Kemper* Art 102 § 10 Rn 4; FK-*Wimmer* Anh II, Art 102 § 10 Rn 5; MüKoInsO-*Reinhart* Art 102 § 10 Rn 6). Die Zinszahlung beginnt mit dem Erlass des Beschlusses und endet mit der Aufhebung der Aussetzung oder dem Abschluss der Verwertung (K/P/B/*Kemper* Art 102 § 10 Rn 6; FK-*Wimmer* Anh II, Art 102 § 10 Rn 5; MüKoInsO-*Reinhart* Art 102 § 10 Rn 6). In Anlehnung an den Wortlaut des Art 33 EuInsVO ist unter dem Begriff „Insolvenzmasse" die Masse des Haupt- und nicht die des Sekundärinsolvenzverfahrens zu verstehen (FK-*Wimmer* Anh II, Art 102 § 10 Rn 6; MüKoInsO-*Reinhart* Art 102 § 10 Rn 7).

5 **2. Weitere Maßnahmen.** Da Art 102 § 10 lediglich einen **Mindestschutz** (BT-Drucks 15/16, 17; K/P/B/*Kemper* Art 102 Rn 5; *Pannen/Riedemann* NZI 2004, 305) für absonderungsberechtigte Gläubiger garantiert, kann das Insolvenzgericht außerdem weitergehende **Schutzmaßnahmen** zugunsten der gesicherten, aber auch zugunsten der ungesicherten Gläubiger anordnen (K/P/B/*Kemper* Art 102 § 10 Rn 5; HK-*Stephan* Art 102 § 10 Rn 10; MüKoInsO-*Reinhart* Art 102 § 10 Rn 8; FK-*Wimmer* Anh II, Art 102 § 10 Rn 3; HambKomm-*Undritz* Anh, Art 102 § 10 Rn 2). In Betracht kommt insbesondere eine angemessene **Sicherheitsleistung** des ausländischen Insolvenzverwalters, etwa wenn zum Zeitpunkt der Aussetzung der Verwertung unklar ist, ob die Zinszahlungen zugunsten der geschädigten Gläubiger durch die Masse des Hauptinsolvenzverfahrens ausgeglichen werden kann; ähnlich ist zu beurteilen, wenn laufende Verwertungsvorgänge im Sekundärinsolvenzverfahren durch die Aussetzung endgültig scheitern, weil der Käufer den Massegegenstand nicht erst nach Ende der Aussetzungszeit erhalten möchte (K/P/B-*Kemper* Art 102 § 10 Rn 5; HK-*Stephan* Art 102 § 10 Rn 9).

§ 11 Unterrichtung der Gläubiger

¹Neben dem Eröffnungsbeschluss ist den Gläubigern, die in einem anderen Mitgliedsstaat der Europäischen Union ihren gewöhnlichen Aufenthalt, Wohnsitz oder Sitz haben, ein Hinweis zuzustellen, mit dem sie über die Folgen einer nachträglichen Forderungsanmeldung nach § 177 der Insolvenzordnung unterrichtet werden. ²§ 8 der Insolvenzordnung gilt entsprechend.

I. Einleitung

Angesichts der erheblichen Bedeutung der Verfahrenseröffnung für den Wirtschaftsverkehr ist das Informationsbedürfnis für die ausländischen Gläubiger besonders groß, insbesondere im Hinblick auf die mögliche Sprachunkundigkeit und die Unkenntnis des Rechtssystems sowie der räumlichen Entfernungen (BT-Drucks 15/16, 17; Andres/Leithaus-*Dahl* Art 102 § 11 Rn 1; MüKoInsO-*Reinhart* Art 102 § 11 Rn 2). Art 40, 42 Abs 1 EuInsVO regeln deshalb detailliert, wie die Gläubiger unterrichtet werden müssen. In Ausgestaltung dessen sieht Art 102 § 11 vor, dass die Gläubiger auch über die **Folgen einer nachträglichen Forderungsanmeldung** nach § 177 InsO zu informieren sind. Neben dem Eröffnungsbeschluss ist dabei das in Art 42 Abs 1 EuInsVO genannte **Formblatt** zu übersenden, worin in den Amtssprachen der EU zur Forderungsanmeldung aufgefordert wird (K/P/B/*Kemper* Art 102 § 11 Rn 2; *Pannen/Riedemann* NZI 2004, 305; HambKomm-*Undritz* Anh, Art 102 § 11 Rn 1; das Formblatt ist erhältlich unter www.bmj.bund.de). 1

Durch den Verweis in Art 102 § 11 S 2 auf § 8 Abs 3 InsO wird klargestellt, dass auch der Insolvenzverwalter mit der **Zustellung** beauftragt werden kann (siehe Rn 7). 2

II. Art und Umfang der Unterrichtung (S 1)

Die Information nach Art 40 EuInsVO erfolgt an die Gläubiger. Der Eröffnungsbeschluss ist grundsätzlich an alle Gläubiger zuzustellen, wovon auch ausländische Gläubiger umfasst sind, sofern sie aus anderen Mitgliedstaaten der EU stammen (BT-Drucks 15/16, 17; K/P/B/*Kemper* Art 102 § 10 Rn 4; Andres/Leithaus-*Dahl* Art 102 § 11 Rn 1). Dabei kommt es jedoch nicht auf die Staatsangehörigkeit, sondern auf den **gewöhnlichen Aufenthalt**, den **Wohnsitz** oder den **Sitz** des Gläubigers an. Der gewöhnliche Aufenthalt knüpft an einen zur Zeit der Antragstellung bestehenden Zustand an, der nach außen erkennbar ist (K/P/B/*Kemper* Art 102 § 11 Rn 4). Nach Art 59 EuGVVO wendet das angerufene Gericht zur Bestimmung des Wohnsitzes sein Recht an, so dass sich dieser nach dem Recht des Forum bestimmt (*Kropholler* Art 59 EuGVVO, Rn 1; K/P/B/*Kemper* Art 102 § 10 Rn 4). Der Begriff des Sitzes ist im Sinn des Gesellschaftsrechts als der effektive Verwaltungssitz zu verstehen (vgl Rn 2, 9 ff zu Art 3 EuInsVO). 3

Die Unterrichtung hat nach Art 40 Abs 2, 42 Abs 1 EuInsVO durch die Übersendung eines Formblatts zu erfolgen, das die Gläubiger insbesondere darüber informiert, welche **Fristen** für die Anmeldung einzuhalten sind und wo die Anmeldung zu erfolgen hat (vgl Rn 1; FK-*Wimmer* Anh II, Art 102 § 11 Rn 2). 4

Der Wortlaut des Art 102 § 11 bedarf insoweit einer einschränkenden Auslegung, als dass er nur die „**bekannten**" **Gläubiger** erfasst. Darunter sind nur die Forderungsinhaber zu verstehen, die der Verwalter aus den ihm zugänglichen Geschäftsbüchern entnehmen kann (siehe Art 40 EuInsVO; MüKoInsO-*Reinhart* Art 102 § 11 Rn 4). 5

Maßgeblicher Zeitpunkt für das Vorliegen der Voraussetzungen ist die Eröffnung des Insolvenzverfahrens (FK-*Wimmer* Anh II, Art 102 § 11 Rn 3; MüKoInsO-*Reinhart* Art 102 § 11 Rn 3). 6

III. Zustellung (S 2)

Die **Zustellung** erfolgt nach Art 102 § 11 S 2 gem § 8 Abs 1 InsO von Amts wegen durch das Insolvenzgericht, das nach § 8 Abs 3 InsO auch den Insolvenzverwalter mit der Zustellung beauftragen kann (BT-Drucks 15/16, 17; K/P/B/*Kemper* Art 102 § 11 Rn 5; MüKoInsO-*Reinhart* Art 102 § 11 Rn 6). Die Einzelheiten der Zustellung richten sich nach der **EuZVO** (VO (EG) Nr 1348/2000 des Rates vom 29. 5. 2000 über die Zustellung gerichtlicher und außergerichtlicher Schriftstücke in Zivil- und Handelssachen in den Mitgliedstaaten, ABl L 160/37). 7

3. VERORDNUNG (EG) NR 1346/2000 DES RATES DER EUROPÄISCHEN UNION VOM 29. MAI 2000 – ABL L 160/1 ÜBER INSOLVENZVERFAHREN

– EuInsVO –

Vorbemerkungen

I. Einheitliches europäisches IIR

Infolge der am 31. 5. 2002 aufgrund von Art 47 Abs 1 VO (EG) Nr 1346/2000 (ABl EG Nr 2 160 vom 30. 6. 2000) in Kraft getretenen EuInsVO gibt es (mit Ausnahme von Dänemark, siehe hierzu unten, Rn 1 am Ende) ein einheitliches europäisches Internationales Insolvenzrecht (IIR). Auch die der EU neu beitretenden Mitgliedstaaten fallen automatisch in den Anwendungsbereich der EuInsVO, da sie gem Art 49 EUV den kompletten acquis communautaire, mithin das gesamte geschriebene Gemeinschaftsrecht einschließlich des Sekundärrechts (vgl Calliess/Ruffert, EUV/EGV, Art 49, Rn 4), worunter auch die EuInsVO fällt, übernehmen. Ausschließlich Dänemark vereinbarte bei den Änderungen des Vertrags über die Europäische Union und des Vertrags über die Europäische Gemeinschaft durch den Amsterdamer Vertrag in einem diesen Änderungen beigefügten Protokoll, dass Dänemark nicht an Rechtsakten nach Art 61–69 EGV teilnimmt (vgl Art 1 und Art 2 des Protokolls; K/P/*Kemper*, InsO Band III, Stand April 2008, Art 1 EuInsVO, Rn 14). 1

Die EuInsVO normiert das supranationale europäische Insolvenzrecht für grenzüberschreitende Insolvenzverfahren in den EU-Mitgliedstaaten. Sie gilt unmittelbar und vorrangig gegenüber dem autonomen deutschen Internationalen Insolvenzrecht, geregelt in §§ 335–358 InsO, und begrenzt dessen Anwendungsbereich. Verfahrensrechtliche Ausführungsvorschriften der EuInsVO finden sich in Deutschland in Art 102 §§ 1–11 EGInsO, die den Platz der ursprünglich fragmentarischen Kodifizierung des deutschen Internationalen Insolvenzrechts in Art 102 aF einnahmen und zeitgleich mit §§ 335–358 InsO in Kraft traten (Einführungsgesetz zur Insolvenzordnung vom 5. 10. 1994, BGBl I, 2911- zuletzt geändert durch Art 3 des Gesetzes zur Vereinfachung des Insolvenzverfahrens vom 13. 4. 2007, BGBl I, 509). Da Art 102 EGInsO nF eine Ausführungsvorschrift zur EuInsVO darstellt, findet dieser nur bei internationalen Insolvenzverfahren im Geltungsbereich der EuInsVO Anwendung, wobei die EuInsVO Vorrang vor den deutschen Ausführungsbestimmungen hat und diesen im Zweifelsfall vorgeht (vgl Pannen/Riedemann, NZI 2004, 301). 2

Zusammengefasst sind somit die Regelungen der EuInsVO immer dann anwendbar, wenn es um Insolvenzverfahren innerhalb der Europäischen Union geht; die EuInsVO gilt ausschließlich im Verhältnis Deutschlands zu Mitgliedstaaten der Europäischen Union (mit Ausnahme Dänemarks, siehe oben Rn 1). Die Vorschriften des Art 102 §§ 1–11 EGInsO enthalten verfahrensrechtliche Bestimmungen zur Durchführung der EuInsVO. Die nationalen deutschen Regelungen zum internationalen Insolvenzrecht in §§ 335–358 InsO sind demgegenüber anwendbar, sofern es sich bei den beteiligten Drittstaaten nicht um EU-Mitgliedstaaten handelt. 3

1. Vorgeschichte der EuInsVO. Das Inkrafttreten schließt ein gesetzgeberisches Bemühen von nahezu vier Jahrzehnten ab, innerhalb der Europäischen Gemeinschaft bzw. Europäischen Union ein einheitliches internationales Insolvenzrecht anzunehmen. Zur Entwicklung im Einzelnen wird verwiesen auf die zusammenfassende Darstellung mit Nachweisen oben Vorbem zu §§ 335–338 Rn 8 ff. 4

2. Gegenstand der EuInsVO. In großer Ausführlichkeit hat der Rat der EU dem Text der VO (EG) Nr 1346/2000 nicht weniger als 33 Erwägungen vorangestellt, die beschreiben, was geregelt werden soll. Inhaltlich anknüpfend an Art 220 EGV und nunmehr ausdrücklich gestützt auf Art 61 lit c, 67 Abs 1 EGV wurden dabei die gesellschafts- und rechtspolitischen Bedingungen und Ziele klargestellt, die mit der **EuInsVO** verfolgt werden (Nr 1–5). Nach dem Grundsatz der **Verhältnismäßigkeit** will sie sich auf Regeln beschränken, welche „die Zuständigkeit für die Eröffnung von Insolvenzverfahren und für Entscheidungen regeln, die unmittelbar aufgrund des Insolvenzverfahrens ergehen und in engem Zusammenhang damit stehen"; außerdem wurden Vorschriften erlassen, welche die „Anerkennung solcher Entscheidungen" regeln ebenso wie „hinsichtlich des anwendbaren Rechts, die ebenfalls diesem Grundsatz genügen" (Nr 6). Zur Förderung der „Effizienz und Wirksamkeit der Insolvenzverfahren mit grenzüberschreitender Wirkung" sollen die „Bestimmungen über den Gerichtsstand, die Anerkennung des anwendbaren Rechts in diesem Bereich in einem gemeinschaftlichen Rechtsakt" gebündelt werden, „der in den Mitgliedstaaten verbindlich ist und unmittelbar gilt" (Nr 8). Die Verordnung soll grundsätzlich „für alle Insolvenzverfahren gelten, unabhängig davon, ob es sich beim Schuldner um eine na- 5 türliche oder juristische Person, einen Kaufmann oder eine Privatperson handelt"; für „Insolvenzverfahren über das Vermögen von Versicherungsunternehmen, Kreditinstituten und Wertpapierfirmen, die Gelder oder Wertpapiere Dritter halten, sowie von Organismen für gemeinsame Anlagen" hat die Verordnung keine Geltung (Nr 9). Insolvenzverfahren sind nicht notwendigerweise nur gerichtlich verfügte Verfahren; in jedem Fall muss es sich jedoch um eine Art Gesamtvollstreckungsverfahren handeln (Nr 10). Die Verordnung beruht auf der Annahme, dass angesichts der Unterschiede in den jeweiligen materiellen Rechten ein einzelnes Insolvenzverfahren nicht mit universalem Geltungsanspruch ausgestattet sein kann (Nr 11). Hier liegt im Ansatz der Grund dafür, dass mit Haupt- und Nebeninsolvenzverfahren gearbeitet werden soll; auch die vom Eröffnungsstatut abweichenden Sonderanknüpfungen, etwa im Bereich der Sicherungsrechte, folgt diesem Ansatz. Im Übrigen enthalten die vorangestellten Erwägungen (Nr 12–33) in Form von Thesen die rechtspolitischen Zielsetzungen der angestrebten Lösungen mit knappen Begründungen, die den einzelnen Vorschriften zugrunde liegen. Insoweit können die Erwägungen für die **Auslegung** der Vorschriften ergänzend herangezogen werden. **Zusammengefasst** enthält die EuInsVO wie schon das ursprünglich konzipierte EU-Übereinkommen vorwiegend kollisionsrechtliche und verfahrensrechtliche Normen, die bei grenzüberschreitenden Insolvenzverfahren zur Anwendung kommen (vgl hierzu auch *Funke* InVo 1996, 170, 171; *Strub* EuZW 1996, 71, 73).

6   Auch eine Reihe von **Sachnormen** ist in der EuInsVO enthalten, die auf diesem Weg ein partiell einheitliches Sachrecht geschaffen haben. Die Vorschriften sind in mehrere Kapitel unterteilt, deren wesentlicher Inhalt sich wie folgt darstellt:

7   a) „**Allgemeine Vorschriften**" in Art 1–15 EuInsVO. Diese enthalten vorab den Kern der **kollisionsrechtlichen** Normen der EuInsVO. Der **sachliche Anwendungsbereich** der Verordnung wird nach Art 1 für alle **Gesamtverfahren** vorgesehen, welche die Insolvenz des Schuldners voraussetzen und den vollständigen oder teilweisen Vermögensbeschlag gegen den Schuldner sowie die Bestellung eines Verwalters zu Folge haben. **Ausgenommen** werden in persönlicher Hinsicht ausdrücklich Insolvenzverfahren über das Vermögen von **Versicherungsunternehmen, Kreditinstituten** und andere **Finanz-** oder **Dienstleistungsunternehmen**, für die in zahlreichen Rechtsordnungen ohnehin Sonderregeln gelten, wie etwa im Inland nach dem Kreditwesengesetz bzw dem Versicherungsaufsichtsgesetz (§§ 45 ff KWG, §§ 88 ff VAG; vgl *Balz* ZIP 1996, 948, 949). Um das Verständnis des Geltungsbereiches der einzelnen Normen und eine einheitliche Auslegung zu fördern, werden in Art 2 EuInsVO eine Reihe von **Definitionen** vorangestellt, die Begriffe wie „Insolvenzverfahren", „Verwalter", „Liquidationsverfahren", „Gericht", „Entscheidung", „Zeitpunkt der Verfahrenseröffnung", „Belegenheit von Vermögensgegenständen" und „Niederlassung" gegenständlich umschreiben. Art 3 EuInsVO regelt die **internationale Zuständigkeit** der verfahrenseröffnenden Gerichte und Art 4 bestimmt das **anwendbare Recht**, also das Insolvenzstatut als Gesamtstatut. Danach soll der **allgemeine Grundsatz** gelten, dass sich das Insolvenzverfahren und seine Wirkungen nach dem Recht des Vertragsstaats beurteilen, in dem das Verfahren eröffnet („Staat der Verfahrenseröffnung"). Der **Geltungsbereich des Insolvenzstatuts** wird in Art 4 Abs 2 EuInsVO in einer Vielzahl von Einzelregeln umschrieben.

Es schließen sich eine Reihe von Vorschriften an, die im Wege von **Sonderanknüpfungen** bestimmte Rechte oder Rechtsverhältnisse aus dem Insolvenzstatut ausgliedern und einzelnen Sachstatuten zuweisen (Art 5–15) (hierzu FK-*Wimmer* Anh I, Rn 85 ff; *Funke* InVo 1996, 170, 173). So behält Art 5 EuInsVO **dingliche Rechte** Dritter dem jeweiligen Sachstatut vor, regelmäßig mithin dem Recht am Ort der Belegenheit der Gegenstände, an denen die Rechte begründet worden sind. Das Recht des Gläubigers zur **Aufrechnung** wird neben dem Insolvenzstatut auch nach dem Forderungsstatut beurteilt, dem die Gegenforderung des Schuldners unterliegt (Art 6 Abs 1 EuInsVO). **Eigentumsvorbehalte** sollen gegenüber dem insolventen Käufer trotz der Verfahrenseröffnung unberührt bleiben, wenn sich die Sache zum Zeitpunkt der Eröffnung des Verfahrens im Gebiet eines anderen Vertragsstaats als dem der Verfahrenseröffnung befindet (Art 7 Abs 1 EuInsVO). Für **Verträge**, die sich auf **unbewegliches Vermögen** beziehen, richten sich die Wirkungen des Insolvenzverfahrens nach dem Belegenheitsstatut, nicht jedoch nach dem Insolvenzstatut (Art 8 EuInsVO). In gleicher Weise unterliegen die Wirkungen eines Insolvenzverfahrens auf einen **Arbeitsvertrag** und auf ein **Arbeitsverhältnis** ausschließlich dem Recht des Vertragsstaats, das den Arbeitsvertrag regelt (Art 10 EuInsVO). Alle diese Sonderanknüpfungen dienen offenbar einem besonderen **Verkehrsschutzinteresse** außerhalb des Verfahrenseröffnungsstaats. Gleiches gilt nach Art 14 EuInsVO auch für Verfügungen des Schuldners über **unbewegliche Gegenstände**, über in ein öffentliches Register eintragungspflichtige **Schiffe** und **Luftfahrzeuge** sowie über eintragungspflichtige **Wertpapiere**, da die Wirksamkeit der Verfügungen sich nach dem Recht des Staats der Belegenheit des unbeweglichen Gegenstandes oder des Staats, unter dessen Aufsicht das Register geführt wird, richtet. Hervorzuheben ist schließlich die **Anfechtungsstatut** nach Art 13 EuInsVO, das nicht mehr allein dem Insolvenzstatut entnommen wird. Schließlich werden die Wirkungen eines Insolvenzverfahrens auf **anhängige Rechtsstreitigkeiten** über einen Gegenstand oder ein Recht der Insolvenzmasse ausschließlich dem Recht des Verfahrensstaats vorbehalten (Art 15 EuInsVO). Aus dieser knappen Übersicht lässt sich unschwer erkennen, dass die EuInsVO zwar das Universalitätsprinzip voranstellt, dem Verkehrsschutz jedoch durch Sonderanknüpfungen große Bedeutung beimisst.

b) Die nachfolgenden Art 16–26 EuInsVO regeln die **Anerkennung eines ausländischen Insolvenzverfahrens im Inland**. Diese Vorschriften sind deshalb von besonderer Bedeutung, weil sie der Durchsetzung des Insolvenzstatuts dienen und eine ganze Reihe von Zweifelsfragen zu klären suchen, die in der Vergangenheit insbesondere die Tätigkeit der Insolvenzverwalter im Ausland erschwert haben (hierzu *Lüer* in Stellungnahmen und Gutachten, S 103–107; *Geimer* IZPR Rn 3383). Art 17 EuInsVO enthält den allgemeinen Grundsatz, dass die Eröffnung eines Insolvenzverfahrens durch ein international zuständiges Gericht eines Vertragsstaats in allen übrigen Vertragsstaaten anzuerkennen ist. Die Anerkennung erfolgt ex lege und automatisch; sie ist nicht an ein besonderes Verfahren geknüpft und nicht von einer förmlichen Billigung im Anerkennungsstaat abhängig, etwa einem Exequaturverfahren oder dergleichen (*Balz* ZIP 1996, 948, 951; *Funke* InVo 1996, 170, 172; FK-*Wimmer* Anh I, Rn 78). Die Verfahrenseröffnung entfaltet in allen Vertragsstaaten mithin die gleiche Wirkung, die das Recht im Eröffnungsstaat vorsieht. Der ausdrückliche Vorbehalt zugunsten von Sekundärinsolvenzverfahren ist selbstverständlich (siehe unten Rn 8, 19). Den Anerkennungsgrundsatz bekräftigend regeln Art 18 und 19 EuInsVO die Befugnisse des Insolvenzverwalters im Anerkennungsstaat und die Förmlichkeiten des Nachweises seiner Verwalterstellung. Besonders hervorzuheben ist Art 20 Abs 1 EuInsVO, wonach ein Verwalter gegenüber einem Gläubiger, nach der Eröffnung eines Insolvenzverfahrens auf irgendeine Weise, insbesondere durch Zwangsvollstreckung, vollständig oder teilweise aus dem Gegenstand der Masse befriedigt wird, einen Anspruch auf Herausgabe des Erlangten hat (*Balz* ZIP 1996, 948, 952; FK-*Wimmer* Anh I, Rn 102–104). Dem besonderen **Verkehrsschutzinteresse** dient Art 24 Abs 1 EuInsVO zugunsten eines Drittschuldners, der an den Schuldner leistet, über dessen Vermögen bereits in einem anderen Vertragsstaat ein Insolvenzverfahren eröffnet worden ist; der Drittschuldner wird von seiner Verpflichtung zur Leistung an den Verwalter frei, wenn ihm die Eröffnung des Verfahrens nicht bekannt war. Um sicherzustellen, dass die Anerkennung eines ausländischen Insolvenzverfahrens nicht auf dessen Eröffnung beschränkt bleibt, sieht Art 25 Abs 1 EuInsVO ausdrücklich vor, dass auch die zur Durchführung und Beendigung eines Insolvenzverfahrens ergehenden gerichtlichen Entscheidungen des zuständigen Insolvenzgerichts ohne weitere Förmlichkeiten in allen anderen Vertragsstaaten anzuerkennen sind. Die Vollstreckung dieser verfahrensbeendenden Entscheidungen richtet sich nach dem **Brüsseler Übereinkommen über die gerichtliche Zuständigkeit und Vollstreckung gerichtlicher Entscheidungen in Zivil- und Handelssachen (EuGVÜ)** vom 27. 9. 1968 (BGBl II 1972, 773) mit zahlreichen Änderungen und Ergänzungen, konsolidiert veröffentlicht in ABl EG 26. 1. 1998, C 27/3 ff (zuletzt geändert durch Titel II Übereinkommen vom 29.11.1996 vom 16. 7. 1998, BGBl II S 1411; vgl MüKo-ZPO-*Gottwald* (Bd 3) EuGVÜ Rn 6 ff).

c) Artikel 27–38 EuInsVO regeln das sogenannte **Sekundärinsolvenzverfahren**; FK-*Wimmer* Anh I Rn 67). Was hierunter zu verstehen ist, ergibt sich aus Art 27 EuInsVO, welcher die Eröffnung eines solchen Verfahrens regelt. Danach kann ein nach Art 3 Abs 2 EuInsVO zuständiges Gericht neben einem in einem anderen Vertragsstaat anhängigen Hauptinsolvenzverfahren ein Sekundärinsolvenzverfahren eröffnen, dessen Wirkungen sich auf das **im Gebiet des Eröffnungsstaats belegene Vermögen** des Schuldners beschränkt, wobei es im Hinblick auf das Hauptinsolvenzverfahren keines gesonderten Nachweises der Insolvenz des Schuldners bedarf. Aus der Verweisung auf Art 3 Abs 2 EuInsVO ergibt sich die **entscheidende Hürde** für die Zulässigkeit der Eröffnung eines Sekundärinsolvenzverfahrens. Denn nach dieser Vorschrift sind die Gerichte eines Vertragsstaats über das Vermögen eines Schuldners, der den Mittelpunkt seiner hauptsächlichen Interessen im Gebiet eines anderen Vertragsstaats hat, nur dann zur Eröffnung eines Insolvenzverfahrens befugt, wenn der Schuldner im Zweitstaat eine **Niederlassung** hat. Nach der Legaldefinition in Art 2 lit h EuInsVO ist hierunter jeder Tätigkeitsort zu verstehen, an dem der Schuldner einer wirtschaftlichen Aktivität von nicht vorübergehender Art nachgeht, die den Einsatz von Personal und Vermögenswerten voraussetzt. Das besondere **Antragsrecht** des Verwalters aus dem Hauptinsolvenzverfahren (Art 29 EuInsVO), die **gegenseitige Verpflichtung der Verwalter** zu Kooperation und Unterrichtung (Art 31 EuInsVO), das Recht des Verwalters aus dem Hauptinsolvenzverfahren, im Sekundärinsolvenzverfahren die **Aussetzung der Verwertung** zu beantragen (Art 33 EuInsVO), das **Vorschlagsrecht** des Verwalters des Hauptinsolvenzverfahrens zur Beendigung des Sekundärinsolvenzverfahrens (Art 34 EuInsVO) und die **Verwendung eines etwaigen Überschusses** zugunsten des Hauptverfahrens (Art 35 EuInsVO) enthalten allesamt Regelungen für das Sekundärinsolvenzverfahren, die für das deutsche Recht neuartig sind.

d) Die restliche EuInsVO, Art 39–47, enthält unter anderem Vorschriften über die **Forderungsanmeldung von ausländischen Gläubigern**, mithin Gläubigern mit ihrem gewöhnlichen Aufenthalt, Sitz oder Wohnsitz in einem anderen EU-Mitgliedstaat als jenem der Verfahrenseröffnung, und die **Pflicht zur Unterrichtung der Gläubiger im Ausland** (Art 40 EuInsVO), den **Inhalt einer Forderungsanmeldung** (Art 41 EuInsVO), den Gebrauch der **Amtssprachen** (Art 42 EuInsVO), sowie **Übergangs- und Schlussbestimmungen** (Art 43–47 EuInsVO). Auf den Inhalt der einzelnen Vorschriften kann hier verwiesen werden.

e) **Kollisionsrechtlich** lässt sich die EuInsVO auf **drei Grundsätze** zurückführen. Einerseits folgt sie dem **Universalitätsprinzip**, das im Einzelnen ausgestaltet und konkretisiert wird. Andererseits wird dieses Prinzip auf zweifache Weise eingeschränkt: Im Verkehrsinteresse werden eine Reihe von Tatbeständen gesondert angeknüpft; damit erlangen **einzelne Sachstatute** Vorrang vor dem Insolvenzstatut als **Gesamtstatut**. Das **Territorialitätsprinzip** kommt zum Zuge, soweit durch die Zulassung von Sekundärinsolvenzverfahren der exterritoriale Geltungsanspruch des allgemeinen Insolvenzstatuts beschränkt wird. Die EuInsVO verkörpert damit ein Regelwerk, das als Verwirklichung eines **eingeschränkten Universalitätsprinzips** bezeichnet werden kann („Grundsatz der gemäßigten Universalität", FK-*Wimmer* Anh I, Rn 70; *Balz* ZIP 1996, 948; K/P/*Kemper* Anh II, Art 102 EGInsO, Rn 40).

12   3. **Insolvenzstatut.** Gem Art 4 EuInsVO beurteilen sich das Insolvenzverfahren und seine Wirkungen nach dem **Recht des Vertragsstaats, in dem das Verfahren eröffnet wird.** Diese Vorschrift formuliert im Sinne des Universalitätsprinzips die allseitige Kollisionsnorm, die inzwischen nach der Rechtsprechung des **BGH** auch schon zum bisherigen Recht im Inland entwickelt worden war (siehe oben Art 102 EGInsO Rn 19). Auch die Instanzgerichte hatten diese Norm weithin anerkannt und konkretisiert. Wenn gleichwohl in der Vergangenheit die Umsetzung des Universalitätsprinzips Schwierigkeiten bereitet hat, so lag dies unter anderem auch daran, dass der Geltungsbereich des Insolvenzstatuts vielfach unklar und umstritten war. Zweifelsfrei war vor Inkrafttreten der EuInsVO allenfalls, dass sowohl das **Insolvenzverfahrensrecht** als auch die wesentlichen Normen des materiellen Insolvenzrechts, nämlich die des **Vermögens,** der einheitlichen **Verwaltung, Verwertung** und **Verteilung** gleichermaßen dem Insolvenzstatut zuzuordnen seien (vgl *Jaeger/Jahr* §§ 237, 238 KO Rn 243 ff; *Geimer* IZPR Rn 3364, 3373–3378; Vorauf §§ 237, 238 Rn 40 f; oben Art 102 EGInsO Rn 71). Umstritten blieb hingegen in vielfacher Hinsicht, in welchem Umfang das insolvenzrechtliche Gesamtstatut bei grenzüberschreitenden Tatbeständen in Rechte Dritter oder in Rechtsverhältnisse des Schuldners mit Dritten eingreifen würde. In dieser Hinsicht liefert Art 4 Abs 2 EuInsVO eine spezifizierte Regelung, die den Geltungsbereich des Insolvenzstatuts bestimmt und damit eine wünschenswerte Klarstellung enthält.

13   a) Nach Art 4 Abs 2 EuInsVO regelt das **Insolvenzstatut,** unter welchen Voraussetzungen das Insolvenzverfahren eröffnet wird, wie es durchzuführen und wie es zu beenden ist. Diese **Generalklausel** wird im Einzelnen konkretisiert durch einen **Katalog von Regelungsgegenständen,** die dem Geltungsbereich des Insolvenzstatuts zugeschrieben werden.

14   b) Das größte Hindernis der Durchsetzung der kollisionsrechtlichen Universalität ist offenbar die Nichtanerkennung oder Missachtung eines in einem anderen Staat eröffneten Insolvenzverfahrens und der Rechtsänderungen, die das ausländische Insolvenzstatut vorsieht. Um dieses Hindernis zu beseitigen, sieht die EuInsVO in Kapitel II (Art 16–26) eine Reihe von Vorschriften vor, welche die **unmittelbare Anerkennung und Durchsetzung des Insolvenzstatuts** gewährleisten sollen. So gilt nach Art 16 Abs 1 EuInsVO der allgemeine **Grundsatz,** dass die Eröffnung eines Insolvenzverfahrens durch ein international zuständiges Gericht eines Vertragsstaats in allen übrigen Vertragsstaaten anzuerkennen ist, sobald die Entscheidung im Eröffnungsstaat wirksam geworden ist. Dies gilt auch dann, wenn der Schuldner wegen seiner Eigenschaft in den übrigen Vertragsstaaten einem Insolvenzverfahren nicht unterzogen werden könnte.

15   c) In gleicher Weise normiert die Regelung der Art 18, 19 EuInsVO die wirksame **Durchsetzung der Rechtsmacht des Insolvenzverwalters.** Was den Nachweis seiner Bestellung anbelangt, so wird lediglich eine beglaubigte Abschrift der Entscheidung, durch die er bestellt worden ist, oder eine andere von dem zuständigen Gericht ausgestellte Bescheinigung gefordert (Art 19 EuInsVO). Eine Legalisation oder irgendwelche anderen Förmlichkeiten können hingegen im Anerkennungsstaat nicht verlangt werden. Es kann lediglich gefordert werden, dass er eine Übersetzung in die Amtssprache des Anerkennungsstaats vorlegt. Hinsichtlich seiner materiellen Rechtsstellung besitzt der Insolvenzverwalter nach Art 18 Abs 1 EuInsVO im Anerkennungsstaat alle Befugnisse, die ihm nach dem Recht des Insolvenzstatuts zustehen, solange dort kein Sekundärinsolvenzverfahren eröffnet oder eine gegenteilige Sicherungsmaßnahme im Rahmen eines Insolvenzantragsverfahrens verhängt worden ist.

16   d) Ebenso dienen schließlich die Regelungen in Art 20 EuInsVO der **Durchsetzung des Universalitätsprinzips.** Dies gilt zum einen für den **Herausgabeanspruch des Verwalters** gem Art 20 Abs 1 EuInsVO gegenüber dem Gläubiger, der nach Eröffnung des Verfahrens auf irgendeine Weise, insbesondere durch Zwangsvollstreckung, vollständig oder teilweise aus einem Gegenstand der Masse, die in einem anderen Vertragsstaat belegen war, Befriedigung erlangt hat; er ist dem Verwalter zur Herausgabe des Erlangten verpflichtet, soweit ihm keine nach der EuInsVO anzuerkennenden Sicherheitsrechte zustanden. Zum anderen gilt dies jedoch auch für die **Anrechnungsklausel** nach Art 20 Abs 2 EuInsVO. Danach nimmt ein Gläubiger, der in einem Insolvenzverfahren eine Quote auf seine Forderung erlangt hat, an der Verteilung im Rahmen eines anderen Verfahrens erst dann teil, wenn die Gläubiger gleichen Rangs oder gleicher Gruppenzugehörigkeit in diesem anderen Verfahren die gleiche Quote erlangt haben.

17   4. **Sonderanknüpfungen.** Es entspricht schon bisher geltendem Recht, dass dem Geltungsbereich des insolvenzrechtlichen Gesamtstatuts trotz der angestrebten kollisionsrechtlichen Einheit bestimmte Tatbestände entzogen werden mussten, in denen dies das **Verkehrsschutzinteresse** fordert. Diesem Bedürfnis entspricht die EuInsVO dadurch, dass sie in einer ganzen Reihe von Fällen **Sonderanknüpfungen** vorsieht oder ihnen Rechnung trägt. Dies gilt etwa nach Art 5 EuInsVO für **dingliche Rechte** eines Gläubigers oder eines Dritten an Vermögensgegenständen des Schuldners, die sich zum Zeitpunkt der Eröffnung des Insolvenzverfahrens im Gebiet eines anderen Vertragsstaats als jenem der Verfahrenseröffnung befinden; diese dinglichen Rechtspositionen sollen durch die Eröffnung des Verfahrens nicht berührt werden. Gleiches gilt für die Sonderanknüpfung des **Eigentumsvorbehalts** nach Art 7 Abs 1 EuInsVO zugunsten von Lieferanten, jedenfalls wenn sich die Sache im Zeitpunkt der Eröffnung des Verfahrens nicht im Bereich des Verfahrenseröffnungsstaats befindet. Umgekehrt wird die Masse geschützt durch die Aufrechterhaltung des Eigentumsvorbehalts des Schuldners im Falle der Insolvenz des Verkäufers nach Art 7 Abs 2 EuInsVO. Auch die Sonderanknüpfungen bei **Verträgen über unbewegliches Vermögen** nach Art 8 EuInsVO, für Rechte und Pflichten der **Mitglieder eines Zahlungs- oder Abwicklungssystems** oder eines **Finanzmarkts** nach Art 9 EuInsVO und für **Arbeitsverträge** nach Art 10 EuInsVO dienen allesamt dem **Verkehrsschutz**, auf den die Vertragspartner im Anerkennungsstaat außerhalb des Insolvenzeröffnungsstaats vertrauen dürfen (vgl FK-InsO/*Wimmer* Anh I, Rn 89–92).

In diesem Zusammenhang ist auf eine Besonderheit der EuInsVO hinzuweisen, die auf die **insolvenzrechtliche Anfechtung** anzuwendende Recht betrifft: Zwar erstreckt Art 4 Abs 2 lit m EuInsVO das Insolvenzstatut auch auf die insolvenzrechtliche Anfechtung; gleichzeitig schließt jedoch Art 13 EuInsVO die Anwendung der Anfechtungsregeln nach dem Insolvenzstatut aus, wenn aus Gründen des Verkehrsschutzes das **Wirkungsstatut** die Anfechtung nicht zulässt. Auf die nunmehr auch in § 339 InsO enthaltene gleichartige Regelung wird hingewiesen. 18

5. Sekundärinsolvenzverfahren. Die EuInsVO gibt dem **Territorialitätsprinzip** insoweit Raum, als sie unter bestimmten Voraussetzungen über das inländische Vermögen am Ort der **Niederlassung** eines ausländischen Schuldners ein **Sekundär- bzw ein selbstständiges Partikularinsolvenzverfahren** ermöglicht. Ihre Ausgestaltung verdient deshalb besonderes Interesse, weil in der Reformdiskussion vor Erlass und Inkrafttreten der EuInsVO die rechtspolitische Rechtfertigung von Parallel-, Partikular-, Sekundär- und Nebeninsolvenzverfahren außerordentlich kontrovers diskutiert worden ist (vgl zum Meinungsstand *Lüer* KTS 1990, 377, 393 mit Nachweisen in Fn 92; siehe auch *Mohrbutter/Wenner* Hdb Rn XXIII 39 mwN; rechtsvergleichend *Spahlinger* S 151 ff). Diese Diskussion ist für das inländische Recht mit Inkrafttreten von Art 102 Abs 3 EGInsO praktisch beendet worden, was nun in § 356 InsO die endgültige Festschreibung erfahren hat. Danach schließt die Anerkennung eines ausländischen Verfahrens nicht aus, dass im Inland ein **gesondertes Insolvenzverfahren** eröffnet wird, das nur das im Inland befindliche Vermögen des Schuldners erfasst. Für die EuInsVO gilt die Besonderheit, dass die Anknüpfung der Zuständigkeit nicht per se an die Belegenheit im Schuldnervermögen anknüpft. Vielmehr ist die **internationale Zuständigkeit** zur Eröffnung eines Sekundärinsolvenzverfahrens im Inland gem Art 3 Abs 2 EuInsVO nur dann gegeben, wenn der ausländische Schuldner im Inland über eine **Niederlassung** verfügt; dadurch wird sichergestellt, dass ein Partikular- bzw Sekundärinsolvenzverfahren nur über **Vermögensgesamtheiten** stattfindet, nicht jedoch über einzelne oder einige wenige, möglicherweise nur zufällig im Inland belegene Vermögensgegenstände. 19

Im Übrigen unternimmt es die EuInsVO, durch eine ganze Reihe von Vorschriften der **Durchbrechung des Universalitätsprinzips** dadurch **entgegenzuwirken**, dass die Durchführung von Sekundärinsolvenzverfahren eng an das Hauptinsolvenzverfahren angelehnt wird (vgl unter Art 29, 31–34 EuInsVO).

II. Intertemporale Regelungen

1. Inkrafttreten der EuInsVO. Gem Art 47 ist die Verordnung am 31. 5. 2002 in Kraft getreten. Sie ist gem Art 43 nur auf solche Insolvenzverfahren anzuwenden, die nach diesem Zeitpunkt, also ab dem 1. 6. 2002, eröffnet worden sind. Für alle vorher eröffneten Verfahren bleibt es beim bisherigen Recht, aus inländischer Sicht mithin auch im Verhältnis zu allen Mitgliedstaaten der EU bei Art 102 EGInsO. Im Verhältnis zu **Österreich** ist auf Art 44 Abs 1 lit d hinzuweisen; danach ersetzt die EuInsVO den am 25. 5. 1979 in Wien unterzeichneten deutsch-österreichischen Vertrag auf dem Gebiet des Konkurs- und Vergleichs- (Ausgleichs-)rechts. Auch insoweit gilt die zeitliche Zäsur der Ersetzung mit der Wirkung, dass im Verhältnis zu Österreich auf alle ab dem 1. 6. 2002 eröffneten Verfahren die EuInsVO uneingeschränkt Gültigkeit beansprucht. 20

2. Laufende Verfahren. Art 110 EGInsO regelt das Inkrafttreten der EGInsO sowie der InsO am 1. 1. 1999. In einem Insolvenzverfahren, das nach dem 31. 12. 1998 beantragt wurde, ist mithin nach Art 104 EGInsO die neue Gesetzesfassung anzuwenden. Ausnahmen ergeben sich aus Art 103 a-c EGInsO. Auch für Konkurs-, Vergleichs- und Gesamtvollstreckungsverfahren, die vor diesem Zeitpunkt beantragt worden sind, gelten nach Art 103 EGInsO weiter die bis dahin geltenden gesetzlichen Vorschriften anzuwenden (vgl dazu im Einzelnen § 359 InsO Rn 4). 21

Einleitende Gründe

Der Rat der Europäischen Union –
gestützt auf den Vertrag zur Gründung der Europäischen Gemeinschaft, insbesondere auf Artikel 61 Buchstabe c) und Artikel 67 Absatz 1,
auf Initiative der Bundesrepublik Deutschland und der Republik Finnland,
nach Stellungnahme des Europäischen Parlaments (Stellungnahme vom 2. März 2000 (noch nicht im Amtsblatt veröffentlicht)),
nach Stellungnahme des Wirtschafts- und Sozialausschusses (Stellungnahme vom 26. Januar 2000 (noch nicht im Amtsblatt veröffentlicht)),
„in Erwägung nachstehender Gründe:
(1) Die Europäische Union hat sich die Schaffung eines Raums der Freiheit, der Sicherheit und des Rechts zum Ziel gesetzt.
(2) Für ein reibungsloses Funktionieren des Binnenmarktes sind effiziente und wirksame grenzüberschreitende Insolvenzverfahren erforderlich; die Annahme dieser Verordnung ist zur Verwirklichung dieses Ziels erforderlich, das in den Bereich der justitiellen Zusammenarbeit in Zivilsachen im Sinne des Artikels 65 des Vertrags fällt.
(3) Die Geschäftstätigkeit von Unternehmen greift mehr und mehr über die einzelstaatlichen Grenzen hinaus und unterliegt damit in zunehmendem Maß den Vorschriften des Gemeinschaftsrechts. Da die Insolvenz solcher Unternehmen auch nachteilige Auswirkungen auf das ordnungsgemäße Funktionieren des Binnenmarktes hat, bedarf es eines gemeinschaftlichen Rechtsakts, der eine Koordinierung der Maßnahmen in Bezug auf das Vermögen eines zahlungsunfähigen Schuldners vorschreibt.
(4) Im Interesse eines ordnungsgemäßen Funktionierens des Binnenmarktes muss verhindert werden, dass es für die Parteien vorteilhafter ist, Vermögensgegenstände oder Rechtsstreitigkeiten von einem Mitgliedstaat in einen anderen zu verlagern, um auf diese Weise eine verbesserte Rechtsstellung anzustreben (sog. ‚forum shopping').
(5) Diese Ziele können auf einzelstaatlicher Ebene nicht in hinreichendem Maß verwirklicht werden, so dass eine Maßnahme auf Gemeinschaftsebene gerechtfertigt ist.
(6) Gemäß dem Verhältnismäßigkeitsgrundsatz sollte sich diese Verordnung auf Vorschriften beschränken, die die Zuständigkeit für die Eröffnung von Insolvenzverfahren und für Entscheidungen regeln, die unmittelbar aufgrund des Insolvenzverfahrens ergehen und in engem Zusammenhang damit stehen. Darüber hinaus sollte diese Verordnung Vorschriften hinsichtlich der Anerkennung solcher Entscheidungen und hinsichtlich des anwendbaren Rechts, die ebenfalls diesem Grundsatz genügen, enthalten.
(7) Konkurse, Vergleiche und ähnliche Verfahren sind vom Anwendungsbereich des Brüsseler Übereinkommens von 1968 über die gerichtliche Zuständigkeit und die Vollstreckung gerichtlicher Entscheidungen in Zivil- und Handelssachen (ABl L 299 vom 31. 12. 1972, S 32) in der durch die Beitrittsübereinkommen zu diesem Übereinkommen (ABl L 204 vom 2. 8. 1975, S 28; ABl L 304 vom 30. 10. 1978, S 1; ABl L 338 vom 31. 12. 1982, S 1; ABl L 285 vom 3. 10. 1989, S 1; ABl C 15 vom 15. 1. 1997, S 1) geänderten Fassung ausgenommen.
(8) Zur Verwirklichung des Ziels einer Verbesserung der Effizienz und Wirksamkeit der Insolvenzverfahren mit grenzüberschreitender Wirkung ist es notwendig und angemessen, die Bestimmungen über den Gerichtsstand, die Anerkennung und das anwendbare Recht in diesem Bereich in einem gemeinschaftlichen Rechtsakt zu bündeln, der in den Mitgliedstaaten verbindlich ist und unmittelbar gilt.
(9) Diese Verordnung sollte für alle Insolvenzverfahren gelten, unabhängig davon, ob es sich beim Schuldner um eine natürliche oder juristische Person, einen Kaufmann oder eine Privatperson handelt. Die Insolvenzverfahren, auf die diese Verordnung Anwendung findet, sind in den Anhängen aufgeführt. Insolvenzverfahren über das Vermögen von Versicherungsunternehmen, Kreditinstituten und Wertpapierfirmen, die Gelder oder Wertpapiere Dritter halten, sowie von Organismen für gemeinsame Anlagen sollten vom Geltungsbereich dieser Verordnung ausgenommen sein. Diese Unternehmen sollten von dieser Verordnung nicht erfasst werden, da für sie besondere Vorschriften gelten und die nationalen Aufsichtsbehörden teilweise sehr weitgehende Eingriffsbefugnisse haben.
(10) Insolvenzverfahren sind nicht zwingend mit dem Eingreifen eines Gerichts verbunden. Der Ausdruck „Gericht" in dieser Verordnung sollte daher weit ausgelegt werden und jede Person oder Stelle bezeichnen, die nach einzelstaatlichem Recht befugt ist, ein Insolvenzverfahren zu eröffnen. Damit diese Verordnung Anwendung findet, muss es sich aber um ein Verfahren (mit den entsprechenden Rechtshandlungen und Formalitäten) handeln, das nicht nur im Einklang mit dieser Verordnung steht, sondern auch in dem Mitgliedstaat der Eröffnung des Insolvenzverfahrens offiziell anerkannt und rechtsgültig ist, wobei es sich ferner um ein Gesamtverfahren handeln muss, das den vollständigen oder teilweisen Vermögensbeschlag gegen den Schuldner sowie die Bestellung eines Verwalters zur Folge hat.
(11) Diese Verordnung geht von der Tatsache aus, dass aufgrund der großen Unterschiede im materiellen Recht ein einziges Insolvenzverfahren mit universaler Geltung für die gesamte Gemeinschaft nicht realisierbar ist. Die ausnahmslose Anwendung des Rechts des Staates der Verfahrenseröffnung würde vor diesem Hintergrund häufig zu Schwierigkeiten führen. Dies gilt etwa für die in der Gemein-

Vorbemerkungen   **Vor EuInsVO**

schaft sehr unterschiedlich ausgeprägten Sicherungsrechte. Aber auch die Vorrechte einzelner Gläubiger im Insolvenzverfahren sind teilweise völlig verschieden ausgestaltet. Diese Verordnung sollte dem auf zweierlei Weise Rechnung tragen: Zum einen sollten Sonderanknüpfungen für besonders bedeutsame Rechte und Rechtsverhältnisse vorgesehen werden (zB dingliche Rechte und Arbeitsverträge). Zum anderen sollten neben einem Hauptinsolvenzverfahren mit universaler Geltung auch innerstaatliche Verfahren zugelassen werden, die lediglich das im Eröffnungsstaat belegene Vermögen erfassen.

(12) Diese Verordnung gestattet die Eröffnung des Hauptinsolvenzverfahrens in dem Mitgliedstaat, in dem der Schuldner den Mittelpunkt seiner hauptsächlichen Interessen hat. Dieses Verfahren hat universale Geltung mit dem Ziel, das gesamte Vermögen des Schuldners zu erfassen. Zum Schutz der unterschiedlichen Interessen gestattet diese Verordnung die Eröffnung von Sekundärinsolvenzverfahren parallel zum Hauptinsolvenzverfahren. Ein Sekundärinsolvenzverfahren kann in dem Mitgliedstaat eröffnet werden, in dem der Schuldner eine Niederlassung hat. Seine Wirkungen sind auf das in dem betreffenden Mitgliedstaat belegene Vermögen des Schuldners beschränkt. Zwingende Vorschriften für die Koordinierung mit dem Hauptinsolvenzverfahren tragen dem Gebot der Einheitlichkeit des Verfahrens in der Gemeinschaft Rechnung.

(13) Als Mittelpunkt der hauptsächlichen Interessen sollte der Ort gelten, an dem der Schuldner gewöhnlich der Verwaltung seiner Interessen nachgeht und damit für Dritte feststellbar ist.

(14) Diese Verordnung gilt nur für Verfahren, bei denen der Mittelpunkt der hauptsächlichen Interessen des Schuldners in der Gemeinschaft liegt.

(15) Die Zuständigkeitsvorschriften dieser Verordnung legen nur die internationale Zuständigkeit fest, das heißt, sie geben den Mitgliedstaat an, dessen Gerichte Insolvenzverfahren eröffnen dürfen. Die innerstaatliche Zuständigkeit des betreffenden Mitgliedstaats muss nach dem Recht des betreffenden Staates bestimmt werden.

(16) Das für die Eröffnung des Hauptinsolvenzverfahrens zuständige Gericht sollte zur Anordnung einstweiliger Sicherungsmaßnahmen ab dem Zeitpunkt des Antrags auf Verfahrenseröffnung befugt sein. Sicherungsmaßnahmen sowohl vor als auch nach Beginn des Insolvenzverfahrens sind zur Gewährleistung der Wirksamkeit des Insolvenzverfahrens von großer Bedeutung. Diese Verordnung sollte hierfür verschiedene Möglichkeiten vorsehen. Zum einen sollte das für das Hauptinsolvenzverfahren zuständige Gericht vorläufige Sicherungsmaßnahmen auch über Vermögensgegenstände anordnen können, die im Hoheitsgebiet anderer Mitgliedstaaten belegen sind. Zum anderen sollte ein vor Eröffnung des Hauptinsolvenzverfahrens bestellter vorläufiger Insolvenzverwalter in den Mitgliedstaaten, in denen sich eine Niederlassung des Schuldners befindet, die nach dem Recht dieser Mitgliedstaaten möglichen Sicherungsmaßnahmen beantragen können.

(17) Das Recht, vor der Eröffnung des Hauptinsolvenzverfahrens die Eröffnung eines Insolvenzverfahrens in dem Mitgliedstaat, in dem der Schuldner eine Niederlassung hat, zu beantragen, sollte nur einheimischen Gläubigern oder Gläubigern der einheimischen Niederlassung zustehen beziehungsweise auf Fälle beschränkt sein, in denen das Recht des Mitgliedstaats, in dem der Schuldner den Mittelpunkt seiner hauptsächlichen Interessen hat, die Eröffnung eines Hauptinsolvenzverfahrens nicht zulässt. Der Grund für diese Beschränkung ist, dass die Fälle, in denen die Eröffnung eines Partikularverfahrens vor dem Hauptinsolvenzverfahren beantragt wird, auf das unumgängliche Maß beschränkt werden sollen. Nach der Eröffnung des Hauptinsolvenzverfahrens wird das Partikularverfahren zum Sekundärverfahren.

(18) Das Recht, nach der Eröffnung des Hauptinsolvenzverfahrens die Eröffnung eines Insolvenzverfahrens in dem Mitgliedstaat, in dem der Schuldner eine Niederlassung hat, zu beantragen, wird durch diese Verordnung nicht beschränkt. Der Verwalter des Hauptverfahrens oder jede andere, nach dem Recht des betreffenden Mitgliedstaats dazu befugte Person sollte die Eröffnung eines Sekundärverfahrens beantragen können.

(19) Ein Sekundärinsolvenzverfahren kann neben dem Schutz der inländischen Interessen auch anderen Zwecken dienen. Dies kann der Fall sein, wenn das Vermögen des Schuldners zu verschachtelt ist, um als ganzes verwaltet zu werden, oder weil die Unterschiede in den betroffenen Rechtssystemen so groß sind, dass sich Schwierigkeiten ergeben können, wenn das Recht des Staates der Verfahrenseröffnung seine Wirkung in den anderen Staaten, in denen Vermögensgegenstände belegen sind, entfaltet. Aus diesem Grund kann der Verwalter des Hauptverfahrens die Eröffnung eines Sekundärverfahrens beantragen, wenn dies für die effiziente Verwaltung der Masse erforderlich ist.

(20) Hauptinsolvenzverfahren und Sekundärinsolvenzverfahren können jedoch nur dann zu einer effizienten Verwertung der Insolvenzmasse beitragen, wenn die parallel anhängigen Verfahren koordiniert werden. Wesentliche Voraussetzung ist hierzu eine enge Zusammenarbeit der verschiedenen Verwalter, die insbesondere einen hinreichenden Informationsaustausch beinhalten muss. Um die dominierende Rolle des Hauptinsolvenzverfahrens sicherzustellen, sollten dem Verwalter dieses Verfahrens mehrere Einwirkungsmöglichkeiten auf gleichzeitig anhängige Sekundärinsolvenzverfahren gegeben werden. Er sollte etwa einen Sanierungsplan oder Vergleich vorschlagen oder die Aussetzung der Verwertung der Masse im Sekundärinsolvenzverfahren beantragen können.

(21) Jeder Gläubiger, der seinen Wohnsitz, gewöhnlichen Aufenthalt oder Sitz in der Gemeinschaft hat, sollte das Recht haben, seine Forderungen in jedem in der Gemeinschaft anhängigen Insolvenzver-

fahren über das Vermögen des Schuldners anzumelden. Dies sollte auch für Steuerbehörden und Sozialversicherungsträger gelten. Im Interesse der Gläubigergleichbehandlung muss jedoch die Verteilung des Erlöses koordiniert werden. Jeder Gläubiger sollte zwar behalten dürfen, was er im Rahmen eines Insolvenzverfahrens erhalten hat, sollte aber an der Verteilung der Masse in einem anderen Verfahren erst dann teilnehmen können, wenn die Gläubiger gleichen Rangs die gleiche Quote auf ihre Forderung erlangt haben.

(22) In dieser Verordnung sollte die unmittelbare Anerkennung von Entscheidungen über die Eröffnung, die Abwicklung und die Beendigung der in ihren Geltungsbereich fallenden Insolvenzverfahren sowie von Entscheidungen, die in unmittelbarem Zusammenhang mit diesen Insolvenzverfahren ergehen, vorgesehen werden. Die automatische Anerkennung sollte somit zur Folge haben, dass die Wirkungen, die das Recht des Staates der Verfahrenseröffnung dem Verfahren beilegt, auf alle übrigen Mitgliedstaaten ausgedehnt werden. Die Anerkennung der Entscheidungen der Gerichte der Mitgliedstaaten sollte sich auf den Grundsatz des gegenseitigen Vertrauens stützen. Die zulässigen Gründe für eine Nichtanerkennung sollten daher auf das unbedingt notwendige Maß beschränkt sein. Nach diesem Grundsatz sollte auch der Konflikt gelöst werden, wenn sich die Gerichte zweier Mitgliedstaaten für zuständig halten, ein Hauptinsolvenzverfahren zu eröffnen. Die Entscheidung des zuerst eröffnenden Gerichts sollte in den anderen Mitgliedstaaten anerkannt werden; diese sollten die Entscheidung dieses Gerichts keiner Überprüfung unterziehen dürfen.

(23) Diese Verordnung sollte für den Insolvenzbereich einheitliche Kollisionsnormen formulieren, die die Vorschriften des internationalen Privatrechts der einzelnen Staaten ersetzen. Soweit nichts anderes bestimmt ist, sollte das Recht des Staates der Verfahrenseröffnung (lex concursus) Anwendung finden. Diese Kollisionsnorm sollte für Hauptinsolvenzverfahren und Partikularverfahren gleichermaßen gelten. Die lex concursus regelt alle verfahrensrechtlichen wie materiellen Wirkungen des Insolvenzverfahrens auf die davon betroffenen Personen und Rechtsverhältnisse; nach ihr bestimmen sich alle Voraussetzungen für die Eröffnung, Abwicklung und Beendigung des Insolvenzverfahrens.

(24) Die automatische Anerkennung eines Insolvenzverfahrens, auf das regelmäßig das Recht des Eröffnungsstaats Anwendung findet, kann mit den Vorschriften anderer Mitgliedstaaten für die Vornahme von Rechtshandlungen kollidieren. Um in den anderen Mitgliedstaaten als dem Staat der Verfahrenseröffnung Vertrauensschutz und Rechtssicherheit zu gewährleisten, sollten eine Reihe von Ausnahmen von der allgemeinen Vorschrift vorgesehen werden.

(25) Ein besonderes Bedürfnis für eine vom Recht des Eröffnungsstaats abweichende Sonderanknüpfung besteht bei dinglichen Rechten, da diese für die Gewährung von Krediten von erheblicher Bedeutung sind. Die Begründung, Gültigkeit und Tragweite eines solchen dinglichen Rechts sollten sich deshalb regelmäßig nach dem Recht des Belegenheitsorts bestimmen und von der Eröffnung des Insolvenzverfahrens nicht berührt werden. Der Inhaber des dinglichen Rechts sollte somit sein Recht zur Aus- bzw Absonderung an dem Sicherungsgegenstand weiter geltend machen können. Falls an Vermögensgegenständen in einem Mitgliedstaat dingliche Rechte nach dem Recht des Belegenheitsstaats bestehen, das Hauptinsolvenzverfahren aber in einem anderen Mitgliedstaat stattfindet, sollte der Verwalter des Hauptinsolvenzverfahrens die Eröffnung eines Sekundärinsolvenzverfahrens in dem Zuständigkeitsgebiet, in dem die dinglichen Rechte bestehen, beantragen können, sofern der Schuldner dort eine Niederlassung hat. Wird kein Sekundärinsolvenzverfahren eröffnet, so ist der überschießende Erlös aus der Veräußerung der Vermögensgegenstände, an denen dingliche Rechte bestanden, an den Verwalter des Hauptverfahrens abzuführen.

(26) Ist nach dem Recht des Eröffnungsstaats eine Aufrechnung nicht zulässig, so sollte ein Gläubiger gleichwohl zur Aufrechnung berechtigt sein, wenn diese nach dem für die Forderung des insolventen Schuldners maßgeblichen Recht möglich ist. Auf diese Weise würde die Aufrechnung eine Art Garantiefunktion aufgrund von Rechtsvorschriften erhalten, auf die sich der betreffende Gläubiger zum Zeitpunkt der Entstehung der Forderung verlassen kann.

(27) Ein besonderes Schutzbedürfnis besteht auch bei Zahlungssystemen und Finanzmärkten. Dies gilt etwa für die in diesen Systemen anzutreffenden Glattstellungsverträge und Nettingvereinbarungen sowie für die Veräußerung von Wertpapieren und die zur Absicherung dieser Transaktionen gestellten Sicherheiten, wie dies insbesondere in der Richtlinie 98/26/EG des Europäischen Parlaments und des Rates vom 19. Mai 1998 über die Wirksamkeit von Abrechnungen in Zahlungs- sowie Wertpapierliefer- und -abrechnungssystemen (ABl L 166 vom 11. 6. 1998, S 45) geregelt ist. Für diese Transaktionen soll deshalb allein das Recht maßgebend sein, das auf das betreffende System bzw den betreffenden Markt anwendbar ist. Mit dieser Vorschrift soll verhindert werden, dass im Fall der Insolvenz eines Geschäftspartners die in Zahlungs- oder Aufrechnungssystemen oder auf den geregelten Finanzmärkten der Mitgliedstaaten vorgesehenen Mechanismen zur Zahlung und Abwicklung von Transaktionen geändert werden können. Die Richtlinie 98/26/EG enthält Sondervorschriften, die den allgemeinen Regelungen dieser Verordnung vorgehen sollten.

(28) Zum Schutz der Arbeitnehmer und der Arbeitsverhältnisse müssen die Wirkungen der Insolvenzverfahren auf die Fortsetzung oder Beendigung von Arbeitsverhältnissen sowie auf die Rechte und Pflichten aller an einem solchen Arbeitsverhältnis beteiligten Parteien durch das gemäß den allgemeinen Kollisionsnormen für den Vertrag maßgebliche Recht bestimmt werden. Sonstige insolvenzrechtliche

Anwendungsbereich **Art 1 EuInsVO**

Fragen, wie etwa, ob die Forderungen der Arbeitnehmer durch ein Vorrecht geschützt sind und welchen Rang dieses Vorrecht gegebenenfalls erhalten soll, sollten sich nach dem Recht des Eröffnungsstaats bestimmen.

(29) Im Interesse des Geschäftsverkehrs sollte auf Antrag des Verwalters der wesentliche Inhalt der Entscheidung über die Verfahrenseröffnung in den anderen Mitgliedstaaten bekannt gemacht werden. Befindet sich in dem betreffenden Mitgliedstaat eine Niederlassung, so kann eine obligatorische Bekanntmachung vorgeschrieben werden. In beiden Fällen sollte die Bekanntmachung jedoch nicht Voraussetzung für die Anerkennung des ausländischen Verfahrens sein.

(30) Es kann der Fall eintreten, dass einige der betroffenen Personen tatsächlich keine Kenntnis von der Verfahrenseröffnung haben und gutgläubig im Widerspruch zu der neuen Sachlage handeln. Zum Schutz solcher Personen, die in Unkenntnis der ausländischen Verfahrenseröffnung eine Zahlung an den Schuldner leisten, obwohl diese an sich an den ausländischen Verwalter hätte geleistet werden müssen, sollte eine schuldbefreiende Wirkung der Leistung bzw Zahlung vorgesehen werden.

(31) Diese Verordnung sollte Anhänge enthalten, die sich auf die Organisation der Insolvenzverfahren beziehen. Da diese Anhänge sich ausschließlich auf das Recht der Mitgliedstaaten beziehen, sprechen spezifische und begründete Umstände dafür, dass der Rat sich das Recht vorbehält, diese Anhänge zu ändern, um etwaigen Änderungen des innerstaatlichen Rechts der Mitgliedstaaten Rechnung tragen zu können.

(32) Entsprechend Artikel 3 des Protokolls über die Position des Vereinigten Königreichs und Irlands, das dem Vertrag über die Europäische Union und dem Vertrag zur Gründung der Europäischen Gemeinschaft beigefügt ist, haben das Vereinigte Königreich und Irland mitgeteilt, dass sie sich an der Annahme und Anwendung dieser Verordnung beteiligen möchten.

(33) Gemäß den Artikeln 1 und 2 des Protokolls über die Position Dänemarks, das dem Vertrag über die Europäische Union und dem Vertrag zur Gründung der Europäischen Gemeinschaft beigefügt ist, beteiligt sich Dänemark nicht an der Annahme dieser Verordnung, die diesen Mitgliedstaat somit nicht bindet und auf ihn keine Anwendung findet."

Kapitel I. Allgemeine Vorschriften

Art 1. Anwendungsbereich

(1) Diese Verordnung gilt für Gesamtverfahren, welche die Insolvenz des Schuldners voraussetzen und den vollständigen oder teilweisen Vermögensbeschlag gegen den Schuldner sowie die Bestellung eines Verwalters zur Folge haben.

(2) Diese Verordnung gilt nicht für Insolvenzverfahren über das Vermögen von Versicherungsunternehmen oder Kreditinstituten, von Wertpapierfirmen, die Dienstleistungen erbringen, welche die Haltung von Geldern oder Wertpapieren Dritter umfassen, sowie von Organismen für gemeinsame Anlagen.

I. Positiver Anwendungsbereich, Abs 1

1. Regelungsgegenstand. Art 1 regelt den **räumlichen, sachlichen** und **persönlichen** Anwendungsbereich der EuInsVO. Der **zeitliche** Anwendungsbereich ergibt sich aus Art 43 und Art 47. Siehe ausführlich auch die detaillierten Darstellungen in den Vorbemerkungen zur EuInsVO. 1

2. Räumlicher Anwendungsbereich. In räumlicher Hinsicht setzt die Anwendbarkeit der EuInsVO zum einen voraus, dass sich der Mittelpunkt der hauptsächlichen Interessen des Schuldners (**Centre of Main Interests, COMI**) in einem EU-Mitgliedstaat befindet und dass dem Insolvenzverfahren ein **grenzüberschreitender Sachverhalt** zugrunde liegt, der Schuldner also entweder Vermögen in anderen EU-Mitgliedstaaten besitzt und/oder Rechtsverhältnisse mit Bezug zu einem anderen EU-Mitgliedstaat abgeschlossen wurden. Zum anderen ist die EuInsVO nur dann anwendbar, wenn sich die **Grenzüberschreitung zwischen EU-Mitgliedstaaten** vollzieht. Demzufolge ist die EuInsVO weder anwendbar auf Verfahren innerhalb eines EU-Mitgliedstaats mit keinerlei grenzüberschreitendem Sachverhalt, noch in Bezug auf grenzüberschreitende Sachverhalte mit Drittstaaten, i. e. Nicht-EU-Mitgliedstaaten. Ferner ist die EuInsVO in **Dänemark** nicht anwendbar (siehe Vorbem zur EuInsVO, Rn 1). Demgegenüber fallen der EU neu beitretende Mitgliedstaaten automatisch in den Anwendungsbereich der EuInsVO (siehe oben, Vorbem zur EuInsVO, Rn 1). 2

3. Sachlicher Anwendungsbereich. Der sachliche Anwendungsbereich ist in **Abs 1** definiert. Die dort angeführten **Gesamtverfahren** sind die in Art 2 lit a angeführten **Insolvenzverfahren** einschließlich der in Art 2 lit c genannten **Liquidationsverfahren**, wie sie sich enumerativ aus Anh A zur EuInsVO er- 3

Lüer

geben. Die Erwägungen des Rats, die dort im Einzelnen aufgeführten Verfahren als Gesamtverfahren zu qualifizieren, ergeben sich aus den einleitenden Gründen Nr (9) und (10). Jeder Mitgliedstaat bleibt uneingeschränkt befugt, Inhalt und Gegenstand der jeweiligen Verfahren zu ändern oder zu ergänzen, soweit dies nicht in Widerspruch zu den Normen der EuInsVO steht. Wird in einem Mitgliedstaat der EU ein neues Gesamtverfahren kraft Gesetzes eingeführt, so wird es von der EuInsVO nur dann erfasst, wenn der europäische Verordnungsgeber Anh A entsprechend ergänzt, was Art 45 ausdrücklich vorsieht.

II. Negativer Anwendungsbereich, Abs 2

4   **1. Persönlicher Anwendungsbereich.** Der persönliche Anwendungsbereich der EuInsVO ergibt sich aus der negativen Aufzählung in **Abs 2.** Demnach gilt die EuInsVO nicht für Insolvenzverfahren über das Vermögen der aufgezählten Finanzdienstleistungsunternehmen. Die abschließend aufgezählten Finanzdienstleistungsunternehmen sind begrifflich bereits in anderen EG-Rechtsakten legaldefiniert:

5   Die Definition von **Versicherungsunternehmen** richtet sich nach der ersten Richtlinie 73/239/EWG des Rats vom 24. 7. 1973 zur Koordinierung der Rechts- und Verwaltungsvorschriften betreffend die Aufnahme und Ausübung der Tätigkeit der Direktversicherung (mit Ausnahme der Lebensversicherung). Demnach sind Versicherungsunternehmen Unternehmen, die sich mit der Aufnahme und Ausübung der selbstständigen Tätigkeit der Direktversicherung einschließlich der Beistandstätigkeit befassen. Die Beistandstätigkeit betrifft die Beistandsleistung zugunsten von Personen, die auf Reisen oder während der Abwesenheit von ihrem Wohnsitz oder ständigen Aufenthaltsort in Schwierigkeiten geraten. Sie besteht darin, dass aufgrund der vorherigen Zahlung einer Prämie die Verpflichtung eingegangen wird, dem Begünstigten eines Beistandsvertrags in den im Vertrag vorgesehenen Fällen und unter den dort aufgeführten Bedingungen unmittelbar eine Hilfe zukommen zu lassen, wenn er sich nach Eintritt eines zufälligen Ereignisses in Schwierigkeiten befindet. Die materielle Hilfe kann in Geld- oder in Naturalleistungen bestehen. Die Naturalleistungen können auch durch Einsatz des eigenen Personals oder Materials des Erbringers der Leistung bewirkt werden. Die Einteilung der Tätigkeiten nach Zweigen ist im Anhang der Richtlinie aufgeführt. Ausgenommen sind insbesondere Renten- und Lebensversicherungen.

6   **Kreditinstitute** werden gem Art 1 der ersten Richtlinie 77/780/EWG des Rats vom 12. 12. 1977 zur Koordinierung der Rechts- und Verwaltungsvorschriften über die Aufnahme und Ausübung der Tätigkeit der Kreditinstitute definiert als Unternehmen, deren Tätigkeit darin besteht, Einlagen oder andere rückzahlbare Gelder des Publikums entgegenzunehmen und Kredite für eigene Rechnung zu gewähren. Vorgenannte Richtlinie ist zwar inzwischen nicht mehr rechtskräftig; allerdings kann die dargestellte Begriffsdefinition weiterhin zum besseren Verständnis herangezogen werden.

7   Gem der Richtlinie 93/22/EWG des Rats vom 10. 5. 1993 über Wertpapierleistungen sind **Wertpapierfirmen** Unternehmen, die im Rahmen ihrer üblichen gewerblichen Tätigkeit gewerbsmäßig Wertpapierdienstleistungen für Dritte erbringen, zB Annahme, Übermittlung und Ausführung von Wertpapieraufträgen für Dritte oder Handel mit Wertpapieren für eigene Rechnung.

8   Bei **Organismen für gemeinsame Anlagen** handelt es sich gem der Richtlinie 85/611/EWG des Rats vom 20. 12. 1985 um Unternehmen, deren ausschließlicher Zweck es ist, beim Publikum beschaffte Gelder für gemeinsame Rechnung nach dem Grundsatz der Risikostreuung in Wertpapieren anzulegen, und deren Anteile auf Verlangen der Anteilsinhaber unmittelbar oder mittelbar zu Lasten des Vermögens der Unternehmen zurückgenommen oder ausgezahlt werden.

9   Die Regelung in Abs 2, wonach die aufgezählten Finanzdienstleistungsunternehmen vom Anwendungsbereich der EuInsVO ausgenommen sind, trägt der Tatsache Rechnung, dass die EU für **Versicherungsunternehmen** und **Kreditinstitute** Richtlinien erlassen hat, welche die Mitgliedstaaten verpflichten, für diese Institute gesonderte Gesamtverfahren vorzusehen, die einerseits dem jeweiligen nationalen Aufsichtsrecht Rechnung tragen und andererseits ein uneingeschränktes materiell-rechtliches und kollisionsrechtliches Universalprinzip durchsetzen (hierzu Vorbem 13 zu §§ 335–358 InsO, Rn 8). Es handelt sich zum einen um die Richtlinie 2001/24/EG vom 4. 4. 2001 über die Sanierung und Liquidation von **Kreditinstituten**, die nach deren Art 34 Abs 1 bis zum 5. 5. 2004 umzusetzen war, zum anderen um die Richtlinie 2001/17/EG vom 19. 3. 2001 über die Sanierung und Liquidation von **Versicherungsunternehmen**, die nach deren Art 31 Abs 1 bis zum 20. 4. 2003 umzusetzen war. In Deutschland wurden beide vorgenannten Richtlinien durch das Gesetz zur Umsetzung aufsichtsrechtlicher Bestimmungen zur Sanierung und Liquidation von Versicherungsunternehmen und Kreditinstituten vom 16. 12. 2003 in nationales Recht umgesetzt (BGBl Teil I Nr 59 vom 16. 12. 2003 S 2478). Die Besonderheit dieser Verfahren liegt darin, dass bei der Insolvenz von Kredit- und Versicherungsinstituten umfassende Gesamtverfahren stattfinden, welche die Eröffnung selbstständiger Partikular- oder Sekundärinsolvenzverfahren, wie sie Art 3 Abs 2 und Art 27–38 EuInsVO vorsehen, ausschließen.

10 Im Umkehrschluss folgt aus dem Ausschluss der genannten Finanzdienstleistungsunternehmen aus dem persönlichen Anwendungsbereich der EuInsVO, dass diese im Übrigen alle natürlichen und juristischen Personen erfasst, vorausgesetzt, diese sind nach dem anzuwendenden Recht des Staats der Verfahrenseröffnung (vgl Art 4 Rn 21) insolvenzfähig.

Art 2. Definitionen

Für die Zwecke dieser Verordnung bedeutet
a) „Insolvenzverfahren" die in Artikel 1 Absatz 1 genannten Gesamtverfahren. Diese Verfahren sind in Anhang A aufgeführt;
b) „Verwalter" jede Person oder Stelle, deren Aufgabe es ist, die Masse zu verwalten oder zu verwerten oder die Geschäftstätigkeit des Schuldners zu überwachen. Diese Personen oder Stellen sind in Anhang C aufgeführt;
c) „Liquidationsverfahren" ein Insolvenzverfahren im Sinne von Buchstabe a), das zur Liquidation des Schuldnervermögens führt, und zwar auch dann, wenn dieses Verfahren durch einen Vergleich oder eine andere die Insolvenz des Schuldners beendende Maßnahme oder wegen unzureichender Masse beendet wird. Diese Verfahren sind in Anhang B aufgeführt;
d) „Gericht" das Justizorgan oder jede sonstige zuständige Stelle eines Mitgliedstaats, die befugt ist, ein Insolvenzverfahren zu eröffnen oder im Laufe des Verfahrens Entscheidungen zu treffen;
e) „Entscheidung", falls es sich um die Eröffnung eines Insolvenzverfahrens oder die Bestellung eines Verwalters handelt, die Entscheidung jedes Gerichts, das zur Eröffnung eines derartigen Verfahrens oder zur Bestellung eines Verwalters befugt ist;
f) „Zeitpunkt der Verfahrenseröffnung" den Zeitpunkt, in dem die Eröffnungsentscheidung wirksam wird, unabhängig davon, ob die Entscheidung endgültig ist;
g) „Mitgliedstaat, in dem sich ein Vermögensgegenstand befindet", im Fall von
– körperlichen Gegenständen den Mitgliedstaat, in dessen Gebiet der Gegenstand belegen ist,
– Gegenständen oder Rechten, bei denen das Eigentum oder die Rechtsinhaberschaft in ein öffentliches Register einzutragen ist, den Mitgliedstaat, unter dessen Aufsicht das Register geführt wird,
– Forderungen den Mitgliedstaat, in dessen Gebiet der zur Leistung verpflichtete Dritte den Mittelpunkt seiner hauptsächlichen Interessen im Sinne von Artikel 3 Absatz 1 hat;
h) „Niederlassung" jeden Tätigkeitsort, an dem der Schuldner einer wirtschaftlichen Aktivität von nicht vorübergehender Art nachgeht, die den Einsatz von Personal und Vermögenswerten voraussetzt.

I. Normzweck

Die in Art 2 angeführten **Legaldefinitionen** erstreben eine möglichst einheitliche Auslegung der jeweiligen Begriffe der EuInsVO innerhalb ihres Anwendungsbereichs. Weichen die Legaldefinitionen vom Inhalt der gleichen Begriffe in den jeweils in Betracht kommenden Mitgliedstaaten ab, so hat die jeweilige Legaldefinition von Art 2 im Rahmen des Anwendungsbereichs der EuInsVO Vorrang. 1

II. Legaldefinitionen

1. Insolvenzverfahren. Hinsichtlich des Begriffs „Insolvenzverfahren" gem lit a wird zunächst auf die bereits in Art 1 Abs 1 enthaltene Definition des Begriffs „Gesamtverfahren" Bezug genommen. Insoweit wird auf die dortigen Ausführungen zum sachlichen Anwendungsbereich (Art 1 Rn 3) verwiesen. Die von dieser abstrakten Begriffsdefinition und somit von der EuInsVO erfassten Verfahren in den jeweiligen Mitgliedsstaaten sind abschließend in Anh A zur EuInsVO aufgeführt, auf den Art 2 lit a ausdrücklich Bezug nimmt. Eine Änderung der Anhänge zur EuInsVO ist gem Art 45 EuInsVO auf Initiative eines EU-Ratsmitglieds oder auf Vorschlag der EU-Kommission mit qualifizierter Mehrheit möglich. 2

2. Verwalter. Ebenso wie der Begriff des Insolvenzverfahrens in lit.a wird auch jener des „Verwalters" in lit b zunächst abstrakt definiert. Sodann wird auf Anh C zur EuInsVO verwiesen, in welchem die von der Begriffsdefinition bzgl der jeweiligen Mitgliedstaaten erfassten Verwalter konkret und abschließend aufgelistet sind. Hinsichtlich der Möglichkeit einer Änderung der Anhänge zur EuInsVO wird auf vorstehende Rn 2 sowie auf Art 45 EuInsVO verwiesen. 3

3. Liquidationsverfahren. Die Definition des Begriffs „Liquidationsverfahren" in lit c hat seinen Sinn und Zweck darin, die in einem Sekundärinsolvenzverfahren gem Art 27 EuInsVO zulässigen Verfahren zu bestimmen. Der Begriff des Liquidationsverfahrens in lit c wird wiederum zunächst abstrakt definiert. Sodann wird auf die abschließende Aufzählung der von dem Begriff erfassten Verfahren in den Mitgliedstaaten in Anh B verwiesen. Ausschließlich die in Anh B abschließend aufgezählten Verfahren in den Mitgliedstaaten sind zulässige Verfahren zur Eröffnung eines Sekundärinsolvenzverfahrens gem Art 27 EuInsVO. 4

4. Gericht. Der Begriff „Gericht" in lit d ist weit auszulegen, da Insolvenzverfahren nicht zwangsläufig mit dem Eingreifen eines Gerichts verbunden sein müssen. Daher bezeichnet „Gericht" im Sinne der EuInsVO jede Einrichtung oder Stelle, die nach einzelstaatlichem Recht befugt ist, ein Insolvenzverfah- 5 ren in Sinne der EuInsVO (siehe oben, lit a) zu eröffnen (siehe 10. Erwägungsgrund zur Verordnung (EG) Nr 1346/2000).

6 **5. Entscheidung.** Der in **lit e** legaldefinierte Begriff der „Entscheidung" erfasst die Maßnahmen, Verfügungen und Änderungen einer Einrichtung oder Stelle im Sinne der Definition des Begriffs „Gericht" in lit d, die zur Eröffnung eines Insolvenzverfahrens im Sinne der EuInsVO (siehe oben, lit a) oder zur Bestellung eines Verwalters im Sinne der EuInsVO (siehe oben, lit b) befugt ist. Zu beachten ist, dass die EuInsVO nicht ausschließlich Entscheidungen im Zusammenhang mit der Verfahrenseröffnung oder Verwalterbestellung kennt, sondern auch Entscheidungen in anderen Regelungszusammenhängen (siehe zB Art 25 EuInsVO); solche Entscheidungen begrifflich in die Legaldefinition mit einzubeziehen, wurde unterlassen. Vielmehr soll der Begriff der „Entscheidung" in lit e weit auszulegen sein (*Virgós/Schmit*, Erläuternder Bericht, Rn 67).

7 **6. Zeitpunkt der Verfahrenseröffnung.** Für den in **lit f** fixierten Zeitpunkt der Verfahrenseröffnung kommt es zunächst grundsätzlich darauf an, wann die Eröffnungsentscheidung wirksam wird, nicht hingegen darauf, ob gegen die Entscheidung des Insolvenzgerichts ein Rechtsmittel geführt wird, mithin wann die Eröffnungsentscheidung rechtskräftig wird.

8 Umstritten war jedoch, ob unter dem Begriff „Eröffnungsentscheidung" ausschließlich die Entscheidung über die formelle Verfahrenseröffnung zu verstehen ist (§ 27 InsO), oder ob hiervon auch vorläufige Entscheidungen erfasst werden, wie etwa die Entscheidung über die Bestellung eines vorläufigen Insolvenzverwalters mit Verwaltungs- und Verfügungsbefugnis (§§ 21, 22 InsO). Mit der sogenannten „**Eurofood-Entscheidung**" hat der EuGH durch Urteil vom 5. 6. 2006 (C-341/04, NZI 2006, 360 ff; siehe auch Art 3, Rn 2) entschieden, dass unter der für den Zeitpunkt der Verfahrenseröffnung relevanten Eröffnungsentscheidung im Sinne der EuInsVO nicht nur eine Entscheidung zu verstehen sei, die in dem für das Gericht, das die Entscheidung erlassen habe, geltenden Recht des Mitgliedstaats förmlich als Eröffnungsentscheidung bezeichnet werde, sondern auch die Entscheidung, die infolge eines auf die Insolvenz des Schuldners gestützten Antrags auf Eröffnung eines in Anh A der Verordnung genannten Verfahrens ergehe, wenn diese Entscheidung den Vermögensbeschlag gegen den Schuldner zur Folge habe und durch sie ein in Anh C der Verordnung genannter Verwalter bestellt werde. Ein solcher Vermögensbeschlag bedeute, dass der Schuldner die Befugnisse zur Verwaltung seines Vermögens verliere. In einem solchen Fall seien die beiden charakteristischen Folgen eines Insolvenzverfahrens, nämlich die Bestellung eines in Anh C genannten Verwalters und der Vermögensbeschlag gegen den Schuldner, wirksam geworden und damit die konstitutiven Elemente der Definition eines Insolvenzverfahrens durch Art 1 Abs 1 der Verordnung gegeben.

Bezogen auf inländisches Recht hat die Eurofood-Entscheidung des EuGH zur Konsequenz, dass der Zeitpunkt der Verfahrenseröffnung im Sinne der EuInsVO nicht erst mit Wirksamwerden des Eröffnungsbeschlusses gem § 27 InsO eintritt, sondern bereits mit Wirksamwerden des Beschlusses über die Bestellung eines vorläufigen sogenannten „starken" Insolvenzverwalters, mithin eines vorläufigen Insolvenzverwalters, auf den gem § 21 Abs 2 Nr 2 Alt 1 InsO, § 22 Abs 1 InsO die Verwaltungs- und Verfügungsbefugnis über das Schuldnervermögen übergegangen ist.

9 Von entscheidender Bedeutung ist der Zeitpunkt der Verfahrenseröffnung insbesondere im Zusammenhang mit Art 3 Abs 3 EuInsVO, da sich im Falle der Eröffnung mehrerer Insolvenzverfahren in unterschiedlichen Mitgliedstaaten nach dem Prioritätsprinzip bestimmt, dass das zeitlich zuerst im Sinne der EuInsVO eröffnete Insolvenzverfahren das Hauptinsolvenzverfahren bildet, während alle nachfolgend im Sinne der EuInsVO eröffneten Insolvenzverfahren Sekundärinsolvenzverfahren darstellen (siehe dazu auch Art 3, Rn 45).

10 Neben Art 3 Abs 3 EuInsVO knüpfen auch die Regelungen in Art 5 Abs 1, Art 7 Abs 1 und 2, Art 14, 16, Art 18 Abs 2 sowie Art 20 Abs 1 EuInsVO an den Zeitpunkt der Verfahrenseröffnung an.

11 Die Frage, die sich im Hinblick auf die Eurofood-Entscheidung des EuGH stellt, ist nun, ob hinsichtlich des Zeitpunkts der Verfahrenseröffnung im Rahmen der EuInsVO ausschließlich auf eine der Verfahrenseröffnung ggf vorgelagerte vorläufige Entscheidung, die einen Vermögensbeschlag sowie eine Verwalterbestellung zur Folge hat, abzustellen ist, oder ob es je nach Regelungszusammenhang des betreffenden Artikels der EuInsVO mitunter auch auf den formellen Zeitpunkt der wirksamen Eröffnungsentscheidung ankommen kann. Nach dem Wortlaut des EuGH-Urteils muss letztere Sichtweise gelten. Denn der EuGH hat die Formulierung „nicht nur ... sondern auch ..." gewählt, und somit zum Ausdruck gebracht, dass auf die vorläufige Entscheidung im dargestellten Sinne nur dann abzustellen ist, wenn dies nach Sinn und Zweck der in Frage stehenden Regelung der EuInsVO geboten ist (**EuGH** 5. 6. 2006, C-341/04, NZI 2006, 360 ff).

12 **7. Mitgliedstaat, in dem sich ein Gegenstand befindet.** Bei der Definition des Begriffs „Mitgliedstaat, in dem sich ein Gegenstand befindet" in **lit g** wird nach der Belegenheit des jeweiligen Vermögensgenstands beurteilt. Differenziert wird zwischen der Belegenheit körperlicher Gegenstände, der Belegenheit eintragungspflichtiger Gegenstände und Rechte sowie der Belegenheit von Forderungen. Die Belegenheit des relevanten Vermögensgegenstands ist für eine Vielzahl von Vorschriften der EuInsVO von Bedeutung, im Einzelnen für Art 5, Art 7, Art 17, Art 18 und Art 20 EuInsVO.

Internationale Zuständigkeit **Art 3 EuInsVO**

8. Niederlassung. Besondere Bedeutung erlangt die Definition der Niederlassung in **lit h**, insbesondere im Zusammenhang mit Art 2 Abs 2 EuInsVO, wonach die Eröffnung eines Sekundärinsolvenzverfahrens das Vorhandensein einer Niederlassung im Gebiet eines Mitgliedsstaats voraussetzt. Der Wortlaut der EuInsVO ist erheblich weiter gefasst, als was unter Bezugnahme auf den Wortlaut von § 27 Abs 2 InsO unter dem Begriff „gewerbliche Niederlassung" verstanden wird bzw noch unter Geltung der KO nach § 238 Abs 1 KO unter vorgenanntem Begriff verstanden wurde (vgl K/U/*Lüer* §§ 237, 238 Rn 96 mit Nachweisen). 13

Die einzelnen Tatbestandsmerkmale der Begriffsdefinition lassen sich weiter wie folgt definieren:
Tätigkeitsort ist der Ort, an dem wirtschaftliche Aktivitäten kommerzieller oder industrieller Art bzw freiberuflicher Natur zum Markt hin entfaltet werden (*Virgós/Schmit*, Erläuternder Bericht, Rn 71). 14

Unter **wirtschaftlicher Tätigkeit** ist jede Tätigkeit zu verstehen, die auf einen Vermögensausgleich ausgerichtet ist; Gewinnerzielungsabsicht ist nicht zwingend erforderlich (*Paulus*, Art 2, Rn 31; *Huber*, ZZP 114 (2001), 133, 142; *Lücke*, ZZP 111 (1998), 275, 299; MüKoInsO-*Reinhart*, Art 2, Rn 28 mwN). Die wirtschaftliche Tätigkeit darf **nicht vorübergehender Art** sein, muss also auf Wiederholung angelegt sein. 15

Diese wirtschaftliche Tätigkeit muss schließlich **kumulativ** den **Einsatz von Personal und Vermögenswerten voraussetzen**. Dies bedeutet, dass ein Mindestmaß an Organisationsaufwand nach außen hin erkennbar sein muss (*Virgós/Schmit*, Erläuternder Bericht, Rn 71). Die Bedingung des vorausgesetzten Personaleinsatzes ist dann erfüllt, wenn der Schuldner für seine wirtschaftliche Tätigkeit Personen einsetzt, für die er als Arbeitgeber, Auftraggeber oder in sonstiger Weise rechtlich verantwortlich ist (*Moss/Fletcher/Isaacs*, EC Regulation, Rn 8.29), nicht indes, wenn es sich um von dem Schuldner rechtlich unabhängige Personen handelt, wie zB Handelsvertreter (Pannen-*Riedemann*, Art 2, Rn 57; Huber/Gruber/Heiderhoff-*Huber*, Art 2, Rn 8; MüKoInsO-*Reinhart*, Art 2, Rn 30). Auch die Voraussetzung des Einsatzes von Vermögenswerten ist nur dann als erfüllt anzusehen, wenn diese Vermögenswerte für die wirtschaftliche Aktivität eingesetzt werden, nicht indes, wenn sie mit der wirtschaftlichen Aktivität in keinerlei Zusammenhang stehen (MüKoInsO-*Reinhart*, Art 2, Rn 31; D-K/D/Ch-*Duursma-Kepplinger*, Art 2, Rn 22; *Paulus*, Art 2, Rn 33; aA: *Virgós/Schmit*, Erläuternder Bericht, Rn 71). Für das von der herrschenden Meinung vertretenen Verständnis spricht der eindeutige Wortlaut der Begriffsdefinition („Wirtschaftliche Aktivität [...], die den Einsatz von [...] Vermögenswerten voraussetzt."). 16

Ungeschriebenes, von der herrschenden Meinung in Literatur und Rechtsprechung entwickeltes weiteres Tatbestandsmerkmal ist, dass es sich **nicht um eine Tochtergesellschaft der Schuldnerin handeln** darf. Eine Tochtergesellschaft kann somit im Sinne der EuInsVO grundsätzlich als Niederlassung der Muttergesellschaft qualifiziert werden, so dass über das Vermögen der Tochtergesellschaft kein Sekundärinsolvenzverfahren (siehe Art 3 Abs 2 EuInsVO) eröffnet werden kann (str – Pannen-*Riedemann*, Art 2, Rn 60 ff mwN; D-K/D/Ch-*Duursma-Kepplinger*, Art 3, Rn 29; *Huber*, ZZP 114 (2001) 133, 143; aA: Haß/Huber/Gruber/Heiderhoff-*Huber*, Art 2, Rn 9 unter Aufgabe der in ZZP 114 am angegebenen Ort vertretenen gegenteiligen Auffassung; wohl auch MüKoInsO-*Reinhart*, Art 2, Rn 32). Vielmehr existiert für jede Konzerngesellschaft eine eigene gerichtliche Zuständigkeit, sofern die Konzerngesellschaft eine eigene rechtliche Einheit, mithin eine eigene Rechtspersönlichkeit darstellt (**EuGH** 2. 5. 2006, NZI 2006, 360 ff „Eurofood") und somit ein Mindestmaß an Organisationsaufwand nach außen erkennbar machen (*Virgós/Schmit*, Erläuternder Bericht, Rn 76). In Konsequenz ist das „Centre of Main Interest" – COMI – für jede Konzerngesellschaft getrennt zu bestimmen (ebenso Pannen-*Riedemann*, Art 2 Rn 64). 17

Art 3. Internationale Zuständigkeit

(1) ¹Für die Eröffnung des Insolvenzverfahrens sind die Gerichte des Mitgliedstaats zuständig, in dessen Gebiet der Schuldner den Mittelpunkt seiner hauptsächlichen Interessen hat. ²Bei Gesellschaften und juristischen Personen wird bis zum Beweis des Gegenteils vermutet, dass der Mittelpunkt ihrer hauptsächlichen Interessen der Ort des satzungsmäßigen Sitzes ist.

(2) ¹Hat der Schuldner den Mittelpunkt seiner hauptsächlichen Interessen im Gebiet eines Mitgliedstaats, so sind die Gerichte eines anderen Mitgliedstaats nur dann zur Eröffnung eines Insolvenzverfahrens befugt, wenn der Schuldner eine Niederlassung im Gebiet dieses anderen Mitgliedstaats hat. ²Die Wirkungen dieses Verfahrens sind auf das im Gebiet dieses letzteren Mitgliedstaats belegene Vermögen des Schuldners beschränkt.

(3) ¹Wird ein Insolvenzverfahren nach Absatz 1 eröffnet, so ist jedes zu einem späteren Zeitpunkt nach Absatz 2 eröffnete Insolvenzverfahren ein Sekundärinsolvenzverfahren. ²Bei diesem Verfahren muss es sich um ein Liquidationsverfahren handeln.

(4) Vor der Eröffnung eines Insolvenzverfahrens nach Absatz 1 kann ein Partikularverfahren nach Absatz 2 nur in den nachstehenden Fällen eröffnet werden:
a) falls die Eröffnung eines Insolvenzverfahrens nach Absatz 1 angesichts der Bedingungen, die in den Rechtsvorschriften des Mitgliedstaats vorgesehen sind, in dem der Schuldner den Mittelpunkt seiner hauptsächlichen Interessen hat, nicht möglich ist;

b) falls die Eröffnung des Partikularverfahrens von einem Gläubiger beantragt wird, der seinen Wohnsitz, gewöhnlichen Aufenthalt oder Sitz in dem Mitgliedstaat hat, in dem sich die betreffende Niederlassung befindet, oder dessen Forderung auf einer sich aus dem Betrieb dieser Niederlassung ergebenden Verbindlichkeit beruht.

Übersicht

	Rn
I. Regelungsbereich	1
II. Internationale Zuständigkeit (Abs 1)	8
1. Hauptinsolvenzverfahren	8
2. Mittelpunkt der hauptsächlichen Interessen	9
a) Natürliche Personen (Abs 1 S 1)	9
b) Juristische Personen (Abs 1 S 2)	11
c) Rechtsprechungsauswahl zur Bestimmung des COMI bei juristischen Personen	12
aa) Enron Directo Sociedad Limitad	13
bb) Crisscross Telecommunications Group	14
cc) Vierländer Bau Union Ltd	15
dd) ISA/Daisytek-Gruppe	16
ee) BRAC Rent-A-Car	17
ff) Automold	18
gg) EMBIC I	19
hh) Hettlage	20
ii) Ci4net.com Inc	21
jj) Zenith	22
kk) HUKLA	23
ll) High Court of London/Handelsgericht Wien	24
mm) Aircraft	25
nn) Collins & Aikman	26
oo) MG Rover	27
pp) EMTEC	28
qq) Brochier Ltd	29
rr) Parmalat/Eurofood	30
ss) PIN Group	31
tt) GmbH I	32
d) Auswertung der Rechtsprechung	33
3. Lösung von Zuständigkeitskonflikten	34
a) Grundsatz der Priorität für Hauptinsolvenzverfahren	35
b) Einstellung nach Art 102 § 4 EGInsO	36
c) Zeitpunkt der Eröffnungsentscheidung	37
4. Örtliche Zuständigkeit für Hauptinsolvenzverfahren	41
5. Anordnung einstweiliger Sicherungsmaßnahmen vor Eröffnung des Insolvenzverfahrens	42
III. Territorialinsolvenzverfahren (Abs 2–4)	43
1. Zuständigkeit für die Eröffnung eines Partikularverfahrens (Abs 2)	44
2. Zuständigkeit für die Eröffnung eines Sekundärinsolvenzverfahrens (Abs 3)	45
3. Voraussetzungen für die Eröffnung eines Partikularverfahrens nach Abs 2 (Abs 4)	46
a) Keine Eröffnung eines Hauptinsolvenzverfahrens	46
b) Geltung der Voraussetzungen des Abs 2	47
c) Unmöglichkeit der Verfahrenseröffnung	48
d) Tatsächlicher Bezug des Gläubigers zur Niederlassung	49
e) Insolvenzgrund	50
f) Zulässige Verfahrensart	51
IV. Zuständigkeit für Annexverfahren	52
1. Entsprechende Anwendbarkeit des Art 3 EuInsVO	53
2. Anwendung der EuGVVO	54
3. Anwendung des autonomen nationalen Rechts	55
4. Stellungnahme	56

I. Regelungsbereich

1 Art 3 regelt als zentrale Norm der Verordnung die **internationale Zuständigkeit** für grenzüberschreitende Insolvenzen innerhalb Europas (mit Ausnahme Dänemarks, vgl Art 1 Rn 1). Die Regelung bestimmt, in welchem Mitgliedstaat das Haupt- bzw das Sekundärinsolvenzverfahren zu eröffnen ist und damit – von den Ausnahmen der Art 5 bis 15 EuInsVO abgesehen – gleichzeitig, welches Recht anwendbar ist (vgl Art 4, 28). Dies richtet sich nach der lex fori concursus, also dem Recht des Staats, in dem das Insolvenzverfahren eröffnet wird (Rn 1 zu Art 4). Darüber hinaus entfaltet die Vorschrift aufgrund des Anerkennungsgrundsatzes nach Art 16, 17 weitreichende Wirkung, da danach keine Nachprüfung der internationalen Zuständigkeit des zuerst eröffnenden Gerichts erfolgen darf (*Pannen* Europäische Insolvenzordnung, Art 3 Rn 1).

Die EuInsVO legt in Art 3 den international zuständigen Mitgliedstaat für die Eröffnung des Hauptinsolvenzverfahrens fest, wobei sich die örtliche Zuständigkeit nach nationalem Recht richtet (vgl *Pannen* Europäische Insolvenzordnung Art 3 Rn 1; *Huber* EuZW 2002, 492; K/P/*Kemper* Art 3 Rn 1; Duursma-Kepplinger/Duursma/Chalupsky-*Duursma-Kepplinger* Art 3 Rn 1; HambKomm-*Undritz* Anh, Art 3 Rn 1). Die internationale Zuständigkeit knüpft gem Art 3 Abs 1 S 1 an den **„Mittelpunkt der hauptsächlichen Interessen"** („centre of main interests" = COMI) an, wohingegen der § 3 Abs 1 S 2 InsO für die Bestimmung der örtlichen Zuständigkeit auf den „Mittelpunkt der selbstständigen wirtschaftlichen Tätigkeit des Schuldners" abstellt (vgl Rn 4 zu § 3 InsO). Wenn es aufgrund des Auseinanderfallens der Anknüpfungspunkte zu einer Zuständigkeitslücke kommen sollte, greift in Deutschland Art 102 § 1 EGInsO, wonach sich die örtliche Zuständigkeit dann nach dem Kriterium des Art 3 Abs 1 S 1 EuInsVO richtet und § 3 InsO insoweit verdrängt wird (vgl dazu Art 102 § 1 EGInsO Rn 1, 2; anders noch Voraufl Art 3 Rn 1; einen Überblick über die Regelungen der einzelnen Mitgliedstaaten hinsichtlich der örtlichen Zuständigkeit findet sich in *Pannen* Europäische Insolvenzordnung, Art 3 Rn 14; K/P/*Kemper* Art 3 Rn 1). Da sich der Rechtsbegriff des „Mittelpunkts der hauptsächlichen Interessen" in keiner anderen EU-Verordnung oder Richtlinie findet (vgl *Virgos/Garcimartin* European Insolvency Regulation; MüKoInsO-*Reinhart* Art 3 Rn 2), hat dessen Auslegung und Anwendung zu erheblichen Rechtsstreitigkeiten geführt, die sich nunmehr durch die klarstellende Entscheidung des EuGH in Sachen **„Eurofood"** erledigt haben dürften (**EuGH** 2. 5. 2006, ZInsO 2006, 484; vgl **Rn 32**; MüKoInsO-*Reinhart* Art 3 Rn 2). 2

Trotz der Formulierung von Art 3 Abs 1 S 2 „bis zum Beweis des Gegenteils" bleibt es auch für die internationale Zuständigkeit des angerufenen Insolvenzgerichts beim Grundsatz der Amtsermittlung, § 5 Abs 1 InsO (**AG** Duisburg 10. 12. 2002, NZI 2003, 160; ZInsO 2003, 476; **AG** Hamburg 14. 5. 2003, ZIP 2003, 1008; dazu *Brenner* EWiR 2003, 925; FK-*Wimmer* Anh I, Rn 26). Begründet der Antragsteller die Zuständigkeit des angegangenen Gerichts mit dem vom Satzungssitz abweichenden Verwaltungssitz, so hat er dem Gericht den Nachweis zu erbringen, dass sich der Verwaltungssitz nicht am Ort des Satzungssitzes befindet, sondern im Zuständigkeitsbereich des angegangenen Gerichts (vgl **AG** Köln 1. 12. 2005, NZI 2006, 57; dazu *Mankowski* EWiR 2006, 109). 3

Die internationale Zuständigkeit zur Eröffnung von **Partikular-** und **Sekundärinsolvenzverfahren**, dh von räumlich begrenzten Insolvenzverfahren, die keine extraterritoriale Wirkung entfalten, ist in Abs 2 gesondert geregelt. Zur Auslegung des Begriffs **Niederlassung** siehe oben Art 2 Rn 13. 4

Art 3 Abs 3 und 4 regeln das Verhältnis zwischen Haupt- und Sekundärinsolvenzverfahren sowie weitere Eröffnungsvoraussetzungen für das Partikularinsolvenzverfahren. Dabei wird zwischen Hauptinsolvenzverfahren mit universeller Geltung und Partikularverfahren mit territorialer Beschränkung unterschieden (Haß/Huber/Gruber/Heiderhoff-*Haß/Herweg* EuInsVO, Art 3 Rn 2; *Lüke* ZZP 11 (1998), 279; *Pannen* Europäische Insolvenzordnung, Art 3 Rn 3; Graf-Schlicker-*Kebekus/Sabel* Art 3 Rn 10). Abs 3 muss im Zusammenhang mit Art 34 Abs 1 gesehen werden. Denn nach dieser Vorschrift kann der ausländische Verwalter des Hauptinsolvenzverfahrens auch eine andere **Art der Verfahrensdurchführung** als der Liquidation vorschlagen. Dementsprechend ist die Beendigung eines solchen Sekundärinsolvenzverfahrens auch abweichend von einer Liquidation grundsätzlich dann möglich, wenn der ausländische **Verwalter zustimmt**, es sei denn, die **finanziellen Interessen der Gläubiger** des Hauptinsolvenzverfahrens werden durch die andersartige Abwicklung des Sekundärinsolvenzverfahrens nicht beeinträchtigt (vgl Graf-Schlicker-*Kebekus/Sabel* Art 3 Rn 10). Insoweit ergibt sich eine **Diskrepanz zur Regelung von Art 3 S 2**; für das inländische Insolvenzrecht wird dies kaum relevant sein, da sich erst im Laufe des bereits eröffneten Insolvenzverfahrens entscheidet, ob es abweichend vom Regelfall der Liquidation zu einem Planverfahren nach §§ 217 ff InsO kommt. 5

Die Vorschrift schränkt die Möglichkeiten zur Eröffnung eines **selbstständigen Partikularinsolvenzverfahrens** in zwei Richtungen ein. Einmal muss der antragstellende Gläubiger nachweisen, dass es nach den Bedingungen, die in den Rechtsvorschriften des Mitgliedstaats am Ort der hauptsächlichen Interessen des Schuldners vorgesehen sind, nicht in der Lage ist, die Eröffnung eines Hauptinsolvenzverfahrens herbeizuführen. Zum anderen sind zur Eröffnung eines selbstständigen Partikularverfahrens nur Gläubiger berechtigt, die ihren Wohnsitz, gewöhnlichen Aufenthalt oder Sitz am Ort der Niederlassung haben oder ihre Forderungen aus dem Betrieb der Niederlassung ableiten. Aus den Einleitenden Gründen (Nr 17) ergibt sich, dass diese **Beschränkungen der Antragsberechtigung** die Eröffnung von selbstständigen Partikularverfahren auf ein unumgängliches Maß beschränken soll. Die Antragsberechtigung ist nur den genannten Gläubigergruppen am Ort der inländischen Niederlassung vorbehalten, wenn sie gleichzeitig darlegen, dass sie aus **Rechtsgründen** nicht in der Lage sind, am ausländischen Ort der hauptsächlichen Interessen des Schuldners ein allgemeines Insolvenzverfahren herbeizuführen. Nach dem Wortlaut der Vorschrift wird es nicht genügen, dass die Verfahrenseröffnung im Ausland aus wirtschaftlichen Gründen (Verfahrenskosten, Vorschussleistungen, Vorbereitungs- und Reisekosten) vom antragstellenden inländischen Gläubiger nicht erfolgreich bewirkt werden kann. Wird der geforderte Nachweis nicht erbracht, so sind die ausländischen Gläubiger darauf angewiesen, im In- und Ausland die Einzelzwangsvollstreckung zu verfolgen. 6

Für die Durchführung des selbstständigen Partikularinsolvenzverfahrens finden die jeweils nationalen Normen Anwendung gem Art 28, da die EuInsVO diese Verfahrensart nicht weiter durch Sachnormen ausgestaltet. 7

II. Internationale Zuständigkeit (Abs 1)

8 **1. Hauptinsolvenzverfahren.** Abs 1 regelt die internationale Zuständigkeit für die Eröffnung des Insolvenzverfahrens. Dabei handelt es sich um ein Hauptinsolvenzverfahren, so dass das gesamte in- und ausländische Vermögen verwertet wird (K/P/*Kemper* Art 3 Rn 3). Verfahrenseröffnung im Sinne von Art 3 ist jede Entscheidung eines Insolvenzgerichtes, die den Vermögensbeschlag gegen den Schuldner zur Folge hat und zu einer Verwalterbestellung führt (**EuGH** 2. 5. 2006, Eurofood, ZIP 2006, 907; ZInsO 2006, 484). Vermögensbeschlag bedeutet, dass der Schuldner seine (uneingeschränkte) Verwaltungsbefugnis verliert, so dass bereits die Anordnung der vorläufigen schwachen Insolvenzverwaltung die Eröffnung anderer Insolvenzverfahren in den Mitgliedstaaten hemmt, da auch in diesem Fall die Verfügungsbefugnis des Schuldners eingeschränkt wird (**EuGH** 2. 5. 2006, Eurofood, ZInsO 2006, 484; *Virgós/Schmit*, Erläuternder Bericht, Rn 49 c; *Herchen* NZI 2006, 435 ff; HambKomm-*Undritz* Anh, Art 3 Rn 9; Graf-Schlicker-*Kebekus/Sabel* Art 3 Rn 8; *Pannen* Europäische Insolvenzverordnung, Art 3 Rn 92; das **OLG** Innsbruck entschied, dass jedenfalls die Ernennung eines starken vorläufigen Insolvenzverwalters mit der Eröffnung eines Hauptinsolvenzverfahrens gleichzusetzen sei, OLG Innsbruck 8. 7. 2008, ZIP 2008, 1647; Anm *Paulus* in EWiR 2008, 653 ff). Durch den Begriff „Haupt"-insolvenzverfahren wird verdeutlicht, dass daneben weitere Partikularinsolvenzverfahren im Sinne von Art 3 Abs 2–4 möglich sind.

9 **2. Mittelpunkt der hauptsächlichen Interessen.** Die Eröffnungszuständigkeit knüpft an den Begriff des Mittelpunkts der hauptsächlichen Interessen an, auch bezeichnet als „**centre of main interests**" (= **COMI**). In der Verordnung findet sich keine Legaldefinition zur Bestimmung des COMI. Dem Erwägungsgrund 13 ist aber zu entnehmen, dass es sich dabei um den Ort handelt, an dem der Schuldner üblicherweise, in für Dritte erkennbarer Weise der Verwaltung seiner Interessen nachgeht. Als eigenständiger Begriff der Verordnung ist er autonom und unabhängig von den nationalen Rechtsordnungen auszulegen (vgl **EuGH** 2. 5. 2006, Eurofood, ZIP 2006, 907; ZInsO 2006, 484). Durch die Verwendung des Worts „**Interessen**" sollen nicht nur Handels-, gewerbliche oder berufliche Tätigkeiten, sondern auch allgemein wirtschaftliche Tätigkeiten erfasst werden, so dass die Betätigung von Privatpersonen (zB Verbrauchern) ebenfalls in den Anwendungsbereich fällt (*Virgós/Schmit*, Erläuternder Bericht, Rn 75). Die Qualifizierung „**hauptsächlich**" dient als Entscheidungskriterium für den Fall, dass die Interessen verschiedenartige Tätigkeiten beinhalten, die von unterschiedlichen Zentren aus ausgeübt werden (*Virgós/Schmit*, Erläuternder Bericht, Rn 75). Der Begriff des **Schuldners** bezieht sich im Rahmen der internationalen Zuständigkeit auf natürliche Personen und Rechtssubjekte, die einem Insolvenzverfahren unterworfen werden können; dabei kann es sich um Personengesellschaften ebenso wie um juristische Personen handeln (*Virgós/Schmit*, Erläuternder Bericht, Rn 74).

10 **a) Natürliche Personen (Abs 1 S 1).** Zur Bestimmung des Begriffs des „**centre of main interest**" bei **natürlichen Personen** werden in Rechtsprechung und Literatur vielfach die Begriffe des **Wohnsitzes** oder des **gewöhnlichen Aufenthalts** herangezogen (zB EuGH 17. 1. 2006, IPRax 2006, 149; BGH 2. 3. 2006, NZI 2006, 364; AG Celle 18. 4. 2005, NZI 2005, 410; *Mankowski* NZI 2005, 369; AG Köln 6. 11. 2008, NZI 2009, 133 ff; *Paulus*, Europäische Insolvenzverordnung, Art 3 Rn 24; Duursma-Kepplinger/Duursma/Chalupsky-*Duursma-Kepplinger* Art 3 Rn 20; FK-*Wenner/Schuster* Anh I Art 3 Rn 28). Aufgrund der autonomen Auslegung ist jedoch nicht das nationale Begriffsverständnis zugrunde zu legen, sondern bei unternehmerisch tätigen natürlichen Personen (Einzelkaufleuten, Gewerbetreibenden, Freiberuflern) ist auf den Ort der gewerblichen bzw freiberuflichen Tätigkeit abzustellen (**BGH** 13. 4. 2006, IX ZA 8/06 – unveröffentlicht; *Virgós/Schmit*, Erläuternder Bericht, Rn 75). Bei Verbrauchern ist der Hauptwohnsitz, also der nach außen feststellbare **Lebensmittelpunkt des Schuldners** ausschlaggebend (AG Celle 18. 4. 2005, 29 IN 11/05, NZI 2005, 410, dazu *Mankowski* NZI 2005, 368; Graf-Schlicker-*Kebekus/Sabel* Art 3 Rn 4; MüKoInsO-*Reinhart* Art 3 Rn 43). Grund dafür ist, dass es keinen einheitlichen Begriff des „Wohnsitzes" in den Mitgliedstaaten gibt (vgl *v Bar/Mankowski*, IPR § 7 Rn 24, wonach im Common Law überwiegend an das „*domicile*" angeknüpft wird, das nicht mit dem deutschen Wohnsitzbegriff übereinstimmt; MüKoInsO-*Reinhart* Art 3 Rn 42, 43; *Virgós/Schmit*, Erläuternder Bericht, Rn 75).

11 **b) Juristische Personen (Abs 1 S 2).** Für Gesellschaften bestimmt Abs 1 S 2, dass das COMI am **Ort des satzungsmäßigen Sitzes** widerlegbar vermutet wird. Das Gericht darf sich jedoch nicht mit der Feststellung des satzungsmäßigen Sitzes begnügen, sondern hat **von Amts wegen** zu prüfen, welche **Interessen** des Schuldners **im Mittelpunkt** stehen und wo diese lokalisiert sind (vgl dazu § 5 InsO; FK-*Wenner/Schuster* Anh I Art 3 Rn 9; *Duursma/Duursma-Kepplinger* DZWIR 2003, 448; *Herchen* ZInsO 2004, 827; *Schmid* DZWIR 2003, 399 f). Für Gesellschaften und juristische Personen, deren satzungsmäßiger Sitz mit dem Ort des operativen Geschäfts übereinstimmt, ist die Bestimmung des Mittelpunkts der hauptsächlichen Interessen unproblematisch. Die widerlegbare Vermutungsregelung wird also erst dann relevant, wenn satzungsmäßiger Sitz und Interessenschwerpunkt auseinanderfallen. Zur Begriffsbestimmung des COMI haben sich in diesen Fällen mit der „**mind-of-management**"-**Theorie** und der „**business-activity**"-**Theorie** zwei divergierende Ansätze herausgebildet, die der EuGH nunmehr zum Ausgleich gebracht hat. Nach der „mind-of-management"-Theorie wird der Mittelpunkt der hauptsächlichen Interessen dort angenommen, wo die strategischen, unternehmensleitenden Entscheidungen einer Gesellschaft getroffen werden (vgl HambKomm-*Undritz* Art 3 Rn 15 ff; MüKoInsO-*Reinhart* Art 3 Rn 8 ff; *Pannen/Riedemann* NZI 2004, 646). Die „business-activity"-Theorie knüpft für die Bestimmung des Mittelpunkts des hauptsächlichen Interesses hingegen an die werbende Tätigkeit der Gesellschaft an; damit wird die für Dritte erkennbare Umsetzung der internen Managemententscheidungen zu Grunde gelegt (*Bähr/Riedemann* ZIP 2004, 1065 f; *Haß/Herweg* in *Geimer/Schütze* Internationaler Rechtsverkehr B Vorbem I 20 b, Art 3 Rn 15; *Herchen* ZInsO 2004, 827; FS Gerhardt-*Kübler*, 555; *Mankowski* RIW 2005, 575 f; *Vallender* KTS 2005, 292 f; MüKoInsO-*Reinhart* Art 3 Rn 21).

c) Rechtsprechungsauswahl zur Bestimmung des COMI bei juristischen Personen. In zahlreichen Entscheidungen haben unterschiedliche Gerichte die Vermutung aus Abs 1 S 2, dass das COMI bei juristischen Personen und Gesellschaften am **Ort des satzungsmäßigen Sitzes** vermutet wird, als widerlegt angesehen (zB „*Enron Directo Sociedad Limitada*", „*Crisscross Telecommunications Group*", „*Vierländer Bau Union Ltd*", „*Daisytek*"-Gruppe, „*BRAC Rent-A-Car*", „*Automold*" „*EMBIC I*", „*Hettlage*", „*Ci4net.com Inc.*", „*Zenith*", „*HUKLA*", „*High Court London/Handelsgericht Wien*", „*Aircraft*", „*Collins & Aikman*", „*Rover*", „*EMTEC*", „*Brochier Ltd*", „*Parmalat/Eurofood*", „*GmbH I*") und dabei unterschiedliche Kriterien zur Bestimmung des COMI zu Grunde gelegt. Dabei handelte es sich jeweils um Konzerninsolvenzen (dazu im Einzelnen *Adam/Poertzgen* ZInsO 2008, 281 ff; 347 ff; *Knof/Mock* ZInsO 2008, 499 ff), bei denen das Problem der internationalen Zuständigkeit für die Eröffnung des Hauptinsolvenzverfahrens besonders virulent wird, weil eine ausdrückliche Regelung in der EuInsVO fehlt und die Insolvenzen in der Regel grenzüberschreitend sind (vgl auch *Lüer*, in FS für Greiner, 201 ff). 12

aa) Mit der Entscheidung „*Enron Directo Sociedad Limitada*" (High Court of Justice 4. 6. 2002 – unveröffentlicht; Zur Entscheidung vgl *Martinez Ferber* European Insolvency Regulation 2004, 41 f) wurde in England das Hauptinsolvenzverfahren über eine spanische Schuldnerin, die dem weltweit agierenden Enron-Konzern angehörte, eröffnet. Die Schuldnerin hatte ihren Sitz in Spanien, womit zunächst die Vermutung des Art 3 Abs 1 S 2 EuInsVO hinsichtlich der internationalen Zuständigkeit Spaniens greift. Auch sämtliche Vermögenswerte, Kunden und 450 Angestellte befanden sich in Spanien. Dennoch ging das englische Gericht davon aus, dass das COMI in England belegen sei, da wesentliche Unternehmensfunktionen (die „*headquarter functions*") in London vorgenommen und wesentliche strategische Entscheidungen sowie wichtige Personalentscheidungen in London getroffen worden seien. 13

bb) Das englische Gericht hat im Falle der „*Crisscross Telecommunications Group*" (High Court of Justice 20. 5. 2003 – unveröffentlicht; eine Darstellung der Entscheidung findet sich bei *Martinez Ferber*, European Insolvency Regulation 2004, 40); den Mittelpunkt der hauptsächlichen Interessen für die acht Konzerngesellschaften der europaweiten Unternehmensgruppe aus verschiedenen EU-Mitgliedstaaten und der Schweiz in England angenommen, obwohl dort lediglich eine Tochtergesellschaft eingetragen war (vgl *Braun*, NZI aktuell Heft 1/2004, V; HambKomm-*Undritz* Art 3 Rn 19). Begründet wurde dies damit, dass die „*headquarter*-Aktivitäten" in London stattgefunden hätten, die überwiegende Anzahl der Geschäfte über in England gehaltene Konten durchgeführt worden seien und die meisten Kunden Verträge mit einer der englischen Unternehmungen geschlossen hätten. 14

cc) Vierländer Bau Union Ltd. Bei der Schuldnerin handelte es sich um eine in England gegründete „*Limited*", die operativ allein in Deutschland tätig war (Scheinauslandsgesellschaft, vgl dazu Rn 33–36 Vorbem § 335 InsO). Das **AG Hamburg** erklärte sich mit Beschluss vom 14. 5. 2003 unter Berufung auf Art 3 Abs 1 für zuständig, da der Mittelpunkt der hauptsächlichen Interessen aufgrund der Geschäfts- und Verwaltungstätigkeit in Deutschland liege. Das Gericht entschied, dass eine englische „*Limited*" in Deutschland als insolvenzfähig anzusehen sei. Dies ergebe sich aus einer konsequenten Fortführung der Rechtsprechung des **BGH** (BGH 1. 7. 2002, Z 151, 204; NJW 2002, 3539; NZG 2002, 1009; ZIP 2002, 1763) und des **EuGH** (EuGH 5. 11. 2002, NJW 2002, 3614; NZG 2002, 1164; EuZW 2002, 754; ZIP 2002, 2037) einschließlich der „Überseering"-Entscheidungen zur Rechts- und Parteifähigkeit einer im Ausland gegründeten Gesellschaft (BGH 13. 3. 2003, NJW 2003, 1461; NZG 2003, 431; ZIP 2003, 718). Die Gesellschafter einer englischen „*Limited*" kämen im deutschen Insolvenzverfahren regelmäßig nicht in den Genuss einer Haftungsbeschränkung, wenn die englische „*Limited*" ausschließlich in Deutschland operiere und in tatsächlicher Hinsicht nicht mit hinreichendem Kapital ausgestattet sei. Dies gelte jedenfalls dann, wenn weitere Indizien hinzutreten würden, die zwingend auf eine rechtsmissbräuchliche Auslandsgründung als reine „Briefkastenfirma" schließen ließen (AG Hamburg 14. 5. 2003; NZG 2003, 732 ff). 15

dd) ISA/Daisytek-Gruppe. In Deutschland wurde insbesondere die Insolvenz der *Daisytek*-Gruppe, einem weltweiten Handelskonzern für Computerzubehör, mit vierzehn Unternehmen in England, Deutschland und Frankreich, kontrovers diskutiert (**High Court of Justice Leeds** 16. 5. 2003, ZIP 2003, 1362; NZI 2004, 219; ZIP 2004, 963 – ISA I; **AG Düsseldorf** 6. 6. 2003, ZIP 2003, 1363; NZI 2004, 269; ZIP 2004, 623; ZIP 2004, 866 – ISA II; hinsichtlich der französischen „ISA-Entscheidungen" vgl 16

Cour d´Appel Versailles 4. 9. 2003; ZIP 2004, 377 L; *Lüer*, in FS für Greiner, 203), da es zeitweise parallele Hauptinsolvenzverfahren in England und in Deutschland gab und sowohl der englische „*administrator*" als auch der deutsche Insolvenzverwalter jeweils für sich in Anspruch nahmen, Hauptinsolvenzverwalter zu sein.

Die US-amerikanische Konzernmuttergesellschaft Daisytek beantragte in den USA ein „*Chapter 11*"-Verfahren nach dem „*US Bankruptcy Code*". Eine Tochtergesellschaft der *Daisytek* war die *ISA International plc*, die in England eingetragen war und die Funktion der europäischen Holding innehatte. Nach der Insolvenz der Muttergesellschaft war geplant, die Insolvenz der gesamten europäischen Unternehmensgruppe durch Eröffnung von Hauptinsolvenzverfahren in England unter Anwendung englischen Rechts als lex fori concursus im Sinne von Art 4 durchzuführen (vgl *Liersch*, NZI 2004, 271). Am 16. 5. 2003 wurden vor dem *High Court of Justice* in Leeds Anträge auf Eröffnung von „*administration*"-Verfahren gem Section 8 des Insolvency Acts 1986 für die vierzehn Unternehmungen gestellt (ZIP 2003, 1362 m Anm *Paulus* EWiR 2003, 709; *Smid* DHZWIR 2003, 397; *Herchen* ZInsO 2004, 61). Das Gericht erließ die „*administration order*" und ging davon aus, dass die Verfahren Hauptinsolvenzverfahren im Sinne von Art 3 seien. Für die Annahme des Mittelpunkts der hauptsächlichen Interessen in England für die deutschen, französischen und englischen Gesellschaften war ausschlaggebend, dass die Finanz-, Vertrags-, Garantie- und Lieferaufgaben faktisch von dem internationalen Management in England übernommen und kontrolliert wurden. Es bestand ein Zustimmungsvorbehalt bei Ausgaben über 5000,00 EUR und die Bankverbindungen der deutschen Gesellschaften bei deutschen Niederlassungen bestanden zu einer englischen Bank (**High Court of Justice Leeds** 16. 5. 2003, ZIP 2003, 1362). Mit Beschluss vom 19. 5. 2003 wurde sodann ein deutscher Rechtsanwalt als vorläufiger Insolvenzverwalter eingesetzt. Nach Kenntniserlangung von dem in England eröffneten Verfahren, erließ das **AG** Düsseldorf am 6. 6. 2003 einen „*Klarstellungsbeschluss*", wonach die Eröffnungsentscheidung des High Court of Justice unter Berufung auf die fehlende Anhörung der deutschen Geschäftsführung wegen Verstoßes gegen Art 26 (ordre public) abgelehnt wurde (ZIP 2003, 1363, „ISA II" m Anm *Mankowski* EWiR 2003, 767; *Herchen*, ZInsO 2004, 261). Am 10. 7. 2003 eröffnete das **AG** Düsseldorf ein zweites Hauptinsolvenzverfahren, was es jedoch auf Beschwerde der englischen Insolvenzverwalter wieder einstellte, da Ermittlungen ergaben, dass die Beteiligungsrechte der Schuldnerin vor dem High Court gewahrt worden waren (**AG** Düsseldorf 12. 3. 2004; ZIP 2004, 623 m Anm Weller IPRax 2004, 412; AG Düsseldorf 7. 4. 2004, ZIP 2004, 866 m Anm *Westpfahl/Wilkens* EWiR 2004, 909). Daraufhin wurde das deutsche Hauptinsolvenzverfahren eingestellt nach Art 102 § 4 Abs 1 S 1 EGInsO und antragsgemäß ein Sekundärinsolvenzverfahren eröffnet. Dabei stand die Eröffnung des deutschen Sekundärverfahrens der Vollstreckbarerklärung der englischen „*administration order*" nicht entgegen (**OLG** Düsseldorf 9. 7. 2004, ZInsO 2004, 867 m Anm *Pannen/Riedemann*, EWiR 2005, 177).

17   ee) Mit der englischen Entscheidung **BRAC Rent-A-Car** (**High Court of Justice** 14. 1. 2003, ZIP 2003, 813 m Anm *Sabbel/Schlegel* EWiR 2003, 367; *Krebber* IPRax 2004, 540) erklärte erstmals ein Gericht die EuInsVO auch in Bezug auf Drittstaaten für anwendbar (vgl auch HambKomm-*Undritz*, Art 3 Rn 20; *Herchen* ZInsO 2004, 830; a Schmid DZWIR 2003, 397). Die *BRAC Rent-A-Car International Inc* war als Autovermieter mit Sitz in den USA tätig. Über die Gesellschaft und weitere Konzerngesellschaften wurde in den USA das „*Chapter 11*"-Verfahren eröffnet. Parallel dazu erließ der High Court of Justice eine „*administration order*", womit ein zweites Hauptinsolvenzverfahren eröffnet wurde (**High Court of Justice** 14. 1. 2003, ZIP 2003, 813). Obwohl die USA nicht zur EU und damit auch nicht in den Anwendungsbereich der EuInsVO fallen, ging das Gericht davon aus, dass der Mittelpunkt der hauptsächlichen Interessen im Sinne der EuInsVO in England belegen sei. Dies begründete es damit, dass die Vermutung des Art 3 Abs 1 S 2 durch die operativ ausgeübten Geschäfte in England widerlegt sei. Die Gesellschaft beschäftigte in den USA keine Angestellten und die Verträge mit Niederlassungen und Franchiseunternehmen unterlagen englischem Recht. Mit dieser Entscheidung hat das englische Gericht den „*automatic stay*" herbeigeführt, ohne gegen die Präjudizien der eigenen englischen Gerichtsbarkeit zu verstoßen (*Smid* DZWiR 2003, 403). In der Konsequenz könnte man demnach in allen EU-Mitgliedstaaten auch über jede außereuropäische Scheinauslandsgesellschaft mit tatsächlichem Verwaltungssitz in der EU ein Hauptinsolvenzverfahren im Sinne der EuInsVO eröffnen (vgl *Pannen* NZI 2004, 649).

18   ff) Die **Automold**. GmbH hatte ihren satzungsmäßigen Sitz in Köln und produzierte ausschließlich in Deutschland. Sämtliche Geschäftsanteile wurden allerdings von einer englischen Gesellschaft gehalten. Der High Court in Birmingham verortete den Mittelpunkt der hauptsächlichen Interessen in England und eröffnete dort am 19. 12. 2003 das Hauptinsolvenzverfahren. Auf Antrag der englischen Insolvenzverwalter sowie des deutschen Geschäftsführers eröffnete das **AG** Köln das Sekundärinsolvenzverfahren und ordnete gleichzeitig die beantragte Eigenverwaltung an (**AG** Köln 23. 1. 2004, ZIP 2004, 471 ff m Anm *Meyer-Löwy/Poertzgen*, ZInsO 2004, 195 ff). Die Verwaltungs- und Verfügungsbefugnis verortete das Gericht dabei mangels abweichender Regelung im deutschen Insolvenzrecht bei den englischen Insolvenzverwaltern. Danach ist der in dem Hauptinsolvenzverfahren bestellte Insolvenzverwalter auch für die in Deutschland belegenen Vermögenswerte des Insolvenzschuldners verwaltungs- und verfügungsbefugt, wodurch ein Kompetenzkonflikt zwischen Haupt- und Sekundärverwalter in Bezug auf die in Deutschland belegenen Vermögenswerte des Insolvenzschuldners vermieden wurde.

gg) Durch die „*EMBIC I*"- Entscheidung (**AG** Mönchengladbach 27. 4. 2004, NZI 2004, 383 m Anm 19 *Lautenbach;* ZIP 2004, 1064 m Anm *Bähr/Riedemann*) wurde in Deutschland erstmalig ein Hauptinsolvenzverfahren eröffnet, bei gleichzeitigem Antrag auf Eröffnung des Hauptinsolvenzverfahrens in England, obwohl in Deutschland nur ein Antrag auf Eröffnung eines Sekundärinsolvenzverfahrens gestellt worden war. Sekundärinsolvenzverfahren sind die am Ort einer Niederlassung des Schuldners durchgeführten Territorialinsolvenzverfahren, die erst nach der Eröffnung eines Hauptinsolvenzverfahrens durchgeführt werden nach Art 3 Abs 3. Nach der Rechtsprechung ist dabei auch der Hauptsitz als Niederlassung im Sinne der EuInsVO anzusehen (**AG** Köln 23. 1. 2004, NJW-RR 2004, 1055; NZI 2004, 151; ZIP 2004, 471; dazu *Sabel,* NZI 2004, 126). Das deutsche Gericht legte in Anbetracht des Umstands, dass in England noch kein Hauptinsolvenzverfahren eröffnet worden war, den deutschen Antrag als einen Antrag auf Eröffnung des Hauptinsolvenzverfahrens aus und eröffnete dieses (**AG** Mönchengladbach 27. 4. 2004, ZIP 2004, 1064 m Anm *Bähr/Riedemann; Kebekus* EWiR 2004, 705; *Lautenbach* NZI 2004, 383). Die Eröffnung eines Sekundärinsolvenzverfahrens war mangels Vorliegens eines Hauptinsolvenzverfahrens nicht möglich. Maßgebend für die Bestimmung des Mittelpunkts der hauptsächlichen Interessen ist nach dieser Entscheidung, wo die Schuldnerin ihre werbende Tätigkeit entfaltet. Anders als (regelmäßig) die englische Rechtsprechung stellte das **AG** Mönchengladbach nicht auf den Ort der strategischen Geschäftsentscheidungen ab, da dieser für Dritte nicht erkennbar gewesen sei (**AG** Mönchengladbach 27. 4. 2004, ZIP 2004, 1064 m Anm *Bähr/Riedemann*). Entscheidend für eine Begründung des Mittelpunkts der hauptsächlichen Interessen in Deutschland ist hiernach vielmehr die Gesamtschau aus den ausschließlich in Deutschland bestehenden Kundenbeziehungen, dem in Deutschland angesiedelten Geschäftszweck, dem Einsatz der Mitarbeiter in Deutschland, der in Deutschland geführten Personalbuchhaltung sowie der in Deutschland befindlichen Bankverbindung.

hh) In dem „*Hettlage*-Beschluss" *(***AG** München 4. 5. 2004, NZI 2004, 450 m Anm *Mankowski;* 20 *Lüer,* in FS für Greiner, 204) wurde die Vermutung des Art 3 Abs 1 S 2 als widerlegt angesehen und der Mittelpunkt der hauptsächlichen Interessen einer ausländischen Tochtergesellschaft in Deutschland angenommen, da die Geschäfts- und Betriebsleitung von der inländischen Muttergesellschaft aus erfolgt sei und die essentiellen Dienstleistungen von Deutschland aus erbracht worden seien. Die österreichische Schuldnerin, die 100%ige Tochter der deutschen *Hettlage* KG war, hatte dreizehn österreichische Verkaufsniederlassungen. Der Mittelpunkt der hauptsächlichen Interessen der Schuldnerin wurde aber in Deutschland angenommen, weil hier der Verwaltungsort der wirtschaftlichen Interessen lag. Bei wirtschaftlicher Betrachtungsweise würden die wirtschaftlichen Aktivitäten der Schuldnerin in Deutschland durchgeführt. Die verantwortliche Geschäftsleitung sitze genau wie die Vertriebsleitung, die das operative Geschäft verantworte, in Deutschland. Die gesamte Einkaufsleistung für die österreichischen Filialen werde in Deutschland vorgenommen und von hier aus werde entschieden und organisiert. Auch die Dienstleistungen wie Personalabrechnung, Rechnungswesen, Controlling, Organisation, EDV, Planung, Vertragswesen, Versicherungen, Werbung etc würden von Verantwortlichen der Muttergesellschaft erbracht *(***AG** München 4. 5. 2004 = NZI 2004, 450 m Anm *Mankowski; Paulus* EWiR 2004, 493; *Weller* IPRax 2004, 412). Am 11. 5. 2004 eröffnete das Landesgericht Innsbruck auf Antrag der deutschen Hauptinsolvenzverwalterin ein österreichisches Sekundärinsolvenzverfahren (**LG** Innsbruck 11. 5. 2004, m Anm *Bähr/Riedemann,* EWiR 2004, 1085).

ii) Die Schuldnerin *Ci4net.com Inc* wurde in den USA errichtet und eingetragen, die Geschäftstätig- 21 keit nahm sie aber schwerpunktmäßig in England wahr. Mit Beschluss vom 20. 5. 2004 erließ der High Court of Justice in Leeds ein Hauptinsolvenzverfahren gegen die Schuldnerin (**High Court of Justice Leeds** 20. 5. 2004, ZIP 2004, 1769 ff m Anm *Westpfahl/Wilkens* EWiR 2004, 847 ff). In Fortsetzung der Rechtsprechung in Sachen *BRAC Rent-A-Car International Inc,* entschied das Gericht, dass die EuInsVO auch auf Gesellschaften Anwendung finde, die in einem Nicht-Mitgliedstaat (hier im US-Bundesstaat Delaware und der Kanalinsel Jersey) errichtet und registriert sind, wenn der Mittelpunkt ihrer hauptsächlichen Interessen innerhalb eines Mitgliedstaats liege. Dabei sei der Vermutung des Art 3 Abs 1 kein besonderes Gewicht beizumessen. Denn der satzungsmäßige Sitz einer Gesellschaft oder juristischen Person sei vielmehr von zahlreichen Faktoren abhängig, die bei der Bestimmung des Mittelpunkts der hauptsächlichen Interessen zu berücksichtigen seien. Der Mittelpunkt der hauptsächlichen Interessen könne sich dabei im Zuge der Einstellungen des aktiven Geschäftsbetriebs einer Gesellschaft verlagern. Ob ein unzulässiges „*forum shopping"* (dazu *Frind* ZInsO 2008, 363 ff; *Knof/Mock* ZInsO 2008, 499 ff) vorliege, sei danach zu beurteilen, ob die Verlegung des tatsächlichen Geschäftssitzes in einen Nicht-Mitgliedstaat willkürlich einige Wochen oder Monate vor dem Zusammenbruch oder aber im Zusammenhang mit einer von vernünftigen Geschäftserwägungen getragenen Rekrutierungsmaßnahme längere Zeit vor dem Eintritt der akuten Insolvenzgefahr vorgenommen worden sei. Der Mittelpunkt der hauptsächlichen Interessen setze eine bestimmte Beständigkeit voraus; dabei sei aber bei Holding-Gesellschaften ohne eigene Geschäftstätigkeit das Verständnis, dass sich der Mittelpunkt der hauptsächlichen Interessen mit dem wechselnden gewöhnlichen Aufenthaltsort des Geschäftsführers verändere, mit den wesentlichen Grundgedanken der EuInsVO nicht vereinbar (**High Court of Justice Leeds** 20. 5. 2004, ZIP 2004, 1769 ff m Anm *Westpfahl/Wilkens* EWiR 2004, 847 ff).

22 jj) Das AG Siegen eröffnete mit Beschluss vom 1. 7. 2004 (AG Siegen 1. 7. 2004, NZI 2004, 673) das Hauptinsolvenzverfahren einer in Österreich ansässigen Gesellschaft. Schuldnerin war die österreichische Zenith-Maschinenfabrik Austria GmbH. Diese war die Tochter der deutschen Muttergesellschaft Zenith-Maschinenfabrik GmbH. Es existierte kein Verwaltungssitz der Tochtergesellschaft in Österreich, sondern der Geschäftsführer der Muttergesellschaft führte auch die Geschäfte der Tochtergesellschaft von Deutschland aus. Das Gericht hielt sich gem Art 3 Abs 1 für zuständig, da der Mittelpunkt der hauptsächlichen Interessen der Tochtergesellschaft in Deutschland belegen sei. Die Geschäfte würden ausschließlich über die Muttergesellschaft und deren Geschäftsführer geführt. Ein eigenes Management in Österreich sei nicht vorhanden und die Schuldnerin produziere nahezu ausschließlich für die deutsche Muttergesellschaft (AG Siegen 1. 7. 2004, NZI 2004, 673; NZG 2005, 92). In Übereinstimmung mit dieser Entscheidung eröffnete das LG Klagenfurt am 2. 7. 2004 ein Sekundärinsolvenzverfahren über das Vermögen der Tochtergesellschaft in Österreich (LG Klagenfurt 2. 7. 2004, NZI 2004, 677).

23 kk) Nach dem Hettlage-Beschluss des AG München wurde mit dem Beschluss des AG Offenburg vom 2. 8. 2004 abermals hinsichtlich einer österreichischen Schuldnerin die deutsche internationale Zuständigkeit zur Eröffnung eines Hauptinsolvenzverfahrens bejaht (AG Offenburg 2. 8. 2004 – unveröffentlicht; m Anm *Pannen/Riedemann*, EWiR 2005, 73 ff). Das Gericht widerlegte in dem Beschluss die Vermutung des Art 3 Abs 1 mit der Begründung, dass die österreichische Gesellschaft eine reine Vertriebsgesellschaft sei und deren Bestand unmittelbar von der ebenfalls insolventen deutschen HUKLA-Werke GmbH abhänge. Zwar sei der in der Satzung und im Handelsregister eingetragene Sitz der Schuldnerin Wien, das *COMI* der österreichischen Schuldnerin sei aber aus folgenden drei Gründen in Deutschland belegen: Zum einen erfolge die verantwortliche Geschäfts- und Vertriebsleitung, die die strategische und operative Ausrichtung der Gesellschaft bestimme, ausschließlich durch die Geschäftsleitung der deutschen HUKLA-Werke. Die Geschäftsführung der HUKLA-Werke GmbH Wien sitze in Deutschland und agiere von da aus. Zum anderen werde die Organisation und die Vertriebssteuerung der österreichischen Außendienstmitarbeiter zentral von Deutschland aus vorgenommen und außerdem befänden sich die wesentlichen Geschäftsbücher und Unterlagen in Deutschland.

24 ll) **High Court of London/Handelsgericht Wien.** Der Schuldner war als natürliche Person in England tätig, fungierte aber auch als Geschäftsführer einer in Wien registrierten GmbH. In England wurde gegen den Schuldner ein *„bankruptcy"*-Verfahren eingeleitet unter Hinweis auf Art 3 Abs 1. In Unkenntnis dieses Verfahrens wurde ein Konkursverfahren beim Handelsgericht in Wien eröffnet. Nach Kenntniserlangung vom *„bankruptcy"*-Verfahren setzte der österreichische Masseverwalter seine Tätigkeit fort und beantragte die Freigabe der Forderung des Schuldners gegen eine Bank in Prag. Dagegen legten sowohl die tschechische Bank als auch der englische Verwalter Rechtsmittel ein. Das OLG Wien entschied mit Beschluss vom 9. 11. 2004, dass das *„bankruptcy"*-Verfahren das Hauptinsolvenzverfahren darstelle (OLG Wien 9. 11. 2004, NZI 2005, 57 ff). Die Eröffnung eines Insolvenzverfahrens durch ein Gericht eines Mitgliedstaats der Europäischen Union sei durch Gerichte anderer Mitgliedstaaten grundsätzlich nicht nachzuprüfen. Entscheidend sei nicht, ob nach Auffassung des Gerichts des Zweitstaats das Eröffnungsgericht tatsächlich international zuständig sei, sondern ausschließlich, ob dieses die Zuständigkeit nach Art 3 Abs 1 in Anspruch genommen habe. Ein Verstoß gegen den Ordre Public im Sinne von Art 26 erfordere eine grobe Missachtung fundamentaler Normen der Gemeinschaft. Verstöße gegen die Zuständigkeitsordnung der EuInsVO stellten damit per se keine Verletzung des Ordre Public dar. Gegen den verfahrensrechtlichen Ordre Public kann danach nur verstoßen worden sein, wenn elementare Grundsätze des fairen Verfahrens verletzt worden sind. Ist die Annahme der internationalen Zuständigkeit nach der EuInsVO durch das Gericht (hier: den High Court of Justice London) nicht begründet worden, liege ein derartiger Verstoß aber grundsätzlich nicht vor. Die für die Eröffnung eines Sekundärinsolvenzverfahrens erforderliche Niederlassung in dem Zweitstaat setze eine nach außen hin wahrnehmbare Aktivität voraus, wobei die bloße eigene Tätigkeit des Gemeinschuldners nicht ausreiche. Genügend sei hingegen ein Büro samt Bürokraft zur Begründung einer Niederlassung. Wenn im Zweitstaat fälschlicherweise ein Hauptinsolvenzverfahren eröffnet werde, könne das Gericht dieses Staats das Verfahren entweder mangels eines inländischen kostendeckenden Vermögens wieder aufheben oder – bei ausreichendem Vermögen – nachträglich aussprechen, dass die Wirkungen des Verfahrens auf das inländische Vermögen beschränkt seien (OLG Wien 9. 11. 2004, NZI 2005, 57 ff).

25 mm) Der Schuldner hielt als natürliche Person mehrere Geschäftsbeteiligungen. An einer Gesellschaft mit Sitz in Hamburg, ua einer **Aircraft KG**, bestand das wertmäßige Schwergewicht. Die Beteiligungen sowie das in Hamburg belegene Immobilienvermögen wurden von dort aus verwaltet. Der Gläubiger stellte einen Insolvenzantrag beim Stadtgericht Prag am 11. 2. 2005 und der Schuldner beim AG Hamburg am 2. 3. 2005, das mit Beschluss vom 16. 3. 2005 das Hauptinsolvenzverfahren eröffnete (AG Hamburg 16. 3. 2005, dazu *Herchen* in ZIP 2005, 1401). Das Stadtgericht Prag eröffnete mit Beschluss vom 26. 4. 2005 ein weiteres Hauptinsolvenzverfahren (Stadtgericht Prag 26. 4. 2005, ZIP 2005, 1431). Der Schuldner hatte sich vor Antragstellung hauptsächlich in Hamburg aufgehalten, im Übrigen in der Tschechischen Republik. Das Stadtgericht Prag entschied, dass die vorangegangene Eröffnung des Hauptinsolvenzverfahrens in einem anderen Mitgliedstaat der EU die Eröffnung eines weiteren

Hauptinsolvenzverfahrens dann nicht ausschließe, wenn der inländische Insolvenzantrag früher gestellt worden sei und im inländischen Insolvenzverfahren weitere substanzielle Entscheidungen vor der Eröffnung des ausländischen Hauptinsolvenzverfahrens getroffen worden seien. Außerdem sei das weitere Hauptinsolvenzverfahren dann nicht ausgeschlossen, wenn der Schuldner durch einen Fremdantrag im Inland die Befugnis verloren habe, in einem anderen Mitgliedstaat einen eigenen Antrag auf Eröffnung eines Hauptinsolvenzverfahrens zu stellen. Zumindest könne ein solcher Antrag rechtsmissbräuchlich sein.

nn) Das Unternehmen **Collins & Aikman** war in weltweit 17 Ländern tätig und hatte seinen Hauptsitz in den USA. Über die nordamerikanische Unternehmensgruppe wurde ein Verfahren nach *„chapter 11 US-bankruptcy code"* eröffnet. Mit Beschluss vom 15. 7. 2005 eröffnete darüber hinaus der **High Court of Justice in London** das Hauptinsolvenzverfahren (*„administration"*) über sämtliche europäische Konzerngesellschaften. Die Geschäftsführung einer im Handelsregister des **AG** Köln eingetragenen Konzerngesellschaft stellte am 17. 7. 2005 den Antrag auf Eröffnung des Insolvenzverfahrens darüber hinaus beim **AG** Köln. Ausweislich des Antrags war dabei weder direkt noch indirekt die Eröffnung eines Sekundärinsolvenzverfahrens nach Art 27 ff beabsichtigt, sondern die Geschäftsführer wollten der Insolvenzantragspflicht nach § 64 Abs 1 GmbHG nachkommen. Das **AG** Köln wies den Antrag unter Hinweis darauf, dass das Rechtsschutzinteresse fehle, als unzulässig zurück (**AG** Köln 10. 8. 2005, ZIP 2005, 1566). Das Gericht führte dazu aus, dass die Geschäftsführung ihrer Antragspflicht nach § 64 Abs 1 GmbHG bereits durch die vorhergehende Antragstellung in England ausreichend Rechnung getragen habe (vgl *Vallender/Fuchs* ZIP 2004, 829). Bezüglich des in Österreich eingeleiteten Sekundärinsolvenzverfahrens beantragte der englische Hauptinsolvenzverwalter unter Berufung auf Art 33 die Aussetzung des Verfahrens, sowie hilfsweise die Aussetzung der Verwertung sämtlicher Vermögensgegenstände. Das **Landesgericht** Loeben wies vorerst sämtliche Anträge zurück (**LG** Loeben 31. 8. 2005, ZInsO 2005, 1176). Das **OLG** Graz hob die Entscheidung teilweise auf. Es folgte dem **Landesgericht** Loeben bezüglich der Verfahrensaussetzung, entschied aber, dass die Verwertung gem Art 33 auszusetzen sei, solange nicht die Interessen der Gläubiger des Hauptinsolvenzverfahrens offensichtlich gegenläufig seien (**OLG** Graz 20. 10. 2005, NZI 2006, 660 m Anm *Beck* NZI 2006, 609). Mit darauf folgendem Beschluss hob das **Landesgericht** Leoben die Aussetzung der Verwertung nach Art 33 Abs 2 wieder auf, da durch eine bevorstehende Veräußerung das Anlage- und Umlaufvermögen vollständig befriedigt werden könne und wegen der zeitlichen Befristung des Erwerbsangebotes ein Zuwarten mit der Veräußerung für die Gläubiger die Gefahr in sich bürgen würde, dass kein Interesse mehr vorhanden sei (**LG** Loeben 1. 12. 2005, NZI 2006, 663 m Anm *Beck* NZI 2006, 660). Der **High Court of Justice** in London entschied mit Urteil vom 9. 6. 2006 schließlich, dass die in einem englischen Hauptinsolvenzverfahren bestellten *„joint administrators"* abweichend vom englischen Recht dazu ermächtigt werden könnten, die Verteilung eines Erlöses an die Gläubiger entsprechend der für diese geltenden nationalen Regelungen vorzunehmen (**High Court of Justice London** 9. 6. 2006, NZI 2006, 654 ff). Dabei ging es darum, die Eröffnung von Sekundärinsolvenzverfahren in anderen EU Mitgliedstaaten zu vermeiden. Die im jeweiligen Hauptinsolvenzverfahren bestellten *„joint administrators"* erkannten, dass der Geschäftsbetrieb der einzelnen europäischen Tochtergesellschaften einheitlich organisiert und daher auch nur einheitlich fortgeführt werden könne. Die Strategie war daher, die Geschäftsfortführung, die Finanzierung und auch die Veräußerung sämtlicher europäischer Tochtergesellschaften koordiniert im Rahmen von mehreren in England eröffneten Hauptinsolvenzverfahren durchzuführen. Die Entscheidung des **High Court of Justice** hat die Flexibilität des englischen Insolvenzrechts noch einmal herausgestellt und für die zukünftige Reorganisation multinationaler Gruppen einen hohen Präzedenzwert. Die Entscheidung zeigt, dass bei einer flexiblen Abwicklung des englischen Insolvenzverfahrens der *„going-concern"*- Wert des Unternehmens erhalten bleiben kann, die Interessen der Gläubiger in den anderen Mitgliedstaaten geschützt werden und eine optimale Befriedigung der Gläubiger erreicht werden kann (vgl *Meyer-Löwy/Plank*, NZI 2006, 623).

oo) Die **MG Rover**-Gruppe war konzernmäßig strukturiert und die englische Obergesellschaft hielt über eine englische Zwischenholding acht 100%ige Beteiligungen an Tochtergesellschaften in der Europäischen Union (unter anderem Deutschland, Frankreich und den Niederlanden). Über die englische Holding, sowie über die acht Tochtergesellschaften eröffnete der **High Court in Birmingham** das Hauptinsolvenzverfahren in England (**High Court of Justice Birmingham** 18. 4. 2005, NZI 2005, 467 ff m Anm *Perzlin/Riedemann; Mankowski*, EWiR 2005, 637). Darin führte das Gericht aus, dass das *COMI* des Schuldners im Sinne des Art 3 Abs 1 für Dritte und insbesondere für potenzielle Gläubiger erkennbar sein müsse. Verfolge der Schuldner an mehreren Orten *„Interessen"* in diesem Sinne, so habe das erkennende Gericht zur Bestimmung des *„centre of main interest"* sämtliche Fakten hinsichtlich ihres Umfangs und ihrer Bedeutung zu berücksichtigen und in die Abwägung einzubeziehen. In der Entscheidung wurden zur Abwägung die folgenden Interessen herangezogen: Managementstruktur, konzerninterne Finanzierung, Abhängigkeit bei anderen Konzerngesellschaften beim Bezug von Fahrzeugen sowie bei deren Vertrieb, Marketingaktivitäten, erkennbare Bedeutung der englischen Konzerngesellschaften für die Regulierung von Forderungen der Gläubiger sowie die Integration der ausländischen Vertriebsgesellschaften in den Konzernverbund der MG Rover-Gruppe. Ziel der *„administration"* sei es, im Wege eines regulierten Verkaufs von Fahrzeugen und des Einzugs von Forderungen eine bessere Verwertung des Schuldnervermögens zu ermöglichen als durch eine sofortige Zerschlagung. Dieses Ziel könne durch eine zentrale Abwicklung eher erreicht werden als durch unkoordinierte Einzelmaßnahmen (**High Court of Justice Birmingham** 18. 4. 2005, NZI 2005, 467). Die Hauptinsolvenzverwalter der acht Gesellschaften beantragten daraufhin ausdrücklich klarzustellen, welche Befugnisse ihnen aus den „*administration orders*" zuständen. Das Gericht stellte deshalb in einem zweiten Beschluss (**High Court of Justice Birmingham** 11. 5. 2005, NZI 2005, 515 m Anm *Penzlin/Rienemann*, 517 ff) fest, dass die ausdrückliche Klarstellung der Befugnisse der Hauptinsolvenzverwalter durch „*supplemental orders*" in einem europäischen Insolvenzverfahren mit vielen auswärtigen Verfahrensbeteiligten aus praktischen Gründen zweckmäßig erscheine. Die „*supplemental orders*" beschrieben zum einen die Ziele eines englischen Insolvenzverfahrens, die Auswirkungen eines Moratoriums sowie die allgemeinen Befugnisse der Hauptinsolvenzverwalter nach dem „*Insolvency Act 1986*". Zum anderen bestätigten sie die Befugnis der Hauptinsolvenzverwalter, Forderungen der Arbeitnehmer der acht Vertriebsgesellschaften in demselben Rang zu bedienen, den diese Forderungen nach dem jeweils anwendbaren nationalen Insolvenzrecht hätten, welches gelten würde, wenn in dem jeweiligen Mitgliedstaat ein Sekundärinsolvenzverfahren eröffnet worden wäre. Die Zulässigkeit einer solchen Besserstellung der Arbeitnehmer ergäbe sich aus der Auslegung des „*Insolvency Act 1986*" sowie aus der einschlägigen englischen Rechtsprechung.

28 pp) Die Konzernverwaltung der europäischen **EMTEC**-Gruppe erfolgte durch verschiedene französische Gesellschaften, die ihrerseits Anteile an Tochtergesellschaften im europäischen Ausland hielten. Das *Tribunal de Commerce in Nanterre* eröffnete das Hauptinsolvenzverfahren über einige französische Gesellschaften sowie über die acht europäischen Tochtergesellschaften nach französischem Recht, „*redressement judiciaire*" (*Penzlin* EWiR 2006, 207). Das Gericht verortete das *COMI* für sämtliche Gesellschaften in Frankreich und stellte zur Begründung sowohl auf geschäftsinterne als auch auf für Dritte erkennbare Umstände ab. Nicht nur Finanzmanagement, Warenbelieferung, Geschäftspolitik, Finanzierung und Liquiditätsmanagement seien von Frankreich aus gesteuert worden, sondern die französischen Konzerngesellschaften seien auch für die Lieferverträge ihrer Tochtergesellschaften verantwortlich. Aus Sicht der Arbeitnehmer seien die unternehmensrelevanten Entscheidungen von Frankreich aus getroffen worden. In Abgrenzung zu der Entscheidung des *High Court of Justice in Birmingham* in Sachen „*Rover*" hielt das Gericht Sekundärinsolvenzverfahren nicht für schädlich. Vielmehr ging es davon aus, dass die Gläubigerinteressen durch eine zweigliedrige Vorgehensweise gewahrt würden. In einem ersten Schritt sollte danach eine konzerneinheitliche Verwertung im Rahmen des Hauptinsolvenzverfahrens erfolgen und in einem zweiten Schritt könnten die Erlöse im Sekundärverfahren unter Berücksichtigung des nationalen Rechts verteilt werden.

29 qq) Der *High Court of Justice London* urteilte in der Angelegenheit „*Brochier Ltd*", dass die Eröffnung des Insolvenzverfahrens und die Bestellung eines englischen „*administrators*" dann für unwirksam zu erklären seien, wenn sich nach Eröffnung des Insolvenzverfahrens über das Vermögen einer „*Limited*" in England herausstellte, dass der Mittelpunkt der hauptsächlichen Interessen im Sinne von Art 3 Abs 1 EuInsVO nicht in England, sondern in Deutschland belegen sei. Die bestellten „*administrators*" könnten einen Beschluss erwirken, wonach die „*directors*" der „*Limited*" für die Kosten der Administration aufkommen müssten (**High Court of Justice London** 15. 8. 2006, NZI 2007, 187 m Anm *Andres/Grund*, NZI 2007, 137 ff). Die *Hans Brochier Holdings* Ltd war im Companies House in Cardiff eingetragen. Das gesamte operative Geschäft wurde von Deutschland aus gesteuert und auch die Personal- und Finanzverwaltung wurden von dort aus geführt. Die „*directors*" der „*Limited*" beantragten beim *High Court of Justice* in London die Eröffnung des Insolvenzverfahrens und die Bestellung von „*joint administrators*". Dabei hatte der *High Court* ohne Anhörung am 4. 8. 2006 das Insolvenzverfahren eröffnet. Am selben Tag stellten mehrere Arbeitnehmer der „*Limited*" ebenfalls Insolvenzantrag beim AG Nürnberg. Mit Beschluss vom 4. 8. 2006 wurde ein vorläufiger Insolvenzverwalter vom **AG Nürnberg** bestellt. Auf Antrag der „*joint administrators*" sprach der *High Court of Justice* die Unwirksamkeit der Verfahrenseröffnung in England und der Verwalterbestellung aus.

30 rr) Zur „*Parmalat*-Gruppe" gehörten rund 250 Gesellschaften sowie weitere 200 Gesellschaften zur Familienholding „*La Coloniale*". Die Finanzierung erfolgte überwiegend über das Ausland (*Holding Parmalat Netherlands BV*). Für fünf niederländische und zwei luxemburgische Gesellschaften wurden Insolvenzverfahren mit Hinweis auf Art 3 in *Parma* eröffnet. Das Gericht begründete dies damit, dass die wesentliche Finanzierungsfunktion der Unternehmen für die Mutter und die Gruppe für die Gläubiger erkennbar gewesen sei. Die Kenntnis der Gläubiger lasse sich darauf stützen, dass sich aus den Anleiheprospekten ergebe, dass die Mutter die Anleihe garantiere. Der Mittelpunkt der hauptsächlichen Interessen liege in Italien, weil die Tätigkeit ausschließlich im Interesse der Mutter vorgenommen worden sei, die Kontrolle komplett durch die italienische Mutter erfolgt sei und von Italien aus die Weisungen für alle wesentlichen Entscheidungen ergangen seien (**Tribunale di Parma** 19. 2. 2004, ZIP 2004, 1220; vgl *Lüer*, in FS für Greiner, 209). Im Zusammenhang mit der irischen Tochter, der *Eurofood IFS C Ltd*, ergab sich ein Kollisionsproblem hinsichtlich der Eröffnung des Hauptinsolvenzverfahrens. Der italienische Parmalat-Konzern hatte 1997 die *Eurofood IFS C Ltd* („*Eurofood*") mit Sitz in Dublin

als Finanzierungsgesellschaft für den Kapitalmarkt gegründet. Angestellte oder eigene Geschäftsräume unterhielt die Eurofood nicht. Ein Sitz wurde in einer Dubliner Anwaltssozietät angenommen und die Treffen des Verwaltungsrats fanden in Dublin statt. Die *„executives"* aus *Parma* nahmen an den Sitzungen telefonisch teil. In Irland wurde am 27. 1. 2004 der Antrag auf *„provisional liquidation"* über das Vermögen der Eurofood gestellt. Am selben Tag wurde ein *„provisional liquidator"* bestellt. Dieser informierte den *„Commissario Parmalat"* am 30. 1. 2004 über die Anordnung, der wiederum Rechtsmittel einlegte. Am 9. 2. 2004 erließ der italienische Industrieminister die Anordnung der *„außerordentlichen Verwaltung"* über *Eurofood*. Das Gericht in *Parma* bestätigte am 19. 2. 2004 die Anordnung (*„Eurofood I"*, **Tribunale di Parma 19. 2. 2004**, ZIP 2004, 1220 m Anm *Riera/Wagner* EWiR 2004, 597). Hiernach entfalte die Anordnung der vorläufigen Liquidation einer Gesellschaft mit satzungsmäßigem Sitz in Irland durch ein irisches Gericht keine Sperrwirkung für die internationale Zuständigkeit des italienischen Gerichts nach Art 3 Abs 1, wenn der Mittelpunkt der hauptsächlichen Interessen der Gesellschaft in Italien liege. Dieser sei nicht am satzungsmäßigen Sitz belegen, wenn dort keine eigenen Geschäftsräume unterhalten würden und nur ein Pro-forma-Sitz in den Räumen einer Anwaltskanzlei bestände. Die tatsächliche Unternehmensführung am Sitz der Konzernmutter sei für Dritte erkennbar, da die irische Gesellschaft für Finanzierungsgeschäfte des Konzerns gegründet worden sei und die Konzernmutter eine Zahlungsgarantie gegenüber den Gläubigern der Finanzierungsgesellschaft übernommen habe. Am 23. 3. 2004 erließ das irische Berufungsgericht ein Urteil, in dem es sich mit der Frage beschäftigte, ob der Antrag in Irland und die ergangene Anordnung der *„provisional liquidation"* die Eröffnung eines Hauptinsolvenzverfahrens im Sinne des Art 3 darstelle (*„Eurofood II"*, **High Court Dublin** vom 23. 3. 2004, teilweise veröffentlicht in ZIP 2004, 1223; vgl dazu die Vorlage an den EuGH **Supreme Court of Ireland** 27. 7. 2004, NZI 2004, 505). Nicht nur die Bestellung eines vorläufigen Liquidators nach irischem Recht, sondern bereits die Einreichung eines Antrages auf Eröffnung eines Insolvenzverfahrens setzt hiernach den Eröffnungszeitpunkt eines Hauptinsolvenzverfahrens gem Art 3 in Gang. Der High Court bestätigte in dieser Entscheidung, dass die Eröffnung in Irland aufgrund der Rückwirkung des Antrags wirksam gewesen sei und damit auch bindend innerhalb der Europäischen Union. Nach der Sitzvermutung des Art 3 Abs 1 S 2 habe der Mittelpunkt der hauptsächlichen Interessen in Irland gelegen, da die Unternehmung in Irland verwaltet worden sei, die Vorstandssitzungen in Irland stattgefunden hätten und die *„bondholder"* davon ausgehen mussten, dass sie es mit einer irischen Unternehmung zu tun hätten. Die irische Entscheidung sei damit zeitlich früher als die italienische erfolgt, womit das irische Verfahren als Hauptinsolvenzverfahren einzustufen gewesen sei (**High Court of Dublin 23. 3. 2004**, ZIP 2004, 1226). Der *Supreme Court of Ireland* legte mit Urteil vom 27. 7. 2004 *(***Supreme Court of Ireland** 27. 7. 2004, NZI 2004, 505 m Anm *Herweg/Tschauner* EWiR 2004, 973; *Wimmer* ZinsO 2005, 119) in Zusammenhang mit *Eurofood/Parmalat* dem *EuGH* verschiedene Fragen zum Mittelpunkt der hauptsächlichen Interessen bei Konzerninsolvenzen vor. Aufgrund der Größe des Parmalat-Konzerns waren auch in anderen europäischen Ländern Insolvenzanträge gestellt worden, die ebenfalls zu Kollisionsproblemen geführt hatten (vgl **Tribunale di Parma 15. 6. 2004**, ZIP 2004, 2295 m Anm *Bauer/Schlegel* EWiR 2004, 1181). Das Gericht führte darin erneut aus, dass die Vermutung des Art 3 Abs 1 aufgrund der Weisungsgebundenheit der Tochtergesellschaft, der Ausgestaltung des Gesellschaftsvertrages und der Verhandlungen der Gläubiger mit der italienischen Konzernobergesellschaft widerlegt sei. Der Generalanwalt Jacobs schloss sich der irischen Sichtweise an und bejahte die Rückwirkungsfiktion des irischen Rechts (vgl *Pannen/Riedemann* EWiR 2005, 725). Der EuGH folgte den Anträgen des Generalanwalts, ließ aber die Frage der Rückwirkungsfiktion offen (**EuGH 2. 5. 2006**, ZInsO 2006, 484; dazu *Poertzgen/Adam* ZInsO 2006, 505, *Herchen* NZI 2006, 435). Der EuGH entschied, dass die Vermutung des Art 3 Abs 1 S 2 nur widerlegt werde, wenn „objektive und für Dritte feststellbare Elemente" dies belegen würden. Dafür reiche es nicht aus, dass die wirtschaftlichen Entscheidungen von einer Muttergesellschaft in einem anderen Mitgliedstaat kontrolliert werden könnten. Die Eröffnung eines Hauptinsolvenzverfahrens sei von den Gerichten der übrigen Mitgliedstaaten anzuerkennen, „ohne dass diese die Zuständigkeit des Gerichts des Eröffnungsstaates überprüfen können." Nur dann, wenn die Eröffnungsentscheidung unter offensichtlichem Verstoß gegen Grundrechte erfolgt sei, käme eine Berufung auf Art 26 in Betracht. Eine Verfahrenseröffnung im Sinne des Art 16 Abs 1 liege dann vor, wenn die Bestellung eines vorläufigen Insolvenzverwalters den Vermögensbeschlag gegen den Schuldner zur Folge habe und durch sie ein im Anh C der Verordnung genannter Verwalter bestellt werde. Der *Supreme Court of Ireland* wies daraufhin das Rechtsmittel des italienischen Verwalters mit Urteil vom 3. 7. 2006 ab (www.bailii.org/ie/cases/IESC/2006/S41.html).

ss) Die Schuldnerin war direkte Tochter der **PIN Group AG** Luxemburg, die ihrerseits Holding von 31 über 20 Regionalgesellschaften war, die wiederum Gesellschaftsanteile von weiteren 80 Gesellschaften hielt. Insgesamt gehörten ca 100 Gesellschaften zu dieser Gruppe, wovon 91 Gesellschaften in Deutschland flächendeckend operativ tätig waren und als Alternative zur Deutschen Post **AG** Briefzustellungen anboten. Der Verwaltungsrat, das dem deutschen Vorstand vergleichbare geschäftsführende Organ der Schuldnerin, bestand seit August 2007 in Luxemburg. Zuvor verfügten die einzelnen Gesellschaften über Regional- und Bereichsvorstände. Im Dezember 2007 wurden neue Verwaltungsräte bestellt, die in Deutschland ansässig waren. Im Anschluss an die Bestellung veranlassten diese, dass vor dem Jahreswechsel 2007/2008 sämtliche wesentliche Gesellschaftsakten der Schuldnerin und der übrigen PIN-Gesellschaften nach Köln verfrachtet wurden. Im Januar 2008 wurde ein Lenkungsausschuss eingesetzt, als neues zentrales Leitungsorgan, der mindestens einmal die Woche in Köln tagte.

Das Amtsgericht Köln nahm in einem ersten Beschluss (**PIN I**) aufgrund des Antrags auf Eröffnung eines Hauptinsolvenzverfahrens vom 21. 12. 2007 seine internationale Zuständigkeit an. Dies begründete das Gericht damit, dass es in Hinblick auf den Sitz der Muttergesellschaft, der PIN-Group **AG** S. A., in Leudelange, Luxemburg zur Widerlegung der Vermutung aus Art 3 Abs 1 S 2 nicht ausreiche, dass die wirtschaftlichen Entscheidungen der Gesellschaft von einer Muttergesellschaft mit Sitz in einem anderen Mitgliedstaat kontrolliert werden oder kontrolliert werden können. Da die Schuldnerin zum Antragszeitpunkt noch einen aktiven Postvertrieb in Bremen unterhalten habe, komme es zur Beurteilung der Frage der internationalen Zuständigkeit nicht darauf an, ob und in welchem Umfang die Muttergesellschaft auf die Entscheidungen der Schuldnerin Einfluss genommen habe (**AG** Köln 1. 2. 2008, NZI 2008, 254 ff). Zur Begründung der örtlichen Zuständigkeit nach § 3 Abs 1 S 1 InsO in Köln führte das Gericht aus, dass die Lage der Geschäftsräume der Schuldnerin, die örtlichen Tätigkeitsfelder der Mitarbeiter, die Art und die Zahl der Kunden und die vertraglichen Beziehungen, sowie der Ort, an dem die für das operative Geschäft wesentlichen Entscheidungen getroffen wurden, für die Bestimmung des Mittelpunkts der selbstständigen wirtschaftlichen Interessen maßgeblich seien. Dabei stellte es fest, dass das wesentliche Tagesgeschäft durch den zentralen Lenkungsausschuss in Köln vorbereitet, vorgegeben und von der Schuldnerin mitgetragen werde (**AG** Köln 1. 2. 2008, NZI 2008, 254 ff). Diese Argumentation erklärt, dass in der Literatur diskutiert wird, ob durch diese Entscheidung, in der die Zuständigkeitsbegründung durch das willentlich gegründete Lenkungsgremium angenommen wurde, eine Abkehr von der *„business-activity-Theorie"* zur reinen *„head-office-funktions-Theorie"* darstellt (*Frind* in ZinsO 2008, 261 ff; aA, *Knof/Mock* ZinsO 2008, 499 ff, die das Ziel der bestmöglichen Gläubigerbefriedigung in den Vordergrund stellen).

In einem zweiten Beschluss (**PIN II**) führte das **AG** Köln auf den Antrag auf Eröffnung des Hauptinsolvenzverfahrens vom 25. 1. 2008 aus, dass eine Widerlegung der Vermutung des Art 3 Abs 1 S 2 auch dann anzunehmen sei, wenn am Sitz der Gesellschaft nur noch untergeordnete Tätigkeiten ausgeführt würden. Die vorherige Sitzverlegung in ein anderes Land mit dem Ziel des womöglich genehmeren Insolvenzrechts *(„forum shopping")* sei nicht rechtsmissbräuchlich, sondern müsse als zulässige Ausübung der Niederlassungsfreiheit angesehen werden (**AG** Köln 19. 2. 2008, NZI 2008, 257 ff).

32 **tt)** Der *High Court of Justice zu Leeds/England* eröffnete am 16. 5. 2003 auf Antrag vom gleichen Tage das Hauptinsolvenzverfahren über das Vermögen der *I GmbH*. Das **AG** Düsseldorf eröffnete das zweite Hauptinsolvenzverfahren am 10. 7. 2003 in Kenntnis der Eröffnung des ersten Hauptinsolvenzverfahrens in England. In diesem Zusammenhang urteilte der **BGH**, dass der rechtswirksamen Eröffnung eines inländischen Hauptinsolvenzverfahrens die vorherige Eröffnung des Hauptinsolvenzverfahrens in England entgegenstehe (**BGH** 29. 5. 2008, ZInsO 2008, 745 ff). Nach Art 16 müsse die Entscheidung über die Eröffnung des Insolvenzverfahrens in allen übrigen Mitgliedstaaten anerkannt werden. In den Fällen, in denen das zweite Insolvenzverfahren im Inland nicht irrtümlich, sondern in Kenntnis des ersten Insolvenzverfahrens eröffnet worden sei, fände Art 102 § 4 EGInsO keine Anwendung. Denn der Gesetzgeber habe es als klärungsbedürftig angesehen, wie die Wirkungen des ausländischen Verfahrens, die sich nach Wegfall der Sperrwirkung des Inlandsinsolvenzverfahrens auch auf das inländische Vermögen erstreckten, mit den Wirkungen des eingestellten Verfahrens zu harmonisieren seien. Aufgrund der unmittelbar geltenden Verordnung und des Anwendungsvorranges des Gemeinschaftsrechts könnten einem unter Verstoß gegen die EuInsVO eröffneten zweiten Insolvenzverfahren keine Rechtswirkungen beigemessen werden, die die inländische, vom ersten Hauptinsolvenzverfahren umfasste Masse beträfen und dem Grundgedanken der Europäischen Insolvenzordnung zuwiderlaufen würden. Die EuInsVO ginge davon aus, dass es nur ein Insolvenzverfahren gebe, eine ausdrückliche Regelung, wie im Falle der Eröffnung mehrerer Insolvenzverfahren zu verfahren sei, gebe es nicht. Art 3 Abs 1 und Art 16 legten aber das Prioritätsprinzip zugrunde, so dass dasjenige Verfahren anzuerkennen sei, das als Erstes eröffnet worden sei (vgl auch **EuGH** 2. 5. 2006, ZIP 2006, 909).

33 **d) Auswertung der Rechtsprechung.** Der EuGH löst den Konflikt im Einklang mit dem Willen des Verordnungsgebers (Erwägungsgrund 13; *Virgos/Schmit* Erläuternder Bericht Rn 75) und der herrschenden Meinung im Schrifttum (HambKomm-*Undritz* Anh Art 3 Rn 33; BK-*Pannen* Art 3 Rn 6 a; MüKoInsO-*Reinhart* Art 3 Rn 30; *Bähr/Riedemann* ZIP 2004, 1065 f; *Pannen/Riedemann* NZI 2004, 651; *Vallender* KTS 2005, 292 f; aA *Moos/Fletcher/Isaacs* EC Regulation on Insolvency Proceedings, Rn 8.39) zwischen den widerstreitenden Interessen zugunsten der **„business-activity"-Theorie**. Danach bestimmt sich der Mittelpunkt der hauptsächlichen Interessen nach dem Ort der werbenden Tätigkeit der Gesellschaft. Entgegen der **„mind-of-management"-Theorie** muss das werbende Handeln für Außenstehende erkennbar sein, so dass der innere Geschäftsgang nicht entscheidend ist. Hintergrund für das Anlegen eines objektiven Maßstabes ist es, den potentiellen Gläubigern einen gewissen Grad an Sicherheit hinsichtlich des anzuwendenden Insolvenzstatuts zu geben und die Risiken vorhersehbar zu machen (*Pannen/Riedemann* NZI 2004, 651; *Ehricke*, EWS 2002, 101; *Virgos/Schmit* Erläuternder Bericht, Rn 75). Dabei geht es um den Schutz des berechtigten Vertrauens durch Rechtssicherheit infolge

Vorhersehbarkeit (*Herchen* ZInsO 2004, 826). Gegen die Anwendung der „mind-of-management"-Theorie spricht darüber hinaus die hohe Missbrauchsanfälligkeit. Denn anders als das operative Geschäft, kann die Verwaltungskontrolle im Vorfeld eines Insolvenzverfahrens leichter verlegt werden. Gegen eine Verlegung sprechen die durch die Verordnung erklärten Ziele, das Funktionieren des Binnenmarktes durch die effiziente Abwicklung grenzüberschreitender Insolvenzen zu fördern (Erwägungsgrund 2) sowie ein etwaiges *„forum shopping"* zu vermeiden (Erwägungsgrund 4). Es bestehen keine einheitlichen Kriterien, anhand derer die Ermittlung des *COMI* erfolgen soll. Betriebsinterne Kriterien sind aber jedenfalls nicht zur Bestimmung des *COMI* geeignet (HambKomm-*Undritz* Art 3 Rn 36; *Herchen* ZinsO 2004, 825; *Kübler* FS Gerhardt, 555 f; *Wimmer* ZInsO 2005, 121). Aus der Rechtsprechung und den Literaturansichten lässt sich herleiten, dass die folgenden **objektiven Indizien** zur Bestimmung des *COMI* heranzuziehen sind: Kundenbeziehungen, Geschäftszweck, Einsatz von Mitarbeitern sowie Buchhaltung und Bankverbindungen (vgl auch *Marshall* European Cross Border Insolvency, Rn 1.006; Moss/Fletcher/Isaacs-Moos-*Smith*, EC Regulation, Rn 8.39; *Bähr/Riedemann* ZIP 2004, 1067; Pannen-*Pannen* Art 3 Rn 41), die Managementstruktur, konzerninterne Finanzierung und Kontrolle der substantiellen wirtschaftlichen Entscheidungen, Ort des wertmäßigen Schwergewichts und insgesamt der wesentlichen Unternehmensfunktionen. Als ergänzende Kriterien können die Orte herangezogen werden, an denen die Garantie- und Lieferaufgaben erbracht werden und die jeweiligen Verträge geschlossen werden.

3. Lösung von Zuständigkeitskonflikten. Die EuInsVO enthält keine andere Regelung für die Lösung von Kompetenzkonflikten, als dass diese in Übereinstimmung mit Erwägungsgrund Nr 22 nach dem **Prioritätsprinzip** zu lösen sind (**EuGH** 2. 5. 2006, NZI 2006, 360; **AG** Nürnberg 16. 8. 2006, ZIP 2007, 81; **Stadtgericht** Prag 26. 4. 2006, ZIP 2005, 1431 m Anm *Herchen* ZIP 2005, 1401; **OLG** Wien 9. 11. 2004, NZI 2005, 57 m Anm *Paulus* NZI 2005, 62; **LG** Innsbruck 11. 4. 2004, ZIP 2004, 1721 m Anm *Bähr/Riedemann* EWiR 2004, 1085; **AG** Düsseldorf 7. 4. 2004, ZIP 2004, 866; Pannen-*Pannen* Art 3 Rn 86; *Virgòs/Garcimartìn* The European Insolvency Regulation Chapter 4.3; MüKoInsO-*Reinhart* Art 3 Rn 57) mit der Folge, dass das zweite eröffnete Hauptinsolvenzverfahren einzustellen ist nach Art 102 § 4 EGInsO. 34

a) Grundsatz der Priorität für Hauptinsolvenzverfahren. Bei einem **positiven Kompetenzkonflikt**, wenn sich also zwei oder mehrere Mitgliedstaaten nach Art 3 Abs 1 für zuständig halten, ist nach dem Grundsatz des gegenseitigen Vertrauens (*Virgós/Schmit*, Erläuternder Bericht, Rn 79, 202, 215, 220) die internationale Zuständigkeit nach Art 16, 17 oder Art 25 iVm Art 16 für jenes Verfahren anzuerkennen, welches als erstes eröffnet wurde (D-K/D/Ch-*Duursma-Kepplinger* Art 3 Rn 35; *Leible/Staudinger* KTS 2000, 545; *Kemper* ZIP 2001, 1613). Die Eröffnungsentscheidung des zuerst eröffnenden Gerichts ist dabei in den anderen Mitgliedstaaten gem Art 16 Abs 1 anzuerkennen, ohne dass sie einer Überprüfung unterzogen werden darf (K/P/*Kemper* Art 3 Rn 15; *Huber* ZZP 114 (2001), 144 f; *Leible/Staudinger* KTS 2000, 546). Eine Überprüfung ist nur dann sachgerecht, wenn ein Verstoß gegen den **ordre public-Vorbehalt** nach Art 26 vorliegt (vgl Rn zu Art 26; Pannen-*Pannen* Art 3 Rn 87). Zu einem **negativen Kompetenzkonflikt** kommt es dann, wenn sich die Gerichte zweier Mitgliedstaaten jeweils nur zur Eröffnung eines Partikularverfahrens im Sinne des Art 3 Abs 2 für international zuständig erachten und sich für die Eröffnung eines Hauptinsolvenzverfahrens jeweils für unzuständig erklären. Eine Anwendung des Grundsatzes des gemeinschaftlichen Vertrauens führt in dieser Konstellation dazu, dass jenes Gericht, welches als zweites das Partikularverfahren eröffnet hat, die Einleitung eines Hauptinsolvenzverfahrens nicht mit der Begründung ablehnen darf, dass der Mittelpunkt der hauptsächlichen Interessen in dem Mitgliedstaat - belegen sei, der als erster ein Partikularinsolvenzverfahren eröffnet hat (vgl dazu Art 102 § 3 EGInsO; D-K/D/Ch-*Duursma-Kepplinger* Art 3, Rn 36). Denn auch die ablehnende Entscheidung ist nach Art 25 Abs 1 anzuerkennen, dh das jeweils andere Insolvenzgericht kann seine eigene internationale Zuständigkeit nicht mit der internationalen Zuständigkeit eines anderen, seine Zuständigkeit ablehnenden Gerichts begründen (MüKoInsO-*Reinhart* Art 3 Rn 66; D-K/D/Ch-*Duursma-Kepplinger* Art 3 Rn 36; *Vallender* KTS 2000, 299). Nach zutreffender, überwiegender Ansicht ist eine Verweisung des Antrages eines sich für unzuständig haltenden Gerichts an ein Gericht eines anderen Mitgliedstaates mangels ausdrücklicher Regelung in der Verordnung nicht möglich (**OLG** Linz 7. 9. 2004, ZIK 2004, 178; *Carstens* Die Internationale Zuständigkeit, 100; K/P/*Kemper* Art 3 Rn 15; MüKoInsO-*Reinhart* Art 3 Rn 68; *Vallender* KTS 2000, 298; aA **AG** Hamburg 9. 5. 2006, NZI 2006, 286; *Wagner* EWiR 2006, 433). 35

b) Einstellung nach Art 102 § 4 EGInsO. Nach Art 102 § 3 Abs 1 S 1 EGInsO ist nach der Eröffnung eines Hauptinsolvenzverfahrens durch ein Gericht eines anderen Mitgliedstaats ein bei einem deutschen Gericht gestellter Antrag unzulässig. Ist das Verfahren dennoch eröffnet worden, so darf es nach Art 102 § 3 Abs 1 S 2 EGInsO nicht fortgesetzt werden und ist nach Art 102 § 4 EGInsO zugunsten des in dem anderen Mitgliedstaat eröffneten Verfahrens von Amts wegen einzustellen (vgl im Einzelnen Art 102 § 4 EGInsO; K/P/*Kemper* Art 3 Rn 17). 36

c) Zeitpunkt der Eröffnungsentscheidung. Wird das *COMI* zwischen Insolvenzantragstellung und Insolvenzeröffnung in einen anderen Mitgliedstaat **verlagert**, so bleibt die Zuständigkeit des zuerst mit 37 der Sache befassten Gerichts erhalten (**EuGH** 17. 1. 2006, ZIP 2006, 188; dazu *Vogel* EWiR 2006, 141; **BGH** 13. 11. 2008, ZInsO 2008, 1382; **BGH** 2. 3. 2006, ZIP 2006, 767; vgl *Mankowski* EWiR 2006, 397). Dies gilt auch dann, wenn der Geschäftsbetrieb vor Antragstellung bereits vollständig eingestellt wurde (**AG** Hamburg 1. 12. 2005, ZIP 2005, 2275; *Herweg/Tschauer* EWiR 2006, 169). Das international zuständige Gericht bleibt danach auch für weitere Eröffnungsanträge zuständig, die nach der Verlegung des COMI in einen anderen Mitgliedstaat, aber vor rechtskräftiger Entscheidung über den Erstantrag bei ihm eingehen (**BGH** 2. 3. 2006, ZIP 2006, 767; vgl *Mankowski* EWiR 2006, 397).

38   Aus dem Erwägungsgrund Nr 4 zur EuInsVO folgt, dass eine gewisse rechtliche Ordnung zu schaffen ist, die es verhindert, dass es für die Parteien vorteilhafter ist, Streitigkeiten oder Vermögensgegenstände von einem Staat in einen anderen zu verlagern und auf diese Weise eine verbesserte Rechtsstellung anzustreben (zum sog „**forum shopping**" *Vigrós/Schmit*, Erläuternder Bericht, Rn 7). Daraus folgt, dass im Rahmen des Art 3 Abs 1 eine Anknüpfung für das COMI gewählt werden muss, die manipulative Gestaltungsmöglichkeiten ausschließt (FK-*Wimmer* Anh I, Rn 22). Dies spricht dafür, Anknüpfungskriterien zu wählen, die den wesentlichen Beteiligten und insbesondere für die Gläubiger transparent und bei ihrem üblichen Umgang mit dem schuldnerischen Unternehmen erkennbar sind (**EuGH** 2. 5. 2006, ZInsO 2006, 484; *Kübler* FS Gerhardt, 554; *Wimmer* ZInsO 2005, 123). Diese Auslegungskriterien haben deshalb auch für den Fall der konzernrechtlichen Verflechtung zu gelten, so dass es nicht allein darauf ankommen kann, wo die strategischen Lenkungsentscheidungen des Unternehmens getroffen werden (vgl hierzu *Leithaus* NZI 2004, 195; *Bähr/Riedemann* ZIP 2004, 1067; *Paulus* EWiR 2003, 709).

39   Das es zwischen den Mitgliedstaaten der EU zum „**Wettlauf um die Ersteröffnung**" kommen kann, liegt darin begründet, dass der europäische Verordnungsgeber bei der Etablierung des Anerkennungszwangs (Art 16, 17) die einheitliche Bestimmung der Gerichtszuständigkeit als unproblematisch vorausgesetzt hat (*Virgós/Schmit*, Erläuternder Bericht, Rn 79; dazu im Einzelnen Graf-Schlicker-*Kebekus/Sabel* Art 3 Rn 6, 7). Die Rechtspraxis hat hingegen das Gegenteil gezeigt. Während insbesondere englische Gerichte bei der Bestimmung des COMI und damit bei der Annahme ihrer Zuständigkeit für die Insolvenzeröffnung auch im Ausland befindlicher Gesellschaften auf **interne Unternehmensaspekte** abstellten (Sitz der Unternehmensleitung, Entscheidung über Strategien, Finanzverwaltung etc), legten andere Gerichte in den Mitgliedstaaten – insbesondere in Kontinentaleuropa – unter Bezugnahme auf Erwägungsgrund Nr 13 den Bewertungsschwerpunkt auf die nach **außen erkennbare operative Tätigkeit** des Unternehmens. Diese kontrovers geführte Diskussion hat sich durch die Eurofood-Entscheidung des EuGH (vgl Rn 32) erledigt, da dadurch klargestellt wurde, dass die Bestimmung des COMI zukünftig im Wesentlichen nach solchen Kriterien vorzunehmen ist, die für Dritte erkennbar sind (Ort der tatsächlichen operativen Tätigkeit, Beschäftigung der Mitarbeiter, Geschäftsverkehr mit Gläubigern etc).

40   Für den Fall, dass der Schuldner nach Antragstellung auf Eröffnung eines Insolvenzverfahrens, aber vor deren tatsächlichen Eröffnung, **den Mittelpunkt seiner hauptsächlichen Interessen** in einen anderen Mitgliedstaat **verlegt**, trifft die Verordnung keine ausdrückliche Regelung. Der EuGH stellte jedoch in der Entscheidung Staubitz-Schreiber (**EuGH** 17. 1. 2006, Rn 24 ff, DZWiR 2006, 196 m Anm *Duursma-Kepplinger* DZWiR 2006, 177) fest, dass bei einer **Sitzverlegung nach Antragstellung** das Gericht des Mitgliedstaats zuständig bleibt, in dessen Gebiet der Schuldner bei Antragstellung den Mittelpunkt seiner hauptsächlichen Interessen hat (*Leible/Staudinger* KTS 2000, 545; *Mankowski* NZI 2005, 575 f; aA K/P/*Kemper* Art 3 Rn 18, der nicht auf den Zeitpunkt der Antragstellung, sondern auf den Zeitpunkt der Eröffnungsentscheidung abstellen will). Dabei knüpft der **EuGH** für die Bestimmung der Zuständigkeit im Ergebnis zutreffend an den Zeitpunkt der Insolvenzantragstellung an und spricht sich damit für eine **perpetuatio fori** aus. Bei einer **Sitzverlegung vor Antragstellung** wird man aufgrund der Niederlassungsfreiheit im Gegensatz zu dem Entwurf eines EG-Konkursübereinkommens (Art 6 des Entwurfes des EG-Konkursübereinkommens, in dem eine zeitliche Grenze von 6 Monaten vorgesehen war; kritisch hierzu schon Kegel/Thieme-*Thieme*, Vorschläge und Gutachten zum Entwurf eines EG-Konkursübereinkommens, 268) keine starre zeitliche Grenze dafür annehmen können, wann eine Verlegung des Sitzes bzw Wohnsitzes oder des Mittelpunktes der hauptsächlichen Interessen außer Betracht zu bleiben hat (*Virgós/Garcimartin* The European Insolvency Regulation, Rn 69; MüKoInsO-*Reinhart*, Art 3 Rn 52). Da es sich um einen Unterfall des Rechtsmissbrauchs durch den Schuldner handelt, hat vielmehr eine Einzelfallprüfung zu erfolgen, in der die Gesamtumstände der Sitzverlegung zu beurteilen sind (*Virgós/Garcimartin* The European Insolvency Regulation, Rn 69). Aus Gründen der Rechtssicherheit sind dabei ausschließlich die Umstände zum Zeitpunkt der Antragstellung maßgeblich (so auch *Carrera* in eurofenix, 21; aA *Weissbrodt* in eurofenix, 16, die davon ausgeht, dass unabhängig von einem kurzfristigen Wechsel des Sitzes der Ort für das COMI ausschlaggebend sei, an dem der Schuldner in einer Gesamtbetrachtung regelmäßig seinen Sitz hat und stellt einen Vergleich zum italienischen und französischen Recht her, wonach der Wechsel des Sitzes 6 oder 12 Monate vor der Krisensituation keine Berücksichtigung mehr findet).

41   **4. Örtliche Zuständigkeit für Hauptinsolvenzverfahren.** Art 3 Abs 1 weist den Gerichten eines Mitgliedstaats die internationale Zuständigkeit zu. Die innerstaatliche **örtliche Zuständigkeit** ergibt sich

Internationale Zuständigkeit **Art 3 EuInsVO**

nach Art 4 aus dem jeweiligen nationalen Recht. Für deutsche Gerichte richtet sich diese nach § 3 Abs 1 InsO. Dabei können Zuständigkeitslücken entstehen, wenn die Zuständigkeit nach Art 3 Abs 1 nicht nach § 3 Abs 1 InsO gegeben ist. Denn § 3 Abs 1 InsO knüpft an andere Kriterien zur Bestimmung der Zuständigkeit an als Art 3 Abs 1. Nach § 3 Abs 1 S 1 InsO ist das Insolvenzgericht ausschließlich örtlich zuständig, in dessen Bezirk der Schuldner seinen allgemeinen Gerichtsstand hat. Bei unselbstständiger wirtschaftlicher Tätigkeit handelt es sich dabei um den Wohnsitz des Schuldners gem § 13 ZPO. Bei einer selbstständigen wirtschaftlichen Tätigkeit bestimmt sich die örtliche Zuständigkeit gem § 3 Abs 1 S 2 InsO nach dem **Mittelpunkt der selbstständigen wirtschaftlichen Tätigkeit** des Schuldners. Art 3 Abs 1 hingegen knüpft an den Mittelpunkt **der hauptsächlichen Interessen** des Schuldners an. Dieser **Zuständigkeitskonflikt** wird durch **Art 102 § 1 EGInsO** gelöst, der regelt, dass im Zweifel Art 3 Abs 1 vorgeht und sich dann auch die örtliche Zuständigkeit nach dem Mittelpunkt der hauptsächlichen Interessen des Schuldners richtet (vgl Art 102 § 1).

5. Anordnung einstweiliger Sicherungsmaßnahmen vor Eröffnung des Insolvenzverfahrens. Art 3 Abs 1 42 umfasst auch die internationale Zuständigkeit des Eröffnungsgerichts für die Anordnung vorläufiger Sicherungsmaßnahmen ab dem Zeitpunkt des Antrags auf Verfahrenseröffnung sowohl vor als auch nach Beginn des Insolvenzverfahrens (*Virgòs/Schmit* Erläuternder Bericht, Rn 78). Obwohl der Wortlaut des Abs 1 dies nicht ausdrücklich anführt, ergibt sich ein Indiz dafür aus Art 25 Abs 1, wonach Entscheidungen über Sicherungsmaßnahmen ohne weitere Förmlichkeiten anerkannt werden müssen (*Virgòs/Schmit* Erläuternder Bericht, Rn 78; K/P/*Kemper* Art 3 Rn 8). Aus dieser Möglichkeit ergibt sich eine Vorverlagerung des Universalitätsprinzips und der damit in Verbindung stehenden Wirkungserstreckung (D-K/D/Ch-*Duursma-Kepplinger* Art 3 Rn 49). Die Zulässigkeit vorläufiger Sicherungsmaßnahmen sowie die Art der möglichen Maßnahmen bestimmen sich nach dem Recht der Verfahrenseröffnung (D-K/D/Ch-*Duursma-Kepplinger* Art 3 Rn 50; K/P/*Kemper* Art 3 Rn 9; *Virgòs/Schmit* Erläuternder Bericht, Rn 78). Derartige Maßnahmen können die Beschlagnahme von Vermögensgegenständen, Handlungs- oder Unterlassungsauflagen zu Lasten des Schuldners sein oder auch die Bestellung eines vorläufigen Insolvenzverwalters (D-K/D/Ch-*Duursma-Kepplinger* Art 3 Rn 50; K/P/*Kemper* Art 3 Rn 9; aA *Smid* NZI 2009, 150 ff). Der vorläufige Insolvenzverwalter kann dabei in allen Mitgliedstaaten die Maßnahmen ergreifen, die zur Durchsetzung der vorläufigen Sicherung des schuldnerischen Vermögens notwendig sind (*Paulus* NZI 2001, 510; *Leible/Staudinger* KTS 2000, 570; K/P/*Kemper* Art 3 Rn 9; krit Nerlich/Römermann-*Mincke* Art 25 Rn 17). Daneben kann der vorläufige Insolvenzverwalter nach Art 38 in einem Mitgliedstaat, in dem eine Niederlassung des Schuldners liegt, bereits vor Eröffnung eines Sekundärinsolvenzverfahrens die nach dem Recht dieses Staats zulässigen Sicherungsmaßnahmen für ein Liquidationsverfahren beantragen. Dabei bleiben alle vorläufigen Sicherungsmaßnahmen dem Hauptinsolvenzverfahren untergeordnet (K/P/*Kemper* Art 3 Rn 9). Die erlassenen Sicherungsmaßnahmen sind in allen Mitgliedstaaten unter den in Art 25 Abs 1 genannten Voraussetzungen anzuerkennen und zu vollstrecken (*Virgòs/Schmit* Erläuternder Bericht, Rn 78).

II. Territorialinsolvenzverfahren (Abs 2–4)

Der Verordnungsgeber hat den **Universalitätsanspruch** des Hauptinsolvenzverfahrens gem Abs 1 in- 43 soweit **eingeschränkt**, als der nach Abs 2 auf einen Mitgliedstaat beschränkte **Territorialinsolvenzverfahren** zulässt. Diese Verfahren haben vor allem zwei Funktionen: Sie schützen inländische Gläubigerinteressen und können als „Hilfsverfahren" für ausländische Hauptinsolvenzverfahren dienen (vgl *Virgòs/Schmit*, Erläuternder Bericht, Rn 32; HambKomm-*Undritz* Anh, Art 3 Rn 41). Bei den Territorialverfahren ist zwischen **sekundären Partikularverfahren** und **isolierten Partikularverfahren** zu differenzieren. Der maßgebliche Unterschied ist, dass das sekundäre Partikularinsolvenzverfahren (im Folgenden Sekundärinsolvenzverfahren) nur parallel zu einem Hauptinsolvenzverfahren eröffnet werden kann, während das isolierte Partikularinsolvenzverfahren (im Folgenden Partikularinsolvenzverfahren) auch unabhängig von einem Hauptinsolvenzverfahren eröffnet werden kann (Pannen-*Pannen* Art 3 Rn 5).

1. Zuständigkeit für die Eröffnung eines Partikularverfahrens (Abs 2). Art 3 Abs 2 regelt die interna- 44 tionale Zuständigkeit für Partikularverfahren. Dieses Verfahren ist zwar gegenständlich auf das **Vermögen** des Schuldners beschränkt (*Virgós/Garcimartín*, The European Insolvency Regulation, 162 f; Moss/Fletcher/Isaacs-*Fletcher* EC Regulation, 8.60; Pannen-*Pannen* Art 3 Rn 119), das in diesem Mitgliedstaat belegen ist, aber die Belegenheit von Vermögen reicht zur Eröffnung eines Partikularverfahrens nicht aus, sondern es sind nach Art 3 Abs 2 S 1 nur die Mitgliedstaaten zur Eröffnung befugt, in deren Hoheitsbereich der Schuldner eine **Niederlassung** hat (*Virgós/Schmit* Erläuternder Bericht, Rn 80). Der **Begriff der Niederlassung** ist in Art 2 lit h EuInsVO definiert und umfasst danach jeden Tätigkeitsort, an dem der Schuldner einer wirtschaftlichen Aktivität von nicht nur vorübergehender Art nachgeht, die den Einsatz von Personal und Vermögenswerten voraussetzt und nach herrschender Meinung keine Tochtergesellschaften der Schuldnerin umfasst (vgl Art 2 Rn 13–17). Danach stimmt der Niederlassungsbegriff nicht mit der Begrifflichkeit des Art 5 Nr 5 EuGVVO überein (D-K/D/Ch-*Duursma-Kepplinger* Art 3 Rn 63; *Pannen* Art 3 Rn 119; MüKoInsO-*Reinhart* Art 3 Rn 72). Zur Bestimmung der Niederlassung kommt es auf das äußere Erscheinungsbild aus der Sicht des Gläubigers an und nicht auf die Ziel- und Zweckrichtung des Schuldners (*Virgós/Schmit* Erläuternder Bericht, Rn 71; Moss/Fletcher/Isaacs-*Fletcher* EC Regulation, Rn 3.21; *ders* Insolvency, 264 f; MüKoInsO-*Reinhart* Art 3 Rn 71). Die Beschränkung der Niederlassung trägt dem Gedanken der eingeschränkten Universalität Rechnung ebenso wie dem Grundsatz, dass das schuldnerische Vermögen grundsätzlich im Hauptinsolvenzverfahren verwertet werden soll (K/P/*Kemper* Art 3 Rn 21). Das Verfahren richtet sich nach dem Insolvenzrecht des Eröffnungsstaates. Grundsätzlich ermöglicht das Partikularverfahren die Befriedigung der nach nationalem Recht besonders geschützten Gläubiger (vgl K/P/*Kemper* Art 3 Rn 20).

45 **2. Zuständigkeit für die Eröffnung eines Sekundärinsolvenzverfahrens (Abs 3).** Art 3 Abs 3 regelt die Sonderform des Partikularinsolvenzverfahrens, das **zeitlich nach der Eröffnung des Hauptinsolvenzverfahrens** nach Abs 1 eröffnet wird **(Sekundärinsolvenzverfahren)**. Die Eröffnungsvoraussetzungen ergeben sich grundsätzlich aus dem Recht des Eröffnungsstaats, wobei Art 27–38 teilweise abweichende Sachnormen enthalten. Das Verfahren bezieht nur das in dem Eröffnungsstaat belegene Vermögen mit ein. Es muss sich um ein **Liquidationsverfahren** nach Anlage B handeln. Mit dem Sekundärinsolvenzverfahren werden die Wirkungen des Hauptinsolvenzverfahrens im Staat der Eröffnung des Sekundärinsolvenzverfahrens ausgesetzt (vgl K/P/*Kemper* Art 3 Rn 27). Für die Eröffnung eines Sanierungsverfahrens fehlt dem Gericht des Niederlassungsstaats die internationale Zuständigkeit (*Leible/Staudinger* KTS 2000, 549; K/P/*Kemper* Art 3 Rn 28).

46 **3. Voraussetzungen für die Eröffnung eines Partikularverfahrens nach Abs 2 (Abs 4). a) Keine Eröffnung eines Hauptinsolvenzverfahrens.** Während beim Sekundärinsolvenzverfahren bereits ein Hauptinsolvenzverfahren eröffnet worden sein muss, kommt die Eröffnung eines Partikularinsolvenzverfahrens nach Abs 4 nur in Betracht, wenn noch **kein Hauptinsolvenzverfahren** eröffnet wurde. Dabei handelt es sich um eine **besondere Zulässigkeitsvoraussetzung**, die das Rechtsschutzbedürfnis des Gläubigers zur Durchführung eines unabhängigen Partikularverfahrens konkretisiert (MüKoInsO-*Reinhart* Art 3 Rn 76). Neben der Voraussetzung der direkten internationalen Zuständigkeit nach der Verordnung richten sich die übrigen Voraussetzungen nach dem Recht des jeweiligen Eröffnungsstaats (K/P/*Kemper* Art 3 Rn 29).

47 **b) Geltung der Voraussetzungen des Abs 2.** Für die Eröffnung eines Partikularverfahrens nach Abs 4 müssen die Voraussetzungen des Abs 2 vorliegen (vgl Rn 44).

48 **c) Unmöglichkeit der Verfahrenseröffnung.** Nach Abs 4 lit a kann ein Partikularverfahren in einem Mitgliedstaat eröffnet werden, wenn die Verfahrenseröffnung am Ort des Mittelpunkts der hauptsächlichen Interessen des Schuldners nicht möglich ist. Dies richtet sich nach den „Bedingungen, die in den Rechtsvorschriften des Mitgliedstaats vorgesehen sind". Dabei soll das Partikularverfahren nicht als Auffangverfahren für insolvente Schuldner dienen, sondern dem Schutz der einheimischen Gläubiger (vgl Erwägungsgrund 17; *Virgós/Schmit* Erläuternder Bericht, Rn 64 f). Antragsberechtigt ist jeder Gläubiger, auch ein im Staat der Eröffnung des Hauptinsolvenzverfahrens domizilierter Gläubiger.

49 **d) Tatsächlicher Bezug des Gläubigers zur Niederlassung.** Alternative Voraussetzung für die Eröffnung eines Partikularverfahrens ist nach Abs 4 lit b, dass ein beantragender Gläubiger einen tatsächlichen Bezug zur Niederlassung (vgl Rn 44) hat, indem er entweder seinen Wohnsitz, tatsächlichen Aufenthalt, Sitz oder eine Niederlassung in dem Staat der Niederlassung hat oder sich seine Forderung aus dem Betrieb der Niederlassung ergibt. Dies bewirkt eine **Beschränkung des Antragsrechts** des Gläubigers (D-K/D/Ch-*Duursma-Kepplinger* Art 3 Rn 93; K/P/*Kemper* Art 3 Rn 32). Die Begriffe des Wohnsitzes, des tatsächlichen Aufenthalts und des Sitzes werden in der EuInsVO nicht legaldefiniert. Nach Art 59 EuGVVO wendet das angerufene Gericht zur Feststellung des **Wohnsitzes** sein Recht an, so dass sich dieser Begriff nach dem Prozessrecht des Forums bestimmt (*Kropholler* Art 59 EuGVVO Rn 1; K/P/*Kemper* Art 3 Rn 32). Der **tatsächliche Aufenthalt** knüpft hingegen an einen zur Zeit der Antragstellung bestehenden Zustand an, der ohne Formalisierung, beispielsweise durch einen Wohnsitz, nach außen erkennbar ist (K/P/*Kemper* Art 3 Rn 32). Mit **Sitz** ist der effektive Verwaltungssitz gemeint (K/P/*Kemper* Art 3 Rn 32). Der Begriff der **Niederlassung** ist Art 2 lit h legaldefiniert (vgl Rn 44). Der tatsächliche Bezug des Gläubigers kann jedoch auch vermittelt werden. Das ist der Fall, wenn sich die Forderung des Gläubigers **aus dem Betrieb** der Niederlassung des Schuldners ergibt. Mangels Legaldefinition in der EuInsVO ist zur Begriffsbestimmung auf Art 5 Nr 5 EuGVVO zu verweisen. Danach muss es sich um vertragliche oder außervertragliche Rechte und Pflichten in Bezug auf die eigentliche Führung der Niederlassung selbst handeln. Es sind dabei alle Forderungen denkbar, die Folge der wirtschaftlichen Tätigkeit des Schuldners sind, wie zB Lohnforderungen des Arbeitnehmers, Kaufpreisforderungen, des Lieferanten, Werklohnforderungen des Dienstleisters oder auch die Forderungen der Steuerbehörden oder des Sozialversicherungsträgers (vgl *Virgós/Schmit* Erläuternder Bericht, Rn 85).

50 **e) Insolvenzgrund.** Für das unabhängige Partikularverfahren gelten die Kollisionsnormen des Art 4, so dass für den Insolvenzgrund die **lex fori** des Partikularverfahrensstaats heranzuziehen ist (MüKo-

InsO-*Reinhart* Art 3 Rn 78). Dabei kommt es auf das Zahlungsverhalten des Schuldners innerhalb der Mitgliedstaaten an (**BGH** 11. 7. 1991, ZIP 1991, 1014; *Wimmer* ZIP 1998, 986; MüKoInsO-*Reinhart* Art 3 Rn 78).

f) Zulässige Verfahrensart. Anders als in Abs 3 kann das Partikularverfahren sowohl ein Liquidations- als auch ein Sanierungsverfahren nach Anh A oder B darstellen (*Virgós/Schmit* Erläuternder Bericht, Rn 86; K/P/*Kemper* Art 3 Rn 38; aA MüKoInsO-*Reinhart* Art 3 Rn 79, der davon ausgeht, dass das Sanierungsverfahren rechtlich und praktisch nicht möglich sei). Die Wirkungen des Partikularverfahrens sind auf die Niederlassung und das weitere im Gebiet des eröffnenden Staats befindliche Vermögen beschränkt. Allerdings wird die Eröffnung des Verfahrens nach Art 16, 17 in allen anderen Mitgliedstaaten automatisch anerkannt. Wird während der Durchführung des Verfahrens ein Hauptinsolvenzverfahren eröffnet, so ist das Partikularverfahren auf Antrag des Verwalters des Hauptinsolvenzverfahrens gem Art 37 in ein Sekundärverfahren umzuwandeln. Dies muss aber nach dem Stand des Verfahrens nach Art 36 möglich sein. Beantragt der Verwalter keine Umwandlung in diesem Sinne, so kann das Partikularverfahren als Sanierungsverfahren zu Ende geführt werden (*Virgós/Schmit* Erläuternder Bericht, Rn 86; K/P/*Kemper* Art 3 Rn 39). 51

IV. Zuständigkeit für Annexverfahren

Die Regelung der internationalen Zuständigkeit nach Art 3 betrifft nach ihrem Wortlaut nur die Eröffnung eines Insolvenzverfahrens. Sie regelt danach nicht die internationale Zuständigkeit für **Klagen des Insolvenzverwalters oder einzelner Gläubiger im Insolvenzverfahren**. Dazu gehören zB Insolvenzan-fechtungsklagen (dazu kürzlich **EuGH** Urt v 12. 2. 2009, NZI 2009, 199 ff. – Frick Teppichboden Su-per-märkte GmbH/Deko Marty Belgium NV), Feststellungsklagen gegen den Insolvenzverwalter, Rangstreitigkeiten, Aussonderungs- und Absonderungsklagen, Klagen auf Zahlung einer Masseverbindlichkeit, Aktivprozesse des Insolvenzverwalters, Klagen gegen Gesellschafter aus einem Gesellschaftsverhältnis, Klagen gegen Vertretungsorgane sowie Haftungsklagen gegen den Insolvenzverwalter (zu den einzelnen Klagearten vgl MüKoInsO-*Reinhart* Art 3 Rn 92 ff). Auch Art 25 Abs 1 Unterabsatz 2 trifft keine Zuständigkeitsregelung, sondern beschränkt sich auf die Regelung der vereinfachten Anerkennung solcher Verfahren (vgl Rn 1 Art 25). Höchst umstritten ist die Frage, ob diese **Regelungslücke** durch die Anwendung der **EuInsVO**, der **EuGVVO** oder durch das **autonome Recht** zu schließen ist. Eine Klärung der Frage durch den EuGH steht zu erwarten, da der BGH diese Frage durch den Beschluss vom 21. 6. 2007 im Zusammenhang mit der internationalen Zuständigkeit für Insolvenzanfechtungsklagen dem EuGH vorgelegt hat (**BGH** 21. 6. 2007, EuZW 2007, 582 ff; m Anm *Klöhn/Berner* ZIP 2007, 1418). 52

1. Entsprechende Anwendbarkeit des Art 3 EuInsVO. Nach einer verbreiteten Auffassung ist Art 3 Abs 1 auf Einzelverfahren, die unmittelbar aus einem Insolvenzverfahren hervorgehen und in engem Zusammenhang damit stehen, entsprechend anzuwenden (**EuGH** Schlussanträge des Generalanwalts Colomer 16. 10. 2008, ZInsO 2008, 1375 ff; D-K/D/Ch-*Duursma-Kepplinger* Art 25 Rn 48; *Paulus* Art 25 Rn 21; Geimer/Schütze-*Haß/Herweg* Internationaler Rechtsverkehr in Zivil- und Handelssachen, Nr 550, Art 3 Rn 23; Nerlich/Römermann-*Mincke* Art 3 Rn 15 ff; K/P/*Kemper* Art 3 Rn 10; HK-*Stephan* Art 3 Rn 13: *Lorenz,* Annexverfahren bei Internationalen Insolvenzen, 114 ff: *Carstens*, Die Internationale Zuständigkeit im europäischen Insolvenzrecht, 106 ff; *Haupold* IPRax 2002, 162; *Stürner* IPRax 2005, 519; *Paulus* ZInsO 2006, 298; *Mankowski/Willemer* NZI 2006, 651; *Mörsdorf-Schulte* NZI 2008, 282; Pannen-*Pannen* Art 3 Rn 114, Bezug nehmend auf den Grundsatz der *„par conditio creditorum"*). 53

2. Anwendung der EuGVVO. Weiterhin wird vertreten, dass die Einzelverfahren jedenfalls nach dem Inkrafttreten der EuInsVO entgegen der bisherigen Rechtsprechung des **EuGH** und des **BGH** in den Anwendungsbereich der EuGVVO fallen; der Ausschlusstatbestand des Art 1 Abs 2 lit b EuGVVO ist danach nunmehr enger auszulegen (MüKoInsO-*Reinhart* Art 3 Rn 4, Art 25 Rn 6; FK-*Wenner/Schuster* Anh 1 Art 3 Rn 37; Zöller/Geimer ZPO Anh I Art 1 EuGVVO Rn 35 f; *Geimer* Internationales Zivilprozessrecht, Rn 3561; Geimer/Schütze-*Geimer* Europäisches Zivilverfahrensrecht Art 1 EuGVVO Rn 128 ff; *Klumb* Kollisionsrecht der Insolvenzanfechtung, 192; *Thole* ZIP 2006, 1386 f). 54

3. Anwendung des autonomen nationalen Rechts. Nach einer dritten Meinung ist die internationale Zuständigkeit für die genannten Einzelverfahren weiterhin dem autonomen nationalen Recht der einzelnen Mitgliedstaaten zu entnehmen (vgl *Kropholler* Europäisches Zivilprozessrecht Art 1 Rn 36; *Schack* Internationales Zivilverfahrensrecht, Rn 1083; *Oberhammer* ZInsO 2004, 765). 55

4. Stellungnahme. Die erste Ansicht vorzugswürdig. Danach ist **Art 3 Abs 1** auf Einzelverfahren, die unmittelbar aus einem Insolvenzverfahren hervorgehen und in engem Zusammenhang damit stehen, **entsprechend** anzuwenden. 56

Die EuInsVO weist im regelnden Teil eine Lücke für die Regelung der internationalen Zuständigkeit für Annexverfahren auf, die im Wege einer Analogie zu Art 3 Abs 1 zu schließen ist (so auch Pannen- 57

Pannen Art 3 Rn 114; *Leipold* FS Ishikawa, 235; K/P/*Kemper* Art 3 Rn 11). Dafür spricht auch **Erwägungsgrund 6**, der sich zur Zuständigkeit, zur Anerkennung und zum anwendbaren Recht verhält und ausdrücklich auch die Zuständigkeit für die in engem Zusammenhang mit dem Insolvenzverfahren stehenden Entscheidungen umfasst. Daraus ergibt sich die **Planwidrigkeit der Regelungslücke**. Gegen die Planwidrigkeit spricht nicht, dass der Verordnungsgeber in Art 18 Abs 2 S 2 die Befugnisse des Verwalters eines Territorialverfahrens im Hinblick auf Anfechtungsklagen normiert hat. Denn ein Umkehrschluss dergestalt, dass außerhalb der Territorialinsolvenzverfahren die Zuständigkeit nicht nach der EuInsVO, sondern nach dem EuGVVO zu bestimmen sei, lässt sich nicht ziehen. Der Verordnungsgeber hat zwar grundsätzlich das Problem der Annexverfahren erkannt; daraus lässt sich aber nicht schlussfolgern, dass er die Regelungen der internationalen Zuständigkeit nicht auch auf Annexverfahren erstrecken wollte (so auch Pannen-*Pannen* Art 3 Rn 110).

58 Die Ansicht, wonach sich die internationale Zuständigkeit für derartige Entscheidungen nach den Vorschriften der **EuGVVO** richtet, ist **abzulehnen**. Eine solche Lösung würde den Erwägungsgrund 6 und damit den Willen des Verordnungsgebers unbeachtet lassen. Zudem folgt die EuInsVO mit Abs 1 dem System der direkten Zuständigkeitsregelungen (vgl *Lüke* ZZP 1998, 292). Mit der Verordnung sollen ferner gerade die in der EuGVVO bestehenden Lücken im Insolvenzrecht geschlossen werden (vgl K/P/*Kemper* Art 3 Rn 13). Nach der Rechtsprechung des EuGH (**EuGH** 22. 2. 1979, Slg 1979, 733) sind Klagen, die unmittelbar aus der Insolvenz hervorgehen und damit in Zusammenhang stehen, nach Art 1 Abs 2 lit b EuGVVO von deren Anwendungsbereich ausgeschlossen.

59 Der Ansicht, dass die internationale Zuständigkeit für Annexverfahren **nach dem Recht des Staates zu beurteilen sei**, dessen Gerichte angerufen werden, kann ebenfalls **nicht gefolgt werden**. Dies würde einen Verzicht auf die europäische Vereinheitlichung bedeuten (D-K/D/Ch-*Duursma-Kepplinger* Art 25 Rn 26; *Leipold* FS Ishikawa, 226). Dagegen spricht auch Erwägungsgrund 4. Denn danach soll die Verordnung missbräuchlichem „forum shopping" begegnen. Eine Zuständigkeitskonzentration im Staat der Eröffnung des Insolvenzverfahrens ist erforderlich, um die Vermögensverschiebungen im Vorfeld der Insolvenz in einen anderen Mitgliedstaat zu verhindern (vgl **BGH** 21. 6. 2007, Rn 17, EuZW 2007, 582 ff). Würde man dieser Ansicht folgen, entstünden ferner schon dadurch Kompetenzkonflikte, dass jeder Mitgliedstaat die internationale Zuständigkeit autonom regeln würde (Pannen-*Pannen* Art 3 Rn 100).

Art 4. Anwendbares Recht

(1) Soweit diese Verordnung nichts anderes bestimmt, gilt für das Insolvenzverfahren und seine Wirkungen das Insolvenzrecht des Mitgliedsstaates, in dem das Verfahren eröffnet wird, nachstehend „Staat der Verfahrenseröffnung" genannt.

(2) Das Recht des Staates der Verfahrenseröffnung regelt, unter welchen Voraussetzungen das Insolvenzverfahren eröffnet wird und wie es durchzuführen und zu beenden ist. Es regelt insbesondere:

  a) bei welcher Art von Schuldnern ein Insolvenzverfahren zulässig ist;
  b) welche Vermögenswerte zur Masse gehören und wie die nach der Verfahrenseröffnung vom Schuldner erworbenen Vermögenswerte zu behandeln sind;
  c) die jeweiligen Befugnisse des Schuldners und des Verwalters;
  d) die Voraussetzungen für die Wirksamkeit einer Aufrechnung;
  e) wie sich das Insolvenzverfahren auf laufende Verträge des Schuldners auswirkt;
  f) wie sich die Eröffnung eines Insolvenzverfahrens auf Rechtsverfolgungsmaßnahmen einzelner Gläubiger auswirkt, ausgenommen sind die Wirkungen auf anhängige Rechtsstreitigkeiten;
  g) welche Forderungen als Insolvenzforderungen anzumelden sind und wie Forderungen zu behandeln sind, die nach der Eröffnung des Insolvenzverfahrens entstehen;
  h) die Anmeldung, die Prüfung und die Feststellung der Forderungen;
  i) die Verteilung des Erlöses aus der Verwertung des Vermögens, den Rang der Forderungen und die Rechte der Gläubiger, die nach der Eröffnung des Insolvenzverfahrens aufgrund eines dinglichen Rechts oder infolge einer Aufrechnung teilweise befriedigt wurden;
  j) die Voraussetzungen und die Wirkungen der Beendigung des Insolvenzverfahrens, insbesondere durch Vergleich;
  k) die Rechte der Gläubiger nach der Beendigung des Insolvenzverfahrens;
  l) wer die Kosten des Insolvenzverfahrens einschließlich der Auslagen zu tragen hat;
  m) welche Rechtshandlungen nichtig, anfechtbar oder relativ unwirksam sind, weil sie die Gesamtheit der Gläubiger benachteiligen.

Übersicht

	Rn
I. Regelungsgehalt	1
1. Grundsatz	1
2. Einschränkung des Universalitätsprinzips	5

Anwendbares Recht | **Art 4 EuInsVO**

	Rn
II. Anwendungsbereich und Reichweite, Abs 1	8
1. Haupt-, Sekundär- und Partikularinsolvenzverfahren	8
2. Reichweite	12
3. Abgrenzung zwischen Gesellschaftsstatut und Insolvenzstatut	14
4. Abgrenzung zwischen Vertragsstatut und Insolvenzstatut	15
5. Abgrenzung zwischen Deliktsstatut und Insolvenzstatut	16
6. Abgrenzung zwischen Sachenrechtsstatut und Insolvenzstatut	17
III. Regelungen nach Abs 2	18
1. Insolvenzschuldner, lit a	21
2. Insolvenzmasse, lit b	28
3. Befugnisse des Schuldners und des Verwalters, lit c	34
4. Aufrechnung, lit d	38
5. Laufende Verträge, lit e	41
6. Rechtsverfolgungsmaßnahmen, lit f	46
7. Insolvenzforderungen und Masseverbindlichkeiten, lit g	49
8. Anmeldung, Prüfung und Feststellung von Forderungen, lit h	53
9. Rang und Erlösverteilung, lit i	56
10. Verfahrensbeendigung, lit j	58
11. Gläubigerrechte nach Verfahrensbeendigung, lit k	59
12. Verfahrenskosten, lit l	62
13. Die Gläubigergesamtheit benachteiligende Rechtshandlungen, lit m	63

I. Regelungsgehalt

1. Grundsatz. Abs 1 enthält die **Grundnorm des IIR:** Das Insolvenzverfahren und seine Wirkungen 1 richten sich grundsätzlich nach dem **Recht des Staats**, in dem das **Verfahren eröffnet** worden ist, was auch hier durchgehend als **Insolvenzstatut (lex fori concursus)** bezeichnet wird.

Der **Geltungsbereich** des Insolvenzstatuts wird in Abs 2 im Einzelnen spezifiziert. Es ist die erste ge- 2 setzliche Regelung, die in wünschenswerter Klarheit den Geltungsbereich des Insolvenzstatuts als einem **umfassenden Gesamtstatut** definiert.

Auf der Grundlage des materiell-rechtlichen **Universalitätsprinzips** bestimmt Art 4 Abs 2 den Gel- 3 tungsbereich des Insolvenzstatuts mit der Maßgabe, dass seine Normen auch jene Tatbestände erfassen, die durch **Sachverhalte im Ausland** erfüllt werden. Hieraus ergibt sich der **extraterritoriale Geltungsanspruch** des Insolvenzstatuts als **Gesamtstatut**. Die Umsetzung erfolgt durch Anerkennung der Verfahren, der in ihnen ergehenden Entscheidungen und der mit ihnen verbundenen Wirkungen und Rechtsfolgen innerhalb des gesamten Bereichs der EU-Mitgliedstaaten.

Soweit die EuInsVO nicht ausdrücklich bestimmt, dass eine andere Rechtsordnung als jene des EU- 4 Mitgliedstaats der Verfahrenseröffnung gilt, ist das Insolvenzstatut maßgeblich. Dieses Recht des Staats der Verfahrenseröffnung regelt somit – soweit die EuInsVO nichts anderes bestimmt – **alle verfahrensrechtlichen und materiellen Wirkungen des Insolvenzverfahrens** auf die davon betroffenen Personen und Rechtsverhältnisse. Nach dem Recht des Staats der Verfahrenseröffnung bestimmen sich alle Voraussetzungen für die Eröffnung, Abwicklung und Beendigung des Insolvenzverfahrens (23. Erwägungsgrund zur Verordnung (EG) Nr 1346/2000; *Virgós/Schmit*, Erläuternder Bericht, Rn 90; siehe auch oben § 335, Rn 8 ff). Durch die Geltung der einheitlichen Kollisionsnorm von Art 4 werden die Vorschriften des internationalen Privatrechts der einzelnen EU-Mitgliedstaaten ersetzt (23. Erwägungsgrund zur Verordnung (EG) Nr 1346/2000; *Virgós/Schmit*, Erläuternder Bericht, Rn 87).

2. Einschränkungen des Universalitätsprinzips. Der extraterritoriale Geltungsanspruch des Insolvenz- 5 statuts wird allerdings in dreifacher Weise **beschränkt:** Einmal gilt das Insolvenzstatut dort nicht, wo durch **Sonderanknüpfungen (Art 5 ff)** der (partielle) Vorrang von Einzelstatuten („Sachstatuten") gegenüber dem Gesamtstatut vorgesehen ist.

Zum anderen gilt der Grundsatz der Einheit des Verfahrens auch nicht für ein in einem anderen EU- 6 Mitgliedstaat eröffnetes **Sekundär- oder für ein unabhängiges Partikularinsolvenzverfahren (= Territorialinsolvenzverfahren);** diese unterliegen grundsätzlich dem Recht des EU-Mitgliedstaats, in dem das Sekundär- bzw Partikularinsolvenzverfahren eröffnet wurde.

Schließlich ist der **ordre public-Vorbehalt** gem **Art 26** zu beachten, wie er dort zugunsten jedes EU- 7 Mitgliedstaats ausdrücklich normiert ist. Bei den durch die EuInsVO anstelle des Insolvenzstatuts zur Anwendung berufenen Rechtsordnungen muss es sich gem dem allgemeinen Anwendungsbereich der EuInsVO (siehe oben Art 1, Rn 2; Vorbem zu §§ 335 ff InsO, Rn 33) stets um die **Normen eines anderen EU-Mitgliedstaats** handeln. Demgegenüber kommt die EuInsVO nicht zur Anwendung, sofern es sich bei den Rechtsordnungen, die ausnahmsweise anstelle des grundsätzlich universellen lex concursus gelten sollen, um Rechtsordnungen von Drittstaaten handelt. In diesen Fällen gilt allerdings auch nicht automatisch die lex concursus anstelle des für den jeweiligen Sachverhalt maßgeblichen Rechts des Drittstaats; vielmehr ist es dem jeweiligen nationalen Kollisionsrecht der EU-Mitgliedstaaten überlassen, für die von den vorgenannten Ausnahmeregelungen der EuInsVO betroffenen Sachverhalte beson-

EuInsVO Art 4 — Anwendbares Recht

dere Kollisionsnormen hinsichtlich der Anwendbarkeit des Rechts von Drittstaaten vorzusehen und auszugestalten (*Virgós/Schmit*, Erläuternder Bericht, Rn 93; *Moss/Fletcher/Isaacs*, EC Regulation, Rn 4.03). Hiervon hat der deutsche Gesetzgeber zB in §§ 336, 337, 338, 340 InsO Gebrauch gemacht.

II. Anwendungsbereich und Reichweite, Abs 1

8   **1. Haupt-, Sekundär- und Partikularinsolvenzverfahren.** Das jeweilige Insolvenzstatut ist sowohl im Haupt- als auch im Sekundär- sowie im Partikularinsolvenzverfahren anzuwenden. Dies hat zur Konsequenz, dass in den jeweiligen Verfahren eine unterschiedliche Rechtsordnung zur Anwendung kommt, nämlich im Hauptinsolvenzverfahren jenes von dessen Eröffnungsstaat und im Sekundär- oder unabhängigen Partikularinsolvenzverfahren das in dem EU-Mitgliedstaat dieser Verfahrenseröffnung geltende Recht.

9   Für **Hauptinsolvenzverfahren** gem Art 3 Abs 1 ergibt sich die Anwendbarkeit der lex concursus unmittelbar aus Art 4 Abs 1.

10   Für **Sekundärinsolvenzverfahren** gem Art 3 Abs 3 ergibt sich dies grundsätzlich auch aus Art 4 Abs 1; ferner wird die Maßgeblichkeit der Rechtsvorschriften des EU-Mitgliedstaats, in dem das Sekundärinsolvenzverfahren eröffnet wurde, in Art 28 klargestellt (*Virgós/Schmit*, Erläuternder Bericht, Rn 89; D-K/D/Ch-*Duursma-Kepplinger*, Art 4, Rn 4; Haß/Huber/Gruber/Heiderhoff-*Haß/Herweg*, Art 4, Rn 5).

11   Für unabhängige **Partikularinsolvenzverfahren** gem Art 3 Abs 4 enthält die EuInsVO keine ausdrückliche oder zumindest klarstellende Regelung, aus der sich die Anwendbarkeit des Rechts des Eröffnungsstaats des unabhängigen Partikularinsolvenzverfahrens ergibt. Dennoch besteht Einigkeit darüber, dass für unabhängige Partikularinsolvenzverfahren das Recht des Staats maßgeblich ist, in dem dieses Verfahren eröffnet wurde (23. Erwägungsgrund zur Verordnung (EG) Nr 1346/2000; *Virgós/Schmit*, Erläuternder Bericht, Rn 89; Haß/Huber/Gruber/Heiderhoff-*Haß/Herweg*, Art 4, Rn 5; D-K/D/Ch-*Duursma-Kepplinger*, Art 4, Rn 3; MüKoInsO-*Reinhart*, Art 4, Rn 1; Pannen-*Pannen/Riedemann*, Art 4, Rn 4 und Rn 7). Umstritten ist lediglich, ob sich dies unmittelbar aus Art 4 Abs 1 ergibt (MüKoInsO-*Reinhart*, Art 28, Rn 11; Haß/Huber/Gruber/Heiderhoff-*Heiderhoff*, Art 28, Rn 2; *Virgós/Schmit*, Erläuternder Bericht, Rn 89) oder ob daneben auch Art 28 auf unabhängige Partikularinsolvenzverfahren anwendbar ist (D-K/D/Ch-*Duursma-Kepplinger*, Art 28, Rn 20). Im Ergebnis ist dieser Meinungsstreit jedoch rein dogmatischer Natur und ohne praktische Relevanz, da nach allen Ansichten das Recht des Staats, in dem das unabhängige Partikularinsolvenzverfahren eröffnet wurde, auf dieses Partikularinsolvenzverfahren anzuwenden ist.

12   **2. Reichweite.** Das Insolvenzstatut regelt alle verfahrensrechtlichen und materiellrechtlichen Wirkungen des Insolvenzverfahrens (siehe oben Rn 4). Voraussetzung für die Anwendbarkeit des jeweiligen lex concursus ist somit die **Zuordnung des Sachverhalts zum Insolvenzrecht** (MüKoInsO-*Reinhart*, Art 4, Rn 2; D-K/D/Ch-*Duursma-Kepplinger*, Art 4, Rn 5 ff und Rn 49; Haß/Huber/Gruber/Heiderhoff-*Haß/Herweg*, Art 4, Rn 10 ff). Unproblematisch ist die Zuordnung eines Sachverhalts zum Insolvenzrecht in den Fällen des Art 4 Abs 2 lit a bis m; die dort beispielhaft genannten Fälle sind jedenfalls als insolvenzrechtlich zu qualifizieren. Außerhalb dieses Beispielkatalogs kann die Abgrenzung zwischen Sachverhalten, die als insolvenzrechtlich zu qualifizieren sind und somit gem Art 4 dem Insolvenzstatut unterliegen und solchen Sachverhalten, die einem anderen Rechtsgebiet zuzuordnen sind und daher gem Art 4 nicht dem Insolvenzstatut unterliegen, schwierig sein. Nicht entscheidend ist, ob die jeweilige Regelung in einem Insolvenzgesetz enthalten ist (Pannen-*Pannen/Riedemann*, Art 4, Rn 10; *Paulus*, Art 4, Rn 2; MüKoInsO-*Reinhart*, Art 4, Rn 2). Maßgeblich ist vielmehr, ob der betreffende Sachverhalt eine **spezifisch insolvenzrechtliche Problematik** betrifft und einen besonders engen Bezug zum Insolvenzverfahren aufweist; dies rechtfertigt die Qualifikation als insolvenzrechtlich. Dies gilt insbesondere bei materiellrechtlichen Wirkungen, die notwendig sind, damit das Insolvenzverfahren seinen Zweck erfüllt (*Virgós/Schmit*, Erläuternder Bericht, Rn 90) oder wenn eine Norm selbst insolvenzpolitischen Zielen dient wie zB dem insolvenzrechtlichen Grundsatz der allgemeinen Gläubigergleichbehandlung (Pannen-*Pannen/Riedemann*, Art 4, Rn 14; D-K/D/Ch-*Duursma-Kepplinger*, Art 4, Rn 7). Als „Faustformel" können folgende Prüfungspunkte herangezogen werden: Ist die Insolvenz Tatbestandsvoraussetzung und dient die Norm selbst unmittelbar rechtspolitischen Zielen, indem ihre Wirkungen erforderlich sind, damit das Insolvenzverfahren seinen Zweck erfüllt (zB Gläubigergleichbehandlung), ist der Sachverhalt als spezifisch insolvenzrechtlich zu qualifizieren (Haß/Huber/Gruber/Heiderhoff-*Haß/Herweg*, Art 4, Rn 11; Pannen-*Pannen/Riedemann*, Art 4, Rn 14).

13   Betrifft der Sachverhalt indes Regelungsgegenständen aus einem anderen Rechtsgebiet, die nur aufgrund der Insolvenz des Schuldners insolvenzrechtliche Wirkungen und Relevanz entfaltet, kommt das Insolvenzstatut nicht zur Anwendung (Pannen-*Pannen/Riedemann*, Art 4, Rn 13; *Paulus*, Art 4, Rn 4); vielmehr ist gesondert anzuknüpfen mit der Folge der Verweisung auf ein anderes Sachstatut.

14   **3. Abgrenzung zwischen Gesellschaftsstatut und Insolvenzstatut.** Besonders schwierig kann die Frage nach der Qualifikation einer Regelung als insolvenzrechtlich an der Schnittstelle zwischen Insolvenz- und Gesellschaftsrecht sein. Von erheblicher Bedeutung sind in diesem Zusammenhang diejenigen Re-

Anwendbares Recht **Art 4 EuInsVO**

gelungen, die den gesellschaftsrechtlichen Gläubigerschutz betreffen, wie zB im deutschen Recht die Haftung der Mitglieder des Vertretungsorgans wegen Insolvenzverschleppung gem § 15a InsO (vor Inkrafttreten des MoMiG am 1. 11. 2008: § 64 GmbHG für die GmbH, § 92 AktG für die AG, § 130a HGB für die OHG, § 161 Abs 3 iVm § 130a HGB für die KG). Sofern solche Regelungen unter den Anwendungsbereich des Art 4 fallen, sind sie unabhängig vom Gesellschaftsstatut immer dann im Rahmen des Insolvenzstatuts anwendbar, wenn in dem EU-Mitgliedstaat, dessen Rechtsordnung die jeweilige Norm entstammt, das Insolvenzverfahren eröffnet wird. Insbesondere bei **Scheinauslandsgesellschaften** (siehe dazu ausführlich oben Art 3, Rn 37 ff und Vorbem zu §§ 335 ff, Rn 34 ff) können Gesellschafts- und Insolvenzstatut auseinanderfallen. Gem der seit dem sogenannten „Inspire-Art"-Urteil des EuGH vom 30. 9. 2003 (Az: Rs C-167/01, ZIP 2003, 1885) geltenden **Gründungstheorie** regelt das Statut der Gesellschaftsgründung (**Gründungsstatut**) grundsätzlich alle gesellschaftsrechtlichen Gegenstände. Wurde die Gesellschaft im Ausland gegründet, das Insolvenzverfahren jedoch im Inland eröffnet, weichen Gesellschafts- und Insolvenzstatut voneinander ab und es stellt sich die Frage, ob die den gesellschaftsrechtlichen Gläubigerschutz betreffenden deutschen Regelungen (zB § 15a InsO) auf die in Deutschland tätige Auslandsgesellschaft anwendbar sind. Die Beantwortung dieser Frage ist für jede einzelne relevante Regelung sehr umstritten und bislang höchstrichterlich nicht geklärt (siehe im Einzelnen die ausführliche Darstellung in Pannen-*Pannen/Riedemann*, Art 4, Rn 77 ff; vgl auch Haß/Gruber/Huber/Heiderhoff-*Haß/Herweg*, Art 4, Rn 15 mwN).

4. Abgrenzung zwischen Vertragsstatut und Insolvenzstatut. Vertragsstatut ist das für die vertraglichen Ansprüche maßgebliche Recht (Prütting/Wegen/Weinreich-*Brödermann/Wegen*, BGB, Art 27 EGBGB, Rn 1); dies kann entweder das von den Parteien gewählte Recht sein (vgl Art 27 Abs 1 S 1 EGBGB) oder das Recht des Staats, mit dem der Vertrag die engsten Verbindungen aufweist bzw im Zweifel das Recht des Staats, in dem die zur Erbringung der charakteristischen Leistung verpflichtete Partei bei Vertragsschluss ihren gewöhnlichen Aufenthalt bzw ihre Hauptverwaltung oder Hauptniederlassung oder für die Leistungserbringung relevante Niederlassung hat (vgl Art 28 Abs 1 und Abs 2 EGBGB). Die Abgrenzung zwischen Vertrags- und Insolvenzstatut bereitet in der Regel keine Schwierigkeiten. Grundsätzlich ist auf die gegenseitigen vertraglichen Ansprüche das Vertragsstatut anzuwenden. Etwas anderes gilt nur dann, wenn sich aus der Insolvenzsituation eine Modifikation der Vertragsbeziehung ergibt. In diesen Fällen ist das Insolvenzstatut und somit die entsprechende Kollisionsnorm oder Sachnorm maßgeblich, wie zB hinsichtlich der Fragen, wie sich das Insolvenzverfahren auf laufende Verträge auswirkt (Art 2 Abs 2 lit e), welche Auswirkungen die Käufer- oder Verkäuferinsolvenz im Falle eines vereinbarten Eigentumsvorbehalts (Art 7) oder welche Wirkungen das eröffnete Insolvenzverfahren auf einen Vertrag über den Erwerb oder die Nutzung eines unbeweglichen Gegenstands hat (Art 8). Ergänzend siehe auch oben § 335, Rn 16 ff. 15

5. Abgrenzung zwischen Deliktsstatut und Insolvenzstatut. Das Deliktsstatut besagt, dass für Ansprüche aus unerlaubter Handlung grundsätzlich das Recht des Staats maßgeblich ist, in dem der Ersatzpflichtige gehandelt hat, bzw ggf auch das Recht des Staats, in dem der tatbestandliche Erfolg eingetreten ist (vgl Art 40 Abs 1 EGBGB). Sofern die relevanten deliktsrechtlichen Normen absolute Rechte, zB das Eigentum, schützen, ist für das Insolvenzstatut grundsätzlich kein Raum. Etwas anderes kann allerdings dann gelten, wenn den deliktischen Ansprüchen der Schutz des Vermögens zugrunde liegt, wie zB im Falle der Insolvenzverschleppungshaftung gem § 823 Abs 2 BGB in Verbindung mit § 15a InsO. Ob diese als insolvenzrechtlich zu qualifizieren ist und damit dem Insolvenzstatut unterliegt, ist umstritten (siehe oben Rn 14 mwN). Im Ergebnis dürfte dieser Meinungsstreit im Zusammenhang mit dem Deliktsstatut jedoch ohne praktische Relevanz sein, da selbst bei Zuordnung der Insolvenzverschleppungshaftung zum Deliktsstatut regelmäßig die lex concursus zur Anwendung kommt, weil sowohl der Ort der deliktischen Handlung (unterlassene Insolvenzantragstellung) als auch der Ort des tatbestandlichen Erfolgs (Masseschmälerung) im Gebiet des EU-Mitgliedstaats der Verfahrenseröffnung liegen wird (vgl auch MüKoInsO-*Reinhart*, Art 4, Rn 11). 16

6. Abgrenzung zwischen Sachenrechtsstatut und Insolvenzstatut. Gem dem Sachenrechtsstatut unterliegt das Recht an einer Sache grundsätzlich dem lex rei sitae, also dem Recht des Staats, in dem die Sache belegen ist (vgl Art 43 Abs 1 EGBGB). Abweichend davon ist das Insolvenzstatut allerdings dann anzuwenden, wenn das Recht an einer Sache durch das eröffnete Insolvenzverfahren modifiziert wird (MüKoInsO-*Reinhart*, Art 4, Rn 12). So richtet sich zB die Frage, ob der Gläubiger wirksam ein dingliches Recht erworben hat, nach der lex rei sitae, die Fragen hingegen, ob der Gläubiger den Gegenstand im eröffneten Verfahren verwerten oder dessen Herausgabe verlangen darf, sich nach insolvenzrechtlichen Vorschriften (Art 5); auch wenn in vorgenanntem Beispiel Art 5 bestimmt, dass die lex rei sitae von der Verfahrenseröffnung unberührt bleibt, zeigt sich die insolvenzrechtliche Qualifizierung zB daran, dass der Gläubiger eines dinglichen Rechts verpflichtet ist, einen etwaigen **Übererlös** aus der Verwertung des dinglichen Rechts an die Insolvenzmasse abzuführen (siehe 25. Erwägungsgrund zur EuInsVO; *Virgós/Schmit*, Erläuternder Bericht, Rn 99; Pannen-*Ingelmann*, Art 5, Rn 17; D-K/D/Ch-*Duursma-Kepplinger*, Art 5, Rn 29 – siehe auch unten Art 5 Rn 6). 17

Lüer 3085

III. Regelungen nach Abs 2

18 Abs 2 normiert zunächst in **S 1** die allgemeine Regelung, dass das Insolvenzstatut für die Voraussetzungen der Verfahrenseröffnung, die Durchführung des Verfahrens und für die Verfahrensbeendigung maßgeblich ist.

19 Abs 2 S 2 enthält einen konkreten, **nicht abschließenden Katalog** von Gegenständen, für die das Insolvenzstatut gilt.

20 Sowohl durch die Regelung in S 1 als auch die konkrete Ausgestaltung unter S 2 soll die Auslegung des Art 4 und die Qualifikation bestimmter Sachverhalte als insolvenzrechtlich erleichtert werden (*Virgós/Schmit*, Erläuternder Bericht, Rn 91; MüKoInsO-*Reinhart*, Art 4, Rn 3 und Rn 13; Pannen-*Pannen/Riedemann*, Art 4, Rn 12; *Huber*, ZZP 114 (2001) 133, 151 – siehe auch oben Rn 12).

21 **1. Insolvenzschuldner, lit a.** Die Regelung in lit a betrifft die **Insolvenzfähigkeit**, mithin die Frage, bei welcher Art von Schuldnern ein Insolvenzverfahren zulässig ist. Sie kann in den verschiedenen EU-Mitgliedstaaten unterschiedlich geregelt sein. Beispielsweise ist die Insolvenzfähigkeit in manchen EU-Mitgliedstaaten nur dann zu bejahen, wenn der Schuldner Kaufmann ist, in anderen EU-Mitgliedstaaten sind sowohl natürliche als auch juristische Personen insolvenzfähig (siehe im Einzelnen die ausführliche Übersicht zur Insolvenzfähigkeit bei Pannen-*Pannen*, Art 3, Rn 14; *Moss/Fletcher/Isaacs*, EC Regulation, Rn 4.07 und Fn 10).

22 In Deutschland bestimmt sich die Insolvenzfähigkeit nach §§ 11, 12 InsO: **Insolvenzfähig sind nach der inländischen lex concursus** demnach alle natürlichen und juristischen Personen, nicht rechtsfähige Vereine, Gesellschaften ohne Rechtspersönlichkeit (OHG, KG, PartG, GbR, Partenreederei, Europäische wirtschaftliche Interessenvereinigung), nach Maßgabe der §§ 315–334 InsO ein Nachlass, das Gesamtgut einer fortgesetzten Gütergemeinschaft und das gemeinschaftlich verwaltete Gesamtgut einer Gütergemeinschaft.

23 Durch die Rechtsprechung ist inzwischen entschieden, dass insbesondere auch die englische Limited (**Ltd**) in Deutschland als insolvenzfähig anzusehen ist (LG Duisburg, 20. 2. 2007, ZIP 2007, 926; **AG** Nürnberg, 1. 10. 2006, ZIP 2007, 83; **AG** Saarbrücken, 25. 2. 2005, ZIP 2005, 727; **AG** Hamburg, 14. 5. 2003, ZIP 2003, 1008; siehe auch ausführlich Vallender, ZGR 2006, 425), so dass über das Vermögen einer Limited, die ihren COMI in Deutschland hat, ein Hauptinsolvenzverfahren bzw über das Vermögen einer Limited, die in Deutschland eine Niederlassung hat, ein Sekundär- oder ggf ein Partikularinsolvenzverfahren eröffnet werden kann (siehe zu sog „Scheinauslandsgesellschaften" ausführlich oben Vorbem §§ 335 ff Rn 34 ff und Art 3 Rn 34 ff).

24 **Nicht insolvenzfähig nach deutschem Insolvenzrecht** sind hingegen juristische Personen des öffentlichen Rechts (§ 12 InsO).

25 Da Art 4, mithin auch Abs 2 S 2 lit a, für **Hauptinsolvenzverfahren, Sekundärinsolvenzverfahren und Partikularinsolvenzverfahren** gilt, kann dies im Einzelfall zur Konsequenz haben, dass die Eröffnung eines Hauptinsolvenzverfahrens wegen der nach der insoweit maßgeblichen lex concursus zu bejahenden Insolvenzfähigkeit zulässig ist, die Eröffnung eines Sekundärinsolvenzverfahrens im EU-Mitgliedstaat der Niederlassung hingegen wegen der dortigen lex concursus nicht möglich ist wegen fehlender Insolvenzfähigkeit und umgekehrt.

26 Beispiel 1: Der Schuldner ist nach dem Recht des Mitgliedstaats, in dem er sein centre of main interest (COMI – siehe oben Art 3 Rn 9) hat, insolvenzfähig, so dass in jenem Staat ein Hauptinsolvenzverfahren eröffnet werden kann. Demgegenüber hat der Schuldner eine Niederlassung in einem anderen EU-Mitgliedstaat, nach der lex concursus er nicht insolvenzfähig ist, so dass in jenem Staat der Niederlassung kein Sekundärinsolvenzverfahren eröffnet werden kann.

27 Beispiel 2: In dem EU-Mitgliedstaat, in dem der Schuldner sein „centre of main interest" (COMI) hat, ist er aufgrund des dort geltenden Insolvenzstatuts nicht insolvenzfähig, so dass kein Hauptinsolvenzverfahren eröffnet werden kann. Allerdings hat der Schuldner in einem anderen EU-Mitgliedstaat eine Niederlassung; nach dem Insolvenzrecht jenes Staats der Niederlassung ist er insolvenzfähig, so dass gem Art 3 Abs 4 lit a im Staat der Niederlassung ein das dort belegene Vermögen betreffendes unabhängiges Partikularinsolvenzverfahren eröffnet werden kann.

28 **2. Insolvenzmasse, lit b.** Diese Regelung bestimmt, dass auch das Insolvenzstatut bestimmt, welche Vermögenswerte zur (Insolvenz-)Masse gehören und wie die nach Verfahrenseröffnung vom Schuldner erworbenen Vermögensgegenstände zu behandeln sind.

29 Sofern deutsches Insolvenzrecht anzuwenden ist, bestimmt sich die Insolvenzmasse nach §§ 35, 36 InsO.

30 Ebenso wie hinsichtlich der Insolvenzfähigkeit kann es auch bzgl der Insolvenzmasse im Falle der Eröffnung eines Haupt- und eines Sekundärinsolvenzverfahrens zu unterschiedlichen Ergebnissen hinsichtlich der jeweils zur Masse gehörenden Vermögensgegenständen kommen, da die Bestimmung, welche Vermögensgegenstände zur Insolvenzmasse gehören, in den einzelnen EU-Mitgliedstaaten unterschiedlich geregelt sein kann.

31 Besonders zu beachten ist im Zusammenhang mit lit b die Sonderanknüpfung des Art 7, wonach die lex concursus ausnahmsweise nicht anwendbar ist, sofern Gläubiger und Gemeinschuldner einen **Eigen-**

Anwendbares Recht **Art 4 EuInsVO**

tumsvorbehalt vereinbart haben und sich das Vorbehaltsgut im Zeitpunkt der Verfahrenseröffnung in einem anderen EU-Mitgliedstaat als jenem der Verfahrenseröffnung befindet. Selbst wenn also das Insolvenzstatut bestimmen sollte, dass die an den insolventen Käufer gelieferte Kaufsache unabhängig bzw ungeachtet eines vereinbarten Eigentumsvorbehalts in die Insolvenzmasse fällt, ist diese Regelung der lex concursus unbeachtlich, wenn die Vorbehaltsware nicht im Staat der Verfahrenseröffnung, sondern in einem anderen EU-Mitgliedstaat belegen ist; befindet sich die Vorbehaltsware zB in Deutschland und wurde das Verfahren in einem anderen EU-Mitgliedstaat eröffnet, gilt hinsichtlich der Vorbehaltsware, dass diese nicht zur Insolvenzmasse gehört, sondern im Eigentum des Verkäufers steht.

Entsprechendes gilt hinsichtlich der Sonderanknüpfung in **Art 8** für Verträge, die zum Erwerb oder zur Nutzung eines unbeweglichen Gegenstands berechtigen. 32

Hinsichtlich der Behandlung von Vermögenswerten, die der Gemeinschuldner nach Verfahrenseröffnung erworben hat, ist schließlich **Art 24** zu beachten, wonach derjenige, der in einem EU-Mitgliedstaat eine Leistung an einen Schuldner erbringt, über dessen Vermögen in einem anderen EU-Mitgliedstaat ein Insolvenzverfahren eröffnet wurde, von seiner Schuld befreit wird, sofern er von der Verfahrenseröffnung und damit von seiner Pflicht, an den Insolvenzverwalter zu leisten, keine Kenntnis hatte. 33

3. Befugnisse des Schuldners und des Verwalters, lit c. Das Insolvenzstatut bestimmt nach lit c, die Befugnisse des Schuldners und des Verwalters. Gleiches gilt auch hinsichtlich der dem Schuldner und dem Verwalter obliegenden Pflichten. Entsprechendes gilt auch für die Rechte und Pflichten der Gläubiger, die – ggf abgesehen von den einzelnen in Art 5 ff normierten Sonderanknüpfungen – grundsätzlich auch stets dem Insolvenzstatut unterliegen. Dieser allgemeine Grundsatz ergibt sich bereits aus Art 4 Abs 2 S 1 und aus der Tatsache, dass es sich bei dem Katalog in Art 4 Abs 2 S 2 lit a bis lit m um einen nicht abschließenden Beispielkatalog handelt (siehe oben, Rn 18 f). 34

Hinsichtlich der Geltung des lex concursus für die **Befugnisse des Verwalters** ist **Art 18** besonders zu beachten: Art 18 Abs 1 bestätigt die Grundregel des Art 4 Abs 2 S 2 lit c und besagt, dass der Verwalter die ihm nach der lex concursus zustehenden Befugnisse auch im Gebiet eines anderen Mitgliedstaats ausüben darf, solange in jenem anderen EU-Mitgliedstaat kein Sekundärinsolvenzverfahren eröffnet wurde oder Sicherungsmaßnahmen nach einem Antrag auf Eröffnung eines Sekundärinsolvenzverfahrens angeordnet worden sind. Allerdings wird die Geltung des Insolvenzstatuts gem Art 18 Abs 3 unter anderem insoweit eingeschränkt, als der Verwalter demnach insbesondere hinsichtlich der Art und Weise der Verwertung eines Massegegenstands das Recht des EU-Mitgliedstaats, in dessen Gebiet er handeln will, zu beachten hat. 35

Bezüglich der **Verwalterbefugnisse im Eröffnungsverfahren** ist **Art 38** zusätzlich zu beachten. Hiernach ist ein vorläufiger Insolvenzverwalter berechtigt, zur Sicherung und Erhaltung des sich in einem anderen EU-Mitgliedstaat belegenen Schuldnervermögens jede Maßnahme zu beantragen, die nach dem Recht des Belegenheitsstaats für das Eröffnungsverfahren vorgesehen ist. Insoweit gilt das Insolvenzstatut nicht. 36

Was die **Befugnisse des Schuldners** betrifft, ist besonders zu beachten, dass Verfügungen des Schuldners nach Verfahrenseröffnung nach den Rechtsordnungen der meisten EU-Mitgliedstaaten unwirksam sind. Um den Verfügungsempfänger in bestimmten Fällen zu schützen, sieht **Art 14** abweichend von dem allgemeinen Grundsatz der Universalität des Insolvenzstatuts vor, dass für die Wirksamkeit einer nach Verfahrenseröffnung vorgenommenen entgeltlichen Verfügung des Schuldners über einen unbeweglichen Gegenstand, über ein eintragungspflichtiges Schiff oder Luftfahrzeug oder über eintragungspflichtige Wertpapiere das Recht des Staats der Belegenheit bzw das Recht des Staats, unter dessen Aufsicht das relevante Register geführt wird, maßgeblich ist, nicht jedoch das Insolvenzstatut. 37

4. Aufrechnung, lit d. Auch die Fragen der Aufrechung im Insolvenzverfahren folgen grundsätzlich dem Insolvenzstatut. Sofern deutsches Insolvenzrecht anwendbar ist, gelten somit die §§ 94–96 InsO. 38

Eine **Sonderanknüpfung** zur Aufrechnung enthält jedoch **Art 6**: Hiernach wird die Befugnis des Gläubigers, mit seiner Forderung gegen eine Forderung des Insolvenzschuldners aufzurechnen, von der Verfahrenseröffnung nicht berührt, sofern die Insolvenzaufrechnung nach dem für die Forderung des Insolvenzschuldners, gegen die der Gläubiger aufrechnen möchte, maßgeblichen Recht zulässig ist; insoweit hat die lex causae Vorrang (Einzelheiten siehe unten, Art 6). 39

Eine weitere **Sonderanknüpfung** sieht **Art 9** für die Mitglieder eines Zahlungs- oder Abwicklungssystems oder eines Finanzmarkts vor, für deren Rechte und Pflichten abweichend von Art 4 Abs 2 S 2 lit d ausschließlich das Recht des EU-Mitgliedstaats maßgeblich ist, das für das System oder den Finanzmarkt gilt (Einzelheiten siehe unten, Art 9). 40

5. Laufende Verträge, lit e. Gem lit e regelt das Insolvenzstatut ebenfalls, wie sich das Insolvenzverfahren auf laufende Verträge des Schuldners auswirkt. 41

Beachtliche **Sonderanknüpfungen**, die Ausnahmeregelungen zu Art 4 Abs 2 S 2 lit e enthalten, sind in Art 7, in Art 8, in Art 9 und in Art 10 geregelt. 42

Art 7 enthält für den Kauf unter Vereinbarung eines **einfachen Eigentumsvorbehalts** sowohl für den Fall der **Käuferinsolvenz** als auch jenen der **Verkäuferinsolvenz** Ausnahmeregelungen von dem Grundsatz der universellen Geltung der Rechtsordnung des Staates der Verfahrenseröffnung Insolvenzstatut. 43

44 Auch Art 8 normiert eine Abweichung von Art 4 Abs 2 S 2 lit e, und zwar für **Verträge über den Erwerb oder die Nutzung unbeweglicher Gegenstände**; maßgeblich ist insoweit das Recht des EU-Mitgliedstaats, in dem der vertragsgegenständliche unbewegliche Gegenstand belegen ist (lex rei sitae).

45 Entsprechendes gilt auch bzgl Art 10, wonach hinsichtlich der Wirkungen des Insolvenzverfahrens auf einen **Arbeitsvertrag** und auf das **Arbeitsverhältnis** das Recht des Mitgliedsstaates anzuwenden ist, das für den Arbeitsvertrag maßgeblich ist (lex causae).

46 **6. Rechtsverfolgungsmaßnahmen, lit f.** Gem lit f regelt das Insolvenzstatut auch die Auswirkungen des Insolvenzverfahrens auf Rechtsverfolgungsmaßnahmen, nicht jedoch hinsichtlich der Wirkungen des Insolvenzverfahrens auf anhängige Rechtsstreitigkeiten.

47 Die im 2. Halbsatz in lit f normierte Ausnahmeregelung, wonach das Insolvenzstatut auf anhängige Rechtsstreitigkeiten nicht anzuwenden ist, ist in der **Sonderanknüpfung** des **Art 15** ausdrücklich geregelt. Demnach gilt für die Wirkungen des Insolvenzverfahrens auf einen anhängigen Rechtsstreit über einen Gegenstand oder ein Recht der Masse ausschließlich das Recht des EU-Mitgliedstaats, in dem der Rechtsstreit anhängig ist (lex fori processus).

48 Besonders zu beachten ist, dass sich diese Sonderanknüpfung ebenso wie die gleichgerichtete Klarstellung in lit f ausschließlich auf Rechtsstreitigkeiten bezieht, die im Zeitpunkt der Verfahrenseröffnung bereits anhängig sind. Von der Ausnahmeregelung im 2. Halbsatz des lit f in Art 15 sind somit **Rechtsverfolgungsmaßnahmen**, die erst **nach Insolvenzeröffnung** ergriffen werden nicht erfasst; vielmehr gilt insoweit gem dem 1. Halbsatz in lit f das Insolvenzstatut, das in der Regel in allen EU-Mitgliedstaaten Einzelklagen ebenso wie Einzelzwangsvollstreckungsmaßnahmen verbietet (vgl D-K/D/Ch-*Duursma-Kepplinger*, Art 4, Rn 19). Sofern deutsches Insolvenzrecht anwendbar ist, ergibt sich dies aus §§ 87, 89 InsO, wonach Forderungen der Insolvenzgläubiger ab dem Zeitpunkt der Verfahrenseröffnung nur noch nach den Bestimmungen der InsO verfolgt werden dürfen, und Zwangsvollstreckungsmaßnahmen einzelner Gläubiger während der Dauer des Insolvenzverfahrens (also ab Verfahrenseröffnung bis zur Verfahrensbeendigung), unzulässig sind. Der Begriff der Rechtsverfolgungsmaßnahmen in lit f ist extensiv auszulegen, so dass hierunter auch Sicherungsmaßnahmen und sonstige Maßnahmen des vorläufigen Rechtsschutzes erfasst sein können (Haß/Huber/Gruber/Heiderhoff-*Haß/Herweg*, Art 4, Rn 36; D-K/D/Ch-*Duursma-Kepplinger*, Art 4, Rn 19).

49 **7. Insolvenzforderungen und Masseverbindlichkeiten, lit g.** Gem lit g bestimmt das Insolvenzstatut, welche Forderungen als Insolvenzforderungen anzumelden sind und wie Forderungen zu behandeln sind, die nach Verfahrenseröffnung entstanden sind.

50 Das Insolvenzstatut bestimmt mithin zum einen, welche Forderungen als **Insolvenzforderungen** zu qualifizieren sind. Sofern deutsches Insolvenzrecht anwendbares Recht ist, bestimmt sich der Begriff der Insolvenzforderungen bzw Insolvenzgläubiger nach § 38 InsO.

51 Zum anderen regelt das Insolvenzstatut, wie nach Verfahrenseröffnung entstandene Forderungen einzuordnen sind. Hierunter fallen insbesondere **Masseforderungen bzw Masseverbindlichkeiten**, also Forderungen gegen die Masse bzw Verbindlichkeiten der Masse, die aus deren Verwaltung entstanden sind (*Virgós/Schmit*, Erläuternder Bericht, Art 4, Rn 91); das Insolvenzstatut entscheidet insoweit vor allem darüber, ob diese Masseforderungen vorrangig aus der Masse zu befriedigen sind (D-K/D/Ch-*Duursma-Kepplinger*, Art 4, Rn 20; Haß/Huber/Gruber/Heiderhoff-*Haß/Herweg*, Art 4, Rn 39). Bei Anwendbarkeit deutschen Insolvenzrechts als lex concursus können hiervon zB auch Forderungen betroffen sein, die aus Rechtshandlungen des Insolvenzschuldners nach Verfahrenseröffnung gem §§ 81, 147 InsO entstanden sind (*Paulus*, Art 4, Rn 30).

52 Da in Art 4 Abs 2 S 2 lit i ausdrücklich bestimmt ist, dass die Rangfolge der Insolvenzgläubiger untereinander und die Erlösverteilung ebenfalls nach dem Insolvenzstatut zu bestimmen ist, betrifft lit g vor allem die Frage der Abgrenzung zwischen Insolvenzforderungen einerseits und Masseforderungen andererseits (MüKoInsO-*Reinhart*, Art 4, Rn 31).

53 **8. Anmeldung, Prüfung und Feststellung von Forderungen, lit h.** Gem lit h ist für die Anmeldung, Prüfung und Feststellung von Forderungen grundsätzlich auch das Insolvenzstatuts maßgeblich.

54 Zu beachten sind allerdings die **Sonderanknüpfungen der Art 32, 39, 40, 41 und 42**. Diese enthalten einheitliche materielle Vorschriften für die Ausübung von Gläubigerrechten (Art 32), das Recht zur Forderungsanmeldung (Art 39), die Pflicht des Insolvenzgerichts des Eröffnungsstaats oder des Insolvenzverwalters, die Gläubiger von der Verfahrenseröffnung zu unterrichten (Art 40), den Inhalt einer Forderungsanmeldung (Art 41) und die zu wählende bzw wählbare Amtssprache für die Forderungsanmeldung und die Gläubigerunterrichtung (Art 42). Insoweit enthält die EuInsVO Sachnormen, die abweichenden Regelungen des jeweils anwendbaren Insolvenzstatuts vorgehen.

55 Von diesen Sonderanknüpfungen nicht erfasst ist aber die Frage der etwaigen Befristung zur Forderungsanmeldung und die aus einer etwaigen Fristversäumung resultierenden Rechtsfolgen. Diese Thematik ist gem lit h nach dem Insolvenzstatut zu beurteilen. Entsprechendes gilt zB auch für die Rechtsfolgen der Feststellung oder des Bestreitens einer angemeldeten Forderung (vgl MüKoInsO-*Reinhart*, Art 4, Rn 34).

Anwendbares Recht **Art 4 EuInsVO**

9. Rang und Erlösverteilung, lit i. Das Insolvenzstatut ist gem lit i auch maßgeblich für die Erlösverteilung, den Forderungsrang und die Rechte der Gläubiger, die nach Verfahrenseröffnung aufgrund eines dinglichen Rechts oder infolge einer Aufrechnung teilweise befriedigt wurden. 56

Besonders zu beachten ist, dass die Anwendung des jeweiligen Insolvenzstatuts im **Hauptinsolvenzverfahren** einerseits und im **Sekundärinsolvenzverfahren** andererseits dazu führen kann, dass dieselbe Forderung, die gem Art 32 sowohl im Haupt- als auch im Sekundärinsolvenzverfahren angemeldet wurde, in den beiden Insolvenzverfahren eine unterschiedliche Rangeinstufung haben kann (*Virgós/Garcimartín*, The European Insolvency Regulation, Rn 6.26; *Virgós/Schmit*, Erläuternder Bericht, Rn 91; Pannen-*Pannen/Riedemann*, Art 4, Rn 61; D-K/D/Ch-*Duursma-Kepplinger*, Art 4, Rn 24; Haß/Huber/Gruber/Heiderhoff-*Haß/Herweg*, Art 4, Rn 41; MüKoInsO-*Reinhart*, Art 4, Rn 36). 57

10. Verfahrensbeendigung, lit j. Die Voraussetzungen und die Wirkungen der Insolvenzverfahrensbeendigung, insbesondere durch Vergleich, bestimmen sich gem lit j ebenfalls nach dem Insolvenzstatut. Dies betrifft somit der herkömmlichen Verfahrensbeendigung insbesondere auch die Voraussetzungen und Wirkungen der Verfahrensbeendigung durch ein **Insolvenzplanverfahren** bei Anwendbarkeit deutschen Insolvenzrechts. 58

11. Gläubigerrechte nach Verfahrensbeendigung, lit k. Das Insolvenzstatut regelt nach lit k insbesondere die Frage der **Rechtsschuldbefreiung** nach Verfahrensbeendigung (Pannen-*Pannen/Riedemann*, Art 4, Rn 65; D-K/D/Ch-*Duursma*-Kepplinger, Art 4, Rn 26; *Paulus*, Art 4, Rn 34; Haß/Huber/Gruber/Heiderhoff-*Haß/Herweg*, Art 4, Rn 44). 59

In diesem Zusammenhang ist **Art 17 Abs 2 S 2** besonders zu beachten, wonach die Geltung des Insolvenzstatuts im Falle eines **selbstständigen Partikularinsolvenzverfahrens** insoweit eingeschränkt wird, als jegliche Beschränkungen der Gläubigerrechte im Falle einer Restschuldbefreiung in jenem selbstständigen Partikularverfahren auf das im Eröffnungsstaat befindliche Vermögen beschränkt wird, es sei denn, der oder die Gläubiger von in anderen EU-Mitgliedstaaten belegenden Vermögens haben der Restschuldbefreiung zugestimmt; liegt eine solche Zustimmung vor, erstreckt sich das Insolvenzstatut und damit die Restschuldbefreiung auch auf das außerhalb des Eröffnungsstats belegene Vermögen. 60

Eine entsprechende Regelung (unter anderem) bzgl einer Restschuldbefreiung im **Sekundärinsolvenzverfahren** und den territorialen Geltungsbereich des Insolvenzstatuts enthält **Art 34 Abs 2**. Insoweit ist wiederum zu beachten, dass die unterschiedlichen Insolvenzstatute, die für das Hauptinsolvenzverfahren einerseits und das Sekundärinsolvenzverfahren andererseits maßgeblich sind, zu unterschiedlichen Ergebnissen führen können, wenn etwa nach dem Insolvenzstatut des Hauptinsolvenzverfahrens die Verfahrensbeendigung zu einer Restschuldbefreiung führt, nach dem Insolvenzstatut des Sekundärinsolvenzverfahrens jedoch nicht (vgl D-K/D/Ch-*Duursma-Kepplinger* Art 4, Rn 26). 61

12. Verfahrenskosten, lit l. Das Insolvenzstatut ist hinsichtlich der Verfahrenskosten insoweit maßgeblich, als es um die Frage geht, wer Schuldner der Insolvenzverfahrenskosten nebst Auslagen ist. Vom Insolvenzstatut erfasst ist somit die Frage der **Kostentragungspflicht**, nicht jedoch die Frage der Kostenentstehung nach Grund und Höhe. In diesem Zusammenhang kann es insbesondere durch Art 5 zu Einschränkungen des Insolvenzstatuts kommen: Sofern das Insolvenzstatut für dinglich gesicherte Gläubiger höhere Kostenbeiträge vorsieht, als das Belegenheitsstatut vorsieht, verbietet Art 5 die Berücksichtigung der sich aus dem Insolvenzstatut ergebenden höheren Kostenbeiträge, da dies einen Eingriff in die Werthaltigkeit der Sicherheit darstellen würde (Pannen-*Pannen/Riedemann*, Art 4, Rn 67; Haß/Huber/Gruber/Heiderhoff-*Haß/Herweg*, Art 4, Rn 45; MüKoInsO-*Reinhart*, Art 4, Rn 39). 62

13. Die Gläubigergesamtheit benachteiligende Rechtshandlungen, lit m. Nach lit m bestimmt das Insolvenzstatut, welche Rechtshandlungen wegen einer Benachteiligung der Gläubigergesamtheit anfechtbar, nichtig oder relativ unwirksam sind und welche Rechtsfolgen aus einer solchen Anfechtbarkeit, Nichtigkeit oder relativen Unwirksamkeit erwachsen. Grundsätzlich hat somit das Recht des Staats der Verfahrenseröffnung Vorrang vor dem normalerweise auf die betreffende Rechtshandlung anzuwendenden Recht eines anderen EU-Mitgliedstaats (*Virgós/Schmit*, Erläuternder Bericht, Rn 91). 63

Im Falle eines eröffneten Haupt- und eines Sekundärinsolvenzverfahrens ist das anwendbare Recht danach zu beurteilen, ob die Masse des Haupt- oder die Masse des Sekundärinsolvenzverfahrens durch eine von lit m erfasste Rechtshandlung verkürzt worden ist (*Virgós/Schmit*, Erläuternder Bericht, Rn 91). 64

Eine **Ausnahme** vom Grundsatz des lit m enthält Art 13, insoweit, als nach Art 4 Abs 2 S 2 lit m ausdrücklich ausnahmsweise keine Anwendung findet, wenn derjenige Gläubiger, der durch eine die Gläubigergesamtheit benachteiligende, vor Verfahrenseröffnung erfolgte Rechtshandlung begünstigt wurde, nachweist, dass für jene Rechtshandlung das Recht eines anderen EU-Mitgliedstaats als jenes der Verfahrenseröffnug maßgeblich ist, und dass die Rechtshandlung in jenem anderen anzuwendenden Rechtsordnung nicht angreifbar ist. Durch die Sonderanknüpfung in Art 13 soll das Vertrauen des Rechtsverkehrs in den Bestand bestimmter Rechtshandlungen geschützt werden (*Moss/Fletcher/Isaacs*, EC Regulation, Rn 4.08; *Virgós/Schmit*, Erläuternder Bericht, Rn 138). 65

Art 5. Dingliche Rechte Dritter

(1) Das dingliche Recht eines Gläubigers oder eines Dritten an körperlichen oder unkörperlichen, beweglichen oder unbeweglichen Gegenständen des Schuldners – sowohl an bestimmten Gegenständen als auch an einer Mehrheit von nicht bestimmten Gegenständen mit wechselnder Zusammensetzung –, die sich zum Zeitpunkt der Eröffnung des Insolvenzverfahrens im Gebiet eines anderen Mitgliedstaats befinden, wird von der Eröffnung des Verfahrens nicht berührt.

(2) Rechte im Sinne von Absatz 1 sind insbesondere
a) das Recht, den Gegenstand zu verwerten oder verwerten zu lassen und aus dem Erlös oder den Nutzungen dieses Gegenstands befriedigt zu werden, insbesondere aufgrund eines Pfandrechts oder einer Hypothek;
b) das ausschließliche Recht, eine Forderung einzuziehen, insbesondere aufgrund eines Pfandrechts an einer Forderung oder aufgrund einer Sicherheitsabtretung dieser Forderung;
c) das Recht die Herausgabe des Gegenstands von jedermann zu verlangen, der diesen gegen den Willen des Berechtigten besitzt oder nutzt;
d) das dingliche Recht, die Früchte eines Gegenstands zu ziehen.

(3) Das in einem öffentlichen Register eingetragene und gegen jedermann wirksame Recht, ein dingliches Recht im Sinne von Absatz 1 zu erlangen, wird einem dinglichen Recht gleichgestellt.

(4) Absatz 1 steht der Nichtigkeit, Anfechtbarkeit oder relativen Unwirksamkeit einer Rechtshandlung nach Artikel 4 Absatz 2 Buchstabe m nicht entgegen.

I. Normzweck

1   Aus **Abs 1** leitet sich die gesonderte Anknüpfung des **Statuts der dinglichen Rechte** von Gläubigern oder Dritten an körperlichen oder unkörperlichen, beweglichen oder unbeweglichen Gegenständen des Schuldners ab. Dies entspricht im Ansatz herkömmlichem Verständnis, zumindest was ihre wirksame Begründung und die aus ihnen abzuleitenden Rechtspositionen anbelangt. Zweifelhaft kann allenfalls sein, ob und in welchem Umfang die Ausübung dieser Drittrechte durch die Normen des anwendbaren Insolvenzstatuts beschränkt, beschnitten oder ausgeschlossen werden.

2   Wenn Abs 1 davon spricht, dass die dinglichen Rechte von Gläubigern und Dritten von der Eröffnung des Verfahrens „nicht berührt" werden, so kann diese Norm sowohl kollisionsrechtlich als auch materiell-rechtlich verstanden werden. **Kollisionsrechtlich** legt die Formulierung nahe, dass das Einzelstatut der dinglichen Rechte von Gläubigern und Dritten in seinem gesamten **Geltungsbereich uneingeschränkt** bleibt von einem konkurrierenden Insolvenzstatut. Es findet keine Überlagerung statt, etwa hinsichtlich der Verwertungsrechte oder etwaiger Abgabeverpflichtungen bei Verwertung. **Materiellrechtlich** bedeutet es, dass ausländische Gläubiger bzw Dritte über die ihnen zustehenden dinglichen Rechte nach dem Sachstatut **uneingeschränkt verfügen** können, als gäbe es das Insolvenzverfahren im anderen Mitgliedstaat nicht; Beschränkungen und Belastungen aus dem Insolvenzstatut treffen sie nicht. In der praktischen Konsequenz bedeutet dies, dass dingliche Rechte der Gläubiger und Dritter an im Ausland belegenen Vermögensgegenständen des Schuldners im Sinne eines uneingeschränkten **Verkehrsschutzes** voll erhalten bleiben, auch wenn im Inland ein allgemeines Insolvenzverfahren eröffnet wird.

3   Nicht möglich erscheint, allein aufgrund der Tatsache, dass in einem anderen Mitgliedsstaat als jenem der Eröffnung des Hauptinsolvenzverfahrens dingliche Rechte, mithin Vermögen vorhanden ist, ein **Sekundärinsolvenzverfahren** zu eröffnen. Vielmehr ist dies nur möglich, wenn der Schuldner in dem betreffenden Mitgliedstaat eine **Niederlassung** hat, was bei bloßem Vorhandensein von Vermögen nicht der Fall ist (hierzu im Einzelnen Art 2 Rn 9; Art 3 Rn 44. Ist in dem Mitgliedstaat der Belegenheit ein Sekundärinsolvenzverfahren wirksam eröffnet worden, findet Art 5 keine Anwendung; vielmehr fällt der Vermögensgegenstand nach herrschender Meinung (MüKoInsO-*Reinhart*, Art 5 Rn 9; *Virgós/Schmit*, Erläuternder Bericht, Rn 98) in die Insolvenzmasse des Sekundärinsolvenzverfahrens und unterliegt dem Recht des Sekundärinsolvenzverfahrens (Art 27 und 28, siehe im Einzelnen dort).

4   Art 5 betrifft nur dingliche Rechte, die **vor Verfahrenseröffnung entstanden** sind. Sofern sie nach Eröffnung des Insolvenzverfahrens entstanden sind, findet Art 4 Anwendung (D-K/D/Ch-*Duursma-Kepplinger*, Art 5 Rn 6; Pannen-*Ingelmann*, Art 5 Rn 22; *Virgós/Schmit*, Erläuternder Bericht Rn 96).

II. Dingliche Rechte

5   Die Bezeichnung der dinglichen Rechte in **Abs 2**, die den umfassenden Schutz nach Abs 1 genießen, ist **nicht abschließend** zu verstehen („insbesondere") und lässt Spielraum für materiell-rechtliche Abgrenzungen. Eine Definition des Begriffs „dingliche Rechte" enthält die EuInsVO nicht, da sich die Einstufung eines Rechts als dingliches Recht nach dem für die Entstehung des Rechts maßgeblichen einzelstaatlichen Recht richtet (*Moss/Fletcher/Isaacs*, Rn 8.88; *Virgós/Schmit*, Erläuternder Bericht, Rn 100). So dürfte zB für grenzüberschreitende **Leasinggeschäfte** von Bedeutung sein, dass jede Form der vorläufigen, fiduziarischen oder endgültigen Übertragung zur Einziehung von Abs 2 lit b gedeckt sein wird.

Die Erweiterung der dinglichen Rechte in **Abs 3** entspricht gleichfalls einem umfassenden Verkehrsschutz. Abs 3 enthält eine Ausnahme zu der Regel, dass die Einstufung eines Rechts als dingliches Recht einzelfallabhängig und nach dem maßgeblichen einzelstaatlichen Recht zu bestimmen ist.

Obwohl der Inhaber dinglicher Rechte in einem anderen Mitgliedsstaat als jenem der Verfahrenseröffnung seine Ansprüche auf die betreffenden Vermögensgegenstände des Schuldners trotz Eröffnung des Hauptinsolvenzverfahrens behält, verliert das Hauptinsolvenzverfahren dennoch nicht seine exterritoriale Geltung; denn grundsätzlich wird das gesamte Vermögen des Schuldners von dem Hauptinsolvenzverfahren erfasst. Dies bedeutet, dass der Gläubiger eines dinglichen Rechts verpflichtet ist, einen etwaigen **Übererlös** aus der Verwertung des dinglichen Rechts an die Insolvenzmasse abzuführen (siehe 25. Erwägungsgrund zur EuInsVO; *Virgós/Schmit*, Erläuternder Bericht, Rn 99; Pannen-*Ingelmann*, Art 5 Rn 17; D-K/D/Ch-*Duursma-Kepplinger*, Art 5 Rn 29). Aus der universellen Geltung des Hauptinsolvenzverfahrens folgt zudem, dass der Verwalter berechtigt ist, sich für die **Ablösung des dinglichen Rechts aus der Insolvenzmasse** im Wege der Zahlung der durch das dingliche Recht gesicherten Forderung aus der Masse zu entscheiden (*Virgós/Schmit*, Erläuternder Bericht, Rn 99; *Paulus*, Art 5 Rn 22; D-K/D/Ch-*Duursma-Kepplinger*, Art 5 Rn 29; vgl Haß/Huber/Gruber/Heiderhoff-*Huber*, Art 5 Rn 23). 6

III. Missbrauchsvorbehalt

Der in **Abs 4** enthaltene **Vorbehalt zugunsten des Insolvenzstatuts** dient dem Schutz vor Missbrauch. Gem Art 5 Abs 4 in Verbindung mit Art 4 Abs 2 lit m ist die Frage, ob eine Rechtshandlung **nichtig, anfechtbar** oder **relativ unwirksam** ist, weil sie die **Gesamtheit der Gläubiger benachteiligt**, nach dem Recht des Staats der Eröffnung des Hauptinsolvenzverfahrens zu beurteilen. Danach verdrängt das Insolvenzstatut des Belegenheitsstatut im Grundsatz in allen Fällen in den dingliche Rechte wegen Gläubigerbenachteiligung anfechtbar erworben worden sind oder in denen die Verpflichtungs- oder Verfügungsgeschäfte wegen Gläubigerbenachteiligungen in dem Insolvenzstatut nichtig oder unwirksam sind. Erwerben mithin Gläubiger oder Dritte eine dingliche Rechtsposition, nach ausländischem Belegenheitsstatut, auf **anfechtbare Weise**, so erhält Abs 4 dem Anfechtungsberechtigten die Möglichkeit, den Rechtserwerb im Wege der insolvenzrechtlichen Anfechtung anzugreifen. Insoweit ist allerdings auch Art 13 zu beachten. Dieser eröffnet dem Begünstigten den Nachweis, dass die Rechtshandlung nach dem auf sie anwendbaren Recht in keiner Weise materiell angreifbar ist, mit der Folge dass die Anfechtung ausscheidet. 7

Wie sich aus dem Wortlaut des Abs 4 ergibt, gilt die Vorschrift nicht nur für den Fall einer in Betracht kommenden Insolvenzanfechtung, sondern auch für alle Fälle, in denen der Rechtserwerb nach dem Recht des Eröffnungsstaats **wegen Gläubigerbenachteiligung nichtig** oder **relativ unwirksam** ist, zB weil das dingliche Recht gläubigerbenachteiligend auf sittenwidrige Weise erlangt wurde. 8

Art 6. Aufrechnung

(1) Die Befugnis eines Gläubigers, mit seiner Forderung gegen eine Forderung des Schuldners aufzurechnen, wird von der Eröffnung des Insolvenzverfahrens nicht berührt, wenn diese Aufrechnung nach dem für die Forderung des insolventen Schuldners maßgeblichen Recht zulässig ist.

(2) Absatz 1 steht der Nichtigkeit, Anfechtbarkeit oder relativen Unwirksamkeit einer Rechtshandlung nach Artikel 4 Absatz 2 Buchstabe m nicht entgegen.

I. Grundsatz

Abs 1 enthält eine **aufrechnungsfreundliche Sonderanknüpfung** an das Forderungsstatut des Schuldners, gegen dessen Forderung aufgerechnet werden soll. Lässt es abweichend vom Insolvenzstatut (Art 4 Abs 2 lit d) die Aufrechnung zu, wird das Insolvenzstatut verdrängt mit der Folge, dass die Aufrechnung durchgreift. Somit enthält Art 6 Abs 1 eine Ausnahmeregelung zu Art 4 Abs 2 lit d, wonach das Insolvenzstatut die Voraussetzungen für die Wirksamkeit einer Aufrechnung regelt (siehe oben Art 4 Rn 38–40). 1

II. Abgrenzung zum Anwendungsbereich des § 338 InsO

§ 338 InsO enthält eine dem Art 6 Abs 1 inhaltsgleiche Regelung. Da die Regelungen der EuInsVO immer nur im Verhältnis mehrerer EU-Mitgliedstaaten zueinander anwendbar sind, gilt die Sonderregelung des Art 6 Abs 1 grundsätzlich dann, wenn der insolvente Schuldner sein **COMI** (Centre of Main Interest; siehe oben Art 3, Rn 9) in dem EU-Mitgliedstaat der Verfahrenseröffnung hat und für die Forderung des Insolvenzschuldners, gegen die der Gläubiger aufrechnen möchte, die Rechtsordnung eines anderen EU-Mitgliedstaats als einer der Verfahrenseröffnung maßgeblich ist. Befindet sich indes das COMI des insolventen Schuldners in einem Drittstaat und ist für die zur Aufrechnung herangezogene Forderung des Insolvenzschuldners zB deutsches Recht maßgeblich, kommt anstelle des Art 6 EuInsVO 2 die für Deutschland geltende inhaltsgleiche Regelung des Art 338 InsO zur Anwendung (vgl Vorbem EuInsVO, Rn 3; Art 1 EuInsVO, Rn 2; § 338 Rn 4). Befindet sich das COMI des Insolvenzschuldners hingegen in einem EU-Mitgliedstaat, ist die **lex causae** der Forderung des insolventen Schuldners (Passivforderung/Gegenforderung), zu bestimmen. Ist für diese Passivforderung das Recht eines anderen EU-Mitgliedstaat als jenes der Verfahrenseröffnung maßgeblich, ist Art 6 grundsätzlich anwendbar; ist dagegen für die Passivforderung die Rechtsordnung eines Drittstaats einschlägig, ist Art 6 nicht anwendbar (hM: Pannen-*Ingelmann*, Art 6, Rn 7; Haß/Huber/Gruber/Heiderhoff-*Gruber*, Art 6, Rn 12 f; D-K/D/Ch-*Duursma-Kepplinger*, Art 6, Rn 22; *Virgós/Schmit*, Erläuternder Bericht, Rn 93; *Huber*, ZZP 114 (2001), 133, 162). Befindet sich also zB das COMI des Insolvenzschuldners in Deutschland, ist aber für seine Forderung, gegen die der Gläubiger aufrechnen möchte, das Recht eines Drittstaates maßgeblich, kommt § 338 InsO zur Anwendung.

3   Vereinzelt wird die Ansicht vertreten, die Anwendbarkeit des Art 6 setze einerseits voraus, dass sowohl der **Insolvenzschuldner** als auch der **Gläubiger** ihr **Centre of Main Interest (COMI)** jeweils in einem EU-Mitgliedstaat habe (MüKoInsO-*Reinhart*, § 338 InsO, Rn 4 f und Art 1, Rn 27); dies vorausgesetzt sei Art 6 auch dann anwendbar, wenn die **Forderung des insolventen Schuldners** dem Recht eines **Drittstaates** unterstehe (MüKoInsO-*Reinhart*, Art 6, Rn 10; widersprüchlich allerdings MüKoInsO-*Reinhart*, Art 1, Rn 27). Diese Ansicht ist abzulehnen. Zum einen gibt der Wortlaut des Art 6 nicht her, dass sich das COMI des die Aufrechnung erklärenden Gläubigers in einem EU-Mitgliedstaat befinden muss. Zum anderen ist dies weder mit der Systematik noch mit dem Sinn und Zweck des Art 6 zu vereinbaren. Denn Anknüpfungspunkt für die Sonderanknüpfung von Art 6 ist die Forderung des insolventen Schuldners (Gegenforderung/Passivforderung), gegen die der Gläubiger aufrechnen möchte. Somit kommt es entscheidend darauf an, welcher Rechtsordnung diese Gegenforderung/Passivforderung unterliegt; demgegenüber ist die Frage, wo der aufrechnende Gläubiger sein COMI hat, ohne Relevanz. Sinn und Zweck des Art 6 ist der Schutz des Gläubigers in das Vertrauen, gegen die Gegenforderung/Passivforderung aufrechnen zu können; der Gläubiger soll sich auf die Geltung der Rechtsvorschriften verlassen können, die bei Entstehung der Forderung maßgeblich waren (*Virgós/Schmit*, Erläuternder Bericht, Rn 109). Auch hierfür kommt es auf das für die Gegenforderung/Passivforderung maßgebliche Recht an und nicht auf das COMI des Gläubigers. Im Ergebnis ist dieser Meinungsstreit für das Inland ohne Relevanz, da im Fall der Unanwendbarkeit des Art 6 die inhaltsgleiche Regelung des § 338 InsO zur Anwendung kommt (vgl Haß/Huber/Gruber/Heiderhoff-*Gruber*, Art 6, Rn 13).

III. Vorrang der lex causae der Schuldnerforderung

4   Sieht das Insolvenzstatut keine Aufrechnungsbeschränkung vor, die den Gläubiger an der wirksamen Aufrechnung hindert, braucht diese sich nicht auf Art 6 Abs 1 zu berufen; es bleibt viel mehr beim Vorrang des Insolvenzstatuts. Schränkt dagegen das Insolvenzstatut die Aufrechnung ein, liegt jedoch die lex causae der Schuldnerforderung die Aufrechnung zu, so kann sich der Gläubiger hierauf berufen und die Aufrechnung durchsetzen. Besonders zu beachten ist, dass die Verweisung auf das lex causae nach allgemeiner Auffassung nicht nur das materielle Recht sondern auch das Insolvenzrecht erfasst. Zu prüfen ist daher nicht nur, ob die Aufrechnung nach den materiellrechtlichen Regelungen der lex causae zulässig ist, sondern auch, ob die lex causae selbst insolvenzrechtliche Beschränkungen der Aufrechnung enthält (MüKoInsO-*Reinhart*, Art 6, Rn 9; *Paulus*, Art 6, Rn 4; Haß/Huber/Gruber/Heiderhoff-*Gruber*, Art 6, Rn 9; Pannen-*Ingelmann*, Art 6, Rn 1; D-K/D/Ch-*Duursma-Kepplinger*, Art 6, Rn 18; *Huber*, ZZP 114 (2001), 133, 161). Ist dies der Fall, etwa weil die nach französischem Recht unterliegende Schuldnerforderung zwar nicht nach französischem Schuldstatut, sondern nach französischem Insolvenzrecht nicht aufrechenbar ist, so muss sich dies der aufrechende Gläubiger entgegenhalten lassen mit der Folge, dass die Aufrechnung nicht wirksam erklärt werden kann.

5   **1. Bestehende Aufrechnungslage vor Insolvenzeröffnung.** Art 6 gilt nach einhelliger Auffassung nur, wenn die **Aufrechnungslage bereits vor Insolvenzeröffnung** bestanden hat (*Virgós/Schmit*, Erläuternder Bericht, Rn 110; Pannen-*Ingelmann*, Art 6, Rn 10; MüKoInsO-*Reinhart*, Art 6, Rn 11; D-K/D/Ch-*Duursma-Kepplinger*, Art 6, Rn 9; *Huber*, ZZP 114 (2001), 133, 161). Dies ergibt sich bereits aus dem Wortlaut des Art 6 Abs 1, wonach die Befugnis des Gläubigers zur Aufrechnung von der Verfahrenseröffnung nicht berührt wird. Diese Formulierung macht nur dann Sinn, wenn sich bei Verfahrenseröffnung bereits zwei aufrechenbare Forderungen gegenüber gestanden haben. Bestand die Aufrechungslage bei Verfahrenseröffnung noch nicht, ist Art 6 unanwendbar und es bleibt bei der allgemeinen Regelung des Art 4 Abs 2 lit d (*Virgós/Schmit*, Erläuternder Bericht, Rn 110; MüKoInsO-*Reinhart*, Art 6, Rn 11; D-K/D/Ch-*Duursma-Kepplinger*, Art 6, Rn 10; *Huber*, ZZP 114 (2001), 133, 161).

IV. Missbrauchsvorbehalt

6   Der Vorbehalt nach Abs 2 verhilft dem insolvenzrechtlichen Gesamtstatut zumindest insoweit zur Durchsetzung, als es um die angreifbare Begründung der Voraussetzungen der Aufrechnung geht. Ebenso wie Art 5 Abs 4 und Art 7 Abs 3 (siehe jeweils dort) enthält somit auch Art 6 Abs 2 einen dem

Eigentumsvorbehalt **Art 7 EuInsVO**

Schutz vor Missbrauch dienenden Vorbehalt zugunsten des Insolvenzstatuts. Gem Art 6 Abs 2 in Verbindung mit Art 4 Abs 2 lit m ist die Frage, ob eine Rechtshandlung **nichtig, anfechtbar** oder **relativ unwirksam** ist, weil sie die **Gesamtheit der Gläubiger benachteiligt**, nach dem Recht des Staats der Eröffnung des Hauptinsolvenzverfahrens zu beurteilen (lex concursus) und nicht – trotz bzw insoweit abweichend von Abs 1 – nach dem lex causae.

Art 7. Eigentumsvorbehalt

(1) Die Eröffnung eines Insolvenzverfahrens gegen den Käufer einer Sache lässt die Rechte des Verkäufers aus einem Eigentumsvorbehalt unberührt, wenn sich diese Sache zum Zeitpunkt der Eröffnung des Verfahrens im Gebiet eines anderen Mitgliedstaats als dem der Verfahrenseröffnung befindet.

(2) Die Eröffnung eines Insolvenzverfahrens gegen den Verkäufer einer Sache nach deren Lieferung rechtfertigt nicht die Auflösung oder Beendigung des Kaufvertrags und steht dem Eigentumserwerb des Käufers nicht entgegen, wenn sich diese Sache zum Zeitpunkt der Verfahrenseröffnung im Gebiet eines anderen Mitgliedstaats als dem der Verfahrenseröffnung befindet.

(3) Die Absätze 1 und 2 stehen der Nichtigkeit, Anfechtbarkeit oder relativen Unwirksamkeit einer Rechtshandlung nach Artikel 4 Absatz 2 Buchstabe m nicht entgegen.

I. Normzweck

Art 7 enthält für den Kauf unter Vereinbarung eines **Eigentumsvorbehalts** sowohl für den Fall der **Käuferinsolvenz** als auch jenen der **Verkäuferinsolvenz** Ausnahmeregelungen von dem in Art 4 verankerten Grundsatz der universalen Geltung der Rechtsordnung des Staats der Verfahrenseröffnung (lex concursus). 1

Nach herrschender Meinung erfasst Art 7 nur den **einfachen Eigentumsvorbehalt**, nicht hingegen die Erweiterungsformen des Eigentumsvorbehalts (**erweiterter, verlängerter Eigentumsvorbehalt**); auf die Erweiterungsformen ist nicht Art 7, sondern Art 5 anwendbar (Pannen-*Ingelmann*, Art 7, Rn 4; D-K/D/Ch-*Duursma-Kepplinger*, Art 7, Rn 32; *Paulus*, Art 7, Rn 3; differenzierend: MüKoInsO-*Reinhart*, Art 7, Rn 2); dies rechtfertigt sich dadurch, dass die Erweiterungen des Eigentumsvorbehalts ihren Niederschlag in weiteren dinglichen Rechten oder ihren Surrogaten finden. 2

II. Käuferinsolvenz

Abs 1 betrifft die **Insolvenz des Käufers**. Wird über das Vermögen des Käufers einer Sache ein Insolvenzverfahren eröffnet, so hat die Verfahrenseröffnung auf den **Eigentumsvorbehalt** des Käufers an der Kaufsache keinen Einfluss, sofern das Vorbehaltsgut zum Zeitpunkt der Verfahrenseröffnung im Gebiet eines anderen EU-Mitgliedstaats als jenem der Verfahrenseröffnung belegen ist; der Eigentumsvorbehalt wird auf diese Weise gegen Wirkungen des Insolvenzstatuts **immunisiert**. 3

Erste Voraussetzung des Abs 1 ist die **Belegenheit des Vorbehaltsguts in einem anderen EU-Mitgliedsstaat** als jenem der Verfahrenseröffnung. Relevanter Zeitpunkt ist die **Eröffnung des Hauptinsolvenzverfahrens**. Wurde die Kaufsache erst nach Verfahrenseröffnung in einen anderen EU-Mitgliedstaat als jenem der Verfahrenseröffnung verbracht, ist Art 7 Abs 1 nicht anwendbar; vielmehr verbleibt es dann bei der Geltung des Insolvenzstatuts gem Art 4. Befindet sich das Vorbehaltsgut in einem Drittstaat, ist Art 7 EuInsVO nicht anwendbar; vielmehr gilt dann das autonome internationale Insolvenzrecht des EU-Mitgliedstaats der Verfahrenseröffnung gem Art 3 EuInsVO (Pannen-*Ingelmann*, Art 7, Rn 5; *Paulus*, Art 7, Rn 4). 4

Die zweite tatbestandliche Voraussetzung gem Abs 1 ist die **wirksame Vereinbarung eines (einfachen) Eigentumsvorbehaltsrechts**. Die Vorfrage, ob der Eigentumsvorbehalt überhaupt anerkannt wird, richtet sich nach dem Recht des Staats, in dem sich die Kaufsache bei Verfahrenseröffnung befindet (Belegenheitsstaat/lex rei sitae); für die Frage, ob der Eigentumsvorbehalt wirksam vereinbart wurde, ist das Recht des Rechtserwerbs maßgeblich, in dem sich die Kaufsache bei dem Rechtserwerb befunden hat (Pannen-*Ingelmann*, Art 7, Rn 4; MüKoInsO-*Reinhart*, Art 7, Rn 3; Haß/Huber/Gruber/Heiderhoff-*Huber*, Art 7, Rn 4; D-K/D/Ch-*Duursma-Kepplinger*, Art 7, Rn 5; *Huber*, ZZP 114 (2001), 133, 159 f). Kennt die anzuwendende Rechtsordnung keinen Eigentumsvorbehalt oder wurde er nach der anzuwendenden Rechtsordnung nicht wirksam vereinbart, bleibt die Regelung des Art 7 Abs 1 ohne praktische Wirkung. 5

Die EuInsVO behandelt damit die Rechtsposition des Vorbehaltseigentums des Verkäufers als **abstrakte dingliche Rechtsposition**, und zwar unabhängig von den zugrunde liegenden schuldrechtlichen Absprachen. Denn wenn der Bestand des Eigentumsvorbehalts unberührt bleiben soll, ist er durch die Ausübung von Wahlrechten des Insolvenzverwalters auf Seiten des Käufers nicht entziehbar. Die Erwägung, den Eigentumsvorbehalt in diesem Fall durch die Eröffnung eines Sekundärinsolvenzverfahrens im Ausland anzugreifen (siehe hierzu ausführlich D-K/D/Ch-*Duursma-Kepplinger*, Art 7, Rn 11 ff), er- 6 scheint mühsam und unglücklich; § 107 Abs 2 InsO greift in diesem Fall nicht ein, da der inländische Käufer, über dessen Vermögen das Insolvenzverfahren eröffnet worden ist, sich in der Konstellation, die Art 7 Abs 1 zugrunde liegt, nicht im Besitz des Vorbehaltsguts befindet.

7 Da sich die Kaufsache eben in der Regel beim Käufer befindet und somit im Fall der Käuferinsolvenz nicht in einem anderen EU-Mitgliedstaat als jenem der Verfahrenseröffnung, ist die **praktische Bedeutung** des Abs 1 letztlich sehr begrenzt.

III. Verkäuferinsolvenz

8 Abs 2 behandelt die **Insolvenz des Verkäufers**. Wird über das Vermögen des Verkäufers nach erfolgter Lieferung der Kaufsache ein Hauptinsolvenzverfahren eröffnet und befindet sich das Vorbehaltsgut im Zeitpunkt der Verfahrenseröffnung in einem anderen EU-Mitgliedstaat als jenem der Verfahrenseröffnung, führt die Verfahrenseröffnung nicht zur Auflösung oder Beendigung des Kaufvertrags; sie steht dem Eigentumserwerb des Käufers grundsätzlich nicht entgegen (vorausgesetzt, er erfüllt die vereinbarten Bedingungen zum Eigentumserwerb).

9 Nach der gesetzlichen Regelung wird somit im Fall der Verkäuferinsolvenz nicht das Wahlrecht des Insolvenzverwalters ausgeschlossen, sondern lediglich ein mögliches Wahlrecht des Käufers der Sache, damit sich dieser nicht mit dem Besitz der Sache und ohne die volle Gegenleistung erbracht zu haben im Ausland verstecken kann. Wenn die Vorschrift den Eigentumserwerb des Käufers ausdrücklich ermöglichen will, so zielt Art 7 Abs 2 letztlich auf eine Erfüllung des zugrundeliegenden Kaufvertrags zum bestmöglichen Schutz der Insolvenzmasse des Verkäufers. Insoweit entspricht die Regelung in Art 7 Abs 2 der Intention des inländischen Gesetzgebers, wie sie in § 107 Abs 1 InsO zum Ausdruck kommt.

10 Abs 2 setzt über die Tatbestandsvoraussetzungen des Abs 1 (wirksame Begründung des Eigentumsvorbehalts vor Insolvenzeröffnung und Belegenheit des Vorbehaltsguts bei Verfahrenseröffnung in einem anderen EU-Mitgliedstaat als jenem der Verfahrenseröffnung; siehe oben Rn 4 und 5) hinaus zusätzlich voraus, dass die unter Eigentumsvorbehalt stehende Kaufsache vor Verfahrenseröffnung **geliefert** wurde.

IV. Missbrauchsvorbehalt

11 Abs 3 enthält schließlich – ebenso wie Art 5 Abs 4 und Art 6 Abs 2 (siehe jeweils dort) – einen Vorbehalt zum **Schutz vor Missbrauch** zugunsten des Insolvenzstatuts. Gem Art 7 Abs 3 in Verbindung mit Art 4 Abs 2 lit m ist die Frage, ob eine Rechtshandlung **nichtig, anfechtbar** oder **relativ unwirksam** ist, weil sie die **Gesamtheit der Gläubiger** benachteiligt, nach dem Recht des Staats der Eröffnung des Hauptinsolvenzverfahrens zu beurteilen (lex concursus) und nicht – trotz bzw insoweit abweichend von Abs 1 und Abs 2 – nach dem Recht des Staats, in dem sich die mit einem Eigentumsvorbehalt behaftete Kaufsache bei Verfahrenseröffnung befindet.

Art 8. Vertrag über einen unbeweglichen Gegenstand

Für die Wirkungen des Insolvenzverfahrens auf einen Vertrag, der zum Erwerb oder zur Nutzung eines unbeweglichen Gegenstands berechtigt, ist ausschließlich das Recht des Mitgliedstaats maßgebend, in dessen Gebiet dieser Gegenstand belegen ist.

I. Normzweck

1 Ebenso wie Art 5, 6 und 7 enthält auch Art 8 eine Ausnahmeregelung von dem in Art 4 verankerten Grundsatz der Universalität des Insolvenzstatuts. Grundsätzlich bestimmt Art 4 Abs 2 lit e, dass das Recht des Staats der Verfahrenseröffnung regelt, wie sich das Insolvenzverfahren auf laufende Verträge auswirkt. Hiervon normiert Art 8 eine Abweichung für Verträge über den Erwerb oder die Nutzung unbeweglicher Gegenstände. Maßgeblich ist insoweit das Recht des EU-Mitgliedstaats, in der der vertragsgegenständliche unbewegliche Gegenstand belegen ist (**lex rei sitae**).

2 Anwendbar ist Art 8 sowohl in der Insolvenz des Käufers bzw Nutzungsberechtigten als auch in der Insolvenz des Verkäufers bzw Nutzungsverpflichteten (D-K/D/Ch-*Duursma-Kepplinger*, Art 8, Rn 2; MüKoInsO-*Reinhart*, Art 8, Rn 8; Haß/Huber/Gruber/Heiderhoff-*Huber*, Art 8, Rn 4).

II. Tatbestandsvoraussetzungen

3 **1. Unbewegliche Gegenstände.** Die Anwendbarkeit des Art 8 setzt zunächst voraus, dass Vertragsgegenstand ein unbeweglicher Gegenstand ist.

4 Was hierunter zu verstehen ist, kann sowohl nach dem Ort der Belegenheit (lex rei sitae) als auch autonom bestimmt werden. Nach herrschender Auffassung wird überwiegend nicht auf den Belegenheitsstaat abgestellt, im Inland mithin nicht auf § 49 InsO. Vielmehr ist eine einheitliche und autonome Definition

für alle Mitgliedstaaten anzustreben (D-K/D/Ch-*Duursma-Kepplinger*, Art 8, Rn 4; MüKoInsO-*Reinhart*, Art 8, Rn 3; Haß/Huber/Gruber/Heiferhoff-*Huber*, Art 8, Rn 3; aA Pannen-*Riedemann*, Art 8, Rn 17; *Paulus*, Art 8, Rn 5). Hierfür spricht insbesondere die Systematik der EuInsVO; denn sämtliche in Art 5 ff geregelten Ausnahmeregelungen zu Art 4 stellen auf systematische Begrifflichkeiten ab, ohne sie jeweils nach dem möglicherweise anzuwendenden Sachrecht zu entnehmen. Warum von dieser Systematik bei Art 8 abgewichen werden sollte, ist nicht ersichtlich und auch nicht zu entnehmen.

Abzustellen ist somit auf eine autonome Gesamtschau, was als unbeweglicher Gegenstand zu gelten hat. Dabei kommt es insbesondere auf die physische Beweglichkeit an. Daher sind unbewegliche Gegenstände im Sinne des Art 8 **Grundstücke** und **Immobilien**. 5

Im Umkehrschluss aus Art 11 und Art 14 ergibt sich, dass registrierte Schiffe und Luftfahrzeuge nicht 6 von Art 8 erfasst werden.

2. Erfasste Verträge. Art 8 erfasst diejenigen Verträge, die zum **Erwerb** oder zur **Nutzung eines unbe-** 7 **weglichen Gegenstands** berechtigen. Verträge, die zum **Erwerb** unbeweglicher Gegenstände berechtigen, sind zB Kauf- und Schenkungsverträge. Verträge, die zur **Nutzung** eines unbeweglichen Gegenstands berechtigen, sind zB Miet-, Pacht- und Leasingverträge.

Nicht unter Art 8 fallen demgegenüber Verträge über Einräumung von **Grundpfandrechten** sowie 8 Verträge über die Bestellung von **Sicherungsrechten** an unbeweglichen Gegenständen (zB Sicherungszession), da diese dem Vertragspartner nach Abwicklung des Vertrags nicht die Eigentümerposition einräumen, sondern lediglich ein eigentümerähnliches Verwertungsrecht gewähren (*Paulus*, Art 8, Rn 4; MüKoInsO-*Reinhart*, Art 8, Rn 8). Ebenfalls nicht von Art 8 erfasst werden Verträge über den Erwerb von **Anteilen an Immobiliengesellschaften**, da Verkaufsgegenstand nicht das Immobilienobjekt selbst ist, sondern die Gesellschaftsanteile (MüKoInsO-*Reinhart*, Art 8, Rn 6).

Problematisch erweist sich die Anwendbarkeit des Art 8 auf **typengemischte Verträge**. Dies gilt für 9 Verträge, bei denen der Erwerb oder die Nutzung des unbeweglichen Gegenstands mit weiteren Verpflichtungen, wie zB der Errichtung von Bauwerken (Bauträgervertrag), verbunden ist. Ähnlich stellt sich die Fragestellung dar bei **Kauf- oder Nutzungsverträgen über Sachgesamtheiten**, die sich aus beweglichen und unbeweglichen Gegenständen zusammensetzen, wie zB bei Unternehmenskaufverträgen in Form eines Asset Deals oder Pachtverträgen nebst Betriebsausstattung. In derartigen Fällen wird teilweise danach unterschieden, ob der Vertrag teilbar ist. Wenn dies der Fall ist, sollen für die jeweiligen Teile unterschiedliche Rechtsordnungen anzuwenden sein, mithin auf den unter Art 8 fallenden Vertragsteil die lex rei sitae, auf den nicht unter Art 8 fallenden Vertragsteil gem Art 4 Abs 2 lit e das Insolvenzstatut (*Paulus*, Art 8, Rn 3; Pannen-*Riedemann*, Art 8, Rn 9). Scheidet eine Teilbarkeit des typengemischten Vertrags aus, soll auf den gesamten Vertrag die lex concursus anzuwenden sein (*Paulus*, Art 8, Rn 3; Pannen-*Riedemann*, Art 8, Rn 9). Zum anderen wird auch vertreten, nur auf eine Gesamtbetrachtung abzustellen und pauschal zu prüfen, worauf der Schwerpunkt des Vertrags gerichtet ist. Bei einem Bauträgervertrag liege etwa der Schwerpunkt auf dem Erwerb des Grundstücks nebst Gebäude, dem die zusätzliche Verpflichtung zur Errichtung des Gebäudes letztlich diene; folglich sei in diesem Fall Art 8 anwendbar. Dies könne auch für die Verpachtung eines Grundstücks inklusive Betriebsausstattung gelten, da die Lage der Immobilie häufig entscheidender sein dürfte als die bewegliche und im Einzelfall ersetzbare Betriebsausstattung (so MüKoInsO-*Reinhart*, Art 8, Rn 4 f).

Vorzugswürdig erscheint es, zunächst auf die mögliche Teilbarkeit des Vertrags abzustellen und auf den 10 unter Art 8 fallenden Vertragsteil die lex rei sitae anzuwenden, auf den nicht unter Art 8 fallenden Vertragsteil die lex concursus. Nur wenn sich der Vertrag als nicht teilbar erweist, sollte eine Gesamtbetrachtung erfolgen und die Anwendbarkeit des Art 8 danach beurteilt werden, ob sich der Schwerpunkt des gesamten Vertrags auf die Berechtigung zum Erwerb bzw der Nutzung des unbeweglichen Gegenstands richtet.

3. Relevanter Zeitpunkt. Ungeschriebenes Tatbestandsmerkmal des Art 8, das sich nach einhelliger 11 Meinung aus dem Sinn und Zweck der Regelung ergibt, ist die Voraussetzung, dass die Verträge bereits vor Verfahrenseröffnung abgeschlossen und damit rechtlich existent sein müssen (Pannen-*Riedemann*, Art 8, Rn 12; D-K/D/Ch-*Duursma-Kepplinger*, Art 8, Rn 3; Haß/Huber/Gruber/Heiderhoff-*Huber*, Art 8, Rn 5; MüKoInsO-*Reinhart*, Art 8, Rn 10. Dem ist uneingeschränkt zuzustimmen.

4. Belegenheit in einem anderen EU-Mitgliedstaat. Die Anwendbarkeit in Art 8 setzt wieder voraus, 12 dass der unbewegliche Gegenstand in einem anderen EU-Mitgliedstaat belegen ist. Gemeint ist damit die Belegenheit in einem anderen EU-Mitgliedstaat als jenem der Verfahrenseröffnung (*Moss/Fletcher/Isaacs*, EC Regulation, Rn 4.31; MüKoInsO-*Reinhart*, Art 8, Rn 13; Haß/Huber/Gruber/Heiderhoff-*Huber*, Art 8, Rn 6). Ist der unbewegliche Gegenstand in einem Drittstaat außerhalb der EU belegen, kommt Art 8 nicht zur Anwendung, sondern das autonome internationale Insolvenzrecht des EU-Mitgliedstats der Verfahrenseröffnung (bei Verfahrenseröffnung in Deutschland ist dies § 336 InsO; vgl dort Rn 4).

III. Rechtsfolgen

Nach dem ausdrücklichen Wortlaut des Art 8 richten sich die Wirkungen des Insolvenzverfahrens auf 13 die betreffenden Verträge **ausschließlich** nach dem **lex rei sitae**. Durch diese Verweisung wird Art 4 insoweit verdrängt, als dass hinsichtlich der Wirkungen des Insolvenzverfahrens auf die betroffenen Verträge sowohl das **materielle Recht** als auch das **Insolvenzrecht des Belegenheitsstaats** gilt (*Virgós/ Schmit*, Erläuternder Bericht, Rn 118; Haß/Huber/Gruber/Heiderhoff-*Huber*, Art 8, Rn 7; D-K/D/Ch-*Duursma-Kepplinger*, Art 8, Rn 7). Neben dem Verweis auf das materielle Recht des Belegenheitsstaats wird somit ausdrücklich auch auf das nationale Insolvenzrecht des Belegenheitsstaats verwiesen, bei Belegenheit der unbeweglichen Sache in Deutschland – und Verfahrenseröffnung in einem anderen EU-Mitgliedstaat – also auf die §§ 103 ff InsO (Pannen-*Riedemann*, Art 8, Rn 21; *Paulus*, Art 8, Rn 7).

14   Obwohl Art 8 im Gegensatz zu Art 5 Abs 4, Art 6 Abs 2, Art 7 Abs 3 und Art 9 Abs 2 keinen **Missbrauchsvorbehalt** enthält, mithin keine ausdrückliche Regelung, dass Art 8 der Nichtigkeit, Anfechtbarkeit oder relativen Unwirksamkeit einer Rechtshandlung wegen Gläubigerbenachteiligung gem Art 4 Abs 2 lit m nicht entgegensteht, ist mit der ganz herrschenden Meinung davon auszugehen, dass Art 4 Abs 2 lit m durch den Verweis auf das lex rei sitae in Art 8 nicht verdrängt wird, so dass insoweit das Recht des Eröffnungsstaats maßgeblich ist (MüKoInsO-*Reinhart*, Art 8, Rn 17; Pannen-*Riedemann*, Art 8, Rn 25 f; D-K/D/Ch-*Duursma-Kepplinger*, Art 8, Rn 10; Haß/Huber/Gruber/Heiderhoff-*Huber*, Art 8, Rn 7; aA *Paulus*, Art 8, Rn 10, der auf das Recht des Belegenheitsstaats abstellt). Für die hier vertretene herrschende Meinung spricht die Systematik der EuInsVO. Denn Art 8 stellt eine Ausnahmeregelung zu Art 4 Abs 2 lit e dar. Demgegenüber betrifft Art 4 Abs 2 lit m eine hiervon vollkommen unterschiedliche Rechtsthematik, sodass Art 4 Abs 2 lit m der Regelung des Art 8 als lex specialis vorgeht. Für die Anwendbarkeit des Art 4 Abs 2 lit m auf Art 8 spricht auch der Umkehrschluss aus Art 13, der bestimmte Sachverhalte ausdrücklich von dem Anwendungsbereich des Art 4 Abs 2 lit m ausnimmt, nicht jedoch Art 8.

Art 9. Zahlungssysteme und Finanzmärkte

(1) Unbeschadet des Artikels 5 ist für die Wirkungen des Insolvenzverfahrens auf die Rechte und Pflichten der Mitglieder eines Zahlungs- oder Abwicklungssystems oder eines Finanzmarktes ausschließlich das Recht des Mitgliedstaats maßgebend, das für das betreffende System oder den betreffenden Markt gilt.

(2) Absatz 1 steht einer Nichtigkeit, Anfechtbarkeit oder relativen Unwirksamkeit der Zahlungen oder Transaktionen gemäß den für das betreffende Zahlungssystem oder den betreffenden Finanzmarkt geltenden Rechtsvorschriften nicht entgegen.

I. Normzweck

1   **1. Ausnahmeregelung zur Universalität des Insolvenzstatuts.** Abweichend vom universalen Geltungsanspruch des Insolvenzstatuts in Art 4, bestimmt Art 9 **Abs 1**, dass für die Wirkungen der Verfahrenseröffnung auf die Rechte und Pflichten der Mitglieder eines Zahlungs- oder Abwicklungssystems oder eines Finanzmarkts ausschließlich das für das betreffende System oder den betreffenden Markt maßgebliche Recht anzuwenden ist. Dies setzt voraus, dass es sich um die Rechtsordnung eines anderen EU-Mitgliedstaats als jener der Verfahrenseröffnung handelt und die vorrangige Regelung von Art 5 kommt nicht zum Zuge.

2   **2. Sinn und Zweck** der Regelung in Abs 1 ist ein besonderer Vertrauensschutz in die aufgeführten kapitalmarktrechtlichen Institutionen und Mechanismen (27. Erwägungsgrund zur Verordnung (EG) Nr 1346/2000; *Virgós/Schmit*, Erläuternder Bericht, Rn 120; *Moss/Fletcher/Isaacs*, EC Regulation, Rn 4.32). Die Vorschrift will verhindern, dass im Falle der Insolvenz eines Geschäftspartners die in Zahlungs- oder Abrechnungssystemen oder auf den geregelten Finanzmärkten der Mitgliedstaaten vorgesehenen Mechanismen zur Zahlung und Abwicklung von Transaktionen geändert werden können (27. Erwägungsgrund zur Verordnung (EG) Nr 1346/2000). Da im Rahmen der aufgeführten Zahlungs- oder Abrechnungssysteme sowie auf den genannten Märkten eine große Zahl von Transaktionen abgewickelt wird, soll die Mobilität und die Rechtssicherheit des Wirtschaftsverkehrs garantiert werden, um den reibungslosen Ablauf nicht zu gefährden. Um dies zu gewährleisten, kommt im Falle der Insolvenz eines ausländischen Teilnehmers dieser Finanzmechanismen, insoweit nicht das fremde Insolvenzstatut zur Anwendung, sondern das für den betreffenden Markt bzw das betreffende System geltende Recht bleibt maßgeblich (*Virgós/Schmit*, Erläuternder Bericht, Rn 120 f).

3   **3. Finalitätsrichtlinie.** Art 9 trägt der Umsetzung der Richtlinie 98/26/EG über die Wirksamkeit von Abrechnungen in Zahlungs- sowie Wertpapierliefer- und Abrechnungssystemen vom 19. 5. 1998 (sog „**Finalitätsrichtlinie**", ABl EG 1998 Nr L 166 S 45) Rechnung (vgl § 340 InsO, Rn 2). Gem Art 8 der Finalitätsrichtlinie findet im Falle der Eröffnung eines Insolvenzverfahrens gegen das Vermögen eines Systemteilnehmers das Recht Anwendung, das für das Zahlungs-, Wertpapierliefer- oder Abrechnungssystem gilt. Um das die genannten Systeme betreffende materielle Zivil-, Handels- und Insolvenzrecht der EU-Mitgliedstaaten zu harmonisieren, enthält die Finalitätsrichtlinie Sondervorschriften, die den allgemeinen Regelungen der EuInsVO vorgehen (27. Erwägungsgrund zur Verordnung (EG) Nr 1346/

2000; D-K/D/Ch-*Duursma*, Art 9, Rn 1). Allerdings gilt die Finalitätsrichtlinie gem ihrem Art 10 nur für solche Systeme, die von den EU-Mitgliedstaaten ausdrücklich benannt und zudem der Kommission mitgeteilt worden sind, wohingegen Art 9 EuInsVO eine derartige Einschränkung nicht enthält. Daher gilt Art 9 EuInsVO auch für Inter Company Netting Agreements, Termintransaktionen über Clearing Systeme und Warenterminbörsen (Pannen-*Pannen*, Art 9, Rn 11 mwN).

4. Anwendungsbereich. Gem Art 1 Abs 2 ist die EuInsVO ua auf Insolvenzverfahren über das Vermögen von Kreditinstituten und Wertpapierfirmen unanwendbar (siehe oben, Art 1, Rn 4 ff). Da Kreditinstitute und Wertpapierfirmen typische Mitglieder von Zahlungs- und Abwicklungssystemen sowie Finanzmärkten im Sinne des Art 9 sind, ist der Anwendungsbereich des Art 9 insoweit de facto vornherein erheblich eingeschränkt. 4

II. Voraussetzungen

1. System. Gem **Art 2 lit a Finalitätsrichtlinie** bezeichnet der Ausdruck „System" eine förmliche Vereinbarung, die (1.) – ohne Mitrechnung einer etwaigen Verrechnungsstelle, zentralen Vertragspartei oder Clearingstelle oder eines etwaigen indirekten Teilnehmers – zwischen mindestens drei Teilnehmern getroffen wurde und gemeinsame Regeln und vereinheitlichte Vorgaben für die Ausführung von Zahlungs- und Übertragungsaufträgen zwischen den Teilnehmern vorsieht, und die (2.) dem Recht eines von den Teilnehmern gewählten Mitgliedstaats unterliegt, wobei sich die Teilnehmer jedoch nur für das Recht eines Mitgliedstaats entscheiden können, in dem zumindest einer von ihnen seine Hauptverwaltung hat. 5

Unter Zugrundelegung dieser Begriffsdefinition ist unter einem **Zahlungssystem** eine Vereinbarung in vorgenanntem Sinne zu verstehen, deren Gegenstand die Abwicklung und Durchführung von Zahlungen ist. 6

Ein **Wertpapierabwicklungssystem** ist eine Vereinbarung in vorgenanntem Sinne, deren Gegenstand die Übertragung von konkreten Beständen an Wertpapieren ist (D-K/D/Ch-*Duursma*, Art 9, Rn 5; Haß/Huber/Gruber/Heiderhoff-*Huber*, Art 9, Rn 2). 7

2. Finanzmarkt. Hierunter ist ein Markt in einem EU-Mitgliedstaat zu verstehen, auf dem Finanzinstrumente, sonstige Finanzwerte oder Warenterminkontakte und -optionen gehandelt werden. Er muss regelmäßig funktionieren, seine Funktions- und Zugangsbedingungen müssen durch Vorschriften geregelt sein und er unterliegt dem Recht des jeweiligen EU-Mitgliedstaats, einschließlich einer etwaigen entsprechenden Aufsicht von Seiten der zuständigen Behörden dieses EU-Mitgliedstaats (*Virgós/Schmit*, Erläuternder Bericht, Rn 120; Pannen-*Pannen*, Art 9, Rn 19). 8

3. Mitglieder. Mitglieder eines Zahlungs- oder Abwicklungssystems oder eines Finanzmarkts sind alle Teilnehmer dieser Institutionen. Gem **Art 2 lit f Finalitätsrichtlinie** ist „Teilnehmer" ein Institut, eine zentrale Vertragspartei, eine Verrechnungsstelle oder eine Clearingstelle. In der Regel kommen als „Teilnehmer" vor allem Banken in Betracht (D-K/D/Ch-*Duursma*, Art 9, Rn 4; Pannen-*Pannen*, Art 9, Rn 21). 9

4. Relevanter Zeitpunkt. Da Art 9 Abs 1 auf die Wirkungen des Insolvenzverfahrens abstellt, setzt die Vorschrift voraus, dass die Zahlungs- oder Abwicklungssysteme oder Finanzmärkte bereits **vor Verfahrenseröffnung** vereinbart bzw existent waren (Pannen-*Pannen*, Art 9, Rn 22). 10

5. Rechtsordnung eines anderen EU-Mitgliedstaats. Anstelle des Insolvenzstatuts gem Art 4 kommt bei Vorliegen der vorgenanten Voraussetzungen das für das System oder den Finanzmarkt geltende Recht zur Anwendung, wenn es sich um das Recht eines anderen EU-Mitgliedstaats als jenes der Verfahrenseröffnung handelt. Die für das System oder den Finanzmarkt maßgebliche Recht unterliegt gem Art 2 lit a (siehe oben, Rn 4) mit der Einschränkung der Parteiendisposition, dass zumindest ein Teilnehmer des Systems oder Finanzmarkts in jenem EU-Mitgliedstaat seine Hauptverwaltung haben muss. Aus der Tatsache, dass das System oder der Finanzmarkt bereits vor Verfahrenseröffnung vereinbart worden bzw existent gewesen sein muss (siehe oben, Rn 9), ergibt sich begriffsnotwendig auch, dass die maßgebliche Rechtsordnung ebenfalls vor Verfahrenseröffnung vereinbart worden sein muss. 11

6. Unberührtheit von Art 5. Der Verweis auf Art 5 stellt eine Ausnahme zur Anwendbarkeit des Art 9 dar. Denn Art 9 ist unanwendbar, sofern und soweit dingliche Rechte im Sinne des Art 5 betroffen sind. Art 5 genießt insoweit Vorrang gegenüber Art 9, so dass für dingliche Rechte im Sinne des Art 5 nicht die lex rei sitae, sondern die **lex causae**, mithin die Rechtsordnung des Belegenheitsstaats, maßgeblich ist (*Virgós/Schmit*, Erläuternder Bericht, Rn 124; Pannen-*Pannen*, Art 9, Rn 30 ff; *Moss/Fletcher/Isaacs*, EC Regulation, Rn 4.32). 12

III. Missbrauchsvorbehalt, Abs 2

Der Vorbehalt der Geltendmachung von **Nichtigkeit, Anfechtbarkeit oder relativer Unwirksamkeit von Zahlungen oder Transaktionen** nach Abs 2 ermöglicht dem Wortlaut nach – anders als die entspre- 13 chenden Vorbehalte in Art 5 Abs 4, Art 6 Abs 2, Art 7 Abs 3 und (ungeschrieben) in Art 8 Abs 2 jeweils in Verbindung mit Art 4 Abs 2 lit m – **nicht**, die Angreifbarkeit nach dem **Insolvenzstatut** durchzusetzen. Vielmehr sind die entsprechenden Rechtshandlungen nach den Rechtsvorschriften angreifbar, die sich aus dem **Statut des Zahlungssystems oder des betreffenden Finanzmarkts** ergeben. Im Ergebnis ist somit sowohl die Anwendbarkeit des Art 4 Abs 2 lit m als auch jene des Art 13 ausgeschlossen (D-K/D/Ch-*Duursma*, Art 9, Rn 12 f; Haß/Huber/Gruber/Heiderhoff-*Huber*, Art 9, Rn 6; Pannen-*Pannen*, Art 9, Rn 35).

Art 10. Arbeitsvertrag

Für die Wirkungen des Insolvenzverfahrens auf einen Arbeitsvertrag und auf das Arbeitsverhältnis gilt ausschließlich das Recht des Mitgliedstaats, das auf den Arbeitsvertrag anzuwenden ist.

I. Normzweck

1   Als Ausnahme vom allgemeinen Insolvenzstatut gem Art 4 sieht Art 10 eine **Sonderanknüpfung** für Arbeitsverträge und Arbeitsverhältnisse vor. Danach beurteilen sich die Wirkungen des Insolvenzverfahrens auf einen Arbeitsvertrag und auf ein Arbeitsverhältnis nicht nach dem Recht des Staats der Verfahrenseröffnung, sondern ausschließlich nach der für den Arbeitsvertrag und das Arbeitsverhältnis maßgeblichen Rechtsordnung (lex causae), dem so genannten **Arbeits(vertrags)statut** des betreffenden EU-Mitgliedstaats. Wie bei allen Sonderanknüpfungen der EuInsVO ist auch bei Art 10 immanente Voraussetzung für die Anwendbarkeit des von dem Insolvenzstatut abweichenden Arbeitsvertragsstatuts, dass der Arbeitsvertrag bzw das Arbeitsverhältnis dem Recht eines **anderen EU-Mitgliedstaats** als jenem der Verfahrenseröffnung unterliegt (*Paulus*, Art 10, Rn 4).

2   Untersteht der Arbeitsvertrag bzw das Arbeitsverhältnis dem Recht eines **Drittstaats**, ist nicht Art 10, sondern – sofern der Staat der Verfahrenseröffnung Deutschland ist – § 337 InsO anwendbar. Da Art 10 EuInsVO und § 337 InsO inhaltsgleiche Regelungen aufweisen, hat die Abgrenzung der Anwendungsbereiche für das Inland keine praktische Bedeutung (siehe auch oben § 337 Rn 2 mwN).

3   Die Herausnahme des **Arbeitsvertrags** bzw des **Arbeitsrechtsverhältnisses** aus dem Gesamtstatut der Insolvenz soll einem besonderen Bedürfnis des **Schutzes der Arbeitnehmer** dienen. Denn das Arbeitsverhältnis ist regelmäßig in das Rechts- und Sozialgefüge des Staats eingegliedert, in dem die Arbeitsleistung erbracht wird, so dass es dieser Rechtsordnung auch im Insolvenzfall unterworfen bleiben soll. Der Arbeitnehmer soll sich darauf verlassen können, dass für ihn bei einer Insolvenz seines Arbeitgebers das ihm bekannte Arbeitsvertragsstatut gilt und er sich nicht mit einer anderen Rechtsordnung auseinandersetzen muss (*Paulus*, Art 10, Rn 1 f; D-K/D/Ch-*Duursma-Kepplinger*, Art 10, Rn 4; Pannen-*Dammann*, Art 10, Rn 3; MüKoInsO-*Reinhart*, Art 10, Rn 1; *Virgós/Garcimartín*, The European Insolvency Regulation, Rn 207; *Virgós/Schmit*, Erläuternder Bericht, Rn 125; vgl auch oben § 337 Rn 1).

4   Art 10 ist sowohl auf die **Arbeitgeberinsolvenz** als auch auf die **Arbeitnehmerinsolvenz** anwendbar (*Paulus*, Art 10, Rn 2; D-K/D/Ch-*Duursma-Kepplinger*, Art 10, Rn 2; Pannen-*Dammann*, Art 10, Rn 3).

5   Die Sonderanknüpfung für das Arbeitsvertragsstatut gilt ausweislich Erwägungsgrund Nr 28 ausschließlich für die Wirkungen des Insolvenzverfahrens auf die **Fortsetzung** oder **Beendigung** des Arbeitsverhältnisses und die **Rechte und Pflichten aller an dem Arbeitsverhältnis beteiligten Parteien**. Maßgeblich ist das Arbeitsvertragsstatut somit insbesondere für die Begründung, den Inhalt, die Änderung und die Beendigung des Arbeitsverhältnisses aufgrund des Insolvenzereignisses (vgl auch oben § 337 Rn 7 mwN); hierunter fallen insbesondere die Kündigungsbedingungen und Kündigungsfristen sowie die Rechtsfolgen der Kündigung. Demgegenüber unterliegen **Insolvenzprobleme, die nicht mit den Wirkungen der Verfahrenseröffnung mit dem Arbeitsverhältnis zusammenhängen**, allein dem Insolvenzstatut; hierzu zählen insbesondere die Fragen, ob die sich aus einem Arbeitsverhältnis ableitende Forderung eines Arbeitnehmers durch ein Vorrecht geschützt wird, welche Beträge geschützt werden und welchen Rang das Vorrecht innehat (*Virgós/Schmit*, Erläuternder Bericht, Rn 128; *Moss/Fletcher/Isaacs*, EC Regulation, Rn 8.115; *Virgós/Garcimartín*, The European Insolvency Regulation, Rn 208). Ferner ist das Insolvenzstatut auch insoweit maßgeblich, als es um Ansprüche eines Arbeitgebers geht, die infolge seines Tätigwerdens auf Verlangen des Insolvenzverwalters entstanden sind (vgl oben § 337 Rn 7 mwN).

6   Das maßgebliche Arbeitsvertragsstatut bestimmt sich bei Fehlen einer ausdrücklichen Rechtswahl zwischen Arbeitgeber und Arbeitnehmer nach den allgemeinen Regeln des IPR. Maßgeblich ist insoweit das Römische EWG-Übereinkommen vom 19. 6. 1980, insbesondere dessen Art 6 und Art 7. Kommt deutsches Internationales Privatrecht zur Anwendung, ergibt sich für den Fall, dass im internationalen Arbeitsverhältnis nicht vereinbart worden sein sollte, welches Recht anwendbar ist, das anwendbare Recht regelmäßig aus Art 30 EGBGB (Einzelheiten siehe oben § 337 Rn 6).

II. Arbeitsvertrag und Arbeitsverhältnis

7   **1. Begriffsdefinition.** Die Begriffe „Arbeitsvertrag" und „Arbeitsverhältnis" sind inhaltlich identisch, so dass eine Differenzierung nicht erforderlich ist. Die Auslegung erfolgt autonom. Nach allgemeiner

Arbeitsvertrag

Auffassung ist auf die **Weisungsgebundenheit** sowie die **persönliche und wirtschaftliche Abhängigkeit** des Arbeitnehmers vom Arbeitgeber abzustellen (Pannen-*Dammann*, Art 10, Rn 5; D-K/D/Ch-*Duursma-Kepplinger*, Art 10, Rn 6; MüKoInsO, Art 10, Rn 5). Demnach lässt sich der Arbeitsvertrag definieren als rechtsgeschäftliche Vereinbarung zwischen Arbeitgeber und Arbeitnehmer, durch die sich der Arbeitgeber gegen Entgelt zu fremdbestimmter, abhängiger oder unselbstständiger Arbeitsleistung unter Leitung und Weisung des Arbeitgebers verpflichtet. Diese Definition entspricht auch der Rechtsprechung des EuGH, der das wesentliche Merkmal eines Arbeitsverhältnisses darin sieht, dass jemand für einen anderen nach dessen Weisungen Leistungen erbringt, für die er als Gegenleistung eine Vergütung erhält (grundlegend: EuGH 3. 7. 1986, „Lawrie Blum", NJW 1987, 1138). Daher fallen auch Arbeitsverträge/Arbeitsverhältnisse mit Auszubildenden, Teilzeitbeschäftigten und Scheinselbstständigen in den Anwendungsbereich des Art 10, nicht hingegen Verträge mit Personen, die selbstständige, unabhängige und weisungsungebunde Dienstleistungen erbringen (siehe oben § 337, Rn 4 mwN). Da die Auslegung autonom erfolgt (vgl auch Pannen-*Damman*, Art 10, Rn 5), kommt es nicht darauf an, ob das Vertragsverhältnis nach dem Insolvenzstatut oder nach dem Arbeitsvertragsstatut als Arbeitsvertragsverhältnis eingeordnet wird (MüKoInsO, Art 10, Rn 5).

2. Relevanter Zeitpunkt. Nach **herrschender Meinung** ist Art 10 nur auf Arbeitsverträge/Arbeitsverhältnisse anwendbar, die zum Zeitpunkt der Insolvenzeröffnung bereits abgeschlossen waren, so dass die Anwendbarkeit des Art 10 im Umkehrschluss ausscheidet, sofern ein Arbeitsvertrag erst im Rahmen des eröffneten Insolvenzverfahrens mit dem Insolvenzverwalter abgeschlossen wird (D-K/D/Ch-*Duursma-Kepplinger*, Art 10, Rn 3; Haß/Huber/Gruber/Heiderhoff-*Huber*, Art 10, Rn 3; MüKoInsO, Art 10, Rn 6). Vereinzelt wird demgegenüber vertreten, dass auch Arbeitsverträge, die – zB wegen einer aufschiebenden Bedingung – erst nach Verfahrenseröffnung wirksam oder erst nach Verfahrenseröffnung mit dem Insolvenzverwalter abgeschlossen werden, ebenfalls von Art 10 erfasst werden, dies sei nicht ersichtlich, warum die erst nach Verfahrenseröffnung in Kraft getretenen oder vereinbarten Arbeitsverträge nicht vom dem Schutzbereich des Art 10 profitieren sollten (Pannen-*Dammann*, Art 10, Rn 6). Dem ist jedoch nicht zuzustimmen. Vielmehr spricht für die hier vertretene herrschende Meinung der Sinn und Zweck von Art 10. Denn die Frage danach, welche Rechtsordnung für die Wirkungen des Insolvenzverfahrens auf Arbeitsverträge und Arbeitsverhältnisse anzuwenden ist, setzt zum einen voraus, dass das Insolvenzverfahren überhaupt Wirkungen enthalten kann, mithin eröffnet wurde; und zum anderen muss klar sein, dass die Verfahrenseröffnung tatsächlich Auswirkungen auf Arbeitsverträge/Arbeitsverhältnisse hat. Auf nicht existente Arbeitsverträge/Arbeitsverhältnisse könnte die Verfahrenseröffnung keine Auswirkungen haben.

Entscheidend ist somit, dass der Arbeitsvertrag vor Insolvenzeröffnung abgeschlossen wurde. Dagegen kommt es nicht darauf an, ob die Arbeitstätigkeit vor Verfahrenseröffnung bereits begonnen wurde; demnach fallen auch solche Arbeitsverhältnisse in den Anwendungsbereich des Art 10, bei denen der Arbeitsvertrag vor Verfahrenseröffnung abgeschlossen wurde und in Kraft getreten ist, die Arbeitsleistung jedoch erst nach Verfahrenseröffnung begonnen hat (MüKoInsO, Art 10, Rn 6; siehe auch oben § 337 Rn 5).

III. Einzelfälle

1. Betriebsübergang. Der Übergang eines Arbeitsverhältnisses im Rahmen eines Betriebsübergangs unterfällt dem **Arbeitsvertragsstatut** (hM HK-*Undritz*, Art 10, Rn 3; MüKoInsO, Art 10, Rn 10; D-K/D/Ch-*Duursma-Kepplinger*, Art 10, Rn 11; vgl auch oben § 337, Rn 8 mwN). Denn insbesondere die Bestimmungen über Betriebsänderungen oder Betriebsübertragungen im Sanierungsverfahren zählen zu den typischen Wirkungen eines Insolvenzverfahrens auf Arbeitsverhältnisse.

2. Insolvenzgeld. Die Frage nach dem sozialversicherungsrechtlichen Anspruch auf Insolvenzgeld beurteilt sich ebenfalls nach dem **Arbeitsvertragsstatut**. Somit kann der Fall eintreten, dass zwar das Insolvenzstatut im Staat der Verfahrenseröffnung keinen Anspruch auf Insolvenzgeld gewährt, wohl aber das maßgebliche Arbeitsvertragsstatut (in Deutschland zB gem § 183 SGB III), so dass im Ergebnis ein Anspruch des Arbeitnehmers auf die Zahlung von Insolvenzgeld begründet ist (vgl ausführlich MüKoInsO-*Reinhart*, Art 10, Rn 11 ff; siehe auch oben § 337 Rn 11 mwN).

3. Pfändungsschutz. Ob das jeweilige Gehalt des Arbeitnehmers im Falle der Arbeitnehmerinsolvenz Pfändungsschutzvorschriften unterliegt, ist nach dem **Insolvenzstatut** zu beurteilen (MüKoInsO-*Reinhart*, Art 10, Rn 17; vgl *Virgós/Schmit*, Erläuternder Bericht, Rn 128; siehe auch oben § 337 Rn 9 mwN). Die gegenteilige Auffassung (*Paulus*, Art 10, Rn 9) erscheint nicht berechtigt; denn gleichgültig, wo der Arbeitnehmer tätig ist, muss zwangsläufig das Insolvenzstatut bestimmen, welcher Vertrag Gegenstand des Verfahrens ist. Mithin beurteilt die Frage, ob bzw inwieweit das Gehalt des insolventen Arbeitnehmers in die Masse gehört, gem **Art 4 Abs 2 lit b** nach dem Insolvenzstatut (MüKoInsO-*Reinhart*, Art 10, Rn 17).

4. Betriebsverfassungsrecht. Die Anwendbarkeit eines bestimmten Betriebsverfassungsgesetzes, richtet sich nach dem **Arbeitsvertragsstatut** (siehe oben § 337, Rn 10 mwN).

13 **5. Betriebliche Altersversorgung.** Ansprüche aus der betrieblichen Altersversorgung unterliegen gleichfalls dem **Arbeitsvertragsstatut** (HK-*Undritz*, Art 10, Rn 3; siehe auch oben § 337 Rn 12 mwN).

Art 11. Wirkung auf eintragungspflichtige Rechte

Für die Wirkungen des Insolvenzverfahrens auf Rechte des Schuldners an einem unbeweglichen Gegenstand, einem Schiff oder einem Luftfahrzeug, die der Eintragung in ein öffentliches Register unterliegen, ist das Recht des Mitgliedstaats maßgebend, unter dessen Aufsicht das Register geführt wird.

I. Normzweck

1 Als Kollisionsnorm unterstellt Art 11 bestimmte eintragungspflichtige Rechte nicht dem Insolvenzstatut (*lex fori concursus*), sondern dem **Registerstatut** (*lex libri siti*). Insoweit wird das Universalitätsprinzip durch das den Vorgang des Einzelstatus eingeschränkt. Damit wird das Vertrauen in den Inhalt und die Rechtswirkungen öffentlicher Register gestärkt (Pannen-*Dammann* Art 11 Rn 4): der Rechtsverkehr soll sich darauf verlassen können, dass sich die Auswirkungen einer Insolvenz für das in einem öffentlichen Register eingetragene Recht ausschließlich nach der für das Register maßgeblichen Rechtsordnung beurteilen; das gilt für die Frage nach der Eintragungsfähigkeit von Rechten ebenso wie für deren materiell-rechtlichen Wirkungen (MüKoBGB-*Kindler* IIR Rn 353; Pannen-*Dammann* Art 11 Rn 6). Durch Art 11 wird der *numerus clausus* der Sachenrechte **im Eintragungsstaat** gewahrt (K/P/B-*Kemper* Art 11 Rn 1). Soweit sich hieraus Erschwerungen der Verfahrensabwicklung oder Beschränkungen der Verwertungsbefugnis des Verwalters für Immobilien, Schiffe und Luftfahrzeuge ergeben, müssen diese hingenommen werden (Pannen-*Dammann* Art 11 Rn 4).

II. Anwendungsbereich

2 Nach seinem eindeutigen Wortlaut gilt Art 11 nur für **Rechte des Schuldners**, soweit diese vor Verfahrenseröffnung begründet worden sind (K/P/B-*Kemper* Art 11 Rn 4); sämtliche Rechte Dritter bzw während des Verfahrens entstehende Rechte des Schuldners werden dagegen von Art 5 sowie Art 8 und Art 14 erfasst (Duursma-Kepplinger/Duursma/Chalupsky-*Duursma-Kepplinger* Art 11 Rn 14; MüKoInsO-*Reinhart* Art 11 Rn 5). Auch im Übrigen ist der Anwendungsbereich des Art 11 enger als der des Art 5, welcher für sämtliche dinglichen Rechte unabhängig von ihrer Eintragung gilt (K/P/B-*Kemper* Art 11 Rn 6). Der Regelung des § 336 InsO geht Art 11 in seinem Anwendungsbereich vor (Rn 4 f zu § 336 InsO; Braun-*Liersch/Tashiro* § 336 Rn 15).

3 Art 11 gilt für **Hauptinsolvenzverfahren** im Sinne von Art 3 Abs 1 sowie für **Sekundärverfahren** im Sinne von Art 3 Abs 2–4, allerdings nur soweit das Register im Staat der Eröffnung des Sekundärverfahrens geführt wird; denn gem Art 3 Abs 2 S 2 sind die Wirkungen eines solchen Partikularverfahrens auf das im Staat des Sekundärverfahrens belegene Vermögen begrenzt (ebenso K/P/B-*Kemper* Art 11 Rn 2; MüKoInsO-*Reinhart* Art 11 Rn 9; Duursma-Kepplinger/Chalupsky-*Duursma-Kepplinger* Art 28 Rn 17).

III. Öffentliche Register

4 **1. Begriff.** Der Begriff des „öffentlichen Registers", der auch in Art 2 lit g verwendet wird, erfordert nicht, dass die Führung des Registers in öffentlicher Hand liegen muss. Vielmehr ist ausreichend, dass das Register **öffentlich zugänglich** ist und dass Eintragungen in das Register **Wirkung gegenüber Dritten** entfalten (Duursma-Kepplinger/Duursma/Chalupsky-*Duursma-Kepplinger* Art 11 Rn 2). Sie müssen die Eintragung von unbeweglichen Gegenständen, also Grundvermögen, Schiffen und Luftfahrzeugen zugegen haben.

5 **2. Reichweite des Registerstatuts.** Anders als Art 8–10 formuliert Art 11 **keine „ausschließliche"** Geltung eines vom Insolvenzstatut abweichenden Sachstatuts (vgl Rn 2 zu § 336 InsO, der über seinen Wortlaut hinaus eine ausschließliche Sonderanknüpfung enthält). Insoweit liegt kein redaktionelles Versehen vor (*Virgos/Schmit*, Erläuternder Bericht Rn 129 f, S 32, 78 f; Pannen-*Dammann* Art 11 Rn 9; Duursma-Kepplinger/Duursma/Chalupsky-*Duursma-Kepplinger* Art 11 Rn 1; aA MüKoInsO-*Reinhart* Art 11 Rn 1; im Ergebnis ähnlich K/P/B-*Kemper* Art 11 Rn 9). Vielmehr beabsichtigt der Gesetzgeber mit dem Verzicht auf die Anordnung einer ausschließlichen Geltung der *lex libri siti* eine **kumulative Geltung** von Insolvenz- und Registerstatut, wobei das Registerstatut die „Obergrenze" zulässiger Registereintragungen enthält (Duursma-Kepplinger/Duursma/Chalupsky-*Duursma-Kepplinger* Art 11 Rn 1, auch wenn dort wohl versehentlich das Insolvenzstatut als „Obergrenze" bezeichnet wird; etwa K/P/B-*Kemper* Art 11 Rn 9): geht die Wirkung einer insolvenzrechtlichen Eintragung nach dem Insolvenzstatut über die Wirkung einer vergleichbaren Eintragung nach dem Registerstatut hinaus, hat sie zu unterbleiben (Pannen-*Dammann* Art 11 Rn 9 f).

Art 12. Gemeinschaftspatente und -marken

Für die Zwecke dieser Verordnung kann ein Gemeinschaftspatent, eine Gemeinschaftsmarke oder jedes andere durch Gemeinschaftsvorschriften begründete ähnliche Recht nur in ein Verfahren nach Artikel 3 Absatz 1 mit einbezogen werden.

I. Normzweck

Art 12 bestimmt als Sachnorm, wann Gemeinschaftspatente, Gemeinschaftsmarken oder ähnliche durch Gemeinschaftsvorschriften begründete Rechte in ein Hauptinsolvenzverfahren einbezogen und damit auch verwertet werden können. Diese Schutzrechte können abweichend von Art 2 lit g nicht in ein Sekundärinsolvenzverfahren einbezogen werden (Pannen-*Dammann* Art 12 Rn 3 HK-*Stephan* Art 12 Rn 2; Nerlich/Römermann-*Mincke* Art 12 Rn 3; HambKomm-*Undritz,* Art 12 Rn 1). 1

II. Voraussetzungen

1. Schutzrechte. Gemeinschaftspatente und -marken sind EU-einheitliche, gewerbliche Schutzrechte (MüKoInsO-*Reinhart* Art 12 Rn 1; Moss/Fletcher/Isaacs-*Moss/Smith* EC Regulation, Rn 8.123). Das Übereinkommen zum **Gemeinschaftspatent** (Übereinkommen vom 15. 12. 1989, ABl L 401/1) und die Verordnung (EG) Nr 40/94 des Rats vom 20. 12. 1993 über die **Gemeinschaftsmarke** (ABl 1994, L 11/1) werden von Art 12 erfasst. „Andere Rechte" im Sinne des Art 12 sind die Rechte aus der Verordnung (EG) Nr 2100/94 des Rats vom 27. 7. 1994 über den gemeinschaftlichen **Sortenschutz** (ABl 1994, L 227/1) sowie aus der Verordnung (EG) Nr 6/2002 (ABl 2002, L 003/1) des Rats vom 12. 12. 2001 über den **Geschmacksmusterschutz.** 2

2. Vor Eröffnung entstandene. Die gewerblichen Schutzrechte des Schuldners müssen vor Eröffnung des Insolvenzverfahrens entstanden sein. Diese Voraussetzung ergibt sich zwar nicht aus dem Wortlaut der Vorschrift, aber aus deren Sinn und Zweck. Denn Art 12 beschränkt sich auf die **Einbeziehung der Rechte** in ein Insolvenzverfahren, erfasst aber **nicht deren Erwerb** (K/P/*Kemper* Art 12 Rn 3). 3

3. Hauptinsolvenzverfahren. Art 12 ordnet an, dass es sich bei dem Insolvenzverfahren um ein Verfahren nach Art 3 Abs 1 handeln muss. Der Anwendungsbereich ist mithin auf Hauptinsolvenzverfahren beschränkt und der Schuldner muss den **Mittelpunkt seiner hauptsächlichen Interessen** in einem **Mitgliedstaat** haben (vgl Art 3 Rn 9 ff; K/P/*Kemper* Art 12 Rn 4). Handelt es sich bei dem eröffneten Insolvenzverfahren um ein Partikularinsolvenzverfahren gem Art 3 Abs 2–4, so greift Art 12 nicht ein. Da Art 12 eine abschließende Regelung trifft, leben die Vorschriften der Instrumente des gewerblichen Rechtsschutzes auch nicht wieder auf (D-K/D/Ch-*Duursma* Art 12 Rn 10; K/P/*Kemper* Art 12 Rn 6). Wenn aber der Mittelpunkt der hauptsächlichen Interessen des Schuldners in einem **Drittstaat** liegt, dann gelangen die Vorschriften des Gemeinschaftspatentübereinkommens, die Verordnung über den Sortenschutz und die Gemeinschaftsmarkenverordnung (vgl Rn 1) wieder zur Anwendung (*Virgós/Schmit* Erläuternder Bericht, Rn 134; K/P/*Kemper* Art 12 Rn 7). 4

4. Zielsetzung. Die Wirkungsbeschränkung gilt „für die Zwecke" der Verordnung. Aus den Erwägungsgründen 2 und 3 ergibt sich, dass es sich dabei um **die Durchführung effizienter und wirksamer Insolvenzverfahren** und deren Koordinierung für das reibungslose Funktionieren des Binnenmarktes handelt. 5

Art 13. Benachteiligende Handlungen

Artikel 4 Absatz 2 Buchstabe m findet keine Anwendung, wenn die Person, die durch eine die Gesamtheit der Gläubiger benachteiligende Handlung begünstigt wurde, nachweist,
– dass für diese Handlung das Recht eines anderen Mitgliedstaats als des Staates der Verfahrenseröffnung maßgeblich ist und
– dass in diesem Fall diese Handlung in keiner Weise nach diesem Recht angreifbar ist.

I. Normzweck

Durch Art 13 wird das **insolvenzrechtliche Anfechtungsrecht,** das nach Art 4 Abs 2 lit m dem Insolvenzstatut (*lex fori concursus*) untersteht, durch die **gleichzeitige Anwendbarkeit** des Rechts, dem das anzufechtende Rechtsverhältnis unterliegt (*lex causae*), relativiert. Denn nach Art 13 ist die Anfechtung nach den Regeln des Insolvenzstatuts ausgeschlossen, wenn der Anfechtungsgegner nachweist, dass das mit der Anfechtung angegriffene Rechtsverhältnis einem anderen Recht als dem der Verfahrenseröffnung unterliegt und dass das Rechtsverhältnis nach diesem Recht in keiner Weise angreifbar ist. Die Vorschrift sieht mithin eine grundsätzliche **Kumulierung** des Insolvenzstatuts und des Sachstatuts vor mit der Folge, dass **das weniger anfechtungsfreundliche Recht obsiegt,** mithin das Rechtsverhältnis 6

II. Anwendungsbereich

7 Art 13 geht in seinem Anwendungsbereich der Regelung von § 339 InsO vor, die der europäischen Vorschrift ausdrücklich nachgebildet ist (Rn 2 zu § 339 InsO). Nach seinem Wortlaut erfasst Art 4 Abs 2 lit m zwar anders als § 339 InsO neben der Anfechtbarkeit auch die Nichtigkeit sowie die relative Unwirksamkeit von Rechtshandlungen; jedoch erfasst auch § 339 InsO über die eigentlichen Anfechtungsvorschriften hinaus verwandte Regelungen wie etwa Beschränkungen der Zwangsvollstreckung und Aufrechnung (Rn 9 zu § 339). Damit sind die europäische und die deutsche Regelung insgesamt inhaltsgleich (ebenso Braun-*Liersch/Tashiro* § 339 Rn 20).

8 Zu beachten ist die **Sonderregelung von Art 9 Abs 2**, wonach sich die Nichtigkeit, Anfechtbarkeit oder relative Unwirksamkeit von Zahlungen oder Transaktionen im Rahmen eines Zahlungs- oder Abwicklungssystems oder eines Finanzmarkts ausschließlich nach der für das System bzw den Markt maßgeblichen Rechtsordnung beurteilt.

III. Unanfechtbarkeit nach dem Sachstatut

9 Die Privilegierung von Rechtshandlungen gem Art 13, die einer vom Insolvenzstatut abweichenden Rechtsordnung unterstellt sind, gem Art 13 setzt zunächst voraus, dass die konkrete Rechtshandlung nach der *lex fori concursus* anfechtbar ist; andernfalls kommt es auf die Prüfung der Angreifbarkeit der Rechtshandlung nach dem Sachstatut gar nicht an (Duursma-Kepplinger/Duursma/Chalupsky-*Duursma-Kepplinger* Art 13 Rn 12; Braun-*Liersch/Tashiro* § 339 Rn 2).

10 Für eine solche nach dem Insolvenzstatut anfechtbare Rechtshandlung ist eine abweichende Rechtsordnung maßgeblich, wenn die fragliche Rechtshandlung nach allgemeinen Regeln des Internationalen Privatrechts in Bezug auf ihre zivilrechtliche Wirksamkeit einer von Insolvenzstatut abweichenden Jurisdiktion unterliegt (MüKoInsO-*Reinhart* Art 13 Rn 7f; siehe auch Rn 13ff zu § 339).

11 Die nach dem Insolvenzstatut anfechtbare Rechtshandlung in der konkreten Konstellation (in diesem Fall") nach der *lex causae* „in keiner Weise angreifbar" sein. Insoweit ist nicht nur das Insolvenzanfechtungsrecht des Wirkungsstatuts (einschließlich der Anfechtungsfristen (Braun-*Liersch/Tashiro* § 339 Rn 12) und des Umfangs eines Rückgewähranspruchs, vgl HK-*Stephan* § 339 Rn 3) zu prüfen, sondern sämtliche denkbaren Nichtigkeits- und sonstigen Unwirksamkeitsgründe (Pannen-*Dammann* Art 13 Rn 11; zur Anwendbarkeit von Verjährungsregelungen Rn 14 zu § 339). Der Anfechtungsgegner trägt hierfür die Darlegungs- und Beweislast (Duursma-Kepplinger/Duursma/Chalupsky-*Duursma-Kepplinger* Art 13 Rn 14; K/P/B-*Kemper* Art 13 Rn 9; siehe auch Rn 16 zu § 339).

Art 14. Schutz des Dritterwerbers

Verfügt der Schuldner durch eine nach Eröffnung des Insolvenzverfahrens vorgenommene Rechtshandlung gegen Entgelt
– über einen unbeweglichen Gegenstand,
– über ein Schiff oder ein Luftfahrzeug, das der Eintragung in ein öffentliches Register unterliegt, oder
– über Wertpapiere, deren Eintragung in ein gesetzlich vorgeschriebenes Register Voraussetzung für ihre Existenz ist,
so richtet sich die Wirksamkeit dieser Rechtshandlung nach dem Recht des Staates, in dessen Gebiet dieser unbewegliche Gegenstand belegen ist oder unter dessen Aufsicht das Register geführt wird.

I. Systematik, Normzweck und Anwendungsbereich

1 Die Vorschrift folgt dem Trend der EuInsVO, Verkehrsinteressen durch Sonderanknüpfungen umfänglich zu schützen. Als Ausnahme zu dem in Art 4 Abs 2 lit c formulierten Verweis auf das jeweilige Insolvenzstatut stellt Art 14 den jeweiligen **mitgliedstaatlichen Gutglaubensschutz** im Interesse der Teilnehmer am Geschäftsverkehr über die Interessen der Gläubiger im Insolvenzverfahren und schützt damit das Vertrauen des Rechtsverkehrs in die nationalen Systeme der **öffentlichen Bekanntmachung** dinglicher Rechte (K/P/B-*Kemper* Art 14 Rn 1; HambKomm-*Undritz* Art 14 Rn 1).

2 Art 14 kommt zur Anwendung, wenn der Belegenheits- bzw Registerstaat ein Mitgliedstaat ist (Pannen-*Dammann* Art 14 Rn 4; MüKoBGB-*Kindler* IIR Rn 401); hierbei gilt Art 14 für **Hauptinsolvenzverfahren** im Sinne des Art 3 Abs 1 sowie für **Sekundärverfahren** im Sinne des Art 3 Abs 2–4, allerdings nur soweit der Gegenstand, über den verfügt wird, im Staat der Eröffnung des Sekundärverfahrens belegen ist; denn gem Art 3 Abs 2 S 2 sind die Wirkungen eines solchen Partikularverfahrens auf das im

Staat des Sekundärverfahrens belegene Vermögen begrenzt (ebenso K/P/B-*Kemper* Art 14 Rn 2; D-K/D/Ch-*Duursma-Kepplinger* Art 14 Rn 5 und Art 28 Rn 17; MüKoInsO-*Reinhart* Art 14 Rn 11).

In ihrem Anwendungsbereich geht die europäische Regelung der deutschen Parallelnorm § 349 InsO 3 vor, ist jedoch ausdrücklich auf **entgeltliche** Verfügungen beschränkt; in Bezug auf unentgeltliche Verfügungen bzw Verfügungen über andere bewegliche Gegenstände als die in Art 14 genannten Schiffe, Luftfahrzeuge oder Wertpapiere ist **Art 4** anzuwenden (K/P/B-*Kemper* Art 14 Rn 4 f; HambKomm-*Undritz* Art 14 Rn 4 f). Dagegen erfasst Art 14 auch den gutgläubigen Erwerb unbeweglicher Gegenstände, selbst wenn diese nicht in einem Register eingetragen sein müssen (Pannen-*Dammann* Art 14 Rn 3 verweist hierzu beispielhaft auf den Eigentumserwerb an Grundstücken unmittelbar durch Abschluss eines Kaufvertrages nach französischem Recht).

II. Voraussetzungen und Rechtsfolge

Der Begriff der **Verfügung** ist weit auszulegen; es ist nicht nur die Übertragung des Eigentums bzw 4 der Rechtsinhaberschaft gemeint, sondern auch die Bestellung dinglicher Rechte an den genannten Vermögensgegenständen (*Virgós/Schmit*, Erläuternder Bericht, Nr 141; MüKoInsO-*Reinhart* Art 14 Rn 2).

Art 14 erfasst lediglich solche Rechtshandlungen, die **nach Eröffnung des Insolvenzverfahrens** vorge- 5 nommen worden sind. Im Übrigen müssen die von der Verfügung betroffenen Vermögensgegenstände Bestandteil der **Insolvenzmasse** sein; dies beurteilt sich nach dem jeweiligen Insolvenzstatut (*lex fori concursus*).

Der **gute Glaube** eines Dritten (insbesondere Erwerbers) an die Richtigkeit des Registers ist nach 6 Art 14 nicht erforderlich (HambKomm-*Undritz* Art 14 Rn 3; *von Bismarck/Schümann-Kleber* NZI 2005, 93); typischerweise wird er jedoch im Rahmen der vom jeweiligen Register- bzw Belegenheitsstatut aufgestellten Erwerbsvoraussetzungen zu prüfen sein.

Als **Sachnormverweisung** verdrängt Art 14 das jeweilige Insolvenzstatut (D-K/D/Ch-*Duursma-* 7 *Kepplinger* Art 14 Rn 4); der Erwerber eines der in Art 14 genannten Vermögensgegenstände bzw eines Rechts an einem solchen wird so gestellt, als sei ein inländisches Insolvenzverfahren eröffnet worden (Pannen-*Dammann* Art 14 Rn 11).

Art 15. Wirkung des Insolvenzverfahrens auf anhängige Rechtsstreitigkeiten

Für die Wirkungen des Insolvenzverfahrens auf einen anhängigen Rechtsstreit über einen Gegenstand oder ein Recht der Masse gilt ausschließlich das Recht des Mitgliedstaats, in dem der Rechtsstreit anhängig ist.

I. Normzweck

Die Vorschrift sieht im Wege der **Sonderanknüpfung** vor, dass sich die Wirkungen des Insolvenzver- 1 fahrens auf einen anhängigen Rechtsstreit über einen Gegenstand oder ein Recht der Masse nicht nach dem Recht des Staats der Eröffnung des Insolvenzverfahrens beurteilen, sondern nach dem Recht des EU-Mitgliedstaats, in dem der Rechtsstreit anhängig ist (**lex fori processus**). Art 15 schützt damit sowohl die Parteien als auch das Prozessgericht eines bei Verfahrenseröffnung bereits anhängigen Rechtsstreits davor, dass der Rechtsstreit durch Insolvenzverfahrenseröffnung einem anderen Prozessstatut in Art 15 zugewiesen wird (Wirkung der vis attractiva des Insolvenzstatuts). Die Vorschrift ist als reine Kollisionsnorm ausgebildet im Gegensatz zu § 352 InsO, die mit unmittelbar anwendbaren Sachnormen die Verweisung auf die lex fori processus vermeidet.

II. Anwendungsbereich

1. Verfahrensart. Besonders zu beachten ist, dass Art 15 **nicht** die Wirkungen von **Einzelzwangsvoll-** 2 **streckungsmaßnahmen** erfasst (*Virgós/Schmid*, Erläuternder Bericht, Rn 142; *Virgós/Garcimartin*, The European Insolvency Regulation, Rn 254; Pannen-*Dammann*, Art 15 Rn 8; Haß/Huber/Gruber/Heiderhoff-*Gruber*, Art 15 Rn 6; D-K/D/Ch-*Duursma-Kepplinger*, Art 15 Rn 2; MüKoInsO-*Reinhart*, Art 15 Rn 2). Dies ergibt sich aus Art 4 Abs 2 lit f Halbsatz 1, wonach das Recht des Staats der Verfahrenseröffnung regelt, wie sich die Eröffnung eines Insolvenzverfahrens auf Rechtsverfolgungsmaßnahmen einzelner Gläubiger auswirkt; demgegenüber sind gem Art 4 Abs 2 lit f Halbsatz 2 anhängige streitige Gerichtsverfahren aus dem Geltungsbereich des Insolvenzstatuts ausgenommen; auf diese **Erkenntnisverfahren** ist gem der Sonderanknüpfung des Art 15 das Recht des EU-Mitgliedstaats, in dem der Rechtsstreit anhängig ist, anzuwenden (siehe auch Art 4 Rn 48 f).

2. Zeitlicher Aspekt. Wie sich aus dem Wortlaut der Vorschrift („anhängigen Rechtsstreit") ergibt, er- 3 fasst die Norm in zeitlicher Hinsicht ausschließlich solche Rechtsstreitigkeiten, die bei Eröffnung des Insolvenzverfahrens **bereits anhängig** sind; nur auf diese ist somit an Stelle der lex fori concursus das lex fori processus anzuwenden. Demgegenüber sind Rechtsstreitigkeiten, die erst nach Insolvenzverfahrenseröffnung anhängig werden, nicht von Art 15 erfasst, so dass auf sie nicht die lex fori processus, sondern das Insolvenzstatut anzuwenden ist. Der Begriff „Anhängigkeit" ist nach herrschender Meinung einheitlich entsprechend der Regelung in Art 30 EuGVVO auszulegen. Demnach ist „Anhängigkeit" im Sinne von Art 15 zu bejahen, sobald das verfahrenseinleitende Schriftstück – beispielsweise die Klageschrift – bei dem zuständigen Prozessgericht eingereicht wurde (*Paulus*, Art 15, Rn 5; *Virgós/Garcimartin*, The European Insolvency Regulation, Rn 259; Pannen-*Dammann*, Art 15, Rn 9; MüKoInsO-*Reinhart*, Art 15, Rn 5; Haß/Huber/Gruber/Heiderhoff-*Gruber*, Art 15, Rn 7; D-K/D/Ch-*Duursma-Kepplinger*, Art 15, Rn 15 ff; K/P/*Kemper*, Art 15, Rn 4).

III. Rechtsfolgen

4   Soweit gem Art 15 die jeweilige lex fori processus anwendbar ist, regelt diese insbesondere auch, ob das Erkenntnisverfahren wegen des eröffneten Insolvenzverfahrens ausgesetzt oder aber fortgesetzt wird, und ob prozessuale Änderungen zu beachten sind, um die Aufhebung oder Einschränkung der Verwaltungs- und Verfügungsbefugnis des Insolvenzschuldners und das Tätigwerden des Insolvenzverwalters an Stelle des Insolvenzschuldners zu berücksichtigen (*Virgós/Schmid*, Erläuternder Bericht, Rn 142; HK-*Undritz*, Art 15, Rn 4). Sofern gem Art 15 auf einen anhängigen Rechtsstreit deutsches Recht anzuwenden ist, verweist die Vorschrift mithin auf § 240 ZPO. Hierzu gilt, was oben bereits zu § 335 InsO Rn 26 und § 352 InsO Rn 1 ff angeführt ist.

Kapitel II. Anerkennung der Insolvenzverfahren

Art 16. Grundsatz

(1) ¹Die Eröffnung eines Insolvenzverfahrens durch ein nach Artikel 3 zuständiges Gericht eines Mitgliedstaats wird in allen übrigen Mitgliedstaaten anerkannt, sobald die Entscheidung im Staat der Verfahrenseröffnung wirksam ist. ²Dies gilt auch, wenn in den übrigen Mitgliedstaaten über das Vermögen des Schuldners wegen seiner Eigenschaft ein Insolvenzverfahren nicht eröffnet werden könnte.

(2) ¹Die Anerkennung eines Verfahrens nach Artikel 3 Absatz 1 steht der Eröffnung eines Verfahrens nach Artikel 3 Absatz 2 durch ein Gericht eines anderen Mitgliedstaats nicht entgegen. ²In diesem Fall ist das Verfahren nach Artikel 3 Absatz 2 ein Sekundärinsolvenzverfahren im Sinne von Kapitel III.

I. Normzweck

1   Art 16–25 gewährleisten die **Durchsetzung des Universalitätsprinzips** mit Ausnahme der Fälle, in denen nach Art 3 Sekundärverfahren parallel zum Hauptverfahren zugelassen werden (vgl Art 3 Rn 47). Im Vordergrund steht die Anerkennung des extraterritorialen Geltungsanspruchs der Normen des Insolvenzstatuts, auf die Art 16 Abs 1 beruht. Die Eröffnung des allgemeinen Insolvenzverfahrens in einem Mitgliedstaat wird in allen anderen Mitgliedstaaten anerkannt mit all den Wirkungen, die Art 17 Abs 1 vorschreibt. Die **Anerkennung** erfolgt **ex lege** und **automatisch**; sie ist an kein besonderes Verfahren geknüpft und auch nicht von einer förmlichen Billigung im Anerkennungsstaat abhängig.

2   Nach Abs 1 S 2 wird die Anerkennung auch für den Fall vorgeschrieben, dass über das Vermögen des Schuldners **wegen seiner Eigenschaft** im Anerkennungsstaat kein Insolvenzverfahren eröffnet werden könnte. Ein typisches Beispiel hierfür ist etwa das im Inland zulässige Nachlassinsolvenzverfahren, das insbesondere angelsächsische Rechtsordnungen nicht kennen (zB nach dem US Bankruptcy Code, 1978, vgl In re Goerg 64 Bankruptcy 321 (Bankr N. D. Ga. 1986, rev'd 844 F.2 d 1562, 1566 (11th Cir. 1988)). Werden mithin im Inland Verfahren nach §§ 315 ff InsO eröffnet, die in anderen Mitgliedstaaten der EU über die entsprechenden Vermögen nicht eröffnet werden würden, sondern anderen Verfahren unterliegen (etwa in Erbschafts- und Familiensachen), so sind sie gleichwohl in den anderen Mitgliedstaaten der EU anzuerkennen.

3   Abs 2 hat im Wesentlichen **klarstellende Bedeutung**: Sind die Voraussetzungen zur Eröffnung eines räumlich begrenzten Sekundärinsolvenzverfahrens nach Art 3 Abs 2 gegeben, so steht der Eröffnung dieses Verfahrens die Eröffnung eines allgemeinen Insolvenzverfahrens nach Art 3 Abs 1 nicht entgegen.

II. Voraussetzungen der Anerkennung

4   **1. Eröffnung eines Insolvenzverfahrens.** Voraussetzung für die Anerkennung ist die Eröffnung eines **Insolvenzverfahrens**. Es muss sich um ein Haupt- oder Territorialinsolvenzverfahren im Anwendungsbereich der EuInsVO nach Art 1 handeln, welches nach Art 2 lit a und c in Anh A bzw B der EuInsVO aufgeführt ist (Pannen-*Riedemann* Art 16 Rn 3; MüKoInsO-*Reinhart* Art 3 Rn 7). Dabei reicht die vorläufig angeordnete Insolvenzverwaltung mit Übertragung der Verwaltungs- und Verfügungsbefugnis aus, um die Anerkennungspflicht des Art 16 Abs 1 zu begründen (**County Court Croydon** vom 21. 10.

Grundsatz   **Art 16 EuInsVO**

2008, NZI 2009, 136; **AG** Köln 6. 11. 2008, NZI 2009, 133). Zur Anerkennung sonstiger zur Durchführung und Beendigung eines Insolvenzverfahrens ergangener Entscheidungen vgl Art 25 Abs 1 S 1, Entscheidungen, die unmittelbar auf Grund des Insolvenzverfahrens ergehen und in engem Zusammenhang damit stehen vgl Art 25 Abs 1 S 3 und Entscheidungen über Sicherungsmaßnahmen nach Antragstellung vgl Art 25 Abs 1 S 4.

2. International „zuständiges" Gericht. Die Eröffnung des Verfahrens muss durch ein nach Art 3 zuständiges Gericht erfolgen. Dabei handelt es sich um das Justizorgan oder jede zuständige Stelle eines Mitgliedstaats, die befugt ist, ein Insolvenzverfahren zu eröffnen (vgl Art 2 lit d). Art 3 regelt die internationale Zuständigkeit des eröffnenden Gerichts, die jedoch aufgrund der Anerkennung nach Art 16 nicht der Überprüfung unterliegt (*K/P/Kemper* Art 16 Rn 3; MüKoInsO-*Reinhart* Art 16 Rn 12; D-K/K/Ch-*Duursma-Kepplinger* Art 16 Rn 6; *Sabel* NZI 2004, 127; *Huber* in FS Gerhardt, 404). Die Überprüfung beschränkt sich vielmehr allein darauf, ob sich das andere Gericht für international zuständig erklärt hat nach Art 3 (*Virgós/Schmit* Erläuternder Bericht, Rn 202; *Duursma/Duursma-Kepplinger* DZWIR 2003, 127; der Beschluss des **AG** Düsseldorf vom 6. 6. 2003 verstieß gegen den Grundsatz der Anerkennung, so dass das Verfahren deshalb gem Art 102 § 4 Abs 1 EGInsO eingestellt wurde und stattdessen ein Sekundärinsolvenzverfahren eröffnet worden ist, **AG** Düsseldorf 7. 4. 2004, ZIP 2004, 867). Das tatsächliche Vorliegen der Zuständigkeit ist dabei keine Anerkennungsvoraussetzung (Pannen-*Riedemann* Art 16 Rn 15, der sich für eine teleologische Reduktion des Wortlauts ausspricht; aA *Mankowski* EWiR 2003, 768; *Schmid* DZWiR 2003, 401). Soweit es sich bei dem anzuerkennenden Insolvenzverfahren um ein Hauptinsolvenzverfahren handelt, müssen die Voraussetzungen des Art 3 Abs 1 vorliegen. Danach muss die Eröffnungsentscheidung durch ein Gericht eines Mitgliedstaats ergangen sein, in dem der Schuldner den Mittelpunkt seiner hauptsächlichen Interessen hat (vgl Art 3 Rn 11 ff). Wenn ein Partikularinsolvenzverfahren eröffnet wurde, müssen für dessen Anerkennung die Voraussetzungen des Art 3 Abs 2 und 3 bzw 4 vorliegen. Dafür muss vor allem eine Niederlassung des Schuldners im Eröffnungsstaat gegeben sein (vgl Art 3 Rn 46 ff).

3. Wirksamkeit der Eröffnungsentscheidung. Die Eröffnungsentscheidung muss im Staat der Verfahrenseröffnung wirksam sein. In Anlehnung an Art 2 lit f ist eine Entscheidung dann wirksam, wenn und solange sie nach dem Recht des Eröffnungsstaats **rechtliche Wirkung** entfaltet (*Virgós/Schmit* Erläuternder Bericht, Rn 68; Nerlich/Römermann-*Mincke* Art 16 Rn 4; *Kemper* ZIP 1613). **Eine endgültige Wirkung** ist dabei **nicht erforderlich**. Auf die formelle oder materielle Rechtskraft kommt es nicht an, da die Beschlagnahme des Schuldnervermögens nicht gefährdet werden soll (*Virgós/Schmit* Erläuternder Bericht, Rn 147; D-K/D/Ch-*Duursma-Kepplinger* Art 16 Rn 10; K/P/*Kemper* Art 16 Rn 4; Pannen-*Riedemann* Art 3 Rn 11; MüKoInsO-*Reinhart* Art 16 Rn 9). Eine Entscheidung ist auch dann wirksam, wenn noch **Rechtsmittel** gegen sie eingelegt werden können, oder bereits eingelegt worden sind (Nerlich-Römermann-*Mincke* Art 16 Rn 4; K/P/*Kemper* Art 16 Rn 4; *Virgós/Schmit* Erläuternder Bericht, Rn 147). Fällt die Wirksamkeit infolge eines erfolgreichen Rechtsmittels später weg, dann entfällt nachträglich eine Anerkennungsvoraussetzung, so dass die automatische Anerkennung dann endet (D-K/D/Ch-*Duursma-Kepplinger* Art 16 Rn 13; HK-*Stephan* Art 16 Rn 6).

III. Rechtsfolgen

1. Automatische Anerkennung. Liegen die Voraussetzungen des Art 16 vor, erfolgt eine automatische Anerkennung der Eröffnungsentscheidung durch alle übrigen Mitgliedstaaten, **ohne** dass es eines gesonderten **gerichtlichen Anerkennungsverfahrens** oder einer **Anerkennungsentscheidung** bedarf (Paulus-*Riedemann* Art 16 Rn 39; K/P/*Kemper* Art 16 Rn 5; *Virgós/Schmit* Erläuternder Bericht, Rn 143). Anerkennungsgegenstand ist dabei die Eröffnung des Verfahrens, dh die mit dem Eröffnungsbeschluss einhergehende Gestaltungswirkung. Die Anerkennungswirkung hat zur Folge, dass die Wirkungen, die das Recht des Staats der Verfahrensöffnung dem Verfahren beilegt, auf alle anderen Mitgliedstaaten auszudehnen ist (**Wirkungserstreckung** – vgl Erwägungsgrund 22; Pannen-*Riedemann* Art 16 Rn 7). Soweit bei Verfahrensbeteiligten **Zweifel an der Rechtmäßigkeit** der Eröffnung des Hauptinsolvenzverfahrens bestehen, insbesondere hinsichtlich des Bestehens der internationalen Zuständigkeit, so steht ihnen alleine das **Rechtsmittelverfahren** nach dem Recht des **Eröffnungsstaats** zur Verfügung (*Sabel* NZI 2004, 127; K/P/*Kemper* Art 16 Rn 9; *Van Galen* How to use the European Insolvency Regulation Rn 3.1). Eine Anerkennung erfolgt auch dann, wenn das Eröffnungsverfahren im Anerkennungsstaat unzulässig wäre. Dies ergibt sich aus dem der Verordnung zu Grunde liegenden **Grundsatz des gegenseitigen Vertrauens** (vgl Erwägungsgrund 22; Pannen-*Riedemann* Art 16 Rn 15). Das gilt nach Art 16 Abs 1 S 2 zB auch dann, wenn die Eröffnung des Insolvenzverfahrens mangels Insolvenzfähigkeit des Schuldners unzulässig wäre.

2. Ordre public-Vorbehalt. Grenze der Anerkennung ist der ordre public nach **Art 26**. Darauf kann sich jeder Mitgliedstaat berufen, um die Eröffnungsentscheidung nicht anzuerkennen (**EuGH** 2. 5. 2006, ZInsO 2006, 488; Pannen-*Riedemann* Art 16 Rn 15). Umgekehrt lässt sich daraus schließen, dass in allen anderen Fällen das Verfahren auch dann anzuerkennen ist, wenn das inländische Gericht die ausländische Entscheidung für sachlich unzutreffend hält (FK-*Wenner/Schuster* Anh 1 Art 16 Rn 3; Duursma/*Duursma-Kepplinger* DZWIR 2003, 450; *Herchen* ZInsO 65; *Sabel* NZI 2004, 127). Aufgrund der **engen Auslegung** des ordre public-Vorbehalts (dafür spricht Art 16 Abs 1 S 2 sowie der Erwägungsgrund 22; vgl *Huber* EuZW 2002, 495; D-K/D/Ch-*Duursma-Kepplinger* Art 16 Rn 23; K/P/*Kemper* Art 16 Rn 7) begründen **nur grobe Mängel der Eröffnungsentscheidung** einen Verstoß gegen den Ordre-public-Vorbehalt und berechtigen zur Verweigerung der Anerkennung (K/P/*Kemper* Art 16 Rn 7). Ein grober Mangel der Eröffnungsentscheidung liegt dabei vor, wenn sie offensichtlich mit der öffentlichen Ordnung, insbesondere den Grundprinzipien oder mit den verfassungsmäßig garantierten Rechten und Freiheiten des Einzelnen unvereinbar ist (**OLG** Düsseldorf 9. 7. 2004, ZInsO 2004, 867m Anm *Pannen/Riedemann*, EWiR 2005, 177; MüKoInsO-*Reinhart* Art 16 Rn 14). Dazu zählen insbesondere Verstöße gegen Verfahrensgrundrechte, vor allem die fehlende Gewährung rechtlichen Gehörs (**AG** Düsseldorf 7. 4. 2004, ZIP 2004, 867; *Paulus* EWiR 2003, 209; *Sabel* NZI 2004, 127; *Herchen* ZInsO 2004, 65).

IV. Zulässigkeit der Eröffnung weiterer Insolvenzverfahren

9 Die Regelung in Art 16 Abs 2 stellt klar, dass die Anerkennung eines Hauptinsolvenzverfahrens nach Art 3 Abs 1 nicht die Eröffnung weiterer Insolvenzverfahren nach Art 3 Abs 2 ausschließt. Nach dem Prioritätsgrundsatz kann zwar **nur ein Hauptinsolvenzverfahren** eröffnet werden, bei den später eröffneten Verfahren kann es sich aber um **Sekundärinsolvenzverfahren nach Art 3 Abs 2, 3** handeln (vgl Art 3 Rn 45 ff; FK-*Wenner/Schuster* Anh I Art 16 Rn 11).

Art 17. Wirkungen der Anerkennung

(1) Die Eröffnung eines Verfahrens nach Artikel 3 Absatz 1 entfaltet in jedem anderen Mitgliedstaat, ohne dass es hierfür irgendwelcher Förmlichkeiten bedürfte, die Wirkungen, die das Recht des Staates der Verfahrenseröffnung dem Verfahren beilegt, sofern diese Verordnung nichts anderes bestimmt und solange in diesem anderen Mitgliedstaat kein Verfahren nach Artikel 3 Absatz 2 eröffnet ist.

(2) ¹Die Wirkungen eines Verfahrens nach Artikel 3 Absatz 2 dürfen in den anderen Mitgliedstaaten nicht in Frage gestellt werden. ²Jegliche Beschränkung der Rechte der Gläubiger, insbesondere eine Stundung oder eine Schuldbefreiung infolge des Verfahrens, wirkt hinsichtlich des im Gebiet eines anderen Mitgliedstaats belegenen Vermögens nur gegenüber den Gläubigern, die ihre Zustimmung hierzu erteilt haben.

I. Normzweck

1 Art 17 legt die Wirkungen einer Anerkennung der Verfahrenseröffnung nach Art 16 in den anderen Mitgliedstaaten fest. Dabei differenziert Art 17 zwischen den Wirkungen der Anerkennung eines Hauptverfahrens (Abs 1) und den Wirkungen der Anerkennung eines Sekundärverfahrens (Abs 2). Abs 1 erstreckt die Wirkungen der Anerkennung der Eröffnung eines allgemeinen Insolvenzverfahrens in den übrigen EU-Mitgliedstaaten auf **alle Wirkungen**, die das Recht des **Staats der Verfahrenseröffnung** dem Verfahren zumisst. Dies gilt für alle Entscheidungen des zuständigen Insolvenzgerichts im Eröffnungsverfahren während des laufenden Verfahrens bis hin zu seiner Beendigung (vgl *Balz* ZIP 1996, 948, 951). Die Anerkennung und Wirkungen sonstiger Entscheidungen regelt Art 25.

2 Der Vorbehalt am Ende von Art 17 Abs 1 betrifft die durch Sonderanknüpfungen bestimmten **Sachstatute**, welche die EuInsVO vorsieht, ebenso wie die Einschränkungen, die sich bei der Durchführung eines Sekundärinsolvenzverfahrens ergeben.

3 Abs 2 dient der Abgrenzung des **allgemeinen Insolvenzverfahrens**, das nach Art 3 Abs 1 eröffnet wird gegenüber einem **Partikularinsolvenzverfahren** in einem anderen Mitgliedstaat. Gläubigerrechte am Vermögen des Schuldners im Mitgliedstaat, in dem das Sekundärinsolvenzverfahren eröffnet worden ist, werden von dem extraterritorialen Geltungsanspruch des Hauptverfahrens ausgenommen, es sei denn, die Gläubiger erteilen ausdrücklich ihre Zustimmung zur Einbeziehung dieser Vermögensrechte in das Hauptinsolvenzverfahren.

II. Wirkungserstreckung bei Hauptinsolvenzverfahren (Abs 1)

4 **1. Inhalt und Umfang der Wirkungen bei Hauptinsolvenzverfahren.** Anerkennung bedeutet **Wirkungserstreckung** (EuGH 4. 2. 1988, NJW 1989. 663; *Huber* EuZW 2002, 495; FK-*Wenner/Schuster* Anh I Art 17 Rn 2; *Pannen-Riedemann* Art 17 Rn 6; MüKoInsO-*Reinhart*, Art 17 Rn 2). Danach ist unter „Anerkennung" die Erstreckung der speziellen Wirkungen einer gerichtlichen Entscheidung des Erststaats auf den Zweitstaat zu verstehen (MüKoInsO-*Gottwald* ZPO § 328 Rn 3a; K/P/*Kemper* Art 17 Rn 2). Art 17 Abs 1 bestimmt, dass die Verfahrenseröffnung in jedem anderen Mitgliedstaat die

Wirkung hat, welche die **lex fori concursus** vorsieht (*Virgós/Schmit* Erläuternder Bericht, Rn 153; FK-*Wenner/Schuster* Anh I Art 17 Rn 2; K/P/*Kemper* Art 17 Rn 2; *Paulus* Art 17 Rn 1). Die Wirkungserstreckung bezieht sich sowohl auf den Eröffnungsbeschluss als auch auf seine **prozessualen und materiell-rechtlichen Rechtsfolgen** (*Virgós/Schmit* Erläuternder Bericht, Rn 153; K/P/*Kemper* Art 17 Rn 3; D-K/D/Ch-*Duursma-Kepplinger/Chalupski* Art 17 Rn 7; *Kemper* ZIP 2001, 1614; *Homann* KTS 2000, 355; Nerlich/Römermann-*Mincke* Art 17 Rn 4; aA MüKoInsO-*Reinhart* Art 17 Rn 8, der die materiellen Wirkungen der Eröffnungsentscheidung aus den Kollisionsnormen in Art 4 ff ableiten will). Das System der **automatischen Anerkennung** nach Art 16 (vgl Rn 9) und das **Modell der Ausdehnung der Wirkungen** begünstigen die **Universalität des Hauptinsolvenzverfahrens** (*Virgós/Schmit* Erläuternder Bericht, Rn 154; K/P/*Kemper* Art 17 Rn 2; Pannen-*Riedemann* Art 17 Rn 8). Da die Anerkennung keinem vorherigen Verfahren unterliegt, wird das mit der Eröffnungsentscheidung befasste Gericht des anerkennenden Staats inzident prüfen, ob die Entscheidung **im Rahmen des Übereinkommens** getroffen wurde und ob ein **Anerkennungsversagungsgrund** nach Art 26 vorliegt (vgl Art 16 Rn 9, 10; Huber/Gruber/Heiderhoff-*Haß/Gruber* Art 17 Rn 1; D-K/D/Ch-*Duursma-Kepplinger/Chalupski* Art 17 Rn 5).

2. **Einschränkungen der Wirkungen.** a) Die Wirkungserstreckung findet ihre Grenze dort, wo die EuInsVO etwas anderes bestimmt. Einschränkungen der Wirkungserstreckung sind in Art 5–15, 18 geregelt (*Virgós/Garcimartin* European Insolvency Regulation, Rn 356; D-K/D/Ch-*Duursma-Kepplinger/Chalupski* Art 17 Rn 3, 12; *Huber* ZZP 2001, 148; Pannen-*Riedemann* Art 17 Rn 9; aA K/P/*Kemper* Art 17 Rn 3, der davon ausgeht, dass es sich bei Art 5–15 um Sonderregelungen zur lex fori concursus handelt). 5

b) Die Anerkennung des Hauptverfahrens nach Art 3 Abs 1 wird durch die Eröffnung eines Sekundärinsolvenzverfahrens nach Art 3 Abs 2 eingeschränkt. In Bezug auf Gegenstände und Rechtsverhältnisse, die in den Anwendungsbereich des eröffneten Partikularverfahrens fallen, kann das Hauptinsolvenzverfahren seine Wirkungen nicht entfalten (*Virgós/Schmit* Erläuternder Bericht, Rn 155, K/P/*Kemper* Art 17 Rn 5; MüKoInsO-*Reinhart* Art 17 Rn 2 versteht die Einschränkungen weiter, legt sie aber restriktiv aus). 6

II. Wirkungserstreckung bei Partikularinsolvenzverfahren (Abs 2)

1. **Inhalt und Umfang der Wirkungen.** Art 17 Abs 2 S 1 stellt klar, dass auch die Wirkungen eines Partikularinsolvenzverfahrens in anderen Mitgliedstaaten anzuerkennen sind. Die Anerkennung bedeutet, dass die **Gültigkeit der Eröffnung des Partikularverfahrens** und ihre Wirkungen auf die im Gebiet des Staats der Verfahrenseröffnung belegenen Gegenstände (dazu Pannen-*Riedemann* Art 17 Rn 14) anerkannt wird; diese Gültigkeit kann in anderen Vertragsstaaten nicht angefochten werden (*Virgós/Schmit* Erläuternder Bericht, Rn 155; K/P/*Kemper* Art 17 Rn 7). Darüber hinaus werden durch die Eröffnung des Partikularverfahrens die **extraterritorialen Wirkungen** des Hauptverfahrens **begrenzt,** das die in dem Staat der Eröffnung des Partikularverfahrens belegenen Gegenstände nicht mehr einbeziehen kann (vgl K/P/*Kemper* Art 17 Rn 7; D-K/D/Ch-*Duursma-Kepplinger/Chalupski* Art 17 Rn 16; Pannen-*Riedemann* Art 17 Rn 12; aA OLG Düsseldorf 9. 7. 2004, ZIP 2004, 1515) außer im Falle des Überschusses im Sekundärinsolvenzverfahren gem Art 35. 7

2. **Einschränkung der Wirkungen des Partikularinsolvenzverfahrens.** Abs 2 S 2 regelt, die Fälle, in denen das Partikularverfahren, unabhängig davon, ob es sich um ein Sekundärverfahren oder ein unabhängiges Verfahren handelt, dazu führt, dass eine **Beschränkung der Gläubigerrechte** vorliegt. Eine solche Beschränkung der Gläubigerrechte liegt vor, wenn die Rechtsposition des Gläubigers nicht im gesetzlichen oder vereinbarten Umfang durchgesetzt werden kann; S 2 nennt beispielhaft ("insbesondere") den Fall der **Stundung** oder der **Restschuldbefreiung** (vgl K/P/*Kemper* Art 17 Rn 10). Weitere Beschränkungen sind denkbar und ebenfalls von dieser Regelung erfasst (*Paulus* Art 17 Rn 8; Pannen-*Riedemann* Art 17 Rn 20, der beispielsweise den Insolvenzplan oder den Vergleich anführt). Die Beschränkung kann dabei aber lediglich das im Staat der Eröffnung des Partikularverfahrens belegene Vermögen betreffen (*Virgós/Schmit* Erläuternder Bericht, Rn 157; Pannen-*Riedemann* Art 17 Rn 18; Moss/Fletcher/Isaacs-*Moss/Smith* Regulation, Rn 8.151). Den betroffenen Gläubigern ist es deshalb nicht verwehrt, alle ihre Forderungen aus den in anderen Vertragsstaaten belegenen Vermögensgegenständen uneingeschränkt zu befriedigen. Die Gläubiger können einer umfassenden Beschränkung ihrer Rechte aber freiwillig zustimmen, die sich dann auch auf das außerhalb des Gebiets des Staats der Eröffnung des Partikularverfahrens belegene Vermögen auswirkt (*Virgós/Schmit* Erläuternder Bericht, Rn 157). Zustimmung ist im Sinne des vorherigen Einverständnisses zu verstehen; eine vorherige Mehrheitsentscheidung zu Lasten der betroffenen Gläubiger soll aber nicht ausreichen (*Virgós/Schmit* Erläuternder Bericht, Rn 157; Pannen-*Riedemann* Art 17 Rn 19; K/P/*Kemper* Art 17 Rn 12). 8

Der Regelungsgehalt entspricht Art 34 Abs 2, der sich allerdings an das Insolvenzgericht des Staats wendet, in dem das Sekundärverfahren stattfindet und Art 17 Abs 2 S 2 hingegen an den Anerkennungsstaat (FK-*Wenner/Schuster* Anh I Art 17 Rn 5; MüKoInsO-*Reinhart* Art 17 Rn 14). 9

Art 18. Befugnisse des Verwalters

(1) ¹Der Verwalter, der durch ein nach Artikel 3 Absatz 1 zuständiges Gericht bestellt worden ist, darf im Gebiet eines anderen Mitgliedsstaats alle Befugnisse ausüben, die ihm nach dem Recht des Staats der Verfahrenseröffnung zustehen, solange in dem anderen Staat nicht ein weiteres Insolvenzverfahren eröffnet ist oder eine gegenteilige Sicherungsmaßnahme auf einen Antrag auf Eröffnung eines Insolvenzverfahrens hin ergriffen worden ist. ²Er kann insbesondere vorbehaltlich der Artikel 5 und 7 die zur Masse gehörenden Gegenstände aus dem Gebiet des Mitgliedsstaats entfernen, in dem sich die Gegenstände befinden.

(2) ¹Der Verwalter, der durch ein nach Artikel 3 Absatz 2 zuständiges Gericht bestellt worden ist, darf in jedem anderen Mitgliedsstaat gerichtlich und außergerichtlich geltend machen, dass ein beweglicher Gegenstand nach der Eröffnung des Insolvenzverfahrens aus dem Gebiet des Staats der Verfahrenseröffnung in das Gebiet dieses anderen Mitgliedsstaats verbracht worden ist. ²Des weiteren kann er eine den Interessen der Gläubiger dienende Anfechtungsklage erheben.

(3) ¹Bei der Ausübung seiner Befugnisse hat der Verwalter das Recht des Mitgliedsstaats, in dessen Gebiet er handeln will, zu beachten, insbesondere hinsichtlich der Art und Weise der Verwertung eines Gegenstands der Masse. ²Diese Befugnisse dürfen nicht die Anwendung von Zwangsmitteln oder das Recht umfassen, Rechtsstreitigkeiten oder andere Auseinandersetzungen zu entscheiden.

I. Normzweck

1 Der Vorschrift kommt zur **Durchsetzung des Insolvenzstatuts** in den übrigen Mitgliedsstaaten der EU außerhalb des Eröffnungsstaats zentrale Bedeutung zu. Denn sie verhilft dem Insolvenzverwalter im Ausland zur Durchsetzung der Rechte, die ihm nach dem Insolvenzstatut zustehen. Die Vorschrift stellt sicher, dass die Bestellung des Verwalters und seine Befugnisse in allen anderen EU-Mitgliedsstaaten anerkannt werden.

2 Art 18 enthält in **Abs 1 und Abs 2** eine Reihe von Sachnormen, die gleichermaßen in allen EU-Mitgliedsstaaten gelten und eventuell entgegenstehendes Recht im Anerkennungsstaat verdrängen. Dies gilt insbesondere für das Recht des Zugriffs auf Vermögen des Schuldners und durch Zuerkennung von Aktivlegitimation bzw Prozessführungsbefugnis zur Durchsetzung von Rechtspositionen des Schuldners. Die Vorschrift dient damit der Erfassung des gesamten Vermögens des Schuldners im Rahmen der Gesamtvollstreckung, wie sie nach dem Insolvenzstatut des Eröffnungsstats vorgesehen ist.

3 Diesem Ziel dient auch die in **Abs 2 S 2** vorgesehene Möglichkeit, eine den Interessen der Gläubiger dienende **Anfechtungsklage** nach dem Insolvenzstatut in einem anderen Mitgliedsstaat zu erheben, in dem der Begünstigte seinen Gerichtsstand hat. Wo sich dieser befindet, beurteilt sich nach der lex fori, mithin nach dem Recht des Staats, in dem der Insolvenzverwalter die Anfechtungsklage erhebt.

4 Die Einschränkungen, die **Abs 3** vorsieht, dienen dem **Verkehrsschutz**: Der Verwalter hat bei Ausübung seiner Befugnisse im Ausland das Recht des Anerkennungsstaats hinsichtlich der Art und Weise der Verwertung eines Gegenstands der Masse zu beachten, was sich auf die Verfahrensregeln bezieht. Dies gilt insbesondere auch für die Durchsetzung von Zwangsmitteln und die Führung von Rechtsstreitigkeiten. Diese Einschränkungen dürften sich in der Praxis nicht nachteilig auswirken, da die Zuordnung des Schuldnervermögens, das im ausländischen Anerkennungsstaat belegen ist, zur Insolvenzmasse hierdurch nicht betroffen wird.

II. Persönlicher Anwendungsbereich

5 **1. Begriff des Verwalters.** Der Begriff „Verwalter" ist im Sinne der **Legaldefinition in Art 2 lit b** auszulegen. Demnach ist „Verwalter" jede Person oder Stelle, deren Aufgabe es ist, die Masse zu verwalten oder zu verwerten oder die Geschäftstätigkeit des Schuldners zu überwachen. Neben dieser abstrakten Definition verweist Art 2 lit b auf **Anh C zur EuInsVO**, in welchem die in den einzelnen Mitgliedsstaaten unter die Begriffsdefinition fallenden Verwalter konkret und abschließend aufgelistet sind. In Deutschland werden insbesondere sowohl der (endgültige) Insolvenzverwalter als auch der vorläufige Insolvenzverwalter erfasst.

6 **2. Verwalterbestellung.** Der Verwalter muss von einem nach Art 3 Abs 1 oder nach Art 3 Abs 2 **zuständigen Gericht** bestellt worden sein. Konkret setzt Art 18 Abs 1 die Verwalterbestellung durch ein nach Art 3 Abs 1 zuständiges Gericht voraus, Art 18 Abs 2 die Verwalterbestellung durch ein nach Art 3 Abs 2 zuständiges Gericht. Diese Unterscheidung einer Bestellung nach Art 3 Abs 1 oder von einer nach Art 3 Abs 2 trägt den Umstand Rechnung, dass es sich in einem Fall um den Verwalter des Hauptinsolvenzverfahrens (Art 18 Abs 1) und im anderen um den Verwalter eines Sekundärinsolvenzverfahrens (Art 18 Abs 2) handelt.

III. Hauptinsolvenzverwalter

1. Anwendungsbereich. Art 18 Abs 1 regelt die Befugnisse des Verwalters eines gem Art 3 Abs 1 eröffneten Hauptinsolvenzverfahrens. 7

2. Verfahrenseröffnung. Die Anwendbarkeit des Art 18 Abs 1 setzt voraus, dass ein Hauptinsolvenzverfahren eröffnet worden ist. Das für die Eröffnung des Hauptinsolvenzverfahrens zuständige Gericht bestimmt sich nach Art 3 Abs 1. 8

3. Befugnisse des Hauptinsolvenzverwalters. Art 18 Abs 1 S 1 Halbsatz 1 enthält den **Grundsatz**, dass sich die Befugnisse des Hauptinsolvenzverwalters nach dem Recht des Staats der Verfahrenseröffnung (Insolvenzstatut) richten. Daneben stellt Art 18 Abs 1 S 2 deklaratorisch klar, dass der Hauptinsolvenzverwalter insbesondere befugt ist, zur Masse gehörende Gegenstände aus einem anderen EU-Mitgliedstaat in den Staat des Hauptinsolvenzverfahrens zu verbringen. Zu den weiteren Befugnissen gem EUInsVO (siehe die Übersichten bei Pannen-*Pannen/Riedemann*, Art 18, Rn 57 und D-K/D/Ch, *Duursma-Kepplinger/Chalupsky*, Art 18, Rn 22). Gleichzeitig sind jedoch im Einzelfall bestimmte **Einschränkungen** seiner Befugnis zu beachten, worauf nun folgend eingegangen wird. 9

4. Einschränkungen durch Sekundär-/Partikularverfahren. Wurde in einem anderen EU-Mitgliedstaat als jenem des Hauptinsolvenzverfahrens ein Sekundär- oder auch Partikularinsolvenzverfahren eröffnet, sind die Befugnisse des Hauptinsolvenzverwalters insoweit beschränkt, als die Eröffnung dieser Verfahren zu einer entsprechend Suspendierung der Wirkungen des Hauptinsolvenzverfahrens führt (Haß/Huber/Gruber/Heiderhoff-*Gruber*, Art 18, Rn 5); denn die Verfügungsbefugnis über die sich im Sekundär-/Partikularinsolvenzverfahrensstaat befindenden Gegenstände liegt beim Sekundärinsolvenzverwalter (*Virgós/Schmit*, Erläuternder Bericht, Rn 163; *Moss/Fletcher/Isaacs*, EC Regulation, Art 18, Rn 8.158; *Virgós/Garcimartín*, The European Insolvency Regulation, Rn 368 (b); D-K/D/Ch-*Duursma-Kepplinger/Chalupsky*, Art 18, Rn 12; Haß/Huber/Gruber/Heiderhoff-*Gruber*, Art 18, Rn 5; MüKo-InsO-*Reinhart*, Art 18, Rn 11). In einem solchen Fall sind die Verwalter aus den eröffneten Verfahren auf die Kooperations- und Unterrichtungsrechte und -pflichten gem Art 31 sowie gem Art 32 auf die Ausübung von Gläubigerrechten in dem jeweils anderen Insolvenzverfahren verwiesen. Zum anderen verbleiben dem Hauptinsolvenzverwalter die weiteren in Art 33 ff normierten Einflussmöglichkeiten auf das Sekundär- oder Partikularverfahren. 10

5. Einschränkung der Befugnisse durch vorläufige Sicherungsmaßnahmen. Die Befugnisse des Hauptinsolvenzverwalters sind in Bezug auf die Massegegenstände eines Sekundär-/Partikularinsolvenzverfahrens nicht nur dann eingeschränkt, wenn ein solches Verfahren bereits eröffnet wurde, sondern gem Art 18 Abs 1 S 1 Halbsatz 2 auch bereits dann, wenn im Zuge der Beantragung auf Eröffnung eines Sekundär-/Partikularinsolvenzverfahrens durch das zuständige Gericht Sicherungsmaßnahmen angeordnet wurden, etwa ein vorläufiger Sekundärinsolvenzverwalter bestellt oder sonstige vorläufige Maßnahmen zur Massesicherung angeordnet wurden. 11

Solche Einschränkungen der Befugnisse des Hauptinsolvenzverwalters dienen dem **Schutz der Masse des beantragten Sekundär-/Partikularinsolvenzverfahrens**: Es soll verhindert werden, dass der Hauptinsolvenzverwalter bis zum Zeitpunkt der Eröffnung des bereits beantragten Sekundär-/Partikularinsolvenzverfahrens Gegenstände aus dem Sekundärverfahrensstaat entfernt und damit der Masse des möglicherweise künftig eröffneten Sekundär-/Partikularinsolvenzverfahrens entzieht (Pannen-*Pannen/Riedemann*, Art 18, Rn 32; Haß/Huber/Gruber/Heiderhoff-*Gruber*, Art 18, Rn 6; *Virgós/Garcimartín*, The European Insolvency Regulation, Rn 368 (b); D-K/K/Ch-*Duursma-Kepplinger/Chalupsky*, Art 18, Rn 14). 12

6. Einschränkungen der Befugnisse durch Rechte Dritter. Die besondere Eingriffsmöglichkeit gem Art 18 Abs 1 S 2, wonach der Verwalter insbesondere befugt ist, zur Masse gehörende Gegenstände aus dem Gebiet eines anderen EU-Mitgliedstaats zu entfernen, steht ausdrücklich unter dem Vorbehalt von Art 5 und Art 7. Gem **Art 5** bleiben dingliche Rechte der Gläubiger und Dritter an nicht im Eröffnungsstaat belegenen Vermögensgegenständen des Schuldners im Sinne eines uneingeschränkten Verkehrsschutzes voll erhalten, auch wenn in einem anderen EU-Mitgliedstaat als jenem der Belegenheit ein allgemeines Insolvenzverfahren eröffnet wird (Kommentierung zu Art 5). Entsprechendes gilt gem **Art 7**, sofern vor Verfahrenseröffnung wirksam der einfache Eigentumsvorbehalt an Gegenständen begründet wurde, die sich im Zeitpunkt der Verfahrenseröffnung in einem anderen EU-Mitgliedstaat als jedem der Verfahrenseröffnung befinden (Kommentierung zu Art 7). Sowohl dingliche Rechte von Gläubigern und Dritten als auch Rechte aus einfachem Eigentumsvorbehalt sind somit **von den Wirkungen des Insolvenzstatuts ausgenommen** (*Virgós/Schmit*, Erläuternder Bericht, Art 18, Rn 161; *Virgós/Garcimartín*, The European Insolvency Regulation, Rn 368 (c); *Moss/Fletcher/Isaacs*, EC Regulation, Art 18, Rn 8.157; Pannen-*Pannen/Riedemann*, Art 18, Rn 21; D-K/D/Ch-*Duursma-Kepplinger/Chalupsky*, Art 18, Rn 10). 13

14   Der Vorrang von Art 5 und Art 7 hat nicht zwangsläufig zur Konsequenz, dass diejenigen Gegenstände, auf die sich die dinglichen Rechte gem Art 5 oder der Eigentumsvorbehalt gem Art 7 erstrecken, nicht durch den Hauptinsolvenzverwalter aus dem Belegenheitsstaat entfernt werden dürften. Entscheidend ist vielmehr, ob die Entfernung des jeweiligen Gegenstands aus dem Belegenheitsstaat zu einer Vereitelung oder zumindest Beeinträchtigung des an dem Gegenstand bestehenden dinglichen Rechts oder Eigentumsvorbehalts führen würde. Nur wenn die Wahrung der dinglichen Rechte oder der Rechte aus Eigentumsvorbehalt ohne den jeweiligen Gegenstand nicht in vollem Umfang gewährt werden kann, ist der Hauptinsolvenzverwalter nicht befugt, den Gegenstand ohne die Zustimmung des Rechtsinhabers aus dem Belegenheitsstaat zu entfernen (*Virgós/Schmit*, Erläuternder Bericht, Art 18, Rn 161; *Virgós/Garcimartín*, The European Insolvency Regulation, Rn 368 (c); Pannen-*Pannen/Riedemann*, Art 18, Rn 21 ff; D-K/D/Ch-*Duursma-Kepplinger/Chalupsky*, Art 18, Rn 10).

15   **7. Einschränkung der Befugnisse durch Art 18 Abs 3.** Schließlich werden die Rechte des Verwalters im Hauptinsolvenzverfahrens – ebenso wie jene des Sekundär-/Partikularinsolvenzverfahrensverwalters – durch die dem **Verkehrsschutz** dienenden Regelungen in Art 18 Abs 3 begrenzt. Diese Norm stellt eine **Kollisionsnorm** dar, durch welche Art 4 Abs 2 lit c eingeschränkt wird (siehe auch Art 4 Rn 35). Denn gem **Art 4 Abs 2 lit c** regelt grundsätzlich das Recht des Staats der Verfahrenseröffnung die Befugnisse des Verwalters (ebenso gem Art 18 Abs 1 S 1 Halbsatz 1 für das Hauptinsolvenzverfahren – siehe oben Rn 8). Dieser Grundsatz wird durch **Art 18 Abs 3 S 1** insoweit verkürzt, als der Verwalter insbesondere hinsichtlich der Art und Weise der Verwertung eines Massegegenstands das Recht des EU-Mitgliedsstaats, in dessen Gebiet er handeln will, zu beachten hat. Das „Ob" der Verwertung von Massegegenständen richtet sich somit nach dem Insolvenzstatut, während für das „Wie" der Verwertung die lex rei sitae gilt (Pannen-*Pannen/Riedemann*, Art 18, Rn 47 mwN; *Virgós/Garcimartín*, The European Insolvency Regulation, Rn 371).

16   Ergänzend konkretisiert **Art 18 Abs 3 S 2** den allgemeinen Rechtsgrundsatz, dass **Zwangsmaßnahmen im Gebiet eines anderen Staats untersagt** sind (*Virgós/Schmit*, Erläuternder Bericht, Art 18, Rn 164; Pannen-*Pannen/Riedemann*, Art 18, Rn 51; D-K/D/Ch-*Duursma-Kepplinger/Chalupsky*, Art 18, Rn 17). In Ausprägung dieses Grundsatzes verbietet Art 18 Abs 3 S 2 dem Verwalter die direkte Anwendung von Zwangsmitteln, Gewalt oder Zwangsmaßnahmen in einem anderen Staat als jenem der Verfahrenseröffnung. Ferner ist es dem Verwalter ausdrücklich untersagt, in einem anderen EU-Mitgliedsstaat als jenem der Verfahrenseröffnung Rechtsstreitigkeiten oder andere Auseinandersetzungen zu entscheiden, selbst wenn er hierzu im Staat der Verfahrenseröffnung befugt sein sollte (D-K/D/Ch-*Duursma-Kepplinger/Chalupsky*, Art 18, Rn 17). Zur Durchsetzung seiner Rechte ist der Verwalter genauso wie jeder andere Teilnehmer des Rechtsverkehrs darauf verwiesen, die Gerichte und Behörden des Belegenheitsstaats einzuschalten, damit diese die zulässigen und erforderlichen Maßnahmen ergreifen und vollstrecken (Pannen-*Pannen/Riedemann*, Art 18, Rn 51 mwN).

IV. Sekundär-/Partikularinsolvenzverwalter, Art 18 Abs 2

17   **1. Anwendungsbereich.** Art 18 Abs 2 regelt die Befugnisse des Verwalters eines gem Art 3 Abs 2 eröffneten Sekundär-/Partikularinsolvenzverfahrens. Die Norm erfasst alle Territorialinsolvenzverfahren, mithin sowohl Sekundärinsolvenzverfahren im Sinne des Art 3 Abs 2 und Abs 3, als auch Partikularinsolvenzverfahren im Sinne des Art 3 Abs 2 und Abs 4 (Pannen-*Pannen/Riedemann*, Art 18, Rn 35).

18   **2. Verfahrenseröffnung.** Die Anwendbarkeit des Art 18 Abs 2 setzt voraus, dass ein Sekundär- oder Partikularinsolvenzverfahren eröffnet worden ist. Das für die Verfahrenseröffnung zuständige Gericht bestimmt sich nach Art 3 Abs 2.

19   **3. Befugnisse des Sekundär-/Partikularinsolvenzverwalters.** Die Verwaltungs- und Verfügungsbefugnisse des Sekundär-/Partikularinsolvenzverwalters sind wesentlich geringer als jene des Hauptinsolvenzverwalters: Seine Befugnisse haben lediglich die Reichweite wie das Verfahren, dem sie gelten; sie beschränkt sich grundsätzlich auf die Vermögenswerte, die sich im Hoheitsgebiet des Sekundär-/Partikularinsolvenzverfahrensstaats befinden. Die Verwaltungs- und Verfügungsbefugnisse sind mithin **gebietsbezogen** und damit territorial begrenzt (= **Territorialprinzip, Art 28**) (*Virgós/Schmit*, Erläuternder Bericht, Art 18, Rn 165; Pannen-*Pannen/Riedemann*, Art 18, Rn 37; D-K/D/Ch-*Duursma-Kepplinger/Chalupsky*, Art 18, Rn 24).

20   **4. Ausnahmen vom Territorialprinzip.** Der in Art 28 verankerte Grundsatz territorialer Beschränkung erfährt durch Art 18 Abs 2 zwei Ausnahmen (*Moss/Fletcher/Isaacs*, EC Regulation, Art 18, Rn 8.167 ff; D-K/D/CH-*Duursma-Kepplinger/Chalupsky*, Art 18, Rn 25; *Paulus*, Art 18, Rn 9 ff; Pannen-*Pannen/Riedemann*, Art 18, Rn 41):

21   Zum einen ist der Sekundär-/Partikularinsolvenzverwalter gem **Art 18 Abs 2 S 1** berechtigt, in jedem anderen EU-Mitgliedsstaat gerichtlich und außergerichtlich geltend zu machen, dass ein beweglicher

Gegenstand nach Eröffnung des Sekundär-/Partikularinsolvenzverfahrens aus dem Gebiet der Verfahrenseröffnung in einen anderen EU-Mitgliedsstaat verbracht worden ist.

Zum anderen räumt **Art 18 Abs 2 S 2** dem Sekundär-/Partikularinsolvenzverwalter das Recht ein, in jedem anderen EU-Mitgliedsstaat im Falle dort stattfindender die Gläubiger des Sekundär-/Partikularinsolvenzverfahrens benachteiligender Rechtshandlungen Anfechtungsklage zu erheben. Obwohl Art 18 Abs 2 S 2 nur die Anfechtungsklage benennt, berechtigt die Vorschrift den Sekundär-/Partikularinsolvenzverwalter zu jeder Maßnahme im Sinne des Art 4 Abs 2 lit m, mithin auch zur Klage auf Nichtigkeit oder relative Unwirksamkeit wegen Gläubigerbenachteiligung (*Paulus*, Art 18, Rn 16; *Virgós/Schmit*, Art 27, Rn 224; D-K/K/Ch-*Duursma-Kepplinger/Chalupsky*, Art 18, Rn 26). 22

Die dem Sekundär-/Partikularinsolvenzverwalter durch Art 18 Abs 2 eingeräumten Befugnisse außerhalb des Hoheitsgebiets des Sekundär-/Partikularinsolvenzverfahrensstaats dienen der Wiedererlangung von Vermögensgegenständen, die zum Zeitpunkt der Eröffnung des Sekundär-/Partikularinsolvenzverfahrens von Rechts wegen im Eröffnungsstaat belegen waren oder die ohne ein betrügerisches Vorgehen zum Zeitpunkt der Verfahrenseröffnung im Eröffnungsstaat belegen gewesen wären (*Virgós/Schmit*, Erläuternder Bericht, Art 27, Rn 224; D-K/D/Ch-*Duursma-Kepplinger/Chalupsky*, Art 18, Rn 26). 23

Maßgebliche Rechtsordnung für die Wiederbeschaffungsmaßnahmen des Sekundär-/Partikularinsolvenzverwalters ist nach Maßgabe von Art 28 sowie Art 4 Abs 2 lit m vorbehaltlich der Regelungen in Art 13 (siehe dortige Kommentierung) das auf das Sekundär-/Partikularinsolvenzverfahren anwendbare Recht (*Virgós/Schmit*, Erläuternder Bericht, Art 27, Rn 224 und Art 4, Rn 91 m und Art 13, Rn 135 ff; D-K/D/Ch-*Duursma-Kepplinger/Chalupsky*, Art 18, Rn 26; Pannen-*Pannen/Riedemann*, Art 18, Rn 40. Zu den weiteren Befugnissen gem EuInsVO siehe die Übersichten bei Pannen-*Pannen/Riedemann*, Art 18, Rn 57 und D-K/D/Ch, *Duursma-Kepplinger/Chalupsky*, Art 18, Rn 28. 24

5. Einschränkung der Befugnisse durch Art 18 Abs 3. Ebenso wie die Befugnisse des Hauptinsolvenzverwalters werden auch jene des Sekundär-/Partikularinsolvenzverwalters durch die Regelungen in Art 18 Abs 3 begrenzt. Insoweit wird auf die Ausführungen oben Rn 19 f verwiesen. 25

Art 19. Nachweis der Verwalterstellung

¹ Die Bestellung zum Verwalter wird durch eine beglaubigte Abschrift der Entscheidung, durch die er bestellt worden ist, oder durch eine andere von dem zuständigen Gericht ausgestellte Bescheinigung nachgewiesen.
² Es kann eine Übersetzung in die Amtssprache oder eine der Amtssprachen des Mitgliedsstaats, in dessen Gebiet er handeln will, verlangt werden. ³ Eine Legalisation oder eine entsprechende andere Förmlichkeit wird nicht verlangt.

I. Normzweck

Da die Eröffnung eines Insolvenzverfahrens gem Art 16 automatisch in allen übrigen EU-Mitgliedsstaaten anerkannt wird, kann der Insolvenzverwalter grundsätzlich im Rahmen seiner Befugnisse (Kommentar zu Art 18) in allen EU-Mitgliedsstaaten tätig werden, ohne dass es – wie auch ausdrücklich in Art 19 Abs 2 S 2 formuliert – einer öffentlichen Bekanntmachung, förmlichen Legalisierung oder ähnliches bedarf (*Virgós/Schmit*, Erläuternder Bericht, Art 18, Rn 160; *Virgós/Garcimartín*, The European Insolvency Regulation, Art 19 Rn 372 und Rn 372 (a); Pannen-*Pannen/Riedemann*, Art 19, Rn 1 und Rn 6; D-K/D/Ch-*Duursma-Kepplinger/Chalupsky*, Art 19 Rn 5). Um jedoch nachweisen zu können, dass er befugt ist, die einem Verwalter nach den Regelungen der EuInsVO eingeräumten Befugnisse auszuüben, regelt Art 19, auf welche Art die Verwalterstellung nachgewiesen werden kann. 1

II. Anwendungsbereich

Der Anwendungsbereich der Vorschrift erstreckt sich primär auf den **Hauptinsolvenzverwalter**, da vor allem ihm grenzüberschreitende Befugnisse zustehen (siehe Kommentierung zu Art 18 Abs 1). 2

Soweit der **Sekundär-/Partikularinsolvenzverwalter** im Rahmen von Art 18 Abs 2 befugt ist, außerhalb des Hoheitsgebiets des Sekundär-/Partikularinsolvenzverfahrensstaats tätig zu werden, ist Art 19 auch auf ihn anwendbar. 3

Ferner gilt Art 19 für **vorläufige Verwalter**, sofern sie gem dem Verweis in Art 2 lit b in Anh C zur EuInsVO aufgelistet sind (Pannen-*Pannen/Riedemann*, Art 19 Rn 3; MüKoInsO-*Reinhart*, Art 19 Rn 3; vgl Haß/Huber/Gruber/Heiderhoff-*Gruber*, Art 19 Rn 1; *Paulus*, Art 19, Rn 2: Analoge Anwendbarkeit des Art 19 auf vorläufige Verwalter). 4

III. Nachweis

Art 19 Abs 1 bestimmt, dass die Bestellung zum Verwalter durch eine **beglaubigte Abschrift der Entscheidung zur Verwalterbestellung** oder durch eine **andere von dem zuständigen Gericht ausgestellte Bescheinigung** nachgewiesen wird. 5

6 Sofern deutsches Insolvenzrecht anwendbar ist, wird der Nachweis der Verwalterstellung entweder durch Vorlage einer beglaubigten Abschrift des Insolvenzeröffnungsbeschlusses gem § 27 Abs 2 InsO bzw des Beschlusses über die Bestellung eines vorläufigen Insolvenzverwalters gem § 23 Abs 1 S 1 InsO geführt, oder durch Vorlage der Bestellungsurkunde gem § 56 Abs 2 S 1 InsO.

IV. Übersetzung

7 **Art 19 Abs 2 S 1** räumt dem ausländischen Adressaten, dem der Verwalter seine Bestellung nachzuweisen sucht, das Recht auf eine Übersendung der Bestellungsurkunde ein. Die Übersendung erfolgt in die Landessprache an den Ort, an dem der Verwalter tätig werden will.

8 Diese Übersetzung muss nach einhelliger Auffassung die in dem jeweiligen EU-Mitgliedsstaat, in dessen Amtssprache oder eine der Amtssprachen der Bestellungsnachweis übersetzt werden soll, **für Übersetzungen offizieller Dokumente erforderlichen Voraussetzungen** erfüllen (*Virgós/Schmit*, Erläuternder Bericht, Art 19 Rn 169; *Virgós/Garcimartín*, The European Insolvency Regulation, Art 19 Rn 372 (a); D-K/D/Ch-*Duursma-Kepplinger/Chalupsky*, Art 19 Rn 6). Um jeglichen Wirksamkeitsbedenken vorzubeugen, sollte die Übersetzung in Anlehnung an Art 55 Abs 2 EuGVVO (früher: Art 48 Abs 2 EuGVÜ) von einer hierzu entweder im Eröffnungsstaat oder in dem EU-Mitgliedsstaat, in dem der Verwalter tätig werden will und in dessen Amtssprachen oder eine der Amtssprachen der Nachweis seiner Bestellung zum Verwalter übersetzt verlangt wird, ermächtigten Person beglaubigt werden (vgl *Virgós/Schmit*, Erläuternder Bericht, Art 19 Rn 169; *Pannen-Pannen/Riedemann*, Art 19 Rn 9 mwN; MüKoInsO-*Reinhart*, Art 19 Rn 7; D-K/D/Ch-*Duursma-Kepplinger*, Art 19 Rn 6).

9 Wie sich aus **Art 19 Abs 2 S 2** ergibt, kann neben der Übersetzung jedoch keine förmliche Legalisierung oder ähnliches verlangt werden.

V. Nachweis des Umfangs der Verwalterbefugnisse

10 Durch den in Art 19 normierten Nachweis wird ausschließlich die Bestellung zum Verwalter nachgewiesen, nicht jedoch der Umfang der Befugnisse des Verwalters, insbesondere auch nicht der Umfang der Befugnisse in anderen EU-Mitgliedsstaaten als jenem der Verfahrenseröffnung (*Moss/Fletcher/Isaacs*, EC Regulation, Art 19 Rn 8.170; *Virgós/Garcimartín*, The European Insolvency Regulation, Art 19 Rn 372 (b); MüKoInsO-*Reinhart*, Art 19 Rn 9).

11 Weder in Art 19 noch an anderer Stelle enthält die EuInsVO eine Regelung dazu, auf welche Weise der Umfang der Befugnisse des Verwalters im Streitfall nachzuweisen ist. Die entsprechende Darlegungs- und Beweislast trifft nach den allgemeinen Regeln den betroffenen Verwalter. Als Beweismittel kann die Vorlage einer die Verwalterbefugnisse ausweisenden Bescheinigung des Gerichts, das den Verwalter bestellt hat, dienen. Im Übrigen entscheidet das Recht am Ort, an dem der Verwalter auftritt, in der Form der Anerkennung seiner Befugnisse (*Virgós/Schmit*, Erläuternder Bericht, Art 19 Rn 170; *Virgós/Garcimartín*, The European Insolvency Regulation, Art 19 Rn 372 (b); D-K/D/Ch-*Duursma-Kepplinger/Chalupsky*, Art 19 Rn 7; MüKoInsO-*Reinhart*, Art 19 Rn 9; *Pannen-Pannen/Riedemann*, Art 19 Rn 11 ff; N/R-*Mincke*, Art 19 Rn 6; vgl auch *Moss/Fletcher/Isaacs*, EC Regulation, Art 19, Rn 8.170: Die Vorlage einer von dem für die Verwalterbestellung zuständigen Gericht ausgestellten Bescheinigung, welche die Verwalterbefugnisse ausweist, soll zumindest als Beweis des ersten Anscheins dienen können.).

12 Soweit die Ansicht vertreten wird (Haß/Huber/Gruber/Heiderhoff-*Gruber*, Art 19 Rn 4) die Reichweite der Befugnisse solle im Streitfall von Amts wegen zu klären sein, auch mit Rückfragen bei dem Gericht des Eröffnungsstaats, erscheint dieser Vorschlag nicht begründet. Denn das Gesetz kennt keinen Amtsermittlungsgrundsatz und es entspricht allgemeinen Regeln, dass der Verwalter im Ausland mit den dort anerkannten Mitteln seine Befugnisse nachweist.

Art 20. Herausgabepflicht und Anrechnung

(1) Ein Gläubiger, der nach der Eröffnung eines Insolvenzverfahrens nach Artikel 3 Absatz 1 auf irgendeine Weise, insbesondere durch Zwangsvollstreckung, vollständig oder teilweise aus einem Gegenstand der Masse befriedigt wird, der in einem anderen Mitgliedstaat belegen ist, hat vorbehaltlich der Artikel 5 und 7 das Erlangte an den Verwalter herauszugeben.

(2) Zur Wahrung der Gleichbehandlung der Gläubiger nimmt ein Gläubiger, der in einem Insolvenzverfahren eine Quote auf seine Forderung erlangt hat, an der Verteilung im Rahmen eines anderen Verfahrens erst dann teil, wenn die Gläubiger gleichen Ranges oder gleicher Gruppenzugehörigkeit in diesem anderen Verfahren die gleiche Quote erlangt haben.

I. Normzweck

1 Art 20 formuliert als **Sachnorm** (vgl hierzu im Einzelnen Vorbem zu §§ 335–358 InsO Rn 27 ff) praktisch relevante Einzelregelungen, mit denen das Grundprinzip der **Gläubigergleichbehandlung** (*par conditio creditorum*) auch in grenzüberschreitenden Insolvenzfällen gewährleistet werden soll (ausführlich

zum Normzweck siehe Rn 1 zu § 342 InsO). Gemeinsam mit Art 35 gewährleistet Art 20 die Einheitlichkeit des kollektiven Ausschüttungssystems bei grenzüberschreitenden Insolvenzverfahren (Pannen-*Pannen/Riedemann* Art 20 Rn 1; MüKoInsO-*Reinhart* Art 20 Rn 1).

II. Anwendungsbereich

Im Verhältnis zu § 342 enthält Art 20 vorrangige, im Wesentlichen jedoch inhaltsgleiche Regelungen; 2 der Auskunftsanspruch gem § 342 Abs 3 besteht jedoch selbst bei eröffnetem Anwendungsbereich des Art 20 EuInsVO, da die europäische Vorschrift keinen Auskunftsanspruch formuliert (ebenso Braun-*Liersch/Tashiro* § 342 Rn 22).

III. Pflicht zur Herausgabe an Verwalter (Abs 1).

Die Herausgabepflicht nach Abs 1, der eine *gemeinschaftsrechtliche Anspruchsgrundlage sui generis* 3 darstellt (Pannen-*Pannen/Riedemann* Art 20 Rn 20), entspricht inhaltlich der deutschen Parallelvorschrift § 342 Abs 1 (Rn 6 ff zu § 342). Sie besteht, wenn ein Gläubiger **nach Verfahrenseröffnung** eine (vollständige oder teilweise) **Befriedigung** aus einem gem Art 4 Abs 2 S 2 lit b durch das jeweilige Insolvenzstatut zu bestimmenden **Massegegenstand** erhalten hat, der in einem anderen Mitgliedstaat als dem Eröffnungsstaat belegen war.

Inhaber des Herausgabeanspruchs nach Abs 1 ist der **Verwalter des Hauptinsolvenzverfahrens**, Ver- 4 pflichteter ist jeder Gläubiger, der einen wirtschaftlichen Vorteil erlangt hat.

Der gesetzliche Verweis auf **Art 5** (Dingliche Rechte Dritter) und **Art 7** (Eigentumsvorbehalt) bezieht 5 sich auf aus- und absonderungsberechtigte Gläubiger, die im Umfang ihres dinglichen (Sicherungs-) Rechts nicht auf Kosten der Insolvenzmasse bereichert sind und daher (insbesondere die Inhaber von Absonderungsrechten) lediglich einen eventuellen **Überschuss** an den Verwalter herauszugeben haben (Rn 9 zu § 342; ebenso Pannen-*Pannen/Riedemann* Art 20 Rn 23 f; D-K/D/Ch-*Duursma-Kepplinger/ Chalupsky* Art 20 Rn 25 ff).

III. Quotenanrechnung (Abs 2).

Die Quotenanrechnung gem Abs 2 S 2 ist neben der Herausgabeverpflichtung nach Abs 1 das zentra- 6 le Instrument zur Gewährleistung einer weitest möglichen **Gläubigergleichbehandlung**. Kein Gläubiger soll mehr als eine vollständige Befriedigung seiner Forderung erhalten, auch wenn er die Forderung zulässigerweise in mehreren Insolvenzverfahren angemeldet hat (Art 32 Abs 1) und dort an den jeweiligen Quotenausschüttungen partizipiert (zu Einzelheiten der Anrechnung Rn 13 ff zu § 342; Grundsätze der Anrechnung und Berechnungsbeispiele bei Pannen-*Pannen/Riedemann* Art 20 Rn 29 f; D-K/D/Ch-*Duursma-Kepplinger/Chalupsky* Art 20 Rn 32).

Nach zutreffender Auffassung ist Abs 2 auch in Bezug auf aus drittstaatlichen Verfahren erzielten Be- 7 friedigungsquoten anzuwenden ebenso (Pannen-*Pannen/Riedemann* Art 20 Rn 28), soweit nicht das jeweilige Insolvenzstatut bereits eine Anrechnung solcher Erlöse vorsieht (wie etwa § 342 Abs 2).

Art 21. Öffentliche Bekanntmachung

(1) ¹Auf Antrag des Verwalters ist in jedem anderen Mitgliedstaat der wesentliche Inhalt der Entscheidung über die Verfahrenseröffnung und gegebenenfalls der Entscheidung über eine Bestellung entsprechend den Bestimmungen des jeweiligen Staates für öffentliche Bekanntmachungen zu veröffentlichen. ²In der Bekanntmachung ist ferner anzugeben, welcher Verwalter bestellt wurde und ob sich die Zuständigkeit aus Artikel 3 Absatz 1 oder aus Artikel 3 Absatz 2 ergibt.

(2) ¹Jeder Mitgliedstaat, in dessen Gebiet der Schuldner eine Niederlassung besitzt, kann jedoch die obligatorische Bekanntmachung vorsehen. ²In diesem Fall hat der Verwalter oder jede andere hierzu befugte Stelle des Mitgliedstaats, in dem das Verfahren nach Artikel 3 Absatz 1 eröffnet wurde, die für diese Bekanntmachung erforderlichen Maßnahmen zu treffen.

I. Normzweck

1. Allgemeines. Aus dem Universalitätsprinzip folgt, dass die Bestellung des Verwalters und seine sich 1 daraus ergebenden Befugnisse in jedem EU-Mitgliedstaat automatisch anerkannt werden (vgl Art 16). Somit ist die in Art 21 geregelte öffentliche Bekanntmachung für die Anerkennung des Verwalters und seiner Befugnisse keine Voraussetzung (*Virgós/Schmit*, Erläuternder Bericht, Art 21, Rn 177; Haß/ Huber/Gruber/Heiderhoff-*Gruber*, Art 21 Rn 1; D-K/D/Ch-*Duursma-Kepplinger/Chalupsky*, Art 20, Rn 1; *Virgós/Garcimartín*, The European Insolvency Regulation, Art 21–23 Rn 379; *Moss/Fletcher/ Isaacs*, EC Regulation, Art 21 Rn 8.178).

2. Sinn und Zweck der Norm. Art 21 dient dem gleichen Zweck wie die §§ 30 ff InsO im deutschen In- 2 solvenzrecht: Ziel der auf Antrag des Verwalters fakultativ oder nach einzelstaatlichem Recht obligatorisch erfolgenden öffentlichen Bekanntmachung der Entscheidung über die Verfahrenseröffnung und/oder der Entscheidung über die Verwalterbestellung in jedem anderen EU-Mitgliedsstaat als jenem der Verfahrenseröffnung ist das Herbeiführen von **Publizität**, um den **Wirtschaftsverkehr** in den Staaten, in denen der Insolvenzschuldner Vermögensgegenstände hat oder Geschäfte betreibt, zu **schützen**. Dies geschieht durch die Aufteilung und Information über den Status des Insolvenzschuldners nach Einsatz des Verwalters (*Virgós/Schmit*, Erläuternder Bericht, Art 21 Rn 177; *Paulus*, Art 21 Rn 1; D-K/D/CH-*Duursma-Kepplinger/Chalupsky*, Art 21 Rn 2; MüKoInsO-*Reinhart*, Art 21 Rn 1; *Virgós/Garcimartín*, The European Insolvency Regulation, Art 21–23 Rn 379).

3 Die öffentliche Bekanntmachung im Sinne des Art 21 hat gem Art 24 Abs 2 S 2 zur Konsequenz, dass die vor öffentlicher Bekanntmachung vermutete **Gutgläubigkeit im Sinne des Art 24 zerstört** wird, so dass fortan derjenige, der an den Schuldner leistet, zu beweisen hat, dass er trotz erfolgter öffentlicher Bekanntmachung gutgläubig war und somit durch die erfolgte Leistung an den Schuldner auch gegenüber dem Verwalter von seiner Leistungspflicht befreit wird.

II. Anwendungsbereich

4 **1. Verfahrensarten.** Wie sich aus der Bezugnahme in Art 21 Abs 1 S 2 auf Art 3 Abs 1 einerseits und auf Art 3 Abs 2 andererseits ergibt, gilt Art 21 sowohl für **Hauptinsolvenzverfahren** (Art 3 Abs 1) als auch für **Sekundär- und Partikularinsolvenzverfahren** (Art 3 Abs 2).

5 **2. Verwalter.** „Verwalter" im Sinne des Art 21 ist sowohl der **Haupt-** als auch der **Sekundär-/Partikularinsolvenzverwalter**, als auch der **vorläufige Insolvenzverwalter**, sofern die jeweiligen Personen in Anh C zur EuInsVO aufgelistet sind, auf den Art 2 lit b verweist (MüKoInsO-*Reinhart*, Art 21 Rn 4 f; Pannen-*Pannen/Riedemann*, Art 21 Rn 2; D-K/D/Ch-*Duursma-Kepplinger/Chalupsky*, Art 21 Rn 4).

III. Antragsrecht des Verwalters, Art 21 Abs 1

6 Gem Art 21 Abs 1 ist der Verwalter berechtigt, die öffentliche Bekanntmachung der Verfahrenseröffnung und/oder der Entscheidung über seine Bestellung und in jedem anderen EU-Mitgliedsstaat als jenem der Verfahrenseröffnung zu beantragen.

7 Der Antrag des Verwalters ist an die **nach dem Recht des Veröffentlichungsstaats zuständige Stelle** zu richten (Pannen-*Pannen/Riedemann*, Art 21 Rn 2; Haß/Huber/Gruber/Heiderhoff-*Gruber*, Art 21 Rn 4). Dieser Stelle gegenüber hat er im Zweifel gem Art 19 seine Verwalterstellung nachzuweisen. In Deutschland ist zuständiger Adressat gem Art 102 § 5 Abs 1 EGInsO das örtlich zuständige Gericht, mithin das Gericht, in dessen Gerichtsbezirk sich eine Niederlassung des Schuldners befindet (Art 102 § 1 Abs 2 EGInsO) oder das Gericht, in dessen Gerichtsbezirk Vermögen des Schuldners belegen ist (Art 102 § 1 Abs 2 EGInsO; Einzelheiten siehe oben Art 102 § 5 Rn 2).

8 Eine **Pflicht zur Antragstellung** ergibt sich aus Art 21 Abs 1 nicht. Eine solche kann jedoch dann bestehen, wenn gem Art 21 Abs 2 ein EU-Mitgliedsstaat, in dem der Schuldner eine Niederlassung hat, die obligatorische Bekanntmachung gesetzlich vorsieht, so dass der Hauptinsolvenzverwalter gem Art 21 Abs 2 S 2 nach einzelstaatlichem Recht verpflichtet sein kann, in dem Niederlassungsstaat die für die öffentliche Bekanntmachung erforderlichen Maßnahmen zu treffen (siehe auch unten, Rn 9 ff).

IV. Obligatorische Bekanntmachung nach einzelstaatlichem Recht, Art 21 Abs 2

9 Art 21 Abs 2 ermächtigt alle EU-Mitgliedsstaaten, in denen der Schuldner eine **Niederlassung** im Sinne des Art 2 lit h hat, in ihrem jeweiligen nationalen Recht eine obligatorische öffentliche Bekanntmachung vorzusehen, so dass die öffentliche Bekanntmachung nicht von dem fakultativen Antrag des Verwalters gem Art 21 Abs 1 abhängig ist.

10 **Nicht** einzelstaatlich geregelt werden darf jedoch, dass die öffentliche Bekanntmachung **Bedingung für die Anerkennung** der Verfahrenseröffnung wäre (*Virgós/Schmit*, Erläuternder Bericht, Art 21, Rn 180; D-K/D/CH-*Duursma-Kepplinger/Chalupsky*, Art 21, Rn 14).

11 Sofern ein von Art 21 Abs 2 S 1 erfasster EU-Mitgliedsstaat von der Befugnis, eine obligatorische öffentliche Bekanntmachung vorzusehen, Gebrauch gemacht hat, ist der Hauptinsolvenzverwalter oder jede andere hierzu nach dem Recht des Eröffnungsstaats befugte Stelle **verpflichtet**, alle für die öffentliche Bekanntmachung erforderlichen Maßnahmen zu treffen (siehe auch oben, Rn 8). Zu beachten ist, dass je nach einzelstaatlicher Regelung der Staat, der eine obligatorische öffentliche Bekanntmachung vorsieht, zudem Regelungen einer etwaigen **Haftung** des Verwalters für den Fall treffen lassen, dass er die für die Bekanntmachung erforderlichen Maßnahmen im Sinne des Art 19 Abs 2 S 2 nicht trifft (*Virgós/Schmit*, Erläuternder Bericht, Art 21, Rn 180).

12 In **Deutschland** hat der Gesetzgeber von der Ermächtigung des Art 21 Abs 2 S 1 durch Art 102 § 5 Abs 2 EGInsO Gebrauch gemacht (Einzelheiten siehe Kommentierung zu Art 102 § 5 Abs 2 EGInsO, insbesondere Rn 5).

Eintragung in öffentliche Register **Art 22 EuInsVO**

V. Verfahren und Inhalt der öffentlichen Bekanntmachung

1. Veröffentlichungsverfahren. Die EuInsVO enthält keine Regelung, nach welchem Verfahren die öffentliche Bekanntmachung in den EU-Mitgliedsstaaten zu erfolgen hat; ein einheitliches Verfahren ist nicht vorgeschrieben. Vielmehr bestimmt Art 21 Abs 1 S 1, das sich das Veröffentlichungsverfahren nach dem **Recht des jeweiligen Veröffentlichungsstaats** richtet. 13

2. Veröffentlichungsinhalt. Das **Mindestmaß** des öffentlich bekanntzumachenden Inhalts wird in Art 21 Abs 1 benannt: Bekanntzugeben ist der wesentliche Inhalt der Entscheidung über die Verfahrenseröffnung und gegebenenfalls der Entscheidung über die Verwalterbestellung. Anzugeben ist dann zudem in beiden Fällen, welcher Verwalter bestellt wurde und ob sich seine Zuständigkeit aus Art 3 Abs 1 (Hauptinsolvenzverwalter) oder aus Art 3 Abs 2 (Sekundär- oder Partikularinsolvenzverwalter) ergibt. Dieses normierte Mindestmaß an Veröffentlichungsinhalt schließt natürlich nicht aus, dass zugleich weitere Informationen veröffentlicht werden, die für die Gläubiger oder für Dritte von Interesse sein können, wie etwa Fristen zur Forderungsanmeldung, Termine zur Gläubigerversammlung, und ähnliches (*Virgós/Schmit*, Erläuternder Bericht, Art 21 Rn 181). 14

Art 22. Eintragung in öffentliche Register

(1) **Auf Antrag des Verwalters ist die Eröffnung eines Verfahrens nach Artikel 3 Absatz 1 in das Grundbuch, das Handelsregister und alle sonstigen öffentlichen Register in den übrigen Mitgliedstaaten einzutragen.**

(2) ¹**Jeder Mitgliedstaat kann jedoch die obligatorische Eintragung vorsehen.** ²**In diesem Fall hat der Verwalter oder andere hierzu befugte Stelle des Mitgliedstaats, in dem das Verfahren nach Artikel 3 Absatz 1 eröffnet wurde, die für diese Eintragung erforderlichen Maßnahmen zu treffen.**

I. Normzweck

Die Eintragung der Eröffnung eines Hauptinsolvenzverfahrens ist keine Voraussetzung für die Anerkennung der Verfahrenseröffnung (vgl Art 16). 1

Vielmehr hat Art 22 ebenso wie Art 21 eine **Schutzfunktion**. Die Norm dient der **Sicherheit des Wirtschaftsverkehrs**: Das Vertrauen Dritter in die Richtigkeit des jeweiligen öffentlichen Registers wird in allen EU-Mitgliedsstaaten geschützt (*Virgós/Schmit*, Erläuternder Bericht, Art 22 Rn 182). Dabei geht es ebenso um den Schutz guten Glaubens in die Richtigkeit des jeweiligen öffentlichen Registers, in das keine Verfahrenseröffnung eingetragen ist, von dem guten Glauben in die Richtigkeit des öffentlichen Registers nach erfolgter Eintragung der Verfahrenseröffnung; geschützt wird somit das **Vertrauen Dritter in die positive und negative Registerpublizität** (D-K/D/Ch-*Duursma-Kepplinger/Chalupsky*, Art 22 Rn 1; Pannen-*Eickmann*, Art 22 Rn 1). Nach Eintragung der Verfahrenseröffnung in einem öffentlichen Register erstreckt sich die Schutzfunktion zudem auf den **Schutz der Insolvenzmasse vor Masseschmälerung** (Pannen-*Eickmann*, Art 22, Rn 1), da die Registerveröffentlichung einen gutgläubigen Erwerb ausschließt (Haß/Huber/Gruber/Heiderhoff-*Gruber*, Art 22 Rn 1). 2

II. Anwendungsbereich.

1. Verfahrensart. Art 22 ist ausschließlich auf **Hauptinsolvenzverfahren** gem Art 3 Abs 1 anwendbar, nicht auf Sekundär-/Partikularinsolvenzverfahren gem Art 3 Abs 2. Dies ergibt sich aus dem Wortlaut des Art 22, der ausschließlich auf nach Art 3 Abs 1 eröffnete Verfahren Bezug nimmt, wohingegen zB in Art 21 auch auf nach Art 3 Abs 2 eröffnete Verfahren Bezug genommen wird. Vom Sinn und Zweck her ist für eine Anwendung des Art 22 auf Territorialinsolvenzverfahren (Sekundär-/Partikularinsolvenzverfahren) auch kein Raum, da diese Verfahren per definitionem keine Vermögensgegenstände einbeziehen können, die sich außerhalb des Hoheitsgebiets des Eröffnungsstaats befinden (*Virgós/Schmit*, Erläuternder Bericht, Art 22 Rn 184), so dass der mit Art 22 bezweckte Gutglaubensschutz in Bezug auf Territorialinsolvenzverfahren nicht erforderlich ist. 3

2. Verwalter. Aus der Tatsache, dass Art 22 nur auf **Hauptinsolvenzverfahren** anwendbar ist, folgt zwanglos, dass auch nur der Hauptinsolvenzverwalter, nicht jedoch der Sekundär- oder Partikularinsolvenzverwalter vom Anwendungsbereich erfasst werden. 4

Der **vorläufige (Haupt-)Insolvenzverwalter** wird vom Wortlaut von Art 22 gleichfalls nicht gedeckt, da die Norm auf die Verfahrenseröffnung abstellt. Gleichwohl sollte die Regelung – ggf im Wege der Analogie – auch auf den vorläufigen (Haupt-)Insolvenzverwalter Anwendung finden dürfen. Denn in einigen Mitgliedstaaten – so zB in Deutschland gem §§ 21 Abs 2 Nr 2, 23 Abs 2, 32 InsO – können auch schon im Eröffnungsverfahren, mithin vor Verfahrenseröffnung, Verwaltungs- und Verfügungsbeschränkungen angeordnet und eingetragen werden. Das Bedürfnis zur Verhinderung vermögensschmälernder Schuldnerverfügungen ist hier ebenso von Bedeutung wie nach Verfahrenseröffnung, so dass die 5

Lüer

Möglichkeit, den guten Glauben in die negative Registerpublizität auch im Eröffnungsverfahren durch Eintragung in das jeweilige öffentliche Register zu zerstören, auch hier bestehen muss (so auch Pannen-*Eickmann*, Art 22 Rn 14 f mwN).

III. Antragsrecht des Verwalters

6   Die Vorschrift gewährt dem Verwalter das Recht, die Eintragung der Verfahrenseröffnung in alle öffentlichen Register des betroffenen Mitgliedsstaats zu beantragen. Demgegenüber begründet die Norm **keine entsprechende Antragspflicht** des Verwalters. Zu richten ist der Antrag an die nach der Rechtsordnung des EU-Mitgliedsstaats zuständige Stelle dieses EU-Mitgliedsstaates, in dem die Eintragung erfolgen soll. Ebenso erforderlich wie ausreichend ist der Nachweis des Verwalters über seine Verwalterbestellung. Dieser Nachweis hat gem Art 19 EuInsVO zu erfolgen. Form und Inhalt der Eintragung richten sich nach dem Recht des EU-Mitgliedsstaats, in dem die Eintragung beantragt wird. Die entsprechende Ausführungsbestimmung ist im **deutschen Recht** in Art 102 § 6 EGInsO normiert.

IV. Obligatorische Eintragung nach einzelstaatlichem Recht

7   Art 22 Abs 2 ermächtigt alle EU-Mitgliedsstaaten, nach ihrem einzelstaatlichen Recht eine obligatorische Eintragung der Verfahrenseröffnung vorzuschreiben. Sieht ein EU-Mitgliedsstaat, in dem der Schuldner gem Art 2 lit h EuInsVO eine Niederlassung hat, somit von Amts wegen die Eintragung der Verfahrenseröffnung vor, ist diese nicht von dem fakultativen Recht des Verwalters abhängig, gem Art 22 Abs 1 die Eintragung der Verfahrenseröffnung zu beantragen. Im Falle einer einzelstaatlich vorgeschriebenen obligatorischen Eintragung der Verfahrenseröffnung sind der Verwalter und die im Eröffnungsstaat insoweit zuständige Stelle verpflichtet, alle für die Eintragung erforderlichen Maßnahmen zu treffen.

8   Im **deutschen Recht** ist eine allgemeine Pflicht zur Eintragung des in einem anderen EU-Mitgliedsstaat eröffneten Insolvenzverfahrens nicht vorgeschrieben. Sofern jedoch über das Vermögen einer Hauptniederlassung in einem anderen EU-Mitgliedsstaat ein Insolvenzverfahren eröffnet wird und die Hauptniederlassung eine deutsche Niederlassung hat, muss die Verfahrenseröffnung gem §§ 13 d, 32 HGB von Amts wegen in das Handelsregister eingetragen werden.

Art 23. Kosten

Die Kosten der öffentlichen Bekanntmachung nach Artikel 21 und der Eintragung nach Artikel 22 gelten als Kosten und Aufwendungen des Verfahrens.

I. Normzweck

1   Art 23 bestimmt, dass alle Kosten der öffentlichen Bekanntmachung gem Art 21 und alle Kosten der Eintragung nach Art 22 Kosten und Aufwendung des Verfahrens, mithin **Massekosten** sind. Auch diese Regelung stellt eine Ausprägung des Universalitätsprinzips dar (K/P/*Kemper*, Art 23 Rn 1).

II. Erfasste Kosten und Aufwendungen

2   Welche **Kosten** solche der öffentlichen Bekanntmachung gem Art 21 bzw der Eintragung gem Art 22 sind, wird in Art 23 nicht definiert. Unstreitig sind dies sämtliche Gebühren, die für das Handeln der Bekanntmachungs- oder Registerstelle entstehenden Gebühren (K/P/*Kemper*, Art 23 Rn 2; MüKoInsO-*Reinhart*, Art 23 Rn 3). Hierunter fallen nicht nur die auf Initiative des Verwalters, mithin aufgrund eines Antrags des Verwalters gem Art 21 Abs 1 oder Art 22 Abs 1 entstandenen Kosten, sondern auch die Kosten, die im Zusammenhang mit einer obligatorischen Bekanntmachung gem Art 21 Abs 2 oder obligatorischen Eintragung gem Art 22 Abs 2 entstanden sind (*Virgós/Schmit*, Erläuternder Bericht, Rn 186; Moss/Fletcher/Isaacs, EC Regulation, Art 23 Rn 8.192).

3   Ebenfalls von Art 23 erfasst und somit Massekosten sind die **Aufwendungen**, die dem Verwalter im Zusammenhang mit den Anträgen nach Art 21 und Art 22 entstehen. Hierunter fallen insbesondere Kosten des Verwalters zur Vorbereitung der Anträge, Portokosten und ggf erforderliche Übersetzungskosten (Pannen-*Eickmann*, Art 23 Rn 3; K/P/*Kemper*, Art 23 Rn 2).

Art 24. Leistung an den Schuldner

(1) Wer in einem Mitgliedstaat an einen Schuldner leistet, über dessen Vermögen in einem anderen Mitgliedstaat ein Insolvenzverfahren eröffnet worden ist, obwohl er an den Verwalter des Insolvenzverfahrens hätte leisten müssen, wird befreit, wenn ihm die Eröffnung des Verfahrens nicht bekannt war.

(2) ¹Erfolgt die Leistung vor der öffentlichen Bekanntmachung nach Artikel 21, so wird bis zum Beweis des Gegenteils vermutet, dass dem Leistenden die Eröffnung nicht bekannt war.

² Erfolgt die Leistung nach der Bekanntmachung gemäß Artikel 21, so wird bis zum Beweis des Gegenteils vermutet, dass dem Leistenden die Eröffnung bekannt war.

I. Normzweck

Grundsätzlich stellt die automatische Anerkennung der in einem anderen EU-Mitgliedstaat eröffneten Insolvenzverfahren gemäß Art 16 sicher, dass die Eröffnungsentscheidung in allen EU-Mitgliedstaaten unverzüglich wirksam wird, ohne dass es hierfür einer vorherigen Bekanntmachung bedarf. Für den Fall jedoch, dass betroffene Drittschuldner tatsächlich von der Verfahrenseröffnung keine Kenntnis haben und gutgläubig im Widerspruch zu dieser neuen Sach- und Rechtslage an den Schuldner leisten, obwohl eigentlich an den Insolvenzverwalter des in einem anderen EU-Mitgliedstaat eröffneten Insolvenzverfahrens hätte geleistet werden müssen, wirkt diese Leistung dennoch schuldbefreiend. 1

Abs 1 enthält somit eine **Sachnorm** zum Schutz von Drittschuldnern des Schuldners im Verkehrsinteresse. Inhaltlich entspricht sie § 82 S 1 InsO. 2

II. Voraussetzungen, Abs 1

1. Leistungs-/„Erfüllungsort". Unter dem „Erfüllungsort" im Sinne von Abs 1 ist nach herrschender Meinung der Ort zu verstehen, an dem die **Leistung des Drittschuldners tatsächlich erbracht wird** (*Virgós/Schmit*, Erläuternder Bericht, Rn 188; D-K/D/Ch-*Duursma-Kepplinger* Art 24 Rn 7; Pannen-*Riedemann* Art 24 Rn 11; MüKoInsO-*Reinhart* Art 24 Rn 6 mwN). Nach anderer Ansicht (FK-*Wimmer*, Anh I, Rn 115; HK-*Stephan*, Art 24 Rn 4) soll Leistungsort im Sinne von Art 24 entsprechend § 269 BGB der Ort sein, an dem die Leistungshandlung erbracht werden muss. Dagegen spricht jedoch der Wortlaut des Abs 1, wonach auf die Leistung in einem Mitgliedstaat abgestellt wird („Wer in einem Mitgliedstaat an einen Schuldner leistet"), mithin auf den Ort der tatsächlichen Leistungshandlung. Bei der Überweisung von Geld kommt es somit auf den Ort an, von dem aus die Überweisung an den Insolvenzschuldner getätigt wird, bei einer Warenlieferung auf den Ort, von dem die Ware an den Insolvenzschuldner abgesendet wird (Haß/Huber/Gruber/Heiderhoff-*Gruber* Art 24 Rn 2; *Paulus* Art 24 Rn 2). Nicht darunter zu verstehen ist mit der herrschenden Meinung der Ort, an dem der Drittschuldner seine Leistungshandlung zu erbringen hat. 3

Wie sich aus dem Wortlaut von Abs 1 ergibt, ist daher Grundvoraussetzung für die Anwendbarkeit des Art 24, dass der EU-Mitgliedstaat, in dem die Leistung des Drittschuldners erbracht wird, mit dem EU-Mitgliedstaat der Verfahrenseröffnung nicht identisch ist (D-K/D/Ch-*Duursma-Kepplinger* Art 24 Rn 7; *Paulus* Art 24 Rn 2; Pannen-*Riedemann* Art 24 Rn 9; MüKoInsO-*Reinhart* Art 24 Rn 6). Wurde die Leistung des Drittschuldners an den Insolvenzschuldner in dem EU-Mitgliedstaat der Verfahrenseröffnung erbracht, bestimmt sich die Frage der schuldbefreienden Wirkung dieser Leistung nicht nach Art 24, sondern nach der jeweiligen lex concursus, in Deutschland somit nach § 82 InsO. 4

2. Gutgläubigkeit des Drittschuldners. Aus der Formulierung in Abs 1, „nicht bekannt war", folgt, dass an den Insolvenzschuldner leistenden Drittschuldner nur die **positive Kenntnis** der Eröffnung eines Insolvenzverfahrens in einem anderen EU-Mitgliedstaat als jenem, in dem er die Leistung vorgenommen hat, schadet. Demgegenüber ist fahrlässige Unkenntnis des Drittschuldners von der Verfahrenseröffnung unschädlich (D-K/D/Ch-*Duursma-Kepplinger* Art 24 Rn 5 mwN; Pannen-*Riedemann* Art 24 Rn 13; MüKoInsO-*Reinhart* Art 24 Rn 10; vgl *Paulus* Art 24 Rn 4). 5

III. Widerlegbare Vermutungen, Abs 2

1. Abs 2 S 1. Sofern die Leistung des Drittschuldners an den Schuldner vor einer eventuellen öffentlichen Bekanntmachung der Verfahrenseröffnung nach Art 21 erfolgt, wird gem Abs 2 S 1 **zu Gunsten des leistenden Drittschuldners** bis zum Beweis des Gegenteils vermutet, dass ihm die Verfahrenseröffnung nicht bekannt war. Die Beweislast dafür, dass dem leistenden Drittschuldner die Verfahrenseröffnung entgegen der gesetzlichen Vermutung doch bekannt, dieser also bösgläubig war, obliegt dem Insolvenzverwalter. Die **Beweislastregel** in Abs 2 S 1 entspricht § 82 S 2 InsO. 7

2. Abs 2 S 2. Leistet der Drittschuldner nach Bekanntmachung der Verfahrenseröffnung gemäß Art 21 an den Schuldner anstatt an den Insolvenzverwalter, wird **zu Lasten des leistenden Drittschuldners** vermutet, dass ihm die Verfahrenseröffnung bekannt war. Um entgegen dieser gesetzlichen Vermutung dennoch gem Art 24 Abs 1 von seiner Leistungsschuld befreit worden zu sein, muss der leistende Drittschuldner beweisen, dass er trotz der erfolgten öffentlichen Bekanntmachung keine Kenntnis von der Verfahrenseröffnung hatte, mithin nicht bösgläubig war. Die **Umkehr der Beweislast** in Abs 2 S 2 entspricht gleichfalls geltendem deutschem Insolvenzrecht, ohne dass dies § 82 ausdrücklich vorsieht (vgl **BGH** 15. 12. 2005 ZIP 2006, 138; HK-*Kayser*, § 82 Rn 20; FK-*App*, § 82 Rn 12). 8

9   **3. Abgrenzungskriterium.** Entscheidend für die Abgrenzung zwischen der Vermutungs- und Beweislastregelung in Abs 2 S 1 einerseits und Abs 2 S 2 andererseits ist der **Zeitpunkt der Leistungshandlung** in Bezug auf eine öffentliche Bekanntmachung der Verfahrenseröffnung. Demgegenüber kommt es auf den Zeitpunkt des Leistungserfolgs nicht an (Haß/Huber/Gruber/Heiderhoff-*Gruber* Art 24 Rn 5). Erfolgt die Leistungshandlung vor einer öffentlichen Bekanntmachung, kommt zugunsten des leistenden Drittschuldners die Vermutung mit entsprechender Beweislast des Insolvenzverwalters gem Abs 2 S 1 zu Anwendung. Erfolgt die Leistungshandlung nach öffentlicher Bekanntmachung der Verfahrenseröffnung, greift zu Lasten des leistenden Drittschuldners die Vermutung mit entsprechender Beweislastregelung gemäß Abs 2 S 2.

Art 25. Anerkennung und Vollstreckbarkeit sonstiger Entscheidungen

(1) ¹Die zur Durchführung und Beendigung eines Insolvenzverfahrens ergangenen Entscheidungen eines Gerichts, dessen Eröffnungsentscheidung nach Artikel 16 anerkannt wird, sowie ein von einem solchen Gericht bestätigter Vergleich werden ebenfalls ohne weitere Förmlichkeiten anerkannt. ²Diese Entscheidungen werden nach den Artikeln 31 bis 51 (mit Ausnahme von Artikel 34 Absatz 2) des Brüsseler Übereinkommens über die gerichtliche Zuständigkeit und die Vollstreckung gerichtlicher Entscheidungen in Zivil- und Handelssachen in der durch die Beitrittsübereinkommen zu diesem Übereinkommen geänderten Fassung vollstreckt.
³Unterabsatz 1 gilt auch für Entscheidungen, die unmittelbar aufgrund des Insolvenzverfahrens ergehen und in engem Zusammenhang damit stehen, auch wenn diese Entscheidungen von einem anderen Gericht getroffen werden.
⁴Unterabsatz 1 gilt auch für Entscheidungen über Sicherungsmaßnahmen, die nach dem Antrag auf Eröffnung eines Insolvenzverfahrens getroffen werden.
(2) Die Anerkennung und Vollstreckung der anderen als der in Absatz 1 genannten Entscheidungen unterliegen dem Übereinkommen nach Absatz 1, soweit jenes Übereinkommen anwendbar ist.
(3) Die Mitgliedstaaten sind nicht verpflichtet, eine Entscheidung gemäß Absatz 1 anzuerkennen und zu vollstrecken, die eine Einschränkung der persönlichen Freiheit oder des Postgeheimnisses zur Folge hätte.

I. Normzweck und Anwendungsbereich

1   Art 25 regelt die **Anerkennung sonstiger Entscheidungen**, dh anderer Entscheidungen als die Eröffnungsentscheidung (*Virgós/Garcimartin* The European Insolvency Regulation, 205; K/P/*Kemper* Art 25 Rn 1; Pannen-*Riedemann* Art 25 Rn 1). Darunter fallen die zur Durchführung und Beendigung eines Insolvenzverfahrens ergangenen Entscheidungen, die sogenannten Annexentscheidungen und die Entscheidungen über Sicherungsmaßnahmen (Pannen-*Riedemann* Art 25 Rn 1). Die Norm gilt sowohl für Haupt- als auch für Territorialinsolvenzverfahren und ergänzt Art 16 und 17, die die Anerkennung der Eröffnungsentscheidung und deren Wirkungen betreffen.
In Abs 2 wird eine **einheitliche Regelung** getroffen, die für die **Vollstreckbarkeit** sämtlicher unter die EuInsVO fallender Entscheidungen gilt (Pannen-*Riedemann* Art 25 Rn 2). Art 25 Abs 2 verweist für alle Entscheidungen, die in der EuInsVO nicht speziell geregelt sind, auf die EuGVVO, soweit diese Verordnung anwendbar ist. Dadurch soll ein reibungsloses und lückenloses Zusammenspiel der beiden Verordnungen gewährleistet werden (*Virgòs/Schmit* Erläuternder Bericht, Rn 197; D-K/D/Ch-*Duursma-Kepplinger* Art 25 Rn 50; Moss/Fletcher/Isaacs-*Moss/Smith* EC Regulation, Rn 8.197).

II. Anerkennung von Entscheidungen (Abs 1 S 1)

2   Nach Art 25 Abs 1 S 1 werden die zur **Durchführung und Beendigung** eines Insolvenzverfahrens ergangenen Entscheidungen eines Gerichts, dessen Eröffnungsentscheidung nach Art 16 anerkannt wird, sowie ein von einem solchen Gericht bestätigter Vergleich ohne weitere Förmlichkeit anerkannt. Die Begriffe „Entscheidung" und „Gericht" sind in Art 2 lit d und e legal definiert und weit auszulegen (D-K/D/Ch-*Duursma-Kepplinger* Art 25 Rn 7; Pannen-*Riedemann* Art 25 Rn 8). Da die Regelung des Art 25 Abs 1 S 1 auf Art 16 verweist, erfolgt die **Anerkennung automatisch**, ohne dass es eines gesonderten Anerkennungsverfahrens bedarf (vgl Art 16 Rn 9; *Virgós/Schmit* Erläuternder Bericht, Rn 191; *Virgós/Garcimartín* The European Insolvency Regulation, 205; D-K/D/Ch-*Duursma-Kepplinger* Art 3 Rn 15).

3   **1. Anerkennung von Entscheidungen zur Durchführung und Beendigung.** Nach Art 25 Abs 1 S 1 Unterabsatz 1 müssen die Entscheidungen zum Insolvenzverfahren von dem **Gericht** ergehen, dessen **Eröffnungsentscheidung** nach Art 16 anerkannt wird.

4   **a) Entscheidungen zur Durchführung eines Insolvenzverfahrens** sind die Entscheidungen eines Gerichts, die **im laufenden Verfahren** getroffen werden, um eine Verhandlung vorzunehmen, einen Verfah-

rensabschnitt zu gestalten oder einen Verfahrensfortschritt zu erzielen (K/P/*Kemper* Art 25 Rn 3; Pannen-*Riedemann* Art 25 Rn 10). Darunter fällt beispielsweise die Bestellung bzw die Absetzung des Insolvenzverwalters oder die Anordnung bestimmter Verfügungsbeschränkungen gegenüber dem Schuldner (*Homann* KTS 2000, 345; Pannen-*Riedemann* Art 3 Rn 10).

b) **Entscheidungen zur Verfahrensbeendigung** sind diejenigen, die das Insolvenzverfahren insgesamt 5 oder einzelne Verfahrensteile **förmlich abschließen**, wie zB in Deutschland die Aufhebung des Insolvenzverfahrens nach § 200 InsO oder die Einstellung des Verfahrens gem §§ 207, 212 oder nach 213 InsO (N/R/*Mincke* Art 25 Rn 1; Pannen-*Riedemann* Art 25 Rn 10). Außerdem ist ein **gerichtlich bestätigter Vergleich** ausdrücklich von Art 25 Abs 1 S 1 umfasst. Dabei handelt es sich um eine beispielhafte Nennung einer Entscheidung zur Beendigung des Insolvenzverfahrens (K/P/*Kemper* Art 25 Rn 3; Pannen-*Riedemann* Art 3 Rn 11). Auch sonstige Beendigungsmöglichkeiten des *lex fori concursus* sowie der **Insolvenzplan** fallen unter den Begriff der Entscheidung zur Verfahrensbeendigung (Leible/Staudinger KTS 2000, 566; N/R/*Mincke* Art 25 Rn 1; K/P/*Kemper* Art 25 Rn 11). Ein „*company voluntary arrangement*" nach englischem Recht ist jedoch nicht umfasst, da der Vergleich gerichtlich bestätigt werden muss (MüKo-*Reinhart* Art 25 Rn 3; Pannen-*Riedemann* Art 25 Rn 12).

2. Anerkennung von Annexentscheidungen. Gem Art 25 Abs 1 S 1 Unterabsatz 2 gilt Unterabsatz 1 6 (vgl Rn 8 ff) auch für Entscheidungen, die **unmittelbar aufgrund des Insolvenzverfahrens** ergehen und in **engem Zusammenhang** damit stehen, auch wenn diese Entscheidungen von einem **anderen Gericht** getroffen werden. Unter „anderes Gericht" ist ein anderes als das gem Art 3 zuständige zu verstehen (*Virgós/Garcimartín* The European Insolvency Regulation, 208; Pannen-*Riedemann* Art 25 Rn 15).

a) **Begriff des Annexverfahrens.** Welche Verfahren unter den Begriff des Annexverfahrens fallen, ist 7 anhand des in Art 25 Abs 1 Unterabsatz 2 festgelegten Kriteriums des „**engen Zusammenhangs**" einzelfallbezogen zu bestimmen (K/P/*Kemper* Art 25 Rn 7). Aus der EuGH-Entscheidung *Gourdain/Nadler* kann abgeleitet werden, dass darunter insbesondere Rechtsstreitigkeiten fallen, die zwischen dem Verwalter und einzelnen Gläubigern bestehen und deren Rechtsposition im Verfahren betreffen (**EuGH** 22. 2. 1979, Slg 1979, 744 = RIW 1979, 273; MüKoInsO-*Reinhart* Art 25 Rn 10). Als Beispiele für Annexverfahren sind Anfechtungsklagen gegen die Gesamtheit der Gläubiger zu nennen; auf das Insolvenzrecht gestützte Klagen auf persönliche Haftung der Geschäftsführer; Klagen hinsichtlich des Rangs einer Forderung; Streitigkeiten zwischen dem Verwalter und dem Schuldner in Bezug auf die Zugehörigkeit eines Gegenstands zur Masse; die Klage auf Feststellung einer Forderung zur Insolvenztabelle, die Bestätigung eines Insolvenzplans und auch die Klagen, die die Haftung des Insolvenzverwalters auf Schadensersatz betreffen, weil diese ihren Grund gerade und allein in der Durchführung des Insolvenzverfahrens haben (**EuGH** 22. 2. 1979, Slg 1979, 744 = RIW 1979, 273; *Virgós/Schmit* Erläuternder Bericht, Rn 195; Pannen-*Riedemann* Art 25 Rn 20; K/P/*Kemper* Art 25 Rn 8; differenzierend D-K/D/Ch-*Duursma-Kepplinger* Art 25 Rn 54). Nicht insolvenzrechtlich geprägt sind Verfahren, die grundsätzlich auch ohne Insolvenzverfahren geführt würden (im Einzelnen K/P/*Kemper* Art 25 Rn 10; *Virgós/Schmit* Erläuternder Bericht, Rn 196; N/R/*Mincke* Art 25 Rn 4). Die Anerkennung dieser Verfahren richtet sich nach Art 32 ff EuGVVO.

b) **Internationale Zuständigkeit für Annexverfahren.** Die internationale Zuständigkeit für Annexverfahren ist in der EuInsO nicht geregelt. Höchst umstritten ist die Frage, ob diese **Regelungslücke** durch 8 die Anwendung der **EuInsVO**, der **EuGVVO** oder durch das **autonome Recht** zu schließen ist (vgl Art 3 Rn 55 ff). Eine Klärung der Frage durch den EuGH steht zu erwarten, da der **BGH** diese Frage durch den Beschluss vom 21. 6. 2007 im Zusammenhang mit der internationalen Zuständigkeit für Insolvenzanfechtungsklagen dem EuGH vorgelegt hat (**BGH** 21. 6. 2007, EuZW 2007, 582 ff; m Anm *Klöhn/Berner* ZIP 2007, 1418). Um Kompetenzkonflikte zu vermeiden, ist es interessengerecht, **Art 3 Abs 1 entsprechend** anzuwenden (so auch Pannen-*Pannen* Art 3 Rn 114; *Leipold* FS Ishikawa, 235; K/P/*Kemper* Art 3 Rn 11). Dafür spricht auch **Erwägungsgrund 6**, der sich zur Zuständigkeit, zur Anerkennung und zum anwendbaren Recht verhält und ausdrücklich auch die Zuständigkeit für die in engem Zusammenhang mit dem Insolvenzverfahren stehenden Entscheidungen umfasst.

3. Entscheidungen über Sicherungsmaßnahmen. Art 25 Abs 1 Unterabsatz 3 legt fest, dass die Rege- 9 lung des Art 25 Abs 1 Unterabsatz 1 auch für die Anerkennung und Vollstreckung von Sicherungsmaßnahmen gilt, die **nach dem Antrag auf Eröffnung eines Insolvenzverfahrens, aber vor der Verfahrenseröffnung** (*Virgós/Garcimartín* The European Insolvency Regulation, 208; *Virgós/Schmit* Erläuternder Bericht, Rn 198; Pannen-*Riedemann* Art 25 Rn 25) getroffen werden. Darunter sind alle Entscheidungen des Gerichts im Sinne des Art 2 lit d zu verstehen, die vor der Entscheidung über die formelle Verfahrenseröffnung ergehen und im Hinblick auf eine mögliche Verfahrenseröffnung getroffen werden (MüKo-*Reinhart* Art 25 Rn 9). Schutzzweck ist die **gleichmäßige Gläubigerbefriedigung** im Zeitraum zwischen der Antragstellung und der Eröffnung des Insolvenzverfahrens (K/P/*Kemper* Art 25 Rn 13). Sicherungsmaßnahmen, die in anderen Mitgliedstaaten beantragt werden, werden gesondert in Art 38 geregelt.

III. Vollstreckung von Entscheidungen (Abs 1 S 2)

10 Vollstreckung bedeutet „zwangsweise durchführen" und impliziert die Ausübung der Zwangsbefugnis des Staats zur Gewährleistung der Befolgung (Pannen-*Riedemann* Art 25 Rn 36; *Virgós/Schmit* Erläuternder Bericht, Rn 190). Die direkte Ausübung der Zwangsbefugnisse ist nach dem Grundsatz der Ausschließlichkeit der territorialen Souveränität den Behörden des Staates vorbehalten, in dessen Gebiet sich die von dieser Maßnahme betroffenen Gegenstände bzw Personen befinden. Die Vollstreckung der Entscheidung anderer Vertragsstaaten ist deshalb von einer **vorherigen Genehmigung** durch die Behörde des Staats abhängig, in dem eine solche Entscheidung vollstreckt werden soll (sog „*Exequaturverfahren*", vgl *Virgós/Schmit* Erläuternder Bericht, Rn 190; K/P/*Kemper* Art 25 Rn 14).

11 **1. Erfasste Entscheidungen.** Unter den Begriff der Entscheidung im Sinne des Abs 1 S 2 fallen **alle unter Abs 1 S 1 genannten Entscheidungen** zur Durchführung und Beendigung des Insolvenzverfahrens. Zu den Durchführungsentscheidungen ist auch die Eröffnungsentscheidung zu rechnen, soweit sie einen vollstreckungsfähigen Inhalt hat (*Virgós/Schmit* Erläuternder Bericht, Rn 189; D-K/D/Ch-*Duursma-Kepplinger* Art 25 Rn 5; K/P/*Kemper* Art 25 Rn 14). Abs 1 S 2 gilt ebenso für die in Unterabsatz 2 genannten Annexentscheidungen sowie für die in Unterabsatz 3 genannten Entscheidungen über Sicherungsmaßnahmen (K/P/*Kemper* Art 25 Rn 14).

12 **2. Vollstreckbarerklärung.** Die Vollstreckung wird in der EuInsVO nicht direkt geregelt. Art 25 Abs 1 Unterabsatz 1 S 2 verweist hierfür auf die Art 31–51 (mit Ausnahme von Art 34 Abs 2) EuGVÜ, das seit dem 1. 3. 2002 durch die EuGVVO (Verordnung (EG) Nr 44/2001 des Rats vom 22. 12. 2000 über die gerichtliche Zuständigkeit und Anerkennung und Vollstreckung in Zivil- und Handelssachen, ABl Nr L 012, S 0001–0023) ersetzt wurde. Anstelle der in der EuInsVO erwähnten Vorschriften sind nunmehr die **Art 38–52 EuGVVO** anwendbar (vgl 68 Abs 2 EuGVVO; D-K/D/Ch-*Duursma-Kepplinger* Art 25 Rn 6; N/R/*Mincke* Art 25 Rn 9; *Moss/Fletcher/Isaacs* EC Regulation, Rn 8.198; aA MüKo-*Reinhart* Art 25 Rn 6, der Art 31–51 EuGVVO für anwendbar hält). Die **ursprüngliche Ausnahmeregelung des Art 34 Abs 2 EuGVÜ** hat keine Entsprechung in der **EuGVVO** gefunden (N/R/*Mincke* Art 25 Rn 11; K/P/*Kemper* Art 25 Rn 15; D-K/D/Ch-*Duursma-Kepplinger* Art 25 Rn 10). Nach dem Sinn und Zweck dieser Ausnahme (eine in Widerspruch zu Abs 1 S 1 stehende inhaltliche Überprüfung der zugrunde liegenden Entscheidung zu vermeiden) ist **Art 45 Abs 1 EuGVVO** nunmehr aber von der Verweisungskette ausgenommen (*Haupold* IPRax 2002, 159; K/P/*Kemper* Art 25 Rn 15).

IV. Geltung der EuGVVO (Abs 2)

13 Nach Abs 2 werden alle Entscheidungen, die nicht in den Anwendungsbereich des Abs 1 fallen, nach der EuGVVO anerkannt und vollstreckt. Dadurch soll sichergestellt werden, dass die **EuInsVO** und die **EuGVVO lückenlos ineinandergreifen** (*Virgós/Schmit* Erläuternder Bericht, Rn 197; D-K/D/Ch-*Duursma-Kepplinger* Art 25 Rn 50; *Moos/Fletcher/Isaacs* EC Regulation, Rn 8.197; *Virgòs/Garcimartin* The European Insolvency Regulation, 208; *Paulus* Art 25 Rn 2). Da sich dies schon aus dem Zusammenspiel zwischen der EuInsVO und der EuGVVO ergibt, hätte dies keiner gesonderten Regelung bedurft und Abs 2 kommt allein **klarstellende Funktion** zu (K/P/*Kemper* 18; FK-*Wenner/Schuster* Art 25 Rn 8; *Haupold* IPRax 2002, 160; Pannen-*Riedemann* Art 25 Rn 45).

V. Einschränkung der persönlichen Freiheit und des Postgeheimnisses (Abs 3)

14 Für die Anerkennung und Vollstreckung von Entscheidungen, die die persönliche Freiheit oder das Postgeheimnis betreffen, enthält Abs 3 eine **Sonderregelung**. Da es sich jeweils um eine Entscheidung handelt, die die Verfassungen der Mitgliedstaaten unmittelbar berühren, besteht für derartige Entscheidungen **keine Anerkennungspflicht** (FK-*Wenner/Schuster* Art 25 Rn 9; K/P/*Kemper* Art 25 Rn 19). Diese Ausnahme von der Anerkennungspflicht stellt eine **Erweiterung des ordre public** Grundsatzes aus Art 26 dar (*Virgós/Schmit* Erläuternder Bericht, Rn 193; Pannen-*Riedemann* Art 25 Rn 53).

Art 26. Ordre Public

Jeder Mitgliedstaat kann sich weigern, ein in einem anderen Mitgliedstaat eröffnetes Insolvenzverfahren anzuerkennen oder eine in einem solchen Verfahren ergangene Entscheidung zu vollstrecken, soweit diese Anerkennung oder diese Vollstreckung zu einem Ergebnis führt, das offensichtlich mit seiner öffentlichen Ordnung, insbesondere mit den Grundprinzipien oder den verfassungsmäßig garantierten Rechten und Freiheiten des Einzelnen, unvereinbar ist.

I. Normzweck und Anwendungsbereich

1 Die **Grenze des Grundsatzes der Anerkennung** ist nach Art 26 der ordre public-Vorbehalt. Er stellt ein Korrektiv gegenüber den möglichen Nachteilen in der Anwendung fremden Rechts dar und will

Ordre Public **Art 26 EuInsVO**

grundsätzlich der inländischen Wertvorstellung zum Durchbruch verhelfen (K/P/*Kemper* Art 26 Rn 1). Da die Verordnung jedoch auf dem **Grundsatz des gegenseitigen Vertrauens** und der generellen Annahme der **Ordnungsgemäßheit der in einem anderen Mitgliedstaat ergangenen Entscheidungen** beruht, ist der ordre public-Vorbehalt **restriktiv auszulegen** und soll nur in Ausnahmefällen Anwendung finden (*Virgòs/Schmit* Erläuternder Bericht, Rn 204; Pannen-*Riedemann* Art 26 Rn 11; *Leible/Staudinger* KTS 2000, 567; *Virgós/Garcimartín* The European Insolvency Regulation, 214).

Art 26 gilt für die Anerkennung nach Art 16, 17 und 25 Abs 1 sowie für die Vollstreckung nach Art 25 Abs 1. Zu den von Art 26 erfassten Entscheidungen gehören die Eröffnungsentscheidung (Art 16 Abs 1), die Entscheidungen zur Durchführung und Beendigung des Verfahrens (Art 25 Abs 1 S 1 Unterabsatz 1), die nach Antragstellung getroffenen Sicherungsmaßnahmen (Art 25 Abs 1 Unterabsatz 3) sowie die Annexentscheidungen (Art 25 Abs 1 S 1 Unterabsatz 2). Die Norm räumt **keine Möglichkeit zur Überprüfung** ein, ob das entscheidende Gericht **zuständig** war. Eine solche Überprüfung kann allein im Instanzenzug des Ursprungsstaats bzw durch den EuGH erfolgen (**EuGH** 11. 5. 2000, NJW 2000, 2185 – Renault/Maxicar; **OLG Wien** 9. 11. 2004, NZI 2005, 57; N/R-*Mincke* Art 26 Rn 2; Pannen-*Riedemann* Art 26 Rn 9; D-K/D/Ch-*Duursma-Kepplinger* Art 26 Rn 1. 2

II. Voraussetzungen

1. Öffentliche Ordnung. Ein ordre public-Verstoß liegt vor, wenn die in Rede stehende Wirkung des 3 fremden Rechts im Inland zu einem Ergebnis führen würde, das mit der **öffentlichen Ordnung**, insbesondere mit den **Grundprinzipien oder den verfassungsmäßig garantierten Rechten und Freiheiten des Einzelnen** unvereinbar ist (FK-*Wenner/Schuster* Art 26, Rn 4; *Virgòs/Schmit* Erläuternder Bericht, Rn 205). Der Begriffsinhalt ist dabei nach dem Recht des Mitgliedstaats abzuleiten, der die Entscheidung anerkennt oder vollstreckt (K/P/*Kemper* Art 26 Rn 3; *Virgòs/Schmit* Erläuternder Bericht, Rn 205).

2. Offensichtliche Unvereinbarkeit. Art 26 setzt die offensichtliche Unvereinbarkeit der Entscheidung 4 mit der öffentlichen Ordnung des betroffenen Mitgliedstaats voraus, da die ordre public-Klausel nur in Ausnahmefällen anwendbar sein soll (*Virgòs/Schmit* Erläuternder Bericht, Rn 204). Das Merkmal der Offensichtlichkeit erfordert dabei, dass **der Verstoß so deutlich ist, dass er sich einem verständigen Anwender unmittelbar erschließt** (OLG Innsbruck ZIP 2008, 1648; D-K/D/Ch-*Duursma-Kepplinger* Art 26 Rn 7; FK-*Wenner/Schuster* Art 26 Rn 5; *Kemper* ZIP 2001, 1614). Für die Feststellung der Unvereinbarkeit ist das Ergebnis der Anerkennung und Vollstreckung im konkreten Fall zu betrachten (**BGH** 27. 5. 1993, ZIP 1993, 1097; Anm *Ackmann* EWiR 1993, 803). Die Unvereinbarkeit liegt vor, wenn das Ergebnis der Anerkennung oder Vollstreckung der Entscheidung zu den Grundgedanken der mitgliedstaatlichen Regelung und der in ihnen liegenden Gerechtigkeitsvorstellungen in einem starken Widerspruch steht (vgl **BGH** 17. 9. 1968, BGHZ 50, 376; **BGH** 4. 6. 1992, ZIP 1992, 1264; Anm *Geimer* EWiR 1992, 827). Es muss ein **Verstoß** gegen einen **wesentlichen Rechtsgrundsatz** vorliegen (K/P/*Kemper* Art 25 Rn 4).

3. Verfahrensrechtlicher und materieller ordre public. Der ordre public-Vorbehalt des Art 26 kann 5 der Anerkennung sowohl in verfahrensrechtlicher als auch materiellrechtlicher Hinsicht entgegengehalten werden.

a) **Verfahrensrechtlicher ordre public.** Ein Verstoß gegen den verfahrensrechtlichen ordre public liegt 6 vor, wenn das ausländische Verfahren von den Grundprinzipien des Anerkennungsstaats so stark abweicht, dass es nicht mehr rechtsstaatlichen Anforderungen entspricht (vgl HK-*Stephan* Art 26 Rn 5; HambKomm-*Undritz* Art 26 Rn 5). Dies gilt insbesondere für die **Verfahrensgarantien** (**EuGH** 17. 12. 1998, EuZW 1999, 115 = NJW 1999, 3548, Rn 20 – Baustahlgewebe/Kommission; **EuGH** 11. 1. 2000, EuZW 2000, 346 = NJW 2000, 2807 L, Rn 17 – Niederlande und Van der Wal/Kommission) wie das Recht auf rechtliches Gehör (**EuGH** 2. 5. 2006, NZI 2001, 363 – Eurofood). Eröffnet ein Gericht ein Insolvenzverfahren nach der EuInsVO ohne Anhörung des Schuldners oder anderweitige Beteiligung des Schuldners, so erscheint eine Berufung der Gerichte in anderen Mitgliedstaaten auf Art 26 zulässig (vgl OLG Wien 9. 11. 2004, NZI 2005, 58; HambKomm-*Undritz* Art 26 Rn 5: diff *Carstens*, Die internationale Zuständigkeit im europäischen Insolvenzrecht, 93 ff). Der verfahrensrechtliche ordre public kann der Anerkennung auch dann entgegengehalten werden, wenn der Verfahrensverstoß nicht entscheidungserheblich war (K/P/*Kemper* Art 26 Rn 5). Etwas anderes gilt bei **vorläufigen Sicherungsmaßnahmen**, da alle Vertragsstaaten die Möglichkeit vorsehen, in bestimmten Ausnahmefällen einseitige Sicherungsmaßnahmen ohne vorherige Anhörung des Betroffenen zu ergreifen (*Virgòs/Schmit* Erläuternder Bericht, Rn 207; HambKomm-*Undritz* Art 26 Rn 6).

b) **Materiellrechtlicher ordre public.** Der materiellrechtliche ordre public umfasst sowohl das **Kolli-** 7 **sions-** als auch das **Sachrecht** (vgl K/P/*Kemper* Art 26 Rn 6; *Virgòs/Schmit* Erläuternder Bericht, Rn 207). Der Vorbehalt richtet sich gegen das Ergebnis einer auf dem Insolvenzstatut beruhenden Folgewirkung der Verfahrenseröffnung auf einen anderen Mitgliedstaat (vgl *Spellenberg*, Der ordre public im Internationalen Insolvenzrecht, 184). Ein Anwendungsfall des materiellen ordre public ist die

EuInsVO Art 27 *Verfahrenseröffnung*

Diskriminierung ausländischer Gläubiger gegenüber inländischen Gläubigern (HK-*Stephan* Art 26 Rn 6).

8   **4. Hinreichender Inlandsbezug.** Überwiegend wird zusätzlich das Vorhandensein eines hinreichend starken Inlandsbezuges gefordert (FK-*Wenner/Schuster* Art 26 Rn 6; D-K/D/Ch-*Duursma-Kepplinger* Art 26 Rn 3; K/P/*Kemper* Art 26 Rn 8; aA MüKoInsO-*Reinhart* Art 26 Rn 12). Nicht ausreichend für den Inlandsbezug ist es dabei, dass die anzuerkennende Entscheidung Rechtswirkungen im Inland entfaltet, sondern im Inland geschützte **Interessen** müssen durch die ausländische Verfahrenseröffnung berührt werden (*Spellenberg*, Der ordre public im Internationalen Insolvenzrecht, 192). Er wird unter anderem vermittelt durch die **Staatsangehörigkeit** der Verfahrensbeteiligten oder den **ständigen Aufenthalt** eines Verfahrensbeteiligten im Inland (vgl in Bezug auf Deutschland K/P/*Kemper* Art 26 Rn 8).

III. Rechtsfolge

9   Liegen die Voraussetzungen vor, so wird die ausländische Entscheidung **insgesamt** – oder sofern der Mangel isolierbar ist – **in Teilen** nicht anerkannt und daher **nicht wirksam** (*Virgòs/Schmit* Erläuternder Bericht, Rn 209; K/P/*Kemper* Art 26 Rn 9; FK-*Wenner/Schuster* Art 26 Rn 11).

IV. Ordre public-Vorbehalt Portugals

10   Portugal hat in einer einseitigen Erklärung (Erklärung Portugals zur Anwendung der Art 26, 27 EuInsVO (EG) Nr 1346/2000, 29. 5. 2000 über Insolvenzverfahren, ABl C 183/1) die Anwendung des Art 26 in Aussicht gestellt, wenn bei der Anwendung des Art 37 wichtige örtliche Interessen bei der Umwandlung des Partikularverfahrens in ein Hauptinsolvenzverfahren nicht in ausreichendem Maße berücksichtigt werden (zu den Zweifeln an der Wirksamkeit der Erklärung vgl K/P/*Kemper* Art 26 Rn 7; FK-*Wenner/Schuster* Art 26 Rn 12).

Kapitel III. Sekundärinsolvenzverfahren

Art 27. Verfahrenseröffnung

¹ Ist durch ein Gericht eines Mitgliedstaats ein Verfahren nach Artikel 3 Absatz 1 eröffnet worden, das in einem anderen Mitgliedstaat anerkannt ist (Hauptinsolvenzverfahren), so kann ein nach Artikel 3 Absatz 2 zuständiges Gericht dieses anderen Mitgliedstaats ein Sekundärinsolvenzverfahren eröffnen, ohne dass in diesem anderen Mitgliedstaat die Insolvenz des Schuldners geprüft wird. ² Bei diesem Verfahren muss es sich um eines der in Anhang B aufgeführten Verfahren handeln. ³ Seine Wirkungen beschränken sich auf das im Gebiet dieses anderen Mitgliedstaats belegene Vermögen des Schuldners.

I. Normzweck

1   Der Eröffnung eines **räumlich beschränkten Insolvenzverfahrens** steht nicht entgegen, dass in einem anderen Mitgliedstaat der EU bereits ein allgemeines Insolvenzverfahren, ein sogenanntes **Hauptinsolvenzverfahren**, eröffnet worden ist, wenn die Voraussetzungen der internationalen Zuständigkeit nach Art 3 Abs 2 gegeben sind. Die Verordnung geht vom **Grundsatz der eingeschränkten Universalität** aus, nach dem ein Hauptinsolvenzverfahren seine Wirkungen auf alle Mitgliedsstaaten erstrecken soll, in denen der Schuldner Vermögen hat (vgl K/P/*Kemper* Art 27 Rn 1). Mit dem **Sekundärinsolvenzverfahren**, das unter bestimmten Voraussetzungen zulässig ist, können die Wirkungen des Hauptinsolvenzverfahrens im Staat der Eröffnung des Insolvenzverfahrens ausgesetzt werden. Der europäische Verordnungsgeber sieht ein rechtspolitisches Bedürfnis zur Durchführung solcher Sekundärinsolvenzverfahren im Hinblick darauf, „dass aufgrund der großen Unterschiede im materiellen Recht ein einziges Insolvenzverfahren mit universaler Geltung für die gesamte Gemeinschaft nicht realisierbar" sei, insbesondere im Hinblick auf die unterschiedlichen Vorrechte einzelner Gläubiger nach den jeweiligen nationalen Rechtsordnungen, wie in den Einleitenden Gründen Nr (11) ausgeführt wird. Sie sollen nur das im Eröffnungsstaat belegene Vermögen des Schuldners erfassen.

2   Durch Art 27 hat der europäische Verordnungsgeber die Durchführung eines solchen Sekundärinsolvenzverfahrens in wesentlichen Teilen **einheitlich** normiert. Dabei soll nicht nur dem Schutz inländischer Interessen am Ort der Niederlassung Rechnung getragen werden; vielmehr soll das Verfahren in solchen Fällen gewählt werden können, in denen die Vermögensverhältnisse des Schuldners „zu verschachtelt" sind, um effizient in einem einzigen Hauptinsolvenzverfahren erfasst zu werden, Einleitende Gründe Nr (19). Abweichend vom früher geltenden inländischen Recht (vgl § 238 Abs 1, 2 KO, Art 102 Abs 3 EGInsO aF) bleibt ein solches Sekundärinsolvenzverfahren jedoch **nicht unabhängig** vom ausländischen Hauptverfahren. Vielmehr werden **Haupt- und Sekundärinsolvenzverfahren** koordiniert, um zu „einer effizienten Verwertung der Insolvenzmasse" beizutragen, Einleitende Gründe Nr (20). Dabei

Verfahrenseröffnung **Art 27 EuInsVO**

bleibt dem **Hauptinsolvenzverfahren** eine **dominierende Rolle** vorbehalten, indem sein Verwalter auf die Durchführung des Sekundärinsolvenzverfahrens gewisse Einwirkungsmöglichkeiten erhält, insbesondere bei Reorganisations- oder Sanierungsverfahren. Dementsprechend enthält die EuInsVO eine Reihe von Vorschriften, die der Über- und Unterordnung dienen und die als Sachnormen Vorrang vor andersartigen nationalen Regeln beanspruchen. Auf diese Weise hat der europäische Verordnungsgeber die Durchbrechung des Universalitätsprinzips, das im Grundsatz dem Hauptverfahren zugrunde liegt, gemildert.

II. Eröffnungsgrund

Für die Eröffnung eines **Sekundärinsolvenzverfahrens** bedarf es **keiner** Feststellung eines besonderen **Insolvenzgrunds**. Der Antragsteller muss lediglich nachweisen, dass in einem anderen Mitgliedsstaat der EU ein Hauptinsolvenzverfahren nach Art 16 bereits eröffnet worden ist. Insoweit entspricht die Formulierung von Art 27 S 1 inhaltlich der im Inland geltenden Regelung nach § 356 Abs 3 InsO, wonach es in einem solchen Fall nicht des Nachweises der Zahlungsunfähigkeit oder der Überschuldung bedarf. Der Nachweis der Eröffnung eines Hauptverfahrens im Ausland wird in der Praxis durch Art 29 lit a erleichtert, nämlich durch das **Antragsrecht des Verwalters** im ausländischen Hauptinsolvenzverfahren: Beantragt er die Eröffnung des inländischen Sekundärinsolvenzverfahrens, und legt er zum Nachweis seiner Antragsberechtigung die Bestellung im ausländischen Verfahren vor, so ist dessen Eröffnung im Regelfall hinreichend nachgewiesen. Selbst wenn der Eröffnungsgrund im ausländischen Hauptinsolvenzverfahren unbekannt ist, kann mithin im Inland ein Sekundärinsolvenzverfahren eröffnet werden (vgl FK-*Wimmer* Anh I Rn 131). 3

III. Hauptinsolvenzverfahren

Die Eröffnung des Hauptinsolvenzverfahrens muss von dem nach Art 3 Abs 1 **international zuständigen Gericht wirksam beschlossen** worden sein, wofür Voraussetzung ist, dass der Schuldner in dem eröffnenden Staat den Mittelpunkt seiner hauptsächlichen Interessen hat (K/P/*Kemper* Art 27 Rn 2). Dabei beschränkt sich das das Sekundärinsolvenzverfahren eröffnende Gericht allerdings auf die Prüfung, dass das Gericht des Hauptinsolvenzverfahrens seine internationale Zuständigkeit angenommen hat; es darf nicht überprüfen, ob das Gericht diese zu Recht bejaht hat (*Virgós/Schmit*, Erläuternder Bericht Rn 215, 220; zur Frage der Wirksamkeit der Entscheidung vgl K/P/*Kemper* Art 27 Rn 2). 4

IV. Internationale Zuständigkeit

Das Gericht muss für die Eröffnung des Sekundärinsolvenzverfahrens gem Art 3 Abs 2 **international zuständig** sein, was eine **Niederlassung** des Schuldners im Gebiet des Eröffnungsstaats voraussetzt. Die Definition des Begriffs „Niederlassung" findet sich in Art 2 h. 5

Es ist umstritten, ob ein Sekundärinsolvenzverfahren nur über unselbstständige Niederlassungen durchgeführt werden darf oder auch über selbstständige (vgl *Paulus* NZI 2003, 1725, 1728; *Ehricke* EWS 2002, 111 ff; *Virgós/Schmit*, Erläuternder Bericht Rn 43 a). Richtig ist es, an die Voraussetzung des Vorliegens einer Niederlassung vor dem Hintergrund des Universalitätsprinzips strenge Anforderungen zu stellen und **nur unselbstständige Niederlassungen** zu erfassen: Die Niederlassung ist kein Minus zum Mittelpunkt der hauptsächlichen Interessen, sondern ein Aliud (K/P/*Kemper* Art 27 Rn 5). Deshalb begründet die Annahme der Niederlassung keine subsidiäre Insolvenzeröffnungsmöglichkeit (vgl D-K/D/Ch-*Duursma-Kepplinger* Art 3 Rn 71).

V. Verfahrensziel

Bei dem Sekundärinsolvenzverfahren darf es sich grundsätzlich nur um ein Insolvenzverfahren handeln, das auf die **Liquidation** des schuldnerischen Vermögens ausgerichtet ist. Dies folgt aus Art 27 S 2 und Art 3 Abs 3 S 2. Dies gilt jedoch mit der Maßgabe, dass der Verwalter des ausländischen Hauptinsolvenzverfahrens nach Art 33 Abs 1 das Recht hat, beim Gericht, welches das Sekundärinsolvenzverfahren eröffnet hat, die **Aussetzung der Verwertung** ganz oder teilweise zu beantragen. Ebenso steht ihm die Möglichkeit nach Art 34 Abs 1 die Möglichkeit offen, eine **andere Art der Verwertung** des Schuldnervermögens vorzuschlagen, etwa im Rahmen eines Sanierungsplans oder eines Vergleichs. Ihm steht mithin ein eigenes **Planinitiativrecht** zu, wie sich auch aus Art 31 Abs 3 ergibt (FK-*Wimmer* Anh I Rn 142). Eine solche Abweichung vom Liquidationsverfahren ist nach Art 34 Abs 1 S 2 jedoch grundsätzlich nur mit seiner Zustimmung möglich. 6

VI. Durchführung des Verfahrens

Alle weiteren Voraussetzungen für die Eröffnung eines Sekundärinsolvenzverfahrens richten sich nach den Voraussetzungen des **nationalen Rechts** des Staats, bei dessen Gericht die Eröffnung beantragt 7 ist (*Virgós/Schmit*, Erläuternder Bericht Rn 223; offen gelassen in **AG** Köln 13. 1. 2004, ZIP 2004, 471, 472 f).

VII. Wirkungen

8   Die **Wirkungen** des Sekundärinsolvenzverfahrens beschränken sich auf das im Gebiet des Eröffnungsstaats belegene Vermögen des Schuldners. Dabei handelt es sich um das gesamte bewegliche und unbewegliche Vermögen des Schuldners im Staat der Niederlassung (vgl D-K/D/Ch-*Duursma-Kepplinger* Art 27 Rn 67; K/P/*Kemper* Art 27 Rn 11).

Art 28. Anwendbares Recht

Soweit diese Verordnung nichts anderes bestimmt, finden auf das Sekundärinsolvenzverfahren die Rechtsvorschriften des Mitgliedstaats Anwendung, in dessen Gebiet das Sekundärinsolvenzverfahren eröffnet worden ist.

I. Verfahrensstatut

1   Nach der lediglich deklaratorischen Regelung (dazu Pannen-*Herchen* Art 28 Rn 2) des Art 28 unterliegt das Sekundärinsolvenzverfahren – entsprechend den Regeln zum Hauptinsolvenzverfahren (vgl Art 4) – grundsätzlich dem **Recht des Eröffnungsstaats**. Ein im Inland eröffnetes Sekundärinsolvenzverfahren richtet sich mithin nach den Vorschriften der InsO, da es sich um eine **Sachnormverweisung** handelt. Nach § 356 Abs 1 S 2 InsO gelten die Vorschriften §§ 357, 358 InsO bezüglich der Zusammenarbeit der Verwalter und der Überschussverwendung.

II. Vorrangiges europäisches Recht

2   Diese Regel steht unter dem **Vorbehalt** anderweitiger Regelungen der Verordnung. Alle **Sachnormen**, welche die EuInsVO vorsieht, gelten mithin vorrangig. Damit sind zunächst alle Vorschriften des Kapitels III angesprochen, die sich ausdrücklich auf Sekundärinsolvenzverfahren beziehen (vgl Pannen-*Herchen* Art 28 Rn 21). Weiterhin gelten auch alle Kollisionsregeln der Art 5 ff, soweit sie auf das Sekundärinsolvenzverfahren passen (K/P/*Kemper* Art 28 Rn 2); die Vorschriften des Kapitels IV gelten für Haupt- und Sekundärinsolvenzverfahren gleichermaßen (vgl auch *Wimmer* ZIP 1998, 982, 987).

III. Partikularinsolvenzverfahren

3   Streitig ist, ob Art 28 auch für **Partikularinsolvenzverfahren** nach Art 3 Abs 4 gilt (dafür D-K/D/Ch-*Dursma-Kepplinger* Art 28 Rn 2; dagegen K/P/*Kemper* Art 28 Rn 3). Diese Frage ist mehr terminologischer Natur, da die Grundkollisionsnorm von Art 4 Abs 1 auch für Partikularinsolvenzverfahren gilt. Bei der Frage der Anwendung weiterer Regelungen des Kapitels III wird man **differenzieren** müssen: Nicht alle, sondern nur einige Regelungen sind auf Partikularverfahren anwendbar (so auch Pannen-*Herchen* Art 28 Rn 7ff). Maßgeblich ist, ob die materielle Insolvenz des Schuldners schon durch eine gem Art 16 anzuerkennende Verfahrenseröffnung gerichtlich festgestellt ist.

4   Daher gelten **weder Art 27 noch Art 29** für Partikularinsolvenzverfahren (vgl Pannen-*Herchen* Art 28 Rn 8ff). **Art 30** lässt sich hingegen zumindest **analog** anwenden (aA D-K/D/Ch-*Duursma-Kepplinger*/*Chalupsky* Art 30 Rn 2). Zu **Art 31–38** vgl Pannen-*Herchen* Art 28 Rn 15 ff.

Art 29. Antragsrecht

Die Eröffnung eines Sekundärinsolvenzverfahrens können beantragen:
a) der Verwalter des Hauptinsolvenzverfahrens,
b) jede andere Person oder Stelle, der das Antragsrecht nach dem Recht des Mitgliedstaats zusteht, in dessen Gebiet das Sekundärinsolvenzverfahren eröffnet werden soll.

I. Normzweck

1   Der Antrag auf Eröffnung eines Sekundärinsolvenzverfahrens kann nach **Buchstabe a)** vom **Verwalter** des ausländischen **Hauptinsolvenzverfahrens** gestellt werden. Dabei handelt es sich um eine in den Mitgliedstaaten unmittelbar geltende **Sachnorm**. Mit diesem **Initiativrecht** des ausländischen Verwalters des Hauptverfahrens erhält dieser die Möglichkeit, anstelle des unmittelbaren Zugriffs auf das im Inland belegene Vermögen ein gesondertes Insolvenzverfahren einzuleiten, wenn er dies für zweckmäßig hält aufgrund von Erwägungen, wie sie in den Einleitenden Gründen Nr (19) angeführt sind.

II. Ausländischer Verwalter

2   Der Begriff des Verwalters bestimmt sich nach Art 2 lit b. Die Voraussetzungen der Antragseröffnung richten sich nach dem Recht des Eröffnungsstaats (vgl K/P/*Kemper* Art 29 Rn 2). Hingegen hat der vor-

läufige Verwalter kein Antragsrecht (MüKoInsO-*Reinhart*, Art 29, Rn 1). Auch hat der Verwalter eines Sekundärinsolvenzverfahrens keine Möglichkeit, in einem anderen Mitgliedsstaat die Eröffnung eines weiteren Insolvenzverfahrens zu beantragen (K/P/*Kemper* Art 29 Rn 3 mwN).

III. Sonstige Anspruchsberechtigte

Im Übrigen bestehen die Antragsrechte nach dem Insolvenzstatut des Sekundärinsolvenzverfahrens (**Buchstabe b**). Für die Bundesrepublik Deutschland bestimmen sich die Antragsrechte nach §§ 13, 14 InsO, so dass zumindest jedem **Gläubiger** das Antragsrecht nach § 13 Abs 1 InsO zusteht. Str ist, ob auch dem **Schuldner ein eigenes Antragsrecht** zusteht (dagegen D-K/D/Ch-*Duursma-Kepplinger/ Chalupsky* Art 29 Rn 5; dafür AG Köln 23. 1. 2004, ZIP 2004, 471, 473). Entgegen der noch in der Voraufl (siehe Art 102 EGInsO Rn 387) vertretenen Auffassung ist dem Schuldner grundsätzlich ein eigenes Antragsrecht **zuzubilligen**. Die Frage, ob der Schuldner die Befugnis, über sein Vermögen zu verfügen, verloren hat, spielt für die Frage nach der Befugnis, Verfahrensanträge zu stellen, keine Rolle. Etwas anderes gilt jedoch dann, wenn nach Vorschriften des Eröffnungsstaats auch das Recht, im Ausland Verfahrensanträge zu stellen, auf den Verwalter übergegangen ist (so wohl auch AG Köln 23. 1. 2004, ZIP 2004, 471, 473 aE). 3

Art 30. Kostenvorschuss

Verlangt das Recht des Mitgliedstaats, in dem ein Sekundärinsolvenzverfahren beantragt wird, dass die Kosten des Verfahrens einschließlich der Auslagen ganz oder teilweise durch die Masse gedeckt sind, so kann das Gericht, bei dem ein solcher Antrag gestellt wird, vom Antragsteller einen Kostenvorschuss oder eine angemessene Sicherheitsleistung verlangen.

I. Normzweck

Der Regelungsinhalt von Art 30 ist unklar. Gem Art 28 richten sich die maßgeblichen Fragen der Verfahrenseröffnung ohnehin nach dem Recht des Verfahrensstaates (krit auch MüKoInsO-*Reinhart* Art 30 Rn 1). Art 30 stellt wohl lediglich klar (vgl FK-*Wimmer* ZIP 1998, 982, 987), dass sich der Kostenvorschuss nach dem Recht des Eröffnungsstaats richtet und schließt für das Sekundärinsolvenzverfahren Sonderregelungen aus (K/P/*Kemper* Art 30 Rn 1). Inhaltlich handelt es sich um eine Sachnorm, die aus Sicht des deutschen Rechts überflüssig ist. 1

II. Regelung im Einzelnen

Darüber hinaus regelt die Norm lediglich, dass auch der nach Art 29 zur Antragstellung berechtigte Verwalter des Hauptverfahrens zur Sicherheitsleistung verpflichtet ist (MüKoBGB-*Kindler* Art 30 EGInsO Rn 690; dazu MüKoInsO-*Reinhart* Art 30 Rn 2). 2

Die Norm geht von einer eigenständigen Regelung im Recht des Eröffnungsstats aus, nach der die Kosten eines Sekundärinsolvenzverfahrens inklusive etwaiger Auslagen vollständig oder unvollständig durch die Masse gedeckt sind. Das Gericht kann in jedem Fall eine nach der lex fori gebotene angemessene Sicherheitsleistung verlangen. Die Wortwahl „kann" ist dabei nicht technisch im Sinne einer Ermessenseröffnung für das Gericht zu verstehen, sondern stellt eine bloße Zuständigkeitsregelung dar und verstärkt zudem den Hinweis auf die Anwendbarkeit des Rechts des eröffnenden Staats (*Virgós/ Schmit*, Erläuternder Bericht Rn 228; K/P/*Kemper* Art 30 Rn 2). 3

Soweit das nationale Recht keine entsprechende Regelung enthält, ist Art 30 nicht anwendbar, so dass kein Kostenvorschuss verlangt werden kann (vgl MüKoInsO-*Reinhart* Art 30 Rn 5). 4

Art 31. Kooperations- und Unterrichtungspflicht

(1) ¹Vorbehaltlich der Vorschriften über die Einschränkung der Weitergabe von Informationen besteht für den Verwalter des Hauptinsolvenzverfahrens und für die Verwalter der Sekundärinsolvenzverfahren die Pflicht zur gegenseitigen Unterrichtung. ²Sie haben einander unverzüglich alle Informationen mitzuteilen, die für das jeweilige andere Verfahren von Bedeutung sein können, insbesondere den Stand der Anmeldung und der Prüfung der Forderungen sowie alle Maßnahmen zur Beendigung des Insolvenzverfahrens.

(2) Vorbehaltlich der für die einzelnen Verfahren geltenden Vorschriften sind der Verwalter des Hauptinsolvenzverfahrens und die Verwalter der Sekundärinsolvenzverfahren zur Zusammenarbeit verpflichtet.

(3) Der Verwalter eines Sekundärinsolvenzverfahrens hat dem Verwalter des Hauptinsolvenzverfahrens zu gegebener Zeit Gelegenheit zu geben, Vorschläge für die Verwertung oder jede Art der Verwendung der Masse des Sekundärinsolvenzverfahrens zu unterbreiten.

EuInsVO Art 31

I. Normzweck

1   Art 31 basiert auf dem **Prinzip der Kooperation** zwischen dem Hauptinsolvenzverfahrensverwalter und dem oder den Sekundärinsolvenzverfahrensverwalter(n). Demgegenüber trifft Art 31 keine Regelung zu etwaigen Kooperationspflichten verschiedener Sekundärinsolvenzverfahrensverwalter. Dies schließt eine Kooperation mehrerer Verfahrensverwalter von Sekundärinsolvenzverfahren untereinander zwar nicht aus, verdeutlicht jedoch, dass das Kooperationsprinzip und die daraus resultierenden Rechte und Pflichten auf der Beteiligung und Führung des Hauptinsolvenzverfahrensverwalters basieren (*Virgós/Garcimartín*, The European Insolvency Regulation Rn 432). Dies ist neben dem einseitigen Vorschlagsrecht des Hauptverfahrensinsolvenzverwalters gem Art 31 Rn 3 ein Beleg dafür, dass die EuInsVO dem Hauptinsolvenzverfahren und ihrem Verwalter Priorität gegenüber Sekundärinsolvenzverfahren und -verwaltern einräumt (*Virgós/Schmit*, Erläuternder Bericht Art 31 Rn 233; D-K/D/Ch-*Duursma-Kepplinger/Chalupsky* Art 31 Rn 1; MüKoInsO-*Reinhart* Art 31 Rn 2).

2   Gem Beschluss des High Court of Justice London vom 11. 2. 2009 (ZIP 2009, 578) soll Art 31 unabhängig von seinem Wortlaut auch die **Insolvenzrichter** erfassen. Demnach soll das für die Eröffnung und Betreibung eines Hauptinsolvenzverfahrens zuständige Gericht befugt sein, Schreiben an sämtliche ausländischen, zur eventuellen Eröffnung von Sekundärinsolvenzverfahren zuständigen Insolvenzgerichte zu versenden, mit denen die dortigen Insolvenzrichter darum gebeten werden, im Falle eines Antrags auf Eröffnung eines Sekundärinsolvenzverfahrens den Verwalter des Hauptinsolvenzverfahrens zu benachrichtigen und ihm Gelegenheit zur Stellungnahme zu geben.

3   Die umfassenden gegenseitigen **Unterrichtungs- und Kooperationspflichten** zwischen dem Haupt- und dem oder den Sekundärinsolvenzverfahrensverwalter(n), wie sie in Abs 1 und Abs 2 vorgesehen sind, dienen in erster Linie der **Verfahrenserleichterung** auf beiden Seiten. Das in Abs 3 normierte Recht des Verwalters des Hauptinsolvenzverfahrens, dem Verwalter des Sekundärinsolvenzverfahrens **Vorschläge für die Verwertung und die Verwendung der Masse** des Sekundärinsolvenzverfahrens zu unterbreiten, dient dem **Primat des Hauptinsolvenzverfahrens** und seiner erfolgreichen Durchführung. Wie sich aus dem Eingang von Abs 1 ableiten lässt, müssen die Verwalter von Haupt- und Sekundärinsolvenzverfahren jedoch die nach dem jeweils geltenden Insolvenzstatut zwingenden Regeln einhalten. Aus den gegenseitigen Pflichten zur Information und Zusammenarbeit dürfen keine Behinderungen zur Durchführung der jeweiligen Verfahren erwachsen.

II. Informations- und Unterrichtungspflicht

4   **1. Inhalt der verschiedenen Pflichten.** Gem Art 31 Abs 1 sind die Verwalter des Haupt- und der Sekundärverfahren verpflichtet, sich unverzüglich gegenseitig alle für das jeweils andere Verfahren bedeutsamen Informationen mitzuteilen. Beispielhaft gilt dies gem Art 31 Abs 1 S 2 insbesondere für den Stand der Forderungsanmeldung und -prüfung sowie für alle verfahrensbeendenden Maßnahmen.

5   Neben den in Art 31 Abs 1 S 2 enumerativ aufgezählten Informationstatbeständen bezieht sich die gegenseitige Unterrichtungspflicht beispielsweise auch auf (*Virgós/Schmit*, Erläuternder Bericht Art 31 Rn 230):
• Die Masse;
• Die geplanten oder eingereichten Klagen zur Wiedererlangung von Teilen der Masse, zB Zahlungs- oder Anfechtungsklagen;
• Die Möglichkeiten der Masseverwertung;
• Die Rangfolge der Gläubiger;
• Die geplanten Sanierungsmaßnahmen;
• Die vorgeschlagenen Vergleichsmaßnahmen;
• Die Vorschläge für die Verteilung von Insolvenz-/Konkursquoten;
• Den jeweiligen Verfahrensstand.

6   **2. Grenzen.** Gegebenenfalls sind den gegenseitigen Informations- und Unterrichtungspflichten durch einzelstaatliche Regelungen Grenzen gesetzt, die gem Art 31 Abs 1 S 1 zwingend zu beachten sind. Hierbei kann es sich insbesondere um Datenschutzvorschriften handeln (*Virgós/Schmit*, Erläuternder Bericht Art 31 Rn 231; *Virgós/Garcimartín*, The European Insolvency Regulation Rn 438). In Deutschland ist insoweit vor allem das Bundesdatenschutzgesetz zu beachten (HambKomm-*Undritz* Art 31 Rn 6; K/P/*Kemper* Art 31 Rn 4). Daneben können auch nationale Vorschriften zu Berufs- oder Geschäftsgeheimnissen von Bedeutung sein (*Paulus* Art 31 Rn 10).

III. Kooperationspflicht

7   **1. Reichweite.** Ergänzend zu der Unterrichtungs- und Informationspflicht des Abs 1 sieht Abs 2 eine gegenseitige Kooperationspflicht der Verwalter des Haupt- und des oder der Sekundärinsolvenzverfahren(s) vor. Demnach sind die verschiedenen Verwalter verpflichtet, sich hinsichtlich des jeweiligen Ver-

fahrensablaufs und deren Koordinierung miteinander abzustimmen und sich gegenseitig die Arbeit zu erleichtern (*Virgós/Schmit*, Erläuternder Bericht Art 31 Rn 232), um die Verfahren zu erleichtern und einen jeweils effizienten und ungestörten Verfahrensablauf zu gewährleisten (D-K/D/Ch-*Duursma-Kepplinger/Chalupsky* Art 31 Rn 12; *Virgós/Garcimartín*, The European Insolvency Regulation Rn 439; *Paulus* Art 31 Rn 15).

Eine Konkretisierung der allgemeinen Kooperationspflicht der Verwalter enthält Art 31 Abs 2 nicht. 8
In der Praxis dürfte es sich insbesondere um die Pflicht zur Kooperation in den folgenden Bereichen handeln (*Virgós/Garcimartín*, The European Insolvency Regulation Rn 441; Pannen-*Pannen/Riedemann* Art 31 Rn 35):
• Die Veräußerung relevanter Vermögenswerte;
• Die Vorlage, den Zeitpunkt und den Inhalt eines Insolvenzplans;
• Die Ausübung von Stimmrechten;
• Die Ausübung des Wahlrechts zur Erfüllung nicht oder nicht vollständig erfüllter gegenseitiger Verträge;
• Die Geltendmachung von Anfechtungsansprüchen;
• Die Kreditaufnahme;
• Die Bestellung von Sicherheiten.

Innerhalb der genannten Bereiche umfasst die Kooperationspflicht im Wesentlichen die gegenseitige Pflicht zur Beschaffung von Unterlagen, die für das ausländische Verfahren von Bedeutung sein können (Pannen-*Pannen/Riedemann* Art 31 Rn 35; D-K/D/Ch-*Duursma-Kepplinger/Chalupsky* Art 31 Rn 12). Ferner kann hierunter insbesondere auch die Pflicht zu Hinweisen, zB hinsichtlich Verwertungsmöglichkeiten, fallen (K/P/*Kemper* Art 31 Rn 6).

2. Grenzen. Die gegenseitige Kooperationspflicht wird durch die einzelstaatsrechtlichen Funktionen 9
und Pflichten der jeweiligen Verwalter begrenzt. Ist der Verwalter nach deutschem Insolvenzrecht zB aufgrund einer Entscheidung der Gläubigerversammlung zu einer bestimmten Handlung verpflichtet, muss die dem möglicherweise entgegenstehende Kooperationspflicht des Art 31 Abs 2 dahinter zurückstehen (MüKoInsO-*Reinhart* Art 31 Rn 19; HK-*Stephan* Art 31 Rn 6). Daher bestimmt Art 31 Abs 2 ausdrücklich, dass die Kooperationspflicht vorbehaltlich der für die einzelnen Verfahren geltenden Vorschriften zu beachten ist. Im Umkehrschluss darf dieser Vorbehalt jedoch auch nicht dazu führen, dass die Kooperationspflicht des Art 31 Abs 2 durch einzelstaatliche Normierungen umgangen wird (*Virgós/Garcimartín*, The European Insolvency Regulation Rn 440).

IV. Vorschlagsrecht/Konsultationspflicht

1. Reichweite. Art 31 Abs 3 gewährt einseitig dem Verwalter des Hauptinsolvenzverfahrens das 10
Recht, dem Verwalter des Sekundärinsolvenzverfahrens Vorschläge zur Verwertung oder Verwendung der Masse des Sekundärinsolvenzverfahrens zu unterbreiten. Der Sekundärinsolvenzverfahrensverwalter ist verpflichtet, dem Hauptinsolvenzverfahrensverwalter die Gelegenheit zur Unterbreitung derartiger Vorschläge zu geben. Dies bedeutet, dass der Verwalter des Sekundärinsolvenzverfahrens den Hauptverwalter zB – unabhängig von Art 31 Abs 1 – über jede geplante Verwendung oder Verwertung von Massegegenständen unterrichten muss, um dem Hauptverwalter die Möglichkeit zu geben, zu der geplanten Vorgehensweise des Sekundärinsolvenzverwalters einen (Gegen-) Vorschlag zu unterbreiten (*Virgós/Schmit*, Erläuternder Bericht Art 31 Rn 233).

Verbindlich sind die Vorschläge des Hauptinsolvenzverfahrensverwalters für den Sekundärinsolvenz- 11
verfahrensverwalter jedoch nicht. Dem Hauptverwalter steht aus Art 31 Abs 3 **kein Weisungsrecht** gegenüber dem Sekundärverwalter zu. Dies ergibt sich nicht nur daraus, dass Art 31 Abs 2 eine solche Verbindlichkeit nicht bestimmt, sondern auch im Umkehrschluss aus den Regelungen der Art 33, 34. Denn in Art 33 und Art 34 werden bestimmte Einflussmöglichkeiten des Verwalters des Hauptinsolvenzverfahrens auf das Sekundärinsolvenzverfahren ausdrücklich normiert. Daraus folgt, dass jene Einflussmöglichkeiten auf die in der EuInsVO explizit normierten Sachverhalte beschränkt sind. Obwohl die Vorschläge des Verwalters des Hauptinsolvenzverfahrens im Rahmen des Art 31 Abs 3 somit für den Verwalter des Sekundärinsolvenzverfahrens nicht verbindlich sind, hat er sie dennoch in Erwägung zu ziehen, zu prüfen und gegebenenfalls den Gläubigern oder anderen Insolvenzorganen zur Kenntnis zu geben oder gar zur Abstimmung vorzulegen (HK-*Stephan* Art 31 Rn 9; Pannen-*Pannen/Riedemann* Art 31 Rn 45; K/P/*Kemper* Art 31 Rn 9.

2. Grenzen. Das Vorschlagsrecht des Hauptverwalters und die damit einhergehende Verpflichtung des 12
Sekundärinsolvenzverwalters, dieses Vorschlagsrecht zu ermöglichen, ist auf bedeutende Teile der Masse oder wichtige Entscheidungen im Sekundärinsolvenzverfahren begrenzt. Art 31 Abs 3 darf nicht so weit ausgelegt werden, dass die Regelung in der Praxis zu einer Blockierung der Arbeit des Sekundärinsolvenzverwalters führen würde (*Virgós/Schmit*, Erläuternder Bericht Art 31 Rn 233; Pannen-*Pannen/Riedemann* Art 31 Rn 43; K/P/*Kemper* Art 31 Rn 10).

V. Verwalterhaftung bei Pflichtverletzung

13   Die gesamte Regelung von Art 31 ist insbesondere für das deutsche Recht **Neuland** und birgt vielfältige Probleme. Dies gilt einmal für die **Durchsetzung** der jeweiligen Rechte und Pflichten der Verwalter, für die keine Modalitäten vorgesehen sind. Gleiches gilt für etwaige **Sanktionen** und **Haftungsfolgen**. So stellt sich aus Sicht des Inlands im Hinblick auf § 60 Abs 1 InsO die Frage, ob der inländische Verwalter eines Sekundärinsolvenzverfahrens bei Verletzung der in Art 31 vorgesehenen Pflichten auch dem ausländischen Insolvenzverwalter des Hauptverfahrens auf Schadensersatz haftet (hierzu *Ehricke* in: Aufbruch nach Europa, S 337, 349 f) ebenso wie den Gläubigern, für die der ausländische Verwalter des Hauptinsolvenzverfahrens nach Art 32 Abs 2 Forderungen anmeldet (siehe zur Haftungsfrage insgesamt: Haß/Huber/Gruber/Heiderhoff-*Heiderhoff* Art 31 Rn 9; MüKoInsO-*Reinhart* Art 31 Rn 34 ff; D-K/D/Ch-*Duursma-Kepplinger/Chalupsky* Art 31 Rn 25 ff; Pannen-*Pannen/Riedemann* Art 31 38 f). Da dem Verwalter des ausländischen Hauptinsolvenzverfahrens nach Art 32 Abs 3 das Recht zusteht, wie ein Gläubiger am inländischen Sekundärinsolvenzverfahren mitzuwirken, wird auch er als Beteiligter im Sinn von § 60 Abs 1 InsO anzusehen sein (siehe auch Pannen-*Pannen/Riedemann* Art 31 Rn 39). Verfolgt der inländische Verwalter eines Sekundärinsolvenzverfahrens in erster Linie die Interessen der am inländischen Insolvenzverfahren beteiligten Gläubiger, so droht ihm bei Nachteilen zu Lasten der **Gläubiger**, deren Forderungen der ausländische Verwalter des Hauptinsolvenzverfahrens **angemeldet** hat, die **Haftung auf Schadensersatz** auch diesen gegenüber. Weicht der Verwalter des inländischen Sekundärinsolvenzverfahrens von den Vorschlägen des Verwalters des ausländischen Hauptinsolvenzverfahrens für die Verwertung oder die Verwendung der Insolvenzmasse ab, etwa um eine zügige Abwicklung des inländischen Verfahrens oder eine ihm besser erscheinende Verwertung durchzuführen, so haftet er nach zutreffender Auffassung jedoch nicht gegenüber den Gläubigern, deren Forderungen im inländischen Verfahren nicht angemeldet worden sind.

Art 32. Ausübung von Gläubigerrechten

(1) Jeder Gläubiger kann seine Forderung im Hauptinsolvenzverfahren und in jedem Sekundärinsolvenzverfahren anmelden.

(2) Der Verwalter des Hauptinsolvenzverfahrens und der Sekundärinsolvenzverfahren melden in den anderen Verfahren die Forderungen an, die in dem Verfahren, für das sie bestellt sind, bereits angemeldet worden sind, soweit dies für die Gläubiger des letztgenannten Verfahrens zweckmäßig ist und vorbehaltlich des Rechts dieser Gläubiger, dies abzulehnen oder die Anmeldung zurückzunehmen, sofern ein solches Recht gesetzlich vorgesehen ist.

(3) Der Verwalter eines Haupt- oder eines Sekundärinsolvenzverfahrens ist berechtigt, wie ein Gläubiger an einem anderen Insolvenzverfahren mitzuwirken, insbesondere indem er an einer Gläubigerversammlung teilnimmt.

I. Normzweck

1   Als **Sachnorm** regelt Art 32 zum einen die **grenzüberschreitende Beteiligung von Gläubigern** im Fall einer Mehrheit von Insolvenzverfahren über das Vermögen desselben Schuldners und zum anderen die Rechte eines **Insolvenzverwalters** in Bezug auf eben diese weiteren Verfahren. Hierbei konkretisiert Art 32 das allgemeine Insolvenzstatut (*lex fori concursus*, Art 4 Abs 1 bzw § 335) und ist Ausdruck der **eingeschränkten Universalität** des Insolvenzverfahrens. Art 32 entspricht weitgehend § 341 InsO (siehe insbesondere Rn 1 zu § 341 InsO).

2   Die einzelnen Regelungen von Art 32 tragen der Tatsache Rechnung, dass es Gläubigern häufig schwerfällt, insbesondere Kleingläubigern aus Kostengründen, ihre Forderungen nicht nur im eigenen Land, sondern auch in einem ausländischen Insolvenzverfahren geltend zu machen. Vor diesem Hintergrund erleichtert Art 32 die Möglichkeiten der Durchsetzung des Grundsatzes der Gleichhandlung aller Gläubiger, nämlich der gleichartigen Befriedigungsmöglichkeit aus den verschiedenen Vermögensteilen des Schuldners.

3   Art 32 geht in seinem Anwendungsbereich § 341 InsO vor (Rn 2 f zu § 341 InsO); die Vorschrift enthält jedoch keine dem § 341 Abs 3 InsO entsprechende Regelung, so dass § 341 Abs 3 auch im Verhältnis zu den Mitgliedsstaaten gilt (Rn 4 zu § 341 InsO; ebenso K/P/B-*Kemper/Paulus* § 341 Rn 2; MüKoInsO-*Reinhart* § 341 Rn 6; HambKomm-*Undritz* § 341 Rn 2).

II. Anmelderecht des Gläubigers

4   Ein Gläubiger kann nach Abs 1 seine Forderung in jedem Insolvenzverfahren über das Vermögen des Schuldners anmelden, unabhängig davon, ob es sich um ein Haupt-, ein Sekundär oder ein sonstiges Partikularverfahren; Abs 1 entspricht wörtlich § 341 Abs 1 InsO (dazu Rn 5 ff zu § 341). Abs 1 wird ergänzt durch Art 39 und Art 42 Abs 2 (Braun-*Liersch/Tashiro* § 341 Rn 20 ff, 24 ff), in denen das Anmelderecht ausländischer Gläubiger formuliert bzw die Anmeldung in einer anderen Amtssprache als der des Staates der Verfahrenseröffnung erlaubt wird.

Aussetzung der Verwertung **Art 33 EuInsVO**

III. Anmelderecht des Haupt- oder Sekundärinsolvenzverwalters

Anders als in § 341 Abs 2 InsO (siehe Rn 8 ff zu § 341) wird durch Art 32 Abs 2 für den Insolvenz- 5
verwalter nicht lediglich eine Befugnis zur Forderungsanmeldung, sondern eine **Anmeldepflicht** statuiert. Diese Pflicht besteht im Fall der **Zweckmäßigkeit** einer Anmeldung und vorbehaltlich der **Ablehnung** oder **Rücknahme** der Anmeldung, soweit eine entsprechende Ablehnungs- oder Rücknahmemöglichkeit besteht.

Zur Prüfung der **Zweckmäßigkeit** hat der Verwalter eine Abwägung zwischen der Quotenaussicht und 6
den Anmeldekosten vorzunehmen (Braun-*Liersch/Tashiro* § 341 Rn 18). Die Zweckmäßigkeitsprüfung ist nicht für jeden Gläubiger individuell vorzunehmen, sondern für die Gläubigergesamtheit (Braun-*Liersch/Tashiro* § 341 Rn 18) bzw für einzelne Gläubigergruppen, soweit das für die Anmeldung maßgebliche Insolvenzstatut (*lex fori concursus*) Vorrechte für bestimmte Gläubigergruppen kennt (D-K/D/Ch-*Duursma-Kepplinger/Chalupsky* Art 32 Rn 11; K/P/*Kemper* ZIP 2001, 1609, 1620).

Zweckmäßig wird die Ausübung des Anmelderechts stets dann sein, wenn die Gläubiger den Verwal- 7
ter ihres Verfahrens zur Anmeldung **ausdrücklich ermächtigen** oder sie aus rechtlichen oder wirtschaftlichen Gründen die Forderungsanmeldung selbst nicht vornehmen können oder wollen. Zweckmäßig wird die Ausübung des Anmelderechts mithin regelmäßig sein, wenn den Gläubigern ohne deren Ausübung die Möglichkeit der teilweisen Befriedigung im jeweils ausländischen Verfahren entgehen würde.

Die Regelung des Abs 2 geht ihrem Wortlaut nach nicht über eine **gesetzliche Vertretungsmacht zur An-** 8
meldung der jeweiligen Gläubigerforderungen hinaus. Sie erstreckt sich **nicht** auf die Vertretungsbefugnis zur **Stimmrechtsausübung** im ausländischen Verfahren und, im Falle des Bestreitens, auch nicht **zur streitigen Verfolgung**, sei es innerhalb des Insolvenzverfahrens oder in einem davon getrennten Zivilprozess. Sie umfasst auch **keine Inkassoberechtigung**; mithin kann aus Abs 2 auch nicht abgeleitet werden, dass der Verwalter berechtigt sein soll, im jeweiligen ausländischen Verfahren die Erlöse auf die von ihm angemeldeten Forderungen zu vereinnahmen, weder als Inkassobevollmächtigter der Gläubiger selbst noch für die von ihm repräsentierte Insolvenzmasse. Alle diese **weitergehenden Rechte** kommen dem jeweiligen Verwalter nur zu, wenn dies nach dem **Insolvenzstatut** seiner Bestellung vorgesehen ist, also nach dem Recht des jeweiligen Eröffnungsstaats, oder wenn sich der Verwalter auf entsprechende **privatgeschäftliche Verfügungen** oder **Ermächtigungen** stützen kann. Abweichendes ergibt sich auch nicht aus Art 20 Abs 1 für den Verwalter des Hauptinsolvenzverfahrens; denn diese Vorschrift verleiht dem Verwalter lediglich einen Herausgabeanspruch im Falle der Einzelzwangsvollstreckung, jedoch kein eigenes Einzugsrecht. Offen erscheint die Frage, ob der Verwalter die Beurteilung der Zweckmäßigkeit der Gläubigeranmeldung nach Abs 2 davon abhängig machen kann, dass die Gläubiger der anzumeldenden Forderungen ihm diese weitergehenden Rechte einräumen, falls dies das Insolvenzstatut, dem er selbst unterliegt, nicht vorsieht.

Besteht bei zu bejahender Zweckmäßigkeit der Anmeldung eine Anmeldepflicht und verletzt der 9
Verwalter diese Pflicht, so haftet der den betroffenen Gläubigern nach allgemeinen Grundsätzen der Rechtsordnung des Mitgliedsstaats, in dem er bestellt worden ist (*lex fori concursus*).

IV. Mitwirkungsrecht des Haupt- oder Sekundärinsolvenzverwalters

Das jenseits des Anmelderechts nach Abs 2 bestehende **allgemeine Mitwirkungsrecht** eines (Haupt- 10
oder Sekundär-)Insolvenzverwalters bezüglich aller weiteren Verfahren über das Vermögen des Schuldners ergibt sich aus Art 3. Die Formulierung „wie ein Gläubiger" verweist in Bezug auf konkrete Teilnahmemöglichkeiten bzw Partizipationsrechte auf das **Insolvenzstatut** des Landes, in dem das Verfahren eröffnet wurde, an dem der Verwalter teilnehmen kann; die ausdrückliche Erwähnung der **Teilnahme an Gläubigerversammlungen** in Abs 3, aus der ein Äußerungsrecht abzuleiten ist (D-K/D/Ch-*Duursma-Kepplinger/Chalupsky* Art 32 Rn 18; K/P/B-*Kemper* Art 32 Rn 10; *Balz*, ZIP 1996, 948, 954), hat nur beispielhaften Charakter.

Wie Abs 2 gibt auch das Mitwirkungsrecht nach Abs 3 dem Verwalter *per se* keine über die Teilnah- 11
memöglichkeit als solche hinausgehende Vertretungsmacht (siehe Rn 8). Auch insoweit kommt es auf die *lex fori concursus* des Bestellungsstaats (etwa die Stimmrechtsregelung des § 341 Abs 3 InsO) bzw eine im Einzelfall von den dortigen Gläubigern rechtsgeschäftlich erteilte Vollmacht an (K/P/B-*Kemper* Art 32 Rn 10).

Art 33. Aussetzung der Verwertung

(1) ¹Das Gericht, welches das Sekundärinsolvenzverfahren eröffnet hat, setzt auf Antrag des Verwalters des Hauptinsolvenzverfahrens die Verwertung ganz oder teilweise aus; dem zuständigen Gericht steht jedoch das Recht zu, in diesem Fall vom Verwalter des Hauptinsolvenzverfahrens alle angemessenen Maßnahmen zum Schutz der Gläubiger des Sekundärinsolvenzverfahrens sowie einzelner Gruppen von Gläubigern zu verlangen. ²Der Antrag des Verwalters des Hauptinsolvenzverfahrens kann nur abgelehnt werden, wenn die Aussetzung offensichtlich für die Gläubiger des Hauptinsolvenzverfahrens nicht von Interesse ist. ³Die Aussetzung der Verwertung kann für höchstens drei Monate angeordnet werden. ⁴Sie kann für jeweils denselben Zeitraum verlängert oder erneuert werden.

(2) Das Gericht nach Absatz 1 hebt die Aussetzung der Verwertung in folgenden Fällen auf:
– auf Antrag des Verwalters des Hauptinsolvenzverfahrens,
– von Amts wegen, auf Antrag eines Gläubigers oder auf Antrag des Verwalters des Sekundärinsolvenzverfahrens, wenn sich herausstellt, dass diese Maßnahme insbesondere nicht mehr mit den Interessen der Gläubiger des Haupt- oder des Sekundärinsolvenzverfahrens zu rechtfertigen ist.

I. Normzweck

1 Das Recht des Verwalters des Hauptinsolvenzverfahrens, bei dem für das Sekundärinsolvenzverfahren zuständigen Insolvenzgericht die **Aussetzung der Verwertung** ganz oder teilweise zu beantragen (dazu HK-*Stephan* Art 33 Rn 5; Pannen-*Herchen* EuInsVO Art 33 Rn 2), manifestiert den **Vorrang des Hauptinsolvenzverfahrens**, wie er in den Einleitenden Gründen Nr (20) postuliert wird (vgl *Virgòs/Schmit* Erläuternder Bericht Rn 241; *Wimmer* ZIP 1998, 988; HK-*Stephan* Art 33 Rn 1; D-K/D/Ch-*Duursma-Kepplinger* Art 33 Rn 2). Dieses Recht des Verwalters des Hauptinsolvenzverfahrens stellt sich als bedeutender Eingriff in die Abwicklung des Sekundärinsolvenzverfahrens dar (so auch N/R-*Mincke* Art 33 Rn 1). Zwar kann das zuständige Insolvenzgericht vom Verwalter des ausländischen Hauptinsolvenzverfahrens verlangen, dass er alle angemessenen Maßnahmen zum Schutz der Gläubiger des Insolvenzverfahrens oder einzelner Gruppen von Gläubigern dieses Verfahrens trifft. Wie dies praktisch geschehen soll, sieht die EuInsVO nicht vor. Angesichts der absehbaren Schwierigkeiten, insbesondere am Beginn der jeweiligen Insolvenzverfahren, das wirtschaftliche Risiko der vorübergehenden Aussetzung der Verwertung abzuschätzen und zu quantifizieren, kommt die Sicherstellung durch die **Übernahme werthaltiger Garantien oder Ausfallbürgschaften** in Betracht, die durch entsprechende Sicherheiten unterlegt sind. Diese Sicherheiten müssen im Eröffnungsstaat des Sekundärinsolvenzverfahrens realisiert werden können, um dem Verwalter zum Schutz der Gläubiger des Sekundärinsolvenzverfahrens die Rechtsverfolgung im Ausland zu ersparen. Werden sie nicht gestellt, gegebenenfalls nach angemessener Fristsetzung durch das für das Sekundärinsolvenzverfahren zuständige Insolvenzgericht, so ist der Antrag des Verwalters des Hauptinsolvenzverfahrens abzuweisen. Im Übrigen darf der Antrag nach Abs 1 S 2 nur abgelehnt werden, wenn die Aussetzung offensichtlich für die Gläubiger des Hauptinsolvenzverfahrens nicht von Interesse ist. Dies wird regelmäßig anzunehmen sein, wenn es sich bei dem ausländischen Hauptinsolvenzverfahren um ein **Liquidationsverfahren** nach Anh B zur EuInsVO handelt (vgl auch HK-*Stephan* Art 33 Rn 2).

II. Voraussetzungen und Wirkung der Aussetzung

2 Die Aussetzung nach Abs 1 erfolgt auf **Antrag** des Verwalters des Hauptinsolvenzverfahrens. Der Antrag ist bei dem Gericht einzureichen, welches das Sekundärinsolvenzverfahren eröffnet hat. Die **Form** des Antrags richtet sich nach dem Recht des Staates der Eröffnung des Sekundärinsolvenzverfahrens. Abs 1 enthält keine Fristenregelung für die Antragstellung (Pannen-*Herchen* EuInsVO Art 33 Rn 6ff sowie D-K/D/Ch-*Duursma-Kepplinger* Art 33 Rn 3ff legen die Zulässigkeits- und Begründetheitsvoraussetzungen der Antragstellung im Einzelnen dar).

3 **1. Einstellung der Verwertung und Schutzmaßnahmen.** Die Aussetzung betrifft nicht das Verfahren als solches, sondern nur die **Vermögensverwertung** (*Virgòs/Schmit* Erläuternder Bericht Rn 246). Aussonderungsrechte können somit weiterhin durchgesetzt werden. Auch die Benutzung der zur Insolvenzmasse gehörenden Gegenstände ist weiterhin möglich (*Herchen* ZInsO 2002, 352; Haß/Huber/Gruber/Heiderhoff-*Heiderhoff* EuInsVO Art 33 Rn 3). Die **Schutzmaßnahmen**, die gem Art 33 Abs 1 S 1 2 Halbsatz vom Verwalter des Hauptverfahrens verlangt werden können, sind insbesondere gegenüber den absonderungsberechtigten Gläubigern erforderlich. Nach Art 102 § 10 EGInsO erhalten diese Gläubiger im deutschen Sekundärverfahren entsprechend § 169 InsO laufend die geschuldeten Zinsen (*Liersch* NZI 2003, 310; FK-*Wimmer* Anh I Art 102 EGInsO Rn 153). Das **Gericht** setzt die geeigneten Maßnahmen zur Sicherung der Gläubiger nach seinem **Ermessen** fest (D-K/D/Ch-*Duursma-Kepplinger* EuInsVO Art 33 Rn 9; MüKoInsO-*Reinhart* Art 33 Rn 2; *Virgòs/Schmit*, Erläuternder Bericht Rn 244; Pannen-*Herchen* Art 33 Rn 36). Die Wirkung der Aussetzung wird verstärkt durch die Beschränkung des Art 34 Abs 3.

4 **2. Dauer der Verwertung.** Nach Abs 1 S 3 darf die erstmalige Aussetzung der Verwertung höchstens für **drei Monate** angeordnet werden. Gegebenenfalls kann auch eine **kürzere Frist** verfügt werden. Wenn die EuInsVO in Abs 1 S 4 vorsieht, dass die Frist von drei Monaten auch verlängert oder erneuert werden kann, so ist hieraus nicht zu entnehmen, ob dies auch mehrfach und für einen erheblich längeren Zeitraum geschehen kann. Mit Sicherheit wird jedoch eine dauerhafte Perpetuierung der Aussetzung der Verwertung im Interesse der Gläubiger des Sekundärinsolvenzverfahrens nicht akzeptabel sein (für eine unbeschränkte Verlängerbarkeit sprechen sich aus *Virgòs/Schmit* Erläuternder Bericht Rn 245; FK-*Wimmer* Anh I Art 102 EGInsO Rn 153; Haß/Huber/Gruber/Heiderhoff-*Heiderhoff* EuInsVO Art 33 Rn 5; HK-*Stephan* Art 33 Rn 12; Pannen-*Herchen* Art 33 Rn 31).

III. Aufhebung der Aussetzung

Art 33 Abs 2 regelt die Beendigung der Aussetzung durch das Gericht. Danach hebt das **zuständige** 5
Gericht für das Sekundärinsolvenzverfahren die **Aussetzung ohne Begründung** auf Antrag des Verwalters des Hauptinsolvenzverfahrens auf. Außerdem hebt das zuständige Gericht die Aussetzung der Verwertung von Amts wegen auf, wenn ein Gläubiger oder der Verwalter des Sekundärinsolvenzverfahrens die Aufhebung beantragt, weil die Aussetzung der Verwertung nicht mehr mit den **Interessen der Gläubiger des Haupt- oder Sekundärinsolvenzverfahrens** vereinbar ist (*Virgòs/Schmit*, Erläuternder Bericht Rn 247). Das absehbare **Scheitern einer Reorganisation** im ausländischen Hauptinsolvenzverfahren oder der **umfassenden Verwertung** des schuldnerischen Unternehmens einschließlich der Niederlassung am Ort des Sekundärinsolvenzverfahrens (Unternehmensverkauf) wird hierfür maßgeblich sein können (zustimmend unter Bezugnahme auf die Vorauflage Haß/Huber/Gruber-*Heiderhoff* EuInsVO Art 33 Rn 6). Gleiches gilt für Umstände, die zu einer erheblichen Verschlechterung der Verwertungsaussichten führen oder unzumutbare zeitliche Verzögerungen zum Nachteil des einen oder anderen Gläubigers oder einzelner Gläubigergruppen bewirken.

Art 34. Verfahrensbeendende Maßnahmen

(1) ¹Kann das Sekundärinsolvenzverfahren nach dem für dieses Verfahren maßgeblichen Recht ohne Liquidation durch einen Sanierungsplan, einen Vergleich oder eine andere vergleichbare Maßnahme beendet werden, so kann eine solche Maßnahme vom Verwalter des Hauptinsolvenzverfahrens vorgeschlagen werden.
²Eine Beendigung des Sekundärinsolvenzverfahrens durch eine Maßnahme nach Unterabsatz 1 kann nur bestätigt werden, wenn der Verwalter des Hauptinsolvenzverfahrens zustimmt oder, falls dieser nicht zustimmt, wenn die finanziellen Interessen der Gläubiger des Hauptinsolvenzverfahrens durch die vorgeschlagene Maßnahme nicht beeinträchtigt werden.

(2) Jede Beschränkung der Rechte der Gläubiger, wie zum Beispiel eine Stundung oder eine Schuldbefreiung, die sich aus einer in einem Sekundärinsolvenzverfahren vorgeschlagenen Maßnahme im Sinne von Absatz 1 ergibt, kann nur dann Auswirkungen auf das nicht von diesem Verfahren betroffene Vermögen des Schuldners haben, wenn alle betroffenen Gläubiger der Maßnahme zustimmen.

(3) Während einer nach Artikel 33 angeordneten Aussetzung der Verwertung kann nur der Verwalter des Hauptinsolvenzverfahrens oder der Schuldner mit dessen Zustimmung im Sekundärinsolvenzverfahren Maßnahmen im Sinne von Absatz 1 des vorliegenden Artikels vorschlagen, andere Vorschläge für eine solche Maßnahme dürfen weder zur Abstimmung gestellt noch bestätigt werden.

I. Normzweck

Verfahrensbeendende Maßnahme im Sinne des Art 34 ist die Beendigung des Insolvenzverfahrens 1
durch einen **Sanierungsplan**, einen **Vergleich** oder eine **andere vergleichbare Maßnahme** nach dem Recht des Staats, in dem das Sekundärverfahren eröffnet wurde (*Virgòs/Schmit*, Erläuternder Bericht Rn 248; D-K/D/Ch-*Duursma-Kepplinger* Art 34 Rn 5). Im Rahmen dieser Maßnahmen ist es möglich, dass die Gläubiger einer Umschuldung zustimmen oder auf bestimmte Rechte verzichten, während der Schuldner sich zur Einhaltung bestimmter Bedingungen verpflichtet. Da diese Vereinbarungen die Interessen der Beteiligten im Hauptverfahren berühren können, sieht die EuInsVO vor, dass derartige Maßnahmen zu ihrer Gültigkeit der **Zustimmung des Verwalters** im Hauptverfahren bedürfen (Pannen-*Herchen* EuInsVO Art 34 Rn 24). Der Verwalter kann bei seiner Entscheidung sämtliche **Interessen der Gläubiger** des Hauptverfahrens, einschließlich des Interesses an einer Sanierung und Weiterführung des Hauptunternehmens, in Betracht ziehen (D-K/D/Ch-*Duursma-Kepplinger* Art 34 Rn 7; *Lüke* ZZP 1998, 307; FK-*Wimmer* Art 102 EGInsO Rn 155).

II. Sanierung im Sekundärinsolvenzverfahren (Abs 1)

Durch Art 34 Abs 1 soll sichergestellt werden, dass eine Sanierung im Sekundärinsolvenzverfahren 2
nur dann durchgeführt wird, wenn diese auch aus Sicht des Hauptinsolvenzverfahrens sinnvoll ist und den wirtschaftlichen Interessen der im Hauptinsolvenzverfahren angemeldeten Gläubiger entspricht (Haß/Huber/Gruber/Heiderhoff-*Heiderhoff* EuInsVO Art 34 Rn 1).

1. Vorschlagsrecht des Hauptinsolvenzverwalters. Obwohl es sich bei dem Sekundärinsolvenzverfah- 3
ren nach Art 3 Abs 3 S 2, Art 27 S 2 um ein **Liquidationsverfahren** handeln muss, gewährt Art 34 Abs 1 dem Verwalter des Hauptinsolvenzverfahrens im Sekundärinsolvenzverfahren ein eigenes **Planinitiativrecht** nach Maßgabe des anwendbaren Insolvenzstatuts (FK-*Wimmer* Anh I Rn 154; Nehrlich/Römermann-*Mincke* Art 34 Rn 1). Für das deutsche Recht bedeutet dies, dass im inländischen Sekundärinsolvenzverfahren **allein dem Verwalter** des ausländischen Hauptinsolvenzverfahrens das Recht zur Vorlage

eines Insolvenzplans nach §§ 217 ff InsO zukommt (vgl Pannen-*Herchen* EuInsVO Art 34 Rn 17) wie nunmehr auch in der deutschen Umsetzungsvorschrift in Art 102 § 9 EGInsO geregelt. Stimmen die Gläubiger bei einem inländischen Sekundärinsolvenzverfahren der Annahme des vorgelegten Insolvenzplans nach §§ 244–246 InsO zu, so darf das zuständige **Insolvenzgericht** den Plan nach § 248 Abs 1 **nur bestätigen,** wenn auch der **Verwalter** des ausländischen Hauptinsolvenzverfahrens **zustimmt.** Ob daneben die in § 248 Abs 1 InsO geforderte Zustimmung des Schuldners außerdem noch erforderlich ist oder durch die Zustimmung des Verwalters des ausländischen Hauptverwalters ersetzt wird, ist nicht geregelt und dürfte im Zweifel nicht anzunehmen sein. Zugleich regelt Art 34 Abs 1, dass die Sanierung auch unabhängig von einem Antrag bzw der Zustimmung des Hauptverwalters möglich ist, wenn dies die **Interessen der Gläubiger** des Hauptinsolvenzverfahrens nicht beeinträchtigt.

4   2. **Voraussetzungen der Beendigung des Sekundärinsolvenzverfahrens.** Die Beendigung des Sekundärinsolvenzverfahrens durch Vergleich, Sanierungsplan oder andere Maßnahmen setzt die **Bestätigung durch die Zustimmung des Verwalters des Hauptinsolvenzverfahrens** voraus, wobei unter Zustimmung dessen **vorheriges Einverständnis** zu verstehen ist (HK-*Stephan* Art 34 Rn 7). Die Beendigung des Sekundärverfahrens im Wege der Sanierung ist ohne die Zustimmung nur dann möglich, wenn die **finanziellen Interessen der Gläubiger** des **Hauptverfahrens** nicht beeinträchtigt werden (*Virgòs/Schmit* Erläuternder Bericht Rn 249). Dabei hat der Verwalter im Wege der wirtschaftlichen Betrachtungsweise die Befriedigungsinteressen der Gläubiger des Hauptinsolvenzverfahrens, einschließlich des Interesses an einer Sanierung oder Weiterführung eines schuldnerischen Unternehmens, zu berücksichtigen (K/P/ *Kemper* Art 34 Rn 7). Geht es um Gläubiger, welche nur im Hauptinsolvenzverfahren angemeldet sind, kommt es darauf an, ob die **Quoten** im Hauptverfahren durch den Entzug der Masse des Sekundärverfahrens herabgesetzt werden (vgl *Ehricke* JuS 2003, 319; FK-*Wimmer* Art 102 EGInsO Rn 155; D-K/D/Ch-*Duursma-Kepplinger* Art 33 Rn 10). Stimmen wirtschaftlich betroffene Gläubiger dem Plan nicht zu, darf er nach Art 34 Abs 2 iVm Art 102 § 9 Abs 2 EGInsO nicht bestätigt werden.

III. Reichweite der Sanierungsmaßnahmen (Abs 2)

5   Die Regelung in Abs 2 korrespondiert mit der Regelung in § 17 Abs 2 S 2 (hierzu FK-*Wimmer* Anh I Rn 157; Haß/Huber/Gruber/Heiderhoff-*Heiderhoff* Art 34 Rn 5; Pannen-*Herchen* EuInsVO Art 34 Rn 45). Danach soll das außerhalb des Eröffnungsstaats der Sekundärinsolvenz belegene Vermögen des Schuldners nur dann von im Rahmen der Sanierung erfolgenden Maßnahmen berührt werden können, wenn **die betroffenen Gläubiger** der Maßnahme **zugestimmt haben.** Das erfordert die **einstimmige Zustimmung** zu einem Insolvenzplan, der auch ausländisches Schuldnervermögen berührt (MüKoInsO-*Reinhart* Art 33 Rn 3; D-K/D/Ch-*Duursma-Kepplinger* EuInsVO Art 33 Rn 13; *Wimmer* ZIP 1998, 988; N/R-*Mincke* Art 35 Rn 3; HK-*Stephan* Art 34 Rn 11; aA *Eidenmüller* IPRax 2001, 9). Dafür spricht auch die deutsche **Umsetzungsvorschrift Art 102 § 9 Abs 2 EGInsO,** die ebenfalls Einstimmigkeit voraussetzt. Ob die Vorschrift in der Praxis allerdings Relevanz erlangt, erscheint zweifelhaft, da sich das Sekundärinsolvenzverfahren ohnehin nur auf das im Eröffnungsstaat belegene Vermögen beschränkt.

IV. Aussetzung (Abs 3)

6   Art 34 Abs 3 ermöglicht es dem Verwalter des Hauptinsolvenzverfahrens, durch die Beantragung einer Verfahrensaussetzung nach Art 33 eine **isolierte Sanierung im Sekundärinsolvenzverfahren zu verhindern** (so auch Pannen-*Herchen* Art 34 Rn 57; Haß/Huber/Gruber/Heiderhoff-*Heiderhoff* Art 34 Rn 7; *Virgòs/Schmit* Erläuternder Bericht Rn 251).

Art 35. Überschuss im Sekundärinsolvenzverfahren

Können bei der Verwertung der Masse des Sekundärinsolvenzverfahrens alle in diesem Verfahren festgestellten Forderungen befriedigt werden, so übergibt der in diesem Verfahren bestellte Verwalter den verbleibenden Überschuss unverzüglich dem Verwalter des Hauptinsolvenzverfahrens.

I. Normzweck

1   Die Vorschrift rundet die **Unterordnung des Sekundärinsolvenzverfahrens** unter das ausländische Hauptinsolvenzverfahren ab: Nach **voller Befriedigung** der am Sekundärinsolvenzverfahren beteiligten Gläubiger soll der verbleibende Überschuss unverzüglich dem Verwalter des Hauptinsolvenzverfahrens zugänglich gemacht werden. In dieser Konsequenz stellt sich das Sekundärinsolvenzverfahren letztlich als zwar selbstständiges, jedoch den Zielen und Zwecken des Hauptinsolvenzverfahrens dienendes **Nebenverfahren** dar.

2   Der Regelung mangelt es jedoch an **praktischer Bedeutung.** Das Teilnahmerecht aller Gläubiger des Schuldners am Sekundärinsolvenzverfahren über das Vermögen am Ort der Belegenheit der Niederlassung, verstärkt durch das Anmelderecht des Verwalters des ausländischen Hauptinsolvenzverfahrens

nach Art 32 Abs 2 für die in seinem Verfahren angemeldeten Gläubigerforderungen, schließt praktisch aus, dass ein solcher Überschuss je erwirtschaftet werden kann (ebenso: Pannen-*Riedemann* Art 35 Rn 1; D-K/D/Ch-*Duursma-Kepplinger/Chalupsky* Art 35 Rn 2; Haß/Huber/Gruber/Heiderhoff-*Heiderhoff* Art 35 Rn 1).

II. Voraussetzungen

1. Haupt- und Sekundärinsolvenzverfahren. Voraussetzung für die Anwendbarkeit von Art 35 ist zunächst, dass sowohl ein Hauptinsolvenzverfahren als auch ein Sekundärinsolvenzverfahren eröffnet wurde. Sofern demgegenüber lediglich ein Partikularinsolvenzverfahren (Art 3 Abs 4 lit a eröffnet und in diesem ein Masse-Überschuss erzielt wurde, ist der Anwendungsbereich von Art 35 nicht eröffnet. Vielmehr beurteilt sich die Frage nach der Auskehrung eines in einem Partikularinsolvenzverfahren erzielten Überschusses nach der lex concursus particularis; ggf ist der Überschuss in diesem Fall somit an den Insolvenzschuldner auszuschütten. 3

2. Masse-Überschuss. Die Masse des Sekundärinsolvenzverfahrens muss größer sein, als erforderlich, um alle in diesem Verfahren festgestellten Forderungen zu befriedigen. Nach der Befriedigung aller im Sekundärinsolvenzverfahren festgestellten Forderungen muss somit ein **Masse-Überschuss** verbleiben. Bestandteile eines solchen Überschusses können ebenso liquide Mittel wie nicht verwertete Vermögensgegenstände des Insolvenzschuldners sein (*Moss/Fletcher/Isaacs*, EC Regulation, Art 35, Rn 5.84; Pannen-*Riedemann* Art 35 Rn 5). 4

III. Rechtsfolge

Wurde unter den Voraussetzungen von Art 35 ein Überschuss erwirtschaftet, ist der Sekundärinsolvenzverwalter verpflichtet, den Überschuss unverzüglich an den Hauptinsolvenzverwalter herauszugeben. Somit begründet Art 35 unmittelbar einen **Herausgabeanspruch des Hauptinsolvenzverwalters** gegen den Sekundärinsolvenzverwalter. 5

Art 36. Nachträgliche Eröffnung des Hauptinsolvenzverfahrens

Wird ein Verfahren nach Artikel 3 Absatz 1 eröffnet, nachdem in einem anderen Mitgliedstaat ein Verfahren nach Artikel 3 Absatz 2 eröffnet worden ist, so gelten die Artikel 31 bis 35 für das zuerst eröffnete Insolvenzverfahren, soweit dies nach dem Stand dieses Verfahrens möglich ist.

I. Normzweck

Ausgangspunkt von Art 36 ist, dass bereits am Ort der Niederlassung des Schuldners ein Partikularinsolvenzverfahren eröffnet worden ist, und zwar vor der Eröffnung des Hauptinsolvenzverfahrens. Dieser Verfahrensablauf wird durch Art 3 Abs 4 grundsätzlich ermöglicht. Er ist Ausdruck der Möglichkeit einer **koordinierten Verfahrensmehrheit**, für die sich die Verordnung entschieden hat (Pannen-*Herchen*, Art 36, Rn 1). Wird nach Eröffnung des Partikularverfahrens ein Hauptinsolvenzverfahren eröffnet, stellt sich die Frage nach der **Koordination dieser beiden Verfahren**. Die Vorschrift dient dabei dazu, den Vorrang des Hauptinsolvenzverfahrens zu sichern (K/P/B-*Kemper*, Art 36, Rn 1). 1

II. Ausgestaltung

Mit der Eröffnung des Hauptinsolvenzverfahrens wird das bisher unabhängige Partikularinsolvenzverfahren zum Sekundärinsolvenzverfahren. 2

Es gelten die Vorschriften der Art 31 ff zur Koordination von Haupt- und Sekundärinsolvenzverfahren, soweit dies nach dem Verfahrensstand möglich ist. Abweichungen von diesen Vorschriften sind nur insoweit zulässig, als sie nach dem jeweiligen Verfahrensstand **zwingend geboten** sind (vgl *Wimmer*, ZIP 1998, 982, 988; Pannen-*Herchen*, Art 36, Rn 3; D-K/D/Ch-*Duursma-Kepplinger/Chalupsky*, Art 36, Rn 2). 3

Die Anwendung der Vorschriften der Art 31 ff ist nicht möglich, wenn das Ziel der Kooperation nicht mehr erreichbar ist (so auch Pannen-*Herchen*, Art 36 Rn 5). 4

III. Tragweite

Streitig ist, ob die Vorschrift sich nur auf Liquidationspartikularverfahren (so wohl *Kolmann*, Kooperationsmodelle, S 332), oder auch auf Sanierungspartikularverfahren (so D-K/D/Ch-*Duursma-Kepplinger/Chalupsky*, Art 36 Rn 4) bezieht. Richtigerweise wird man differenzieren müssen: Handelt es sich beim Partikularinsolvenzverfahren um ein **Liquidationsverfahren**, ist gem Art 35 vorrangig der Überschuss abzuführen. Solange dieser noch nicht entsprechend der Regelung des anwendbaren Rechts 5 verwendet wurde und sich somit noch in der Verfügungsgewalt des Partikularinsolvenzverwalters befindet, sind die Art 31 ff anzuwenden (Pannen-*Herchen*, Art 36 Rn 6). Im Falle eines **Sanierungspartikularinsolvenzverfahrens** hängt die Anwendung der Art 31 ff davon ab, ob der Insolvenzverwalter des Hauptinsolvenzverfahrens sein aus Art 37 folgendes Recht ausübt, die Umwandlung des Partikularinsolvenzverfahrens in ein Liquidationsverfahren zu verlangen (vgl Moss/Fletcher/Isaacs-*Moss/Smith*, EC Regulation, Art 36, Rn 8.262). Im Falle der Umwandlung gelten die Art 31 ff.

Art 37. Umwandlung des vorhergehenden Verfahrens

¹ Der Verwalter des Hauptinsolvenzverfahrens kann beantragen, dass ein in Anhang A genanntes Verfahren, das zuvor in einem anderen Mitgliedstaat eröffnet wurde, in ein Liquidationsverfahren umgewandelt wird, wenn es sich erweist, dass diese Umwandlung im Interesse der Gläubiger des Hauptverfahrens liegt.
² Das nach Artikel 3 Absatz 2 zuständige Gericht ordnet die Umwandlung in eines der in Anhang B aufgeführten Verfahren an.

I. Normzweck

1   Die Vorschrift bezieht sich auf ein nach Art 3 Abs 2 zuvor eröffnetes, selbstständiges **Partikularinsolvenzverfahren**. *Ratio legis* ist die Erhaltung der in Art 3 vorgesehenen Koordination von Haupt- und Sekundärinsolvenzverfahren als Liquidationsverfahren in den Fällen der nachträglichen Eröffnung des Hauptinsolvenzverfahrens. Es handelt sich um eine **Sachnorm**.

II. Umwandlung

2   Erforderlich ist zunächst nach **Abs 1**, dass in einem Mitgliedsstaat ein in Anh A genanntes Partikularinsolvenzverfahren und später in einem anderen Mitgliedstaat ein Hauptinsolvenzverfahren eröffnet wurde. Bei dem in Anh A genannten Partikularinsolvenzverfahren kann es sich auch um ein Sanierungsverfahren handeln. Mit der Eröffnung des Hauptinsolvenzverfahrens wird das Partikularinsolvenzverfahren zu einem Sekundärinsolvenzverfahren (K/P/B-*Kemper* Art 37 Rn 2). Art 37 gibt in diesem Fall dem Verwalter das nach pflichtgemäßem **Ermessen** (vgl FK-*Wimmer* Anh I, Rn 165) auszuübende **Recht**, die Umwandlung des Sekundärinsolvenzverfahren in ein Liquidationsverfahren zu beantragen.
3   Nach dem Wortlaut der Norm ist dafür Voraussetzung, dass es sich **erweist**, dass diese Umwandlung **im Interesse der Gläubiger des Hauptverfahrens** liegt.
4   Die Vorschrift stellt auf das Interesse aller Gläubiger und nicht auf das des einzelnen Gläubigers ab, die durchaus unterschiedliche Interessen verfolgen können, ab. Daher ist jedenfalls der Begriff des **Interesses weit** zu verstehen: Es genügt, dass sich die Umwandlung des Verfahrens in irgendeiner Weise wirtschaftlich vorteilhaft auf die Befriedigungsaussichten der Gläubiger auswirkt (K/P/B-*Kemper* Art 37 Rn 2). Vorrangig zu berücksichtigen sind dabei diejenigen Interessen, die nach dem Recht des Staates des Hauptinsolvenzverfahrens schon kraft Gesetzes als legitime Interessen gelten (MüKoInsO-*Reinhart* Art 37 Rn 7), für das Inland also die in § 1 InsO genannten.
5   Unklar ist, wie die Voraussetzung des Sich-Erweisens zu verstehen ist. In jedem Fall hat der Verwalter das Interesse der Gläubiger an einer Umwandlung **schlüssig darzulegen**. Hingegen wird man nicht fordern können, dass der Verwalter dieses auch zu beweisen hat (MüKoInsO-*Reinhart* Art 37 Rn 8; aA K/P/B-*Kemper* Art 37 Rn 3; D-K/D/Ch-*Duursma-Kepplinger/Chalupsky* Art 37 Rn 5). Das folgt schon aus den im Ergebnis unterschiedlich gelagerten Interessen bei einer Vielzahl von Gläubigern und der Tatsache, dass ein solches Interesse praktisch kaum im strengen Sinn zu beweisen wäre.

III. Vollzug der Umwandlung

6   Im Gegensatz zum Insolvenzverwalter besteht nach **Abs 2** für das **Gericht kein Ermessen** im Hinblick auf die Anordnung der Umwandlung („ordnet ... an"; aA *Smid*, IIR, Art 37 Rn 7). Inhalt und Rechtsfolgen des Beschlusses richten sich nach dem Recht des Staats des Sekundärinsolvenzverfahrens (MüKoBGB-*Kindler*, IIR Rn 800).
7   **Portugal** hat eine einseitige Erklärung (Erklärung Portugals zur Anwendung der Art 26 und 37 der Verordnung (EG) Nr 1346/2000 vom 29. 5. 2000 über Insolvenzverfahren, ABl C 183/1) abgegeben, wonach es sich aus Gründen des *ordre public* auf Art 26 berufen kann, wenn portugiesische Interessen bei der Umwandlung eines vor der Eröffnung des Hauptinsolvenzverfahrens eröffneten Partikularinsolvenzverfahrens nicht ausreichend berücksichtigt werden (D-K/D/Ch-*Duursma-Kepplinger/Chalupsky* Art 37 Rn 4). Dieser Vorbehalt stellt einen Verstoß gegen die Verordnung dar, da der *ordre public* nicht in Bezug auf Rechtsfolgen gilt, die von der Verordnung selbst angeordnet werden (MüKoInsO-*Reinhart* Art 37 Rn 12). Der erklärte Vorbehalt läuft daher bereits aus Rechtsgründen leer.

Art 38. Sicherungsmaßnahmen

Bestellt das nach Artikel 3 Absatz 1 zuständige Gericht eines Mitgliedstaats zur Sicherung des Schuldnervermögens einen vorläufigen Verwalter, so ist dieser berechtigt, zur Sicherung und Erhaltung des Schuldnervermögens, das sich in einem anderen Mitgliedstaat befindet, jede Maßnahme zu beantragen, die nach dem Recht dieses Staates für die Zeit zwischen dem Antrag auf Eröffnung eines Liquidationsverfahrens und dessen Eröffnung vorgesehen ist.

I. Normzweck

Diese **Sachnorm** es ermöglicht in bestimmten Fällen dem vorläufigen Verwalter im Vorfeld der Eröffnung eines Sekundärinsolvenzverfahrens Sicherungsmaßnahmen zu beantragen. Ziel der Vorschrift ist es, den Bestand der Insolvenzmasse vor Eröffnung des Hauptverfahrens zu schützen und den Gläubigern in vollem Umfang zu erhalten. 1

II. Voraussetzungen

Die Vorschrift setzt einen **Antrag auf Eröffnung des Hauptinsolvenzverfahrens** voraus, das noch **nicht** eröffnet ist (vgl unten unter 4). 2

Das nach Art 3 Abs 1 zuständige Gericht muss einen **vorläufigen Verwalter** bestimmt haben. Die Verordnung definiert zwar den Begriff des „vorläufigen Verwalters" nicht, wohl aber den des „Verwalters" (Art 2 lit b, Liste Anh C). Die Liste in Anh C enthält für manche Mitgliedstaaten ausdrücklich auch den Verwalter, der vom Insolvenzgericht vorläufig bestellt wird, für andere nicht (vgl auch MüKoInsO-Reinhart Art 38 Rn 4). Nach Sinn und Zweck der Vorschrift ist vorläufiger Verwalter aber jede Person oder Stelle, deren Aufgabe es ist, das schuldnerische Vermögen bis zur Eröffnung des Hauptverfahrens vorläufig zu sichern und Maßnahmen zu vermeiden, die das Schuldnervermögen zulasten der Gläubiger vermindern (K/P/B-*Kemper* Art 38 Rn 3). 3

Nach dem Wortlaut der Vorschrift genügt es, dass sich Schuldnervermögen in einem anderen Mitgliedstaat befindet. Diese Formulierung geht weit über den tatsächlichen Anwendungsbereich der Norm hinaus. Denn die **vorläufige Sicherung** von Vermögen des Schuldners zugunsten des in einem anderen Mitgliedstaat der EU beantragten Hauptinsolvenzverfahrens ist nur dort berechtigt, wo es zur Durchführung eines Sekundärinsolvenzverfahrens kommen kann. Dies setzt zwangsläufig voraus, dass der ausländische vorläufige Verwalter die Maßnahmen in einem Mitgliedstaat der EU beantragt, in dem der ausländische Schuldner eine **Niederlassung** hat, wie sich aus Art 3 Abs 2 ergibt. Die reine Belegenheit von Vermögen reicht dagegen nicht aus, dass dem vorläufigen Verwalter des beantragten ausländischen Hauptinsolvenzverfahrens das in Art 38 vorgesehene Antragsrecht zukommt (zutr FK-*Wimmer* Anh I Rn 172). Daher müssen die weiteren **Voraussetzungen für die Eröffnung des Sekundärinsolvenzverfahrens** – mit Ausnahme des Antragsrechts – vorliegen (wie hier K/P/B-*Kemper* Art 38 Rn 4; aA MüKoInsO-*Reinhart* Art 38 Rn 1). Ist in dem betreffenden Staat bereits ein Partikularinsolvenzverfahren eröffnet, ist das schuldnerische Vermögen bereits mit Beschlag belegt, so dass auf Art 38 gestützte Maßnahmen ausscheiden (*Paulus* NZI 2001, 505, 509 Fn 37; K/P/B-*Kemper* Art 38 Rn 4). 4

III. Internationale Zuständigkeit

Stellt ein ausländischer vorläufiger Verwalter den Sicherungsantrag nach Art 38, so begründet sich die **internationale** (und örtliche) **Zuständigkeit** des angegangenen inländischen Insolvenzgerichts ausschließlich nach der Belegenheit der inländischen **Niederlassung**. Der Antragsteller muss mithin nachweisen, dass der ausländische Schuldner im Inland eine Niederlassung unterhält im Sinne von Art 2 lit h (hierzu oben Art 2 Anm 3). Seine Verwalterstellung sollte er analog Art 19 durch eine beglaubigte Abschrift der Bestallungsentscheidung nachweisen (vgl *Paulus* NZI 2001 Art 38 Rn 5). 5

IV. Zulässige Maßnahmen

Die **beantragten Maßnahmen** richten sich hinsichtlich Art und Umfang nach dem Hauptinsolvenzverfahren, da sie der Sicherung dessen Masse dienen. Daher sind Entscheidungen des für die Eröffnung des Hauptinsolvenzverfahrens zuständigen Gerichts in dem Staat, in dem vorläufige Maßnahmen nach Art 38 beantragt werden, nach Art 16 und 25 anzuerkennen und zu vollstrecken (K/P/B-*Kemper* Art 38 Rn 6). Zusätzlich kommt dem vorläufigen Verwalter das Recht zu, in allen Mitgliedstaaten nach dem Recht des Staats seiner Bestellung zulässige Sicherungsmaßnahmen vorzunehmen (K/P/B-*Kemper* Art 38 Rn 7; *Paulus* NZI 2001, 505, 509). Alle Maßnahmen, die auf einer Entscheidung des zuständigen Gerichts beruhen, sind in den anderen Mitgliedstaaten anzuerkennen (K/P/B-*Kemper* Art 38 Rn 7). Nach Art 25 kann der vorläufige Verwalter die angeordneten Maßnahmen auch vollstrecken (Balz ZIP 1996, 948, 955). 6

Nicht erforderlich ist, dass im Inland bereits ein **Antrag auf Eröffnung eines Partikular- oder Sekundärinsolvenzverfahrens** gestellt sein muss. Liegt ein solcher Eröffnungsantrag vor, den der vorläufige 7 ausländische Verwalter nicht stellen kann, wie sich aus Art 29 lit a ergibt, hat das inländische Insolvenzgericht ohnehin die Möglichkeit der Anordnung von Sicherungsmaßnahmen nach § 21 InsO. Hierzu bedarf es keines gesonderten Antrags des ausländischen vorläufigen Verwalters, da die Sicherungsmaßnahmen nach § 21 InsO ohnehin von Amts wegen verhängt werden. Fehlt es jedoch an einem entsprechenden Eröffnungsantrag, so ist zwar offen, ob es überhaupt zu einem inländischen Sekundärinsolvenzverfahren kommt. Entgegen der in der Vorauflage vertretenen Auffassung hat das Gericht aber auch in diesem Fall dem Antrag des ausländischen vorläufigen Verwalters zu entsprechen. Denn genauso wie sich die Anordnung von Maßnahmen nach dem Recht des Staats richten, in dem das Sekundärinsolvenzverfahren eröffnet werden soll, richtet sich die Frage der Geltungsdauer der Maßnahmen nach diesem Recht (Pannen-*Herchen* Art 38 Rn 43).

8   Nach Sinn und Zweck der Vorschrift führt die **Eröffnung des Hauptverfahrens** allerdings nicht zur Beendigung der nach Art 38 beantragten Sicherungsmaßnahmen. Das gebietet sowohl der Gläubigerschutz als auch das Verfahrensziel der Vorbereitung des Sekundärinsolvenzverfahrens (vgl Pannen-*Herchen* Art 38 Rn 45). Anders ist dies freilich, wenn es **nicht zur Eröffnung des Hauptverfahrens** kommt: In diesem Fall endet das Amt des vorläufigen Insolvenzverwalters des Hauptverfahrens (FK-*Wimmer* Anh I nach § 358 Rn 134).

Kapitel IV. Unterrichtung der Gläubiger und Anmeldung ihrer Forderungen

Art 39. Recht auf Anmeldung von Forderungen

Jeder Gläubiger, der seinen gewöhnlichen Aufenthalt, Wohnsitz oder Sitz in einem anderen Mitgliedstaat als dem Staat der Verfahrenseröffnung hat, einschließlich der Steuerbehörden und der Sozialversicherungsträger der Mitgliedstaaten, kann seine Forderungen in dem Insolvenzverfahren schriftlich anmelden.

Art 40. Pflicht zur Unterrichtung der Gläubiger

(1) Sobald in einem Mitgliedstaat ein Insolvenzverfahren eröffnet wird, unterrichtet das zuständige Gericht dieses Staates oder der von diesem Gericht bestellte Verwalter unverzüglich die bekannten Gläubiger, die in den anderen Mitgliedstaaten ihren gewöhnlichen Aufenthalt, Wohnsitz oder Sitz haben.

(2) ¹Die Unterrichtung erfolgt durch individuelle Übersendung eines Vermerks und gibt insbesondere an, welche Fristen einzuhalten sind, welches die Versäumnisfolgen sind, welche Stelle für die Entgegennahme der Anmeldungen zuständig ist und welche weiteren Maßnahmen vorgeschrieben sind. ²In dem Vermerk ist auch anzugeben, ob die bevorrechtigten oder dinglich gesicherten Gläubiger ihre Forderungen anmelden müssen.

Art 41. Inhalt einer Forderungsanmeldung

Der Gläubiger übersendet eine Kopie der gegebenenfalls vorhandenen Belege, teilt die Art, den Entstehungszeitpunkt und den Betrag der Forderung mit und gibt an, ob er für die Forderung ein Vorrecht, eine dingliche Sicherheit oder einen Eigentumsvorbehalt beansprucht und welche Vermögenswerte Gegenstand seiner Sicherheit sind.

Art 42. Sprachen

(1) ¹Die Unterrichtung nach Artikel 40 erfolgt in der Amtssprache oder einer der Amtssprachen des Staates der Verfahrenseröffnung. ²Hierfür ist ein Formblatt zu verwenden, das in sämtlichen Amtssprachen der Organe der Europäischen Union mit den Worten „Aufforderung zur Anmeldung einer Forderung. Etwaige Fristen beachten!" überschrieben ist.

(2) ¹Jeder Gläubiger, der seinen gewöhnlichen Aufenthalt, Wohnsitz oder Sitz in einem anderem Mitgliedstaat als dem Staat der Verfahrenseröffnung hat, kann seine Forderung auch in der Amtssprache oder einer der Amtssprachen dieses anderen Staates anmelden. ²In diesem Fall muss die Anmeldung jedoch mindestens die Überschrift „Anmeldung einer Forderung" in der Amtssprache oder einer der Amtssprachen des Staates der Verfahrenseröffnung tragen. ³Vom Gläubiger kann eine Übersetzung der Anmeldung in die Amtssprache oder eine der Amtssprachen des Staates der Verfahrenseröffnung verlangt werden.

Kapitel V. Übergangs- und Schlussbestimmungen

Art 43. Zeitlicher Geltungsbereich

¹Diese Verordnung ist nur auf solche Insolvenzverfahren anzuwenden, die nach ihrem Inkrafttreten eröffnet worden sind. ²Für Rechtshandlungen des Schuldners vor Inkrafttreten dieser Ver-

ordnung gilt weiterhin das Recht, das für diese Rechtshandlungen anwendbar war, als sie vorgenommen wurden.

Art 44. Verhältnis zu Übereinkünften

(1) Nach ihrem Inkrafttreten ersetzt diese Verordnung in ihrem sachlichen Anwendungsbereich hinsichtlich der Beziehungen der Mitgliedstaaten untereinander die zwischen zwei oder mehreren Mitgliedstaaten geschlossenen Übereinkünfte, insbesondere
a) das am 8. Juli 1899 in Paris unterzeichnete belgisch-französische Abkommen über die gerichtliche Zuständigkeit, die Anerkennung die Vollstreckung von gerichtlichen Entscheidungen, Schiedssprüchen und öffentlichen Urkunden;
b) das am 16. Juli 1969 in Brüssel unterzeichnete belgisch-österreichische Abkommen über Konkurs, Ausgleich und Zahlungsaufschub (mit Zusatzprotokoll vom 13. Juni 1973);
c) das am 28. März 1925 in Brüssel unterzeichnete belgisch-niederländische Abkommen über die Zuständigkeit der Gerichte, den Konkurs sowie die Anerkennung und die Vollstreckung von gerichtlichen Entscheidungen, Schiedssprüchen und öffentlichen Urkunden;
d) den am 25. Mai 1979 in Wien unterzeichneten deutsch-österreichischen Vertrag auf dem Gebiet des Konkurs- und Vergleichs-(Ausgleichs)rechts;
e) das am 27. Februar 1979 in Wien unterzeichnete französisch-österreichische Abkommen über die gerichtliche Zuständigkeit, die Anerkennung und die Vollstreckung von Entscheidungen auf dem Gebiet des Insolvenzrechts;
f) das am 3. Juni 1930 in Rom unterzeichnete französisch-italienische Abkommen über die Vollstreckung gerichtlicher Urteile in Zivil- und Handelssachen;
g) das am 12. Juli 1977 in Rom unterzeichnete italienisch-österreichische Abkommen über Konkurs und Ausgleich;
h) den am 30. August 1962 in Den Haag unterzeichneten deutsch-niederländischen Vertrag über die gegenseitige Anerkennung und Vollstreckung gerichtlicher Entscheidungen und anderer Schuldtitel in Zivil- und Handelssachen;
i) das am 2. Mai 1934 in Brüssel unterzeichnete britisch-belgische Abkommen zur gegenseitigen Vollstreckung gerichtlicher Entscheidungen in Zivil- und Handelssachen mit Protokoll;
j) das am 7. November 1993 in Kopenhagen zwischen Dänemark, Finnland, Norwegen, Schweden und Irland geschlossene Konkursübereinkommen;
k) das am 5. Juni in Istanbul unterzeichnete Europäische Übereinkommen über bestimmte internationale Aspekte des Konkurses.
(2) Die in Absatz 1 aufgeführten Übereinkünfte behalten ihre Wirksamkeit hinsichtlich der Verfahren, die vor Inkrafttreten dieser Verordnung eröffnet worden sind.
(3) Diese Verordnung gilt nicht
a) in einem Mitgliedstaat, soweit es in Konkurssachen mit den Verpflichtungen aus einer Übereinkunft unvereinbar ist, die dieser Staat mit einem oder mehreren Drittstaaten vor Inkrafttreten dieser Verordnung geschlossen hat;
b) im Vereinigten Königreich Großbritannien und Nordirland, soweit es in Konkurssachen mit den Verpflichtungen aus Vereinbarungen, die im Rahmen des Commonwealth geschlossen wurden und die zum Zeitpunkt des Inkrafttretens dieser Verordnung wirksam sind, unvereinbar ist.

Art 45. Änderung der Anhänge

Der Rat kann auf Initiative eines seiner Mitglieder oder auf Vorschlag der Kommission mit qualifizierter Mehrheit die Anhänge ändern.

Art 46. Bericht

[1] Die Kommission legt dem Europäischen Parlament, dem Rat und dem Wirtschafts- und Sozialausschuss bis zum 1. Juni 2012 und danach alle fünf Jahre einen Bericht über die Anwendung dieser Verordnung vor. [2] Der Bericht enthält gegebenenfalls einen Vorschlag zur Anpassung dieser Verordnung.

Art 47. Inkrafttreten

[1] Diese Verordnung tritt am 31. Mai 2002 in Kraft.
[2] Diese Verordnung ist in allen ihren Teilen verbindlich und gilt gemäß dem Vertrag zur Gründung der Europäischen Gemeinschaft unmittelbar in den Mitgliedstaaten.

Anhang A
Insolvenzverfahren gemäß Artikel 2 Buchstabe a)

BELGIQUE-/BELGIË[2]
- Het faillissement/La faillite
- Het gerechtelijk akkoord/Le concordat judiciaire
- De collectieve schuldenregeling/Le règlement collectif de dettes
- De vrijwillige vereffening/La liquidation volontaire
- De gerechtelijke vereffening/La liquidation judiciaire
- De voorlopige ontneming van beheer, bepaald in artikel 8 van de faillissementswet/Le dessaisissement provisoire, visé à l'article 8 de la loi sur les faillites

ČESKÁ REPUBLIKA[1]
- Konkurs
- Nucené vyrovnání
- Vyrovnání

DEUTSCHLAND
- Das Konkursverfahren
- Das gerichtliche Vergleichsverfahren
- Das Gesamtvollstreckungsverfahren
- Das Insolvenzverfahren

EESTI[1]
- Pankrotimenetlus

ΕΛΛΑΣ[2]
- Η πτώχευση
- Η ειδική εκκαθάριση
- Η προσωρινή διαχείριση εταιρείας. Η διοίκηση και διαχείριση των πιστωτών
- Η υπαγωγή επιχείρησης υπό επίτροπο με σκοπό τη σύναψη συμβιβασμού με τους πιστωτές

ESPAÑA[2]
- Concurso

FRANCE[3]
- Sauvegrade
- Redressement judiciaire
- Liquidation judiciaire

IRELAND
- Compulsory winding-up by the court
- Bankruptcy
- The administration in bankruptcy of the estate of persons dying insolvent
- Winding-up in bankruptcy of partnerships
- Creditors' voluntary winding-up (with confirmation of a court)
- Arrangements under the control of the court which involve the vesting of all or part of the property of the debtor in the Official Assignee for realisation and distribution
- Company examinership

ITALIA[2]
- Fallimento
- Concordato preventivo
- Liquidazione coatta amministrativa
- Amministrazione straordinaria

ΚΥΠΡΟΣ[1, 2]
- Υποχρεωτική εκκαθάριση από το Δικαστήριο
- Εκούσια εκκαθάριση από πιστωτές κατόπιν Δικαστικού Διατάγματος
- Εκούσια εκκαθάριση από μέλη
- Εκκαθάριση με την εποπτεία του Δικαστηρίου
- Πτώχευση κατόπιν Δικαστικού Διατάγματος
- Διαχείριση της περιουσίας προσώπων που απεβίωσαν αφερέγγυα

LATVIJA[1, 2]
- Bankrots
- Izlīgums
- Sanācija

LIETUVA[1, 2]
- įmonės restruktūrizavimo byla
- įmonės bankroto byla
- įmonės bankroto procesas ne teismo tvarka

Anhang

LUXEMBOURG
- Faillite
- Gestion contrôlée
- Concordat préventif de faillite (par abandon d'actif)
- Régime spécial de liquidation du notariat

MAGYARORSZÁG[1]
- Csődeljárás
- Felszámolási eljárás

MALTA [1, 2]
- Xoljiment
- Amministrazzjoni
- Stralċ volontarju mill-membri jew mill-kredituri
- Stralċ mill-Qorti
- Falliment f'każ ta' negozjant

NEDERLAND
- Het faillissement
- De surséance van betaling
- De schuldsaneringsregeling natuurlijke personen

ÖSTERREICH
- Das Konkursverfahren
- Das Ausgleichsverfahren

POLSKA[1, 2]
- Postępowanie upadłościowe
- Postępowanie układowe
- Upadłość obejmująca likwidację
- Upadłość z możliwością zawarcia układu

PORTUGAL[2]
- O processo de insolvência
- O processo de falência
- Os processos especiais de recuperação de empresa, ou seja:
  – A concordata
  – A reconstituição empresarial
  – A reestruturação financeira
  – A gestão controlada

SLOVENIJA[1, 2]
- Stečajni postopek
- Skrajšani stečajni postopek
- Postopek prisilne poravnave
- Prisilna poravnava v stečaju

SLOVENSKO[1, 2, 3]
- Konkurzné konanie
- Reštrukturalizačné konanie

SUOMI – FINLAND
- Konkurssi/konkurs
- Yrityssaneeraus/företagssanering

SVERIGE
- Konkurs
- Företagsrekonstruktion

UNITED KINGDOM[2]
- Winding-up by or subject to the supervision of the court
- Creditors' voluntary winding-up (with confirmation by the court)
- Administration, including appointments made by filing prescribed documents with the court
- Voluntary arrangements under insolvency legislation
- Bankruptcy or sequestration

Anhang B

Liquidationsverfahren nach Artikel 2 Buchstabe c)

BELGIQUE – BELGIË[2]
- Het faillissement/La faillite
- De vrijwillige vereffening/La liquidation volontaire
- De gerechtelijke vereffening/La liquidation judiciaire

ČESKÁ REPUBLIKA[1]
- Konkurs
- Nucené vyrovnáni

Anhang B **Anhang**

DEUTSCHLAND
- Das Konkursverfahren
- Das Gesamtvollstreckungsverfahren
- Das Insolvenzverfahren

EESTI[1]
- Pankrotimenetlus

ΕΛΛΑΣ[2]
- Η πτώχευση
- Η ειδική εκκαθάριση

ESPAÑA
- Concurso

FRANCE
- Liquidation judiciaire

IRELAND[2]
- Compulsory winding-up
- Bankruptcy
- The administration in bankruptcy of the estate of persons dying insolvent
- Winding-up in bankruptcy of partnerships
- Creditors' voluntary winding-up (with the confirmation of a court)
- Arrangements under the control of the court which involve the vesting of all or part of the property of the debtor in the Official Assignee for realisation and distribution

ITALIA[2]
- Fallimento
- Liquidazione coatta amministrativa
- Concordato preventivo con cessione dei beni

ΚΥΠΡΟΣ[1, 2]
- Υποχρεωτική εκκαθάριση από το Δικαστήριο
- Εκκαθάριση με την εποπτεία του Δικαστηρίου
- Εκούσια εκκαθάριση από πιστωτές (με την επικύρωση του Δικαστηρίου)
- Πτώχευση
- Διαχείριση της περιουσίας προσώπων που απεβίωσαν αφερέγγυα

LATVIJA[1, 2]
- Bankrots

LIETUVA[1, 2]
- įmonės bankroto byla
- įmonės bankroto procesas ne teismo tvarka

LUXEMBOURG
- Faillite
- Régime spécial de liquidation du notariat

MAGYARORSZÁG[1, 2]
- Felszámolási eljárás

MALTA[1, 2]
- Stralċ volontarju
- Stralċ mill-Qorti
- Falliment inkluż il-ħruġ ta' mandat ta' qbid mill-Kuratur f'każ ta' negozjant fallut

NEDERLAND
- Het faillissement
- De schuldsaneringsregeling natuurlijke personen

ÖSTERREICH
- Das Konkursverfahren

POLSKA[1, 2]
- Postępowanie upadłościowe
- Upadłość obejmująca likwidację

PORTUGAL[2]
- O processo de insolvência
- O processo de falência

SLOVENIJA[1, 2]
- Stečajni postopek
- Skrajšani stečajni postopek

SLOVENSKO[1, 2, 3]
- Konkurzné konanie

Anhang

SUOMI – FINLAND
- Konkurssi/konkurs

SVERIGE
- Konkurs

UNITED KINGDOM[2]
- Winding up by or subject to the supervision of the court
- Winding up through administration, including appointments made by filing prescribed documents with the court
- Creditors' voluntary winding up (with confirmation by the court)
- Bankruptcy or sequestration

Anhang C

Verwalter gemäß Artikel 2 Buchstabe b)

BELGIQUE –/BELGIË[2]
- De curator/Le curateur
- De commissaris inzake opschorting/Le commissaire au sursis
- De schuldbemiddelaar/Le médiateur de dettes
- De vereffenaar/Le liquidateur
- De voorlopige bewindvoerder/L'administrateur provisoire

ČESKÁ REPUBLIKA[1]
- Správce podstaty
- Předběžný správce
- Vyrovnací správce
- Zvláštní správce
- Zástupce správce

DEUTSCHLAND
- Konkursverwalter
- Vergleichsverwalter
- Sachwalter (nach der Vergleichsordnung)
- Verwalter
- Insolvenzverwalter
- Sachwalter (nach der Insolvenzordnung)
- Treuhänder
- Vorläufiger Insolvenzverwalter

EESTI[1]
- Pankrotihaldur
- Ajutine pankrotihaldur
- Usaldusisik

ΕΛΛΑΣ
- Ο σύνδικος
- Ο προσωρινός διαχειριστής. Η διοικούσα επιτροπή των πιστωτών
- Ο ειδικός εκκαθαριστής
- Ο επίτροπος

ESPAÑA[2]
- Administradores concursales

FRANCE[3]
- Mandataire judiciaire
- Liquidateur
- Administrateur judiciaire
- Commissaire à l'exécution de plan

IRELAND
- Liquidator
- Official Assignee
- Trustee in bankruptcy
- Provisional Liquidator
- Examiner

ITALIA[2]
- Curatore
- Commissario
- Liquidatore giudiziale

ΚΥΠΡΟΣ[1, 2]
- Εκκαθαριστής και Προσωρινός Εκκαθαριστής
- Επίσημος Παραλήπτης
- Διαχειριστής της Πτώχευσης
- Εξεταστής

Anhang C

LATVIJA[1,2]
- Maksātnespējas procesa administrators

LIETUVA[1,2]
- Bankrutuojančių įmonių administratorius
- Restruktūrizuojamų įmonių administratorius

LUXEMBOURG[2]
- Le Curateur
- Le Commissaire
- Le Liquidateur
- Le Conseil de gérance de la section d'assainissement du notariat

MAGYARORSZÁG[1,2,3]
- Vagyonfelügyelő
- Felszámoló

MALTA[1,2]
- Amministratur Proviżorju
- Riċevitur Uffiċjali
- Stralċjarju
- Manager Speċjali
- Kuraturi f'każ ta' proċeduri ta' falliment

NEDERLAND
- De curator in het faillissement
- De bewindvoerder in de surséance van betaling
- De bewindvoerder in de schuldsaneringsregeling natuurlijke personen

ÖSTERREICH[2]
- Masseverwalter
- Ausgleichsverwalter
- Sachwalter
- Treuhänder
- Besondere Verwalter
- Konkursgericht

POLSKA[1,2]
- Syndyk
- Nadzorca sądowy
- Zarządca

PORTUGAL[2]
- Administrador da insolvência
- Gestor judicial
- Liquidatário judicial
- Comissão de credores

SLOVENIJA[1,2]
- Upravitelj prisilne poravnave
- Stečajni upravitelj
- Sodišče, pristojno za postopek prisilne poravnave
- Sodišče, pristojno za stečajni postopek

SLOVENSKO[1,2,3]
- Predbežný správca
- Správca

SUOMI – FINLAND
- Pesänhoitaja/boförvaltare
- Selvittäjä/utredare

SVERIGE
- Förvaltare
- God man
- Rekonstruktör

UNITED KINGDOM[2]
- Liquidator
- Supervisor of a voluntary arrangement
- Administrator
- Official Receiver
- Trustee
- Provisional Liquidator
- Judicial factor

[1] Eingefügt durch Anhang II der Akte über die Bedingungen des Beitritts der Tschechischen Republik, der Republik Estland, der Republik Zypern, der Republik Lettland, der Republik Litauen, der Republik Ungarn, der Republik

Anhang

Malta, der Republik Polen, der Republik Slowenien und der Slowakischen Republik und die Anpassungen der die Europäische Union begründenden Verträge (ABl. L 236 vom 23. 9. 2003, S 711 ff)

[2] Geändert durch Anhang I der Verordnung (EG) Nr 603/2005 des Rates vom 12. 4. 2005 zur Änderung der Liste von Insolvenz-verfahren, Liquidationsverfahren und Verwaltern in den Anhängen A, B und C der Verordnung (EG Nr 1346/2000 über Insol-venzverfahren (ABl. L 100 vom 20. 4. 2005, S 1 ff)

[3] Geändert durch Artikel 1 der Verordnung (EG) Nr 694/2006 des Rates vom 27. April 2006 zur Änderung der Liste von Insolvenz-verfahren, Liquidationsverfahren und Verwaltern in den Anhängen A, B und C der Verordnung (EG Nr 1346/2000 über Insol-venzverfahren (ABl. L 121 vom 6. 5. 2006, S 1 ff)

SACHREGISTER

Erstellt von Philipp Grünewald
wissenschaftlicher Mitarbeiter, Universität Hamburg

Die fetten Zahlen bedeuten die Gesetzesvorschriften, die mageren die Randnummern

Abbuchungsaufträge **22** 208 h
Abfallbeseitigungspflicht **35** 79
Abfindung
– Dauerschuldverhältnisse **38** 64
– Nachteilsausgleich in der Insolvenz **122** 111, **122** 116
– Organe der juristischen Personen **11** 127
– sonstige Masseverbindlichkeiten **55** 77
– Sozialpläne **124** 25
Abgesonderte Befriedigung aus unbeweglichen Gegenständen 49 1 ff.
– s. auch Befriedigung der Absonderungsberechtigten
– s. auch Gegenstände der Absonderung
– s. auch Gesetzliche Pfandrechte
– s. auch Pfändungspfandrecht
– s. auch Rechtsgeschäftlich bestellte Pfandrechte
– Abgrenzung **49** 2
– Auskunftspflichten **50** 47
– dingliche Haftung **49** 5
– Durchführung **49** 25 ff.
– Durchführung **50** 47 f.
– einstweilige Einstellung der Zwangsversteigerung **49** 32 ff.
– einstweilige Einstellung der Zwangsverwaltung **49** 40
– Entstehung des Absonderungsrechts **49** 5 ff.
– Ersatzabsonderung **49** 9 c, **50** 49
– freiwillige Veräußerung **49** 30
– Funktion der Absonderung **49** 1 ff.
– Haftung des Insolvenzschuldners **49** 3 f.
– Insolvenzplan **49** 39
– kapitalersetzende Nutzungsüberlassungen **49** 56 f.
– maßgeblicher Zeitpunkt **49** 6, **50** 2
– Mitteilungspflichten **50** 47
– persönliche Haftung **49** 3
– Prioritätsgrundsatz **49** 9 b
– Rangfolge **49** 9 b
– Umsatzsteuer **49** 57
– Verwertung **49** 1 c
– vorzugsweise Befriedigung **49** 1
– Wechsel des Rechtsinhabers **49** 7
– Zuständigkeit **49** 1 c
– Zwangsversteigerung **49** 9, **49** 25 ff.
– Zwangsverwaltung **49** 25 ff.
Abgesonderte Befriedigung der Pfandgläubiger 50 1 ff.
Abgetretene Forderungen
– Anordnung von Sicherungsmaßnahmen **21** 38 b, **21** 38 d
– Factoring **116** 99 ff.
– gerichtliche Kompetenzzuweisung **22** 209
– Rückgewährpflicht **143** 10
– Verwertung von Sicherungsgut **22** 42 f.
Abgewählter Insolvenzverwalter 57 31 f.
Abhanden gekommene Sachen 48 20
Abhängige Gesellschaften 35 319
Ablauf des Termins
– Erörterungs- und Abstimmungstermin **235** 23 f.
– gesonderter Abstimmungstermin **241** 17 ff.
– Schlusstermin **197** 4 ff.

Ablehnung der Aufnahme anhängiger Streitigkeiten **85** 92 ff.
– Form der Ablehnung **85** 83
– Freigabe **85** 94 ff.
– Gesellschaften ohne Rechtspersönlichkeit **85** 95
– Insolvenzschuldner **85** 99
– juristische Personen **85** 95
– Kosten **85** 100
– Nachlassinsolvenzverfahren **85** 97
– vorläufiger Insolvenzverwalter **85** 98
Ablehnung der Eröffnung
– Gesellschaften ohne Rechtspersönlichkeit **11** 286
– juristische Personen **11** 110 ff.
Ablehnung der Nachtragsverteilung 204 4
Ablehnung des Schuldenbereinigungsplans 307 53 ff.
Ablehnung eines Vorschusses 6 6
Ablehnung gerichtlich bestellter Sachverständiger 4 14
Ablehnung von Gerichtspersonen
– Aufsicht des Insolvenzgerichts **58** 15 f.
– Zivilprozessordnung **4** 5
Ablehnung von Rechtspflegern 4 8
Ablehnung von Richtern 4 5
Ablehnung von Sicherungsmaßnahmen 6 6
Ablehnung von Urkundsbeamten der Geschäftsstelle 4 10
Ablösung des dinglichen Rechts Art. 5 EuInsVO 6
Abrechnungskonto 116 106
Abrechnungsverhältnis 103 169
Abschlagsverteilung 187 3 ff.
– s. auch Festsetzung des Bruchteils
– Befriedigung der Massegläubiger **209** 5
– Berücksichtigung absonderungsberechtigter Gläubiger **190** 11 f.
– Berücksichtigung aufschiebend bedingter Forderungen **191** 8
– Genossenschaft **35** 365
– Nachweis der Rechtsverfolgung **189** 11
– Ausfallforderungen **187** 6
– Durchführung **187** 7 ff.
– Gläubigerausschuss **187** 10 f.
– hinreichende Barmittel **187** 9
– Insolvenzgläubiger **187** 5
– Insolvenzverwalter **187** 4
– Massegläubiger **187** 3
– Sozialpläne **187** 8
– Verteilungsverzeichnis **187** 3
– Zeitpunkt **187** 4
Abschlagsverteilungsverzeichnis
– Einwendungen gegen das Verteilungsverzeichnis **194** 1
– Verteilungsverzeichnis **188** 4
Abschlagszahlungen
– Befriedigung der Insolvenzgläubiger **187** 1
– Insolvenzgeld **22** 146 f.
– nicht fällige Forderungen **41** 4
– Sozialpläne **124** 42
Abschlusszahlung
– Insolvenz des Leasinggebers **108** 140
– Insolvenz des Leasingnehmers **108** 85

Sachregister

fette Zahlen = Gesetzesvorschriften

Absichtsanfechtung 133 1
Absolute dingliche Wirkung 88 3, **88** 23
Absolute Unwirksamkeit
- Ausschluss sonstigen Rechtserwerbs **91** 7
- Grundbuch **32** 2
- Verfügungen des Schuldners **81** 11
- Wirkungen der Verfügungsbeschränkungen **24** 1

Absolutes Verfügungsverbot
- allgemeines Verfügungsverbot **21** 17 a
- Bekanntmachung der Verfügungsbeschränkungen **23** 6
- Unwirksamkeit von Veräußerungsverboten **80** 203
- Verfügungen des Schuldners **81** 1
- vorläufiger Insolvenzverwalter mit Verwaltungs- und Verfügungsbefugnis **22** 17 b

Absonderung 50 42 ff., **51** 3 ff.
Absonderungsberechtigte Gläubiger
- s. auch Sonstige Absonderungsberechtigte
- allgemeine Verfahrensvereinfachungen **312** 28
- anfechtbare Rechtshandlungen **130** 28
- anmeldbare Forderungen **174** 2
- Anordnung der Nachtragsverteilung **203** 8
- Anordnung von Sicherungsmaßnahmen **21** 28 f., **21** 38 a ff.
- Antrag auf Einberufung der Gläubigerversammlung **75** 3 f.
- antragsberechtigte Gläubiger **14** 3
- Aufhebung eines Beschlusses der Gläubigerversammlung **78** 4
- Ausfallforderungen **223** 4
- Berichtstermin **156** 14
- Berücksichtigung absonderungsberechtigter Gläubiger **190** 3 f.
- Beschlüsse der Gläubigerversammlung **76** 28 f.
- Betriebsveräußerung an besonders Interessierte **162** 5, **162** 7
- bewegliche Sachen **223** 8
- Debt-Equity-Swap **223** 9
- Einberufung der Gläubigerversammlung **74** 10
- Einstellung mit Zustimmung der Gläubiger **213** 1, **13** 10
- erforderliche Mehrheiten **244** 3
- Erhalt der Rechte **223** 5 f.
- Erörterungs- und Abstimmungstermin **235** 12
- Feststellung des Stimmrechts **77** 29
- Freigabe selbstständiger Tätigkeit **35** 102
- Gesamtschuldner und Bürgen **44** 12
- gestaltender Teil des Insolvenzplans **221** 4, **223** 7
- Gläubigerverzeichnis **152** 2 f.
- Gruppenbildung **222** 17 ff.
- Haftung der Mitglieder des Gläubigerausschusses **71** 2
- Haftung mehrerer Personen **43** 26
- Insolvenzanfechtung **129** 37
- Insolvenzantragsrecht **13** 78
- Insolvenzplan **223** 1 ff., **238** 1 f.
- Kreditrahmen **264** 29 f.
- laufende Zinsen und Säumniszuschläge **39** 19
- Minderheitenschutz **251** 10
- Mitteilung der Veräußerungsabsicht **168** 7
- Niederlegung des Insolvenzplans **234** 4
- Niederlegung in der Geschäftsstelle **154** 3
- Rechte und Pflichten des Insolvenzverwalters **80** 178 ff., **80** 189, **80** 196
- Rechtsschutzinteresse **14** 50
- Schlussverteilung **196** 21
- Schuldner als Vermieter oder Verpächter **110** 12
- Sicherungsmaßnahmen **306** 44
- Streitwert **182** 10
- Treuhänder **292** 31
- Unterrichtung des Gläubigers **167** 2
- Verteilung des Erlöses **170** 5
- Verwertung unbeweglicher Gegenstände **165** 3, **165** 6, **165** 21
- Vollstreckung vor Verfahrenseröffnung **88** 5
- Vollstreckungsverbot **89** 20
- Wirkungen des Insolvenzplans **254** 12 f.
- Zwangsvollstreckungsverbot **294** 7 a

Absonderungsgut 22 41
Absonderungsrecht
- Abweisung mangels Masse **26** 13
- Aufnahme von Passivprozessen **86** 10 ff.
- Aufsicht des Insolvenzgerichts **58** 19
- Auseinandersetzung einer Gesellschaft oder Gemeinschaft **84** 18 f.
- ausländisches Insolvenzverfahren **351** 10
- Aussetzung der Verwertung **Art. 102 § 10 EGInsO** 3
- Erfüllungswahl des Insolvenzverwalters **103** 149 f.
- Gläubigerbenachteiligung **129** 110 ff.
- Haftung des vorläufigen Insolvenzverwalters **22** 223
- Insolvenzplan **217** 11
- Internationales Insolvenzrecht **342** 9
- nicht fällige Forderung **41** 7 ff.
- persönliche Haftung der Gesellschafter **93** 28 f.
- Rechtsfolgen der Insolvenzanfechtung **143** 4 a
- Rechtskraftwirkung festgestellter Forderungen **178** 37
- Schutz des Gläubigers vor einer Verzögerung der Verwertung **169** 3 ff.
- stille Gesellschaft **136** 6
- Vergütung des vorläufigen Insolvenzverwalters **22** 231 f.
- Verletzung der Insolvenzantragspflicht **15 a** 40
- Verteilung des Erlöses **170** 1
- Verteilungsverzeichnis **188** 9
- Verwertung beweglicher Gegenstände **166** 3, **166** 10
- Verwertung der Insolvenzmasse **159** 3 f., **159** 7, **159** 49, **313** 91 ff.
- Verwertung von Sicherungsgut **282** 2
- Verzeichnis der Massegegenstände **151** 3
- Vollstreckungsverbot **210** 19
- Wertansätze und Bewertung bei positiver Fortführungsprognose **19** 62, **19** 81
- Wirkung der Restschuldbefreiung **301** 2, **301** 24 f.
- Zuständigkeit für die Feststellung **180** 6

Abstimmung in Gruppen 243 1 ff.
- Änderung der Stimmabgabe **243** 6
- Erörterungs- und Abstimmungstermin **243** 1
- Form **243** 5
- gesonderter Abstimmungstermin **243** 1

Abstimmungen
- Beschlüsse der Gläubigerversammlung **76** 24 ff.
- Beschlüsse des Gläubigerausschusses **72** 8 ff.
- vereinfachte Verteilung **314** 5 ff.
- vorläufiger Gläubigerausschuss **67** 30

Abtretung
- Aufrechnung in der Insolvenz **94** 79
- Ausschluss sonstigen Rechtserwerbs **91** 17
- Begründetheit im Eröffnungszeitpunkt **38** 38
- Bezüge aus einem Dienstverhältnis **114** 23
- Erfüllungswahl des Insolvenzverwalters **103** 149 ff.
- Gläubigerbenachteiligung **129** 114
- Leistungsverweigerungsrecht **146** 13
- Schuldenbereinigungsplan **305** 131
- Unterhaltsansprüche **40** 9
- Verjährung des Anfechtungsanspruchs **146** 6
- Zeitpunkt der Vornahme einer Rechtshandlung **140** 6
- Zustellung des Schuldenbereinigungsplans **307** 13

Abtretung des pfändbaren Arbeitsentgelts 287 22 ff.
- Abschluss des Insolvenzverfahrens **287** 49 f.
- Abtretungserklärung **287** 24 ff.
- Abtretungsverbot **287** 56 ff.
- Ankündigung der Restschuldbefreiung **291** 17 ff.
- Dauer **287** 47 ff.
- Dienstverhältnisse **287** 29 ff.
- Ende der Abtretungslaufzeit **287** 52 a
- künftige Bezüge **287** 33

magere Zahlen = Randnummern **Sachregister**

- Leistung 287 40
- Rechtsnatur 287 38 a f.
- rechtzeitige Vorlage 287 34 ff.
- Sozialleistungen 287 32
- Steuererstattungsansprüche 287 31
- Suspendierung 287 44 f.
- Treuhänder 287 22
- Umfang 287 28 ff.
- Verbraucherinsolvenzverfahren 287 36
- verkürzte Dauer 287 51 f.
- vorherige Abtretung 287 53 ff.
- vorzeitige Beendigung 299 3
- Wohlverhaltensperiode 287 41 ff.

Abtretungserklärung
- Abtretung des pfändbaren Arbeitsentgelts 287 24 ff.
- Ankündigung der Restschuldbefreiung 291 3 f.

Abtretungsverbot
- Abtretung des pfändbaren Arbeitsentgelts 287 56 ff.
- Bezüge aus einem Dienstverhältnis 114 20, 114 22
- Eigentumsvorbehalt 47 29 f.
- Ersatzaussonderung 48 19 a
- Unwirksamkeit von Veräußerungsverboten 80 202

Abwahl des gerichtlich bestellten Insolvenzverwalters
- Aufhebung eines Beschlusses der Gläubigerversammlung 78 17 f.
- Wahl eines anderen Insolvenzverwalters 57 4

Abwahl von Ausschussmitgliedern
- endgültiger Gläubigerausschuss 68 7
- Wahl anderer Mitglieder 68 11

Abweisung
- juristische Personen 11 155
- Rücknahme des Insolvenzantrags 13 116

Abweisung des Insolvenzantrags
- s. auch Abweisung mangels Masse
- Aufhebung der Sicherungsmaßnahmen 25 2
- Insolvenzgrund 16 9
- mehrere Insolvenzanträge 139 12
- Nachlassinsolvenzverfahren 315 6

Abweisung mangels Masse 26 1 ff.
- s. auch Abweisungsbeschluss
- s. auch Schuldnerverzeichnis
- s. auch Verfahrenskosten
- s. auch Verfahrenskostenvorschuss
- Absonderungsrecht 26 13
- Akteneinsicht 4 28, 26 45
- Anfechtungsberechtigung 129 9
- Anwendungsbereich 26 5
- ausreichendes Schuldnervermögen 26 13 f.
- Aussonderungsrecht 26 13
- Berufsrecht 26 51 f.
- Darlegungs- und Beweislast 26 65
- Erstattungsansprüche 26 58 ff.
- Feststellung der Masselosigkeit 26 6 ff.
- Forderungen 26 14
- Fristen 26 42
- funktionelle Zuständigkeit 26 18
- Genossenschaft 26 56 f.
- Gesellschaftsauflösung 26 55 ff.
- Gewerberecht 26 51 f.
- Insolvenzanfechtung 26 14
- Insolvenzantragspflicht 26 64
- Insolvenzgeld 26 53
- Insolvenzkostenhilfe 13 103, 13 105
- isolierte Anfechtung einer Kostenentscheidung 26 42
- juristische Personen 11 110 ff.
- Kosten des Insolvenzverfahrens 54 6
- Liquidität 26 13
- mehrere Insolvenzanträge 139 13
- Nachtragsliquidation 26 54
- neuer Insolvenzantrag 26 54
- Realisationswert 26 14
- Rechtsbeschwerde 26 44

- Rechtsmittel 26 42 ff.
- Rechtsschutzinteresse 14 47
- Register 31 1
- Restschuldbefreiungsverfahren 26 5
- Risiko des Insolvenzverwalters 26 6
- Rücknahme des Insolvenzantrags 13 116, 13 128, 13 130
- Ruhegeld 26 53
- sofortige Beschwerde 26 42
- temporäre Masselosigkeit 26 16
- Tripletatbestand 26 54
- Unzumutbarkeit für den Insolvenzverwalter 26 6
- Verbraucherinsolvenzverfahren 26 5
- vereinfachtes Insolvenzverfahren 311 18 ff.
- Verfahrenskostenvorschuss 26 20 ff., 26 43 f.
- Verjährung 26 68
- Verwertungszeitraum 26 15 ff.
- voraussichtliche Verfahrenskostendeckung 26 7
- vorläufiger Insolvenzverwalter 26 18
- Zumutbarkeitsprüfung 26 17

Abweisungsbeschluss 26 33 ff.
- Auflösung 26 33
- Beschwerdeverfahren 26 37
- erneutes rechtliches Gehör 26 36
- Fristen 26 37
- Kosten 26 38 ff.
- Kostentragungspflicht 26 39
- öffentliche Bekanntmachung 26 41
- rechtliches Gehör 26 34 ff.
- Rücknahme des Insolvenzantrags 13 117 f.
- Schuldnerverzeichnis 26 33
- Sicherungsmaßnahmen 26 41
- Veranlassungsprinzip 26 38
- Verbraucherinsolvenzverfahren 26 41
- Vergütung des vorläufigen Insolvenzverwalters 26 38

Abwicklung
- Factoring 116 41 ff.
- Obstruktionsverbot 245 13 ff.

Abwicklungsansprüche
- Auftrag zur Geschäftsbesorgung 116 9
- Insolvenz des Leasingnehmers 108 78 f.

Abwicklungskosten
- Ansatz und Bewertung der Passiva bei negativer Fortführungsprognose 19 126
- Ansatz und Bewertung der Passiva bei positiver Fortführungsprognose 19 90

Abwicklungsverluste 11 402
Abwicklungsverträge 22 84 ff.
Adhäsionsverfahren 85 45
Ad-hoc-Publizität 11 204

Adressaten
- Anzeigepflicht des Insolvenzverwalters 262 2
- Auskunfts- und Mitwirkungspflicht im Eröffnungsverfahren 20 19
- Rechnungslegung 66 8, 66 21

Akkordstörer 13 2
Akteneinsicht 4 25 f.
- Ablichtungen 4 33
- Abschriften 4 33
- Abweisung mangels Masse 4 28, 26 45
- Antragsgegner 4 26
- Antragsteller 4 26
- Art und Umfang 4 33
- Ausfertigungen 4 33
- Ausschluss 4 33
- Auszüge 4 33
- Beamte der Geschäftsstelle 4 29, 4 36
- beendetes Insolvenzverfahren 4 31, 4 35
- Behörden 4 26, 4 29, 4 33
- Beiakten 4 33
- Beiheft 4 33
- Dienstaufsichtsbeschwerde 4 36

3147

Sachregister

fette Zahlen = Gesetzesvorschriften

- Dritte **4** 32
- Eigenantrag **4** 26
- Einstellung des Verfahrens mangels Masse **4** 28
- Einstellung mangels Masse **207** 20
- eröffnetes Insolvenzverfahren **4** 29
- Geheimhaltung **4** 33
- Gerichte **4** 26, **4** 29
- Geschäftsbücher **4** 33
- Geschäftsstelle **4** 26
- Gläubiger **4** 33
- Gläubigerausschuss **4** 29, **4** 33
- Gläubigerausschussprotokolle **4** 33
- Gläubigerschutz **4** 25
- Gutachten **4** 25, **4** 28 f., **4** 32 f.
- Gutachter **4** 26, **4** 33
- Haftungsansprüche **4** 28
- Inbesitznahme der Insolvenzmasse **148** 23
- informationelle Selbstbestimmung des Schuldners **4** 25, **4** 32
- Informationsbedürfnis **4** 25
- Insolvenzeröffnungsverfahren **4** 26, **4** 32
- Insolvenzgläubiger **4** 26, **4** 29
- Insolvenzplan **4** 33
- Insolvenzrichter **4** 36
- Insolvenztabelle **4** 29
- Insolvenzverwalter **4** 33, **4** 35
- Justizverwaltung **4** 32
- Massekostenvorschuss **4** 28
- Missbrauch **4** 29
- Rechte und Pflichten des Insolvenzverwalters **80** 200
- rechtliches Gehör **4** 26, **4** 34
- rechtliches Interesse **4** 26, **4** 28 f., **4** 31 f.
- Rechtspfleger **4** 29, **4** 36
- Rechtsschutz **4** 36
- Schuldnerschutz **4** 25
- Sozialversicherungsträger **4** 26, **4** 29, **4** 33
- steuerrechtliche Stellung des Insolvenzverwalters **56** 82
- Strafakten **4** 33
- Überlassung in Wohnung oder Geschäftsräume **4** 33
- Versendung **4** 35
- vorzeitige Erledigung **4** 29

Aktiengesellschaft 11 185 ff.
- abhängige Gesellschaften **35** 319
- Aktivlegitimation **35** 338 f.
- Ansprüche gegen die Gesellschafter **35** 308
- Ansprüche gegen die Gründer **35** 307, **35** 332
- Ansprüche gegen die Prüfer **35** 336
- Ansprüche gegen die Verwaltung **35** 323 ff.
- Aufrechnung gegen Gesellschafterforderungen **35** 310
- Aufsichtspflichten **35** 331
- Aufsichtsrat **11** 186
- Aufsichtsratsmitglieder **35** 331 ff.
- Ausschluss von Minderheitsaktionären **11** 191
- besondere Vertreter **35** 345
- Buchsanierung **11** 195
- deliktische Ansprüche **35** 330
- effektive Kapitalherabsetzung **11** 195
- eingegliederte Gesellschaft **35** 322
- Einlageforderungen **35** 308 ff.
- Emittenten **35** 307
- Europäische Aktiengesellschaft (SE) **11** 200
- faktische Gesellschafter **35** 315
- faktischer Konzern **35** 321, **35** 332
- geldwerte Vorteile **35** 313
- Gläubiger **11** 197 ff.
- Gläubigerausschuss **35** 340
- Gründergenossen **35** 307
- Hauptversammlung **11** 189
- Hin- und Herzahlen **35** 308
- Insolvenzmasse **35** 307 ff.
- Insolvenzverwalter **35** 338 f.
- Kaduzierungsrecht **35** 311
- Kapitalerhaltung **35** 325
- Kapitalerhöhung **11** 193 f., **35** 308, **35** 337
- Kapitalmaßnahmen **11** 192 ff.
- Kontrollpflichten **35** 331
- Nachgründung **11** 190
- Nachteilsausgleich **35** 321
- Nebenleistungen **35** 308, **35** 318
- Organe **11** 185 ff.
- Organpflichten **35** 324
- Rechte und Pflichten des Insolvenzverwalters **80** 185
- Rückeinlageforderungen **35** 312 ff.
- Rückerstattung **35** 312
- Rückgewähransprüche **35** 314
- rückständige Einlagen **35** 308
- Sacheinlageversprechen **35** 308
- sanierende Kapitalerhöhung **11** 195
- Satzungsänderungen **11** 192 ff.
- schuldrechtliche Abreden **35** 308
- Schuldverschreibungen **11** 198 f.
- verbundene Unternehmen **35** 315
- verdeckte Gewinnausschüttungen **35** 313
- vereinfachte Kapitalherabsetzung **11** 195
- Verfolgungsrecht **35** 341
- Vergütung **11** 188
- Verkauf von Einlageforderungen **35** 310
- Verlustausgleich **35** 320, **35** 322
- Vorstandsmitglieder **11** 185, **11** 187, **35** 324 ff.

Aktionäre
- Insolvenzantragsrecht **13** 69
- sofortige Beschwerde bei Zurückweisung des Insolvenzantrags **34** 3

Aktive Rechnungsabgrenzungsposten
- Ansatz und Bewertung der Aktiva bei negativer Fortführungsprognose **19** 86
- Wertansätze und Bewertung bei positiver Fortführungsprognose **19** 80

Aktivierung des Firmenwertes
- gesetzlicher Überschuldungsbegriff **19** 22
- Wertansätze und Bewertung bei positiver Fortführungsprognose **19** 57

Aktivlegitimation
- Aktiengesellschaft **35** 338 f.
- GmbH **35** 338 f.

Aktivprozess
- Aufnahme anhängiger Streitigkeiten **85** 75 ff.
- Erfüllungswahl des Insolvenzverwalters **103** 121
- sonstige Masseverbindlichkeiten **55** 15
- vorläufiger Insolvenzverwalter **22** 195 f.
- Wirkungen der Verfügungsbeschränkungen **24** 14

Allgemeine Prozessvoraussetzungen 13 7
Allgemeine Verfahrensgrundsätze 4 42
Allgemeine Verfahrensvereinfachungen 312 1 ff.
- s. auch Schriftliches Verfahren
- absonderungsberechtigte Gläubiger **312** 28
- Arbeitseinkommen **312** 31 ff.
- Aufhebung des Insolvenzverfahrens **312** 70 f.
- außergerichtlicher Einigungsversuch **312** 19
- Beendigung des vereinfachten Verfahrens **312** 66 ff.
- Eigenverwaltung **312** 83
- Eröffnungsbeschluss **312** 7 ff.
- gegenseitige Verträge **312** 47 f.
- Gläubigerausschuss **312** 51
- Gläubigerversammlung **312** 50
- inkongruente Deckung **312** 21
- Insolvenzmasse **312** 29 ff.
- Insolvenzplanverfahren **312** 82
- Lohnabtretung **312** 35
- Lohnpfändung **312** 36
- Lohnschiebung **312** 40 f.
- Neugläubiger **312** 26 f.
- öffentliche Bekanntmachung **312** 11

magere Zahlen = Randnummern

- pfändbares Vermögen 312 30
- Pfändungsfreigrenzen 312 42 ff.
- Prüfungstermin 312 9, 312 50 ff.
- Restschuldbefreiung 312 60 ff.
- Rückschlagsperre 312 3, 312 19 ff.
- Schlusstermin 312 59 ff.
- Schlussverteilung 312 67 ff.
- Tod des Schuldners 312 49 f.
- Treuhänder 312 52, 312 15 ff.
- unpfändbares Arbeitseinkommen 312 37 ff.
- Verbraucherinsolvenzverfahren 312 5 f.
- Verwaltungs- und Verfügungsbefugnis 312 15 ff.
- Vollstreckungsverbot 312 24 ff.
- Wirkungen der Verfahrenseröffnung 312 14 ff.

Allgemeiner Gerichtsstand
- örtliche Zuständigkeit 3 3
- Zivilprozessordnung 4 3

Allgemeiner Zustimmungsvorbehalt
- arbeitsrechtliche Stellung des vorläufigen Insolvenzverwalters 22 56 ff.
- Herausgabe fremder Sachen 21 25
- Kassenführung 21 24
- partielle Verfügungsbeschränkung 21 24
- Rechtsstellung der Arbeitnehmer 22 56 ff.
- relatives Verfügungsverbot 21 25
- spezieller Zustimmungsvorbehalt 21 25
- vorläufige Insolvenzverwaltung 22 56 ff.
- vorläufiger Insolvenzverwalter 21 24
- Wirkungen der Verfügungsbeschränkungen 24 10

Allgemeines Persönlichkeitsrecht 35 17
Allgemeines Veräußerungsverbot 22 192 d
Allgemeines Verfügungsverbot 21 17 ff.
- absolutes Verfügungsverbot 21 17 a
- Anfechtungsberechtigung 129 17
- arbeitsrechtliche Stellung des vorläufigen Insolvenzverwalters 22 50 f., 22 53 ff.
- Aufrechnung 21 20 f.
- Bankgeheimnis 21 23
- Bankverträge 116 32 f.
- Bekanntmachung der Verfügungsbeschränkungen 23 1
- besondere Verfügungsverbote 21 23
- Eigenverwaltung 21 18, 270 9
- Globalzession 21 19
- Grundbuch 32 1
- Grundbuchsperre 32 23
- Herausgabe fremder Sachen 21 23
- Insolvenzgeld 22 92
- Kontensperre 21 23
- Kündigungsbefugnis 22 53
- Kündigungsbefugnis des vorläufigen Insolvenzverwalters 22 71
- Leistungen an den Insolvenzschuldner 21 22
- Nachlassinsolvenzverfahren 21 18
- relatives Verfügungsverbot 21 23
- Sicherungsmaßnahmen 306 55 ff.
- Verrechnung 21 20
- Vorausverfügungen 21 19
- vorläufiger Insolvenzverwalter 21 17 f.
- vorläufiger Insolvenzverwalter mit Verwaltungs- und Verfügungsbefugnis 22 17 b, 22 46
- Vormerkung 106 15
- Wirkungen der Verfügungsbeschränkungen 24 1 ff.

Altersdiskriminierung
- Beendigung von Arbeitsverhältnissen 113 84 ff.
- Sozialauswahl 125 63 ff.

Altersgeschützte Arbeitnehmer 113 69 ff., **113** 106 ff.
Altersgruppenbildung 125 55, **125** 80, **125** 87 ff.
Altersteilzeit
- Dauerschuldverhältnisse 38 65
- Insolvenzgeld 22 132 ff.

- nicht fällige Forderungen 41 4
- sonstige Masseverbindlichkeiten 55 75

Altgläubiger
- Gesamtschaden 92 12
- Handelsgesellschaften 35 404
- Verletzung der Insolvenzantragspflicht 15 a 40 f.

Altmassegläubiger 210 1 ff., **210** 13 f.
Altmasseverbindlichkeiten 209 14 ff., **209** 22 ff.
Altverbindlichkeiten
- Anfechtungsberechtigung 129 17
- Gesellschaften ohne Rechtspersönlichkeit 11 281
- persönliche Haftung der Gesellschafter 93 36

Amtsermittlungen 5 1 ff.
- s. auch Amtsermittlungsgrundsatz
- s. auch Amtsermittlungspflicht
- s. auch Bestellung eines Sachverständigen
- Ablehnung von Amtsermittlungen 5 26
- Amtsermittlungsgrundsatz 5 1, 5 7
- Anhörung des Schuldners 10 2
- Anordnung von Sicherungsmaßnahmen 21 9
- Art und Umfang 5 4
- Aufenthaltsort 5 8
- Aufhebung eines Beschlusses der Gläubigerversammlung 78 14
- Auskunft 5 21
- Auskunftspflichten 5 20 f.
- Auslagen 5 25
- Auslagenvorschuss 5 24
- Ausschluss der mündlichen Verhandlung 5 29
- Beibringungspflicht des Antragstellers 5 22
- beschlagnahmte Unterlagen 5 21
- Beschwerdeverfahren 5 22
- Datenschutz 5 30
- elektronische Datenverarbeitung 5 1, 5 30
- Entbindung von der Schweigepflicht 5 20
- Entlassung des Insolvenzverwalters 59 7
- Form 5 5
- freigestelltes schriftliches Verfahren 5 28
- gewerbliche Niederlassung 5 8
- Gläubigerantrag 14 114
- Gläubigerversammlung 5 1
- Gläubigerverzeichnis 5 30
- Grenzen der Amtsermittlung 5 22
- Grundsatz der fakultativen Mündlichkeit 5 29
- Grundsatz des Amtsbetriebs 5 1
- Haftung wegen Verletzung der Amtsermittlungspflicht 5 27
- Haftungsverwirklichung 5 22
- Inquisitionsmaxime 5 1, 5 7
- Insolvenzantrag 5 1
- Insolvenzeröffnungsverfahren 5 20
- Insolvenzgericht 5 20
- Insolvenzgrund 5 27, 16 10
- Insolvenzkostenhilfe 13 107
- Insolvenzplanverfahren 5 3
- Insolvenzrichter 5 9
- Insolvenzverwalter 5 22
- Kosten 5 24 f.
- Kostenentscheidung 5 25
- mehrere Insolvenzanträge 13 72
- Minderheitenschutz 5 3
- Mündlichkeit 5 1
- Nachlassinsolvenzverfahren 5 20, 5 27
- Obstruktionsverbot 5 3
- organschaftliche Vertreter 5 20
- Parteiherrschaft 5 1
- prozessuale Waffengleichheit 5 22
- rechtliches Gehör 5 6, 5 29
- Rechtsanwälte 5 20
- Rechtshilfe 5 22
- Rechtsmittel 5 26
- Rechtspfleger 5 26

Sachregister

fette Zahlen = Gesetzesvorschriften

- Regelinsolvenzverfahren **5** 1
- Restschuldbefreiung **5** 2, **5** 6 f.
- Ruhen des Verfahrens **306** 4
- Sachverständiger **5** 27
- salvatorische Klauseln **5** 3
- Schuldner **5** 20
- Sicherungsmaßnahmen **5** 23
- spezielle Zulässigkeitsvoraussetzungen **13** 52
- Stimmliste **5** 30
- Tabelle **5** 30
- Untersuchungsgrundsatz **5** 7
- Verbraucherinsolvenzverfahren **5** 2
- Verhandlungsmaxime **5** 7
- Vermögensübersicht **5** 30
- Vernehmung der organschaftlichen Vertreter **5** 20
- Vernehmung des Schuldners **5** 20
- Vernehmung von Zeugen **5** 20
- Verstoß gegen Obliegenheiten **296** 8
- Verteilungsverzeichnisse **5** 30
- Verzeichnis der Massegegenstände **5** 30
- Verzeichnisse **5** 30
- Vorführung **5** 20
- vorläufiger Insolvenzverwalter **5** 20, **5** 27
- Wirtschaftsprüfer **5** 20
- Zeugnisverweigerungsrecht **5** 20
- Zulässigkeitsvoraussetzungen **13** 12, **13** 58
- Zulassung des Gläubigerantrags **14** 99, **14** 107
- Zweitschuldnerhaftung **5** 24

Amtsermittlungsgrundsatz
- Amtsermittlungen **5** 1, **5** 7
- Vorprüfung des Insolvenzplans **231** 5
- Zulassung des Gläubigerantrags **14** 91

Amtsermittlungspflicht
- Auskunfts- und Mitwirkungspflicht im Eröffnungsverfahren **20** 3
- Begriff der Zahlungsunfähigkeit **17** 28
- Eigenverwaltung **270** 13
- Ersetzung der Zustimmung **309** 36
- Glaubhaftmachung **14** 83
- Gläubigerantrag **14** 144
- Insolvenzgrund **16** 15
- Verbraucherinsolvenzverfahren **304** 29
- vereinfachtes Insolvenzverfahren **311** 7 ff.
- Versagung der Restschuldbefreiung **290** 10, **290** 87
- Verstoß gegen Obliegenheiten **296** 16
- Zulässigkeitsvoraussetzungen **13** 12

Amtshaftung
- Eröffnungsantrag **13** 92
- funktionelle Zuständigkeit **2** 4

Amtsniederlegung
- Auskunfts- und Mitwirkungspflicht im Eröffnungsverfahren **20** 8
- drohende Zahlungsunfähigkeit **18** 26
- Insolvenzantragspflicht **15 a** 12
- Insolvenzantragsrecht **15** 2
- Zulässigkeitsvoraussetzungen **13** 25
- Zulassung des Gläubigerantrags **14** 101

Anderdepots 149 12 ff.

Anderkonten
- Aussonderung **47** 42
- Bankverträge **116** 24 a
- Hinterlegung **149** 12 ff.

Änderung der Stimmabgabe 243 6
Änderung der Stundungsvoraussetzungen 4 a 48
Änderung des Insolvenzplans 240 1 ff.
Änderung des Klageantrags 180 29 ff.
Änderung des Verteilungsverzeichnisses 193 1 ff.
- Fristen **193** 4
- öffentliche Bekanntmachung **193** 4

Änderung oder Ergänzung des Schuldenbereinigungsplans 307 66 ff.
Änderung sachenrechtlicher Verhältnisse

- Insolvenzplan **228** 1 f.
- Rechtsänderungen **228** 1
- Zustimmungsvorbehalt **228** 2

Änderung von Beschlüssen 157 31

Änderungskündigung
- Beendigung von Arbeitsverhältnissen **113** 26 ff.
- Betriebsübergang **128** 20 f.
- Interessenausgleich mit Namensliste **125** 31, **125** 33

Andienung 116 57, **116** 103

Anerkennung
- ausländisches Insolvenzverfahren **343** 1 ff.
- funktionale Betrachtung **343** 3
- funktionale Qualifikation **343** 5
- internationale Zuständigkeit **343** 7
- offensichtliche Unvereinbarkeit **343** 8 ff.
- ordre public **343** 8 ff.
- Sicherungsmaßnahmen **343** 16
- Teilanerkennung **343** 15
- Versagung der Anerkennung **343** 6 ff.

Anerkennung ausländischer Insolvenzverfahren Art. 16 EuInsVO 1 ff.
- s. auch Wirkungen der Anerkennung
- Eröffnung des Insolvenzverfahrens **Art. 16 EuInsVO** 4
- Eröffnungsentscheidung **Art. 16 EuInsVO** 6
- internationale Zuständigkeit **Art. 16 EuInsVO** 2
- Internationales Insolvenzrecht **vor 335–358** 15 f., **vor EuInsVO** 0
- öffentliche Bekanntmachung **Art. 102 § 5 EGInsO** 4
- ordre public **Art. 16 EuInsVO** 8
- Rechtsfolgen **Art. 16 EuInsVO** 7
- Rechtsmittel **Art. 16 EuInsVO** 7
- Universalitätsprinzip **Art. 16 EuInsVO** 1
- Wirkungserstreckung **Art. 16 EuInsVO** 7

Anerkennung sonstiger Entscheidungen Art. 25 EuInsVO 2 ff.
- Annexverfahren **Art. 25 EuInsVO** 6 ff.
- Beendigung des Insolvenzverfahrens **Art. 25 EuInsVO** 5
- Durchführung eines Insolvenzverfahrens **Art. 25 EuInsVO** 4
- persönliche Freiheit **Art. 25 EuInsVO** 14
- Postgeheimnis **Art. 25 EuInsVO** 14
- Sicherungsmaßnahmen **Art. 25 EuInsVO** 9
- Vollstreckbarerklärung **Art. 25 EuInsVO** 12
- Vollstreckung **Art. 25 EuInsVO** 10 ff.

Anerkennungsgrundsatz Art. 26 EuInsVO 1
Anfechtbare Rechtshandlungen 129 62 ff., **130** 5 ff.
- s. auch Mittelbare Zuwendungen
- absonderungsberechtigte Gläubiger **130** 28
- Arrest **129** 82, **130** 23, **131** 20
- Auffüllen von Sicherheiten **131** 23
- Aufrechnung **130** 11 f., **131** 10, **132** 5
- Ausscheiden aus einer Gesellschaft **130** 13
- aussonderungsberechtigte Gläubiger **130** 28
- Austausch gleichwertiger Sicherheiten **130** 14, **130** 31 b, **131** 16
- bankmäßige Sicherheiten **130** 21
- Bargeschäft **130** 27
- bedingte Forderungen **131** 13
- befreiende Schuldübernahme **131** 8
- Befriedigung **130** 10 ff., **131** 4 ff.
- bereicherungsrechtlicher Leistungsbegriff **129** 62
- besonderer Sicherungsanspruch **131** 15
- betagte Forderungen **131** 13
- Bürgen **130** 25
- Bürgschaften **131** 18
- Darlegungs- und Beweislast **131** 33 ff.
- Debetsaldo **130** 14
- Deckungsgeschäfte **130** 5
- drohende Zwangsvollstreckung **131** 20 a
- Druckzahlungen **131** 20 a
- ein- und zweiseitige Rechtsgeschäfte **129** 66 ff.

magere Zahlen = Randnummern **Sachregister**

- einredebehaftete Forderungen **131** 4
- Erfüllung **130** 10, **132** 3 f.
- Erfüllungsgeschäfte **129** 70 f.
- Erweiterung der Kreditlinie **130** 15
- fahrlässiges Unterlassen **129** 65
- Finanzsicherheiten **131** 15
- fremde Schuld **130** 31
- geringfügige Abweichungen **131** 12, **131** 27
- Gesamtschuldner **130** 25
- Gesamtvorgänge **129** 75
- geschäftsähnliche Handlungen **129** 62
- Gesellschaftsverträge **129** 67
- gesetzliche Pfandrechte **130** 20
- gesetzliche Sicherungen **130** 20, **131** 24
- gesetzliche Vertreter **129** 80 f.
- Gewährung oder Ermöglichung von Sicherung oder Befriedigung **130** 9, **131** 2 ff.
- Gläubigerhandlungen **129** 82
- Globalzession **131** 16
- Grundgeschäfte **129** 70 f.
- Handlungen und Unterlassungen im Prozess **129** 62
- Insolvenzgeld **22** 158 ff.
- Insolvenzgläubiger **130** 25 ff.
- Insolvenzmasse **35** 34
- Insolvenzverwalter **131** 33 f.
- Kontokorrentverrechnung **130** 14
- Konzernverrechnungsklausel **130** 11
- Krise des Sicherungsgebers **130** 31 b
- Kündigung **131** 13, **132** 5
- künftige Rechte **131** 16
- Lastschriftverfahren **129** 66, **130** 17 ff., **131** 9
- Leistung an Erfüllungs Statt **131** 7
- Leistung erfüllungshalber **131** 7
- Mahnung **132** 5
- Margensicherheit **130** 31 a f.
- Massegläubiger **130** 26
- mehrseitige Rechtsgeschäfte **129** 67 ff.
- mittelbare Zuwendungen **129** 75
- nachrangige Insolvenzgläubiger **130** 30
- Naturalobligationen **131** 4
- nicht fällige Forderungen **131** 13
- nichtige Rechtsgeschäfte **131** 4
- Nichtigkeit **129** 76 ff.
- Pfändung **131** 21
- Rechtshandlungen in der Krise **131** 28 ff.
- Rücktritt **132** 5
- Sanierungskredit **130** 27
- Schadensersatzanspruch **131** 11
- Scheck **130** 16, **131** 9
- Scheingeschäfte **129** 77
- Sicherheiten **130** 20 ff., **131** 15 ff.
- Sicherheiten-Pool **131** 19
- Sicherung **130** 7 ff., **131** 15 ff.
- Sicherungsabtretung **131** 16
- Sicherungsanspruch **131** 20
- Sicherungsübereignung **131** 18
- Sicherungsvereinbarung **130** 31 b
- Sicherungszwangshypothek **131** 20
- Sozialpläne **129** 69
- Sozialversicherungsbeiträge **131** 20 a
- Teilanfechtung **129** 72 ff., **131** 25
- Überweisung **130** 14, **131** 9
- Überziehungskredit **130** 15
- Umwandlungsmaßnahmen **129** 68
- unbewusstes Unterlassen **129** 65
- Unterlassen **129** 64 f.
- unwirksame Rechtshandlungen **129** 79
- Verfügungen **129** 66
- verlängerter Eigentumsvorbehalt **131** 16
- Verrechnung **130** 13 f., **131** 5
- Verträge **129** 66, **132** 2
- Vertretung **129** 80 f.
- vorläufiger Insolvenzverwalter **22** 239 ff., **129** 80
- Vormerkung **130** 22
- Wechsel **130** 16
- Widerruf **132** 5
- Willenserklärungen **129** 62
- Zahlungsunfähigkeit **131** 30
- zusammengesetze Rechtshandlung **129** 75
- Zwangsvollstreckung **129** 82, **130** 23, **131** 20 ff.

Anfechtbare Rechtshandlungen des Erben 322 1 ff.
- Auflagen **322** 2
- Erfüllung aus dem Nachlass **322** 3
- Gläubigerbenachteiligung **322** 4
- Pflichtteilsansprüche **322** 2
- Vermächtnisse **322** 2

Anfechtung
- Annahme des Schuldenbereinigungsplans **308** 4 ff.
- Erfüllungswahl des Insolvenzverwalters **103** 125
- Factoring **116** 88 ff.
- Insolvenzanfechtung **129** 6 f.
- Kündigung von Betriebsvereinbarungen **120** 22
- Unzulässigkeit der Aufrechnung **96** 24

Anfechtung des Jahresabschlusses 80 169

Anfechtung gegen Rechtsnachfolger 145 1 ff.
- Ausgliederung **145** 7
- Bundesagentur für Arbeit **145** 2
- Bürgen **145** 20
- Darlegungs- und Beweislast **145** 30 ff.
- eingebrachte Gegenstände **145** 20
- Erben **145** 4 f.
- Ersterwerber **145** 23 ff.
- Formwechsel **145** 10
- Gegenleistung **145** 16
- Geldsummenschulden **145** 1
- Gesamtrechtsnachfolge **145** 4 ff.
- Handlungen des Rechtsvorgängers **145** 12 f.
- Kenntnis der Anfechtbarkeit **145** 27 ff.
- Kontokorrentverrechnung **145** 18
- mehrere Erben **145** 4
- mittelbare Zuwendungen **145** 22
- originärer Erwerb **145** 18
- Sondermasse **145** 13
- Sonderrechtsnachfolge **145** 14 ff.
- Spaltung **145** 7
- Verschmelzung **145** 7
- Wahl des Insolvenzverwalters **145** 14
- Wechsel **145** 20
- Weiterübertragung **145** 18

Anfechtung von Gesellschafterbeschlüssen 80 158
Anfechtung von Hauptversammlungsbeschlüssen 11 140
Anfechtungsberechtigung 129 9 ff.
- Abweisung mangels Masse **129** 9
- allgemeines Verfügungsverbot **129** 17
- Altverbindlichkeiten **129** 17
- anhängige Anfechtungsprozesse **129** 20
- Aufhebung des Insolvenzverfahrens **129** 24
- Beendigung des Insolvenzverfahrens **129** 24 ff.
- bereits erhobene Anfechtungsprozesse **129** 19 ff.
- Erlöschen des Anfechtungsrechts **129** 23 ff.
- Erwerb in der Insolvenz **129** 15
- Gesetzeskonkurrenz **129** 22
- Gläubigerinteressen **129** 22
- inhaltliche Reichweite **129** 15 ff.
- insolvenzfreies Vermögen **129** 13
- Insolvenzgläubiger **129** 13
- Insolvenzplan **129** 24
- Insolvenzverwalter **129** 9
- Lastschriftverfahren **129** 17
- Masseunzulänglichkeit **129** 10
- Nachtragsverteilung **129** 25
- Pfändbarkeit **129** 14
- rechtskräftige Anfechtungsurteile **129** 21
- Rechtsvorgänger **129** 16

3151

Sachregister

fette Zahlen = Gesetzesvorschriften

- Sachwalter **129** 11
- Sozialversicherungsträger **129** 17
- Übertragbarkeit **129** 18
- vereinfachtes Insolvenzverfahren **129** 11, **129** 25
- vorläufiger Insolvenzverwalter **129** 11, **129** 17
- Zustimmungsvorbehalt **129** 17

Angemeldete Forderungen
- Einstellung mit Zustimmung der Gläubiger **213** 5 f.
- Feststellung des Stimmrechts **77** 3

Angemessene Erwerbstätigkeit
- Aufhebung der Stundung **4 c** 18 ff.
- Obliegenheiten des Schuldners **295** 9 ff.
- Stundung der Kosten des Insolvenzverfahrens **4 a** 32

Angemessene Schuldenbereinigung
- Antrag auf Eröffnung des Verbraucherinsolvenzverfahrens **305** 139
- Schuldenbereinigungsplan **305** 115 f.

Anhängige Prozesse
- Anzeige der Masseunzulänglichkeit **208** 18
- Befriedigung der Insolvenzgläubiger **283** 4
- Bekanntmachung und Wirkungen der Einstellung **215** 8
- Rechtswirkungen der Verfahrensaufhebung **200** 17 f.
- Schlussverteilung **196** 6
- Vollstreckungsverbot **210** 12 ff.

Anhängige Rechtsstreitigkeiten
- anwendbares Recht **Art. 15 EuInsVO** 1 ff.
- Sonderanknüpfungen **Art. 15 EuInsVO** 1
- Zwangsvollstreckung **Art. 15 EuInsVO** 2

Anhörung
- Anordnung von Sicherungsmaßnahmen **21** 53
- Aufgaben des Gläubigerausschusses **69** 43
- Berichtstermin **156** 15 ff.
- Betriebsveräußerung unter Wert **163** 6
- Deckung der Mindestvergütung des Treuhänders **298** 15 ff.
- Einstellung mangels Masse **207** 9
- Einstellung nach Anzeige der Masseunzulänglichkeit **211** 6
- Einwendungen gegen das Verteilungsverzeichnis **194** 10
- Entlassung von Mitgliedern des Gläubigerausschusses **70** 10
- Entscheidung des Insolvenzgerichts **289** 34 ff., **289** 4 ff.
- Entscheidung über die Restschuldbefreiung **300** 2 ff.
- Ersetzung der Zustimmung **309** 90 f.
- Maßnahmen vor der Entscheidung über Unternehmensstilllegung oder -veräußerung **158** 16
- Postsperre **99** 13
- Schuldenbereinigungsverfahren **306** 21 f.
- vereinfachte Verteilung **314** 15
- Verfahren bei der Einstellung **214** 8
- Vergütung der Mitglieder des Gläubigerausschusses **73** 25
- vorläufige Untersagung von Rechtshandlungen **161** 7
- Zivilprozessordnung **4** 41
- Zulassung des Gläubigerantrags **14** 95 ff.

Anhörung des Schuldners
- Amtsermittlungen **10** 2
- Angehörige **10** 7
- Anhörungspflicht **10** 3
- Art und Weise **10** 9
- Fristen **10** 4 f., **10** 9
- Geschäftsführer **10** 8
- Glaubhaftmachung **10** 6
- Insolvenzantrag **10** 11
- Insolvenzeröffnungsverfahren **10** 6
- Insolvenzgericht **10** 10
- juristische Personen **10** 8
- natürliche Personen **10** 4 f.
- organschaftliche Vertreter **10** 8
- rechtliches Gehör **10** 1 f.
- Rechtshilfe **10** 9
- Schutzschrift **10** 11
- unbekannter Aufenthalt **10** 4 f.
- unterlassene Anhörung **10** 10
- Verfahrensmangel **10** 10
- Vertreter **10** 7
- Vorstandsmitglieder **10** 8
- wiederholte **10** 6

Ankündigung der Restschuldbefreiung
- Abtretung des pfändbaren Arbeitsentgelts **291** 17 ff.
- Abtretungserklärung **291** 3 f.
- Antrag **291** 3
- Dauer des Treuhänderamtes **291** 13 ff.
- fehlende Anmeldung von Forderungen **291** 36 ff.
- Kosten **291** 27 a
- öffentliche Bekanntmachung **291** 30
- Rechtsfolgen **291** 32 ff.
- Rechtsmittel **291** 28
- Schlusstermin **291** 36 ff.
- sofortige Beschwerde **291** 28
- Treuhänder **291** 11 ff.
- Verbraucherinsolvenzverfahren **291** 6
- vereinfachtes Verfahren **291** 12
- Verfahren **291** 20 ff.
- Versagung der Restschuldbefreiung **291** 9
- Wohlverhaltensperiode **291** 33
- Zeitpunkt **291** 21 f.
- Zuständigkeit **291** 23

Anlagen
- Insolvenzplan **230** 1 ff.
- Niederlegung des Insolvenzplans **234** 2
- spezielle Zulässigkeitsvoraussetzungen **13** 50 ff., **14** 33

Anlagevermögen
- Anordnung von Sicherungsmaßnahmen **21** 38 j
- Handels- und steuerrechtliche Rechnungslegung **155** 13
- vorläufiger Insolvenzverwalter mit Verwaltungs- und Verfügungsbefugnis **22** 37

Anleihen 12 6

Anmeldbare Forderungen 174 2 ff.
- absonderungsberechtigte Gläubiger **174** 2
- Aufrechnung **174** 8
- Ausfallmodell **174** 12
- aussonderungsberechtigte Gläubiger **174** 9
- Bürgen **174** 11
- Doppelanmeldung **174** 10
- Doppelinsolvenz **174** 12
- Gesamtschuldner **174** 11
- Insolvenzforderungen **174** 2 ff.
- Masseforderungen **174** 7
- nachrangige Insolvenzgläubiger **174** 2
- persönlich haftende Gesellschafter **174** 12
- Sozialversicherungsbeiträge **174** 4
- Steuerforderungen **174** 3
- titulierte Forderungen **174** 2
- Unterhaltsansprüche **174** 5
- Vollanmeldungsmodell **174** 12

Anmeldeverfahren 174 13 ff.
- Änderungen **174** 46 ff.
- Arbeitseinkommen **174** 34
- Betrag **174** 32 ff.
- Beweis **174** 41 ff.
- fehlerhafte Anmeldung **174** 44 ff.
- Form **174** 18
- Fristen **174** 13 f.
- Gesamtgläubiger **174** 23
- grenzüberschreitende Insolvenz **174** 17
- Inhalt **174** 28 ff.
- Insolvenzkostenhilfe **174** 16
- Insolvenzverwalter **174** 15
- nachträgliche Anmeldungen **174** 13

magere Zahlen = Randnummern

Sachregister

- Poolanmeldungen **174** 25
- Prozessbevollmächtigung **174** 21
- Rücknahme **174** 46 ff.
- Sammelanmeldungen **174** 25
- Schlüssigkeit **174** 38 f.
- Schuldgrund **174** 29 ff.
- Sozialversicherungsbeiträge **174** 35
- Sprache **174** 26 f.
- Steuerforderungen **174** 30
- unerlaubte Handlungen **174** 37 ff.
- Vertretung **174** 19 ff.
- Vorprüfungs- und Zurückweisungsrecht **174** 39, **174** 44
- wesentliche Mängel **174** 45

Anmeldung der Forderungen 174 1 ff.
- s. auch Anmeldbare Forderungen
- s. auch Anmeldeverfahren
- anwendbares Recht **Art. 4 EuInsVO** 53 ff.
- Aufforderungen an Gläubiger und Schuldner **28** 2 f.
- Aufgaben und Befugnisse des Treuhänders **313** 53
- Ausfall der Absonderungsberechtigten **52** 7
- Ausübung von Gläubigerrechten **341** 5 ff., **Art. 32 EuInsVO** 4 ff.
- Befriedigung der Insolvenzgläubiger **283** 2
- Dispositionsmaxime **174** 1
- Eröffnungsbeschluss **27** 12
- Gesellschaften ohne Rechtspersönlichkeit **11** 263
- gesicherte Darlehen **44 a** 5
- Internationales Insolvenzrecht **vor EuInsVO** 10
- nachrangige Insolvenzforderungen **174** 51 ff.
- Restschuldbefreiungsverfahren **174** 55
- Sachwalter **270** 51
- Schlusstermin **197** 11
- schriftliches Verfahren **312** 78 f.
- Steuerforderungen **174** 57
- Verjährung **174** 56
- Wirkungen **174** 56 ff.

Annahme des Insolvenzplans
- s. auch Erforderliche Mehrheiten
- s. auch Obstruktionsverbot
- s. auch Zustimmung nachrangiger Gläubiger
- Verstoß gegen Verfahrensvorschriften **250** 15
- Vorprüfung des Insolvenzplans **231** 31 f.

Annahme des Schuldenbereinigungsplans 308 1 ff.
- Anfechtung **308** 4 ff.
- Anpassungsklauseln **308** 15
- außenstehende Gläubiger **308** 33 f.
- beteiligte Gläubiger **308** 35 ff.
- Geltendmachung von Forderungen **308** 14
- gerichtliche Feststellung der Annahme **308** 8 ff.
- Gesamtschuldner **308** 22
- nicht berücksichtigte Forderungen **308** 32 ff.
- Nichterfüllung des Schuldenbereinigungsplans **308** 25 ff.
- Privatautonomie **308** 3, **308** 6 ff.
- rechtliches Gehör **308** 7
- Rechtsmittel **308** 11 f.
- Schuldnerverzeichnis **308** 23
- Sicherheiten **308** 17 ff.
- Teilforderungen **308** 39
- Verfallklauseln **308** 14
- Vertrag **308** 3 ff.
- Wiederauflebensklauseln **308** 26
- Wiedereinsetzung in den vorigen Stand **308** 10
- Wirksamkeit **308** 28
- Wirkungen **308** 13 ff.
- Zustellung **308** 29

Annexverfahren
- Anerkennung sonstiger Entscheidungen **Art. 25 EuInsVO** 6 ff.
- internationale Zuständigkeit **Art. 3 EuInsVO** 52 ff.

Anordnung der Eigenverwaltung
- Amtswalter **270** 32
- Anordnungsbeschluss **270** 31 ff.
- Antrag **270** 17
- Beschluss **270** 29 ff.
- Darlegungs- und Beweislast **270** 23 ff.
- drohende Zahlungsunfähigkeit **270** 28
- Freiberufler **270** 28
- Führungslosigkeit **270** 27
- Gläubigerantrag **270** 19 f.
- Gläubigerbenachteiligung **270** 22 ff.
- Hinweispflicht des Insolvenzgerichts **270** 44
- Kompetenzkonflikte **270** 37 ff.
- Masseverbindlichkeiten **270** 33
- maßgeblicher Zeitpunkt **270** 18
- Rechtsmittel **270** 42 f.
- Sanierungskonzept **270** 26
- Voraussetzungen **270** 16 ff.
- Vorbescheid **270** 44
- Zurückweisungsbeschluss **270** 30
- Zustimmungserfordernis **270** 19 f.

Anordnung der Nachtragsverteilung 203 1 ff.
- absonderungsberechtigte Gläubiger **203** 8
- Antrag **203** 24
- Aufhebung des Insolvenzverfahrens **203** 18
- Genossenschaft **203** 29
- gerichtliche Entscheidung **203** 26
- Gläubigergleichbehandlung **203** 21
- Insolvenzbeschlag **203** 15 ff.
- Insolvenzplan **203** 3
- Kosten/Nutzen-Relation **203** 19 f.
- Kostenvorschuss **203** 22
- Masselosigkeit **203** 28
- Masseunzulänglichkeit **203** 27
- mehrere Nachtragsverteilungen **203** 23
- nachträglich ermittelte Beträge **203** 10 ff.
- nachträglicher Anfall von Insolvenzmasse **203** 4 ff.
- Nachtragsverteilung **204** 5
- neue Beschlagnahme **203** 15 ff.
- Schlusstermin **203** 3
- Verbraucherinsolvenzverfahren **203** 1, **203** 25
- Verfahren **203** 24 ff.
- Verfügungen des Schuldners **203** 12 f.
- Vergütung des Insolvenzverwalters **203** 22
- Versicherungsverein auf Gegenseitigkeit **203** 29 f.
- Verwaltungs- und Verfügungsbefugnis des Insolvenzverwalters **203** 14
- Voraussetzungen **203** 3 ff.
- wirtschaftliche Betrachtungsweise **203** 20
- zurückbehaltene Beträge **203** 5 ff.
- zurückfließende Beträge **203** 9

Anordnung der Zustimmungsbedürftigkeit 277 1 ff.
- Antrag **277** 2 f.
- Eilfälle **277** 7 f.
- Gläubigerantrag **277** 2
- Gläubigerversammlung **277** 2 ff.
- Haftung des Sachwalters **277** 6
- öffentliche Bekanntmachung **277** 11
- Rechtsfolgen **277** 5
- Register **277** 12

Anordnung von Sicherungsmaßnahmen 21 1 ff.
- s. auch Allgemeiner Zustimmungsvorbehalt
- s. auch Allgemeines Verfügungsverbot
- s. auch Vorläufiger Insolvenzverwalter
- abgetretene Forderungen **21** 38 b, **21** 38 d
- absonderungsberechtigte Gläubiger **21** 28 f., **21** 38 a ff.
- Amtsermittlungen **21** 9
- Anhörung **21** 53
- Anlagevermögen **21** 38 j
- Anordnungsverfahren **21** 42 ff.
- Aufhebung der Sicherungsmaßnahmen **21** 51 f.

Sachregister

fette Zahlen = Gesetzesvorschriften

- aussonderungsberechtigte Gläubiger **21** 1, **21** 3, **21** 28 f., **21** 38 g ff.
- Auswahlverschulden **21** 56
- Beeinträchtigung der Haftungsmasse **21** 35
- Bekanntmachung der Verfügungsbeschränkungen **21** 49
- Beschluss **21** 47
- Durchsuchung **21** 10
- eidesstattliche Versicherung **21** 27
- Eigenantrag **21** 6, **21** 43, **21** 46
- Eigenverwaltung **21** 1, **21** 6 f.
- Eilbedürftigkeit **21** 7
- einstweilige Einstellung der Zwangsvollstreckung **21** 26 ff., **21** 31
- einstweiliger Rechtsschutz **21** 38 b
- Einzelzwangsvollstreckung **21** 29
- Einziehung einer Forderung **21** 28
- Einziehungsbefugnis **21** 38 d
- Einziehungsverbot **21** 38 ff.
- Erforderlichkeit **21** 3 ff.
- fehlerhafte Anordnung von Sicherungsmaßnahmen **21** 56
- Gefährung des Sicherungszwecks **21** 44
- Generalklausel **21** 10
- Gläubigerantrag **21** 43, **21** 46
- Grundsatz der Verhältnismäßigkeit **21** 3, **21** 35, **21** 52
- Haft **21** 34, **21** 52 f.
- Insolvenzplan **21** 1
- Kontensperre **21** 41
- Kosten **21** 55
- künftige Vollstreckungen **21** 26
- Masseforderungen **21** 38 k
- Maßnahmen gegen Dritte **21** 41
- Nutzungsbefugnis **21** 38 j f.
- öffentliche Bekanntmachung **21** 48
- organschaftliche Vertreter **21** 52
- Personenzwang **21** 52
- persönliche Haftung **21** 38 e
- Postkontrolle **21** 34
- Postsperre **21** 4, **21** 44
- rechtliches Gehör **21** 38 m, **21** 44 ff.
- Rechtsmittel **21** 50 f., **21** 54
- sofortige Beschwerde **21** 36, **21** 50
- sofortige Erinnerung **21** 50
- Staatshaftung **21** 56
- Telefonsperre **21** 37
- Umlaufvermögen **21** 38 j
- Unterlassung von Sicherungsmaßnahmen **21** 56
- Untersagung von Zwangsvollstreckungsmaßnahmen **21** 26 ff., **21** 50
- Verbraucherinsolvenzverfahren **21** 1, **21** 10, **21** 33, **21** 46
- Verfügungsbeschränkungen **21** 11 ff.
- Verfügungsverbot **21** 10
- Verhältnismäßigkeit **21** 43
- Verwertung von Finanzsicherheiten im Eröffnungsverfahren **21** 39 f.
- Verwertungsverbot **21** 38 ff.
- Vollstreckung in das bewegliche Vermögen **21** 26 ff.
- Vollstreckung in das unbewegliche Vermögen **21** 30 ff.
- Vollstreckungsverbot **21** 27
- Voraussetzungen **21** 2 ff., **21** 38 l f.
- Vorführung **21** 52 f.
- vorläufige Postsperre **21** 34 f.
- vorläufiger Insolvenzverwalter **21** 34, **21** 41, **21** 56
- Wirksamwerden **21** 48
- Zinszahlungspflicht **21** 38 k
- zukünftige Vollstreckungen **21** 27 f.
- Zulassung **21** 2
- Zustellung an den Schuldner **21** 48
- Zwangsmaßnahmen **21** 52 ff.
- Zwangsvollstreckung **21** 5

Anordnungsbeschluss
- Anordnung der Eigenverwaltung **270** 31 ff.
- Eigenverwaltung **273** 3
- nachträgliche Anordnung der Eigenverwaltung **271** 4 ff.
- schriftliches Verfahen **312** 76 f.

Anpassungsklauseln
- Annahme des Schuldenbereinigungsplans **308** 15
- außergerichtlicher Einigungsversuch **305** 12
- Ersetzung der Zustimmung **309** 80
- Schuldenbereinigungsplan **305** 117
- Stellungnahme der Gläubiger **307** 54

Anrechnung Art. 20 EuInsVO 6 f.

Ansatz und Bewertung der Aktiva bei negativer Fortführungsprognose 19 82 ff.
- aktive Rechnungsabgrenzungsposten **19** 86
- Betriebsstoffe **19** 84
- Eigenkapitalerhöhung **19** 87
- Ertragswertverfahren **19** 84
- Fertigerzeugnisse **19** 84
- Forderungen **19** 85
- Halberzeugnisse **19** 84
- harte Patronatserklärungen **19** 87
- Liquidationswert **19** 84
- Liquiditätsausstattungsgarantien **19** 87
- Rohstoffe **19** 84
- Sanierungszuschüsse **19** 87
- Substanzwertverfahren **19** 84
- Verwertungsprämisse **19** 83
- Wertobergrenze **19** 84
- Wertuntergrenze **19** 84
- Zerschlagungswert **19** 84

Ansatz und Bewertung der Passiva bei negativer Fortführungsprognose 19 125 ff.
- Abwicklungskosten **19** 126
- passive Rechnungsabgrenzungsposten **19** 130
- rechnerische Überschuldung **19** 128
- Rückstellungen **19** 125
- Schadensersatzanspruch **19** 125
- Sozialpläne **19** 125

Ansatz und Bewertung der Passiva bei positiver Fortführungsprognose
- Abwicklungskosten **19** 90
- Annuitätendarlehen **19** 112
- antizipierte Verbindlichkeiten **19** 101
- Aufhebung des Rangrücktritts **19** 120
- Aufwandrückstellungen **19** 106
- Aufwendungsdarlehen **19** 112
- Bürgschaften **19** 98
- Bürgschaftsverpflichtungen **19** 90
- Drohverlustrückstellungen **19** 106
- Eigenkapital **19** 96
- Einlage des stillen Gesellschafters **19** 116
- Eventualverbindlichkeiten **19** 98, **19** 100
- Finanzmarktstabilisierungsgesetz **19** 91, **19** 119
- Forderungen mit Sanierungsprivileg **19** 123 f.
- Fremdkapital **19** 116
- Garantierückstellungen **19** 110
- Garantieverpflichtungen **19** 90
- gemeinschaftsrechtswidrige Beihilfen **19** 121 f.
- Genussrechte **19** 113
- Gesellschafterdarlehen **19** 118 ff.
- Gewährleistung **19** 98
- Gewährleistungsverpflichtungen **19** 90
- going-concern-Wert **19** 92
- Liquidationswert **19** 92
- mittelbare Pensionsverpflichtungen **19** 109
- nachrangige Gesellschafterdarlehen **19** 91
- nachrangige Insolvenzforderungen **19** 91
- negative Fortführungsprognose **19** 90
- nicht zu berücksichtigende Passivposten im Überschuldungsstatus **19** 95 ff.

magere Zahlen = Randnummern

- passive Rechnungsabgrenzungsposten **19** 115
- Pensionsrückstellungen **19** 108
- Pensionsverpflichtungen **19** 92
- Prozessrückstellungen **19** 110
- qualifizierter Rangrücktritt **19** 117 f.
- Rangrücktritt **19** 114, **19** 116 ff.
- Rückgewähr kapitalersetzender Gesellschafterleistungen **19** 117 ff.
- Rückstellungen **19** 89, **19** 92, **19** 103 ff.
- Sanierungskosten **19** 111
- Sicherheiten **19** 98
- Sonderabschreibungen **19** 97
- Sonderposten mit Rücklagenanteil **19** 97
- Sozialpläne **19** 96
- streitige Verbindlichkeiten **19** 90
- Verbindlichkeiten **19** 98
- Vorruhestandsverpflichtungen **19** 109
- Wertberichtigungen **19** 98
- zu berücksichtigende Passivposten im Überschuldungsstatus **19** 98 ff.

Anschlussbeschwerde
- Rechtsbeschwerde **7** 10
- richterliche Entscheidungen **6** 5

Ansprüche des Anfechtungsgegners 144 1 ff.
- Gegenleistung **144** 8 ff.
- gegenseitige Geschäfte **144** 9
- Insolvenzforderungen **144** 14 f.
- Masseansprüche **144** 11 ff.
- mittelbare Zuwendungen **144** 5 f.
- Nebenrechte **144** 7
- Sicherungsrechte **144** 7
- Unterscheidbarkeit der Gegenleistung **144** 11
- Verjährung **144** 4
- Verrechnung **144** 13
- Wiederaufleben der Forderung **144** 3 ff.
- Zurückbehaltungsrecht **144** 12

Ansprüche gegen die Gesellschafter
- Aktiengesellschaft **35** 308
- Gesellschaft bürgerlichen Rechts **35** 380 ff.
- GmbH **35** 308
- GmbH & Co. KG **35** 413 ff.
- Handelsgesellschaften **35** 380 ff.
- Wertansätze und Bewertung bei positiver Fortführungsprognose **19** 69 ff.

Ansprüche gegen die Gründer
- Aktiengesellschaft **35** 307, **35** 332
- GmbH **35** 307

Ansprüche gegen die Prüfer 35 336

Ansprüche gegen die Verwaltung
- Aktiengesellschaft **35** 323 ff.
- GmbH **35** 323 ff.

Ansprüche gegen organschaftliche Vertreter
- Gesellschaft bürgerlichen Rechts **35** 410
- GmbH & Co. KG **35** 419

Antrag auf Einberufung der Gläubigerversammlung 75 1 ff.
- absonderungsberechtigte Gläubiger **75** 3 f.
- Beschluss **75** 8
- Form **75** 6
- Fristen **75** 7
- Gläubigerausschuss **75** 3
- Großgläubiger **75** 5
- Insolvenzverwalter **75** 3
- Rechtsmittel **75** 9
- sofortige Beschwerde **75** 9

Antrag auf Eröffnung des Verbraucherinsolvenzverfahrens 305 1 ff., **305** 17 ff.
- s. auch Außergerichtlicher Einigungsversuch
- s. auch Schuldenbereinigungsplan
- Anerkennung als geeignete Stelle **305** 58
- angemessene Schuldenbereinigung **305** 139
- Anwaltschaft **305** 53 ff.

Sachregister

- Aufgaben der geeigneten Person oder Stelle **305** 61 ff.
- Ausführungsgesetze der Länder **305** 35 ff.
- Auskunftspflichten **305** 104 ff.
- außergerichtlicher Einigungsversuch **305** 65 ff., **305** 134 ff.
- außergerichtlicher Plan **305** 75 ff.
- Beratungshilfe **305** 56 a
- Bescheinigung über gescheiterten Einigungsversuch **305** 31 ff.
- Einzelgläubiger **305** 29
- Erklärung der Richtigkeit und Vollständigkeit **305** 111 f.
- erneuter Insolvenzantrag **305** 73, **305** 148
- Forderungsverzeichnis **305** 100 ff.
- Freiwilligkeit **305** 18
- Fristen **305** 70 f.
- geeignete Personen **305** 49 ff.
- geeignete Stellen **305** 56 f.
- Gefälligkeitsbescheinigung **305** 48
- Gläubigerantrag **305** 151
- Gläubigerverzeichnis **305** 96 ff.
- Insolvenzgrund **305** 28
- nachträgliche Ergänzung der Unterlagen **305** 141 ff.
- Prüfungspflichten des Insolvenzgerichts **305** 133 ff.
- rechtsberatende Berufe **305** 49 ff.
- Rechtsmittel **305** 152 ff.
- Restschuldbefreiung **305** 79 ff.
- Rücknahme des Insolvenzantrags **305** 140
- Rücknahmefiktion **305** 144 ff.
- Schuldnerberatung **305** 56
- sofortige Beschwerde **305** 154
- streitige Forderungen **305** 101 ff.
- Unterstützungspflichten **305** 104 ff.
- Verfahrensbeschleunigung **305** 2
- Vermögensübersicht **305** 94 f.
- Vermögensverzeichnis **305** 90 ff.
- Vertretung **305** 160 f.
- Voraussetzungen **305** 19 ff.
- Vordruckzwang **305** 24 ff., **305** 161 ff.
- Zuständigkeit **305** 20 f.
- Zwangsvollstreckung **305** 77

Antrag des Schuldners auf Restschuldbefreiung 287 1 ff.
- s. auch Abtretung des pfändbaren Teils
- Belehrung **287** 17 f.
- Form **287** 11 f.
- Fristen **287** 13 ff.
- Fristversäumung **287** 16
- Gläubigerantrag **287** 15
- Gläubigergleichbehandlung **287** 3
- Insolvenzantrag **287** 9 f.
- konkludenter Antrag **287** 8
- Neugläubiger **287** 4
- Rücknahme **287** 20 f.
- Verbraucherinsolvenzverfahren **287** 12
- Wiedereinsetzung in den vorigen Stand **287** 19
- wiederholter Restschuldbefreiungsantrag **287** 21 a f.
- Zeitpunkt **287** 13 ff.

Antrag eines Gläubigers s. Gläubigerantrag

Antragsberechtigte Gläubiger
- absonderungsberechtigte Gläubiger **14** 3
- aussonderungsberechtigte Gläubiger **14** 3
- Auswechseln von Forderungen **14** 8, **14** 14
- Befreiungsanspruch eines Bürgen **14** 4
- bestrittene Forderungen **14** 7
- Betriebsrat **14** 6
- Betriebsrat **14** 12
- Bundesagentur für Arbeit **14** 12
- Bürgen **14** 4
- dingliche Titel **14** 3
- einredebehaftete Forderungen **14** 5
- Eröffnungsbeschluss **14** 14
- ersatzaussonderungsberechtigte Gläubiger **14** 3

3155

Sachregister

fette Zahlen = Gesetzesvorschriften

- geringfügige Forderungen **14** 11
- Gesellschaft bürgerlichen Rechts **14** 6
- Gesellschafter **14** 9
- gesetzliche Vertreter **14** 10
- gesetzlicher Forderungsübergang **14** 13
- Glaubhaftmachung **14** 7
- GmbH & Co. KG **14** 6
- Handlungsbevollmächtigter **14** 10
- Insolvenzgeld **14** 12
- Insolvenzgläubiger **14** 3
- Insolvenzgrund **14** 7
- kapitalersetzende Leistungen **14** 9
- Massegläubiger **14** 4
- Nachschieben von Forderungen **14** 14
- organschaftliche Vertreter **14** 9
- Pensions-Sicherungs-Verein aG **14** 13
- persönlich haftende Gesellschafter **14** 6
- persönliche Haftung **14** 6
- Pfändungspfandgläubiger **14** 4
- potentielle Insolvenzgläubiger **14** 3
- Prokuristen **14** 10
- Rangrücktritt **14** 9
- Rechtsschutzbedürfnis **14** 11
- streitige Forderungen **14** 7
- Teilbeträge **14** 8
- Unterhaltsansprüche **14** 3
- unvollkommene Verbindlichkeiten **14** 3
- Verjährungseinrede **14** 5
- zweifelhafte Forderungen **14** 7

Anwaltszwang
- Beschwerdeverfahren **6** 13
- Rechtsbeschwerde **7** 13
- sofortige Beschwerde **6** 11

Anwartschaftsrecht
- Ausschluss sonstigen Rechtserwerbs **91** 25 ff.
- Berücksichtigung aufschiebend bedingter Forderungen **191** 2
- Eigentumsvorbehalt **107** 3, **107** 16
- Gegenstände der Absonderung **49** 16
- Gläubigerbenachteiligung **129** 114
- Insolvenzmasse **35** 9, **35** 258 ff.
- Rechtshandlungen nach Verfahrenseröffnung **147** 5 f.
- Verwertung beweglicher Gegenstände **166** 14
- Zeitpunkt der Vornahme einer Rechtshandlung **140** 17

Anweisung
- Gläubigerbenachteiligung **129** 94
- Leistungen an den Schuldner **82** 18
- mittelbare Zuwendungen **129** 83
- unentgeltliche Leistung **134** 14, **134** 17

Anwendbares Recht 335 1 ff., **Art. 4 EuInsVO** 1 ff.
- s. auch Inländisches Insolvenzstatut
- s. auch Insolvenzstatut
- s. auch Insolvenzvermögensstatut
- s. auch Insolvenzverteilungsstatut
- s. auch Insolvenzverwaltungsstatut
- anhängige Rechtsstreitigkeiten **Art. 15 EuInsVO** 1 ff.
- Anmeldung der Forderungen **Art. 4 EuInsVO** 53 ff.
- Arbeitsverhältnisse **337** 1 ff., **Art. 10 EuInsVO** 1 ff.
- Aufrechnung **Art. 4 EuInsVO** 38 ff., **Art. 6 EuInsVO** 4 ff.
- Aufrechnungsvereinbarungen **340** 16 ff.
- Beendigung des Insolvenzverfahrens **Art. 4 EuInsVO** 58
- Befugnisse **Art. 4 EuInsVO** 34 ff.
- Belegenheitsrecht **336** 3
- Betriebsübergang **337** 8
- Betriebsverfassung **337** 10
- Deliktsstatut **Art. 4 EuInsVO** 16
- dingliche Rechte **336** 8
- dingliche Verträge **336** 9
- eingeschränkte Universalität **Art. 4 EuInsVO** 5 ff.

- Eintragung in öffentliche Bücher und Register **Art. 102 § 6 EGInsO** 7
- eintragungspflichtige Rechte **Art. 11 EuInsVO** 1 ff.
- faktische Arbeitsverhältnisse **337** 4
- Forderungsstatut **338** 10
- gegenständlich beschränkte Insolvenzverfahren **335** 7
- Gemeinschaftsmarken **Art. 12 EuInsVO** 1 ff.
- Gemeinschaftspatente **Art. 12 EuInsVO** 1 ff.
- Gesamtstatut **Art. 4 EuInsVO** 2 f.
- Gesellschaftsstatut **Art. 4 EuInsVO** 14
- Gläubigerbenachteiligung **Art. 4 EuInsVO** 63 ff.
- Gläubigerrechte **Art. 4 EuInsVO** 59 ff.
- Gründungstheorie **Art. 4 EuInsVO** 14
- Hauptinsolvenzverfahren **Art. 4 EuInsVO** 9
- Insolvenzfähigkeit **Art. 4 EuInsVO** 21 ff.
- Insolvenzforderungen **337** 9, **Art. 4 EuInsVO** 49 ff.
- Insolvenzgeld **337** 11
- Insolvenzmasse **Art. 4 EuInsVO** 28 ff.
- Insolvenzplanstatut **335** 49 ff.
- Insolvenzschuldner **Art. 4 EuInsVO** 21 ff.
- Insolvenzstatut **Art. 4 EuInsVO** 1
- internationale Zuständigkeit **335** 3 ff.
- Kosten **Art. 4 EuInsVO** 62
- Luftfahrzeuge **336** 14
- Masseverbindlichkeiten **Art. 4 EuInsVO** 49 ff.
- Netting **340** 16 ff.
- Nutzung eines unbeweglichen Gegenstandes **336** 13
- organisierte Märkte **340** 1 ff.
- Partikularverfahren **Art. 4 EuInsVO** 11
- Pensionsgeschäfte **340** 11 ff.
- Rangfolge **Art. 4 EuInsVO** 56 f.
- Rechtsverfolgung **Art. 4 EuInsVO** 46 ff.
- Registerstatut **336** 3
- Regulierter Markt **340** 7
- Reichweite des Insolvenzstatuts **Art. 4 EuInsVO** 12 f.
- Restschuldbefreiungsstatut **335** 52
- Sachenrechtsstatut **Art. 4 EuInsVO** 17
- Scheinauslandsgesellschaften **Art. 4 EuInsVO** 14
- Schiffe **336** 14
- Schuldumwandlungsverträge **340** 15
- Sekundärinsolvenzverfahren **Art. 4 EuInsVO** 6, **Art. 4 EuInsVO** 10, **Art. 28 EuInsVO** 1 ff.
- Sonderanknüpfungen **Art. 4 EuInsVO** 5
- Terminbörse Eurex **340** 7
- Territorialinsolvenzverfahren **Art. 4 EuInsVO** 6
- unbewegliche Gegenstände **336** 1 ff., **Art. 8 EuInsVO** 1 ff.
- Universalitätsprinzip **Art. 4 EuInsVO** 3
- Verkehrsschutz **340** 3
- Verrechnungsvereinbarungen **340** 21
- Verträge **Art. 4 EuInsVO** 41 ff.
- Vertragsstatut **Art. 4 EuInsVO** 15
- Wertpapierabwicklungssysteme **340** 20
- Wertpapierlieferungssysteme **340** 20
- Zahlungssysteme und Finanzmärkte **340** 20 ff., **Art. 9 EuInsVO** 1 ff.

Anwendungsbereich Art. 1 EuInsVO 1 ff.
- Kreditinstitute **Art. 1 EuInsVO** 6
- Mittelpunkt der hauptsächlichen Interessen **Art. 1 EuInsVO** 2
- negativer Anwendungsbereich **Art. 1 EuInsVO** 4 ff.
- persönlicher Anwendungsbereich **Art. 1 EuInsVO** 4 ff.
- räumlicher Anwendungsbereich **Art. 1 EuInsVO** 2
- sachlicher Anwendungsbereich **Art. 1 EuInsVO** 3
- Versicherungen **Art. 1 EuInsVO** 9
- Wertpapierfirmen **Art. 1 EuInsVO** 7

Anzeige der Masseunzulänglichkeit 208 1 ff.
- s. auch Einstellung nach Anzeige der Masseunzulänglichkeit
- anhängige Prozesse **208** 18
- Anzeigepflicht **208** 9 ff.
- Aufrechnung **208** 22

magere Zahlen = Randnummern

Sachregister

- Befriedigung der Massegläubiger **209** 1
- begrenzte Fortsetzung des Insolvenzverfahrens **208** 20
- drohende Masseunzulänglichkeit **208** 3
- Erkenntnisverfahren **208** 26
- erneute Anzeige der Masseunzulänglichkeit **208** 11 b
- Feststellung **208** 4 ff.
- Form **208** 12
- Fortsetzung der Verteilung **208** 19
- Fortsetzung der Verwertung **208** 19
- Gesamtschäden **208** 30 ff.
- gewillkürte Masseverbindlichkeiten **208** 6
- Haftung des Insolvenzverwalters **208** 14
- Insolvenz in der Insolvenz **208** 1
- Insolvenzanfechtung **208** 19, **208** 29 f.
- Insolvenzverwalter **208** 4 f.
- Kosten **208** 2
- Kostenfestsetzungsverfahren **208** 27 a
- Massegläubiger **208** 30
- Massekosten **208** 30 b
- Masseunzulänglichkeit **208** 2 f.
- Masseverbindlichkeiten **208** 30 a
- Nachtragsverteilung **208** 11 a, **208** 29
- öffentliche Bekanntmachung **208** 15
- oktroyierte Masseverbindlichkeiten **208** 6
- prophylaktische Anzeige **208** 11
- Prozesskostenhilfe **208** 29
- prozessuale Folgen **208** 26 ff.
- Rangordnung der Masseverbindlichkeiten **209** 13
- Rechnungslegung **208** 23
- Rechtsfolgen **208** 17 ff.
- Rechtsmittel **208** 13
- Sicherungsrechte **208** 25
- Sonderinsolvenzverwalter **208** 14
- Sondermasse **208** 30
- Sperrwirkung **208** 1
- Verfahrenszweck **208** 20
- verschärfte Masseunzulänglichkeit **208** 11 b
- Verteilung **208** 18 f.
- Verteilungsschlüssel **208** 21
- Verwertung **208** 19
- Vollstreckung **208** 18, **208** 28
- Vollstreckungsverbot **210** 2
- vorübergehende Masseunzulänglichkeit **208** 11 a, **208** 20, **208** 31
- Wahlrecht des Insolvenzverwalters **208** 24
- Wegfall der Masseunzulänglichkeit **208** 31
- Zeitpunkt **208** 10
- Zustellung **208** 16
- Zwangsvollstreckung **208** 28, **210** 2 f.

Anzeigepflicht
- Anzeige der Masseunzulänglichkeit **208** 9 ff.
- Eigenverwaltung **285** 1
- Freigabe selbstständiger Tätigkeit **35** 95
- Massenentlassung in der Insolvenz **113** 121 ff.
- Rückzahlung und Anpassung der gestundeten Beiträge **4 b** 17
- Sachwalter **274** 21

Anzeigepflicht des Insolvenzverwalters
- Adressaten **262** 2
- Erfüllungsrückstand **262** 3 f.
- Rechtsfolgen **262** 5
- Überwachung der Planerfüllung **262** 1 ff.
- unterlassene Anzeige **262** 6

Apotheken
- Übernahme der Insolvenzmasse **148** 46
- Unternehmen **35** 296 f.

Apothekeneinrichtung 36 49, **36** 51

Arbeitgeberfunktion
- arbeitsrechtliche Stellung des vorläufigen Insolvenzverwalters **22** 53, **22** 56, **22** 62 ff.

- Beendigung von Arbeitsverhältnissen **113** 24 f.
- Maßnahmen vor der Entscheidung über Unternehmensstilllegung oder -veräußerung **158** 11 f.
- Rechtsstellung des Insolvenzschuldners **80** 12
- Rechtsstellung des Insolvenzverwalters **80** 92 ff.

Arbeitnehmer
- Gruppenbildung **222** 23 ff.
- Insolvenzgeld **22** 104
- Insolvenzkostenhilfe **13** 105
- Nachlassverbindlichkeiten **325** 7
- Rückgewährpflicht **143** 6

Arbeitnehmerähnliche Personen
- Beendigung von Arbeitsverhältnissen **113** 5
- Insolvenzgeld **22** 105 ff.
- Verbraucherinsolvenzverfahren **304** 8

Arbeitnehmerinteressen 1 1, **1** 16

Arbeitnehmerklage 127 1 ff.
- Arbeitsgericht **127** 3
- Auswahlrgruppen **127** 19
- Beschlussverfahren **127** 15 ff.
- Betriebsänderungen **127** 2 f.
- Betriebserwerber **127** 33
- Betriebsübergang **127** 43 f.
- Betriebsveräußerung **127** 33
- Betriebsverfassung **127** 8
- Bindungswirkung der Entscheidung **127** 40 ff.
- Darlegungs- und Beweislast **127** 21
- Drei-Wochen-Frist **127** 13
- fehlgeschlagene Interessenausgleichsverhandlungen **127** 9 ff.
- Fristen **127** 13
- Kündigungsbefugnis **127** 22
- Kündigungsschutzprozess **127** 45 f.
- Leistungsträgerregelung **127** 19
- Personalstruktur **127** 26
- präventives Kündigungsverfahren **127** 1, **127** 27 ff.
- Rechtsbeschwerde **127** 36 ff.
- Rechtsmittel **127** 36 ff.
- Sozialauswahl **127** 23 ff.
- Unterrichtungspflicht **127** 11 f.
- Verfahrensbeteiligte **127** 28 ff.
- Vorrang des Verfahrens nach § 122 InsO **127** 14
- Vortrag des Insolvenzverwalters **127** 16 ff.
- vorzeitige Betriebsänderung mit gerichtlicher Zustimmung **127** 14

Arbeitseinkommen
- allgemeine Verfahrensvereinfachungen **312** 31 ff.
- Anmeldeverfahren **174** 34
- Insolvenzgeld **22** 112 ff.
- Insolvenzmasse **35** 153
- Vollstreckung vor Verfahrenseröffnung **88** 33
- Vollstreckungsverbot **89** 33 ff.

Arbeitsgerichtliche Verfahren
- Aufnahme von Passivprozessen **86** 14 f.
- Verfahrensunterbrechung nach § 240 ZPO **85** 51

Arbeitskraft
- Auskunfts- und Mitwirkungspflichten des Schuldners **97** 16
- Gläubigerbenachteiligung **129** 96
- Insolvenzmasse **35** 16
- Rückzahlung und Anpassung der gestundeten Beiträge **4 b** 8
- Übernahme der Insolvenzmasse **148** 4

Arbeitslosengeld
- Beendigung von Arbeitsverhältnissen **113** 114
- Fortbestehen von Dienst- und Arbeitsverhältnissen **108** 56
- Insolvenzgeld **22** 92, **22** 145, **22** 156
- steuerrechtliche Wirkungen der Insolvenzeröffnung **80** 55

Arbeitslosigkeit 295 21 ff.

3157

Sachregister

fette Zahlen = Gesetzesvorschriften

Arbeitsrechtliche Stellung des vorläufigen Insolvenzverwalters 22 50 ff.
– s. auch Insolvenzgeld
– s. auch Kündigungsbefugnis des vorläufigen Insolvenzverwalters
– allgemeiner Zustimmungsvorbehalt 22 56 ff.
– allgemeines Verfügungsverbot 22 50 f., 22 53 ff.
– Arbeitgeberfunktion 22 53, 22 56, 22 62 ff.
– Befugnisabgrenzung 22 50
– Bindungswirkung der insolvenzrichterlichen Entscheidung 22 59 ff.
– Formulierungshilfen 22 62 ff.
– gerichtliche Kompetenzzuweisung 22 56 f.
– gesetzliche Kompetenzzuweisung 22 53 f.
– Gleichstellung mit endgültigem Insolvenzverwalter 22 54
– Kündigung 22 62 ff.
– Kündigungsbefugnis 22 60
– Quasi-Arbeitgeber 22 53
– richterliche Entscheidung 22 59 ff.
– Sicherungssequestration 22 50
– unternehmerische Entscheidungen 22 60, 22 62
– Verwaltungssequestration 22 50
– Zustimmung des Insolvenzgerichts 22 65

Arbeitsverhältnisse
– anwendbares Recht 337 1 ff., Art. 10 EuInsVO 1 ff.
– Aufgaben und Befugnisse des Treuhänders 313 19
– betriebliche Altersversorgung Art. 10 EuInsVO 13
– Betriebsübergang Art. 10 EuInsVO 9
– Betriebsverfassung Art. 10 EuInsVO 12
– Dauerschuldverhältnisse 38 62 ff.
– Insolvenzgeld Art. 10 EuInsVO 10
– Pfändungsschutz Art. 10 EuInsVO 11
– Rangordnung der Masseverbindlichkeiten 209 23
– Sonderanknüpfungen Art. 10 EuInsVO 1
– Verbraucherinsolvenzverfahren 304 22 f.

Arbeitsverträge 55 61 ff.

Arrest
– anfechtbare Rechtshandlungen 129 82, 130 23, 131 20
– Vollstreckungsverbot 89 12 ff.
– Zivilprozessordnung 4 44

Ärztekammern 12 11

Assed Backed Securities 47 39 a f.

Aufenthaltsort
– Amtsermittlungen 5 8
– örtliche Zuständigkeit 3 9
– spezielle Zulässigkeitsvoraussetzungen 14 29

Auffanggesellschaft 22 33

Aufforderungen an Gläubiger und Schuldner 28 1 ff.
– Anmeldung der Forderungen 28 2 f.
– ausländische Gläubiger 28 4
– ausländische Schuldner 28 7
– Eigentumsvorbehalt 28 4
– Ersatzabsonderung 28 6
– Ersatzaussonderung 28 6
– Fristbestimmung 28 3
– Fristen 28 5
– Leistungsverbot 28 7
– nachrangige Forderungen 28 2
– Nichtanzeige von Sicherungsrechten 28 6
– offener Arrest 28 4 ff.
– Wiedereinsetzung in den vorigen Stand 28 3

Aufgabe selbständiger Erwerbstätigkeit 304 24 f.

Aufgaben des Gläubigerausschusses 69 1 ff.
– Anhörung 69 43
– Aufhebungskompetenz des Insolvenzgerichts 69 8
– Eigenverwaltung 69 42
– Einschaltung Dritter 69 23
– Einsichtnahme 69 27 f.
– erhöhte Überwachungspflicht 69 24
– Ersetzungskompetenz 69 14

– Gang der Geschäfte 69 25 f.
– Geheimhaltungspflichten 69 33 ff.
– Geschäftsunterlagen 69 27 f.
– Gläubigerversammlung 69 14
– Höchstpersönlichkeit 69 2
– Insolvenzgericht 69 6 ff.
– Insolvenzplan 69 41, 69 45 f.
– Insolvenzschuldner 69 11 ff.
– Insolvenzverwalter 69 10
– Interessenkollision 69 15
– Kassenprüfung 69 29 ff.
– Mandat 69 15
– Mitwirkungspflichten 69 40 ff.
– Partikularinteressen 69 16
– Rechte und Pflichten 69 20 ff.
– Rechtsstellung 69 2 ff.
– Selbstorganisation 69 18 f.
– Sonderprüfung 69 24
– Stellungnahme 69 43
– Überwachungspflicht 69 22 ff.
– unabhängiges Organ der Insolvenzverwaltung 69 2
– Unternehmensstilllegung 69 37
– Unterrichtungspflicht 69 25 f., 69 44 ff.
– Unterstützungspflicht 69 21
– Vertretung 69 4
– Wirtschaftsprüfer 69 24
– Zustimmungsbefugnisse 69 37

Aufgaben und Befugnisse des Treuhänders 313 16 ff.
– s. auch Verwertung der Insolvenzmasse
– Anmeldung der Forderungen 313 53
– Arbeitsverhältnisse 313 19
– Befriedigung der Insolvenzgläubiger 313 54 f.
– Erfüllung 313 27 ff.
– Erinnerung 313 51 f.
– Ersatzabsonderungsrecht 313 23
– Lastschriftverfahren 313 17 a
– Miete 313 28 ff.
– Prozesse 313 38 f.
– Sicherung der Insolvenzmasse 313 17 ff.
– steuerliche Pflichten 313 48 f.
– Übernahme der Insolvenzmasse 313 17 ff.
– verwertbare Massegegenstände 313 21
– Verzeichnisse 313 25

Aufhebung der Anordnung der Eigenverwaltung 272 1 ff.
– Beschluss 272 6
– Gläubigerantrag 272 4
– Gläubigerautonomie 272 3
– Gläubigerversammlung 272 3
– Insolvenzverwalter 272 8
– Rechtsmittel 272 7
– Schuldnerantrag 272 5
– sofortige Beschwerde 272 7
– Voraussetzungen 272 2 ff.

Aufhebung der Sicherungsmaßnahmen 25 1 ff.
– Abweisung des Insolvenzantrags 25 2
– Anwendungsbereich 25 6
– Aufhebungspflicht 25 2 f.
– aufzuhebende Sicherungsmaßnahmen 25 4
– Auslagen 25 19
– Bereinigung der Kosten und Verbindlichkeiten 25 10
– Berichtigung der Verfahrenskosten 25 19
– dreistufiges Aufhebungsverfahren 25 12
– Erledigung der Hauptsache 25 2
– Grundsätze der Nachtragsverteilung 25 13 f.
– Haftung des Insolvenzverwalters 25 1
– Hinterlegung 25 11
– Kosten 25 21
– Masseverbindlichkeiten 25 21
– Mitteilungspflichten 25 23

magere Zahlen = Randnummern **Sachregister**

- Nachtragsliquidation 25 13
- Nachwirkung des allgemeinen Verfügungsverbots 25 15
- öffentliche Bekanntmachung 25 22
- Postsperre 25 2
- Rücknahme des Insolvenzantrags 25 2
- schwacher vorläufiger Insolvenzverwalter 25 6
- streitige Verbindlichkeiten 25 14
- Treuhand 25 18
- unzulängliches Schuldnervermögen 25 21
- Verfahrensbeendigung 25 8 ff.
- Vergütung des vorläufigen Insolvenzverwalters 25 19
- Verteilungsschlüssel 25 21
- Verwaltungsverbindlichkeiten 25 20
- Verwertungsbefugnis 25 17
- Zeitpunkt 25 5
- Zustellung 25 22

Aufhebung der Stundung
- angemessene Erwerbstätigkeit 4 c 18 ff.
- Aufhebungsgründe 4 c 1 ff.
- Beiordnung eines Rechtsanwalts 4 c 22
- Insolvenzantrag 4 c 3
- internationale Zuständigkeit 4 c 3
- Kündigung 4 c 19
- Ratenzahlung 4 c 1, 4 c 12
- Restschuldbefreiung 4 c 23
- Schuldenbereinigungsverfahren 4 c 3
- unrichtige Angaben 4 c 2
- Versagung der Restschuldbefreiung 4 c 23
- Verschulden 4 c 8, 4 c 16
- Vertreter 4 c 9
- Widerruf der Restschuldbefreiung 4 c 23
- Wirkung der Aufhebung 4 c 24
- wirtschaftliche Verhältnisse 4 c 5, 4 c 10
- Zahlungsverzug 4 c 16

Aufhebung der Überwachung 268 1 ff.
- Beschluss 268 2
- öffentliche Bekanntmachung 268 6
- Planerfüllung 268 3
- Wirkungen 268 5
- Zeitablauf 268 4

Aufhebung des Eröffnungsbeschlusses
- Beschwerdeentscheidung 34 27
- Gesellschaften ohne Rechtspersönlichkeit 11 275
- juristische Personen 11 109
- Rücknahme des Insolvenzantrags 13 118

Aufhebung des Insolvenzverfahrens 200 1 ff., 258 1 ff.
- s. auch Rechte der Insolvenzgläubiger nach Verfahrensaufhebung
- s. auch Rechtswirkungen der Verfahrensaufhebung
- s. auch Wirkungen der Aufhebung
- allgemeine Verfahrensvereinfachungen 312 70 f.
- Anfechtungsberechtigung 129 24
- Anordnung der Nachtragsverteilung 203 18
- Aufhebungsbeschluss 200 4
- Entscheidung des Insolvenzgerichts 289 25
- Form 200 4 ff.
- Gesellschaften ohne Rechtspersönlichkeit 11 298 ff.
- Grundbuch 32 28
- Hinterlegung 149 20
- Insolvenzgericht 258 2
- juristische Personen 11 145 ff.
- Löschungsersuchen 200 9
- Masseansprüche 258 5 ff.
- Mitteilungspflichten 200 8
- Nachhaftung 200 2
- öffentliche Bekanntmachung 200 5, 258 12 ff.
- Rechtskraft 200 7
- Rechtskraft des Insolvenzplans 258 4
- Rechtsmittel 200 10
- Rechtsstellung des Insolvenzverwalters 80 108 ff.
- Schlussrechnung 258 9
- Schlussverteilung 200 1
- Sicherheitsleistung 258 6 f.
- Sicherungsrechte 258 8
- sofortige Erinnerung 200 10
- Überwachung der Planerfüllung 260 6
- Verfahrensunterbrechung nach § 240 ZPO 85 68 f., 85 71 ff.
- Vorabinformation 258 11
- vorzeitige Beendigung 200 2
- Zeitpunkt 200 3

Aufhebung eines Beschlusses der Gläubigerversammlung 78 1 ff.
- absonderungsberechtigte Gläubiger 78 4
- Abwahl des gerichtlich bestellten Insolvenzverwalters 78 17 f.
- Amtsermittlungen 78 14
- Antrag 78 4 ff.
- ausführende Beschlüsse 78 9
- gemeinsames Interesse der Insolvenzgläubiger 78 10
- Gläubigerausschuss 78 19
- Insolvenzverwalter 78 6
- nicht ausführende Beschlüsse 78 9
- öffentliche Bekanntmachung 78 20
- Rechtsmittel 78 21
- Schlechterstellung 78 11
- Unternehmensfortführung 78 16
- Wirksamkeit 78 8
- Zeitpunkt der Antragstellung 78 7

Aufhebungskompetenz des Insolvenzgerichts
- Aufgaben des Gläubigerausschusses 69 8
- Wahl anderer Mitglieder 68 9 ff.

Aufhebungsverträge
- Betriebsübergang 128 21 ff.
- Kündigungsbefugnis des vorläufigen Insolvenzverwalters 22 84 ff.

Auflösend bedingte Forderungen 42 1 ff.
- aufschiebend bedingte Forderungen 42 7
- bedingungsähnliche Erscheinungen 42 3
- Begriff 42 2
- Eintritt der Bedingung 42 4
- Finanzierungsklauseln 42 3
- Freizeichnungsklausel 42 3
- Kauf auf Probe 42 3
- Prüfungstermin 42 4
- Verfahren 42 5 f.

Auflösung 118 1 ff.
- Abweisungsbeschluss 26 33
- eingetragener Verein 11 219
- Eröffnung des Insolvenzverfahrens 118 5 ff.
- Gemeinschaft 118 2
- Gesellschaft bürgerlichen Rechts 118 7
- Gesellschaften ohne Rechtspersönlichkeit 11 257 ff., 11 269, 118 1 ff.
- Insolvenzgläubiger 118 11
- juristische Personen 11 54, 11 103 ff.
- Kommanditgesellschaft 118 6
- Kommanditgesellschaft auf Aktien 11 202, 118 1 ff.
- nicht rechtsfähiger Verein 118 4
- offene Handelsgesellschaft 118 6
- Partenreederei 118 6
- Partnerschaftsgesellschaft 118 6
- persönliche Haftung der Gesellschafter 93 7
- Rechtsfolgen 118 8 ff.
- Regelauflösung 118 7

Aufnahme anhängiger Streitigkeiten 85 73 ff.
- Aktivprozess 85 75 ff.
- Aufnahmelast 85 90 f.
- Form der Aufnahme 85 79 f.
- Insolvenzanfechtung 85 81
- Kosten 85 84 ff.
- Passivprozess 85 76
- Rechtsfolgen 85 81 ff.

Sachregister

fette Zahlen = Gesetzesvorschriften

- starker vorläufiger Insolvenzverwalter **85** 73
- Teilungsmassestreit **85** 75 ff.
- Verzögerung der Aufnahme **85** 89
- vorläufige Vollstreckbarkeit **85** 77
- Wiedereinsetzung in den vorigen Stand **85** 82

Aufnahme eines unterbrochenen Rechtsstreits
- Änderung des Klageantrags **180** 29 ff.
- einheitliche Kostenentscheidung **180** 41
- Identität der Forderung **180** 26 ff.
- insolvenzspezifische Einwendungen **180** 27
- Kosten **180** 39, **180** 41 ff.
- Kostenfestsetzung **180** 35, **180** 47
- Mahnverfahren **180** 34
- Masseverbindlichkeiten **180** 43 ff.
- Neuklage **180** 20
- örtliche Zuständigkeit **180** 23
- sachliche Zuständigkeit **180** 23
- Schiedsverfahren **180** 37
- Verfahrensunterbrechung nach § 240 ZPO **87** 6 ff.
- Voraussetzungen **180** 24 ff.
- vorheriges Prüfungsverfahren **180** 25
- Wirkungen der Verfügungsbeschränkungen **24** 14

Aufnahme neuer Erwerbstätigkeit 38 89

Aufnahme von Aktivprozessen
- s. auch Verfahrensfortgang im anhängigen Aktivprozess
- s. auch Verfahrensunterbrechung nach § 240 ZPO

Aufnahme von Passivprozessen 86 1 ff.
- Absonderungsrecht **86** 10 ff.
- arbeitsgerichtliche Verfahren **86** 14 f.
- Aufnahmebefugnis **86** 16 f.
- Aussonderungsrecht **86** 8 f.
- Form der Aufnahme **86** 18
- Fortsetzung des Rechtsstreits **86** 21
- Freigabe **86** 16
- Insolvenzanfechtung **86** 8
- Insolvenzforderungen **86** 4
- Kosten **86** 20
- Kündigung **86** 14
- Masseverbindlichkeiten **86** 13
- Rechtsfolgen **86** 21 ff.
- Schuldenmassestreit **86** 4 ff.
- sofortiges Anerkenntnis **86** 22 ff.
- Teilungsmassestreit **86** 3
- titulierte Forderungen **86** 5
- Unterlassungsklagen **86** 9
- vorläufiger Insolvenzverwalter **86** 13

Aufrechnung Art. 6 EuInsVO 1 ff., **Art. 6 EuInsVO** 5
- s. auch Eintritt der Aufrechnungslage im Verfahren
- s. auch Erhaltung einer Aufrechnungslage
- s. auch Unzulässigkeit der Aufrechnung
- Abtretung **94** 79
- allgemeines Verfügungsverbot **21** 20 f.
- anfechtbare Rechtshandlungen **130** 11 f., **131** 10, **132** 5
- anmeldbare Forderungen **174** 8
- anwendbares Recht **340** 16 ff., **Art. 4 EuInsVO** 38 ff., **Art. 6 EuInsVO** 4 ff.
- Anzeige der Masseunzulänglichkeit **208** 22
- Aufrechnungslage **Art. 6 EuInsVO** 5
- Aufrechnungsverbote **94** 49 f.
- ausländisches Insolvenzverfahren **94** 86 f.
- Bezüge aus einem Dienstverhältnis **114** 21 ff.
- Erfüllungswahl des Insolvenzverwalters **103** 152 f.
- Erhaltung einer Aufrechnungslage **94** 6 ff., **94** 58 f.
- Ersetzung der Zustimmung **309** 69
- Factoring **116** 80 ff., **116** 109 f.
- Gesamtschaden **92** 28
- Gesamtschuldner und Bürgen **44** 13
- Gesellschafterdarlehen **135** 2
- Gläubigerbenachteiligung **129** 105, **129** 114, **Art. 6 EuInsVO** 6

- Gläubigerverzeichnis **152** 5
- Haftung mehrerer Personen **43** 26
- Handelsgesellschaften **35** 394 ff., **35** 398
- Handelsvertreter **96** 31
- Insolvenzanfechtung vor **129** 7, **129** 33, **Art. 6 EuInsVO** 6
- Insolvenzeröffnungsverfahren **94** 67 ff.
- insolvenzfreie Forderungen **94** 74
- Insolvenzgeld **22** 150
- Insolvenzplanverfahren **94** 83 ff.
- Insolvenzvermögensstatut **335** 25
- Insolvenzverwalter **94** 76 ff.
- Internationales Insolvenzrecht **338** 1 ff., **339** 9, vor **EuInsVO** 7
- Kommissionsgeschäft **47** 80
- Massegläubiger **94** 71 ff.
- Masseunzulänglichkeit **94** 72
- Mittelpunkt der hauptsächlichen Interessen **Art. 6 EuInsVO** 2 f.
- nachrangige Verbindlichkeiten **327** 7
- nicht fällige Forderungen **41** 18
- persönliche Haftung der Gesellschafter **93** 5
- Restschuldbefreiungsverfahren **94** 80 ff.
- Rückgewährpflicht **143** 15, **143** 24
- Schadensersatz wegen Nichterfüllung **103** 177 ff.
- Schuldner als Vermieter oder Verpächter **110** 18 ff.
- Sonderanknüpfungen **Art. 6 EuInsVO** 1
- Sozialpläne **94** 71
- Steuerforderungen **80** 30
- steuerrechtliche Stellung des Insolvenzverwalters **56** 83
- steuerrechtliche Wirkungen der Insolvenzeröffnung **80** 30
- Streitwert **182** 13
- Umrechnung von Forderungen **45** 30
- Unzulässigkeit der Aufrechnung **96** 65 ff.
- Verrechnungsverbot **94** 69
- Vollstreckungsverbot **210** 18
- Wirkungen der Verfügungsbeschränkungen **24** 6 f.
- Zeitpunkt der Vornahme einer Rechtshandlung **140** 3, **140** 17
- Zwangsvollstreckungsverbot **294** 30 ff.

Aufrechnung gegen Gesellschafterforderungen
- Aktiengesellschaft **35** 310
- GmbH **35** 310

Aufrechnungslage 94 12 ff.
- Finanzbehörde **94** 22
- Gegenseitigkeit **94** 13 f.
- Gesamtschuld **94** 14
- gesellschaftsrechtliche Forderungen **94** 15 ff.
- Gleichartigkeit **94** 29 ff.
- Kommanditisten **94** 16, **94** 18
- Nachlassinsolvenzverfahren **94** 28
- persönlich haftende Gesellschafter **94** 16
- Regressansprüche **94** 26
- Steuerforderungen **94** 20 ff., **94** 31

Aufrechnungsverbote
- Aufrechnungsverzicht **94** 49 f.
- bestrittene Forderungen **94** 45
- Gesellschafterleistungen **94** 41
- gesellschaftsrechtliche Aufrechnungsverbote **94** 39 ff.
- gesetzliche Aufrechnungsverbote **94** 35 ff.
- Insolvenzeröffnungsverfahren **94** 47
- stiller Gesellschafter **94** 42
- unzulässige Rechtsausübung **94** 51 f.
- vertragliche Aufrechnungsverbote **94** 43 ff.

Aufschiebend bedingte Forderungen
- auflösend bedingte Forderungen **42** 7
- Berücksichtigung aufschiebend bedingter Forderungen **191** 2 ff.
- Schlussverteilung **196** 21

magere Zahlen = Randnummern

Sachregister

Aufsicht
- Treuhänder **292** 72 ff.
- vorläufiger Insolvenzverwalter **22** 5

Aufsicht des Insolvenzgerichts 58 1 ff.
- s. auch Gläubigerausschuss
- Ablehnung von Gerichtspersonen **58** 15 f.
- Absonderungsrecht **58** 19
- Aufsichtspflichten **58** 8
- Auskunftspflichten **58** 40 f.
- Aussonderungsrecht **58** 18
- Eigenverwaltung **58** 14
- Entlassung des Insolvenzverwalters **59** 1
- Ersatzvornahme **58** 34
- Grenzen **58** 21 ff.
- Herausgabepflichten **58** 42
- Informationsrecht **58** 9 f.
- Insolvenzeröffnungsverfahren **58** 2, **58** 25
- insolvenzzweckwidrige Handlungen **58** 21, **58** 35
- Kassenprüfung **58** 4, **58** 8
- nachwirkende Aufsicht **58** 29
- permanente Beaufsichtigung **58** 5
- Prüfungspflichten des Insolvenzgerichts **58** 2
- Rechnungslegungspflicht **58** 22
- Rechnungsprüfung **58** 17
- Rechtsaufsicht **58** 8
- Rechtsmittel **58** 37
- Restschuldbefreiungsverfahren **58** 13
- Rückzahlungsanordnung **58** 11 f.
- Sachwalter **58** 14, **274** 9 f.
- sofortige Beschwerde **58** 37
- Staatshaftung **58** 1, **58** 38 f.
- Standesrecht **58** 26
- Treuhänder **58** 13
- Verletzung der Aufsichtspflicht **58** 38 f.
- Zeitraum der gerichtlichen Aufsicht **58** 28 ff.
- Zwangsgelder **58** 32 f.
- Zwangsmittel **58** 32 ff.

Aufsichtsorgane
- s. auch Verfahrenspflichten aktiver Organe, Gesellschafter und Angestellter
- Organe der juristischen Personen **11** 132
- organschaftliche Vertreter **101** 6

Aufsichtspflichten
- Aktiengesellschaft **35** 331
- Aufsicht des Insolvenzgerichts **58** 8

Aufsichtsrat
- Aktiengesellschaft **11** 186
- Insolvenzantragsrecht **13** 69

Aufsichtsratsmitglieder
- Aktiengesellschaft **35** 331 ff.
- Auskunfts- und Mitwirkungspflicht im Eröffnungsverfahren **20** 10
- drohende Zahlungsunfähigkeit **18** 21
- Insolvenzantragspflicht **15 a** 62
- Verletzung der Insolvenzantragspflicht **15 a** 44

Auftrag und Geschäftsbesorgung 116 1 ff.
- Abwicklungsansprüche **116** 9
- Bauträgervertrag **116** 3
- Erlöschen ex nunc **116** 8
- gemischttypische Verträge **116** 2
- Insolvenzmasse **116** 7
- Kündigung **116** 11
- Notgeschäftsführung **116** 13
- Schadensersatzanspruch **116** 12
- selbstständige Tätigkeit **116** 2
- Sicherheiten **116** 9
- Treuhandverhältnisse **116** 3
- Unkenntnis des Beauftragten **116** 14
- vorläufiger Insolvenzverwalter **116** 6, **116** 13
- Wahlrecht des Insolvenzverwalters **116** 10

Ausdrückliches Erfüllungsverlangen 103 113

Auseinandersetzung 84 1 ff.
- Absonderungsrecht **84** 18 ff.
- Aussonderungsrecht **84** 16
- Bruchteilsgemeinschaft **84** 3
- Erbengemeinschaft **84** 10
- fortgesetzte Gütergemeinschaft **37** 22, **332** 11
- Gemeinschaftskonten **84** 4
- Gesellschaften ohne Rechtspersönlichkeit **11** 260 f., **84** 5
- gesetzliche Beschränkungen **84** 31 ff.
- GmbH & Co. KG **11** 361
- Gütergemeinschaft **37** 17, **84** 11
- juristische Personen **84** 8
- Sicherheiten-Pool **51** 72
- sonstige Absonderungsberechtigte **51** 45
- stille Gesellschaft **11** 387 f., **84** 6, **84** 19
- Teilung oder sonstige Auseinandersetzung **84** 14 ff.
- Treuhandverhältnisse **84** 26
- unentgeltliche Leistung **134** 28
- Unterbeteiligung **84** 7, **84** 19
- vertragliche Beschränkungen **84** 27 ff.
- Voraussetzungen **84** 20 ff.

Ausfall 190 7, **190** 12

Ausfall der Absonderungsberechtigten 52 1 ff.
- Anmeldung der Forderungen **52** 7
- Ausfallprinzip **52** 5
- bedingte Forderungen **52** 11
- Befriedigung **52** 8
- betagte Forderungen **52** 11
- Doppelberücksichtigung **52** 3 a
- Insolvenzmasse **52** 3
- kapitalersetzende Gesellschafterdarlehen **52** 12 ff.
- Kumulationsprinzip **52** 3 a
- maßgeblicher Zeitpunkt **52** 4
- nachrangige Forderungen **52** 10
- Nachweis des Ausfalls **52** 18 ff.
- persönliche Haftung **52** 2
- ungewisse Forderungen **52** 11
- Verteilungsverfahren **52** 2
- Verwirkung **52** 19
- Verzicht auf das Absonderungsrecht **52** 15 ff.
- Vorteilsanrechnung **52** 6

Ausfallforderungen 256 1 ff.
- Abschlagsverteilung **187** 6
- absonderungsberechtigte Gläubiger **223** 4
- erforderliche Mehrheiten **244** 3
- Erfüllungsquote **256** 8 f.
- Erfüllungsrückstand **256** 2 ff.
- Feststellung der Forderungen **178** 4
- Gläubigerforderungen **256** 2 f.
- Kreditrahmen **264** 29
- Nachleistungspflicht **256** 11 f.
- nicht angemeldete Forderungen **256** 4
- Rechtskraftwirkung festgestellter Forderungen **178** 36 ff.
- Rechtsschutzinteresse **14** 50
- Rückforderungsansprüche **256** 13 ff.
- Stimmrecht der Insolvenzgläubiger **237** 3
- Stimmrechtsfestsetzung **256** 5 ff.
- Vollstreckung aus dem Insolvenzplan **257** 9
- Wiederauflebensklausel **255** 2

Ausfallprinzip
- Ausfall der Absonderungsberechtigten **52** 5
- persönliche Haftung der Gesellschafter **93** 22 ff.

Ausgeschiedene Angestellte
- Auskunfts- und Mitwirkungspflicht im Eröffnungsverfahren **20** 11
- Auskunftspflichten **101** 22
- Gesellschaft ohne Rechtspersönlichkeit **11** 317

Ausgeschiedene Gesellschafter
- Haftung des Schuldners **227** 10
- persönliche Haftung der Gesellschafter **93** 10, **93** 31 f.

3161

Sachregister

fette Zahlen = Gesetzesvorschriften

Ausgeschiedene Kommanditisten 35 401 ff.
Ausgeschlossene Gesellschafter
- Gesellschaften ohne Rechtspersönlichkeit **11** 293
- juristische Personen **11** 144

Ausgetretene Gesellschafter
- Gesellschaften ohne Rechtspersönlichkeit **11** 293
- juristische Personen **11** 144

Ausgewogene Altersstruktur 125 97 ff.
Ausgleichszahlung
- Freigabe selbstständiger Tätigkeit **35** 105
- Insolvenz des Leasingnehmers **108** 123

Auskunft 4 25 ff.
- Amtsermittlungen **5** 21
- beendetes Insolvenzverfahren **4** 31
- Eigenantrag **4** 27
- Eigenverwaltung **4** 30
- eröffnetes Insolvenzverfahren **4** 30
- Insolvenzeröffnungsverfahren **4** 27
- Insolvenzrichter **4** 30
- Insolvenzverwalter **4** 30
- Rechtspfleger **4** 30
- Schuldnerverzeichnis **26** 46
- Sicherungsmaßnahmen **4** 27
- Verfahrensstand **4** 30
- Vollstreckungsverbot **89** 11
- vorläufiger Insolvenzverwalter **22** 16
- Zulassung des Gläubigerantrags **14** 107

Auskunfts- und Mitwirkungspflicht im Eröffnungsverfahren 20 1 ff.
- Adressaten **20** 19
- Amtsermittlungspflicht **20** 3
- Amtsniederlegung **20** 8
- Art und Umfang der Auskunfspflichten **20** 20 ff.
- Art und Umfang der Mitwirkungspflichten **20** 27 ff.
- Aufsichtsratsmitglieder **20** 10
- ausgeschiedene Angestellte **20** 11
- Auskunftsverpflichtete **20** 10 ff.
- außergerichtliches Schuldenbereinigungsverfahren **20** 16
- Bereitschaftspflicht **20** 27
- Dritte **20** 13
- drohende Zahlungsunfähigkeit **20** 33
- ehemalige Geschäftsführer **20** 10
- eidesstattliche Versicherung **20** 5
- Eigenantrag **20** 3
- Eigenverwaltung **20** 24
- Entbindung von der Schweigepflicht **20** 28
- faktische Geschäftsführer **20** 10
- faktische Vorstände **20** 10
- Finanzbehörde **20** 13, **20** 15
- Fristsetzung **20** 32
- Führungslosigkeit **20** 9 f.
- Gesellschafter **20** 9 f.
- Gläubigerantrag **20** 3
- Gläubigerverzeichnis **20** 20 f.
- höchstpersönliche Pflicht **20** 17 f.
- Insolvenzeröffnungsverfahren **20** 8
- Insolvenzgericht **20** 4, **20** 19
- Kreditinstitute **20** 13 f.
- Liquiditätsrechnung **20** 23
- mehrköpfige Vertretung **20** 12
- Mitwirkungspflichten **20** 2
- Nachlassinsolvenzverfahren **20** 10
- Organe der juristischen Personen **20** 10
- organschaftliche Vertreter **20** 8
- persönlich haftende Gesellschafter **20** 10
- Pflicht zur Offenbarung strafbarer oder ordnungswidriger Handlungen **20** 41 ff.
- Präsenzpflicht **20** 27
- prozessuale Last **20** 5 ff.
- rechtliches Gehör **20** 5
- Rechtsanwälte **20** 13
- Rechtsmissbrauch **20** 8
- Rechtsmittel **20** 40
- Restschuldbefreiungsverfahren **20** 35
- Sanktionen **20** 33 ff.
- Schuldnerverzeichnis **20** 20 f.
- Steuerberater **20** 13
- Strafbarkeit **20** 4
- Strafbarkeit einer Falschauskunft **20** 44
- unbeschränkte Auskunftspflicht **20** 2
- Unentgeltlichkeit **20** 45
- Verbraucherinsolvenzverfahren **20** 36
- Verfahrenspflichten **20** 45
- Vermögensübersicht **20** 20
- Vorlagepflichten **20** 2
- Zahlungsunfähigkeit **20** 25
- Zeugnisverweigerungsrecht **20** 11
- Zulässigkeit des Insolvenzantrags **20** 3 f.
- Zumutbarkeit **20** 30 f.
- Zurückweisung des Insolvenzantrags **20** 33
- Zwangsmaßnahmen **20** 37 ff.

Auskunfts- und Mitwirkungspflichten des Schuldners 97 1 ff.
- s. auch Durchsetzung der Pflichten des Schuldners
- Arbeitskraft **97** 16
- Art und Weise der Auskunft **97** 6
- Auskunftsberechtigte **97** 4
- Auskunftsverpflichtete **97** 5
- Bereitschaftspflicht **97** 20
- Dauer **97** 22
- Eigenverwaltung **97** 3
- erzwungene Auskunft **97** 11 f.
- freiwillige Auskünfte **97** 11
- Gegenstand der Auskunft **97** 7
- Gläubigerausschuss **97** 4
- Gläubigerversammlung **97** 4
- Honorierung der Mitwirkungspflicht **97** 19
- Insolvenzgericht **97** 4
- Insolvenzplan **97** 3
- Insolvenzverwalter **97** 4
- Kosten **97** 23
- nicht erzwingbare Mitwirkungspflichten **97** 3
- persönliche wirtschaftliche Verhältnisse **97** 7
- Rechtsmittel **97** 24
- spezielle Mitwirkungspflichten **97** 17
- strafbare Handlungen **97** 8
- Strafbarkeit falscher Auskünfte **97** 14 f.
- strafprozessuales Verwendungsverbot **97** 9 ff.
- Trennungstheorie **97** 18
- umfassendes Beweisermittlungsverbot **97** 10
- Unterlassungspflichten **97** 21
- Unterstützungspflicht **97** 16 ff.
- Verbraucherinsolvenzverfahren **97** 3

Auskunftsansprüche 22 192 i
Auskunftspflichten
- abgesonderte Befriedigung aus unbeweglichen Gegenständen **50** 47
- Amtsermittlungen **5** 20 f.
- Antrag auf Eröffnung des Verbraucherinsolvenzverfahrens **305** 104 ff.
- Aufsicht des Insolvenzgerichts **58** 40 f.
- ausgeschiedene Angestellte **101** 22
- Aussonderung **47** 103 f.
- Berichtstermin **156** 14
- Bestellung eines Sachverständigen **5** 15
- Insolvenzgrund **16** 8
- Insolvenzkostenhilfe **13** 110
- Insolvenzverwalter **261** 10
- Internationales Insolvenzrecht **342** 18 f.
- Nutzung des Sicherungsguts **172** 4
- Obliegenheiten des Schuldners **295** 49 ff.
- organschaftliche Vertreter **101** 23
- persönlich haftende Gesellschafter **101** 23

magere Zahlen = Randnummern

Sachregister

- Prüfungsaufgaben und Sachverständigentätigkeit des vorläufigen Insolvenzverwalters **22** 199
- Rechte und Pflichten des Insolvenzverwalters **80** 189 ff.
- Rückgewährpflicht **143** 45 f.
- Ruhen des Verfahrens **306** 65
- Sozialauswahl **125** 57 ff.
- spezielle Zulässigkeitsvoraussetzungen **13** 51
- Treuhänder **313** 77
- Übernahme der Insolvenzmasse **148** 37
- Unterrichtung des Gläubigers **167** 2 ff.
- Verfahrenspflichten ausgeschiedener Organe und Gesellschafter **101** 16 f.
- Verstoß gegen Obliegenheiten **296** 32 f.
- Zulassung des Gläubigerantrags **14** 108
- Zwangsbefugnisse des vorläufigen Insolvenzverwalters **22** 213

Auskunftsurteile gegen den Schuldner 80 197

Auslagen
- Amtsermittlungen **5** 25
- Aufhebung der Sicherungsmaßnahmen **25** 19
- Eröffnungsantrag **13** 133 f.
- Kosten des Insolvenzverfahrens **54** 20 ff.
- Verfahrenskosten **26** 8, **26** 11
- Vergütung der Mitglieder des Gläubigerausschusses **73** 20
- Vergütung des Insolvenzverwalters **63** 60 ff.
- Vergütung des Treuhänders **293** 10 f.
- Vergütung des vorläufigen Insolvenzverwalters **22** 236 f.

Auslagenvorschuss
- Amtsermittlungen **5** 24
- Bestellung eines Sachverständigen **5** 18

Ausländische Gläubiger
- Aufforderungen an Gläubiger und Schuldner **28** 4
- Beschlüsse der Gläubigerversammlung **76** 17
- Internationales Insolvenzrecht **vor EuInsVO** 10
- Vollstreckungsverbot **89** 23
- Wirkung der Restschuldbefreiung **301** 5

Ausländische Registerbehörden 31 9

Ausländische Schuldner
- Aufforderungen an Gläubiger und Schuldner **28** 7
- Leistungen an den Schuldner **82** 47

Ausländische Währung
- Finanztermingeschäfte **104** 23
- Umrechnung von Forderungen **45** 17, **45** 23

Ausländischer Insolvenzverwalter
- Grundbuch **32** 15
- öffentliche Bekanntmachung **345** 3 ff.
- Partikularverfahren **356** 8 f., **357** 1 ff.
- Rechtsmittel **Art. 102 § 7 EGInsO** 3
- spezielle Zulässigkeitsvoraussetzungen **13** 38, **14** 23

Ausländischer Verwalter Art. 29 EuInsVO 2

Ausländisches Insolvenzeröffnungsverfahren
- ausländisches Insolvenzverfahren **353** 6
- Bekanntmachung der Verfügungsbeschränkungen **23** 9

Ausländisches Insolvenzverfahren 343 1 ff.
- s. auch Anerkennung
- s. auch Grundbuch
- s. auch Leistung an den Schuldner
- s. auch Öffentliche Bekanntmachung
- s. auch Sicherungsmaßnahmen
- s. auch Unbewegliche Gegenstände
- s. auch Unterbrechung und Aufnahme eines Rechtsstreits
- Absonderungsrecht **351** 10
- Anerkennung **343** 1 ff.
- Aufrechnung in der Insolvenz **94** 86 f.
- ausländisches Insolvenzeröffnungsverfahren **353** 6
- Aussonderungsrecht **351** 10 f.
- Ausübung von Gläubigerrechten **341** 2
- dingliche Rechte **351** 1 ff.
- Einstellung zugunsten anderer mitgliedstaatlicher Gerichte **Art. 102 § 4 EGInsO** 1
- Flugzeugregister **33** 2
- Grundbuch **346** 1 ff.
- Insolvenzantragsrecht **13** 83
- Insolvenzgeld **22** 96 f.
- Insolvenzvermögensstatut **335** 31 f.
- Insolvenzverwalter **347** 1 ff.
- kongruente Deckung **130** 39
- Konzentrationsermächtigung **348** 5
- Nachweis der Insolvenzverwalterbestellung **347** 2 ff.
- öffentliche Bekanntmachung **345** 1 ff.
- örtliche Zuständigkeit **348** 1 ff.
- Partikularverfahren **358** 4 f.
- Rechte Dritter **351** 6 ff.
- Register **31** 9
- Schiffsregister **33** 2
- Sicherungsmaßnahmen **344** 1 ff.
- unbewegliche Gegenstände **349** 1 ff., **351** 15 ff.
- Unterbrechung und Aufnahme eines Rechtsstreits **352** 1 ff.
- Unterrichtungspflicht **347** 5
- Verfahrensunterbrechung nach § 240 ZPO **85** 11
- Verweisung **348** 4
- Vollstreckbarkeit ausländischer Entscheidungen **353** 1 ff.
- Vollstreckbarkeitserklärung **353** 3
- Vollstreckung vor Verfahrenseröffnung **88** 6
- Vollstreckungsverbot **89** 30
- Zivilprozessordnung **4** 44
- Zuständigkeit **348** 1 ff.

Ausländisches Vermögen
- Inbesitznahme der Insolvenzmasse **148** 24 ff.
- Insolvenzmasse **35** 130
- Insolvenzvermögensstatut **335** 13, **335** 28
- Verfügungen des Schuldners **81** 5
- Verwertung der Insolvenzmasse **159** 20 f.
- Vollstreckung vor Verfahrenseröffnung **88** 6
- Vollstreckungsverbot **89** 29

Auslandsberührung
- Aussonderung **47** 116 f.
- Grundbuch **32** 11
- Insolvenzgeld **22** 93 ff.
- Auslandssachverhalte **vor 335–358** 4, **vor 335–358** 19 f.

Ausleihungen 19 74

Ausscheiden aus einer Gesellschaft
- anfechtbare Rechtshandlungen **130** 13
- Gläubigerbenachteiligung **129** 100

Ausschlagung von Erbschaft oder Vermächtnis
- Masseverbindlichkeiten **324** 7
- Obliegenheiten des Schuldners **295** 34
- Erbschaft **83** 1, **83** 9 ff.

Ausschließung von Gerichtspersonen 4 5

Ausschluss des ordentlichen Kündigungsrechts 113 68 ff., **113** 102 ff.

Ausschluss sonstigen Rechtserwerbs 91 1 ff.
- absolute Unwirksamkeit **91** 7
- Abtretung **91** 17
- Anwartschaftsrecht **91** 25 ff.
- Ausnahmen **91** 45 ff.
- Bindungswirkung **91** 48 f.
- Direkterwerb **91** 26 f.
- Durchgangserwerb **91** 26 f.
- Eigentumsvorbehalt **91** 25 ff.
- Ersitzung **91** 33
- Erwerb durch Zwangsvollstreckung **91** 39
- Forderungsverpfändung **91** 18
- Früchte **91** 20
- Fund **91** 33
- gestreckter Erwerb **91** 2
- Globalzession **91** 21 ff.
- Grundschuld **91** 14 f.

3163

Sachregister

fette Zahlen = Gesetzesvorschriften

- Grundstücke **91** 47
- Grundstückszubehör **91** 6, **91** 38
- gutgläubiger Erwerb **91** 51 ff.
- Hypothek **91** 14 f.
- Insolvenz des Vorbehaltsverkäufers **91** 28
- Insolvenzanfechtung **91** 58 f.
- Insolvenzverwalter **91** 3
- künftige Forderungen **91** 4, **91** 21 ff.
- Leasing **91** 35
- Luftfahrzeuge **91** 51 ff.
- massefreie Gegenstände **91** 8
- maßgeblicher Zeitpunkt **91** 10 ff.
- mehraktiger Verfügungstatbestand **91** 10
- Miete **91** 5, **91** 29
- Pacht **91** 5, **91** 29
- Pfandrechte **91** 11 ff.
- Qualitätsänderungstheorie **91** 24
- Rechte an Massegegenständen **91** 8
- Schiffe **91** 51 ff.
- Sicherheiten-Pool **91** 34
- Verarbeitungsklausel **91** 30
- Verfügung eines Nichtberechtigten **91** 42 ff.
- verlängerter Eigentumsvorbehalt **91** 23
- Vermieterpfandrecht **91** 16
- vertragliches Abtretungsverbot **91** 43
- Vormerkung **91** 3, **91** 36 f., **91** 47
- Zurückbehaltungsrechte **91** 9
- Zwangsvollstreckung **91** 50

Ausschluss von Massegläubigern
- Insolvenzverwalter **206** 3
- Massegläubiger **206** 1 ff.
- Nachhaftung **206** 5
- Präklusionswirkung **206** 1
- Umfang der Präklusionswirkung **206** 4
- Zeitpunkt **206** 2

Ausschluss von Minderheitsaktionären 11 191
Ausschüttung von Scheingewinnen 134 22
Außergerichtliche Einigung vor 286 25
Außergerichtliche Sanierung
- Eröffnungsantrag **13** 2
- Insolvenzverfahren **1** 6

Außergerichtlicher Einigungsversuch 305 3 ff.
- s. auch Scheitern der außergerichtlichen Schuldenbereinigung
- allgemeine Verfahrensvereinfachungen **312** 19
- Anpassungsklauseln **305** 12
- Antrag auf Eröffnung des Verbraucherinsolvenzverfahrens **305** 65 ff., **305** 134 ff.
- außergerichtlicher Plan **305** 11 ff.
- außergerichtlicher Vergleich **305** 16 f.
- Beratungshilfe **305** 55
- Einstimmigkeitserfordernis **305** 14 f.
- Erforderlichkeit **305** 4 ff.
- gesicherte Gläubiger **305** 13
- Informationspflichten **305** 6 ff.
- Privatautonomie **305** 12
- Ruhen des Verfahrens **306** 74 ff.
- Schuldenbereinigungsplan **305** 11
- Steuerforderungen **305** 15
- Verfallklauseln **305** 12
- Vollstreckungsschutz **305** 9 f.
- Wiederauflebensklauseln **305** 12
- Zeitpunkt **305** 70 ff.
- Zwangsvollstreckung **305** 3 a

Außergerichtlicher Plan
- Antrag auf Eröffnung des Verbraucherinsolvenzverfahrens **305** 75 ff.
- außergerichtlicher Einigungsversuch **305** 11 ff.

Außergerichtlicher Schuldenregulierungsplan 40 4
Außergerichtlicher Vergleich
- außergerichtlicher Einigungsversuch **305** 16 f.
- drohende Zahlungsunfähigkeit **18** 2

- Eigenverwaltung **270** 8
- spezielle Zulässigkeitsvoraussetzungen **14** 57
- Verbraucherinsolvenzverfahren **vor 304–314** 4
- vorzeitige Beendigung **299** 8
- Zahlungsunfähigkeit **17** 32

Außergerichtliches Schuldenbereinigungsverfahren 20 16
Außerordentlicher Saldenabschluss 39 17
Außerordentliches Kündigungsrecht
- Kündigung von Betriebsvereinbarungen **120** 20
- Veräußerung des Miet- oder Pachtobjekts **111** 1

Aussetzung der Verwertung Art. 102 § 10 EGInsO 1 ff., **Art. 33 EuInsVO** 1 ff.
- Absonderungsrecht **Art. 102 § 10 EGInsO** 3
- Aufhebung **Art. 33 EuInsVO** 5
- Hauptinsolvenzverwalter **Art. 102 § 10 EGInsO** 1
- Primat des Hauptinsolvenzverfahrens **Art. 33 EuInsVO** 1
- Schutzmaßnahmen **Art. 102 § 10 EGInsO** 5, **Art. 33 EuInsVO** 3
- Sekundärinsolvenzverfahren **Art. 102 § 10 EGInsO** 1
- Sicherheitsleistung **Art. 102 § 10 EGInsO** 5
- verfahrensbeendende Maßnahmen **Art. 34 EuInsVO** 6
- Verwertung der Insolvenzmasse **159** 46
- Voraussetzungen **Art. 33 EuInsVO** 3 ff.
- Zinsen **Art. 102 § 10 EGInsO** 4

Aussetzung der Vollziehung
- Insolvenzgrund **16** 17
- Schlussverteilung **196** 17

Aussetzung des Verfahrens
- Eröffnungsantrag **13** 139
- spezielle Zulässigkeitsvoraussetzungen **14** 57
- Zivilprozessordnung **4** 2

Aussetzung von Verwertung und Verteilung 233 1 ff.
- Aufhebung der Aussetzungsanordnung **233** 12 ff.
- Aussetzungsanordnung **233** 8 ff.
- Rechtsmittel **233** 17
- Verwalterplan **233** 2 ff.
- Vorprüfung des Insolvenzplans **233** 9

Aussonderung 47 1 ff.
- s. auch Eigentumsvorbehalt
- s. auch Kommissionsgeschäft
- s. auch Leasing
- s. auch Treuhandverhältnisse
- Agenturkonten **47** 45
- Anderkonten **47** 42
- Anerkennung **47** 100
- Arbeitszeitkonten **47** 49 a
- Assed Backed Securities **47** 39 a f.
- Auskunftspflichten **47** 103 f.
- Auslandsberührung **47** 116 f.
- Aussonderungssperre **47** 63
- Begriff **47** 2
- Bereitstellungspflicht des Insolvenzverwalters **47** 101
- beschränkte dingliche Rechte **47** 66
- Besitz **47** 65
- Bestandteile **47** 10
- Bestimmtheit **47** 5, **47** 59 f.
- betriebliche Altersversorgung **47** 85 ff.
- Deckungs- und Refinanzierungsregister **47** 39 a f.
- Depot **47** 51 f.
- dingliche Rechte **47** 9 ff.
- Durchsetzung der Aussonderung **47** 98 ff.
- eigenkapitalersetzende Gebrauchsüberlassung **47** 64
- Eigentum **47** 9
- einstweiliger Rechtsschutz **47** 114
- Einwendungen **47** 113
- erbrechtliche Ansprüche **47** 74
- Erstattungspflicht **47** 106
- Factoring **47** 93 f.
- Forderungen **47** 72
- Früchte **47** 10
- Geld **47** 6

magere Zahlen = Randnummern

Sachregister

- Gemeinschaftskonten **47** 50
- Gesamthandseigentum **47** 12
- gewerbliche Schutzrechte **47** 67 ff.
- Gläubigeranfechtung **47** 76
- Gütergemeinschaft **47** 7
- Insolvenz des Anschlusskunden **47** 94 f.
- Insolvenz des Drittbesitzers **47** 57
- Insolvenz des Factors **47** 96
- Insolvenz des Sicherungsgebers **47** 56
- Insolvenz des Sicherungsnehmers **47** 55
- Insolvenzanfechtung **47** 76
- Insolvenzmasse **47** 8
- Insolvenzverwalter **47** 4
- Klage **47** 111
- Kommissionsgeschäft **47** 77 ff.
- Konten pro Diverse **47** 48
- Konten zugunsten Dritter **47** 49
- Kosten **47** 105 ff.
- Leasing **47** 90 ff.
- Lieferantenpool **47** 59 ff.
- Massebereinigung **47** 4
- Masseverwaltung **47** 99
- Mietkautionskonto **47** 47
- Miteigentum **47** 11
- Nutzungsüberlassung durch Gesellschafter **47** 63 ff.
- Parteien **47** 110
- Pensionsfonds **47** 85 ff.
- Pfandbriefe **47** 39 a
- Pfändungsfreibetrag **47** 97
- Prüfungspflicht des Insolvenzverwalters **47** 99
- Rechtsgrundlage der Aussonderung **47** 3
- Rechtsstreit **47** 108 ff.
- schuldrechtliche Ansprüche **47** 75 ff.
- Sicherungsabtretung **47** 58
- Sicherungseigentum **47** 54 ff.
- sofortiges Anerkenntnis **47** 112
- Software **47** 71
- Sonderkonten **47** 43
- Sperrkonten **47** 46
- Treuhandkonten **47** 40 f., **47** 44
- Unterlassungsansprüche **47** 73
- Verwertungsstopp **47** 1 a
- Verzug **47** 102
- Wegnahmerechte **47** 65 a
- Zubehör **47** 10
- Zugewinngemeinschaft **47** 7
- Zuständigkeit **47** 108

Aussonderungsähnliche Wirkung 106 1, **106** 27
Aussonderungsberechtigte Gläubiger
- anfechtbare Rechtshandlungen **130** 28
- anmeldbare Forderungen **174** 9
- Anordnung von Sicherungsmaßnahmen **21** 1, **21** 3, **21** 28 f., **21** 38 g ff.
- antragsberechtigte Gläubiger **14** 3
- Einberufung der Gläubigerversammlung **74** 11
- Forderungen der Insolvenzgläubiger **87** 3
- gestaltender Teil des Insolvenzplans **221** 2
- Insolvenzantragsrecht **13** 78
- Kreditrahmen **264** 28
- Niederlegung des Insolvenzplans **234** 4
- Niederlegung in der Geschäftsstelle **154** 3
- Rechte und Pflichten des Insolvenzverwalters **80** 178 ff., **80** 196
- Rechtsschutzinteresse **14** 50
- Unterrichtung der Gläubigerversammlung **79** 6
- Unterrichtung des Gläubigers **167** 3 a
- Vollstreckung vor Verfahrenseröffnung **88** 5
- Vollstreckungsverbot **89** 20
- Wirkungen des Insolvenzplans **254** 13
- Zwangsvollstreckungsverbot **294** 7 a

Aussonderungsrecht
- Abweisung mangels Masse **26** 13
- Aufnahme von Passivprozessen **86** 8 f.
- Aufsicht des Insolvenzgerichts **58** 18
- Auseinandersetzung einer Gesellschaft oder Gemeinschaft **84** 16
- ausländisches Insolvenzverfahren **351** 10 f.
- eidesstattliche Versicherung des Schuldners **153** 6
- Gläubigerbenachteiligung **129** 105
- Haftung des vorläufigen Insolvenzverwalters **22** 223
- Insolvenz des Leasingnehmers **108** 106 ff., **108** 122
- Insolvenzmasse **35** 261
- Insolvenzplan **217** 10
- Internationales Insolvenzrecht **342** 9
- nicht fällige Forderungen **41** 7
- Nutzung des Sicherungsguts **172** 9 f.
- Nutzungsüberlassung **135** 21
- Rechtsfolgen der Insolvenzanfechtung **143** 4
- sonstige Verwendung beweglicher Sachen **172** 1 a
- Verfahrensunterbrechung nach § 240 ZPO **85** 16
- Vergütung des vorläufigen Insolvenzverwalters **22** 231 f.
- Verletzung der Insolvenzantragspflicht **15** a 40
- Verwertung der Insolvenzmasse **159** 37, **159** 50
- Verwertung von Sicherungsgut **22** 39 f., **282** 2
- Verzeichnis der Massegegenstände **151** 3
- Vollstreckungsverbot **210** 19
- Wertansätze und Bewertung bei positiver Fortführungsprognose **19** 62, **19** 81
- wiederkehrende Leistungen **46** 4
- Wirkung der Restschuldbefreiung **301** 2
- Zuständigkeit für die Feststellung **180** 6

Aussonderungssperre 47 63
Ausstehende Einlagen 19 69 ff.
Austausch gleichwertiger Sicherheiten
- anfechtbare Rechtshandlungen **130** 14, **130** 31 b, **131** 16
- Bargeschäft **142** 10 a
- Gläubigerbenachteiligung **129** 110 b f., **129** 120

Austausch von Organmitgliedern 270 7
Austauschpfändung 36 41
Ausübung von Gläubigerrechten 341 1 ff.
- Ablehnung der Anmeldung **341** 18 ff.
- Anmeldung der Forderungen **341** 5 ff., Art. 32 EuInsVO **4** ff.
- ausländisches Insolvenzverfahren **341** 2
- eingeschränkte Universalität **129** 120 1
- grenzüberschreitende Beteiligung von Gläubigern **129** 120 1
- grenzüberschreitende Gläubigerbeteiligung **341** 1
- Hauptinsolvenzverwalter **129** 120 5 ff.
- Insolvenzverwalter **341** 8 ff.
- mehrere Insolvenzverfahren **129** 120 1 ff.
- Mehrfachanmeldung **341** 5
- Mitwirkungsrecht des Insolvenzverwalters **129** 120 10 f.
- Rücknahme der Anmeldung **341** 18 ff.
- Sammelanmeldungen **341** 12
- Sekundärinsolvenzverwalter **129** 120 5 ff.
- Stimmrecht des Insolvenzverwalters **341** 22 ff.

Ausübungssperre
- Kündigungssperre **112** 7
- Wahlrecht des Insolvenzverwalters **103** 107, **103** 111

Auswahlverschulden
- Anordnung von Sicherungsmaßnahmen **21** 56
- Bestellung des Insolvenzverwalters **56** 75

Auswechseln von Forderungen
- antragsberechtigte Gläubiger **14** 8, **14** 14
- Gläubigerantrag **14** 112
- Rechtsschutzinteresse **14** 43, **14** 46

Avalkreditgeschäft 116 25 d

Sachregister

fette Zahlen = Gesetzesvorschriften

Bankgeheimnis
- allgemeines Verfügungsverbot **21** 23
- Bestellung eines Sachverständigen **5** 13, **5** 15
- Prüfungsaufgaben und Sachverständigentätigkeit des vorläufigen Insolvenzverwalters **22** 199
- Wertgegenstände **149** 25 ff.

Bankrott 18 27

Banküberweisung bei Insolvenz des Überweisenden 82 20 ff., **82** 29 f.

Bankverträge
- Akkreditivgeschäft **116** 25 e
- allgemeines Verfügungsverbot **116** 32 f.
- Anderkonten **116** 24 a
- Avalkreditgeschäft **116** 25 d
- bankmäßige Geschäftsbesorgung **116** 15 ff.
- Depot **116** 25 f
- Diskontgeschäft **116** 25 c
- Effektengeschäft **116** 25 g
- Eröffnung des Insolvenzverfahrens **116** 34 ff.
- Gemeinschaftskonten **116** 20 ff.
- Gesellschaft bürgerlichen Rechts **116** 23
- Girovertrag **116** 16 ff.
- Kontokorrentverhältnis **116** 16 ff.
- Lastschriftverfahren **116** 25 f.
- Oder-Konto **116** 21
- Scheckgeschäft **116** 25 b
- Treuhandkonten **116** 24
- Übertragungsverträge **116** 26 ff.
- Überweisungsverträge **116** 26 ff.
- Und-Konto **116** 22
- Zahlungsunfähigkeit **116** 27 ff.
- Zahlungsverträge **116** 26 ff.

Bargeschäfte 142 1 ff.
- anfechtbare Rechtshandlungen **130** 27
- Austausch gleichwertiger Sicherheiten **142** 10 a
- Darlegungs- und Beweislast **142** 16 f.
- Darlehen **142** 14
- Dauerschuldverhältnisse **142** 14
- echtes Factoring **142** 11
- Factoring **116** 89 f.
- Gesellschafterdarlehen **142** 10 a
- Gläubigerbenachteiligung **129** 119
- Gleichwertigkeit von Leistung und Gegenleistung **142** 7 ff.
- Globalzession **142** 13
- inkongruente Leistungen **142** 4
- Insolvenzgeld **22** 159
- Kontokorrent **142** 10 a
- längere Vertragsbeziehung **142** 14
- Lastschriftverfahren **142** 14
- maßgeblicher Zeitpunkt **142** 6
- objektive Gleichwertigkeit **142** 7
- Sanierungskredit **142** 10
- Sicherheiten **142** 9
- Sozialversicherungsbeiträge **142** 12
- Stundung **142** 13
- unmittelbar nachteilige Rechtshandlungen **132** 10
- Verknüpfung von Leistung und Gegenleistung **142** 6
- Vorleistungen **142** 14 f.
- vorsätzliche Benachteiligung **133** 6, **142** 3
- Vorteilsausgleichung **142** 12
- Warenlieferungen **142** 14
- zeitlicher Zusammenhang von Leistung und Gegenleistung **142** 13 ff.

Bassinverträge
- Gläubigerbenachteiligung **129** 110 c
- Sicherheiten-Pool **51** 63

Baugeldforderungen 35 174 f.

Bauinsolvenz 95 38 ff.

Bausparkassen
- Insolvenzantragsrecht **13** 84 ff.

- Kredit- und Finanzdienstleistungsinstitute **11** 23
- Verwaltungsantrag **13** 8

Bauträgervertrag
- Auftrag und Geschäftsbesorgung **116** 3
- Vormerkung **106** 36 ff.

Beabsichtigte Stilllegung
- Betriebsübergang **128** 14
- Betriebsveräußerung **128** 33

Bedingte Ansprüche 106 8

Bedingte Arbeitsverhältnisse
- Beendigung von Arbeitsverhältnissen **113** 66, **113** 103 ff.
- Verfrühungsschaden **113** 153

Bedingte Forderungen
- anfechtbare Rechtshandlungen **131** 13
- Ausfall der Absonderungsberechtigten **52** 11
- Begründetheit im Eröffnungszeitpunkt **38** 33 ff.
- Berücksichtigung aufschiebend bedingter Forderungen **191** 2 f.
- Eintritt der Aufrechnungslage im Verfahren **95** 9 ff.
- Feststellung des Stimmrechts **77** 28
- Verteilungsverzeichnis **188** 10 f.

Bedingte Pfändbarkeit 36 7 ff.

Bedingte Verfügung 81 10

Bedingter Insolvenzplan 249 1 ff.
- auflösende Bedingung **249** 8
- Eintritt der Bedingung **249** 4
- Fortsetzungsbeschluss **249** 2, **249** 7
- gesellschaftsrechtliche Maßnahmen **249** 5
- Unternehmensfortführung **249** 1 f.

Beeinträchtigung der Befriedigung
- Versagung der Restschuldbefreiung **290** 61 f.
- Verstoß gegen Obliegenheiten **296** 17 ff.
- Widerruf der Restschuldbefreiung **303** 5 f.

Beeinträchtigung der Haftungsmasse 21 35

Beendete Gütergemeinschaft
- gemeinschaftlich verwaltetes Gesamtgut **333** 9
- Gütergemeinschaft **37** 17 f.

Beendetes Insolvenzverfahren
- Akteneinsicht **4** 31, **4** 35
- Auskunft **4** 31

Beendigung des Insolvenzverfahrens
- allgemeine Verfahrensvereinfachungen **312** 66 ff.
- Anerkennung sonstiger Entscheidungen Art. 25 EuInsVO 5
- Anfechtungsberechtigung **129** 24 ff.
- anwendbares Recht Art. 4 EuInsVO 58
- Rechte und Pflichten des Insolvenzverwalters **80** 199
- Verwertung der Insolvenzmasse **159** 28
- Zuständigkeit für die Feststellung **180** 48 ff.

Beendigung von Arbeitsverhältnissen 113 21 ff.
- Altersdiskriminierung **113** 84 ff.
- altersgeschützte Arbeitnehmer **113** 69 ff., **113** 106 ff.
- amtsbezogener Kündigungsschutz **113** 63 f.
- Änderungskündigung **113** 26 ff.
- Angestellte **113** 78 f.
- Annahmeverzug **113** 48
- Arbeiter **113** 78 f.
- Arbeitgeberfunktion **113** 24 f.
- arbeitnehmerähnliche Personen **113** 5
- Arbeitslosengeld **113** 114
- Ausschluss des ordentlichen Kündigungsrechts **113** 68 ff., **113** 102 ff.
- außerbetriebliche Bevollmächtigte **113** 32
- bedingte Arbeitsverhältnisse **113** 66, **113** 103 ff.
- Beendigungskündigung **113** 26 ff.
- befristete Arbeitsverhältnisse **113** 66, **113** 103 ff.
- behördliche Genehmigungen **113** 58 f.
- Berufsausbildungsverhältnisse **113** 54 f.
- betriebliche Bevollmächtigte **113** 31
- Betriebsrat **113** 33, **113** 53
- Betriebsverfassung **113** 50 ff.

magere Zahlen = Randnummern

Sachregister

- Beweissicherungsfunktion 113 39
- Einschreiben 113 47
- einzelvertragliche Regelungen 113 97 ff.
- Elternzeit 113 93 ff.
- Formvorschriften 113 34 ff.
- Fortbestehen von Dienst- und Arbeitsverhältnissen 108 50 f.
- Fristen 113 22, 113 77 ff.
- gesetzliche Kündigungsbeschränkungen 113 49 ff.
- Gleichwohlgewährung 113 114
- Grundkündigungsfristen 113 81 ff.
- Heimarbeit 113 87
- Heuerverhältnisse 113 88 f.
- Höchstfrist 113 80, 113 101
- Insolvenzgeld 22 153 ff.
- insolvenztypische Rechtshandlungen 113 29
- Insolvenzverwalter 113 24 ff.
- Kapitäne 113 89
- Kündigungsschutz 113 23, 113 77 ff.
- Lossagungsrecht 113 40
- Mutterschutz 113 60
- Nachkündigung 113 116 f.
- Personalabbau 113 21
- Personalleiter 113 31
- Quartalskündigungstermine 113 13, 113 113
- Scheiternserklärung 113 40
- schleichende Insolvenz 113 21
- Schwerbehinderte 113 61 f., 113 90 ff.
- Sonderkündigungsschutz 113 58 ff.
- Tarifautonomie 113 114 f.
- tarifliche Kündigungsfristen 113 78
- tarifliche Unkündbarkeit 113 52, 113 71 f.
- tarifvertragliche Fristenregelungen 113 111 ff.
- tarifvertragliche Terminsregelungen 113 111 ff.
- tarifvertraglicher Kündigungsausschuss 113 68 ff.
- übertragende Sanierung 113 21
- Unternehmensstilllegung 113 51
- Unwirksamkeit 113 35 ff.
- Urlaub 113 45
- verlängerte Kündigungsfristen 113 81 ff.
- vertraglich vereinbarte Kündigungsbeschränkungen 113 65 ff.
- vertragliche Fristenregelungen 113 99 f.
- vertragliche Terminsregelungen 113 98
- Vertretung 113 29 ff., 113 33
- Wegfall der Ausbildungsmöglichkeit 113 57
- Zugang der Kündigung 113 42 ff.

Beendigungskündigung
- Beendigung von Arbeitsverhältnissen 113 26 ff.
- Interessenausgleich mit Namensliste 125 31 f.

Beerdigungskosten 324 3

Befangenheit
- Bestellung des Insolvenzverwalters 56 79
- Bestellung eines Sachverständigen 5 13
- Zivilprozessordnung 4 5 ff.

Befreiende Schuldübernahme 131 8

Befreiung von der Pflicht zur Prüfung des Jahresabschlusses 155 25

Befreiungsanspruch
- antragsberechtigte Gläubiger 14 4
- Gesamtschuldner und Bürgen 44 4
- Umrechnung von Forderungen 45 7

Befriedigung
- anfechtbare Rechtshandlungen 130 10 ff., 131 4 ff.
- Aufgaben und Befugnisse des Treuhänders 313 54 f.
- Ausfall der Absonderungsberechtigten 52 8
- Gesamtschuldner und Bürgen 44 9
- Insolvenzverfahren 1 1
- Vollstreckung vor Verfahrenseröffnung 88 13 f.
- vorzeitige Beendigung 299 11 ff.

Befriedigung der Absonderungsberechtigten
- Luftfahrzeuge 49 55

- öffentliche Lasten 49 45
- Rangordnung bei Grundstücken 49 42 ff.
- Rechte an Grundstücken 49 46
- Schiffe 49 50 ff.
- Verfahrenskosten 49 43
- Wohnungseigentum 49 44

Befriedigung der Insolvenzgläubiger 187 1 ff.
- s. auch Abschlagsverteilung
- Abschlagszahlungen 187 1
- anhängige Prozesse 283 4
- Anmeldung der Forderungen 283 2
- Bestreiten der Insolvenzforderung 283 2 f.
- Eigenverwaltung 187 1, 187 17, 283 1 ff.
- Fehlbezeichnung 187 13
- Genossenschaft 187 15
- Insolvenzplanverfahren 187 1
- Masseverbindlichkeiten 187 1
- Nachtragsverteilung 187 2
- Nichtberücksichtigung 187 14
- Schlussverteilung 187 2
- Überzahlung 187 12
- Versicherungsverein auf Gegenseitigkeit 187 16
- Verteilungsfehler 187 12 f.
- Verteilungsverfahren 187 2, 283 5 f.
- Widerspruch 283 2

Befriedigung der Massegläubiger 209 1 ff.
- s. auch Rangordnung der Masseverbindlichkeiten
- Abschlagsverteilung 209 5
- Anzeige der Masseunzulänglichkeit 209 1
- Insolvenz in der Insolvenz 209 1
- Massequote 209 6
- Restschuldbefreiungsverfahren 209 3
- Sperrwirkung 209 4
- Steuererklärungspflicht 209 7
- Stundung 209 2
- Verteilungsschlüssel 209 4
- Zeitpunkt 209 5 ff.

Befriedigungsaussichten
- Berichtstermin 156 11 f.
- Gläubigerverzeichnis 152 1 f.

Befriedigungsquote 295 72 ff.

Befristete Arbeitsverhältnisse
- Beendigung von Arbeitsverhältnissen 113 66, 113 103 f.
- Verfrühungsschaden 113 153

Befristete Erinnerung
- Einstellung des Insolvenzverfahrens 216 6
- sofortige Beschwerde 6 11

befristete Forderungen
- Begründetheit im Eröffnungszeitpunkt 38 33 ff.
- nicht fällige Forderungen 41 5

Befristung
- Kündigungsbefugnis des vorläufigen Insolvenzverwalters 22 76 f.
- spezielle Zulässigkeitsvoraussetzungen 13 31, 14 21
- Zeitpunkt der Vornahme einer Rechtshandlung 140 17 ff.

Befugnisse
- anwendbares Recht Art. 4 EuInsVO 34 ff.
- Bestellung eines Sachverständigen 5 15
- Insolvenzverwalter 261 14 ff.
- Nachweis der Insolvenzverwalterbestellung Art. 19 EuInsVO 10 ff.
- Verwalter Art. 18 EuInsVO 1 ff.

Beginn der Betriebsänderung 122 95 ff.
Beginn der Zinszahlungspflciht 169 6 ff.
Beginn eines neuen Geschäftsjahres 155 16 ff.
- Eröffnungsbilanz der insolventen Gesellschaft 155 18 ff.
- Grundsatz des Bilanzzusammenhangs 155 18
- Konzernabschlüsse 155 21 ff.
- Konzerninsolvenz 155 22

3167

Sachregister

fette Zahlen = Gesetzesvorschriften

- Konzernlagebericht **155** 21
- Rumpfgeschäftsjahr **155** 16
- Schlussbilanz **155** 17, **155** 20
- vorinsolvenzliches Rumpfgeschäftsjahr **155** 17

Begrenzte Fortsetzung des Insolvenzverfahrens 208 20

Begrenzung des Wiedereinstellungsanspruches 128 33 c f.

Begriff der drohenden Zahlungsunfähigkeit 18 3 ff.
- antizipierte Liquidität **18** 4
- bestehende Zahlungspflichten **18** 6
- bestrittene Forderungen **18** 9
- betriebswirtschaftlicher Liquiditätsbegriff **18** 4
- drohende Verluste **18** 7
- Eintrittswahrscheinlichkeit **18** 18
- fällige Zahlungspflichten **18** 3
- Finanzplan **18** 7, **18** 12 ff.
- Finanzstatus **18** 12
- Geldilliquidität **18** 5
- geringfügige Liquiditätslücke **18** 3
- Gesellschafterdarlehen **18** 10
- güterwirtschaftliche Liquidität **18** 4
- handelsrechtliche Erfolgsrechnung **18** 17
- Kreditaufnahme **18** 5
- kreditierte Forderungen **18** 10
- künftige Fälligkeit **18** 10
- Legaldefinition **18** 3
- Liquidierbarkeit **18** 4
- Liquiditätsbilanz **18** 12
- Liquiditätsentwicklung **18** 8 f.
- Liquiditätslücke **18** 8
- Liquiditätsplan **18** 12 ff.
- Liquiditätsprognose **18** 7
- Merkmal der Voraussichtlichkeit **18** 11
- Planbilanz **18** 12, **18** 16
- Plan-Gewinn- und Verlustrechnung **18** 12, **18** 17
- Plan-Liquiditätsrechnung **18** 12
- Prognose **18** 3
- Prognoserechnung **18** 13 f.
- Prognosezeitraum **18** 18 f.
- Prüfung **18** 8
- Rückstellungen **18** 7
- Stundung **18** 10
- ungenutzte Besicherungsgrundlagen **18** 5
- verliehene Liquidität **18** 4
- vorübergehende Zahlungsstockung **18** 3
- Wahrscheinlichkeit **18** 11
- Zahlungen an Gesellschafter **18** 10
- Zeitraumilliquidität **18** 3, **18** 10
- zukünftige Zahlungspflichten **18** 7, **18** 13 f.
- zweifelhafte Forderungen **18** 9

Begriff der Insolvenzgläubiger 38 1 ff.
- s. auch Begründetheit im Eröffnungszeitpunkt
- s. auch Dauerschuldverhältnisse
- s. auch Steuerforderungen
- s. auch Vermögensanspruch
- Abgrenzung **38** 4 ff.
- bevorrechtigte Ansprüche **38** 94
- dingliche Gläubiger **38** 5
- gegenständlich beschränkte Haftung **38** 9
- Kommanditisten **38** 7
- Mitgliedschaftsrechte **38** 8
- nachrangige Forderungen **38** 95
- persönliche Gläubiger **38** 5 ff.
- Voraussetzungen **38** 4 ff.

Begriff der Zahlungsunfähigkeit 17 4 ff.
- s. auch Begriff der Zahlungsunfähigkeit
- Amtsermittlungspflicht **17** 28
- behördliches Zahlungsverbot **17** 6
- Darlegungs- und Beweislast **17** 28
- Dauer **17** 4 f.
- Dauerschuldverhältnisse **17** 15

- Einstellung der Zwangsvollstreckung **17** 18
- ernsthaftes Einfordern **17** 15
- faktische Verpflichtungen **17** 13
- fällige Zahlungspflichten **17** 10 ff.
- Finanzmarktstabilisierungsgesetz **17** 25
- Fortführungsprognose **17** 22, **17** 24
- Geldilliquidität **17** 7 ff.
- Geldschulden **17** 10
- geringfügige Liquiditätslücke **17** 21 ff.
- Gesellschafterdarlehen **17** 18
- insolvenzrechtliche Fälligkeit **17** 11
- Liquidierbarkeit **17** 8
- Liquiditätsanalyse **17** 24
- Liquiditätslücke **17** 5
- Liquiditätsstatus **17** 20
- Moratorium **17** 18
- Objektivierung **17** 6
- Prognose **17** 20
- Schadensersatzanspruch **17** 10
- Schwellenwert **17** 21
- Stillhalteabkommen **17** 16 f.
- streitige Verbindlichkeiten **17** 12
- Stundung **17** 17
- Unterdeckung **17** 20 ff.
- vorläufig vollstreckbare Titel **17** 11
- vorübergehende Zahlungsstockung **17** 5, **17** 9, **17** 19 f.
- Wesentlichkeit **17** 4 f.
- widerlegbare Vermutung **17** 28
- Zahlungen nach Insolvenzreife **17** 10
- Zahlungsmittelbegriff **17** 9
- Zahlungsunwilligkeit **17** 26 f.
- Zeitraumilliquidität **17** 19

Begründetheit des Insolvenzantrags 139 4

Begründetheit im Eröffnungszeitpunkt 38 26 ff.
- Abtretung **38** 38
- bedingte Forderungen **38** 33 ff.
- befristete Forderungen **38** 33 ff.
- betagte Forderungen **38** 33 ff.
- gemeinschaftsrechtswidrige Beihilfen **38** 55 f.
- gesetzlicher Forderungsübergang **38** 38
- Kontokorrent **38** 48
- Kreditinstitute **38** 46 ff.
- künftige Forderungen **38** 33 ff.
- Lastschriftverfahren **38** 46
- Rückgriffsansprüche **38** 39
- Schadensersatzanspruch **38** 41 ff.
- Sozialpläne **38** 57
- Überweisung **38** 47
- unterbrochene Verfahren **38** 52
- Unterhaltsansprüche **38** 37
- Verfahrenskosten **38** 49 ff.
- verjährte Ansprüche **38** 37
- Verträge zu Gunsten Dritter **38** 44 f.
- zeitliche Abgrenzung **38** 30 ff.

Begründung des Eröffnungsbeschlusses Art. 102 § 2 EGInsO 1 ff.
- Mittelpunkt der hauptsächlichen Interessen **Art. 102 § 2 EGInsO** 4
- Niederlassung **Art. 102 § 2 EGInsO** 4
- Partikularverfahren **Art. 102 § 2 EGInsO** 5
- positive Kompetenzkonflikte **Art. 102 § 2 EGInsO** 1
- Vermögen **Art. 102 § 2 EGInsO** 2

Begünstigte Gläubiger 302 34 ff.

Beherrschungsvertrag
- Betriebsveräußerung an besonders Interessierte **162** 5
- Konzerninsolvenz **11** 397 f.

Behörden
- Akteneinsicht **4** 26, **4** 29, **4** 33
- Glaubhaftmachung **14** 71
- Vergütung der Mitglieder des Gläubigerausschusses **73** 10

magere Zahlen = Randnummern

Sachregister

- Verwaltungsantrag 13 8
- vorläufiger Gläubigerausschuss 67 15
- Zulassung des Gläubigerantrags 14 107

Behördliche Veräußerungsverbote 80 205
Behördliches Zahlungsverbot 17 6
Beiakten 4 33
Beibringungspflicht des Antragstellers 5 22
Beiderseitige Erledigungserklärung 14 123
Beiderseitiges Rücktrittsrecht 109 29 f.
Beiheft 4 33
Beiordnung eines Rechtsanwalts 4 a 33 ff.
- Antrag 4 a 33
- Aufhebung der Stundung 4 c 22
- Beschwerdeverfahren 4 a 37
- Beweisaufnahme 4 a 38
- Fürsorgepflicht 4 a 34
- Insolvenzkostenhilfe 13 105, 13 107, 13 109
- Rechtsanwälte 4 a 33 ff.
- Rechtsbeistand 4 a 33
- Verfahren vor der Eröffnung des Insolvenzverfahrens 4 a 36
- Vollmacht 4 a 38

Beistände 4 40
Beiträge der absonderungsberechtigten Gläubiger 35 195
Beitragspflicht
- eingetragener Verein 11 221
- Gesellschaften ohne Rechtspersönlichkeit 11 251
- juristische Personen des öffentlichen Rechts 12 18

Beitragszuschüsse 22 130
Bekanntmachung der Verfügungsbeschränkungen 23 1 ff.
- absolutes Verfügungsverbot 23 6
- allgemeines Verfügungsverbot 23 1
- Aufhebung von Sicherungsmaßnahmen 23 10
- ausländisches Insolvenzeröffnungsverfahren 23 9
- besondere Aufforderung an die Schuldner 23 4
- besondere Zustellung 23 3
- faktische Geschäftsführer 23 3
- funktionelle Zuständigkeit 23 2
- Grundbuch 23 6
- gutgläubiger Erwerb 23 7
- Register für Luftfahrzeuge 23 6
- Register für Schiffe 23 6
- Registergericht 23 5
- Sicherungsmaßnahmen 23 1
- vorläufiger Insolvenzverwalter 23 3
- Zustimmungsvorbehalt 23 1

Bekanntmachung des Eröffnungsbeschlusses 30 1 ff.
- Fristen 30 5
- Hauptinsolvenzverfahren 30 1
- Inhalt 30 3
- öffentliche Bekanntmachung 30 2 ff.
- Rechtsfolgen 30 4
- Restschuldbefreiungsantrag 30 1
- Sekundärinsolvenzverfahren 30 1
- Warnfunktion 30 2
- Wirksamkeit 30 4
- Zustellung 30 4, 30 6

Bekanntmachung und Wirkungen der Einstellung 215 1 ff.
- anhängige Prozesse 215 8
- Gläubigerausschuss 215 7
- Handelsregister 215 4
- Insolvenzmasse 215 6
- Insolvenzverwalter 215 7
- öffentliche Bekanntmachung 215 2
- Rechtsfolgen 215 5 ff.
- Restschuldbefreiungsverfahren 215 10
- Verfügungsbefugnis 215 5 ff.
- Verwaltungs- und Verfügungsbefugnis 215 3
- Vorabinformation 215 3

Belastende Leistungen 120 7
Belastete Gegenstände 134 8
Belastete Grundstücke und Sachen 35 75
Belegenheit des Vermögens 354 11 f.
Belegenheit des Vorbehaltsguts Art. 7 EuInsVO 4
Belegenheitsrecht
- anwendbares Recht 336 3
- unbewegliche Gegenstände Art. 8 EuInsVO 13 f.

Benachteiligende Handlungen
- Insolvenzanfechtung Art. 13 EuInsVO 1 ff.
- Unanfechtbarkeit Art. 13 EuInsVO 9 ff.

Benachteiligung
- Gläubigerbenachteiligung 129 108
- inkongruente Deckung 131 36 ff.
- Verträge mit nahestehenden Personen 133 39

Benachteiligungsvorsatz 133 12 ff.
- Drei-Personenverhältnisse 133 20
- Druckzahlungen 133 14
- Fehlen des Vorsatzes 133 22
- Fehlen von Gläubigern 133 24
- fehlgeschlagene Sanierung 133 21
- Firmenbestattung 133 14
- Inkaufnehmen der Benachteiligung 133 13
- inkongruente Deckung 133 15 f.
- Kenntnis der Insolvenz 133 13
- kongruente Deckung 133 18 ff.
- maßgeblicher Zeitpunkt 133 23
- Nebenfolge 133 13
- Schuldner 133 12 ff.
- stille Liquidation 133 17
- unlauteres Zusammenwirken 133 19
- Veräußerung aller Geschäftsanteile 133 17
- verdeckte Gewinnausschüttungen 133 17

Beratungshilfe
- Antrag auf Eröffnung des Verbraucherinsolvenzverfahrens 305 56 a
- außergerichtlicher Einigungsversuch 305 55
- Insolvenzkostenhilfe 4 20, 4 22, 13 103, 13 113
- Stundung der Kosten des Insolvenzverfahrens 4 a 4

Berechnung
- Festsetzung des Bruchteils 195 5
- Vergütung des Insolvenzverwalters 63 22 ff.
- Vergütung des Treuhänders 293 4 ff.

Berechnung des Abzinsungsbetrages 41 13 ff.
Berechnung des Insolvenzgeldzeitraumes 22 98 ff.
Berechnung des Kostenbeitrags 171 1 ff.
- bewegliche Sachen 171 6
- eigenmächtige Verwertung 171 3 a
- Erhaltungskosten 171 1, 171 14
- erhebliche Abweichungen 171 4 f.
- Feststellungskosten 171 2 ff.
- Fiktion des Doppelumsatzes 171 6
- Forderungen 171 3
- Freigabe 171 9
- freihändige Veräußerung 171 6
- geringfügige Abweichungen 171 4
- Kostenbeitrag 171 1
- Pauschalbetrag 171 3
- Sicherungsabtretung 171 2 a, 171 3
- Sicherungsübereignung 171 4 a
- tatsächliche Kosten 171 4 f.
- Umsatzsteuer 171 5 ff.
- unbewegliche Gegenstände 171 11 f.
- vereinfachtes Insolvenzverfahren 171 6
- Verwertung durch Gläubiger 171 3, 171 7
- Verwertungskosten 171 3 ff.
- Zwangsversteigerung 171 10, 171 12

Berechnung des pfändbaren Teils 36 23
Bereicherungsrechtlicher Leistungsbegriff 129 62
Bereitschaftspflicht
- Auskunfts- und Mitwirkungspflicht im Eröffnungsverfahren 20 27

3169

Sachregister

fette Zahlen = Gesetzesvorschriften

- Auskunfts- und Mitwirkungspflichten des Schuldners **97** 20

Bereitstellungspflicht des Insolvenzverwalters 47 101
Bergwerkseigentum 35 135
Berichtigung der Tabelle
- Feststellung der Forderungen **178** 42 ff.
- Klage gegen den Widerspruch des Schuldners **184** 23
- Wirkung der Entscheidung **183** 11 ff.

Berichtigung der Verfahrenskosten 25 19
Berichtigung des Verteilungsverzeichnisses 194 15
Berichtigung nach Verfahrensbeendigung 178 48 f.
Berichtigung offenbarer Unrichtigkeiten 4 38
Berichtigung von Steuererklärungen 80 70
Berichtspflichten
- Entscheidung über den Fortgang des Verfahrens **157** 15
- Unterrichtung der Gläubiger **281** 4
- Unterrichtung der Gläubigerversammlung **79** 2, **79** 7 ff.

Berichtstermin 156 1 ff.
- absonderungsberechtigte Gläubiger **156** 14
- Anhörung **156** 15 ff.
- Anhörungspflicht **156** 15 ff.
- Auskunftspflichten **156** 14
- Befriedigungsaussichten **156** 11 f.
- Einberufung **156** 4
- Eröffnungsbeschluss **27** 15
- Gläubigerversammlung **156** 3, **156** 14
- Insolvenzplan **156** 10
- Lagebericht **156** 7
- Maßnahmen vor der Entscheidung über Unternehmensstilllegung oder -veräußerung **158** 1 f.
- öffentliche Bekanntmachung **156** 4
- persönliche Anwesenheit **156** 2
- Rechtsmittel **156** 18
- Sanierungsaussichten **156** 9
- Sanierungskonzept **156** 9
- Schutz des Gläubigers vor einer Verzögerung der Verwertung **169** 6 f.
- Terminbestimmungen **29** 2, **156** 3
- Unternehmensfortführung **11** 14
- Unternehmensveräußerung **11** 19
- Ursachen der Krise **156** 8
- Verfahrensziel **156** 11 ff.
- Verwalterbericht **156** 5 ff.
- Verwertung der Insolvenzmasse **159** 44 f.
- vorzeitige Betriebsänderung mit gerichtlicher Zustimmung **122** 74 f.
- wirtschaftliche Situation des Schuldners **156** 6 f.

Berücksichtigung absonderungsberechtigter Gläubiger 190 1 ff.
- Abschlagsverteilung **190** 11 f.
- absonderungsberechtigte Gläubiger **190** 3 f.
- Ausfall **190** 7, **190** 12
- Feststellung der Forderungen **190** 11
- Fristen **190** 9
- Insolvenzverwalter **190** 13 f.
- Nachtragsverteilung **190** 6 ff.
- Schlussverteilung **190** 6 ff.
- Verzicht **190** 6, **190** 12
- vorheriges Prüfungsverfahren **190** 5
- Zwangsversteigerung **190** 8

Berücksichtigung aufschiebend bedingter Forderungen 191 1 ff.
- Abschlagsverteilung **191** 8
- Anwartschaftsrecht **191** 2
- auflösend bedingte Forderungen **191** 12
- aufschiebend bedingte Forderungen **191** 2 ff.
- bedingte Forderungen **191** 2 ff.
- Schlussverteilung **191** 9 ff.
- sofortige Beschwerde **191** 10
- Steuerforderungen **191** 6

- Vollbefriedigung **191** 4
- Vorsteuerrückforderung **191** 7

Berücksichtigung bestrittener Forderungen 189 1 ff.
- s. auch Nachweis der Rechtsverfolgung
- bestrittene Forderungen **189** 2 f.
- Genossenschaft **189** 17
- nicht titulierte Forderungen **189** 2 ff.
- titulierte Forderungen **189** 12 ff.
- unerlaubte Handlungen **189** 16
- Versicherungsverein auf Gegenseitigkeit **189** 17
- Verteilungsverzeichnis **189** 12
- vorläufig vollstreckbare Titel **189** 12
- vorläufiges Bestreiten **189** 3

Berufsausbildungsverhältnisse
- Beendigung von Arbeitsverhältnissen **113** 54 ff.
- Klagefristen bei Unwirksamkeit von Kündigung oder Befristung **113** 173
- Kündigung eines Dienstverhältnisses **113** 5

Berufsrecht
- Abweisung mangels Masse **26** 51 f.
- Eröffnungsbeschluss **27** 9
- Rechtsstellung des Insolvenzschuldners **80** 20 ff.
- steuerrechtliche Stellung des Insolvenzverwalters **56** 84

Beschäftigungs- und Qualifizierungsgesellschaft
- Entscheidung über den Fortgang des Verfahrens **157** 9
- Kündigungsbefugnis des vorläufigen Insolvenzverwalters **22** 85

Bescheidene Haushaltsführung 36 52
Bescheidene Lebensführung
- Mittel zur Lebensführung des Schuldners **278** 7
- Unterhalt aus der Insolvenzmasse **100** 16

Beschluss
- Anordnung der Eigenverwaltung **270** 29 ff.
- Anordnung von Sicherungsmaßnahmen **21** 47
- Antrag auf Einberufung der Gläubigerversammlung **75** 8
- Aufhebung der Anordnung der Eigenverwaltung **272** 6
- Aufhebung der Überwachung **268** 2
- Beschwerdeverfahren **6** 15
- Deckung der Mindestvergütung des Treuhänders **298** 20 ff.
- Entlassung von Mitgliedern des Gläubigerausschusses **70** 11
- funktionelle Zuständigkeit **2** 6
- gerichtliche Bestätigung des Insolvenzplans **248** 1
- mehrere Insolvenzanträge **13** 73
- Minderheitenschutz **251** 21 f.
- öffentliche Bekanntmachung **9** 7
- Prüfung und Entscheidung der Rechtsbeschwerde **7** 21, **7** 25
- Rücknahme des Insolvenzantrags **13** 118, **13** 128
- vereinfachte Verteilung **314** 16 ff.
- Widerruf der Restschuldbefreiung **303** 14
- Zustellungen **8** 2

Beschlussanfechtungsklagen
- eingetragener Verein **11** 219
- Organe der juristischen Personen **11** 138

Beschlüsse der Gläubigerversammlung 76 1 ff.
- absonderungsberechtigte Gläubiger **76** 28 f.
- Abstimmungen **76** 24 f.
- ausländische Gläubiger **76** 17
- Beschlussfähigkeit **76** 20
- funktionelle Zuständigkeit **76** 4 ff.
- gläubigerfreie Gläubigerversammlung **76** 21 f.
- Insolvenzgericht **76** 4
- Leitung **76** 4 ff.
- Medien **76** 16
- Mehrheitserfordernis **76** 33
- Nichtöffentlichkeit **76** 14 f.
- Ordnungsbefugnisse **76** 10 ff.
- Protokolle **76** 18 f.

magere Zahlen = Randnummern

Sachregister

- rechtliches Gehör **76** 10 f.
- Rechtsmittel **76** 35
- Rechtspfleger **76** 4 ff.
- Rechtswirkungen **76** 34
- Rumpfversammlung **76** 23
- Stimmrechte **76** 24 ff., **76** 30 ff.
- Übertragung von Gläubigerbefugnissen **76** 23

Beschlüsse des Gläubigerausschusses 72 1 ff.
- Abstimmungen **72** 8 ff.
- Beschlussersetzung **72** 17
- Beschlussfähigkeit **72** 7
- Betroffenheit des Ausschussmitgliedes **72** 11 f.
- Entscheidungskompetenz **72** 14
- fehlerhafte Beschlüsse **72** 17
- Geschäftsordnung **72** 2 ff.
- Gläubigerausschussprotokolle **72** 15 f.
- Insolvenzverwalter **72** 6
- konstituierende Sitzung **72** 3
- Mehrheitserfordernis **72** 8 f.
- Stimmrechtsausschluss **72** 11 ff.
- Teilnahmeausschluss **72** 10

Beschlussersetzung 72 17
Beschlussfähigkeit
- Beschlüsse der Gläubigerversammlung **76** 20
- Beschlüsse des Gläubigerausschusses **72** 7

Beschlussunfähigkeit der Gläubigerversammlung 157 22
Beschränkte dingliche Rechte
- Aussonderung **47** 66
- Grundbuch **32** 6, **32** 10

Beschränkte Geschäftsfähigkeit 13 64
Beschränkte persönliche Dienstbarkeit 35 141
Beschränkter Zustimmungsvorbehalt 22 193 b
Beschränkung der Vorauswahl 56 8
Beschränkung des Kündigungsrechts 108 66 ff.
Beschränkung des Kündigungsschutzgesetzes 125 8 ff.
Beschränkung des Wirkungsumfangs 254 2
Beschwerde
- Eröffnungsantrag **13** 137
- Kompetenzkonflikte **Art. 102 § 3 EGInsO** 6
- Verwertung unbeweglicher Gegenstände **165** 16

Beschwerde gegen die Insolvenzablehnung 15 10
Beschwerde gegen die Insolvenzeröffnung 15 9
Beschwerdeentscheidung 34 24 ff.
- Aufhebung des Abweisungsbeschlusses **34** 26
- Aufhebung des Eröffnungsbeschlusses **34** 27
- kollidierende Verfügungen **34** 32
- Kosten **34** 29
- öffentliche Bekanntmachung **34** 28
- Rechnungslegungspflicht **34** 34
- Rechtshandlungen des Insolvenzverwalters **34** 31
- Restabwicklungsbefugnisse **34** 33
- Vergütung des Insolvenzverwalters **34** 35
- Wegfall der Eröffnungswirkungen **34** 30
- Zurückweisung **34** 25

Beschwerdegericht
- Beschwerdeverfahren **6** 19
- sofortige Beschwerde **6** 1

Beschwerdekammer 6 18
Beschwerdeverfahren
- Abhilfe **6** 15
- Abweisungsbeschluss **26** 37
- Amtsermittlungen **5** 22
- Anwaltszwang **6** 13
- aufschiebende Wirkung **6** 17
- Beiordnung eines Rechtsanwalts **4 a** 37
- Beschluss **6** 15
- Beschwer **6** 12
- Beschwerdeberechtigung **6** 12
- Beschwerdegericht **6** 19
- Beschwerdekammer **6** 18
- Einlegung der Beschwerde **6** 13
- einstweilige Anordnung **6** 17
- Erinnerung **6** 16
- Fristen **6** 13 f.
- Fristverkürzung **6** 14
- Fristverlängerung **6** 14
- Gläubigerausschuss **6** 12
- Gläubigerversammlung **6** 12
- Insolvenzgericht **6** 18
- Insolvenzkostenhilfe **13** 111
- Insolvenzrichter **6** 15
- Insolvenzverwalter **6** 12
- Kosten **6** 21
- Ordnungsverfahren **6** 12
- Postsperre **6** 12
- rechtliches Gehör **6** 18
- Rechtsbeschwerde **6** 18
- Rechtspfleger **6** 16
- reformatio in peius **6** 20
- Rücknahme des Insolvenzantrags **13** 127
- sofortige Erinnerung **6** 12 ff.
- Wiedereinsetzung in den vorigen Stand **6** 14
- Wirksamkeit der Beschwerdeentscheidung **6** 19
- Zurückverweisung **6** 18

Besitz
- Aussonderung **47** 65
- Eigentumsvorbehalt **107** 6, **107** 12
- Inbesitznahme der Insolvenzmasse **148** 11 f.
- Rechtsstellung des Insolvenzverwalters **80** 82
- Verwertung beweglicher Gegenstände **166** 4 ff.

Besitz eines Dritten
- Inbesitznahme der Insolvenzmasse **148** 13 f., **148** 17
- Verwertung der Insolvenzmasse **159** 49

Besitzmittlungsverhältnis 51 5 f.
Besitzübergang 148 27
Besitzüberlassungsverträge 22 232
Besondere Sachkunde 63 29 ff.
Besondere Verfügungsverbote
- allgemeines Verfügungsverbot **21** 23
- steuerrechtliche Stellung des vorläufigen Insolvenzverwalters **22** 192 e
- Wirkungen der Verfügungsbeschränkungen **24** 2, **24** 10

Besondere Vermögensmassen 35 53 f.
Besondere Zuständigkeiten 185 1 ff.
- Bürgen **185** 2
- Insolvenzgeld **185** 2
- nicht titulierte Forderungen **185** 15
- Öffentlich-rechtliches Verwaltungsverhältnis **185** 5 ff.
- örtliche Zuständigkeit **185** 16
- sachliche Zuständigkeit **185** 16 f.
- Sozialversicherungsbeiträge **185** 5
- Steuerforderungen **185** 7 ff.
- Streitwert **185** 18
- unerlaubte Handlungen **185** 1
- unterbrochene Rechtsbehelfsverfahren **185** 10 ff.

Besonderer Prüfungstermin 177 27 ff.
Besonderer Sicherungsanspruch 131 15
Besonderes Verteilungsverzeichnis 35 56
Besonders bedeutsame Rechtshandlungen 160 1 ff.
- s. auch Wirksamkeit von Handlungen
- Aufhebung des Zustimmungsbeschlusses **160** 13
- bedeutsame Veräußerungen **160** 20 ff.
- Bedeutung und Tragweite der Rechtshandlung **160** 16
- Betriebsstilllegung **160** 16
- Bindungswirkung **160** 11
- Darlehen **160** 26
- Eigenverwaltung **160** 15
- erheblicher Streitwert **160** 27
- erheblicher Wert **160** 18
- Ersetzungskompetenz **160** 3
- generelle Zustimmung **160** 7 f.
- Gesellschaftsanteile **160** 24
- Gläubigerausschuss **160** 2

Sachregister

fette Zahlen = Gesetzesvorschriften

- Gläubigerversammlung **160** 3
- Großinsolvenzverfahren **160** 18
- Insolvenzplan **160** 15
- insolvenzzweckwidrige Handlungen **160** 29
- nachträgliche Zustimmung **160** 6
- Rechtsfolgen eines Verstoßes **160** 29
- Rechtshandlungen ohne Zustimmung **160** 12
- Rechtsstreitigkeiten **160** 27
- Sozialpläne **160** 16
- Streit über das Zustimmungserfordernis **160** 28
- unbewegliche Gegenstände **160** 23
- Veräußerung eines Warenlagers **160** 22
- Veräußerung von Unternehmensteilen **160** 20
- Verweigerung der Zustimmung **160** 10
- Widerruf der Zustimmung **160** 9
- Zustimmungsbeschluss **160** 5
- Zustimmungsfiktion **160** 4
- Zustimmungskompetenzen **160** 2 ff.

Besserungsabreden 38 22 f.
Besserungsklauseln 309 77
Bestellung
- Sachwalter **270** 48 ff., **274** 7
- Treuhänder **313** 4 ff.
- Verwalter **Art. 18 EuInsVO** 6
- vorläufiger Insolvenzverwalter **21** 12 ff., **22** 4
- vorläufiger Treuhänder **306** 46 ff.

Bestellung des Insolvenzverwalters 56 1 ff.
- s. auch Sonderinsolvenzverwalter
- s. auch Steuerrechtliche Stellung des Insolvenzverwalters
- s. auch Vorauswahl des Insolvenzverwalters
- Auswahlermessen **56** 49
- Auswahlverschulden **56** 75
- Befangenheit **56** 79
- Berufsbild **56** 3 f.
- besondere Kriterien **56** 50 ff.
- Bestellungsurkunde **56** 57
- Entscheidung **56** 54 ff.
- Ernennungsakt **56** 54
- funktionelle Zuständigkeit **56** 56
- Gläubigerbeteiligung **56** 58 f.
- Interessenkollision **56** 79
- mehrere Insolvenzverwalter **56** 65
- öffentliche Bekanntmachung **56** 60
- Rechtsmittel **56** 62 f.
- Sachwalter **56** 78
- sofortige Beschwerde **56** 62
- Staatshaftung **56** 75
- Unabhängigkeit **56** 51 f.
- Vertrauen **56** 53
- Zeitraum der Insolvenzverwaltung **56** 77 f.
- Zweistufigkeit der Auswahl des Insolvenzverwalters **56** 5

Bestellung eines Sachverständigen
- Ablehnungsgrund **5** 13
- Aufgaben **5** 14
- Auskunftspflichten der Kreditinstitute **5** 15
- Auslagenvorschuss **5** 18
- Auswahl des Sachverständigen **5** 11
- Bankgeheimnis **5** 13, **5** 15
- Befangenheit **5** 13
- Befugnisse **5** 15
- Eigenverwaltung **5** 14
- eröffnetes Insolvenzverfahren **5** 11
- Form und Inhalt des Gutachtens **5** 16
- Fortführungsaussichten **5** 16
- Grundsatz der Höchstpersönlichkeit **5** 17
- Gutachter **5** 10
- Gutachterauftrag **5** 12
- Gutachterbeschluss **5** 12
- Haftung des Sachverständigen **5** 19
- Haftungslagen **5** 16
- Hilfskräfte **5** 17
- Insolvenzanfechtungstatbestände **5** 16
- Insolvenzantrag **5** 14
- Insolvenzeröffnungsverfahren **5** 11
- Insolvenzgrund **5** 14
- Insolvenzursachen **5** 16
- Massekostendeckung **5** 16
- Mitwirkungspflichten **5** 13
- persönliche Verantwortung **5** 17
- Prüfungsauftrag **5** 12
- Qualifikation des Sachverständigen **5** 11
- Rechtsstellung des Gutachters **5** 13
- richterliche Entscheidungen **6** 6
- Sanierungsprüfung **5** 16
- sofortige Beschwerde **5** 18
- Steuergeheimnis **5** 13
- Vergütung des Sachverständigen **5** 18
- Vermögensstatus **5** 16
- vorläufiger Insolvenzverwalter **5** 14

Bestmögliche Verwertung 103 97
Bestreiten der Insolvenzforderung
- Befriedigung der Insolvenzgläubiger **283** 2 f.
- Gläubigerantrag **14** 132
- Prüfungstermin **176** 20
- streitige Forderungen **179** 2 f.

Bestreiten des Insolvenzgrundes
- Glaubhaftmachung **14** 64
- Gläubigerantrag **14** 144 ff.
- Insolvenzgrund **16** 7

Bestrittene Forderungen
- antragsberechtigte Gläubiger **14** 7
- Aufrechnungsverbote **94** 45
- Begriff der drohenden Zahlungsunfähigkeit **18** 9
- Berücksichtigung bestrittener Forderungen **189** 2 f.
- Einstellung mit Zustimmung der Gläubiger **213** 5, **213** 9
- Ersetzung der Zustimmung **309** 7
- Feststellung der Forderungen **178** 7
- Feststellung des Stimmrechts **77** 15 ff.
- Gläubigerantrag **14** 133 f.
- Prüfungstermin **176** 31
- Schlussverteilung **196** 21
- streitige Forderungen **179** 2 ff.
- Wertansätze und Bewertung bei positiver Fortführungsprognose **19** 78
- Wiederauflebensklausel **255** 2

Betagte Forderungen
- anfechtbare Rechtshandlungen **131** 13
- Ausfall der Absonderungsberechtigten **52** 11
- Begründetheit im Eröffnungszeitpunkt **38** 33 ff.
- nicht fällige Forderungen **41** 3

Beteiligte
- Haftung des Insolvenzverwalters **60** 9 ff.
- juristische Personen **11** 160

Beteiligung an Gesellschaften 138 43
Beteiligung der Arbeitnehmer 22 179
Beteiligungs- und Mitbestimmungsrechte 122 11 ff.
Betrag
- Anmeldeverfahren **174** 32 ff.
- nachträgliche Anmeldungen **177** 17 ff.
- Umfang der Feststellung **181** 11

Betreibungsrecht des Insolvenzverwalters 165 8 ff.
Betreten der Geschäftsräume 22 211
Betriebliche Altersversorgung
- Arbeitsverhältnisse **Art. 10 EuInsVO** 13
- Aussonderung **47** 85 ff.
- Dauerschuldverhältnisse **38** 66
- Insolvenzmasse **35** 225 ff.
- Kündigung von Betriebsvereinbarungen **120** 19
- Rechtsstellung des Insolvenzverwalters **80** 101
- sonstige Masseverbindlichkeiten **55** 75

magere Zahlen = Randnummern

- Umrechnung von Forderungen **45** 13 ff., **45** 22
- unentgeltliche Leistung **134** 33

Betriebsänderungen 122 1 ff.
- s. auch Nachteilsausgleich in der Insolvenz
- s. auch Vorzeitige Betriebsänderung mit gerichtlicher Zustimmung
- Arbeitnehmerklage **127** 2 f.
- Beteiligungs- und Mitbestimmungsrechte **122** 11 ff.
- Betriebsanlagen **122** 53 f.
- Betriebsebene **122** 16
- Betriebseinschränkung **122** 31
- Betriebsrat **122** 9
- Betriebsspaltung **122** 48
- Betriebsstilllegung **122** 14, **122** 32 ff.
- Betriebsteilung **122** 46 ff.
- Betriebsübertragung **122** 40 ff.
- Betriebsverfassung **122** 10
- Betriebsverfassungsorgan **122** 8 ff.
- Betriebsverlegung **122** 36 ff.
- Betriebszweck **122** 50 ff.
- darstellender Teil des Insolvenzplans **220** 5
- Eingliederung **122** 43 ff.
- Fertigung **122** 55
- gegenseitige Verträge **279** 4
- Interessenausgleich mit Namensliste **125** 17 ff.
- interessenausgleichspflichtige Betriebseinschränkung **122** 20
- Interessenausgleichsverfahren **122** 56 ff.
- Maßnahmen vor der Entscheidung über Unternehmensstilllegung oder -veräußerung **158** 13
- Mitbestimmung **122** 4 ff.
- Nachteilsausgleich **122** 56 ff.
- Organisationsänderungen **122** 5, **122** 49
- Personalabbau **122** 17 ff.
- Sozialpläne **122** 17 ff., **124** 11 ff.
- sozialplanpflichtige Betriebsänderung **122** 22
- Stilllegung einzelner Betriebsteile **122** 34
- Strukturveränderungen **122** 5
- stufenweiser Personalabbau **122** 27
- Unternehmensebene **122** 11 ff.
- vorübergehende Schließung **122** 33
- wirtschaftliche Angelegenheiten **122** 13 f.
- Wirtschaftsausschuss **122** 8, **122** 12
- Zusammenschluss von Betrieben **122** 43 ff.
- Zuständigkeit **122** 8 ff.

Betriebseinschränkung
- Betriebsänderungen **122** 31
- Massenentlassung in der Insolvenz **113** 120

Betriebserwerber 14 6

Betriebsfortführung
- s. auch Unternehmensfortführung
- Rechte und Pflichten des Insolvenzverwalters **80** 186 f.
- steuerrechtliche Stellung des vorläufigen Insolvenzverwalters **22** 192 g
- Übernahme der Insolvenzmasse **148** 40 ff.

Betriebskosten 108 22 f., **108** 31

Betriebsrat
- antragsberechtigte Gläubiger **14** 12
- Beendigung von Arbeitsverhältnissen **113** 33, **113** 53
- Betriebsänderungen **122** 9
- Eröffnungsantrag **13** 70
- Erörterungs- und Abstimmungstermin **235** 12
- Insolvenzantragsrecht **13** 64
- Interessenausgleich mit Namensliste **125** 10, **125** 15, **125** 107 ff.
- Massenentlassung in der Insolvenz **113** 131 f.
- Maßnahmen vor der Entscheidung über Unternehmensstilllegung oder -veräußerung **158** 11 ff.
- Rechtsstellung des Insolvenzverwalters **80** 95
- Sozialauswahl **125** 50
- Sozialpläne **124** 4 ff.
- tarifliche Unkündbarkeit **113** 52

Sachregister

- Vorkenntnis von der Kündigung **125** 111
- Vorlage des Insolvenzplans **218** 48
- vorzeitige Betriebsänderung mit gerichtlicher Zustimmung **122** 94 ff.

Betriebsstilllegung
- s. auch Unternehmensstilllegung
- besonders bedeutsame Rechtshandlungen **160** 16
- Betriebsänderungen **122** 14, **122** 32 ff.
- Betriebsübergang **128** 13 f.
- Interessenausgleich mit Namensliste **125** 12
- Rechte und Pflichten des Insolvenzverwalters **80** 187
- Übernahme der Insolvenzmasse **148** 39

Betriebsstoffe
- Ansatz und Bewertung der Aktiva bei negativer Fortführungsprognose **19** 84
- Wertansätze und Bewertung bei positiver Fortführungsprognose **19** 76

Betriebsteile 162 3

Betriebsteilung 122 46 ff.

Betriebsteilveräußerung 128 18

Betriebsübergang 128 6 ff.
- Änderungskündigung **128** 20 f.
- Änderungsverträge **128** 22 a
- anwendbares Recht **337** 8
- Arbeitnehmerklage **127** 43 f.
- Arbeitsverhältnisse **Art. 10 EuInsVO** 9
- Aufhebungsverträge **128** 21 f.
- Ausgliederung von Teilaufgaben **128** 7
- beabsichtigte Stilllegung **128** 14
- Betriebsfortführung durch den Insolvenzverwalter **128** 11
- Betriebsstilllegung **128** 13 f.
- Betriebsteilveräußerung **128** 18
- Klagefristen bei Unwirksamkeit von Kündigung oder Befristung **113** 180 ff.
- Kündigung aus anderen Gründen **128** 13 ff.
- Kündigung wegen Betriebsübergangs **128** 11 ff.
- Kündigungsbefugnis des vorläufigen Insolvenzverwalters **22** 83
- Kündigungsgrund **128** 9
- Lemgoer Modell **128** 22
- Sanierungskonzept **128** 1 ff., **128** 11
- Sozialauswahl **128** 19
- Sozialpläne **124** 16
- Teilsanierung **128** 24
- übertragende Sanierung **128** 24
- Umgehung des Kündigungsschutzes **128** 22
- Unrentabilität **128** 20 a
- Verzichtsverträge **128** 22 a
- Widerspruch gegen die Kündigung **128** 16 ff.

Betriebsübergangsrichtlinie 128 4

Betriebsveräußerung 128 1 ff.
- s. auch Betriebsübergang
- s. auch Betriebsveräußerung an besonders Interessierte
- s. auch Betriebsveräußerung unter Wert
- s. auch Interessenausgleich
- Arbeitnehmerklage **127** 33
- beabsichtigte Stilllegung **128** 33
- Begrenzung des Wiedereinstellungsanspruches **128** 33 c f.
- Betriebsübergangsrichtlinie **128** 4
- EG-rechtliche Vorgaben **128** 2 ff., **128** 33 b
- Interessenausgleich **128** 24 ff.
- Stilllegung einzelner Betriebsteile **128** 27
- übertragende Sanierung **128** 5
- ungerechtfertigte Kündigung **128** 32
- Wegfall des Kündigungsgrundes **128** 32 b
- Weiterbeschäftigung **128** 32 b ff.
- Wiedereinstellungsanspruch **128** 32 ff.

Betriebsveräußerung an besonders Interessierte 162 1 ff.
- absonderungsberechtigte Gläubiger **162** 5, **162** 7
- Beherrschungsvertrag **162** 5

3173

Sachregister

fette Zahlen = Gesetzesvorschriften

- Betrieb **162** 3
- Betriebsteile **162** 3
- Gläubigerversammlung **162** 8 f.
- Insider **162** 5 f.
- nachträgliche Zustimmung **162** 8
- nahestehende Personen **162** 5
- nicht nachrangige Gläubiger **162** 5, **162** 7
- sofortige Beschwerde **162** 9
- Treuhänder **162** 6
- Unternehmen **162** 2
- Unternehmenskauf **162** 2
- Veräußerung **162** 4
- Zustimmungsverfahren **162** 8 f.
- Zweigniederlassungen **162** 2

Betriebsveräußerung unter Wert 163 1 ff.
- s. auch Wirksamkeit von Handlungen
- Anhörung **163** 6
- Discounted-Cash-Flow-Verfahren **163** 2
- Ertragswertverfahren **163** 2
- gerichtliche Entscheidung **163** 8
- Glaubhaftmachung **163** 5
- Insolvenzgericht **163** 7
- Kostenerstattung **163** 10
- Minderwert **163** 2
- Rechtsfolgen eines Verstoßes **163** 9
- Zustimmungserfordernis **163** 3 ff.

Betriebsvereinbarungen
- gegenseitige Verträge **279** 4
- Kündigung von Betriebsvereinbarungen **120** 3 f.
- Sozialpläne **124** 10, **124** 39

Betriebsverfassung
- anwendbares Recht **337** 10
- Arbeitnehmerklage **127** 8
- Arbeitsverhältnisse Art. 10 EuInsVO 12
- Beendigung von Arbeitsverhältnissen **113** 50 ff.
- Betriebsänderungen **122** 10

Betriebsverfassungsorgan
- Betriebsänderungen **122** 8 ff.
- Nachteilsausgleich in der Insolvenz **122** 106

Betriebsverlegung 122 36 ff.
Betriebsvermögensvergleich 80 41
Betriebswirtschaftliche Krise 16 1
Betriebswirtschaftlicher Liquiditätsbegriff 18 4
Betriebszweck 122 50 ff.

Bewegliche Sachen
- absonderungsberechtigte Gläubiger **223** 8
- Berechnung des Kostenbeitrags **171** 6
- Eigentumsvorbehalt **107** 4
- Insolvenz des Leasinggebers **108** 129 ff.
- Insolvenz des Leasingnehmers **108** 80, **108** 84 ff.
- Insolvenzmasse **35** 143 ff.
- Kündigungssperre **112** 3
- rechtsgeschäftlich bestellte Pfandrechte **50** 5
- Schutz des Gläubigers vor einer Verzögerung der Verwertung **169** 1 a
- Übernahme der Insolvenzmasse **148** 30
- Unterrichtung des Gläubigers **167** 4 ff.
- Verfügungen des Schuldners **81** 16
- Verwertung beweglicher Gegenstände **166** 2
- Verwertung durch Gläubiger **173** 2

Beweisaufnahme
- Beiordnung eines Rechtsanwalts **4 a** 38
- Zivilprozessordnung **4** 38

Bewertung der Massegegenstände 151 5 ff.
Bezüge aus einem Dienstverhältnis 114 1 ff.
- Abtretung **114** 23
- Abtretungsklauseln **114** 13 ff.
- Abtretungsverbot **114** 20, **114** 22
- Altforderung **114** 21
- Aufrechnung **114** 21 ff.
- Begriff **114** 9 ff.
- Dauerschuldverhältnisse **114** 17

- Entgeltersatzleistungen **114** 10
- Freigabe **114** 29
- gepfändete Bezüge **114** 24 ff.
- Kreditverträge **114** 13 ff.
- nachrangige Abtretung **114** 27
- Neuforderung **114** 21
- Restschuldbefreiungsverfahren **114** 15
- Selbstständigkeit **114** 6 f., **114** 19
- Sicherungsabtretung **114** 16
- unselbstständige Arbeitnehmer **114** 18
- vertragliche Sicherheiten **114** 4
- Vertragsarzthonorar **114** 19
- Vorausverfügungen **114** 4 ff., **114** 23
- vorinsolvenzliche Inkassomaßnahmen **114** 17
- vorrangiges Pfändungspfandrecht **114** 27

Bezugsrecht
- unentgeltliche Leistung **134** 15 f.
- Zeitpunkt der Vornahme einer Rechtshandlung **140** 5 c

Bilanzielle Überschuldung
- Feststellung der Überschuldung **19** 32
- gesetzlicher Überschuldungsbegriff **19** 10

Bilanzielle Unterdeckung 19 25
Bilanzierungs- und Bewertungsgrundsätze 12 f.
Bilanzierungshilfen 19 61
Bilanzierungspflicht 155 6

Bindungswirkung
- Arbeitnehmerklage **127** 40 ff.
- arbeitsrechtliche Stellung des vorläufigen Insolvenzverwalters **22** 59 ff.
- Ausschluss sonstigen Rechtserwerbs **91** 48 f.
- besonders bedeutsame Rechtshandlungen **160** 11
- Eröffnungsbeschluss **27** 19
- örtliche Zuständigkeit **3** 7
- Prüfung und Entscheidung der Rechtsbeschwerde **7** 26
- Zivilprozessordnung **4** 3, **4** 15

Blankowechsel 35 197
Briefgrundpfandrechte 32 3
Bruchteilsgemeinschaft
- Auseinandersetzung einer Gesellschaft oder Gemeinschaft **84** 3
- Insolvenz von Sondervermögen **11** 420
- Zulässigkeit des Insolvenzverfahrens **11** 4

Bruttoabrechnungssysteme 96 73
Buchführungspflicht
- Handels- und steuerrechtliche Rechnungslegung **155** 6
- steuerrechtliche Stellung des Insolvenzverwalters **56** 84

Buchsanierung
- Aktiengesellschaft **11** 195
- GmbH **11** 195

Bundesagentur für Arbeit
- Anfechtung gegen Rechtsnachfolger **145** 2
- antragsberechtigte Gläubiger **14** 12
- Gläubigerbenachteiligung **129** 111 f.
- Gruppenbildung **222** 35
- Insolvenzgeld **22** 191 b ff.
- sonstige Masseverbindlichkeiten **55** 101 ff.

Bundesanstalt für Finanzdienstleistungsaufsicht
- Eröffnungsantrag **13** 10
- Insolvenzantragsrecht **13** 84 ff.
- Verwaltungsantrag **13** 8
- Wertgegenstände **149** 28

Bundesanstalt für vereinigungsbedingte Sonderaufgaben 39 62

Bürgen
- anfechtbare Rechtshandlungen **130** 25
- Anfechtung gegen Rechtsnachfolger **145** 20
- anmeldbare Forderungen **174** 11
- antragsberechtigte Gläubiger **14** 4

3174

magere Zahlen = Randnummern

Sachregister

- besondere Zuständigkeiten 185 2
- Eintritt der Aufrechnungslage im Verfahren 95 45 ff.
- Insolvenzantragsrecht 13 80
- laufende Zinsen und Säumniszuschläge 39 18
- Rechtsschutzinteresse 14 53
- Wirkung der Restschuldbefreiung 301 16 ff.

Bürgschaften
- anfechtbare Rechtshandlungen 131 18
- Ansatz und Bewertung der Passiva bei positiver Fortführungsprognose 19 90, 19 98
- Ausfallbürge 43 6
- Doppelinsolvenz 43 4
- Haftung des Schuldners 227 9
- Handelsgesellschaften 35 396
- Insolvenz des Bürgen 43 4
- Insolvenz des Hauptschuldners 43 5
- Insolvenzmasse 35 167
- Rückgewährpflicht 143 10
- Zeitpunkt der Vornahme einer Rechtshandlung 140 5

Business-Activity-Theorie Art. 3 EuInsVO 11, Art. 3 EuInsVO 33

Clearingsysteme 147 2 f.
Common-Pool-Problem 16 2
Compliance 11 204
Composition Agreement vor 217 16
Culpa in contrahendo
- Haftung des vorläufigen Insolvenzverwalters 22 222 a
- nichtinsolvenzspezifische Pflichten 60 55
- Verletzung der Insolvenzantragspflicht 15 a 36 ff.

Darlegungs- und Beweislast
- Abweisung mangels Masse 26 65
- anfechtbare Rechtshandlungen 131 33 ff.
- Anfechtung gegen Rechtsnachfolger 145 30 ff.
- Anordnung der Eigenverwaltung 270 23 ff.
- Arbeitnehmerklage 127 21
- Bargeschäft 142 16 f.
- Begriff der Zahlungsunfähigkeit 17 28
- Erfüllungswahl des Insolvenzverwalters 103 130
- Erhaltung einer Aufrechnungslage 94 66
- Feststellung der Zahlungsunfähigkeit 17 37
- Fortführungsprognose 19 54
- Gesellschafterdarlehen 135 20
- Gläubigerbenachteiligung 129 130 f.
- inkongruente Deckung 131 38 ff.
- Interessenausgleich mit Namensliste 125 32 ff., 125 42 ff.
- kongruente Deckung 130 65 ff.
- Leistung an den Schuldner Art. 24 EuInsVO 7 ff.
- Massenentlassung in der Insolvenz 113 147 ff.
- Prozesskostenhilfe für den Insolvenzverwalter 80 128
- Schadensersatz wegen Nichterfüllung 103 175
- Sozialauswahl 125 56 ff.
- Überschuldung 19 133
- unentgeltliche Leistung 134 51 f., 143 55 f.
- unmittelbar nachteilige Rechtshandlungen 132 17 f.
- Unwirksamkeit abweichender Vereinbarungen 119 3
- Unzulässigkeit der Aufrechnung 96 71
- Verfügungen des Schuldners 81 20 f.
- Verträge mit nahestehenden Personen 133 41 ff.
- vorsätzliche Benachteiligung 133 29 ff.
- Zeitpunkt der Vornahme einer Rechtshandlung 140 10, 140 14

Darlehen
- Bargeschäft 142 14
- besonders bedeutsame Rechtshandlungen 160 26
- gesellschafterbesicherte Drittforderungen 135 15 ff.
- Kreditrahmen 264 4
- Obstruktionsverbot 245 21
- teilbare Leistungen 105 23
- Wahlrecht des Insolvenzverwalters 103 29

Darlehensähnliche Leistungen 135 16
Darstellender Teil des Insolvenzplans 220 1 ff.
- Betriebsänderungen 220 5
- Dritte 220 7
- Genossenschaft 11 215
- Informationspflichten 220 1
- Insolvenzstraftaten 220 6
- juristische Personen 11 162
- Pflichtangaben 220 1
- Plananlagen 220 4 f.
- Planziele 220 2
- Quotenvergleich 220 3
- Sanierungskonzept 220 3
- Vergleichsrechnung 220 3
- Vorprüfung des Insolvenzplans 231 19

Datenschutz 5 30
Datenträger 36 45
Dauerbezugsverträge 103 30
Dauerschuldverhältnisse 38 58 ff.
- Abfindung 38 64
- Altersteilzeit 38 65
- Arbeitsverhältnisse 38 62 ff.
- Bargeschäft 142 14
- Begriff der Zahlungsunfähigkeit 17 15
- betriebliche Altersversorgung 38 66
- Bezüge aus einem Dienstverhältnis 114 17
- Erhaltung einer Aufrechnungslage 94 53 ff.
- Kreditrahmen 265 3
- Miete 38 60
- Rangordnung der Masseverbindlichkeiten 209 18 ff.
- Sonderumlagen 38 61
- sonstige Masseverbindlichkeiten 55 96
- Verletzung der Insolvenzantragspflicht 15 a 40
- Vollstreckungsverbot bei Masseverbindlichkeiten 90 6, 90 15
- vorläufiger Insolvenzverwalter mit Verwaltungs- und Verfügungsbefugnis 22 46
- wiederkehrende Ansprüche 38 58 ff.
- Wohngeld 38 61

Dauerwohnrechte 35 139
Debetsaldo 130 14
Debitorenzahlungen 116 61 f.
Debt-Equity-Swap 223 9
Deckung der Mindestvergütung des Treuhänders
- Anhörung 298 15 ff.
- Beschluss 298 20 ff.
- Mindestvergütung 298 3 ff.
- öffentliche Bekanntmachung 298 24
- Rechtsmittel 298 23
- sofortige Beschwerde 298 23
- Stundung 298 26 f.
- Treuhänder 298 12 f.
- Versagung der Restschuldbefreiung 298 3 ff.
- Versagungsverfahren 298 11 ff.
- Zahlungsaufforderung 298 7 ff.

Deckungsgeschäfte
- anfechtbare Rechtshandlungen 130 5
- kongruente Deckung 130 3

Deckungsprognose 26 21
Delegationsfähige Verwaltertätigkeiten
- Vergütung des Insolvenzverwalters 63 67 ff.
- Vorauswahl des Insolvenzverwalters 56 22 ff.

Deliktische Ansprüche
- Aktiengesellschaft 35 330
- Gesamtschaden 92 10
- GmbH 35 330
- Vollstreckungsverbot 89 37 f.

Deliktische Haftung 60 58 f.
Deliktsstatut Art. 4 EuInsVO 16
Delisting 56 44 ff.
Depot
- Aussonderung 47 51 ff.

3175

Sachregister

fette Zahlen = Gesetzesvorschriften

- Bankverträge 116 25 f
- sonstige Absonderungsberechtigte 51 43

Depotbanken 11 23

Deregulierung
- Insolvenzverfahren 1 9
- Zivilprozessordnung 4 1, 4 42

Dienstaufsichtsbeschwerde
- Akteneinsicht 4 36
- richterliche Entscheidungen 6 4, 6 6

Dienstleistungen 140 19

Dienstverhältnisse
- s. auch Bezüge aus einem Dienstverhältnis
- s. auch Kündigung eines Dienstverhältnisses
- Abtretung des pfändbaren Arbeitsentgelts 287 29 ff.
- Unwirksamkeit abweichender Vereinbarungen 119 7 f.

Dienstverträge
- gesellschaftsrechtlich nahestehende Personen 138 47 f.
- nahe Angehörige 138 12 a
- sonstige Masseverbindlichkeiten 55 61 ff.

Differenzhaftung
- Gesellschaften ohne Rechtspersönlichkeit 11 318
- GmbH 35 308

Dinglich gesicherte Gläubiger 165 15

Dingliche Gläubiger 38 5

Dingliche Grundstücksrechte 35 139 ff.

Dingliche Haftung
- abgesonderte Befriedigung aus unbeweglichen Gegenständen 49 5
- Haftung des Schuldners 227 9

Dingliche Rechte
- anwendbares Recht 336 8
- ausländisches Insolvenzverfahren 351 1 ff.
- Aussonderung 47 9 ff.
- Insolvenzvermögensstatut 335 18
- Internationales Insolvenzrecht vor EuInsVO 7

Dingliche Rechte Dritter Art. 5 EuInsVO 1 ff.
- Ablösung des dinglichen Rechts Art. 5 EuInsVO 6
- Gläubigerbenachteiligung Art. 5 EuInsVO 8
- Insolvenzanfechtung Art. 5 EuInsVO 7
- Leasing Art. 5 EuInsVO 5
- Niederlassung Art. 5 EuInsVO 3
- Sekundärinsolvenzverfahren Art. 5 EuInsVO 3
- Statut der dinglichen Rechte Art. 5 EuInsVO 1

Dingliche Sicherheiten
- Nutzungsüberlassung 135 22
- Unwirksamkeit abweichender Vereinbarungen 119 5

Dingliche Surrogation
- Ersatzaussonderung 48 6, 48 21
- Gegenstände der Absonderung 49 17

Dingliche Titel 14 3

Dingliche Verträge 336 9

Dingliche Wohnungsrechte 35 139

Dingliche Zuordnung 51 69

Dingliches Vorkaufsrecht 106 22 ff.

Dinglichkeitslehre 143 1

Direktversicherung 35 230 ff.

Discounted-Cash-Flow-Verfahren
- Betriebsveräußerung unter Wert 163 2
- Verzeichnis der Massegegenstände 151 8

Diskontgeschäft 116 25 c

Diskriminierungsschutz 125 64

Dispositionsmaxime
- Anmeldung der Forderungen 174 1
- Zivilprozessordnung 4 42

Dokumenteninkasso 51 32

Doppelanmeldung 174 10

Doppelausgebot 165 14 f.

Doppelberücksichtigung
- Ausfall der Absonderungsberechtigten 52 3 a
- Haftung mehrerer Personen 43 1, 43 23
- Verteilungsverzeichnis 188 12

Doppelbesicherung 44 a 7 f.

Doppelinsolvenz
- anmeldbare Forderungen 174 12
- Bürgschaften 43 4
- Factoring 116 45 f.
- Haftung mehrerer Personen 43 9, 43 21
- Insolvenz des Erben 331 4 f.
- mehrere Insolvenzanträge 139 12
- mittelbare Zuwendungen 129 87 c

Doppelseitige Treuhand
- Insolvenzmasse 35 236
- Sicherheiten-Pool 51 63
- Treuhänder 292 6

Doppelspurigkeit vor 217 3, vor 217 32

Doppelstock-Refinanzierung 108 127

Doppelte Antragstellung 13 6

Doppeltitulierung 201 17

Doppeltreuhand 22 194

Doppelumsatztheorie 22 192 h

Doppelzuständigkeiten 270 48

Drei-Personenverhältnisse
- Benachteiligungsvorsatz 133 20
- unentgeltliche Leistung 134 14 ff.

Dreistufiges Aufhebungsverfahren 25 12

Dritte
- Akteneinsicht 4 32
- Auskunfts- und Mitwirkungspflicht im Eröffnungsverfahren 20 13
- darstellender Teil des Insolvenzplans 220 7
- Erörterungs- und Abstimmungstermin 235 20
- Hinterlegung 149 23
- Hinweisrecht des Gläubigers 168 9 f.
- Insolvenzplan 217 9, 230 5 f.
- Niederlegung des Insolvenzplans 234 6
- Prüfungstermin 176 30
- Verwertung der Insolvenzmasse 159 49 ff.
- Vollstreckung aus dem Insolvenzplan 257 22
- Wirkungen des Insolvenzplans 254 14

Dritterwerber
- Gutglaubensschutz Art. 14 EuInsVO 1
- Hauptinsolvenzverfahren Art. 14 EuInsVO 2
- Luftfahrzeuge Art. 14 EuInsVO 1 ff.
- Schiffe Art. 14 EuInsVO 1 ff.
- Sekundärinsolvenzverfahren Art. 14 EuInsVO 2
- unbewegliche Gegenstände Art. 14 EuInsVO 1 ff.
- Verfügungen Art. 14 EuInsVO 4
- Verkehrsschutz Art. 14 EuInsVO 1
- Wertpapiere Art. 14 EuInsVO 1 ff.

Drittsicherheiten 254 15 ff.

Drohende Masseunzulänglichkeit
- Anzeige der Masseunzulänglichkeit 208 3
- Rangordnung der Masseverbindlichkeiten 209 25
- Vollstreckungsverbot 210 2

Drohende Zahlungsunfähigkeit 18 1 ff.
- s. auch Begriff der drohenden Zahlungsunfähigkeit
- Abberufung 18 26
- Amtsniederlegung 18 26
- Anordnung der Eigenverwaltung 270 28
- Antragsberechtigung bei Gesellschaften ohne Rechtspersönlichkeit 18 21 ff.
- Antragsberechtigung bei juristischen Personen 18 21 ff.
- Aufsichtsratsmitglieder 18 21
- Auskunfts- und Mitwirkungspflicht im Eröffnungsverfahren 20 33
- außergerichtlicher Vergleich 18 2
- Bankrott 18 27
- Eigenantrag 18 2, 18 22
- Eigenprüfung 18 27
- Eigenverwaltung 18 1
- eingetragener Verein 18 24
- Einzelvertretung 18 24 f.
- Eröffnungsantrag 13 5

magere Zahlen = Randnummern **Sachregister**

- faktisches Organ 18 23
- fortgesetzte Gütergemeinschaft 332 3
- Führungslosigkeit 18 21
- Genossenschaft 11 207
- Gesamtvertretung 18 24 f.
- Gesellschaften ohne Rechtspersönlichkeit 11 247
- Gesellschafter 18 21
- gesetzlicher Überschuldungsbegriff 19 7, 19 23
- Gläubigerverzeichnis 18 20
- GmbH & Co. KG 11 343, 11 355
- Haftungsrisiken 18 1, 18 27
- Handlungsbevollmächtigter 18 23
- Insolvenzantragspflicht 13 95, 13 99
- Insolvenzantragsrecht 13 63, 13 86, 15 2
- Insolvenzgrund 16 5, 16 19
- juristische Personen 11 52
- kongruente Deckung 130 33
- Kredit- und Finanzdienstleistungsinstitute 11 23
- Liquiditätsplan 18 20
- Liquiditätsstatus 18 20
- Missbrauch der Vertretungsmacht 18 25
- Miterben 18 24
- Nachlassinsolvenzverfahren 320 4
- Nachweis der drohenden Zahlungsunfähigkeit 18 20
- nicht eingetragener Verein 18 24
- organschaftliche Vertreter 18 26
- Prokuristen 18 23
- Rücknahme des Insolvenzantrags 13 122, 13 127
- Sanierung 18 27
- Schuldnerverzeichnis 18 20
- Strafbarkeit 18 27
- Straffreiheit 18 27
- Testamentsvollstrecker 18 24
- Überschuldung 18 2, 18 26, 19 1
- verdeckte Überschuldungssituation 18 1
- Vermögensaufstellung 18 20
- Vertretung 18 21 ff.
- Vertretungsmacht 18 24
- Vertretungsorgane 18 21 ff.
- vorsätzliche Benachteiligung 133 30
- Zahlungsunfähigkeit 18 26

Drohende Zwangsvollstreckung 131 20 a
Drohender Verderb von Waren 22 36
Druckzahlungen
- anfechtbare Rechtshandlungen 131 20 a
- Benachteiligungsvorsatz 133 14
- vorsätzliche Benachteiligung 133 8

Duale Betrachtungsweise 155 1
Duale Rechnungslegungspflicht 66 2 f.
Durchführung eines Insolvenzverfahrens
- Anerkennung sonstiger Entscheidungen Art. 25 EuInsVO 4
- Sekundärinsolvenzverfahren Art. 27 EuInsVO 7

Durchgangserwerb 91 26 f.
Durchgriffserinnerung 6 10
Durchsetzung der Pflichten des Schuldners 98 1 ff.
- s. auch Eidesstattliche Versicherung
- s. auch Zwangsmaßnahmen
- faktischer organschaftlicher Vertreter 98 2
- Insolvenzplan 98 1
- Restschuldbefreiungsverfahren 98 2

Durchsuchung
- Anordnung von Sicherungsmaßnahmen 21 10
- vorläufiger Insolvenzverwalter mit Verwaltungs- und Verfügungsbefugnis 22 19

Dynamische Sequestration 22 8

Echte Freigabe
- Freiberufler 35 287
- Freigabe 35 71 ff.
- Rechtsstellung des Insolvenzverwalters 80 134 ff.
- Verwertung der Insolvenzmasse 159 61

Echte Treuhand 35 27, 47 35 ff.
Echtes Factoring
- Bargeschäft 142 11
- Factoring 116 40, 116 43, 116 64 f., 116 94

Effektengeschäft 116 25 g
Effektive Kapitalherabsetzung
- Aktiengesellschaft 11 195
- GmbH 11 195

Ehegatten
- Haftung des Schuldners 227 13
- Insolvenzantragsrecht 13 82
- nahe Angehörige 138 3 ff.
- steuerrechtliche Wirkungen der Insolvenzeröffnung 80 45 f.
- Übernahme der Insolvenzmasse 148 32
- Unwirksamkeit von Veräußerungsverboten 80 203
- Zulassung des Gläubigerantrags 14 101

Ehemalige Ehegatten 138 4
Ehemalige Geschäftsführer 20 10
Ehemalige Insider 138 54 f.
Ehen mit Auslandsberührung 138 3
Eidesstattliche Versicherung 153 3 ff.
- s. auch Eidesstattliche Versicherung des Schuldners
- Anordnung von Sicherungsmaßnahmen 21 27
- Antragsberechtigung 153 4
- Auskunfts- und Mitwirkungspflicht im Eröffnungsverfahren 20 5
- Aussonderungsrecht 153 6
- Form 98 5
- Gegenstand 98 4
- gerichtliche Anordnung 98 3
- Geschäftsgeheimnisse 98 4
- Gesellschaften ohne Rechtspersönlichkeit 11 289
- Glaubhaftmachung 14 81 f.
- Inhalt 153 6
- insolvenzfreies Vermögen 98 4
- Kosten 98 9
- Notgeschäftsführer 153 5
- Notvorstand 153 5
- organschaftliche Vertreter 153 5
- Rechtsmittel 98 8, 153 9
- Rechtsschutzinteresse 14 41
- Rechtsstellung des Insolvenzverwalters 80 147
- Sicherungsmaßnahmen 306 43
- Strafbarkeit 98 10, 153 11
- Verfahren 153 7 ff.
- Verpflichtete 153 5
- Verstoß gegen Obliegenheiten 296 34 ff.
- Vertretung 153 5
- Verweigerung 98 7
- Widerspruch 98 6, 153 8
- Zivilprozessordnung 4 38

Eigenantrag
- Akteneinsicht 4 26
- Anordnung von Sicherungsmaßnahmen 21 6, 21 43, 21 46
- Auskunft 4 27
- Auskunfts- und Mitwirkungspflicht im Eröffnungsverfahren 20 3
- drohende Zahlungsunfähigkeit 18 2, 18 22
- Entlassung des Insolvenzverwalters 59 18 f.
- Eröffnungsantrag 13 10, 13 133
- Insolvenzantragsrecht 13 63
- Insolvenzkostenhilfe 13 108 ff.
- Rücknahme des Insolvenzantrags 13 121
- spezielle Zulässigkeitsvoraussetzungen 13 40 ff., 13 42 f.
- Verfahrenskostenvorschuss 26 23
- Zulässigkeitsvoraussetzungen 13 17

Eigenhaftung des Gesellschafters
- Gesamtschuldner und Bürgen 44 6
- Haftung mehrerer Personen 43 18

Sachregister

fette Zahlen = Gesetzesvorschriften

Eigenheimzulage 35 179
Eigenkapital
– Ansatz und Bewertung der Passiva bei positiver Fortführungsprognose 19 96
– Kreditrahmen 264 7
Eigenkapitalerhöhung 19 87
Eigenkapitalersetzende Darlehen
– Kreditrahmen 264 8
– nachrangige Insolvenzgläubiger 225 3
Eigenkapitalersetzende Gebrauchsüberlassung 47 64
Eigenkapitalersetzende Gesellschaftersicherheiten 43 22
Eigenorganschaft 270 2
Eigenprüfung
– drohende Zahlungsunfähigkeit 18 27
– Feststellung der Zahlungsunfähigkeit 17 38
– Insolvenzantragspflicht 13 95
– Insolvenzgrund 16 3
– Zahlungsunfähigkeit 17 1
Eigentum
– Aussonderung 47 9
– Rechtsstellung des Insolvenzschuldners 80 6
– Rechtsstellung des Insolvenzverwalters 80 82
Eigentümergrundschuld 129 115
Eigentumsgarantie vor 286 54 ff.
Eigentumssphären 37 32
Eigentumsvermutung
– Gesamtgut bei Gütergemeinschaft 37 31 ff.
– Zugewinngemeinschaft 37 24
Eigentumsvorbehalt 47 13 ff., 107 1 ff., **Art. 7 EuInsVO** 1 ff.
– Abtretungsverbot 47 29 f.
– Abwehrklauseln 47 14
– Anwartschaftsrecht 107 3, 107 16
– Aufforderungen an Gläubiger und Schuldner 28 4
– aufschiebende Bedingung 107 5, 107 12
– ausländisches Recht 47 16
– Ausschluss sonstigen Rechtserwerbs 91 25 ff.
– Belegenheit des Vorbehaltsguts **Art. 7 EuInsVO** 4
– Besitz 107 6, 107 12
– Bestimmbarkeit 47 28
– bewegliche Sachen 107 4
– einfacher Eigentumsvorbehalt 47 17 ff., **Art. 7 EuInsVO** 2
– Erfüllungsablehnung 107 16
– Erfüllungswahl 103 131, 107 15
– Ersatzaussonderung 48 16 ff.
– erweiterter Eigentumsvorbehalt 47 21 ff., 107 5
– Factoring 116 50
– gemischttypische Verträge 107 9
– Gläubigerbenachteiligung 129 106, **Art. 7 EuInsVO** 11
– gutgläubiger Erwerb 47 15
– Hauptinsolvenzverfahren **Art. 7 EuInsVO** 4
– Herstellerklausel 47 26
– Inbesitznahme der Insolvenzmasse 148 13
– Insolvenz des Vorbehaltskäufers 47 19 ff., 107 11 ff., **Art. 7 EuInsVO** 3 ff.
– Insolvenz des Vorbehaltsverkäufers 47 18, 107 2 ff., **Art. 7 EuInsVO** 8 ff.
– Insolvenzanfechtung **Art. 7 EuInsVO** 11
– Insolvenzfestigkeit des Anwartschaftsrechts 107 7 f.
– Insolvenzmasse 35 259 ff.
– Insolvenzverwalter 47 30
– Internationales Insolvenzrecht **vor EuInsVO** 7
– Kontokorrentvorbehalt 47 23
– Konzernvorbehalt 47 24 f.
– nachgeschalteter Eigentumsvorbehalt 47 25, 107 5
– nachträglicher Eigentumsvorbehalt 47 14
– Nutzung des Sicherungsguts 172 10
– Rücktritt 107 17
– Sicherungsübereignung 51 13
– sonstige Verwendung beweglicher Sachen 172 1 a
– unpfändbare Gegenstände 36 18
– Verarbeitung des Vorbehaltsguts 47 20
– Verarbeitungsklausel 47 26
– verlängerter Eigentumsvorbehalt 47 26 ff., 107 5
– Verwertung beweglicher Gegenstände 166 3
– Verwertung von Sicherungsgut 22 39
– weitergeleiteter Eigentumsvorbehalt 47 25
– Weiterveräußerungsermächtigung 47 27 ff.
– Wertansätze und Bewertung bei positiver Fortführungsprognose 19 81
– Zeitpunkt der Vornahme einer Rechtshandlung 140 17 a
Eigenverwaltung 270 1 ff.
– s. auch Anordnung der Eigenverwaltung
– s. auch Anordnung der Zustimmungsbedürftigkeit
– s. auch Aufhebung der Anordnung der Eigenverwaltung
– s. auch Befriedigung der Insolvenzgläubiger
– s. auch Gegenseitige Verträge
– s. auch Mittel zur Lebensführung des Schuldners
– s. auch Mitwirkung des Gläubigerausschusses
– s. auch Nachträgliche Anordnung der Eigenverwaltung
– s. auch Sachwalter
– s. auch Verfahrenspflichten aktiver Organe, Gesellschafter und Angestellter
– s. auch Verwertung von Sicherungsgut
– allgemeine Verfahrenseinfachungen 312 83
– allgemeines Verfügungsverbot 21 18, 270 9
– Amtsermittlungspflicht 270 13
– Anordnung von Sicherungsmaßnahmen 21 1, 21 6 f.
– Anordnungsbeschluss 273 3
– Anzeigepflicht 285 1
– Aufgaben des Gläubigerausschusses 69 42
– Aufsicht des Insolvenzgerichts 58 14
– Auskunft 4 30
– Auskunfts- und Mitwirkungspflicht im Eröffnungsverfahren 20 24
– Auskunfts- und Mitwirkungspflichten des Schuldners 97 3
– außergerichtlicher Vergleich 270 8
– Austausch von Organmitgliedern 270 7
– Befriedigung der Insolvenzgläubiger 187 1, 187 17, 283 1 ff.
– besonders bedeutsame Rechtshandlungen 160 15
– Bestellung eines Sachverständigen 5 14
– drohende Zahlungsunfähigkeit 18 1
– Eigenorganschaft 270 2
– Einstellung des Insolvenzverfahrens 285 4
– Entscheidung über den Fortgang des Verfahrens 157 14
– Erlöschen von Vollmachten 116 11
– Eröffnungsantrag 13 140
– Eröffnungsbeschluss 27 4, 27 7
– Forderungen der Insolvenzgläubiger 87 18
– fortgesetzte Gütergemeinschaft 270 12
– Freiberufler 35 287, 270 5
– funktionelle Zuständigkeit 2 3
– gegenseitige Verträge 279 1 ff.
– gemeinschaftlich verwaltetes Gesamtgut 334 3
– Genossenschaft 35 366
– Gesamtschaden 92 23
– Gesellschaften ohne Rechtspersönlichkeit 11 329 ff.
– Gläubigerversammlung 284 2 f.
– Handels- und steuerrechtliche Rechnungslegung 155 9
– Insolvenzanfechtung 129 41, 270 10, 280 4
– Insolvenzantragsrecht 13 63
– Insolvenzeröffnungsverfahren 270 45 ff.
– Insolvenzkostenhilfe 13 110
– Insolvenzmasse 35 65
– Insolvenzplan **vor** 217 26, 217 3, 284 1 ff.

3178

magere Zahlen = Randnummern

- Insolvenzplanverfahren 270 10
- Insolvenzverfahren 1 3, 1 5, 270 10 f.
- juristische Personen 11 179 ff.
- Klage gegen den Widerspruch des Schuldners 184 2
- Kleininsolvenzverfahren 270 4
- Masselosigkeit 285 3
- Masseunzulänglichkeit 285 1 ff.
- Nachlassinsolvenzverfahren 270 12
- öffentliche Bekanntmachung 273 1 ff.
- persönliche Haftung der Gesellschafter 280 2 f.
- Planziele 284 2 f.
- Postsperre 99 3
- Rechnungslegung 66 27
- Rechtsmittel 273 4
- Rechtsstellung des Insolvenzschuldners 80 3
- Register 270 52, 273 5
- Restschuldbefreiung 270 12
- Sachwalter 284 3 f.
- Sanierungskonzept 270 8
- Schuldner 284 2
- Schuldnerschutz 14 150
- Schutzschrift 270 15
- Sicherungsmaßnahmen 270 45 ff.
- sofortige Beschwerde 273 4
- Streitwert 182 6
- Übernahme der Insolvenzmasse 148 42
- Überwachung der Planerfüllung 284 5
- Unterhalt aus der Insolvenzmasse 100 16
- Verbraucherinsolvenzverfahren 270 4
- Verfahrensunterbrechung 270 14
- Verteilung des Erlöses 170 7
- Verteilung des Erlöses 170 9 a
- Verwertung beweglicher Gegenstände 166 1 a
- Verwertung der Insolvenzmasse 159 35, 159 42
- Verwertung von Sicherungsgut 282 1 ff.
- Vorlage des Insolvenzplans 218 2, 218 17, 218 40
- vorläufige Eigenverwaltung 270 45
- Widerspruch 178 15
- Wiedereinsetzung in den vorigen Stand 186 3
- Wirkung der Entscheidung 183 10
- Zivilprozessordnung 4 6

Eilantrag 13 102

Eilbedürftigkeit
- Anordnung von Sicherungsmaßnahmen 21 7
- vorzeitige Betriebsänderung mit gerichtlicher Zustimmung 122 71
- Zulassung des Gläubigerantrags 14 92

Eilverfahren
- Zivilprozessordnung 4 41
- Zulassung des Gläubigerantrags 14 104

Ein- und zweiseitige Rechtsgeschäfte 129 66 ff.

Einberufung der Gläubigerversammlung 74 1 ff.
- absonderungsberechtigte Gläubiger 74 10
- Aufgaben 74 13
- aussonderungsberechtigte Gläubiger 74 11
- fakultative Gläubigerversammlung 74 14
- Gläubigerautonomie 74 1
- Insolvenzgericht 74 15
- Insolvenzgläubiger 74 9
- Insolvenzverwalter 74 7
- Massegläubiger 74 11
- Medien 74 8
- nicht festgestellte Forderungen 74 12
- öffentliche Bekanntmachung 74 16 ff.
- Rechtsmittel 74 21
- Rechtsnatur 74 5
- Schuldverschreibungsgläubiger 74 20
- Teilnahmeberechtigte 74 6 ff.
- Teilnahmepflicht 74 7
- Vertagung 74 17
- Zwangsgemeinschaft 74 5
- zwingende Gläubigerversammlung 74 14

Sachregister

Einbindung in das Insolvenzverfahren
- Insolvenzplan vor 217 30 ff., 217 2
- nachrangige Insolvenzgläubiger 225 1

Einfacher Eigentumsvorbehalt
- Eigentumsvorbehalt 47 17 ff., Art. 7 EuInsVO 2
- Sicherheiten-Pool 51 60

Eingeschränkte Universalität
- anwendbares Recht Art. 4 EuInsVO 5 ff.
- Ausübung von Gläubigerrechten Art. 32 EuInsVO 1
- Internationales Insolvenzrecht 342 1, vor EuInsVO 11
- Zahlungssysteme und Finanzmärkte Art. 9 EuInsVO 1

Eingetragener Verein 11 219 ff.
- Auflösung 11 219
- Beitragspflicht 11 221
- Beschlussanfechtungsklagen 11 219
- Insolvenzantragspflicht 11 220
- Insolvenzgrund 11 219
- Insolvenzmasse 35 372 ff.
- Masseunzulänglichkeit 11 220
- Mitgliedsbeiträge 35 372
- nicht rechtsfähiger Verein 11 222
- persönliche Haftung 35 374

Eingriff in den eingerichteten und ausgeübten Gewerbebetrieb 13 89

Einheitliche Haftungsmasse 11 394

Einheitliche Kostenentscheidung
- Aufnahme eines unterbrochenen Rechtsstreits 180 41
- sonstige Masseverbindlichkeiten 55 17 ff.

Einheitliches Insolvenzverfahren 1 4, vor 129 1

Einheitsgesellschaft 35 413

Einigungsstelle 124 27

Einkommensteuer
- Eintritt der Aufrechnungslage im Verfahren 95 24 f.
- Steuerforderungen 38 72 f.
- steuerrechtliche Stellung des Insolvenzverwalters 56 84
- steuerrechtliche Wirkungen der Insolvenzeröffnung 80 38, 80 43 ff.

Einkünfte 35 114

Einlage des Kommanditisten 35 386 ff.

Einlage des stillen Gesellschafters 19 116

Einlageforderungen
- Aktiengesellschaft 35 308 ff.
- GmbH 35 308 ff.

Einlagen 11 58

Einlegung der Beschwerde
- Beschwerdeverfahren 6 13
- Rechtsbeschwerde 7 11
- sofortige Beschwerde 34 18 ff.

Einrede der Anfechtbarkeit
- Treuhänder 313 74
- Verwertung der Insolvenzmasse 313 98

Einredebehaftete Forderungen
- anfechtbare Rechtshandlungen 131 4
- antragsberechtigte Gläubiger 14 5

Einseitige Erledigungserklärung 14 118 f., 14 123, 14 125

Einsetzung des Gläubigerausschusses 67 1 ff.
- s. auch Vorläufiger Gläubigerausschuss
- Gläubigerbeirat 67 3
- Gläubigerversammlung 67 1 f.
- Insolvenzeröffnungsverfahren 67 4 ff.
- Rechtsmittel 67 24
- vor-vorläufiger Gläubigerausschuss 67 4 ff.

Einsichtnahme
- Aufgaben des Gläubigerausschusses 69 27 f.
- Insolvenzverwalter 261 16
- Niederlegung des Insolvenzplans 234 4 ff.
- Niederlegung in der Geschäftsstelle 154 3
- Rechnungslegung 66 67 f.

3179

Sachregister

fette Zahlen = Gesetzesvorschriften

- Sachwalter 274 19
- Tabelle 175 22 ff.
- Unterrichtung des Gläubigers 167 8

Einstellung der Zwangsvollstreckung 17 18

Einstellung des Insolvenzverfahrens
- s. auch Bekanntmachung und Wirkungen der Einstellung
- befristete Erinnerung 216 6
- Eigenverwaltung 285 4
- Entscheidung des Insolvenzgerichts 289 30 ff.
- Genossenschaft 11 211
- Gesellschaften ohne Rechtspersönlichkeit 11 298 ff.
- Grundbuch 32 28
- juristische Personen 11 145 ff.
- Rechtsbeschwerde 216 7
- Rechtsmittel 216 1 ff.
- Restschuldbefreiung **vor 286** 39
- sofortige Beschwerde 216 2 ff.
- Vollstreckung vor Verfahrenseröffnung 88 28

Einstellung mangels Masse 207 1 ff.
- Akteneinsicht 4 28, 207 20
- Anhörung 207 9
- Barmittel 207 12
- Einstellungsbeschluss 207 14
- Einstellungsverfahren 207 8 ff.
- Feststellung der Massearmut 207 4
- Genossenschaft 207 19
- Gerichtskosten 207 2
- Geschäftsunterlagen 207 20
- gesellschaftsrechtliche Vollabwicklung 207 18
- Gläubigerausschuss 207 2
- Gläubigerversammlung 207 9
- Insolvenzverwalter 207 5
- Lehre vom Doppeltatbestand 207 18
- Massearmut 207 2 ff.
- Massegläubiger 207 10
- Masselosigkeit 207 1
- Masseunzulänglichkeit 207 1
- Masseverbindlichkeiten 207 3, 207 16
- Nachhaftung 207 16
- Nachtragsverteilung 207 13
- öffentliche Bekanntmachung 207 14
- Prozessbevollmächtigung 207 17
- Prozessführungsbefugnis 207 17
- Prüfungspflichten des Insolvenzgerichts 207 4
- Rechtsmittel 207 15
- Restschuldbefreiungsverfahren 207 6
- Schadensersatzanspruch 207 7
- Schlussbericht 207 9
- Schuldenbereinigungsplan 207 6
- sofortige Beschwerde 207 15
- Sondervermögen 207 5
- Stundung der Verfahrenskosten 207 1 a f., 207 6
- Verfahrenskosten 207 3
- Verfahrenskostengläubiger 207 13 a
- Verfahrenskostenvorschuss 207 5
- Vergütung des Insolvenzverwalters 207 1 b
- Vergütung des vorläufigen Insolvenzverwalters 207 2
- Verteilungsverzeichnis 207 13
- Verwertung 207 11
- Vollstreckungsschutz 207 13 a
- Wirkungen 207 16 ff.

Einstellung mit Zustimmung der Gläubiger 213 1 ff.
- absonderungsberechtigte Gläubiger 213 1, 213 10
- angemeldete Forderungen 213 5 f.
- Antrag 213 3
- bestrittene Forderungen 213 5, 213 9
- Fristen 213 4, 213 11
- Insolvenzgläubiger 213 5 ff.
- Rechtsfolgen 213 14
- Rechtsmittel 213 13
- sofortige Beschwerde 213 13
- Verfahren 213 12
- Zustimmungserklärung 213 6 f.
- zweifelhaftes Zustimmungserfordernis 213 8 ff.

Einstellung nach Anzeige der Masseunzulänglichkeit 211 1 ff.
- Anhörung 211 6
- Einstellungsbeschluss 211 5 ff.
- Gläubigerausschuss 211 5
- Insolvenzanfechtung 211 12
- Insolvenzgericht 211 5
- Insolvenzplan 211 11
- Nachtragsverteilung 211 3 a, 211 12
- öffentliche Bekanntmachung 211 8
- Rechtsfolgen 211 10
- Rechtsmittel 211 9
- Restschuldbefreiungsverfahren 211 3 a
- Schlussrechnung 211 2, 211 5
- streitige Verbindlichkeiten 211 4
- Verbraucherinsolvenzverfahren 211 3 a
- Verteilung 211 3 ff.
- Verteilungsverzeichnis 211 2 f.

Einstellung wegen Wegfalls des Eröffnungsgrundes 212 1 ff.
- Antrag 212 3 ff.
- Antragsberechtigte 212 3
- Finanzmarktstabilisierungsgesetz 212 2 a
- Finanzplan 212 7
- Fortführungsprognose 212 2 a
- Glaubhaftmachung 212 7
- Insolvenzgrund 212 2 f.
- öffentliche Bekanntmachung 212 8
- Prozessführungsbefugnis 212 10
- Rechtsfolgen 212 10
- Rechtshandlungen des Insolvenzverwalters 212 10
- Rechtsmittel 212 9
- sofortige Beschwerde 212 9
- Störung der Insolvenzabwicklung 212 6
- Überschuldung 212 2 a, 212 7
- Verfahren 212 8
- Verfügungsbefugnis 212 10
- Voraussetzungen 212 2 ff.

Einstellung zugunsten anderer mitgliedstaatlicher Gerichte Art. 102 § 4 EGInsO 1 ff.
- ausländisches Insolvenzverfahren Art. 102 § 4 EGInsO 1
- Hauptinsolvenzverfahren Art. 102 § 4 EGInsO 2
- Kooperation Art. 102 § 4 EGInsO 11
- rechtliches Gehör Art. 102 § 4 EGInsO 3
- Scheinverwalter Art. 102 § 4 EGInsO 10
- Sekundärinsolvenzverfahren Art. 102 § 4 EGInsO 1
- sofortige Beschwerde Art. 102 § 4 EGInsO 6
- Wirkungen Art. 102 § 4 EGInsO 7 ff.

Einstellungsbeschluss
- Einstellung mangels Masse 207 14
- Einstellung nach Anzeige der Masseunzulänglichkeit 211 5 ff.
- Verfahren bei der Einstellung 214 9

Einstweilige Anordnung
- Beschwerdeverfahren 6 17
- Kredit- und Finanzdienstleistungsinstitute 11 25
- Rechtsmittel 4 b 6 f.
- Schuldnerschutz 14 153 ff.

Einstweilige Einstellung 165 18 ff.

Einstweilige Einstellung der Zwangsversteigerung 49 32 ff.

Einstweilige Einstellung der Zwangsverwaltung
- abgesonderte Befriedigung aus unbeweglichen Gegenständen 49 40
- Verwertung unbeweglicher Gegenstände 165 23

magere Zahlen = Randnummern

Sachregister

Einstweilige Einstellung der Zwangsvollstreckung
- Anordnung von Sicherungsmaßnahmen 21 26 ff., 21 31
- Sicherungsmaßnahmen 306 35 ff.

Einstweilige Unternehmensfortführung 22 23 ff.

Einstweilige Verfügungen
- Vollstreckungsverbot 89 12 ff.
- vorzeitige Betriebsänderung mit gerichtlicher Zustimmung 122 95 ff.
- Zivilprozessordnung 4 44

Einstweilige Zulassung
- Zulässigkeitsvoraussetzungen 13 24
- Zulassung des Gläubigerantrags 14 92

Einstweiliger Rechtsschutz
- Anordnung von Sicherungsmaßnahmen 21 38 b
- Aussonderung 47 114

Eintragung in öffentliche Bücher und Register Art. 102 § 6 EGInsO 1 ff.
- Antrag Art. 102 § 6 EGInsO 4 ff.
- anwendbares Recht Art. 102 § 6 EGInsO 7
- Eröffnung des Insolvenzverfahrens Art. 102 § 6 EGInsO 1
- Insolvenzvermerk Art. 102 § 6 EGInsO 8
- Rechtsmittel Art. 102 § 6 EGInsO 1 ff.
- Weiterleitungspflicht Art. 102 § 6 EGInsO 9

Eintragungspflichtige Rechte
- anwendbares Recht Art. 11 EuInsVO 1 ff.
- Hauptinsolvenzverfahren Art. 11 EuInsVO 3
- Register Art. 11 EuInsVO 4
- Registerstatut Art. 11 EuInsVO 1 ff.
- Sekundärinsolvenzverfahren Art. 11 EuInsVO 3

Eintritt der Aufrechnungslage im Verfahren
- Bauinsolvenz 95 38 ff.
- bedingte Forderungen 95 9 ff.
- Bürgen 95 45 ff.
- Einkommensteuer 95 24 f.
- Factoring 95 22
- Fremdwährungsschuld 95 54
- Gewerbesteuer 95 29
- Grunderwerbsteuer 95 30
- Körperschaftsteuer 95 24 f.
- Kraftfahrzeugsteuer 95 32 ff.
- künftig fällige Forderungen 95 4 ff.
- künftige Gleichartigkeit 95 15 ff.
- Regressansprüche 95 45 ff.
- Steuererstattungsansprüche 95 23 ff.
- Stundung 95 21
- Umsatzsteuer 95 26 ff.
- Vermögensteuer 95 31
- Wahlrecht des Insolvenzverwalters 95 36 f.

Eintritt des Eröffnungsgrundes nach der Rückgewährvereinbarung 136 11 f.

Eintritt des Insolvenzverwalters
- Fortbestehen von Miet- und Pachtverträgen 108 15
- Rechtsstellung des Insolvenzverwalters 80 90 f.

Eintrittsrecht des Richters 2 6

Einvernehmliche Rechtsausübung
- gegenseitige Verträge 279 3
- Verwertung von Sicherungsgut 282 3, 282 7

Einwendungen
- Aussonderung 47 113
- Ersetzung der Zustimmung 309 28 ff.
- Rechte und Pflichten des Insolvenzverwalters 80 163
- vereinfachtes Insolvenzverfahren 311 1 ff.
- Verteilungsverzeichnis 188 19

Einwendungen gegen das Schlussverzeichnis
- Rechnungslegung 66 71
- Schlusstermin 197 9 ff.

Einwendungen gegen das Verteilungsverzeichnis 194 1 ff.
- Abschlagsverteilungsverzeichnis 194 1
- Anhörung 194 10
- Ausgleichsansprüche 194 19
- Berichtigung des Verteilungsverzeichnisses 194 15
- Einwendungsberechtigte 194 2 ff.
- Einwendungsgründe 194 5
- Fristen 194 6
- Insolvenzgericht 194 15 ff.
- Niederlegung 194 16
- Rechtsmittel 194 14, 194 17
- Schlussverteilung 194 1
- Schlussverzeichnis 194 18
- sofortige Beschwerde 194 14, 194 17
- Verfahren 194 8 ff.
- Verteilungsfehler 194 19
- Zurückweisung 194 12 ff.
- Zuständigkeit 194 8

Einwendungen gegen die Schlussrechnung
- Rechnungslegung 66 70 ff.
- Schlusstermin 197 7 f.

Einzelbewertung 19 57

Einzelbewertungsgrundsatz 151 5

Einzelgläubiger
- Antrag auf Eröffnung des Verbraucherinsolvenzverfahrens 305 29
- Ersetzung der Zustimmung 309 37
- Restschuldbefreiung 286 19

Einzelschaden
- Geltendmachung der Haftung des Insolvenzverwalters 60 122 ff.
- Verjährung des Schadenersatzanspruchs 62 5

Einzelzwangsvollstreckung
- Anordnung von Sicherungsmaßnahmen 21 29
- Glaubhaftmachung 14 75
- Gläubigerantrag 14 139, 14 141
- Rechtsschutzinteresse 14 40, 14 50

Einziehung einer Forderung
- Anordnung von Sicherungsmaßnahmen 21 28
- Verwertung von Sicherungsgut 22 42 f.
- vorläufiger Insolvenzverwalter mit Verwaltungs- und Verfügungsbefugnis 22 38
- Gläubigerbenachteiligung 129 110 c
- Inbesitznahme der Insolvenzmasse 148 7
- Mitteilung der Veräußerungsabsicht 168 4 f.
- Verwertung beweglicher Gegenstände 166 8, 166 13 b
- Verwertung der Insolvenzmasse 159 4, 159 44

Einziehungs- und Prozessführungsbefugnis
- Gesamtschaden 92 20
- persönliche Haftung der Gesellschafter 93 3

Einziehungsbefugnis
- Anordnung von Sicherungsmaßnahmen 21 38 d
- Verletzung der Insolvenzantragspflicht 15 a 55

Einziehungsermächtigung 48 19

Einziehungspflicht 82 5

Einziehungsrecht 22 43

Einziehungsverbot 21 38 ff.

Elektronische Datenverarbeitung 5 1, 5 30

Elektronische Form 13 33, 14 22

Elektronisches Dokument
- Glaubhaftmachung 14 68
- spezielle Zulässigkeitsvoraussetzungen 13 33 f., 14 22

Elternzeit 113 93 ff.

Emittlungskostenvorschuss 16 7

Endgültiger Gläubigerausschuss
- Abwahl von Ausschussmitgliedern 68 7
- Beibehaltung des gerichtlich eingesetzten Gläubigerausschusses 68 5
- Dauer des Amtes 68 19 f.
- Einsetzung 68 2 ff.
- Ergänzung 68 8
- Ersatzmitglieder 68 8
- Gläubigerbeirat 68 7
- Gläubigerversammlung 68 2 ff.
- Neuwahl von Ausschussmitgliedern 68 6
- Vorschlagsrecht 68 17

Sachregister

fette Zahlen = Gesetzesvorschriften

- Wählbarkeit **68** 16, **68** 18
- Zahl der Mitglieder **68** 14
- Zusammensetzung **68** 13 ff.

Entbindung von der Schweigepflicht
- Amtsermittlungen **5** 20
- Auskunfts- und Mitwirkungspflicht im Eröffnungsverfahren **20** 28

Entgelt 134 35 f.
Entgeltersatzleistungen 114 10
Entgeltlichkeit der Veräußerung 48 13
Entgeltregelungen 120 9
Enthaftung
- Gegenstände der Absonderung **49** 14 ff.
- Haftung des Schuldners **227** 3 ff.
- Insolvenzplan vor **217** 48
- Verwertung der Insolvenzmasse **159** 15

Enthaftung der Masse bei Wohnraummiete 109 14 ff.
- Enthaftungserklärung **109** 18
- freigabeähnliche Wirkung **109** 22 f.
- Insolvenzmasse **109** 18 ff.
- Kündigungsausschluss **109** 17
- Kündigungssperre **109** 20
- Mitmieter **109** 15
- Rechtsfolgen **109** 19 f.
- Schadensersatzanspruch **109** 25
- Vertragszuständigkeit **109** 21 ff.
- Wohnungserhalt **109** 14

Enthaftungserklärung 109 18
Entlassung des Treuhänders 292 77 ff.
Entlassung des Insolvenzverwalters 59 1 ff.
- Amtsermittlungen **59** 7
- Aufsicht des Insolvenzgerichts **59** 1
- Eigenantrag **59** 18 f.
- Entlassung von Amts wegen **59** 16
- Entlassungsbeschluss **59** 22 f.
- Entlassungsgründe **59** 7 ff.
- Fristen **59** 21
- funktionelle Zuständigkeit **59** 22
- gestörtes Vertrauensverhältnis **59** 14
- Gläubigerausschuss **59** 17
- Gläubigerversammlung **59** 17
- Gläubigervorwürfe **59** 11
- Grundsatz der Verhältnismäßigkeit **59** 13
- Interessenkollision **59** 12
- Pflichtverletzung **59** 8 f.
- rechtliches Gehör **59** 20 f.
- Rechtsfolgen **59** 26
- Rechtsmittel **59** 24 f.
- Sachwalter **59** 5
- sofortige Beschwerde **59** 24 f.
- Sonderinsolvenzverwalter **59** 6
- Treuhänder **59** 4
- Verfahren **59** 15 ff.
- Vergütung des Insolvenzverwalters **59** 27
- vorläufiger Insolvenzverwalter **59** 3
- wichtiger Grund **59** 8 f.

Entlassung von Amts wegen
- Entlassung des Insolvenzverwalters **59** 16
- Entlassung von Mitgliedern des Gläubigerausschusses **70** 3

Entlassung von Mitgliedern des Gläubigerausschusses 70 1 ff.
- Anhörung **70** 10
- Beschluss **70** 11
- Entlassung auf Antrag der Gläubigerversammlung **70** 5
- Entlassung auf Antrag des Ausschussmitglieds **70** 6
- Entlassung von Amts wegen **70** 3
- Ergänzung **70** 13
- Rechtsmittel **70** 12
- schwerwiegende Pflichtverletzung **70** 7
- sofortige Beschwerde **70** 12

- Suspendierung **70** 2
- wichtiger Grund **70** 7 ff.

Entlassungsbeschluss 59 22 f.
Entlassungsliste 125 29
Entlassungswellen 125 12 f.
Entnahmerecht
- Mittel zur Lebensführung des Schuldners **278** 6 ff.
- Vergütung des Insolvenzverwalters **63** 55

Entscheidung des Insolvenzgerichts
- Anhörung **289** 4 ff., **289** 34 ff.
- Ankündigung der Restschuldbefreiung **289** 43 f.
- Aufhebung des Insolvenzverfahrens **289** 25
- Einstellung des Insolvenzverfahrens **289** 30 ff.
- Insolvenzanfechtung **289** 37 f.
- Insolvenzgläubiger **289** 4
- Insolvenzverwalter **289** 8 f.
- Kosten **289** 23 f.
- Massegläubiger **289** 40
- Masseunzulänglichkeit **289** 3, **289** 21, **289** 31 ff.
- öffentliche Bekanntmachung **289** 29, **289** 41
- Rechtsbeschwerde **289** 28 a
- Rechtsmittel **289** 26 ff.
- Restschuldbefreiung **289** 1 ff.
- Sachentscheidung **289** 21
- Schlusstermin **289** 2, **289** 10 ff.
- sofortige Beschwerde **289** 26
- Verbraucherinsolvenzverfahren **289** 35
- vereinfachtes Verfahren **289** 13 f.
- Verfahren **289** 2 ff.
- Versagung der Restschuldbefreiung **289** 45
- Verteilung **289** 39
- Wirkungen **289** 42 ff.
- Zeitpunkt **289** 16 ff.
- Zurückweisungsbeschluss **289** 19
- Zuständigkeit **289** 22

Entscheidung über den Fortgang des Verfahrens 157 1 ff.
- Alternativplan **157** 12
- Änderung von Beschlüssen **157** 31
- Arbeitnehmerbeteiligung **157** 20
- Aufhebung von Beschlüssen **157** 31
- Berichtspflichten **157** 15
- Beschäftigungs- und Qualifizierungsgesellschaft **157** 9
- Beschlussunfähigkeit der Gläubigerversammlung **157** 22
- Eigenverwaltung **157** 14
- Freiberufler **157** 16 f.
- Gewerbetreibende **157** 19
- Gläubigerversammlung **157** 2 ff.
- Gleichrang der Verfahrensziele **157** 5
- Insolvenzgericht **157** 3, **157** 24, **157** 29
- Insolvenzplanerstellung mit Zielvorgabe **157** 12 ff.
- Insolvenzverwalter **157** 22 ff.
- konkurrierende Insolvenzpläne **157** 13
- Liquidation **157** 6
- prepackaged plan **157** 14
- Rechnungslegungspflicht **157** 15
- Rechtsmittel **157** 32
- Teilstilllegung **157** 6
- übertragende Sanierung **157** 7 ff.
- Übertragung der Beschlusskompetenzen **157** 21 ff.
- Unternehmensfortführung **157** 10 f.
- Unternehmensstilllegung **157** 6
- Unternehmensveräußerung **157** 7 f.
- Verfahrensziel **157** 1, **157** 5 ff.
- Verwertung **157** 3
- Vorratsbeschlüsse **157** 25
- Wahl eines anderen Insolvenzverwalters **157** 4
- zeitweilige Unternehmensfortführung **157** 10
- Zustimmungsfiktion **157** 26

Entscheidung über die Restschuldbefreiung 300 1 ff.
- Anhörung **300** 2 ff.
- Insolvenzgläubiger **300** 6 ff.

magere Zahlen = Randnummern   **Sachregister**

- Kosten 300 14 f.
- Nachtragsverteilung 300 29
- öffentliche Bekanntmachung 300 16 f.
- Rechtsmittel 300 18 ff.
- Restschuldbefreiung 300 25 ff.
- sofortige Beschwerde 300 19
- Treuhänder 300 9
- Versagung der Restschuldbefreiung 300 22 ff.
- Versagungsantrag 300 5 ff.
- Wirkungen 300 21 ff.
- Zuständigkeit 300 12

Entscheidung über die Wiedereinsetzung 186 10 f.
Entscheidungen des Insolvenzgerichts 8 2
Entscheidungen des Rechtspflegers
- Durchgriffserinnerung 6 10
- Erinnerung 6 10
- sofortige Beschwerde 6 10
- verfahrensleitende Anordnungen 6 10

Entscheidungsschuldner 14 127, 14 129
Entschuldung zum Nulltarif
- Rückzahlung und Anpassung der gestundeten Beiträge 4 b 1 f.
- Stundung der Kosten des Insolvenzverfahrens 4 a 3

Entschuldungsverfahren 4 1
Entsiegelung 150 5
Entstehung der Hauptforderung nach Insolvenzeröffnung 96 4 ff.
Entstehung des Absonderungsrechts 49 5 ff.
Entstehung des Vergütungsanspruches 22 229
Erbbaurechte
- Insolvenzmasse 35 133 f.
- Verwertung der Insolvenzmasse 159 26

Erben
- Anfechtung gegen Rechtsnachfolger 145 4 f.
- Eröffnung des Nachlassinsolvenzverfahrens 317 2 ff.
- Eröffnungsantrag 13 10, 13 62
- Insolvenzantragspflicht 13 99
- Nachlassinsolvenzverfahren 315 11
- Rücknahme des Insolvenzantrags 13 121
- Zulassung des Gläubigerantrags 14 101

Erbenersatzansprüche 13 100
Erbengemeinschaft
- Auseinandersetzung einer Gesellschaft oder Gemeinschaft 84 10
- Insolvenzmasse 35 68

Erbfallschulden 325 8 ff.
Erblasserschulden 325 2 ff.
Erbrechtliche Ansprüche
- Aussonderung 47 74
- Vermögensanspruch 38 11

Erbschaft 83 1 ff.
- s. auch Vorerbschaft
- Anfall der Erbschaft 83 2
- Anfechtung der Annahme 83 5
- Anfechtung der Ausschlagung 83 11
- Annahme von Erbschaft oder Vermächtnis 83 3 ff.
- Ausschlagung von Erbschaft oder Vermächtnis 83 1, 83 9 ff.
- Gläubigerbenachteiligung 129 100
- Insolvenzmasse 35 114, 35 199 ff.
- Nachlassinsolvenzverfahren 83 4, 83 7, 83 14
- Obliegenheiten des Schuldners 295 37 ff.
- Restschuldbefreiungsverfahren 83 8
- Rückzahlung und Anpassung der gestundeten Beiträge 4 b 19
- Testamentsvollstreckung 83 7
- Trennung der Vemögensmassen 83 6

Erbschaftskauf 330 1 ff.
- Antragsberechtigte 330 5 f.
- Insolvenzmasse 330 3
- Nachlassinsolvenzverfahren 330 2
- Weiterverkauf 330 8 f.

Erbschein 13 50
Erbteil 316 7 f.
Erbverzicht 295 35
Erfindungen 35 239
Erforderliche Mehrheiten 244 1 ff.
- absonderungsberechtigte Gläubiger 244 3
- Ausfallforderungen 244 3
- doppeltes Mehrheitserfordernis 244 2
- Gesamtgläubiger 244 6 f.
- Kopfmehrheit 244 2
- Summenmehrheit 244 2
- Zugehörigkeit zu mehreren Gruppen 244 3 ff.

Erfüllung
- anfechtbare Rechtshandlungen 130 10, 132 3 f., 322 3
- Aufgaben und Befugnisse des Treuhänders 313 27 ff.
- unentgeltliche Leistung 134 3
- vorläufiger Insolvenzverwalter mit Verwaltungs- und Verfügungsbefugnis 22 45

Erfüllung aus der Insolvenzmasse 106 27 ff.
Erfüllung einer Verbindlichkeit
- Leistungen an den Schuldner 82 2
- unentgeltliche Leistung 134 31 ff.

Erfüllungsablehnung
- Eigentumsvorbehalt 107 16
- Insolvenz des Leasinggebers 108 144 f.
- Insolvenz des Leasingnehmers 108 85
- persönliche Haftung der Gesellschafter 93 40
- Unzulässigkeit der Aufrechnung 96 10 ff.
- Verfahrensunterbrechung nach § 240 ZPO 87 15

Erfüllungsablehnung des Insolvenzverwalters
- s. auch Schadensersatz wegen Nichterfüllung
- Erklärung 103 154
- Gestaltungswirkung 103 157
- Herausgabe- und Rückgewähransprüche des Insolvenzverwalters 103 186 ff.
- Herausgabe- und Rückgewähransprüche des Vertragspartners 103 182 ff.
- Rechtsfolgen 103 157 ff.
- Teilleistungen 103 163 f.
- unterlassene Wahlrechtsausübung 103 155
- unzulässige Rechtsausübung 103 156

Erfüllungsquote
- Ausfallforderungen 256 8 f.
- streitige Forderungen 256 8 f.

Erfüllungsrückstand
- Anzeigepflicht des Insolvenzverwalters 262 3 f.
- Ausfallforderungen 256 2 ff.
- streitige Forderungen 256 2 ff.
- Wiederauflebensklausel 255 6 f.

Erfüllungsverlangen
- sonstige Masseverbindlichkeiten 55 47 ff.
- vorläufiger Insolvenzverwalter mit Verwaltungs- und Verfügungsbefugnis 22 46

Erfüllungswahl
- Eigentumsvorbehalt 107 15
- Factoring 116 54
- Insolvenz des Leasinggebers 108 146
- Insolvenz des Leasingnehmers 108 87
- teilbare Leistungen 105 26
- Unzulässigkeit der Aufrechnung 96 8 f.
- vorläufiger Insolvenzverwalter mit Verwaltungs- und Verfügungsbefugnis 22 45

Erfüllungswahl des Insolvenzverwalters
- Absonderungsrecht 103 149 f.
- Abtretung 103 149 f.
- Aktivprozess 103 121
- Anfechtung 103 125
- Art und Weise der Erfüllung 103 135 f.
- Aufforderung zur Wahlrechtsausübung 103 126 ff.
- Aufrechnung 103 152 f.
- ausdrückliches Erfüllungsverlangen 103 113
- Bedingungsfeindlichkeit der Erfüllungswahl 103 123

Sachregister

fette Zahlen = Gesetzesvorschriften

- Darlegungs- und Beweislast **103** 130
- Eigentumsvorbehalt **103** 131
- Fristen **103** 129
- konkludente Erfüllungswahl **103** 114 ff.
- Leistungsanforderung **103** 116
- Leistungsentgegennahme **103** 119
- Leistungserbringung **103** 118
- Masseforderungen **103** 133, **103** 137
- Masseverbindlichkeiten **103** 133, **103** 138 ff.
- Miete **103** 122
- Primäransprüche **103** 139
- Qualitätsänderungstheorie **103** 133
- Rechtsfolgen **103** 132 ff.
- Schweigen **103** 124
- Sekundäransprüche **103** 140 ff.
- Teilleistungen **103** 143 ff.
- Verwertung **103** 120
- Widerruf **103** 125
- Zahlungsaufforderung **103** 117

Erfüllungszwang 55 51 ff.
Erfundene Verbindlichkeiten 290 82
Erhaltung des Nachrangs bei Abtretung 39 46
Erhaltung einer Aufrechnungslage 4 1 ff.
- s. auch Aufrechnung in der Insolvenz
- s. auch Aufrechnungslage
- s. auch Aufrechnungsverbote
- Aufrechnungserklärung **94** 58 f.
- Aufrechnungsmöglichkeit kraft Gesetzes **94** 6
- Aufrechnungsmöglichkeit kraft Vereinbarung **94** 7 ff.
- Darlegungs- und Beweislast **94** 66
- Dauerschuldverhältnisse **94** 53 ff.
- Insolvenzgläubiger **94** 3
- Konzernverrechnungsklausel **94** 9 f.
- Teilaufrechnung **94** 60 f.
- Verrechnungsvereinbarungen **94** 8
- Voraussetzungen **94** 3 ff.
- Wirkung der Aufrechnung **94** 62 ff.

Erhaltungskosten
- Berechnung des Kostenbeitrags **171** 1, **171** 14
- Nutzung des Sicherungsguts **172** 4
- Verteilung des Erlöses **170** 11

Erhaltungspflicht 22 7, 22 17 f.
Erhebliche Vermögensminderung 22 26
Erinnerung
- Aufgaben und Befugnisse des Treuhänders **313** 51 f.
- Beschwerdeverfahren **6** 16
- Entscheidungen des Rechtspflegers **6** 10
- Eröffnungsantrag **13** 137
- Grundbuch **32** 24
- Insolvenzkostenhilfe **13** 113
- Maßnahmen vor der Entscheidung über Unternehmensstilllegung oder -veräußerung **158** 19
- Postsperre **99** 16
- Sicherungsmaßnahmen **306** 45
- Stimmrecht der Insolvenzgläubiger **237** 12
- Übernahme der Insolvenzmasse **148** 34
- Vollstreckungsverbot **210** 7 f.
- Zuständigkeit bei der Vollstreckung **202** 5
- Zwangsvollstreckungsverbot **294** 14

Erkaufte Freigabe
- Freigabe **35** 86
- Insolvenzmasse **35** 66

Erkenntnisverfahren
- Anzeige der Masseunzulänglichkeit **208** 26
- Insolvenzverfahren **1** 2
- Vollstreckungsverbot **210** 12 ff.

Erlass Art. 102 § 9 EGInsO 3
Erlass einer Verlustbeteiligung 136 7
Erlass von Forderungen
- Haftung des Schuldners **227** 4
- nachrangige Insolvenzgläubiger **225** 4

- Obstruktionsverbot **245** 27
- Wirkungen des Insolvenzplans **254** 8

Erledigung der Hauptsache
- Aufhebung der Sicherungsmaßnahmen **25** 2
- Insolvenzgrund **16** 18
- vereinfachtes Insolvenzverfahren **311** 14

Erledigung des Insolvenzantrags 139 12
Erledigungserklärung
- Gläubigerantrag **14** 117 ff., **14** 125
- Zivilprozessordnung **4** 41

Erlöschen der Gesellschaft ohne Rechtspersönlichkeit 11 304 f.
Erlöschen der juristischen Person 11 151 f.
Erlöschen des Anfechtungsrechts 129 23 ff.
Erlöschen von Geschäftsbesorgungsverträgen 116 1 ff.
- s. auch Auftrag und Geschäftsbesorgung
- s. auch Bankverträge
- s. auch Factoring

Erlöschen von Vollmachten 116 1 ff.
- betroffene Vollmachten **116** 3 ff.
- Eigenverwaltung **116** 11
- gesetzliche Vollmachten **116** 12
- gewillkürte Prozessstandschaft **116** 6
- Gutglaubensschutz **116** 18 f.
- Insolvenzeröffnungsverfahren **116** 20 f.
- Neuerteilung **116** 14 ff.
- Notgeschäftsführung **116** 17
- Vertretung im Insolvenzverfahren **116** 8
- vorläufiger Insolvenzverwalter mit Verwaltungs- und Verfügungsbefugnis **116** 12

Erlöschenstheorie
- Insolvenzmasse **35** 211
- Leistungen an den Schuldner **82** 20
- Wahlrecht des Insolvenzverwalters **103** 6 f.

Ermächtigungsmodell 22 193 c f.
Ermächtigungstreuhand 35 26
Ermächtigungswirkung
- Gesamtschaden **92** 20
- Handelsgesellschaften **35** 386
- persönliche Haftung der Gesellschafter **93** 3

Erneute Anzeige der Masseunzulänglichkeit
- Anzeige der Masseunzulänglichkeit **208** 11 b
- Rangordnung der Masseverbindlichkeiten **209** 24 ff.

Erneute Glaubhaftmachung 14 134
Erneuter Insolvenzantrag
- Antrag auf Eröffnung des Verbraucherinsolvenzverfahrens **305** 73, **305** 148
- mehrere Insolvenzverfahren **13** 2
- Rücknahme des Insolvenzantrags **13** 130
- Zulässigkeitsvoraussetzungen **13** 28

Erneutes rechtliches Gehör 26 36
Ernsthaftes Einfordern 17 15
Eröffnetes Insolvenzverfahren
- Akteneinsicht **4** 29
- Auskunft **4** 30
- Bestellung eines Sachverständigen **5** 11
- Rechtsschutzinteresse **14** 56

Eröffnung des Insolvenzverfahrens vor 11 1 ff.
- Anerkennung ausländischer Insolvenzverfahren Art. 16 EuInsVO 4
- Auflösung von Gesellschaften **118** 5 ff.
- Bankverträge **116** 34 ff.
- Eintragung in öffentliche Bücher und Register Art. 102 § 6 EGInsO 1
- formelle Voraussetzungen vor **11** 1
- funktionelle Zuständigkeit **2** 3 f.
- Gesellschaften ohne Rechtspersönlichkeit **11** 273
- Glaubhaftmachung **14** 79
- Grundbuch **32** 1
- Grundbuchsperre **32** 17 ff.
- Insolvenzfähigkeit vor **11** 1
- Insolvenzgrund vor **11** 2

3184

magere Zahlen = Randnummern

Sachregister

- Insolvenzmasse 35 9, 35 112
- Insolvenzverfahren 1 5, 1 14
- juristische Personen 11 107
- Masseunzulänglichkeit vor 11 4
- materielle Voraussetzungen vor 11 1
- örtliche Zuständigkeit 3 19
- Partikularverfahren 354 8 ff., 356 4 ff.
- Register Art. 22 EuInsVO 1 ff.
- Rücknahme des Insolvenzantrags 13 120
- vereinfachtes Insolvenzverfahren 311 36 ff.

Eröffnung des Nachlassinsolvenzverfahrens
- Annahme der Erbschaft 316 3
- Antragsberechtigte 317 1 ff.
- Antragspflicht 317 3
- Erben 317 2 ff.
- Erbteil 316 7 f.
- Fristen 319 1 ff.
- Gesamtgut 318 1 ff.
- Glaubhaftmachung 317 6
- Gütergemeinschaft 318 1 ff.
- Haftung des Erben 316 4
- Insolvenzgrund 317 6
- Nacherbe 317 2
- Nachlassgläubiger 317 12
- Nachlassteilung 316 5 f.
- Nachlassverwalter 317 7
- Testamentsvollstrecker 317 8 ff.
- Überschuldung 317 4 f.
- Verschollene 316 10
- Vorerbe 317 2
- Zulässigkeit 316 1 ff.

Eröffnungsantrag 13 1 ff.
- s. auch Insolvenzantragspflicht
- s. auch Insolvenzantragsrecht
- s. auch Insolvenzkostenhilfe
- s. auch Mehrere Insolvenzanträge
- s. auch Rücknahme des Insolvenzantrags
- s. auch Verwaltungsantrag
- s. auch Zulässigkeitsvoraussetzungen
- Akkordstörer 13 2
- allgemeine Prozessvoraussetzungen 13 7
- Amtshaftung 13 92
- Antragsverfahren 13 1
- Auslagen 13 133 f.
- außergerichtliche Sanierung 13 2
- Aussetzung des Verfahrens 13 139
- Bedingung 13 7
- Beschwerde 13 137
- Betriebsrat 13 70
- Bundesanstalt für Finanzdienstleistungsaufsicht 13 10
- doppelte Antragstellung 13 6
- drohende Zahlungsunfähigkeit 13 5
- Eigenantrag 13 10, 13 133
- Eigenverwaltung 13 140
- Eilantrag 13 102
- Eingriff in den eingerichteten und ausgeübten Gewerbebetrieb 13 89
- Erben 13 10, 13 62
- Erinnerung 13 137
- fahrlässig unberechtigter Insolvenzantrag 13 89
- fahrlässige Verfahrenseröffnung 13 92
- Finanzbehörde 13 92
- fortgesetzte Gütergemeinschaft 13 62
- Fremdantrag 13 138 f.
- Fristen 13 137
- Gebühren 13 133
- Gesamgut 13 10
- Gesellschaften ohne Rechtspersönlichkeit 13 10
- Gläubigerantrag 13 10
- Gläubigerkalkül 13 2
- Gläubigerverzicht 13 5
- Gütergemeinschaft 13 10
- hinzunehmende Schädigungen 13 90
- Insolvenzantragen 13 6
- Insolvenzantragspflicht 13 3
- Insolvenzeröffnungsverfahren 13 102
- Insolvenzgericht 13 92, 13 139
- Insolvenzvollstreckungshaftung 13 3
- juristische Personen 13 10
- Kooperationspflichten 13 5
- Kosten des Eröffnungsverfahrens 13 133 ff.
- Kosten des Insolvenzverfahrens 54 4 ff.
- Kostenentscheidung 13 136
- Kreditgefährdung 13 91
- Masseunzulänglichkeit 13 6
- mehrköpfige Vertretung 13 93
- Missbrauch 13 91 f.
- Nachlassinsolvenzverfahren 13 138
- Nachlasspfleger 13 10, 13 140
- Nachlassverwalter 13 10, 13 62
- neues Verfahren zur Restschuldbefreiung 13 6
- Offizialmaxime 13 7
- prepackaged plan 13 70
- Prozesshandlungen 13 7
- quasi-streitiges Parteiverfahren 13 7
- Ratenzahlung 13 7
- Recht auf Irrtum 13 91
- Rechtsanwälte 13 135
- Rechtsmissbrauch 13 91 ff.
- Rechtsmittel 13 137
- Rechtsschutzinteresse 13 7
- Restschuldbefreiung 13 6
- Ruhen des Verfahrens 13 102
- Sachverständiger 13 137
- Schadensersatz bei unberechtigtem Insolvenzantrag 13 89 ff.
- Schuldnerkalkül 13 2 f.
- Schuldnerverzicht 13 5
- Sicherungsmaßnahmen 13 7, 13 138, 13 140
- sofortige Beschwerde 13 137
- Sozialversicherungsträger 13 92
- streitige Gerichtsbarkeit 13 7
- Testamentsvollstrecker 13 10
- Tod des Antrag stellenden Gläubigers 13 141
- Tod des Schuldners bei Eigenantrag 13 140
- Tod des Schuldners bei Fremdantrag 13 138 f.
- unberechtigter Eigenantrag 13 93
- unberechtigter Gläubigerantrag 13 89
- unberechtigter Insolvenzantrag 13 89 ff.
- Verein 13 62
- Verfahrensunterbrechung 13 140
- Verzicht auf das Insolvenzantragsrecht 13 4 f.
- vorläufiger Insolvenzverwalter 13 136 f.
- Vorschuss 13 133
- Zurücknahme 13 7
- Zuständigkeit 13 139
- zweites Hauptinsolvenzverfahren 13 6

Eröffnungsbeschluss 27 1 ff.
- allgemeine Verfahrensvereinfachungen 312 7 ff.
- Änderungen 27 20
- Anerkennung ausländischer Insolvenzverfahren Art. 16 EuInsVO 6
- Anfechtbarkeit 27 18
- Anmeldung der Forderungen 27 12
- Anmeldung von Sicherungsgerichten 27 14
- antragsberechtigte Gläubiger 14 14
- Auswahl des Insolvenzverwalters 27 3
- Berichtigung 27 21
- Berichtstermin 27 15
- Berufsrecht 27 9
- Bindungswirkung 27 19
- Eigenverwaltung 27 4, 27 7
- Ergänzung 27 20
- fakultativer Inhalt 27 17

3185

Sachregister

fette Zahlen = Gesetzesvorschriften

- funktionelle Zuständigkeit 27 3
- Gewerberecht 27 9
- Insolvenzantragsrecht 15 9
- Insolvenzgrund 16 16, 27 17
- Insolvenzschuldner 27 5
- Insolvenzverwalter 27 7
- Kompetenzübergang 27 22
- offener Arrest 27 13
- Parallelinsolvenzverfahren 27 1
- persönlich haftende Gesellschafter 27 5
- Postsperre 27 17
- Prüfungstermin 27 15
- Rechtsfolgen 27 9
- Rechtswirkungen 27 19 ff.
- Restschuldbefreiungsantrag 27 16
- Rücknahme des Insolvenzantrags 13 115, 13 128
- Sachwalter 27 7
- Sicherungsmaßnahmen 27 4
- sofortige Beschwerde 27 18
- Stunde der Eröffnung 27 8
- Treuhänder 27 7, 313 4
- Übernahme der Insolvenzmasse 148 28 f.
- Unterrichtung der Gläubiger Art. 102 § 11 EGInsO 3
- Unterschrift 27 3
- vereinfachtes Insolvenzverfahren 311 40
- Verfahrensart 27 6
- Verfahrenskosten 27 1
- Verzögerung der Verfahrenseröffnung 27 11
- Vordatierung des Eröffnungszeitpunktes 27 10
- Wiederaufnahme des Verfahrens 27 18
- zwingender Inhalt 27 5 ff.

Eröffnungsbilanz der insolventen Gesellschaft 155 18 f.
Eröffnungsgrund s. Insolvenzgrund
Erörterungs- und Abstimmungstermin 235 1 ff.
- Abdruck des Insolvenzplans 235 13 ff.
- Ablauf des Termins 235 23 f.
- absonderungsberechtigte Gläubiger 235 12
- Abstimmung in Gruppen 243 1
- Betriebsrat 235 12
- Dritte 235 20
- Fristen 235 4 f.
- gesonderter Abstimmungstermin 235 1
- Insolvenzgläubiger 235 12
- Insolvenzplan 240 2 ff.
- Insolvenzverwalter 235 12
- konkurrierende Insolvenzpläne 235 7
- Ladung 235 12 ff.
- nachrangige Insolvenzgläubiger 235 12
- Niederlegung 235 10
- öffentliche Bekanntmachung 235 11
- Prüfungstermin 235 3
- Schuldner 235 12
- Teilnahmeberechtigung 235 19 f.
- Terminsleitung 235 21 f.
- Verbindung mit dem Prüfungstermin 236 1 ff.
- Verstoß gegen Verfahrensvorschriften 250 21
- Vertagung 235 8
- Vorbereitung des Termins 235 9 ff.

Ersatzabsonderung 48 30 ff.
- abgesonderte Befriedigung aus unbeweglichen Gegenständen 49 9 c, 50 30
- Abgrenzung 48 31
- Analogie 48 30
- Aufforderungen an Gläubiger und Schuldner 28 6
- Aufgaben und Befugnisse des Treuhänders 313 23
- Sicherungseigentum 48 32
- Verteilung des Erlöses 170 6
- zweite Ersatzabsonderung 48 32

Ersatzansprüche 315 9, 328 3
Ersatzaussonderung 48 1 ff.
- s. auch Ersatzabsonderung
- abhanden gekommene Sachen 48 20

- Abtretung der ausstehenden Gegenleistung 48 22 ff.
- Abtretungsverbot 48 19 a
- antragsberechtigte Gläubiger 14 3
- Aufforderungen an Gläubiger und Schuldner 28 6
- bargeldloser Zahlungsverkehr 48 28
- dingliche Surrogation 48 6, 48 21
- Eigentumsvorbehalt 48 16 ff.
- Einziehungsermächtigung 48 19
- Entgeltlichkeit der Veräußerung 48 13
- fehlende Berechtigung 48 15 ff.
- Gegenleistung 48 22 ff.
- gemischte Schenkung 48 13
- haftungsrechtliche Surrogation 48 1
- Herausgabe der erbrachten Gegenleistung 48 27 f.
- individuelle Bestimmtheit 48 6
- Inhalt des Ersatzaussonderungsanspruches 48 22 ff.
- Insolvenzverwalter 48 4
- Kommissionsgeschäft 47 78
- Leistungen an den Insolvenzschuldner 48 3
- maßgeblicher Zeitpunkt 48 12
- originärer Eigentumserwerb 48 11
- unberechtigte Veräußerung 48 9 ff.
- Unterscheidbarkeit 48 27 f.
- Vereitelung schuldrechtlicher Herausgabeansprüche 48 8 f.
- Verfügungsermächtigung 48 16 a f.
- verlängerter Eigentumsvorbehalt 48 18 ff.
- Verwertung von Sicherungsgut 22 40 f.
- vorläufiger Insolvenzverwalter 48 5
- Weiterveräußerung der erhaltenen Gegenleistung 48 29 f.
- Wirksamkeit der Veräußerung 48 14
- zweite Ersatzaussonderung 48 6, 48 29

Ersatzvornahme
- Aufsicht des Insolvenzgerichts 58 34
- Rechte und Pflichten des Insolvenzverwalters 80 172 f.

Erschöpfungseinrede 331 10
Erschwerung der Verwertbarkeit 129 114
Erschwerung der Zugriffsmöglichkeit 129 113
Ersetzung der Zustimmung 309 1 ff.
- akzessorische Sicherheiten 309 53 ff.
- Amtsermittlungspflicht 309 36
- angemessene Beteiligung 309 38 ff.
- Anhörung 309 90 f.
- Anpassungsklauseln 309 80
- Anteilsberechnung 309 47 f.
- Antrag 309 21 ff.
- Aufrechnung 309 69
- Ausschluss 309 97 ff.
- Besserungsklauseln 309 77
- bestrittene Forderungen 309 7
- Einwendungen 309 28 ff.
- Einzelgläubiger 309 37
- Fast-Null-Plan 309 88 f.
- Feststellung der Mehrheiten 309 20
- fiktive Vergleichsrechnung 309 60 ff.
- flexibler Null-Plan 309 88 f.
- geänderter Plan 309 22
- Gegenglaubhaftmachung 309 96
- Gesamtplan 309 12
- gesicherte Gläubiger 309 44, 309 51 ff.
- Glaubhaftmachung 309 30, 309 92 ff., 309 98
- Gläubigergleichbehandlung 309 41
- Hinweispflicht des Insolvenzgerichts 309 26
- Inkassounternehmen 309 13
- Insolvenzanfechtung 309 66
- Insolvenzgrund 309 82
- Klauseln 309 77 ff.
- Kopfmehrheit 309 6 ff.
- Kosten 309 116 ff.
- Lohnabtretung 309 65
- mehrere Forderungen 309 8 ff.

3186

magere Zahlen = Randnummern # Sachregister

- Mehrheitserfordernis 309 3 ff.
- nachrangige Forderungen 309 56 a
- Null-Plan 309 88 f.
- Pattsituation 309 14
- privilegierte Gläubiger 309 67 ff.
- Prognose 309 59
- Rangfolge 309 40
- Rechtsanwälte 309 113 ff.
- Rechtsmittel 309 110 f.
- Rücknahme des Antrags 309 25
- Scheitern des Schuldenbereinigungsplans 309 107
- Schuldenbereinigungsverfahren 309 27
- sofortige Beschwerde 309 110
- streitige Forderungen 309 97 ff.
- Summenmehrheit 309 18 f.
- Unterhaltsforderungen 309 42
- Verfahren 309 108 ff.
- Verfallklauseln 309 77
- Verjährung 309 45
- Verrechnung 309 70
- Versagung der Restschuldbefreiung 309 83 ff.
- Verzicht auf Forderungen 309 15 f.
- Wiederauflebensklauseln 309 77
- wirtschaftliche Betrachtungsweise 309 99
- wirtschaftliche Schlechterstellung 309 57 ff.
- wirtschaftliche Verhältnisse 309 71 ff.
- Zinsen 309 49 f.
- Zwangsvollstreckung 309 66 f.
- zwei Gläubiger 309 37
- Zweifel hinsichtlich der Forderung 309 102 ff.

Ersetzungskompetenz
- Aufgaben des Gläubigerausschusses 69 14
- besonders bedeutsame Rechtshandlungen 160 3

Ersitzung 91 33

Erstattungsansprüche
- Abweisung mangels Masse 26 58 ff.
- Masseverbindlichkeiten 324 2

Erstattungspflicht 47 106

Erste Gläubigerversammlung 57 14 ff.

Ersterwerber 145 23 ff.

Ertrags- und Finanzplanungsvoraussetzung 19 43

Ertragswertverfahren
- Ansatz und Bewertung der Aktiva bei negativer Fortführungsprognose 19 84
- Betriebsveräußerung unter Wert 163 2
- Verzeichnis der Massegegenstände 151 8

Erweiterte Pfändbarkeit 36 6

Erweiterter Eigentumsvorbehalt
- Eigentumsvorbehalt 47 21 ff., 107 5
- Nutzung des Sicherungsguts 172 10
- Sicherungsübereignung 51 18
- Verwertung beweglicher Gegenstände 166 3

Erweiterter Pfändungsschutz 36 42

Erweiterung der Kreditlinie 130 15

Erweiterung des Geschäftsbetriebes 19 61

Erwerb der Gegenforderung nach Insolvenzeröffnung 96 32 ff.

Erwerb von Todes wegen 295 31 ff.

Erwerbstätigkeit im Ausland 295 10

Erwerbstreuhand 35 30

Erziehungsgeld 36 22

Erzwungene Auskunft 97 11 f.

Eurocheques 82 42

Europäische Aktiengesellschaft (SE) 11 200

Europäische Definitionen
- Entscheidung Art. 2 EuInsVO 6
- Gericht Art. 2 EuInsVO 5
- Insolvenzverfahren Art. 2 EuInsVO 2
- Liquidationsverfahren Art. 2 EuInsVO 4
- Mitgliedstaat, in dem sich ein Gegenstand befindet Art. 2 EuInsVO 12
- Niederlassung Art. 2 EuInsVO 13 ff.
- Verwalter Art. 2 EuInsVO 3
- wirtschaftliche Tätigkeit Art. 2 EuInsVO 15
- Zeitpunkt der Verfahrenseröffnung Art. 2 EuInsVO 7 ff.

Europäische Genossenschaft (SCE) 11 218 a

Europäische Insolvenzordnung vor 335–358 23 f.

Europäische Rechtsvereinheitlichung vor 335–358 8 ff.

Europäische wirtschaftliche Interessenvereinigung (EWIV) 11 383

EU-Zahlungssysteme 96 72 ff.

Eventualverbindlichkeiten 19 98, 19 100

Evokationsrecht 2 6

Existenzminimum
- unpfändbare Gegenstände 36 42
- Unterhalt aus der Insolvenzmasse 100 2

Existenzvernichtender Eingriff
- GmbH 35 316
- juristische Personen 35 306
- persönliche Haftung der Gesellschafter 93 8
- Wertansätze und Bewertung bei positiver Fortführungsprognose 19 69

Externe Rechnungslegung 155 1

Externe Rechnungslegungspflicht 22 218, 66 1 ff.

Extraterritorialer Geltungsbereich vor 335–358 18 ff.

Factoring
- abgetretene Forderungen 116 99 ff.
- Abrechnungskonto 116 106
- Abwicklung 116 41 ff.
- Andienung 116 57, 116 103
- Anfechtung 116 88 ff.
- angediente Forderungen 116 102
- Aufrechnung 116 80 ff., 116 109 f.
- Aufrechnungsbefugnis 116 81 ff.
- Aussonderung 47 93 ff.
- Bargeschäft 116 89 f.
- Debitorenzahlungen 116 61 f.
- Doppelinsolvenz 116 45 f.
- echtes Factoring 116 40, 116 43, 116 64 f., 116 94
- Eigentumsvorbehalt 116 50
- Eintritt der Aufrechnungslage im Verfahren 95 22
- Erfüllungswahl 116 54
- Forderungen auf Rückgewähr von Gesellschafterdarlehen 39 39
- Gesellschafter 116 93 ff.
- Globalzession 116 64, 116 67, 116 74 ff.
- Haftung mehrerer Personen 43 10
- Inkassoforderungen 116 59
- Inkassoforderungen 116 104
- Insolvenz des Anschlusskunden 116 38 ff.
- Insolvenz des Debitors 116 70, 116 111 ff.
- Insolvenz des Factors 116 97 ff.
- Insolvenz des Leasinggebers 108 129 ff., 108 148 ff.
- Insolvenz des Leasingnehmers 108 109
- Insolvenzeröffnungsverfahren 116 60
- Konzernverrechnungsklausel 116 87
- Leasingforderungen 116 52
- noch nicht gutgeschriebene Forderungen 116 55 f.
- Prioritätsprinzip 116 74
- Sicherungsabtretung 51 26 f.
- Sperrkonten 116 107
- Treuhandkonten 116 108
- Umsatzsteuer 116 114 ff.
- unechtes Factoring 116 44, 116 66 f., 116 94 f.
- Unzulässigkeit der Aufrechnung 96 41 ff.
- Valutierung 116 48 ff.
- verlängerter Eigentumsvorbehalt 116 63 ff.
- Verrechnung 116 91
- Vorausabtretung 116 82
- Wertansätze und Bewertung bei positiver Fortführungsprognose 19 78
- zweistufige Gestaltung 116 41

3187

Sachregister

fette Zahlen = Gesetzesvorschriften

Fahrlässig unberechtigter Insolvenzantrag 13 89
Fahrlässige Verfahrenseröffnung 13 92
Fahrlässiger Insolvenzantrag 14 157
Fahrlässiges Unterlassen 129 65
Faktische Arbeitsverhältnisse
– anwendbares Recht 337 4
– Verbraucherinsolvenzverfahren 304 22
Faktische Geschäftsführer
– Bekanntmachung der Verfügungsbeschränkungen 23 3
– GmbH 35 330
– Insolvenzantragspflicht 15 a 8
– organschaftliche Vertreter 101 4
– Zahlungsunfähigkeit 17 1
– Zivilprozessordnung 4 16
– Zulässigkeitsvoraussetzungen 13 25
Faktische Geschäftsführung
– Auskunfts- und Mitwirkungspflicht im Eröffnungsverfahren 20 10
– generelle Zulässigkeitsvoraussetzungen 14 18
– Zulässigkeitsvoraussetzungen 13 25
Faktische Gesellschafter
– Aktiengesellschaft 35 315
– GmbH 35 315
Faktische Verpflichtungen 17 13
Faktische Vorstände 20 10
Faktischer Geschäftsleiter 15 2
Faktischer Konzern
– Aktiengesellschaft 35 321, 35 332
– Konzerninsolvenz 11 412 f.
Faktischer organschaftlicher Vertreter 98 2
Faktisches Delisting 56 48
Faktisches Leitverfahren 13 75
Faktisches Organ
– drohende Zahlungsunfähigkeit 18 23
– sofortige Beschwerde bei Zurückweisung des Insolvenzantrags 34 3
Fällige Zahlungspflichten
– Begriff der drohenden Zahlungsunfähigkeit 18 3
– Begriff der Zahlungsunfähigkeit 17 10 ff.
– Insolvenzplan 229 6
Fälligkeit
– nicht fällige Forderungen 41 3 f.
– Rechtsschutzinteresse 14 44
– Vergütung des vorläufigen Insolvenzverwalters 22 229
Fälligkeitsvereinbarung 39 38
Falschbewertung 16 15
Familienname 159 25
Familienrecht 80 25
Familienrechtliche Ansprüche
– Insolvenzmasse 35 18 f.
– Unterhaltsansprüche 40 5 ff.
– Vermögensanspruch 38 11
Fast-Null-Plan
– Ersetzung der Zustimmung 309 88 f.
– Schuldenbereinigungsplan 305 122 f.
Fehlende Anmeldung von Forderungen 291 36 ff.
Fehlende Glaubhaftmachung 14 90
Fehlerhafte Anordnung von Sicherungsmaßnahmen 21 56
Fehlerhafte Auszahlung 188 24 f.
Fehlerhafte Beschlüsse 72 17
Fehlerhafte Gesellschaft
– Gesellschaften ohne Rechtspersönlichkeit 11 238
– stille Gesellschaft 136 5
Fehlerhafte Tabelleneinträge 178 43 f.
Fehlerhafter Eröffnungsbeschluss 16 17
Fehlgeschlagene Sanierung 133 21
Fertigerzeugnisse
– Ansatz und Bewertung der Aktiva bei negativer Fortführungsprognose 19 84
– Wertansätze und Bewertung bei positiver Fortführungsprognose 19 76

Festgestellte Forderungen 188 6
Festsetzung der Vergütung
– Vergütung des Treuhänders 293 17 ff.
– Vergütung des vorläufigen Insolvenzverwalters 22 230 ff.
Festsetzung des Bruchteils 195 1 ff.
– Berechnung 195 5
– Gläubigerausschuss 195 3
– Gläubigergleichbehandlung 195 8
– Insolvenzgericht 195 3
– Insolvenzverwalter 195 4
– Mitteilung 195 7
– nachträgliche Änderungen 195 6
Festsetzung durch das Gericht 64 1 ff.
– Antrag 64 3 ff.
– rechtliches Gehör 64 7
– Rechtskraft 64 13
– Rechtsmittel 64 14 ff.
– sofortige Beschwerde 64 14 ff.
– Zuständigkeit 64 8
Feststellung der Forderungen 178 1 ff.
– s. auch Besondere Zuständigkeiten
– s. auch Rechtskraftwirkung festgestellter Forderungen
– s. auch Streitwert
– s. auch Umfang der Feststellung
– s. auch Widerspruch
– s. auch Wirkung der Entscheidung
– s. auch Zuständigkeit für die Feststellung
– Ausfallforderungen 178 4
– Berichtigung der Tabelle 178 42 ff.
– Berichtigung nach Verfahrensbeendigung 178 48 f.
– Berücksichtigung absonderungsberechtigter Gläubiger 190 11
– bestrittene Forderungen 178 7
– Beurkundungsfunktion 178 2
– Eintragung in die Tabelle 178 2 ff.
– fehlerhafte Tabelleneinträge 178 43 f.
– nicht titulierte Forderungen 179 7 ff.
– Präklusionswirkung 178 53
– Prüfungsergebnis 178 2 ff.
– Rechtsmittel 178 50 ff.
– Schuldurkunden 178 8
– sofortige Erinnerung 178 50
– Tabellenvermerk 178 3 ff., 178 9
– Teilbeträge 178 5
– Titulierung 178 1
– Vollstreckung aus dem Insolvenzplan 257 8
– Vollstreckungsgegenklage 178 52
– Wechsel 178 8
– Wirkung der Entscheidung 183 2 f.
Feststellung der Massearmut 207 4
Feststellung der Masselosigkeit 26 6 ff.
Feststellung der Überschuldung
– Abgrenzung erlaubter und unerlaubter Unternehmensfortführung 19 29
– bilanzielle Überschuldung 19 32
– exekutorisches Element 19 28 ff.
– Finanzmarktstabilisierungsgesetz 19 32
– Fortführungsprognose 19 28 ff.
– gesetzlicher Überschuldungsbegriff 19 4, 19 13
– insolvenzrechtliche Überschuldung 19 37
– Insolvenzverschleppung 19 40
– Messung der Überschuldung 19 28
– modifizierter zweistufiger Überschuldungsbegriff 19 28 ff.
– prognostisches Element 19 28 ff.
– Prüfung der rechnerischen Überschuldung 19 41
– Prüfungsreihenfolge 19 34 f.
– Selbstprüfungspflicht 19 40
– Überschuldungsstatus 19 36
– zweistufige Überschuldungsprüfung 19 36 ff.

magere Zahlen = Randnummern

Sachregister

Feststellung der Zahlungsunfähigkeit 17 36 ff.
– Anfechtungsprozess 17 37 f.
– Darlegungs- und Beweislast 17 37
– Eigenprüfung 17 38
– Erkennbarkeit der Insolvenzreife 17 38
– geringfügige Liquiditätslücke 17 44
– Gesellschaften ohne Rechtspersönlichkeit 17 46
– GmbH & Co. KG 17 46
– Insolvenzeröffnungsverfahren 17 38
– Liquidierbarkeit 17 40
– Liquiditätslücke 17 40 ff.
– Liquiditätsplan 17 38 f.
– Liquiditätsstatus 17 36, 17 38
– Prognoserechnung 17 45
– retrograde Ermittlung 17 45
– Unterdeckung 17 41 ff.
– Zahlungsunfähigkeit 17 2
Feststellung des Insolvenzgrundes 16 3
Feststellung des Stimmrechts 77 1 ff.
– absonderungsberechtigte Gläubiger 77 29
– Änderung der Festsetzung 77 24 ff.
– angemeldete Forderungen 77 3
– bedingte Forderungen 77 28
– bestrittene Forderungen 77 15 ff.
– Einigung über das Stimmrecht 77 19
– gerichtliche Entscheidung 77 20 ff.
– Insolvenzplan 77 1
– mittelbare Betroffenheit 77 7
– Rechtsmittel 77 23
– Rechtswirkungen 77 27
– Stimmrechte 77 2
– Stimmrechtsausschluss 77 9 ff.
– Stimmverbote 77 5 ff.
– unbestrittene Forderungen 77 12 ff.
– ungeprüfte Forderungen 77 13
– Verbot des Richters in eigener Sache 77 6
Feststellungs- und Prüfungsverfahren 39 5
Feststellungs- und Verwertungskosten 170 9 ff.
Feststellungsklage
– Insolvenzmasse 35 126
– nicht titulierte Forderungen 179 10
– titulierte Forderungen 179 26 ff.
– Zuständigkeit für die Feststellung 180 3 ff.
Feststellungskosten
– Berechnung des Kostenbeitrags 171 2 ff.
– Verteilung des Erlöses 170 14
Feststellungsvermerk 178 27
Feuerversicherung 35 223
Fiduziarische Freigabe 35 87
Fiktion der Antragsrücknahme 13 120
Fiktion des Doppelumsatzes 171 6
Fiktion des Scheiterns 305 a 3 ff.
Filmwerke 35 251
Finanzanlagen 19 74
Finanzbehörde
– Aufrechnungslage 94 22
– Auskunfts- und Mitwirkungspflicht im Eröffnungsverfahren 20 13, 20 15
– Eröffnungsantrag 13 92
– Glaubhaftmachung 14 71, 14 74, 14 78
– Insolvenzanfechtung 129 38
– Rechte und Pflichten des Insolvenzverwalters 80 200
– Rechtsschutzinteresse 14 54
– Schuldnerschutz 14 152 ff., 14 158
– spezielle Zulässigkeitsvoraussetzungen 14 31
– steuerrechtliche Stellung des Insolvenzverwalters 56 84
– steuerrechtliche Stellung des vorläufigen Insolvenzverwalters 22 192 i
– Umfang der Feststellung 181 15 ff.
– Verbraucherinsolvenzverfahren 304 19
– Verstoß gegen Obliegenheiten 296 4

– Verwaltungsantrag 13 8 f.
– Zustellung des Schuldenbereinigungsplans 307 12
Finanzderivate 19 66
Finanzdienstleistungsinstitute 15 a 2
Finanzierungsklauseln 42 3
Finanzierungsleasing
– Insolvenz des Leasinggebers 108 126 ff.
– Insolvenz des Leasingnehmers 108 66 ff.
– Leasing 47 90 a
– Wertansätze und Bewertung bei positiver Fortführungsprognose 19 78
Finanzmarktstabilisierungsgesetz
– Ansatz und Bewertung der Passiva bei positiver Fortführungsprognose 19 91, 19 119
– Begriff der Zahlungsunfähigkeit 17 2 5
– Einstellung wegen Wegfalls des Eröffnungsgrundes 212 2 a
– Feststellung der Überschuldung 19 32
– Fortführungsprognose 19 43, 19 54
– gesetzlicher Überschuldungsbegriff 19 7, 19 13, 19 21
– Inkrafttreten 359 6
Finanzplan
– Begriff der drohenden Zahlungsunfähigkeit 18 7, 18 12 ff.
– Einstellung wegen Wegfalls des Eröffnungsgrundes 212 7
– Fortführungsprognose 19 44
Finanzplankredite
– Gesellschaft bürgerlichen Rechts 35 380
– Handelsgesellschaften 35 380
– nachrangige Insolvenzgläubiger 39 71
Finanzsicherheiten
– anfechtbare Rechtshandlungen 131 15
– Finanztermingeschäfte 104 26
– Rechtshandlungen nach Verfahrenseröffnung 147 1 f.
– Unzulässigkeit der Aufrechnung 96 78
– Verwertung beweglicher Gegenstände 166 20
Finanzstatus 18 12
Finanztermingeschäfte 104 11 ff.
– ausländische Währung 104 23
– Edelmetalle 104 21
– Finanzleistungen 104 13 ff.
– Finanzsicherheiten 104 26
– fremdbestimmte Geldleistungen 104 24
– Leistungszeit 104 18
– Markt- oder Börsenpreis 104 17
– Optionen 104 25
– Rahmenverträge 104 34 ff.
– Rechtsfolgen 104 33
– Schadensberechnung 104 40 ff.
– Stichtagsvereinbarung 104 41
– vertragliche Abreden 104 37 ff.
– Wertpapiere 104 22
Firma
– GmbH & Co. KG 35 412
– Handelsgesellschaften 35 379
– Kaufleute 35 275
– spezielle Zulässigkeitsvoraussetzungen 13 47, 14 27
– Verwertung der Insolvenzmasse 159 23 ff.
Firmenbestattung
– Benachteiligungsvorsatz 133 14
– Zulässigkeitsvoraussetzungen 13 30, 13 57
Firmenwert 19 67 f.
Fischereirechte 35 135
Fixgeschäfte 104 5 ff.
– festbestimmte Zeit 104 8
– Markt- oder Börsenpreis 104 7
– Rechtsfolgen 104 10
– relative Fixgeschäfte 104 6
– Schadensberechnung 104 40 ff.
– Stichtagsvereinbarung 104 41
– unvollständige Erfüllung 104 5

3189

Sachregister

fette Zahlen = Gesetzesvorschriften

Flexible Arbeitszeitregelungen 22 137 ff.
Flexibler Null-Plan
– Ersetzung der Zustimmung 309 88 f.
– Schuldenbereinigungsplan 305 122 f.
Flugzeugregister 33 1 ff.
– ausländisches Insolvenzverfahren 33 2
– Eintragungsverfahren 33 3 ff.
– gewerbliche Schutzrechte 33 5
– gutgläubiger Erwerb 33 1
– Markenregister 33 4
Forderungen
– Abweisung mangels Masse 26 14
– Ansatz und Bewertung der Aktiva bei negativer Fortführungsprognose 19 85
– Aussonderung 47 72
– Berechnung des Kostenbeitrags 171 3
– Inbesitznahme der Insolvenzmasse 148 12
– Insolvenzmasse 35 9, 35 153 f.
– insolvenzspezifische Pflichten 60 19 ff.
– Rückgewährpflicht 143 7
– Unterrichtung des Gläubigers 167 7 f.
– Vergütung des vorläufigen Insolvenzverwalters 22 230
– Verwertung der Insolvenzmasse 159 6 ff.
– vorläufiger Insolvenzverwalter mit Verwaltungs- und Verfügungsbefugnis 22 35 a
– Wertansätze und Bewertung bei positiver Fortführungsprognose 19 77
– Wirkungen der Aufhebung 259 6
Forderungen auf Rückgewähr von Gesellschafterdarlehen 39 32 ff.
– anderer Rechtsgrund 39 37
– atypischer stiller Gesellschafter 39 43
– Charakter der Darlehensgewährung 39 33
– Erhaltung des Nachrangs bei Abtretung 39 46
– Factoring 39 39
– Fälligkeitsvereinbarung 39 38
– Gesellschafter als Darlehensgeber 39 40 ff.
– gesellschafterbesicherte Drittdarlehen 39 48
– Gesellschafterdarlehen 39 32 ff.
– Höhe der Beteiligung 39 44
– Insolvenzanfechtung 39 47
– kapitalersetzende Leistungen 39 32
– Krise 39 35
– mittelbare Stellvertreter 39 41
– nahe Angehörige 39 42
– Pfandgläubiger 39 41
– Rangrücktritt 39 49 f.
– staatliche Beihilfen 39 51
– stiller Gesellschafter 39 43
– Stundungsvereinbarung 39 38
– Überschuldungsbilanz 39 49 f.
– verbundene Unternehmen 39 42
– wirtschaftliche Entsprechung 39 36
– wirtschaftliche Entsprechung 39 40 ff.
– Zeitpunkt der Gesellschafterstellung 39 45
Forderungen der Insolvenzgläubiger 87 1 ff.
– s. auch Verfahrensunterbrechung nach § 240 ZPO
– aussonderungsberechtigte Gläubiger 87 3
– Eigenverwaltung 87 18
– Insolvenzeröffnungsverfahren 87 5
– Insolvenzforderungen 87 2
– Restschuldbefreiungsverfahren 87 5
– Schuldenmassestreit 87 2
– Sicherstellungsansprüche 87 17
– Steuerverfahren 87 16
Forderungen mit Sanierungsprivileg 19 123 f.
Forderungspfändung 140 8 f.
Forderungsstatut 338 10
Forderungsverpfändung 91 18
Forderungsverzeichnis 305 100 ff.
Forderungszuständigkeit 103 100
Form des Insolvenzantrags 13 33 f., 14 22

Formularzwang 13 33 f., 13 41
Formwechsel 145 10
Forschungs- und Entwicklungskosten 19 66
Fortbestandstheorie 82 20
Fortbestehen von Darlehensverträgen 108 59 ff.
– Gelddarlehen 108 61
– Kontokorrentkredite 108 61
– Teilvalutierung 108 64
– vorinsolvenzliche Auszahlung 108 60
Fortbestehen von Dienst- und Arbeitsverhältnissen 108 46 ff.
– angetretenes Dienstverhältnis 108 50
– Arbeitnehmerschutz 108 51
– Arbeitslosengeld 108 56
– Beendigung des Dienst- bzw. Arbeitsverhältnisses 108 50 f.
– Freistellung 108 56
– Gleichwohlgewährung 108 56
– Neueinstellungen 108 54
– Weiterbeschäftigung 108 57 f.
Fortbestehen von Miet- und Pachtverträgen 108 6 ff.
– Beendigung des Mietvertrages 108 33 ff.
– bestehender Mietvertrag 108 9
– Betriebskosten 108 22 f., 108 31
– Eintritt des Insolvenzverwalters 108 15
– Freigabe 108 19
– Gebrauchsgewährung 108 20
– gemischttypische Verträge 108 13
– Herausgabe 108 34 f.
– Insolvenz des Mieters 108 28 ff.
– Insolvenz des Vermieters 108 17 ff.
– Insolvenzmasse 108 17, 108 28
– Insolvenzverwalter 108 8
– Masseverbindlichkeiten 108 16, 108 30
– Mietkaution 108 24 f., 108 32
– Mietzahlung 108 21
– Nutzungsentschädigung 108 40 f.
– Räumung 108 36 ff.
– unbewegliche Gegenstände 108 14
– Vertragsbindung 108 18, 108 29
– Vollzug des Mietverhältnisses 108 10 f.
– Voraussetzungen 108 12 ff.
– vorinsolvenzlich entstandene Ansprüche 108 42 ff.
– Zwischenvermietung 108 26 f.
Fortbestehen von Schuldverhältnissen 108 1 ff.
– s. auch Fortbestehen von Dienst- und Arbeitsverhältnissen
– s. auch Fortbestehen von Dienst- und Arbeitsverhältnissen
– s. auch Fortbestehen von Miet- und Pachtverträgen
– s. auch Leasingverträge
Fortentwicklung 19 61
Fortführungsaussichten 5 16
Fortführungsbilanz 19 58
Fortführungserklärung 230 2
Fortführungsfähigkeit 148 42
Fortführungspflicht 22 23
Fortführungsprognose 19 42 ff.
– s. auch Fortführungsprognose
– Begriff der Zahlungsunfähigkeit 17 22, 17 24
– Darlegungs- und Beweislast 19 54
– Einstellung wegen Wegfalls des Eröffnungsgrundes 212 2 a
– Ertrags- und Finanzplanungsvoraussetzung 19 43
– Feststellung der Überschuldung 19 28 ff.
– Finanzmarktstabilisierungsgesetz 19 43, 19 54
– Finanzplan 19 44
– gesetzlicher Überschuldungsbegriff 19 8, 19 13, 19 21
– Gläubigerschutz 19 56
– Kontrolle der Fortführungsprognose 19 56
– Planbilanz 19 44
– Plan-Ergebnis-Rechnung 19 44

magere Zahlen = Randnummern **Sachregister**

- Primärprognose **19** 47 f.
- Prognosemethode **19** 43 ff.
- Prognosezeitraum **19** 47 ff.
- Sanierung **19** 46
- Sekundärprognose **19** 47 f.
- überwiegende Wahrscheinlichkeit **19** 51 ff.
- Unternehmenskonzept **19** 44

Fortführungssanierung
- Insolvenzgeld **22** 177
- Interessenausgleich mit Namensliste **125** 14

Fortführungswert 151 8
Fortgesetzte Gütergemeinschaft 37 19 ff., **83** 15 ff., **332** 1 ff.
- Antragsberechtigte **332** 7 f.
- Auseinandersetzung **37** 22, **332** 11
- Begriff **37** 19
- drohende Zahlungsunfähigkeit **332** 3
- Eigenverwaltung **270** 12
- Eröffnungsantrag **13** 62
- Gesamtgut **37** 20
- Gesamtgutinsolvenz **332** 1 ff.
- Insolvenz von Sondervermögen **11** 418 f.
- Insolvenzantragspflicht **13** 94
- Insolvenzgläubiger **332** 6
- Insolvenzgrund **332** 3
- Insolvenzmasse **332** 3
- kongruente Deckung **130** 36
- Nachlassinsolvenzverfahren **332** 1
- örtliche Zuständigkeit **3** 5
- selbstständiges Insolvenzverfahren **37** 23
- Sondergut **37** 21
- überlebender Ehegatte **332** 1, **332** 4
- Überschuldung **332** 3
- Vorbehaltsgut **37** 21
- Zahlungsunfähigkeit **332** 3
- Zulässigkeit des Insolvenzverfahrens **11** 4

Fortgesetztes Insolvenzverfahren 315 18
Fortsetzung
- Genossenschaft **11** 212 f., **11** 218
- Gesellschaften ohne Rechtspersönlichkeit **11** 255, **11** 306 ff.
- GmbH & Co. KG **11** 363 ff.
- Versicherungsverein auf Gegenseitigkeit **11** 223

Fortsetzung der Verteilung 208 19
Fortsetzung der Verwertung 208 19
Fortsetzung der Zwangsvollstreckung 89 5
Fortsetzung des Rechtsstreits 86 21
Fortsetzung des Verfahrens
- Ruhen des Verfahrens **306** 23 ff.
- Schuldenbereinigungsverfahren **306** 23 ff.

Fortsetzung in der Insolvenz 11 153 ff.
Fortsetzungsbeschluss
- bedingter Insolvenzplan **249** 2, **249** 7
- Vorlage des Insolvenzplans **218** 18 ff.

Fortsetzungserklärung 230 3
Fortsetzungsklausel
- Gesellschaften ohne Rechtspersönlichkeit **11** 253
- Gläubigerbenachteiligung **129** 122 a

Forum shopping Art. 3 EuInsVO 38
Frachtführerpfandrecht 50 29
Freiberufler
- Anordnung der Eigenverwaltung **270** 28
- echte Freigabe **35** 287
- Eigenverwaltung **35** 287, **270** 5
- Entscheidung über den Fortgang des Verfahrens **157** 16 f.
- freiberufliche Praxis **35** 276 f.
- Freigabe **35** 287
- Gruppenbildung **222** 24
- Honorarforderungen **35** 281
- Mandantenunterlagen **35** 280
- Maßnahmen vor der Entscheidung über Unternehmensstilllegung oder -veräußerung **158** 7
- Patientenunterlagen **35** 280
- Praxiseinrichtung **35** 278 ff.
- Praxisverwertung **35** 282 ff.
- steuerrechtliche Stellung des Insolvenzverwalters **56** 83 f.
- Übernahme der Insolvenzmasse **148** 45 f.
- unpfändbare Gegenstände **36** 24 ff.
- Unternehmensfortführung **35** 283 ff.
- Unternehmensstilllegung **35** 289
- Unternehmensveräußerung **35** 288
- Verbraucherinsolvenzverfahren **304** 1 ff.
- Vermögensverfall **35** 290 ff.
- Widerruf der Berufszulassung **35** 290 ff.

Freiberufliche Praxis
- Freiberufler **35** 276 f.
- Verwertung der Insolvenzmasse **159** 31 ff.

Freie Sanierung s. außergerichtliche Sanierung
Freigabe
- Abfallbeseitigungspflicht **35** 79
- Ablehnung der Aufnahme anhängiger Streitigkeiten **85** 94 ff.
- Altlasten **35** 80
- Aufnahme von Passivprozessen **86** 16
- belastete Grundstücke und Sachen **35** 75
- Berechnung des Kostenbeitrags **171** 9
- Bezüge aus einem Dienstverhältnis **114** 29
- echte Freigabe **35** 71 ff.
- erkaufte Freigabe **35** 86
- fiduziarische Freigabe **35** 87
- Fortbestehen von Miet- und Pachtverträgen **108** 19
- Freiberufler **35** 287
- Freigabeerklärung **35** 73
- Gesamtschaden **92** 24
- gewillkürte Prozessstandschaft **35** 87
- Gläubigerbenachteiligung **129** 104
- Grundbuch **32** 25 ff.
- Insolvenzmasse **35** 4
- insolvenzspezifische Pflichten **60** 44
- kontaminierte Grundstücke **35** 78
- Kraftfahrzeugsteuer **35** 81
- modifizierte Freigabe **35** 84, **35** 86 f.
- nicht titulierte Forderungen **184** 13
- Ordnungspflicht **35** 76 f.
- qualifizierte Freigabeklausel **35** 88
- Rechte und Pflichten des Insolvenzverwalters **80** 170 ff., **80** 175 f.
- Rechtsstellung des Insolvenzverwalters **80** 133 ff.
- Sicherheiten **35** 88
- Sicherungsgut **35** 84
- Sonderformen **35** 86
- sonstige Verwendung beweglicher Sachen **172** 14
- steuerliche Folgen **35** 84
- streitbefangener Gegenstand **35** 83
- Überdeckung **35** 88
- Übersicherung **35** 88
- Umwelthaftung **35** 75 ff.
- unechte Freigabe **35** 85
- unpfändbare Gegenstände **36** 39
- vereinfachte Verteilung **314** 6 f., **314** 27
- Verfahrensunterbrechung nach § 240 ZPO **85** 20 ff., **85** 68
- Verhaltensstörer **35** 77
- Verwertung der Insolvenzmasse **159** 60 ff.
- Verwertung unbeweglicher Gegenstände **165** 8 a
- Vollstreckung vor Verfahrenseröffnung **88** 28
- Vollstreckungsverbot **35** 82, **89** 26
- Widerruf der Freigabeerklärung **35** 73
- Wirkungen **35** 82
- Zustandsverantwortlichkeit **35** 78, **35** 80

3191

Sachregister

fette Zahlen = Gesetzesvorschriften

Freigabe selbstständiger Tätigkeit 35 90 ff.
- absonderungsberechtigte Gläubiger 35 102
- Anzeigepflicht 35 95
- Ausgleichszahlung 35 105
- Erklärung 35 93 f., 35 96
- Gläubigerinteressen 35 105
- Insolvenzmasse 35 100
- Masseverbindlichkeiten 35 104
- Neugläubiger 35 107
- Prognose 35 97
- Rechstnatur 35 91
- Unwirksamkeit 35 106
- vorläufiges Insolvenzverfahren 35 108 f.
- Wirkungen 35 99 ff.

Freigabeklausel 51 10 f.

Freihändige Veräußerung
- Berechnung des Kostenbeitrags 171 6
- Verwertung beweglicher Gegenstände 166 9
- Verwertung der Insolvenzmasse 159 4, 159 13 f., 313 105
- Verwertung durch Gläubiger 173 3
- Verwertung unbeweglicher Gegenstände 165 4

Freihändige Verwertung 313 106 f.

Freistellung
- Fortbestehen von Dienst- und Arbeitsverhältnissen 108 56
- GmbH & Co. KG 11 347
- Kündigungsbefugnis des vorläufigen Insolvenzverwalters 22 87
- sonstige Masseverbindlichkeiten 55 70 ff.

Freistellungsansprüche 19 63, 19 71

Freiwillige Gerichtsbarkeit
- Insolvenzverfahren 1 2
- Verfahrensunterbrechung nach § 240 ZPO 85 43 f.
- Zivilprozessordnung 4 1, 4 44

Freiwillige Leistungen 89 18

Freiwillige Veräußerung 49 30

Freiwillige Zahlungen 88 15

Freiwilliger Interessenausgleich 125 18

Freizeichnungsklausel
- auflösend bedingte Forderungen 42 3
- Geltendmachung der Haftung des Insolvenzverwalters 60 128

Fremdantrag
- s. auch Gläubigerantrag
- Eröffnungsantrag 13 138 f.
- Verfahrenskostenvorschuss 26 23

Fremdbestimmte Geldleistungen 104 24

Fremde Sachen 50 15

Fremde Schuld
- anfechtbare Rechtshandlungen 130 31
- unentgeltliche Leistung 134 17 f., 134 18 b

Fremdkapital 19 116

Fremdwährungsschuld 95 54

Fristablauf 173 10 ff.

Fristbeginn 62 4 ff.

Fristbestimmung 28 3

Fristen
- Abweisung mangels Masse 26 42
- Abweisungsbeschluss 26 37
- Änderung des Verteilungsverzeichnisses 193 4
- Anhörung des Schuldners 10 4 f., 10 9
- Anmeldeverfahren 174 13 f.
- Antrag auf Einberufung der Gläubigerversammlung 75 7
- Antrag auf Eröffnung des Verbraucherinsolvenzverfahrens 305 70 ff.
- Antrag des Schuldners auf Restschuldbefreiung 287 13 ff.
- Arbeitnehmerklage 127 13
- Aufforderungen an Gläubiger und Schuldner 28 5
- Beendigung von Arbeitsverhältnissen 113 22, 113 77 ff.
- Bekanntmachung des Eröffnungsbeschlusses 30 5
- Berücksichtigung absonderungsberechtigter Gläubiger 190 9
- Beschwerdeverfahren 6 13 f.
- Einstellung mit Zustimmung der Gläubiger 213 4, 213 11
- Einwendungen gegen das Verteilungsverzeichnis 194 6
- Entlassung des Insolvenzverwalters 59 21
- Erfüllungswahl des Insolvenzverwalters 103 129
- Eröffnung des Nachlassinsolvenzverfahrens 319 1 ff.
- Eröffnungsantrag 13 137
- Erörterungs- und Abstimmungstermin 235 4 f.
- generelle Zulässigkeitsvoraussetzungen 14 15
- Gesellschafterdarlehen 135 9
- Gläubigerantrag 14 123
- Hinweisrecht des Gläubigers 168 12
- Insolvenzantragspflicht 15 a 14 ff.
- Insolvenzgeld 22 183 ff.
- Insolvenzkostenhilfe 13 112
- kongruente Deckung 130 41 ff.
- nachträgliche Anmeldungen 177 25 f.
- Nachtragsverteilung 204 6
- Nachweis der Rechtsverfolgung 189 7 f.
- öffentliche Bekanntmachung 9 5
- Rechnungslegung 66 47 f.
- Rechtsbeschwerde 7 10 f., 7 14
- Rücktritt bei nicht vollzogenen Miet- und Pachtverträgen 109 33
- Ruhen des Verfahrens 306 16
- sofortige Beschwerde 34 21
- Sonderkündigungsrecht des Insolvenzverwalters 109 7 f.
- spezielle Zulässigkeitsvoraussetzungen 14 30
- Stellungnahmen zum Insolvenzplan 232 7
- Tabelle 175 21
- Terminbestimmungen 29 2 f.
- titulierte Forderungen 184 17 f.
- vereinfachtes Insolvenzverfahren 311 29
- Verfahren bei der Einstellung 214 6
- Verfahrensunterbrechung nach § 240 ZPO 85 57 ff.
- Verjährung des Anfechtungsanspruchs 146 1
- Verstoß gegen Obliegenheiten 296 5 ff.
- Verwertung durch Gläubiger 173 6
- Vollstreckung vor Verfahrenseröffnung 88 16 ff.
- Vorlage des Insolvenzplans 218 33 ff.
- vorzeitige Betriebsänderung mit gerichtlicher Zustimmung 122 69
- Widerruf der Restschuldbefreiung 303 9
- Wiedereinsetzung in den vorigen Stand 186 4 ff.
- Zivilprozessordnung 4 1, 4 38
- Zulassung des Gläubigerantrags 14 99
- Zustellung des Schuldenbereinigungsplans 307 73
- Zustellungen 8 2

Fristenberechnung 139 1 f., 146 2 ff.
- s. auch Mehrere Insolvenzanträge
- Begründetheit des Insolvenzantrags 139 4
- Insolvenzantrag 139 3
- Konzerninsolvenz 139 4
- Kredit- und Finanzdienstleistungsinstitute 139 8
- materiellrechtliche Fristen 139 2
- Nachlassinsolvenzverfahren 139 9
- Zeitpunkt des Eingangs des Insolvenzantrags 139 5 ff.
- Zeitpunkt des Eintritts der Zahlungsunfähigkeit 139 5 ff.
- Zulässigkeit des Insolvenzantrags 139 4

Fristlose Kündigung 22 157

Fristsetzung 20 32

Fristverkürzung 6 14

magere Zahlen = Randnummern **Sachregister**

Fristverlängerung
- Beschwerdeverfahren 6 14
- Rechtsbeschwerde 7 14

Fristversäumung 287 16

Früchte
- Ausschluss sonstigen Rechtserwerbs 91 20
- Aussonderung 47 10
- Rückgewährpflicht 143 34

Fruchtlose Pfändung 14 82

Fruchtlosigkeitsbescheinigung
- Glaubhaftmachung 14 81 f.
- Insolvenzkostenhilfe 13 105

Frühere Restschuldbefreiung 290 44 ff.
Frühere selbständige Erwerbstätigkeit 304 14 ff.
Frühere Versagung der Restschuldbefreiung 290 47
Frühere Vollstreckungstitel 201 17 f.
Früherer Insolvenzantrag 139 12
Früherer Sitz 3 10

Führungslosigkeit
- Anordnung der Eigenverwaltung 270 27
- Auskunfts- und Mitwirkungspflicht im Eröffnungsverfahren 20 9 f.
- drohende Zahlungsunfähigkeit 18 21
- generelle Zulässigkeitsvoraussetzungen 14 18
- Insolvenzantragspflicht 15 a 12, 15 a 61 ff.
- Insolvenzantragsrecht 13 69, 15 2 a, 15 10
- Insolvenzgrund 16 13
- juristische Personen 11 60
- mehrere Insolvenzanträge 13 71
- organschaftliche Vertreter 101 1, 101 5
- Rücknahme des Insolvenzantrags 13 127
- spezielle Zulässigkeitsvoraussetzungen 14 26
- Verfahrenspflichten ausgeschiedener Organe und Gesellschafter 101 15
- Wertansätze und Bewertung bei positiver Fortführungsprognose 19 69
- Zahlungsunfähigkeit 17 1
- Zulässigkeitsvoraussetzungen 13 11, 13 22, 13 25
- Zulassung des Gläubigerantrags 14 101
- Zwangsbefugnisse des vorläufigen Insolvenzverwalters 22 214

Fund 91 33

Funktionale Betrachtung 343 3

Funktionale Qualifikation
- Anerkennung 343 5
- Sicherungsmaßnahmen 344 3

Funktionelle Zuständigkeit 2 3 ff.
- Abweisung mangels Masse 26 18
- Amtshaftung 2 4
- Beamte auf Probe 2 4
- Bekanntmachung der Verfügungsbeschränkungen 23 2
- Beschluss 2 6
- Beschlüsse der Gläubigerversammlung 76 4 ff.
- Bestellung des Insolvenzverwalters 56 56
- Eigenverwaltung 2 3
- Eintrittsrecht des Richters 2 6
- Entlassung des Insolvenzverwalters 59 22
- Eröffnung des Insolvenzverfahrens 2 3 f.
- Eröffnungsbeschluss 27 3
- Evokationsrecht 2 6
- Geschäftsstelle 2 5
- Großinsolvenzverfahren 2 6
- Grundbuch 32 13
- Gruppenleiter 2 5
- Haftbefehl 2 6
- Insolvenzplanverfahren 2 4
- Insolvenzrichter 2 3 ff., 2 7
- Kompetenzkonflikte 2 4
- Kostenbeamter 2 5
- Organ der Rechtspflege 2 5
- Postsperre 2 4, 99 11
- Prüfung der Schlussrechnung 66 56

- Rechtsfolgen der Insolvenzanfechtung 143 63
- Rechtspfleger 2 3 ff.
- Restschuldbefreiung 2 4, vor 286 50 ff.
- Richtervorbehalt 2 6
- Sachwalter 2 3
- Schuldenbereinigungsplan 2 3
- Serviceeinheit 2 5
- Sonderinsolvenzverwalter 56 69 f.
- Teilbereiche 2 6
- Teilvorbehalte 2 6
- Terminbestimmungen 29 4
- Treuhänder 2 3
- Urkundsbeamter der Geschäftsstelle 2 5
- Verbraucherinsolvenzverfahren 2 3
- Vergütung des Treuhänders 293 17
- Vergütung des vorläufigen Insolvenzverwalters 22 234
- Vollstreckungsverbot 210 8
- Vorauswahl des Insolvenzverwalters 56 6
- Vorführungsbefehl 2 6
- vorläufiger Gläubigerausschuss 67 7
- vorläufiger Insolvenzverwalter 2 3
- Wahl eines anderen Insolvenzverwalters 57 29
- Zulassung des Gläubigerantrags 14 96
- Zusammenarbeit 2 8
- Zwangsmaßnahmen 98 11

Funktionsfähigkeit des laufenden Betriebes 22 18
Fürsorgepflicht 4 a 34

Garantien 35 167
Garantierückstellungen 19 110
Garantieverpflichtungen 19 90
Gebäude 19 73
Gebäudeversicherung 35 223
Gebräuchliche Geschenke 134 47
Gebrauchsgewährung 108 20
Gebrauchsmuster 35 243
Gebühren 13 133

Geeignete Personen
- Antrag auf Eröffnung des Verbraucherinsolvenzverfahrens 305 49 ff.
- Gerichtsverfassungsgesetz 4 40

Geeignete Stellen
- Antrag auf Eröffnung des Verbraucherinsolvenzverfahrens 305 56 ff.
- Verbraucherinsolvenzverfahren vor 304–314 12

Gefährdungshaftung 302 2 b

Gegenglaubhaftmachung
- Ersetzung der Zustimmung 309 96
- Glaubhaftmachung 14 58, 14 63
- Gläubigerantrag 14 131, 14 135
- Versagung der Restschuldbefreiung 290 12 f.
- Verstoß gegen Obliegenheiten 296 12
- Widerruf der Restschuldbefreiung 303 11
- Zulassung des Gläubigerantrags 14 92

Gegenleistung
- Anfechtung gegen Rechtsnachfolger 145 16
- Ansprüche des Anfechtungsgegners 144 8 ff.
- Ersatzaussonderung 48 22 ff.
- nachrangige Insolvenzgläubiger 39 28
- sonstige Masseverbindlichkeiten 55 95 ff.
- Verfügungen des Schuldners 81 18

Gegenseitige Verträge
- allgemeine Verfahrensvereinfachungen 312 47 f.
- Betriebsänderungen 279 4
- Betriebsvereinbarungen 279 4
- Eigenverwaltung 279 1 ff.
- einvernehmliche Rechtsausübung 279 3
- Sachwalter 279 3
- sonstige Masseverbindlichkeiten 55 46 ff.
- vorläufiger Insolvenzverwalter mit Verwaltungs- und Verfügungsbefugnis 22 45 ff.
- Wahlrecht 279 1 f.

Sachregister

fette Zahlen = Gesetzesvorschriften

Gegenstände der Absonderung
- Anwartschaftsrecht **49** 16
- dingliche Surrogation **49** 17
- Enthaftung **49** 14 ff.
- Gesamthandseigentum **49** 23
- Grundpfandgläubiger **49** 18 ff.
- Grundstücke **49** 11
- grundstücksgleiche Rechte **49** 12
- Luftfahrzeuge **49** 22
- Miete **49** 13 a
- Miteigentum **49** 23
- Pacht **49** 13 a
- Schiffe **49** 21
- wesentliche Bestandteile **49** 13
- Zubehör **49** 13

Gegenständlich beschränkte Haftung 38 9
Gegenständlich beschränkte Insolvenzverfahren 335 7
Gegenwahlrechte 103 101 ff.
Gehalt 22 115
Geheimhaltung
- Akteneinsicht **4** 33
- Rechtsstellung des Insolvenzverwalters **80** 140 ff.
- Unterrichtung der Gläubigerversammlung **79** 12

Geheimhaltungspflichten 69 33 ff.
Geld
- Aussonderung **47** 6
- Hinterlegung **149** 8

Geldbußen 39 23 ff.
Gelddarlehen 108 61
Geldempfangsvollmacht 13 24
Geldforderungen 89 9 f.
Geldilliquidität
- Begriff der drohenden Zahlungsunfähigkeit **18** 5
- Begriff der Zahlungsunfähigkeit **17** 7 ff.

Geldleistungen
- Rückgewährpflicht **143** 6, **143** 35
- teilbare Leistungen **105** 9

Geldschulden 17 10
Geldstrafen
- nachrangige Insolvenzgläubiger **39** 23 ff.
- von der Restschuldbefreiung ausgenommene Forderungen **302** 14
- Zustimmung nachrangiger Gläubiger **246** 6

Geldsummenschulden 145 1
Geldwerte Vorteile
- Aktiengesellschaft **35** 313
- GmbH **35** 313

Gelöschte GmbH 307 15
Geltendmachung
- Annahme des Schuldenbereinigungsplans **308** 14
- Gesamtschaden **92** 20 ff.
- Haftung der Mitglieder des Gläubigerausschusses **71** 18
- Haftung mehrerer Personen **43** 2
- Insolvenzgeld **22** 182 ff.
- Leistungsverweigerungsrecht **146** 14 ff.
- Massegläubiger **53** 7 ff.
- persönliche Haftung der Gesellschafter **93** 12 ff.
- Rechtsfolgen der Insolvenzanfechtung **143** 1
- Schadensersatz wegen Nichterfüllung **103** 174
- Schutz des Gläubigers vor einer Verzögerung der Verwertung **169** 14
- Treuhänder **292** 24

Geltendmachung der Haftung des Insolvenzverwalters 60 112 ff.
- Außenhaftung **60** 116 f.
- Einzelschaden **60** 122 ff.
- Freizeichnungsklausel **60** 128
- Gesamtschaden **60** 119 ff.
- Haftpflichtversicherung **60** 132 ff.
- Innenhaftung **60** 115
- Masseunzulänglichkeit **60** 123
- Masseverkürzungsschaden **60** 119
- mehrere Schädiger **60** 129 ff.
- Primärhaftung der Insolvenzmasse **60** 112 f.
- Risikoausschlussklauseln **60** 134
- Spezialvorschriften **60** 117
- Umfang der Haftung **60** 125 ff.
- Zuständigkeit **60** 136 f.

Gemeinden 12 8
Gemeinschaftlich verwaltetes Gesamtgut
- Antragsberechtigte **333** 5
- beendete Gütergemeinschaft **333** 9
- Eigenverwaltung **334** 3
- Gesamtgutsverbindlichkeiten **334** 2
- Gütergemeinschaft **333** 1 ff.
- Insolvenzanfechtung **333** 7
- Insolvenzgrund **333** 3
- Insolvenzmasse **333** 8
- Insolvenzplan **334** 4
- persönliche Haftung der Ehegatten **334** 1 ff.
- Sonderinsolvenz **333** 2

Gemeinschaftliches Insolvenzverfahren 13 37
Gemeinschaftskonten
- Auseinandersetzung einer Gesellschaft oder Gemeinschaft **84** 4
- Aussonderung **47** 50
- Bankverträge **116** 20 ff.

Gemeinschaftsmarken
- anwendbares Recht **Art. 12 EuInsVO** 1 ff.
- Mittelpunkt der hauptsächlichen Interessen **Art. 12 EuInsVO** 4

Gemeinschaftspatente
- anwendbares Recht **Art. 12 EuInsVO** 1 ff.
- Mittelpunkt der hauptsächlichen Interessen **Art. 12 EuInsVO** 4

Ggemeinschaftsrechtswidrige Beihilfen
- Ansatz und Bewertung der Passiva bei positiver Fortführungsprognose **19** 121 f.
- Begründetheit im Eröffnungszeitpunkt **38** 55 f.

Gemischte Schenkung
- Ersatzaussonderung **48** 13
- unentgeltliche Leistung **134** 39

Gemischttypische Verträge
- Auftrag und Geschäftsbesorgung **116** 2
- Eigentumsvorbehalt **107** 9
- Fortbestehen von Miet- und Pachtverträgen **108** 13
- Vormerkung **106** 35 ff.

Generalversammlung
- Genossenschaft **11** 210
- Insolvenzantragspflicht **15 a** 12

Generelle Zulässigkeitsvoraussetzungen
- Betreuung **14** 17
- faktische Geschäftsführung **14** 18
- Fristen **14** 15
- Führungslosigkeit **14** 18
- Gesamtgut **14** 15
- gewillkürte Vertretung **14** 17
- Glaubhaftmachung **14** 15
- Gläubigerantrag **14** 15 ff.
- grenzüberschreitende Insolvenz **14** 15 f.
- Insolvenzfähigkeit **14** 17
- Insolvenzgericht **14** 16
- Insolvenzgrund **14** 15
- Insolvenzvollmacht **14** 17
- juristische Personen **14** 18
- Mittelpunkt wirtschaftlicher Tätigkeit **14** 16
- Partikularverfahren **14** 15
- passive Parteifähigkeit **14** 17
- Prozesshandlungen **14** 17
- rechtliches Interesse **14** 15
- Rechtsanwälte **14** 17
- Schuldnerschutz **14** 15
- Sonderzuständigkeit **14** 16

3194

magere Zahlen = Randnummern **Sachregister**

- Verfahrensart 14 15, 14 19
- Zuständigkeit 14 16

Genossenschaft
- Abschlagsverteilung 35 365
- Abweisung mangels Masse 26 56 f.
- Anordnung der Nachtragsverteilung 203 29
- Befriedigung der Insolvenzgläubiger 187 15
- Berücksichtigung bestrittener Forderungen 189 17
- darstellender Teil des Insolvenzplans 11 215
- drohende Zahlungsunfähigkeit 11 207
- Eigenverwaltung 35 366
- Einstellung des Insolvenzverfahrens 11 211
- Einstellung mangels Masse 207 19
- Europäische Genossenschaft (SCE) 11 218 a
- Fortsetzung 11 212 f., 11 218
- Generalversammlung 11 210
- gestaltender Teil des Insolvenzplans 11 217
- Gläubigerausschuss 11 209
- Gruppenbildung 11 216, 222 30
- Insolvenz eines Mitglieds 11 207 a
- Insolvenzantragsrecht 15 2
- Insolvenzgrund 11 206, 16 5
- Insolvenzmasse 35 347 ff.
- Insolvenzplan 11 215 ff.
- Nachgenossenschaft 11 207
- Nachschüsse 11 206, 35 362 f.
- Nachschusspflicht 35 350 ff.
- Nebenleistungen 35 348 f.
- Pflichteinzahlungen 35 348 f.
- Rechtsschutz 35 367
- Rechtsstellung der Mitglieder 11 208
- Rückerstattung 35 356
- Schlussverteilung 196 23
- Umfang der Nachschusspflicht 35 353
- Umwandlung 11 213
- Unzulässigkeit der Aufrechnung 96 26 f.
- Verfolgungsrecht 35 341
- Vorlage des Insolvenzplans 218 41
- vorläufiger Insolvenzverwalter 35 350
- Vorschussberechnung 35 360
- Vorschusseinziehung 35 360
- Zahlungsunfähigkeit 11 207
- Hinterlegung 149 24

Genossenschaftsregister s. Register

Genussrechte
- Ansatz und Bewertung der Passiva bei positiver Fortführungsprognose 19 113
- Wertansätze und Bewertung bei positiver Fortführungsprognose 19 74

Gepfändete Bezüge 114 24 ff.
Gepfändete Forderungen 173 2
Gepfändete Sachen 166 10
Geplante Einnahmen 229 7
Gerichtliche Bestätigung des Insolvenzplans 248 1 ff.
- s. auch Verstoß gegen Verfahrensvorschriften
- Bekanntgabe der Entscheidung 252 1 f.
- Beschluss 248 1
- Bestätigungspflicht 248 2
- Insolvenzgericht 248 1
- juristische Personen 11 169 ff.
- Rechtsmittel 248 8, 253 1 ff.
- sofortige Beschwerde 248 8, 253 1 ff.
- Unterrichtungspflicht 252 2
- Verfahren 248 4 ff.
- Vollstreckung aus dem Insolvenzplan 257 10
- Vorprüfung des Insolvenzplans 231 31 f.

Gerichtliche Kompetenzzuweisung 22 208 ff.
- Abbuchungsaufträge 22 208 h
- abgetretene Forderungen 22 209
- arbeitsrechtliche Stellung des vorläufigen Insolvenzverwalters 22 56 f.
- Genehmigung von Kontobelastungen 22 208 b

- Geschäftsfortführung 22 208 a, 22 208 i
- originäre Pflichten 22 208 a
- Pflichtenkatalog 22 208 a
- Sicherungsabtretung 22 209
- vorläufiger Insolvenzverwalter 22 2
- Widerruf von Lastschriften 22 208 d

Gerichtliche Veräußerungsverbote 80 205
Gerichtliches Schuldenbereinigungsverfahren vor 286 26
Gerichtskosten
- Einstellung mangels Masse 207 2
- Kosten des Insolvenzverfahrens 54 2 ff.
- Rechtswirkungen der Verfahrensaufhebung 200 22
- Verfahrenskosten 26 8, 26 10

Gerichtssprache 4 40
Gerichtsverfassungsgesetz 4 40
- Ausfälle 4 40
- Beistände 4 40
- Bevollmächtigte 4 40
- geeignete Personen 4 40
- Gerichtssprache 4 40
- Gläubigerversammlung 4 40
- Haftbefehl 4 40
- Insolvenzgericht 4 40
- Öffentlichkeit des Verfahrens 4 40
- Presse 4 40
- Protokollierung 4 40
- Rechtshilfe 4 40
- Schuldnerberatungsstellen 4 40
- Sicherungsmaßnahmen 4 40
- Verbraucherinsolvenzverfahren 4 40
- Vorführungsbefehl 4 40

Gerichtsvollzieher
- Insolvenzmasse 35 128
- Kenntnis der Krise 130 62
- Siegelung 150 2

Geringfügige Forderungen 14 11
Geringfügige Liquiditätslücke
- Begriff der drohenden Zahlungsunfähigkeit 18 3
- Begriff der Zahlungsunfähigkeit 17 21 ff.
- Feststellung der Zahlungsunfähigkeit 17 44
- Glaubhaftmachung 14 80
- Insolvenzgrund 16 15

Gesamtgut 13 10
Gesamtabgeltungsklauseln 224 6
Gesamtbetriebsvereinbarungen 120 4
Gesamtgeschäftsführung 15 a 32
Gesamtgläubiger
- Anmeldeverfahren 174 23
- erforderliche Mehrheiten 244 6 f.
- Ersetzung der Zustimmung 309 12
- mehrere Insolvenzanträge 13 75
- spezielle Zulässigkeitsvoraussetzungen 13 37, 14 36
- Stellungnahme der Gläubiger 307 58

Gesamtgut
- Eröffnung des Nachlassinsolvenzverfahrens 318 1 ff.
- fortgesetzte Gütergemeinschaft 37 20
- generelle Zulässigkeitsvoraussetzungen 14 15
- Gütergemeinschaft 37 3
- Insolvenz des Erben 331 11
- Insolvenz von Sondervermögen 11 418 f.
- Insolvenzantragsrecht 13 67, 13 82
- Insolvenzvermögensstatut 335 15
- Zulässigkeit des Insolvenzverfahrens 11 4

Gesamtgut bei Gütergemeinschaft 37 1 ff.
- s. auch Fortgesetzte Gütergemeinschaft
- s. auch Gütergemeinschaft
- s. auch Gütertrennung
- s. auch Zugewinngemeinschaft
- Eigentumssphären 37 32
- Eigentumsvermutung 37 31 ff.
- Insolvenz beider Ehegatten 37 36
- Lebenspartner 37 29, 37 37

3195

Sachregister

fette Zahlen = Gesetzesvorschriften

- nichteheliche Lebensgemeinschaften 37 38
- Verschleierung von Eigentumsverhältnissen 37 32

Gesamtgutinsolvenz
- fortgesetzte Gütergemeinschaft **332** 1 ff.
- Insolvenzmasse **35** 61
- Insolvenzverfahren **1** 3
- örtliche Zuständigkeit **3** 5

Gesamtgutverbindlichkeiten 334 2

Gesamthand 35 161

Gesamthandseigentum
- Aussonderung **47** 12
- Gegenstände der Absonderung **49** 23

Gesamthandsgläubiger 13 75

Gesamtinsolvenz 331 3

Gesamtrechtsnachfolge
- Anfechtung gegen Rechtsnachfolger **145** 4 ff.
- Rücknahme des Insolvenzantrags **13** 121

Gesamtschaden 92 1 ff.
- Altgläubiger **92** 12
- Anzeige der Masseunzulänglichkeit **208** 30 ff.
- Aufrechnung **92** 28
- Begriff **92** 17 f.
- deliktische Ansprüche **92** 10
- Eigenverwaltung **92** 23
- Einziehungs- und Prozessführungsbefugnis **92** 20
- Ermächtigungswirkung **92** 20
- Freigabe **92** 24
- Geltendmachung **92** 20 ff.
- Geltendmachung der Haftung des Insolvenzverwalters **60** 119 ff.
- Individualschaden **92** 9
- Insolvenzgläubiger **92** 19
- Insolvenzverwalter **92** 20 ff.
- Masseunzulänglichkeit **92** 22
- maßgeblicher Zeitpunkt **92** 6 ff.
- Neugläubiger **92** 12
- Sachwalter **92** 30
- Sondermasse **92** 15 f.
- Sperrwirkung **92** 26 f.
- Umfang **92** 9 ff.
- Verfügungsbefugnis **92** 21
- Verjährung des Schadenersatzspruchs **62** 6 f.
- Verletzung der Insolvenzantragspflicht **15 a** 55
- vorläufiger Insolvenzverwalter **92** 30

Gesamtschadensersatzansprüche
- Insolvenzmasse **35** 45
- Sondermassen **35** 57

Gesamtschuld
- Aufrechnungslage **94** 14
- Haftung der Mitglieder des Gläubigerausschusses **71** 17
- Haftung mehrerer Personen **43** 3
- persönliche Haftung der Gesellschafter **93** 27
- Verteilungsverzeichnis **188** 12

Gesamtschuldner und Bürgen 44 1 ff.
- absonderungsberechtigte Gläubiger **44** 12
- anfechtbare Rechtshandlungen **130** 25
- anmeldbare Forderungen **174** 11
- Annahme des Schuldenbereinigungsplans **308** 22
- Aufrechnung **44** 13
- Befreiungsanspruch **44** 4
- Befriedigung nach Verfahrenseröffnung **44** 9
- Eigenhaftung des Gesellschafters **44** 6
- eigenständiger Regressanspruch **44** 4
- Insolvenzplan **44** 14 f.
- persönlich haftende Gesellschafter **44** 6
- Regress **44** 3
- Restschuldbefreiungsverfahren **44** 4
- Rückgewährpflicht **143** 44
- Sachmithaftung **44** 5
- Teilhaftung **44** 11
- Umrechnung von Forderungen **45** 27

- Verbot der Doppelanmeldung **44** 1
- Verfahrensausschluss **44** 8

Gesamtstatut
- anwendbares Recht **Art. 4 EuInsVO** 2 f.
- Internationales Insolvenzrecht **vor 335–358** 3, **vor EuInsVO** 11

Gesamtveräußerung 19 16

Gesamtveräußerungswert 19 12

Gesamtverfahren vor EuInsVO 7

Gesamtverkauf des verwalteten Vermögens 22 37

Gesamtvertretung
- drohende Zahlungsunfähigkeit **18** 24 f.
- Gesellschaften ohne Rechtspersönlichkeit **11** 291
- Kenntnis der Krise **130** 57
- Organe der juristischen Personen **11** 124

Geschäftsähnliche Handlungen 129 62

Geschäftsanteile 19 75

Geschäftsbücher
- Akteneinsicht **4** 33
- Insolvenzmasse **35** 150
- juristische Personen **11** 146
- unpfändbare Gegenstände **36** 44 ff.
- Verwertung der Insolvenzmasse **159** 27 ff.
- Zwangsbefugnisse des vorläufigen Insolvenzverwalters **22** 212

Geschäftsfähigkeit 80 7

Geschäftsfortführung 22 208 a, **22** 208 i

Geschäftsführer
- Anhörung des Schuldners **10** 8
- GmbH **35** 324 ff.
- Insolvenzgeld **22** 108
- Kündigung eines Dienstverhältnisses **113** 18
- selbstständige Dienstverhältnisse **113** 20 ff.
- spezielle Zulässigkeitsvoraussetzungen **13** 47

Geschäftsführung ohne Auftrag 55 39

Geschäftsführungsbericht 79 14 ff.

Geschäftsgeheimnisse 98 4

Geschäftsordnung
- Beschlüsse des Gläubigerausschusses **72** 2 ff.
- vorläufiger Gläubigerausschuss **67** 28

Geschäftsstelle
- Akteneinsicht **4** 26
- funktionelle Zuständigkeit **2** 5
- Verteilungsverzeichnis **188** 15

Geschäftsunfähigkeit
- Insolvenzantragsrecht **13** 64
- spezielle Zulässigkeitsvoraussetzungen **14** 29

Geschäftsunterlagen
- Aufgaben des Gläubigerausschusses **69** 27 f.
- Einstellung mangels Masse **207** 20
- juristische Personen **11** 146
- Rechtswirkungen der Verfahrensaufhebung **200** 20 f.
- Zwangsbefugnisse des vorläufigen Insolvenzverwalters **22** 212

Geschäftsverbindlichkeiten 315 4

Geschmacksmuster 35 247

Geschwister 138 8

Geschwister des Ehegatten 138 8 f.

Gesellschaften bürgerlichen Rechts
- Ansprüche gegen die Gesellschafter **35** 380 ff.
- Ansprüche gegen organschaftliche Vertreter **35** 410
- antragsberechtigte Gläubiger **14** 6
- Auflösung von Gesellschaften **118** 7
- Bankverträge **116** 23
- Finanzplankredite **35** 380
- Gesellschafterpflichten **35** 410
- Glaubhaftmachung **14** 84
- Grundbuch **32** 7 f.
- Innengesellschaft bürgerlichen Rechts **11** 374 ff.
- Insolvenzantragsrecht **13** 68
- Insolvenzmasse **35** 378 ff.
- Nachschüsse **35** 381

magere Zahlen = Randnummern **Sachregister**

- Nachschusspflicht 35 385
- örtliche Zuständigkeit 3 10
- rückständige Einlagen 35 380 ff.
- Sicherheiten-Pool 51 47, 51 62
- Treuepflicht 35 382
- Zulässigkeit des Insolvenzverfahrens 11 368 f.

Gesellschaften ausländischen Rechts
- Insolvenzantragsrecht 15 2
- Insolvenzgeld 22 97
- juristische Personen 11 104, 35 303
- nachrangige Insolvenzgläubiger 39 60
- Zulässigkeitsvoraussetzungen 13 20

Gesellschaften ohne Rechtspersönlichkeit 11 233 ff.
- s. auch Gesellschaften bürgerlichen Rechts
- s. auch GmbH & Co. KG
- s. auch Handelsgesellschaften
- s. auch Kommanditgesellschaft
- s. auch Partnerschaft
- s. auch Stille Gesellschaft
- Ablehnung der Aufnahme anhängiger Streitigkeiten 85 95
- Ablehnung der Eröffnung 11 286
- Altverbindlichkeiten 11 281
- Anmeldung der Forderungen 11 263
- Aufhebung des Eröffnungsbeschlusses 11 275
- Aufhebung des Insolvenzverfahrens 11 298 ff.
- Auflösung 11 257 ff., 11 269
- Auflösung von Gesellschaften 118 1 ff.
- Auseinandersetzung 11 260 f.
- Auseinandersetzung einer Gesellschaft oder Gemeinschaft 84 5
- ausgeschiedene Gesellschafter 11 317
- ausgeschlossene Gesellschafter 11 293
- ausgetretene Gesellschafter 11 293
- Ausschluss 11 257 ff.
- Beitragspflicht 11 251
- Differenzhaftung 11 318
- drohende Zahlungsunfähigkeit 11 247
- eidesstattliche Versicherung 11 289
- Eigenverwaltung 11 329 ff.
- Einstellung des Insolvenzverfahrens 11 298 ff.
- Erlöschen der Gesellschaft ohne Rechtspersönlichkeit 11 304 f.
- Eröffnung des Insolvenzverfahrens 11 273
- Eröffnungsantrag 13 10
- Europäische wirtschaftliche Interessenvereinigung (EWIV) 11 383
- fehlerhafte Gesellschaft 11 238
- Feststellung der Zahlungsunfähigkeit 17 46
- Fortsetzung 11 255, 11 306 ff.
- Fortsetzungsklausel 11 253
- Gesamtvertretung 11 291
- Gesellschaften ohne Rechtspersönlichkeit ausländischen Rechts 11 270
- Gesellschafterbürgschaft 11 280
- gesellschaftsrechtlich nahestehende Personen 138 15
- gesellschaftsrechtliche Vollabwicklung 11 301 ff.
- Gläubigerantrag 11 265
- Handelsgesellschaften 11 253 ff.
- Innenhaftung 11 318
- innerverbandlicher Bereich 11 287 ff.
- Insolvenz eines Gesellschafters 11 249 ff.
- Insolvenzanfechtung 11 259
- Insolvenzantrag 11 264 ff.
- Insolvenzantragsrecht 11 266, 15 8, 15 a 1 ff.
- Insolvenzantragsrecht 13 68, 15 1 ff.
- Insolvenzeröffnungsverfahren 11 268
- Insolvenzfähigkeit 11 234 ff.
- Insolvenzgläubiger 11 292 ff.
- Insolvenzgrund 11 247 ff.
- Insolvenzkostenhilfe 4 23
- Insolvenzmasse 35 378 ff.
- Insolvenzplan 11 277, 11 310 ff.
- Insolvenzverwalter 11 278, 11 287 ff.
- Klage gegen den Widerspruch des Schuldners 184 5
- Kommanditisten 11 283 f., 11 316, 11 325
- kongruente Deckung 130 37
- Liquidationsgesellschaft 11 243 f.
- mehrere Insolvenzanträge 13 71
- Nachgesellschaft 11 245
- Nachlassinsolvenzverfahren 11 253
- Nachtragsverteilung 11 305
- nahe Angehörige 138 12 c
- Neuverbindlichkeiten 11 281
- Organe 11 287 ff.
- Partenreederei 11 382
- Partnerschaftsgesellschaft 11 379 f.
- persönlich haftende Gesellschafter 11 314 ff.
- persönliche Haftung 11 276 ff.
- Rechte und Pflichten des Insolvenzverwalters 80 194
- Rechtsfähigkeit 11 271
- Registereintragung 11 273 ff.
- Restschuldbefreiung 11 334, 286 2
- Restschuldbefreiung
- Scheingesellschaft 11 239 f.
- Sicherungsmaßnahmen 11 268
- Sonderinsolvenz 11 235 ff.
- spezielle Zulässigkeitsvoraussetzungen 13 48, 14 28
- Überschuldung 11 248
- Umwandlung 11 246, 11 309
- unpfändbare Gegenstände 36 19
- Verbraucherinsolvenzverfahren 11 335
- Verfahrensunterbrechung nach § 240 ZPO 85 9
- Verletzung der Insolvenzantragspflicht 15 a 19 ff.
- Vertretung 11 291
- Verwertung der Insolvenzmasse 159 25
- Vollstreckungsmaßnahmen 11 326 ff.
- Vollstreckungsverbot 11 250
- Vorgesellschaft 11 241 f.
- Vorgründungsgesellschaft 11 241 f.
- Vorlage des Insolvenzplans 218 13 f., 218 22
- Wirkungen der Eröffnung 11 269
- Zahlungsunfähigkeit 11 247
- Zulässigkeit des Insolvenzverfahrens 11 3
- Zulassung des Gläubigerantrags 14 100
- zweigliedrige Gesellschaft 11 244

Gesellschaften ohne Rechtspersönlichkeit ausländischen Rechts 11 270

Gesellschaften ohne Rechtspersönlichkeit ohne persönlich haftende Gesellschafter 15 13 ff.

Gesellschafter
- antragsberechtigte Gläubiger 14 9
- Auskunfts- und Mitwirkungspflicht im Eröffnungsverfahren 20 9 f.
- drohende Zahlungsunfähigkeit 18 21
- Factoring 116 93 ff.
- gesellschaftsrechtlich nahestehende Personen 138 4 ff.
- gesicherte Darlehen 44 a 3
- Insolvenzantragspflicht 15 a 12, 15 a 62
- Insolvenzantragsrecht 15 2 a
- Insolvenzgeld 22 108
- Insolvenzplan vor 217 40
- Niederlegung des Insolvenzplans 234 5
- Organe der juristischen Personen 11 137
- spezielle Zulässigkeitsvoraussetzungen 14 26
- Verbraucherinsolvenzverfahren 11 335
- Verletzung der Insolvenzantragspflicht 15 a 44

Gesellschafterbesicherte Drittdarlehen
- Forderungen auf Rückgewähr von Gesellschafterdarlehen 39 48
- Rechtsfolgen der Insolvenzanfechtung 143 56 a ff.

Gesellschafterbesicherte Drittforderungen
- Darlehen 135 15 ff.

3197

Sachregister

fette Zahlen = Gesetzesvorschriften

- darlehensähnliche Leistungen **135** 16
- Rückzahlung **135** 17

Gesellschafterbürgschaft 11 280
Gesellschafterdarlehen 39 40 ff.
- s. auch Gesellschafterbesicherte Drittforderungen
- s. auch Nutzungsüberlassung
- anfechtbare Befriedigung **135** 11 f.
- anfechtbare Sicherung **135** 13
- Ansatz und Bewertung der Passiva bei positiver Fortführungsprognose **19** 118 ff.
- Aufrechnung **135** 2
- Bargeschäft **142** 10 a
- Begriff der drohenden Zahlungsunfähigkeit **18** 10
- Begriff der Zahlungsunfähigkeit **17** 18
- Darlegungs- und Beweislast **135** 20
- Forderungen auf Rückgewähr von Gesellschafterdarlehen **39** 32 ff.
- Fristen **135** 9
- Gerichtsstand **135** 28 f.
- Gläubigerbenachteiligung **135** 10
- haftendes Eigenkapital **135** 2
- Handelsgesellschaften **35** 400
- Insolvenz des Leasingnehmers **108** 118 f.
- Insolvenzanfechtung **135** 1 ff.
- Insolvenzverwalter **135** 20
- juristische Personen **11** 167 f.
- kapitalersetzende Gesellschafterdarlehen **135** 2 ff.
- Kleinbeteiligtenprivileg **135** 7
- MoMiG **135** 4
- nachrangige Insolvenzgläubiger **135** 5
- Rangrücktritt **135** 8
- Rechtshandlung **135** 10
- Rückzahlung **135** 11
- Sanierungsprivileg **135** 7
- Sicherheiten **135** 2
- stille Gesellschaft **11** 391
- vorsätzliche Benachteiligung **135** 6
- Wertansätze und Bewertung bei positiver Fortführungsprognose **19** 69, **19** 81

Gesellschafterinsolvenz
- Grundbuch **32** 8
- örtliche Zuständigkeit **3** 10
- Verwertung der Insolvenzmasse **159** 34

Gesellschafterleasing 108 117 ff.
Gesellschafterleistungen 94 41
Gesellschafterpflichten
- Gesellschaft bürgerlichen Rechts **35** 410
- Handelsgesellschaften **35** 410

Gesellschafterversammlung
- GmbH **11** 189
- Organe der juristischen Personen **11** 123

Gesellschaftsanteile
- besonders bedeutsame Rechtshandlungen **160** 24
- Insolvenzmasse **35** 160 f.
- juristische Personen **35** 301
- Rechte und Pflichten des Insolvenzverwalters **80** 184
- Verwertung der Insolvenzmasse **159** 34 f.
- Wertansätze und Bewertung bei positiver Fortführungsprognose **19** 75

Gesellschaftsauflösung 26 55 f.
Gesellschaftsfremde Dritte 15 a 44
Gesellschaftsrechte 217 16 ff.
Gesellschaftsrechtlich nahestehende Personen 138 13 ff.
- Beteiligung an Gesellschaften **138** 43
- Dienstverträge **138** 47 f.
- ehemalige Insider **138** 54 f.
- Gesellschaften ohne Rechtspersönlichkeit **138** 15
- Gesellschafter **138** 44 f.
- GmbH **138** 25
- herrschende Unternehmen **138** 39 ff.

- Insider auf Grund vergleichbarer gesellschaftsrechtlicher oder dienstvertraglicher Verbindung zum Schuldner **138** 34 ff.
- Insidern nahestehende Personen **138** 49 ff.
- juristische Personen **138** 18
- Kapitalbeteiligte **138** 20 ff.
- Kommanditisten **138** 19
- mittelbare Beteiligung **138** 30 ff.
- Organmitglieder **138** 14
- Partenreederei **138** 33
- persönlich haftende Gesellschafter **138** 17 ff.
- Publikumsgesellschaft **138** 26
- schlichte Gesellschafterstellung **138** 46
- statusbezogene Insider **138** 14 ff.
- Unterrichtungsmöglichkeit **138** 36 ff.

Gesellschaftsrechtliche Abfingungsklauseln
- Insolvenzanfechtung **129** 30
- unentgeltliche Leistung **134** 39

Gesellschaftsrechtliche Anfechtung 129 6
Gesellschaftsrechtliche Aufrechnungsverbote 94 39 ff.
Gesellschaftsrechtliche Forderungen 94 15 ff.
Gesellschaftsrechtliche Haftung 93 17
Gesellschaftsrechtliche Kooperationspflicht 80 76
Gesellschaftsrechtliche Maßnahmen
- bedingter Insolvenzplan **249** 5
- Wirkungen der Aufhebung **259** 9

Gesellschaftsrechtliche Pflichten 80 184 f.
Gesellschaftsrechtliche Rechnungslegungsvorschriften 155 12
Gesellschaftsrechtliche Verbindungen 138 12 b f.
Gesellschaftsrechtliche Vollabwicklung
- Einstellung mangels Masse **207** 18
- Gesellschaften ohne Rechtspersönlichkeit **11** 301 ff.
- GmbH & Co. KG **11** 361
- juristische Personen **11** 148 ff.

Gesellschaftsstatut Art. 4 EuInsVO 14
Gesellschaftsverträge
- anfechtbare Rechtshandlungen **129** 67
- Wahlrecht des Insolvenzverwalters **103** 56

Gesetz zur Modernisierung des Bilanzrechts 155 5
Gesetzliche Aufrechnungsverbote 94 35 ff.
Gesetzliche Ausnahme vom Insolvenzbeschlag 35 69
Gesetzliche Insolvenzantragspflichten 13 94 ff.
Gesetzliche Kompetenzzuweisung
- arbeitsrechtliche Stellung des vorläufigen Insolvenzverwalters **22** 53 f.
- vorläufiger Insolvenzverwalter **22** 2

Gesetzliche Kündigungsbeschränkungen 113 49 ff.
Gesetzliche Pfandrechte
- anfechtbare Rechtshandlungen **130** 20
- Einbringen **50** 17 ff.
- Entfernung **50** 22
- Erlöschen **50** 22 f.
- Frachtführerpfandrecht **50** 39
- fremde Sachen **50** 15
- gesicherte Forderungen **50** 20 f.
- Hinterlegungspfandrecht **50** 35
- Insolvenzanfechtung **50** 25 a ff.
- Lagerhalterpfandrecht **50** 38
- Landpachtvertrag **50** 31
- Nutzungsüberlassung durch Gesellschafter **50** 25
- Pfandrecht des Gastwirts **50** 33
- Pfandrecht des Kommissionärs **50** 36
- Pfandrecht des Pächters am Inventar **50** 32
- Sicherungseigentum **50** 24
- Spediteurpfandrecht **50** 37
- unpfändbare Sachen **50** 16
- Vermieterpfandrecht **50** 13 ff.
- Verpächterpfandrecht **50** 13 ff.
- Verwertung der Insolvenzmasse **313** 96
- Werkunternehmerpfandrecht **50** 34

Gesetzliche Prüfungspflichten 22 198

magere Zahlen = Randnummern

Sachregister

Gesetzliche Sicherungen 130 20, 131 24
Gesetzliche Unterhaltsansprüche 40 5
Gesetzliche Verbindlichkeiten 22 47
Gesetzliche Vertretung
– anfechtbare Rechtshandlungen 129 80 f.
– antragsberechtigte Gläubiger 14 10
– Erlöschen von Vollmachten 116 12
– spezielle Zulässigkeitsvoraussetzungen 14 29
– vorläufiger Insolvenzverwalter 22 9
Gesetzlicher Forderungsübergang
– antragsberechtigte Gläubiger 14 13
– Begründetheit im Eröffnungszeitpunkt 38 38
– Insolvenzgeld 22 191 b ff.
– Unterhaltsansprüche 40 9
– von der Restschuldbefreiung ausgenommene Forderungen 302 9 f.
Gesetzlicher Gutachterauftrag 22 198
Gesetzlicher Überschuldungsbegriff 19 4 ff.
– s. auch Feststellung der Überschuldung
– Aktivierung des Firmenwertes 19 22
– bilanzielle Überschuldung 19 10
– bilanzielle Unterdeckung 19 25
– Doppeltatbestand 19 21
– drohende Zahlungsunfähigkeit 19 7, 19 23
– Einzelveräußerung 19 16
– Einzelveräußerungswert 19 12
– Feststellung der Überschuldung 19 4, 19 13
– Finanzmarktstabilisierungsgesetz 19 7, 19 13, 19 21
– Fortführungsprognose 19 8, 19 13, 19 21
– Gebote der Unternehmensfinanzierung 19 26
– Gesamtveräußerung 19 16
– Gesamtveräußerungswert 19 12
– going-concern-Wert 19 15, 19 21
– Grundsatz der Bilanzkontinuität 19 10
– Grundsatz der Einzelbewertung 19 18
– Grundsatz der Vorsicht 19 20
– Handelsbilanz 19 10
– insolvenzrechtliche Überschuldung 19 11 ff., 19 21 f.
– Insolvenzverschleppung 19 4, 19 13
– Liquidationseröffnungsbilanz 19 17
– Liquidationswert 19 15 f.
– materielle Unterkapitalisierung 19 26
– Messung der Überschuldung 19 4
– Nachlassinsolvenzverfahren 19 22
– negative Fortführungsprognose 19 21
– Neubewertung 19 19
– nominelle Unterkapitalisierung 19 26
– positive Fortführungsprognose 19 21, 19 23
– Prinzip der Verwertbarkeit 19 17
– Prognoseprüfung 19 8
– Prognosezeitraum 19 7
– qualifizierte Unterkapitalisierung 19 26
– Rangrücktritt 19 5
– rechnerische Überschuldung 19 11 ff., 19 15 ff.
– Selbstprüfungspflicht 19 4
– Sonderbilanz 19 12
– temporäre bilanzielle Überschuldung 19 8
– Überschneidungen 19 23
– Überschuldungsbilanz 19 12
– Überschuldungsstatus 19 8, 19 12
– Überschwerung 19 22
– Unterbilanz 19 25
– Unterkapitalisierung 19 26 f.
– Verbot der willkürlichen Bewertung 19 20
– Verlust des Eigenkapitals 19 10
– Verschuldung 19 24
– wahrer Wert 19 12
– Wiederbeschaffungswert 19 12
– Zahlungsunfähigkeit 19 8
– Zerschlagungswert 19 13, 19 15, 19 21
Gesetzliches Schuldverhältnis 129 4

Gesicherte Darlehen 44 a 1 ff.
– Anmeldung der Forderungen 44 a 5
– Doppelbesicherung 44 a 7 f.
– Gesellschafter 44 a 3
– Überschuldungsstatus 44 a 5
– wirtschaftliche Entsprechung 44 a 1
Gesicherte Forderungen 50 20 f.
Gesicherte Gläubiger
– außergerichtlicher Einigungsversuch 305 13
– Ersetzung der Zustimmung 309 44, 309 51 ff.
– Verwertung der Insolvenzmasse 313 90 ff.
Gesonderter Abstimmungstermin 241 1 ff.
– Ablauf des Termins 241 17 ff.
– Abstimmung in Gruppen 243 1
– Anordnung schriftlicher Stimmabgabe 242 3 ff.
– Erörterungs- und Abstimmungstermin 235 1
– konkurrierende Insolvenzpläne 241 8
– Ladung 241 10 ff.
– schriftliche Abstimmung 242 1 ff.
– Stimmliste 242 4
– Stimmrechtsfestsetzung 242 4
– Teilnahmeberechtigung 241 14 ff.
– Terminsbestimmung 241 3 ff.
– Verstoß gegen Verfahrensvorschriften 250 24
– Vertagung 241 9
Gestaltender Teil des Insolvenzplans vor 217 39, 221 1 ff.
– absonderungsberechtigte Gläubiger 221 4, 223 7
– aussonderungsberechtigte Gläubiger 221 2
– Genossenschaft 11 217
– Insolvenzgläubiger 221 3
– Insolvenzverwalter 221 8, 261 3
– juristische Personen 11 164
– Kreditrahmen 264 12
– nachrangige Insolvenzgläubiger 221 5
– Rangrücktritt 221 9
– Rechtsänderungen 221 1
– Restschuldbefreiung 221 6
– sachenrechtliche Verhältnisse 221 10
– Schuldner 221 6
– Überwachung der Planerfüllung 221 7, 260 5
– Vorprüfung des Insolvenzplans 231 20
– Wiederauflebensklausel 255 2
– zustimmungsbedürftige Geschäfte 263 2
Gestreckter Erwerb
– Ausschluss sonstigen Rechtserwerbs 91 2
– Rechtshandlungen nach Verfahrenseröffnung 147 1 ff.
Gewährleistung
– Ansatz und Bewertung der Passiva bei positiver Fortführungsprognose 90, 90 19 98
– Insolvenz des Herstellers bzw. Lieferanten 108 154 ff.
– Insolvenz des Leasingnehmers 108 111
Gewährung oder Ermöglichung von Sicherung oder Befriedigung 130 9, 131 2 ff.
Gewerbeerlaubnis 158 6
Gewerbegenehmigungen 35 270 ff.
Gewerberecht
– Abweisung mangels Masse 26 51 f.
– Eröffnungsbeschluss 27 9
Gewerbesteuer
– Eintritt der Aufrechnungslage im Verfahren 95 29
– Steuerforderungen 38 90
– steuerrechtliche Wirkungen der Insolvenzeröffnung 80 56 ff.
Gewerbetreibende 157 19
Gewerbliche Niederlassung 5 8
Gewerbliche Schutzrechte
– Aussonderung 47 67 ff.
– Flugzeugregister 33 5
– Insolvenzmasse 35 239 ff.
– Schiffsregister 33 5

Sachregister

fette Zahlen = Gesetzesvorschriften

Gewerkschaften **12** 16
Gewillkürte Insolvenzmasse **35** 88 f.
Gewillkürte Masseverbindlichkeiten
– Anzeige der Masseunzulänglichkeit **208** 6
– Vollstreckungsverbot bei Masseverbindlichkeiten **90** 3, **90** 13
Gewillkürte Prozessstandschaft
– Erlöschen von Vollmachten **116** 6
– Freigabe **35** 87
– Rechtsstellung des Insolvenzverwalters **80** 111 f.
– Verfahrensunterbrechung nach § 240 ZPO **85** 7
Gewillkürte Vertretung **14** 17
Gewinnabführungsvertrag **11** 397 f.
Gewöhnlicher Geschäftsbetrieb **22** 11
Girovertrag **116** 16 ff.
Glaubhaftmachung
– amtliche Beglaubigung **14** 68
– Amtsermittlungspflicht **14** 83
– Anhörung des Schuldners **10** 6
– antragsberechtigte Gläubiger **14** 7
– Antragsberechtigung **14** 60, **14** 62
– Behörden **14** 71
– bestrittener Insolvenzgrund **14** 64
– Betriebsveräußerung unter Wert **163** 5
– Buchungsbelege **14** 68
– eidesstattliche Versicherung **14** 81 f.
– Einstellung wegen Wegfalls des Eröffnungsgrundes **212** 7
– Einzelzwangsvollstreckung **14** 75
– elektronisches Dokument **14** 68
– Eröffnung des Insolvenzverfahrens **14** 79
– Eröffnung des Nachlassinsolvenzverfahrens **317** 6
– Erschütterung **14** 64
– Ersetzung der Zustimmung **309** 30, **309** 92 ff., **309** 98
– fehlende Glaubhaftmachung **14** 90
– Festsetzungsbescheid **14** 73
– Finanzbehörde **14** 71, **14** 74, **14** 78
– fruchtlose Pfändung **14** 82
– Fruchtlosigkeitsbescheinigung **14** 81 f.
– Gegenglaubhaftmachung **14** 58, **14** 63
– generelle Zulässigkeitsvoraussetzungen **14** 15
– geringfügige Liquiditätslücke **14** 80
– Gesellschaft bürgerlichen Rechts **14** 84
– Glaubhaftmachung des Antragstellers **14** 59 ff.
– Gläubigerantrag **14** 132
– Haftbefehl **14** 86
– Indizien **14** 85
– Insolvenzanfechtung **14** 88
– Insolvenzantragsrecht **15** 11 f.
– Insolvenzforderungen **14** 58 ff.
– Insolvenzgrund **14** 58 ff.
– Insolvenzkostenhilfe **4** 17 f.
– klassenloses Insolvenzverfahren **14** 71
– Krankenkassen **14** 74
– Leistungsbescheid **14** 72
– nicht titulierte Forderungen **14** 65 ff.
– Nichtabführung von Sozialversicherungsbeiträgen **14** 78, **14** 81, **14** 86
– Nichterfüllung einer Gläubigerforderung **14** 85
– öffentliche Kassen **14** 71
– quasi-streitiges Parteiverfahren **14** 58
– Rechnungen **14** 68
– Schuldscheine **14** 68
– Sozialversicherungsträger **14** 71, **14** 74, **14** 78
– spezielle Zulässigkeitsvoraussetzungen **13** 50, **14** 34
– Steuerbescheide **14** 72
– Steuergeheimnis **14** 77
– titulierte Forderungen **14** 69 f.
– Überschuldung **14** 89
– überwiegende Wahrscheinlichkeit **14** 58 ff., **14** 79
– Unterlagen **14** 68
– Versäumnisurteil **14** 69

– Vollstreckbarkeitserklärung **14** 73
– Vollstreckungsbescheid **14** 70
– vorläufig vollstreckbare Titel **14** 69
– vorübergehende Zahlungsstockung **14** 80
– Warenlieferungen **14** 68
– Wechsel **14** 68
– Widerruf der Restschuldbefreiung **303** 10
– Wiedereinsetzung in den vorigen Stand **186** 4
– Zahlungseinstellung **14** 80
– Zahlungsunfähigkeit **14** 70, **14** 80, **14** 87
– Zahlungsunwilligkeit **14** 85
– Zivilprozessordnung **4** 1, **4** 38
– Zulässigkeitsvoraussetzungen **13** 11, **13** 54
– Zulassung eines Insolvenzantrags **14** 79
– Zurückweisung des Insolvenzantrags **14** 90
Glaubhaftmachung des Antragstellers **14** 59 ff.
Glaubhaftmachung des Versagungsgrundes
– Insolvenzstraftaten **297** 12
– Versagung der Restschuldbefreiung **290** 9 ff.
– Verstoß gegen Obliegenheiten **296** 10 ff.
Gläubiger
– Akteneinsicht **4** 33
– Aktiengesellschaft **11** 197 ff.
– GmbH **11** 197 ff.
– Partikularverfahren **356** 10
– Rechte und Pflichten des Insolvenzverwalters **80** 189
– Vorlage des Insolvenzplans **218** 16
Gläubigeranfechtung
– Aussonderung **47** 76
– Vollstreckungsverbot **89** 15
Gläubigerantrag
– s. auch Antragsberechtigte Gläubiger
– s. auch Generelle Zulässigkeitsvoraussetzungen
– s. auch Schuldnerschutz
– s. auch Spezielle Zulässigkeitsvoraussetzungen
– s. auch Zulassung des Gläubigerantrags
– Amtsermittlungen **14** 114
– Amtsermittlungspflicht **14** 144
– Anordnung der Eigenverwaltung **270** 19 f.
– Anordnung der Zustimmungsbedürftigkeit **277** 2
– Anordnung von Sicherungsmaßnahmen **21** 43, **21** 46
– Antrag auf Eröffnung des Verbraucherinsolvenzverfahrens **305** 151
– Antrag des Schuldners auf Restschuldbefreiung **287** 15
– Aufhebung der Anordnung der Eigenverwaltung **272** 4
– Aufrechterhalten des Insolvenzantrags **14** 114
– Auskunfts- und Mitwirkungspflicht im Eröffnungsverfahren **20** 3
– Auswechseln von Forderungen **14** 112
– beiderseitige Erledigungserklärung **14** 123
– Bestreiten der Insolvenzforderung **14** 132
– Bestreiten der Zulässigkeitsvoraussetzungen **14** 131
– Bestreiten des Insolvenzgrundes **14** 144 ff.
– bestrittene Forderungen **14** 133 f.
– einseitige Erledigungserklärung **14** 118 f., **14** 123, **14** 125
– Einzelzwangsvollstreckung **14** 139, **14** 141
– Endurteil **14** 138
– Entscheidungsschuldner **14** 127, **14** 129
– Erledigungserklärung **14** 117 ff., **14** 125
– erneute Glaubhaftmachung **14** 134
– Eröffnungsantrag **13** 10
– Fristen **14** 123
– Gegenglaubhaftmachung **14** 131, **14** 135
– generelle Zulässigkeitsvoraussetzungen **14** 15 ff.
– gerichtliche Feststellung der Erledigung **14** 121
– Gesellschaften ohne Rechtspersönlichkeit **11** 265
– Glaubhaftmachung **14** 132
– Gläubigerkalkül **14** 1 f.
– Gutachter **14** 130
– Haftungsverwirklichung **14** 2

3200

magere Zahlen = Randnummern

Sachregister

- Insolvenzeröffnungsverfahren **14** 122
- Insolvenzgrund **16** 19
- Insolvenzkostenhilfe **13** 104 ff., **14** 110
- juristische Personen **11** 60
- Kosten **14** 115
- Kostenentscheidung **14** 124 ff.
- missbräuchliche Erledigungserklärung **14** 122
- Nachschieben von Forderungen **14** 112
- nicht titulierte Forderungen **14** 133 f.
- Nichterweislichkeit des Insolvenzgrundes **14** 146
- Nichtigkeitsklage **14** 137
- öffentlich-rechtlicher Hoheitsträger **14** 143
- quasi-streitiges Parteiverfahren **14** 144
- Ratenzahlung **14** 2
- Reaktionen des Schuldners **14** 111 ff.
- Rechtsmissbrauch **14** 122
- Restitutionsklage **14** 137
- Rücknahme des Insolvenzantrags **14** 115 f.
- Ruhen des Verfahrens **306** 63 a ff.
- Sachverständiger **14** 116, **14** 130
- Scheitern der außergerichtlichen Schuldenbereinigung **305** a 7
- Schweigen **14** 123
- Sicherheiten **14** 2
- Sicherheitsleistung **14** 136
- Sicherungsmaßnahmen **14** 116
- spezielle Zulässigkeitsvoraussetzungen **13** 44 ff., **14** 20 ff.
- Teilerledigungserklärung **14** 120
- titulierte Forderungen **14** 135 ff.
- übereinstimmende Erledigungserklärung **14** 118
- überwiegende Wahrscheinlichkeit **14** 133
- Umfang der Kostentragungspflicht **14** 127 f.
- unzulässiger Insolvenzantrag **14** 124
- Verbraucherinsolvenzverfahren **304** 27 f.
- Versäumnisurteil **14** 136
- Vollstreckungsgegenklage **14** 139
- vorläufig vollstreckbarer Titel **14** 140 ff.
- vorläufiger Insolvenzverwalter **14** 116, **14** 128, **14** 130
- Wiedereinsetzen in den vorigen Stand **14** 137
- Zulässigkeit **14** 1
- Zulässigkeitsvoraussetzungen **13** 54, **13** 61
- Zurückweisung **14** 142
- Zwangsvollstreckung **14** 136
- zweifelhafte Forderungen **14** 133
- Zweitschuldnerhaftung **14** 129 f.

Gläubigerausschuss
- Abschlagsverteilung **187** 10 f.
- Akteneinsicht **4** 29, **4** 33
- Aktiengesellschaft **35** 340
- allgemeine Verfahrensvereinfachungen **312** 51
- Antrag auf Einberufung der Gläubigerversammlung **75** 3
- Aufhebung eines Beschlusses der Gläubigerversammlung **78** 19
- Auskunfts- und Mitwirkungspflichten des Schuldners **97** 4
- Bekanntmachung und Wirkungen der Einstellung **215** 7
- Beschwerdeverfahren **6** 12
- besonders bedeutsame Rechtshandlungen **160** 2
- Einstellung mangels Masse **207** 2
- Einstellung nach Anzeige der Masseunzulänglichkeit **211** 5
- Entlassung des Insolvenzverwalters **59** 17
- Festsetzung des Bruchteils **195** 3
- Genossenschaft **11** 209
- GmbH **35** 340
- Kassenprüfung **58** 7
- Kosten des Insolvenzverfahrens **54** 25
- Maßnahmen vor der Entscheidung über Unternehmensstilllegung oder -veräußerung **158** 9 f.
- Mitwirkung des Sachwalters **275** 2
- Prüfung der Schlussrechnung **66** 64 ff.
- Sachwalter **274** 22
- Schlussverteilung **196** 8
- Überwachung der Planerfüllung **261** 19
- Überwachungspflicht **69** 24
- Vorlage des Insolvenzplans **218** 48
- vorläufige Untersagung von Rechtshandlungen **161** 4
- Wertgegenstände **149** 4
- Wirkungen der Aufhebung **259** 1
- Zurückweisung des Insolvenzplans **231** 40

Gläubigerausschussprotokolle
- Akteneinsicht **4** 33
- Beschlüsse des Gläubigerausschusses **72** 15 f.

Gläubigerautonomie
- Aufhebung der Anordnung der Eigenverwaltung **272** 3
- Einberufung der Gläubigerversammlung **74** 1
- Insolvenzantragsrecht **13** 63
- Insolvenzplan vor **217** 6, vor **217** 31
- Insolvenzverfahren **1** 3 f., **1** 13
- Überwachung der Planerfüllung **260** 3
- Versagung der Restschuldbefreiung **290** 4, **290** 5 a
- Vorlage des Insolvenzplans **218** 27
- Wahl anderer Mitglieder **68** 1
- Wahl eines anderen Insolvenzverwalters **57** 1
- Wiederauflebensklausel **255** 22
- Zivilprozessordnung **4** 1, **4** 42
- Zurückweisung des Insolvenzplans **231** 1

Gläubigerbefriedigung vor **217** 1
Gläubigerbegriff **13** 78
Gläubigerbeirat
- Einsetzung des Gläubigerausschusses **67** 3
- endgültiger Gläubigerausschuss **68** 4

Gläubigerbenachteiligung **129** 91 ff.
- Absonderungsrecht **129** 110 ff.
- Abtretung **129** 114
- anfechtbare Rechtshandlungen des Erben **322** 4
- Anordnung der Eigenverwaltung **270** 22 ff.
- Anwartschaftsrecht **129** 114
- Anweisung **129** 94
- anwendbares Recht **Art. 4 EuInsVO** 63 ff.
- Arbeitskraft **129** 96
- Aufhebung einer Liquiditätszusage **129** 94
- Aufhebung einer Rangrücktrittsvereinbarung **129** 94
- Aufrechnung **129** 105, **129** 114, **Art. 6 EuInsVO** 6
- Ausscheiden aus einer Gesellschaft **129** 100
- Ausschlagung eines Angebots zum Vertragsschluss **129** 99
- Aussonderungsrecht **129** 105
- Austausch gleichwertiger Sicherheiten **129** 110 b f., **129** 120
- Auswechslung von Gläubigern **129** 107
- Bargeschäft **129** 119
- Basinverträge **129** 110 c
- Begründung der Unpfändbarkeit **129** 98
- Benachteiligung einzelner Gläubiger **129** 108
- Beseitigung der Benachteiligung **129** 129
- Bezug von fremdem Vermögen **129** 105 f.
- Bezug zum Schuldnervermögen **129** 94 ff.
- Bundesagentur für Arbeit **129** 111 f.
- Darlegungs- und Beweislast **129** 130 f.
- dingliche Rechte Dritter **Art. 5 EuInsVO** 8
- Eigentümergrundschuld **129** 115
- Eigentumsvorbehalt **129** 106, **Art. 7 EuInsVO** 11
- Einziehung einer Forderung **129** 110 c
- Erbschaft **129** 100
- Erschwerung der Verwertbarkeit **129** 114
- Erschwerung der Zugriffsmöglichkeit **129** 113
- Fortsetzungsklausel **129** 122 a
- Freigabe **129** 104

3201

Sachregister

fette Zahlen = Gesetzesvorschriften

- Gesellschafterdarlehen **135** 10
- Gläubigergesamtheit **129** 107 ff.
- Globalzession **129** 110 b
- Grundbuch **32** 12
- hypothetische Geschehensabläufe **129** 123
- Kapitalerhöhung **129** 113
- Kommissionsware **129** 105
- Kostenpauschalen **129** 110 a
- Lastschriftverfahren **129** 113
- Massegläubiger **129** 109
- maßgeblicher Zeitpunkt **129** 126, **129** 128
- mittelbare Benachteiligung **129** 127 f.
- nachrangige Insolvenzgläubiger **129** 92
- Naturalobligationen **129** 94
- objektive Benachteiligung **129** 91
- Pfändbarkeit **129** 98 ff.
- Raumsicherungsverträge **129** 110 c
- Sanierungskredit **129** 125
- Sicherheiten-Pool **129** 110 c, **129** 120
- Sozialversicherungsbeiträge **129** 105
- spätere Beschlagsfähigkeit **129** 102
- Treugut **129** 105
- übertragende Sanierung **129** 118
- Unmittelbarkeit **129** 124 ff.
- Unternehmensveräußerung **129** 95
- ursächlicher Zusammenhang **129** 123 ff.
- verlängerter Eigentumsvorbehalt **129** 120
- Vermehrung der Schuldenmasse **129** 117
- Verminderung des Aktivvermögens **129** 113
- Vermögensübertragungen **129** 118
- Verrechnung **129** 114
- Verwertbarkeit **129** 103 ff.
- Verwertung von Sicherungsgut **129** 120
- Verzögerung der Befriedigung **129** 114
- Voraussetzungen **129** 94 ff.
- Wegfall einer Belastung **129** 103 a
- Weggabe eines Gegenstandes **129** 113
- Wertausschöpfung **129** 103 a
- wirtschaftliche Gesichtspunkte **129** 93
- Zugewinnausgleich **129** 100
- Zweckvereinbarungen **129** 98

Gläubigerbeteiligung 56 58 f.

Gläubigerforderungen
- Ausfallforderungen **256** 2 f.
- streitige Forderungen **256** 2 f.
- Wiederauflebensklausel **255** 2 f.

Gläubigerfreie Gläubigerversammlung 76 21 f.

Gläubigergesamtheit 129 107 ff.

Gläubigergleichbehandlung
- s. auch Zwangsvollstreckungsverbot
- Anordnung der Nachtragsverteilung **203** 21
- Anrechnung **Art. 20 EuInsVO** 6
- Antrag des Schuldners auf Restschuldbefreiung **287** 3
- Ersetzung der Zustimmung **309** 41
- Festsetzung des Bruchteils **195** 8
- Gleichbehandlung in einer Gruppe **226** 3
- Gruppenbildung **222** 9 f.
- Herausgabepflicht **Art. 20 EuInsVO** 1
- Insolvenzplan **vor 217** 38, **226** 1 ff.
- Insolvenzverfahren **1** 2
- Internationales Insolvenzrecht **342** 1, **342** 14, **vor 335–358** 27
- Nebenabreden **226** 5 f.
- Obliegenheiten des Schuldners **295** 54 ff.
- Rangordnung der Masseverbindlichkeiten **209** 28
- Restschuldbefreiung **294** 1 ff.
- Sanierung **226** 2
- teilbare Leistungen **105** 5
- Ungleichbehandlung in einer Gruppe **226** 4
- Wahlrecht des Insolvenzverwalters **103** 3

Gläubigerinteressen
- Anfechtungsberechtigung **129** 12

- Freigabe selbstständiger Tätigkeit **35** 105
- Rechte und Pflichten des Insolvenzverwalters **80** 155 ff.
- Wahlrecht des Insolvenzverwalters **103** 97

Gläubigerkalkül
- Eröffnungsantrag **13** 2
- Gläubigerantrag **14** 1 f.

Gläubigerrechte Art. 4 EuInsVO 59 ff.

Gläubigerschutz
- Akteneinsicht **4** 25
- Fortführungsprognose **19** 45
- Insolvenzverfahren **1** 2
- Scheinauslandsgesellschaften **vor 335–358** 36
- Verletzung der Insolvenzantragspflicht **15 a** 37

Gläubigerversammlung
- s. auch Antrag auf Einberufung der Gläubigerversammlung
- s. auch Aufhebung eines Beschlusses der Gläubigerversammlung
- s. auch Beschlüsse der Gläubigerversammlung
- s. auch Einberufung der Gläubigerversammlung
- s. auch Feststellung des Stimmrechts
- s. auch Unterrichtung der Gläubigerversammlung
- allgemeine Verfahrensvereinfachungen **312** 50
- Amtsermittlungen **5** 1
- Anordnung der Zustimmungsbedürftigkeit **277** 2 ff.
- Aufgaben des Gläubigerausschusses **69** 14
- Aufhebung der Anordnung der Eigenverwaltung **272** 3
- Auskunfts- und Mitwirkungspflichten des Schuldners **97** 4
- Berichtstermin **156** 3, **156** 14
- Beschwerdeverfahren **6** 12
- besonders bedeutsame Rechtshandlungen **160** 3
- Betriebsveräußerung an besonders Interessierte **162** 8 f.
- Eigenverwaltung **284** 2 f.
- Einsetzung des Gläubigerausschusses **67** 1 f.
- Einstellung mangels Masse **207** 9
- endgültiger Gläubigerausschuss **68** 2 ff.
- Entlassung des Insolvenzverwalters **59** 17
- Entscheidung über den Fortgang des Verfahrens **157** 2 ff.
- Gerichtsverfassungsgesetz **4** 40
- Insolvenzanfechtung **129** 42
- Maßnahmen vor der Entscheidung über Unternehmensstilllegung oder -veräußerung **158** 12
- Mitwirkung des Gläubigerausschusses **276** 5
- nachträgliche Anordnung der Eigenverwaltung **271** 3
- Prüfungstermin **176** 1
- Schlusstermin **197** 1
- Treuhänder **313** 12, **313** 67 ff., **313** 84
- Unterhalt aus der Insolvenzmasse **100** 4
- Verwertungsbeschränkungen **159** 54 f.
- Vorlage des Insolvenzplans **218** 3 ff., **218** 48
- vorläufige Untersagung von Rechtshandlungen **161** 4, **161** 9 ff.
- Wahl eines anderen Insolvenzverwalters **57** 4 ff.
- Wertgegenstände **149** 6
- Zivilprozessordnung **4** 1

Gläubigerverzeichnis 152 1 ff.
- absonderungsberechtigte Gläubiger **152** 2 f.
- Amtsermittlungen **5** 30
- Antrag auf Eröffnung des Verbraucherinsolvenzverfahrens **305** 96 ff.
- Aufrechnung **152** 5
- Auskunfts- und Mitwirkungspflicht im Eröffnungsverfahren **20** 20 f.
- Befriedigungsaussichten **152** 1 f.
- drohende Zahlungsunfähigkeit **18** 20
- Gliederung **152** 4
- Insolvenzgläubiger **152** 2
- Massegläubiger **152** 2

magere Zahlen = Randnummern

- Masseverbindlichkeiten **152** 6
- Neuerwerb **152** 6
- Niederlegung in der Geschäftsstelle **154** 1
- spezielle Zulässigkeitsvoraussetzungen **13** 41, **13** 51
- Unterrichtung der Gläubiger **281** 2
- verlängerter Eigentumsvorbehalt **152** 3
- Vollständigkeitsgrundsatz **152** 2

Gleichwertigkeit von Leistung und Gegenleistung
- Bargeschäft **142** 7 ff.
- nachrangige Insolvenzgläubiger **39** 29 f.

Gleichwohlgewährung
- Beendigung von Arbeitsverhältnissen **113** 114
- Fortbestehen von Dienst- und Arbeitsverhältnissen **108** 56
- Insolvenzgeld **22** 92, **22** 145, **22** 156
- sonstige Masseverbindlichkeiten **55** 72, **55** 100

Globalzession
- allgemeines Verfügungsverbot **21** 19
- anfechtbare Rechtshandlungen **131** 16
- Ausschluss sonstigen Rechtserwerbs **91** 21 ff.
- Bargeschäft **142** 13
- Factoring **116** 64, **116** 67, **116** 74 ff.
- Gläubigerbenachteiligung **129** 110 b
- kongruente Deckung **130** 47
- Rückgewährpflicht **143** 20
- Sicherungsabtretung **51** 21 f., **51** 25, **51** 27

GmbH 11 185 ff.
- Aktivlegitimation **35** 338 f.
- Ansprüche gegen die Gesellschafter **35** 308
- Ansprüche gegen die Gründer **35** 307
- Ansprüche gegen die Verwaltung **35** 323 ff.
- Aufrechnung gegen Gesellschafterforderungen **35** 310
- Buchsanierung **11** 195
- deliktische Ansprüche **35** 330
- Differenzhaftung **35** 308
- effektive Kapitalherabsetzung **11** 195
- Einlageforderungen **35** 308 ff.
- existenzvernichtender Eingriff **35** 316
- faktische Geschäftsführer **35** 330
- faktische Gesellschafter **35** 315
- geldwerte Vorteile **35** 313
- Geschäftsführer **35** 324 ff.
- Gesellschafterversammlung **11** 189
- gesellschaftsrechtlich nahestehende Personen **138** 25
- Gläubiger **11** 197 ff.
- Gläubigerausschuss **35** 340
- Hin- und Herzahlen **35** 308
- Innenhaftung **35** 316
- Insolvenzantragsrecht **13** 68
- Insolvenzmasse **35** 307 ff.
- Insolvenzverwalter **35** 338 f.
- Kaduzierungsrecht **35** 311
- Kapitalerhaltung **35** 325
- Kapitalerhöhung **11** 193 f., **35** 308
- kapitalersetzende Gesellschafterdarlehen **35** 317
- Kapitalmaßnahmen **11** 192 ff.
- Mitgesellschafter **35** 315
- Nachschüsse **11** 193
- Nebenleistungen **35** 308, **35** 318
- Organe **11** 185 ff.
- Organpflichten **35** 324
- Prokuristen **35** 315
- Rückeinlageforderungen **35** 312 ff.
- Rückerstattung **35** 312
- Rückgewähransprüche **35** 314
- rückständige Einlagen **35** 308
- Sacheinlageversprechen **35** 308
- sanierende Kapitalerhöhung **11** 195
- Satzungsänderungen **11** 192 ff.
- schuldrechtliche Abreden **35** 308
- Schuldverschreibungen **11** 198 f.
- spezielle Zulässigkeitsvoraussetzungen **14** 26

- Unterbilanzhaftung **35** 308
- verbundene Unternehmen **35** 315
- verdeckte Gewinnausschüttungen **35** 313
- verdeckte Sacheinlagen **35** 308
- vereinfachte Kapitalherabsetzung **11** 195
- Verkauf von Einlageforderungen **35** 310
- Vorbelastungshaftung **35** 308
- Zulassung des Gläubigerantrags **14** 100

GmbH & Co. KG
- Ansprüche gegen die Gesellschafter **35** 413 ff.
- Ansprüche gegen organschaftliche Vertreter **35** 419
- antragsberechtigte Gläubiger **14** 6
- Auseinandersetzung **11** 361
- drohende Zahlungsunfähigkeit **11** 343, **11** 355
- Einheitsgesellschaft **35** 413
- Feststellung der Zahlungsunfähigkeit **17** 46
- Firma **35** 412
- Fortsetzung **11** 363 ff.
- Freistellung **11** 347
- gesellschaftsrechtliche Vollabwicklung **11** 361
- Hafteinlage **35** 418
- Haftungsausschluss **11** 347
- Insolvenzantrag **11** 348 ff., **35** 420
- Insolvenzantragspflicht **11** 349
- Insolvenzantragsrecht **11** 348 ff., **15** 14 f.
- Insolvenzfähigkeit **11** 341
- Insolvenzgrund **11** 343 ff.
- Insolvenzmasse **35** 412 ff.
- Insolvenzplan **11** 367
- Kapitalerhaltung **35** 414
- kapitalersetzende Gesellschafterdarlehen **35** 417
- Komplementär-GmbH **35** 412
- Masseunzulänglichkeit **11** 360
- Organe **11** 356
- Pflichteinlagen **35** 415
- Quotenschaden **35** 421
- Rechte und Pflichten des Insolvenzverwalters **80** 185
- Überschuldung **11** 343 ff., **11** 347
- Verletzung der Insolvenzantragspflicht **15** a 25
- Verlustausschlussklauseln **11** 347
- Wirkungen der Eröffnung **11** 358 ff.
- Zahlungsunfähigkeit **11** 343 ff., **11** 346

Going-concern-Prämisse 155 13

Going-concern-Wert
- Ansatz und Bewertung der Passiva bei positiver Fortführungsprognose **19** 92
- gesetzlicher Überschuldungsbegriff **19** 15, **19** 21

Grabpflege 324 3

Gratifikationen
- Insolvenzgeld **22** 118 ff.
- unentgeltliche Leistung **134** 32

Greifbare Gesetzeswidrigkeit 6 9

Grenzüberschreitende Beteiligung von Gläubigern 341 1, Art. 32 EuInsVO 1

Grenzüberschreitende Insolvenz
- Anmeldeverfahren **174** 17
- generelle Zulässigkeitsvoraussetzungen **14** 15 f.
- Insolvenzgeld **22** 97
- Internationales Insolvenzrecht **vor 335–358** 1
- Restschuldbefreiung **vor 286** 48
- Zulässigkeitsvoraussetzungen **13** 16

Grenzüberschreitende Insolvenzmasse 354 5

Großgläubiger 75 5

Großinsolvenzverfahren
- besonders bedeutsame Rechtshandlungen **160** 18
- funktionelle Zuständigkeit **2** 6

Grundbuch 32 1 ff.
- s. auch Grundbuchsperre
- absolute Unwirksamkeit **32** 2
- allgemeines Verfügungsverbot **32** 1
- Aufhebung des Insolvenzverfahrens **32** 28
- ausländischer Insolvenzverwalter **32** 15

Sachregister

fette Zahlen = Gesetzesvorschriften

- ausländisches Insolvenzverfahren 346 1 ff.
- Auslandsberührung 32 11
- Bekanntmachung der Verfügungsbeschränkungen 23 6
- beschränkte dingliche Rechte 32 6, 32 10
- Briefgrundpfandrechte 32 3
- Einstellung des Insolvenzverfahrens 32 28
- Eintragung 346 4 ff.
- Eintragungsverfahren 32 13 ff.
- Erinnerung 32 24
- Eröffnung des Insolvenzverfahrens 32 1
- Freigabe 32 25 ff.
- funktionelle Zuständigkeit 32 13
- Gesellschaft bürgerlichen Rechts 32 7 f.
- Gesellschafterinsolvenz 32 8
- Gläubigerbenachteiligung 32 12
- Grundbuchamt 32 16
- Grundbuchsperre 32 2
- Grundstücke 32 5
- grundstücksgleiche Rechte 32 5
- Grundstücksrechte des Insolvenzschuldners 32 6 ff.
- gutgläubiger Erwerb 32 3
- Insolvenzgericht 32 13
- Insolvenzvermerk 32 5
- Insolvenzverwalter 32 14 f.
- Kosten 32 29
- Löschung der Eintragung 346 12
- Löschung von Sperrvermerken 32 25 ff.
- Luftfahrzeuge 346 13
- Nachlassinsolvenzverfahren 32 5, 32 9
- Nachtragsverteilung 32 25
- Rechtsmittel 32 24, 346 11
- Rechtspfleger 32 13
- Schiffe 346 13
- sofortige Beschwerde 32 24, 346 11
- Veräußerung 32 25 ff.
- vereinfachtes Insolvenzverfahren 32 1
- Verfahren 346 10
- Verfügungsbefugnis 346 8
- Vollzug des Eintragungsersuchens 32 16

Grundbuchamt 32 16
Grundbucheintragung 140 11
Grundbuchsperre 32 17 ff.
- absolute Grundbuchsperre 32 21 f.
- allgemeines Verfügungsverbot 32 23
- Eröffnung des Insolvenzverfahrens 32 17 ff.
- Grundbuch 32 2
- gutgläubiger Erwerb 32 17 ff.
- nachträgliches Bekanntwerden der Eröffnung 32 20

Grundbuchverfahren 88 30 f.
Grunddienstbarkeit 35 141
Grunderwerbsteuer
- Eintritt der Aufrechnungslage im Verfahren 95 30
- Steuerforderungen 38 92
- steuerrechtliche Wirkungen der Insolvenzeröffnung 80 63

Grundgeschäfte 129 70 f.
Grundpfandgläubiger 49 18 ff.
Grundpfandrechte
- Insolvenz des Leasinggebers 108 150
- Insolvenzmasse 35 140
- unbewegliche Gegenstände Art. 8 EuInsVO 4
- vereinfachte Verteilung 314 4
- Verfügungen des Schuldners 81 17
- Verwertung der Insolvenzmasse 159 12 f., 313 104 ff.

Grundsatz der Bilanzkontinuität 19 10
Grundsatz der Einzelbewertung 19 18
Grundsatz der fakultativen Mündlichkeit 5 29
Grundsatz der Höchstpersönlichkeit 5 17
Grundsatz der Verhältnismäßigkeit
- Anordnung von Sicherungsmaßnahmen 21 3, 21 35, 21 52

- Entlassung des Insolvenzverwalters 59 13
- Internationales Insolvenzrecht vor EuInsVO 5
- Obliegenheiten des Schuldners 295 30
- Postsperre 99 2, 99 5
- Schuldnerschutz 14 155
- Versagung der Restschuldbefreiung 290 24, 290 72, 290 74
- Zwangsmaßnahmen 98 17

Grundsatz des Amtsbetriebs
- Amtsermittlungen 5 1
- Zivilprozessordnung 4 2, 4 42

Grundsatz des Bilanzzusammenhangs 155 18
Grundschuld
- Ausschluss sonstigen Rechtserwerbs 91 14 f.
- Insolvenzmasse 35 139 f.
- Rechtsschutzinteresse 14 50

Grundsteuer
- Steuerforderungen 38 91
- steuerrechtliche Wirkungen der Insolvenzeröffnung 80 64

Grundstücke
- Ausschluss sonstigen Rechtserwerbs 91 47
- Gegenstände der Absonderung 49 11
- Grundbuch 32 5
- Insolvenzmasse 35 132
- Rückgewährpflicht 143 6 ff.
- Verfügungen des Schuldners 81 13 ff.
- Verwertung der Insolvenzmasse 159 12 ff.
- Verwertung unbeweglicher Gegenstände 165 21
- Wertansätze und Bewertung bei positiver Fortführungsprognose 19 73

Grundstücksgleiche Rechte
- Gegenstände der Absonderung 49 12
- Grundbuch 32 5
- Insolvenzmasse 35 133

Grundstücksrechte des Insolvenzschuldners 32 6 ff.
Grundstückszubehör
- Ausschluss sonstigen Rechtserwerbs 91 6, 91 38
- Verwertung der Insolvenzmasse 159 15

Gründungsgesellschafter 34 3
Gründungstheorie
- anwendbares Recht Art. 4 EuInsVO 14
- Scheinauslandsgesellschaft vor 335–358 35

Gruppenbewertung 151 4
Gruppenbildung 222 1 ff.
- absonderungsberechtigte Gläubiger 222 17 ff.
- Arbeitnehmer 222 23 ff.
- Bundesagentur für Arbeit 222 35
- Erheblichkeit 222 25 f.
- fakultative Gruppen 222 29 ff.
- Freiberufler 222 24
- Funktion 222 7 f.
- Genossenschaft 11 216, 222 30
- Gläubigergleichbehandlung 222 9 f.
- Insolvenzgläubiger 222 21
- Insolvenzplan vor 217 35 ff.
- Kleingläubiger 222 33
- nachrangige Insolvenzgläubiger 222 22
- nicht nachrangige Insolvenzgläubiger 222 21
- obligatorische Gruppen 222 16 ff.
- Pensionssicherungsverein 222 34
- Reorganisation nach Chapter 11 US BC (1978) 222 1 ff.
- sachgerechte Abgrenzung 222 31
- Systematik 222 11 ff.
- Vorprüfung des Insolvenzplans 231 21 ff.
- Zustimmung nachrangiger Gläubiger 246 3

Gutachter
- Akteneinsicht 4 26, 4 33
- Bestellung eines Sachverständigen 5 10
- Gläubigerantrag 14 130
- mehrere Insolvenzanträge 13 76

magere Zahlen = Randnummern **Sachregister**

Gütergemeinschaft
- Anteil am Gesamtgut 37 15 f.
- Auseinandersetzung 37 17, 84 11
- Aussonderung 47 7
- beendete Gütergemeinschaft 37 17 f.
- Begriff 37 2
- Eröffnung des Nachlassinsolvenzverfahrens 318 1 ff.
- Eröffnungsantrag 13 10
- Erträge 37 11
- gemeinschaftlich verwaltetes Gesamtgut 333 1 ff.
- gemeinschaftliche Verwaltung 37 13 f.
- Gesamtgut 37 3
- Insolvenz des allein verwaltenden Ehegatten 37 7 ff.
- Insolvenz des nicht verwaltenden Ehegatten 37 10 ff.
- Insolvenz von Sondervermögen 11 418 f.
- Insolvenzantragspflicht 13 94
- Insolvenzantragsrecht 13 67, 13 82
- Insolvenzmasse 35 116, 35 119
- Massezugehörigkeit des Gesamtguts 37 6 ff.
- Neuerwerb 37 18
- selbstständige Verwaltung 37 4 f.
- Sondergut 37 4, 37 10
- Sonderinsolvenz 35 61, 37 14
- Sondervermögen 37 3, 37 14
- Surrogate 37 11
- Verwaltungszuständigkeit 37 6
- Vorbehaltsgut 37 5, 37 10
- Zulässigkeit des Insolvenzverfahrens 11 4

Gütertrennung
- Insolvenzantragsrecht 13 67, 13 82
- Insolvenzmasse 37 30

Gutglaubensschutz
- Dritterwerber **Art. 14 EuInsVO** 1
- Erlöschen von Vollmachten 116 18 f.
- Leistungen an den Schuldner 82 11 ff.
- Vollstreckungsverbot 89 8

Gutgläubiger Erwerb
- Ausschluss sonstigen Rechtserwerbs 91 51 ff.
- Bekanntmachung der Verfügungsbeschränkungen 23 7
- Eigentumsvorbehalt 47 15
- Flugzeugregister 33 1
- Grundbuch 32 3
- Grundbuchsperre 32 17 ff.
- Pfändungspfandrecht 50 44
- Rechtshandlungen nach Verfahrenseröffnung 147 1
- Schiffsregister 33 1
- Verfügungen des Schuldners 81 13 ff.

Gutgläubigkeit
- Leistung an den Schuldner 350 10 f., **Art. 24 EuInsVO**
- öffentliche Bekanntmachung **Art. 21 EuInsVO** 3
- unentgeltliche Leistungen 143 51

Gütliche Einigung 4 42

Haft
- Anordnung von Sicherungsmaßnahmen 21 34, 21 52 f.
- Zivilprozessordnung 4 38
- Zwangsbefugnisse des vorläufigen Insolvenzverwalters 22 215
- Zwangsmaßnahmen 98 12 ff., 98 19 ff.

Haftbefehl
- funktionelle Zuständigkeit 2 6
- Gerichtsverfassungsgesetz 4 40
- Glaubhaftmachung 14 86
- Zivilprozessordnung 4 41
- Zulassung des Gläubigerantrags 14 102

Hafteinlage
- GmbH & Co. KG 35 418
- Handelsgesellschaften 35 386 ff., 35 400

Haftendes Eigenkapital 135 2

Haftpflichtversicherung
- Geltendmachung der Haftung des Insolvenzverwalters 60 132 ff.
- Haftung der Mitglieder des Gläubigerausschusses 71 24
- sonstige Absonderungsberechtigte 51 41 f.
- Vergütung der Mitglieder des Gläubigerausschusses 73 21 f.
- Vergütung des Insolvenzverwalters 63 74 f.
- vorläufiger Insolvenzverwalter 21 15, 22 4

Haftung der Mitglieder des Gläubigerausschusses 71 1 ff.
- absonderungsberechtigte Gläubiger 71 2
- Anspruchskonkurrenz 71 22
- Ausschluss des Verschuldens 71 9
- Außenhaftung 71 2
- Geltendmachung 71 18
- Gesamtschuld 71 17
- Haftpflichtversicherung 71 24
- Haftungsausschluss 71 24
- Hilfspersonen 71 10 f.
- Höchstpersönlichkeit 71 10
- Insolvenzgläubiger 71 2
- insolvenzspezifische Pflichten 71 5
- Kassenprüfung 71 4
- Kausalität 71 13 ff.
- Pflichtverletzung 71 4 f.
- Schaden 71 12
- sonstige Haftungstatbestände 71 21 ff.
- Sorgfalt eines ordentlichen und gewissenhaften Gläubigerausschussmitgliedes 71 8
- Verjährung 71 20
- Verschulden 71 6 ff.

Haftung des Insolvenzverwalters 60 1 ff.
- s. auch Geltendmachung der Haftung des Insolvenzverwalters
- s. auch Insolvenzspezifische Pflichten
- s. auch Nichtinsolvenzspezifische Pflichten
- Anzeige der Masseunzulänglichkeit 208 14
- Aufhebung der Sicherungsmaßnahmen 25 1
- Beteiligte 60 9 f.
- fremdes Verschulden 60 97 ff.
- Hilfspersonal 60 98 f.
- Insolvenzverwalter 261 18
- Kausalität 60 88 f.
- Mitverschulden 60 105 ff.
- Personal des Schuldners 60 100 f.
- Sachverständiger 60 4 f.
- Sachwalter 60 8, 60 93
- Sorgfalt eines ordentlichen und gewissenhaften Insolvenzverwalters 60 91
- steuerrechtliche Pflichten des Insolvenzverwalters 80 75
- Treuhänder 60 6 f., 60 94
- Verfahrenskosten 26 11
- Verfrühungsschaden 113 150 ff.
- Verjährung 60 111
- Verschulden 60 90 ff.
- Vollzug der Nachtragsverteilung 205 8
- vorläufiger Insolvenzverwalter 60 3
- Zustimmung der Gläubigerversammlung 60 102 ff.
- Zustimmung des Gläubigerausschusses 60 102 ff.

Haftung des Kreditinstituts als Hinterlegungsstelle 149 21 f.

Haftung des Sachverständigen 5 19

Haftung des Sachwalters
- Anordnung der Zustimmungsbedürftigkeit 277 6
- Sachwalter 270 50, 274 11 ff.

Haftung des Schuldners 227 1 ff.
- ausgeschiedene Gesellschafter 227 10
- Bürgschaften 227 9
- dingliche Haftung 227 9

3205

Sachregister

fette Zahlen = Gesetzesvorschriften

- Ehegatten **227** 13
- Enthaftung **227** 3 ff.
- Erlass von Forderungen **227** 4
- Nachhaftung **227** 1
- persönliche Haftung der Gesellschafter **227** 7 ff.
- Restschuldbefreiung **227** 4 ff.
- Sanierung **227** 1 f.
- Sicherungsrechte **227** 4

Haftung des Treuhänders 292 11 ff.
Haftung des Verwalters Art. 31 EuInsVO 13
Haftung des vorläufigen Insolvenzverwalters 22 222 ff.
- Absonderungsrecht **22** 223
- Aussonderungsrecht **22** 223
- culpa in contrahendo **22** 222 a
- Haftungsausschluss **22** 224 b
- Hilfspersonen **22** 222 a, **22** 223
- insolvenzspezifische Pflichten **22** 223 f.
- Liquiditätsrechnung **22** 224 a
- Masseverbindlichkeiten **22** 224
- Nichterfüllung von Masseverbindlichkeiten **22** 224 ff.
- Sachverständigentätigkeit **22** 227
- Sorgfalt eines ordentlichen und gewissenhaften vorläufigen Insolvenzverwalters **22** 222
- Unternehmensfortführung **22** 226
- Unternehmensstilllegung **22** 225
- Verwertung von Sicherungsgut **22** 44

Haftung gegenüber Absonderungsberechtigten 60 39 ff.
Haftung gegenüber Aussonderungsberechtigten 60 29 ff.
Haftung gegenüber dem Insolvenzschuldner 60 46 ff.
Haftung gegenüber Insolvenzgläubigern 60 13 ff.
Haftung gegenüber Massegläubigern 60 26 ff.
Haftung im Insolvenzplanverfahren 60 50 ff.
Haftung mehrerer Personen 43 1 ff.
- s. auch Bürgschaften
- absonderungsberechtigte Gläubiger **43** 26
- Aufrechnung **43** 26
- Ausnahmen **43** 28
- Doppelberücksichtigung **43** 1, **43** 23
- Doppelinsolvenz **43** 9, **43** 21
- Eigenhaftung des Gesellschafters **43** 18
- eigenkapitalersetzende Gesellschaftersicherheiten **43** 22
- Factoring **43** 10
- Geltendmachung der Regressforderung **43** 2
- Gesamtschuld **43** 3
- Gesamtwirkung der Erfüllung **43** 1
- gespaltene Lösung **43** 12
- harte Patronatserklärungen **43** 7
- Insolvenzplan **43** 29
- Patronatserklärung **43** 7 ff.
- persönlich haftende Gesellschafter **43** 18 ff.
- Regress **43** 27
- Restschuldbefreiungsverfahren **43** 30
- Sachmithaftung **43** 15 ff.
- Teilbeträge **43** 11 ff.
- Teilzahlung **43** 23, **43** 25
- Treuhand **43** 16
- Übertragung des haftenden Sicherungsgegenstandes **43** 17
- unechte Gesamtschuld **43** 3
- Verwertung **43** 15
- Vollbefriedigung **43** 24
- Vollberücksichtigung **43** 21

Haftung wegen Verletzung der Amtsermittlungspflicht 5 27
Haftungsrechtliche Zuweisung 35 5 ff.
Haftungsrisiken
- drohende Zahlungsunfähigkeit **18** 1, **18** 27
- vorläufiger Insolvenzverwalter mit Verwaltungs- und Verfügungsbefugnis **22** 23 a f.

Haftungsverwirklichung
- Amtsermittlungen **5** 22

- Gläubigerantrag **14** 2
- Insolvenzgrund **16** 2
- Zivilprozessordnung **4** 1

Halberzeugnisse
- Ansatz und Bewertung der Aktiva bei negativer Fortführungsprognose **19** 84
- Sicherheiten-Pool **51** 78
- Wertansätze und Bewertung bei positiver Fortführungsprognose **19** 76

Handelndenhaftung 11 44
Handels- und steuerrechtliche Rechnungslegung 155 1 ff.
- s. auch Beginn eines neuen Geschäftsjahres
- Abschlussprüfer **155** 24 f.
- allgemeine Buchführung **155** 3
- Anhang **155** 3
- Anlagevermögen **155** 13
- Aufzeichnungspflicht **155** 6
- Befreiung von der Pflicht zur Prüfung des Jahresabschlusses **155** 25
- Bilanzierungs- und Bewertungsgrundsätze **155** 12 f.
- Bilanzierungspflicht **155** 6
- Buchführungs- und Rechnungslegungspflichtige **155** 8
- Buchführungspflicht **155** 6
- duale Betrachtungsweise **155** 1
- Eigenverwaltung **155** 9
- externe Rechnungslegung **155** 1
- gesellschaftsrechtliche Rechnungslegungsvorschriften **155** 12
- Gesetz zur Modernisierung des Bilanzrechts **155** 5
- Going Concern-Prämisse **155** 13
- Grundsätze ordnungsgemäßer Buchführung **155** 8
- handelsrechtliche Pflichten des Schuldners **155** 2 ff.
- Insolvenzmasse **155** 11
- Insolvenzverwalter **155** 1, **155** 9 ff.
- International Financial Accounting Standards **155** 4 f.
- interne Rechnungslegung **155** 1
- Inventarisierung **155** 3
- Jahresabschluss **155** 3, **155** 14
- Kaufleute **155** 2
- Lagebericht **155** 3
- Masseunzulänglichkeit **155** 15
- Publizität **155** 14
- Steuererklärungspflicht **155** 1, **155** 7
- steuerrechtliche Pflichten des Schuldners **155** 6 ff.
- Umfang der Pflichten des Insolvenzverwalters **155** 10
- Umlaufvermögen **155** 13
- Verbraucherinsolvenzverfahren **155** 9
- vorläufiger Insolvenzverwalter **155** 9

Handelsbilanz 19 10
Handelsgesellschaften
- Altgläubiger **35** 404
- Ansprüche gegen die Gesellschafter **35** 380 ff.
- Aufrechnung durch den Kommanditisten **35** 394 ff.
- Aufrechnung durch Gesellschaftsgläubiger **35** 398
- ausgeschiedene Kommanditisten **35** 401 ff.
- Bürgschaften **35** 396
- Einlage des Kommanditisten **35** 386 ff.
- Ermächtigungswirkung **35** 386
- Finanzplankredite **35** 380
- Firma **35** 379
- Gesellschaften ohne Rechtspersönlichkeit **11** 253 ff.
- Gesellschafterdarlehen **35** 400
- Gesellschafterpflichten **35** 410
- Hafteinlage **35** 386 ff., **35** 400
- Insolvenzgläubiger **35** 391
- Insolvenzmasse **35** 378 ff.
- Insolvenzplan **35** 392
- internationale Zuständigkeit **35** 407
- Nachschüsse **35** 381

magere Zahlen = Randnummern   **Sachregister**

- Nachschusspflicht 35 385
- organschaftliche Vertreter 35 410 f.
- Pflichteinlagen 35 390, 35 395
- Register 31 2
- Restschuldbefreiung 35 392
- rückständige Einlagen 35 380 ff.
- Sacheinlagen 35 383 f.
- Sicherheiten 35 404
- Sperrwirkung 35 386
- Treuepflicht 35 382
- Überwachung der Planerfüllung 260 14
- Verfahrensunterbrechung nach § 240 ZPO 85 53 ff.
- Wiederaufleben des Haftungsanspruchs 35 399 f.
- Zustellung des Schuldenbereinigungsplans 307 14

Handelsrechtliche Buchführung 22 218
Handelsrechtliche Erfolgsrechnung 18 17
Handelsrechtliche Pflichten des Schuldners 155 2 ff.
Handelsregister
- s. auch Register
- Bekanntmachung und Wirkungen der Einstellung 215 4

Handelsvertreter
- Aufrechnung 96 31
- Insolvenzgeld 22 107, 22 151
- Masseverbindlichkeiten 55 12
- Wahlrecht des Insolvenzverwalters 103 53

Handlungsbevollmächtigter
- antragsberechtigte Gläubiger 14 10
- drohende Zahlungsunfähigkeit 18 23
- Insolvenzantragsrecht 13 64

Handwerksinnungen 12 11
Handwerkskammern 12 11
Harte Patronatserklärungen
- Ansatz und Bewertung der Aktiva bei negativer Fortführungsprognose 19 87
- Haftung mehrerer Personen 43 7
- Wertansätze und Bewertung bei positiver Fortführungsprognose 19 79

Hauptinsolvenzverfahren
- anwendbares Recht Art. 4 EuInsVO 9
- Bekanntmachung des Eröffnungsbeschlusses 30 1
- Dritterwerber Art. 14 EuInsVO 2
- Eigentumsvorbehalt Art. 7 EuInsVO 4
- Einstellung zugunsten anderer mitgliedstaatlicher Gerichte Art. 102 § 4 EGInsO 2
- eintragungspflichtige Rechte Art. 11 EuInsVO 3
- internationale Zuständigkeit Art. 3 EuInsVO 8
- öffentliche Bekanntmachung Art. 102 § 5 EGInsO 2
- örtliche Zuständigkeit Art. 102 § 1 EGInsO 3 ff.
- Register Art. 22 EuInsVO 3
- Sekundärinsolvenzverfahren Art. 27 EuInsVO 1 ff.
- Wirkungen der Anerkennung Art. 17 EuInsVO 4 ff.
- Zulässigkeitsvoraussetzungen 13 20

Hauptinsolvenzverwalter Art. 32 EuInsVO 5
- Aussetzung der Verwertung Art. 102 § 10 EGInsO 1
- Kooperationspflicht Art. 31 EuInsVO 1
- Nachweis der Insolvenzverwalterbestellung Art. 19 EuInsVO 2
- öffentliche Bekanntmachung Art. 21 EuInsVO 5
- Partikularverfahren 357 8 ff.
- verfahrensbeendende Maßnahmen Art. 34 EuInsVO 3
- Verwalter Art. 18 EuInsVO 7 ff.

Hauptniederlassung 3 4, **3** 14
Hauptversammlung
- Aktiengesellschaft 11 189
- Insolvenzantragspflicht 15 a 12
- Organe der juristischen Personen 11 123

Häusliche Gemeinschaft 138 11 ff.
Heimarbeit
- Beendigung von Arbeitsverhältnissen 113 87
- Insolvenzgeld 22 105

Herausgabe fremder Sachen
- allgemeiner Zustimmungsvorbehalt 21 25
- allgemeines Verfügungsverbot 21 23

Herausgabe- und Rückgewähransprüche des Insolvenzverwalters 103 186 ff.
Herausgabe- und Rückgewähransprüche des Vertragspartners 103 182 ff.
Herausgabeanspruch des Hauptinsolvenzverwalters Art. 35 EuInsVO 5
Herausgabepflichten Art. 20 EuInsVO 1 ff.
- Aufsicht des Insolvenzgerichts 58 42
- Gläubigergleichbehandlung Art. 20 EuInsVO 1
- Internationales Insolvenzrecht 342 6 ff.
- unpfändbare Gegenstände 36 46
- Verwalter Art. 20 EuInsVO 4

Herausgabevollstreckung 148 28 ff.
Herrschende Unternehmen
- gesellschaftsrechtlich nahestehende Personen 138 39 ff.
- Konzerninsolvenz 11 403

Herstellerklausel 47 26
Heuerverhältnisse 113 88 f.
Hilfskräfte 5 17
Hilfspersonen
- Haftung der Mitglieder des Gläubigerausschusses 71 10 f.
- Haftung des Insolvenzverwalters 60 98 f.
- Haftung des vorläufigen Insolvenzverwalters 22 222 a, 22 223

Hin- und Herzahlen
- Aktiengesellschaft 35 308
- GmbH 35 308

Hinterlegte Sachen
- Insolvenzmasse 35 206
- unpfändbare Gegenstände 36 32

Hinterlegung 149 11 ff.
- Abgeltungssteuer 149 16 f.
- Anderdepots 149 12 ff.
- Anderkonten 149 12 ff.
- Art und Weise 198 6 ff.
- Aufhebung der Sicherungsmaßnahmen 25 11
- Aufhebung des Insolvenzverfahrens 149 20
- Dritte 149 23
- Geld 149 8
- Genossenschaften 149 24
- Haftung des Kreditinstituts als Hinterlegungsstelle 149 21 f.
- Hinterlegungsstelle 149 19 ff., 198 9
- Insolvenzplanverfahren 149 20, 149 22
- Kleinstbeträge 198 11
- Kostbarkeiten 149 9
- Kreditinstitute als Hinterlegungsstelle 149 19 ff.
- Rechnung der Beteiligten 198 10
- Sicherungsmaßnahmen 306 38
- Sonderkonten 149 12
- Treuhänder 149 13
- vorläufiger Insolvenzverwalter 149 13
- Wertpapiere 149 10

Hinterlegung zurückbehaltener Beträge 198 1 ff
- s. auch Hinterlegung
- erloschene Forderungen 198 4
- nicht überweisbare Beträge 198 5
- zurückbehaltene Beträge 198 3

Hinterlegungspfandrecht 50 35
Hinterlegungsstelle 149 19 ff., **198** 9
Hinweis auf Restschuldbefreiung 20 46 ff.
- Restschuldbefreiungsverfahren 20 46 ff.
- Wiedereinsetzung in den vorigen Stand 20 50

Hinweisrecht des Gläubigers 168 8 ff.
- Anforderungen 168 13 f.
- Dritte 168 9 f.
- Fristen 168 12

3207

Sachregister

fette Zahlen = Gesetzesvorschriften

- günstigere Verwertungsmöglichkeit **168** 8 ff.
- Kosteneinsparung **168** 11
- Selbsteintritt **168** 10 f.

Höchstpersönliche Ansprüche
- unpfändbare Gegenstände **36** 4
- Vermögensanspruch **38** 11

Höchstpersönliche Pflicht 20 17 f.

Höchstpersönliche Rechte 36 4

Höchstpersönliche Verbindlichkeiten 325 6

Höchstpersönlichkeit
- Aufgaben des Gläubigerausschusses **69** 2
- Haftung der Mitglieder des Gläubigerausschusses **71** 10
- Rechnungslegung **66** 9
- teilbare Leistungen **105** 11
- Treuhänder **292** 5
- Verfahrensunterbrechung nach § 240 ZPO **85** 18 f
- Vorauswahl des Insolvenzverwalters **56** 19 ff.
- vorläufiger Gläubigerausschuss **67** 13

Honorarforderungen
- Freiberufler **35** 281
- unpfändbare Gegenstände **36** 7, **36** 24 ff.

Hypotheken
- Ausschluss sonstigen Rechtserwerbs **91** 14 f.
- Insolvenzmasse **35** 139
- Rechtsschutzinteresse **14** 50
- Rückgewährpflicht **143** 13

Immaterialgüterrechte
- Insolvenzmasse **35** 238 ff.
- Verwertung beweglicher Gegenstände **166** 14
- Verwertung der Insolvenzmasse **159** 8

Immaterielle Vermögensgegenstände 19 64 ff.

Inbesitznahme der Insolvenzmasse 148 7 ff.
- Akteneinsicht **148** 23
- ausländisches Vermögen **148** 24 ff.
- Besitz **148** 11 f.
- Besitz eines Dritten **148** 13 f., **148** 17
- Besitzübergang **148** 27
- Eigentumsvorbehalt **148** 13
- Einziehung einer Forderung **148** 7
- Forderungen **148** 12
- Insolvenzverwalter **148** 7 ff.
- Mitwirkungspflichten **148** 10
- Neuvermögen **148** 8
- organschaftliche Vertreter **148** 10
- Rechte und Pflichten des Insolvenzverwalters **80** 158 f.
- sofortige Besitzergreifung **148** 7 f.
- steuerliche Beschlagnahme **148** 20 ff.
- strafgerichtliche Beschlagnahmeanordnung **148** 15 ff.
- Unterlassen **148** 8
- verbotene Eigenmacht **148** 9
- Vorrang der Insolvenzabwicklung **148** 16, **148** 18
- Wechsel des Insolvenzverwalters **148** 27
- Zurückbehaltungsrecht **148** 13 f.

Inbesitznahme des Schuldnervermögens 22 19 f.

Individualschaden 92 9

Industrie- und Handelskammern 12 11

Informationelle Selbstbestimmung
- Akteneinsicht **4** 25, **4** 32
- Zivilprozessordnung **4** 41

Informationspflichten
- außergerichtlicher Einigungsversuch **305** 6 ff.
- darstellender Teil des Insolvenzplans **220** 1
- Partikularverfahren **357** 6 f.
- Prüfungsaufgaben und Sachverständigentätigkeit des vorläufigen Insolvenzverwalters **22** 198
- Rückzahlung und Anpassung der gestundeten Beiträge **4 b** 19
- Treuhänder **313** 78

Informationsrecht
- Aufsicht des Insolvenzgerichts **58** 9 f.
- Unterrichtung der Gläubigerversammlung **79** 2 ff.

Ingangsetzungskosten 19 61

Inhalt des Insolvenzantrags 13 35 ff., **14** 23 ff.

Inhaltsänderung von Forderungen 201 14 ff.

Inkassoforderungen 116 59, **116** 104

Inkassounternehmen
- Ersetzung der Zustimmung **309** 13
- Stellungnahme der Gläubiger **307** 48 ff.
- Zustellung des Schuldenbereinigungsplans **307** 11

Inkongruente Deckung 131 1 ff.
- s. auch Anfechtbare Rechtshandlungen
- allgemeine Verfahrensvereinfachungen **312** 21
- Benachteiligung **131** 36 ff.
- Benachteiligungsvorsatz **133** 15 f.
- Darlegungs- und Beweislast **131** 38 ff.
- Insolvenzverwalter **131** 38
- nahestehende Personen **131** 43

Inkongruente Leistungen 142 4

Inkrafttreten
- Finanzmarktstabilisierungsgesetz **359** 6
- Verweisung **359** 1 ff.

Inländische Parallelinsolvenzverfahren 35 63

Inländisches Insolvenzstatut 335 8 ff.
- materielles Insolvenzrecht **335** 10
- Rechtsfolgen **335** 11
- verfahrensrechtliche Normen **335** 9
- Wirkungen **335** 11

Innengesellschaft bürgerlichen Rechts 11 374 ff.

Innenhaftung
- Geltendmachung der Haftung des Insolvenzverwalters **60** 115
- Gesellschaften ohne Rechtspersönlichkeit **11** 318
- GmbH **35** 316

Innerverbandliche Angelegenheiten 11 118

Innerverbandlicher Bereich
- Gesellschaften ohne Rechtspersönlichkeit **11** 287 ff.
- Organe der juristischen Personen **11** 120 ff.

Inquisitionsmaxime
- Amtsermittlungen **5** 1, **5** 7
- Zivilprozessordnung **4** 2

Insiderinformation 11 204

Insolvenz beider Ehegatten 37 36

Insolvenz der juristischen Person 11 32 ff.

Insolvenz der Obergesellschaft 11 407 ff.

Insolvenz der Organgesellschaft 80 32

Insolvenz der Untergesellschaft 11 397 ff.

Insolvenz des Anschlusskunden
- Aussonderung **47** 94 f.
- Factoring **116** 38 ff.

Insolvenz des Bürgen 43 4

Insolvenz des Debitors 116 70, **116** 111 ff.

Insolvenz des Drittbesitzers 47 57

Insolvenz des Erben 331 1 ff.
- Doppelinsolvenz **331** 4 f.
- Eigeninsolvenz **331** 2
- Erschöpfungseinrede **331** 10
- Gesamtgut **331** 11
- Gesamtinsolvenz **331** 3
- Haftung des Erben **331** 9 f.
- Nachlassinsolvenz **331** 4 f.
- Nachlassverbindlichkeiten **331** 8
- Nachlassverwalter **331** 6
- Nachtragsverteilung **331** 9
- Testamentsvollstrecker **331** 7

Insolvenz des Factors
- Aussonderung **47** 96
- Factoring **116** 97 ff.

Insolvenz des Geschäftsinhabers 11 386

Insolvenz des Hauptschuldners 43 5

3208

magere Zahlen = Randnummern **Sachregister**

Insolvenz des Herstellers bzw. Lieferanten 108 154 ff.
– Abwicklung des Leasingverhältnisses 108 162 ff.
– Beschaffungsrisiko 108 170
– Gewährleistung 108 154 ff.
– gezogene Nutzungen 108 163
– Zuweisung des Insolvenzrisikos 108 157 ff.
Insolvenz des Leasinggebers 108 126 ff.
– Abschlusszahlung 108 140
– bewegliche Sachen 108 129 ff.
– Doppelstock-Refinanzierung 108 127
– Erfüllungsablehnung 108 144 f.
– Erfüllungswahl 108 146
– Factoring 108 129 ff., 108 148 f.
– Finanzierungsleasing 108 142
– Grundpfandrechte 108 150
– Leasing 47 92
– Leasingraten 108 130 ff.
– Refinanzierung 108 132 ff.
– Sicherungseigentum 108 138
– Sicherungsübertragung 108 133 ff.
– unbewegliche Sachen 108 147 ff.
– Verwertung beweglicher Gegenstände 166 4 b
– Verwertungsrecht 108 141 ff.
– Vorausabtretung 108 129 ff., 108 148 f.
Insolvenz des Leasingnehmers 47 90 ff., 108 66 ff.
– Abschlusszahlung 108 85
– Abwicklungsansprüche 108 78 f.
– Andienungsrecht des Leasinggebers 108 93 f.
– Arbeitnehmerhaftung 108 125
– Ausgleichszahlung 108 123
– Aussonderungsrecht 108 106 ff., 108 122
– Beschränkung des Kündigungsrechts 108 66 ff.
– bewegliche Sachen 108 80, 108 84 ff.
– Erfüllungsablehnung 108 85
– Erfüllungswahl 108 87
– Factoring 108 109
– Finanzierungsleasing 47 90 a
– Gesellschafterdarlehen 108 118 f.
– Gesellschafterleasing 108 117 ff.
– Gewährleistung 108 111
– Insolvenzeröffnungsverfahren 108 66 ff.
– Kaufoption 108 89 ff.
– Kündigung 108 74
– Leasingforderungen 108 75 f.
– Leasingraten 108 99 ff.
– Lösungsklauseln 108 98
– Luftfahrzeuge 108 108
– Masseunzulänglichkeit 108 110
– Mehrerlös 108 96 f.
– unbewegliche Sachen 108 81 ff., 108 112 ff.
– Verlängerungsoption 108 92
– verspätete Rückgabe 108 102 ff.
– Verzug 108 69 ff.
– Vollarmotisation 108 103 f.
– Wahlrecht des Insolvenzverwalters 108 84 ff.
Insolvenz des Mieters 108 28 ff.
Insolvenz des persönlich haftenden Gesellschafters 93 26
Insolvenz des Sicherungsgebers 47 56
Insolvenz des Sicherungsnehmers 47 55
Insolvenz des stillen Gesellschafters 11 393
Insolvenz des Treugebers 35 32, 47 34, 47 37
Insolvenz des Treuhänders 47 33 ff., 47 36
Insolvenz des Vermieters 109 17 f.
Insolvenz des Vorbehaltskäufers 47 19 ff.
Insolvenz des Vorbehaltsverkäufers
– Ausschluss sonstigen Rechtserwerbs 91 28
– Eigentumsvorbehalt 47 18
Insolvenz eines Gesellschafters 11 249 ff.
Insolvenz eines Mitglieds
– Genossenschaft 11 207 a
– juristische Personen 11 53 ff.
– nicht rechtsfähiger Verein 11 232

Insolvenz in der Insolvenz
– Anzeige der Masseunzulänglichkeit 208 1
– Befriedigung der Massegläubiger 209 1
Insolvenz mit Auslandsbezug 17 35
Insolvenz von Sondervermögen 11 418 ff.
– Bruchteilsgemeinschaft 11 420
– fortgesetzte Gütergemeinschaft 11 418 f.
– Gesamtgut 11 418 f.
– Gütergemeinschaft 11 418 f.
– Wohnungseigentümergemeinschaft 11 421 ff.
Insolvenzanfechtung vor 129 1 ff., 129 1 ff.
– s. auch Anfechtbare Rechtshandlungen
– s. auch Anfechtung gegen Rechtsnachfolger
– s. auch Anfechtungsberechtigung
– s. auch Ansprüche des Anfechtungsgegners
– s. auch Fristenberechnung
– s. auch Gläubigerbenachteiligung
– s. auch Inkongruente Deckung
– s. auch Kongruente Deckung
– s. auch Nahestehende Personen
– s. auch Rechtsfolgen der Insolvenzanfechtung
– s. auch Rechtshandlungen nach Verfahrenseröffnung
– s. auch Stille Gesellschaft
– s. auch Unentgeltliche Leistung
– s. auch Unmittelbar nachteilige Rechtshandlungen
– s. auch Verjährung des Anfechtungsanspruchs
– s. auch Vorsätzliche Benachteiligung
– s. auch Wechsel- und Scheckzahlungen
– s. auch Zeitpunkt der Vornahme einer Rechtshandlung
– absonderungsberechtigte Gläubiger 129 37
– Abweisung mangels Masse 26 14
– anfechtbar erworbenes Eigentum 129 5
– Anfechtung 129 6 f.
– Anzeige der Masseunzulänglichkeit 208 19, 208 29 f.
– Aufnahme anhängiger Streitigkeiten 85 81
– Aufnahme von Passivprozessen 86 8
– Aufrechnung vor 129 7, Art. 6 EuInsVO 6
– Aufrechnungsverbot 129 33
– Ausschluss sonstigen Rechtserwerbs 91 58 f.
– Aussonderung 47 76
– benachteiligende Handlungen Art. 13 EuInsVO 1 ff.
– Deliktsrecht 129 27 f.
– Differenzierungskriterien vor 129 11
– dingliche Rechte Dritter Art. 5 EuInsVO 7
– Eigentumsvorbehalt Art. 7 EuInsVO 11
– Eigenverwaltung 129 41, 270 10, 280 4
– einheitliches Insolvenzverfahren vor 129 1
– Einstellung nach Anzeige der Masseunzulänglichkeit 211 12
– Entscheidung des Insolvenzgerichts 289 37 f.
– Ersetzung der Zustimmung 309 66
– Finanzbehörde 129 38
– Forderungen auf Rückgewähr von Gesellschafterdarlehen 39 47
– gemeinschaftlich verwaltetes Gesamtgut 333 7
– Gesellschaften ohne Rechtspersönlichkeit 11 259
– Gesellschafterdarlehen 135 1 ff.
– Gesellschaftsrecht 129 34
– gesellschaftsrechtliche Abfingungsklauseln 129 30
– gesellschaftsrechtliche Anfechtung 129 6
– gesetzliche Pfandrechte 50 25 a ff.
– gesetzliches Schuldverhältnis 129 4
– Glaubhaftmachung 14 88
– Gläubigerversammlung 129 42
– gleichmäßige Befriedigung 129 1
– Hauptatbestände vor 129 2
– Insolvenzanfechtungszeitraum vor 129 5
– Insolvenzdelikte 129 30
– Insolvenzmasse 35 44, 35 47
– Insolvenzplanverfahren 129 39 f.
– Insolvenzstatut 129 47
– Insolvenzverfahren 1 14

3209

Sachregister

fette Zahlen = Gesetzesvorschriften

- Insolvenzvermögensstatut 335 24
- Insolvenzverschleppung 129 28
- Internationales Insolvenzrecht 339 1 ff., 339 16
- Konzerninsolvenz 11 394
- Kredit- und Finanzdienstleistungsinstitute 129 46
- Kreditrahmen 264 32
- Nachlassinsolvenzverfahren 129 44, 315 14, 328 2
- Nachweisanforderungen vor 129 9
- Neugläubiger 129 36
- Nichtinsolvenzgläubiger 129 35 ff.
- Pfändungspfandrecht 50 46
- Prüfungsaufgaben und Sachverständigentätigkeit des vorläufigen Insolvenzverwalters 22 202
- Rechte und Pflichten des Insolvenzverwalters 80 162
- Rechtsnatur 129 3 f.
- Rechtsschutzinteresse 14 49
- Rechtswirkungen der Verfahrensaufhebung 200 17
- Rückgewähransprüche 129 8
- Rückschlagsperre vor 129 7
- sachlich ungerechtfertigte Vermögensverschiebungen 129 2
- Sachwalter 280 4
- Schadensersatzanspruch 129 28
- Sicherheiten-Pool 51 53 ff.
- Sicherungsabtretung 51 29
- Sittenwidrigkeit anfechtbarer Rechtsgeschäfte 129 30 ff.
- Stiftung 11 226
- stille Gesellschaft 11 389
- stiller Gesellschafter 129 45
- Stufenverhältnis vor 129 9
- Treuhänder 129 42, 313 64 ff., 313 71 ff., 313 84 ff.
- Übergangsrecht 129 51 ff.
- Umrechnung von Forderungen 45 5
- unbewegliche Gegenstände 349 13
- Unwirksamkeit abweichender Vereinbarungen 119 26
- Verbotsgesetz 129 29
- Verbraucherinsolvenzverfahren 129 43
- vereinfachtes Insolvenzverfahren 129 42 f.
- Vergütung des vorläufigen Insolvenzverwalters 22 230
- Verjährung vor 129 6
- Verletzung der Insolvenzantragspflicht 15 a 23
- Verrechnung 129 33
- Verwertung beweglicher Gegenstände 166 7
- vollstreckbarer Titel 141 1 ff.
- vor Inkrafttreten der InsO beantragte Verfahren 129 52 ff.
- Vormerkung 106 18
- Wertansätze und Bewertung bei positiver Fortführungsprognose 19 77
- Wirkungen der Aufhebung 259 15
- Zahlungen nach Insolvenzreife 129 28
- Zahlungssysteme und Finanzmärkte Art. 9 EuInsVO 13
- Zahlungsunfähigkeit 17 3, 17 30
- Zwangsvollstreckung vor 129 7, 141 5 f.
- Zweck 129 1 f.

Insolvenzanfechtungstatbestände 5 16
Insolvenzanfechtungszeitraum vor 129 5
Insolvenzantrag
- s. auch Eröffnungsantrag
- Amtsermittlungen 5 1
- Anhörung des Schuldners 10 11
- Antrag des Schuldners auf Restschuldbefreiung 287 9 f.
- Aufhebung der Stundung 4 c 3
- Bestellung eines Sachverständigen 5 14
- Eröffnungsantrag 13 6
- Fristenberechnung 139 3
- Gesellschaften ohne Rechtspersönlichkeit 11 264 ff.
- GmbH & Co. KG 11 348 ff.
- GmbH & Co. KG 35 420

- Insolvenzkostenhilfe 4 18, 4 20, 13 103 ff.
- juristische Personen 11 59 ff.
- juristische Personen des öffentlichen Rechts 11 228
- kongruente Deckung 130 39 f.
- örtliche Zuständigkeit 3 14
- Stundung der Kosten des Insolvenzverfahrens 4 a 15

Insolvenzantragspflicht
- s. auch Verletzung der Insolvenzantragspflicht
- Abberufung 15 a 12
- Abweisung mangels Masse 26 64
- Abwickler 15 a 7
- Amtsniederlegung 15 a 12
- Auflagen 13 100
- Aufsichtsratsmitglieder 15 a 62
- drohende Zahlungsunfähigkeit 13 95, 13 99
- Eigenprüfung 13 95
- eingetragener Verein 11 220
- Erben 13 99
- Erbenersatzansprüche 13 100
- Eröffnungsantrag 13 3
- faktische Geschäftsführer 15 a 8
- Finanzdienstleistungsinstitute 15 a 2
- fortgesetzte Gütergemeinschaft 13 94
- Fristen 15 a 14 ff.
- Führungslosigkeit 15 a 12, 15 a 61 ff.
- Generalversammlung 15 a 12
- Gesellschaften ohne Rechtspersönlichkeit 11 266, 15 8, 15 a 1 ff.
- Gesellschafter 15 a 12, 15 a 62
- gesetzliche Insolvenzantragspflichten 13 94 ff.
- GmbH & Co. KG 11 349
- Grenzen der Insolvenzantragspflicht 15 a 12 f.
- Gütergemeinschaft 13 94
- Hauptversammlung 15 a 12
- Insolvenzantragsrecht 15 1
- Insolvenzverschleppung 13 95, 13 100
- interne Geschäftsverteilung 15 a 7
- juristische Personen 11 61, 15 7, 15 a 1 ff.
- juristische Personen des öffentlichen Rechts 12 17
- Kapitalerhöhung 15 a 17
- Kreditinstitute 15 a 2
- Masselosigkeit 13 97
- Miterben 13 99
- Mitgliederversammlung 15 a 12
- mittelbare Insolvenzantragspflicht 13 94
- Nacherbe 13 100
- Nachlasspfleger 13 100
- Nachlassverwalter 13 100
- natürliche Personen 13 94
- nicht rechtsfähiger Verein 11 231, 13 101
- nichtgesellschaftsrechtliche Insolvenzantragspflichten 13 99 ff.
- öffentlich-rechtliche Verpflichtung 13 95
- Organmitglieder 15 a 7
- organschaftliche Vertreter 15 a 11
- Partikularverfahren 15 a 5
- Pflichtteilsansprüche 13 100
- rechtsfähiger Verein 13 96, 13 101
- Rechtsformneutralität 13 94, 13 96
- sanierende Kapitalerhöhung 15 a 17
- Sanierung 15 a 16
- Sanierungspflicht 15 a 13
- Scheinauslandsgesellschaften 13 96
- Strafbarkeit 15 a 64 ff.
- Testamentsvollstrecker 13 100
- Überschuldung 13 100
- Überschuldung des Nachlasses 13 94, 13 96
- Unterhaltsschuldner 13 94
- Unterlassung mit Zustimmung der Gläubiger 13 98
- Verfahrenspflichten ausgeschiedener Organe und Gesellschafter 101 15
- Vermächtnisse 13 100

magere Zahlen = Randnummern **Sachregister**

- Vermögenslösigkeit **13** 97
- Vorerbe **13** 100
- Vorgesellschaft **15 a** 2
- Zurückstellung **13** 97

Insolvenzantragsrecht
- absonderungsberechtigte Gläubiger **13** 78
- Aktionäre **13** 69
- Amtsniederlegung **15** 2
- Aufsichtsrat **13** 69
- ausländisches Insolvenzverfahren **13** 83
- aussonderungsberechtigte Gläubiger **13** 78
- Bausparkassen **13** 84 ff.
- beschränkte Geschäftsfähigkeit **13** 64
- Beschwerde gegen die Insolvenzablehnung **15** 10
- Beschwerde gegen die Insolvenzeröffnung **15** 9
- Betriebsrat **13** 64
- Bundesanstalt für Finanzdienstleistungsaufsicht **13** 84 ff.
- Bürgen **13** 80
- drohende Zahlungsunfähigkeit **13** 63, **13** 86, **15** 2
- Ehegatten **13** 82
- Eigenantrag **13** 63
- Eigenverwaltung **13** 63
- Eröffnungsbeschluss **15** 9
- faktischer Geschäftsleiter **15** 2
- Führungslosigkeit **13** 69, **15** 2 a, **15** 10
- Genossenschaft **15** 2
- Gesamtgut **13** 67, **13** 82
- Geschäftsunfähigkeit **13** 64
- Gesellschaft bürgerlichen Rechts **13** 68
- Gesellschaften ausländischen Rechts **15** 2
- Gesellschaften ohne Rechtspersönlichkeit **13** 68, **15** 1 ff.
- Gesellschaften ohne Rechtspersönlichkeit ohne persönlich haftende Gesellschafter **15** 13 ff.
- Gesellschafter **15** 2 a
- Glaubhaftmachung **15** 11 f.
- Gläubiger **13** 78 ff.
- Gläubigerautonomie **13** 63
- Gläubigerbegriff **13** 78
- GmbH **13** 68
- GmbH & Co. KG **11** 348 ff., **15** 14 f.
- Gütergemeinschaft **13** 67, **13** 82
- Gütertrennung **13** 67, **13** 82
- Handlungsbevollmächtigter **13** 64
- Insolvenzantragspflicht **15** 1
- Insolvenzantragsrecht der Gläubiger **13** 78 ff.
- Insolvenzantragsrecht des Schuldners **13** 63 ff.
- Insolvenzgrund **15** 11 f.
- Insolvenzplan **13** 63
- juristische Personen **11** 59 f., **13** 68 f., **15** 1 ff.
- juristische Personen des öffentlichen Rechts **12** 17, **15** 4
- kapitalersetzende Gesellschafterdarlehen **13** 81
- katholischer Gläubiger **13** 88
- Kreditinstitute **13** 84 ff., **15** 4
- Massegläubiger **13** 78
- Nachlassgläubiger **13** 82
- Nachlassinsolvenzverfahren **13** 65
- nachrangige Forderungen **13** 81
- nachrangige Gläubiger **13** 81
- Nachschusspflicht **15** 2
- nicht rechtsfähiger Verein **13** 68
- Notgeschäftsführer **13** 68
- Organe der juristischen Personen **11** 134
- organschaftliche Vertreter **15** 15
- persönlich haftende Gesellschafter **13** 68
- persönliche Haftung **15** 1
- Pfändungsgläubiger **13** 80
- Prokuristen **13** 64
- Rechtsanwaltspraxis **13** 65
- rechtsfähiger Verein **13** 68
- Rücknahme des Insolvenzantrags **15** 6
- Sanierung **13** 63
- Schuldner **13** 63 ff.
- Sonderantragsrecht **13** 84 ff.
- spezielle Zulässigkeitsvoraussetzungen **13** 67
- Versicherungen **13** 84 ff.
- Versicherungsverein auf Gegenseitigkeit **15** 4
- Vertretung **13** 64, **13** 66, **15** 1
- Vertretungorgan **13** 68
- Wegfall des Gläubigerrechts **13** 79
- Zugewinngemeinschaft **13** 67, **13** 82
- Zuständigkeit **15** 5

Insolvenzausverkauf
- Verwertung der Insolvenzmasse **159** 19
- Verwertungsbeschränkungen **159** 53

Insolvenzbeschlag
- Anordnung der Nachtragsverteilung **203** 15 ff.
- Insolvenzmasse **35** 5 ff.
- Partikularverfahren **354** 1
- Rechtswirkungen der Verfahrensaufhebung **200** 12 ff.

Insolvenzeröffnungsverfahren
- Akteneinsicht **4** 26, **4** 32
- Amtsermittlungen **5** 20
- Anhörung des Schuldners **10** 6
- Aufrechnung in der Insolvenz **94** 67 ff.
- Aufrechnungsverbote **94** 47
- Aufsicht des Insolvenzgerichts **58** 2, **58** 25
- Auskunft **4** 27
- Auskunfts- und Mitwirkungspflicht im Eröffnungsverfahren **20** 8
- Bestellung eines Sachverständigen **5** 11
- Eigenverwaltung **270** 45 ff.
- Einsetzung des Gläubigerausschusses **67** 4 ff.
- Erlöschen von Vollmachten **116** 20 f.
- Eröffnungsantrag **13** 102
- Factoring **116** 60
- Feststellung der Zahlungsunfähigkeit **17** 38
- Forderungen der Insolvenzgläubiger **87** 5
- Gesellschaften ohne Rechtspersönlichkeit **11** 268
- Gläubigerantrag **14** 122
- Insolvenz des Leasingnehmers **108** 66 ff.
- juristische Personen **11** 101
- Kündigung von Arbeitsverhältnissen **22** 71 ff.
- Organe der juristischen Personen **11** 118
- Postsperre **99** 4
- Rangordnung der Masseverbindlichkeiten **209** 21
- Rechnungslegungspflicht **22** 216 a
- Schuldnerschutz **14** 147 ff.
- steuerrechtliche Stellung des vorläufigen Insolvenzverwalters **22** 192 g
- Unterbrechung und Aufnahme eines Rechtsstreits **352** 10
- Unternehmensfortführung **11** 12
- Unternehmensveräußerung **11** 19
- Unzulässigkeit der Aufrechnung **96** 36
- Verteilung des Erlöses **170** 5 f.
- Verwertung beweglicher Gegenstände **166** 21 f.
- Vollstreckung vor Verfahrenseröffnung **88** 26
- Zivilprozessordnung **4** 1, **4** 41
- Zulässigkeitsvoraussetzungen **13** 14, **13** 24
- Zulassung des Gläubigerantrags **14** 104

Insolvenzfähigkeit
- anwendbares Recht **Art. 4 EuInsVO** 21 ff.
- Eröffnung des Insolvenzverfahrens **vor 11** 1
- generelle Zulässigkeitsvoraussetzungen **14** 17
- Gesellschaften ohne Rechtspersönlichkeit **11** 234 ff.
- GmbH & Co. KG **11** 341
- juristische Personen **11** 35 ff.
- juristische Personen des öffentlichen Rechts **12** 1
- nicht rechtsfähiger Verein **11** 229
- Partikularverfahren **354** 18
- Stiftung **11** 226

3211

Sachregister

fette Zahlen = Gesetzesvorschriften

- stille Gesellschaft **11** 384
- Zulässigkeit des Insolvenzverfahrens **11** 5
- Zulässigkeitsvoraussetzungen **13** 21

Insolvenzfestigkeit
- Anwartschaftsrecht 107 7 f.
- Vormerkung 106 6

Insolvenzforderungen
- anmeldbare Forderungen 174 2 ff.
- Ansprüche des Anfechtungsgegners 144 14 f.
- anwendbares Recht 337 9, **Art. 4 EuInsVO** 49 ff.
- Aufnahme von Passivprozessen 86 4
- Forderungen der Insolvenzgläubiger 87 2
- Glaubhaftmachung **14** 58 ff.
- juristische Personen **11** 205 a
- nicht fällige Forderungen 41 2
- Rechte der Insolvenzgläubiger nach Verfahrensaufhebung 201 5
- Schadensersatz wegen Nichterfüllung 103 165 ff.
- steuerrechtliche Wirkungen der Insolvenzeröffnung 80 26
- Umrechnung von Forderungen 45 2
- Verfrühungsschaden 113 152
- wiederkehrende Leistungen 46 3
- Wirkung der Restschuldbefreiung 301 10 ff.

Insolvenzfreie Forderungen 94 74

Insolvenzfreier Bereich 80 15 ff.

Insolvenzfreies Vermögen 35 69 ff.
- s. auch Freigabe
- s. auch Freigabe selbstständiger Tätigkeit
- Abtretung pfändungsfreier Beträge 35 89
- Anfechtungsberechtigung 129 13
- eidesstattliche Versicherung 98 4
- gesetzliche Ausnahme vom Insolvenzbeschlag 35 69
- Insolvenzmasse 35 115
- juristische Personen 35 305
- pfändungsfreie Beträge 35 89
- Rechte der Insolvenzgläubiger nach Verfahrensaufhebung 201 4
- Rechtsstellung des Insolvenzschuldners 80 4
- Regelinsolvenzverfahren 35 89
- Restschuldbefreiung 35 89
- unpfändbare Forderungen 35 89
- Unterhaltsgläubiger 35 89
- Unverwertbarkeit 35 70
- vereinfachtes Insolvenzverfahren 35 89
- Verfahrensunterbrechung nach § 240 ZPO 85 24
- Verzicht auf Pfändungsschutz 35 88 f.
- Vollstreckung vor Verfahrenseröffnung 88 7
- Vollstreckungsverbot 89 26
- Vollstreckungsverbot bei Masseverbindlichkeiten 90 10
- Wahlrecht des Insolvenzverwalters 103 92

Insolvenzgeld 22 92 ff.
- Abgrenzung selbstständiger Tätigkeit **22** 103 f.
- Abschlagszahlungen **22** 146 f.
- Absicherung des erarbeiteten Arbeitsentgelts **22** 113 f.
- Abweisung mangels Masse 26 53
- allgemeines Verfügungsverbot **22** 92
- Altersteilzeit im Blockmodell **22** 132 ff.
- anfechtbare Rechtshandlungen **22** 158 ff.
- Ansprüche mit Entgeltcharakter **22** 112 ff.
- anspruchsberechtigter Personenkreis **22** 102 ff.
- Anspruchsausschluss **22** 151 ff.
- Anspruchsverlust **22** 151 ff.
- anspruchsverpflichteter Personenkreis **22** 102 ff.
- Antrag des Vorfinanzierers **22** 178
- antragsberechtigte Gläubiger **14** 12
- Antragstellung **22** 183 ff.
- anwendbares Recht 337 11
- Arbeitgeberbegriff **22** 102
- Arbeitnehmer **22** 104
- arbeitnehmerähnliche Personen **22** 105 ff.
- Arbeitnehmerüberlassung **22** 106
- Arbeitseinkommen **22** 112 ff.
- Arbeitsgemeinschaft **22** 102
- Arbeitslosengeld **22** 92, **22** 145, **22** 156
- Arbeitsverhältnisse **Art. 10 EuInsVO** 10
- Arbeitszeitguthaben **22** 137 ff.
- Arbeitszeitkonto **22** 141
- Aufrechnung **22** 150
- ausländisches Insolvenzverfahren **22** 96 f.
- Auslandsberührung **22** 93 ff.
- Ausschlussfrist **22** 184 ff.
- Bargeschäfte **22** 159
- Beendigung des Arbeitsverhältnisses **22** 153 ff.
- Beitragszuschüsse **22** 130
- Berechnung des Insolvenzgeldzeitraumes **22** 98 ff.
- besondere Zuständigkeiten 185 2
- Beteiligung der Arbeitnehmer **22** 179
- Bundesagentur für Arbeit **22** 191 b ff.
- Definition der Bezüge **22** 115 ff.
- Einfirmenvertreter **22** 124, **22** 151
- endgültige Entscheidung **22** 191 f.
- erheblicher Erhalt von Arbeitsplätzen **22** 170 ff.
- flexible Arbeitszeitregelungen **22** 137 ff.
- Fortführungssanierung **22** 177
- Fristen **22** 183 ff.
- fristlose Kündigung **22** 157
- Gehalt **22** 115
- Geltendmachung des Insolvenzgeldanspruchs **22** 182 ff.
- Geschäftsführer **22** 108
- Gesellschaften ausländischen Rechts **22** 97
- Gesellschafter **22** 108
- gesetzlicher Forderungsübergang **22** 191 b ff.
- Gleichwohlgewährung **22** 92, **22** 145, **22** 156
- Gratifikationen **22** 118 ff.
- grenzüberschreitende Insolvenz **22** 97
- Handelsvertreter **22** 107, **22** 151
- Hausgewerbetreibende **22** 105
- Heimarbeiter **22** 105
- Höhe des Insolvenzgeldanspruches **22** 142 f.
- Insolvenzgeldbescheinigung **22** 191
- Insolvenzmasse 35 155
- Insolvenzsicherung **22** 135
- Jahressonderzahlungen **22** 119 ff.
- Künstler **22** 110
- Kurzarbeitergeld **22** 175, **22** 181
- Leistungsverweigerungsrecht **22** 163 ff.
- Lohn **22** 115
- Lohn- und Gehaltsnachzahlungen **22** 116
- Nettoarbeitsentgelt **22** 142 f.
- nichtinsolvenzspezifische Pflichten 60 77
- positive Prognoseentscheidung **22** 170 ff.
- Provisionen **22** 124 ff.
- Rang der übergeleiteten Arbeitnehmeransprüche **22** 180 f.
- Rechtsstellung des Insolvenzverwalters 80 97 f.
- Rückgewährpflicht 143 48
- Sanierungskonzept **22** 175 f.
- Schadensersatzanspruch **22** 129
- Sicherheiten-Pool 51 78
- Sozialabgaben **22** 131
- steuerrechtliche Wirkungen der Insolvenzeröffnung 80 25
- Stilllegung einzelner Betriebsteile **22** 174
- Teilsanierung **22** 175 f.
- Tod des Arbeitnehmers **22** 111
- Übergang der Entgeltforderung auf Dritte **22** 148 f.
- übergeleitete Arbeitnehmeransprüche **22** 180 f.
- unpfändbare Gegenstände 36 31
- Unternehmensfortführung **22** 92
- Urlaubsabgeltungsanspruch **22** 153 ff.
- Urlaubsgeld **22** 115, **22** 118

magere Zahlen = Randnummern

Sachregister

- variable Entgeltanteile 22 126
- verfallene Ansprüche 22 163 ff.
- Versicherungsvertreter 22 107
- Vertreter 22 178
- Vollsanierung 22 175 f.
- Vorfinanzierung 22 169 ff., 80 98
- vorläufige Entscheidung 22 190 ff.
- Vorschuss 22 190 ff.
- Vorstandsmitglieder 22 109
- Zielvereinbarungen 22 126
- Zurückbehaltungsrecht 22 166 ff.
- Zwischenverdienst 22 144 f.

Insolvenzgeldbescheinigung 22 191
Insolvenzgeldschutz 14 52
Insolvenzgericht
- s. auch Funktionelle Zuständigkeit
- Amtsermittlungen 5 20
- Amtsgericht 2 2
- Anhörung des Schuldners 10 10
- Aufgaben des Gläubigerausschusses 69 6 ff.
- Aufhebung des Insolvenzverfahrens 258 2
- Auskunfts- und Mitwirkungspflichten 20 4, 20 19, 97 4
- Beschlüsse der Gläubigerversammlung 76 4
- Beschwerdeverfahren 6 18
- Betriebsveräußerung unter Wert 163 7
- Einberufung der Gläubigerversammlung 74 15
- Einstellung nach Anzeige der Masseunzulänglichkeit 211 5
- Einwendungen gegen das Verteilungsverzeichnis 194 15 ff.
- Entscheidung über den Fortgang des Verfahrens 157 3, 157 24, 157 29
- Eröffnungsantrag 13 92, 13 139
- Festsetzung des Bruchteils 195 3
- generelle Zulässigkeitsvoraussetzungen 14 16
- gerichtliche Bestätigung des Insolvenzplans 248 1
- Gerichtsverfassungsgesetz 4 40
- Grundbuch 32 13
- Insolvenzkostenhilfe 4 18
- Kleininsolvenzverfahren 2 9
- Konzentrationsermächtigung 2 1
- Maßnahmen vor der Entscheidung über Unternehmensstilllegung oder -veräußerung 158 17 f.
- öffentliche Bekanntmachung 9 7
- örtliche Zuständigkeit 3 7
- Prüfung der Schlussrechnung 66 49 ff.
- Prüfung und Entscheidung der Rechtsbeschwerde 7 25
- Rechtshilfe 2 2
- Regelinsolvenzverfahren 2 9
- sachliche Zuständigkeit 2 2
- Schlussverteilung 196 7 ff.
- Schuldnerschutz 14 156
- Stundung der Kosten des Insolvenzverfahrens 4 a 20
- Tabelle 175 26 ff.
- Treuhänder 292 72 ff.
- Überwachung der Planerfüllung 261 19
- Unternehmensstilllegung 22 29 ff.
- Verbraucherinsolvenzverfahren 2 9
- Verteilungsverzeichnis 188 18
- Verwertung durch Gläubiger 173 6 ff.
- vorläufiger Insolvenzverwalter 21 14
- Vorprüfung des Insolvenzplans 231 3 ff.
- Vorprüfungs- und Zurückweisungsrecht 175 15 ff.
- Wertgegenstände 149 5
- Zivilprozessordnung 4 38
- Zulässigkeitsvoraussetzungen 13 12
- Zulassung des Gläubigerantrags 14 96
- Zuständigkeit bei der Vollstreckung 202 2
- Zustellungen 8 2

Insolvenzgläubiger
- Abschlagsverteilung 187 5
- Akteneinsicht 4 26, 4 29
- anfechtbare Rechtshandlungen 130 25 ff.
- Anfechtungsberechtigung 129 13
- antragsberechtigte Gläubiger 14 3
- Auflösung von Gesellschaften 118 11
- Einberufung der Gläubigerversammlung 74 9
- Einstellung mit Zustimmung der Gläubiger 213 5 ff.
- Entscheidung des Insolvenzgerichts 289 4
- Entscheidung über die Restschuldbefreiung 300 6 ff.
- Erhaltung einer Aufrechnungslage 94 3
- Erörterungs- und Abstimmungstermin 235 12
- fortgesetzte Gütergemeinschaft 332 6
- Gesamtabgeltungsklauseln 224 6
- Gesamtschaden 92 19
- Gesellschaften ohne Rechtspersönlichkeit 11 292 ff.
- gestaltender Teil des Insolvenzplans 221 3
- Gläubigerverzeichnis 152 2
- Gruppenbildung 222 21
- Haftung der Mitglieder des Gläubigerausschusses 71 2
- Handelsgesellschaften 35 391
- Insolvenzplan 217 12, 224 1 ff.
- juristische Personen 11 43, 11 142 ff.
- Minderheitenschutz 251 10
- nicht nachrangige Insolvenzgläubiger 224 2 ff.
- Prüfungstermin 176 25 ff.
- Rechte des Insolvenzgläubigers nach Verfahrensaufhebung 201 3 ff.
- Rechte und Pflichten des Insolvenzverwalters 80 195
- Rechtsfolgen der Insolvenzanfechtung 143 4 b
- stille Gesellschaft 11 386
- Stimmrecht des Insolvenzgläubigers 237 3
- Verstoß gegen Obliegenheiten 296 3 ff.
- vorsätzliche Benachteiligung 133 11
- Widerspruch 178 12
- Wirkungen des Insolvenzplans 254 12 f.
- Zwangsvollstreckungsverbot 294 34 f.

Insolvenzgrund 16 1 ff.
- Abweisung des Insolvenzantrags 16 9
- Amtsermittlungen 5 27, 16 10
- Amtsermittlungspflicht 16 15
- Antrag auf Eröffnung des Verbraucherinsolvenzverfahrens 305 28
- antragsberechtigte Gläubiger 14 7
- Art und Weise der Feststellung 16 8
- Auskunftspflichten 16 8
- Aussetzung der Vollziehung 16 17
- Bestellung eines Sachverständigen 5 14
- Bestreiten des Insolvenzgrundes 16 7
- betriebswirtschaftliche Krise 16 1
- Common-Pool-Problem 16 2
- drohende Zahlungsunfähigkeit 16 5, 16 19
- Eigenprüfung 16 3
- eingetragener Verein 11 219
- Einstellung wegen Wegfalls des Eröffnungsgrundes 212 2 f.
- Emittlungskostenvorschuss 16 7
- Erledigung der Hauptsache 16 16
- Eröffnung des Insolvenzverfahrens vor 11 2
- Eröffnung des Nachlassinsolvenzverfahrens 317 6
- Eröffnungsbeschluss 16 16, 27 17
- Ersetzung der Zustimmung 309 82
- Falschbewertung 16 15
- fehlerhafter Eröffnungsbeschluss 16 17
- Feststellung des Insolvenzgrundes 16 3
- fortgesetzte Gütergemeinschaft 332 3
- Führungslosigkeit 16 13
- gemeinschaftlich verwaltetes Gesamtgut 333 3
- generelle Zulässigkeitsvoraussetzungen 14 15
- Genossenschaft 11 206, 16 5
- geringfügige Liquiditätslücke 16 15
- Gesellschaften ohne Rechtspersönlichkeit 11 247 ff.
- gesetzliche Insolvenzgründe 16 4 ff.

3213

Sachregister

fette Zahlen = Gesetzesvorschriften

- Glaubhaftmachung **14** 58 ff.
- Gläubigerantrag **16** 19
- GmbH & Co. KG **11** 343 ff.
- Haftungsverwirklichung **16** 2
- Insolvenzantragsrecht **15** 11 f.
- Insolvenzmasse **35** 3
- Insolvenzverfahren **1** 14
- juristische Personen **11** 41, **11** 52 ff., **16** 4
- juristische Personen des öffentlichen Rechts **11** 228, **12** 17
- Kollektivierung der Haftungsverwirklichung **16** 2
- Konzerninsolvenz **11** 399
- Liquiditätsstatus **16** 8
- materielle Insolvenz **16** 19
- Mitwirkungspflichten **16** 8
- Nachlassinsolvenzverfahren **320** 1 ff.
- nachträglicher Wegfall **16** 16
- Nichtbestreiten des Insolvenzgrundes **16** 7
- Nichterweislichkeit des Insolvenzgrundes **16** 9 ff.
- organschaftliche Vertreter **16** 13
- Partikularverfahren **354** 16 f.
- rechtliche Krise **16** 1
- richterliche Feststellung **16** 7 f.
- Rücknahme des Insolvenzantrags **16** 18
- Sanierungsprüfung **16** 3
- Schuldenregulierungsverfahren **16** 19
- Schweigen **16** 7
- Sekundärinsolvenzverfahren **Art. 27 EuInsVO** 3
- spezielle Zulässigkeitsvoraussetzungen **13** 40
- Staatshaftung **16** 15
- Tatsachenentscheidung **16** 16
- Territorialinsolvenzverfahren **Art. 3 EuInsVO** 50
- titulierte Forderungen **16** 12
- Überschuldung **16** 4
- Verbraucherinsolvenzverfahren **16** 19
- vereinfachtes Insolvenzverfahren **16** 19
- Verletzung der Amtsermittlungspflicht **16** 15
- Vermögensstatus **16** 8
- vorläufig vollstreckbare Titel **16** 14
- vorübergehende Zahlungsstockung **16** 15
- Wegfall der Antragsberechtigung **16** 18
- Zahlungsunfähigkeit **16** 4 f., **16** 19, **17** 1
- Zeitpunkt der Feststellung **16** 16 f.
- Zwangsgemeinschaft **16** 3

Insolvenzkostenhilfe 4 17 ff.
- Abweisung mangels Masse **13** 103, **13** 105
- Amtsermittlungen **13** 107
- Anmeldeverfahren **174** 16
- Arbeitnehmer **13** 105
- Auskunftspflichten **13** 110
- Beiordnung eines Rechtsanwalts **13** 105, **13** 107, **13** 109
- Beratungshilfe **4** 20, **4** 22, **13** 103, **13** 113
- Beschwerdeverfahren **13** 111
- Eigenantrag **13** 108 ff.
- Eigenverwaltung **13** 110
- Erfolgsaussicht **13** 105
- Erinnerung **13** 113
- Fristen **13** 112
- Fruchtlosigkeitsbescheinigung **13** 105
- Gerichtsgebühren **4** 21
- Gesellschaften ohne Rechtspersönlichkeit **4** 23
- Glaubhaftmachung **4** 17 f.
- Gläubigerantrag **13** 104 ff., **14** 110
- Insolvenzantrag **13** 103 ff., **4** 18, **4** 20
- Insolvenzgericht **4** 18
- Insolvenzplanverfahren **13** 110
- Insolvenzverwalter **4** 24
- juristische Personen **4** 23
- Massekostenvorschuss **4** 18, **13** 107
- Mitwirkungspflichten **13** 110
- Nachlassinsolvenzverfahren **13** 105

- Rechtspfleger **4** 22, **13** 113
- Rechtsschutzinteresse **13** 105
- Regelinsolvenzverfahren **13** 103, **13** 108
- Restschuldbefreiung **13** 103, **13** 111
- richterliche Entscheidungen **6** 8
- Sicherheiten **13** 105
- Sicherheitsleistung **4** 17
- Sicherungsmaßnahmen **13** 107
- sofortige Beschwerde **13** 112
- spezielle Zulässigkeitsvoraussetzungen **14** 21
- Stundung **13** 103, **13** 113
- Stundung der Kosten des Insolvenzverfahrens **4 a** 1, **4 a** 5
- Stundung der Verfahrenskosten **4** 21
- Umfang **13** 107
- Unternehmensfortführung **13** 110
- Unternehmensinsolvenz **13** 112
- Unternehmensstilllegung **13** 112
- Verbraucherinsolvenzverfahren **13** 103, **13** 113
- Verfahren **13** 106
- Verfahrenskostenvorschuss **26** 24 f.
- Verfahrensteilnahme **4** 19
- Vergütung **13** 113
- vorgerichtliche Beratung **4** 20
- Zivilprozessordnung **4** 41
- Zulassung des Gläubigerantrags **14** 98

Insolvenzmasse 35 1 ff.
- s. auch Gesellschaften ohne Rechtspersönlichkeit
- s. auch Insolvenzfreies Vermögen
- s. auch Juristische Personen
- s. auch Sonderinsolvenz
- s. auch Sondermassen
- s. auch Treuhandverhältnisse
- s. auch Unternehmen
- Abfindungsansprüche **35** 159
- Aktiengesellschaft **35** 307 ff.
- allgemeine Verfahrensvereinfachungen **312** 29 ff.
- allgemeines Persönlichkeitsrecht **35** 17
- Altersrente **35** 156
- anfechtbare Rechtshandlungen **35** 34
- Anschlussverfahren **35** 118
- Anwartschaftsrecht **35** 9, **35** 258 ff.
- anwendbares Recht **Art. 4 EuInsVO** 28 ff.
- Arbeitseinkommen **35** 153
- Arbeitskraft **35** 16
- Auftrag und Geschäftsbesorgung **116** 7
- Ausfall der Absonderungsberechtigten **52** 3
- ausländisches Vermögen **35** 130
- Aussonderung **47** 8
- Aussonderungsrecht **35** 261
- Baugeldforderungen **35** 174 f.
- Bausparvertrag **35** 176
- Befugnis zur Entbindung von der Schweigepflicht **35** 18
- Begriff **35** 11 ff.
- Beiträge der absonderungsberechtigten Gläubiger **35** 195
- Bekanntmachung und Wirkungen der Einstellung **215** 6
- Berechnungsmasse **35** 51
- Bergwerkseigentum **35** 135
- beschränkte persönliche Dienstbarkeit **35** 141
- besondere Vermögensmassen **35** 53 f.
- Bestandteile von Grundstücken **35** 144 f.
- betriebliche Altersversorgung **35** 225 ff.
- bewegliche Sachen **35** 143 ff.
- Blankowechsel **35** 197
- Bürgschaften **35** 167
- Dauerwohnrechte **35** 139
- Deckungsregister **35** 40
- dingliche Grundstücksrechte **35** 139 ff.
- dingliche Wohnrechte **35** 139

3214

magere Zahlen = Randnummern **Sachregister**

- Direktversicherung 35 230 ff.
- doppelseitige Treuhand 35 236
- Eigenheimzulage 35 179
- Eigentumsvorbehalt 35 259 ff.
- Eigenverwaltung 35 65
- eingetragener Verein 35 372 ff.
- Eingriff in die Rechte des Schuldners 35 3
- Einkünfte 35 114
- Enthaftung der Masse bei Wohnraummiete 109 18 ff.
- Entstehung als Sondervermögen 35 5
- Erbbaurechte 35 133 f.
- Erbengemeinschaft 35 68
- Erbschaft 35 114, 35 199 ff.
- Erbschaftskauf 330 3
- Erfindungen 35 239
- erkaufte Freigabe 35 66
- Erlöschenstheorie 35 211
- Eröffnung des Insolvenzverfahrens 35 9, 35 112
- Ersatzrente 35 157
- familienrechtliche Ansprüche 35 18 f.
- Feststellungsklage 35 126
- Feuerversicherung 35 223
- Filmwerke 35 251
- Fischereirechte 35 135
- Forderungen 35 9, 35 153 f.
- Fortbestehen von Miet- und Pachtverträgen 108 17, 108 28
- fortgesetzte Gütergemeinschaft 332 3
- Freigabe 35 4
- Freigabe selbstständiger Tätigkeit 35 100
- Garantien 35 167
- Gebäudeversicherung 35 223
- Gebrauchsmuster 35 243
- gemeinschaftlich verwaltetes Gesamtgut 333 8
- Genossenschaft 35 347 ff.
- Gerichtsvollzieher 35 128
- Gesamtgutinsolvenz 35 61
- Gesamthand 35 161
- Gesamtschadensersatzansprüche 35 45
- Geschäftsbücher 35 150
- Geschmacksmuster 35 247
- Gesellschaft bürgerlichen Rechts 35 378 ff.
- Gesellschaften ohne Rechtspersönlichkeit 35 378 ff.
- Gesellschaftsanteile 35 160 f.
- Gestaltungsrechte zur Ergänzung der Masse 35 44
- gewerbliche Schutzrechte 35 239 ff.
- gewillkürte Insolvenzmasse 35 88 f.
- GmbH 35 307 ff.
- GmbH & Co. KG 35 412 ff.
- Grunddienstbarkeit 35 141
- Grundpfandrechte 35 140
- Grundschuld 35 139 f.
- Grundstücke 35 132
- grundstücksgleiche Rechte 35 133
- Gütergemeinschaft 35 116, 35 119
- Gütertrennung 37 30
- haftungsrechtliche Zuweisung 35 5 ff.
- Halbleiter 35 244
- Handels- und steuerrechtliche Rechnungslegung 155 11
- Handelsgesellschaften 35 378 ff.
- Heimstätte 35 135
- hinterlegte Sachen 35 206
- Hypotheken 35 139
- Immaterialgüterrechte 35 238 ff.
- Insolvenzanfechtung 35 44, 35 47
- Insolvenzbeschlag 35 67
- insolvenzfreies Vermögen 35 115
- Insolvenzgeld 35 155
- Insolvenzgrund 35 3
- Insolvenzvermögensstatut 335 13, 335 28

- Internetdomain 35 252
- Istmasse 35 46
- Jagdrechte 35 135
- juristische Personen 35 301 ff.
- juristische Personen des öffentlichen Rechts 12 17, 35 377
- Kapitalanlagegesellschaften 35 38
- Kapitalerhöhung 35 121
- Kennzeichen 35 245
- Kleininsolvenzverfahren 35 117
- Know-how 35 253
- Kohlenabbaurechte 35 135
- Kommanditgesellschaft auf Aktien 35 346
- Kommissionsgeschäft 35 37
- Konkursmasse 35 48
- Krankenversicherung 35 208
- Kreditaufträge 35 167
- künstliche Gliedmaßen 35 15
- Lebensversicherungen 35 216 ff.
- Legaldefinition 35 11
- Leib des Schuldners 35 15
- Leistungen an den Schuldner 82 3
- Leistungsklage 35 126
- Lizenzen 35 254
- Luftfahrzeuge 35 136
- Marken 35 245 f.
- Massebereinigung 35 47
- Masseergänzung durch Gesetz 35 44
- Massemehrung 35 111
- Massesurrogation 35 123 ff.
- Maßnahmen des Insolvenzverwalters 35 127
- mehraktige Erwerbstatbestände 35 9
- Mietrechte 35 205
- Miteigentum 35 161
- Mitgliedschaftsrechte 35 160
- Nachlassinsolvenzmasse 35 67
- Nachlassinsolvenzverfahren 35 67, 315 7 ff.
- Name des Schuldners 35 17
- Namensrecht 35 17
- natürliche Personen 35 116
- Neuerwerb 35 110 ff.
- Nießbrauch 35 189 ff.
- Nutzungsrecht 35 256 f.
- Optionsrechte 35 21 ff.
- Pachtrechte 35 205
- Partnerschaft 35 422
- Passivmasse 35 52
- Patente 35 241
- Patronatserklärungen 35 168 f.
- Perpetuierung von Insolvenzverfahren 35 66
- Person des Schuldners 35 14
- Personalsicherheiten 35 167 ff.
- Personenversicherung 35 224
- persönliche Gegenstände 35 148 ff.
- persönliche Gesellschafterhaftung 35 45
- Pfandgegenstände 35 146
- Pflichtteilsanspruch 35 201
- Prozesskosten 35 171
- Rechtsträger 35 10
- Recht am eigenen Bild 35 17
- Recht zur Prozessführung 35 10
- Rechtsgegenstände 35 1
- rechtsgeschäftliche Surrogate 35 123
- Rechtsobjekt 35 10
- Rechtsstellung 35 10 ff.
- Rechtsübertragung 35 33
- Rechtszuständigkeit 35 25 ff.
- Refinanzierungsregister 35 41
- Rentenschulden 35 139
- Rentenverträge 35 210
- Restschuldbefreiung 35 66, 35 118
- Rückgewährpflicht 143 20 ff., 143 47 f.

3215

Sachregister

fette Zahlen = Gesetzesvorschriften

- Sanierungsträger 35 39
- Schadensversicherung 35 224
- Schenkung 35 114
- Schiffe 35 136
- Schiffsbauwerke 35 136
- Schiffshypotheken 35 136
- Schmerzensgeldanspruch 35 198
- Schuldbefreiungsansprüche 35 162 f.
- Schuldenmasse 35 49 ff.
- Schuldübernahmen 35 167
- Sicherungseigentum 35 8
- Sicherungsübereignung 35 33
- Sicherungsübertragung 35 33
- Sicherungszession 35 33
- Software 35 151 f., 35 252
- Sollmasse 35 46
- Sondereigentum 35 137
- Sondervermögen 35 1 ff.
- Sorten 35 244
- Stellvertretung 35 35
- Steuererstattungsansprüche 35 181 ff.
- Stiftung 35 376
- Streit über die Massezugehörigkeit 35 126 ff.
- Teilungsmasse 35 49 ff.
- Testamentsvollstreckung 35 200
- Trennung von Vermögensmassen 35 53
- treuhänderischer Sachwalter 35 10
- überwachte Planverfahren 35 64
- unbewegliche Sachen 35 132 ff.
- Unfallversicherung 35 222
- Unterhaltsansprüche 35 157 f., 40 14
- Unterlassungsansprüche 35 196
- Unterlassungsklage 35 126
- Urheberrecht 35 248
- Urkunden 35 150
- Verarbeitung 35 125
- Verbindung 35 125
- Verbraucherinsolvenzverfahren 35 66, 35 117
- verdeckte Stellvertretung 35 36
- Verfahrensbeendigung 35 112 f.
- Verfahrensunterbrechung nach § 240 ZPO 85 12 ff.
- Verfügungsbefugnisse 35 20
- Vermächtnisse 35 199 f.
- Vermischung 35 125
- Vermögenswert-Erfordernis 35 13
- Vermögenszuordnung bei Treuhandverhältnissen 35 26 ff.
- Verpfändungsmodell 35 236
- Verschmelzung von Vermögensmassen 35 53
- Versicherungsleistungen 35 207 ff.
- Versicherungsverein auf Gegenseitigkeit 35 375
- Versorgungsanwartschaft 35 228
- Verteilungsmasse 35 50
- Vertragsangebote 35 21 ff.
- Vertretungsbefugnisse 35 20
- Verwaltungserwerb 35 123
- Verwaltungssurrogation 35 123
- Verwertung 35 129
- Vorbenutzungsrecht 35 242
- Vorerbschaft 83 19
- Vorkaufsrechte 35 185 ff.
- Vormerkung 35 265 f.
- Wiederaufbauklausel 35 223
- Wiederkaufsrechte 35 188
- Wirkungen der Aufhebung 259 5
- Wohnungsbauprämien 35 177
- Wohnungsbaurecht 35 133
- Wohnungseigentum 35 137 f.
- Zugewinnausgleich 35 203 f.
- Zuordnungsfunktion 35 2
- Zweck der Haftungsverwirklichung 35 6
- zweckbestimmte Verträge 35 172 ff.

Insolvenzplan vor 217 1 ff., **Art. 102 § 9 EGInsO** 1 ff.
- s. auch Absonderungsberechtigte Gläubiger
- s. auch Abstimmung in Gruppen
- s. auch Änderung sachenrechtlicher Verhältnisse
- s. auch Annahme des Insolvenzplans
- s. auch Aufhebung des Insolvenzverfahrens
- s. auch Ausfallforderungen
- s. auch Aussetzung von Verwertnug und Verteilung
- s. auch Bedingter Insolvenzplan
- s. auch Darstellender Teil des Insolvenzplans
- s. auch Erforderliche Mehrheiten
- s. auch Erörterungs- und Abstimmungstermin
- s. auch Gerichtliche Bestätigung des Insolvenzplans
- s. auch Gestaltender Teil des Insolvenzplans
- s. auch Gläubigergleichbehandlung
- s. auch Gruppenbildung
- s. auch Haftung des Schuldners
- s. auch Insolvenzgläubiger
- s. auch Minderheitenschutz
- s. auch Nachrangige Insolvenzgläubiger
- s. auch Niederlegung des Insolvenzplans
- s. auch Obstruktionsverbot
- s. auch Stellungnahmen zum Insolvenzplan
- s. auch Stimmrecht der Insolvenzgläubiger
- s. auch Streitige Forderungen
- s. auch Überwachung der Planerfüllung
- s. auch Verfahrenspflichten aktiver Organe, Gesellschafter und Angestellter
- s. auch Verstoß gegen Verfahrensvorschriften
- s. auch Vollstreckung aus dem Insolvenzplan
- s. auch Vorlage des Insolvenzplans
- s. auch Vorprüfung des Insolvenzplans
- s. auch Wiederauflebensklausel
- s. auch Wirkungen des Insolvenzplans
- s. auch Zurückweisung des Insolvenzplans
- s. auch Zustimmung des Schuldners
- s. auch Zustimmung nachrangiger Gläubiger
- abgesonderte Befriedigung aus unbeweglichen Gegenständen 49 39
- absonderungsberechtigte Gläubiger **223** 1 ff., **238** 1 f.
- Absonderungsrecht **217** 11
- Akteneinsicht **4** 33
- Änderung des Insolvenzplans **240** 1 ff.
- Änderung sachenrechtlicher Verhältnisse **228** 1 f.
- Änderungsabsicht **240** 1 ff.
- Anfechtungsberechtigung **129** 24
- Anlagen **230** 1 ff.
- Anordnung der Nachtragsverteilung **203** 3
- Anordnung von Sicherungsmaßnahmen **21** 1
- Antrag **vor 217** 33
- anwendbares Recht **335** 49 ff.
- Aufgaben des Gläubigerausschusses **69** 41, **69** 45 f.
- Auskunfts- und Mitwirkungspflichten des Schuldners **97** 3
- Aussonderungsrecht **217** 10
- Bankruptcy Act 1898 **vor 217** 19 f.
- Berichtstermin **156** 10
- besonders bedeutsame Rechtshandlungen **160** 15
- Composition Agreement **vor 217** 16
- Doppelspurigkeit **vor 217** 3, **vor 217** 32
- Dritte **217** 9, **230** 5 f.
- Durchsetzung der Pflichten des Schuldners **98** 1
- Eigenverwaltung **vor 217** 26, **217** 3, **284** 1 ff.
- Einbindung in das Insolvenzverfahren **vor 217** 30 ff., **217** 2
- Einstellung nach Anzeige der Masseunzulänglichkeit **211** 11
- Enthaftung **vor 217** 48
- Entscheidung über den Fortgang des Verfahrens **157** 12 ff.
- Erlass **Art. 102 § 9 EGInsO** 3
- Erörterungs- und Abstimmungstermin **240** 2 ff.

magere Zahlen = Randnummern **Sachregister**

- fällige Zahlungspflichten 229 6
- Feststellung des Stimmrechts 77 1
- Fortführungserklärung 230 2
- Fortsetzungserklärung 230 3
- gemeinschaftlich verwaltetes Gesamtgut 334 4
- Genossenschaft 11 215 ff.
- geplante Einnahmen 229 7
- Gesamtschuldner und Bürgen 44 14 f.
- Gesellschaften ohne Rechtspersönlichkeit 11 277, 11 310 ff.
- Gesellschafter **vor** 217 40
- Gesellschaftsrechte 217 16 ff.
- gestaltender Teil des Insolvenzplans **vor** 217 39
- Gläubigerautonomie **vor** 217 6, **vor** 217 31
- Gläubigerbefriedigung **vor** 217 1
- Gläubigererklärung 230 4
- Gläubigergleichbehandlung **vor** 217 38, 226 1 ff.
- Gliederung des Insolvenzplans 219
- GmbH & Co. KG 11 367
- Gruppenbildung **vor** 217 35 ff.
- Haftung mehrerer Personen 43 29
- Haftungserklärung 230 2
- Handelsgesellschaften 35 392
- Insolvenzantragsrecht 13 63
- Insolvenzgläubiger 217 12, 224 1 ff.
- Insolvenzplanverfahren 217 2
- Insolvenzrechtsreform **vor** 217 7 ff.
- Insolvenzverfahren 1 13
- Insolvenzverwalter **vor** 217 34
- juristische Personen 11 158 ff.
- Kommanditgesellschaft auf Aktien 11 203
- Konzerninsolvenz 11 414 f., 217 23 ff.
- Kosten des Insolvenzverfahrens 54 12
- Massegläubiger 217 14
- Minderheitenschutz **vor** 217 46
- nachrangige Insolvenzgläubiger 225 1 ff.
- Neugläubiger 217 15
- Niederlegung in der Geschäftsstelle 154 2
- Obstruktionsverbot **vor** 217 44 f.
- Partikularverfahren 357 13 ff.
- persönliche Haftung der Gesellschafter 93 42
- Planertragsrechnung 229 4
- Plan-Gewinn- und Verlustrechnung 229 4
- Planinhalt 217 6
- Planinitiator 217 5
- Plan-Liquiditätsrechnung 229 4 ff.
- Planungsrechnungen 229 3
- Planziele **vor** 217 41 ff., 217 4
- Rechte der Insolvenzgläubiger nach Verfahrensaufhebung 201 1
- Rechtsfolgen Art. 102 § 9 EGInsO 4 f.
- Regelinsolvenzverfahren **vor** 217 31
- Reorganisation **vor** 217 41
- Reorganisation nach Chapter 11 US BC (1978) **vor** 217 13 ff., **vor** 217 42
- Sanierung **vor** 217 7, **vor** 217 41, 217 4
- Schlusstermin 197 18
- Schuldner **vor** 217 34
- Sekundärinsolvenzverfahren Art. 102 § 9 EGInsO 1 ff.
- Sicherheiten-Pool 51 77
- Sinn und Zweck **vor** 217 5
- Sozialpläne 217 21
- spezielle Zulässigkeitsvoraussetzungen 13 53
- stille Gesellschaft 11 392
- Stimmliste 239 1 ff.
- Stimmrecht der absonderungsberechtigten Gläubiger 238 1 f.
- Stundung Art. 102 § 9 EGInsO 3
- übertragende Sanierung **vor** 217 43, 217 4
- Überwachung der Planerfüllung **vor** 217 50
- United States Bankruptcy Law 1800 **vor** 217 14 f.
- Unterhaltsansprüche 40 13
- Unternehmensfortführung 11 15, 217 22
- Unternehmensveräußerung 11 20
- Verbraucherinsolvenzverfahren 217 2
- Vergleichsverfahren **vor** 217 24
- Vergütung des Insolvenzverwalters 63 36, 63 38
- Verjährung des Schadenersatzanspruchs 62 11 f.
- Vermögensübersicht 229 1 ff.
- Versicherungsverein auf Gegenseitigkeit 11 223
- Verwertung der Insolvenzmasse 159 32, 159 40 ff.
- Verwertungsbeschränkungen 159 55
- Vorlage eines Insolvenzplans **vor** 217 34
- vorsätzliche Benachteiligung 133 10
- Wiederauflebensklauseln **vor** 217 48
- Wirkungen **vor** 217 47 ff.
- Zivilprozessordnung 4 6
- Zulässigkeit 217 2
- zustimmungsbedürftige Geschäfte 263 2
- Zustimmungsfiktion **vor** 217 44

Insolvenzplanverfahren
- allgemeine Verfahrensvereinfachungen 312 82
- Amtsermittlungen 5 3
- Aufrechnung in der Insolvenz 94 83 ff.
- Befriedigung der Insolvenzgläubiger 187 1
- Eigenverwaltung 270 10
- funktionelle Zuständigkeit 2 4
- Hinterlegung 149 20, 149 22
- Insolvenzanfechtung 129 39 f.
- Insolvenzkostenhilfe 13 110
- Insolvenzplan 217 2
- Insolvenzverfahren 1 1, 1 3
- nachrangige Insolvenzgläubiger 39 3
- nachträgliche Anmeldungen 177 23
- Partikularverfahren 355 9 ff.
- Restschuldbefreiung **vor** 286 27
- Sozialpläne 124 38 ff.
- Umrechnung von Forderungen 45 29

Insolvenzquote 182 8 ff.
Insolvenzrechtliche Fälligkeit 17 11
Insolvenzrechtliche Überschuldung
- Feststellung der Überschuldung 19 37
- gesetzlicher Überschuldungsbegriff 19 11 ff., 19 21 f.

Insolvenzrechtliche Verfahrensgrundsätze 4 43
Insolvenzrichter
- Akteneinsicht 4 36
- Amtsermittlungen 5 9
- Auskunft **4** 30
- Beschwerdeverfahren 6 15
- funktionelle Zuständigkeit 2 3 ff., 2 7
- Kooperationspflicht Art. 31 EuInsVO 2
- sofortige Beschwerde 6 4, 6 11
- Stundung der Kosten des Insolvenzverfahrens 4 a 21
- Vergütung des vorläufigen Insolvenzverwalters 22 234
- Vorauswahl des Insolvenzverwalters 56 6 f.
- Zulassung des Gläubigerantrags 14 96

Insolvenzschlussbilanz
- Rechnungslegung 66 39 f.
- Schlussverteilung 196 11

Insolvenzschuldner
- Ablehnung der Aufnahme anhängiger Streitigkeiten 85 99
- anwendbares Recht Art. 4 EuInsVO 21 ff.
- Aufgaben des Gläubigerausschusses 69 11 ff.
- Eröffnungsbeschluss 27 5
- Prüfungstermin 176 17 ff.
- Sicherheiten-Pool 51 72
- Überschuss bei der Schlussverteilung 199 2
- Verzeichnis der Massegegenstände 151 9
- Widerspruch 178 14
- Wirkung der Entscheidung 183 6 ff.

insolvenzspezifische Einwendungen
- Aufnahme eines unterbrochenen Rechtsstreits 180 27

3217

Sachregister

fette Zahlen = Gesetzesvorschriften

- Klage gegen den Widerspruch des Schuldners **184** 4
- titulierte Forderungen **179** 29 ff.

Insolvenzspezifische Pflichten
- Forderungen **60** 19 ff.
- Freigabe **60** 44
- Haftung der Mitglieder des Gläubigerausschusses **71** 5
- Haftung des vorläufigen Insolvenzverwalters **22** 223 f.
- Haftung gegenüber Absonderungsberechtigten **60** 39 ff.
- Haftung gegenüber Aussonderungsberechtigten **60** 29 ff.
- Haftung gegenüber dem Insolvenzschuldner **60** 46 ff.
- Haftung gegenüber Insolvenzgläubigern **60** 13 ff.
- Haftung gegenüber Massegläubigern **60** 26 ff.
- Haftung im Insolvenzplanverfahren **60** 50 ff.
- interne Verantwortlichkeit **60** 46
- Masseminderung **60** 26
- Masseunzulänglichkeit **60** 27
- Nachforschungen **60** 33
- öffentlich-rechtliche Pflichten **60** 23
- Rechnungslegungspflicht **60** 18
- Sicherheiten-Pool **60** 45
- Sorgfalt eines ordentlichen und gewissenhaften Geschäftsleiters **60** 17
- Unternehmensfortführung **60** 15
- Unternehmensstilllegung **60** 15
- Verarbeitungsklausel **60** 41
- verlängerter Eigentumsvorbehalt **60** 38
- Verwertung **60** 39 f.
- Zahlungseingänge **60** 35

Insolvenzstatut
- anwendbares Recht **Art. 4 EuInsVO** 1
- Insolvenzanfechtung **129** 47
- Internationales Insolvenzrecht **vor 335–358** 3, **vor EuInsVO** 12 ff.

Insolvenzstraftaten
- Glaubhaftmachung des Versagungsgrundes **297** 12
- öffentliche Bekanntmachung **297** 16
- rechtliches Gehör **297** 13
- Rechtsmittel **297** 15
- sofortige Beschwerde **297** 15
- Versagung der Restschuldbefreiung **297** 1 ff.
- Versagungsverfahren **297** 8 ff.

Insolvenztabelle
- Akteneinsicht **4** 29
- Sozialpläne **124** 46

Insolvenzunfähigkeit 12 1

Insolvenzverfahren
- Arbeitnehmerinteressen **1** 1, **1** 16
- außergerichtliche Sanierung **1** 6
- Befriedigung **1** 1
- Deregulierung **1** 9
- Eigenverwaltung **1** 3, **1** 5, **270** 10 f.
- Einheitlichkeit **1** 4
- Erkenntnisverfahren **1** 2
- Eröffnung des Insolvenzverfahrens **1** 5, **1** 14
- europäische Definitionen **Art. 2 EuInsVO** 2
- freiwillige Gerichtsbarkeit **1** 2
- Funktion **1** 1
- Gesamtgutinsolvenz **1** 3
- Gläubigerautonomie **1** 3 f., **1** 13
- Gläubigergleichbehandlung **1** 2
- Gläubigerschutz **1** 2
- Insolvenz **1** 2
- Insolvenzanfechtung **1** 14
- Insolvenzgrund **1** 14
- Insolvenzplan **1** 13
- Insolvenzplanverfahren **1** 1, **1** 3
- Insolvenzverfahrensrecht **1** 3
- juristische Personen **11** 40 ff.
- materielles Insolvenzrecht **1** 2
- Mehrheiterfordernis **1** 13
- Nachlassinsolvenzverfahren **1** 3
- Regelinsolvenzverfahren **1** 3
- Restschuldbefreiung **1** 3, **1** 15 f., **vor 286** 38, **286** 11 f.
- Rückschlagsperre **1** 14
- Sanierung **1** 1, **1** 6 f.
- Schuldenbereinigungsplan **1** 16
- Schuldnerinteressen **1** 1, **1** 16
- Schuldnervermögen **1** 1
- Selbstverwaltung **1** 3
- Stundung der Kosten des Insolvenzverfahrens **4 a** 26
- Umverteilung **1** 10
- Verbraucherinsolvenzverfahren **1** 3, **1** 16
- vereinfachtes Insolvenzverfahren **1** 3
- Verfahrensarten **1** 3
- Verfahrenseinleitung **1** 8
- Verlustgemeinschaft **1** 3
- Verteilungsgerechtigkeit **1** 12
- Verwertung **1** 1
- Vollabwicklung **1** 11
- Vollstreckungsverfahren **1** 2
- Wirtschaftsprivatrecht **1** 2
- Ziele **1** 1 ff.

Insolvenzverfahrensrecht
- Insolvenzverfahren **1** 3
- Zivilprozessordnung **4** 1 f.

Insolvenzvermerk
- Eintragung in öffentliche Bücher und Register **Art. 102 § 6 EGInsO** 8
- Grundbuch **32** 5

Insolvenzvermögensstatut 335 12 ff.
- Aufrechnung **335** 25
- ausländisches Insolvenzverfahren **335** 31 f.
- ausländisches Vermögen **335** 13, **335** 28
- dingliche Rechte **335** 18
- Gesamtgut **335** 15
- Insolvenzanfechtung **335** 24
- Insolvenzmasse **335** 13, **335** 28
- Rechte Dritter **335** 16 ff.
- Sicherungsrechte **335** 17 ff.
- Sonderrechte **335** 16 ff.
- Universalitätsprinzip **335** 33
- Verfahrensunterbrechung **335** 26
- Verfügungsbefugnis **335** 23
- Vollstreckungsschutz **335** 27
- Zwangsvollstreckung **335** 14, **335** 29 f.

Insolvenzverschleppung
- Feststellung der Überschuldung **19** 40
- gesetzlicher Überschuldungsbegriff **19** 4, **19** 13
- Insolvenzanfechtung **129** 28
- Insolvenzantragspflicht **13** 95, **13** 100
- Rücknahme des Insolvenzantrags **13** 130
- Scheinauslandsgesellschaften **vor 335–358** 37
- spezielle Zulässigkeitsvoraussetzungen **13** 32
- Wertansätze und Bewertung bei positiver Fortführungsprognose **19** 70

Insolvenzverteilungsstatut 335 44 ff.
- Berücksichtigung von Gläubigerforderungen **335** 47
- Massekosten **335** 45
- Masseverbindlichkeiten **335** 45
- Rangfolge **335** 46
- Wirkungen **335** 48

Insolvenzverwalter
- s. auch Anzeigepflicht des Insolvenzverwalters
- s. auch Bestellung des Insolvenzverwalters
- s. auch Entlassung des Insolvenzverwalters
- s. auch Haftung des Insolvenzverwalters
- s. auch Rechte und Pflichten des Insolvenzverwalters
- s. auch Rechtsstellung des Insolvenzverwalters
- s. auch Steuerrechtliche Stellung des Insolvenzverwalters
- s. auch Vergütung des Insolvenzverwalters

magere Zahlen = Randnummern

Sachregister

- s. auch Vorauswahl des Insolvenzverwalters
- s. auch Wahl eines anderen Insolvenzverwalters
- Abschlagsverteilung **187** 8
- Akteneinsicht **4** 33, **4** 35
- Aktiengesellschaft **35** 338 f.
- Amtsermittlungen **5** 22
- anfechtbare Rechtshandlungen **131** 33 f.
- Anfechtungsberechtigung **129** 9
- Anmeldeverfahren **174** 15
- Antrag auf Einberufung der Gläubigerversammlung **75** 3
- Anzeige der Masseunzulänglichkeit **208** 4 f.
- Aufgaben des Gläubigerausschusses **69** 10
- Aufhebung der Anordnung der Eigenverwaltung **272** 8
- Aufhebung eines Beschlusses der Gläubigerversammlung **78** 6
- Aufrechnung in der Insolvenz **94** 76 ff.
- Auskunft **4** 30
- Auskunfts- und Mitwirkungspflichten des Schuldners **97** 4
- Auskunftspflichten **261** 10
- ausländisches Insolvenzverfahren **347** 1 ff.
- Ausschluss sonstigen Rechtserwerbs **91** 3
- Ausschluss von Massegläubigern **206** 3
- Aussonderung **47** 4
- Ausübung von Gläubigerrechten **341** 8 ff.
- Beendigung von Arbeitsverhältnissen **113** 24 ff.
- Befugnisse **261** 14 ff.
- Bekanntmachung und Wirkungen der Einstellung **215** 7
- Berücksichtigung absonderungsberechtigter Gläubiger **190** 13 f.
- Beschlüsse des Gläubigerausschusses **72** 6
- Beschwerdeverfahren **6** 12
- Eigentumsvorbehalt **47** 30
- Einberufung der Gläubigerversammlung **74** 7
- Einsichtnahme **261** 16
- Einstellung mangels Masse **207** 5
- Entscheidung des Insolvenzgerichts **289** 8 f.
- Entscheidung über den Fortgang des Verfahrens **157** 22 ff.
- Eröffnungsbeschluss **27** 7
- Erörterungs- und Abstimmungstermin **235** 12
- Ersatzaussonderung **48** 4
- Festsetzung des Bruchteils **195** 4
- Fortbestehen von Miet- und Pachtverträgen **108** 8
- Gesamtschaden **92** 20 ff.
- Gesellschaften ohne Rechtspersönlichkeit **11** 278, **11** 287 ff.
- Gesellschafterdarlehen **135** 20
- gestaltender Teil des Insolvenzplans **221** 8, **261** 3
- GmbH **35** 338 f.
- Grundbuch **32** 14 f.
- Haftung des Insolvenzverwalters **261** 18
- Handels- und steuerrechtliche Rechnungslegung **155** 1, **155** 9 ff.
- Inbesitznahme der Insolvenzmasse **148** 7 ff.
- inkongruente Deckung **131** 38
- Insolvenzkostenhilfe **4** 24
- Insolvenzplan vor **217** 34
- Insolvenzverwaltungsstatut **335** 34 ff.
- Internationales Insolvenzrecht vor **EuInsVO** 15
- juristische Personen **11** 118 ff.
- Klagefristen bei Unwirksamkeit von Kündigung oder Befristung **113** 181 ff.
- kongruente Deckung **130** 65
- Konzerninsolvenz **11** 394
- Kreditrahmen **264** 21 ff.
- Nachlassinsolvenzverfahren **315** 15
- nachträgliche Anordnung der Eigenverwaltung **271** 9
- nicht rechtsfähiger Verein **11** 231
- Nutzung des Sicherungsguts **172** 2 f.
- Organe der juristischen Personen **11** 138
- Partikularverfahren **357** 1 ff.
- Planerfüllbarkeit **261** 5 ff.
- Prüfungstermin **176** 22 ff.
- Rechnungslegung **66** 23 f.
- Schlusstermin **197** 6
- Schuldner als Vermieter oder Verpächter **110** 9
- Sicherheiten-Pool **51** 65, **51** 73 ff.
- Siegelung **150** 1
- sofortige Beschwerde **6** 22
- Sonderkündigungsrecht des Insolvenzverwalters **109** 2, **109** 6
- sonstige Masseverbindlichkeiten **55** 7 ff.
- Sozialauswahl **125** 57 ff.
- Überwachung der Planerfüllung **261** 1 ff.
- unmittelbar nachteilige Rechtshandlungen **132** 17
- Veräußerung des Miet- oder Pachtobjekts **111** 2
- Verfahrenskostenvorschuss **26** 25
- Verletzung der Insolvenzantragspflicht **15** a 51, **15** a 55 f.
- Verteilung des Erlöses **170** 9 ff.
- Verträge mit nahestehenden Personen **133** 41
- Verwertung unbeweglicher Gegenstände **165** 8 ff.
- Vollzug der Nachtragsverteilung **205** 2
- Vorlage des Insolvenzplans **218** 61, **218** 3 ff., **218** 34 f.
- Vorprüfungs- und Zurückweisungsrecht **175** 9 ff.
- Widerspruch **178** 11
- Wirkungen der Aufhebung **259** 1
- Zivilprozessordnung **4** 41
- Zustellungen **8** 8 f.
- zustimmungsbedürftige Geschäfte **261** 17, **263** 2

Insolvenzverwalterprozesse 85 71 ff.
Insolvenzverwalterwechsel 66 24
Insolvenzverwaltungsstatut 335 34 ff.
- fehlende Anerkennung **335** 37 ff.
- Insolvenzverwalter **335** 34 ff.
- schwebende Rechtsgeschäfte **335** 41
- Verwaltungs- und Verfügungsbefugnis **335** 35 ff.
- Verwertung der Insolvenzmasse **335** 43
- vorläufiger Insolvenzverwalter **335** 34 ff.

Insolvenzverwaltungsvertrag 159 43
Insolvenzvollmacht
- generelle Zulässigkeitsvoraussetzungen **14** 17
- Zulässigkeitsvoraussetzungen **13** 23

Insolvenzvollstreckungshaftung 13 3
Insolvenzzweckwidrige Handlungen
- Aufsicht des Insolvenzgerichts **58** 21, **58** 35
- besonders bedeutsame Rechtshandlungen **160** 29
- Rechte und Pflichten des Insolvenzverwalters **80** 150 ff.
- Verwertung beweglicher Gegenstände **166** 4 c
- Verwertungsbeschränkungen **159** 57
- Wirksamkeit von Handlungen **164** 3

Institutionelle Gläubiger 73 8
Interbankenverkehr 96 79
Interessenausgleich
- Betriebspause **128** 26
- Betriebsveräußerung **128** 24 ff.
- Sanierungskonzept **128** 27
- übergreifend tätige Arbeitnehmer **128** 30
- Vermutung der Betriebsbedingtheit **128** 25
- versetzungsähnliche Zuordnungsentscheidung **128** 30
- Zuordnung der Arbeitnehmer **128** 28 ff.

Interessenausgleich mit Namensliste 125 1 ff.
- s. auch Sozialauswahl
- Änderung der Sachlage **125** 36 f.
- Änderungskündigung **125** 31, **125** 33
- Beendigungskündigung **125** 31 f.
- Beschränkung des Kündigungsschutzgesetzes **125** 8 ff.
- Betriebsänderungen **125** 17 ff.
- Betriebsrat **125** 10, **125** 15, **125** 107 ff.

Sachregister

fette Zahlen = Gesetzesvorschriften

- Betriebsstillegung 125 12
- Bezugnahmeverbot 125 26
- Darlegungs- und Beweislast 125 32 ff., 125 42 ff.
- Entlassungsliste 125 29
- Entlassungswellen 125 12 f.
- Fortführungssanierung 125 14
- freiwilliger Interessenausgleich 125 18
- Gebot der Urkundeneinheit 125 26
- Interessenausgleich auf Vorrat 125 18
- Kündigung 125 17 ff., 125 57 ff.
- Massenentlassungen 125 2, 125 107 ff.
- Nachteilsausgleich 125 16
- nachträgliche Eränzung um eine Namensliste 125 13
- Namensliste 125 1, 125 23 ff.
- Negativliste 125 24
- Positivliste 125 24
- Sozialauswahl 125 3 f.
- Sozialpläne 125 28
- Stilllegung einzelner Betriebsteile 125 19
- stufenweiser Personalabbau 125 12
- subjektive Determinierung 125 110
- Teileinschränkung 125 19
- Verkaufsfähigkeit 125 5
- Vermutung der Betriebsbedingtheit 125 30 ff.
- Vermutungsbasis 125 8
- Verteilungsliste 125 29
- Weiterbeschäftigung 125 39
- Wirkungen 125 6 ff.
- Zuordnung der Arbeitnehmer 125 20
- Zustandekommen eines Interessenausgleichs 125 9 ff.

Interessenkollision
- Aufgaben des Gläubigerausschusses 69 15
- Bestellung des Insolvenzverwalters 56 79
- Entlassung des Insolvenzverwalters 59 12
- Sonderinsolvenzverwalter 56 67
- Wahl eines anderen Insolvenzverwalters 57 26

International Financial Accounting Standards 155 4 f.
Internationale Zuständigkeit Art. 3 EuInsVO 1 ff.
- s. auch Territorialinsolvenzverfahren
- Anerkennung 343 7
- Anerkennung ausländischer Insolvenzverfahren Art. 16 EuInsVO 2
- Annexverfahren Art. 3 EuInsVO 52 ff.
- anwendbares Recht 335 3 ff.
- Aufhebung der Stundung 4 c 3
- Business-Activity-Theorie Art. 3 EuInsVO 11, Art. 3 EuInsVO 33
- forum shopping Art. 3 EuInsVO 38
- Handelsgesellschaften 35 407
- Hauptinsolvenzverfahren Art. 3 EuInsVO 8
- Internationales Insolvenzrecht vor 335–358 4, vor EuInsVO 7
- juristische Personen Art. 3 EuInsVO 11
- mind-of-management-Theorie Art. 3 EuInsVO 11, Art. 3 EuInsVO 33
- Mittelpunkt der hauptsächlichen Interessen Art. 3 EuInsVO 2, Art. 3 EuInsVO 9
- natürliche Personen Art. 3 EuInsVO 10
- negative Kompetenzkonflikte Art. 3 EuInsVO 35
- ordre public Art. 3 EuInsVO 35
- örtliche Zuständigkeit 3 20, Art. 3 EuInsVO 41
- Partikularverfahren Art. 3 EuInsVO 4, Art. 3 EuInsVO 6
- positive Kompetenzkonflikte Art. 3 EuInsVO 35
- Prioritätsprinzip Art. 3 EuInsVO 34 f.
- Rechtsfolgen der Insolvenzanfechtung 143 71
- Sekundärinsolvenzverfahren Art. 3 EuInsVO 4, Art. 27 EuInsVO 5
- Sicherungsmaßnahmen 344 3, Art. 3 EuInsVO 42, Art. 38 EuInsVO 5
- Sitzverlegung Art. 3 EuInsVO 40
- Wettlauf um die Eröffnung Art. 3 EuInsVO 39
- Zulässigkeitsvoraussetzungen 13 20
- Zuständigkeitskonflikte Art. 3 EuInsVO 34

Internationales Insolvenzrecht vor 335–358 1 ff., vor EuInsVO 1 ff.
- s. auch Anwendbares Recht
- s. auch Ausländisches Insolvenzverfahren
- s. auch Ausübung von Gläubigerrechten
- s. auch Partikularverfahren
- s. auch Scheinauslandsgesellschaften
- Absonderungsrecht 342 9
- Anerkennung ausländischer Insolvenzverfahren vor 335–358 15 f., vor EuInsVO 8
- Anmeldung der Forderungen vor EuInsVO 10
- Anrechnung 342 13 ff.
- Anrechnungsklausel vor EuInsVO 16
- Aufrechnung 338 1 ff., 339 9, vor EuInsVO 7
- Auskunftspflichten 342 18 f.
- ausländische Gläubiger vor EuInsVO 10
- Auslandssachverhalte vor 335–358 4, vor 335–358 19 f.
- Aussonderungsrecht 342 9
- dingliche Rechte vor EuInsVO 7
- Eigentumsvorbehalt vor EuInsVO 7
- eingeschränkte Universalität 342 1, vor EuInsVO 11
- Europäische Insolvenzordnung vor 335–358 23 f.
- europäische Rechtsvereinheitlichung vor 335–358 8 ff.
- extraterritorialer Geltungsbereich vor 335–358 18 ff.
- Forderungsstatut 338 10
- Gesamtstatut vor 335–358 3, vor EuInsVO 11
- Gesamtverfahren vor EuInsVO 7
- Gläubigergleichbehandlung 342 1, 342 14, vor 335–358 27
- grenzüberschreitende Insolvenz vor 335–358 1
- Grundsatz der Verhältnismäßigkeit vor EuInsVO 5
- Herausgabepflicht des Insolvenzgläubigers 342 6 ff.
- Insolvenzanfechtung 339 1 ff., 339 16
- Insolvenzstatut vor 335–358 3, vor EuInsVO 12 ff.
- Insolvenzverwalter vor EuInsVO 15
- internationale Zuständigkeit vor 335–358 4, vor EuInsVO 7
- intertemporales Recht vor EuInsVO 20 ff.
- Kollisionsnormen vor 335–358 17
- ordre public vor 335–358 33
- Rechtsquellen vor 335–358 17 ff.
- Rechtsspaltung vor 335–358 5
- Restschuldbefreiung vor 286 37 b
- Rückschlagsperre 339 9
- Sekundärinsolvenzverfahren vor 335–358 10, vor EuInsVO 9, vor EuInsVO 19
- Sonderanknüpfungen vor 335–358 31, vor EuInsVO 7, vor EuInsVO 17 f.
- supranationales Insolvenzrecht vor 335–358 2
- Territorialitätsprinzip vor 335–358 29 f., vor EuInsVO 11, vor EuInsVO 19
- Unangreifbarkeit von Rechtshandlungen 339 12 ff.
- UNCITRAL vor 335–358 15 f.
- ungerechtfertigte Bereicherung 342 12
- Universalitätsprinzip vor 335–358 8, vor 335–358 28, vor EuInsVO 11, vor EuInsVO 16
- Verjährung 339 14
- Verkehrsschutz vor EuInsVO 8
- Vorabentscheidungsverfahren vor 335–358 5

Interne Geschäftsverteilung 15 a 7
Interne Rechnungslegung 155 1
Interne Rechnungslegungspflicht 66 1 ff., 66 7
Internetdomain 35 252
Intertemporales Recht vor EuInsVO 20 ff.
Inventarisierung
- Handels- und steuerrechtliche Rechnungslegung 155 3
- vorläufiger Insolvenzverwalter mit Verwaltungs- und Verfügungsbefugnis 22 21

magere Zahlen = Randnummern **Sachregister**

Inventurvereinfachungsverfahren 151 4
Investmentaktiengesellschaften 11 26
Irrtumsanfechtung 14 21
Isolierte Anfechtung einer Kostenentscheidung
– Abweisung mangels Masse 26 42
– sofortige Beschwerde 6 2
Istmasse
– Insolvenzmasse 35 46
– Übernahme der Insolvenzmasse 148 2 f.
– unpfändbare Gegenstände 36 12

Jagdrechte 35 135
Jahresabschluss 155 3, 155 14
Jahressonderzahlungen 22 119 ff.
Jahressteuerschuld 80 47, 80 58
Juristische Personen
– s. auch Aktiengesellschaft
– s. auch Aktiengesellschaft
– s. auch Eingetragener Verein
– s. auch Eingetragener Verein
– s. auch Genossenschaft
– s. auch Genossenschaft
– s. auch GmbH
– s. auch GmbH
– s. auch Juristische Personen des öffentlichen Rechts
– s. auch Juristische Personen des öffentlichen Rechts
– s. auch Kommanditgesellschaft auf Aktien
– s. auch Kommanditgesellschaft auf Aktien
– s. auch Organe der juristischen Personen
– s. auch Stiftung
– s. auch Stiftung
– s. auch Versicherungsverein auf Gegenseitigkeit
– s. auch Versicherungsverein auf Gegenseitigkeit
– Ablehnung der Aufnahme anhängiger Streitigkeiten 85 95
– Ablehnung der Eröffnung 11 110 ff.
– Abweisung 11 155
– Abweisung mangels Masse 11 110 ff.
– Ad-hoc-Publizität 11 204
– Anhörung des Schuldners 10 8
– Aufhebung des Eröffnungsbeschlusses 11 109
– Aufhebung des Insolvenzverfahrens 11 145 ff.
– Auflösung 11 103 ff.
– Auflösungsregelungen 11 54
– Auseinandersetzung einer Gesellschaft oder Gemeinschaft 84 8
– ausgeschlossene Gesellschafter 11 144
– ausgetretene Gesellschafter 11 144
– Ausschlussregelungen 11 54
– Bekanntmachung 11 107
– Beteiligte 11 160
– Börsenhandel 11 205
– Compliance 11 204
– darstellender Teil des Insolvenzplans 11 162
– drohende Zahlungsunfähigkeit 11 52
– Durchgriffshaftung 35 306
– Eigenverwaltung 11 179 ff.
– Einlagen 11 58
– Einlagepflichten 11 57
– Einstellung des Insolvenzverfahrens 11 145 ff.
– Erlöschen der juristischen Person 11 151 f.
– Eröffnung des Insolvenzverfahrens 11 107
– Eröffnungsantrag 13 10
– existenzvernichtender Eingriff 35 306
– Fortsetzung in der Insolvenz 11 153 ff.
– Führungslosigkeit 11 60
– generelle Zulässigkeitsvoraussetzungen 14 18
– gerichtliche Bestätigung des Insolvenzplans 11 169 ff.
– Geschäftsbücher 11 146
– Geschäftsunterlagen 11 146
– Gesellschaften ausländischen Rechts 11 104, 35 303
– Gesellschafterdarlehen 11 167 f.
– Gesellschaftsanteile 35 301
– gesellschaftsrechtlich nahestehende Personen 138 18
– gesellschaftsrechtliche Vollabwicklung 11 148 ff.
– gestaltender Teil des Insolvenzplans 11 164
– Gläubigerantrag 11 60
– Gründer 11 41
– Gründerorganisation 11 42
– Handelndenhaftung 11 44
– Insiderinformation 11 204
– Insolvenz der juristischen Person 11 32 ff.
– Insolvenz eines Mitglieds 11 53 ff.
– Insolvenzantrag 11 59 ff.
– Insolvenzantragspflicht 11 61, 15 7, 15 a 1 ff.
– Insolvenzantragsrecht 11 59 f., 13 68 f., 15 1 ff.
– Insolvenzeröffnungsverfahren 11 101
– Insolvenzfähigkeit 11 35 ff.
– Insolvenzforderungen 11 205 a
– insolvenzfreies Vermögen 35 305
– Insolvenzgläubiger 11 43, 11 142 ff.
– Insolvenzgrund 11 41, 11 52 ff., 16 4
– Insolvenzkostenhilfe 4 23
– Insolvenzmasse 35 301 ff.
– Insolvenzplan 11 158 ff.
– Insolvenzverfahren 11 40 ff.
– Insolvenzverwalter 11 118 ff.
– internationale Zuständigkeit **Art. 3 EuInsVO** 11
– juristische Personen des bürgerlichen Rechts 11 33
– juristische Personen des öffentlichen Rechts 11 34
– Kapitalerhöhung 35 304
– Kapitalmarkt 11 204
– Klage gegen den Widerspruch des Schuldners 184 5
– Lehre vom Doppeltatbestand 11 46
– Liquidationsgesellschaft 11 45
– Löschung wegen Vermögenslosigkeit 11 115 ff.
– mehrere Insolvenzanträge 13 71
– Mitglieder 11 143
– Nachgesellschaft 11 46 ff.
– Nachschüsse 35 304
– Nachtragsliquidation 11 152
– Nachtragsverteilung 11 152
– nahe Angehörige 138 12 c
– Neuerwerb 35 120 ff., 35 304
– nichtige juristische Person 11 49
– örtliche Zuständigkeit 3 3
– Planinhalt 11 162 f.
– Planüberwachung 11 174 ff.
– Postsperre 99 9
– Prospekthaftung 11 205 a
– Prozesskostenhilfe für den Insolvenzverwalter 80 129
– Rechnungslegungspflicht 11 105 a
– Rechte und Pflichten des Insolvenzverwalters 80 194
– Rechtsfolgen 11 113
– Rechtsmittel 11 106, 11 112, 11 169 ff.
– Register 31 3
– Registereintragung 11 107
– Restschuldbefreiung 11 182, 286 2
– Rückforderungsansprüche 35 304
– Sachwalter 11 180
– Sicherungsmaßnahmen 11 101
– spezielle Zulässigkeitsvoraussetzungen 13 47, 14 26 f.
– Treuhänder 11 37, 288 7
– Überschuldung 11 52
– Überschuss bei der Schlussverteilung 199 3
– Übertragungsbeschränkungen 11 55 f.
– Umwandlung 11 50 f., 11 156 ff.
– unpfändbare Gegenstände 36 19
– Unternehmen 35 302
– Verbraucherinsolvenzverfahren 11 183
– Verfahrensunterbrechung nach § 240 ZPO 85 9, 85 53 ff.
– Verletzung der Insolvenzantragspflicht 15 a 19 ff.
– Verlust der Rechtspersönlichkeit 11 105

Sachregister

fette Zahlen = Gesetzesvorschriften

- Vertretungsorgane **11** 41
- vinkulierte Beteiligung **11** 55
- Vorgesellschaft **11** 37 ff.
- Vorgründungsgesellschaft **11** 36
- Vorlage des Insolvenzplans **218** 11
- Vorlagerecht **11** 159
- vorläufiger Gläubigerausschuss **67** 10 ff.
- vorläufiger Insolvenzverwalter **22** 3
- Wirkungen der Eröffnung **11** 103 ff.
- Zahlungsunfähigkeit **11** 52, **17** 1
- Zulässigkeitsvoraussetzungen **13** 25
- Zulassung des Gläubigerantrags **14** 100
- Zustandsverantwortlichkeit **35** 306

Juristische Personen des bürgerlichen Rechts 11 33
Juristische Personen des öffentlichen Rechts 12 1 ff.
- Anleihen **12** 6
- Anstalten **12** 9
- Ärztekammern **12** 11
- Aufsicht eines Landes **12** 7
- ausländische Staaten **12** 5
- Beitragspflicht **12** 18
- Bund **12** 2
- Gemeinden **12** 8
- Gewerkschaften **12** 16
- Handwerksinnungen **12** 11
- Handwerkskammern **12** 11
- Immunität **12** 5
- Industrie- und Handelskammern **12** 11
- Insolvenzantrag **11** 228
- Insolvenzantragspflicht **12** 17
- Insolvenzantragsrecht **12** 17, **15** 4
- Insolvenzfähigkeit **12** 1
- Insolvenzgrund **11** 228, **12** 17
- Insolvenzmasse **12** 17, **35** 377
- Insolvenzunfähigkeit **12** 1
- juristische Personen **11** 34
- Kirchen **12** 14 f.
- Körperschaften **12** 9
- Krankenkassen **12** 10, **12** 19
- Kreishandwerkerschaften **12** 11
- Land **12** 2
- öffentlich-rechtliche Kreditinstitute **12** 9
- öffentlich-rechtliche Rundfunkanstalten **12** 12
- Ortskrankenkassen **12** 10
- Parteien **12** 16
- Rechtsanwaltskammern **12** 11
- Religionsgemeinschaften **12** 14 f.
- Sozialversicherung **12** 10
- staatliche Schuldner **12** 6
- Staatsbankrott **12** 2
- Staatsnotstand **12** 5
- Stiftungen **12** 9
- Völkerrechtssubjekte **12** 5
- vorläufiger Gläubigerausschuss **67** 15

Kaduzierungsrecht
- Aktiengesellschaft **35** 311
- GmbH **35** 311

Kapitalanlagegesellschaften
- Insolvenzmasse **35** 38
- Kapitalanlagegesellschaften, Pfandbriefbanken und andere Treuhandvermögen **11** 26
- Kredit- und Finanzdienstleistungsinstitute **11** 23

Kapitalanlagegesellschaften, Pfandbriefbanken und andere Treuhandvermögen
- Investmentaktiengesellschaften **11** 26
- Kapitalanlagegesellschaften **11** 26
- Pfandbriefbanken **11** 27
- Refinanzierungsunternehmen **11** 27

Kapitalerhaltung
- Aktiengesellschaft **35** 325

- GmbH **35** 325
- GmbH & Co. KG **35** 414

Kapitalerhöhung
- Aktiengesellschaft **11** 193 f., **35** 308, **35** 337
- Gläubigerbenachteiligung **129** 113
- GmbH **11** 193 f., **35** 308
- Insolvenzantragspflicht **15** a 17
- Insolvenzmasse **35** 121
- juristische Personen **35** 304
- Rechte und Pflichten des Insolvenzverwalters **80** 184
- Rechtsstellung des Insolvenzschuldners **80** 16

Kapitalersetzende Gesellschafterdarlehen
- Ausfall der Absonderungsberechtigten **52** 12 ff.
- Gesellschafterdarlehen **135** 2 ff.
- GmbH **35** 317
- GmbH & Co. KG **35** 417
- Insolvenzantragsrecht **13** 81
- Zustimmung nachrangiger Gläubiger **246** 7

Kapitalersetzende Leistungen
- antragsberechtigte Gläubiger **14** 9
- Forderungen auf Rückgewähr von Gesellschafterdarlehen **39** 32
- Vergütung des vorläufigen Insolvenzverwalters **22** 230

Kapitalersetzende Nutzungsüberlassung
- abgesonderte Befriedigung aus unbeweglichen Gegenständen **49** 56 f.
- Nutzungsüberlassung **135** 21 ff.
- Verwertung der Insolvenzmasse **159** 36 ff.

Kapitalmaßnahmen
- Aktiengesellschaft **11** 192 ff.
- GmbH **11** 192 ff.

Kassenführung
- allgemeiner Zustimmungsvorbehalt **21** 24
- Mitwirkung des Sachwalters **275** 7 ff.

Kassenprüfung
- Aufgaben des Gläubigerausschusses **69** 29 ff.
- Aufsicht des Insolvenzgerichts **58** 4, **58** 8
- Gläubigerausschuss **58** 7
- Haftung der Mitglieder des Gläubigerausschusses **71** 4
- Unterrichtung der Gläubigerversammlung **79** 17
- Wertgegenstände **149** 27

Kauf auf Probe 42 3
Käuferinsolvenz 107 11 ff., **Art. 7 EuInsVO** 3 ff.
Kaufleute
- Firma **35** 275
- Handels- und steuerrechtliche Rechnungslegung **155** 2
- Insolvenz **35** 274 f.

Kaufmännische Zurückbehaltungsrechte 51 37
Kaufmannseigenschaft 80 11
Kaufoption 108 89 ff.
Kaufverträge
- teilbare Leistungen **105** 18 ff.
- Wahlrecht des Insolvenzverwalters **103** 35, **103** 60 ff.

Kautionen
- sonstige Masseverbindlichkeiten **55** 60
- Wertansätze und Bewertung bei positiver Fortführungsprognose **19** 81

Kenntnis der Krise
- Boten **130** 61
- Gerichtsvollzieher **130** 62
- Gesamtvertretung **130** 57
- kongruente Deckung **130** 49 ff.
- maßgeblicher Zeitpunkt **130** 53 f.
- Organmitglieder **130** 57
- Prozessbevollmächtigung **130** 62
- Treuhänder **130** 64
- Vertretung **130** 55 ff.
- Vollstreckungsbeamte **130** 63

Kirchen 12 14 f.
Klage gegen den Widerspruch des Schuldners 184 1 ff.
- s. auch Nicht titulierte Forderungen
- s. auch Titulierte Forderungen

magere Zahlen = Randnummern

- Berichtigung der Tabelle 184 23
- Eigenverwaltung 184 2
- Gesellschaften ohne Rechtspersönlichkeit 184 5
- insolvenzspezifische Einwendungen 184 4
- juristische Personen 184 5
- unerlaubte Handlungen 184 3, 184 20 ff.
- Widerspruch 184 3 ff.

Klagefristen bei Unwirksamkeit von Kündigung oder Befristung 113 166 ff.
- Berufsausbildungsverhältnisse 113 173
- Betriebsübergang 113 180 ff.
- Entfristungsklagen 113 168
- Insolvenzverwalter 113 181 ff.
- nachträgliche Zulassung 113 174 ff.
- Parteiwechsel 113 184 ff.
- Rubrumsberichtigung 113 176
- sonstige Unwirksamkeitsgründe 113 169 ff.
- Verwirkung des Klagerechts 113 187 f.
- Weiterbeschäftigung 113 182
- Wiedereinstellung 113 188

Klassenloses Insolvenzverfahren 14 71
Klassischer Vermögensbegriff 22 230
Klauselerteilung
- Rechte der Insolvenzgläubiger nach Verfahrensaufhebung 201 13
- Zuständigkeit bei der Vollstreckung 202 2 ff.

Kleinbeteiligtenprivileg
- Gesellschafterdarlehen 135 7
- nachrangige Insolvenzgläubiger 39 72 f.

Kleingläubiger 222 33
Kleininsolvenzverfahren
- Eigenverwaltung 270 4
- Insolvenzgericht 2 9
- Insolvenzmasse 35 117
- Zulässigkeitsvoraussetzungen 13 17
- Zulassung des Gläubigerantrags 14 100

Kleinunternehmer 304 1 ff.
Know-how 35 253
Kohlenabbaurechte 35 135
Kollidierende Verarbeitungsklauseln 51 79
Kollidierende Verfügungen 34 32
Kollision mehrerer Sicherungszessionen 51 24 ff.
Kollisionslagen zwischen Insolvenzverwalter und Zwangsverwalter 165 22
Kollisionsnormen vor 335–358 17
Kombinationsbeschwerde 34 16
Kommanditgesellschaft
- s. auch Handelsgesellschaften
- Auflösung von Gesellschaften 118 6
- persönlich haftende Gesellschafter 11 337 f.

Kommanditgesellschaft auf Aktien 11 201 ff., 35 346
- Auflösung 11 202
- Auflösung von Gesellschaften 118 1 ff.
- Insolvenzmasse 35 346
- Insolvenzplan 11 203
- persönlich haftende Gesellschafter 11 202, 35 346

Kommanditisten
- Aufrechnungslage 94 16, 94 18
- Begriff der Insolvenzgläubiger 38 7
- Gesellschaften ohne Rechtspersönlichkeit 11 283 f., 11 316, 11 325
- gesellschaftsrechtlich nahestehende Personen 138 19
- mittelbare Zuwendungen 129 89

Kommanditistenhaftung 35 57
Kommissionsgeschäft
- Aufrechnung 47 80
- Aussonderung 47 77 ff.
- Einkaufskommission 47 79
- Ersatzaussonderung 47 78
- Insolvenzmasse 35 37
- Selbsteintritt 47 81
- Verkaufskommission 47 78

- Versicherung für fremde Rechnung 47 83
- Wertpapierkommission 47 82 f.

Kommissionsware 129 105
Kompetenzkonflikte Art. 102 § 3 EGInsO 1 ff.
- Anordnung der Eigenverwaltung 270 37 ff.
- Beschwerde Art. 102 § 3 EGInsO 6
- funktionelle Zuständigkeit 2 4
- Grundsatz des gemeinschaftlichen Vertrauens Art. 102 § 3 EGInsO 2
- negative Kompetenzkonflikte Art. 102 § 3 EGInsO 7 f.
- örtliche Zuständigkeit 3 7
- positive Kompetenzkonflikte Art. 102 § 3 EGInsO 2 ff.

Kompetenzübergang 27 22
Kompetenzzuweisungen 22 9
Komplementär-GmbH 35 412
Kongruente Deckung 130 1 ff.
- s. auch Anfechtbare Rechtshandlungen
- s. auch Kenntnis der Krise
- ausländisches Insolvenzverfahren 130 39
- Benachteiligungsvorsatz 133 18 ff.
- besondere Insolvenzanfechtung 130 1
- Darlegungs- und Beweislast 130 65 ff.
- Deckungsgeschäfte 130 3
- drohende Zahlungsunfähigkeit 130 33
- fortgesetzte Gütergemeinschaft 130 36
- Fristen 130 41 ff.
- Gesellschaften ohne Rechtspersönlichkeit 130 37
- Globalzession 130 47
- Insolvenzantrag 130 39 f.
- Insolvenzverwalter 130 65
- Kenntnis der Krise 130 49 ff.
- mittelbare Gläubigerbenachteiligung 130 3
- Nachlassinsolvenzverfahren 130 36
- Rechtshandlungen in der Krise 130 32 ff.
- Sicherung 130 4
- Überschuldung 130 34
- Verrechnung 130 45
- Wiederaufnahme 130 35
- Zahlungsunfähigkeit 130 33 ff.
- Zweitinsolvenz 130 35

Konkludente Erfüllungswahl 103 114 ff.
Konkurrierende Insolvenzpläne
- Entscheidung über den Fortgang des Verfahrens 157 13
- Erörterungs- und Abstimmungstermin 235 7
- gesonderter Abstimmungstermin 241 8
- Vorlage des Insolvenzplans 218 28 ff.

Kontaminierte Grundstücke
- Freigabe 35 78
- Rechte und Pflichten des Insolvenzverwalters 80 176

Konten pro Diverse 47 48
Konten zugunsten Dritter 47 49
Kontensperre
- allgemeines Verfügungsverbot 21 23
- Anordnung von Sicherungsmaßnahmen 21 41
- Wirkungen der Verfügungsbeschränkungen 24 7

Kontokorrent
- Bargeschäft 142 10 a
- Begründetheit im Eröffnungszeitpunkt 38 48
- Wirkungen der Verfügungsbeschränkungen 24 5 f.

Kontokorrentkredite 108 61
Kontokorrentverhältnis 116 16 ff.
Kontokorrentverrechnung
- anfechtbare Rechtshandlungen 130 14
- Anfechtung gegen Rechtsnachfolger 145 18
- Zeitpunkt der Vornahme einer Rechtshandlung 140 3

Kontokorrentvorbehalt 47 23
Kontrolle der Fortführungsprognose 19 56
Konzentrationsermächtigung
- ausländisches Insolvenzverfahren 348 5
- Insolvenzgericht 2 1
- örtliche Zuständigkeit Art. 102 § 1 EGInsO 10

Sachregister

fette Zahlen = Gesetzesvorschriften

Konzernabschlüsse 155 21 ff.
Konzernbetriebsvereinbarungen 120 4
Konzerninsolvenz 11 394 ff.
– Abwicklungsverluste 11 402
– Beginn eines neuen Geschäftsjahres 155 22
– Beherrschungsvertrag 11 397 f.
– einheitliche Haftungsmasse 11 394
– faktischer Konzern 11 412 f.
– Fristenberechnung 139 4
– Gewinnabführungsvertrag 11 397 f.
– herrschende Unternehmen 11 403
– Insolvenz der Obergesellschaft 11 407 ff.
– Insolvenz der Untergesellschaft 11 397 ff.
– Insolvenzanfechtung 11 394
– Insolvenzgrund 11 399
– Insolvenzplan 11 414 f., 217 23 ff.
– Insolvenzverwalter 11 394
– isolierte Verlustdeckungszusage 11 405
– Konzentration 11 394
– multinationale Unternehmensgruppen 11 416
– örtliche Zuständigkeit 3 1, 3 13
– qualifiziert faktisches Beherrschungsverhältnis 11 409
– qualifizierter faktischer Konzern 11 404
– Rechte und Pflichten des Insolvenzverwalters 80 185
– steuerrechtliche Wirkungen der Insolvenzeröffnung 80 34
– Untergesellschaft 11 397 ff.
– Unternehmensvertrag 11 397 ff., 11 407
– Verlustausgleichspflicht 11 400 ff., 11 408
– Vertragskonzern 11 397 ff.
– Weisungsrecht 11 410
Konzernlagebericht 155 21
Konzernrechtliche Ausgleichsansprüche 19 71
Konzernunternehmen 56 68
Konzernverrechnungsklausel
– anfechtbare Rechtshandlungen 130 11
– Erhaltung einer Aufrechnungslage 94 9 f.
– Factoring 116 87
Konzernvorbehalt 47 24 f.
Konzernzuständigkeit 3 13
Kooperationspflicht
– Grenzen Art. 31 EuInsVO 9
– Haftung des Verwalters Art. 31 EuInsVO 13
– Hauptinsolvenzverwalter Art. 31 EuInsVO 1
– Insolvenzrichter Art. 31 EuInsVO 2
– Konsultationspflicht Art. 31 EuInsVO 11
– Prinzip der Kooperation Art. 31 EuInsVO 1
– Primat des Hauptinsolvenzverfahrens Art. 31 EuInsVO 3
– Sekundärinsolvenzverwalter Art. 31 EuInsVO 1
– Unterrichtungspflicht Art. 31 EuInsVO 4 ff.
– Vorschlagsrecht Art. 31 EuInsVO 10
Körperschaften 12 9
Körperschaftsteuer
– Eintritt der Aufrechnungslage im Verfahren 95 24 f.
– Steuerforderungen 38 72 ff.
– steuerrechtliche Wirkungen der Insolvenzeröffnung 80 48 f.
Kostbarkeiten 149 9
Kosten
– s. auch Kosten des Insolvenzverfahrens
– Ablehnung der Aufnahme anhängiger Streitigkeiten 85 100
– Abweisungsbeschluss 26 38 ff.
– Amtsermittlungen 5 24 f.
– Ankündigung der Restschuldbefreiung 291 27 a
– Anordnung von Sicherungsmaßnahmen 21 55
– anwendbares Recht Art. 4 EuInsVO 62
– Anzeige der Masseunzulänglichkeit 208 2
– Aufhebung der Sicherungsmaßnahmen 25 21
– Aufnahme anhängiger Streitigkeiten 85 84 ff.
– Aufnahme eines unterbrochenen Rechtsstreits 180 39, 180 41 ff.
– Aufnahme von Passivprozessen 86 20
– Auskunfts- und Mitwirkungspflichten des Schuldners 97 23
– Aussonderung 47 105 ff.
– Beschwerdeentscheidung 34 29
– Beschwerdeverfahren 6 21
– eidesstattliche Versicherung 98 9
– Entscheidung des Insolvenzgerichts 289 23 f.
– Entscheidung über die Restschuldbefreiung 300 14 f.
– Eröffnungsantrag 13 133 ff.
– Ersetzung der Zustimmung 309 116 ff.
– Gläubigerantrag 14 115
– Grundbuch 32 29
– nachrangige Insolvenzgläubiger 39 21 f., 39 57
– nachträgliche Anmeldungen 177 30 ff.
– öffentliche Bekanntmachung 9 8, Art. 23 EuInsVO 1 ff.
– Prüfung und Entscheidung der Rechtsbeschwerde 7 27
– Rechnungslegung 66 22
– Rechnungslegungspflicht 22 220
– Rechtsfolgen der Insolvenzanfechtung 143 78 ff.
– Register Art. 23 EuInsVO 1 ff.
– Restschuldbefreiung vor 286 57 ff.
– Rücknahme des Insolvenzantrags 13 131 f.
– Schuldenbereinigungsplan 310 1 ff.
– Stellungnahmen zum Insolvenzplan 232 9
– Treuhänder 313 82 f.
– Überwachung der Planerfüllung 269 1 ff.
– Umfang der Feststellung 181 19 ff.
– Unterrichtung des Gläubigers 167 9
– vereinfachtes Insolvenzverfahren 311 24, 311 46 ff.
– Versagung der Restschuldbefreiung 290 90 ff.
– Verstoß gegen Obliegenheiten 296 52 ff.
– Verwertung der Insolvenzmasse 313 108 f.
– Verwertung unbeweglicher Gegenstände 165 17
– Verwertung von Sicherungsgut 282 5 f.
– Vorlage des Insolvenzplans 218 55 ff.
– Widerruf der Restschuldbefreiung 303
– Wiedereinsetzung in den vorigen Stand 186 13
– Zustellungen 8 10
Kosten des Insolvenzverfahrens 54 1 ff.
– Abweisung mangels Masse 54 6
– Auslagen 54 20 ff.
– Durchführung 54 9 ff.
– Eröffnungsantrag 54 4 ff.
– Gerichtskosten 54 2 ff.
– Gläubigerausschuss 54 25
– Insolvenzplan 54 12
– Kostenverzeichnis 54 3 ff.
– Masseunzulänglichkeit 54 1
– Restschuldbefreiungsverfahren 54 12 f.
– sofortige Beschwerde 54 15
– Verfahrenskostenvorschuss 54 18 f.
– Vergütung des Insolvenzverwalters 54 20 f.
– vorläufiger Insolvenzverwalter 54 24
Kostenentscheidung
– Amtsermittlungen 5 25
– Eröffnungsantrag 13 136
– Gläubigerantrag 14 124 ff.
Kostenfestsetzung
– Aufnahme eines unterbrochenen Rechtsstreits 180 35, 180 47
– Rechte der Insolvenzgläubiger nach Verfahrensaufhebung 201 21
– Vollstreckungsverbot 210 17
– Zuständigkeit für die Feststellung 180 14
Kostenfestsetzungsverfahren
– Anzeige der Masseunzulänglichkeit 208 27 a
– Verfahrensunterbrechung nach § 240 ZPO 85 30 ff.
– Zivilprozessordnung 4 16

magere Zahlen = Randnummern

Sachregister

Kostenpauschalen
- Gläubigerbenachteiligung 129 110 a
- Verteilung des Erlöses 170 16

Kostenstundung 60 73
Kostenverursachungsprinzip 170 1
Kostenverzeichnis 54 3 ff.
Kostenvorschuss
- Anordnung der Nachtragsverteilung 203 22
- Sekundärinsolvenzverfahren **Art. 30 EuInsVO** 1 ff.
- Stundung der Kosten des Insolvenzverfahrens **4 a** 11
- Verletzung der Insolvenzantragspflicht **15 a** 53 f.

Kraftfahrzeugsteuer
- Eintritt der Aufrechnungslage im Verfahren 95 32 ff.
- Freigabe 35 81
- Steuerforderungen 38 93
- steuerrechtliche Wirkungen der Insolvenzeröffnung 80 65 ff.

Krankenkassen
- Glaubhaftmachung 14 74
- juristische Personen des öffentlichen Rechts 12 10, 12 19

Krankenversicherung 35 208
Kredit- und Finanzdienstleistungsinstitute
- Bausparkassen 11 23
- Depotbanken 11 23
- drohende Zahlungsunfähigkeit 11 23
- Einlagensicherungs- und Anlegerentschädigungsgesetz 11 24
- einstweilige Anordnung 11 25
- Fristenberechnung 139 8
- Insolvenzanfechtung 129 46
- Kapitalanlagegesellschaften 11 23
- Pfandbriefbanken 11 23
- Überschuldung 11 23
- Zahlungsunfähigkeit 11 23

Kreditfinanzierung im Insolvenzeröffnungsverfahren 22 34
Kreditgefährdung 13 91
Kreditierte Forderungen 18 10
Kreditinstitute
- Anwendungsbereich **Art. 1 EuInsVO** 6
- Auskunfts- und Mitwirkungspflicht im Eröffnungsverfahren 20 13 f.
- Begründetheit im Eröffnungszeitpunkt 38 46 ff.
- Hinterlegung 149 19 ff.
- Insolvenzantragspflicht **15 a** 2
- Insolvenzantragsrecht 13 84 ff., **15** 4
- Verwaltungsantrag 13 8

Kreditrahmen
- absonderungsberechtigte Gläubiger 264 29 f.
- Altkredite 264 11
- Ausfallforderungen 264 29
- aussonderungsberechtigte Gläubiger 264 28
- Darlehen 264 4
- Dauerschuldverhältnisse 265 3
- Eigenkapital 264 7
- eigenkapitalersetzende Darlehen 264 8
- Einbeziehung in den Kreditrahmen 264 16 ff.
- gestaltender Teil des Insolvenzplans 264 12
- Insolvenzanfechtung 264 32
- Insolvenzverwalter 264 21 ff.
- Lieferantenkredite 264 5
- Nachrang von Neugläubigern 265 1 ff., 266 1 ff.
- Neukredite 264 10
- Nutzungsüberlassung 264 9
- Plafondsgläubiger 264 25 ff.
- Prüfungspflicht des Insolvenzverwalters 264 22
- Rahmenbetrag 264 13 f.
- Rangfolge 264 25 f., 266 3
- Rechtsfolgen 264 25 ff.
- Sicherungsrechte 264 27 ff.
- Überwachung der Planerfüllung 264 1 ff.
- unzulässiger Kreditrahmen 264 15
- Wirkungen des Nachrangs 266 2

Kreishandwerkerschaften 12 11
Kumulationsprinzip 52 3 a
Kundendaten 159 27
Kündigung
- anfechtbare Rechtshandlungen 131 13, 132 5
- arbeitsrechtliche Stellung des vorläufigen Insolvenzverwalters 22 62 ff.
- Aufhebung der Stundung **4 c** 19
- Aufnahme von Passivprozessen 86 14
- Auftrag und Geschäftsbesorgung 116 11
- Betriebsübergang 128 9, 128 11 ff.
- Insolvenz des Leasingnehmers 108 74
- Interessenausgleich mit Namensliste 125 17 ff., 125 57 ff.
- Kündigungsbefugnis des vorläufigen Insolvenzverwalters 22 81 f.
- Obliegenheiten des Schuldners 295 18 ff.
- Sozialpläne 124 37
- Verfrühungsschaden 113 165
- vorläufiger Insolvenzverwalter mit Verwaltungs- und Verfügungsbefugnis 22 45
- Zeitpunkt der Vornahme einer Rechtshandlung 140 18

Kündigung eines Dienstverhältnisses 113 1 ff.
- s. auch Beendigung von Arbeitsverhältnissen
- s. auch Klagefristen bei Unwirksamkeit von Kündigung oder Befristung
- s. auch Massenentlassung in der Insolvenz
- s. auch Verfrühungsschaden
- angetretenes Dienstverhältnis 113 7 f.
- Berufsausbildungsverhältnisse 113 5
- Geschäftsführer 113 18
- Nachweismitteilung 113 10
- neubegründete Dienstverhältnisse 113 9 f.
- nicht angetretene Arbeitsverhältnisse 113 6 ff.
- Organmitglieder 113 15 ff.
- Organtheorie 113 179
- selbstständige Dienstverhältnisse 113 11 ff.
- Unabdingbarkeit des § 113 113 189 ff.
- Unkündbarkeitsregelung 113 190
- Wahlrecht des Insolvenzverwalters 113 6 f.
- zwingender Charakter 113 3

Kündigung von Betriebsvereinbarungen 120 1 ff.
- Anfechtung 120 22
- außerordentliches Kündigungsrecht 120 20
- belastende Leistungen 120 7
- Beratungsgebot 120 11 f.
- betriebliche Altersversorgung 120 19
- Betriebsablaufregelungen 120 10
- Betriebsvereinbarungen 120 3 f.
- Entgeltregelungen 120 9
- Gesamtbetriebsvereinbarungen 120 4
- Herabsetzung von Leistungen 120 11
- Höchstfrist 120 14
- Konzernbetriebsvereinbarungen 120 4
- Nachwirkung 120 16 ff.
- Nachwirkungsvereinbarungen 120 18
- ordentliche Kündigung 120 13 ff.
- Regelungsabreden 120 5
- Sonderkündigungsrecht 120 16 ff.
- Sozialpläne 120 8
- Unabhängigkeit der Kündigung 120 15
- Wegfall der Geschäftsgrundlage 120 21

Kündigungsausschluss 109 17
Kündigungsbefugnis
- Arbeitnehmerklage 127 22
- arbeitsrechtliche Stellung des vorläufigen Insolvenzverwalters 22 60

Kündigungsbefugnis des vorläufigen Insolvenzverwalters 22 71 ff.

Sachregister

fette Zahlen = Gesetzesvorschriften

- Abwicklungsverträge **22** 84 ff.
- allgemeine Kündigungsvorschriften **22** 72 ff.
- allgemeines Verfügungsverbot **22** 71
- Aufhebungsverträge **22** 84 ff.
- auflösend bedingte Arbeitsverhältnisse **22** 76 ff.
- Befristung von Arbeitsverhältnissen **22** 76 f.
- Beschäftigungs- und Qualifizierungsgesellschaft **22** 85
- Betriebsübergang im Insolvenzeröffnungsverfahren **22** 83
- Formvorschriften **22** 73 ff.
- Freistellung im Insolvenzeröffnungsverfahren **22** 87
- Interessenausgleich im Insolvenzeröffnungsverfahren **22** 90 f.
- Kündigungserschwerungen **22** 81
- Kündigungsfristen **22** 82
- Kündigungstermine **22** 82
- Nachkündigung nach Verfahrenseröffnung **22** 88 f.
- Unkündbarkeitsregelung **22** 79 f.

Kündigungsschutz 113 23
Kündigungsschutzprozess 127 45 f.
Kündigungssperre 112 1 ff.

- Ausübungssperre **112** 7
- bewegliche Sachen **112** 3
- Enthaftung der Masse bei Wohnraummiete **109** 20
- Lastschriftwiderruf **112** 10
- Lösungsklauseln **112** 112
- maßgeblicher Zeitpunkt **112** 8
- neu eingetretener Verzug **112** 14
- Rechtsfolgen **112** 7 ff.
- Schutz der Gläuigergesamtheit **112** 2
- Überlassung **112** 5
- unbewegliche Sachen **112** 3
- Vermögensverschlechterung **112** 13
- Verzugskündigung **112** 9 ff., **112** 14 ff.
- Voraussetzungen **112** 4 ff.
- Wegfall der Sperrwirkung **112** 7 f.
- Zahlungsrückstand **112** 15

Kündigungstermine

- Beendigung von Arbeitsverhältnissen **113** 77 ff.
- Kündigungsbefugnis des vorläufigen Insolvenzverwalters **22** 82

Künftig fällige Forderungen 95 4 ff.
Künftige Bezüge

- Abtretung des pfändbaren Arbeitsentgelts **287** 33
- Obliegenheiten des Schuldners **295** 65

Künftige Fälligkeit 18 10
Künftige Forderungen

- Ausschluss sonstigen Rechtserwerbs **91** 4, **91** 21 ff.
- Begründetheit im Eröffnungszeitpunkt **38** 33 ff.
- rechtsgeschäftlich bestellte Pfandrechte **50** 4
- Verfügungen des Schuldners **81** 19
- Vollstreckung vor Verfahrenseröffnung **88** 19
- Vollstreckungsverbot **89** 32 ff.
- Vormerkung **106** 6 f.
- Zeitpunkt der Vornahme einer Rechtshandlung **140** 6 a f., **140** 7 f., **140** 17

Künstler 22 110
Künstliche Gliedmaßen 35 15
Kurzarbeitergeld

- Insolvenzgeld **22** 175, **22** 181
- Rechtsstellung des Insolvenzverwalters **80** 99

Lagebericht

- Berichtstermin **156** 7
- Handels- und steuerrechtliche Rechnungslegung **155** 3

Lagerhalterpfandrecht 50 38
Landgericht

- Prüfung und Entscheidung der Rechtsbeschwerde **7** 20, **7** 25
- sofortige Beschwerde **6** 18 f.

Landpachtvertrag 50 31

Landwirte 35 298
Landwirtschaftliche Betriebsmittel 36 49 f.
Lastschriftverfahren

- anfechtbare Rechtshandlungen **129** 66, **130** 17 ff. **131** 9
- Anfechtungsberechtigung **129** 17
- Aufgaben und Befugnisse des Treuhänders **313** 17 a
- Bankverträge **116** 25 f.
- Bargeschäft **142** 14
- Begründetheit im Eröffnungszeitpunkt **38** 46
- Gläubigerbenachteiligung **129** 113
- Leistungen an den Schuldner **82** 31 ff.
- Übernahme der Insolvenzmasse **148** 38
- Zeitpunkt der Vornahme einer Rechtshandlung **140** 5 b

Lastschriftwiderruf 112 10
Laufende Zinsen und Säumniszuschläge 39 8 ff.

- absonderungsberechtigte Gläubiger **39** 19
- außerordentlicher Saldenabschluss **39** 17
- Bürgen **39** 18
- Säumniszuschläge **39** 11 ff.
- Steuerzinsen **39** 10
- Verjährung **39** 20
- Verspätungszuschläge **39** 11 ff.
- Verzugszinsen **39** 16
- Zinsen seit Verfahrenseröffnung **39** 9
- Zinsen von Masseansprüchen **39** 8
- Zinsen vor Verfahrenseröffnung **39** 8
- Zinseszinsen **39** 17

Leasing

- Ausschluss sonstigen Rechtserwerbs **91** 35
- Aussonderung **47** 90 ff.
- dingliche Rechte Dritter **Art. 5 EuInsVO** 5
- Finanzierungsleasing **47** 90 a
- Insolvenz des Leasinggebers **47** 92
- Insolvenz des Leasingnehmers **47** 90 ff.
- nicht fällige Forderungen **41** 4
- Operating-Leasing **47** 90
- Wertansätze und Bewertung bei positiver Fortführungsprognose **19** 78

Leasingforderungen

- Factoring **116** 52
- Insolvenz des Leasingnehmers **108** 75 f.

Leasingraten

- Insolvenz des Leasinggebers **108** 130 ff.
- Insolvenz des Leasingnehmers **108** 99 ff.

Leasingverträge 108 65 ff.

- s. auch Insolvenz des Herstellers bzw. Lieferanten
- s. auch Insolvenz des Leasinggebers
- s. auch Insolvenz des Leasingnehmers

Lebenspartner

- Gesamtgut bei Gütergemeinschaft **37** 29, **37** 37
- nahe Angehörige **138** 5 f.
- Unterhaltsansprüche **40** 8

Lebensversicherungen

- Insolvenzmasse **35** 216 ff.
- unentgeltliche Leistung **134** 15 f.
- unpfändbare Gegenstände **36** 36 f.

Lehre vom Doppeltatbestand

- Einstellung mangels Masse **207** 18
- juristische Personen **11** 46
- Zulässigkeitsvoraussetzungen **13** 22

Leib des Schuldners 35 15
Leistung an Erfüllungs Statt 131 7
Leistung erfüllungshalber 131 7
Leistungen an den Schuldner 82 1 ff., **350** 1 ff., **Art. 24 EuInsVO** 1 ff.

- allgemeines Verfügungsverbot **21** 22
- Anweisung **82** 18
- ausländische Schuldner **82** 47
- Banküberweisung bei Insolvenz des Überweisenden **82** 20 ff.

magere Zahlen = Randnummern **Sachregister**

- Banküberweisung bei Insolvenz des Überweisungsempfängers 82 29 f.
- Darlegungs- und Beweislast **Art. 24 EuInsVO** 7 ff.
- eingetragene Rechte 82 9
- Einziehungspflicht 82 5
- Erfüllung einer Verbindlichkeit 82 2
- Erlöschenstheorie 82 20
- Ersatzaussonderung 48 3
- Eurocheques 82 42
- Fortbestandstheorie 82 20
- Gutgläubigkeit 350 10 f., **Art. 24 EuInsVO** 5
- Gutglaubensschutz des Leistenden 82 11 ff.
- Insolvenzmasse 82 3
- Kondiktion des Leistenden 82 6 ff.
- Lastschriftverfahren 82 31 ff.
- Leistungsort **Art. 24 EuInsVO** 1 f.
- öffentliche Bekanntmachung 82 12 ff., 350 10
- Scheckverkehr 82 38 ff.
- schuldbefreiende Leistung 350 3 ff.
- Schuldverschreibungsschuldner 82 17
- Verfügungsverbot 350 12
- Vertretung 82 10
- VOB/B 82 48
- vorläufiger Insolvenzverwalter 22 13
- Wechselgeschäfte 82 44 ff.
- Wirkungen der Verfügungsbeschränkungen 24 12
- Wissenszurechnung 82 14 f.

Leistungsbescheid
- Glaubhaftmachung 14 72
- spezielle Zulässigkeitsvoraussetzungen 13 50

Leistungsentgegennahme 103 119

Leistungserbringung 103 118

Leistungsmittler 129 87 a

Leistungsträgerregelung
- Arbeitnehmerklage 127 19
- Sozialauswahl 125 55, 125 59, 125 61

Leistungsverweigerungsrecht 146 9 ff.
- Abtretung 146 13
- Geltendmachung 146 14 ff.
- Zusammenhang zwischen anfechtbarer Handlung und Leistungspflicht 146 11 ff.

Lemgoer Modell 128 22

Lieferantenkredite 264 5

Lieferantenpool 47 59 ff.

Liquidation
- Entscheidung über den Fortgang des Verfahrens 157 6
- örtliche Zuständigkeit 3 10

Liquidationsbilanz 19 58

Liquidationseröffnungsbilanz 19 17

Liquidationsgesellschaft
- Gesellschaften ohne Rechtspersönlichkeit 11 243 f.
- juristische Personen 11 45

Liquidationsplan 231 33

Liquidationssperre 357 10

Liquidationsstatus 19 59

Liquidationsverfahren
- europäische Definitionen **Art. 2 EuInsVO** 4
- Sekundärinsolvenzverfahren **Art. 37 EuInsVO** 1 ff.
- Territorialinsolvenzverfahren **Art. 3 EuInsVO** 45

Liquidationswert
- Ansatz und Bewertung der Aktiva bei negativer Fortführungsprognose 19 84
- Ansatz und Bewertung der Passiva bei positiver Fortführungsprognose 19 92
- gesetzlicher Überschuldungsbegriff 19 15 f.

Liquidierbarkeit
- Begriff der drohenden Zahlungsunfähigkeit 18 4
- Begriff der Zahlungsunfähigkeit 17 8
- Feststellung der Zahlungsunfähigkeit 17 40
- Prozesskostenhilfe für den Insolvenzverwalter 80 119

- Prüfungsaufgaben und Sachverständigentätigkeit des vorläufigen Insolvenzverwalters 22 203
- Zahlungsunfähigkeit 17 34

Liquidität 26 13

Liquiditätsanalyse 17 24

Liquiditätsausstattungsgarantien 19 87

Liquiditätsbedarfsplanungsrechnung 22 29

Liquiditätsbilanz
- s. auch Liquiditätsstatus
- Begriff der drohenden Zahlungsunfähigkeit 18 12

Liquiditätsentwicklung 18 8 f.

Liquiditätslücke
- Begriff der drohenden Zahlungsunfähigkeit 18 8
- Begriff der Zahlungsunfähigkeit 17 5
- Feststellung der Zahlungsunfähigkeit 17 40 ff.

Liquiditätsplan
- Begriff der drohenden Zahlungsunfähigkeit 18 12 ff.
- drohende Zahlungsunfähigkeit 18 20
- Feststellung der Zahlungsunfähigkeit 17 38 f.

Liquiditätsprognose 18 7

Liquiditätsrechnung
- Auskunfts- und Mitwirkungspflicht im Eröffnungsverfahren 20 23
- Haftung des vorläufigen Insolvenzverwalters 22 224 a
- Nichterfüllung von Masseverbindlichkeiten 61 26

Liquiditätsstatus
- Begriff der Zahlungsunfähigkeit 17 20
- drohende Zahlungsunfähigkeit 18 20
- Feststellung der Zahlungsunfähigkeit 17 36, 17 38
- Insolvenzgrund 16 8

Listing 56 9 f.

Lizenzen 35 254

Lohnabtretung
- allgemeine Verfahrensvereinfachungen 312 35
- Ersetzung der Zustimmung 309 65

Lohnabtretungsverbot 36 10

Lohnpfändung 312 36

Lohnsteuer
- Steuerforderungen 38 76 f.
- steuerrechtliche Pflichten des Insolvenzverwalters 80 71
- steuerrechtliche Wirkungen der Insolvenzeröffnung 80 50 ff.

Lossagungsrecht 113 40

Lösungsklauseln
- Insolvenz des Leasingnehmers 108 98
- Kündigungssperre 112 112
- Unwirksamkeit abweichender Vereinbarungen 119 10 ff.

Luftfahrzeuge
- anwendbares Recht 336 14
- Ausschluss sonstigen Rechtserwerbs 91 51 ff.
- Befriedigung der Absonderungsberechtigten 49 55
- Dritterwerber **Art. 14 EuInsVO** 1 ff.
- Gegenstände der Absonderung 49 22
- Grundbuch 346 13
- Insolvenz des Leasingnehmers 108 108
- Insolvenzmasse 35 136
- Verfügungen des Schuldners 81 14

Luxusaufwendungen 290 54

Luxusgeschenke 290 55

Mahnbescheid 143 58

Mahnverfahren
- Aufnahme eines unterbrochenen Rechtsstreits 180 34
- Verfahrensunterbrechung nach § 240 ZPO 85 37 f.
- Zuständigkeit für die Feststellung 180 13

Mandantenunterlagen 35 280

Mängel des Insolvenzantrags 14 38

Mangelhaft angemeldete Forderungen
- Prüfungstermin 176 7 f.
- Vorprüfungs- und Zurückweisungsrecht 175 13

3227

Sachregister

fette Zahlen = Gesetzesvorschriften

Mangelhafte Geschäftsführung **63** 42 ff.
Mantelzession **51** 23
Margensicherheit **130** 31 a f.
Marken **35** 245 f.
Markenregister
- Flugzeugregister **33** 4
- Schiffregister **33** 4

Markt- oder Börsenpreis
- Finanztermingeschäfte **104** 17
- Fixgeschäfte **104** 7

Maschinen **36** 17
Masseansprüche
- Ansprüche des Anfechtungsgegners **144** 11 ff.
- Aufhebung des Insolvenzverfahrens **258** 5 ff.
- Verfahren bei der Einstellung **214** 10

Massearmut
- Einstellung mangels Masse **207** 2 ff.
- Prozesskostenhilfe für den Insolvenzverwalter **80** 117
- Restschuldbefreiung **286** 13 ff.
- steuerrechtliche Pflichten des Insolvenzverwalters **80** 72

Massebereicherungsansprüche **209** 31
Massebereinigung
- Aussonderung **47** 4
- Insolvenzmasse **35** 47
- Sicherheiten-Pool **51** 73

Masseergänzung durch Gesetz **35** 44
Masseforderungen
- anmeldbare Forderungen **174** 7
- Anordnung von Sicherungsmaßnahmen **21** 38 k
- Erfüllungswahl des Insolvenzverwalters **103** 133, **103** 137
- Sozialpläne **124** 32
- wiederkehrende Leistungen **46** 4

Massefreie Gegenstände **91** 8
Massefremde Masse **19** 63
Massegläubiger **53** 1 ff.
- s. auch Altmassegläubiger
- s. auch Neumassegläubiger
- Abschlagsverteilung **187** 3
- anfechtbare Rechtshandlungen **130** 26
- antragsberechtigte Gläubiger **14** 4
- Anzeige der Masseunzulänglichkeit **208** 30
- Aufrechnung in der Insolvenz **94** 71 ff.
- Ausschluss von Massegläubigern **206** 1 ff.
- Einberufung der Gläubigerversammlung **74** 11
- Einstellung mangels Masse **207** 10
- Entscheidung des Insolvenzgerichts **289** 40
- Geltendmachung **53** 7 ff.
- Gläubigerbenachteiligung **129** 109
- Gläubigerverzeichnis **152** 2
- Insolvenzantragsrecht **13** 78
- Insolvenzplan **217** 14
- Massekosten **53** 1
- Masseunzulänglichkeit **53** 8
- Masseverbindlichkeiten **53** 1
- Nachhaftung **53** 11
- oktroyierte Masseverbindlichkeiten **53** 1
- Rechte und Pflichten des Insolvenzverwalters **80** 182
- Schuldner **53** 10 ff.
- steuerrechtliche Stellung des vorläufigen Insolvenzverwalters **22** 192 f
- Verwertung unbeweglicher Gegenstände **165** 7
- Vollstreckung vor Verfahrenseröffnung **88** 5
- Vollstreckungsverbot **89** 26
- Vorwegbefriedigung **53** 3 ff.
- Wirkung der Restschuldbefreiung **301** 2 a
- Wirkungen des Insolvenzplans **254** 13
- Zwangsvollstreckungsverbot **294** 7

Massekosten
- Anzeige der Masseunzulänglichkeit **208** 30 b
- Insolvenzverteilungsstatut **335** 45
- Massegläubiger **53** 1

Massekostendeckung
- Bestellung eines Sachverständigen **5** 16
- Prüfungsaufgaben und Sachverständigentätigkeit des vorläufigen Insolvenzverwalters **22** 201 ff.

Massekostengarantie **26** 27
Massekostenvorschuss
- Akteneinsicht **4** 28
- Insolvenzkostenhilfe **4** 18, **13** 107

Massekostenzahlung **34** 10
Masselose Insolvenz
- Rechnungslegung **66** 30
- Verletzung der Insolvenzantragspflicht **15 a** 21

Masselosigkeit
- Anordnung der Nachtragsverteilung **203** 28
- Eigenverwaltung **285** 3
- Einstellung mangels Masse **207** 1
- Insolvenzantragspflicht **13** 97
- Vergütung des Treuhänders **293** 21
- Zulassung des Gläubigerantrags **14** 104

Massemehrung **35** 111
Masseminderung **60** 26
Massenentlassung in der Insolvenz **113** 118 ff.
- Anzeigepflicht **113** 121 ff.
- Begriff **113** 122 ff.
- Betriebseinschränkung **113** 120
- Betriebsrat **113** 131 f.
- Darlegungs- und Beweislast **113** 147 ff.
- Dreißig-Tage-Zeitraum **113** 126 ff.
- Entlassungsgrund **113** 123
- Entscheidung der Arbeitsverwaltung **113** 148
- Ersatzkräfte **113** 125
- EuGH-Rechtsprechung **113** 139 ff.
- Massenentlassungsanzeige **113** 130 ff.
- Massenkündigungen **113** 126, **113** 129, **113** 136, **113** 139, **113** 141 f.
- Negativattest **113** 149
- Regelarbeitnehmerzahl **113** 125
- relativer Unwirksamkeitsgrund **113** 145
- Sperrfrist **113** 136 ff.
- Unwirksamkeit **113** 144 ff.
- verhaltensbedingte Kündigung **113** 123
- vorsorgliche Massenentlassungsanzeige **113** 124
- Zeitpunkt der Anzeigepflicht **113** 136

Massenentlassungen
- Interessenausgleich mit Namensliste **125** 2, **125** 107 ff.
- Sozialauswahl **125** 46

Massenentlassungsanzeige **113** 130 ff.
Massenkündigungen **113** 126, **113** 129, **113** 136, **113** 139, **113** 141 f.
Massequote **209** 6
Masseschutz
- teilbare Leistungen **105** 5
- Wahlrecht des Insolvenzverwalters **103** 3

Massesurrogation **35** 123 ff.
Masseüberschuss Art. **35** EuInsVO 4
Masseunzulänglichkeit
- s. auch Anzeige der Masseunzulänglichkeit
- Anfechtungsberechtigung **129** 10
- Anordnung der Nachtragsverteilung **203** 27
- Anzeige der Masseunzulänglichkeit **208** 2 f.
- Aufrechnung in der Insolvenz **94** 72
- Eigenverwaltung **285** 1 f.
- eingetragener Verein **11** 220
- Einstellung mangels Masse **207** 1
- Entscheidung des Insolvenzgerichts **289** 3, **289** 21, **289** 31
- Eröffnung des Insolvenzverfahrens **vor 11** 4
- Eröffnungsantrag **13** 6
- Geltendmachung der Haftung des Insolvenzverwalters **60** 123

magere Zahlen = Randnummern **Sachregister**

- Gesamtschaden 92 22
- GmbH & Co. KG 11 360
- Handels- und steuerrechtliche Rechnungslegung 155 15
- Insolvenz des Leasingnehmers 108 110
- insolvenzspezifische Pflichten 60 27
- Kosten des Insolvenzverfahrens 54 1
- Massegläubiger 53 8
- Masseverbindlichkeiten 324 8
- Mittel zur Lebensführung des Schuldners 278 9
- nichtinsolvenzspezifische Pflichten 60 79
- Rechnungslegung 66 32
- Restschuldbefreiung 286 13
- sofortige Beschwerde 6 22
- Steuererklärungspflicht 209 7
- steuerrechtliche Wirkungen der Insolvenzeröffnung 80 30
- Treuhänder 292 33
- Vergütung des vorläufigen Insolvenzverwalters 22 233 a
- Versagung der Restschuldbefreiung 290 6
- vorläufiger Insolvenzverwalter ohne Verfügungsbefugnis 22 193 d
- Vormerkung 106 30
- Vorprüfung des Insolvenzplans 231 35

Masseverbindlichkeiten 324 1 ff.
- s. auch Rangordnung der Masseverbindlichkeiten
- s. auch Sonstige Masseverbindlichkeiten
- Anordnung der Eigenverwaltung 270 33
- anwendbares Recht Art. 4 EuInsVO 49 ff.
- Anzeige der Masseunzulänglichkeit 208 30 a
- Aufhebung der Sicherungsmaßnahmen 25 21
- Aufnahme eines unterbrochenen Rechtsstreits 180 43 ff.
- Aufnahme von Passivprozessen 86 13
- ausschlagender Erbe 324 7
- Beerdigungskosten 324 3
- Befriedigung der Insolvenzgläubiger 187 1
- Einstellung mangels Masse 207 3, 207 16
- Erfüllungswahl des Insolvenzverwalters 103 133, 103 138 ff.
- Erstattungsansprüche 324 2
- Fortbestehen von Miet- und Pachtverträgen 108 16, 108 43
- Freigabe selbstständiger Tätigkeit 35 104
- Gläubigerverzeichnis 152 6
- Grabpflege 324 3
- Haftung des vorläufigen Insolvenzverwalters 22 224
- Handelsvertreter 55 12
- Insolvenzverteilungsstatut 335 45
- Massegläubiger 53 1
- Masseunzulänglichkeit 324 8
- mehrere Insolvenzanträge 13 77
- Nachlasspfleger 324 6 f.
- Nachlassverwalter 324 6 f.
- Nichterfüllung von Masseverbindlichkeiten 61 5 ff.
- Nutzungsüberlassung 135 27
- Partikularverfahren 358 5
- Rechte und Pflichten des Insolvenzverwalters 80 174, 80 176
- Rechtsstellung des Insolvenzverwalters 80 84
- Sachwalter 274 13
- Schutz des Gläubigers vor einer Verzögerung der Verwertung 169 9
- steuerrechtliche Stellung des Insolvenzverwalters 56 83
- steuerrechtliche Stellung des vorläufigen Insolvenzverwalters 22 192 f ff.
- steuerrechtliche Wirkungen der Insolvenzeröffnung 80 47, 80 51, 80 61, 80 66
- Testamentsvollstrecker 324 6 f.
- Todeserklärung 324 4

- Unterhalt aus der Insolvenzmasse 100 17
- Veräußerung des Miet- oder Pachtobjekts 111 13
- Verfahrenskosten 26 8 f.
- vorläufiger Insolvenzverwalter 22 9, 22 11 f., 22 47, 22 193 b ff.
- Vorprüfungs- und Zurückweisungsrecht 175 11
- Wahlrecht des Insolvenzverwalters 103 109

Masseverkürzungsschaden
- Geltendmachung der Haftung des Insolvenzverwalters 60 119
- nichtinsolvenzspezifische Pflichten 60 62

Masseverwaltung 47 99
Masseverwaltungs- und -verwertungskosten 26 9
Masseverzeichnis 151 3
Massezugehörigkeit
- Gütergemeinschaft 37 6 ff.
- unpfändbare Gegenstände 36 43 ff.
- Unternehmen 35 268 ff.

Maßnahmen des Insolvenzverwalters 35 127
Maßnahmen vor der Entscheidung über Unternehmensstilllegung oder -veräußerung 158 1 ff.
- Anhörung 158 16
- Arbeitgeberfunktion 158 11 f.
- Berichtstermin 158 1 f.
- Betriebsänderungen 158 13
- Betriebsrat 158 11 f.
- Erinnerung 158 19
- Freiberufler 158 7
- Gewerbeerlaubnis 158 6
- Gläubigerausschuss 158 9 f.
- Gläubigerversammlung 158 12
- Insolvenzgericht 158 17 f.
- Rechtsfolgen eines Verstoßes 158 21
- Rechtsmittel 158 19
- Stilllegung einzelner Betriebsteile 158 3
- Stilllegung im insolvenzrechtlichen Sinne 158 4
- Stilllegungsgründe 158 5 ff.
- übertragende Sanierung 158 8
- Umsetzung 158 12
- Unternehmensbegriff 158 3
- Unternehmensstilllegung 158 3 ff.
- Unternehmensveräußerung 158 8 ff.
- Unterrichtungspflicht 158 14
- Untersagung der Stilllegung oder Veräußerung 158 14 ff.
- Untersagungsantrag 158 15
- Untersagungsentscheidung 158 17 f.
- Verminderung der Insolvenzmasse 158 7, 158 17
- Wertevernichtung 158 1

Materielle Insolvenz 16 19
Materielle Unterkapitalisierung 19 26
Materieller Grundrechtsschutz 4 41
Materiellrechtlicher ordre public Art. 26 EuInsVO 7
Medien
- Beschlüsse der Gläubigerversammlung 76 16
- Einberufung der Gläubigerversammlung 74 8

Mehraktige Erwerbstatbestände 35 9
Mehraktige Rechtshandlungen 140 2
Mehraktiger Verfügungstatbestand
- Ausschluss sonstigen Rechtserwerbs 91 10
- Verfügungen des Schuldners 81 3, 81 9

Mehrdimensionale Bilanz 151 6
Mehrere Erben
- Anfechtung gegen Rechtsnachfolger 145 4
- Nachlassinsolvenzverfahren 315 13

Mehrere Forderungen
- Ersetzung der Zustimmung 309 8 ff.
- Stellungnahme der Gläubiger 307 59

Mehrere Insolvenzanträge 13 71 ff.
- Abweisung des Insolvenzantrags 139 12
- Abweisung mangels Masse 139 13

3229

Sachregister

fette Zahlen = Gesetzesvorschriften

– Amtsermittlungen **13** 72
– Beschluss **13** 73
– Doppelinsolvenz **139** 12
– Erledigung des Insolvenzantrags **139** 12
– erneuter Insolvenzantrag **13** 71
– faktisches Leitverfahren **13** 75
– früherer Insolvenzantrag **139** 12
– Führungslosigkeit **13** 71
– gemeinsame Antragstellung **13** 71
– Gesamtgläubiger **13** 75
– Gesamthandsgläubiger **13** 75
– Gesellschaften ohne Rechtspersönlichkeit **13** 71
– Gutachter **13** 76
– innerer Zusammenhang **13** 73
– juristische Personen **13** 71
– Kostenaufteilung **13** 75 ff.
– Leitverfahren **13** 72
– Masseverbindlichkeiten **13** 77
– maßgeblicher Zeitpunkt **139** 10 ff.
– mehrfache Antragstellung **13** 71
– Mitgläubiger **13** 75
– Nachtragsverteilung **139** 12
– organschaftliche Vertreter **13** 71
– Sicherungsmaßnahmen **13** 72
– Verbindung mehrerer Insolvenzeröffnungsverfahren **13** 72 f.
– Verbindung nach Verfahrenseröffnung **13** 74
– vorläufiger Insolvenzverwalter **13** 77
– Zurücknahme des Insolvenzantrags **139** 12
– Zweitantrag **13** 71
Mehrere Insolvenzverfahren Art. 32 EuInsVO 1 ff.
Mehrere Insolvenzverwalter 56 65
Mehrere Nachtragsverteilungen 203 23
Mehrere Rechtshandlungen 140 2
Mehrere Schädiger 60 129 ff.
Mehrerlös 108 96 f.
Mehrfachanmeldung 341 5
Mehrfache Anhörung 14 102 f.
Mehrfache Antragstellung
– mehrere Insolvenzanträge **13** 71
– spezielle Zulässigkeitsvoraussetzungen **14** 36
Mehrfache örtliche Zuständigkeit 3 6
Mehrfaches Bestreiten
– nicht titulierte Forderungen **179** 13 ff., **184** 7
– Widerspruch **178** 22
– Zuständigkeit für die Feststellung **180** 17
Mehrgliedrige Geschäftsleitung 15 a 49
Mehrheitserfordernis 1 13
Mehrheitliche Vertretung 13 124 ff.
Mehrheitserfordernis
– Beschlüsse der Gläubigerversammlung **76** 33
– Beschlüsse des Gläubigerausschusses **72** 8 f.
– Ersetzung der Zustimmung **309** 3 ff.
– Obstruktionsverbot **245** 33
– Wahl eines anderen Insolvenzverwalters **57** 10
Mehrheitsgesellschafter 304 13
Mehrköpfige Vertretung
– Auskunfts- und Mitwirkungspflicht im Eröffnungsverfahren **20** 12
– Eröffnungsantrag **13** 93
Mehrmütterkonzern 19 72
Mehrseitige Rechtsgeschäfte 129 67 ff.
Messung der Überschuldung
– Feststellung der Überschuldung **19** 28
– gesetzlicher Überschuldungsbegriff **19** 4
Miete
– s. auch Enthaftung der Masse bei Wohnraummiete
– s. auch Kündigungssperre
– s. auch Rücktritt bei nicht vollzogenen Miet- und Pachtverträgen
– s. auch Schuldner als Mieter oder Pächter
– s. auch Schuldner als Vermieter oder Verpächter

– s. auch Veräußerung des Miet- oder Pachtobjekts
– Aufgaben und Befugnisse des Treuhänders **313** 28 ff.
– Ausschluss sonstigen Rechtserwerbs **91** 5, **91** 29
– Dauerschuldverhältnisse **38** 60
– Erfüllungswahl des Insolvenzverwalters **103** 122
– Gegenstände der Absonderung **49** 13 a
– Sonderkündigungsrecht des Insolvenzverwalters **109** 2 ff.
– sonstige Masseverbindlichkeiten **55** 52 ff.
– teilbare Leistungen **105** 22
– unpfändbare Gegenstände **36** 22
– Unwirksamkeit abweichender Vereinbarungen **119** 7 f.
– Unzulässigkeit der Aufrechnung **96** 14
– Vollstreckung vor Verfahrenseröffnung **88** 34
– Wahlrecht des Insolvenzverwalters **103** 40
Mieterschutz 111 11
Mietkaution
– Aussonderung **47** 47
– Fortbestehen von Miet- und Pachtverträgen **108** 24 f., **108** 32
Mietrechte 35 205
Mietverträge 19 74
Mietzahlung 108 21
Minderheitenschutz 251 1 ff.
– absonderungsberechtigte Gläubiger **251** 10
– Amtsermittlungen **5** 3
– Antrag **251** 4 ff.
– Beschluss **251** 21 f.
– Insolvenzgläubiger **251** 10
– Insolvenzplan **vor 217** 46
– salvatorische Klauseln **251** 19 f.
– Schlechterstellung **251** 16 ff.
– Versagung der Bestätigung **251** 4 ff.
– Widerspruch **251** 5 f., **251** 14
Minderwert 163 2
Mind-of-management-Theorie Art. 3 EuInsVO 11, **Art. 3 EuInsVO** 33
Missbrauch der Vertretungsmacht 18 25
Missbräuchliche Erledigungserklärung 14 122
Missbräuchliches Abstimmungsverhalten 245 1
Mitbesitz 50 5
Mitbestimmung
– Betriebsänderungen **122** 4 ff.
– Verwertung der Insolvenzmasse **159** 52
Mitbewohner 22 211
Miteigentum
– Aussonderung **47** 11
– Gegenstände der Absonderung **49** 23
– Insolvenzmasse **35** 161
– Sicherheiten-Pool **51** 79
– unentgeltliche Leistung **134** 9
– Verwertung der Insolvenzmasse **159** 26
Miterben
– drohende Zahlungsunfähigkeit **18** 24
– Insolvenzantragspflicht **13** 99
Mitgeschäftsführer 15 a 44
Mitgesellschafter 35 315
Mitgläubiger
– mehrere Insolvenzanträge **13** 75
– spezielle Zulässigkeitsvoraussetzungen **13** 37, **14** 36
Mitglieder
– juristische Personen **11** 143
– Organe der juristischen Personen **11** 137
Mitgliederversammlung 15 a 12
Mitgliedsbeiträge 35 372
Mitgliedschaftsrechte
– Begriff der Insolvenzgläubiger **38** 8
– Insolvenzmasse **35** 160
– unpfändbare Gegenstände **36** 38

magere Zahlen = Randnummern

Sachregister

Mitmieter
- Enthaftung der Masse bei Wohnraummiete 109 15
- Rücktritt bei nicht vollzogenen Miet- und Pachtverträgen 109 30

Mitschuldner
- Rechtsschutzinteresse 14 53
- Wirkung der Restschuldbefreiung 301 20 ff.

Mitteilung der Veräußerungsabsicht 168 1 ff.
- s. auch Hinweisrecht des Gläubigers
- absonderungsberechtigte Gläubiger 168 7
- Einziehung einer Forderung 168 4 f.
- Inhalt der Mitteilung 168 6
- maßgeblicher Zeitpunkt 168 7 a
- Mitteilungspflichten 168 2 ff.
- Nachteilsausgleichung 168 14
- Rechtsfolgen eines Verstoßes 168 2 a
- Sicherungsabtretung 168 4 f.
- Verarbeitung 168 5
- Veräußerung 168 3 ff.
- Veräußerung unter Wert 168 15

Mitteilungspflichten
- abgesonderte Befriedigung aus unbeweglichen Gegenständen 50 47
- Aufhebung der Sicherungsmaßnahmen 25 23
- Aufhebung des Insolvenzverfahrens 200 8
- Mitteilung der Veräußerungsabsicht 168 2 ff.
- Obliegenheiten des Schuldners 295 44 ff.
- Partikularverfahren 357 4 f.
- Register 31 7 ff.

Mittel zur Lebensführung des Schuldners 278 1 ff.
- bescheidene Lebensführung 278 7
- Dauer 278 11
- Einschränkungen der Lebensführung 278 7
- Entnahmerecht 278 6 ff.
- Masseunzulänglichkeit 278 9
- Mittelherkunft 278 8
- persönlich haftende Gesellschafter 278 6
- Pfändungsfreigrenzen 278 5
- übermäßige Entnahme 278 12
- Unterhaltsberechtigte 278 10
- vertragliche Entnahmeregelungen 278 2

Mittelbare Gläubigerbenachteiligung
- kongruente Deckung 130 3
- unentgeltliche Leistung 134 2
- unmittelbar nachteilige Rechtshandlungen 132 14

Mittelbare Insolvenzantragspflicht 13 94
Mittelbare Pensionsverpflichtungen 19 109
Mittelbare Stellvertreter 39 41
Mittelbare Zuwendungen 129 83 ff.
- anfechtbare Rechtshandlungen 129 75
- Anfechtung gegen Rechtsnachfolger 145 22
- Ansprüche des Anfechtungsgegners 144 5 f.
- Anweisung 129 83
- Doppelinsolvenz 129 87 c
- Gesamtvorgänge 129 84
- Insolvenz des Leistungsmittlers 129 87 b
- Kommanditisten 129 89
- Leistungsmittler 129 87 a
- Mittelsperson 129 85
- persönlich haftende Gesellschafter 129 89
- Rückgewährpflicht 143 22, 143 43
- Rückgewährpflicht
- Sozialversicherungsträger 129 87 a
- Vorteil der Mittelsperson 129 87 f.
- zeitliche Voraussetzungen 129 86

Mittelbarer Besitz 50 5
Mittellosigkeit 4 a 17
Mittelpunkt der hauptsächlichen Interessen
- Anwendungsbereich Art. 1 EuInsVO 2
- Aufrechnung Art. 6 EuInsVO 2 f.
- Begründung des Eröffnungsbeschlusses Art. 102 § 2 EGInsO 4

- Gemeinschaftsmarken Art. 12 EuInsVO 4
- Gemeinschaftspatente Art. 12 EuInsVO 4
- internationale Zuständigkeit Art. 3 EuInsVO 2, Art. 3 EuInsVO 9
- örtliche Zuständigkeit Art. 102 § 1 EGInsO 4

Mittelpunkt wirtschaftlicher Tätigkeit
- generelle Zulässigkeitsvoraussetzungen 14 16
- örtliche Zuständigkeit 3 3 f.
- Zulässigkeitsvoraussetzungen 13 12

Mitwirkung des Gläubigerausschusses 276 1 ff.
- besonders bedeutsame Rechtshandlungen 276 2 ff.
- Gläubigerversammlung 276 5

Mitwirkung des Sachwalters 275 1 ff.
- außergewöhnliche Verbindlichkeiten 275 2 ff.
- eigenmächtiges Schuldnerhandeln 275 6
- Gläubigerausschuss 275 2
- Kassenführung 275 7 f.
- Widerspruch 275 5
- Zustimmung des Sachwalters 275 2 ff.

Mitwirkungspflichten
- Aufgaben des Gläubigerausschusses 69 40 ff.
- Auskunfts- und Mitwirkungspflicht im Eröffnungsverfahren 20 2
- Bestellung eines Sachverständigen 5 13
- Inbesitznahme der Insolvenzmasse 148 10
- Insolvenzgrund 16 8
- Insolvenzkostenhilfe 13 110
- steuerrechtliche Stellung des vorläufigen Insolvenzverwalters 22 192 f
- Stundung der Kosten des Insolvenzverfahrens 4 a 31
- Versagung der Restschuldbefreiung 290 68
- Verwertung der Insolvenzmasse 159 64
- Zulässigkeit des Insolvenzverfahrens 11 21
- Zulassung des Gläubigerantrags 14 108
- Zwangsbefugnisse des vorläufigen Insolvenzverwalters 22 214 f.

Mitwirkungsrecht des Insolvenzverwalters Art. 32 EuInsVO 10 f.

Modifizierte Freigabe
- Freigabe 35 84, 35 86 f.
- Rechtsstellung des Insolvenzverwalters 80 137
- Verwertung der Insolvenzmasse 159 61

Modifizierter Schuldenbereinigungsplan 307 76 ff.
Modifizierter zweistufiger Überschuldungsbegriff 19 28 ff.

MoMiG
- Gesellschafterdarlehen 135 4
- Verwertung der Insolvenzmasse 159 37

Moratorium 17 18
Mutterschutz 113 60

Nacherbe
- Eröffnung des Nachlassinsolvenzverfahrens 317 2
- Insolvenzantragspflicht 13 100

Nacherbfolge 329 1 f.
Nacherfüllung
- Umrechnung von Forderungen 45 3
- Wahlrecht des Insolvenzverwalters 103 68 f.

Nachfolgeklauseln 315 22
Nachforderungsrecht 201 3 ff.
Nachforderungsverbot 201 10
Nachgenossenschaft 11 207
Nachgeschalteter Eigentumsvorbehalt 47 25, 107 5
Nachgesellschaft
- Gesellschaften ohne Rechtspersönlichkeit 11 245
- juristische Personen 11 46 ff.
- Zulässigkeitsvoraussetzungen 13 22

Nachgründung 11 190
Nachhaftung
- Aufhebung des Insolvenzverfahrens 200 2
- Ausschluss von Massegläubigern 206 5
- Einstellung mangels Masse 207 16

3231

Sachregister

fette Zahlen = Gesetzesvorschriften

- Haftung des Schuldners **227** 1
- Massegläubiger **53** 11
- Rechte der Insolvenzgläubiger nach Verfahrensaufhebung **201** 14 ff.
- Rückzahlung und Anpassung der gestundeten Beiträge **4 b** 1
- Stundung der Kosten des Insolvenzverfahrens **4 a** 29

Nachinsolvenzliche Überlassung 109 27

Nachkündigung
- Beendigung von Arbeitsverhältnissen **113** 116 f.
- Kündigungsbefugnis des vorläufigen Insolvenzverwalters **22** 88 f.

Nachlass
- Sondermassen **35** 58
- unpfändbare Gegenstände **36** 8

Nachlasserbenschulden 325 1

Nachlassgläubiger
- Eröffnung des Nachlassinsolvenzverfahrens **317** 12
- Insolvenzantragsrecht **13** 82
- Nachlassverbindlichkeiten **325** 1
- spezielle Zulässigkeitsvoraussetzungen **14** 57

Nachlassinsolvenz 331 4 f.

Nachlassinsolvenzmasse 35 67

Nachlassinsolvenzverfahren 315 1 ff.
- s. auch Anfechtbare Rechtshandlungen des Erben
- s. auch Erbeninsolvenz
- s. auch Erbschaftskauf
- s. auch Eröffnung des Nachlassinsolvenzverfahrens
- s. auch Masseverbindlichkeiten
- s. auch Nachlassverbindlichkeiten
- s. auch Nachrangige Verbindlichkeiten
- Ablehnung der Aufnahme anhängiger Streitigkeiten **85** 97
- Abweisung des Insolvenzantrags **315** 6
- allgemeines Verfügungsverbot **21** 18
- Amtsermittlungen **5** 20, **5** 27
- Ansprüche des Erben **326** 1 ff.
- Aufrechnungslage **94** 28
- Aufwendungen des Erben **323** 1 f.
- Auskunfts- und Mitwirkungspflicht im Eröffnungsverfahren **20** 10
- doppelter Zweck **315** 3
- drohende Zahlungsunfähigkeit **320** 4
- Eigenverwaltung **270** 12
- Erben **315** 11
- Erbschaft **83** 4, **83** 7, **83** 14
- Erbschaftskauf **330** 2
- Eröffnungsantrag **13** 138
- Ersatzansprüche **315** 9, **328** 3
- fortgesetzte Gütergemeinschaft **332** 1
- fortgesetztes Insolvenzverfahren **315** 18
- Fristenberechnung **139** 9
- Geschäftsverbindlichkeiten **315** 4
- Gesellschaften ohne Rechtspersönlichkeit **11** 253
- gesetzlicher Überschuldungsbegriff **19** 22
- Grundbuch **32** 5, **32** 9
- Haftungsbeschränkung **315** 5
- Insolvenzanfechtung **129** 44, **315** 14, **328** 2
- Insolvenzantragsrecht **13** 65
- Insolvenzgrund **320** 1 ff.
- Insolvenzkostenhilfe **13** 105
- Insolvenzmasse **35** 67, **315** 7 ff.
- Insolvenzverfahren **1** 3
- Insolvenzverwalter **315** 15
- kongruente Deckung **130** 36
- mehrere Erben **315** 13
- Nacherbfolge **329** 1 f.
- Nachfolgeklauseln **315** 22
- Nachlasspfleger **315** 16
- Nachlassverbindlichkeiten **326** 3 f.
- Nachlassverwalter **315** 16
- nachrangige Insolvenzgläubiger **39** 25, **39** 31
- nachrangige Verbindlichkeiten **327** 1 ff.
- nachträgliche Anmeldungen **177** 23
- örtliche Zuständigkeit **3** 5
- persönlich haftende Gesellschafter **315** 19 ff.
- Pfandrechte **321** 3
- Schuldner **315** 11 ff.
- Sonderinsolvenz **35** 61, **315** 1
- Surrogation **315** 8
- Testamentsvollstrecker **315** 16
- Überschuldung **320** 3
- unanfechtbare Befriedigung **321** 2
- unbeschränkt haftende Erben **326** 5
- vereinfachtes Insolvenzverfahren **311** 39
- Vernögenstrennung **321** 2
- Versicherungsansprüche **315** 10
- Verwertung beweglicher Gegenstände **166** 13
- Vollstreckung vor Verfahrenseröffnung **88** 3
- Vollstreckungsverbot **321** 1
- Vorerbe **329** 2
- Zahlungsunfähigkeit **320** 2
- Zulassung des Gläubigerantrags **14** 105
- zurückgewährte Gegenstände **328** 1 ff.
- Zuständigkeit **315** 17
- Zwangsvollstreckung **321** 1 ff.

Nachlasspfleger
- Eröffnungsantrag **13** 10, **13** 140
- Insolvenzantragspflicht **13** 100
- Masseverbindlichkeiten **324** 6 f.
- Nachlassinsolvenzverfahren **315** 16
- spezielle Zulässigkeitsvoraussetzungen **13** 41, **13** 52

Nachlassteilung 316 5 f.

Nachlassverbindlichkeiten 325 1 ff.
- Arbeitnehmer **325** 7
- Erbfallschulden **325** 8 ff.
- Erblasserschulden **325** 2 ff.
- höchstpersönliche Verbindlichkeiten **325** 6
- Insolvenz des Erben **331** 8
- Nachlasserbenschulden **325** 1
- Nachlassgläubiger **325** 1
- Nachlassinsolvenzverfahren **326** 3 f.
- Unterhaltsansprüche **325** 4

Nachlassverwalter 63 19
- Eröffnung des Nachlassinsolvenzverfahrens **317** 7
- Eröffnungsantrag **13** 10, **13** 62
- Insolvenz des Erben **331** 6
- Insolvenzantragspflicht **13** 100
- Masseverbindlichkeiten **324** 6 f.
- Nachlassinsolvenzverfahren **315** 16
- spezielle Zulässigkeitsvoraussetzungen **13** 41

Nachleistungspflicht
- Ausfallforderungen **256** 11 f.
- streitige Forderungen **256** 11 f.

Nachprüfungstermin 197 1

Nachrang von Neugläubigern 265 1 ff., **266** 1 ff.

Nachrangige Abtretung 114 27

Nachrangige Forderungen
- Anmeldung der Forderungen **174** 51 ff.
- Ansatz und Bewertung der Passiva bei positiver Fortführungsprognose **19** 91
- Aufforderungen an Gläubiger und Schuldner **28** 2
- Ausfall der Absonderungsberechtigten **52** 10
- Begriff der Insolvenzgläubiger **38** 95
- Ersetzung der Zustimmung **309** 56 a
- Insolvenzantragsrecht **13** 81
- nachträgliche Anmeldungen **177** 22 ff.
- Rechte der Insolvenzgläubiger nach Verfahrensaufhebung **201** 18
- Rechtsschutzinteresse **14** 51
- Umfang der Feststellung **181** 12
- Vorprüfungs- und Zurückweisungsrecht **175** 11

Nachrangige Gesellschafterdarlehen 19 91

magere Zahlen = Randnummern

Sachregister

Nachrangige Gläubiger 13 81
Nachrangige Insolvenzgläubiger 39 1 ff.
– s. auch Forderungen auf Rückgewähr von Gesellschafterdarlehen
– s. auch Laufende Zinsen und Säumniszuschläge
– anfechtbare Rechtshandlungen 130 30
– anmeldbare Forderungen 174 2
– Anwaltskosten 39 21
– Begriff 39 5
– Beteiligungserwerb 39 68
– Bundesanstalt für vereinigungsbedingte Sonderaufgaben 39 62
– eigenkapitalersetzende Darlehen 225 3
– Einbindung in das Insolvenzverfahren 225 1
– einseitige Leistungen 39 28
– Erlass von Forderungen 225 4
– Erörterungs- und Abstimmungstermin 235 12
– Ersatzfreiheitsstrafen 39 23 f.
– Feststellungs- und Prüfungsverfahren 39 5
– Finanzplankredite 39 71
– Forderung auf eine unentgeltliche Leistung des Schuldners 39 28 ff.
– Gegenleistung 39 28
– Geldbußen 39 23 ff.
– Geldstrafen 39 23 ff.
– Gesellschaften ausländischen Rechts 39 60
– Gesellschafterdarlehen 135 5
– gestaltender Teil des Insolvenzplans 221 5
– Gläubigerbenachteiligung 129 92
– Gleichwertigkeit von Leistung und Gegenleistung 39 29 f.
– Gruppenbildung 222 22
– Insolvenzplan 225 1 ff.
– Insolvenzplanverfahren 39 3
– Kleinbeteiligtenprivileg 39 72 ff.
– Kosten 39 57
– Kosten der Verfahrensteilnahme 39 21 f.
– Nachlassinsolvenzverfahren 39 25, 39 31
– Niederlegung des Insolvenzplans 234 4
– Obstruktionsverbot 225 6
– Ordnungsgelder 39 23 ff.
– Personengesellschaften 39 59
– Prüfungstermin 176 26
– Rangfolge 39 6
– Rangrücktrittsvereinbarung 39 52 ff.
– Restschuldbefreiungsverfahren 39 24
– Sanierungsdarlehen 39 63 ff.
– Sanierungsprivileg 39 63 ff.
– Scheitern der Sanierung 39 67
– Stimmrecht der Insolvenzgläubiger 237 4
– Tabelle 175 6
– Übergangsvorschrift 39 75
– Überschuldungsbilanz 39 55
– Unternehmensbeteiligungsgesellschaften 39 61
– Unternehmensfortführung 225 3
– verfahrensmäßige Einschränkungen 39 2
– Vollstreckungskosten 39 21
– Vollstreckungsverbot 89 19
– Widerspruch 178 13
– Wiederauflebensklauseln 225 7
– Zinsen 39 57
– Zwangsgelder 39 23 ff.
Nachrangige Verbindlichkeiten
– Aufgebotsverfahren 327 6
– Auflagen 327 4
– Aufrechnung 327 7
– ausgeschlossene Gläubiger 327 6
– Nachlassinsolvenzverfahren 327 1 ff.
– Pflichtteilsansprüche 327 3
– Vermächtnisse 327 4 f.
Nachschieben von Forderungen
– antragsberechtigte Gläubiger 14 14

– Gläubigerantrag 14 112
– Rechtsschutzinteresse 14 46
Nachschüsse
– Genossenschaft 11 206, 35 362 f.
– Gesellschaft bürgerlichen Rechts 35 381
– GmbH 11 193
– Handelsgesellschaften 35 381
– juristische Personen 35 304
– Versicherungsverein auf Gegenseitigkeit 35 375
Nachschusspflicht
– Genossenschaft 35 350 ff.
– Gesellschaft bürgerlichen Rechts 35 385
– Handelsgesellschaften 35 385
– Insolvenzantragsrecht 15 2
Nachteilsausgleich
– Aktiengesellschaft 35 321
– Betriebsänderungen 122 56 ff.
– Interessenausgleich mit Namensliste 125 16
– Mitteilung der Veräußerungsabsicht 168 14
– sonstige Masseverbindlichkeiten 55 80
– vorzeitige Betriebsänderung mit gerichtlicher Zustimmung 122 70
Nachteilsausgleich in der Insolvenz 122 105 ff.
– Abfindung 122 111, 122 116
– Abweichen vom Interessenausgleich 122 108 ff.
– Ausschlussklauseln 122 117
– Betriebsverfassungsorgan 122 106
– Nachteilsausgleichpflicht 122 110
– Sozialpläne 122 107
– unzureichender Interessenausgleichsversuch 122 113 ff.
Nachteilsausgleichspflicht 122 110
Nachträglich ermittelte Beträge 203 10 ff.
Nachträgliche Anmeldungen 177 1 ff.
– Anmeldeverfahren 174 13
– besondere Aufforderung 177 22 ff.
– besonderer Prüfungstermin 177 27 ff.
– Betrag 177 17 ff.
– Betragserhöhung 177 18
– Fristen 177 25 f.
– Gläubigerwechsel 177 14
– Insolvenzplanverfahren 177 23
– Kosten 177 30 ff.
– Nachlassinsolvenzverfahren 177 23
– nachrangige Insolvenzforderungen 177 22 ff.
– nachträgliche Änderungen 177 12 ff.
– öffentliche Bekanntmachung 177 28
– Prüfungstermin 177 3 ff.
– Ranganderung 177 20 f.
– Rechtsmittel 177 40
– Schlusstermin 177 8 ff., 177 33
– schriftliches Verfahren 177 34 ff., 312 79
– Schuldgrund 177 13 f.
– Stimmrecht der Insolvenzgläubiger 237 10
– unerlaubte Handlungen 177 39
– Unterrichtung der Gläubiger **Art. 102 § 11 EGInsO** 1
– Wechsel 177 15
– Widerspruch 177 4 ff., 177 38
– Wiedereinsetzung in den vorigen Stand 177 38
– Wirkung der Restschuldbefreiung 301 3 ff.
– Zulässigkeit nachträglicher Anmeldungen 177 2 ff.
Nachträgliche Anordnung der Eigenverwaltung 271 1 ff.
– Anordnungsbeschluss 271 4 ff.
– begleitende Verfügungen 271 5
– Gläubigerversammlung 271 3
– Insolvenzverwalter 271 9
– Rechtsmittel 271 7
– Sachwalter 271 8
– Zurückweisungsbeschluss 271 2
Nachträgliche Berücksichtigung 192 1 ff.
– Antrag 192 5
– Gleichstellung 192 4 ff.

3233

Sachregister

fette Zahlen = Gesetzesvorschriften

- nicht berücksichtigte Gläubiger **192** 2 f.
- Restmasse **192** 7
- Vorabgleichstellung **192** 7

Nachträgliche Eröffnung des Hauptinsolvenzverfahrens Art. 36 EuInsVO 1 ff.

Nachträgliche Verfügungsbeschränkungen 147 5 ff.

Nachträglicher Anfall von Insolvenzmasse 203 4 ff.

Nachträglicher Eigentumsvorbehalt 47 14

Nachtragsliquidation
- Abweisung mangels Masse **26** 54
- Aufhebung der Sicherungsmaßnahmen **25** 13
- juristische Personen **11** 152

Nachtragsliquidator 14 101

Nachtragsvermögen 200 15 f.

Nachtragsverteilung
- s. auch Anordnung der Nachtragsverteilung
- s. auch Vollzug der Nachtragsverteilung
- Ablehnung der Nachtragsverteilung **204** 4
- Anfechtungsberechtigung **129** 25
- Anordnung der Nachtragsverteilung **204** 5
- Anzeige der Masseunzulänglichkeit **208** 11 a, **208** 29
- Befriedigung der Insolvenzgläubiger **187** 2
- Berücksichtigung absonderungsberechtigter Gläubiger **190** 6 ff.
- Einstellung mangels Masse **207** 13
- Einstellung nach Anzeige der Masseunzulänglichkeit **211** 3 a, **211** 12
- Entscheidung über die Restschuldbefreiung **300** 29
- Fristen **204** 6
- Gesellschaften ohne Rechtspersönlichkeit **11** 305
- Grundbuch **32** 25
- Insolvenz des Erben **331** 9
- juristische Personen **11** 152
- mehrere Insolvenzanträge **139** 12
- öffentliche Bekanntmachung **204** 2
- Rechtsmittel **204** 1 ff.
- Rechtswirkungen der Verfahrensaufhebung **200** 14
- Schlusstermin **197** 16
- Schlussverteilung **196** 4
- sofortige Beschwerde **204** 5
- Überschuss bei der Schlussverteilung **199** 5
- Verfahrensunterbrechung nach § 240 ZPO **85** 72
- Vergütung des Insolvenzverwalters **63** 37
- Verjährung des Schadenersatzanspruchs **62** 10
- Verwertung der Insolvenzmasse **313** 46 a
- Wirkungen der Aufhebung **259** 10

Nachweis der Insolvenzverwalterbestellung Art. 19 EuInsVO 1 ff.
- Befugnisse **Art. 19 EuInsVO** 10 ff.
- Hauptinsolvenzverwalter **Art. 19 EuInsVO** 2
- Partikularinsolvenzverwalter **Art. 19 EuInsVO** 3
- Sekundärinsolvenzverwalter **Art. 19 EuInsVO** 3
- Übersetzung **Art. 19 EuInsVO** 7 ff.
- vorläufiger Insolvenzverwalter **Art. 19 EuInsVO** 4

Nachweis der Rechtsverfolgung
- Abschlagsverteilung **189** 11
- Form **189** 6
- Fristen **189** 7 f.
- öffentliche Bekanntmachung **189** 7
- Schlussverteilung **189** 11
- streitiger Nachweis **189** 9
- verspäteter Nachweis **189** 11
- Wirkungen **189** 10

Nahe Angehörige
- Dienstverträge **138** 12 a
- Ehegatten **138** 3 ff.
- ehemalige Ehegatten **138** 4
- Ehen mit Auslandsberührung **138** 3
- Geschwister **138** 8 f.
- Gesellschaften ohne Rechtspersönlichkeit **138** 12 c
- gesellschaftsrechtliche Verbindungen **138** 12 b f.
- häusliche Gemeinschaft **138** 11 ff.
- juristische Personen **138** 12 c
- Lebenspartner **138** 5 f.
- Verwandte **138** 7 ff.

Nahestehende Personen 138 1 ff.
- s. auch Gesellschaftsrechtlich nahestehende Personen
- s. auch Nahe Angehörige

Name des Schuldners 35 17

Namensliste 125 1, **125** 23 ff.

Namensrecht 35 17

Naturalobligationen
- anfechtbare Rechtshandlungen **131** 4
- Gläubigerbenachteiligung **129** 94
- Vermögensanspruch **38** 16
- Wirkung der Restschuldbefreiung **301** 10 ff.

Natürliche Personen
- Anhörung des Schuldners **10** 4 f.
- Insolvenzantragspflicht **13** 94
- Insolvenzmasse **35** 116
- internationale Zuständigkeit **Art. 3 EuInsVO** 10
- örtliche Zuständigkeit **3** 4
- Restschuldbefreiung **286** 4 ff.
- Stundung der Kosten des Insolvenzverfahrens **4 a** 6
- Verbraucherinsolvenzverfahren **vor 304–314** 2, **304** 6
- Zulässigkeit des Insolvenzverfahrens **11** 6 ff.
- Zulassung des Gläubigerantrags **14** 100

Nebenabreden 226 5 f.

Nebenintervention
- nicht titulierte Forderungen **179** 16
- Rechtsstellung des Insolvenzschuldners **80** 10

Nebenleistungen
- Aktiengesellschaft **35** 308, **35** 318
- Genossenschaft **35** 348 f.
- GmbH **35** 308, **35** 318

Nebentätigkeit 304 9

Negative Fortführungsprognose
- Ansatz und Bewertung der Passiva bei positiver Fortführungsprognose **19** 90
- gesetzlicher Überschuldungsbegriff **19** 21
- Wertansätze und Bewertung bei positiver Fortführungsprognose **19** 67

Negative Kompetenzkonflikte
- internationale Zuständigkeit **Art. 3 EuInsVO** 35
- Kompetenzkonflikte **Art. 102 § 3 EGInsO** 7 f.

Negativliste
- Interessenausgleich mit Namensliste **125** 24
- Vorauswahl des Insolvenzverwalters **56** 10

Nettoabrechnungssysteme 96 73

Neubegründete Dienstverhältnisse 113 9 f.

Neubegründungstheorie 103 6 f.

Neue Beschlagnahme 203 15 ff.

Neue Zwangsvollstreckungsmaßnahmen 305 a 6

Neueinstellungen
- Fortbestehen von Dienst- und Arbeitsverhältnissen **108** 54
- sonstige Masseverbindlichkeiten **55** 11

Neuer Insolvenzantrag 26 54

Neuer Prozess 24 16

Neuerwerb
- Gläubigerverzeichnis **152** 6
- Gütergemeinschaft **37** 18
- Insolvenzmasse **35** 110 ff.
- juristische Personen **35** 120 ff., **35** 304
- sonstige Masseverbindlichkeiten **55** 41 ff.
- steuerrechtliche Wirkungen der Insolvenzeröffnung **80** 35 ff.
- Übernahme der Insolvenzmasse **148** 4 ff.

Neues Insolvenzverfahren 255 19 ff.

Neues Verfahren zur Restschuldbefreiung 13 6

Neugeschäfte 55 8 ff.

Neugläubiger
- allgemeine Verfahrensvereinfachungen **312** 26 f.
- Antrag des Schuldners auf Restschuldbefreiung **287** 4

magere Zahlen = Randnummern **Sachregister**

- Freigabe selbstständiger Tätigkeit 35 107
- Gesamtschaden 92 12
- Insolvenzanfechtung 129 36
- Insolvenzplan 217 15
- Obliegenheiten des Schuldners 295 40 f.
- Rechte der Insolvenzgläubiger nach Verfahrensaufhebung 201 4
- Rechte und Pflichten des Insolvenzverwalters 80 156, 80 195
- Rechtsschutzinteresse 14 47, 14 56
- Verletzung der Insolvenzantragspflicht 15 a 40 f.
- Vollstreckungsverbot 89 19, 210 9 ff., 210 15 f.
- Wirkungen des Insolvenzplans 254 13
- Zwangsvollstreckungsverbot 294 17 ff.

Neuverbindlichkeiten
- Gesellschaften ohne Rechtspersönlichkeit 11 281
- persönliche Haftung der Gesellschafter 93 37 f.
- Rangordnung der Masseverbindlichkeiten 209 10 ff.

Neuvermögen
- Inbesitznahme der Insolvenzmasse 148 8
- Übernahme der Insolvenzmasse 148 4 ff.

Neuwahl von Ausschussmitgliedern
- endgültiger Gläubigerausschuss 68 6
- Wahl anderer Mitglieder 68 11

Nicht angemeldete Forderungen
- Ausfallforderungen 256 6
- streitige Forderungen 256 4
- Treuhänder 292 41 f.
- Wirkung der Restschuldbefreiung 301 3 ff.

Nicht anmeldbare Forderungen
- Prüfungstermin 176 6
- Umfang der Feststellung 181 9

Nicht beeinträchtigte Forderungen
- Stimmrecht der Insolvenzgläubiger 237 5
- Annahme des Schuldenbereinigungsplans 308 32 ff.

Nicht berücksichtigte Gläubiger 192 2 f.
Nicht beschwerdefähige Entscheidungen 6 6
Nicht bilanzierungsfähige Vermögensgegenstände 19 60
Nicht eingetragener Verein 18 24
Nicht fällige Forderungen 41 1 ff.
- Abschlagszahlungen 41 4
- Absonderungsrecht 41 7 ff.
- Abzinsung 41 10 f.
- Altersteilzeit 41 4
- anfechtbare Rechtshandlungen 131 13
- Aufrechnung 41 18
- Aussonderungsrecht 41 7
- befristete Forderungen 41 5
- Berechnung des Abzinsungsbetrages 41 13 ff.
- betagte Forderungen 41 3
- Fälligkeit 41 3 f.
- Insolvenzforderungen 41 2
- Leasing 41 4
- materielle Wirkung 41 16 f.
- unbestimmte Fälligkeit 41 6
- unverzinsliche Forderungen 41 10 f.
- verzinsliche Forderungen 41 12
- Wirkung auf Dritte 41 17

Nicht festgestellte Forderungen 74 12
Nicht geleistete Einlagen 136 6
Nicht nachrangige Gläubiger
- Betriebsveräußerung an besonders Interessierte 162 5, 162 7
- Gruppenbildung 222 21
- Insolvenzgläubiger 224 2 ff.

Nicht rechtsfähiger Verein
- Auflösung von Gesellschaften 118 4
- eingetragener Verein 11 222
- Insolvenz eines Mitglieds 11 232
- Insolvenzantragspflicht 11 231, 13 101
- Insolvenzantragsrecht 13 68
- Insolvenzfähigkeit 11 229

- Insolvenzverwalter 11 231
- örtliche Zuständigkeit 3 3
- Sonderinsolvenz 11 230

Nicht titulierte Forderungen
- Berücksichtigung bestrittener Forderungen 189 2 ff.
- besondere Zuständigkeiten 185 15
- Feststellung der Forderungen 179 7 ff.
- Feststellungsklage 179 10
- Freigabe 184 13
- Glaubhaftmachung 14 65 ff.
- Gläubigerantrag 14 133 f.
- Klage gegen den Widerspruch des Schuldners 184 6 ff.
- Klageberechtigung 179 7 ff.
- mehrfaches Bestreiten 179 13 ff., 184 7
- Nebenintervention 179 16
- Neuklage 184 6
- Prozessaufnahme 184 10 ff.
- Steuerforderungen 179 15, 184 10
- Streitgegenstand 179 11
- Verteilungsverzeichnis 188 7
- Wirkung der Entscheidung 183 13

Nicht vertretbare Handlungen
- Umrechnung von Forderungen 45 8
- Vermögensanspruch 38 20 f.

Nicht zu berücksichtigende Bilanzpositionen 19 61
Nichtabführung von Sozialversicherungsbeiträgen
- Glaubhaftmachung 14 78, 14 81, 14 86
- Verletzung der Insolvenzantragspflicht 15 a 52, 15 a 46 ff.
- Zahlungsunfähigkeit 17 31

Nichtangetretene Arbeitsverhältnisse 113 6 ff.
Nichtanzeige von Sicherungsrechten 28 6
Nichtaufnahme von Forderungen
- Prüfungstermin 176 5
- Vorprüfungs- und Zurückweisungsrecht 175 14

Nichtbestreiten des Insolvenzgrundes 16 7
Nichteheliche Lebensgemeinschaften
- Gesamtgut bei Gütergemeinschaft 37 38
- Übernahme der Insolvenzmasse 148 32

Nichterfüllung des Schuldenbereinigungsplans 308 25 ff.
Nichterfüllung einer Gläubigerforderung 14 85
Nichterfüllung von Masseverbindlichkeiten 61 1 ff.
- Haftung des vorläufigen Insolvenzverwalters 22 224 ff.
- Abgrenzung 61 4
- Entlastung 61 25 ff.
- Liquiditätsrechnung 61 26
- Masseverbindlichkeiten 61 5 ff.
- oktroyierte Masseverbindlichkeiten 61 6
- Pflichtenkollision 61 22
- Prozesskosten 61 10
- Sachwalter 61 36
- Treuhänder 61 37
- Umfang der Haftung 61 15 ff.
- Unternehmensfortführung 61 33
- Unternehmensstilllegung 61 34
- Verfahrenskosten 61 12
- Verschulden 61 1, 61 19 ff.
- Verzug 61 13
- vorläufiger Insolvenzverwalter 61 31 ff.
- Zustimmung 61 21

Nichterfüllungseinrede 103 11
Nichterweislichkeit des Insolvenzgrundes
- Gläubigerantrag 14 146
- Insolvenzgrund 16 9 ff.

Nichtgesellschaftsrechtliche Insolvenzantragspflichten 13 99 ff.
Nichtige juristische Person 11 49
Nichtige Rechtsgeschäfte 131 4
Nichtinsolvenzforderungen 178 35
Nichtinsolvenzgläubiger 129 35 ff.
Nichtinsolvenzspezifische Entscheidungen 6 7 f.

3235

Sachregister

fette Zahlen = Gesetzesvorschriften

Nichtinsolvenzspezifische Pflichten
- anteilige Steuertilgung 60 64
- arbeitsrechtliche Haftung 60 79 ff.
- culpa in contrahendo 60 55
- deliktische Haftung 60 58 f.
- Haftung 60 54 ff.
- Insolvenzgeld 60 77
- Kostenstundung 60 73
- Masseunzulänglichkeit 60 79
- Masseverkürzungsschaden 60 62
- Mitverschulden der Finanzbehörde 60 69
- öffentlich-rechtliche Haftung 60 85 ff.
- sozialversicherungsrechtliche Haftung 60 75 ff.
- steuerrechtliche Haftung 60 60 ff.
- Unternehmensfortführung 60 83
- Unternehmensstilllegung 60 84
- Vermögensverwalter 60 60
- vertragliche Haftung 60 54 ff.

Nichtschulden 134 24, 134 36

Niederlassung
- Begründung des Eröffnungsbeschlusses Art. 102 § 2 EGInsO 4
- dingliche Rechte Dritter Art. 5 EuInsVO 3
- europäische Definitionen Art. 2 EuInsVO 13 ff.
- öffentliche Bekanntmachung Art. 21 EuInsVO 9
- Sekundärinsolvenzverfahren Art. 27 EuInsVO 5
- Sicherungsmaßnahmen Art. 38 EuInsVO 4
- Territorialinsolvenzverfahren Art. 3 EuInsVO 44

Niederlassungsbezug Art. 3 EuInsVO 49

Niederlegung
- s. auch Niederlegung des Insolvenzplans
- s. auch Niederlegung in der Geschäftsstelle
- Einwendungen gegen das Verteilungsverzeichnis 194 16
- Erörterungs- und Abstimmungstermin 235 10
- Tabelle 175 21
- Verfahren bei der Einstellung 214 4
- Verstoß gegen Verfahrensvorschriften 250 19 f.
- Verteilungsverzeichnis 188 15
- Zustellung des Schuldenbereinigungsplans 307 20 ff.

Niederlegung des Insolvenzplans 234 1 ff.
- absonderungsberechtigte Gläubiger 234 4
- Anlagen 234 2
- aussonderungsberechtigte Gläubiger 234 4
- Dritte 234 6
- Einsichtnahme 234 4 ff.
- Gesellschafter 234 5
- nachrangige Insolvenzgläubiger 234 4
- niederzulegende Dokumente 234 2
- Stellungnahmen zum Insolvenzplan 234 2
- Zeitraum der Niederlegung 234 2

Niederlegung in der Geschäftsstelle
- absonderungsberechtigte Gläubiger 154 3
- aussonderungsberechtigte Gläubiger 154 3
- Einsichtnahme 154 3
- Gläubigerverzeichnis 154 1
- Insolvenzplan 154 2
- maßgeblicher Zeitpunkt 154 2
- Vermögensübersicht 154 1
- Verzeichnis der Massegegenstände 154 1

Niederzulegende Dokumente 234 2
Nießbrauch 35 189 ff.
Nominelle Unterkapitalisierung 19 26
Notarkostenbeschwerde 4 44

Notgeschäftsführung
- Auftrag und Geschäftsbesorgung 116 13
- eidesstattliche Versicherung des Schuldners 153 5
- Erlöschen von Vollmachten 116 17
- Insolvenzantragsrecht 13 68
- Zulässigkeitsvoraussetzungen 13 26
- Zulassung des Gläubigerantrags 14 101

Notvertreter 13 25

Notvorstand
- eidesstattliche Versicherung des Schuldners 153 5
- Zulässigkeitsvoraussetzungen 13 26

Notwendige Verwendungen 143 41
Null-Bescheid 80 28

Null-Plan
- Ersetzung der Zustimmung 309 88 f.
- Schuldenbereinigungsplan 305 122 f.
- vereinfachtes Insolvenzverfahren 311 37

Nutzung Art. 8 EuInsVO 7
Nutzung der Massegegenstände 314 29

Nutzung des Sicherungsguts
- Art der Nutzung 172 3
- Auskunftspflichten 172 4
- Aussonderungsrecht 172 9 f.
- Dauer der Zahlungspflicht 172 6
- Eigentumsvorbehalt 172 10
- Erhaltungskosten 172 4
- erweiterter Eigentumsvorbehalt 172 10
- Höhe des Wertausgleichs 172 7
- Insolvenzverwalter 172 2 ff.
- laufende Zahlungen 172 5
- Nichtbeeinträchtigung 172 8
- sonstige Rechte 172 11
- Verbrauch 172 3
- verlängerter Eigentumsvorbehalt 172 10
- Wertausgleich 172 4 ff.

Nutzung eines unbeweglichen Gegenstandes 336 13
Nutzungen 143 34 ff.
Nutzungsausgleich 135 23
Nutzungsbefugnis 21 38 j f.
Nutzungsentschädigung 108 40 f.

Nutzungsrecht
- Insolvenzmasse 35 256 f.
- Schutz des Gläubigers vor einer Verzögerung der Verwertung 169 3 ff.
- sonstige Verwendung beweglicher Sachen 172 1
- Verwertung durch Gläubiger 173 13

Nutzungsüberlassung
- s. auch Nutzungsüberlassung durch Gesellschafter
- Aussonderungsrecht 135 21
- dingliche Sicherheiten 135 22
- kapitalersetzende Nutzungsüberlassung 135 21 ff.
- Kreditrahmen 264 9
- Masseverbindlichkeiten 135 27
- Nutzungsausgleich 135 23
- Sonderkündigungsrecht 135 26
- Zwangsverwaltung 165 24

Nutzungsüberlassung durch Gesellschafter
- Aussonderung 47 63 ff.
- gesetzliche Pfandrechte 50 25

Obliegenheiten des Schuldners 295 1 ff.
- s. auch Verstoß gegen Obliegenheiten
- angemessene Bezahlung 295 11
- angemessene Erwerbstätigkeit 295 9 ff.
- Arbeitslosigkeit 295 21 ff.
- Auskunftspflichten 295 49 ff.
- Ausschlagung der Erbschaft 295 34
- Befriedigungsquote 295 72 ff.
- Erbschaft 295 37 ff.
- Erbverzicht 295 35
- Erwerb von Todes wegen 295 31 ff.
- Erwerbstätigkeit im Ausland 295 10
- fiktives Gesamteinkommen 295 68 ff.
- Fort- und Weiterbildung 295 14 ff.
- Gläubigergleichbehandlung 295 54 ff.
- Grundsatz der Verhältnismäßigkeit 295 30
- Kündigung 295 18 ff.
- künftige Bezüge 295 65
- Mitteilungspflichten 295 44 ff.
- Neugläubiger 295 40 f.

magere Zahlen = Randnummern

Sachregister

- Offenbarungspflichten 295 47 f.
- Ortswechsel 295 27
- pfändbares Arbeitseinkommen 295 4, 295 66
- Promotion 295 17
- Risiko der Arbeitslosigkeit 295 4
- selbstständige Erwerbstätigkeit 295 61 ff.
- Sondervorteile 295 58 ff.
- Teilzeitbeschäftigung 295 13
- Treuhänder 295 56 f., 295 66 ff.
- unselbstständige Erwerbstätigkeit 295 7 ff.
- Vorwegnahme der Erbschaft 295 33
- zumutbare Tätigkeit 295 25 ff.

Obliegenheitsverletzung
- Verstoß gegen Obliegenheiten 296 14 ff.
- Widerruf der Restschuldbefreiung 303 4

Obstruktionsverbot 245 1 ff.
- Abwicklung 245 13 ff.
- Amtsermittlungen 5 3
- Darlehen 245 21
- Erlass von Forderungen 245 27
- Insolvenzplan vor 217 44 f.
- Machbarkeit 245 1 f.
- Mehrheitserfordernis 245 33
- missbräuchliches Abstimmungsverhalten 245 1
- nachrangige Insolvenzgläubiger 225 6
- Reorganisation nach Chapter 11 US BC (1978) 245 1
- Schlechterstellung 245 1 ff.
- Überschuldung 245 29
- übertragende Sanierung 245 13 ff.
- Vergleichsmaßstab 245 13 ff.
- vorgesehene Leistungen 245 9 ff.
- wirtschaftliche Beteiligung 245 22 ff.
- Zins- und Risikozuschläge 245 16 ff.
- Zustimmungsfiktion 245 1 ff.

Oder-Konto 116 21

Offene Handelsgesellschaft
- s. auch Handelsgesellschaften
- Auflösung von Gesellschaften 118 6
- Zulassung des Gläubigerantrags 14 100

Offener Arrest
- Aufforderungen an Gläubiger und Schuldner 28 4 ff.
- Eröffnungsbeschluss 27 13

Offenlegung der Zession 292 16 ff.

Öffentliche Abgaben
- sonstige Absonderungsberechtigte 51 38
- sonstige Masseverbindlichkeiten 55 38

Öffentliche Bekanntmachung Art. 102 § 5 EGInsO 1 ff., **Art. 21 EuInsVO** 1 ff.
- Abweisungsbeschluss 26 41
- allgemeine Verfahrensvereinfachungen 312 11
- Änderung des Verteilungsverzeichnisses 193 4
- Anerkennung ausländischer Insolvenzverfahren Art. 102 § 5 EGInsO 4
- Ankündigung der Restschuldbefreiung 291 30
- Anordnung der Zustimmungsbedürftigkeit 277 11
- Anordnung von Sicherungsmaßnahmen 21 48
- Antrag Art. 21 EuInsVO 6 ff.
- Anzeige der Masseunzulänglichkeit 208 15
- Aufhebung der Sicherungsmaßnahmen 25 22
- Aufhebung der Überwachung 268 6
- Aufhebung des Insolvenzverfahrens 200 5, 258 12 ff.
- Aufhebung eines Beschlusses der Gläubigerversammlung 78 20
- ausländischer Insolvenzverwalter 345 3 ff.
- ausländisches Insolvenzverfahren 345 1 ff.
- automatische Anerkennung Art. 102 § 5 EGInsO 6
- Bekanntmachung des Eröffnungsbeschlusses 30 2 ff.
- Bekanntmachung und Wirkungen der Einstellung 215 2
- Berichtstermin 156 4
- Beschluss 9 7
- Beschwerdeentscheidung 34 28
- Bestellung des Insolvenzverwalters 56 60
- Deckung der Mindestvergütung des Treuhänders 298 24
- Eigenverwaltung 273 1 ff.
- Einberufung der Gläubigerversammlung 74 16 ff.
- Einstellung mangels Masse 207 14
- Einstellung nach Anzeige der Masseunzulänglichkeit 211 8
- Einstellung wegen Wegfalls des Eröffnungsgrundes 212 8
- Entscheidung des Insolvenzgerichts 289 29, 289 41
- Entscheidung über die Restschuldbefreiung 300 16 f.
- Erörterungs- und Abstimmungstermin 235 11
- Fristen 9 5
- Gutgläubigkeit Art. 21 EuInsVO 3
- Hauptinsolvenzverfahren Art. 102 § 5 EGInsO 2
- Hauptinsolvenzverwalter Art. 21 EuInsVO 5
- Inhalt 9 4
- Inhalt der Veröffentlichung Art. 102 § 5 EGInsO 7, Art. 21 EuInsVO 14
- Insolvenzgericht 9 7
- Insolvenzstraftaten 297 16
- Kosten 9 8, Art. 23 EuInsVO 1 ff.
- Leistungen an den Schuldner 82 12 ff., 350 10
- nachträgliche Anmeldungen 177 28
- Nachtragsverteilung 204 2
- Nachweis der Rechtsverfolgung 189 7
- Nachweis der Zustellung 9 5
- Niederlassung Art. 21 EuInsVO 9
- obligatorische Bekanntmachung Art. 102 § 5 EGInsO 5, Art. 21 EuInsVO 9 ff.
- Partikularinsolvenzverwalter Art. 21 EuInsVO 5
- Rechtsmittel 9 5, 345 12, Art. 102 § 7 EGInsO 1 ff.
- Sekundärinsolvenzverfahren Art. 102 § 5 EGInsO 2
- Sekundärinsolvenzverwalter Art. 21 EuInsVO 5
- Sicherungsmaßnahmen 345 6
- sofortige Beschwerde 345 12
- Überwachung der Planerfüllung 267 1 ff.
- Universalitätsprinzip Art. 21 EuInsVO 1
- unvollständige Bekanntmachung 9 4
- vereinfachte Verteilung 314 14
- Verfahren 345 7, 345 11, Art. 21 EuInsVO 13
- Verfahren bei der Einstellung 214 3
- Vergütung des Treuhänders 293 20
- Verkehrsschutz Art. 102 § 5 EGInsO 1
- Verstoß gegen Obliegenheiten 296 51
- Verteilungsverzeichnis 188 16
- Vollzug der Nachtragsverteilung 205 4
- vorläufiger Insolvenzverwalter Art. 21 EuInsVO 5
- Wahl eines anderen Insolvenzverwalters 57 30
- Widerruf der Restschuldbefreiung 303 19
- wiederholte 9 6
- Wirkungen 9 5
- Wirkungen der Verfügungsbeschränkungen 24 12
- Zustellung des Schuldenbereinigungsplans 307 7, 307 24 f.
- Zustellungen 8 2
- zwingende 9 2

Öffentliche Kassen 14 71
Öffentliche Lasten 49 45
Öffentliche Mittel 290 35 f.
Öffentliche Ordnung Art. 26 EuInsVO 3
Öffentliche Zustellung
- örtliche Zuständigkeit 3 14
- spezielle Zulässigkeitsvoraussetzungen 13 45, 14 25, 14 29
- Zulässigkeitsvoraussetzungen 13 25

Öffentlichkeit des Verfahrens
- Gerichtsverfassungsgesetz 4 40
- Zivilprozessordnung 4 1, 4 42

Öffentlich-rechtliche Forderungen 257 20
Öffentlich-rechtliche Haftung 60 85 ff.

Sachregister

fette Zahlen = Gesetzesvorschriften

Öffentlich-rechtliche Körperschaften **13** 39, **13** 50
Öffentlich-rechtliche Kreditinstitute **12** 9
Öffentlich-rechtliche Pflichten
- insolvenzspezifische Pflichten **60** 23
- Rechte und Pflichten des Insolvenzverwalters **80** 165 ff.

Öffentlich-rechtliche Rundfunkanstalten **12** 12
Öffentlich-rechtliche Streitigkeit **14** 152
Öffentlich-rechtliche Verpflichtung **13** 95
Öffentlich-rechtlicher Hoheitsträger **14** 143
Öffentlich-rechtliches Verhältnis **13** 9
Öffentlich-rechtliches Verwaltungsverhältnis **185** 5 ff.
Oktroyierte Masseverbindlichkeiten
- Anzeige der Masseunzulänglichkeit **208** 6
- Massegläubiger **53** 1
- Nichterfüllung von Masseverbindlichkeiten **61** 6
- Rangordnung der Masseverbindlichkeiten **209** 18, **209** 23
- sonstige Masseverbindlichkeiten **55** 5
- Vollstreckungsverbot bei Masseverbindlichkeiten **90** 2 ff.
- Zwangsvollstreckungsverbot **294** 7

Operating-Leasing
- Wertansätze und Bewertung bei positiver Fortführungsprognose **19** 78
- Leasing **47** 90

Optionen **104** 25
Optionsrechte
- Insolvenzmasse **35** 21 ff.
- Wertansätze und Bewertung bei positiver Fortführungsprognose **19** 66

Ordre public Art. **26** EuInsVO 1 ff.
- Anerkennung **343** 8 ff.
- Anerkennung ausländischer Insolvenzverfahren Art. **16** EuInsVO 8
- Anerkennungsgrundsatz Art. **26** EuInsVO 1
- Grundsatz des gegenseitigen Vertrauens Art. **26** EuInsVO 1
- Inlandsbezug Art. **26** EuInsVO 8
- internationale Zuständigkeit Art. **3** EuInsVO 35
- Internationales Insolvenzrecht vor **335–358** 33
- materiellrechtlicher ordre public Art. **26** EuInsVO 7
- offensichtliche Unvereinbarkeit Art. **26** EuInsVO 4
- öffentliche Ordnung Art. **26** EuInsVO 3
- Rechtsfolgen Art. **26** EuInsVO 9
- Sicherungsmaßnahmen **344** 3
- verfahrensrechtlicher ordre public Art. **26** EuInsVO 6
- wesentlicher Rechtsgrundsatz Art. **26** EuInsVO 4

Organe
- Aktiengesellschaft **11** 185 ff.
- Auskunfts- und Mitwirkungspflicht im Eröffnungsverfahren **20** 10
- Gesellschaften ohne Rechtspersönlichkeit **11** 287 ff.
- GmbH **11** 185 ff.
- GmbH & Co. KG **11** 356

Organe der juristischen Personen **11** 118 ff.
- Abfindung **11** 127
- Allleingesellschafter **11** 126 f.
- Anfechtung von Hauptversammlungsbeschlüssen **11** 140
- Anfechtungsklage **11** 141
- Anhörungsrecht **11** 134
- Anstellungsvertrag **11** 125 f.
- Aufsichtsorgan **11** 132
- Beschlussanfechtungsklagen **11** 138
- Einsichtsrecht **11** 135
- Gesamtvertretung **11** 124
- Gesellschafter **11** 137
- Gesellschafterversammlung **11** 123
- Hauptversammlung **11** 123
- innerverbandliche Angelegenheiten **11** 118
- innerverbandlicher Bereich **11** 120 ff.

- Insolvenzantragsrecht **11** 134
- Insolvenzeröffnungsverfahren **11** 118
- Insolvenzsicherung der Geschäftsleiterbezüge **11** 130 f.
- Insolvenzverwalter **11** 138
- Mitglieder **11** 137
- Nichtigkeitsklage **11** 140
- Organmitglieder **11** 125 ff.
- personenrechtliche Beschränkungen **11** 132
- Rechnungslegungspflicht **11** 118
- Rechte und Pflichten **11** 132
- Ruhegeldansprüche **11** 131
- Vergütung **11** 127
- Vertretungsmacht **11** 124
- Vertretungsorgane **11** 132
- Widerspruchsrecht **11** 135

Organisationsänderungen **122** 5, **122** 49
Organkredite **19** 74
Organmitglieder
- gesellschaftsrechtlich nahestehende Personen **138** 14
- Insolvenzantragspflicht **15** a 7
- Kenntnis der Krise **130** 57
- Kündigung eines Dienstverhältnisses **113** 15 ff.
- Organe der juristischen Personen **11** 125 ff.
- selbstständige Dienstverhältnisse **113** 15 ff.
- Verfrühungsschaden **113** 161

Organpflichten
- Aktiengesellschaft **35** 324
- GmbH **35** 324

Organschaftliche Vertreter **101** 1 ff.
- s. auch Verfahrenspflichten aktiver Organe, Gesellschafter und Angestellter
- s. auch Verfahrenspflichten ausgeschiedener Organe und Gesellschafter
- Amtsermittlungen **5** 20
- Anhörung des Schuldners **10** 8
- Anordnung von Sicherungsmaßnahmen **21** 52
- antragsberechtigte Gläubiger **14** 9
- Aufsichtsorgane **101** 6
- Auskunfts- und Mitwirkungspflicht im Eröffnungsverfahren **20** 8
- Auskunftspflichten **101** 23
- drohende Zahlungsunfähigkeit **18** 26
- eidesstattliche Versicherung des Schuldners **153** 5
- faktische Geschäftsführer **101** 4
- Führungslosigkeit **101** 1, **101** 5
- Handelsgesellschaften **35** 410 f.
- Inbesitznahme der Insolvenzmasse **148** 10
- Insolvenzantragspflicht **15** a 11
- Insolvenzantragsrecht **15** 15
- Insolvenzgrund **16** 13
- mehrere Insolvenzanträge **13** 71
- persönlich haftende Gesellschafter **101** 7
- Postsperre **101** 20
- Rücknahme des Insolvenzantrags **13** 121 f., **13** 124 ff.
- Verfahrenspflichten **101** 2 ff.
- Vertretungsorgane **101** 3 ff.
- Vorgesellschaft **101** 7
- Wertansätze und Bewertung bei positiver Fortführungsprognose **19** 71
- Zwangsbefugnisse des vorläufigen Insolvenzverwalters **22** 214
- Zwangsmittel **101** 19

Originäre Pflichten
- gerichtliche Kompetenzzuweisung **22** 208 a
- vorläufiger Insolvenzverwalter **22** 8, **22** 12 f., **22** 17

Originäre Verwaltertätigkeit
- Vergütung des Insolvenzverwalters **63** 21
- Vorauswahl des Insolvenzverwalters **56** 19 ff., **56** 34

Originärer Erwerb
- Anfechtung gegen Rechtsnachfolger **145** 18
- Ersatzaussonderung **48** 11

magere Zahlen = Randnummern

Sachregister

Örtliche Zuständigkeit Art. 102 § 1 EGInsO 1 ff.
- allgemeiner Gerichtsstand 3 3
- Aufenthaltsort 3 9
- Aufnahme eines unterbrochenen Rechtsstreits 180 23
- ausländisches Insolvenzverfahren 348 1 ff.
- ausschließlicher Gerichtsstand 3 1
- Beendigung der Geschäftstätigkeit 3 10
- besondere Zuständigkeiten 3 8, 185 16
- Betriebsstätten 3 13
- Bindungswirkung 3 7
- Eröffnung des Insolvenzverfahrens 3 19
- formlose Abgabe 3 17
- formlose Rückgabe 3 17
- fortgesetzte Gütergemeinschaft 3 5
- früherer Sitz 3 10
- Gesamtgutinsolvenz 3 5
- Gesellschaft bürgerlichen Rechts 3 10
- Gesellschafterinsolvenz 3 10
- Hauptinsolvenzverfahren **Art. 102 § 1 EGInsO** 3 ff.
- Hauptniederlassung 3 4, 3 14
- Hinweispflichten 3 15
- Insolvenzantrag 3 14
- Insolvenzgericht 3 7
- internationale Zuständigkeit 3 20, **Art. 3 EuInsVO** 41
- juristische Personen 3 3
- Klage auf Feststellung zur Tabelle 3 8
- Kompetenzkonflikte 3 7
- konsolidiertes Insolvenzplanverfahren 3 13
- Konzentrationsermächtigung **Art. 102 § 1 EGInsO** 10
- Konzerninsolvenzgerichtsstand 3 13
- Konzerninsolvenzverfahren 3 1, 3 13
- Konzernzuständigkeit 3 13
- ladungsfähige Anschrift 3 14
- Lebensmittelpunkt 3 3
- Liquidation 3 10
- mehrfache örtliche Zuständigkeit 3 6
- Mittelpunkt der hauptsächlichen Interessen **Art. 102 § 1 EGInsO** 4
- Mittelpunkt wirtschaftlicher Tätigkeit 3 3 f.
- Nachlassinsolvenzverfahren 3 5
- natürliche Personen 3 4
- nicht rechtsfähiger Verein 3 3
- öffentliche Zustellung 3 14
- Ort der Abwicklungstätigkeit 3 10
- Partnerschaftsgesellschaft 3 10
- Personenvereinigung 3 3
- Prioritätsprinzip 3 6
- Rechtsfolgen der Insolvenzanfechtung 143 69 ff.
- Rechtsschutz 3 18
- satzungsmäßiger Sitz 3 3, 3 10
- Sekundärinsolvenzverfahren **Art. 102 § 1 EGInsO** 6 ff.
- Sitzverlegung 3 3
- Sonderzuständigkeit 3 5
- tatsächliche Willensbildung 3 4
- Unzuständigkeit 3 18 f.
- Verbindlichkeiten aus Arbeitsverhältnissen 3 4
- Verbraucherinsolvenzverfahren 3 4
- Verfahrensverstöße 3 16
- Verweisung 3 7, 3 16
- Verweisungsantrag 3 15
- Vollstreckung aus der Eröffnungsentscheidung **Art. 102 § 8 EGInsO** 4
- Vorgesellschaft 3 10
- Wahl zwischen Gerichtsständen 3 6
- Wohnsitz des Gesellschafters 3 10
- Wohnsitz des Schuldners 3 3, 3 6
- Wohnsitzlosigkeit 3 9, 3 14
- Zurückweisung 3 18
- Zuständigkeit für die Feststellung 180 3 ff.
- Zuständigkeit ohne Verfahrenseröffnung **Art. 102 § 1 EGInsO** 9
- Zuständigkeitserschleichung 3 11
- Zuständigkeitslücken **Art. 102 § 1 EGInsO** 4
- Zuständigkeitsprüfung 3 14
- Zweigniederlassungen 3 4, 3 13

Ortskrankenkassen 12 10

Pacht
- s. auch Kündigungssperre
- s. auch Schuldner als Mieter oder Pächter
- s. auch Schuldner als Vermieter oder Verpächter
- s. auch Veräußerung des Miet- oder Pachtobjekts
- Ausschluss sonstigen Rechtserwerbs 91 5, 91 29
- Gegenstände der Absonderung 49 13 a
- Insolvenzmasse 35 205
- Sonderkündigungsrecht des Insolvenzverwalters 109 2 ff.
- sonstige Masseverbindlichkeiten 55 52 ff.
- Unwirksamkeit abweichender Vereinbarungen 119 7 f.
- Unzulässigkeit der Aufrechnung 96 14
- Vollstreckung vor Verfahrenseröffnung 88 34
- Wahlrecht des Insolvenzverwalters 103 40
- Wertansätze und Bewertung bei positiver Fortführungsprognose 19 74

Parallelinsolvenzverfahren 27 1
Partei kraft Amtes 80 104
Parteien
- Aussonderung 47 110
- juristische Personen des öffentlichen Rechts 12 16

Parteifähigkeit
- Zivilprozessordnung 4 4
- Zulässigkeitsvoraussetzungen 13 21

Parteiherrschaft 5 1
Parteiinsolvenz 85 5 ff.
Parteiwechsel
- Klagefristen bei Unwirksamkeit von Kündigung oder Befristung 113 184 ff.
- Rechtsstellung des Insolvenzverwalters 80 106

Partenreederei
- Auflösung von Gesellschaften 118 6
- Gesellschaften ohne Rechtspersönlichkeit 11 382
- gesellschaftsrechtlich nahestehende Personen 138 33

Partielle Verfügungsbeschränkung 21 24
Partikularinsolvenzverwalter
- Nachweis der Insolvenzverwalterbestellung **Art. 19 EuInsVO** 3
- öffentliche Bekanntmachung **Art. 21 EuInsVO** 5
- Verwalter **Art. 18 EuInsVO** 17 ff.

Partikularinteressen 69 16
Partikularverfahren 354 1 ff.
- Antrag 354 19
- anwendbares Recht **Art. 4 EuInsVO** 11
- ausländischer Insolvenzverwalter 356 8 f., 357 1 ff.
- ausländisches Insolvenzverfahren 358 4 f.
- Begründung des Eröffnungsbeschlusses **Art. 102 § 2 EGInsO** 5
- Belegenheit des Vermögens 354 11 f.
- Eröffnung des Insolvenzverfahrens 354 8 ff., 356 4 ff.
- generelle Zulässigkeitsvoraussetzungen 14 15
- Gesamtplan 355 13
- Gläubiger 356 10
- grenzüberschreitende Insolvenzmasse 354 5
- Hauptinsolvenzverwalter 357 8 ff.
- Informationspflichten 357 6 f.
- Insolvenzantragspflicht 15 a 5
- Insolvenzbeschlag 354 1
- Insolvenzfähigkeit 354 18
- Insolvenzgrund 354 16 f.
- Insolvenzplan 357 13 ff.
- Insolvenzplanverfahren 355 9 ff.
- Insolvenzverwalter 357 1 ff.
- internationale Zuständigkeit **Art. 3 EuInsVO** 4, **Art. 3 EuInsVO** 6
- Liquidationssperre 357 10

Sachregister

fette Zahlen = Gesetzesvorschriften

- Masseverbindlichkeiten 358 5
- Mitteilungspflichten 357 4 f.
- Restschuldbefreiung 355 5 ff.
- Schuldenbereinigungsplan 355 8
- Sekundärinsolvenzverfahren 354 6, 356 1 ff., Art. 28 EuInsVO 3 f., Art. 37 EuInsVO 1
- Sonderinsolvenz 35 62
- Territorialinsolvenzverfahren Art. 3 EuInsVO 43 ff.
- Überschuss bei der Schlussverteilung 358 1 ff.
- Vermögen 354 9 ff.
- Verwalter Art. 18 EuInsVO 10
- Wirkungen der Anerkennung Art. 17 EuInsVO 3, Art. 17 EuInsVO 7 ff.
- Zersplitterung des Insolvenzverfahrens 354 2
- Zusammenarbeit der Insolvenzverwalter 357 1 ff.
- Zuständigkeit 354 23
- Zustimmungsfiktion 355 11

Partnerschaft 35 422

Partnerschaftsgesellschaft
- Auflösung von Gesellschaften 118 6
- Gesellschaften ohne Rechtspersönlichkeit 11 379 f.
- örtliche Zuständigkeit 3 10

Partnerschaftsregister s. Register

Passive Rechnungsabgrenzungsposten
- Ansatz und Bewertung der Passiva bei negativer Fortführungsprognose 19 130
- Ansatz und Bewertung der Passiva bei positiver Fortführungsprognose 19 115

Passivmasse 35 52

Passivprozess
- Aufnahme anhängiger Streitigkeiten 85 76
- sonstige Masseverbindlichkeiten 55 16
- vorläufiger Insolvenzverwalter 22 197
- Wirkungen der Verfügungsbeschränkungen 24 15
- Zivilprozessordnung 4 3

Passivseite der Überschuldungsbilanz 19 63

Patente 35 241

Patientenakten
- Freiberufler 35 280
- Verwertung der Insolvenzmasse 159 31 f.

Patronatserklärungen
- Haftung mehrerer Personen 43 7 ff.
- Insolvenzmasse 35 168 f.

Pensionsfonds 47 85 ff.

Pensionsgeschäfte 340 11 ff.

Pensionsrückstellungen 19 108

Pensionssicherungsverein
- antragsberechtigte Gläubiger 14 13
- Gruppenbildung 222 34
- Verwaltungsantrag 13 8

Pensionsverpflichtungen 19 92

Perpetuierung von Insolvenzverfahren 35 66

Personal des Schuldners 60 100 f.

Personalabbau
- Beendigung von Arbeitsverhältnissen 113 21
- Betriebsänderungen 122 17 ff.
- Sozialpläne 124 12 ff.

Personalstruktur
- Arbeitnehmerklage 127 26
- Sozialauswahl 125 77 ff.

Personengesellschaften 39 59

Personenversicherung 35 224

Personenzwang 21 52

Persönlich haftende Gesellschafter
- s. auch Persönliche Haftung der Gesellschafter
- anmeldbare Forderungen 174 12
- antragsberechtigte Gläubiger 14 6
- Aufrechnungslage 94 16
- Auskunfts- und Mitwirkungspflicht im Eröffnungsverfahren 20 10
- Auskunftpflichten 101 23
- Eröffnungsbeschluss 27 5

- Gesamtschuldner und Bürgen 44 6
- Gesellschaften ohne Rechtspersönlichkeit 11 314 ff.
- gesellschaftsrechtlich nahestehende Personen 138 17 ff.
- Haftung mehrerer Personen 43 18 ff.
- Insolvenzantragsrecht 13 68
- Kommanditgesellschaft 11 337 f.
- Kommanditgesellschaft auf Aktien 11 202, 35 346
- Mittel zur Lebensführung des Schuldners 278 6
- mittelbare Zuwendungen 129 89
- Nachlassinsolvenzverfahren 315 19 ff.
- organschaftliche Vertreter 101 7
- Postsperre 101 20
- Rechte der Insolvenzgläubiger nach Verfahrensaufhebung 201 2
- Rechtskraftwirkung festgestellter Forderungen 178 33
- Umrechnung von Forderungen 45 28
- Unterhalt aus der Insolvenzmasse 101 21
- Verbraucherinsolvenzverfahren 304 12
- Wirkung der Restschuldbefreiung 301 38

Persönliche Anwesenheit
- Berichtstermin 156 2
- Tabelle 175 28

Persönliche Eignung 56 12 ff., 56 32

Persönliche Gegenstände 35 148 ff.

Persönliche Gesellschafterhaftung
- Gesellschaften ohne Rechtspersönlichkeit 11 314 ff.
- Insolvenzmasse 35 45
- Sondermassen 35 57

Persönliche Gläubiger 38 5 ff.

Persönliche Haftung
- s. auch Persönliche Haftung der Gesellschafter
- abgesonderte Befriedigung aus unbeweglichen Gegenständen 49 3
- Anordnung von Sicherungsmaßnahmen 21 38 e
- antragsberechtigte Gläubiger 14 6
- Ausfall der Absonderungsberechtigten 52 2
- eingetragener Verein 35 374
- gemeinschaftlich verwaltetes Gesamtgut 334 1 ff.
- Gesellschaften ohne Rechtspersönlichkeit 11 276 ff.
- Insolvenzantragsrecht 15 1
- Wertansätze und Bewertung bei positiver Fortführungsprognose 19 63, 19 70

Persönliche Haftung der Gesellschafter 93 1 ff.
- Absonderungsrecht 93 28 f.
- Altverbindlichkeiten 93 36
- Auflösung einer Gesellschaft 93 7
- Aufrechnung 93 5
- Ausfallprinzip 93 22 ff.
- ausgeschiedene Gesellschafter 93 10, 93 31 f.
- Eigenverwaltung 280 2 f.
- Einziehungs- und Prozessführungsbefugnis 93 3
- Erfüllungsablehnung 93 40
- Ermächtigungswirkung 93 3
- existenzvernichtender Eingriff 93 8
- Geltendmachung 93 12 ff.
- Gesamtschuld 93 27
- gesellschaftsrechtliche Haftung 93 17
- Haftung des Schuldners 227 7 ff.
- Insolvenz des persönlich haftenden Gesellschafters 93 26
- Insolvenzplan 93 42
- Neuverbindlichkeiten 93 37 f.
- Restschuldbefreiungsverfahren 93 42
- Sachschulden 93 39 f.
- Sachwalter 280 2 f.
- Sondermasse 93 3, 93 31
- Sperrwirkung 93 4
- Umfang 93 20 ff.
- Umwandlung 93 11

- Verfügungsbefugnis 93 6
- Vorgesellschaft 93 8
- Wirkung der Feststellung einer Gesellschaftsschuld 93 41 f.
- zweigliedrige Gesellschaft 93 11

Persönliche wirtschaftliche Verhältnisse 97 7
Pfändbares Arbeitseinkommen 295 4, 295 66
Pfändbares Vermögen 312 30
Pfändbarkeit
- Anfechtungsberechtigung 129 18
- Gläubigerbenachteiligung 129 98 ff.

Pfandbriefbanken
- Kapitalanlagegesellschaften, Pfandbriefbanken und andere Treuhandvermögen 11 27
- Kredit- und Finanzdienstleistungsinstitute 11 23

Pfandgegenstände 35 146
Pfandgläubiger 39 41
Pfandrechte
- Ausschluss sonstigen Rechtserwerbs 91 11 ff.
- gesetzliche Pfandrechte 50 32 ff.
- Nachlassinsolvenzverfahren 321 3
- Rückgewährpflicht 143 12
- Verwertung der Insolvenzmasse 313 92 f.
- Verwertung durch Gläubiger 173 2
- Wirkungen der Verfügungsbeschränkungen 24 8
- Zeitpunkt der Vornahme einer Rechtshandlung 140 7

Pfändungsfreibetrag
- Aussonderung 47 97
- insolvenzfreies Vermögen 35 89
- unpfändbare Gegenstände 36 55

Pfändungsfreigrenzen
- allgemeine Verfahrensvereinfachungen 312 42 ff.
- Mittel zur Lebensführung des Schuldners 278 5

Pfändungspfandgläubiger
- antragsberechtigte Gläubiger 14 4
- Rechtsschutzinteresse 14 53

Pfändungspfandrecht
- Absonderung 50 42 ff.
- Entstehung 50 42
- Erlöschen 50 45
- gutgläubiger Erwerb 50 44
- Insolvenzanfechtung 50 46
- Verwertung der Insolvenzmasse 313 94

Pfandverkauf 159 9 ff.
Pfleger 13 23
Pflichteinlagen
- GmbH & Co. KG 35 415
- Handelsgesellschaften 35 390, 35 395

Pflichtkollision
- Nichterfüllung von Masseverbindlichkeiten 61 22
- Verletzung der Insolvenzantragspflicht 15 a 50

Pflichtteilsansprüche
- anfechtbare Rechtshandlungen des Erben 322 2
- Insolvenzantragspflicht 13 100
- Insolvenzmasse 35 201
- nachrangige Verbindlichkeiten 327 3
- unpfändbare Gegenstände 36 35

Prinzip der Kooperation Art. 31 EuInsVO 1
Plafondsgläubiger 264 25 ff.
Plananlagen 220 4 f.
Planbilanz
- Begriff der drohenden Zahlungsunfähigkeit 18 12, 18 16
- Fortführungsprognose 19 44

Planerfüllung
- Aufhebung der Überwachung 268 3
- Überwachung der Planerfüllung 260 7 f.

Plan-Ergebnis-Rechnung 19 44
Planertragsrechnung 229 4
Plangaranten 257 21 ff.

Plan-Gewinn- und Verlustrechnung
- Begriff der drohenden Zahlungsunfähigkeit 18 12, 18 17
- Insolvenzplan 229 4

Planinhalt
- Insolvenzplan 217 6
- juristische Personen 11 162 ff.
- Verstoß gegen Verfahrensvorschriften 250 14
- Vorprüfung des Insolvenzplans 231 16

Planinitiativrecht
- verfahrensbeendende Maßnahmen Art. 34 EuInsVO 3
- Vorlage des Insolvenzplans 218 4 ff., 218 10 ff.

Plan-Liquiditätsrechnung
- Begriff der drohenden Zahlungsunfähigkeit 18 12
- Insolvenzplan 229 4 ff.

Planüberwachung 11 174 ff.
Planungsrechnungen
- Insolvenzplan 229 3
- Vorprüfung des Insolvenzplans 231 30

Planziele
- darstellender Teil des Insolvenzplans 220 2
- Eigenverwaltung 284 2 f.
- Insolvenzplan vor 217 41 ff., 217 4

Poolanmeldungen 174 25
Positive Fortführungsprognose
- gesetzlicher Überschuldungsbegriff 19 21, 19 23
- Wertansätze und Bewertung bei positiver Fortführungsprognose 19 66 f.

Positive Kompetenzkonflikte
- Begründung des Eröffnungsbeschlusses Art. 102 § 2 EGInsO 1
- internationale Zuständigkeit Art. 3 EuInsVO 35
- Kompetenzkonflikte Art. 102 § 3 EGInsO 2 ff.

Positivliste 125 24
Postbeschlagnahme 99 10
Postgeheimnis Art. 25 EuInsVO 14
Postkontrolle 21 34
Postsperre 99 1 ff.
- Anhörung 99 13
- Anordnung von Sicherungsmaßnahmen 21 4, 21 44
- Anordnungsverfahren 99 11 ff.
- Aufhebung 99 17
- Aufhebung der Sicherungsmaßnahmen 25 2
- Beschwerdeverfahren 6 12
- Eigenverwaltung 99 3
- Einsichtsrecht des Insolvenzverwalters 99 14
- Einsichtsrecht des Schuldners 99 15
- Erinnerung 99 16
- Eröffnungsbeschluss 27 17
- Fernsprechsperre 99 6
- funktionelle Zuständigkeit 2 4, 99 11
- Grundsatz der Verhältnismäßigkeit 99 2, 99 5
- Insolvenzeröffnungsverfahren 99 4
- juristische Personen 99 9
- organschaftliche Vertreter 101 20
- persönlich haftende Gesellschafter 101 20
- Postbeschlagnahme 99 10
- Postsendung 99 6
- Privatpost 99 7, 99 14 f.
- Rechtsmittel 99 16
- sofortige Beschwerde 99 16
- Sondervermögen 99 8
- Umfang 99 7 ff.
- Verbraucherinsolvenzverfahren 99 3
- Voraussetzungen 99 5
- Zulassung des Gläubigerantrags 14 102

Präklusionswirkung
- Ausschluss von Massegläubigern 206 1
- Feststellung der Forderungen 178 53
- Schlusstermin 197 12

Präventives Kündigungsverfahren 127 27 ff.
Praxiseinrichtung 35 278 ff.

Sachregister

fette Zahlen = Gesetzesvorschriften

Praxisverwertung 35 282 ff.
Preisbindungsvereinbarungen 159 19
Prepackaged plan
- Entscheidung über den Fortgang des Verfahrens 157 14
- Eröffnungsantrag 13 70

Primäransprüche 103 139
Primärhaftung der Insolvenzmasse 60 112 f.
Primat des Hauptinsolvenzverfahrens
- Aussetzung der Verwertung Art. 33 EuInsVO 1
- Kooperationspflicht Art. 31 EuInsVO 3
- Sekundärinsolvenzverfahren Art. 35 EuInsVO 1

Prinzip der Verwertbarkeit 19 17
Prioritätsgrundsatz 49 9 b
Prioritätsprinzip
- Factoring 116 74
- internationale Zuständigkeit Art. 3 EuInsVO 34 f.
- örtliche Zuständigkeit 3 6

Privatautonomie
- Annahme des Schuldenbereinigungsplans 308 3, 308 6 f.
- außergerichtlicher Einigungsversuch 305 12
- Schuldenbereinigungsplan 305 117 ff.

Privatpost 99 7, 99 14 f.
Privatwohnung 22 211
Priviligierung von Krediten 22 34
Prognose
- Begriff der drohenden Zahlungsunfähigkeit 18 3
- Begriff der Zahlungsunfähigkeit 17 20
- Ersetzung der Zustimmung 309 59
- Freigabe selbstständiger Tätigkeit 35 97
- Schuldenbereinigungsverfahren 306 19 f.

Prognoserechnung
- Begriff der drohenden Zahlungsunfähigkeit 18 13 f.
- Feststellung der Zahlungsunfähigkeit 17 45

Prognosezeitraum
- Begriff der drohenden Zahlungsunfähigkeit 18 18 f.
- Fortführungsprognose 19 47 ff.
- gesetzlicher Überschuldungsbegriff 19 7

Prokura 13 23
Prokuristen
- antragsberechtigte Gläubiger 14 10
- drohende Zahlungsunfähigkeit 18 23
- GmbH 35 315
- Insolvenzantragsrecht 13 64

Prophylaktische Anzeige
- Anzeige der Masseunzulänglichkeit 208 11
- Vollstreckungsverbot 210 2

Prospekthaftung 11 205 a
Provisionen
- Insolvenzgeld 22 124 ff.
- sonstige Masseverbindlichkeiten 55 12

Prozessbevollmächtigung
- Anmeldeverfahren 174 21
- Einstellung mangels Masse 207 17
- Kenntnis der Krise 130 62
- Rechtswirkungen der Verfahrensaufhebung 200 18

Prozessfähigkeit
- Zivilprozessordnung 4 4
- Zulässigkeitsvoraussetzungen 13 21

Prozessführungsbefugnis
- Einstellung mangels Masse 207 17
- Einstellung wegen Wegfalls des Eröffnungsgrundes 212 10
- Rechtswirkungen der Verfahrensaufhebung 200 15 ff.
- steuerrechtliche Stellung des vorläufigen Insolvenzverwalters 22 192 b
- vorläufiger Insolvenzverwalter 22 9, 22 195
- Wirkungen der Aufhebung 259 15 ff.

Prozesshandlungen
- Eröffnungsantrag 13 7
- generelle Zulässigkeitsvoraussetzungen 14 15

- Rückgewährpflicht 143 16, 143 18
- Rücknahme des Insolvenzantrags 13 114
- sonstige Masseverbindlichkeiten 55 14 ff.
- spezielle Zulässigkeitsvoraussetzungen 14 21
- Verfahrensunterbrechung nach § 240 ZPO 85 60 ff.

Prozesskosten
- Insolvenzmasse 35 171
- Nichterfüllung von Masseverbindlichkeiten 61 10

Prozesskostenhilfe
- Anzeige der Masseunzulänglichkeit 208 29
- Rechtsfolgen der Insolvenzanfechtung 143 80 f.
- Stundung der Kosten des Insolvenzverfahrens 4 a 1
- Verfahrensunterbrechung nach § 240 ZPO 85 34 f.

Prozesskostenhilfe für den Insolvenzverwalter 80 116 ff.
- Beiordnung eines Rechtsanwalts 80 131
- Darlegungs- und Beweislast 80 128
- Erfolgsaussicht 80 130
- juristische Personen 80 129
- Liquidierbarkeit 80 119
- Massearmut 80 117
- wirtschaftlich Beteiligte 80 120 ff.
- Zumutbarkeit der Inanspruchnahme wirtschaftlich Beteiligter 80 122 ff.

Prozessuale Waffengleichheit 5 22
Prüfung der Schlussrechnung 66 49 ff.
- Beanstandungen 66 61
- Belegprüfung 66 51
- funktionelle Zuständigkeit 66 56
- Gläubigerausschuss 66 64 ff.
- Insolvenzgericht 66 49 ff.
- materielle Prüfung 66 52 ff.
- Prüfungsvermerk 66 63
- rechnerische Prüfung 66 51
- Rechtmäßigkeitsprüfung 66 54
- Sachverständiger 66 57 ff.
- Umfang 66 50 ff.
- Zwischenprüfungen 66 62

Prüfung des Insolvenzantrags 13 54 ff.
Prüfung und Entscheidung der Rechtsbeschwerde 7 20 ff.
- Aufhebungsgründe 7 21
- Berücksichtigung neuer Tatsachen 7 20
- Beschluss 7 21, 7 25
- Bindungswirkung 7 26
- Bundesgerichtshof 7 20
- Entscheidung 7 24
- Insolvenzgericht 7 25
- Kosten 7 27
- Landgericht 7 20, 7 25
- Revisionsgrund 7 21
- tatsächliche Feststellungen 7 20, 7 24 f.
- Verfahrensmangel 7 20
- Verwerfung 7 22
- Wiederaufnahme 7 25
- Wiedereinsetzung in den vorigen Stand 7 20
- Zurückverweisung 7 25
- Zurückweisung 7 23

Prüfungsaufgaben und Sachverständigentätigkeit des vorläufigen Insolvenzverwalters
- Auskunftspflichten 22 199
- Bankgeheimnis 22 199
- externe Dienstleister 22 200
- gesetzliche Prüfungspflichten 22 198
- gesetzlicher Gutachterauftrag 22 198
- Informationspflichten 22 198
- Insolvenzanfechtung 22 202
- isolierter Sachverständiger 22 204
- Liquidierbarkeit 22 203
- Massekostendeckung 22 201 ff.
- Prüfung der Massekostendeckung 22 201 ff.
- Prüfungsaufgaben 22 198 ff.
- Sachverständigentätigkeit 22 198 ff.
- Sicherungsmaßnahmen 22 203

3242

magere Zahlen = Randnummern

Sachregister

- starker vorläufiger Insolvenzverwalter 22 199
- Vergütung des vorläufigen Insolvenzverwalters 22 204 ff.

Prüfungskompetenz
- Schuldnerschutz 14 156
- Zulässigkeitsvoraussetzungen 13 54

Prüfungspflichten des Insolvenzgerichts
- Antrag auf Eröffnung des Verbraucherinsolvenzverfahrens 305 133 ff.
- Aufsicht des Insolvenzgerichts 58 2
- Einstellung mangels Masse 207 4
- Ruhen des Verfahrens 306 7 ff.
- Schlussverteilung 196 9 ff.

Prüfungspflichten des Insolvenzverwalters
- Aussonderung 47 99
- Kreditrahmen 264 22

Prüfungspflichten des Sachwalters 274 17 f.

Prüfungspflichten des vorläufigen Insolvenzverwalters 22 7, 22 17

Prüfungstermin 176 1 ff.
- allgemeine Verfahrensvereinfachungen 312 9, 312 50 ff.
- Änderungen 176 34 f.
- Anwesenheitspflicht 176 17, 176 22
- auflösend bedingte Forderungen 42 4
- Bestreiten der Insolvenzforderung 176 20
- bestrittene Forderungen 176 31
- Dritte 176 30
- Eröffnungsbeschluss 27 15
- Erörterungs- und Abstimmungstermin 235 3
- gerichtliche Vorprüfung 176 3 ff.
- Gläubigerversammlung 176 1
- Insolvenzgläubiger 176 25 ff.
- Insolvenzschuldner 176 17 ff.
- Insolvenzverwalter 176 22 ff.
- mangelhaft angemeldete Forderungen 176 7 f.
- nachrangige Insolvenzgläubiger 176 26
- nachträgliche Anmeldungen 177 3 ff.
- nicht anmeldbare Forderungen 176 6
- nicht erschienene Insolvenzgläubiger 176 27
- Nichtaufnahme von Forderungen 176 5
- Protokoll 176 31 ff.
- Rechte und Pflichten des Insolvenzverwalters 80 193
- schriftliches Verfahren 176 36
- sofortige Erinnerung 176 15
- Tabelle 175 2 f.
- Teilnahmeberechtigung 176 16 ff.
- Terminbestimmungen 29 3
- Terminsänderung 176 11 ff.
- Terminsbestimmung 176 9
- Terminsleitung 176 10
- Verfahren 176 9 ff.
- Vertretung 176 23 f.
- Vorauswahl des Insolvenzverwalters 56 25
- Widerspruch 176 28 f., 176 32 f.

Publikumsgesellschaft 138 26

Punktesystem 125 47 ff., 125 55, 125 69 ff., 125 97 ff.

Qualifizierter faktischer Konzern
- Konzerninsolvenz 11 404
- Wertansätze und Bewertung bei positiver Fortführungsprognose 19 71

Qualitätsänderungstheorie
- Ausschluss sonstigen Rechtserwerbs 91 24
- Erfüllungswahl des Insolvenzverwalters 103 133

Quasi-streitiges Parteiverfahren
- Eröffnungsantrag 13 7
- Glaubhaftmachung 14 58
- Gläubigerantrag 14 144
- Zulassung des Gläubigerantrags 14 91, 14 107

Quotenschaden
- GmbH & Co. KG 35 421
- Verletzung der Insolvenzantragspflicht 15 a 39 ff.

Rangfolge
- abgesonderte Befriedigung aus unbeweglichen Gegenständen 49 9 b
- anwendbares Recht Art. 4 EuInsVO 56 f.
- Befriedigung der Absonderungsberechtigten 49 42 ff.
- Ersetzung der Zustimmung 309 40
- Insolvenzverteilungsstatut 335 46
- Kreditrahmen 264 25 f., 266 3
- nachrangige Insolvenzgläubiger 39 6
- nachträgliche Anmeldungen 177 20 f.
- Sozialpläne 124 32 ff.
- Vergütung des Insolvenzverwalters 63 52 ff.
- vorläufiger Insolvenzverwalter mit Verwaltungs- und Verfügungsbefugnis 22 47 ff.

Rangordnung der Masseverbindlichkeiten 209 8 ff.
- Altmasseverbindlichkeiten 209 14 ff., 209 22 ff.
- Anzeige der Masseunzulänglichkeit 209 13
- Arbeitsverhältnisse 209 23
- Dauerschuldverhältnisse 209 18 ff.
- drohende Masseunzulänglichkeit 209 25
- erneute Anzeige der Masseunzulänglichkeit 209 24 ff.
- Gläubigergleichbehandlung 209 28
- Insolvenzeröffnungsverfahren 209 21
- Massebereicherungsansprüche 209 31
- Neumasseverbindlichkeiten 209 10 ff.
- oktroyierte Masseverbindlichkeiten 209 18, 209 23
- Sozialpläne 209 33
- Steuerforderungen 209 9
- Unterhaltsansprüche 209 32
- Verfahrenskosten 209 9
- verschärfte Masseunzulänglichkeit 209 24
- Verteilungsfehler 209 34
- Wahlrecht des Insolvenzverwalters 209 17

Rangrücktritt
- Ansatz und Bewertung der Passiva bei positiver Fortführungsprognose 19 114, 19 116 ff.
- antragsberechtigte Gläubiger 14 9
- Forderungen auf Rückgewähr von Gesellschafterdarlehen 39 f.
- Gesellschafterdarlehen 135 8
- gesetzlicher Überschuldungsbegriff 19 5
- gestaltender Teil des Insolvenzplans 221 9
- Rechtsschutzinteresse 14 51

Rangrücktrittsvereinbarung 39 52 ff.

Ratenzahlung
- Aufhebung der Stundung 4 c 1, 4 c 12
- Eröffnungsantrag 13 7
- Gläubigerantrag 14 2
- Rechtsschutzinteresse 14 44, 14 46
- Rückzahlung und Anpassung der gestundeten Beiträge 4 b 3, 4 b 5
- spezielle Zulässigkeitsvoraussetzungen 14 57

Raumsicherungsverträge 129 110 c

Räumung
- Fortbestehen von Miet- und Pachtverträgen 108 36 ff.
- Übernahme der Insolvenzmasse 148 31 ff.

Räumungsanspruch
- sonstige Masseverbindlichkeiten 55 56
- Umrechnung von Forderungen 45 3

Rechenschaftsbericht 66 13, 66 41

Rechnerische Überschuldung
- Ansatz und Bewertung der Passiva bei negativer Fortführungsprognose 19 128
- gesetzlicher Überschuldungsbegriff 19 11 ff., 19 15 ff.

Rechnungslegung 66 1 ff.
- s. auch Prüfung der Schlussrechnung
- Adressaten 66 8, 66 21
- Anzeige der Masseunzulänglichkeit 208 23
- Auslegung der Schlussrechnung 66 67 ff.
- Beendigung der Insolvenzverwalteramtes 66 15
- duale Rechnungslegungspflicht 66 2 f.
- Eigenverwaltung 66 27

Sachregister

fette Zahlen = Gesetzesvorschriften

- einheitliches Rechenwerk **66** 46
- Einsichtnahme **66** 67 f.
- Einwendungen gegen das Schlussverzeichnis **66** 71
- Einwendungen gegen die Schlussrechnung **66** 70 ff.
- externe Rechnungslegungspflicht **66** 1 ff.
- Fristen **66** 47 f.
- Höchstpersönlichkeit **66** 9
- Insolvenzplan **66** 29
- Insolvenzschlussbilanz **66** 39 f.
- Insolvenzverwalter **66** 23 f.
- Insolvenzverwalterwechsel **66** 24
- interne Rechnungslegungspflicht **66** 1 ff., **66** 7
- Kosten **66** 22
- masselose Insolvenz **66** 30
- Masseunzulänglichkeit **66** 32
- Rechenschaftsbericht **66** 13, **66** 41
- Restschuldbefreiungsverfahren **66** 28
- Schlussbericht **66** 41 ff.
- Schlussrechnung **66** 36 ff.
- Schlussverzeichnis **66** 44 f.
- sofortige Beschwerde **66** 72
- Sonderinsolvenzverwalter **66** 26
- Tätigkeitsbericht **66** 13
- Trennungsprinzip **66** 36
- Überschussrechnung **66** 38
- Verteilungsverzeichnis **66** 45
- Vollzug der Nachtragsverteilung **205** 5
- vorläufiger Insolvenzverwalter **66** 16 ff.
- Ziele **66** 10 ff.
- Zwischenrechnungslegung **66** 7, **66** 33 ff.

Rechnungslegungspflicht
- Art und Umfang **22** 217
- Aufsicht des Insolvenzgerichts **58** 22
- Befreiung **22** 217
- Beschwerdeentscheidung **34** 34
- Einschränkung **22** 219
- Entscheidung über den Fortgang des Verfahrens **157** 15
- externe Rechnungslegungspflicht **22** 218
- handelsrechtliche Buchführung **22** 218
- Insolvenzeröffnungsverfahren **22** 216 a
- insolvenzspezifische Pflichten **60** 18
- juristische Personen **11** 105 a
- Kosten **22** 220
- Organe der juristischen Personen **11** 118
- Prüfung **22** 219
- steuerrechtliche Stellung des Insolvenzverwalters **56** 84
- Treuhänder **292** 67 ff.
- Übernahme der Insolvenzmasse **148** 37
- Unterrichtung der Gläubiger **281** 5
- vorläufiger Insolvenzverwalter **22** 216 ff.
- vorläufiger Treuhänder **306** 54

Recht am eigenen Bild 35 17

Recht zum Besitz des vorläufigen Insolvenzverwalters
- Verwertung von Sicherungsgut **22** 39
- Zwangsbefugnisse des vorläufigen Insolvenzverwalters **22** 212

Rechte an Grundstücken 49 46

Rechte an Massegegenständen 91 8

Rechte der Insolvenzgläubiger nach Verfahrensaufhebung 201 1 ff.
- Doppeltitulierung **201** 17
- frühere Vollstreckungstitel **201** 17 f.
- Inhaltsänderung von Forderungen **201** 14 ff.
- Insolvenzforderungen **201** 5
- insolvenzfreies Vermögen **201** 4
- Insolvenzgläubiger **201** 3 ff.
- Insolvenzplan **201** 1
- Klauselerteilung **201** 13
- Kostenfestsetzung **201** 21
- Nachforderungsrecht **201** 3 ff.
- Nachforderungsverbot **201** 10
- Nachhaftung **201** 14 ff.
- nachrangige Insolvenzforderungen **201** 18
- Neugläubiger **201** 4
- persönlich haftende Gesellschafter **201** 2
- Restmasse **201** 6
- Restschuldbefreiungsverfahren **201** 1, **201** 10
- Steuerforderungen **201** 19 f.
- Tabelle **201** 11
- Titelwirkung **201** 11 f.
- Zwangsvollstreckung aus dem Tabelleneintrag **201** 11 ff.

Rechte Dritter
- ausländisches Insolvenzverfahren **351** 6 ff.
- Insolvenzvermögensstatut **335** 16 ff.
- Verwalter **Art. 18 EuInsVO** 13 f.

Rechte und Pflichten des Insolvenzverwalters 80 149 ff.
- Abgaben **80** 167 f.
- absonderungsberechtigte Gläubiger **80** 178 ff., **80** 189, **80** 196
- Abwehr unberechtigter Angriffe **80** 158 f.
- Akteneinsicht **80** 200
- Aktiengesellschaft **80** 185
- Anfechtung des Jahresabschlusses **80** 169
- Anfechtung von Gesellschafterbeschlüssen **80** 158
- Auskunftspflichten **80** 189 ff.
- Auskunftsrechte des Insolvenzverwalters **80** 200
- aussonderungsberechtigte Gläubiger **80** 178 ff., **80** 196
- Beendigung des Insolvenzverfahrens **80** 199
- Betriebsänderungen **80** 198
- Betriebsfortführung **80** 186 f.
- Betriebsrat **80** 198
- Betriebsstilllegung **80** 187
- Bindung an die vorgefundene Rechtslage **80** 160 ff.
- Eigentumsvorbehalt **80** 178
- Einwendungen **80** 163
- Ersatzvornahme **80** 172 f.
- Ersatzvornahmekosten **80** 177
- Finanzbehörde **80** 200
- Finanzierungspflicht **80** 185
- Freigabe **80** 170 ff., **80** 175 f.
- Gesellschaften ohne Rechtspersönlichkeit **80** 194
- Gesellschaftsanteile **80** 184
- gesellschaftsrechtliche Pflichten **80** 184 f.
- Gläubiger **80** 189
- GmbH & Co. KG **80** 185
- Inbesitznahme **80** 158 f.
- Insolvenzanfechtung **80** 162
- Insolvenzgläubiger **80** 195
- insolvenzzweckwidrige Handlungen **80** 150 ff.
- Inventarisierung von Gegenständen **80** 181
- juristische Personen **80** 194
- Kapitalerhöhung **80** 184
- Kondiktion des insolvenzzweckwidrig Erlangten **80** 152
- kontaminierte Grundstücke **80** 176
- Konzerninsolvenz **80** 185
- Kooperationspflichten **80** 185
- Massegläubiger **80** 182
- Masseverbindlichkeiten **80** 174, **80** 176
- Neugläubiger **80** 156, **80** 195
- nicht zur Insolvenzmasse gehörende Gegenstände **80** 180
- öffentlich-rechtliche Pflichten **80** 165 ff., **80** 190
- Ordnungspflichten **80** 170 ff.
- Presse **80** 201
- Prozessgericht **80** 183
- Prüfungstermin **80** 193
- Publikationspflichten **80** 166
- Rechenschaftspflicht **80** 200
- Register **80** 184

magere Zahlen = Randnummern

Sachregister

- Rückforderung unrechtmäßig gezahlter Beihilfen 80 187
- Schuldner 80 192 ff.
- schuldrechtliche Verpflichtungen 80 161
- Sicherungspflichten 80 178
- Sonderrechtsverhältnis 80 166
- Steuern 80 167 f.
- stille Gesellschaft 80 194
- Umweltlasten 80 170
- Unterrichtungspflicht 80 185, 80 192
- Verhaltensverantwortlichkeit 80 176
- Verwahrungspflichten 80 178
- Verwertung 80 164
- Wahrnehmung von Gläubigerinteressen 80 155 ff.
- Zustandsverantwortlichkeit 80 170 ff.

Rechtliches Gehör
- Abweisungsbeschluss 26 34 ff.
- Akteneinsicht 4 26, 4 34
- Amtsermittlungen 5 6, 5 29
- Anhörung des Schuldners 10 1 f.
- Annahme des Schuldenbereinigungsplans 308 7
- Anordnung von Sicherungsmaßnahmen 21 38 m, 21 44 ff.
- Auskunfts- und Mitwirkungspflicht im Eröffnungsverfahren 20 5
- Beschlüsse der Gläubigerversammlung 76 10 f.
- Beschwerdeverfahren 6 18
- Einstellung zugunsten anderer mitgliedstaatlicher Gerichte **Art. 102 § 4 EGInsO** 3
- Entlassung des Insolvenzverwalters 59 20 f.
- Festsetzung durch das Gericht 64 7
- Insolvenzstraftaten 297 13
- Sicherungsmaßnahmen 306 58
- sofortige Beschwerde gegen den Eröffnungsbeschluss 34 12
- vereinfachte Verteilung 314 11 ff.
- Vergütung der Mitglieder des Gläubigerausschusses 73 30
- Verstoß gegen Obliegenheiten 296 27 ff.
- Widerruf der Restschuldbefreiung 303 12 f.
- Zivilprozessordnung 4 41
- Zulassung des Gläubigerantrags 14 95, 14 102 ff.
- Zustellung des Schuldenbereinigungsplans 307 2, 307 74 ff.

Rechtsanwälte
- Amtsermittlungen 5 20
- Auskunfts- und Mitwirkungspflicht im Eröffnungsverfahren 20 13
- Beiordnung eines Rechtsanwalts 4 a 33 ff.
- Eröffnungsantrag 13 135
- Ersetzung der Zustimmung 309 113 ff.
- generelle Zulässigkeitsvoraussetzungen 14 17
- Zulässigkeitsvoraussetzungen 13 23

Rechtsanwaltskammern 12 11
Rechtsanwaltspraxis 13 65
Rechtsbehelfe s. Rechtsmittel
Rechtsbehelfe gegen unzulässige Vollstreckungen 89 42 ff.
Rechtsbeistand 4 a 33
Rechtsbeschwerde
- s. auch Prüfung und Entscheidung der Rechtsbeschwerde
- Abweisung mangels Masse 26 44
- allgemeine Bedeutung 7 6
- allgemeines Interesse 7 6
- Anfechtbarkeit 7 2
- Anschlussbeschwerde 7 10
- Anwaltszwang 7 13
- Arbeitnehmerklage 127 36 ff.
- Begründung 7 14 ff.
- Beschwerdeverfahren 6 18
- einheitliche Rechtsprechung 7 6, 7 8

- Einlegung der Beschwerde 7 11
- Einstellung des Insolvenzverfahrens 216 7
- Entscheidung des Insolvenzgerichts 289 28 a
- Fortbildung des Rechts 7 7
- Fristen 7 10 f., 7 14
- Fristverlängerung 7 14
- Gesetzesverletzung 7 18 f.
- grundsätzliche Bedeutung der Rechtssache 7 6
- insolvenzspezifische Entscheidungen 7 2
- nicht insolvenzspezifische Entscheidungen 7 5
- offensichtliche Unrichtigkeit 7 8
- Rechtsbeschwerdeanträge 7 16
- Rechtsbeschwerdeverfahren 7 3
- Rechtsmittel 4 b 10, 34 36
- Rechtsverletzungen 7 18 f.
- Sicherungsmaßnahmen 7 15
- sofortige Beschwerde 7 2
- sofortige weitere Beschwerde 7 1
- Verfahrensmangel 7 6
- Verfahrensverstöße 7 6
- Vergütung der Gläubigerausschussmitglieder 7 5
- Vergütung des Insolvenzverwalters 7 5
- Verstoß gegen Obliegenheiten 296 49
- vorzeitige Betriebsänderung mit gerichtlicher Zustimmung 122 82 ff.
- wirtschaftliche Bedeutung 7 6
- Zivilprozessordnung 4 38
- Zulässigkeit 7 4 ff., 7 10, 7 17
- Zulassungsbeschwerde 7 1

Rechtsbeschwerde 7 1 ff.
Rechtsfähiger Verein
- Insolvenzantragspflicht 13 96, 13 101
- Insolvenzantragsrecht 13 68

Rechtsfähigkeit 11 271
Rechtsfolgen der Insolvenzanfechtung 143 1 ff.
- s. auch Rückgewährpflicht
- s. auch Unentgeltliche Leistungen
- Absonderungsrecht 143 4 a
- Aussonderungsrecht 143 4
- Dinglichkeitslehre 143 1
- Drittwiderspruchsklage 143 59
- Duldungsbescheid 143 60
- funktionelle Zuständigkeit 143 63
- Geltendmachung 143 1
- gesellschafterbesicherte Drittdarlehen 143 56 a ff.
- Hinweis- und Aufklärungspflicht 143 76
- Insolvenzgläubiger 143 4 b
- internationale Zuständigkeit 143 71
- Klageänderung 143 62
- Klageart 143 58 ff.
- Konzentration 143 70
- Kosten 143 78 ff.
- Mahnbescheid 143 58
- örtliche Zuständigkeit 143 69 ff.
- Prozesskostenhilfe 143 80 f.
- Rückgewähransprüche 143 2
- sachliche Zuständigkeit 143 67 f.
- Schiedsabrede 143 66
- schuldrechtliche Theorie 143 1
- Sicherung des Rückgewähranspruchs 143 82 f.
- Theorie der haftungsrechtlichen Unwirksamkeit 143 3 ff.
- Verfahren 143 57 ff.
- Vollstreckungsgegenklage 143 59
- Vormerkung 143 83
- Wertersatzanspruch 143 4 a
- Zuständigkeit 143 63 ff.

Rechtsformneutralität 13 94, 13 96
Rechtsgeschäftlich bestellte Pfandrechte
- Banken 50 7 f.
- bewegliche Sachen 50 5
- Drittverbindlichkeiten 50 8

3245

Sachregister

fette Zahlen = Gesetzesvorschriften

- Gegenstände des Absonderungsrechts **50** 3 f.
- künftige Forderungen **50** 4
- Mitbesitz **50** 5
- mittelbarer Besitz **50** 5
- Sperrkonten **50** 9
- Traditionspapiere **50** 6

Rechtsgeschäftliche Erklärungen 80 83 ff.
Rechtsgeschäftliche Sicherheiten 88 9
Rechtsgeschäftliche Surrogate 35 123
Rechtsgeschäftliche Veräußerungsverbote 80 204
Rechtsgeschäftlicher Gesamtakt 254 1
Rechtsgeschäftsähnliche Handlungen 81 4
Rechtsgrundlose Leistung 134 35

Rechtshandlungen des Insolvenzverwalters
- Beschwerdeentscheidung **34** 31
- Einstellung wegen Wegfalls des Eröffnungsgrundes **212** 10

Rechtshandlungen in der Krise
- anfechtbare Rechtshandlungen **131** 28 ff.
- kongruente Deckung **130** 32 ff.
- unmittelbar nachteilige Rechtshandlungen **132** 15 f.

Rechtshandlungen nach Verfahrenseröffnung 147 1 ff.
- Anwartschaftsrecht **147** 5 f.
- Clearingsysteme **147** 2 f.
- Finanzsicherheiten **147** 1 f.
- gestreckter Erwerb **147** 1 ff.
- gutgläubiger Erwerb **147** 1
- nachträgliche Verfügungsbeschränkungen **147** 5 ff.
- Verjährung **147** 4
- Verrechnung **147** 2

Rechtshängigkeit
- spezielle Zulässigkeitsvoraussetzungen **13** 31
- Verfahrensunterbrechung nach § 240 ZPO **85** 4

Rechtshilfe
- Amtsermittlungen **5** 22
- Anhörung des Schuldners **10** 9
- Gerichtsverfassungsgesetz **4** 40
- Insolvenzgericht **2** 2
- Zivilprozessordnung **4** 1
- Zulassung des Gläubigerantrags **14** 97

Rechtskraft des Insolvenzplans 258 4
Rechtskraftwirkung festgestellter Forderungen 178 25 ff.
- Absonderungsrecht **178** 37
- Ausfallforderungen **178** 36 ff.
- Feststellungsvermerk **178** 27
- Gegenstand der Feststellung **178** 28 f.
- nachträgliche Einwendungen **178** 25
- Nichtinsolvenzforderungen **178** 35
- persönlich haftende Gesellschafter **178** 33
- Steuerforderungen **178** 39 ff.
- subjektive Grenzen **178** 31 ff.
- Teilfeststellung **178** 30
- titulierte Forderungen **178** 34
- Umfang der Rechtskraftwirkung **178** 25 f.
- unerlaubte Handlungen **178** 30
- Urteilswirkung **178** 27, **178** 36
- Widerspruch **178** 26

Rechtsmissbrauch
- Auskunfts- und Mitwirkungspflicht im Eröffnungsverfahren **20** 8
- Eröffnungsantrag **13** 91 ff.
- Gläubigerantrag **14** 122
- Rechtsschutzinteresse **14** 42, **14** 45

Rechtsmittel 34 1 ff.
- s. auch Sofortige Beschwerde
- s. auch Sofortige Beschwerde bei Abweisung mangels Masse
- s. auch Sofortige Beschwerde bei Zurückweisung des Insolvenzantrags
- s. auch Sofortige Beschwerde gegen den Eröffnungsbeschluss

- Abweisung mangels Masse **26** 42 ff.
- Amtsermittlungen **5** 26
- Anerkennung ausländischer Insolvenzverfahren **Art. 16 EuInsVO** 6
- Ankündigung der Restschuldbefreiung **291** 28
- Annahme des Schuldenbereinigungsplans **308** 11 f.
- Anordnung der Eigenverwaltung **270** 42 f.
- Anordnung von Sicherungsmaßnahmen **21** 50 f., **21** 54
- Antrag auf Einberufung der Gläubigerversammlung **75** 9
- Antrag auf Eröffnung des Verbraucherinsolvenzverfahrens **305** 152 ff.
- Anzeige der Masseunzulänglichkeit **208** 13
- Arbeitnehmerklage **127** 36 ff.
- Aufhebung der Anordnung der Eigenverwaltung **272** 7
- Aufhebung des Insolvenzverfahrens **200** 10
- Aufhebung eines Beschlusses der Gläubigerversammlung **78** 21
- Aufsicht des Insolvenzgerichts **58** 37
- Auskunfts- und Mitwirkungspflichten **20** 40, **97** 24
- ausländischer Insolvenzverwalter **Art. 102 § 7 EGInsO** 3
- Aussetzung von Verwertung und Verteilung **233** 17
- Berichtstermin **156** 18
- Beschlüsse der Gläubigerversammlung **76** 35
- Bestellung des Insolvenzverwalters **56** 62 f.
- Deckung der Mindestvergütung des Treuhänders **298** 23
- eidesstattliche Versicherung **98** 8, **153** 9
- Eigenverwaltung **273** 4
- Eilverfahrenscharakter **34** 1
- Einberufung der Gläubigerversammlung **74** 21
- Einsetzung des Gläubigerausschusses **67** 24
- Einstellung des Insolvenzverfahrens **216** 1 ff.
- Einstellung mangels Masse **207** 15
- Einstellung mit Zustimmung der Gläubiger **213** 13
- Einstellung nach Anzeige der Masseunzulänglichkeit **211** 9
- Einstellung wegen Wegfalls des Eröffnungsgrundes **212** 9
- einstweilige Anordnung **4 b** 6 f.
- Eintragung in öffentliche Bücher und Register **Art. 102 § 7 EGInsO** 1 ff.
- Einwendungen gegen das Verteilungsverzeichnis **194** 14, **194** 17
- Entlassung des Insolvenzverwalters **59** 24 f.
- Entlassung von Mitgliedern des Gläubigerausschusses **70** 12
- Entscheidung des Insolvenzgerichts **289** 26 ff.
- Entscheidung über den Fortgang des Verfahrens **157** 32
- Entscheidung über die Restschuldbefreiung **300** 18 ff.
- Eröffnungsantrag **13** 137
- Ersetzung der Zustimmung **309** 110 f.
- Festsetzung durch das Gericht **64** 14 ff.
- Feststellung der Forderungen **178** 50 ff.
- Feststellung des Stimmrechts **77** 23
- gerichtliche Bestätigung des Insolvenzplans **248** 8, **253** 1 ff.
- Grundbuch **32** 24, **346** 11
- indirekte sofortige Beschwerde gegen Maßnahmen des Insolvenzgerichts **34** 16 f.
- Insolvenzstraftaten **297** 15
- juristische Personen **11** 106, **11** 112, **11** 169 ff.
- Kombinationsbeschwerde **34** 16
- Maßnahmen vor der Entscheidung über Unternehmensstilllegung oder -veräußerung **158** 19
- nachträgliche Anmeldungen **177** 40
- nachträgliche Anordnung der Eigenverwaltung **271** 7
- Nachtragsverteilung **204** 1 ff.

3246

magere Zahlen = Randnummern **Sachregister**

- öffentliche Bekanntmachung 9 5, 345 12, **Art. 102 § 7 EGInsO** 1 ff.
- Postsperre 99 16
- Rechtsbeschwerde 4 b 10, 34 36
- richterliche Entscheidungen 6 8 f.
- Schlussverteilung 196 18
- Sicherungsmaßnahmen 344 9
- Siegelung 150 8
- sofortige Beschwerde 4 b 2 ff., 34 1 ff., **Art. 102 § 7 EGInsO** 2 ff.
- Stimmrecht der Insolvenzgläubiger 237 12
- Tabelle 175 25
- Übernahme der Insolvenzmasse 148 34
- unpfändbare Gegenstände 36 54
- vereinfachte Verteilung 314 26, 314 36
- vereinfachtes Insolvenzverfahren 311 34 f., 311 43
- Verfahrensunterbrechung nach § 240 ZPO 85 36, 85 60 ff.
- Vergütung der Mitglieder des Gläubigerausschusses 73 32
- Verstoß gegen Obliegenheiten 296 49 f.
- Verwertung durch Gläubiger 173 9
- Vollstreckung vor Verfahrenseröffnung 88 32
- Vollstreckungsverbot bei Masseverbindlichkeiten 90 19
- vorläufige Untersagung von Rechtshandlungen 161 12
- Vorprüfungs- und Zurückweisungsrecht 175 13 f., 175 16 f.
- Wahl eines anderen Insolvenzverwalters 57 33 ff.
- Widerruf der Restschuldbefreiung 303 18
- Wiedereinsetzung in den vorigen Stand 186 12
- Zurückweisung des Insolvenzplans 231 41 ff.
- Zuständigkeit bei der Vollstreckung 202 5
- Zwangsmaßnahmen 98 18, 98 22

Rechtsnachfolge des Schuldners 80 107
Rechtsobjekt 35 10
Rechtspfleger
- Akteneinsicht 4 29, 4 36
- Amtsermittlungen 5 26
- Auskunft 4 30
- Beschlüsse der Gläubigerversammlung 76 4 ff.
- Beschwerdeverfahren 6 16
- funktionelle Zuständigkeit 2 3 ff.
- Grundbuch 32 13
- Insolvenzkostenhilfe 4 22, 13 113
- sofortige Beschwerde 6 3

Rechtsschutz
- Akteneinsicht 4 36
- Genossenschaft 35 367
- örtliche Zuständigkeit 3 18
- Schuldnerschutz 14 147
- Verwaltungsantrag 13 9
- Zivilprozessordnung 4 41

Rechtsschutzgarantie 4 41
Rechtsschutzinteresse
- absonderungsberechtigte Gläubiger 14 50
- Abweisung mangels Masse 14 47
- Ausfallforderungen 14 50
- Ausforschung 14 45
- aussonderungsberechtigte Gläubiger 14 50
- Auswechseln von Forderungen 14 43, 14 46
- Bedingung 14 44
- billigere Möglichkeiten der Rechtsdurchsetzung 14 49
- Bürgen 14 53
- eidesstattliche Versicherung 14 41
- einfachere Möglichkeiten der Rechtsdurchsetzung 14 49
- Einzelzwangsvollstreckung 14 40, 14 50
- eröffnetes Insolvenzverfahren 14 56
- Eröffnungsantrag 13 7
- Fälligkeit 14 44
- Finanzbehörde 14 54
- Forderungshöhe 14 48
- freigegebener Geschäftsbetrieb 14 56
- Grundschuld 14 50
- Hypothek 14 50
- Insolvenzanfechtung 14 49
- insolvenzfremde Zwecke 14 42 ff.
- Insolvenzgeldschutz 14 52
- Insolvenzkostenhilfe 13 105
- Mindesthöhe 14 48
- Missbrauch 14 42, 14 45
- Mitschuldner 14 53
- nachrangige Insolvenzforderungen 14 51
- Nachschieben von Forderungen 14 46
- Neugläubiger 14 47, 14 56
- Pfändungspfandgläubiger 14 53
- Rangrücktritt 14 51
- Ratenzahlung 14 44, 14 46
- Rechtsmissbrauch 14 42, 14 45
- Rückschlagsperre 14 49
- Sicherheiten 14 50
- Sicherungsvollstreckung 14 40 f.
- Singularvollstreckung 14 49
- Sozialversicherungsträger 14 55
- Stundung 14 44
- Teilzahlung 14 44, 14 46 f.
- Verjährungseinrede 14 45
- vorläufig vollstreckbare Titel 14 40
- Zulässigkeitsvoraussetzungen 13 27 ff., 13 54, 13 58
- zweifelhafte Forderungen 14 43
- zweites Insolvenzverfahren 14 47

Rechtsspaltung vor 335–358 5
Rechtsstellung des Insolvenzschuldners 80 2 ff.
- Arbeitgebereigenschaft 80 12
- Berufsrecht 80 20 ff.
- Bindung an Verwalterhandlungen 80 14
- Eigentum 80 6
- Eigenverwaltung 80 3
- Familienrecht 80 25
- Geschäftsfähigkeit 80 7
- insolvenzfreier Bereich 80 15 ff.
- insolvenzfreies Vermögen 80 4
- Kapitalerhöhung 80 16
- Kaufmannseigenschaft 80 11
- Nebenintervention 80 10
- Partei- und Prozessfähigkeit 80 9
- persönliche Beschränkungen 80 18 ff.
- Rechtswirkungen des Verwaltungs- und Verfügungsverlustes 80 6 ff.
- Restbefugnisse 80 15
- Scheck- und Wechselfähigkeit 80 8
- Verfügungsbeschränkungen 80 4 f.
- Verlust der Verwaltungs- und Verfügungsbefugnis 80 2
- Zeugnisverweigerungsrecht 80 13

Rechtsstellung des Insolvenzverwalters 80 78 ff.
- s. auch Prozesskostenhilfe für den Insolvenzverwalter
- Amtstheorie 80 79 f.
- Arbeitgeberfunktion 80 92 ff.
- Arbeitslosengeld 80 100
- Aufhebung des Insolvenzverfahrens 80 108 ff.
- Befugnis zur Entbindung von der Schweigepflicht 80 140 ff.
- Besitz 80 82
- betriebliche Altersversorgung 80 101
- Betriebsrat 80 95
- echte Freigabe 80 134 ff.
- eidesstattliche Versicherung 80 147
- Eigentum 80 82
- Einstandspflicht der Masse 80 88
- Eintritt des Insolvenzverwalters 80 90 f.
- Ermächtigung zur Prozessführung 80 111 ff.
- Freigabe 80 133 ff.

Sachregister

fette Zahlen = Gesetzesvorschriften

- Geheimhaltung 80 140 ff.
- Gerichtsstand 80 132
- gewillkürte Prozessstandschaft 80 111 f.
- Insolvenzgeld 80 97 f.
- Kurzarbeitergeld 80 99
- Massegläubiger 80 121
- Masseverbindlichkeiten 80 84
- modifizierte Freigabe 80 137
- Offenbarungsversicherung 80 146 f.
- Partei kraft Amtes 80 104
- Parteiwechsel 80 106
- Rechtsfolgen des Übergangs der Verwaltungs- und Verfügungsbefugnis 80 81 ff.
- rechtsgeschäftliche Erklärungen 80 83 ff.
- Rechtskraftwirkungen 80 114
- Rechtsnachfolge des Schuldners 80 107
- Rechtsstellung im Prozess 80 103 ff.
- Schiedsverfahren 80 115
- Schweigepflicht 80 140 ff.
- Selbstkontrahieren 80 87
- Sozialversicherungsrecht 80 102
- Strafantrag 80 148
- Strafverfahren 80 142 f.
- Strafverteidigung 80 145
- Vollstreckungsschutzanträge 80 146 f.
- Wechsel des Insolvenzverwalters 80 138
- Wechsel des Interessevermögens 80 109
- Weisungsrecht 80 93
- Zivilprozess 80 144
- Zustellungen 80 89

Rechtsübertragung 35 33
Rechtsverfolgung Art. 4 EuInsVO
Rechtsverletzungen
- Rechtsbeschwerde 7 18 f.
- sonstige Masseverbindlichkeiten 55 23 f.

Rechtswirkungen der Verfahrensaufhebung 200 11 ff.
- anhängige Prozesse 200 17 f.
- Gerichtskosten 200 22
- Geschäftsunterlagen 200 20 f.
- Insolvenzakten 200 21
- Insolvenzanfechtung 200 17
- Insolvenzbeschlag 200 12 ff.
- Nachtragsvermögen 200 15 f.
- Nachtragsverteilung 200 14
- Prozessbevollmächtigung 200 18
- Prozessführungsbefugnis 200 15 ff.
- Sondervermögen 200 13
- Verfügungsbefugnis 200 12
- Verjährung 200 19

Refinanzierung 108 132 ff.
Refinanzierungsregister 35 41
Refinanzierungsunternehmen 11 27
Reformatio in peius 6 20
Regelarbeitnehmerzahl 113 125
Regelauflösung 118 7
Regelinsolvenzverfahren
- Amtsermittlungen 5 1
- insolvenzfreies Vermögen 35 89
- Insolvenzgericht 2 9
- Insolvenzkostenhilfe 13 103, 13 108
- Insolvenzplan vor 217 31
- Insolvenzverfahren 1 3
- Zulässigkeitsvoraussetzungen 13 19, 13 55

Register 31 1 ff.
- Abweisung mangels Masse 31 1
- Amtslöschungsverfahren 31 1
- Anordnung der Zustimmungsbedürftigkeit 277 12
- Antrag Art. 22 EuInsVO 6
- ausländische Registerbehörden 31 9
- ausländisches Insolvenzverfahren 31 9
- Eigenverwaltung 270 52, 273 5
- Eintragung 31 2

- eintragungspflichtige Rechte Art. 11 EuInsVO 4
- Eröffnung des Insolvenzverfahrens Art. 22 EuInsVO 1 ff.
- Handelsgesellschaften 31 2
- Hauptinsolvenzverfahren Art. 22 EuInsVO 3
- juristische Personen 31 3
- Kosten Art. 23 EuInsVO 1 ff.
- Mitteilungspflichten 31 7 ff.
- obligatorische Eintragung Art. 22 EuInsVO 7 f.
- Rechte und Pflichten des Insolvenzverwalters 80 184
- Registerpublizität Art. 22 EuInsVO 2
- Sicherstellung der Eintragung 31 4
- Übermittlung des Abweisungsbeschlusses 31 6
- Übermittlung des Eröffnungsbeschlusses 31 5
- Überwachung der Planerfüllung 267 6
- Vorgesellschaft 31 3
- Zweigniederlassungen 31 5

Register für Luftfahrzeuge 23 6
Register für Schiffe 23 6
Registereintragung
- Gesellschaften ohne Rechtspersönlichkeit 11 273 ff.
- juristische Personen 11 107

Registerpublizität Art. 22 EuInsVO 2
Registerstatut
- anwendbares Recht 336 3
- eintragungspflichtige Rechte Art. 11 EuInsVO 1 ff.

Regress
- Aufrechnungslage 94 26
- Eintritt der Aufrechnungslage im Verfahren 95 45 f.
- Gesamtschuldner und Bürgen 44 3
- Haftung mehrerer Personen 43 27

Regulierter Markt 340 7
Reichweite des Insolvenzstatuts Art. 4 EuInsVO 12 f.
Relatives Verfügungsverbot
- allgemeiner Zustimmungsvorbehalt 21 25
- allgemeines Verfügungsverbot 21 23
- Unwirksamkeit von Veräußerungsverboten 80 203
- Wirkungen der Verfügungsbeschränkungen 24 10

Religionsgemeinschaften 12 14 f.
Rentenschulden 35 139
Rentenverträge 35 210
Reorganisation vor 217 41
Reorganisation nach Chapter 11 US BC (1978)
- Gruppenbildung 222 1 ff.
- Insolvenzplan vor 217 13 ff., vor 217 42
- Obstruktionsverbot 245 1

Restmasse
- nachträgliche Berücksichtigung 192 7
- Rechte der Insolvenzgläubiger nach Verfahrensaufhebung 201 6

Restschuldbefreiung vor 286 1 ff., 286 1 ff.
- s. auch Ankündigung der Restschuldbefreiung
- s. auch Antrag des Schuldners auf Restschuldbefreiung
- s. auch Ausgenommene Forderungen
- s. auch Deckung der Mindestvergütung des Treuhänders
- s. auch Entscheidung des Insolvenzgerichts
- s. auch Entscheidung über die Restschuldbefreiung
- s. auch Gläubigergleichbehandlung
- s. auch Insolvenzstraftaten
- s. auch Obliegenheiten des Schuldners
- s. auch Restschuldbefreiungsantrag
- s. auch Restschuldbefreiungsverfahren
- s. auch Treuhänder
- s. auch Versagung der Restschuldbefreiung
- s. auch Vorzeitige Beendigung
- s. auch Widerruf der Restschuldbefreiung
- s. auch Wirkung der Restschuldbefreiung
- allgemeine Verfahrensvereinfachungen 312 60 ff.
- Amtsermittlungen 5 2, 5 6 f.
- Ankündigung vor 286 40
- Antrag vor 286 40

magere Zahlen = Randnummern

Sachregister

- Antrag auf Eröffnung des Verbraucherinsolvenzverfahrens 305 79 ff.
- anwendbares Recht 335 52
- Aufhebung der Stundung 4 c 23
- außergerichtliche Einigung vor 286 25
- Befreiung von Verbindlichkeiten 286 18 ff.
- Eigentumsgarantie vor 286 54 ff.
- Eigenverwaltung 270 12
- Einstellung des Insolvenzverfahrens vor 286 39
- Einzelgläubiger 286 19
- Entscheidung des Insolvenzgerichts 289 1 ff.
- Entscheidung über die Restschuldbefreiung 300 25 ff.
- Entwicklungsgeschichte vor 286 7 ff.
- Eröffnungsantrag 13 6
- funktionelle Zuständigkeit 2 4, vor 286 50 ff.
- gerichtliches Schuldenbereinigungsverfahren vor 286 26
- Gesellschaften ohne Rechtspersönlichkeit 11 334, 286 2
- gestaltender Teil des Insolvenzplans 221 6
- Gläubigergleichbehandlung 294 1 ff.
- grenzüberschreitende Insolvenz vor 286 48
- Haftung des Schuldners 227 4 ff.
- Handelsgesellschaften 35 392
- insolvenzfreies Vermögen 35 89
- Insolvenzkostenhilfe 13 103, 13 111
- Insolvenzmasse 35 66, 35 118
- Insolvenzplanverfahren vor 286 27
- Insolvenzverfahren 1 3, 1 15 f., vor 286 38, 286 11 f.
- Internationales Insolvenzrecht vor 286 37 b
- juristische Personen 11 182, 286 2
- Kosten vor 286 57 ff.
- Massearmut 286 13 ff.
- Masseunzulänglichkeit 286 13
- natürliche Personen 286 4 ff.
- Obliegenheiten vor 286 42
- Partikularverfahren 355 5 ff.
- Rechtsvergleich vor 286 28 ff.
- Redlichkeit 286 17
- Schlussverteilung vor 286 38
- Sondermassen 35 60
- Stundung der Kosten des Insolvenzverfahrens 4 a 32
- Territorialverfahren vor 286 37 a
- Treuhandverhältnisse 35 42
- unpfändbare Gegenstände 36 39
- vereinfachte Verteilung 314 31 ff.
- Verfahren vor 286 44 ff.
- Verfahrensziel vor 286 20 f.
- Vollstreckungsvebot vor 286 42
- Vorrang des Insolvenzverfahrens 286 8 ff.
- Wirkungen der Anerkennung Art. 17 EuInsVO 8
- Wohnsitzwechsel vor 286 47
- Zivilprozessordnung 4 1
- Zuständigkeit vor 286 45 ff.
- Zwangsvollstreckungsverbot 294 4 ff.

Restschuldbefreiungsantrag
- Bekanntmachung des Eröffnungsbeschlusses 30 1
- Eröffnungsbeschluss 27 16

Restschuldbefreiungsverfahren
- Abweisung mangels Masse 26 5
- Anmeldung der Forderungen 174 55
- Aufrechnung in der Insolvenz 94 80 ff.
- Aufsicht des Insolvenzgerichts 58 13
- Auskunfts- und Mitwirkungspflicht im Eröffnungsverfahren 20 35
- Befriedigung der Massegläubiger 209 3
- Bekanntmachung und Wirkungen der Einstellung 215 10
- Bezüge aus einem Dienstverhältnis 114 15
- Durchsetzung der Pflichten des Schuldners 98 2
- Einstellung mangels Masse 207 6

- Einstellung nach Anzeige der Masseunzulänglichkeit 211 3 a
- Erbschaft 83 8
- Forderungen der Insolvenzgläubiger 87 5
- Gesamtschuldner und Bürgen 44 14
- Haftung mehrerer Personen 43 30
- Hinweis auf Restschuldbefreiung 20 46 ff.
- Kosten des Insolvenzverfahrens 54 12 f.
- nachrangige Insolvenzgläubiger 39 24
- persönliche Haftung der Gesellschafter 93 42
- Rechnungslegung 66 28
- Rechte der Insolvenzgläubiger nach Verfahrensaufhebung 201 1, 201 10
- Schlusstermin 197 17
- Streitwert 182 11 f.
- Treuhänder 313 7 a
- unpfändbare Gegenstände 36 2, 36 20
- Unterhalt aus der Insolvenzmasse 100 15
- Unterhaltsansprüche 40 3
- Vergütung des Insolvenzverwalters 63 17 f.
- Zwangsbefugnisse des vorläufigen Insolvenzverwalters 22 215

Richter s. Insolvenzrichter

Richterliche Entscheidungen
- Ablehnung eines Vorschusses 6 6
- Ablehnung von Aufsichtsmaßnahmen 6 6
- Ablehnung von Sicherungsmaßnahmen 6 6
- Anforderung eines Verfahrenskostenvorschusses 6 6
- Anordnung von Amtsermittlungen 6 6
- Anordnung von Sicherungsmaßnahmen 6 6
- Anschlussbeschwerde 6 5
- Bestellung eines Sachverständigen 6 6
- Dienstaufsichtsbeschwerde 6 4, 6 6
- Gegenvorstellung 6 6
- greifbare Gesetzeswidrigkeit 6 9
- Insolvenzkostenhilfe 6 8
- Leitung der Gläubigerversammlung 6 6
- nicht beschwerdefähige Entscheidungen 6 6
- nichtinsolvenzspezifische Entscheidungen 6 7 f.
- Rechtsmittel 6 8 f.
- sitzungspolizeiliche Maßnahmen 6 7
- sofortige Beschwerde 6 7 f.
- Statthaftigkeit der Beschwerde 6 5
- Stimmrechtsentscheidung 6 6
- Streitwertbeschwerde 6 7
- Verfahrenseinstellung 6 6
- verfahrensleitende Entscheidungen 6 6
- Verfügungen 6 6
- vorbereitende Entscheidungen 6 6

Rohstoffe
- Ansatz und Bewertung der Aktiva bei negativer Fortführungsprognose 19 84
- Wertansätze und Bewertung bei positiver Fortführungsprognose 19 76

Rückabtretung 96 29, 96 37 f.

Rückeinlageforderungen
- Aktiengesellschaft 35 312 ff.
- GmbH 35 312 ff.

Rückerstattung
- Aktiengesellschaft 35 312
- Genossenschaft 35 356
- GmbH 35 312
- Wirkung der Restschuldbefreiung 301 29 ff.

Rückforderungsansprüche
- Ausfallforderungen 256 13 ff.
- juristische Personen 35 304
- streitige Forderungen 256 13 ff.

Rückgabeansprüche 105 27 ff.

Rückgewähr der Einlage eines stillen Gesellschafters 136 1, 136 6

Rückgewähr kapitalersetzender Gesellschafterleistungen 19 117 ff.

3249

Sachregister

fette Zahlen = Gesetzesvorschriften

Rückgewähransprüche
- Aktiengesellschaft 35 314
- GmbH 35 314
- Insolvenzanfechtung 129 8
- Rechtsfolgen der Insolvenzanfechtung 143 2
- Umrechnung von Forderungen 45 5

Rückgewährpflicht
- abgetretene Forderungen 143 10
- Anfechtungsanspruch 143 5 ff.
- Arbeitnehmer 143 6
- Aufrechnung 143 15, 143 24
- Auskunftspflichten 143 45 f.
- Bürgschaften 143 10
- Durchführung 143 42 ff.
- Erlöschen von Rechten 143 14 ff.
- Forderungen 143 7
- Früchte 143 34
- Geldleistungen 143 6, 143 35
- Gesamtschuldner 143 44
- Globalzession 143 20
- Grundstücke 143 6 ff.
- Hypotheken 143 13
- Insolvenzgeld 143 48
- Insolvenzmasse 143 20 ff., 143 47 f.
- mittelbare Zuwendungen 143 22, 143 43
- nicht gezogene Nutzungen 143 34
- notwendige Verwendungen 143 41
- Nutzungen 143 34 ff.
- Pfandrechte 143 12
- Prozesshandlungen 143 16, 143 18
- Rückgewährschuldner 143 42 ff.
- Schuldübernahmen 143 10
- Sicherungsübereignung 143 28
- Surrogation 143 31
- Treuhänder 143 43
- Umfang 143 19
- Umfang des Wertersatzes 143 28 ff.
- Unmöglichkeit der Rückgewähr 143 25 ff.
- Unterlassen 143 17 f.
- Unternehmensveräußerung 143 9
- Veräußerung 143 6
- Verrechnung 143 15
- Vorenthaltungsschaden 143 33
- Vormerkung 143 7
- Vorteilsausgleichung 143 23
- Weiterveräußerung 143 27
- Werterhöhung 143 38
- Wertersatzanspruch 143 25 ff.
- Wertminderung 143 39 f.
- Zwangsvollstreckung 143 47
- zwischenzeitliche Verfügungen 143 11

Rückgewährschuldner 143 42 ff.
Rückgewährschuldverhältnisse 103 95
Rückgriffsansprüche
- Begründetheit im Eröffnungszeitpunkt 38 39
- Wirkung der Restschuldbefreiung 301 26 ff.

Rückgriffszeit 124 31 ff., 124 43 f.
Rücknahme des Insolvenzantrags 13 114 ff.
- Abweisung mangels Masse 13 116, 13 128, 13 130
- Abweisungsbeschluss 13 117 f.
- Antrag auf Eröffnung des Verbraucherinsolvenzverfahrens 305 140
- Aufhebung der Sicherungsmaßnahmen 25 2
- Aufhebung des Eröffnungsbeschlusses 13 118
- Bedingungsfeindlichkeit 13 114
- Beschluss 13 118, 13 128
- Beschwerdeberechtigung 13 130
- Beschwerdeverfahren 13 127
- drohende Zahlungsunfähigkeit 13 122, 13 127
- Eigenantrag 13 121
- Erben 13 121
- erneuter Insolvenzantrag 13 130
- Eröffnung des Insolvenzverfahrens 13 120
- Eröffnungsbeschluss 13 115, 13 128
- Fiktion der Antragsrücknahme 13 120
- Führungslosigkeit 13 127
- Gesamtrechtsnachfolger 13 121
- Gläubigerantrag 14 115 f.
- Insolvenzantragsrecht 15 6
- Insolvenzgrund 16 18
- Insolvenzverschleppung 13 130
- Kosten 13 131 f.
- mehrheitliche Vertretung 13 124 ff.
- organschaftliche Vertreter 13 121 f., 13 124 ff.
- Prozesshandlungen 13 114
- Sicherungsmaßnahmen 13 129
- sofortige Beschwerde 13 115, 13 118, 13 128
- Verbraucherinsolvenzverfahren 13 114, 13 120, 13 132
- Verfahrenseinstellung 13 115
- Vertretung 13 121 ff.
- vorläufiger Insolvenzverwalter 13 132
- Wechsel des Schuldners 13 121
- Wirkungen 13 128 ff.
- zeitliche Begrenzung 13 115 ff.

Rücknahme des Insolvenzplans 218 54
Rückschlagsperre
- allgemeine Verfahrensvereinfachungen 312 3, 312 19 ff.
- Insolvenzanfechtung vor 129 7
- Insolvenzverfahren 1 14
- Internationales Insolvenzrecht 339 9
- Rechtsschutzinteresse 14 49
- Schuldner als Vermieter oder Verpächter 110 11
- Verwertung unbeweglicher Gegenstände 165 3
- Vollstreckung vor Verfahrenseröffnung 88 1 ff.
- Vormerkung 106 17

Rückständige Einlagen
- Aktiengesellschaft 35 308
- Gesellschaft bürgerlichen Rechts 35 380 ff.
- GmbH 35 308
- Handelsgesellschaften 35 380 ff.

Rückständige Löhne 80 52
Rückständige Lohnsteuer 80 53
Rückständige Unterhaltsansprüche 40 10
Rückstellungen
- Ansatz und Bewertung der Passiva bei negativer Fortführungsprognose 19 125
- Ansatz und Bewertung der Passiva bei positiver Fortführungsprognose 19 89, 19 92, 19 103 ff.
- Begriff der drohenden Zahlungsunfähigkeit 18 7

Rücktritt
- anfechtbare Rechtshandlungen 132 5
- Eigentumsvorbehalt 107 17
- sonstige Masseverbindlichkeiten 55 50
- Wahlrecht des Insolvenzverwalters 103 77 f., 103 102 ff.

Rücktritt bei nicht vollzogenen Miet- und Pachtverträgen 109 26 ff.
- Aufforderung zur Rücktrittsentscheidung 109 32
- beiderseitiges Rücktrittsrecht 109 29 f.
- Fristen 109 33
- Mitmieter 109 30
- nachinsolvenzliche Überlassung 109 27
- Schadensersatzanspruch 109 34
- Verzicht 109 29

Rückzahlung
- gesellschafterbesicherte Drittforderungen 135 17
- Gesellschafterdarlehen 135 11
- Rückzahlung und Anpassung der gestundeten Beiträge 4 b 2 ff.
- Verfahrenskostenvorschuss 26 32

Rückzahlung und Anpassung der gestundeten Beiträge 4 b 1 ff.

magere Zahlen = Randnummern

Sachregister

- Anpassung der gestundeten Beträge **4 b** 14 ff.
- Anzeigepflicht **4 b** 17
- Arbeitskraft **4 b** 8
- Ausschluss **4 b** 20
- Einsetzung von Einkommen **4 b** 6 f.
- Einsetzung von Vermögen **4 b** 11 f.
- Entschuldung zum Nulltarif **4 b** 1 f.
- Erbschaft **4 b** 19
- Informationspflichten **4 b** 19
- Missbrauch **4 b** 8
- Nachhaftung **4 b** 1
- Ratenzahlung **4 b** 3, **4 b** 5
- Rückzahlung **4 b** 2 ff.
- Rückzahlungspflicht **4 b** 2
- selbstständige Tätigkeit **4 b** 8
- Verlängerung der Stundung **4 b** 3 f.
- wirtschaftliche Verhältnisse **4 b** 14 f.

Rückzahlungsanordnung
- Aufsicht des Insolvenzgerichts **58** 11 f.
- Vergütung des Insolvenzverwalters **63** 58 f.

Rückzahlungspflicht 4 b 2
Ruhegeld 26 53
Ruhegeldansprüche 11 131
Ruhen des Verfahrens 306 1 ff.
- s. auch Schuldenbereinigungsverfahren
- s. auch Sicherungsmaßnahmen
- Amtsermittlungen **306** 4
- Anschlussantrag des Schuldners **306** 72 ff.
- Auskunftspflichten **306** 65
- außergerichtlicher Einigungsversuch **306** 74 ff.
- Aussetzung **306** 5
- Eröffnungsantrag **13** 102
- Fortsetzung des Verfahrens **306** 23 ff.
- Fristen **306** 16
- Gläubigerantrag **306** 63 a ff.
- Hinweispflicht des Insolvenzgerichts **306** 66 a ff.
- Prüfungspflichten des Insolvenzgerichts **306** 7 ff.
- Scheitern der außergerichtlichen Schuldenbereinigung **306** 80 f.
- Schuldnerantrag **306** 70 f.
- spezielle Zulässigkeitsvoraussetzungen **14** 57
- Vorlage zuzustellender Unterlagen **306** 59 ff.
- Vorrang der einvernehmlichen Schulenbereinigung **306** 1
- Vorrang des Schuldnerantrags **306** 17
- Zivilprozessordnung **4** 2
- Zulässigkeitsvoraussetzungen **306** 7 ff.

Rumpfgeschäftsjahr 155 16
Rumpfversammlung 76 23

Sachanlagen
- Wertansätze und Bewertung bei positiver Fortführungsprognose **19** 73
- Handelsgesellschaften **35** 383 f.

Sacheinlageversprechen
- Aktiengesellschaft **35** 308
- GmbH **35** 308

Sachenrecht
- anwendbares Recht **Art. 4 EuInsVO** 17
- gestaltender Teil des Insolvenzplans **221** 10
- Zeitpunkt der Vornahme einer Rechtshandlung **140** 7 f.

Sachkunde 56 12
Sachleistung 105 9 f.
Sachlich ungerechtfertigte Vermögensverschiebungen 129 2
Sachmangel beim Kauf 103 65 ff.
Sachmangel beim Werkvertrag 103 89 ff.
Sachmithaftung
- Gesamtschuldner und Bürgen **44** 5
- Haftung mehrerer Personen **43** 15 ff.

Sachpfändung 313 95

Sachschulden 93 39 f.
Sachverständigentätigkeit
- Haftung des vorläufigen Insolvenzverwalters **22** 227
- Prüfungsaufgaben und Sachverständigentätigkeit des vorläufigen Insolvenzverwalters **22** 198 ff.

Sachverständiger
- Amtsermittlungen **5** 27
- Eröffnungsantrag **13** 137
- Gläubigerantrag **14** 116, **14** 130
- Haftung des Insolvenzverwalters **60** 4 f.
- Prüfung der Schlussrechnung **66** 57 ff.
- Schlussverteilung **196** 12
- vereinfachtes Insolvenzverfahren **311** 11 f.
- vorläufiger Insolvenzverwalter **22** 2
- Zulassung des Gläubigerantrags **14** 107
- Zustellungen **8** 8

Sachwalter
- s. auch Mitwirkung des Sachwalters
- Anfechtungsberechtigung **129** 11
- Anmeldung der Forderungen **270** 51
- Anzeigepflicht **274** 21
- Aufsicht des Insolvenzgerichts **58** 14, **274** 9 f.
- Aufsichts- und Überwachungspflichten **274** 19 f.
- Auswahl des Sachwalters **274** 7
- Bestellung **270** 48 ff., **274** 7
- Bestellung des Insolvenzverwalters **56** 78
- Doppelzuständigkeiten **270** 48
- Eigenverwaltung **284** 3 f.
- Einsichtnahme **274** 19
- Entlassung des Insolvenzverwalters **59** 5
- Eröffnungsbeschluss **27** 7
- funktionelle Zuständigkeit **2** 3
- gegenseitige Verträge **279** 3
- Gesamtschaden **92** 30
- Gläubigerausschuss **274** 22
- Haftung des Insolvenzverwalters **60** 8, **60** 93
- Haftung des Sachwalters **270** 50, **274** 11 ff.
- Insolvenzanfechtung **280** 4
- juristische Personen **11** 180
- Masseverbindlichkeiten **274** 13
- nachträgliche Anordnung der Eigenverwaltung **271** 8
- Nichterfüllung von Masseverbindlichkeiten **61** 36
- persönliche Haftung des Gesellschafter **280** 2 f.
- Prüfungspflichten des Sachwalters **274** 17 f.
- Rechtsstellung **274** 2 ff.
- Überwachung der Planerfüllung **260** 18 ff.
- Unabhängigkeit **270** 49, **274** 7
- Unternehmensveräußerung **274** 4
- Unterrichtung der Gläubiger **281** 3
- Unterrichtungspflicht **274** 22
- Vergütung des Insolvenzverwalters **63** 14
- Vergütung des Sachwalters **270** 50, **274** 15
- Vorlage des Insolvenzplans **218** 17
- Wahl eines anderen Sachwalters **274** 8
- Weisungsrecht **274** 3 ff.
- Zwangsmaßnahmen **274** 19

Salvatorische Klauseln
- Amtsermittlungen **5** 3
- Minderheitenschutz **251** 19 f.

Sammelanmeldungen
- Anmeldeverfahren **174** 25
- Ausübung von Gläubigerrechten **341** 12

Sanierende Kapitalerhöhung
- Aktiengesellschaft **11** 195
- GmbH **11** 195
- Insolvenzantragspflicht **15 a** 17

Sanierung
- drohende Zahlungsunfähigkeit **18** 27
- Fortführungsprognose **19** 46
- Gläubigergleichbehandlung **226** 2
- Haftung des Schuldners **227** 1 f.
- Insolvenzantragspflicht **15 a** 16

Sachregister

fette Zahlen = Gesetzesvorschriften

- Insolvenzantragsrecht **13** 63
- Insolvenzplan **vor 217** 7, **vor 217** 41, **217** 4
- Insolvenzverfahren **1** 1, **1** 6 f.
- Unternehmensveräußerung **11** 16
- verfahrensbeendende Maßnahmen **Art. 34 EuInsVO** 2 ff.
- Vermögensanspruch **38** 23
- vorläufiger Insolvenzverwalter **22** 207 ff.

Sanierungsaussichten 156 9
Sanierungsdarlehen 39 63 ff.
Sanierungsfähigkeit 22 207 a
Sanierungsgewinn 80 39 ff.
Sanierungskonzept
- Anordnung der Eigenverwaltung **270** 26
- Berichtstermin **156** 9
- Betriebsübergang **128** 1 ff., **128** 11
- darstellender Teil des Insolvenzplans **220** 3
- Eigenverwaltung **270** 8
- Insolvenzgeld **22** 175 f.
- Interessenausgleich **128** 27
- vorläufiger Insolvenzverwalter **22** 207

Sanierungskosten 19 111
Sanierungskredit
- anfechtbare Rechtshandlungen **130** 27
- Bargeschäft **142** 10
- Gläubigerbenachteiligung **129** 125

Sanierungsmaßnahmen Art. 34 EuInsVO 5
Sanierungspflicht 15 a 13
Sanierungsplan Art. 34 EuInsVO 1
Sanierungsprivileg
- Gesellschafterdarlehen **135** 7
- nachrangige Insolvenzgläubiger **39** 63 ff.

Sanierungsprüfung
- Bestellung eines Sachverständigen **5** 16
- Insolvenzgrund **16** 3

Sanierungsträger 35 39
Sanierungsvorbereitung 22 207 b
Sanierungszuschüsse 19 87
Satzungsänderungen
- Aktiengesellschaft **11** 192 ff.
- GmbH **11** 192 ff.

Satzungsmäßiger Sitz 3 3, **3** 10
Säumniszuschläge
- laufende Zinsen und Säumniszuschläge **39** 11 ff.
- Steuerforderungen **38** 71

Schadensberechnung
- Finanztermingeschäfte **104** 40 ff.
- Fixgeschäfte **104** 40 ff.
- Schadensersatz wegen Nichterfüllung **103** 173
- Verfrühungsschaden **113** 155 ff.

Schadensersatz wegen Nichterfüllung
- Abrechnungsverhältnis **103** 169
- Aufrechnung **103** 177 ff.
- Darlegungs- und Beweislast **103** 175
- Ersatz des positiven Intresses **103** 167
- Geltendmachung **103** 174
- Insolvenzforderungen **103** 165 ff.
- Schadensberechnung **103** 173
- Schadensersatzanspruch **103** 166
- Verjährung **103** 176

Schadensersatzansprüche
- anfechtbare Rechtshandlungen **131** 11
- Ansatz und Bewertung der Passiva bei negativer Fortführungsprognose **19** 125
- Auftrag und Geschäftsbesorgung **116** 12
- Begriff der Zahlungsunfähigkeit **17** 10
- Begründetheit im Eröffnungszeitpunkt **38** 41 ff.
- Einstellung mangels Masse **207** 7
- Enthaftung der Masse bei Wohnraummiete **109** 25
- Eröffnungsantrag **13** 89 ff.
- Insolvenzanfechtung **129** 28
- Insolvenzgeld **22** 129

- Rücktritt bei nicht vollzogenen Miet- und Pachtverträgen **109** 34
- Schadensersatz wegen Nichterfüllung **103** 166
- Sonderkündigungsrecht des Insolvenzverwalters **109** 10 ff.

Schadensversicherung 35 224
Scheck
- anfechtbare Rechtshandlungen **130** 16, **131** 9
- unentgeltliche Leistung **134** 10
- Zeitpunkt der Vornahme einer Rechtshandlung **140** 5 b

Scheck- und Wechselfähigkeit 80 8
Scheckgeschäft 116 25 b
Scheckprozess 180 10 f.
Scheckverkehr 82 38 ff.
Scheckzahlungen 137 8 ff.
Scheinauslandsgesellschaften vor 335–358 34 ff.
- Anerkennung **vor 335–358** 35
- anwendbares Recht **Art. 4 EuInsVO** 14
- Gläubigerschutz **vor 335–358** 36
- Gründungstheorie **vor 335–358** 35
- Insolvenzantragspflicht **13** 96
- Insolvenzverschleppung **vor 335–358** 37
- Sitztheorie **vor 335–358** 35
- Verletzung der Insolvenzantragspflicht **15** a 30
- Zulässigkeitsvoraussetzungen **13** 13

Scheingeschäfte 129 77
Scheingesellschaft 11 239 f.
Scheinverwalter Art. 102 § 4 EGInsO 10
Scheitern der außergerichtlichen Schuldenbereinigung 305 a 1 ff.
- Fiktion des Scheiterns **305** a 3 ff.
- Gläubigerantrag **305** a 7
- neue Zwangsvollstreckungsmaßnahmen **305** a 6
- Rechtsfolgen **305** a 11 ff.
- Ruhen des Verfahrens **306** 80 f.
- Verhandlungen **305** a 7 ff.
- Zwangsvollstreckung **305** a 4 ff.

Scheitern der Sanierung 39 67
Scheitern des Schuldenbereinigungsplans 309 107
Scheiternserklärung 113 40
Schenkung
- Insolvenzmasse **35** 114
- unentgeltliche Leistung **134** 37 ff.

Schiedsabrede 143 66
Schiedsverfahren
- Aufnahme eines unterbrochenen Rechtsstreits **180** 37
- Rechtsstellung des Insolvenzverwalters **80** 115
- Verfahrensunterbrechung nach § 240 ZPO **85** 40 ff.
- Zivilprozessordnung **4** 44
- Zuständigkeit für die Feststellung **180** 15 f.

Schiffe
- anwendbares Recht **336** 14
- Ausschluss sonstigen Rechtserwerbs **91** 51 ff.
- Befriedigung des Absonderungsberechtigten **49** 50 ff.
- Dritterwerber **Art. 14 EuInsVO** 1 ff.
- Gegenstände der Absonderung **49** 21
- Grundbuch **346** 13
- Insolvenzmasse **35** 136
- Verfügungen des Schuldners **81** 14

Schiffregister 33 1 ff.
- ausländisches Insolvenzverfahren **33** 2
- Eintragungsverfahren **33** 3 ff.
- gewerbliche Schutzrechte **33** 5
- gutgläubiger Erwerb **33** 1
- Markenregister **33** 4

Schiffsbauwerke 35 136
Schiffshypotheken 35 136
Schleichende Insolvenz 113 21
Schlichte Gesellschafterstellung 138 46
Schlichte Rechtsgemeinschaft 51 48

magere Zahlen = Randnummern

Sachregister

Schlussbericht
- Einstellung mangels Masse 207 9
- Rechnungslegung 66 41 ff.
- Schlusstermin 197 7 f.
- Treuhänder 292 68

Schlussbilanz 155 17, 155 20

Schlüssigkeit des Insolvenzantrags 13 53, 14 30

Schlussrechnung
- Aufhebung des Insolvenzverfahrens 258 9
- Einstellung nach Anzeige der Masseunzulänglichkeit 211 2, 211 5
- Rechnungslegung 66 36 ff.
- Schlusstermin 197 5 ff.
- Schlussverteilung 196 10 ff.
- steuerrechtliche Stellung des Insolvenzverwalters 56 83

Schlusstermin 197 1 ff.
- Ablauf des Termins 197 4 ff.
- allgemeine Verfahrensvereinfachungen 312 59 ff.
- Anberaumung 197 2 f.
- Ankündigung der Restschuldbefreiung 291 36 ff.
- Anmeldung der Forderungen 197 11
- Anordnung der Nachtragsverteilung 203 3
- Einwendungen gegen das Schlussverzeichnis 197 9 ff.
- Einwendungen gegen die Schlussrechnung 197 7 f.
- Entscheidung des Insolvenzgerichts 289 2, 289 10 ff.
- Gläubigerversammlung 197 1
- Insolvenzplan 197 18
- Insolvenzverwalter 197 6
- Leitung des Schlusstermins 197 5
- Nachprüfungstermin 197 1
- nachträgliche Anmeldungen 177 8 ff., 177 33
- Nachtragsverteilung 197 16
- Präklusionswirkung 197 12
- Restschuldbefreiungsverfahren 197 17
- Schlussbericht 197 7 f.
- Schlussrechnung 197 5 ff.
- schriftliches Verfahren 312 80
- sofortige Beschwerde 197 10
- Treuhänder 197 15
- unverwertbare Massegegenstände 197 14 ff.
- Versagung der Restschuldbefreiung 290 5
- Versäumung der Einwendungsfrist 197 12 f.
- Wiedereinsetzung in den vorigen Stand 197 13

Schlussverteilung 196 1 ff.
- s. auch Überschuss bei der Schlussverteilung
- absonderungsberechtigte Gläubiger 196 21
- allgemeine Verfahrensvereinfachungen 312 67 ff.
- anhängige Prozesse 196 6
- Aufhebung des Insolvenzverfahrens 200 1
- aufschiebend bedingte Forderungen 196 21
- Aussetzung der Vollziehung 196 22
- Beendigung der Verwertung 196 3
- Befriedigung der Insolvenzgläubiger 187 2
- Berücksichtigung absonderungsberechtigter Gläubiger 190 6 ff.
- Berücksichtigung aufschiebend bedingter Forderungen 191 9 ff.
- bestrittene Forderungen 196 21
- Durchführung 196 20 ff.
- Einwendungen gegen das Verteilungsverzeichnis 194 1
- Genossenschaft 196 23
- gerichtliche Zustimmung 196 7 ff., 196 14
- Gläubigerausschuss 196 8
- Insolvenzgericht 196 7 ff.
- Insolvenzschlussbilanz 196 11
- Nachtragsverteilung 196 4
- Nachweis der Rechtsverfolgung 189 11
- Prüfungspflichten des Insolvenzgerichts 196 9 ff.
- Rechtsmittel 196 18
- Restschuldbefreiung vor 286 38
- Sachverständiger 196 12
- Schlussrechnung 196 10 ff.
- Schlussverzeichnis 196 11
- sofortige Erinnerung 196 18
- ungenehmigte Schlussverteilung 196 19
- unverwertbare Massegegenstände 196 4 f.
- Versicherungsverein auf Gegenseitigkeit 196 23
- Verweigerung der Zustimmung 196 15
- Widerruf der Zustimmung 196 16
- Zeitpunkt 196 3 ff.

Schlussverzeichnis
- Einwendungen gegen das Verteilungsverzeichnis 194 18
- Rechnungslegung 66 44 f.
- Schlussverteilung 196 11
- Vollzug der Nachtragsverteilung 205 3

Schmerzensgeldanspruch
- Insolvenzmasse 35 198
- von der Restschuldbefreiung ausgenommene Forderungen 302 2 a

Schriftliches Verfahen
- Änderungen 312 81
- Anmeldung der Forderungen 312 78 f.
- Anordnungsbeschluss 312 76 f.
- Aufhebung 312 81
- nachträgliche Anmeldungen 312 79
- Schlusstermin 312 80
- vereinfachtes Insolvenzverfahren 312 72 ff.
- Versagung der Restschuldbefreiung 312 80 a
- Zulässigkeitsvoraussetzungen 312 73 ff.

Schuldbefreiende Leistung 350 3 f.

Schuldbefreiungsansprüche 35 162 f.

Schuldenbereinigungsplan 305 113 ff.
- s. auch Annahme des Schuldenbereinigungsplans
- s. auch Ersetzung der Zustimmung
- s. auch Zustellung des Schuldenbereinigungsplans
- Abtretung 305 131
- angemessene Schuldenbereinigung 305 115 f.
- Anpassungsklauseln 305 117
- außergerichtlicher Einigungsversuch 305 11
- Einmalzahlung 305 124 f.
- Einstellung mangels Masse 207 6
- Fast-Null-Plan 305 122 f.
- flexibler Null-Plan 305 122 f.
- funktionelle Zuständigkeit 2 3
- Insolvenzverfahren 1 16
- Kosten 310 1 ff.
- Null-Plan 305 122 f.
- Partikularverfahren 355 8
- Privatautonomie 305 117 ff.
- Sicherheiten 305 126 ff.
- Steuerforderungen 305 132
- vereinfachtes Insolvenzverfahren 311 1
- Verfallklauseln 305 117
- Verwertung der Insolvenzmasse 159 40

Schuldenbereinigungsverfahren 306 18 ff.
- Anhörung 306 21 f.
- Aufhebung der Stundung 4 c 3
- Ersetzung der Zustimmung 309 27
- Fortsetzung des Verfahrens 306 23 ff.
- Prognose 306 19 f.
- Verbraucherinsolvenzverfahren vor 304–314 5
- vereinfachtes Insolvenzverfahren 311 5 f.

Schuldenmasse 35 49 ff.

Schuldenmassestreit
- Aufnahme von Passivprozessen 86 4 ff.
- Forderungen der Insolvenzgläubiger 87 2

Schuldenregulierungsverfahren 16 19

Schuldgrund
- Anmeldeverfahren 174 29 ff.
- nachträgliche Anmeldungen 177 13 f.
- Umfang der Feststellung 181 5 ff.

Sachregister

fette Zahlen = Gesetzesvorschriften

Schuldner
- Amtsermittlungen 5 20
- Benachteiligungsvorsatz 133 12 ff.
- Eigenverwaltung 284 2
- Erörterungs- und Abstimmungstermin 235 12
- gestaltender Teil des Insolvenzplans 221 6
- Insolvenzplan vor 217 34
- Massegläubiger 53 10 ff.
- Nachlassinsolvenzverfahren 315 11 ff.
- Rechte und Pflichten des Insolvenzverwalters 80 192 ff.
- Vorlage des Insolvenzplans 218 10 ff., 218 39, 218 59 f.
- Wirkungen des Insolvenzplans 254 12 f.

Schuldner als Mieter oder Pächter
- s. auch Enthaftung der Masse bei Wohnraummiete
- s. auch Rücktritt bei nicht vollzogenen Miet- und Pachtverträgen
- s. auch Sonderkündigungsrecht des Insolvenzverwalters

Schuldner als Vermieter oder Verpächter 110 1 ff.
- absonderungsberechtigte Gläubiger 110 12
- Aufrechnung 110 18 ff.
- beschränkte Wirksamkeit 110 13 ff.
- Einziehung 110 10
- Insolvenzverwalter 110 9
- Rückschlagsperre 110 11
- Überlassung 110 5
- Vorausverfügungen 110 3 ff., 110 8 f.
- vorinsolvenzliche Verfügungen 110 1
- vorläufiger Insolvenzverwalter mit Verwaltungs- und Verfügungsbefugnis 110 9
- Zwangsvollstreckung 110 11 f.

Schuldnerantrag
- Aufhebung der Anordnung der Eigenverwaltung 272 5
- Ruhen des Verfahrens 306 70 f.
- Verbraucherinsolvenzverfahren 304 29 ff.

Schuldnerinteressen 1 1, 1 16
Schuldnerkalkül 13 2 f.
Schuldnerplan
- Stellungnahmen zum Insolvenzplan 232 2 f.
- Vorprüfung des Insolvenzplans 231 12

Schuldnerschutz
- Akteneinsicht 4 25
- Eigenverwaltung 14 150
- einstweilige Anordnung 14 153 ff.
- fahrlässiger Insolvenzantrag 14 157
- Finanzbehörde 14 152 ff., 14 158
- generelle Zulässigkeitsvoraussetzungen 14 15
- Grundsatz der Verhältnismäßigkeit 14 155
- Insolvenzeröffnungsverfahren 14 147 ff.
- Insolvenzgericht 14 156
- öffentlich-rechtliche Streitigkeit 14 152
- Prozessgericht 14 156
- Prüfungskompetenz 14 156
- Rechtsschutz 14 147
- Schutzschrift 14 150 f.
- Sicherungsmaßnahmen 14 150
- Sozialversicherungsträger 14 152 ff., 14 158
- unbegründeter Insolvenzantrag 14 157 f.
- unzulässiger Insolvenzantrag 14 157 f.
- Vollstreckungsschutz 14 147
- vorläufiger Rechtsschutz 14 152 ff.
- Wiederauflebensklausel 255 23
- Zuständigkeit 14 156

Schuldnervermögen
- Insolvenzverfahren 1 1
- spezielle Zulässigkeitsvoraussetzungen 13 35, 14 23

Schuldnerverzeichnis 26 46 ff.
- Abweisungsbeschluss 26 33
- Annahme des Schuldenbereinigungsplans 308 23
- Auskunft 26 46

- Auskunfts- und Mitwirkungspflicht im Eröffnungsverfahren 20 20 f.
- drohende Zahlungsunfähigkeit 18 20
- Eintragung 26 46
- Löschung 26 48 f.
- Löschungsfrist 26 48
- Schutzfunktion 26 46, 26 49
- spezielle Zulässigkeitsvoraussetzungen 13 41, 13 51
- Staatshaftung 26 50
- vorzeitige Löschung 26 49

Schuldnerverzicht 13 5
Schuldrechtliche Abreden
- Aktiengesellschaft 35 308
- GmbH 35 308

Schuldrechtliche Ansprüche 47 75 ff.
Schuldrechtliche Rechtshandlungen 140 5 ff.
Schuldrechtliche Theorie 143 1
Schuldrechtliche Verpflichtungen 80 161
Schuldscheine 14 68
Schuldübernahmen
- Insolvenzmasse 35 167
- Rückgewährpflicht 143 10
- unentgeltliche Leistung 134 17 f.

Schuldumwandlungsverträge 340 15
Schuldurkunden 178 8
Schuldverschreibungen
- Aktiengesellschaft 11 198 f.
- GmbH 11 198 f.

Schuldverschreibungsgläubiger
- Einberufung der Gläubigerversammlung 74 20
- Leistungen an den Schuldner 82 17

Schutz des Gläubigers vor einer Verzögerung der Verwertung 169 1 ff.
- Absonderungsrecht 169 3 ff.
- Beginn der Zinszahlungspflciht 169 6 ff.
- Berichtstermin 169 6 f.
- bewegliche Sachen 169 1 a
- Geltendmachung 169 14
- Höhe der Zinsen 169 5
- laufende Zinszahlungen 169 10
- Masseverbindlichkeiten 169 9
- nicht insolvenzspezifische Verzögerung 169 3 a
- Nutzungsrecht 169 3 ff.
- Sicherheiten-Pool 169 12
- Sicherungsmaßnahmen 169 7
- unbewegliche Gegenstände 169 1 a
- unkörperliche Gegenstände 169 1 a
- Unterbrechung und Beendigung der Zinszahlungspflicht 169 8
- Unterdeckung 169 11
- Untersicherung 169 11
- Verzögerung der Verwertung 169 4
- vorläufiger Insolvenzverwalter 169 1 a
- Wertausgleich 169 13 f.
- Zinszahlungspflicht 169 4 ff.

Schutzgesetze
- Verletzung der Insolvenzantragspflicht 15 a 39 ff.
- von der Restschuldbefreiung ausgenommene Forderungen 302 3 ff.

Schutzmaßnahmen Art. 102 § 10 EGInsO 5, Art. 33 EuInsVO 3
Schutzschrift
- Anhörung des Schuldners 10 11
- Eigenverwaltung 270 15
- Schuldnerschutz 14 150 f.

Schwacher vorläufiger Insolvenzverwalter
- Aufhebung der Sicherungsmaßnahmen 25 6
- steuerrechtliche Stellung des vorläufigen Insolvenzverwalters 22 192 c
- vorläufiger Insolvenzverwalter 22 195

Schweigen
- Erfüllungswahl des Insolvenzverwalters 103 124

magere Zahlen = Randnummern

Sachregister

- Gläubigerantrag 14 123
- Insolvenzgrund 16 7
- Stellungnahme der Gläubiger 307 60 f.

Schweigepflicht
- Rechtsstellung des Insolvenzverwalters 80 140 ff.
- Verwertung der Insolvenzmasse 159 31

Schweigepflichtige Berufe 36 24 ff.

Schwerbehinderte
- Beendigung von Arbeitsverhältnissen 113 61 f., 113 90 ff.
- Sozialauswahl 125 62, 125 72 ff.

Sekundäransprüche
- Erfüllungswahl des Insolvenzverwalters 103 140 ff.
- Stundung der Kosten des Insolvenzverfahrens 4 a 27

Sekundärinsolvenzverfahren Art. 27 EuInsVO 1 ff.
- s. auch Aussetzung der Verwertung
- s. auch Ausübung von Gläubigerrechten
- s. auch Kooperationspflicht
- s. auch Verfahrensbeendende Maßnahmen
- Antrag Art. 29 EuInsVO 1 ff.
- anwendbares Recht Art. 4 EuInsVO 6, Art. 4 EuInsVO 10, Art. 28 EuInsVO 1 ff.
- ausländischer Verwalter Art. 29 EuInsVO 2
- Aussetzung der Verwertung Art. 102 § 10 EGInsO 1
- Bekanntmachung des Eröffnungsbeschlusses 30 1
- dingliche Rechte Dritter Art. 5 EuInsVO 3
- Dritterwerber Art. 14 EuInsVO 2
- Durchführung eines Insolvenzverfahrens Art. 27 EuInsVO 7
- Einstellung zugunsten anderer mitgliedstaatlicher Gerichte Art. 102 § 4 EGInsO 1
- eintragungspflichtige Rechte Art. 11 EuInsVO 3
- Hauptinsolvenzverfahren Art. 27 EuInsVO 1 ff.
- Herausgabeanspruch des Hauptinsolvenzverwalters Art. 35 EuInsVO 5
- Insolvenzgrund Art. 11EuInsVO 3
- Insolvenzplan Art. 102 § 9 EGInsO 1 ff.
- internationale Zuständigkeit Art. 3 EuInsVO 4, Art. 27 EuInsVO 5
- Internationales Insolvenzrecht vor 335–358 10, vor EuInsVO 9, vor EuInsVO 19
- Kostenvorschuss Art. 30 EuInsVO 1
- Liquidationsverfahren Art. 37 EuInsVO 1 ff.
- Masseüberschuss Art. 35 EuInsVO 4
- nachträgliche Eröffnung des Hauptinsolvenzverfahrens Art. 36 EuInsVO 1 ff.
- Niederlassung Art. 27 EuInsVO 5
- öffentliche Bekanntmachung Art. 102 § 5 EGInsO 2
- örtliche Zuständigkeit Art. 102 § 1 EGInsO 6 ff.
- Partikularverfahren 354 6, 356 1 ff., Art. 28 EuInsVO 3 f., Art. 37 EuInsVO 1
- Primat des Hauptinsolvenzverfahrens Art. 35 EuInsVO 1
- Sicherungsmaßnahmen Art. 38 EuInsVO 1 ff.
- Sonderinsolvenz 35 62
- spezielle Zulässigkeitsvoraussetzungen 13 38, 14 23
- Territorialinsolvenzverfahren Art. 3 EuInsVO 45
- Überschuss Art. 35 EuInsVO 1 ff.
- Umwandlung des vorhergehenden Verfahrens Art. 37 EuInsVO 1 ff.
- Verfahrensziel Art. 27 EuInsVO 6
- Verwalter Art. 18 EuInsVO 10
- Wirkungen Art. 27 EuInsVO 8

Sekundärinsolvenzverwalter
- Ausübung von Gläubigerrechten Art. 32 EuInsVO 5 ff.
- Kooperationspflicht Art. 31 EuInsVO 1
- Nachweis der Insolvenzverwalterbestellung Art. 19 EuInsVO 3
- öffentliche Bekanntmachung Art. 21 EuInsVO 5
- Verwalter Art. 18 EuInsVO 17 ff.

Sekundärprognose 19 47 f.

Selbsteintritt
- Hinweisrecht des Gläubigers 168 10 f.
- Kommissionsgeschäft 47 81
- Verteilung des Erlöses 170 9 c

Selbsthilfeverkauf 159 44

Selbstorganisation 69 18 f.

Selbstprüfung s. Eigenprüfung

Selbstprüfungspflicht
- Feststellung der Überschuldung 19 40
- gesetzlicher Überschuldungsbegriff 19 4

Selbstständige Dienstverhältnisse
- Geschäftsführer 113 20 ff.
- Kündigung eines Dienstverhältnisses 113 11 ff.
- Organmitglieder 113 15 ff.

Selbstständige Tätigkeit
- Auftrag und Geschäftsbesorgung 116 2
- Bezüge aus einem Dienstverhältnis 114 6 f., 114 19
- Obliegenheiten des Schuldners 295 61 ff.
- Rückzahlung und Anpassung der gestundeten Beiträge 4 b 8
- steuerrechtliche Stellung des Insolvenzverwalters 56 84
- Verbraucherinsolvenzverfahren 304 7 ff.

Selbstverwaltung
- Insolvenzverfahren 1 3
- Zivilprozessordnung 4 42

Selbstverwertungsrecht 173 2 ff.

Separationsthese 80 44

Sicherheiten
- anfechtbare Rechtshandlungen 130 20 ff., 131 15 ff.
- Annahme des Schuldenbereinigungsplans 308 17 ff.
- Ansatz und Bewertung der Passiva bei positiver Fortführungsprognose 19 98
- Auftrag und Geschäftsbesorgung 116 9
- Bargeschäft 142 9
- Freigabe 35 88
- Gesellschafterdarlehen 135 2
- Gläubigerantrag 14 2
- Handelsgesellschaften 35 404
- Insolvenzkostenhilfe 13 105
- Rechtsschutzinteresse 14 50
- Schuldenbereinigungsplan 305 126 ff.
- vorläufiger Insolvenzverwalter mit Verwaltungs- und Verfügungsbefugnis 22 34
- Wiederauflebensklausel 255 14

Sicherheiten-Abgrenzungsvertrag 51 66

Sicherheiten-Pool 51 64 f.
- anfechtbare Rechtshandlungen 131 19
- Auseinandersetzung 51 72
- Ausschluss sonstigen Rechtserwerbs 91 34
- Bankenpool 51 62
- Bassinverträge 51 63
- Begriff 51 47 ff.
- Beitritt 51 57
- Bestimmbarkeit der Anteile 51 67 ff.
- dingliche Zuordnung 51 69
- doppelseitige Treuhand 51 63
- einfacher Eigentumsvorbehalt 51 60
- Gesellschaft bürgerlichen Rechts 51 47, 51 62
- Gläubigerbenachteiligung 129 110 c, 129 120
- Halberzeugnisse 51 78
- Innenverhältnis 51 71
- Insolvenzanfechtung 51 53 ff.
- Insolvenzgeld 51 89
- Insolvenzplan 51 77
- Insolvenzschuldner 51 72
- insolvenzspezifische Pflichten 60 45
- Insolvenzverwalter 51 65, 51 73 ff.
- kollidierende Verarbeitungsklauseln 51 79
- Massebereinigung 51 73
- Miteigentum 51 79
- Rechtsnatur 51 47 ff.

Sachregister

fette Zahlen = Gesetzesvorschriften

- schlichte Rechtsgemeinschaft **51** 48
- Schutz des Gläubigers vor einer Verzögerung der Verwertung **169** 12
- Sicherheiten-Abgrenzungsvertrag **51** 66
- Sicherheiten-Verwertungs-Pool **51** 64 f.
- Sittenwidrigkeit **51** 52
- Strafrecht **51** 81
- Unternehmensfortführung **51** 73
- verlängerter Eigentumsvorbehalt **51** 60 f.
- Verwertungsgemeinschaft **51** 65
- Verzicht auf übersteigenden Forderungsbetrag **51** 77
- Zweck **51** 50

Sicherheitsleistung
- Aufhebung des Insolvenzverfahrens **258** 6 f.
- Aussetzung der Verwertung **Art. 102 § 10 EGInsO** 5
- Gläubigerantrag **14** 136
- Insolvenzkostenhilfe **4** 17

Sicherstellungsansprüche 87 17

Sicherung
- anfechtbare Rechtshandlungen **130** 7 ff., **131** 15 ff.
- kongruente Deckung **130** 4
- unentgeltliche Leistung **134** 18 b
- Vollstreckung vor Verfahrenseröffnung **88** 8 ff.

Sicherung der Insolvenzmasse
- Aufgaben und Befugnisse des Treuhänders **313** 17 ff.
- Übernahme der Insolvenzmasse **148** 35 f.

Sicherungsabtretung
- anfechtbare Rechtshandlungen **131** 16
- Aussonderung **47** 58
- Berechnung des Kostenbeitrags **171** 2 a, **171** 3
- Bezüge aus einem Dienstverhältnis **114** 16
- Dokumenteninkasso **51** 32
- Factoring **51** 26 f.
- gerichtliche Kompetenzzuweisung **22** 209
- Globalzession **51** 21 f., **51** 25, **51** 27
- Insolvenzanfechtung **51** 29
- Insolvenzmasse **35** 33
- Kollision mehrerer Sicherungszessionen **51** 24 ff.
- Mantelzession **51** 23
- Mitteilung der Veräußerungsabsicht **168** 4 f.
- verlängerter Eigentumsvorbehalt **51** 20, **51** 25 f.
- Verteilung des Erlöses **170** 6
- Verwertung beweglicher Gegenstände **166** 1 b, **166** 13 ff.
- Verwertung durch Gläubiger **173** 1
- Verwertung von Sicherungsgut **22** 42 f.
- Zeitpunkt der Vornahme einer Rechtshandlung **140** 17 a

Sicherungsanspruch 131 20

Sicherungseigentum
- Aussonderung **47** 54 ff.
- Ersatzabsonderung **48** 32
- gesetzliche Pfandrechte **50** 24
- Insolvenz des Leasinggebers **108** 138
- Insolvenzmasse **35** 8
- unpfändbare Gegenstände **36** 18
- vereinfachte Verteilung **314** 3
- Verwertung der Insolvenzmasse **313** 97 ff.
- vorläufiger Insolvenzverwalter **22** 16 a
- Wertansätze und Bewertung bei positiver Fortführungsprognose **19** 81

Sicherungsgläubiger
- Übernahme der Insolvenzmasse **148** 43
- Unterrichtung des Gläubigers **167** 4, **167** 7

Sicherungsgut
- Freigabe **35** 84
- Steuerforderungen **38** 87
- steuerrechtliche Stellung des vorläufigen Insolvenzverwalters **22** 192 h
- Verwertung beweglicher Gegenstände **166** 12

Sicherungsmaßnahmen
- s. auch Vorläufiger Treuhänder

- absonderungsberechtigte Gläubiger **306** 44
- Abweisungsbeschluss **26** 41
- allgemeines Verfügungsverbot **306** 55 ff.
- Amtsermittlungen **5** 23
- Anerkennung **343** 16, **Art. 25 EuInsVO** 9
- Anordnung **306** 28 ff.
- Auskunft **4** 27
- ausländisches Insolvenzverfahren **344** 1 ff.
- Bekanntmachung der Verfügungsbeschränkungen **23** 1
- eidesstattliche Versicherung **306** 43
- Eigenverwaltung **270** 45 ff.
- einstweilige Einstellung der Zwangsvollstreckung **306** 35 ff.
- Erinnerung **306** 45
- Eröffnungsantrag **13** 7, **13** 138, **13** 140
- Eröffnungsbeschluss **27** 4
- funktionale Qualifikation **344** 3
- Gerichtsverfassungsgesetz **4** 40
- Gesellschaften ohne Rechtspersönlichkeit **11** 268
- Gläubigerantrag **14** 116
- Hinterlegung **306** 38
- Insolvenzkostenhilfe **13** 107
- internationale Zuständigkeit **344** 3, **Art. 3 EuInsVO** 42, **Art. 38 EuInsVO** 5
- juristische Personen **11** 101
- mehrere Insolvenzanträge **13** 72
- Niederlassung **Art. 38 EuInsVO** 4
- öffentliche Bekanntmachung **345** 6
- ordre public **344** 3
- Prüfungsaufgaben und Sachverständigentätigkeit des vorläufigen Insolvenzverwalters **22** 203
- rechtliches Gehör **306** 58
- Rechtsbeschwerde **7** 15
- Rechtsmittel **344** 9
- Rücknahme des Insolvenzantrags **13** 129
- Schuldnerschutz **14** 150
- Schutz des Gläubigers vor einer Verzögerung der Verwertung **169** 7
- Sekundärinsolvenzverfahren **Art. 38 EuInsVO** 1 ff.
- sofortige Beschwerde **6** 2, **344** 9
- steuerrechtliche Stellung des vorläufigen Insolvenzverwalters **22** 192 j
- Untersagung der Zwangsvollstreckung **306** 34
- Verbraucherinsolvenzverfahren **306** 27 ff.
- vereinfachtes Insolvenzverfahren **311** 32 f.
- Vermögenssicherung **344** 7
- vorläufige Sicherungsmaßnahmen **Art. 38 EuInsVO** 4
- vorläufiger Insolvenzverwalter **22** 13, **344** 4
- vorläufiger Verwalter **Art. 38 EuInsVO** 3
- Zivilprozessordnung **4** 41
- Zulassung des Gläubigerantrags **14** 102 f.

Sicherungspflichten
- Rechte und Pflichten des Insolvenzverwalters **80** 178
- vorläufiger Insolvenzverwalter **22** 7, **22** 17 f.

Sicherungsrechte
- Ansprüche des Anfechtungsgegners **144** 7
- Anzeige der Masseunzulänglichkeit **208** 25
- Aufhebung des Insolvenzverfahrens **258** 8
- Haftung des Schuldners **227** 4
- Insolvenzvermögensstatut **335** 17 ff.
- Kreditrahmen **264** 27 ff.
- Streitwert **182** 20 f.
- unbewegliche Gegenstände **Art. 8 EuInsVO** 8
- Wirkung der Restschuldbefreiung **301** 15 ff.

Sicherungssequestration 22 50

Sicherungstreuhand
- Treuhandverhältnisse **47** 35
- vorläufiger Insolvenzverwalter ohne Verfügungsbefugnis **22** 194

Sicherungsübereignung
- Absonderung **51** 3 ff.
- anfechtbare Rechtshandlungen **131** 18

magere Zahlen = Randnummern

Sachregister

- antizipiertes Sicherungseigentum 51 7
- Berechnung des Kostenbeitrags 171 4 a
- Besitzmittlungsverhältnis 51 5 f.
- Eigentumsvorbehalt 51 13
- Entstehung 51 5 ff.
- erweiterter Eigentumsvorbehalt 51 18
- Freigabeklausel 51 10 f.
- Insolvenzmasse 35 33
- Nichtigkeit der Sicherungsübereignung 51 9 ff.
- Rückgewährpflicht 143 28
- Übersicherung 51 10 f.
- Verarbeitungsklausel 51 19
- verlängerte Sicherungsübereignung 51 17
- Vermieterpfandrecht 51 14
- Verwertung beweglicher Gegenstände 166 4 b
- wesentliche Bestandteile 51 16
- Zeitpunkt der Vornahme einer Rechtshandlung 140 7, 140 17 a
- Zubehör 51 16

Sicherungsübertragung
- Insolvenz des Leasinggebers 108 133 ff.
- Insolvenzmasse 35 33
- sonstige Absonderungsberechtigte 51 2 ff.

Sicherungsvereinbarung 130 31 b
Sicherungsverträge 133 36
Sicherungsvollstreckung 14 40 f.
Sicherungszwangshypothek 131 20
Siegelung 150 1 ff.
- Entsiegelung 150 5
- Gerichtsvollzieher 150 2
- Insolvenzverwalter 150 1
- Protokoll 150 6
- Rechtsmittel 150 8
- vorläufiger Insolvenzverwalter 22 20, 150 3 f.

Singularvollstreckung 14 49
Sistierung 13 60
Sitztheorie vor 335–358 35
Sitzverlegung
- internationale Zuständigkeit Art. 3 EuInsVO 40
- örtliche Zuständigkeit 3 3

Sofortige Beschwerde
- s. auch Beschwerdeentscheidung
- s. auch Beschwerdeverfahren
- s. auch Entscheidungen des Rechtspflegers
- s. auch Richterliche Entscheidungen
- s. auch Sofortige Beschwerde bei Abweisung mangels Masse
- s. auch Sofortige Beschwerde bei Zurückweisung des Insolvenzantrags
- s. auch Sofortige Beschwerde gegen den Eröffnungsbeschluss
- Abhilfebefugnis 34 23
- Abweisung mangels Masse 26 42
- Ankündigung der Restschuldbefreiung 291 28
- Anordnung von Sicherungsmaßnahmen 21 36, 21 50
- Antrag auf Einberufung der Gläubigerversammlung 75 9
- Antrag auf Eröffnung des Verbraucherinsolvenzverfahrens 305 154
- Anwaltszwang 6 11
- Aufhebung der Anordnung der Eigenverwaltung 272 7
- Aufsicht des Insolvenzgerichts 58 37
- befristete Erinnerung 6 11
- Berücksichtigung aufschiebend bedingter Forderungen 191 10
- Beschwerdegericht 6 1
- Beschwerdeziel 34 20
- Bestellung des Insolvenzverwalters 56 62
- Bestellung eines Sachverständigen 5 18
- Betriebsveräußerung an besonders Interessierte 162 9
- Deckung der Mindestvergütung des Treuhänders 298 23

- Eigenverwaltung 273 4
- Einlegung der Beschwerde 34 18 ff.
- Einstellung des Insolvenzverfahrens 216 2 ff.
- Einstellung mangels Masse 207 15
- Einstellung mit Zustimmung der Gläubiger 213 13
- Einstellung wegen Wegfalls des Eröffnungsgrundes 212 9
- Einstellung zugunsten anderer mitgliedstaatlicher Gerichte Art. 102 § 4 EGInsO 6
- Einwendungen gegen das Verteilungsverzeichnis 194 14, 194 17
- Entlassung des Insolvenzverwalters 59 24 f.
- Entlassung von Mitgliedern des Gläubigerausschusses 70 12
- Entscheidung des Insolvenzgerichts 289 26
- Entscheidung über die Restschuldbefreiung 300 19
- Entscheidungen des Rechtspflegers 6 10
- Eröffnungsantrag 13 137
- Eröffnungsbeschluss 27 18
- Ersetzung der Zustimmung 309 110
- Festsetzung durch das Gericht 64 14 ff.
- Form 34 19
- Fristen 34 21
- gerichtliche Bestätigung des Insolvenzplans 248 8, 253 1 ff.
- Grundbuch 32 24, 346 11
- Insolvenzkostenhilfe 13 112
- Insolvenzrichter 6 4, 6 11
- Insolvenzstraftaten 297 15
- Insolvenzverwalter 6 22
- isolierte Anfechtung einer Kostenentscheidung 6 2
- Kosten des Insolvenzverfahrens 54 15
- Landgericht 6 18 f.
- Masseunzulänglichkeit 6 22
- Nachtragsverteilung 204 5
- öffentliche Bekanntmachung 345 12
- Postsperre 99 16
- Rechnungslegung 66 72
- Rechtsbeschwerde 7 2
- Rechtskraftwirkung 6 22
- Rechtsmittel 4 b 2 ff., 34 1 ff., Art. 102 § 7 EGInsO 2 ff.
- Rechtspfleger 6 3
- richterliche Entscheidungen 6 7 f.
- Rücknahme des Insolvenzantrags 13 115, 13 118, 13 128
- Schlusstermin 197 10
- Serviceeinheit 6 11
- Sicherungsmaßnahmen 6 2, 344 9
- Stundung der Kosten des Insolvenzverfahrens 4 a 20
- Übernahme der Insolvenzmasse 148 34
- Urkundsbeamter der Geschäftsstelle 6 11
- vereinfachte Verteilung 314 36
- vereinfachtes Insolvenzverfahren 311 34, 311 43
- verfahrensrechtliche Mängel 6 22
- Verfahrensunterbrechung nach § 240 ZPO 85 68
- Vergütung der Mitglieder des Gläubigerausschusses 73 32
- Verstoß gegen Obliegenheiten 296 49
- Vollstreckungsverbot 89 42, 90 19, 210 7
- Wahl eines anderen Insolvenzverwalters 57 33 ff.
- Widerruf der Restschuldbefreiung 303 18
- Wiederaufnahme 6 22
- Wirkung 34 22
- Zivilprozessordnung 4 38
- Zulässigkeitsvoraussetzungen 13 58
- Zurückweisung des Insolvenzplans 231 42
- Zuständigkeit 34 18
- Zuständigkeit bei der Vollstreckung 202 5
- Zwangsmaßnahmen 98 22

Sofortige Beschwerde bei Abweisung mangels Masse 34 6 ff.

Sachregister

fette Zahlen = Gesetzesvorschriften

- Beschwerdeberechtigte **34** 6
- Massekostenzahlung **34** 10
- Ziel der Antragsrücknahme **34** 9
- Ziel der Aufhebung des Abweisungsbeschlusses **34** 8
- Ziel der Verfahrenseröffnung **34** 7

Sofortige Beschwerde bei Zurückweisung des Insolvenzantrags 34 2 ff.
- Aktionäre **34** 3
- Beschwerdeberechtigte **34** 3
- faktisches Organ **34** 3
- falsche Verfahrensart **34** 2
- Gründungsgesellschafter **34** 3
- sonstige Beschwerdegründe **34** 4
- Verbraucherinsolvenzverfahren **34** 5

Sofortige Beschwerde gegen den Eröffnungsbeschluss 34 11 ff.
- Beschwerdeberechtigte **34** 11
- formale Beschwerdegründe **34** 12
- rechtliches Gehör **34** 12
- Wegfall der Forderung **34** 15
- Wegfall des Eröffnungsgrundes **34** 13
- Ziel der Abweisung mangels Masse **34** 14

Sofortige Besitzergreifung 148 7 f.

Sofortige Erinnerung
- Anordnung von Sicherungsmaßnahmen **21** 50
- Aufhebung des Insolvenzverfahrens **200** 10
- Beschwerdeverfahren **6** 12 ff.
- Feststellung der Forderungen **178** 50
- Prüfungstermin **176** 15
- Schlussverteilung **196** 18
- Tabelle **175** 25
- Verfahrenskostenvorschuss **26** 29
- Vergütung des vorläufigen Insolvenzverwalters **22** 237

Sofortige weitere Beschwerde 7 1

Sofortige Zurückweisung 13 53

Sofortiges Anerkenntnis
- Aufnahme von Passivprozessen **86** 22 ff.
- Aussonderung **47** 112

Software
- Aussonderung **47** 71
- Insolvenzmasse **35** 151 f., **35** 252

Sollmasse
- Insolvenzmasse **35** 46
- Übernahme der Insolvenzmasse **148** 2
- unpfändbare Gegenstände **36** 12

Sollmitglieder 67 9

Solvenztest 17 1

Sonderabschreibungen 19 97

Sonderanknüpfungen
- anhängige Rechtsstreitigkeiten Art. 15 EuInsVO 1
- anwendbares Recht Art. 4 EuInsVO 5
- Arbeitsverhältnisse Art. 10 EuInsVO 1
- Aufrechnung Art. 6 EuInsVO 1
- Internationales Insolvenzrecht **vor 335–358** 31, vor EuInsVO 7, vor EuInsVO 17 f.

Sonderbilanz 19 12

Sondereigentum 35 137

Sondergut
- fortgesetzte Gütergemeinschaft **37** 21
- Gütergemeinschaft **37** 4, **37** 10

Sonderinsolvenz 35 61 ff.
- s. auch Sonderinsolvenzverwalter
- gemeinschaftlich verwaltetes Gesamtgut **333** 2
- Gesellschaften ohne Rechtspersönlichkeit **11** 235 ff.
- Gütergemeinschaft **35** 61, **37** 14
- inländische Parallelinsolvenzverfahren **35** 63
- Nachlassinsolvenzverfahren **35** 61, **315** 1
- nicht rechtsfähiger Verein **11** 230
- Partikularverfahren **35** 62
- Sekundärinsolvenzverfahren **35** 62
- spezielle Zulässigkeitsvoraussetzungen **13** 35, **13** 48
- territoriale Parallelinsolvenzverfahren **35** 62

- Verfahrensunterbrechung nach § 240 ZPO **85** 56
- Vollstreckungsverbot **89** 27 f.
- weiteres Insolvenzverfahren **35** 63

Sonderinsolvenzverwalter 56 66 ff.
- Anzeige der Masseunzulänglichkeit **208** 14
- Entlassung des Insolvenzverwalters **59** 6
- funktionelle Zuständigkeit **56** 69 f.
- Interessenkollision **56** 67
- Konzernunternehmen **56** 68
- Rechnungslegung **66** 26
- Rechtsstellung **56** 71
- Sondermasse **56** 66
- Vergütung des Insolvenzverwalters **63** 12 f.
- Vergütung des Sonderinsolvenzverwalters **56** 72 ff.

Sonderkonten
- Aussonderung **47** 43
- Hinterlegung **149** 12

Sonderkündigungsrecht
- s. auch Sonderkündigungsrecht des Insolvenzverwalters
- Kündigung von Betriebsvereinbarungen **120** 16 ff.
- Nutzungsüberlassung **135** 26
- Unwirksamkeit abweichender Vereinbarungen **119** 22
- Veräußerung des Miet- oder Pachtobjekts **111** 8 ff.

Sonderkündigungsrecht des Insolvenzverwalters
- Fristen **109** 7 f.
- Insolvenzverwalter **109** 2, **109** 6
- Miete **109** 2 ff.
- nicht vollzogene Mietverträge **109** 4
- Pacht **109** 2 ff.
- Rechtsfolgen **109** 9 ff.
- Schadensersatzanspruch **109** 10 ff.
- Treuhänder **109** 6
- unbewegliche Gegenstände **109** 2
- Vertragsbindung **109** 6
- vorläufiger Insolvenzverwalter mit Verwaltungs- und Verfügungsbefugnis **109** 2
- Wirkungen **109** 3

Sonderkündigungsschutz 113 58 ff.

Sondermassen 35 55 ff.
- Anfechtung gegen Rechtsnachfolger **145** 13
- Anzeige der Masseunzulänglichkeit **208** 30
- besonderes Verteilungsverzeichnis **35** 56
- Eintritt der Volljährigkeit **35** 59
- Gesamtschaden **92** 15 f.
- Gesamtschadensersatzansprüche **35** 57
- Kommanditistenhaftung **35** 57
- Nachlass **35** 58
- persönliche Gesellschafterhaftung **35** 57
- persönliche Haftung der Gesellschafter **93** 3, **93** 31
- Restschuldbefreiung **35** 60
- Sonderinsolvenzverwalter **56** 66
- Tabelle **175** 7
- Testamentsvollstreckung **35** 58
- verschmelzungsbedingte Sondermasse **35** 57
- Verteilungsverzeichnis **188** 17
- Verwertung unbeweglicher Gegenstände **165** 21

Sonderposten mit Rücklagenanteil 19 97

Sonderrechte 335 16 ff.

Sonderrechtsnachfolge 145 14 ff.

Sonderrechtsverhältnis 80 166

Sonderumlagen 38 61

Sondervermögen
- Einstellung mangels Masse **207** 5
- Gütergemeinschaft **37** 3, **37** 14
- Insolvenzmasse **35** 1 ff.
- Postsperre **99** 8
- Rechtskraft der Verfahrensaufhebung **200** 13
- Verfahrenskostenvorschuss **26** 26

Sonderziehungsrecht 45 17

Sonderzuständigkeit
- generelle Zulässigkeitsvoraussetzungen **14** 16

magere Zahlen = Randnummern

Sachregister

– örtliche Zuständigkeit 3 5
– Zulässigkeitsvoraussetzungen 13 12
Sonstige Absonderungsberechtigte 51 1 ff.
– s. auch Sicherheiten-Pool
– s. auch Sicherungsabtretung
– s. auch Sicherungsübereignung
– Auseinandersetzung 51 45
– Depot 51 43
– Haftpflichtversicherung 51 41 f.
– kaufmännische Zurückbehaltungsrechte 51 37
– öffentliche Abgaben 51 38
– Sicherungsübertragung 51 2 ff.
– Versicherung für fremde Rechnung 51 40
– Zurückbehaltungsrecht wegen nützlicher Verwendungen 51 33 ff.
Sonstige Masseverbindlichkeiten 55 1 ff.
– Abfindung 55 77
– Aktivprozess 55 15
– Altersteilzeit im Blockmodell 55 75
– andere Weise 55 25 ff.
– Arbeitsverträge 55 61 ff.
– betriebliche Altersversorgung 55 75
– Bundesagentur für Arbeit 55 101 ff.
– Dauerschuldverhätlnisse 55 96
– Dienstverträge 55 61 ff.
– einheitliche Kostenentscheidung 55 17 ff.
– Erfüllungsverlangen 55 47 ff.
– Erfüllungszwang 55 51 ff.
– Freistellung 55 70 ff.
– Gegenleistung 55 95 ff.
– gegenseitige Verträge 55 46 ff.
– Geschäftsführung ohne Auftrag 55 39
– Gleichwohlgewährung 55 72, 55 100
– Herausgabe 55 55
– Insolvenzverwalter 55 7 ff.
– Kautionen 55 60
– Miete 55 52 ff.
– Nachteilsausgleich 55 80
– Neueinstellungen 55 11
– Neuerwerb 55 41 ff.
– Neugeschäfte 55 8 ff.
– öffentliche Abgaben 55 28
– oktroyierte Masseverbindlichkeiten 55 5
– Pacht 55 52 ff.
– Passivprozess 55 16
– Provisionen 55 12
– Prozesshandlungen 55 14 ff.
– Räumungsanspruch 55 56
– Rechtsverletzungen 55 23 f.
– Rücktritt 55 50
– Spezialvorschriften 55 2
– Steuern 55 26
– Umweltlasten 55 29 ff.
– unerlaubte Handlungen 55 37 f.
– ungerechtfertigte Bereicherung 55 85 ff.
– Unmittelbarkeit 55 87
– Urlaub 55 68 f.
– Urlaubsabgeltungsanspruch 55 63
– Verhaltensverantwortlichkeit 55 32
– vorläufiger Insolvenzverwalter mit Verwaltungs- und Verfügungsbefugnis 55 92 ff.
– Wohngeld 55 35 f.
– Zustandsverantwortlichkeit 55 30
Sonstige Verwendung beweglicher Sachen 172 1 ff.
– s. auch Nutzung des Sicherungsguts
– Aussonderungsrecht 172 1 a
– Eigentumsvorbehalt 172 1 a
– Freigabe 172 14
– Nutzungsrecht 172 1
– Überdeckung 172 14
– Verarbeitung 172 12 ff.
– Verbindung 172 13

– Verbrauch 172 12 a
– Vermischung 172 13
– vorläufiger Insolvenzverwalter 172 1
– Wertausgleich 172 1 b
Sorgfalt eines ordentlichen und gewissenhaften Geschäftsleiters
– insolvenzspezifische Pflichten 60 17
– Haftung der Mitglieder des Gläubigerausschusses 71 8
– Haftung des Insolvenzverwalters 60 91
– Haftung des vorläufigen Insolvenzverwalters 22 222
Sorten 35 244
Sozialabgaben 22 131
Sozialauswahl 125 46 ff.
– Altersdiskriminierung 125 63 ff.
– Altersgruppenbildung 125 55, 125 80, 125 87 ff.
– Arbeitnehmerklage 127 23 ff.
– ausgewogene Altersstruktur 125 76 ff., 125 97 ff.
– Auskunftspflichten 125 57 ff.
– Auswahlkriterien 125 62 ff.
– auswahlrelevanter Personenkreis 125 55
– Bergmannversorgung 125 73
– Betriebsrat 125 50
– Betriebsübergang 128 19
– Darlegungs- und Beweislast 125 56 ff.
– Diskriminierungsschutz 125 64
– Domino-Effekt 125 47
– Dreireinteilung 125 94
– Entwicklungspotential 125 83
– Fünfereinteilung 125 96
– Gesamtabwägung 125 68
– grobe Fehlerhaftigkeit 125 55, 125 61
– Grund- und Kerndaten 125 66 ff.
– Insolvenzverwalter 125 57 ff.
– Interessenausgleich mit Namensliste 125 3 f.
– Lebensalter 125 65
– Leistungsträgerregelung 125 55, 125 59, 125 61
– Massenentlassungen 125 46
– Nachwuchsplanung 125 79
– Neunereinteilung 125 92
– Personalstruktur 125 77 ff.
– Prüfungsmaßstab 125 55, 125 61
– Punktesystem 125 47 ff., 125 55, 125 69 ff., 125 97 ff.
– Qualifikationsgruppen 125 77
– Regelungsmöglichkeiten 125 51 ff.
– Schwerbehinderte 125 62, 125 72 ff.
– subjektive Determinierung 125 50
– Viereinteilung 125 95
– Wertungsspielraum des Insolvenzverwalters 125 68, 125 71
– Wiedereinstellung 125 105
Sozialleistungen
– Abtretung des pfändbaren Arbeitsentgelts 287 32
– unpfändbare Gegenstände 36 22
Sozialpläne 124 1 ff.
– Abfindung 124 25
– Abschlagsverteilung 187 8
– Abschlagszahlungen 124 42
– absolute Obergrenze 124 18 ff.
– anfechtbare Rechtshandlungen 129 69
– Ansatz und Bewertung der Passiva bei negativer Fortführungsprognose 19 125
– Ansatz und Bewertung der Passiva bei positiver Fortführungsprognose 19 96
– Aufrechnung in der Insolvenz 94 71
– Aufstellung 124 24 ff.
– Begründetheit im Eröffnungszeitpunkt 38 57
– Bemessung der Leistungen 124 28 ff.
– besonders bedeutsame Rechtshandlungen 160 16
– Betriebsänderungen 122 17 ff., 124 11 ff.
– Betriebsrat 124 4 ff.
– Betriebsübergang 124 16

Sachregister

fette Zahlen = Gesetzesvorschriften

- Betriebsvereinbarungen **124** 10, **124** 39
- Differenzierung **124** 30
- Einigungsstelle **124** 27
- insolvenzferne Sozialpläne **124** 36
- insolvenznahe Sozialpläne **124** 31 ff.
- Insolvenzplan **217** 21
- Insolvenzplanverfahren **124** 38 ff.
- Insolvenztabelle **124** 46
- Interessenausgleich mit Namensliste **125** 28
- interessenausgleichspflichtige Betriebsänderung **124** 9 ff.
- Kündigung **124** 37
- Kündigung von Betriebsvereinbarungen **120** 8
- Masseforderungen **124** 32
- Nachteilsausgleich in der Insolvenz **122** 107
- Personalabbau **124** 12 ff.
- Quasi-Sozialplan **124** 7
- Rangfolge **124** 32 ff.
- Rangordnung der Masseverbindlichkeiten **209** 33
- Regelungsermessen **124** 26 f.
- relative Obergrenze **124** 21 ff.
- Restmandat des Betriebsrats **124** 8
- Rückgriffszeit **124** 31 ff., **124** 43 f.
- Sozialpläne vor Verfahrenseröffnung **124** 3
- sozialplanpflichtige Betriebsänderung **124** 9 ff.
- Sozialplanvolumen **124** 17 ff.
- Unternehmensstilllegung **22** 31
- Verteilungsgrundsätze **124** 18
- Vollstreckung von Leistungen **124** 42 ff.
- Vollstreckungsverbot **89** 25, **90** 12
- widersprechende Arbeitnehmer **124** 30

Sozialplanpflichtige Betriebsänderung
- Betriebsänderungen **122** 22
- Sozialpläne **124** 9 ff.

Sozialversicherung
- s. auch Sozialversicherungsbeiträge
- s. auch Sozialversicherungsrecht
- s. auch Sozialversicherungsträger
- juristische Personen des öffentlichen Rechts **12** 10

Sozialversicherungsbeiträge
- anfechtbare Rechtshandlungen **131** 20 a
- anmeldbare Forderungen **174** 4
- Anmeldeverfahren **174** 35
- Bargeschäft **142** 12
- besondere Zuständigkeiten **185** 5
- Gläubigerbenachteiligung **129** 105
- Verbraucherinsolvenzverfahren **304** 23

Sozialversicherungsrecht **80** 102

Sozialversicherungsträger
- Akteneinsicht **4** 26, **4** 29, **4** 33
- Anfechtungsberechtigung **129** 17
- Eröffnungsantrag **13** 92
- Glaubhaftmachung **14** 71, **14** 74, **14** 78
- mittelbare Zuwendungen **129** 87 a
- Rechtsschutzinteresse **14** 55
- Schuldnerschutz **14** 152 ff., **14** 158
- spezielle Zulässigkeitsvoraussetzungen **14** 31
- Umfang der Feststellung **181** 18
- Unzulässigkeit der Aufrechnung **96** 35
- Verletzung der Insolvenzantragspflicht **15 a** 46 ff.
- Verwaltungsantrag **13** 8 f.
- Vollstreckungsverbot **89** 22

Spediteurpfandrecht **50** 37
Spekulationsgeschäfte **290** 54 a
Sperrkonten
- Aussonderung **47** 46
- Factoring **116** 107
- rechtsgeschäftlich bestellte Pfandrechte **50** 9

Spezielle Zulässigkeitsvoraussetzungen **13** 31 ff.
- s. auch Glaubhaftmachung
- s. auch Rechtsschutzinteresse
- Amtsermittlungen **13** 52
- Anhängigkeit des Verfahrens **14** 22
- Anlagen **13** 50 ff., **14** 33
- Antragsformular **13** 33 f.
- Antragsunterlagen **13** 32
- Aufenthaltsort **14** 29
- Auskunftspflichten **13** 51
- ausländischer Insolvenzverwalter **13** 38, **14** 23
- Auslegung **13** 36
- außergerichtlicher Vergleich **14** 57
- Aussetzung des Verfahrens **14** 57
- Bedingung **13** 31, **14** 21
- Befristung **13** 31, **14** 21
- Durchschriften **14** 32
- Eigenantrag **13** 40 ff.
- elektronische Form **13** 33, **14** 22
- elektronisches Dokument **13** 33 f., **14** 22
- Erbschein **13** 50
- fakultative Anlagen **13** 51
- Finanzbehörde **14** 31
- Firma **13** 47, **14** 27
- Form des Insolvenzantrags **13** 33 f., **14** 22
- formelle Zulässigkeitsvoraussetzungen **14** 20 ff.
- Formularzwang **13** 33 f., **13** 41
- Fristen **14** 30
- Führungslosigkeit **14** 26
- gemeinschaftliches Insolvenzverfahren **13** 37
- Gesamtgläubiger **13** 37, **14** 36
- Geschäftsführer **13** 47
- Geschäftsunfähigkeit **14** 29
- Gesellschaften ohne Rechtspersönlichkeit **13** 48, **14** 28
- Gesellschafter **14** 26
- gesetzliche Vertreter **14** 29
- Glaubhaftmachung **13** 50, **14** 34
- Gläubigerantrag **13** 44 ff., **14** 20 ff.
- Gläubigerverzeichnis **13** 41, **13** 51
- GmbH **14** 26
- Heilung von Mängeln **14** 38
- Inhalt des Insolvenzantrags **13** 35 ff., **14** 23 ff.
- Insolvenzgrund **13** 40
- Insolvenzkostenhilfe **14** 21
- Insolvenzplan **13** 53
- Insolvenzverschleppung **13** 32
- Irrtumsanfechtung **14** 21
- juristische Personen **13** 47, **14** 26 f.
- Leistungsbescheid **13** 50
- Mängel des Insolvenzantrags **14** 38
- mehrfache Antragstellung **14** 36
- Missbrauch **14** 39
- Mitgläubiger **13** 37, **14** 36
- Nachlassgläubiger **14** 57
- Nachlasspfleger **14** 41, **13** 52
- Nachlassverwalter **13** 41
- öffentliche Zustellung **13** 45, **14** 25, **14** 29
- öffentlich-rechtliche Körperschaften **13** 39, **13** 50
- ordnungsgemäße Antragstellung **13** 31 f., **14** 20
- Ordnungsmäßigkeit **13** 31 f., **14** 20 ff.
- Postfach **14** 27
- Prozesshandlungen **14** 21
- qualifizierte elektronische Signatur **13** 33
- Ratenzahlung **14** 57
- Rechtshängigkeit **13** 31
- Ruhen des Verfahrens **14** 57
- Schlüssigkeit des Insolvenzantrags **13** 53, **14** 30
- Schuldneranschrift **13** 45
- Schuldnervermögen **13** 35, **14** 23
- Schuldnerverzeichnis **13** 41, **13** 51
- Sekundärinsolvenzverfahren **13** 38, **14** 23
- sofortige Zurückweisung **13** 53
- Sonderinsolvenz **13** 35, **13** 48
- Sozialversicherungsträger **14** 31
- strafbefreiender Insolvenzantrag **13** 32

magere Zahlen = Randnummern

Sachregister

- substantiierte Darlegung 13 40, 13 50, 14 34
- Telefax 13 33 f., 14 22
- Testamentsvollstrecker 13 41, 13 50
- Umdeutung 13 36
- Unterschrift 13 33 f., 14 22
- Verbindung mehrerer Insolvenzeröffnungsverfahren 14 36
- Vermögensübersicht 13 41, 13 51
- Vertreterlosigkeit 13 42
- Wohnsitz 13 44, 14 25
- Zurückstellung 13 31
- zwingende Angaben 13 40 ff., 13 44 ff.
- zwingende Anlagen 13 50

Sportverein
- Übernahme der Insolvenzmasse 148 44
- Verwertung der Insolvenzmasse 159 39

Staatsbankrott 12 2

Staatshaftung
- Anordnung von Sicherungsmaßnahmen 21 56
- Aufsicht des Insolvenzgerichts 58 1, 58 38 f.
- Bestellung des Insolvenzverwalters 56 75
- Insolvenzgrund 16 15
- Schuldnerverzeichnis 26 50

Staatsnotstand 12 5

Staffelvergütung 63 25 ff.

Standesrecht 58 26

Starker vorläufiger Insolvenzverwalter
- Aufnahme anhängiger Streitigkeiten 85 73
- Prüfungsaufgaben und Sachverständigentätigkeit des vorläufigen Insolvenzverwalters 22 199
- steuerrechtliche Stellung des vorläufigen Insolvenzverwalters 22 192 c
- vorläufiger Insolvenzverwalter 22 195, 22 240

Statut der dinglichen Rechte Art. 5 EuInsVO 1

Stellungnahme der Gläubiger 307 39 ff.
- Ablehnung des Schuldenbereinigungsplans 307 53 ff.
- Anpassungsklauseln 307 54
- Gesamtgläubiger 307 58
- Inkassounternehmen 307 48 ff.
- mehrere Forderungen 307 59
- modifizierte Annahme 307 56 f.
- Schweigen 307 60 f.
- unklare Stellungnahmen 307 40
- widersprüchliche Stellungnahme 307 40
- Zustimmung zum Schuldenbereinigungsplan 307 51 f.
- Zustimmungsfiktion 307 60 f.

Stellungnahmen zum Insolvenzplan 232 1 ff.
- Fristen 232 7
- Kosten 232 9
- Schuldnerplan 232 2 f.
- Stellungnahmeberechtigung 232 8
- Verwalterplan 232 2 f.
- Zuleitung des Insolvenzplans 232 4 ff.

Steuerabführungspflicht 80 73

Steuerberater 20 13

Steuerbescheide
- Glaubhaftmachung 14 72
- steuerrechtliche Wirkungen der Insolvenzeröffnung 80 28
- titulierte Forderungen 179 23

Steuererklärungspflicht
- Befriedigung der Massegläubiger 209 7
- Handels- und steuerrechtliche Rechnungslegung 155 1, 155 7
- Masseunzulänglichkeit 209 7
- steuerrechtliche Pflichten des Insolvenzverwalters 80 69
- steuerrechtliche Stellung des Insolvenzverwalters 56 82

Steuererstattungsansprüche
- Abtretung des pfändbaren Arbeitsentgelts 287 31

- Eintritt der Aufrechnungslage im Verfahren 95 23 ff.
- Insolvenzmasse 35 181 ff.
- Zeitpunkt der Vornahme einer Rechtshandlung 140 3

Steuerforderungen 38 67 ff.
- anmeldbare Forderungen 174 3
- Anmeldeverfahren 174 30
- Anmeldung der Forderungen 174 57
- Aufnahme neuer Erwerbstätigkeit 38 89
- Aufrechnungslage 94 20 ff., 94 31
- außergerichtlicher Einigungsversuch 305 15
- Berücksichtigung aufschiebend bedingter Forderungen 191 6
- besondere Zuständigkeiten 185 7 ff.
- Einkommensteuer 38 72 ff.
- Gewerbesteuer 38 90
- Grunderwerbsteuer 38 92
- Grundsteuer 38 91
- Körperschaftsteuer 38 72 ff.
- Kraftfahrzeugsteuer 38 93
- Lohnsteuer 38 76 f.
- nicht titulierte Forderungen 179 15, 184 10
- Rangordnung der Masseverbindlichkeiten 209 9
- Rechte der Insolvenzgläubiger nach Verfahrensaufhebung 201 19 f.
- Rechtskraftwirkung festgestellter Forderungen 178 39 ff.
- Säumniszuschläge 38 71
- Schuldenbereinigungsplan 305 132
- Sicherungsgut 38 87
- Umsatzsteuer 38 78 ff.
- umsatzsteuerliche Organschaft 38 85
- Unzulässigkeit der Aufrechnung 96 18 ff., 96 55 f.
- Veranlagungszeitraum 38 74, 38 90
- von der Restschuldbefreiung ausgenommene Forderungen 302 12
- Vorsteuer 38 80 ff.

Steuergeheimnis
- Bestellung eines Sachverständigen 5 13
- Glaubhaftmachung 14 77

Steuerliche Beschlagnahme 148 20 ff.

Steuerliche Pflichten
- s. auch steuerrechtliche Pflichten des Insolvenzverwalters
- s. auch steuerrechtliche Pflichten des vorläufigen Insolvenzverwalters
- steuerrechtliche Stellung des vorläufigen Insolvenzverwalters 22 192 f

Steuern
- Rechte und Pflichten des Insolvenzverwalters 80 167 f.
- sonstige Masseverbindlichkeiten 55 26
- Vollstreckungsverbot 89 22

Steuerrechtliche Haftung
- steuerrechtliche Stellung des Insolvenzverwalters 56 84
- steuerrechtliche Stellung des vorläufigen Insolvenzverwalters 22 192 h

Steuerrechtliche Pflichten des Insolvenzverwalters 80 69 ff.
- Berichtigung von Steuererklärungen 80 70
- Haftung des Insolvenzverwalters 80 75
- Lohnsteuer 80 71
- Massearmut 80 72
- Rechnungsausstellungspflicht 80 74
- Steuerabführungspflicht 80 73
- Steuererklärungspflicht 80 69
- Vermögensverwalter 80 69

Steuerrechtliche Stellung des Insolvenzverwalters 56 82 ff.
- s. auch steuerrechtliche Pflichten des Insolvenzverwalters
- Abfärbregelung 56 84

3261

Sachregister

fette Zahlen = Gesetzesvorschriften

- Akteneinsicht 56 82
- Aufrechnung 56 83
- Berufsrecht 56 84
- Buchführungspflicht 56 84
- Dauerleistungen 56 83
- Einkommensteuer 56 84
- Finanzbehörde 56 84
- Freiberufler 56 83 f.
- Gewerbebetrieb 56 84
- Katalogberufe 56 84
- Masseverbindlichkeiten 56 83
- Rechnungslegungspflicht 56 84
- Schlussrechnung 56 83
- selbstständige Tätigkeit 56 84
- Steuererklärungspflicht 56 82
- steuerrechtliche Haftung 56 84
- Teilleistungen 56 83
- Umsatzsteuer 56 83
- Unternehmensfortführung 56 83
- Unternehmer 56 83
- Vergütung des Insolvenzverwalters 56 84
- Vermögensverwalter 56 82
- Vermögensverwaltung 56 83
- Vervielfältigungstheorie 56 84
- vorläufiger Insolvenzverwalter 56 83
- Vorsteuer 56 83
- Zwangsmittel 56 82

Steuerrechtliche Stellung des vorläufigen Insolvenzverwalters 22 192 b ff.
- allgemeines Veräußerungsverbot 22 192 d
- Auskunftsansprüche 22 192 i
- besondere Verfügungsverbote 22 192 e
- Betriebsfortführung 22 192 g f.
- Doppelumsatztheorie 22 192 h
- eingeschränktes Verwertungsrecht 22 192 h
- Finanzbehörde 22 192 i
- Insolvenzeröffnungsverfahren 22 192 f ff.
- Massegläubiger 22 192 f
- Masseverbindlichkeiten 22 192 f ff.
- Mitwirkungspflichten 22 192 f
- Notmaßnahmen 22 192 f
- Prozessführungsbefugnis 22 192 b
- schwacher vorläufiger Insolvenzverwalter 22 192 c
- Sequester 22 192 f
- Sicherungsgut 22 192 h
- Sicherungsmaßnahmen 22 192 j
- starker vorläufiger Insolvenzverwalter 22 192 c
- steuerliche Pflichten 22 192 f ff.
- steuerrechtliche Haftung 22 192 h
- Steuerzahlungspflicht 22 192 f
- Umkehrung der Steuerschuldnerschaft 22 192 h
- Umsatzsteuer 22 192 d, 22 192 f, 22 192 h
- Unternehmensfortführung 22 192 c f.
- Unternehmensstilllegung 22 192 c
- Verfügungsberechtigter 22 192 b ff.
- Vermögensverwalter 22 192 b ff.
- Verwaltungs- und Verfügungsbefugnis 22 192 b f.
- Verwertung 22 192 g f.
- vorläufiger Insolvenzverwalter mit Verwaltungs- und Verfügungsbefugnis 22 192 c
- vorläufiger Insolvenzverwaltung mit Zustimmungsvorbehalt 22 192 d

Steuerrechtliche Wirkungen der Insolvenzeröffnung 80 26 ff.
- Arbeitslosengeld 80 55
- Aufrechnung von Steuerforderungen 80 30
- Betriebsvermögensvergleich 80 41
- Durchsetzung von Steuerforderungen 80 26
- Ehegatten 80 45 f.
- Einkommensteuer 80 38, 80 43 ff.
- Gewerbesteuer 80 56 ff.
- Grunderwerbsteuer 80 63

- Grundsteuer 80 64
- Insolvenz der Organgesellschaft 80 32
- Insolvenz des Organträgers 80 33
- Insolvenzforderungen 80 26
- Insolvenzgeld 80 55
- Jahressteuerschuld 80 47, 80 58
- Konzerninsolvenzverfahren 80 34
- Körperschaftsteuer 80 48 f.
- Kraftfahrzeugsteuer 80 65 ff.
- Lohnsteuer 80 50 ff.
- Masseunzulänglichkeit 80 30, 80 47, 80 51, 80 61, 80 66
- Neuerwerb 80 35 ff.
- Null-Bescheid 80 28
- rückständige Löhne 80 52
- rückständige Lohnsteuer 80 53
- Sanierungsgewinn 80 39 ff.
- Separationsthese 80 44
- Steuerbescheide 80 28
- steuerrechtliche Organschaft 80 31 ff.
- Umsatzsteuer 80 37, 80 61 f.
- Unterbrechung von Verfahren 80 27

Steuerverfahren
- Forderungen der Insolvenzgläubiger 87 16
- Verfahrensunterbrechung nach § 240 ZPO 85 47 ff.

Steuerzinsen 39 10

Stichtagsvereinbarung
- Finanztermingeschäfte 104 41
- Fixgeschäfte 104 41

Stiftung 11 226 f.
- Insolvenzanfechtung 11 226
- Insolvenzfähigkeit 11 226
- Insolvenzmasse 35 376
- juristische Personen des öffentlichen Rechts 12 9
- unentgeltliche Leistung 14 38
- unselbstständige Stiftung 11 227

Stille Gesellschaft 136 1 ff.
- Absonderungsrecht 136 6
- atypische stille Beteiligung 11 390
- Auseinandersetzung 11 387 f., 84 6, 84 19
- Eintritt des Eröffnungsgrundes nach der Rückgewährvereinbarung 136 11 f.
- Erlass einer Verlustbeteiligung 136 7
- fehlerhafte Gesellschaft 136 5
- Gesellschafterdarlehen 11 391
- gesplittete Einlage 11 390
- Insolvenz des Geschäftsinhabers 11 386
- Insolvenz des stillen Gesellschafters 11 393
- Insolvenzanfechtung 11 389
- Insolvenzfähigkeit 11 384
- Insolvenzgläubiger 11 386
- Insolvenzplan 11 392
- langfristige Fremdfinanzierungen 136 5
- nicht geleistete Einlagen 136 6
- Rechte und Pflichten des Insolvenzverwalters 80 74
- Rückgewähr der Einlage eines stillen Gesellschafters 136 1, 136 6
- Verlustausgleichspflicht 11 385

Stille Liquidation 133 17

Stille Reserven 19 59

Stiller Gesellschafter
- Aufrechnungsverbote 94 42
- Forderungen auf Rückgewähr von Gesellschafterdarlehen 39 43
- Insolvenzanfechtung 129 45

Stillhalteabkommen 17 16 f.

Stilllegung einzelner Betriebsteile
- Betriebsänderungen 122 34
- Betriebsveräußerung 128 27
- Insolvenzgeld 22 174
- Interessenausgleich mit Namensliste 125 19

magere Zahlen = Randnummern **Sachregister**

- Maßnahmen vor der Entscheidung über Unternehmensstilllegung oder -veräußerung **158** 3
- Unternehmensstilllegung **22** 27, **22** 29

Stilllegungsgründe 158 5 ff.
Stilllegungswert 151 7
Stimmliste
- Amtsermittlungen **5** 30
- gesonderter Abstimmungstermin **242** 4
- Insolvenzplan **239** 1 ff.

Stimmrecht der absonderungsberechtigten Gläubiger 238 1 f.
Stimmrecht der Insolvenzgläubiger 237 1 ff.
- Abtimmung über den Insolvenzplan **237** 1 f.
- Ausfallforderungen **237** 3
- Erinnerung **237** 12
- Insolvenzgläubiger **237** 3
- nachrangige Insolvenzgläubiger **237** 4
- nachträgliche Anmeldungen **237** 10
- nicht beeinträchtigte Forderungen **237** 5
- Rechtsmittel **237** 12
- Stimmrechtsfestsetzung **237** 8 ff.
- Verzicht auf das Absonderungsrecht **237** 3

Stimmrechte
- Ausübung von Gläubigerrechten **341** 22 ff.
- Beschlüsse der Gläubigerversammlung **76** 24 ff.
- Feststellung des Stimmrechts **77** 2

Stimmrechtsausschluss
- Beschlüsse des Gläubigerausschusses **72** 11 ff.
- Feststellung des Stimmrechts **77** 9 ff.

Stimmrechtsentscheidung 6 6
Stimmrechtsfestsetzung
- Ausfallforderungen **256** 5 ff.
- gesonderter Abstimmungstermin **242** 4
- Stimmrecht der Insolvenzgläubiger **237** 8 ff.
- streitige Forderungen **256** 5 ff.
- Verstoß gegen Verfahrensvorschriften **250** 22

Stimmverbote
- Beschlüsse der Gläubigerversammlung **76** 30 ff.
- Feststellung des Stimmrechts **77** 5 ff.

Störung der Insolvenzabwicklung 212 6
Störungen der Planerfüllung 255 15 ff.
Strafbarkeit
- Auskunfts- und Mitwirkungspflicht **20** 4, **20** 44, **7** 14 f.
- drohende Zahlungsunfähigkeit **18** 27
- eidesstattliche Versicherung **98** 10, **153** 11
- Insolvenzantragspflicht **15 a** 64 ff.
- Zahlungsunfähigkeit **17** 3, **17** 34

Strafgerichtliche Beschlagnahmeanordnung
- Inbesitznahme der Insolvenzmasse **148** 15 ff.
- Verwertungsbeschränkungen **159** 58

Strafrecht 51 81
Strafverfahren 80 142 f.
Strafverteidigung 80 145
Streitbefangener Gegenstand 35 83
Streitige Forderungen 179 1 ff., **256** 1 ff.
- s. auch Nicht titulierte Forderungen
- s. auch Titulierte Forderungen
- Antrag auf Eröffnung des Verbraucherinsolvenzverfahrens **305** 101 ff.
- antragsberechtigte Gläubiger **14** 7
- Bestreiten der Insolvenzforderung **179** 2 f.
- bestrittene Forderungen **179** 2 ff.
- Erfüllungsquote **256** 8 f.
- Erfüllungsrückstand **256** 2 ff.
- Ersetzung der Zustimmung **309** 97 ff.
- Gläubigerforderungen **256** 2 f.
- Nachleistungspflicht **256** 11 f.
- nicht angemeldete Forderungen **256** 4
- Rückforderungsansprüche **256** 13 ff.
- Stimmrechtsfestsetzung **256** 5 ff.
- Tabellenauszug **179** 37

- Verteilungsverzeichnis **188** 7 f.
- vorläufiges Bestreiten **179** 3
- Widerspruchsberechtigte **179** 4 ff.

Streitige Verbindlichkeiten
- Ansatz und Bewertung der Passiva bei positiver Fortführungsprognose **19** 90
- Aufhebung der Sicherungsmaßnahmen **25** 14
- Begriff der Zahlungsunfähigkeit **17** 12
- Einstellung nach Anzeige der Masseunzulänglichkeit **211** 4

Streitwert 182 1 ff.
- absonderungsberechtigte Gläubiger **182** 10
- Aufnahme eines unterbrochenen Rechtsstreits **182** 17 ff.
- Aufrechnung **182** 13
- Eigenverwaltung **182** 6
- Insolvenzquote **182** 8 ff.
- Klage gegen den Insolvenzschuldner **182** 5
- Klage gegen den Insolvenzverwalter **182** 2 ff.
- Klage gegen Insolvenzgläubiger **182** 2 ff.
- maßgeblicher Zeitpunkt **182** 15 f.
- Quotenlosigkeit **182** 14
- Restschuldbefreiungsverfahren **182** 11 f.
- Sicherungsrechte **182** 20 f.
- voraussichtliche Quote **182** 8 ff.

Streitwertbeschwerde 6 7
Streitwertfestsetzung 4 44
Strukturveränderungen 122 5
Stufenplan 159 41
Stufenweiser Personalabbau
- Betriebsänderungen **122** 27
- Interessenausgleich mit Namensliste **125** 12

Stundung
- s. auch Stundung der Kosten des Insolvenzverfahrens
- Bargeschäft **142** 13
- Befriedigung der Massegläubiger **209** 2
- Begriff der drohenden Zahlungsunfähigkeit **18** 10
- Begriff der Zahlungsunfähigkeit **17** 17
- Deckung der Mindestvergütung des Treuhänders **298** 26 f.
- Einstellung mangels Masse **207** 1 a
- Eintritt der Aufrechnungslage im Verfahren **95** 21
- Insolvenzkostenhilfe **13** 103, **13** 113
- Insolvenzplan **Art. 102 § 9 EGInsO** 3
- Rechtsschutzinteresse **14** 44
- Vergütung des Insolvenzverwalters **63** 77 f.
- Wirkungen der Anerkennung **Art. 17 EuInsVO** 8
- Wirkungen des Insolvenzplans **254** 8

Stundung der Kosten des Insolvenzverfahrens 4 a 1 ff.
- s. auch Beiordnung eines Rechtsanwalts
- Änderung der Stundungsvoraussetzungen **4 a** 48
- angemessene Erwerbstätigkeit **4 a** 32
- Antrag auf Restschuldbefreiung **4 a** 15
- Antrag auf Stundung der Kosten des Insolvenzverfahrens **4 a** 16 ff.
- Ausschluss **4 a** 30
- Beratungshilfe **4 a** 4
- Dauer **4 a** 29
- Einstellung mangels Masse **207** 1 a f., **207** 6
- Entschuldung von Nulltarif **4 a** 3
- Insolvenzantrag **4 a** 15
- Insolvenzgericht **4 a** 20
- Insolvenzkostenhilfe **4** 21, **4 a** 1, **4 a** 5
- Insolvenzrichter **4 a** 21
- Insolvenzverfahren **4 a** 26
- Kostenvorschuss **4 a** 11
- Mittellosigkeit **4 a** 7
- Mitwirkungspflichten **4 a** 31
- Möglichkeiten zur Verbesserung der Vermögenslage **4 a** 8
- Nachhaftung **4 a** 29
- natürliche Personen **4 a** 6

Sachregister

fette Zahlen = Gesetzesvorschriften

- Prozesskostenhilfe **4 a** 1
- Restschuldbefreiung **4 a** 32
- Sekundäransprüche **4 a** 27
- sofortige Beschwerde **4 a** 20
- Stundung der Verfahrenskosten **4 a** 2
- Umfang **4 a** 26 ff.
- Unzulässigkeit **4 a** 32
- Verbraucherinsolvenzverfahren **4 a** 1
- Verfahrensabschnitte **4 a** 28
- Verfahrenskostenvorschuss **4 a** 14
- Vergütungsansprüche **4 a** 43 f.
- Verlängerung **4 a** 29
- Vermögensverschwendung **4 a** 31
- Versagungsgründe **4 a** 24 ff.
- Voraussetzungen **4 a** 6 ff.
- Wirkung der Stundung **4 a** 41 ff.
- Zeitpunkt **4 a** 45 ff.

Sukzessivlieferungsverträge **105** 16
Supranationales Insolvenzrecht vor **335–358** 2
Surrogation
- Gütergemeinschaft **37** 11
- Nachlassinsolvenzverfahren **315** 8
- Rückgewährpflicht **143** 31

Synallagma
- unentgeltliche Leistung **134** 22
- Wahlrecht des Insolvenzverwalters **103** 23, **103** 25, **103** 58

Tabelle 175 1 ff.
- s. auch Vorprüfungs- und Zurückweisungsrecht
- Amtsermittlungen **5** 30
- Berichtigung **175** 18 ff.
- Einsichtnahme **175** 22 ff.
- Eintragung in die Tabelle **175** 5 ff.
- Ergänzung **175** 18 ff.
- Fristen **175** 21
- Hinweispflicht **175** 26 ff.
- Insolvenzgericht **175** 26 ff.
- nachrangige Insolvenzgläubiger **175** 6
- Niederlegung **175** 21
- persönliche Anwesenheit **175** 28
- Prüfungstermin **175** 2 f.
- Rechte der Insolvenzgläubiger nach Verfahrensaufhebung **201** 11
- Rechtsmittel **175** 25
- sofortige Erinnerung **175** 25
- Sondermasse **175** 7
- Tabellenführung **175** 4
- Titulierung **175** 1
- unerlaubte Handlungen **175** 26 ff.
- Verteilungsverzeichnis **188** 2
- Vollstreckung aus dem Insolvenzplan **257** 7
- Widerspruch **175** 27 ff.

Tabellenauszug 179 37
Tabellenvermerk 178 3 ff., **178** 9
Tarifautonomie 113 114 f.
Tarifliche Kündigungsfristen 113 78
Tarifliche Unkündbarkeit
- Beendigung von Arbeitsverhältnissen **113** 52, **113** 71 f.
- Betriebsrat **113** 52

Tarifvertragliche Fristenregelungen 113 111 ff.
Tarifvertragliche Terminsregelungen 113 111 ff.
Tarifvertraglicher Kündigungsausschluss 113 68 ff.
Taschengeld 36 34
Tätigkeitsbericht 66 13
Teilanfechtung 129 72 ff., **131** 25
Teilaufrechnung 94 60 f.
Teilbare Leistungen 105 1 ff.
- Alles-oder-nichts-Prinzip **105** 1
- Darlehen **105** 23
- Erfüllungswahl **105** 26

- Geldleistungen **105** 9
- Gläubigergleichbehandlung **105** 5
- Höchstpersönlichkeit **105** 11
- Kaufverträge **105** 18 ff.
- mangelhafte Leistung **105** 21
- Masseschutz **105** 5
- Miete **105** 22
- Rückgabeansprüche **105** 27 ff.
- Sachleistung **105** 9 f.
- Sukzessivlieferungsverträge **105** 16
- Teilbarkeitsbegriff **105** 7 f.
- Teilleistungen **105** 12 ff.
- Umsatzsteuer **105** 25
- Vorleistungen **105** 12 ff.
- Werkverträge **105** 17

Teilbeträge
- antragsberechtigte Gläubiger **14** 8
- Feststellung der Forderungen **178** 5
- Haftung mehrerer Personen **43** 11 ff.

Teilerledigungserklärung 14 120
Teilforderungen 308 39
Teilhaftung 44 11
Teilleistungen
- Erfüllungsablehnung des Insolvenzverwalters **103** 163 f.
- Erfüllungswahl des Insolvenzverwalters **103** 143 ff.
- teilbare Leistungen **105** 12 ff.
- Wahlrecht des Insolvenzverwalters **103** 14 ff., **103** 67

Teilsanierung
- Betriebsübergang **128** 24
- Insolvenzgeld **22** 175 f.

Teilstilllegung 157 6
Teilungsmasse
- Insolvenzmasse **35** 49 ff.
- Vollzug der Nachtragsverteilung **205** 2

Teilungsmassestreit
- Aufnahme anhängiger Streitigkeiten **85** 75 ff.
- Aufnahme von Passivprozessen **86** 3
- vorläufiger Insolvenzverwalter **22** 196

Teilzahlung
- Haftung mehrerer Personen **43** 23, **43** 25
- Rechtsschutzinteresse **14** 44, **14** 46 f.
- Zeitpunkt der Vornahme einer Rechtshandlung **140** 5 b

Teilzeitbeschäftigung 295 13
Telefonsperre 21 37
Temporäre bilanzielle Überschuldung 19 8
Temporäre Masselosigkeit 26 16
Temporäres Vollstreckungsverbot 90 5
Terminbestimmungen 29 1 ff.
- Berichtstermin **29** 2, **156** 3
- Bestimmtheit der Tagesordnung **29** 5
- Fristen **29** 2 f.
- funktionelle Zuständigkeit **29** 4
- gesonderter Abstimmungstermin **241** 3 ff.
- getrennte Beschlussfassung **29** 6
- Prüfungstermin **29** 3, **176** 9
- Tagesordnung **29** 5
- Terminsänderung **29** 6
- Verbindung von Terminen **29** 6
- Vertagung **29** 6
- Zivilprozessordnung **4** 1

Terminbörse Eurex 340 7
Terminsänderung
- Prüfungstermin **176** 11 ff.
- Terminbestimmungen **29** 6

Terminsleitung
- Erörterungs- und Abstimmungstermin **235** 21 f.
- Prüfungstermin **176** 10

Territoriale Parallelinsolvenzverfahren 35 62
Territorialinsolvenzverfahren Art. 3 EuInsVO 43 ff.
- anwendbares Recht **Art. 4 EuInsVO** 6

3264

magere Zahlen = Randnummern **Sachregister**

- Insolvenzgrund **Art. 3 EuInsVO** 50
- Liquidationsverfahren **Art. 3 EuInsVO** 45
- Niederlassung **Art. 3 EuInsVO** 44
- Niederlassungsbezug **Art. 3 EuInsVO** 49
- Partikularverfahren **Art. 3 EuInsVO** 43 ff.
- Sekundärinsolvenzverfahren **Art. 3 EuInsVO** 45

Territorialitätsprinzip
- Internationales Insolvenzrecht vor 335–358 29 f., vor **EuInsVO** 11, vor **EuInsVO** 19
- Verwalter **Art. 18 EuInsVO** 20 ff.

Territorialverfahren vor 286 37 a

Testamentsvollstrecker
- drohende Zahlungsunfähigkeit 18 24
- Eröffnung des Nachlassinsolvenzverfahrens 317 8 ff.
- Eröffnungsantrag 13 10
- Insolvenz des Erben 331 7
- Insolvenzantragspflicht 13 100
- Masseverbindlichkeiten 324 6 f.
- Nachlassinsolvenzverfahren 315 16
- spezielle Zulässigkeitsvoraussetzungen 13 41, 13 50
- Zulassung des Gläubigerantrags 14 101

Testamentsvollstreckung
- Erbschaft 83 7
- Insolvenzmasse 35 200
- Sondermassen 35 58

Theorie der haftungsrechtlichen Unwirksamkeit 143 3 ff.

Theorie vom Verlust der Durchsetzbarkeit 103 8 f.

Titelwirkung 201 11 f.

Titulierte Forderungen 179 19 ff.
- anmeldbare Forderungen 174 2
- Aufnahme von Passivprozessen 86 5
- Berücksichtigung bestrittener Forderungen 189 12 ff.
- Betreibungslast 179 29 ff.
- Endurteil 179 21 f.
- Feststellungsklage 179 26 ff.
- Fristen 184 17 f.
- Glaubhaftmachung 14 69 f.
- Gläubigerantrag 14 135 ff.
- Hinweispflicht 184 19
- Insolvenzgrund 16 12
- insolvenzspezifische Einwendungen 179 29 ff.
- Klage gegen den Widerspruch des Schuldners 184 15 ff.
- Originaltitel 179 24 f.
- Rechtskraftwirkung festgestellter Forderungen 178 34
- Steuerbescheide 179 23
- Verfahren 179 26 ff.
- Verteilungsverzeichnis 188 8
- vollstreckbarer Titel 179 20, 184 16
- Widerspruch 179 33 ff.

Titulierung
- Feststellung der Forderungen 178 1
- Tabelle 175 1

Tod des Antrag stellenden Gläubigers 13 141

Tod des Arbeitnehmers 22 111

Tod des Schuldners
- allgemeine Verfahrensvereinfachungen 312 49 f.
- vorzeitige Beendigung 299 9
- Widerruf der Restschuldbefreiung 303 3
- Zustellung des Schuldenbereinigungsplans 307 85

Tod des Schuldners bei Eigenantrag 13 140

Tod des Schuldners bei Fremdantrag 13 138 f.

Todeserklärung 324 4

Traditionspapiere 50 6

Trennung von Vermögensmassen
- Erbschaft 83 6
- Insolvenzmasse 35 53

Trennungsprinzip 66 36

Trennungstheorie 97 18

Treuepflicht
- Gesellschaft bürgerlichen Rechts 35 382
- Handelsgesellschaften 35 382

Treugut
- Gläubigerbenachteiligung 129 105
- Treuhandverhältnisse 35 30

Treuhänder 313 1 ff.
- s. auch Aufgaben und Befugnisse des Treuhänders
- s. auch Vergütung des Treuhänders
- absonderungsberechtigte Gläubiger 292 31
- Abtretung des pfändbaren Arbeitsentgelts 287 22
- Abtretungsschutz 292 51 ff.
- allgemeine Verfahrensvereinfachungen 312 15 ff., 312 52
- Ankündigung der Restschuldbefreiung 291 11 ff.
- Aufsicht 292 72 ff.
- Aufsicht des Insolvenzgerichts 58 13
- Ausgaben und Pflichten 292 15 ff.
- Auskunftspflichten 313 77
- Auswahl 313 8 ff.
- Bestellung 313 4 ff.
- Betriebsveräußerung an besonders Interessierte 162 6
- Dauer des Treuhänderamtes 292 8 ff.
- Deckung der Mindestvergütung des Treuhänders 298 12 ff.
- doppelseitige Treuhand 292 6
- Einrede der Anfechtbarkeit 313 74
- Ende des Amtes 313 14 f.
- Entlassung 292 77 ff.
- Entlassung des Insolvenzverwalters 59 4
- Entscheidung über die Restschuldbefreiung 300 9
- Ernennung 292 5
- Eröffnungsbeschluss 27 7, 313 4
- funktionelle Zuständigkeit 2 3
- Geltendmachung der abgetretenen Forderungen 292 24
- Gläubigerversammlung 313 12, 313 67 ff., 313 84
- Haftung des Insolvenzverwalters 60 6 f., 60 94
- Haftung des Treuhänders 292 11 ff.
- Hinterlegung 149 13
- Höchstpersönlichkeit 292 5
- Informationspflichten 313 78
- Insolvenzanfechtung 129 42, 313 64 ff., 313 71 ff., 313 84
- Insolvenzgericht 292 72 ff.
- juristische Personen 11 37, 288 7
- Kenntnis der Krise 130 64
- Kosten 313 82 f.
- Masseunzulänglichkeit 292 33
- nicht angemeldete Forderungen 292 41 f.
- Nichterfüllung von Masseverbindlichkeiten 61 37
- Obliegenheiten des Schuldners 292 56 f., 295 66 ff.
- Offenlegung der Zession 292 16 ff.
- Personenidentität 288 6, 313 3
- Pflichtwidrigkeiten 292 74 ff.
- Quotenberechnung 292 36
- Rechnungslegungspflicht 292 67 ff.
- Rechtsstellung 292 1 ff.
- Restschuldbefreiungsverfahren 313 7 a
- Rückgewährpflicht 143 43
- Schlussbericht 292 68
- Schlusstermin 197 15
- Selbstbehalt 292 43 ff.
- Sonderkündigungsrecht des Insolvenzverwalters 109 6
- Stellung 313 2 ff.
- steuerrechtliche Stellung 292 14
- Treuhandkonten 292 25 f.
- Treuhandverhältnisse 292 6 f.
- Überwachung des Schuldners 292 57 ff.
- Umfang der Überwachung 292 59 ff.
- vereinfachtes Insolvenzverfahren 313 7 a

3265

Sachregister

fette Zahlen = Gesetzesvorschriften

- vereinnahmte Beträge **292** 28 ff.
- Verfahrenskosten **292** 38 ff.
- Verfügungen des Schuldners **81** 6
- Vergütung des Insolvenzverwalters **63** 15 ff.
- Vergütung des Treuhänders **292** 66, **292** 71, **292** 80, **313** 56 ff.
- verschiedene Vorschläge **288** 5
- Verteilung **292** 28 ff.
- Verwertung der Insolvenzmasse **159** 67, **313** 40 ff.
- Vollzug der Nachtragsverteilung **205** 6
- vorherige Abtretung **292** 18
- vorherige Pfändung **292** 18
- Vorschlagsrecht **288** 1 ff.
- Vorwegbefriedigungsrecht der Staatskasse **292** 39, **292** 49 f.
- vorzeitige Beendigung **299** 4 f.
- Wahl eines anderen Treuhänders **313** 12
- Wahlrecht des Insolvenzverwalters **103** 98
- Widerspruch **178** 11
- Zahlungsüberwachung **292** 22 f.
- Zustellungen **8** 8, **8** 10
- Zwangsvollstreckung **292** 27

Treuhänderischer Sachwalter 35 10

Treuhandkonten
- Aussonderung **47** 40 f.
- Bankverträge **116** 24
- Factoring **116** 108
- Treuhänder **292** 25 ff.

Treuhandliquidationsvergleich 47 39

Treuhandmodell 22 9, **22** 194 ff

Treuhandverhältnisse 35 26 ff., **47** 31 ff.
- Aufhebung der Sicherungsmaßnahmen **25** 18
- Auftrag und Geschäftsbesorgung **116** 3
- Auseinandersetzung einer Gesellschaft oder Gemeinschaft **84** 26
- Ausübungsbeschränkung **35** 28
- echte Treuhand **35** 27, **47** 35 ff.
- Ermächtigungstreuhand **35** 26
- Erwerbstreuhand **35** 30
- Haftung mehrerer Personen **43** 16
- Insolvenz des Treugebers **35** 32, **47** 34, **47** 37
- Insolvenz des Treuhänders **47** 33 ff., **47** 36
- Restschuldbefreiung **35** 42
- Sicherungstreuhand **47** 35
- Treugut **35** 30
- Treuhänder **292** 6 f.
- Treuhandliquidationsvergleich **47** 39
- Übertragungstreuhand **35** 30
- unechte Treuhand **47** 32 ff.
- Unmittelbarkeitsprinzip **35** 29 ff., **47** 33 a
- Vereinbarungstreuhand **35** 30
- Verfügungsbefugnis **35** 26
- Vermögenszuordnung **35** 25 ff.
- Zeitpunkt der Vornahme einer Rechtshandlung **140** 5 a
- Zwei-Komponenten-Theorie **35** 28

Tripletatbestand 26 54

Überdeckung
- Freigabe **35** 88
- sonstige Verwendung beweglicher Sachen **172** 14

Übereilte Verwertung 159 45

Übereinstimmende Erledigungserklärung 14 118

Übergang des Verwaltungs- und Verfügungsrechts 80 1 ff.
- s. auch Rechte und Pflichten des Insolvenzverwalters
- s. auch Rechtsstellung des Insolvenzschuldners
- s. auch Rechtsstellung des Insolvenzverwalters
- s. auch Steuerrechtliche Pflichten des Insolvenzverwalters
- s. auch Steuerrechtliche Wirkungen der Insolvenzeröffnung

- s. auch Unwirksamkeit von Veräußerungsverboten
- gesellschaftsrechtliche Kooperationspflicht **80** 76
- Rechtsverhältnis zwischen Schuldner und Insolvenzverwalter **80** 76 f.

Übergang des Verwertungsrechts
- Verwertung der Insolvenzmasse **313** 111
- Verwertung durch Gläubiger **173** 10

Überlebender Ehegatte 332 1, **332** 4

Überleitung in das Regelinsolvenzverfahren
- Verbraucherinsolvenzverfahren **304** 42
- Zustellung des Schuldenbereinigungsplans **307** 63 f.

Übermaßverbot 314 18

Übernahme der Insolvenzmasse 148 1 ff.
- s. auch Inbesitznahme der Insolvenzmasse
- Altvermögen **148** 2
- Apotheken **148** 46
- Arbeitskraft **148** 4
- Aufgaben und Befugnisse des Treuhänders **313** 17 ff.
- Auskunftspflichten **148** 37
- Betriebsfortführung **148** 40 ff.
- Betriebsstilllegung **148** 39
- bewegliche Sachen **148** 30
- Ehegatten **148** 32
- Eigenverwaltung **148** 42
- Erinnerung **148** 34
- Eröffnungsbeschluss **148** 28 f.
- Fortführungsfähigkeit **148** 42
- Freiberufler **148** 45 f.
- Herausgabevollstreckung **148** 28 ff.
- Istmasse **148** 2 f.
- Lastschriftverfahren **148** 38
- Neuerwerb **148** 4 ff.
- Neuvermögen **148** 4 ff.
- nichteheliche Lebensgemeinschaften **148** 32
- Räumung **148** 31 ff.
- Rechnungslegungspflicht **148** 37
- Rechtsmittel **148** 34
- Sicherung der Insolvenzmasse **148** 35 f.
- Sicherungsgläubiger **148** 43
- sofortige Beschwerde **148** 34
- Sollmasse **148** 2
- Sportverein **148** 44
- unternehmerische Pflichten **148** 41
- Untervermietung **148** 33
- Versicherungspflicht **148** 36
- Verwaltungspflicht **148** 35 ff.
- Vollstreckungstitel **148** 28 f.
- vorläufige Insolvenzmasse **148** 2

Überplanmäßige Gläubigerbefriedigung 254 19 ff.

Überschuldung 19 1 ff.
- s. auch Ansatz und Bewertung der Aktiva bei negativer Fortführungsprognose
- s. auch Ansatz und Bewertung der Passiva bei negativer Fortführungsprognose
- s. auch Ansatz und Bewertung der Passiva bei positiver Fortführungsprognose
- s. auch Gesetzlicher Überschuldungsbegriff
- s. auch Wertansätze und Bewertung bei positiver Fortführungsprognose
- bilanzielle Schuldendeckungskontrolle **19** 2
- Darlegungs- und Beweislast **19** 133
- Dokumentation der Überschuldungsprüfung **19** 131 ff.
- drohende Zahlungsunfähigkeit **18** 2, **18** 26, **19** 1
- Einstellung wegen Wegfalls des Eröffnungsgrundes **212** 7, **212** 2 a
- Eröffnung des Nachlassinsolvenzverfahrens **317** 4 f.
- fortgesetzte Gütergemeinschaft **332** 3
- Gesellschaften ohne Rechtspersönlichkeit **11** 248
- Glaubhaftmachung **14** 89
- GmbH & Co. KG **11** 343 ff., **11** 347
- Insolvenzantragspflicht **13** 100
- Insolvenzgrund **16** 4

magere Zahlen = Randnummern

- juristische Personen **11** 52
- kongruente Deckung **130** 34
- Kredit- und Finanzdienstleistungsinstitute **11** 23
- Nachlassinsolvenzverfahren **320** 3
- Obstruktionsverbot **245** 29
- Zahlungsunfähigkeit **19** 1
Überschuldung des Nachlasses 13 94, **13** 96
Überschuldungsbilanz
- Forderungen auf Rückgewähr von Gesellschafterdarlehen **39** 49 f.
- gesetzlicher Überschuldungsbegriff **19** 12
- nachrangige Insolvenzgläubiger **39** 55
Überschuldungsstatus
- Feststellung der Überschuldung **19** 36
- gesetzlicher Überschuldungsbegriff **19** 8, **19** 12
- gesicherte Darlehen **44 a** 5
Überschuss bei der Schlussverteilung 199 1 ff.
- Durchsetzung der Herausgabe **199** 4
- Herausgabe **199** 2 ff.
- Insolvenzschuldner **199** 2
- juristische Personen **199** 3
- Nachtragsverteilung **199** 5
Übersicherung
- Freigabe **35** 88
- Sicherungsübereignung **51** 10 f.
Übertragende Sanierung
- Beendigung von Arbeitsverhältnissen **113** 21
- Betriebsübergang **128** 24
- Betriebsveräußerung **128** 5
- Entscheidung über den Fortgang des Verfahrens **157** 7 ff.
- Gläubigerbenachteiligung **129** 118
- Insolvenzplan vor **217** 43, **217** 4
- Maßnahmen vor der Entscheidung über Unternehmensstilllegung oder -veräußerung **158** 8
- Obstruktionsverbot **245** 13 ff.
- Überwachung der Planerfüllung **260** 10 ff.
- Unternehmensveräußerung **11** 16
- Verwertung der Insolvenzmasse **159** 47 f.
Übertragung des haftenden Sicherungsgegenstandes 43 17
Übertragungstreuhand 35 30
Übertragungsverträge 116 26 ff.
Überwachung der Planerfüllung 260 1 ff.
- s. auch Aufhebung der Überwachung
- s. auch Insolvenzverwalter
- s. auch Kreditrahmen
- s. auch Zustimmungsbedürftige Geschäfte
- Ansprüche **260** 8
- Anzeigepflicht des Insolvenzverwalters **262** 1 ff.
- Aufhebung des Insolvenzverfahrens **260** 6
- Eigenverwaltung **284** 5
- gestaltender Teil des Insolvenzplans **221** 7, **260** 5
- gewillkürte Überwachung **260** 18 ff.
- Gläubigerausschuss **261** 19
- Gläubigerautonomie **260** 3
- Handelsgesellschaften **260** 14
- Insolvenzgericht **261** 19
- Insolvenzplan vor **217** 50
- Insolvenzverwalter **261** 1 ff.
- Kosten **269** 1 ff.
- Kreditrahmen **264** 1 ff.
- öffentliche Bekanntmachung **267** 1 ff.
- Planerfüllung **260** 7 f.
- Register **267** 6
- Sachwalter **260** 18 ff.
- Übernahmegesellschaft **260** 13 ff.
- übertragende Sanierung **260** 10 ff.
- Unternehmensfortführung **260** 5
- verschärfte Überwachung **260** 9
- Wirkungen der Aufhebung **259** 14

- zustimmungsbedürftige Geschäfte **263** 1 ff.
- Zweckgesellschaft **260** 16 f.
Überwachung des Schuldners
- Treuhänder **292** 57 ff.
- Vergütung des Treuhänders **293** 13 ff.
Überwachungspflicht 69 22 ff.
Überweisung
- anfechtbare Rechtshandlungen **130** 14, **131** 9
- Bankverträge **116** 26 f.
- Befriedigung der Insolvenzgläubiger **187** 12
- Begründetheit im Eröffnungszeitpunkt **38** 47
- Verteilungsverzeichnis **188** 24
- Zeitpunkt der Vornahme einer Rechtshandlung **140** 5 b
Überziehungskredit 130 15
Umfang der Feststellung 181 1 ff.
- Betrag **181** 11
- Finanzbehörde **181** 15 ff.
- Identität von Streit- und Prüfungsgegenstand **181** 3 ff.
- Kosten **181** 19 ff.
- nachrangige Insolvenzforderungen **181** 12
- nicht anmeldbare Forderungen **181** 9
- Rang der Insolvenzforderung **181** 12
- Schuldgrund **181** 5 ff.
- Sozialversicherungsträger **181** 18
- vorläufiges Bestreiten **181** 4, **181** 21
Umlaufvermögen
- Anordnung von Sicherungsmaßnahmen **21** 38 j
- Handels- und steuerrechtliche Rechnungslegung **155** 13
- vorläufiger Insolvenzverwalter mit Verwaltungs- und Verfügungsbefugnis **22** 38
Umrechnung von Forderungen 45 1 ff.
- Aufrechnungsbeschränkungen **45** 30
- ausländische Währung **45** 17, **45** 23
- Befreiungsanspruch **45** 7
- Beseitigungsanspruch **45** 3
- betriebliche Altersversorgung **45** 13 ff., **45** 22
- Feststellungsansprüche **45** 9
- Gesamtschuldner und Bürgen **45** 27
- inhaltliche Umwandlung **45** 24
- Insolvenzanfechtung **45** 5
- Insolvenzforderungen **45** 2
- Insolvenzplanverfahren **45** 29
- Löschungsanspruch **45** 3
- materielle Wirkung **45** 24 ff.
- Nacherfüllungsansprüche **45** 3
- nicht vertretbare Handlungen **45** 8
- persönlich haftende Gesellschafter **45** 28
- persönliche Schätzung und Umrechnung **45** 18
- prozessuale Rechtskrafttheorie **45** 26
- Räumungsanspruch **45** 3
- Rückgewähransprüche **45** 5
- Sonderziehungsrecht **45** 17
- unbestimmter Geldbetrag **45** 11 ff.
- Unterlassungsansprüche **45** 3
- Verschaffungsansprüche **45** 3
- Versorgungsanwartschaft **45** 14 ff.
- vertretbare Handlungen **45** 7
- Wert der Forderung **45** 20 f.
- Zeitpunkt von Schätzung und Umrechnung **45** 19
Umsatzsteuer
- abgesonderte Befriedigung aus unbeweglichen Gegenständen **49** 57
- Berechnung des Kostenbeitrags **171** 5 ff.
- Eintritt der Aufrechnungslage im Verfahren **95** 26 ff.
- Factoring **116** 114 ff.
- Steuerforderungen **38** 78 ff.
- steuerrechtliche Stellung des vorläufigen Insolvenzverwalters **22** 192 d, **22** 192 f, **22** 192 h
- steuerrechtliche Wirkungen der Insolvenzeröffnung **80** 37, **80** 61 f.

3267

Sachregister

fette Zahlen = Gesetzesvorschriften

- teilbare Leistungen **105** 25
- Vergütung der Mitglieder des Gläubigerausschusses **73** 27
- Vergütung des Insolvenzverwalters **63** 76
- Vergütung des Treuhänders **293** 12
- Verteilung des Erlöses **170** 10, **170** 15
- Verwertung durch Gläubiger **173** 4

Umsatzsteuerliche Organschaft 38 85
Umschichtung des Vermögens 134 26
Umschuldung 290 51
Umverteilung 1 10
Umwandlung
- Genossenschaft **11** 213
- Gesellschaften ohne Rechtspersönlichkeit **11** 246, **11** 309
- juristische Personen **11** 50 f., **11** 156 f.
- persönliche Haftung der Gesellschafter **93** 11

Umwandlung des vorhergehenden Verfahrens Art. 37 EuInsVO 1 ff.
Umwandlungsmaßnahmen 129 68
Umwelthaftung 35 75 ff.
Umweltlasten
- Rechte und Pflichten des Insolvenzverwalters **80** 170
- sonstige Masseverbindlichkeiten **55** 29 ff.

Unabhängiges Organ der Insolvenzverwaltung 69 2
Unbegründeter Insolvenzantrag 14 157 f.
Unbekannter Aufenthalt
- Anhörung des Schuldners **10** 4 f.
- Zustellung des Schuldenbereinigungsplans **307** 23 ff., **307** 84
- Zustellungen **8** 5

Unberechtigte Verwertung durch den Schuldner 166 11
Unberechtigter Insolvenzantrag 13 89 ff.
Unbewegliche Gegenstände
- anwendbares Recht **336** 1 ff., **Art. 8 EuInsVO** 1 ff.
- ausländisches Insolvenzverfahren **349** 1 ff., **351** 15 ff.
- Belegenheitsrecht **Art. 8 EuInsVO** 13 f.
- Berechnung des Kostenbeitrags **171** 11 f.
- besonders bedeutsame Rechtshandlungen **160** 23
- Dritterwerber **Art. 14 EuInsVO** 1 ff.
- Fortbestehen von Miet- und Pachtverträgen **108** 14
- Grundpfandrechte **Art. 8 EuInsVO** 8
- Insolvenzanfechtung **349** 13
- Nutzung **Art. 8 EuInsVO** 7
- Schutz des Gläubigers vor einer Verzögerung der Verwertung **169** 1 a
- Sicherungsrechte **Art. 8 EuInsVO** 8
- Sonderkündigungsrecht des Insolvenzverwalters **109** 2
- typengemischte Verträge **Art. 8 EuInsVO** 9
- Veräußerung des Miet- oder Pachtobjekts **111** 2
- Verfügungen **349** 6 ff.
- Verwertung unbeweglicher Gegenstände **165** 2
- Vormerkung **349** 14

Unbewegliche Sachen
- Insolvenz des Leasinggebers **108** 147 ff.
- Insolvenz des Leasingnehmers **108** 81 ff., **108** 112 ff.
- Insolvenzmasse **35** 132 ff.
- Kündigungssperre **112** 3

UNCITRAL vor 335–358 15 f.
Und-Konto 116 22
Unechte Freigabe
- Freigabe **35** 85
- Verwertung der Insolvenzmasse **159** 61

Unechte Gesamtschuld 43 3
Unechte Treuhand 47 32 ff.
Unechtes Factoring 116 44, **116** 66 ff., **116** 94 f.
Unentgeltliche Leistungen 134 1 ff.
- Anerkenntnis **134** 34
- anfechtungsfreie Leistungen **134** 47 ff.
- Anweisung **134** 14, **134** 17
- Auseinandersetzung **134** 28

- Ausschüttung von Scheingewinnen **134** 22
- Ausstattung des Kindes **134** 41
- belastete Gegenstände **134** 8
- betriebliche Altersversorgung **134** 33
- Bezugsrecht **134** 15 f.
- Darlegungs- und Beweislast **134** 51 f., **143** 55 f.
- Drei-Personenverhältnisse **134** 14 ff.
- Entgelt **134** 35 f.
- Erfüllung **134** 3
- Erfüllung einer Verbindlichkeit **134** 31 ff.
- fehlende Unentgeltlichkeit **134** 31 ff.
- fremde Schuld **134** 17 f., **134** 18 b
- gebräuchliche Geschenke **134** 47
- gemischte Schenkung **134** 1
- gesellschaftsrechtliche Abfingungsklauseln **134** 39
- Gratifikationen **134** 32
- Gutgläubigkeit **143** 51
- Irrtum über die Entgeltlichkeit **134** 27
- Lebensversicherungen **134** 15 f.
- Leistung des Schuldners **134** 4 ff.
- maßgeblicher Zeitpunkt **134** 42
- Miteigentum **134** 9
- mittelbare Gläubigerbenachteiligung **134** 2
- mittelbare Leistungen **134** 11 ff.
- Nichtschulden **134** 24, **134** 36
- objektive Gleichwertigkeit **134** 20 f.
- objektiver Sachverhalt **134** 20
- Parteiauffassung **134** 21
- rechtsgrundlose Leistung **134** 35
- Rechtshandlungen **134** 5
- Scheck **134** 10
- Schenkung **134** 37 ff.
- Schuldübernahmen **134** 17 f.
- Sicherung **134** 18 b
- Stiftungen **134** 38
- Synallagma **134** 22
- Umfang des Rückgewährungsanspruches **143** 53 f.
- Umschichtung des Vermögens **134** 26
- Untentgeltlichkeit der Leistung **134** 19 ff.
- Unterlassen **134** 6
- verdeckte Schenkung **134** 40
- Vergleich **134** 31
- Verkehrssitte **134** 47
- Verlustausgleichsansprüche **134** 22
- Verträge zu Gunsten Dritter **134** 12 ff.
- Vormerkung **134** 46
- Weihnachtsgeld **134** 32
- Zeitmoment **134** 43 ff.
- Zugewinnausgleich **134** 28
- Zuwendungen an Ehegatten **134** 30

Unerlaubte Handlungen
- Anmeldeverfahren **174** 37 ff.
- Berücksichtigung bestrittener Forderungen **189** 16
- besondere Zuständigkeiten **185** 1
- Klage gegen den Widerspruch des Schuldners **184** 3, **184** 20 ff.
- nachträgliche Anmeldungen **177** 39
- Rechtskraftwirkung festgestellter Forderungen **178** 30
- sonstige Masseverbindlichkeiten **55** 37 f.
- Tabelle **175** 26 f.
- von der Restschuldbefreiung ausgenommene Forderungen **302** 2 ff.

Unfallversicherung 35 222
Ungedeckter Scheck 17 31
Ungenehmigte Schlussverteilung 196 19
Ungenutzte Besicherungsgrundlagen 18 5
Ungeprüfte Forderungen 77 13
Ungerechtfertigte Bereicherung
- Internationales Insolvenzrecht **342** 12
- sonstige Masseverbindlichkeiten **55** 85 ff.

Ungerechtfertigte Kündigung 128 32
Ungewisse Forderungen 52 11

magere Zahlen = Randnummern

Sachregister

Ungleichbehandlung in einer Gruppe 226 4
United States Bankruptcy Law 1800 vor 217 14 f.
Universalitätsprinzip
– Anerkennung ausländischer Insolvenzverfahren Art. 16 EuInsVO 1
– anwendbares Recht Art. 4 EuInsVO 3
– Insolvenzvermögensstatut 335 33
– Internationales Insolvenzrecht vor 335–358 8, vor 335–358 28, vor EuInsVO 11, vor EuInsVO 16
– öffentliche Bekanntmachung Art. 21 EuInsVO 1
Unkündbarkeitsregelung
– Kündigung eines Dienstverhältnisses 113 190
– Kündigungsbefugnis des vorläufigen Insolvenzverwalters 22 79 f.
– Verfrühungsschaden 113 158
Unmittelbar nachteilige Rechtshandlungen
– s. auch Anfechtbare Rechtshandlungen
– Bargeschäft 132 10
– Darlegungs- und Beweislast 132 17 f.
– gleichgestellte Rechtshandlungen 132 12 ff.
– Insolvenzverwalter 132 17
– mittelbare Gläubigerbenachteiligung 132 14
– Rechtshandlungen in der Krise 132 15 f.
– unmittelbare Gläubigerbenachteiligung 132 8 ff.
Unmittelbare Gläubigerbenachteiligung 132 8 ff.
Unmittelbarkeitsprinzip 35 29 ff., 47 33 a
Unpfändbare Einkünfte 36 12
Unpfändbare Forderungen und Rechte
– insolvenzfreies Vermögen 35 89
– unpfändbare Gegenstände 36 20 ff., 36 40
Unpfändbare Gegenstände 36 1 ff.
– Apothekeneinrichtung 36 49, 36 51
– Aufbewahrungspflichten 36 47 f.
– Austauschpfändung 36 41
– bedingte Pfändbarkeit 36 7 ff.
– Berechnung des pfändbaren Teils 36 23
– bescheidene Haushaltsführung 36 52
– Briefgeheimnis 36 45
– Datenträger 36 45
– Eigentumsvorbehalt 36 18
– einmalige Leistungen 36 22
– erweiterte Pfändbarkeit 36 6
– erweiterter Pfändungsschutz 36 42
– Erziehungsgeld 36 22
– Existenzminimum 36 42
– freie Berufe 36 24 ff.
– Freigabe 36 39
– Geschäftsbücher 36 44 ff.
– Gesellschaften ohne Rechtspersönlichkeit 36 19
– gesetzliche Pfandrechte 50 16
– gewöhnlicher Hausrat 36 52
– Hausrat 36 52 f.
– Herausgabepflichten 36 46
– hinterlegte Sachen 36 32
– höchstpersönliche Ansprüche 36 4
– höchstpersönliche Rechte 36 4
– Honorarforderungen 36 7, 36 24 ff.
– Insolvenzgeld 36 31
– Istmasse 36 12
– juristische Personen 36 19
– Karteien 36 45
– landwirtschaftliche Betriebsmittel 36 49 f.
– Lebensversicherungen 36 36 f.
– Lohnabtretungsverbot 36 10
– Maschinen 36 17
– Massezugehörigkeit unpfändbarer Gegenstände 36 43 ff.
– Miete 36 22
– Mitgliedschaftsrechte 36 38
– Nachlass 36 8
– nicht der Zwangsvollstreckung unterliegende Gegenstände 36 4

– Pfändungsfreibetrag 36 55
– Pflichtteilsanspruch 36 35
– Rechtsmittel 36 54
– Restschuldbefreiungsverfahren 36 2, 36 20, 36 39
– schwegepflichtige Berufe 36 24 ff.
– Sicherungseigentum 36 18
– Sollmasse 36 12
– Sozialleistungen 36 22
– Taschengeld 36 34
– unpfändbare Einkünfte 36 12
– unpfändbare Forderungen und Rechte 36 20 ff., 36 40
– unpfändbare Sachen 36 14 ff.
– unpfändbares Arbeitseinkommen 36 20 ff.
– Unpfändbarkeit 36 4 ff.
– Unterhaltsansprüche 36 9
– Unübertragbarkeit einer Forderung 36 7
– Verbraucherinsolvenzverfahren 36 2, 36 39
– vermögenswirksame Leistungen 36 33
– verschleiertes Arbeitseinkommen 36 22
– vertraglicher Ausschluss der Pfändbarkeit 36 10 f.
– Vertragsarzt 36 29 f.
– Verwertung von Honorarforderungen 36 28
– Verzicht auf Pfändungsschutz 36 39 f.
– Wegfall der Zweckbindung 36 5
– Werkzeuge 36 17
– Wertpapiere 36 45
– zur Fortsetzung der Erwerbstätigkeit benötigte Gegenstände 36 15 ff.
– zur Wiederaufnahme der Arbeit benötigte Gegenstände 36 16
– Zuständigkeit 36 54
– zweckgebundene Forderungen 36 5
Unpfändbares Arbeitseinkommen
– allgemeine Verfahrensvereinfachungen 312 37 ff.
– unpfändbare Gegenstände 36 20 ff.
Unterbeteiligung 84 7, 84 19
Unterbilanz 19 25
Unterbilanzhaftung 35 308
Unterbrechung und Aufnahme eines Rechtsstreits
– Aufnahme 352 8 f.
– ausländisches Insolvenzverfahren 352 1 ff.
– Beendigung 352 8 f.
– Insolvenzeröffnungsverfahren 352 10
– Unterbrechung 352 3 ff.
Unterdeckung
– Begriff der Zahlungsunfähigkeit 17 20 ff.
– Feststellung der Zahlungsunfähigkeit 17 41 ff.
– Schutz des Gläubigers vor einer Verzögerung der Verwertung 169 11
Untergesellschaft 11 397 ff.
Unterhalt 22 22
Unterhalt aus der Insolvenzmasse 100 1 ff.
– Art der Unterhaltsgewährung 100 8
– bescheidene Lebensführung 100 16
– Eigenverwaltung 100 16
– Existenzminimum 100 2
– Gläubigerversammlung 100 4
– Höhe 100 7
– Masseverbindlichkeiten 100 17
– notwendiger Unterhalt 100 10 ff.
– persönlich haftende Gesellschafter 101 21
– Restschuldbefreiungsverfahren 100 15
– Unterhaltsberechtigte 100 5 f.
– Verbraucherinsolvenzverfahren 100 14
– vorläufige Gewährung 100 9 ff.
Unterhaltsansprüche 40 1 ff.
– Abtretung 40 9
– anmeldbare Forderungen 174 5
– antragsberechtigte Gläubiger 14 3
– außergerichtlicher Schuldenregulierungsplan 40 4
– Begründetheit im Eröffnungszeitpunkt 38 37
– familienrechtliche Ansprüche 40 5 ff.

Sachregister

fette Zahlen = Gesetzesvorschriften

- gesetzliche Unterhaltsansprüche 40 5
- gesetzlicher Forderungsübergang 40 9
- gesteigerte Unterhaltspflicht 40 15
- Insolvenzmasse 35 157 f., 40 14
- Insolvenzplan 40 13
- Kapitalabfindung 40 8
- laufende Unterhaltsansprüche 40 11 ff.
- Lebenspartner 40 8
- Nachlassverbindlichkeiten 325 4
- Rangordnung der Masseverbindlichkeiten 209 32
- Restschuldbefreiungsverfahren 40 3
- rückständige Unterhaltsansprüche 40 10
- unpfändbare Gegenstände 36 9
- Verbraucherinsolvenzverfahren 40 15
- Versorgungsausgleich 40 5
- vertraglich begründete Unterhaltsansprüche 40 6
- Vollstreckungsverbot 89 37 f.

Unterhaltsberechtigte
- Mittel zur Lebensführung des Schuldners 278 10
- Unterhalt aus der Insolvenzmasse 100 5 f.

Unterhaltsforderungen
- Ersetzung der Zustimmung 309 42
- von der Restschuldbefreiung ausgenommene Forderungen 302 7 f.
- Wirkung der Restschuldbefreiung 301 7
- Zwangsvollstreckungsverbot 294 18

Unterhaltsgläubiger 35 89
Unterhaltsschuldner 13 94
Unterkapitalisierung 19 26 f.

Unterlassungsansprüche
- Aussonderung 47 73
- Insolvenzmasse 35 196
- Umrechnung von Forderungen 45 6
- Vermögensanspruch 38 12 f.
- Vollstreckungsverbot 89 10

Unterlassungspflichten
- Auskunfts- und Mitwirkungspflichten des Schuldners 97 21
- Verwertung der Insolvenzmasse 159 64

Unternehmen 35 268 ff.
- s. auch Freiberufler
- s. auch Kaufleute
- Apotheken 35 296 f.
- Ausnahmen vom Vollstreckungsschutz 35 273
- Gewerbegenehmigungen 35 270 ff.
- Landwirte 35 298
- Massezugehörigkeit 35 268 ff.

Unternehmensbegriff 158 3
Unternehmensbeteiligungsgesellschaften 39 61
Unternehmensfortführung 11 11 ff.
- s. auch Betriebsfortführung
- Aufhebung eines Beschlusses der Gläubigerversammlung 78 16
- bedingter Insolvenzplan 249 1 f.
- Berichtstermin 11 14
- Entscheidung über den Fortgang des Verfahrens 157 10 f.
- Freiberufler 35 283 ff.
- Haftung des vorläufigen Insolvenzverwalters 22 226
- Insolvenzeröffnungsverfahren 11 12
- Insolvenzgeld 22 92
- Insolvenzkostenhilfe 13 110
- Insolvenzplan 11 15, 217 22
- insolvenzspezifische Pflichten 60 15
- nachrangige Insolvenzgläubiger 225 3
- Nichterfüllung von Masseverbindlichkeiten 61 33
- nichtinsolvenzspezifische Pflichten 60 83
- Sicherheiten-Pool 51 73
- steuerrechtliche Stellung des Insolvenzverwalters 56 83
- steuerrechtliche Stellung des vorläufigen Insolvenzverwalters 22 192 c f.
- Stilllegung 11 13
- Überwachung der Planerfüllung 260 5
- Unternehmensveräußerung 11 13
- Vergütung des vorläufigen Insolvenzverwalters 22 233 a
- Vorlage des Insolvenzplans 218 12
- vorläufiger Insolvenzverwalter 11 12, 22 207 ff.
- Vorprüfung des Insolvenzplans 231 29 f.
- Wertgegenstände 149 2

Unternehmensinsolvenz
- Insolvenzkostenhilfe 13 112
- Zulässigkeit des Insolvenzverfahrens 11 7

Unternehmenskauf
- Betriebsveräußerung an besonders Interessierte 162 2
- Verwertung der Insolvenzmasse 159 22

Unternehmensstilllegung
- s. auch Betriebsstilllegung
- Aufgaben des Gläubigerausschusses 69 37
- Beendigung von Arbeitsverhältnissen 113 51
- Einschränkung des schuldnerischen Unternehmens 22 31
- Entscheidung über den Fortgang des Verfahrens 157 6
- erhebliche Vermögensminderung 22 26
- Freiberufler 35 289
- gerichtliche Stilllegungsentscheidung 22 29 ff.
- Haftung des vorläufigen Insolvenzverwalters 22 225
- haftungsrechtliche Legitimationswirkung 22 29
- Insolvenzgericht 22 29 ff.
- Insolvenzkostenhilfe 13 110
- insolvenzspezifische Pflichten 60 15
- Liquiditätsbedarfsplanungsrechnung 22 29
- Maßnahmen vor der Entscheidung über Unternehmensstilllegung oder -veräußerung 158 3 ff.
- Merkmal der Offensichtlichkeit 22 28
- Nichterfüllung von Masseverbindlichkeiten 61 34
- nichtinsolvenzspezifische Pflichten 60 84
- sachliche Voraussetzungen der Betriebsstilllegung 22 26 ff.
- Sozialpläne 22 31
- steuerrechtliche Stellung des vorläufigen Insolvenzverwalters 22 192 c
- Stilllegung einzelner Betriebsteile 22 27, 22 29
- vorzeitige Betriebsstilllegung 22 25 ff.
- Zustimmung des Insolvenzgerichts 22 25

Unternehmensveräußerung 11 16 ff.
- Auffanggesellschaft 22 33
- Berichtstermin 11 19
- Entscheidung über den Fortgang des Verfahrens 157 7 f.
- Freiberufler 35 288
- Gläubigerbenachteiligung 129 95
- Insolvenzeröffnungsverfahren 11 19
- Insolvenzplan 11 20
- Maßnahmen vor der Entscheidung über Unternehmensstilllegung oder -veräußerung 158 8 ff.
- Minusmaßnahme zur Betriebsstilllegung 22 32
- Rückgewährpflicht 143 9
- Sachwalter 274 4
- Sanierung 11 16
- übertragende Sanierung 11 16
- Unternehmensfortführung 11 13
- Verwertung der Insolvenzmasse 159 22
- vorläufiger Insolvenzverwalter mit Verwaltungs- und Verfügungsbefugnis 22 32 ff.

Unternehmensvertrag 11 397 ff., 11 407
Unternehmenswert 159 22
Unternehmerische Entscheidungen 22 60, 22 62
Unternehmerische Pflichten 148 41
Unterrichtung der Gläubiger 167 1 ff., Art. 102 § 11 EGInsO 1 ff.
- absonderungsberechtigte Gläubiger 167 2
- Auskunftspflichten 167 2 ff.

magere Zahlen = Randnummern **Sachregister**

- aussonderungsberechtigte Gläubiger 167 3 a
- Berichtspflichten 281 4
- Besichtigung 167 6
- bewegliche Sachen 167 4 ff.
- Einsichtnahme 167 8
- Ergänzungspflicht des Sachwalters 281 6
- Eröffnungsbeschluss Art. 102 § 11 EGInsO 3
- Forderungen 167 7 f.
- Gläubigerverzeichnis 281 2
- Kosten 167 9
- nachträgliche Anmeldungen Art. 102 § 11 EGInsO 1
- Rechnungslegungspflicht 281 5
- Rechtsfolgen eines Verstoßes 167 10
- Sachwalter 281 3
- Sicherungsgläubiger 167 4, 167 7
- Vermögensübersicht 281 2
- Verzeichnis der Massegegenstände 281 2
- vorläufige Eigenverwaltung 281 1 ff.
- Zustellung Art. 102 § 11 EGInsO 7

Unterrichtung der Gläubigerversammlung 79 1 ff.
- Auskunftsverweigerungsrecht 79 12
- aussonderungsberechtigte Gläubiger 79 6
- Berichterstattung 79 7 f.
- Berichtspflichten 79 2, 79 7 ff.
- besonderer Anlass 79 10
- Einzelauskünfte 79 4
- Form 79 11
- Geheimhaltung 79 12
- Geschäftsführungsbericht 79 14 ff.
- Informationsrecht 79 2 ff.
- Kassenprüfung 79 17
- Prüfung des Geldverkehrs 79 17

Unterrichtungspflicht
- Arbeitnehmerklage 127 11 f.
- Aufgaben des Gläubigerausschusses 69 25 f., 69 44 ff.
- ausländisches Insolvenzverfahren 347 5
- gerichtliche Bestätigung des Insolvenzplans 252 2
- Kooperationspflicht Art. 31 EuInsVO 4 ff.
- Maßnahmen vor der Entscheidung über Unternehmensstilllegung oder -veräußerung 158 14
- Rechte und Pflichten des Insolvenzverwalters 80 192
- Sachwalter 274 22
- vorläufige Untersagung von Rechtshandlungen 161 1
- vorzeitige Betriebsänderung mit gerichtlicher Zustimmung 122 65 ff.

Untersagung von Zwangsvollstreckungsmaßnahmen
- Anordnung von Sicherungsmaßnahmen 21 26 ff., 21 50
- Sicherungsmaßnahmen 306 34

Untersicherung 169 11

Unterstützungspflichten
- Antrag auf Eröffnung des Verbraucherinsolvenzverfahrens 305 104 ff.
- Aufgaben des Gläubigerausschusses 69 21
- Auskunfts- und Mitwirkungspflichten des Schuldners 97 16 ff.

Untersuchungsgrundsatz
- Amtsermittlungen 5 7
- Zivilprozessordnung 4 41 f.
- Zulässigkeitsvoraussetzungen 13 13

Unübertragbarkeit einer Forderung 36 7

Unverwertbare Massegegenstände
- Schlusstermin 197 14 ff.
- Schlussverteilung 196 4 f.

Unwirksamkeit abweichender Vereinbarungen
- Beeinträchtigung des Wahlrechts 119 3 ff.
- Darlegungs- und Beweislast 119 3
- Dienstverhältnisse 119 7 f.
- dingliche Sicherheiten 119 5
- insolvenzabhängige Lösungsklauseln 119 13 f.
- Insolvenzanfechtung 119 26
- insolvenzunabhängige Lösungsklauseln 119 12

- Lösungsklauseln 119 10 ff.
- Miete 119 7 f.
- Pacht 119 7 f.
- Schutz der Verwaltungsausübung 119 2
- Sonderkündigungsrecht 119 22
- VOB/B 119 15
- Vorausabtretung 119 6
- Wahlrecht des Insolvenzverwalters 119 23 f.
- zwingendes Recht 119 1 ff.

Unwirksamkeit von Veräußerungsverboten 80 202 ff.
- absolutes Verfügungsverbot 80 203
- Abtretungsverbot 80 202
- behördliche Veräußerungsverbote 80 205
- Ehegatten 80 203
- gerichtliche Veräußerungsverbote 80 205
- rechtsgeschäftliche Veräußerungsverbote 80 204
- relatives Verfügungsverbot 80 203
- Vorpfändung 80 207
- Zwangsvollstreckung 80 206

Unzulässiger Insolvenzantrag
- Gläubigerantrag 14 124
- Schuldnerschutz 14 157 f.

Unzulässigkeit der Aufrechnung 96 1 ff.
- anfechtbare Herbeiführung der Aufrechnungslage 96 46 ff.
- Anfechtung 96 24
- Aufrechnung gegen den Schuldner 96 65 ff.
- bankrechtliche Ansprüche 96 15 ff.
- Bruttoabrechnungssysteme 96 73
- Darlegungs- und Beweislast 96 71
- Entstehung der Hauptforderung nach Insolvenzeröffnung 96 4 ff.
- Erfüllungsablehnung 96 10 ff.
- Erfüllungswahl 96 8 f.
- Erwerb der Gegenforderung nach Insolvenzeröffnung 96 32 ff.
- EU-Zahlungssysteme 96 72 ff.
- Factoring 96 41 ff.
- Finanzsicherheiten 96 78
- Genossenschaft 96 26 f.
- Insolvenzeröffnungsverfahren 96 36
- Interbankenverkehr 96 79
- Miete 96 14
- Nettoabrechnungssysteme 96 73
- Pacht 96 14
- Rechtsfolgen 96 69 f.
- Rechtsgeschäfte des Insolvenzverwalters 96 6 f.
- Rechtsgeschäft mit dem Insolvenzschuldner 96 25
- Rückabtretung 96 29, 96 37 f.
- Sozialversicherungsträger 96 35
- Steuerforderungen 96 18 ff., 96 55 ff.
- Verrechnung 96 50
- Wahlrecht des Insolvenzverwalters 96 8 ff.

Urheberrecht 35 248

Urkunden 35 150

Urkundsbeamter der Geschäftsstelle
- funktionelle Zuständigkeit 2 5
- sofortige Beschwerde 6 11

Urlaub
- Beendigung von Arbeitsverhältnissen 113 45
- sonstige Masseverbindlichkeiten 55 68 f.

Urlaubsabgeltungsanspruch 55 63

Urlaubsgeld 22 115, 22 118

Variable Entgeltanteile 22 126

Veranlagungszeitraum 38 74, 38 90

Verarbeitung
- Eigentumsvorbehalt 47 20
- Insolvenzmasse 35 125
- Mitteilung der Veräußerungsabsicht 168 5
- sonstige Verwendung beweglicher Sachen 172 12 ff.
- Verwertung von Sicherungsgut 22 40

Sachregister

fette Zahlen = Gesetzesvorschriften

Verarbeitungsklausel
- Ausschluss sonstigen Rechtserwerbs 91 30
- Eigentumsvorbehalt 47 26
- insolvenzspezifische Pflichten 60 41
- Sicherungsübereignung 51 19

Veräußerung des Miet- oder Pachtobjekts 111 1 ff.
- außerordentliches Kündigungsrecht 111 1
- Insolvenzverwalter 111 2
- Masseverbindlichkeiten 111 13
- Mieterschutz 111 11
- Sonderkündigungsrecht 111 8 ff.
- Überlassung 111 7
- unbewegliche Gegenstände 111 2
- Veräußerung 111 6
- Vermieterinsolvenz 111 2
- Vertragseintritt 111 5
- vorläufiger Insolvenzverwalter mit Verwaltungs- und Verfügungsbefugnis 111 2

Verbindung
- Insolvenzmasse 35 125
- sonstige Verwendung beweglicher Sachen 172 13

Verbindung mehrerer Insolvenzeröffnungsverfahren
- mehrere Insolvenzanträge 13 72 f.
- spezielle Zulässigkeitsvoraussetzungen 14 36

Verbindung nach Verfahrenseröffnung 13 74
Verbot der Doppelanmeldung 44 1
Verbot der Doppelvergütung 73 7 f.
Verbot der Unangemessenheit
- Vergütung der Mitglieder des Gläubigerausschusses 73 1
- Vergütung des Insolvenzverwalters 63 3

Verbotene Eigenmacht 148 9
Verbrauch
- Nutzung des Sicherungsguts 172 3
- sonstige Verwendung beweglicher Sachen 172 12 a

Verbraucherinsolvenzverfahren vor 304–314 1 ff., 304 1 ff.
- s. auch Antrag auf Eröffnung des Verbraucherinsolvenzverfahrens
- s. auch Ruhen des Verfahrens
- s. auch Schuldenbereinigungsplan
- Abtretung des pfändbaren Arbeitsentgelts 287 36
- Abweisung mangels Masse 26 5
- Abweisungsbeschluss 26 41
- allgemeine Verfahrensvereinfachungen 312 5 f.
- Amtsermittlungen 5 2
- Amtsermittlungspflicht 304 29
- Ankündigung der Restschuldbefreiung 291 6
- Anordnung der Nachtragsverteilung 203 1, 203 25
- Anordnung von Sicherungsmaßnahmen 21 1, 21 10, 21 33, 21 46
- Antrag des Schuldners auf Restschuldbefreiung 287 12
- arbeitnehmerähnliche Personen 304 8
- Arbeitsverhältnisse 304 22 f.
- Aufgabe selbstständiger Erwerbstätigkeit 304 24 f.
- Auskunfts- und Mitwirkungspflichten 20 36, 97 3
- Ausländer 304 6
- außergerichtlicher Vergleich vor 304–314 4
- Beratung und Vertretung vor 304–314 13
- Bindung an den Antrag 304 32 ff.
- Eigenverwaltung 270 4
- Einstellung nach Anzeige der Masseunzulänglichkeit 211 3 a
- Entscheidung des Insolvenzgerichts 289 35
- Entwicklungsgeschichte vor 304–314 7 ff.
- faktische Arbeitsverhältnisse 304 22
- Finanzbehörde 304 19
- Freiberufler 304 1 f.
- frühere selbständige Erwerbstätigkeit 304 14 ff.
- funktionelle Zuständigkeit 2 3
- geeignete Stellen vor 304–314 12

- Gerichtsverfassungsgesetz 4 40
- Gesellschaften ohne Rechtspersönlichkeit 11 335
- Gesellschafter 304 11 ff.
- Gläubigerantrag 304 27 f.
- Handels- und steuerrechtliche Rechnungslegung 155 9
- Insolvenzanfechtung 129 43
- Insolvenzgericht 2 9
- Insolvenzgrund 16 19
- Insolvenzkostenhilfe 13 103, 13 113
- Insolvenzmasse 35 66, 35 117
- Insolvenzplan 217 2
- Insolvenzverfahren 1 3, 1 16
- juristische Personen 11 183
- Kleinunternehmer 304 1 ff.
- Mehrheitsgesellschafter 304 13
- natürliche Personen vor 304–314 2, 304 6
- Nebentätigkeit 304 9
- örtliche Zuständigkeit 3 4
- persönlich haftende Gesellschafter 304 12
- Postsperre 99 3
- Rücknahme des Insolvenzantrags 13 114, 13 120, 13 132
- Schuldenbereinigungsverfahren vor 304–314 5
- Schuldnerantrag 304 29 ff.
- selbstständige Erwerbstätigkeit 304 7 ff.
- Sicherungsmaßnahmen 306 27 ff.
- sofortige Beschwerde bei Zurückweisung des Insolvenzantrags 34 5
- Sozialversicherungsbeiträge 304 23
- staatliche Finanzierung vor 304–314 14 ff.
- Stundung der Kosten des Insolvenzverfahrens 4 a 1
- Überleitung in das Regelinsolvenzverfahren 304 42
- Überschaubarkeit der Vermögensverhältnisse 304 16 ff.
- unpfändbare Gegenstände 36 2, 36 39
- Unterhalt aus der Insolvenzmasse 100 14
- Unterhaltsansprüche 40 15
- Veränderung der Gläubigerzahl 304 35 ff.
- vereinfachtes Verfahren vor 304–314 6, 311 21
- Verfahren 304 25 a ff.
- Verfahrenskostenvorschuss 26 22
- Versagung der Restschuldbefreiung 290 7
- Vorauswahl des Insolvenzverwalters 56 15
- Zahlungsunfähigkeit 17 32
- Zivilprozessordnung 4 41
- Zulässigkeit des Insolvenzverfahrens 11 8
- Zulässigkeitsvoraussetzungen 13 17, 13 19, 13 54 f.
- Zulassung des Gläubigerantrags 14 100
- Zwangsbefugnisse des vorläufigen Insolvenzverwalters 22 215

Verbundene Unternehmen
- Aktiengesellschaft 35 315
- Forderungen auf Rückgewähr von Gesellschafterdarlehen 39 42
- GmbH 35 315

Verdeckte Gewinnausschüttungen
- Aktiengesellschaft 35 313
- Benachteiligungsvorsatz 133 17
- GmbH 35 313

Verdeckte Sacheinlagen
- GmbH 35 308
- Wertansätze und Bewertung bei positiver Fortführungsprognose 19 69 f.

Verdeckte Schenkung 134 40
Verdeckte Stellvertretung 35 36
Verdeckte Überschuldungssituation 18 1
Verdienstausfall 113 160
Verein 13 62
Vereinfachte Kapitalherabsetzung
- Aktiengesellschaft 11 195
- GmbH 11 195

magere Zahlen = Randnummern **Sachregister**

Vereinfachte Verteilung 314 1 ff.
– Abstimmungen **314** 5 ff.
– Änderungen **314** 24 f.
– Anhörung **314** 15
– Antrag **314** 8 ff.
– Aufhebung **314** 24 f.
– Beschluss **314** 16 ff.
– Freigabe **314** 6 f., **314** 27
– Grundpfandrechte **314** 4
– Nutzung der Massegegenstände **314** 29
– öffentliche Bekanntmachung **314** 14
– rechtliches Gehör **314** 11 ff.
– Rechtsmittel **314** 26, **314** 36
– Restschuldbefreiung **314** 31 ff.
– Sicherungseigentum **314** 3
– sofortige Beschwerde **314** 36
– Übermaßverbot **314** 18
– Verfahren **314** 2 ff.
– Versagung der Restschuldbefreiung **314** 33 ff.
– Verzicht auf Verwertung **314** 23 f.
– Zurückweisung des Antrags **314** 19 ff.
Vereinfachtes Insolvenzverfahren
– s. auch Allgemeine Verfahrensvereinfachungen
– s. auch Treuhänder
– s. auch Vereinfachte Verteilung
– Abweisung mangels Masse **311** 18 ff.
– Amtsermittlungspflicht **311** 7 ff.
– Anfechtungsberechtigung **129** 11, **129** 25
– Berechnung des Kostenbeitrags **171** 6
– Einwendungen **311** 1 ff.
– Erledigung der Hauptsache **311** 14
– Eröffnung des Insolvenzverfahrens **311** 36 ff.
– Eröffnungsbeschluss **311** 40
– Fristen **311** 29
– Grundbuch **32** 1
– Insolvenzanfechtung **129** 42 f.
– insolvenzfreies Vermögen **35** 89
– Insolvenzgrund **16** 19
– Insolvenzverfahren **1** 2
– Kosten **311** 24, **311** 46 ff.
– Nachlassinsolvenzverfahren **311** 39
– Null-Plan **311** 37
– Rechtsmittel **311** 34 f., **311** 43
– Sachverständiger **311** 11 f.
– schriftliches Verfahen **312** 72 ff.
– Schuldenbereinigungsplan **311** 1
– Schuldenbereinigungsverfahren **311** 5 f.
– Sicherungsmaßnahmen **311** 32 ff.
– sofortige Beschwerde **311** 34, **311** 43
– Treuhänder **313** 7 a
– Verbraucherinsolvenzverfahren **311** 21
– Vergütung des Insolvenzverwalters **63** 15 f.
– Verwertung der Insolvenzmasse **159** 62, **159** 67 f.
– Verwertung durch Gläubiger **173** 1
– Vorschuss **311** 20 ff.
– Vorschussberechnung **311** 26 ff.
– Wiederaufnahme des Insolvenzeröffnungsverfahrens **311** 3 f.
– Zurückweisung des Insolvenzantrags **311** 15 ff.
Vereinfachtes Verfahren
– Ankündigung der Restschuldbefreiung **291** 12
– Entscheidung des Insolvenzgerichts **289** 13 f.
– Verbraucherinsolvenzverfahren **vor 304–314** 6
Vereinsregister s. Register
Verfahren bei der Einstellung 214 1 ff.
– Anhörung **214** 8
– Einstellungsbeschluss **214** 9
– Fristen **214** 6
– Masseansprüche **214** 10
– Niederlegung **214** 4
– öffentliche Bekanntmachung **214** 3
– Widerspruch **214** 5 ff.

– Widerspruchsberechtigte **214** 5
– Zulässigkeitsprüfung **214** 2
Verfahren Kölner Prägung 22 15
Verfahrensbeendende Maßnahmen Art. 34 EuInsVO 1 ff.
– Aussetzung der Verwertung **Art. 34 EuInsVO** 6
– Hauptinsolvenzverwalter **Art. 34 EuInsVO** 3
– Planinitiativrecht **Art. 34 EuInsVO** 3
– Sanierung **Art. 34 EuInsVO** 2 ff.
– Sanierungsmaßnahmen **Art. 34 EuInsVO** 5
– Sanierungsplan **Art. 34 EuInsVO** 1
– Vergleich **Art. 34 EuInsVO** 1
– Voraussetzungen **Art. 34 EuInsVO** 4
Verfahrensbeendigung
– Aufhebung der Sicherungsmaßnahmen **25** 8 ff.
– Insolvenzmasse **35** 112 f.
Verfahrenseinleitung 1 8
Verfahrenseinstellung
– richterliche Entscheidungen **6** 6
– Rücknahme des Insolvenzantrags **13** 115
Verfahrensfortgang im anhängigen Aktivprozess
– s. auch Ablehnung der Aufnahme anhängiger Streitigkeiten
– s. auch Aufnahme anhängiger Streitigkeiten
Verfahrensgrundsätze 5 1 ff.
– s. auch Amtsermittlungen
– Zivilprozessordnung **4** 1, **4** 41 ff.
Verfahrenskosten
– Altlastenentsorgung **26** 12
– Auslagen **26** 8, **26** 11
– Befriedigung der Absonderungsberechtigten **49** 43
– Begriff **26** 8 ff.
– Begründetheit im Eröffnungszeitpunkt **38** 49 ff.
– Einstellung mangels Masse **207** 3
– Eröffnungsbeschluss **27** 1
– Gerichtskosten **26** 8, **26** 10
– Haftung des Insolvenzverwalters **26** 11
– Kosten des Sachverständigen **26** 8
– Masseverbindlichkeiten **26** 8 f.
– Masseverwaltungs- und -verwertungskosten **26** 9
– Nichterfüllung von Masseverbindlichkeiten **61** 12
– Rangordnung der Masseverbindlichkeiten **209** 9
– sonstige Tätigkeiten **26** 12
– Treuhänder **292** 38 ff.
– Verfahrenskostendeckung **26** 12
– Vergütung des Insolvenzverwalters **26** 8
– Vergütung des vorläufigen Insolvenzverwalters **22** 238 f., **26** 8
Verfahrenskostenvorschuss 26 20 ff.
– Abweisung mangels Masse **26** 20 ff., **26** 43 f.
– Deckungsprognose **26** 21
– Eigenantrag **26** 23
– Einstellung mangels Masse **207** 5
– Einzahlerkalkül **26** 31
– Fremdantrag **26** 23
– Höhe **26** 21 f.
– Insolvenzkostenhilfe **26** 24 f.
– Insolvenzverwalter **26** 25
– Kosten des Insolvenzverfahrens **54** 18 f.
– Massekostengarantie **26** 27
– Rückzahlung **26** 32
– sofotige Beschwerde **26** 29
– Sondervermögen **26** 26
– Stundung der Kosten des Insolvenzverfahrens **4 a** 14
– Verbraucherinsolvenzverfahren **26** 22
– Vorschussanforderung **26** 27 ff.
– Vorschussleistender **26** 24 f.
– Zweckgebundenheit des Vorschusses **26** 26
Verfahrensmangel
– Anhörung des Schuldners **10** 10
– Prüfung und Entscheidung der Rechtsbeschwerde **7** 20
– Rechtsbeschwerde **7** 6
– Zivilprozessordnung **4** 41

Sachregister

fette Zahlen = Gesetzesvorschriften

Verfahrenspfleger 13 25 f.
Verfahrenspflichten aktiver Organe, Gesellschafter und Angestellter 101 8 ff.
– Angestellte 101 9
– Aufsichtsorgane 101 10
– Eigenverwaltung 101 12
– Insolvenzplan 101 12
– spezielle Mitwirkungspflichten 101 11
– Unternehmensleitungspflicht 101 12
Verfahrenspflichten ausgeschiedener Organe und Gesellschafter 101 13 ff.
– Auskunftspflichten 101 16 f.
– eingeschränkte Pflichten 101 13 ff.
– Führungslosigkeit 101 15
– Insolvenzantragspflicht 101 15
Verfahrensunterbrechung
– Eigenverwaltung 270 14
– Eröffnungsantrag 13 140
– Insolvenzvermögensstatut 335 26
– Wirkungen der Verfügungsbeschränkungen 24 13
– Zivilprozessordnung 4 44 f.
Verfahrensunterbrechung nach § 240 ZPO
– Adhäsionsverfahren 85 45
– Anfechtungsprozess 85 28
– arbeitsgerichtliche Verfahren 85 51
– Aufhebung des Insolvenzverfahrens 85 68 f., 85 71 ff.
– Aufnahme eines Schuldenmassestreits 87 8 f.
– Aufnahme unterbrochener Verfahren 87 6 ff.
– ausländisches Insolvenzverfahren 85 11
– Aussonderungsrecht 85 16
– Beweissicherungsverfahren 85 39
– Ende der Verfahrensunterbrechung 85 68 ff.
– Erfüllungsablehnung 87 15
– Freigabe 85 20 ff., 85 68
– freiwillige Gerichtsbarkeit 85 43 f.
– Fristen 85 57 ff.
– Gesellschaften ohne Rechtspersönlichkeit 85 9
– gewillkürte Prozessstandschaft 85 7
– Handelsgesellschaften 85 53 ff.
– Höchstpersönlichkeit 85 18 f
– insolvenzfreies Vermögen 85 24
– Insolvenzmasse 85 12 ff.
– Insolvenzverwalterprozesse 85 71 ff.
– juristische Personen 85 9, 85 53 ff.
– Kostenfestsetzungsverfahren 85 30 ff.
– Kostenstreitigkeiten 85 29
– Leistungsklagen 85 27
– Mahnverfahren 85 37 f.
– maßgeblicher Zeitpunkt 85 10
– Nachtragsverteilung 85 72
– Parteiinsolvenz 85 5 ff.
– Patentnichtigkeitsklagen 85 25
– Prozesshandlungen 85 60 ff.
– Prozesskostenhilfe 85 34 f.
– Rechtshängigkeit 85 4
– Rechtsmittel 85 60 ff.
– Rechtsmittelverfahren 85 36
– Schiedsverfahren 85 40 ff.
– sofortige Beschwerde 85 68
– Sonderinsolvenz 85 56
– Sozialgerichtsverfahren 85 46
– Steuerverfahren 85 47 ff.
– Streitgenossen 85 5 f.
– teilweise betroffene Prozesse 85 15
– Umstellung des Klageantrags 87 11
– Unterlassungsklagen 85 17
– Unwirksamkeit des Urteils 85 64
– Verwaltungsgerichtsverfahren 85 46
– Voraussetzungen 85 3 ff.
– vorläufiger Insolvenzverwalter 85 2
– vorläufiges Bestreiten des Insolvenzverwalters 87 10

– Wirkungen 85 57 ff.
– Zwangsvollstreckung 85 33
Verfahrensverstöße
– örtliche Zuständigkeit 3 16
– Rechtsbeschwerde 7 6
Verfahrensvorschriften 4 1
Verfahrensziel
– Berichtstermin 156 11 ff.
– Entscheidung über den Fortgang des Verfahrens 157 1, 157 5 ff.
– Restschuldbefreiung vor 286 20 f.
– Sekundärinsolvenzverfahren Art. 27 EuInsVO 6
– Verwertungsbeschränkungen 159 54
Verfahrenszweck 208 20
Verfallklauseln
– Annahme des Schuldenbereinigungsplans 308 14
– außergerichtlicher Einigungsversuch 305 12
– Ersetzung der Zustimmung 309 77
– Schuldenbereinigungsplan 305 117
Verfolgungsrecht
– Aktiengesellschaft 35 341
– Genossenschaft 35 341
Verfrühungsschaden 113 150 ff.
– Abwicklungsvereinbarung 113 154
– Aufhebungs- oder Auflösungsvertrag 113 154 a
– Ausschluss 113 162 ff.
– bedingte Arbeitsverhältnisse 113 153
– befristete Arbeitsverhältnisse 113 153
– Begriff 113 153
– Beschränkung 113 159
– Haftung des Insolvenzverwalters 113 150 ff.
– Insolvenzforderungen 113 152
– Kündigung durch den Dienstverpflichteten 113 164
– Kündigung durch den Insolvenzverwalter 113 151 ff., 113 154 a
– Minderung 113 162 ff.
– Organmitglieder 113 161
– Pensionsberechtigung 113 157
– Schadensberechnung 113 155 ff.
– Schadensersatzanspruch bei vorzeitiger Kündigung 113 165
– Unkündbarkeitsregelung 113 158
– Verdienstausfall 113 160
– Voraussetzungen 113 151 ff.
Verfügung eines Nichtberechtigten 91 42 ff.
Verfügungen
– s. auch Verfügungen des Insolvenzverwalters
– s. auch Verfügungen des Schuldners
– s. auch Verfügungen ohne Zustimmung des vorläufigen Insolvenzverwalters
– s. auch Verfügungsbefugnis
– s. auch Verfügungsbeschränkungen
– s. auch Verfügungsverbot
– anfechtbare Rechtshandlungen 129 66
– Dritterwerber Art. 14 EuInsVO 4
– richterliche Entscheidungen 6 6
– unbewegliche Gegenstände 349 6 ff.
– Verfügungen des Schuldners 81 2 ff.
– Wirkungen des Insolvenzplans 254 5 ff.
Verfügungen des Insolvenzverwalters
– Vormerkung 106 26
– Wirkungen der Aufhebung 259 7
Verfügungen des Schuldners 81 1 ff.
– absolute Unwirksamkeit 81 11
– absolutes Verfügungsverbot 81 1
– Anordnung der Nachtragsverteilung 203 12 f.
– ausländisches Vermögen 81 5
– bedingte Verfügung 81 10
– bewegliche Sachen 81 11
– Darlegungs- und Beweislast 81 20 f.
– Eintragungsantrag 81 15
– Gegenleistung 81 18

3274

magere Zahlen = Randnummern

Sachregister

- Grundpfandrechte 81 17
- Grundstücke 81 13 ff.
- gutgläubiger Erwerb 81 13 ff.
- Heilung 81 12
- künftige Forderungen 81 19
- Luftfahrzeuge 81 14
- maßgeblicher Zeitpunkt 81 7 ff.
- mehraktiger Verfügungstatbestand 81 3, 81 9
- rechtsgeschäftsähnliche Handlungen 81 4
- Schiffe 81 14
- Treuhänder 81 6
- Verfügungen 81 2 ff.
- verfügungsähnliches Geschäft 81 2
- Wirkungen der Aufhebung 259 8
- Wirkungen der Verfügungsbeschränkungen 24 3 ff.

Verfügungen ohne Zustimmung des vorläufigen Insolvenzverwalters 22 13

Verfügungsbefugnis
- Bekanntmachung und Wirkungen der Einstellung 215 5 ff.
- Einstellung wegen Wegfalls des Eröffnungsgrundes 212 10
- Gesamtschaden 92 21
- Grundbuch 346 8
- Insolvenzmasse 35 20
- Insolvenzvermögensstatut 335 23
- persönliche Haftung der Gesellschafter 93 6
- Rechtswirkungen der Verfahrensaufhebung 200 12
- Treuhandverhältnisse 35 26
- Wirkungen der Aufhebung 259 3

Verfügungsberechtigter 22 192 b ff.

Verfügungsbeschränkungen
- s. auch Bekanntmachung der Verfügungsbeschränkungen
- s. auch Wirkungen der Verfügungsbeschränkungen
- Anordnung von Sicherungsmaßnahmen 21 11 ff.
- Rechtsstellung des Insolvenzschuldners 80 4 f.
- Zugewinngemeinschaft 37 24

Verfügungsermächtigung 48 16 a f.

Verfügungsverbot
- Anordnung von Sicherungsmaßnahmen 21 10
- Leistung an den Schuldner 350 12

Vergleich
- unentgeltliche Leistung 134 31
- verfahrensbeendende Maßnahmen Art. 34 EuInsVO 1
- vorzeitige Betriebsänderung mit gerichtlicher Zustimmung 122 86

Vergleichsrechnung 220 3

Vergleichsverfahren vor 217 24

Vergütung der Gläubigerausschussmitglieder 7 5

Vergütung der Mitglieder des Gläubigerausschusses 73 1 ff.
- abweichende Vergütung 73 13 ff.
- Anhörung 73 25
- Auslagen 73 20
- Beamte 73 9 f.
- Behörden 73 10
- Dokumentationspflichten 73 19
- Festsetzung durch das Gericht 73 28 ff.
- Haftpflichtversicherung 73 21 f.
- Höhe der Vergütung 73 5 ff.
- institutionelle Gläubiger 73 8
- Mandat 73 11
- Pauschalierung der Vergütung 73 13
- rechtliches Gehör 73 30
- Rechtsmittel 73 32
- sofortige Beschwerde 73 32
- Umsatzsteuer 73 27
- Verbot der Doppelvergütung 73 7 ff.
- Verbot der Unangemessenheit 73 1
- Verjährung 73 4
- Vertretung 73 11 f.
- Vorschuss 73 23 ff.
- vor-vorläufiger Gläubigerausschuss 73 3

Vergütung des Insolvenzverwalters 63 1 ff.
- allgemeine Geschäftskosten 63 61 ff.
- Anordnung der Nachtragsverteilung 203 22
- Auslagen 63 60 ff.
- Berechnung 63 22 ff.
- Beschwerdeentscheidung 34 35
- besondere Geschäftsunkosten 63 64 ff.
- besondere Sachkunde 63 29 ff.
- delegationsfähige Verwaltertätigkeiten 63 67 ff.
- Durchsetzung 63 45 ff.
- Einstellung mangels Masse 207 1 b
- Entlassung des Insolvenzverwalters 59 27
- Entnahmerecht 63 55
- Haftpflichtversicherung 63 74 f.
- Höhe der Vergütung 63 21 ff.
- Insolvenzplan 63 36, 63 38
- Kosten des Insolvenzverfahrens 54 20 f.
- mangelhafte Geschäftsführung 63 42 ff.
- Nachlassinsolvenzverwalter 63 19
- Nachtragsverteilung 63 37
- originäre Verwaltertätigkeit 63 21
- Rangfolge 63 52 ff.
- Rechtsbeschwerde 7 5
- Restschuldbefreiungsverfahren 63 17 f.
- Rückzahlungsanordnung 63 58 f.
- Sachwalter 63 14
- Sonderinsolvenzverwalter 63 12 f.
- Staffelvergütung 63 25 ff.
- steuerrechtliche Stellung des Insolvenzverwalters 56 84
- Stundung 63 77 f.
- Treuhänder 63 15 ff.
- Umsatzsteuer 63 76
- Verbot der Unangemessenheit 63 3
- vereinfachtes Insolvenzverfahren 63 15 f.
- Verfahrenskosten 26 8
- Vergütungsvereinbarungen 63 6 ff.
- Verjährung 63 46
- Verordnungsermächtigung 65 1
- Verteilung des Erlöses 170 12
- Vollzug der Nachtragsverteilung 205 6 f.
- vorläufiger Insolvenzverwalter 63 11
- Vorschuss 63 47 ff.
- vorzeitige Beendigung des Insolvenzverfahrens 63 39 ff.
- Zinsen 63 51
- Zivilprozessordnung 4 41

Vergütung des Sachverständigen 5 18

Vergütung des Sachwalters 270 50, 274 15

Vergütung des Sonderinsolvenzverwalters 56 72 ff.

Vergütung des Treuhänders 293 1 ff.
- s. auch Deckung der Mindestvergütung des Treuhänders
- Auslagen 293 10 f.
- Berechnung 293 4 ff.
- Festsetzung der Vergütung 293 17 ff.
- funktionelle Zuständigkeit 293 17
- Masselosigkeit 293 21
- Mindestvergütung 293 8 f.
- öffentliche Bekanntmachung 293 20
- Staatskasse 293 22 f.
- Treuhänder 292 66, 292 71, 292 80, 313 56 ff.
- Überwachung des Schuldners 293 13 ff.
- Umsatzsteuer 293 12
- Verzicht 293 16
- Vorschuss 293 9

Vergütung des vorläufigen Insolvenzverwalters 22 228 ff.
- Absonderungsrecht 22 231 f.
- Abweisungsbeschluss 26 38
- Aktivvermögen 22 230

3275

Sachregister

fette Zahlen = Gesetzesvorschriften

- Aufhebung der Sicherungsmaßnahmen 25 19
- Auslagen 22 236 f.
- Aussonderungsrecht 22 231 f.
- Berechnungsgrundlage 22 230
- Besitzüberlassungsverträge 22 232
- besondere Vergütung 22 228 b
- Durchbrechung der Rechtskraft des Festsetzungsbeschlusses 22 233 f
- Einstellung mangels Masse 207 2
- Entstehung des Vergütungsanspruches 22 229
- Erhöhung des Regelsatzes 22 233
- Fälligkeit 22 229
- Festsetzung der Vergütung 22 230 ff.
- Forderungen 22 230
- funktionelle Zuständigkeit 22 234
- Insolvenzanfechtung 22 230
- Insolvenzrichter 22 234
- kapitalersetzende Leistungen 22 230
- klassischer Vermögensbegriff 22 230
- Masseunzulänglichkeit 22 233 a
- Minderung der Vergütung 22 228
- Mindestvergütung 22 233 d
- Prüfungsaufgaben und Sachverständigentätigkeit des vorläufigen Insolvenzverwalters 22 204 ff.
- Regelvergütung 22 232 a
- sofortige Beschwerde 22 237
- Unternehmensfortführung 22 233 a
- Untreue 22 235
- Verfahrenskosten 22 238 f., 26 8
- Verjährung 22 229
- Verwirkung des Vergütungsanspruchs 22 235
- Vorfinanzierung 22 233 a
- Vorschuss 22 236 f.

Vergütung des vorläufigen Treuhänders 306 52 f.
Vergütungsansprüche 4 a 43 f.
Verhaltensstörer 35 77
Verhaltensverantwortlichkeit
- Rechte und Pflichten des Insolvenzverwalters 80 176
- sonstige Masseverbindlichkeiten 55 32

Verhandlungsmaxime 5 7
Verjährte Ansprüche
- Begründetheit im Eröffnungszeitpunkt 38 27
- Vermögensanspruch 38 18

Verjährung
- Abweisung mangels Masse 26 68
- Anmeldung der Forderungen 174 56
- Ansprüche des Anfechtungsgegners 144 4
- Ersetzung der Zustimmung 309 45
- Haftung der Mitglieder des Gläubigerausschusses 71 20
- Haftung des Insolvenzverwalters 60 111
- Insolvenzanfechtung **vor** 129 6
- Internationales Insolvenzrecht 339 14
- laufende Zinsen und Säumniszuschläge 39 20
- Rechtshandlungen nach Verfahrenseröffnung 147 4
- Rechtswirkungen der Verfahrensaufhebung 200 19
- Schadensersatz wegen Nichterfüllung 103 176
- Vergütung der Mitglieder des Gläubigerausschusses 73 4
- Vergütung des Insolvenzverwalters 63 46
- Vergütung des vorläufigen Insolvenzverwalters 22 229

Verjährung des Anfechtungsanspruchs 146 1 ff.
- s. auch Leistungsverweigerungsrecht
- Abtretung 146 6
- Fristberechnung 146 2 ff.
- Fristen 146 1
- Hemmung 146 5
- Klageänderung 146 7
- Klageerweiterung 146 7
- Neubeginn 146 5
- Teilklagen 146 7
- Wechsel des Insolvenzverwalters 146 8

Verjährung des Schadenersatzanspruchs 62 1 ff.
- Einzelschaden 62 5
- Fristbeginn 62 4 ff.
- Gesamtschaden 62 6 f.
- Höchstgrenze 62 8
- Insolvenzplan 62 11 f.
- Nachtragsverteilung 62 10

Verjährungseinrede
- antragsberechtigte Gläubiger 14 5
- Rechtsschutzinteresse 14 45

Verkauf von Einlageforderungen
- Aktiengesellschaft 35 310
- GmbH 35 310

Verkäuferinsolvenz 107 2 ff., Art. 7 EuInsVO 8 ff.
Verlängerte Kündigungsfristen 113 81 ff.
Verlängerte Sicherungsübereignung 51 17
Verlängerter Eigentumsvorbehalt
- anfechtbare Rechtshandlungen 131 16
- Ausschluss sonstigen Rechtserwerbs 91 23
- Eigentumsvorbehalt 47 26 f., 107 5
- Ersatzaussonderung 48 18 ff.
- Factoring 116 63 ff.
- Gläubigerbenachteiligung 129 120
- Gläubigerverzeichnis 152 3
- insolvenzspezifische Pflichten 60 38
- Nutzung des Sicherungsguts 172 10
- Sicherheiten-Pool 51 60 f.
- Sicherungsabtretung 51 20, 51 25 f.
- Verwertung beweglicher Gegenstände 166 3

Verlängerung der Stundung 4 a 3 f.
Verletzung der Insolvenzantragspflicht 15 a 19 ff.
- Absonderungsrecht 15 a 40
- Altgläubiger 15 a 40 f.
- Aufsichtsratsmitglieder 15 a 44
- Aussonderungsrecht 15 a 40
- culpa in contrahendo 15 a 36 ff.
- Dauerschuldverhältnisse 15 a 40
- Einziehungsbefugnis 15 a 55
- Gesamtgeschäftsführung 15 a 32
- Gesamtschaden 15 a 55
- Gesellschaften ohne Rechtspersönlichkeit 15 a 19 ff.
- Gesellschafter 15 a 44
- gesellschaftsfremde Dritte 15 a 44
- Gläubigerschutz 15 a 37
- GmbH & Co. KG 15 a 25
- Insolvenzanfechtung 15 a 23
- Insolvenzverwalter 15 a 51, 15 a 55 f.
- juristische Personen 15 a 19 ff.
- Kostenvorschuss 15 a 53 f.
- masselose Insolvenz 15 a 21
- mehrgliedrige Geschäftsleitung 15 a 49
- Mitgeschäftsführer 15 a 44
- Neugläubiger 15 a 40 f.
- Nichtabführung von Sozialversicherungsbeiträgen 15 a 46 ff., 15 a 52
- Pflichtenkollision 15 a 50
- Quotenschaden 15 a 39 ff.
- Scheinauslandsgesellschaften 15 a 30
- Schutzgesetze 15 a 39 ff.
- Sozialversicherungsträger 15 a 46 ff.
- Verantwortlichkeit gegenüber der Gesellschaft 15 a 20 ff.
- Verantwortlichkeit gegenüber Mitgliedern 15 a 59 f.
- Veranwortlichkeit gegenüber Dritten 15 a 36 ff.
- verzögerte Insolvenzantragstellung 15 a 31 ff.
- Zahlungen an Gesellschafter 15 a 26 ff.
- Zahlungen nach Insolvenzreife 15 a 20 ff.
- Zahlungsverbot 15 a 22

Verlust der Rechtspersönlichkeit 11 105

magere Zahlen = Randnummern **Sachregister**

Verlust der Verwaltungs- und Verfügungsbefugnis
– Rechtsstellung des Insolvenzschuldners **80** 2
– vorläufiger Insolvenzverwalter mit Verwaltungs- und Verfügungsbefugnis **22** 17 b

Verlustausgleich 35 320, **35** 322

Verlustausgleichsansprüche
– unentgeltliche Leistung **134** 22
– Wertansätze und Bewertung bei positiver Fortführungsprognose **19** 63

Verlustausgleichspflicht
– Konzerninsolvenz **11** 400 ff., **11** 408
– stille Gesellschaft **11** 385

Verlustausschlussklauseln 11 347

Verlustgemeinschaft 1 3

Vermächtnisse
– anfechtbare Rechtshandlungen des Erben **322** 2
– Insolvenzantragspflicht **13** 100
– Insolvenzmasse **35** 199 ff.
– nachrangige Verbindlichkeiten **327** 4 f.

Vermieterinsolvenz 111 2

Vermieterpfandrecht
– Ausschluss sonstigen Rechtserwerbs **91** 16
– gesetzliche Pfandrechte **50** 13 ff.
– Sicherungsübereignung **51** 14
– Zeitpunkt der Vornahme einer Rechtshandlung **140** 7, **140** 18

Verminderung der Insolvenzmasse 158 7, **158** 17

Vermischung
– Insolvenzmasse **35** 125
– sonstige Verwendung beweglicher Sachen **172** 13

Vermögen
– Begründung des Eröffnungsbeschlusses **Art. 102 § 2 EGInsO** 2
– Partikularverfahren **354** 9 ff.

Vermögensanspruch 38 10 ff.
– anfechtungsrechtlicher Rückgewähranspruch **38** 25
– Besserungsabreden **38** 22 f.
– erbrechtliche Ansprüche **38** 11
– familienrechtliche Ansprüche **38** 11
– Gestaltungsrechte **38** 16
– höchstpersönliche Ansprüche **38** 11
– Naturalobligationen **38** 16
– nicht vertretbare Handlungen **38** 20 f.
– Sanierung **38** 23
– Unterlassungsansprüche **38** 12 f.
– verjährte Ansprüche **38** 18
– vertretbare Handlungen **38** 19
– Wechsel- und Kausalforderung **38** 24
– Zustandsverantwortlichkeit **38** 14 f.

Vermögenslösigkeit 13 97

Vermögensstatus
– Bestellung eines Sachverständigen **5** 16
– Insolvenzgrund **16** 8
– vorläufiger Insolvenzverwalter mit Verwaltungs- und Verfügungsbefugnis **22** 21

Vermögensübersicht 153 1 ff.
– s. auch Eidesstattliche Versicherung des Schuldners
– Amtsermittlungen **5** 30
– Antrag auf Eröffnung des Verbraucherinsolvenzverfahrens **305** 94 f.
– Auskunfts- und Mitwirkungspflicht im Eröffnungsverfahren **20** 20
– Insolvenzplan **229** 1 ff.
– Niederlegung in der Geschäftsstelle **154** 1
– spezielle Zulässigkeitsvoraussetzungen **13** 41, **13** 51
– Unterrichtung der Gläubiger **281** 2
– wertaufhellende Tatsachen **153** 1
– wertbegründende Tatsachen **153** 1

Vermögensverfall 35 290 ff.

Vermögensverschlechterung 112 13

Vermögensverschwendung
– Stundung der Kosten des Insolvenzverfahrens **4 a** 31
– Versagung der Restschuldbefreiung **290** 54 ff.

Vermögensverwalter
– nichtinsolvenzspezifische Pflichten **60** 60
– steuerrechtliche Pflichten des Insolvenzverwalters **80** 69
– steuerrechtliche Stellung des Insolvenzverwalters **56** 82
– steuerrechtliche Stellung des vorläufigen Insolvenzverwalters **22** 192 b ff.

Vermögensverwaltung
– steuerrechtliche Stellung des Insolvenzverwalters **56** 83
– vorläufiger Insolvenzverwalter mit Verwaltungs- und Verfügungsbefugnis **22** 18

Vermögensverzeichnis 305 90 ff.

Vermögenswirksame Leistungen 36 33

Vermögenszuordnung 35 25 ff.

Vermutung der Betriebsbedingtheit 125 30 ff., **128** 25

Vernögenstrennung 321 2

Verordnungsermächtigung 65 1

Verpächterpfandrecht 50 13 ff.

Verpfändete Forderungen
– Verteilung des Erlöses **170** 2
– Verwertung beweglicher Gegenstände **166** 13

Verpfändete Gegenstände 170 2

Verpflichtungsgeschäfte 24 9

Verrechnung
– allgemeines Verfügungsverbot **21** 20
– anfechtbare Rechtshandlungen **130** 13 f., **131** 5
– Ansprüche des Anfechtungsgegners **144** 13
– Ersetzung der Zustimmung **309** 70
– Factoring **116** 91
– Gläubigerbenachteiligung **129** 114
– Insolvenzanfechtung **129** 33
– kongruente Deckung **130** 45
– Rechtshandlungen nach Verfahrenseröffnung **147** 2
– Rückgewährpflicht **143** 15
– Unzulässigkeit der Aufrechnung **96** 50 f.

Verrechnungsverbot 94 69

Verrechnungsvereinbarungen
– anwendbares Recht **340** 21
– Erhaltung einer Aufrechnungslage **94** 8

Versagung der Restschuldbefreiung 290 1 ff.
– Alternativen **290** 86 ff.
– Amtsermittlungspflicht **290** 10, **290** 87
– Angaben über wirtschaftliche Verhältnisse **290** 28 ff.
– Ankündigung der Restschuldbefreiung **291** 9
– Antrag **290** 4
– Antragsberechtigung **290** 41
– Aufhebung der Stundung **4 c** 23
– Beeinträchtigung der Befriedigung **290** 61 f.
– Deckung der Mindestvergütung des Treuhänders **298** 3 ff.
– Entscheidung **290** 84 ff.
– Entscheidung des Insolvenzgerichts **289** 45
– Entscheidung über die Restschuldbefreiung **300** 22 ff.
– erfundene Verbindlichkeiten **290** 82
– Ersetzung der Zustimmung **309** 83 ff.
– finales Handeln **290** 40 b
– formelle Voraussetzung **290** 3 ff.
– frühere Restschuldbefreiung **290** 44 ff.
– frühere Versagung der Restschuldbefreiung **290** 47
– Gegenglaubhaftmachung **290** 12 f.
– Glaubhaftmachung des Versagungsgrundes **290** 9 ff.
– Gläubigerautonomie **290** 4, **290** 5 a
– Grundsatz der Verhältnismäßigkeit **290** 24, **290** 72, **290** 74
– Insolvenzstraftat **290** 16 ff.
– Insolvenzstraftaten **297** 1 ff.
– Kosten **290** 90 ff.
– Kreditvergabe **290** 34

3277

Sachregister

fette Zahlen = Gesetzesvorschriften

- Luxusaufwendungen 290 54
- Luxusgeschenke 290 55
- Masseunzulänglichkeit 290 6
- materielle Voraussetzungen 290 14 ff.
- Mitwirkungspflichten 290 68
- öffentliche Mittel 290 35 f.
- Schlusstermin 290 5
- schriftliches Verfahen 312 80 a
- Spekulationsgeschäfte 290 54 a
- Sperrfrist 290 48 f.
- Umschuldung 290 51
- unangemessene Verbindlichkeiten 290 53
- unrichtige Verzeichnisse 290 73 ff.
- Unrichtigkeit von Angaben 290 32
- unvollständige Verzeichnisse 290 73 ff.
- Unvollständigkeit von Angaben 290 32 a
- Verbraucherinsolvenzverfahren 290 7
- vereinfachte Verteilung 314 33 ff.
- Verfahren 290 42 f., 290 89 ff.
- Verletzung von Auskunfts- und Mitwirkungspflichten 290 66 ff.
- Vermögensverschwendung 290 54 ff.
- verschwenderischer Lebensstil 290 50 ff.
- Verstoß gegen Obliegenheiten 296 2 ff., 296 47 f.
- Verzögerung des Insolvenzverfahrens 290 56 ff.
- wiederholter Restschuldbefreiungsantrag 290 43 ff.
- Zeitpunkt der Antragstellung 290 5 f.

Versäumnisurteil
- Glaubhaftmachung 14 69
- Gläubigerantrag 14 136

Versäumter Widerspruch 186 8

Verschärfte Masseunzulänglichkeit
- Anzeige der Masseunzulänglichkeit 208 11 b
- Rangordnung der Masseverbindlichkeiten 209 24

Verschleiertes Arbeitseinkommen 36 22

Verschleierung von Eigentumsverhältnissen 37 32

Verschmelzung 145 7

Verschmelzung von Vermögensmassen 35 53

Verschmelzungsbedingte Sondermasse 35 57

Verschollene 316 10

Verschuldung 19 24

Verschwenderischer Lebensstil 290 50 ff.

Versicherung für fremde Rechnung
- Kommissionsgeschäft 47 83
- sonstige Absonderungsberechtigte 51 40

Versicherungen
- Anwendungsbereich **Art. 1 EuInsVO** 9
- Insolvenzantragsrecht **13** 84 ff.
- Sicherungsvermögen **11** 28
- Verwaltungsantrag **13** 8
- Vorlage des Insolvenzplans 218 15

Versicherungsansprüche 315 10

Versicherungsleistungen 35 207 ff.

Versicherungsverein auf Gegenseitigkeit
- Anordnung der Nachtragsverteilung 203 29 f.
- Befriedigung der Insolvenzgläubiger 187 16
- Berücksichtigung bestrittener Forderungen 189 17
- Insolvenzantragsrecht **15** 4
- Insolvenzmasse 35 375
- Nachschüsse 35 375
- Schlussverteilung 196 23
- Umlagen 35 375

Versicherungsverträge 103 44

Versorgungsanwartschaft
- Insolvenzmasse 35 228
- Umrechnung von Forderungen **45** 14 ff.

Versorgungsausgleich 40 5

Verstoß gegen Obliegenheiten 296 1 ff.
- Amtsermittlungen 296 8
- Amtsermittlungspflicht 296 16
- Antrag 296 3 ff.
- Auskunftspflichten 296 32 f.
- Beeinträchtigung der Befriedigung 296 17 ff.
- eidesstattliche Versicherung 296 34 ff.
- Entscheidung 296 43 ff.
- Finanzbehörde 296 4
- Fristen 296 5 ff.
- Gegenglaubhaftmachung 296 12
- Glaubhaftmachung des Versagungsgrundes 296 10 ff.
- Insolvenzgläubiger 296 3 ff.
- Kosten 296 52 ff.
- Obliegenheitsverletzung 296 14 ff.
- öffentliche Bekanntmachung 296 51
- rechtliches Gehör 296 27 ff.
- Rechtsbeschwerde 296 49
- Rechtsfolgen 296 56 f.
- Rechtsmittel 296 49 f.
- Schlechterstellung 296 18
- sofortige Beschwerde 296 49
- unwesentliche Beeinträchtigung 296 21
- unwesentliche Verstöße 296 15
- Verfahren 296 26 ff.
- Verfahrensobliegenheiten 296 39 ff.
- Versagung der Restschuldbefreiung 296 2 ff., 296 47 f.
- Verschulden 296 23 ff.
- Zuständigkeit 296 44

Verstoß gegen Verfahrensvorschriften
- Annahme des Insolvenzplans 250 15
- Erörterungs- und Abstimmungstermin 250 21
- fehlende Heilbarkeit 250 6
- gerichtliche Verursachung 250 7
- Gesamtabstimmung 250 26
- gesonderter Abstimmungstermin 250 24
- Niederlegung 250 19 f.
- Planinhalt 250 14
- Stimmrechtsfestsetzung 250 22
- unlautere Herbeiführung der Annahme 250 30 f.
- verfahrensmäßige Behandlung 250 12 f.
- Versagung der Bestätigung 250 1 ff.
- Versagungsgründe 250 4 ff.
- Vorprüfung des Insolvenzplans 250 8 ff.
- wesentlicher Verstoß 250 5
- Zuleitung des Insolvenzplans 250 16 f.

Verstrickung 210 6 f.

Verteilung
- Anzeige der Masseunzulänglichkeit 208 18 f.
- Einstellung nach Anzeige der Masseunzulänglichkeit 211 3 ff.
- Entscheidung des Insolvenzgerichts 289 39
- Treuhänder 292 28 ff.
- Verwertung durch Gläubiger 173 4

Verteilung des Erlöses 170 1 ff.
- absonderungsberechtigte Gläubiger 170 5
- Absonderungsrecht 170 1
- Eigenverwaltung 170 7, 170 9 a
- Erhaltungskosten 170 11
- Ersatzabsonderung 170 6
- Feststellungs- und Verwertungskosten 170 9 ff., 170 14
- Insolvenzeröffnungsverfahren 170 5 f.
- Insolvenzverwalter 170 9 ff.
- Kostenpauschale 170 16
- Kostenverursachungsprinzip 170 1
- Selbsteintritt 170 9 c
- Sicherungsabtretung 170 6
- Umsatzsteuer 170 10, 170 15
- Vergütung des Insolvenzverwalters 170 12
- verpfändete Forderungen 170 2
- verpfändete Gegenstände 170 2
- Verwertung durch Gläubiger 170 13 ff.
- Verwertungskosten 170 9 ff.
- Vorschuss 170 9 b
- Vorwegabführung 170 14 f.
- Vorwegentnahme 170 9 ff.

magere Zahlen = Randnummern

Sachregister

Verteilungsfehler
- Befriedigung der Insolvenzgläubiger 187 12 ff.
- Einwendungen gegen das Verteilungsverzeichnis 194 19
- Rangordnung der Masseverbindlichkeiten 209 34
- Verteilungsverzeichnis 188 20 ff.

Verteilungsgerechtigkeit 1 12
Verteilungsgrundsätze 124 18
Verteilungsliste 125 29
Verteilungsmasse 35 50
Verteilungsschlüssel
- Anzeige der Masseunzulänglichkeit 208 21
- Aufhebung der Sicherungsmaßnahmen 25 21
- Befriedigung der Massegläubiger 209 4

Verteilungsverfahren
- Ausfall der Absonderungsberechtigten 52 2
- Befriedigung der Insolvenzgläubiger 187 2, 283 5 f.

Verteilungsverzeichnis 188 1 ff.
- s. auch Änderung des Verteilungsverzeichnisses
- s. auch Einwendungen gegen das Verteilungsverzeichnis
- Abschlagsverteilung 187 3
- Abschlagsverteilungsverzeichnis 188 4
- Absonderungsrecht 188 9
- Amtsermittlungen 5 30
- Aufstellungspflicht 188 3
- bedingte Forderungen 188 10 f.
- Berücksichtigung bestrittener Forderungen 189 12
- Doppelberücksichtigung 188 12
- Einstellung mangels Masse 207 13
- Einstellung nach Anzeige der Masseunzulänglichkeit 211 2 f.
- Einwendungen 188 19
- fehlende Niederlegung 188 23
- fehlerhafte Aufnahme 188 22
- fehlerhafte Auszahlung 188 24 f.
- fehlerhafte Nichtaufnahme 188 21
- festgestellte Forderungen 188 6
- Gesamtschuld 188 12
- Geschäftsstelle 188 15
- getilgte Forderungen 188 13
- Insolvenzgericht 188 18
- nicht titulierte Forderungen 188 7
- Niederlegung 188 15
- öffentliche Bekanntmachung 188 16
- Rechnungslegung 66 45
- Schlussverteilungsverzeichnis 188 4
- Sondermasse 188 17
- streitige Forderungen 188 7 f.
- Tabelle 188 2
- titulierte Forderungen 188 8
- Überzahlung 188 24
- Verteilungsfehler 188 20 ff.
- Wirkungen 188 14

Verträge mit nahestehenden Personen
- Benachteiligung 133 39
- Darlegungs- und Beweislast 133 41 ff.
- entgeltliche Verträge 133 34 ff.
- Insolvenzverwalter 133 41
- Sicherungsverträge 133 36
- vorsätzliche Benachteiligung 133 33 ff.
- Zwangsvollstreckung 133 37

Verträge zu Gunsten Dritter
- Begründetheit im Eröffnungszeitpunkt 38 44 f.
- unentgeltliche Leistung 134 12 f.

Vertragsangebote 35 21 ff.
Vertragsarzt 36 29 f.
Vertragsbindung
- Fortbestehen von Miet- und Pachtverträgen 108 18, 108 29
- Sonderkündigungsrecht des Insolvenzverwalters 109 6

Vertragseintritt 111 5
Vertragskonzern 11 397 ff.
Vertragsstatut Art. 4 EuInsVO 15
Vertretbare Handlungen
- Umrechnung von Forderungen 45 7
- Vermögensanspruch 38 19

Vertreterlosigkeit 13 42
Vertretung
- s. auch Erlöschen von Vollmachten
- anfechtbare Rechtshandlungen 129 80 f.
- Anhörung des Schuldners 10 7
- Anmeldeverfahren 174 19 ff.
- Antrag auf Eröffnung des Verbraucherinsolvenzverfahrens 305 160 f.
- Aufgaben des Gläubigerausschusses 69 4
- Aufhebung der Stundung 4 c 9
- Beendigung von Arbeitsverhältnissen 113 29 ff., 113 33
- drohende Zahlungsunfähigkeit 18 21 ff.
- eidesstattliche Versicherung des Schuldners 153 5
- Erlöschen von Vollmachten 116 8
- Gesellschaften ohne Rechtspersönlichkeit 11 291
- Insolvenzantragsrecht 13 64, 13 66, 15 1
- Insolvenzgeld 22 178
- Kenntnis der Krise 130 55 ff.
- Leistungen an den Schuldner 82 10
- Prüfungstermin 176 23 f.
- Rücknahme des Insolvenzantrags 13 121 ff.
- Vergütung der Mitglieder des Gläubigerausschusses 73 11 f.
- vorläufiger Gläubigerausschuss 67 13 f.
- vorsätzliche Benachteiligung 133 9, 133 27
- Zivilprozessordnung 4 4
- Zulässigkeitsvoraussetzungen 13 21. 13 23
- Zustellung des Schuldenbereinigungsplans 307 10

Vertretungsbefugnisse 35 20
Vertretungsmacht
- drohende Zahlungsunfähigkeit 18 24
- Organe der juristischen Personen 11 124

Vertretungsorgane 13 68
- drohende Zahlungsunfähigkeit 18 21 ff.
- juristische Personen 11 41
- Organe der juristischen Personen 11 132
- organschaftlicher Vertreter 101 3 f.

Vervielfältigungstheorie 56 84
Verwahrungspflichten 80 178
Verwalter
- Befugnisse Art. 18 EuInsVO 1 ff.
- Bestellung Art. 18 EuInsVO 6
- Durchsetzung des Insolvenzstatuts Art. 18 EuInsVO 1
- europäische Definitionen Art. 2 EuInsVO 3
- Hauptinsolvenzverwalter Art. 18 EuInsVO 7 ff.
- Herausgabepflicht Art. 20 EuInsVO 4
- Partikularinsolvenzverwalter Art. 18 EuInsVO 17 ff.
- Partikularverfahren Art. 18 EuInsVO 10
- Rechte Art. 18 EuInsVO 13 f.
- Sekundärinsolvenzverfahren Art. 18 EuInsVO 10
- Sekundärinsolvenzverwalter Art. 18 EuInsVO 17 ff.
- Territorialprinzip Art. 18 EuInsVO 20 ff.
- vorläufige Sicherungsmaßnahmen Art. 18 EuInsVO 11 f.
- Zwangsmaßnahmen Art. 18 EuInsVO 16

Verwalterplan
- Aussetzung von Verwertung und Verteilung 233 2 ff.
- Stellungnahmen zum Insolvenzplan 232 2 f.
- Vorprüfung des Insolvenzplans 231 12

Verwaltungsantrag
- Bausparkassen 13 8
- Behörden 13 8
- Bundesanstalt für Finanzdienstleistungsaufsicht 13 8
- Finanzbehörde 13 8 f.

Sachregister

fette Zahlen = Gesetzesvorschriften

- Kreditinstitute **13** 8
- öffentlich-rechtliches Verhältnis **13** 9
- Pensions-Sicherungs-Verein aG **13** 8
- Rechtsschutz **13** 9
- Sozialversicherungsträger **13** 8 f.
- Versicherungen **13** 8
- Verwaltungsantrag **13** 8 ff.
- Vollstreckungsverhältnis **13** 9

Verwaltungssequestration 22 50
Verwaltungssurrogation 35 123
Verwaltungstreuhand 22 194
Verwandte 138 7 ff.
Verweigerung der Auskunft 98 12
Verweigerung der eidesstattlichen Versicherung 98 13
Verweigerung der Mitwirkung 98 14
Verweisung
- ausländisches Insolvenzverfahren **348** 4
- Inkrafttreten **359** 1 ff.
- örtliche Zuständigkeit **3** 7, **3** 16
- Zivilprozessordnung **4** 3, **4** 15
- Zulassung des Gläubigerantrags **14** 104

Verweisungsantrag
- örtliche Zuständigkeit **3** 15
- Zulässigkeitsvoraussetzungen **13** 57

Verwertbare Massegegenstände 313 21
Verwertung
- s. auch Verwertung beweglicher Gegenstände
- s. auch Verwertung der Insolvenzmasse
- s. auch Verwertung durch Gläubiger
- s. auch Verwertung unbeweglicher Gegenstände
- s. auch Verwertung von Finanzsicherheiten im Eröffnungsverfahren
- s. auch Verwertung von Honorarforderungen
- s. auch Verwertung von Sicherungsgut
- s. auch Verwertungsbefugnis
- s. auch Verwertungsbeschränkungen
- s. auch Verwertungsgemeinschaft
- s. auch Verwertungsgesellschaften
- s. auch Verwertungskosten
- s. auch Verwertungspool
- s. auch Verwertungsrecht
- s. auch Verwertungsstopp
- s. auch Verwertungsverbot
- s. auch Verwertungsvertrag
- abgesonderte Befriedigung aus unbeweglichen Gegenständen **49** 1 c
- Anzeige der Masseunzulänglichkeit **208** 19
- Einstellung mangels Masse **207** 12
- Entscheidung über den Fortgang des Verfahrens **157** 3

Verwertung durch Gläubiger
- Erfüllungswahl des Insolvenzverwalters **103** 120
- Haftung mehrerer Personen **43** 15
- Insolvenzmasse **35** 129
- insolvenzspezifische Pflichten **60** 39 f.
- Insolvenzverfahren **1** 1
- Insolvenzverwaltungsstatut **335** 43
- Rechte und Pflichten des Insolvenzverwalters **80** 164
- steuerrechtliche Stellung des vorläufigen Insolvenzverwalters **22** 192 g
- Vollstreckung aus der Eröffnungsentscheidung **Art. 102 § 8 EGInsO** 5

Verwertung beweglicher Gegenstände 166 1 ff.
- Abrechnungssysteme **166** 18
- Absonderungsrecht **166** 3, **166** 10
- Anwartschaftsrecht **166** 14
- Art und Weise **166** 9 ff., **166** 15
- Besitz **166** 4 ff.
- bewegliche Sachen **166** 2
- Eigentumsvorbehalt **166** 3
- Eigenverwaltung **166** 1 a
- Einziehung einer Forderung **166** 8, **166** 13 b
- erweiterter Eigentumsvorbehalt **166** 3
- Finanzsicherheiten **166** 20
- freihändige Veräußerung **166** 9
- gepfändete Sachen **166** 10
- Immaterialgüterrechte **166** 14
- Insolvenz des Leasinggebers **166** 4 b
- Insolvenzanfechtung **166** 7
- Insolvenzeröffnungsverfahren **166** 21 f.
- insolvenzzweckwidrige Handlungen **166** 4 c
- maßgeblicher Zeitpunkt **166** 8
- Nachlassinsolvenzverfahren **166** 13
- Sicherungsabtretung **166** 1 b, **166** 13 ff.
- Sicherungsgut **166** 12
- Sicherungsübereignung **166** 4 b
- sonstige Rechte **166** 14
- Substanzwert **166** 9
- unberechtigte Verwertung durch den Schuldner **166** 11
- verlängerter Eigentumsvorbehalt **166** 3
- verpfändete Forderungen **166** 13
- Verwertungsstopp **166** 1 a

Verwertung der Insolvenzmasse 159 1 ff.
- s. auch Verwertungsbeschränkungen
- Absonderungsrecht **159** 3 f., **159** 7, **159** 49, **313** 91 ff.
- Arbeitnehmererfindungen **159** 30
- Art und Weise **159** 3 ff., **313** 42 f., **313** 45 f.
- ausländisches Vermögen **159** 20 f.
- Aussetzung der Verwertung **159** 46
- Aussonderungsrecht **159** 37, **159** 50
- Beendigung des Insolvenzverfahrens **159** 28
- Beginn **313** 41
- Berichtstermin **159** 44 f.
- Besitz eines Dritten **159** 49
- Dritte **159** 49 ff.
- echte Freigabe **159** 61
- Eigenhändigkeit **159** 17 f.
- Eigenverwaltung **159** 35, **159** 42
- Einrede der Anfechtbarkeit **313** 98
- Einziehung einer Forderung **159** 4, **159** 44
- Enthaftung **159** 15
- Erbbaurechte **159** 26
- Familienname **159** 25
- Firma **159** 23 ff.
- Forderungen **159** 6 ff.
- freiberufliche Praxis **159** 31 ff.
- Freigabe **159** 60 ff.
- freihändige Veräußerung **313** 105
- freihändige Verwertung **313** 106 f.
- freihändiger Verkauf **159** 4, **159** 13 f.
- Geschäftsbücher **159** 27 ff.
- Gesellschaften ohne Rechtspersönlichkeit **159** 25
- Gesellschafterinsolvenz **159** 34
- Gesellschaftsanteile **159** 34
- gesetzliche Pfandrechte **313** 96
- gesicherte Gläubiger **313** 90 ff.
- Grundpfandrechte **159** 12 f., **313** 104 ff.
- Grundstücke **159** 12 ff.
- Grundstückszubehör **159** 15
- Immaterialgüterrechte **159** 8
- Insolvenzausverkauf **159** 19
- Insolvenzplan **159** 32, **159** 40 ff.
- Insolvenzverwaltungsvertrag **159** 43
- kapitalersetzende Nutzungsüberlassung **159** 36 ff.
- Kosten **313** 108 f.
- Kundendaten **159** 27
- Löschungsbewilligung **159** 13
- Mitbestimmung **159** 52
- Miteigentum **159** 26
- Mitwirkungspflichten **159** 64
- modifizierte Freigabe **159** 61
- MoMiG **159** 37
- Nachtragsverteilung **313** 46 a
- Patientenakten **159** 31 f.

magere Zahlen = Randnummern **Sachregister**

- Pfandrechte 313 92 f.
- Pfändungspfandrecht 313 94
- Pfandverkauf 159 9 ff.
- Preisbindungsvereinbarungen 159 19
- professionelle Verwertung 159 17
- Sachpfändung 313 95
- Schuldenbereinigungsplan 159 40
- Schweigepflicht 159 31
- Selbsthilfeverkauf 159 44
- selbstständige Verwertbarkeit der Firma 159 23
- Sicherungseigentum 313 97 ff.
- sonstige Rechte 159 8
- Sportverein 159 39
- steuerliche Folgen 159 65 f.
- Stufenplan 159 41
- Treuhänder 159 67, 313 40 ff.
- übereilte Verwertung 159 45
- Überleitung des Verwertungsrechts 313 111
- übertragende Sanierung 159 47 f.
- unechte Freigabe 159 61
- Unterlassungspflichten 159 64
- Unternehmenskauf 159 22
- Unternehmensveräußerung 159 22
- Unternehmenswert 159 22
- unverzügliche Verwertung 159 44 ff.
- Veräußerung gepfändeter Sachen 159 10
- vereinfachtes Insolvenzverfahren 159 62, 159 67 f.
- Verwertungsgesellschaften 159 18
- Verwertungspool 159 63
- Vinkulierung 159 34
- Vorkaufsrechte 159 19, 159 59
- vorläufiger Insolvenzverwalter 159 44
- Vormerkung 159 11
- Weiterveräußerung 159 50 f.
- zeitweilige Unternehmensfortführung 159 2, 159 45
- Zurückbehaltungsrechte 313 103
- Zwangsmaßnahmen 159 21
- Zwangsversteigerung 159 5, 159 16
- Zwangsverwaltung 159 5
- Zwangsvollstreckung 159 5

Verwertung durch Gläubiger 173 1 ff.
- Art und Weise 173 3, 173 11
- Berechnung des Kostenbeitrags 171 3, 171 7
- bewegliche Sachen 173 2
- freihändige Veräußerung 173 3
- Fristablauf 173 10 ff.
- Fristen 173 6
- gepfändete Forderungen 173 2
- Insolvenzgericht 173 6 ff.
- Kostenbeitrag 173 14 f.
- Nutzungsrecht 173 13
- Pfandrechte 173 2
- Rechtsmittel 173 9
- Selbstverwertungsrecht 173 2 ff.
- Sicherungsabtretung 173 1
- Übergang des Verwertungsrechts 173 10
- Umsatzsteuer 173 4
- vereinfachtes Insolvenzverfahren 173 1
- Verteilung des Erlöses 170 13 ff., 173 4
- Verzögerung der Verwertung 173 5 ff.
- Zurückbehaltungsrecht 173 2 f.

Verwertung unbeweglicher Gegenstände 165 1 ff.
- absonderungsberechtigte Gläubiger 165 3, 165 6, 165 21
- Beschlagnahme 165 13
- Beschwerde 165 16
- Betreibungsrecht des Insolvenzverwalters 165 8 ff.
- dinglich gesicherte Gläubiger 165 15
- Doppelausgebot 165 14 f.
- einstweilige Einstellung 165 18 ff., 165 23
- Freigabe 165 8 a
- freihändige Veräußerung 165 4
- geringstes Gebot 165 14 f.
- Grundstücke 165 21
- Insolvenzverwalter 165 8 ff.
- Kollisionslagen zwischen Insolvenzverwalter und Zwangsverwalter 165 22
- Kosten 165 17
- Massegläubiger 165 7
- Rückschlagsperre 165 3
- Sondermasse 165 21
- steuerliche Folgen 165 20
- unbewegliche Gegenstände 165 2
- Vollstreckungsschutzantrag 165 18 ff.
- Vormerkung 165 12, 165 14 a
- Zwangshypothek 165 5
- Zwangsversteigerung 165 1, 165 8
- Zwangsverwaltung 165 21 ff.
- Zwangsvollstreckung 165 3

Verwertung von Finanzsicherheiten im Eröffnungsverfahren 21 39 f.
Verwertung von Honorarforderungen 36 28
Verwertung von Sicherungsgut 22 39 ff.
- abgetretene Forderungen 22 42 f.
- Absonderungsgut 22 41
- Absonderungsrecht 282 2
- Aussonderungsrecht 22 39 f., 282 2
- Eigentumsvorbehalt 22 39
- Eigenverwaltung 282 1 ff.
- einvernehmliche Rechtsausübung 282 3, 282 7
- Einziehung einer Forderung 22 42 f.
- Einziehungsrecht 22 43
- Ersatzaussonderung 22 40 f.
- Gläubigerbenachteiligung 129 120
- Haftung des vorläufigen Insolvenzverwalters 22 44
- Kosten 282 5 f.
- Recht zum Besitz des vorläufigen Insolvenzverwalters 22 39
- Sicherungsabtretung 22 42 f.
- Verarbeitung von Vorbehaltsware 22 40
- Verwertungsbeschränkungen 282 4
- Verwertungsrecht 22 39, 22 41
- Verwertungsvertrag 22 41

Verwertungsbefugnis
- Aufhebung der Sicherungsmaßnahmen 25 17
- vorläufiger Insolvenzverwalter mit Verwaltungs- und Verfügungsbefugnis 22 35 f.

Verwertungsbeschränkungen 159 53 ff.
- gesetzliche Grenzen 159 53
- Gläubigerversammlung 159 54 f.
- Insolvenzausverkauf 159 53
- Insolvenzplan 159 55
- insolvenzzweckwidrige Handlungen 159 57
- strafgerichtliche Beschlagnahmeanordnung 159 58
- Verfahrensziel 159 54
- Verwertung von Sicherungsgut 282 4
- Verwertungsvorgaben 159 57
- Vorrang der Insolvenzabwicklung 159 58

Verwertungsgemeinschaft 51 65
Verwertungsgesellschaften 159 18
Verwertungskosten
- Berechnung des Kostenbeitrags 171 3 ff.
- Verteilung des Erlöses 170 9 ff.

Verwertungspool 159 63
Verwertungsrecht
- Insolvenz des Leasinggebers 108 141 ff.
- Verwertung von Sicherungsgut 22 39, 22 41

Verwertungsstopp
- Aussonderung 47 1 a
- Verwertung beweglicher Gegenstände 166 1 a

Verwertungsverbot
- Anordnung von Sicherungsmaßnahmen 21 38 ff.
- Vorerbschaft 83 20 f.

Verwertungsvertrag 22 41

3281

Sachregister

fette Zahlen = Gesetzesvorschriften

Verzeichnis der Massegegenstände 151 1 ff.
- Absonderungsrecht **151** 3
- Amtsermittlungen **5** 30
- Aussonderungsrecht **151** 3
- Bewertung der Massegegenstände **151** 5 ff.
- Discounted-Cash-Flow-Verfahren **151** 8
- Einzelaufzeichnung **151** 4
- Einzelbewertungsgrundsatz **151** 5
- Ertragswertverfahren **151** 8
- Fortführungswert **151** 8
- Gruppenbewertung **151** 4
- Insolvenzschuldner **151** 9
- Inventurvereinfachungsverfahren **151** 4
- Masseverzeichnis **151** 3
- maßgeblicher Zeitpunkt **151** 2
- mehrdimensionale Bilanz **151** 6
- Niederlegung in der Geschäftsstelle **154** 1
- Stilllegungswert **151** 7
- Unterrichtung der Gläubiger **281** 2
- Vermögenslage **151** 1
- Verstoß gegen die Aufzeichnungspflicht **151** 11
- Verzicht **151** 10
- Vollständigkeitsgrundsatz **151** 3, **151**

Verzeichnisse
- Amtsermittlungen **5** 30
- Aufgaben und Befugnisse des Treuhänders **313** 25

Verzicht auf das Absonderungsrecht
- Ausfall der Absonderungsberechtigten **52** 15 ff.
- Stimmrecht der Insolvenzgläubiger **237** 3

Verzicht auf das Insolvenzantragsrecht 13 4 f.

Verzicht auf Pfändungsschutz
- insolvenzfreies Vermögen **35** 88 f.
- unpfändbare Gegenstände **36** 39 f.

Verzögerte Insolvenzantragstellung 15 a 31 ff.

Verzögerung der Befriedigung 129 114

Verzögerung der Verfahrenseröffnung 27 11

Verzögerung der Verwertung
- Schutz des Gläubigers vor einer Verzögerung der Verwertung **169** 4
- Verwertung durch Gläubiger **173** 5 ff.

Verzögerung des Insolvenzverfahrens 290 56 ff.

Verzug
- Aussonderung **47** 102
- Insolvenz des Leasingnehmers **108** 69 ff.
- Nichterfüllung von Masseverbindlichkeiten **61** 13

Verzugskündigung 112 9 ff., **112** 14 ff.

Verzugszinsen 39 16

Vinkulierung
- juristische Personen **11** 55
- Verwertung der Insolvenzmasse **159** 34

Völkerrechtssubjekte 12 5

Vollabwicklung 1 11

Vollanmeldungsmodell 174 12

Vollbefriedigung
- Berücksichtigung aufschiebend bedingter Forderungen **191** 4
- Haftung mehrerer Personen **43** 24

Vollmacht
- Beiordnung eines Rechtsanwalts **4 a** 38
- Zulässigkeitsvoraussetzungen **13** 23

Vollsanierung 22 175 f.

Vollständigkeitsgrundsatz
- Gläubigerverzeichnis **152** 2
- Verzeichnis der Massegegenstände **151** 3, **151** 5

Vollstreckbarer Titel
- Insolvenzanfechtung **141** 1 ff.
- titulierte Forderungen **179** 20, **184** 16

Vollstreckbarkeit ausländischer Entscheidungen 353 1 ff.

Vollstreckbarkeitserklärung
- Anerkennung sonstiger Entscheidungen **Art. 25 EuInsVO** 12
- ausländisches Insolvenzverfahren **353** 3

- Glaubhaftmachung **14** 73
- Vollstreckung aus der Eröffnungsentscheidung **Art. 102 § 8 EGInsO** 1

Vollstreckung
- Anerkennung sonstiger Entscheidungen **Art. 25 EuInsVO** 10 ff.
- Anzeige der Masseunzulänglichkeit **208** 18, **208** 28

Vollstreckung aus dem Insolvenzplan 257 1 ff.
- Ausfallforderungen **257** 9
- Dritte **257** 22
- Einstandspflicht **257** 25
- Feststellung der Forderungen **257** 8
- gerichtliche Bestätigung des Insolvenzplans **257** 10
- öffentlich-rechtliche Forderungen **257** 20
- Plangaranten **257** 21 ff.
- Tabelle **257** 7
- Verfahren **257** 16 ff.
- Vollstreckbarkeit **257** 1 ff.
- Vollstreckungsabwehrklage **257** 19
- Vollstreckungsgläubiger **257** 11 ff.
- Vollstreckungsschuldner **257** 14 f.
- Vollstreckungstitel **257** 5
- Wiederaufleben **257** 28
- Zwangsvollstreckung **257** 4 ff.

Vollstreckung aus der Eröffnungsentscheidung Art. 102 § 8 EGInsO 1 ff.
- örtliche Zuständigkeit **Art. 102 § 8 EGInsO** 4
- Verwertung der Insolvenzmasse **Art. 102 § 8 EGInsO** 5
- Vollstreckbarkeitserklärung **Art. 102 § 8 EGInsO** 1

Vollstreckung in das bewegliche Vermögen 21 26 ff.

Vollstreckung in das unbewegliche Vermögen 21 30 ff.

Vollstreckung von Leistungen 124 42 ff.

Vollstreckung vor Verfahrenseröffnung 88 1 ff.
- absolute dingliche Wirkung **88** 3, **88** 23
- absonderungsberechtigte Gläubiger **88** 5
- Arbeitseinkommen **88** 33
- ausländisches Insolvenzverfahren **88** 6
- ausländisches Vermögen **88** 6
- aussonderungsberechtigte Gläubiger **88** 5
- Befriedigung durch Zwangsvollstreckung **88** 13 f.
- Einstellung des Insolvenzverfahrens **88** 28
- Freigabe **88** 28
- freiwillige Zahlungen **88** 15
- Fristen **88** 16 ff.
- Grundbuchverfahren **88** 30 f.
- Insolvenzeröffnungsverfahren **88** 26
- insolvenzfreies Vermögen **88** 7
- künftige Forderungen **88** 19
- Massegläubiger **88** 5
- maßgeblicher Zeitpunkt **88** 17 ff.
- Miete **88** 34
- Nachlassinsolvenzverfahren **88** 3
- Pacht **88** 34
- Rechtsfolgen **88** 3 f.
- rechtsgeschäftliche Sicherheiten **88** 9
- Rechtsmittel **88** 32
- Rückschlagsperre **88** 1 ff.
- Sicherung **88** 8 ff.
- Unwirksamkeit erlangter Sicherungen **88** 22 ff.
- Vollstreckungsvereinbarungen **88** 15
- Vormerkung **88** 10
- Wiederaufleben **88** 28
- Zwangsvollstreckung **88** 8 ff.

Vollstreckungsgläubiger 257 11 ff.

Vollstreckungskosten 39 21

Vollstreckungsmaßnahmen
- Gesellschaften ohne Rechtspersönlichkeit **11** 326 ff.
- Vollstreckungsverbot bei Masseverbindlichkeiten **90** 7 f.

Vollstreckungsschuldner 257 14 f.

magere Zahlen = Randnummern

Vollstreckungsschutz
- außergerichtlicher Einigungsversuch 305 9 f.
- Einstellung mangels Masse 207 13 a
- Insolvenzvermögensstatut 335 27
- Schuldnerschutz 14 147
- Verwertung unbeweglicher Gegenstände 165 18 ff.

Vollstreckungstitel
- Übernahme der Insolvenzmasse 148 28 f.
- Vollstreckung aus dem Insolvenzplan 257 5

Vollstreckungsverbot 89 1 ff., 210 1 ff.
- s. auch Vollstreckungsverbot bei Masseverbindlichkeiten
- absonderungsberechtigte Gläubiger 89 20
- Absonderungsrecht 210 19
- allgemeine Verfahrensvereinfachungen 312 24 ff.
- Altmassegläubiger 210 1 ff., 210 13 f.
- anhängige Prozesse 210 12 ff.
- Anordnung von Sicherungsmaßnahmen 21 27
- Anzeige der Masseunzulänglichkeit 210 2
- Arbeitseinkommen 89 33 ff.
- Arrest 89 12 ff.
- Aufrechnung 210 18
- Auskunft 89 11
- ausländische Gläubiger 89 23
- ausländisches Insolvenzverfahren 89 30
- ausländisches Vermögen 89 29
- aussonderungsberechtigte Gläubiger 89 20
- Aussonderungsrecht 210 19
- deliktische Ansprüche 89 37 f.
- drohende Masseunzulänglichkeit 210 2
- Duldung 89 10
- einstweilige Verfügungen 89 12 ff.
- Erinnerung 210 7 f.
- Erkenntnisverfahren 210 12 ff.
- Fortsetzung der Zwangsvollstreckung 89 5
- Freigabe 35 82, 89 26
- freiwillige Leistungen 89 18
- funktionelle Zuständigkeit 210 8
- Geldforderungen 89 9 f.
- Gesellschaften ohne Rechtspersönlichkeit 11 250
- Gläubigeranfechtung 89 15
- Gutglaubensschutz 89 8
- insolvenzfreies Vermögen 89 26
- Kostenfestsetzung 210 17
- künftige Forderungen 89 32 ff.
- Massegläubiger 89 26
- Nachlassinsolvenzverfahren 321 1
- nachrangige Insolvenzgläubiger 89 19
- Neugläubiger 89 19
- Neumassegläubiger 210 9 ff., 210 15 f.
- prophylaktische Anzeige 210 2
- Rechtsbehelfe gegen unzulässige Vollstreckungen 89 42 ff.
- Rechtsfolgen 89 39 ff., 210 7 f.
- Restschuldbefreiung **vor** 286 42
- sofortige Beschwerde 89 42, 210 7
- Sonderinsolvenz 89 27 f.
- Sozialpläne 89 25
- Sozialversicherungsträger 89 22
- Steuern 89 22
- Umfang 210 4 ff.
- Unterhaltsansprüche 89 37 f.
- Unterlassungsansprüche 89 10
- unvertretbare Handlungen 89 10
- unzulässige Vollstreckungsmaßnahmen 89 4 ff.
- verfrühte Zwangsvollstreckung 89 7
- Verstrickung 210 6 f.
- vorbereitende Maßnahmen 89 16
- Vorpfändung 89 6

Vollstreckungsverbot bei Masseverbindlichkeiten 90 1 ff.
- Ausnahmen 90 13 ff.
- Dauer 90 9
- Dauerschuldverhältnisse 90 6, 90 15
- gewillkürte Masseverbindlichkeiten 90 3, 90 13
- insolvenzfreies Vermögen 90 10
- oktroyierte Masseverbindlichkeiten 90 2 ff.
- Rechtsfolgen 90 18
- Rechtsmittel 90 19
- sofortige Beschwerde 90 19
- Sozialpläne 90 12
- temporäres Vollstreckungsverbot 90 5
- vorbereitende Maßnahmen 90 7
- Vollstreckungsmaßnahmen 90 7 f.
- vorläufiger Insolvenzverwalter 90 16 f.

Vollstreckungsverfahren
- Insolvenzverfahren 1 2
- Zivilprozessordnung 4 41

Vollzug der Nachtragsverteilung 205 1 ff.
- Haftung des Insolvenzverwalters 205 8
- Insolvenzverwalter 205 2
- öffentliche Bekanntmachung 205 4
- Rechnungslegung 205 5
- Schlussverzeichnis 205 3
- Teilungsmasse 205 2
- Treuhänder 205 6
- Vergütung des Insolvenzverwalters 205 6 f.

Von der Restschuldbefreiung ausgenommene Forderungen 302 1 ff.
- begünstigte Gläubiger 302 34 ff.
- Eingehungsbetrug 302 3
- fehlender Widerspruch 302 19 ff.
- Gefährdungshaftung 302 2 b
- Geldstrafen 302 14
- gesetzlicher Forderungsübergang 302 9 f.
- Hinweis 302 13 ff.
- isoliertes Widerspruchsrecht 302 24 d
- Schmerzensgeld 302 2 a
- Schutzgesetze 302 3 ff.
- Steuerforderungen 302 12
- unerlaubte Handlungen 302 2 ff.
- Unterhaltsforderungen 302 7 f.
- Vertragspflichten 302 11
- Widerspruch 302 23 ff.
- zinslose Darlehen 302 28 ff.

Vorabentscheidungsverfahren vor 335–358 5

Vorabinformation
- Aufhebung des Insolvenzverfahrens 258 11
- Bekanntmachung und Wirkungen der Einstellung 215 3

Vorausabtretung
- Factoring 116 82
- Insolvenz des Leasinggebers 108 129 ff., 108 148 f.
- Unwirksamkeit abweichender Vereinbarungen 119 6

Vorausverfügungen
- allgemeines Verfügungsverbot 21 19
- Bezüge aus einem Dienstverhältnis 114 4 ff., 114 23
- Schuldner als Vermieter oder Verpächter 110 3 ff., 110 8 f.
- vorläufiger Insolvenzverwalter mit Verwaltungs- und Verfügungsbefugnis 22 17 b
- Wirkungen der Verfügungsbeschränkungen 24 4

Vorausverpfändung 140 6 b

Vorauswahl des Insolvenzverwalters 56 6 ff.
- Ablehnung der Aufnahme in die Vorauswahl 56 41 ff.
- Beschränkung der Vorauswahl 56 8
- Bewerbung 56 9
- Büroorganisation 56 36
- delegationsfähige Verwaltertätigkeiten 56 22 ff.
- Delisting 56 44 ff.
- Empfehlungen der Kommission zur Vorauswahl und Bestellung von InsolvenzverwalterInnen sowie Transparenz, Aufsicht und Kontrolle im Insolvenzverfahren 56 29
- fachliche Qualifikation 56 31

Sachregister

fette Zahlen = Gesetzesvorschriften

- faktisches Delisting **56** 48
- funktionelle Zuständigkeit **56** 6
- Geschäftskunde **56** 15 ff.
- Höchstpersönlichkeit der Insolvenzverwaltung **56** 19 ff.
- Insolvenzrichter **56** 6 f.
- Listing **56** 9 f.
- Negativliste **56** 10
- originäre Verwaltertätigkeit **56** 19 ff., **56** 34
- Ortsnähe **56** 37 f.
- persönliche Eignung **56** 12 ff., **56** 32
- Prüfungstermin **56** 25
- Qualität **56** 40
- Sachkunde **56** 12
- Softskills **56** 39
- Unabhängigkeit **56** 26 f., **56** 35
- Verbraucherinsolvenzverfahren **56** 15
- Vorauswahlkriterien **56** 11 f.

Vorbehaltsgut
- fortgesetzte Gütergemeinschaft **37** 21
- Gütergemeinschaft **37** 5, **37** 10

Vorbelastungshaftung 35 308
Vorbenutzungsrecht 35 242
Vordatierung des Eröffnungszeitpunktes 27 10
Vordruckzwang 305 24 ff., **305** 161 ff.

Vorerbe
- Eröffnung des Nachlassinsolvenzverfahrens **317** 2
- Insolvenzantragspflicht **13** 100
- Nachlassinsolvenzverfahren **329** 2

Vorerbschaft 83 18 ff.
- Insolvenzmasse **83** 19
- Verwertungsverbot **83** 20 f.
- Zwangsvollstreckung **83** 22

Vorführung
- Amtsermittlungen **5** 20
- Anordnung von Sicherungsmaßnahmen **21** 52 f.
- Zulassung des Gläubigerantrags **14** 99

Vorführungsbefehl
- funktionelle Zuständigkeit **2** 6
- Gerichtsverfassungsgesetz **4** 40

Vorgesellschaft
- Gesellschaften ohne Rechtspersönlichkeit **11** 241 f.
- Insolvenzantragspflicht **15** a 2
- juristische Personen **11** 37 ff.
- organschaftliche Vertreter **101** 7
- örtliche Zuständigkeit **3** 10
- persönliche Haftung der Gesellschafter **93** 8
- Register **31** 3
- Wertansätze und Bewertung bei positiver Fortführungsprognose **19** 63
- Zulässigkeitsvoraussetzungen **13** 22

Vor-GmbH 13 22
Vorgründungsgesellschaft
- Gesellschaften ohne Rechtspersönlichkeit **11** 241 f.
- juristische Personen **11** 36

Vorkaufsrechte
- Insolvenzmasse **35** 185 ff.
- Verwertung der Insolvenzmasse **159** 19, **159** 59

Vorlage des Insolvenzplans 218 1 ff.
- Annahme mehrerer Insolvenzpläne **218** 32
- Betriebsrat **218** 48
- Eigenverwaltung **218** 2, **218** 17, **218** 40
- Form **218** 42 ff.
- Fortsetzungsbeschluss **218** 18 ff.
- Fristen **218** 33 ff.
- Genossenschaft **218** 41
- Gesellschaften ohne Rechtspersönlichkeit **218** 13 f., **218** 22
- Gläubiger **218** 16
- Gläubigerausschuss **218** 48
- Gläubigerautonomie **218** 27
- Gläubigerversammlung **218** 3 ff., **218** 48
- Insolvenzverwalter **218** 3 ff., **218** 34 ff., **218** 61
- juristische Personen **218** 11
- konkurrierende Insolvenzpläne **218** 28 ff.
- Koordinierung der Erörterungs- und Abstimmungstermine **218** 31
- Kosten **218** 55 ff.
- Mitwirkungsbefugnisse **218** 46 ff.
- Planinitiativrecht des Insolvenzverwalters **218** 4 ff.
- Planinitiativrecht des Schuldners **218** 10 ff.
- Rechtskraft **218** 29 f.
- Rücknahme des Insolvenzplans **218** 54
- Sachwalter **218** 17
- Schuldner **218** 10 ff., **218** 39, **218** 59 f.
- Unternehmensfortführung **218** 12
- Versicherungen **218** 15
- Vorlageberechtigte **218** 2 ff.
- vorläufiger Insolvenzverwalter **218** 8 f.
- Vorprüfung des Insolvenzplans **218** 53
- Wirkungen **218** 52 f.

Vorläufig vollstreckbare Titel
- Begriff der Zahlungsunfähigkeit **17** 11
- Berücksichtigung bestrittener Forderungen **189** 12
- Glaubhaftmachung **14** 69
- Gläubigerantrag **14** 140 ff.
- Insolvenzgrund **16** 14
- Rechtsschutzinteresse **14** 40
- Zahlungsunfähigkeit **17** 2

Vorläufige Eigenverwaltung
- Eigenverwaltung **270** 45
- Unterrichtung der Gläubiger **281** 1 ff.

Vorläufige Entscheidung 22 190 ff.
Vorläufige Insolvenzmasse 148 2
Vorläufige Insolvenzverwaltung 22 56 ff.
Vorläufige Insolvenzverwaltung mit Pflichtenbestimmung 22 7 ff.
Vorläufige Insolvenzverwaltung mit Zustimmungsvorbehalt
- vorläufiger Insolvenzverwalter **22** 11 ff.
- steuerrechtliche Stellung des vorläufigen Insolvenzverwalters **22** 192 d

Vorläufige Insolvenzverwaltung ohne Pflichtenbestimmung 22 6
Vorläufige Postsperre 21 44 ff.
Vorläufige Sicherungsmaßnahmen
- Sicherungsmaßnahmen Art. **38 EuInsVO** 4
- Verwalter Art. **18 EuInsVO** 11 f.

Vorläufige Untersagung von Rechtshandlungen 161 1 ff.
- Anhörung **161** 7
- Antragsberechtigung **161** 3
- durchgeführte Maßnahmen **161** 6
- Gläubigerausschuss **161** 4
- Gläubigerversammlung **161** 4, **161** 9 ff.
- Mindestquorum **161** 3
- Rechtsfolgen eines Verstoßes **161** 13
- Rechtsmittel **161** 12
- Unterrichtungspflicht **161** 1
- Untersagungsbeschluss **161** 8
- Untersagungsgründe **161** 5

Vorläufige Vollstreckbarkeit 85 77
Vorläufiger Gläubigerausschuss 67 7 ff.
- Abstimmung **67** 30
- Ausschluss der Bestellbarkeit **67** 16 f.
- Behörden **67** 15
- Dauer des Amtes **67** 21 f.
- Ersatzmitglieder **67** 27
- externe Mitglieder **67** 19
- funktionelle Zuständigkeit **67** 7
- Geschäftsordnung **67** 28
- Höchstpersönlichkeit **67** 13
- juristische Personen **67** 10 ff.
- juristische Personen des öffentlichen Rechts **67** 15
- Rechte und Pflichten **67** 25

magere Zahlen = Randnummern

Sachregister

- Sollmitglieder **67** 9
- Überkreuzbesetzung **67** 17
- Unabhängigkeit **67** 26
- Vertretung **67** 13 f.
- Vorschlagsrecht **67** 18
- Zahl der Mitglieder **67** 20
- Zusammensetzung **67** 9 ff.

Vorläufiger Insolvenzverwalter 22 1 ff.
- s. auch Arbeitsrechtliche Stellung des vorläufigen Insolvenzverwalters
- s. auch Gerichtliche Kompetenzzuweisung
- s. auch Haftung des vorläufigen Insolvenzverwalters
- s. auch Prüfungsaufgaben und Sachverständigentätigkeit des vorläufigen Insolvenzverwalters
- s. auch Rechnungslegungspflicht
- s. auch Steuerrechtliche Stellung des vorläufigen Insolvenzverwalters
- s. auch Vergütung des vorläufigen Insolvenzverwalters
- s. auch Vorläufiger Insolvenzverwalter mit Verwaltungs- und Verfügungsbefugnis
- s. auch Vorläufiger Insolvenzverwalter ohne Verfügungsbefugnis
- s. auch Zwangsbefugnisse des vorläufigen Insolvenzverwalters
- Abberufung **22** 5
- Ablehnung der Aufnahme anhängiger Streitigkeiten **85** 98
- Abweisung mangels Masse **26** 18
- Aktivprozess **22** 195 f.
- allgemeiner Zustimmungsvorbehalt **21** 24
- allgemeines Verfügungsverbot **21** 17 f.
- Amtsermittlungen **5** 20, **5** 27
- anfechtbare Rechtshandlungen **22** 239 ff., **129** 80
- Anfechtungsberechtigung **129** 11, **129** 17
- Anordnung der vorläufigen Insolvenzverwaltung **22** 11 ff., **22** 17 ff., **22** 53 ff., **22** 56 ff.
- Anordnung von Sicherungsmaßnahmen **21** 34, **21** 41, **21** 56
- Arten vorläufiger Insolvenzverwaltung **22** 2
- Aufnahme von Passivprozessen **86** 13
- Aufsicht **22** 5
- Auftrag und Geschäftsbesorgung **116** 6, **116** 13
- Auskunftsansprüche **22** 16
- Auswahl **21** 13
- Bekanntmachung der Verfügungsbeschränkungen **23** 3
- Bestellung **22** 4, **21** 12 f.
- Bestellung eines Sachverständigen **5** 14
- dynamische Sequestration **22** 8
- einstweilige begleitende Unternehemensfortführung **22** 15
- Entlassung des Insolvenzverwalters **59** 3
- Erhaltungspflicht **22** 7
- Eröffnungsantrag **13** 136 f.
- Ersatzaussonderung **48** 5
- funktionelle Zuständigkeit **2** 3
- Genossenschaft **35** 350
- gerichtliche Kompetenzzuweisung **22** 2
- Gesamtschaden **92** 30
- gesetzliche Kompetenzzuweisung **22** 2
- gesetzliche Vertretung **22** 9
- gewöhnlicher Geschäftsbetrieb **22** 11
- Gläubigerantrag **14** 116, **14** 128, **14** 130
- Haftpflichtversicherung **21** 15, **22** 4
- Haftung **22** 15, **60** 3
- Handels- und steuerrechtliche Rechnungslegung **155** 9
- Hinterlegung **149** 13
- Insolvenzgericht **21** 14
- Insolvenzverwaltungsstatut **335** 34 ff.
- juristische Personen **22** 3
- Kompetenzzuweisungen **22** 9
- Kosten des Insolvenzverfahrens **54** 24
- Leistungen an den Insolvenzschuldner **22** 13
- Masseverbindlichkeiten **22** 9, **22** 11 f.
- mehrere Insolvenzanträge **13** 77
- Nachweis der Insolvenzverwalterbestellung **Art. 19 EuInsVO** 4
- Nichterfüllung von Masseverbindlichkeiten **61** 31 ff.
- öffentliche Bekanntmachung **Art. 21 EuInsVO** 5
- originäre Pflichten **22** 8, **22** 12 f.
- Passivprozess **22** 197
- Person des vorläufigen Insolvenzverwalters **22** 3
- Prozessführungsbefugnis **22** 9, **22** 195
- prozessrechtliche Stellung **22** 195 ff.
- Prüfungspflicht **22** 7
- Rechnungslegung **66** 16 ff.
- Rechnungslegungspflicht **22** 216 ff.
- Rücknahme des Insolvenzantrags **13** 132
- Sachverständiger **22** 2
- Sanierung **22** 207 ff.
- Sanierungsfähigkeit **22** 207 a
- Sanierungskonzept **22** 207
- Sanierungsvorbereitung **22** 207 b
- Schutz des Gläubigers vor einer Verzögerung der Verwertung **169** 1 a
- schwacher vorläufiger Insolvenzverwalter **22** 195
- Sicherungseigentum **22** 16 a
- Sicherungsmaßnahmen **22** 13, **344** 4
- Sicherungspflicht **22** 7
- Siegelung **150** 3 f.
- sonstige Verwendung beweglicher Sachen **172** 1
- spezifische Pflichten **22** 8 f.
- starker vorläufiger Insolvenzverwalter **22** 195, **22** 240
- steuerrechtliche Stellung des Insolvenzverwalters **56** 83
- Teilungsmassestreit **22** 196
- Treuhandmodell **22** 9
- Unternehmensfortführung **11** 12, **22** 207 ff.
- Verfahren Kölner Prägung **22** 15
- Verfahrensunterbrechung nach § 240 ZPO **85** 2
- Verfügungen ohne Zustimmung des vorläufigen Insolvenzverwalters **22** 13
- Vergütung des Insolvenzverwalters **63** 11
- Vertrauensschutz **22** 241 f.
- Verwertung der Insolvenzmasse **159** 44
- Vollstreckungsverbot bei Masseverbindlichkeiten **90** 16 f.
- Vorlage des Insolvenzplans **218** 8 f.
- vorläufige Insolvenzverwaltung mit Pflichtenbestimmung **22** 7 ff.
- vorläufige Insolvenzverwaltung mit Zustimmungsvorbehalt **22** 11 ff.
- vorläufige Insolvenzverwaltung ohne Pflichtenbestimmung **22** 6
- vorläufiger Sachwalter **22** 11
- vorläufiger Treuhänder **21** 12 a
- vorzeitige Beendigung des Insolvenzeröffnungsverfahrens **22** 221
- Zivilprozessordnung **4** 1
- Zulassung des Gläubigerantrags **14** 107 f.
- Zustellungen **8** 8, **21** 16
- Zustimmungsvorbehalt **22** 241

Vorläufiger Insolvenzverwalter mit Verwaltungs- und Verfügungsbefugnis 22 17 ff.
- s. auch Unternehmensstilllegung
- s. auch Unternehmensveräußerung
- s. auch Verwertung von Sicherungsgut
- absolutes Verfügungsverbot **22** 17 b
- Abverkauf **22** 36
- allgemeines Verfügungsverbot **22** 17 b, **22** 46
- Anfechtung eines Hauptinsolvenzverfahrens in der EG **22** 17 a
- Anlagevermögen **22** 37
- Aufzeichnung der Vermögensgegenstände **22** 21

3285

Sachregister

fette Zahlen = Gesetzesvorschriften

- Auslaufproduktion 22 36
- Dauerschuldverhältnisse 22 46
- drohender Verderb von Waren 22 36
- Durchsuchung 22 19
- eigenständige Entscheidungskompetenz 22 24
- einstweilige Unternehmensfortführung 22 23 ff.
- Einziehung einer Forderung 22 38
- Erfüllung 22 45
- Erfüllungsverlangen 22 46
- Erfüllungswahl 22 45
- Erhaltungspflicht 22 17 f.
- Erlöschen von Vollmachten 116 12
- Forderungen 22 35 a
- Fortführungspflicht 22 23
- Funktionsfähigkeit des laufenden Betriebes 22 18
- Gefahr im Verzug 22 38
- gegenseitige Verträge im Insolvenzeröffnungsverfahren 22 45 ff.
- Gesamtverkauf des verwalteten Vermögens 22 37
- gesetzliche Verbindlichkeiten 22 47
- Haftungsrisiken 22 23 a f.
- Inbesitznahme des Schuldnervermögens 22 19 f.
- Inventarisierung der Vermögensgegenstände 22 21
- Kreditfinanzierung im Insolvenzeröffnungsverfahren 22 34
- Kündigung 22 45
- Masseverbindlichkeiten 22 47
- originäre Pflichten 22 17
- Priviligierung von Krediten 22 34
- Prüfungspflichten 22 17
- Rang der vom vorläufigen Insolvenzverwalter begründeten Verbindlichkeiten 22 47 f.
- Schuldner als Vermieter oder Verpächter 110 9
- Sicherheiten 22 34
- Sicherungspflicht 22 17 f.
- Siegelung des Schuldnervermögens 22 20
- Sonderkündigungsrecht des Insolvenzverwalters 109 2
- sonstige Masseverbindlichkeiten 55 92 ff.
- spezifische Pflichten 22 17, 22 17 b ff.
- steuerrechtliche Stellung des vorläufigen Insolvenzverwalters 22 192 c
- Umlaufvermögen 22 38
- unmittelbarer Besitz 22 19
- Unterhalt 22 22
- Unternehmensveräußerung 22 32 ff.
- Veräußerung des Miet- oder Pachtobjekts 111 2
- Verlust der Verwaltungs- und Verfügungsbefugnis 22 17 b
- Vermögensstatus 22 21
- Vermögensverwaltung 22 18
- Verwertungsbefugnis 22 35 ff.
- Vorausverfügungen 22 17 b
- Wiederaufnahme des Betriebs 22 24
- Zerschlagung 22 24

Vorläufiger Insolvenzverwalter ohne Verfügungsbefugnis
- beschränkter Zustimmungsvorbehalt 22 193 b
- Doppeltreuhand 22 194
- Einbehaltungsrecht 22 194
- Ermächtigungsmodell 22 193 c f.
- konkrete Einzelermächtigung 22 193 c
- Masseunzulänglichkeit 22 193 d
- Masseverbindlichkeiten 22 193 b ff.
- Sicherung der von einem vorläufigen Insolvenzverwalter ohne Verfügungsbefugnis begründeten Verbindlichkeiten 22 193 ff.
- Sicherungstreuhand 22 194
- Treuhandmodell 22 194 ff.
- Verwaltungstreuhand 22 194

Vorläufiger Sachwalter 22 11

Vorläufiger Treuhänder
- Aufgaben 306 49 ff.
- Bestellung 306 46 ff.
- Rechnungslegungspflicht 306 54
- Vergütung des vorläufigen Treuhänders 306 52 f.
- vorläufiger Insolvenzverwalter 21 12 a

Vorläufiger Verwalter Art. 38 EuInsVO 3

Vorläufiges Bestreiten
- Berücksichtigung bestrittener Forderungen 189 3
- streitige Forderungen 179 3
- Umfang der Feststellung 181 4, 181 21
- Verfahrensunterbrechung nach § 240 ZPO 87 10
- Widerspruch 178 18 ff.

Vorläufiges Insolvenzverfahren 35 108 f.

Vormerkung 106 1 ff.
- Akzessorietät 106 9 f.
- allgemeines Verfügungsverbot 106 15
- anfechtbare Rechtshandlungen 130 22
- Anspruch auf dingliche Rechtsänderung 106 4
- Ausschluss sonstigen Rechtserwerbs 91 3, 91 36 f., 91 47
- aussonderungsähnliche Wirkung 106 1, 106 27
- Bauträgervertrag 106 36 ff.
- bedingte Ansprüche 106 8
- dingliches Vorkaufsrecht 106 22 ff.
- Eintragung 106 11
- Entstehungszeitpunkt 106 12 ff.
- Erfüllung aus der Insolvenzmasse 106 27 ff.
- gemischttypische Verträge 106 35 ff.
- Insolvenzanfechtung 106 18
- Insolvenzfestigkeit 106 6
- Insolvenzmasse 35 265 f.
- künftige Ansprüche 106 6 f.
- Masseunzulänglichkeit 106 30
- Rechtsfolgen der Insolvenzanfechtung 143 83
- Rückgewährpflicht 143 7
- Rückschlagsperre 106 17
- unbewegliche Gegenstände 349 14
- unentgeltliche Leistung 134 46
- Verfügungen des Insolvenzverwalters 106 26
- Verwertung der Insolvenzmasse 159 11
- Verwertung unbeweglicher Gegenstände 165 12, 165 14 a
- Vollstreckung vor Verfahrenseröffnung 88 10
- Wirkung der Restschuldbefreiung 301 23
- Wirkungen 106 20 ff.
- Zeitpunkt der Vornahme einer Rechtshandlung 140 15 f.
- Zustimmungsvorbehalt 106 15
- Zwangsvormerkung 106 16

Vorpfändung
- Unwirksamkeit von Veräußerungsverboten 80 207
- Vollstreckungsverbot 89 6
- Zeitpunkt der Vornahme einer Rechtshandlung 140 9

Vorprüfung des Insolvenzplans 231 3 ff.
- Amtsermittlungsgrundsatz 231 5
- Annahme des Insolvenzplans 231 31 f.
- Aussetzung von Verwertung und Verteilung 233 9
- behebbare Mängel 231 37 f.
- darstellender Teil des Insolvenzplans 231 19
- Gegenstand 231 7 f.
- gerichtliche Bestätigung des Insolvenzplans 231 31 f.
- gestaltender Teil des Insolvenzplans 231 20
- Gliederung des Insolvenzplans 231 17 f.
- Gruppenbildung 231 21 ff.
- Haftung des Schuldners 231 28
- Insolvenzgericht 231 3 ff.
- Liquidationsplan 231 33
- Masseunzulänglichkeit 231 35
- offensichtliche Nichterfüllbarkeit 231 33 f.
- Planinhalt 231 16
- Planungsrechnungen 231 30
- Schuldnerplan 231 12
- Umfang 231 6
- Unternehmensfortführung 231 29 f.

3286

magere Zahlen = Randnummern

- Verfahren **231** 5
- Verstoß gegen Verfahrensvorschriften **250** 8 ff.
- Verwalterplan **231** 12
- Vorlage des Insolvenzplans **218** 53
- Vorlageberechtigte **231** 12
- Vorprüfungspflicht **231** 3 f.
- Zuleitung des Insolvenzplans **231** 36
- Zurückweisung des Insolvenzplans **231** 39

Vorprüfungs- und Zurückweisungsrecht
- Insolvenzgericht **175** 15 ff.
- Insolvenzverwalter **175** 9 ff.
- mangelhaft angemeldete Forderungen **175** 13
- Masseverbindlichkeiten **175** 11
- nachrangige Insolvenzforderungen **175** 11
- Nichtaufnahme von Forderungen **175** 14
- Rechtsmittel **175** 13 f., **175** 16 f.

Vorrang der einvernehmlichen Schulenbereinigung 306 1
Vorrang der Insolvenzabwicklung
- Inbesitznahme der Insolvenzmasse **148** 16, **148** 18
- Verwertungsbeschränkungen **159** 58

Vorratsvermögen 19 76
Vorruhestandsverpflichtungen 19 109
Vorsätzliche Benachteiligung 133 1 ff.
- s. auch Benachteiligungsvorsatz
- s. auch Verträge mit nahestehenden Personen
- Absichtsanfechtung **133** 1
- Bargeschäft **133** 6, **142** 3
- Beweiserleichterung **133** 31 ff.
- Darlegungs- und Beweislast **133** 29 ff.
- drohende Zahlungsunfähigkeit **133** 30
- Druckzahlungen **133** 3
- Gesellschafterdarlehen **135** 6
- Insolvenzgläubiger **133** 11
- Insolvenzplan **133** 10
- Kenntnis des anderen Teils **133** 25 ff.
- maßgeblicher Zeitpunkt **133** 26
- Rechtshandlung des Schuldners **133** 7
- Vermutung der Kenntnis des anderen Teils **133** 31 ff.
- Verträge mit nahestehenden Personen **133** 33 ff.
- Vertretung **133** 9, **133** 27
- Zahlungsunfähigkeit **133** 30
- Zeitmoment **133** 28, **133** 40
- Zwangsversteigerung **133** 8
- Zwangsvollstreckung **133** 8

Vorschuss
- Eröffnungsantrag **13** 133
- Insolvenzgeld **22** 190 ff.
- vereinfachtes Insolvenzverfahren **311** 20 ff.
- Vergütung der Mitglieder des Gläubigerausschusses **73** 23 ff.
- Vergütung des Insolvenzverwalters **63** 47 ff.
- Vergütung des Treuhänders **293** 9
- Vergütung des vorläufigen Insolvenzverwalters **22** 236 f.
- Verteilung des Erlöses **170** 9 b

Vorschussberechnung
- Genossenschaft **35** 360
- vereinfachtes Insolvenzverfahren **311** 26 ff.

Vorstandsmitglieder
- Aktiengesellschaft **11** 185, **11** 187, **35** 324 ff.
- Anhörung des Schuldners **10** 8
- Insolvenzgeld **22** 109

Vorsteuer
- Steuerforderungen **38** 80 ff.
- steuerrechtliche Stellung des Insolvenzverwalters **56** 83

Vorsteuerrückforderung 191 7
Vorteilsausgleichung
- Bargeschäft **142** 12
- Rückgewährpflicht **143** 23

Vorübergehende Masseunzulänglichkeit 208 11 a, **208** 20, **208** 31

Vorübergehende Zahlungsstockung
- Begriff der drohenden Zahlungsunfähigkeit **18** 3
- Begriff der Zahlungsunfähigkeit **17** 5, **17** 9, **17** 19 f.
- Glaubhaftmachung **14** 80
- Insolvenzgrund **16** 15
- Zahlungsunfähigkeit **17** 29

Vor-vorläufiger Gläubigerausschuss
- Einsetzung des Gläubigerausschusses **67** 4 ff.
- Vergütung der Mitglieder des Gläubigerausschusses **73** 3

Vorwegbefriedigungsrecht der Staatskasse 292 39, **292** 49 f.
Vorzeitige Beendigung
- Abtretung des pfändbaren Arbeitsentgelts **299** 3
- außergerichtlicher Vergleich **299** 8
- Befriedigung der Insolvenzgläubiger **299** 11 ff.
- Rücknahme des Antrags **299** 10
- Tod des Schuldners **299** 9
- Treuhänder **299** 4 f.
- Wiederaufleben **299** 6 f.
- Wirkungen **299** 2 ff.

Vorzeitige Beendigung des Insolvenzeröffnungsverfahrens 22 221
Vorzeitige Beendigung des Insolvenzverfahrens 63 39 ff.
Vorzeitige Betriebsänderung mit gerichtlicher Zustimmung
- Antrag **122** 61 ff.
- Arbeitsgericht **122** 70 ff.
- Beginn der Betriebsänderung **122** 95 ff.
- Berichtstermin **122** 74 f.
- Betriebsrat **122** 94 ff.
- Eilbedürftigkeit **122** 71
- einstweilige Gestattung **122** 90 ff.
- einstweilige Verfügungen **122** 95 ff.
- Erstinstanz **122** 81
- Freisetzung von Mitarbeitern **122** 101 ff.
- Fristen **122** 69
- Nachteilsausgleich **122** 70
- Nichtzulassungsbeschwerde **122** 85
- Prüfungsmaßstab **122** 76
- Rechtsbeschwerde **122** 82 ff.
- Rechtskraft **122** 88 f.
- soziale Belange **122** 73
- Unterrichtungspflicht **122** 65 ff.
- Verfahren **122** 80 ff.
- Vergleich **122** 86
- Weiterverhandeln **122** 79
- widersprechende Entscheidungen **122** 74 ff.
- wirtschaftliche Lage **122** 72
- Zustimmungsbeschluss **122** 87 ff.

Vorzeitige Betriebsstilllegung 22 25 ff.

Wahl anderer Mitglieder 68 1 ff.
- s. auch Endgültiger Gläubigerausschuss
- Abwahl von Ausschussmitgliedern **68** 11
- Aufhebungskompetenz des Insolvenzgerichts **68** 9 ff.
- gemeinsames Interesse der Insolvenzgläubiger **68** 9 ff.
- Gläubigerautonomie **68** 1
- Neuwahl von Ausschussmitgliedern **68** 11

Wahl des Insolvenzverwalters 145 14
Wahl eines anderen Insolvenzverwalters 57 1 ff.
- abgewählter Insolvenzverwalter **57** 31 f.
- Abwahl des gerichtlich bestellten Insolvenzverwalters **57** 4
- Abwahlverfahren **57** 9 ff.
- Aufhebungsbefugnis **57** 38
- doppeltes Mehrheitserfordernis **57** 3
- Entscheidung über den Fortgang des Verfahrens **157** 4
- erste Gläubigerversammlung **57** 14 ff.
- funktionelle Zuständigkeit **57** 29
- gerichtliche Bestellung **57** 19
- Gläubigerautonomie **57** 1

Sachregister

3287

Sachregister

fette Zahlen = Gesetzesvorschriften

- Gläubigerversammlung **57** 4 ff.
- Interessenkollision **57** 26
- mangelnde Eignung **57** 20 ff.
- Mehrheitserfordernis **57** 10
- öffentliche Bekanntmachung **57** 30
- Rechtsmittel **57** 33 ff.
- sofortige Beschwerde **57** 33 ff.
- Versagung der gerichtlichen Bestellung **57** 17 f., **57** 20 ff.
- Versagungsbeschluss **57** 28
- Versagungsgründe **57** 20 ff.
- Wahlrecht **57** 15 ff.
- Zuständigkeit **57** 14 ff.

Wahl eines anderen Sachwalters 274 8
Wahl eines anderen Treuhänders 313 12
Wahl zwischen Gerichtsständen 3 6
Wahlrecht
- gegenseitige Verträge **279** 1 f.
- Wahl eines anderen Insolvenzverwalters **57** 15 ff.

Wahlrecht des Insolvenzverwalters 103 1 ff.
- s. auch Erfüllungsablehnung des Insolvenzverwalters
- s. auch Erfüllungswahl des Insolvenzverwalters
- Anzahlung **103** 67
- Anzeige der Masseunzulänglichkeit **208** 24
- Auftrag und Geschäftsbesorgung **116** 10
- Ausübungsberechtigung **103** 98 f.
- Ausübungssperre **103** 107, **103** 111
- Bauverträge **103** 27
- bestmögliche Verwertung **103** 97
- Darlehen **103** 29
- Dauerbezugsverträge **103** 30
- Drittvermögen **103** 92
- Eintritt der Aufrechnungslage im Verfahren **95** 36 f.
- erfasste Vertragsarten **103** 26 ff.
- Erlöschenstheorie **103** 6 f.
- Forderungszuständigkeit **103** 100
- Gegenwahlrechte **103** 101 ff.
- Gesellschaftsverträge **103** 56
- Gläubigergleichbehandlung **103** 3
- Gläubigerinteressen **103** 97
- Handelsvertreter **103** 53
- Insolvenz des Leasingnehmers **108** 84 ff.
- insolvenzfreies Vermögen **103** 92
- Kaufverträge **103** 35, **103** 60 ff.
- Kündigung eines Dienstverhältnisses **113** 6 f.
- Leistungserfolg **103** 59
- Leistungshandlung **103** 59
- Masseschutz **103** 3
- Masseverbindlichkeiten **103** 109
- Miete **103** 40
- Minderung **103** 79
- Nacherfüllung **103** 68 f.
- Neubegründungstheorie **103** 6 f.
- nicht erfasste Vertragsarten **103** 53 ff.
- nicht vollständige Vertragserfüllung **103** 57 ff.
- Nichterfüllungseinrede **103** 11
- Pacht **103** 40
- Rangordnung der Masseverbindlichkeiten **209** 17
- Rechtsfolgen der Insolvenzeröffnung **103** 10 ff.
- Rückgewährschuldverhältnisse **103** 95
- Rücktritt **103** 77 f., **103** 102 ff.
- Sachmangel beim Kauf **103** 65 ff.
- Sachmangel beim Werkvertrag **103** 89 ff.
- Schadenersatz statt der Leistung **103** 81 f.
- Spaltung des teilweise erfüllten Vertrages **103** 16
- Synallagma **103** 23, **103** 25, **103** 58
- Teilleistungen **103** 67, **103** 14 ff.
- Theorie vom Verlust der Durchsetzbarkeit **103** 8 f.
- Treuhänder **103** 98
- Unwirksamkeit abweichender Vereinbarungen **119** 23 f.
- Unzulässigkeit der Aufrechnung **96** 8 ff.

- Versicherungsverträge **103** 44
- Voraussetzungen **103** 24 ff.
- Werkverträge **103** 51, **103** 63 f.
- Zweck **103** 2

Warenlieferungen
- Bargeschäft **142** 14
- Glaubhaftmachung **14** 68

Warenzeichen 19 66
Wechsel
- anfechtbare Rechtshandlungen **130** 16
- Anfechtung gegen Rechtsnachfolger **145** 20
- Feststellung der Forderungen **178** 8
- Glaubhaftmachung **14** 68
- nachträgliche Anmeldungen **177** 15
- Zeitpunkt der Vornahme einer Rechtshandlung **140** 5 b

Wechsel des Insolvenzverwalters
- Inbesitznahme der Insolvenzmasse **148** 27
- Rechtsstellung des Insolvenzverwalters **80** 138
- Verjährung des Anfechtungsanspruchs **146** 8

Wechsel- und Scheckzahlungen
- Scheckzahlungen **137** 8 f.
- Wechselproteste **137** 1 f.

Wechselgeschäfte 82 44 ff.
Wechselproteste
- Wechsel- und Scheckzahlungen **137** 1 f.
- Zahlungsunfähigkeit **17** 31

Wegfall der Masseunzulänglichkeit 208 31
Wegfall des Eröffnungsgrundes
- s. auch Einstellung wegen Wegfalls des Eröffnungsgrundes
- sofortige Beschwerde gegen den Eröffnungsbeschluss **34** 13

Wegfall des Gläubigerrechts 13 79
Weihnachtsgeld 134 32
Weiterbeschäftigung
- Betriebsveräußerung **128** 32 b ff.
- Fortbestehen von Dienst- und Arbeitsverhältnissen **108** 57 f.
- Interessenausgleich mit Namensliste **125** 39
- Klagefristen bei Unwirksamkeit von Kündigung oder Befristung **113** 182

Weiteres Insolvenzverfahren 35 63
Weiterveräußerung
- Eigentumsvorbehalt **47** 27 ff.
- Ersatzaussonderung **48** 29 f.
- Rückgewährpflicht **143** 27
- Verwertung der Insolvenzmasse **159** 50 f.

Werkunternehmerpfandrecht 50 34
Werkverträge
- teilbare Leistungen **105** 17
- Wahlrecht des Insolvenzverwalters **103** 51, **103** 63 f.

Werkzeuge 36 17
Wertansätze und Bewertung bei positiver Fortführungsprognose 19 57 ff.
- Absonderungsrecht **19** 62, **19** 81
- aktive Rechnungsabgrenzungsposten **19** 80
- Aktivierung des Firmenwertes **19** 57
- Ansprüche gegen die Gesellschafter **19** 69 ff.
- Anteile an verbundenen Unternehmen **19** 74
- Anwartschaft **19** 81
- Ausleihungen **19** 74
- Aussonderungsrecht **19** 62, **19** 81
- ausstehende Einlagen **19** 69 ff.
- Bauten auf fremdem Grund und Boden **19** 73
- bestrittene Forderungen **19** 78
- Betriebsstoffe **19** 76
- Bilanzierungshilfen **19** 61
- Eigentumsvorbehalt **19** 81
- Einzelbewertung **19** 57
- Erweiterung des Geschäftsbetriebes **19** 61
- existenzvernichtender Eingriff **19** 69

magere Zahlen = Randnummern   **Sachregister**

- Factoring **19** 78
- Fertigerzeugnisse **19** 76
- Finanzanlagen **19** 74
- Finanzderivate **19** 66
- Finanzierungsleasing **19** 78
- Firmenwert **19** 67 f.
- Forderungen **19** 77
- Forschungs- und Entwicklungskosten **19** 66
- Fortentwicklung **19** 61
- Fortführungsbilanz **19** 58
- Freistellungsansprüche **19** 63, **19** 71
- Führungslosigkeit **19** 69
- Gebäude **19** 73
- Genussrechte **19** 74
- Geschäftsanteile **19** 75
- Gesellschafterdarlehen **19** 69, **19** 81
- Gesellschaftsanteile **19** 75
- Grundstücke **19** 73
- Haftungsansprüche **19** 63
- Halberzeugnisse **19** 76
- harte Patronatserklärungen **19** 79
- immaterielle Vermögensgegenstände **19** 64 ff.
- Ingangsetzungskosten **19** 67
- Insolvenzanfechtung **19** 77
- Insolvenzverschleppung **19** 70
- isolierte Verlustausgleichsansprüche **19** 63
- Kautionen **19** 81
- konzernrechtliche Ausgleichsansprüche **19** 71
- Leasing **19** 78
- Liquidationsbilanz **19** 58
- massefremde Masse **19** 63
- Mehrmütterkonzern **19** 72
- Mietverträge **19** 74
- negative Fortführungsprognose **19** 67
- Neuentwicklung **19** 61
- nicht bilanzierungsfähige Vermögensgegenstände **19** 60
- nicht zu berücksichtigende Bilanzpositionen **19** 61
- Operatingleasing **19** 78
- Optionsrechte **19** 66
- Organkredite **19** 74
- organschaftliche Vertreter **19** 71
- Pachtverträge **19** 74
- Passivseite der Überschuldungsbilanz **19** 63
- persönliche Haftung **19** 63, **19** 70
- positive Fortführungsprognose **19** 66 f.
- qualifizierter faktischer Konzern **19** 71
- Rohstoffe **19** 76
- Sachanlagen **19** 73
- Sicherungseigentum **19** 81
- stille Reserven **19** 59
- verdeckte Sacheinlagen **19** 69 f.
- Verlustausgleichsansprüche **19** 63
- Vorgesellschaft **19** 63
- Vorratsvermögen **19** 76
- Warenzeichen **19** 66
- Wertpapiere **19** 74
- zu berücksichtigende Aktivposten im Überschuldungsstatus **19** 62 ff.

Wertausgleich
- Nutzung des Sicherungsguts **172** 4 ff.
- Schutz des Gläubigers vor einer Verzögerung der Verwertung **169** 13 f.
- sonstige Verwendung beweglicher Sachen **172** 1 b

Wertberichtigungen 19 98

Wertersatzanspruch
- Rechtsfolgen der Insolvenzanfechtung **143** 4 a
- Rückgewährpflicht **143** 25 ff.

Wertgegenstände 149 1 ff.
- s. auch Hinterlegung
- Bankgeheimnis **149** 25 ff.

- Bundesanstalt für Finanzdienstleistungsaufsicht **149** 28
- Gläubigerausschuss **149** 4
- Gläubigerversammlung **149** 6
- Insolvenzgericht **149** 5
- Kassenprüfung **149** 27
- Unternehmensfortführung **149** 2
- Verwalterkonten **149** 25

Werthaltigmachen einer Forderung 140 3, **140** 6

Wertpapierabwicklungssysteme
- anwendbares Recht **340** 20
- Zahlungssysteme und Finanzmärkte **Art. 9 EuInsVO** 7

Wertpapiere
- Dritterwerber **Art. 14 EuInsVO** 1 ff.
- Finanztermingeschäfte **104** 22
- Hinterlegung **149** 10
- unpfändbare Gegenstände **36** 45
- Wertansätze und Bewertung bei positiver Fortführungsprognose **19** 74

Wertpapierfirmen Art. 1 EuInsVO 7
Wertpapierkommission 47 82 f.
Wertpapierlieferungssysteme 340 20
Wettlauf um die Eröffnung Art. 3 EuInsVO 39
Widerraufnahme des Insolvenzeröffnungsverfahrens 311 3 f.
Widerraufnahme des Verfahrens 4 38
Widerruf der Restschuldbefreiung 303 1 ff.
- Beeinträchtigung der Befriedigung **303** 5 f.
- Beschluss **303** 14
- Fristen **303** 9
- Gegenglaubhaftmachung **303** 11
- Glaubhaftmachung **303** 10
- Kosten **303**
- nachträgliches Bekanntwerden **303** 7
- Obliegenheitsverletzung **303** 4
- öffentliche Bekanntmachung **303** 19
- rechtliches Gehör **303** 12 f.
- Rechtsmittel **303** 18
- sofortige Beschwerde **303** 18
- Tod des Schuldners **303** 3
- Voraussetzungen **303** 2 ff.
- Wiederaufleben **303** 20 f.

Widerspruch
- s. auch Klage gegen den Widerspruch des Schuldners
- Befriedigung der Insolvenzgläubiger **283** 2
- Begründung **178** 17
- Beseitigung **178** 24
- Betriebsübergang **128** 16 ff.
- eidesstattliche Versicherung **98** 6, **153** 8
- Eigenverwaltung **178** 15
- Form **178** 16
- Insolvenzgläubiger **178** 12
- Insolvenzschuldner **178** 14
- Insolvenzverwalter **178** 11
- Klage gegen den Widerspruch des Schuldners **184** 3 ff.
- mehrfaches Bestreiten **178** 22
- Minderheitenschutz **251** 5 f., **251** 14
- Mitwirkung des Sachwalters **275** 5
- nachrangige Insolvenzgläubiger **178** 13
- nachträgliche Anmeldungen **177** 4 ff., **177** 38
- Prüfungstermin **176** 28 f., **176** 32 f.
- Rechtskraftwirkung festgestellter Forderungen **178** 26
- Rücknahme **178** 23
- Tabelle **175** 27 ff.
- titulierte Forderungen **179** 33 ff.
- Treuhänder **178** 11
- Verfahren vor der Einstellung **214** 5 ff.
- von der Restschuldbefreiung ausgenommene Forderungen **302** 23 ff.
- vorläufiges Bestreiten **178** 18 ff.

3289

Sachregister

fette Zahlen = Gesetzesvorschriften

- Widerspruchberechtigung **178** 10 ff.
- Wirkung der Entscheidung **183** 4 f., **183** 16 ff.
- Zustimmung des Schuldners **247** 2 ff.

Wiederaufbauklausel 35 223

Wiederauflebensklauseln 255 1 ff.
- Annahme des Schuldenbereinigungsplans **308** 26
- Ausfallforderungen **255** 2
- außergerichtlicher Einigungsversuch **305** 12
- bestrittene Forderungen **255** 2
- Erfüllungsrückstand **255** 6 f.
- Erheblichkeit **255** 8 ff.
- Ersetzung der Zustimmung **309** 77
- gestaltender Teil des Insolvenzplans **255** 2
- Gläubigerautonomie **255** 22
- Gläubigerforderungen **255** 2 f.
- Insolvenzplan **vor 217** 48
- Mahnung **255** 10 f.
- nachrangige Insolvenzgläubiger **225** 7
- neues Insolvenzverfahren **255** 19 ff.
- Schuldnerschutz **255** 23
- Sicherheiten **255** 14
- Störungen der Planerfüllung **255** 15 ff.
- Wiederaufleben **255** 12 ff.

Wiedereinsetzung in den vorigen Stand 186 1 ff.
- Annahme des Schuldenbereinigungsplans **308** 10
- Antrag des Schuldners auf Restschuldbefreiung **287** 19
- Aufforderungen an Gläubiger und Schuldner **28** 3
- Aufnahme anhängiger Streitigkeiten **85** 82
- Beschwerdeverfahren **6** 14
- Eigenverwaltung **186** 3
- Entscheidung über die Wiedereinsetzung **186** 10 f.
- Fristen **186** 4 ff.
- Glaubhaftmachung **186** 4
- Gläubigerantrag **14** 137
- Hinweis auf Restschuldbefreiung **20** 50
- Kosten **186** 13
- nachträgliche Anmeldungen **177** 38
- Prüfung und Entscheidung der Rechtsbeschwerde **7** 20
- Rechtsmittel **186** 12
- Schlusstermin **197** 13
- Verfahren **186** 3 ff.
- versäumter Widerspruch **186** 8
- Zivilprozessordnung **4** 1, **4** 38
- Zustellung des Schuldenbereinigungsplans **307** 32 ff.
- Zustellungen **8** 3

Wiedereinstellung 113 188

Wiederholter Restschuldbefreiungsantrag
- Antrag des Schuldners auf Restschuldbefreiung **287** 21 a f.
- Versagung der Restschuldbefreiung **290** 43 ff.

Wiederkaufsrechte 35 188

Wiederkehrende Leistungen 46 1 ff.
- Aussonderungsrecht **46** 4
- Bestimmtheit von Betrag und Dauer **46** 5 ff.
- Insolvenzforderungen **46** 3
- Masseforderungen **46** 4
- Verfahren **46** 1
- Zinsen **46** 8 ff.

Wirksamkeit von Handlungen 164 1 ff.
- insolvenzzweckwidrige Handlungen **164** 3
- Zustimmungsvorbehalt **164** 4

Wirkung der Entscheidung 183 1 ff.
- Berichtigung der Tabelle **183** 11 ff.
- Eigenverwaltung **183** 10
- Feststellung der Forderungen **183** 2 f.
- Insolvenzschuldner **183** 6 ff.
- Kostenerstattung **183** 15 ff.
- nicht titulierte Forderungen **183** 13
- Widerspruch **183** 4 f., **183** 16 ff.

Wirkung der Feststellung einer Gesellschaftsschuld **93** 41 f.

Wirkung der Restschuldbefreiung 301 1 ff.
- Absonderungsrecht **301** 2, **301** 24 f.
- ausgenommene Verbindlichkeiten **301** 6 ff.
- ausländische Gläubiger **301** 5
- Aussonderungsrecht **301** 2
- Bürgen **301** 16 ff.
- Insolvenzforderungen **301** 10 ff.
- Massegläubiger **301** 2 a
- Mitschuldner **301** 20 ff.
- nachträgliche Anmeldungen **301** 3 ff.
- Naturalobligationen **301** 10 ff.
- Neubegründung **301** 12
- nicht angemeldete Forderungen **301** 3 ff.
- persönlich haftende Gesellschafter **301** 38
- Rückforderung **301** 29 ff.
- Rückgriffsansprüche **301** 26 ff.
- Sicherungsrechte **301** 15 ff.
- steuerrechtliche Folgen **301** 35 ff.
- Umfang der Restschuldbefreiung **301** 2 ff.
- Unterhaltsforderungen **301** 7
- Vormerkung **301** 23
- Zinsen **301** 8
- Zwangsvollstreckung **301** 33 f.

Wirkung der Stundung 4 a 41 ff.

Wirkungen der Anerkennung Art. 17 EuInsVO 1 ff.
- Hauptinsolvenzverfahren **Art. 17 EuInsVO** 4 ff.
- Partikularverfahren **Art. 17 EuInsVO** 3, **Art. 17 EuInsVO** 7 ff.
- Restschuldbefreiung **Art. 17 EuInsVO** 8
- Stundung **Art. 17 EuInsVO** 8
- Wirkungserstreckung **Art. 17 EuInsVO** 4 ff.

Wirkungen der Aufhebung 259 1 ff.
- Erlöschen der Ämter **259** 2
- Forderungen **259** 6
- gesellschaftsrechtliche Maßnahmen **259** 9
- Gläubigerausschuss **259** 1
- Insolvenzanfechtung **259** 15
- Insolvenzmasse **259** 5
- Insolvenzverwalter **259** 1
- Nachtragsverteilung **259** 10
- Prozessführungsbefugnis **259** 15 ff.
- Rechtsstreitigkeiten **259** 11 ff.
- Überwachung der Planerfüllung **259** 14
- Verfügungen des Insolvenzverwalters **259** 7
- Verfügungen des Schuldners **259** 8
- Verfügungsbefugnis **259** 3

Wirkungen der Eröffnung
- allgemeine Verfahrensvereinfachungen **312** 14 ff.
- Gesellschaften ohne Rechtspersönlichkeit **11** 269
- GmbH & Co. KG **11** 358 ff.
- juristische Personen **11** 103 ff.

Wirkungen der Verfügungsbeschränkungen 24 1 ff.
- absolute Unwirksamkeit **24** 1
- Aktivprozess **24** 16
- allgemeiner Zustimmungsvorbehalt **24** 10
- allgemeines Verfügungsverbot **24** 1 ff.
- antizipierte Verrechnungsabrede **24** 5
- Aufnahme unterbrochener Verfahren **24** 14
- Aufrechnung **24** 6 f.
- besondere Verfügungsverbote **24** 2, **24** 10
- Genehmigung **24** 3
- Kontensperre **24** 7
- Kontokorrent **24** 5 f.
- Leistungen an den Insolvenzschuldner **24** 12
- neuer Prozess **24** 16
- öffentliche Bekanntmachung **24** 12
- Passivprozess **24** 15
- Pfandrechte **24** 8
- prozessuale Folgen des allgemeinen Verfügungsverbot **24** 13 ff.

magere Zahlen = Randnummern **Sachregister**

- relatives Verfügungsverbot 24 10
- sonstiger Rechtserwerb 24 3
- Verfahrensunterbrechung 24 13
- Verfügungen des Schuldners 24 3 ff.
- Verpflichtungsgeschäfte 24 9
- Vorausverfügungen 24 4
- Wirksamwerden 24 11
- Zustimmungsvorbehalt 24 1

Wirkungen des Insolvenzplans 254 1 ff.
- absonderungsberechtigte Gläubiger 254 12 f.
- aussonderungsberechtigte Gläubiger 254 13
- Beschränkung des Wirkungsumfangs 254 2
- Dritte 254 14
- Drittsicherheiten 254 15 ff.
- Erlass von Forderungen 254 8
- Insolvenzgläubiger 254 12 f.
- Massegläubiger 254 13
- Neugläubiger 254 13
- rechtsgeschäftlicher Gesamtakt 254 1
- Schuldner 254 12 f.
- Stundung 254 8
- überplanmäßige Gläubigerbefriedigung 254 19 ff.
- Verfügungen 254 5 ff.
- Verpflichtungen 254 9

Wirtschaftliche Verhältnisse
- Aufhebung der Stundung 4 c 5, 4 c 10
- Ersetzung der Zustimmung 309 71 ff.
- Rückzahlung und Anpassung der gestundeten Beiträge 4 b 14 f.

Wirtschaftsausschuss 122 8, 122 12

Wirtschaftsprüfer
- Amtsermittlungen 5 20
- Aufgaben des Gläubigerausschusses 69 23

Wohlverhaltensperiode
- Abtretung des pfändbaren Arbeitsentgelts 287 41 ff.
- Ankündigung der Restschuldbefreiung 291 33

Wohngeld
- Dauerschuldverhältnisse 38 61
- sonstige Masseverbindlichkeiten 55 35 f.

Wohnsitz
- örtliche Zuständigkeit 3 3 ff.
- spezielle Zulässigkeitsvoraussetzungen 13 44, 14 25

Wohnsitzlosigkeit 3 9, 3 14
Wohnsitzwechsel vor 286 47
Wohnungsbauprämien 35 177
Wohnungsbaurecht 35 133
Wohnungsbauunternehmen 11 29

Wohnungseigentum
- Befriedigung der Absonderungsberechtigten 49 44
- Insolvenzmasse 35 137 f.

Wohnungseigentümergemeinschaft
- Insolvenz von Sondervermögen 11 421 ff.
- Zulässigkeit des Insolvenzverfahrens 11 4

Wohnungserhalt 109 14

Zahlungen an Gesellschafter
- Begriff der drohenden Zahlungsunfähigkeit 18 10
- Verletzung der Insolvenzantragspflicht 15 a 26 f.

Zahlungen nach Insolvenzreife
- Begriff der Zahlungsunfähigkeit 17 10
- Insolvenzanfechtung 129 28
- Verletzung der Insolvenzantragspflicht 15 a 20 ff.

Zahlungseinstellung
- Glaubhaftmachung 14 80
- Zahlungsunfähigkeit 17 29 ff.

Zahlungssysteme und Finanzmärkte
- anwendbares Recht 340 20 ff., **Art. 9 EuInsVO** 1 ff.
- eingeschränkte Universalität **Art. 9 EuInsVO** 1
- Finalitätsrichtlinie **Art. 9 EuInsVO** 3
- Insolvenzanfechtung **Art. 9 EuInsVO** 13
- Wertpapierabwicklungssysteme **Art. 9 EuInsVO** 7

Zahlungsüberwachung 292 22 f.

Zahlungsunfähigkeit 17 1 ff.
- s. auch Feststellung der Zahlungsunfähigkeit
- anfechtbare Rechtshandlungen 131 30
- Auskunfts- und Mitwirkungspflicht im Eröffnungsverfahren 20 25
- außergerichtlicher Vergleich 17 32
- Bankverträge 116 27 ff.
- drohende Zahlungsunfähigkeit 18 26
- Eigenprüfung 17 1
- faktische Geschäftsführer 17 1
- Feststellung der Zahlungsunfähigkeit 17 2
- fortgesetzte Gütergemeinschaft 332 3
- Führungslosigkeit 17 1
- Genossenschaft 11 207
- Gesellschaften ohne Rechtspersönlichkeit 11 247
- gesetzlicher Überschuldungsbegriff 19 8
- Glaubhaftmachung 14 70, 14 80, 14 87
- GmbH & Co. KG 11 343 ff., 11 346
- Indizien 17 31
- Insolvenz mit Auslandsbezug 17 35
- Insolvenzanfechtung 17 3, 17 30
- Insolvenzgrund 16 4 f., 16 19, 17 1
- juristische Personen 11 52, 17 1
- kongruente Deckung 130 33 ff.
- Kredit- und Finanzdienstleistungsinstitute 11 23
- Legaldefinition 17 2
- Liquidierbarkeit 17 34
- Nachlassinsolvenzverfahren 320 2
- Nichtabführung von Sozialversicherungsbeiträgen 17 31
- solvency test 17 1
- Strafbarkeit 17 3, 17 34
- Überschuldung 19 1
- ungedeckter Scheck 17 31
- unselbständige Niederlassung 17 35
- Verbraucherinsolvenzverfahren 17 32
- vorläufig vollstreckbare Titel 17 2
- vorsätzliche Benachteiligung 133 30
- vorübergehende Zahlungsstockung 17 29
- Wechselproteste 17 31
- Wesentlichkeit 17 31
- widerlegbare Vermutung 17 29
- Zahlungseinstellung 17 29 ff.
- Zahlungsverbot 17 1
- Zweigniederlassungen 17 35

Zahlungsunwilligkeit
- Begriff der Zahlungsunfähigkeit 17 26 f.
- Glaubhaftmachung 14 85

Zahlungsverbot
- Verletzung der Insolvenzantragspflicht 15 a 22
- Zahlungsunfähigkeit 17 1

Zahlungsverweigerung s. Zahlungsunwilligkeit

Zeitpunkt der Vornahme einer Rechtshandlung 140 1 ff.
- Abtretung 140 6
- Anwartschaftsrecht 140 17
- Aufrechnung 140 3, 140 17
- Bedingung 140 17 ff.
- Befristung 140 17 ff.
- Bezugsrecht 140 5 c
- Bürgschaften 140 5
- Darlegungs- und Beweislast 140 10, 140 14
- Dienstleistungen 140 19
- Eigentumsvorbehalt 140 17 a
- einaktive Rechtshandlungen 140 2
- Eintragungsantrag 140 12
- eintragungspflichtige Rechtsgeschäfte 140 11 ff.
- Forderungspfändung 140 8 f.
- Gesamtvorgänge 140 2
- Grundbucheintragung 140 11
- Kontokorrentverrechnung 140 3
- Kündigung 140 18
- künftige Forderungen 140 6 a f., 140 7 f., 140 17

3291

Sachregister

fette Zahlen = Gesetzesvorschriften

- Lastschriftverfahren **140** 5 b
- mehraktige Rechtshandlungen **140** 2
- mehrere Rechtshandlungen **140** 2
- Pfandrechte **140** 7
- Rechtsbedingung **140** 17 b
- sachenrechtliche Rechtshandlungen **140** 7 f.
- Scheck **140** 5 b
- schuldrechtliche Rechtshandlungen **140** 5 ff.
- Sicherungsabtretung **140** 17 a
- Sicherungsübereignung **140** 7, **140** 17 a
- Steuererstattungsansprüche **140** 3
- Teilzahlung **140** 5 b
- Treuhandverhältnisse **140** 5 a
- Übereignung **140** 7
- Überweisung **140** 5 b
- Unterlassen **140** 4
- Vermieterpfandrecht **140** 7, **140** 18
- Vorausverpfändung **140** 6 b
- Vormerkung **140** 15 f.
- Vorpfändung **140** 9
- Wechsel **140** 5 b
- Werthaltigmachen einer Forderung **140** 3, **140** 6
- Zustimmungserfordernis **140** 3
- Zwangsvollstreckung **140** 9

Zeitraumilliquidität
- Begriff der drohenden Zahlungsunfähigkeit **18** 3, **18** 10
- Begriff der Zahlungsunfähigkeit **17** 19

Zeitweilige Unternehmensfortführung
- Entscheidung über den Fortgang des Verfahrens **157** 10
- Verwertung der Insolvenzmasse **159** 2, **159** 45

Zerschlagung 22 24

Zerschlagungswert
- Ansatz und Bewertung der Aktiva bei negativer Fortführungsprognose **19** 84
- gesetzlicher Überschuldungsbegriff **19** 13, **19** 15, **19** 21

Zersplitterung des Insolvenzverfahrens 354 2

Zeugnisverweigerungsrecht
- Amtsermittlungen **5** 20
- Auskunfts- und Mitwirkungspflicht im Eröffnungsverfahren **20** 11
- Rechtsstellung des Insolvenzschuldners **80** 13

Zins- und Kostenforderungen 246 5

Zins- und Risikozuschläge 245 16 ff.

Zinsen
- Aussetzung der Verwertung Art. **102** § **10** EGInsO 4
- Ersetzung der Zustimmung **309** 49 f.
- laufende Zinsen und Säumniszuschläge **39** 8 f.
- nachrangige Insolvenzgläubiger **39** 57
- Vergütung des Insolvenzverwalters **63** 51
- wiederkehrende Leistungen **46** 8 ff.
- Wirkung der Restschuldbefreiung **301** 8

Zinseszinsen 39 17

Zinslose Darlehen 302 28 ff.

Zinszahlungspflicht
- Anordnung von Sicherungsmaßnahmen **21** 38 k
- Schutz des Gläubigers vor einer Verzögerung der Verwertung **169** 4 ff.

Zivilprozessordnung
- s. auch Akteneinsicht
- s. auch Auskunft
- s. auch Gerichtsverfassungsgesetz
- s. auch Insolvenzkostenhilfe
- Ablehnung gerichtlich bestellter Sachverständiger **4** 14
- Ablehnung von Gerichtspersonen **4** 5
- Ablehnung von Rechtspflegern **4** 8
- Ablehnung von Richtern **4** 5
- Ablehnung von Urkundsbeamten der Geschäftsstelle **4** 10
- Ablehnungsberechtigte **4** 6
- Ablehnungsgesuch **4** 7
- Ablehnungsrecht einzelner Gläubiger **4** 13
- allgemeine Verfahrensgrundsätze **4** 42
- allgemeiner Gerichtsstand **4** 3
- Anhörung **4** 41
- Anwendbarkeit **4** 1 ff.
- Arrest **4** 44
- Auslandsinsolvenzverfahren **4** 44
- Ausschließung von Gerichtspersonen **4** 5
- Aussetzung des Verfahrens **4** 2
- Befangenheit **4** 5 ff.
- Berichtigung offenbarer Unrichtigkeiten **4** 38
- Beweisaufnahme **4** 38
- Bindungswirkung **4** 3, **4** 15
- Deregulierung **4** 1, **4** 42
- Dispositionsmaxime **4** 42
- eidesstattliche Versicherung **4** 38
- Eigenverwaltung **4** 6
- Eilentscheidungen **4** 11
- Eilverfahren **4** 41
- einsweilige Verfügung **4** 44
- Entschuldungsverfahren **4** 1
- Erledigungserklärung **4** 41
- faktische Geschäftsführer **4** 16
- freiwillige Gerichtsbarkeit **4** 1, **4** 44
- Fristen **4** 1, **4** 38
- Gerichtsverfassungsgesetz **4** 1
- gesetzliche Ausschlussgründe **4** 12
- gesetzlicher Richter **4** 41
- Geständnis **4** 2
- Glaubhaftmachung **4** 1, **4** 38
- Gläubigerautonomie **4** 1, **4** 42
- Gläubigerversammlung **4** 1
- Grundsatz des Amtsbetriebs **4** 2, **4** 42
- gütliche Einigung **4** 42
- Haft **4** 38
- Haftbefehl **4** 41
- Haftungsverwirklichung **4** 1
- informationelle Selbstbestimmung **4** 41
- Inquisitionsmaxime **4** 2
- Insolvenzeröffnungsverfahren **4** 1, **4** 41
- Insolvenzgericht **4** 38
- Insolvenzkostenhilfe **4** 41
- Insolvenzplan **4** 6
- insolvenzrechtliche Verfahrensgrundsätze **4** 43
- Insolvenzverfahrensrecht **4** 1 f.
- Insolvenzverwalter **4** 1
- Klage auf Feststellung zur Tabelle **4** 3
- Kostenfestsetzungsverfahren **4** 16
- Kostenvorschriften **4** 16
- Ladung **4** 41
- laufendes Prozessverfahren **4** 44
- materieller Grundrechtsschutz **4** 41
- materielles Insolvenzrecht **4** 1
- Mündlichkeit **4** 41 f.
- Notarkostenbeschwerde **4** 44
- Öffentlichkeit des Verfahrens **4** 1, **4** 42
- Offizialprinzip **4** 42
- Parteifähigkeit **4** 4
- Passivprozess **4** 3
- Prozessfähigkeit **4** 4
- rechtliches Gehör **4** 41
- Rechtsbeschwerde **4** 38
- Rechtshilfe **4** 1
- Rechtskraftwirkung **4** 38
- Rechtsschutz **4** 41
- Rechtsschutzgarantie **4** 41
- Rechtsstaatsprinzip **4** 41
- Restschuldbefreiung **4** 1
- Ruhen des Verfahrens **4** 2
- Schiedsverfahren **4** 44
- Schutz materieller Rechtsverhältnisse **4** 1

magere Zahlen = Randnummern **Sachregister**

- Selbstablehnung 4 6 ff.
- Selbstverwaltung 4 42
- Sicherungsmaßnahmen 4 41
- Sitzungspolizei 4 1
- sofortige Beschwerde 4 38
- streitige Gerichtsbarkeit 4 1
- Streitwertfestsetzung 4 44
- Terminsbestimmung 4 1
- Unmittelbarkeit 4 42
- Unterbrechung des Verfahrens 4 2
- Untersuchungsgrundsatz 4 41 f.
- Unzuständigkeit 4 15
- Verbindung mehrerer Antragsverfahren 4 37
- Verbraucherinsolvenzverfahren 4 41
- Verfahrensgrundsätze 4 1, 4 41 ff.
- Verfahrensmangel 4 41
- Verfahrensunterbrechung 4 44 f.
- Verfahrensvorschriften 4 1
- Vergütung des Insolvenzverwalters 4 41
- Vertretung 4 4
- Verweisung 4 3, 4 15
- Vollstreckungsverfahren 4 41
- vorläufiger Insolvenzverwalter 4 1
- Wideraufnahme des Verfahrens 4 38
- Wiedereinsetzung in den vorigen Stand 4 1, 4 38
- Willkürverbot 4 41
- Zuständigkeit 4 3
- Zustellungen 4 38
- Zustimmungsvorbehalt 4 44
- Zwangsversteigerung 4 44

Zubehör
- Aussonderung 47 10
- Gegenstände der Absonderung 49 13
- Sicherungsübereignung 51 16

Zugewinnausgleich
- Gläubigerbenachteiligung 129 100
- Insolvenzmasse 35 203 f.
- unentgeltliche Leistung 134 28

Zugewinngemeinschaft 37 24 ff.
- Anspruch auf Zugewinnausgleich 37 26
- Aussonderung 47 7
- Begriff 37 24
- Eigentumsvermutung 37 24
- Insolvenzantragsrecht 13 67, 13 82
- Verfügungsbeschränkungen 37 24

Zukünftige Zahlungspflichten 18 7, 18 13 f.

Zulässigkeit des Insolvenzverfahrens 11 1 ff.
- s. auch Gesellschaften ohne Rechtspersönlichkeit
- s. auch Insolvenz von Sondervermögen
- s. auch Juristische Personen des bürgerlichen Rechts
- s. auch Kapitalanlagegesellschaften, Pfandbriefbanken und andere Treuhandvermögen
- s. auch Konzerninsolvenz
- s. auch Kredit- und Finanzdienstleistungsinstitute
- s. auch Nicht rechtsfähiger Verein
- s. auch Unternehmensfortführung
- s. auch Unternehmensveräußerung
- s. auch Versicherungen
- bayerische registrierte Gesellschaft 11 29
- Bruchteilsgemeinschaft 11 4
- fortgesetzte Gütergemeinschaft 11 4
- Gesamtgut 11 4
- Gesellschaften ohne Rechtspersönlichkeit 11 3
- Gütergemeinschaft 11 4
- Insolvenzfähigkeit 11 5
- Mitwirkungspflichten 11 21
- natürliche Personen 11 6 ff.
- Unternehmensinsolvenz 11 7
- Verbaucherinsolvenz 11 8
- Wohnungsbauunternehmen 11 29
- Wohnungseigentümergemeinschaft 11 4

Zulässigkeitsvoraussetzungen
- s. auch Spezielle Zulässigkeitsvoraussetzungen
- allgemeine Zulässigkeitsvoraussetzungen 13 11 ff.
- Amtsermittlungen 13 12, 13 58
- Amtsermittlungspflicht 13 12
- Amtsniederlegung 13 25
- Betreuer 13 23
- Eigenantrag 13 17
- einstweilige Zulassung 13 24
- erneuter Insolvenzantrag 13 28
- faktische Geschäftsführer 13 25
- faktische Geschäftsführung 13 25
- Firmenbestattung 13 30, 13 57
- Führungslosigkeit 13 11, 13 22, 13 25
- Geldempfangsvollmacht 13 24
- Gesellschaften ausländischen Rechts 13 20
- Glaubhaftmachung 13 11, 13 54
- Gläubigerantrag 13 54, 13 61
- grenzüberschreitende Insolvenz 13 16
- Handlungsvollmacht 13 23
- Hauptinsolvenzverfahren 13 20
- Hauptprüfungsverfahren 13 54
- Insolvenzeröffnungsverfahren 13 14, 13 24
- Insolvenzfähigkeit 13 21
- Insolvenzgericht 13 12
- Insolvenzvollmacht 13 23
- internationale Zuständigkeit 13 20
- juristische Personen 13 25
- Kleininsolvenzverfahren 13 17
- Lehre vom Doppeltatbestand 13 22
- Mittelpunkt wirtschaftlicher Tätigkeit 13 12
- Nachgesellschaft 13 22
- nicht behebbare Mängel 13 57
- Notgeschäftsführer 13 26
- Notvertreter 13 25
- Notvorstand 13 26
- öffentliche Zustellung 13 25
- Parteifähigkeit 13 21
- Pfleger 13 23
- Prokura 13 23
- Prozessfähigkeit 13 21
- Prüfung des Insolvenzantrags 13 54 ff.
- Prüfungskompetenz 13 54
- rechtliches Interesse 13 11
- Rechtsanwälte 13 23
- Rechtsschutzinteresse 13 27 ff., 13 54, 13 58
- Regelinsolvenzverfahren 13 19, 13 55
- Scheinauslandsgesellschaften 13 13
- Sistierung 13 60
- sofortige Beschwerde 13 58
- Sonderzuständigkeit 13 12
- spezielle Zulässigkeitsvoraussetzungen 13 11
- Untersuchungsgrundsatz 13 14
- Verbraucherinsolvenzverfahren 13 17, 13 19, 13 54 f.
- Verfahrensart 13 17 ff.
- Verfahrenspfleger 13 25 f.
- Vertreter 13 21
- Vertretung 13 23
- Verweisungsantrag 13 57
- Vollmacht 13 23
- Vorgesellschaft 13 22
- Vor-GmbH 13 22
- Zulassungsverfahren 13 54 ff.
- Zurückstellung 13 60
- Zurückweisung des Insolvenzantrags 13 57 ff.
- Zuständigkeit 13 12, 13 57

Zulassung des Gläubigerantrags 14 91 ff.
- Amtsermittlungen 14 99, 14 107
- Amtsermittlungsgrundsatz 14 91
- Amtsniederlegung 14 101
- Amtsverfahren 14 107

Sachregister

fette Zahlen = Gesetzesvorschriften

- Anhörung **14** 95 ff.
- Anhörung bei verfahrensabschließenden Entscheidungen **14** 104
- anzuhörende Personen **14** 100 f.
- Auskunft **14** 107
- Auskunftspflichten **14** 108
- Behörden **14** 107
- Ehegatten **14** 101
- Eilbedürftigkeit **14** 92
- Eilverfahren **14** 104
- einstweilige Zulassung **14** 92
- Erben **14** 101
- Form **14** 93, **14** 97 ff.
- Fristen **14** 99
- Führungslosigkeit **14** 101
- funktionelle Zuständigkeit **14** 96
- Gegenglaubhaftmachung **14** 92
- Gerichte **14** 107
- Gesellschaften ohne Rechtspersönlichkeit **14** 100
- GmbH **14** 100
- Haftbefehl **14** 102
- Insolvenzeröffnungsverfahren **14** 104
- Insolvenzgericht **14** 96
- Insolvenzkostenhilfe **14** 98
- Insolvenzrichter **14** 96
- juristische Personen **14** 100
- Kleininsolvenzverfahren **14** 100
- Masselosigkeit **14** 104
- mehrfache Anhörung **14** 102 f.
- Mitwirkungspflichten **14** 108
- Nachlassinsolvenzverfahren **14** 105
- nachträgliches rechtliches Gehör **14** 106
- Nachtragsliquidator **14** 101
- natürliche Personen **14** 100
- Nichtabhilfeverfahren **14** 106
- Nichtäußerung des Schuldners **14** 103
- Notgeschäftsführer **14** 101
- offene Handelsgesellschaft **14** 100
- Postsperre **14** 102
- quasi-streitiges Parteiverfahren **14** 91, **14** 107
- rechtliches Gehör **14** 95, **14** 102 ff.
- Rechtsfolgen **14** 107 ff.
- Rechtshilfe **14** 97
- Sachverständiger **14** 107
- Sicherungsmaßnahmen **14** 102 f.
- Stellungnahme **14** 99
- summarische Prüfung **14** 92
- Testamentsvollstrecker **14** 101
- unterlassene Anhörung **14** 106
- Verbraucherinsolvenzverfahren **14** 100
- Verweisung **14** 104
- vorbereitende Richtertätigkeit **14** 93
- Vorführung des Schuldners **14** 99
- vorläufiger Insolvenzverwalter **14** 107 f.
- wiederholte Anhörung **14** 102 f.
- Wirkungen **14** 107 ff.
- Zustellung **14** 94
- Zwangsmaßnahmen **14** 102

Zulassungsbeschwerde 7 1
Zulassungsverfahren 13 54 ff.
Zuleitung des Insolvenzplans
- Stellungnahmen zum Insolvenzplan **232** 4 ff.
- Verstoß gegen Verfahrensvorschriften **250** 16 f.
- Vorprüfung des Insolvenzplans **231** 36

Zumutbare Tätigkeit 295 25 ff.
Zumutbarkeit 20 30 f.
Zuordnung der Arbeitnehmer 125 20, **128** 28 ff.
Zurückbehaltungsrechte
- Ansprüche des Anfechtungsgegners **144** 12
- Ausschluss sonstigen Rechtserwerbs **91** 9
- Inbesitznahme der Insolvenzmasse **148** 13 f.
- Insolvenzgeld **22** 166 ff.
- sonstige Absonderungsberechtigte **51** 33 ff.
- Verletzung der Lohn- und Gehaltzahlungspflicht **22** 167
- Verwertung der Insolvenzmasse **313** 103
- Verwertung durch Gläubiger **173** 2 f.

Zurückweisung
- Beschwerdeentscheidung **34** 25
- Einwendungen gegen das Verteilungsverzeichnis **194** 12 ff.
- Gläubigerantrag **14** 142
- örtliche Zuständigkeit **3** 18
- Prüfung und Entscheidung der Rechtsbeschwerde **7** 23
- vereinfachte Verteilung **314** 19 ff.

Zurückweisung des Insolvenzantrags
- Auskunfts- und Mitwirkungspflicht im Eröffnungsverfahren **20** 33
- Glaubhaftmachung **14** 90
- vereinfachtes Insolvenzverfahren **311** 15 ff.
- Zulässigkeitsvoraussetzungen **13** 57 ff.

Zurückweisung des Insolvenzplans 231 1 ff.
- s. auch Vorprüfung des Insolvenzplans
- Gläubigerausschuss **231** 40
- Gläubigerautonomie **231** 1
- Rechtsmittel **231** 41 ff.
- sofortige Beschwerde **231** 42
- Vorprüfung des Insolvenzplans **231** 39

Zusammenarbeit der Insolvenzverwalter 357 1 ff.
Zusammengesetze Rechtshandlung 129 75
Zusammenschluss von Betrieben 122 43 ff.
Zuständigkeit
- abgesonderte Befriedigung aus unbeweglichen Gegenständen **49** 1 c
- Ankündigung der Restschuldbefreiung **291** 23
- Antrag auf Eröffnung des Verbraucherinsolvenzverfahrens **305** 20 f.
- ausländisches Insolvenzverfahren **348** 1 ff.
- Aussonderung **47** 108
- Betriebsänderungen **122** 8 ff.
- Einwendungen gegen das Verteilungsverzeichnis **194** 8
- Entscheidung des Insolvenzgerichts **289** 22
- Entscheidung über die Restschuldbefreiung **300** 12
- Eröffnungsantrag **13** 139
- Festsetzung durch das Gericht **64** 8
- Geltendmachung der Haftung des Insolvenzverwalters **60** 136 ff.
- generelle Zulässigkeitsvoraussetzungen **14** 16
- Insolvenzantragsrecht **15** 5
- Nachlassinsolvenzverfahren **315** 17
- örtliche Zuständigkeit **Art. 102 § 1 EGInsO** 9
- Partikularverfahren **354** 23
- Rechtsfolgen der Insolvenzanfechtung **143** 63 ff.
- Restschuldbefreiung **vor 286** 45 ff.
- Schuldnerschutz **14** 156
- sofortige Beschwerde **34** 18
- unpfändbare Gegenstände **36** 54
- Verstoß gegen Obliegenheiten **296** 44
- Wahl eines anderen Insolvenzverwalters **57** 14 ff.
- Zivilprozessordnung **4** 3
- Zulässigkeitsvoraussetzungen **13** 12, **13** 57

Zuständigkeit bei der Vollstreckung 202 1 ff.
- Erinnerung **202** 5
- Insolvenzgericht **202** 2
- Klage auf Erteilung der Vollstreckungsklausel **202** 6
- Klauselerteilung **202** 2 ff.
- Klauselgegenklage **202** 7
- Rechtsmittel **202** 5
- Rechtsnachfolger **202** 4
- sofortige Beschwerde **202** 5
- Vollstreckungsabwehrklage **202** 8

Zuständigkeit für die Feststellung 180 1 ff.
- s. auch Aufnahme eines unterbrochenen Rechtsstreits
- Absonderungsrecht **180** 6

magere Zahlen = Randnummern **Sachregister**

- Anspruch auf erstes Anfordern 180 12
- Aussonderungsrecht 180 6
- Beendigung des Insolvenzverfahrens 180 48 ff.
- Feststellungsklage 180 3 ff.
- Kostenfestsetzung 180 14
- Mahnverfahren 180 13
- mehrfaches Bestreiten 180 17
- ordentliches Verfahren 180 3 ff.
- örtliche Zuständigkeit 180 3 ff.
- sachliche Zuständigkeit 180 8 f.
- Scheckprozess 180 10 f.
- Schiedsverfahren 180 15 f.
- Urkundenprozess 180 10 f.
- Wechselprozess 180 10 f.

Zuständigkeitserschleichung 3 11
Zuständigkeitskonflikte Art. 3 EuInsVO 34
Zuständigkeitslücken Art. 102 § 1 EGInsO 4
Zuständigkeitsprüfung 3 14
Zustandsverantwortlichkeit
- Freigabe 35 78, 35 80
- juristische Personen 35 306
- Rechte und Pflichten des Insolvenzverwalters 80 170 ff.
- sonstige Masseverbindlichkeiten 55 30
- Vermögensanspruch 38 14 f.

Zustellung des Schuldenbereinigungsplans 307 1 ff.
- s. auch Stellungnahme der Gläubiger
- Abbruch des Schuldenbereinigungsverfahrens 307 62 ff.
- Abtretung 307 13
- Änderung oder Ergänzung des Schuldenbereinigungsplans 307 66 ff.
- Aufforderung zur Stellungnahme 307 31 ff.
- Auslandszustellungen 307 16
- Finanzbehörde 307 12
- Fristen 307 73
- geänderter Plan 307 26 f.
- gelöschte GmbH 307 15
- Handelsgesellschaften 307 14
- Hinweispflicht des Insolvenzgerichts 307 36 ff.
- Inkassounternehmen 307 11
- modifizierter Schuldenbereinigungsplan 307 76 ff.
- Niederlegung des Vermögensverzeichnisses 307 20 ff.
- öffentliche Bekanntmachung 307 7, 307 24 f.
- rechtliches Gehör 307 2, 307 74 ff.
- Rücknahme des Schuldenbereinigungsplans 307 82 f.
- Tod des Schuldners 307 85
- Überleitung in das Regelinsolvenzverfahren 307 63 f.
- unbekannter Aufenthalt 307 23 ff., 307 84
- Vertretung 307 10
- weitere Gläubiger 307 28 ff.
- Wiedereinsetzung in den vorigen Stand 307 32 ff.
- wiederholte Planvorlage 307 72
- Wirksamkeit 307 17 ff.
- Zustellungserleichterungen 307 4 f.

Zustellungen
- Annahme des Schuldenbereinigungsplans 308 29
- Anordnung von Sicherungsmaßnahmen 21 48
- Anzeige der Masseunzulänglichkeit 208 16
- Art der Zustellung 8 3
- Aufgabe zur Post 8 3
- Aufhebung der Sicherungsmaßnahmen 25 22
- Bekanntmachung des Eröffnungsbeschlusses 30 4, 30 6
- Beschluss 8 2
- Entscheidungen des Insolvenzgerichts 8 2
- förmliche Zustellung 8 7
- Fristen 8 2
- Insolvenzgericht 8 2
- Insolvenzverwalter 8 8 f.
- Kosten 8 10
- öffentliche Bekanntmachung 8 2

- Rechtsstellung des Insolvenzverwalters 80 89
- Sachverständiger 8 8
- Treuhänder 8 8, 8 10
- unbekannter Aufenthalt 8 5
- Unterrichtung der Gläubiger **Art. 102 § 11 EGInsO 7**
- vorläufiger Insolvenzverwalter 8 8, 21 16
- Wiedereinsetzung in den vorigen Stand 8 3
- Zivilprozessordnung 4 38
- Zulassung des Gläubigerantrags 14 94
- Zustellung durch Aushändigung an der Amtsstelle 8 4
- Zustellung durch Einschreiben mit Rückschein 8 4, 8 7
- Zustellung gegen Empfangsbekenntnis 8 4
- Zustellung im Ausland 8 7
- Zustellung im Inland 8 1
- Zustellungsbevollmächtigter 8 5, 8 7
- zuzustellende Schriftstücke 8 2

Zustellungsbevollmächtigter 8 5, 8 7
Zustellungserleichterungen 307 4 f.
Zustimmung des Schuldners 247 1 ff.
- Schlechterstellung 247 5 f.
- Widerspruch 247 2 ff.
- Zustimmungsfiktion 247 2 f.

Zustimmung nachrangiger Gläubiger 246 1 ff.
- Geldstrafen 246 6
- Gruppenbildung 246 3
- kapitalersetzende Gesellschafterdarlehen 246 7
- mangelnde Abstimmung 246 8
- Zins- und Kostenforderungen 246 5
- Zustimmungsfiktion 246 3, 246 9

Zustimmungsbedürftige Geschäfte
- fehlende Zustimmung 263 5 f.
- gestaltender Teil des Insolvenzplans 263 2
- Insolvenzplan 263 2
- Insolvenzverwalter 263 2
- Überwachung der Planerfüllung 263 1 ff.
- Zustimmungsvorbehalt 263 2

Zustimmungsfiktion
- besonders bedeutsame Rechtshandlungen 160 4
- Entscheidung über den Fortgang des Verfahrens 157 26
- Insolvenzplan **vor 217 44**
- Obstruktionsverbot 245 1 ff.
- Partikularverfahren 355 11
- Stellungnahme der Gläubiger 307 60 f.
- Zustimmung des Schuldners 247 2 f.
- Zustimmung nachrangiger Gläubiger 246 3, 246 9

Zustimmungsvorbehalt
- Änderung sachenrechtlicher Verhältnisse 228 2
- Anfechtungsberechtigung 129 17
- Bekanntmachung der Verfügungsbeschränkungen 23 1
- vorläufiger Insolvenzverwalter 22 241
- Vormerkung 106 15
- Wirksamkeit von Handlungen 164 4
- Wirkungen der Verfügungsbeschränkungen 24 1
- Zivilprozessordnung 4 44
- zustimmungsbedürftige Geschäfte 263 2

Zuwendungen an Ehegatten 134 30
Zwangsbefugnisse des vorläufigen Insolvenzverwalters 22 210 ff.
- Auskunftspflichten 22 213
- Betreten der Geschäftsräume 22 211
- Führungslosigkeit 22 214
- Geschäftsbücher 22 212
- Geschäftsunterlagen 22 212
- Haft 22 215
- Mitbewohner 22 211
- Mitwirkungspflichten 22 214 f.
- organschaftliche Vertreter 22 214
- Privatwohnung 22 211

3295

Sachregister

fette Zahlen = Gesetzesvorschriften

- Recht zum Besitz des vorläufigen Insolvenzverwalters **22** 212
- Restschuldbefreiungsverfahren **22** 215
- Verbraucherinsolvenzverfahren **22** 215

Zwangsgelder
- Aufsicht des Insolvenzgerichts **58** 32 f.
- nachrangige Insolvenzgläubiger **39** 23 ff.

Zwangsgemeinschaft
- Einberufung der Gläubigerversammlung **74** 5
- Insolvenzgrund **16** 3

Zwangshypothek 165 5

Zwangsmaßnahmen
- Anordnung von Sicherungsmaßnahmen **21** 52 ff.
- Auskunfts- und Mitwirkungspflicht im Eröffnungsverfahren **20** 37 ff.
- funktionelle Zuständigkeit **98** 11
- Grundsatz der Verhältnismäßigkeit **98** 17
- Haft **98** 12 ff., **98** 19 ff.
- Haftunfähigkeit **98** 19 f.
- Rechtsmittel **98** 18, **98** 22
- Sachwalter **274** 19
- sofortige Beschwerde **98** 22
- Verwalter **Art. 18 EuInsVO** 16
- Verweigerung der Auskunft **98** 12
- Verweigerung der eidesstattlichen Versicherung **98** 13
- Verweigerung der Mitwirkung **98** 14
- Verwertung der Insolvenzmasse **159** 21
- Zulassung des Gläubigerantrags **14** 102
- zwangsweise Vorführung **98** 12 ff., **98** 18

Zwangsmittel
- Aufsicht des Insolvenzgerichts **58** 32 ff.
- organschaftliche Vertreter **101** 19
- steuerrechtliche Stellung des Insolvenzverwalters **56** 82

Zwangsversteigerung
- abgesonderte Befriedigung aus unbeweglichen Gegenständen **49** 9, **49** 25 ff.
- Berechnung des Kostenbeitrags **171** 10, **171** 12
- Berücksichtigung absonderungsberechtigter Gläubiger **190** 8
- Verwertung der Insolvenzmasse **159** 5, **159** 16
- Verwertung unbeweglicher Gegenstände **165** 1, **165** 8
- vorsätzliche Benachteiligung **133** 8
- Zivilprozessordnung **4** 44

Zwangsverwaltung
- abgesonderte Befriedigung aus unbeweglichen Gegenständen **49** 25 ff.
- einstweilige Einstellung **165** 23
- Nutzungsüberlassung **165** 24
- Verwertung der Insolvenzmasse **159** 5
- Verwertung unbeweglicher Gegenstände **165** 21 ff.

Zwangsvollstreckung
- anfechtbare Rechtshandlungen **129** 82, **130** 23, **131** 20 ff.
- anhängige Rechtsstreitigkeiten **Art. 15 EuInsVO** 2
- Anordnung von Sicherungsmaßnahmen **21** 5
- Antrag auf Eröffnung des Verbraucherinsolvenzverfahrens **305** 77
- Anzeige der Masseunzulänglichkeit **208** 28, **210** 2 f.
- Ausschluss sonstigen Rechtserwerbs **91** 50
- außergerichtlicher Einigungsversuch **305** 3 a
- Ersetzung der Zustimmung **309** 66 f.
- Gläubigerantrag **14** 136
- Insolvenzanfechtung **vor 129** 7, **141** 5 f.
- Insolvenzvermögensstatut **335** 14, **335** 29 f.
- Nachlassinsolvenzverfahren **321** 1 ff.

- Rückgewährpflicht **143** 47
- Scheitern der außergerichtlichen Schuldenbereinigung **305 a** 4 ff.
- Schuldner als Vermieter oder Verpächter **110** 11 f.
- Treuhänder **292** 27
- Unwirksamkeit von Veräußerungsverboten **80** 206
- Verfahrensunterbrechung nach § 240 ZPO **85** 33
- Verträge mit nahestehenden Personen **133** 37
- Verwertung der Insolvenzmasse **159** 5
- Verwertung unbeweglicher Gegenstände **165** 3
- Vollstreckung aus dem Insolvenzplan **257** 4 ff.
- Vollstreckung vor Verfahrenseröffnung **88** 8 ff.
- Vorerbschaft **83** 22
- vorsätzliche Benachteiligung **133** 8
- Wirkung der Restschuldbefreiung **301** 33 f.
- Zeitpunkt der Vornahme einer Rechtshandlung **140** 9

Zwangsvollstreckungsverbot
- absonderungsberechtigte Gläubiger **294** 7 a
- Arbeitgeber **294** 31 ff.
- Aufrechnung **294** 30 ff.
- aussonderungsberechtigte Gläubiger **294** 7 a
- Bevorzugung **294** 23 f.
- Entscheidung **294** 13 ff.
- erfasste Forderungen **294** 5 ff.
- Erinnerung **294** 14
- Insolvenzgläubiger **294** 34 f.
- Massegläubiger **294** 7
- Neugläubiger **294** 17 ff.
- oktroyierte Masseverbindlichkeiten **294** 7
- Restschuldbefreiung **294** 4 ff.
- Sonderabkommen **294** 21 ff.
- Unterhaltsforderungen **294** 18
- verbotene Maßnahmen **294** 8 ff.
- vorbereitende Handlungen **294** 10

Zwangsvormerkung 106 16
Zwangsweise Vorführung 98 12 ff., **98** 18
Zweckgesellschaft 260 16 f.
Zweckvereinbarungen 129 98

Zweifelhafte Forderungen
- antragsberechtigte Gläubiger **14** 7
- Begriff der drohenden Zahlungsunfähigkeit **18** 9
- Gläubigerantrag **14** 133
- Rechtsschutzinteresse **14** 43

Zweigliedrige Gesellschaft
- Gesellschaften ohne Rechtspersönlichkeit **11** 244
- persönliche Haftung der Gesellschafter **93** 11

Zweigniederlassungen
- Betriebsveräußerung an besonders Interessierte **162** 2
- örtliche Zuständigkeit **3** 4, **3** 13
- Register **31** 5
- Zahlungsunfähigkeit **17** 35

Zwei-Komponenten-Theorie 35 28
Zweistufige Überschuldungsprüfung 19 36 ff.
Zweitantrag 13 71
Zweite Ersatzabsonderung 48 32
Zweite Ersatzaussonderung 48 6, **48** 29
Zweites Hauptinsolvenzverfahren 13 6
Zweites Insolvenzverfahren 14 47
Zweitinsolvenz 130 35

Zweitschuldnerhaftung
- Amtsermittlungen **5** 24
- Gläubigerantrag **14** 129 f.

Zwingende Gläubigerversammlung 74 14
Zwischenprüfungen 66 62
Zwischenrechnungslegung 66 7, **66** 33 ff.
Zwischenvermietung 108 26 f.